CODICE CIVILE
E DI PROCEDURA CIVILE
E LEGGI COMPLEMENTARI
CON NOTE OPERATIVE

CODICE CIVILE
E DI
PROCEDURA CIVILE
E LEGGI COMPLEMENTARI

con note operative
a completamento delle norme

a cura di
Valerio de Gioia

con la collaborazione di
Giovanna Spirito

La Tribuna

La Tribuna Srl | www.latribuna.it
29121 Piacenza - Via Campo della Fiera, 4
Tel. 0523.46311

Questo nuovo *Codice civile e di procedura civile e leggi complementari* inaugura la collana dei **Codici Integrati Tribuna**, che rappresentano una significativa novità nel panorama editoriale.

Le norme pubblicate sono integrate da utilissime note operative che ne completano la portata applicativa alla luce dell'interpretazione delle più rilevanti pronunce delle Corti Superiori (con indicazione, ove presenti, degli orientamenti conformi e difformi), così da rispondere pienamente alle quotidiane esigenze professionali di **avvocati** e **magistrati**.

L'Opera è inoltre corredata da un accurato indice analitico-alfabetico.

L'accesso gratuito alla **Rivista digitale NJUS** – *La giurisprudenza spiegata in tempo reale*, e la **APP TRIBUNACODICI** consentono di conoscere **in tempo reale** le novità normative e giurisprudenziali per un costante ed immediato aggiornamento in materia di diritto civile e processuale civile.

L'Editore

AVVERTENZA

Come si sa, la legislazione è in continua, perenne evoluzione. Può, quindi, essere avvenuto che, nelle more di stampa di questo volume, siano intervenuti ulteriori provvedimenti legislativi.

L'elaborazione redazionale e tipografica di una raccolta normativa può comportare errori, inesattezze od omissioni.

L'Autore e l'Editore ringraziano fin d'ora i lettori che provvederanno a segnalare eventuali manchevolezze riscontrate all'interno dell'Opera.

I suggerimenti possono essere trasmessi al seguente indirizzo:
Casa Editrice La Tribuna, Via Campo della Fiera, 4 – 29121 Piacenza
oppure all'indirizzo di posta elettronica *redazione@latribuna.it*

ABBREVIAZIONI

art., artt.	=	articolo, articoli
att.	=	disposizioni di attuazione
c.c.	=	codice civile
circ.	=	circolare
c.n.	=	codice della navigazione
C.C.N.L.	=	contratto collettivo nazionale di lavoro
CEE	=	Comunità Economica Europea
conv.	=	convenzione
coord.	=	disposizioni di coordinamento
Cost.	=	Costituzione
c.p.	=	codice penale
c.p.c.	=	codice di procedura civile
c.p.m.g.	=	codice penale militare di guerra
c.p.m.p.	=	codice penale militare di pace
c.p.p.	=	codice di procedura penale
c.s.	=	codice della strada
Delib. Corte Cost./D.C.C.	=	Deliberazione Corte costituzionale
Delib.C.D./D.C.D.	=	Deliberazione Camera dei deputati
D.C.G.	=	decreto del Capo del governo
D.C.P.S.	=	decreto del Capo provvisorio dello Stato
D.Dirig.	=	decreto dirigenziale
decis.	=	decisione
delib.	=	deliberazione
dir.	=	direttiva
D.D.L.	=	disegno di legge
D.L.	=	decreto legge
D.Lgt.	=	decreto luogotenenziale
D.L.Lgt.	=	decreto legge luogotenenziale
D.L.vo C.P.S./D.L.C.P.S.	=	decreto legislativo del Capo provvisorio dello Stato
D.L.vo/D.L.G.	=	decreto legislativo
D.L.vo Lgt.	=	decreto legislativo luogotenenziale
D.L.vo Pres./D.L.P.	=	decreto legislativo presidenziale
D.M.	=	decreto ministeriale
D.P.C.M.	=	decreto del presidente del Consiglio dei ministri
D.P.C.C.	=	decreto del presidente della Corte dei conti
D.P.R.	=	decreto del presidente della Repubblica
Delib.S.R.	=	deliberazione del Senato della Repubblica
Dir.P.C.M.	=	direttiva del presidente del Consiglio dei ministri
G.U.	=	Gazzetta Ufficiale
L.	=	legge
l. ass.	=	legge sugli assegni
L.C./L. cost.	=	legge costituzionale
l. camb.	=	legge cambiaria
l. fall.	=	legge fallimentare
L.P. (+ località)	=	legge provinciale
L.R. (+ località)	=	legge regionale
min.	=	ministeriale
n., nn.	=	numero, numeri

O.M.	=	ordinanza ministeriale
ord.	=	ordinanza
P.G.	=	polizia giudiziaria
P.M.	=	pubblico ministero
prel.	=	disposizioni sulla legge in generale (preleggi)
P.S.	=	pubblica sicurezza
Reg. Corte Cost.	=	regolamento della Corte costituzionale
R.D.	=	regio decreto
R.D.L.	=	regio decreto legge
R.D.L.vo	=	regio decreto legislativo
reg.	=	regolamento
ris.	=	risoluzione
R.M.	=	risoluzione ministeriale
ss.	=	seguenti
tel.	=	telegramma
trans.	=	disposizioni transitorie
T.U.	=	testo unico
T.U. di P.S.	=	testo unico di pubblica sicurezza

N.B. - Nell'articolato di ciascun codice, i numeri tra parentesi richiamano articoli del medesimo testo di legge. Qualora siano richiamati articoli di testi di legge diversi, al numero si accompagna la relativa abbreviazione. Il numero esponente indica il comma dell'articolo cui è apposto.

INDICE SOMMARIO

INDICE SOMMARIO

Libro Secondo
Delle successioni

Libro Terzo
Della proprietà

Libro Quarto
Delle obbligazioni

Libro Quinto
Del lavoro

Libro Sesto
Della tutela dei diritti

CODICE DI PROCEDURA CIVILE

Libro Primo
Disposizioni generali

Libro Secondo
Del processo di cognizione

Libro Terzo
Del processo di esecuzione

Libro Quarto
Dei procedimenti speciali

LEGGI COMPLEMENTARI

Adozione

Assicurazione obbligatoria

Avvocati

Cittadinanza

Consumatori (tutela)

Equa riparazione

Giudice di pace

Immobili

Insolvenza

Licenziamenti

Locazioni

Magistrati (responsabilità)

Matrimonio (scioglimento del)

Mediazione

Notificazioni

Responsabilità medica

Sciopero

Semplificazione dei riti civili

Spese di giustizia

Termini processuali

COSTITUZIONE DELLA REPUBBLICA ITALIANA

1.

Delib.ne Assemblea Costituente 22 dicembre 1947. Costituzione della Repubblica Italiana (*Gazzetta Ufficiale* n. 298 del 27 dicembre 1947), entrata in vigore il 1° gennaio 1948.

PRINCIPI FONDAMENTALI

1. L'Italia è una Repubblica democratica, fondata sul lavoro.

La sovranità appartiene al popolo, che la esercita nelle forme e nei limiti della Costituzione.

2. La Repubblica riconosce e garantisce i diritti inviolabili dell'uomo, sia come singolo sia nelle formazioni sociali ove si svolge la sua personalità, e richiede l'adempimento dei doveri inderogabili di solidarietà politica, economica e sociale.

3. (1) Tutti i cittadini hanno pari dignità sociale e sono eguali davanti alla legge, senza distinzione di sesso, di razza, di lingua, di religione, di opinioni politiche, di condizioni personali e sociali.

È compito della Repubblica rimuovere gli ostacoli di ordine economico e sociale, che, limitando di fatto la libertà e l'eguaglianza dei cittadini, impediscono il pieno sviluppo della persona umana e l'effettiva partecipazione di tutti i lavoratori all'organizzazione politica, economica e sociale del Paese.

(1) *In attuazione di questo articolo si veda la L. 2 dicembre 1991, n. 390, contenente norme sul diritto agli studi universitari.*

4. La Repubblica riconosce a tutti i cittadini il diritto al lavoro e promuove le condizioni che rendano effettivo questo diritto.

Ogni cittadino ha il dovere di svolgere, secondo le proprie possibilità e la propria scelta, un'attività o una funzione che concorra al progresso materiale o spirituale della società.

5. La Repubblica, una e indivisibile, riconosce e promuove le autonomie locali; attua nei servizi che dipendono dallo Stato il più ampio decentramento amministrativo; adegua i principi ed i metodi della sua legislazione alle esigenze dell'autonomia e del decentramento.

6. La Repubblica tutela con apposite norme le minoranze linguistiche.

7. Lo Stato e la Chiesa cattolica sono, ciascuno nel proprio ordine, indipendenti e sovrani.

I loro rapporti sono regolati dai Patti Lateranensi. Le modificazioni dei Patti, accettate dalle due parti, non richiedono procedimento di revisione costituzionale.

8. Tutte le confessioni religiose sono egualmente libere davanti alla legge.

Le confessioni religiose diverse dalla cattolica hanno diritto di organizzarsi secondo i propri statuti, in quanto non contrastino con l'ordinamento giuridico italiano.

I loro rapporti con lo Stato sono regolati per legge sulla base di intese con le relative rappresentanze.

9. (1) La Repubblica promuove lo sviluppo della cultura e la ricerca scientifica e tecnica.

Tutela il paesaggio e il patrimonio storico e artistico della Nazione.

Tutela l'ambiente, la biodiversità e gli ecosistemi, anche nell'interesse delle future generazioni. La legge dello Stato disciplina i modi e le forme di tutela degli animali (2).

(1) *In attuazione di questo articolo si veda la L. 6 dicembre 1991, n. 394, recante legge quadro sulle aree protette, e il D.L.vo 22 gennaio 2004, n. 42, recante il Codice dei beni culturali e del paesaggio.*

(2) *Questo comma è stato aggiunto dall'art. 1, comma 1, della L. Cost. 11 febbraio 2022, n. 1.*

10. L'ordinamento giuridico italiano si conforma alle norme del diritto internazionale generalmente riconosciute.

La condizione giuridica dello straniero è regolata dalla legge in conformità delle norme e dei trattati internazionali.

Lo straniero, al quale sia impedito nel suo paese l'effettivo esercizio delle libertà democratiche garantite dalla Costituzione italiana, ha diritto d'asilo nel territorio della Repubblica, secondo le condizioni stabilite dalla legge.

Non è ammessa l'estradizione dello straniero per reati politici.

11. L'Italia ripudia la guerra come strumento di offesa alla libertà degli altri popoli e come mezzo di risoluzione delle controversie internazionali; consente, in condizioni di parità con gli altri Stati, alle limitazioni di sovranità necessarie ad un ordinamento che assicuri la pace e la giustizia fra le Nazioni; promuove e favorisce le organizzazioni internazionali rivolte a tale scopo.

12. La bandiera della Repubblica è il tricolore italiano: verde, bianco e rosso, a tre bande verticali di eguali dimensioni ([1]).

([1]) *Si veda la L. 5 febbraio 1998, n. 22, recante disposizioni generali sull'uso della bandiera della Repubblica italiana e di quella dell'Unione europea.*

Parte I
Diritti e doveri dei cittadini

Titolo I
Rapporti civili

13. La libertà personale è inviolabile.

Non è ammessa forma alcuna di detenzione, di ispezione o perquisizione personale, né qualsiasi altra restrizione della libertà personale, se non per atto motivato dell'autorità giudiziaria e nei soli casi e modi previsti dalla legge.

In casi eccezionali di necessità ed urgenza, indicati tassativamente dalla legge, l'autorità di pubblica sicurezza può adottare provvedimenti provvisori, che devono essere comunicati entro quarantotto ore all'autorità giudiziaria e, se questa non li convalida nelle successive quarantotto ore, si intendono revocati e restano privi di ogni effetto.

È punita ogni violenza fisica e morale sulle persone comunque sottoposte a restrizioni di libertà.

La legge stabilisce i limiti massimi della carcerazione preventiva ([1]).

([1]) *L'art. 11 della L. 28 luglio 1984, n. 398, recante nuove norme in tema di diminuzione dei termini di carcerazione cautelare, prescrive che le espressioni «carcerazione preventiva» e «custodia preventiva» siano sostituite dalla locuzione «custodia cautelare».*

14. Il domicilio è inviolabile.

Non vi si possono eseguire ispezioni o perquisizioni o sequestri, se non nei casi e modi stabiliti dalla legge secondo le garanzie prescritte per la tutela della libertà personale.

Gli accertamenti e le ispezioni per motivi di sanità e di incolumità pubblica o a fini economici e fiscali sono regolati da leggi speciali.

15. La libertà e la segretezza della corrispondenza e di ogni altra forma di comunicazione sono inviolabili.

La loro limitazione può avvenire soltanto per atto motivato dell'autorità giudiziaria con le garanzie stabilite dalla legge.

16. Ogni cittadino può circolare e soggiornare liberamente in qualsiasi parte del territorio nazionale, salvo le limitazioni che la legge stabilisce in via generale per motivi di sanità o di sicurezza. Nessuna restrizione può essere determinata da ragioni politiche.

Ogni cittadino è libero di uscire dal territorio della Repubblica e di rientrarvi, salvo gli obblighi di legge.

17. I cittadini hanno diritto di riunirsi pacificamente e senz'armi.

Per le riunioni, anche in luogo aperto al pubblico, non è richiesto preavviso.

Delle riunioni in luogo pubblico deve essere dato preavviso alle autorità, che possono vietarle soltanto per comprovati motivi di sicurezza o di incolumità pubblica.

18. I cittadini hanno diritto di associarsi liberamente, senza autorizzazione, per fini che non sono vietati ai singoli dalla legge penale.

Sono proibite le associazioni segrete e quelle che perseguono, anche indirettamente, scopi politici mediante organizzazioni di carattere militare.

19. Tutti hanno diritto di professare liberamente la propria fede religiosa in qualsiasi forma, individuale o associata, di farne propaganda e di esercitarne in privato o in pubblico il culto, purché non si tratti di riti contrari al buon costume.

20. Il carattere ecclesiastico e il fine di religione o di culto d'una associazione od istituzione non possono essere causa di speciali limitazioni legislative, né di speciali gravami fiscali per la sua costituzione, capacità giuridica e ogni forma di attività.

21. Tutti hanno diritto di manifestare liberamente il proprio pensiero con la parola, lo scritto e ogni altro mezzo di diffusione.

La stampa non può essere soggetta ad autorizzazioni o censure.

Si può procedere a sequestro soltanto per atto motivato dell'autorità giudiziaria nel caso di delitti, per i quali la legge sulla stampa espressamente lo autorizzi, o nel caso di violazione delle norme che la legge stessa prescriva per l'indicazione dei responsabili.

In tali casi, quando vi sia assoluta urgenza e non sia possibile il tempestivo intervento dell'autorità giudiziaria, il sequestro della stampa periodica può essere eseguito da ufficiali di polizia giudiziaria, che devono immediatamente, e non mai oltre ventiquattro ore, fare denunzia all'autorità giudiziaria. Se questa non lo convalida nelle ventiquattro ore successive, il sequestro s'intende revocato e privo d'ogni effetto.

La legge può stabilire, con norme di carattere generale, che siano resi noti i mezzi di finanziamento della stampa periodica.

Sono vietate le pubblicazioni a stampa, gli spettacoli e tutte le altre manifestazioni contrarie al buon costume. La legge stabilisce provvedimenti adeguati a prevenire e a reprimere le violazioni.

22. Nessuno può essere privato, per motivi politici, della capacità giuridica, della cittadinanza, del nome.

23. Nessuna prestazione personale o patrimoniale può essere imposta se non in base alla legge.

24. Tutti possono agire in giudizio per la tutela dei propri diritti e interessi legittimi.

La difesa è diritto inviolabile in ogni stato e grado del procedimento.

Sono assicurati ai non abbienti, con appositi istituti, i mezzi per agire e difendersi davanti ad ogni giurisdizione.

La legge determina le condizioni e i modi per la riparazione degli errori giudiziari.

25. Nessuno può essere distolto dal giudice naturale precostituito per legge.

Nessuno può essere punito se non in forza di una legge che sia entrata in vigore prima del fatto commesso.

Nessuno può essere sottoposto a misure di sicurezza se non nei casi previsti dalla legge.

26. L'estradizione del cittadino può essere consentita soltanto ove sia espressamente prevista dalle convenzioni internazionali.

Non può in alcun caso essere ammessa per reati politici.

27. La responsabilità penale è personale.

L'imputato non è considerato colpevole sino alla condanna definitiva.

Le pene non possono consistere in trattamenti contrari al senso di umanità e devono tendere alla rieducazione del condannato.

Non è ammessa la pena di morte [, se non nei casi previsti dalle leggi militari di guerra] (1).

(1) *Le parole tra parentesi quadrate sono state soppresse dall'art. 1, comma 1, della L. cost. 2 ottobre 2007, n. 1. L'art. 1 della L. 13 ottobre 1994, n. 589, ha sostituito la pena di morte prevista dal codice penale militare di guerra e dalle leggi militari di guerra con la pena massima prevista dal codice penale.*

28. I funzionari e i dipendenti dello Stato e degli enti pubblici sono direttamente responsabili, secondo le leggi penali, civili e amministrative, degli atti compiuti in violazione di diritti. In tali casi la responsabilità civile si estende allo Stato e agli enti pubblici.

Titolo II
Rapporti etico-sociali

29. La Repubblica riconosce i diritti della famiglia come società naturale fondata sul matrimonio.

Il matrimonio è ordinato sulla eguaglianza morale e giuridica dei coniugi, con i limiti stabiliti dalla legge a garanzia dell'unità familiare.

30. È dovere e diritto dei genitori mantenere, istruire ed educare i figli, anche se nati fuori dal matrimonio.

Nei casi di incapacità dei genitori, la legge provvede a che siano assolti i loro compiti.

La legge assicura ai figli nati fuori dal matrimonio ogni tutela giuridica e sociale, compatibile con i diritti dei membri della famiglia legittima.

La legge detta le norme e i limiti per la ricerca della paternità.

31. La Repubblica agevola con misure economiche e altre provvidenze la formazione della famiglia e l'adempimento dei compiti relativi, con particolare riguardo alle famiglie numerose.

Protegge la maternità, l'infanzia e la gioventù, favorendo gli istituti necessari a tale scopo.

32. (1) La Repubblica tutela la salute come fondamentale diritto dell'individuo e interesse della collettività, e garantisce cure gratuite agli indigenti.

Nessuno può essere obbligato a un determinato trattamento sanitario se non per disposizione di legge. La legge non può in nessun caso violare i limiti imposti dal rispetto della persona umana.

(1) *In attuazione di questo articolo si veda la L. 6 dicembre 1991, n. 394, recante legge quadro sulle aree protette.*

33. L'arte e la scienza sono libere e libero ne è l'insegnamento.

La Repubblica detta le norme generali sull'istruzione ed istituisce scuole statali per tutti gli ordini e gradi.

Enti e privati hanno il diritto di istituire scuole ed istituti di educazione, senza oneri per lo Stato.

La legge, nel fissare i diritti e gli obblighi delle scuole non statali che chiedono la parità, deve assicurare ad esse piena libertà e ai loro alunni un trattamento scolastico equipollente a quello degli alunni di scuole statali.

È prescritto un esame di Stato per l'ammissione ai vari ordini e gradi di scuole o per la conclusione di essi e per l'abilitazione all'esercizio professionale.

Le istituzioni di alta cultura, università ed accademie, hanno il diritto di darsi ordinamenti autonomi nei limiti stabiliti dalle leggi dello Stato.

La Repubblica riconosce il valore educativo, sociale e di promozione del benessere psicofisico dell'attività sportiva in tutte le sue forme (1).

(1) *Questo comma è stato aggiunto dall'art. 1, comma 1, della L.Cost. 26 settembre 2023, n. 1.*

34. (1) La scuola è aperta a tutti.

L'istruzione inferiore, impartita per almeno otto anni, è obbligatoria e gratuita.

I capaci e meritevoli, anche se privi di mezzi, hanno diritto di raggiungere i gradi più alti degli studi.

La Repubblica rende effettivo questo diritto con borse di studio, assegni alle famiglie ed altre provvidenze, che devono essere attribuite per concorso.

(1) *In attuazione di questo articolo si veda la L. 2 dicembre 1991, n. 390, contenente norme sul diritto agli studi universitari.*

Titolo III
Rapporti economici

35. La Repubblica tutela il lavoro in tutte le sue forme ed applicazioni.

Cura la formazione e l'elevazione professionale dei lavoratori.

Promuove e favorisce gli accordi e le organizzazioni internazionali intesi ad affermare e regolare i diritti del lavoro.

Riconosce la libertà di emigrazione, salvo gli obblighi stabiliti dalla legge nell'interesse generale, e tutela il lavoro italiano all'estero.

36. Il lavoratore ha diritto ad una retribuzione proporzionata alla quantità e qualità del suo lavoro e in ogni caso sufficiente ad assicurare a sé e alla famiglia una esistenza libera e dignitosa.

La durata massima della giornata lavorativa è stabilita dalla legge.

Il lavoratore ha diritto al riposo settimanale e a ferie annuali retribuite, e non può rinunziarvi.

37. La donna lavoratrice ha gli stessi diritti e, a parità di lavoro, le stesse retribuzioni che spettano al lavoratore. Le condizioni di lavoro devono consentire l'adempimento della sua essenziale funzione familiare e assicurare alla madre e al bambino una speciale adeguata protezione.

La legge stabilisce il limite minimo di età per il lavoro salariato.

La Repubblica tutela il lavoro dei minori con speciali norme e garantisce ad essi, a parità di lavoro, il diritto alla parità di retribuzione.

38. Ogni cittadino inabile al lavoro e sprovvisto dei mezzi necessari per vivere ha diritto al mantenimento e all'assistenza sociale.

I lavoratori hanno diritto che siano preveduti ed assicurati mezzi adeguati alle loro esigenze di vita in caso di infortunio, malattia, invalidità e vecchiaia, disoccupazione involontaria.

Gli inabili ed i minorati hanno diritto all'educazione e all'avviamento professionale.

Ai compiti previsti in questo articolo provvedono organi ed istituti predisposti o integrati dallo Stato.

L'assistenza privata è libera.

39. L'organizzazione sindacale è libera.

Ai sindacati non può essere imposto altro obbligo se non la loro registrazione presso uffici locali o centrali, secondo le norme di legge.

È condizione per la registrazione che gli statuti dei sindacati sanciscano un ordinamento interno a base democratica.

I sindacati registrati hanno personalità giuridica. Possono, rappresentati unitariamente in proporzione dei loro iscritti, stipulare contratti collettivi di lavoro con efficacia obbligatoria per tutti gli appartenenti alle categorie alle quali il contratto si riferisce.

40. Il diritto di sciopero si esercita nell'ambito delle leggi che lo regolano.

41. ([1]) L'iniziativa economica privata è libera.

Non può svolgersi in contrasto con l'utilità sociale o in modo da recare danno alla salute, all'ambiente, ([2]) alla sicurezza, alla libertà, alla dignità umana.

La legge determina i programmi e i controlli opportuni perché l'attività economica pubblica e privata possa essere indirizzata e coordinata a fini sociali e ambientali ([3]).

([1]) *In attuazione di questo articolo si veda la L. 10 ottobre 1990, n. 287, cosiddetta legge antitrust, contenente norme per la tutela della concorrenza e del mercato.*

([2]) *Le parole: «alla salute, all'ambiente,» sono state inserite dall'art. 2, comma 1, lett. a), della L. Cost. 11 febbraio 2022, n. 1.*

([3]) *Le parole: «e ambientali» sono state aggiunte dall'art. 2, comma 1, lett. b), della L. Cost. 11 febbraio 2022, n. 1.*

42. La proprietà è pubblica o privata. I beni economici appartengono allo Stato, ad enti o a privati.

La proprietà privata è riconosciuta e garantita dalla legge, che ne determina i modi di acquisto, di godimento e i limiti allo scopo di assicurarne la funzione sociale e di renderla accessibile a tutti.

La proprietà privata può essere, nei casi preveduti dalla legge, e salvo indennizzo, espropriata per motivi d'interesse generale.

La legge stabilisce le norme ed i limiti della successione legittima e testamentaria e i diritti dello Stato sulle eredità.

43. A fini di utilità generale la legge può riservare originariamente o trasferire, mediante espropriazione e salvo indennizzo, allo Stato, ad enti pubblici o a comunità di lavoratori o di utenti determinate imprese o categorie di imprese, che si riferiscano a servizi pubblici essenziali o a fonti di energia o a situazioni di monopolio ed abbiano carattere di preminente interesse generale.

44. Al fine di conseguire il razionale sfruttamento del suolo e di stabilire equi rapporti sociali, la legge impone obblighi e vincoli alla proprietà terriera privata, fissa limiti alla sua estensione secondo le regioni e le zone agrarie, promuove ed impone la bonifica delle terre, la trasformazione del latifondo e la ricostituzione delle unità produttive; aiuta la piccola e la media proprietà.

La legge dispone provvedimenti a favore delle zone montane.

45. La Repubblica riconosce la funzione sociale della cooperazione a carattere di mutualità e senza fini di speculazione privata. La legge ne promuove e favorisce l'incremento con i mezzi più idonei e ne assicura, con gli opportuni controlli, il carattere e le finalità.

La legge provvede alla tutela e allo sviluppo dell'artigianato.

46. Ai fini della elevazione economica e sociale del lavoro e in armonia con le esigenze della produzione, la Repubblica riconosce il diritto dei lavoratori a collaborare, nei modi e nei limiti stabiliti dalle leggi, alla gestione delle aziende.

47. La Repubblica incoraggia e tutela il risparmio in tutte le sue forme; disciplina, coordina e controlla l'esercizio del credito.

Favorisce l'accesso del risparmio popolare alla proprietà dell'abitazione, alla proprietà diretta coltivatrice e al diretto e indiretto investimento azionario nei grandi complessi produttivi del Paese.

Titolo IV
Rapporti politici

48. Sono elettori tutti i cittadini, uomini e donne, che hanno raggiunto la maggiore età.

Il voto è personale ed eguale, libero e segreto. Il suo esercizio è dovere civico.

La legge stabilisce requisiti e modalità per l'esercizio del diritto di voto dei cittadini residenti all'estero e ne assicura l'effettività. A tale fine è istituita una circoscrizione Estero per l'elezione delle Camere, alla quale sono assegnati seggi nel numero stabilito da norma costituzionale e secondo criteri determinati dalla legge ([1]).

Il diritto di voto non può essere limitato se non per incapacità civile o per effetto di sentenza penale irrevocabile o nei casi di indegnità morale indicati dalla legge.

(1) *Questo comma è stato inserito dall'art. 1 della L. cost. 17 gennaio 2000, n. 1.*

49. Tutti i cittadini hanno diritto di associarsi liberamente in partiti per concorrere con metodo democratico a determinare la politica nazionale.

50. Tutti i cittadini possono rivolgere petizioni alle Camere per chiedere provvedimenti legislativi o esporre comuni necessità.

51. Tutti i cittadini dell'uno o dell'altro sesso possono accedere agli uffici pubblici e alle cariche elettive in condizioni di eguaglianza, secondo i requisiti stabiliti dalla legge. A tale fine la Repubblica promuove con appositi provvedimenti le pari opportunità tra donne e uomini (1).

La legge può, per l'ammissione ai pubblici uffici e alle cariche elettive, parificare ai cittadini gli italiani non appartenenti alla Repubblica.

Chi è chiamato a funzioni pubbliche elettive ha diritto di disporre del tempo necessario al loro adempimento e di conservare il suo posto di lavoro.

(1) *L'ultimo periodo di questo comma è stato aggiunto dall'art. 1 della L. cost. 30 maggio 2003, n. 1.*

52. La difesa della Patria è sacro dovere del cittadino.

Il servizio militare è obbligatorio nei limiti e modi stabiliti dalla legge. Il suo adempimento non pregiudica la posizione di lavoro del cittadino, né l'esercizio dei diritti politici.

L'ordinamento delle Forze armate si informa allo spirito democratico della Repubblica.

53. Tutti sono tenuti a concorrere alle spese pubbliche in ragione della loro capacità contributiva.

Il sistema tributario è informato a criteri di progressività.

54. Tutti i cittadini hanno il dovere di essere fedeli alla Repubblica e di osservare la Costituzione e le leggi.

I cittadini cui sono affidate funzioni pubbliche hanno il dovere di adempierle con disciplina ed onore, prestando giuramento nei casi stabiliti dalla legge.

Parte II
Ordinamento della Repubblica

Titolo I
Il Parlamento

Sezione I
Le Camere

55. Il Parlamento si compone della Camera dei deputati e del Senato della Repubblica.

Il Parlamento si riunisce in seduta comune dei membri delle due Camere nei soli casi stabiliti dalla Costituzione.

56. (1) La Camera dei deputati è eletta a suffragio universale e diretto.

Il numero dei deputati è di quattrocento (2), otto (3) dei quali eletti nella circoscrizione Estero (4).

Sono eleggibili a deputati tutti gli elettori che nel giorno delle elezioni hanno compiuto i venticinque anni di età.

La ripartizione dei seggi tra le circoscrizioni, fatto salvo il numero dei seggi assegnati alla circoscrizione Estero, si effettua dividendo il numero degli abitanti della Repubblica, quale risulta dall'ultimo censimento generale della popolazione, per trecentonovantadue (5) e distribuendo i seggi in proporzione alla popolazione di ogni circoscrizione, sulla base dei quozienti interi e dei più alti resti.

(1) *Questo articolo è stato dapprima sostituito dall'art. 1 della L. cost. 9 febbraio 1963, n. 2, e poi modificato dalla L. cost. 23 gennaio 2001, n. 1.*

(2) *La parola: «seicentotrenta» è stata così sostituita dall'attuale: «quattrocento» dall'art. 1, comma 1, lett. a), della L. cost. 19 ottobre 2020, n. 1. A norma dell'art. 4 della medesima legge, tali disposizioni si applicano a decorrere dalla data del primo scioglimento o della prima cessazione delle Camere successiva alla data di entrata in vigore della presente legge costituzionale (G.U. Serie gen. - n. 261 del 21 ottobre 2020) e comunque non prima che siano decorsi sessanta giorni dalla predetta data di entrata in vigore.*

(3) *La parola: «dodici» è stata così sostituita dall'attuale: «otto» dall'art. 1, comma 1, lett. a), della L. cost. 19 ottobre 2020, n. 1. A norma dell'art. 4 della medesima legge, tali disposizioni si applicano a decorrere dalla data del primo scioglimento o della prima cessazione delle Camere successiva alla data di entrata in vigore della presente legge costituzionale (G.U. Serie gen. - n. 261 del 21 ottobre 2020) e comunque non prima che siano decorsi sessanta giorni dalla predetta data di entrata in vigore.*

(4) *Questo comma è stato così sostituito dall'art. 1, comma 1, della L. cost. 23 gennaio 2001, n. 1.*

(5) *Le parole: «si effettua dividendo il numero degli abitanti della Repubblica, quale risulta dall'ultimo censimento generale della popolazione, per seicento-*

trenta» sono state così sostituite dalle seguenti: «fatto salvo il numero dei seggi assegnati alla circoscrizione Estero, si effettua dividendo il numero degli abitanti della Repubblica, quale risulta dall'ultimo censimento generale della popolazione, per seicentodiciotto» dall'art. 1, comma 2, della L. cost. 23 gennaio 2001, n. 1.

L'art. 1, comma 1, lett. b), della L. cost. 19 ottobre 2020, n. 1, ha poi sostituito la parola: «seicentodiciotto» con l'attuale: «trecentonovantadue». A norma dell'art. 4 della medesima legge, tali disposizioni si applicano a decorrere dalla data del primo scioglimento o della prima cessazione delle Camere successiva alla data di entrata in vigore della presente legge costituzionale (G.U. Serie gen. - n. 261 del 21 ottobre 2020) e comunque non prima che siano decorsi sessanta giorni dalla predetta data di entrata in vigore.

57. (1) Il Senato della Repubblica è eletto a base regionale, salvi i seggi assegnati alla circoscrizione Estero (2).

Il numero dei senatori elettivi è di duecento (3), quattro (4) dei quali eletti nella circoscrizione Estero (5).

Nessuna Regione o Provincia autonoma (6) può avere un numero di senatori inferiore a tre (7); il Molise ne ha due, la Valle d'Aosta uno.

La ripartizione dei seggi tra le Regioni o le Province autonome, previa applicazione delle disposizioni del precedente comma, si effettua in proporzione alla loro popolazione, quale risulta dall'ultimo censimento generale, sulla base dei quozienti interi e dei più alti resti (8).

(1) Questo articolo è stato dapprima sostituito dalla L. cost. 9 febbraio 1963, n. 2 e poi modificato dalla L. cost. 27 dicembre 1963, n. 3.

(2) Questo comma è stato così sostituito dall'art. 2, comma 1, della L. cost. 23 gennaio 2001, n. 1.

(3) La parola: «trecentoquindici» è stata così sostituita dall'attuale: «duecento» dall'art. 2, comma 1, lett. a), della L. cost. 19 ottobre 2020, n. 1. A norma dell'art. 4 della medesima legge, tali disposizioni si applicano a decorrere dalla data del primo scioglimento o della prima cessazione delle Camere successiva alla data di entrata in vigore della presente legge costituzionale (G.U. Serie gen. - n. 261 del 21 ottobre 2020) e comunque non prima che siano decorsi sessanta giorni dalla predetta data di entrata in vigore.

(4) La parola: «sei» è stata così sostituita dall'attuale: «quattro» dall'art. 2, comma 1, lett. a), della L. cost. 19 ottobre 2020, n. 1. A norma dell'art. 4 della medesima legge, tali disposizioni si applicano a decorrere dalla data del primo scioglimento o della prima cessazione delle Camere successiva alla data di entrata in vigore della presente legge costituzionale (G.U. Serie gen. - n. 261 del 21 ottobre 2020) e comunque non prima che siano decorsi sessanta giorni dalla predetta data di entrata in vigore.

(5) Questo comma è stato così sostituito dall'art. 2, comma 2, della L. cost. 23 gennaio 2001, n. 1.

(6) Le parole: «o Provincia autonoma» sono state inserite all'art. 2, comma 1, lett. b), della L. cost. 19 ottobre 2020, n. 1. A norma dell'art. 4 della medesima legge, tali disposizioni si applicano a decorrere dalla data del primo scioglimento o della prima cessazione delle Camere successiva alla data di entrata in vigore della presente legge costituzionale (G.U. Serie gen. - n. 261 del 21 ottobre 2020) e comunque non prima che siano decorsi sessanta giorni dalla predetta data di entrata in vigore.

(7) La parola: «sette» è stata così sostituita dall'attuale: «tre» dall'art. 2, comma 1, lett. b), della L. cost. 19 ottobre 2020, n. 1. A norma dell'art. 4 della medesima legge, tali disposizioni si applicano a decorrere dalla data del primo scioglimento o della prima cessazione delle Camere successiva alla data di entrata in vigore della presente legge costituzionale (G.U. Serie gen. - n. 261 del 21 ottobre 2020) e comunque non prima che siano decorsi sessanta giorni dalla predetta data di entrata in vigore.

(8) Questo comma è stato così sostituito dall'art. 2, comma 1, lett. c), della L. cost. 19 ottobre 2020, n. 1. A norma dell'art. 4 della medesima legge, tali disposizioni si applicano a decorrere dalla data del primo scioglimento o della prima cessazione delle Camere successiva alla data di entrata in vigore della presente legge costituzionale (G.U. Serie gen. - n. 261 del 21 ottobre 2020) e comunque non prima che siano decorsi sessanta giorni dalla predetta data di entrata in vigore.

Si riporta il testo precedente:

«La ripartizione dei seggi tra le Regioni, fatto salvo il numero dei seggi assegnati alla circoscrizione Estero, (*) previa applicazione delle disposizioni del precedente comma, si effettua in proporzione alla popolazione delle Regioni quale risulta dall'ultimo censimento generale, sulla base dei quozienti interi e dei più alti resti.».

(*) Le parole: «fatto salvo il numero dei seggi assegnati alla circoscrizione Estero,» sono state inserite dall'art. 2, comma 3, della L. cost. 23 gennaio 2001, n. 1.

58. I senatori sono eletti a suffragio universale e diretto [dagli elettori che hanno superato il venticinquesimo anno di età] (1).

Sono eleggibili a senatori gli elettori che hanno compiuto il quarantesimo anno.

(1) Le parole tra parentesi quadrate sono state soppresse dall'art. 1, comma 1, della L. Cost. 18 ottobre 2021, n. 1.

59. È senatore di diritto e a vita, salvo rinunzia, chi è stato Presidente della Repubblica.

Il Presidente della Repubblica può nominare senatori a vita cittadini che hanno illustrato la Patria per altissimi meriti nel campo sociale, scientifico, artistico e letterario. Il numero complessivo dei senatori in carica nominati dal Presidente della Repubblica non può in alcun caso essere superiore a cinque (1).

(1) Questo comma è stato così sostituito dall'art. 3 della L. cost. 19 ottobre 2020, n. 1.

60. (1) La Camera dei deputati e il Senato della Repubblica sono eletti per cinque anni.

La durata di ciascuna Camera non può essere prorogata se non per legge e soltanto in caso di guerra.

(1) *Questo articolo è stato così modificato dalla L. cost. 9 febbraio 1963, n. 2, contenente modifiche alla Costituzione.*

61. Le elezioni delle nuove Camere hanno luogo entro settanta giorni dalla fine delle precedenti. La prima riunione ha luogo non oltre il ventesimo giorno dalle elezioni.

Finché non siano riunite le nuove Camere sono prorogati i poteri delle precedenti.

62. Le Camere si riuniscono di diritto il primo giorno non festivo di febbraio e di ottobre.

Ciascuna Camera può essere convocata in via straordinaria per iniziativa del suo Presidente o del Presidente della Repubblica o di un terzo dei suoi componenti.

Quando si riunisce in via straordinaria una Camera, è convocata di diritto anche l'altra.

63. Ciascuna Camera elegge fra i suoi componenti il Presidente e l'Ufficio di presidenza.

Quando il Parlamento si riunisce in seduta comune, il Presidente e l'Ufficio di presidenza sono quelli della Camera dei deputati.

64. Ciascuna Camera adotta il proprio regolamento a maggioranza assoluta dei suoi componenti.

Le sedute sono pubbliche; tuttavia ciascuna delle due Camere e il Parlamento a Camere riunite possono deliberare di adunarsi in seduta segreta.

Le deliberazioni di ciascuna Camera e del Parlamento non sono valide se non è presente la maggioranza dei loro componenti, e se non sono adottate a maggioranza dei presenti, salvo che la Costituzione prescriva una maggioranza speciale.

I membri del Governo, anche se non fanno parte delle Camere, hanno diritto, e se richiesti obbligo, di assistere alle sedute. Devono essere sentiti ogni volta che lo richiedono.

65. La legge determina i casi di ineleggibilità e di incompatibilità con l'ufficio di deputato e di senatore.

Nessuno può appartenere contemporaneamente alle due Camere.

66. Ciascuna Camera giudica dei titoli di ammissione dei suoi componenti e delle cause sopraggiunte di ineleggibilità e di incompatibilità.

67. Ogni membro del Parlamento rappresenta la Nazione ed esercita le sue funzioni senza vincolo di mandato.

68. (1) (2) I membri del Parlamento non possono essere chiamati a rispondere delle opinioni espresse e dei voti dati nell'esercizio delle loro funzioni.

Senza autorizzazione della Camera alla quale appartiene, nessun membro del Parlamento può essere sottoposto a perquisizione personale o domiciliare, né può essere arrestato o altrimenti privato della libertà personale, o mantenuto in detenzione, salvo che in esecuzione di una sentenza irrevocabile di condanna, ovvero se sia colto nell'atto di commettere un delitto per il quale è previsto l'arresto obbligatorio in flagranza.

Analoga autorizzazione è richiesta per sottoporre i membri del Parlamento ad intercettazioni, in qualsiasi forma, di conversazioni o comunicazioni e a sequestro di corrispondenza.

(1) *Questo articolo è stato così sostituito dall'art. 1 della L. cost. 29 ottobre 1993, n. 3.*

(2) *Si veda la L. 20 giugno 2003, n. 140, recante disposizioni per l'attuazione di questo articolo nonché in materia di processi penali nei confronti delle alte cariche dello Stato.*

69. I membri del Parlamento ricevono una indennità stabilita dalla legge.

Sezione II
La formazione delle leggi

70. La funzione legislativa è esercitata collettivamente dalle due Camere.

71. L'iniziativa delle leggi appartiene al Governo, a ciascun membro delle Camere ed agli organi ed enti ai quali sia conferita da legge costituzionale.

Il popolo esercita l'iniziativa delle leggi, mediante la proposta, da parte di almeno cinquantamila elettori, di un progetto redatto in articoli.

72. Ogni disegno di legge, presentato ad una Camera è, secondo le norme del suo regolamento, esaminato da una commissione e poi dalla Camera stessa, che lo approva articolo per articolo e con votazione finale.

Il regolamento stabilisce procedimenti abbreviati per i disegni di legge dei quali è dichiarata l'urgenza.

Può altresì stabilire in quali casi e forme l'esame e l'approvazione dei disegni di legge sono deferiti a commissioni, anche permanenti, composte in modo da rispecchiare la proporzione dei gruppi parlamentari. Anche in tali casi, fino al momento della sua approvazione definitiva, il disegno di legge è rimesso alla Camera, se il Governo o un decimo dei componenti della Camera o un quinto della commissione richiedono che sia discusso o votato dalla Camera stessa oppure che sia sottoposto alla sua approvazione finale con sole dichiarazioni di voto. Il regolamento determina le forme di pubblicità dei lavori delle commissioni.

La procedura normale di esame e di approvazione diretta da parte della Camera è sempre adottata per i disegni di legge in materia costituzionale ed elettorale e per quelli di delegazione legislativa, di autorizzazione a ratificare trattati internazionali, di approvazione di bilanci e consuntivi.

73. Le leggi sono promulgate dal Presidente della Repubblica entro un mese dall'approvazione.

Se le Camere, ciascuna a maggioranza assoluta dei propri componenti, ne dichiarano l'urgenza, la legge è promulgata nel termine da essa stabilito.

Le leggi sono pubblicate subito dopo la promulgazione ed entrano in vigore il quindicesimo giorno successivo alla loro pubblicazione, salvo che le leggi stesse stabiliscano un termine diverso.

74. Il Presidente della Repubblica, prima di promulgare la legge, può con messaggio motivato alle Camere chiedere una nuova deliberazione.

Se le Camere approvano nuovamente la legge, questa deve essere promulgata.

75. È indetto «referendum» popolare per deliberare la abrogazione, totale o parziale, di una legge o di un atto avente valore di legge, quando lo richiedono cinquecentomila elettori o cinque Consigli regionali.

Non è ammesso il «referendum» per le leggi tributarie e di bilancio, di amnistia e di indulto, di autorizzazione a ratificare trattati internazionali.

Hanno diritto di partecipare al «referendum» tutti i cittadini chiamati ad eleggere la Camera dei deputati.

La proposta soggetta a «referendum» è approvata se ha partecipato alla votazione la maggioranza degli aventi diritto, e se è raggiunta la maggioranza dei voti validamente espressi.

La legge determina le modalità di attuazione del «referendum».

76. L'esercizio della funzione legislativa non può essere delegato al Governo se non con determinazione di principi e criteri direttivi e soltanto per tempo limitato e per oggetti definiti.

77. Il Governo non può, senza delegazione delle Camere, emanare decreti che abbiano valore di legge ordinaria.

Quando, in casi straordinari di necessità e d'urgenza, il Governo adotta, sotto la sua responsabilità, provvedimenti provvisori con forza di legge, deve il giorno stesso presentarli per la conversione alle Camere che, anche se sciolte, sono appositamente convocate e si riuniscono entro cinque giorni.

I decreti perdono efficacia sin dall'inizio, se non sono convertiti in legge entro sessanta giorni dalla loro pubblicazione. Le Camere possono tuttavia regolare con legge i rapporti giuridici sorti sulla base dei decreti non convertiti.

78. Le Camere deliberano lo stato di guerra e conferiscono al Governo i poteri necessari.

79. (1) L'amnistia e l'indulto sono concessi con legge deliberata a maggioranza dei due terzi dei componenti di ciascuna Camera, in ogni suo articolo e nella votazione finale.

La legge che concede l'amnistia o l'indulto stabilisce il termine per la loro applicazione.

In ogni caso l'amnistia e l'indulto non possono applicarsi ai reati commessi successivamente alla presentazione del disegno di legge.

(1) *Questo articolo è stato così sostituito dall'art. 1 della L. cost. 6 marzo 1992, n. 1.*

80. Le Camere autorizzano con legge la ratifica dei trattati internazionali che sono di natura politica, o prevedono arbitrati o regolamenti giudiziari, o importano variazioni del territorio od oneri alle finanze o modificazioni di leggi.

81. (1) Lo Stato assicura l'equilibrio tra le entrate e le spese del proprio bilancio, tenendo conto delle fasi avverse e delle fasi favorevoli del ciclo economico.

Il ricorso all'indebitamento è consentito solo al fine di considerare gli effetti del ciclo economico e, previa autorizzazione delle Camere adottata a maggioranza assoluta dei rispettivi componenti, al verificarsi di eventi eccezionali.

Ogni legge che importi nuovi o maggiori oneri provvede ai mezzi per farvi fronte.

Le Camere ogni anno approvano con legge il bilancio e il rendiconto consuntivo presentati dal Governo.

L'esercizio provvisorio del bilancio non può essere concesso se non per legge e per periodi non superiori complessivamente a quattro mesi.

Il contenuto della legge di bilancio, le norme fondamentali e i criteri volti ad assicurare l'equilibrio tra le entrate e le spese dei bilanci e la sostenibilità del debito del complesso delle pubbliche amministrazioni sono stabiliti con legge approvata a maggioranza assoluta dei componenti di ciascuna Camera, nel rispetto dei principi definiti con legge costituzionale (2).

(1) *Questo articolo è stato così sostituito dall'art. 1 della L. cost. 20 aprile 2012, n. 1.*

A norma dell'art. 6 della medesima legge tali disposizioni si applicano a decorrere dall'esercizio finanziario relativo all'anno 2014.

Si riporta il testo previgente:

«Le Camere approvano ogni anno i bilanci e il rendiconto consuntivo presentati dal Governo.

L'esercizio provvisorio del bilancio non può essere concesso se non per legge e per periodi non superiori complessivamente a quattro mesi.

Con la legge di approvazione del bilancio non si possono stabilire nuovi tributi e nuove spese.

Ogni altra legge che importi nuove e maggiori spese deve indicare i mezzi per farvi fronte.».

(2) *Si veda la L. 24 dicembre 2012, n. 243, recante attuazione del principio del pareggio di bilancio. Tali disposizioni si applicano a decorrere dal 1° gennaio 2014, ad eccezione del capo IV e dell'articolo 15, che si applicano a decorrere dal 1° gennaio 2016.*

82. Ciascuna Camera può disporre inchieste su materie di pubblico interesse.

A tale scopo nomina fra i propri componenti una commissione formata in modo da rispecchiare la proporzione dei vari gruppi. La commissione d'inchiesta procede alle indagini e agli esami con gli stessi poteri e le stesse limitazioni dell'autorità giudiziaria.

Titolo II
Il Presidente della Repubblica

83. Il Presidente della Repubblica è eletto dal Parlamento in seduta comune dei suoi membri.

All'elezione partecipano tre delegati per ogni Regione eletti dal Consiglio regionale in modo che sia assicurata la rappresentanza delle minoranze. La Valle d'Aosta ha un solo delegato.

L'elezione del Presidente della Repubblica ha luogo per scrutinio segreto a maggioranza di due terzi dell'assemblea. Dopo il terzo scrutinio è sufficiente la maggioranza assoluta.

84. Può essere eletto Presidente della Repubblica ogni cittadino che abbia compiuto cinquanta anni d'età e goda dei diritti civili e politici.

L'ufficio di Presidente della Repubblica è incompatibile con qualsiasi altra carica.

L'assegno e la dotazione del Presidente sono determinati per legge.

85. Il Presidente della Repubblica è eletto per sette anni.

Trenta giorni prima che scada il termine il Presidente della Camera dei deputati convoca in seduta comune il Parlamento e i delegati regionali, per eleggere il nuovo Presidente della Repubblica.

Se le Camere sono sciolte, o manca meno di tre mesi alla loro cessazione, la elezione ha luogo entro quindici giorni dalla riunione delle Camere nuove. Nel frattempo sono prorogati i poteri del Presidente in carica.

86. Le funzioni del Presidente della Repubblica, in ogni caso che egli non possa adempierle, sono esercitate dal Presidente del Senato.

In caso di impedimento permanente o di morte o di dimissioni del Presidente della Repubblica, il Presidente della Camera dei deputati indice la elezione del nuovo Presidente della Repubblica entro quindici giorni, salvo il maggior termine previsto se le Camere sono sciolte o manca meno di tre mesi alla loro cessazione.

87. Il Presidente della Repubblica è il capo dello Stato e rappresenta l'unità nazionale.

Può inviare messaggi alle Camere.

Indice le elezioni delle nuove Camere e ne fissa la prima riunione.

Autorizza la presentazione alle Camere dei disegni di legge di iniziativa del Governo.

Promulga le leggi ed emana i decreti aventi valore di legge e i regolamenti.

Indice il «referendum» popolare nei casi previsti dalla Costituzione.

Nomina, nei casi indicati dalla legge, i funzionari dello Stato.

Accredita e riceve i rappresentanti diplomatici, ratifica i trattati internazionali, previa, quando occorra, l'autorizzazione delle Camere.

Ha il comando delle Forze Armate, presiede il Consiglio supremo di difesa costituito secondo la legge, dichiara lo stato di guerra deliberato dalle Camere.

Presiede il Consiglio superiore della magistratura.

Può concedere grazia e commutare le pene.

Conferisce le onorificenze della Repubblica.

88. Il Presidente della Repubblica può, sentiti i loro Presidenti, sciogliere le Camere o anche una sola di esse.

Non può esercitare tale facoltà negli ultimi sei mesi del suo mandato, salvo che essi coincidano in tutto o in parte con gli ultimi sei mesi della legislatura (1).

(1) *Questo comma è stato così sostituito dall'art. 1 della L. cost. 4 novembre 1991, n. 1, recante modifiche a questo articolo della Costituzione.*

89. Nessun atto del Presidente della Repubblica è valido se non è controfirmato dai ministri proponenti, che ne assumono la responsabilità.

Gli atti che hanno valore legislativo e gli altri indicati dalla legge sono controfirmati anche dal Presidente del Consiglio dei ministri.

90. Il Presidente della Repubblica non è responsabile degli atti compiuti nell'esercizio delle sue funzioni, tranne che per alto tradimento o per attentato alla Costituzione.

In tali casi è messo in stato di accusa dal Parlamento in seduta comune, a maggioranza assoluta dei suoi membri.

91. Il Presidente della Repubblica, prima di assumere le sue funzioni, presta giuramento di fedeltà alla Repubblica e di osservanza della Costituzione dinanzi al Parlamento in seduta comune.

Titolo III
Il Governo

Sezione I
Il Consiglio dei ministri

92. Il Governo della Repubblica è composto del Presidente del Consiglio e dei ministri, che costituiscono insieme il Consiglio dei ministri.

Il Presidente della Repubblica nomina il Presidente del Consiglio dei ministri e, su proposta di questo, i ministri.

93. Il Presidente del Consiglio dei ministri e i ministri, prima di assumere le funzioni, prestano giuramento nelle mani del Presidente della Repubblica.

94. Il Governo deve avere la fiducia delle due Camere.

Ciascuna Camera accorda o revoca la fiducia mediante mozione motivata e votata per appello nominale.

Entro dieci giorni dalla sua formazione il Governo si presenta alle Camere per ottenerne la fiducia.

Il voto contrario di una o entrambe le Camere su una proposta del Governo non importa obbligo di dimissioni.

La mozione di sfiducia deve essere firmata da almeno un decimo dei componenti della Camera e non può essere messa in discussione prima di tre giorni dalla sua presentazione.

95. Il Presidente del Consiglio dei ministri dirige la politica generale del Governo e ne è responsabile. Mantiene l'unità di indirizzo politico ed amministrativo, promuovendo e coordinando l'attività dei ministri.

I ministri sono responsabili collegialmente degli atti del Consiglio dei ministri, e individualmente degli atti dei loro dicasteri.

La legge provvede all'ordinamento della Presidenza del Consiglio e determina il numero, le attribuzioni e l'organizzazione dei ministeri.

96. (1) Il Presidente del Consiglio dei ministri ed i ministri, anche se cessati dalla carica, sono sottoposti, per i reati commessi nell'esercizio delle loro funzioni, alla giurisdizione ordinaria, previa autorizzazione del Senato della Repubblica o della Camera dei deputati, secondo le norme stabilite con legge costituzionale.

(1) *Questo articolo è stato così sostituito dalla L. cost. 16 gennaio 1989, n. 1, recante modifiche alla Costituzione.*

Sezione II
La Pubblica Amministrazione

97. Le pubbliche amministrazioni, in coerenza con l'ordinamento dell'Unione europea, assicurano l'equilibrio dei bilanci e la sostenibilità del debito pubblico (1).

I pubblici uffici sono organizzati secondo disposizioni di legge, in modo che siano assicurati il buon andamento e l'imparzialità dell'amministrazione.

Nell'ordinamento degli uffici sono determinate le sfere di competenza, le attribuzioni e le responsabilità proprie dei funzionari.

Agli impieghi nelle pubbliche amministrazioni si accede mediante concorso, salvo i casi stabiliti dalla legge.

(1) *Questo comma è stato premesso dall'art. 2 della L. cost. 20 aprile 2012, n. 1. A norma dell'art. 6 della medesima legge tali disposizioni si applicano a decorrere dall'esercizio finanziario relativo all'anno 2014.*

98. I pubblici impiegati sono al servizio esclusivo della Nazione.

Se sono membri del Parlamento, non possono conseguire promozioni se non per anzianità.

Si possono con legge stabilire limitazioni al diritto d'iscriversi ai partiti politici per i magistrati, i militari di carriera in servizio attivo, i funzionari ed agenti di polizia, i rappresentanti diplomatici e consolari all'estero.

Sezione III
Gli organi ausiliari

99. Il Consiglio nazionale della economia e del lavoro è composto, nei modi stabiliti dalla legge, di esperti e di rappresentanti delle categorie produttive, in misura che tenga conto della loro importanza numerica e qualitativa.

È organo di consulenza delle Camere e del Governo per le materie e secondo le funzioni che gli sono attribuite dalla legge.

Ha l'iniziativa legislativa e può contribuire alla elaborazione della legislazione economica e sociale secondo i principi ed entro i limiti stabiliti dalla legge.

100. Il Consiglio di Stato è organo di consulenza giuridico-amministrativa e di tutela della giustizia nell'amministrazione.

La Corte dei conti esercita il controllo preventivo di legittimità sugli atti del Governo, e anche quello successivo sulla gestione del bilancio dello Stato. Partecipa, nei casi e nelle forme stabiliti dalla legge, al controllo sulla gestione finanziaria degli enti a cui lo Stato contribuisce in via ordinaria. Riferisce direttamente alle Camere sul risultato del riscontro eseguito.

La legge assicura l'indipendenza dei due Istituti e dei loro componenti di fronte al Governo.

Titolo IV
La magistratura

Sezione I
Ordinamento giurisdizionale

101. La giustizia è amministrata in nome del popolo.

I giudici sono soggetti soltanto alla legge.

102. La funzione giurisdizionale è esercitata da magistrati ordinari istituiti e regolati dalle norme sull'ordinamento giudiziario.

Non possono essere istituiti giudici straordinari o giudici speciali. Possono soltanto istituirsi presso gli organi giudiziari ordinari sezioni specializzate per determinate materie, anche con la partecipazione di cittadini idonei estranei alla magistratura.

La legge regola i casi e le forme della partecipazione diretta del popolo all'amministrazione della giustizia.

103. Il Consiglio di Stato e gli altri organi di giustizia amministrativa hanno giurisdizione per la tutela nei confronti della pubblica amministrazione degli interessi legittimi e, in particolari materie indicate dalla legge, anche dei diritti soggettivi.

La Corte dei conti ha giurisdizione nelle materie di contabilità pubblica e nelle altre specificate dalla legge.

I tribunali militari in tempo di guerra hanno la giurisdizione stabilita dalla legge. In tempo di pace hanno giurisdizione soltanto per i reati militari commessi da appartenenti alle Forze Armate.

104. La magistratura costituisce un ordine autonomo e indipendente da ogni altro potere.

Il Consiglio superiore della magistratura è presieduto dal Presidente della Repubblica.

Ne fanno parte di diritto il primo presidente e il procuratore generale della Corte di cassazione.

Gli altri componenti sono eletti per due terzi da tutti i magistrati ordinari tra gli appartenenti alle varie categorie, e per un terzo dal Parlamento in seduta comune tra professori ordinari di università in materie giuridiche ed avvocati dopo quindici anni di esercizio.

Il Consiglio elegge un vice presidente fra i componenti designati dal Parlamento.

I membri elettivi del Consiglio durano in carica quattro anni e non sono immediatamente rieleggibili.

Non possono, finché sono in carica, essere iscritti negli albi professionali, né far parte del Parlamento o di un Consiglio regionale.

105. Spettano al Consiglio superiore della magistratura, secondo le norme dell'ordinamento giudiziario, le assunzioni, le assegnazioni ed i trasferimenti, le promozioni e i provvedimenti disciplinari nei riguardi dei magistrati.

106. Le nomine dei magistrati hanno luogo per concorso.

La legge sull'ordinamento giudiziario può ammettere la nomina, anche elettiva, di magistrati onorari per tutte le funzioni attribuite a giudici singoli.

Su designazione del Consiglio superiore della magistratura possono essere chiamati all'ufficio di consiglieri di cassazione, per meriti insigni, professori ordinari di università in materie giuridiche e avvocati che abbiano quindici anni di esercizio e siano iscritti negli albi speciali per le giurisdizioni superiori (1).

(1) *In attuazione di questo comma, si veda la L. 5 agosto 1998, n. 303, recante nomina di professori universitari e di avvocati all'ufficio di consigliere di cassazione.*

107. I magistrati sono inamovibili. Non possono essere dispensati o sospesi dal servizio né destinati ad altre sedi o funzioni se non in seguito a decisione del Consiglio superiore della magistratura, adottata o per i motivi e con le garanzie di difesa stabilite dall'ordinamento giudiziario o con il loro consenso.

Il ministro della giustizia ha facoltà di promuovere l'azione disciplinare.

I magistrati si distinguono fra loro soltanto per diversità di funzioni.

Il pubblico ministero gode delle garanzie stabilite nei suoi riguardi dalle norme sull'ordinamento giudiziario.

108. Le norme sull'ordinamento giudiziario e su ogni magistratura sono stabilite con legge.

La legge assicura l'indipendenza dei giudici delle giurisdizioni speciali, del pubblico ministero presso di esse, e degli estranei che partecipano all'amministrazione della giustizia.

109. L'autorità giudiziaria dispone direttamente della polizia giudiziaria.

110. Ferme le competenze del Consiglio superiore della magistratura, spettano al Ministro della giustizia l'organizzazione e il funzionamento dei servizi relativi alla giustizia.

Sezione II
Norme sulla giurisdizione

111. La giurisdizione si attua mediante il giusto processo regolato dalla legge (1).

Ogni processo si svolge nel contraddittorio tra le parti, in condizioni di parità, davanti a giudice terzo e imparziale. La legge ne assicura la ragionevole durata (1).

Nel processo penale, la legge assicura che la persona accusata di un reato sia, nel più breve tempo possibile, informata riservatamente della natura e dei motivi dell'accusa elevata a suo carico; disponga del tempo e delle condizioni necessari per preparare la sua difesa; abbia la facoltà, davanti al giudice, di interrogare o di far interrogare le persone che rendono dichiarazioni a suo carico, di ottenere la convocazione e l'interrogatorio di persone a sua difesa nelle stesse condizioni dell'accusa e l'acquisizione di ogni altro mezzo di prova a suo favore; sia assistita da un interprete se non comprende o non parla la lingua impiegata nel processo (1).

Il processo penale è regolato dal principio del contraddittorio nella formazione della prova. La colpevolezza dell'imputato non può essere provata sulla base di dichiarazioni rese da chi, per libera scelta, si è sempre volontariamente sottratto all'interrogatorio da parte dell'imputato o del suo difensore (1).

La legge regola i casi in cui la formazione della prova non ha luogo in contraddittorio per consenso dell'imputato o per accertata impossibilità di natura oggettiva o per effetto di provata condotta illecita (1).

Tutti i provvedimenti giurisdizionali devono essere motivati.

Contro le sentenze e contro i provvedimenti sulla libertà personale, pronunciati dagli organi giurisdizionali ordinari o speciali, è sempre ammesso ricorso in Cassazione per violazione di legge. Si può derogare a tale norma soltanto per le sentenze dei tribunali militari in tempo di guerra.

Contro le decisioni del Consiglio di Stato e della Corte dei conti il ricorso in cassazione è ammesso per i soli motivi inerenti alla giurisdizione.

(1) *Questo comma è stato inserito dalla L. cost. 23 novembre 1999, n. 2. Si vedano inoltre il D.L. 7 gennaio 2000, n. 2, convertito, con modificazioni, nella L. 25 febbraio 2000, n. 35, e gli artt. 2 ss. della L. 24 marzo 2001, n. 89.*

112. Il Pubblico ministero ha l'obbligo di esercitare l'azione penale.

113. Contro gli atti della pubblica amministrazione è sempre ammessa la tutela giurisdizionale dei diritti e degli interessi legittimi dinanzi agli organi di giurisdizione ordinaria o amministrativa.

Tale tutela giurisdizionale non può essere esclusa o limitata a particolari mezzi di impugnazione o per determinate categorie di atti.

La legge determina quali organi di giurisdizione possono annullare gli atti della pubblica amministrazione nei casi e con gli effetti previsti dalla legge stessa.

Titolo V
Le Regioni, le Province, i Comuni (1)

(1) *Si veda la L. 5 giugno 2003, n. 131. Disposizioni per l'adeguamento dell'ordinamento della Repubblica alla legge costituzionale 18 ottobre 2001, n. 3.*

114. (1) La Repubblica è costituita dai Comuni, dalle Province, dalle Città metropolitane, dalle Regioni e dallo Stato.

I Comuni, le Province, le Città metropolitane e le Regioni sono enti autonomi con propri statuti, poteri e funzioni secondo i principi fissati dalla Costituzione.

Roma è la capitale della Repubblica. La legge dello Stato disciplina il suo ordinamento.

(1) *Questo articolo è stato così sostituito dall'art. 1 della L. cost. 18 ottobre 2001, n. 3.*

115. (1) [Le Regioni sono costituite in enti autonomi con propri poteri e funzioni secondo i principî fissati nella Costituzione].

(1) *Questo articolo è stato abrogato dall'art. 9, comma 2, della L. cost. 18 ottobre 2001, n. 3.*

116. (1) Il Friuli Venezia Giulia, la Sardegna, la Sicilia, il Trentino-Alto Adige/Südtirol e la Valle d'Aosta/Vallee d'Aoste dispongono di forme e condizioni particolari di autonomia, secondo i rispettivi statuti speciali adottati con legge costituzionale.

La Regione Trentino-Alto Adige/Südtirol è costituita dalle Province autonome di Trento e di Bolzano.

Ulteriori forme e condizioni particolari di autonomia, concernenti le materie di cui al terzo comma dell'articolo 117 e le materie indicate dal secondo comma del medesimo articolo alle lettere *l*), limitatamente all'organizzazione della giustizia di pace, *n*) e *s*), possono essere attribuite ad altre Regioni, con legge dello Stato, su iniziativa della Regione interessata, sentiti gli enti locali, nel rispetto dei principi di cui all'articolo 119. La legge è approvata dalle Camere a maggioranza assoluta dei componenti, sulla base di intesa fra lo Stato e la Regione interessata.

(1) *Questo articolo è stato così sostituito dall'art. 2 della L. cost. 18 ottobre 2001, n. 3.*

117. (1) La potestà legislativa è esercitata dallo Stato e dalle Regioni nel rispetto della Costituzione, nonché dei vincoli derivanti dall'ordinamento comunitario e dagli obblighi internazionali.

Lo Stato ha legislazione esclusiva nelle seguenti materie:

a) politica estera e rapporti internazionali dello Stato; rapporti dello Stato con l'Unione europea; diritto di asilo e condizione giuridica dei cittadini di Stati non appartenenti all'Unione europea;

b) immigrazione;

c) rapporti tra la Repubblica e le confessioni religiose;

d) difesa e Forze armate; sicurezza dello Stato; armi, munizioni ed esplosivi;

e) moneta, tutela del risparmio e mercati finanziari; tutela della concorrenza; sistema valutario; sistema tributario e contabile dello Stato; armonizzazione dei bilanci pubblici; (2) perequazione delle risorse finanziarie;

f) organi dello Stato e relative leggi elettorali; referendum statali; elezione del Parlamento europeo;

g) ordinamento e organizzazione amministrativa dello Stato e degli enti pubblici nazionali;

h) ordine pubblico e sicurezza, ad esclusione della polizia amministrativa locale;

i) cittadinanza, stato civile e anagrafi;

l) giurisdizione e norme processuali; ordinamento civile e penale; giustizia amministrativa;

m) determinazione dei livelli essenziali delle prestazioni concernenti i diritti civili e sociali che devono essere garantiti su tutto il territorio nazionale;

n) norme generali sull'istruzione;

o) previdenza sociale;

p) legislazione elettorale, organi di governo e funzioni fondamentali di Comuni, Province e Città metropolitane;

q) dogane, protezione dei confini nazionali e profilassi internazionale;

r) pesi, misure e determinazione del tempo; coordinamento informativo statistico e informatico dei dati dell'amministrazione statale, regionale e locale; opere dell'ingegno;

s) tutela dell'ambiente, dell'ecosistema e dei beni culturali.

Sono materie di legislazione concorrente quelle relative a: rapporti internazionali e con l'Unione europea delle Regioni; commercio con l'estero; tutela e sicurezza del lavoro; istruzione, salva l'autonomia delle istituzioni scolastiche e con esclusione della istruzione e della formazione professionale; professioni; ricerca scientifica e tecnologica e sostegno all'innovazione per i settori produttivi; tutela della salute; alimentazione; ordinamento sportivo; protezione civile; governo del territorio; porti e aeroporti civili; grandi reti di trasporto e di navigazione; ordinamento della comunicazione; produzione, trasporto e distribuzione nazionale dell'energia; previdenza complementare e integrativa; [armonizzazione dei bilanci pubblici e] (3) coordinamento della finanza pubblica e del sistema tributario; valorizzazione dei beni culturali e ambientali e promozione e organizzazione di attività culturali; casse di risparmio, casse rurali, aziende di credito a carattere regionale; enti di credito fondiario e agrario a carattere regionale. Nelle materie di legislazione concorrente spetta alle Regioni la potestà legislativa, salvo che per la determinazione dei principi fondamentali, riservata alla legislazione dello Stato.

Spetta alle Regioni la potestà legislativa in riferimento ad ogni materia non espressamente riservata alla legislazione dello Stato.

Le Regioni e le Province autonome di Trento e di Bolzano, nelle materie di loro competenza, partecipano alle decisioni dirette alla formazione degli atti normativi comunitari e provvedono all'attuazione e all'esecuzione degli accordi internazionali e degli atti dell'Unione europea, nel rispetto delle norme di procedura stabilite da legge dello Stato, che disciplina le modalità di esercizio del potere sostitutivo in caso di inadempienza.

La potestà regolamentare spetta allo Stato nelle materie di legislazione esclusiva, salva delega alle Regioni. La potestà regolamentare spetta alle Regioni in ogni altra materia. I Comuni, le Province e le Città metropolitane hanno potestà regolamentare in ordine alla disciplina dell'organizzazione e dello svolgimento delle funzioni loro attribuite.

Le leggi regionali rimuovono ogni ostacolo che impedisce la piena parità degli uomini e delle donne nella vita sociale, culturale ed economica e promuovono la parità di accesso tra donne e uomini alle cariche elettive.

La legge regionale ratifica le intese della Regione con altre Regioni per il migliore esercizio delle proprie funzioni, anche con individuazione di organi comuni.

Nelle materie di sua competenza la Regione può concludere accordi con Stati e intese con enti territoriali interni ad altro Stato, nei casi e con le forme disciplinati da leggi dello Stato.

(1) *Questo articolo è stato così sostituito dall'art. 3 della L. cost. 18 ottobre 2001, n. 3.*

(2) *Le parole: «armonizzazione dei bilanci pubblici;» sono state inserite dall'art. 3, comma 1, lett. a), della L. cost. 20 aprile 2012, n. 1. A norma dell'art. 6 della medesima legge tali disposizioni si applicano a decorrere dall'esercizio finanziario relativo all'anno 2014.*

(3) *Le parole fra parentesi quadrate sono state soppresse dall'art. 3, comma 1, lett. b), della L. cost. 20 aprile 2012, n. 1. A norma dell'art. 6 della medesima legge tali disposizioni si applicano a decorrere dall'esercizio finanziario relativo all'anno 2014.*

118. (1) Le funzioni amministrative sono attribuite ai Comuni salvo che, per assicurarne l'esercizio unitario, siano conferite a Province, Città metropolitane, Regioni e Stato, sulla base dei principi di sussidiarietà, differenziazione ed adeguatezza.

I Comuni, le Province e le Città metropolitane sono titolari di funzioni amministrative proprie e di quelle conferite con legge statale o regionale, secondo le rispettive competenze.

La legge statale disciplina forme di coordinamento fra Stato e Regioni nelle materie di cui alle lettere *b*) e *h*) del secondo comma dell'articolo 117, e disciplina inoltre forme di intesa e coordinamento nella materia della tutela dei beni culturali.

Stato, Regioni, Città metropolitane, Province e Comuni favoriscono l'autonoma iniziativa dei cittadini, singoli e associati, per lo svolgimento di attività di interesse generale, sulla base del principio di sussidiarietà.

(1) *Questo articolo è stato così sostituito dall'art. 4 della L. cost. 18 ottobre 2001, n. 3.*

119. (1) I Comuni, le Province, le Città metropolitane e le Regioni hanno autonomia finanziaria di entrata e di spesa, nel rispetto dell'equilibrio dei relativi bilanci, e concorrono ad assicurare l'osservanza dei vincoli economici e finanziari derivanti dall'ordinamento dell'Unione europea (2).

I Comuni, le Province, le Città metropolitane e le Regioni hanno risorse autonome. Stabiliscono e applicano tributi ed entrate propri, in armonia con la Costituzione e secondo i principi di coordinamento della finanza pubblica e del sistema tributario. Dispongono di compartecipazioni al gettito di tributi erariali riferibile al loro territorio.

La legge dello Stato istituisce un fondo perequativo, senza vincoli di destinazione, per i territori con minore capacità fiscale per abitante.

Le risorse derivanti dalle fonti di cui ai commi precedenti consentono ai Comuni, alle Province, alle Città metropolitane e alle Regioni di finanziare integralmente le funzioni pubbliche loro attribuite.

Per promuovere lo sviluppo economico, la coesione e la solidarietà sociale, per rimuovere gli squilibri economici e sociali, per favorire l'effettivo esercizio dei diritti della persona, o per provvedere a scopi diversi dal normale esercizio delle loro funzioni, lo Stato destina risorse aggiuntive ed effettua interventi speciali in favore di determinati Comuni, Province, Città metropolitane e Regioni.

La Repubblica riconosce le peculiarità delle Isole e promuove le misure necessarie a rimuovere gli svantaggi derivanti dall'insularità (3).

I Comuni, le Province, le Città metropolitane e le Regioni hanno un proprio patrimonio, attribuito secondo i principi generali determinati dalla legge dello Stato. Possono ricorrere all'indebitamento solo per finanziare spese di investimento, con la contestuale definizione di piani di ammortamento e a condizione che per il complesso degli enti di ciascuna Regione sia rispettato l'equilibrio di bilancio (4). È esclusa ogni garanzia dello Stato sui prestiti dagli stessi contratti.

(1) *Questo articolo è stato così sostituito dall'art. 5 della L. cost. 18 ottobre 2001, n. 3.*

(2) *Le parole: «, nel rispetto dell'equilibrio dei relativi bilanci, e concorrono ad assicurare l'osservanza dei vincoli economici e finanziari derivanti dall'ordinamento dell'Unione europea» sono state aggiunte dall'art. 4, comma 1, lett. a), della L. cost. 20 aprile 2012, n. 1. A norma dell'art. 6 della medesima legge tali disposizioni si applicano a decorrere dall'esercizio finanziario relativo all'anno 2014.*

(3) *Questo comma è stato inserito dall'art. 1, comma 1, della L. cost. 7 novembre 2022, n. 2.*

(4) *Le parole: «, con la contestuale definizione di piani di ammortamento e a condizione che per il complesso degli enti di ciascuna Regione sia rispettato l'equilibrio di bilancio» sono state aggiunte dall'art. 4, comma 1, lett. b), della L. cost. 20 aprile 2012, n. 1. A norma dell'art. 6 della medesima legge tali disposizioni si applicano a decorrere dall'esercizio finanziario relativo all'anno 2014.*

120. (1) La Regione non può istituire dazi di importazione o esportazione o transito tra le Regioni, né adottare provvedimenti che ostacolino in qualsiasi modo la libera circolazione delle persone e delle cose tra le Regioni, né limitare l'esercizio del diritto al lavoro in qualunque parte del territorio nazionale.

Il Governo può sostituirsi a organi delle Regioni, delle Città metropolitane, delle Province e dei Comuni nel caso di mancato rispetto di norme e trattati internazionali o della normativa comunitaria oppure di pericolo grave per l'incolumità e la sicurezza pubblica, ovvero quando lo richiedono la tutela dell'unità giuridica o dell'unità economica e in particolare la tutela dei livelli essenziali delle prestazioni concernenti i diritti civili e sociali, prescindendo dai confini territoriali dei governi locali. La legge definisce le procedure atte a garantire che i poteri sostitutivi siano esercitati nel rispetto del principio di sussidiarietà e del principio di leale collaborazione.

(1) *Questo articolo è stato così sostituito dall'art. 6 della L. cost. 18 ottobre 2001, n. 3.*

121. Sono organi della Regione: il Consiglio regionale, la Giunta e il suo presidente.

Il Consiglio regionale esercita le potestà legislative [e regolamentari] (1) attribuite alla Regione e le altre funzioni conferitegli dalla Costituzione e dalle leggi. Può fare proposte di legge alle Camere.

La giunta regionale è l'organo esecutivo delle Regioni.

Il Presidente della Giunta rappresenta la Regione; dirige la politica della Giunta e ne è responsabile; promulga le leggi ed emana i regolamenti regionali; dirige le funzioni amministrative delegate dallo Stato alla Regione, conformandosi alle istruzioni del Governo della Repubblica (2).

(1) *Le parole tra parentesi quadre sono state soppresse dall'art. 1, lett. a), della L. cost. 22 novembre 1999, n. 1.*

(2) *Questo comma è stato così sostituito dall'art. 1, lett. b), della L. cost. 22 novembre 1999, n. 1.*

122. (1) Il sistema di elezione e i casi di ineleggibilità e di incompatibilità del Presidente e degli altri componenti della Giunta regionale nonché dei consiglieri regionali sono disciplinati con legge della Regione nei limiti dei principi fondamentali stabiliti con legge della Repubblica, che stabilisce anche la durata degli organi elettivi (2).

Nessuno può appartenere contemporaneamente a un Consiglio o a una Giunta regionale e ad una delle Camere del Parlamento, ad un altro Consiglio o ad altra Giunta regionale, ovvero al Parlamento europeo.

Il Consiglio elegge tra i suoi componenti un Presidente e un ufficio di presidenza.

I consiglieri regionali non possono essere chiamati a rispondere delle opinioni espresse e dei voti dati nell'esercizio delle loro funzioni.

Il Presidente della Giunta regionale, salvo che lo statuto regionale disponga diversamente, è eletto a suffragio universale e diretto. Il Presidente eletto nomina e revoca i componenti della Giunta.

(1) *Questo articolo è stato così sostituito dall'art. 2 della L. cost. 22 novembre 1999, n. 1.*

(2) *Si veda la L. 2 luglio 2004, n. 165, recante disposizioni di attuazione di questo comma.*

123. (1) Ciascuna Regione ha uno statuto che, in armonia con la Costituzione, ne determina la forma di governo e i principi fondamentali di organizzazione e funzionamento. Lo statuto regola l'esercizio del diritto di iniziativa e del *referendum* su leggi e provvedimenti amministrativi della Regione e la pubblicazione delle leggi e dei regolamenti regionali.

Lo statuto è approvato e modificato dal Consiglio regionale con legge approvata a maggioranza assoluta dei suoi componenti, con due deliberazioni successive adottate ad intervallo non minore di due mesi. Per tale legge non è richiesta l'apposizione del visto da parte del Commissario del Governo. Il Governo della Repubblica può promuovere la questione di legittimità costituzionale sugli statuti regionali dinanzi alla Corte costituzionale entro trenta giorni dalla loro pubblicazione.

Lo statuto è sottoposto a *referendum* popolare qualora entro tre mesi dalla sua pubblicazione ne faccia richiesta un cinquantesimo degli elettori della Regione o un quinto dei componenti il Consiglio regionale. Lo statuto sottoposto a *referendum* non è promulgato se non è approvato dalla maggioranza dei voti validi.

In ogni Regione, lo statuto disciplina il Consiglio delle autonomie locali, quale organo di consultazione fra la Regione e gli enti locali (2).

(1) *Questo articolo è stato così sostituito dall'art. 3 della L. cost. 22 novembre 1999, n. 1.*

(2) *Questo comma è stato aggiunto dall'art. 7 della L. cost. 18 ottobre 2001, n. 3.*

124. (1) [Un commissario del Governo, residente nel capoluogo della Regione, sopraintende alle funzioni amministrative esercitate dallo Stato e le coordina con quelle esercitate dalla Regione].

(1) *Questo articolo è stato abrogato dall'art. 9, comma 2, della L. cost. 18 ottobre 2001, n. 3.*

125. [Il controllo di legittimità sugli atti amministrativi della Regione è esercitato, in forma decentrata, da un organo dello Stato, nei modi e nei limiti stabiliti da leggi della Repubblica. La legge può in determinati casi ammettere il controllo di merito, al solo effetto di promuovere, con richiesta motivata, il riesame della deliberazione da parte del Consiglio regionale] (1).

Nella Regione sono istituiti organi di giustizia amministrativa di primo grado, secondo l'ordinamento stabilito da legge della Repubblica. Possono istituirsi sezioni con sede diversa dal capoluogo della Regione.

(1) *Questo comma è stato abrogato dall'art. 9, comma 2, della L. cost. 18 ottobre 2001, n. 3.*

126. (1) Con decreto motivato del Presidente della Repubblica sono disposti lo scioglimento del Consiglio regionale e la rimozione del Presidente della Giunta che abbiano compiuto atti contrari alla Costituzione o gravi violazioni di legge. Lo scioglimento e la rimozione possono altresì essere disposti per ragioni di sicurezza nazionale. Il decreto è adottato sentita una Commissione di deputati e senatori costituita, per le questioni regionali, nei modi stabiliti con legge della Repubblica.

Il Consiglio regionale può esprimere la sfiducia nei confronti del Presidente della Giunta mediante mozione motivata, sottoscritta da almeno un quinto dei suoi componenti e approvata per appello nominale a maggioranza assoluta dei componenti. La mozione non può essere messa in discussione prima di tre giorni dalla presentazione.

L'approvazione della mozione di sfiducia nei confronti del Presidente della Giunta eletto a suffragio universale e diretto, nonché la rimozione, l'impedimento permanente, la morte o le dimissioni volontarie dello stesso comportano le dimissioni della Giunta e lo scioglimento del Consiglio. In ogni caso i medesimi effetti conseguono alle dimissioni contestuali della maggioranza dei componenti il Consiglio.

(1) *Questo articolo è stato così sostituito dall'art. 4 della L. cost. 22 novembre 1999, n. 1.*

127. (1) Il Governo, quando ritenga che una legge regionale ecceda la competenza della Regione, può promuovere la questione di legittimità costituzionale dinanzi alla Corte costituzionale entro sessanta giorni dalla sua pubblicazione.

La Regione, quando ritenga che una legge o un atto avente valore di legge dello Stato o di un'altra Regione leda la sua sfera di competenza, può promuovere la questione di legittimità costituzionale dinanzi alla Corte costituzionale entro sessanta giorni dalla pubblicazione della legge o dell'atto avente valore di legge.

(1) *Questo articolo è stato così sostituito dall'art. 8 della L. cost. 18 ottobre 2001, n. 3.*

128. (1) [Le Province e i Comuni sono enti autonomi nell'ambito dei principi fissati da leggi generali della Repubblica, che ne determinano le funzioni].

(1) *Questo articolo è stato abrogato dall'art. 9, comma 2, della L. cost. 18 ottobre 2001, n. 3.*

129. (1) [Le Province e i Comuni sono anche circoscrizioni di decentramento statale e regionale.

Le circoscrizioni provinciali possono essere suddivise in circondari con funzioni esclusivamente amministrative per un ulteriore decentramento].

(1) *Questo articolo è stato abrogato dall'art. 9, comma 2, della L. cost. 18 ottobre 2001, n. 3.*

130. (1) [Un organo della Regione, costituito nei modi stabiliti da legge della Repubblica, esercita, anche in forma decentrata, il controllo di legittimità sugli atti delle Province, dei Comuni e degli altri enti locali.

In casi determinati dalla legge può essere esercitato il controllo di merito, nella forma di richiesta motivata agli enti deliberanti di riesaminare la loro deliberazione].

(1) *Questo articolo è stato abrogato dall'art. 9, comma 2, della L. cost. 18 ottobre 2001, n. 3.*

131. (1) (2) Sono costituite le seguenti Regioni: Piemonte; Valle d'Aosta; Lombardia; Trentino-Alto Adige; Veneto; Friuli-Venezia Giulia; Liguria; Emilia-Romagna; Toscana; Umbria; Marche; Lazio; Abruzzi; Molise; Campania; Puglia; Basilicata; Calabria; Sicilia; Sardegna.

(1) *Questo articolo è stato così modificato dalla L. cost. 27 dicembre 1963, n. 3, contenente modifiche alla Costituzione.*

(2) *Si veda il D.P.R. 21 luglio 2022 (G.U. Serie gen. - n. 169 del 21 luglio 2022) (Assegnazione alle regioni del territorio nazionale e ai collegi plurinominali di ciascuna regione nonché alle ripartizioni della circoscrizione Estero del numero dei seggi spettanti per l'elezione del Senato della Repubblica.).*

132. Si può, con legge costituzionale, sentiti i Consigli regionali, disporre la fusione di Regioni esistenti o la creazione di nuove Regioni con un minimo di un milione d'abitanti, quando ne facciano richiesta tanti Consigli comunali che rappresentino almeno un terzo delle popolazioni interessate, e la proposta sia approvata con «*referendum*» dalla maggioranza delle popolazioni stesse.

Si può, con l'approvazione della maggioranza delle popolazioni della Provincia o delle Province interessate e del Comune o dei Comuni interessati espressa mediante (1) «*referendum*» e con legge della Repubblica, sentiti i Consigli regionali, consentire che Province e Comuni, che ne facciano richiesta, siano staccati da una Regione ed aggregati ad un'altra.

(1) *Le parole: «l'approvazione della maggioranza delle popolazioni della Provincia o delle Province interessate e del Comune o dei Comuni interessati espressa mediante» sono state inserite dall'art. 9, comma 1, della L. cost. 18 ottobre 2001, n. 3.*

133. Il mutamento delle circoscrizioni provinciali e la istituzione di nuove Province nell'ambito di una Regione sono stabiliti con leggi della Repubblica, su iniziative dei Comuni, sentita la stessa Regione.

La Regione, sentite le popolazioni interessate, può con sue leggi istituire nel proprio territorio nuovi Comuni e modificare le loro circoscrizioni e denominazioni.

Titolo VI
Garanzie costituzionali

Sezione I
La Corte costituzionale

134. La Corte costituzionale giudica:

sulle controversie relative alla legittimità costituzionale delle leggi e degli atti, aventi forza di legge, dello Stato e delle Regioni;

sui conflitti di attribuzione tra i poteri dello Stato e su quelli tra lo Stato e le Regioni, e tra le Regioni;

sulle accuse promosse contro il Presidente della Repubblica [ed i Ministri] (1), a norma della Costituzione.

(1) *Queste parole sono state soppresse dall'art. 2 della L. cost. 16 gennaio 1989, n. 1, contenente modifiche alla Costituzione.*

135. (1) La Corte costituzionale è composta di quindici giudici nominati per un terzo dal Presidente della Repubblica, per un terzo dal Parlamento in seduta comune e per un terzo dalle supreme magistrature ordinaria ed amministrativa.

I giudici della Corte costituzionale sono scelti tra i magistrati anche a riposo delle giurisdizioni superiori ordinaria ed amministrative, i professori ordinari di università in materie giuridiche e gli avvocati dopo venti anni d'esercizio.

I giudici della Corte costituzionale sono nominati per nove anni, decorrenti per ciascuno di essi dal giorno del giuramento, e non possono essere nuovamente nominati.

Alla scadenza del termine il giudice costituzionale cessa dalla carica e dall'esercizio delle funzioni.

La Corte elegge tra i suoi componenti, secondo le norme stabilite dalla legge, il presidente, che rimane in carica per un triennio, ed è rieleggibile, fermi in ogni caso i termini di scadenza dall'ufficio di giudice.

L'ufficio di giudice della Corte è incompatibile con quello di membro del Parlamento o d'un Consiglio regionale, con l'esercizio della professione d'avvocato, e con ogni carica ed ufficio indicati dalla legge.

Nei giudizi d'accusa contro il Presidente della Repubblica [e contro i Ministri] (2) intervengono, oltre i giudici ordinari della Corte, sedici membri tratti a sorte da un elenco di cittadini aventi i requisiti per l'eleggibilità a senatore, che il Parlamento compila ogni nove anni mediante elezione con le stesse modalità stabilite per la nomina dei giudici ordinari.

(1) *Questo articolo è stato così modificato dall'art. 1 della L. cost. 22 novembre 1967, n. 2, contenente modifiche alla Costituzione.*

(2) *Queste parole sono state soppresse dall'art. 2 della L. cost. 16 gennaio 1989, n. 1, contenente modifiche alla Costituzione.*

136. Quando la Corte dichiara la illegittimità costituzionale di una norma di legge o di atto avente forza di legge, la norma cessa di avere efficacia dal giorno successivo alla pubblicazione della decisione.

La decisione della Corte è pubblicata e comunicata alle Camere ed ai Consigli regionali interessati, affinché, ove lo ritengano necessario, provvedano nelle forme costituzionali.

137. Una legge costituzionale stabilisce le condizioni, le forme, i termini di proponibilità dei giudizi di legittimità costituzionale, e le garanzie di indipendenza dei giudici della Corte.

Con legge ordinaria sono stabilite le altre norme necessarie per la costituzione e il funzionamento della Corte.

Contro le decisioni della Corte costituzionale non è ammessa alcuna impugnazione.

Sezione II
Revisione della Costituzione
Leggi costituzionali

138. Le leggi di revisione della Costituzione e le altre leggi costituzionali sono adottate da ciascuna Camera con due successive deliberazioni ad intervallo non minore di tre mesi, e sono approvate a maggioranza assoluta dei componenti di ciascuna Camera nella seconda votazione.

Le leggi stesse sono sottoposte a «referendum» popolare quando, entro tre mesi dalla loro pubblicazione, ne facciano domanda un quinto dei membri di una Camera o cinquecentomila elettori o cinque Consigli regionali. La legge sottoposta a «referendum» non è promulgata, se non è approvata dalla maggioranza dei voti validi.

Non si fa luogo a «referendum» se la legge è stata approvata nella seconda votazione da ciascuna delle Camere a maggioranza di due terzi dei suoi componenti.

139. La forma repubblicana non può essere oggetto di revisione costituzionale.

DISPOSIZIONI TRANSITORIE E FINALI

I. Con l'entrata in vigore della Costituzione il Capo provvisorio dello Stato esercita le attribuzioni di Presidente della Repubblica e ne assume il titolo.

II. Se alla data della elezione del Presidente della Repubblica non sono costituiti tutti i Consigli regionali, partecipano alla elezione soltanto i componenti delle due Camere.

III. Per la prima composizione del Senato della Repubblica sono nominati senatori, con decreto del Presidente della Repubblica, i deputati dell'Assemblea Costituente che posseggono i requisiti di legge per essere senatori e che:

sono stati presidenti del Consiglio dei Ministri o di Assemblee legislative;

hanno fatto parte del disciolto Senato;

hanno avuto almeno tre elezioni, compresa quella all'Assemblea costituente;

sono stati dichiarati decaduti nella seduta della Camera dei deputati del 9 novembre 1926;

hanno scontato la pena della reclusione non inferiore a cinque anni in seguito a condanna del tribunale speciale fascista per la difesa dello Stato.

Sono nominati altresì senatori con decreto del Presidente della Repubblica, i membri del disciolto Senato che hanno fatto parte della Consulta Nazionale.

Al diritto di essere nominati senatori si può rinunciare prima della firma del decreto di nomina. L'accettazione della candidatura alle elezioni politiche implica rinuncia al diritto di nomina a senatore.

IV. Per la prima elezione del Senato il Molise è considerato come Regione a sé stante, con il numero dei senatori che gli compete in base alla sua popolazione.

V. La disposizione dell'articolo 80 della Costituzione, per quanto concerne i trattati internazionali che importano oneri alle finanze o modificazioni di legge, ha effetto dalla data di convocazione delle Camere.

VI. Entro cinque anni dall'entrata in vigore della Costituzione si procede alla revisione degli organi speciali di giurisdizione attualmente esistenti, salvo le giurisdizioni del Consiglio di Stato, della Corte dei conti e dei tribunali militari.

Entro un anno dalla stessa data si provvede con legge al riordinamento del Tribunale supremo militare in relazione all'articolo 111.

VII. Fino a quando non sia emanata la nuova legge sull'ordinamento giudiziario in conformità con la Costituzione, continuano ad osservarsi le norme dell'ordinamento vigente.

Fino a quando non entri in funzione la Corte costituzionale, la decisione delle controversie indicate nell'articolo 134 ha luogo nelle forme e nei limiti delle norme preesistenti all'entrata in vigore della Costituzione.

(*Omissis*) (1).

(1) *Seguiva un terzo comma che è stato abrogato dall'art. 7 della L. cost. 22 novembre 1967, n. 2, contenente modifiche alla Costituzione.*

VIII. Le elezioni dei Consigli regionali e degli organi elettivi delle amministrazioni provinciali sono indette entro un anno dall'entrata in vigore della Costituzione.

Leggi della Repubblica regolano per ogni ramo della pubblica amministrazione il passaggio delle funzioni statali attribuite alle Regioni. Fino a quando non sia provveduto al riordinamento e alla distribuzione delle funzioni amministrative fra gli enti locali restano alle Province ed ai Comuni le funzioni che esercitano attualmente e le altre di cui le Regioni deleghino loro l'esercizio.

Leggi della Repubblica regolano il passaggio alle Regioni di funzionari e dipendenti dello Stato, anche delle amministrazioni centrali, che sia reso necessario dal nuovo ordinamento. Per la formazione dei loro uffici le Regioni devono, tranne che in casi di necessità, trarre il proprio personale da quello dello Stato e degli enti locali.

IX. La Repubblica, entro tre anni dall'entrata in vigore della Costituzione, adegua le sue leggi alle esigenze delle autonomie locali e alla competenza legislativa attribuita alle Regioni.

X. Alla Regione del Friuli-Venezia Giulia, di cui all'articolo 116, si applicano provvisoriamente le norme generali del Titolo V della parte seconda, ferma restando la tutela delle minoranze linguistiche in conformità con l'articolo 6.

XI. Fino a cinque anni dall'entrata in vigore della Costituzione si possono, con leggi costituzionali, formare altre Regioni a modificazione dell'elenco di cui all'articolo 131, anche senza il concorso delle condizioni richieste dal primo comma dell'articolo 132, fermo rimanendo tuttavia l'obbligo di sentire le popolazioni interessate.

XII. È vietata la riorganizzazione, sotto qualsiasi forma, del disciolto partito fascista.

In deroga all'articolo 48, sono stabilite con leggi, per non oltre un quinquennio dalla entrata in vigore della Costituzione, limitazioni temporanee al diritto di voto e alla eleggibilità per i capi responsabili del regime fascista.

XIII. I membri e i discendenti di Casa Savoia non sono elettori e non possono ricoprire uffici pubblici né cariche elettive (1).

Agli *ex* re di Casa Savoia, alle loro consorti e ai loro discendenti maschi sono vietati l'ingresso e il soggiorno nel territorio nazionale (1).

I beni esistenti nel territorio nazionale, degli *ex* re di Casa Savoia, delle loro consorti e dei loro discendenti maschi, sono avocati allo Stato. I trasferimenti e le costituzioni di diritti reali sui beni stessi, che siano avvenuti dopo il 2 giugno 1946, sono nulli.

(1) *Questo comma ha esaurito i suoi effetti, ai sensi dell'art. 1 della L. cost. 23 ottobre 2002, n. 1.*

XIV. I titoli nobiliari non sono riconosciuti.

I predicati di quelli esistenti prima del 28 ottobre 1922, valgono come parte del nome.

L'Ordine mauriziano è conservato come ente ospedaliero e funziona nei modi stabiliti dalla legge.

La legge regola la soppressione della Consulta araldica.

XV. Con l'entrata in vigore della Costituzione si ha per convertito in legge il decreto legislativo 25 giugno 1944, n. 151, sull'ordinamento provvisorio dello Stato.

XVI. Entro un anno dall'entrata in vigore della Costituzione si procede alla revisione e al coordinamento con essa delle precedenti leggi costituzionali che non siano state finora esplicitamente o implicitamente abrogate.

XVII. L'Assemblea Costituente sarà convocata dal suo Presidente per deliberare, entro il 31 gennaio 1948, sulla legge per la elezione del Senato della Repubblica, sugli statuti regionali speciali e sulla legge per la stampa.

Fino al giorno delle elezioni delle nuove Camere, l'Assemblea Costituente può essere convocata, quando vi sia necessità di deliberare nelle materie attribuite alla sua competenza dagli articoli 2, primo e secondo comma, e 3, comma primo e secondo, del decreto legislativo 16 marzo 1946, n. 98.

In tale periodo le Commissioni permanenti restano in funzione. Quelle legislative rinviano al Governo i disegni di legge, ad esse trasmessi, con eventuali osservazioni e proposte di emendamenti.

I deputati possono presentare al Governo interrogazioni con richiesta di risposta scritta.

L'Assemblea Costituente, agli effetti di cui al secondo comma del precedente articolo, è convocata dal suo presidente su richiesta motivata del Governo o di almeno duecento deputati.

XVIII. La presente Costituzione è promulgata dal Capo provvisorio dello Stato entro cinque giorni dalla sua approvazione da parte dell'Assemblea Costituente, ed entra in vigore il 1° gennaio 1948.

Il testo della Costituzione è depositato nella sala comunale di ciascun Comune della Repubblica per rimanervi esposto, durante tutto l'anno 1948, affinché ogni cittadino possa prenderne cognizione.

La Costituzione, munita del sigillo dello Stato, sarà inserita nella Raccolta ufficiale delle leggi e dei decreti della Repubblica.

La Costituzione dovrà essere fedelmente osservata come Legge fondamentale della Repubblica da tutti i cittadini e dagli organi dello Stato.

CONVENZIONE PER LA SALVAGUARDIA DEI DIRITTI DELL'UOMO

1.

L. 4 agosto 1955, n. 848. Ratifica ed esecuzione della Convenzione per la salvaguardia dei diritti dell'uomo e delle libertà fondamentali, firmata a Roma il 4 novembre 1950 e del Protocollo addizionale alla Convenzione stessa, firmato a Parigi il 20 marzo 1952 (*Gazzetta Ufficiale* n. 221 del 24 settembre 1955).

(*Estratto*)

CONVENZIONE ([1])

([1]) *L'intitolazione del Titolo I e degli articoli da 1 a 18 della Convenzione è stata attribuita dall'art. 2, comma 2, del Protocollo n. 11, ratificato con L. 28 agosto 1997, n. 296. A norma dell'art. 4 dello stesso Protocollo, l'entrata in vigore è differita al primo giorno del mese successivo allo scadere di un periodo di un anno dopo la data alla quale tutte le Parti alla Convenzione avranno espresso il loro consenso ad essere vincolati dal Protocollo ratificato con L. n. 296/1997.*

1. Obbligo di rispettare i diritti dell'uomo. – Le Alte Parti contraenti riconoscono ad ogni persona sottoposta alla loro giurisdizione i diritti e le libertà indicate nel Titolo I della presente Convenzione.

Titolo I
Diritti e libertà

2. Diritto alla vita. – 1. Il diritto di ogni persona alla vita è protetto dalla legge. Non può essere volontariamente inflitta la morte ad alcuno, eccetto che in esecuzione di una sentenza capitale, pronunziata da un tribunale nel caso in cui un delitto è punito dalla legge con questa pena.

2. La morte non è considerata come data in violazione di questo articolo nel caso in cui fosse determinata da un ricorso alla forza resosi assolutamente necessario:

a) per difendere ogni persona da una violenza illegittima;

b) per eseguire un arresto regolare o per impedire l'evasione di una persona regolarmente arrestata;

c) per reprimere, conformemente alla legge, una sommossa o una insurrezione.

3. Divieto della tortura. – Nessuno può essere sottoposto a torture né a pene o trattamenti inumani o degradanti.

4. Divieto di schiavitù e del lavoro forzato. – 1. Nessuno può essere tenuto in schiavitù né in servitù.

2. Non è considerato come «lavoro obbligatorio o forzato» ai sensi del presente articolo:

a) ogni lavoro richiesto normalmente ad una persona detenuta nelle condizioni previste dall'art. 5 della presente Convenzione, o durante il periodo di libertà condizionale;

b) ogni servizio di carattere militare, o nel caso di obiettori di coscienza nei Paesi ove l'obiezione di coscienza è legale, ogni altro servizio sostitutivo del servizio militare obbligatorio;

c) ogni servizio richiesto in occasioni di crisi o di calamità che pongono in pericolo la vita o il benessere della comunità;

d) ogni lavoro o servizio che fa parte delle normali obbligazioni civili.

5. Diritto alla libertà ed alla sicurezza. – 1. Ogni persona ha diritto alla libertà e alla sicurezza. Nessuno può essere privato della sua libertà, eccetto che nei casi seguenti e per via legale:

a) se è detenuto legittimamente dopo una condanna da parte di un tribunale competente;

b) se è stato oggetto di un arresto o di una detenzione legittima per inosservanza di una ordinanza emessa, conformemente alla legge, da un tribunale o per garantire l'esecuzione di una obbligazione prescritta dalla legge;

c) se è stato arrestato o detenuto per essere condotto avanti l'autorità giudiziaria competente, quando si ha fondato motivo di supporre che abbia commesso un reato o si ha motivo di credere che è necessario impedire che commetta un reato o che fugga dopo il compimento di questo;

d) se si tratta della detenzione legittima di un minore, stabilita per la sua educazione controllata o della detenzione disposta al fine di tradurlo avanti l'autorità competente;

e) se si tratta della detenzione legittima di una persona capace di diffondere una malattia contagiosa, di un pazzo, di un alcoolizzato, di un tossicomane o di un vagabondo;

f) se si tratta dell'arresto o della detenzione legittima di una persona per impedirle di entrare nel territorio clandestinamente o contro la quale è in corso un procedimento di espulsione o di estradizione.

2. Ogni persona arrestata deve essere informata, nel più breve tempo e in una lingua a lei comprensibile, dei motivi dell'arresto e degli addebiti contestati.

3. Ogni persona arrestata o detenuta, alle condizioni previste dal paragrafo 1 *c*) del presente articolo, deve essere, al più presto, condotta davanti ad un giudice o ad un altro magistrato designato dalla legge ad esercitare funzioni giudiziarie e ha il diritto di essere giudicata in un tempo congruo, o liberata durante il corso del procedimento. La concessione della libertà può essere subordinata ad una garanzia che assicuri la comparizione dell'interessato all'udienza.

4. Ogni persona privata della libertà con un arresto o una detenzione ha il diritto di presentare un ricorso davanti ad un tribunale, affinché decida in breve tempo sulla legittimità della sua detenzione e ordini la sua liberazione se la detenzione è illegittima.

5. Ogni persona vittima di un arresto o di una detenzione, eseguiti in violazione alle disposizioni di questo articolo, ha diritto ad un indennizzo.

6. Diritto ad un processo equo. – 1. Ogni persona ha diritto che la sua causa sia esaminata imparzialmente, pubblicamente e in un tempo ragionevole, da parte di un tribunale indipendente ed imparziale, costituito dalla legge, che deciderà sia in ordine alle controversie sui suoi diritti ed obbligazioni di natura civile, sia sul fondamento di ogni accusa in materia penale elevata contro di lei. Il giudizio deve essere pubblico, ma l'ingresso nella sala di udienza può essere vietato alla stampa e al pubblico durante tutto o parte del processo nell'interesse della moralità, dell'ordine pubblico o della sicurezza nazionale in una società democratica, quando lo esigono gli interessi dei minori o la protezione della vita delle parti in causa, o in quella misura ritenuta strettamente indispensabile dal tribunale, quando in circostanze speciali la pubblicità potesse ledere gli interessi della giustizia.

2. Ogni persona accusata di un reato si presume innocente fino a quando la sua colpevolezza non sia stata legalmente accertata.

3. Ogni accusato ha diritto soprattutto a:

a) essere informato, nel più breve tempo, in una lingua che comprende e in maniera dettagliata, del contenuto dell'accusa elevata contro di lui;

b) disporre del tempo e della possibilità necessari a preparare la difesa;

c) difendersi personalmente o con l'assistenza di un difensore di sua scelta e, se non ha i mezzi per pagare il difensore, poter essere assistito gratuitamente da un avvocato di ufficio, quando lo esigono gli interessi della giustizia;

d) interrogare o fare interrogare i testimoni a carico ed ottenere la citazione e l'interrogatorio dei testimoni a discarico a pari condizioni dei testimoni a carico;

e) farsi assistere gratuitamente da un interprete se non comprende o non parla la lingua usata in udienza.

7. Nessuna pena senza legge. – 1. Nessuno può essere condannato per una azione od omissione che, nel momento in cui è stata commessa, non costituiva reato secondo la legge nazionale o internazionale. Parimenti non può essere inflitta una pena più grave di quella che sarebbe stata applicata al tempo in cui il reato è stato consumato.

2. Il presente articolo non vieterà il giudizio o la punizione di una persona colpevole di una azione od omissione che, al momento in cui è stata commessa, era ritenuta crimine secondo i principi generali del diritto riconosciuto dalle nazioni civili.

8. Diritto al rispetto della vita privata e familiare. – 1. Ogni persona ha diritto al rispetto della sua vita privata e familiare, del suo domicilio e della sua corrispondenza.

2. Non può aversi interferenza di una autorità pubblica nell'esercizio di questo diritto a meno che questa ingerenza sia prevista dalla legge e costituisca una misura che, in una società democratica, è necessaria per la sicurezza nazionale, per la sicurezza pubblica, per il benessere economico del paese, per la difesa dell'ordine e per la prevenzione dei reati, per la protezione della salute o della morale, o per la protezione dei diritti e delle libertà degli altri.

9. Libertà di pensiero, di coscienza e di religione. – 1. Ogni persona ha diritto alla libertà di pensiero, di coscienza e di religione; questo diritto importa la libertà di cambiare religione o pensiero, come anche la libertà di manifestare la propria religione o il proprio pensiero individualmente o collettivamente, in pubblico o in privato, per mezzo del culto, dell'insegnamento, di pratiche e compimento di riti.

2. La libertà di manifestare la propria religione o il proprio pensiero non può essere oggetto di altre limitazioni oltre quelle previste dalla legge, e che costituiscono misure necessarie, in una società democratica, per la sicurezza pubblica, la protezione dell'ordine, della salute o della morale pubblica o la protezione dei diritti e delle libertà di altri.

10. Libertà di espressione. – 1. Ogni persona ha diritto alla libertà di espressione.

Questo diritto comprende la libertà di opinione e la libertà di ricevere o di comunicare informazioni o idee senza che vi possa essere interferenza di pubbliche autorità e senza riguardo alla nazionalità. Il presente articolo non impedisce agli Stati di sottoporre le imprese radiotelevisive e di cinema ad un regime di autorizzazioni.

2. L'esercizio di queste libertà che importano dei doveri e delle responsabilità può essere subordinato a determinate formalità, condizioni, restrizioni o sanzioni, previste dalla legge, che costituiscono misure necessarie, in una società democratica, per la sicurezza nazionale, per l'integrità territoriale o per la sicurezza pubblica, per la difesa dell'ordine e per la prevenzione dei delitti, per la protezione della salute o della morale, per la protezione della reputazione o dei diritti di altri, per impedire la diffusione di informazioni riservate o per garantire l'autorità e l'imparzialità del potere giudiziario.

11. Libertà di riunione e di associazione. – 1. Ogni persona ha diritto alla libertà di riunione e alla libertà di associazione ivi compreso il diritto di fondare con altri sindacati e iscriversi a sindacati per la difesa dei propri interessi.

2. L'esercizio di questi diritti non può essere oggetto di altre limitazioni oltre quelle previste dalla legge, e che costituiscono misure necessarie, in una società democratica, per la sicurezza nazionale, per la sicurezza pubblica, per la difesa dell'ordine e per la prevenzione dei delitti, per la protezione della salute o della morale o per la protezione dei diritti e delle libertà degli altri. Il presente articolo non impedisce che legali limitazioni vengano poste all'esercizio di questi diritti da organi delle forze armate, della polizia o dell'amministrazione dello Stato.

12. Diritto al matrimonio. – A partire dall'età maritale, l'uomo e la donna hanno diritto di sposarsi e di formare una famiglia, secondo le leggi nazionali che regolano l'esercizio di questo diritto.

13. Diritto ad un ricorso effettivo. – Ogni persona i cui diritti e libertà riconosciuti nella presente Convenzione fossero violati, ha diritto di presentare un ricorso avanti ad una magistratura nazionale, anche quando la violazione fosse stata commessa da persone che agiscono nell'esercizio di funzioni ufficiali.

14. Divieto di discriminazione. – Il godimento dei diritti e delle libertà riconosciuti nella presente Convenzione deve essere garantito, senza alcuna distinzione, fondata soprattutto sul sesso, la razza, il colore, la lingua, la religione, le opinioni politiche o altre opinioni, l'origine nazionale o sociale, l'appartenenza ad una minoranza nazionale, sui beni di fortuna, nascita o ogni altra condizione.

15. Deroga in caso di stato di urgenza. – 1. In caso di guerra o in caso di altre pubbliche calamità che minaccino la vita della nazione, ogni Alta Parte contraente può prendere misure che deroghino agli obblighi previsti da questa Convenzione, nello stretto limite richiesto dalla situazione e a condizione che esse non siano in contrasto con altri obblighi derivanti dal diritto internazionale.

2. La precedente disposizione non autorizza alcuna deroga all'articolo 2, salvo per il caso di morte derivante da atti di guerra conformi alle convenzioni, e agli artt. 3, 4 (paragrafo 1) e 7.

3. Ogni Alta Parte contraente, che esercita il diritto di deroga, comunica al Segretario Generale del Consiglio d'Europa le misure prese e i motivi che le hanno determinate. Deve ugualmente informare il Segretario Generale del Consiglio d'Europa della data in cui queste misure sono revocate e le disposizioni della Convenzione ritornano nuovamente e pienamente in vigore.

16. Restrizioni all'attività politica di stranieri. – Nessuna delle disposizioni degli articoli 10, 11 e 14 può essere interpretata nel senso che vieta alle Alte Parti contraenti di imporre limitazioni alla attività politica degli stranieri.

17. Divieto dell'abuso del diritto. – Nessuna disposizione della presente Convenzione può essere interpretata come contenente per uno Stato, un raggruppamento, o un individuo, un diritto a dedicarsi ad una attività o a compiere un atto che mira alla sospensione dei diritti o delle libertà riconosciuti nella presente Convenzione o ad una limitazione di questi diritti e libertà maggiore di quella prevista dalla Convenzione.

18. Restrizione dell'uso di restrizioni ai diritti. – Le limitazioni apportate, ai sensi della presente Convenzione, a detti diritti e libertà non possono essere applicate che per lo scopo per cui sono state previste.

Titolo II
Corte europea dei diritti dell'uomo (1)

(1) *Il testo dei Titoli da II a IV della Convenzione ed il Protocollo n. 2 che attribuisce alla Corte europea dei Diritti dell'Uomo, competenza a fornire pareri consultivi, sono stati sostituiti da questo Titolo, per effetto dell'art. 1 del protocollo n. 11, ratificato con L. 28 agosto 1997, n. 296. A norma dell'art. 4 dello stesso Protocollo, l'entrata in vigore è differita al primo giorno del mese successivo allo scadere di un periodo di un anno dopo la data alla quale tutte le Parti alla Convenzione avranno espresso il loro consenso ad essere vincolati dal Protocollo ratificato con L. n. 296/1997.*

19. Istituzione della Corte. – Per assicurare il rispetto degli impegni derivanti alle Alte Parti contraenti dalla presente Convenzione e dai suoi protocolli, è istituita una Corte europea dei Diritti dell'Uomo, di seguito denominata "la Corte". Essa funziona in maniera permanente.

20. Numero dei giudici. – La Corte si compone di un numero di giudici eguale a quello delle Alte Parti contraenti.

21. Condizioni per l'esercizio delle funzioni. – 1. I giudici devono godere della più alta considerazione morale e possedere i requisiti richiesti per l'esercizio delle più alte funzioni giudiziarie, o essere dei giurisconsulti di riconosciuta competenza.

2. I candidati devono avere meno di sessantacinque anni di età alla data in cui la lista di tre candidati deve pervenire all'assemblea parlamentare in virtù dell'articolo 22 (1).

3. I giudici siedono alla Corte a titolo individuale (2).

4. Per tutta la durata del loro mandato, i giudici non possono esercitare alcuna attività incompatibile con le esigenze di indipendenza, di imparzialità o di disponibilità richieste da una attività esercitata a tempo pieno. Ogni problema che sorga nell'applicazione di questo paragrafo è deciso dalla Corte (2).

(1) *Questo paragrafo è stato inserito dall'art. 2, paragrafo 1, del Protocollo n. 15, fatto a Strasburgo il 24 giugno 2013 e ratificato con la L. 15 gennaio 2021, n. 11. A norma dell'art. 8, paragrafo 1, del medesimo Protocollo gli emendamenti introdotti in questo articolo si applicano unicamente ai candidati presenti nelle liste sottoposte all'assemblea parlamentare dalle Alte Parti contraenti, in virtù dell'articolo 22 della Convenzione, dopo l'entrata in vigore del presente Protocollo.*

(2) *I precedenti paragrafi 2 e 3 sono stati così rispettivamente rinumerati in 3 e 4 dall'art. 2, paragrafo 2, del Protocollo n. 15, fatto a Strasburgo il 24 giugno 2013 e ratificato con la L. 15 gennaio 2021, n. 11. A norma dell'art. 8, paragrafo 1, del medesimo Protocollo gli emendamenti introdotti in questo articolo si applicano unicamente ai candidati presenti nelle liste sottoposte all'assemblea parlamentare dalle Alte Parti contraenti, in virtù dell'articolo 22 della Convenzione, dopo l'entrata in vigore del presente Protocollo.*

26. (1) **Formazione del giudice unico, comitati, Sezioni e Sezione allargata.** – 1. Per esaminare i casi presentati al suo cospetto, la Corte siede in formazione di giudice unico, in comitati di tre giudici, in Sezioni di sette giudici ed in una Sezione allargata di diciassette giudici. Le sezioni della Corte costituiscono i comitati per un periodo determinato.

2. A richiesta dell'Assemblea plenaria della Corte, il Comitato dei Ministri può, con una decisione unanime e per un determinato periodo, ridurre a cinque il numero dei giudici delle Sezioni.

3. Un giudice che siede in quanto giudice unico non esamina alcun ricorso presentato contro l'Alta Parte contraente a titolo della quale questo giudice è stato eletto.

4. Il giudice eletto a titolo di un'Alta Parte contraente della controversia è membro di diritto della Sezione e della Sezione allargata. Qualora il giudice fosse assente, o non in grado di assolvere le sue funzioni, la persona scelta dal presidente della Corte su di un elenco preliminarmente sottoposto da tale Parte esercita le sue funzioni in qualità di giudice.

5. Fanno altresì parte della Sezione allargata il presidente della Corte, i vice presidenti, i presidenti delle Sezioni ed altri giudici designati conformemente al regolamento della Corte. Quando il caso è deferito alla Sezione allargata in forza dell'articolo 43, nessun giudice della Sezione che ha pronunziato la sentenza può avervi un seggio, ad eccezione

del Presidente della Sezione e del giudice che ha esercitato le sue funzioni a titolo dell'Alta Parte contraente interessata.

(1) *Il precedente articolo 27 è stato rinumerato nell'attuale articolo 26 e così modificato dall'art. 6 del Protocollo n. 14, fatto a Strasburgo il 13 maggio 2004 e ratificato con la L. 15 dicembre 2005, n. 280.*

27. (1) **Competenza del giudice unico.** – 1. Un giudice unico può dichiarare che un ricorso presentato ai sensi dell'articolo 34 è irricevibile oppure radiarlo dal ruolo quando questa decisione può essere presa senza esame complementare.

2. La decisione è definitiva.

3. Se il giudice unico non dichiara che il ricorso è irricevibile o non lo cancella dal ruolo, lo trasmette ad un comitato o ad una Sezione per l'esame complementare.

(1) *L'art. 7 del Protocollo n. 14, fatto a Strasburgo il 13 maggio 2004 e ratificato con la L. 15 dicembre 2005, n. 280, ha aggiunto il nuovo articolo 27, dopo la rinumerazione del precedente articolo 27 nell'attuale articolo 26 effettuata dall'art. 6 del medesimo Protocollo.*

28. (1) **Competenza dei comitati.** – 1. Un comitato investito da un ricorso individuale presentato ai sensi dell'articolo 34 può, con un voto unanime:

a) dichiararlo irricevibile o radiarlo dal ruolo quando una siffatta decisione può essere adottata senza esame preliminare; oppure

b) dichiararlo ricevibile e pronunziare contestualmente una decisione in merito quando la questione relativa all'interpretazione o all'applicazione della Convenzione o dei suoi Protocolli che è all'origine del caso, è oggetto della giurisprudenza consolidata della Corte.

2. Le decisioni e le sentenze di cui al paragrafo 1 sono definitive.

3. Se il giudice eletto a titolo dell'Alta Parte contraente parte della controversia non fa parte del Comitato, quest'ultimo può, in qualsiasi momento della procedura invitarlo a partecipare alla procedura in sostituzione di uno dei suoi membri, in considerazione di tutti i fattori pertinenti, ivi compreso il fatto di sapere se questa Parte ha contestato l'applicazione della procedura del paragrafo 1.*b*.

(1) *Questo articolo è stato così modificato dall'art. 8 del Protocollo n. 14, fatto a Strasburgo il 13 maggio 2004 e ratificato con la L. 15 dicembre 2005, n. 280.*

29. Decisioni delle Camere sulla ricevibilità ed il merito. – 1. Se nessuna decisione è stata presa in forza degli articoli 27 o 28, e se nessuna decisione è stata adottata in forza dell'articolo 28, una Sezione si pronuncia sulla ricevibilità ed il merito dei ricorsi individuali presentati ai sensi dell'articolo 34. La decisione sulla ricevibilità può essere presa separatamente (1).

2. Una delle Camere si pronuncia sulla ricevibilità e sul merito dei ricorsi governativi presentati in virtù dell'articolo 33. Salvo decisione contraria della Corte in casi eccezionali, la decisione sulla ricevibilità viene presa separatamente (2).

[3. Salvo diversa decisione della Corte in casi eccezionali, la decisione sulla ricevibilità è adottata separatamente] (3).

(1) *Questo paragrafo è stato così modificato dall'art. 9 del Protocollo n. 14, fatto a Strasburgo il 13 maggio 2004 e ratificato con la L. 15 dicembre 2005, n. 280.*

(2) *L'ultima frase è stata aggiunta dall'art. 9 del Protocollo n. 14, fatto a Strasburgo il 13 maggio 2004 e ratificato con la L. 15 dicembre 2005, n. 280.*

(3) *Questo paragrafo è stato soppresso dall'art. 9 del Protocollo n. 14, fatto a Strasburgo il 13 maggio 2004 e ratificato con la L. 15 dicembre 2005, n. 280.*

30. Dichiarazione d'incompetenza a favore della Grande Camera. – Se la questione oggetto del ricorso all'esame di una Camera solleva gravi problemi di interpretazione della Convenzione o dei suoi protocolli, o se la sua soluzione rischia di condurre ad una contraddizione con una sentenza pronunciata anteriormente dalla Corte, la Camera, fino a quando non abbia pronunciato la sua sentenza, può spogliarsi della propria competenza a favore della Grande Camera [a meno che una delle parti non vi si opponga] (1).

(1) *Le parole fra parentesi quadrate sono state soppresse dall'art. 3 del Protocollo n. 15, fatto a Strasburgo il 24 giugno 2013 e ratificato con la L. 15 gennaio 2021, n. 11. A norma dell'art. 8, paragrafo 2, del medesimo Protocollo tale emendamento non si applica alle cause pendenti in cui una delle parti si sia opposta, prima dell'entrata in vigore del presente Protocollo, alla proposta di una camera della Corte di dichiararsi incompetente a favore della Grande Camera.*

31. Competenze della Grande Camera. – La Grande Camera:

a) si pronuncia sui ricorsi presentati ai sensi dell'articolo 33 o dell'articolo 34 quando il caso le sia stato deferito dalla Camera ai sensi dell'articolo 30 o quando il caso le sia stato deferito ai sensi dell'articolo 43; [e] (1)

b) si pronuncia sulle questioni di cui la Corte è investita dal Comitato dei Ministri in forza dell'articolo 46, paragrafo 4; e (2);

c) esamina le richieste di pareri consultivi presentate ai sensi dell'articolo 47 (2).

(1) *Il termine fra parentesi quadrate è stato soppresso dall'art. 10 del Protocollo n. 14, fatto a Strasburgo il 13 maggio 2004 e ratificato con la L. 15 dicembre 2005, n. 280.*

(2) *L'art. 10 del Protocollo n. 14, fatto a Strasburgo il 13 maggio 2004 e ratificato con la L. 15 dicembre 2005, n. 280 ha inserito la nuova formulazione dell'attuale paragrafo b), catalogando la precedente formulazione come paragrafo c).*

32. Competenza della Corte. – 1. La competenza della Corte si estende a tutte le questioni concernenti l'interpretazione e l'applicazione della Convenzione e dei suoi protocolli che siano sottoposte ad essa nelle condizioni previste dagli articoli 33, 34, 46 (1) e 37.

2. In caso di contestazione sulla questione della propria competenza, è la Corte che decide.

(1) *Le parole: «, 46» sono state inserite dall'art. 11 del Protocollo n. 14, fatto a Strasburgo il 13 maggio 2004 e ratificato con la L. 15 dicembre 2005, n. 280.*

33. Ricorsi interstatali. – Ogni Alta Parte contraente può deferire alla Corte ogni inosservanza delle disposizioni della Convenzione e dei suoi protocolli che essa ritenga possa essere imputata ad un'altra Parte contraente.

34. Ricorsi individuali. – La Corte può essere investita di una domanda fatta pervenire da ogni persona fisica, ogni organizzazione non governativa o gruppo di privati che pretenda d'essere vittima di una violazione da parte di una delle Alte Parti contraenti dei diritti riconosciuti nella Convenzione o nei suoi protocolli. Le Alte Parti contraenti si impegnano a non ostacolare con alcuna misura l'effettivo esercizio efficace di tale diritto.

35. Condizioni di ricevibilità. – 1. La Corte non può essere adita se non dopo l'esaurimento delle vie di ricorso interne, qual'è inteso secondo i principi di diritto internazionale generalmente riconosciuti ed entro un periodo di quattro mesi (1) a partire dalla data della decisione interna definitiva.

2. La Corte non ritiene alcuna domanda singola avanzata sulla base dell'art. 34, se:

a) è anonima; oppure

b) è essenzialmente la stessa di una precedentemente esaminata dalla Corte o già sottoposta ad un'altra istanza internazionale d'inchiesta o di regolamentazione e non contiene fatti nuovi.

3. La Corte dichiara irricevibile qualsiasi ricorso individuale presentato in applicazione dell'articolo 34 qualora ritenga:

a) che il ricorso è incompatibile con le disposizioni della Convenzione o dei suoi Protocolli, manifestamente infondato o abusivo; oppure

b) che il ricorrente non ha subito alcun danno rilevante, a meno che il rispetto dei diritti dell'Uomo garantiti dalla Convenzione e dai suoi Protocolli non esiga un esame del ricorso per quanto riguarda il merito [e a patto di non rigettare, per questa ragione alcuna causa che non sia stata debitamente esaminata da un tribunale interno] (2) (3).

4. La Corte respinge ogni domanda che consideri irricevibile in applicazione del presente articolo. Essa può procedere in tal modo in ogni fase della procedura.

(1) *Le parole: «entro un periodo di sei mesi» sono state così sostituite dalle attuali: «entro un periodo di quattro mesi» dall'art. 4 del Protocollo n. 15, fatto a Strasburgo il 24 giugno 2013 e ratificato con la L. 15 gennaio 2021, n. 11. A norma dell'art. 8, paragrafo 3, del medesimo Protocollo, l'art. 4 dello stesso Protocollo entrerà in vigore alla scadenza di un periodo di sei mesi dalla data di entrata in vigore del presente Protocollo. L'articolo 4 del presente Protocollo non si applica ai ricorsi in merito ai quali la decisione definitiva ai sensi dell'articolo 35, paragrafo 1, della Convenzione sia stata presa prima della data di entrata in vigore dell'articolo 4 del presente Protocollo..*

(2) *Le parole fra parentesi quadrate sono state soppresse dall'art. 5 del Protocollo n. 15, fatto a Strasburgo il 24 giugno 2013 e ratificato con la L. 15 gennaio 2021, n. 11.*

(3) *Questo paragrafo è stato così modificato dall'art. 12 del Protocollo n. 14, fatto a Strasburgo il 13 maggio 2004 e ratificato con la L. 15 dicembre 2005, n. 280.*

36. Intervento di terzi. – 1. Per qualsiasi questione all'esame di una Camera e o della Grande Camera, un'Alta Parte contraente in cui un cittadino sia ricorrente ha diritto di presentare osservazioni per iscritto e di partecipare alle udienze.

2. Nell'interesse di una corretta amministrazione della giustizia, il presidente della Corte può invitare ogni Alta Parte, contraente che non è parte in causa o ogni persona interessata diversa dal ricorrente a presentare osservazioni per iscritto o a partecipare alle udienze.

3. In qualsiasi caso dinanzi ad una Sezione o ad una Sezione allargata, il Commissario ai diritti dell'Uomo del Consiglio d'Europa può presentare osservazioni scritte e partecipare alle udienze (1).

(1) *Questo paragrafo è stato aggiunto dall'art. 13 del Protocollo n. 14, fatto a Strasburgo il 13 maggio 2004 e ratificato con la L. 15 dicembre 2005, n. 280.*

37. Cancellazione. – 1. In ogni momento della procedura la Corte può decidere di cancellare un ricorso dal ruolo quando le circostanze consentono di concludere:

a) che il ricorrente non intende mantenerlo; oppure

b) che la controversia è stata risolta; oppure

c) che non è più giustificato, per ogni altro motivo di cui la Corte accerta l'esistenza, proseguire l'esame del ricorso.

Tuttavia la Corte prosegue l'esame del ricorso qualora ciò sia richiesto dal rispetto dei Diritti dell'Uomo garantiti dalla Convenzione e dai suoi protocolli.

2. La Corte può decidere di riiscrivere il ricorso sul ruolo quando ritenga che ciò è giustificato dalle circostanze.

38. (1) **Esame contraddittorio del caso.** - La Corte esamina il caso in contraddittorio con i rappresentanti delle Parti e, se del caso, procede ad un'indagine per lo svolgimento efficace della quale le Alte Parti contraenti interessate forniranno tutte le agevolazioni necessarie.

(1) *Questo articolo è stato così modificato dall'art. 14 del Protocollo n. 14, fatto a Strasburgo il 13 maggio 2004 e ratificato con la L. 15 dicembre 2005, n. 280.*

39. (1) **Regolamenti amichevoli.** - 1. In qualsiasi momento della procedura, la Corte può mettersi a disposizione degli interessati al fine di addivenire ad un regolamento amichevole del caso, nel rispetto dei diritti dell'Uomo come lo riconoscono la Convenzione ed i suoi Protocolli.

2. La procedura descritta al paragrafo 1 è confidenziale.

3. In caso di regolamento amichevole, la Corte cancella il ricorso dal ruolo con una decisione che si limita ad un breve esposto dei fatti e della soluzione adottata.

4. Questa decisione è trasmessa al Comitato dei Ministri che sorveglia l'esecuzione dei termini della composizione amichevole come figurano nella decisione.

(1) *Questo articolo è stato così modificato dall'art. 15 del Protocollo n. 14, fatto a Strasburgo il 13 maggio 2004 e ratificato con la L. 15 dicembre 2005, n. 280.*

40. Udienza pubblica e accesso ai documenti. - 1. L'udienza è pubblica a meno che la Corte non decida diversamente a causa di circostanze eccezionali.

2. I documenti depositati presso l'Ufficio di cancelleria sono accessibili al pubblico a meno che il presidente della Corte non decida diversamente.

41. Equa soddisfazione. - 1. Se la Corte dichiara che vi è stata violazione della Convenzione o dei suoi protocolli e se il diritto interno dell'Alta Parte contraente non permette che in modo incompleto di riparare le conseguenze di tale violazione, la Corte accorda, quando è il caso, un'equa soddisfazione alla parte lesa.

42. Sentenza delle Camere. - 1. Le sentenze delle Camere divengono definitive in conformità con le disposizioni dell'articolo 44, paragrafo 2.

43. Rinvio dinnanzi alla Grande Camera. - 1. Entro un termine di tre mesi a decorrere dalla data della sentenza di una Camera, ogni Parte alla controversia può, in casi eccezionali, chiedere che il caso sia rinviato dinnanzi alla grande Camera.

2. Un Collegio di cinque giudici della Grande Camera accoglie la domanda quando la questione oggetto del ricorso solleva gravi problemi di interpretazione o di applicazione della Convenzione o dei suoi protocolli o di carattere generale.

3. Quando il Collegio ha accolto la domanda, la Grande Camera si pronuncia sul caso mediante una sentenza.

44. Sentenze definitive. - 1. La sentenza della grande Camera è definitiva.

2. La sentenza di una Camera diviene definitiva:

a) quando le parti dichiarano che non richiederanno il rinvio del caso dinnanzi alla Grande Camera; oppure

b) tre mesi dopo la data della sentenza, se non è stato richiesto il rinvio del caso dinnanzi alla Grande Camera; oppure

c) se il Collegio della Grande Camera respinge una richiesta di rinvio formulata secondo l'art. 43.

3. La sentenza definitiva è pubblicata.

45. Motivazione delle sentenze e delle decisioni. - 1. Le sentenze e le decisioni che dichiarano i ricorsi ricevibili o non ricevibili devono essere motivate.

2. Se la sentenza non esprime in tutto o in parte l'opinione unanime dei giudici, ogni giudice avrà diritto di unirvi l'esposizione della sua opinione individuale.

46. (1) **Forza vincolante ed esecuzione delle sentenze.** - 1. Le Alte Parti contraenti s'impegnano a conformarsi alle sentenze definitive della Corte per le controversie di cui sono parte.

2. La sentenza definitiva della Corte è trasmessa al Comitato dei Ministri che ne sorveglia l'esecuzione.

3. Ove il Comitato dei Ministri ritenga che la sorveglianza di una sentenza definitiva è intralciata dalla difficoltà d'interpretare tale sentenza, esso può investire la Corte affinché si pronunzi su tale questione d'interpretazione. La decisione di investire la Corte è presa con un voto a maggioranza di due terzi dei rappresentanti aventi diritto ad un seggio nel Comitato.

4. Ove il Comitato dei Ministri ritenga che un'Alta Parte contraente rifiuti di attenersi ad una sentenza definitiva in una controversia di cui è parte, esso può, dopo aver messo in mora questa Parte e mediante una decisione adottata con un voto a maggioranza dei due terzi dei rappresentanti aventi diritto ad un seggio nel Comitato, investire la Corte della questione dell'osservanza di questa Parte degli obblighi relativi al paragrafo 1.

5. Se la Corte accerta una violazione del paragrafo 1, essa rinvia il caso al Comitato dei Ministri affinché esamini i provvedimenti da adottare. Qualora la Corte accerti che non vi è stata violazione del paragrafo 1, essa rinvia il caso al Comitato dei Ministri, il quale decide di porre fine al suo esame.

(1) *Questo articolo è stato così modificato dall'art. 16 del Protocollo n. 14, fatto a Strasburgo il 13 maggio 2004 e ratificato con la L. 15 dicembre 2005, n. 280.*

47. Pareri consultivi. – 1. La Corte può, su richiesta del Comitato dei Ministri, fornire pareri consultivi su questioni giuridiche relative all'interpretazione della Convenzione e dei suoi protocolli.

2. Tali pareri non devono vertere su questioni inerenti al contenuto o alla portata dei diritti e libertà definiti nel Titolo I della Convenzione e nei protocolli, né su altre questioni che la Corte o il Comitato dei Ministri si troverebbero a dover giudicare per via della presentazione di un ricorso previsto dalla Convenzione.

3. La decisione del Comitato dei Ministri di chiedere un parere alla Corte è adottata con un voto di maggioranza dei rappresentanti che hanno il diritto di avere un seggio al Comitato.

48. Competenza consultiva della Corte. – La Corte decide se la domanda di parere consultivo presentata dal Comitato dei Ministri è di sua competenza secondo l'articolo 47.

49. Motivazione dei pareri consultivi. – 1. Il parere della Corte è motivato.

2. Se il parere non esprime in tutto o in parte l'opinione unanime dei giudici, ogni giudice avrà diritto di unirvi l'esposizione della sua opinione individuale.

3. Il parere della Corte è trasmesso al Comitato dei Ministri.

51. Privilegi ed immunità dei giudici. – I giudici beneficiano durante l'esercizio delle loro funzioni, dei privilegi e delle immunità previste all'articolo 40 dello Statuto del Consiglio d'Europa e negli accordi conclusi a titolo di detto articolo.

PROTOCOLLO ADDIZIONALE (1)

(1) *L'intitolazione degli articoli da 1 a 5 di questo Protocollo è stata attribuita dall'art. 2, comma 4, lett. a), del Protocollo n. 11, ratificato con L. 28 agosto 1997, n. 296. A norma dell'art. 4 dello stesso Protocollo, l'entrata in vigore è differita al primo giorno del mese successivo allo scadere di un periodo di un anno dopo la data alla quale tutte le Parti alla Convenzione avranno espresso il loro consenso ad essere vincolati dal Protocollo ratificato con L. n. 296/1997.*

1. Protezione della proprietà. – Ogni persona fisica o giuridica ha diritto al rispetto dei suoi beni.

Nessuno può essere privato della sua proprietà se non per causa di pubblica utilità e alle condizioni previste dalla legge e dai principi generali di diritto internazionale.

Le disposizioni precedenti non ledono il diritto degli Stati di applicare quelle leggi che giudicano necessarie per disciplinare l'uso dei beni in relazione all'interesse generale o per assicurare il pagamento delle imposte o di altri tributi o ammende.

2. Diritto all'istruzione. – A nessuno può essere interdetto il diritto all'istruzione.

Lo Stato, nell'attività che svolge nel campo dell'educazione e dell'insegnamento, rispetterà il diritto dei genitori di assicurare questa educazione e questo insegnamento secondo le loro convinzioni religiose e filosofiche.

3. Diritto a libere elezioni. – Le Alte Parti contraenti si impegnano ad indire, a intervalli ragionevoli, libere elezioni a scrutinio segreto, in condizioni che assicurino la libera manifestazione dell'opinione pubblica sulla scelta del corpo legislativo.

4. Applicazione territoriale. – Ogni Alta Parte contraente può, al momento della firma o della ratifica del presente Protocollo o in ogni altro momento successivo, comunicare al Segretario Generale del Consiglio d'Europa una dichiarazione che indichi i limiti entro cui si impegna a che le disposizioni del presente Protocollo siano valide nei territori indicati in detta dichiarazione e dei quali ha la rappresentanza internazionale.

Ogni Alta Parte contraente che ha comunicato una dichiarazione ai sensi del paragrafo precedente può, in altro momento, comunicare una nuova dichiarazione che modifichi il contenuto di ogni precedente dichiarazione o che denunzi la validità del Protocollo su uno dei territori.

Una dichiarazione fatta ai sensi del presente articolo sarà ritenuta come fatta ai sensi del paragrafo 1 dell'art. 56 (1) della Convenzione.

(1) *I termini: «dell'art. 63», sono stati così sostituiti dagli attuali, in forza dell'art. 2, comma 4, lett.* b), *del Protocollo n. 11, ratificato con L. 28 agosto 1997, n. 296. A norma dell'art. 4 dello stesso Protocollo, l'entrata in vigore è differita al primo giorno del mese successivo allo scadere di un periodo di un anno dopo la data alla quale tutte le Parti alla Convenzione avranno espresso il loro consenso ad essere vincolati dal Protocollo ratificato con L. n. 296/1997.*

5. Relazioni con la Convenzione. – Le Alte Parti contraenti considereranno gli articoli 1, 2, 3 e 4 di questo Protocollo come articoli addizionali alla Convenzione e, di conseguenza, si applicheranno tutte le disposizioni della Convenzione.

CODICE CIVILE

R.D. 16 marzo 1942, n. 262. Approvazione del testo del Codice civile (Pubblicato nella edizione straordinaria della *Gazzetta Ufficiale* n. 79 del 4 aprile 1942).

VITTORIO EMANUELE III
PER GRAZIA DI DIO
E PER VOLONTÀ DELLA NAZIONE
RE D'ITALIA E DI ALBANIA
IMPERATORE D'ETIOPIA

Visti i Regi decreti 12 dicembre 1938, n. 1852, 26 ottobre 1939, n. 1586, 30 gennaio 1941, n. 15, 30 gennaio 1941, n. 17 e 30 gennaio 1941, n. 18, che danno facoltà al Governo di provvedere alla riunione ed al coordinamento dei libri del Codice civile delle persone, delle successioni per causa di morte e delle donazioni, della proprietà, delle obbligazioni, del lavoro e della tutela dei diritti, approvati con gli stessi Regi decreti;

Udito il Consiglio dei Ministri;

Sulla proposta del Nostro Guardasigilli, Ministro Segretario di Stato per la grazia e giustizia;

Abbiamo decretato e decretiamo:

1. È approvato il testo del Codice civile, il quale, preceduto dalle Disposizioni sulla legge in generale, avrà esecuzione a cominciare dal 21 aprile 1942, sostituendo da questa data i libri del Codice stesso, approvati con i Regi decreti 12 dicembre 1938, n. 1852, 26 ottobre 1939, n. 1586, 30 gennaio 1941, n. 15, 30 gennaio 1941, n. 16, 30 gennaio 1941, n. 17, e 30 gennaio 1941, n. 18.

2. Un esemplare del testo del Codice civile, firmato da Noi e contrassegnato dal Nostro Ministro Segretario di Stato per la grazia e giustizia, servirà di originale e sarà depositato e custodito nell'Archivio del Regno.

Ordiniamo che il presente decreto, munito del sigillo dello Stato, sia inserito nella Raccolta ufficiale delle leggi e dei decreti del Regno d'Italia, mandando a chiunque spetti di osservarlo e di farlo osservare.

Dato a Roma, addì 16 marzo 1942.

VITTORIO EMANUELE
MUSSOLINI - GRANDI

Visto, il Guardasigilli: Grandi.

Registrato alla Corte dei Conti, addì 16 marzo 1942 - Atti del Governo, registro n. 443, foglio n. 53.

MANCINI

Capo I
Delle fonti del diritto

1. Indicazione delle fonti. – Sono fonti (70, 87, 121, 138, Cost.) del diritto:
1) le leggi (2, 10 ss.);
2) i regolamenti (3, 4);
3) le norme corporative ([1]);
4) gli usi (8 ss.).

([1]) *Il R.D.L. 9 agosto 1943, n. 721, soppressione degli organi corporativi centrali, del comitato interministeriale prezzi e del comitato interministeriale per l'autarchia, ha soppresso l'ordinamento corporativo fascista.*

2. Leggi. – La formazione delle leggi (1, n. 1) e l'emanazione degli atti del Governo aventi forza di legge sono disciplinate da leggi di carattere costituzionale (70 ss., 87, 128 Cost.).

3. Regolamenti. – Il potere regolamentare del Governo è disciplinato da leggi di carattere costituzionale.

Il potere regolamentare di altre autorità è esercitato nei limiti delle rispettive competenze, in conformità delle leggi particolari (4, 77, 87 Cost.).

4. Limiti della disciplina regolamentare. – I regolamenti non possono contenere norme contrarie alle disposizioni delle leggi.

I regolamenti emanati a norma del secondo comma dell'art. 3 non possono nemmeno dettare norme contrarie a quelle dei regolamenti emanati dal Governo.

5 - 7. (*Omissis*) ([1]).

([1]) *Articoli riguardanti le norme corporative, abrogati dal R.D.L. 9 agosto 1943, n. 721.*

8. Usi. – Nelle materie regolate dalle leggi (1, n. 1) e dai regolamenti (1, n. 2) gli usi hanno efficacia solo in quanto sono da essi richiamati (1, n. 4, 9).

Le norme corporative prevalgono sugli usi, anche se richiamati dalle leggi e dai regolamenti, salvo che in esse sia diversamente disposto ([1]).

([1]) *Comma da ritenere abrogato a seguito della soppressione dell'ordinamento corporativo fascista disposta dal R.D.L. 9 agosto 1943, n. 721.*

9. Raccolte di usi. – Gli usi pubblicati nelle raccolte ufficiali degli enti e degli organi a ciò autorizzati si presumono esistenti fino a prova contraria.

Capo II
Dell'applicazione della legge in generale

10. Inizio dell'obbligatorietà delle leggi e dei regolamenti. – Le leggi (1, n. 1) e i regolamenti (1, n. 2) divengono obbligatori nel decimoquinto giorno successivo a quello della loro pubblicazione (73 Cost.), salvo che sia altrimenti disposto.

Le norme corporative divengono obbligatorie nel giorno successivo a quello della pubblicazione, salvo che in esse sia altrimenti disposto ([1]).

([1]) *Comma da ritenere abrogato a seguito della soppressione dell'ordinamento corporativo fascista, disposta dal R.D.L. 9 agosto 1943, n. 721.*

11. Efficacia della legge nel tempo. – La legge non dispone che per l'avvenire: essa non ha effetto retroattivo (25 Cost.; 2 c.p.).

I contratti collettivi di lavoro (2067 ss. c.c.) possono stabilire per la loro efficacia una data anteriore alla pubblicazione, purché non preceda quella della stipulazione (2074 c.c.).

12. Interpretazione della legge. – Nell'applicare la legge non si può ad essa attribuire altro senso che quello fatto palese dal significato proprio delle parole secondo la connessione di esse, e dalla intenzione del legislatore (1362, 1363 c.c.).

Se una controversia non può essere decisa con una precisa disposizione, si ha riguardo alle disposizioni che regolano casi simili o materie analoghe; se il caso rimane ancora dubbio, si decide secondo i principi generali dell'ordinamento giuridico dello Stato.

13. Esclusione dell'applicazione analogica delle norme corporative. – (*Omissis*) ([1]).

([1]) *L'ordinamento corporativo fascista è stato soppresso dal R.D.L. 9 agosto 1943, n. 721.*

14. Applicazione delle leggi penali ed eccezionali. – Le leggi penali e quelle che fanno eccezione a regole generali o ad altre leggi non si applicano oltre i casi e i tempi in esse considerati (25 Cost.; 1, 2 c.p.).

15. Abrogazione delle leggi. – Le leggi non sono abrogate che da leggi posteriori per dichiarazione espressa del legislatore, o per incompatibilità tra le nuove disposizioni e le precedenti o perché la nuova legge regola l'intera materia già regolata dalla legge anteriore (75 Cost.).

16. Trattamento dello straniero. – Lo straniero è ammesso a godere dei diritti civili attribuiti al cittadino a condizione di reciprocità e salve le disposizioni contenute in leggi speciali (29).

Questa disposizione vale anche per le persone giuridiche straniere (29; 10 Cost.; 2508 ss. c.c.).

17. ([1]) **[Legge regolatrice dello stato e delle capacità delle persone e dei rapporti di famiglia.** – Lo stato e la capacità delle persone e i rapporti di famiglia sono regolati dalla legge dello Stato al quale esse appartengono (115, 116 c.c.).

Tuttavia uno straniero, se compie nella Repubblica un atto per il quale sia incapace secondo la sua legge nazionale, è considerato capace se per tale atto secondo la legge italiana sia capace il cittadino, salvo che si tratti di rapporti di famiglia, di successioni per causa di morte (456 ss. c.c.), di donazioni (769 ss. c.c.), ovvero di atti di disposizione di immobili situati all'estero].

([1]) *Articolo abrogato dall'art. 73 della L. 31 maggio 1995, n. 218, a decorrere dal 1° settembre 1995. Si vedano ora i Capi II e IV della citata L. n. 218/1995.*

18. ([1]) **[Legge regolatrice dei rapporti personali tra coniugi.** – I rapporti personali tra coniugi (143 ss. c.c.) di diversa cittadinanza sono regolati dall'ultima legge nazionale che sia stata loro comune durante il matrimonio o, in mancanza di essa, dalla legge nazionale del marito al tempo della celebrazione del matrimonio (143 c.c.)].

([1]) *Articolo abrogato dall'art. 73 della L. 31 maggio 1995, n. 218, a decorrere dal 1° settembre 1995. Si veda ora l'art. 29 della citata L. n. 218/1995.*

19. ([1]) **[Legge regolatrice dei rapporti patrimoniali tra coniugi.** – I rapporti patrimoniali tra coniugi (159 ss. c.c.) sono regolati dalla legge nazionale del marito al tempo della celebrazione del matrimonio.

Il cambiamento di cittadinanza dei coniugi non influisce sui rapporti patrimoniali, salve le convenzioni tra i coniugi in base alla nuova legge nazionale comune].

([1]) *Articolo abrogato dall'art. 73 della L. 31 maggio 1995, n. 218, a decorrere dal 1° settembre 1995. Si veda ora l'art. 30 della citata L. n. 218/1995.*

20. ([1]) **[Legge regolatrice dei rapporti tra genitori e figli.** – I rapporti tra genitori e figli (315 ss. c.c.) sono regolati dalla legge nazionale del padre, ovvero da quella della madre se soltanto la maternità è accertata o se soltanto la madre ha legittimato il figlio (250, 269, 280 c.c.).

I rapporti tra adottante e adottato sono regolati dalla legge nazionale dell'adottante al tempo dell'adozione (291 ss. c.c.)].

([1]) *Articolo abrogato dall'art. 73 della L. 31 maggio 1995, n. 218, a decorrere dal 1° settembre 1995. Si vedano ora gli artt. 33-41 della citata L. n. 218/1995.*

21. ([1]) **[Legge regolatrice della tutela.** – La tutela (343 ss., 424 c.c.) e gli altri istituti di protezione degli incapaci (401 c.c.) sono regolati dalla legge nazionale dell'incapace].

([1]) *Articolo abrogato dall'art. 73 della L. 31 maggio 1995, n. 218, a decorrere dal 1° settembre 1995. Si vedano ora gli artt. 42-44 della citata L. n. 218/1995.*

22. ([1]) **[Legge regolatrice del possesso, della proprietà e degli altri diritti sulle cose.** – Il possesso (1140 ss. c.c.), la proprietà (832 ss. c.c.) e gli altri diritti sulle cose mobili e immobili (978 ss. c.c.) sono regolati dalla legge del luogo nel quale le cose si trovano (6 c.n.)].

([1]) *Articolo abrogato dall'art. 73 della L. 31 maggio 1995, n. 218, a decorrere dal 1° settembre 1995. Si vedano ora gli artt. 51-55 della citata L. n. 218/1995.*

23. ([1]) **[Legge regolatrice delle successioni per causa di morte.** – Le successioni per causa di morte (456 ss. c.c.) sono regolate, ovunque siano i beni, dalla legge dello Stato al quale apparteneva, al momento della morte, la persona della cui eredità si tratta].

([1]) *Articolo abrogato dall'art. 73 della L. 31 maggio 1995, n. 218, a decorrere dal 1° settembre 1995. Si vedano ora gli artt. 46-50 della citata L. n. 218/1995.*

24. ([1]) **[Legge regolatrice delle donazioni.** – Le donazioni (769 ss. c.c.) sono regolate dalla legge nazionale del donante].

(1) *Articolo abrogato dall'art. 73 della L. 31 maggio 1995, n. 218, a decorrere dal 1° settembre 1995. Si veda ora l'art. 56 della citata L. n. 218/1995.*

25. (1) [**Legge regolatrice delle obbligazioni.** - Le obbligazioni che nascono da contratto (1321 ss. c.c.) sono regolate dalla legge nazionale dei contraenti, se è comune; altrimenti da quella del luogo nel quale il contratto è stato conchiuso (1326 c.c.). È salva in ogni caso la diversa volontà delle parti.

Le obbligazioni non contrattuali (1324, 1987 ss., 2028 ss., 2043 ss. c.c.) sono regolate dalla legge del luogo ove è avvenuto il fatto dal quale esse derivano (5, 9 c.n.)].

(1) *Articolo abrogato dall'art. 73 della L. 31 maggio 1995, n. 218, a decorrere dal 1° settembre 1995. Si vedano ora gli artt. 57-63 della citata L. n. 218/1995.*

26. (1) [**Legge regolatrice della forma degli atti.** - La forma degli atti tra vivi (1350 c.c.) e degli atti di ultima volontà (601 c.c.) è regolata dalla legge del luogo nel quale l'atto è compiuto (115 c.c.) o da quella che regola la sostanza dell'atto, ovvero dalla legge nazionale del disponente o da quella dei contraenti, se è comune (5, 12 c.n.).

Le forme di pubblicità (2643 ss. c.c.) degli atti di costituzione, di trasmissione e di estinzione dei diritti sulle cose sono regolate dalla legge del luogo in cui le cose stesse si trovano].

(1) *Articolo abrogato dall'art. 73 della L. 31 maggio 1995, n. 218, a decorrere dal 1° settembre 1995. Si vedano ora gli artt. 48, 55, 56 della citata L. n. 218/1995.*

27. (1) [**Legge regolatrice del processo.** - La competenza e la forma del processo sono regolate dalla legge del luogo in cui il processo si svolge (5 ss., 163 ss. c.p.c.)].

(1) *Articolo abrogato dall'art. 73 della L. 31 maggio 1995, n. 218, a decorrere dal 1° settembre 1995. Si vedano ora gli artt. 3-12 della citata L. n. 218/1995.*

28. (1) [**Efficacia delle leggi penali e di polizia.** - Le leggi penali e quelle di polizia e sicurezza pubblica obbligano tutti coloro che si trovano nel territorio dello Stato (3, 4 c.p.; 4 c.n.)].

(1) *Articolo abrogato dall'art. 73 della L. 31 maggio 1995, n. 218, a decorrere dal 1° settembre 1995. Si veda l'art. 62 della citata L. n. 218/1995.*

29. (1) [**Apolidi.** - Se una persona non ha cittadinanza (16), si applica la legge del luogo dove risiede in tutti i casi nei quali, secondo le disposizioni che precedono, dovrebbe applicarsi la legge nazionale (43 c.c.; 4 c.p.)].

(1) *Articolo abrogato dall'art. 73 della L. 31 maggio 1995, n. 218, a decorrere dal 1° settembre 1995. Si veda ora l'art. 19 della citata L. n. 218/1995.*

30. (1) [**Rinvio ad altra legge.** - Quando, ai termini degli articoli precedenti, si deve applicare una legge straniera, si applicano le disposizioni della legge stessa senza tener conto del rinvio da essa fatto ad altra legge].

(1) *Articolo abrogato dall'art. 73 della L. 31 maggio 1995, n. 218, a decorrere dal 1° settembre 1995. Si veda ora l'art. 13 della citata L. n. 218/1995.*

31. (1) [**Limiti derivanti dall'ordine pubblico e dal buon costume.** - Nonostante le disposizioni degli articoli precedenti, in nessun caso le leggi e gli atti di uno Stato estero, gli ordinamenti e gli atti di qualunque istituzione o ente, o le private disposizioni o convenzioni possono avere effetto nel territorio dello Stato, quando siano contrari all'ordine pubblico o al buon costume.

L'ordine corporativo fa parte integrante dell'ordine pubblico] (2).

(1) *Articolo abrogato dall'art. 73 della L. 31 maggio 1995, n. 218, a decorrere dal 1° settembre 1995. Si veda ora l'art. 16 della citata L. n. 218/1995.*

(2) *L'ultimo comma doveva intendersi già abrogato dall'art. 3, D.L.vo Lgt. 14 settembre 1944, n. 287, provvedimenti relativi alla riforma della legislazione civile.*

Libro I
Delle persone e della famiglia

Titolo I
Delle persone fisiche

1. Capacità giuridica. – La capacità giuridica si acquista dal momento della nascita (22 Cost.).

I diritti che la legge riconosce a favore del concepito sono subordinati all'evento della nascita (320, 462, 687, 715).

(*Omissis*) ([1]).

([1]) *Seguiva un terzo comma abrogato dall'art. 1 del R.D.L.vo 20 gennaio 1944, n. 25 e dall'art. 3 del D.L.vo Lgt. 14 settembre 1944, n. 287.*

NOTE OPERATIVE:

Nascituro: Si può essere destinatari di tutela anche senza essere soggetti dotati di capacità giuridica (S.U. 25767/15).

2. Maggiore età. Capacità di agire. – La maggiore età è fissata al compimento del diciottesimo anno. Con la maggiore età si acquista la capacità di compiere tutti gli atti per i quali non sia stabilita una età diversa.

Sono salve le leggi speciali che stabiliscono un'età inferiore in materia di capacità a prestare il proprio lavoro. In tal caso il minore è abilitato all'esercizio dei diritti e delle azioni che dipendono dal contratto di lavoro.

3. [**Capacità in materia di lavoro.** – (*Omissis*)] ([1]).

([1]) *Articolo abrogato dall'art. 2, L. 8 marzo 1975, n. 39, attribuzione della maggiore età.*

4. Commorienza. – Quando un effetto giuridico dipende dalla sopravvivenza di una persona a un'altra (462, 791) e non consta quale di esse sia morta prima, tutte si considerano morte nello stesso momento (61, 69, 2697, 2728).

NOTE OPERATIVE:

Superamento della presunzione: La norma prevede soltanto la presunzione legale di non sopravvivenza, gravando, su chi afferma la sopravvivenza di una persona, l'onere della prova (C.C. 963/86).

5. Atti di disposizione del proprio corpo. – Gli atti di disposizione del proprio corpo sono vietati quando cagionino una diminuzione permanente dell'integrità fisica, o quando siano altrimenti contrari alla legge ([1]), all'ordine pubblico o al buon costume (1343, 1354, 1418; 32 Cost.) ([2]).

([1]) *Tra esse: L. 3 aprile 1957, n. 235, modificata con L. 2 aprile 1968, n. 519, prelievo di parti del cadavere a scopo di trapianto terapeutico; L. 26 giugno 1967, n. 458, trapianto del rene tra persone viventi; L. 14 luglio 1967, n. 592, raccolta, conservazione e distribuzione del sangue umano; L. 22 maggio 1978, n. 194, interruzione della gravidanza; L. 14 aprile 1982, n. 164, norme in materia di rettificazione di attribuzione di sesso; L. 12 agosto 1993, n. 301, norme in materia di prelievi ed innesti di cornea; D.P.R. 9 novembre 1994, n. 694, regolamento sulla semplificazione dell'autorizzazione dei trapianti; L. 1 aprile 1999, n. 91, disposizioni in materia di trapianti di organi e di tessuti.*

([2]) *A norma dell'art. 1 della L. 19 settembre 2012, n. 167, in deroga al divieto di cui a questo articolo è ammesso disporre a titolo gratuito di parti di polmone, pancreas e intestino al fine esclusivo del trapianto tra persone viventi.*

NOTE OPERATIVE:

Donazione di organo: L'espianto del rene per scopo di donazione dell'organo forma oggetto di uno speciale contratto tra il donatore e la struttura ospedaliera, per la cui validità è requisito legale la stipula, da parte dell'ospedale, di un'assicurazione contro gli infortuni e la malattia a beneficio del donatore (C.C. 1874/13).

6. Diritto al nome. – Ogni persona ha diritto al nome (22 Cost.) che le è per legge attribuito.

Nel nome si comprendono il prenome e il cognome (602²).

Non sono ammessi cambiamenti, aggiunte o rettifiche al nome, se non nei casi e con le formalità dalla legge indicati (149).

NOTE OPERATIVE:

Rettificazione di sesso: In caso di disposta rettificazione della attribuzione di sesso, il riconoscimento del primario diritto alla identità sessuale sotteso alla disposta rettificazione, rende conseguenziale la rettificazione del prenome (C.C. 3877/20).

7. Tutela del diritto al nome. – La persona, alla quale si contesti il diritto all'uso del proprio nome o che possa risentire pregiudizio dall'uso che altri indebitamente ne faccia, può chiedere giudizialmente (8, 9, 2563 ss.; 9 c.p.c.) la cessazione del fatto lesivo, salvo il risarcimento dei danni.

L'autorità giudiziaria può ordinare che la sentenza sia pubblicata in uno o più giornali (120 c.p.c.).

NOTE OPERATIVE:

Ambito di applicazione: La tutela civilistica del nome è invocabile non solo dalle persone fisiche ma anche da quelle giuridiche e dai soggetti diversi dalle persone fisiche (C.C. 18218/09).

Presupposti: L'accoglimento della domanda di cessazione del fatto lesivo è subordinata alla duplice condizione che l'utilizzazione del nome altrui sia indebita e che da tale comportamento possa derivare un pregiudizio alla persona alla quale il nome è stato per legge attribuito (C.C. 11129/03).

8. Tutela del nome per ragioni familiari. – Nel caso previsto dall'articolo precedente, l'azione può essere promossa anche da chi, pur non portando il nome contestato o indebitamente usato, abbia alla tutela del nome un interesse (100 c.p.c.) fondato su ragioni familiari degne d'essere protette.

9. Tutela dello pseudonimo. – Lo pseudonimo, usato da una persona in modo che abbia acquistato l'importanza del nome (602), può essere tutelato ai sensi dell'art. 7.

NOTE OPERATIVE:

Nickname: L'indebito utilizzo del nickname altrui integra il reato di sostituzione di persona (C.P. 18826/13).

10. Abuso dell'immagine altrui. – Qualora l'immagine di una persona o dei genitori, del coniuge o dei figli sia stata esposta o pubblicata fuori dei casi in cui l'esposizione o la pubblicazione è dalla legge consentita, ovvero con pregiudizio al decoro o alla reputazione della persona stessa o dei detti congiunti, l'autorità giudiziaria, su richiesta dell'interessato, può disporre che cessi l'abuso, salvo il risarcimento dei danni.

NOTE OPERATIVE:

Divulgazione lecita: La divulgazione dell'immagine altrui senza il consenso dell'interessato è lecita, ove la riproduzione sia collegata a manifestazioni pubbliche (o anche private, ma di rilevanza sociale se ed in quanto risponda alle esigenze di pubblica informazione e sia essenziale rispetto al contenuto informativo di interesse pubblico dell'articolo di accompagnamento, salvo che da tale evento derivi pregiudizio all'onore o al decoro della persona ritratta. (C.C. 2304/23 – Conf. C.C. 4477/21).

Scopi pubblicitari: L'utilizzo dell'immagine per scopi pubblicitari richiede sempre il consenso dell'interessato (C.C. 1748/16) anche tacito (C.C. 11491/06).

Risarcimento del danno: In caso di violazione del diritto all'immagine, il danno non patrimoniale non può essere ritenuto un danno in re ipsa (C.C. 2685/23) e può essere dimostrato facendo ricorso alle presunzioni, dato che la presunzione è una prova a tutti gli effetti (C.C. 11768/22).

Prezzo del consenso: In assenza di prova di specifiche voci di danno patrimoniale, il risarcimento dovuto al soggetto la cui immagine sia stata utilizzata in difetto di autorizzazione può essere liquidato in via equitativa sulla base del compenso che il titolare del diritto avrebbe richiesto per consentirne l'uso, tenendo conto degli utili presumibilmente conseguiti dall'autore dell'illecito (C.C. 11768/22 – Conf. C.C. 11353/10).

Titolo II
Delle persone giuridiche

Capo I
Disposizioni generali

11. Persone giuridiche pubbliche. – Le province e i comuni, nonché gli enti pubblici riconosciuti come persone giuridiche godono dei diritti secondo le leggi e gli usi osservati come diritto pubblico (822, 824, 826, 828, 830, 831, 862[4], 863[2], 2093, 2201; 115, 128 Cost.).

NOTE OPERATIVE:

Pubblica Amministrazione: La qualificazione come Pubblica Amministrazione di un'istituzione può risultare da forme diverse, potendo ricorrere per effetto del riconoscimento della personalità giuridica di diritto pubblico che rende l'istituzione un ente pubblico o anche, senza che vi sia tale riconoscimento, allorquando l'istituzione si presenti come un'articolazione di una Pubblica Amministrazione, ovvero di un ente pubblico (S.U. 17751/2016).

12. (¹) [**Persone giuridiche private.** – Le associazioni, le fondazioni e le altre istituzioni di carattere privato acquistano la personalità giuridica mediante il riconoscimento concesso con decreto del Presidente della Repubblica.

Per determinate categorie di enti che esercitano la loro attività nell'ambito della provincia, il Governo può delegare ai prefetti la facoltà di riconoscerli con loro decreto].

(¹) *Questo articolo è stato abrogato dall'art. 11, comma 1, lett. a), del D.P.R. 10 febbraio 2000, n. 361. Il riconoscimento avviene mediante l'iscrizione nel registro apposito istituito presso le Prefetture. Il registro è istituito presso la regione se la persona giuridica opera nelle materie attribuite alla competenza delle regioni dall'art. 14 del D.P.R. 24 luglio 1977, n. 616.*

13. Società. – Le società sono regolate dalle disposizioni contenute nel libro V (2200, 2247 ss., 2642; 99 ss. att.).

Capo II
Delle associazioni e delle fondazioni

14. Atto costitutivo. – Le associazioni e le fondazioni (12) devono essere costituite (16, 33) con atto pubblico (1350, 2643 n. 10, 2699).

La fondazione può essere disposta anche con testamento (587, 600, 786; 3 att.).

NOTE OPERATIVE:

Atto pubblico: L'atto pubblico costitutivo di una fondazione, avendo struttura di negozio unilaterale ed autonoma causa, consistente nella destinazione di beni per lo svolgimento in forma organizzata dello scopo statutario, non dà luogo ad un atto di donazione (C.C. 16409/17).

15. Revoca dell'atto costitutivo della fondazione. – L'atto di fondazione può essere revocato dal fondatore fino a quando non sia intervenuto il riconoscimento (12) ovvero il fondatore non abbia fatto iniziare l'attività dell'opera da lui disposta (555, 786, 2331).

La facoltà di revoca non si trasmette agli eredi.

16. Atto costitutivo e statuto. Modificazioni. – L'atto costitutivo e lo statuto devono contenere la denominazione dell'ente, l'indicazione dello scopo, del patrimonio e della sede (33, 34, 46), nonché le norme sull'ordinamento e sull'amministrazione (25). Devono anche determinare, quando trattasi di associazioni, i diritti e gli obblighi degli associati e le condizioni della loro ammissione; e, quando trattasi di fondazioni, i criteri e le modalità di erogazione delle rendite.

L'atto costitutivo e lo statuto possono inoltre contenere le norme relative alla estinzione dell'ente (27) e alla devoluzione del patrimonio (21^3, 31, 32), e, per le fondazioni, anche quelle relative alla loro trasformazione (28).

[Le modificazioni dell'atto costitutivo e dello statuto devono essere approvate dall'autorità governativa nelle forme indicate nell'art. 12] (1).

(1) *Questo comma è stato abrogato dall'art. 11, comma 1, lett.* b), *del D.P.R. 10 febbraio 2000, n. 361.*

17. (1) **[Acquisto di immobili e accettazione di donazioni, eredità e legati.** – La persona giuridica non può acquistare beni immobili (812), né accettare donazioni (782) o eredità (473), né conseguire legati (649) senza l'autorizzazione governativa.

Senza questa autorizzazione l'acquisto e l'accettazione non hanno effetto (5, 6, 7 att.)].

(1) *Questo articolo è stato abrogato dall'art. 13, comma 1, della L. 15 maggio 1997, n. 127. Le disposizioni previste dall'art. 13, comma 1, si applicano anche alle acquisizioni deliberate o verificatesi in data anteriore a quella di entrata in vigore della citata L. n. 127/1997, a norma dell'art. 13, comma 2, medesima legge.*

18. Responsabilità degli amministratori. – Gli amministratori sono responsabili (22, 25, 29, 33) verso l'ente secondo le norme del mandato (1710, 2260, 2392). È però esente da responsabilità quello degli amministratori il quale non abbia partecipato all'atto che ha causato il danno, salvo il caso in cui, essendo a cognizione che l'atto si stava per compiere, egli non abbia fatto constare del proprio dissenso (9 att.).

19. Limitazioni del potere di rappresentanza. – Le limitazioni del potere di rappresentanza (25), che non risultano dal registro indicato nell'art. 33, non possono essere opposte ai terzi, salvo che si provi che essi ne erano a conoscenza (34, 1396, 2193, 2207, 2298, 2384).

NOTE OPERATIVE:

Ambito di applicazione: La norma, da considerarsi eccezionale non è applicabile, in via di interpretazione estensiva o per analogia, alle associazioni non riconosciute, in quanto per esse non è stabilita alcuna forma di pubblicità (C.C. 7724/00).

Perpetuatio: Gli organi legittimati ad esprimere la volontà dell'ente permangono in carica, in applicazione analogica dell'art. 2385 c.c. e salvo che sia diversamente stabilito dallo statuto o dall'assemblea, fino alla sostituzione dei loro componenti (C.C. 24214/19).

20. Convocazione dell'assemblea delle associazioni. – L'assemblea delle associazioni deve essere convocata dagli amministratori una volta l'anno per l'approvazione del bilancio (2364^2).

L'assemblea deve essere inoltre convocata quando se ne ravvisa la necessità o quando ne è fatta richiesta motivata da almeno un decimo degli associati. In quest'ultimo caso, se gli amministratori non vi provvedono, la convocazione può essere ordinata dal presidente del tribunale (2367; 8 att.).

21. Deliberazioni dell'assemblea. – Le deliberazioni dell'assemblea sono prese a maggioranza di voti e con la presenza di almeno la metà degli associati. In seconda convocazione la deliberazione è valida qualunque sia il numero degli intervenuti. Nelle deliberazioni di approvazione del bilancio e in quelle che riguardano la loro responsabilità (22) gli amministratori non hanno voto.

Per modificare l'atto costitutivo e lo statuto, se in essi non è altrimenti disposto, occorrono la presenza di almeno tre quarti degli associati e il voto favorevole della maggioranza dei presenti (16, 34; 4 att.).

Per deliberare lo scioglimento dell'associazione (29, 30; 11 att.) e la devoluzione del patrimonio (16, 28², 31, 32, 34) occorre il voto favorevole di almeno tre quarti degli associati (11 att.).

NOTE OPERATIVE:

Natura giuridica: Le deliberazioni dell'assemblea di un'associazione riconosciuta, ivi comprese quelle di approvazione del bilancio, non costituiscono mere dichiarazioni di scienza, né possono essere considerate come atti unilaterali ed interni, intesi a regolare rapporti intrasoggettivi, ma sono pur sempre atti in cui rileva la volontà posta alla base della formazione della singola deliberazione (C.C. 13774/14).

22. Azioni di responsabilità contro gli amministratori. – Le azioni di responsabilità contro gli amministratori delle associazioni per fatti da loro compiuti (18) sono deliberate dall'assemblea (21) e sono esercitate dai nuovi amministratori o dai liquidatori (25³).

23. Annullamento e sospensione delle deliberazioni. – Le deliberazioni dell'assemblea contrarie alla legge, all'atto costitutivo o allo statuto (16) possono essere annullate su istanza degli organi dell'ente, di qualunque associato o del pubblico ministero (25, 2377²; 69 c.p.c.).

L'annullamento della deliberazione non pregiudica i diritti acquistati dai terzi di buona fede in base ad atti compiuti in esecuzione della deliberazione medesima (25², 1445, 2377, 2391³).

Il presidente del tribunale o il giudice istruttore (175 ss. c.p.c.), sentiti gli amministratori dell'associazione, può sospendere, su istanza di colui che ha proposto l'impugnazione, l'esecuzione della deliberazione impugnata, quando sussistono gravi motivi. Il decreto di sospensione deve essere motivato ed è notificato agli amministratori (2378⁴; 10 att.).

L'esecuzione delle deliberazioni contrarie all'ordine pubblico o al buon costume (5, 25¹) può essere sospesa anche dall'autorità governativa (9 att.).

NOTE OPERATIVE:

Legittimazione: La norma non annovera, tra i soggetti legittimati ad impugnare la deliberazione assembleare, l'associazione dalla quale la deliberazione promana, consentendo l'annullamento di tali deliberazioni solo su istanza degli associati, degli organi dell'ente e del pubblico ministero (C.C. 16396/21– Conf. C.C. 17060/12).

Termine: I vizi delle delibere assembleari, si traducano essi in ragioni di nullità ovvero di annullabilità, possono essere fatti valere con azione giudiziaria, non soggetta a termini di decadenza, da qualunque associato, oltre che dagli organi dell'ente e dal P.M., solo con riguardo alle decisioni che abbiano contenuto diverso dall'esclusione del singolo associato, mentre, per queste ultime, l'azione medesima è esperibile esclusivamente dall'interessato, nel termine di decadenza di sei mesi dalla loro notificazione ovvero dalla conoscenza dell'esclusione (C.C. 8456/14 – Conf. C.C. 18186/04)

24. Recesso ed esclusione degli associati. – La qualità di associato non è trasmissibile, salvo che la trasmissione sia consentita dall'atto costitutivo o dallo statuto (2284, 2322).

L'associato può sempre recedere dall'associazione se non ha assunto l'obbligo di farne parte per un tempo determinato. La dichiarazione di recesso deve essere comunicata per iscritto agli amministratori e ha effetto con lo scadere dell'anno in corso, purché sia fatta almeno tre mesi prima (2285).

L'esclusione d'un associato non può essere deliberata dall'assemblea che per gravi motivi; l'associato può ricorrere all'autorità giudiziaria entro sei mesi dal giorno in cui gli è stata notificata la deliberazione (2286).

Gli associati, che abbiano receduto o siano stati esclusi o che comunque abbiano cessato di appartenere all'associazione, non possono ripetere i contributi versati, né hanno alcun diritto sul patrimonio dell'associazione (37).

NOTE OPERATIVE:

Ambito di applicazione: La norma è applicabile anche alle associazioni non riconosciute, ed implica che il giudice davanti al quale sia proposta l'impugnazione della deliberazione di esclusione abbia il potere-dovere di valutare se si tratti di fatti gravi e non di scarsa importanza (C.C. 22986/19).

Limiti al recesso: La norma è liberamente derogabile dall'autonomia privata con il solo limite derivante dal principio costituzionale della libertà di associazione, che implica la nullità di clausole che escludano o rendano oltremodo oneroso il recesso (C.C. 23098/15).

Contestazione dell'addebito (esclusione):: Ai fini della validità della delibera di esclusione dell'associato da un'associazione non riconosciuta, come per quella di esclusione da un'associazione riconosciuta, non è necessaria la preventiva contestazione dell'addebito (C.C. 25319/21) né, ai fini del decorso del termine per proporre l'opposizione è necessaria la comunicazione di addebiti rigorosamente enunciati (C.C. 22605/21).

25. Controllo sull'amministrazione delle fondazioni. – L'autorità governativa esercita il controllo e la vigilanza sull'amministrazione delle fondazioni; provvede alla nomina e alla sostituzione degli amministratori

(18) o dei rappresentanti, quando le disposizioni contenute nell'atto di fondazione non possono attuarsi; annulla, sentiti gli amministratori, con provvedimento definitivo, le deliberazioni contrarie a norme imperative, all'atto di fondazione, all'ordine pubblico o al buon costume (5, 23⁴); può sciogliere l'amministrazione e nominare un commissario straordinario, qualora gli amministratori non agiscano in conformità dello statuto o dello scopo della fondazione o della legge.

L'annullamento della deliberazione non pregiudica i diritti acquistati dai terzi di buona fede in base ad atti compiuti in esecuzione della deliberazione medesima (23², 2377³, 2391³).

Le azioni contro gli amministratori per fatti riguardanti la loro responsabilità devono essere autorizzate dall'autorità governativi e sono esercitate dal commissario straordinario, dai liquidatori o dai nuovi amministratori (18, 22).

26. Coordinamento di attività e unificazione di amministrazione. – L'autorità governativa può disporre il coordinamento dell'attività di più fondazioni ovvero l'unificazione della loro amministrazione, rispettando, per quanto è possibile, la volontà del fondatore (28).

27. Estinzione della persona giuridica. – Oltre che per le cause previste nell'atto costitutivo e nello statuto (16), la persona giuridica si estingue quando lo scopo è stato raggiunto o è divenuto impossibile (2272 n. 2).

Le associazioni si estinguono inoltre quando tutti gli associati sono venuti a mancare (2272 n. 4).

[L'estinzione è dichiarata dall'autorità governativa, su istanza di qualunque interessato o anche d'ufficio] (¹).

(¹) *Questo comma è stato abrogato dall'art. 11, comma 1, lett. c), del D.P.R. 10 febbraio 2000, n. 361.*

28. Trasformazione delle fondazioni. – Quando lo scopo è esaurito o divenuto impossibile o di scarsa utilità, o il patrimonio è divenuto insufficiente, l'autorità governativa, anziché dichiarare estinta la fondazione, può provvedere alla sua trasformazione, allontanandosi il meno possibile dalla volontà del fondatore (16, 26, 32; 10 att.).

La trasformazione non è ammessa quando i fatti che vi darebbero luogo sono considerati nell'atto di fondazione (16) come causa di estinzione della persona giuridica e di devoluzione dei beni a terze persone (31, 32).

Le disposizioni del primo comma di questo articolo e dell'articolo 26 non si applicano alle fondazioni destinate a vantaggio soltanto di una o più famiglie determinate.

29. Divieto di nuove operazioni. – Gli amministratori non possono compiere nuove operazioni, appena è stato loro comunicato il provvedimento che dichiara l'estinzione della persona giuridica (27) o il provvedimento con cui l'autorità, a norma di legge, ha ordinato lo scioglimento dell'associazione, o appena è stata adottata dall'assemblea la deliberazione di scioglimento dell'associazione medesima (21). Qualora trasgrediscano a questo divieto, assumono responsabilità personale e solidale (18, 22, 34, 1292 ss., 2279, 2449).

NOTE OPERATIVE:

Ambito di applicazione: La funzione del divieto si pone in coerenza con una definitiva destinazione dell'ente alla sua liquidazione, sì che nell'arco dello stesso non rientrano, secondo quanto comunemente si ritiene, le attività finalizzate alla mera gestione e conservazione del relativo patrimonio (C.C. 26066/17).

30. Liquidazione. – Dichiarata l'estinzione della persona giuridica (27) o disposto lo scioglimento dell'associazione (21³), si procede alla liquidazione del patrimonio secondo le norme di attuazione del codice (11 ss. att.).

NOTE OPERATIVE:

Ambito di applicazione: Alle associazioni non riconosciute non si applicano analogicamente le norme dettate per lo scioglimento delle associazioni riconosciute e, pertanto, le prime possono procedere alle attività di liquidazione tramite i rappresentanti in carica alla data di scioglimento, in regime di prorogatio (C.C. 5738/09 – Conf. C.C. 9656/92).

31. Devoluzione dei beni. – I beni della persona giuridica, che restano dopo esaurita la liquidazione (30), sono devoluti (21³, 28²) in conformità dell'atto costitutivo o dello statuto (16).

Qualora questi non dispongano, se trattasi di fondazione, provvede l'autorità governativa, attribuendo i beni ad altri enti che hanno fini analoghi (32); se trattasi di associazione, si osservano le deliberazioni dell'assemblea che ha stabilito lo scioglimento (21³) e, quando anche queste mancano, provvede nello stesso modo l'autorità governativa (42).

I creditori che durante la liquidazione non hanno fatto valere il loro credito possono chiedere il pagamento a coloro ai quali i beni sono stati devoluti, entro l'anno dalla chiusura della liquidazione (2964 ss.), in proporzione e nei limiti di ciò che hanno ricevuto (2312², 2324, 2456²).

32. Devoluzione dei beni con destinazione particolare. – Nel caso di trasformazione o di scioglimento di un ente, al quale sono stati donati o lasciati beni con destinazione a scopo diverso da quello proprio dell'ente, l'autorità governativa devolve tali beni, con lo stesso onere, ad altre persone giuridiche che hanno fini analoghi (28, 31, 42).

33. (¹) [**Registrazione delle persone giuridiche.** – In ogni provincia è istituito un pubblico registro delle persone giuridiche.

Nel registro devono indicarsi la data dell'atto costitutivo e quella del decreto di riconoscimento, la denominazione, lo scopo, il patrimonio, la durata, qualora sia stata determinata, la sede della persona giuridica e il cognome e il nome degli amministratori con la menzione di quelli ai quali è attribuita la rappresentanza.

La registrazione può essere disposta anche d'ufficio.

Gli amministratori di un'associazione o di una fondazione non registrata, benché riconosciuta, rispondono personalmente e solidalmente, insieme con la persona giuridica, delle obbligazioni assunte].

(¹) *Questo articolo è stato abrogato dall'art. 11, comma 1, lett. d), del D.P.R. 10 febbraio 2000, n. 361. L'art. 9 del decreto dispone che le nuove norme da esso dettate si applicano anche ai procedimenti di riconoscimento delle associazioni previste dall'articolo 10 della legge 20 maggio 1985, n. 222 (Disposizioni sugli enti e beni ecclesiastici in Italia e per il sostentamento del clero cattolico in servizio nelle diocesi), salvo quanto disposto dal secondo e terzo comma del detto art. 10.*

34. (¹) [**Registrazione di atti.** – Nel registro devono iscriversi anche le modificazioni dell'atto costitutivo e dello statuto, dopo che sono state approvate dall'autorità governativa, il trasferimento della sede e l'istituzione di sedi secondarie, la sostituzione degli amministratori con indicazione di quelli ai quali spetta la rappresentanza, le deliberazioni di scioglimento, i provvedimenti che ordinano lo scioglimento o dichiarano l'estinzione, il cognome e il nome dei liquidatori.

Se l'iscrizione non ha avuto luogo, i fatti indicati non possono essere opposti ai terzi, a meno che si provi che questi ne erano a conoscenza].

(¹) *Questo articolo è stato abrogato dall'art. 11, comma 1, lett. a), del D.P.R. 10 febbraio 2000, n. 361.*

35. Disposizione penale. – Gli amministratori e i liquidatori che non richiedono le iscrizioni prescritte [dagli articoli 33 e 34, nel termine e secondo le modalità stabiliti dalle norme di attuazione del codice] (¹), sono puniti con la sanzione amministrativa del pagamento di una somma da € 10 a € 516 (²).

(¹) *Le parole fra parentesi quadre sono state abrogate dall'art. 11, comma 1, lett. e), del D.P.R. 10 febbraio 2000, n. 361.*

(²) *Ammenda originaria da lire 100 a lire 5.000; moltiplicata per 40 ai sensi art. 3 L. 12 luglio 1961, n. 603, poi quintuplicata dagli artt. 113, 114 L. 24 novembre 1981, n. 689. Depenalizzata dalla L. 24 dicembre 1975, n. 706, poi sostituita dalla L. n. 689/1981.*

Capo III
Delle associazioni non riconosciute e dei comitati

36. Ordinamento e amministrazione delle associazioni non riconosciute. – L'ordinamento interno e l'amministrazione delle associazioni non riconosciute come persone giuridiche (12) sono regolati dagli accordi degli associati.

Le dette associazioni possono stare in giudizio nella persona di coloro ai quali, secondo questi accordi, è conferita la presidenza o la direzione (41²; 19, 75, 78, 145 c.p.c.).

NOTE OPERATIVE:

Natura giuridica: L'associazione non riconosciuta, ancorché sfornita di personalità giuridica, è considerata dall'ordinamento come centro di imputazione di situazioni giuridiche distinto dagli associati (C.C. 1476/07).

Disciplina applicabile: Le associazioni non riconosciute costituiscono un'organizzazione di persone legate tra loro dal perseguimento di un fine di comune interesse. In mancanza di una normativa giuridica più dettagliata, sono gli accordi interni che ne regolano l'ordinamento e solo in mancanza di una diversa volontà espressa dagli associati è possibile fare ricorso, di volta in volta, in via analogica, alle disposizioni che regolano casi analoghi per le associazioni riconosciute, per le società e anche in tema di comunione, compatibilmente con la struttura di ogni singolo rapporto (C.C. 19057/21).

37. Fondo comune. – I contributi degli associati e i beni acquistati con questi contributi costituiscono il fondo comune dell'associazione (38). Finché questa dura, i singoli associati non possono chiedere la divisione del fondo comune, né pretenderne la quota in caso di recesso (24).

NOTE OPERATIVE:

Responsabilità aquiliana: La responsabilità aquiliana per fatto illecito di un'associazione non riconosciuta chiamata a rispondere con il proprio fondo comune si fonda sul rapporto organico e sul generale principio che rende responsabili le persone fisiche e gli enti giuridici per l'operato dannoso di coloro che sono inseriti nell'organizzazione burocratica o aziendale (C.C. 10213/01).

38. Obbligazioni. – Per le obbligazioni assunte dalle persone che rappresentano l'associazione i terzi possono far valere i loro diritti sul fondo comune (37). Delle obbligazioni stesse rispondono anche personalmente e solidalmente (1292 ss.) le persone che hanno agito in nome e per conto dell'associazione (33^4, 41^1, 2267, 2317^2, 2320^1, 2331^2, 2508, 2615).

NOTE OPERATIVE:

Soggetto responsabile: Mentre per i debiti sorti su base negoziale non rileva la posizione astrattamente rivestita dal soggetto nella compagine dell'ente, rispondendo la responsabilità personale e solidale di coloro che hanno agito in nome e per conto dell'associazione, di cui all'art. 38 c.c., all'esigenza di garantire i creditori in assenza di forma di pubblicità legale del patrimonio dell'ente (C.C. 4747/20 – Conf. C.C. 24874/19; C.C. 12714/19), per i debiti d'imposta, sorti "ex lege", risponde solidalmente delle sanzioni e del tributo non corrisposto, nel solo periodo di relativa investitura, il soggetto che, in forza del ruolo rivestito, abbia effettivamente diretto la gestione complessiva dell'ente (C.C. 36470/22 – Conf. C.C. 5174/21; C.C. 1602/19; C.C. 25650/18).

39. Comitati. – I comitati di soccorso o di beneficenza e i comitati promotori di opere pubbliche, monumenti, esposizioni, mostre, festeggiamenti e simili sono regolati dalle disposizioni seguenti, salvo quanto è stabilito nelle leggi speciali.

NOTE OPERATIVE:

Comitato non riconosciuto: I comitati non riconosciuti, come le associazioni non riconosciute, pur non essendo persone giuridiche, sono autonomi centri di imputazione di situazioni giuridiche soggettive, potendo ad essi attribuirsi la titolarità di diritti sia obbligatori che reali (C.C. 6985/03 – Conf. C.C. 6032/94).

40. Responsabilità degli organizzatori. – Gli organizzatori e coloro che assumono la gestione dei fondi raccolti sono responsabili personalmente e solidalmente (1292 ss.) della conservazione dei fondi e della loro destinazione allo scopo annunziato.

41. Responsabilità dei componenti. Rappresentanza in giudizio. – Qualora il comitato non abbia ottenuto la personalità giuridica (12), i suoi componenti rispondono personalmente e solidalmente (1292 ss.) delle obbligazioni assunte (33^4, 38, 2267, 2291, 2317^2, 2320^1, 2331^2, 2508, 2615). I sottoscrittori sono tenuti soltanto a effettuare le oblazioni promesse.

Il comitato può stare in giudizio nella persona del presidente (36^2; 75, 78 c.p.c.).

42. Diversa destinazione dei fondi. – Qualora i fondi raccolti siano insufficienti allo scopo, o questo non sia più attuabile, o, raggiunto lo scopo, si abbia un residuo di fondi, l'autorità governativa stabilisce la devoluzione dei beni, se questa non è stata disciplinata al momento della costituzione (31, 32).

42 *bis*. (1) **Trasformazione, fusione e scissione.** – Se non è espressamente escluso dall'atto costitutivo o dallo statuto, le associazioni riconosciute e non riconosciute e le fondazioni di cui al presente titolo possono operare reciproche trasformazioni, fusioni o scissioni.

La trasformazione produce gli effetti di cui all'articolo 2498. L'organo di amministrazione deve predisporre una relazione relativa alla situazione patrimoniale dell'ente in via di trasformazione contenente l'elenco dei creditori, aggiornata a non più di centoventi giorni precedenti la delibera di trasformazione, nonché la relazione di cui all'articolo 2500 *sexies*, secondo comma. Si applicano inoltre gli articoli 2499, 2500, 2500 *bis*, 2500 *ter*, secondo comma, 2500 *quinquies* e 2500 *nonies*, in quanto compatibili.

Alle fusioni e alle scissioni si applicano, rispettivamente, le disposizioni di cui alle sezioni II e III del capo X, titolo V, libro V, in quanto compatibili.

Gli atti relativi alle trasformazioni, alle fusioni e alle scissioni per i quali il libro V prevede l'iscrizione nel Registro delle imprese sono iscritti nel Registro delle Persone Giuridiche ovvero, nel caso di enti del Terzo settore, nel Registro unico nazionale del Terzo settore.

(1) *Questo articolo è stato inserito dall'art. 98 del D.L.vo 3 luglio 2017, n. 117.*

CODICE CIVILE

Titolo III
Del domicilio e della residenza

43. Domicilio e residenza. – Il domicilio di una persona è nel luogo in cui essa ha stabilito la sede principale dei suoi affari e interessi (45, 46).

La residenza è nel luogo in cui la persona ha la dimora abituale (144; 49 l. fall.).

NOTE OPERATIVE:

Residenza: La residenza è determinata dall'abituale dimora in un determinato luogo, che si caratterizza per l'elemento oggettivo della permanenza e per l'elemento soggettivo dell'intenzione di abitarvi stabilmente, rivelata dalle consuetudini di vita e dallo svolgimento delle normali relazioni sociali (C.C. 3841/21 – Conf. C.C. 13241/18; C.C. 13241/18); la stabile permanenza sussiste anche quando una persona lavori o svolga altra attività fuori del comune di residenza, purché torni presso la propria abitazione abitualmente, in modo sistematico, una volta assolti i propri impegni (lavorativi o di studi) e sempre che mantenga ivi il centro delle proprie relazioni familiari e sociali (C.C. 3841/21). Tali considerazioni assumono una valenza ancor più pregnante nell'epoca attuale che è caratterizzata da una pluralità di centri di interesse personali, da una più agevole e rapida possibilità di spostamento da una località all'altra e da nuove e alternative modalità di svolgimento della prestazione lavorativa (C.C. 8982/23).

La residenza del minore: La residenza abituale del minore coincide con il luogo del concreto e continuativo svolgimento della sua vita personale che si identifica con il luogo in cui lo stesso, in virtù di una durevole e stabile permanenza, ha consolidato la sua rete di affetti e relazioni (C.C. 24231/18).

44. Trasferimento della residenza e del domicilio. – Il trasferimento della residenza non può essere opposto ai terzi di buona fede, se non è stato denunciato nei modi prescritti dalla legge (31 att.).

Quando una persona ha nel medesimo luogo il domicilio e la residenza e trasferisce questa altrove, di fronte ai terzi di buona fede si considera trasferito pure il domicilio, se non si è fatta una diversa dichiarazione nell'atto in cui è stato denunciato il trasferimento della residenza.

NOTE OPERATIVE:

Dichiarazione: È necessaria la doppia dichiarazione di trasferimento della residenza sia al comune di provenienza che a quello di arrivo per rendere opponibile il trasferimento ai terzi di buona fede (C.C. 1280/08).

45. Domicilio dei coniugi, del minore e dell'interdetto. – Ciascuno dei coniugi ha il proprio domicilio nel luogo in cui ha stabilito la sede principale dei propri affari o interessi (43) ([1]).

Il minore (2) ha il domicilio nel luogo di residenza della famiglia o quello del tutore (343). Se i genitori sono separati (150) o il loro matrimonio è stato annullato (117 ss.) o sciolto o ne sono cessati gli effetti civili o comunque non hanno la stessa residenza, il minore ha il domicilio del genitore con il quale convive.

L'interdetto ha il domicilio del tutore (424).

([1]) *La Corte costituzionale, con sentenza n. 171 del 14 luglio 1976, ha dichiarato l'illegittimità dell'art. 45 primo comma, in riferimento agli artt. 3 e 29 Cost., nella parte in cui, in caso di separazione di fatto dei coniugi ed ai fini della competenza per territorio nel giudizio di separazione, prevede che la moglie, la quale abbia fissato altrove la propria residenza, conservi legalmente il domicilio del marito.*

46. Sede delle persone giuridiche. – Quando la legge fa dipendere determinati effetti dalla residenza o dal domicilio, per le persone giuridiche (11 ss.) si ha riguardo al luogo in cui è stabilita la loro sede.

Nei casi in cui la sede stabilita ai sensi dell'articolo 16 o la sede risultante dal registro (34) è diversa da quella effettiva, i terzi possono considerare come sede della persona giuridica anche quest'ultima (33, 34).

NOTE OPERATIVE:

Notificazione: La norma vale anche in tema di notificazione ai sensi dell'art. 145 c.p.c., con conseguente validità della notifica eseguita presso la sede effettiva invece che presso quella legale; tale principio, tuttavia, presuppone che sia accertata l'esistenza di detta sede effettiva, in caso di contestazione gravando sul notificante il relativo onere probatorio (C.C. 10854/19). La disposizione va interpretata alla luce dei principi di buona fede, di solidarietà e della finalità, propria delle notifiche, di portare a conoscenza del destinatario gli atti processuali, cosicché il precetto normativo non può tradursi nella facoltà di non tenere conto della sede effettiva conosciuta dal notificante (C.C. 6559/24).

47. Elezione di domicilio. – Si può eleggere domicilio speciale per determinati atti o affari (30, 139, 141, 170, 366, 480, 543 c.p.c.).

Questa elezione deve farsi espressamente per iscritto (1350 n. 13).

NOTE OPERATIVE:

Natura giuridica: L'elezione di domicilio è un atto giuridico unilaterale che spiega efficacia indipendentemente dal consenso o accettazione del domiciliatario (C.C. 4320/21 – Conf. C.C. 13243/14).

Anomala: L'elezione di domicilio compiuta ad hoc non può consentire di radicare la competenza per territorio in un luogo del tutto privo di qualsiasi aggancio ad uno specifico atto o negozio giuridico, posto che l'atto di elezione deve evidenziare un nesso di strumentalità necessario (C.C. 42116/21 – Conf. C.C. 30141/17).

Titolo IV
Dell'assenza e della dichiarazione di morte presunta

Capo I
Dell'assenza

48. Curatore dello scomparso. – Quando una persona non è più comparsa nel luogo del suo ultimo domicilio o dell'ultima residenza e non se ne hanno più notizie, il tribunale dell'ultimo domicilio o dell'ultima residenza (43), su istanza degli interessati o dei presunti successori legittimi (565 ss.) o del pubblico ministero, può nominare un curatore che rappresenti la persona in giudizio ([1]) o nella formazione degli inventari e dei conti e nelle liquidazioni o divisioni in cui sia interessata, e può dare gli altri provvedimenti necessari alla conservazione del patrimonio dello scomparso (65; 721 ss. c.p.c.; 206 ss., 834 ss. c.n.).

Se vi è un legale rappresentante, non si fa luogo alla nomina del curatore. Se vi è un procuratore, il tribunale provvede soltanto per gli atti che il medesimo non può fare.

([1]) *La Corte costituzionale, con sentenza n. 220 del 16 ottobre 1986, ha dichiarato illegittimi gli artt. 75 e 300 c.p.c. nella parte in cui non prevedono, ove emerga una situazione di scomparsa del convenuto, l'interruzione del processo e la segnalazione, ad opera del giudice, del caso al pubblico ministero perché promuova la nomina di un curatore nei cui confronti l'attore debba riassumere il giudizio.*

NOTE OPERATIVE:

Capacità del soggetto: La scomparsa non incide sulla capacità o sullo "status" del soggetto, a differenza di quanto si verifica nelle ipotesi di assenza o di morte presunta (C.C. 7364/91).

Conservazione del patrimonio: La "conservazione del patrimonio dello scomparso", pur non configurandosi come intrinsecamente dinamica, può implicare la gestione di attività economiche complesse, affinché non subiscano pregiudizio per la momentanea assenza del titolare, sicché il giudice può autorizzare il curatore dell'imprenditore scomparso a gestire le società a lui facenti capo (C.C. 4081/14).

49. Dichiarazione di assenza. – Trascorsi due anni dal giorno a cui risale l'ultima notizia (58), i presunti successori legittimi (565 ss.) e chiunque ragionevolmente creda di avere sui beni dello scomparso diritti dipendenti dalla morte di lui possono domandare al tribunale competente, secondo l'articolo precedente, che ne sia dichiarata l'assenza (722 ss. c.p.c.).

50. Immissione nel possesso temporaneo dei beni. – Divenuta eseguibile la sentenza che dichiara l'assenza (730 c.p.c.), il tribunale, su istanza di chiunque vi abbia interesse o del pubblico ministero, ordina l'apertura degli atti di ultima volontà dell'assente (587, 620[3]), se vi sono.

Coloro che sarebbero eredi testamentari (592) o legittimi (565), se l'assente fosse morto nel giorno a cui risale l'ultima notizia di lui, o i loro rispettivi eredi (479) possono domandare l'immissione nel possesso temporaneo dei beni (52; 725 c.p.c.).

I legatari (588), i donatari (769) e tutti quelli ai quali spetterebbero diritti dipendenti dalla morte dell'assente possono domandare di essere ammessi all'esercizio temporaneo di questi diritti.

Coloro che per effetto della morte dell'assente sarebbero liberati da obbligazioni possono essere temporaneamente esonerati dall'adempimento di esse, salvo che si tratti delle obbligazioni alimentari previste dall'art. 434 (63[3]).

Per ottenere l'immissione nel possesso, l'esercizio temporaneo dei diritti o la liberazione temporanea dalle obbligazioni si deve dare cauzione nella somma determinata dal tribunale (119 c.p.c.); se taluno non sia in grado di darla, il tribunale può stabilire altre cautele (725 c.p.c.), avuto riguardo alla qualità delle persone e alla loro parentela con l'assente (63[4]).

NOTE OPERATIVE:

Diritti dipendenti dalla morte dell'assente: Fra i diritti dipendenti dalla morte dell'assente, dei quali è ammissibile l'esercizio temporaneo ai sensi dell'art. 50 comma 3 c.c., rientrano non solo i diritti che incidono sul patrimonio dell'assente ma – attesa la diversità di formulazione di detta norma rispetto all'art. 26 del vecchio c.c. – anche quelli che debbono esser fatti valere verso terzi (C.C. 5988/88).

51. Assegno alimentare a favore del coniuge dell'assente. – Il coniuge dell'assente (117), oltre ciò che gli spetta per effetto del regime patrimoniale dei coniugi (159) e per titolo di successione (540 ss., 581 ss.), può ottenere dal tribunale, in caso di bisogno, un assegno alimentare (433) da determinarsi secondo le condizioni della famiglia e l'entità del patrimonio dell'assente (438).

52. Effetti della immissione nel possesso temporaneo. – L'immissione nel possesso temporaneo dei beni (50) deve essere preceduta dalla formazione dell'inventario dei beni (769 ss. c.p.c.).

Essa attribuisce a coloro che l'ottengono e ai loro successori l'amministrazione dei beni dell'assente, la rappresentanza di lui in giudizio e il godimento delle rendite dei beni nei limiti stabiliti nell'articolo seguente (64; 725 c.p.c.).

53. Godimento dei beni. – Gli ascendenti, i discendenti e il coniuge immessi nel possesso temporaneo dei beni ritengono a loro profitto la totalità delle rendite. Gli altri devono riservare all'assente il terzo delle rendite (55, 56; 725 c.p.c.).

54. Limiti alla disponibilità dei beni. – Coloro che hanno ottenuto l'immissione nel possesso temporaneo dei beni (50) non possono alienarli, ipotecarli (2808 ss.) o sottoporli a pegno (2784 ss.), se non per necessità o utilità evidente riconosciuta dal tribunale (56, 63, 66[1]).

Il tribunale nell'autorizzare questi atti dispone circa l'uso e l'impiego delle somme ricavate (725, 737 c.p.c.).

55. Immissione di altri nel possesso temporaneo. – Se durante il possesso temporaneo taluno prova di avere avuto, al giorno a cui risale l'ultima notizia dell'assente, un diritto prevalente o uguale a quello del possessore, può escludere questo dal possesso o farvisi associare; ma non ha diritto ai frutti se non dal giorno della domanda giudiziale (53, 535, 820, 821, 1148).

56. Ritorno dell'assente o prova della sua esistenza. – Se durante il possesso temporaneo l'assente ritorna o è provata l'esistenza di lui, cessano gli effetti della dichiarazione di assenza, salva, se occorre, l'adozione di provvedimenti per la conservazione del patrimonio a norma dell'art. 48.

I possessori temporanei dei beni devono restituirli; ma fino al giorno della loro costituzione in mora (71, 1219) continuano a godere i vantaggi attribuiti dagli articoli 52 e 53, e gli atti compiuti ai sensi dell'articolo 54 restano irrevocabili.

Se l'assenza è stata volontaria e non è giustificata, l'assente perde il diritto di farsi restituire le rendite riservategli dalla norma dell'art. 53 (57[2]).

57. Prova della morte dell'assente. – Se durante il possesso temporaneo è provata la morte dell'assente, la successione si apre a vantaggio di coloro che al momento della morte erano suoi eredi o legatari (456, 588).

Si applica anche in questo caso la disposizione del secondo comma dell'articolo precedente.

Capo II
Della dichiarazione di morte presunta

58. Dichiarazione di morte presunta dell'assente. – Quando sono trascorsi dieci anni dal giorno a cui risale l'ultima notizia dell'assente (49), il tribunale competente secondo l'articolo 48, su istanza del pubblico ministero o di taluna delle persone indicate nei capoversi dell'art. 50, può con sentenza (56) dichiarare presunta la morte dell'assente nel giorno a cui risale l'ultima notizia (66, 620[3]).

In nessun caso la sentenza può essere pronunziata se non sono trascorsi nove anni dal raggiungimento della maggiore età dell'assente (2).

Può essere dichiarata la morte presunta anche se sia mancata la dichiarazione di assenza (49, 60, 62[3]; 726 ss. c.p.c.).

NOTE OPERATIVE:

Efficacia: La sentenza dichiarativa di morte presunta, riguardando soltanto l'accertamento in via presuntiva di un fatto naturale come la morte, non può avere efficacia di giudicato nel procedimento penale (C.P. 37489/19).

59. Termine per la rinnovazione dell'istanza. – L'istanza, quando è stata rigettata, non può essere riproposta prima che siano decorsi almeno due anni.

60. Altri casi di dichiarazione di morte presunta. – Oltre che nel caso indicato nell'articolo 58, può essere dichiarata la morte presunta nei casi seguenti:

1) quando alcuno è scomparso in operazioni belliche alle quali ha preso parte, sia nei corpi armati, sia al seguito di essi, o alle quali si è comunque trovato presente, senza che si abbiano più notizie di lui, e sono trascorsi due anni dall'entrata in vigore del trattato di pace o, in mancanza di questo, tre anni dalla fine dell'anno in cui sono cessate le ostilità;

2) quando alcuno è stato fatto prigioniero dal nemico, o da questo internato o comunque trasportato in paese straniero, e sono trascorsi due anni dall'entrata in vigore del trattato di pace, o, in mancanza di questo, tre anni dalla fine dell'anno in cui sono cessate le ostilità, senza che si siano avute notizie di lui dopo l'entrata in vigore del trattato di pace ovvero dopo la cessazione delle ostilità;

3) quando alcuno è scomparso per un infortunio e non si hanno più notizie di lui, dopo due anni dal giorno dell'infortunio o, se il giorno non è conosciuto, dopo due anni dalla fine del mese o, se neppure il mese è cono-

sciuto, dalla fine dell'anno in cui l'infortunio è avvenuto (61).

61. Data della morte presunta. – Nei casi previsti dai numeri 1 e 3 dell'articolo precedente, la sentenza (729 c.p.c.) determina il giorno e possibilmente l'ora a cui risale la scomparsa nell'operazione bellica o nell'infortunio, e nel caso indicato dal n. 2 il giorno a cui risale l'ultima notizia (66).

Qualora non possa determinarsi l'ora, la morte presunta si ha per avvenuta alla fine del giorno indicato (4, 66^{3}).

62. Condizioni e forme della dichiarazione di morte presunta. – La dichiarazione di morte presunta nei casi indicati dall'articolo 60 può essere domandata quando non si è potuto procedere agli accertamenti richiesti dalla legge per la compilazione dell'atto di morte.

Questa dichiarazione è pronunziata con sentenza del tribunale su istanza del pubblico ministero o di alcuna delle persone indicate nei capoversi dell'articolo 50 (726 c.p.c.).

Il tribunale, qualora non ritenga di accogliere l'istanza di dichiarazione di morte presunta, può dichiarare l'assenza dello scomparso (49 ss.).

63. Effetti della dichiarazione di morte presunta dell'assente. – Divenuta eseguibile la sentenza indicata nell'articolo 58 (730 c.p.c.), coloro che ottennero l'immissione nel possesso temporaneo dei beni dell'assente (50 ss.) o i loro successori possono disporre liberamente dei beni (54, 72).

Coloro ai quali fu concesso l'esercizio temporaneo dei diritti o la liberazione temporanea dalle obbligazioni di cui all'articolo 50 conseguono l'esercizio definitivo dei diritti o la liberazione definitiva dalle obbligazioni (66).

Si estinguono inoltre le obbligazioni alimentari indicate nel quarto comma dell'articolo 50.

In ogni caso cessano le cauzioni e le altre cautele che sono state imposte (50^{5}, 73; 119 c.p.c.).

NOTE OPERATIVE:

Effetti: La dichiarazione di morte presunta determina una vera e propria successione mortis causa dei presunti eredi del dichiarato morto, come si evince dalle norme dettate in ordine alla devoluzione degli elementi attivi del patrimonio di quest'ultimo ai suoi presunti eredi e legatari (art. 63, 64, 69, 73 c.c.) e dal contrapposto silenzio sulla sorte degli elementi passivi di detto patrimonio, spiegabile solo con la sottintesa applicabilità della disciplina delle successioni mortis causa (C.C. 536/81).

64. Immissione nel possesso e inventario. – Se non v'è stata immissione nel possesso temporaneo dei beni (52), gli aventi diritto indicati nei capoversi dell'art. 50 o i loro successori conseguono il pieno esercizio dei diritti loro spettanti, quando è diventata eseguibile la sentenza menzionata nell'art. 58 (730 c.p.c.).

Coloro che prendono possesso dei beni devono fare precedere l'inventario dei beni (72; 769 ss. c.p.c.).

Parimenti devono far precedere l'inventario dei beni coloro che succedono per effetto della dichiarazione di morte presunta nei casi indicati dall'art. 60 (72).

65. Nuovo matrimonio del coniuge. – Divenuta eseguibile la sentenza (730 c.p.c.) che dichiara la morte presunta, il coniuge può contrarre nuovo matrimonio (68, 117, 149).

66. Prova dell'esistenza della persona di cui è stata dichiarata la morte presunta. – La persona di cui è stata dichiarata la morte presunta (58), se ritorna o ne è provata l'esistenza, ricupera i beni nello stato in cui si trovano e ha diritto di conseguire il prezzo di quelli alienati, quando esso sia tuttora dovuto (535), o i beni nei quali sia stato investito (54, 73).

Essa ha altresì diritto di pretendere l'adempimento delle obbligazioni considerate estinte ai sensi del secondo comma dell'art. 63.

Se è provata la data della sua morte (61^{2}), il diritto previsto nel primo comma di questo articolo compete a coloro che a quella data sarebbero stati suoi eredi o legatari. Questi possono inoltre pretendere l'adempimento delle obbligazioni considerate estinte ai sensi del secondo comma dell'art. 63 per il tempo anteriore alla data della morte.

Sono salvi in ogni caso gli effetti delle prescrizioni (2934 ss.) e delle usucapioni (1158 ss.).

NOTE OPERATIVE:

Pensione: Il pensionato, del quale sia stata dichiarata la morte presunta e successivamente provata l'esistenza, ha diritto al ripristino dell'obbligazione pensionistica estintasi per effetto della dichiarazione di morte presunta, non rilevando in contrario che, nel periodo intermedio, l'INPS abbia erogato la pensione di riversibilità al coniuge superstite (C.C. 12034/92).

67. Dichiarazione di esistenza o accertamento della morte. – La dichiarazione di esistenza della persona di cui è stata dichiarata la morte presunta e l'accertamento della morte (66) possono essere sempre fatti, su richiesta del pubblico ministero o di qualunque interessato, in contraddittorio di tutti coloro che furono parti nel giudizio in cui fu dichiarata la morte presunta (62; 726 c.p.c.).

68. Nullità del nuovo matrimonio. – Il matrimonio contratto a norma dell'art. 65 è nullo, qualora la persona della quale fu dichiarata la morte presunta ritorni o ne sia accertata l'esistenza (117).

Sono salvi gli effetti civili del matrimonio dichiarato nullo (128).

La nullità non può essere pronunziata nel caso in cui è accertata la morte (66, 67, 149), anche se avvenuta in una data posteriore a quella del matrimonio (117^4).

NOTE OPERATIVE:

Nullità: Il matrimonio concordatario, senza che sia stata dichiarata con sentenza la morte presunta, deve essere considerato nullo, qualora sia accertata l'esistenza del precedente coniuge, salvi gli effetti civili del matrimonio dichiarato nullo, ricorrendo il requisito della buona fede (C.C. 12870/91).

Capo III
Delle ragioni eventuali che competono alla persona di cui si ignora l'esistenza o di cui è stata dichiarata la morte presunta

69. Diritti spettanti alla persona di cui si ignora l'esistenza. – Nessuno è ammesso a reclamare un diritto in nome della persona di cui si ignora l'esistenza, se non prova che la persona esisteva quando il diritto è nato (4, 58, 60 ss., 66).

70. Successione alla quale sarebbe chiamata la persona di cui si ignora l'esistenza. – Quando s'apre una successione alla quale sarebbe chiamata in tutto o in parte una persona di cui s'ignora l'esistenza, la successione è devoluta a coloro ai quali sarebbe spettata in mancanza della detta persona, salvo il diritto di rappresentazione (467 ss.).

Coloro ai quali è devoluta la successione devono innanzi tutto procedere all'inventario dei beni (769 ss. c.p.c.), e devono dare cauzione (1179; 119, 725 c.p.c.).

71. Estinzione dei diritti spettanti alla persona di cui si ignora l'esistenza. – Le disposizioni degli articoli precedenti non pregiudicano la petizione di eredità (73, 533 ss.) né gli altri diritti spettanti alla persona di cui s'ignora l'esistenza o ai suoi eredi o aventi causa, salvi gli effetti della prescrizione (2934 ss.) o dell'usucapione (1158 ss.).

La restituzione dei frutti (1148) non è dovuta se non dal giorno della costituzione in mora (53, 56^2, 73, 1219).

72. Successione a cui sarebbe chiamata la persona della quale è stata dichiarata la morte presunta. – Quando s'apre una successione (456) alla quale sarebbe chiamata in tutto o in parte una persona di cui è stata dichiarata la morte presunta (58 ss.), coloro ai quali, in sua mancanza, è devoluta la successione devono innanzi tutto procedere all'inventario dei beni (64^2, 70^2; 769 ss. c.p.c.).

73. Estinzione dei diritti spettanti alla persona di cui è stata dichiarata la morte presunta. – Se la persona di cui è stata dichiarata la morte presunta (58 ss.) ritorna o ne è provata l'esistenza (66) al momento dell'apertura della successione (456), essa o i suoi eredi o aventi causa possono esercitare la petizione di eredità (71, 533) e far valere ogni altro diritto, ma non possono recuperare i beni se non nello stato in cui si trovano, e non possono ripetere che il prezzo di quelli alienati, quando è ancora dovuto (535), o i beni nei quali esso è stato investito (66), salvi gli effetti della prescrizione (2934) o della usucapione (1158).

S'applica la disposizione del secondo comma dell'art. 71.

Titolo V
Della parentela e dell'affinità

74. (1) **Parentela.** – La parentela è il vincolo tra le persone che discendono da uno stesso stipite (77), sia nel caso in cui la filiazione è avvenuta all'interno del matrimonio, sia nel caso in cui è avvenuta al di fuori di esso, sia nel caso in cui il figlio è adottivo. Il vincolo di parentela non sorge nei casi di adozione di persone maggiori di età, di cui agli articoli 291 e seguenti.

(1) *Questo articolo è stato così sostituito dall'art. 1, comma 1, della L. 10 dicembre 2012, n. 219. Per le disposizioni transitorie si veda l'art. 104 del D.L.vo 28 dicembre 2013, n. 154.*

75. Linee della parentela. – Sono parenti in linea retta le persone di cui l'una discende dall'altra; in linea collaterale quelle che, pur avendo uno stipite comune, non discendono l'una dall'altra.

76. Computo dei gradi. – Nella linea retta si computano altrettanti gradi quante sono le generazioni, escluso lo stipite.

Nella linea collaterale i gradi si computano dalle generazioni, salendo da uno dei parenti fino allo stipite comune e da questo discendendo all'altro parente, sempre restando escluso lo stipite.

77. Limite della parentela. – La legge non riconosce il vincolo di parentela oltre il sesto grado (572), salvo che per alcuni effetti specialmente determinati (87, 583).

78. Affinità. – L'affinità è il vincolo tra un coniuge e i parenti dell'altro coniuge (76).

Nella linea e nel grado in cui taluno è parente d'uno dei coniugi, egli è affine dell'altro coniuge.

L'affinità non cessa per la morte, anche senza prole, del coniuge da cui deriva, salvo che per alcuni effetti specialmente determinati (434 n. 2). Cessa se il matrimonio è dichiarato nullo, salvi gli effetti di cui all'art. 87, n. 4 (117 ss.).

Titolo VI
Del matrimonio

Capo I
Della promessa di matrimonio

79. Effetti. – La promessa di matrimonio non obbliga a contrarlo né ad eseguire ciò che si fosse convenuto per il caso di non adempimento (80, 81).

NOTE OPERATIVE:

Tipologie: La promessa di matrimonio si identifica, alla stregua del costume sociale nel c.d. fidanzamento ufficiale, e sussiste quando ricorra una dichiarazione, espressa o tacita, normalmente resa pubblica nell'ambito delle parentele, delle amicizie e delle conoscenze, di volersi frequentare con il serio proposito di sposarsi, affinché ciascuno dei promessi possa acquisire la maturazione necessaria per celebrare responsabilmente il matrimonio, libero restando di verificare se questa venga poi conseguita in se medesimo e nell'altro e di trarne le debite conseguenze; nell'ambito di detta promessa, si distingue quella di tipo "solenne", di cui all'art. 81 c.c., soggetta a determinati requisiti (vicendevolezza, capacità di agire, atto pubblico o scrittura privata o richiesta delle pubblicazioni matrimoniali) e produttiva di una situazione di affidamento, fonte di possibile responsabilità risarcitoria, da quella di tipo "semplice", non soggetta ad alcun requisito di capacità e di forma, qualificabile come mero fatto sociale e non produttiva di alcun effetto giuridico diretto, tenuto conto che la restituzione dei doni, prevista dall'art. 80 c.c., non deriva dalla promessa ma dal mancato seguito del matrimonio (C.C. 3015/83).

80. Restituzione dei doni. – Il promittente può domandare la restituzione dei doni fatti a causa della promessa di matrimonio, se questo non è stato contratto (785, 2058).

La domanda non è proponibile dopo un anno dal giorno in cui s'è avuto il rifiuto di celebrare il matrimonio o dal giorno della morte di uno dei promittenti (2964 ss.).

NOTE OPERATIVE:

Presupposto: Presupposto essenziale per l'esercizio dell'azione di restituzione dei doni è la circostanza che i doni siano stati fatti "a causa della promessa di matrimonio", cioè sulla presupposizione della celebrazione del futuro matrimonio, senza necessità di una particolare forma, né di pubblicità della promessa, conseguendone il diritto alla restituzione per la sola ipotesi che il matrimonio non sia stato contratto e senza alcuna rilevanza delle cause del mancato matrimonio (C.C. 1260/94).

Donazioni indirette: I doni tra fidanzati, non essendo equiparabili né alle liberalità in occasione di servizi, né alle donazioni fatte in segno tangibile di speciale riconoscenza per i servizi resi in precedenza dal donatario, né alle liberalità d'uso, ma costituendo vere e proprie donazioni, come tali soggette ai requisiti di sostanza e di forma previsti dal codice, possono essere integrati anche da donazioni immobiliari, ivi comprese le donazioni indirette (C.C. 29980/21).

81. Risarcimento di danni. – La promessa di matrimonio fatta vicendevolmente per atto pubblico (2699 ss.) o per scrittura privata (2702 ss.) da una persona maggiore di età (2) o dal minore ammesso a contrarre matrimonio a norma dell'art. 84, oppure risultante dalla richiesta della pubblicazione (96), obbliga il promittente che senza giusto motivo ricusi di eseguirla a risarcire il danno (1223) cagionato all'altra parte per le spese fatte e per le obbligazioni contratte a causa di quella promessa. Il danno è risarcito entro il limite in cui le spese e le obbligazioni corrispondono alla condizione delle parti.

Lo stesso risarcimento è dovuto dal promittente che con la propria colpa ha dato giusto motivo al rifiuto dell'altro.

La domanda non è proponibile dopo un anno dal giorno del rifiuto di celebrare il matrimonio (2964 ss.).

NOTE OPERATIVE:

Presupposti: Si tratta di una particolare forma di riparazione collegata direttamente dalla legge alla rottura del fidanzamento "senza giusto motivo", con la conseguenza che incombe al recedente, qualora voglia sottrarsi a siffatta obbligazione riparatoria, l'onere di provare la sussistenza del giustificato motivo, quale fatto costitutivo negativo della pretesa dell'altra parte (C.C. 9052/10).

Spese rimborsabili: Sono rimborsabili non soltanto le spese strettamente connesse alla celebrazione del matrimonio, ma anche tutte quelle che si sostengono in vista dello stesso e che sono legate ad esso da un nesso eziologico (C.C. 20889/15 – Conf. C.C. 9/12).

Risarcimento (limiti): L'illecito consistente nel recesso senza giustificato motivo dalla promessa di matrimonio non è assoggettato ai principi generali in tema di responsabilità civile, contrattuale od extracontrattuale, né alla piena responsabilità risarcitoria che da tali principi consegue, poiché un tale regime potrebbe tradursi in una forma di indiretta pressione sul promittente nel senso dell'accettazione di un legame non voluto; va escluso il risarcimento dei danni non patrimoniali (C.C. 9/12).

Capo II
Del matrimonio celebrato davanti a ministri del culto cattolico e del matrimonio celebrato davanti a ministri dei culti ammessi nello Stato

82. Matrimonio celebrato davanti a ministri del culto cattolico. – Il matrimonio celebrato davanti a un ministro del culto cattolico è regolato in conformità del Concordato con la Santa Sede e delle leggi speciali sulla materia.

83. Matrimonio celebrato davanti a ministri dei culti ammessi nello Stato. – Il matrimonio celebrato davanti a ministri dei culti ammessi nello Stato è regolato dalle disposizioni del capo seguente, salvo quanto è stabilito nella legge speciale concernente tale matrimonio.

Capo III
Del matrimonio celebrato davanti all'ufficiale dello stato civile

Sezione I
Delle condizioni necessarie per contrarre matrimonio

84. Età. – I minori di età (2) non possono contrarre matrimonio (117).

Il tribunale, su istanza dell'interessato, accertata la sua maturità psico-fisica e la fondatezza delle ragioni addotte, sentito il pubblico ministero, i genitori o il tutore, può con decreto emesso in camera di consiglio ammettere per gravi motivi al matrimonio chi abbia compiuto i sedici anni (90, 165, 390; 737 ss. c.p.c.).

Il decreto è comunicato al pubblico ministero, agli sposi, ai genitori o al tutore.

Contro il decreto può essere proposto reclamo, con ricorso alla corte d'appello (38 att.), nel termine perentorio di dieci giorni dalla comunicazione (737-739 c.p.c.).

La corte d'appello decide con ordinanza non impugnabile, emessa in camera di consiglio.

Il decreto acquista efficacia quando è decorso il termine previsto nel quarto comma, senza che sia stato proposto reclamo (741 c.p.c.).

85. Interdizione per infermità di mente. – Non può contrarre matrimonio l'interdetto per infermità di mente (102^5, 116, 119, 414).

Se l'istanza di interdizione è soltanto promossa (417), il pubblico ministero può chiedere che si sospenda la celebrazione del matrimonio; in tal caso la celebrazione non può aver luogo finché la sentenza che ha pronunciato sull'istanza non sia passata in giudicato (324 c.p.c.).

NOTE OPERATIVE:

Ambito di applicazione: In materia matrimoniale la regola è quella della incoercibile libertà di contrarre matrimonio; la stessa pertanto non può subire limitazioni, come tali intollerabili, se non nei casi tassativamente previsti dalla legge. Deriva da quanto precede, pertanto, che la norma non può trovare applicazione nei riguardi del beneficiario dell'amministrazione di sostegno. Non è escluso, tuttavia, che in circostanze particolarmente stringenti il divieto di contrarre matrimonio possa essere imposto, dal giudice tutelare, al beneficiario dell'amministrazione di sostegno qualora ciò sia conforme all'interesse dell'amministrato (C.C. 11536/17).

86. Libertà di stato. – Non può contrarre matrimonio chi è vincolato da un matrimonio o da un'unione civile tra persone dello stesso sesso ([1]) precedente (65, 68, 102, 116, 117, 124, 149; 556, 562 c.p.).

([1]) *Le parole: «o da un'unione civile tra persone dello stesso sesso» sono state inserite dall'art. 1, comma 32, della L. 20 maggio 2016, n. 76.*

NOTE OPERATIVE:

Matrimonio celebrato all'estero: Il matrimonio celebrato all'estero tra cittadini italiani e tra italiani e stranieri, secondo le forme previste dalla legge straniera, ha immediata validità nel nostro ordinamento, e, quantunque sia stato contratto da chi non aveva libertà di stato, è destinato a produrre effetti finché non sia impugnato da uno dei soggetti legittimati (tra cui anche il p.m.) e non sia emessa la pronuncia del giudice di nullità (C.C. 5537/01).

87. Parentela, affinità, adozione [e affiliazione] ([1]). – Non possono contrarre matrimonio fra loro:

1) gli ascendenti e i discendenti in linea retta [, legittimi o naturali] ([2]) (75, 116, 117);

2) i fratelli o le sorelle germani, consanguinei o uterini;

3) lo zio e la nipote, la zia e il nipote;

4) gli affini in linea retta (78); il divieto sussiste anche nel caso in cui l'affinità deriva da matrimonio dichiarato nullo o sciolto o per il quale è stata pronunziata la cessazione degli effetti civili;

5) gli affini in linea collaterale in secondo grado;

6) l'adottante, l'adottato e i suoi discendenti (291 ss.);

7) i figli adottivi della stessa persona;

8) l'adottato e i figli dell'adottante;

9) l'adottato e il coniuge dell'adottante, l'adottante e il coniuge dell'adottato (300).

[I divieti contenuti nei numeri 6, 7, 8 e 9 sono applicabili all'affiliazione (409, 413)] (3).

[I divieti contenuti nei numeri 2 e 3 si applicano anche se il rapporto dipende da filiazione naturale (250 ss.)] (4).

Il tribunale, su ricorso degli interessati, con decreto emesso in camera di consiglio (38^2,3 att.), sentito il pubblico ministero, può autorizzare il matrimonio nei casi indicati dai numeri 3 e 5, anche se si tratti di affiliazione [o di filiazione naturale] (5). L'autorizzazione può essere accordata anche nel caso indicato dal numero 4, quando l'affinità derivava da matrimonio dichiarato nullo.

Il decreto è notificato agli interessati e al pubblico ministero.

Si applicano le disposizioni dei commi quarto, quinto e sesto dell'art. 84.

(1) *Le parole fra parentesi quadrate sono state soppresse dall'art. 1, comma 1, lett.* a), *del D.L.vo 28 dicembre 2013, n. 154, a decorrere dal trentesimo giorno successivo a quello della sua pubblicazione nella* Gazzetta Ufficiale *(G.U. n. 5 dell'8 gennaio 2014).*

(2) *Le parole fra parentesi quadrate sono state soppresse dall'art. 1, comma 1, lett.* b), *del D.L.vo 28 dicembre 2013, n. 154, a decorrere dal trentesimo giorno successivo a quello della sua pubblicazione nella* Gazzetta Ufficiale *(G.U. n. 5 dell'8 gennaio 2014).*

(3) *Questo comma è stato abrogato dall'art. 1, comma 1, lett.* c), *del D.L.vo 28 dicembre 2013, n. 154, a decorrere dal trentesimo giorno successivo a quello della sua pubblicazione nella* Gazzetta Ufficiale *(G.U. n. 5 dell'8 gennaio 2014).*

(4) *Questo comma è stato abrogato dall'art. 1, comma 1, lett.* d), *del D.L.vo 28 dicembre 2013, n. 154, a decorrere dal trentesimo giorno successivo a quello della sua pubblicazione nella* Gazzetta Ufficiale *(G.U. n. 5 dell'8 gennaio 2014).*

(5) *Le parole fra parentesi quadrate sono state soppresse dall'art. 1, comma 1, lett.* e), *del D.L.vo 28 dicembre 2013, n. 154, a decorrere dal trentesimo giorno successivo a quello della sua pubblicazione nella* Gazzetta Ufficiale *(G.U. n. 5 dell'8 gennaio 2014).*

88. Delitto. – Non possono (116, 117) contrarre matrimonio tra loro le persone delle quali l'una è stata condannata per omicidio consumato o tentato sul coniuge dell'altra (56, 575 ss. c.p.).

Se ebbe luogo soltanto rinvio a giudizio ovvero fu ordinata la cattura, si sospende la celebrazione del matrimonio fino a quando non è pronunziata sentenza di proscioglimento.

89. Divieto temporaneo di nuove nozze. – Non può contrarre matrimonio (116, 140) la donna, se non dopo trecento giorni dallo scioglimento, dall'annullamento o dalla cessazione degli effetti civili del precedente matrimonio. Sono esclusi dal divieto i casi in cui lo scioglimento o la cessazione degli effetti civili del precedente matrimonio siano stati pronunciati in base all'art. 3, numero 2, lettere *b*) ed *f*), della legge 1 dicembre 1970, n. 898, e nei casi in cui il matrimonio sia stato dichiarato nullo per impotenza, anche soltanto a generare, di uno dei coniugi.

Il tribunale con decreto emesso in camera di consiglio (38^2,3, att.), sentito il pubblico ministero, può autorizzare il matrimonio quando è inequivocabilmente escluso lo stato di gravidanza o se risulta da sentenza passata in giudicato che il marito non ha convissuto con la moglie nei trecento giorni precedenti lo scioglimento, l'annullamento o la cessazione degli effetti civili del matrimonio. Si applicano le disposizioni dei commi quarto, quinto e sesto dell'articolo 84 e del comma quinto dell'articolo 87.

Il divieto cessa dal giorno in cui la gravidanza è terminata.

90. Assistenza del minore. – Con il decreto di cui all'art. 84 il tribunale (38 att.) o la corte d'appello nominano, se le circostanze lo esigono (165), un curatore speciale che assista il minore nella stipulazione delle convenzioni matrimoniali (159 ss.).

91. [Diversità di razza o di nazionalità. – (*Omissis*)] (1).

(1) *Articolo abrogato dall'art. 1, L. 20 gennaio 1944, n. 25 e dall'art. 3 del D.L.vo Lgt. 14 settembre 1944, n. 287.*

92. [Matrimonio del Re Imperatore e dei Principi reali. – (*Omissis*)] (1).

(1) *Articolo abrogato, per effetto della caduta della monarchia.*

CODICE CIVILE

Sezione II
Delle formalità preliminari del matrimonio

93. Pubblicazione. – La celebrazione del matrimonio dev'essere preceduta dalla pubblicazione fatta a cura dell'ufficiale dello stato civile (100, 101, 115^2, 116^3, 134, 135).

[La pubblicazione consiste nell'affissione alla porta della casa comunale di un atto dove si indica il nome, il cognome, la professione, il luogo di nascita e la residenza degli sposi, se essi siano maggiori o minori di età, nonché il luogo dove intendono celebrare il matrimonio. L'atto deve anche indicare il nome del padre e il nome e il cognome della madre degli sposi, salvi i casi in cui la legge vieta questa menzione] (1).

(1) *Questo comma è stato abrogato dall'art. 110, comma 3, del D.P.R. 3 novembre 2000, n. 396, a decorrere dal 30 marzo 2001.*

94. Luogo della pubblicazione. – La pubblicazione deve essere richiesta (96) all'ufficiale dello stato civile del comune dove uno degli sposi ha la residenza (43, 106) ed è fatta nei comuni di residenza degli sposi.

[Se la residenza non dura da un anno, la pubblicazione deve farsi anche nel comune della precedente residenza] (1).

[L'ufficiale dello stato civile cui si domanda la pubblicazione provvede a chiederla agli ufficiali degli altri comuni nei quali la pubblicazione deve farsi. Essi devono trasmettere all'ufficiale dello stato civile richiedente il certificato dell'eseguita pubblicazione] (1).

(1) *Questo comma è stato abrogato dall'art. 110, comma 3, del D.P.R. 3 novembre 2000, n. 396, a decorrere dal 30 marzo 2001.*

95. (1) [**Durata della pubblicazione.** – L'atto di pubblicazione resta affisso alla porta della casa comunale almeno per otto giorni, comprendenti due domeniche successive].

(1) *Questo articolo è stato abrogato dall'art. 110, comma 3, del D.P.R. 3 novembre 2000, n. 396, a decorrere dal 30 marzo 2001.*

96. Richiesta della pubblicazione. – La richiesta della pubblicazione (94) deve farsi da ambedue gli sposi o da persona che ne ha da essi ricevuto speciale incarico (135).

97. (1) [**Documenti per la pubblicazione.** – Chi richiede la pubblicazione deve presentare all'ufficiale di stato civile un estratto per riassunto dell'atto di nascita di entrambi gli sposi, nonché ogni altro documento necessario a provare la libertà degli sposi.

Coloro che esercitano o hanno esercitato la potestà debbono dichiarare all'ufficiale di stato civile al quale viene rivolta la richiesta di pubblicazione, sotto la propria personale responsabilità, che gli sposi non si trovano in alcuna delle condizioni che impediscono il matrimonio a norma dell'art. 87, di cui debbono prendere conoscenza attraverso la lettura chiara e completa fatta dall'ufficiale di stato civile, con ammonizione delle conseguenze penali delle dichiarazioni mendaci.

La dichiarazione prevista al comma precedente è resa e sottoscritta dinanzi all'ufficiale di stato civile ed autenticata dallo stesso. Si applicano le disposizioni degli artt. 20, 24 e 26 della legge 4 gennaio 1968, n. 15.

In difetto della dichiarazione prevista nel secondo comma, l'ufficiale di stato civile accerta d'ufficio, esclusivamente mediante esame dell'atto integrale di nascita, l'assenza di impedimento di parentela o di affinità a termini e per gli effetti di cui all'art. 87.

Qualora i richiedenti non presentino i documenti necessari, l'ufficiale di stato civile provvede su loro domanda a richiederli].

(1) *Questo articolo è stato abrogato dall'art. 110, comma 3, del D.P.R. 3 novembre 2000, n. 396, a decorrere dal 30 marzo 2001.*

98. Rifiuto della pubblicazione. – L'ufficiale dello stato civile che non crede di poter procedere alla pubblicazione rilascia un certificato coi motivi del rifiuto (112, 136, 138).

Contro il rifiuto è dato ricorso al tribunale, che provvede in camera di consiglio, sentito il pubblico ministero (112; 737 c.p.c.).

99. Termine per la celebrazione del matrimonio. – Il matrimonio non può essere celebrato prima del quarto giorno dopo compiuta la pubblicazione (95, 109, 138).

Se il matrimonio non è celebrato nei centottanta giorni successivi, la pubblicazione si considera come non avvenuta (111^5).

100. Riduzione del termine e omissione della pubblicazione. – Il tribunale (38 att.), su istanza degli interessati, con decreto non impugnabile emesso in camera di consiglio, sentito il pubblico ministero, può ridurre, per gravi motivi, il termine della pubblicazione (95). In quel caso la riduzione del termine è dichiarata nella pubblicazione.

Può anche autorizzare, con le stesse modalità, per cause gravissime, l'omissione della pubblicazione, quando gli sposi davanti al cancelliere dichiarano sotto la propria responsabilità che nessuno degli impedimenti stabiliti dagli articoli 85, 86, 87, 88 e 89 si oppone al matrimonio.

Il cancelliere deve far precedere alla dichiarazione la lettura di detti articoli e ammonire i dichiaranti sull'importanza della loro attestazione e sulla gravità delle possibili conseguenze.

[Quando è stata autorizzata l'omissione della pubblicazione, gli sposi, per essere ammessi alla celebrazione del matrimonio, devono presentare all'ufficiale dello stato civile, insieme col decreto di autorizzazione, gli atti previsti dall'articolo 97] ([1]).

([1]) *Questo comma è stato abrogato dall'art. 110, comma 3, del D.P.R. 3 novembre 2000, n. 396, a decorrere dal 30 marzo 2001.*

101. Matrimonio in imminente pericolo di vita. – Nel caso di imminente pericolo di vita di uno degli sposi, l'ufficiale dello stato civile del luogo può procedere alla celebrazione del matrimonio senza pubblicazione (93) e senza l'assenso al matrimonio, se questo è richiesto, purché gli sposi prima giurino che non esistono tra loro impedimenti non suscettibili di dispensa (84 ss., 86, 87 nn. 1, 2-4, 88).

L'ufficiale dello stato civile dichiara nell'atto di matrimonio il modo con cui ha accertato l'imminente pericolo di vita (204, 834 c.n.).

Sezione III
Delle opposizioni al matrimonio

102. Persone che possono fare opposizione. – I genitori e, in mancanza loro, gli altri ascendenti e i collaterali entro il terzo grado (76) possono fare opposizione al matrimonio dei loro parenti per qualunque causa che osti alla sua celebrazione (84-90).

Se uno degli sposi è soggetto a tutela (343 ss.) o a curatela (392, 424), il diritto di fare opposizione compete anche al tutore o al curatore.

Il diritto di opposizione compete anche al coniuge della persona che vuole contrarre un altro matrimonio (86).

Quando si tratta di matrimonio in contravvenzione all'art. 89, il diritto di opposizione spetta anche, se il precedente matrimonio fu sciolto (149), ai parenti del precedente marito e, se il matrimonio fu dichiarato nullo (17 ss.), a colui col quale il matrimonio era stato contratto e ai parenti di lui.

Il pubblico ministero deve sempre fare opposizione al matrimonio, se sa che vi osta un impedimento (84 ss.) o se gli consta l'infermità di mente di uno degli sposi, nei confronti del quale, a causa dell'età, non possa essere promossa l'interdizione (85, 120, 414, 416, 424).

103. Atto di opposizione. – L'atto di opposizione deve dichiarare la qualità che attribuisce all'opponente il diritto di farla (102), le cause dell'opposizione, e contenere l'elezione di domicilio (47) nel comune dove siede il tribunale nel cui territorio si deve celebrare il matrimonio.

[L'atto deve essere notificato nella forma della citazione agli sposi e all'ufficiale dello stato civile del comune nel quale il matrimonio deve essere celebrato] ([1]).

([1]) *Questo comma è stato abrogato dall'art. 110, comma 3, del D.P.R. 3 novembre 2000, n. 396, a decorrere dal 30 marzo 2001.*

104. Effetti dell'opposizione. – [L'opposizione fatta da chi ne ha facoltà, per causa ammessa dalla legge, sospende la celebrazione del matrimonio sino a che con sentenza passata in giudicato sia rimossa l'opposizione] ([1]).

Se l'opposizione è respinta, l'opponente, che non sia un ascendente o il pubblico ministero, può essere condannato al risarcimento dei danni.

([1]) *Questo comma è stato abrogato dall'art. 110, comma 3, del D.P.R. 3 novembre 2000, n. 396, a decorrere dal 30 marzo 2001.*

105. [Matrimonio del Re Imperatore e dei Principi reali. – (*Omissis*)] ([1]).

([1]) *Articolo abrogato, per effetto della caduta della monarchia.*

Sezione IV
Della celebrazione del matrimonio

106. Luogo della celebrazione. – Il matrimonio deve essere celebrato pubblicamente nella casa comunale (110) davanti all'ufficiale dello stato civile (113, 136) al quale fu fatta la richiesta di pubblicazione (94, 109, 137, 138; 116 trans.).

107. Forma della celebrazione. – Nel giorno indicato dalle parti l'ufficiale dello stato civile, alla presenza di due testimoni (110, 137; 116 trans.), anche se parenti (74), dà lettura agli sposi degli articoli 143, 144 e 147; riceve da ciascuna delle parti personalmente (111), l'una dopo l'altra, la dichiarazione che esse si vogliono prendere rispettivamente in marito e in moglie, e di seguito dichiara che esse sono unite in matrimonio (109^2).

L'atto di matrimonio deve essere compilato immediatamente dopo la celebrazione (109, 130 ss., 138).

NOTE OPERATIVE:

Modalità telematica: Il matrimonio contratto all'estero alla presenza di uno solo dei nubendi e con la partecipazione in via telematica dell'altro non è contrario all'ordine pubblico italiano a condizione che lo stesso sia stato validamente celebrato secondo la legge del paese straniero, dovendosi avere riguardo, in sede di delibazione, unicamente agli effetti dell'atto straniero, senza possibilità di sottoporlo ad un sindacato di tipo contenutistico, tanto più che neppure per il legislatore italiano la forma di cui all'art. 107 c.c. ha valore inderogabile (C.C. 15343/16).

108. Inapponibilità di termini e condizioni. – La dichiarazione degli sposi di prendersi rispettivamente in marito e in moglie non può essere sottoposta né a termine (1184) né a condizione (1353 ss.).

Se le parti aggiungono un termine o una condizione, l'ufficiale dello stato civile non può procedere alla celebrazione del matrimonio. Se ciò nonostante il matrimonio è celebrato, il termine e la condizione si hanno per non apposti (138).

NOTE OPERATIVE:

Ambito di applicazione: La norma, pur vietando a pena di nullità, l'apposizione di termini e condizioni al vincolo matrimoniale, non osta alla delibazione della sentenza ecclesiastica dichiarativa della nullità del matrimonio religioso per apposizione di una condizione "de futuro" al vincolo matrimoniale, poiché la diversa valutazione, tra ordinamento statuale e ordinamento canonico degli "accidentalia negotii", che per il primo "vitiantur, sed non vitiant", mentre per il secondo "vitiantur et vitiant", non attiene ad un principio di ordine pubblico, ostativo alla delibabilità della sentenza (C.C. 3339/03).

109. Celebrazione in un comune diverso. – Quando vi è necessità o convenienza di celebrare il matrimonio in un comune diverso da quello indicato nell'art. 106, l'ufficiale dello stato civile, trascorso il termine stabilito nel primo comma dell'articolo 99, richiede per iscritto l'ufficiale del luogo dove il matrimonio si deve celebrare.

La richiesta è menzionata nell'atto di celebrazione (107) e in esso inserita. Nel giorno successivo alla celebrazione del matrimonio, l'ufficiale davanti al quale esso fu celebrato invia, per la trascrizione, copia autentica dell'atto all'ufficiale da cui fu fatta la richiesta (131, 138).

110. Celebrazione fuori della casa comunale. – Se uno degli sposi, per infermità o per altro impedimento giustificato all'ufficio dello stato civile, è nell'impossibilità di recarsi alla casa comunale (106), l'ufficiale si trasferisce col segretario nel luogo in cui si trova lo sposo impedito, e ivi, alla presenza di quattro testimoni, procede alla celebrazione del matrimonio secondo l'articolo 107 (137, 138).

111. Celebrazione per procura. – I militari e le persone che per ragioni di servizio si trovano al seguito delle forze armate possono, in tempo di guerra, celebrare il matrimonio per procura (287).

La celebrazione del matrimonio per procura può anche farsi se uno degli sposi risiede all'estero e concorrono gravi motivi da valutarsi dal tribunale ($38^{2,3}$ att.) nella cui circoscrizione risiede l'altro sposo. L'autorizzazione è concessa con decreto non impugnabile emesso in camera di consiglio, sentito il pubblico ministero (737 c.p.c.).

La procura deve contenere l'indicazione della persona con la quale il matrimonio si deve contrarre (287).

La procura deve essere fatta per atto pubblico (2699); i militari e le persone al seguito delle forze armate, in tempo di guerra, possono farla nelle forme speciali ad essi consentite.

Il matrimonio non può essere celebrato quando sono trascorsi centottanta giorni da quello in cui la procura è stata rilasciata (99^2).

La coabitazione, anche temporanea, dopo la celebrazione del matrimonio, elimina gli effetti della revoca della procura, ignorata dall'altro coniuge al momento della celebrazione (1396).

NOTE OPERATIVE:

Portata applicativa: La procura "ad nubendum" costituisce uno strumento sostitutivo della simultanea presenza degli sposi avanti all'Ufficiale dello stato civile e di manifestazione del consenso alle nozze, che interviene tramite la volontà manifestata dal procuratore, sicché il mandato conferitogli in favore del regime patrimoniale della separazione dei beni, non è sufficiente all'instaurazione del detto regime, che richiede l'accordo di entrambi i nubendi (C.C. 17175/20).

112. Rifiuto della celebrazione. – L'ufficiale dello stato civile non può rifiutare la celebrazione del matrimonio se non per una causa ammessa dalla legge (84 ss., 93 ss., 98, 138).

Se la rifiuta, deve rilasciare un certificato con l'indicazione dei motivi (98).

Contro il rifiuto è dato ricorso al tribunale, che provvede in camera di consiglio, sentito il pubblico ministero (737 ss. c.p.c.).

113. Matrimonio celebrato davanti a un apparente ufficiale dello stato civile. – Si considera celebrato davanti all'ufficiale dello stato civile il matrimonio che sia stato celebrato dinanzi a persona la quale, senza avere la qualità di ufficiale dello stato civile, ne esercita pubblicamente le funzioni, a meno che entrambi gli sposi, al momento della celebrazione, abbiano saputo che la detta persona non aveva tale qualità (116 trans.).

114. [Matrimonio del Re Imperatore e dei Principi reali. - (*Omissis*)] (1).

(1) *Articolo abrogato in conseguenza della caduta della monarchia.*

Sezione V
Del matrimonio dei cittadini in Paese straniero e degli stranieri nella Repubblica

115. Matrimonio del cittadino all'estero. - Il cittadino è soggetto alle disposizioni contenute nella sezione prima di questo capo (84 ss.), anche quando contrae matrimonio in paese straniero secondo le forme ivi stabilite.

[La pubblicazione deve anche farsi nella Repubblica a norma degli articoli 93, 94 e 95. Se il cittadino non risiede nella Repubblica, la pubblicazione si fa nel comune dell'ultimo domicilio] (1).

(1) *Questo comma è stato abrogato dall'art. 110, comma 3, del D.P.R. 3 novembre 2000, n. 396.*

116. Matrimonio dello straniero nella Repubblica. - Lo straniero che vuole contrarre matrimonio nella Repubblica deve presentare all'ufficiale dello stato civile una dichiarazione dell'autorità competente del proprio paese, dalla quale risulti che giusta le leggi a cui è sottoposto nulla osta al matrimonio nonché un documento attestante la regolarità del soggiorno nel territorio italiano (1) (2).

Anche lo straniero è tuttavia soggetto alle disposizioni contenute negli articoli 85, 86, 87, numeri 1, 2 e 4, 88 e 89.

Lo straniero che ha domicilio o residenza (43) nella Repubblica deve inoltre far fare la pubblicazione secondo le disposizioni di questo codice (93 ss.).

(1) *Le parole: «nonché un documento attestante la regolarità del soggiorno nel territorio italiano» sono state aggiunte dall'art. 1, comma 15, della L. 15 luglio 2009, n. 94.*

(2) *La Corte costituzionale, con sentenza n. 245 del 25 luglio 2011, ha dichiarato l'illegittimità costituzionale di questo comma, come modificato dall'art. 1, comma 15, della legge 15 luglio 2009, n. 94, limitatamente alle parole «nonché un documento attestante la regolarità del soggiorno nel territorio italiano».*

Sezione VI
Della nullità del matrimonio

117. Matrimonio contratto con violazione degli articoli 84, 86, 87 e 88. - Il matrimonio contratto con violazione degli articoli 86, 87 e 88 può essere impugnato dai coniugi (124), dagli ascendenti prossimi, dal pubblico ministero (125) e da tutti coloro che abbiano per impugnarlo un interesse legittimo e attuale (127; 100 c.p.c.).

Il matrimonio contratto in violazione dell'articolo 84 può essere impugnato dai coniugi, da ciascuno dei genitori e dal pubblico ministero. La relativa azione di annullamento può essere proposta personalmente dal minore non oltre un anno dal raggiungimento della maggiore età. La domanda, proposta dal genitore o dal pubblico ministero, deve essere respinta ove, anche in pendenza del giudizio, il minore abbia raggiunto la maggiore età ovvero vi sia stato concepimento o procreazione e in ogni caso sia stata accertata la volontà del minore di mantenere in vita il vincolo matrimoniale.

Il matrimonio contratto dal coniuge dell'assente non può essere impugnato finché dura l'assenza (56, 65, 68).

Nei casi in cui si sarebbe potuta accordare l'autorizzazione ai sensi del quarto comma dell'articolo 87, il matrimonio non può essere impugnato dopo un anno dalla celebrazione.

La disposizione del primo comma del presente articolo si applica anche nel caso di nullità del matrimonio previsto dall'articolo 68 (69, 70, 100).

NOTE OPERATIVE:

Legittimazione: L'azione per impugnare il matrimonio affetto da vizi della volontà ovvero da incapacità di intendere e di volere di uno dei coniugi ha carattere personale ed è trasmissibile agli eredi solo qualora il relativo giudizio sia già pendente al momento della morte di detto coniuge, il quale è titolare esclusivo del potere di decidere se impugnare il proprio matrimonio; l'azione di nullità, inoltre, pur essendo promuovibile dal pubblico ministero non può più essere esperita dopo la morte di uno dei coniugi (C.C. 4653/18).

118. [Difetto di età. - (*Omissis*)] (1).

(1) *Articolo abrogato dall'art. 13, L. 19 maggio 1975, n. 151, riforma del diritto di famiglia.*

119. Interdizione. - Il matrimonio di chi è stato interdetto per infermità di mente (85, 414) può essere impugnato dal tutore, dal pubblico ministero (125) e da tutti coloro che abbiano un interesse legittimo se, al tempo del matrimonio, vi era già sentenza di inter-

CODICE CIVILE

dizione passata in giudicato, ovvero se la interdizione (421) è stata pronunziata posteriormente ma l'infermità esisteva al tempo del matrimonio (427). Può essere impugnato, dopo revocata l'interdizione (429), anche dalla persona che era interdetta.

L'azione non può essere proposta se, dopo revocata l'interdizione, vi è stata coabitazione per un anno (69, 70 c.p.c.).

NOTE OPERATIVE:

Ambito di applicazione: Posto che le disposizioni in materia di interdizione non sono suscettibili di generalizzata estensione analogica all'amministrazione di sostegno, non sussiste la legittimazione all'impugnazione del matrimonio degli eredi di chi, al momento delle nozze, versava in stato di incapacità naturale, essendo stato designato solo successivamente un amministratore di sostegno, e sia deceduto senza aver proposto tale azione (C.C. 11536/17)

Legittimazione: Il coniuge incapace di intendere e di volere, non interdetto, è il titolare esclusivo del potere di decidere se impugnare il proprio matrimonio, diversamente il matrimonio dell'interdetto può essere impugnato "da tutti coloro che abbiano un interesse legittimo", oltre che dal tutore e dal pubblico ministero (C.C. 4653/18).

Giudicato preventivo (ininfluenza): La norma prevede l'ininfluenza del giudicato preventivo laddove venga accertata la condizione di infermità mentale che ha determinato l'interdizione già al momento del matrimonio (C.C. 27564/20).

120. Incapacità di intendere o di volere. – Il matrimonio può essere impugnato da quello dei coniugi che, quantunque non interdetto (102^5), provi di essere stato incapace di intendere o di volere, per qualunque causa, anche transitoria, al momento della celebrazione del matrimonio (428).

L'azione non può essere proposta se vi è stata coabitazione per un anno dopo che il coniuge incapace ha recuperato la pienezza delle facoltà mentali (119^2).

NOTE OPERATIVE:

Presupposti: Il matrimonio può essere impugnato, per la mera incapacità di intendere e di volere del coniuge al momento della celebrazione, intesa come menomazione della sfera intellettiva e volitiva di tale grado da impedire di far comprendere il significato e le conseguenze dell'impegno assunto, senza che abbia rilievo il pregiudizio dell'incapace o il vantaggio dell'altro contraente, né il dolo o la malafede di quest'ultimo, poiché la nullità del matrimonio è prevista a tutela dell'integrità del consenso dei coniugi, che l'ordinamento vuole formato in piena libertà e consapevolezza (C.C. 20862/21).

Patologie mentali: L'intervenuto accertamento di una patologia mentale a carattere permanente (quale l'Alzheimer), tale da determinare, sia pure transitoriamente, l'offuscamento delle facoltà cognitive e volitiva del soggetto comporta la insorgenza di una presunzione iuris tantum di incapacità con conseguente nullità del matrimonio concluso dall'incapace (C.C. 30646/21); non è necessaria la prova che, al compimento dell'atto, il soggetto fosse affetto da una malattia idonea ad escludere in modo totale ed assoluto le sue facoltà mentali, ma è sufficiente l'accertamento di un perturbamento psichico tale da menomare gravemente, pur senza farle venire completamente meno, le capacità intellettive e volitive, e quindi da impedire o ostacolare una seria valutazione dei propri atti e la formazione di una cosciente volontà (C.C. 21493/14).

121. [Mancanza di assenso. – (*Omissis*)] [1].

[1] *Articolo abrogato dall'art. 16, L. 19 maggio 1975, n. 151, riforma del diritto di famiglia.*

122. Violenza ed errore. – Il matrimonio può essere impugnato da quello dei coniugi il cui consenso è stato estorto con violenza (1434) o determinato da timore di eccezionale gravità (1437) derivante da cause esterne allo sposo.

Il matrimonio può altresì essere impugnato da quello dei coniugi il cui consenso è stato dato per effetto di errore sull'identità della persona o di errore essenziale su qualità personali dell'altro coniuge.

L'errore sulle qualità personali è essenziale qualora, tenute presenti le condizioni dell'altro coniuge, si accerti che lo stesso non avrebbe prestato il suo consenso se le avesse esattamente conosciute e purché l'errore riguardi:

1) l'esistenza di una malattia fisica o psichica o di una anomalia o deviazione sessuale, tali da impedire lo svolgimento della vita coniugale;

2) l'esistenza di una sentenza di condanna per delitto non colposo alla reclusione non inferiore a cinque anni, salvo il caso di intervenuta riabilitazione prima della celebrazione del matrimonio. L'azione di annullamento non può essere proposta prima che la sentenza sia divenuta irrevocabile;

3) la dichiarazione di delinquenza abituale o professionale (102, 105 c.p.);

4) la circostanza che l'altro coniuge sia stato condannato per delitti concernenti la prostituzione a pena non inferiore a due anni. L'azione di annullamento non può essere proposta prima che la condanna sia divenuta irrevocabile;

5) lo stato di gravidanza causato da persona diversa dal soggetto caduto in errore, purché vi sia stato disconoscimento ai sensi dell'articolo 233, se la gravidanza è stata portata a termine.

L'azione non può essere proposta se vi è stata coabitazione per un anno dopo che siano cessate la violenza o le cause che hanno determinato il timore ovvero sia stato scoperto l'errore (119, 120, 123).

NOTE OPERATIVE:

Errore essenziale: Costituisce errore essenziale, rilevante per l'annullamento del matrimonio, quello che cade su una anomalia o deviazione sessuale dell'altro coniuge, tale da costituire un impedimento oggettivo e non superabile allo svolgimento della vita coniugale, essendo invece irrilevante l'errore che cade sulla mera incapacità psicologica dell'altro coniuge di concepire in termini di condivisione e di rispetto reciproco il piacere erotico e l'affettività (C.C. 3407/13).

Onere della prova: Il coniuge che impugni il matrimonio per errore è tenuto a provare l'esistenza di una malattia fisica o psichica dell'altro coniuge e la mancata conoscenza della stessa prima della celebrazione del matrimonio, oltre all'influenza di detta mancata conoscenza sul proprio consenso, mentre è rimesso al giudice l'apprezzamento della rilevanza della infermità ai fini dell'ordinario svolgimento della vita familiare (C.C. 3742/17).

123. Simulazione. – Il matrimonio può essere impugnato da ciascuno dei coniugi quando gli sposi abbiano convenuto di non adempiere agli obblighi e di non esercitare i diritti da esso discendenti.

L'azione non può essere proposta decorso un anno dalla celebrazione del matrimonio ovvero nel caso in cui i contraenti abbiano convissuto come coniugi successivamente alla celebrazione medesima.

NOTE OPERATIVE:

Termine: La norma prevede, proprio per conciliare la impugnazione per simulazione del matrimonio con l'esigenza della certezza dei rapporti giuridici, che l'azione non può essere proposta decorso un anno dalla celebrazione del matrimonio, oppure, come ipotesi alternativa, nel caso in cui uomo e donna abbiano convissuto come coniugi successivamente alla celebrazione (C.C. 16221/15).

124. Vincolo di precedente matrimonio. – Il coniuge può in qualunque tempo impugnare il matrimonio o l'unione civile tra persone dello stesso sesso (1) dell'altro coniuge (86, 117); se si oppone la nullità del primo matrimonio, tale questione deve essere preventivamente giudicata (34, 295, 337 c.p.c.).

(1) *Le parole: «o l'unione civile tra persone dello stesso sesso» sono state inserite dall'art. 1, comma 33, della L. 20 maggio 2016, n. 76.*

125. Azione del pubblico ministero. – L'azione di nullità non può essere promossa dal pubblico ministero dopo la morte di uno dei coniugi (69, 70 c.p.c.).

NOTE OPERATIVE:

Presupposti: L'azione di nullità non può essere promossa dal pubblico ministero dopo la morte di uno dei coniugi (C.C. 4653/18 – Conf. C.P. 34738/16).

126. Separazione dei coniugi in pendenza del giudizio. – Quando è proposta domanda di nullità del matrimonio, il tribunale può, su istanza di uno dei coniugi, ordinare la loro separazione temporanea durante il giudizio (150 ss.); può ordinarla anche d'ufficio, se ambedue i coniugi o uno di essi sono minori o interdetti (2, 414).

127. Intrasmissibilità dell'azione. – L'azione per impugnare il matrimonio non si trasmette agli eredi se non quando il giudizio è già pendente alla morte dell'attore.

NOTE OPERATIVE:

Interesse tutelato: Il bilanciamento tra il diritto personalissimo del soggetto di autodeterminarsi in ordine al proprio matrimonio, proponendo l'azione di impugnazione, e l'interesse degli eredi a far valere l'incapacità del medesimo allo scopo di ottenere l'annullamento del matrimonio, con indubbi riflessi nei loro confronti sia sul piano personale che su quello patrimoniale, è rimesso alla valutazione del legislatore, che in modo non irragionevole ha ritenuto preminente l'esigenza di tutela della autodeterminazione e, quindi, della dignità di colui che, non interdetto, ha contratto matrimonio (C.C. 14794/14).

Ambito di applicazione: Ove nel corso del giudizio deceda la parte convenuta, i suoi eredi possono costituirsi nel giudizio, atteso che così come la norma autorizza gli eredi della parte che abbia impugnato il matrimonio a proseguire l'azione già esperita dal "de cuius", per identica "ratio" deve intendersi autorizzato l'erede del "de cuius" convenuto nel giudizio di simulazione a resistere all'azione proposta contro di lui prima della sua morte (C.C. 17909/22).

Interpretazione: La trasmissibilità dell'azione di impugnazione del matrimonio costituisce una eccezione al principio del carattere personale della stessa – a sua volta riflesso della natura di atto personalissimo del matrimonio – e che pertanto si deve escludere la possibilità di una interpretazione estensiva o analogica dell'art. 127 c.c. (C.C. 4653/18).

128. Matrimonio putativo. – Se il matrimonio è dichiarato nullo (68, 117-127), gli effetti del matrimonio valido si producono, in favore dei coniugi, fino alla sentenza che pronunzia la nullità, quando i coniugi stessi lo hanno contratto in buona fede, oppure quando il loro consenso è stato estorto con violenza o determinato da timore di eccezionale gravità derivante da cause esterne agli sposi (122, 584, 785).

Il matrimonio dichiarato nullo ha gli effetti del matrimonio valido rispetto ai figli (1).

Se le condizioni indicate nel primo comma si verificano per uno solo dei coniugi (139), gli effetti valgono soltanto in favore di lui e dei figli (129, 129 *bis*, 139).

Il matrimonio dichiarato nullo, contratto in malafede da entrambi i coniugi, ha gli effetti del matrimonio valido rispetto ai figli nati o concepiti durante lo stesso, salvo che la nullità dipenda da [bigamia o] ([2]) incesto.

Nell'ipotesi di cui al quarto comma, rispetto ai figli si applica l'articolo 251 ([3]).

([1]) *Questo comma è stato così sostituito dall'art. 2, comma 1, lett.* a), *del D.L.vo 28 dicembre 2013, n. 154, a decorrere dal trentesimo giorno successivo a quello della sua pubblicazione nella* Gazzetta Ufficiale (G.U. *n. 5 dell'8 gennaio 2014*).

([2]) *Le parole fra parentesi quadrate sono state soppresse dall'art. 2, comma 1, lett.* b), *del D.L.vo 28 dicembre 2013, n. 154, a decorrere dal trentesimo giorno successivo a quello della sua pubblicazione nella* Gazzetta Ufficiale (G.U. *n. 5 dell'8 gennaio 2014*).

([3]) *Questo comma è stato così sostituito dall'art. 2, comma 1, lett.* c), *del D.L.vo 28 dicembre 2013, n. 154, a decorrere dal trentesimo giorno successivo a quello della sua pubblicazione nella* Gazzetta Ufficiale (G.U. *n. 5 dell'8 gennaio 2014*).

129. Diritti dei coniugi in buona fede. – Quando le condizioni del matrimonio putativo (128) si verificano rispetto ad ambedue i coniugi, il giudice può disporre a carico di uno di essi e per un periodo non superiore a tre anni l'obbligo di corrispondere somme periodiche di denaro, in proporzione alle sue sostanze, a favore dell'altro, ove questi non abbia adeguati redditi propri e non sia passato a nuove nozze.

Per i provvedimenti che il giudice adotta riguardo ai figli, si applica l'art. 155.

NOTE OPERATIVE:

Buona fede (presunzione): La buona fede dei nubendi al momento della celebrazione del matrimonio si presume, in applicazione dei principi generali sanciti dall'art. 1147 c.c.; l'onere della prova grava pertanto su colui che allega la mala fede e ha interesse a dimostrarne l'esistenza, restando comunque ogni valutazione al riguardo – anche in ordine alla ricorrenza di una condizione di ignoranza dipendente da colpa grave – riservata al giudice di merito (C.C. 33409/21 – Conf. C.C. 1780/196).

129 *bis*. Responsabilità del coniuge in mala fede e del terzo. – Il coniuge al quale sia imputabile la nullità del matrimonio (117 ss.) è tenuto a corrispondere all'altro coniuge in buona fede, qualora il matrimonio sia annullato, una congrua indennità, anche in mancanza di prova del danno sofferto. L'indennità deve comunque comprendere una somma corrispondente al mantenimento per tre anni. È tenuto altresì a prestare gli alimenti al coniuge in buona fede, sempre che non vi siano altri obbligati (433).

Il terzo al quale sia imputabile la nullità del matrimonio è tenuto a corrispondere al coniuge in buona fede, se il matrimonio è annullato, l'indennità prevista nel comma precedente.

In ogni caso il terzo che abbia concorso con uno dei coniugi nel determinare la nullità del matrimonio è solidalmente responsabile (1292 ss.) con lo stesso per il pagamento dell'indennità.

NOTE OPERATIVE:

Ambito di applicazione: La norma, sebbene formulata lessicalmente in modo diverso dall'art. 139 c.c. (che commina una sanzione penale al coniuge che, conoscendo prima della celebrazione una causa di nullità, l'abbia lasciata ignorare all'altro), comprende, nella sua portata più ampia, anche l'ipotesi disciplinata da quest'ultima norma (C.C. 4953/93 – Conf. C.C. 2862/84).

Buona fede dell'altro coniuge: Al fine dell'obbligazione indennitaria del coniuge cui sia imputabile la nullità del matrimonio, il requisito della buona fede dell'altro coniuge, da presumersi fino a prova contraria, si identifica nella incolpevole ignoranza della specifica circostanza per la quale, nella concreta vicenda, è stata pronunciata la nullità (C.C. 1780/96 – Conf. C.C. 2734/95).

Sezione VII
Delle prove della celebrazione del matrimonio

130. Atto di celebrazione del matrimonio. – Nessuno può reclamare il titolo di coniuge e gli effetti del matrimonio, se non presenta l'atto di celebrazione estratto dai registri dello stato civile (107, 109).

Il possesso di stato (131), quantunque allegato da ambedue i coniugi, non dispensa dal presentare l'atto di celebrazione (132).

131. Possesso di stato. – Il possesso di stato, conforme all'atto di celebrazione del matrimonio, sana ogni difetto di forma (107, 132).

132. Mancanza dell'atto di celebrazione. – Nel caso di distruzione o di smarrimento dei registri dello stato civile l'esistenza del matrimonio può essere provata a norma dell'articolo 452.

Quando vi sono indizi che per dolo o per colpa del pubblico ufficiale o per un caso di forza maggiore l'atto di matrimonio non è stato inserito nei registri a ciò destinati, la prova dell'esistenza del matrimonio è ammessa, sempre che risulti in modo non dubbio un conforme possesso di stato (131).

133. Prova della celebrazione risultante da sentenza penale. – Se la prova della celebrazione del matrimonio risulta da sentenza penale, l'iscrizione della sentenza nel registro dello stato civile assicura al matrimonio, dal giorno della sua celebrazione, tutti gli effetti riguardo tanto ai coniugi quanto ai figli.

Sezione VIII
Disposizioni penali

134. Omissione di pubblicazione. – Sono puniti con la sanzione amministrativa del pagamento di una somma da € 41 a € 206 gli sposi e l'ufficiale dello stato civile che hanno celebrato matrimonio senza che la celebrazione sia stata preceduta dalla prescritta pubblicazione (93 ss.).

135. Pubblicazione senza richiesta o senza documenti. – È punito con la sanzione amministrativa del pagamento di una somma da € 20 a € 103 l'ufficiale dello stato civile che ha proceduto alla pubblicazione di un matrimonio senza la richiesta di cui all'articolo 96 o quando manca alcuno dei documenti prescritti dal primo comma dell'articolo 97.

136. Impedimenti conosciuti dall'ufficiale dello stato civile. – L'ufficiale dello stato civile che procede alla celebrazione del matrimonio, quando vi osta qualche impedimento o divieto di cui egli ha notizia (98), è punito con la sanzione amministrativa del pagamento di una somma da € 51 a € 309.

137. Incompetenza dell'ufficiale dello stato civile. Mancanza dei testimoni. – È punito con la sanzione amministrativa del pagamento di una somma da € 30 a € 206 l'ufficiale dello stato civile che ha celebrato un matrimonio per cui non era competente (106, 109).

La stessa pena si applica all'ufficiale dello stato civile che ha proceduto alla celebrazione di un matrimonio senza la presenza dei testimoni (107, 110; 116 trans.).

138. Altre infrazioni. – È punito con la sanzione amministrativa del pagamento di una somma stabilita nell'articolo 135 l'ufficiale dello stato civile che in qualunque modo contravviene alle disposizioni degli articoli 93, 95, 98, 99, 106, 107, 108, 109, 110 e 112 o commette qualsiasi altra infrazione per cui non sia stabilita una pena speciale in questa sezione.

139. (1) **Cause di nullità note a uno dei coniugi.** – Il coniuge il quale, conoscendo prima della celebrazione una causa di nullità del matrimonio (84-90), l'abbia lasciata ignorare all'altro, è punito, se il matrimonio è annullato, con la sanzione amministrativa del pagamento di una somma da € 41 a € 206.

(1) *Ammenda originaria: da L. 40.000 a L. 200.000; moltiplicata per quaranta dall'art. 3, L. 12 luglio 1961, n. 603 e poi quintuplicata dagli artt. 113 e 114, L. 24 novembre 1981, n. 689. La violazione è stata depenalizzata dalla L. 24 dicembre 1975, n. 706.*

140. Inosservanza del divieto temporaneo di nuove nozze. – La donna che contrae matrimonio contro il divieto dell'articolo 89, l'ufficiale che lo celebra e l'altro coniuge sono puniti con la sanzione amministrativa del pagamento di una somma (1) da € 20 a € 82.

(1) *Ammenda originaria: da L. 20.000 a L. 80.000; moltiplicata per quaranta dall'art. 3, L. 12 luglio 1961, n. 603 e poi quintuplicata dagli artt. 113 e 114, L. 24 novembre 1981, n. 689. La violazione è stata depenalizzata dalla L. 24 dicembre 1975, n. 706.*

141. Competenza. – I reati previsti nei precedenti articoli sono di competenza del tribunale.

142. Limiti d'applicazione delle precedenti disposizioni. – Le disposizioni della presente sezione si applicano quando i fatti ivi contemplati non costituiscono reato [più grave] (1).

(1) *Da coordinare con la depenalizzazione delle contravvenzioni conseguente alla L. 24 dicembre 1975, n. 706, e alla L. 24 novembre 1981, n. 689.*

Capo IV
Dei diritti e dei doveri che nascono dal matrimonio

143. Diritti e doveri reciproci dei coniugi. – Con il matrimonio il marito e la moglie acquistano gli stessi diritti e assumono i medesimi doveri (Cost. 29, 30).

Dal matrimonio deriva l'obbligo reciproco alla fedeltà, all'assistenza morale e materiale, alla collaborazione nell'interesse della famiglia e alla coabitazione (146).

Entrambi i coniugi sono tenuti, ciascuno in relazione alle proprie sostanze e alla propria capacità di lavoro professionale o casalingo, a contribuire ai bisogni della famiglia (193).

NOTE OPERATIVE:

Mutamento della fede religiosa: Il mutamento di fede religiosa e la conseguente partecipazione alle pratiche collettive del nuovo culto, configurandosi come esercizio dei diritti garantiti dall'art. 19 Cost., non possono di per sé considerarsi come ragione di addebito della separazione, a meno che l'adesione al nuovo credo religioso non si traduca in comportamenti incompatibili con i concorrenti doveri di coniuge previsti dall'art. 143 c.c., in tal modo determinando una situazione di improseguibilità della convivenza (C.C. 19502/23 – Conf. C.C. 14728/2016).

Obbligo di fedeltà (violazione): La pronuncia di addebito della separazione personale non può fondarsi sulla sola violazione dei doveri coniugali di cui all'art. 143 c.c.; è necessario, invece, accertare se tale violazione abbia assunto efficacia causale nel determinarsi della crisi del rapporto coniugale (fattispecie relativa ad una relazione extraconiugale) (C.C. 12392/17 – Conf. C.C. 11929/17; C.C. 11448/17; C.C. 14414/16; C.C. 18074/14).

Onere della prova: Grava sulla parte che richieda, per l'inosservanza dell'obbligo di fedeltà, l'addebito della separazione all'altro coniuge l'onere di dimostrare la relativa condotta e la sua efficacia causale nel rendere intollerabile la prosecuzione della convivenza, mentre è onere di chi eccepisce l'inefficacia dei fatti posti a fondamento della domanda provare le circostanze su cui l'eccezione si fonda, vale a dire l'anteriorità della crisi matrimoniale all'accertata infedeltà (C.C. 16251/23 – Conf. C.C. 3923/18).

Relazioni extraconiugali tramite internet: Costituisce una violazione degli obblighi di fedeltà da parte del marito la ricerca di relazioni extraconiugali tramite internet, trattandosi di circostanza oggettivamente idonea a compromettere la fiducia tra i coniugi e a provocare l'insorgere della crisi matrimoniale all'origine della separazione (C.C. 9384/18).

Danni non patrimoniali: La natura giuridica del dovere di fedeltà derivante dal matrimonio implica che la sua violazione non sia sanzionata unicamente con le misure tipiche del diritto di famiglia, quale l'addebito della separazione, ma possa dar luogo al risarcimento dei danni non patrimoniali ex art. 2059 c.c., senza che la mancanza di pronuncia di addebito in sede di separazione sia a ciò preclusiva, sempre che la condizione di afflizione indotta nel coniuge superi la soglia della tollerabilità e si traduca, per le sue modalità o per la gravità dello sconvolgimento che provoca, nella violazione di un diritto costituzionalmente protetto, quale, in ipotesi, quello alla salute o all'onore o alla dignità personale (C.C. 26383/20 – Conf. C.C. 6598/19; C.C. 18853/11; contra C.C. 4108/93; C.C. 3367/93).

Mobbing familiare: La nozione di "mobbing", mutuata dal campo lavoristico, riportata in un ambito, quale quello familiare, caratterizzato dall'uguaglianza morale e giuridica tra i coniugi, assume un rilievo meramente descrittivo, inidoneo a scalfire la regola secondo cui l'addebito della separazione postula la prova rigorosa sia del compimento, da parte di uno di essi, di specifici atti consapevolmente contrari ai doveri del matrimonio, sia del nesso causale tra tali atti ed il determinarsi dell'intollerabilità della convivenza o del grave pregiudizio dei figli, e, nell'escludere ogni facilitazione probatoria per il coniuge che richiede l'addebito, è coerente con l'elevazione del rispetto della dignità e della personalità dei coniugi a diritto inviolabile, la cui lesione può generare responsabilità aquiliana anche in assenza del predetto addebito (C.C. 13983/14 – Conf. C.C. 18853/11).

Violenze fisiche e morali: Le reiterate violenze fisiche e morali inflitte da un coniuge all'altro costituiscono violazioni talmente gravi dei doveri nascenti dal matrimonio da fondare, di per sé sole, non solo la pronuncia di separazione personale, in quanto cause determinanti la intollerabilità della convivenza, ma anche la dichiarazione della sua addebitabilità all'autore di esse (C.C. 15144/23 – Conf. C.C. 31351/22; C.C. 3925/18).

143 *bis*. Cognome della moglie. – La moglie aggiunge al proprio cognome quello del marito e lo conserva durante lo stato vedovile, fino a che passi a nuove nozze (156 *bis*).

NOTE OPERATIVE:

Mantenimento (presupposti): L'aggiunta del cognome maritale è un effetto del matrimonio circoscritto temporalmente alla perduranza del rapporto di coniugio. L'eccezionale deroga alla perdita del cognome maritale è discrezionale e richiede la ricorrenza del presupposto dell'interesse meritevole di tutela dell'ex coniuge. Tale disciplina è frutto del principio cui l'ordinamento familiare è ispirato e che privilegia la coincidenza fra denominazione personale e status (C.C. 654/22); si tratta, dunque, di un'ipotesi straordinaria che non può aver luogo se basata esclusivamente sul mero desiderio di conservare come tratto identitario una relazione familiare ormai chiusa quanto alla sua rilevanza giuridica. Deve considerarsi, infatti, che il perdurante uso del cognome maritale potrebbe costituire un pregiudizio per il coniuge che non vi acconsenta e che intenda ricreare un nuovo nucleo familiare che sia riconoscibile come legame familiare attuale giuridicamente rilevante, esercitando un diritto fondamentale ex art. 8 Cedu (C.C. 3454/20).

143 *ter*. (1) **[Cittadinanza della moglie.** – La moglie conserva la cittadinanza italiana, salvo sua espressa rinunzia (36 att.), anche se per effetto del matrimonio o del mutamento di cittadinanza da parte del marito assume una cittadinanza straniera].

(1) *Questo articolo è stato abrogato dall'art. 26 della L. 5 febbraio 1992, n. 91, recante norme sulla cittadinanza, a decorrere dal 17 agosto 1992.*

144. Indirizzo della vita familiare e residenza della famiglia. – I coniugi concordano tra loro l'indirizzo della vita familiare e fissano la residenza della famiglia secondo le esigenze di entrambi e quelle preminenti della famiglia stessa.

A ciascuno dei coniugi spetta il potere di attuare l'indirizzo concordato.

NOTE OPERATIVE:

Finalità: La norma rimette la scelta relativa alla volontà concordata di entrambi i coniugi, con la conseguenza che questa non deve soddisfare solo le esigenze economiche e professionali del marito, ma deve soprattutto salvaguardare le esigenze di entrambi i coniugi e quelle preminenti della serenità della famiglia (C.C. 24574/08).

Ambito di applicazione: Per le c.d. famiglia di fatto non trova applicazione la disciplina delineata dagli artt. 143 e ss. c.c. e, segnatamente, per quanto interessa, dall'art. 144 c.c., relativo alla fissazione della residenza della famiglia, da concordare a cura dei coniugi secondo le esigenze di entrambi e quelle preminenti della famiglia, dall'art. 146 c.c., che sanziona l'allontanamento dalla residenza familiare di uno dei coniugi senza giusta causa e dall'art. 151, comma 1, c.c. perché nella convivenza di fatto more uxorio la scelta di coabitare è libera e non consegue ad un obbligo giuridico (C.C. 6810/23).

Interesse del minore: Le decisioni riguardanti i figli minori, compresa la scelta della residenza, devono tenere in considerazione esclusivamente gli interessi dei minori, anche nel caso in cui questo coincida con la scelta di un genitore che non abbia rispettato il metodo dell'accordo in tema di indirizzo della vita familiare fissato dall'art. 144 c.c. (C.C. 6132/15).

Residenza abituale del minore: La nozione di residenza abituale del minore, ai sensi della Convenzione del l'Aja del 25 ottobre 1980, ratificata con l. n. 64/1994, non coincide con quella di domicilio (art. 43, comma 1, c.c.) né con quella di carattere formale di residenza scelta da uno dei genitori (art. 144 c.c.), ma corrisponde ad una situazione di fatto e consiste nel luogo in cui il minore, in ragione di una stabile permanenza in un luogo, abbia consolidato o, in caso di recente trasferimento, possa consolidare una rete di affetti e relazioni tali da assicurargli un armonico sviluppo psicofisico (C.C. 30123/17).

145. Intervento del giudice. – In caso di disaccordo ciascuno dei coniugi può chiedere, senza formalità, l'intervento del giudice il quale, sentite le opinioni espresse dai coniugi e, [per quanto opportuno] (1) dai figli conviventi che abbiano compiuto gli anni dodici o anche di età inferiore ove capaci di discernimento (2), tenta di raggiungere una soluzione concordata (316[3]; 41 att.).

Ove questa non sia possibile e il disaccordo concerna la fissazione della residenza o altri affari essenziali, il giudice, qualora ne sia richiesto espressamente da uno o entrambi i coniugi, adotta la soluzione che ritiene più adeguata all'interesse dei figli e alle esigenze dell'unità e della vita della famiglia (3).

In caso di inadempimento all'obbligo di contribuire ai bisogni della famiglia previsto dall'articolo 143, il giudice, su istanza di chiunque vi ha interesse, provvede ai sensi dell'articolo 316 *bis* (4).

(1) *Le parole tra parentesi quadrate sono state soppresse dall'art. 1, comma 1, lett.* a), *del D.L.vo 10 ottobre 2022, n. 149, a decorrere dal 28 febbraio 2023.*

(2) *Le parole: «il sedicesimo anno» sono state così sostituite dalle attuali: «gli anni dodici o anche di età inferiore ove capaci di discernimento» dall'art. 1, comma 1, lett.* a), *del D.L.vo 10 ottobre 2022, n. 149, a decorrere dal 28 febbraio 2023.*

(3) *Questo comma è stato così sostituito dall'art. 1, comma 1, lett.* b), *del D.L.vo 10 ottobre 2022, n. 149, a decorrere dal 28 febbraio 2023.*

Si riporta il testo precedente:

«Ove questa non sia possibile e il disaccordo concerna la fissazione della residenza o altri affari essenziali (144), il giudice, qualora ne sia richiesto espressamente e congiuntamente dai coniugi, adotta, con provvedimento non impugnabile (737 c.p.c.), la soluzione che ritiene più adeguata alle esigenze dell'unità e della vita della famiglia».

(4) *Questo comma è stato inserito dall'art. 1, comma 1, lett.* c), *del D.L.vo 10 ottobre 2022, n. 149, a decorrere dal 28 febbraio 2023.*

146. Allontanamento dalla residenza familiare. – Il diritto all'assistenza morale e materiale previsto dall'articolo 143 è sospeso nei confronti del coniuge che, allontanatosi senza giusta causa dalla residenza familiare (144), rifiuta di tornarvi.

La proposizione della domanda di separazione (150 ss.), o di annullamento (117 ss), o di scioglimento o di cessazione degli effetti civili del matrimonio costituisce giusta causa di allontanamento dalla residenza familiare.

Il giudice (38[2-3] att.) può, secondo le circostanze, ordinare il sequestro (670 c.p.c.) dei beni del coniuge allontanatosi, nella misura atta a garantire l'adempimento degli obblighi previsti dagli articoli 143, terzo comma, e 147.

NOTE OPERATIVE:

Conseguenze: L'allontanamento dalla casa familiare, costituendo violazione del dovere di coabitazione, è di per sé sufficiente a giustificare l'addebito della separazione, a meno che il destinatario della relativa domanda non dimostri l'esistenza di una giusta causa (C.C. 11792/21 – Conf. C.C. 11793/21; C.C. 12241/20; C.C. 648/20; C.C. 25966/16; C.C. 19328/15).

147. (1) **Doveri verso i figli.** – Il matrimonio impone ad ambedue i coniugi l'obbligo di mantenere, istruire, educare e assistere moralmente i figli, nel rispetto delle loro capacità, inclinazioni naturali e aspirazioni, secondo quanto previsto dall'articolo 315 *bis* (30 Cost.).

(1) *Questo articolo è stato così, da ultimo, sostituito dall'art. 3 del D.L.vo 28 dicembre 2013, n. 154, a decorrere dal trentesimo giorno successivo a quello della sua pubblicazione nella Gazzetta Ufficiale (G.U. n. 5 dell'8 gennaio 2014).*

NOTE OPERATIVE:

Presupposti: L'obbligo di concorrere al mantenimento del figlio trova la sua ragione giustificatrice nello status di genitore, la cui efficacia retroattiva è datata appunto al momento della nascita del figlio (C.C. 3661/23 – Conf. C.C. 26205/13; C.C. 5652/12; C.C. 7386/03). Pertanto, secondo gli artt. 147 e 148 c.c. e art. 316-bis c.c., l'obbligo dei genitori di mantenere i figli sussiste per il solo fatto di averli generati e prescinde da qualsiasi domanda giudiziale (C.C. 3661/23 – Conf. C.C. 23630/09), così determinandosi un automatismo tra responsabilità genitoriale e procreazione, che costituisce il fondamento della responsabilità aquiliana da illecito endofamiliare, nell'ipotesi in cui alla procreazione non segua il riconoscimento e l'assolvimento degli obblighi conseguenti allo status di genitore (C.C. 15148/22).

Illecito endofamiliare: La violazione dell'obbligo del genitore di concorrere all'educazione ed al mantenimento dei figli costituisce il fondamento della responsabilità aquiliana da illecito endofamiliare, risarcibile equitativamente (C.C. 34986/2022).

Risarcimento del danno (prescrizione): L'illecito endofamiliare commesso in violazione dei doveri genitoriali verso la prole può essere sia istantaneo, ove ricorra una singola condotta inadempiente dell'agente, che si esaurisce prima o nel momento stesso della produzione del danno, sia permanente, se detta condotta perdura oltre tale momento e continua a cagionare il danno per tutto il corso della sua reiterazione, poiché il genitore si estranea completamente per un periodo significativo dalla vita dei figli (C.C. 11097/20); la prescrizione del diritto al risarcimento del danno da deprivazione del rapporto genitoriale, conseguente all'illecito, di natura permanente, di abbandono parentale, decorre solo dalla cessazione della permanenza, che si verifica dal giorno in cui il comportamento abbandonico viene meno, per effetto di una condotta positiva volta all'adempimento dei doveri morali e materiali di genitore, ovvero dal giorno in cui questi dimostri di non essere stato in grado, per causa a lui non imputabile, di porre fine al comportamento omissivo (C.C. 9930/23).

148. ([1]) **Concorso negli oneri.** – I coniugi devono adempiere l'obbligo di cui all'articolo 147, secondo quanto previsto dall'articolo 316 *bis*.

([1]) *Questo articolo è stato così, da ultimo, sostituito dall'art. 4 del D.L.vo 28 dicembre 2013, n. 154, a decorrere dal trentesimo giorno successivo a quello della sua pubblicazione nella* Gazzetta Ufficiale *(G.U. n. 5 dell'8 gennaio 2014).*

NOTE OPERATIVE:

Cessazione: L'obbligo dei genitori di concorrere al mantenimento dei figli maggiorenni cessa a seguito del raggiungimento, da parte di questi ultimi, di una condizione di indipendenza economica che si verifica con la percezione di un reddito corrispondente alla professionalità acquisita ovvero quando il figlio, divenuto maggiorenne, è stato posto nelle concrete condizioni per potere essere economicamente autosufficiente, senza averne però tratto utile profitto per sua colpa o per sua scelta (C.C. 19696/19 – Conf. C.C. 7168/16), se del caso ridimensionando le proprie aspirazioni, senza indugiare nell'attesa di una opportunità lavorativa consona alle proprie ambizioni (C.C. 8049/22 – Conf. C.C. 17183/20).

Nonni: L'obbligo di mantenimento dei figli minori spetta primariamente e integralmente ai loro genitori sicché, se uno dei due non possa o non voglia adempiere al proprio dovere, l'altro, nel preminente interesse dei figli, deve far fronte per intero alle loro esigenze con tutte le sue sostanze patrimoniali e sfruttando tutta la propria capacità di lavoro, salva la possibilità di convenire in giudizio l'inadempiente per ottenere un contributo proporzionale alle condizioni economiche globali di costui (C.C. 13345/23). Pertanto, l'obbligo degli ascendenti di fornire ai genitori i mezzi necessari affinché possano adempiere i loro doveri nei confronti dei figli – che investe contemporaneamente tutti gli ascendenti di pari grado di entrambi i genitori – va inteso non solo nel senso che l'obbligazione degli ascendenti è subordinata e, quindi, sussidiaria rispetto a quella, primaria, dei genitori, ma anche nel senso che agli ascendenti non ci si possa rivolgere per un aiuto economico per il solo fatto che uno dei due genitori non dia il proprio contributo al mantenimento dei figli, se l'altro genitore è in grado di mantenerli (C.C. 8980/23 – Conf. C.C. 14951/22; C.C. 10450/22; C.C. 10419/18).

Capo V
Dello scioglimento del matrimonio e della separazione dei coniugi

149. Scioglimento del matrimonio. – Il matrimonio si scioglie con la morte di uno dei coniugi e negli altri casi previsti dalla legge.

Gli effetti civili del matrimonio celebrato con rito religioso, ai sensi dell'articolo 82, o dell'articolo 83, e regolarmente trascritto, cessano alla morte di uno dei coniugi e negli altri casi previsti dalla legge.

150. Separazione personale. – È ammessa la separazione personale dei coniugi.

La separazione può essere giudiziale (151) o consensuale (158).

Il diritto di chiedere la separazione giudiziale (706 c.p.c.) o l'omologazione di quella consensuale (711 c.p.c.) spetta esclusivamente ai coniugi.

151. Separazione giudiziale. – La separazione (150) può essere chiesta quando si verificano, anche indipendentemente dalla volontà di uno o di entrambi i coniugi, fatti tali da rendere intollerabile la prosecuzione della convivenza o da recare grave pregiudizio alla educazione della prole.

Il giudice, pronunziando la separazione, dichiara, ove ne ricorrano le circostanze e ne sia richiesto, a quale dei coniugi sia addebitabile la separazione, in considerazione del suo comportamento contrario ai doveri che derivano dal matrimonio.

NOTE OPERATIVE:

Presupposti: La separazione dei coniugi deve trovare causa e giustificazione in una situazione di intollerabilità della convivenza, intesa come fatto psicologico squisitamente individuale, riferibile alla formazione culturale, alla sensibilità e al contesto interno della vita dei coniugi, purché oggettivamente apprezzabile e giuridicamente controllabile; a tal fine non è necessario che sussista una situazione di conflitto riconducibile alla volontà di entrambi i coniugi, ben potendo la frattura dipendere da una condizione di disaffezione al matrimonio di una sola delle parti, che renda incompatibile la convivenza (C.C. 16698/20 – Conf. C.C. 8713/15; C.C. 1164/14; C.C. 3356/07).

152 - 153. (*Omissis*) ([1]).

([1]) *Articoli riguardanti: separazione per condanna penale e separazione per non fissata residenza; abrogati dall'art. 34, L. 19 maggio 1975, n. 151, riforma del diritto di famiglia.*

154. Riconciliazione. – La riconciliazione tra i coniugi comporta l'abbandono della domanda di separazione personale già proposta (157; 708 c.p.c.).

NOTE OPERATIVE:

Coabitazione: La mera coabitazione non è sufficiente a provare la riconciliazione tra i coniugi separati, essendo necessario il ripristino della comunione di vita e d'intenti che costituisce il fondamento del vincolo coniugale (C.C. 2360/16 Conf. C.C. 19535/94).

Convivenza a scopo sperimentale: Non è sufficiente il ripristino della convivenza a scopo sperimentale e provvisorio, essendo invece necessaria la ripresa dei rapporti materiali e spirituali, caratteristici della vita coniugale (C.C. 14037/21 – Conf. C.C. 19497/05).

Le frequentazioni: La convivenza non può ritenersi ripristinata per la sola sussistenza di ripetute occasioni di incontri e di frequentazioni tra i coniugi, ove le stesse non depongano per una reale e concreta ripresa delle relazioni materiali e spirituali costituenti manifestazione ed effetto della rinnovata società coniugale (C.C. 20323/19 – Conf. C.C. 1630/18).

155. ([1]) **Provvedimenti riguardo ai figli.** – In caso di separazione, riguardo ai figli, si applicano le disposizioni contenute nel Capo II del titolo IX.

([1]) *Questo articolo è stato così, da ultimo, sostituito dall'art. 5 del D.L.vo 28 dicembre 2013, n. 154, a decorrere dal trentesimo giorno successivo a quello della sua pubblicazione nella* Gazzetta Ufficiale (G.U. *n. 5 dell'8 gennaio 2014*).

155 *bis*. ([1]) **[Affidamento a un solo genitore e opposizione all'affidamento condiviso.** – Il giudice può disporre l'affidamento dei figli ad uno solo dei genitori qualora ritenga con provvedimento motivato che l'affidamento all'altro sia contrario all'interesse del minore.

Ciascuno dei genitori può, in qualsiasi momento, chiedere l'affidamento esclusivo quando sussistono le condizioni indicate al primo comma. Il giudice, se accoglie la domanda, dispone l'affidamento esclusivo al genitore istante, facendo salvi, per quanto possibile, i diritti del minore previsti dal primo comma dell'articolo 155. Se la domanda risulta manifestamente infondata, il giudice può considerare il comportamento del genitore istante ai fini della determinazione dei provvedimenti da adottare nell'interesse dei figli, rimanendo ferma l'applicazione dell'articolo 96 del codice di procedura civile].

([1]) *Questo articolo, inserito dall'art. 1, comma 2, della L. 8 febbraio 2006, n. 54, è stato abrogato dall'art. 106, comma 1, lett. a), del D.L.vo 28 dicembre 2013, n. 154, a decorrere dal trentesimo giorno successivo a quello della sua pubblicazione nella* Gazzetta Ufficiale (G.U. *n. 5 dell'8 gennaio 2014*).

155 *ter*. ([1]) **[Revisione delle disposizioni concernenti l'affidamento dei figli.** – I genitori hanno diritto di chiedere in ogni tempo la revisione delle disposizioni concernenti l'affidamento dei figli, l'attribuzione dell'esercizio della potestà su di essi e delle eventuali disposizioni relative alla misura e alla modalità del contributo].

([1]) *Questo articolo, inserito dall'art. 1, comma 2, della L. 8 febbraio 2006, n. 54, è stato abrogato dall'art. 106, comma 1, lett. a), del D.L.vo 28 dicembre 2013, n. 154, a decorrere dal trentesimo giorno successivo a quello della sua pubblicazione nella* Gazzetta Ufficiale (G.U. *n. 5 dell'8 gennaio 2014*).

155 *quater*. ([1]) **[Assegnazione della casa familiare e prescrizioni in tema di residenza.** – Il godimento della casa familiare è attribuito tenendo prioritariamente conto dell'interesse dei figli. Dell'assegnazione il giudice tiene conto nella regolazione dei rapporti economici tra i genitori, considerato l'eventuale titolo di proprietà. Il diritto al godimento della casa familiare viene meno nel caso che l'assegnatario non abiti o cessi di abitare stabilmente nella casa familiare o conviva more uxorio o contragga nuovo matrimonio. Il provvedimento di assegnazione e quello di revoca sono trascrivibili e opponibili a terzi ai sensi dell'articolo 2643.

Nel caso in cui uno dei coniugi cambi la residenza o il domicilio, l'altro coniuge può chiedere, se il mutamento interferisce con le modalità dell'affidamento, la ridefinizione degli accordi o dei provvedimenti adottati, ivi compresi quelli economici].

([1]) *Questo articolo, inserito dall'art. 1, comma 2, della L. 8 febbraio 2006, n. 54, è stato abrogato dall'art. 106, comma 1, lett. a), del D.L.vo 28 dicembre 2013, n. 154, a decorrere dal trentesimo giorno successivo a quello della sua pubblicazione nella* Gazzetta Ufficiale (G.U. *n. 5 dell'8 gennaio 2014*).

155 *quinquies*. ([1]) **[Disposizioni in favore dei figli maggiorenni.** – Il giudice, valutate le circostanze, può disporre in favore dei figli maggiorenni non indipendenti economicamente il pagamento di un assegno periodico. Tale assegno, salvo diversa determinazione del giudice, è versato direttamente all'avente diritto.

Ai figli maggiorenni portatori di handicap grave ai sensi dell'articolo 3, comma 3, della legge 5 febbraio 1992, n. 104, si applicano integralmente le disposizioni previste in favore dei figli minori].

(1) *Questo articolo, inserito dall'art. 1, comma 2, della L. 8 febbraio 2006, n. 54, è stato abrogato dall'art. 106, comma 1, lett. a), del D.L.vo 28 dicembre 2013, n. 154, a decorrere dal trentesimo giorno successivo a quello della sua pubblicazione nella* Gazzetta Ufficiale (G.U. *n. 5 dell'8 gennaio 2014*).

155 *sexies*. (1) [**Poteri del giudice e ascolto del minore.** – Prima dell'emanazione, anche in via provvisoria, dei provvedimenti di cui all'articolo 155, il giudice può assumere, ad istanza di parte o d'ufficio, mezzi di prova. Il giudice dispone, inoltre, l'audizione del figlio minore che abbia compiuto gli anni dodici e anche di età inferiore ove capace di discernimento.

Qualora ne ravvisi l'opportunità, il giudice, sentite le parti e ottenuto il loro consenso, può rinviare l'adozione dei provvedimenti di cui all'articolo 155 per consentire che i coniugi, avvalendosi di esperti, tentino una mediazione per raggiungere un accordo, con particolare riferimento alla tutela dell'interesse morale e materiale dei figli].

(1) *Questo articolo, inserito dall'art. 1, comma 2, della L. 8 febbraio 2006, n. 54, è stato abrogato dall'art. 106, comma 1, lett. a), del D.L.vo 28 dicembre 2013, n. 154, a decorrere dal trentesimo giorno successivo a quello della sua pubblicazione nella* Gazzetta Ufficiale (G.U. *n. 5 dell'8 gennaio 2014*).

156. Effetti della separazione sui rapporti patrimoniali tra i coniugi. – Il giudice (38 att.), pronunziando la separazione, stabilisce a vantaggio del coniuge cui non sia addebitabile la separazione il diritto di ricevere dall'altro coniuge quanto è necessario al suo mantenimento, qualora egli non abbia adeguati redditi propri (548, 585).

L'entità di tale somministrazione è determinata in relazione alle circostanze e ai redditi dell'obbligato.

Resta fermo l'obbligo di prestare gli alimenti di cui agli artt. 433 e seguenti.

[Il giudice che pronunzia la separazione può imporre al coniuge di prestare idonea garanzia reale (2784, 2808) o personale (1936) se esiste il pericolo che egli possa sottrarsi all'adempimento degli obblighi previsti dai precedenti commi e dall'art. 155] (1).

[La sentenza costituisce titolo per l'iscrizione dell'ipoteca giudiziale ai sensi dell'art. 2818] (1).

[In caso di inadempienza, su richiesta dell'avente diritto, il giudice può disporre il sequestro (671) di parte dei beni del coniuge obbligato e ordinare ai terzi, tenuti a corrispondere anche periodicamente somme di denaro all'obbligato, che una parte di esse venga versata direttamente agli aventi diritto] (2) (3) (1).

Qualora sopravvengano giustificati motivi il giudice, su istanza di parte, può disporre la revoca o la modifica dei provvedimenti di cui ai commi precedenti (4).

(1) *Questo comma è stato abrogato dall'art. 1, comma 2, lett. a), del D.L.vo 10 ottobre 2022, n. 149, a decorrere dal 28 febbraio 2023.*

(2) *La Corte costituzionale, con sentenza n. 144 del 31 maggio 1983, ha dichiarato l'illegittimità costituzionale di questo comma, nella parte in cui non prevede che le disposizioni ivi contenute si applichino a favore dei figli di coniugi consensualmente separati.*

La Corte costituzionale, con sentenza n. 278 del 6 luglio 1994, ha dichiarato l'illegittimità costituzionale di questo comma, nella parte in cui non prevede che il giudice istruttore possa adottare nel corso della causa di separazione il provvedimento di ordinare ai terzi debitori del coniuge obbligato al mantenimento di versare una parte delle somme direttamente agli aventi diritto.

(3) *La Corte costituzionale, con sentenza n. 258 del 19 luglio 1996, ha dichiarato l'illegittimità costituzionale di questo comma, nella parte in cui non prevede che il giudice istruttore possa adottare, nel corso della causa di separazione, il provvedimento di sequestro di parte dei beni del coniuge obbligato al mantenimento.*

(4) *La Corte costituzionale, con sentenza n. 5 del 19 gennaio 1987, ha dichiarato l'illegittimità costituzionale del sesto comma, nella parte in cui non prevede che le disposizioni ivi contenute si applichino ai coniugi separati consensualmente.*

NOTE OPERATIVE:

Mantenimento: La separazione personale, a differenza dello scioglimento o cessazione degli effetti civili del matrimonio, presuppone la permanenza del vincolo coniugale, sicché i "redditi adeguati" cui va rapportato l'assegno di mantenimento a favore del coniuge economicamente più debole, in assenza della condizione ostativa dell'addebito, sono quelli necessari a mantenere il tenore di vita goduto in costanza di matrimonio, essendo ancora attuale il dovere di assistenza materiale (C.C. 17545/23), che non presenta alcuna incompatibilità con tale situazione temporanea (C.C. 952/23), dalla quale deriva solo la sospensione degli obblighi di natura personale di fedeltà, convivenza e collaborazione, e che ha una consistenza ben diversa dalla solidarietà post-coniugale, presupposto dell'assegno di divorzio (C.C. 8254/23 – Conf. C.C. 42146/21).

Restituzioni: Sono irripetibili tutte quelle attribuzioni che sono state eseguite per concorrere a realizzare un progetto di vita in comune. L'erogazione (eccessiva o non) si presume effettuata in ragione di un comune progetto di convivenza: diviene così irripetibile in quanto sorretta da una giusta causa. Sarà onere della parte che pretende di ottenere la restituzione della somma dimostrare l'eventuale causa diversa (ad esempio, un prestito) in ragione della quale l'operazione economica era stata attuata in costanza di rapporto coniugale o di convivenza (C.C. 5385/23).

156 *bis*. (1) Cognome della moglie. – Il giudice può vietare alla moglie l'uso del cognome del marito (143 *bis*), quando tale uso sia a lui gravemente pregiudizievole e può parimenti autorizzare la moglie a non usare il cognome stesso, qualora dall'uso possa derivarle grave pregiudizio.

(1) *Articolo aggiunto dall'art. 38, L. 19 maggio 1975, n. 151, riforma del diritto di famiglia.*

157. Cessazione degli effetti della separazione. – I coniugi possono di comune accordo far cessare gli effetti della sentenza di separazione, senza che sia necessario l'intervento del giudice, con una espressa dichiarazione o con un comportamento non equivoco che sia incompatibile con lo stato di separazione (154).

La separazione può essere pronunziata nuovamente soltanto in relazione a fatti e comportamenti intervenuti dopo la riconciliazione.

NOTE OPERATIVE:

Coabitazione: Gli effetti della separazione personale, in mancanza di una dichiarazione espressa di riconciliazione, cessano soltanto col fatto della coabitazione, la quale non può, quindi, ritenersi ripristinata per la sola sussistenza di ripetute occasioni di incontri e di frequentazioni tra i coniugi, ove le stesse non depongano per una reale e concreta ripresa delle relazioni materiali e spirituali costituenti manifestazione ed effetto della rinnovata società coniugale (C.C. 20323/19 – Conf. C.C. 1630/18; C.C. 19535/14).

158. Separazione consensuale. – La separazione per il solo consenso dei coniugi non ha effetto senza l'omologazione del giudice (711 c.p.c.) (1).

[Quando l'accordo dei coniugi relativamente all'affidamento e al mantenimento dei figli è in contrasto con l'interesse di questi il giudice riconvoca i coniugi indicando ad essi le modificazioni da adottare nell'interesse dei figli e, in caso di inidonea soluzione, può rifiutare allo stato l'omologazione] (2).

(1) *La Corte costituzionale, con sentenza n. 186 del 18 febbraio 1988, ha dichiarato l'illegittimità costituzionale di questo articolo, nella parte in cui non prevede che il decreto di omologazione della separazione consensuale costituisce titolo per l'iscrizione dell'ipoteca giudiziale ai sensi dell'art. 2818 del codice civile.*

(2) *Questo comma è stato abrogato dall'art. 1, comma 2, lett. b), del D.L.vo 10 ottobre 2022, n. 149, a decorrere dal 28 febbraio 2023.*

NOTE OPERATIVE:

Oggetto: I coniugi possono concordare, con il limite del rispetto dei diritti indisponibili, non solo gli aspetti patrimoniali, ma anche quelli personali della vita familiare, quali, in particolare, l'affidamento dei figli e le modalità di visita dei genitori, posto il diritto di ciascuno di condizionare il proprio consenso alla separazione personale ad un soddisfacente assetto globale dei propri interessi economici (C.C. 22925/22 – Conf. C.C. 18066/14)); sono valide le clausole che riconoscano ad uno o ad entrambi i coniugi la proprietà esclusiva di beni – mobili o immobili – o la titolarità di altri diritti reali, ovvero ne operino il trasferimento a favore di uno di essi o dei figli al fine di assicurarne il mantenimento, sono valide (S.U. 21761/21).

Decreto di omologazione: L'accordo tra i coniugi costituisce l'elemento fondante della condizione di coniugi separati e del regolamento dei loro rapporti e il provvedimento di omologazione è unicamente diretto ad attribuire efficacia dall'esterno all'accordo di separazione, assumendo la funzione di condizione sospensiva della produzione degli effetti delle pattuizioni stipulate tra i coniugi (C.C. 15697/23).

Capo VI
Del regime patrimoniale della famiglia

Sezione I
Disposizioni generali

159. Del regime patrimoniale legale tra i coniugi. – Il regime patrimoniale legale della famiglia, in mancanza di diversa convenzione stipulata a norma dell'art. 162, è costituito dalla comunione dei beni, regolata dalla sezione III del presente capo (177-197).

160. Diritti inderogabili. – Gli sposi non possono derogare né ai diritti né ai doveri previsti dalla legge per effetto del matrimonio (143 ss.).

NOTE OPERATIVE:

Accordi in vista del divorzio: Gli accordi con i quali i coniugi fissano, in sede di separazione, il regime giuridico-patrimoniale in vista di un futuro ed eventuale divorzio sono invalidi per illiceità della causa, perché stipulati in violazione del principio fondamentale di radicale indisponibilità dei diritti in materia matrimoniale di cui all'art. 160 c.c. (C.C. 20745/22 – Conf. C.C. 2224/17; C.C. 1810/00); deve, tuttavia, ritenersi valida ed efficace la pattuizione intervenuta precedentemente alla sentenza di divorzio che preveda la corresponsione dell'assegno di mantenimento direttamente al figlio quale contributo della madre, beneficiaria a sua volta del contributo dell'altro coniuge, al mantenimento dello stesso, trovando essa fondamento nell'art. 1322 c.c. e nel principio di autonomia negoziale ivi stabilito. Detto accordo, infatti, non costituisce una deroga ai diritti e ai doveri previsti dalla legge ma piuttosto una ridefinizione, in senso migliorativo, di quanto stabilito in sede di separazione, prima, e con la sentenza di divorzio, dopo (C.C. 5065/21).

161. Riferimento generico a leggi o agli usi. – Gli sposi non possono pattuire in modo generico che i loro rapporti patrimoniali siano in tutto o in parte regolati da leggi alle quali non sono sottoposti o dagli usi, ma devono enunciare in modo concreto il contenuto dei patti con i quali intendono regolare questi loro rapporti.

162. Forma delle convenzioni matrimoniali. – Le convenzioni matrimoniali (159, 167 ss., 210 ss., 215 ss.) debbono essere stipulate per atto pubblico (2699) sotto pena di nullità (1350, 1418 ss., 2725; 34 *bis* att.).

La scelta del regime di separazione (215 ss.) può anche essere dichiarata nell'atto di celebrazione del matrimonio (107).

Le convenzioni possono essere stipulate in ogni tempo, ferme restando le disposizioni dell'art. 194.

Le convenzioni matrimoniali non possono essere opposte ai terzi quando a margine dell'atto di matrimonio non risultano annotati la data del contratto, il notaio rogante e le generalità dei contraenti, ovvero la scelta di cui al secondo comma.

NOTE OPERATIVE:

Convenzione derogatoria: I coniugi in regime di comunione legale, al fine di effettuare l'acquisto anche di un solo bene in regime di separazione, sono tenuti a stipulare previamente una convenzione matrimoniale derogatoria del loro regime ordinario, sottoponendola alla specifica pubblicità per essa prevista, non essendo, per converso, sufficiente una esplicita indicazione contenuta nell'atto di acquisto, posto che questo non viene sottoposto alla pubblicità delle convenzioni matrimoniali, unico strumento che conferisce certezza in ordine al tipo di regime patrimoniale cui sono sottoposti gli atti stipulati dai coniugi (C.C. 17175 – Conf. C.C. 3647/04).

Fondo patrimoniale: La costituzione del fondo patrimoniale è soggetta alle forme delle convenzioni matrimoniali, ivi inclusa quella che ne condiziona l'opponibilità ai terzi all'annotazione del relativo contratto a margine dell'atto di matrimonio (C.C. 12545/19 – Conf. C.C. 27854/13).

Opponibilità ai terzi: Per la pubblicità ai fini dell'opponibilità ai terzi delle convenzioni matrimoniali tra coniugi, è necessaria e sufficiente l'annotazione dell'atto di matrimonio contenuta nel registro depositato presso gli uffici del Comune di celebrazione, e non anche presso altri uffici (C.C. 18870/08).

163. Modifica delle convenzioni. – Le modifiche delle convenzioni matrimoniali (167 ss., 210 ss., 215 ss.), anteriori o successive al matrimonio, non hanno effetto se l'atto pubblico (2699) non è stipulato col consenso di tutte le persone che sono state parti nelle convenzioni medesime, o dei loro eredi.

Se uno dei coniugi muore dopo aver consentito con atto pubblico alla modifica delle convenzioni, questa produce i suoi effetti se le altre parti esprimono anche successivamente il loro consenso, salva l'omologazione del giudice. L'omologazione può essere chiesta da tutte le persone che hanno partecipato alla modificazione delle convenzioni o dai loro eredi.

Le modifiche convenute e la sentenza di omologazione hanno effetto rispetto ai terzi solo se ne è fatta annotazione in margine all'atto del matrimonio.

L'annotazione deve inoltre essere fatta a margine della trascrizione delle convenzioni matrimoniali ove questa sia richiesta a norma degli artt. 2643 ss. (2647; 34 *bis* att.).

NOTE OPERATIVE:

Annotazione: Il sistema di pubblicità fondato sull'annotazione ha la finalità di rendere la convenzione matrimoniale opponibile ai terzi (C.C. 25853/20 – Conf. C.C. 6450/19).

164. Simulazione delle convenzioni matrimoniali. – È consentita ai terzi la prova della simulazione (1414 ss.) delle convenzioni matrimoniali (167 ss., 210 ss., 215 ss.).

Le controdichiarazioni scritte possono aver effetto nei confronti di coloro tra i quali sono intervenute, solo se fatte con la presenza ed il simultaneo consenso di tutte le persone che sono state parti nelle convenzioni matrimoniali.

165. Capacità del minore. – Il minore ammesso a contrarre matrimonio (84^2) è pure capace di prestare il consenso per tutte le relative convenzioni matrimoniali (162), le quali sono valide se egli è assistito dai genitori esercenti la responsabilità genitoriale (1) su di lui o dal tutore o dal curatore speciale nominato a norma dell'art. 90.

(1) *La parola: «potestà» è stata così sostituita dalle parole: «responsabilità genitoriale» dall'art. 6 del D.L.vo 28 dicembre 2013, n. 154, a decorrere dal trentesimo giorno successivo a quello della sua pubblicazione nella* Gazzetta Ufficiale (G.U. *n. 5 dell'8 gennaio 2014*).

166. Capacità dell'inabilitato. – Per la validità delle stipulazioni e delle donazioni, fatte nel contratto di matrimonio dall'inabilitato (415, 774) o da colui contro il quale è stato promosso giudizio di inabilitazione (417), è necessaria l'assistenza del curatore già nominato (424; 712 c.p. c.). Se questi non è stato ancora nominato, si provvede alla nomina di un curatore speciale (732 c.p.c.).

166 *bis*. Divieto di costituzione di dote. – È nulla ogni convenzione che comunque tenda alla costituzione di beni in dote.

Sezione II
Del fondo patrimoniale

167. Costituzione del fondo patrimoniale. – Ciascuno o ambedue i coniugi, per atto pubblico (2699), o un terzo, anche per testamento (587, 601), possono costituire un fondo patrimoniale, destinando determinati beni, immobili o mobili iscritti in pubblici registri o titoli di credito, a far fronte ai bisogni della famiglia (32 att.).

La costituzione del fondo patrimoniale per atto tra vivi, effettuata dal terzo, si perfeziona con l'accettazione dei coniugi. L'accettazione può essere fatta con atto pubblico posteriore.

La costituzione può essere fatta anche durante il matrimonio.

I titoli di credito devono essere vincolati rendendoli nominativi (2021 ss.) con annotazione del vincolo o in altro modo idoneo.

NOTE OPERATIVE:

Effetti: Il fondo patrimoniale indica la costituzione su determinati beni (immobili o mobili registrati o titoli di credito) da parte di uno o di entrambi i coniugi (o anche di un terzo), con convenzione matrimoniale assoggettata a oneri formali pubblicitari di un vincolo di destinazione al soddisfacimento dei bisogni della famiglia. Indica altresì il relativo regime di cogestione da parte dei coniugi. Il vincolo di destinazione impresso ai beni comporta che essi non siano aggredibili per debiti che i creditori conoscevano essere stati contratti per bisogni estranei alla famiglia. A tale stregua, il detto vincolo limita la aggredibilità dei beni conferiti solamente alla ricorrenza di determinate condizioni, rendendo più incerta o difficile la soddisfazione del credito, conseguentemente riducendo la garanzia generale spettante ai creditori sul patrimonio dei costituenti in violazione dell'articolo 2740 del codice civile, che impone al debitore di rispondere con tutti i suoi beni dell'adempimento delle obbligazioni, a prescindere dalla relativa fonte (C.C. 2904/21).

Azione revocatoria: La costituzione del fondo patrimoniale per fronteggiare i bisogni della famiglia, anche qualora effettuata da entrambi i coniugi, non integra, di per sé, adempimento di un dovere giuridico, non essendo obbligatoria per legge, ma configura un atto a titolo gratuito, non trovando contropartita in un'attribuzione in favore dei disponenti, suscettibile, pertanto, di revocatoria, salvo che si dimostri l'esistenza, in concreto, di una situazione tale da integrare, nella sua oggettività, gli estremi del dovere morale ed il proposito del solvens di adempiere unicamente a quel dovere mediante l'atto in questione (C.C. 15257/22).

168. Impiego ed amministrazione del fondo. – La proprietà dei beni costituenti il fondo patrimoniale spetta ad entrambi i coniugi, salvo che sia diversamente stabilito nell'atto di costituzione.

I frutti dei beni costituenti il fondo patrimoniale sono impiegati per i bisogni della famiglia.

L'amministrazione dei beni costituenti il fondo patrimoniale è regolata dalle norme relative all'amministrazione della comunione legale (180 ss.).

169. Alienazione dei beni del fondo. – Se non è stato espressamente consentito nell'atto di costituzione, non si possono alienare, ipotecare, dare in pegno o comunque vincolare beni del fondo patrimoniale se non con il consenso di entrambi i coniugi e, se vi sono figli minori, con l'autorizzazione concessa dal giudice (38[2-3] att.), con provvedimento emesso in camera di consiglio, nei soli casi di necessità od utilità evidente (32 att.).

NOTE OPERATIVE:

Deroghe: Nell'atto costitutivo del fondo patrimoniale si può consentire che i beni costituiti nel fondo vengano alienati, ipotecati, dati in pegno o comunque vincolati senza autorizzazione del giudice, pur in presenza di figli minori o maggiorenni conviventi con i genitori e non economicamente autosufficienti (C.C. 22069/19).

Iscrizione di ipoteca: I beni costituiti nel fondo, non potendo essere distolti dalla loro destinazione ai bisogni familiari, non possono costituire oggetto di iscrizione di ipoteca ad opera di terzi; tuttavia, nel caso in cui i coniugi o uno di essi, abbiano assunto obbligazioni nell'interesse della famiglia, qualora risultino inadempienti alle stesse, il creditore può procedere all'iscrizione d'ipoteca sui beni costituiti nel fondo, attesa la funzione di garanzia che essi assolvono per il creditore, in quanto correlati al soddisfacimento delle esigenze familiari (C.C. 21184/21 – Conf. 11029/16; C.C. 13622/10).

170. Esecuzione sui beni e sui frutti. – L'esecuzione sui beni del fondo e sui frutti di essi non può avere luogo per debiti che il creditore conosceva essere stati contratti per scopi estranei ai bisogni della famiglia.

NOTE OPERATIVE:

Bisogni familiari: Nell'ottica di preservare la ratio originaria dell'istituto e al fine di consentire una maggiore tutela dei beni conferiti in fondo patrimoniale, nell'interpretare la nozione di "bisogni familiari", si può procedere a una lettura estensiva del concetto purché questa non sia omnicomprensiva di qualsiasi obbligazione contratta da uno o entrambi i coniugi e, in particolar modo, non includa ogni credito sorto nell'esercizio dell'attività professionale o imprenditoriale svolta dagli stessi (C.C. 8201/20).

Onere della prova: L'onere della prova dei presupposti di applicabilità della norma grava sempre su chi intende avvalersi del regime di impignorabilità dei beni costituiti in fondo patrimoniale (C.C. 29983/21 – Conf. C.C. 2904/21).

171. Cessazione del fondo. – La destinazione del fondo termina a seguito dell'annullamento (117) o dello scioglimento (149) o della cessazione degli effetti civili del matrimonio.

Se vi sono figli minori il fondo dura fino al compimento della maggiore età dell'ultimo figlio. In tale caso il giudice può dettare, su istanza di chi vi abbia interesse, norme per l'amministrazione del fondo (168).

Considerate le condizioni economiche dei genitori e dei figli ed ogni altra circostanza, il giudice può altresì attribuire ai figli, in godimento o in proprietà, una quota dei beni del fondo (32 att.).

Se non vi sono figli, si applicano le disposizioni sullo scioglimento della comunione legale (191, 192).

NOTE OPERATIVE:

Figli minori: In presenza di figli minori, lo scioglimento del fondo patrimoniale posto in essere dai genitori senza autorizzazione del giudice tutelare è invalido, ma, poiché il divieto di scioglimento è posto a vantaggio dei detti minori, l'azione di annullamento spetta soltanto a questi ultimi e non pure ai terzi, ancorché creditori in revocatoria (C.C. 30571/19 – Conf. 17811/14).

172 - 176. (*Omissis*) ([1]).

([1]) *Articoli riguardanti: riduzione, amministrazione, sostituzione del coniuge amministratore, cessazione del vincolo, amministrazione dopo lo scioglimento del matrimonio. Abrogati dall'art. 54, L. 19 maggio 1975, n. 151, riforma del diritto di famiglia.*

Sezione III
Della comunione legale

177. Oggetto della comunione. – Costituiscono oggetto della comunione:

a) gli acquisti compiuti dai due coniugi insieme o separatamente durante il matrimonio, ad esclusione di quelli relativi ai beni personali (179);

b) i frutti dei beni propri di ciascuno dei coniugi, percepiti e non consumati allo scioglimento della comunione (191);

c) i proventi dell'attività separata di ciascuno dei coniugi se, allo scioglimento della comunione, non siano stati consumati;

d) le aziende gestite da entrambi i coniugi e costituite dopo il matrimonio.

Qualora si tratti di aziende appartenenti ad uno dei coniugi anteriormente al matrimonio ma gestite da entrambi, la comunione concerne solo gli utili e gli incrementi.

NOTE OPERATIVE:

Natura giuridica: La comunione legale tra i coniugi è una comunione senza quote, nella quale i coniugi sono solidalmente titolari di un diritto avente ad oggetto i beni che ne fanno parte e dalla quale sono esclusi gli estranei (C.C. 4033/03).

Oggetto: La comunione legale fra i coniugi ha per oggetto tutti gli acquisti, vale a dire tanto gli atti che implicano il trasferimento della proprietà, quanto gli atti che determinano la costituzione di diritti reali sul bene (C.C. 3175/23 – Conf. C.C. 1548/18; C.C. 1506/18).

Automatismo: Il bene o il diritto acquistato dai coniugi, insieme o separatamente, durante il matrimonio, costituisce, in via automatica, oggetto della comunione tra loro e diventa, quindi, in via diretta, bene o diritto comune ai due coniugi (C.C. 3175/23).

Espropriazione: La natura di comunione senza quote della comunione legale dei coniugi comporta che l'espropriazione, per crediti personali di uno solo dei coniugi, di un bene (o di più beni) in comunione abbia ad oggetto il bene nella sua interezza e non per la metà, con scioglimento della comunione legale limitatamente al bene staggito all'atto della sua vendita od assegnazione (C.C. 9536/23 – Conf. C.C. 506/21).

Accessione: La costruzione realizzata in costanza di matrimonio ed in regime di comunione legale da entrambi i coniugi sul terreno di proprietà personale esclusiva di uno di essi è di proprietà personale ed esclusiva di quest'ultimo, mentre al coniuge non proprietario, che abbia contribuito all'onere della costruzione spetta, previo assolvimento dell'onere della prova di avere fornito il proprio sostegno economico, il diritto di ripetere nei confronti dell'altro coniuge le somme spese a tal fine (C.C. 28258/19 – Conf. C.C. 27412/18; C.C: 5843/18).

Usucapione: Gli acquisti di beni immobili per usucapione effettuati da uno solo dei coniugi, durante il matrimonio, in vigenza del regime patrimoniale della comunione legale, entrano a fare parte della comunione stessa, non distinguendo la norma tra gli acquisti a titolo originario e quelli a titolo derivativo (C.C. 1703/16 – Conf. 21078/19).

Retratto successorio (rapporti): Lo scopo del retratto successorio, ossia quello di evitare l'ingresso di estranei nella comunione tra più coeredi, deve contemperarsi con il regime della comunione legale, dal quale si evince che tutti i beni acquistati dai coniugi, unitamente o separatamente, sono destinati a cadere in comunione (C.C. 15271/18).

178. Beni destinati all'esercizio di impresa. – I beni destinati all'esercizio dell'impresa di uno dei coniugi costituita dopo il matrimonio e gli incrementi dell'impresa costituita anche precedentemente si considerano oggetto della comunione solo se sussistono al momento dello scioglimento di questa (191).

NOTE OPERATIVE:

Comunione de residuo: I proventi dell'attività separata svolta da ciascuno dei coniugi cadono nella comunione differita o de residuo ove non consumati, anche per fini personali, in epoca precedente allo scioglimento della comunione e quindi anche se non ancora percepiti al momento dello scioglimento della comunione e ancora non esigibili, in difetto di previsione in tal senso, purché costituiscano il corrispettivo di prestazioni o del godimento di beni relativi al periodo di vigenza della comunione legale (C.C. 16993/23).

Scioglimento: Sui beni destinati all'esercizio dell'impresa di uno dei coniugi costituita dopo il matrimonio e sugli incrementi dell'impresa costituita anche precedentemente al matrimonio (nella misura in cui sussistono nel momento in cui la comunione si scioglie) il coniuge non imprenditore vanta ex art. 178 c.c. non già un diritto reale, ma un diritto di credito sulla metà del saldo attivo del patrimonio aziendale (S.U. 15889/22).

Imposte: La cessione di un immobile di proprietà di coniugi in regime di comunione legale dei beni e utilizzato per l'esercizio dell'impresa individuale di uno di essi è soggetta ad IVA (C.C. 3557/18 – Conf. 12953/04).

179. Beni personali. – Non costituiscono oggetto della comunione e sono beni personali del coniuge (185, 217):

a) i beni di cui, prima del matrimonio, il coniuge era proprietario o rispetto ai quali era titolare di un diritto reale di godimento;

b) i beni acquisiti successivamente al matrimonio per effetto di donazione (769) o successione (456), quando nell'atto di liberalità (782) o nel testamento (587) non è specificato che essi sono attribuiti alla comunione;

c) i beni di uso strettamente personale di ciascun coniuge ed i loro accessori (210);

d) i beni che servono all'esercizio della professione (2094, 2222) del coniuge, tranne quelli destinati alla conduzione di un'azienda facente parte della comunione (177, 210);

e) i beni ottenuti a titolo di risarcimento del danno nonché la pensione attinente alla perdita parziale o totale della capacità lavorativa;

f) i beni acquisiti con il prezzo del trasferimento dei beni personali sopraelencati o col loro scambio, purché ciò sia espressamente dichiarato all'atto dell'acquisto.

L'acquisto di beni immobili, o di beni mobili elencati nell'art. 2683, effettuato dopo il matrimonio, è escluso dalla comunione, ai sensi delle lettere *c*), *d*) ed *f*) del precedente comma, quando tale esclusione risulti dall'atto di acquisto se di esso sia stato parte anche l'altro coniuge.

NOTE OPERATIVE:

Donazione indiretta: L'immobile acquistato con denaro fornito dai genitori dell'acquirente non è soggetto al regime di comunione legale (C.C. 20336/21).

Dichiarazione: La dichiarazione resa nell'atto dal coniuge non acquirente, in ordine alla natura personale del bene, si pone, peraltro, come condizione necessaria ma non sufficiente per l'esclusione del bene dalla comunione (C.C. 29342/18 – Conf. C.C. 11668/18).

180. Amministrazione dei beni della comunione. – L'amministrazione dei beni della comunione (177) e la rappresentanza in giudizio per gli atti ad essa relativi spettano disgiuntamente ad entrambi i coniugi.

Il compimento degli atti eccedenti l'ordinaria amministrazione, nonché la stipula dei contratti con i quali si concedono o si acquistano diritti personali di godimento e la rappresentanza in giudizio per le relative azioni spettano congiuntamente ad entrambi i coniugi (181, 210).

NOTE OPERATIVE:

Consenso: Il consenso dell'altro coniuge (richiesto dal comma 2 dell'art. 180 c.c. per gli atti di straordinaria amministrazione) come un negozio unilaterale autorizzativo che rimuove un limite all'esercizio del potere dispositivo sul bene (C.C. 14093/10) Gli atti eccedenti l'ordinaria amministrazione compiuti da un coniuge senza il necessario consenso dell'altro coniuge, e da questi non invalidati, sono annullabili se riguardano beni immobili o mobili iscritti (C.C. 4676/18).

Beni mobili: Gli atti di disposizione di beni mobili non richiedono il consenso del coniuge non stipulante, essendo posto a carico del disponente unicamente un obbligo di ricostituire, a richiesta dell'altro, la comunione nello stato anteriore al compimento dell'atto o, qualora ciò non sia possibile, di pagare l'equivalente del bene secondo i valori correnti all'epoca della ricostituzione (C.C. 9888/16 – Conf. C.C. 18123/13).

Rappresentanza in giudizio: Ciascun coniuge è legittimato ad esperire qualsiasi azione, non solo le azioni di carattere reale o con effetti reali, dirette alla tutela della proprietà o del godimento della cosa comune, ma anche, e a maggior ragione, le azioni relative ai diritti di obbligazione, senza che sia necessaria la partecipazione al giudizio dell'altro coniuge (C.C. 19435/21 – Conf. C.C. 18123/13; C.C. 22891/07).

Delibere condominiali (impugnazione): Per le unità immobiliari in regime di comunione legale tra coniugi, la legittimazione ad impugnare le delibere dell'assemblea condominiale spetta a ciascun coniuge separatamente (C.C. 19435/21).

181. Rifiuto di consenso. – Se uno dei coniugi rifiuta il consenso per la stipulazione di un atto di straordinaria amministrazione o per gli altri atti per cui il consenso è richiesto, l'altro coniuge può rivolgersi al giudice (38²⁻³ att.) per ottenere l'autorizzazione nel caso in cui la stipulazione dell'atto è necessaria nell'interesse della famiglia o dell'azienda che a norma della lettera *d*) dell'art. 177 fa parte della comunione.

182. Amministrazione affidata ad uno solo dei coniugi. – In caso di lontananza o di altro impedimento di uno dei coniugi l'altro, in mancanza di procura del primo risultante da atto pubblico (2699) o da scrittura privata autenticata (2703), può compiere, previa autorizzazione del giudice (38²⁻³ att.) e con le cautele eventualmente da questo stabilite, gli atti necessari per i quali è richiesto, a norma dell'art. 180, il consenso di entrambi i coniugi.

Nel caso di gestione comune di azienda (177), uno dei coniugi può essere delegato dall'altro al compimento di tutti gli atti necessari all'attività dell'impresa (2204).

183. Esclusione dall'amministrazione. – Se uno dei coniugi è minore (2) o non può amministrare ovvero se ha male amministrato, l'altro coniuge può chiedere al giudice (38²⁻³ att.) di escluderlo dall'amministrazione (33 att.).

Il coniuge privato dell'amministrazione può chiedere al giudice (38²⁻³ att.) di esservi reintegrato, se sono venuti meno i motivi che hanno determinato l'esclusione.

La esclusione opera di diritto riguardo al coniuge interdetto (414 ss.) e permane sino a quando non sia cessato lo stato di interdizione (429).

184. Atti compiuti senza il necessario consenso. – Gli atti compiuti da un coniuge senza il necessario consenso (180) dell'altro coniuge e da questo non convalidati (1444) sono annullabili (1441 ss.) se riguardano beni immobili o beni mobili elencati nell'art. 2683.

L'azione può essere proposta dal coniuge il cui consenso era necessario entro un anno dalla data in cui ha avuto conoscenza dell'atto (2935) e in ogni caso entro un anno dalla data di trascrizione (2643 ss.). Se l'atto non sia stato trascritto e quando il coniuge non ne abbia avuto conoscenza prima dello scioglimento della comunione (191) l'azione non può essere proposta oltre l'anno dallo scioglimento stesso.

Se gli atti riguardano beni mobili diversi da quelli indicati nel primo comma, il coniuge che li ha compiuti senza il consenso dell'altro è obbligato su istanza di quest'ultimo a ricostruire la comunione nello stato in cui era prima del compimento dell'atto (2058) o, qualora ciò non sia possibile, al pagamento dell'equivalente secondo i valori correnti all'epoca della ricostruzione della comunione.

NOTE OPERATIVE:

Ambito di applicazione: La sanzione dell'annullabilità vale per tutti gli atti dispositivi compiuti senza il consenso o in assenza di convalida, compresa la donazione avente ad oggetto beni immobili o mobili registrati (C.C. 21503/2018); non può trovare applicazione nel caso in cui tutti i contraenti siano a conoscenza della comunione dei beni tra i coniugi e questi ultimi figurino entrambi nel contratto come venditori. In tal caso, infatti, il mancato consenso di uno dei due impedisce il sorgere di una valida obbligazione a carico dell'altro (C.C. 8525/18).

Preliminare: Per l'esecuzione in forma specifica, a norma dell'art. 2932 c.c., di un preliminare di vendita di un bene immobile rientrante nella comunione legale dei coniugi, non è necessaria la sottoscrizione di entrambi i promittenti venditori, ma è sufficiente il consenso del coniuge non stipulante, traducendosi la mancanza di detto consenso in un vizio di annullabilità, da far valere, ai sensi dell'art. 184 c.c., nel rispetto del principio generale della buona fede e dell'affidamento, entro il termine di un anno, decorrente dalla conoscenza dell'atto o dalla trascrizione (C.C. 20439/19 – Conf. C.C. 12923/12).

Regola congiuntiva (violazione): Allorché un coniuge abbia compiuto, in violazione della regola congiuntiva, un atto dispositivo dei beni della comunione depauperandone il patrimonio, lo stesso è obbligato a corrisponderne all'altro coniuge il valore pro quota determinato al momento dello scioglimento della comunione, salvo che dimostri che l'atto sia stato vantaggioso per la comunione o abbia soddisfatto una necessità della famiglia (C.C. 6459/19).

185. Amministrazione dei beni personali del coniuge. – All'amministrazione dei beni che non rientrano nella comunione o nel fondo patrimoniale (167-171) si applicano le disposizioni dei commi secondo, terzo e quarto dell'art. 217.

186. Obblighi gravanti sui beni della comunione. – I beni della comunione rispondono:

a) di tutti i pesi ed oneri gravanti su di essi al momento dell'acquisto;

b) di tutti i carichi dell'amministrazione;

c) delle spese per il mantenimento della famiglia e per l'istruzione e l'educazione dei figli (143 ss.) e di ogni obbligazione contratta dai coniugi, anche separatamente, nell'interesse della famiglia;

d) di ogni obbligazione contratta congiuntamente dai coniugi.

187. Obbligazioni contratte dai coniugi prima del matrimonio. – I beni della comunione, salvo quanto disposto nell'art. 189, non rispondono delle obbligazioni contratte da uno dei coniugi prima del matrimonio.

188. Obbligazioni derivanti da donazioni o successioni. – I beni della comunione (177), salvo quanto disposto nell'art. 189, non rispondono delle obbligazioni da cui sono gravate le donazioni (437 ss.) e le successioni (752 ss.) conseguite dai coniugi durante il matrimonio e non attribuite alla comunione (179).

189. Obbligazioni contratte separatamente dai coniugi. – I beni della comunione (177), fino al valore corrispondente alla quota del coniuge obbligato, rispondono, quando i creditori non possono soddisfarsi sui beni personali (179), delle obbligazioni contratte, dopo il matrimonio, da uno dei coniugi per il compimento di atti eccedenti l'ordinaria amministrazione senza il necessario consenso dell'altro (180, 184).

I creditori particolari di uno dei coniugi, anche se il credito è sorto anteriormente al matrimonio (187), possono soddisfarsi in via sussidiaria (190) sui beni della comunione, fino al valore corrispondente alla quota del coniuge obbligato. Ad essi, se chirografari, sono preferiti i creditori della comunione (192).

190. Responsabilità sussidiaria dei beni personali. – I creditori possono agire in via sussidiaria (189) sui beni personali di ciascuno dei coniugi, nella misura della metà del credito, quando i beni della comunione non sono sufficienti a soddisfare i debiti su di essa gravanti.

NOTE OPERATIVE:

Garanzia: L'obbligazione assunta da un coniuge, per soddisfare bisogni familiari, non pone l'altro coniuge nella veste di debitore solidale, difettando una deroga rispetto alla regola generale secondo cui il contratto non produce effetti rispetto ai terzi. Tale principio opera indipendentemente dal fatto che i coniugi si trovino in regime di comunione dei beni, essendo la circostanza rilevante solo sotto il diverso profilo della possibilità, da parte del creditore, di invocare la garanzia dei beni della comunione o del coniuge non stipulante, nei casi e nei limiti di cui agli artt. 189 e 190 c.c. (C.C. 37612/21 – Conf. C.C. 3471/07).

191. Scioglimento della comunione. – La comunione si scioglie per la dichiarazione di assenza (49) o di morte presunta (58, 60) di uno dei coniugi, per l'annullamento (117, 119-129 *bis*), per lo scioglimento (149) o per la cessazione degli effetti civili del matrimonio, per la separazione personale (151-158), per la separazione giudiziale dei beni (193), per mutamento convenzionale del regime patrimoniale (210), per il fallimento di uno dei coniugi.

Nel caso di separazione personale, la comunione tra i coniugi si scioglie nel momento in cui il presidente del tribunale autorizza i coniugi a vivere separati, ovvero alla data di sottoscrizione del processo verbale di separazione consensuale dei coniugi dinanzi al presidente, purché omologato. L'ordinanza con la quale i coniugi sono autorizzati a vivere separati è comunicata all'ufficiale dello stato civile ai fini dell'annotazione dello scioglimento della comunione (1).

Nel caso di azienda di cui alla lettera *d*) dell'art. 177, lo scioglimento della comunione può essere deciso, per accordo dei coniugi, osservata la forma prevista dall'art. 162.

(1) *Questo comma è stato inserito dall'art. 2 della L. 6 maggio 2015, n. 55. A norma dell'art. 3 della medesima legge tali disposizioni si applicano ai procedimenti in corso alla data di entrata in vigore della presente legge* (G.U. *Serie gen.* - n. 107 dell'11 maggio 2015), *anche nei casi in cui il procedimento di separazione che ne costituisce il presupposto risulti ancora pendente alla medesima data.*

NOTE OPERATIVE:

La separazione: Lo scioglimento si perfeziona con il passaggio in giudicato della sentenza di separazione giudiziale (o l'omologa di quella consensuale). Nel passaggio in giudicato (o nell'omologa) si individua dunque il momento in cui sorge l'interesse ad agire, concreto ed attuale, volto scioglimento della comunione e alla divisione, ma esso può anche riguardarsi come il fatto costitutivo del diritto ad ottenere tale scioglimento e la conseguente divisione. Tali elementi non possono che qualificarsi come condizioni dell'azione, e non già come presupposti processuali (C.C. 4757/10).

L'opponibilità ai terzi: Per l'opponibilità ai terzi degli effetti dello scioglimento della comunione legale derivante dalla separazione personale dei coniugi, relativamente all'acquisto di beni immobili o mobili registrati, avvenuto con dichiarazione dello status di separato, da parte del coniuge acquirente, deve considerarsi necessaria e sufficiente la sola trascrizione nei registri immobiliari recante la corrispondente indicazione (cioè l'esistenza di un regime patrimoniale di separazione dei beni), indipendentemente dall'annotazione del provvedimento di separazione a margine dell'atto di matrimonio. (C.C. 376/21 – Conf. C.C. 12098/98).

Costituzione di fondo patrimoniale: In caso di costituzione in fondo patrimoniale, i coniugi non dispongono del bene in comunione ed esso rimane in comunione legale, dato che l'apposizione del vincolo non è annoverata tra le cause di scioglimento dell'art. 191 c.c. e non costituisce mutamento convenzionale del regime patrimoniale, nemmeno limitatamente a quel cespite (C.C. 9536/23).

192. Rimborsi e restituzioni. – Ciascuno dei coniugi è tenuto a rimborsare alla comunione le somme prelevate dal patrimonio comune per fini diversi dall'adempimento delle obbligazioni previste dall'art. 186.

È tenuto altresì a rimborsare il valore dei beni di cui all'art. 189, a meno che, trattandosi di atto di straordinaria amministrazione da lui compiuto, dimostri che l'atto stesso sia stato vantaggioso per la comunione o abbia soddisfatto una necessità della famiglia.

Ciascuno dei coniugi può richiedere la restituzione delle somme prelevate dal patrimonio personale ed impiegate in spese ed investimenti del patrimonio comune.

I rimborsi e le restituzioni si effettuano al momento dello scioglimento della comunione; tuttavia il giudice (38^{2-3} att.) può autorizzarli in un momento anteriore se l'interesse della famiglia lo esige o lo consente.

Il coniuge che risulta creditore può chiedere di prelevare beni comuni sino a concorrenza del proprio credito. In caso di dissenso si applica il quarto comma. I prelievi si effettuano sul denaro, quindi sui mobili e infine sugli immobili.

NOTE OPERATIVE:

Impresa: Allo scioglimento della comunione legale fra coniugi, sull'impresa costituita dopo il matrimonio, riconducibile ad uno solo dei coniugi, e ricadente nella cd. comunione de residuo, sorge un diritto di credito pari al 50% del valore dell'azienda in favore del coniuge non imprenditore. Il valore è determinato al momento della cessazione del regime patrimoniale legale, al netto delle eventuali passività esistenti al giorno dello scioglimento (S.U. 15889/22).

Rate del mutuo: In caso di acquisto, in regime di separazione dei beni, di un immobile da parte di entrambi i coniugi, il cui prezzo sia pagato in tutto o in parte con provvista presa a mutuo, il coniuge che, in seguito alla separazione personale nel frattempo intervenuta, abbia pagato con denaro proprio le rate di mutuo, non ha diritto di richiedere all'altro coniuge il rimborso della metà delle rate versate periodicamente alla banca (C.C. 17765/23).

193. Separazione giudiziale dei beni. – La separazione giudiziale dei beni può essere pronunziata in caso di interdizione (414 ss.) o di inabilitazione (415 ss.) di uno dei coniugi o di cattiva amministrazione della comunione (183).

Può altresì essere pronunziata quando il disordine degli affari di uno dei coniugi o la condotta da questi tenuta nell'amministrazione dei beni (183) mette in pericolo gli interessi dell'altro o della comunione o della famiglia, oppure quando uno dei coniugi non contribuisce ai bisogni di questa in misura proporzionale alle proprie sostanze e capacità di lavoro (143, 148).

La separazione può essere chiesta da uno dei coniugi o dal suo legale rappresentante.

La sentenza che pronunzia la separazione retroagisce al giorno in cui è stata proposta la domanda ed ha l'effetto di instaurare il regime di separazione dei beni regolato nella sezione V del presente capo (215-219), salvi i diritti dei terzi.

La sentenza è annotata a margine dell'atto di matrimonio e sull'originale delle convenzioni matrimoniali (2647).

NOTE OPERATIVE:

Presupposti: Deve escludersi che il giudizio di separazione giudiziale dei beni presuppone necessariamente la prosecuzione della convivenza e del rapporto matrimoniale, ben potendo lo stesso essere coltivato in pendenza del giudizio di separazione personale dei coniugi (C.C. 12293/05).

194. Divisione dei beni della comunione. – La divisione dei beni della comunione legale si effettua ripartendo in parti eguali l'attivo e il passivo (210^{3}).

Il giudice, in relazione alle necessità della prole e all'affidamento di essa, può costituire a favore di uno dei coniugi l'usufrutto su una parte dei beni spettanti all'altro coniuge.

NOTE OPERATIVE:

Criteri di ripartizione: All'atto dello scioglimento della comunione legale tra coniugi l'attivo e il passivo devono essere ripartiti in parti uguali indipendentemente dalla misura della partecipazione e dalla entità degli apporti di ciascuno dei coniugi alla formazione del patrimonio comune (C.C. 11787/21 – Conf. 19454/12), senza possibilità di prova di un diverso apporto economico da parte di ciascuno di essi (ad esempio ai fini dell'acquisto di un bene in comunione), non essendo applicabile la disciplina della comunione ordinaria (C.C. 11787/21 – Conf. 11467/03).

Assegnazione della casa familiare: L'attribuzione, in sede di divisione, dell'immobile adibito a casa familiare in proprietà esclusiva al coniuge che ne era già assegnatario, comportando la concentrazione, in capo a quest'ultimo, del diritto personale di godimento scaturito dall'assegnazione giudiziale e di quello dominicale sull'intero immobile, che permane privo di vincoli, configura una causa automatica di estinzione del primo, che, pertanto, non potrà avere alcuna incidenza sulla valutazione economica del bene in comunione a fini divisori, o sulla determinazione del conguaglio dovuto al coniuge comproprietario non assegnatario, dovendosi conferire all'immobile un valore economico pieno, corrispondente a quello venale di mercato (S.U. 18641/22 – Conf. C.C. 17843/16; contra C.C. 8202/16).

195. Prelevamento dei beni mobili. – Nella divisione i coniugi o i loro eredi hanno diritto di prelevare i beni mobili che appartenevano ai coniugi stessi prima della comunione (179) o che sono ad essi pervenuti durante la medesima per successione o donazione. In mancanza di prova contraria si presume (2727) che i beni mobili facciano parte della comunione (177).

NOTE OPERATIVE:

Presunzione di comproprietà: Una volta intervenuta la separazione personale dei coniugi in regime patrimoniale di comunione dei beni, va escluso che continui a sussistere, a vantaggio dei terzi, una generale presunzione di comunione relativa ai beni che sono nella disponibilità esclusiva di uno di essi che non sia in grado di dimostrare con atto di data certa la proprietà individuale. Occorre infatti distinguere la presunzione di comproprietà posta dall'art. 195 c.c. che riflette i rapporti tra i coniugi, dalla presunzione posta dall'art. 197, che riguarda l'interesse dei terzi a non vedersi pregiudicata la possibilità di avvalersi degli effetti della presunzione medesima dall'avvenuto scioglimento della comunione rimesso alla esclusiva volontà dei coniugi ed attuato con il prelevamento effettuato da ciascuno di essi (C.C. 7372/03).

Superamento della presunzione: Tra i coniugi la presunzione stabilita dall'art. 195 c.c., la quale può essere vinta da qualsiasi prova contraria, opera sino a quando non sia intervenuto un accordo o un provvedimento giudiziale di divisione o un accertamento che nessun bene in comune da dividere più sussista, sicché acquista rilievo sostanzialmente decisivo dell'avvenuto superamento della presunzione di comunione il prelevamento dei beni da ciascuno dei coniugi effettuato in accordo con l'altro (C.C. 7372/03).

Prova: Il superamento della presunzione del carattere comune del denaro che residua dopo lo scioglimento della comunione tra i coniugi esige che sia data la prova non solo dell'origine personale del denaro, ma anche che esso sia stato conservato e non utilizzato per i bisogni della famiglia (C.C. 20066/23); non è richiesta una prova qualificata, essendo sufficiente, per rovesciare la presunzione, una prova libera, e quindi anche una prova testimoniale o indiziaria (C.C. 7437/94).

196. Ripetizione del valore in caso di mancanza delle cose da prelevare. – Se non si trovano i beni mobili che il coniuge o i suoi eredi hanno diritto di prelevare a norma dell'articolo precedente essi possono ripeterne il valore, provandone l'ammontare anche per notorietà, salvo che la mancanza di quei beni sia dovuta a consumazione per uso o perimento o per altra causa non imputabile all'altro coniuge.

197. Limiti al prelevamento nei riguardi dei terzi. – Il prelevamento autorizzato dagli articoli precedenti non può farsi, a pregiudizio dei terzi, qualora la proprietà individuale dei beni non risulti da atto avente data certa. È fatto salvo al coniuge o ai suoi eredi il diritto di regresso sui beni della comunione spettanti all'altro coniuge nonché sugli altri beni di lui.

NOTE OPERATIVE:

Onere della prova: È onere del terzo, che voglia avvalersi della presunzione di proprietà comune dei beni mobili non registrati prelevati da uno dei coniugi a seguito di separazione personale e di divisione del patrimonio, dimostrare anche che il bene in contestazione è stato acquistato in un momento anteriore allo scioglimento della comunione stessa (C.C. 7372/03).

198 - 209. (*Omissis*) ([1]).

([1]) *Articoli riguardanti i frutti della dote e la separazione della dote dai beni del marito abrogati dall'art. 77, L. 19 maggio 1975, n. 151, riforma del diritto di famiglia.*

Premesso che l'art. 227 della legge citata ha stabilito che le doti e i patrimoni familiari costituiti prima dell'entrata in vigore della novella continuano ad essere disciplinati dalle norme anteriori, la Corte costituzionale con sentenza 19 gennaio 1987, n. 6, ha dichiarato l'illegittimità costituzionale dell'art. 202[1] del cod. civ. nella parte in cui non prevede la separazione della dote dai beni del marito, su domanda della moglie, quando la separazione personale sia stata pronunciata senza che sia addebitabile all'uno o all'altro dei coniugi.

Sezione IV
Della comunione convenzionale

210. Modifiche convenzionali alla comunione legale dei beni. – I coniugi possono, mediante convenzione (2647) stipulata a norma dell'articolo 162, modificare il regime della comunione legale dei beni purché i patti non siano in contrasto con le disposizioni dell'articolo 161.

I beni indicati alle lettere *c*), *d*) ed *e*) dell'articolo 179 non possono essere compresi nella comunione convenzionale.

Non sono derogabili le norme della comunione legale relative all'amministrazione dei beni della comunione e all'uguaglianza delle quote limitatamente ai beni che formerebbero oggetto della comunione legale.

211. Obbligazioni dei coniugi contratte prima del matrimonio. – I beni della comunione rispondono delle obbligazioni contratte da uno dei coniugi prima del matrimonio limitatamente al valore dei beni di proprietà del coniuge stesso prima del matrimonio che, in base a convenzione stipulata a norma dell'articolo 162, sono entrati a far parte della comunione dei beni.

212 - 214. (*Omissis*) ([1]).

([1]) *Articoli riguardanti i beni parafernali ora abrogati dall'art. 81, L. 19 maggio 1975, n. 151, riforma del diritto di famiglia.*

Sezione V
Del regime di separazione dei beni

215. Separazione dei beni. – I coniugi possono convenire che ciascuno di essi conservi la titolarità esclusiva dei beni acquistati durante il matrimonio.

NOTE OPERATIVE:

Dichiarazione: Sono esclusi dalla comunione legale solo i beni qualificabili come "personali" e sempre che, trattandosi di beni immobili o di beni mobili registrati, tale esclusione risulti dalla dichiarazione dell'altro coniuge, la quale ha natura confessoria se attesta fatti, ma non assume tale significato se esprime solo una condivisione di intenti quanto alla futura destinazione del bene (S.U. 22755/09).
Convenzione matrimoniale derogatoria: I coniugi in regime di comunione legale, al fine di effettuare l'acquisto anche di un solo bene in regime di separazione, sono tenuti a stipulare previamente una convenzione matrimoniale derogatoria del loro regime ordinario, ai sensi dell'art. 162 c.c., sottoponendola alla specifica pubblicità per essa prevista (C.C. 17175/20 – Conf. 3647/04).

216. [Fonti del regolamento della comunione. – (*Omissis*)] ([1]).

([1]) *Articolo abrogato dall'art. 84, L. 19 maggio 1975, n. 151, riforma del diritto di famiglia.*

217. Amministrazione e godimento dei beni. – Ciascun coniuge ha il godimento e l'amministrazione dei beni di cui è titolare esclusivo (179, 185).

Se ad uno dei coniugi è stata conferita la procura ad amministrare i beni dell'altro con l'obbligo di rendere conto dei frutti, egli è tenuto verso l'altro coniuge secondo le regole del mandato (1703 ss.).

Se uno dei coniugi ha amministrato i beni dell'altro con procura senza l'obbligo di rendere conto dei frutti, egli e i suoi eredi, a richiesta dell'altro coniuge o allo scioglimento o alla cessazione degli effetti civili del matrimonio (149), sono tenuti a consegnare i frutti esistenti e non rispondono per quelli consumati.

Se uno dei coniugi, nonostante l'opposizione dell'altro, amministra i beni di questo o comunque compie atti relativi a detti beni risponde dei danni e della mancata percezione dei frutti.

218. Obbligazioni del coniuge che gode dei beni dell'altro coniuge. – Il coniuge che gode i beni dell'altro coniuge (217) è soggetto a tutte le obbligazioni dell'usufruttuario (1001 ss.).

219. Prova della proprietà dei beni. – Il coniuge può provare con ogni mezzo nei confronti dell'altro la proprietà esclusiva di un bene (179, 197).

I beni di cui nessuno dei coniugi può dimostrare la proprietà esclusiva sono (2728) di proprietà indivisa per pari quota di entrambi i coniugi.

NOTE OPERATIVE:

Ambito di applicazione: La norma riguarda essenzialmente le controversie relative a beni mobili, ed è volto principalmente a derogare, attraverso la presunzione posta nel secondo comma, alla regola generale sull'onere della prova in tema di rivendicazione, mentre nessuna eccezione configura alla normale disciplina della prova dei contratti formali, in particolare degli acquisti immobiliari (C.C. 18554/13 – Conf. C.C. 11327/97).

220 - 230. (*Omissis*) ([1]).

([1]) *Articoli riguardanti la comunione dei beni tra i coniugi; abrogati dall'art. 88, L. 19 maggio 1975, n. 151, riforma del diritto di famiglia.*

Sezione VI
Dell'impresa familiare

230 *bis*. Impresa familiare. – Salvo che sia configurabile un diverso rapporto (2094, 2222, 2251 ss., 2291 ss., 2549) il familiare che presta in modo continuativo la sua attività di lavoro nella famiglia o nell'impresa familiare ha diritto al mantenimento secondo la condizione patrimoniale della famiglia e partecipa agli utili dell'impresa familiare ed ai beni acquistati con essi nonché agli incrementi dell'azienda, anche in ordine all'avviamento, in proporzione alla quantità e qualità del lavoro prestato. Le decisioni concernenti l'impiego degli utili e degli incrementi nonché quelle inerenti alla gestione straordinaria, agli indirizzi produttivi e alla cessazione dell'impresa sono adottate, a maggioranza, dai familiari che partecipano alla impresa stessa. I familiari partecipanti alla impresa che non hanno la piena capacità di agire sono rappresentati nel voto da chi esercita la responsabilità genitoriale ([1]) su di essi (316 ss.).

Il lavoro della donna è considerato equivalente a quello dell'uomo.

Ai fini della disposizione di cui al primo comma si intende come familiare il coniuge, i parenti entro il terzo grado (74 ss.); gli affini entro il secondo (78); per impresa familiare quella cui collaborano il coniuge, i parenti entro il terzo grado, gli affini entro il secondo.

Il diritto di partecipazione di cui al primo comma è intrasferibile, salvo che il trasferimento avvenga a favore di familiari indicati nel comma precedente col consenso di tutti i partecipi (2284). Esso può essere liquidato in danaro alla cessazione, per qualsiasi causa, della prestazione del lavoro, ed altresì in caso di alienazione dell'azienda. Il pagamento può avvenire in più annualità, determinate, in difetto di accordo, dal giudice (38 att.).

In caso di divisione ereditaria (713 ss.) o di trasferimento dell'azienda (2557 ss.) i partecipi di cui al primo comma hanno diritto di prelazione sulla azienda. Si applica, nei limiti in cui è compatibile, la disposizione dell'articolo 732.

Le comunioni tacite familiari nell'esercizio dell'agricoltura sono regolate dagli usi che non contrastino con le precedenti norme.

(1) *La parola: «potestà» è stata così sostituita dalle attuali: «responsabilità genitoriale» dall'art. 105, comma 1, del D.L.vo 28 dicembre 2013, n. 154, a decorrere dal trentesimo giorno successivo a quello della sua pubblicazione nella* Gazzetta Ufficiale *(G.U. n. 5 dell'8 gennaio 2014).*

NOTE OPERATIVE:

Convivente more uxorio: Rimessa alle Sezioni Unite la questione se l'art. 230-bis c.c., comma 3, possa essere evolutivamente interpretato (in considerazione dell'evoluzione dei costumi nonché della giurisprudenza costituzionale e della legislazione nazionale in materia di unioni civili tra persone dello stesso sesso) in chiave di esegesi orientata sia agli artt. 2, 3, 4 e 35 Cost. sia all'art. 8 Cedu come inteso dalla Corte di Strasburgo, nel senso di prevedere l'applicabilità della relativa disciplina anche al convivente more uxorio, laddove la convivenza di fatto sia caratterizzata da un grado accertato di stabilità (C.C. 2121/23).

Determinazione della quota: La quota di partecipazione agli utili e agli incrementi del familiare va determinata, sulla base della quantità e qualità del lavoro svolto dal predetto, e non della sua effettiva incidenza causale sul loro conseguimento, in relazione al valore complessivo dell'impresa che si connota come entità dinamica soggetta a variazioni in funzione dell'andamento del mercato (C.C. 1401/21).

Forma societaria (esclusione): L'impresa familiare non può essere esercitata in forma societaria. Nonostante infatti l'utilizzo nella disposizione codicistica del termine "impresa", la disciplina patrimoniale sulla partecipazione del familiare agli utili, il riconoscimento di diritti corporativi al familiare del socio e la natura residuale dell'istituto sono indici che depongono a favore della incompatibilità dell'impresa familiare con la disciplina di qualsiasi tipo di società (S.U. 23676/14 – Conf. C.C. 20552/15).

230 *ter*. (1) **Diritti del convivente.** – Al convivente di fatto che presti stabilmente la propria opera all'interno dell'impresa dell'altro convivente spetta una partecipazione agli utili dell'impresa familiare ed ai beni acquistati con essi nonché agli incrementi dell'azienda, anche in ordine all'avviamento, commisurata al lavoro prestato. Il diritto di partecipazione non spetta qualora tra i conviventi esista un rapporto di società o di lavoro subordinato.

(1) *Questo articolo è stato aggiunto dall'art. 1, comma 46, della L. 20 maggio 2016, n. 76.*

Titolo VII
Dello stato di figlio (1)

(1) *La rubrica: «Della filiazione» è stata così sostituita dall'attuale dall'art. 7, comma 1, del D.L.vo 28 dicembre 2013, n. 154, a decorrere dal trentesimo giorno successivo a quello della sua pubblicazione nella* Gazzetta Ufficiale *(G.U. n. 5 dell'8 gennaio 2014).*

Capo I
Della presunzione di paternità (1)

(1) *La rubrica: «Della filiazione legittima» è stata così sostituita dall'attuale dall'art. 7, comma 2, del D.L.vo 28 dicembre 2013, n. 154, a decorrere dal trentesimo giorno successivo a quello della sua pubblicazione nella* Gazzetta Ufficiale *(G.U. n. 5 dell'8 gennaio 2014). La Sezione I – Dello* stato di figlio legittimo – *contenuta nel Capo I è stata soppressa dall'art. 7, comma 3, dello stesso provvedimento.*

231. (1) **Paternità del marito.** – Il marito è padre del figlio concepito (232) o nato durante il matrimonio (243, 253, 280).

(1) *Questo articolo è stato così sostituito dall'art. 8 del D.L.vo 28 dicembre 2013, n. 154, a decorrere dal trentesimo giorno successivo a quello della sua pubblicazione nella* Gazzetta Ufficiale *(G.U. n. 5 dell'8 gennaio 2014).*

232. Presunzione di concepimento durante il matrimonio. – Si presume concepito durante il matrimonio il figlio nato quando non sono ancora trascorsi trecento giorni dalla data dell'annullamento (117 ss.), dello scioglimento (149) o della cessazione degli effetti civili del matrimonio (1).

La presunzione non opera decorsi trecento giorni dalla pronuncia di separazione giudiziale (151), o dalla omologazione di separazione consensuale (158), ovvero dalla data della comparizione dei coniugi avanti al giudice (708 c.p.c.) quando gli stessi sono stati autorizzati a vivere separatamente nelle more del giudizio di separazione o dei giudizi previsti nel comma precedente (126).

(1) *Questo comma è stato così sostituito dall'art. 9 del D.L.vo 28 dicembre 2013, n. 154, a decorrere dal trentesimo giorno successivo a quello della sua pubblicazione nella* Gazzetta Ufficiale (G.U. *n. 5 dell'8 gennaio 2014*).

NOTE OPERATIVE:

Seme crioconservato: L'art. 8 della l. n. 40 del 2004, recante lo status giuridico del nato a seguito dell'applicazione delle tecniche di procreazione medicalmente assistita, è riferibile anche all'ipotesi di fecondazione omologa post mortem avvenuta mediante utilizzo del seme crioconservato di colui che, dopo aver prestato, congiuntamente alla moglie o alla convivente, il consenso all'accesso alle tecniche di procreazione medicalmente assistita, ai sensi dell'art. 6 della medesima legge e senza che ne risulti la sua successiva revoca, sia poi deceduto prima della formazione dell'embrione avendo altresì autorizzato, per dopo la propria morte, la moglie o la convivente all'utilizzo suddetto. Ciò pure quando la nascita avvenga oltre i trecento giorni dalla morte del padre (C.C. 13000/19).

233. (1) [**Nascita del figlio prima dei centottanta giorni.** – Il figlio nato prima che siano trascorsi centottanta giorni dalla celebrazione del matrimonio è reputato legittimo se uno dei coniugi, o il figlio stesso, non ne disconoscono la paternità (235, 238)].

(1) *Questo articolo è stato abrogato dall'art. 106, comma 1, lett.* a), *del D.L.vo 28 dicembre 2013, n. 154, a decorrere dal trentesimo giorno successivo a quello della sua pubblicazione nella* Gazzetta Ufficiale (G.U. *n. 5 dell'8 gennaio 2014*).

234. Nascita del figlio dopo i trecento giorni. – Ciascuno dei coniugi e i loro eredi possono provare che il figlio, nato dopo i trecento giorni dall'annullamento (117 ss.), dallo scioglimento o dalla cessazione degli effetti civili del matrimonio (149), è stato concepito durante il matrimonio (232).

Possono analogamente provare il concepimento durante la convivenza quando il figlio sia nato dopo i trecento giorni dalla pronuncia di separazione giudiziale (151), o dalla omologazione di separazione consensuale (158), ovvero dalla data di comparizione dei coniugi avanti al giudice (708 c.p.c.) quando gli stessi sono stati autorizzati a vivere separatamente nelle more del giudizio di separazione o dei giudizi previsti nel comma precedente (126).

In ogni caso il figlio può provare di essere stato concepito durante il matrimonio (1).

(1) *Questo comma è stato così sostituito dall'art. 10 del D.L.vo 28 dicembre 2013, n. 154, a decorrere dal trentesimo giorno successivo a quello della sua pubblicazione nella* Gazzetta Ufficiale (G.U. *n. 5 dell'8 gennaio 2014*).

235. (1) [**Disconoscimento di paternità.** – L'azione per il disconoscimento di paternità (244 ss.) del figlio concepito durante il matrimonio è consentita solo nei casi seguenti:

1) se i coniugi non hanno coabitato nel periodo compreso fra il trecentesimo ed il centottantesimo giorno prima della nascita;

2) se durante il tempo predetto il marito era affetto da impotenza, anche se soltanto di generare (122);

3) se nel detto periodo la moglie ha commesso adulterio o ha tenuto celata al marito la propria gravidanza e la nascita del figlio. In tali casi il marito è ammesso a provare che il figlio presenta caratteristiche genetiche o del gruppo sanguigno incompatibili con quelle del presunto padre, o ogni altro fatto tendente ad escludere la paternità.

La sola dichiarazione della madre non esclude la paternità (231).

L'azione di disconoscimento può essere esercitata anche dalla madre o dal figlio che ha raggiunto la maggiore età in tutti i casi in cui può essere esercitata dal padre].

(1) *Questo articolo è stato abrogato dall'art. 106, comma 1, lett.* a), *del D.L.vo 28 dicembre 2013, n. 154, a decorrere dal trentesimo giorno successivo a quello della sua pubblicazione nella* Gazzetta Ufficiale (G.U. *n. 5 dell'8 gennaio 2014*).

Capo II
Delle prove della filiazione

236. Atto di nascita e possesso di stato. – La filiazione [legittima] (1) si prova con l'atto di nascita (452) iscritto nei registri dello stato civile (238, 240, 241, 451).

Basta, in mancanza di questo titolo, il possesso continuo dello stato (131) di figlio [legittimo] (1) (237, 240).

(1) *Le parole fra parentesi quadrate sono state soppresse dall'art. 11 del D.L.vo 28 dicembre 2013, n. 154, a decorrere dal trentesimo giorno successivo a quello della sua pubblicazione nella* Gazzetta Ufficiale (G.U. *n. 5 dell'8 gennaio 2014*).

NOTE OPERATIVE:

Cognome paterno: La normativa italiana che assegna ai figli legittimi il cognome del genitore di sesso maschile viola l'art. 14 della convenzione per la salvaguardia dei diritti dell'Uomo e delle libertà fondamentali, in combinato disposto con l'art. 8 della stessa convenzione; la normativa predetta va, quindi, modificata (C.EDU 77/14). Illegittima la normativa che attribuisce il cognome del padre, anziché prevedere che il figlio possa assumere i cognomi dei genitori, salvo accordo per attribuire il cognome di uno di loro soltanto (C.Cost. 131/2022).

237. ([1]) **Fatti costitutivi del possesso di stato.** – Il possesso di stato (131) risulta da una serie di fatti che nel loro complesso valgano a dimostrare le relazioni di filiazione (231) e di parentela (74) fra una persona e la famiglia a cui essa pretende di appartenere (131).

In ogni caso devono concorrere i seguenti fatti:

che il genitore abbia trattato la persona come figlio ed abbia provveduto in questa qualità al mantenimento, alla educazione e al collocamento di essa;

che la persona sia stata costantemente considerata come tale nei rapporti sociali;

che sia stata riconosciuta in detta qualità dalla famiglia ([2]).

([1]) *La Corte costituzionale, con sentenza n. 286 del 21 dicembre 2016, ha dichiarato l'illegittimità costituzionale della norma desumibile dagli artt. 237, 262 e 299 c.c.; 72, primo comma, del R.D. 9 luglio 1939, n. 1238 e 33 e 34 del D.P.R. 3 novembre 2000, n. 396, nella parte in cui non consente ai coniugi, di comune accordo, di trasmettere ai figli, al momento della nascita, anche il cognome materno.*

([2]) *Questo comma è stato così sostituito dall'art. 12 del D.L.vo 28 dicembre 2013, n. 154, a decorrere dal trentesimo giorno successivo a quello della sua pubblicazione nella* Gazzetta Ufficiale *(G.U. n. 5 dell'8 gennaio 2014).*

NOTE OPERATIVE:

Cognome materno: Sono costituzionalmente illegittime le norme che non consentono ai coniugi, di comune accordo, di trasmettere ai figli, al momento della nascita, anche il cognome materno. Nella famiglia fondata sul matrimonio rimane tuttora preclusa la possibilità per la madre di attribuire al figlio, sin dalla nascita, il proprio cognome, nonché la possibilità per il figlio di essere identificato, sin dalla nascita, anche con il cognome della madre. Siffatta preclusione pregiudica il diritto all'identità personale del minore e, al contempo, costituisce un'irragionevole disparità di trattamento tra i coniugi, che non trova alcuna giustificazione nella finalità di salvaguardia dell'unità familiare. In particolare, il valore dell'identità della persona, nella pienezza e complessità delle sue espressioni, e la consapevolezza della valenza, pubblicistica e privatistica, del diritto al nome, quale punto di emersione dell'appartenenza del singolo ad un gruppo familiare, portano ad individuare nei criteri di attribuzione del cognome del minore profili determinanti della sua identità personale, che si proietta nella sua personalità sociale, ai sensi dell'art. 2 Cost., nonché dell'art. 8 della Convenzione per la salvaguardia dei diritti dell'uomo e delle libertà fondamentali (CEDU). La piena ed effettiva realizzazione del diritto all'identità personale, che nel nome trova il suo primo ed immediato riscontro, unitamente al riconoscimento del paritario rilievo di entrambe le figure genitoriali nel processo di costruzione di tale identità personale, impone l'affermazione del diritto del figlio ad essere identificato, sin dalla nascita, attraverso l'attribuzione del cognome di entrambi i genitori. Il criterio della prevalenza del cognome paterno, e la conseguente disparità di trattamento dei coniugi, non trovano poi alcuna giustificazione né nell'art. 3 Cost., né nella finalità di salvaguardia dell'unità familiare, di cui all'art. 29, comma 2, Cost. Anzi, la perdurante violazione del principio di uguaglianza "morale e giuridica" dei coniugi, realizzata attraverso la mortificazione del diritto della madre a che il figlio acquisti anche il suo cognome, contraddice quella finalità di garanzia dell'unità familiare, individuata quale ratio giustificatrice, in generale, di eventuali deroghe alla parità dei coniugi, e, in particolare, della norma sulla prevalenza del cognome paterno. Va, infine, rilevato che, in assenza dell'accordo dei genitori, residua la generale previsione dell'attribuzione del cognome paterno, in attesa di un indifferibile intervento legislativo, destinato a disciplinare organicamente la materia, secondo criteri finalmente consoni al principio di parità (C.Cost. 286/2016).

238. Irreclamabilità di uno stato di figlio contrario a quello attribuito dall'atto di nascita ([1]). – Salvo quanto disposto dagli articoli 128, 234, 239, 240 e 244 ([2]), nessuno può reclamare uno stato contrario a quello che gli attribuiscono l'atto di nascita di figlio nato nel matrimonio ([3]) e il possesso di stato conforme all'atto stesso (131, 236, 237).

[Parimenti non si può contestare la legittimità di colui il quale ha un possesso di stato conforme all'atto di nascita] (253) ([4]).

([1]) *La rubrica:* «Atto di nascita conforme al possesso di stato» *è stata così sostituita dall'attuale dall'art. 13, comma 1, lett.* a), *del D.L.vo 28 dicembre 2013, n. 154, a decorrere dal trentesimo giorno successivo a quello della sua pubblicazione nella* Gazzetta Ufficiale *(G.U. n. 5 dell'8 gennaio 2014).*

([2]) *Le parole: «233, 234, 235 e 239» sono state così sostituite dalle attuali: «234, 239, 240 e 244» dall'art. 13, comma 1, lett.* b), *del D.L.vo 28 dicembre 2013, n. 154, a decorrere dal trentesimo giorno successivo a quello della sua pubblicazione nella* Gazzetta Ufficiale *(G.U. n. 5 dell'8 gennaio 2014).*

([3]) *Le parole: «figlio legittimo» sono state così sostituite dalle attuali: «figlio nato nel matrimonio» dall'art. 105, comma 2, del D.L.vo 28 dicembre 2013, n. 154, a decorrere dal trentesimo giorno successivo a quello della sua pubblicazione nella* Gazzetta Ufficiale *(G.U. n. 5 dell'8 gennaio 2014).*

([4]) *Questo comma è stato abrogato dall'art. 13, comma 1, lett.* c), *del D.L.vo 28 dicembre 2013, n. 154, a decorrere dal trentesimo giorno successivo a quello della sua pubblicazione nella* Gazzetta Ufficiale *(G.U. n. 5 dell'8 gennaio 2014).*

239. ([1]) **Reclamo dello stato di figlio.** – Qualora si tratti di supposizione di parto (566 c.p.) o di sostituzione di neonato (567 c.p.), il figlio può reclamare uno stato diverso.

L'azione di reclamo dello stato di figlio può essere esercitata anche da chi è nato nel matrimonio ma fu iscritto come figlio di ignoti, salvo che sia intervenuta sentenza di adozione.

L'azione può inoltre essere esercitata per reclamare uno stato di figlio conforme alla presunzione di paternità da chi è stato riconosciuto in contrasto con tale presunzione e da chi fu iscritto in conformità di altra presunzione di paternità.

L'azione può, altresì, essere esercitata per reclamare un diverso stato di figlio quando il precedente è stato comunque rimosso.

([1]) *Questo articolo è stato così sostituito dall'art. 14 del D.L.vo 28 dicembre 2013, n. 154, a decorrere dal trentesimo giorno successivo a quello della sua pubblicazione nella* Gazzetta Ufficiale (G.U. *n. 5 dell'8 gennaio 2014*).

240. ([1]) **Contestazione dello stato di figlio.** – Lo stato di figlio può essere contestato nei casi di cui al primo e secondo comma dell'articolo 239.

([1]) *Questo articolo è stato così sostituito dall'art. 15 del D.L.vo 28 dicembre 2013, n. 154, a decorrere dal trentesimo giorno successivo a quello della sua pubblicazione nella* Gazzetta Ufficiale (G.U. *n. 5 dell'8 gennaio 2014*).

241. Prova in giudizio ([1]). – Quando mancano l'atto di nascita e il possesso di stato (236, 237), la prova della filiazione può darsi in giudizio con ogni mezzo (239; 244 c.p.c.) ([2]).

[Questa prova non può essere ammessa che quando vi è un principio di prova per iscritto (242, 2724), ovvero quando le presunzioni (2727, 2728) e gli indizi sono abbastanza gravi da determinare l'ammissione della prova] ([3]).

([1]) *La precedente rubrica:* «Prova con testimoni» *è stata così sostituita dall'attuale dall'art. 16, comma 1, lett.* a), *del D.L.vo 28 dicembre 2013, n. 154, a decorrere dal trentesimo giorno successivo a quello della sua pubblicazione nella* Gazzetta Ufficiale (G.U. *n. 5 dell'8 gennaio 2014*).

([2]) *Questo comma è stato così sostituito dall'art. 16, comma 1, lett.* b), *del D.L.vo 28 dicembre 2013, n. 154, a decorrere dal trentesimo giorno successivo a quello della sua pubblicazione nella* Gazzetta Ufficiale (G.U. *n. 5 dell'8 gennaio 2014*).

([3]) *Questo comma è stato abrogato dall'art. 16, comma 1, lett.* c), *del D.L.vo 28 dicembre 2013, n. 154, a decorrere dal trentesimo giorno successivo a quello della sua pubblicazione nella* Gazzetta Ufficiale (G.U. *n. 5 dell'8 gennaio 2014*).

242. ([1]) [**Principio di prova per iscritto.** – Il principio di prova per iscritto (241, 2724 n. 1) risulta dai documenti di famiglia, dai registri e dalle carte private del padre o della madre, dagli atti pubblici e privati provenienti da una delle parti che sono impegnate nella controversia o da altra persona, che, se fosse in vita, avrebbe interesse nella controversia].

([1]) *Questo articolo è stato abrogato dall'art. 106, comma 1, lett.* a), *del D.L.vo 28 dicembre 2013, n. 154, a decorrere dal trentesimo giorno successivo a quello della sua pubblicazione nella* Gazzetta Ufficiale (G.U. *n. 5 dell'8 gennaio 2014*).

243. ([1]) [**Prova contraria.** – La prova contraria può darsi con tutti i mezzi atti a dimostrare che il reclamante (249) non è figlio della donna che egli pretende di avere per madre, oppure che non è figlio del marito della madre (231 ss.), quando risulta provata la maternità].

([1]) *Questo articolo è stato abrogato dall'art. 106, comma 1, lett.* a), *del D.L.vo 28 dicembre 2013, n. 154, a decorrere dal trentesimo giorno successivo a quello della sua pubblicazione nella* Gazzetta Ufficiale (G.U. *n. 5 dell'8 gennaio 2014*).

243 *bis*. ([1]) **Disconoscimento di paternità.** – L'azione di disconoscimento di paternità del figlio nato nel matrimonio può essere esercitata dal marito, dalla madre e dal figlio medesimo.

Chi esercita l'azione è ammesso a provare che non sussiste rapporto di filiazione tra il figlio e il presunto padre.

La sola dichiarazione della madre non esclude la paternità.

([1]) *Questo articolo è stato inserito dall'art. 17 del D.L.vo 28 dicembre 2013, n. 154, a decorrere dal trentesimo giorno successivo a quello della sua pubblicazione nella* Gazzetta Ufficiale (G.U. *n. 5 dell'8 gennaio 2014*).

NOTE OPERATIVE:

Ascolto del minore: In tema di azioni di status, l'ascolto del minore è un suo diritto assoluto, consentendogli la partecipazione diretta al giudizio e costituendo elemento di primaria importanza nella valutazione dell'interesse del fanciullo, sicché l'omessa audizione di quello infradodicenne, non può trovare fondamento né nel mero dubbio circa la sua capacità di discernimento, né su ragioni di opportunità (C.C. 28521/19 – Conf. C.C. 6129/15; C.C. 12018/19).

Perdita del cognome: L'accoglimento della domanda di disconoscimento della paternità comporta, in affermazione del favor veritatis che si accompagna all'esercizio delle azioni sullo status, che il soggetto in precedenza riconosciuto perda il cognome del padre e che là dove egli intenda conservarlo tanto debba fare attraverso l'esercizio dell'autonomo diritto al nome, tratto caratterizzante della personalità ex art. 2 Cost., che, come definito dalla sentenza della Corte costituzionale n. 13 del 1994, deve essere introdotto a mezzo di una distinta domanda di attribuzione (C.C. 28518/19).

Responsabilità penale: In tema di violazione degli obblighi di assistenza familiare, l'imputato può dirsi liberato dagli stessi solo in caso di passaggio in giudicato della sentenza civile che abbia accolto la domanda di disconoscimento di paternità (C.P. 8144/20 – Conf. C.P. 8998/10; C.P. 3893/99).

Pregiudizialità: Il giudizio di disconoscimento di paternità è pregiudiziale rispetto a quello in cui viene richiesto l'accertamento di altra paternità così che, nel caso della loro contemporanea pendenza, si applica l'istituto della sospensione per pregiudizialità ex art. 295 c.p.c. (S.U. 8268/23).

Capo III
Dell'azione di disconoscimento e delle azioni di contestazione e di reclamo dello stato di figlio [1]

[1] *A norma dell'art. 7, comma 5, del D.L.vo 28 dicembre 2013, n. 154, a decorrere dal trentesimo giorno successivo a quello della sua pubblicazione nella* Gazzetta Ufficiale *(G.U. n. 5 dell'8 gennaio 2014), la Sezione III -* Dell'azione di disconoscimento e delle azioni di contestazione e di reclamo di legittimità - *del capo I del titolo VII del libro primo c.c. è sostituita dalla seguente: «Capo III - Dell'azione di disconoscimento e delle azioni di contestazione e di reclamo dello stato di figlio».*

244. [1] **Termini dell'azione di disconoscimento.** – L'azione di disconoscimento della paternità da parte della madre deve essere proposta nel termine di sei mesi dalla nascita del figlio ovvero dal giorno in cui è venuta a conoscenza dell'impotenza di generare del marito al tempo del concepimento.

Il marito può disconoscere il figlio nel termine di un anno che decorre dal giorno della nascita quando egli si trovava al tempo di questa nel luogo in cui è nato il figlio; se prova di aver ignorato la propria impotenza di generare ovvero l'adulterio della moglie al tempo del concepimento, il termine decorre dal giorno in cui ne ha avuto conoscenza.

Se il marito non si trovava nel luogo in cui è nato il figlio il giorno della nascita il termine, di cui al secondo comma, decorre dal giorno del suo ritorno o dal giorno del ritorno nella residenza familiare se egli ne era lontano. In ogni caso, se egli prova di non aver avuto notizia della nascita in detti giorni, il termine decorre dal giorno in cui ne ha avuto notizia.

Nei casi previsti dal primo e dal secondo comma l'azione non può essere, comunque, proposta oltre cinque anni dal giorno della nascita.

L'azione di disconoscimento della paternità può essere proposta dal figlio che ha raggiunto la maggiore età. L'azione è imprescrittibile riguardo al figlio.

L'azione può essere altresì promossa da un curatore speciale nominato dal giudice, assunte sommarie informazioni, su istanza del figlio minore che ha compiuto i quattordici anni ovvero del pubblico ministero o dell'altro genitore, quando si tratti di figlio di età inferiore.

[1] *Questo articolo è stato, da ultimo, così sostituito dall'art. 18 del D.L.vo 28 dicembre 2013, n. 154, a decorrere dal trentesimo giorno successivo a quello della sua pubblicazione nella* Gazzetta Ufficiale *(G.U. n. 5 dell'8 gennaio 2014). Per le disposizioni transitorie si veda l'art. 104 del D.L.vo 28 dicembre 2013, n. 154.*

NOTE OPERATIVE:

Prova dell'adulterio: Ai fini della decorrenza del termine, assume rilievo la prova della consapevolezza dell'adulterio della moglie al tempo del concepimento. Sul marito, quindi, grava l'onere di dimostrare di avere agito entro l'anno dalla data in cui aveva scoperto una condotta della donna idonea al concepimento con un altro uomo, mentre sulla parte convenuta, grava l'onere di dimostrare l'eventuale anteriorità della scoperta. Ciò che rileva è acquisizione certa della conoscenza di un fatto idoneo a determinare un concepimento (C.C. 21898/22 – Conf. C.C. 19324/20).

245. [1] **Sospensione del termine.** – Se la parte interessata a promuovere l'azione di disconoscimento di paternità si trova in stato di interdizione per infermità di mente ovvero versa in condizioni di abituale grave infermità di mente, che lo renda incapace di provvedere ai propri interessi, la decorrenza del termine indicato nell'articolo 244 è sospesa nei suoi confronti, sino a che duri lo stato di interdizione o durino le condizioni di abituale grave infermità di mente.

Quando il figlio si trova in stato di interdizione ovvero versa in condizioni di abituale grave infermità di mente, che lo renda incapace di provvedere ai propri interessi, l'azione può essere altresì promossa da un curatore speciale nominato dal giudice, assunte sommarie informazioni, su istanza del pubblico ministero, del tutore, o dell'altro genitore. Per gli altri legittimati l'azione può essere proposta dal tutore o, in mancanza di questo, da un curatore speciale, previa autorizzazione del giudice.

[1] *Questo articolo è stato, da ultimo, così sostituito dall'art. 19 del D.L.vo 28 dicembre 2013, n. 154, a decorrere dal trentesimo giorno successivo a quello della sua pubblicazione nella* Gazzetta Ufficiale *(G.U. n. 5 dell'8 gennaio 2014).*

246. [1] **Trasmissibilità dell'azione.** – Se il presunto padre o la madre titolari dell'azione di disconoscimento di paternità sono morti senza averla promossa, ma prima che sia decorso il termine previsto dall'articolo 244, sono ammessi ad esercitarla in loro vece i discendenti o gli ascendenti; il nuovo termine decorre dalla morte del presunto padre o della madre, o dalla nascita del figlio se si tratta di figlio postumo o dal raggiungimento della maggiore età da parte di ciascuno dei discendenti.

Se il figlio titolare dell'azione di disconoscimento di paternità è morto senza averla promossa sono ammessi ad esercitarla in sua vece il coniuge o i discendenti nel termine di un anno che decorre dalla morte del figlio o dal raggiungimento della maggiore età da parte di ciascuno dei discendenti.

Si applicano il sesto comma dell'articolo 244 e l'articolo 245.

(1) *Questo articolo è stato così sostituito dall'art. 19 del D.L.vo 28 dicembre 2013, n. 154, a decorrere dal trentesimo giorno successivo a quello della sua pubblicazione nella* Gazzetta Ufficiale (G.U. *n. 5 dell'8 gennaio 2014*).

NOTE OPERATIVE:

Termine: In caso di morte del titolare, la relativa azione può essere proposta dai suoi ascendenti o discendenti, nel termine di decadenza di cui all'art. 244 c.c. che decorre dalla data del decesso del dante causa, se essi erano già a conoscenza della nascita o, in caso contrario, dalla data dell'effettiva conoscenza dell'evento in qualunque modo acquisita (C.C. 27903/21 – Conf. C.C. 2342/75).

247. Legittimazione passiva. – Il presunto padre, la madre ed il figlio sono litisconsorti necessari (102 c.p.c.) nel giudizio di disconoscimento.

Se una delle parti è minore o interdetta (414), l'azione è proposta in contraddittorio con un curatore (78 c.p.c.) nominato dal giudice davanti al quale il giudizio deve essere promosso.

Se una delle parti è un minore emancipato (390) o un maggiore inabilitato (415 ss.), l'azione è proposta contro la stessa assistita da un curatore (78 c.p.c.) parimenti nominato dal giudice.

Se il presunto padre o la madre o il figlio sono morti, l'azione si propone nei confronti delle persone indicate nell'articolo precedente o, in loro mancanza, nei confronti di un curatore (78 c.p.c.) parimenti nominato dal giudice.

248. Legittimazione all'azione di contestazione dello stato di figlio. Imprescrittibilità (1). – L'azione di contestazione dello stato di figlio spetta a chi dall'atto di nascita del figlio risulti suo genitore e a chiunque vi abbia interesse (2).

L'azione è imprescrittibile (2934).

Quando l'azione è proposta nei confronti di persone premorte o minori o altrimenti incapaci, si osservano le disposizioni dell'articolo precedente.

Nel giudizio devono essere chiamati entrambi i genitori (102 c.p.c.).

Si applicano il sesto comma dell'articolo 244 e il secondo comma dell'articolo 245 (3).

(1) *La precedente rubrica:* «Legittimazione all'azione di contestazione della legittimità. Imprescrittibilità» *è stata così sostituita dall'attuale dall'art. 20, comma 1, lett.* a), *del D.L.vo 28 dicembre 2013, n. 154, a decorrere dal trentesimo giorno successivo a quello della sua pubblicazione nella* Gazzetta Ufficiale (G.U. *n. 5 dell'8 gennaio 2014*).

(2) *Questo comma è stato così sostituito dall'art. 20, comma 1, lett.* b), *del D.L.vo 28 dicembre 2013, n. 154, a decorrere dal trentesimo giorno successivo a quello della sua pubblicazione nella* Gazzetta Ufficiale (G.U. *n. 5 dell'8 gennaio 2014*).

(3) *Questo comma è stato aggiunto dall'art. 20, comma 1, lett.* c), *del D.L.vo 28 dicembre 2013, n. 154, a decorrere dal trentesimo giorno successivo a quello della sua pubblicazione nella* Gazzetta Ufficiale (G.U. *n. 5 dell'8 gennaio 2014*).

NOTE OPERATIVE:

Ambito di applicazione: Se nell'atto di nascita di un figlio, nato da donna da tempo legalmente separata, viene indicato come padre il marito della stessa, l'unica azione a disposizione del padre, che intende far accertare l'inesistenza di un legame genetico, è la contestazione dello stato di figlio (C.C. 4194/18).

249. (1) **Legittimazione all'azione di reclamo dello stato di figlio. Imprescrittibilità.** – L'azione per reclamare lo stato di figlio spetta al medesimo.

L'azione è imprescrittibile.

Quando l'azione è proposta nei confronti di persone premorte o minori o altrimenti incapaci, si osservano le disposizioni dell'articolo 247.

Nel giudizio devono essere chiamati entrambi i genitori.

Si applicano il sesto comma dell'articolo 244 e il secondo comma dell'articolo 245.

(1) *Questo articolo è stato così sostituito dall'art. 21 del D.L.vo 28 dicembre 2013, n. 154, a decorrere dal trentesimo giorno successivo a quello della sua pubblicazione nella* Gazzetta Ufficiale (G.U. *n. 5 dell'8 gennaio 2014*).

Capo IV
Del riconoscimento dei figli nati fuori del matrimonio (1)

(1) *A norma dell'art. 7, comma 8, del D.L.vo 28 dicembre 2013, n. 154, a decorrere dal trentesimo giorno successivo a quello della sua pubblicazione nella Gazzetta Ufficiale (G.U. n. 5 dell'8 gennaio 2014), la rubrica del paragrafo 1- Del riconoscimento dei figli naturali - della Sezione I del capo II del libro primo del codice civile è sostituita dalla seguente: «Capo IV - Del riconoscimento dei figli nati fuori del matrimonio».*

250. Riconoscimento. – Il figlio nato fuori del matrimonio può essere riconosciuto, nei modi previsti dall'articolo 254, dalla madre e dal padre, anche se già uniti in matrimonio con altra persona all'epoca del concepimento. Il riconoscimento può avvenire tanto congiuntamente quanto separatamente (235) (1).

Il riconoscimento del figlio che ha compiuto i quattordici anni (2) non produce effetto senza il suo assenso.

Il riconoscimento del figlio che non ha compiuto i quattordici anni (3) non può avvenire senza il consenso dell'altro genitore che abbia già effettuato il riconoscimento.

Il consenso non può essere rifiutato se risponde all'interesse del figlio. Il genitore che vuole riconoscere il figlio, qualora il consenso dell'altro genitore sia rifiutato, ricorre al giudice competente il quale, assunta ogni opportuna informazione e disposto l'ascolto del minore, adotta eventuali provvedimenti temporanei e urgenti al fine di instaurare la relazione, salvo che la difesa del convenuto non sia palesemente fondata. Con la sentenza che tiene luogo del consenso mancante, il giudice adotta i provvedimenti opportuni in relazione all'affidamento e al mantenimento del minore ai sensi dell'articolo 315 *bis* e al suo cognome ai sensi dell'articolo 262 (4).

Il riconoscimento non può essere fatto dai genitori che non abbiano compiuto il sedicesimo anno di età, salvo che il giudice li autorizzi, valutate le circostanze e avuto riguardo all'interesse del figlio (5).

(1) *Questo comma è stato così sostituito dall'art. 1, comma 2, lett. a), della L. 10 dicembre 2012, n. 219.*

(2) *Le parole: «sedici anni» sono state così sostituite dalle attuali: «quattordici anni» dall'art. 1, comma 2, lett. b), della L. 10 dicembre 2012, n. 219.*

(3) *Le parole: «sedici anni» sono state così sostituite dalle attuali: «quattordici anni» dall'art. 1, comma 2, lett. c), della L. 10 dicembre 2012, n. 219.*

(4) *Questo comma è stato da ultimo così sostituito dall'art. 1, comma 3, del D.L.vo 10 ottobre 2022, n. 149, a decorrere dal 28 febbraio 2023.*

Si riporta il testo precedente:

«Il consenso non può essere rifiutato se risponde all'interesse del figlio. Il genitore che vuole riconoscere il figlio, qualora il consenso dell'altro genitore sia rifiutato, ricorre al giudice competente, che fissa un termine per la notifica del ricorso all'altro genitore. Se non viene proposta opposizione entro trenta giorni dalla notifica, il giudice decide con sentenza che tiene luogo del consenso mancante; se viene proposta opposizione, il giudice, assunta ogni opportuna informazione, dispone l'audizione del figlio minore che abbia compiuto i dodici anni, o anche di età inferiore, ove capace di discernimento, e assume eventuali provvedimenti provvisori e urgenti al fine di instaurare la relazione, salvo che l'opposizione non sia palesemente fondata. Con la sentenza che tiene luogo del consenso mancante, il giudice assume i provvedimenti opportuni in relazione all'affidamento e al mantenimento del minore ai sensi dell'articolo 315 bis e al suo cognome ai sensi dell'articolo 262».

(5) *Le parole: «, salvo che il giudice li autorizzi, valutate le circostanze e avuto riguardo all'interesse del figlio» sono state aggiunte dall'art. 1, comma 2, lett. e), della L. 10 dicembre 2012, n. 219.*

NOTE OPERATIVE:

Valutazione del giudice: Il diritto, come quello alla vita familiare, stabilito all'art. 8 CEDU, non presenta carattere assoluto ma, al contrario, può essere sacrificato all'esito di un giudizio di bilanciamento con il concreto interesse del minore a non subire per effetto del riconoscimento un grave pregiudizio per il proprio sviluppo psico-fisico (C.C. 5634/23). L'accertamento da svolgersi, tuttavia, deve essere rigoroso perché non qualsiasi turbamento può incidere sull'indicato diritto costituzionalmente e convenzionalmente protetto ma solo il pericolo, fondato su un giudizio prognostico concretamente incentrato sulla situazione personale e relazionale del genitore e del minore che abbia ad oggetto la verifica del pericolo per lo sviluppo psico-fisico non traumatico del minore stesso, derivante dal riconoscimento richiesto (C.C. 24718/21).

Consenso al riconoscimento: La prestazione del consenso al riconoscimento del figlio infraquattordicenne da parte del genitore che l'abbia già riconosciuto non è elemento costitutivo della fattispecie, ma condicio iuris dell'efficacia dell'atto di riconoscimento, di talché, ove tale consenso manchi la fattispecie è perfetta, ma improduttiva di effetti (C.C. 22953/22). La scelta del legislatore di dettare una clausola generale affidandone al giudice la concretizzazione nella singola fattispecie, non costituisce una delega al giudizio personale del singolo giudice, ma risponde all'esigenza di consentire l'adattamento del concetto generale dell'interesse del figlio, alle infinite varietà delle situazioni concrete che non potrebbero mai essere tutte previste nella norma scritta, consentendo così, senza lacune, in ogni caso il bilanciamento degli interessi costituzionalmente protetti dalla norma (C.C. 21428/22).

251. (1) **Autorizzazione al riconoscimento.** – Il figlio nato da persone, tra le quali esiste un vincolo di parentela in linea retta all'infinito o in linea collaterale nel secondo grado, ovvero un vincolo di affinità in linea retta, può essere riconosciuto previa autorizzazione del giudice avuto riguardo all'interesse del figlio e alla necessità di evitare allo stesso qualsiasi pregiudizio.

Il riconoscimento di una persona minore di età è autorizzato dal giudice (2).

(1) *Questo articolo è stato da ultimo così sostituito dall'art. 1, comma 3, della L. 10 dicembre 2012, n. 219.*

(2) *Le parole: «tribunale per i minorenni» sono state così sostituite dall'attuale: «giudice» dall'art. 22 del D.L.vo 28 dicembre 2013, n. 154, a decorrere dal trentesimo giorno successivo a quello della sua pubblicazione nella* Gazzetta Ufficiale (G.U. *n. 5 dell'8 gennaio 2014*).

252. Affidamento del figlio nato fuori del matrimonio e suo inserimento nella famiglia del genitore (1). – Qualora il figlio nato fuori del matrimonio (2) di uno dei coniugi sia riconosciuto durante il matrimonio il giudice, valutate le circostanze, decide in ordine all'affidamento del minore e adotta ogni altro provvedimento a tutela del suo interesse morale e materiale.

L'eventuale inserimento del figlio nato fuori del matrimonio (3) nella famiglia legittima di uno dei genitori può essere autorizzato dal giudice (38 att.) qualora ciò non sia contrario all'interesse del minore e sia accertato il consenso dell'altro coniuge convivente e degli altri figli (4) che abbiano compiuto il sedicesimo anno di età e siano conviventi, nonché dell'altro genitore (5) che abbia effettuato il riconoscimento (250, 317 *bis*). In questo caso il giudice (38 att.) stabilisce le condizioni cui ciascun genitore deve attenersi (6).

Qualora il figlio [naturale] (7) sia riconosciuto anteriormente al matrimonio, il suo inserimento nella famiglia [legittima] (7) è subordinato al consenso dell'altro coniuge, a meno che il figlio fosse già convivente con il genitore all'atto del matrimonio o l'altro coniuge conoscesse l'esistenza del figlio [naturale] (7).

È altresì richiesto il consenso dell'altro genitore [naturale] (8) che abbia effettuato il riconoscimento.

In caso di disaccordo tra i genitori, ovvero di mancato consenso degli altri figli conviventi, la decisione è rimessa al giudice tenendo conto dell'interesse dei minori. Prima dell'adozione del provvedimento, il giudice dispone l'ascolto dei figli minori che abbiano compiuto gli anni dodici e anche di età inferiore ove capaci di discernimento (9).

(1) *La precedente rubrica: «*Affidamento del figlio naturale e suo inserimento nella famiglia legittima*» è stata così sostituita dall'attuale dall'art. 23, comma 1, lett. a), del D.L.vo 28 dicembre 2013, n. 154, a decorrere dal trentesimo giorno successivo a quello della sua pubblicazione nella* Gazzetta Ufficiale (G.U. *n. 5 dell'8 gennaio 2014*).

(2) *La parola: «naturale» è stata così sostituita dalle attuali: «nato fuori del matrimonio» dall'art. 23, comma 1, lett. b), del D.L.vo 28 dicembre 2013, n. 154, a decorrere dal trentesimo giorno successivo a quello della sua pubblicazione nella* Gazzetta Ufficiale (G.U. *n. 5 dell'8 gennaio 2014*).

(3) *La parola: «naturale» è stata così sostituita dalle attuali: «nato fuori del matrimonio» dall'art. 23, comma 1, lett. c), del D.L.vo 28 dicembre 2013, n. 154, a decorrere dal trentesimo giorno successivo a quello della sua pubblicazione nella* Gazzetta Ufficiale (G.U. *n. 5 dell'8 gennaio 2014*).

(4) *Le parole: «e dei figli legittimi» sono state così sostituite dalle attuali: «convivente e degli altri figli» dall'art. 23, comma 1, lett. c), del D.L.vo 28 dicembre 2013, n. 154, a decorrere dal trentesimo giorno successivo a quello della sua pubblicazione nella* Gazzetta Ufficiale (G.U. *n. 5 dell'8 gennaio 2014*).

(5) *Le parole: «genitore naturale» sono state così sostituite dall'attuale: «genitore» dall'art. 23, comma 1, lett. c), del D.L.vo 28 dicembre 2013, n. 154, a decorrere dal trentesimo giorno successivo a quello della sua pubblicazione nella* Gazzetta Ufficiale (G.U. *n. 5 dell'8 gennaio 2014*).

(6) *Questo periodo è stato così sostituito dall'art. 23, comma 1, lett. c), del D.L.vo 28 dicembre 2013, n. 154, a decorrere dal trentesimo giorno successivo a quello della sua pubblicazione nella* Gazzetta Ufficiale (G.U. *n. 5 dell'8 gennaio 2014*).

(7) *Le parole fra parentesi quadrate sono state soppresse dall'art. 23, comma 1, lett. d), del D.L.vo 28 dicembre 2013, n. 154, a decorrere dal trentesimo giorno successivo a quello della sua pubblicazione nella* Gazzetta Ufficiale (G.U. *n. 5 dell'8 gennaio 2014*).

(8) *La parola fra parentesi quadrata è stata soppressa dall'art. 23, comma 1, lett. e), del D.L.vo 28 dicembre 2013, n. 154, a decorrere dal trentesimo giorno successivo a quello della sua pubblicazione nella* Gazzetta Ufficiale (G.U. *n. 5 dell'8 gennaio 2014*).

(9) *Questo comma è stato inserito dall'art. 23, comma 1, lett. f), del D.L.vo 28 dicembre 2013, n. 154, a decorrere dal trentesimo giorno successivo a quello della sua pubblicazione nella* Gazzetta Ufficiale (G.U. *n. 5 dell'8 gennaio 2014*).

253. Inammissibilità del riconoscimento. – In nessun caso è ammesso un riconoscimento in contrasto con lo stato di figlio [legittimo o legittimato] (1) in cui la persona si trova.

(1) *Le parole fra parentesi quadrate sono state soppresse dall'art. 24 del D.L.vo 28 dicembre 2013, n. 154, a decorrere dal trentesimo giorno successivo a quello della sua pubblicazione nella* Gazzetta Ufficiale (G.U. *n. 5 dell'8 gennaio 2014*).

NOTE OPERATIVE:

Pregiudizialità: Il giudizio di disconoscimento di paternità è pregiudiziale rispetto a quello in cui viene richiesto l'accertamento di altra paternità, così che, nel caso della loro contemporanea pendenza, il secondo va necessariamente sospeso ex art. 295 c.p.c., fino alla definizione del primo con sentenza passata in giudicato (S.U. 8268/23).

254. Forma del riconoscimento. – Il riconoscimento del figlio nato fuori del matrimonio ([1]) è fatto nell'atto di nascita, oppure con una apposita dichiarazione, posteriore alla nascita o al concepimento, davanti ad un ufficiale dello stato civile [o davanti al giudice tutelare] ([2]) (344) o in un atto pubblico (2699) o in un testamento (256, 587) qualunque sia la forma di questo (601).

[La domanda di legittimazione di un figlio naturale presentata al giudice (284, 288) o la dichiarazione della volontà di legittimarlo espressa dal genitore in un atto pubblico o in un testamento importa riconoscimento, anche se la legittimazione non abbia luogo] ([3]).

([1]) *La parola: «naturale» è stata così sostituita dalle attuali: «nato fuori del matrimonio» dall'art. 25, comma 1, lett. a), del D.L.vo 28 dicembre 2013, n. 154, a decorrere dal trentesimo giorno successivo a quello della sua pubblicazione nella* Gazzetta Ufficiale *(G.U. n. 5 dell'8 gennaio 2014).*

([2]) *Le parole: «o davanti al giudice tutelare» sono state soppresse dall'art. 138 del D.L.vo 19 febbraio 1998, n. 51, recante l'istituzione del giudice unico, a decorrere dal 2 giugno 1999.*

([3]) *Questo comma è stato abrogato dall'art. 25, comma 1, lett. b), del D.L.vo 28 dicembre 2013, n. 154, a decorrere dal trentesimo giorno successivo a quello della sua pubblicazione nella* Gazzetta Ufficiale *(G.U. n. 5 dell'8 gennaio 2014).*

NOTE OPERATIVE:

Atto di nascita: Il rapporto di filiazione è, nell'ordinamento attuale, costituito automaticamente per effetto dell'indicazione del nome della madre nell'atto di nascita, senza necessità di un ulteriore atto di riconoscimento formale (C.C. 22729/18).

255. Riconoscimento di un figlio premorto. – Può anche aver luogo il riconoscimento del figlio premorto, in favore dei suoi discendenti [legittimi e dei suoi figli naturali riconosciuti] ([1]) (254, 282).

([1]) *Le parole fra parentesi quadrate sono state soppresse dall'art. 26 del D.L.vo 28 dicembre 2013, n. 154, a decorrere dal trentesimo giorno successivo a quello della sua pubblicazione nella* Gazzetta Ufficiale *(G.U. n. 5 dell'8 gennaio 2014).*

256. Irrevocabilità del riconoscimento. – Il riconoscimento è irrevocabile. Quando è contenuto in un testamento (254, 587 ss.) ha effetto dal giorno della morte del testatore, anche se il testamento è stato revocato (679 ss.).

257. Clausole limitatrici. – È nulla ogni clausola diretta a limitare gli effetti del riconoscimento.

258. Effetti del riconoscimento. – Il riconoscimento produce effetti riguardo al genitore da cui fu fatto (261, 262, 317 *bis*, 578, 687) e riguardo ai parenti di esso ([1]).

L'atto di riconoscimento di uno solo dei genitori non può contenere indicazioni relative all'altro genitore. Queste indicazioni, qualora siano state fatte, sono senza effetto.

Il pubblico ufficiale che le riceve e l'ufficiale dello stato civile che le riproduce sui registri dello stato civile (449 ss.) sono puniti con la sanzione amministrativa del pagamento di una somma da € 20 a € 82. Le indicazioni stesse devono essere cancellate.

([1]) *Questo comma è stato così sostituito dall'art. 1, comma 4, della L. 10 dicembre 2012, n. 219.*

259 - 260. (*Omissis*) ([1]).

([1]) *Articoli riguardanti l'introduzione del figlio naturale nella casa coniugale e i poteri dei genitori; abrogati dall'art. 109, L. 19 maggio 1975, n. 151, riforma del diritto di famiglia.*

261. ([1]) **[Diritti e doveri derivanti al genitore dal riconoscimento.** – Il riconoscimento (250) comporta da parte del genitore l'assunzione di tutti i doveri e di tutti i diritti che egli ha nei confronti dei figli (143 ss., 317 *bis*)].

([1]) *Questo articolo è stato abrogato dall'art. 106, comma 1, lett. a), del D.L.vo 28 dicembre 2013, n. 154, a decorrere dal trentesimo giorno successivo a quello della sua pubblicazione nella* Gazzetta Ufficiale *(G.U. n. 5 dell'8 gennaio 2014).*

262. ([1]) ([2]) **Cognome del figlio nato fuori del matrimonio** ([3]). – Il figlio [naturale] ([4]) assume il cognome del genitore che per primo lo ha riconosciuto. Se il riconoscimento è stato effettuato contemporaneamente da entrambi i genitori il figlio [naturale] ([4]) assume il cognome del padre ([5]) ([6]) ([7]).

Se la filiazione nei confronti del padre è stata accertata o riconosciuta successivamente al riconoscimento da parte della madre, il figlio può assumere il cognome del padre aggiungendolo, anteponendolo o sostituendolo a quello della madre ([8]).

Se la filiazione nei confronti del genitore è stata accertata o riconosciuta successivamente all'attribuzione del cognome da parte dell'ufficiale dello stato civile, si applica il primo e il secondo comma del presente articolo; il figlio può mantenere il cognome precedentemente attribuitogli, ove tale cognome sia divenuto autonomo segno della sua identità personale, aggiungendolo, anteponendolo o sostituendolo al cognome del genitore che per primo lo ha riconosciuto o al cognome dei genitori in caso di riconoscimento da parte di entrambi ([9]).

Nel caso di minore età del figlio, il giudice decide circa l'assunzione del cognome del genitore, previo ascolto del figlio minore, che abbia compiuto gli anni dodici e anche di età inferiore ove capace di discernimento (10).

(1) *La Corte costituzionale, con sentenza n. 297 del 23 luglio 1996, ha dichiarato l'illegittimità costituzionale di questo articolo, nella parte in cui non prevede che il figlio naturale, nell'assumere il cognome del genitore che lo ha riconosciuto, possa ottenere dal giudice il riconoscimento del diritto a mantenere, anteponendolo o, a sua scelta, aggiungendolo a questo, il cognome precedentemente attribuitogli con atto formalmente legittimo, ove tale cognome sia divenuto autonomo segno distintivo della sua identità personale.*

(2) *La Corte costituzionale, con sentenza n. 286 del 21 dicembre 2016, ha dichiarato l'illegittimità costituzionale della norma desumibile dagli artt. 237, 262 e 299 c.c.; 72, primo comma, del R.D. 9 luglio 1939, n. 1238 e 33 e 34 del D.P.R. 3 novembre 2000, n. 396, nella parte in cui non consente ai coniugi, di comune accordo, di trasmettere ai figli, al momento della nascita, anche il cognome materno.*

(3) *Le parole: «nato fuori del matrimonio» sono state aggiunte dall'art. 27, comma 1, lett. a), del D.L.vo 28 dicembre 2013, n. 154, a decorrere dal trentesimo giorno successivo a quello della sua pubblicazione nella* Gazzetta Ufficiale (G.U. *n. 5 dell'8 gennaio 2014*).

(4) *La parola fra parentesi quadrate è stata soppressa dall'art. 27, comma 1, lett. b), del D.L.vo 28 dicembre 2013, n. 154, a decorrere dal trentesimo giorno successivo a quello della sua pubblicazione nella* Gazzetta Ufficiale (G.U. *n. 5 dell'8 gennaio 2014*).

(5) *La Corte costituzionale, con sentenza n. 286 del 21 dicembre 2016, ha dichiarato l'illegittimità costituzionale di questo comma nella parte in cui non consente ai genitori, di comune accordo, di trasmettere al figlio, al momento della nascita, anche il cognome materno.*

(6) *La Corte costituzionale, con sentenza n. 131 del 31 maggio 2022, ha dichiarato l'illegittimità costituzionale di questo comma, nella parte in cui prevede, con riguardo all'ipotesi del riconoscimento effettuato contemporaneamente da entrambi i genitori, che il figlio assume il cognome del padre, anziché prevedere che il figlio assume i cognomi dei genitori, nell'ordine dai medesimi concordato, fatto salvo l'accordo, al momento del riconoscimento, per attribuire il cognome di uno di loro soltanto.*

(7) *La Corte costituzionale, con sentenza n. 131 del 31 maggio 2022, ha dichiarato l'illegittimità costituzionale della norma desumibile dagli artt. 262, primo comma, e 299, terzo comma, c.c., 27, comma 1, della legge 4 maggio 1983, n. 184 e 34 del D.P.R. 3 novembre 2000, n. 396, nella parte in cui prevede che il figlio nato nel matrimonio assume il cognome del padre, anziché prevedere che il figlio assume i cognomi dei genitori, nell'ordine dai medesimi concordato, fatto salvo l'accordo, alla nascita, per attribuire il cognome di uno di loro soltanto.*

(8) *Questo comma è stato così sostituito dall'art. 27, comma 1, lett. c), del D.L.vo 28 dicembre 2013, n. 154, a decorrere dal trentesimo giorno successivo a quello della sua pubblicazione nella* Gazzetta Ufficiale (G.U. *n. 5 dell'8 gennaio 2014*).

(9) *Questo comma è stato aggiunto dall'art. 27, comma 1, lett. d), del D.L.vo 28 dicembre 2013, n. 154, a decorrere dal trentesimo giorno successivo a quello della sua pubblicazione nella* Gazzetta Ufficiale (G.U. *n. 5 dell'8 gennaio 2014*).

(10) *Le parole: «l'assunzione del cognome del padre» sono state così sostituite dalle attuali: «l'assunzione del cognome del genitore, previo ascolto del figlio minore, che abbia compiuto gli anni dodici e anche di età inferiore ove capace di discernimento» dall'art. 27, comma 1, lett. e), del D.L.vo 28 dicembre 2013, n. 154, a decorrere dal trentesimo giorno successivo a quello della sua pubblicazione nella* Gazzetta Ufficiale (G.U. *n. 5 dell'8 gennaio 2014*).

NOTE OPERATIVE:

Incostituzionalità: La norma è illegittima costituzionalmente nella parte in cui prevede, con riguardo all'ipotesi del riconoscimento effettuato contemporaneamente da entrambi i genitori, che il figlio assume il cognome del padre, anziché prevedere che il figlio assume i cognomi dei genitori, nell'ordine dai medesimi concordato, fatto salvo l'accordo, al momento del riconoscimento, per attribuire il cognome di uno di loro soltanto (C.Cost. 131/22).

Argomentazioni: La norma sull'attribuzione del cognome del padre è il retaggio di una concezione patriarcale della famiglia, il riflesso di una disparità di trattamento che, concepita in seno alla famiglia fondata sul matrimonio, si è proiettata anche sull'attribuzione del cognome al figlio nato fuori dal matrimonio, ove contemporaneamente riconosciuto. L'automatismo imposto reca il sigillo di una diseguaglianza fra i genitori, che si riverbera e si imprime sull'identità del figlio, così determinando la contestuale violazione degli artt. 2,3 e 117, comma 1, Cost., quest'ultimo in relazione agli artt. 8 e 14 CEDU. Si tratta di un automatismo che non trova alcuna giustificazione né nell'art. 3 Cost., sul quale si fonda il rapporto fra i genitori, uniti nel perseguire l'interesse del figlio, né nel coordinamento tra principio di eguaglianza e finalità di salvaguardia dell'unità familiare, di cui all'art. 29, comma 2, Cost. È, infatti, proprio l'eguaglianza che garantisce quella unità e, viceversa, è la diseguaglianza a metterla in pericolo, poiché l'unità si rafforza nella misura in cui i reciproci rapporti fra i coniugi sono governati dalla solidarietà e dalla parità. La proiezione sul cognome del figlio del duplice legame genitoriale è la rappresentazione dello status filiationis: trasla sull'identità giuridica e sociale del figlio il rapporto con i due genitori. Al contempo, è il riconoscimento più immediato e diretto del paritario rilievo di entrambe le figure genitoriali (C.Cost. 131/22).

Monito al legislatore: La Corte costituzionale ha formulato un duplice invito al legislatore. In primo luogo, si rende necessario un intervento finalizzato a impedire che l'attribuzione del cognome di entrambi i genitori comporti, nel succedersi delle generazioni, un meccanismo moltiplicatore che sarebbe lesivo della funzione identitaria del cognome. La necessità, dunque, di garantire la funzione del cognome, e di riflesso l'interesse preminente del figlio, indica l'opportunità di una scelta, da parte del genitore – titolare del doppio cognome che reca la memoria di due rami familiari – di quello dei due che vuole sia rappresentativo del rapporto genitoriale, sempre che i genitori non optino per l'attribuzione del doppio cognome di uno di loro soltanto. In secondo luogo, spetta al legislatore valutare l'interesse del figlio a non vedersi attribuito – con il sacrificio di un profilo che attiene anch'esso alla sua identità familiare – un cognome diverso rispetto a quello di fratelli e sorelle (C.Cost. 131/22).

263. ([1]) **Impugnazione del riconoscimento per difetto di veridicità.** – Il riconoscimento (250) può essere impugnato (268) per difetto di veridicità dall'autore del riconoscimento, da colui che è stato riconosciuto e da chiunque vi abbia interesse (100 c.p.c.).

L'azione è imprescrittibile riguardo al figlio (248, 249, 2934).

L'azione di impugnazione da parte dell'autore del riconoscimento deve essere proposta nel termine di un anno che decorre dal giorno dell'annotazione del riconoscimento sull'atto di nascita. Se l'autore del riconoscimento prova di aver ignorato la propria impotenza al tempo del concepimento, il termine decorre dal giorno in cui ne ha avuto conoscenza; nello stesso termine, la madre che abbia effettuato il riconoscimento è ammessa a provare di aver ignorato l'impotenza del presunto padre. L'azione non può essere comunque proposta oltre cinque anni dall'annotazione del riconoscimento ([2]).

L'azione di impugnazione da parte degli altri legittimati deve essere proposta nel termine di cinque anni che decorrono dal giorno dall'annotazione del riconoscimento sull'atto di nascita. Si applica l'articolo 245.

([1]) *Questo articolo è stato così sostituito dall'art. 28 del D.L.vo 28 dicembre 2013, n. 154, a decorrere dal trentesimo giorno successivo a quello della sua pubblicazione nella* Gazzetta Ufficiale *(G.U. n. 5 dell'8 gennaio 2014). Per le disposizioni transitorie si veda l'art. 104 del D.L.vo 28 dicembre 2013, n. 154.*

([2]) *La Corte costituzionale, con sentenza n. 133 del 25 giugno 2021, ha dichiarato l'illegittimità costituzionale di questo comma, come modificato dall'art. 28, comma 1, del D.L.vo 28 dicembre 2013, n. 154, nella parte in cui non prevede che, per l'autore del riconoscimento, il termine annuale per proporre l'azione di impugnazione decorra dal giorno in cui ha avuto conoscenza della non paternità.*

NOTE OPERATIVE:

Aspetti processuali (litisconsorzio): Nell'azione di impugnazione per difetto di veridicità del riconoscimento di un figlio nato da genitori non uniti in matrimonio, già maggiorenne ed economicamente indipendente al momento della instaurazione del giudizio, il genitore di cui non si discute lo status non è un litisconsorte necessario, perché l'eventuale pronuncia caducatoria dello status filiationis del soggetto maggiorenne non produce effetti rilevanti di alcun genere nei suoi confronti, sotto il profilo della responsabilità genitoriale, come pure degli obblighi morali di crescita, educazione ed istruzione e di quelli materiali al mantenimento del figlio, ormai non più ipotizzabili (C.C. 35998/22 – Conf. C.C. 3252/22). Tale genitore, comunque, può intervenire volontariamente nel processo, ove intenda tutelare eventuali propri diritti e/o interessi, o esservi chiamato dal figlio stesso, laddove quest'ultimo voglia giovarsi della sua partecipazione alla lite (C.C. 3252/22). Ove, invece, l'azione di impugnazione coinvolga un figlio minorenne, la rilevante modifica della situazione familiare, in termini di obblighi morali e materiali verso il figlio, giustifica il litisconsorzio necessario del predetto genitore (C.C. 35998/22).

Illegittimità costituzionale: La disposizione, come modificata dall'art. 28, comma 1, D.L.vo 28 dicembre 2013, n. 154, è illegittima nella parte in cui non prevede che, per l'autore del riconoscimento, il termine annuale per proporre l'azione di impugnazione decorra dal giorno in cui ha avuto conoscenza della non paternità. La norma disciplina tanto l'ipotesi di chi riconosca un figlio nella consapevolezza della propria non paternità quanto di chi, al contrario, supponga erroneamente di essere il padre biologico. Pertanto, se può essere ragionevole che il termine annuale per proporre l'azione di impugnazione del riconoscimento per difetto di veridicità decorra dalla data di annotazione del riconoscimento stesso per chi ha riconosciuto il figlio nella consapevolezza di non esserne il padre, risulta, al contrario, irragionevole far decorrere lo stesso termine per chi ignorasse della sussistenza del legame biologico limitando la possibilità di far valere la decorrenza del termine dalla scoperta della non paternità alla sola ipotesi della impotenza a generare. Da ciò ne deriva una disparità di trattamento e, pertanto, una violazione dell'art. 3 Cost., tra autori del riconoscimento che possano provare l'impotenza e chi, invece, non sia nelle condizioni di farlo perché non affetti da tale patologia, una volta decorso il termine annuale dall'annotazione del riconoscimento (C.Cost. 133/21).

264. ([1]) **Impugnazione da parte del figlio minore.** – L'impugnazione del riconoscimento per difetto di veridicità può essere altresì promossa da un curatore speciale nominato dal giudice, assunte sommarie informazioni, su istanza del figlio minore che ha compiuto quattordici anni, ovvero del pubblico ministero o dell'altro genitore che abbia validamente riconosciuto il figlio, quando si tratti di figlio di età inferiore.

([1]) *Questo articolo è stato così, da ultimo, sostituito dall'art. 29 del D.L.vo 28 dicembre 2013, n. 154, a decorrere dal trentesimo giorno successivo a quello della sua pubblicazione nella* Gazzetta Ufficiale *(G.U. n. 5 dell'8 gennaio 2014).*

265. Impugnazione per violenza. – Il riconoscimento (250) può essere impugnato per violenza (1434 ss.) dall'autore del riconoscimento entro un anno dal giorno in cui la violenza è cessata.

Se l'autore del riconoscimento è minore, l'azione può essere promossa entro un anno dal conseguimento dell'età maggiore (2, 267, 2964).

266. Impugnazione del riconoscimento per effetto di interdizione giudiziale. – Il riconoscimento può essere impugnato per l'incapacità che deriva da interdizione giudiziale (414) dal rappresentante dell'interdetto e, dopo la revoca dell'interdizione (429), dall'autore del riconoscimento, entro un anno dalla data della revoca (267).

NOTE OPERATIVE:

Incapacità di intendere e di volere: L'atto di riconoscimento di figlio naturale compiuto in stato di incapacità di intendere e di volere non è, per ciò solo, impugnabile (C.C. 10838/97).

267. Trasmissibilità dell'azione. – Nei casi indicati dagli articoli 265 e 266, se l'autore del riconoscimento è morto senza aver promosso l'azione, ma prima che sia scaduto il termine, l'azione può essere promossa dai discendenti, dagli ascendenti o dagli eredi (246, 270).

Nel caso indicato dal primo comma dell'articolo 263, se l'autore del riconoscimento è morto senza aver promosso l'azione, ma prima che sia decorso il termine previsto dal terzo comma dello stesso articolo, sono ammessi ad esercitarla in sua vece i discendenti o gli ascendenti, entro un anno decorrente dalla morte dell'autore del riconoscimento o dalla nascita del figlio se si tratta di figlio postumo o dal raggiungimento della maggiore età da parte di ciascuno dei discendenti ([1]).

Se il figlio riconosciuto è morto senza aver promosso l'azione di cui all'articolo 263, sono ammessi ad esercitarla in sua vece il coniuge o i discendenti nel termine di un anno che decorre dalla morte del figlio riconosciuto o dal raggiungimento della maggiore età da parte di ciascuno dei discendenti ([1]).

La morte dell'autore del riconoscimento o del figlio riconosciuto non impedisce l'esercizio dell'azione da parte di coloro che ne hanno interesse, nel termine di cui al quarto comma dell'articolo 263 ([1]).

Si applicano il sesto comma dell'articolo 244 e l'articolo 245 ([1]).

([1]) *Questo comma è stato aggiunto dall'art. 30, comma 1, del D.L.vo 28 dicembre 2013, n. 154, a decorrere dal trentesimo giorno successivo a quello della sua pubblicazione nella* Gazzetta Ufficiale *(G.U. n. 5 dell'8 gennaio 2014). Per le disposizioni transitorie si veda l'art. 104 del D.L.vo 28 dicembre 2013, n. 154.*

268. Provvedimenti in pendenza del giudizio. – Quando è impugnato il riconoscimento (263 ss.), il giudice può dare, in pendenza del giudizio, i provvedimenti che ritenga opportuni nell'interesse del figlio.

Capo V
Della dichiarazione giudiziale della paternità e della maternità ([1])

([1]) *A norma dell'art. 7, comma 9, del D.L.vo 28 dicembre 2013, n. 154, a decorrere dal trentesimo giorno successivo a quello della sua pubblicazione nella* Gazzetta Ufficiale *(G.U. n. 5 dell'8 gennaio 2014), la rubrica del paragrafo 2 - Della dichiarazione giudiziale della paternità e della maternità naturale - della sezione I del capo II del libro primo c.c. è sostituita dalla seguente: «Capo V - Della* dichiarazione giudiziale della paternità e della maternità*».*

269. Dichiarazione giudiziale di paternità e maternità. – La paternità e la maternità [naturale] ([1]) possono essere giudizialmente dichiarate (30 Cost.) nei casi in cui il riconoscimento è ammesso (250, 251, 253).

La prova della paternità e della maternità può essere data con ogni mezzo.

La maternità è dimostrata provando la identità di colui che si pretende essere figlio e di colui che fu partorito dalla donna, la quale si assume essere madre.

La sola dichiarazione della madre e la sola esistenza di rapporti tra la madre e il preteso padre all'epoca del concepimento non costituiscono prova della paternità [naturale] ([1]).

([1]) *La parola fra parentesi quadrate è stata soppressa dall'art. 30, comma 2, del D.L.vo 28 dicembre 2013, n. 154, a decorrere dal trentesimo giorno successivo a quello della sua pubblicazione nella* Gazzetta Ufficiale *(G.U. n. 5 dell'8 gennaio 2014).*

NOTE OPERATIVE:

Prova: Nel giudizio promosso per l'accertamento della paternità naturale, il rifiuto di sottoporsi ad indagini ematologiche costituisce un comportamento valutabile dal giudice, ex art. 116, comma 2, c.p.c., di così elevato valore indiziario da poter da solo consentire la dimostrazione della fondatezza della domanda (C.C. 16972/23 – Conf. C.C. 16128/2019), finanche in assenza di prove dei rapporti sessuali tra le parti, in quanto è proprio la mancanza di riscontri oggettivi certi e difficilmente acquisibili circa la natura dei rapporti intercorsi e circa l'effettivo concepimento a determinare la esigenza di desumere argomenti di prova dal comportamento processuale dei soggetti coinvolti (C.C. 7092/22 – Conf. C.C. 12971/14; C.C. 11223/14; C.C. 6025/15; C.C. 3479/16).

Circostanze indiziarie: La norma ammette anche il ricorso ad elementi presuntivi che, valutati nel loro complesso e sulla base del canone dell'id quod plerumque accidit, risultino idonei, per attendibilità e concludenza, a fornire la dimostrazione completa e rigorosa della paternità, sicché risultano utilizzabili, raccordando tra loro le relative circostanze indiziarie, sia l'accertato comportamento del preteso genitore che abbia trattato come figlio la persona a cui favore si chiede la dichiarazione di paternità (cd. "tractatus"), sia la manifestazione esterna di tale rapporto nelle relazioni sociali (cd. "fama"), sia, infine, le risultanze di una consulenza immuno-ematologica eseguita su campioni biologici di stretti parenti (nella specie, madre e fratello) del preteso genitore (C.C. 1279/14).

Rimborso delle spese: Il rimborso delle spese spettanti al genitore che ha provveduto al mantenimento del figlio sino alla nascita, ancorché trovi titolo nell'obbligazione legale di mantenimento imputabile anche all'altro genitore, ha natura indennitaria e può essere determinato con il criterio equitativo (C.C. 15098/23 – Conf. C.C. 16657/14; C.C. 11351/04).

270. Legittimazione attiva e termine. – L'azione per ottenere che sia dichiarata giudizialmente la paternità o la maternità [naturale] (1) è imprescrittibile (2934) riguardo al figlio.

Se il figlio muore prima di avere iniziato l'azione, questa può essere promossa dai discendenti [legittimi, legittimati o naturali riconosciuti] (2), entro due anni dalla morte.

L'azione promossa dal figlio, se egli muore, può essere proseguita dai discendenti [legittimi, legittimati o naturali riconosciuti] (3).

Si applica l'articolo 245 (4).

(1) *La parola fra parentesi quadrate è stata soppressa dall'art. 31, comma 1, lett. a), del D.L.vo 28 dicembre 2013, n. 154, a decorrere dal trentesimo giorno successivo a quello della sua pubblicazione nella* Gazzetta Ufficiale (G.U. *n. 5 dell'8 gennaio 2014*).

(2) *Le parole fra parentesi quadrate sono state soppresse dall'art. 31, comma 1, lett. b), del D.L.vo 28 dicembre 2013, n. 154, a decorrere dal trentesimo giorno successivo a quello della sua pubblicazione nella* Gazzetta Ufficiale (G.U. *n. 5 dell'8 gennaio 2014*).

(3) *L'art. 31 del D.L.vo 28 dicembre 2013, n. 154, recante modifiche a questo articolo non ricomprende fra le modifiche anche l'abrogazione delle parole: «legittimi, legittimati o naturali riconosciuti» riportate al terzo comma. Si ritiene però che si tratti di un errore e lo si segnala in attesa di* errata corrige.

(4) *Questo comma è stato inserito dall'art. 31, comma 1, lett. c), del D.L.vo 28 dicembre 2013, n. 154, a decorrere dal trentesimo giorno successivo a quello della sua pubblicazione nella* Gazzetta Ufficiale (G.U. *n. 5 dell'8 gennaio 2014*).

NOTE OPERATIVE:

Imprescrittibilità: L'accertamento giudiziale di paternità non si prescrive. L'esigenza di certezza dei rapporti non rende quest'ultima un valore costituzionale prevalente su quello perseguito dal legislatore della riforma del 1975 – e degli anni successivi per altri profili – di assicurare un'ampia tutela ai figli nati fuori dal matrimonio (C.C. 7960/17); il diritto del figlio ad uno stato filiale corrispondente alla verità biologica costituisce uno dei componenti più rilevanti del diritto all'identità personale che accompagna senza soluzione di continuità la vita individuale e relazionale dello stesso (C.C. 11887/15).

Termini: L'imprescrittibilità dell'azione riguardo al figlio tutela l'interesse del medesimo al riconoscimento della propria filiazione, interesse che resta integro anche nell'ipotesi di decesso del presunto genitore, mentre il termine decadenziale biennale previsto per l'azione promossa dagli eredi del presunto figlio, dopo la sua morte, è giustificato dal fatto che essi sono portatori di un interesse non diretto, ma solo riflesso al riconoscimento della filiazione del loro ascendente. A differenza di quanto accade per i discendenti, il diritto al riconoscimento di uno status filiale corrispondente alla verità biologica costituisce per il figlio una componente essenziale del diritto all'identità personale, riconducibile all'art. 2 Cost. ed all'art. 8 CEDU, che accompagna la vita individuale e relazionale, e l'incertezza su tale "status" può determinare una condizione di disagio ed un "vulnus" allo sviluppo adeguato ed alla formazione della personalità (C.Cost. 1667/20 – Conf. C.C. 24292/16).

271 - 272. (*Omissis*) (1).

(1) *Articoli riguardanti la legittimazione attiva e il termine per la dichiarazione giudiziale della paternità e la dichiarazione giudiziale di maternità; abrogati dall'art. 115, L. 19 maggio 1975, n. 151, riforma del diritto di famiglia.*

273. Azione nell'interesse del minore o dell'interdetto. – L'azione per ottenere che sia giudizialmente dichiarata la paternità o la maternità [naturale] (1) (269, 271, 272) può essere promossa, nell'interesse del minore, dal genitore che esercita la responsabilità genitoriale (2) prevista dall'art. 316 o dal tutore (357). Il tutore però deve chiedere l'autorizzazione del giudice (374; 38 att.), il quale può anche nominare un curatore speciale.

Occorre il consenso del figlio per promuovere o per proseguire l'azione se egli ha compiuto l'età di quattordici (3) anni.

Per l'interdetto l'azione può essere promossa dal tutore (424) previa autorizzazione del giudice.

(1) *La parola fra parentesi quadrate è stata soppressa dall'art. 32, comma 1, lett. a), del D.L.vo 28 dicembre 2013, n. 154, a decorrere dal trentesimo giorno successivo a quello della sua pubblicazione nella* Gazzetta Ufficiale (G.U. *n. 5 dell'8 gennaio 2014*).

(2) *La parola: «potestà» è stata così sostituita dalle attuali: «responsabilità genitoriale» dall'art. 32, comma 1, lett. a), del D.L.vo 28 dicembre 2013, n. 154, a decorrere dal trentesimo giorno successivo a quello della sua pubblicazione nella* Gazzetta Ufficiale (G.U. *n. 5 dell'8 gennaio 2014*).

(3) *La parola: «sedici» è stata così sostituita dall'attuale: «quattordici» dall'art. 32, comma 1, lett. b), del D.L.vo 28 dicembre 2013, n. 154, a decorrere dal trentesimo giorno successivo a quello della sua pubblicazione nella* Gazzetta Ufficiale (G.U. *n. 5 dell'8 gennaio 2014*).

NOTE OPERATIVE:

Natura giuridica: La norma configura un'estensione – rispetto ad un diritto personale del figlio – del potere di rappresentanza "ex lege" spettante al genitore, e mira a tutelare esclusivamente detto minore, sulla base della presunzione di un suo interesse all'accertamento dello "status" (C.C. 32309/18 – Conf. C.C. 5526/01).

Consenso del figlio: Il consenso del figlio che ha compiuto l'età di quattordici anni è un requisito del diritto di azione, integrativo della legittimazione ad agire del genitore, quale sostituto processuale del figlio minorenne, la cui mancanza determina una situazione di improponibilità o di improseguibilità dell'azione, a seconda che l'età in questione sia stata raggiunta prima della notificazione della citazione introduttiva ovvero in corso di causa, rilevabile anche d'ufficio la quale toglie pienezza alla legittimazione processuale del genitore, senza peraltro neutralizzarla come nel caso di raggiungimento della maggiore età; detto consenso può sopravvenire in qualsiasi momento ed è necessario che sussista al momento della decisione, ma non può ritenersi validamente prestato fuori dal processo, né può essere desunto da fatti o comportamenti estranei ad esso (C.C. 20249/23 – conf. C.C. 472/23).

Interesse del minore: La contrarietà all'interesse del minore sussiste solo in caso di concreto accertamento di una condotta del preteso padre che sarebbe tale da giustificare una dichiarazione di decadenza dalla responsabilità genitoriale, ovvero della prova dell'esistenza di gravi rischi per l'equilibrio affettivo e psicologico del minore e per la sua collocazione sociale, risultanti da fatti obbiettivi, emergenti dalla pregressa condotta di vita del preteso padre. In mancanza di tali elementi, l'interesse del minore all'accertamento della paternità deve essere ritenuto di regola sussistente, avuto riguardo al miglioramento obiettivo della sua situazione giuridica in conseguenza degli obblighi che ne derivano in capo al genitore, senza che rilevino, al fine di escludere la ricorrenza dell'interesse del minore, l'attuale mancanza di rapporti affettivi con il genitore e la possibilità futura di instaurarli o, ancora, le normali difficoltà di adattamento psicologico conseguenti al nuovo "status", oppure le intenzioni manifestate dal presunto genitore di non voler comunque adempiere i doveri morali inerenti alla responsabilità genitoriale (C.C. 16356/18 – Conf. C.C. 15101/05).

274. (1) **Ammissibilità dell'azione.** – L'azione per la dichiarazione giudiziale di paternità o di maternità naturale è ammessa solo quando concorrono specifiche circostanze tali da farla apparire giustificata.

Sull'ammissibilità il tribunale (38 att.) decide in camera di consiglio con decreto motivato (737 c.p.c.), su ricorso di chi intende promuovere l'azione (270 ss.), sentiti il pubblico ministero e le parti e assunte le informazioni del caso. Contro il decreto si può proporre reclamo con ricorso alla corte d'appello, che pronuncia anch'essa in camera di consiglio.

L'inchiesta sommaria compiuta dal tribunale ha luogo senza alcuna pubblicità e deve essere mantenuta segreta. Al termine dell'inchiesta gli atti e i documenti della stessa sono depositati in cancelleria ed il cancelliere deve darne avviso alle parti le quali, entro quindici giorni dalla comunicazione di detto avviso, hanno facoltà di esaminarli e di depositare memorie illustrative.

Il tribunale, anche prima di ammettere l'azione, può, se trattasi di minore o d'altra persona incapace (414 ss.), nominare un curatore speciale (78 c.p.c.) che la rappresenti in giudizio.

(1) *La Corte costituzionale, con sentenza n. 50 del 10 febbraio 2006, ha dichiarato l'illegittimità costituzionale di questo articolo.*

NOTE OPERATIVE:

Pregiudizialità: Il giudizio di disconoscimento di paternità è pregiudiziale rispetto a quello in cui viene richiesto l'accertamento di altra paternità, così che, nel caso della loro contemporanea pendenza, il secondo va necessariamente sospeso ex art. 295 c.p.c., fino alla definizione del primo con sentenza passata in giudicato (S.U. 8268/23).

275. [Pena in caso di inammissibilità. – (*Omissis*)] (1).

(1) *Articolo abrogato dall'art. 118, L. 19 maggio 1975, n. 151, riforma del diritto di famiglia.*

276. (1) **Legittimazione passiva.** – La domanda per la dichiarazione di paternità o di maternità [naturale] (2) deve essere proposta nei confronti del presunto genitore o, in sua mancanza, nei confronti dei suoi eredi (247). In loro mancanza, la domanda deve essere proposta nei confronti di un curatore nominato dal giudice davanti al quale il giudizio deve essere promosso.

Alla domanda può contraddire chiunque vi abbia interesse (100 c.p.c.).

(1) *Questo articolo è stato così sostituito dall'art. 1, comma 5, della L. 10 dicembre 2012, n. 219.*

(2) *La parola fra parentesi quadrate è stata soppressa dall'art. 33 del D.L.vo 28 dicembre 2013, n. 154, a decorrere dal trentesimo giorno successivo a quello della sua pubblicazione nella* Gazzetta Ufficiale *(G.U. n. 5 dell'8 gennaio 2014).*

NOTE OPERATIVE:

Ambito di applicazione: La norma, nell'indicare i legittimati passivi diversi dal presunto padre, si riferisce ai soli eredi in senso stretto, escludendo coloro che hanno validamente rinunciato all'eredità, i quali, di conseguenza, non possono subire gli effetti patrimoniali dell'estensione dell'asse ereditario conseguente all'eventuale accoglimento della domanda di dichiarazione giudiziale di paternità, essendosi volontariamente determinati ad essere esclusi da qualsiasi vicenda accrescitiva o riduttiva dei diritti ereditari astrattamente conseguiti ex lege (C.C. 14615/21).

277. Effetti della sentenza. – La sentenza che dichiara la filiazione [naturale] (1) produce gli effetti del riconoscimento (258).

Il giudice può anche dare i provvedimenti che stima utili per l'affidamento, (2) il mantenimento, l'istruzione e l'educazione del figlio e per la tutela degli interessi patrimoniali di lui.

(1) *La parola fra parentesi quadrate è stata soppressa dall'art. 34, comma 1, lett. a), del D.L.vo 28 dicembre 2013, n. 154, a decorrere dal trentesimo giorno successivo a quello della sua pubblicazione nella* Gazzetta Ufficiale *(G.U. n. 5 dell'8 gennaio 2014).*

(2) *Le parole: «l'affidamento,» sono state inserite dall'art. 34, comma 1, lett. b), del D.L.vo 28 dicembre 2013, n. 154, a decorrere dal trentesimo giorno successivo a quello della sua pubblicazione nella* Gazzetta Ufficiale *(G.U. n. 5 dell'8 gennaio 2014).*

NOTE OPERATIVE:

Risarcimento del danno (illecito endofamiliare): L'obbligo del genitore di concorrere all'educazione ed al mantenimento dei figli, ai sensi degli artt. 147 e 148 c.c., sorge al momento della procreazione, anche qualora questa sia stata accertata successivamente con la dichiarazione giudiziale di paternità o maternità, così determinandosi un automatismo tra responsabilità genitoriale e procreazione, che costituisce il fondamento della responsabilità aquiliana da illecito endofamiliare, nell'ipotesi in cui alla procreazione non segua il riconoscimento e l'assolvimento degli obblighi conseguenti allo "status" di genitore (C.C. 15148/22); l'illecito endofamiliare, attribuito al padre che abbia generato ma non riconosciuto il figlio, presuppone la consapevolezza della procreazione che, pur non identificandosi con la certezza assoluta derivante esclusivamente dalla prova ematologica, richiede comunque la maturata conoscenza dell'avvenuta procreazione (C.C. 22496/21 – Conf. C.C. 26205/13). La violazione dei doveri di mantenimento, istruzione ed educazione dei genitori verso la prole non trova sanzione solo nelle misure tipiche previste dal diritto di famiglia, potendo integrare gli estremi dell'illecito civile, ove cagioni la lesione di diritti costituzionalmente protetti (C.C. 34950/23); questa, pertanto, può dar luogo ad un'autonoma azione volta al risarcimento dei danni non patrimoniali ai sensi dell'art. 2059 c.c. esercitabile anche nell'ambito dell'azione per la dichiarazione giudiziale di paternità maternità (C.C. 27139/21 – Conf. C.C. 26205/13).

278. (1) **Autorizzazione all'azione.** – Nei casi di figlio nato da persone, tra le quali esiste un vincolo di parentela in linea retta all'infinito o in linea collaterale nel secondo grado, ovvero un vincolo di affinità in linea retta, l'azione per ottenere che sia giudizialmente dichiarata la paternità o la maternità non può essere promossa senza previa autorizzazione ai sensi dell'articolo 251.

(1) *Questo articolo è stato così, da ultimo, sostituito dall'art. 35 del D.L.vo 28 dicembre 2013, n. 154, a decorrere dal trentesimo giorno successivo a quello della sua pubblicazione nella* Gazzetta Ufficiale *(G.U. n. 5 dell'8 gennaio 2014).*

279. Responsabilità per il mantenimento e l'educazione. – In ogni caso in cui non può proporsi l'azione per la dichiarazione giudiziale di paternità o di maternità (269), il figlio nato fuori del matrimonio (1) può agire per ottenere il mantenimento, l'istruzione e l'educazione. Il figlio nato fuori del matrimonio (1) se maggiorenne e in stato di bisogno può agire per ottenere gli alimenti (433 ss.) a condizione che il diritto al mantenimento di cui all'articolo 315 *bis*, sia venuto meno (2).

L'azione è ammessa previa autorizzazione del giudice ai sensi dell'articolo 251 (3).

L'azione può essere promossa nell'interesse del figlio minore da un curatore speciale (78 c.p.c.) nominato dal giudice su richiesta del pubblico ministero o del genitore che esercita la responsabilità genitoriale (4) (316, 317 *bis*).

(1) *La parola: «naturale» è stata così sostituita dalle attuali: «nato fuori del matrimonio» dall'art. 36, comma 1, lett. a), del D.L.vo 28 dicembre 2013, n. 154, a decorrere dal trentesimo giorno successivo a quello della sua pubblicazione nella* Gazzetta Ufficiale *(G.U. n. 5 dell'8 gennaio 2014).*

(2) *Le parole: «a condizione che il diritto al mantenimento di cui all'articolo 315* bis*, sia venuto meno» sono state inserite dall'art. 36, comma 1, lett. a), del D.L.vo 28 dicembre 2013, n. 154, a decorrere dal trentesimo giorno successivo a quello della sua pubblicazione nella* Gazzetta Ufficiale *(G.U. n. 5 dell'8 gennaio 2014).*

(3) *Questo comma è stato così sostituito dall'art. 36, comma 1, lett. b), del D.L.vo 28 dicembre 2013, n. 154, a decorrere dal trentesimo giorno successivo a quello della sua pubblicazione nella* Gazzetta Ufficiale *(G.U. n. 5 dell'8 gennaio 2014).*

(4) *La parola: «potestà» è stata così sostituita dalle attuali: «responsabilità genitoriale» dall'art. 36, comma 1, lett. c), del D.L.vo 28 dicembre 2013, n. 154, a decorrere dal trentesimo giorno successivo a quello della sua pubblicazione nella* Gazzetta Ufficiale *(G.U. n. 5 dell'8 gennaio 2014).*

NOTE OPERATIVE:

Esclusione: L'accertamento giudiziale circa l'assenza di qualsiasi reale rapporto di filiazione rende privo di ogni reale giustificazione il successivo proseguirsi di ogni tipo di contribuzione di mantenimento fondata proprio su tale insussistente qualità di figlio (C.C. 23973/15 – Conf. C.C. 6011/03).

Sezione II
Della legittimazione dei figli naturali (1)

(1) *Questa sezione, originariamente appartenente al Capo II, del Titolo VII del Libro primo c.c., è stata abrogata dall'art. 1, comma 10, della L. 10 dicembre 2012, n. 219. Si riporta dopo il Capo V per rispettare la numerazione degli articoli.*

280. [**Legittimazione.** – La legittimazione attribuisce a colui che è nato fuori del matrimonio la qualità di figlio legittimo (231 ss., 283).

Essa avviene per susseguente matrimonio dei genitori del figlio naturale (283) o per provvedimento del giudice] (284).

281. [**Divieto di legittimazione.** – Non possono essere legittimati i figli che non possono essere riconosciuti (250, 251, 253)].

282. [**Legittimazione dei figli premorti.** – La legittimazione dei figli premorti può anche aver luogo in favore dei loro discendenti legittimi e dei loro figli naturali riconosciuti] (255).

283. [**Effetti e decorrenza della legittimazione per susseguente matrimonio.** – I figli legittimati per susseguente matrimonio (280) acquistano i diritti dei figli legittimi dal giorno del matrimonio, se sono stati riconosciuti da entrambi i genitori nell'atto di matrimonio o anteriormente, oppure dal giorno del riconoscimento se questo è avvenuto dopo il matrimonio].

284. [**Legittimazione per provvedimento del giudice.** – La legittimazione può essere concessa con provvedimento del giudice (288) soltanto se corrisponde agli interessi del figlio ed inoltre se concorrono le seguenti condizioni:

1) che sia domandata dai genitori stessi o da uno di essi e che il genitore abbia compiuto l'età indicata nel quinto comma dell'articolo 250;

2) che per il genitore vi sia l'impossibilità o un gravissimo ostacolo a legittimare il figlio per susseguente matrimonio;

3) che vi sia l'assenso dell'altro coniuge se il richiedente è unito in matrimonio e non è legalmente separato;

4) che vi sia il consenso del figlio legittimando se ha compiuto gli anni sedici, o dell'altro genitore o del curatore speciale, se il figlio è minore degli anni sedici, salvo che il figlio sia già riconosciuto (250).

La legittimazione può essere chiesta anche in presenza di figli legittimi o legittimati. In tal caso il presidente del tribunale deve ascoltare i figli legittimi o legittimati, se di età superiore ai sedici anni].

285. [**Condizioni per la legittimazione dopo la morte dei genitori.** – Se uno dei genitori ha espresso in un testamento (587 ss.) o in un atto pubblico (2699) la volontà di legittimare (254) i figli naturali, questi possono, dopo la morte di lui, domandare la legittimazione se sussisteva la condizione prevista nel numero 2 dell'articolo precedente.

In questo caso la domanda deve essere comunicata agli ascendenti, discendenti e coniuge o, in loro mancanza, a due tra i prossimi parenti del genitore entro il quarto grado].

286. [**Legittimazione domandata dall'ascendente.** – La domanda di legittimazione di un figlio naturale riconosciuto (254) può in caso di morte del genitore essere fatta da uno degli ascendenti legittimi di lui, se il genitore non ha comunque espressa una volontà in contrasto con quella di legittimare (285, 289)].

287. [**Legittimazione in base alla procura per il matrimonio.** – Nei casi in cui è consentito di celebrare matrimonio per procura (111), quando concorrono le condizioni per la legittimazione per susseguente matrimonio (281) la legittimazione dei figli naturali con provvedimento del giudice può essere domandata in base alla procura a contrarre il matrimonio, se questo non potè essere celebrato per la sopravvenuta morte del mandante (285).

Quando i figli non sono stati riconosciuti, per domandarne la legittimazione è necessario che dalla procura risulti la volontà di riconoscerli (254) o di legittimarli] (289).

288. [**Procedura.** – La domanda di legittimazione accompagnata dai documenti giustificativi deve essere diretta al presidente del tribunale nella cui circoscrizione il richiedente ha la residenza (35 att.).

Il tribunale, sentito il pubblico ministero, accerta la sussistenza delle condizioni stabilite negli articoli precedenti e delibera, in camera di consiglio (737 c.p.c.), sulla domanda di legittimazione.

Il pubblico ministero e la parte possono, entro venti giorni dalla comunicazione, proporre reclamo (739 c.p.c.) alla corte d'appello. Questa, richiamati gli atti dal tribunale, delibera in camera di consiglio, sentito il pubblico ministero.

In ogni caso la sentenza che accoglie la domanda è annotata in calce all'atto di nascita del figlio].

289. [**Azioni esperibili dopo la legittimazione.** – La legittimazione per provvedimento del giudice non impedisce l'azione ordinaria per la contestazione dello stato di figlio legittimato per la mancanza delle condizioni indicate nel numero 1 dell'articolo 284, negli artt. 285, 286 e 287, ferma restando la disposizione dell'articolo 263.

Se manca la condizione indicata nel numero 3 dell'articolo 284 la contestazione può essere promossa soltanto dal coniuge del quale è mancato l'assenso].

290. [**Effetti e decorrenza della legittimazione per provvedimento del giudice.** – La legittimazione per provvedimento del giudice produce gli stessi effetti della legittimazione per susseguente matrimonio (280, 283), ma soltanto dalla data del provvedimento (288) e nei confronti del genitore riguardo al quale la legittimazione è stata concessa (252^4).

Se il provvedimento interviene dopo la morte del genitore, gli effetti risalgono alla data della morte, purché la domanda di legittimazione non sia stata presentata dopo un anno da tale data].

Titolo VIII
Dell'adozione di persone maggiori di età

Capo I
Dell'adozione di persone maggiori di età e dei suoi effetti

291. Condizioni. – L'adozione è permessa alle persone che non hanno discendenti legittimi (231 ss.) o [legittimati] (1) (280 ss.), che hanno compiuto gli anni trentacinque e che superano almeno di diciotto anni l'età di coloro che intendano adottare.

Quando eccezionali circostanze lo consigliano, il tribunale (312) può autorizzare l'adozione se l'adottante ha raggiunto almeno l'età di trenta anni, ferma restando la differenza di età di cui al comma precedente (2) (3).

(1) *La parola: «legittimati» è stata soppressa dall'art. 105, comma 4, del D.L.vo 28 dicembre 2013, n. 154, a decorrere dal trentesimo giorno successivo a quello della sua pubblicazione nella* Gazzetta Ufficiale *(G.U. n. 5 dell'8 gennaio 2014).*

(2) *La Corte costituzionale, con sentenza n. 557 del 19 maggio 1988, ha dichiarato l'illegittimità costituzionale di questo articolo, nella parte in cui non consente l'adozione a persone che abbiano discendenti legittimi o legittimati maggiorenni e consenzienti.*

Il contenuto precettivo residuo della disposizione è pressoché nullo: essa è applicabile esclusivamente all'adozione di maggiorenni e pertanto non ha più significato il riferimento all'età minima di 35 anni e il secondo comma è da ritenere implicitamente abrogato.

(3) *La Corte costituzionale, con sentenza n. 245 del 20 luglio 2004, ha dichiarato l'illegittimità costituzionale di questo articolo, nella parte in cui non prevede che l'adozione di maggiorenni non possa essere pronunciata in presenza di figli naturali, riconosciuti dall'adottante, minorenni o, se maggiorenni, non consenzienti.*

NOTE OPERATIVE:

Deroghe: Al fine di tutelare le relazioni affettive sorte all'interno delle famiglie e alla luce di una rivisitazione storico-sistematica dell'istituto, il giudice può acconsentire all'adozione del maggiorenne ammettendo una riduzione del divario di età previsto dall'art. 291 c.c. (purché si rientri sempre nel limite dell'imitatio naturae), procedendo a una interpretazione conforme a Costituzione della norma in esame e allo stesso tempo fornendo una lettura che sia anche compatibile con il diritto comunitario (C.C. 7667/20).

292. [**Divieto di adozione per diversità di razza.** – (*Omissis*)] (1).

(1) *Articolo abrogato dall'art. 1, R.D.L. 20 gennaio 1944, n. 25 e dall'art. 3, D.L.vo Lgt. 14 settembre 1944, n. 287, provvedimenti relativi alla riforma della legislazione civile.*

293. (1) **Divieto d'adozione dei figli [nati fuori del matrimonio]** (2). – I figli [nati fuori del matrimonio] (2) non possono essere adottati dai loro genitori.

(*Omissis*).

(1) *Articolo così sostituito dall'art. 131, L. 19 maggio 1975, n. 151, riforma del diritto di famiglia. I due commi successivi sono stati abrogati dall'art. 67, L. 4 maggio 1983, n. 184, disciplina dell'adozione e dell'affidamento dei minori.*

(2) *Le parole fra parentesi quadrate sono state soppresse dall'art. 37, comma 1, del D.L.vo 28 dicembre 2013, n. 154, a decorrere dal trentesimo giorno successivo a quello della sua pubblicazione nella* Gazzetta Ufficiale *(G.U. n. 5 dell'8 gennaio 2014).*

294. Pluralità di adottati o di adottanti. – È ammessa l'adozione di più persone, anche con atti successivi (87 n. 7).

Nessuno può essere adottato da più d'una persona, salvo che i due adottanti siano marito e moglie (299^3, 303).

295. Adozione da parte del tutore. – Il tutore (357) non può adottare la persona della quale ha avuto la tutela, se non dopo che sia stato approvato il conto della sua amministrazione (385 ss.), sia stata fatta la consegna dei beni e siano state estinte le obbligazioni risultanti a suo carico o data idonea garanzia (1179) per il loro adempimento.

296. Consenso per l'adozione. – Per l'adozione si richiede il consenso dell'adottante e dell'adottando (298, 311).

(*Omissis*) (1).

(1) *Due successivi commi sono stati abrogati dall'art. 67, L. 4 maggio 1983, n. 184, disciplina dell'adozione e dell'affidamento dei minori.*

NOTE OPERATIVE:

Interdetto: La "valenza solidaristica" della normativa legittima un'interpretazione costituzionalmente orientata nel senso di consentire all'adottando maggiorenne, che si trovi in stato di interdizione giudiziale, di manifestare il proprio consenso anche per il tramite del suo rappresentante legale, trattandosi di atto personalissimo che non gli è espressamente vietato, considerato anche quanto complessivamente sancito dagli artt. 1 e 12 della Convenzione delle Nazioni Unite sui Diritti delle Persone con disabilità, approvata il 13 dicembre 2006 e ratificata dall'Italia con L. n. 18 del 2009 (C.C. 3462/22).

297. Assenso del coniuge e dei genitori. – Per l'adozione è necessario l'assenso dei genitori dell'adottando e l'assenso del coniuge dell'adottante e dell'adottando, se coniugati e non legalmente separati (150, 311).

Quando è negato l'assenso previsto dal primo comma, il tribunale (35 att.), sentiti gli interessati, su istanza dell'adottante, può, ove ritenga il rifiuto ingiustificato o contrario all'interesse dell'adottando, pronunziare ugualmente l'adozione, salvo che si tratti dell'assenso dei genitori esercenti la responsabilità genitoriale (1) (316 ss.) o del coniuge, se convivente, dell'adottante o dell'adottando. Parimenti il tribunale può pronunziare l'adozione quando è impossibile ottenere l'assenso per incapacità (414) o irreperibilità delle persone chiamate ad esprimerlo.

(1) *La parola: «potestà» è stata così sostituita dalle attuali: «responsabilità genitoriale» dall'art. 37, comma 2, del D.L.vo 28 dicembre 2013, n. 154, a decorrere dal trentesimo giorno successivo a quello della sua pubblicazione nella Gazzetta Ufficiale (G.U. n. 5 dell'8 gennaio 2014).*

298. Decorrenza degli effetti dell'adozione. – L'adozione produce i suoi effetti dalla data del decreto che la pronunzia (290, 313, 314; 35 att.).

Finché il decreto non è emanato, tanto l'adottante quanto l'adottando possono revocare il loro consenso.

Se l'adottante muore dopo la prestazione del consenso e prima dell'emanazione del decreto, si può procedere al compimento degli atti necessari per l'adozione.

Gli eredi dell'adottante possono presentare al tribunale (1) memorie e osservazioni per opporsi all'adozione.

Se l'adozione è ammessa, essa produce i suoi effetti (87, 299 ss.) dal momento della morte dell'adottante.

(1) *La competenza è stata così determinata dall'art. 3 della L. 5 giugno 1967, n. 431, sull'adozione speciale (poi abrogata).*

299. (1) (2) Cognome dell'adottato. – L'adottato assume il cognome dell'adottante e lo antepone al proprio (6) (3).

Nel caso in cui la filiazione sia stata accertata o riconosciuta successivamente all'adozione si applica il primo comma (4).

Se l'adozione è compiuta da coniugi (294 ss.), l'adottato assume il cognome del marito (5) (6) (7).

Se l'adozione è compiuta da una donna maritata (297), l'adottato, che non sia figlio del marito, assume il cognome della famiglia di lei.

(1) *Articolo così sostituito dall'art. 61, L. 4 maggio 1983, n. 184, disciplina dell'adozione e dell'affidamento dei minori.*

(2) *La Corte costituzionale, con sentenza n. 286 del 21 dicembre 2016, ha dichiarato l'illegittimità costituzionale della norma desumibile dagli artt. 237, 262 e 299 c.c.; 72, primo comma, del R.D. 9 luglio 1939, n. 1238 e 33 e 34 del D.P.R. 3 novembre 2000, n. 396, nella parte in cui non consente ai coniugi, di comune accordo, di trasmettere ai figli, al momento della nascita, anche il cognome materno.*

(3) *La Corte costituzionale, con sentenza n. 135 del 4 luglio 2023, ha dichiarato l'illegittimità costituzionale di questo comma, nella parte in cui non consente, con la sentenza di adozione, di aggiungere, anziché di anteporre, il cognome dell'adottante a quello dell'adottato maggiore d'età, se entrambi nel manifestare il consenso all'adozione si sono espressi a favore di tale effetto.*

(4) *Questo comma è stato così sostituito dall'art. 38 del D.L.vo 28 dicembre 2013, n. 154, a decorrere dal trentesimo giorno successivo a quello della sua pubblicazione nella Gazzetta Ufficiale (G.U. n. 5 dell'8 gennaio 2014).*

(5) *La Corte costituzionale, con sentenza n. 131 del 31 maggio 2022, ha dichiarato l'illegittimità costituzionale della norma desumibile dagli artt. 262, primo comma, e 299, terzo comma, c c., 27, comma 1, della legge 4 maggio 1983, n. 184 e 34 del D.P.R. 3 novembre 2000, n. 396, nella parte in cui prevede che il figlio nato nel matrimonio assume il cognome del padre, anziché prevedere che il figlio assume i cognomi dei genitori, nell'ordine dai medesimi concordato, fatto salvo l'accordo, alla nascita, per attribuire il cognome di uno di loro soltanto.*

(6) *La Corte costituzionale, con sentenza n. 131 del 31 maggio 2022, ha dichiarato l'illegittimità costituzionale di questo comma, nella parte in cui prevede che «l'adottato assume il cognome del marito», anziché prevedere che l'adottato assume i cognomi degli adottanti, nell'ordine dai medesimi concordato, fatto salvo*

l'accordo, raggiunto nel procedimento di adozione, per attribuire il cognome di uno di loro soltanto.

(7) *La Corte costituzionale, con sentenza n. 286 del 21 dicembre 2016, ha dichiarato l'illegittimità costituzionale di questo comma nella parte in cui non consente ai coniugi, in caso di adozione compiuta da entrambi, di attribuire, di comune accordo, anche il cognome materno al momento dell'adozione.*

NOTE OPERATIVE:

Ordine dei cognomi: Va riconosciuta l'importanza, nell'adozione della persona maggiore d'età, della trasmissione all'adottato del cognome dell'adottante, nonché della regola generale dell'anteposizione di quest'ultimo cognome, quale segno identificativo del vincolo adottivo ma ciò è lesivo degli artt. 2 e 3 Cost. che, in considerazione degli interessi implicati, l'ordine dei cognomi non possa essere invertito dalla sentenza di adozione, quando sia l'adottando maggiore d'età sia l'adottante si siano espressi in tal senso (C.Cost. 135/23).

Cognome materno: La norma è incostituzionale nella parte in cui non consente ai coniugi, in caso di adozione compiuta da entrambi, di attribuire, di comune accordo, anche il cognome materno al momento dell'adozione (C.Cost. 286/16).

300. Diritti e doveri dell'adottato. – L'adottato conserva tutti i diritti (147) e i doveri (315 ss.) verso la sua famiglia di origine, salve le eccezioni stabilite dalla legge.

L'adozione non induce alcun rapporto civile tra l'adottante e la famiglia dell'adottato né tra l'adottato e i parenti dell'adottante, salve le eccezioni stabilite dalla legge (87, 433, 436, 468, 567) (1).

(1) *La Corte costituzionale, con sentenza n. 79 del 28 marzo 2022, ha dichiarato l'illegittimità costituzionale dell'art. 55 della legge 4 maggio 1983, n. 184, nella parte in cui, mediante rinvio all'art. 300, secondo comma, del codice civile, prevede che l'adozione in casi particolari non induce alcun rapporto civile tra l'adottato e i parenti dell'adottante.*

NOTE OPERATIVE:

Rapporti con i parenti dell'adottante: Il mancato riconoscimento dei rapporti civili con i parenti dell'adottante discrimina, in violazione dell'art. 3 della Costituzione, il bambino adottato in casi particolari rispetto agli altri figli e lo priva di relazioni giuridiche che contribuiscono a formare la sua identità e a consolidare la sua dimensione personale e patrimoniale, in contrasto con gli artt. 31, comma 2, e 117, comma 1, della Costituzione in relazione all'art. 8 CEDU. Non riconoscere i legami familiari con i parenti del genitore adottivo equivale a disconoscere l'identità del minore costituita dalla sua appartenenza alla nuova rete di relazioni familiari che di fatto costruiscono stabilmente il suo quotidiano (C.Cost. 79/22).

301 - 303. (*Omissis*) (1).

(1) *Articoli riguardanti la patria potestà e l'amministrazione di beni dell'adottato, l'inventario, la cessazione della patria potestà dell'adottante; ora abrogati dall'art. 67 della L. 4 maggio 1983, n. 184, disciplina dell'adozione e dell'affidamento dei minori.*

304. Diritti di successione. – L'adozione non attribuisce all'adottante alcun diritto di successione.

I diritti dell'adottato nella successione dell'adottante sono regolati dalle norme contenute nel libro II (468, 536, 567).

305. Revoca dell'adozione. – L'adozione si può revocare soltanto nei casi preveduti dagli articoli seguenti (314^2; 35 att.).

306. Revoca per indegnità dell'adottato. – La revoca dell'adozione (307) può essere pronunziata dal tribunale (35 att.) su domanda dell'adottante, quando l'adottato abbia attentato alla vita di lui o del suo coniuge, dei suoi discendenti o ascendenti, ovvero si sia reso colpevole verso loro di delitto punibile con pena restrittiva della libertà personale (18 c.p.) non inferiore nel minimo a tre anni (314).

Se l'adottante muore in conseguenza dell'attentato, la revoca dell'adozione può essere chiesta da coloro ai quali si devolverebbe l'eredità in mancanza dell'adottato e dei suoi discendenti (309, 463, 536).

307. Revoca per indegnità dell'adottante. – Quando i fatti previsti nell'articolo precedente sono stati compiuti dall'adottante contro l'adottato, oppure contro il coniuge o i discendenti o gli ascendenti di lui, la revoca può essere pronunziata su domanda dell'adottato.

308. [Revoca promossa dal pubblico ministero. – (*Omissis*)] (1).

(1) *Articolo abrogato dall'art. 67, L. 4 maggio 1983, n. 184, disciplina dell'adozione e dell'affidamento dei minori.*

309. Decorrenza degli effetti della revoca. – Gli effetti dell'adozione (298 ss.) cessano quando passa in giudicato la sentenza di revoca (324 c.p.c.).

Se tuttavia la revoca è pronunziata dopo la morte dell'adottante per fatto imputabile all'adottato, l'adottato e i suoi discendenti sono esclusi dalla successione dell'adottante (463 ss., 567).

310. [Cessazione degli effetti dell'adozione. – (*Omissis*)] (1).

(1) *Articolo abrogato dall'art. 67, L. 4 maggio 1983, n. 184, disciplina dell'adozione e dell'affidamento dei minori.*

Capo II
Delle forme dell'adozione di persone di maggiore età

311. Manifestazione del consenso. – Il consenso dell'adottante e dell'adottato o del legale rappresentante di questo deve essere manifestato personalmente al presidente del tribunale nel cui circondario l'adottante ha la residenza (43; 35 att.).

L'assenso delle persone indicate negli articoli 296 e 297 può essere dato da persona munita di procura speciale rilasciata per atto pubblico (2699) o per scrittura privata autenticata (2703).

NOTE OPERATIVE:

Interdetto: La "valenza solidaristica" della normativa legittima un'interpretazione costituzionalmente orientata nel senso di consentire all'adottando maggiorenne, che si trovi in stato di interdizione giudiziale, di manifestare il proprio consenso anche per il tramite del suo rappresentante legale, trattandosi di atto personalissimo che non gli è espressamente vietato, considerato anche quanto complessivamente sancito dagli artt. 1 e 12 della Convenzione delle Nazioni Unite sui Diritti delle Persone con disabilità, approvata il 13 dicembre 2006 e ratificata dall'Italia con L. n. 18 del 2009 (C.C. 3462/22).

312. Accertamenti del tribunale. – Il tribunale, assunte le opportune informazioni, verifica:

1) se tutte le condizioni della legge sono state adempiute (291 ss.);

2) se l'adozione conviene all'adottando (291 ss; 35 att.).

NOTE OPERATIVE:

Giudizio di convenienza: Il giudizio di convenienza rappresenta il fulcro dell'attività istruttoria ed implica una valutazione di merito, diretta ad accertare se l'adozione risulti moralmente vantaggiosa ed economicamente non pregiudizievole per l'adottando. Le informazioni necessarie per decidere sull'adozione possono essere assunte, senza particolari vincoli o formalità, mediante organi di pubblica sicurezza, servizi locali, o autorità comunali, udite tutte le persone che potrebbero essere a conoscenza della situazione di fatto dell'adottante, dell'adottando e della loro famiglia (C.C. 3462/22).

313. (1) **Provvedimento del tribunale.** – Il tribunale, in camera di consiglio (737 c.p.c.), sentito il pubblico ministero e omessa ogni altra formalità di procedura, provvede con sentenza decidendo di far luogo o non far luogo alla adozione (298).

L'adottante, il pubblico ministero, l'adottando, entro trenta giorni dalla comunicazione, possono proporre impugnazione avanti la corte d'appello, che decide in camera di consiglio, sentito il pubblico ministero.

(1) *Questo articolo è stato così sostituito dall'art. 30 della L. 28 marzo 2001, n. 149.*

NOTE OPERATIVE:

Giudizio di convenienza: L'incapacità naturale dell'adottante al momento della manifestazione del consenso può essere fatta valere esclusivamente dai soggetti legittimati a proporre il reclamo: in mancanza di una norma specifica relativa alla legittimazione a far valere i vizi del consenso in tale specifica fattispecie, devono ritenersi legittimate, ai sensi dell'art. 1441 c.c., solo le parti del rapporto adottivo, non potendo trovare applicazione l'art. 428 c.c. (C.C. 12556/12 – Conf. C.C. 4694/92; C.C. 2520/75).

314. (1) **Pubblicità.** – La sentenza definitiva che pronuncia l'adozione è trascritta a cura del cancelliere del tribunale competente, entro il decimo giorno successivo a quello della relativa comunicazione, da effettuarsi non oltre cinque giorni dal deposito, da parte del cancelliere del giudice dell'impugnazione, su apposito registro e comunicata all'ufficiale di stato civile per l'annotazione a margine dell'atto di nascita dell'adottato.

Con la procedura di cui al primo comma deve essere altresì trascritta ed annotata la sentenza di revoca della adozione, passata in giudicato.

L'autorità giudiziaria può inoltre ordinare la pubblicazione della sentenza che pronuncia l'adozione o della sentenza di revoca nei modi che ritiene opportuni.

(1) *Questo articolo è stato così sostituito dall'art. 31 della L. 28 marzo 2001, n. 149.*

NOTE OPERATIVE:

Decreto: Il decreto che pronunzia l'adozione di persone di maggiore età ha natura costitutiva, produce effetti direttamente incidenti sullo status dell'adottato ed è connotato dalla stabilità, comprovata dalla circostanza della previsione della sua revocabilità soltanto in casi tassativi e specifici (art. 305-309 c.c.), in conseguenza di fatti sopravvenuti e con efficacia ex tunc (C.C. 12556/12 – Conf. C.C. 13171/04).

Capo III
[Dell'adozione speciale] (1)

(1) *Questo capo era stato inserito dall'art. 4, L. 5 giugno 1967, n. 431, adozione speciale, e successivamente è stato abrogato dall'art. 67, L. 4 maggio 1983, n. 184, disciplina dell'adozione e dell'affidamento dei minori (suppl. ord. alla G.U. n. 133 del 17 maggio 1983).*

Titolo IX
Della responsabilità genitoriale e dei diritti e doveri del figlio (1)

(1) *La precedente intestazione: «Della potestà dei genitori» è stata sostituita dalla seguente: «Della potestà dei genitori e dei diritti e doveri del figlio» dall'art. 1, comma 6, della L. 10 dicembre 2012, n. 219. Successivamente l'art. 7, comma 10, del D.L.vo 28 dicembre 2013, n. 154, a decorrere dal trentesimo giorno successivo a quello della sua pubblicazione nella* Gazzetta Ufficiale *(G.U. n. 5 dell'8 gennaio 2014), ha sostituito le parole: «potestà dei genitori» con le attuali: «responsabilità genitoriale».*

Capo I
Dei diritti e doveri del figlio (1)

(1) *Questo capo è stato inserito dall'art. 11 del D.L.vo 28 dicembre 2013, n. 154, a decorrere dal trentesimo giorno successivo a quello della sua pubblicazione nella* Gazzetta Ufficiale *(G.U. n. 5 dell'8 gennaio 2014).*

315. (1) **Stato giuridico della filiazione.** – Tutti i figli hanno lo stesso stato giuridico.

(1) *Questo articolo è stato così sostituito dall'art. 1, comma 7, della L. 10 dicembre 2012, n. 219.*

315 *bis*. (1) **Diritti e doveri del figlio.** – Il figlio ha diritto di essere mantenuto, educato, istruito e assistito moralmente dai genitori, nel rispetto delle sue capacità, delle sue inclinazioni naturali e delle sue aspirazioni.

Il figlio ha diritto di crescere in famiglia e di mantenere rapporti significativi con i parenti.

Il figlio minore che abbia compiuto gli anni dodici, e anche di età inferiore ove capace di discernimento, ha diritto di essere ascoltato in tutte le questioni e le procedure che lo riguardano.

Il figlio deve rispettare i genitori e deve contribuire, in relazione alle proprie capacità, alle proprie sostanze e al proprio reddito, al mantenimento della famiglia finché convive con essa.

(1) *Questo articolo è stato inserito dall'art. 1, comma 8, della L. 10 dicembre 2012, n. 219.*

NOTE OPERATIVE:

Ascolto del minore: Costituisce necessario corollario del diritto del minore a essere ascoltato, la regola secondo la quale l'autorità giudiziaria, chiamata a pronunciarsi su decisioni che lo riguardano, debba esaminare in maniera dettagliata e analitica le dichiarazioni rese, in sede di ascolto, dal minore dotato di capacità di discernimento, sicché, in caso di opposizione di quest'ultimo al trasferimento all'estero è obbligatoria la considerazione di tale volontà ed anche la verifica di tutte le circostanze fattuali che la giustifichino, al fine di pervenire a conclusioni che tengano in considerazione il suo miglior interesse (C.C. 15710/23 – Conf. C.C. 21055/22; C.C. 32359/18; C.C. 5237/14).

Vittimizzazione secondaria: In tema di ascolto del minore maltrattato, il giudice deve sempre operare un bilanciamento tra l'esigenza di ricostruzione del volere e del sentimento del minore, quale principio fondamentale applicabile anche nel procedimento relativo alla decadenza dalla responsabilità genitoriale, e quella della tutela del minore maltrattato, come persona fragile, nel caso in cui l'ascolto possa costituire pericolo di vittimizzazione secondaria per gli ulteriori traumi che il fanciullo che li abbia già vissuti possa essere costretto a rivivere (C.C. 23247/23).

316. (1) **Responsabilità genitoriale.** – Entrambi i genitori hanno la responsabilità genitoriale che è esercitata di comune accordo tenendo conto delle capacità, delle inclinazioni naturali e delle aspirazioni del figlio. I genitori di comune accordo stabiliscono la residenza abituale del minore e adottano le scelte relative alla sua istruzione ed educazione (2).

In caso di contrasto su questioni di particolare importanza, tra le quali quelle relative alla residenza abituale e all'istituto scolastico del figlio minorenne, (3) ciascuno dei genitori può ricorrere senza formalità al giudice indicando i provvedimenti che ritiene più idonei.

Il giudice, sentiti i genitori e disposto l'ascolto del figlio minore che abbia compiuto gli anni dodici e anche di età inferiore ove capace di discernimento, tenta di raggiungere una soluzione concordata e, ove questa non sia possibile, adotta la soluzione che ritiene più adeguata all'interesse del figlio (4).

Il genitore che ha riconosciuto il figlio esercita la responsabilità genitoriale su di lui. Se il riconoscimento del figlio, nato fuori del matrimonio, è fatto dai genitori, l'esercizio della responsabilità genitoriale spetta ad entrambi.

Il genitore che non esercita la responsabilità genitoriale vigila sull'istruzione, sull'educazione e sulle condizioni di vita del figlio.

(1) *Questo articolo è stato così sostituito dall'art. 39 del D.L.vo 28 dicembre 2013, n. 154, a decorrere dal trentesimo giorno successivo a quello della sua pubblicazione nella* Gazzetta Ufficiale *(G.U. n. 5 dell'8 gennaio 2014).*

(2) *Le parole: «e adottano le scelte relative alla sua istruzione ed educazione» sono state aggiunte dall'art. 1, comma 4, lett. a), n. 1), del D.L.vo 10 ottobre 2022, n. 149, a decorrere dal 28 febbraio 2023.*

(3) *Le parole: «, tra le quali quelle relative alla residenza abituale e all'istituto scolastico del figlio minorenne,» sono state inserite dall'art. 1, comma 4, lett. a), n. 2), del D.L.vo 10 ottobre 2022, n. 149, a decorrere dal 28 febbraio 2023.*

(4) *Le parole: «suggerisce le determinazioni che ritiene più utili nell'interesse del figlio e dell'unità familiare. Se il contrasto permane il giudice attribuisce il potere di decisione a quello dei genitori che, nel singolo caso, ritiene il più idoneo a curare l'interesse del figlio» sono state così sostituite dalle attuali: «tenta di raggiungere una soluzione concordata e, ove questa non sia possibile, adotta la soluzione che ritiene più adeguata all'interesse del figlio» dall'art. 1, comma 4, lett. a), n. 3), del D.L.vo 10 ottobre 2022, n. 149, a decorrere dal 28 febbraio 2023.*

NOTE OPERATIVE:

Ambito di applicazione: La norma distingue il genitore che ha riconosciuto il figlio e che esercita la responsabilità genitoriale (comma 4) dal genitore che non ha riconosciuto il figlio e che non esercita la responsabilità genitoriale, potendo solo vigilare sull'istruzione, sull'educazione e sulle condizioni di vita del figlio (comma 5) (C.C. 3661/23).

316 *bis*. (1) Concorso nel mantenimento. – I genitori devono adempiere i loro obblighi nei confronti dei figli in proporzione alle rispettive sostanze e secondo la loro capacità di lavoro professionale o casalingo. Quando i genitori non hanno mezzi sufficienti, gli altri ascendenti, in ordine di prossimità, sono tenuti a fornire ai genitori stessi i mezzi necessari affinché possano adempiere i loro doveri nei confronti dei figli.

In caso di inadempimento il presidente del tribunale o il giudice da lui designato (2), su istanza di chiunque vi ha interesse, sentito l'inadempiente ed assunte informazioni, può ordinare con decreto che una quota dei redditi dell'obbligato, in proporzione agli stessi, sia versata direttamente all'altro genitore o a chi sopporta le spese per il mantenimento, l'istruzione e l'educazione della prole.

Il decreto, notificato agli interessati ed al terzo debitore, costituisce titolo esecutivo, ma le parti ed il terzo debitore possono proporre opposizione nel termine di venti giorni dalla notifica.

L'opposizione è regolata dalle norme che disciplinano il procedimento relativo allo stato delle persone, ai minorenni e alle famiglie (3).

Le parti ed il terzo debitore possono sempre chiedere, con le medesime (4) forme [del processo ordinario] (5), la modificazione e la revoca del provvedimento.

(1) *Questo articolo è stato inserito dall'art. 40 del D.L.vo 28 dicembre 2013, n. 154, a decorrere dal trentesimo giorno successivo a quello della sua pubblicazione nella Gazzetta Ufficiale (G.U. n. 5 dell'8 gennaio 2014).*

(2) *Le parole: «o il giudice da lui designato» sono state aggiunte dall'art. 1, comma 4, lett. b), n. 1), del D.L.vo 10 ottobre 2022, n. 149, a decorrere dal 28 febbraio 2023.*

(3) *Le parole: «relative all'opposizione al decreto di ingiunzione, in quanto applicabili» sono state così sostituite dalle attuali: «che disciplinano il procedimento relativo allo stato delle persone, ai minorenni e alle famiglie» dall'art. 1, comma 4, lett. b), n. 2), del D.L.vo 10 ottobre 2022, n. 149, a decorrere dal 28 febbraio 2023.*

(4) *La parola: «medesime» è stata aggiunta dall'art. 1, comma 4, lett. b), n. 3), del D.L.vo 10 ottobre 2022, n. 149, a decorrere dal 28 febbraio 2023.*

(5) *Le parole tra parentesi quadrate sono state soppresse dall'art. 1, comma 4, lett. b), n. 3), del D.L.vo 10 ottobre 2022, n. 149, a decorrere dal 28 febbraio 2023.*

NOTE OPERATIVE:

Presupposto: L'obbligo dei genitori di mantenere i figli sussiste per il solo fatto di averli generati e prescinde da qualsiasi domanda giudiziale (C.C. 3661/23 – Conf. C.C. 3079/15).

Ambito di applicazione: La norma non opera alcuna distinzione tra il genitore che ha riconosciuto il figlio ed il genitore che non lo ha riconosciuto, parificandoli quanto al dovere di mantenimento (C.C. 3661/23).

Criteri: Per determinare le risorse economiche dei genitori, occorre considerare oltre ai redditi, anche l'intero patrimonio di ciascuno di essi (C.C. 10447/23).

Nonni: L'obbligo di mantenimento dei figli minori spetta primariamente e integralmente ai genitori sicché, se uno dei due non possa o non voglia adempiere al proprio dovere, l'altro, nel preminente interesse dei figli, deve far fronte per intero alle loro esigenze con tutte le sue sostanze patrimoniali e sfruttando tutta la propria capacità di lavoro, salva la possibilità di convenire in giudizio l'inadempiente per ottenere un contributo proporzionale alle condizioni economiche globali di costui. L'obbligo degli ascendenti di fornire ai genitori i mezzi necessari affinché possano adempiere i loro doveri nei confronti dei figli – che investe contemporaneamente tutti gli ascendenti di pari grado di entrambi i genitori e non costituisce una mera surroga del dovere gravante sul genitore – va inteso non solo nel senso che l'obbligazione degli ascendenti è subordinata e, quindi, sussidiaria rispetto a quella, primaria, dei genitori, ma anche nel senso che agli ascendenti non ci si possa rivolgere per un aiuto economico per il solo fatto che uno dei due genitori non dia il proprio contributo, se l'altro è in grado di provvedervi (C.C. 13345/23 – Conf. C.C. 8980/23).

317. Impedimento di uno dei genitori. – Nel caso di lontananza, di incapacità (414) o di altro impedimento che renda impossibile ad uno dei genitori l'esercizio della responsabilità genitoriale (1), questa è esercitata in modo esclusivo dall'altro.

La responsabilità genitoriale di entrambi i genitori non cessa a seguito di separazione, scioglimento, cessazione degli effetti civili, annullamento, nullità del matrimonio; il suo esercizio, in tali casi, è regolato dal capo II del presente titolo (2).

(1) *La parola: «potestà» è stata così sostituita dalle attuali: «responsabilità genitoriale» dall'art. 41, comma 1, lett. a), del D.L.vo 28 dicembre 2013, n. 154, a decorrere dal trentesimo giorno successivo a quello della*

sua pubblicazione nella Gazzetta Ufficiale *(G.U. n. 5 dell'8 gennaio 2014).*

(2) *Questo comma è stato così sostituito dall'art. 41, comma 1, lett.* b), *del D.L.vo 28 dicembre 2013, n. 154, a decorrere dal trentesimo giorno successivo a quello della sua pubblicazione nella* Gazzetta Ufficiale *(G.U. n. 5 dell'8 gennaio 2014).*

317 *bis*. (1) **Rapporti con gli ascendenti.** – Gli ascendenti hanno diritto di mantenere rapporti significativi con i nipoti minorenni.

L'ascendente al quale è impedito l'esercizio di tale diritto può ricorrere al giudice del luogo di residenza abituale del minore affinché siano adottati i provvedimenti più idonei nell'esclusivo interesse del minore. Si applica l'articolo 336, secondo comma.

(1) *Questo articolo, aggiunto dall'art. 140, L. 19 maggio 1975, n. 151, riforma del diritto di famiglia, è stato, da ultimo, così sostituito dall'art. 42 del D.L.vo 28 dicembre 2013, n. 154, a decorrere dal trentesimo giorno successivo a quello della sua pubblicazione nella* Gazzetta Ufficiale *(G.U. n. 5 dell'8 gennaio 2014).*

NOTE OPERATIVE:

Interesse del minore: La norma, nel riconoscere agli ascendenti un vero e proprio diritto a mantenere rapporti significativi con i nipoti minorenni, non attribuisce allo stesso un carattere incondizionato, ma ne subordina l'esercizio e la tutela, a fronte di contestazioni o comportamenti ostativi di uno o entrambi i genitori, a una valutazione del giudice avente di mira l'"esclusivo interesse del minore", ovverosia la realizzazione di un progetto educativo e formativo, volto ad assicurare un sano ed equilibrato sviluppo della personalità del minore, nell'ambito del quale possa trovare spazio anche un'attiva partecipazione degli ascendenti, quale espressione del loro coinvolgimento nella sfera relazionale ed affettiva del nipote (C.C. 2881/23 – Conf. C.C. 34566/22; C.C.: 9145/20; C.C. 19779; 18; C.C. 15238/18).

Convivente di fatto dell'ascendente: Il diritto degli ascendenti di instaurare e mantenere rapporti significativi con i nipoti minorenni deve essere riconosciuto non solo ai soggetti legati al minore da un rapporto di parentela in linea retta ascendente, ma anche ad ogni altra persona che affianchi il nonno biologico del minore, sia esso il coniuge o il convivente di fatto, e che si sia dimostrato idoneo ad instaurare con il minore medesimo una relazione affettiva stabile dalla quale il minore trae beneficio (C.C. 19780/18).

318. Abbandono della casa del genitore. – Il figlio, sino alla maggiore età o all'emancipazione, (1) non può abbandonare la casa dei genitori o del genitore che esercita su di lui la responsabilità genitoriale (2) né la dimora da essi assegnatagli. Qualora se ne allontani senza permesso, i genitori possono richiamarlo ricorrendo, se necessario, al giudice tutelare (344).

(1) *Le parole: «, sino alla maggiore età o all'emancipazione,» sono state inserite dall'art. 43, comma 1, lett.* a), *del D.L.vo 28 dicembre 2013, n. 154, a decorrere dal trentesimo giorno successivo a quello della sua pubblicazione nella* Gazzetta Ufficiale *(G.U. n. 5 dell'8 gennaio 2014).*

(2) *La parola: «potestà» è stata così sostituita dalle attuali: «responsabilità genitoriale» dall'art. 43, comma 1, lett.* b), *del D.L.vo 28 dicembre 2013, n. 154, a decorrere dal trentesimo giorno successivo a quello della sua pubblicazione nella* Gazzetta Ufficiale *(G.U. n. 5 dell'8 gennaio 2014).*

319. [**Cattiva condotta del figlio.** – (*Omissis*)] (1).

(1) *Articolo abrogato dall'art. 142, L. 19 maggio 1975, n. 151, riforma del diritto di famiglia.*

320. Rappresentanza e amministrazione. – I genitori congiuntamente (316), o quello di essi che esercita in via esclusiva la responsabilità genitoriale (1) (155, 317, 317 *bis*), rappresentano i figli nati e nascituri, fino alla maggiore età o all'emancipazione, (2) in tutti gli atti civili e ne amministrano i beni. Gli atti di ordinaria amministrazione, esclusi i contratti con i quali si concedono o si acquistano diritti personali di godimento (1380, 1571, 1615), possono essere compiuti disgiuntamente da ciascun genitore.

Si applicano, in caso di disaccordo o di esercizio difforme dalle decisioni concordate, le disposizioni di cui all'articolo 316.

I genitori non possono alienare (777), ipotecare o dare in pegno (2784, 2806) i beni pervenuti al figlio a qualsiasi titolo, anche a causa di morte, accettare o rinunziare ad eredità (471, 519) o legati, accettare donazioni (356, 782, 784), procedere allo scioglimento di comunioni (713 ss., 1111 ss.), contrarre mutui (1813) o locazioni ultranovennali (1572) o compiere altri atti eccedenti la ordinaria amministrazione né promuovere, transigere (1965 ss.) o compromettere in arbitri (806 c.p.c.) giudizi relativi a tali atti, se non per necessità o utilità evidente del figlio dopo autorizzazione del giudice tutelare (322, 344; 45 att.).

I capitali non possono essere riscossi senza autorizzazione del giudice tutelare, il quale ne determina l'impiego (322; 45 att.).

L'esercizio di una impresa commerciale non può essere continuato se non con l'autorizzazione del giudice tutelare (3).

Se sorge conflitto di interessi patrimoniali tra i figli soggetti alla stessa responsabilità genitoriale (1), o tra essi e i genitori o quello di essi che esercita in via esclusiva la responsabilità genitoriale (1), il giudice tutelare nomina ai figli un curatore speciale (78 c.p.c.). Se il conflitto sorge tra i figli e uno solo dei genitori esercenti la responsabilità genitoriale (1), la rappresentanza dei figli spetta esclusivamente all'altro genitore.

(1) *La parola: «potestà» è stata così sostituita dalle attuali: «responsabilità genitoriale» dall'art. 44, comma 1, lett. a), del D.L.vo 28 dicembre 2013, n. 154, a decorrere dal trentesimo giorno successivo a quello della sua pubblicazione nella* Gazzetta Ufficiale (G.U. *n. 5 dell'8 gennaio 2014*).

(2) *Le parole: «, fino alla maggiore età o all'emancipazione,» sono state inserite dall'art. 44, comma 1, lett. b), del D.L.vo 28 dicembre 2013, n. 154, a decorrere dal trentesimo giorno successivo a quello della sua pubblicazione nella* Gazzetta Ufficiale (G.U. *n. 5 dell'8 gennaio 2014*).

(3) *Questo comma è stato così sostituito dall'art. 1, comma 4, lett. c), del D.L.vo 10 ottobre 2022, n. 149, a decorrere dal 28 febbraio 2023.*

Si riporta il testo precedente:

«L'esercizio di una impresa commerciale (2195, 2198) non può essere continuato se non con l'autorizzazione del tribunale (38 att.) su parere del giudice tutelare (344). Questi può consentire l'esercizio provvisorio dell'impresa, fino a quando il tribunale abbia deliberato sulla istanza (2198, 2294)».

NOTE OPERATIVE:

Atto di ordinaria amministrazione: L'atto deve essere considerato di ordinaria amministrazione quando presenta le seguenti caratteristiche: 1) sia oggettivamente utili alla conservazione del valore e dei caratteri oggettivi essenziali del patrimonio; 2) abbia un valore economico non particolarmente elevato; 3) comporti un margine di rischio modesto in relazione alle caratteristiche del patrimonio, diversamente dovranno essere considerati atti di straordinaria amministrazione, gli atti che non presentino tutte e tre queste caratteristiche (C.C. 22662/22 – Conf. C.C. 8461/19; C.C. 7546/03).

Autorizzazione del giudice tutelare: In tema di rappresentanza processuale del minore, l'autorizzazione del giudice tutelare è necessaria per promuovere giudizi relativi ad atti di amministrazione straordinaria, che possono cioè arrecare pregiudizio o diminuzione del patrimonio e non anche per gli atti diretti al miglioramento e alla conservazione dei beni che fanno già parte del patrimonio del soggetto incapace (C.C. 10930/22 – Conf. C.C. 743/12).

Impresa commerciale: Il genitore, autorizzato dal tribunale alla continuazione dell'esercizio dell'impresa commerciale del minore, può compiere, senza necessità di specifica autorizzazione del giudice tutelare, anche i singoli atti strettamente collegati a tale esercizio, stante il carattere dinamico dell'impresa e la necessità di assumere decisioni pronte e tempestive, le quali sarebbero gravemente ostacolate, o addirittura paralizzate qualora, per ogni singolo atto, occorresse rivolgersi all'autorità giudiziaria (C.C. 10654/11).

321. Nomina di un curatore speciale. – In tutti i casi in cui i genitori congiuntamente (316), o quello di essi che esercita in via esclusiva la responsabilità genitoriale (1) (155, 317, 317 *bis*), non possono o non vogliono compiere uno o più atti di interesse del figlio, eccedente l'ordinaria amministrazione, il giudice (38[2,3]), su richiesta del figlio stesso, del pubblico ministero o di uno dei parenti (77) che vi abbia interesse, e sentiti i genitori, può nominare al figlio un curatore speciale (78 c. p.c.) autorizzandolo al compimento di tali atti (45 att.).

(1) *La parola: «potestà» è stata così sostituita dalle attuali: «responsabilità genitoriale» dall'art. 45 del D.L.vo 28 dicembre 2013, n. 154, a decorrere dal trentesimo giorno successivo a quello della sua pubblicazione nella* Gazzetta Ufficiale (G.U. *n. 5 dell'8 gennaio 2014*).

NOTE OPERATIVE:

Presupposto: Il conflitto di interessi tra genitore e figlio minore che legittima la nomina del curatore speciale, sussiste solo quando i due soggetti si trovino o possano in seguito trovarsi in posizione di contrasto, nel senso che l'interesse proprio del rappresentante rispetto all'atto da compiere, mal si concili con quello del rappresentato (C.C. 8438/18).

322. Inosservanza delle disposizioni precedenti. – Gli atti compiuti senza osservare le norme dei precedenti articoli del presente titolo possono essere annullati su istanza dei genitori esercenti la responsabilità genitoriale (1) o del figlio o dei suoi eredi o aventi causa (323[2], 1425, 1441).

(1) *La parola: «potestà» è stata così sostituita dalle attuali: «responsabilità genitoriale» dall'art. 46 del D.L.vo 28 dicembre 2013, n. 154, a decorrere dal trentesimo giorno successivo a quello della sua pubblicazione nella* Gazzetta Ufficiale (G.U. *n. 5 dell'8 gennaio 2014*).

323. Atti vietati ai genitori. – I genitori esercenti la responsabilità genitoriale (1) sui figli non possono, neppure all'asta pubblica (503, 733 c. p.c.), rendersi acquirenti direttamente o per interposta persona dei beni e dei diritti del minore (1471, n. 3).

Gli atti compiuti in violazione del divieto previsto nel comma precedente possono essere annullati su istanza del figlio, o dei suoi eredi o aventi causa (322, 1425, 1441).

I genitori esercenti la responsabilità genitoriale (1) non possono diventare cessionari di alcuna ragione o credito verso il minore (1261).

(1) *La parola: «potestà» è stata così sostituita dalle attuali: «responsabilità genitoriale» dall'art. 47 del D.L.vo 28 dicembre 2013, n. 154, a decorrere dal trentesimo giorno successivo a quello della sua pubblicazione nella* Gazzetta Ufficiale (G.U. *n. 5 dell'8 gennaio 2014*).

324. Usufrutto legale. – I genitori esercenti la responsabilità genitoriale (1) hanno in comune l'usufrutto dei beni del figlio, fino alla maggiore età o all'emancipazione (2) (978, 1002).

I frutti percepiti sono destinati al mantenimento della famiglia e all'istruzione ed educazione dei figli (147, 315).

Non sono soggetti ad usufrutto legale:

1) i beni acquistati dal figlio con i proventi del proprio lavoro;

2) i beni lasciati o donati (769 ss.) al figlio per intraprendere una carriera, un'arte o una professione;

3) i beni lasciati o donati con la condizione (633, 1353) che i genitori esercenti la responsabilità genitoriale (1) o uno di essi non ne abbiano l'usufrutto: la condizione però non ha effetto per i beni spettanti al figlio a titolo di legittima (536 ss.);

4) i beni pervenuti al figlio per eredità (456 ss.), legato (649 ss.) o donazione (769 ss.) e accettati nell'interesse del figlio (321) contro la volontà dei genitori esercenti la responsabilità genitoriale (1). Se uno solo di essi era favorevole all'accettazione, l'usufrutto legale spetta esclusivamente a lui.

(1) *La parola: «potestà» è stata così sostituita dalle attuali: «responsabilità genitoriale» dall'art. 48, comma 1, lett.* a), *del D.L.vo 28 dicembre 2013, n. 154, a decorrere dal trentesimo giorno successivo a quello della sua pubblicazione nella* Gazzetta Ufficiale *(G.U. n. 5 dell'8 gennaio 2014).*

(2) *Le parole: «, fino alla maggiore età o all'emancipazione» sono state inserite dall'art. 48, comma 1, lett.* b), *del D.L.vo 28 dicembre 2013, n. 154, a decorrere dal trentesimo giorno successivo a quello della sua pubblicazione nella* Gazzetta Ufficiale *(G.U. n. 5 dell'8 gennaio 2014).*

325. Obblighi inerenti all'usufrutto legale. – Gravano sull'usufrutto legale gli obblighi propri dell'usufruttuario (1001 ss.).

326. Inalienabilità dell'usufrutto legale. Esecuzione sui frutti. – L'usufrutto legale non può essere oggetto di alienazione, di pegno (2784) o di ipoteca (2808, 2810) né di esecuzione (2910) da parte dei creditori.

L'esecuzione sui frutti dei beni del figlio da parte dei creditori dei genitori o di quello di essi che ne è titolare esclusivo non può aver luogo per debiti che il creditore conosceva essere stati contratti per scopi estranei ai bisogni della famiglia (170).

327. Usufrutto legale di uno solo dei genitori. – Il genitore che esercita in modo esclusivo (155, 317, 317 *bis*) la responsabilità genitoriale (1) è il solo titolare dell'usufrutto legale (324).

(1) *La parola: «potestà» è stata così sostituita dalle attuali: «responsabilità genitoriale» dall'art. 49 del D.L.vo 28 dicembre 2013, n. 154, a decorrere dal trentesimo giorno successivo a quello della sua pubblicazione nella* Gazzetta Ufficiale *(G.U. n. 5 dell'8 gennaio 2014).*

328. Nuove nozze. – Il genitore che passa a nuove nozze conserva l'usufrutto legale, con l'obbligo tuttavia di accantonare in favore del figlio quanto risulti eccedente rispetto alle spese per il mantenimento, l'istruzione e l'educazione di quest'ultimo (147).

329. Godimento dei beni dopo la cessazione dell'usufrutto legale. – Cessato l'usufrutto legale, se il genitore ha continuato a godere i beni del figlio convivente con esso senza procura ma senza opposizione, o anche con procura ma senza l'obbligo di rendere conto dei frutti, egli o i suoi eredi non sono tenuti che a consegnare i frutti esistenti al tempo della domanda (217, 1148).

330. (1) Decadenza dalla responsabilità genitoriale (2) sui figli. – Il giudice può pronunziare la decadenza dalla responsabilità genitoriale (2) quando il genitore viola o trascura i doveri (320, 324) ad essa inerenti o abusa dei relativi poteri con grave pregiudizio del figlio (332 ss.; 51 att.).

In tale caso, per gravi motivi, il giudice può ordinare l'allontanamento del figlio dalla residenza familiare (333) ovvero l'allontanamento del genitore o convivente che maltratta o abusa del minore (3).

(1) *Articolo così sostituito dall'art. 152, L. 19 maggio 1975, n. 151, riforma del diritto di famiglia.*

Si vedano gli artt. 19, 32, 34 c.p., per la disciplina dei casi di decadenza o sospensione dalla responsabilità genitoriale come pena accessoria.

(2) *La parola: «potestà» è stata così sostituita dalle attuali: «responsabilità genitoriale» dall'art. 50 del D.L.vo 28 dicembre 2013, n. 154, a decorrere dal trentesimo giorno successivo a quello della sua pubblicazione nella* Gazzetta Ufficiale *(G.U. n. 5 dell'8 gennaio 2014).*

(3) *Le parole da: «ovvero l'allontanamento ...» sino alla fine del comma sono state aggiunte dall'art. 37, comma 1, della L. 28 marzo 2001, n. 149.*

NOTE OPERATIVE:

Finalità: I provvedimenti modificativi e ablativi della responsabilità dei genitori sono preordinati all'esigenza prioritaria della tutela degli interessi dei figli (C.C. 18562/16); non costituiscono, quindi, una sanzione a comportamenti inadempienti dei genitori, ma piuttosto sono fondati sull'accertamento – da parte del giudice – degli effetti lesivi che hanno prodotto o possono ulteriormente produrre in danno dei figli, tali da giustificare una limitazione o ablazione della responsabilità genitoriale (C.C. 14145/17).

Presupposti: Il provvedimento di decadenza dalla responsabilità genitoriale è adottabile qualora la condotta del genitore si traduca in un grave pregiudizio per il minore, dovendo il giudice di merito esprimere una prognosi sull'effettiva ed attuale possibilità di recupero, attraverso un percorso di crescita e sviluppo, delle capacità e competenze genitoriali, con riferimento alla elaborazione, da parte dei genitori, di un progetto, anche futuro, di assunzione diretta della responsabilità genitoriale, caratterizzata da cura, accudimento, coabitazione con il minore, ancorché con l'aiuto di parenti o di terzi e avvalendosi dell'intervento dei servizi territoriali (C.C. 12237/23 – Conf. C.C. 14145/17).

Accertamento: La presenza di continuative condotte violente, fisiche e verbali, e i relativi maltrattamenti nei confronti dei minori, legittimano la pronuncia di decadenza dalla responsabilità genitoriale, anche sulla base di accertamenti giudiziali e verifiche svolte sulla base del solo mezzo istruttorio delle intercettazioni ambientali (C.C. 23247/23).

Maggiore età: Il conseguimento della maggiore età da parte del minore determina automaticamente la cessazione della responsabilità genitoriale, determinando, ancorché avvenga nel corso del procedimento per la dichiarazione di decadenza dalla stessa, la cessazione della materia del contendere e la caducazione dei provvedimenti in precedenza pronunciati, posto che ad assumere rilievo è la sola tutela del minore dai comportamenti pregiudizievoli dei genitori, non anche l'interesse del genitore all'accertamento negativo dei fatti allegati a sostegno della domanda (C.C. 4018/23 – Conf. C.C. 23019/19).

331. [Passaggio della patria potestà alla madre. – (*Omissis*)] (1).

(1) *Articolo abrogato dall'art. 153, L. 19 maggio 1975, n. 151, riforma del diritto di famiglia.*

332. Reintegrazione nella responsabilità genitoriale (1). – Il giudice può reintegrare nella responsabilità genitoriale (1) il genitore che ne è decaduto, quando, cessate le ragioni per le quali la decadenza è stata pronunciata, è escluso ogni pericolo di pregiudizio per il figlio (330, 336).

(1) *La parola: «potestà» è stata così sostituita dalle attuali: «responsabilità genitoriale» dall'art. 51 del D.L.vo 28 dicembre 2013, n. 154, a decorrere dal trentesimo giorno successivo a quello della sua pubblicazione nella* Gazzetta Ufficiale *(G.U. n. 5 dell'8 gennaio 2014).*

NOTE OPERATIVE:

Opposizione alla adottabilità: Il genitore dichiarato decaduto dalla responsabilità genitoriale può opporsi alla dichiarazione di adottabilità del figlio minore poiché la sua legittimazione non è espressione della rappresentanza legale del figlio, ma è espressione dell'interesse dell'ordinamento alla tendenziale conservazione della famiglia naturale in modo tale che, una volta revocata la dichiarazione di adottabilità, il genitore possa attivarsi per il recupero del rapporto con il figlio e, conseguito tale scopo, richiedere la reintegra nella responsabilità genitoriale (C.C. 16060/18).

333. (1) **Condotta del genitore pregiudizievole ai figli.** – Quando la condotta di uno o di entrambi i genitori non è tale da dare luogo alla pronuncia di decadenza prevista dall'articolo 330, ma appare comunque pregiudizievole al figlio, il giudice (2), secondo le circostanze, può adottare i provvedimenti convenienti e può anche disporre l'allontanamento di lui dalla residenza familiare (330, 336; 51 att.) ovvero l'allontanamento del genitore o convivente che maltratta o abusa del minore (3).

Tali provvedimenti sono revocabili in qualsiasi momento (742 c.p.c.).

(1) *Articolo così sostituito dall'art. 155, L. 19 maggio 1975, n. 151, riforma del diritto di famiglia.*

(2) *A norma dell'art. 38, primo comma, att., la competenza appartiene al tribunale per i minorenni. L'art. 38 att. stabilisce che per i procedimenti di cui a questo articolo resta esclusa la competenza del tribunale per i minorenni nell'ipotesi in cui sia in corso, tra le stesse parti, giudizio di separazione o divorzio o giudizio ai sensi dell'articolo 316 c.c; in tale ipotesi per tutta la durata del processo la competenza, anche per i provvedimenti contemplati dalle disposizioni richiamate nel primo periodo, spetta al giudice ordinario.*

(3) *Le parole da: «ovvero l'allontanamento» sino alla fine del comma sono state aggiunte dall'art. 37, comma 2, della L. 28 marzo 2001, n. 149.*

NOTE OPERATIVE:

Presupposti: Ai fini della sospensione della responsabilità genitoriale non occorre che la condotta del genitore abbia causato danno al figlio, poiché la norma mira ad evitare ogni possibile pregiudizio derivante dalla condotta (anche involontaria) del genitore, rilevando l'obiettiva attitudine di quest'ultima ad arrecare nocumento anche solo eventuale al minore, in presenza di una situazione di mero pericolo di danno (C.C. 27553/21 – Conf. 3529/04).

Affidatario temporaneo: Il giudizio sull'adeguatezza del familiare prescelto quale affidatario temporaneo, a soddisfare le esigenze del minore ed a salvaguardarne il sano ed equilibrato sviluppo psico-fisico, deve essere svolto dal giudice del merito valorizzando, il contributo al mantenimento del rapporto con la famiglia di origine, che è criterio guida di ogni scelta in tema di affido minorile (C.C. 21970/22 – Conf. C.C. 28257/19).

334. Rimozione dall'amministrazione. – Quando il patrimonio del minore è male amministrato, il tribunale (38[1], 51 att.) può stabilire le condizioni a cui i genitori devono attenersi nell'amministrazione (337) o può rimuovere entrambi o uno solo di essi dall'amministrazione stessa e privarli, in tutto o in parte, dell'usufrutto legale (324).

L'amministrazione è affidata ad un curatore (78 c.p.c.), se è disposta la rimozione di entrambi i genitori.

NOTE OPERATIVE:

Presupposti: La rimozione, per mala gestio, di uno o di entrambi i genitori dall'amministrazione del patrimonio del figlio minore, presuppone la realizzazione di condotte concretamente pregiudizievoli per il minore o tali da rendere serio e concreto il rischio patrimoniale secondo una valutazione improntata a criteri di oggettività, non essendo sufficienti situazioni di pericolo meramente potenziale o fondate su convinzioni o interessi soggettivi di colui che reclami l'intervento del giudice (C.C. 18777/18).

335. Riammissione nell'esercizio dell'amministrazione. – Il genitore rimosso dall'amministrazione ed eventualmente privato dell'usufrutto legale (324, 334) può essere riammesso dal tribunale (38[1], 51 att.) nell'esercizio dell'una e nel godimento dell'altro, quando sono cessati i motivi che hanno provocato il provvedimento (336).

336. (¹) **Legittimazione ad agire** (²). – I provvedimenti indicati negli articoli precedenti (330, 332, 333, 334, 335) sono adottati su ricorso (125, 737 c.p.c.) dell'altro genitore, dei parenti, del curatore speciale se già nominato (³) o del pubblico ministero e, quando si tratta di revocare deliberazioni anteriori, anche del genitore interessato.

[Il tribunale provvede in camera di consiglio, assunte informazioni e sentito il pubblico ministero; dispone, inoltre, l'ascolto del figlio minore che abbia compiuto gli anni dodici e anche di età inferiore ove capace di discernimento. Nei casi in cui il provvedimento è richiesto contro il genitore, questi deve essere sentito] (⁴) (⁵).

[In caso di urgente necessità il tribunale può adottare, anche d'ufficio, provvedimenti temporanei nell'interesse del figlio (330, 333)] (⁵).

I genitori (⁶) e il minore sono assistiti da un difensore, [anche a spese dello Stato nei casi previsti dalla legge] (⁷) (⁸).

(¹) *Articolo così sostituito dall'art. 157, L. 19 maggio 1975, n. 151, riforma del diritto di famiglia.*

(²) *La precedente rubrica: «Procedimento» è stata così sostituita dalla attuale: «Legittimazione ad agire» dall'art. 1, comma 4, lett. d), n. 4), del D.L.vo 10 ottobre 2022, n. 149, a decorrere dal 28 febbraio 2023.*

(³) *Le parole: «, del curatore speciale se già nominato» sono state inserite dall'art. 1, comma 4, lett. d), n. 1), del D.L.vo 10 ottobre 2022, n. 149, a decorrere dal 28 febbraio 2023.*

(⁴) *Questo comma è stato così sostituito dall'art. 52 del D.L.vo 28 dicembre 2013, n. 154, a decorrere dal trentesimo giorno successivo a quello della sua pubblicazione nella Gazzetta Ufficiale (G.U. n. 5 dell'8 gennaio 2014).*

(⁵) *Questo comma è stato abrogato dall'art. 1, comma 4, lett. d), n. 2), del D.L.vo 10 ottobre 2022, n. 149, a decorrere dal 28 febbraio 2023.*

(⁶) *Le parole: «Per i provvedimenti di cui ai commi precedenti, i genitori» sono state così sostituite dalle attuali: «I genitori» dall'art. 1, comma 4, lett. d), n. 3), del D.L.vo 10 ottobre 2022, n. 149, a decorrere dal 28 febbraio 2023.*

(⁷) *Questo comma è stato aggiunto dall'art. 37, comma 3, della L. 28 marzo 2001, n. 149.*

(⁸) *Le parole fra parentesi quadrate sono state abrogate dall'art. 299 del D.P.R. 30 maggio 2002, n. 115.*

336 *bis*. (¹) **[Ascolto del minore.** – Il minore che abbia compiuto gli anni dodici e anche di età inferiore ove capace di discernimento è ascoltato dal presidente del tribunale o dal giudice delegato nell'ambito dei procedimenti nei quali devono essere adottati provvedimenti che lo riguardano. Se l'ascolto è in contrasto con l'interesse del minore, o manifestamente superfluo, il giudice non procede all'adempimento dandone atto con provvedimento motivato.

L'ascolto è condotto dal giudice, anche avvalendosi di esperti o di altri ausiliari. I genitori, anche quando parti processuali del procedimento, i difensori delle parti, il curatore speciale del minore, se già nominato, ed il pubblico ministero, sono ammessi a partecipare all'ascolto se autorizzati dal giudice, al quale possono proporre argomenti e temi di approfondimento prima dell'inizio dell'adempimento.

Prima di procedere all'ascolto il giudice informa il minore della natura del procedimento e degli effetti dell'ascolto. Dell'adempimento è redatto processo verbale nel quale è descritto il contegno del minore, ovvero è effettuata registrazione audio video].

(¹) *Questo articolo, inserito dall'art. 53 del D.L.vo 28 dicembre 2013, n. 154, a decorrere dal trentesimo giorno successivo a quello della sua pubblicazione nella Gazzetta Ufficiale (G.U. n. 5 dell'8 gennaio 2014), è stato abrogato dall'art. 1, comma 4, lett. e), del D.L.vo 10 ottobre 2022, n. 149, a decorrere dal 28 febbraio 2023.*

337. Vigilanza del giudice tutelare. – Il giudice tutelare (344) deve vigilare sull'osservanza delle condizioni che il tribunale abbia stabilito per l'esercizio della responsabilità genitoriale (¹) (333) e per l'amministrazione dei beni (334; 43 ss. att.).

(¹) *La parola: «potestà» è stata così sostituita dalle attuali: «responsabilità genitoriale» dall'art. 54 del D.L.vo 28 dicembre 2013, n. 154, a decorrere dal trentesimo giorno successivo a quello della sua pubblicazione nella Gazzetta Ufficiale (G.U. n. 5 dell'8 gennaio 2014).*

Capo II
Esercizio della responsabilità genitoriale a seguito di separazione, scioglimento, cessazione degli effetti civili, annullamento, nullità del matrimonio ovvero all'esito di procedimenti relativi ai figli nati fuori del matrimonio (1)

(1) *Questo Capo è stato inserito dall'art. 7, comma 12, del D.L.vo 28 dicembre 2013, n. 154, a decorrere dal trentesimo giorno successivo a quello della sua pubblicazione nella* Gazzetta Ufficiale *(G.U. n. 5 dell'8 gennaio 2014).*

337 *bis*. (1) Ambito di applicazione. – In caso di separazione, scioglimento, cessazione degli effetti civili, annullamento, nullità del matrimonio e nei procedimenti relativi ai figli nati fuori del matrimonio si applicano le disposizioni del presente capo.

(1) *Questo articolo è stato inserito dall'art. 55 del D.L.vo 28 dicembre 2013, n. 154, a decorrere dal trentesimo giorno successivo a quello della sua pubblicazione nella* Gazzetta Ufficiale *(G.U. n. 5 dell'8 gennaio 2014).*

NOTE OPERATIVE:

Convivenza more uxorio: Una volta intervenuta la cessazione della convivenza di fatto more uxorio trovano applicazione proprio gli artt. 337-bis e ss. c.c. (C.C. 6810/23).

337 *ter*. (1) Provvedimenti riguardo ai figli. – Il figlio minore ha il diritto di mantenere un rapporto equilibrato e continuativo con ciascuno dei genitori, di ricevere cura, educazione, istruzione e assistenza morale da entrambi e di conservare rapporti significativi con gli ascendenti e con i parenti di ciascun ramo genitoriale.

Per realizzare la finalità indicata dal primo comma, nei procedimenti di cui all'articolo 337 *bis*, il giudice adotta i provvedimenti relativi alla prole con esclusivo riferimento all'interesse morale e materiale di essa. Valuta prioritariamente la possibilità che i figli minori restino affidati a entrambi i genitori oppure stabilisce a quale di essi i figli sono affidati, determina i tempi e le modalità della loro presenza presso ciascun genitore, fissando altresì la misura e il modo con cui ciascuno di essi deve contribuire al mantenimento, alla cura, all'istruzione e all'educazione dei figli. Prende atto, se non contrari all'interesse dei figli, degli accordi intervenuti tra i genitori, in particolare qualora raggiunti all'esito di un percorso di mediazione familiare (2). Adotta ogni altro provvedimento relativo alla prole, ivi compreso, in caso di temporanea impossibilità di affidare il minore ad uno dei genitori, l'affidamento familiare. All'attuazione dei provvedimenti relativi all'affidamento della prole provvede il giudice del merito e, nel caso di affidamento familiare, anche d'ufficio o su richiesta del pubblico ministero (3). [A tal fine copia del provvedimento di affidamento è trasmessa, a cura del pubblico ministero, al giudice tutelare] (4).

La responsabilità genitoriale è esercitata da entrambi i genitori. Le decisioni di maggiore interesse per i figli relative all'istruzione, all'educazione, alla salute e alla scelta della residenza abituale del minore sono assunte di comune accordo tenendo conto delle capacità, dell'inclinazione naturale e delle aspirazioni dei figli. In caso di disaccordo la decisione è rimessa al giudice. Limitatamente alle decisioni su questioni di ordinaria amministrazione, il giudice può stabilire che i genitori esercitino la responsabilità genitoriale separatamente. Qualora il genitore non si attenga alle condizioni dettate, il giudice valuterà detto comportamento anche al fine della modifica delle modalità di affidamento.

Salvo accordi diversi liberamente sottoscritti dalle parti, ciascuno dei genitori provvede al mantenimento dei figli in misura proporzionale al proprio reddito; il giudice stabilisce, ove necessario, la corresponsione di un assegno periodico al fine di realizzare il principio di proporzionalità, da determinare considerando:

1) le attuali esigenze del figlio.

2) il tenore di vita goduto dal figlio in costanza di convivenza con entrambi i genitori.

3) i tempi di permanenza presso ciascun genitore.

4) le risorse economiche di entrambi i genitori.

5) la valenza economica dei compiti domestici e di cura assunti da ciascun genitore.

L'assegno è automaticamente adeguato agli indici ISTAT in difetto di altro parametro indicato dalle parti o dal giudice.

Ove le informazioni di carattere economico fornite dai genitori non risultino sufficientemente documentate, il giudice dispone un accertamento della polizia tributaria sui redditi e sui beni oggetto della contestazione, anche se intestati a soggetti diversi.

(1) *Questo articolo è stato inserito dall'art. 55 del D.L.vo 28 dicembre 2013, n. 154, a decorrere dal trentesimo giorno successivo a quello della sua pubblicazione nella* Gazzetta Ufficiale *(G.U. n. 5 dell'8 gennaio 2014).*

(2) *Le parole: «, in particolare qualora raggiunti all'esito di un percorso di mediazione familiare» sono state inserite dall'art. 1, comma 5, lett. a), n. 1), del D.L.vo 10 ottobre 2022, n. 149, a decorrere dal 28 febbraio 2023.*

(3) *Le parole: «o su richiesta del pubblico ministero» sono state aggiunte dall'art. 1, comma 5, lett. a), n. 2),*

del D.L.vo 10 ottobre 2022, n. 149, a decorrere dal 28 febbraio 2023.

([4]) *Questo periodo è stato soppresso dall'art. 1, comma 5, lett. a), n. 3), del D.L.vo 10 ottobre 2022, n. 149, a decorrere dal 28 febbraio 2023.*

NOTE OPERATIVE:

Diritto alla bigenitorialità (limiti): Il diritto alla bigenitorialità può subire limitazioni od essere compresso solo all'esito di un rigoroso accertamento del pregiudizio che la relazione con uno dei due genitori possa arrecare al minore e non per effetto delle scelte esclusive ed unilaterali di uno di essi, o per comportamenti che se protratti nel tempo oltre un limite ragionevole e non adeguatamente contrastati, possano realizzare una cristallizzazione arbitraria della mancanza di una figura genitoriale. In questo quadro, l'ascolto del minore, ancora in tenera età, non costituisce uno strumento conoscitivo dell'effettiva situazione familiare (C.C. 27346/22). L'accertamento della violazione del diritto di uno dei genitori alla bigenitorialità, nonché la conseguente necessità di garantire l'attuazione del diritto, di per sé, non possono comportare, ipso facto, la decadenza dell'altro genitore dalla responsabilità genitoriale quale misura estrema che recide ineluttabilmente ogni rapporto giuridico, morale e affettivo con il figlio (C.C. 9691/22).

Affidamento esclusivo: La scelta dell'affidamento ad uno solo dei genitori deve essere compiuta in base all'esclusivo interesse morale e materiale della prole (C.C. 21425/2022), sicché il perseguimento di tale obiettivo può comportare anche l'adozione di provvedimenti contenitivi o restrittivi di diritti individuali di libertà dei genitori, senza che occorra operare un bilanciamento fra questi ultimi e l'interesse superiore del minore (C.C. 4056/23).

Spese straordinarie: All'interno della contribuzione per spese straordinarie possono confluire più voci, risultando distinguibili (a) gli esborsi che sono destinati ai bisogni ordinari del figlio e che, certi nel loro costante e prevedibile ripetersi, anche lungo intervalli temporali, più o meno ampi, sortiscono l'effetto di integrare l'assegno di mantenimento (spese di istruzione e connesse, spese mediche ordinarie); (b) le spese che, imprevedibili e rilevanti nel loro ammontare, sono in grado di recidere ogni legame con i caratteri di ordinarietà dell'assegno di contributo al mantenimento (C.C. 15229/23 – Conf. C.C. 6933/23).

Contrasto tra genitori: In caso di contrasto tra genitori separati in ordine a questioni di maggiore interesse per i figli minori, la relativa decisione è rimessa al giudice, il quale deve tener conto esclusivamente del superiore interesse, morale e materiale, del minore coinvolto, la cui individuazione comporta la sua necessaria audizione in tutti quei casi in cui il confronto con quest'ultimo può offrire elementi idonei per comprendere quali siano i provvedimenti più opportuni da adottare nel suo interesse (C.C. 6802/23).

Percorso psicoterapeutico: In tema di affidamento dei figli minori, la prescrizione ai genitori di un percorso psicoterapeutico individuale e di un altro, da seguire insieme, di sostegno alla genitorialità, comporta, anche se ritenuta non vincolante, un condizionamento, per cui è in contrasto con gli art. 13 e 32, comma 2, Cost. (C.C. 17903/23 – Conf. C.C. 13506/15).

337 *quater*. ([1]) Affidamento a un solo genitore e opposizione all'affidamento condiviso. – Il giudice può disporre l'affidamento dei figli ad uno solo dei genitori qualora ritenga con provvedimento motivato che l'affidamento all'altro sia contrario all'interesse del minore.

Ciascuno dei genitori può, in qualsiasi momento, chiedere l'affidamento esclusivo quando sussistono le condizioni indicate al primo comma. Il giudice, se accoglie la domanda, dispone l'affidamento esclusivo al genitore istante, facendo salvi, per quanto possibile, i diritti del minore previsti dal primo comma dell'articolo 337 *ter*. Se la domanda risulta manifestamente infondata, il giudice può considerare il comportamento del genitore istante ai fini della determinazione dei provvedimenti da adottare nell'interesse dei figli, rimanendo ferma l'applicazione dell'articolo 96 del codice di procedura civile.

Il genitore cui sono affidati i figli in via esclusiva, salva diversa disposizione del giudice, ha l'esercizio esclusivo della responsabilità genitoriale su di essi; egli deve attenersi alle condizioni determinate dal giudice. Salvo che non sia diversamente stabilito, le decisioni di maggiore interesse per i figli sono adottate da entrambi i genitori. Il genitore cui i figli non sono affidati ha il diritto ed il dovere di vigilare sulla loro istruzione ed educazione e può ricorrere al giudice quando ritenga che siano state assunte decisioni pregiudizievoli al loro interesse.

([1]) *Questo articolo è stato inserito dall'art. 55 del D.L.vo 28 dicembre 2013, n. 154, a decorrere dal trentesimo giorno successivo a quello della sua pubblicazione nella* Gazzetta Ufficiale *(G.U. n. 5 dell'8 gennaio 2014).*

NOTE OPERATIVE:

Scelta del genitore: Nelle decisioni sull'affidamento dei figli minori, il giudice deve rispettare il criterio fondamentale rappresentato dall'esclusivo interesse morale e materiale della prole, favorendo il genitore che sembri il più idoneo a ridurre al minimo il pregiudizio derivante dalla scissione del nucleo familiare e ad assicurare il migliore sviluppo della personalità del minore. L'individuazione di tale genitore deve essere fatta sulla base di un giudizio prognostico circa la capacità del padre o della madre di crescere ed educare il figlio, che potrà fondarsi sulle modalità con cui il medesimo ha svolto in passato il proprio ruolo, con particolare riguardo alla sua capacità di relazione affettiva, di attenzione, di comprensione, di educazione, di disponibilità ad un assiduo rapporto, nonché sull'apprezzamento della personalità del genitore, delle sue consuetudini di vita e dell'ambiente che è in grado di offrire al minore (C.C. 38005/22).

Affidamento condiviso (limiti): L'affidamento condiviso non può ragionevolmente ritenersi precluso dalla oggettiva distanza esistente tra i luoghi di residenza dei genitori, potendo detta distanza incidere soltanto sulla disciplina dei tempi e delle modalità della presenza del minore presso ciascun genitore (C.C. 15815/22 – Conf. C.C. 6535/19; C.C. 24526/10).

337 *quinquies*. (1) Revisione delle disposizioni concernenti l'affidamento dei figli. – I genitori hanno diritto di chiedere in ogni tempo la revisione delle disposizioni concernenti l'affidamento dei figli, l'attribuzione dell'esercizio della responsabilità genitoriale su di essi e delle eventuali disposizioni relative alla misura e alla modalità del contributo.

(1) *Questo articolo è stato inserito dall'art. 55 del D.L.vo 28 dicembre 2013, n. 154, a decorrere dal trentesimo giorno successivo a quello della sua pubblicazione nella* Gazzetta Ufficiale *(G.U. n. 5 dell'8 gennaio 2014).*

NOTE OPERATIVE:

Figlio maggiorenne ...: L'obbligo di mantenimento legale della prole cessa con la maggiore età del figlio in concomitanza all'acquisto della capacità di agire e della libertà di autodeterminazione (C.C. 17183/20 – Conf. C.C. 2628/20 – contra C.C. 21752/20; C.C. 1858/16; C.C. 11020/13).

... e non autosufficiente: In caso di figlio maggiorenne e non autosufficiente, i presupposti su cui si fonda l'esclusione del diritto al mantenimento, che debbono costituire oggetto di accertamento da parte del giudice del merito e della cui prova è gravato il genitore che si oppone alla domanda, sono integrati: a) dall'età del figlio, destinata a rilevare in un rapporto di proporzionalità inversa per il quale, all'età progressivamente più elevata dell'avente diritto si accompagna, tendenzialmente e nel concorso degli altri presupposti, il venir meno del diritto al conseguimento del mantenimento; b) dall'effettivo raggiungimento di un livello di competenza professionale e tecnica del figlio e dal suo impegno rivolto al reperimento di una occupazione nel mercato del lavoro (C.C. 29264/22 – Conf. 17183/20).

Onere della prova: Il figlio divenuto maggiorenne ha diritto al mantenimento a carico dei genitori soltanto se, ultimato il prescelto percorso formativo scolastico, dimostri, con conseguente onere probatorio a suo carico, di essersi adoperato effettivamente per rendersi autonomo economicamente, impegnandosi attivamente per trovare un'occupazione in base alle opportunità reali offerte dal mercato del lavoro, se del caso ridimensionando le proprie aspirazioni, senza indugiare nell'attesa di una opportunità lavorativa consona alle proprie ambizioni (C.C. 2056/23 – Conf. C.C. 23132/22; C.C. 18451/22; C.C. 22240/21; C.C. 21817/21).

Misure di sostegno al reddito: Il figlio di genitori divorziati, che abbia ampiamente superato la maggiore età, e non abbia reperito, pur spendendo il conseguito titolo professionale sul mercato del lavoro, una occupazione lavorativa stabile o che, comunque, lo remuneri in misura tale da renderlo economicamente autosufficiente, non può soddisfare l'esigenza ad una vita dignitosa, alla cui realizzazione ogni giovane adulto deve aspirare, mediante l'attuazione dell'obbligo di mantenimento del genitore, bensì attraverso i diversi strumenti di ausilio, ormai di dimensione sociale, che sono finalizzati ad assicurare sostegno al reddito, ferma restando l'obbligazione alimentare da azionarsi nell'ambito familiare per supplire ad ogni più essenziale esigenza di vita dell'individuo bisognoso (C.C. 29264/22 – Conf. C.C. 38366/21).

337 *sexies*. (1) Assegnazione della casa familiare e prescrizioni in tema di residenza. – Il godimento della casa familiare è attribuito tenendo prioritariamente conto dell'interesse dei figli. Dell'assegnazione il giudice tiene conto nella regolazione dei rapporti economici tra i genitori, considerato l'eventuale titolo di proprietà. Il diritto al godimento della casa familiare viene meno nel caso che l'assegnatario non abiti o cessi di abitare stabilmente nella casa familiare o conviva *more uxorio* o contragga nuovo matrimonio. Il provvedimento di assegnazione e quello di revoca sono trascrivibili e opponibili a terzi ai sensi dell'articolo 2643.

In presenza di figli minori, ciascuno dei genitori è obbligato a comunicare all'altro, entro il termine perentorio di trenta giorni, l'avvenuto cambiamento di residenza o di domicilio. La mancata comunicazione obbliga al risarcimento del danno eventualmente verificatosi a carico del coniuge o dei figli per la difficoltà di reperire il soggetto.

(1) *Questo articolo è stato inserito dall'art. 55 del D.L.vo 28 dicembre 2013, n. 154, a decorrere dal trentesimo giorno successivo a quello della sua pubblicazione nella* Gazzetta Ufficiale *(G.U. n. 5 dell'8 gennaio 2014).*

NOTE OPERATIVE:

Interesse del figlio minore: Nel regolare il godimento della casa familiare il giudice deve tener conto esclusivamente del primario interesse del figlio minore, con la conseguenza che l'abitazione in cui quest'ultimo ha vissuto quando la famiglia era unita deve essere, di regola, assegnata al genitore presso cui il minore è collocato con prevalenza, a meno che non venga esplicitata una diversa soluzione (anche concordata dai genitori) che meglio tuteli il menzionato interesse del minore (C.C. 23501/23 – Conf. C.C. 5738/23; C.C. 10453/22).

Assegno di mantenimento (rapporti con): Nella quantificazione dell'assegno di mantenimento, a seguito della separazione dei coniugi, deve attribuirsi rilievo anche all'assegnazione della casa familiare che, pur essendo finalizzata alla tutela esclusiva della prole e del suo interesse a conservare il proprio habitat familiare, rappresenta un'utilità suscettibile di apprezzamento economico (C.C. 27599/22 – Conf. C.C. 20858/21); la revoca dell'assegnazione della casa familiare al coniuge beneficiario dell'assegno divorzile, tuttavia, non giustifica l'automatico aumento di tale assegno (C.C. 20452/22).

Accordo per la vendita futura: È valida la clausola con la quale i coniugi, in sede di separazione consensuale, si accordino per vendere in futuro l'abitazione coniugale che sia stata assegnata al coniuge affidatario di figlio minore, in quanto autonoma rispetto alla concordata assegnazione e con essa non incompatibile (C.C. 34861/22).

Prelazione (esclusione): In caso di alienazione dell'immobile non sussiste in capo al coniuge assegnatario alcun diritto di prelazione (C.C. 12305/23).

337 *septies*. (1) **Disposizioni in favore dei figli maggiorenni.** – Il giudice, valutate le circostanze, può disporre in favore dei figli maggiorenni non indipendenti economicamente il pagamento di un assegno periodico. Tale assegno, salvo diversa determinazione del giudice, è versato direttamente all'avente diritto.

Ai figli maggiorenni portatori di handicap grave si applicano integralmente le disposizioni previste in favore dei figli minori.

(1) *Questo articolo è stato inserito dall'art. 55 del D.L.vo 28 dicembre 2013, n. 154, a decorrere dal trentesimo giorno successivo a quello della sua pubblicazione nella* Gazzetta Ufficiale (G.U. *n. 5 dell'8 gennaio 2014*).

NOTE OPERATIVE:

Autoresponsabilità: I principî della funzione educativa del mantenimento e dell'autoresponsabilità circoscrivono, in capo al genitore, l'estensione dell'obbligo di contribuzione del figlio maggiorenne privo di indipendenza economica per il tempo mediamente necessario al reperimento di un'occupazione da parte di questi, tenuto conto del dovere del medesimo di ricercare un lavoro contemperando, fra di loro, le sue aspirazioni astratte con il concreto mercato del lavoro, non essendo giustificabile nel 'figlio adulto' l'attesa ad ogni costo di un'occupazione necessariamente equivalente a quella desiderata (C.C. 26875/23).

Matrimonio del figlio: Non ha diritto all'assegno di mantenimento il figlio maggiorenne una volta sposato (C.C. 22813/23).

337 *octies*. (1) **[Poteri del giudice e ascolto del minore.** – Prima dell'emanazione, anche in via provvisoria, dei provvedimenti di cui all'articolo 337 *ter*, il giudice può assumere, ad istanza di parte o d'ufficio, mezzi di prova. Il giudice dispone, inoltre, l'ascolto del figlio minore che abbia compiuto gli anni dodici e anche di età inferiore ove capace di discernimento. Nei procedimenti in cui si omologa o si prende atto di un accordo dei genitori, relativo alle condizioni di affidamento dei figli, il giudice non procede all'ascolto se in contrasto con l'interesse del minore o manifestamente superfluo.

Qualora ne ravvisi l'opportunità, il giudice, sentite le parti e ottenuto il loro consenso, può rinviare l'adozione dei provvedimenti di cui all'articolo 337 *ter* per consentire che i coniugi, avvalendosi di esperti, tentino una mediazione per raggiungere un accordo, con particolare riferimento alla tutela dell'interesse morale e materiale dei figli].

(1) *Questo articolo, inserito dall'art. 55 del D.L.vo 28 dicembre 2013, n. 154, a decorrere dal trentesimo giorno successivo a quello della sua pubblicazione nella* Gazzetta Ufficiale (G.U. *n. 5 dell'8 gennaio 2014*), *è stato abrogato dall'art. 1, comma 5, lett.* b), *del D.L.vo 10 ottobre 2022, n. 149, a decorrere dal 28 febbraio 2023.*

338 - 341. (*Omissis*) (1).

(1) *Articoli riguardanti le condizioni imposte alla madre superstite, il curatore del nascituro, le nuove nozze della madre, la responsabilità del nuovo marito, ora abrogati dall'art. 159, L. 19 maggio 1975, n. 151, riforma del diritto di famiglia.*

342. [Nuove nozze del genitore non ariano. – (*Omissis*)] (1).

(1) *Articolo abrogato dall'art. 1, R.D.L. 20 gennaio 1944, n. 25 e dall'art. 3, D.L.vo Lgt. 14 settembre 1944, n. 287, provvedimenti relativi alla riforma della legislazione civile.*

Titolo IX *bis*
Ordini di protezione contro gli abusi familiari (1)

(1) *Questo titolo è stato inserito dall'art. 2 della L. 4 aprile 2001, n. 154. Si vedano gli artt. 5 e 8 della predetta legge, che così dispongono:*

«5. (Pericolo determinato da altri familiari). *1. Le norme di cui alla presente legge si applicano, in quanto compatibili, anche nel caso in cui la condotta pregiudizievole sia stata tenuta da altro componente del nucleo familiare diverso dal coniuge o dal convivente, ovvero nei confronti di altro componente del nucleo familiare diverso dal coniuge o dal convivente. In tal caso l'istanza è proposta dal componente del nucleo familiare in danno del quale è tenuta la condotta pregiudizievole*».

«8. (Ambito di applicazione). *1. Le disposizioni degli articoli 2 e 3 della presente legge non si applicano quando la condotta pregiudizievole è tenuta dal coniuge che ha proposto o nei confronti del quale è stata proposta domanda di separazione personale ovvero di scioglimento o di cessazione degli effetti civili del matrimonio se nel relativo procedimento si è svolta l'udienza di comparizione dei coniugi davanti al presidente prevista dall'articolo 706 del codice di procedura civile ovvero, rispettivamente, dall'articolo 4 della legge 1° dicembre 1970, n. 898, e successive modificazioni. In tal caso si applicano le disposizioni contenute, rispettivamente, negli articoli 706 e seguenti del codice di procedura civile e nella legge 1° dicembre 1970, n. 898, e successive modificazioni, e nei relativi procedimenti possono essere assunti provvedimenti aventi i contenuti indicati nell'articolo 342* ter *del codice civile.*

«2. L'ordine di protezione adottato ai sensi degli articoli 2 e 3 perde efficacia qualora sia successivamente pronunciata, nel procedimento di separazione personale o di scioglimento o cessazione degli effetti civili del matrimonio promosso dal coniuge istante o nei suoi confronti, l'ordinanza contenente provvedimenti temporanei ed urgenti prevista, rispettivamente, dall'articolo 708 del codice di procedura civile e dall'articolo 4 della legge 1° dicembre 1970, n. 898 e successive modificazioni».

342 *bis*. Ordini di protezione contro gli abusi familiari. – Quando la condotta del coniuge o di altro convivente è causa di grave pregiudizio all'integrità fisica o morale ovvero alla libertà dell'altro coniuge o convivente, il giudice, [qualora il fatto non costituisca reato perseguibile d'ufficio,] (1) su istanza di parte, può adottare con decreto uno o più dei provvedimenti di cui all'articolo 342 ter.

(1) *Le parole: «qualora il fatto non costituisca reato perseguibile d'ufficio,» sono state soppresse dall'art. 1 della L. 6 novembre 2003, n. 304.*

NOTE OPERATIVE:

Natura del procedimento ...: Il procedimento per l'ordine di protezione, pur svolgendosi in camera di consiglio, ha natura contenziosa in quanto volto a risolvere una controversia su contrapposte posizioni di diritto soggettivo, come risulta dalla stessa Relazione Governativa al Disegno di legge. Carattere distintivo dei procedimenti contenziosi è la circostanza che il giudice è chiamato a dirimere una controversia tra posizioni giuridiche contrapposte, riguardanti diritti soggettivi a contenuto patrimoniale e/o personale particolarmente pregnanti nella vita familiare, che incidono sulla libertà personale, la libertà di circolazione, il diritto di proprietà ed in generale la vita familiare (C.C. 20905/23).

... e del provvedimento: L'ordine di protezione ha carattere decisorio e non si limita ad una mera gestione di interessi ed il provvedimento che definisce il giudizio non ha natura amministrativa, ma statuisce su posizioni giuridiche soggettive (C.C. 22292/09 – Conf. C.C. 12021/04).

342 *ter*. Contenuto degli ordini di protezione. – Con il decreto di cui all'articolo 342 *bis* il giudice ordina al coniuge o convivente, che ha tenuto la condotta pregiudizievole, la cessazione della stessa condotta e dispone l'allontanamento dalla casa familiare del coniuge o del convivente che ha tenuto la condotta pregiudizievole prescrivendogli altresì, ove occorra, di non avvicinarsi ai luoghi abitualmente frequentati dall'istante, ed in particolare al luogo di lavoro, al domicilio della famiglia d'origine, ovvero al domicilio di altri prossimi congiunti o di altre persone ed in prossimità dei luoghi di istruzione dei figli della coppia, salvo che questi non debba frequentare i medesimi luoghi per esigenze di lavoro.

Il giudice può disporre, altresì, ove occorra l'intervento dei servizi sociali del territorio o di un centro di mediazione familiare, nonché delle associazioni che abbiano come fine statutario il sostegno e l'accoglienza di donne e minori o di altri soggetti vittime di abusi e maltrattati; il pagamento periodico di un assegno a favore delle persone conviventi che, per effetto dei provvedimenti di cui al primo comma, rimangono prive di mezzi adeguati, fissando modalità e termini di versamento e prescrivendo, se del caso, che la somma sia versata direttamente all'avente diritto dal datore di lavoro dell'obbligato, detraendola dalla retribuzione allo stesso spettante.

Con il medesimo decreto il giudice, nei casi di cui ai precedenti commi, stabilisce la durata dell'ordine di protezione, che decorre dal giorno dell'avvenuta esecuzione dello stesso. Questa non può essere superiore a un anno (1) e può essere prorogata, su istanza di parte, soltanto se ricorrano gravi motivi per il tempo strettamente necessario.

Con il medesimo decreto il giudice determina le modalità di attuazione. Ove sorgano difficoltà o contestazioni in ordine all'esecuzione, lo stesso giudice provvede con decreto ad emanare i provvedimenti più opportuni per l'attuazione, ivi compreso l'ausilio della forza pubblica e dell'ufficiale sanitario.

([1]) *Le parole: «sei mesi» sono state così sostituite dalle attuali: «un anno» dall'art. 10 del D.L. 23 febbraio 2009, n. 11, convertito, con modificazioni, nella L. 23 aprile 2009, n. 38.*

Titolo X
Della tutela e dell'emancipazione

Capo I
Della tutela dei minori

343. Apertura della tutela. – Se entrambi i genitori sono morti o per altre cause (48 ss., 330) non possono esercitare la responsabilità genitoriale ([1]) dei genitori, si apre la tutela presso il tribunale del circondario dove è la sede principale degli affari e interessi del minore (43, 354).

Se il tutore è domiciliato o trasferisce il domicilio in altro circondario, la tutela può essere ivi trasferita (45) con decreto del tribunale (38, 46 att.).

([1]) *La parola: «potestà» è stata così sostituita dalle attuali: «responsabilità genitoriale» dall'art. 56 del D.L.vo 28 dicembre 2013, n. 154, a decorrere dal trentesimo giorno successivo a quello della sua pubblicazione nella* Gazzetta Ufficiale *(G.U. n. 5 dell'8 gennaio 2014).*

NOTE OPERATIVE:

Competenza: In tema di interdizione legale conseguente alla condanna a pena detentiva, l'individuazione del tribunale competente per l'apertura della tutela non è soggetta a modifiche, neppure in presenza di successivi provvedimenti organizzativi delle modalità di espiazione della pena, poiché trova applicazione l'art. 5 c.p.c., secondo cui il momento determinante della competenza ha riguardo allo stato di fatto esistente al momento della proposizione della domanda (C.C. 24415/23 – Conf. C.C. 7314/20; C.C. 12453/17; C.C. 1631/16).

Sezione I
Del giudice tutelare

344. Funzioni del giudice tutelare. – Presso ogni tribunale il giudice tutelare soprintende alle tutele e alle curatele ed esercita le altre funzioni affidategli dalla legge (43 ss. att.; 739 ss. c.p.c.).

Il giudice tutelare può chiedere l'assistenza degli organi della pubblica amministrazione e di tutti gli enti i cui scopi corrispondono alle sue funzioni (43 ss. att.).

Sezione II
Del tutore e del protutore

345. Denunzie al giudice tutelare. – L'ufficiale dello stato civile, che riceve la dichiarazione di morte di una persona la quale ha lasciato figli in età minore ovvero la dichiarazione di nascita di un figlio di genitori ignoti, e il notaio, che procede alla pubblicazione di un testamento (620, 621) contenente la designazione di un tutore (348) o di un protutore (360), devono darne notizia al giudice tutelare entro dieci giorni.

Il cancelliere, entro quindici giorni dalla pubblicazione o dal deposito in cancelleria, deve dare notizia al giudice tutelare delle decisioni dalle quali derivi l'apertura di una tutela.

I parenti entro il terzo grado (76) devono denunziare al giudice tutelare il fatto da cui deriva l'apertura della tutela entro dieci giorni da quello in cui ne hanno avuto notizia. La denunzia deve essere fatta anche dalla persona designata quale tutore (348) o protutore (360) entro dieci giorni da quello in cui ha avuto notizia della designazione.

346. Nomina del tutore e del protutore. – Il giudice tutelare (344), appena avuta notizia del fatto da cui deriva l'apertura della tutela (345), procede alla nomina del tutore e del protutore (348, 350, 354, 360, 361, 384, 389).

347. Tutela di più fratelli. – È nominato un solo tutore (348) a più fratelli e sorelle, salvo che particolari circostanze consiglino la nomina di più tutori. Se vi è conflitto di interessi tra minori soggetti alla stessa tutela, il giudice tutelare nomina ai minori un curatore speciale (78 c.p.c.).

348. Scelta del tutore. – Il giudice tutelare nomina tutore la persona designata dal genitore che ha esercitato per ultimo la responsabilità genitoriale ([1]) (316, 330, 331). La designazione può essere fatta per testamento (424^3, 587), per atto pubblico (2699) o per scrittura privata autenticata (2703).

Se manca la designazione ovvero se gravi motivi si oppongono alla nomina della persona designata, la scelta del tutore avviene preferibilmente tra gli ascendenti o tra gli altri prossimi parenti (74, 77) o affini (78) del minore, i quali, in quanto sia opportuno, devono essere sentiti (424).

Il giudice, prima di procedere alla nomina del tutore, dispone l'ascolto del minore che abbia compiuto gli anni dodici e anche di età inferiore ove capace di discernimento ([2]).

In ogni caso la scelta deve cadere su persona idonea all'ufficio, di ineccepibile condotta, la quale dia affidamento di educare e istruire il minore conformemente a quanto è prescritto nell'art. 147.

(*Omissis*) ([3]).

([1]) *Le parole: «potestà dei genitori» sono state così sostituite dalle attuali: «responsabilità genitoriale» dall'art. 57, comma 1, lett.* a), *del D.L.vo 28 dicembre 2013, n. 154, a decorrere dal trentesimo giorno successivo a quello della sua pubblicazione nella* Gazzetta Ufficiale (G.U. *n. 5 dell'8 gennaio 2014*).

([2]) *Questo comma è stato così sostituito dall'art. 57, comma 1, lett.* b), *del D.L.vo 28 dicembre 2013, n. 154, a decorrere dal trentesimo giorno successivo a quello della sua pubblicazione nella* Gazzetta Ufficiale (G.U. *n. 5 dell'8 gennaio 2014*).

([3]) *Seguiva un ultimo comma, concernente la tutela dei cittadini di razza ariana, abrogato dall'art. 1, del R.D.L. 20 gennaio 1944, n. 25, riguardante i cittadini di razza ebraica, e dall'art. 3, D.L.vo Lgt. 14 settembre 1944, n. 287, provvedimenti relativi alla riforma della legislazione civile.*

349. Giuramento del tutore. – Il tutore, prima di assumere l'ufficio, presta davanti al giudice tutelare giuramento di esercitarlo con fedeltà e diligenza (353).

350. Incapacità all'ufficio tutelare. – Non possono essere nominati tutori (407) e, se sono stati nominati, devono cessare dall'ufficio (393):

1) coloro che non hanno la libera amministrazione del proprio patrimonio;

2) coloro che sono stati esclusi dalla tutela per disposizione scritta del genitore il quale per ultimo ha esercitato la responsabilità genitoriale (348) ([1]);

3) coloro che hanno o sono per avere o dei quali gli ascendenti, i discendenti o il coniuge hanno o sono per avere col minore una lite, per effetto della quale può essere pregiudicato lo stato del minore o una parte notevole del patrimonio di lui;

4) coloro che sono incorsi nella perdita (19, 32, 34, 541, 569 c.p.) della responsabilità genitoriale ([1]) o nella decadenza (330) da essa, o sono stati rimossi da altra tutela (384);

5) il fallito che non è stato cancellato dal registro dei falliti (50, 142 l. fall.).

5 *bis*) coloro che versano nelle ulteriori condizioni di incapacità previste dalla legge ([2]).

([1]) *Le parole: «potestà dei genitori» sono state così sostituite dalle attuali: «responsabilità genitoriale» dall'art. 58 del D.L.vo 28 dicembre 2013, n. 154, a decorrere dal trentesimo giorno successivo a quello della sua pubblicazione nella* Gazzetta Ufficiale (G.U. *n. 5 dell'8 gennaio 2014*).

([2]) *Questo numero è stato aggiunto dall'art. 1, comma 6, del D.L.vo 10 ottobre 2022, n. 149, a decorrere dal 28 febbraio 2023.*

351. Dispensa dall'ufficio tutelare. – Sono dispensati dall'ufficio di tutore:

1) (*Omissis*) ([1]);

2) il Presidente del Consiglio dei ministri;

3) i membri del Sacro Collegio;

4) i Presidenti delle Assemblee legislative;

5) i Ministri Segretari di Stato.

Le persone indicate nei numeri 2, 3, 4 e 5 possono far noto al giudice tutelare che non intendono valersi della dispensa.

([1]) *Il n. 1) è implicitamente abrogato a seguito della caduta della monarchia; si riferiva ai Principi della famiglia reale.*

352. Dispensa su domanda. – Hanno diritto di essere dispensati su loro domanda (353) dall'assumere o dal continuare l'esercizio della tutela:

1) i grandi ufficiali dello Stato non compresi nell'articolo precedente;

2) gli arcivescovi, i vescovi e i ministri del culto aventi cura d'anime;

3) [le donne] ([1]);

4) i militari in attività di servizio;

5) chi ha compiuto gli anni sessantacinque;

6) chi ha più di tre figli minori;

7) chi esercita altra tutela;

8) chi è impedito di esercitare la tutela da infermità permanente;

9) chi ha missione dal Governo fuori della Repubblica o risiede per ragioni di pubblico servizio fuori della circoscrizione del tribunale dove è costituita la tutela.

([1]) *Numero abrogato dall'art. 161, L. 19 maggio 1975, n. 151, riforma del diritto di famiglia.*

353. Domanda di dispensa. – La domanda di dispensa per le cause indicate nell'articolo precedente deve essere presentata al giudice tutelare (344) prima della prestazione del giuramento (349), salvo che la causa di dispensa sia sopravvenuta.

Il tutore è tenuto ad assumere e a mantenere l'ufficio fino a quando la tutela non sia stata conferita ad altra persona (360).

354. Tutela affidata a enti di assistenza. – La tutela dei minori, che non hanno nel luogo del loro domicilio parenti conosciuti o capaci di esercitare l'ufficio del tutore, può essere deferita dal giudice tutelare (344; 43 att.) a un ente di assistenza nel comune dove ha domiciliato il minore (43) o all'ospizio in cui questi è ricoverato. L'amministrazione dell'ente o dell'ospizio delega uno dei propri membri a esercitare le funzioni di tutela (402).

È tuttavia in facoltà del giudice tutelare (344) di nominare un tutore al minore quando la natura o l'entità dei beni o altre circostanze lo richiedano (346 ss. 43 att.).

355. Protutore. – Sono applicabili al protutore le disposizioni stabilite per il tutore in questa sezione (360).

Non si nomina il protutore nei casi contemplati nel primo comma dell'art. 354.

356. Donazione o disposizione testamentaria a favore del minore. – Chi fa una donazione (769) o dispone con testamento (587) a favore di un minore, anche se questi è soggetto alla responsabilità genitoriale ([1]), può nominargli un curatore speciale per l'amministrazione dei beni donati o lasciati (366).

Se il donante o il testatore non ha disposto altrimenti, il curatore speciale deve osservare le forme stabilite dagli articoli 374 e 375 per il compimento di atti eccedenti l'ordinaria amministrazione (1572).

Si applica in ogni caso al curatore speciale l'art. 384 (78 ss. c.p.c.).

([1]) *Le parole: «potestà dei genitori» sono state così sostituite dalle attuali: «responsabilità genitoriale» dall'art. 59 del D.L.vo 28 dicembre 2013, n. 154, a decorrere dal trentesimo giorno successivo a quello della sua pubblicazione nella* Gazzetta Ufficiale (G.U. *n. 5 dell'8 gennaio 2014*).

Sezione III
Dell'esercizio della tutela

357. Funzioni del tutore. – Il tutore ha la cura della persona del minore (45, 2048), lo rappresenta in tutti gli atti civili e ne amministra i beni (362, 372, 379, 381; 46 att.).

NOTE OPERATIVE:

Atti personalissimi: All'interdetto è consentito, per il tramite del rappresentante legale, il compimento di atti personalissimi, ben potendo l'esercizio del corrispondente diritto rendersi necessario per assicurare la sua adeguata protezione (C.C. 14669/18).

358. Doveri del minore. – Il minore deve rispetto e obbedienza al tutore. Egli non può abbandonare la casa o l'istituto al quale è stato destinato, senza il permesso del tutore (318).

Qualora se ne allontani senza permesso, il tutore ha diritto di richiamarvelo, ricorrendo, se è necessario, al giudice tutelare (344; 43, 45 att.).

359. [Cattiva condotta del minore. – (*Omissis*)] ([1]).

([1]) *Articolo abrogato dall'art. 162, L. 19 maggio 1975, n. 151, riforma del diritto di famiglia.*

360. Funzioni del protutore. – Il protutore (346, 355, 363, 371) rappresenta il minore nei casi in cui l'interesse di questo è in opposizione con l'interesse del tutore (320^6, 380, 382, 386).

Se anche il protutore si trova in opposizione d'interessi col minore, il giudice tutelare nomina un curatore speciale (360; 78 c.p.c.).

Il protutore è tenuto a promuovere la nomina di un nuovo tutore nel caso in cui il tutore è venuto a mancare o ha abbandonato l'ufficio. Frattanto egli ha cura della persona del minore, lo rappresenta (357) e può fare tutti gli atti conservativi (669 *bis* ss. c.p.c.) e gli atti urgenti di amministrazione (371 ss.).

NOTE OPERATIVE:

Stato vegetativo: Difetta in capo al tutore di un interdetto (in stato vegetativo permanente) un potere di rappresentanza generale dei suoi interessi con riguardo ai cc.dd. atti personalissimi, per il compimento dei quali è necessaria la nomina di un protutore o di un curatore speciale (C.C. 8291/05 – Conf. C.C. 9582/00).

361. Provvedimenti urgenti. – Prima che il tutore o il protutore abbia assunto le proprie funzioni, spetta al giudice tutelare (344) di dare, sia d'ufficio sia su richiesta del pubblico ministero, di un parente (74) o di un affine (78) del minore, i provvedimenti urgenti che possono occorrere per la cura del minore o per conservare e amministrare il patrimonio (369^2, 370, 375). Il giudice può procedere, occorrendo, all'apposizione dei sigilli, nonostante qualsiasi dispensa (43, 45 att.; 752 c.p.c.).

362. Inventario. – Il tutore, nei dieci giorni successivi a quello in cui ha avuto legalmente notizia della sua nomina, deve procedere all'inventario (363 ss.) dei beni del minore, nonostante qualsiasi dispensa (370; 46 att.).

L'inventario deve essere compiuto nel termine di trenta giorni, salva al giudice tutelare la facoltà di prorogare il termine se le circostanze lo esigono.

363. Formazione dell'inventario. – L'inventario si fa col ministero del cancelliere del tribunale o di un notaio a ciò delegato dal giudice tutelare (344), con l'intervento del protutore (360) e, se è possibile, anche del minore che abbia compiuto gli anni sedici, e con l'assistenza di due testimoni scelti preferibilmente fra i parenti o gli amici della famiglia (769 c.p.c.; 46 att.).

Il giudice (344) può consentire che l'inventario sia fatto senza ministero di cancelliere o di notaio, se il valore presumibile del patrimonio non eccede gli € 7,75 (367²).

L'inventario è depositato presso il tribunale.

Nel verbale di deposito il tutore e il protutore ne dichiarano con giuramento la sincerità.

NOTE OPERATIVE:

Termine: La circostanza che l'inventario stesso sia stato richiesto ed effettuato oltre i termini di legge può incidere sulla responsabilità dei soggetti che hanno dato luogo al ritardo, ma non influisce sulla natura dell'atto compiuto dal notaio, per cui anche in tal caso è necessaria la presenza di due testimoni (C.C. 10801/97).

364. Contenuto dell'inventario. – Nell'inventario si indicano gli immobili, i mobili (812 ss.), i crediti e i debiti e si descrivono le carte, note e scritture relative allo stato attivo e passivo del patrimonio, osservando le formalità stabilite nel codice di procedura civile (389; 769 ss. c.p.c.).

365. Inventario di aziende. – Se nel patrimonio del minore esistono aziende commerciali (2195, 2555) o agricole (2135), si procede con le forme usate nel commercio o nell'economia agraria alla formazione dell'inventario (366) dell'azienda (2214 ss.), con l'assistenza e l'intervento delle persone indicate nell'art. 363. Questi particolari inventari sono pure depositati presso il tribunale e il loro riepilogo è riportato nell'inventario generale (371 n. 3, 389).

366. Beni amministrati da curatore speciale. – Il tutore deve comprendere nell'inventario generale del patrimonio del minore anche i beni, la cui amministrazione è stata deferita a un curatore speciale (356; 78 c.p.c.). Se questi ha formato un inventario particolare di tali beni, deve rimetterne copia al tutore, il quale lo unirà all'inventario generale.

Il curatore deve anche comunicare al tutore copia dei conti periodici della sua amministrazione, salvo che il disponente lo abbia esonerato.

367. Dichiarazione di debiti o crediti del tutore. – Il tutore, che ha debiti, crediti o altre ragioni verso il minore, deve esattamente dichiararli prima della chiusura dell'inventario. Il cancelliere o il notaio hanno l'obbligo di interpellarlo al riguardo (368).

Nel caso d'inventario senza opera di cancelliere o di notaio (363²), il tutore è interpellato dal giudice tutelare (344) all'atto del deposito.

In ogni caso si fa menzione dell'interpellazione e della dichiarazione del tutore nell'inventario o nel verbale di deposito (368).

368. Omissione della dichiarazione. – Se il tutore, conoscendo il suo credito o le sue ragioni, espressamente interpellato non li ha dichiarati (367), decade da ogni suo diritto.

Qualora, sapendo di essere debitore, non abbia dichiarato fedelmente il proprio debito, può essere rimosso dalla tutela (384).

369. Deposito di titoli e valori. – Il tutore deve depositare il denaro, i titoli di credito al portatore (2003) e gli oggetti preziosi esistenti nel patrimonio del minore presso un istituto di credito designato dal giudice tutelare (344), salvo che questi disponga diversamente per la loro custodia.

Non è tenuto a depositare le somme occorrenti per le spese urgenti di mantenimento e di educazione del minore e per le spese di amministrazione (361).

370. Amministrazione prima dell'inventario. – Prima che sia compiuto l'inventario (362 ss.), l'amministrazione del tutore deve limitarsi agli affari che non ammettono dilazione (361).

371. Provvedimenti circa l'educazione e l'amministrazione. – Compiuto l'inventario, il giudice tutelare (344), su proposta del tutore e sentito il protutore (360), delibera (38, 43 att.):

1) sul luogo dove il minore deve essere cresciuto e sul suo avviamento agli studi o all'esercizio di un'arte, mestiere o professione, disposto l'ascolto dello stesso minore che abbia compiuto gli anni dieci e anche di età inferiore ove capace di discernimento e richiesto, quando opportuno, l'avviso dei parenti prossimi (1);

2) sulla spesa annua occorrente per il mantenimento e l'istruzione del minore e per l'amministrazione del patrimonio, fissando i modi di impiego del reddito eccedente;

3) sulla convenienza di continuare ovvero alienare o liquidare le aziende commerciali (2195, 2555), che si trovano nel patrimonio

del minore (365), e sulle relative modalità e cautele (2294).

Nel caso in cui il giudice stimi evidentemente utile per il minore la continuazione dell'esercizio dell'impresa, il tutore deve domandare l'autorizzazione del tribunale (38[1] att.). In pendenza della deliberazione del tribunale il giudice tutelare (344) può consentire l'esercizio provvisorio dell'impresa (2198; 208 trans.; 90 l. fall.).

(1) *Questo numero è stato così sostituito dall'art. 60 del D.L.vo 28 dicembre 2013, n. 154, a decorrere dal trentesimo giorno successivo a quello della sua pubblicazione nella* Gazzetta Ufficiale (*G.U. n. 5 dell'8 gennaio 2014*).

372. Investimento di capitali. – I capitali del minore devono, previa autorizzazione del giudice tutelare (344; 43, 45 att.), essere dal tutore investiti:

1) in titoli dello Stato o garantiti dallo Stato;

2) nell'acquisto di beni immobili posti nella Repubblica;

3) in mutui (1813) garantiti da idonea ipoteca (2808) sopra beni posti nella Repubblica, o in obbligazioni emesse da pubblici istituti autorizzati a esercitare il credito fondiario;

4) in depositi (1834) fruttiferi presso le casse postali o presso altre casse di risparmio o monti di credito su pegno. Il giudice, sentito il tutore e il protutore, può autorizzare il deposito presso altri istituti di credito, ovvero, per motivi particolari, un investimento diverso da quelli sopra indicati (43, 45 att.).

NOTE OPERATIVE:

Responsabilità penale: Integra il delitto di peculato la condotta del tutore di un interdetto che si appropri di somme di denaro appartenenti a quest'ultimo e ricevute, in ragione dell'ufficio rivestito, quale provento della vendita di un bene immobile ereditato dall'interdetto in comproprietà con altre persone (C.P. 47003/17; Conf. C.P. 50754/14; 27570/07; contra C.P. 1974).

373. Titoli al portatore. – Se nel patrimonio del minore si trovano titoli al portatore (2003), il tutore deve farli convertire in nominativi (1999, 2021), salvo che il giudice tutelare (344) disponga che siano depositati in cauta custodia (369; 45 att.).

374. (1) **Autorizzazione del giudice tutelare.** – Il tutore non può senza l'autorizzazione del giudice tutelare:

1) acquistare beni, eccettuati i mobili necessari per l'uso del minore, per l'economia domestica e per l'amministrazione del patrimonio;

2) alienare beni, eccettuati i frutti e i mobili soggetti a facile deterioramento;

3) riscuotere capitali;

4) costituire pegni o ipoteche, ovvero consentire alla cancellazione di ipoteche o allo svincolo di pegni;

5) assumere obbligazioni, salvo che queste riguardino le spese necessarie per il mantenimento del minore e per l'ordinaria amministrazione del suo patrimonio;

6) accettare eredità o rinunciarvi, accettare donazioni o legati soggetti a pesi o a condizioni, procedere a divisioni;

7) fare compromessi e transazioni o accettare concordati;

8) fare contratti di locazione di immobili oltre il novennio o che in ogni caso si prolunghino oltre un anno dopo il raggiungimento della maggiore età;

9) promuovere giudizi, salvo che si tratti di denunzie di nuova opera o di danno temuto, di azioni possessorie o di sfratto e di azioni per riscuotere frutti o per ottenere provvedimenti conservativi.

(1) *Questo articolo è stato così sostituito dall'art. 1, comma 7, lett. a), del D.L.vo 10 ottobre 2022, n. 149, a decorrere dal 28 febbraio 2023.*
Si riporta il testo precedente:
«Art. 374 (Autorizzazione del giudice tutelare)
Il tutore non può senza l'autorizzazione del giudice tutelare (344, 377; 43, 45 att.):
1). acquistare beni, eccettuati i mobili necessari per l'uso del minore, per l'economia domestica e per l'amministrazione del patrimonio;
2). riscuotere capitali, consentire alla cancellazione di ipoteche (2883, 2885) o allo svincolo di pegni (2794), assumere obbligazioni, salvo che queste riguardino le spese necessarie per il mantenimento del minore e per l'ordinaria amministrazione del suo patrimonio;
3). accettare eredità (471) o rinunciarvi (519 ss.), accettare donazioni (782 ss., 793 ss.) o legati (649[1], 671) soggetti a pesi o a condizioni (668, 671);
4). fare contratti di locazione d'immobili oltre il novennio (1572) o che in ogni caso si prolunghino oltre un anno dopo il raggiungimento della maggiore età;
5). promuovere giudizi, salvo che si tratti di denunzie di nuova opera (1171; 688 ss. c.p.c.) o di danno temuto (1172; 688 ss. c.p.c.), di azioni possessorie (1168 ss.) o di sfratto (657 ss. c.p.c.) e di azioni per riscuotere frutti o per ottenere provvedimenti conservativi (669 bis ss. c.p.c.).».

NOTE OPERATIVE:

Giudizio (posizione processuale): L'autorizzazione del giudice tutelare è richiesta nell'ipotesi in cui il rappresentante legale intenda rendersi attore per far valere in giudizio una pretesa ricollegabile alla sfera patrimoniale dell'incapace, non anche quando debba resistere all'altrui iniziativa giudiziaria, in vista della conservazione degli interessi del rappresentato (C.C. 15721/22 – Conf. C.C. 6518/19; C.C.

7068/09); il tutore di persona interdetta, già costituito e soccombente in primo grado, non necessita l'autorizzazione del giudice tutelare per appellare la relativa sentenza (C.C. 19499/15 – Conf. C.C. 7068/09; C.C. 23647/04).

375. (1) [**Autorizzazione del tribunale.** – Il tutore (394) non può senza l'autorizzazione del tribunale (732 c.p.c.; 38 att.):

1) alienare beni, eccettuati i frutti (820) e i mobili soggetti a facile deterioramento;

2) costituire pegni (2784) o ipoteche (2808, 2821, 2860);

3) procedere a divisioni o promuovere i relativi giudizi (713 ss., 1111; 784 c.p.c.);

4) fare compromessi (806 c.p.c.) e transazioni (1965) o accettare concordati (127, 128, 160 l. fall.).

L'autorizzazione è data su parere del giudice tutelare (344, 377; 732 c.p.c.)].

(1) *Questo articolo è stato abrogato dall'art. 1, comma 7, lett. b), del D.L.vo 10 ottobre 2022, n. 149, a decorrere dal 28 febbraio 2023.*

376. Vendita di beni. – Nell'autorizzare la vendita di beni (375 n. 1), il giudice tutelare (1) determina se debba farsi all'incanto o a trattative private, fissandone in ogni caso il prezzo minimo (38, 45 att.; 733, 734 c.p.c.) e stabilendo il modo di erogazione o di reimpiego del prezzo (2).

[Quando nel dare l'autorizzazione il tribunale non ha stabilito il modo di erogazione o di reimpiego del prezzo, lo stabilisce il giudice tutelare] (344) (3).

(1) *Le parole: «il tribunale» sono state così sostituite dalle attuali: «il giudice tutelare» dall'art. 1, comma 7, lett. c), n. 1), del D.L.vo 10 ottobre 2022, n. 149, a decorrere dal 28 febbraio 2023.*

(2) *Le parole: «e stabilendo il modo di erogazione o di reimpiego del prezzo» sono state aggiunte dall'art. 1, comma 7, lett. c), n. 1), del D.L.vo 10 ottobre 2022, n. 149, a decorrere dal 28 febbraio 2023.*

(3) *Questo comma è stato abrogato dall'art. 1, comma 7, lett. c), n. 2), del D.L.vo 10 ottobre 2022, n. 149, a decorrere dal 28 febbraio 2023.*

377. Atti compiuti senza l'osservanza delle norme dei precedenti articoli. – Gli atti compiuti senza osservare le norme dei precedenti articoli possono essere annullati su istanza del tutore o del minore o dei suoi eredi o aventi causa (799, 1425, 1441).

NOTE OPERATIVE:

Nullità del giudizio: Nell'ipotesi in cui il tutore abbia promosso un giudizio nell'interesse dell'incapace senza la prescritta autorizzazione si determina un vizio di legittimazione processuale che determina la radicale nullità dell'intero giudizio, e non attenendo a materia disponibile, deve essere rilevato, anche d'ufficio, dal giudice (C.C. 11344/03 – Conf. C.C. 14869/00; C.C. 5943/96).

378. Atti vietati al tutore e al protutore. – Il tutore o il protutore (360) non possono (396[2]), neppure all'asta pubblica (503 c.p.c.), rendersi acquirenti direttamente o per interposta persona (599) dei beni e dei diritti del minore (1471 n. 3).

Non possono prendere in locazione (1571 ss.) i beni del minore senza l'autorizzazione e le cautele fissate dal giudice tutelare (344; 43, 45 att.).

Gli atti compiuti in violazione di questi divieti possono essere annullati (1441 ss.) su istanza delle persone indicate nell'articolo precedente, ad eccezione del tutore e del protutore che li hanno compiuti (387, 388, 1425).

Il tutore e il protutore non possono neppure diventare cessionari di alcuna ragione o credito verso il minore (596, 1268).

379. Gratuità della tutela. – L'ufficio tutelare è gratuito (381).

Il giudice tutelare (344) tuttavia, considerando l'entità del patrimonio e le difficoltà dell'amministrazione, può assegnare al tutore un'equa indennità. Può altresì, se particolari circostanze lo richiedono, sentito il protutore (360), autorizzare il tutore a farsi coadiuvare nell'amministrazione, sotto la sua personale responsabilità, da una o più persone stipendiate (43 att.).

NOTE OPERATIVE:

Equa indennità: Il decreto che riconosca al tutore un'equa indennità può riguardare un periodo circoscritto della sua attività oppure l'intera durata della stessa (C.C. 5474/22).

Regime fiscale: Posto che l'attività svolta all'amministratore di sostegno è precipuamente volta alla cura della persona, l'amministrazione del patrimonio non configura, di norma, attività economica e, quindi, imponibile, a meno che non sia volta a ricavare introiti con carattere di stabilità o, comunque, sia espletata a titolo oneroso (C.C. 14846/20).

380. Contabilità dell'amministrazione. – Il tutore deve tenere regolare contabilità della sua amministrazione e renderne conto ogni anno al giudice tutelare (344, 385; 46 att.).

Il giudice può sottoporre il conto annuale all'esame del protutore (360) e di qualche prossimo parente (74 ss.) o affine del minore (78).

NOTE OPERATIVE:

Ratio: L'amministratore di sostegno, come il tutore, è tenuto ogni anno a rendere conto della contabilità della sua amministrazione e periodicamente a riferire al giudice circa l'attività svolta e le condizioni di vita personale e sociale del beneficiario, in modo da poter consentire al giudice tutelare di adottare, anche d'ufficio, i provvedimenti urgenti per la cura della persona interessata e per la conservazione e l'amministrazione del suo patrimonio, eventualmente modificando e integrando le decisioni assunte con il decreto di nomina (S.U. 1606/20).

381. Cauzione. – Il giudice tutelare, tenuto conto della particolare natura ed entità del patrimonio, può imporre al tutore di prestare una cauzione, determinandone l'ammontare e le modalità (357).

Egli può anche liberare il tutore in tutto o in parte dalla cauzione che avesse prestata.

382. Responsabilità del tutore e del protutore. – Il tutore deve amministrare il patrimonio del minore con la diligenza del buon padre di famiglia (384, 1176). Egli risponde verso il minore di ogni danno a lui cagionato violando i propri doveri (357).

Nella stessa responsabilità incorre il protutore (360) per ciò che riguarda i doveri del proprio ufficio (2941 n. 3).

NOTE OPERATIVE:

Risarcimento del danno: Nel comportamento del protutore contrario alle regole di diligenza del buon padre di famiglia nella gestione del patrimonio dell'interdetto, è ravvisabile la responsabilità per violazione dei doveri derivanti dalla carica rivestita, da cui discende il diritto dell'interdetto a conseguire il risarcimento del danno (C.P. 4032/04).

Sezione IV
Della cessazione del tutore dall'ufficio

383. Esonero dall'ufficio. – Il giudice tutelare (344) può sempre esonerare il tutore dall'ufficio (43 att.), qualora l'esercizio di esso sia al tutore soverchiatamente gravoso e vi sia altra persona atta a sostituirlo (352).

384. Rimozione e sospensione del tutore. – Il giudice tutelare (344) può rimuovere dall'ufficio (368[2]) il tutore che si sia reso colpevole di negligenza (382) o abbia abusato dei suoi poteri, o si sia dimostrato inetto all'adempimento di essi, o sia divenuto immeritevole dell'ufficio per atti anche estranei alla tutela, ovvero sia divenuto insolvente (350 nn. 4 e 5, 368, 402).

Il giudice non può rimuovere il tutore se non dopo averlo sentito o citato; può tuttavia sospenderlo dall'esercizio della tutela nei casi che non ammettono dilazione (43 att.).

Sezione V
Del rendimento del conto finale

385. Conto finale. – Il tutore che cessa dalle funzioni (383, 384) deve fare subito la consegna dei beni e deve presentare nel termine di due mesi il conto finale dell'amministrazione al giudice tutelare. Questi può concedere una proroga (263 c.p.c.; 46 att.).

NOTE OPERATIVE:

Ambito di applicazione: La norma pone, a carico del tutore il quale cessi comunque dalle sue funzioni, un obbligo generale di rendiconto che trova la propria ragione nell'esigenza che i soggetti interessati svolgano il pieno controllo sull'attività espletata e che siano accertate le posizioni debitorie o creditorie del tutore nei confronti dello stesso amministrato. Detto obbligo non viene meno neppure nei confronti del tutore provvisorio che cessi dall'incarico a seguito della morte dell'interdicendo, ricorrendo anche in questo caso l'esigenza di consentire agli eredi di verificare la gestione del tutore provvisorio e di recuperare i beni dell'interdicendo eventualmente in suo possesso (C.C. 9781/95).

386. Approvazione del conto. – Il giudice tutelare invita il protutore (360), il minore divenuto maggiore o emancipato (390 ss.), ovvero, secondo le circostanze, il nuovo rappresentante legale a esaminare il conto e a presentare le loro osservazioni (388).

Se non vi sono osservazioni, il giudice che non trova nel conto irregolarità o lacune lo approva (295); in caso contrario nega l'approvazione.

Qualora il conto non sia stato presentato o sia impugnata la decisione del giudice tutelare, provvede l'autorità giudiziaria nel contraddittorio degli interessati (389; 38, 43, 45 att.).

NOTE OPERATIVE:

Ambito di applicazione: La disciplina sul rendimento del conto finale, prevista per la tutela degli incapaci, si applica anche all'amministrazione di sostegno, in virtù del richiamo contenuto nell'art. 411 c.c. (C.C. 4029/22).

Contraddittorio: Gli interessati nel contraddittorio dei quali il giudice provveda qualora il conto non sia stato presentato o sia impugnata la decisione del giudice tutelare, non vanno individuati soltanto nei soggetti indicati nei primi due commi della disposizione (protutore, minore divenuto maggiore o emancipato, nuovo rappresentante legale) ma anche nell'erede, il quale è legittimato ad agire anche a tutela dell'eredità (C.C. 9470/00).

387. Prescrizione delle azioni relative alla tutela. – Le azioni del minore contro il tutore e quelle del tutore contro il minore relative alla tutela si prescrivono (2941 n. 3, 2946)

CODICE CIVILE

in cinque anni dal compimento della maggiore età (2) o dalla morte del minore. Se il tutore ha cessato dall'ufficio e ha presentato il conto prima della maggiore età o della morte del minore, il termine decorre dalla data del provvedimento col quale il giudice tutelare pronunzia sul conto stesso.

Le disposizioni di quest'articolo non si applicano all'azione per il pagamento del residuo che risulta dal conto definitivo (2946).

388. Divieto di convenzioni prima dell'approvazione del conto. – Nessuna convenzione tra il tutore e il minore divenuto maggiore può aver luogo prima che sia decorso un anno dall'approvazione (1) del conto (386) della tutela (295, 596, 779).

La convenzione può essere annullata su istanza del minore o dei suoi eredi o aventi causa (378, 1425, 1441 ss.).

(1) *Le originarie parole: «prima dell'approvazione» sono state così sostituite dall'art. 3, comma 2, della L. 9 gennaio 2004, n. 6, a decorrere dal sessantesimo giorno dalla pubblicazione sulla* Gazzetta Ufficiale, *avvenuta il 19 gennaio 2004.*

389. Registro delle tutele. – Nel registro delle tutele (47, 48 att.), istituito presso ogni giudice tutelare (344), sono iscritti a cura del cancelliere l'apertura e la chiusura della tutela, la nomina, l'esonero e la rimozione del tutore e del protutore, le risultanze degli inventari (363, 365) e dei rendiconti (385) e tutti i provvedimenti che portano modificazione nello stato personale o patrimoniale del minore.

Dell'apertura e della chiusura della tutela il cancelliere dà comunicazione entro dieci giorni all'ufficiale dello stato civile per l'annotazione in margine all'atto di nascita del minore.

Capo II
Dell'emancipazione

390. Emancipazione di diritto. – Il minore è di diritto emancipato col matrimonio (84, 90, 165, 392).

391. [Emancipazione con provvedimento del giudice tutelare. – (*Omissis*)] (1).

(1) *Articolo abrogato dall'art. 6, L. 8 marzo 1975, n. 39, attribuzione della maggiore età.*

392. Curatore dell'emancipato. – Curatore del minore sposato con persona maggiore di età è il coniuge.

Se entrambi i coniugi sono minori di età (2), il giudice tutelare (344) può nominare un unico curatore, scelto preferibilmente fra i genitori.

Se interviene l'annullamento per una causa diversa dall'età (117 ss.), o lo scioglimento o la cessazione degli effetti civili del matrimonio (149) o la separazione personale (150 ss.), il giudice tutelare (344) nomina (43, 45 att.) curatore uno dei genitori, se idoneo all'ufficio, o, in mancanza, altra persona. Nel caso in cui il minore contrae successivamente matrimonio, il curatore lo assiste altresì negli atti previsti nell'articolo 165.

393. Incapacità o rimozione del curatore. – Sono applicabili al curatore le disposizioni degli articoli 348, ultimo comma (1), 350 e 384.

(1) *L'ultimo comma dell'art. 348 è stato abrogato dall'art. 1, R.D.L. 20 gennaio 1944, n. 25 e dall'art. 3, D.L.vo Lgt. 14 settembre 1944, n. 287.*

394. Capacità dell'emancipato. – L'emancipazione conferisce al minore la capacità di compiere gli atti che non eccedono l'ordinaria amministrazione (320, 374, 397, 472, 1572; 807[2] c.p.c.).

Il minore emancipato può con l'assistenza del curatore riscuotere i capitali sotto la condizione di un idoneo impiego e può stare in giudizio sia come attore sia come convenuto (75 c.p.c.).

Per gli altri atti eccedenti l'ordinaria amministrazione (374), oltre il consenso del curatore (395), è necessaria l'autorizzazione del giudice tutelare (344). [Per gli atti indicati nell'art. 375 l'autorizzazione, se curatore non è il genitore, deve essere data dal tribunale (38[3] att.) su parere del giudice tutelare (397)] (1).

Qualora nasca conflitto di interessi fra il minore e il curatore, è nominato un curatore speciale a norma dell'ultimo comma dell'art. 320 (395, 396; 38, 45 att.; 732 c.p.c.).

(1) *Questo periodo è stato soppresso dall'art. 1, comma 8, lett. a), del D.L.vo 10 ottobre 2022, n. 149, a decorrere dal 28 febbraio 2023.*

395. Rifiuto del consenso da parte del curatore. – Nel caso in cui il curatore rifiuta il suo consenso, il minore può ricorrere al giudice tutelare (344), il quale, se stima ingiustificato il rifiuto, nomina un curatore speciale (320; 78 c.p.c.) per assistere il minore nel compimento dell'atto [, salva, se occorre (394[3]), l'autorizzazione del tribunale] (1) (38, 43, 45 att.).

(1) *Le parole tra parentesi quadrate sono state soppresse dall'art. 1, comma 8, lett. b), del D.L.vo 10 ottobre 2022, n. 149, a decorrere dal 28 febbraio 2023.*

396. Inosservanza delle precedenti norme. – Gli atti compiuti senza osservare le norme stabilite nell'art. 394 possono essere annullati su istanza del minore o dei suoi eredi o aventi causa (1441 ss.).

Sono applicabili al curatore le disposizioni dell'art. 378.

397. Emancipato autorizzato all'esercizio di un'impresa commerciale. – Il minore emancipato può esercitare un'impresa commerciale (2195) senza l'assistenza del curatore se è autorizzato dal giudice tutelare, sentito il curatore (¹) (394, 2198; 38 att.).

L'autorizzazione può essere revocata dal giudice tutelare su istanza del curatore o d'ufficio sentito il minore emancipato (²).

Il minore emancipato, che è autorizzato all'esercizio di un'impresa commerciale, può compiere da solo gli atti che eccedono l'ordinaria amministrazione (374), anche se estranei all'esercizio dell'impresa (394, 774, 2294).

(¹) *Le parole: «, se è autorizzato dal tribunale, previo parere del giudice tutelare e sentito il curatore» sono state così sostituite dalle attuali: «se è autorizzato dal giudice tutelare, sentito il curatore» dall'art. 1, comma 8, lett. c), n. 1), del D.L.vo 10 ottobre 2022, n. 149, a decorrere dal 28 febbraio 2023.*

(²) *Le parole: «dal tribunale su istanza del curatore o d'ufficio, previo, in entrambi i casi, il parere del giudice tutelare e sentito il minore emancipato» sono state così sostituite dalle attuali: «dal giudice tutelare su istanza del curatore o d'ufficio sentito il minore emancipato» dall'art. 1, comma 8, lett. c), n. 2), del D.L.vo 10 ottobre 2022, n. 149, a decorrere dal 28 febbraio 2023.*

398 - 399. (*Omissis*) (¹).

(¹) *Articoli riguardanti la revoca dell'emancipazione e la pubblicità; ora abrogati dall'art. 6 L. 8 marzo 1975, n. 39, attribuzione della maggiore età.*

Titolo XI
Dell'affiliazione e dell'affidamento (¹)

(¹) *Gli originari artt. 404-413 riguardanti l'affidamento dei minori e l'affiliazione, sono stati abrogati dall'art. 77, L. 4 maggio 1983, n. 184, disciplina dell'adozione e dell'affidamento dei minori, che ha dettato anche le disposizioni transitorie.*

400. Norme regolatrici dell'assistenza dei minori. – L'assistenza dei minori è regolata, oltre che dalle leggi speciali, dalle norme del presente titolo (31 Cost.; 344²; 46 att.).

401. Limiti di applicazione delle norme. – Le disposizioni del presente titolo si applicano anche ai minori che sono figli di genitori non conosciuti, ovvero figli di genitori che si trovino (¹) nell'impossibilità di provvedere al loro mantenimento (²).

Le stesse disposizioni si applicano ai minori ricoverati in un istituto di pubblica assistenza o assistiti da questo per il mantenimento, l'educazione o la rieducazione, ovvero in istato di abbandono materiale o morale.

(¹) *Le parole: «figli naturali riconosciuti dalla sola madre che si trovi» sono state così sostituite dalle attuali: «figli di genitori che si trovino» dall'art. 61 del D.L.vo 28 dicembre 2013, n. 154, a decorrere dal trentesimo giorno successivo a quello della sua pubblicazione nella* Gazzetta Ufficiale (G.U. *n. 5 dell'8 gennaio 2014*).

(²) *La parola: «allevamento» è stata così sostituita dall'attuale: «mantenimento» dall'art. 61 del D.L.vo 28 dicembre 2013, n. 154, a decorrere dal trentesimo giorno successivo a quello della sua pubblicazione nella* Gazzetta Ufficiale (G.U. *n. 5 dell'8 gennaio 2014*).

402. Poteri tutelari spettanti agli istituti di assistenza. – L'istituto di pubblica assistenza esercita i poteri tutelari sul minore ricoverato o assistito, secondo le norme del titolo X, capo I di questo libro (343 ss.), fino a quando non si provveda alla nomina di un tutore (348), e in tutti i casi nei quali l'esercizio della responsabilità genitoriale (¹) o della tutela sia impedito (317, 330, 384). Resta salva la facoltà del giudice tutelare di deferire la tutela all'ente di assistenza o all'ospizio, ovvero di nominare un tutore a norma dell'art. 354.

Nel caso in cui il genitore riprende l'esercizio della responsabilità genitoriale (¹), l'istituto deve chiedere al giudice tutelare di fissare eventualmente limiti o condizioni a tale esercizio (332, 338¹, 406², 411).

(¹) *Le parole: «potestà dei genitori» sono state così sostituite dalle attuali: «responsabilità genitoriale» dall'art. 62 del D.L.vo 28 dicembre 2013, n. 154, a decorrere dal trentesimo giorno successivo a quello della sua pubblicazione nella* Gazzetta Ufficiale (G.U. *n. 5 dell'8 gennaio 2014*).

403. Intervento della pubblica autorità a favore dei minori. – Quando il minore è moralmente o materialmente abbandonato o si trova esposto, nell'ambiente familiare, a grave pregiudizio e pericolo per la sua incolumità psico-fisica e vi è dunque emergenza di provvedere (¹), la pubblica autorità, a mezzo degli organi di protezione dell'infanzia, lo colloca in luogo sicuro, sino a quando si possa provvedere in modo definitivo alla sua protezione.

La pubblica autorità che ha adottato il provvedimento emesso ai sensi del primo comma ne dà immediato avviso orale al pubblico ministero presso il tribunale per i minorenni, nella cui circoscrizione il minore ha la sua residenza abituale; entro le ventiquattro ore successive al collocamento del minore in sicurezza, con l'allontanamento da uno o da entrambi i genitori o dai soggetti esercenti la responsabilità genitoriale, trasmette al pubblico ministero il provvedimento corredato di ogni documentazione utile e di sintetica relazione che descrive i motivi dell'intervento a tutela del minore ([2]).

Il pubblico ministero, entro le successive settantadue ore, se non dispone la revoca del collocamento, chiede al tribunale per i minorenni la convalida del provvedimento; a tal fine può assumere sommarie informazioni e disporre eventuali accertamenti. Con il medesimo ricorso il pubblico ministero può formulare richieste ai sensi degli articoli 330 e seguenti ([2]).

Entro le successive quarantotto ore il tribunale per i minorenni, con decreto del presidente o del giudice da lui delegato, provvede sulla richiesta di convalida del provvedimento, nomina il curatore speciale del minore e il giudice relatore e fissa l'udienza di comparizione delle parti innanzi a questo entro il termine di quindici giorni. Il decreto è immediatamente comunicato al pubblico ministero e all'autorità che ha adottato il provvedimento a cura della cancelleria. Il ricorso e il decreto sono notificati entro quarantotto ore agli esercenti la responsabilità genitoriale e al curatore speciale a cura del pubblico ministero che a tal fine può avvalersi della polizia giudiziaria ([2]).

All'udienza il giudice relatore interroga liberamente le parti e può assumere informazioni; procede inoltre all'ascolto del minore direttamente e, ove ritenuto necessario, con l'ausilio di un esperto. Entro i quindici giorni successivi il tribunale per i minorenni, in composizione collegiale, pronuncia decreto con cui conferma, modifica o revoca il decreto di convalida, può adottare provvedimenti nell'interesse del minore e qualora siano state proposte istanze ai sensi degli articoli 330 e seguenti dà le disposizioni per l'ulteriore corso del procedimento. Il decreto è immediatamente comunicato alle parti a cura della cancelleria ([2]).

Entro il termine perentorio di dieci giorni dalla comunicazione del decreto il pubblico ministero, gli esercenti la responsabilità genitoriale e il curatore speciale possono proporre reclamo alla corte d'appello ai sensi dell'articolo 739 del codice di procedura civile. La corte d'appello provvede entro sessanta giorni dal deposito del reclamo ([2]).

Il provvedimento emesso dalla pubblica autorità perde efficacia se la trasmissione degli atti da parte della pubblica autorità, la richiesta di convalida da parte del pubblico ministero e i decreti del tribunale per i minorenni non intervengono entro i termini previsti. In questo caso il tribunale per i minorenni adotta i provvedimenti temporanei e urgenti nell'interesse del minore ([2]).

Qualora il minore sia collocato in comunità di tipo familiare, quale ipotesi residuale da applicare in ragione dell'accertata esclusione di possibili soluzioni alternative, si applicano le norme in tema di affidamento familiare ([2]).

([1]) *Le parole: «Quando il minore è moralmente o materialmente abbandonato o è allevato in locali insalubri o pericolosi, oppure da persone per negligenza, immoralità, ignoranza o per altri motivi incapaci di provvedere all'educazione di lui» sono state così sostituite dalle attuali: «Quando il minore è moralmente o materialmente abbandonato o si trova esposto, nell'ambiente familiare, a grave pregiudizio e pericolo per la sua incolumità psico-fisica e vi è dunque emergenza di provvedere» dall'art. 1, comma 27, lett. a), della L. 26 novembre 2021, n. 206, a decorrere dal centottantesimo giorno successivo alla data di entrata in vigore della presente legge.*

([2]) *Questo comma è stato aggiunto dall'art. 1, comma 27, lett. b), della L. 26 novembre 2021, n. 206, a decorrere dal centottantesimo giorno successivo alla data di entrata in vigore della presente legge.*

NOTE OPERATIVE:

Presupposti e poteri: Il potere di intervenire ai sensi dell'art. 403 c.c. è previsto per i casi di abbandono o disagio che siano palesi, evidenti o di indiscutibile ed agevole accertamento ed al fine di assumere i provvedimenti contingibili che si rivelino necessari ed urgenti; l'autorità amministrativa non ha poteri di indagine e di istruttoria sul singolo caso (C.C. 20928/15).

Titolo XII
Delle misure di protezione delle persone prive in tutto od in parte di autonomia (1) (2)

(1) *Questa rubrica è stata così sostituita dall'art. 2 della L. 9 gennaio 2004, n. 6, a decorrere dal sessantesimo giorno dalla pubblicazione sulla Gazzetta Ufficiale, avvenuta il 19 gennaio 2004.*

(2) *Si veda il* CAPO *I della legge 9 gennaio 2004, n. 6 intitolato «FINALITÀ DELLA LEGGE», del cui art. 1 si riporta il testo:*

«Art. 1. *1. La presente legge ha la finalità di tutelare, con la minore limitazione possibile della capacità di agire, le persone prive in tutto o in parte di autonomia nell'espletamento delle funzioni della vita quotidiana, mediante interventi di sostegno temporaneo o permanente*».

Capo I
Dell'amministrazione di sostegno (1)

(1) *Questo capo è stato inserito dall'art. 3 della L. 9 gennaio 2004, n. 6, a decorrere dal sessantesimo giorno dalla pubblicazione sulla Gazzetta Ufficiale, avvenuta il 19 gennaio 2004. Gli originari artt. 404-413 erano stati abrogati dall'art. 77 della legge 4 maggio 1983, n. 184.*

404. (1) **Amministrazione di sostegno.** – La persona che, per effetto di una infermità ovvero di una menomazione fisica o psichica, si trova nella impossibilità, anche parziale o temporanea, di provvedere ai propri interessi, può essere assistita da un amministratore di sostegno, nominato dal giudice tutelare del luogo in cui questa ha la residenza o il domicilio.

(1) *Si veda la nota* (1) *al Capo I.*

NOTE OPERATIVE:

Presupposti: L'amministrazione di sostegno, ancorché non esiga che si versi in uno stato di vera e propria incapacità di intendere o di volere, nondimeno presuppone che la persona, per effetto di un'infermità o di una menomazione fisica o psichica, si trovi nell'impossibilità, anche parziale o temporanea, di provvedere ai propri interessi, mentre è escluso il ricorso all'istituto nei confronti di chi si trovi nella piena capacità di autodeterminarsi, pur in condizioni di menomazione fisica, in funzione di asserite esigenze di gestione patrimoniale (C.C. 32542/22 – Conf. C.C. 29981/20). L'amministrazione di sostegno può essere disposta anche nel caso in cui sussistano soltanto esigenze di cura della persona, senza la necessità di gestire un patrimonio, poiché l'istituto non è finalizzato esclusivamente ad assicurare tutela agli interessi patrimoniali del beneficiario, ma è volto, più in generale, a garantire protezione alle persone fragili in relazione alle effettive esigenze di ciascuna, limitandone nella minor misura possibile la capacità di agire (C.C. 19866/18 – contra C.C. 7974/15).

Ratio: Le disposizioni in materia di amministrazione di sostegno, secondo l'insegnamento dei massimi organi giurisdizionali, devono essere interpretate in modo da valorizzare tutte le capacità del beneficiario non compromesse dalla disabilità fisica, psichica o sensoriale (C.C. 1667/23 – Conf. C.Cost. 114/19; S.U. 21985/21).

Prodigalità: All'istituto si può ricorrere allorché sussistano elementi tali per cui, intuitivamente, il soggetto interessato venga individuato come soggetto incline alla prodigalità (C.C. 5492/18).

Accertamento: In tema di amministrazione di sostegno, l'accertamento della ricorrenza dei presupposti di legge, in linea con le indicazioni contenute nell'art. 12 della Convenzione delle Nazioni Unite sui Diritti delle persone con disabilità, deve essere compiuto in maniera specifica e circostanziata sia rispetto alle condizioni di menomazione del beneficiario – la cui volontà contraria, ove provenga da persona lucida, non può non essere tenuta in considerazione dal giudice – sia rispetto all'incidenza della stesse sulla sua capacità di provvedere ai propri interessi personali e patrimoniali, verificando la possibilità, in concreto, che tali esigenze possano essere attuate anche con strumenti diversi come, ad esempio, avvalendosi, in tutto o in parte, di un sistema di deleghe o di un'adeguata rete familiare (C.C. 21887/22 – Conf. C.C. 10483/22).

Differenze con l'interdizione: Colui che è sottoposto ad amministrazione di sostegno è pienamente capace in relazione agli atti per i quali non è prevista una specifica incapacità, e la sua condizione giuridica è differenziata da quella dell'interdetto (C.C. 27691/23).

405. (1) **Decreto di nomina dell'amministratore di sostegno. Durata dell'incarico e relativa pubblicità.** – Il giudice tutelare provvede entro sessanta giorni dalla data di presentazione della richiesta alla nomina dell'amministratore di sostegno con decreto motivato immediatamente esecutivo, su ricorso di uno dei soggetti indicati nell'articolo 406.

Il decreto che riguarda un minore non emancipato può essere emesso solo nell'ultimo anno della sua minore età e diventa esecutivo a decorrere dal momento in cui la maggiore età è raggiunta.

Se l'interessato è un interdetto o un inabilitato, il decreto è esecutivo dalla pubblicazione della sentenza di revoca dell'interdizione o dell'inabilitazione.

Qualora ne sussista la necessità, il giudice tutelare adotta anche d'ufficio i provvedimenti urgenti per la cura della persona interessata e per la conservazione e l'amministrazione del suo patrimonio. Può procedere alla nomina di un amministratore di sostegno provvisorio indicando gli atti che è autorizzato a compiere.

Il decreto di nomina dell'amministratore di sostegno deve contenere l'indicazione:

1) delle generalità della persona beneficiaria e dell'amministratore di sostegno;

2) della durata dell'incarico, che può essere anche a tempo indeterminato;

3) dell'oggetto dell'incarico e degli atti che l'amministratore di sostegno ha il potere di compiere in nome e per conto del beneficiario;

4) degli atti che il beneficiario può compiere solo con l'assistenza dell'amministratore di sostegno;

5) dei limiti, anche periodici, delle spese che l'amministratore di sostegno può sostenere con utilizzo delle somme di cui il beneficiario ha o può avere la disponibilità;

6) della periodicità con cui l'amministratore di sostegno deve riferire al giudice circa l'attività svolta e le condizioni di vita personale e sociale del beneficiario.

Se la durata dell'incarico è a tempo determinato, il giudice tutelare può prorogarlo con decreto motivato pronunciato anche d'ufficio prima della scadenza del termine.

Il decreto di apertura dell'amministrazione di sostegno, il decreto di chiusura ed ogni altro provvedimento assunto dal giudice tutelare nel corso dell'amministrazione di sostegno devono essere immediatamente annotati a cura del cancelliere nell'apposito registro.

Il decreto di apertura dell'amministrazione di sostegno e il decreto di chiusura devono essere comunicati, entro dieci giorni, all'ufficiale dello stato civile per le annotazioni in margine all'atto di nascita del beneficiario. Se la durata dell'incarico è a tempo determinato, le annotazioni devono essere cancellate alla scadenza del termine indicato nel decreto di apertura o in quello eventuale di proroga.

(1) *Si veda la nota (1) al Capo I.*

NOTE OPERATIVE:

Contenuto: Il compendio normativo concernente l'amministrazione di sostegno attribuisce ampi poteri ufficiosi in merito al contenuto del decreto di apertura al giudice tutelare, il quale non solo può individuare gli atti bisognosi della attività di sostegno e scegliere il regime giuridico a cui assoggettare tale attività, ma addirittura può, in ogni tempo e anche d'ufficio, modificare o integrare le decisioni assunte con il decreto di nomina dell'amministratore di sostegno (C.C. 4266/20).

Impugnazione: I decreti del giudice tutelare in materia di amministrazione di sostegno sono reclamabili ai sensi dell'art. 720-bis, comma 2, c.p.c. unicamente dinanzi alla Corte d'appello, quale che sia il loro contenuto (decisorio ovvero gestorio) (S.U. 21985/21 – Conf. C.C. 32409/19; contra C.C. 32971/18).

406. (1) **Soggetti.** – Il ricorso per l'istituzione dell'amministrazione di sostegno può essere proposto dallo stesso soggetto beneficiario, anche se minore, interdetto o inabilitato, ovvero da uno dei soggetti indicati nell'articolo 417.

Se il ricorso concerne persona interdetta o inabilitata il medesimo è presentato congiuntamente all'istanza di revoca dell'interdizione o dell'inabilitazione davanti al giudice competente per quest'ultima.

I responsabili dei servizi sanitari e sociali direttamente impegnati nella cura e assistenza della persona, ove a conoscenza di fatti tali da rendere opportuna l'apertura del procedimento di amministrazione di sostegno, sono tenuti a proporre al giudice tutelare il ricorso di cui all'articolo 407 o a fornirne comunque notizia al pubblico ministero.

(1) *Si veda la nota (1) al Capo I.*

NOTE OPERATIVE:

Legittimazione attiva (prova): Chi propone il ricorso per l'istituzione di un'amministrazione di sostegno nei riguardi di un terzo è onerato, in caso di specifica contestazione, della prova della sua legittimazione attiva (C.C. 22602/17).

Designazione anticipata: La designazione anticipata di un amministratore di sostegno da parte dello stesso interessato, in previsione della propria eventuale futura incapacità, non ha esclusivamente la funzione di scegliere il soggetto che, ove si presenti la necessità, il giudice tutelare deve nominare, ma ha altresì lo scopo di consentire al designante, che si trovi ancora nella pienezza delle proprie facoltà cognitive e volitive, di impartire delle direttive vincolanti sulle decisioni sanitarie o terapeutiche da far assumere in futuro all'amministratore designato; dette direttive possono anche prevedere il rifiuto di determinate cure (C.C. 12998/19 – Conf. C.C. 14158/17); la designazione diverrà efficace solo se si realizzerà la condizione tenuta presente dal designante, e sempre se confermata dal giudice (C.C. 23707/12).

DAT: Il conferimento all'amministratore di sostegno della rappresentanza esclusiva in ambito sanitario non reca con sé, anche e necessariamente, il potere di rifiutare i trattamenti sanitari necessari al mantenimento in vita: spetta al giudice tutelare attribuirglielo in occasione della nomina, laddove in concreto già ne ricorra l'esigenza, o successivamente, allorché il decorso della patologia del beneficiario lo richieda (C.Cost. 144/19).

407. (1) **Procedimento.** – Il ricorso per l'istituzione dell'amministrazione di sostegno deve indicare le generalità del beneficiario, la sua dimora abituale, le ragioni per cui si richiede la nomina dell'amministratore di sostegno, il nominativo ed il domicilio, se conosciuti dal ricorrente, del coniuge, dei discendenti, degli ascendenti, dei fratelli e dei conviventi del beneficiario.

Il giudice tutelare deve sentire personalmente la persona cui il procedimento si riferisce recandosi, ove occorra, nel luogo in cui questa si trova e deve tener conto, compatibilmente con gli interessi e le esigenze di protezione della persona, dei bisogni e delle richieste di questa.

Il giudice tutelare provvede, assunte le necessarie informazioni e sentiti i soggetti di cui all'articolo 406; in caso di mancata comparizione provvede comunque sul ricorso. Dispone altresì, anche d'ufficio, gli accertamenti di natura medica e tutti gli altri mezzi istruttori utili ai fini della decisione.

Il giudice tutelare può, in ogni tempo, modificare o integrare, anche d'ufficio, le decisioni assunte con il decreto di nomina dell'amministratore di sostegno.

In ogni caso, nel procedimento di nomina dell'amministratore di sostegno interviene il pubblico ministero.

(1) *Si veda la nota* (1) *al Capo I.*

NOTE OPERATIVE:

Poteri del giudice: La norma attribuisce al giudice ampi poteri ufficiosi, fra cui la possibilità di disporre tutti i mezzi istruttori utili ai fini della decisione, e di ordinare accertamenti di natura medica, costituiti dai riscontri peritali necessari per acclarare le condizioni fisiche e psichiche dell'inabile (C.C. 4266/20).

L'audizione del beneficiario: La volontà contraria all'attivazione della misura di sostegno, ove provenga da persona pienamente lucida (come si verifica allorquando la limitazione di autonomia si colleghi ad un impedimento principalmente o soltanto di natura fisica) non può non essere tenuta in debita considerazione (C.C. 32623/22 – Conf. C.C. 32542/22; C.C. 21887/22; C.C. 10483/22; C.C. 29981/20). L'audizione personale del beneficiario dell'amministrazione deve essere disposta anche quando quest'ultimo sia stato già esaminato dal tribunale nel corso del procedimento d'interdizione definito con la trasmissione degli atti ex art. 418 c.c., trattandosi di un adempimento essenziale alla procedura, non solo perché rispettoso della dignità della persona che vi è sottoposta, ma anche perché funzionale allo scopo dell'istituto, che è quello di perimetrare i poteri gestori alle effettive esigenze del beneficiario dell'amministrazione (C.C. 1667/23); il decreto di modifica che specifichi gli atti o le categorie di atti che devono essere compiuti con l'intervento dell'amministratore non richiede l'audizione personale del beneficiario (C.C. 25855/22).

Partecipazione del P.M.: Nel procedimento di nomina dell'amministratore di sostegno, il P.M. è litisconsorte necessario (S.U. 1093/17).

408. (1) **Scelta dell'amministratore di sostegno.** – La scelta dell'amministratore di sostegno avviene con esclusivo riguardo alla cura ed agli interessi della persona del beneficiario. L'amministratore di sostegno può essere designato dallo stesso interessato, in previsione della propria eventuale futura incapacità, mediante atto pubblico o scrittura privata autenticata. In mancanza, ovvero in presenza di gravi motivi, il giudice tutelare può designare con decreto motivato un amministratore di sostegno diverso. Nella scelta, il giudice tutelare preferisce, ove possibile, il coniuge che non sia separato legalmente, la persona stabilmente convivente, il padre, la madre, il figlio o il fratello o la sorella, il parente entro il quarto grado ovvero il soggetto designato dal genitore superstite con testamento, atto pubblico o scrittura privata autenticata.

Le designazioni di cui al primo comma possono essere revocate dall'autore con le stesse forme.

Non possono ricoprire le funzioni di amministratore di sostegno gli operatori dei servizi pubblici o privati che hanno in cura o in carico il beneficiario.

Il giudice tutelare, quando ne ravvisa l'opportunità, e nel caso di designazione dell'interessato quando ricorrano gravi motivi, può chiamare all'incarico di amministratore di sostegno anche altra persona idonea, ovvero uno dei soggetti di cui al titolo II al cui legale rappresentante ovvero alla persona che questi ha facoltà di delegare con atto depositato presso l'ufficio del giudice tutelare, competono tutti i doveri e tutte le facoltà previste nel presente capo.

(1) *Si veda la nota* (1) *al Capo I.*

NOTE OPERATIVE:

Criteri: Come amministratore di sostegno deve essere scelto il soggetto che assicuri al massimo la cura degli interessi del beneficiario (C.C. 6861/13).

Avvocato: Nel caso in cui l'incarico di amministratore di sostegno sia conferito ad un avvocato, il giudice tutelare può autorizzarlo a stare in giudizio personalmente ex art. 86 c.p.c, senza necessità che egli debba rilasciare procura alle liti ad altro difensore (C.C. 6518/19).

409. (1) **Effetti dell'amministrazione di sostegno.** – Il beneficiario conserva la capacità di agire per tutti gli atti che non richiedono la rappresentanza esclusiva o l'assistenza necessaria dell'amministratore di sostegno.

Il beneficiario dell'amministrazione di sostegno può in ogni caso compiere gli atti necessari a soddisfare le esigenze della propria vita quotidiana.

(1) *Si veda la nota* (1) *al Capo I.*

NOTE OPERATIVE:

Atti di liberalità: Il beneficiario di amministrazione di sostegno conserva la sua capacità di donare, salvo che il giudice tutelare, anche d'ufficio, ritenga di limitarla nel provvedimento di apertura dell'amministrazione di sostegno o in occasione di una sua successiva revisione (C.Cost. 114/19). In presenza di situazioni di eccezionale gravità, tali da indurre a ritenere che il processo di formazione e manifestazione della volontà possa andare incontro a turbamenti per l'incidenza di fattori endogeni o di agenti esterni, l'esclusione a priori della capacità di testare o donare può rivelarsi uno strumento di tutela assai più efficace non solo dell'interesse di coloro che aspirano alla successione, ma anche della persona del beneficiario, potenzialmente esposta a pressioni e condizionamenti (C.C. 12460/18).

Matrimonio: In materia matrimoniale la regola è quella della incoercibile libertà di contrarre matrimonio. La stessa pertanto non può subire limitazioni, come tali intollerabili, se non nei casi tassativamente previsti dalla legge. Non è escluso che, in circostanze particolarmente stringenti, il divieto di contrarre matrimonio possa essere imposto, dal giudice tutelare, al beneficiario dell'amministrazione di sostegno qualora ciò sia conforme all'interesse dell'amministrato (C.C. 11536/17).

Processo penale: La sottoposizione dell'imputato all'istituto dell'amministrazione di sostegno non determina automaticamente l'incapacità del medesimo a partecipare coscientemente al processo penale (C.P. 3659/17).

410. ([1]) **Doveri dell'amministratore di sostegno.** – Nello svolgimento dei suoi compiti l'amministratore di sostegno deve tener conto dei bisogni e delle aspirazioni del beneficiario.

L'amministratore di sostegno deve tempestivamente informare il beneficiario circa gli atti da compiere nonché il giudice tutelare in caso di dissenso con il beneficiario stesso. In caso di contrasto, di scelte o di atti dannosi ovvero di negligenza nel perseguire l'interesse o nel soddisfare i bisogni o le richieste del beneficiario, questi, il pubblico ministero o gli altri soggetti di cui all'articolo 406 possono ricorrere al giudice tutelare, che adotta con decreto motivato gli opportuni provvedimenti.

L'amministratore di sostegno non è tenuto a continuare nello svolgimento dei suoi compiti oltre dieci anni, ad eccezione dei casi in cui tale incarico è rivestito dal coniuge, dalla persona stabilmente convivente, dagli ascendenti o dai discendenti.

([1]) *Si veda la nota* ([1]) *al Capo I.*

NOTE OPERATIVE:

Rendiconto: La disciplina sul rendimento del conto finale, prevista per la tutela degli incapaci, si applica anche all'amministrazione di sostegno (C.C. 4029/22). L'amministratore di sostegno, come il tutore, è tenuto ogni anno a "rendere conto" della contabilità della sua amministrazione e periodicamente a riferire al giudice circa l'attività svolta e le condizioni di vita personale e sociale del beneficiario, in modo da poter consentire al giudice tutelare di adottare, anche d'ufficio, i provvedimenti urgenti per la cura della persona interessata e per la conservazione e l'amministrazione del suo patrimonio, eventualmente modificando e integrando le decisioni assunte con il decreto di nomina (S.U. 1606/20).

Responsabilità penale: L'amministratore di sostegno non risponde del reato di abbandono di persone incapaci in quanto, salvo che sia diversamente stabilito nel decreto di nomina, lo stesso, a differenza del tutore, non è investito di una posizione di garanzia rispetto ai beni della vita e dell'incolumità individuale del soggetto incapace ma solo di un compito di assistenza nella gestione dei suoi interessi patrimoniali. (C.P. 7974/15).

411. ([1]) **Norme applicabili all'amministrazione di sostegno.** – Si applicano all'amministratore di sostegno, in quanto compatibili, le disposizioni di cui agli articoli da 349 a 353 e da 374 a 388. [I provvedimenti di cui agli articoli 375 e 376 sono emessi dal giudice tutelare] ([2]).

All'amministratore di sostegno si applicano altresì, in quanto compatibili, le disposizioni degli articoli 596, 599 e 779.

Sono in ogni caso valide le disposizioni testamentarie e le convenzioni in favore dell'amministratore di sostegno che sia parente entro il quarto grado del beneficiario, ovvero che sia coniuge o persona che sia stata chiamata alla funzione in quanto con lui stabilmente convivente.

Il giudice tutelare, nel provvedimento con il quale nomina l'amministratore di sostegno, o successivamente, può disporre che determinati effetti, limitazioni o decadenze, previsti da disposizioni di legge per l'interdetto o l'inabilitato, si estendano al beneficiario dell'amministrazione di sostegno, avuto riguardo all'interesse del medesimo ed a quello tutelato dalle predette disposizioni. Il provvedimento è assunto con decreto motivato a seguito di ricorso che può essere presentato anche dal beneficiario direttamente.

([1]) *Si veda la nota* ([1]) *al Capo I.*

([2]) *Questo periodo è stato soppresso dall'art. 1, comma 9, del D.L.vo 10 ottobre 2022, n. 149, a decorrere dal 28 febbraio 2023.*

NOTE OPERATIVE:

Applicazione analogica (esclusione): Le disposizioni in materia di interdizione non sono suscettibili di generalizzata estensione analogica all'amministrazione di sostegno (C.C. 11536/17).

Costituzione in giudizio: L'amministratore di sostegno è legittimato a costituirsi in causa, al fine di difendere gli interessi del beneficiario dall'altrui iniziativa giudiziaria, senza che sia necessaria una specifica autorizzazione da parte del giudice tutelare. All'amministratore si applica, infatti, la normativa relativa ai poteri del tutore (C.C. 6518/19 – Conf. C.C. 16060/18; C.C. 19499/15).

412. ([1]) **Atti compiuti dal beneficiario o dall'amministratore di sostegno in violazione di norme di legge o delle disposizioni**

del giudice. – Gli atti compiuti dall'amministratore di sostegno in violazione di disposizioni di legge, od in eccesso rispetto all'oggetto dell'incarico o ai poteri conferitigli dal giudice, possono essere annullati su istanza dell'amministratore di sostegno, del pubblico ministero, del beneficiario o dei suoi eredi ed aventi causa.

Possono essere parimenti annullati su istanza dell'amministratore di sostegno, del beneficiario, o dei suoi eredi ed aventi causa, gli atti compiuti personalmente dal beneficiario in violazione delle disposizioni di legge o di quelle contenute nel decreto che istituisce l'amministrazione di sostegno.

Le azioni relative si prescrivono nel termine di cinque anni. Il termine decorre dal momento in cui è cessato lo stato di sottoposizione all'amministrazione di sostegno.

(1) *Si veda la nota* (1) *al Capo I.*

413. (1) **Revoca dell'amministrazione di sostegno.** – Quando il beneficiario, l'amministratore di sostegno, il pubblico ministero o taluno dei soggetti di cui all'articolo 406, ritengono che si siano determinati i presupposti per la cessazione dell'amministrazione di sostegno, o per la sostituzione dell'amministratore, rivolgono istanza motivata al giudice tutelare.

L'istanza è comunicata al beneficiario ed all'amministratore di sostegno.

Il giudice tutelare provvede con decreto motivato, acquisite le necessarie informazioni e disposti gli opportuni mezzi istruttori.

Il giudice tutelare provvede altresì, anche d'ufficio, alla dichiarazione di cessazione dell'amministrazione di sostegno quando questa si sia rivelata inidonea a realizzare la piena tutela del beneficiario. In tale ipotesi, se ritiene che si debba promuovere giudizio di interdizione o di inabilitazione, ne informa il pubblico ministero, affinché vi provveda. In questo caso l'amministrazione di sostegno cessa con la nomina del tutore o del curatore provvisorio ai sensi dell'articolo 419, ovvero con la dichiarazione di interdizione o di inabilitazione.

(1) *Si veda la nota* (1) *al Capo I.*

NOTE OPERATIVE:

Adempimenti: L'omessa comunicazione dell'istanza di chiusura della procedura all'amministratore di sostegno – che non è parte necessaria del procedimento – non determina alcuna compromissione del suo diritto di difesa, né è soggetta a sanzione processuale (C.C. 17032/14).

Capo II
Della interdizione, della inabilitazione e della incapacità naturale (1)

(1) *Le parole: «Capo II - Della interdizione, della inabilitazione e della incapacità naturale» sono state inserite dall'art. 4, comma 1, della L. 9 gennaio 2004, n. 6, a decorrere dal sessantesimo giorno dalla pubblicazione sulla* Gazzetta Ufficiale, *avvenuta il 19 gennaio 2004.*

414. (1) **Persone che possono essere interdette.** – Il maggiore di età e il minore emancipato, i quali si trovano in condizioni di abituale infermità di mente che li rende incapaci di provvedere ai propri interessi, sono interdetti quando ciò è necessario per assicurare la loro adeguata protezione.

(1) *Questo articolo è stato così sostituito dall'art. 4, comma 2, della L. 9 gennaio 2004, n. 6, a decorrere dal sessantesimo giorno dalla pubblicazione sulla* Gazzetta Ufficiale, *avvenuta il 19 gennaio 2004.*

415. Persone che possono essere inabilitate. – Il maggiore di età (416) infermo di mente, lo stato del quale non è talmente grave da far luogo all'interdizione (418), può essere inabilitato (166, 417, 432).

Possono anche essere inabilitati coloro che, per prodigalità (776[2]) o per abuso abituale di bevande alcooliche o di stupefacenti, espongono sé o la loro famiglia a gravi pregiudizi economici.

Possono infine essere inabilitati il sordomuto (1) e il cieco dalla nascita o dalla prima infanzia, se non hanno ricevuto un'educazione sufficiente, salvo l'applicazione dell'art. 414 quando risulta che essi sono del tutto incapaci di provvedere ai propri interessi (776).

(1) *A norma dell'art. 1 della L. 20 febbraio 2006, n. 95, in tutte le disposizioni legislative vigenti, il termine «sordomuto» è sostituito con l'espressione «sordo».*

NOTE OPERATIVE:

Prodigalità: La prodigalità, cioè un comportamento abituale caratterizzato da larghezza nello spendere, nel regalare o nel rischiare eccessivamente rispetto alle proprie condizioni socio-economiche e al valore oggettivamente attribuibile al denaro, configura autonoma causa di inabilitazione, indipendentemente da una sua derivazione da specifica malattia o comunque infermità, e, quindi, anche quando si traduca in atteggiamenti lucidi, espressione di libera scelta di vita, purché sia ricollegabile a motivi futili (C.C. 5492/18), ad esempio, frivolezza, vanità, ostentazione del lusso, disprezzo per coloro che lavorano, o a dispetto dei vincoli di solidarietà familiare (C.C. 786/17 – Conf. C.C. 6805/86).

416. Interdizione e inabilitazione nell'ultimo anno di minore età. – Il minore non emancipato può essere interdetto o inabilitato nell'ultimo anno della sua minore età (2). L'interdizione o l'inabilitazione ha effetto (421) dal giorno in cui il minore raggiunge l'età maggiore (40 att.).

417. Istanza d'interdizione o d'inabilitazione. – L'interdizione e l'inabilitazione possono essere promosse dalle persone indicate negli articoli 414 e 415, dal coniuge, dalla persona stabilmente convivente ([1]), dai parenti entro il quarto grado (76), dagli affini entro il secondo grado (78), dal tutore (357) o curatore (392) ovvero dal pubblico ministero (418; 69 c.p.c.).

Se l'interdicendo o l'inabilitando si trova sotto la responsabilità genitoriale ([2]) (155, 316, 317 *bis*) o ha per curatore uno dei genitori, l'interdizione o l'inabilitazione non può essere promossa che su istanza del genitore medesimo o del pubblico ministero (712 ss. c.p.c.).

([1]) *Le originarie parole: «possono essere promosse dal coniuge» sono state così sostituite dall'art. 5 della L. 9 gennaio 2004, n. 6, a decorrere dal sessantesimo giorno dalla pubblicazione sulla* Gazzetta Ufficiale, *avvenuta il 19 gennaio 2004.*

([2]) *Le parole: «potestà dei genitori» sono state così sostituite dalle attuali: «responsabilità genitoriale» dall'art. 63 del D.L.vo 28 dicembre 2013, n. 154, a decorrere dal trentesimo giorno successivo a quello della sua pubblicazione nella* Gazzetta Ufficiale *(G.U. n. 5 dell'8 gennaio 2014).*

418. Poteri dell'autorità giudiziaria. – Promosso il giudizio d'interdizione (712 ss. c.p.c.) può essere dichiarata anche d'ufficio l'inabilitazione per infermità di mente (432).

Se nel corso del giudizio d'inabilitazione si rivela l'esistenza delle condizioni richieste per l'interdizione (414), il pubblico ministero fa istanza al tribunale di pronunziare l'interdizione, e il tribunale provvede nello stesso giudizio, premessa l'istruttoria necessaria (40 att.; 69, 713, 714 c.p.c.).

Se nel corso del giudizio di interdizione o di inabilitazione appare opportuno applicare l'amministrazione di sostegno, il giudice, d'ufficio o ad istanza di parte, dispone la trasmissione del procedimento al giudice tutelare. In tal caso il giudice competente per l'interdizione o per l'inabilitazione può adottare i provvedimenti urgenti di cui al quarto comma dell'articolo 405 ([1]).

([1]) *Questo comma è stato aggiunto dall'art. 6 della L. 9 gennaio 2004, n. 6, a decorrere dal sessantesimo giorno dalla pubblicazione sulla* Gazzetta Ufficiale, *avvenuta il 19 gennaio 2004.*

NOTE OPERATIVE:

Caratteristiche: Il processo di interdizione o inabilitazione ha per oggetto un accertamento della capacità di agire che incide sullo status della persona e si conclude con una pronuncia qualificata espressamente come sentenza, suscettibile di giudicato. Le peculiarità di detto procedimento, determinate dalla coesistenza di diritti soggettivi privati e di profili pubblicistici, dalla natura e non disponibilità degli interessi coinvolti, e specificamente segnate dalla posizione dei soggetti legittimati a presentare il ricorso, i quali esercitano un potere di azione, ma non agiscono a tutela di un proprio diritto soggettivo, dalla previsione che essi possono impugnare la sentenza, pur se non abbiano partecipato al giudizio, e dagli ampi poteri inquisitori del giudice, non escludono che esso si configuri, pur con tali importanti deviazioni rispetto al rito ordinario, come un procedimento contenzioso speciale, ritenuto dal legislatore come il più idoneo a offrire garanzie a tutela dell'interesse dell'interdicendo e dell'inabilitando e ad assicurare una più penetrante ricerca della verità, e che quindi esso resti disciplinato, per quanto non previsto dalle regole speciali, dalle regole del processo contenzioso ordinario, ove non incompatibili (C.C. 21013/13 – Conf. C.C. 17256/05; C.C. 11305/94; C.C. 5967/94).

419. Mezzi istruttori e provvedimenti provvisori. – Non si può pronunziare l'interdizione o l'inabilitazione senza che si sia proceduto all'esame dell'interdicendo o dell'inabilitando (713 ss. c.p.c.).

Il giudice può in questo esame farsi assistere da un consulente tecnico (61 c.p.c.). Può anche d'ufficio disporre i mezzi istruttori utili ai fini del giudizio, interrogare i parenti prossimi (77) dell'interdicendo o inabilitando e assumere le necessarie informazioni (40 att.).

Dopo l'esame, qualora sia ritenuto opportuno, può essere nominato un tutore provvisorio all'interdicendo o un curatore provvisorio all'inabilitando (422, 424, 776; 681, 717 ss. c.p.c.).

420. [Internamento definitivo in manicomio. – (*Omissis*)] ([1]).

([1]) *Articolo abrogato dall'art. 11, L. 13 maggio 1978, n. 180, accertamenti e trattamenti sanitari volontari e obbligatori.*

La materia dei trattamenti sanitari volontari e obbligatori è poi stata ridisciplinata dagli artt. 34 e 35 della L. 23 dicembre 1978, n. 833, istituzione del servizio sanitario nazionale.

421. Decorrenza degli effetti dell'interdizione e dell'inabilitazione. – L'interdizione e l'inabilitazione producono i loro effetti dal giorno della pubblicazione della sentenza (427; 133 c.p.c.), salvo il caso previsto dall'art. 416.

NOTE OPERATIVE:

Presunzione di capacità: L'incapacità legale derivante dalla sentenza di interdizione decorre soltanto dal giorno della sua pubblicazione, con la conseguenza dell'operatività, fino a tale momento, della generale presunzione di normale capacità dell'interdicendo e dell'irretroattività degli effetti della suddetta decisione (C.C. 7477/11).

422. Cessazione del tutore e del curatore provvisorio. – Nella sentenza che rigetta l'istanza d'interdizione o d'inabilitazione, può disporsi che il tutore o il curatore provvisorio (419[3]) rimanga in ufficio fino a che la sentenza non sia passata in giudicato (324 c.p.c.).

423. Pubblicità. – Il decreto di nomina del tutore o del curatore provvisorio (419[3]) e la sentenza d'interdizione o d'inabilitazione devono essere immediatamente annotati a cura del cancelliere nell'apposito registro (48, 49 att.) e comunicati (42 att.) entro dieci giorni all'ufficiale dello stato civile per le annotazioni in margine all'atto di nascita (430).

424. Tutela dell'interdetto e curatela dell'inabilitato. – Le disposizioni sulla tutela dei minori (343 ss.) e quelle sulla curatela dei minori emancipati (392 ss.) si applicano rispettivamente alla tutela degli interdetti e alla curatela degli inabilitati (2294; 100 att.).

Le stesse disposizioni si applicano rispettivamente anche nei casi di nomina del tutore provvisorio dell'interdicendo e del curatore provvisorio dell'inabilitando a norma dell'art. 419. Per l'interdicendo non si nomina il protutore provvisorio (355, 360).

Nella scelta del tutore dell'interdetto e del curatore dell'inabilitato il giudice tutelare individua di preferenza la persona più idonea all'incarico tra i soggetti, e con i criteri, indicati nell'articolo 408 ([1]).

([1]) *Questo comma è stato così sostituito dall'art. 7 della L. 9 gennaio 2004, n. 6, a decorrere dal sessantesimo giorno dalla pubblicazione sulla* Gazzetta Ufficiale, *avvenuta il 19 gennaio 2004.*

NOTE OPERATIVE:

Tutore (responsabilità penale): Integra il reato di mancata esecuzione dolosa di un provvedimento del giudice la inottemperanza da parte del tutore agli obblighi di cura ed assistenza dell'interdetto, atteso che il provvedimento giudiziale di nomina, a prescindere dai suoi contenuti formali, determina l'affidamento al medesimo del soggetto incapace alla disciplina relativa alla tutela dei minori, con il conseguente obbligo di provvedere non solo alla gestione del patrimonio, ma in primo luogo al soddisfacimento delle primarie esigenze personali (C.P. 2952/19 – contra C.P. 6269/84). Il tutore dell'incapace riveste la qualifica di pubblico ufficiale e la condotta di appropriazione di somme delle quali venga in possesso per ragione del suo ufficio integra il reato di peculato e non quello di appropriazione indebita (C.P. 23353/14).

Curatore: Il curatore dell'inabilitato non assume il ruolo né di rappresentante legale né di sostituto processuale dell'incapace, ma svolge solo funzioni di assistenza e di supporto (C.C. 1773/15 – Conf. C.C. 5359/92); non ha diritto a indennità, mancando una norma che ne preveda la spettanza e non potendosi a lui estendere il combinato disposto degli artt. 379 e 424 c.c. che consente di riconoscere un compenso al tutore per la maggiore intensità delle funzioni di protezione dell'interdetto (C.C. 9816/15).

425. Esercizio dell'impresa commerciale da parte dell'inabilitato. – L'inabilitato può continuare l'esercizio dell'impresa commerciale (2195) soltanto se autorizzato dal giudice tutelare ([1]) (344; 43, 45 att.). L'autorizzazione può essere subordinata alla nomina di un institore (2198, 2203, 2294; 100 att.).

([1]) *Le parole: «soltanto se autorizzato dal tribunale su parere del giudice tutelare» sono state così sostituite dalle attuali: «soltanto se autorizzato dal giudice tutelare» dall'art. 1, comma 10, del D.L.vo 10 ottobre 2022, n. 149, a decorrere dal 28 febbraio 2023.*

426. Durata dell'ufficio. – Nessuno è tenuto a continuare nella tutela dell'interdetto o nella curatela dell'inabilitato oltre dieci anni, ad eccezione del coniuge, della persona stabilmente convivente, ([1]) degli ascendenti o dei discendenti (424[3]).

([1]) *Le parole: «della persona stabilmente convivente,» sono state inserite dall'art. 8 della L. 9 gennaio 2004, n. 6, a decorrere dal sessantesimo giorno dalla pubblicazione sulla* Gazzetta Ufficiale, *avvenuta il 19 gennaio 2004.*

427. Atti compiuti dall'interdetto e dall'inabilitato. – Nella sentenza che pronuncia l'interdizione o l'inabilitazione, o in successivi provvedimenti dell'autorità giudiziaria, può stabilirsi che taluni atti di ordinaria amministrazione possano essere compiuti dall'interdetto senza l'intervento ovvero con l'assistenza del tutore, o che taluni atti eccedenti l'ordinaria amministrazione possano essere compiuti dall'inabilitato senza l'assistenza del curatore ([1]).

Gli atti compiuti dall'interdetto dopo la sentenza di interdizione (421) possono essere annullati su istanza del tutore, dell'interdetto o dei suoi eredi o aventi causa (1425, 1441). Sono del pari annullabili gli atti compiuti dall'interdetto dopo la nomina del tutore provvisorio, qualora alla nomina segua la sentenza d'interdizione.

CODICE CIVILE

Possono essere annullati su istanza dell'inabilitato o dei suoi eredi o aventi causa gli atti eccedenti l'ordinaria amministrazione (374, 432, 1572) fatti dall'inabilitato, senza l'osservanza delle prescritte formalità, dopo la sentenza di inabilitazione o dopo la nomina del curatore provvisorio (419), qualora alla nomina sia seguita l'inabilitazione (377, 776).

Per gli atti compiuti dall'interdetto prima della sentenza di interdizione o prima della nomina del tutore provvisorio si applicano le disposizioni dell'articolo seguente.

(1) *Questo comma è stato inserito dall'art. 9 della L. 9 gennaio 2004, n. 6, a decorrere dal sessantesimo giorno dalla pubblicazione sulla* Gazzetta Ufficiale, *avvenuta il 19 gennaio 2004.*

NOTE OPERATIVE:

Annullamento: L'atto posto in essere da un soggetto dopo che allo stesso, nel corso di un procedimento di interdizione, sia già stato nominato un tutore provvisorio, è annullabile, perché compiuto da un soggetto legalmente incapace, tutte le volte in cui il procedimento nel corso del quale è intervenuta la nomina del tutore provvisorio si concluda con la dichiarazione di interdizione, risultando irrilevanti le vicende che vengano a verificarsi nel corso del procedimento (C.P. 27072/16 – Conf. C.C. 1995/13; C.C. 14781/09).

428. Atti compiuti da persona incapace d'intendere o di volere. – Gli atti compiuti da persona che, sebbene non interdetta, si provi essere stata per qualsiasi causa, anche transitoria, incapace d'intendere o di volere al momento in cui gli atti sono stati compiuti (120, 591 n. 3, 775), possono essere annullati (1425, 1441) su istanza della persona medesima o dei suoi eredi o aventi causa (377, 775^1, 779), se ne risulta un grave pregiudizio all'autore.

L'annullamento dei contratti non può essere pronunziato se non quando, per il pregiudizio che sia derivato o possa derivare (1443) alla persona incapace d'intendere o di volere o per la qualità del contratto o altrimenti, risulta la malafede dell'altro contraente.

L'azione si prescrive nel termine di cinque anni dal giorno in cui l'atto o il contratto è stato compiuto (1442).

Resta salva ogni diversa disposizione di legge (482^2, 526^2).

NOTE OPERATIVE:

Presupposti: L'incapacità naturale, causa dell'annullamento del negozio, non esige l'incapacità totale ed assoluta del soggetto (C.C. 7784/91) in quanto il legislatore protegge già chi, anche per stato di mente transeunte grandemente scemato, non sia stato in grado di formarsi una volontà cosciente sul contratto (C.C. 4176/21).

Ai fini dell'annullamento del contratto per incapacità naturale – a differenza di quanto previsto per l'annullamento dell'atto unilaterale – non rileva, di per sé, il pregiudizio che il contratto provochi o possa provocare all'incapace, poiché tale pregiudizio rappresenta solamente un indizio della malafede dell'altro contraente; la diversità di disciplina sottende la diversa rilevanza sociale degli atti unilaterali rispetto a quella dei contratti, poiché nei primi è preminente l'interesse dell'incapace a controllare le conseguenze degli atti compiuti, mentre nei secondi è prioritario l'interesse alla certezza del contratto e alla tutela dell'affidamento della controparte che, non essendo in mala fede, abbia confidato sulla sua validità (C.C. 29962/22).

Accertamento: Ai fini dell'accertamento della sussistenza dell'incapacità di intendere e di volere, come motivo di invalidità del negozio, al momento in cui questo è stato posto in essere, occorre indagare, nel caso in cui l'infermità sia dovuta a malattia, se questa sia suscettibile di regresso, di stabilità o di miglioramento, come utile elemento di giudizio per stabilire se la malattia, manifestatasi anteriormente o successivamente, possa ritenersi sussistente anche nel momento in cui fu posto in essere l'atto impugnato (C.C. 6598/22 – Conf. C.C. 1670/79).

Atto pubblico: L'atto pubblico fa fede fino a querela di falso soltanto relativamente alla provenienza del documento dal pubblico ufficiale che l'ha formato, alle dichiarazioni al medesimo rese ed agli altri fatti dal medesimo compiuti, non estendendosi tale efficacia probatoria anche ai giudizi valutativi eventualmente espressi, tra i quali va compreso quello relativo al possesso, da parte dei contraenti, della capacità di intendere e di volere (C.C. 31510/21 – Conf. C.C. 17381/21; C.C. 27489/19).

429. Revoca dell'interdizione e dell'inabilitazione. – Quando cessa la causa dell'interdizione o dell'inabilitazione, queste possono essere revocate (2942 n. 1) su istanza del coniuge, dei parenti entro il quarto grado (76) o degli affini entro il secondo grado (78), del tutore dell'interdetto, del curatore dell'inabilitato (424) o su istanza del pubblico ministero (42 att.; 720 c.p.c.).

Il giudice tutelare (344) deve vigilare per riconoscere se la causa dell'interdizione o dell'inabilitazione continui. Se ritiene che sia venuta meno, deve informarne il pubblico ministero (750 c.p.c.).

Se nel corso del giudizio per la revoca dell'interdizione o dell'inabilitazione appare opportuno che, successivamente alla revoca, il soggetto sia assistito dall'amministratore di sostegno, il tribunale, d'ufficio o ad istanza di parte, dispone la trasmissione degli atti al giudice tutelare (1).

(1) *Questo comma è stato aggiunto dell'art. 10 della L. 9 gennaio 2004, n. 6, a decorrere dal sessantesimo giorno dalla pubblicazione sulla* Gazzetta Ufficiale, *avvenuta il 19 gennaio 2004.*

430. Pubblicità. – Alla sentenza di revoca dell'interdizione o dell'inabilitazione si applica l'art. 423.

431. Decorrenza degli effetti della sentenza di revoca. – La sentenza che revoca l'interdizione o l'inabilitazione produce i suoi effetti appena passata in giudicato (432[1-2]; 324 c.p.c.).

Tuttavia gli atti compiuti dopo la pubblicazione della sentenza di revoca non possono essere impugnati se non quando la revoca è esclusa con sentenza passata in giudicato (421; 324 c.p.c.).

432. Inabilitazione nel giudizio di revoca dell'interdizione. – L'autorità giudiziaria che pur riconoscendo fondata l'istanza di revoca dell'interdizione, non crede che l'infermo abbia riacquistato la piena capacità, può revocare l'interdizione e dichiarare inabilitato l'infermo medesimo (415, 418).

Si applica anche in questo caso il primo comma dell'articolo precedente.

Gli atti non eccedenti l'ordinaria amministrazione (426), compiuti dall'inabilitato dopo la pubblicazione della sentenza che revoca l'interdizione (429), possono essere impugnati solo quando la revoca è esclusa con sentenza passata in giudicato (324 c.p.c.).

Titolo XIII
Degli alimenti

433. Persone obbligate. – All'obbligo di prestare gli alimenti (438, 2751, n. 4) sono tenuti, nell'ordine:

1) il coniuge (51, 129 *bis*, 156, 548, 585);

2) i figli, anche adottivi, e, in loro mancanza, i discendenti prossimi (¹);

3) i genitori e, in loro mancanza, gli ascendenti prossimi; gli adottanti (²);

4) i generi e le nuore (434);

5) il suocero e la suocera;

6) i fratelli e le sorelle germani o unilaterali (439) con precedenza dei germani sugli unilaterali (279, 439, 801, 2948; 47 l. fall.).

(¹) *Questo numero è stato così sostituito dall'art. 64, comma 1, lett.* a), *del D.L.vo 28 dicembre 2013, n. 154, a decorrere dal trentesimo giorno successivo a quello della sua pubblicazione nella* Gazzetta Ufficiale (G.U. *n. 5 dell'8 gennaio 2014*).

(²) *Questo numero è stato così sostituito dall'art. 64, comma 1, lett.* b), *del D.L.vo 28 dicembre 2013, n. 154, a decorrere dal trentesimo giorno successivo a quello della sua pubblicazione nella* Gazzetta Ufficiale (G.U. *n. 5 dell'8 gennaio 2014*).

434. Cessazione dell'obbligo tra affini. – L'obbligazione alimentare del suocero e della suocera e quella del genero e della nuora (433 nn. 4 e 5) cessano (50[4]):

1) quando la persona che ha diritto agli alimenti è passata a nuove nozze;

2) quando il coniuge, da cui deriva l'affinità, e i figli nati dalla sua unione con l'altro coniuge e i loro discendenti sono morti (78).

NOTE OPERATIVE:

Divorzio: Il vincolo di affinità e l'obbligo della corresponsione degli alimenti tra affini non vengono meno né con lo scioglimento del matrimonio né con la cessazione dei suoi effetti civili (C.C. 2848/78).

435. [Obbligo dei genitori e dei figli naturali. – (*Omissis*)] (¹).

(¹) *Articolo abrogato dall'art. 169, L. 19 maggio 1975, n. 151, riforma del diritto di famiglia.*

436. Obbligo tra adottante e adottato. – L'adottante (291) deve gli alimenti al figlio adottivo con precedenza sui genitori [legittimi o naturali] (¹) di lui.

(¹) *Le parole fra parentesi quadrate sono state soppresse dall'art. 65 del D.L.vo 28 dicembre 2013, n. 154, a decorrere dal trentesimo giorno successivo a quello della sua pubblicazione nella* Gazzetta Ufficiale (G.U. *n. 5 dell'8 gennaio 2014*).

437. Obbligo del donatario. – Il donatario (438[3], 769) è tenuto, con precedenza su ogni altro obbligato, a prestare gli alimenti al donante, a meno che si tratti di donazione fatta in riguardo di un matrimonio (785) o di una donazione rimuneratoria (770).

438. Misura degli alimenti. – Gli alimenti possono essere chiesti (445) solo da chi versa in istato di bisogno e non è in grado di provvedere al proprio mantenimento.

Essi devono essere assegnati in proporzione del bisogno di chi li domanda e delle condizioni economiche di chi deve somministrarli. Non devono tuttavia superare quanto sia necessario per la vita dell'alimentando, avuto però riguardo alla sua posizione sociale (51, 435, 439, 440, 446, 660).

Il donatario (437) non è tenuto oltre il valore della donazione tuttora esistente nel suo patrimonio (660).

NOTE OPERATIVE:

Presupposti: Il diritto agli alimenti è legato alla prova dello stato di bisogno e della impossibilità, da parte dell'alimentando, di provvedere, in tutto o in parte, al proprio sostentamento per la mancanza di mezzi sufficienti al soddisfacimento delle sue necessità primarie (C.C.

10033/23 – Conf. C.C. 3334/07), quali il vitto, l'abitazione, il vestiario, le cure mediche (C.C. 25248/13), per cui deve essere rigettata la domanda di alimenti ove l'alimentando non provi la propria invalidità al lavoro per incapacità fisica, e la impossibilità, per circostanze a lui non imputabili, di trovarsi un'occupazione confacente alle proprie attitudini ed alle proprie condizioni sociali (C.C. 33789/22 – Conf. C.C. 21572/06; C.C. 1099/90).

Accertamento: Il presupposto per il diritto agli alimenti deve essere valutato tenendo conto di tutte le risorse economiche, compresi i redditi ricavabili dal godimento di beni immobili in proprietà o in usufrutto, di guisa che il giudice, nell'accertare la sussistenza dello stato di bisogno, dopo aver valutato la sussistenza delle risorse economiche del donante, deve accertare l'idoneità delle stesse a soddisfare le sue esigenze di vita (C.C. 25248/13).

Reddito di cittadinanza: Va escluso il diritto agli alimenti per il figlio che, pur non avendo trovato lavoro nonostante il titolo di studio – una laurea breve -, non si è adoperato per usufruire di misure sociali come il reddito di cittadinanza (C.C. 40882/21).

Crediti futuri: Al fine del riconoscimento e della quantificazione del diritto agli alimenti, nonché della ripartizione del relativo onere in presenza di più obbligati, il raffronto fra le rispettive condizioni economiche va effettuato con riferimento alla situazione in atto, e, quindi, deve prescindere da vicende future, quale la probabile riscossione di crediti, le quali potranno avere influenza, al loro verificarsi, per un'eventuale revisione di dette statuizioni (C.C. 9432/94).

439. Misura degli alimenti tra fratelli e sorelle. – Tra fratelli e sorelle gli alimenti sono dovuti nella misura dello stretto necessario.

Possono comprendere anche le spese per l'educazione e l'istruzione, se si tratta di minore.

NOTE OPERATIVE:

Misura: La circostanza che la pretesa alimentare sia rivolta nei confronti di un fratello non comporta la sua infondatezza, ma solo la determinazione del relativo importo nella misura dello stretto necessario (C.C. 15397/13).

440. Cessazione, riduzione e aumento. – Se dopo l'assegnazione degli alimenti mutano le condizioni economiche di chi li somministra o di chi li riceve (438), l'autorità giudiziaria provvede per la cessazione, la riduzione o l'aumento, secondo le circostanze. Gli alimenti possono pure essere ridotti per la condotta disordinata o riprovevole dell'alimentato.

Se, dopo assegnati gli alimenti, consta che uno degli obbligati di grado anteriore (433) è in condizione di poterli somministrare, l'autorità giudiziaria non può liberare l'obbligato di grado posteriore se non quando abbia imposto all'obbligato di grado anteriore di somministrare gli alimenti.

NOTE OPERATIVE:

Giudizio pendente: Nel giudizio relativo alla prestazione di alimenti, occorre tener presenti i mutamenti delle condizioni economiche delle parti verificatesi in corso di causa (C.C. 1577/19).

441. Concorso di obbligati. – Se più persone sono obbligate nello stesso grado (433 ss.) alla prestazione degli alimenti, tutte devono concorrere alla prestazione stessa, ciascuna in proporzione delle proprie condizioni economiche (438, 446).

Se le persone chiamate in grado anteriore alla prestazione non sono in condizioni di sopportare l'onere in tutto o in parte, l'obbligazione stessa è posta in tutto o in parte a carico delle persone chiamate in grado posteriore.

Se gli obbligati non sono concordi sulla misura (438), sulla distribuzione e sul modo (443) di somministrazione degli alimenti, provvede l'autorità giudiziaria secondo le circostanze (446).

442. Concorso di aventi diritto. – Quando più persone hanno diritto agli alimenti nei confronti di un medesimo obbligato (433), e questi non è in grado di provvedere ai bisogni di ciascuna di esse, l'autorità giudiziaria dà i provvedimenti opportuni, tenendo conto della prossimità della parentela (74) e dei rispettivi bisogni (438), e anche della possibilità che taluno degli aventi diritto abbia di conseguire gli alimenti da obbligati di grado ulteriore (433, 441, 446).

443. Modo di somministrazione degli alimenti. – Chi deve somministrare gli alimenti ha la scelta di adempiere questa obbligazione o mediante un assegno alimentare corrisposto in periodi anticipati (2948 n. 2), o accogliendo e mantenendo nella propria casa colui che vi ha diritto (1285).

L'autorità giudiziaria può però, secondo le circostanze, determinare il modo di somministrazione (441, 1287).

In caso di urgente necessità l'autorità giudiziaria può altresì porre temporaneamente (446) l'obbligazione degli alimenti a carico di uno solo tra quelli che vi sono obbligati, salvo il regresso verso gli altri (1299).

444. Adempimento della prestazione alimentare. – L'assegno alimentare prestato secondo le modalità stabilite non può essere nuovamente richiesto, qualunque uso l'alimentando ne abbia fatto.

445. Decorrenza degli alimenti. – Gli alimenti sono dovuti dal giorno della domanda giudiziale (163 c.p.c.) o dal giorno della costituzione in mora dell'obbligato (1219), quando questa costituzione sia entro sei mesi seguita dalla domanda giudiziale (2948, n. 2).

446. Assegno provvisorio. – Finché non sono determinati definitivamente il modo (443) e la misura (438) degli alimenti, [il pretore o] (1) il presidente del tribunale può, sentita l'altra parte, ordinare un assegno in via provvisoria ponendolo, nel caso di concorso di più obbligati (441, 1292), a carico anche di uno solo di essi, salvo il regresso verso gli altri (1299; 282 c.p.c.).

(1) *Le parole tra parentesi quadre sono state soppresse dall'art. 142 del D.L.vo 19 febbraio 1998, n. 51, recante l'istituzione del giudice unico, a decorrere dal 2 giugno 1999.*

447. Inammissibilità di cessione e di compensazione. – Il credito alimentare non può essere ceduto (1260).

L'obbligato agli alimenti non può opporre all'altra parte la compensazione (1241, 1246, n. 5), neppure quando si tratta di prestazioni arretrate (545 c.p.c.; 46 l. fall.).

NOTE OPERATIVE:

Ambito di applicazione: La regola che esclude la facoltà di cedere il credito alimentare, ovvero di opporre in compensazione, da parte dell'obbligato agli alimenti, un controcredito di diversa natura, deve ritenersi norma di ius singulare e, come tale, inapplicabile alle obbligazioni alimentari sorte non ex lege, ma in via convenzionale (C.C. 10362/97).

448. Cessazione per morte dell'obbligato. – L'obbligo degli alimenti cessa con la morte dell'obbligato, anche se questi li ha somministrati in esecuzione di sentenza.

448 *bis*. (1) Cessazione per decadenza dell'avente diritto dalla responsabilità genitoriale (2) sui figli. – Il figlio, anche adottivo, e, in sua mancanza, i discendenti prossimi non sono tenuti all'adempimento dell'obbligo di prestare gli alimenti al genitore nei confronti del quale è stata pronunciata la decadenza dalla responsabilità genitoriale (2) e, per i fatti che non integrano i casi di indegnità di cui all'articolo 463, possono escluderlo dalla successione.

(1) *Questo articolo è stato inserito dall'art. 1, comma 9, della L. 10 dicembre 2012, n. 219.*

(2) *La parola: «potestà» è stata così sostituita dalle attuali: «responsabilità genitoriale» dall'art. 66 del D.L.vo 28 dicembre 2013, n. 154, a decorrere dal trentesimo giorno successivo a quello della sua pubblicazione nella* Gazzetta Ufficiale *(G.U. n. 5 dell'8 gennaio 2014).*

Titolo XIV
Degli atti dello stato civile

449. Registri dello stato civile. – I registri dello stato civile sono tenuti in ogni comune in conformità delle norme contenute nella legge sull'ordinamento dello stato civile.

NOTE OPERATIVE:

Sindaco: Nell'esercizio della funzione di tenuta dei registri dello stato civile, il sindaco assumendo la veste di ufficiale di Governo, agisce quale organo dello Stato in posizione di dipendenza gerarchica anche rispetto agli organi statali centrali (Ministero della giustizia) e locali di grado superiore (Procuratore della Repubblica). (C.C. 1599/00).

450. Pubblicità dei registri dello stato civile. – I registri dello stato civile sono pubblici.

Gli ufficiali dello stato civile devono rilasciare gli estratti e i certificati che vengono loro domandati con le indicazioni dalla legge prescritte.

Essi devono altresì compiere negli atti affidati alla loro custodia le indagini domandate dai privati.

NOTE OPERATIVE:

Annullamento: L'ordinamento dello stato civile va considerato settoriale, speciale e completo e non prevede alcuna disposizione attributiva del potere di disporre l'annullamento di un atto trascritto, né in sede di autotutela da parte dell'organo che lo ha emesso, né da parte di un altro organo (che sia il Ministro dell'Interno o il Prefetto). Tranne che per i casi di errore materiale di scrittura per la rettificazione degli atti di trascrizione occorre sempre una pronuncia dell'Autorità giudiziaria ordinaria (C.S. 5048/16).

451. Forza probatoria degli atti. – Gli atti dello stato civile fanno prova, fino a querela di falso (221 c.p.c.), di ciò che l'ufficiale pubblico attesta essere avvenuto alla sua presenza o da lui compiuto (2700).

Le dichiarazioni dei comparenti fanno fede fino a prova contraria (2697).

Le indicazioni estranee all'atto non hanno alcun valore (2739).

452. Mancanza, distruzione o smarrimento di registri. – Se non si sono tenuti i registri o sono andati distrutti o smarriti o se, per qualunque altra causa, manca in tutto o in parte la registrazione dell'atto, la prova della nascita (236) o della morte può essere data con ogni mezzo (132, 241).

In caso di mancanza, di distruzione totale o parziale, di alterazione o di occultamento accaduti per dolo del richiedente, questi non è ammesso alla prova consentita nel comma precedente.

453. Annotazioni. – Nessuna annotazione può essere fatta sopra un atto già iscritto nei registri se non è disposta per legge ovvero non è ordinata dall'autorità giudiziaria.

454. (1) [**Rettificazioni.** – La rettificazione degli atti dello stato civile si fa in forza di sentenza del tribunale passata in giudicato, con la quale si ordina all'ufficiale dello stato civile di rettificare un atto esistente nei registri o di ricevere un atto omesso o di rinnovare un atto smarrito o distrutto.

Le sentenze devono essere trascritte nei registri].

(1) *Questo articolo è stato abrogato dall'art. 110, comma 3, del D.P.R. 3 novembre 2000, n. 396, a decorrere dal 30 marzo 2001.*

455. Efficacia della sentenza di rettificazione. – La sentenza di rettificazione non può essere opposta a quelli che non concorsero a domandare la rettificazione, ovvero non furono parti in giudizio o non vi furono regolarmente chiamati (2909).

NOTE OPERATIVE:

Ambito di applicazione: La rettificazione degli atti di stato civile non può ritenersi limitata alla sola correzione degli errori materiali commessi nella loro formazione, in quanto l'espressione rettificazione non va intesa in senso stretto, ma riguarda la tenuta dei registri dello stato civile nel loro complesso, compresa la formazione di un atto omesso (C.C. 16567/21 – Conf. C.C. 1204/84).

Procedimento: Il procedimento di rettificazione degli atti dello stato civile, disciplinato dall'art. 96, d.P.R. n. 396 del 2000, è ammissibile ogni qualvolta sia diretto ad eliminare una difformità tra la situazione di fatto, quale è o dovrebbe essere nella realtà secondo le previsioni di legge, e come risulta dall'atto dello stato civile per un vizio, comunque o da chiunque originato, nel procedimento di formazione di esso (C.C. 13000/19 – Conf. C.C. 21094/09).

Libro II
Delle successioni

Titolo I
Disposizioni generali sulle successioni

Capo I
Dell'apertura della successione, della delazione e dell'acquisto dell'eredità

456. Apertura della successione. – La successione si apre al momento della morte (4, 58 ss.), nel luogo dell'ultimo domicilio (43) del defunto (52, 53 att.; 22 c.p.c.).

NOTE OPERATIVE:

Ultimo domicilio: Con la locuzione "ultimo domicilio" si intende il luogo ove la persona concentra la generalità dei suoi interessi non solo materiali ed economici, ma anche morali, sociali e familiari, prescindendosi dalla dimora o dalla presenza effettiva del medesimo in detto luogo (C.C. 5811/15 – Conf. C.C. 18560/13; C.C. 7750/99; C.C. 2875/96; contra C.C. 8371/87).

457. Delazione dell'eredità. – L'eredità si devolve per legge (565 ss.) o per testamento (587 ss.).

Non si fa luogo alla successione legittima se non quando manca, in tutto o in parte, quella testamentaria.

Le disposizioni testamentarie non possono pregiudicare i diritti che la legge riserva ai legittimari (536 ss.).

NOTE OPERATIVE:

Istituzione ex re certa: Non vi è luogo alla successione legittima in presenza di disposizione testamentaria a titolo universale, sia pur in forma di istituzione ex re certa, tenuto conto della forza espansiva della stessa per i beni ignorati dal testatore o sopravvenuti (S.U. 17122/18 – Conf. C.C. 4312/16; C.C. 12158/15).

Legato: Il principio secondo il quale per la parte dell'asse ereditario di cui il de cuius non abbia disposto per testamento, si apre la successione legittima trova applicazione anche nel caso in cui ad un erede legittimo, con il testamento, sia stato attribuito un legato (C.C. 5918/99).

458. Divieto di patti successori. – Fatto salvo quanto disposto dagli articoli 768 *bis* e seguenti, (1) è nulla (1418) ogni convenzione con cui taluno dispone della propria successione. È del pari nullo ogni atto col quale taluno dispone dei diritti che gli possono spettare su una successione non ancora aperta, o rinunzia ai medesimi (557, 679, 2122[4]).

(1) *Le parole: «Fatto salvo quanto disposto dagli articoli 768* bis *e seguenti,» sono state premesse dall'art. 1 della L. 14 febbraio 2006, n. 55.*

NOTE OPERATIVE:

Patti successori: Sono patti successori le convenzioni che abbiano per oggetto la costituzione, trasmissione o estinzione di diritti relativi ad una successione non ancora aperta e facciano, così, sorgere un vincolo iuris, di cui la disposizione ereditaria rappresenti l'adempimento. Per stabilire, quindi, se una determinata pattuizione ricada sotto la comminatoria di nullità, occorre accertare: 1) se il vincolo giuridico con essa creato abbia avuto la specifica finalità di costituire, modificare, trasmettere o estinguere diritti relativi ad una successione non ancora aperta; 2) se la cosa o i diritti formanti oggetto della convenzione siano stati considerati dai contraenti come entità comprese nella futura successione; 3) se i disponenti abbiano contrattato o stipulato come aventi diritto alla successione stessa; 4) se l'assetto negoziale convenuto debba aver luogo mortis causa (C.C. 32855/22 – Conf. C.C. 14110/21; C.C. 24450/09).

Esclusioni (promessa verbale): Deve essere esclusa la sussistenza di un patto successorio vietato quando non intervenga tra le parti alcuna convenzione e la persona della cui eredità si tratta abbia soltanto manifestato verbalmente all'interessato o a terzi l'intenzione di disporre dei suoi beni in un determinato modo, atteso che tale promessa verbale non crea alcun vincolo giuridico e non è quindi idonea a limitare la piena libertà del testatore, oggetto di tutela legislativa (C.C. 5555/22 – Conf. C.C. 5870/00).

Notaio: Il patto successorio, in quanto nullo, non può essere ricevuto dal notaio, ai sensi dell'art. 28 della l. n. 89 del 13 febbraio 1913 (C.C. 27624/17).

459. Acquisto dell'eredità. – L'eredità si acquista con l'accettazione (470). L'effetto dell'accettazione (321, 460, 470 ss., 478, 485, 527, 586; 35 l. fall.) risale al momento nel quale si è aperta la successione (456, 1146).

NOTE OPERATIVE:

Delazione: L'eredità si acquista con l'accettazione, sicché la delazione che segue l'apertura della successione, pur rappresentandone un presupposto, non è di per sé sufficiente per l'acquisto della qualità di erede; è necessario che il chiamato alla successione accetti di essere erede o mediante una dichiarazione di volontà, oppure in dipendenza di un comportamento obiettivamente acquiescente (C.C. 23320/19 – Conf. C.C. 3696/03).

Accettazione: L'accettazione dell'eredità devoluta per legge costituisce una manifestazione unilaterale di volontà del successibile, non del suo dante causa, con l'effetto di far acquistare l'eredità a norma dell'art. 459 c.c. e non in forza di disposizioni del de cuius (C.C. 2612/21 – Conf. C.C. 6890/94).

460. Poteri del chiamato prima dell'accettazione. – Il chiamato alla eredità può esercitare le azioni possessorie (1168 ss.; 703 c.p.c.) a tutela dei beni ereditari, senza bisogno di materiale apprensione (486, 1146).

Egli inoltre può compiere atti conservativi (669 *bis* c.p.c.), di vigilanza e di amministrazione temporanea (486), e può farsi autorizzare dall'autorità giudiziaria a vendere i beni che non si possono conservare o la cui conservazione importa grave dispendio (747, 748 c.p.c.).

Non può il chiamato compiere gli atti indicati nei commi precedenti, quando si è provveduto alla nomina di un curatore dell'eredità a norma dell'art. 528.

NOTE OPERATIVE:

Accettazione tacita (esclusione): Non possono essere ritenuti atti di accettazione tacita quelli di natura meramente conservativa che il chiamato può compiere anche prima dell'accettazione (C.C. 23737/20 – Conf. C.C. 10060/18; C.C. 18830/16).

461. Rimborso delle spese sostenute dal chiamato. – Se il chiamato rinunzia all'eredità (519), le spese sostenute per gli atti indicati dall'articolo precedente sono a carico dell'eredità (511).

Capo II
Della capacità di succedere

462. Capacità delle persone fisiche. – Sono capaci di succedere tutti coloro che sono nati o concepiti al tempo dell'apertura della successione (1, 592 ss., 600).

Salvo prova contraria, si presume concepito al tempo dell'apertura della successione chi è nato entro i trecento giorni dalla morte della persona della cui successione si tratta (232).

Possono inoltre ricevere per testamento i figli di una determinata persona vivente al tempo della morte del testatore, benché non ancora concepiti (643, 687, 715).

NOTE OPERATIVE:

Concepito: Deve escludersi che chi non è ancora concepito al momento dell'apertura della successione, il quale è privo della capacità di rendersi potenziale destinatario della successione ex lege del de cuius, possa succedere per rappresentazione, essendo necessario, affinché operi la vocazione indiretta, che il discendente, in quel momento, sia già nato o almeno concepito (C.C. 4621/12).

Capo III
Dell'indegnità

463. Casi d'indegnità. – È escluso dalla successione come indegno (468²):

1) chi ha volontariamente ucciso o tentato di uccidere (575 ss. c.p.) la persona della cui successione si tratta, o il coniuge, o un discendente, o un ascendente della medesima, purché non ricorra alcuna delle cause che escludono la punibilità a norma della legge penale (45 ss. c.p.);

2) chi ha commesso, in danno di una di tali persone, un fatto al quale la legge [penale] (1) dichiara applicabili le disposizioni dell'omicidio (397, 579³, 580² c.p.);

3) chi ha denunciato una di tali persone per reato punibile [con la morte] (2), con l'ergastolo o con la reclusione per un tempo non inferiore nel minimo a tre anni (21 ss. c.p.), se la denunzia è stata dichiarata calunniosa in giudizio penale (368 c.p.); ovvero ha testimoniato contro le persone medesime imputate dei predetti reati, se la testimonianza è stata dichiarata, nei confronti di lui, falsa in giudizio penale (372 c.p.);

3 *bis*) chi, essendo decaduto dalla responsabilità genitoriale (3) nei confronti della persona della cui successione si tratta a norma dell'articolo 330, non è stato reintegrato nella responsabilità genitoriale (3) alla data di apertura della successione della medesima (4);

4) chi ha indotto con dolo (1439) o violenza (1434 ss.) la persona, della cui successione si tratta, a fare, revocare o mutare il testamento, o ne l'ha impedita (679);

5) chi ha soppresso, celato o alterato il testamento dal quale la successione sarebbe stata regolata;

6) chi ha formato un testamento falso o ne ha fatto scientemente uso (491 c.p.).

(1) *La parola: «penale» è stata soppressa dall'art. 1, comma 1, lett.* a), *della L. 8 luglio 2005, n. 137.*

(2) *Le parole: «con la morte» sono state soppresse dall'art. 1, comma 1, lett.* b), *della L. 8 luglio 2005, n. 137.*

(3) *La parola: «potestà» è stata così sostituita dalle attuali: «responsabilità genitoriale» dall'art. 105, comma 1, del D.L.vo 28 dicembre 2013, n. 154, a decorrere dal trentesimo giorno successivo a quello della sua*

pubblicazione nella Gazzetta Ufficiale *(G.U. n. 5 dell'8 gennaio 2014).*

(4) *Questo numero è stato inserito dall'art. 1, comma 1, lett. c), della L. 8 luglio 2005, n. 137.*

NOTE OPERATIVE:

Tassatività: Le ipotesi di indegnità a succedere non sono rimesse alla valutazione del giudice, perché le ipotesi sono a ritenersi rigorosamente tassative e il relativo regime è di ordine pubblico, non essendo esse suscettibili di interpretazione estensiva né analogica (C.C. 13266/22 – Conf. C.C. 314/46).

Testamento falso: La formazione o l'uso consapevole di un testamento falso è causa di indegnità a succedere se non si fornisce la prova di non aver inteso offendere la volontà del de cuius e comunque che lo stesso de cuius vi aveva consentito (C.C. 19045/20 – Conf. C.C. 24752/15; C.C. 20703/13).

Sentenza costitutiva: L'indegnità a succedere, pur essendo operativa ipso iure, deve essere dichiarata con sentenza costitutiva su domanda del soggetto interessato, atteso che essa non costituisce un'ipotesi di incapacità all'acquisto dell'eredità, ma solo una causa di esclusione dalla successione (C.C. 5402/09) e diventa efficace dal passaggio in giudicato della sentenza che la pronuncia (C.C. 5411/19).

463 *bis*. (1) Sospensione dalla successione. – Sono sospesi dalla successione il coniuge, anche legalmente separato, nonché la parte dell'unione civile indagati per l'omicidio volontario o tentato nei confronti dell'altro coniuge o dell'altra parte dell'unione civile, fino al decreto di archiviazione o alla sentenza definitiva di proscioglimento. In tal caso si fa luogo alla nomina di un curatore ai sensi dell'articolo 528. In caso di condanna o di applicazione della pena su richiesta delle parti, ai sensi dell'articolo 444 del codice di procedura penale, il responsabile è escluso dalla successione ai sensi dell'articolo 463 del presente codice (2).

Le disposizioni di cui al primo comma si applicano anche nei casi di persona indagata per l'omicidio volontario o tentato nei confronti di uno o entrambi i genitori, del fratello o della sorella.

Il pubblico ministero, compatibilmente con le esigenze di segretezza delle indagini, comunica senza ritardo alla cancelleria del tribunale del circondario in cui si è aperta la successione l'avvenuta iscrizione nel registro delle notizie di reato, ai fini della sospensione di cui al presente articolo.

(1) *Questo articolo è stato inserito dall'art. 5, comma 1, della L. 11 gennaio 2018, n. 4.*

(2) *A norma dell'art. 537 bis c.p.p., aggiunto dall'art. 5, comma 2, della L. 11 gennaio 2018, n. 4, quando pronuncia sentenza di condanna per uno dei fatti previsti dall'articolo 463 del codice civile, il giudice dichiara l'indegnità dell'imputato a succedere.*

464. Restituzione dei frutti. – L'indegno è obbligato a restituire (1148) i frutti (820) che gli sono pervenuti dopo l'apertura della successione (456, 535).

465. Indegnità del genitore. – Colui che è escluso per indegnità dalla successione (463) non ha sui beni della medesima, che siano devoluti ai suoi figli, i diritti di usufrutto (324) o di amministrazione (320) che la legge accorda ai genitori (467).

466. Riabilitazione dell'indegno. – Chi è incorso nell'indegnità (463) è ammesso a succedere quando la persona, della cui successione si tratta, ve lo ha espressamente abilitato con atto pubblico (2699) o con testamento (587 ss.).

Tuttavia l'indegno non espressamente abilitato, se è stato contemplato nel testamento quando il testatore conosceva la causa dell'indegnità, è ammesso a succedere nei limiti della disposizione testamentaria (1444).

Capo IV
Della rappresentazione

467. (1) Nozione. – La rappresentazione (70[1]) fa subentrare i discendenti [legittimi o naturali] (2) nel luogo e nel grado del loro ascendente (564, 740), in tutti i casi (599[2]) in cui questi non può (463) o non vuole (459, 470 ss., 519 ss.) accettare l'eredità o il legato (522, 523, 649 ss.).

Si ha rappresentazione nella successione testamentaria quando il testatore non ha provveduto (688) per il caso in cui l'istituito non possa o non voglia accettare l'eredità o il legato, e sempre che non si tratti di legato di usufrutto (678, 978) o di altro diritto di natura personale (70, 72, 463, 522).

(1) *Articolo così sostituito, con l'aggiunta dei discendenti naturali fra i soggetti legittimati, dall'art. 171, L. 19 maggio 1975, n. 151, riforma del diritto di famiglia. In precedenza la Corte costituzionale, con sentenza n. 79 del 14 aprile 1969, aveva dichiarato l'illegittimità costituzionale di questo e del successivo art. 468, limitatamente alla parte in cui escludevano dalla rappresentazione il figlio naturale di chi, figlio o fratello del* de cuius, *non potendo o non volendo accettare, non lasciasse o non avesse discendenti legittimi.*

(2) *Le parole fra parentesi quadrate sono state soppresse dall'art. 67 del D.L.vo 28 dicembre 2013, n. 154, a decorrere dal trentesimo giorno successivo a quello della sua pubblicazione nella* Gazzetta Ufficiale *(G.U. n. 5 dell'8 gennaio 2014).*

NOTE OPERATIVE:

Posizione dei rappresentanti: La norma deve intendersi non già nel senso che i discendenti siano titolari dei medesimi diritti del rappresentato, ma piuttosto nel senso che gli stessi vengano a trovarsi nella medesima posizione e nel medesimo grado del rappresentato solo ai fini della misura della delazione ereditaria, la quale avviene peraltro direttamente nei confronti dei rappresentanti, che mantengono una posizione autonoma rispetto al rappresentato (C.C. 2914/20). Il discendente rappresentante che subentri nel luogo e nel grado dell'ascendente rappresentato, che non possa o non voglia accettare l'eredità, succede direttamente al "de cuius", con la conseguenza che la detta eredità è a lui devoluta nella identica misura che sarebbe spettata al rappresentato (C.C. 1987/16 – Conf. C.C. 12496/07; C.C. 20018/04).

468. (1) **Soggetti.** – La rappresentazione ha luogo, nella linea retta (75), a favore dei discendenti dei figli (231 ss.), anche adottivi (2) (291 ss.), [nonché dei discendenti dei figli naturali del defunto,] (3) e, nella linea collaterale (75), a favore dei discendenti dei fratelli e delle sorelle del defunto.

I discendenti possono succedere per rappresentazione anche se hanno rinunziato (519 ss.) all'eredità della persona in luogo della quale subentrano (479), o sono incapaci (462) o indegni (463) di succedere rispetto a questa.

(1) *Si veda la sentenza della Corte costituzionale 14 aprile 1969, n. 79 citata in nota sub art. precedente.*

(2) *Le parole: «legittimi, legittimati e adottivi» sono state così sostituite dalle attuali: «anche adottivi» dall'art. 68 del D.L.vo 28 dicembre 2013, n. 154, a decorrere dal trentesimo giorno successivo a quello della sua pubblicazione nella* Gazzetta Ufficiale *(G.U. n. 5 dell'8 gennaio 2014).*

(3) *Le parole fra parentesi quadrate sono state soppresse dall'art. 68 del D.L.vo 28 dicembre 2013, n. 154, a decorrere dal trentesimo giorno successivo a quello della sua pubblicazione nella* Gazzetta Ufficiale *(G.U. n. 5 dell'8 gennaio 2014).*

NOTE OPERATIVE:

Tassatività: L'indicazione dei soggetti a favore dei quali ha luogo la successione per rappresentazione è tassativa essendo il risultato d'una scelta operata discrezionalmente dal legislatore, sicché non è data rappresentazione quando la persona cui si intenda subentrare non è un discendente, un fratello o una sorella del defunto, ma il coniuge di questi (C.C. 25240/13 – Conf. C.C. 5508/12; C.C. 5077/90).

Concepito: In tema di successioni per causa di morte, deve escludersi che chi non sia ancora concepito al momento dell'apertura della successione e, quindi, sia privo della capacità di rendersi potenziale destinatario della successione ex lege del de cuius, possa succedere per rappresentazione, essendo necessario, affinché operi la vocazione indiretta, che il discendente, in quel momento, sia già nato o almeno concepito (C.C. 4621/12).

469. Estensione del diritto di rappresentazione. Divisione. – La rappresentazione ha luogo in infinito, siano uguali o disuguali il grado dei discendenti e il loro numero in ciascuna stirpe (731).

La rappresentazione ha luogo anche nel caso di unicità di stirpe (564).

Quando vi è rappresentazione, la divisione si fa per stirpi (726).

Se uno stipite ha prodotto più rami, la suddivisione avviene per stirpi anche in ciascun ramo, e per capi tra i membri del medesimo ramo.

NOTE OPERATIVE:

Divisione: La divisione ereditaria, quando vi è rappresentazione, avviene per stirpi, procedendosi alla formazione di tante porzioni, una volta eseguita la stima, quanti sono gli eredi o le stirpi condividenti, mentre non è prevista l'ulteriore formazione di altrettante subporzioni all'interno di ciascuna stirpe, sempre che non si formi al riguardo un accordo fra tutti i partecipanti (C.C. 33438/19 – Conf. C.C. 11762/92).

Capo V
Dell'accettazione dell'eredità

Sezione I
Disposizioni generali

470. Accettazione pura e semplice e accettazione col beneficio d'inventario. – L'eredità può essere accettata (459, 2648, 2685) puramente e semplicemente (474, 475, 476) o col beneficio d'inventario (484 ss.).

L'accettazione col beneficio d'inventario può farsi nonostante qualunque divieto del testatore (634).

471. Eredità devolute a minori o interdetti. – Non si possono accettare le eredità devolute ai minori (320) e agli interdetti (414), se non col beneficio d'inventario (484 ss., 489), osservate le disposizioni degli articoli 321 e 374.

NOTE OPERATIVE:

Nullità: L'eredità devoluta ai minori può essere accettata soltanto con beneficio di inventario, mentre ogni altra forma di accettazione espressa o tacita è nulla ed improduttiva di effetti, non conferendo al minore la qualità di erede (C.C. 21456/17 – Conf. C.C. 5111/09; C.C. 2211/07; C.C. 9648/00; C.C. 7417/99).

Rinuncia: Una volta che si sia perfezionata, prima del raggiungimento della maggiore età, la procedura di accettazione beneficiata, con il realizzarsi degli elementi costitutivi previsti dalla legge, risulta ormai acquisita la qualità di erede, con la conseguenza che al minore, anche una volta divenuto maggiorenne, è preclusa la possibilità di una successiva rinuncia (C.C. 29665/18).

472. Eredità devolute a minori emancipati o a inabilitati. – I minori emancipati (390 ss.) e gli inabilitati (415 ss.) non possono accettare l'eredità, se non col beneficio d'inventario (489), osservate le disposizioni dell'art. 394.

473. Eredità devolute a persone giuridiche o ad associazioni, fondazioni ed enti non riconosciuti. – L'accettazione delle eredità devolute alle persone giuridiche o ad associazioni, fondazioni ed enti non riconosciuti non può farsi che col beneficio d'inventario.

Il presente articolo non si applica alle società.

NOTE OPERATIVE:

Ambito di applicazione: L'obbligo di accettare l'eredità con beneficio d'inventario non si estende alle fondazioni costituite per testamento con contestuale nomina dell'ente in qualità di erede universale, in quanto il patrimonio della fondazione, destinato a formarsi solo con la disposizione testamentaria, ovvero in modo inscindibile e contestuale rispetto all'istituzione dell'ente, non può confondersi con quello del de cuius (C.C. 24813/08).

Mancata formazione inventario: Nel caso di accettazione con beneficio d'inventario, liberamente scelta dalla persona fisica, il mancato assolvimento dell'onere di far luogo all'inventario nei termini e modi di legge produce l'effetto, escluso il perfezionamento della procedura di legge, dell'accettazione pura e semplice; nel caso che l'accettazione con beneficio d'inventario costituisce l'unico modo di accettazione previsto dalla legge, come nel caso di eredità devoluta a persona giuridica, il mancato perfezionamento del modulo legale non può che importare il non conseguimento dello agognato status di erede (C.C. 9514/17); le persone giuridiche, tuttavia, conservano il diritto di accettare l'eredità anche quando la dichiarazione di accettazione abbia perduto i suoi effetti in conseguenza della mancata formazione dell'inventario nei termini stabiliti dalla legge (C.C. 14442/19 – Contra C.C. 19598/04).

474. Modi di accettazione. – L'accettazione può essere espressa (475) o tacita (476 ss.).

NOTE OPERATIVE:

Acquisto dell'eredità: Ai fini dell'acquisto della qualità di erede non è di per sé sufficiente, neanche nella successione legittima, la delazione dell'eredità che segue l'apertura della successione, essendo necessaria l'accettazione del chiamato mediante una dichiarazione di volontà oppure un comportamento obiettivo di acquiescenza (C.C. 5247/18 – Conf. C.C. 15698/13), ipotesi che non possono dirsi configurate neppure con la mera presentazione della dichiarazione di successione, laddove manchi agli atti la prova della accettazione dell'eredità (C.C. 9186/22).

Irrevocabilità: L'atto di accettazione dell'eredità, in applicazione del principio semel heres semper heres, è irrevocabile e comporta in maniera definitiva l'acquisto della qualità di erede, la quale permane, non solo qualora l'accettante intenda revocare l'atto di accettazione in precedenza posto in essere, ma anche nell'ipotesi in cui questi compia un successivo atto di rinuncia all'eredità (C.C. 15663/20).

475. Accettazione espressa. – L'accettazione è espressa quando, in un atto pubblico (2699) o in una scrittura privata (2702), il chiamato all'eredità ha dichiarato di accettarla oppure ha assunto il titolo di erede (2648, 2685).

È nulla la dichiarazione di accettare sotto condizione (1353 ss.) o a termine (1184, 1326[5]).

Parimenti è nulla la dichiarazione di accettazione parziale di eredità (1326[5], 1419).

NOTE OPERATIVE:

Scrittura privata: Si ha accettazione espressa dell'eredità ogni qualvolta il chiamato assuma il titolo di erede in una scrittura privata, trattandosi di autonomo negozio giuridico unilaterale e non recettizio, che conserva appieno la sua validità (C.C. 19711/20 – Conf. C.C. 4426/09; C.C. 3021/69).

476. Accettazione tacita. – L'accettazione è tacita quando il chiamato all'eredità compie un atto che presuppone necessariamente la sua volontà di accettare e che non avrebbe il diritto di fare se non nella qualità di erede (460, 477, 478, 485, 527, 703[5], 2648).

NOTE OPERATIVE:

Accettazione tacita: L'accettazione dell'eredità in forma tacita avviene ove il chiamato all'eredità compia un atto che necessariamente presupponga la volontà di accettare la medesima e che egli non avrebbe il diritto di compiere se non nella qualità di erede; il che ben può concretizzarsi nell'iniziativa assunta dal chiamato per la divisione amichevole dell'asse con istanza proposta anche in sede non contenziosa, che non necessita di un'accettazione degli altri coeredi (C.C. 10655/22 – Conf. C.C. 19833/19; C.C. 1585/87).

Voltura catastale: L'accettazione tacita di eredità può essere desunta dal comportamento del chiamato che ponga in essere atti che non abbiano solo natura meramente fiscale, quale la denuncia di successione, ma che siano, al contempo, fiscali e civili, come la voltura catastale, che rileva non solo dal punto di vista tributario, per il pagamento dell'imposta, ma anche dal punto di vista civile, per l'accertamento, legale o semplicemente materiale, della proprietà immobiliare e dei relativi passaggi (C.C. 11478/21 – Conf. C.C. 23737/20; C.C. 1438/20; C.C. 10796/09).

Comportamento di altri: L'accettazione tacita di eredità – pur potendo avvenire attraverso negotiorum gestio, cui segua la successiva ratifica del chiamato, o per mezzo del conferimento di una delega o dello svolgimento di attività procuratoria – può tuttavia desumersi soltanto da un comportamento del successibile e non di altri (C.C. 33516/21 – Conf. C.C. 23737/20; C.C. 33516/20; C.C. 15888/14)

477. Donazione, vendita e cessione dei diritti di successione. – La donazione (769), la vendita (1470, 1542) o la cessione (1260), che il chiamato all'eredità faccia dei suoi diritti di successione a un estraneo o a tutti gli altri chiamati o ad alcuno di questi, importa accettazione dell'eredità (476).

478. Rinunzia che importa accettazione. – La rinunzia ai diritti di successione, qualora sia fatta verso corrispettivo o a favore di alcuni soltanto dei chiamati, importa accettazione (459, 519 ss.).

479. Trasmissione del diritto di accettazione. – Se il chiamato all'eredità muore senza averla accettata, il diritto di accettarla si trasmette agli eredi (459).

Se questi non sono d'accordo per accettare o rinunziare, colui che accetta l'eredità acquista tutti i diritti e soggiace a tutti i pesi ereditari, mentre vi rimane estraneo chi ha rinunziato.

La rinunzia all'eredità propria del trasmittente include rinunzia all'eredità che al medesimo è devoluta (468, 519 ss.).

NOTE OPERATIVE:

Doppia accettazione: Il trasmissario deve compiere due distinti atti di accettazione, essendo chiamato a succedere in due eredità, quella originaria e quella del trasmittente, sicché l'acquisto della qualità di erede del trasmittente non implica automaticamente anche l'acquisto dell'eredità alla quale quest'ultimo era chiamato (C.C. 19303/17 – Conf. C.C. 735/61).

480. Prescrizione. – Il diritto di accettare l'eredità si prescrive in dieci anni (481, 485, 487, 525, 2946).

Il termine decorre dal giorno dell'apertura della successione (456) e, in caso d'istituzione condizionale (633 ss.), dal giorno in cui si verifica la condizione (1353, 1359, 2935). In caso di accertamento giudiziale della filiazione il termine decorre dal passaggio in giudicato della sentenza che accerta la filiazione stessa ([1]).

Il termine non corre per i chiamati ulteriori (688), se vi è stata accettazione da parte di precedenti chiamati e successivamente il loro acquisto ereditario è venuto meno (525).

([1]) *Questo periodo è stato aggiunto dall'art. 69 del D.L.vo 28 dicembre 2013, n. 154, a decorrere dal trentesimo giorno successivo a quello della sua pubblicazione nella* Gazzetta Ufficiale *(G.U. n. 5 dell'8 gennaio 2014).*

NOTE OPERATIVE:

Decorrenza: La prescrizione del diritto di accettare l'eredità decorre dall'apertura della successione, anche ove si rinvenga un testamento in data successiva (C.C. 264/13).

Eccezione: Un chiamato all'eredità può acquistare la qualità di erede per accettazione espressa o tacita dell'eredità anche dopo il decorso del termine di prescrizione decennale del diritto di accettare l'eredità quando nessuno degli interessati sollevi tempestivamente l'eccezione di prescrizione (C.C. 23405/22 – Conf. C.C. 12646/20; C.C. 3529/69).

481. Fissazione di un termine per l'accettazione. – Chiunque vi ha interesse può chiedere che l'autorità giudiziaria fissi un termine (749 c. p.c.) entro il quale il chiamato dichiari se accetta o rinunzia all'eredità. Trascorso questo termine senza che abbia fatto la dichiarazione, il chiamato perde il diritto (2694) di accettare (488, 650).

NOTE OPERATIVE:

Ambito di applicazione: L'actio interrogatoria non è proponibile nei confronti del chiamato in possesso dei beni ereditari, in quanto la stessa ha lo scopo di abbreviare il termine di prescrizione di cui all'art. 480 c.c. e non quello di tre mesi entro il quale il predetto chiamato deve, ai sensi dell'art. 485 c.c., compiere l'inventario (C.C. 15587/23).

Mancata accettazione (effetti): In caso di termine per accettare l'eredità, il chiamato che non si attiva nei termini perde non solo la qualità di erede testamentario ma anche di erede legittimo (C.C. 22195/14).

482. Impugnazione per violenza o dolo. – L'accettazione dell'eredità si può impugnare (483, 1324) quando è effetto di violenza (1434 ss.) o di dolo (1439).

L'azione si prescrive in cinque anni dal giorno in cui è cessata la violenza o è stato scoperto il dolo (1442).

483. Impugnazione per errore. – L'accettazione dell'eredità (1324) non si può impugnare se è viziata da errore (482, 1427 ss.).

Tuttavia, se si scopre un testamento (587) del quale non si aveva notizia al tempo dell'accettazione, l'erede non è tenuto a soddisfare i legati (649, 662, 663) scritti in esso oltre il valore dell'eredità, o con pregiudizio della porzione legittima che gli è dovuta (536 ss.). Se i beni ereditari non bastano a soddisfare tali legati, si riducono proporzionalmente anche i legati scritti in altri testamenti. Se alcuni legatari sono stati già soddisfatti (649) per intero, contro di loro è data azione di regresso.

L'onere di provare il valore dell'eredità incombe all'erede (2697).

Sezione II
Del beneficio d'inventario

484. Accettazione col beneficio d'inventario. – L'accettazione col beneficio d'inventario (470, 490, 510, 511) si fa mediante dichiarazione, ricevuta da un notaio o dal cancelliere del tribunale del circondario in cui si è aperta la successione (456), e inserita nel registro delle successioni conservato nello stesso tribunale (52, 53 att.).

Entro un mese dall'inserzione, la dichiarazione deve essere trascritta, a cura del cancelliere, presso l'ufficio dei registri immobiliari del luogo in cui si è aperta la successione (456, 2648, 2830).

La dichiarazione deve essere preceduta o seguita dall'inventario, nelle forme prescritte dal codice di procedura civile (494; 769 ss. c.p.c.).

Se l'inventario è fatto prima della dichiarazione, nel registro deve pure menzionarsi la data in cui esso è stato compiuto.

Se l'inventario è fatto dopo la dichiarazione, l'ufficiale pubblico che lo ha redatto deve, nel termine di un mese, far inserire nel registro l'annotazione della data in cui esso è stato compiuto (495, 511).

485. Chiamato all'eredità che è nel possesso dei beni. – Il chiamato all'eredità, quando a qualsiasi titolo è nel possesso di beni ereditari, deve fare l'inventario entro tre mesi dal giorno dell'apertura della successione (456) o della notizia della devoluta eredità. Se entro questo termine lo ha cominciato ma non è stato in grado di completarlo, può ottenere dal tribunale del luogo in cui si è aperta la successione una proroga che, salvo gravi circostanze, non deve eccedere i tre mesi (487; 749, 774 c.p.c.).

Trascorso tale termine senza che l'inventario sia stato compiuto, il chiamato all'eredità è considerato erede puro e semplice.

Compiuto l'inventario, il chiamato che non abbia ancora fatto la dichiarazione a norma dell'art. 484 ha un termine di quaranta giorni da quello del compimento dell'inventario medesimo, per deliberare se accetta (470 ss.) o rinunzia (519 ss.) all'eredità. Trascorso questo termine senza che abbia deliberato, è considerato erede puro e semplice (476, 488).

NOTE OPERATIVE:

Ambito di applicazione: La norma non opera solo in relazione ai creditori del de cuius, ma anche con riguardo a quelli dell'erede, poiché, in assenza di una normativa che stabilisca diversamente, la qualità di erede non può essere riconosciuta nei rapporti con taluni soggetti e negata in quelli con altri (C.C. 6167/19).

Possesso (nozione): Nella nozione di "possesso" è compresa qualunque situazione di fatto che consenta l'esercizio di concreti poteri sui beni ereditari e, quindi, vi è incluso anche il compossesso, essendo irrilevante che taluno degli altri compossessori non sia chiamato all'eredità poiché, pure in questo caso, il chiamato ha la possibilità di esercitare i detti poteri (C.C. 6167/19); il possesso non deve necessariamente riferirsi all'intera eredità, essendo sufficiente il possesso di un solo bene con la consapevolezza della sua provenienza (C.C. 4456/19).

Trimestre (decorrenza): Non è necessario che il possesso dei beni ereditari ad opera del chiamato esista già al momento dell'apertura della successione o sia acquisito subito dopo, rilevando, invece, anche il possesso successivo; in tal caso, il trimestre accordato per il compimento dell'inventario decorre non dalla apertura della successione, ma dal momento di inizio del possesso (C.C. 15587/23 – Conf. C.C. 15690/20; C.C. 1438/20).

Rinuncia: Quando il chiamato all'eredità si trovi, al momento dell'apertura della successione, nel possesso dei beni ereditari, l'onere del compimento dell'inventario nel termine di legge condiziona, non solo, la facoltà di accettare con beneficio d'inventario, ma anche quella di rinunciare all'eredità in maniera efficace nei confronti dei creditori del de cuius (C.C. 12437/21 – Conf. C.C. 15690/20; C.C. 4845/03).

486. Poteri. – Durante i termini stabiliti dall'articolo precedente per fare l'inventario e per deliberare, il chiamato, oltre che esercitare i poteri indicati nell'art. 460, può stare in giudizio come convenuto per rappresentare l'eredità.

Se non compare, l'autorità giudiziaria nomina un curatore all'eredità affinché la rappresenti in giudizio (529; 78 ss., 780 c.p.c.).

487. Chiamato all'eredità che non è nel possesso di beni. – Il chiamato all'eredità, che non è nel possesso di beni ereditari, può fare la dichiarazione di accettare con beneficio d'inventario (484) fino a che il diritto di accettare non è prescritto (480).

Quando ha fatto la dichiarazione, deve compiere l'inventario nel termine di tre mesi dalla dichiarazione, salva la proroga accordata dall'autorità giudiziaria a norma dell'art. 485; in mancanza, è considerato erede puro e semplice (476, 488).

Quando ha fatto l'inventario non preceduto da dichiarazione di accettazione, questa deve essere fatta nei quaranta giorni successivi al compimento dell'inventario; in mancanza, il chiamato perde il diritto di accettare l'eredità.

488. Dichiarazione in caso di termine fissato dall'autorità giudiziaria. – Il chiamato all'eredità, che non è nel possesso di beni ereditari, qualora gli sia stato assegnato un termine a norma dell'art. 481, deve, entro detto termine, compiere anche l'inventario; se fa la dichiarazione e non l'inventario, è considerato erede puro e semplice (487, 496, 500).

L'autorità giudiziaria può accordare una dilazione (749 c.p.c.).

489. Incapaci. – I minori (2), gli interdetti (414) e gli inabilitati (415) non si intendono decaduti dal beneficio d'inventario (471, 472), se non al compimento di un anno dalla maggiore età o dal cessare dello stato d'interdizione o d'inabilitazione (431), qualora entro tale termine non si siano conformati alle norme della presente sezione.

NOTE OPERATIVE:

Facoltà del minore: La norma non attribuisce al minore, il cui legale rappresentante non abbia rinunciato a suo nome all'eredità, il diritto di rinunciarvi al compimento della maggiore età, ma soltanto la facoltà di redigere l'inventario nel termine di un anno dal compimento della maggiore età, in guisa da garantire la sua responsabilità intra vires hereditatis (C.C. 15267/19 – Conf. C.C. 8034/93).

490. Effetti del beneficio d'inventario. – L'effetto del beneficio d'inventario consiste nel tener distinto il patrimonio del defunto da quello dell'erede (2830, 2941, n. 5).

Conseguentemente:

1) l'erede conserva verso l'eredità tutti i diritti e tutti gli obblighi che aveva verso il defunto, tranne quelli che si sono estinti per effetto della morte (448);

2) l'erede non è tenuto al pagamento dei debiti ereditari e dei legati oltre il valore dei beni a lui pervenuti (564, 586²; 11, 12 l. fall.);

3) i creditori dell'eredità e i legatari hanno preferenza sul patrimonio ereditario di fronte ai creditori dell'erede (495, 499, 502). Essi però non sono dispensati dal domandare la separazione dei beni, secondo le disposizioni del capo seguente (512 ss.), se vogliono conservare questa preferenza anche nel caso che l'erede decada dal beneficio d'inventario (493, 494, 505, 564) o vi rinunzi.

NOTE OPERATIVE:

Limitazione della responsabilità: In tema di successione ereditaria, l'accettazione con beneficio di inventario produce l'effetto di tener distinto il patrimonio del defunto da quello dell'erede, consentendo a quest'ultimo di pagare i debiti ereditari e i legati nel limite del valore dei beni a lui pervenuti e soltanto con questi stessi beni, senza conformare il diritto di credito azionato, che resta immutato nella sua natura, portata e consistenza, ma segnando i confini della sua soddisfazione attraverso la limitazione della responsabilità dell'erede, in deroga al più generale principio della tendenziale illimitatezza della responsabilità patrimoniale ex art. 2740, comma 2, c.c. (C.C. 23398/22), ma di per sé non impedisce che, entro i limiti del valore dell'eredità, i creditori ereditari agiscano direttamente contro di lui e sui suoi beni (C.C. 20531/20).

491. Responsabilità dell'erede nell'amministrazione. – L'erede con beneficio d'inventario non risponde dell'amministrazione dei beni ereditari se non per colpa grave (496, 531, 1176).

492. Garanzia. – Se i creditori o altri aventi interesse lo richiedono (750 c.p.c.), l'erede deve dare idonea garanzia per il valore dei beni mobili (812) compresi nell'inventario, per i frutti (820) degli immobili e per il prezzo dei medesimi che sopravanzi al pagamento dei creditori ipotecari (1179).

NOTE OPERATIVE:

Debiti: Nell'espressione debiti debbono ricomprendersi, sebbene non espressamente menzionati, anche gli oneri modali e, più in generale, tutti i pesi ereditari posti a carico dell'erede dall'art. 752 c.c. (C.C. 5067/93).

493. Alienazione dei beni ereditari senza autorizzazione. – L'erede decade dal beneficio d'inventario (494, 505, 509, 564), se aliena o sottopone a pegno (2784) o ipoteca (2808) beni ereditari, o transige (1965) relativamente a questi beni senza l'autorizzazione giudiziaria e senza osservare le forme prescritte dal codice di procedura civile (747, 748 c.p.c.).

Per i beni mobili l'autorizzazione non è necessaria trascorsi cinque anni dalla dichiarazione di accettare con beneficio d'inventario.

NOTE OPERATIVE:

Finalità: La norma non consente all'erede beneficiato di disporre liberamente dei beni dell'asse, ma rimette al giudice la valutazione della convenienza di qualsiasi atto di alienazione o di straordinaria amministrazione, incidente sul patrimonio ereditario e non finalizzato alla sua conservazione e liquidazione, stante l'obbligo di amministrazione dei beni nell'interesse dei creditori e dei legatari (C.C. 6146/22 – Conf. C.C. 24171/13).

494. Omissioni o infedeltà nell'inventario. – Dal beneficio d'inventario decade l'erede (493, 505, 509, 564) che ha omesso in mala fede di denunziare nell'inventario beni appartenenti all'eredità (762), o che ha denunziato in mala fede, nell'inventario stesso, passività non esistenti (484, 527).

NOTE OPERATIVE:

Buona fede (presunzione): L'onere della prova dell'occultamento doloso, in sede di inventario, di un bene appartenente all'eredità incombe su colui che invoca la decadenza dal beneficio, dovendo la buona fede dell'erede essere presunta sino a prova contraria (C.C. 2349/23 – Conf. C.C. 24171/13).

495. Pagamento dei creditori e legatari. – Trascorso un mese dalla trascrizione prevista nell'art. 484 o dall'annotazione disposta nello stesso articolo per il caso che l'inventario sia posteriore alla dichiarazione, l'erede, quando creditori o legatari non si oppongono (498) ed egli non intende promuovere la liquidazione a norma dell'art. 503, paga i creditori e i legatari (649 ss.) a misura che si presentano, salvi i loro diritti di poziorità (499, 503, 2741, 2830).

Esaurito l'asse ereditario, i creditori rimasti insoddisfatti hanno soltanto diritto di regresso contro i legatari, ancorché di cosa determinata appartenente al testatore (649), nei limiti del valore del legato.

Tale diritto si prescrive in tre anni dal giorno dell'ultimo pagamento, salvo che il credito sia anteriormente prescritto (2934 ss.).

496. Rendimento del conto. – L'erede ha l'obbligo di rendere conto (263 c.p.c.) della sua amministrazione ai creditori e ai legatari, i quali possono fare assegnare un termine all'erede (2946 ss.; 749 c.p.c.; 109, 178, att. c.p.c.).

497. Mora nel rendimento del conto. – L'erede non può essere costretto al pagamento con i propri beni, se non quando è stato costituito in mora (1219) a presentare il conto e non ha ancora soddisfatto a quest'obbligo (496).

Dopo la liquidazione del conto, non può essere costretto al pagamento con i propri beni se non fino alla concorrenza delle somme di cui è debitore (263 c.p.c.).

498. Liquidazione dell'eredità in caso di opposizione. – Qualora entro il termine indicato nell'art. 495 gli sia stata notificata opposizione da parte di creditori o di legatari (530, 2906), l'erede non può eseguire pagamenti (502), ma deve provvedere alla liquidazione dell'eredità nell'interesse di tutti i creditori e legatari (499 ss., 503).

A tal fine egli, non oltre un mese dalla notificazione dell'opposizione, deve, a mezzo di un notaio del luogo dell'aperta successione, invitare i creditori e i legatari a presentare, entro un termine stabilito dal notaio stesso e non inferiore a giorni trenta (504), le dichiarazioni di credito (505, 507).

L'invito è spedito per raccomandata ai creditori e ai legatari dei quali è noto il domicilio o la residenza ed è pubblicato nel foglio degli annunzi legali della provincia ([1]) (501, 505, 506[3], 530).

([1]) *A norma dell'art. 31, comma 1, della L. 24 novembre 2000, n. 340, a decorrere dal novantesimo giorno successivo alla data di entrata in vigore della stessa legge sono aboliti i fogli degli annunzi legali delle province.*

NOTE OPERATIVE:

Termini: Il termine entro il quale l'erede deve invitare i creditori e i legatari a presentare le dichiarazioni di credito, ha natura perentoria, in quanto coerente con l'esigenza di procedere in tempi ragionevoli alla liquidazione dell'eredità; in funzione della medesima necessità è perentorio anche il termine, fissato dal notaio, entro il quale i creditori e i legatari possono presentare le dichiarazioni di credito (C.C. 30247/19 – Conf. C.C. 20713/18; C.C. 8527/94).

499. Procedura di liquidazione. – Scaduto il termine entro il quale devono presentarsi le dichiarazioni di credito (498), l'erede provvede, con l'assistenza del notaio, a liquidare le attività ereditarie facendosi autorizzare alle alienazioni necessarie (493; 747, 748 c.p.c.). Se l'alienazione ha per oggetto beni sottoposti a privilegio (2745 ss.) o a ipoteca (2808 ss.), i privilegi non si estinguono, e le ipoteche non possono essere cancellate (2882 ss.) sino a che l'acquirente non depositi il prezzo nel modo stabilito dal giudice o non provveda al pagamento dei creditori collocati nello stato di graduazione previsto dal comma seguente (2885).

L'erede forma, sempre con l'assistenza del notaio, lo stato di graduazione (506). I creditori sono collocati secondo i rispettivi diritti di prelazione (2741). Essi sono preferiti ai legatari. Tra i creditori non aventi diritto a prelazione l'attivo ereditario è ripartito in proporzione dei rispettivi crediti (495, 501).

Qualora, per soddisfare i creditori, sia necessario comprendere nella liquidazione anche l'oggetto di un legato di specie (649 ss.), sulla somma che residua dopo il pagamento dei creditori il legatario di specie è preferito agli altri legatari.

500. Termine per la liquidazione. – L'autorità giudiziaria, su istanza di alcuni dei creditori o legatari, può assegnare un termine all'erede per liquidare le attività ereditarie e per formare lo stato di graduazione (488, 496, 505; 749 c.p.c.).

NOTE OPERATIVE:

Termine: Il provvedimento di fissazione del termine per la liquidazione dell'eredità beneficiata ha natura volontaria e non contenziosa e va assunto con ordinanza (C.C. 15583/01).

501. Reclami. – Compiuto lo stato di graduazione (499), il notaio ne dà avviso con raccomandata ai creditori e legatari di cui è noto il domicilio o la residenza, e provvede alla pubblicazione di un estratto dello stato nel foglio degli annunzi legali della provincia (1). Trascorsi senza reclami (778 c.p.c) trenta giorni dalla data di questa pubblicazione, lo stato di graduazione diviene definitivo (502).

(1) *A norma dell'art. 31, comma 1, della L. 24 novembre 2000, n. 340, a decorrere dal novantesimo giorno successivo alla data di entrata in vigore della stessa legge sono aboliti i fogli degli annunzi legali delle province.*

502. Pagamento dei creditori e dei legatari. – Divenuto definitivo lo stato di graduazione (501) o passata in giudicato (324 c.p.c.) la sentenza che pronunzia sui reclami, l'erede deve soddisfare i creditori e i legatari in conformità dello stato medesimo. Questo costituisce titolo esecutivo contro l'erede (474 c.p.c.).

La collocazione dei crediti condizionali non impedisce il pagamento dei creditori posteriori, sempre che questi diano cauzione (1179).

I creditori e i legatari che non si sono presentati hanno azione contro l'erede solo nei limiti della somma che residua dopo il pagamento dei creditori e dei legatari collocati nello stato di graduazione (508). Questa azione si prescrive (2934 ss.) in tre anni dal giorno in cui lo stato è divenuto definitivo o è passata in giudicato (324 c.p.c.) la sentenza che ha pronunziato sui reclami, salvo che il credito sia anteriormente prescritto (495, 2946 ss.).

503. Liquidazione promossa dall'erede. – Anche quando non vi è opposizione di creditori o di legatari, l'erede può valersi della procedura di liquidazione prevista dagli articoli precedenti (495, 504).

Il pagamento fatto a creditori privilegiati o ipotecari non impedisce all'erede di valersi di questa procedura (498, 505).

504. Liquidazione nel caso di più eredi. – Se vi sono più eredi con beneficio d'inventario (510), ciascuno può promuovere la liquidazione (503); ma deve convocare i propri coeredi davanti al notaio nel termine che questi ha stabilito per la dichiarazione dei crediti (498, 510). I coeredi che non si presentano sono rappresentati nella liquidazione dal notaio.

NOTE OPERATIVE:

Effetti: La norma prescrive l'unicità della liquidazione concorsuale, nel senso che, individuato il notaio incaricato dal coerede che abbia assunto l'iniziativa in relazione alla liquidazione stessa, gli altri coeredi coinvolti debbono parteciparvi e, in caso di reclamo ex art. 501 c.c., sono litisconsorti necessari nel conseguente giudizio, i cui effetti, data la suddetta unicità, sono destinati a riflettersi sulle loro posizioni (C.C. 4972/12).

505. Decadenza dal beneficio. – L'erede che, in caso di opposizione, non osserva le norme stabilite dall'art. 498 o non compie la liquidazione o lo stato di graduazione nel termine stabilito dall'art. 500, decade dal beneficio d'inventario (490, 493, 494, 509).

Parimenti decade dal beneficio d'inventario l'erede che, nel caso previsto dall'art. 503, dopo l'invito ai creditori di presentare le dichiarazioni di credito, esegue pagamenti prima che sia definita la procedura di liquidazione o non osserva il termine che gli è stato prefisso a norma dell'art. 500.

La decadenza non si verifica quando si tratta di pagamenti a favore di creditori privilegiati o ipotecari.

In ogni caso la decadenza dal beneficio d'inventario può essere fatta valere solo dai creditori del defunto e dai legatari (509).

506. Procedure individuali. – Eseguita la pubblicazione prescritta dal terzo comma dell'art. 498, non possono essere promosse procedure esecutive a istanza dei creditori. Possono tuttavia essere continuate quelle in corso, ma la parte di prezzo che residua dopo il pagamento dei creditori privilegiati e ipotecari deve essere distribuita in base allo stato di graduazione previsto dall'art. 499.

I crediti a termine diventano esigibili (1186). Resta tuttavia il beneficio del termine, quando il credito è munito di garanzia reale su beni la cui alienazione non si renda necessaria ai fini della liquidazione, e la garanzia stessa è idonea ad assicurare il soddisfacimento integrale del credito.

Dalla data di pubblicazione dell'invito ai creditori previsto dal terzo comma dell'art. 498 è sospeso il decorso degli interessi dei crediti chirografari (1282). I creditori tuttavia hanno diritto, compiuta la liquidazione, al collocamento degli interessi sugli eventuali residui (51, 55 l. fall.).

NOTE OPERATIVE:

Ambito di applicazione: Il divieto di promuovere procedure esecutive, non esclude che i creditori stessi possano procurarsi un titolo giudiziale di accertamento o esecutivo e dunque procedano verso l'erede con le opportune azioni, valendo tale titolo nella procedura di liquidazione predetta, ove il relativo credito può trovare soddisfazione nell'eventuale residuo (C.C. 25670/08 – Conf. C.C. 3791/03; C.C. 4704/01).

507. Rilascio dei beni ai creditori e ai legatari. – L'erede, non oltre un mese dalla scadenza del termine stabilito per presentare le dichiarazioni di credito (498), se non ha provveduto ad alcun atto di liquidazione, può rilasciare tutti i beni ereditari a favore dei creditori e dei legatari (1977 ss.).

A tal fine l'erede deve, nelle forme indicate dall'articolo 498, dare avviso ai creditori e ai legatari dei quali è noto il domicilio o la residenza (43); deve iscrivere la dichiarazione di rilascio nel registro delle successioni (52, 53 att.), annotarla in margine alla trascrizione prescritta dal secondo comma dell'art. 484, e trascriverla presso gli uffici dei registri immobiliari dei luoghi in cui si trovano gli immobili ereditari (2643 ss.) e presso gli uffici dove sono registrati i beni mobili (2649, 2663, 2683, 2687).

Dal momento in cui è trascritta la dichiarazione di rilascio, gli atti di disposizione dei beni ereditari compiuti dall'erede sono senza effetto rispetto ai creditori e ai legatari (509, 2644, 2649).

L'erede deve consegnare i beni al curatore nominato secondo le norme dell'articolo seguente. Eseguita la consegna, egli resta liberato da ogni responsabilità per i debiti ereditari.

NOTE OPERATIVE:

Effetti: Il rilascio dei beni da parte dell'erede beneficiato non comporta il trasferimento della relativa proprietà ai creditori o al curatore, verificandosi un'ipotesi di semplice abbandono, da parte dell'erede stesso, dei poteri di amministrazione e disposizione a lui riconosciuti, con subingresso del curatore quale titolare dell'ufficio di liquidazione (C.C. 17044/14 – Conf. C.C. 15038/13; C.C. 123/99).

508. Nomina del curatore. – Trascritta la dichiarazione di rilascio, il tribunale del luogo dell'aperta successione (456), su istanza dell'erede o di uno dei creditori o legatari, o anche d'ufficio, nomina un curatore, perché provveda alla liquidazione secondo le norme degli articoli 498 e seguenti.

Il decreto di nomina del curatore è iscritto nel registro delle successioni (52, 53 att.).

Le attività che residuano, pagate le spese della curatela e soddisfatti i creditori e i legatari collocati nello stato di graduazione (499^2, 501), spettano all'erede, salva l'azione dei creditori e legatari, che non si sono presentati, nei limiti determinati dal terzo comma dell'articolo 502.

509. Liquidazione proseguita su istanza dei creditori o legatari. – Se, dopo la scadenza del termine stabilito per presentare le dichiarazioni di credito (498), l'erede incorre nella decadenza dal beneficio d'inventario (493, 494, 505), ma nessuno dei creditori o legatari la fa valere, il tribunale del luogo dell'aperta successione (456), su istanza (779 c.p.c.) di uno dei creditori o legatari, sentiti l'erede e coloro che hanno presentato le dichiarazioni di credito (498 ss.), può nominare un curatore con l'incarico di provvedere alla liquidazione dell'eredità secondo le norme degli articoli 499 e seguenti. Dopo la nomina del curatore, la decadenza dal beneficio non può più essere fatta valere.

Il decreto di nomina del curatore è iscritto nel registro delle successioni (52, 53 att.), annotato a margine della trascrizione prescritta dal secondo comma dell'art. 484, e trascritto negli uffici dei registri immobiliari dei luoghi dove si trovano gli immobili ereditari (507^4, 2643) e negli uffici dove sono registrati i beni mobili (2649, 2663, 2683, 2687).

L'erede perde l'amministrazione dei beni ed è tenuto a consegnarli al curatore (507). Gli atti di disposizione che l'erede compie dopo trascritto il decreto di nomina del curatore sono senza effetto rispetto ai creditori e ai legatari (2644).

NOTE OPERATIVE:

Effetti: La nomina del curatore dell'eredità accettata con beneficio di inventario priva gli eredi dell'amministrazione dei beni ma non della capacità a stare in giudizio quali soggetti subentrati, nel lato attivo e passivo, nei rapporti del de cuius (C.C. 6683/91).

510. Accettazione o inventario fatti da uno dei chiamati. – L'accettazione con beneficio d'inventario (484) fatta da uno dei chiamati giova a tutti gli altri, anche se l'inventario è compiuto da un chiamato diverso da quello che ha fatto la dichiarazione (504).

NOTE OPERATIVE:

Forme: La volontà di giovarsi di tale forma di accettazione, sebbene debba essere espressa in forma chiara ed univoca, non esige le forme indicate dall'art. 484 c.c., poiché, se in ogni caso fosse necessaria l'accettazione formale, nessun giovamento deriverebbe dall'accettazione dell'altro chiamato (S.U. 10531/13 – Conf. C.C. 22286/08).

511. Spese. – Le spese dell'apposizione dei sigilli, dell'inventario e di ogni altro atto dipendente dall'accettazione con beneficio d'inventario sono a carico dell'eredità (461, 484, 712).

Capo VI
Della separazione dei beni del defunto da quelli dell'erede

512. Oggetto della separazione. – La separazione dei beni del defunto da quelli dell'erede assicura il soddisfacimento, con i beni del defunto, dei creditori di lui e dei legatari che l'hanno esercitata (514), a preferenza dei creditori dell'erede (490).

Il diritto alla separazione spetta anche ai creditori o legatari che hanno altre garanzie sui beni del defunto.

La separazione non impedisce ai creditori e ai legatari che l'hanno esercitata, di soddisfarsi anche sui beni propri dell'erede (11 l. fall.).

513. Separazione contro i legatari di specie. – I creditori del defunto possono esercitare la separazione anche rispetto ai beni che formano oggetto di legato di specie (649 ss., 756).

514. Rapporti tra creditori separatisti e non separatisti. – I creditori e i legatari che hanno esercitato la separazione hanno diritto di soddisfarsi sui beni separati a preferenza dei creditori e dei legatari che non l'hanno esercitata, quando il valore della parte di patrimonio non separata sarebbe stato sufficiente a soddisfare i creditori e i legatari non separatisti.

Fuori di questo caso, i creditori e i legatari non separatisti possono concorrere con coloro che hanno esercitato la separazione; ma, se parte del patrimonio non è stata separata, il valore di questa si aggiunge al prezzo dei beni separati per determinare quanto spetterebbe a ciascuno dei concorrenti, e quindi si considera come attribuito integralmente ai creditori e ai legatari non separatisti (54 att.).

Quando la separazione è esercitata da creditori e legatari, i creditori sono preferiti ai legatari. La preferenza è anche accordata, nel caso previsto dal comma precedente, ai creditori non separatisti di fronte ai legatari separatisti (756).

Restano salve in ogni caso le cause di prelazione (2721, 2741 ss.).

515. Cessazione della separazione. – L'erede può impedire o far cessare la separazione pagando i creditori e i legatari, e dando cauzione (1179) per il pagamento di quelli il cui diritto è sospeso da condizione o sottoposto a termine, oppure è contestato (119, 750 c.p.c.; 11 l. fall.).

516. Termine per l'esercizio del diritto alla separazione. – Il diritto alla separazione deve essere esercitato entro il termine di tre mesi dall'apertura della successione (456, 518; 729 c.p.c.).

NOTE OPERATIVE:

Natura giuridica e decorrenza: Si tratta di un termine di decadenza – e come tale di natura perentoria – che inizia a decorrere dal momento dell'apertura della successione, e non dal momento della conoscenza della morte del "de cuius", né tanto meno dal momento dell'iscrizione del credito o del legato al competente ufficio delle ipoteche (C.C. 3546/04).

517. Separazione riguardo ai mobili. – Il diritto alla separazione riguardo ai mobili (812) si esercita mediante domanda giudiziale.

La domanda si propone con ricorso al tribunale del luogo dell'aperta successione (456), il quale ordina l'inventario (769 ss. c.p.c.) se non è ancora fatto, e dà le disposizioni necessarie per la conservazione dei beni stessi.

Riguardo ai mobili già alienati dall'erede, il diritto alla separazione comprende soltanto il prezzo non ancora pagato (518^2).

518. Separazione riguardo agli immobili. – Riguardo agli immobili (812) e agli altri beni capaci d'ipoteca (2810), il diritto alla separazione si esercita mediante l'iscrizione del credito o del legato sopra ciascuno dei beni stessi. L'iscrizione si esegue nei modi stabiliti per iscrivere le ipoteche (2827 ss.), indicando il nome del defunto e quello dell'erede, se è conosciuto, e dichiarando che l'iscrizione stessa viene presa a titolo di separazione dei beni. Per tale iscrizione non è necessario esibire il titolo (2839).

Le iscrizioni a titolo di separazione, anche se eseguite in tempi diversi, prendono tutte il grado (2852) della prima e prevalgono sulle trascrizioni ed iscrizioni contro l'erede o il legatario, anche se anteriori (517^3).

Alle iscrizioni a titolo di separazione sono applicabili le norme sulle ipoteche (2808 ss.).

Capo VII
Della rinunzia all'eredità

519. Dichiarazione di rinunzia. – La rinunzia all'eredità (320^2, 467, 468, 481, 524, 527, 552, 586, 683) deve farsi (374 n. 3) con dichiarazione, ricevuta da un notaio o dal cancelliere del tribunale del circondario in cui si è aperta la successione (456), e inserita nel registro delle successioni (52, 53, 133 att.).

La rinunzia fatta gratuitamente (461) a favore di tutti coloro ai quali si sarebbe devoluta la quota del rinunziante non ha effetto finché, a cura di alcuna delle parti, non siano osservate le forme indicate nel comma precedente (477, 478, 527, 674).

NOTE OPERATIVE:

Forma: L'atto di rinunzia ha una forma solenne (dichiarazione resa davanti a notaio o al cancelliere e iscrizione nel registro delle successioni) con la conseguenza che una revoca tacita della rinunzia è inammissibile (C.C. 37927/22 – Conf. C.C. 21014/11; C.C. 4846/03; C.C. 11634/91; contra C.C. 6070/12). L'inserimento nel registro delle successioni costituisce una forma di pubblicità funzionale a rendere la rinuncia opponibile ai terzi e non ai fini della sua validità (C.C. 3346/14 – Conf. C.C. 2820/05; C.C. 11634/91).

520. Rinunzia condizionata, a termine o parziale. – È nulla la rinunzia fatta sotto condizione (1353 ss.) o a termine (1184) o solo per parte (475).

521. Retroattività della rinunzia. – Chi rinunzia all'eredità è considerato come se non vi fosse mai stato chiamato (524 ss.).

Il rinunziante può tuttavia ritenere la donazione (769 ss.) o domandare il legato (649 ss.) a lui fatto sino alla concorrenza della porzione disponibile (536 ss.), salve le disposizioni degli articoli 551 e 552.

522. Devoluzione nelle successioni legittime. – Nelle successioni legittime (565 ss.) la parte di colui che rinunzia si accresce a coloro che avrebbero concorso col rinunziante, salvo il diritto di rappresentazione (467 ss.) e salvo il disposto dell'ultimo comma dell'art. 571. Se il rinunziante è solo, l'eredità si devolve a coloro ai quali spetterebbe nel caso egli mancasse.

NOTE OPERATIVE:

Effetti: La quota del coerede rinunziante si accresce "ipso iure" a favore di coloro che avrebbero con lui concorso, senza che sia necessaria una specifica accettazione dei subentranti, atteso che l'acquisto per accrescimento consegue all'espansione dell'originario diritto all'eredità, già sussistente in capo ai subentranti, con l'ulteriore conseguenza che, determinatosi tale acquisto, la rinunzia all'eredità diviene irrevocabile (C.C. 23669/21 – Conf. C.C. 8021/12).

523. Devoluzione nelle successioni testamentarie. – Nelle successioni testamentarie (587 ss.), se il testatore non ha disposto una sostituzione (688 ss.) e se non ha luogo il diritto di rappresentazione (467 ss.), la parte del rinunziante si accresce ai coeredi a norma dell'art. 674, ovvero si devolve agli eredi legittimi a norma dell'art. 677.

524. Impugnazione della rinunzia da parte dei creditori. – Se taluno rinunzia, benché senza frode, a un'eredità con danno dei suoi creditori, questi possono farsi autorizzare ad accettare l'eredità in nome e luogo del rinunziante (2652 n. 1), al solo scopo di soddisfarsi sui beni ereditari fino alla concorrenza dei loro crediti.

Il diritto dei creditori si prescrive in cinque anni dalla rinunzia (2934 ss.).

NOTE OPERATIVE:

Ambito di applicazione: Il rimedio è utilizzabile dai creditori non solo in presenza di una rinuncia formale all'eredità da parte del chiamato, ma anche nel caso in cui quest'ultimo non dichiari di accettarla in seguito all'esperimento della cd. "actio interrogatoria" ex art. 481 c.c., essendo le due ipotesi assimilabili dal punto di vista del pregiudizio arrecato alle ragioni dei creditori del chiamato (C.C. 7556/22 – Conf. C.C. 33479/21; C.C. 15664/20; C.C. 7735/07).

Autorizzazione: L'azione per ottenere l'autorizzazione ad accettare l'eredita in nome ed in luogo del debitore rinunziante ha una mera funzione strumentale per il soddisfacimento del credito, e non è perciò necessario che il credito stesso si presenti con le caratteristiche dell'esigibilità e della liquidità, ma è sufficiente che, analogamente a quanto avviene per l'azione surrogatoria e per la revocatoria, sussista una ragione di credito, anche se non ancora accertata nel suo preciso ammontare, e persino eventuale e condizionata (C.C. 7557/22).

525. Revoca della rinunzia. – Fino a che il diritto di accettare l'eredità non è prescritto contro i chiamati che vi hanno rinunziato (480), questi possono sempre accettarla, se non è già stata acquistata da altro dei chiamati, senza pregiudizio delle ragioni acquistate da terzi sopra i beni dell'eredità.

NOTE OPERATIVE:

Natura giuridica: La revoca della rinuncia all'eredità non costituisce, anche sotto il profilo formale, un atto o negozio giuridico autonomo, bensì l'effetto della sopravvenuta accettazione dell'eredità medesima da parte del rinunciante, il cui verificarsi, pertanto, va dedotto dal mero riscontro della validità ed operatività di tale successiva accettazione, sia essa espressa o tacita (C.C. 16913/11 – Conf. C.C. 3457/84).

526. Impugnazione per violenza o dolo. – La rinunzia all'eredità si può impugnare solo se è l'effetto di violenza o di dolo (482, 483, 1324, 1434, 1435, 1439).

L'azione si prescrive in cinque anni dal giorno in cui è cessata la violenza o è stato scoperto il dolo (428^3, 482^2, 1442, 2934).

NOTE OPERATIVE:

Natura giuridica: La revoca della rinuncia all'eredità non costituisce, anche sotto il profilo formale, un atto o negozio giuridico autonomo, bensì l'effetto della sopravvenuta accettazione dell'eredità medesima da parte del rinunciante, il cui verificarsi, pertanto, va dedotto dal mero riscontro della validità ed operatività di tale successiva accettazione, sia essa espressa o tacita (C.C. 16913/11 – Conf. C.C. 3457/84).

527. Sottrazione di beni ereditari. – I chiamati all'eredità, che hanno sottratto o nascosto beni spettanti all'eredità stessa, decadono dalla facoltà di rinunziarvi e si considerano eredi puri e semplici, nonostante la loro rinunzia (476, 494).

NOTE OPERATIVE:

Ambito di applicazione: La sottrazione dei beni dell'eredità da parte di chi già vi abbia rinunciato comporta che il rinunciante debba tuttavia considerarsi erede puro e semplice quando il diritto di accettare non sia prescritto ed altri non abbia accettato (C.C. 6412/84).

Capo VIII
Dell'eredità giacente

528. Nomina del curatore. – Quando il chiamato non ha accettato l'eredità (460, 470 ss.) e non è nel possesso di beni ereditari (487), il tribunale del circondario in cui si è aperta la successione (456), su istanza delle persone interessate o anche d'ufficio, nomina un curatore dell'eredità (460, 529 ss.).

Il decreto di nomina del curatore, a cura del cancelliere, è pubblicato per estratto nel foglio degli annunzi legali della provincia (1) e iscritto nel registro delle successioni (52, 53 att.; 781 ss. c.p.c.; 193 att. c.p.c.).

(1) *A norma dell'art. 31, comma 1, della L. 24 novembre 2000, n. 340, a decorrere dal novantesimo giorno successivo alla data di entrata in vigore della stessa legge sono aboliti i fogli degli annunzi legali delle province.*

NOTE OPERATIVE:

Responsabilità penale: Risponde del reato di peculato il curatore dell'eredità giacente che si appropria di un bene del "de cuius", atteso che la nomina a curatore dell'eredità giacente determina la qualifica di ausiliare del giudice di cui all'art. 68 c.p.c. (C.P. 34335/10).

529. Obblighi del curatore. – Il curatore è tenuto a procedere all'inventario dell'eredità (769 ss. c.p.c.), a esercitarne e promuoverne le ragioni, a rispondere alle istanze proposte contro la medesima, ad amministrarla, a depositare presso le casse postali o presso un istituto di credito designato dal tribunale il danaro che si trova nell'eredità o si ritrae dalla vendita dei mobili o degli immobili, e, da ultimo, a rendere conto della propria amministrazione (531; 263, 782 c.p.c.).

NOTE OPERATIVE:

Legittimazione processuale: Il curatore dell'eredità giacente, pur non essendo rappresentante del chiamato all'eredità, è legittimato attivamente e passivamente in tutte le cause che riguardano l'eredità medesima (C.C. 39/15 – Conf. C.C. 16428/09; C.C. 5334/04).

530. Pagamento dei debiti ereditari. – Il curatore può provvedere al pagamento dei debiti ereditari e dei legati, previa autorizzazione del tribunale (2830; 782 c.p.c.).

Se però alcuno dei creditori o dei legatari fa opposizione, il curatore non può procedere ad alcun pagamento, ma deve provvedere alla liquidazione dell'eredità secondo le norme degli articoli 498 e seguenti (782, 783 c.p.c.).

531. Inventario, amministrazione e rendimento dei conti. – Le disposizioni della sezione II del capo V di questo titolo, che riguardano l'inventario, l'amministrazione e il rendimento di conti da parte dell'erede con beneficio d'inventario (484 ss.), sono comuni al curatore dell'eredità giacente, esclusa la limitazione della responsabilità per colpa (491, 1176; 263 c.p.c.).

532. Cessazione della curatela per accettazione dell'eredità. – Il curatore cessa dalle sue funzioni quando l'eredità è stata accettata (470, 586).

NOTE OPERATIVE:

Costituzione parte civile: La costituzione di parte civile effettuata dal curatore nell'interesse di una eredità giacente si intende revocata di diritto, anche a prescindere dall'espressa rinunzia, quando l'eredità è stata accettata (C.P. 29485/09).

Capo IX
Della petizione di eredità

533. Nozione. – L'erede può chiedere il riconoscimento della sua qualità ereditaria contro chiunque possiede tutti o parte dei beni ereditari a titolo di erede o senza titolo alcuno, allo scopo di ottenere la restituzione dei beni medesimi (71, 73, 534, 535, 2652, n. 7; 22 c.p.c.).

L'azione è imprescrittibile (948[3], 2934), salvi gli effetti della usucapione (1158 ss.) rispetto ai singoli beni.

NOTE OPERATIVE:

Differenze con l'azione di rivendicazione: La "petitio hereditatis" si differenzia dalla "rei vindicatio", malgrado l'affinità del "petitum", in quanto si fonda sull'allegazione dello stato di erede, ed ha per oggetto beni riguardanti elementi costitutivi dell'"universum ius" o di una quota parte di esso. Ne consegue, quanto all'onere probatorio, che, mentre l'attore in "rei vindicatio" deve dimostrare la proprietà dei beni attraverso una serie di regolari passaggi durante tutto il periodo di tempo necessario all'usucapione, nella "hereditatis petitio" può invece limitarsi a provare la propria qualità di erede ed il fatto che i beni, al tempo dell'apertura della successione, fossero compresi nell'asse ereditario (C.C. 7871/21 – Conf. C.C. 1074/09; C.C. 5252/04; C.C. 11813/92).

534. Diritti dei terzi. – L'erede può agire anche contro gli aventi causa da chi possiede a titolo di erede o senza titolo.

Sono salvi i diritti acquistati, per effetto di convenzioni a titolo oneroso con l'erede apparente, dai terzi i quali provino di avere contrattato in buona fede (1147, 1153, 1189, 1396, 1415, 1445, 1729).

La disposizione del comma precedente non si applica ai beni immobili e ai beni mobili iscritti nei pubblici registri (2683), se l'acquisto a titolo di erede (2648) e l'acquisto dall'erede apparente non sono stati trascritti anteriormente alla trascrizione dell'acquisto da parte dell'erede o del legatario vero, o alla trascrizione della domanda giudiziale contro l'erede apparente (2652, n. 7).

NOTE OPERATIVE:

Buona fede: Ai fini della salvezza dei diritti acquistati dal terzo per effetto di convenzione a titolo oneroso contratta con l'erede apparente, è necessario che lo stesso terzo assolva all'onere di provare la sua buona fede all'atto dell'acquisto, consistente nella dimostrazione dell'idoneità del comportamento dell'alienante ad ingenerare la ragionevole convinzione di trattare con il vero erede, nonché dell'esistenza di circostanze indicative dell'ignoranza incolpevole di esso acquirente circa la realtà della situazione ereditaria al momento dell'acquisto (C.C. 2653/10 – Conf. C.C. 4376/80).

535. Possessore di beni ereditari. – Le disposizioni in materia di possesso si applicano anche al possessore di beni ereditari, per quanto riguarda la restituzione dei frutti, le spese, i miglioramenti e le addizioni (1148 ss.).

Il possessore in buona fede, che ha alienato pure in buona fede una cosa dell'eredità (1153 ss., 1260), è solo obbligato a restituire all'erede il prezzo o il corrispettivo ricevuto. Se il prezzo o il corrispettivo è ancora dovuto, l'erede subentra nel diritto di conseguirlo (1203, n. 5, 2038).

È possessore in buona fede colui che ha acquistato il possesso dei beni ereditari, ritenendo per errore di essere erede. La buona fede non giova se l'errore dipende da colpa grave (1147).

NOTE OPERATIVE:

Risarcimento dei danni (esclusione): Chi agisce, con l'azione di petizione, per la rivendicazione dei beni ereditari – eventualmente previo annullamento del testamento in base al quale è stato chiamato all'eredità il possessore di buona fede – non può pretendere da quest'ultimo il risarcimento dei danni, ma soltanto i frutti indebitamente percepiti, nei limiti fissati dall'art. 1148 c.c. (C.C. 23111/21 – Conf. C.C. 5091/10).

Capo X
Dei legittimari

Sezione I
Dei diritti riservati ai legittimari

536. Legittimari. – Le persone, a favore delle quali la legge riserva una quota di eredità o altri diritti nella successione sono: il coniuge (548), i figli, (231 ss.) gli ascendenti (538) ([1]).

Ai figli [legittimi] ([2]) sono equiparati [i legittimati e] ([2]) gli adottivi (291 ss., 304).

A favore dei discendenti dei figli [legittimi o naturali] ([3]), i quali vengono alla successione in luogo di questi (467), la legge riserva gli stessi diritti che sono riservati ai figli [legittimi o naturali] ([3]).

([1]) *Le parole: «i figli legittimi, i figli naturali, gli ascendenti legittimi» sono state così sostituite dalle attuali: «i figli, gli ascendenti» dall'art. 70, comma 1, lett. a), del D.L.vo 28 dicembre 2013, n. 154, a decorrere dal trentesimo giorno successivo a quello della sua pubblicazione nella* Gazzetta Ufficiale *(G.U. n. 5 dell'8 gennaio 2014).*

([2]) *Le parole fra parentesi quadrate sono state soppresse dall'art. 70, comma 1, lett. b), del D.L.vo 28 dicembre 2013, n. 154, a decorrere dal trentesimo giorno successivo a quello della sua pubblicazione nella* Gazzetta Ufficiale *(G.U. n. 5 dell'8 gennaio 2014).*

([3]) *Le parole fra parentesi quadrate sono state soppresse dall'art. 70, comma 1, lett. c), del D.L.vo 28 di-*

cembre 2013, n. 154, a decorrere dal trentesimo giorno successivo a quello della sua pubblicazione nella Gazzetta Ufficiale *(G.U. n. 5 dell'8 gennaio 2014).*

537. Riserva a favore dei figli [legittimi e naturali] (1). – Salvo quanto disposto dall'art. 542, se il genitore lascia un figlio solo, [legittimo o naturale,] (2) a questi è riservata la metà del patrimonio.

Se i figli sono più, è loro riservata la quota dei due terzi, da dividersi in parti uguali tra tutti i figli [, legittimi e naturali] (3).

[I figli legittimi possono soddisfare in denaro o in beni immobili ereditari la porzione spettante ai figli naturali che non vi si oppongano. Nel caso di opposizione decide il giudice (38 att.), valutate le circostanze personali e patrimoniali (542, 566)] (4).

(1) *Le parole fra parentesi quadrate sono state soppresse dall'art. 71, comma 1, lett.* a)*, del D.L.vo 28 dicembre 2013, n. 154, a decorrere dal trentesimo giorno successivo a quello della sua pubblicazione nella* Gazzetta Ufficiale *(G.U. n. 5 dell'8 gennaio 2014).*

(2) *Le parole fra parentesi quadrate sono state soppresse dall'art. 71, comma 1, lett.* b)*, del D.L.vo 28 dicembre 2013, n. 154, a decorrere dal trentesimo giorno successivo a quello della sua pubblicazione nella* Gazzetta Ufficiale *(G.U. n. 5 dell'8 gennaio 2014).*

(3) *Le parole fra parentesi quadrate sono state soppresse dall'art. 71, comma 1, lett.* c)*, del D.L.vo 28 dicembre 2013, n. 154, a decorrere dal trentesimo giorno successivo a quello della sua pubblicazione nella* Gazzetta Ufficiale *(G.U. n. 5 dell'8 gennaio 2014).*

(4) *Questo comma è stato abrogato dall'art. 71, comma 1, lett.* d)*, del D.L.vo 28 dicembre 2013, n. 154, a decorrere dal trentesimo giorno successivo a quello della sua pubblicazione nella* Gazzetta Ufficiale *(G.U. n. 5 dell'8 gennaio 2014).*

NOTE OPERATIVE:

Determinazione della quota: Ai fini dell'individuazione della quota di riserva spettante alle singole categorie di legittimari ed ai singoli legittimari nell'ambito della medesima categoria, occorre far riferimento alla situazione esistente al momento dell'apertura della successione e non a quella che si viene a determinare per effetto del mancato esperimento, per rinunzia o prescrizione, dell'azione di riduzione da parte di taluno dei legittimari (S.U. 13429/06).

538. Riserva a favore degli ascendenti [legittimi] (1). – Se chi muore non lascia figli [legittimi né naturali] (2) (250 ss.), ma ascendenti [legittimi] (2), a favore di questi è riservato un terzo del patrimonio, salvo quanto disposto dall'art. 544.

In caso di pluralità di ascendenti, la riserva è ripartita tra i medesimi secondo i criteri previsti dall'art. 569.

(1) *La parola fra parentesi quadrate è stata soppressa dall'art. 72, comma 1, lett.* a)*, del D.L.vo 28 dicembre 2013, n. 154, a decorrere dal trentesimo giorno successivo a quello della sua pubblicazione nella* Gazzetta Ufficiale *(G.U. n. 5 dell'8 gennaio 2014).*

(2) *Le parole fra parentesi quadrate sono state soppresse dall'art. 72, comma 1, lett.* b)*, del D.L.vo 28 dicembre 2013, n. 154, a decorrere dal trentesimo giorno successivo a quello della sua pubblicazione nella* Gazzetta Ufficiale *(G.U. n. 5 dell'8 gennaio 2014).*

539. [Riserva a favore dei figli naturali. – (*Omissis*)] (1).

(1) *Articolo abrogato dall'art. 175 della legge di riforma del diritto di famiglia, L. 19 maggio 1975, n. 151.*

540. Riserva a favore del coniuge. – A favore del coniuge è riservata la metà del patrimonio dell'altro coniuge, salve le disposizioni dell'art. 542 per il caso di concorso con i figli (548).

Al coniuge, anche quando concorra con altri chiamati, sono riservati i diritti di abitazione sulla casa adibita a residenza familiare (144) e di uso sui mobili che la corredano, se di proprietà del defunto o comuni. Tali diritti gravano sulla porzione disponibile (556) e, qualora questa non sia sufficiente, per il rimanente sulla quota di riserva del coniuge ed eventualmente sulla quota riservata ai figli (566).

NOTE OPERATIVE:

Residenza familiare: Il diritto reale di abitazione, riservato al coniuge superstite, ha ad oggetto la sola "casa adibita a residenza familiare", e cioè l'immobile in cui i coniugi abitavano insieme stabilmente prima della morte del "de cuius", quale luogo principale di esercizio della vita matrimoniale; ne consegue che tale diritto non può comprendere due (o più) residenze alternative, ovvero due (o più) immobili di cui i coniugi avessero la disponibilità e che usassero in via temporanea (C.C. 7128/23 – Conf. C.C. 1444/23; C.C. 12042/20; C.C. 4088/12; C.C. 14553/11; C.C. 8667/92).

Coniuge separato: I diritti di abitazione e uso, accordati al coniuge superstite, spettano anche al coniuge separato senza addebito, eccettuato il caso in cui, dopo la separazione, la casa sia stata lasciata da entrambi i coniugi o abbia comunque perduto ogni collegamento, anche solo parziale o potenziale, con l'originaria destinazione familiare (C.C. 22566/23; contra C.C. 15277/19; C.C. 13407/14).

541. [Concorso di figli legittimi e naturali. – (*Omissis*)] (1).

(1) *Articolo abrogato dall'art. 177 della legge di riforma del diritto di famiglia, L. 19 maggio 1975, n. 151.*

542. Concorso di coniuge e figli. – Se chi muore lascia, oltre al coniuge, un solo figlio, [legittimo o naturale,] (1) a quest'ultimo è riservato un terzo del patrimonio ed un altro terzo spetta al coniuge.

Quando i figli [, legittimi o naturali] (2), sono più di uno, ad essi è complessivamente riservata la metà del patrimonio e al coniuge spetta un quarto del patrimonio del defunto. La divisione tra tutti i figli [, legittimi e naturali] (2), è effettuata in parti uguali.

[Si applica il terzo comma dell'art. 537] (3).

(1) *Le parole fra parentesi quadrate sono state soppresse dall'art. 73, comma 1, lett. a), del D.L.vo 28 dicembre 2013, n. 154, a decorrere dal trentesimo giorno successivo a quello della sua pubblicazione nella* Gazzetta Ufficiale (G.U. *n. 5 dell'8 gennaio 2014*).

(2) *Le parole fra parentesi quadrate sono state soppresse dall'art. 73, comma 1, lett. b), del D.L.vo 28 dicembre 2013, n. 154, a decorrere dal trentesimo giorno successivo a quello della sua pubblicazione nella* Gazzetta Ufficiale (G.U. *n. 5 dell'8 gennaio 2014*).

(3) *Questo comma è stato abrogato dall'art. 73, comma 1, lett. c), del D.L.vo 28 dicembre 2013, n. 154, a decorrere dal trentesimo giorno successivo a quello della sua pubblicazione nella* Gazzetta Ufficiale (G.U. *n. 5 dell'8 gennaio 2014*).

543. [Concorso di coniuge e figli naturali. - (*Omissis*)] (1).

(1) *Articolo abrogato dall'art. 179 della legge di riforma del diritto di famiglia, L. 19 maggio 1975, n. 151.*

544. Concorso di ascendenti [legittimi] (1) e coniuge. - Quando chi muore non lascia figli (2), ma ascendenti [legittimi] (3) e il coniuge, a quest'ultimo è riservata la metà del patrimonio, ed agli ascendenti un quarto.

In caso di pluralità di ascendenti, la quota di riserva ad essi attribuita ai sensi del precedente comma è ripartita tra i medesimi secondo i criteri previsti dall'art. 569.

(1) *La parola fra parentesi quadrate è stata soppressa dall'art. 74, comma 1, lett. a), del D.L.vo 28 dicembre 2013, n. 154, a decorrere dal trentesimo giorno successivo a quello della sua pubblicazione nella* Gazzetta Ufficiale (G.U. *n. 5 dell'8 gennaio 2014*).

(2) *Le parole: «né figli legittimi né figli naturali» sono state così sostituite dalle attuali: «figli» dall'art. 74, comma 1, lett. b), del D.L.vo 28 dicembre 2013, n. 154, a decorrere dal trentesimo giorno successivo a quello della sua pubblicazione nella* Gazzetta Ufficiale (G.U. *n. 5 dell'8 gennaio 2014*).

(3) *La parola fra parentesi quadrate è stata soppressa dall'art. 74, comma 1, lett. b), del D.L.vo 28 dicembre 2013, n. 154, a decorrere dal trentesimo giorno successivo a quello della sua pubblicazione nella* Gazzetta Ufficiale (G.U. *n. 5 dell'8 gennaio 2014*).

545 - 547. (*Omissis*) (1).

(1) *Articoli abrogati dall'art. 181 della legge di riforma del diritto di famiglia, L. 19 maggio 1975, n. 151. Riguardavano il concorso del coniuge con altri chiamati.*

548. Riserva a favore del coniuge separato. - Il coniuge cui non è stata addebitata la separazione con sentenza passata in giudicato, ai sensi del secondo comma dell'art. 151, ha gli stessi diritti successori del coniuge non separato (585).

Il coniuge cui è stata addebitata (151) la separazione con sentenza passata in giudicato ha diritto soltanto ad un assegno vitalizio se al momento dell'apertura della successione godeva degli alimenti a carico del coniuge deceduto. L'assegno è commisurato alle sostanze ereditarie e alla qualità e al numero degli eredi legittimi, e non è comunque di entità superiore a quella della prestazione alimentare goduta. La medesima disposizione si applica nel caso in cui la separazione sia stata addebitata ad entrambi i coniugi.

549. Divieto di pesi o condizioni sulla quota dei legittimari. - Il testatore non può imporre pesi (551, 647) o condizioni (634) sulla quota spettante ai legittimari, salva l'applicazione delle norme contenute nel titolo IV di questo libro (713 ss.).

550. Lascito eccedente la porzione disponibile. - Quando il testatore dispone di un usufrutto (978 ss.) o di una rendita vitalizia (1872) il cui reddito eccede quello della porzione disponibile (556), i legittimari (536), ai quali è stata assegnata la nuda proprietà della disponibile o di parte di essa, hanno la scelta o di eseguire tale disposizione o di abbandonare la nuda proprietà della porzione disponibile. Nel secondo caso il legatario, conseguendo la disponibile abbandonata, non acquista la qualità di erede.

La stessa scelta spetta ai legittimari quando il testatore ha disposto della nuda proprietà di una parte eccedente la disponibile.

Se i legittimari sono più, occorre l'accordo di tutti perché la disposizione testamentaria abbia esecuzione.

Le stesse norme si applicano anche se dell'usufrutto (978 ss.), della rendita (1872) o della nuda proprietà è stato disposto con donazione (769).

551. Legato in sostituzione di legittima. - Se a un legittimario (536) è lasciato un legato in sostituzione della legittima, egli può rinunziare al legato (649, 650) e chiedere la legittima (521).

Se preferisce di conseguire il legato, perde il diritto di chiedere un supplemento, nel caso che il valore del legato sia inferiore a quello della legittima, e non acquista la qualità di erede. Questa disposizione non si applica quando il testatore ha espressamente attribuito al legittimario la facoltà di chiedere il supplemento.

Il legato in sostituzione della legittima grava sulla porzione indisponibile. Se però il valore del legato eccede quello della legittima spettante al legittimario, per l'eccedenza il legato grava sulla disponibile (556).

NOTE OPERATIVE:

Rinuncia: La rinuncia al legato in sostituzione di legittima, fatta salva la forma scritta quando il legato abbia per oggetto beni immobili (C.C. 7098/11 – Conf. C.C. 13785/04), ben può risultare da atti univoci compiuti dal legatario, implicanti necessariamente la volontà di rinunciare al legato, tra i quali non rientra la proposizione dell'azione di riduzione (C.C. 13530/22 – Conf. C.C. 4883/96; C.C. 261/65; C.C. 37/64; C.C. 1040/54).

552. Donazione e legati in conto di legittima. – Il legittimario (536) che rinunzia all'eredità (519 ss.), quando non si ha rappresentazione (467 ss.), può sulla disponibile ritenere le donazioni (769 ss.) o conseguire i legati a lui fatti (521); ma quando non vi è stata espressa dispensa dall'imputazione (553, 564, 724), se per integrare la legittima spettante agli eredi è necessario ridurre (533 ss.) le disposizioni testamentarie o le donazioni (554), restano salve le assegnazioni, fatte dal testatore sulla disponibile, che non sarebbero soggette a riduzione se il legittimario accettasse l'eredità, e si riducono le donazioni e i legati fatti a quest'ultimo.

NOTE OPERATIVE:

Volontà del testatore: Perché ricorra la figura del legato in conto o in sostituzione di legittima vi deve essere una espressa volontà del testatore che emerga in maniera inequivoca da una proposizione o dal complesso delle proposizioni nelle quali si articola la scheda testamentaria (C.C. 5918/99).

Rinuncia all'eredità: Il legittimario che rinunci all'eredità ha diritto di ritenere le donazioni o di conseguire i legati disposti in suo favore, anche nel caso in cui operi la rappresentazione, senza che i beni oggetto delle suddette disposizioni si trasmettano ai rappresentanti, fermo restando l'onere di questi ultimi di imputarli alla quota di legittima nella quale subentrano "iure repraesentationis" (C.C. 12813/23).

Sezione II
Della reintegrazione della quota riservata ai legittimari

553. Riduzione delle porzioni degli eredi legittimi in concorso con legittimari. – Quando sui beni lasciati dal defunto si apre in tutto o in parte la successione legittima (565 ss.), nel concorso di legittimari (536 ss.) con altri successibili, le porzioni che spetterebbero a questi ultimi si riducono proporzionalmente (558) nei limiti in cui è necessario per integrare la quota riservata ai legittimari, i quali però devono imputare a questa, ai sensi dell'art. 564, quanto hanno ricevuto dal defunto in virtù di donazioni o di legati (735, 746).

NOTE OPERATIVE:

Aspetti processuali: L'azione di riduzione non dà luogo a litisconsorzio necessario, né dal lato attivo né dal lato passivo, e può, quindi, essere esercitata nei confronti di uno solo degli obbligati alla integrazione della quota spettante al legittimario (C.C. 32197/21 – Conf. C.C. 27770/11; C.C. 2714/05; C.C. 2174/98; C.C. 8529/96).

554. Riduzione delle disposizioni testamentarie. – Le disposizioni testamentarie eccedenti la quota di cui il defunto poteva disporre (556) sono soggette a riduzione nei limiti della quota medesima (558, 2652, n. 8, 2690, n. 5).

NOTE OPERATIVE:

Trust: In caso di trust liberale inter vivos, la tutela dei diritti successori dei legittimari, asseritamente pregiudicati da tali atti, è assicurata con l'esercizio dell'azione di riduzione, rimedio che determina la mera inefficacia dell'atto pregiudizievole, ma non anche la nullità (C.C. 5073/23 – Conf. C.C. 23278/13; C.C. 25834/08; 9424/03).

555. Riduzione delle donazioni. – Le donazioni (769 ss., 809), il cui valore eccede la quota della quale il defunto poteva disporre, sono soggette a riduzione (559) fino alla quota medesima.

Le donazioni non si riducono se non dopo esaurito il valore dei beni di cui è stato disposto per testamento (554, 1923[2]).

NOTE OPERATIVE:

Collazione: In tema di azione di riduzione, non sussiste l'onere di preventiva collazione da parte dei legittimari, atteso che quest'ultima attribuisce al coerede un concorso sul valore della donazione, di regola realizzato attraverso un incremento della partecipazione sul relictum, laddove il legittimario, per il valore che esprime la lesione di legittima, ha diritto a ricevere quel valore, in natura, con conseguente ammissibilità del concorso tra le due azioni (C.C. 17856/23).

556. Determinazione della porzione disponibile. – Per determinare l'ammontare della quota di cui il defunto poteva disporre si forma una massa di tutti i beni che appartenevano al defunto al tempo della morte, detraendone i debiti. Si riuniscono quindi fittiziamente i beni di cui sia stato disposto a titolo di donazione (562, 737 ss.), secondo il loro valore determinato in base alle regole dettate negli articoli 747 a 750, e sull'asse così formato si calcola la quota di cui il defunto poteva disporre (537 ss.).

NOTE OPERATIVE:

Riunione fittizia: La riunione fittizia non è necessariamente legata all'esperimento dell'azione di riduzione, ma è operazione sempre necessaria, nel concorso con eredi legittimari, ogni qual volta sia rilevante stabilire quale sia la disponibile, come nel caso di concorso di legittimari con uno di essi, al quale il testatore abbia lasciato genericamente la stessa disponibile; ai fini del calcolo della disponibile sono sempre assoggettate a riunione fittizia tutte le donazioni, a chiunque fatte, indipendentemente dalla qualità di congiunto, di erede o di estraneo del donatario; la dispensa dalla collazione sottrae il donatario del conferimento ma non importa la esclusione del bene donato dalla riunione fittizia ai fini della determinazione della porzione disponibile (C.C. 14193/22); la riunione fittizia, quale operazione meramente contabile di sommatoria tra attivo netto e "donatum", cioè tra il valore dei beni relitti al tempo dell'apertura della successione, detratti i debiti, ed il valore dei beni donati, sempre al momento dell'apertura della successione, è finalizzata alla determinazione della quota disponibile e di quella di legittima, per accertare l'eventuale lesione della quota riservata al legittimario (C.C. 8174/22 – Conf. C.C. 12919/12).

557. Soggetti che possono chiedere la riduzione. – La riduzione delle donazioni e delle disposizioni lesive della porzione di legittima non può essere domandata (2652, n. 8, 2690, n. 5) che dai legittimari (536) e dai loro eredi o aventi causa.

Essi non possono rinunziare a questo diritto, finché vive il donante, né con dichiarazione espressa, né prestando il loro assenso alla donazione (458).

I donatari e i legatari non possono chiedere la riduzione, né approfittarne. Non possono chiederla né approfittarne nemmeno i creditori del defunto, se il legittimario avente diritto alla riduzione ha accettato con il beneficio di inventario (484 ss., 564, 2652, n. 8, 2690, n. 5).

NOTE OPERATIVE:

Creditore del legittimario: È ammissibile l'esercizio in via diretta dell'azione surrogatoria – prevista dall'art. 2900 c.c. – nella proposizione della domanda di riduzione delle disposizioni testamentarie lesive della quota di legittima da parte dei creditori dei legittimari totalmente pretermessi che siano rimasti del tutto inerti (C.C. 16623/2019).

558. Modo di ridurre le disposizioni testamentarie. – La riduzione delle disposizioni testamentarie avviene proporzionalmente, senza distinguere tra eredi e legatari (553, 554).

Se il testatore ha dichiarato che una sua disposizione deve avere effetto a preferenza delle altre, questa disposizione non si riduce, se non in quanto il valore delle altre non sia sufficiente a integrare la quota riservata ai legittimari (536).

559. Modo di ridurre le donazioni. – Le donazioni si riducono (555) cominciando dall'ultima e risalendo via via alle anteriori (562, 563).

NOTE OPERATIVE:

Riduzione delle donazioni (ordine): Le donazioni che il de cuius abbia fatto in vita, qualora debbano essere oggetto di riduzione ai fini della reintegrazione della quota di riserva, si riducono a cominciare dall'ultima e risalendo via via alle anteriori. Tale ordine è tassativo e inderogabile (C.C. 35461/22 – Conf. C.C. 29924/20).

Donazioni coeve: Il criterio cronologico di riduzione delle donazioni non può operare allorquando si sia in presenza non già di donazioni successive, ma di più donazioni coeve, per le quali non sia possibile stabilire quale di esse sia anteriore rispetto alle altre. Ne consegue che in tale ipotesi, ove nessuno dei donatari è in grado di reclamare una priorità del suo titolo, non resta che applicare la riduzione proporzionale stabilita dall'art. 558 c.c. per le disposizioni testamentarie (C.C. 29924/20 – Conf. C.C. 17881/19).

560. Riduzione del legato o della donazione d'immobili. – Quando oggetto del legato (649) o della donazione (769) da ridurre è un immobile, la riduzione si fa separando dall'immobile medesimo la parte occorrente per integrare la quota riservata, se ciò può avvenire comodamente (720).

Se la separazione non può farsi comodamente e il legatario o il donatario ha nell'immobile un'eccedenza maggiore del quarto della porzione disponibile (556), l'immobile si deve lasciare per intero nell'eredità, salvo il diritto di conseguire il valore della porzione disponibile. Se l'eccedenza non supera il quarto, il legatario o il donatario può ritenere tutto l'immobile, compensando in danaro i legittimari.

Il legatario o il donatario che è legittimario può ritenere tutto l'immobile, purché il valore di esso non superi l'importo della porzione disponibile e della quota che gli spetta come legittimario (536).

NOTE OPERATIVE:

Ambito di applicazione: Alla riduzione delle liberalità indirette non si può applicare il principio della quota legittima in natura, connaturale invece all'azione nell'ipotesi di donazione ordinaria d'immobile (C.C. 11496/10).

561. Restituzione degli immobili. – Gli immobili restituiti in conseguenza della riduzione sono liberi da ogni peso o ipoteca (2808 ss.) di cui il legatario o il donatario può averli gravati, salvo il disposto del n. 8 dell'art. 2652. I pesi e le ipoteche restano efficaci se la riduzione è domandata dopo venti anni dalla trascrizione della donazione, salvo in questo caso l'obbligo del donatario di compensare in denaro i legittimari in ragione del conseguente minor valore dei beni, purché la domanda sia stata proposta entro dieci anni dall'apertura della successione (¹). Le stesse disposizioni si applicano per i mobili iscritti in pubblici registri (¹).

I frutti (820, 1284) sono dovuti a decorrere dal giorno della domanda giudiziale (1148).

(¹) *Il secondo periodo di questo comma è stato così sostituito dagli attuali secondo e terzo periodo dall'art. 2, comma 4 novies, lett. a), n. 1), del D.L. 14 marzo 2005, n. 35, convertito, con modificazioni, nella L. 14 maggio 2005, n. 80.*

562. Insolvenza del donatario soggetto a riduzione. – Se la cosa donata è perita per causa imputabile al donatario o ai suoi aventi causa o se la restituzione della cosa donata non può essere richiesta contro l'acquirente (563), e il donatario è in tutto o in parte insolvente, il valore della donazione che non si può recuperare dal donatario si detrae dalla massa ereditaria (556), ma restano impregiudicate le ragioni di credito del legittimario e dei donatari antecedenti contro il donatario insolvente.

563. Azione contro gli aventi causa dai donatari soggetti a riduzione. – Se i donatari contro i quali è stata pronunziata la riduzione (559) hanno alienato a terzi gli immobili donati e non sono trascorsi venti anni dalla trascrizione della (¹) donazione (²), il legittimario, premessa l'escussione dei beni del donatario, può chiedere ai successivi acquirenti, nel modo e nell'ordine in cui si potrebbe chiederla ai donatari medesimi (559), la restituzione degli immobili (2652, n. 8, 2690, n. 5).

L'azione per ottenere la restituzione deve proporsi secondo l'ordine di data delle alienazioni, cominciando dall'ultima. Contro i terzi acquirenti può anche essere richiesta, entro il termine di cui al primo comma, (³) la restituzione dei beni mobili, oggetto della donazione, salvi gli effetti del possesso di buona fede (1153 ss.).

Il terzo acquirente può liberarsi dall'obbligo di restituire in natura le cose donate pagando l'equivalente in danaro.

Salvo il disposto del numero 8) dell'articolo 2652, il decorso del termine di cui al primo comma e di quello di cui all'articolo 561, primo comma, è sospeso nei confronti del coniuge e dei parenti in linea retta del donante che abbiano notificato e trascritto, nei confronti del donatario e dei suoi aventi causa (⁴), un atto stragiudiziale di opposizione alla donazione. Il diritto dell'opponente è personale e rinunziabile. L'opposizione perde effetto se non è rinnovata prima che siano trascorsi venti anni dalla sua trascrizione (⁵).

(¹) *Le parole: «trascrizione della» sono state inserite dall'art. 3, comma 1, lettera a), della L. 28 dicembre 2005, n. 263.*

(²) *Le parole: «e non sono trascorsi venti anni dalla donazione» sono state inserite dall'art. 2, comma 4 novies, lett. a), n. 2), del D.L. 14 marzo 2005, n. 35, convertito, con modificazioni, nella L. 14 maggio 2005, n. 80.*

(³) *Le parole: «, entro il termine di cui al primo comma,» sono state inserite dall'art. 2, comma 4 novies, lett. a), n. 3), del D.L. 14 marzo 2005, n. 35, convertito, con modificazioni, nella L. 14 maggio 2005, n. 80.*

(⁴) *Le parole: «e dei suoi aventi causa» sono state inserite dall'art. 3, comma 1, lettera b), della L. 28 dicembre 2005, n. 263.*

(⁵) *Questo comma è stato aggiunto dall'art. 2, comma 4 novies, lett. a), n. 4), del D.L. 14 marzo 2005, n. 35, convertito, con modificazioni, nella L. 14 maggio 2005, n. 80.*

NOTE OPERATIVE:

Ambito di applicazione: I successivi acquirenti sono al riparo da ogni pretesa restitutoria del legittimario nella diversa ipotesi di riduzione di una donazione indiretta; infatti, in tale ultima ipotesi, poiché l'azione di riduzione non mette in discussione la titolarità del bene, il valore dell'investimento finanziato con la donazione indiretta deve essere ottenuto dal legittimario leso con le modalità tipiche del diritto di credito (C.C. 35461/22 – Conf. C.C. 11496/10, contra C.C. 4523/22).

564. Condizioni per l'esercizio dell'azione di riduzione. – Il legittimario (536) che non ha accettato l'eredità col beneficio d'inventario (484 ss., 557) non può chiedere la riduzione delle donazioni e dei legati, salvo che le donazioni e i legati siano stati fatti a persone chiamate come coeredi, ancorché abbiano rinunziato all'eredità (519 ss.). Questa disposizione non si applica all'erede che ha accettato col beneficio d'inventario e che ne è decaduto (493 ss., 505).

In ogni caso il legittimario, che domanda la riduzione di donazione (555) o di disposizioni testamentarie (554), deve imputare alla sua porzione legittima le donazioni e i legati a lui fatti, salvo che ne sia stato espressamente dispensato (552, 553, 724).

Il legittimario che succede per rappresentazione (467 ss.) deve anche imputare le donazioni e i legati fatti, senza espressa dispensa, al suo ascendente (740).

La dispensa non ha effetto a danno dei donatari anteriori.

Ogni cosa, che, secondo le regole contenute nel capo II del titolo IV di questo libro, è esente da collazione, è pure esente da imputazione (737 ss.).

NOTE OPERATIVE:

Ambito di applicazione: La preventiva accettazione dell'eredità con beneficio d'inventario non è richiesta per chi sia stato totalmente estromesso dall'eredità, neppure nel caso in cui abbia ricevuto beni dal "de cuius" a titolo di donazione, ovvero si sia impossessato, dopo la sua morte, di beni ereditari (C.C. 4528/22 – Conf. C.C. 30079/19; C.C. 16635/13; C.C. 12496/07).

Titolo II
Delle successioni legittime

565. (1) **Categorie dei successibili.** – Nella successione legittima l'eredità si devolve al coniuge (581), ai discendenti [legittimi e naturali] (2), agli ascendenti [legittimi] (2), ai collaterali (570), agli altri parenti (572) e allo Stato (586), nell'ordine e secondo le regole stabilite nel presente titolo.

(1) *La Corte costituzionale, con sentenza n. 55 del 4 luglio 1979, ha dichiarato l'illegittimità costituzionale di questo articolo nella parte in cui esclude dalla categoria dei chiamati alla successione legittima, in mancanza di altri successibili, e prima dello Stato, i fratelli e le sorelle naturali riconosciuti o dichiarati.*

La Corte costituzionale, con sentenza n. 184 del 12 aprile 1990, ha dichiarato l'illegittimità dell'articolo nella parte in cui, in mancanza di altri successibili all'infuori dello Stato, non prevede la successione legittima tra fratelli e sorelle naturali, dei quali sia legalmente accertato il rispettivo status di filiazione nei confronti del comune genitore.

(2) *Le parole fra parentesi quadrate sono state soppresse dall'art. 75 del D.L.vo 28 dicembre 2013, n. 154, a decorrere dal trentesimo giorno successivo a quello della sua pubblicazione nella* Gazzetta Ufficiale *(G.U. n. 5 dell'8 gennaio 2014).*

Capo I
Della successione dei parenti

566. (1) **Successione dei figli.** – Al padre ed alla madre succedono i figli, in parti uguali.

(1) *Questo articolo è stato, da ultimo, così sostituito dall'art. 76 del D.L.vo 28 dicembre 2013, n. 154, a decorrere dal trentesimo giorno successivo a quello della sua pubblicazione nella* Gazzetta Ufficiale *(G.U. n. 5 dell'8 gennaio 2014).*

567. Successione dei figli adottivi (1). – Ai figli (231 ss.) sono equiparati gli adottivi (291, 304, 309, 687) (2).

I figli adottivi sono estranei alla successione dei parenti dell'adottante (300).

(1) *La precedente rubrica:* «Successione dei figli legittimati e adottivi» *è stata così sostituita dall'attuale dall'art. 77, comma 1, lett. a), del D.L.vo 28 dicembre 2013, n. 154, a decorrere dal trentesimo giorno successivo a quello della sua pubblicazione nella* Gazzetta Ufficiale *(G.U. n. 5 dell'8 gennaio 2014).*

(2) *Questo comma è stato così sostituito dall'art. 77, comma 1, lett. b), del D.L.vo 28 dicembre 2013, n. 154, a decorrere dal trentesimo giorno successivo a quello della sua pubblicazione nella* Gazzetta Ufficiale *(G.U. n. 5 dell'8 gennaio 2014).*

568. Successione dei genitori. – A colui che muore senza lasciare prole, né fratelli o sorelle o loro discendenti (467 ss.), succedono il padre e la madre in eguali porzioni, o il genitore che sopravvive (538, 644).

569. Successione degli ascendenti. – A colui che muore senza lasciare prole, né genitori, né fratelli o sorelle o loro discendenti (467 ss.), succedono per una metà gli ascendenti della linea paterna e per l'altra metà gli ascendenti della linea materna (538, 644).

Se però gli ascendenti non sono di eguale grado (76), l'eredità è devoluta al più vicino senza distinzione di linea (75, 538, 571).

570. Successione dei fratelli e delle sorelle. – A colui che muore senza lasciare prole, né genitori, né altri ascendenti, succedono i fratelli e le sorelle in parti uguali.

I fratelli e le sorelle unilaterali conseguono però la metà della quota che conseguono i germani.

571. Concorso di genitori o ascendenti con fratelli e sorelle. – Se coi genitori o con uno soltanto di essi concorrono fratelli e sorelle germani del defunto, tutti sono ammessi alla successione del medesimo per capi, purché in nessun caso la quota, in cui succedono i genitori o uno di essi, sia minore della metà.

Se vi sono fratelli e sorelle unilaterali, ciascuno di essi consegue la metà della quota che consegue ciascuno dei germani o dei genitori, salva in ogni caso la quota della metà in favore di questi ultimi.

Se entrambi i genitori non possono (463) o non vogliono venire alla successione e vi sono ulteriori ascendenti, a questi ultimi si devolve, nel modo determinato dall'art. 569, la quota che sarebbe spettata a uno dei genitori in mancanza dell'altro (522, 582).

572. Successione di altri parenti. – Se alcuno muore senza lasciare prole, né genitori, né altri ascendenti (583), né fratelli o sorelle o loro discendenti, la successione si apre a favore del parente o dei parenti prossimi (76), senza distinzione di linea (75).

La successione non ha luogo tra i parenti oltre il sesto grado (77).

573. Successione dei figli nati fuori del matrimonio (1). – Le disposizioni relative alla successione dei figli nati fuori del matrimonio (1) si applicano quando la filiazione è stata riconosciuta (250 ss.) o giudizialmente dichiarata (269), salvo quanto è disposto dall'art. 580.

(1) *La parola: «naturali» è stata così sostituita dalle attuali: «nati fuori del matrimonio» dall'art. 78 del D.L.vo 28 dicembre 2013, n. 154, a decorrere dal trentesimo giorno successivo a quello della sua pubblicazione nella* Gazzetta Ufficiale (G.U. *n. 5 dell'8 gennaio 2014*).

574 - 576. (*Omissis*) (1).

(1) *Articoli abrogati dall'art. 187 L. 19 maggio 1975, n. 151, riforma del diritto di famiglia. Riguardavano il concorso e la successione dei figli naturali.*

577. (1) **Successione del figlio naturale all'ascendente legittimo immediato del suo genitore.** – Il figlio naturale succede all'ascendente legittimo immediato del suo genitore che non può o non vuole accettare l'eredità, se l'ascendente non lascia né coniuge, né discendenti o ascendenti, né fratelli o sorelle o loro discendenti, né altri parenti legittimi entro il terzo grado.

(1) *La Corte costituzionale, con sentenza n. 79 del 14 aprile 1969, ha dichiarato l'illegittimità costituzionale dell'intero articolo.*

578. (1) [**Successione dei genitori al figlio naturale.** – Se il figlio naturale muore senza lasciar prole né coniuge, la sua eredità è devoluta a quello dei genitori che lo ha riconosciuto (258) o del quale è stato dichiarato figlio (250 ss., 269).

Se è stato riconosciuto o dichiarato figlio di entrambi i genitori, l'eredità spetta per metà a ciascuno di essi.

Se uno solo dei genitori ha legittimato il figlio (280 ss.), l'altro è escluso dalla successione].

(1) *Questo articolo è stato abrogato dall'art. 106, comma 1, lett.* a), *del D.L.vo 28 dicembre 2013, n. 154, a decorrere dal trentesimo giorno successivo a quello della sua pubblicazione nella* Gazzetta Ufficiale (G.U. *n. 5 dell'8 gennaio 2014*).

579. (1) [**Concorso del coniuge e dei genitori.** – Se al figlio naturale morto senza lasciare prole, né genitori, sopravvive il coniuge, l'eredità si devolve per intero al medesimo.

Se vi sono genitori, l'eredità è devoluta per due terzi al coniuge e per l'altro terzo ai genitori].

(1) *Questo articolo è stato abrogato dall'art. 106, comma 1, lett.* a), *del D.L.vo 28 dicembre 2013, n. 154, a decorrere dal trentesimo giorno successivo a quello della sua pubblicazione nella* Gazzetta Ufficiale (G.U. *n. 5 dell'8 gennaio 2014*).

580. Diritti dei figli nati fuori del matrimonio (1) **non riconoscibili.** – Ai figli nati fuori del matrimonio (1) aventi diritto al mantenimento, all'istruzione e alla educazione, a norma dell'art. 279, spetta un assegno vitalizio pari all'ammontare della rendita della quota di eredità alla quale avrebbero diritto, se la filiazione fosse stata dichiarata (269 ss.) o riconosciuta (250 ss.).

I figli nati fuori del matrimonio (1) hanno diritto di ottenere su loro richiesta la capitalizzazione dell'assegno loro spettante a norma del comma precedente, in denaro, ovvero, a scelta degli eredi legittimi, in beni ereditari.

(1) *La parola: «naturali» è stata così sostituita dalle attuali: «nati fuori del matrimonio» dall'art. 79, comma 1, del D.L.vo 28 dicembre 2013, n. 154, a decorrere dal trentesimo giorno successivo a quello della sua pubblicazione nella* Gazzetta Ufficiale (G.U. *n. 5 dell'8 gennaio 2014*).

NOTE OPERATIVE:

Assegno vitalizio: Il diritto all'assegno vitalizio ha fonte ex lege nel mero fatto procreativo e, pertanto, nel novero dei figli non riconoscibili aventi diritto a tale assegno vanno compresi anche i figli biologici che, avendo un diverso stato di filiazione, per scelta consapevole non hanno impugnato il riconoscimento o non hanno proposto azione di disconoscimento, non potendo negarsi al figlio, pena la violazione degli artt. 2 e 30 Cost. e 8 CEDU, la possibilità di scegliere tra la minore tutela prevista dal menzionato art. 580 c.c. – che, non essendo subordinata alla rimozione dello status di figlio altrui, consente di conservare l'identità familiare ormai acquisita – e la tutela piena che deriverebbe dall'accertamento giuridico della filiazione (C.C. 31672/22).

Capo II
Della successione del coniuge

581. Concorso del coniuge con i figli. – Quando con il coniuge concorrono figli [legittimi o figli naturali, o figli legittimi e naturali] (1), il coniuge ha diritto alla metà dell'eredità, se alla successione concorre un solo figlio, e ad un terzo negli altri casi.

(1) *Le parole fra parentesi quadrate sono state soppresse dall'art. 80 del D.L.vo 28 dicembre 2013, n. 154, a decorrere dal trentesimo giorno successivo a quello della sua pubblicazione nella* Gazzetta Ufficiale (G.U. *n. 5 dell'8 gennaio 2014*).

NOTE OPERATIVE:

Abitazione: I diritti sull'abitazione adibita a residenza familiare e di uso sui mobili che la corredano, attribuiti dall'art. 540, comma 2, c.c., spettano al coniuge superstite anche ove si apra una successione legittima, in aggiunta alla quota attribuita dagli artt. 581 e 582 c.c., essendo i detti diritti finalizzati a dare tutela, sul piano patrimoniale e su quello etico-sentimentale, al coniuge, evitandogli i danni che la ricerca di un nuovo alloggio cagionerebbe alla stabilità delle abitudini di vita della persona (C.C. 2754/18 – Conf. C.C. 20703/13; S.U. 4847/13).

582. Concorso del coniuge con ascendenti [legittimi] (1), fratelli e sorelle. – Al coniuge sono devoluti i due terzi dell'eredità se egli concorre con ascendenti [legittimi] (1) o con fratelli e sorelle anche se unilaterali, ovvero con gli uni e con gli altri. In questo ultimo caso la parte residua è devoluta agli ascendenti, ai fratelli e alle sorelle, secondo le disposizioni dell'art. 571, salvo in ogni caso agli ascendenti il diritto a un quarto della eredità.

(1) *La parola fra parentesi quadrate è stata soppressa dall'art. 81 del D.L.vo 28 dicembre 2013, n. 154, a decorrere dal trentesimo giorno successivo a quello della sua pubblicazione nella* Gazzetta Ufficiale (G.U. *n. 5 dell'8 gennaio 2014*).

583. Successione del solo coniuge. – In mancanza di figli [legittimi o naturali] (1), di ascendenti, di fratelli o sorelle, al coniuge si devolve tutta l'eredità.

(1) *Le parole fra parentesi quadrate sono state soppresse dall'art. 82 del D.L.vo 28 dicembre 2013, n. 154, a decorrere dal trentesimo giorno successivo a quello della sua pubblicazione nella* Gazzetta Ufficiale (G.U. *n. 5 dell'8 gennaio 2014*).

584. Successione del coniuge putativo. – Quando il matrimonio è stato dichiarato nullo dopo la morte di uno dei coniugi, al coniuge superstite di buona fede (128) spetta la quota attribuita al coniuge dalle disposizioni che precedono. Si applica altresì la disposizione del secondo comma dell'art. 540.

Egli è però escluso dalla successione, quando la persona della cui eredità si tratta è legata da valido matrimonio al momento della morte.

585. Successione del coniuge separato. – Il coniuge cui non è stata addebitata la separazione con sentenza (151) passata in giudicato ha gli stessi diritti successori del coniuge non separato.

Nel caso in cui al coniuge sia stata addebitata la separazione con sentenza passata in giudicato, si applicano le disposizioni del secondo comma dell'art. 548.

Capo III
Della successione dello Stato

586. Acquisto dei beni da parte dello Stato. – In mancanza di altri successibili, l'eredità è devoluta allo Stato (565). L'acquisto si opera di diritto senza bisogno di accettazione (459) e non può farsi luogo a rinunzia (519, 827).

Lo Stato non risponde dei debiti ereditari e dei legati oltre il valore dei beni acquistati (490 n. 2).

NOTE OPERATIVE:

Limitazione delle responsabilità: La limitazione all'attivo della responsabilità dello Stato vale esclusivamente in relazione ai debiti ereditari pregressi, mentre non può valere a sottrarre lo Stato alle spese di manutenzione rese necessarie dal cattivo stato di conservazione di beni di cui è per successione divenuto proprietario (C.S. 1472/00).

Titolo III
Delle successioni testamentarie

Capo I
Disposizioni generali

587. Testamento. – Il testamento è un atto revocabile (679 ss.) con il quale taluno dispone, per il tempo in cui avrà cessato di vivere, di tutte le proprie sostanze o di parte di esse (2821).

Le disposizioni di carattere non patrimoniale, che la legge consente siano contenute in un testamento, hanno efficacia, se contenute in un atto che ha la forma del testamento (601), anche se manchino disposizioni di carattere patrimoniale.

NOTE OPERATIVE:

Contenuto: Perché un atto costituisca disposizione testamentaria, è necessario che lo scritto contenga la manifestazione di una volontà definitiva dell'autore, compiutamente e incondizionatamente formata, diretta allo scopo di disporre attualmente dei suoi beni, in tutto o in parte, per il tempo successivo alla propria morte (C.C. 25963/21 – Conf. C.C. 150/14; C.C. 8668/90). L'atto contenente disposizioni di carattere esclusivamente non patrimoniale può essere qualificato testamento purché di questo abbia contenuto, forma e funzione, la quale ultima, in particolare, consiste nell'esercizio, da parte dell'autore, del proprio generale potere di disporre mortis causa (C.C. 1993/16).

Diseradazione: È valida la clausola del testamento con la quale il testatore manifesti la volontà destitutiva – che può includersi nel "disporre", di cui all'art. 587, comma 1, c.c. – diretta ad escludere dalla propria successione legittima alcuni dei successibili ed a restringerla così ai non diseredati, costituendo detta clausola di diseredazione espressione di un regolamento di rapporti patrimoniali, rientrante nel contenuto tipico dell'atto di ultima volontà e volta ad indirizzare la concreta destinazione "post mortem" delle proprie sostanze, senza che per diseredare sia, quindi, necessario procedere ad una positiva attribuzione di bene, né occorra prova di un'implicita istituzione (C.C. 8352/12). La diseredazione, avendo efficacia meramente personale, non si estende "ipso iure" all'intera stirpe dell'escluso (C.C. 26062/18).

Interpretazione: L'interpretazione del testamento, cui in linea di principio sono applicabili le regole di ermeneutica dettate dal codice in tema di contratti, con la sola eccezione di quelle incompatibili con la natura di atto unilaterale non recettizio del negozio mortis causa, è caratterizzata rispetto a quella contrattuale da una più penetrante ricerca, aldilà della dichiarazione, della volontà del testatore (C.C. 10882/18 – Conf. C.C. 8495/04; C.C. 5604/01; C.C. 8668/90). Deve privilegiarsi la ricostruzione della volontà del testatore condotta alla stregua degli elementi intrinseci alla scheda testamentaria, sulla base dell'esame globale della scheda stessa, potendosi solo in via sussidiaria, ove cioè dal testo dell'atto non emerga con certezza l'effettiva intenzione del de cuius e la portata della disposizione, far ricorso ad elementi estrinseci al testamento, ma pur sempre riferibili al testatore, quali ad esempio la personalità dello stesso, la sua mentalità, cultura, condizione sociale, ambiente di vita, ecc. (C.C. 24056/22 – Conf. C.C. 21607/21; C.C. 7025/19; C.C. 13868/18; C.C. 8495/04; C.C. 5604/01; C.C. 8668/90).

588. Disposizioni a titolo universale e a titolo particolare. – Le disposizioni testamentarie, qualunque sia l'espressione o la denominazione usata dal testatore, sono a titolo universale (637) e attribuiscono la qualità di erede (625 ss.), se comprendono l'universalità o una quota dei beni del testatore (674). Le altre disposizioni sono a titolo particolare (631) e attribuiscono la qualità di legatario (649 ss.).

L'indicazione di beni determinati o di un complesso di beni non esclude che la disposizione sia a titolo universale, quando risulta che il testatore ha inteso assegnare quei beni come quota del patrimonio (734).

NOTE OPERATIVE:

Erede e legatario (differenze): L'assegnazione di beni determinati configura una successione a titolo universale ("institutio ex re certa") qualora il testatore abbia inteso chiamare l'istituito nell'universalità dei beni o in una quota del patrimonio relitto, mentre deve interpretarsi come legato se egli abbia voluto attribuire beni singoli ed individuati (C.C. 28259/22 – Conf. C.C. 22144/20; C.C. 6125/20; C.C. 3016/20; C.C. 23393/17; C.C. 24163/13; C.C. 3016/02).

589. Testamento congiuntivo o reciproco. – Non si può fare testamento da due o più persone nel medesimo atto, né a vantaggio di un terzo, né con disposizione reciproca (458, 635).

NOTE OPERATIVE:

Testamenti simultanei: Il riconoscimento della validità dei testamenti simultanei, in quanto non rientranti nell'ambito del divieto posto dalla norma, non esclude la loro possibile invalidità da un diverso punto di vista, in relazione al loro eventuale porsi come atti esecutivi di un precedente accordo concluso dai testatori e avente per oggetto l'impegno di ciascuno a disporre in un certo modo della propria successione per causa di morte (C.C. 18197/20 – Conf. C.C. 20162/15; C.C. 5508/12).

590. Conferma ed esecuzione volontaria di disposizioni testamentarie nulle. – La nullità della disposizione testamentaria (606), da qualunque causa dipenda, non può essere fatta valere da chi, conoscendo la causa della nullità, ha, dopo la morte del testatore, confermato la disposizione o dato ad essa volontaria esecuzione (627^2, 799, 2034).

NOTE OPERATIVE:

Presupposti: La norma, nel prevedere la possibilità di conferma od esecuzione di una disposizione testamentaria nulla da parte degli eredi, presuppone, per la sua operatività, l'oggettiva esistenza di una disposizione testamentaria che sia comunque frutto della volontà del de cuius, sicché detta norma non trova applicazione in ipotesi di accertata sottoscrizione apocrifa del testamento, la quale esclude in radice la riconducibilità di esso al testatore (C.C. 10065/20 – Conf. C.C. 11195/12).

Azione di riduzione: Al legittimario non è preclusa l'azione di riduzione neppure in caso di conferma delle disposizioni testamentarie o la volontaria esecuzione di esse, salvo che egli non abbia manifestato in modo non equivoco la volontà di rinunciare a far valere la lesione mediante un comportamento concludente incompatibile con la stessa (C.C. 25680/22 – Conf. C.C. 168/18; C.C. 8001/12).

Capo II
Della capacità di disporre per testamento

591. Casi d'incapacità. – Possono disporre per testamento tutti coloro che non sono dichiarati incapaci dalla legge (32 c.p.).

Sono incapaci di testare:

1) coloro che non hanno compiuto la maggiore età (2);

2) gli interdetti per infermità di mente (414 ss.);

3) quelli che, sebbene non interdetti, si provi essere stati, per qualsiasi causa, anche transitoria, incapaci di intendere o di volere nel momento in cui fecero testamento (428).

Nei casi d'incapacità preveduti dal presente articolo il testamento può essere impugnato da chiunque vi ha interesse. L'azione si prescrive nel termine di cinque anni dal giorno in cui è stata data esecuzione alle disposizioni testamentarie.

NOTE OPERATIVE:

Incapacità naturale: L'incapacità naturale del testatore postula l'esistenza non già di una semplice anomalia o alterazione delle facoltà psichiche ed intellettive del de cuius, bensì la prova che, a cagione di una infermità transitoria o permanente, ovvero di altra causa perturbatrice, il soggetto sia stato privo in modo assoluto, al momento della redazione dell'atto di ultima volontà, della coscienza dei propri atti o della capacità di autodeterminarsi (C.C. 33914/22 – Conf. C.C. 26984/22; C.C. 1618/22; C.C. 6079/20).

Onere della prova: Nel caso di infermità tipica, permanente e abituale, l'incapacità del testatore si presume e l'onere della prova che il testamento sia stato redatto in un momento di lucido intervallo spetta a chi ne afferma la validità (C.C. 27351/14). Qualora, invece, detta infermità sia intermittente o ricorrente, poiché si alternano periodi di capacità e incapacità, non sussiste tale presunzione e, quindi, la prova dell'incapacità deve essere data da chi impugna il testamento (C.C. 26984/22 – Conf. C.C. 1618/22; C.C. 25053/18; C.C. 3934/18).

Capo III
Della capacità di ricevere per testamento

592. (1) **Figli nati fuori del matrimonio** (2) **riconosciuti o riconoscibili.** – Se vi sono discendenti legittimi, i figli nati fuori del matrimonio (2), quando la filiazione è stata riconosciuta o dichiarata, non possono ricevere per testamento più di quanto avrebbero ricevuto se la successione si fosse devoluta in base alla legge.

I figli nati fuori del matrimonio (2) riconoscibili, quando la filiazione risulta nei modi indicati dall'art. 279, non possono ricevere più di quanto, secondo la disposizione del comma precedente, potrebbero conseguire se la filiazione fosse stata riconosciuta o dichiarata.

(1) *La Corte costituzionale, con sentenza n. 205 del 18 dicembre 1970, ha dichiarato incostituzionale l'intero articolo.*

(2) *Le parole: «figli naturali» sono state così sostituite dalle seguenti: «figli nati fuori del matrimonio» dall'art. 105, comma 3, del D.L.vo 28 dicembre 2013, n. 154, a decorrere dal trentesimo giorno successivo a quello della sua pubblicazione nella* Gazzetta Ufficiale *(G.U. n. 5 dell'8 gennaio 2014).*

593. [Figli naturali non riconoscibili. – (*Omissis*)] (1).

(1) *Articolo abrogato dall'art. 194 L. 19 maggio 1975, n. 151, riforma del diritto di famiglia.*

594. Assegno ai figli nati fuori del matrimonio (1) **non riconoscibili.** – Gli eredi, i legatari e i donatari sono tenuti, in proporzione a quanto hanno ricevuto, a corrispondere ai figli nati fuori del matrimonio (1) di cui all'art. 279, un assegno vitalizio nei limiti stabiliti dall'art. 580, se il genitore non ha disposto per donazione o testamento in favore dei figli medesimi. Se il genitore ha disposto in loro favore, essi possono rinunziare alla disposizione e chiedere l'assegno.

(1) *La parola: «naturali» è stata così sostituita dalle attuali: «nati fuori del matrimonio» dall'art. 83 del D.L.vo 28 dicembre 2013, n. 154, a decorrere dal trentesimo giorno successivo a quello della sua pubblicazione nella* Gazzetta Ufficiale *(G.U. n. 5 dell'8 gennaio 2014).*

595. [Coniuge del binubo. – (*Omissis*)] (1).

(1) *Articolo abrogato dall'art. 196 della L. 19 maggio 1975, n. 151, riforma del diritto di famiglia. Il testo vigente prima dell'abrogazione era stato dichiarato incostituzionale con sentenza 20 dicembre 1979, n. 153 della Corte costituzionale.*

596. Incapacità del tutore e del protutore. – Sono nulle le disposizioni testamentarie della persona sottoposta a tutela in favore del tutore, se fatte dopo la nomina di questo (346) e prima che sia approvato il conto (386; 263 c.p.c.) o sia estinta l'azione per il rendimento del conto medesimo (387), quantunque il testatore sia morto dopo l'approvazione. Questa norma si applica anche al protutore, se il testamento è fatto nel tempo in cui egli sostituiva il tutore (360, 378[4], 599, 799).

Sono però valide le disposizioni fatte in favore del tutore o del protutore che è ascendente, discendente, fratello, sorella o coniuge del testatore.

597. Incapacità del notaio, dei testimoni e dell'interprete. – Sono nulle le disposizioni a favore del notaio o di altro ufficiale (609, 611, 616, 617) che ha ricevuto il testamento pubblico (603), ovvero a favore di alcuno dei testimoni o dell'interprete intervenuti al testamento medesimo (599).

NOTE OPERATIVE:

Illecito disciplinare: In tema di responsabilità disciplinare del notaio, l'istituzione di quest'ultimo quale esecutore testamentario – mediante disposizione testamentaria posta all'interno del testamento dallo stesso rogato – configura un illecito disciplinare in quanto detta disposizione tutela l'immagine di terzietà e imparzialità che il notaio deve preservare nello svolgimento della propria attività professionale, con valutazione ex ante dell'interesse che avrebbe dovuto indurlo ad astenersi dalla redazione dell'atto, a nulla rilevando che lo stesso testamento non preveda una istituzione di erede o legato a favore dello stesso notaio, ciò che eventualmente potrebbe rilevare ai diversi fini della nullità di cui all'art. 597 c.c. (C.C. 1174/23 – Conf. C.C. 7028/01).

598. Incapacità di chi ha scritto o ricevuto il testamento segreto. – Sono nulle le disposizioni a favore della persona che ha scritto il testamento segreto (604), salvo che siano approvate di mano dello stesso testatore o nell'atto della consegna. Sono pure nulle le disposizioni a favore del notaio a cui il testamento segreto è stato consegnato in plico non sigillato (599, 605).

599. Persone interposte. – Le disposizioni testamentarie a vantaggio delle persone incapaci indicate dagli artt. 592, 593, 595, 596, 597 e 598 sono nulle anche se fatte sotto nome d'interposta persona (1).

Sono reputate persone interposte il padre, la madre, i discendenti (467[1]) e il coniuge della persona incapace, anche se chiamati congiuntamente con l'incapace (323, 378, 738, 740, 779 ss., 2728).

(1) *La Corte costituzionale, con sentenza n. 205 del 28 dicembre 1970, ha dichiarato l'illegittimità costituzionale nella parte in cui si riferisce agli artt. 592 e 593 cod. civ.; e con sentenza 20 dicembre 1979, n. 153 ha dichiarato l'illegittimità costituzionale nella parte in cui richiama l'art. 595.*

600. (1) [**Enti non riconosciuti.** – Le disposizioni a favore di un ente non riconosciuto (36) non hanno efficacia, se entro un anno dal giorno in cui il testamento è eseguibile (620 ss.) non è fatta l'istanza per ottenere il riconoscimento (12, 33, 786).

Fino a quando l'ente non è costituito possono essere promossi gli opportuni provvedimenti conservativi (715[4]; 3 att.; 670 c.p.c.)].

(1) *Questo articolo è stato abrogato dall'art. 13, comma 1, della L. 15 maggio 1997, n. 127, così come sostituito dall'art. 1, comma 1, della L. 22 giugno 2000, n. 192. Le disposizioni previste dall'art. 13, comma 1, si applicano anche alle acquisizioni deliberate o verificatesi in data anteriore a quella di entrata in vigore della citata L. n. 127/1997, a norma dell'art. 13, comma 2, medesima legge.*

Capo IV
Della forma dei testamenti

Sezione I
Dei testamenti ordinari

601. Forme. – Le forme ordinarie di testamento sono il testamento olografo (602) e il testamento per atto di notaio.

Il testamento per atto di notaio è pubblico (603) o segreto (604 ss., 607, 685).

602. Testamento olografo. – Il testamento olografo deve essere scritto per intero, datato e sottoscritto di mano del testatore (606, 684, 685).

La sottoscrizione deve essere posta alla fine delle disposizioni. Se anche non è fatta indicando nome e cognome (6[2], 9), è tuttavia valida quando designa con certezza la persona del testatore.

La data deve contenere l'indicazione del giorno, mese e anno. La prova della non verità della data è ammessa soltanto quando si tratta di giudicare della capacità del testatore (591), della priorità di data tra più testamenti (682) o di altra questione da decidersi in base al tempo del testamento (651, 656, 657, 687).

NOTE OPERATIVE:

Sottoscrizione: La finalità del requisito della sottoscrizione, previsto distintamente dall'autografia delle disposizioni in esso contenute, ha la finalità di soddisfare l'imprescindibile esigenza di avere l'assoluta certezza non solo della loro riferibilità al testatore, già assicurata dall'olografia, ma anche dell'inequivocabile paternità e responsabilità del medesimo che, dopo avere redatto il testamento

– anche in tempi diversi – abbia disposto del suo patrimonio senza alcun ripensamento (C.C. 40138/21 – Conf. C.C. 18616/17; C.C. 22420/13; C.C. 13487/05).

Carattere grafico: L'abitualità e la normalità del carattere grafico adoperato non rientrano fra i requisiti formali del testamento olografo benché assumano un pregnante valore probatorio nell'ottica dell'attribuzione della scheda al testatore. Pertanto, l'uso dello stampatello non può escludere di per sé l'autenticità della scrittura (C.C. 31457/18).

Contestazione (azione): La parte che contesti l'autenticità di un testamento olografo deve proporre domanda di accertamento negativo della provenienza della scrittura, gravando su di essa l'onere della relativa prova (C.C. 11659/23 – Conf. S.U. 12307/05).

603. Testamento pubblico. – Il testamento pubblico è ricevuto dal notaio in presenza di due testimoni (597).

Il testatore, in presenza dei testimoni, dichiara al notaio la sua volontà, la quale è ridotta in iscritto a cura del notaio stesso. Questi dà lettura del testamento al testatore in presenza dei testimoni. Di ciascuna di tali formalità è fatta menzione nel testamento (606).

Il testamento deve indicare il luogo, la data del ricevimento e l'ora della sottoscrizione, ed essere sottoscritto dal testatore, dai testimoni e dal notaio. Se il testatore non può sottoscrivere, o può farlo solo con grave difficoltà, deve dichiararne la causa, e il notaio deve menzionare questa dichiarazione prima della lettura dell'atto (606, 609[2]).

Per il testamento del muto, sordo o sordomuto (¹) si osservano le norme stabilite dalla legge notarile per gli atti pubblici di queste persone. Qualora il testatore sia incapace anche di leggere, devono intervenire quattro testimoni (605[5], 606[1]).

(¹) *A norma dell'art. 1 della L. 20 febbraio 2006, n. 95, in tutte le disposizioni legislative vigenti, il termine «sordomuto» è sostituito con l'espressione «sordo».*

NOTE OPERATIVE:

Indicazione dell'ora: Il testamento pubblico privo del requisito formale dell'ora della sottoscrizione è annullabile su istanza di chiunque vi abbia interesse (C.C. 8366/12).

Sanità mentale del testatore: Lo stato di sanità mentale del testatore, seppure ritenuto e dichiarato dal notaio per la mancanza di segni apparenti di incapacità del testatore medesimo, può essere contestato con ogni mezzo di prova, senza necessità di proporre querela di falso, poiché, ai sensi dell'art. 2700 c.c. (C.C. 2702/19).

Falso materiale: Commette falso materiale in atto pubblico il notaio che, nel redigere un testamento pubblico, aiuti il testatore a completare la sottoscrizione senza dare atto dell'impossibilità di sottoscrivere, in quanto in tal modo viene rappresentato falsamente che il testatore ha spontaneamente, autonomamente e interamente sottoscritto l'atto (C.P. 2493/19).

604. Testamento segreto. – Il testamento segreto può essere scritto dal testatore o da un terzo (598). Se è scritto dal testatore, deve essere sottoscritto da lui alla fine delle disposizioni; se è scritto in tutto o in parte da altri, o se è scritto con mezzi meccanici, deve portare la sottoscrizione del testatore anche in ciascun mezzo foglio, unito o separato (607).

Il testatore che sa leggere ma non sa scrivere, o che non ha potuto apporre la sottoscrizione quando faceva scrivere le proprie disposizioni, deve altresì dichiarare al notaio, che riceve il testamento, di averlo letto ed aggiungere la causa che gli ha impedito di sottoscriverlo: di ciò si fa menzione nell'atto di ricevimento.

Chi non sa o non può leggere non può fare testamento segreto.

605. Formalità del testamento segreto. – La carta su cui sono stese le disposizioni o quella che serve da involto deve essere sigillata con un'impronta, in guisa che il testamento non si possa aprire né estrarre senza rottura o alterazione.

Il testatore, in presenza di due testimoni, consegna personalmente al notaio la carta così sigillata, o la fa sigillare nel modo sopra indicato in presenza del notaio e dei testimoni, e dichiara che in questa carta è contenuto il suo testamento. Il testatore, se è muto o sordomuto (¹), deve scrivere tale dichiarazione in presenza dei testimoni e deve pure dichiarare per iscritto di aver letto il testamento, se questo è stato scritto da altri (604).

Sulla carta in cui dal testatore è scritto o involto il testamento, o su un ulteriore involto predisposto dal notaio e da lui debitamente sigillato, si scrive l'atto di ricevimento nel quale si indicano il fatto della consegna e la dichiarazione del testatore, il numero e l'impronta dei sigilli, e l'assistenza dei testimoni a tutte le formalità (606).

L'atto deve essere sottoscritto dal testatore, dai testimoni e dal notaio.

Se il testatore non può, per qualunque impedimento, sottoscrivere l'atto della consegna, si osserva quel che è stabilito circa il testamento per atto pubblico (603, 619). Tutto ciò deve essere fatto di seguito e senza passare ad altri atti (607, 608).

(¹) *A norma dell'art. 1 della L. 20 febbraio 2006, n. 95, in tutte le disposizioni legislative vigenti, il termine «sordomuto» è sostituito con l'espressione «sordo».*

606. Nullità del testamento per difetto di forma. – Il testamento è nullo quando manca l'autografia o la sottoscrizione nel caso di testamento olografo (602), ovvero manca la redazione per iscritto, da parte del notaio, delle dichiarazioni del testatore o la sottoscrizione dell'uno o dell'altro, nel caso di testamento per atto di notaio (603).

Per ogni altro difetto di forma il testamento può essere annullato su istanza di chiunque vi ha interesse. L'azione di annullamento si prescrive nel termine di cinque anni dal giorno in cui è stata data esecuzione alle disposizioni testamentarie (590).

NOTE OPERATIVE:

Testamento olografo: data ...: Nel testamento olografo l'omessa o incompleta indicazione della data ne comporta l'annullabilità; l'apposizione di questa ad opera di terzi, invece, se effettuata durante il confezionamento del documento, lo rende nullo perché, in tal caso, viene meno l'autografia stessa dell'atto, senza che rilevi l'importanza dell'alterazione (C.C. 7863/21 – Conf. C.C. 27414/18).

... e autografia: La guida della mano del testatore da parte di una terza persona esclude, di per sé, il requisito dell'autografia, indispensabile per la validità del testamento olografo (C.C. 5505/17 – Conf. C.C. 24882/13).

607. Validità del testamento segreto come olografo. – Il testamento segreto, che manca di qualche requisito suo proprio (605), ha effetto come testamento olografo, qualora di questo abbia i requisiti (602, 685).

608. Ritiro di testamento segreto od olografo. – Il testamento segreto (604, 605) e il testamento olografo (602) che è stato depositato (620) possono dal testatore essere ritirati in ogni tempo dalle mani del notaio presso il quale si trovano (685).

A cura del notaio si redige verbale della restituzione; il verbale è sottoscritto dal testatore, da due testimoni e dal notaio; se il testatore non può sottoscrivere, se ne fa menzione.

Quando il testamento è depositato in un pubblico archivio, il verbale è redatto dall'archivista e sottoscritto dal testatore, dai testimoni e dall'archivista medesimo.

Della restituzione del testamento si prende nota in margine o in calce all'atto di consegna o di deposito.

Sezione II
Dei testamenti speciali

609. Malattie contagiose, calamità pubbliche o infortuni. – Quando il testatore non può valersi delle forme ordinarie (601), perché si trova in luogo dove domina una malattia reputata contagiosa, o per causa di pubblica calamità o di infortunio, il testamento è valido se ricevuto da un notaio, [dal pretore o] ([1]) dal giudice di pace del luogo, dal sindaco o da chi ne fa le veci, o da un ministro di culto, in presenza di due testimoni di età non inferiore a sedici anni.

Il testamento è redatto e sottoscritto da chi lo riceve; è sottoscritto anche dal testatore e dai testimoni. Se il testatore o i testimoni non possono sottoscrivere, se ne indica la causa (603^3, 610, 619).

([1]) *Le parole tra parentesi quadre sono state soppresse dall'art. 147 del D.L.vo 19 febbraio 1998, n. 51, recante l'istituzione del giudice unico, a decorrere dal 2 giugno 1999.*

610. Termine di efficacia. – Il testamento ricevuto nel modo indicato dall'articolo precedente perde la sua efficacia tre mesi dopo la cessazione della causa che ha impedito al testatore di valersi delle forme ordinarie (601 ss.).

Se il testatore muore nell'intervallo, il testamento deve essere depositato, appena è possibile, nell'archivio notarile del luogo in cui è stato ricevuto (608^3, 613, 614).

611. Testamento a bordo di nave. – Durante il viaggio per mare il testamento può essere ricevuto a bordo della nave dal comandante di essa (612, 615, 619; 296 c.n.).

Il testamento del comandante può essere ricevuto da colui che lo segue immediatamente in ordine di servizio (203, 296, 321, 322 c.n.).

612. Forme. – Il testamento indicato dall'articolo precedente è redatto in doppio originale alla presenza di due testimoni e deve essere sottoscritto dal testatore, dalla persona che lo ha ricevuto e dai testimoni (619); se il testatore o i testimoni non possono sottoscrivere, si deve indicare il motivo che ha impedito la sottoscrizione.

Il testamento è conservato tra i documenti di bordo ed è annotato sul giornale di bordo ovvero sul giornale nautico e sul ruolo d'equipaggio (203, 296, 321, 322 c.n.).

613. Consegna. – Se la nave approda a un porto estero in cui vi sia un'autorità consolare, il comandante è tenuto a consegnare all'autorità medesima uno degli originali del testamento e una copia dell'annotazione fatta sul giornale di bordo ovvero sul giornale nautico e sul ruolo d'equipaggio.

Al ritorno della nave nella Repubblica, i due originali del testamento, o quello non depositato durante il viaggio, devono essere consegnati all'autorità marittima locale insieme con la copia della predetta annotazione.

Della consegna si rilascia dichiarazione, di cui si fa cenno in margine all'annotazione sopraindicata.

614. Verbale di consegna. – L'autorità marittima o consolare locale deve redigere verbale della consegna del testamento e trasmettere il verbale e gli atti ricevuti al Ministro della difesa o al Ministero della marina mercantile, secondo che il testamento sia stato ricevuto a bordo di una nave della marina militare o di una nave della marina mercantile. Il Ministero ordina il deposito di uno degli originali nel suo archivio, e trasmette l'altro all'archivio notarile del luogo del domicilio o dell'ultima residenza (43) del testatore (608[3], 617[2]).

615. Termine di efficacia. – Il testamento fatto durante il viaggio per mare, nella forma stabilita dagli artt. 611 e seguenti, perde la sua efficacia tre mesi dopo lo sbarco del testatore in luogo dove è possibile fare testamento nelle forme ordinarie (601 ss.).

616. Testamento a bordo di aeromobile. – Al testamento fatto a bordo di un aeromobile durante il viaggio si applicano le disposizioni degli artt. 611 a 615.

Il testamento è ricevuto dal comandante, in presenza di uno o, quando è possibile, di due testimoni (888 c.n.).

Le attribuzioni delle autorità marittime a norma degli artt. 613 e 614 spettano alle autorità aeronautiche.

Il testamento è annotato sul giornale di rotta (772 c.n.).

617. Testamento dei militari e assimilati. – Il testamento dei militari e delle persone al seguito delle forze armate dello Stato può essere ricevuto da un ufficiale o da un cappellano militare o da un ufficiale della Croce Rossa, in presenza di due testimoni; esso deve essere sottoscritto dal testatore, dalla persona che lo ha ricevuto e dai testimoni. Se il testatore o i testimoni non possono sottoscrivere, si deve indicare il motivo che ha impedito la sottoscrizione (619).

Il testamento deve essere al più presto trasmesso al quartiere generale e da questo al Ministero competente, che ne ordina il deposito nell'archivio notarile del luogo del domicilio o dell'ultima residenza (43) del testatore.

618. Casi e termini d'efficacia. – Nella forma speciale stabilita dall'articolo precedente possono testare soltanto coloro i quali, appartenendo a corpi o servizi mobilitati o comunque impegnati in guerra, si trovano in zona di operazioni belliche o sono prigionieri presso il nemico, e coloro che sono acquartierati o di presidio fuori della Repubblica o in luoghi dove siano interrotte le comunicazioni.

Il testamento perde la sua efficacia tre mesi dopo il ritorno del testatore in un luogo dove è possibile far testamento nelle forme ordinarie (601 ss., 615).

619. Nullità. – I testamenti previsti in questa sezione sono nulli quando manca la redazione in iscritto della dichiarazione del testatore ovvero la sottoscrizione della persona autorizzata a riceverla o del testatore.

Per gli altri difetti di forma si osserva il disposto del secondo comma dell'art. 606 (590).

Sezione III
Della pubblicazione
dei testamenti olografi
e dei testamenti segreti

620. Pubblicazione del testamento olografo. – Chiunque è in possesso di un testamento olografo (602) deve presentarlo a un notaio per la pubblicazione (608), appena ha notizia della morte del testatore.

Chiunque crede di avervi interesse può chiedere, con ricorso al tribunale del circondario in cui si è aperta la successione (456), che sia fissato un termine per la presentazione (621; 749 c.p.c.).

Il notaio procede alla pubblicazione del testamento (623) in presenza di due testimoni, redigendo nella forma degli atti pubblici un verbale nel quale descrive lo stato del testamento, ne riproduce il contenuto e fa menzione della sua apertura, se è stato presentato chiuso con sigillo. Il verbale è sottoscritto dalla persona che presenta il testamento, dai testimoni e dal notaio. Ad esso sono uniti la carta in cui è scritto il testamento, vidimata in ciascun mezzo foglio dal notaio e dai testimoni, e l'estratto dell'atto di morte del testatore o copia del provvedimento che ordina l'apertura degli atti di ultima volontà dell'assente (50) o della sentenza che dichiara la morte presunta (58, 63).

Nel caso in cui il testamento è stato depositato dal testatore presso un notaio, la pubblicazione è eseguita dal notaio depositario (685).

Avvenuta la pubblicazione, il testamento olografo ha esecuzione (623; 3, 7 att.).

Per giustificati motivi, su istanza di chiunque vi ha interesse, il tribunale può disporre che periodi o frasi di carattere non patrimoniale (587) siano cancellati dal testamento e omessi nelle copie che fossero richieste, salvo che l'autorità giudiziaria ordini il rilascio di copia integrale.

NOTE OPERATIVE:

Natura giuridica: La pubblicazione, sebbene costituisca circostanza esterna al testamento olografo e non possa esserne, pertanto, configurata come requisito di validità o di efficacia, si pone come atto preparatorio necessario ai fini della sua esecuzione coattiva e, quindi, come condizione di quest'ultima (C.C. 13487/05 – Conf. C.C. 3636/04).

621. Pubblicazione del testamento segreto. – Il testamento segreto (604) deve essere aperto e pubblicato dal notaio appena gli perviene la notizia della morte del testatore. Chiunque crede di avervi interesse può chiedere, con ricorso al tribunale del circondario in cui si è aperta la successione, che sia fissato un termine per l'apertura e la pubblicazione (7 att.; 749 c.p.c.).

Si applicano le disposizioni del terzo comma dell'art. 620.

622. Comunicazione dei testamenti alla pretura. – Il notaio deve trasmettere alla cancelleria del tribunale, nella cui giurisdizione si è aperta la successione (456), copia in carta libera dei verbali previsti dagli artt. 620 e 621 e del testamento pubblico (603; 55 att.).

623. Comunicazione agli eredi e legatari. – Il notaio che ha ricevuto un testamento pubblico (603), appena gli è nota la morte del testatore, o, nel caso di testamento olografo (602) o segreto (604), dopo la pubblicazione (620, 621), comunica l'esistenza del testamento agli eredi e legatari di cui conosce il domicilio o la residenza (43).

Capo V
Dell'istituzione di erede e dei legati

Sezione I
Disposizioni generali

624. Violenza, dolo, errore. – La disposizione testamentaria può essere impugnata da chiunque vi abbia interesse quando è l'effetto di errore (625), di violenza o di dolo (1427 ss.).

L'errore sul motivo (626), sia esso di fatto o di diritto, è causa di annullamento della disposizione testamentaria, quando il motivo risulta dal testamento ed è il solo che ha determinato il testatore a disporre (634, 647, 648).

L'azione si prescrive in cinque anni dal giorno in cui si è avuta notizia della violenza, del dolo o dell'errore (2652, n. 7, 2690, n. 4, 2948).

NOTE OPERATIVE:

Dolo: La disposizione testamentaria può dirsi effetto di dolo allorché vi sia prova dell'uso di mezzi fraudolenti che, avuto riguardo all'età, allo stato di salute, alle condizioni di spirito del testatore, siano stati idonei a trarlo in inganno, suscitando in lui false rappresentazioni ed orientando la sua volontà in un senso verso il quale non si sarebbe spontaneamente indirizzata (C.C. 30424/22 – Conf. C.C. 4653/18; C.C. 9309/17; C.C. 2448/14; C.C. 824/14). Non possono incidere sulla regolarità e quindi sulla validità dell'atto atteggiamenti di piaggeria, blandizia, affettuosità da parte di terzi che possono al più trovare una censura solo sul piano etico. Tali condotte, anche se appaiono eticamente discutibili, infatti, non integrano la previsione di legge (C.C. 9309/17).

Errore sul motivo: L'errore sul motivo si identifica in quello che cade sulla realtà obiettiva e non già sulla valutazione che di essa abbia fatto il testatore nel suo libero e insindacabile apprezzamento circa l'importanza e le conseguenze della realtà stessa, in relazione alle sue personali vedute e aspirazioni ed ai fini perseguiti nel dettare le sue ultime volontà, sicché tale soggettiva valutazione della realtà obiettiva è da qualificarsi come giuridicamente irrilevante (C.C. 7178/18 – Conf. C.C. 2132/71).

625. Erronea indicazione dell'erede o del legatario o della cosa che forma oggetto della disposizione. – Se la persona dell'erede o del legatario è stata erroneamente indicata, la disposizione ha effetto, quando dal contesto del testamento o altrimenti risulta in modo non equivoco quale persona il testatore voleva nominare (628).

La disposizione ha effetto anche quando la cosa che forma oggetto della disposizione è stata erroneamente indicata o descritta, ma è certo a quale cosa il testatore intendeva riferirsi (632).

NOTE OPERATIVE:

Ambito di applicazione: L'indicazione del beneficiario fatta dal testatore in modo impreciso o incompleto non rende nulla la disposizione qualora, dal contesto del testamento o altrimenti, con riferimento comunque ad univoci dati obbiettivi, sia possibile determinare in modo certo la persona dell'erede o del legatario (C.C. 8899/13 – Conf. C.C. 141/85).

626. Motivo illecito. – Il motivo illecito rende nulla la disposizione testamentaria, quando risulta dal testamento ed è il solo che ha determinato il testatore a disporre (634, 647, 648).

627. Disposizione fiduciaria. – Non è ammessa azione in giudizio per accertare che le disposizioni fatte a favore di persona dichiarata nel testamento sono soltanto apparenti e che in realtà riguardano altra persona, anche se espressioni del testamento possono indicare o far presumere che si tratta di persona interposta.

Tuttavia la persona dichiarata nel testamento, se ha spontaneamente eseguito (590) la disposizione fiduciaria trasferendo i beni alla persona voluta dal testatore, non può agire per la ripetizione, salvo che sia un incapace (2034, 2039).

Le disposizioni di questo articolo non si applicano al caso in cui l'istituzione o il legato sono impugnati come fatti per interposta persona (599) a favore di incapaci a ricevere (462, 592 ss.).

628. Disposizioni a favore di persona incerta. – È nulla ogni disposizione fatta a favore di persona che sia indicata in modo da non poter essere determinata (625).

NOTE OPERATIVE:

Ambito di applicazione: Ricorre l'ipotesi di disposizione a favore di soggetti determinati dallo stesso testatore (e non quella di disposizione a favore di persone da determinarsi successivamente in funzione di un criterio astratto) non solo nel caso in cui la disposizione sia stata dettata a vantaggio di soggetti nominativamente indicati, ma anche nel caso in cui i beneficiari siano comunque determinabili, in base ad indicazioni desumibili dal contesto complessivo della scheda testamentaria nonché a quelle ad essa estrinseci, come la cultura, la mentalità e l'ambiente di vita del testatore (C.C. 16079/20 – Conf. C.C. 262/62).

629. Disposizioni a favore dell'anima. – Le disposizioni a favore dell'anima sono valide qualora siano determinati i beni o possa essere determinata la somma da impiegarsi a tale fine.

Esse si considerano come un onere (647) a carico dell'erede o del legatario, e si applica l'art. 648.

Il testatore può designare una persona che curi l'esecuzione della disposizione, anche nel caso in cui manchi un interessato a richiedere l'adempimento (700 ss.).

NOTE OPERATIVE:

Sepolcro: La disposizione testamentaria con la quale il testatore destina il suo patrimonio ad un'opera di bene che provveda alla manutenzione del sepolcro costituisce disposizione a favore dei poveri (C.C. 5086/06); poiché la cappella funeraria non è che un sepolcro, non può ritenersi che la disposizione testamentaria con la quale si provvede alla sua manutenzione, senza alcuna modalità integrativa relativa alla celebrazione di riti di suffragio e di devozione, abbia fine di culto o di religione e possa dunque essere considerata alla stregua di una disposizione per l'anima (C.C. 8386/99).

630. Disposizioni a favore dei poveri. – Le disposizioni a favore dei poveri e altre simili, espresse genericamente, senza che si determini l'uso o il pubblico istituto a cui beneficio sono fatte, s'intendono fatte in favore dei poveri del luogo in cui il testatore aveva il domicilio (43) al tempo della sua morte, e i beni sono devoluti all'ente comunale per l'assistenza.

La precedente disposizione si applica anche quando la persona incaricata dal testatore di determinare l'uso o il pubblico istituto non può o vuole accettare l'incarico (631).

NOTE OPERATIVE:

Destinatari: Tali disposizioni testamentarie si caratterizzano per essere eccezionalmente dirette, in virtù delle ragioni umanitarie sottese alla volontà del testatore, verso destinatari indeterminati, appartenenti alla categoria dei poveri o bisognosi (C.C. 4283/11 – Conf. C.C. 11844/03), con elencazione meramente esemplificativa dei destinatari (C.C. 4022/07).

631. Disposizioni rimesse all'arbitrio del terzo. – È nulla ogni disposizione testamentaria con la quale si fa dipendere dall'arbitrio di un terzo l'indicazione dell'erede o del legatario (632, 664), ovvero la determinazione della quota di eredità.

Tuttavia è valida la disposizione a titolo particolare (588) in favore di persona da scegliersi dall'onerato o da un terzo tra più persone determinate dal testatore o appartenenti a famiglie o categorie di persone da lui determinate, ed è pure valida la disposizione a titolo particolare a favore di uno tra più enti (600) determinati del pari dal testatore. Se sono indicate più persone in modo alternativo e non è stabilito chi deve fare la scelta, questa si considera lasciata all'onerato (699, 778[2]).

Se l'onerato o il terzo non può o non vuole fare la scelta, questa è fatta con decreto dal presidente del tribunale del luogo in cui si è aperta la successione (456), dopo avere assunto le opportune informazioni (751 c.p.c.).

NOTE OPERATIVE:

Ambito di applicazione: La norma che prevede la validità della disposizione testamentaria a titolo particolare con riguardo al delimitato incarico di scegliere, tra più persone, o in una famiglia o categoria, predeterminate dallo stesso testatore, il soggetto beneficiario di una certa attribuzione, è una norma di stretta interpretazione, non applicabile al di là delle ipotesi in essa specificamente contemplate (C.C. 3082/93).

632. Determinazione di legato per arbitrio altrui. – È nulla la disposizione che lascia al mero arbitrio dell'onerato o di un terzo di determinare l'oggetto o la quantità del legato (664).

Sono validi i legati fatti a titolo di rimunerazione per i servizi prestati al testatore, anche se non ne sia indicato l'oggetto o la quantità.

Sezione II
Delle disposizioni condizionali, a termine e modali

633. Condizione sospensiva o risolutiva. – Le disposizioni a titolo universale o particolare (588) possono farsi sotto condizione sospensiva o risolutiva (480, 549, 638, 646).

NOTE OPERATIVE:

Ambito di applicazione: Le condizioni sospensive o risolutive apposte all'istituzione di erede sono quelle che la fanno dipendere dal caso o dal fatto del terzo (condizione casuale) o dalla volontà dell'erede (condizione potestativa), ma non da quella del testatore (C.C. 19463/05 – Conf. C.C. 8668/90).

Accertamento: La presenza in un testamento di una clausola condizionale è rivelata non tanto dalla sua formulazione letterale e dalla sua collocazione nel contesto del negozio, quanto dal carattere intrinseco del fatto cui è subordinata l'efficacia della disposizione, indipendentemente dalle parole adoperate dal testatore (C.C. 18219/13 – Conf. C.C. 10008/92).

634. Condizioni impossibili o illecite. – Nelle disposizioni testamentarie si considerano non apposte (647[3], 794) le condizioni impossibili e quelle contrarie a norme imperative, all'ordine pubblico o al buon costume, salvo quanto è stabilito dall'art. 626 (636, 692).

NOTE OPERATIVE:

Vincolo perpetuo di destinazione: L'attribuzione patrimoniale testamentaria di un bene con vincolo perpetuo di destinazione imposto dal disponente con clausola modale, è nulla per violazione dell'art. 1379 c.c., risultando eccessivamente compromesso il diritto di proprietà dell'onerato, i cui poteri dispositivi sul bene – destinato a circolare, a pena di inadempimento, con il medesimo vincolo – risultano sostanzialmente sterilizzati sine die (C.C. 23616/23 – Conf. C.C. 15240/17).

Obbligo di donazione ...: La condizione sospensiva, apposta ad una disposizione testamentaria, con cui si subordina l'istituzione d'erede all'obbligo, per il beneficiario, di donare un proprio immobile è illecita, in quanto contraria al principio della libertà di autodeterminazione dell'istituito (C.C. 8733/23 – Conf. C.C. 8941/09).

... e di contrarre matrimonio: La condizione, apposta ad una disposizione testamentaria, che subordini l'efficacia della stessa alla circostanza che l'istituito contragga matrimonio, è illecita, in quanto contraria al principio della libertà matrimoniale tutelato dagli artt. 2 e 29 Cost. Essa, pertanto, si considera non apposta, a meno che non sia stato l'unico motivo determinante della volontà del testatore, nel qual caso rende nulla la disposizione testamentaria (C.C. 8941/09); la condizione di contrarre matrimonio con persona appartenente alla stessa classe sociale dell'istituito, è lecita, e, quindi, perfettamente valida ed efficace, in quanto lascia al beneficiario un ampio margine di scelta e di libera autodeterminazione e non importa alcuna limitazione psichica intollerabile, come tale contraria all'ordine pubblico (C.C. 102/86).

635. Condizione di reciprocità. – È nulla la disposizione a titolo universale o particolare (588) fatta dal testatore a condizione di essere a sua volta avvantaggiato nel testamento dell'erede o del legatario (458, 589).

636. Divieto di nozze. – È illecita la condizione (1353) che impedisce le prime nozze o le ulteriori (634).

Tuttavia il legatario di usufrutto (978 ss.) o di uso (1021), di abitazione (1022) o di pensione, o di altra prestazione periodica per il caso o per il tempo del celibato o della vedovanza, non può goderne che durante il celibato o la vedovanza.

NOTE OPERATIVE:

Ambito di applicazione: La norma intende tutelare la libertà di contrarre matrimonio della persona e non è quindi violato nei casi in cui la condizione non sia dettata dal fine di impedire le nozze ma preveda per l'istituito un trattamento più favorevole in caso di mancato matrimonio (C.C. 8941/09 – Conf. C.C. 2122/92).

637. Termine. – Si considera non apposto (634) a una disposizione a titolo universale (588) il termine dal quale l'effetto di essa deve cominciare o cessare (702[2]).

638. Condizione di non fare o di non dare. – Se il testatore ha disposto sotto la condizione che l'erede o il legatario non faccia o non dia qualche cosa per un tempo indeterminato, la disposizione si considera fatta sotto condizione risolutiva (633, 1353), salvo che dal testamento risulti una contraria volontà del testatore (639).

639. Garanzia in caso di condizione risolutiva. – Se la disposizione testamentaria è sottoposta a condizione risolutiva (633, 638, 1353), l'autorità giudiziaria, qualora ne ravvisi l'opportunità, può imporre all'erede o al legatario di prestare idonea garanzia (1179; 119 c.p.c.) a favore di coloro ai quali l'eredità o il legato dovrebbe devolversi nel caso che la condizione si avverasse (750 c.p.c.).

640. Garanzia in caso di legato sottoposto a condizione sospensiva o a termine. – Se a taluno è lasciato un legato sotto condizione sospensiva (633, 1353) o dopo un certo tempo (637), l'onerato può essere costretto a dare idonea garanzia (1179) al legatario, salvo che il testatore abbia diversamente disposto (641; 119, 750 c.p.c.).

La garanzia può essere imposta anche al legatario quando il legato è a termine finale (637, 707).

NOTE OPERATIVE:

Rimborso: Le spese anticipate dal legatario per la costituzione della garanzia che può pretendere dall'onerato, costringendolo a fornirla in caso di necessità, devono essere da quest'ultimo rimborsate, alla stregua del principio generale secondo cui le spese anticipate dal creditore, per garantire il proprio credito sono a carico del debitore (C.C. 3708/97).

641. Amministrazione in caso di condizione sospensiva o di mancata prestazione di garanzia. – Qualora l'erede sia istituito sotto condizione sospensiva (633, 1353), finché questa condizione non si verifica o non è certo che non si può più verificare, è dato all'eredità un amministratore (642, 693).

Vale la stessa norma anche nel caso in cui l'erede o il legatario non adempie l'obbligo di prestare la garanzia prevista dai due articoli precedenti (643).

642. Persone a cui spetta l'amministrazione. – L'amministrazione spetta alla persona a cui favore è stata disposta la sostituzione (688), ovvero al coerede o ai coeredi, quando tra essi e l'erede condizionale vi è il diritto di accrescimento (674 ss.).

Se non è prevista la sostituzione o non vi sono coeredi a favore dei quali abbia luogo il diritto di accrescimento, l'amministrazione spetta al presunto erede legittimo (565 ss.).

In ogni caso l'autorità giudiziaria, quando concorrono giusti motivi, può provvedere altrimenti (643; 22 c.p.c.).

643. Amministrazione in caso di eredi nascituri. – Le disposizioni dei due precedenti articoli si applicano anche nel caso in cui sia chiamato a succedere un non concepito, figlio di una determinata persona vivente (462). A questa spetta la rappresentanza del nascituro, per la tutela dei suoi diritti successori, anche quando l'amministratore dell'eredità è una persona diversa.

Se è chiamato un concepito, l'amministrazione spetta al padre e alla madre [1].

[1] *Questo comma è stato così sostituito dall'art. 84 del D.L.vo 28 dicembre 2013, n. 154, a decorrere dal trentesimo giorno successivo a quello della sua pubblicazione nella* Gazzetta Ufficiale *(G.U. n. 5 dell'8 gennaio 2014).*

644. Obblighi e facoltà degli amministratori. – Agli amministratori indicati dai precedenti articoli sono comuni le regole che si riferiscono ai curatori dell'eredità giacente (528 ss.; 781 c.p.c.).

645. Condizione sospensiva potestativa senza termine. – Se la condizione apposta all'istituzione di erede o al legato è sospensiva potestativa (1355) e non è indicato il termine per l'adempimento, gli interessati possono adire l'autorità giudiziaria perché fissi questo termine (749 c.p.c.).

646. Retroattività della condizione. – L'adempimento della condizione (633) ha effetto retroattivo (456, 1360); ma l'erede o il legatario, nel caso di condizione risolutiva, non è tenuto a restituire i frutti (820) se non dal giorno in cui la condizione si è verificata (1361). L'azione per la restituzione dei frutti si prescrive in cinque anni (2948).

647. Onere. – Tanto all'istituzione di erede quanto al legato può essere apposto un onere (549, 629, 671, 690).

Se il testatore non ha diversamente disposto, l'autorità giudiziaria, qualora ne ravvisi l'opportunità, può imporre all'erede o al legatario gravato dall'onere una cauzione (1179; 119, 750 c.p.c.).

L'onere impossibile o illecito si considera non apposto; rende tuttavia nulla la disposizione, se ne ha costituito il solo motivo determinante (626, 647).

NOTE OPERATIVE:

Natura giuridica: L'onere o modus si qualifica come elemento accidentale ed accessorio rispetto al negozio testamentario, istitutivo di erede (o contenente un legato), ma tale natura non esclude che lo stesso onere possa collegarsi ad un'istituzione di erede per legge, nell'ipotesi in cui il testamento non istituisca un erede, dando luogo alla successione legittima (C.C. 4022/07).

Legato modale: È nullo il legato modale con cui il testatore abbia sottoposto un bene a un vincolo perpetuo di destinazione (C.C. 15240/17); l'impossibilità dell'adempimento dell'onere è soltanto l'impossibilità originaria (attinente al momento genetico del negozio), e non quella sopravvenuta (riguardante il momento funzionale del negozio) (C.C. 11906/13).

Sublegato: Nella successione testamentaria, si configura il sublegato quando onerato è un legatario o un prelegatario e onorato è un terzo o un erede, anche se prelegatario (C.C. 4269/13 – Conf. C.C. 8284/99).

648. Adempimento dell'onere. – Per l'adempimento dell'onere può agire qualsiasi interessato (629).

Nel caso d'inadempimento dell'onere, l'autorità giudiziaria può pronunziare la risoluzione della disposizione testamentaria (677), se la risoluzione è stata prevista dal testatore, o se l'adempimento dell'onere ha costituito il solo motivo determinante della disposizione (626, 647², 2652 n. 1).

NOTE OPERATIVE:

Prelazione: Il diritto di prelazione attribuito attraverso l'apposizione, in un testamento, di un onere modale non ha efficacia reale, e la sua violazione non comporta un diritto al riscatto ma solo (nell'ipotesi di inadempimento del modus), ma consente soltanto i rimedi di cui all'art. 648 c.c. ed il risarcimento del danno (C.C. 25052/13).

Disciplina applicabile: Alla risoluzione della disposizione testamentaria domandata dall'erede nei confronti del legatario (o del coerede) inadempiente all'eventuale modus apposto dal testatore, devono ritenersi applicabili le norme che disciplinano il rimedio previsto, in via generale, dagli artt. 1453 ss. c.c. per la mancata esecuzione di obbligazioni, con particolare riferimento sia all'importanza, sia all'imputabilità del fatto oggettivo del mancato adempimento, imputabilità che, trattandosi di prestazione a titolo gratuito, deve configurarsi necessariamente secondo le forme del dolo o della colpa grave, in relazione alla diligenza minima cui è tenuto l'onerato (C.C. 5124/97).

Sezione III
Dei legati

649. Acquisto del legato. – Il legato si acquista (17, 483) senza bisogno di accettazione (470 ss.), salva la facoltà di rinunziare (519, 650).

Quando oggetto del legato è la proprietà di una cosa determinata o altro diritto appartenente al testatore (651), la proprietà o il diritto si trasmette dal testatore al legatario al momento della morte del testatore (2648).

Il legatario però deve domandare all'onerato il possesso (1140) della cosa legata, anche quando ne è stato espressamente dispensato dal testatore (622, 672).

NOTE OPERATIVE:

Natura giuridica: Mentre il legato è un'autonoma e diretta attribuzione patrimoniale a favore del legatario il quale è un avente causa del de cuius, l'onere o modus integra una liberalità indiretta che si consegue attraverso una obbligazione imposta all'onerato, per modo che il beneficiario della liberalità indiretta è un avente causa di quest'ultimo e non del testatore (C.C. 6194/84).

Rinuncia: La facoltà di rinunziare al legato è preclusa quando il legatario abbia compiuto atti di esercizio del diritto oggetto del legato, manifestando una volontà incompatibile con la volontà dismissiva (C.C. 20711/13). La volontà di rinunziare al legato di beni immobili, per cui è necessaria la forma scritta "ad substantiam", ai sensi dell'art. 1350 c.c., avendo natura meramente abdicativa può essere dichiarata pure con l'atto di citazione – per sua natura recettizio con effetti anche sostanziali – il quale, provenendo dalla parte che, con il rilascio della procura a margine o in calce, ne ha fatto proprio il contenuto, soddisfa altresì il requisito della sottoscrizione (C.C. 14503/17 – Conf. C.C. 10605/13; C.C. 9262/03).

650. Fissazione di un termine per la rinunzia. – Chiunque ha interesse può chiedere che l'autorità giudiziaria fissi un termine entro il quale il legatario dichiari se intende esercitare la facoltà di rinunziare (519, 645). Trascorso questo termine senza che abbia fatto alcuna dichiarazione, il legatario perde il diritto di rinunziare (749 c.p.c.).

651. Legato di cosa dell'onerato o di un terzo. – Il legato di cosa dell'onerato (649) o di un terzo (652, 686) è nullo (654, 673), salvo che dal testamento o da altra dichiarazione scritta dal testatore risulti che questi sapeva che la cosa legata apparteneva all'onerato o al terzo (656, 669, 673). In quest'ultimo caso l'onerato è obbligato ad acquistare la proprietà della cosa dal terzo e a trasferirla al legatario, ma è in sua facoltà di pagarne al legatario il suo giusto prezzo.

Se però la cosa legata, pur appartenendo ad altri al tempo del testamento, si trova in proprietà del testatore al momento della sua morte, il legato è valido (656, 657, 686).

652. Legato di cosa solo in parte del testatore. – Se al testatore appartiene una parte della cosa legata o un diritto sulla medesima, il legato è valido solo relativamente a questa parte o a questo diritto, salvo che risulti la volontà del testatore di legare la cosa per intero, in conformità dell'articolo precedente.

NOTE OPERATIVE:

Quota indivisa: È valido il legato di quota indivisa (C.C. 5485/02).

653. Legato di cosa genericamente determinata. – È valido il legato di cosa determinata solo nel genere, anche se nessuna del genere ve n'era nel patrimonio del testatore al tempo del testamento e nessuna se ne trova al tempo della morte (654, 664, 666).

NOTE OPERATIVE:

Ambito di applicazione: La disposizione testamentaria con cui il testatore abbia lasciato ad un legatario le somme risultanti a credito su un conto corrente bancario al momento della sua morte è un legato di specie; per converso, il legato di somme di denaro, senza indicazione di un conto specifico, va qualificato legato di genere (C.C. 15661/20 – Conf. C.C. 14358/13).

654. Legato di cosa non esistente nell'asse. – Quando il testatore ha lasciato una sua cosa particolare (513, 649), o una cosa determinata soltanto nel genere da prendersi dal suo patrimonio, il legato non ha effetto se la cosa non si trova nel patrimonio del testatore al tempo della sua morte (651, 653).

Se la cosa si trova nel patrimonio del testatore al tempo della sua morte, ma non nella quantità determinata, il legato ha effetto per la quantità che vi si trova (652).

NOTE OPERATIVE:

Ambito di applicazione: Il legato di cosa da prendere dal patrimonio del de cuius non ha effetto qualora la cosa non si trovi nel patrimonio del medesimo al momento della sua morte, mentre se la cosa si trovi a tale epoca non nella quantità determinata il legato ha effetto per la quantità esistente (C.C. 21685/06).

655. Legato di cosa da prendersi da certo luogo. – Il legato di cose da prendersi da certo luogo ha effetto soltanto se le cose vi si trovano, e per la parte che vi si trova; ha tuttavia effetto per l'intero quando, alla morte del testatore, le cose non vi si trovano, in tutto o in parte, perché erano state rimosse temporaneamente dal luogo in cui di solito erano custodite.

NOTE OPERATIVE:

Libretto di risparmio: Il legato di somma di danaro da prelevarsi da un libretto di risparmio al portatore, custodito in un luogo determinato indicato nel testamento, si configura quale legato di cosa da prendersi da certo luogo (C.C. 6317/91).

656. Legato di cosa del legatario. – Il legato di cosa che al tempo in cui fu fatto il testamento era già di proprietà del legatario è nullo, se la cosa si trova in proprietà di lui anche al tempo dell'apertura della successione (456).

Se al tempo dell'apertura della successione la cosa si trova in proprietà del testatore, il legato è valido, ed è altresì valido se in questo tempo la cosa si trova in proprietà dell'onerato o di un terzo, e dal testamento risulta che essa fu legata in previsione di tale avvenimento (651).

657. Legato di cosa acquistata dal legatario. – Se il legatario, dopo la confezione del testamento, ha acquistato dal testatore, a titolo oneroso o a titolo gratuito, la cosa a lui legata, il legato è senza effetto in conformità dell'art. 686.

Se dopo la confezione del testamento la cosa legata è stata dal legatario acquistata, a titolo gratuito, dall'onerato o da un terzo, il legato è senza effetto; se l'acquisto ha avuto luogo a titolo oneroso, il legatario ha diritto al rimborso del prezzo, qualora ricorrano le circostanze indicate dall'art. 651.

658. Legato di credito o di liberazione da debito. – Il legato di un credito o di liberazione da un debito ha effetto per la sola parte del credito o del debito che sussiste al tempo della morte del testatore.

L'erede è soltanto tenuto a consegnare al legatario i titoli del credito legato che si trovavano presso il testatore (1237, 1262).

NOTE OPERATIVE:

Legatum liberationis: Il legato di "liberazione da debito" (c.d. "legatum liberationis"), attribuendo al legatario il diritto di credito vantato nei suoi confronti dal testatore, comporta l'estinzione dell'obbligazione per confusione in quanto determina la riunione, nella stessa persona, della qualità di creditore e di debitore (C.C. 23404/22).

659. Legato a favore del creditore. – Se il testatore, senza far menzione del debito, fa un legato al suo creditore, il legato non si presume fatto per soddisfare il legatario del suo credito.

NOTE OPERATIVE:

Presunzione: La sola menzione del debito fatta dal testatore comporta una presunzione non assoluta ma iuris tantum – suscettibile perciò di prova contraria – che il legato sia stato disposto per soddisfare un credito del legatario (C.C. 4238/88).

660. Legato di alimenti. – Il legato di alimenti, a favore di chiunque sia fatto, comprende le somministrazioni indicate dall'art. 438, salvo che il testatore abbia altrimenti disposto (670).

NOTE OPERATIVE:

Presupposti: Il legato di alimenti è condizionato, salvo diversa volontà del testatore, allo stato di bisogno del legatario (C.C. 6772/12). Perché possa parlarsi di legato alimentare è necessario che esso abbia ad oggetto la sola somministrazione degli alimenti, cioè di quanto strettamente necessario alla vita del beneficiario; qualora, invece, il legato comprenda la più ampia ed estesa prestazione del mantenimento, si è fuori di detta ipotesi (C.C. 6727/87).

661. Prelegato. – Il legato a favore di uno dei coeredi e a carico di tutta l'eredità si considera come legato per l'intero ammontare.

NOTE OPERATIVE:

Sublegato (differenze): Nella successione testamentaria, il prelegato è il legato a favore di un coerede ed a carico dell'eredità, mentre il sublegato si configura quando onerato di esso è un legatario e onorato è un terzo o un erede (C.C. 8284/99).

662. Onere della prestazione del legato. – Il testatore può porre la prestazione del legato a carico degli eredi ovvero a carico di uno o più legatari (671). Quando il testatore non ha disposto, alla prestazione sono tenuti gli eredi.

Su ciascuno dei diversi onerati il legato grava in proporzione della rispettiva quota ereditaria o del legato, se il testatore non ha diversamente disposto (752).

663. Legato imposto a un solo erede. – Se l'obbligo di adempiere il legato è stato particolarmente imposto a uno degli eredi, questi solo è tenuto a soddisfarlo (483, 1315).

Se è stata legata una cosa propria di un coerede (651), i coeredi sono tenuti a compensarlo del valore di essa con danaro o con beni ereditari, in proporzione della loro quota ereditaria, quando non consta una contraria volontà del testatore (752).

664. Adempimento del legato di genere. – Nel legato di cosa determinata soltanto nel genere (653), la scelta, quando dal testatore non è affidata al legatario o a un terzo, spetta all'onerato. Questi è obbligato a dare cose di qualità non inferiore alla media (1178); ma se nel patrimonio ereditario vi è una sola delle cose appartenenti al genere indicato, l'onerato non ha facoltà né può essere obbligato a prestarne un'altra, salvo espressa disposizione contraria del testatore.

Se la scelta è lasciata dal testatore al legatario o a un terzo (631), questi devono scegliere una cosa di media qualità; ma se cose del genere indicato si trovano nell'eredità, il legatario può scegliere la migliore.

Se il terzo non può o non vuole fare la scelta, questa è fatta a norma del terzo comma dell'art. 631 (666; 751 c.p.c.).

665. Scelta nel legato alternativo. – Nel legato alternativo la scelta spetta all'onerato (666), a meno che il testatore l'abbia lasciata al legatario o a un terzo (1286).

666. Trasmissione all'erede della facoltà di scelta. – Tanto nel legato di genere (653) quanto in quello alternativo (665), se l'onerato o il legatario a cui compete la scelta non ha potuto farla, la facoltà di scegliere si trasmette al suo erede.

La scelta fatta è irretrattabile (1286).

667. Accessioni della cosa legata. – La cosa legata, con tutte le sue pertinenze (817 ss.), deve essere prestata al legatario (649) nello stato in cui si trova al tempo della morte del testatore.

Se è stato legato un fondo, sono comprese nel legato anche le costruzioni fatte nel fondo (934 ss.), sia che esistessero già al tempo della confezione del testamento, sia che non esistessero, salva in ogni caso l'applicabilità del secondo comma dell'art. 686.

Se il fondo legato è stato accresciuto con acquisti posteriori, questi sono dovuti al legatario, purché siano contigui al fondo e costituiscano con esso una unità economica (846).

668. Adempimento del legato. – Se la cosa legata è gravata da una servitù (1027 ss.), da un canone o da altro onere inerente al fondo, ovvero da una rendita fondiaria (1863, 1869), il peso ne è sopportato dal legatario.

Se la cosa legata è vincolata per una rendita semplice (1863 ss.), un censo o altro debito dell'eredità, o anche di un terzo, l'erede è tenuto al pagamento delle annualità o degli interessi e della somma principale, secondo la natura del debito, qualora il testatore non abbia diversamente disposto (374, 756).

NOTE OPERATIVE:

Ambito di applicazione: La disciplina degli oneri inerenti al legato non è applicabile al credito del professionista per prestazione d'opera riguardante la cosa legata, atteso che per tale credito non ricorre né l'inerenza alla res altrui, rispetto a cui l'opus si sia estrinsecata, né la relazione di garanzia (eccettuata quella generica ex art. 2740 c.c.) della res medesima con l'aspettativa di soddisfazione del creditore (C.C. 6674/81).

669. Frutti della cosa legata. – Se oggetto del legato è una cosa fruttifera (820, 821), appartenente al testatore al momento della sua morte, i frutti o gli interessi sono dovuti al legatario da questo momento (820, 821).

Se la cosa appartiene all'onerato o a un terzo (651), ovvero se si tratta di cosa determinata per genere (653) o quantità, i frutti o gli interessi sono dovuti dal giorno della domanda giudiziale (163 c.p.c.) o dal giorno in cui la prestazione del legato è stata promessa, salvo che il testatore abbia diversamente disposto.

NOTE OPERATIVE:

Decorrenza: Poiché il legatario acquista la proprietà del bene fin dal momento dell'apertura della successione, con la medesima decorrenza sono a lui dovute, altresì le somme corrispondenti alla fruttificazione dell'immobile, in caso di sua ritardata od omessa consegna (C.C. 25155/10).

670. Legato di prestazioni periodiche. – Se è stata legata una somma di danaro o una quantità di altre cose fungibili, da prestarsi a termini periodici, il primo termine decorre dalla morte del testatore, e il legatario acquista il diritto a tutta la prestazione dovuta per il termine in corso, ancorché fosse in vita soltanto al principio di esso (1880). Il legato però non può esigersi se non dopo scaduto il termine.

Si può tuttavia esigere all'inizio del termine il legato a titolo di alimenti (445, 660).

NOTE OPERATIVE:

Onere (differenze): La disposizione testamentaria che preveda la corresponsione di una rendita ad un soggetto determinato ha natura di legato e non di onere, o "modus", poiché il legato è un'autonoma e diretta attribuzione patrimoniale a favore del legatario, il quale è un avente causa del "de cuius", mentre il secondo integra una liberalità indiretta a vantaggio di soggetti solo genericamente indicati, che si consegue attraverso un'obbligazione imposta all'onerato (C.C. 10803/15).

671. Legati e oneri a carico del legatario. – Il legatario è tenuto all'adempimento del legato (662) e di ogni altro onere (647) a lui imposto entro i limiti del valore della cosa legata (793).

NOTE OPERATIVE:

Ambito di applicazione: È ammissibile il legato gravato da un onere che ne assorbe interamente il valore (C.C. 16846/07).

Legato di azienda: In caso di legato di azienda, avente ad oggetto, salvo diversa volontà del testatore, il complesso unitario dei beni organizzati per l'esercizio dell'impresa, comprensivo di tutti i rapporti patrimoniali di debito-credito che ad essa fanno capo, il legatario è tenuto al pagamento dei debiti aziendali, ancorché nei limiti del valore dell'azienda medesima (C.C. 1720/16).

672. Spese per la prestazione del legato. – Le spese per la prestazione del legato sono a carico dell'onerato (662, 1196).

673. Perimento della cosa legata. Impossibilità della prestazione. – Il legato non ha effetto se la cosa legata è interamente perita durante la vita del testatore (651).

L'obbligazione dell'onerato si estingue se, dopo la morte del testatore, la prestazione è divenuta impossibile per causa a lui non imputabile (649, 1256 ss.).

Sezione IV
Del diritto di accrescimento

674. Accrescimento tra coeredi. – Quando più eredi sono stati istituiti con uno stesso testamento nell'universalità dei beni (588), senza determinazioni di parti o in parti uguali, anche se determinate, qualora uno di essi non possa (459, 462, 463) o non voglia (519) accettare, la sua parte si accresce agli altri (523, 642).

Se più eredi sono stati istituiti in una stessa quota, l'accrescimento ha luogo a favore degli altri istituiti nella quota medesima (588).

L'accrescimento non ha luogo quando dal testamento risulta una diversa volontà del testatore (523, 688 ss.).

È salvo in ogni caso il diritto di rappresentazione (467 ss.).

675. Accrescimento tra collegatari. – L'accrescimento ha luogo anche tra più legatari (649 ss.) ai quali è stato legato uno stesso oggetto, salvo che dal testamento risulti una diversa volontà (688) e salvo sempre il diritto di rappresentazione (467 ss.).

NOTE OPERATIVE:

Presupposti: L'accrescimento tra collegatari postula la chiamata solidale di più soggetti in un medesimo oggetto senza distribuzione di parti fra gli onorati (C.C. 442/81).

676. Effetti dell'accrescimento. – L'acquisto per accrescimento ha luogo di diritto.

I coeredi o i legatari, a favore dei quali si verifica l'accrescimento, subentrano negli obblighi a cui era sottoposto l'erede o il legatario mancante, salvo che si tratti di obblighi di carattere personale (572, 677).

NOTE OPERATIVE:

Automaticità: La quota del coerede rinunziante si accresce ipso iure a favore di coloro che avrebbero con lui concorso, senza che sia necessaria una specifica accettazione dei subentranti, atteso che l'acquisto per accrescimento consegue all'espansione dell'originario diritto all'eredità, già sussistente in capo ai subentranti (C.C. 23669/21 – Conf. C.C. 8021/12).

677. Mancanza di accrescimento. – Se non ha luogo l'accrescimento, la porzione dell'erede mancante si devolve agli eredi legittimi (523, 565 ss.), e la porzione del legatario mancante va a profitto dell'onerato.

Gli eredi legittimi e l'onerato (662) subentrano negli obblighi che gravavano sull'erede o sul legatario mancante, salvo che si tratti di obblighi di carattere personale (676).

Le disposizioni precedenti si applicano anche nel caso di risoluzione di disposizioni testamentarie per inadempimento dell'onere (648).

678. Accrescimento nel legato di usufrutto. – Quando a più persone è legato un usufrutto (667, 698, 978 ss.) in modo che tra di loro vi sia il diritto di accrescimento, l'accrescimento ha luogo anche quando una di esse viene a mancare dopo conseguito il possesso della cosa su cui cade l'usufrutto.

Se non vi è diritto di accrescimento, la porzione del legatario mancante si consolida con la proprietà (1014).

Sezione V
Della revocazione delle disposizioni testamentarie

679. Revocabilità del testamento. – Non si può in alcun modo rinunziare alla facoltà di revocare (587) o mutare le disposizioni testamentarie: ogni clausola o condizione contraria non ha effetto (463, n. 4, 1412).

NOTE OPERATIVE:

Revoca tacita: La revoca tacita del testamento olografo non è ammessa in via generale potendo essa risultare soltanto dal compimento degli atti o fatti indicati in modo tassativo dalla legge, i quali implicano la inequivoca volontà del testatore di revocare le sue precedenti disposizioni testamentarie (C.C. 4119/86).

680. Revocazione espressa. – La revocazione può farsi soltanto con un nuovo testamento (587 ss.), o con un atto ricevuto da notaio in presenza di due testimoni, in cui il testatore personalmente dichiara di revocare, in tutto o in parte, la disposizione anteriore (681, 682, 684).

NOTE OPERATIVE:

Formula di stile (esclusione): La revocazione espressa del testamento può farsi oltre che con un atto ricevuto da notaio in presenza di due testimoni, con un nuovo testamento, mediante una dichiarazione di volontà unilaterale e non recettizia, diretta a togliere, in tutto o in parte, efficacia giuridica a precedenti disposizioni testamentarie dello stesso revocante; ne consegue che, a tal fine, non può essere considerata come una formula di stile l'espressione revoco ogni mia precedente disposizione testamentaria contenuta nel testamento posteriore (C.C. 22983/13 – Conf. C.C. 1964/86).

681. Revocazione della revocazione. – La revocazione totale o parziale di un testamento (680) può essere a sua volta revocata sempre con le forme stabilite dall'articolo precedente. In tal caso rivivono le disposizioni revocate.

NOTE OPERATIVE:

Revoca tacita: La norma, che disciplina la sola revocazione espressa della precedente revoca di un testamento, disponendo in tal caso la reviviscenza delle disposizioni revocate, non preclude al testatore la possibilità di revocare tacitamente la precedente revocazione espressa, nei limiti in cui la revoca tacita sia desumibile dalla redazione di un successivo testamento le cui disposizioni siano incompatibili con quelle precedenti, ponendosi al più un problema di interpretazione in ordine alla volontà complessiva del testatore di far rivivere o meno le disposizioni già revocate (C.C. 11472/20 – Conf. C.C. 19915/12; C.C. 1260/87).

682. Testamento posteriore. – Il testamento posteriore (602), che non revoca in modo espresso i precedenti (680), annulla in questi soltanto le disposizioni che sono con esso incompatibili.

NOTE OPERATIVE:

Disposizioni incompatibili: Nell'ipotesi di più testamenti successivi, il posteriore, quando non revoca in modo espresso il precedente, annulla in questo solo le disposizioni incompatibili, in applicazione del generale principio di conservazione delle disposizioni di ultima volontà (C.C. 8030/19 – Conf. C.C. 4617/12; C.C. 10800/09; C.C. 12285/02).

Incompatibilità oggettiva o intenzionale: L'incompatibilità fra il testamento precedente e quello successivo può essere oggettiva o intenzionale: sussiste la prima allorché, indipendentemente da un intento di revoca, sia materialmente impossibile dare contemporanea esecuzione alle disposizioni contenute in entrambi gli atti; si configura la seconda quando, dal contenuto del testamento successivo, si evinca la volontà del testatore di revocare, in tutto o in parte, quello precedente e, dal raffronto del complesso delle disposizioni o di singole previsioni contenute nei due atti, si desuma che il contenuto della volontà più recente del testatore è inconciliabile con quanto risultante dall'atto antecedente (C.C. 11587/17 – Conf. C.C. 6745/83).

683. Testamento posteriore inefficace. – La revocazione fatta con un testamento posteriore conserva la sua efficacia anche quando questo rimane senza effetto perché l'erede istituito o il legatario è premorto al testatore, o è incapace (592 ss.) o indegno (463 ss.), ovvero ha rinunziato all'eredità o al legato (519, 649 ss.).

NOTE OPERATIVE:

Casi: L'elenco dei casi di inefficacia del testamento posteriore non ha carattere tassativo, potendo tale inefficacia estendersi anche ad ipotesi non previste dalla norma, purché la nuova disposizione attributiva non abbia effetto per ragioni attinenti all'onorato e non per cause diverse (C.C. 8031/19 – Conf. S.U. 7186/93).

684. Distruzione del testamento olografo. – Il testamento olografo (602) distrutto, lacerato o cancellato, in tutto o in parte, si considera in tutto o in parte revocato, a meno che si provi che fu distrutto, lacerato o cancellato da persona diversa dal testatore, ovvero si provi che il testatore non ebbe l'intenzione di revocarlo (463 n. 5).

NOTE OPERATIVE:

Prova contraria: La distruzione del testamento olografo costituisce un comportamento concludente avente valore legale in ordine sia alla riconducibilità della distruzione al testatore sia all'intenzione di quest'ultimo di revocare il testamento medesimo, salva la prova contraria dell'assenza di un'effettiva volontà di revoca (C.C. 10847/19 – Conf. C.C. 27395/09; C.C. 1739/79).

Irreperibilità: L'irreperibilità del testamento olografo, di cui si provi l'esistenza in un certo tempo, mediante la produzione di una copia informale, è equiparabile alla sua distruzione e, pertanto, ingenera una presunzione di revoca dello stesso (C.C. 22191/20).

685. Effetti del ritiro del testamento segreto. – Il ritiro del testamento segreto (604, 608), a opera del testatore, dalle mani del notaio o dell'archivista presso cui si trova depositato, non importa revocazione del testamento quando la scheda testamentaria può valere come testamento olografo (607).

686. Alienazione e trasformazione della cosa legata. – L'alienazione che il testatore faccia della cosa legata (651) o di parte di essa, anche mediante vendita con patto di riscatto (1500 ss.), revoca il legato riguardo a ciò che è stato alienato, anche quando l'alienazione è annullabile per cause diverse dai vizi del consenso (1427 ss.), ovvero la cosa ritorna in proprietà del testatore (637, 651[2]).

Lo stesso avviene se il testatore ha trasformato la cosa legata in un'altra, in guisa che quella abbia perduto la precedente forma e la primitiva denominazione (667, 940).

È ammessa la prova di una diversa volontà del testatore.

NOTE OPERATIVE:

Ambito di applicazione: La norma non si applica ai legati di somme di denaro o di quantità o di cose indicate solo nel genere e non contempla il caso della alienazione nulla, che, essendo caratterizzata da una invalidità più grave di quella che può sfociare nell'annullamento, non determina la revoca del legato (C.C. 1768/07).

687. Revocazione per sopravvenienza di figli. – Le disposizioni a titolo universale o particolare (588), fatte da chi al tempo del testamento non aveva o ignorava di aver figli o discendenti, sono revocate di diritto (566 ss.) per l'esistenza o la sopravvenienza di un figlio o discendente [legittimo] (1) del testatore, benché postumo (232, 234), anche (2) adottivo (291 ss.), ovvero per il riconoscimento di un figlio nato fuori del matrimonio (3) (250, 254).

La revocazione ha luogo anche se il figlio è stato concepito al tempo del testamento (4).

La revocazione non ha invece luogo qualora il testatore abbia provveduto al caso che esistessero o sopravvenissero figli o discendenti da essi.

Se i figli o discendenti non vengono alla successione (4, 463, 521) e non si fa luogo a rappresentazione (467 ss.), la disposizione ha il suo effetto.

(1) *La parola fra parentesi quadrate è stata soppressa dall'art. 85, comma 1, lett. a), del D.L.vo 28 dicembre 2013, n. 154, a decorrere dal trentesimo giorno successivo a quello della sua pubblicazione nella* Gazzetta Ufficiale *(G.U. n. 5 dell'8 gennaio 2014).*

(2) *Le parole: «o legittimato o» sono state così sostituite dall'attuale: «anche» dall'art. 85, comma 1, lett. a), del D.L.vo 28 dicembre 2013, n. 154, a decorrere dal trentesimo giorno successivo a quello della sua pubblicazione nella* Gazzetta Ufficiale *(G.U. n. 5 dell'8 gennaio 2014).*

(3) *La parola: «naturale» è stata così sostituita dalle attuali: «nato fuori del matrimonio» dall'art. 85, comma 1, lett. a), del D.L.vo 28 dicembre 2013, n. 154, a decorrere dal trentesimo giorno successivo a quello della sua pubblicazione nella* Gazzetta Ufficiale *(G.U. n. 5 dell'8 gennaio 2014).*

(4) *Questo comma è stato così sostituito dall'art. 85, comma 1, lett. b), del D.L.vo 28 dicembre 2013, n. 154, a decorrere dal trentesimo giorno successivo a quello della sua pubblicazione nella* Gazzetta Ufficiale *(G.U. n. 5 dell'8 gennaio 2014).*

NOTE OPERATIVE:

Fondamento: Diversamente dall'istituto della revocazione delle donazioni, che è posto a tutela della volontà del donante, la revocazione del testamento per sopravvenienza di figli ha un fondamento oggettivo (C.C. 13680/19), identificabile nella modificazione della situazione familiare in relazione alla quale il testatore aveva disposto dei suoi beni e nella tutela dei figli (C.C. 169/18).

Ambito di applicazione: La revocazione non opera quando il testatore, al momento della redazione dell'atto di ultima volontà, aveva già figli, dei quali gli era nota l'esistenza, e ne sia poi sopraggiunto un altro (C.C. 18893/17). La norma, attesa la sua natura eccezionale, non essendo suscettibile di applicazione analogica o estensiva, non può ritenersi applicabile (C.C. 28043/23).

Capo VI
Delle sostituzioni

Sezione I
Della sostituzione ordinaria

688. Casi di sostituzione ordinaria. – Il testatore può sostituire all'erede istituito (691) altra persona per il caso che il primo non possa o non voglia accettare l'eredità.

Se il testatore ha disposto per uno solo di questi casi, si presume che egli si sia voluto riferire anche a quello non espresso, salvo che consti una sua diversa volontà.

689. Sostituzione plurima. Sostituzione reciproca. – Possono sostituirsi più persone a una sola e una sola a più.

La sostituzione può anche essere reciproca tra i coeredi istituiti. Se essi sono stati istituiti in parti disuguali, la proporzione fra le quote fissate nella prima istituzione si presume ripetuta anche nella sostituzione. Se nella sostituzione insieme con gli istituiti è chiamata un'altra persona, la quota vacante viene divisa in parti uguali tra tutti i sostituiti.

690. Obblighi dei sostituiti. – I sostituiti devono adempiere gli obblighi imposti agli istituiti (647 ss.), a meno che una diversa volontà sia stata espressa dal testatore o si tratti di obblighi di carattere personale (676, 677).

691. Sostituzione ordinaria nei legati. – Le norme stabilite in questa sezione si applicano anche ai legati (649 ss.).

Sezione II
Della sostituzione fedecommissaria

692. Sostituzione fedecommissaria. – Ciascuno dei genitori o degli altri ascendenti in linea retta o il coniuge dell'interdetto (414) possono istituire rispettivamente il figlio, il discendente, o il coniuge con l'obbligo di conservare e restituire alla sua morte i beni anche costituenti la legittima (536 ss.), a favore della persona o degli enti che, sotto la vigilanza del tutore, hanno avuto cura dell'interdetto medesimo.

La stessa disposizione si applica nel caso del minore di età, se trovasi nelle condizioni di abituale infermità di mente tali da far presumere che nel termine indicato dall'art. 416 interverrà la pronuncia di interdizione.

Nel caso di pluralità di persone o enti di cui al primo comma i beni sono attribuiti proporzionalmente al tempo durante il quale gli stessi hanno avuto cura dell'interdetto.

La sostituzione è priva di effetto nel caso in cui l'interdizione sia negata o il relativo procedimento non sia iniziato entro due anni dal raggiungimento della maggiore età del minore abitualmente infermo di mente. È anche priva di effetto nel caso di revoca dell'interdizione (429) o rispetto alle persone o agli enti che abbiano violato gli obblighi di assistenza.

In ogni altro caso la sostituzione è nulla.

NOTE OPERATIVE:

Costituzione di usufrutto: L'interpretazione di una disposizione testamentaria volta a determinare se il testatore abbia voluto disporre una sostituzione fedecommissaria o una costituzione testamentaria di usufrutto deve muovere dalla ricerca della effettiva volontà del de cuius, attraverso l'analisi delle finalità che il testatore intendeva perseguire, oltre che mediante il contenuto testuale della scheda testamentaria (C.C. 25698/18 – Conf. C.C. 2172/11; C.C. 4435/09; C.C. 15130/05; C.C. 5604/01); la sostituzione fedecommissaria non è ravvisabile quando, indipendentemente dalla terminologia usata, dalla struttura della disposizione emerga l'attribuzione ai chiamati in via successiva di due diritti diversi, rispettivamente di godimento – ancorché dell'intero compendio dei beni ereditari – al primo e di nuda proprietà dei beni relitti al secondo, giacché in tale ipotesi erede è soltanto il nudo proprietario, il quale può esercitare i relativi poteri fin dal momento dell'apertura della successione (C.C. 5604/01 – Conf. C.C. 9320/98; C.C. 7267/91).

693. Diritti e obblighi dell'istituito. – L'istituito ha il godimento e la libera amministrazione dei beni che formano oggetto della sostituzione, e può stare in giudizio per tutte le azioni relative ai beni medesimi. Egli può altresì compiere tutte le innovazioni dirette ad una migliore utilizzazione dei beni.

All'istituito sono comuni, in quanto applicabili, le norme concernenti l'usufruttuario (981 ss.).

(*Omissis*) ([1]).

([1]) *Seguiva un terzo comma, abrogato dall'art. 198 L. 19 maggio 1975, n. 151, riforma del diritto di famiglia.*

694. Alienazione dei beni. – L'autorità giudiziaria può consentire l'alienazione dei beni che formano oggetto della sostituzione in caso di utilità evidente, disponendo il reimpiego delle somme ricavate. Può anche essere consentita, con le necessarie cautele, la costituzione d'ipoteche sui beni medesimi a garanzia di crediti destinati a miglioramenti e trasformazioni fondiarie (692; 747, 748 c.p.c.).

695. Diritti dei creditori personali dell'istituito. – I creditori personali dell'istituito possono agire soltanto sui frutti (820) dei beni che formano oggetto della sostituzione.

696. Devoluzione al sostituito. – L'eredità si devolve al sostituito al momento della morte dell'istituito.

Se le persone o gli enti che hanno avuto cura dell'incapace muoiono o si estinguono prima della morte di lui, i beni o la porzione dei beni che spetterebbe loro è devoluta ai successori legittimi dell'incapace.

697. Sostituzione fedecommissaria nei legati. – Le norme stabilite in questa sezione sono applicabili anche ai legati (649 ss.).

698. Usufrutto successivo. – La disposizione, con la quale è lasciato a più persone successivamente l'usufrutto (978 ss.), una rendita (1872 ss.) o un'annualità (670), ha valore soltanto a favore di quelli che alla morte del testatore si trovano primi chiamati a goderne (678, 1014).

NOTE OPERATIVE:

Usufrutto successivo improprio: L'usufrutto successivo improprio, che ricorre allorché il costituente trasferisca, per atto inter vivos diverso dalla donazione, la nuda proprietà di un immobile, riservando a sé e, per il periodo successivo alla propria morte, ad uno o più terzi, l'usufrutto sul bene, così da farne coincidere la durata con la vita del più longevo degli usufruttuari, è ammissibile (C.C. 7710/16).

699. Premi di nuzialità, opere di assistenza e simili. – È valida la disposizione testamentaria avente per oggetto l'erogazione periodica, in perpetuo o a tempo, di somme determinate per premi di nuzialità o di natalità, sussidi per l'avviamento a una professione o a un'arte, opere di assistenza, o per altri fini di pubblica utilità, a favore di persone da scegliersi entro una determinata categoria o tra i discendenti di determinate famiglie (28[3], 631). Tali annualità possono riscattarsi secondo le norme dettate in materia di rendita (1865, 1879).

Capo VII
Degli esecutori testamentari

700. Facoltà di nomina e di sostituzione. – Il testatore può nominare uno o più esecutori testamentari (629[3]) e, per il caso che alcuni o tutti non vogliano o non possano accettare (702), altro o altri in loro sostituzione.

Se sono nominati più esecutori testamentari, essi devono agire congiuntamente (708), salvo che il testatore abbia diviso tra loro le attribuzioni, o si tratti di provvedimento urgente per la conservazione di un bene o di un diritto ereditario.

Il testatore può autorizzare l'esecutore testamentario a sostituire altri a se stesso, qualora egli non possa continuare nell'ufficio (710).

701. Persone capaci di essere nominate. – Non possono essere nominati esecutori testamentari coloro che non hanno la piena capacità di obbligarsi (2, 394, 424, 1425).

Anche un erede o un legatario può essere nominato esecutore testamentario.

702. Accettazione e rinunzia alla nomina. – L'accettazione della nomina di esecutore testamentario o la rinunzia alla stessa (700) deve risultare da dichiarazione fatta nella cancelleria del tribunale nella cui giurisdizione si è aperta la successione (456), e deve essere annotata nel registro delle successioni (52, 53 att.).

L'accettazione non può essere sottoposta a condizione (633, 1353) o a termine (637, 1184).

L'autorità giudiziaria, su istanza di qualsiasi interessato (749 c.p.c.), può assegnare all'esecutore un termine per l'accettazione, decorso il quale l'esecutore si considera rinunziante (481, 650, 1399[4]; 749 c.p.c.).

NOTE OPERATIVE:

Forma solenne: L'investitura dell'ufficio di esecutore testamentario è genericamente collegata ad una fattispecie complessa a formazione progressiva, rivestita da forme richieste ad substantiam, sia per la nomina che per l'accettazione: ciò in armonia con il principio di solennità che informa le disposizioni in materia di successioni mortis causa, per la necessità di assicurare un ambito di massima certezza per il grande rilievo economico attribuito dall'ordinamento al trasferimento dell'intero patrimonio dal de cuius ai suoi successori. L'accettazione della nomina, ove non sia formalizzata non comporta l'investitura dell'ufficio per il designato od esecutore testamentario (C.C. 4930/93).

703. Funzioni dell'esecutore testamentario. – L'esecutore testamentario deve curare che siano esattamente eseguite le disposizioni di ultima volontà del defunto (706).

A tal fine, salvo contraria volontà del testatore, egli deve amministrare la massa ereditaria, prendendo possesso dei beni che ne fanno parte (709).

Il possesso non può durare più di un anno dalla dichiarazione di accettazione (702), salvo che l'autorità giudiziaria, per motivi di evidente necessità, sentiti gli eredi, ne prolunghi la durata, che non potrà mai superare un altro anno.

L'esecutore deve amministrare come un buon padre di famiglia (1176, 2030) e può compiere tutti gli atti di gestione occorrenti. Quando è necessario alienare beni dell'eredità, ne chiede l'autorizzazione all'autorità giudiziaria, la quale provvede sentiti gli eredi (747 c.p.c.).

Qualsiasi atto dell'esecutore testamentario non pregiudica (476) il diritto del chiamato a rinunziare all'eredità (519 ss.) o ad accettarla col beneficio d'inventario (484 ss.).

NOTE OPERATIVE:

Natura giuridica: L'istituto dell'esecutore testamentario si concreta in un ufficio di diritto privato, con alcuni accenti pubblicistici, in base al quale l'esecutore, nominato dal testatore intuitu personae in forza della clausola testamentaria, è investito del potere di compiere in nome proprio determinati atti, i cui effetti ricadono direttamente sul patrimonio ereditario, come se li avessero compiuti gli eredi. In particolare, compito dell'esecutore testamentario è quello di dare attuazione alle disposizioni di ultima volontà del "de cuius", a tal fine prendendo possesso della massa ereditaria, amministrandola e compiendo tutti gli atti di gestione occorrenti (C.C. 24147/2015 – Conf. C.C. 719/65).

Detenzione: La legge identifica nel possesso la situazione di apprensione dei beni da parte dell'esecutore testamentario; pare, peraltro, più corretto parlare di detenzione. Con l'apertura della successione, infatti, il possesso è in capo al chiamato (se ve ne sono i presupposti) o in capo all'erede (C.C. 4417/17).

Termine annuale: Il termine annuale riguarda solo il possesso dei beni ereditari, non anche l'amministrazione degli stessi, la cui gestione l'esecutore deve proseguire finché non siano esattamente attuate le disposizioni testamentarie, salvo contraria volontà del testatore o esonero giudiziale ex art. 710 c.c. (C.C. 12241/16 – Conf. C.C. 1273/69).

Azioni esperibili: Poiché l'ufficio dell'esecutore testamentario è finalizzato all'esatta esecuzione delle disposizioni di ultima volontà del defunto, tra le azioni autonomamente esperibili da tale soggetto non possono ritenersi comprese quelle volte all'impugnativa di atti negoziali con i quali il defunto abbia disposto in vita dei propri beni (C.C. 5329/18 – Conf. C.C. 14744/16).

704. Rappresentanza processuale. – Durante la gestione dell'esecutore testamentario, le azioni relative all'eredità (533 ss.) devono essere proposte anche nei confronti dell'esecutore (102 c.p.c.). Questi ha facoltà d'intervenire (105 c.p.c.) nei giudizi promossi dall'erede e può esercitare le azioni relative all'esercizio del suo ufficio.

NOTE OPERATIVE:

Litisconsorte necessario: L'esecutore testamentario è legittimato processuale per quanto riguarda le azioni relative all'eredità e, cioè, a diritti ed obblighi che egli non acquista o assume per sé, in quanto ricadenti direttamente nel patrimonio ereditario, pur agendo in nome proprio; non è investito della legale rappresentanza degli eredi del "de cuius", ma agisce in nome proprio, assumendo la figura di sostituto processuale, in quanto resiste a tutela di un diritto di cui sono titolari gli eredi, ma la sua chiamata in giudizio è necessaria ad integrare il contraddittorio (C.C. 5520/20 – Conf. C.C. 4663/82).

705. Apposizione di sigilli e inventario. – L'esecutore testamentario fa apporre i sigilli (752 ss. c.p.c.) quando tra i chiamati all'eredità vi sono minori (2), assenti (48 ss.), interdetti (414) o persone giuridiche (11 ss.).

Egli in tal caso fa redigere l'inventario dei beni dell'eredità in presenza dei chiamati all'eredità o dei loro rappresentanti, o dopo averli invitati (769 ss. c.p.c.).

706. Divisione da compiersi dall'esecutore testamentario. – Il testatore può disporre che l'esecutore testamentario, quando non è un erede o un legatario, proceda alla divisione (713) tra gli eredi dei beni dell'eredità. In questo caso si osserva il disposto dell'art. 733.

Prima di procedere alla divisione l'esecutore testamentario deve sentire gli eredi.

707. Consegna dei beni all'erede. – L'esecutore testamentario deve consegnare all'erede, che ne fa richiesta, i beni dell'eredità che non sono necessari all'esercizio del suo ufficio.

Egli non può rifiutare tale consegna a causa di obbligazioni che debba adempiere conformemente alla volontà del testatore, o di legati condizionali o a termine (633, 637), se l'erede dimostra di averli già soddisfatti, od offre idonea garanzia (640, 1179) per l'adempimento delle obbligazioni, dei legati o degli oneri.

708. Disaccordo tra più esecutori testamentari. – Se gli esecutori che devono agire congiuntamente (700) non sono d'accordo circa un atto del loro ufficio, provvede l'autorità giudiziaria, sentiti, se occorre, gli eredi.

709. Conto della gestione. – L'esecutore testamentario deve rendere il conto (263 ss. c.p.c.) della sua gestione al termine della stessa, e anche spirato l'anno dalla morte del testatore, se la gestione si prolunga oltre l'anno (703).

Egli è tenuto, in caso di colpa (710), al risarcimento dei danni verso gli eredi e verso i legatari (703, 2043 ss.).

Gli esecutori testamentari, quando sono più (700), rispondono solidalmente per la gestione comune (1292 ss.; 22 n. 4 c.p.c.).

Il testatore non può esonerare l'esecutore testamentario dall'obbligo di rendere il conto o dalla responsabilità della gestione (109 att. c.p.c.).

NOTE OPERATIVE:

Presupposti: L'esecutore testamentario è tenuto a rendere il conto della propria gestione ogni volta quest'ultima cessi, ed anche laddove ciò si verifichi prima del decorso di un anno dalla morte del testatore (C.C. 10594/19) e anche quando la gestione si protrae oltre l'anno dalla morte del testatore, indipendentemente dal compimento dell'anno di effettiva gestione (C.C. 2455/84).

710. Esonero dell'esecutore testamentario. – Su istanza di ogni interessato, l'autorità giudiziaria può esonerare l'esecutore testamentario dal suo ufficio per gravi irregolarità nell'adempimento dei suoi obblighi (703, 709²), per inidoneità all'ufficio o per aver commesso azione che ne menomi la fiducia.

L'autorità giudiziaria, prima di provvedere, deve sentire l'esecutore e può disporre opportuni accertamenti (750⁴ c.p.c.).

711. Retribuzione. – L'ufficio dell'esecutore testamentario è gratuito. Tuttavia il testatore può stabilire una retribuzione a carico dell'eredità.

NOTE OPERATIVE:

Gratuità: La gratuità dell'ufficio dell'esecutore testamentario nominato dal testatore, nonostante la probabile onerosità dell'attività, si giustifica con la possibilità per chi ne è investito di non accettare l'incarico, sottraendosi così ai relativi oneri, ovvero di espletarlo sopportandone le incombenze che vi sono connesse senza potere reclamare alcun compenso, a meno che questo non sia stato disposto dal testatore e salvo comunque il diritto di ripetere le spese sostenute per l'esercizio dell'ufficio (C.C. 17382/04).

Fonte: Il compenso a favore dell'esecutore testamentario (il cui ufficio è normalmente gratuito) può essere disposto direttamente dal testatore, ma, in assenza di disposizione testamentaria specifica, può essere convenuto fra gli eredi e l'esecutore, con una pattuizione certamente valida e sorretta da una causa lecita; tuttavia, mentre il compenso previsto dal de cuius è a carico dell'eredità, l'impegno autonomamente assunto dagli eredi non è idoneo a diminuire l'attivo ereditario in pregiudizio dei creditori ereditari e dei legatari, ma vincola solo i successori che l'abbiano stretto, nei cui confronti l'esecutore dispone di un diritto azionabile per ottenere quanto promessogli (C.C. 24798/22 – Conf. C.C. 17382/04).

712. Spese. – Le spese fatte dall'esecutore testamentario per l'esercizio del suo ufficio sono a carico dell'eredità (511).

Titolo IV
Della divisione

Capo I
Disposizioni generali

713. Facoltà di domandare la divisione. – I coeredi possono sempre domandare la divisione (1111, 1350 n. 11, 2646, 2685; 22, 784 ss. c.p.c.).

Quando però tutti gli eredi istituiti o alcuni di essi sono minori di età (2), il testatore può disporre che la divisione non abbia luogo prima che sia trascorso un anno dalla maggiore età dell'ultimo nato (715).

Egli può anche disporre che la divisione dell'eredità o di alcuni beni di essa non abbia luogo prima che sia trascorso dalla sua morte un termine non eccedente il quinquennio.

Tuttavia in ambedue i casi l'autorità giudiziaria, qualora gravi circostanze lo richiedano, può, su istanza di uno o più coeredi, consentire che la divisione si effettui senza indugio o dopo un termine minore di quello stabilito dal testatore.

NOTE OPERATIVE:

Immobili abusivi: Il giudice non può disporre la divisione, ereditaria o comune che sia, che abbia ad oggetto un fabbricato abusivo o parti di esso in assenza della dichiarazione circa gli estremi della concessione edilizia e degli atti ad essa equipollenti costituendo la regolarità edilizia del fabbricato condizione dell'azione ex art. 713 c.c., sotto il profilo della possibilità giuridica, e non potendo la pronuncia del giudice realizzare un effetto maggiore e diverso rispetto a quello che è consentito alle parti nell'ambito della loro autonomia negoziate (C.C. 7020/23 – Conf. C.C. 26563/21; C.C. 17287/20; S.U. 25021/19).

714. Godimento separato di parte dei beni. – Può domandarsi la divisione anche quando uno o più coeredi hanno goduto separatamente parte dei beni ereditari, salvo che si sia verificata l'usucapione (1158 ss.) per effetto di possesso esclusivo (1102).

NOTE OPERATIVE:

Usucapione: Il coerede che, dopo la morte del de cuius, sia rimasto nel possesso del bene ereditario può, prima della divisione, usucapire la quota degli altri eredi, senza necessità di interversione del titolo del possesso (C.C. 7630/23 – Conf. C.C. 35067/22; C.C. 9359/21).

715. Casi d'impedimento alla divisione. – Se tra i chiamati alla successione vi è un concepito (462, 643), la divisione non può aver luogo prima della nascita del medesimo. Parimenti la divisione non può aver luogo durante la pendenza di un giudizio sulla filiazione (1) di colui che, in caso di esito favorevole del giudizio, sarebbe chiamato a succedere, né può aver luogo durante lo svolgimento della procedura amministrativa per l'ammissione del riconoscimento previsto dal quarto comma dell'art. 252 o per il riconoscimento dell'ente istituito erede (12, 600).

L'autorità giudiziaria può tuttavia autorizzare la divisione, fissando le opportune cautele.

La disposizione del comma precedente si applica anche se tra i chiamati alla successione vi sono nascituri non concepiti (462[3], 643).

Se i nascituri non concepiti sono istituiti senza determinazione di quote, l'autorità giudiziaria può attribuire agli altri coeredi tutti i beni ereditari o parte di essi, secondo le circostanze, disponendo le opportune cautele nell'interesse dei nascituri (600).

(1) *Le parole: «sulla legittimità o sulla filiazione naturale» sono state così sostituite dalle attuali: «sulla filiazione» dall'art. 86 del D.L.vo 28 dicembre 2013, n. 154, a decorrere dal trentesimo giorno successivo a quello della sua pubblicazione nella* Gazzetta Ufficiale *(G.U. n. 5 dell'8 gennaio 2014).*

NOTE OPERATIVE:

Filiazione: La norma disciplinando il rapporto tra procedimento di divisione e giudizio sulla filiazione di colui che, in caso di esito favorevole di quest'ultimo, sarebbe chiamato a succedere, non prevede un impedimento assoluto e inderogabile allo svolgimento del procedimento di divisione fino al definitivo accertamento giudiziale dell'estensione della cerchia dei coeredi, in quanto prefigura la possibilità che l'autorità giudiziaria autorizzi l'immediata divisione, fissando le opportune cautele (individuabili in semplici cauzioni o garanzie, o in prudenziali accantonamenti), laddove la sospensione del giudizio di divisione sia suscettibile di provocare ingiusto pregiudizio a coloro, la cui qualità di eredi è attualmente certa (C.C. 17040/12).

716. [Divisione di beni costituiti in patrimonio familiare. – (*Omissis*)] (1).

(1) *Articolo abrogato dall'art. 200, L. 19 maggio 1975, n. 151, riforma del diritto di famiglia.*

717. Sospensione della divisione per ordine del giudice. – L'autorità giudiziaria (786, 787 c.p.c.), su istanza di uno dei coeredi, può sospendere, per un periodo di tempo non eccedente i cinque anni, la divisione dell'eredità o di alcuni beni, qualora l'immediata sua esecuzione possa recare notevole pregiudizio al patrimonio ereditario (1111).

718. Diritto ai beni in natura. – Ciascun coerede può chiedere la sua parte in natura dei beni mobili e immobili dell'eredità (733, 734, 1114), salve le disposizioni degli articoli seguenti.

NOTE OPERATIVE:

Deroghe: La norma trova deroga non solo nel caso di mera "non divisibilità" dei beni, ma anche in ogni ipotesi in cui gli stessi non siano "comodamente" divisibili, situazione, questa, che ricorre nei casi in cui, pur risultando il frazionamento materialmente possibile sotto l'aspetto strutturale, non siano tuttavia realizzabili porzioni suscettibili di formare oggetto di autonomo e libero godimento, non compromesso da servitù, pesi o limitazioni eccessive, e non richiedenti opere complesse o di notevole costo, ovvero porzioni che, sotto l'aspetto economico-funzionale, risulterebbero sensibilmente deprezzate in proporzione al valore dell'intero (C.C. 33480/21 – Conf. C.C. 21612/21; C.C. 24185/17; C.C. 3635/07; C.C. 22833/06).

719. Vendita dei beni per il pagamento dei debiti ereditari. – Se i coeredi aventi diritto a più della metà dell'asse concordano nella necessità della vendita per il pagamento dei debiti (530) e pesi ereditari (752 ss.), si procede alla vendita all'incanto dei beni mobili (747 c.p.c.) e, se occorre, di quei beni immobili la cui alienazione rechi minor pregiudizio agli interessi dei condividenti (2646; 747, 787, 788 c.p.c.).

Quando concorre il consenso di tutte le parti, la vendita può seguire tra i soli condividenti e senza pubblicità, salvo che vi sia opposizione dei legatari o dei creditori.

NOTE OPERATIVE:

Immobili: Nell'ipotesi di mancanza o insufficienza di beni mobili, l'indivisibilità di un immobile non è di per sé sufficiente per giustificarne la vendita, qualora del compendio ereditario faccia parte un immobile di valore minore ma pur sempre atto ad estinguere le passività ereditarie (C.C. 3732/85).

720. Immobili non divisibili. – Se nell'eredità vi sono immobili non comodamente divisibili, o il cui frazionamento recherebbe pregiudizio alle ragioni della pubblica economia (722, 846) o dell'igiene, e la divisione dell'intera sostanza non può effettuarsi senza il loro frazionamento, essi devono preferibilmente essere compresi per intero, con addebito dell'eccedenza, nella porzione di uno dei coeredi aventi diritto alla quota maggiore, o anche nelle porzioni di più coeredi, se questi ne richiedono congiuntamente l'attribuzione. Se nessuno dei coeredi è a ciò disposto, si fa luogo alla vendita all'incanto (2646; 748, 788 c.p.c.).

NOTE OPERATIVE:

Presupposti: L'espressa e specifica istanza del condividente interessato assurge ad imprescindibile presupposto dell'attribuzione, dovendosi escludere che i poteri discrezionali attribuiti al giudice della divisione dalla citata norma si estendano fino all'inclusione d'ufficio dell'immobile indivisibile nella porzione di un condividente che non ne abbia fatto esplicita richiesta, pur se titolare della maggior quota (C.C. 36736/22 – Conf. C.C. 1470/22; C.C. 11769/92).

Comoda divisibilità: Il concetto di comoda divisibilità di un immobile a cui fa riferimento la norma postula, sotto l'aspetto strutturale, che il frazionamento del bene sia attuabile mediante determinazione di quote concrete suscettibili di autonomo e libero godimento che possano formarsi senza dover fronteggiare problemi tecnici eccessivamente costosi e, sotto l'aspetto economico-funzionale, che la divisione non incida sull'originaria destinazione del bene e non comporti un sensibile deprezzamento del valore delle singole quote rapportate proporzionalmente al valore dell'intero, tenuto conto della normale destinazione ed utilizzazione del bene stesso (C.C. 17712/23 – Conf. C.C. 14343/16; C.C. 407/14; C.C. 12498/07; C.C. 14540/04).

Vendita all'incanto: La norma, nel disciplinare l'ipotesi in cui l'immobile oggetto di comunione non sia divisibile o comodamente divisibile a prescindere dal fatto che le quote dei condividenti siano o meno eguali, configura la vendita all'incanto come rimedio residuale (C.C. 19799/21 – Conf. C.C. 11641/10) che trova applicazione solo ove non sia ravvisabile alcun criterio oggettivo di preferenza, senza che l'individuazione del condividente cui assegnare il bene possa dipendere dalla maggiore offerta, che uno di essi faccia, rispetto al prezzo di stima, non caratterizzandosi il procedimento divisionale come una gara tra i coeredi (C.C. 24799/18 – Conf. C.C. 10216/15).

721. Vendita degli immobili. – I patti e le condizioni della vendita degli immobili, qualora non siano concordati dai condividenti, sono stabiliti dall'autorità giudiziaria (788 c.p.c.).

722. Beni indivisibili nell'interesse della produzione nazionale. – In quanto non sia diversamente disposto dalle leggi speciali, le disposizioni dei due articoli precedenti si applicano anche nel caso in cui nell'eredità vi sono beni che la legge dichiara indivisibili nell'interesse della produzione nazionale (846 ss.).

723. Resa dei conti. – Dopo la vendita, se ha avuto luogo, dei mobili o degli immobili si procede ai conti che i condividenti si devono rendere, alla formazione dello stato attivo e passivo dell'eredità e alla determinazione delle porzioni ereditarie e dei conguagli (728) o rimborsi che si devono tra loro i condividenti (2817 n. 2; 263 ss. c.p.c.).

NOTE OPERATIVE:

Modalità: La norma non stabilisce le modalità del rendiconto né, in particolare, impone il ricorso a quelle degli artt. 263 e ss. c.p.c., la cui adozione, pertanto, è meramente facoltativa e affidata alle scelte discrezionali del giudice il quale può preferire indagini e prove di tipo diverso (C.C. 11731/19 – Conf. 11290/17; C.C. 7797/91).

Divisione giudiziale (rapporto): Il rendiconto, ancorché costituisca operazione contabile che deve necessariamente precedere la divisione, in quanto preliminare alla determinazione della porzione spettante a ciascun condividente, non si pone tuttavia in rapporto di pregiudizialità con la proposizione della domanda di divisione giudiziale (C.C. 31857/18 – Conf. C.C. 25120/18: C.C. 18857/18).

724. Collazione e imputazione. – I coeredi tenuti a collazione, a norma del capo II di questo titolo (737 ss.), conferiscono tutto ciò che è stato loro donato (747 ss., 750).

Ciascun erede deve imputare alla sua quota le somme di cui era debitore verso il defunto e quelle di cui è debitore verso i coeredi in dipendenza dei rapporti di comunione (725).

NOTE OPERATIVE:

Meccanismo: La collazione per imputazione costituisce, di fatto, una fictio iuris, per effetto della quale il coerede che, a seguito di donazione operata in vita dal de cuius, abbia già anticipatamente ricevuto una parte dei beni a lui altrimenti destinati solo con l'apertura della successione, ha diritto a ricevere beni ereditari in misura ridotta rispetto agli altri coeredi, tenuto conto del valore di quanto precedentemente donatogli determinato al detto momento dell'apertura della successione, senza che i beni oggetto della collazione tornino materialmente e giuridicamente a far parte della massa ereditaria, incidendo i medesimi esclusivamente nel computo aritmetico delle quote da attribuire ai singoli coeredi secondo la misura del diritto di ciascuno (C.C. 4671/22 – Conf. C.C. 20041/16).

Simulazione: I beni oggetto di trasferimento a titolo oneroso (anche se a favore del coerede) sono soggetti a collazione ereditaria solo se sia accertata la natura simulata del relativo atto dispositivo in accoglimento di un'apposita domanda formulata in tal senso dal coerede che chiede la divisione (C.C. 3932/16).

725. Prelevamenti. – Se i beni donati non sono conferiti in natura (746, 750), o se vi sono debiti da imputare alla quota di un erede a norma del secondo comma dell'articolo precedente, gli altri eredi prelevano dalla massa ereditaria beni in proporzione delle loro rispettive quote (1113).

I prelevamenti, per quanto è possibile, si formano con oggetti della stessa natura e qualità di quelli che non sono stati conferiti in natura.

NOTE OPERATIVE:

Prelievo: La collazione per imputazione, istituto diretto ad assicurare la par condicio degli eredi, opera immediatamente mediante il prelievo, da parte degli altri eredi, dalla massa ereditaria, di beni in proporzione delle loro rispettive quote, prelievo appunto formato – per quanto possibile – con oggetti della stessa natura e qualità di quelli che non sono stati conferiti in natura, prevedendo l'art. 726 c.c. che, fatti i prelevamenti, si proceda alla stima di quel che rimane nella massa, così da consentire la formazione di tante porzioni quanti sono gli eredi o le stirpi dei condividenti in proporzione delle quote (C.C. 27410/05).

726. Stima e formazione delle parti. – Fatti i prelevamenti, si provvede alla stima di ciò che rimane nella massa, secondo il valore venale dei singoli oggetti (753).

Eseguita la stima, si procede alla formazione di tante porzioni quanti sono gli eredi o le stirpi condividenti in proporzione delle quote (469, 727).

NOTE OPERATIVE:

Stirpi: La divisione ereditaria, quando vi è rappresentazione, avviene per stirpi, procedendosi alla formazione di tante porzioni, una volta eseguita la stima, quanti sono gli eredi o le stirpi condividenti, mentre non è prevista l'ulteriore formazione di altrettante subporzioni all'interno di ciascuna stirpe, sempre che non si formi al riguardo un accordo fra tutti i partecipanti (C.C. 139/20 – Conf. C.C. 33438/19).

727. Norme per la formazione delle porzioni. – Salvo quanto è disposto dagli artt. 720 e 722, le porzioni devono essere formate, previa stima dei beni (726), comprendendo una quantità di mobili, immobili e crediti (760) di eguale natura e qualità, in proporzione dell'entità di ciascuna quota (718, 1114).

Si deve tuttavia evitare, per quanto è possibile, il frazionamento delle biblioteche, gallerie e collezioni che hanno un'importanza storica, scientifica o artistica (816).

NOTE OPERATIVE:

Formazione dei lotti: Il principio in virtù del quale, nello scioglimento della comunione, il giudice deve formare lotti comprensivi di eguali quantità di beni mobili, immobili e crediti, non ha natura assoluta e vincolante, ma costituisce un mero criterio di massima; resta in facoltà del giudice della divisione predisporre i detti lotti anche in maniera diversa, ove ritenga che l'interesse dei condividenti sia meglio soddisfatto attraverso l'attribuzione di un intero immobile, piuttosto che con il suo frazionamento (C.C. 29733/17 – Conf. C.C. 15105/00).

728. Conguagli in danaro. – L'ineguaglianza in natura nelle quote ereditarie si compensa con un equivalente in danaro (723, 2817, n. 2, 2834).

NOTE OPERATIVE:

Rivalutazione: La determinazione del conguaglio in denaro prescinde dalla domanda di parte poiché concerne l'attuazione del progetto divisionale che appartiene alla competenza del giudice il quale, pertanto, deve procedere d'ufficio alla relativa rivalutazione, purché vi sia stata un'apprezzabile lievitazione del prezzo di mercato del bene tale da alterare la funzione di riequilibrio propria del suddetto conguaglio (C.C. 29733/17 – Conf. C.C. 15288/14; C.C. 10624/10).

729. Assegnazione o attribuzione delle porzioni. – L'assegnazione delle porzioni eguali è fatta mediante estrazione a sorte. Per le porzioni diseguali si procede mediante attribuzione. Tuttavia, rispetto a beni costituenti frazioni eguali di quote diseguali, si può procedere per estrazione a sorte (2646; 789 c.p.c.).

NOTE OPERATIVE:

Estrazione a sorte: Il criterio dell'estrazione a sorte previsto, nel caso di uguaglianza di quote, a garanzia della trasparenza delle operazioni divisionali contro ogni possibile favoritismo, non ha carattere assoluto, ma soltanto tendenziale, e, pertanto, è derogabile in base a valutazioni discrezionali, che possono attenere non soltanto a ragioni oggettive, legate alla condizione funzionale ed economica dei beni, ma anche a fattori soggettivi di apprezzabile e comprovata opportunità (C.C. 726/18 – Conf. C.C. 4426/17; C.C. 3461/13).

Derogabilità: Il principio posto dalla norma non ha carattere assoluto, ma soltanto tendenziale, ed è, pertanto, derogabile, in presenza di valide ragioni, in base a valutazioni prettamente discrezionali (C.C. 23930/12 – Conf. C.C. 1091/07; C.C. 8833/05).

730. Deferimento delle operazioni a un notaio. – Le operazioni indicate negli articoli precedenti possono essere, col consenso di tutti i coeredi, deferite a un notaio. La nomina di questo, in mancanza di accordo, è fatta con decreto del tribunale del luogo dell'aperta successione (456; 786, 790, 791 c.p.c.).

Qualora sorgano contestazioni nel corso delle operazioni, esse sono riservate e rimesse tutte insieme alla cognizione dell'autorità giudiziaria competente (22 c.p.c.), che provvede con unica sentenza (789 c.p.c.).

NOTE OPERATIVE:

Procedimento: Il procedimento di volontaria giurisdizione, che il notaio, delegato alle operazioni divisionali di comunione ereditaria, promuova con ricorso al presidente del tribunale, per superare difficoltà insorte nel corso delle operazioni medesime, si trasforma in contenzioso, ove insorgano questioni sui diritti dei coeredi (C.C. 1520/88).

731. Suddivisione tra stirpi. – Le norme sulle divisioni dell'intero asse si osservano anche nelle suddivisioni tra i componenti di ciascuna stirpe (469).

732. Diritto di prelazione. – Il coerede, che vuole alienare (1542 ss.) a un estraneo la sua quota o parte di essa, deve notificare la proposta di alienazione, indicandone il prezzo, agli altri coeredi, i quali hanno diritto di prelazione. Questo diritto deve essere esercitato nel termine di due mesi dall'ultima delle notificazioni. In mancanza della notificazione, i coeredi hanno diritto di riscattare la quota dall'acquirente e da ogni successivo avente causa, finché dura lo stato di comunione ereditaria (1502).

Se i coeredi che intendono esercitare il diritto di riscatto sono più, la quota è assegnata a tutti in parti uguali.

NOTE OPERATIVE:

Finalità: Il diritto di prelazione e di riscatto, che ha come finalità quella di impedire l'ingresso dell'estraneo alla comunione ereditaria, deve contemperarsi con il regime della comunione legale previsto dall'art. 177 c.c., dal quale si evince che tutti i beni acquistati dai coniugi, unitamente o separatamente, sono destinati a cadere in comunione (C.C. 12504/18).

Ambito di applicazione: Il retratto successorio opera solo tra coeredi comproprietari in virtù di un'unica successione, attesa la manifesta deroga al principio della libera disponibilità del diritto di proprietà, che non può trovare applicazione fuori dei casi espressamente previsti (C.C. 12504/18 – Conf. C.C. 8599/04; C.C. 4224/07).

Denuntiatio: La denuntiatio dell'alienazione della quota al coerede costituisce una proposta contrattuale nei confronti dello stesso e, pertanto, va effettuata in forma scritta e notificata con modalità idonee a documentarne il giorno della ricezione da parte del destinatario, ai fini dell'esercizio della prelazione (C.C. 5865/16) e può essere espressa anche con l'atto introduttivo del giudizio (C.C. 14515/19).

733. Norme date dal testatore per la divisione. – Quando il testatore ha stabilito particolari norme per formare le porzioni, queste norme sono vincolanti per gli eredi, salvo che l'effettivo valore dei beni non corrisponda alle quote stabilite dal testatore (718).

Il testatore può disporre che la divisione si effettui secondo la stima di persona da lui designata che non sia erede o legatario (706): la divisione proposta da questa persona non vincola gli eredi, se l'autorità giudiziaria, su istanza di taluno di essi, la riconosce contraria alla volontà del testatore o manifestamente iniqua (1349[2]).

NOTE OPERATIVE:

Natura giuridica: Le norme date dal testatore per formare le porzioni devono inquadrarsi nella categoria dei legati obbligatori, i quali impongono agli altri coeredi di lasciare che il bene, o la categoria di beni, indicati dal testatore siano inclusi nella porzione ereditaria dell'onorato, anziché ripartiti tra tutti i condividenti o assegnati a sorte (C.C. 27377/21).

734. Divisione fatta dal testatore. – Il testatore può dividere i suoi beni tra gli eredi comprendendo nella divisione anche la parte non disponibile (536 ss., 556, 588[2]).

Se nella divisione fatta dal testatore non sono compresi tutti i beni lasciati al tempo della morte (763), i beni in essa non compresi sono attribuiti conformemente alla legge (565 ss.), se non risulta una diversa volontà del testatore (566 ss., 713, 735).

NOTE OPERATIVE:

Divisio inter liberos: La divisio inter liberos ricorre ove il testatore intenda effettuare direttamente la divisione, totale o parziale, del suo patrimonio tra gli eredi attraverso la formazione delle quote e l'individuazione dei beni destinati a far parte di ciascuna di esse, impedendo così il sorgere della comunione ereditaria, con la conseguenza che la decisione del giudice ha carattere meramente dichiarativo, dovendosi prendere atto di un effetto ricollegato alla volontà del de cuius che si produce automaticamente al momento dell'apertura della successione (C.C. 10761/19 – Conf. C.C. 18561/09).

Tutela: In caso di divisione fatta dal testatore, l'istituito nella disponibile, qualora riceva beni di valore inferiore, non ha un'azione, assimilabile a quella di riduzione, per porre rimedio a tale divario (C.C. 24169/21).

735. Preterizione di eredi e lesione di legittima. – La divisione nella quale il testatore non abbia compreso qualcuno dei legittimari (536 ss.) o degli eredi istituiti è nulla.

Il coerede che è stato leso nella quota di riserva può esercitare l'azione di riduzione contro gli altri coeredi (554, 767).

NOTE OPERATIVE:

Effetti: Il principio di intangibilità della legittima comporta che i diritti del legittimario debbano essere soddisfatti con beni o denaro provenienti dall'asse ereditario (C.C. 16698/15 – Conf. C.C. 3694/03); la divisione disposta con testamento nella quale il testatore non abbia contemplato le posizioni di alcuno dei legittimari è affetta da nullità che può essere fatta valere da chiunque vi abbia interesse ed è rilevabile d'ufficio dal giudice (C.C. 24755/15).

736. Consegna dei documenti. – Compiuta la divisione, si devono rimettere a ciascuno dei condividenti i documenti relativi ai beni e diritti particolarmente loro assegnati (2646).

I documenti di una proprietà che è stata divisa rimangono a quello che ne ha la parte maggiore, con l'obbligo di comunicarli agli altri condividenti che vi hanno interesse, ogni qualvolta se ne faccia richiesta. Gli stessi documenti, se la proprietà è divisa in parti uguali, e quelli comuni all'intera eredità si consegnano alla persona scelta a tal fine da tutti gli interessati, la quale ha obbligo di comunicarli a ciascuno di essi, a ogni loro domanda. Se vi è contrasto nella scelta, la persona è determinata con decreto dal tribunale del luogo dell'aperta successione (456), su ricorso di alcuno degli interessati, sentiti gli altri.

Capo II
Della collazione

737. Soggetti tenuti alla collazione. – I figli [legittimi e naturali] (1) e i loro discendenti (740) [legittimi e naturali] (1) ed il coniuge che concorrono alla successione (565) devono conferire ai coeredi tutto ciò che hanno ricevuto dal defunto per donazione direttamente o indirettamente, salvo che il defunto non li abbia da ciò dispensati.

La dispensa da collazione non produce effetto se non nei limiti della quota disponibile (556).

(1) *Le parole fra parentesi quadrate sono state soppresse dall'art. 87 del D.L.vo 28 dicembre 2013, n. 154, a decorrere dal trentesimo giorno successivo a quello della sua pubblicazione nella* Gazzetta Ufficiale (G.U. *n. 5 dell'8 gennaio 2014*).

NOTE OPERATIVE:

Finalià: L'istituto della collazione, che, in presenza di donazioni (dirette e indirette) fatte in vita dal de cuius e salva apposita dispensa di quest'ultimo, impone il conferimento del bene che ne è oggetto in natura o per imputazione, ha la finalità di assicurare l'equilibrio e la parità di trattamento tra i vari condividenti nella formazione della massa ereditaria, così da non alterare il rapporto di valore tra le varie quote determinate attraverso la sommatoria del relictum e del donatum al momento dell'apertura della successione (C.C. 18823/23 – Conf. C.C. 23403/22).

Presupposti: Il presupposto dell'obbligo di collazione è che il soggetto ad esso tenuto abbia ricevuto beni o diritti a titolo di liberalità dal de cuius, direttamente o indirettamente tramite esborsi effettuati da quest'ultimo (C.C. 1506/18) e che esista una comunione ereditaria e, quindi, di un asse da dividere; se l'asse è stato esaurito con donazioni o con legati, o con le une e con gli altri insieme, viene meno un relictum da dividere (C.C. 41132/21 – Conf. C.C. 509/21; C.C. 2914/20).

738. Limiti della collazione per il coniuge. – Non sono soggette a collazione le donazioni di modico valore fatte al coniuge (783).

739. Donazioni ai discendenti o al coniuge dell'erede. Donazioni a coniugi. – L'erede non è tenuto a conferire le donazioni (769 ss.) fatte ai suoi discendenti o al coniuge (599), ancorché succedendo a costoro ne abbia conseguito il vantaggio.

Se le donazioni sono state fatte congiuntamente ai coniugi di cui uno è discendente del donante, la sola porzione a questo donata è soggetta a collazione.

740. Donazioni fatte all'ascendente dell'erede. – Il discendente che succede per rappresentazione (467) deve conferire ciò che è stato donato all'ascendente, anche nel caso in cui abbia rinunziato all'eredità di questo (519 ss.).

NOTE OPERATIVE:

Accettazione dell'eredità: La collazione postula l'accettazione dell'eredità anche nella ipotesi di rappresentazione, non esistendo una diversificazione legislativamente prevista, nell'ambito dell'istituto della collazione, in ragione del fatto che l'obbligato sia il discendente diretto o colui che succede per rappresentazione (C.C. 2914/20).

741. Collazione di assegnazioni varie. – È soggetto a collazione ciò che il defunto ha speso a favore dei suoi discendenti per assegnazioni fatte a causa di matrimonio, per avviarli all'esercizio di una attività produttiva o professionale, per soddisfare premi relativi a contratti di assicurazione sulla vita a loro favore (1920, 1923) o per pagare i loro debiti.

NOTE OPERATIVE:

Assicurazione: L'obbligo di collazione relativamente a ciò che il defunto ha speso a favore dei suoi discendenti, per soddisfare, tra l'altro, premi relativi a contratti sulla vita a loro favore, riguarda tanto l'ipotesi dell'assicurazione stipulata dal discendente sulla propria vita, sub specie di pagamento del debito altrui, quanto quella di assicurazione sulla vita del discendente (o del de cuius), che rientra nello schema della donazione indiretta, quale contratto a favore di terzo (C.C. 29583/21).

742. Spese non soggette a collazione. – Non sono soggette a collazione le spese di mantenimento e di educazione (147) e quelle sostenute per malattia, né quelle ordinarie fatte per abbigliamento o per nozze (741, 809).

Le spese per il corredo nuziale e quelle per l'istruzione artistica o professionale sono soggette a collazione solo per quanto eccedono notevolmente la misura ordinaria, tenuto conto delle condizioni economiche del defunto (780²; 64 l. fall.).

Non sono soggette a collazione le liberalità previste dal secondo comma dell'art. 770.

NOTE OPERATIVE:

Comodato: Il godimento a titolo gratuito di un immobile concesso durante la propria vita dal de cuius a uno degli eredi, da inquadrarsi necessariamente nel contratto di comodato, non è qualificabile come donazione soggetta a collazione, atteso che l'utilità per il comodatario consiste nell'uso personale, gratuito e temporaneo della cosa, essendo insito nello schema causale del contratto l'obbligo di restituzione (C.C. 27259/17 – Conf. C.C. 24866/06).

743. Società contratta con l'erede. – Non è dovuta collazione di ciò che si è conseguito per effetto di società (2247 ss.) contratta senza frode (765) tra il defunto e alcuno dei suoi eredi, se le condizioni sono state regolate con atto di data certa (2704).

744. Perimento della cosa donata. – Non è soggetta a collazione la cosa perita per causa non imputabile al donatario (1256).

745. Frutti e interessi. – I frutti (820 ss.) delle cose e gli interessi sulle somme soggette a collazione non sono dovuti che dal giorno in cui si è aperta la successione (456).

746. Collazione d'immobili. – La collazione di un bene immobile si fa o col rendere il bene in natura (748) o con l'imputarne il valore alla propria porzione, a scelta di chi conferisce (747).

Se l'immobile è stato alienato o ipotecato, la collazione si fa soltanto con l'imputazione (747, 749).

NOTE OPERATIVE:

Scelta: Spetta al coerede donatario la scelta di effettuare la collazione dell'immobile donato in natura, con la conseguenza che se non esercita tale scelta, la collazione deve farsi per imputazione del relativo valore alla quota di sua spettanza (C.C. 17409/23); il donante ha solo il potere di dispensare il donatario dalla collazione, ma non può in alcun modo vincolare il donatario stesso, che sia tenuto alla collazione, a conferire l'immobile in natura o attuare la collazione per imputazione (C.C. 5659/15 – Conf. C.C. 4381/82; C.C. 1521/80; C.C. 1481/79).

747. Collazione per imputazione. – La collazione per imputazione (746) si fa avuto riguardo al valore dell'immobile al tempo dell'aperta successione (456, 556).

NOTE OPERATIVE:

Fasi: La collazione per imputazione, che ha il prevalente scopo di assicurare la parità di trattamento fra coeredi donatari e coeredi non donatari (C.C. 17576/16 – Conf. C.C. 3235/00; C.C. 2453/76), consta di due fasi cioè l'addebito del valore dei beni donati, a carico della quota dell'erede donatario, ed il contemporaneo prelevamento di una corrispondente quantità di beni da parte degli eredi con la specificazione che il bene donato deve essere valutato al tempo della morte del donante (C.C. 1062/22).

748. Miglioramenti, spese e deterioramenti. – In tutti i casi, si deve dedurre a favore del donatario il valore delle migliorie apportate al fondo nei limiti del loro valore al tempo dell'aperta successione (456).

Devono anche computarsi a favore del donatario le spese straordinarie da lui sostenute per la conservazione della cosa, non cagionate da sua colpa (1150, 1152)

Il donatario dal suo canto è obbligato per i deterioramenti che, per sua colpa, hanno diminuito il valore dell'immobile.

Il coerede che conferisce un immobile in natura (746) può ritenerne il possesso (1150) sino all'effettivo rimborso delle somme che gli sono dovute per spese e miglioramenti (556, 749).

NOTE OPERATIVE:

Ambito di applicazione: La deduzione per migliorie e spese spetta anche al donatario nudo proprietario che provi di aver migliorato il bene donatogli dal de cuius con riserva di usufrutto, dovendosi evitare che i coeredi non donatari possano ricevere un'indebita locupletazione dalle opere eseguite a spese del nudo proprietario (C.C. 29247/20 – Conf. C.C. 24150/15).

Aspetti processuali: La pretesa del donatario di dedurre migliorie e spese non integra domanda riconvenzionale, ma semplice eccezione in senso lato (C.C. 29247/20).

749. Miglioramenti e deterioramenti dell'immobile alienato. – Nel caso in cui l'immobile è stato alienato dal donatario (746[2]), i miglioramenti e i deterioramenti fatti dall'acquirente devono essere computati a norma dell'articolo precedente (556).

750. Collazione di mobili. – La collazione dei mobili si fa soltanto per imputazione (747), sulla base del valore che essi avevano al tempo dell'aperta successione (456).

Se si tratta di cose delle quali non si può far uso senza consumarle, e il donatario le ha già consumate, si determina il valore che avrebbero avuto secondo il prezzo corrente al tempo dell'aperta successione.

Se si tratta di cose che con l'uso si deteriorano, il loro valore al tempo dell'aperta successione è stabilito con riguardo allo stato in cui si trovano.

La determinazione del valore dei titoli dello Stato, degli altri titoli di credito (1992 ss.) quotati in borsa e delle derrate e delle merci il cui prezzo corrente è stabilito dalle mercuriali, si fa in base ai listini di borsa e alle mercuriali del tempo dell'aperta successione (556).

NOTE OPERATIVE:

Cessione di quote societarie: La cessione di quote societarie è soggetta alla disciplina propria della collazione dei beni mobili, in quanto attribuisce un diritto personale di partecipazione alla vita societaria e non un diritto reale sul patrimonio societario, distinto dalle persone dei soci (C.C. 2505/22 – Conf. C.C. 10756/19).

751. Collazione del danaro. – La collazione del danaro donato si fa prendendo una minore quantità del danaro che si trova nell'eredità, secondo il valore legale della specie donata o di quella ad essa legalmente sostituita all'epoca dell'aperta successione (456).

Quando tale danaro non basta e il donatario non vuole conferire altro danaro o titoli dello Stato, sono prelevati mobili o immobili ereditari, in proporzione delle rispettive quote (725, 727).

NOTE OPERATIVE:

Principio nominalistico: La collazione del denaro ricevuto in donazione dal de cuius soggiace al principio nominalistico con esclusione di qualsiasi rivalutazione, senza che possa tenersi conto del mutato potere d'acquisto della moneta (C.C. 26486/19 – Conf. 1255/73, contra C.C. 596/89).

Capo III
Del pagamento dei debiti

752. Ripartizione dei debiti ereditari tra gli eredi. – I coeredi contribuiscono tra loro (1295, 1315, 1318, 1319, 1546) al pagamento dei debiti e pesi ereditari in proporzione delle loro quote ereditarie (753, 754), salvo che il testatore abbia altrimenti disposto (662, 663).

NOTE OPERATIVE:

Interessi: I debiti già esistenti in capo al de cuius al momento della sua morte, trasmessisi, insieme con le eventuali poste attive del patrimonio, ai suoi successori, si ripartiscono automaticamente tra di loro, salvo che il de cuius non abbia stabilito diversamente, e ricomprende sia la somma capitale, sia gli interessi, il cui maturarsi giorno per giorno non trova un limite temporale nella morte del debitore (C.C. 11801/21 – Conf. C.C. 5092/06; C.C. 562/00).

753. Immobili gravati da rendita redimibile. – Ogni coerede, quando i beni immobili dell'eredità sono gravati con ipoteca da una prestazione di rendita redimibile (1865 ss., 1869), può chiedere che gli immobili ne siano affrancati e resi liberi prima che si proceda alla formazione delle quote ereditarie (726 ss.). Se uno dei coeredi si oppone, decide l'autorità giudiziaria. Se i coeredi dividono l'eredità nello stato in cui si trova, l'immobile gravato deve stimarsi con gli stessi criteri con cui si stimano gli altri beni immobili, detratto dal valore di esso il capitale corrispondente alla prestazione, secondo le norme relative al riscatto della rendita (1866), salvo che esista un patto speciale intorno al capitale da corrispondersi per l'affrancazione.

Alla prestazione della rendita è tenuto solo l'erede, nella cui quota cade detto immobile, con l'obbligo di garantire i coeredi.

754. Pagamento dei debiti e rivalsa. – Gli eredi sono tenuti verso i creditori al pagamento dei debiti e pesi ereditari personalmente in proporzione della loro quota ereditaria (1295, 1315, 1316, 1318) e ipotecariamente per l'intero (755, 2809). Il coerede che ha pagato oltre alla parte a lui incombente può ripetere dagli altri coeredi (1299) soltanto la parte per cui essi devono contribuire a norma dell'art. 752, quantunque si sia fatto surrogare nei diritti dei creditori (1201 ss.).

Il coerede conserva la facoltà di chiedere il pagamento del credito a lui personale e garantito da ipoteca, non diversamente da ogni altro creditore, detratta la parte che deve sopportare come coerede (752, 755).

NOTE OPERATIVE:

Obbligazione parziale: Ciascun erede è tenuto a soddisfare il debito ereditario esclusivamente "pro quota", e cioè in ragione della quota attiva in cui succede, e, pertanto, non può essere condannato in solido con i coeredi al pagamento del debito stesso (C.C. 23705/16 – Conf. C.C. 3681/71).

Aspetti processuali: Il coerede convenuto per il pagamento di un debito ereditario ha l'onere di indicare al creditore la sua condizione di coobbligato passivo, entro i limiti della propria quota, sicché, integrando tale dichiarazione gli estremi dell'istituto processuale della eccezione propria, la sua mancata proposizione consente al creditore di chiedere legittimamente il pagamento per l'intero (C.C. 23727/20 – Conf. C.C. 17122/20; C.C. 6431/15).

755. Quota di debito ipotecario non pagata da un coerede. – In caso d'insolvenza di un coerede, la sua quota di debito ipotecario (754) è ripartita in proporzione tra tutti gli altri coeredi (759, 1299).

756. Esenzione del legatario dal pagamento dei debiti. – Il legatario non è tenuto a pagare i debiti ereditari (495, 668), salvo ai creditori l'azione ipotecaria sul fondo legato (2858; 602 c.p.c.) e l'esercizio del diritto di separazione (513); ma il legatario che ha estinto il debito di cui era gravato il fondo legato subentra nelle ragioni del creditore contro gli eredi (1203, 2866).

NOTE OPERATIVE:

Limiti: Il legatario non è erede ma avente causa, poiché succede a titolo particolare, peraltro, in forza di un atto di liberalità accessoria, e come tale egli non risponde dei debiti ereditari neppure entro i limiti dei beni attribuitigli e, in genere, non è investito della cosiddetta rappresentanza ereditaria: il legatario può essere soggetto ai pesi imposti sul legato e, in questo caso, risponde intra vires ovvero nei limiti del valore di quanto ricevuto (C.C. 5550/16).

Capo IV
Degli effetti della divisione e della garanzia delle quote

757. Diritto dell'erede sulla propria quota. – Ogni coerede è reputato solo e immediato successore in tutti i beni componenti la sua quota o a lui pervenuti dalla successione, anche per acquisto all'incanto (719, 720), e si considera come se non avesse mai avuto la proprietà degli altri beni ereditari.

NOTE OPERATIVE:

Frutti: Il principio della dichiaratività della divisione opera inderogabilmente con riguardo unicamente alla retroattività dell'effetto distributivo, per cui ciascun condividente è reputato titolare sin dal momento della successione dei (soli) beni concretamente assegnatigli od attribuitigli e dei relativi frutti non separati (C.C. 21013/11 – Conf. C.C. 2975/91; C.C. 2320/87).

Vendita: La vendita da parte di un coerede dei diritti allo stesso spettanti su alcuni beni facenti parte della comunione ereditaria, avendo effetti puramente obbligatori, non fa subentrare l'acquirente nella comunione stessa (C.C. 737/12).

758. Garanzia tra coeredi. – I coeredi si devono vicendevole garanzia per le sole molestie ed evizioni (1483 ss.) derivanti da causa anteriore alla divisione (759, 760; 22 n. 1 c.p.c.).

La garanzia non ha luogo, se è stata esclusa con clausola espressa nell'atto di divisione, o se il coerede soffre l'evizione per propria colpa (1487^2).

NOTE OPERATIVE:

Nullità: Il principio secondo il quale non ricorre alcuna ipotesi di evizione nella ipotesi di nullità del negozio giuridico traslativo del diritto in contestazione deve ritenersi applicabile anche alla ipotesi di nullità della divisione giudiziale tra coeredi, vizio genetico dell'atto del tutto ostativo alla produzione dei suoi effetti tipici (C.C. 8693/98).

759. Evizione subita da un coerede. – Se alcuno dei coeredi subisce evizione (1483 ss.), il valore del bene evitto, calcolato al momento dell'evizione, deve essere ripartito tra tutti i coeredi ai fini della garanzia stabilita dall'articolo precedente, in proporzione del valore che i beni attribuiti a ciascuno di essi hanno al tempo dell'evizione e tenuto conto dello stato in cui si trovano al tempo della divisione (754).

Se uno dei coeredi è insolvente, la parte per cui è obbligato deve essere egualmente ripartita tra l'erede che ha sofferto l'evizione e tutti gli eredi solventi (755).

760. Inesigibilità di crediti. – Non è dovuta garanzia per l'insolvenza del debitore di un credito assegnato a uno dei coeredi (727, 1267), se l'insolvenza è sopravvenuta soltanto dopo che è stata fatta la divisione.

La garanzia della solvenza del debitore di una rendita (1861 ss., 1868) è dovuta per i cinque anni successivi alla divisione (1267, 1864).

Capo V
Dell'annullamento e della rescissione in materia di divisione

761. Annullamento per violenza o dolo. – La divisione può essere annullata quando è l'effetto di violenza (1435 ss.) o di dolo (768, 1439).

L'azione si prescrive in cinque anni dal giorno in cui è cessata la violenza o in cui il dolo è stato scoperto (1442).

NOTE OPERATIVE:

Errore: La divisione, anche transattiva, può essere impugnata solamente con l'azione di annullamento per dolo o violenza ovvero con quella di rescissione per lesione (salvi i limiti di cui all'art. 764, comma 2, c.c.), e non anche per errore sulle qualità di un cespite (C.C. 16802/16 – Conf. C.C. 1529/95; C.C. 150/71).

Divisione giudiziale: L'azione di annullamento è esperibile solo in caso di divisione negoziale, non anche nel caso di divisione giudiziale conclusa da provvedimento non ricollegabile all'accordo delle parti (C.C. 14682/14).

762. Omissione di beni ereditari. – L'omissione di uno o più beni dell'eredità non dà luogo a nullità della divisione, ma soltanto a un supplemento della divisione stessa (734, 494).

763. Rescissione per lesione. – La divisione può essere rescissa (1448) quando taluno dei coeredi prova di essere stato leso oltre il quarto.

La rescissione è ammessa anche nel caso di divisione fatta dal testatore (734, 735), quando il valore dei beni assegnati ad alcuno dei coeredi è inferiore di oltre un quarto all'entità della quota ad esso spettante (733, 767).

L'azione si prescrive in due anni dalla divisione (2652, n. 1; 22, n. 1 c.p.c.).

NOTE OPERATIVE:

Presupposti: In caso di divisione fatta dal testatore, l'azione di rescissione è ammissibile solo nel caso in cui il testatore abbia stabilito la quota di ciascun erede, in modo che sia possibile il raffronto tra il valore dei beni concretamente attribuiti agli eredi e l'entità delle quote ad essi astrattamente attribuite dal testatore (C.C. 6449/08). La lesione oltre il quarto fra le quote dei condividenti deve sussistere ed essersi verificata al momento della divisione, cioè dell'attribuzione delle quote e non successivamente, quando tale divisione viene formalizzata (C.C. 4635/01).

764. Atti diversi dalla divisione. – L'azione di rescissione è anche ammessa contro ogni altro atto che abbia per effetto di far cessare tra i coeredi la comunione dei beni ereditari (767).

L'azione non è ammessa contro la transazione con la quale si è posta fine alle questioni insorte a causa della divisione o dell'atto fatto in luogo della medesima, ancorché non fosse al riguardo incominciata alcuna lite (765, 1965 ss., 1970 ss.).

NOTE OPERATIVE:

Divisione transattiva e transazione divisoria: Il discrimen tra divisione transattiva, rescindibile e transazione divisoria, non rescindibile né annullabile per errore ex art. 1969 c.c., non è costituito dalla natura transattiva di una controversia divisionale, ricorrente in entrambi i negozi, bensì dall'esistenza, nella prima e non nella seconda, di proporzionalità tra le attribuzioni patrimoniali e le quote di ciascuno dei partecipanti alla comunione (C.C. 13942/12 – Conf. 20256/09; C.C. 7219/97).

Accordi paradivisori: Gli accordi paradivisori, volti alla formazione di porzioni dei beni da assegnare a determinate condizioni, pur non producendo l'effetto distributivo dei beni stessi tipico del contratto di divisione, hanno finalità preparatoria di quest'ultimo ovvero, ove insorgano successivi contrasti su punti non risolti col negozio stesso, del provvedimento del giudice. I predetti accordi, una volta perfezionati, non possono essere oggetto di recesso unilaterale, ma possono essere revocati o risolti soltanto col consenso unanime delle parti contraenti e possono essere impugnati con i mezzi di annullamento previsti per i contratti in genere, ivi compresa l'azione di rescissione per lesione oltre il quarto (C.C. 8240/2019).

765. Vendita del diritto ereditario fatta al coerede. – L'azione di rescissione non è ammessa (764) contro la vendita del diritto ereditario (477, 1542 ss.) fatta senza frode (734, 2910; 66 ss. l. fall.) a uno dei coeredi, a suo rischio e pericolo, da parte degli altri coeredi o di uno di essi.

766. Stima dei beni. – Per conoscere se vi è lesione si procede alla stima dei beni secondo il loro stato e valore al tempo della divisione.

NOTE OPERATIVE:

Varianti: Ai fini della formazione delle quote tra i condividenti, non è sufficiente la classificazione urbanistica dei terreni caduti in successione, occorrendo, invece, valutare le possibilità edificatorie accordate sui beni (C.C. 39368/21); qualora lite pendente sia disposta un'espropriazione per pubblica utilità su immobili della massa comune, occorre tener conto, tra le componenti da dividere, del diritto di credito all'indennità di espropriazione in luogo del bene non più in proprietà dei condividenti (C.C. 5993/20 – Conf. S.U. 24657/07; C.C. 55/98).

767. Facoltà del coerede di dare il supplemento. – Il coerede contro il quale è promossa l'azione di rescissione (763, 1448) può troncarne il corso e impedire una nuova divisione, dando il supplemento della porzione ereditaria, in danaro o in natura, all'attore e agli altri coeredi che si sono a lui associati (1450).

NOTE OPERATIVE:

Importi: Il coerede, onde evitare la rescissione per lesione della divisione, non può limitarsi a ricondurre ad equità la diseguaglianza tra le porzioni, ma deve dare una porzione, in denaro o in natura, idonea a reintegrare il valore della quota (C.C. 10333/98).

768. Alienazione della porzione ereditaria. – Il coerede che ha alienato la sua porzione o una parte di essa non è più ammesso a impugnare la divisione per dolo o violenza (1434 ss.), se l'alienazione è seguita quando il dolo era stato scoperto o la violenza era cessata (761).

Il coerede non perde il diritto di proporre l'impugnazione, se la vendita è limitata a oggetti di facile deterioramento o di valore minimo in rapporto alla quota.

Capo V *bis*

Del patto di famiglia ([1])

([1]) *Questo capo è stato aggiunto dall'art. 2 della L. 14 febbraio 2006, n. 55.*

768 *bis*. Nozione. – È patto di famiglia il contratto con cui, compatibilmente con le disposizioni in materia di impresa familiare e nel rispetto delle differenti tipologie societarie, l'imprenditore trasferisce, in tutto o in parte, l'azienda, e il titolare di partecipazioni societarie trasferisce, in tutto o in parte, le proprie quote, ad uno o più discendenti.

768 *ter*. Forma. – A pena di nullità il contratto deve essere concluso per atto pubblico.

768 *quater*. Partecipazione. – Al contratto devono partecipare anche il coniuge e tutti coloro che sarebbero legittimari ove in quel momento si aprisse la successione nel patrimonio dell'imprenditore.

Gli assegnatari dell'azienda o delle partecipazioni societarie devono liquidare gli altri partecipanti al contratto, ove questi non vi rinunzino in tutto o in parte, con il pagamento di una somma corrispondente al valore delle quote previste dagli articoli 536 e seguenti; i contraenti possono convenire che la liquidazione, in tutto o in parte, avvenga in natura.

I beni assegnati con lo stesso contratto agli altri partecipanti non assegnatari dell'azienda, secondo il valore attribuito in contratto, sono imputati alle quote di legittima loro spettanti; l'assegnazione può essere disposta anche con successivo contratto che sia espressamente dichiarato collegato al primo e purché vi intervengano i medesimi soggetti che hanno partecipato al primo contratto o coloro che li abbiano sostituiti.

Quanto ricevuto dai contraenti non è soggetto a collazione o a riduzione.

768 *quinquies*. Vizi del consenso. – Il patto può essere impugnato dai partecipanti ai sensi degli articoli 1427 e seguenti.

L'azione si prescrive nel termine di un anno.

768 *sexies*. Rapporti con i terzi. – All'apertura della successione dell'imprenditore, il coniuge e gli altri legittimari che non abbiano partecipato al contratto possono chiedere ai beneficiari del contratto stesso il pagamento della somma prevista dal secondo comma dell'articolo 768 *quater*, aumentata degli interessi legali.

L'inosservanza delle disposizioni del primo comma costituisce motivo di impugnazione ai sensi dell'articolo 768 *quinquies*.

768 *septies*. Scioglimento. – Il contratto può essere sciolto o modificato dalle medesime persone che hanno concluso il patto di famiglia nei modi seguenti:

1) mediante diverso contratto, con le medesime caratteristiche e i medesimi presupposti di cui al presente capo;

2) mediante recesso, se espressamente previsto nel contratto stesso e, necessariamente, attraverso dichiarazione agli altri contraenti certificata da un notaio.

768 *octies*. Controversie. – Le controversie derivanti dalle disposizioni di cui al presente capo sono devolute preliminarmente a uno degli organismi di conciliazione previsti dall'articolo 38 del decreto legislativo 17 gennaio 2003, n. 5.

Titolo V
Delle donazioni

Capo I
Disposizioni generali

769. Definizione. – La donazione è il contratto (1321) col quale, per spirito di liberalità (770, 809), una parte arricchisce l'altra, disponendo a favore di questa di un suo diritto o assumendo verso la stessa un'obbligazione (770, 771, 772).

NOTE OPERATIVE:

Donazione indiretta: La donazione indiretta si identifica con ogni negozio che, pur non avendo la forma della donazione, sia mosso da un fine di liberalità e abbia l'effetto di arricchire gratuitamente il beneficiario (C.C. 9379/20 – Conf. S.U. 9282/82); si ha anche quando il donante paghi soltanto una parte del prezzo della relativa compravendita dovuto dal donatario, laddove sia dimostrato lo specifico collegamento tra dazione e successivo impiego delle somme (C.C. 10759/19 – Conf. C.C. 9194/15, contra C.C. 2149/2014).

Preliminare: La cessione della proprietà non può essere legittimamente qualificata preliminare di donazione pena la sua insanabile nullità, essendo la donazione actus legitimus che non ammette preliminare (C.C. 6080/20).

770. Donazione rimuneratoria. – È donazione anche la liberalità fatta per riconoscenza o in considerazione dei meriti del donatario o per speciale rimunerazione (437, 632, 742, 797 n. 3, 805).

Non costituisce donazione la liberalità che si suole fare in occasione di servizi resi o comunque in conformità agli usi (809; 64 l. fall.).

NOTE OPERATIVE:

Azione di riduzione: La donazione remuneratoria è una donazione vera e propria, perciò assoggettata alla disciplina della reintegrazione di quanto spetta ai legittimari ed all'azione di riduzione (C.C. 41480/21 – Conf. C.C. 20387/08).

Obbligazione naturale: La liberalità fatta per riconoscenza nei confronti del beneficiario (cd. donazione rimuneratoria) differisce dall'obbligazione naturale, la cui sussistenza postula una duplice indagine, finalizzata ad accertare se ricorra un dovere morale o sociale, in rapporto alla valutazione corrente nella società, e se tale dovere sia stato spontaneamente adempiuto con una prestazione avente carattere di proporzionalità ed adeguatezza in relazione a tutte le circostanze del caso (C.C. 19578/16 – Conf. C.C. 5119/09; C.C. 7170/83).

Liberalità d'uso: La liberalità d'uso, che non costituisce donazione in senso stretto e non è soggetta alla forma propria di questa, trova fondamento negli usi invalsi a seguito dell'osservanza di un certo comportamento nel tempo, di regola in occasione di festività, ricorrenze, ricorrenze celebrative nelle quali sono comuni le elargizioni, tenuto in particolare conto dei legami esistenti tra le parti, il cui vaglio, sotto il profilo della proporzionalità, va operato anche in base alla loro posizione sociale e alle condizioni economiche dell'autore dell'atto (C.C. 15334/18 – Conf. C.C. 18280/16).

771. Donazione di beni futuri. – La donazione non può comprendere che i beni presenti del donante. Se comprende beni futuri (1348), è nulla rispetto a questi (1419, 1421 ss.), salvo che si tratti di frutti non ancora separati (820).

Qualora oggetto della donazione sia un'universalità di cose (816) e il donante ne conservi il godimento trattenendola presso di sé, si considerano comprese nella donazione anche le cose che vi si aggiungono successivamente, salvo che dall'atto risulti una diversa volontà.

NOTE OPERATIVE:

Bene altrui: La donazione di un bene altrui, benché non espressamente vietata, deve ritenersi nulla per difetto di causa, a meno che nell'atto si affermi espressamente che il donante sia consapevole dell'attuale non appartenenza del bene al suo patrimonio (S.U. 5068/16).

772. Donazione di prestazioni periodiche. – La donazione che ha per oggetto prestazioni periodiche si estingue alla morte del donante, salvo che risulti dall'atto una diversa volontà (769).

773. Donazione a più donatari. – La donazione fatta congiuntamente a favore di più donatari s'intende fatta per parti uguali, salvo che dall'atto risulti una diversa volontà.

È valida la clausola con cui il donante dispone che, se uno dei donatari non può o non vuole accettare, la sua parte si accresca agli altri (674 ss.).

Capo II
Della capacità di disporre e di ricevere per donazione

774. Capacità di donare. – Non possono fare donazione coloro che non hanno la piena capacità di disporre dei propri beni (2, 394, 424, 427). È tuttavia valida la donazione fatta dal minore e dall'inabilitato nel loro contratto di matrimonio a norma degli artt. 165 e 166 (776, 785).

Le disposizioni precedenti si applicano anche al minore emancipato autorizzato all'esercizio di un'impresa commerciale (397, 2195).

NOTE OPERATIVE:

Amministrazione di sostegno: Il beneficiario di amministrazione di sostegno conserva la sua capacità di donare, salvo che il giudice tutelare, anche d'ufficio, ritenga di limitarla (C.Cost. 114/19).

775. Donazione fatta da persona incapace d'intendere o di volere. – La donazione fatta da persona che, sebbene non interdetta (414), si provi essere stata per qualsiasi causa, anche transitoria, incapace di intendere o di volere al momento in cui la donazione è stata fatta (428, 591 n. 3), può essere annullata su istanza del donante, dei suoi eredi o aventi causa (377, 428, 799).

L'azione si prescrive in cinque anni dal giorno in cui la donazione è stata fatta (1442 ss.).

776. Donazione fatta dall'inabilitato. – La donazione fatta dall'inabilitato (415, 774), anche se anteriore alla sentenza d'inabilitazione (421) o alla nomina del curatore provvisorio (419), può essere annullata se fatta dopo che è stato promosso il giudizio d'inabilitazione (712 ss. c.p.c.).

Il curatore dell'inabilitato per prodigalità (415^2) può chiedere l'annullamento della donazione, anche se fatta nei sei mesi anteriori all'inizio del giudizio d'inabilitazione.

777. Donazioni fatte da rappresentanti di persone incapaci. – Il padre e il tutore non possono fare donazioni per la persona incapace da essi rappresentata (320, 374).

Sono consentite, con le forme abilitative richieste (375), le liberalità in occasione di nozze a favore dei discendenti dell'interdetto o dell'inabilitato (785).

778. Mandato a donare. – È nullo (1418) il mandato (1703) con cui si attribuisce ad altri la facoltà di designare la persona del donatario o di determinare l'oggetto della donazione.

È peraltro valida la donazione a favore di persona che un terzo sceglierà tra più persone designate dal donante o appartenenti a determinate categorie, o a favore di una persona giuridica tra quelle indicate dal donante stesso (631^2).

È del pari valida la donazione che ha per oggetto una cosa che un terzo determinerà tra più cose indicate dal donante o entro i limiti di valore dal donante stesso stabiliti (631).

NOTE OPERATIVE:

Ambito di applicazione: La norma sancisce la nullità del mandato a designare la persona del donatario o a determinare l'oggetto della donazione e – per contro – la validità della scelta del donatario o della determinazione della cosa da donare fatta da un terzo entro particolari limiti prefissati dal donante. La predetta nullità colpisce espressamente il mandato a donare, ma essa si estende all'atto di donazione che sia stato stipulato in esecuzione del mandato espressamente sanzionato con la nullità del legislatore (C.C. 12991/12). È valido il mandato a stipulare un negotium mixtum cum donatione a condizione che esso sia espressamente contemplato dalle parti: è nullo, invece, il mandato generale ad alienare tramite negotium mixtum cum donatione e ad esso vanno applicati i limiti del mandato a donare (C.C. 12181/92).

779. Donazione a favore del tutore o protutore. – È nulla (1418) la donazione (799) a favore di chi è stato tutore o protutore del donante, se fatta prima che sia stato approvato il conto (386) o sia estinta l'azione per il rendimento del conto medesimo (323, 378, 387, 596, 1471).

Si applicano le disposizioni dell'art. 599.

780. [Donazione al figlio naturale non riconoscibile. – (*Omissis*)] (1).

(1) *Articolo abrogato dall'art. 205, L. 19 maggio 1975, n. 151, riforma del diritto di famiglia.*

781. (1) **Donazione tra coniugi.** – I coniugi non possono, durante il matrimonio, farsi l'uno all'altro alcuna liberalità, salve quelle conformi agli usi.

(1) *La Corte costituzionale, con sentenza n. 91 del 27 giugno 1973, ha dichiarato l'illegittimità costituzionale dell'intero articolo.*

Capo III
Della forma e degli effetti della donazione

782. Forma della donazione. – La donazione deve essere fatta per atto pubblico (2699), sotto pena di nullità (1350, 1875, 2725). Se ha per oggetto cose mobili, essa non è valida che per quelle specificate con indicazione del loro valore nell'atto medesimo della donazione, ovvero in una nota a parte sottoscritta dal donante, dal donatario e dal notaio (783).

L'accettazione può essere fatta nell'atto stesso o con atto pubblico posteriore (785). In questo caso la donazione non è perfetta (769) se non dal momento in cui l'atto di accettazione è notificato (1326, 1335; 137 c.p.c.) al donante (785).

Prima che la donazione sia perfetta, tanto il donante quanto il donatario possono revocare la loro dichiarazione (1328).

[Se la donazione è fatta a una persona giuridica, il donante non può revocare la sua dichiarazione dopo che gli è stata notificata la domanda diretta a ottenere dall'autorità governativa l'autorizzazione ad accettare (17, 473, 1329). Trascorso un anno dalla notificazione senza che l'autorizzazione sia stata concessa, la dichiarazione può essere revocata (17, 786, 1872)] (1).

(1) *Questo comma è stato abrogato dall'art. 13, comma 1, della L. 15 maggio 1997, n. 127, così come sostituito dall'art. 1, comma 1, della L. 22 giugno 2000, n. 192. Le disposizioni previste dall'art. 13, comma 1, si applicano anche alle acquisizioni deliberate o verificatesi in data anteriore a quella di entrata in vigore della citata L. n. 127/1997, a norma dell'art. 13, comma 2, medesima legge.*

NOTE OPERATIVE:

Ambito di applicazione: Per la validità delle donazioni indirette è sufficiente l'osservanza delle forme prescritte per il negozio tipico utilizzato per realizzare lo scopo di liberalità (C.C. 27050/18 – Conf. C.C. 14197/13; C.C. 5333/04), fatta eccezione per la donazione effettuata mediante operazione bancaria poiché è una donazione diretta ad esecuzione indiretta (S.U. 18725/17).

Perfezionamento: La notificazione dell'accettazione della donazione, prevista per i casi in cui proposta ed accettazione siano contenuti in atti pubblici distinti, deve essere eseguita in modo rituale e costituisce requisito indispensabile per il perfezionamento del relativo contratto che, pertanto, prima del suo verificarsi non può considerarsi ancora concluso (C.C. 9476/22) e in capo all'"accipiens" va riconosciuto il solo "animus detinendi" e non l'"animus possidendi", trattandosi di negozio traslativo non ancora venuto ad esistenza in quanto privo dell'elemento conclusivo di una fattispecie a formazione progressiva (C.C. 7821/15).

783. Donazioni di modico valore. – La donazione di modico valore che ha per oggetto beni mobili è valida anche se manca l'atto pubblico (782), purché vi sia stata la tradizione (781).

La modicità deve essere valutata anche in rapporto alle condizioni economiche del donante.

NOTE OPERATIVE:

Criteri: Ai fini del riconoscimento del modico valore di una donazione, la norma non detta criteri rigidi cui ancorare la relativa valutazione, dovendosi essa apprezzare alla stregua di due elementi di valutazione la cui ricorrenza, involgendo un giudizio di fatto ed imponendo il contemperamento di dati analitici, è rimessa all'apprezzamento del giudice di merito, insindacabile in sede di legittimità (C.C. 7913/01): quello obiettivo, correlato al valore del bene che ne è oggetto, e quello soggettivo, per il quale si tiene conto delle condizioni economiche del donante. Ne consegue che l'atto di liberalità, per essere considerato di modico valore, non deve mai incidere in modo apprezzabile sul patrimonio del donante (C.C. 5488/22 – Conf. C.C. 3858/20; C.C. 7913/11; C.C. 11304/94; C.C. 1873/89; C.C. 1134/82; C.C. 1400/80; C.C. 967/76).

784. Donazione a nascituri. – La donazione può essere fatta anche a favore di chi è soltanto concepito (462), ovvero a favore dei figli di una determinata persona vivente al tempo della donazione, benché non ancora concepiti (463, 785).

L'accettazione della donazione a favore di nascituri, benché non concepiti, è regolata dalle disposizioni degli artt. 320 e 321.

Salvo diversa disposizione del donante, l'amministrazione dei beni donati spetta al donante o ai suoi eredi, i quali possono essere obbligati a prestare idonea garanzia (1179). I frutti maturati prima della nascita sono riservati al donatario se la donazione è fatta a favore di un nascituro già concepito. Se è fatta a favore di un non concepito, i frutti sono riservati al donante sino al momento della nascita del donatario (785[3]).

785. Donazione in riguardo di matrimonio. – La donazione fatta in riguardo di un determinato futuro matrimonio (165, 166, 774), sia dagli sposi tra loro (80), sia da altri a favore di uno o di entrambi gli sposi o dei figli nascituri da questi, si perfeziona senza bisogno che sia accettata (782), ma non produce effetto finché non segua il matrimonio (80, 805).

L'annullamento del matrimonio (117 ss.) importa la nullità della donazione. Restano tuttavia salvi i diritti acquistati dai terzi di buona fede (1445) tra il giorno del matrimonio e il passaggio in giudicato (324 c.p.c.) della sentenza che dichiara la nullità del matrimonio. Il coniuge di buona fede (128) non è tenuto a restituire i frutti (820) percepiti anteriormente alla domanda di annullamento del matrimonio (1148).

La donazione in favore di figli nascituri (784) rimane efficace per i figli rispetto ai quali si verificano gli effetti del matrimonio putativo (128).

NOTE OPERATIVE:

Ambito di applicazione: donazioni indirette ...: La donazione obnunziale, essendo un negozio formale e tipico caratterizzato dall'espressa menzione nell'atto pubblico delle finalità dell'attribuzione patrimoniale, eseguita da uno degli sposi o da un terzo in riguardo di un futuro determinato matrimonio, è incompatibile con l'istituto della donazione indiretta, in cui lo spirito di liberalità viene perseguito mediante il compimento di atti diversi da quelli previsti dall'art. 769 c.c. (C.C. 14203/17 – Conf. C.C. 15873/06).

... e divorzio: La previsione della caducazione delle donazioni obnuziali a seguito dell'annullamento del matrimonio, non trova applicazione per il caso del divorzio, poiché questo non elide in vincolo coniugale per vizi inerenti al suo momento genetico, ma ne presuppone la validità, limitandosi a rimuoverne gli effetti per vicende sopravvenute ed a partire dalla relativa pronuncia, e, quindi, lascia integra la situazione che ha costituito motivo e condizioni di quelle donazioni (C.C. 11370/91).

786. (1) [**Donazione a ente non riconosciuto.** – La donazione a favore di un ente non riconosciuto (36 ss.) non ha efficacia, se entro un anno non è notificata al donante l'istanza per ottenere il riconoscimento (12; 2, 3 att.). La notificazione produce gli effetti indicati dall'ultimo comma dell'art. 782 (600).

Salvo diversa disposizione del donante, i frutti (820) maturati prima del riconoscimento sono riservati al donatario].

(1) *Questo articolo è stato abrogato dall'art. 13, comma 1, della L. 15 maggio 1997, n. 127, così come sostituito dall'art. 1, comma 1, della L. 22 giugno 2000, n. 192. Le disposizioni previste dall'art. 13, comma 1, si applicano anche alle acquisizioni deliberate o verificatesi in data anteriore a quella di entrata in vigore della citata L. n. 127/1997, a norma dell'art. 13, comma 2, medesima legge.*

787. Errore sul motivo della donazione. – La donazione può essere impugnata per errore sul motivo, sia esso di fatto o di diritto, quando il motivo risulta dall'atto ed è il solo che ha determinato il donante a compiere la liberalità (624, 794, 1428 ss.).

NOTE OPERATIVE:

Sentimento altrui: L'errore sul motivo della donazione deve considerarsi irrilevante allorché esso riguardi non la realtà di fatto, ma la valutazione che dei sentimenti altrui ha fatto il donante, trattandosi di un motivo puramente soggettivo (C.C. 20189/05).

788. Motivo illecito. – Il motivo illecito (626, 794, 1345) rende nulla la donazione quando risulta dall'atto ed è il solo che ha determinato il donante alla liberalità (634, 1418).

789. Inadempimento o ritardo nell'esecuzione. – Il donante, in caso di inadempimento o di ritardo nell'eseguire la donazione, è responsabile soltanto per dolo o per colpa grave (798).

790. Riserva di disporre di cose determinate. – Quando il donante si è riservata la facoltà di disporre di qualche oggetto compreso nella donazione o di una determinata somma (1355) sui beni donati, e muore senza averne disposto, tale facoltà non può essere esercitata dagli eredi (796).

791. Condizione di riversibilità. – Il donante può stipulare la riversibilità (792) delle cose donate, sia per il caso di premorienza del solo donatario, sia per il caso di premorienza del donatario e dei suoi discendenti.

Nel caso in cui la donazione è fatta con generica indicazione della riversibilità, questa riguarda la premorienza, non solo del donatario, ma anche dei suoi discendenti.

Non si fa luogo a riversibilità che a beneficio del solo donante. Il patto a favore di altri si considera non apposto.

792. Effetti della riversibilità. – Il patto di riversibilità produce l'effetto di risolvere tutte le alienazioni dei beni donati (1504) e di farli ritornare al donante liberi da ogni peso o ipoteca, ad eccezione dell'ipoteca iscritta a garanzia della dote (166 *bis*) o di altre convenzioni matrimoniali (162), quando gli altri beni del coniuge donatario non sono sufficienti (560 ss.), e nel caso soltanto in cui la donazione è stata fatta con lo stesso contratto matrimoniale da cui l'ipoteca risulta.

È valido il patto per cui la riversione non deve pregiudicare la quota di riserva spettante al coniuge superstite (540) sul patrimonio del donatario, compresi in esso i beni donati.

793. Donazione modale. – La donazione può essere gravata da un onere (794, 797).

Il donatario è tenuto all'adempimento dell'onere entro i limiti del valore della cosa donata.

Per l'adempimento dell'onere può agire, oltre il donante, qualsiasi interessato (1174), anche durante la vita del donante stesso.

La risoluzione per inadempimento (1453) dell'onere, se preveduta nell'atto di donazione, può essere domandata dal donante o dai suoi eredi (2652 n. 1).

NOTE OPERATIVE:

Spirito di liberalità: Lo spirito di liberalità è perfettamente compatibile con l'imposizione di un peso al beneficiato, purché tale peso, non assumendo il carattere di corrispettivo, costituisca una modalità del beneficio, senza snaturare l'essenza di atto liberalità della donazione (C.C. 28857/21 – Conf. C.C. 13876/05).

Risoluzione: La risoluzione per inadempimento dell'onere non può avvenire ipso iure, senza valutazione di gravità dell'inadempimento, in forza di clausola risolutiva espressa, istituto che, essendo proprio dei contratti sinallagmatici, non può estendersi al negozio a titolo gratuito, cui pure acceda un modus (C.C. 28993/20 – Conf. C.C. 14120/14).

794. Onere illecito o impossibile. – L'onere illecito o impossibile si considera non apposto; rende tuttavia nulla la donazione se ne ha costituito il solo motivo determinante (788, 793).

NOTE OPERATIVE:

Impossibilità originaria: L'impossibilità dell'onere che rende nulla la donazione modale ove l'onere stesso ne abbia costituito l'unico motivo determinante, è soltanto l'impossibilità originaria, ossia già esistente all'atto della stipulazione, mentre quella sopravvenuta non può produrre altro effetto che l'estinzione del modus, facendo sì che la donazione ne resti liberata (C.C. 4560/93).

795. Divieto di sostituzione. – Nelle donazioni non sono permesse le sostituzioni se non nei casi e nei limiti stabiliti per gli atti di ultima volontà.

La nullità delle sostituzioni non importa nullità della donazione.

796. Riserva di usufrutto. – È permesso al donante di riservare (790) l'usufrutto (978 ss., 1002) dei beni donati a proprio vantaggio, e dopo di lui a vantaggio di un'altra persona o anche di più persone, ma non successivamente.

797. Garanzia per evizione. – Il donante è tenuto a garanzia verso il donatario, per l'evizione (1483 ss.) che questi può soffrire delle cose donate, nei casi seguenti:

1) se ha espressamente promesso la garanzia (758[2]);

2) se l'evizione dipende dal dolo o dal fatto personale di lui (1487[2]);

3) se si tratta di donazione che impone oneri al donatario (793), o di donazione rimuneratoria (770), nei quali casi la garanzia è dovuta fino alla concorrenza dell'ammontare degli oneri o dell'entità delle prestazioni ricevute dal donante.

798. Responsabilità per vizi della cosa. – Salvo patto speciale, la garanzia del donante non si estende ai vizi della cosa, a meno che il donante sia stato in dolo (789).

799. Conferma ed esecuzione volontaria di donazioni nulle. – La nullità della donazione, da qualunque causa dipenda, non può essere fatta valere dagli eredi o aventi causa (377, 428, 775[1]) dal donante che, conoscendo la causa della nullità, hanno, dopo la morte di lui, confermato la donazione o vi hanno dato volontaria esecuzione (1423, 1444, 2034).

NOTE OPERATIVE:

Presupposti: L'esecuzione delle donazioni nulle, analogamente a quanto è richiesto, in via generale, dall'art. 1444 c.c. per la convalida dei contratti annullabili, intanto impedisce ai coeredi o aventi causa del donante di fare valere la nullità, da qualunque causa dipendente, in quanto i medesimi, con atti o fatti di contenuto non equivoco, diano volontaria esecuzione alla domanda con la consapevolezza della causa della nullità stessa (C.C. 2700/19 – Conf. C.C. 2143/64).

Rinnovazione: La donazione nulla, benché insuscettibile di sanatoria da parte del donante, può, tuttavia, essere rinnovata da quest'ultimo con efficacia ex nunc, mediante un altro atto dotato dei requisiti di forma e di sostanza prescritti dalla legge per porre in essere tale negozio traslativo (C.C. 14504/18 – Conf. C.C. 1867/67).

Capo IV
Della revocazione delle donazioni

800. Cause di revocazione. – La donazione può essere revocata (805, 806) per ingratitudine (801, 802) o per soppravenienza di figli (803).

801. Revocazione per ingratitudine. – La domanda di revocazione per ingratitudine non può essere proposta che quando il donatario ha commesso uno dei fatti previsti dai numeri 1, 2 e 3 dell'art. 463, ovvero si è reso colpevole d'ingiuria grave verso il donante o ha dolosamente arrecato grave pregiudizio al patrimonio di lui o gli ha rifiutato indebitamente gli alimenti dovuti ai sensi degli art. 433, 435 e 436 (802, 806).

NOTE OPERATIVE:

Ingiuria grave: L'ingiuria grave richiesta, pur mutuando dal diritto penale la sua natura di offesa all'onore ed al decoro della persona, si caratterizza per la manifestazione esteriorizzata, ossia resa palese ai terzi, mediante il comportamento del donatario, di un durevole sentimento di disistima delle qualità morali e di irrispettosità della dignità del donante, contrastanti con il senso di riconoscenza che, secondo la coscienza comune, dovrebbero invece improntarne l'atteggiamento, a prescindere, peraltro, dalla legittimità del comportamento del donatario (C.C. 13544/22 – Conf. C.C. 20722/18; C.C. 22013/16; C.C. 17188/08).

Adulterio: L'adulterio non integra di per sé l'elemento dell'ingiuria grave (C.C. 19816/22). In relazione alla condotta ingiuriosa individuata in una relazione extraconiugale intrapresa dal coniuge donatario, la ragione dell'ingratitudine va ravvisata non nella relazione extraconiugale in sé, bensì nella circostanza che tale relazione fosse stata ostentata, anche fra le mura della casa coniugale, in presenza di una pluralità di estranei (C.C. 27064/22).

802. Termini e legittimazione ad agire. – La domanda di revocazione per causa d'ingratitudine deve essere proposta dal donante o dai suoi eredi, contro il donatario o i suoi eredi, entro l'anno dal giorno in cui il donante è venuto a conoscenza del fatto che consente la revocazione (2652, n. 1, 2964).

Se il donatario si è reso responsabile di omicidio volontario (575 ss. c.p.) in persona del donante o gli ha dolosamente impedito di revocare la donazione, il termine per proporre l'azione è di un anno dal giorno in cui gli eredi hanno avuto notizia della causa di revocazione.

NOTE OPERATIVE:

Decorrenza: In caso di una pluralità di atti ingiuriosi rivolti verso il donante e tra loro strettamente connessi, il termine annuale di decadenza (C.C. 26827/08 – Conf. C.C. 7033/05) per la proposizione della domanda decorre dal momento in cui l'offesa raggiunge un livello tale da non poter essere più ragionevolmente tollerata, secondo una valutazione di normalità (C.C. 21010/16).

803. (1) **Revocazione per sopravvenienza di figli.** – Le donazioni fatte da chi non aveva o ignorava di avere figli o discendenti al tempo della donazione, possono essere revocate per la sopravvenienza o l'esistenza di un figlio o discendente del donante. Possono inoltre essere revocate per il riconoscimento di un figlio, salvo che si provi che al tempo della donazione il donante aveva notizia dell'esistenza del figlio.

La revocazione può essere domandata anche se il figlio del donante era già concepito al tempo della donazione. (462).

(1) *Questo articolo è stato così sostituito dall'art. 88 del D.L.vo 28 dicembre 2013, n. 154, a decorrere dal trentesimo giorno successivo a quello della sua pubblicazione nella* Gazzetta Ufficiale (G.U. *n. 5 dell'8 gennaio 2014*).

NOTE OPERATIVE:

Finalità: Finalità della norma è quella di favorire i discendenti del donante, non ancora nati o la cui esistenza sia ignorata al momento della donazione (C.C. 2106/18); rispondendo all'esigenza di consentire al donante di riconsiderare l'opportunità dell'attribuzione liberale a fronte della sopravvenuta nascita di un figlio, ovvero della sopravvenuta conoscenza della sua esistenza, in funzione degli obblighi di mantenimento, istruzione ed educazione che derivano da tale evento, è preclusa ove il donante avesse consapevolezza, alla data dell'atto di liberalità, dell'esistenza di un figlio ovvero di un discendente legittimo (C.C. 5345/17 – Conf. C.C. 250/00).

804. Termine per l'azione. – L'azione di revocazione per sopravvenienza di figli deve essere proposta entro cinque anni dal giorno della nascita dell'ultimo figlio nato nel matrimonio (1) o discendente [legittimo] (2) ovvero della notizia dell'esistenza del figlio o discendente, ovvero dell'avvenuto riconoscimento del figlio nato fuori del matrimonio (3) (250 ss., 803, 2964 ss.).

Il donante non può proporre o proseguire l'azione dopo la morte del figlio o del discendente.

(1) *Le parole: «nato nel matrimonio» sono state aggiunte dall'art. 89 del D.L.vo 28 dicembre 2013, n. 154, a decorrere dal trentesimo giorno successivo a quello della sua pubblicazione nella* Gazzetta Ufficiale (G.U. *n. 5 dell'8 gennaio 2014*).

(2) *La parola fra parentesi quadrate è stata soppressa dall'art. 89 del D.L.vo 28 dicembre 2013, n. 154, a decorrere dal trentesimo giorno successivo a quello della sua pubblicazione nella* Gazzetta Ufficiale (G.U. *n. 5 dell'8 gennaio 2014*).

(3) *La parola: «naturale» è stata così sostituita dalle attuali: «nato fuori del matrimonio» dall'art. 89 del D.L.vo 28 dicembre 2013, n. 154, a decorrere dal trentesimo giorno successivo a quello della sua pubblicazione nella* Gazzetta Ufficiale (G.U. *n. 5 dell'8 gennaio 2014*).

805. Donazioni irrevocabili. – Non possono revocarsi per causa d'ingratitudine, né per sopravvenienza di figli, le donazioni rimuneratorie (770) e quelle fatte in riguardo di un determinato matrimonio (785).

806. Inammissibilità della rinunzia preventiva. – Non è valida la rinunzia preventiva alla revocazione della donazione per ingratitudine o per sopravvenienza di figli.

807. Effetti della revocazione. – Revocata la donazione per ingratitudine o sopravvenienza di figli, il donatario deve restituire i beni in natura, se essi esistono ancora, e i frutti (820) relativi, a partire dal giorno della domanda (1148).

Se il donatario ha alienato i beni, deve restituirne il valore, avuto riguardo al tempo della domanda, e i frutti relativi, a partire dal giorno della domanda stessa.

808. Effetti nei riguardi dei terzi. – La revocazione per ingratitudine o per sopravvenienza di figli non pregiudica i terzi che hanno acquistato diritti anteriormente alla domanda, salvi gli effetti della trascrizione di questa (2652, nn. 1, 5).

Il donatario, che prima della trascrizione della domanda di revocazione ha costituito sui beni donati diritti reali che ne diminuiscono il valore, deve indennizzare il donante della diminuzione di valore sofferta dai beni stessi.

809. Norme sulle donazioni applicabili ad altri atti di liberalità. – Le liberalità, anche se risultano da atti diversi da quelli previsti dall'art. 769, sono soggette alle stesse norme che regolano la revocazione delle donazioni per causa d'ingratitudine (801) e per sopravvenienza di figli (803), nonché a quelle sulla riduzione delle donazioni per integrare la quota dovuta ai legittimari (553 ss.).

Questa disposizione non si applica alle liberalità previste dal secondo comma dell'art. 770 e a quelle che a norma dell'art. 742 non sono soggette a collazione.

NOTE OPERATIVE:

Trust: Il trust inter vivos, con effetti post mortem, deve essere qualificato come donazione indiretta, rientrante, in quanto tale, nella categoria delle liberalità non donative, poiché l'attribuzione ai beneficiari del patrimonio che ne costituisce la dotazione avviene per atto del trustee, cui il disponente aveva trasferito la proprietà (S.U. 18831/19).

Forma: Per la validità delle donazioni indirette è sufficiente l'osservanza delle forme prescritte per il negozio tipico utilizzato per realizzare lo scopo di liberalità (C.C. 27050/18 – Conf. S.U. 18725/18; C.C. 3819/15; C.C. 4197/13; C.C. 5333/04).

Interpretazione restrittiva: La norma va interpretata restrittivamente, nel senso che alle liberalità anzidette non si applicano tutte le altre disposizioni non espressamente richiamate (C.C. 13684/14).

Libro III
Della proprietà

Titolo I
Dei beni

Capo I
Dei beni in generale

810. Nozione. – Sono beni le cose che possono formare oggetto di diritti.

Sezione I
Dei beni dell'ordine corporativo

811. (*Omissis*) ([1]).

([1]) *Articolo abrogato dall'art. 3, D.L.vo 14 settembre 1944, n. 287, provvedimenti relativi alla riforma della legislazione civile.*

Sezione II
Dei beni immobili e mobili

812. Distinzione dei beni. – Sono beni immobili il suolo, le sorgenti e i corsi d'acqua, gli alberi, gli edifici e le altre costruzioni, anche se unite al suolo a scopo transitorio, e in genere tutto ciò che naturalmente o artificialmente è incorporato al suolo.

Sono reputati immobili i mulini, i bagni e gli altri edifici galleggianti quando sono saldamente assicurati alla riva o all'alveo e sono destinati ad esserlo in modo permanente per la loro utilizzazione (1350, 2810).

Sono mobili tutti gli altri beni (814).

NOTE OPERATIVE:

Bene mobile ...: Il concetto di bene mobile è onnicomprensivo, includendo in sé, con carattere residuale, tutti i beni che non siano qualificabili come immobili (C.C. 19283/09).

... e immobile: Bene immobile è soltanto quello incorporato o materialmente congiunto al suolo, e non anche quello meramente aderente ad esso, con mezzi aventi la sola funzione di ottenerne la stabilità necessaria all'uso (C.C. 152/17 – Conf. S.U. 391/85; C.C. 2255/84). Costituiscono costruzioni incorporate al suolo non a scopo transitorio: le serre (C.C. 520/23); i bacini idrici (C.C. 18289/20); le reti metalliche infisse sul terreno (C.C. 11294/18).

813. Distinzione dei diritti. – Salvo che dalla legge risulti diversamente, le disposizioni concernenti i beni immobili si applicano anche ai diritti reali che hanno per oggetto beni immobili e alle azioni relative (555 ss. c.p.c.); le disposizioni concernenti i beni mobili si applicano a tutti gli altri diritti.

814. Energie. – Si considerano beni mobili le energie naturali che hanno valore economico (624[2] c.p.).

815. Beni mobili iscritti in pubblici registri. – I beni mobili iscritti in pubblici registri sono soggetti alle disposizioni che li riguardano e, in mancanza, alle disposizioni relative ai beni mobili.

816. Universalità di mobili. – È considerata universalità di mobili la pluralità di cose che appartengono alla stessa persona e hanno una destinazione unitaria (727[2], 771, 994, 1010, 1156, 1160, 1170, 2784, 2914 n. 3).

Le singole cose componenti l'universalità possono formare oggetto di separati atti e rapporti giuridici (2555; 670 c.p.c.).

817. Pertinenze. – Sono pertinenze le cose destinate in modo durevole a servizio o ad ornamento di un'altra cosa.

La destinazione può essere effettuata dal proprietario della cosa principale o da chi ha un diritto reale sulla medesima (29, 246, 862 c.n.).

NOTE OPERATIVE:

Caratteristiche: Le pertinenze sono costituite da un'aggregazione di cose mobili o immobili in cui quella secondaria è subordinata al servizio o all'ornamento dell'altra principale, in un rapporto di complementarità funzionale che lascia inalterate l'individualità e l'autonomia dei singoli beni, che vengono uniti dal trattamento giuridico; in definitiva gli oggetti giuridici rimangono due, ciascuno con propria denominazione e funzione, ma il bene diventa unico perché corrisponde ad un interesse nuovo e diverso, al quale si può attribuire un maggiore valore economico (C.S. 5615/14).

Presupposti: Ai fini della sussistenza del vincolo pertinenziale tra il bene principale e quello accessorio è necessaria la presenza del requisito soggettivo dell'appartenenza di entrambi al medesimo soggetto, nonché del requisito oggettivo della contiguità, anche solo di servizio, tra i due beni, ai fini del quale il bene accessorio deve arrecare un'utilità a quello principale, e non al proprietario di esso (C.C. 11970/18 – Conf. C.C. 4599/06).

818. Regime delle pertinenze. – Gli atti e i rapporti giuridici che hanno per oggetto la cosa principale comprendono anche le pertinenze, se non è diversamente disposto (667, 1477, 1617, 2811, 2912).

Le pertinenze possono formare oggetto di separati atti o rapporti giuridici (816^2; 515 c.p.c.).

La cessazione della qualità di pertinenza non è opponibile ai terzi i quali abbiano anteriormente acquistato diritti sulla cosa principale (819; 247, 862, 863 c.n.).

NOTE OPERATIVE:

Trasferimento: Gli accessori pertinenziali di un immobile devono ritenersi compresi nel suo trasferimento, anche in caso di mancata indicazione nell'atto di compravendita, essendo necessaria un'espressa volontà per escluderli (C.C. 12866/22 – Conf. C.C. 23237/16). Il proprietario del bene principale e di quello costituente pertinenza, nel trasferire a terzi la proprietà del primo bene, può sempre riservarsi quella dell'altro, determinando in tal modo la cessazione del vincolo pertinenziale (C.C. 6009/00).

819. Diritti dei terzi sulle pertinenze. – La destinazione di una cosa al servizio o all'ornamento di un'altra non pregiudica i diritti preesistenti su di essa a favore dei terzi. Tali diritti non possono essere opposti ai terzi di buona fede se non risultano da scrittura avente data certa anteriore (2704), quando la cosa principale è un bene immobile (812) o un bene mobile iscritto in pubblici registri (815, 2683, 2762; 247, 263, 863 c.n.).

Sezione III
Dei frutti

820. Frutti naturali e frutti civili. – Sono frutti naturali quelli che provengono direttamente dalla cosa, vi concorra o no l'opera dell'uomo, come i prodotti agricoli, la legna, i parti degli animali, i prodotti delle miniere, cave e torbiere.

Finché non avviene la separazione, i frutti formano parte della cosa (516 c.p.c.). Si può tuttavia disporre di essi come di cosa mobile futura (771, 1348, 1472; 531 c.p.c.).

Sono frutti civili quelli che si ritraggono dalla cosa come corrispettivo del godimento che altri ne abbia. Tali sono gli interessi dei capitali (1224, 1282 ss., 1815), i canoni enfiteutici (960 ss.), le rendite vitalizie (1861 ss., 1872) e ogni altra rendita, il corrispettivo delle locazioni (1571, 1587 n. 2).

821. Acquisto dei frutti. – I frutti naturali appartengono al proprietario della cosa che li produce (1477, 1775), salvo che la loro proprietà sia attribuita ad altri. In quest'ultimo caso la proprietà si acquista con la separazione.

Chi fa propri i frutti deve, nei limiti del loro valore, rimborsare colui che abbia fatto spese per la produzione e il raccolto (984, 1149, 2041).

I frutti civili si acquistano giorno per giorno, in ragione della durata del diritto (1263^3, 1531^1, 1880).

NOTE OPERATIVE:

Spese: Il diritto alla restituzione dei frutti nasce limitato dalle spese sostenute per la relativa produzione, sicché il restituente può dedurle senza necessità di proporre apposita domanda giudiziale (C.C. 16700/15 – Conf. C.C. 19349/05).

Capo II
Dei beni
appartenenti allo Stato,
agli enti pubblici
e agli enti ecclesiastici

822. Demanio pubblico. – Appartengono allo Stato e fanno parte del demanio pubblico il lido del mare, la spiaggia, le rade e i porti (28 ss., 692 ss. c.n.); i fiumi, i torrenti, i laghi e le altre acque definite pubbliche dalle leggi in materia; le opere destinate alla difesa nazionale (879).

Fanno parimenti parte del demanio pubblico, se appartengono allo Stato, le strade, le autostrade e le strade ferrate; gli aerodromi; gli acquedotti; gli immobili riconosciuti di interesse storico, archeologico e artistico a norma delle leggi in materia; le raccolte dei musei, delle pinacoteche, degli archivi, delle biblioteche; e infine gli altri beni che sono dalla legge assoggettati al regime proprio del demanio pubblico (942, 945; 247, 248, 863 c.n.).

NOTE OPERATIVE:

Classificazione: I beni demaniali possono essere necessari o eventuali (o accidentali). I primi, per le loro qualità intrinseche, sono sottratti in assoluto alla proprietà privata e possono appartenere soltanto allo Stato o alle Regioni: si tratta del demanio marittimo, idrico e militare (artt. 822, primo comma, c.c.). I secondi possono, invece, essere oggetto di proprietà privata e soltanto se appartengono ad un ente territoriale fanno parte del relativo demanio (C.S. 2667/16).

Demanio marittimo (arenile): Nel demanio marittimo necessario è incluso, oltre il lido del mare e la spiaggia, anche l'arenile, ovvero quel tratto di terraferma che risulti relitto dal naturale ritirarsi delle acque (C.C. 22567/20 – Conf. C.C. 26877/19; C.C. 10489/18)

Acqua: Tutte le acque superficiali e sotterranee sono pubbliche e, in quanto tali, sono demaniali (C.C. 23564/19).

823. Condizione giuridica del demanio pubblico. – I beni che fanno parte del demanio pubblico sono inalienabili e non possono formare oggetto di diritti a favore di terzi (1145), se non nei modi e nei limiti stabiliti dalle leggi che li riguardano (30 ss., 694 ss. c.n.).

Spetta all'autorità amministrativa la tutela dei beni che fanno parte del demanio pubblico. Essa ha facoltà sia di procedere in via amministrativa, sia di valersi dei mezzi ordinari a difesa della proprietà (948 ss.) e del possesso (1168 ss.) regolati dal presente codice.

NOTE OPERATIVE:

Tutela dei beni: L'ordinamento attribuisce alla PA la possibilità di ricorrere tanto alla autotutela amministrativa quanto ai mezzi ordinari a difesa della proprietà o del possesso. Tale norma, ancorché dettata per i beni demaniali, configura espressione di un principio generale, valido per ogni situazione giuridica in cui siano esperibili rimedi giurisdizionali, riconoscendo alla pubblica amministrazione la facoltà, in alternativa all'esercizio dei propri poteri di autotutela, di adire il giudice ordinario a difesa delaa proprietà, demaniale o patrimoniale, e del possesso (S.U. 33657/18 – Conf. S.U. 6129/86).

824. Beni delle province e dei comuni soggetti al regime dei beni demaniali. – I beni della specie di quelli indicati dal secondo comma dell'art. 822, se appartengono alle province o ai comuni, sono soggetti al regime del demanio pubblico.

Allo stesso regime sono soggetti i cimiteri e i mercati comunali.

825. Diritti demaniali su beni altrui. – Sono parimenti soggetti al regime del demanio pubblico (823) i diritti reali che spettano allo Stato, alle province e ai comuni su beni appartenenti ad altri soggetti, quando i diritti stessi sono costituiti per l'utilità di alcuno dei beni indicati dagli articoli precedenti o per il conseguimento di fini di pubblico interesse corrispondenti a quelli a cui servono i beni medesimi.

NOTE OPERATIVE:

Opponibilità ai terzi: I diritti sottoposti al regime di cui all'art. 825 c.c. non devono essere trascritti poiché, dato il loro carattere demaniale, sono opponibili alla generalità degli interessati a prescindere dall'osservanza delle forme di pubblicità (C.C. 15032/19).

Servitù di uso pubblico: La servitù di uso pubblico, quale diritto dal contenuto non predeterminato, ma funzionale al soddisfacimento di un'esigenza di carattere generale, diretta a realizzare un fine di pubblico interesse, consiste in un peso posto a carico di un bene immobile in favore, non già di altro bene immobile, bensì di soggetti, i quali si identificano in una collettività indistinta di persone, che ne beneficiano uti cives (C.C. 28869/21).

Via vicinale pubblica: Una strada rientra nella categoria delle vie vicinali pubbliche se sussistono i requisiti del passaggio esercitato jure servitutis publicae da una collettività di persone qualificate dall'appartenenza ad una comunità territoriale, della concreta idoneità della strada a soddisfare esigenze di generale interesse, anche per il collegamento con la pubblica via, e dell'esistenza di un titolo valido a sorreggere l'affermazione del diritto di uso pubblico (C.C. 8526/23 – Conf. C.C. 7091/21).

826. Patrimonio dello Stato, delle province e dei comuni. – I beni appartenenti allo Stato, alle province e ai comuni, i quali non siano della specie di quelli indicati dagli articoli precedenti (829), costituiscono il patrimonio dello Stato o, rispettivamente, delle province e dei comuni (828).

Fanno parte del patrimonio indisponibile dello Stato le foreste che a norma delle leggi in materia costituiscono il demanio forestale dello Stato, le miniere, le cave e torbiere quando la disponibilità ne è sottratta al proprietario del fondo (840), le cose d'interesse storico, archeologico, paletnologico, paleontologico e artistico, da chiunque e in qualunque modo ritrovate nel sottosuolo (839, 840, 932), i beni costituenti la dotazione della Presidenza della Repubblica, le caserme, gli armamenti, gli aeromobili militari (745 c.n.) e le navi da guerra.

Fanno parte del patrimonio indisponibile dello Stato o, rispettivamente, delle province e dei comuni, secondo la loro appartenenza, gli edifici destinati a sede di uffici pubblici, con i loro arredi, e gli altri beni destinati a un pubblico servizio.

NOTE OPERATIVE:

Utilizzazione: L'appartenenza di un bene al patrimonio indisponibile di un ente territoriale discende, non solo, dalla esistenza di un atto amministrativo che lo destini ad uso pubblico, ma anche dalla concreta utilizzazione dello stesso a tale fine (C.C. 26990/20 – Conf. C.C. 26402/09).

Sdemanializzazione: La sdemanializzazione può verificarsi anche senza l'adempimento delle formalità previste dalla legge, purché risulti da atti univoci, concludenti e positivi della P.A., incompatibili con la volontà di conservare la destinazione del bene all'uso pubblico (C.C. 26899/08 – Conf. C.C. 3742/07); né il disuso da tempo immemorabile o l'inerzia dell'ente possono essere invocati come elementi indiziari dell'intenzione di far cessare tale destinazione (C.C. 14269/23 – Conf. C.C. 17387/04).

827. Beni immobili vacanti. – I beni immobili che non sono in proprietà di alcuno spettano al patrimonio dello Stato (923; 119 Cost.).

NOTE OPERATIVE:

Effetto giuridico: La norma, nello stabilire che gli immobili che non sono in proprietà di alcuno spettano al patrimonio dello Stato, non pone una presunzione di appartenenza allo Stato di tutti gli immobili di cui non si provi l'appartenenza ad altri, ma si limita a prevedere un effetto giuridico conseguente ad una determinata situazione di fatto (vacanza del bene) la quale deve essere, perciò, dimostrata dal soggetto che la invochi a fondamento del suo diritto (C.C. 4975/07).

828. Condizione giuridica dei beni patrimoniali. – I beni che costituiscono il patrimonio dello Stato, delle province e dei comuni sono soggetti alle regole particolari che li concernono e, in quanto non è diversamente disposto, alle regole del presente codice.

I beni che fanno parte del patrimonio indisponibile non possono essere sottratti alla loro destinazione, se non nei modi stabiliti dalle leggi che li riguardano (830).

829. Passaggio di beni dal demanio al patrimonio. – Il passaggio dei beni dal demanio pubblico (822) al patrimonio dello Stato (826) dev'essere dichiarato dall'autorità amministrativa. Dell'atto deve essere dato annunzio nella *Gazzetta Ufficiale* della Repubblica.

Per quanto riguarda i beni delle province e dei comuni, il provvedimento che dichiara il passaggio al patrimonio dev'essere pubblicato nei modi stabiliti per i regolamenti comunali e provinciali (1).

(1) *Si veda il D.L.vo 18 agosto 2000, n. 267, Testo unico delle leggi sull'ordinamento degli enti locali.*

NOTE OPERATIVE:

Sdemanializzazione tacita: La norma, in continuità con l'art. 429 c.c. del 1865, stabilisce che il passaggio di un bene dal demanio pubblico al patrimonio disponibile dello Stato può essere semplicemente dichiarato dall'autorità amministrativa, con ciò riconoscendo espressamente al provvedimento di declassificazione natura esclusivamente dichiarativa, ossia soltanto ricognitiva della perdita della destinazione ad uso pubblico del bene. Il passaggio del bene pubblico al patrimonio disponibile dello Stato consegue, quindi, direttamente al realizzarsi del fatto della perdita della destinazione pubblica del bene, secondo la c.d. sdemanializzazione tacita, locuzione che evidenzia che la declassificazione prescinde dal provvedimento dell'autorità amministrativa (S.U. 7739/20). La declassificazione dei beni appartenenti al patrimonio indisponibile, la cui destinazione all'uso pubblico deriva da una determinazione legislativa, deve avvenire in virtù di atto di pari rango, e non può, dunque, trarsi da una condotta concludente dell'ente proprietario, postulando la cessazione tacita della patrimonialità indisponibile, così come della demanialità, che il bene abbia subito un'immutazione irreversibile, tale da non essere più idoneo all'uso della collettività, senza che a tal fine sia sufficiente la semplice circostanza obiettiva che detto uso sia stato sospeso per lunghissimo tempo (C.C. 19814/2020 – Conf. C.C. 2962/12).

830. Beni degli enti pubblici non territoriali. – I beni appartenenti agli enti pubblici non territoriali sono soggetti alle regole del presente codice, salve le disposizioni delle leggi speciali.

Ai beni di tali enti che sono destinati a un pubblico servizio si applica la disposizione del secondo comma dell'art. 828.

831. Beni degli enti ecclesiastici ed edifici di culto. – I beni degli enti ecclesiastici sono soggetti alle norme del presente codice, in quanto non è diversamente disposto dalle leggi speciali che li riguardano.

Gli edifici destinati all'esercizio pubblico del culto cattolico, anche se appartengono a privati, non possono essere sottratti alla loro destinazione neppure per effetto di alienazione, fino a che la destinazione stessa non sia cessata in conformità delle leggi che li riguardano.

NOTE OPERATIVE:

Limitazioni: La Chiesa e le sue istituzioni sono tenute all'osservanza, al pari degli altri soggetti giuridici, delle norme di relazione e quindi alle limitazioni del diritto di proprietà (C.C. 4836/21 – Conf. C.C. 2166/06).

Titolo II
Della proprietà

Capo I
Disposizioni generali

832. Contenuto del diritto. – Il proprietario ha diritto di godere (959) e disporre delle cose in modo pieno ed esclusivo, entro i limiti e con l'osservanza degli obblighi stabiliti dall'ordinamento giuridico (833, 838, 869; 42 ss. Cost.).

NOTE OPERATIVE:

Ius aedificandi: Lo ius aedificandi trova fonte nel diritto di proprietà, del quale rappresenta una facoltà ex art. 832 c.c. (C.C. 23130/15).

833. Atti d'emulazione. – Il proprietario non può fare atti i quali non abbiano altro scopo che quello di nuocere o recare molestia ad altri (844).

NOTE OPERATIVE:

Presupposti: L'atto emulativo vietato presuppone lo scopo esclusivo di nuocere o di recare pregiudizio ad altri (C.C. 3764/23), in assenza di una qualsiasi utilità per il proprietario, sicché non è riconducibile a tale categoria un atto comunque rispondente ad un interesse del proprietario, né potendo il giudice compiere una valutazione comparativa discrezionale fra gli interessi in gioco o formulare un giudizio di meritevolezza e prevalenza fra gli stessi (C.C. 7976/22 – Conf. C.C. 12688/17; C.C. 1209/16).

834. Espropriazione per pubblico interesse. – Nessuno può essere privato in tutto o in parte dei beni di sua proprietà, se non per causa di pubblico interesse, legalmente dichiarata, e contro il pagamento di giusta indennità (836, 838, 851, 865; 42^3, 43 Cost.).

Le norme relative all'espropriazione per causa di pubblico interesse sono determinate da leggi speciali.

NOTE OPERATIVE:

Valore venale del bene: L'attuale sistema indennitario e risarcitorio è fondato sul valore venale del bene, applicabile non soltanto ai suoli edificabili, ma anche ai suoli inedificabili (C.Cost. 181/2011), assumendo rilievo per tale ultima categoria la possibilità di utilizzazioni intermedie fra l'agricola e l'edificatoria, sempre che siano assentite dalla normativa vigente sia pure con il conseguimento delle opportune autorizzazioni amministrative (C.C. 14230/19 – Conf. C.C. 3168/19; C.C. 25314/17).

835. Requisizioni. – Quando ricorrono gravi e urgenti necessità pubbliche, militari o civili, può essere disposta la requisizione dei beni mobili o immobili (812 ss.). Al proprietario è dovuta una giusta indennità.

Le norme relative alle requisizioni sono determinate da leggi speciali.

NOTE OPERATIVE:

Custodia: La p.a. che disponga la requisizione di un immobile urbano ne acquista la disponibilità, assumendone, correlativamente, l'obbligo di custodia (C.C. 10741/98 – Conf. C.C. 4671/97).

836. Vincoli e obblighi temporanei. – Per le cause indicate dall'articolo precedente l'autorità amministrativa, nei limiti e con le forme stabiliti da leggi speciali, può sottoporre a particolari vincoli od obblighi di carattere temporaneo le aziende commerciali (2195) e agricole (963^5, 2135; 44 Cost.).

837. Ammassi. – Allo scopo di regolare la distribuzione di determinati prodotti agricoli o industriali nell'interesse della produzione nazionale sono costituiti gli ammassi (2617).

Le norme per il conferimento dei prodotti negli ammassi sono contenute in leggi speciali.

838. Espropriazione di beni che interessano la produzione nazionale o di prevalente interesse pubblico. – Salve le disposizioni delle leggi penali (499 ss. c.p.) e di polizia, nonché le norme dell'ordinamento corporativo (1) e le disposizioni particolari concernenti beni determinati, quando il proprietario abbandona la conservazione, la coltivazione o l'esercizio di beni che interessano la produzione nazionale, in modo da nuocere gravemente alle esigenze della produzione stessa (811), può farsi luogo all'espropriazione dei beni da parte dell'autorità amministrativa, premesso il pagamento di una giusta indennità (56 att.).

La stessa disposizione si applica se il deperimento dei beni ha per effetto di nuocere gravemente al decoro delle città o alle ragioni dell'arte, della storia o della sanità pubblica.

(1) *L'espressione «nonché le norme dell'ordinamento corporativo» è da ritenere abrogata dal R.D.L. 9 agosto 1943, n. 721.*

839. Beni d'interesse storico e artistico. – Le cose di proprietà privata, immobili o mobili, che presentano interesse artistico, storico, archeologico o etnografico, sono sottoposte alle disposizioni delle leggi speciali (826^2, 879^1).

NOTE OPERATIVE:

Procedimento: L'appartenenza della cosa mobile ad antica civiltà e il suo rinvenimento nel sottosuolo ne comportano di diritto l'attribuzione al patrimonio indisponibile dello Stato come bene d'interesse archeologico, senza che sia a tale fine necessario l'espresso riconoscimento dell'interesse culturale dell'oggetto da parte della competente autorità (C.C. 2995/06).

Capo II
Della proprietà fondiaria

Sezione I
Disposizioni generali

840. Sottosuolo e spazio sovrastante al suolo. – La proprietà del suolo si estende al sottosuolo (955, 959), con tutto ciò che vi si contiene, e il proprietario può fare qualsiasi escavazione od opera che non rechi danno al vicino. Questa disposizione non si applica a quanto forma oggetto delle leggi sulle miniere, cave e torbiere. Sono del pari salve le limitazioni derivanti dalle leggi sulle antichità e belle arti (826), sulle acque, sulle opere idrauliche e da altre leggi speciali.

Il proprietario del suolo non può opporsi ad attività di terzi che si svolgano a tale profondità nel sottosuolo o tale altezza nello spazio sovrastante (934), che egli non abbia interesse ad escluderle (826, 833, 1174; 823 c.n.).

NOTE OPERATIVE:

Titolo di acquisto: La proprietà del sottosuolo spetta al proprietario del suolo, salvo che in senso contrario disponga il titolo di acquisto di quest'ultimo oppure che detta proprietà risulti spettare ad altri in base ad un titolo opponibile al proprietario del suolo (C.C. 18528/23).

Trasferimento separato: È valida una separata alienazione del soprasuolo dal sottosuolo quali entità giuridicamente autonome (C.C. 227256/18 – Conf. C.C. 3750/99).

Condominio: Lo spazio sottostante il suolo di un edificio condominiale, in mancanza di un titolo che ne attribuisca la proprietà esclusiva ad uno dei condomini, va considerato di proprietà comune (C.C. 10869/23 – Conf. C.C. 29925/19; C.C. 6154/16).

841. Chiusura del fondo. – Il proprietario può chiudere in qualunque tempo il fondo (842, 843, 1054, 1064).

NOTE OPERATIVE:

Servitù di passaggio: Il conflitto tra il proprietario del fondo servente, cui è assicurata la facoltà di chiusura del fondo, e il titolare della servitù di passaggio è regolato dall'art. 1064, comma 2, c.c. (C.C. 12579/15 – Conf. C.C. 10700/14; C.C. 21744/13; C.C. 21129/12).

842. Caccia e pesca. – Il proprietario di un fondo non può impedire che vi si entri per l'esercizio della caccia, a meno che il fondo sia chiuso nei modi stabiliti dalla legge sulla caccia o vi siano colture in atto suscettibili di danno.

Egli può sempre opporsi a chi non è munito della licenza rilasciata dall'autorità.

Per l'esercizio della pesca occorre il consenso del proprietario del fondo.

843. Accesso al fondo. – Il proprietario deve permettere l'accesso e il passaggio nel suo fondo, sempre che ne venga riconosciuta la necessità, al fine di costruire o riparare un muro o altra opera propria del vicino oppure comune.

Se l'accesso cagiona danno, è dovuta una adeguata indennità (924, 925, 1038, 1053).

Il proprietario deve parimenti permettere l'accesso a chi vuole riprendere la cosa sua che vi si trovi accidentalmente o l'animale che vi si sia riparato sfuggendo alla custodia (1053). Il proprietario può impedire l'accesso consegnando la cosa o l'animale (896, 924, 925).

NOTE OPERATIVE:

Natura giuridica: Gli accessi ed il passaggio che il proprietario deve permettere costituiscono obbligazioni "propter rem" il cui soggetto passivo è solo il proprietario o il titolare di altro diritto reale del bene gravato (C.C. 16776/19 – Conf. C.C. 10474/98).

Ambito di applicazione: Il proprietario di un appartamento, in base all'art. 843, comma 1, c.c., applicabile anche al condominio di un edificio, può esercitare il diritto di accedere o di passare negli appartamenti dei vicini (o nelle cose comuni) - a loro volta gravati da una corrispondente obbligazione "propter rem" - solo se ciò sia necessario al fine di realizzare o di riparare un bene o un'opera che sia di sua esclusiva proprietà ovvero comune (C.C. 20555/21 – Conf. C.C. 10474/98; C.C. 2274/95).

Indennità: La norma, laddove riconosce al proprietario del fondo, sul quale venga eseguito l'accesso ed il passaggio per costruire o riparare opere del vicino o comuni, il diritto ad una congrua indennità nel caso in cui l'accesso gli produca un danno, delinea un'ipotesi di responsabilità da atto lecito che, sebbene prescinda dall'accertamento della colpa, esige tuttavia che il transito e l'accesso abbiano determinato un concreto pregiudizio al fondo interessato, fermo in ogni caso l'obbligo di ripristinare la situazione dei luoghi (C.C. 20540/20 – Conf. C.C. 7774/82; C.C. 4944/82; C.C. 1670/69; C.C. 3796/68).

844. Immissioni. – Il proprietario di un fondo non può impedire le immissioni di fumo o di calore, le esalazioni, i rumori, gli scuotimenti e simili propagazioni derivanti dal fondo del vicino, se non superano la normale tollerabilità (659 c.p.), avuto anche riguardo alla condizione dei luoghi (833; 674 c.p.).

Nell'applicare questa norma l'autorità giudiziaria deve contemperare le esigenze della produzione con le ragioni della proprietà (912). Può tener conto della priorità di un determinato uso (890).

NOTE OPERATIVE:

Fatto illecito: La norma, impone, nei limiti della normale tollerabilità e dell'eventuale contemperamento delle esigenze della produzione con le ragioni della proprietà, l'obbligo di sopportazione delle propagazioni inevitabili determinate dall'uso delle proprietà attuato nell'ambito delle norme generali e speciali che ne disciplinano l'esercizio. Al di fuori di tale ambito, si è in presenza di un'attività illegittima di fronte alla quale non ha ragion d'essere l'imposizione di un sacrificio, ancorché minimo, all'altrui diritto di proprietà o di godimento, venendo in considerazione, unicamente l'illiceità del fatto generatore del danno arrecato a terzi, si rientra nello schema dell'azione generale di risarcimento danni di cui all'art. 2043 c.c.. (C.C. 18810/21 – Conf. C.C. 21554/18; C.C. 5844/07; C.C. 17281/05; C.C. 1156/95; C.C. 7411/92).

Danno risarcibile: Pur quando non rimanga integrato un danno biologico, non risultando provato alcuno stato di malattia, la lesione del diritto al normale svolgimento della vita familiare all'interno della propria casa di abitazione, tutelato anche dall'art. 8 della Convenzione europea dei diritti umani, nonché del diritto alla libera e piena esplicazione delle proprie abitudini di vita quotidiane, integra una lesione che non costituisce un danno in re ipsa – atteso che tale concetto giunge ad identificare il danno risarcibile con la lesione del diritto (nella specie quello al normale svolgimento della vita familiare all'interno della propria abitazione ed alla libera e piena esplicazione delle proprie abitudini di vita quotidiane) ed a configurare un vero e proprio danno punitivo, per il quale non vi è copertura normativa (C.C. 19434/19) – bensì un danno conseguenza e comporta un pregiudizio ristorabile in termini di danno non patrimoniale (C.C. 1823/23 – Conf. C.C. 21649/21).

845. Regole particolari per scopi di pubblico interesse. – La proprietà fondiaria è soggetta a regole particolari per il conseguimento di scopi di pubblico interesse nei casi previsti dalle leggi speciali e dalle disposizioni contenute nelle sezioni seguenti.

Sezione II
Del riordinamento della proprietà rurale

846. (1) **[Minima unità colturale.** – Nei trasferimenti di proprietà, nelle divisioni e nelle assegnazioni a qualunque titolo, aventi per oggetto terreni destinati a coltura o suscettibili di coltura, e nella costituzione o nei trasferimenti di diritti reali sui terreni stessi non deve farsi luogo a frazionamenti che non rispettino la minima unità colturale.

S'intende per minima unità colturale l'estensione di terreno necessaria e sufficiente per il lavoro di una famiglia agricola e, se non si tratta di terreno appoderato, per esercitare una conveniente coltivazione secondo le regole della buona tecnica agraria].

(1) *Questo articolo è stato abrogato dall'art. 5 bis, comma 10, del D.L.vo 18 maggio 2001, n. 228, così come inserito dall'art. 7 del D.L.vo 29 marzo 2004, n. 99.*

847. (1) **[Determinazione della minima unità colturale.** – L'estensione della minima unità colturale sarà determinata distintamente per zone, avuto riguardo all'ordinamento produttivo e alla situazione demografica locale, con provvedimento dell'autorità amministrativa, da adottarsi sentite le associazioni professionali].

(1) *Questo articolo è stato abrogato dall'art. 5 bis, comma 10, del D.L.vo 18 maggio 2001, n. 228, così come inserito dall'art. 7 del D.L.vo 29 marzo 2004, n. 99.*

848. (1) **[Sanzione dell'inosservanza.** – Gli atti compiuti contro il divieto dell'art. 846 possono essere annullati dall'autorità giudiziaria, su istanza del pubblico ministero. L'azione si prescrive in tre anni dalla data della trascrizione dell'atto].

(1) *Questo articolo è stato abrogato dall'art. 5 bis, comma 10, del D.L.vo 18 maggio 2001, n. 228, così come inserito dall'art. 7 del D.L.vo 29 marzo 2004, n. 99.*

849. Fondi compresi entro maggiori unità fondiarie. – Indipendentemente dalla formazione del consorzio previsto dall'articolo seguente, il proprietario di terreni entro i quali sono compresi appezzamenti appartenenti ad altri, di estensione inferiore alla minima unità colturale (846), può domandare che gli sia trasferita la proprietà di questi ultimi (2932), pagandone il prezzo, allo scopo di attuare una migliore sistemazione delle unità fondiarie. In caso di contrasto decide l'autorità giudiziaria, sentite le associazioni professionali circa la sussistenza delle condizioni che giustificano la richiesta di trasferimento (57 att.) (1).

(1) *Le parole a partire da «sentite» fino alla fine dell'articolo sono da considerarsi inefficaci in forza della soppressione dell'ordinamento corporativo fascista disposta dall'art. 1 del D.L.vo Lgt. 23 novembre 1944, n. 369.*

850. Consorzi a scopo di ricomposizione fondiaria. – Quando più terreni contigui e inferiori alla minima unità colturale (846) appartengono a diversi proprietari, può, su istanza di alcuno degli interessati o per iniziativa dell'autorità amministrativa, essere costituito un consorzio tra gli stessi proprietari, allo scopo di provvedere a una ricomposizione fondiaria idonea alla migliore utilizzazione dei terreni stessi (851 ss.).

Per la costituzione del consorzio si applicano le norme stabilite per i consorzi di bonifica (851, 862 ss.).

851. Trasferimenti coattivi. – Il consorzio indicato dall'articolo precedente può predisporre il piano di riordinamento.

Per la migliore sistemazione delle unità fondiarie può procedersi a espropriazioni e a trasferimenti coattivi (852, 853); può anche procedersi a rettificazioni di confini e ad arrotondamento di fondi (856).

852. Terreni esclusi dai trasferimenti. – Dai trasferimenti coattivi previsti dall'articolo precedente sono esclusi:

1) gli appezzamenti forniti di casa di abitazione civile o colonica;

2) i terreni adiacenti ai fabbricati e costituenti dipendenze dei medesimi;

3) le aree fabbricabili;

4) gli orti, i giardini, i parchi;

5) i terreni necessari per piazzali o luoghi di deposito di stabilimenti industriali o commerciali;

6) i terreni soggetti a inondazioni, a scoscendimenti o ad altri gravi rischi;

7) i terreni che per la loro speciale destinazione, ubicazione o singolarità di coltura presentano caratteristiche di spiccata individualità (856).

853. Trasferimento dei diritti reali. – Nei trasferimenti coattivi (851) le servitù prediali (1027 ss.) sono abolite, conservate o create in relazione alle esigenze della nuova sistemazione (854, 1031).

Gli altri diritti reali di godimento (978 ss.) sono trasferiti sui terreni assegnati in cambio e, qualora non siano costituiti su tutti i terreni dello stesso proprietario, sono trasferiti soltanto su una parte determinata del fondo assegnato in cambio, che corrisponda in valore ai terreni su cui esistevano.

Le ipoteche (2808 ss.) che non siano costituite su tutti i terreni dello stesso proprietario sono trasferite sul fondo di nuova assegnazione per una quota corrispondente in valore ai terreni su cui erano costituite. In caso di espropriazione forzata dell'immobile gravato da ipoteca su una quota, l'immobile è espropriato per intero e il credito è collocato, secondo il grado dell'ipoteca (2852), sulla parte del prezzo corrispondente alla quota soggetta all'ipoteca medesima (2809).

854. Notifica e trascrizione del piano di riordinamento. – Il piano di riordinamento dev'essere preventivamente portato a cognizione degli interessati, e contro di esso è ammesso reclamo in via amministrativa, nelle forme e nei termini stabiliti da leggi speciali.

Il provvedimento amministrativo di approvazione definitiva del piano dev'essere trascritto presso l'ufficio dei registri immobiliari nella cui circoscrizione sono situati i beni (2645).

855. Effetti dell'approvazione del piano di riordinamento. – Con l'approvazione del piano di riordinamento si operano i trasferimenti di proprietà e degli altri diritti reali; sono anche costituite le servitù imposte nel piano stesso (853).

856. Competenza dell'autorità giudiziaria. – Nelle materie indicate dagli art. 850 e seguenti è salva la competenza dell'autorità giudiziaria per la tutela dei diritti degli interessati. L'autorità giudiziaria non può tuttavia con le sue decisioni provocare una revisione del piano di riordinamento, ma può procedere alla conversione e liquidazione in danaro dei diritti da essa accertati.

Il credito relativo è privilegiato a norma delle leggi speciali.

Sezione III
Della bonifica integrale

857. Terreni soggetti a bonifica. – Per il conseguimento di fini igienici, demografici, economici o di altri fini sociali possono essere dichiarati soggetti a bonifica i terreni che si trovano in un comprensorio, in cui sono laghi, stagni, paludi e terre paludose, ovvero costituito da terreni montani dissestati nei riguardi idrogeologici e forestali, o da terreni estensivamente coltivati per gravi cause di ordine fisico o sociale, i quali siano suscettibili di una radicale trasformazione dell'ordinamento produttivo (852, 947).

858. Comprensorio di bonifica e piano delle opere. – Il comprensorio di bonifica e il piano generale dei lavori e di attività coordinate sono determinati e pubblicati a norma della legge speciale (1044).

859. Opere di competenza dello Stato. – Il piano generale indicato dall'articolo precedente stabilisce quali opere di bonifica siano di competenza dello Stato.

860. Concorso dei proprietari nella spesa. – I proprietari dei beni situati entro il perimetro del comprensorio sono obbligati a contribuire nella spesa necessaria per l'esecuzione, la manutenzione e l'esercizio delle opere in ragione del beneficio che traggono dalla bonifica.

861. Opere di competenza dei privati. – I proprietari degli immobili indicati dall'articolo precedente sono obbligati a eseguire, in conformità del piano generale di bonifica e delle connesse direttive di trasformazione agraria, le opere di competenza privata che siano d'interesse comune a più fondi o d'interesse particolare a taluno di essi (865, 868).

862. Consorzi di bonifica. – All'esecuzione, alla manutenzione e all'esercizio delle opere di bonifica può provvedersi a mezzo di consorzi tra i proprietari interessati.

A tali consorzi possono essere anche affidati l'esecuzione, la manutenzione e l'esercizio delle altre opere d'interesse comune a più fondi o d'interesse particolare a uno di essi (850).

I consorzi sono costituiti per decreto del Presidente della Repubblica e, in mancanza dell'iniziativa privata, possono essere formati anche d'ufficio.

Essi sono persone giuridiche pubbliche (11) e svolgono la loro attività secondo le norme dettate dalla legge speciale (852).

NOTE OPERATIVE:

Legittimazione: I consorzi di bonifica, che, quali soggetti rappresentativi degli utenti consorziati, hanno il compito di svolgere attività di bonifica, da intendersi non limitate alle esigenze fondiarie irrigue, ma estese altresì alla protezione dell'ambiente e del suolo agrario, sono legittimati a far valere la tutela degli interessi, rientranti nell'ambito dei poteri e dei compiti svolti, di cui sono istituzionalmente portatori, in quanto enti esponenziali dei proprietari, autofinanziati ed autogovernati (S.U. 37307/22).

863. Consorzi di miglioramento fondiario. – Nelle forme stabilite per i consorzi di bonifica (862) possono essere costituiti anche consorzi per l'esecuzione, la manutenzione e l'esercizio di opere di miglioramento fondiario comuni a più fondi e indipendenti da un piano generale di bonifica (914, 918 ss.).

Essi sono persone giuridiche private (12). Possono tuttavia assumere il carattere di persone giuridiche pubbliche (11) quando, per la loro vasta estensione territoriale o per la particolare importanza delle loro funzioni ai fini dell'incremento della produzione, sono riconosciuti d'interesse nazionale con provvedimento dell'autorità amministrativa.

864. Contributi consorziali. – I contributi dei proprietari nella spesa di esecuzione, manutenzione ed esercizio delle opere di bonifica e di miglioramento fondiario sono esigibili con le norme e i privilegi stabiliti per l'imposta fondiaria (852, 2775).

865. Espropriazione per inosservanza degli obblighi. – Quando l'inosservanza degli obblighi imposti ai proprietari risulta tale da compromettere l'attuazione del piano di bonifica, può farsi luogo all'espropriazione parziale o totale del fondo appartenente al proprietario inadempiente, osservate le disposizioni della legge speciale (834).

L'espropriazione ha luogo a favore del consorzio, se questo ne fa richiesta, o, in mancanza, a favore di altra persona che si obblighi ad eseguire le opere offrendo opportune garanzie (1179).

Sezione IV
Dei vincoli idrogeologici e delle difese fluviali

866. Vincoli per scopi idrogeologici e per altri scopi. – Anche indipendentemente da un piano di bonifica (858), i terreni di qualsiasi natura e destinazione possono essere sottoposti a vincolo idrogeologico, osservate le forme e le condizioni stabilite dalla legge speciale, al fine di evitare che possano con danno pubblico subire denudazioni, perdere la stabilità o turbare il regime delle acque.

L'utilizzazione dei terreni e l'eventuale loro trasformazione, la qualità delle colture, il governo dei boschi e dei pascoli sono assoggettati, per effetto del vincolo, alle limitazioni stabilite dalle leggi in materia.

Parimenti, a norma della legge speciale, possono essere sottoposti a limitazione nella loro utilizzazione i boschi che per la loro speciale ubicazione difendono terreni o fabbricati dalla caduta di valanghe, dal rotolamento di sassi, dal sorrenamento e dalla furia dei venti, e quelli ritenuti utili per le condizioni igieniche locali.

867. Sistemazione e rimboschimento dei terreni vincolati. – Al fine del rimboschimento e del rinsaldamento i terreni vincolati possono essere assoggettati a espropriazione, a occupazione temporanea o a sospensione dell'esercizio del pascolo, nei modi e con le forme stabiliti dalle leggi in materia.

868. Regolamento protettivo dei corsi d'acqua. – I proprietari di immobili situati in prossimità di corsi d'acqua che arrecano o minacciano danni all'agricoltura, ad abitati o a manufatti d'interesse pubblico sono obbligati, anche indipendentemente da un piano di bonifica, a contribuire all'esecuzione delle opere necessarie per il regolamento del corso d'acqua nelle forme stabilite dalle leggi speciali.

Sezione V
Della proprietà edilizia

869. Piani regolatori. – I proprietari d'immobili nei comuni dove sono formati piani regolatori devono osservare le prescrizioni dei piani stessi nelle costruzioni e nelle riedificazioni o modificazioni delle costruzioni esistenti.

NOTE OPERATIVE:

Tutela risarcitoria: La norma va coordinata con l'art. 872 c.c. che attribuisce al privato la tutela risarcitoria del proprio diritto soggettivo a seguito della violazione delle norme urbanistiche integrative del codice civile, senza subordinarla all'annullamento di provvedimenti amministrativi (C.C. 742/03).

870. Comparti. – Quando è prevista la formazione di comparti, costituenti unità fabbricabili con speciali modalità di costruzione e di adattamento, gli aventi diritto sugli immobili compresi nel comparto devono regolare i loro reciproci rapporti in modo da rendere possibile l'attuazione del piano. Possono anche riunirsi in consorzio per l'esecuzione delle opere. In mancanza di accordo, può procedersi all'espropriazione a norma delle leggi in materia.

NOTE OPERATIVE:

Natura giuridica: Il comparto edificatorio costituisce mezzo di attuazione del piano regolatore particolareggiato e rende possibile l'edificazione privata attraverso la formazione di consorzi tra proprietari rappresentanti almeno i tre quarti del valore dell'intero comparto, nonché l'espropriazione delle aree appartenenti ai proprietari non aderenti (C.C. 10287/14).

871. Norme di edilizia e di ornato pubblico. – Le regole da osservarsi nelle costruzioni sono stabilite dalla legge speciale e dai regolamenti edilizi comunali.

La legge speciale stabilisce altresì le regole da osservarsi per le costruzioni nelle località sismiche.

NOTE OPERATIVE:

Piani privati di lottizzazione: Le previsioni dei piani privati di lottizzazione non costituiscono norme edilizie anche se approvati o autorizzati dall'ente locale e sono invocabili nei rapporti tra privati solo se recepiti nei singoli atti di acquisto, comportando l'imposizione di vere e proprie servitù (C.C. 20536/19 – Conf. C.C. 8817/18; C.C. 5104/09; C.C. 4373/09; C.C. 1384/94; C.C. 1317/80; C.C. 1162/78; C.C. 197/76).

872. Violazione delle norme di edilizia. – Le conseguenze di carattere amministrativo della violazione delle norme indicate dall'articolo precedente sono stabilite da leggi speciali.

Colui che per effetto della violazione ha subito danno deve esserne risarcito, salva la facoltà di chiedere la riduzione in pristino (2933) quando si tratta della violazione delle norme contenute nella sezione seguente o da questa richiamate (873 ss., 2043).

NOTE OPERATIVE:

Riduzione in pristino: La tutela della riduzione in pristino nel caso di violazione delle norme sulle distanze tra costruzioni contenute in leggi speciali e in regolamenti edilizi locali è accordata solo quando le disposizioni violate abbiano carattere integrativo delle norme del codice civile e si riferiscano a edifici non confinanti con vie o piazze pubbliche (C.C. 18676/23 – Conf. C.C. 27364/18).

Risarcimento del danno: Anche nel caso in cui sia stata disposta la riduzione in pristino dell'opera posta in essere in violazione delle distanze legali, il pregiudizio subito dalla proprietà del vicino per aver dovuto sopportare temporaneamente una costruzione a distanza inferiore a quella legale, va sempre risarcito in quanto frutto di un'illegittima imposizione di un peso avente le caratteristiche della servitù (C.C. 18220/20)

Reintegrazione in forma specifica: L'art. 2058, comma 2, c.c., che prevede la possibilità di ordinare il risarcimento del danno per equivalente, anziché la reintegrazione in forma specifica, in caso di eccessiva onerosità di quest'ultima, non trova applicazione alle azioni intese a far valere un diritto reale, la cui tutela esige la rimozione del fatto lesivo – come nel caso della domanda di riduzione in pristino per violazione delle norme sulle distanze –, atteso il carattere assoluto del diritto leso (C.C. 19942/20 – Conf. C.C. 2359/12).

Sezione VI
Delle distanze nelle costruzioni, piantagioni e scavi, e dei muri, fossi e siepi interposti tra i fondi

873. Distanze nelle costruzioni. – Le costruzioni su fondi finitimi, se non sono unite o aderenti, devono essere tenute a distanza non minore di tre metri (878). Nei regolamenti locali può essere stabilita una distanza maggiore.

NOTE OPERATIVE:

Nozione di costruzione: La nozione di costruzione comprende qualsiasi manufatto avente caratteristiche di consistenza e stabilità, o che emerga in modo sensibile dal suolo, sporgendone stabilmente, e che, per la sua consistenza, abbia l'idoneità a creare intercapedini pregiudizievoli alla sicurezza ed alla salubrità del godimento della proprietà, senza riferirsi necessariamente ad un edificio ma ad un qualsiasi manufatto, avente le suddette caratteristiche (C.C. 23040/23 – Conf. C.C. 23189/12; C.C. 15282/05; C.C. 3199/02).

Prevenzione (principio di): Si applica il principio codicistico di prevenzione – per il quale il confinante che costruisce per primo viene a condizionare la scelta del vicino che voglia a sua volta costruire – anche nell'ipotesi in cui un regolamento edilizio locale si limiti a stabilire un distacco minimo tra le costruzioni maggiore rispetto a quello contemplato dall'art. 873 c.c., senza prescrivere altresì una distanza minima delle costruzioni dal confine o vietare espressamente la costruzione in appoggio o in aderenza (C.C. 33109/21 – Conf. C.C. 1/2020; C.C. 26713/20; C.C. 22447/19; S.U. 10318/16).

Condominio: La disciplina delle distanze delle costruzioni si osserva anche nei rapporti tra condomini di un edificio purché sia compatibile con la disciplina relativa alle cose comuni, che quindi prevale in ipotesi di contrasto, determinando l'inapplicabilità delle norme sulle distanze (C.C. 16581/2023 – Conf. C.C. 8978/03; contra C.C. 13170/01).

874. Comunione forzosa del muro sul confine. – Il proprietario di un fondo contiguo al muro altrui può chiederne la comunione per tutta l'altezza o per parte di essa, purché lo faccia per tutta l'estensione della sua proprietà (876). Per ottenere la comunione (888) deve pagare la metà del valore del muro, o della parte di muro resa comune, e la metà del valore del suolo su cui il muro è costruito. Deve inoltre eseguire le opere che occorrono per non danneggiare il vicino (876, 885, 888, 904).

875. Comunione forzosa del muro che non è sul confine. – Quando il muro si trova a una distanza dal confine minore di un metro e mezzo ovvero a distanza minore della metà di quella stabilita dai regolamenti locali (873), il vicino può chiedere la comunione (874) del muro soltanto allo scopo di fabbricare contro il muro stesso, pagando, oltre il valore della metà del muro, il valore del suolo da occupare con la nuova fabbrica, salvo che il proprietario preferisca estendere il suo muro sino al confine (877, 882).

Il vicino che intende domandare la comunione deve interpellare preventivamente il proprietario se preferisca di estendere il muro al confine o di procedere alla sua demolizione. Questi deve manifestare la propria volontà entro il termine di giorni quindici e deve procedere alla costruzione o alla demolizione entro sei mesi dal giorno in cui ha comunicato la risposta (904).

876. Innesto nel muro sul confine. – Se il vicino vuole servirsi del muro esistente sul confine solo per innestarvi un capo del proprio muro, non ha l'obbligo di renderlo comune a norma dell'art. 874, ma deve pagare un'indennità per l'innesto.

877. Costruzioni in aderenza. – Il vicino, senza chiedere la comunione del muro posto sul confine, può costruire sul confine stesso in aderenza, ma senza appoggiare la sua fabbrica a quella preesistente.

Questa norma si applica anche nel caso previsto dall'art. 875; il vicino in tal caso deve pagare soltanto il valore del suolo (879, 904).

NOTE OPERATIVE:

Presupposti: La costruzione in aderenza postula l'assenza di qualsiasi intercapedine rispetto al preesistente muro del vicino e la piena autonomia, statica e funzionale, nei riguardi dello stesso ed è, quindi, consentita, salvo l'obbligo di pagamento nascente dall'eventuale occupazione di suolo altrui, anche quando tale muro presenti irregolarità nel suo ulteriore sviluppo in altezza, purché l'intercapedine possa ugualmente colmarsi mediante opportuni accorgimenti tecnici a cura del costruttore prevenuto (C.C. 2696/23 – Conf. C.C. 25495/21).

878. Muro di cinta. – Il muro di cinta e ogni altro muro isolato che non abbia un'altezza superiore ai tre metri non è considerato per il computo della distanza indicata dall'art. 873.

Esso, quando è posto sul confine, può essere reso comune (874) anche a scopo d'appoggio, purché non preesista al di là un edificio a distanza inferiore ai tre metri (886, 892).

NOTE OPERATIVE:

Caratteristiche: L'esenzione dal rispetto delle distanze tra costruzioni si applica sia ai muri di cinta, qualificati dalla destinazione alla recinzione di una determinata proprietà, dall'altezza non superiore a tre metri, dall'emersione dal suolo nonché dall'isolamento di entrambe le facce da altre costruzioni, sia ai manufatti che, pur carenti di alcuni requisiti indicati, siano comunque idonei a delimitare un fondo ed abbiano ugualmente la funzione e l'utilità di demarcare la linea di confine e di recingere il fondo (C.C. 5335/21 – Conf. C.C. 26713/20; C.C. 3037/15).

879. Edifici non soggetti all'obbligo delle distanze o a comunione forzosa. – Alla comunione forzosa non sono soggetti gli edifici appartenenti al demanio pubblico (822) e quelli soggetti allo stesso regime (824, 825), né gli edifici che sono riconosciuti di interesse storico, archeologico o artistico, a norma delle leggi in materia (839). Il vicino non può neppure usare della facoltà concessa dall'art. 877.

Alle costruzioni che si fanno in confine con le piazze e le vie pubbliche non si applicano le norme relative alle distanze (873), ma devono osservarsi le leggi e i regolamenti che le riguardano.

NOTE OPERATIVE:

Ambito di applicazione: L'esenzione dall'obbligo del rispetto delle distanze in favore degli edifici demaniali non richiede che la P.A. realizzi la costruzione su un fondo demaniale, potendo quest'ultima essere collocata anche su un fondo privato a condizione, però, che l'opera sia intrinsecamente assimilabile, per la finalità pubblica perseguita, a un bene appartenente al pubblico demanio (C.C. 1190/23 – Conf. C.C. 391/21).

Mezzi di tutela: Le disposizioni di legge e regolamentari alle quali rinvia il comma 2 dell'art. 879 c.c. per il caso delle costruzioni in confine con le piazze e le vie pubbliche, non essendo dirette alla regolamentazione dei rapporti di vicinato e alla tutela della proprietà, ma alla protezione di interessi pubblici, non fanno sorgere diritti soggettivi suscettibili di tutela ripristinatoria (C.C. 27364/18 – Conf. C.C. 5204/08).

880. Presunzione di comunione del muro divisorio. – Il muro che serve di divisione tra edifici si presume comune (874, 881) fino alla sua sommità e, in caso di altezze ineguali, fino al punto in cui uno degli edifici comincia ad essere più alto (882, 897, 903).

Si presume parimenti comune il muro che serve di divisione tra cortili, giardini e orti o tra recinti nei campi (881, 886).

NOTE OPERATIVE:

Ambito di applicazione: La presunzione relativa di comunione del muro, postulando la funzione divisoria di fondi omogenei (C.C. 14609/07), alla quale si ricollega l'utilità comune, è vinta dall'accertamento che il muro sia stato costruito nella sua interezza su di una sola delle aree confinanti, con conseguente acquisto per accessione, ai sensi dell'art. 934 c.c. (C.C. 50/14 – Conf. C.C. 21614/11).

881. Presunzione di proprietà esclusiva del muro divisorio. – Si presume che il muro divisorio tra i campi, cortili, giardini od orti appartenga al proprietario del fondo verso il quale esiste il piovente e in ragione del piovente medesimo (880).

Se esistono sporti, come cornicioni, mensole e simili, o vani che si addentrano oltre la metà della grossezza del muro, e gli uni e gli altri risultano costruiti col muro stesso, si presume che questo spetti al proprietario dalla cui parte gli sporti o i vani si presentano, anche se vi sia soltanto qualcuno di tali segni.

Se uno o più di essi sono da una parte, e uno o più dalla parte opposta, il muro è reputato comune: in ogni caso la positura del piovente prevale su tutti gli altri indizi (880, 897).

NOTE OPERATIVE:

Indizi: Per determinare la proprietà del muro divisorio, su tutti gli altri indizi prevale la positura del piovente, anche nel caso di doppio piovente (C.C. 23282/14).

882. Riparazioni del muro comune. – Le riparazioni e le ricostruzioni necessarie del muro comune sono a carico di tutti quelli che vi hanno diritto (877, 880) e in proporzione del diritto di ciascuno (1104), salvo che la spesa sia stata cagionata dal fatto di uno dei partecipanti.

Il comproprietario di un muro comune può esimersi dall'obbligo di contribuire nelle spese di riparazione e ricostruzione, rinunziando al diritto di comunione (1350, n. 5, 2643, n. 5), purché il muro comune non sostenga un edificio di sua spettanza (1123).

La rinunzia non libera il rinunziante dall'obbligo delle riparazioni e ricostruzioni a cui abbia dato causa col fatto proprio (887).

NOTE OPERATIVE:

Risarcimento: Qualora il danno subito dalla cosa comune sia imputabile ad uno dei due comproprietari, l'altro può agire nei confronti del danneggiante per il risarcimento dei danni per equivalente solo nei limiti dell'importo corrispondente alla spesa necessaria per la riparazione su lui gravante in proporzione al suo diritto di comproprietà, e non anche per la parte di esborso dovuta dal comproprietario danneggiante (C.C. 20733/12).

883. Abbattimento di edificio appoggiato al muro comune. – Il proprietario che vuole atterrare un edificio sostenuto da un muro comune può rinunziare alla comunione di questo (882), ma deve farvi le riparazioni e le opere che la demolizione rende necessarie per evitare ogni danno al vicino.

NOTE OPERATIVE:

Ambito di applicazione: La norma prevede una obbligazione propter rem che non si estende, per difetto del nesso causale, ai danni ascrivibili casualmente alla condotta di altri soggetti (terzi esecutori di altre opere di demolizione) o alle carenze strutturali del fabbricato (C.C. 9034/16 – Conf. C.C. 10325/98).

884. Appoggio e immissione di travi e catene nel muro comune. – Il comproprietario di un muro comune può fabbricare appoggiandovi le sue costruzioni e può immettervi travi, purché le mantenga a distanza di cinque centimetri dalla superficie opposta, salvo il diritto dell'altro comproprietario di fare accorciare la trave fino alla metà del muro, nel caso in cui egli voglia collocare una trave nello stesso luogo, aprirvi un incavo o appoggiarvi un camino. Il comproprietario può anche attraversare il muro comune con chiavi e catene di rinforzo, mantenendo la stessa distanza. Egli è tenuto in ogni caso a riparare i danni causati dalle opere compiute.

Non può fare incavi nel muro comune, né eseguirvi altra opera che ne comprometta la stabilità o che in altro modo lo danneggi (1120, 1122).

885. Innalzamento del muro comune. – Ogni comproprietario può alzare il muro comune, ma sono a suo carico tutte le spese di costruzione e conservazione della parte sopraedificata (903). Anche questa può dal vicino essere resa comune a norma dell'art. 874.

Se il muro non è atto a sostenere la sopraedificazione, colui che l'esegue è tenuto a ricostruirlo o a rinforzarlo a sue spese. Per il maggiore spessore che sia necessario, il muro deve essere costruito sul suolo proprio, salvo che esigenze tecniche impongano di costruirlo su quello del vicino. In entrambi i casi il muro ricostruito o ingrossato resta di proprietà comune, e il vicino deve essere indennizzato di ogni danno prodotto dall'esecuzione delle opere. Nel secondo caso il vicino ha diritto di conseguire anche il valore della metà del suolo occupato per il maggiore spessore.

Qualora il vicino voglia acquistare la comunione della parte sopraelevata del muro, si tiene conto, nel calcolare il valore di questa, anche delle spese occorse per la ricostruzione o per il rafforzamento.

NOTE OPERATIVE:

Prevenzione: La norma introduce una deroga sia al normale regime della comunione che a quello dell'accessione, perché consente – anche senza il consenso dell'altro comproprietario del muro – la formazione di una proprietà separata ed esclusiva della sopraelevazione, appartenente al comproprietario che per primo abbia innalzato il muro comune, il quale può altresì giovarsi, nella prosecuzione in altezza, dello stesso principio di prevenzione adottato sulla base della costruzione, fatta salva la possibilità per il vicino comproprietario di chiedere la comunione del muro sopraelevato (C.C. 8000/18 – Conf. C.C. 3926/88).

886. Costruzione del muro di cinta. – Ciascuno può costringere il vicino a contribuire per metà nella spesa di costruzione dei muri di cinta che separano le rispettive case, i cortili e i giardini posti negli abitati. L'altezza di essi, se non è diversamente determinata dai regolamenti locali o dalla convenzione, deve essere di tre metri (880, 888).

887. Fondi a dislivello negli abitati. – Se di due fondi posti negli abitati uno è superiore e l'altro inferiore, il proprietario del fondo superiore deve sopportare per intero le spese di costruzione e conservazione del muro dalle fondamenta all'altezza del proprio suolo, ed entrambi i proprietari devono contribuire per tutta la restante altezza.

Il muro deve essere costruito per metà sul terreno del fondo inferiore e per metà sul terreno del fondo superiore.

888. Esonero dal contributo nelle spese. – Il vicino si può esimere dal contribuire nelle spese di costruzione del muro di cinta (886) o divisorio, cedendo, senza diritto a compenso, la metà del terreno su cui il muro di separazione deve essere costruito (882). In tal caso il muro è di proprietà di colui che l'ha costruito, salva la facoltà del vicino di renderlo comune ai sensi dell'art. 874, senza l'obbligo però di pagare la metà del valore del suolo su cui il muro è stato costruito.

889. Distanze per pozzi, cisterne, fosse e tubi. – Chi vuole aprire pozzi, cisterne, fosse di latrina o di concime presso il confine, anche se su questo si trova un muro divisorio, deve osservare la distanza di almeno due metri tra il confine e il punto più vicino del perimetro interno delle opere predette.

Per i tubi d'acqua pura o lurida, per quelli di gas e simili e loro diramazioni deve osservarsi la distanza di almeno un metro dal confine.

Sono salve in ogni caso le disposizioni dei regolamenti locali.

890. Distanze per fabbriche e depositi nocivi o pericolosi. – Chi presso il confine, anche se su questo si trova un muro divisorio, vuole fabbricare forni, camini, magazzini di sale, stalle e simili, o vuol collocare materie umide o esplodenti o in altro modo nocive, ovvero impiantare macchinari, per i quali può sorgere pericolo di danni, deve osservare le distanze stabilite dai regolamenti e, in mancanza, quelle necessarie a preservare i fondi vicini da ogni danno alla solidità, salubrità e sicurezza (844).

NOTE OPERATIVE:

Ratio: La finalità della norma è quella di evitare che fumi nocivi ed intollerabili emessi dalle canne fumarie invadano le abitazioni e, trattandosi di tetti che coprono il medesimo fabbricato ad altezza diversa, tale scopo può essere raggiunto avendo come riferimento, per il calcolo delle distanze, il c.d. colmo del tetto, cioè la parte più alta dell'intero fabbricato e non già il tetto di copertura della porzione più bassa del medesimo fabbricato (C.C. 15441/21 – C.C. 13449/16).

891. Distanze per canali e fossi. – Chi vuole scavare fossi o canali presso il confine, se non dispongono in modo diverso i regolamenti locali, deve osservare una distanza eguale alla profondità del fosso o canale. La distanza si misura dal confine al ciglio della sponda più vicina, la quale deve essere a scarpa naturale ovvero munita di opere di sostegno. Se il confine si trova in fosso comune o in una via privata, la distanza si misura da ciglio a ciglio o dal ciglio al lembo esteriore della via (911).

892. Distanze per gli alberi. – Chi vuole piantare alberi presso il confine deve osservare le distanze stabilite dai regolamenti e, in mancanza, dagli usi locali. Se gli uni e gli altri non dispongono, devono essere osservate le seguenti distanze dal confine:

1) tre metri per gli alberi di alto fusto. Rispetto alle distanze, si considerano alberi di alto fusto quelli il cui fusto, semplice o diviso in rami, sorge ad altezza notevole, come sono i noci, i castagni, le querce, i pini, i cipressi, gli olmi, i pioppi, i platani e simili;

2) un metro e mezzo per gli alberi di non alto fusto. Sono reputati tali quelli il cui fusto, sorto ad altezza non superiore a tre metri, si diffonde in rami;

3) mezzo metro per le viti, gli arbusti, le siepi vive, le piante da frutto di altezza non maggiore di due metri e mezzo.

La distanza deve essere però di un metro, qualora le siepi siano di ontano, di castagno, o di altre piante simili che si recidono periodicamente vicino al ceppo, e di due metri per le siepi di robinie.

La distanza si misura dalla linea del confine alla base esterna del tronco dell'albero nel tempo della piantagione, o dalla linea stessa al luogo dove fu fatta la semina (894).

Le distanze anzidette non si devono osservare se sul confine esiste un muro divisorio, proprio o comune (878, 880), purché le piante siano tenute ad altezza che non ecceda la sommità del muro.

NOTE OPERATIVE:

Ratio: Il divieto di tenere alberi di alto fusto a meno di tre metri dal confine mira ad impedire che la parte fuori terra degli alberi possa arrecare un danno ai vicini, per diminuzione di aria, luce, soleggiamento o panoramicità, tanto che, anche ove le distanze indicate dalla norma non debbano essere osservate per la presenza di un muro divisorio sul confine proprio o comune, le piante devono comunque essere tenute ad altezza non eccedente la sommità del muro (C.C. 35277/22 – Conf. C.C. 6497/88).

893. Alberi presso strade, canali e sul confine di boschi. – Per gli alberi che nascono o si piantano nei boschi, sul confine con terreni non boschivi, o lungo le strade o le sponde dei canali, si osservano, trattandosi di boschi, canali e strade di proprietà privata, i regolamenti e, in mancanza, gli usi locali. Se gli uni e gli altri non dispongono, si osservano le distanze prescritte dall'articolo precedente (894).

894. Alberi a distanza non legale. – Il vicino può esigere che si estirpino gli alberi e le siepi che sono piantati o nascono a distanza minore di quelle indicate dagli articoli precedenti.

895. Divieto di ripiantare alberi a distanza non legale. – Se si è acquistato il diritto di tenere alberi a distanza minore di quelle sopra indicate, e l'albero muore o viene reciso o abbattuto, il vicino non può sostituirlo, se non osservando la distanza legale (892).

La disposizione non si applica quando gli alberi fanno parte di un filare situato lungo il confine.

896. Recisione di rami protesi e di radici. – Quegli sul cui fondo si protendono i rami degli alberi del vicino può in qualunque tempo costringerlo a tagliarli, e può egli stesso tagliare le radici che si addentrano nel suo fondo, salvi però in ambedue i casi i regolamenti e gli usi locali.

Se gli usi locali non dispongono diversamente, i frutti naturalmente caduti dai rami protesi sul fondo del vicino appartengono al proprietario del fondo su cui sono caduti.

Se a norma degli usi locali i frutti appartengono al proprietario dell'albero, per la raccolta di essi si applica il disposto dell'art. 843.

896 *bis*. (1) Distanze minime per gli apiari. – Gli apiari devono essere collocati a non meno di dieci metri da strade di pubblico transito e a non meno di cinque metri dai confini di proprietà pubbliche o private.

Il rispetto delle distanze di cui al primo comma non è obbligatorio se tra l'apiario e i luoghi ivi indicati esistono dislivelli di almeno due metri o se sono interposti, senza soluzioni di continuità, muri, siepi o altri ripari idonei a non consentire il passaggio delle api. Tali ripari devono avere una altezza di almeno due metri. Sono comunque fatti salvi gli accordi tra le parti interessate.

Nel caso di accertata presenza di impianti industriali saccariferi, gli apiari devono rispettare una distanza minima di un chilometro dai suddetti luoghi di produzione.

(1) *Questo articolo è stato inserito dall'art. 8 della L. 24 dicembre 2004, n. 313.*

897. Comunione di fossi. – Ogni fosso interposto tra due fondi si presume comune.

Si presume che il fosso appartenga al proprietario che se ne serve per gli scoli delle sue terre, o al proprietario del fondo dalla cui parte è il getto della terra o lo spurgo ammucchiatovi da almeno tre anni (1095).

Se uno o più di tali segni sono da una parte e uno o più dalla parte opposta, il fosso si presume comune.

898. Comunione di siepi. – Ogni siepe tra due fondi si presume comune ed è mantenuta a spese comuni, salvo che vi sia termine di confine o altra prova in contrario (880, 897).

Se uno solo dei fondi è recinto, si presume che la siepe appartenga al proprietario del fondo recinto, ovvero di quello dalla cui parte si trova la siepe stessa in relazione ai termini di confine esistenti.

899. Comunione di alberi. – Gli alberi sorgenti nella siepe comune sono comuni.

Gli alberi sorgenti sulla linea di confine si presumono comuni, salvo titolo o prova in contrario (895, 898).

Gli alberi che servono di limite o che si trovano nella siepe comune non possono essere tagliati, se non di comune consenso o dopo che l'autorità giudiziaria abbia riconosciuto la necessità o la convenienza del taglio (1105).

Sezione VII
Delle luci e delle vedute

900. Specie di finestre. – Le finestre o altre aperture sul fondo del vicino sono di due specie: luci (901 ss.), quando danno passaggio alla luce e all'aria, ma non permettono di affacciarsi sul fondo del vicino; vedute o prospetti (905 ss.), quando permettono di affacciarsi e di guardare di fronte, obliquamente o lateralmente.

NOTE OPERATIVE:

Veduta: Affinché sussista una veduta è necessario, oltre al requisito della inspectio, anche quello della prospectio sul fondo del vicino, dovendo detta apertura non soltanto consentire di vedere e guardare frontalmente ma anche di affacciarsi, vale a dire di guardare non solo di fronte ma anche obliquamente e lateralmente, così assoggettando il fondo alieno ad una visione mobile e globale (C.C. 23952/20 – Conf. C.C. 23952/20; C.C. 3043/20; C.C. 468/19).

901. Luci. – Le luci che si aprono sul fondo del vicino devono:

1) essere munite di un'inferriata idonea a garantire la sicurezza del vicino e di una grata fissa in metallo le cui maglie non siano maggiori di tre centimetri quadrati;

2) avere il lato inferiore a un'altezza non minore di due metri e mezzo dal pavimento o dal suolo del luogo al quale si vuole dare luce e aria, se esse sono al piano terreno, e non minore di due metri, se sono ai piani superiori;

3) avere il lato inferiore a un'altezza non minore di due metri e mezzo dal suolo del fondo vicino, a meno che si tratti di locale che sia in tutto o in parte a livello inferiore al suolo del vicino e la condizione dei luoghi non consenta di osservare l'altezza stessa.

NOTE OPERATIVE:

Accertamento: In tema di aperture sul fondo del vicino, la natura di veduta o luce (regolare o irregolare) deve essere accertata dal giudice di merito alla stregua delle caratteristiche oggettive dell'apertura stessa, rimanendo a tal fine irrilevante l'intenzione del suo autore o la finalità dal medesimo perseguita (C.C. 25864/21 – Conf. C.C. 233/11; C.C. 4533/85).

902. Apertura priva dei requisiti prescritti per le luci. – L'apertura che non ha caratteri di veduta o di prospetto è considerata come luce, anche se non sono state osservate le prescrizioni indicate dall'art. 901.

Il vicino ha sempre il diritto di esigere che essa sia resa conforme alle prescrizioni dell'articolo predetto.

NOTE OPERATIVE:

Caratteristiche: Non ammettendo la legge l'esistenza di un tertium genus oltre alle luci ed alle vedute, va valutata quale luce e, pertanto, sottoposta alle relative prescrizioni legali, anche in difetto dei requisiti a tale scopo prescritti dalla legge, l'apertura che sia priva del carattere di veduta o prospetto (C.C. 34824/21 – Conf. C.C. 20577/07).

903. Luci nel muro proprio o nel muro comune. – Le luci possono essere aperte dal proprietario del muro contiguo al fondo altrui.

Se il muro è comune (880), nessuno dei proprietari può aprire luci senza il consenso dell'altro (1108); ma chi ha sopraelevato il muro comune (885) può aprirle nella maggiore altezza a cui il vicino non abbia voluto contribuire.

NOTE OPERATIVE:

Caratteristiche: L'apertura di finestre ovvero la trasformazione di luci in vedute su un cortile comune rientra nei poteri spettanti ai singoli condomini (C.C. 16265/18 – Conf. C.C. 13874/10).

904. Diritto di chiudere le luci. – La presenza di luci in un muro non impedisce al vicino di acquistare la comunione del muro medesimo (874) né di costruire in aderenza (875, 877).

Chi acquista la comunione del muro non può chiudere le luci se ad esso non appoggia il suo edificio.

905. Distanza per l'apertura di vedute dirette e balconi. – Non si possono aprire vedute dirette (900) verso il fondo chiuso o non chiuso e neppure sopra il tetto del vicino, se tra il fondo di questo e la faccia esteriore del muro in cui si aprono le vedute dirette non vi è la distanza di un metro e mezzo (907).

Non si possono parimenti costruire balconi o altri sporti, terrazze, lastrici solari e simili, muniti di parapetto che permetta di affacciarsi sul fondo del vicino, se non vi è la distanza di un metro e mezzo tra questo fondo e la linea esteriore di dette opere.

Il divieto cessa allorquando tra i due fondi vicini vi è una via pubblica.

NOTE OPERATIVE:

Ratio: I presupposti, la ratio e la disciplina sulle distanze per l'apertura di vedute, da un lato e di luci, dall'altro, sono differenti: mentre nel primo caso si intende essenzialmente tutelare il proprietario dall'indiscrezione del vicino, impedendo a quest'ultimo di creare aperture a distanza inferiore a quella di un metro e mezzo, la cui inosservanza può essere eliminata solo con l'arretramento o la chiusura della veduta, nel secondo, diversamente, si regolamenta il diritto a praticare sul proprio fabbricato delle aperture verso il fondo del vicino, finalizzate solo ad attingere luce ed aria, stabilendo i requisiti di altezza e di sicurezza cui è condizionata la limitazione del diritto del vicino medesimo, il cui rispetto può ottenersi in qualunque tempo dal proprietario del fondo confinante, attraverso la semplice regolarizzazione delle aperture create in loro violazione (C.C. 21615/21).

906. Distanze per l'apertura di vedute laterali od oblique. – Non si possono aprire vedute laterali od oblique sul fondo del vicino se non si osserva la distanza di settantacinque centimetri, la quale deve misurarsi dal più vicino lato della finestra o dal più vicino sporto.

907. Distanza delle costruzioni dalle vedute. – Quando si è acquistato il diritto di avere vedute dirette verso il fondo vicino, il proprietario di questo non può fabbricare a distanza minore di tre metri, misurata a norma dell'art. 905 (1027 ss.).

Se la veduta diretta forma anche veduta obliqua, la distanza di tre metri deve pure osservarsi dai lati della finestra da cui la veduta obliqua si esercita.

Se si vuole appoggiare la nuova costruzione al muro in cui sono le dette vedute dirette od oblique, essa deve arrestarsi almeno a tre metri sotto la loro soglia.

NOTE OPERATIVE:

Veduta panoramica: A differenza della servitù di veduta, che trova fonte direttamente nella legge, il diritto di veduta panoramica consiste nel godere della bellezza della visuale offerta dalla particolare collocazione dell'immobile dominante, previa imposizione sul fondo servente di una servitus altius non tollendi, e può essere costituita a titolo derivativo (tramite contratto) o a titolo originario (tramite usucapione o destinazione del padre di famiglia), purché, in quest'ultimo caso, esistano opere visibili e permanenti destinate al suo esercizio (C.C. 17922/23).

Sezione VIII
Dello stillicidio

908. Scarico delle acque piovane. – Il proprietario deve costruire i tetti in maniera che le acque piovane scolino sul suo terreno e non può farle cadere nel fondo del vicino.

Se esistono pubblici colatoi, deve provvedere affinché le acque piovane vi siano immesse con gronde o canali. Si osservano in ogni caso i regolamenti locali e le leggi sulla polizia idraulica.

Sezione IX
Delle acque

909. Diritto sulle acque esistenti nel fondo. – Il proprietario del suolo ha il diritto di utilizzare le acque in esso esistenti, salve le disposizioni delle leggi speciali per le acque pubbliche e per le acque sotterranee.

Egli può anche disporre a favore d'altri, qualora non osti il diritto di terzi (1094); ma, dopo essersi servito delle acque, non può divertirle in danno d'altri fondi.

910. (1) **[Uso delle acque che limitano o attraversano un fondo.** – Il proprietario di un fondo limitato o attraversato da un'acqua non pubblica, che corre naturalmente e sulla quale altri non ha diritto, può, mentre essa trascorre, farne uso per l'irrigazione dei suoi terreni e per l'esercizio delle sue industrie, ma deve restituire le colature e gli avanzi al corso ordinario (913, 1047)].

(1) *Questo articolo è stato abrogato dall'art. 2 del D.P.R. 18 febbraio 1999, n. 238.*

911. Apertura di nuove sorgenti e altre opere. – Chi vuole aprire sorgenti, stabilire capi o aste di fonte e in genere eseguire opere per estrarre acque dal sottosuolo o costruire canali o acquedotti, oppure scavarne, profondarne o allargarne il letto, aumentarne o diminuirne il pendio o variarne la forma, deve, oltre le distanze stabilite nell'art. 891, osservare le maggiori distanze ed eseguire le opere che siano necessarie per non recare pregiudizio ai fondi altrui, sorgenti, capi o aste di fonte, canali o acquedotti preesistenti e destinati all'irrigazione dei terreni o agli usi domestici o industriali.

NOTE OPERATIVE:

Presupposti: L'opera del vicino può essere consentita solo allorché, pur insistendo sulla stessa vena, non rechi nocumento al precedente utente, ossia in quanto, per l'abbondanza dell'acqua di falda rispetto all'utilizzazione fattane dal medesimo, non arrechi pericolo di limitarla o di comprometterla (C.C. 9398/19 – Conf. C.C. 6928/95).

912. Conciliazione di opposti interessi. – Se sorge controversia tra i proprietari a cui un'acqua non pubblica può essere utile, l'autorità giudiziaria deve valutare l'interesse dei singoli proprietari nei loro rapporti e rispetto ai vantaggi che possono derivare all'agricoltura o all'industria dall'uso a cui l'acqua è destinata o si vuol destinare (844, 1044).

L'autorità giudiziaria può assegnare un'indennità ai proprietari che sopportino diminuzione del proprio diritto.

In tutti i casi devono osservarsi le disposizioni delle leggi sulle acque e sulle opere idrauliche.

913. Scolo delle acque. – Il fondo inferiore è soggetto a ricevere le acque che dal fondo più elevato scolano naturalmente, senza che sia intervenuta l'opera dell'uomo (1094 ss.).

Il proprietario del fondo inferiore non può impedire questo scolo, né il proprietario del fondo superiore può renderlo più gravoso (1043).

Se per opere di sistemazione agraria dell'uno o dell'altro fondo si rende necessaria una modificazione del deflusso naturale delle acque, è dovuta un'indennità al proprietario del fondo a cui la modificazione stessa ha recato pregiudizio (1044).

NOTE OPERATIVE:

Ambito di applicazione: La norma pone un limite legale al diritto di proprietà che opera solo se si riferisce allo scolo naturale delle acque, rispetto al quale postula il mantenimento della soggezione naturale del fondo inferiore nei riguardi di quello superiore, senza estendersi, invece, alle ipotesi di scolo provocato dall'uomo con la realizzazione di una apposita rete irrigua (S.U. 37307/22).

914. Consorzi per regolare il deflusso delle acque. – Qualora per esigenze della produzione si debba provvedere a opere di sistemazione degli scoli, di soppressione di ristagni o di raccolta di acque, l'autorità amministrativa, su richiesta della maggioranza degli interessati o anche d'ufficio, può costituire un consorzio tra i proprietari dei fondi che traggono beneficio dalle opere stesse (863, 918 ss.).

Si applicano a tale consorzio le disposizioni del secondo e del terzo comma dell'art. 921 (865, 947).

915. Riparazione di sponde e argini. – Qualora le sponde o gli argini che servivano di ritegno alle acque siano stati in tutto o in parte distrutti o atterrati, ovvero per la naturale variazione del corso delle acque si renda necessario costruire nuovi argini o ripari, e il proprietario del fondo non provveda sollecitamente a ripararli o a costruirli, ciascuno dei proprietari che hanno sofferto o possono ricevere danno può provvedervi, previa autorizzazione del tribunale, che provvede in via d'urgenza (700 c.p.c.).

Le opere devono essere eseguite in modo che il proprietario del fondo, in cui esse si compiono, non ne subisca danno, eccetto quello temporaneo causato dall'esecuzione delle opere stesse (916, 917).

NOTE OPERATIVE:

Ambito di applicazione: La norma si applica anche per i laghi, non essendo questi ultimi privi di sponda e di argine, ed attesa l'assenza di qualsivoglia distinzione, nella suddetta disposizione, tra acque lacuali o fluviali (S.U. 13860/15).

916. Rimozione degli ingombri. – Le disposizioni dell'articolo precedente si applicano anche quando si tratta di togliere un ingombro formatosi sulla superficie di un fondo o in un fosso, rivo, colatoio o altro alveo, a causa di materie in essi impigliate, in modo che le acque danneggino o minaccino di danneggiare i fondi vicini.

917. Spese per la riparazione, costruzione o rimozione. – Tutti i proprietari, ai quali torna utile che le sponde e gli argini siano conservati o costruiti e gli ingombri rimossi, devono contribuire nella spesa in proporzione del vantaggio che ciascuno ne ritrae.

Tuttavia, se la distruzione degli argini, la variazione delle acque o l'ingombro nei loro corsi deriva da colpa di alcuno dei proprietari, le spese di conservazione, di costruzione o di riparazione gravano esclusivamente su di lui, salvo in ogni caso il risarcimento dei danni (882).

NOTE OPERATIVE:

Ambito di applicazione: La norma non distingue tra argini naturali o costruiti dall'uomo (C.C. 27501/13).

918. Consorzi volontari. – Possono costituirsi in consorzio (921) i proprietari di fondi vicini che vogliono riunire e usare in comune le acque defluenti dal medesimo bacino di alimentazione o da bacini contigui.

L'adesione degli interessati e il regolamento del consorzio devono risultare da atto scritto (1350, 2725).

Il regolamento del consorzio è deliberato dalla maggioranza calcolata in base all'estensione dei terreni a cui serve l'acqua.

919. Scioglimento del consorzio. – Lo scioglimento del consorzio non ha luogo se non quando è deliberato da una maggioranza eccedente i tre quarti, o quando, potendosi la divisione effettuare senza grave danno, essa è domandata da uno degli interessati (1111).

920. Norme applicabili. – Salvo quanto è disposto dagli articoli precedenti, si applicano ai consorzi volontari ivi indicati le norme stabilite per la comunione (1100 ss.).

921. Consorzi coattivi. – Nel caso indicato dall'art. 918, il consorzio può anche essere costituito d'ufficio dall'autorità amministrativa, allo scopo di provvedere a una migliore utilizzazione delle acque.

Per le forme di costituzione e il funzionamento si osservano le norme stabilite per i consorzi di miglioramento fondiario (863).

Il consorzio può anche procedere all'espropriazione dei singoli diritti, mediante il pagamento delle dovute indennità (865, 914).

Capo III
Dei modi di acquisto della proprietà

922. Modi di acquisto. – La proprietà si acquista per occupazione (923 ss.), per invenzione (927 ss.), per accessione (934 ss.), per specificazione (940), per unione o commistione (934 ss., 939), per usucapione (1158 ss.), per effetto di contratti (1321 ss., 1376 ss.), per successione a causa di morte (456 ss., 470 ss.) e negli altri modi stabiliti dalla legge (1153 ss.; 236, 240 c.p.).

NOTE OPERATIVE:

Ambito di applicazione: La norma, indicando con enumerazione non tassativa i vari modi di acquisto della proprietà, fa anche riferimento a tutti i modi previsti dall'ordinamento giuridico, tra i quali deve ritenersi compreso il sorgere della comunione incidentale ex collatione privatorum agrorum, che benché non prevista da specifiche fonti legislative deve considerarsi accolta dalla tradizione storico-giuridica, non contrastando con i principi del nostro ordinamento (C.C. 10525/92).

Sezione I
Dell'occupazione e dell'invenzione

923. Cose suscettibili di occupazione. – Le cose mobili (812) che non sono proprietà di alcuno si acquistano con l'occupazione.

Tali sono le cose abbandonate e gli animali che formano oggetto di caccia o di pesca (842).

NOTE OPERATIVE:

Ambito di applicazione: Anteriormente alla legge n. 968 del 1977 – che ha incluso la fauna selvatica italiana nel patrimonio indisponibile dello Stato – gli animali selvatici (nella specie, cervi e cinghiali) non custoditi in fondi chiusi dovevano considerarsi res nullius, suscettibile di occupazione a norma dell'art. 923 c.c.. (C.C. 2338/94).

924. Sciami di api. – Il proprietario di sciami di api ha diritto d'inseguirli sul fondo altrui, ma deve indennità per il danno cagionato al fondo; se non li ha inseguiti entro due giorni o ha cessato durante due giorni d'inseguirli, può prenderli e ritenerli il proprietario del fondo (843).

925. Animali mansuefatti. – Gli animali mansuefatti possono essere inseguiti dal proprietario nel fondo altrui, salvo il diritto del proprietario del fondo a indennità per il danno.

Essi appartengono a chi se ne è impossessato, se non sono reclamati entro venti giorni da quando il proprietario ha avuto conoscenza del luogo dove si trovano (843, 923, 926, 2045).

926. Migrazione di colombi, conigli e pesci. – I conigli o pesci che passano ad un'altra conigliera o peschiera si acquistano dal proprietario di queste, purché non vi siano stati attirati con arte o con frode (923).

La stessa norma si osserva per i colombi che passano ad altra colombaia, salve le diverse disposizioni di legge sui colombi viaggiatori.

927. Cose ritrovate. – Chi trova (1257) una cosa mobile deve restituirla al proprietario (931), e, se non lo conosce, deve consegnarla senza ritardo al sindaco del luogo in cui l'ha trovata, indicando le circostanze del ritrovamento (930; 501 ss. c.n.; 647, n. 1 c.p.).

928. Pubblicazione del ritrovamento. – Il sindaco rende nota la consegna per mezzo di pubblicazione nell'albo pretorio del comune, da farsi per due domeniche successive e da restare affissa per tre giorni ogni volta.

929. Acquisto di proprietà della cosa ritrovata. – Trascorso un anno dall'ultimo giorno della pubblicazione senza che si presenti il proprietario (931), la cosa oppure il suo prezzo, se le circostanze ne hanno richiesto la vendita, appartiene a chi l'ha trovata.

Così il proprietario come il ritrovatore, riprendendo la cosa o ricevendo il prezzo, devono pagare le spese occorse (1152).

930. Premio dovuto al ritrovatore. – Il proprietario deve pagare a titolo di premio al ritrovatore, se questi lo richiede, il decimo della somma o del prezzo della cosa ritrovata.

Se tale somma o prezzo eccede gli € 5,16, il premio per il sovrappiù è solo del ventesimo.

Se la cosa non ha valore commerciale, la misura del premio è fissata dal giudice secondo il suo prudente apprezzamento.

NOTE OPERATIVE:

Presupposti: Il diritto del ritrovatore di cose smarrite alla corresponsione di un premio sussiste solo se la cosa ritrovata, pur avendo perso il suo originario valore commerciale, conservi per il proprietario (o possessore o detentore di essa) una qualche utilità, non necessariamente patrimoniale, purché oggettivamente apprezzabile (C.C. 10687/00).

931. Equiparazione del possessore o detentore al proprietario. – Agli effetti delle disposizioni contenute negli articoli 927 e seguenti, al proprietario sono equiparati, secondo le circostanze, il possessore e il detentore (1140).

NOTE OPERATIVE:

Presupposti: L'equiparazione al proprietario della cosa del possessore e del detentore, agli effetti delle disposizioni contenute negli art. 927 ss., implica che il possessore ed il detentore vengono in rilievo, in sostituzione del proprietario (e mai in aggiunta allo stesso), solo quando l'identificazione di quest'ultimo, per le particolari circostanze del caso concreto, sia non necessaria per la soddisfazione degli interessi tutelati da detta disciplina (C.C. 606/82).

932. Tesoro. – Tesoro è qualunque cosa mobile di pregio, nascosta o sotterrata, di cui nessuno può provare d'essere proprietario.

Il tesoro appartiene al proprietario (959, 988) del fondo in cui si trova (647 c.p.). Se il tesoro è trovato nel fondo altrui, purché sia stato scoperto per solo effetto del caso, spetta per metà al proprietario del fondo e per metà al ritrovatore. La stessa disposizione si applica se il tesoro è scoperto in una cosa mobile altrui.

Per il ritrovamento degli oggetti d'interesse storico, archeologico, paletnologico, paleontologico e artistico si osservano le disposizioni delle leggi speciali.

NOTE OPERATIVE:

Interesse archeologico: L'appartenenza della cosa mobile ad antica civiltà e il suo rinvenimento nel sottosuolo ne comportano di diritto l'attribuzione al patrimonio indisponibile dello Stato come bene d'interesse archeologico, senza che sia a tale fine necessario l'espresso riconoscimento dell'interesse culturale dell'oggetto da parte della competente autorità (C.C. 2995/06).

933. Rigetti del mare e piante sul lido. Relitti aeronautici. – I diritti sopra le cose gettate in mare o sopra quelle che il mare rigetta e sopra le piante e le erbe che crescono lungo le rive del mare sono regolati dalle leggi speciali (510 ss. c.n.).

Parimenti si osservano le leggi speciali per il ritrovamento di aeromobili e di relitti di aeromobili (993 ss. c.n.).

Sezione II
Dell'accessione, della specificazione, dell'unione e della commistione

934. Opere fatte sopra o sotto il suolo. – Qualunque piantagione, costruzione od opera esistente sopra o sotto il suolo appartiene al proprietario di questo (667), salvo quanto è disposto dagli articoli 935, 936, 937 e 938 e salvo che risulti diversamente dal titolo o dalla legge (952, 959^2, 975, 986^2, 1150^5, 1593, 2811, 2873).

NOTE OPERATIVE:

Derogabilità: L'accessione è un modo di acquisto della proprietà a titolo originario derogabile da specifica pattuizione delle parti o da una espressa disposizione di legge, in virtù del quale il proprietario del suolo acquista ipso iure la proprietà della costruzione che è edificata sul suolo medesimo (C.C. 5843/18).

Cessione a terzi: Il proprietario del terreno acquista a titolo originario e ipso iure la proprietà della costruzione, senza che rilevi se l'abbia edificata egli stesso o terzi e, in caso di cessione del terreno sul quale insiste una costruzione, cede contemporaneamente anche la costruzione, che è acquisita dall'acquirente non per effetto dell'accessione, bensì per effetto del negozio di trasferimento che ha per oggetto il terreno (C.C. 21083/22 – Conf. C.C. 20958/19).

Suolo comune: La costruzione eseguita dal comproprietario sul suolo comune diviene, per accessione, di proprietà comune agli altri comproprietari dell'immobile, salvo contrario accordo, traslativo della proprietà del terreno o costitutivo di un diritto reale su di esso, che deve rivestire la forma scritta ad substantiam (S.U. 3873/18).

935. Opere fatte dal proprietario del suolo con materiali altrui. – Il proprietario del suolo che ha fatto costruzioni, piantagioni od opere con materiali altrui deve pagarne il valore, se la separazione non è chiesta dal proprietario dei materiali, ovvero non può farsi senza che si rechi grave danno all'opera costruita o senza che perisca la piantagione. Deve inoltre, anche nel caso che si faccia la separazione, il risarcimento dei danni, se è in colpa grave (2043).

In ogni caso la rivendicazione dei materiali non è ammessa trascorsi sei mesi dal giorno in cui il proprietario ha avuto notizia dell'incorporazione (936^{5}, 937^{2}, 948, 2964).

936. Opere fatte da un terzo con materiali propri. – Quando le piantagioni, costruzioni od opere sono state fatte da un terzo con suoi materiali, il proprietario del fondo ha diritto di ritenerle o di obbligare colui che le ha fatte a levarle.

Se il proprietario preferisce di ritenerle, deve pagare a sua scelta il valore dei materiali e il prezzo della mano d'opera oppure l'aumento di valore recato al fondo (1150, 2040).

Se il proprietario del fondo domanda che siano tolte, esse devono togliersi a spese di colui che le ha fatte (2933). Questi può inoltre essere condannato al risarcimento dei danni.

Il proprietario non può obbligare il terzo a togliere le piantagioni, costruzioni ed opere, quando sono state fatte a sua scienza e senza opposizione o quando sono state fatte dal terzo in buona fede (1147, 1148).

La rimozione non può essere domandata trascorsi sei mesi dal giorno in cui il proprietario ha avuto notizia dell'incorporazione (935^{2}, 937^{2}, 1150^{5}, 2964 ss.).

NOTE OPERATIVE:

Ambito di applicazione: L'istituto presuppone che i soggetti coinvolti non siano legati da un vincolo contrattuale, sicché deve escludersi l'applicabilità della relativa disciplina allorché l'attività costruttiva costituisca non già l'esercizio di un diritto, ma l'adempimento di un'obbligazione (C.C. 27088/21). La norma non si applica nei rapporti tra conviventi more uxorio, operando soltanto quando l'autore delle opere sia "terzo"; ossia non abbia con il proprietario del fondo alcun rapporto giuridico di natura reale o personale che gli attribuisca la facoltà di costruire sul suolo (C.C. 5086/22).

937. Opere fatte da un terzo con materiali altrui. – Se le piantagioni, costruzioni o altre opere sono state fatte da un terzo con materiali altrui, il proprietario di questi può rivendicarli (948), previa separazione a spese del terzo, se la separazione può ottenersi senza grave danno delle opere e del fondo.

La rivendicazione non è ammessa trascorsi sei mesi dal giorno in cui il proprietario ha avuto notizia della incorporazione (936^{5}, 955^{2}, 2964 ss.).

Nel caso che la separazione dei materiali non sia richiesta o che i materiali siano inseparabili, il terzo che ne ha fatto uso e il proprietario del suolo che sia stato in mala fede sono tenuti in solido (1292 ss.) al pagamento di un'indennità pari al valore dei materiali stessi. Il proprietario dei materiali può anche esigere tale indennità dal proprietario del suolo, ancorché in buona fede, limitatamente al prezzo che da questo fosse ancora dovuto. Può altresì chiedere il risarcimento dei danni, tanto nei confronti del terzo che ne abbia fatto uso senza il suo consenso, quanto nei confronti del proprietario del suolo che in mala fede abbia autorizzato l'uso.

938. Occupazione di porzione di fondo attiguo. – Se nella costruzione di un edificio si occupa in buona fede una porzione del fondo attiguo, e il proprietario di questo non fa opposizione entro tre mesi (2964) dal giorno in cui ebbe inizio la costruzione, l'autorità giudiziaria, tenuto conto delle circostanze, può attribuire al costruttore la proprietà dell'edificio e del suolo occupato (2932). Il costruttore è tenuto a pagare al proprietario del suolo il doppio del valore della superficie occupata, oltre il risarcimento dei danni.

NOTE OPERATIVE:

Ambito di applicazione: L'istituto dell'acquisto della proprietà per accessione invertita si riferisce esclusivamente alle ipotesi di sconfinamento, ovvero di costruzione giacente in parte sul terreno del costruttore ed in parte sul terreno altrui, non trovando, perciò, applicazione nelle ipotesi di costruzione interamente eseguita sul fondo altrui (C.C. 27997/22 – Conf. C.C. 16331/20; C.C. 23707/14).

939. Unione e commistione. – Quando più cose appartenenti a diversi proprietari sono state unite o mescolate in guisa da formare un sol tutto, ma sono separabili senza notevole deterioramento, ciascuno conserva la proprietà della cosa sua e ha diritto di ottenere la separazione. In caso diverso, la proprietà ne diventa comune in proporzione del valore delle cose spettanti a ciascuno.

Quando però una delle cose si può riguardare come principale o è di molto superiore per valore, ancorché serva all'altra di ornamento, il proprietario della cosa principale acquista la proprietà del tutto. Egli ha l'obbligo di pagare all'altro il valore della cosa che vi è unita o mescolata; ma se l'unione o la mescolanza è avvenuta senza il suo consenso ad opera del proprietario della cosa accessoria, egli non è obbligato a corrispondere che la somma minore tra l'aumento di valore apportato alla cosa principale e il valore della cosa accessoria (936).

È inoltre dovuto il risarcimento dei danni in caso di colpa grave (2043).

940. Specificazione. – Se taluno ha adoperato una materia che non gli apparteneva per formare una nuova cosa, possa o non possa la materia riprendere la sua prima forma, ne acquista la proprietà pagando al proprietario il prezzo della materia (939[3]), salvo che il valore della materia sorpassi notevolmente quello della mano d'opera. In quest'ultimo caso la cosa spetta al proprietario della materia, il quale deve pagare il prezzo della mano d'opera.

941. Alluvione. – Le unioni di terra e gli incrementi, che si formano successivamente e impercettibilmente nei fondi posti lungo le rive dei fiumi o torrenti, appartengono al proprietario del fondo, salvo quanto è disposto dalle leggi speciali (947).

942. Terreni abbandonati dalle acque correnti. – I terreni abbandonati dalle acque correnti, che insensibilmente si ritirano da una delle rive portandosi sull'altra, appartengono al demanio pubblico, senza che il confinante della riva opposta possa reclamare il terreno perduto.

Ai sensi del primo comma, si intendono per acque correnti i fiumi, i torrenti e le altre acque definite pubbliche dalle leggi in materia.

Quanto stabilito al primo comma vale anche per i terreni abbandonati dal mare, dai laghi, dalle lagune e dagli stagni appartenenti al demanio pubblico.

943. Laghi e stagni. – Il terreno che l'acqua copre quando essa è all'altezza dello sbocco del lago o dello stagno appartiene al proprietario del lago o dello stagno, ancorché il volume dell'acqua venga a scemare.

Il proprietario non acquista alcun diritto sopra la terra lungo la riva che l'acqua ricopre nei casi di piena straordinaria.

944. Avulsione. – Se un fiume o torrente stacca per forza istantanea una parte considerevole e riconoscibile di un fondo contiguo al suo corso e la trasporta verso un fondo inferiore o verso l'opposta riva, il proprietario del fondo al quale si è unita la parte staccata ne acquista la proprietà. Deve però pagare all'altro proprietario un'indennità nei limiti del maggior valore recato al fondo dall'avulsione.

945. Isole e unioni di terra. – Le isole e unioni di terra che si formano nel letto dei fiumi o torrenti appartengono al demanio pubblico (822).

[Se l'isola si è formata per avulsione (944), il proprietario del fondo da cui è avvenuto il distacco, ne conserva la proprietà] (1).

[La stessa regola si osserva se un fiume o un torrente, formando un nuovo corso, attraversa e circonda il fondo o parte del fondo di un proprietario confinante, facendone un'isola] (947) (1).

(1) *Comma abrogato dall'art. 2 della L. 5 gennaio 1994, n. 37.*

946. Alveo abbandonato. – Se un fiume o un torrente si forma un nuovo letto, abbandonando l'antico, il terreno abbandonato rimane assoggettato al regime proprio del demanio pubblico.

947. Mutamenti del letto dei fiumi derivanti da regolamento del loro corso. – Le disposizioni degli articoli 942, 945 e 946 si applicano ai terreni comunque abbandonati sia a seguito di eventi naturali che per fatti artificiali indotti dall'attività antropica, ivi comprendendo anche i terreni abbandonati per i fenomeni di inalveamento.

La disposizione dell'art. 941 non si applica nel caso in cui le alluvioni derivano da regolamento del corso dei fiumi, da bonifiche o da altri fatti artificiali indotti dall'attività antropica.

In ogni caso è esclusa la sdemanializzazione tacita dei beni del demanio idrico.

Capo IV
Delle azioni a difesa della proprietà

948. Azione di rivendicazione. – Il proprietario (1706, 2789) può rivendicare la cosa (1994) da chiunque la possiede o detiene (1153, 1140) e può proseguire l'esercizio dell'azione anche se costui, dopo la domanda, ha cessato, per fatto proprio, di possedere o detenere la cosa. In tal caso il convenuto è obbligato a ricuperarla per l'attore a proprie spese, o, in mancanza, a corrispondergliene il valore, oltre a risarcigli il danno (15, 21 c.p.c.).

Il proprietario, se consegue direttamente dal nuovo possessore o detentore la restituzione della cosa, è tenuto a restituire al precedente possessore o detentore la somma ricevuta in luogo di essa.

L'azione di rivendicazione non si prescrive (2934), salvi gli effetti dell'acquisto della proprietà da parte di altri per usucapione (1158 ss., 2653, n. 1).

NOTE OPERATIVE:

Azione di restituzione: \L'azione di rivendicazione e quella di restituzione, pur tendendo al medesimo risultato pratico del recupero della materiale disponibilità del bene, hanno natura e presupposti diversi: con la prima, di carattere reale, l'attore assume di essere proprietario del bene e, non essendone in possesso, agisce contro chiunque di fatto ne disponga onde conseguirne nuovamente il possesso, previo riconoscimento del suo diritto di proprietà; con la seconda, di natura personale, l'attore non mira ad ottenere il riconoscimento di tale diritto, del quale non deve, pertanto, fornire la prova, ma solo ad ottenere la riconsegna del bene stesso, e, quindi, può limitarsi alla dimostrazione dell'avvenuta consegna in base ad un titolo e del successivo venir meno di questo per qualsiasi causa. In tale seconda ipotesi, la difesa del convenuto che pretenda di essere proprietario del bene in contestazione, non è idonea a trasformare in reale l'azione personale proposta nei suoi confronti (C.C. 19872/22 – Conf. S.U. 7305/14).

Occupazione abusiva: Non è azione di restituzione ma di rivendicazione quella con cui l'attore chieda di dichiarare abusiva ed illegittima l'occupazione di un immobile di sua proprietà da parte del convenuto, con conseguente condanna dello stesso al rilascio del bene ed al risarcimento dei danni da essa derivanti, senza ricollegare la propria pretesa al venir meno di un negozio giuridico, che avesse giustificato la consegna della cosa e la relazione di fatto sussistente tra questa ed il medesimo convenuto (C.C. 18050/23 – Conf. S.U. 7305/14).

949. Azione negatoria. – Il proprietario (1012[2]) può agire per far dichiarare l'inesistenza di diritti affermati da altri sulla cosa, quando ha motivo di temerne pregiudizio (2653, n. 1; 15 c.p.c.).

Se sussistono anche turbative o molestie, il proprietario può chiedere che se ne ordini la cessazione, oltre la condanna al risarcimento del danno (1170).

NOTE OPERATIVE:

Prova: Nell'azione negatoria la titolarità del bene si pone come requisito di legittimazione attiva e non come oggetto della controversia sicché la parte che agisce in giudizio non ha l'onere di fornire, come nell'azione di rivendica, la prova rigorosa della proprietà, neppure quando abbia chiesto la cessazione della situazione antigiuridica posta in essere dall'altra parte (C.C. 24183/21 – Conf. C.C. 10149/04).

950. Azione di regolamento di confini. – Quando il confine tra due fondi è incerto, ciascuno dei proprietari può chiedere che sia stabilito giudizialmente.

Ogni mezzo di prova è ammesso.

In mancanza di altri elementi, il giudice si attiene al confine delineato dalle mappe catastali (15 c.p.c.).

NOTE OPERATIVE:

Caratteristiche: La principale distinzione tra actio finium regundorum e la rei vindicatio consta nel ruolo assunto dalla questione sulla proprietà atteso che soltanto nella prima si presuppone la sussistenza di un profilo di incertezza, oggettiva o soggettiva del confine non coinvolgendo, pertanto i titoli di proprietà. L'incertezza oggettiva si configura nelle ipotesi in cui il confine non sia tracciato, mentre quella soggettiva sussiste ogni qualvolta sorga contestazione sul confine, ancorché in presenza di una divisione fisica dei due fondi confinanti (C.C. 15603/22 – Conf. C.C. 10066/18).

951. Azione per apposizione di termini. – Se i termini tra fondi contigui mancano o sono diventati irriconoscibili, ciascuno dei proprietari ha diritto di chiedere che essi siano apposti o ristabiliti a spese comuni (7 c.p.c.).

NOTE OPERATIVE:

Regolamento del confine: L'azione per apposizione di termini, presupponendo la certezza del confine, implicitamente contiene l'azione di regolamento del confine, e in questa si modifica, ove, per le eccezioni del convenuto, insorga contrasto sulla linea di confine, lungo la quale i termini devono essere apposti (C.C. 11074/23 – Conf. C.C. 9512/14).

Titolo III
Della superficie

952. Costituzione del diritto di superficie. – Il proprietario può costituire il diritto di fare e mantenere al disopra del suolo una costruzione a favore di altri, che ne acquista la proprietà (934, 955, 956, 2812[3]).

Del pari può alienare la proprietà della costruzione già esistente, separatamente dalla proprietà del suolo (1350, n. 2, 2643, n. 2, 2810, n. 3).

NOTE OPERATIVE:

Concessione ad aedificandum: La concessione ad aedificandum, stante l'autonomia contrattuale delle parti, riconosciuta dall'art. 1322 c.c., non si concreta sempre necessariamente in un diritto di superficie potendo, in taluni casi, assumere i caratteri e i contenuti di un diritto personale nei soli confronti del concedente, trovando la sua fonte in un contratto (atipico) con effetti meramente obbligatori non soggetto a rigori di forma o di pubblicità (C.C. 7300/01 – Conf. C.C. 1392/98).

953. Costituzione a tempo determinato. – Se la costituzione del diritto è stata fatta per un tempo determinato, allo scadere del termine il diritto di superficie si estingue e il proprietario del suolo diventa proprietario della costruzione (934, 954).

954. Estinzione del diritto di superficie. – L'estinzione del diritto di superficie per scadenza del termine importa l'estinzione dei diritti reali imposti dal superficiario (953, 2816). I diritti gravanti sul suolo si estendono alla costruzione, salvo, per le ipoteche, il disposto del primo comma dell'articolo 2816.

I contratti di locazione (1571), che hanno per oggetto la costruzione, non durano, se non per l'anno in corso alla scadenza del termine (976, 999).

Il perimento della costruzione non importa, salvo patto contrario, l'estinzione del diritto di superficie.

Il diritto di fare la costruzione sul suolo altrui si estingue per prescrizione (2934 ss.) per effetto del non uso protratto per venti anni (970, 1014, n. 1, 1073, 2946 ss.).

NOTE OPERATIVE:

Decorso del termine di prescrizione: Il decorso del termine di prescrizione per non uso del diritto di superficie non può essere condizionato da disposizioni urbanistiche impeditive del diritto di edificazione poiché la sospensione di detto decorso può verificarsi soltanto nei casi espressamente e tassativamente previsti negli artt. 2941 e 2942 c.c., non estensibili a fatti materiali e ragioni giuridiche in tali norme non contemplati (C.C. 30246/19 – Conf. C.C. 2092/18).

955. Costruzioni al disotto del suolo. – Le disposizioni precedenti si applicano anche nel caso in cui è concesso il diritto di fare e mantenere costruzioni al disotto del suolo altrui (840, 934).

956. Divieto di proprietà separata delle piantagioni. – Non può essere costituita o trasferita la proprietà delle piantagioni separatamente dalla proprietà del suolo.

Titolo IV
Dell'enfiteusi

957. Disposizioni inderogabili. – L'enfiteusi, salvo che il titolo disponga altrimenti, è regolata dalle norme contenute negli articoli seguenti.

Il titolo (587, 1350, n. 2, 2643, n. 2) non può tuttavia derogare alle norme contenute negli articoli 958, secondo comma, 961, secondo comma, 962, 965, 968, 971 e 973.

958. Durata. – L'enfiteusi può essere perpetua o a tempo.

L'enfiteusi temporanea non può essere costituita per una durata inferiore ai venti anni (957[2], 971, 2815[2]).

959. Diritti dell'enfiteuta. – L'enfiteuta ha gli stessi diritti che avrebbe il proprietario sui frutti del fondo (820, 832), sul tesoro (932) e relativamente alle utilizzazioni del sottosuolo (840) in conformità delle disposizioni delle leggi speciali (1077, 1078).

Il diritto dell'enfiteuta si estende alle accessioni (817 ss., 934 ss.).

960. Obblighi dell'enfiteuta. – L'enfiteuta ha l'obbligo di migliorare (975) il fondo e di pagare al concedente un canone periodico (820[3], 972; 13 c.p.c.). Questo può consistere in una somma di danaro ovvero in una quantità fissa di prodotti naturali (2763, 2948).

L'enfiteuta non può pretendere remissione o riduzione del canone per qualunque insolita sterilità del fondo o perdita di frutti (1635).

NOTE OPERATIVE:

Miglioramento del fondo: Elemento essenziale dell'enfiteusi, anche dopo le modifiche introdotte in materia dalle leggi n. 607 del 1966 e n. 1138 del 1970, e tanto nel caso in cui essa abbia ad oggetto un fondo rustico, quanto in quello in cui riguardi un fondo urbano (terreno da utilizzare per scopi non agricoli, ovvero edificio già costruito), è l'imposizione a carico dell'enfiteuta dell'obbligo di migliorare la precedente consistenza del fondo, il quale, pure nel suddetto caso dell'enfiteusi urbana, non si identifica, né si esaurisce nel diverso obbligo di provvedere alla manutenzione ordinaria e straordinaria (C.C. 15822/22 – Conf. C.C. 4328/82).

961. Pagamento del canone. – L'obbligo del pagamento del canone grava solidalmente (1292) su tutti i coenfiteuti e sugli eredi dell'enfiteuta finché dura la comunione.

Nel caso in cui segua la divisione e il fondo venga goduto separatamente dagli enfiteuti o dagli eredi, ciascuno risponde per gli obblighi inerenti all'enfiteusi proporzionalmente al valore della sua porzione (957).

962. [Revisione del canone. – (*Omissis*)] (1).

(1) *Articolo abrogato dall'art. 18, della L. 22 luglio 1966, n. 607, norme in materia di enfiteusi e prestazioni fondiarie perpetue.*

963. Perimento totale o parziale del fondo. – Quando il fondo enfiteutico perisce interamente, l'enfiteusi si estingue.

Se è perita una parte notevole del fondo e il canone risulta sproporzionato al valore della parte residua, l'enfiteuta, secondo le circostanze, può chiedere una congrua riduzione del canone, o rinunziare al suo diritto, restituendo il fondo al concedente, salvo il diritto al rimborso dei miglioramenti sulla parte residua (975).

La domanda di riduzione del canone e la rinunzia al diritto non sono ammesse, decorso un anno dall'avvenuto perimento (2964).

Qualora il fondo sia assicurato e l'assicurazione sia fatta anche nell'interesse del concedente, l'indennità è ripartita tra il concedente e l'enfiteuta in proporzione del valore dei rispettivi diritti (1891).

Nel caso di espropriazione per pubblico interesse (834), l'indennità si ripartisce a norma del comma precedente.

NOTE OPERATIVE:

Presupposti: L'estinzione dell'enfiteusi presuppone la totale distruzione materiale del fondo che ne è l'oggetto (interitus rei) e la conseguente impossibilità di usarlo secondo la sua normale (od altra) destinazione (C.C. 25428/13 – Conf. C.C. 782/89; C.C. 4158/86).

964. Imposte e altri pesi. – Le imposte e gli altri pesi che gravano sul fondo sono a carico dell'enfiteuta, salve le disposizioni delle leggi speciali (1009).

Se in virtù del titolo costitutivo sono a carico del concedente, tale obbligo non può eccedere l'ammontare del canone.

965. Disponibilità del diritto dell'enfiteuta. – L'enfiteuta può disporre del proprio diritto, sia per atto tra vivi (1350, 2643), sia per atto di ultima volontà (587).

Per l'alienazione del diritto dell'enfiteuta non è dovuta alcuna prestazione al concedente.

Nell'atto costitutivo può essere vietato all'enfiteuta di disporre per atto tra vivi, in tutto o in parte, del proprio diritto, per un tempo non maggiore di venti anni (958, 1379).

Nel caso di alienazione compiuta contro tale divieto, l'enfiteuta non è liberato dai suoi obblighi verso il concedente ed è tenuto a questi solidalmente (1292 ss.) con l'acquirente (957).

NOTE OPERATIVE:

Prelazione agraria: In caso di trasferimento a titolo oneroso del diritto dell'enfiteuta, il diritto di prelazione agraria sussiste, ai sensi dell'art. 8 della l. n. 590 del 1965, in favore dell'affittuario, del mezzadro o del colono, nonché, ai sensi dell'art. 7 della l. n. 817 del 1971, in favore del coltivatore diretto proprietario di terreni confinanti, in caso di trasferimento a titolo oneroso che abbia ad oggetto il diritto dell'enfiteuta (C.C. 25756/15).

966. [Prelazione a favore del concedente. – (*Omissis*)] (1).

(1) *Articolo abrogato dall'art. 10, L. 18 dicembre 1970, n. 1138, nuove norme in materia di enfiteusi.*

967. Diritti e obblighi dell'enfiteuta e del concedente in caso di alienazione. – In caso di alienazione, il nuovo enfiteuta è obbligato solidalmente (1292) col precedente al pagamento dei canoni non soddisfatti (965).

Il precedente enfiteuta non è liberato dai suoi obblighi, prima che sia stato notificato l'atto di acquisto al concedente (1264).

In caso di alienazione del diritto del concedente, l'acquirente non può pretendere l'adempimento degli obblighi dell'enfiteuta prima che a questo sia stata notificata l'alienazione (137 c.p.c.).

968. Subenfiteusi. – La subenfiteusi non è ammessa (957[2], 965).

NOTE OPERATIVE:

Ambito di applicazione: Il divieto di subenfiteusi opera anche per i rapporti costituiti anteriormente all'entrata in vigore del codice del 1865 (C.C. 27519/22).

969. Ricognizione. – Il concedente può richiedere la ricognizione del proprio diritto da chi si trova nel possesso del fondo enfiteutico, un anno prima del compimento del ventennio (2720; 13 c.p.c.).

Per l'atto di ricognizione non è dovuta alcuna prestazione. Le spese dell'atto sono a carico del concedente (2720).

970. Prescrizione del diritto dell'enfiteuta. – Il diritto dell'enfiteuta si prescrive per effetto del non uso protratto per venti anni (954[4], 1014. n. 1, 1073, 1077, 2815, 2934).

NOTE OPERATIVE:

Non uso: Si ha non uso solo se vi sia stato un abbandono totale del fondo o una radicale dismissione del suo godimento, da ravvisarsi anche quando il terzo che coltivi il fondo sia un occupante abusivo ed abbia agito senza o contro la volontà dell'utilista, il quale sia rimasto inerte di fronte all'illegittima occupazione (C.C. 782/89).

971. Affrancazione. – (*Omissis*) ([1]).

Se più sono gli enfiteuti, l'affrancazione può promuoversi anche da uno solo di essi, ma per la totalità. In questo caso l'affrancante subentra nei diritti del concedente verso gli altri enfiteuti, salva, a favore di questi, una riduzione proporzionale del canone (2815).

Se più sono i concedenti, l'affrancazione può effettuarsi per la quota che spetta a ciascun concedente.

L'affrancazione si opera mediante il pagamento di una somma risultante dalla capitalizzazione del canone annuo sulla base dell'interesse legale (1284). Le modalità sono stabilite da leggi speciali (957; 58 att.).

([1]) *I primi tre commi (omessi nel presente testo) sono stati abrogati dall'art. 10 della L. 18 dicembre 1970, n. 1138, nuove norme in materia di enfiteusi.*

NOTE OPERATIVE:

Risoluzione per inadempimento: Il diritto potestativo dell'enfiteuta all'affrancazione prevale sul diritto potestativo del concedente alla risoluzione del contratto per inadempimento (C.C. 16724/23 – Conf. C.C. 8468/91; C.C. 1796/84).

972. Devoluzione. – Il concedente può chiedere la devoluzione (1077, 1078, 2653, n. 2) del fondo enfiteutico (2815[2]):

1) se l'enfiteuta deteriora il fondo o non adempie all'obbligo di migliorarlo (960);

2) se l'enfiteuta è in mora nel pagamento di due annualità di canone (960, 1219). La devoluzione non ha luogo se l'enfiteuta ha effettuato il pagamento dei canoni maturati prima che sia intervenuta nel giudizio sentenza, ancorché di primo grado, che abbia accolto la domanda (1453[3]).

La domanda di devoluzione non preclude all'enfiteuta il diritto di affrancare, sempre che ricorrano le condizioni previste dall'art. 971.

973. Clausola risolutiva espressa. – La dichiarazione del concedente di valersi della clausola risolutiva espressa (1456) non impedisce l'esercizio del diritto di affrancazione (971).

974. Diritti dei creditori dell'enfiteuta. – I creditori dell'enfiteuta possono intervenire nel giudizio di devoluzione (972, 2900; 105 c.p.c.) per conservare le loro ragioni, valendosi all'uopo anche del diritto di affrancazione (971) che spetti all'enfiteuta; possono offrire il risarcimento dei danni e dare cauzione per l'avvenire.

I creditori, che hanno iscritto ipoteca contro l'enfiteuta anteriormente alla trascrizione (2653, n. 2) della domanda di devoluzione (2815) e ai quali questa non è stata notificata in tempo utile per poter intervenire, conservano il diritto di affrancazione anche dopo avvenuta la devoluzione.

975. Miglioramenti e addizioni. – Quando cessa l'enfiteusi, all'enfiteuta spetta il rimborso dei miglioramenti (1078) nella misura dell'aumento di valore conseguito dal fondo per effetto dei miglioramenti stessi, quali sono accertati al tempo della riconsegna (958, 963, 970, 972, 1150, 2815).

Se in giudizio è stata fornita qualche prova della sussistenza in genere dei miglioramenti, all'enfiteuta compete la ritenzione del fondo fino a quando non è soddisfatto il suo credito (748, 985).

Per le addizioni fatte dall'enfiteuta, quando possono essere tolte senza nocumento del fondo, il concedente, se vuole ritenerle, deve pagarne il valore al tempo della riconsegna. Se le addizioni non sono separabili senza nocumento e costituiscono miglioramento, si applica la disposizione del primo comma di questo articolo (986, 1593).

NOTE OPERATIVE:

Ambito di applicazione: La norma trova applicazione solo ai miglioramenti che si collocano nell'ambito del rapporto di enfiteusi e che, essendo ancora esistenti alla data della riconsegna, si traducono in un valore economico direttamente o indirettamente riconducibile alla legittima attività dell'enfiteuta (o dei suoi danti causa), e non anche ai miglioramenti realizzati dopo la cessazione del rapporto nel tempo in cui l'enfiteuta abbia conservato di fatto il possesso materiale del bene, per i quali, invece, risultano applicabili i criteri generali previsti dall'art. 1150 c.c. (C.C. 12206/22 – Conf. C.C. 25428/13).

976. Locazioni concluse dall'enfiteuta. – Per le locazioni concluse dall'enfiteuta si applicano le norme dell'art. 999 (1571, 1596, 1599[1]).

977. Enfiteusi costituite dalle persone giuridiche. – Le disposizioni contenute negli articoli precedenti si applicano anche alle enfiteusi costituite dalle persone giuridiche (11, 12), salvo che sia disposto diversamente dalle leggi speciali (979).

Titolo V
Dell'usufrutto, dell'uso e dell'abitazione

Capo I
Dell'usufrutto

Sezione I
Disposizioni generali

978. Costituzione. – L'usufrutto è stabilito dalla legge (324, 327, 329, 540) o dalla volontà dell'uomo (587, 649, 1350, n. 2, 2025, 2352, 2643, n. 2, 2684, n. 2, 2810). Può anche acquistarsi per usucapione (1158 ss.).

NOTE OPERATIVE:

Negozi giuridici: Seppure la norma faccia genericamente riferimento alla volontà dell'uomo, la tipologia negoziale idonea a costituire il diritto di usufrutto deve essere individuata – non diversamente da quanto è stabilito in materia di servitù dall'art. 1058 c.c. - nel testamento e nel contratto, mentre, per quanto riguarda i negozi unilaterali, nei limiti in cui sono ritenuti vincolanti per l'ordinamento, la possibilità di costituire l'usufrutto deve ritenersi limitata alle sole figure della promessa al pubblico prevista dall'art. 1989 c.c. e della donazione obnuziale di cui all'art. 785 c.c. (C.C. 1967/07 – Conf. C.C. 4562/90).

979. Durata. – La durata dell'usufrutto non può eccedere la vita dell'usufruttuario (678, 698, 796, 1014, 2814).

L'usufrutto costituito a favore di una persona giuridica (11 ss.) non può durare più di trent'anni.

980. Cessione dell'usufrutto. – L'usufruttuario può cedere il proprio diritto per un certo tempo o per tutta la sua durata, se ciò non è vietato dal titolo costitutivo (1002^2, 1350, n. 2, 2643, n. 2).

La cessione dev'essere notificata al proprietario; finché non sia stata notificata, l'usufruttuario è solidalmente obbligato con il cessionario verso il proprietario (1002, 1292; 137 c.p.c.).

Sezione II
Dei diritti nascenti dall'usufrutto

981. Contenuto del diritto di usufrutto. – L'usufruttuario ha diritto di godere della cosa, ma deve rispettarne la destinazione economica (986, 996, 1015, 1060, 2561).

Egli può trarre dalla cosa ogni utilità che questa può dare, fermi i limiti stabiliti in questo capo (1078, 1998, 2352).

982. Possesso della cosa. – L'usufruttuario ha il diritto di conseguire il possesso (1140 ss.) della cosa di cui ha l'usufrutto, salvo quanto è disposto dall'articolo 1002.

NOTE OPERATIVE:

Usucapione: L'usufruttuario, ancorché possessore rispetto ai terzi, è, nel rapporto con il nudo proprietario, mero detentore del bene, con la conseguenza che egli può usucapirne la proprietà solo ponendo in essere un atto d'interversione del possesso, esteriorizzato in maniera inequivocabile e riconoscibile, vale a dire attraverso un'attività durevole, contrastante e incompatibile con il possesso altrui (C.S. 2769/23 – Conf. C.C. 355/11).

983. Accessioni. – L'usufrutto si estende a tutte le accessioni della cosa (817 ss., 934 ss., 1998).

Se il proprietario dopo l'inizio dell'usufrutto, con il consenso dell'usufruttuario, ha fatto nel fondo costruzioni o piantagioni, l'usufruttuario è tenuto a corrispondere gli interessi (1284) sulle somme impiegate (1005^3, 1009). La norma si applica anche nel caso in cui le costruzioni o piantagioni sono state fatte per disposizione della pubblica autorità.

984. Frutti. – I frutti naturali e i frutti civili (820 ss.) spettano all'usufruttuario per la durata del suo diritto.

Se il proprietario e l'usufruttuario si succedono nel godimento della cosa entro l'anno agrario o nel corso di un periodo produttivo di maggiore durata, l'insieme di tutti i frutti si ripartisce fra l'uno e l'altro in proporzione della durata del rispettivo diritto nel periodo stesso (199).

Le spese per la produzione e il raccolto sono a carico del proprietario e dell'usufruttuario nella proporzione indicata dal comma precedente ed entro i limiti del valore dei frutti (1821).

NOTE OPERATIVE:

Frutti civili: L'usufruttuario può ricavare tali frutti anche dalla locazione del bene (art. 999 c.c.), stipulando il relativo contratto con il nudo proprietario che, in tal caso, assume le obbligazioni ed esercita i diritti del conduttore (C.C. 6168/91).

985. Miglioramenti. – L'usufruttuario ha diritto a un'indennità per i miglioramenti

(1078) che sussistono al momento della restituzione della cosa.

L'indennità si deve corrispondere nella minor somma tra l'importo della spesa e l'aumento di valore conseguito dalla cosa per effetto dei miglioramenti (1150).

L'autorità giudiziaria, avuto riguardo alle circostanze, può disporre che il pagamento dell'indennità prevista dai commi precedenti sia fatto ratealmente, imponendo in questo caso idonea garanzia (975, 1151, 1176, 1179, 1592; 119 c.p.c.).

986. Addizioni. – L'usufruttuario può eseguire addizioni che non alterino la destinazione economica della cosa (981).

Egli ha diritto di toglierle alla fine dell'usufrutto, qualora ciò possa farsi senza nocumento della cosa, salvo che il proprietario preferisca ritenere le addizioni stesse. In questo caso deve essere corrisposta all'usufruttuario una indennità pari alla minor somma tra l'importo della spesa e il valore delle addizioni al tempo della riconsegna (975^3, 1593).

Se le addizioni non possono separarsi senza nocumento della cosa e costituiscono miglioramento di essa, si applicano le disposizioni relative ai miglioramenti (985).

987. Miniere, cave e torbiere. – L'usufruttuario gode delle cave e torbiere già aperte e in esercizio all'inizio dell'usufrutto. Non ha facoltà di aprirne altre senza il consenso del proprietario.

Per le ricerche e le coltivazioni minerarie, di cui abbia ottenuto il permesso, l'usufruttuario deve indennizzare il proprietario dei danni che saranno accertati alla fine dell'usufrutto.

Se il permesso è stato ottenuto dal proprietario o da un terzo, questi devono all'usufruttuario un'indennità corrispondente al diminuito godimento del fondo durante l'usufrutto.

988. Tesoro. – Il diritto dell'usufruttuario non si estende al tesoro che si scopra durante l'usufrutto, salve le ragioni che gli possono competere come ritrovatore (930, 932).

989. Boschi, filari e alberi sparsi di alto fusto. – Se nell'usufrutto sono compresi boschi o filari cedui ovvero boschi o filari di alto fusto (892) destinati alla produzione di legna, l'usufruttuario può procedere ai tagli ordinari, curando il mantenimento dell'originaria consistenza dei boschi o dei filari e provvedendo, se occorre, alla loro ricostituzione.

Circa il modo, l'estensione, l'ordine e l'epoca dei tagli, l'usufruttuario è tenuto a uniformarsi, oltre che alle leggi e ai regolamenti forestali, alla pratica costante della regione (992, 993).

Le stesse regole si applicano agli alberi di alto fusto sparsi per la campagna, destinati ad essere tagliati.

990. Alberi di alto fusto divelti, spezzati o periti. – Gli alberi di alto fusto divelti, spezzati o periti per accidente spettano al proprietario. L'usufruttuario può servirsi di essi soltanto per le riparazioni che sono a suo carico (1004, 1005).

991. Alberi fruttiferi. – Gli alberi fruttiferi che periscono e quelli divelti o spezzati per accidente appartengono all'usufruttuario, ma questi ha l'obbligo di sostituirne altri.

992. Pali per vigne e per altre coltivazioni. – L'usufruttuario può prendere nei boschi i pali occorrenti per le vigne e per le altre coltivazioni che ne abbisognano, osservando sempre la pratica costante della regione (989^2, 993).

993. Semenzai. – L'usufruttuario può servirsi dei piantoni dei semenzai, ma deve osservare la pratica costante della regione (989^2, 992) per il tempo e il modo dell'estrazione e per la rimessa dei virgulti.

994. Perimento delle mandre o dei greggi. – Se l'usufrutto è stabilito sopra una mandra o un gregge, l'usufruttuario è tenuto a surrogare gli animali periti, fino alla concorrente quantità dei nati, dopo che la mandra o il gregge ha cominciato ad essere mancante del numero primitivo (1645).

Se la mandra o il gregge perisce interamente per causa non imputabile all'usufruttuario, questi non è obbligato verso il proprietario che a rendere conto delle pelli o del loro valore.

995. Cose consumabili. – Se l'usufrutto comprende cose consumabili (750^2), l'usufruttuario ha diritto di servirsene e ha l'obbligo di pagarne il valore al termine dell'usufrutto secondo la stima convenuta.

Mancando la stima, è in facoltà dell'usufruttuario di pagare le cose secondo il valore che hanno al tempo in cui finisce l'usufrutto o di restituirne altre in eguale qualità e quantità (1001, 1258).

996. Cose deteriorabili. – Se l'usufrutto comprende cose che, senza consumarsi in un tratto, si deteriorano a poco a poco, l'usufruttuario ha diritto di servirsene secondo l'uso al quale sono destinate, e alla fine dell'usufrutto è soltanto tenuto a restituirle nello stato in cui si trovano (1001, 1003).

997. Impianti, opifici e macchinari. – Se l'usufrutto comprende impianti, opifici o macchinari, che hanno una destinazione produttiva, l'usufruttuario è tenuto a riparare e a sostituire durante l'usufrutto le parti che si logorano, in modo da assicurare il regolare funzionamento delle cose suddette. Se l'usufruttuario ha sopportato spese che eccedono quelle delle ordinarie riparazioni (1004), il proprietario, al termine dell'usufrutto, è tenuto a corrispondergli una congrua indennità.

998. Scorte vive e morte. – Le scorte vive e morte di un fondo devono essere restituite in eguale quantità e qualità (1640 ss., 2163, 2169). L'eccedenza o la deficienza di esse deve essere regolata in danaro, secondo il loro valore al termine dell'usufrutto.

999. Locazioni concluse dall'usufruttuario. – Le locazioni concluse dall'usufruttuario, in corso al tempo della cessazione dell'usufrutto, purché constino da atto pubblico (2699) o da scrittura privata di data certa anteriore (2704), continuano per la durata stabilita, ma non oltre il quinquennio dalla cessazione dell'usufrutto (954^2, 976, 1596, 1599^1).

Se la cessazione dell'usufrutto avviene per la scadenza del termine stabilito, le locazioni non durano in ogni caso se non per l'anno, e, trattandosi di fondi rustici dei quali il principale raccolto è biennale o triennale, se non per il biennio o triennio che si trova in corso al tempo in cui cessa l'usufrutto (976, 1078).

NOTE OPERATIVE:

Durata: Nel caso di consolidazione dell'usufrutto per morte dell'usufruttuario, le locazioni da questi concluse non possono protrarsi oltre il quinquennio dalla cessazione dell'usufrutto, realizzandosi, così, un equo contemperamento tra il diritto del nudo proprietario e quello del conduttore, al quale è cosi assegnato un congruo termine per reperire un altro immobile, e prevale sulla disciplina di cui alla l. 27 luglio 1978, n. 392 (C.C. 11602/11).

Tutela proprietario: Non è prevista un'azione di annullamento del contratto di locazione concluso dall'usufruttuario in frode dei diritti del proprietario, salvo i casi previsti dall'art. 999 c.c., poiché i terzi sono tutelati soltanto in particolari situazioni, con l'azione di nullità, ove questa sussista, oppure con l'azione revocatoria (C.C. 693/10 – Conf. C.C. 6239/83).

1000. Riscossione di capitali. – Per la riscossione di somme che rappresentano un capitale gravato d'usufrutto (1250, 1254, 1265^2), è necessario il concorso del titolare del credito e dell'usufruttuario. Il pagamento fatto a uno solo di essi non è opponibile all'altro, salve in ogni caso le norme relative alla cessione dei crediti (1260 ss.).

Il capitale riscosso dev'essere investito in modo fruttifero e su di esso si trasferisce l'usufrutto. Se le parti non sono d'accordo sul modo d'investimento, provvede l'autorità giudiziaria (1998).

Sezione III
Degli obblighi nascenti dall'usufrutto

1001. Obbligo di restituzione. Misura della diligenza. – L'usufruttuario deve restituire le cose che formano oggetto del suo diritto, al termine dell'usufrutto, salvo quanto è disposto dall'art. 995.

Nel godimento della cosa egli deve usare la diligenza del buon padre di famiglia (192, 1176).

NOTE OPERATIVE:

Responsabilità: L'usufruttuario che, eseguendo opere, alteri l'originaria destinazione economica dell'immobile si rende inadempiente all'obbligazione di godere della cosa con la diligenza del buon padre di famiglia e, essendo tenuto ad indennizzare il nudo proprietario, può essere condannato al risarcimento del danno in forma specifica (S.U. 1571/95).

1002. Inventario e garanzia. – L'usufruttuario prende le cose nello stato in cui si trovano (982).

Egli è tenuto a fare a sue spese l'inventario dei beni (777 c.p.c.), previo avviso al proprietario (769 c.p.c.). Quando l'usufruttuario è dispensato dal fare l'inventario, questo può essere richiesto dal proprietario a sue spese.

L'usufruttuario deve inoltre dare idonea garanzia (1003, 1179). Dalla prestazione della garanzia sono dispensati i genitori che hanno l'usufrutto legale sui beni dei loro figli minori (324, 327). Sono anche dispensati il venditore e il donante con riserva d'usufrutto (796); ma, qualora questi cedano l'usufrutto, il cessionario è tenuto a prestare garanzia (980, 1015).

L'usufruttuario non può conseguire il possesso dei beni prima di avere adempiuto agli obblighi su indicati (982).

NOTE OPERATIVE:

Inadempimento: L'inottemperanza, da parte dell'usufruttuario, agli obblighi dell'effettuazione dell'inventario delle cose oggetto del diritto e della prestazione di idonea garanzia costituisce ragione ostativa al conseguimento del possesso dei beni, ovvero, ove tale possesso sia stato già ottenuto, comporta il diritto del nudo proprietario di avere in restituzione i beni medesimi, sempre che non vi sia stata una sua rinuncia ai suddetti adempimenti (C.C. 2817/86).

1003. Mancanza o insufficienza della garanzia. – Se l'usufruttuario non presta la garanzia a cui è tenuto (1002[3]), si osservano le disposizioni seguenti:

gli immobili sono locati o messi sotto amministrazione, salva la facoltà dell'usufruttuario di farsi assegnare per propria abitazione (1022) una casa compresa nell'usufrutto. L'amministrazione è affidata, con il consenso dell'usufruttuario, al proprietario o altrimenti a un terzo scelto di comune accordo tra proprietario e usufruttuario o, in mancanza di tale accordo, nominato dall'autorità giudiziaria (59 att.);

il danaro è collocato a interesse (1000);

i titoli al portatore (2003) si convertono in nominativi (2021) a favore del proprietario con il vincolo dell'usufrutto (1999, 2025), ovvero si depositano presso una terza persona, scelta dalle parti, o presso un istituto di credito, la cui designazione, in caso di dissenso, è fatta dall'autorità giudiziaria;

le derrate sono vendute e il loro prezzo è parimenti collocato a interesse (1000).

In questi casi appartengono all'usufruttuario gli interessi dei capitali, le rendite, le pigioni e i fitti.

Se si tratta di mobili i quali si deteriorano con l'uso (996), il proprietario può chiedere che siano venduti e ne sia impiegato il prezzo come quello delle derrate. L'usufruttuario può nondimeno domandare che gli siano lasciati i mobili necessari per il proprio uso (996).

1004. Spese a carico dell'usufruttuario. – Le spese e, in genere, gli oneri relativi alla custodia, amministrazione e manutenzione ordinaria della cosa sono a carico dell'usufruttuario (997).

Sono pure a suo carico le riparazioni straordinarie (1005) rese necessarie dall'inadempimento degli obblighi di ordinaria manutenzione (997, 1015).

NOTE OPERATIVE:

Ripartizione: Ai fini della distinzione tra gli interventi a carico dell'usufruttario e quelli a carico del nudo proprietario, non rileva la maggiore o minore attualità del danno da riparare, bensì il carattere ordinario o straordinario dell'opera, poiché, in considerazione della natura dei rispettivi diritti, l'usufruttuario ha l'onere di provvedere a quanto attiene alla conservazione ed al godimento della cosa, mentre sono riservate al nudo proprietario le opere che incidono sulla struttura, la sostanza e la destinazione della stessa (C.C. 22797/19 – Conf. C.C. 22703/15).

Condominio: Qualora un appartamento sito in condominio sia oggetto di usufrutto, l'usufruttuario è tenuto al pagamento delle spese di amministrazione e di manutenzione ordinaria del condominio, mentre il nudo proprietario non vi è tenuto, neppure in via sussidiaria o solidale (C.C. 2236/12 – Conf. C.C. 21774/08; C.C. 23291/06).

Terzi: Le disposizioni concernenti gli obblighi a carico dell'usufruttuario, regolano i rapporti interni tra questo ed il nudo proprietario, e non sono opponibili al terzo creditore (C.C. 24752/13).

1005. Riparazioni straordinarie. – Le riparazioni straordinarie sono a carico del proprietario (1004, 1150[1], 1576).

Riparazioni straordinarie sono quelle necessarie ad assicurare la stabilità dei muri maestri e delle volte, la sostituzione delle travi, il rinnovamento, per intero o per una parte notevole, dei tetti, solai, scale, argini, acquedotti, muri di sostegno o di cinta (1007).

L'usufruttuario deve corrispondere al proprietario, durante l'usufrutto, l'interesse (1284) delle somme spese per le riparazioni straordinarie (1009[1]).

NOTE OPERATIVE:

Rinnovamento: Il concetto di rinnovamento delle entità abbisognevoli di riparazione, cui si riferisce la norma è ben diverso dal concetto di innovazione cui si riferiscono, in tema di condominio negli edifici, gli art. 1120 e 1121 c.c.: il primo concetto va posto in relazione ad opere che comportano la sostituzione di entità preesistenti, ma ormai inefficienti con altre pienamente efficienti; il secondo riguarda, invece, opere che importano un mutamento della cosa nella forma e nella sostanza, con aggiunta di entità non preesistenti o trasformazione di alcuna di quelle preesistenti (C.C. 12085/98).

1006. Rifiuto del proprietario alle riparazioni. – Se il proprietario rifiuta di eseguire le riparazioni poste a suo carico o ne ritarda l'esecuzione senza giusto motivo, è in facoltà dell'usufruttuario di farle eseguire a proprie spese. Le spese devono essere rimborsate alla fine dell'usufrutto senza interesse. A garanzia del rimborso l'usufruttuario ha diritto di ritenere l'immobile riparato (1011, 2756).

1007. Rovina parziale di edificio accessorio. – Le disposizioni dei due articoli precedenti si applicano anche nel caso in cui, per vetustà o caso fortuito, rovini soltanto in parte l'edificio che formava accessorio necessario del fondo soggetto a usufrutto.

1008. Imposte e altri pesi a carico dell'usufruttuario. – L'usufruttuario è tenuto, per la durata del suo diritto, ai carichi annuali, come le imposte, i canoni, le rendite fondiarie e gli altri pesi che gravano sul reddito.

Per l'anno in corso al principio e alla fine dell'usufrutto questi carichi si ripartiscono tra il proprietario e l'usufruttuario in proporzione della durata del rispettivo diritto (984).

1009. Imposte e altri pesi a carico del proprietario. – Al pagamento dei carichi imposti sulla proprietà durante l'usufrutto, salvo diverse disposizioni di legge, è tenuto il proprietario, ma l'usufruttuario gli deve corrispondere l'interesse (1284) della somma pagata (983[2], 1005[3]).

Se l'usufruttuario ne anticipa il pagamento, ha diritto di essere rimborsato del capitale alla fine dell'usufrutto (1010, 1011).

1010. Passività gravanti su eredità in usufrutto. – L'usufruttuario di un'eredità o di una quota di eredità (588) è obbligato a pagare per intero, o in proporzione della quota, le annualità e gli interessi dei debiti o dei legati da cui l'eredità stessa sia gravata.

Per il pagamento del capitale dei debiti o dei legati, che si renda necessario durante l'usufrutto, è in facoltà dell'usufruttuario di fornire la somma occorrente, che gli deve essere rimborsata senza interesse alla fine dell'usufrutto (1009, 1011).

Se l'usufruttuario non può o non vuole fare questa anticipazione, il proprietario può pagare tale somma, sulla quale l'usufruttuario deve corrispondergli l'interesse (1284) durante l'usufrutto, o può vendere una porzione dei beni soggetti all'usufrutto fino alla concorrenza della somma dovuta.

Se per il pagamento dei debiti si rende necessaria la vendita dei beni, questa è fatta d'accordo tra proprietario e usufruttuario, salvo ricorso all'autorità giudiziaria in caso di dissenso. L'espropriazione forzata deve seguire contro ambedue (102 c.p.c.).

1011. Ritenzione per le somme anticipate. – Nelle ipotesi contemplate dal secondo comma dell'articolo 1009 e dal secondo comma dell'articolo 1010, l'usufruttuario ha diritto di ritenzione sui beni che sono in suo possesso fino alla concorrenza della somma a lui dovuta (748[4], 1006).

1012. Usurpazioni durante l'usufrutto e azioni relative alle servitù. – Se durante l'usufrutto un terzo commette usurpazione sul fondo o altrimenti offende le ragioni del proprietario, l'usufruttuario è tenuto a fargliene denunzia e, omettendola, è responsabile dei danni che eventualmente siano derivati al proprietario (1168, 1586).

L'usufruttuario può far riconoscere l'esistenza delle servitù (1079) a favore del fondo o l'inesistenza di quelle che si pretende di esercitare sul fondo medesimo (949); egli deve in questi casi chiamare in giudizio il proprietario (102, 103, 106 c.p.c.).

NOTE OPERATIVE:

Ratio: L'onere di chiamare in giudizio il nudo proprietario, posto a carico dell'usufruttuario che intenda esercitare l'azione confessoria o negatoria a tutela del fondo gravato dall'usufrutto, trae la sua giustificazione dal particolare contenuto, assai ristretto nel tempo e nelle facoltà, che caratterizza l'estensione di tale diritto nei confronti della proprietà e dalla correlativa esigenza di evitare la formazione di giudicati la cui inopponibilità al nudo proprietario, derivante dalla sua mancata partecipazione al giudizio, contrasterebbe con la finalità di accertare una conditio o qualitas fundi cui i giudicati stessi sono preordinati, esigenza che non ricorre, invece, nella diversa ipotesi in cui le suddette azioni siano promosse dal (o contro il) nudo proprietario (C.C. 20040/19 – Conf. C.C. 1375/71).
Litisconsorzio: L'usufruttuario è legittimato all'esercizio in nome proprio delle azioni petitorie e possessorie volte a difendere ed a realizzare il proprio uso e godimento della cosa rispetto alle ingerenze di terzi, sicché in tal caso non sussiste litisconsorzio necessario con il nudo proprietario (C.C. 6293/16 – Conf. C.C. 2777/73).

1013. Spese per le liti. – Le spese delle liti che riguardano tanto la proprietà quanto l'usufrutto sono sopportate dal proprietario e dall'usufruttuario in proporzione del rispettivo interesse (90 c.p.c.).

Sezione IV
Estinzione e modificazioni dell'usufrutto

1014. Estinzione dell'usufrutto. – Oltre quanto è stabilito dall'art. 979, l'usufrutto si estingue (1350, n. 5, 2643, n. 5, 2814):

1) per prescrizione per effetto del non uso durato per venti anni (954[4], 970, 1073, 1158, 2934 ss.);

2) per la riunione dell'usufrutto e della proprietà nella stessa persona (1072, 1233);

3) per il totale perimento della cosa su cui è costituito (1016 ss.).

1015. Abusi dell'usufruttuario. – L'usufrutto può anche cessare per l'abuso (2814) che faccia l'usufruttuario del suo diritto alienando i beni o deteriorandoli o lasciandoli andare in perimento per mancanza di ordinarie riparazioni (981, 1004).

L'autorità giudiziaria può, secondo le circostanze, ordinare che l'usufruttuario dia garanzia (119 c.p.c.), qualora ne sia esente (1002³), o che i beni siano locati o posti sotto amministrazione a spese di lui, o anche dati in possesso al proprietario con l'obbligo di pagare annualmente all'usufruttuario, durante l'usufrutto, una somma determinata.

I creditori dell'usufruttuario possono intervenire nel giudizio per conservare le loro ragioni (2900; 105 c.p.c.), offrire il risarcimento dei danni e dare garanzia per l'avvenire.

NOTE OPERATIVE:

Decadenza: La norma, conformemente all'art. 516 del codice civile del 1865, prevede tre distinte ipotesi in presenza delle quali l'usufruttuario può essere dichiarato decaduto dall'usufrutto, che ricorrono quando l'usufruttuario alieni i beni o li deteriori o li lasci andare in perimento per mancanza di ordinarie riparazioni. La decadenza, peraltro, non può che riguardare i casi più gravi, in quanto per gli abusi di minore gravità la stessa legge prevede rimedi meno rigorosi di carattere non repressivo e sanzionatorio, ma semplicemente cautelari, a tutela preventiva del diritto del nudo proprietario (C.C. 11627/23 – Conf. C.C. 7031/22).

1016. Perimento parziale della cosa. – Se una sola parte della cosa soggetta all'usufrutto perisce, l'usufrutto si conserva sopra ciò che rimane (1014, n. 3, 1018).

1017. Perimento della cosa per colpa o dolo di terzi. – Se il perimento della cosa non è conseguenza di caso fortuito (2050; 45 c.p.c.), l'usufrutto si trasferisce sull'indennità dovuta dal responsabile del danno (1000, 1019, 1020).

1018. Perimento dell'edificio. – Se l'usufrutto è stabilito sopra un fondo, del quale fa parte un edificio, e questo viene in qualsiasi modo a perire, l'usufruttuario ha diritto di godere dell'area e dei materiali (1016).

La stessa disposizione si applica se l'usufrutto è stabilito soltanto sopra un edificio. In tal caso, però, il proprietario, se intende costruire un altro edificio, ha il diritto di occupare l'area e di valersi dei materiali, pagando all'usufruttuario, durante l'usufrutto, gli interessi (1284) sulla somma corrispondente al valore dell'area e dei materiali.

1019. Perimento di cosa assicurata dall'usufruttuario. – Se l'usufruttuario ha provveduto all'assicurazione della cosa o al pagamento dei premi (1901) per la cosa già assicurata, l'usufrutto si trasferisce sull'indennità dovuta dall'assicuratore (1000, 1017, 1882).

Se è perito un edificio e il proprietario intende di ricostruirlo con la somma conseguita come indennità, l'usufruttuario non può opporsi. L'usufrutto in questo caso si trasferisce sull'edificio ricostruito. Se però la somma impiegata nella ricostruzione è maggiore di quella spettante in usufrutto, il diritto dell'usufruttuario sul nuovo edificio è limitato in proporzione di quest'ultima.

1020. Requisizione o espropriazione. – Se la cosa è requisita o espropriata per pubblico interesse (834), l'usufrutto si trasferisce sull'indennità relativa (1000, 1017, 1019).

Capo II
Dell'uso e dell'abitazione

1021. Uso. – Chi ha il diritto d'uso di una cosa può servirsi di essa (636²) e, se è fruttifera, può raccogliere i frutti (821) per quanto occorre ai bisogni suoi e della sua famiglia (1023).

I bisogni si devono valutare secondo la condizione sociale del titolare del diritto (438, 1022, 1350, n. 4).

NOTE OPERATIVE:

Ampiezza del diritto: Il diritto di uso non è limitato a soddisfare i bisogni personali del titolare, ma si estende a tutte le utilità che possono obiettivamente trarsi dal bene secondo la sua destinazione, potendo l'usuario – non diversamente dall'usufruttuario – servirsi della cosa in modo pieno, dovendo soltanto rispettare la destinazione economica di essa (C.C. 7811/06). L'ampiezza di tale potere, se può incontrare limitazioni derivanti dalla natura e dalla destinazione economica del bene, non può soffrire condizionamenti maggiori o ulteriori derivanti dal titolo (C.C. 17320/15).

Caratteristiche: La differenza, dal punto di vista sostanziale e contenutistico, tra il diritto reale d'uso e il diritto personale di godimento è costituita dall'ampiezza ed illimitatezza del primo, in conformità al canone della tipicità dei diritti reali, rispetto alla multiforme possibilità di atteggiarsi del secondo che, in ragione del suo carattere obbligatorio, può essere diversamente regolato dalle parti nei suoi aspetti di sostanza e di contenuto (C.C. 5602/22 – Conf. C.C. 28261/21; C.C. 23404/21; C.C. 166/21; C.C. 5034/08; C.C. 7811/06).

1022. Abitazione. – Chi ha il diritto di abitazione di una casa può abitarla (636²) limitatamente ai bisogni suoi e della sua famiglia (1003, 1021, 1023).

NOTE OPERATIVE:

Ambito di applicazione: Il diritto di abitazione si estende sia a tutto ciò che concorre a integrare la casa che ne è oggetto, sotto forma di accessorio o pertinenza (balconi, verande, giardino, rimessa ecc.), giacché l'abitazione non è costituita soltanto dai vani abitabili, ma anche da tutto quanto ne rappresenta la parte accessoria sia alle accessioni (C.C. 14687/14 – Conf. C.C. 2335/81).

Volontà negoziale: Il limite riguardo ai bisogni del titolare e della sua famiglia, può essere superato dalla volontà negoziale, e può essere inteso non in senso quantitativo, ma solo come divieto di utilizzo della casa in altro modo che per l'abitazione diretta dell'habitator e dei suoi familiari (C.C. 14687/14 – Conf. C.C. 2335/81).

1023. Ambito della famiglia. – Nella famiglia (1022) si comprendono anche i figli nati dopo che è cominciato il diritto d'uso o d'abitazione, quantunque nel tempo in cui il diritto è sorto la persona non avesse contratto matrimonio. Si comprendono inoltre i figli adottivi (291 ss.) e i figli riconosciuti (250 ss.), anche se l'adozione o il riconoscimento sono seguiti dopo che il diritto era già sorto ([1]). Si comprendono infine le persone che convivono con il titolare del diritto per prestare a lui o alla sua famiglia i loro servizi (2240).

([1]) *Questo periodo è stato così sostituito dall'art. 90 del D.L.vo 28 dicembre 2013, n. 154, a decorrere dal trentesimo giorno successivo a quello della sua pubblicazione nella* Gazzetta Ufficiale *(G.U. n. 5 dell'8 gennaio 2014).*

1024. Divieto di cessione. – I diritti di uso e di abitazione non si possono cedere o dare in locazione (965, 980, 999).

NOTE OPERATIVE:

Derogabilità: Il divieto di cessione non ha carattere pubblicistico per cui il nudo proprietario e l'usuario possono convenire di derogare al divieto medesimo (C.C. 8507/15 – Conf. C.C. 3565/89).

1025. Obblighi inerenti all'uso e all'abitazione. – Chi ha l'uso di un fondo e ne raccoglie tutti i frutti o chi ha il diritto di abitazione e occupa tutta la casa è tenuto alle spese di coltura, alle riparazioni ordinarie (1004 ss.) e al pagamento dei tributi come l'usufruttuario (1008).

Se non raccoglie che una parte dei frutti o non occupa che una parte della casa, contribuisce in proporzione di ciò che gode.

1026. Applicabilità delle norme sull'usufrutto. – Le disposizioni relative all'usufrutto (978 ss.) si applicano, in quanto compatibili, all'uso e all'abitazione.

Titolo VI
Delle servitù prediali

Capo I
Disposizioni generali

1027. Contenuto del diritto. – La servitù prediale consiste nel peso imposto sopra un fondo per l'utilità di un altro fondo appartenente a diverso proprietario (1072).

NOTE OPERATIVE:

Servitù irregolare: La cd. servitù irregolare – in dipendenza della tipicità dei diritti reali che costituiscono, nel loro complesso, un numerus clausus e che sono idonei a determinare anche un vincolo fondiario perpetuo – comporta l'insorgenza di un rapporto obbligatorio atipico tra le parti, avente la funzione di determinare una situazione di vantaggio a favore del soggetto indicato nel relativo atto costitutivo e non a realizzare uno scopo di utilità per un fondo (dominante) con l'imposizione di un peso su un altro fondo (servente) (C.C. 25195/21).

1028. Nozione dell'utilità. – L'utilità può consistere anche nella maggiore comodità o amenità del fondo dominante. Può del pari essere inerente alla destinazione industriale del fondo.

NOTE OPERATIVE:

Caratteristiche: Il concetto di utilitas della servitù è talmente ampio da ricomprendere ogni elemento che, secondo la valutazione sociale, sia legato da un nesso di strumentalità con la destinazione del fondo dominante e si immedesimi obiettivamente nel godimento di questo (C.C. 1910/23 – Conf. C.C. 18465/20); l'utilità del fondo dominante va commisurata alla limitazione del diritto di proprietà del fondo servente, quale esso risulta dal titolo, non coincidendo con qualsiasi vantaggio, anche di fatto, che possa trarne il titolare, ma solo con quello corrispondente al contenuto del peso imposto (C.C. 23839/12).

Utilità soggettiva (esclusione): Le convenzioni costitutive di servitù personali o irregolari, aventi come contenuto limitazioni della proprietà del fondo altrui a beneficio di un determinato soggetto e non di un diverso fondo, sono disconosciute dal codice vigente, come da quello abrogato del 1865, essendo dirette a realizzare un interesse non meritevole di tutela perché concretizzantesi in una mera comodità, del tutto personale, di coloro che accedono al preteso fondo servente, ma non in un'utilità oggettiva, pur se indiretta, del fondo dominante (C.C. 5603/19 – Conf. C.C. 23708/14).

1029. Servitù per vantaggio futuro. – È ammessa la costituzione di una servitù per assicurare a un fondo un vantaggio futuro.

È ammessa altresì a favore o a carico di un edificio da costruire o di un fondo da acquistare; ma in questo caso la costituzione non ha effetto se non dal giorno in cui l'edificio è costruito o il fondo è acquistato (1472).

NOTE OPERATIVE:

Ambito di applicazione: La norma consente la costituzione di una servitù per assicurare a un fondo un vantaggio futuro e, sostanzialmente, fa riferimento a due ipotesi: a una servitù già esistente, ma con un'utilitas minore, se il vantaggio futuro consiste in un'utilitas maggiore; a una servitù a termine iniziale, da cui il vantaggio esiste subito, ma sarà operativo in un secondo momento (C.C. 5603/19).

Edificio da costruire: In caso di servitù per un vantaggio futuro del fondo dominante, la servitù si costituisce immediatamente, esistendo tutti gli elementi necessari per la sua costituzione, estrinsecandosi l'utilità secondo una valenza prospettica; diversamente, nel caso di servitù a favore o a carico di un edificio da costruire o di un fondo da acquistare, all'atto del negozio costitutivo manca uno dei presupposti della servitù, ossia il bene a favore del quale opererà il vincolo, con conseguente costituzione di un rapporto obbligatorio suscettibile di trasformarsi in un rapporto di natura reale soltanto nel momento in cui l'edificio verrà costruito (C.C. 12551/23 – Conf. C.C. 32858/22; C.C. 20462/16; C.C. 2432/11).

1030. Prestazioni accessorie. – Il proprietario del fondo servente non è tenuto a compiere alcun atto per rendere possibile l'esercizio della servitù da parte del titolare, salvo che la legge o il titolo disponga altrimenti (1069, 1070, 1090, 1091).

NOTE OPERATIVE:

Facere: Non è configurabile una servitù prediale quando l'utilità a favore del fondo dominante, anche se fornita attraverso il fondo servente, sia legata ad un "facere" del proprietario di quest'ultimo, perché mancherebbe in tal caso il carattere dell'obiettività, come connotato duraturo e permanente della soggezione di un fondo all'altro (C.C. 15101/14)

1031. Costituzione delle servitù. – Le servitù prediali possono essere costituite coattivamente (853, 1032 ss.) o volontariamente (1058 ss.). Possono anche essere costituite per usucapione (1061, 1065, 1158) o per destinazione del padre di famiglia (1062).

NOTE OPERATIVE:

Ambulatorietà: In virtù del c.d. principio di ambulatorietà delle servitù, l'alienazione del fondo dominante comporta anche il trasferimento delle servitù attive ad esso inerenti, anche se nulla venga al riguardo stabilito nell'atto di acquisto, così come l'acquirente del fondo servente – una volta che sia stato trascritto il titolo originario di costituzione della servitù – riceve l'immobile con il peso di cui è gravato, essendo necessaria la menzione della servitù soltanto in caso di mancata trascrizione del titolo (C.C. 12798/19 – Conf. C.C. 20817/11).

Usucapione: La servitù di passaggio costituita per usucapione ha natura di servitù volontaria (C.C. 13223/19 – Conf. C.C. 18859/13).

Capo II
Delle servitù coattive

1032. Modi di costituzione. – Quando, in forza di legge (1031), il proprietario di un fondo ha diritto di ottenere da parte del proprietario di un altro fondo la costituzione di una servitù, questa, in mancanza di contratto, è costituita con sentenza (2643, n. 14, 2932). Può anche essere costituita con atto dell'autorità amministrativa nei casi specialmente determinati dalla legge (853, 855).

La sentenza stabilisce le modalità della servitù e determina l'indennità dovuta (1038, 1039, 1047, 1049, 1053).

Prima del pagamento dell'indennità il proprietario del fondo servente può opporsi all'esercizio della servitù (1063 ss., 2742[3]).

Sezione I
Dell'acquedotto e dello scarico coattivo

1033. Obbligo di dare passaggio alle acque. – Il proprietario è tenuto a dare passaggio per i suoi fondi alle acque di ogni specie che si vogliono condurre da parte di chi ha, anche solo temporaneamente, il diritto di utilizzarle per i bisogni della vita o per usi agrari o industriali.

Sono esenti da questa servitù le case, i cortili, i giardini e le aie ad esse attinenti (1046, 1051).

1034. Apertura di nuovo acquedotto. – Chi ha diritto di condurre acque per il fondo altrui (1033) deve costruire il necessario acquedotto, ma non può far defluire le acque negli acquedotti già esistenti e destinati al corso di altre acque (1035).

Il proprietario del fondo soggetto alla servitù può tuttavia impedire la costruzione, consentendo il passaggio nei propri acquedotti già esistenti, qualora ciò non rechi notevole pregiudizio alla condotta che si domanda. In tal caso al proprietario dell'acquedotto è dovuta un'indennità da determinarsi avuto riguardo all'acqua che s'introduce, al valore dell'acquedotto, alle opere che si rendono necessarie per il nuovo passaggio e alle maggiori spese di manutenzione.

La facoltà indicata dal comma precedente non è consentita al proprietario del fondo servente nei confronti della pubblica amministrazione (1037, 1046).

1035. Attraversamento di acquedotti. – Chi vuol condurre l'acqua per il fondo altrui può attraversare al disopra o al disotto gli acquedotti preesistenti, appartengano essi al proprietario del fondo o ad altri, purché esegua le opere necessarie a impedire ogni danno o alterazione degli acquedotti stessi (1046).

1036. Attraversamento di fiumi o di strade. – Se per la condotta delle acque occorre attraversare strade pubbliche o corsi di acque pubbliche, si osservano le leggi e i regolamenti sulle strade e sulle acque (1046).

1037. Condizioni per la costituzione della servitù. – Chi vuol far passare le acque sul fondo altrui deve dimostrare che può disporre dell'acqua durante il tempo per cui chiede il passaggio; che la medesima è sufficiente per l'uso al quale si vuol destinare; che il passaggio richiesto è il più conveniente e il meno pregiudizievole al fondo servente, avuto riguardo alle condizioni dei fondi vicini, al pendio e alle altre condizioni per la condotta, per il corso e lo sbocco delle acque.

1038. Indennità per l'imposizione della servitù. – Prima d'imprendere la costruzione dell'acquedotto, chi vuol condurre acqua per il fondo altrui deve pagare il valore, secondo la stima, dei terreni da occupare, senza detrazione delle imposte e degli altri carichi inerenti al fondo, oltre l'indennità (843[2], 1049, 1053, 2045) per i danni, ivi compresi quelli derivanti dalla separazione in due o più parti o da altro deterioramento del fondo da intersecare.

Per i terreni, però, che sono occupati soltanto per il deposito delle materie estratte e per il getto dello spurgo non si deve pagare che la metà del valore del suolo, e sempre senza detrazione delle imposte e degli altri carichi inerenti; ma nei terreni medesimi, il proprietario del fondo servente può fare piantagioni e rimuovere e trasportare le materie ammucchiate, purché tutto segua senza danno dell'acquedotto, del suo spurgo e della sua riparazione.

1039. Indennità per il passaggio temporaneo. – Qualora il passaggio delle acque sia domandato per un tempo non maggiore di nove anni, il pagamento dei valori e delle indennità indicati dall'articolo precedente è ristretto alla sola metà, ma con l'obbligo, scaduto il termine, di rimettere le cose nel primitivo stato.

Il passaggio temporaneo può essere reso perpetuo prima della scadenza del termine mediante il pagamento dell'altra metà con gli interessi legali (1284) dal giorno in cui il passaggio è stato praticato; scaduto il termine, non si tiene più conto di ciò che è stato pagato per la concessione temporanea.

1040. Uso dell'acquedotto. – Chi possiede un acquedotto nel fondo altrui non può immettervi maggiore quantità d'acqua, se l'acquedotto non ne è capace o ne può venir danno al fondo servente.

Se l'introduzione di una maggior quantità d'acqua esige nuove opere, queste non possono farsi, se prima non se ne determinano la natura e la qualità e non si paga la somma dovuta per il suolo da occupare e per i danni nel modo stabilito dall'articolo 1038.

La stessa disposizione si applica anche quando per il passaggio attraverso un acquedotto occorre sostituire una tomba a un ponte-canale o viceversa.

1041. Letto dell'acquedotto. – È sempre in facoltà del proprietario del fondo servente di far determinare stabilmente il letto dell'acquedotto con l'apposizione di capisaldi o soglie da riportarsi a punti fissi. Se però di tale facoltà egli non ha fatto uso al tempo della concessione dell'acquedotto, deve sopportare la metà delle spese occorrenti.

1042. Obblighi inerenti all'uso di corsi contigui a fondi altrui. – Se un corso d'acqua impedisce ai proprietari dei fondi contigui l'accesso ai medesimi, o la continuazione dell'irrigazione o dello scolo delle acque, coloro che si servono di quel corso sono obbligati, in proporzione del beneficio che ne ritraggono, a costruire e a mantenere i ponti e i loro accessi sufficienti per un comodo e sicuro transito, come pure le botti sotterranee, i ponti-canali o altre opere simili per continuare l'irrigazione o lo scolo, salvi i diritti derivanti dal titolo o dall'usucapione (1158).

1043. Scarico coattivo. – Le disposizioni contenute negli articoli precedenti per il passaggio delle acque si applicano anche se il passaggio è domandato al fine di scaricare acque sovrabbondanti che il vicino non consente di ricevere nel suo fondo (913).

Lo scarico può essere anche domandato per acque impure, purché siano adottate le precauzioni atte a evitare qualsiasi pregiudizio o molestia.

1044. Bonifica. – Ferme le disposizioni delle leggi sulla bonifica (858) e sul vincolo forestale, il proprietario che intende prosciugare o bonificare le sue terre con fognature, con colmate o altri mezzi ha diritto, premesso il pagamento dell'indennità e col minor danno possibile, di condurre per fogne o per fossi le acque di scolo attraverso i fondi che separano le sue terre da un corso d'acqua o da qualunque altro colatoio (913).

Se il prosciugamento risulta in contrasto con gli interessi di coloro che utilizzano le acque provenienti dal fondo paludoso, e se gli opposti interessi non si possono conciliare con opportune opere che importino una spesa proporzionata allo scopo, l'autorità giudiziaria dà le disposizioni per assicurare l'interesse prevalente, avuto in ogni caso riguardo alle esigenze generali della produzione (912). Se si fa luogo al prosciugamento, può essere assegnata una congrua indennità a coloro che al prosciugamento si sono opposti (858, 1046).

1045. Utilizzazione di fogne o di fossi altrui. – I proprietari dei fondi attraversati da fogne o da fossi altrui, o che altrimenti possono approfittare dei lavori fatti in forza dell'articolo precedente, hanno facoltà di servirsene per risanare i loro fondi, a condizione che non ne venga danno ai fondi già risanati e che essi sopportino le nuove spese occorrenti per modificare le opere già eseguite, affinché queste siano in grado di servire anche ai fondi attraversati, e inoltre sopportino una parte proporzionale delle spese già fatte e di quelle richieste per il mantenimento delle opere, le quali divengono comuni.

1046. Norme per l'esecuzione delle opere. – Nell'esecuzione delle opere indicate dagli articoli precedenti sono applicabili le disposizioni del secondo comma dell'articolo 1033 e degli articoli 1035 e 1036.

Sezione II
Dell'appoggio e dell'infissione di chiusa

1047. Contenuto della servitù. – Chi ha diritto di derivare acque da fiumi, torrenti, rivi, canali, laghi o serbatoi può, qualora sia necessario, appoggiare o infiggere una chiusa alle sponde, con l'obbligo però di pagare l'indennità e di fare e mantenere le opere atte ad assicurare i fondi da ogni danno.

1048. Obblighi degli utenti. – Nella derivazione e nell'uso delle acque a norma del precedente articolo, deve evitarsi tra gli utenti superiori e gli inferiori ogni vicendevole pregiudizio che possa provenire dallo stagnamento, dal rigurgito o dalla diversione delle acque medesime.

Sezione III
Della somministrazione coattiva di acqua a un edificio o a un fondo

1049. Somministrazione di acqua a un edificio. – Se a una casa o alle sue dipendenze manca l'acqua necessaria per l'alimentazione degli uomini o degli animali e per gli altri usi domestici, e non è possibile procurarla senza eccessivo dispendio, il proprietario del fondo vicino deve consentire che sia dedotta l'acqua di sopravanzo nella misura indispensabile per le necessità anzidette.

Prima che siano iniziati i lavori, deve pagarsi il valore dell'acqua, che si chiede di dedurre, calcolato per un'annualità. Si devono altresì sostenere tutte le spese per le opere di presa e di derivazione. Si applicano inoltre le disposizioni del primo comma dell'articolo 1038.

In mancanza di convenzione, la sentenza (1032) determina le modalità della derivazione e l'indennità dovuta (2643, n. 14, 2932).

Qualora si verifichi un mutamento nelle condizioni originarie, la derivazione può essere soppressa su istanza dell'una o dell'altra parte (1082 ss.).

1050. Somministrazione di acqua a un fondo. – Le norme stabilite dall'articolo precedente si applicano anche se il proprietario di un fondo non ha acqua per irrigarlo, quando le acque del fondo vicino consentono una parziale somministrazione, dopo soddisfatto ogni bisogno domestico, agricolo o industriale.

Le disposizioni di questo articolo e del precedente non si applicano nel caso in cui delle acque si dispone in forza di concessione amministrativa.

Sezione IV
Del passaggio coattivo

1051. Passaggio coattivo. – Il proprietario, il cui fondo è circondato da fondi altrui, e che non ha uscita sulla via pubblica né può procurarsela senza eccessivo dispendio o disagio, ha diritto di ottenere il passaggio sul fondo vicino per la coltivazione e il conveniente uso del proprio fondo (843, 1053).

Il passaggio si deve stabilire (1350, n. 4) in quella parte per cui l'accesso alla via pubblica è più breve e riesce di minore danno al fondo sul quale è consentito. Esso può essere stabilito anche mediante sottopassaggio, qualora ciò sia preferibile, avuto riguardo al vantaggio del fondo dominante e al pregiudizio del fondo servente (1055).

Le stesse disposizioni si applicano nel caso in cui taluno, avendo un passaggio sul fondo altrui, abbia bisogno ai fini suddetti di ampliarlo per il transito dei veicoli anche a trazione meccanica.

Sono esenti da questa servitù le case, i cortili, i giardini e le aie ad esse attinenti.

NOTE OPERATIVE:

Ambito di applicazione: La costituzione di servitù coattiva di passaggio a favore di fondo non intercluso e l'ampliamento del passaggio già esistente possono avvenire, dopo la pronuncia della Corte costituzionale n. 167 del 1999, non soltanto in presenza di esigenze dell'agricoltura e dell'industria, ma anche quando sia accertata, in generale, l'inaccessibilità all'immobile da parte di qualsiasi persona portatrice di handicap o con ridotta capacità motoria, essendo irrilevante l'inesistenza in concreto della disabilità in capo al titolare del fondo medesimo, oppure qualora occorra garantire la tutela di necessità abitative, da chiunque invocabili (C.C. 22142/23 – Conf. C.C. 14477/18) e prescinde dall'inesistenza in concreto della disabilità in capo al titolare del fondo medesimo (C.C. 5763/23).

1052. Passaggio coattivo a favore di fondo non intercluso. – Le disposizioni dell'articolo precedente si possono applicare anche se il proprietario del fondo ha un accesso alla via pubblica, ma questo è inadatto o insufficiente ai bisogni del fondo e non può essere ampliato.

Il passaggio può essere concesso dall'autorità giudiziaria (1032, 2908) solo quando questa riconosce che la domanda risponde alle esigenze dell'agricoltura o dell'industria (1).

(1) *La Corte costituzionale, con sentenza n. 167 del 10 maggio 1999, ha dichiarato l'illegittimità costituzionale di questo comma, nella parte in cui non prevede che il passaggio coattivo di cui al primo comma possa essere concesso dall'autorità giudiziaria quando questa riconosca che la domanda risponde alle esigenze di accessibilità - di cui alla legislazione relativa ai portatori di* handicap - *degli edifici destinati ad uso abitativo.*

NOTE OPERATIVE:

Interclusione relativa: L'interclusione relativa si rinviene in tutti i casi in cui il transito di accesso alla via pubblica, pur se strutturalmente possibile, determini un dispendio eccessivo al fine di renderlo praticabile, mentre si ha la fattispecie del fondo non intercluso allorché vi sia un iter che sia funzionalmente destinato a passaggio ma le cui caratteristiche concretamente non siano sufficienti per la esplicazione del passaggio (C.C. 31242/21 – Conf. C.C. 4610/12; C.C. 12814/1997; C.C. 2515/2001; C.C. 8196/1990).

1053. Indennità. – Nei casi previsti dai due articoli precedenti è dovuta un'indennità proporzionata al danno cagionato dal passaggio (843[2], 1038, 2045).

Qualora, per attuare il passaggio, sia necessario occupare con opere stabili o lasciare incolta una zona del fondo servente, il proprietario che lo domanda deve, prima d'imprendere le opere o d'iniziare il passaggio, pagare il valore della zona predetta nella misura stabilita dal primo comma dell'articolo 1038.

NOTE OPERATIVE:

Natura giuridica: L'indennità dovuta dal proprietario del fondo in cui favore è stata costituita la servitù di passaggio coattivo non rappresenta il corrispettivo dell'utilità conseguita dal fondo dominante, ma un indennizzo risarcitorio da ragguagliare al danno cagionato al fondo servente (C.C. 27719/22 – Conf. C.C. 7972/22).

1054. Interclusione per effetto di alienazione o di divisione. – Se il fondo è divenuto da ogni parte chiuso per effetto di alienazione a titolo oneroso, il proprietario ha diritto di ottenere dall'altro contraente il passaggio senza alcuna indennità.

La stessa norma si applica in caso di divisione (1111).

NOTE OPERATIVE:

Natura giuridica: Il diritto di passaggio conseguente ad interclusione per effetto di alienazione ha natura esclusivamente personale, sicché non spetta in favore dell'avente causa a titolo particolare dall'acquirente dell'immobile rimasto intercluso, né nei confronti dell'avente causa a titolo particolare dal dante causa, salvo che non ne sia stata prevista in modo espresso la trasmissione nell'atto di acquisto (C.C. 23693/14 – Conf. C.C. 20982/14).

1055. Cessazione dell'interclusione. – Se il passaggio cessa di essere necessario, può essere soppresso in qualunque tempo a istanza del proprietario del fondo dominante o del fondo servente. Quest'ultimo deve restituire il compenso ricevuto; ma l'autorità giudiziaria può disporre una riduzione della somma, avuto riguardo alla durata della servitù e al danno sofferto. Se l'indennità fu convenuta in annualità, la prestazione cessa dall'anno successivo.

NOTE OPERATIVE:

Ambito di applicazione: La causa estintiva della servitù di passaggio opera con riguardo a ogni servitù che si ricolleghi ai presupposti del passaggio coattivo anche se sia stata convenzionalmente costituita e, quindi, senza possibilità di distinguere fra costituzione pattuita dopo il pregresso verificarsi di una situazione di interclusione, e costituzione pattuita contestualmente con altro negozio determinativo della situazione stessa, come l'alienazione o la divisione del fondo (C.C. 8913/16 – Conf. C.C. 9303/94; C.C. 5759/81).

Sezione V
Dell'elettrodotto coattivo
e del passaggio coattivo
di linee teleferiche

1056. Passaggio di condutture elettriche. – Ogni proprietario è tenuto a dare passaggio per i suoi fondi alle condutture elettriche, in conformità delle leggi in materia.

1057. Passaggio di vie funicolari. – Ogni proprietario è parimenti tenuto a lasciar passare sopra il suo fondo le gomene di vie funicolari aeree a uso agrario o industriale e a tollerare sul fondo le opere, i meccanismi e le occupazioni necessarie a tale scopo, in conformità delle leggi in materia.

Capo III
Delle servitù volontarie

1058. Modi di costituzione. – Le servitù prediali possono essere costituite con contratto (1321, 1350 n. 4, 2643 n. 4) o per testamento (587, 2648).

NOTE OPERATIVE:

Tipicità: I modi di costituzione delle servitù prediali sono tipici, sicché il riconoscimento, da parte del proprietario di un fondo, della fondatezza dell'altrui pretesa circa la sussistenza di una servitù mai costituita è irrilevante ove non si concreti in un negozio idoneo a far sorgere la servitù in via convenzionale (C.C. 2853/16 – Conf. C.C. 12551/92).

Opponibilità: Per essere opponibile all'avente causa dell'originario proprietario del fondo servente, la servitù volontariamente costituita deve essere stata trascritta o espressamente menzionata, anche indirettamente ma comunque inequivocabilmente, nell'atto di trasferimento al terzo del fondo medesimo rimanendo, altrimenti, vincolante solo tra le parti (C.C. 24121/20 – Conf. C.C. 5129/83).

1059. Servitù concessa da uno dei comproprietari. – La servitù concessa da uno dei comproprietari di un fondo indiviso non è costituita se non quando gli altri l'hanno anch'essi concessa unitamente o separatamente (1073^5, 1108).

La concessione, però, fatta da uno dei comproprietari, (1103) indipendentemente dagli altri, obbliga il concedente e i suoi eredi o aventi causa a non porre impedimento all'esercizio del diritto concesso (1424).

NOTE OPERATIVE:

Presupposti: L'atto proveniente da uno solo dei comproprietari di un fondo indiviso, sebbene non sia privo di effetti giuridici, non è idoneo a costituire, in via negoziale, una servitù passiva (C.C. 2853/16 – Conf. C.C. 10822/00).

1060. Servitù costituite dal nudo proprietario. – Il proprietario può, senza il consenso dell'usufruttuario (981), imporre sul fondo le servitù che non pregiudicano il diritto di usufrutto (978 ss., 1078).

NOTE OPERATIVE:

Ambito di applicazione: Il nudo proprietario può, con il rispetto dei limiti indicati dalla norma, utilizzare il fondo predetto a vantaggio di altro fondo (C.C. 8258/15).

Capo IV
Delle servitù acquistate
per usucapione
e per destinazione
del padre di famiglia

1061. Servitù non apparenti. – Le servitù non apparenti non possono acquistarsi per usucapione (1031, 1158) o per destinazione del padre di famiglia (1062).

Non apparenti sono le servitù quando non si hanno opere visibili e permanenti destinate al loro esercizio (1095, 1489).

NOTE OPERATIVE:

Apparenza: Il requisito dell'apparenza della servitù si configura come presenza di opere visibili e permanenti obiettivamente destinate al suo esercizio che rivelino in modo non equivoco l'esistenza del peso gravante sul fondo servente, in modo da rendere manifesto che non si tratta di attività compiuta in via precaria, bensì di preciso onere a carattere stabile (C.C. 25355/17 – Conf. C.C. 6488/11).

1062. Destinazione del padre di famiglia. – La destinazione del padre di famiglia (1031) ha luogo quando consta, mediante qualunque genere di prova, che due fondi, attualmente divisi, sono stati posseduti dallo stesso proprietario, e che questi ha posto o lasciato le cose nello stato dal quale risulta la servitù.

Se i due fondi cessarono di appartenere allo stesso proprietario, senza alcuna disposizione relativa alla servitù, questa s'intende stabilita attivamente e passivamente a favore e sopra ciascuno dei fondi separati (1072).

NOTE OPERATIVE:

Ambito di applicazione: La norma non trova applicazione in modo universale in tutte le ipotesi in cui la servitù sorga per destinazione del padre di famiglia, dovendosi, caso per caso, valutare le caratteristiche del vincolo funzionale, o rapporto di subordinazione, esistente tra le porzioni del fondo prima della cessazione della loro appartenenza a un unico proprietario (C.C. 18583/23).

Capo V
Dell'esercizio delle servitù

1063. Norme regolatrici. – L'estensione e l'esercizio delle servitù sono regolati dal titolo e, in mancanza, dalle disposizioni seguenti.

1064. Estensione del diritto di servitù. – Il diritto di servitù comprende tutto ciò che è necessario per usarne.

Se il fondo viene chiuso (841), il proprietario deve lasciarne libero e comodo l'ingresso a chi ha un diritto di servitù che renda necessario il passaggio per il fondo stesso (843).

NOTE OPERATIVE:

Titolo: L'estensione e l'esercizio delle servitù costituite mediante convenzione devono essere individuati, in caso di lacunosità o imprecisione del titolo, secondo il criterio sussidiario del contemperamento delle esigenze del fondo dominante col minore aggravio di quello servente, tenendo conto, con riferimento all'epoca della loro costituzione, dello stato dei luoghi, della naturale destinazione dei fondi e degli altri elementi rivelatori della utilitas da soddisfare, con una valutazione ispirata ai normali criteri di prevedibilità (C.C. 2388/2023 – Conf. C.C. 322/19; C.C. 15046/18; C.C. 7564/17; C.C. 5434/10).

Adminicula servitutis: Il diritto di servitù è comprensivo anche degli adminicula servitutis – e, cioè, di quelle facoltà accessorie, indispensabili per l'esercizio del diritto e senza le quali l'utilitas della servitù non potrebbe ricevere attuazione – la cui modifica non si ripercuote sul vincolo, né sulle modalità di attuazione della servitù medesima (C.C. 16322/20).

1065. Esercizio conforme al titolo o al possesso. – Colui che ha un diritto di servitù non può usarne se non a norma del suo titolo o del suo possesso. Nel dubbio circa l'estensione e le modalità di esercizio, la servitù deve ritenersi costituita in guisa da soddisfare il bisogno del fondo dominante col minor aggravio del fondo servente.

NOTE OPERATIVE:

Modalità: In tema di servitù prediali, le modalità di utilizzazione del fondo servente si distinguono in modalità essenziali e modalità estrinseche: le prime incidono o si riflettono sull'utilitas con deciso carattere fisionomico, in quanto integrano il vantaggio conferito dal titolo al fondo dominante, mentre le seconde consistono in elementi meramente accessori, non influenti sul contenuto della servitù, in quanto non incidono sull'utilitas (C.C. 20549/19).

1066. Possesso delle servitù. – Nelle questioni di possesso delle servitù si ha riguardo alla pratica dell'anno antecedente e, se si tratta di servitù esercitate a intervalli maggiori di un anno, si ha riguardo alla pratica dell'ultimo godimento (1140).

NOTE OPERATIVE:

Possessoria: Ai fini della tutela del possesso di una servitù oggetto di spoglio, la regola posta dall'art. 1066 c.c., secondo la quale occorre avere riguardo alla pratica dell'anno antecedente, indica solo i criteri che devono essere seguiti per risolvere le controversie relative alla misura ed alle modalità del possesso della servitù, ma non subordina la tutela possessoria alla durata ultrannuale del potere di fatto corrispondente a quest'ultima (C.C. 8909/16 – Conf. C.C. 15971/11).

1067. Divieto di aggravare o di diminuire l'esercizio della servitù. – Il proprietario del fondo dominante non può fare innovazioni che rendano più gravosa la condizione del fondo servente.

Il proprietario del fondo servente non può compiere alcuna cosa che tenda a diminuire l'esercizio della servitù o a renderlo più incomodo.

NOTE OPERATIVE:

Ambito di applicazione: I principi scaturenti dalla sentenza della Corte cost. n. 167 del 1999, dichiarativa dell'illegittimità costituzionale dell'art. 1052, comma 2, c.c. a tutela della accessibilità in favore dei portatori di handicap, pur riferendosi alla disciplina della costituzione coattiva della servitù di passaggio, vanno estesi anche al divieto di aggravamento avendo essi introdotto nell'ordinamento una relativizzazione della tutela della disabilità in astratto, che deve essere valorizzata in un'ottica interpretativa da adattare alle specifiche situazioni configurabili in concreto e che impone di addivenire ad una soluzione proporzionale degli interessi coinvolti (C.C. 13164/23).

1068. Trasferimento della servitù in luogo diverso. – Il proprietario del fondo servente non può trasferire l'esercizio della servitù in luogo diverso da quello nel quale è stata stabilita originariamente.

Tuttavia, se l'originario esercizio è divenuto più gravoso per il fondo servente o se impedisce di fare lavori, riparazioni o miglioramenti, il proprietario del fondo servente può offrire al proprietario dell'altro fondo un luogo egualmente comodo per l'esercizio dei suoi diritti, e questi non può ricusarlo.

Il cambiamento di luogo per l'esercizio della servitù si può del pari concedere su istanza del proprietario del fondo dominante, se questi prova che il cambiamento riesce per lui di notevole vantaggio e non reca danno al fondo servente.

L'autorità giudiziaria può anche disporre che la servitù sia trasferita su altro fondo del proprietario del fondo servente o di un terzo che vi acconsenta, purché l'esercizio di essa riesca egualmente agevole al proprietario del fondo dominante (2643, n. 4).

NOTE OPERATIVE:

Terzo: Il trasferimento della servitù di passaggio su un fondo servente di proprietà di un terzo richiede il consenso di quest'ultimo, consenso che non può ritenersi implicito nel fatto che il proprietario già consenta il passaggio a taluni (C.C. 17869/19 – Conf. C.C. 6130/12).

1069. Opere sul fondo servente. – Il proprietario del fondo dominante, nel fare le opere necessarie per conservare la servitù, deve scegliere il tempo e il modo che siano per recare minore incomodo al proprietario del fondo servente (843, 1064, 1067).

Egli deve fare le opere a sue spese, salvo che sia diversamente stabilito dal titolo o dalla legge (1030).

Se però le opere giovano anche al fondo servente, le spese sono sostenute in proporzione dei rispettivi vantaggi.

NOTE OPERATIVE:

Presupposto: Presupposto per l'applicazione della norma è che le opere medesime siano necessarie per conservare la servitù (C.C. 19992/13).

1070. Abbandono del fondo servente. – Il proprietario del fondo servente, quando è tenuto in forza del titolo o della legge alle spese necessarie per l'uso o per la conservazione della servitù (1030), può sempre liberarsene, rinunziando alla proprietà del fondo servente a favore del proprietario del fondo dominante (1104, 1350, n. 5, 2643, n. 5).

Nel caso in cui l'esercizio della servitù sia limitato a una parte del fondo, la rinunzia può limitarsi alla parte stessa (1030, 1069).

1071. Divisione del fondo dominante o del fondo servente. – Se il fondo dominante viene diviso, la servitù è dovuta a ciascuna porzione, senza che però si renda più gravosa la condizione del fondo servente (1067).

Se il fondo servente viene diviso e la servitù ricade su una parte determinata del fondo stesso, le altre parti sono liberate.

NOTE OPERATIVE:

Automaticità: L'effetto previsto alla norma si determina ex lege cosicché non occorre alcuna espressa menzione negli atti traslativi attraverso i quali si determina la divisione del fondo dominante (C.C. 26186/23 – Conf. C.C. 17884/19).

Capo VI
Dell'estinzione delle servitù

1072. Estinzione per confusione. – La servitù (1027) si estingue quando in una sola persona si riunisce la proprietà del fondo dominante con quella del fondo servente (1062, 1253, 2862).

1073. Estinzione per prescrizione. – La servitù si estingue per prescrizione quando non se ne usa per venti anni (1014, n. 1, 1158, 1166², 2934 ss.).

Il termine decorre dal giorno in cui si è cessato di esercitarla; ma, se si tratta di servitù negativa o di servitù per il cui esercizio non è necessario il fatto dell'uomo, il termine decorre dal giorno in cui si è verificato un fatto che ne ha impedito l'esercizio.

Nelle servitù che si esercitano a intervalli, il termine decorre dal giorno in cui la servitù si sarebbe potuta esercitare e non ne fu ripreso l'esercizio.

Agli effetti dell'estinzione si computa anche il tempo per il quale la servitù non fu esercitata dai precedenti titolari.

Se il fondo dominante appartiene a più persone in comune, l'uso della servitù fatto da una di esse impedisce l'estinzione riguardo a tutte (1059, 1102).

La sospensione (2941 ss.) o l'interruzione (2943 ss.) della prescrizione (2941 ss.) a vantaggio di uno dei comproprietari giova anche agli altri (1074 ss.).

NOTE OPERATIVE:

Decorrenza: Il termine di prescrizione delle servitù negative e di quelle continue, accomunate dalla peculiarità per cui il loro esercizio non implica lo svolgimento di alcuna specifica attività da parte del relativo titolare, decorre dal giorno in cui è stato compiuto un fatto impeditivo dell'esercizio del diritto medesimo (C.C. 3857/16 – Conf. C.C. 2338/76; C.C. 3164/74).

Onere della prova: La ripartizione dell'onere della prova va risolto applicando il generale principio secondo cui la prova dei fatti su cui l'eccezione si fonda deve essere fornita da chi l'ha proposta, con la dimostrazione che il titolare della servitù non l'ha esercitata per almeno un ventennio (C.C. 11054/22 – Conf. C.C. 10486/18).

1074. Impossibilità di uso e mancanza di utilità. – L'impossibilità di fatto di usare della servitù e il venir meno dell'utilità della medesima non fanno estinguere la servitù, se non è decorso il termine indicato dall'articolo precedente.

NOTE OPERATIVE:

Decorrenza: L'impossibilità di fatto di usare della servitù o il venir meno dell'utilità della medesima non fanno estinguere la servitù se non è decorso il termine di venti anni qualunque sia la causa dell'impossibilità di esercizio della servitù, e cioè sia se tale causa derivi da eventi naturali, sia che si identifichi in fatti imputabili al proprietario del fondo servente o a quello del fondo dominante (C.C. 16861/13 – Conf. C.C. 5396/85).

1075. Esercizio limitato della servitù. – La servitù esercitata in modo da trarne un'utilità minore di quella indicata dal titolo si conserva per intero.

NOTE OPERATIVE:

Uso parziale: L'uso parziale della servitù, anche se protratto nel tempo, non vale a ridurne il contenuto nei limiti della minore utilità rispetto a quella consentita dal titolo, in quanto per non uso può cessare solo il diritto, mentre la maggiore quantità, che non è stata utilizzata dal titolare della servitù, non è un diritto, ma una sua componente sicché la stessa non è suscettibile di estinzione (C.C. 8427/14 – Conf. C.C. 20462/09).

1076. Esercizio della servitù non conforme al titolo o al possesso. – L'esercizio di una servitù in tempo diverso da quello determinato dal titolo o dal possesso non ne impedisce l'estinzione per prescrizione (1065, 1073, 1085 ss.).

1077. Servitù costituite sul fondo enfiteutico. – Le servitù costituite dall'enfiteuta sul fondo enfiteutico cessano quando l'enfiteusi si estingue per decorso del termine (958), per prescrizione (970) o per devoluzione (972).

1078. Servitù costituite a favore del fondo enfiteutico, dotale o in usufrutto. – Le servitù costituite dall'enfiteuta a favore del fondo enfiteutico (965) non cessano con l'estinguersi dell'enfiteusi (975). Lo stesso vale per le servitù costituite dall'usufruttuario a favore del fondo di cui ha l'usufrutto (981, 985) o dal marito a favore del fondo dotale (184).

Capo VII
Delle azioni a difesa delle servitù

1079. Accertamento della servitù e altri provvedimenti di tutela. – Il titolare della servitù (1012²) può farne riconoscere in giudizio l'esistenza contro chi ne contesta l'esercizio (949) e può far cessare gli eventuali impedimenti e turbative (1168 ss.; 15 c.p.c.). Può anche chiedere la rimessione delle cose in pristino, oltre il risarcimento dei danni (2933; 15, 21 c.p.c.).

NOTE OPERATIVE:

Onere della prova: L'attore che agisce in confessoria servitutis ha l'onere di provare l'esistenza del relativo diritto, presumendosi la libertà del fondo, che si pretende servente, da pesi e limitazioni (C.C. 113/17 – Conf. C.C. 10238/13; C.C. 8527/96).

Capo VIII
Di alcune servitù in materia di acque

Sezione I
Della servitù di presa o di derivazione di acqua

1080. Presa d'acqua continua. – Il diritto alla presa d'acqua continua si può esercitare in ogni istante (1084 ss.).

1081. Modulo d'acqua. – Nelle servitù in cui è convenuta ed espressa una costante quantità di acqua, la quantità deve esprimersi in relazione al modulo.

Il modulo è l'unità di misura dell'acqua corrente.

Esso è un corpo d'acqua che scorre nella costante quantità di cento litri al minuto secondo e si divide in decimi, centesimi e millesimi.

1082. Forma della bocca e dell'edificio derivatore. – Quando, per la derivazione di una data e costante quantità di acqua corrente, è stata determinata la forma della bocca e dell'edificio derivatore, le parti non possono chiederne la modificazione per eccedenza o deficienza d'acqua, salvo che l'eccedenza o la deficienza provenga da variazioni seguite nel canale dispensatore o nel corso delle acque in esso correnti.

Se la forma non è stata determinata, ma la bocca e l'edificio derivatore sono stati costruiti e posseduti per cinque anni, non è neppure ammesso dopo tale tempo alcun reclamo delle parti per eccedenza o deficienza d'acqua, salvo nel caso di variazione seguita nel canale o nel corso delle acque.

In mancanza di titolo o di possesso, la forma è determinata dall'autorità giudiziaria (1082).

1083. Determinazione della quantità d'acqua. – Quando la quantità d'acqua non è stata determinata, ma la derivazione è stata fatta per un dato scopo, s'intende concessa la quantità necessaria per lo scopo medesimo, e chi vi ha interesse può in ogni tempo fare stabilire la forma della derivazione in modo che ne venga assicurato l'uso necessario e impedito l'eccesso.

Se però è stata determinata la forma della bocca e dell'edificio derivatore, o se, in mancanza di titolo, si è posseduta per cinque anni la derivazione in una data forma, non è ammesso reclamo delle parti, se non nel caso indicato dall'articolo precedente.

1084. Norme regolatrici della servitù. – Per l'esercizio della servitù di presa d'acqua, quando non dispone il titolo o non è possibile riferirsi al possesso, si osservano gli usi locali.

In mancanza di tali usi si osservano le disposizioni dei tre articoli seguenti.

1085. Tempo d'esercizio della servitù. – Il diritto alla presa d'acqua si esercita, per l'acqua estiva, dall'equinozio di primavera a quello d'autunno; per l'acqua iemale, dall'equinozio d'autunno a quello di primavera.

La distribuzione d'acqua per giorni e per notti si riferisce al giorno e alla notte naturali.

L'uso delle acque nei giorni festivi è regolato dalle feste di precetto vigenti al tempo in cui l'uso fu convenuto o in cui si è incominciato a possedere (1076).

1086. Distribuzione per ruota. – Nelle distribuzioni per ruota il tempo che impiega l'acqua per giungere alla bocca di derivazione dell'utente si consuma a suo carico, e la coda dell'acqua appartiene a quello di cui cessa il turno.

1087. Acque sorgenti o sfuggite. – Nei canali soggetti a distribuzione per ruota le acque sorgenti o sfuggite, ma contenute nell'alveo del canale, non possono trattenersi o derivarsi da un utente che al tempo del suo turno.

1088. Variazione del turno tra gli utenti. – Gli utenti dei medesimi canali possono variare o permutare tra loro il turno, purché tale cambiamento non rechi danno agli altri.

1089. Acqua impiegata come forza motrice. – Chi ha diritto di servirsi dell'acqua come forza motrice non può, senza espressa disposizione del titolo, impedirne o rallentarne il corso, procurandone il ribocco o ristagno.

1090. Manutenzione del canale. – Nella servitù di presa o di condotta d'acqua, quando il titolo non dispone altrimenti, il proprietario del fondo servente può domandare che il canale sia mantenuto convenientemente spurgato e le sue sponde siano tenute in istato di buona manutenzione a spese del proprietario del fondo dominante (916, 1069).

1091. Obblighi del concedente fino al luogo di consegna dell'acqua. – Se il titolo non dispone diversamente, il concedente dell'acqua di una fonte o di un canale è tenuto verso gli utenti a eseguire le opere ordinarie e straordinarie per la derivazione e condotta dell'acqua fino al punto in cui ne fa la consegna, a mantenere in buono stato gli edifici, a conservare l'alveo e le sponde della fonte o del canale, a praticare i consueti spurghi e a usare la dovuta diligenza, affinché la derivazione e la regolare condotta dell'acqua siano in tempi debiti effettuate (1030).

1092. Deficienza dell'acqua. – La deficienza dell'acqua deve essere sopportata da chi ha diritto di prenderla e di usarla nel tempo in cui la deficienza si verifica.

Tra diversi utenti la deficienza dell'acqua deve essere sopportata prima da quelli che hanno titolo o possesso più recente, e tra utenti in parità di condizione dall'ultimo utente.

Tuttavia l'autorità giudiziaria, con provvedimento in camera di consiglio (737 c.p.c.), sentiti gli uffici tecnici competenti (60 att.), può modificare o limitare i turni di utilizzazione e dare le altre disposizioni necessarie in relazione alla quantità di acqua disponibile, agli usi e alle colture a cui l'acqua è destinata.

Il concedente dell'acqua è tenuto a una proporzionale diminuzione del corrispettivo per la deficienza dell'acqua verificatasi per causa naturale o per fatto altrui. Parimenti si fa luogo alle dovute indennità in conseguenza delle modificazioni o limitazioni di turni, che siano state disposte dall'autorità giudiziaria (60 att.).

1093. Riduzione della servitù. – Se la servitù dà diritto di derivare acqua da un fondo e per fatti indipendenti dalla volontà del proprietario si verifica una diminuzione dell'acqua tale che essa non possa bastare alle esigenze del fondo servente, il proprietario di questo può chiedere una riduzione della servitù, avuto riguardo ai bisogni di ciascun fondo. In questo caso è dovuta una congrua indennità al proprietario del fondo dominante.

Sezione II
Della servitù degli scoli
e degli avanzi di acqua

1094. Servitù attiva degli scoli. – Gli scoli o acque colaticce derivanti dall'altrui fondo possono costituire oggetto di servitù a favore del fondo che li riceve, all'effetto di impedire la loro diversione (909).

1095. Usucapione della servitù attiva degli scoli. – Nella servitù attiva degli scoli il termine per l'usucapione (1061, 1158) comincia a decorrere dal giorno in cui il proprietario del fondo dominante ha fatto sul fondo servente opere visibili e permanenti destinate a raccogliere e condurre i detti scoli a vantaggio del proprio fondo.

Quando sul fondo servente è aperto un cavo destinato a raccogliere e condurre gli scoli, il regolare spurgo e la manutenzione delle sponde fanno presumere che il cavo sia opera del proprietario del fondo dominante, purché non vi sia titolo, segno o prova in contrario (897).

Si reputa segno contrario l'esistenza sul cavo di opere costruite o mantenute dal proprietario del fondo in cui il cavo è aperto.

1096. Diritti del proprietario del fondo servente. – La servitù degli scoli non toglie al proprietario del fondo servente il diritto di usare liberamente dell'acqua a vantaggio del suo fondo, di cambiare la coltivazione di questo e di abbandonarne in tutto o in parte l'irrigazione.

1097. Diritto agli avanzi d'acqua. – Quando l'acqua è concessa, riservata o posseduta per un determinato uso, con restituzione al concedente o ad altri di ciò che ne sopravanza, tale uso non può variarsi a danno del fondo a cui la restituzione è dovuta.

1098. Divieto di deviare acque di scolo o avanzi d'acqua. – Il proprietario del fondo vincolato alla restituzione degli scoli e degli avanzi d'acqua (910, 1094, 1097) non può deviarne una parte qualunque adducendo di avervi introdotto una maggiore quantità di acqua viva o un diverso corpo, ma deve lasciarli discendere nella totalità a favore del fondo dominante (1069).

1099. Sostituzione di acqua viva. – Il proprietario del fondo soggetto alla servitù degli scoli o degli avanzi d'acqua può sempre liberarsi da tale servitù mediante la concessione e l'assicurazione al fondo dominante di un corpo d'acqua viva, la cui quantità è determinata dall'autorità giudiziaria, tenuto conto di tutte le circostanze (912).

Titolo VII
Della comunione

Capo I
Della comunione in generale

1100. Norme regolatrici. – Quando la proprietà o altro diritto reale spetta in comune a più persone, se il titolo o la legge (177, 210; 258 ss., 872 ss. c.n.) non dispone diversamente, si applicano le norme seguenti (1350, n. 3, 2248).

NOTE OPERATIVE:

Comunione impropria: Si ha comunione impropria quando più diritti reali di godimento sul medesimo bene si estendono in forma diffusa sull'intero cespite, essendo limitati solo in via astratta dalla quota, come nel caso in cui il proprietario partecipi anch'egli per una determinata quota al godimento della cosa, insieme all'usufruttuario, realizzando un'ipotesi di comunione di godimento, disciplinata dagli art. 1100 ss. c.c. (C.C. 8727/05 – Conf. C.C. 424/63).
Società: L'elemento discriminante tra comunione a scopo di godimento e società è infatti costituito dallo scopo lucrativo perseguito tramite un'attività imprenditoriale che si sostituisce al mero godimento ed in funzione della quale vengono utilizzati beni comuni (C.C. 16511/19 – Conf. C.C. 3028/09).

1101. Quote dei partecipanti. – Le quote dei partecipanti alla comunione si presumono eguali (1103, 1118, 2248, 2728).

Il concorso dei partecipanti, tanto nei vantaggi quanto nei pesi della comunione, è in proporzione delle rispettive quote (1104, 1123; 68 att.).

NOTE OPERATIVE:

Parità delle quote: In materia di comunione ordinaria, a differenza del condominio negli edifici, la misura della partecipazione, in mancanza di diversa determinazione convenzionale, è stabilita dalla legge, nel senso della parità delle quote, per cui l'assemblea dei partecipanti alla comunione non ha il potere di determinare in via provvisoria le quote di contribuzione di ciascun comunista alle spese comuni (C.C. 11264/11).

1102. Uso della cosa comune. – Ciascun partecipante può servirsi della cosa comune, purché non ne alteri la destinazione e non impedisca agli altri partecipanti di farne parimenti uso secondo il loro diritto (1108, 2256). A tal fine può apportare a proprie spese le modificazioni necessarie per il miglior godimento della cosa.

Il partecipante non può estendere il suo diritto sulla cosa comune in danno degli altri partecipanti, se non compie atti idonei a mutare il titolo del suo possesso (714, 1164).

NOTE OPERATIVE:

Pari uso: La nozione di pari uso della cosa comune, seppur non vada intesa nel senso di uso identico e contemporaneo (conferita dalla legge a ciascun condomino la facoltà di trarre dalla cosa comune la più intensa utilizzazione), richiede tuttavia, la condizione di compatibilità con i diritti degli altri, essendo i rapporti condominiali improntati al principio di solidarietà, il quale richiede un equilibrio fra le esigenze e gli interessi di tutti i partecipanti alla comunione (C.C. 6428/23 – Conf. C.C. 12685/22; C.C. 8177/22; C.C. 30778/21).

Uso indiretto: Allorché per la natura del bene o per qualunque altra circostanza non sia possibile un godimento diretto tale da consentire a ciascun partecipante alla comunione di fare parimenti uso della cosa comune, i comproprietari possono deliberarne l'uso indiretto (C.C. 10264/23 – Conf. C.C. 20394/13).

1103. Disposizione della quota. – Ciascun partecipante può disporre del suo diritto e cedere ad altri il godimento della cosa nei limiti della sua quota (1059, 1101, 1104[3], 1113, 2825; 873 c.n.).

Per le ipoteche costituite da uno dei partecipanti si osservano le disposizioni contenute nel capo IV del titolo III del libro VI (1108[4], 2808 ss., 2825; 263, 872 c.n.).

NOTE OPERATIVE:

Vendita: La vendita di una parte determinata della cosa comune da parte del singolo comunista non ha immediata efficacia traslativa, ma è tuttavia fattispecie negoziale perfetta, con efficacia meramente obbligatoria, che di per sé non pregiudica la posizione degli altri comproprietari (C.C. 25097/22 – Conf. C.C. 2701/19; C.C. 4428/18; C.C. 4965/04).

Locazione: Il comproprietario può concedere in locazione la cosa comune nei limiti della propria quota ideale, dal momento che il potere di disporre di quest'ultima non è limitato dall'art 1105 c.c. che regola il potere di amministrazione della cosa comune nella sua interezza (C.C. 6338/23 – Conf. C.C. 165/05).

1104. Obblighi dei partecipanti. – Ciascun partecipante deve contribuire nelle spese necessarie per la conservazione e per il godimento della cosa comune e nelle spese deliberate dalla maggioranza a norma delle disposizioni seguenti (1105, 1106, 1107, 1108), salva la facoltà di liberarsene con la rinunzia al suo diritto (882, 888, 1070, 1118, 1128; 63 att.).

La rinunzia non giova al partecipante che abbia anche tacitamente approvato la spesa.

Il cessionario del partecipante è tenuto in solido (1292 ss.) con il cedente a pagare i contributi da questo dovuti e non versati.

NOTE OPERATIVE:

Rimborso: Come l'obbligo di partecipare a esse incombe su tutti i comunisti in quanto appartenenti alla comunione e in funzione delle utilità che la cosa comune deve a ciascuno di essi garantire, così il diritto al rimborso pro quota delle spese necessarie per consentire l'utilizzazione del bene comune secondo la sua destinazione spetta al partecipante alla comunione che le abbia anticipate per gli altri in forza della previsione dell'art. 1110 c.c. (C.C. 2195/16 – Conf. C.C. 12568/02).

Tipicità: Le obbligazioni propter rem sono caratterizzate dal requisito della tipicità, con la conseguenza che esse possono sorgere per contratto solo nei casi e col contenuto espressamente previsti dalla legge (C.C. 4572/14).

Rinuncia abdicativa: La rinuncia alla quota di comproprietà di un bene, fatta in modo da avvantaggiare in via riflessa lutti gli altri comproprietari, costituisce donazione indiretta e come tale non richiede la forma dell'atto pubblico (C.C. 3819/15).

1105. Amministrazione. – Tutti i partecipanti hanno diritto di concorrere nell'amministrazione della cosa comune (2257).

Per gli atti di ordinaria amministrazione le deliberazioni della maggioranza dei partecipanti, calcolata secondo il valore delle loro quote (918[3], 920), sono obbligatorie per la minoranza dissenziente (1109[1], 1137; 259, 872 c.n.).

Per la validità delle deliberazioni della maggioranza si richiede che tutti i partecipanti siano stati preventivamente informati dell'oggetto della deliberazione (1109, n. 2).

Se non si prendono i provvedimenti necessari per l'amministrazione della cosa comune o non si forma una maggioranza, ovvero se la deliberazione adottata non viene eseguita, ciascun partecipante può ricorrere all'autorità giudiziaria. Questa provvede in camera di consiglio (737 c.p.c.; 261, 872 c.n.) e può anche nominare un amministratore (1129[3], 2409).

NOTE OPERATIVE:

Consenso: Nel compimento dell'atto di ordinaria amministrazione da parte del singolo comproprietario, il consenso dei comproprietari si presume (C.C. 5014/17); la presunzione del consenso degli altri può essere superata dimostrando l'esistenza del dissenso degli altri comunisti per una quota maggioritaria o eguale della comunione senza che occorra che tale dissenso risulti espresso in una deliberazione (C.C. 11553/13).

Formalità: L'assemblea dei partecipanti alla comunione ordinaria, diversamente da quanto stabilito per il condominio degli edifici, è validamente costituita mediante qualsiasi forma di convocazione purché idonea allo scopo, non essendo previsto l'assolvimento di particolari formalità (C.C. 29747/17 – Conf. C.C. 26408/08).

1106. Regolamento della comunione e nomina di amministratore. – Con la maggioranza calcolata nel modo indicato dall'articolo precedente, può essere formato un regolamento per l'ordinaria amministrazione e per il miglior godimento della cosa comune (918³, 1138).

Nello stesso modo l'amministrazione può essere delegata ad uno o più partecipanti, o anche a un estraneo, determinandosi i poteri e gli obblighi dell'amministratore (1129, 2257 ss.).

NOTE OPERATIVE:

Contrattuale: Non ha natura contrattuale il regolamento che, avendo ad oggetto l'ordinaria amministrazione e il miglior godimento della cosa comune, rientri nelle attribuzioni dell'assemblea e, come tale, seppure sia stato approvato con il consenso di tutti i partecipanti alla comunione, può essere modificato dalla maggioranza dei comunisti; ha invece natura di contratto normativo plurisoggettivo, che deve essere approvato e modificato con il consenso unanime dei comunisti, il regolamento quando – contenendo disposizioni che incidono sui diritti del comproprietario ovvero stabiliscono obblighi o limitazioni a carico del medesimo o ancora determinano criteri di ripartizione delle spese relative alla manutenzione diversi da quelli legali – esorbiti dalla potestà di gestione delle cose comuni attribuita all'assemblea (C.C. 13632/10).

1107. Impugnazione del regolamento. – Ciascuno dei partecipanti dissenzienti può impugnare davanti all'autorità giudiziaria il regolamento della comunione entro trenta giorni dalla deliberazione che lo ha approvato (1138). Per gli assenti il termine decorre dal giorno in cui è stata loro comunicata la deliberazione. L'autorità giudiziaria decide con unica sentenza sulle opposizioni proposte (1109).

Decorso il termine indicato dal comma precedente senza che il regolamento sia stato impugnato, questo ha effetto anche per gli eredi e gli aventi causa dai singoli partecipanti.

1108. Innovazioni e altri atti eccedenti l'ordinaria amministrazione. – Con deliberazione della maggioranza dei partecipanti che rappresenti almeno due terzi del valore complessivo della cosa comune, si possono disporre tutte le innovazioni dirette al miglioramento della cosa o a renderne più comodo o redditizio il godimento, purché esse non pregiudichino il godimento di alcuno dei partecipanti e non importino una spesa eccessivamente gravosa (1109, n. 3, 1120, 1121; 260, 872 c.n.).

Nello stesso modo si possono compiere gli altri atti eccedenti l'ordinaria amministrazione, sempre che non risultino pregiudizievoli all'interesse di alcuno dei partecipanti (1109, n. 3).

È necessario il consenso di tutti i partecipanti per gli atti di alienazione o di costituzione di diritti reali sul fondo comune e per le locazioni di durata superiore a nove anni (1350, n. 8, 1572).

L'ipoteca può essere tuttavia consentita dalla maggioranza indicata dal primo comma, qualora abbia lo scopo di garantire la restituzione delle somme mutuate per la ricostruzione o per il miglioramento della cosa comune (1103³, 2825; 262, 872 c.n.).

NOTE OPERATIVE:

Transazione: Le transazioni richiedono il consenso di tutti i partecipanti alla comunione (C.C. 514/22 – Conf. C.C. 7201/06; C.C. 821/14).

1109. Impugnazione delle deliberazioni. – Ciascuno dei componenti la minoranza dissenziente può impugnare davanti all'autorità giudiziaria (1107) le deliberazioni della maggioranza (23, 1137, 2377):

1) nel caso previsto dal secondo comma dell'articolo 1105, se la deliberazione è gravemente pregiudizievole alla cosa comune;

2) se non è stata osservata la disposizione del terzo comma dell'articolo 1105;

3) se la deliberazione relativa a innovazioni o ad altri atti eccedenti l'ordinaria amministrazione è in contrasto con le norme del primo e del secondo comma dell'articolo 1108 (1137).

L'impugnazione deve essere proposta, sotto pena di decadenza, entro trenta giorni dalla deliberazione (2964 ss.). Per gli assenti il termine decorre dal giorno in cui è stata loro comunicata la deliberazione. In pendenza del giudizio, l'autorità giudiziaria può ordinare la sospensione del provvedimento deliberato (23³·⁴, 2378⁴).

NOTE OPERATIVE:

Limiti: Le deliberazioni adottate dall'assemblea dei comunisti non possono essere impugnate per il vizio di eccesso di potere assembleare o per conflitto di interesse (C.C. 2299/22).

1110. Rimborso di spese. – Il partecipante che, in caso di trascuranza degli altri partecipanti o dell'amministratore, ha sostenuto spese necessarie per la conservazione della cosa comune, ha diritto al rimborso (1104).

NOTE OPERATIVE:

Presupposti: La norma esclude ogni rilievo dell'urgenza o meno dei lavori (C.C. 5465/22 – Conf. C.C. 20283/17; contra C.C. 11463/21).

1111. Scioglimento della comunione. – Ciascuno dei partecipanti può sempre domandare (375, n. 3; 784 c.p.c.) lo scioglimento della comunione (1506, 2817, n. 2); l'autorità giudiziaria può stabilire una congrua dilazione, in ogni caso non superiore a cinque anni, se l'immediato scioglimento può pregiudicare gli interessi degli altri (717).

Il patto di rimanere in comunione per un tempo non maggiore di dieci anni è valido e ha effetto anche per gli aventi causa dai partecipanti. Se è stato stipulato per un termine maggiore, questo si riduce a dieci anni (713).

Se gravi circostanze lo richiedono, l'autorità giudiziaria può ordinare lo scioglimento della comunione prima del tempo convenuto (260, 872 c.n.; 23, 784 c.p.c.).

NOTE OPERATIVE:

Limiti: La previsione secondo cui il giudice può concedere una dilazione alla divisione nel caso che questa possa recare "pregiudizio agli interessi degli altri" compartecipanti, deve essere intesa nel senso che il pregiudizio non possa ravvisarsi nella lesione dell'interesse dei singoli partecipanti a conservare posizioni personali di vantaggio, ma che debba ravvisarsi obbiettivamente, nel pregiudizio a tutti, nell'interesse obiettivo della comunione (C.C. 36401/22 – Conf. C.C. 1360/63).

Divisione parziale: Il principio dell'universalità della divisione ereditaria non è assoluto e inderogabile ed è possibile una divisione parziale, sia quando al riguardo intervenga un accordo tra le parti, sia quando, essendo stata richiesta tale divisione da una delle parti, le altre non amplino la domanda, chiedendo a loro volta la divisione dell'intero asse (C.C. 6931/16).

1112. Cose non soggette a divisione. – Lo scioglimento della comunione non può essere chiesto quando si tratta di cose che, se divise, cesserebbero di servire all'uso a cui sono destinate (720, 1114, 1119).

NOTE OPERATIVE:

Natura giuridica: La norma costituisce un'eccezione alla regola generale della divisione della comunione a tutela la destinazione d'uso del bene e, per questo, ammette che la divisione sia richiedibile anche da uno solo dei comproprietari, con la sola subordinazione della stessa alla valutazione giudiziale che il bene, anche se diviso, manterrà l'idoneità all'uso cui è stato destinato (C.C. 4840/21 – Conf. C.C. 4041/20).

Limiti: La divisione di un bene non può comportare limitazioni al contenuto dei diritti precedentemente esercitati o comunque spettanti ad uno dei condividenti (C.C. 7044/15).

1113. Intervento nella divisione e opposizioni. – I creditori e gli aventi causa da un partecipante possono intervenire (105, 267 c.p.c.) nella divisione a proprie spese, ma non possono impugnare la divisione già eseguita, a meno che abbiano notificato un'opposizione anteriormente alla divisione stessa e salvo sempre ad essi l'esperimento dell'azione revocatoria (2901 ss.) o dell'azione surrogatoria (2900).

Nella divisione che ha per oggetto beni immobili (1350, n. 11), l'opposizione, per l'effetto indicato dal comma precedente, deve essere trascritta prima della trascrizione dell'atto di divisione e, se si tratta di divisione giudiziale, prima della trascrizione della relativa domanda (2646, 2685).

Devono essere chiamati (2844, 2845) a intervenire, perché la divisione abbia effetto (2825) nei loro confronti, i creditori iscritti e coloro che hanno acquistato diritti sull'immobile in virtù di atti soggetti a trascrizione e trascritti prima della trascrizione dell'atto di divisione o della trascrizione della domanda di divisione giudiziale.

Nessuna ragione di prelevamento in natura per crediti nascenti dalla comunione (724, 725, 1153) può opporsi contro le persone indicate dal comma precedente, eccetto le ragioni di prelevamento nascenti da titolo anteriore alla comunione medesima, ovvero da collazione (737 ss.).

NOTE OPERATIVE:

Prova: Nei giudizi di scioglimento della comunione, la prova della comproprietà dei beni dividendi non è quella rigorosa richiesta in caso di azione di rivendicazione o di accertamento positivo della proprietà, atteso che la divisione, oltre a non operare alcun trasferimento di diritti dall'uno all'altro condividente, è volta a far accertare un diritto comune a tutte le parti in causa e non la proprietà dell'attore con negazione di quella dei convenuti (C.C. 6228/23 – Conf. C.C. 1309/66)

Creditori: I creditori iscritti e coloro che hanno acquistato diritti sull'immobile in virtù di atti trascritti hanno diritto ad intervenire nella divisione ma non ne sono parti necessarie, assumendo la posizione di litisconsorti (C.C. 15994/20).

1114. Divisione in natura. – La divisione ha luogo in natura, se la cosa può essere comodamente divisa in parti corrispondenti alle quote dei partecipanti (718 ss., 1112, 1506[2]).

NOTE OPERATIVE:

Conguaglio: La norma non esclude la possibilità del ricorso al correttivo dei conguagli in denaro, previsto dall'art. 728 c.c. (C.C. 2117/95).

1115. Obbligazioni solidali dei partecipanti. – Ciascun partecipante può esigere che siano estinte le obbligazioni in solido (1292) contratte per la cosa comune (1108), le quali siano scadute o scadano entro l'anno dalla domanda di divisione (1108).

La somma per estinguere le obbligazioni si preleva dal prezzo di vendita della cosa comune, e, se la divisione ha luogo in natura, si procede alla vendita di una congrua frazione della cosa, salvo diverso accordo tra i condividenti (599 c.p.c.).

Il partecipante che ha pagato il debito in solido e non ha ottenuto rimborso concorre nella divisione per una maggiore quota corrispondente al suo diritto verso gli altri condividenti (1299).

NOTE OPERATIVE:

Regresso: La norma riconosce il diritto del comproprietario che abbia pagato i debiti della cosa comune senza ottenerne il rimborso, di vedere, al momento della divisione, accresciuta proporzionalmente la quota di sua spettanza (C.C. 20841/13) ma ciò non preclude l'esercizio del diritto di regresso (C.C. 15332/23).

1116. Applicabilità delle norme sulla divisione ereditaria. – Alla divisione delle cose comuni si applicano le norme sulla divisione dell'eredità, in quanto non siano in contrasto con quelle sopra stabilite (713 ss., 757 ss, 1350, n. 11).

NOTE OPERATIVE:

Retratto successorio: Il retratto successorio, previsto in tema di comunione ereditaria al fine di impedire l'intromissione di estranei nello stato di contitolarità determinato dall'apertura della successione mortis causa, non si applica nella situazione di comunione ordinaria conseguente alla congiunta attribuzione di un bene ad alcuni coeredi in sede di divisione, in quanto per la comunione ordinaria vige il principio di libera disposizione della quota (C.C. 12504/18 – Conf. C.C. 6293/15).

Capo II
Del condominio negli edifici

1117. (1) **Parti comuni dell'edificio.** – Sono oggetto di proprietà comune dei proprietari delle singole unità immobiliari dell'edificio, anche se aventi diritto a godimento periodico e se non risulta il contrario dal titolo (61, 62 att.):

1) tutte le parti dell'edificio necessarie all'uso comune, come il suolo su cui sorge l'edificio, le fondazioni, i muri maestri, i pilastri e le travi portanti, i tetti e i lastrici solari, le scale, i portoni di ingresso, i vestiboli, gli anditi, i portici, i cortili e le facciate;

2) le aree destinate a parcheggio nonché i locali per i servizi in comune, come la portineria, incluso l'alloggio del portiere, la lavanderia, gli stenditoi e i sottotetti destinati, per le caratteristiche strutturali e funzionali, all'uso comune;

3) le opere, le installazioni, i manufatti di qualunque genere destinati all'uso comune, come gli ascensori, i pozzi, le cisterne, gli impianti idrici e fognari, i sistemi centralizzati di distribuzione e di trasmissione per il gas, per l'energia elettrica, per il riscaldamento ed il condizionamento dell'aria, per la ricezione radiotelevisiva e per l'accesso a qualunque altro genere di flusso informativo, anche da satellite o via cavo, e i relativi collegamenti fino al punto di diramazione ai locali di proprietà individuale dei singoli condomini, ovvero, in caso di impianti unitari, fino al punto di utenza, salvo quanto disposto dalle normative di settore in materia di reti pubbliche (1118, 1122, 1123, 1128[2], 1130, n. 2, 1131[2], 1134, 1138).

(1) *Questo articolo è stato così sostituito dall'art. 1 della L. 11 dicembre 2012, n. 220 (in vigore dal 18 giugno 2013). Si riporta il testo previgente:*
«1117. (Parti comuni dell'edificio) *Sono oggetto di proprietà comune dei proprietari dei diversi piani o porzioni di piani di un edificio, se il contrario non risulta dal titolo:*
1) *il suolo su cui sorge l'edificio, le fondazioni, i muri maestri, i tetti e i lastrici solari, le scale, i portoni d'ingresso, i vestiboli, gli anditi, i portici, i cortili e in genere tutte le parti dell'edificio necessarie all'uso comune;*
2) *i locali per la portineria e per l'alloggio del portiere, per la lavanderia, per il riscaldamento centrale, per gli stenditoi e per altri simili servizi in comune;*
3) *le opere, le installazioni, i manufatti di qualunque genere che servono all'uso e al godimento comune, come gli ascensori, i pozzi, le cisterne, gli acquedotti e inoltre le fognature e i canali di scarico, gli impianti per l'acqua, per il gas, per l'energia elettrica, per il riscaldamento e simili, fino al punto di diramazione degli impianti ai locali di proprietà esclusiva dei singoli condomini.*».

NOTE OPERATIVE:

Prova contraria: La norma non si limita a formulare una mera presunzione di comune appartenenza a tutti i condomini, vincibile con qualsiasi prova contraria, ma fissa un criterio di attribuzione della proprietà del bene che può essere superata soltanto dalle opposte risultanze di un determinato titolo e non opera con riguardo a cose che, per le loro caratteristiche strutturali, risultino destinate oggettivamente al servizio esclusivo di una o più unità immobiliari (C.C. 5850/23 – Conf. C.C. 13317/22; C.C. 3852/20).

1117 *bis*. (1) **Ambito di applicabilità.** – Le disposizioni del presente capo si applicano, in quanto compatibili, in tutti i casi in cui più unità immobiliari o più edifici ovvero più condominii di unità immobiliari o di edifici abbiano parti comuni ai sensi dell'articolo 1117.

(1) *Questo articolo è stato inserito dall'art. 2, comma 1, della L. 11 dicembre 2012, n. 220 (in vigore dal 18 giugno 2013).*

NOTE OPERATIVE:

Costituzione: Il supercondominio viene in essere ipso iure et facto, se il titolo non dispone altrimenti, senza bisogno d'apposite manifestazioni di volontà o altre esternazioni e tanto meno d'approvazioni assembleari, sol che singoli edifici, costituiti in altrettanti condomini, abbiano in comune talune cose, impianti e servizi legati, attraverso la relazione di accessorio e principale, con gli edifici medesimi e per ciò appartenenti, pro quota, ai proprietari delle singole unità immobiliari comprese nei diversi fabbricati (C.C. 27084/18 – Conf. C.C. 19799/14).

Spese: In caso di supercondominio, ciascun condomino è obbligato a contribuire alle spese per la conservazione e per il godimento delle parti comuni e per la prestazione dei servizi comuni a più condominii di unità immobiliari o di edifici in misura proporzionale al valore millesimale della proprietà del singolo partecipante (C.C. 1141/23).

1117 *ter*. (1) Modificazioni delle destinazioni d'uso. – Per soddisfare esigenze di interesse condominiale, l'assemblea, con un numero di voti che rappresenti i quattro quinti dei partecipanti al condominio e i quattro quinti del valore dell'edificio, può modificare la destinazione d'uso delle parti comuni.

La convocazione dell'assemblea deve essere affissa per non meno di trenta giorni consecutivi nei locali di maggior uso comune o negli spazi a tal fine destinati e deve effettuarsi mediante lettera raccomandata o equipollenti mezzi telematici, in modo da pervenire almeno venti giorni prima della data di convocazione.

La convocazione dell'assemblea, a pena di nullità, deve indicare le parti comuni oggetto della modificazione e la nuova destinazione d'uso.

La deliberazione deve contenere la dichiarazione espressa che sono stati effettuati gli adempimenti di cui ai precedenti commi.

Sono vietate le modificazioni delle destinazioni d'uso che possono recare pregiudizio alla stabilità o alla sicurezza del fabbricato o che ne alterano il decoro architettonico.

(1) *Questo articolo è stato inserito dall'art. 2, comma 1, della L. 11 dicembre 2012, n. 220 (in vigore dal 18 giugno 2013).*

1117 *quater*. (1) Tutela delle destinazioni d'uso. – In caso di attività che incidono negativamente e in modo sostanziale sulle destinazioni d'uso delle parti comuni, l'amministratore o i condomini, anche singolarmente, possono diffidare l'esecutore e possono chiedere la convocazione dell'assemblea per far cessare la violazione, anche mediante azioni giudiziarie. L'assemblea delibera in merito alla cessazione di tali attività con la maggioranza prevista dal secondo comma dell'articolo 1136.

(1) *Questo articolo è stato inserito dall'art. 2, comma 1, della L. 11 dicembre 2012, n. 220 (in vigore dal 18 giugno 2013).*

1118. (1) Diritti dei partecipanti sulle parti comuni. – Il diritto di ciascun condomino sulle parti comuni, salvo che il titolo non disponga altrimenti, è proporzionale al valore dell'unità immobiliare che gli appartiene.

Il condomino non può rinunziare al suo diritto sulle parti comuni (1104, 1121, 1123 ss., 1138).

Il condomino non può sottrarsi all'obbligo di contribuire alle spese per la conservazione delle parti comuni, neanche modificando la destinazione d'uso della propria unità immobiliare, salvo quanto disposto da leggi speciali.

Il condomino può rinunciare all'utilizzo dell'impianto centralizzato di riscaldamento o di condizionamento, se dal suo distacco non derivano notevoli squilibri di funzionamento o aggravi di spesa per gli altri condomini. In tal caso il rinunziante resta tenuto a concorrere al pagamento delle sole spese per la manutenzione straordinaria dell'impianto e per la sua conservazione e messa a norma.

(1) *Questo articolo è stato così sostituito dall'art. 3 della L. 11 dicembre 2012, n. 220 (in vigore dal 18 giugno 2013). Si riporta il testo precedente:* «1118. (Diritti dei partecipanti sulle cose comuni). *Il diritto di ciascun condomino sulle cose indicate dall'articolo precedente è proporzionato al valore del piano o porzione di piano che gli appartiene, se il titolo non dispone altrimenti.*

Il condomino non può, rinunziando al diritto sulle cose anzidette, sottrarsi al contributo nelle spese per la loro conservazione.».

NOTE OPERATIVE:

Distacco dall'impianto di riscaldamento: La norma subordina la possibilità del distacco dall'impianto di riscaldamento condominiale del singolo condomino alla condizione che lo stesso dimostri che dal detto distacco non derivino notevoli squilibri di funzionamento dell'impianto o aggravi di spesa a carico dei rimanenti condòmini, poiché, in caso contrario, l'eventuale distacco lo esporrà al rischio di essere chiamato al ripristino dello status quo ante (C.C. 25559/23); il condomino autorizzato a rinunziare all'uso del riscaldamento centralizzato e a distaccare le diramazioni della sua unità immobiliare dall'impianto comune rimane obbligato a pagare le sole spese di conservazione di quest'ultimo – quali, ad esempio, quelle di sostituzione della caldaia – perché l'impianto centralizzato è comunque un accessorio di proprietà comune, al quale egli potrà, in caso di ripensamento, riallacciare la propria unità immobiliare (C.C. 18131/20 – Conf. C.C. 7708/07).

1119. Indivisibilità. – Le parti comuni dell'edificio non sono soggette a divisione, a meno che la divisione possa farsi senza rendere più incomodo l'uso della cosa a ciascun condomino e con il consenso di tutti i partecipanti al condominio (1112, 1138; 61, 62 att.) (1).

(1) *Le parole: «e con il consenso di tutti i partecipanti al condominio» sono state aggiunte dall'art. 4 della L. 11 dicembre 2012, n. 220 (in vigore dal 18 giugno 2013).*

NOTE OPERATIVE:

Ratio: La norma contempla una forma di protezione rafforzata dei diritti dei condomini, in omaggio al minore favor del legislatore per la divisione condominiale e, conseguentemente, contiene la prescrizione dell'unanimità e la tutela del mero comodo godimento del bene, in relazione alle parti di proprietà esclusiva (C.C. 4840/21 – Conf. C.C. 4041/20).

1120. Innovazioni. – I condomini, con la maggioranza indicata dal quinto comma dell'art. 1136, possono disporre tutte le innovazioni dirette al miglioramento o all'uso più comodo o al maggior rendimento delle cose comuni (1108).

I condomini, con la maggioranza indicata dal secondo comma dell'articolo 1136, possono disporre le innovazioni che, nel rispetto della normativa di settore, hanno ad oggetto:

1) le opere e gli interventi volti a migliorare la sicurezza e la salubrità degli edifici e degli impianti;

2) le opere e gli interventi previsti per eliminare le barriere architettoniche, per il contenimento del consumo energetico degli edifici e per realizzare parcheggi destinati a servizio delle unità immobiliari o dell'edificio, nonché per la produzione di energia mediante l'utilizzo di impianti di cogenerazione, fonti eoliche, solari o comunque rinnovabili da parte del condominio o di terzi che conseguano a titolo oneroso un diritto reale o personale di godimento del lastrico solare o di altra idonea superficie comune;

3) l'installazione di impianti centralizzati per la ricezione radiotelevisiva e per l'accesso a qualunque altro genere di flusso informativo, anche da satellite o via cavo, e i relativi collegamenti fino alla diramazione per le singole utenze, ad esclusione degli impianti che non comportano modifiche in grado di alterare la destinazione della cosa comune e di impedire agli altri condomini di farne uso secondo il loro diritto (1).

L'amministratore è tenuto a convocare l'assemblea entro trenta giorni dalla richiesta anche di un solo condomino interessato all'adozione delle deliberazioni di cui al precedente comma. La richiesta deve contenere l'indicazione del contenuto specifico e delle modalità di esecuzione degli interventi proposti. In mancanza, l'amministratore deve invitare senza indugio il condomino proponente a fornire le necessarie integrazioni (1).

Sono vietate le innovazioni che possano recare pregiudizio alla stabilità o alla sicurezza del fabbricato, che ne alterino il decoro architettonico o che rendano talune parti comuni dell'edificio (1117) inservibili all'uso o al godimento anche di un solo condomino (1108, 1121, 1123, 1136[5], 1138).

(1) *Questo comma è stato inserito dall'art. 5 della L. 11 dicembre 2012, n. 220 (in vigore dal 18 giugno 2013).*

NOTE OPERATIVE:

Nozione: Con il termine innovazione s'intende non qualsiasi mutamento o modificazione della cosa comune ma, solamente, quella modificazione materiale che ne alteri l'entità sostanziale o ne muti la destinazione originaria (C.C. 6136/23 – Conf. C.C. 35957/21).

Limiti: Sono vietate le innovazioni lesive del decoro architettonico del fabbricato condominiale, quando alterino le linee architettoniche, o comunque si riflettano negativamente sull'aspetto armonico di esso, a prescindere dal pregio estetico che possa avere l'edificio (C.C. 37732/21 – Conf. C.C. 25790/20; C.C. 10583/19).

1121. Innovazioni gravose o voluttuarie. – Qualora l'innovazione importi una spesa molto gravosa o abbia carattere voluttuario rispetto alle particolari condizioni e all'importanza dell'edificio, e consista in opere, impianti o manufatti suscettibili di utilizzazione separata, i condomini che non intendono trarne vantaggio sono esonerati da qualsiasi contributo nella spesa.

Se l'utilizzazione separata non è possibile, l'innovazione non è consentita, salvo che la maggioranza dei condomini che l'ha deliberata o accettata intenda sopportarne integralmente la spesa.

Nel caso previsto dal primo comma i condomini e i loro eredi o aventi causa possono tuttavia, in qualunque tempo, partecipare ai vantaggi dell'innovazione, contribuendo nelle spese di esecuzione e di manutenzione dell'opera (1108).

NOTE OPERATIVE:

Dissenziente: La norma riconosce ai condomini dissenzienti (e ai loro eredi e aventi causa), in caso di innovazione gravose o voluttuarie, il diritto potestativo di partecipare successivamente ai vantaggi delle innovazioni stesse, contribuendo pro quota nelle spese di esecuzione e di manutenzione dell'opera ragguagliata al valore attuale della moneta, onde evitare arricchimenti in danno dei condomini che hanno assunto l'iniziativa dell'opera (C.C. 8746/93).

1122. (1) **Opere su parti di proprietà o uso individuale.** – Nell'unità immobiliare di sua proprietà ovvero nelle parti normalmente destinate all'uso comune, che siano state attribuite in proprietà esclusiva o destinate all'uso individuale, il condomino non può eseguire opere che rechino danno alle parti comuni ovvero determinino pregiudizio alla stabilità, alla sicurezza o al decoro architettonico dell'edificio (1117, 1120[2], 1121, 1123, 1138).

In ogni caso è data preventiva notizia all'amministratore che ne riferisce all'assemblea.

(1) *Questo articolo è stato così sostituito dall'art. 6 della L. 11 dicembre 2012, n. 220 (in vigore dal 18 giugno 2013). Si riporta il testo precedente: «1122. (Opere sulle parti dell'edificio di proprietà comune) Ciascun condomino, nel piano o porzione di piano di sua proprietà, non può eseguire opere che rechino danno alle parti comuni dell'edificio».*

1122 *bis*. (1) **Impianti non centralizzati di ricezione radiotelevisiva e di produzione di energia da fonti rinnovabili.** – Le installazioni di impianti non centralizzati per la ricezione radiotelevisiva e per l'accesso a qualunque altro genere di flusso informativo, anche da satellite o via cavo, e i relativi collegamenti fino al punto di diramazione per le singole utenze sono realizzati in modo da recare il minor pregiudizio alle parti comuni e alle unità immobiliari di proprietà individuale, preservando in ogni caso il decoro architettonico dell'edificio, salvo quanto previsto in materia di reti pubbliche.

È consentita l'installazione di impianti per la produzione di energia da fonti rinnovabili destinati al servizio di singole unità del condominio sul lastrico solare, su ogni altra idonea superficie comune e sulle parti di proprietà individuale dell'interessato.

Qualora si rendano necessarie modificazioni delle parti comuni, l'interessato ne dà comunicazione all'amministratore indicando il contenuto specifico e le modalità di esecuzione degli interventi. L'assemblea può prescrivere, con la maggioranza di cui al quinto comma dell'articolo 1136, adeguate modalità alternative di esecuzione o imporre cautele a salvaguardia della stabilità, della sicurezza o del decoro architettonico dell'edificio e, ai fini dell'installazione degli impianti di cui al secondo comma, provvede, a richiesta degli interessati, a ripartire l'uso del lastrico solare e delle altre superfici comuni, salvaguardando le diverse forme di utilizzo previste dal regolamento di condominio o comunque in atto. L'assemblea, con la medesima maggioranza, può altresì subordinare l'esecuzione alla prestazione, da parte dell'interessato, di idonea garanzia per i danni eventuali.

L'accesso alle unità immobiliari di proprietà individuale deve essere consentito ove necessario per la progettazione e per l'esecuzione delle opere. Non sono soggetti ad autorizzazione gli impianti destinati alle singole unità abitative.

(1) *Questo articolo è stato inserito dall'art. 7, comma 1, della L. 11 dicembre 2012, n. 220 (in vigore dal 18 giugno 2013).*

NOTE OPERATIVE:

Produzione di energia: L'installazione su parte comune di impianto per la produzione di energia da fonti rinnovabili destinato al servizio di una unità immobiliare, che non renda necessaria la modificazione delle parti condominiali, può essere eseguita dal singolo condomino senza alcuna preventiva autorizzazione dell'assemblea (C.C. 1337/23).

1122 *ter*. (1) **Impianti di videosorveglianza sulle parti comuni.** – Le deliberazioni concernenti l'installazione sulle parti comuni dell'edificio di impianti volti a consentire la videosorveglianza su di esse sono approvate dall'assemblea con la maggioranza di cui al secondo comma dell'articolo 1136.

(1) *Questo articolo è stato inserito dall'art. 7, comma 1, della L. 11 dicembre 2012, n. 220 (in vigore dal 18 giugno 2013).*

1123. Ripartizione delle spese. – Le spese necessarie per la conservazione e per il godimento delle parti comuni (1117, 1130, n. 3) dell'edificio, per la prestazione dei servizi nell'interesse comune e per le innovazioni deliberate dalla maggioranza sono sostenute dai condomini in misura proporzionale al valore della proprietà di ciascuno, salvo diversa convenzione (1101[2], 1104, 1118).

Se si tratta di cose destinate a servire i condomini in misura diversa, le spese sono ripartite in proporzione dell'uso che ciascuno può farne.

Qualora un edificio abbia più scale, cortili, lastrici solari, opere o impianti destinati a servire una parte dell'intero fabbricato, le spese relative alla loro manutenzione sono a carico del gruppo di condomini che ne trae utilità (1134, 1135; 63, 68, 69 att.).

NOTE OPERATIVE:

Parziarietà: La posizione dei condomini a fronte delle obbligazioni contratte nell'interesse del condominio vanno ricostruite non in termini di solidarietà, ma di parziarietà, sicché il debito non si imputa al singolo condomino per intero ma pro quota (C.C. 26981/22 – Conf. C.C. 20073/17; C.C. 9148/08).

Deroghe: La convenzione sulla ripartizione delle spese in deroga ai criteri legali deve essere approvata da tutti i condomini (C.C. 21086/22 – Conf. C.C. 16531/20).

Condominio parziale: La fattispecie del condominio parziale è automaticamente configurabile ex lege tutte le volte in cui un bene risulti, per le sue obbiettive caratteristiche strutturali e funzionali, destinato oggettivamente al servizio e/o al godimento, in modo esclusivo, di una parte soltanto dell'edificio in condominio, rimanendo, per l'effetto, oggetto di un autonomo diritto di proprietà e venendo meno il presupposto per il riconoscimento di una contitolarità necessaria di tutti i condomini su quel bene (C.C. 791/20 – Conf. C.C. 4127/16; C.C. 17875/13; C.C. 23851/10).

1124. Manutenzione e sostituzione delle scale e degli ascensori (1). – Le scale e gli ascensori sono mantenuti e sostituiti dai proprietari delle unità immobiliari a cui servono. La spesa relativa è ripartita tra essi, per metà in ragione del valore delle singole unità immobiliari e per l'altra metà esclusivamente in misura proporzionale all'altezza di ciascun piano dal suolo (2).

Al fine del concorso nella metà della spesa, che è ripartita in ragione del valore, si considerano come piani le cantine, i palchi morti, le soffitte o camere a tetto e i lastrici solari, qualora non siano di proprietà comune (68, 69 att.).

(1) *La precedente rubrica:* «Manutenzione e ricostruzione delle scale» *è stata così sostituita dall'attuale:* «Manutenzione e sostituzione delle scale e degli ascensori» *dall'art. 8, comma 1, lett.* b)*, della L. 11 dicembre 2012, n. 220 (in vigore dal 18 giugno 2013).*

(2) *Questo comma è stato così sostituito dall'art. 8, comma 1, lett.* a)*, della L. 11 dicembre 2012, n. 220 (in vigore dal 18 giugno 2013). Si riporta il testo precedente: «Le scale sono mantenute e ricostruite dai proprietari dei diversi piani a cui servono. La spesa relativa è ripartita tra essi, per metà in ragione del valore dei singoli piani o porzioni di piano, e per l'altra metà in misura proporzionale all'altezza di ciascun piano dal suolo.».*

1125. Manutenzione e ricostruzione dei soffitti, delle volte e dei solai. – Le spese per la manutenzione e ricostruzione dei soffitti, delle volte e dei solai sono sostenute in parti eguali dai proprietari dei due piani l'uno all'altro sovrastanti, restando a carico del proprietario del piano superiore la copertura del pavimento e a carico del proprietario del piano inferiore l'intonaco, la tinta e la decorazione del soffitto.

1126. Lastrici solari di uso esclusivo. – Quando l'uso dei lastrici solari o di una parte di essi non è comune a tutti i condomini, quelli che ne hanno l'uso esclusivo sono tenuti a contribuire per un terzo nella spesa delle riparazioni o ricostruzioni del lastrico: gli altri due terzi sono a carico di tutti i condomini dell'edificio o della parte di questo a cui il lastrico solare serve, in proporzione del valore del piano o della porzione di piano di ciascuno (68, 69 att.).

NOTE OPERATIVE:

Condomini obbligati: I due terzi della spesa delle riparazioni o ricostruzioni del lastrico solare di uso esclusivo sono a carico non di tutti i condomini, in relazione alla proprietà delle parti comuni esistenti nella colonna d'aria sottostante, ma di coloro che siano proprietari individuali delle singole unità immobiliari comprese nella proiezione verticale di detto lastrico, alle quali, pertanto, esso funge da copertura (C.C. 18045/20 – Conf. C.C. 11484/17).

1127. Costruzione sopra l'ultimo piano dell'edificio. – Il proprietario dell'ultimo piano dell'edificio può elevare nuovi piani o nuove fabbriche, salvo che risulti altrimenti dal titolo (885). La stessa facoltà spetta a chi è proprietario esclusivo del lastrico solare.

La sopraelevazione non è ammessa se le condizioni statiche dell'edificio non la consentono.

I condomini possono altresì opporsi alla sopraelevazione, se questa pregiudica l'aspetto architettonico dell'edificio ovvero diminuisce notevolmente l'aria o la luce dei piani sottostanti.

Chi fa la sopraelevazione deve corrispondere agli altri condomini un'indennità pari al valore attuale dell'area da occuparsi con la nuova fabbrica, diviso per il numero dei piani, ivi compreso quello da edificare, e detratto l'importo della quota a lui spettante. Egli è inoltre tenuto a ricostruire il lastrico solare di cui tutti o parte dei condomini avevano il diritto di usare.

NOTE OPERATIVE:

Ambito di applicazione: La norma, presupponendo l'esistenza di un edificio, ovverosia di costruzione realizzata almeno in parte fuori terra e sviluppata in senso verticale rispetto al piano di campagna, non rientra tra le norme applicabili al cd. supercondominio (C.C. 5023/22). La sopraelevazione si configura non solo in caso di realizzazione di nuovi piani o nuove fabbriche, ma altresì nei casi in cui il proprietario dell'ultimo piano dell'edificio condominiale trasformi locali preesistenti mediante l'incremento delle superfici e delle volumetrie, indipendentemente dall'altezza del fabbricato (C.C. 12202/22 – Conf. C.C. 2865/08).

Aspetto architettonico: Le nozioni di aspetto architettonico e di decoro architettonico, pur differenti, sono strettamente complementari e non possono prescindere l'una dall'altra, sicché anche l'intervento edificatorio in sopraelevazione deve rispettare lo stile del fabbricato, senza recare una rilevante disarmonia al complesso preesistente, sì da pregiudicarne l'originaria fisionomia e alterarne le linee impresse dal progettista (C.C. 33104/21 – Conf. C.C. 29584/21; C.C. 16258/17).

Condizioni statiche: Il limite delle condizioni statiche dell'edificio è espressione di un divieto assoluto (C.C. 2000/20 – Conf. C.C. 23256/16; C.C. 21491/12) e implica anche il divieto di costruire sopraelevazioni che non rispettano la normativa antisismica, la cui violazione comporta una presunzione di pericolosità che l'autore può superare solo dando prova che la costruzione è in grado di affrontare il rischio sismico (C.C. 2115/18)

1128. Perimento totale o parziale dell'edificio. – Se l'edificio perisce interamente o per una parte che rappresenti i tre quarti del suo valore, ciascuno dei condomini può richiedere la vendita all'asta del suolo e dei materiali, salvo che sia stato diversamente convenuto.

Nel caso di perimento di una parte minore, l'assemblea dei condomini delibera circa la ricostruzione delle parti comuni dell'edificio (1117, 1136[4]), e ciascuno è tenuto a concorrervi in proporzione dei suoi diritti sulle parti stesse (1127).

L'indennità corrisposta per l'assicurazione relativa alle parti comuni è destinata alla ricostruzione di queste (1882).

Il condomino che non intende partecipare alla ricostruzione dell'edificio è tenuto a cedere agli altri condomini i suoi diritti, anche sulle parti di sua esclusiva proprietà, secondo la stima che ne sarà fatta, salvo che non preferisca cedere i diritti stessi ad alcuni soltanto dei condomini (2932).

NOTE OPERATIVE:

Estinzione: Il perimento, totale o per una parte che rappresenti i tre quarti dell'edificio condominiale, determina l'estinzione del condominio per mancanza dell'oggetto, in quanto viene meno il rapporto di servizio tra le parti comuni, mentre permane tra gli ex condomini soltanto una comunione pro indiviso dell'area di risulta (C.C. 21716/20 – Conf. C.C. 12775/08; C.C. 446/94).

1129. (1) **Nomina, revoca ed obblighi dell'amministratore.** – Quando i condomini sono più di otto, se l'assemblea non vi provvede, la nomina di un amministratore è fatta dall'autorità giudiziaria su ricorso di uno o più condomini o dell'amministratore dimissionario (1106, 1130, 1131).

Contestualmente all'accettazione della nomina e ad ogni rinnovo dell'incarico, l'amministratore comunica i propri dati anagrafici e professionali, il codice fiscale, o, se si tratta di società, anche la sede legale e la denominazione, il locale ove si trovano i registri di cui ai numeri 6) e 7) dell'articolo 1130, nonché i giorni e le ore in cui ogni interessato, previa richiesta all'amministratore, può prenderne gratuitamente visione e ottenere, previo rimborso della spesa, copia da lui firmata.

L'assemblea può subordinare la nomina dell'amministratore alla presentazione ai condomini di una polizza individuale di assicurazione per la responsabilità civile per gli atti compiuti nell'esercizio del mandato.

L'amministratore è tenuto altresì ad adeguare i massimali della polizza se nel periodo del suo incarico l'assemblea deliberi lavori straordinari. Tale adeguamento non deve essere inferiore all'importo di spesa deliberato e deve essere effettuato contestualmente all'inizio dei lavori. Nel caso in cui l'amministratore sia coperto da una polizza di assicurazione per la responsabilità civile professionale generale per l'intera attività da lui svolta, tale polizza deve essere integrata con una dichiarazione dell'impresa di assicurazione che garantisca le condizioni previste dal periodo precedente per lo specifico condominio.

Sul luogo di accesso al condominio o di maggior uso comune, accessibile anche ai terzi, è affissa l'indicazione delle generalità, del domicilio e dei recapiti, anche telefonici, dell'amministratore.

In mancanza dell'amministratore, sul luogo di accesso al condominio o di maggior uso comune, accessibile anche ai terzi, è affissa l'indicazione delle generalità e dei recapiti, anche telefonici, della persona che svolge funzioni analoghe a quelle dell'amministratore.

L'amministratore è obbligato a far transitare le somme ricevute a qualunque titolo dai condomini o da terzi, nonché quelle a qualsiasi titolo erogate per conto del condominio, su uno specifico conto corrente, postale o bancario, intestato al condominio; ciascun condomino, per il tramite dell'amministratore, può chiedere di prendere visione ed estrarre copia, a proprie spese, della rendicontazione periodica.

Alla cessazione dell'incarico l'amministratore è tenuto alla consegna di tutta la documentazione in suo possesso afferente al condominio e ai singoli condomini e ad eseguire le attività urgenti al fine di evitare pregiudizi agli interessi comuni senza diritto ad ulteriori compensi.

Salvo che sia stato espressamente dispensato dall'assemblea, l'amministratore è tenuto ad agire per la riscossione forzosa delle somme dovute dagli obbligati entro sei mesi dalla chiusura dell'esercizio nel quale il credito esigibile è compreso, anche ai sensi dell'articolo 63, primo comma, delle disposizioni per l'attuazione del presente codice.

L'incarico di amministratore ha durata di un anno e si intende rinnovato per eguale durata. L'assemblea convocata per la revoca o le dimissioni delibera in ordine alla nomina del nuovo amministratore.

La revoca dell'amministratore può essere deliberata in ogni tempo dall'assemblea, con la maggioranza prevista per la sua nomina oppure con le modalità previste dal regolamento di condominio. Può altresì essere disposta dall'autorità giudiziaria, su ricorso di ciascun condomino, nel caso previsto dal quarto comma dell'articolo 1131, se non rende il conto della gestione, ovvero in caso di gravi irregolarità. Nei casi in cui siano emerse gravi irregolarità fiscali o di non ottemperanza a quanto disposto dal numero 3) del dodicesimo comma del presente articolo, i condomini, anche singolarmente, possono chiedere la convocazione dell'assemblea per far cessare la violazione e revocare il mandato all'amministratore. In caso di mancata revoca da parte dell'assemblea, ciascun condomino può rivolgersi all'autorità giudiziaria; in caso di accoglimento della domanda, il ricorrente, per le spese legali, ha titolo alla rivalsa nei confronti del condominio, che a sua volta può rivalersi nei confronti dell'amministratore revocato.

Costituiscono, tra le altre, gravi irregolarità:

1) l'omessa convocazione dell'assemblea per l'approvazione del rendiconto condominiale, il ripetuto rifiuto di convocare l'assemblea per la revoca e per la nomina del nuovo amministratore o negli altri casi previsti dalla legge;

2) la mancata esecuzione di provvedimenti giudiziari e amministrativi, nonché di deliberazioni dell'assemblea;

3) la mancata apertura ed utilizzazione del conto di cui al settimo comma;

4) la gestione secondo modalità che possono generare possibilità di confusione tra il patrimonio del condominio e il patrimonio personale dell'amministratore o di altri condomini;

5) l'aver acconsentito, per un credito insoddisfatto, alla cancellazione delle formalità eseguite nei registri immobiliari a tutela dei diritti del condominio;

6) qualora sia stata promossa azione giudiziaria per la riscossione delle somme dovute al condominio, l'aver omesso di curare diligentemente l'azione e la conseguente esecuzione coattiva;

7) l'inottemperanza agli obblighi di cui all'articolo 1130, numeri 6), 7) e 9);

8) l'omessa, incompleta o inesatta comunicazione dei dati di cui al secondo comma del presente articolo.

In caso di revoca da parte dell'autorità giudiziaria, l'assemblea non può nominare nuovamente l'amministratore revocato.

L'amministratore, all'atto dell'accettazione della nomina e del suo rinnovo, deve specificare analiticamente, a pena di nullità della nomina stessa, l'importo dovuto a titolo di compenso per l'attività svolta.

Per quanto non disciplinato dal presente articolo si applicano le disposizioni di cui alla sezione I del capo IX del titolo III del libro IV.

Il presente articolo si applica anche agli edifici di alloggi di edilizia popolare ed economica, realizzati o recuperati da enti pubblici a totale partecipazione pubblica o con il concorso dello Stato, delle regioni, delle province o dei comuni, nonché a quelli realizzati da enti pubblici non economici o società private senza scopo di lucro con finalità sociali proprie dell'edilizia residenziale pubblica.

(1) *Questo articolo è stato così sostituito dall'art. 9 della L. 11 dicembre 2012, n. 220 (in vigore dal 18 giugno 2013). Si riporta il testo precedente: «1129.* (Nomina e revoca dell'amministratore) *Quando i condomini sono più di quattro, l'assemblea nomina un amministratore.*

Se l'assemblea non provvede, la nomina è fatta dall'autorità giudiziaria, su ricorso di uno o più condomini. L'amministratore dura in carica un anno e può essere revocato in ogni tempo dall'assemblea.

Può altresì essere revocato dall'autorità giudiziaria, su ricorso di ciascun condomino, oltre che nel caso previsto dall'ultimo comma dell'art. 1131, se per due anni non ha reso il conto della sua gestione, ovvero se vi sono fondati sospetti di gravi irregolarità. La nomina e la cessazione per qualunque causa dell'amministratore dall'ufficio sono annotate in apposito registro.».

NOTE OPERATIVE:

Contratto di amministrazione: Il contratto tipico di amministrazione di condominio è riconducibile ad un rapporto di mandato presumibilmente oneroso. Il diritto del mandatario al compenso e al rimborso delle anticipazioni e spese sostenute è condizionato alla presentazione al mandante del rendiconto del proprio operato, che deve necessariamente comprendere la specificazione dei dati contabili delle entrate, delle uscite e del saldo finale (C.C. 17713/23 – Conf. C.C. 3596/90).

Persona giuridica: L'incarico di amministratore del condominio può essere conferito, oltre che a una persona fisica, anche a una persona giuridica, tenuto conto che quest'ultima non soffre di limitazioni di capacità, se non nei casi tassativamente previsti dalla legge, e che essa è in grado di offrire, quanto all'adempimento della relativa obbligazione ed all'imputazione della conseguente responsabilità, un grado di affidabilità pari a quello della persona fisica (C.C. 10865/23 – Conf. C.C. 1406/07; C.C. 22840/06; contra 5608/94).

1130. (1) **Attribuzioni dell'amministratore.** – L'amministratore, oltre a quanto previsto dall'articolo 1129 e dalle vigenti disposizioni di legge, deve:

1) eseguire le deliberazioni dell'assemblea (1135 ss.), convocarla annualmente per l'approvazione del rendiconto condominiale di cui all'articolo 1130 *bis* e curare l'osservanza del regolamento di condominio (1138);

2) disciplinare l'uso delle cose comuni e la fruizione dei servizi nell'interesse comune, in modo che ne sia assicurato il miglior godimento a ciascuno dei condomini (1117);

3) riscuotere i contributi (1123 ss.) ed erogare le spese occorrenti per la manutenzione ordinaria (1135, n. 4) delle parti comuni dell'edificio e per l'esercizio dei servizi comuni (63 att.);

4) compiere gli atti conservativi relativi alle parti comuni dell'edificio;

5) eseguire gli adempimenti fiscali;

6) curare la tenuta del registro di anagrafe condominiale contenente le generalità dei singoli proprietari e dei titolari di diritti reali e di diritti personali di godimento, comprensive del codice fiscale e della residenza o domicilio, i dati catastali di ciascuna unità immobiliare, nonché ogni dato relativo alle condizioni di sicurezza delle parti comuni dell'edificio (2). Ogni variazione dei dati deve essere comunicata all'amministratore in forma scritta entro sessanta giorni. L'amministratore, in caso di inerzia, mancanza o incompletezza delle comunicazioni, richiede con lettera raccomandata le informazioni necessarie alla tenuta del registro di anagrafe. Decorsi trenta giorni, in caso di omessa o incompleta risposta, l'amministratore acquisisce le informazioni necessarie, addebitandone il costo ai responsabili;

7) curare la tenuta del registro dei verbali delle assemblee, del registro di nomina e revoca dell'amministratore e del registro di contabilità. Nel registro dei verbali delle assemblee sono altresì annotate: le eventuali mancate costituzioni dell'assemblea, le deliberazioni nonché le brevi dichiarazioni rese dai condomini che ne hanno fatto richiesta; allo stesso registro è allegato il regolamento di condominio, ove adottato. Nel registro di nomina e revoca dell'amministratore sono annotate, in ordine cronologico, le date della nomina e della revoca di ciascun amministratore del condominio, nonché gli estremi del decreto in caso di provvedimento giudiziale. Nel registro di contabilità sono annotati in ordine cronologico, entro trenta giorni da quello dell'effettuazione, i singoli movimenti in entrata ed in uscita. Tale registro può tenersi anche con modalità informatizzate;

8) conservare tutta la documentazione inerente alla propria gestione riferibile sia al rapporto con i condomini sia allo stato tecnico-amministrativo dell'edificio e del condominio;

9) fornire al condomino che ne faccia richiesta attestazione relativa allo stato dei pagamenti degli oneri condominiali e delle eventuali liti in corso;

10) redigere il rendiconto condominiale annuale della gestione e convocare l'assemblea per la relativa approvazione entro centottanta giorni (3).

(1) *Questo articolo è stato così sostituito dall'art. 10 della L. 11 dicembre 2012, n. 220 (in vigore dal 18 giugno 2013). Si riporta il testo precedente: «1130. (Attribuzioni dell'amministratore) L'amministratore deve:*

1) eseguire le deliberazioni dell'assemblea dei condomini e curare l'osservanza del regolamento di condominio;

2) disciplinare l'uso delle cose comuni e la prestazione dei servizi nell'interesse comune, in modo che ne sia assicurato il miglior godimento a tutti i condomini;

3) riscuotere i contributi ed erogare le spese occorrenti per la manutenzione ordinaria delle parti comuni dell'edificio e per l'esercizio dei servizi comuni;

4) compiere gli atti conservativi dei diritti inerenti alle parti comuni dell'edificio.

Egli, alla fine di ciascun anno, deve rendere il conto della sua gestione.».

(2) *Le parole: «delle parti comuni dell'edificio» sono state inserite dall'art. 1, comma 9, lett. c), del D.L. 23 dicembre 2013, n. 145, convertito, con modificazioni, nella L. 21 febbraio 2014, n. 9.*

(3) *A norma dell'art. 63 bis, comma 1, del D.L. 14 agosto 2020, n. 104, convertito, con modificazioni, nella L. 13 ottobre 2020, n. 126, il termine di cui al presente numero è sospeso fino alla cessazione dello stato di emergenza da COVID-19, dichiarato con delibera del Consiglio dei ministri del 29 luglio 2020.*

NOTE OPERATIVE:

Atti conservativi: Tra gli atti conservativi relativi alle parti comuni dell'edificio, rientranti nelle attribuzioni dell'amministratore, sono ricomprese le azioni di reintegrazione del possesso dei beni condominiali e quelle, connesse, di risarcimento del danno derivante dalle lesioni del possesso di detti beni (C.C. 10869/23).

1130 *bis*. (1) **Rendiconto condominiale.** – Il rendiconto condominiale contiene le voci di entrata e di uscita ed ogni altro dato inerente alla situazione patrimoniale del condominio, ai fondi disponibili ed alle eventuali riserve, che devono essere espressi in modo da consentire l'immediata verifica. Si compone di un registro di contabilità, di un riepilogo finanziario, nonché di una nota sintetica esplicativa della gestione con l'indicazione anche dei rapporti in corso e delle questioni pendenti. L'assemblea condominiale può, in qualsiasi momento o per più annualità specificamente identificate, nominare un revisore che verifichi la contabilità del condominio. La deliberazione è assunta con la maggioranza prevista per la nomina dell'amministratore e la relativa spesa è ripartita fra tutti i condomini sulla base dei millesimi di proprietà. I condomini e i titolari di diritti reali o di godimento sulle unità immobiliari possono prendere visione dei documenti giustificativi di spesa in ogni tempo ed estrarne copia a proprie spese. Le scritture e i documenti giustificativi devono essere conservati per dieci anni dalla data della relativa registrazione.

L'assemblea può anche nominare, oltre all'amministratore, un consiglio di condominio composto da almeno tre condomini negli edifici di almeno dodici unità immobiliari. Il consiglio ha funzioni consultive e di controllo.

(1) *Questo articolo è stato inserito dall'art. 11, comma 1, della L. 11 dicembre 2012, n. 220 (in vigore dal 18 giugno 2013).*

NOTE OPERATIVE:

Consuntivo: Per la validità della delibera di approvazione del rendiconto consuntivo è necessario che essa sia idonea a rendere intellegibile ai condomini le voci di entrata e di spesa, con le quote di ripartizione (C.C. 1370/23 – Conf. C.C. 9099/00).

1131. Rappresentanza. – Nei limiti delle attribuzioni stabilite dall'art. 1130 (1) o dei maggiori poteri conferitigli dal regolamento di condominio o dall'assemblea, l'amministratore ha la rappresentanza dei partecipanti e può agire in giudizio sia contro i condomini sia contro i terzi (1135, 1138).

Può essere convenuto in giudizio per qualunque azione concernente le parti comuni dell'edificio (1117); a lui sono notificati i provvedimenti dell'autorità amministrativa che si riferiscono allo stesso oggetto.

Qualora la citazione o il provvedimento abbia un contenuto che esorbita dalle attribuzioni dell'amministratore, questi è tenuto a darne senza indugio notizia all'assemblea dei condomini (1136^{4}).

L'amministratore che non adempie a quest'obbligo può essere revocato (1129^{3}) ed è tenuto al risarcimento dei danni (1138^{4}; 64, 65 att.).

(1) *Le parole: «dall'articolo precedente» sono state così sostituite dalle attuali: «dall'art. 1130» dall'art. 12 della L. 11 dicembre 2012, n. 220. A norma dell'art. 32 della medesima legge tali disposizioni entrano in vigore dal 18 giugno 2013.*

NOTE OPERATIVE:

Limiti: Il potere dell'amministratore di rappresentare il condominio nelle liti proposte contro il medesimo deriva direttamente dalla legge e non può soffrire limitazione né per volontà dell'amministratore né per deliberazione dell'assemblea (C.C. 2127/21 – Conf. C.C. 1047/70).

1132. Dissenso dei condomini rispetto alle liti. – Qualora l'assemblea dei condomini abbia deliberato di promuovere una lite o di resistere a una domanda (1131$^{1-2}$, 1136^{4}; 65 att.), il condomino dissenziente, con atto notificato (137 c.p.c.) all'amministratore, può separare la propria responsabilità in ordine alle conseguenze della lite per il caso di soccombenza. L'atto deve essere notificato entro trenta giorni da quello in cui il condomino ha avuto notizia della deliberazione.

Il condomino dissenziente ha diritto di rivalsa per ciò che abbia dovuto pagare alla parte vittoriosa.

Se l'esito della lite è stato favorevole al condominio, il condomino dissenziente che ne abbia tratto vantaggio è tenuto a concorrere nelle spese del giudizio che non sia stato possibile ripetere dalla parte soccombente (1138^{4}; 90 ss. c.p.c.).

NOTE OPERATIVE:

Termine: Il termine di trenta giorni previsto per l'atto di estraniazione del condomino dissenziente è a pena di decadenza (C.C. 2453/94).

1133. Provvedimenti presi dall'amministratore. – I provvedimenti presi dall'amministratore nell'ambito dei suoi poteri sono obbligatori per i condomini (1130, 1131). Contro i provvedimenti dell'amministratore è ammesso ricorso all'assemblea, senza pregiudizio del ricorso all'autorità giudiziaria nei casi e nel termine previsti dall'articolo 1137.

I provvedimenti presi dall'amministratore nell'ambito dei suoi poteri sono obbligatori per i condomini. Contro i provvedimenti dell'amministratore è ammesso ricorso all'assemblea, senza pregiudizio del ricorso all'autorità giudiziaria nei casi e nel termine previsti dall'articolo 1137.

NOTE OPERATIVE:

Caratteristiche: Il criterio discretivo tra atti di ordinaria amministrazione, rimessi all'iniziativa dell'amministratore nell'esercizio delle proprie funzioni e vincolanti per tutti i condomini ed atti di amministrazione straordinaria, al contrario bisognosi di autorizzazione assembleare per produrre detto effetto, riposa sulla normalità dell'atto di gestione rispetto allo scopo dell'utilizzazione e del godimento dei beni comuni, sicché gli atti implicanti spese che, pur dirette alla migliore utilizzazione delle cose comuni o imposte da sopravvenienze normative, comportino, per la loro particolarità e consistenza, un onere economico rilevante, necessitano della delibera dell'assemblea condominiale (C.C. 1847/18 – Conf. C.C. 20136/17; C.C. 10865/16).

1134. ([1]) **Gestione di iniziativa individuale.** – Il condomino che ha assunto la gestione delle parti comuni (1117) senza autorizzazione dell'amministratore o dell'assemblea non ha diritto al rimborso, salvo che si tratti di spesa urgente (1110, 1135[2]).

([1]) *Questo articolo è stato così sostituito dall'art. 13, comma 1, della L. 11 dicembre 2012, n. 220 (in vigore dal 18 giugno 2013).*

Si riporta il testo precedente: «1134. (Spese fatte dal condomino) *Il condomino che ha fatto spese per le cose comuni senza autorizzazione dell'amministratore o dell'assemblea non ha diritto al rimborso, salvo che si tratti di spesa urgente.».*

NOTE OPERATIVE:

Natura giuridica: Il condomino non ha un obbligo di provvedere ai lavori urgenti di manutenzione dell'edificio, bensì una mera facoltà (C.C. 10587/19).

Presupposti: Va considerata "urgente" la spesa la cui erogazione non può essere differita, senza danno o pericolo, fino a quando l'amministratore o l'assemblea dei condomini possano utilmente provvedere (C.C. 19864/22 – Conf. C.C. 5256/80); il condomino non ha diritto al rimborso delle spese effettuate a meno che non provi che si trattava di interventi urgenti e improrogabili (C.C. 4684/18).

Ingiustificato arricchimento: Al condomino cui non sia riconosciuto il diritto al rimborso delle spese sostenute per la gestione delle parti comuni, per essere carente il presupposto dell'urgenza, non spetta neppure il rimedio sussidiario dell'azione di arricchimento non potendo essa essere esperita in presenza di un divieto legale di esercitare azioni tipiche in assenza dei relativi presupposti (C.C. 5995/22 – Conf. C.C. 20528/17).

1135. Attribuzioni dell'assemblea dei condomini. – Oltre a quanto è stabilito dagli articoli precedenti, l'assemblea dei condomini provvede (66, 67 att.):

1) alla conferma dell'amministratore e all'eventuale sua retribuzione (1292);

2) all'approvazione del preventivo delle spese occorrenti durante l'anno e alla relativa ripartizione tra i condomini (1123);

3) all'approvazione del rendiconto annuale dell'amministratore e all'impiego del residuo attivo della gestione (1130[2]);

4) alle opere di manutenzione straordinaria e alle innovazioni, costituendo obbligatoriamente un fondo speciale di importo pari all'ammontare dei lavori; se i lavori devono essere eseguiti in base a un contratto che ne prevede il pagamento graduale in funzione del loro progressivo stato di avanzamento, il fondo può essere costituito in relazione ai singoli pagamenti dovuti ([1]) ([2]).

L'amministratore non può ordinare lavori di manutenzione straordinaria, salvo che rivestano carattere urgente, ma in questo caso deve riferirne nella prima assemblea (1134).

L'assemblea può autorizzare l'amministratore a partecipare e collaborare a progetti, programmi e iniziative territoriali promossi dalle istituzioni locali o da soggetti privati qualificati, anche mediante opere di risanamento di parti comuni degli immobili nonché di demolizione, ricostruzione e messa in sicurezza statica, al fine di favorire il recupero del patrimonio edilizio esistente, la vivibilità urbana, la sicurezza e la sostenibilità ambientale della zona in cui il condominio è ubicato ([3]).

([1]) *Questo numero è stato così sostituito dall'attuale dall'art. 13, comma 2, lett. a), della L. 11 dicembre 2012, n. 220 (in vigore dal 18 giugno 2013). Si riporta il testo precedente: «4) alle opere di manutenzione straordinaria, costituendo, se occorre, un fondo speciale.».*

([2]) *Il secondo periodo di questa lettera è stato aggiunto dall'art. 1, comma 9, lett. d), del D.L. 23 dicembre 2013, n. 145, convertito, con modificazioni, nella L. 21 febbraio 2014, n. 9.*

([3]) *Questo comma è stato aggiunto dall'art. 13, comma 2, lett. b), della L. 11 dicembre 2012, n. 220 (in vigore dal 18 giugno 2013).*

NOTE OPERATIVE:

Polizza assicurativa: L'assemblea di condominio può validamente approvare la spesa per la stipula di una polizza assicurativa per la tutela delle spese legali, volta a coprire le spese processuali per tutte le azioni concernenti le parti comuni dell'edificio, promosse da o nei confronti del condominio, al fine di evitare pregiudizi economici ai condomini (C.C. 11349/22 – Conf. C.C. 23254/21).

Transazione: L'assemblea può deliberare a maggioranza su tutto ciò che riguarda le spese di interesse comune e, quindi anche sulle transazioni che a tali spese afferiscano, essendo necessario il consenso unanime dei condomini solo quando la transazione abbia ad oggetto i diritti reali comuni (C.C. 1234/16 – Conf. C.C. 821/14; C.C. 4258/06).

1136. (1) (2) **Costituzione dell'assemblea e validità delle deliberazioni.** – L'assemblea in prima convocazione è regolarmente costituita con l'intervento di tanti condomini che rappresentino i due terzi del valore dell'intero edificio e la maggioranza dei partecipanti al condominio.

Sono valide le deliberazioni approvate con un numero di voti che rappresenti la maggioranza degli intervenuti e almeno la metà del valore dell'edificio (3).

Se l'assemblea in prima convocazione non può deliberare per mancanza di numero legale, l'assemblea in seconda convocazione delibera in un giorno successivo a quello della prima e, in ogni caso, non oltre dieci giorni dalla medesima. L'assemblea in seconda convocazione è regolarmente costituita con l'intervento di tanti condomini che rappresentino almeno un terzo del valore dell'intero edificio e un terzo dei partecipanti al condominio. La deliberazione è valida se approvata dalla maggioranza degli intervenuti con un numero di voti che rappresenti almeno un terzo del valore dell'edificio.

Le deliberazioni che concernono la nomina e la revoca dell'amministratore o le liti attive e passive relative a materie che esorbitano dalle attribuzioni dell'amministratore medesimo, le deliberazioni che concernono la ricostruzione dell'edificio o riparazioni straordinarie di notevole entità e le deliberazioni di cui agli articoli 1117 *quater*, 1120, secondo comma, 1122 *ter* nonché 1135, terzo comma, devono essere sempre approvate con la maggioranza stabilita dal secondo comma del presente articolo.

Le deliberazioni di cui all'articolo 1120, primo comma, e all'articolo 1122 *bis*, terzo comma, devono essere approvate dall'assemblea con un numero di voti che rappresenti la maggioranza degli intervenuti ed almeno i due terzi del valore dell'edificio.

L'assemblea non può deliberare, se non consta che tutti gli aventi diritto sono stati regolarmente convocati.

Delle riunioni dell'assemblea si redige processo verbale da trascrivere nel registro tenuto dall'amministratore (1129, 1138[4]; 67, 68 att.).

(1) *Questo articolo è stato così sostituito dall'art. 14 della L. 11 dicembre 2012, n. 220 (in vigore dal 18 giugno 2013). Si riporta il testo precedente: «1136.* (Costituzione dell'assemblea e validità delle deliberazioni) *L'assemblea è regolarmente costituita con l'intervento di tanti condomini che rappresentino i due terzi del valore dell'intero edificio e i due terzi dei partecipanti al condominio.*

Sono valide le deliberazioni approvate con un numero di voti che rappresenti la maggioranza degli intervenuti e almeno la metà del valore dell'edificio.

Se l'assemblea non può deliberare per mancanza di numero, l'assemblea di seconda convocazione delibera in un giorno successivo a quello della prima e, in ogni caso, non oltre dieci giorni dalla medesima; la deliberazione è valida se riporta un numero di voti che rappresenti il terzo dei partecipanti al condominio e almeno un terzo del valore dell'edificio.

Le deliberazioni che concernono la nomina e la revoca dell'amministratore o le liti attive e passive relative a materie che esorbitano dalle attribuzioni dell'amministratore medesimo, nonché le deliberazioni che concernono la ricostruzione dell'edificio o riparazioni straordinarie di notevole entità devono essere sempre prese con la maggioranza stabilita dal secondo comma.

Le deliberazioni che hanno per oggetto le innovazioni previste dal primo comma dell'articolo 1120 devono essere sempre approvate con un numero di voti che rappresenti la maggioranza dei partecipanti al condominio e i due terzi del valore dell'edificio.

L'assemblea non può deliberare, se non consta che tutti i condomini sono stati invitati alla riunione.

Delle deliberazioni dell'assemblea si redige processo verbale da trascriversi in un registro tenuto dall'amministratore.».

(2) *A norma dell'art. 66, sesto comma, att. c.c., come da ultimo modificato dall'art. 5 bis, comma 1, del D.L. 7 ottobre 2020, n. 125, convertito, con modificazioni, nella L. 27 novembre 2020, n. 159, anche ove non espressamente previsto dal regolamento condominiale, previo consenso della maggioranza dei condomini, la partecipazione all'assemblea può avvenire in modalità di videoconferenza. In tal caso, il verbale, redatto dal segretario e sottoscritto dal presidente, è trasmesso all'amministratore e a tutti i condomini con le medesime formalità previste per la convocazione.*

(3) *A norma dell'art. 17 quinquies, comma 2 e 3, del D.L. 22 giugno 2012, n. 83, convertito, con modificazioni, nella L. 7 agosto 2012, n. 134, fatto salvo il regime di cui all'articolo 1102 del codice civile, le opere edilizie per l'installazione delle infrastrutture di ricarica elettrica dei veicoli in edifici in condominio sono approvate dall'assemblea di condominio, in prima o in seconda convocazione, con le maggioranze previste da questo comma. Nel caso in cui il condominio rifiuti di assumere, o non assuma entro tre mesi dalla richiesta fatta per iscritto, le deliberazioni di cui al comma 2, il condomino interessato può installare, a proprie spese, i dispositivi di cui al citato comma 2, secondo le modalità ivi previste. Resta fermo quanto disposto dagli articoli 1120, secondo comma, e 1121, terzo comma, c.c.*

NOTE OPERATIVE:

Convocazione: All'assemblea condominiale deve essere convocato l'effettivo titolare del diritto di proprietà dell'unità immobiliare, indipendentemente dalla avvenuta comunicazione all'amministratore della eventuale vicenda traslativa ad essa relativa (C.C. 10824/23).

Maggioranza (calcolo): Per il riscontro della maggioranza degli intervenuti occorre che la deliberazione sia approvata almeno dalla metà più uno dei membri del collegio (C.C. 28629/22).

Tabelle millesimali: L'atto di approvazione delle tabelle millesimali, al pari di quello di revisione delle stesse, non ha natura negoziale, con la conseguenza che il medesimo non deve essere approvato con il consenso unanime dei condomini (C.C. 2712/23 – Conf. C.C. 13024/22; S.U. 18477/10).

1137. (1) **Impugnazione delle deliberazioni dell'assemblea.** – Le deliberazioni prese dall'assemblea a norma degli articoli precedenti sono obbligatorie per tutti i condomini (1105).

Contro le deliberazioni contrarie alla legge o al regolamento di condominio ogni condomino assente, dissenziente o astenuto può adire l'autorità giudiziaria chiedendone l'annullamento nel termine perentorio di trenta giorni, che decorre dalla data della deliberazione per i dissenzienti o astenuti e dalla data di comunicazione della deliberazione per gli assenti.

L'azione di annullamento non sospende l'esecuzione della deliberazione, salvo che la sospensione sia ordinata dall'autorità giudiziaria (1138^4) (2).

L'istanza per ottenere la sospensione proposta prima dell'inizio della causa di merito non sospende né interrompe il termine per la proposizione dell'impugnazione della deliberazione. Per quanto non espressamente previsto, la sospensione è disciplinata dalle norme di cui al libro IV, titolo I, capo III, sezione I [, con l'esclusione dell'articolo 669 *octies*, sesto comma, del codice di procedura civile] (3).

(1) *Questo articolo è stato così sostituito dall'art. 15 della L. 11 dicembre 2012, n. 220 (in vigore dal 18 giugno 2013).*

Si riporta il testo precedente:

«Art. 1137. (Impugnazione delle deliberazioni dell'assemblea). - *Le deliberazioni prese dall'assemblea a norma degli articoli precedenti sono obbligatorie per tutti i condomini. Contro le deliberazioni contrarie alla legge o al regolamento di condominio ogni condomino dissenziente può fare ricorso all'autorità giudiziaria, ma il ricorso non sospende l'esecuzione del provvedimento, salvo che la sospensione sia ordinata dall'autorità stessa.*

Il ricorso deve essere proposto, sotto pena di decadenza, entro trenta giorni, che decorrono dalla data della deliberazione per i dissenzienti e dalla data di comunicazione per gli assenti.».

(2) *La Corte costituzionale, con sentenza n. 49 del 2 febbraio 1990, ha dichiarato l'illegittimità costituzionale dell'art. 1 della legge 7 ottobre 1969, n. 742, nella parte in cui non dispone che la sospensione ivi prevista si applichi anche al termine di trenta giorni di cui all'art. 1137 del codice civile, per l'impugnazione delle delibere dell'assemblea di condominio.*

(3) *Le parole tra parentesi quadrate sono state soppresse dall'art. 1, comma 11, del D.L.vo 10 ottobre 2022, n. 149, a decorrere dal 28 febbraio 2023.*

NOTE OPERATIVE:

Sindacato del giudice: Il sindacato dell'autorità giudiziaria sulle delibere assembleari non può estendersi alla valutazione del merito e al controllo della discrezionalità di cui dispone l'assemblea, quale organo sovrano della volontà dei condomini, ma deve limitarsi ad un riscontro di legittimità che, oltre ad avere riguardo alle norme di legge o del regolamento condominiale, può effettivamente abbracciare anche l'eccesso di potere, purché la causa della deliberazione risulti – sulla base di un apprezzamento di fatto del relativo contenuto, che spetta al giudice di merito – falsamente deviata dal suo modo di essere, in quanto anche in tal caso lo strumento dell'impugnazione non è finalizzato a controllare l'opportunità o convenienza della soluzione adottata dall'impugnata delibera, ma solo a stabilire se la decisione collegiale sia, o meno, il risultato del legittimo esercizio del potere dell'assemblea (C.C. 15320/22 – Conf. C.C. 12932/22; C.C. 20135/17; C.C. 454/17; C.C. 10199/12).

1138. Regolamento di condominio. – Quando in un edificio il numero dei condomini è superiore a dieci, deve essere formato un regolamento, il quale contenga le norme circa l'uso delle cose comuni (1117) e la ripartizione delle spese (1123), secondo i diritti e gli obblighi spettanti a ciascun condomino, nonché le norme per la tutela del decoro dell'edificio e quelle relative all'amministrazione (1106; 68, 70, 72 att.).

Ciascun condomino può prendere l'iniziativa per la formazione del regolamento di condominio o per la revisione di quello esistente.

Il regolamento deve essere approvato dall'assemblea con la maggioranza stabilita dal secondo comma dell'art. 1136 ed allegato al registro indicato dal numero 7) dell'articolo 1130. Esso può essere impugnato a norma dell'articolo 1107 (1).

Le norme del regolamento non possono in alcun modo menomare i diritti di ciascun condomino, quali risultano dagli atti di acquisto e dalle convenzioni, e in nessun caso possono derogare alle disposizioni degli articoli 1118, secondo comma, 1119, 1120, 1129, 1131, 1132, 1136 e 1137 (68, 70, 71, 72 att.).

Le norme del regolamento non possono vietare di possedere o detenere animali domestici (2).

(1) *Questo comma è stato così sostituito dall'art. 16, comma 1, lett. a), della L. 11 dicembre 2012, n. 220 (in vigore dal 18 giugno 2013).*

Si riporta il testo precedente: «Il regolamento deve essere approvato dall'assemblea con la maggioranza stabilita dal secondo comma dell'art. 1136 (918^3) e trascritto nel registro indicato dall'ultimo comma del-

l'art. 1129. Esso può essere impugnato a norma dell'articolo 1107.».

([2]) *Questo comma è stato aggiunto dall'art. 16, comma 1, lett. b), della L. 11 dicembre 2012, n. 220 (in vigore dal 18 giugno 2013).*

NOTE OPERATIVE:

Vincolatività: Il regolamento di condominio, predisposto dall'originario unico proprietario dell'edificio, vincola chi abbia acquistato le singole unità immobiliari successivamente alla sua predisposizione purché richiamato ed approvato nei singoli atti di proprietà, in modo da far parte per relationem del loro contenuto (C.C. 974/19 – Conf. C.C. 19798/14).

Regolamento contrattuale: Il regolamento contrattuale di condominio, quali ne siano il meccanismo di produzione ed il momento della sua efficacia, si configura, dal punto di vista strutturale, alla stregua di un contratto plurilaterale (C.C. 24957/20). Il regolamento di condominio, anche se contrattuale, non può derogare alle disposizioni richiamate dall'art. 1138, comma 4, c.c. e non può menomare i diritti che ai condomini derivino dalla legge, dagli atti di acquisto e dalle convenzioni (C.C. 9387/20 – Conf. C.C. 19893/11).

Opponibilità: Le clausole dei regolamenti condominiali, di natura contrattuale, le quali limitino la facoltà dei proprietari delle unità singole di adibire il loro immobile a determinate destinazioni, costituiscono servitù reciproche a favore e contro ciascuna unità immobiliare di proprietà individuale, e sono soggette, pertanto, ai fini dell'opponibilità ai terzi, alla trascrizione, da eseguirsi indicando specificamente, nella nota di trascrizione, le clausole che limitano i diritti dei condomini (C.C. 24526/22 – Conf. C.C. 4529/22; C.C. 17886/09; C.C. 10523/03) e ciò anche in caso di supercondominio (C.C. 30246/19).

Interpretazione: I divieti e i limiti di destinazione alle facoltà di godimento dei condomini sulle unità immobiliari in proprietà esclusiva devono risultare da espressioni incontrovertibilmente rivelatrici di un intento chiaro ed esplicito, non suscettibile di dar luogo a incertezze (C.C. 24526/22 – Conf. C.C. 27257/19; C.C. 21307/16).

1139. Rinvio alle norme sulla comunione. – Per quanto non è espressamente previsto da questo capo si osservano le norme sulla comunione in generale (1100 ss.; 61 ss. att.).

NOTE OPERATIVE:

Condominio minimo: In base all'art. 1139 c.c., la disciplina del capo II del Titolo VII del terzo libro del c.c. (art. 1117 - 1138) è applicabile ad ogni tipo di condominio e, quindi, anche, ai cosiddetti condomini minimi, e cioè a quelle collettività condominiali composte da due soli partecipanti, in relazione alle quali sono da ritenersi inapplicabili le sole norme procedimentali sul funzionamento dell'assemblea condominiale, che resta regolato, dunque, dagli art. 1104, 1105, 1106 c.c. (C.C. 13371/05 – Conf. C.C. 27/04; C.C. 5914/93).

Titolo VIII
Del possesso

Capo I
Disposizioni generali

1140. Possesso. – Il possesso è il potere sulla cosa che si manifesta in un'attività corrispondente all'esercizio della proprietà (832) o di altro diritto reale (1066).

Si può possedere direttamente o per mezzo di altra persona, che ha la detenzione della cosa.

NOTE OPERATIVE:

Compossesso pro indiviso: Sebbene il vigente diritto positivo non disciplini espressamente il compossesso pro indiviso, nulla impedisce la possibilità di un esercizio di fatto dell'attività corrispondente alla comunione del diritto di proprietà (C.C. 16695/23 – Conf. C.C. 6878/86).

Immobile in corso di costruzione: Un fabbricato in corso di costruzione è suscettibile di possesso o di compossesso. Non esiste, infatti, alcuna valida ragione che giustifica la sottrazione di immobili di tale genere all'ambito di applicabilità del possesso (o compossesso) e del conseguente acquisto, per usucapione, della relativa proprietà (o comproprietà) (C.C. 4428/09).

Tutela risarcitoria: Il diritto al risarcimento del danno può spettare anche a colui il quale, per circostanze contingenti, si trovi ad esercitare un potere soltanto materiale sulla cosa (quale il possesso) e, dal danneggiamento di questa, possa risentire un pregiudizio al suo patrimonio, indipendentemente dal diritto – reale o personale – che egli abbia all'esercizio di quel potere (C.C. 21011/10 – Conf. C.C. 4003/06; C.C. 10843/97).

1141. Mutamento della detenzione in possesso. – Si presume il possesso in colui che esercita il potere di fatto, quando non si prova che ha cominciato a esercitarlo semplicemente come detenzione (2728).

Se alcuno ha cominciato ad avere la detenzione, non può acquistare il possesso finché il titolo non venga a essere mutato per causa proveniente da un terzo o in forza di opposizione da lui fatta contro il possessore (1164). Ciò vale anche per i successori a titolo universale (588, 1146).

NOTE OPERATIVE:

Interversione: L'interversione nel possesso non può aver luogo mediante un semplice atto di volizione interna, ma deve estrinsecarsi in una manifestazione esteriore, dalla quale sia consentito desumere che il detentore abbia cessato d'esercitare il potere di fatto sulla cosa in nome altrui e abbia iniziato ad esercitarlo esclusivamente in nome proprio, con correlata sostituzione al precedente animus detinendi dell'animus rem sibi habendi (C.C. 30134/22 – Conf. C.C. 27404/22; C.C. 23458/21; C.C. 26688/20).

1142. Presunzione di possesso intermedio. – Il possessore attuale che ha posseduto in tempo più remoto si presume che abbia posseduto anche nel tempo intermedio (2728).

NOTE OPERATIVE:

Onere della prova: Per effetto della presunzione della continuità del possesso si determina un'inversione dell'onere della prova, non essendo il possessore, sia che agisca come attore o che resista come convenuto, tenuto a dimostrare la continuità del possesso, ma onere della controparte che neghi essersi verificata l'usucapione, provare l'intervenuta interruzione (C.C. 3517/17 – Conf. C.C. 17322/10; C.C. 13921/02).

1143. Presunzione di possesso anteriore. – Il possesso attuale non fa presumere il possesso anteriore, salvo che il possessore abbia un titolo a fondamento del suo possesso; in questo caso si presume che egli abbia posseduto dalla data del titolo (2728).

NOTE OPERATIVE:

Ratio: La norma è ispirata alla considerazione che normalmente l'acquisto della proprietà o di un diritto reale in base ad un titolo comporta anche l'acquisto del possesso (C.C. 19501/15 – Conf. C.C. 1899/11).

1144. Atti di tolleranza. – Gli atti compiuti con l'altrui tolleranza non possono servire di fondamento all'acquisto del possesso.

NOTE OPERATIVE:

Caratteristiche: Gli atti di tolleranza sono quelli che implicando un elemento di transitorietà e saltuarietà comportano un godimento di modesta portata, incidente molto debolmente sull'esercizio del diritto da parte dell'effettivo titolare o possessore, e soprattutto traggono la loro origine da rapporti di amicizia o familiarità, i quali mentre a priori ingenerano e giustificano la permissivo, conducono per converso a escludere nella valutazione a posteriori la presenza di una pretesa possessoria sottostante al godimento derivatone (C.C. 4327/08 – Conf. C.C. 13443/07; C.C. 144/07).

Accertamento: Al fine di stabilire se la relazione di fatto con il bene costituisca una situazione di possesso ovvero di semplice detenzione, dovuta a mera tolleranza di chi potrebbe opporvisi, assume rilievo la circostanza che l'attività svolta sul bene abbia avuto durata non transitoria e sia stata di non modesta entità (C.C. 17880/19 – Conf. C.C. 9661/06).

1145. Possesso di cose fuori commercio. – Il possesso delle cose di cui non si può acquistare la proprietà è senza effetto.

Tuttavia nei rapporti tra privati è concessa l'azione di spoglio (1168) rispetto ai beni appartenenti al pubblico demanio (822) e ai beni delle province e dei comuni soggetti al regime proprio del demanio pubblico (824).

Se trattasi di esercizio di facoltà, le quali possono formare oggetto di concessione da parte della pubblica amministrazione, è data altresì l'azione di manutenzione (1170).

NOTE OPERATIVE:

Tutela: Nei rapporti tra privati è concessa, in via eccezionale e per ragioni di ordine pubblico, l'azione di spoglio quando sui beni demaniali siano stati compiuti atti di godimento analoghi a quelli eventualmente esercitati su cose di pertinenza esclusiva (C.C. 9873/12) purché ricorrano in concreto gli estremi soggettivi, oggettivi e temporali, previsti in via generale dagli artt. 1168 e 1170 c.c. (C.C. 23675/16 – Conf. C.C. 14791/09).

1146. Successione nel possesso. Accessione del possesso. – Il possesso continua nell'erede con effetto dall'apertura della successione (456, 460, 1141[2]).

Il successore a titolo particolare può unire al proprio possesso quello del suo autore per goderne gli effetti (649).

NOTE OPERATIVE:

Presupposti: Affinché operi il trapasso del possesso dall'uno all'altro dei successivi possessori ed il successore a titolo particolare possa unire al proprio quello del dante causa, è necessario che il trasferimento sia giustificato da un titolo astrattamente idoneo al passaggio della proprietà od altro diritto reale sul bene (C.C. 8579/23 – Conf. C.C. 20832/22).

1147. Possesso di buona fede. – È possessore di buona fede chi possiede ignorando di ledere l'altrui diritto (535, 1153, 1159 ss.).

La buona fede non giova se l'ignoranza dipende da colpa grave.

La buona fede è presunta e basta che vi sia stata al tempo dell'acquisto (534, 1153, 1159, 1415, 1445, 2728).

NOTE OPERATIVE:

Presupposti: Il principio opera, in quanto generale, quando le norme facciano riferimento alla buona fede senza nulla dire in ordine a ciò che vale ad integrarla o ad escluderla, ovvero al soggetto tenuto a provarne l'esistenza o ad altri profili di rilevanza della stessa (C.C. 37722/21 – Conf. C.C. 3102/02).

Onere della prova: La presunzione di buona fede a vantaggio dell'acquirente a non domino può essere superata solo tramite la prova della sussistenza della colpa grave dello stesso soggetto (C.C. 25879/18).

Capo II
Degli effetti del possesso

Sezione I
Dei diritti e degli obblighi del possessore nella restituzione della cosa

1148. Acquisto dei frutti. – Il possessore di buona fede (1147) fa suoi i frutti naturali separati fino al giorno della domanda giudiziale (163 c.p.c.) e i frutti civili maturati fino allo stesso giorno (820, 821). Egli, fino alla restituzione della cosa, risponde verso il rivendicante (948) dei frutti percepiti dopo la domanda giudiziale (163 c.p.c.) e di quelli che avrebbe potuto percepire dopo tale data, usando la diligenza di un buon padre di famiglia (56, 71, 535, 561, 1147, 1176, 2033).

NOTE OPERATIVE:

Ambito di applicazione: La norma si applica sia ai frutti civili sia a quelli naturali, venendo in rilievo, nel primo caso, un debito di valuta e, nel secondo, uno di valore (C.C. 848/20 – Conf. C.C. 12362/92).

1149. Rimborso delle spese per la produzione e il raccolto dei frutti. – Il possessore che è tenuto a restituire i frutti (820) indebitamente percepiti (1148) ha diritto al rimborso delle spese a norma del secondo comma dell'art. 821 (1150[4], 1282, 2040).

1150. Riparazioni, miglioramenti e addizioni. – Il possessore, anche se di mala fede, ha diritto al rimborso delle spese fatte per le riparazioni straordinarie (748, 1005).

Ha anche diritto a indennità per i miglioramenti (985) recati alla cosa, purché sussistano al tempo della restituzione.

L'indennità si deve corrispondere nella misura dell'aumento di valore conseguito dalla cosa per effetto dei miglioramenti, se il possessore è di buona fede (1147, 1502); se il possessore è di mala fede, nella minor somma tra l'importo della spesa e l'aumento di valore (2040).

Se il possessore è tenuto alla restituzione dei frutti (1149), gli spetta anche il rimborso delle spese fatte per le riparazioni ordinarie, limitatamente al tempo per il quale la restituzione è dovuta.

Per le addizioni fatte dal possessore sulla cosa si applica il disposto dell'art. 936. Tuttavia, se le addizioni costituiscono miglioramento e il possessore è di buona fede, è dovuta un'indennità nella misura dell'aumento di valore conseguito dalla cosa (535, 1147, 2040).

NOTE OPERATIVE:

Ambito di applicazione: La norma ha natura eccezionale e non può, quindi, essere applicata in via analogica al detentore qualificato od a qualsiasi diverso soggetto (C.C. 29924/22 – Conf. C.C. 28379/17; C.C. 13316/15; C.C. 13316/10; C.C. 5948/05).

1151. Pagamento delle indennità. – L'autorità giudiziaria, avuto riguardo alle circostanze, può disporre che il pagamento delle indennità previste dall'articolo precedente sia fatto ratealmente, ordinando, in questo caso, le opportune garanzie (1152[2], 1179, 2040; 119 c.p.c.).

1152. Ritenzione a favore del possessore di buona fede. – Il possessore di buona fede può ritenere la cosa finché non gli siano corrisposte le indennità dovute (2756), purché queste siano state domandate nel corso del giudizio di rivendicazione (948) e sia stata fornita una prova generica della sussistenza delle riparazioni e dei miglioramenti (748, 1006, 1011, 1502, 2756).

Egli ha lo stesso diritto finché non siano prestate le garanzie ordinate dall'autorità giudiziaria nel caso previsto dall'articolo precedente (2040, 2864).

NOTE OPERATIVE:

Natura giuridica: Il diritto di ritenzione – che si configura come una situazione non autonoma ma strumentale all'autotutela di altra situazione attiva generalmente costituita da un diritto di credito (C.C. 27990/19 – Conf. C.C. 9267/10) – è un mezzo di autotutela di natura eccezionale, ed in quanto tale non è applicabile in via analogica a casi che non siano contemplati dalla legge (C.C. 12483/22 – Conf. C.C. 5828/84).

Sezione II
Del possesso di buona fede di beni mobili

1153. Effetti dell'acquisto del possesso. – Colui al quale sono alienati beni mobili da parte di chi non ne è proprietario, ne acquista la proprietà mediante il possesso (1994, 2920), purché sia in buona fede (1147) al momento della consegna e sussista un titolo idoneo al trasferimento della proprietà (1161, 1192, 1599[2]).

La proprietà si acquista libera da diritti altrui sulla cosa, se questi non risultano dal titolo e vi è la buona fede dell'acquirente.

Nello stesso modo si acquistano i diritti di usufrutto (978), di uso (1021) e di pegno (2784, 2913).

NOTE OPERATIVE:

Ambito di applicazione: Va esclusa l'applicabilità della regola generale secondo cui l'immissione nel possesso mediante consegna della cosa "vale titolo" con riferimento alle cose di interesse storico e artistico (C.C. 11032/22).

Consegna: Ai fini dell'operatività del meccanismo di acquisto della proprietà, il requisito della consegna reale, proveniente dall'alienante, non comporta anche la necessità di un contatto fisico e diretto dell'acquirente con il bene, rilevando unicamente che quest'ultimo sia posto in grado di esercitare su di esso i poteri di controllo e vigilanza che costituiscono il contenuto proprio del possesso uti dominus trasmessogli dal suo dante causa a titolo particolare (C.C. 11719/02), essendo così sufficiente che la traditio spieghi effetto nella sua sfera giuridica (C.C. 2100/18).

Buona fede: La buona fede che rileva ai fini dell'acquisto della proprietà di beni mobili a non domino, corrisponde a quella di cui all'art. 1147 c.c., sicché, ai sensi del comma 2 di quest'ultima norma, essa non è invocabile da chi compie l'acquisto ignorando di ledere l'altrui diritto per colpa grave (C.C. 1593/17).

1154. Conoscenza dell'illegittima provenienza della cosa. – A colui che ha acquistato conoscendo l'illegittima provenienza della cosa non giova l'erronea credenza che il suo autore o un precedente possessore ne sia divenuto proprietario.

1155. Acquisto di buona fede e precedente alienazione ad altri. – Se taluno con successivi contratti aliena a più persone un bene mobile, quella tra esse che ne ha acquistato in buona fede (1147) il possesso è preferita alle altre, anche se il suo titolo è di data posteriore (1153, 1265, 1380).

1156. Universalità di mobili e mobili iscritti in pubblici registri. – Le disposizioni degli articoli precedenti non si applicano alle universalità di mobili (816) e ai beni mobili iscritti in pubblici registri (815, 816, 1162, 2683 ss.; 146, 753 c.n.).

NOTE OPERATIVE:

Ambito di applicazione: La norma non si applica ai beni mobili soggetti ad iscrizione nei pubblici registri, ma di fatto non iscritti o non validamente iscritti, con la conseguenza che la loro proprietà può acquistarsi in attuazione del principio del possesso di buona fede, quando ricorrono le condizioni stabilite dall'art. 1153 c.c. (C.C. 12860/18 – Conf. C.C. 15810/02; C.C. 5600/01).

1157. Possesso di titoli di credito. – Gli effetti del possesso di buona fede dei titoli di credito sono regolati dal titolo V del libro IV (1992 ss.).

Sezione III
Dell'usucapione

1158. Usucapione dei beni immobili e dei diritti reali immobiliari. – La proprietà dei beni immobili (812) e gli altri diritti reali di godimento (957, 970, 978, 1021, 1022, 1031) sui beni medesimi si acquistano in virtù del possesso continuato per venti anni (66 u.c., 1166).

NOTE OPERATIVE:

Presupposti: Ai fini dell'usucapione dei beni immobili è richiesto un possesso continuo, pacifico, pubblico, non interrotto, non equivoco, accompagnato dall'animo di tenere la cosa come propria, che si protragga per oltre venti anni. Il requisito della continuità, necessario per la configurabilità del possesso ad usucapionem, si fonda sulla necessità che il possessore esplichi costantemente il potere di fatto corrispondente al diritto reale posseduto e lo manifesti con il compimento puntuale di atti di possesso conformi alla qualità e alla destinazione della cosa e tali da rivelare, anche esternamente, una indiscussa e piena signoria di fatto sulla res (C.C. 27376/21 – Conf. C.C. 10652/94).

Prova: Ai fini della prova dell'intervenuta usucapione, la coltivazione di un terreno, in modo pubblico, pacifico, continuo e ininterrotto per i venti anni richiesti dall'art. 1158 c.c. bene può configurare il ius possessionis mentre la sussistenza dell'animus possidendi è desumibile in via presuntiva e implicita dall'esercizio dell'attività materiale corrispondente al diritto di proprietà (C.C. 13002/10 – Conf. C.C. 15446/07).

Accessione (rapporti): L'usucapione non esclude l'operatività dell'accessione, ma si limita, semplicemente, a farne venire meno gli effetti a causa del successivo acquisto della proprietà e del suolo (C.C. 5739/11 – Conf. C.C. 3191/80).

1159. Usucapione decennale. – Colui che acquista in buona fede (1147) da chi non è proprietario un immobile (812), in forza di un titolo che sia idoneo a trasferire la proprietà (922) e che sia stato debitamente trascritto (2643, n. 1), ne compie l'usucapione in suo favore col decorso di dieci anni dalla data della trascrizione.

La stessa disposizione si applica nel caso di acquisto degli altri diritti reali di godimento sopra un immobile (1160).

NOTE OPERATIVE:

Presupposti: L'istituto postula l'identità fra l'immobile posseduto e quello acquistato in buona fede a non domino (C.C. 25014/22).

1159 *bis*. Usucapione speciale per la piccola proprietà rurale. – La proprietà dei fondi rustici con annessi fabbricati situati in comuni classificati montani dalla legge si acquista in virtù del possesso continuato per quindici anni.

Colui che acquista in buona fede (1144) da chi non è proprietario, in forza di un titolo che sia idoneo a trasferire la proprietà e che sia debitamente trascritto (2643), un fondo rustico con annessi fabbricati, situati in comuni classificati montani dalla legge, ne compie l'usucapione in suo favore col decorso di cinque anni dalla data di trascrizione.

La legge speciale stabilisce la procedura, le modalità e le agevolazioni per la regolarizzazione del titolo di proprietà.

Le disposizioni di cui ai commi precedenti si applicano anche ai fondi rustici con annessi fabbricati, situati in comuni non classificati montani dalla legge, aventi un reddito non superiore ai limiti fissati dalla legge speciale.

NOTE OPERATIVE:

Presupposti: L'usucapione speciale per la piccola proprietà rurale richiede l'accertamento di un diritto che postula requisiti specifici, quali la classificazione rurale del fondo, l'annessione di un fabbricato, l'insistenza in un territorio classificato montano e un'attribuzione reddituale non superiore a determinati limiti stabiliti dalla legge (C.C. 30438/22 – Conf. C.C. 1622/22; C.C. 30251/19).

1160. Usucapione delle universalità di mobili. – L'usucapione di un'universalità di mobili (816) o di diritti reali di godimento sopra la medesima si compie in virtù del possesso continuato per venti anni.

Nel caso di acquisto in buona fede (1147) da chi non è proprietario, in forza di titolo idoneo (922), l'usucapione si compie con il decorso di dieci anni (1159, 1163).

NOTE OPERATIVE:

Azienda: Ai fini della disciplina del possesso e dell'usucapione, l'azienda, quale complesso dei beni organizzati per l'esercizio dell'impresa, deve essere considerata come un bene distinto dai singoli componenti, suscettibile di essere unitariamente posseduto e, nel concorso degli altri elementi indicati dalla legge, usucapito (S.U. 5087/14).

1161. Usucapione dei beni mobili. – In mancanza di titolo idoneo (922, 1153), la proprietà dei beni mobili e gli altri diritti reali di godimento sui beni medesimi si acquistano in virtù del possesso continuato per dieci anni, qualora il possesso sia stato acquistato in buona fede (1147).

Se il possessore è di mala fede, l'usucapione si compie con il decorso di venti anni (1163).

1162. Usucapione di beni mobili iscritti in pubblici registri. – Colui che acquista in buona fede (1147) da chi non è proprietario un bene mobile iscritto in pubblici registri (815, 1156, 2683 ss.; 146 ss., 753 ss. c.n.), in forza di un titolo che sia idoneo a trasferire la proprietà e che sia stato debitamente trascritto (922, 2683), ne compie in suo favore l'usucapione col decorso di tre anni dalla data della trascrizione.

Se non concorrono le condizioni previste dal comma precedente, l'usucapione si compie col decorso di dieci anni.

Le stesse disposizioni si applicano nel caso di acquisto degli altri diritti reali di godimento.

1163. Vizi del possesso. – Il possesso acquistato in modo violento o clandestino non giova per l'usucapione se non dal momento in cui la violenza o la clandestinità è cessata (1170).

NOTE OPERATIVE:

Clandestinità: Il requisito della non clandestinità va riferito non agli espedienti che il possessore potrebbe attuare per apparire proprietario, ma al fatto che il possesso sia stato acquistato ed esercitato pubblicamente, cioè in modo visibile a tutti o almeno ad un'apprezzabile ed indistinta generalità di soggetti (C.C. 17881/13 – Conf. C.C. 6997/98; C.C. 2800/79; C.C. 1021/73; C.C. 1910/70).

1164. Interversione del possesso. – Chi ha il possesso corrispondente all'esercizio di un diritto reale su cosa altrui non può usucapire la proprietà della cosa stessa, se il titolo del suo possesso non è mutato per causa proveniente da un terzo o in forza di opposizione da lui fatta contro il diritto del proprietario (1141). Il tempo necessario per l'usucapione decorre dalla data in cui il titolo del possesso è stato mutato (1102², 1158 ss.).

NOTE OPERATIVE:

Comunione: Il partecipante alla comunione che intenda dimostrare l'intenzione di possedere non a titolo di compossesso, ma di possesso esclusivo (uti dominus), non ha la necessità di compiere atti di interversio possessionis (C.C. 38088/22 – Conf. C.C. 10494/18; C.C. 9100/18; C.C. 16841/05).

1165. Applicazione di norme sulla prescrizione. – Le disposizioni generali sulla prescrizione (2934 ss.), quelle relative alle cause di sospensione (2941, 2942) e d'interruzione (1167, 2943) e al computo dei termini (2962, 2963) si osservano, in quanto applicabili, rispetto all'usucapione.

NOTE OPERATIVE:

Interruzione: Poiché con il rinvio fatto all'art. 2943 c.c. risultano tassativamente elencati gli atti interruttivi del possesso, non è consentitolo attribuire efficacia interruttiva ad atti diversi da quelli stabiliti dalla legge (C.C. 24176/21 – Conf. C.C. 512/21; C.C. 11476/19).

1166. Inefficacia delle cause d'impedimento e di sospensione rispetto al terzo possessore. – Nell'usucapione ventennale (1158, 1160) non hanno luogo, riguardo al terzo possessore di un immobile o di un diritto reale sopra un immobile, né l'impedimento derivante da condizione o da termine (2935), né le cause di sospensione indicate dall'art. 2942.

L'impedimento derivante da condizione o da termine e le cause di sospensione menzionate nel detto articolo non sono nemmeno opponibili al terzo possessore nella prescrizione per non uso (1073) dei diritti reali sui beni da lui posseduti (954, 970, 1014).

1167. Interruzione dell'usucapione per perdita di possesso. – L'usucapione è interrotta (2945) quando il possessore è stato privato del possesso per oltre un anno.

L'interruzione si ha come non avvenuta se è stata proposta l'azione diretta a ricuperare il possesso (1168) e questo è stato ricuperato.

Capo III
Delle azioni a difesa del possesso

1168. Azione di reintegrazione. – Chi è stato violentemente od occultamente spogliato del possesso (1140) può (374, n. 5), entro l'anno dal sofferto spoglio, chiedere contro l'autore di esso la reintegrazione del possesso medesimo (1246, n. 1; 703 ss. c.p.c.).

L'azione è concessa altresì a chi ha la detenzione (1141) della cosa, tranne il caso che l'abbia per ragioni di servizio o di ospitalità.

Se lo spoglio è clandestino, il termine per chiedere la reintegrazione decorre dal giorno della scoperta dello spoglio (1170^2).

La reintegrazione deve ordinarsi dal giudice (8, n. 1, 21, 703, 704 c.p.c.) sulla semplice notorietà del fatto, senza dilazione (1246, n. 1).

NOTE OPERATIVE:

Finalità: L'azione ha la finalità di reintegrare il possesso nelle condizioni di esercizio anteriori allo spoglio (C.C. 7714/14).

Legittimato: L'esercizio dell'azione di reintegrazione contro l'autore dello spoglio è consentito anche al detentore qualificato, a colui, cioè, che esercita il potere di fatto sulla cosa altrui con l'intenzione di tenerla a propria disposizione in virtù di un diritto personale (C:C. 19114/15), tranne il caso che l'abbia per ragioni di servizio o di ospitalità (C.C. 4448/12).

Spoglio: In tema di spoglio, l'accertamento del giudice deve riguardare sia l'elemento oggettivo della privazione totale o parziale del possesso, violenta o clandestina, che l'elemento soggettivo, ossia l'animus spoliandi, che non consiste nella sola coscienza e volontà dell'agente di compiere il fatto materiale della privazione del possesso, bensì nella consapevole volontà di sostituirsi al detentore, contro la volontà di questo, nella detenzione totale o parziale e nel godimento del bene (C.C. 14797/17 – Conf. C.C. 4226/85).

Termine: Il termine annuale per chiedere la reintegrazione nel possesso a seguito di spoglio, di cui all'art. 1168 c.c., ha natura sostanziale (C.C. 18058/12 – Conf. C.C. 2530/81).

1169. Reintegrazione contro l'acquirente consapevole dello spoglio. – La reintegrazione si può domandare anche contro chi è nel possesso in virtù di un acquisto a titolo particolare, fatto con la conoscenza dell'avvenuto spoglio.

NOTE OPERATIVE:

Ambito di applicazione: La regola è dettata per il caso in cui la successione nel possesso a titolo particolare nei confronti dell'autore dello spoglio avvenga prima della proposizione della domanda di reintegrazione nel possesso (C.C. 21540/16 – Conf. C.C. 13377/12; C.C. 11583/05).

1170. Azione di manutenzione. – Chi è stato molestato nel possesso di un immobile, di un diritto reale sopra un immobile (812, 813) o di un'universalità di mobili (816) può, entro l'anno dalla turbativa, chiedere la manutenzione del possesso medesimo (8, n. 1, 703 ss. c.p.c.).

L'azione è data se il possesso dura da oltre un anno, continuo e non interrotto, e non è stato acquistato violentemente o clandestinamente. Qualora il possesso sia stato acquistato in modo violento o clandestino, l'azione può nondimeno esercitarsi, decorso un anno dal giorno in cui la violenza o la clandestinità è cessata (1168).

Anche colui che ha subito uno spoglio non violento o clandestino può chiedere di essere rimesso nel possesso, se ricorrono le condizioni indicate dal comma precedente (21, n. 8, 688, 703 c.p.c.).

NOTE OPERATIVE:

Legittimazione: Legittimato attivo è il possessore (non anche il detentore) (C.C. 22642/18).

Presupposti: L'azione di manutenzione presuppone il possesso del soggetto passivo della turbativa o molestia (C.C. 4917/06); al fine di integrare il presupposto oggettivo dell'azione di manutenzione del possesso, costituito dalla molestia, non è sufficiente il solo pericolo astratto, ma occorre, invece, che questo si concreti in un pericolo serio e concreto (C.C. 2291/16).

Titolo IX
Della denunzia di nuova opera e di danno temuto

1171. Denunzia di nuova opera. – Il proprietario (374, n. 5), il titolare di altro diritto reale di godimento (978, 1021, 1022, 1031) o il possessore (1140), il quale ha ragione di temere che da una nuova opera, da altri intrapresa sul proprio come sull'altrui fondo, sia per derivare danno alla cosa che forma l'oggetto del suo diritto o del suo possesso, può denunziare all'autorità giudiziaria (8, n. 1, 21, 688 ss. c.p.c.) la nuova opera, purché questa non sia terminata e non sia trascorso un anno dal suo inizio.

L'autorità giudiziaria, presa sommaria cognizione del fatto, può vietare la continuazione dell'opera, ovvero permetterla, ordinando le opportune cautele: nel primo caso, per il risarcimento del danno prodotto dalla sospensione dell'opera, qualora le opposizioni al suo proseguimento risultino infondate nella decisione del merito; nel secondo caso, per la demolizione o riduzione dell'opera e per il risarcimento del danno che possa soffrirne il denunziante, se questi ottiene sentenza favorevole, nonostante la permessa continuazione.

NOTE OPERATIVE:

Finalità: Le azioni di nunciazione sono preordinate a difesa sia della proprietà o di altro diritto reale, sia del semplice possesso e l'ordinario giudizio di merito successivo alla fase preliminare e cautelare ha natura petitoria o possessoria a seconda che la domanda, alla stregua delle ragioni addotte a fondamento di essa (causa petendi) e delle specifiche conclusioni (petitum), risulti, secondo la motivata valutazione del giudice, volta a perseguire la tutela della proprietà o del possesso (C.C. 11027/03 – Conf. C.C. 6950/99; C.C. 5719/98).

Presupposti: L'azione non presuppone l'esclusiva altruità della cosa da cui deriva il pericolo (C.C. 13649/17 – Conf. C.C. 1778/07; C.C. 9783/97).

Poteri del giudice: Il giudice adito gode di ampi poteri discrezionali finalizzati all'eliminazione del pregiudizio che il possessore abbia subito, dall'opera altrui, nell'esercizio delle facoltà di godimento del bene tutelato (C.C. 676/11).

1172. Denunzia di danno temuto. – Il proprietario (374, n. 5), il titolare di altro diritto reale di godimento (978 ss.) o il possessore (1140 ss.), il quale ha ragione di temere che da qualsiasi edificio, albero o altra cosa sovrasti pericolo di un danno grave e prossimo alla cosa che forma l'oggetto del suo diritto o del suo possesso, può denunziare il fatto all'autorità giudiziaria (8, n. 1, 21, 688 ss. c.p.c.) e ottenere, secondo le circostanze, che si provveda per ovviare al pericolo.

L'autorità giudiziaria, qualora ne sia il caso, dispone idonea garanzia per i danni eventuali (1179; 119 c.p.c.).

NOTE OPERATIVE:

Danno alla salute: Il pericolo di danno alla salute non assume rilievo caratterizzante ed esclusivo ove costituisca conseguenza della menomazione delle facoltà di godimento pieno ed esclusivo della cosa in proprietà (C.C. 1778/07).

Legittimazione: Poiché l'azione di danno temuto postula un rapporto di cosa a cosa – nel senso che il fondo altrui deve costituire pericolo per quello proprio – è improponibile da colui che l'esperisce a tutela di un suo diritto personale (C.C. 9783/97).

Libro IV
Delle obbligazioni

Titolo I
Delle obbligazioni in generale

Capo I
Disposizioni preliminari

1173. Fonti delle obbligazioni. – Le obbligazioni derivano da contratto (1230, 1321 ss.), da fatto illecito (2043 ss.), o da ogni altro atto (1987 ss.) o fatto (433, 2028 ss.) idoneo a produrle in conformità dell'ordinamento giuridico (2033 ss.).

NOTE OPERATIVE:

Ordinamento giuridico: La responsabilità per fatto lecito dannoso non ha carattere eccezionale poiché l'espressione ordinamento giuridico che accompagna, nell'art. 1173 c.c., il riferimento alla terza specie di fonti delle obbligazioni, ossia quelle che derivano da ogni altro atto o fatto idoneo a produrle in conformità dell'ordinamento giuridico, non si risolve in una mera indicazione riassuntiva di un elenco chiuso costituito da tutte le altre fonti nominate (diverse dal contratto o dal fatto illecito), ma consente un'apertura all'analogia, ovvero alla possibilità che taluni accadimenti, ulteriori rispetto a quelli previsti dalla legge, siano ritenuti idonei alla produzione di obbligazioni alla luce dei principi e dei criteri desumibili dall'ordinamento considerato nella sua interezza, complessità ed evoluzione (C.C. 28233/17 – Conf. C.C. 25292/15).

Contatto sociale: Il contatto sociale qualificato, inteso come fatto idoneo a produrre obbligazioni ex art. 1173 c.c., e dal quale derivano, a carico delle parti, non obblighi di prestazione ai sensi art. 1174 c.c., bensì reciproci obblighi di buona fede, di protezione e di informazione, giusta gli artt. 2 Cost., 1175 e 1375 c.c., opera anche nella materia contrattuale, prescrivendo un autonomo obbligo di condotta che si aggiunge e concorre con l'adempimento dell'obbligazione principale, in quanto diretto alla protezione di interessi ulteriori della parte contraente, estranei all'oggetto della prestazione contrattuale, ma comunque coinvolti dalla realizzazione del risultato negoziale programmato (C.C. 24071/17).

1174. Carattere patrimoniale della prestazione. – La prestazione che forma oggetto dell'obbligazione deve essere suscettibile di valutazione economica e deve corrispondere a un interesse (840, 1255, 1256, 1379, 1384, 1411, 1421, 1464), anche non patrimoniale (1324), del creditore (1411 ss.).

NOTE OPERATIVE:

Utilità: Le obbligazioni, siano esse di risultato o di mezzi, sono sempre finalizzata a riversare nella sfera giuridica del creditore una utilitas oggettivamente apprezzabile, fermo restando che, nel primo caso, il risultato stesso è in rapporto di causalità necessaria con l'attività del debitore, non dipendendo da alcun fattore ad essa estraneo, mentre nell'obbligazione di mezzi il risultato dipende, oltre che dal comportamento del debitore, da fattori ulteriori e concomitanti (C.C. 33451/21 – Conf. C.C. 4876/14).

1175. Comportamento secondo correttezza. – Il debitore e il creditore devono comportarsi secondo le regole della correttezza, (1176, 1227, 1337, 1338, 1358, 1366, 1375, 1391, 1460, 2598, n. 3) [in relazione ai principi della solidarietà corporativa] (1).

(1) *Inciso soppresso dall'articolo 3 D.L.vo Lgt. 14 settembre 1944, n. 287, provvedimenti relativi alla riforma della legislazione civile.*

NOTE OPERATIVE:

Fondamento: Il principio di correttezza e buona fede – il quale, secondo la Relazione ministeriale al codice civile, richiama nella sfera del creditore la considerazione dell'interesse del debitore e nella sfera del debitore il giusto riguardo all'interesse del creditore – deve essere inteso in senso oggettivo in quanto enuncia un dovere di solidarietà, fondato sull'art. 2 della Costituzione, che, operando come un criterio di reciprocità, esplica la sua rilevanza nell'imporre a ciascuna delle parti del rapporto obbligatorio, il dovere di agire in modo da preservare gli interessi dell'altra, a prescindere dall'esistenza di specifici obblighi contrattuali o di quanto espressamente stabilito da singole norme di legge, sicché dalla violazione di tale regola di comportamento può discendere, anche di per sé, un danno risarcibile (C.C. 30853/22 – Conf. C.C. 9200/21; C.C. 9006/15; C.C. 22819/10; S.U. 28056/08).

Obblighi del creditore: Se il debitore ha l'obbligo di adempiere puntualmente la propria obbligazione (imposto dall'art. 1176 c.c.), il creditore ha quello non meno cogente (imposto dall'art. 1175 c.c.) di collaborare col debitore per facilitarne l'adempimento; di non aggravare inutilmente la sua posizione; di tollerare quei minimi scostamenti nell'esecuzione della prestazione dovuta che siano insuscettibili di arrecargli un apprezzabile sacrificio (C.C. 7409/21).

Abuso del diritto: L'abuso del diritto non presuppone una violazione in senso formale, ma si realizza quando nel collegamento tra il potere di autonomia conferito al soggetto ed il suo esercizio, ne risulti alterata la funzione obiettiva rispetto al potere che lo prevede ovvero lo schema formale del diritto sia finalizzato ad obiettivi ulteriori e diversi rispetto a quelli indicati dal legislatore (C.C. 26541/21 – Conf. C.C. 20106/09).

Capo II
Dell'adempimento delle obbligazioni

Sezione I
Dell'adempimento in generale

1176. Diligenza nell'adempimento. – Nell'adempiere l'obbligazione il debitore deve usare la diligenza del buon padre di famiglia.

Nell'adempimento delle obbligazioni inerenti all'esercizio di un'attività professionale, la diligenza deve valutarsi con riguardo alla natura dell'attività esercitata (1218).

NOTE OPERATIVE:

Parametri: La diligenza esigibile dal professionista o dall'imprenditore, nell'adempimento delle obbligazioni assunte nell'esercizio dell'attività, ha contenuto tanto maggiore quanto più è specialistica e professionale la prestazione richiesta (C.C. 16417/22 – Conf. C.C. 12407/20).

1177. Obbligazione di custodire. – L'obbligazione di consegnare una cosa determinata include quella di custodirla fino alla consegna (1477, 1718, 1768, 1770, 1804).

NOTE OPERATIVE:

Ambito di applicazione: Il prestatore d'opera, se conviene con il committente di prendere in consegna il bene per l'esecuzione della prestazione principale su di esso, assume anche l'obbligo accessorio di custodirlo fino alla riconsegna, pure in caso di deposito a titolo gratuito o di cortesia (C.C. 486/18 – Conf. C.C. 23845/08).

1178. Obbligazione generica. – Quando l'obbligazione ha per oggetto la prestazione di cose determinate soltanto nel genere, il debitore deve prestare cose di qualità non inferiore alla media (664, 1378, 1465[3]).

1179. Obbligo di garanzia. – Chi è tenuto a dare una garanzia, senza che ne siano determinati il modo e la forma, può prestare a sua scelta un'idonea garanzia reale (2784, 2808) o personale (1936), ovvero altra sufficiente cautela (1186, 1200, 1943, 2784).

1180. Adempimento del terzo. – L'obbligazione può essere adempiuta da un terzo, anche contro la volontà del creditore, se questi non ha interesse a che il debitore esegua personalmente la prestazione (2232).

Tuttavia il creditore può rifiutare l'adempimento offertogli dal terzo, se il debitore gli ha manifestato la sua opposizione (1936[2]).

NOTE OPERATIVE:

Effetto liberatorio: L'adempimento del terzo per avere effetto liberatorio deve avere carattere specifico e assolutamente conforme all'obbligazione del debitore (C.C. 35786/21 – Conf. C.C. 23354/11; C.C. 6728/88).

1181. Adempimento parziale. – Il creditore può rifiutare un adempimento parziale (1197) anche se la prestazione è divisibile (1314 ss., 1384), salvo che la legge (45 l. camb.; 37 l. ass.) o gli usi dispongano diversamente (1208, n. 3, 1258, 1285).

NOTE OPERATIVE:

Risoluzione: L'accettazione da parte del creditore dell'adempimento parziale non estingue il debito, ma può ridurlo, non precludendo conseguentemente al creditore stesso di azionare la risoluzione del contratto; il legittimo rifiuto dell'adempimento parziale non può costituire elemento giustificativo della risoluzione del contratto (C.C. 2223/22 – Conf. C.C. 506/01; C.C. 76/76) e non esime dal valutare la importanza dell'inadempimento imputabile alla controparte (C.C. 20893/19).

1182. Luogo dell'adempimento. – Se il luogo nel quale la prestazione deve essere eseguita non è determinato dalla convenzione o dagli usi e non può desumersi dalla natura della prestazione (1774) o da altre circostanze, si osservano le norme che seguono.

L'obbligazione di consegnare una cosa certa e determinata deve essere adempiuta nel luogo in cui si trovava la cosa quando l'obbligazione è sorta (1510, 1590[4], 1774).

L'obbligazione avente per oggetto una somma di danaro deve essere adempiuta al domicilio (43) che il creditore ha al tempo della scadenza (1498, 1834[2], 1843[2]). Se tale domicilio è diverso da quello che il creditore aveva quando è sorta l'obbligazione e ciò rende più gravoso l'adempimento, il debitore, previa dichiarazione al creditore, ha diritto di eseguire il pagamento al proprio domicilio (1219, n. 3).

Negli altri casi l'obbligazione deve essere adempiuta al domicilio che il debitore ha al tempo della scadenza (1208, n. 6, 1245; 20 c.p.c.).

NOTE OPERATIVE:

Obbligazioni pecuniarie: Le obbligazioni pecuniarie da adempiere al domicilio del creditore a norma dell'art. 1182, comma 3, c.c. sono – agli effetti sia della mora ex re, sia del forum destinatae solutionis – esclusivamente quelle liquide, delle quali cioè il titolo determini l'ammontare o indichi criteri determinativi non discrezionali (S.U. 17989/16).

Competenza per territorio: Ai fini della determinazione della competenza per territorio, assume rilievo solo il luogo in cui avrebbe dovuto essere adempiuta l'obbligazione dedotta in giudizio al momento della scadenza (C.C. 33087/21 – Conf. C.C. 2591/06).

1183. Tempo dell'adempimento. – Se non è determinato il tempo in cui la prestazione deve essere eseguita, il creditore può esigerla immediatamente (1219). Qualora tuttavia, in virtù degli usi o per la natura della prestazione ovvero per il modo o il luogo dell'esecuzione, sia necessario un termine, questo, in mancanza di accordo delle parti, è stabilito dal giudice (1331, 1482, 1771, 1810, 1817).

Se il termine per l'adempimento è rimesso alla volontà del debitore, spetta egualmente al giudice di stabilirlo secondo le circostanze; se è rimesso alla volontà del creditore, il termine può essere fissato su istanza del debitore che intende liberarsi (80 att.).

NOTE OPERATIVE:

Esigibilità immediata: In assenza di pattuito termine d'adempimento la prestazione è immediatamente esigibile e per esigerla non sono indispensabili né la diffida ad adempiere né il ricorso al giudice (C.C. 21647/19 – Conf. C.C. 19414/10; C.C. 15796/09; C.C. 2700/56).

1184. Termine. – Se per l'adempimento è fissato un termine (520, 637, 702²), questo si presume a favore del debitore (1186, 1286, 1371, 1771), qualora non risulti stabilito a favore del creditore (1185, 1208, n. 4, 1457) o di entrambi (1563, 1816; 46 l. camb.).

NOTE OPERATIVE:

Condizione dell'azione: La previsione di un termine per l'adempimento dell'obbligazione costituisce condizione dell'azione e, pertanto, è sufficiente che sia compiuto al momento della decisione (C.C. 14429/01).

1185. Pendenza del termine. – Il creditore non può esigere la prestazione prima della scadenza, salvo che il termine sia stabilito esclusivamente a suo favore (1184).

Tuttavia il debitore non può ripetere ciò che ha pagato anticipatamente, anche se ignorava l'esistenza del termine (2033). In questo caso però egli può ripetere, nei limiti della perdita subita, ciò di cui il creditore si è arricchito per effetto del pagamento anticipato (2041).

NOTE OPERATIVE:

Inadempimento: L'inadempimento contrattuale può anche essere anticipato rispetto alla scadenza prevista per l'adempimento (anticipatory breach), qualora il debitore, in violazione dell'obbligo di buona fede, tenga una condotta che renda impossibile o antieconomica la prosecuzione del rapporto (C.C. 21759/16 – Conf. C.C. 23823/12).

1186. Decadenza dal termine. – Quantunque il termine sia stabilito a favore del debitore (1184), il creditore può esigere immediatamente la prestazione se il debitore è divenuto insolvente o ha diminuito, per fatto proprio, le garanzie che aveva date (2743, 2813) o non ha dato le garanzie che aveva promesse (506², 1179, 1461, 1626, 1819, 1822, 1844, 1850, 1867, n. 2; 625 c.n.; 55², 76, 150, 210³ l. fall.).

NOTE OPERATIVE:

Deroghe: La previsione normativa può essere derogata dalle parti o dalla disciplina particolare dei singoli contratti (C.C. 2411/22 – Conf. C.C. 9307/94).

1187. Computo del termine. – Il termine fissato per l'adempimento delle obbligazioni è computato secondo le disposizioni dell'art. 2963.

La disposizione relativa alla proroga del termine che scade in giorno festivo si osserva se non vi sono usi diversi.

È salva in ogni caso una diversa pattuizione (155 c.p.c.; 41, 96, 97 l. camb.; 78 l. ass.).

1188. Destinatario del pagamento. – Il pagamento deve essere fatto al creditore (1000, 1189, 1190) o al suo rappresentante (1387 ss.), ovvero alla persona indicata dal creditore (1269², 1744, 1777) o autorizzata dalla legge o dal giudice a riceverlo (1208, n. 1, 2726, 2883).

Il pagamento fatto a chi non era legittimato a riceverlo libera il debitore, se il creditore lo ratifica (1399) o se ne ha approfittato (1190, 1444).

NOTE OPERATIVE:

Condotta concludente: La rappresentanza a ricevere l'adempimento può risultare da una condotta concludente, dimostrabile con ogni mezzo, incluse le presunzioni (C.C. 11737/18 – Conf. C.C. 20345/15).

1189. Pagamento al creditore apparente. – Il debitore che esegue il pagamento a chi appare (1835) legittimato a riceverlo in base a circostanze univoche, è liberato se prova di essere stato in buona fede (534, 1147, 1153, 1264, 1415, 1992², 2559).

Chi ha ricevuto il pagamento è tenuto alla restituzione verso il vero creditore (2019¹, 2027³), secondo le regole stabilite per la ripetizione dell'indebito (2033 ss.).

NOTE OPERATIVE:

Accertamento: Ai fini della produzione dell'effetto liberatorio al pagamento fatto dal debitore in buona fede a chi appare legittimato a riceverlo, l'indagine sull'effettiva apparenza del diritto, che mira alla tutela della buona fede dei terzi, necessita di un'indagine, da compiersi caso per caso, non solo sulla buona fede del terzo, ma anche sulla ragionevolezza dell'affidamento, il quale, perciò, non può essere invocato da chi versi in una situazione di colpa per aver trascurato l'obbligo di accertarsi della realtà delle cose, facilmente controllabile, e per essersi affidato alla mera apparenza (C.C. 5847/23 – Conf. C.C. 20906/05).

1190. Pagamento al creditore incapace. – Il pagamento fatto al creditore incapace di riceverlo non libera il debitore, se questi non prova che ciò che fu pagato è stato rivolto a vantaggio dell'incapace (1188², 1191, 1443, 2039, 2041).

1191. Pagamento eseguito da un incapace. – Il debitore che ha eseguito la prestazione dovuta non può impugnare il pagamento a causa della propria incapacità (1190, 1442, 1933², 1950, 2034).

NOTE OPERATIVE:

Atto dovuto: L'adempimento del debitore costituisce un comportamento dovuto, preso in considerazione dal legislatore per la sua idoneità obiettiva a soddisfare l'interesse del creditore, prescindendo dall'elemento intenzionale dal quale tale atto sia eventualmente accompagnato (C.C. 7357/98).

1192. Pagamento eseguito con cose altrui. – Il debitore non può impugnare il pagamento eseguito con cose di cui non poteva disporre, salvo che offra di eseguire la prestazione dovuta con cose di cui può disporre.

Il creditore che ha ricevuto il pagamento in buona fede (1147, 1153, 1479) può impugnarlo, salvo il diritto al risarcimento del danno (1218).

1193. Imputazione del pagamento. – Chi ha più debiti della medesima specie verso la stessa persona può dichiarare, quando paga, quale debito intende soddisfare (1195).

In mancanza di tale dichiarazione, il pagamento deve essere imputato al debito scaduto; tra più debiti scaduti, a quello meno garantito; tra più debiti ugualmente garantiti, al più oneroso per il debitore; tra più debiti ugualmente onerosi, al più antico. Se tali criteri non soccorrono, l'imputazione è fatta proporzionalmente ai vari debiti (1249).

NOTE OPERATIVE:

Ambito di applicazione: La disposizione presuppone una pluralità di rapporti obbligatori tra le stesse parti (C.C. 27076/22) e ha lo scopo di eliminare l'incertezza circa la sorte degli stessi, evitando che a ciascun atto di pagamento non segua l'effetto solutorio di una ben determinata obbligazione (C.C. 18002/20 – Conf. C.C. 22639/13).

Termine: L'imputazione del pagamento è una facoltà che inerisce ad un rapporto obbligatorio di debito-credito principale che va esercitata dal debitore all'atto del pagamento a pena di inefficacia e che, se esercitata successivamente, è efficace solo se vi sia il consenso del creditore (C.C. 3644/21).

1194. Imputazione del pagamento agli interessi. – Il debitore non può imputare il pagamento al capitale, piuttosto che agli interessi e alle spese, senza il consenso del creditore (1960).

Il pagamento fatto in conto di capitale e d'interessi deve essere imputato prima agli interessi (1199).

NOTE OPERATIVE:

Ambito di applicazione: La norma si riferisce esclusivamente ai pagamenti volontari e non a quelli eseguiti coattivamente (C.C. 19218/16 – Conf. C.C. 20574/08; C.C. 11014/91).

1195. Quietanza con imputazione. – Chi, avendo più debiti, accetta una quietanza (1199) nella quale il creditore ha dichiarato di imputare il pagamento a uno di essi, non può pretendere un'imputazione diversa, se non vi è stato dolo (1439, 1440) o sorpresa da parte del creditore (2726).

NOTE OPERATIVE:

Ambito di applicazione: In presenza di una pluralità di rapporti obbligatori, se il debitore non si avvale della facoltà di dichiarare quale debito intenda soddisfare, la scelta spetta al creditore (C.C. 19721/23 – Conf. C.C. 31837/22).

1196. Spese del pagamento. – Le spese del pagamento (1199) sono a carico del debitore (672, 1215, 1245, 1475, 1510², 1774²).

1197. Prestazione in luogo dell'adempimento. – Il debitore non può liberarsi eseguendo una prestazione diversa da quella dovuta, anche se di valore uguale o maggiore, salvo che il creditore consenta. In questo caso l'obbligazione si estingue quando la diversa prestazione è eseguita (1198; 67¹, n. 2 l. fall.).

Se la prestazione consiste nel trasferimento della proprietà o di un altro diritto, il debitore è tenuto alla garanzia per l'evizione (1483 ss.) e per i vizi della cosa (1490 ss.) secondo le norme della vendita (1476), salvo che il creditore preferisca esigere la prestazione originaria e il risarcimento del danno.

In ogni caso non rivivono le garanzie prestate dai terzi (1251, 1276, 2881, 2926², 2927²).

1198. Cessione di un credito in luogo dell'adempimento. – Quando in luogo dell'adempimento è ceduto un credito (1260 ss.), l'obbligazione si estingue con la riscossione del credito, se non risulta una diversa volontà delle parti.

È salvo quanto è disposto dal secondo comma dell'art. 1267.

NOTE OPERATIVE:

Cambiali: In ipotesi di cessione di cambiali in luogo dell'adempimento, la volontà di conferire ai titoli efficacia pro soluto, con conseguente immediata estinzione dell'obbligazione di pagamento, deve essere espressa in modo univoco ed inequivocabile (C.C. 15141/22 – Conf. C.C. 9740/22).

1199. Diritto del debitore alla quietanza. – Il creditore che riceve il pagamento deve, a richiesta e a spese del debitore (1196), rilasciare quietanza (1195, 2213², 2704) e farne annotazione sul titolo, se questo non è restituito al debitore (2704³, 2726).

Il rilascio di una quietanza per il capitale fa presumere il pagamento degli interessi (1194, 1195, 1311, n. 1).

NOTE OPERATIVE:

Ambito di applicazione: La disposizione concerne unicamente l'ipotesi in cui il debitore ha adempiuto mediante pagamento e non è riferibile agli altri modi di estinzione delle obbligazioni (C.C. 18529/23 – Conf. C.C. 6908/01).

1200. Liberazione dalle garanzie. – Il creditore che ha ricevuto il pagamento deve consentire la liberazione dei beni dalle garanzie reali (2784 ss.) date per il credito e da ogni altro vincolo che comunque ne limiti la disponibilità (1208², 2784).

NOTE OPERATIVE:

Ipoteca: Eseguito il pagamento del debito a garanzia del quale è stata iscritta l'ipoteca, il creditore soddisfatto, è unicamente obbligato a prestare il consenso alla cancellazione dell'iscrizione, ma non è anche obbligato a chiedere, di sua iniziativa, la cancellazione; poiché nessuna norma gli impone questa condotta (C.C. 10893/99).

Sezione II
Del pagamento con surrogazione

1201. Surrogazione per volontà del creditore. – Il creditore, ricevendo il pagamento da un terzo (1180), può surrogarlo (754¹) nei propri diritti (2843). La surrogazione deve essere fatta in modo espresso e contemporaneamente al pagamento.

NOTE OPERATIVE:

Dichiarazione: La dichiarazione di surroga non è di per sé sufficiente a dimostrare l'intervenuto pagamento, che rappresentando ulteriore e distinto elemento costitutivo della fattispecie, deve essere specificamente provato da chi affermi di essere stato surrogato nei diritti dell'originario creditore (C.C. 7852/22).

1202. Surrogazione per volontà del debitore. – Il debitore, che prende a mutuo (1813 ss.) una somma di danaro o altra cosa fungibile al fine di pagare il debito, può surrogare il mutuante nei diritti del creditore, anche senza il consenso di questo.

La surrogazione ha effetto quando concorrono le seguenti condizioni:

1) che il mutuo e la quietanza risultino da atto avente data certa (2704);

2) che nell'atto di mutuo sia indicata espressamente la specifica destinazione della somma mutuata;

3) che nella quietanza si menzioni la dichiarazione del debitore circa la provenienza della somma impiegata nel pagamento. Sulla richiesta del debitore, il creditore non può rifiutarsi di inserire nella quietanza tale dichiarazione.

NOTE OPERATIVE:

Riserva: La riserva del debitore – contenuta nella quietanza rilasciata dal creditore – di ripetere quanto pagato con tale modalità nel caso in cui il pagamento risultasse non dovuto, non incide sulla efficacia della surrogazione (C.C. 7217/09).

1203. Surrogazione legale. – La surrogazione ha luogo di diritto nei seguenti casi:

1) a vantaggio di chi, essendo creditore, ancorché chirografario, paga un altro creditore che ha diritto di essergli preferito in ragione dei suoi privilegi (2745 ss.), del suo pegno (2784 ss.) o delle sue ipoteche (1955, 2808 ss., 2856);

2) a vantaggio dell'acquirente di un immobile che, fino alla concorrenza del prezzo di acquisto, paga uno o più creditori a favore dei quali l'immobile è ipotecato (2866);

3) a vantaggio di colui che, essendo tenuto con altri o per altri al pagamento del debito, aveva interesse di soddisfarlo (1180, 1292 ss., 1299, 1316, 1949, 2871);

4) a vantaggio dell'erede con beneficio d'inventario (484), che paga con danaro proprio i debiti ereditari (490, n. 2);

5) negli altri casi stabiliti dalla legge (756, 1259, 1762, 1776, 1780², 1796², 1916, 1949,

2036, 2038, 2856, 2866, 2869, 2871; 82 l. camb.; 792 c.p.c.).

NOTE OPERATIVE:

Effetti: La surrogazione legale opera anche a favore del coobbligato solidale e non è esclusa dal diritto di regresso verso gli altri condebitori (C.C. 12957/21 – Conf. C.C. 1744/72).

1204. Terzi garanti. – La surrogazione contemplata nei precedenti articoli ha effetto anche contro i terzi che hanno prestato garanzia per il debitore.

Se il credito è garantito da pegno, si osserva la disposizione del secondo comma dell'art. 1263.

1205. Surrogazione parziale. – Se il pagamento è parziale (1181), il terzo surrogato e il creditore concorrono nei confronti del debitore in proporzione di quanto è loro dovuto, salvo patto contrario.

Sezione III
Della mora del creditore

1206. Condizioni. – Il creditore è in mora (1217) quando, senza motivo legittimo, non riceve il pagamento offertogli nei modi indicati dagli articoli seguenti o non compie quanto è necessario affinché il debitore possa adempiere l'obbligazione (1175).

1207. Effetti. – Quando il creditore è in mora, è a suo carico l'impossibilità della prestazione sopravvenuta per causa non imputabile al debitore (1256, 1673). Non sono più dovuti gli interessi (1282 ss.) né i frutti della cosa che non siano stati percepiti dal debitore (820; 446, 449 c.n.).

Il creditore è pure tenuto a risarcire i danni derivati dalla sua mora e a sostenere le spese per la custodia e la conservazione della cosa dovuta (391² c.n.).

Gli effetti della mora si verificano dal giorno dell'offerta (1208 ss.), se questa è successivamente dichiarata valida con sentenza passata in giudicato (324 c.p.c.) o se è accettata dal creditore.

1208. Requisiti per la validità dell'offerta. – Affinché l'offerta sia valida è necessario (1214, 1220):

1) che sia fatta al creditore capace di ricevere o a chi ha la facoltà di ricevere per lui (1188 ss.);

2) che sia fatta da persona che può validamente adempiere (1180, 1191, 1192);

3) che comprenda la totalità della somma o delle cose dovute, dei frutti o degli interessi e delle spese liquide, e una somma per le spese non liquide, con riserva di un supplemento, se è necessario (1181, 1182);

4) che il termine sia scaduto, se stipulato in favore del creditore (1184, 1816);

5) che si sia verificata la condizione dalla quale dipende l'obbligazione (1353);

6) che l'offerta sia fatta alla persona del creditore o nel suo domicilio (43, 1182);

7) che l'offerta sia fatta da un ufficiale pubblico a ciò autorizzato (73 att.).

Il debitore può subordinare l'offerta al consenso del creditore necessario per liberare i beni dalle garanzie reali (2784 ss.) o da altri vincoli che comunque ne limitino la disponibilità (1200, 687 c.p.c.).

NOTE OPERATIVE:

Offerta reale: Il debitore di una obbligazione pecuniaria, dinanzi al rifiuto del creditore di ricevere la prestazione, non ha altro mezzo per liberarsi del proprio debito che l'offerta reale, a nulla rilevando che il creditore abbia rifiutato l'adempimento in buona o malafede (C.C. 11491/22); ai fini della validità dell'offerta reale è necessario che essa corrisponda alla totalità della somma o delle cose dovute (C.C. 26756/20 – Conf. C.C. 18483/14; C.C. 4996/96).

1209. Offerta reale e offerta per intimazione. – Se l'obbligazione ha per oggetto danaro (1277 ss.; 48 l. camb.), titoli di credito (1992 ss.), ovvero cose mobili da consegnare al domicilio del creditore (1209), l'offerta deve essere reale (73, 74 att.).

Se si tratta invece di cose mobili da consegnare in luogo diverso (1182², 1510), l'offerta consiste nell'intimazione al creditore di riceverle (73, 75 att.), fatta mediante atto a lui notificato nelle forme prescritte per gli atti di citazione (1214, 1216, 1217; 126, 137, 163 c.p.c.).

1210. Facoltà di deposito e suoi effetti liberatori. – Se il creditore rifiuta di accettare l'offerta reale o non si presenta per ricevere le cose offertegli mediante intimazione, il debitore può eseguire il deposito (1514; 77 att.; 449, 450 c.n.).

Eseguito il deposito, quando questo è accettato dal creditore o è dichiarato valido con sentenza passata in giudicato (324 c.p.c.), il debitore non può più ritirarlo ed è liberato dalla sua obbligazione (1213; 78 att.).

NOTE OPERATIVE:

Effetti: Nell'ambito del procedimento di liberazione coattiva del debitore, l'accettazione, anche tacita, del deposito, ha effetto liberatorio, con efficacia retroattiva (alla data del deposito stesso) e determina l'estinzione dell'obbligazione, con effetto assimilabile a quello della datio in solutum (C.C. 19261/18).

1211. Cose deperibili o di dispendiosa custodia. – Se le cose non possono essere conservate o sono deteriorabili, oppure se le spese della loro custodia sono eccessive, il debitore, dopo l'offerta reale o l'intimazione di ritirarle, può farsi autorizzare dal tribunale a venderle nei modi stabiliti per le cose pignorate (529 ss., 576 c.p.c.) e a depositarne il prezzo (2797).

1212. Requisiti del deposito. – Per la validità del deposito (73 att.) è necessario:

1) che sia stato preceduto da un'intimazione notificata al creditore e contenente l'indicazione del giorno, dell'ora e del luogo in cui la cosa offerta sarà depositata (74 att.);

2) che il debitore abbia consegnato la cosa, con gli interessi e i frutti dovuti fino al giorno dell'offerta (1207, 1208[3]), nel luogo indicato dalla legge o, in mancanza, dal giudice;

3) che sia redatto dal pubblico ufficiale un processo verbale (126 c.p.c.) da cui risulti la natura delle cose offerte, il rifiuto di riceverle da parte del creditore o la sua mancata comparizione, e infine il fatto del deposito (78 att.);

4) che, in caso di non comparizione del creditore, il processo verbale di deposito gli sia notificato con l'invito a ritirare la cosa depositata.

Il deposito che ha per oggetto somme di danaro può eseguirsi anche presso un istituto di credito (76 att.; 48 l. camb.).

1213. Ritiro del deposito. – Il deposito non produce effetto se il debitore lo ritira prima che sia stato accettato dal creditore o prima che sia stato riconosciuto valido con sentenza passata in giudicato (1210; 324 c.p.c.).

Se, dopo l'accettazione del deposito o il passaggio in giudicato della sentenza che lo dichiara valido, il creditore consente che il debitore ritiri il deposito, egli non può più rivolgersi contro i condebitori e i fideiussori, né valersi dei privilegi, del pegno e delle ipoteche che garantivano il credito (1197[3], 1251, 1276, 2878).

1214. Offerta secondo gli usi e deposito. – Se il debitore ha offerto la cosa dovuta nelle forme d'uso anziché in quelle prescritte dagli articoli 1208 e 1209 (1217, 1517), gli effetti della mora si verificano dal giorno in cui egli esegue il deposito (1210; 73, 77 att.) a norma dell'art. 1212, se questo è accettato dal creditore o è dichiarato valido con sentenza passata in giudicato (1220; 324 c.p.c.).

1215. Spese. – Quando l'offerta reale e il deposito sono validi, le spese occorse sono a carico del creditore (1196).

1216. Intimazione di ricevere la consegna di un immobile. – Se deve essere consegnato un immobile, l'offerta consiste nell'intimazione al creditore di prenderne possesso. L'intimazione deve essere fatta nella forma prescritta dal secondo comma dell'art. 1209 (73, 75 att.).

Il debitore, dopo l'intimazione al creditore, può ottenere dal giudice (79 att.) la nomina di un sequestratario. In questo caso egli è liberato dal momento in cui ha consegnato al sequestratario la cosa dovuta (2905, 2906; 671 c.p.c.).

NOTE OPERATIVE:

Meccanismo: Nei contratti di locazione a uso diverso dall'abitativo il complesso meccanismo dell'offerta formale reale opera in modo tale da impedire al locatore di entrare nella disponibilità dell'immobile sino a che non adempia al pagamento dell'indennità, là dove, al contempo, il conduttore, ove intenda liberarsi della propria obbligazione, dovrà consegnare l'immobile al sequestratario nominato dal giudice (C.C. 890/16).

1217. Obbligazioni di fare. – Se la prestazione consiste in un fare, il creditore è costituito in mora (1206) mediante l'intimazione di ricevere la prestazione o di compiere gli atti che sono da parte sua necessari per renderla possibile.

L'intimazione può essere fatta nelle forme d'uso (1214; 80 att.).

NOTE OPERATIVE:

Ritardata assunzione: In ipotesi di ritardata assunzione del candidato vincitore di concorso, il diritto al risarcimento del danno spettante a quest'ultimo decorre dal momento in cui il soggetto abbia costituito in mora l'amministrazione interessata mediante offerta della prestazione (C.C. 22294/2023 – Conf. C.C. 20092/22).

Capo III
Dell'inadempimento delle obbligazioni

1218. Responsabilità del debitore. – Il debitore che non esegue esattamente la prestazione dovuta (1176, 1181, 1197) è tenuto al risarcimento del danno (1223 ss.), se non prova che l'inadempimento o il ritardo è stato determinato da impossibilità (1256 ss.) della prestazione derivante da causa a lui non imputabile.

NOTE OPERATIVE:

Onere della prova: Spetta al danneggiato la prova dell'esistenza del danno lamentato e della sua riconducibilità al fatto del debitore, non assumendo alcun rilievo, a tal fine, la presunzione di colpevolezza dell'inadempimento posta dall'art. 1218 c.c. la quale non modifica l'onere della prova, che incombe sulla parte che abbia agito per il relativo accertamento, allorché si tratti di dimostrare l'esistenza del danno (C.C. 23512/22 – Conf. C.C. 14178/22; C.C. 23450/20; C.C. 21140/07; C.C. 5960/05).

Cooperazione all'inadempimento: In caso di inadempimento degli obblighi nascenti dal contratto preliminare, il promittente venditore risponde a titolo di responsabilità contrattuale, con connessa presunzione di colpa ex art. 1218 c.c., per la violazione di un obbligo precedentemente assunto, mentre la responsabilità del terzo, rimasto estraneo al suddetto precedente contratto preliminare, può configurarsi soltanto sul piano extracontrattuale, ove trovi fondamento almeno in una condotta di cosciente cooperazione all'inadempimento dell'alienante, spettando al promissario-acquirente la relativa prova di tale stato psicologico giusta l'art. 2697 c.c. (C.C. 2025/17 – Conf. C.C. 20251/16).

1219. Costituzione in mora. – Il debitore (1218) è costituito in mora mediante intimazione o richiesta fatta per iscritto (1183, 1308, 2943).

Non è necessaria la costituzione in mora:

1) quando il debito deriva da fatto illecito (2043 ss.);

2) quando il debitore ha dichiarato per iscritto di non volere eseguire l'obbligazione (1460);

3) quando è scaduto il termine (1183 ss.), se la prestazione deve essere eseguita al domicilio (43) del creditore (1182^3). Se il termine scade dopo la morte del debitore, gli eredi non sono costituiti in mora che mediante intimazione o richiesta fatta per iscritto, e decorsi otto giorni dall'intimazione o dalla richiesta (1334, 1335).

NOTE OPERATIVE:

Fatto illecito: In caso di liquidazione del risarcimento del danno futuro, gli interessi di mora, da calcolarsi sul credito risarcitorio scontato e reso attuale, sono dovuti con decorrenza dalla data del fatto illecito (C.C. 5927/20 – Conf. C.C. 18049/17).

1220. Offerta non formale. – Il debitore non può essere considerato in mora, se tempestivamente ha fatto offerta della prestazione dovuta (1460), anche senza osservare le forme indicate nella sezione III del precedente capo (1208 ss.), a meno che il creditore l'abbia rifiutata per un motivo legittimo (1181).

NOTE OPERATIVE:

Effetti: L'offerta non formale di riconsegna dell'immobile, pur essendo priva dei requisiti di cui all'art. 1208 c.c., impedisce la costituzione in mora del debitore e il sorgere della obbligazione risarcitoria per il ritardo nell'adempimento (C.C. 3856/20).

1221. Effetti della mora sul rischio. – Il debitore che è in mora non è liberato per la sopravvenuta impossibilità della prestazione derivante da causa a lui non imputabile (1218, 1256), se non prova che l'oggetto della prestazione sarebbe ugualmente perito presso il creditore (1256, 1805, 2697).

In qualunque modo sia perita o smarrita (1257) una cosa illecitamente sottratta, la perdita di essa non libera chi l'ha sottratta dall'obbligo di restituirne il valore.

1222. Inadempimento di obbligazioni negative. – Le disposizioni sulla mora (1219 ss.) non si applicano alle obbligazioni di non fare; ogni fatto compiuto in violazione di queste costituisce di per sé inadempimento.

NOTE OPERATIVE:

Presupposti: Nelle obbligazioni negative, affinché possa ritenersi posto in essere il fatto dell'obbligato che, ove compiuto in violazione delle stesse, costituisce di per sé inadempimento, occorre che detto fatto determini preclusione o, comunque, menomazione dell'esercizio del diritto alla cui soddisfazione l'obbligazione negativa è destinata (C.C. 1644/96).

Prova liberatoria: Anche per le obbligazioni negative vale il principio della presunzione di colpa (art. 1218 c.c.), superabile solo con la prova che l'inadempimento è dipeso da causa non imputabile al debitore; con riferimento all'ipotesi in cui l'impossibilità sia dipesa da fatto imputabile ad un terzo, va ritenuto che ciò non esclude automaticamente che resti imputabile al debitore proprio la situazione a lui creata con il porre il terzo in condizione di interferire sull'osservanza dell'obbligo di non facere (C.C. 3724/91).

1223. Risarcimento del danno. – Il risarcimento del danno per l'inadempimento o per il ritardo (1218 ss., 1274) deve comprendere così la perdita subita dal creditore come il mancato guadagno (2056^2), in quanto ne siano conseguenza immediata e diretta (1382, 1518, 1589, 1591, 1696, 1905, 2056 ss.).

NOTE OPERATIVE:

Nesso di causalità: L'accertamento del nesso di causalità giuridica ha la funzione di delimitare l'area del danno risarcibile. Il sistema della legge (gli artt. 40 e 41 c.p., da un lato, l'art. 1223 c.c., dall'altro) impone la distinzione tra l'imputazione causale dell'evento di danno e la successiva indagine volta alla individuazione e quantificazione delle singole conseguenze pregiudizievoli (C.C. 28986/19). La ricostruzione del nesso di derivazione eziologica esistente tra la condotta del danneggiante e l'oggetto dell'obbligazione risarcitoria implica la scomposizione del giudizio causale in due autonomi e consecutivi segmenti: il primo è volto ad identificare il nesso di causalità materiale o di fatto che lega la condotta all'evento di danno; il secondo è, invece, diretto ad accertare, secondo la regola dell'art. 1223 c.c. (richiamato dall'art. 2056 c.c.), il nesso di causalità giuridica che lega tale evento alle conseguenze dannose risarcibili (C.C. 22857/19 – Conf. C.C. 21255/13).
Limiti: La responsabilità civile – contrattuale, così come aquiliana – è improntata a una prospettiva differenzialista, per la quale il danno coincide col pregiudizio economico dato dalla differenza tra il valore attuale del patrimonio del danneggiato e quello che lo stesso avrebbe avuto se l'obbligazione fosse stata tempestivamente ed esattamente adempiuta o il fatto illecito non fosse stato perpetrato, dovendosi escludere che, al di fuori di una specifica previsione di legge, il risarcimento possa avere funzione ultracompensativa, in quanto l'ordinamento non consente che un soggetto si arricchisca ai danni di un altro, in mancanza di una causa giustificatrice del relativo spostamento patrimoniale (C.C. 28906/23 – Conf. C.C. 33537/22; S.U. 16601/17).

1224. Danni nelle obbligazioni pecuniarie. – Nelle obbligazioni che hanno per oggetto una somma di danaro (1277 ss.), sono dovuti dal giorno della mora gli interessi legali (1284[1]), anche se non erano dovuti precedentemente e anche se il creditore non prova di aver sofferto alcun danno (1282; 55, 56 l. camb.; 50, 51 l. ass.). Se prima della mora erano dovuti interessi in misura superiore a quella legale (1284[3]), gli interessi moratori sono dovuti nella stessa misura (1950[3]).

Al creditore che dimostra di aver subito un danno maggiore spetta l'ulteriore risarcimento. Questo non è dovuto se è stata convenuta la misura degli interessi moratori (1382).

NOTE OPERATIVE:

Presunzione: Nel caso di ritardato adempimento di una obbligazione di valuta, il maggior danno può ritenersi esistente in via presuntiva in tutti i casi in cui, durante la mora, il saggio medio di rendimento netto dei titoli di Stato con scadenza non superiore a dodici mesi sia stato superiore al saggio degli interessi legali (C.C. 18922/23 – Conf. C.C. 25666/21; C.C. 22512/21; C.C. 28651/20; C.C. 6200/20).

1225. Prevedibilità del danno. – Se l'inadempimento o il ritardo non dipende da dolo del debitore, il risarcimento è limitato al danno che poteva prevedersi nel tempo in cui è sorta l'obbligazione.

NOTE OPERATIVE:

Effetto: L'imprevedibilità non costituisce un limite all'esistenza del danno, ma alla misura del suo ammontare, determinando, infatti, la limitazione del danno risarcibile a quello prevedibile non da parte dello specifico debitore, avendo riguardo alla prevedibilità astratta inerente a una determinata categoria di rapporti, sulla scorta delle regole ordinarie di comportamento dei soggetti economici e, cioè, secondo un criterio di normalità in presenza delle circostanze di fatto conosciute (C.C. 29566/19 – Conf. C.C. 17460/14; C.C. 16763/11).

1226. Valutazione equitativa del danno. – Se il danno non può essere provato nel suo preciso ammontare, è liquidato dal giudice con valutazione equitativa (2056).

NOTE OPERATIVE:

Limiti: Il potere di liquidare il danno in via equitativa costituisce espressione del più generale potere di cui all'art. 115 c.p.c. ed il suo esercizio rientra nella discrezionalità del giudice di merito, senza necessità della richiesta di parte, dando luogo ad un giudizio di diritto caratterizzato dalla cosiddetta equità giudiziale correttiva o integrativa, con l'unico limite di non potere surrogare il mancato accertamento della prova della responsabilità del debitore o la mancata individuazione della prova del danno nella sua esistenza, dovendosi, peraltro, intendere l'impossibilità di provare l'ammontare preciso del danno in senso relativo e ritenendosi sufficiente anche una difficoltà solo di un certo rilievo (C.C. 26854/22 – Conf. C.C. 20177/22; C.C. 15605/22).

1227. Concorso del fatto colposo del creditore. – Se il fatto colposo (2043) del creditore ha concorso a cagionare il danno, il risarcimento è diminuito secondo la gravità della colpa e l'entità delle conseguenze che ne sono derivate (2055[2], 2056; 484[1], 966[1] c.n.).

Il risarcimento non è dovuto per i danni che il creditore avrebbe potuto evitare usando l'ordinaria diligenza (1176).

NOTE OPERATIVE:

Ratio: L'ammontare del risarcimento non può superare quello del danno effettivamente prodotto, pertanto si devono considerare anche degli elementi idonei a provocare una riduzione del danno, causalmente riferibili allo stesso fatto illecito, e che quindi debbano essere stabiliti in diminuzione del risarcimento (C.C. 12451/22 – Conf. C.C. 10459/22).
Ambito di applicazione: La norma non trova applicazione nell'ipotesi di provocazione da parte della persona offesa del reato (C.C. 6494/23 – Conf. C.C. 5679/16; C.C. 20137/05; C.C. 9209/95).

1228. Responsabilità per fatto degli ausiliari. – Salva diversa volontà delle parti, il debitore che nell'adempimento dell'obbligazione si vale dell'opera di terzi, risponde anche dei fatti dolosi o colposi di costoro (1229², 1717, 1785 *bis*, 2049).

NOTE OPERATIVE:

Ambito di applicazione: Possono considerarsi ausiliari del debitore soltanto coloro che agiscono su suo incarico e il cui operato sia assoggettato ai suoi poteri di direzione e controllo, a prescindere dalla natura giuridica del rapporto intercorrente tra di essi e il debitore medesimo, ovvero quando sussista un collegamento tra l'attività del preteso ausiliario e l'organizzazione aziendale del debitore della prestazione (C.C. 25251/11 – Conf. C.C. 17705/10).

1229. Clausole di esonero da responsabilità. – È nullo qualsiasi patto che esclude o limita preventivamente la responsabilità del debitore per dolo o per colpa grave (1341², 1490², 1579, 1681², 1694, 1713², 1785 *quater*, 1838, 1900, 1917).

È nullo altresì qualsiasi patto preventivo di esonero o di limitazione di responsabilità per i casi in cui il fatto del debitore (1579) o dei suoi ausiliari (1228) costituisca violazione di obblighi derivanti da norme di ordine pubblico (1580, 2087).

NOTE OPERATIVE:

Clausola penale: La irrisorietà del danno pattuito preventivamente sotto forma di clausola penale costituisce elemento sintomatico dell'aggiramento del divieto di limitazione di responsabilità (C.C. 18549/21 – Conf. C.C. 18338/18; C.C. 7061/97).

Capo IV
Dei modi di estinzione delle obbligazioni diversi dall'adempimento

Sezione I
Della novazione

1230. Novazione oggettiva. – L'obbligazione si estingue quando le parti sostituiscono all'obbligazione originaria una nuova obbligazione con oggetto o titolo (1173) diverso (1246, 1256², 1300, 1325, n. 2).

La volontà di estinguere l'obbligazione precedente deve risultare in modo non equivoco (1268¹, 1272¹, 1273², 1937; 66 l. camb.; 58 l. ass.).

NOTE OPERATIVE:

Presupposti: Per la novazione oggettiva, che si configura come un contratto estintivo e costitutivo di obbligazioni, caratterizzato dalla volontà di far sorgere un nuovo rapporto obbligatorio in sostituzione di quello precedente con nuove ed autonome situazioni giuridiche, sono elementi essenziali, oltre ai soggetti e alla causa, l'animus novandi, consistente nella inequivoca, comune intenzione di entrambe le parti di estinguere l'originaria obbligazione, sostituendola con una nuova, e l'aliquid novi, inteso come mutamento sostanziale dell'oggetto della prestazione o del titolo del rapporto (C.C. 8046/20 – Conf. C.C. 17328/12; C.C. 17328/11; C.C. 16038/04).

1231. Modalità che non importano novazione. – Il rilascio di un documento o la sua rinnovazione, l'apposizione o l'eliminazione di un termine (1184 ss., 1823) e ogni altra modificazione accessoria dell'obbligazione non producono novazione.

1232. Privilegi, pegno e ipoteche. – I privilegi (2745 ss.), il pegno (2784 ss.) e le ipoteche (2808 ss.) del credito originario si estinguono, se le parti non convengono espressamente di mantenerli per il nuovo credito (1275, 2745, 2784, 2802, 2878).

NOTE OPERATIVE:

Terzi: La transazione avente efficacia novativa ha effetto estintivo delle garanzie reali originariamente prestate, salvo che i contraenti non abbiano convenuto di conservarle anche in relazione al nuovo contratto, ma, in tale caso, il patto opera esclusivamente inter partes, occorrendo, ai fini della conservazione di garanzie prestate da terzi, il necessario consenso del garante (C.C. 8342/17).

1233. Riserva delle garanzie nelle obbligazioni solidali. – Se la novazione si effettua tra il creditore e uno dei debitori in solido (1292 ss.) con effetto liberatorio per tutti (1300), i privilegi, il pegno e le ipoteche del credito anteriore possono essere riservati soltanto sui beni del debitore che fa novazione (1232).

1234. Inefficacia della novazione. – La novazione è senza effetto, se non esisteva (1418 ss.) l'obbligazione originaria (2881).

Qualora l'obbligazione originaria derivi da un titolo annullabile (1425 ss.), la novazione è valida se il debitore ha assunto validamente il nuovo debito conoscendo il vizio del titolo originario (1442, 1444²).

1235. Novazione soggettiva. – Quando un nuovo debitore è sostituito a quello originario che viene liberato, si osservano le norme contenute nel capo VI di questo titolo (1268 ss.).

Sezione II
Della remissione

1236. Dichiarazione di remissione del debito. – La dichiarazione del creditore di rimettere il debito estingue l'obbligazione quando è comunicata al debitore (1334), salvo che questi dichiari in un congruo termine di non volerne profittare (649¹, 1301, 1320, 1333, 1411², 2113, 2726).

NOTE OPERATIVE:

Caratteristiche: La remissione del debito – la quale, oltre che parziale, ben può essere condizionata – costituisce un negozio unilaterale recettizio, neutro quoad causam (con conseguente irrilevanza dell'assenza di vantaggi per il creditore) e non soggetto a particolari requisiti di forma nemmeno ad probationem, i cui effetti non possono essere disconosciuti dal creditore una volta manifestato l'intento abdicativo al debitore, il quale soltanto può paralizzare l'efficacia di tale negozio, ovvero determinarne la risoluzione per l'avverarsi di una condicio iuris, mediante tempestiva opposizione (C.C. 12914/14).

Comunicazione: La dichiarazione di remissione di debito estingue l'obbligazione solo ove sia comunicata al debitore (C.C. 1057/22 – Conf. C.C. 1057/22).

1237. Restituzione volontaria del titolo. – La restituzione volontaria del titolo originale del credito, fatta dal creditore al debitore, costituisce prova (52⁴ l. camb.; 47⁴ l. fall.) della liberazione (2726) anche rispetto ai condebitori in solido (648², 1292, 1301¹, 1701).

Se il titolo del credito è in forma pubblica (2699), la consegna volontaria della copia spedita in forma esecutiva (2714; 475 c.p.c.) fa presumere la liberazione, salva la prova contraria.

NOTE OPERATIVE:

Presunzione: Il possesso da parte del debitore del titolo originale del credito costituisce fonte di una presunzione iuris tantum di pagamento, superabile con la prova contraria di cui deve onerarsi il creditore, in ipotesi interessato a dimostrare che il pagamento, in realtà, non è avvenuto e che il possesso del titolo è dovuto ad altra causa (C.C. 3130/18 – Conf. C.C. 24847/15).

1238. Rinunzia alle garanzie. – La rinunzia alle garanzie dell'obbligazione non fa presumere la remissione del debito (1240).

1239. Fideiussori. – La remissione accordata al debitore principale libera i fideiussori (1247, 1253, 1936 ss., 1945).

La remissione accordata a uno dei fideiussori non libera gli altri che per la parte del fideiussore liberato. Tuttavia se gli altri fideiussori hanno consentito la liberazione, essi rimangono obbligati per l'intero (1301¹).

1240. Rinunzia a una garanzia verso corrispettivo. – Il creditore che ha rinunziato, verso corrispettivo, alla garanzia prestata da un terzo (1238) deve imputare al debito principale quanto ha ricevuto, a beneficio del debitore e di coloro che hanno prestato garanzia per l'adempimento dell'obbligazione.

Sezione III
Della compensazione

1241. Estinzione per compensazione. – Quando due persone sono obbligate l'una verso l'altra, i due debiti si estinguono per le quantità corrispondenti, secondo le norme degli articoli che seguono (1252, 1302 ss., 1320, 1853, 1930, 1931, 2271; 35, 92 c.p.c.; 56 l. fall.).

NOTE OPERATIVE:

Compensazione impropria: In tema di estinzione delle obbligazioni, la compensazione impropria (o atecnica) si distingue da quella propria poiché riguarda crediti e debiti che hanno origine da uno stesso rapporto, e si risolve in una verifica contabile delle reciproche poste attive e passive delle parti (C.C. 11634/23 – Conf. C.C. 33872/22; C.C. 12348/21).

1242. Effetti della compensazione. – La compensazione estingue i due debiti dal giorno della loro coesistenza. Il giudice non può rilevarla d'ufficio.

La prescrizione (2934 ss.) non impedisce la compensazione, se non era compiuta quando si è verificata la coesistenza dei due debiti (35 c.p.c.).

NOTE OPERATIVE:

Prescrizione: La regola generale che postula la prevalenza del diritto alla compensazione rispetto alla prescrizione qualora il relativo termine non sia spirato nell'arco temporale di coesistenza dei crediti e dei debiti, si fonda sul principio di ragionevolezza e di buona fede nella disciplina dei rapporti negoziali e rappresenta una declinazione di quello, pure generale, per il quale, quando due persone sono obbligate l'una verso l'altra, i debiti si estinguono per le quantità corrispondenti (C.C. 7018/20).

1243. Compensazione legale e giudiziale. – La compensazione si verifica solo tra due debiti che hanno per oggetto una somma di danaro o una quantità di cose fungibili dello stesso genere (1853) e che sono ugualmente liquidi ed esigibili (1244, 1248², 2805², 2917; 56 l. fall.).

Se il debito opposto in compensazione non è liquido ma è di facile e pronta liquidazione, il giudice può dichiarare la compensazione per la parte del debito che riconosce esistente, e può anche sospendere la condanna per il credito liquido fino all'accertamento del credito opposto in compensazione (35 c.p.c.).

NOTE OPERATIVE:

Presupposti: La compensazione, sia legale che giudiziale, presuppone che il controcredito eccepito specificatamente, seppure senza necessità di formule sacramentali, sia comunque prospettato e riconosciuto come certo oltre che derivante da distinti rapporti, e non invece contestato (salva pretestuosità della contestazione), afferendo la facile e pronta liquidazione alla determinazione dell'ammontare (C.C. 9704/20 – Conf. S.U. 23225/16). La compensazione legale presuppone pur sempre che una delle parti dichiari di volersene avvalere, così esercitando un diritto potestativo (C.C. 23948/18 – Conf. C.C. 10335/14).

Credito sub iudice: Se è controversa, nel medesimo giudizio instaurato dal creditore principale o in altro già pendente, l'esistenza del controcredito opposto in compensazione, il giudice non può pronunciare la compensazione, neppure quella giudiziale che presuppone l'accertamento del controcredito da parte del giudice dinanzi al quale è fatta valere, mentre non può fondarsi su un credito la cui esistenza dipenda dall'esito di un separato giudizio in corso e prima che il relativo accertamento sia divenuto definitivo (S.U. 23225/16).

1244. Dilazione. – La dilazione concessa gratuitamente dal creditore non è di ostacolo alla compensazione.

1245. Debiti non pagabili nello stesso luogo. – Quando i due debiti non sono pagabili nello stesso luogo, si devono computare le spese del trasporto al luogo del pagamento (1182, 1196).

1246. Casi in cui la compensazione non si verifica. – La compensazione si verifica qualunque sia il titolo (1230, 1256, 1325, n. 2) dell'uno o dell'altro debito, eccettuati i casi:

1) di credito per la restituzione di cose di cui il proprietario sia stato ingiustamente spogliato (1168 ss.);

2) di credito per la restituzione di cose depositate (1766 ss., 1853) o date in comodato (1803 ss.);

3) di credito dichiarato impignorabile (1881, 1923; 545 c.p.c.);

4) di rinunzia alla compensazione fatta preventivamente dal debitore;

5) di divieto stabilito dalla legge (447^2, 1248^2, 1272 ss., 2271; 56 l. fall.).

NOTE OPERATIVE:

Ambito di applicazione: La compensazione è un istituto di carattere generale che non conosce deroghe se non nei casi espressamente previsti dalla legge e che risponde, tra l'altro, ad evidenti esigenze di economia processuale (C.C. 1695/15). Il divieto previsto alla compensazione in relazione ai crediti impignorabili, opera solamente con riguardo alla compensazione propria, che ricorre quando le reciproche ragioni di debito-credito nascono da distinti rapporti giuridici, e non anche per quella impropria, ove le suddette ragioni provengono da un unico rapporto, quale è indubbiamente il rapporto di lavoro (C.C. 21646/16 – Conf. C.C. 5024/09; C.C. 12327/05; C.C. 20324/04).

1247. Compensazione opposta da terzi garanti. – Il fideiussore (1936 ss.) può opporre in compensazione il debito che il creditore ha verso il debitore principale (1239, 1939, 1945).

Lo stesso diritto spetta al terzo che ha costituito un'ipoteca (2808^2) o un pegno (2784, 2859, 2870).

1248. Inopponibilità della compensazione. – Il debitore, se ha accettato puramente e semplicemente la cessione (1260) che il creditore ha fatta delle sue ragioni a un terzo (1264), non può opporre al cessionario la compensazione che avrebbe potuto opporre al cedente (1272, 1409, 2805).

La cessione non accettata dal debitore, ma a questo notificata, impedisce la compensazione dei crediti sorti (1243^1) posteriormente alla notificazione (1265).

NOTE OPERATIVE:

Ambito di applicazione: La compensazione impropria non osta all'applicazione della norma (C.C. 8971/11).

Presupposti: Per l'inopponibilità della compensazione occorre che il credito sia sorto successivamente alla cessione (C.C. 2096/07).

1249. Compensazione di più debiti. – Quando una persona ha verso un'altra più debiti compensabili, si osservano per la compensazione le disposizioni del secondo comma dell'art. 1193 (1246).

1250. Compensazione rispetto ai terzi. – La compensazione non si verifica (1830) in pregiudizio dei terzi che hanno acquistato diritti di usufrutto (1000) o di pegno su uno dei crediti (1254, 2800 ss., 2917).

1251. Garanzie annesse al credito. – Chi ha pagato un debito mentre poteva invocare la compensazione non può più valersi, in pregiudizio dei terzi, dei privilegi e delle garanzie a favore del suo credito, salvo che abbia ignorato l'esistenza di questo per giusti motivi (1213^2, 1276).

1252. Compensazione volontaria. – Per volontà delle parti può aver luogo compensazione anche se non ricorrono le condizioni previste dagli articoli precedenti.

Le parti possono anche stabilire preventivamente le condizioni di tale compensazione (1823 ss.).

NOTE OPERATIVE:

Natura giuridica: La compensazione volontaria si concretizza in un negozio bilaterale diretto ad elidere le reciproche ragioni di credito, previo riconoscimento della loro esistenza (C.C. 253/84).

Sezione IV
Della confusione

1253. Effetti della confusione. – Quando le qualità di creditore e di debitore si riuniscono nella stessa persona, l'obbligazione si estingue (1014, n. 2, 1072, 1303), e i terzi che hanno prestato garanzia per il debitore sono liberati (1239, 1247, 1320, 1939, 1945).

1254. Confusione rispetto ai terzi. – La confusione non opera in pregiudizio dei terzi che hanno acquistato diritti di usufrutto (1000) o di pegno (2800) sul credito (978 ss., 1250, 2917).

1255. Riunione delle qualità di fideiussore e di debitore. – Se nella medesima persona si riuniscono le qualità di fideiussore e di debitore principale, la fideiussione resta in vita (1945), purché il creditore vi abbia interesse (1955).

Sezione V
Dell'impossibilità sopravvenuta per causa non imputabile al debitore

1256. Impossibilità definitiva e impossibilità temporanea. – L'obbligazione si estingue quando, per una causa non imputabile al debitore, la prestazione diventa impossibile.

Se l'impossibilità è solo temporanea, il debitore, finché essa perdura, non è responsabile del ritardo nell'adempimento (1183, 1219). Tuttavia l'obbligazione si estingue se l'impossibilità perdura fino a quando, in relazione al titolo della obbligazione o alla natura dell'oggetto, il debitore non può essere ritenuto obbligato a eseguire la prestazione ovvero il creditore non ha più interesse a conseguirla (1174, 1288 ss.).

NOTE OPERATIVE:

Ambito di applicazione: L'impossibilità idonea ad estinguere l'obbligazione deve intendersi in senso assoluto ed obiettivo e consiste nella sopravvenienza di una causa, non imputabile al debitore, che impedisce definitivamente l'adempimento e che, alla stregua del principio genus nunquam perit, può evidentemente verificarsi solo quando la prestazione abbia per oggetto la consegna di una cosa determinata o di un genere limitato, e non già quando si tratti di una somma di denaro (C.C. 20152/22 – Conf. C.C. 2691/87; C.C. 3844/80).

1257. Smarrimento di cosa determinata. – La prestazione che ha per oggetto una cosa determinata si considera divenuta impossibile anche quando la cosa è smarrita senza che possa esserne provato il perimento (1221).

In caso di successivo ritrovamento della cosa (927 ss.), si applicano le disposizioni del secondo comma dell'articolo precedente.

1258. Impossibilità parziale. – Se la prestazione è divenuta impossibile solo in parte, il debitore si libera dall'obbligazione eseguendo la prestazione per la parte che è rimasta possibile (1181, 1281, 1464, 2175).

La stessa disposizione si applica quando, essendo dovuta una cosa determinata, questa ha subito un deterioramento, o quando residua alcunché dal perimento totale della cosa (994, 996).

1259. Subingresso del creditore nei diritti del debitore. – Se la prestazione che ha per oggetto una cosa determinata è divenuta impossibile, in tutto o in parte, il creditore subentra nei diritti spettanti al debitore in dipendenza del fatto che ha causato l'impossibilità, e può esigere dal debitore la prestazione di quanto questi abbia conseguito a titolo di risarcimento (1203, 1780, 2742).

Capo V
Della cessione dei crediti

1260. Cedibilità dei crediti. – Il creditore può trasferire a titolo oneroso o gratuito il suo credito (1198), anche senza il consenso del debitore (1375), purché il credito non abbia carattere strettamente personale (447) o il trasferimento non sia vietato dalla legge (323, 378, 447, 1261, 1471, 1823).

Le parti possono escludere la cedibilità del credito (1379, 1823); ma il patto non è opponibile al cessionario, se non si prova che egli lo conosceva al tempo della cessione.

NOTE OPERATIVE:

Ambito di applicazione: La norma pone il principio generale, fatti salvi determinati limiti della legge speciale, della libera cedibilità dei crediti. Si tratta di un principio idoneo a ingenerare nel cessionario l'affidamento di normale cedibilità del credito e, pertanto, di legittimità e regolarità della cessione operata a suo favore. A norma dell'art. 1372, comma 2, c.c., il contratto non produce effetto rispetto ai terzi, se non nei casi previsti dalla legge ed è del tutto normale che il cessionario sia estraneo all'accordo di non cedibilità eventualmente intercorso – per un interesse che è soltanto di costoro – tra cedente e ceduto (C.C. 5129/20 – Conf. C.C. 825/15). Il credito da risarcimento del danno da sinistro stradale è suscettibile di cessione (C.C. 27892/23 – Conf. C.C. 21765/2019; C.C. 4300/19).

Contratto: Nella cessione del credito, anche se il credito nasce da contratto, il trasferimento ha per oggetto solo il credito in quanto tale, e la sostituzione riguarda unicamente la posizione del creditore; il cessionario del credito, non essendo anche parte del contratto costitutivo del credito stesso, non può avvalersi di poteri connessi a tale posizione di parte (C.C. 3034/20 – Conf. C.C. 17727/18).

1261. Divieti di cessione. – I magistrati dell'ordine giudiziario (1471), i funzionari delle cancellerie e segreterie giudiziarie, gli ufficiali giudiziari, gli avvocati, i procuratori, i patrocinatori e i notai non possono, neppure per interposta persona, rendersi cessionari di diritti sui quali è sorta contestazione davanti l'autorità giudiziaria di cui fanno parte o nella cui giurisdizione esercitano le loro funzioni, sotto pena di nullità e dei danni.

La disposizione del comma precedente non si applica alle cessioni di azioni ereditarie tra coeredi, né a quelle fatte in pagamento di debiti o per difesa di beni posseduti dal cessionario.

NOTE OPERATIVE:

Ambito di applicazione: La norma, diretta ad impedire speculazioni sulle liti da parte dei pubblici ufficiali e degli esercenti le professioni legali che svolgono la loro funzione nell'ambito della giurisdizione dell'ufficio giudiziario dinanzi al quale sia sorta la controversia, non trova applicazione riguardo a un credito la cui controversia sia stata definita con sentenza passata in giudicato (C.C. 14705/22 – Conf. C.C. 1319/84).

1262. Documenti probatori del credito. – Il cedente deve consegnare al cessionario i documenti probatori del credito che sono in suo possesso (1477).

Se è stata ceduta solo una parte del credito, il cedente è tenuto a dare al cessionario una copia autentica (2703) dei documenti.

1263. Accessori del credito. – Per effetto della cessione, il credito è trasferito al cessionario con i privilegi (2745 ss.), con le garanzie personali (1936 ss.) e reali (2784 ss.) e con gli altri accessori (2843; 25 l. camb.).

Il cedente non può trasferire al cessionario, senza il consenso del costituente, il possesso della cosa ricevuta in pegno (2792); in caso di dissenso, il cedente rimane custode del pegno (1204).

Salvo patto contrario, la cessione non comprende i frutti scaduti (821, 1531[1]).

1264. Efficacia della cessione riguardo al debitore ceduto. – La cessione ha effetto nei confronti del debitore ceduto quando questi l'ha accettata o quando gli è stata notificata (967, 1248, 1407, 2914, n. 2; 137 c.p.c.).

Tuttavia, anche prima della notificazione, il debitore che paga al cedente non è liberato, se il cessionario prova che il debitore medesimo era a conoscenza dell'avvenuta cessione (1189, 1978, 2559).

NOTE OPERATIVE:

Contratto di cessione: Il contratto cessione di credito ha natura consensuale, di modo che il suo perfezionamento consegue al solo scambio del consenso tra cedente e cessionario, il quale attribuisce a quest'ultimo la veste di creditore esclusivo, unico legittimato a pretendere la prestazione (anche in via esecutiva), pur se sia mancata la notificazione che ha la sola finalità di escludere l'efficacia liberatoria dei pagamento eventualmente effettuato in buona fede dal debitore ceduto al cedente anziché al cessionario (C.C. 23257/21 – Conf. C.C. 11436/21; C.C. 21227/19; C.C. 4713/19; C.C. 551/12; C.C. 23463/09).

Notificazione (forma): La notificazione al debitore ceduto non si identifica con quella effettuata ai sensi dell'ordinamento processuale, ma costituisce un atto a forma libera (C.C. 12734/21 – Conf. C.C. 28300/05).

1265. Efficacia della cessione riguardo ai terzi. – Se il medesimo credito ha formato oggetto di più cessioni a persone diverse (1605[1]), prevale la cessione notificata (137 c.p.c.) per prima al debitore, o quella che è stata prima accettata dal debitore con atto di data certa (2704), ancorché essa sia di data posteriore (1155, 1248, 1380, 2559).

La stessa norma si osserva quando il credito ha formato oggetto di costituzione di usufrutto (978, 1000) o di pegno (1978, 2800, 2914).

1266. Obbligo di garanzia del cedente. – Quando la cessione è a titolo oneroso, il cedente è tenuto a garantire l'esistenza del credito al tempo della cessione (1410). La garanzia può essere esclusa per patto, ma il cedente resta sempre obbligato per il fatto proprio (1487[2]).

Se la cessione è a titolo gratuito, la garanzia è dovuta solo nei casi e nei limiti in cui la legge pone a carico del donante la garanzia per l'evizione (797, 1410).

NOTE OPERATIVE:

Effetto naturale: La norma introduce un effetto naturale del contratto ad effetti reali che non richiede una valutazione soggettiva dell'adempimento, dovendosi perciò ritenere come fatto proprio la mera oggettiva riferibilità del fatto che determina l'inesistenza del credito ceduto alla sfera di controllo esclusiva del cedente (C.C. 17985/22).

1267. Garanzia della solvenza del debitore. – Il cedente non risponde della solvenza del debitore (2255), salvo che ne abbia assunto la garanzia (760, 1198, 1829, 1858). In questo caso egli risponde nei limiti di quanto ha ricevuto; deve inoltre corrispondere gli interessi, rimborsare le spese della cessione e quelle che il cessionario abbia sopportate per escutere il debitore, e risarcire il danno (19 l. camb.; 21 l. ass.). Ogni patto diretto ad aggravare la responsabilità del cedente è senza effetto (1410, 1419).

Quando il cedente ha garantito la solvenza del debitore, la garanzia cessa, se la mancata realizzazione del credito per insolvenza del debitore è dipesa da negligenza del cessionario nell'iniziare o nel proseguire le istanze contro il debitore stesso (1198, 1957[2]).

NOTE OPERATIVE:

Natura giuridica: La cessione di credito, stipulata in occasione di un finanziamento, assume funzione di garanzia atipica, paragonabile nei suoi effetti a quella tipica prevista dalla legge nei casi consimili di pegno di crediti (C.C. 15080/18 – Conf. C.C. 3128/58).

Capo VI
Della delegazione, dell'espromissione e dell'accollo

1268. Delegazione cumulativa. – Se il debitore assegna al creditore un nuovo debitore, il quale si obbliga verso il creditore, il debitore originario non è liberato dalla sua obbligazione, salvo che il creditore dichiari espressamente (1230[2], 1272[1], 1273[2], 1937) di liberarlo (1274).

Tuttavia il creditore che ha accettato l'obbligazione del terzo non può rivolgersi al delegante, se prima non ha richiesto al delegato l'adempimento (1530, 1408).

NOTE OPERATIVE:

Funzione: La delegazione di debito ha funzione creditoria, aggiungendo un nuovo debitore (delegato) con posizione di obbligato principale accanto al debitore originario (delegante) sì da rafforzare la posizione del creditore delegatario, mentre la delegazione di pagamento ha funzione solutoria, prevedendo che l'obbligazione sia adempiuta da un terzo (delegato) anziché dal debitore (delegante), senza per ciò solo aumentare gli obbligati verso il creditore delegatario (C.C. 5755/22 – Conf. C.C. 7945/20; C.C. 676/73).

1269. Delegazione di pagamento. – Se il debitore per eseguire il pagamento ha delegato un terzo (1272), questi può obbligarsi verso il creditore, salvo che il debitore l'abbia vietato.

Il terzo delegato per eseguire il pagamento non è tenuto ad accettare l'incarico, ancorché sia debitore del delegante (1188[1]). Sono salvi gli usi diversi.

1270. Estinzione della delegazione. – Il delegante può revocare la delegazione, fino a quando il delegato non abbia assunto l'obbligazione in confronto del delegatario o non abbia eseguito il pagamento a favore di questo (1723).

Il delegato può assumere l'obbligazione o eseguire il pagamento a favore del delegatario anche dopo la morte o la sopravvenuta incapacità del delegante (1275, 1330, 1929).

1271. Eccezioni opponibili dal delegato. – Il delegato può opporre al delegatario le eccezioni relative ai suoi rapporti con questo.

Se le parti non hanno diversamente pattuito, il delegato non può opporre al delegatario, benché questi ne fosse stato a conoscenza, le eccezioni che avrebbe potuto opporre al delegante, salvo che sia nullo il rapporto tra delegante e delegatario (1409).

Il delegato non può neppure opporre le eccezioni relative al rapporto tra il delegante e il delegatario, se ad esso le parti non hanno fatto espresso riferimento (1530[2]).

1272. Espromissione. – Il terzo che, senza delegazione del debitore (1180), ne assume verso il creditore il debito, è obbligato in solido (1292 ss.) col debitore originario, se il creditore non dichiara espressamente di liberare quest'ultimo (1230[2], 1268[1], 1273[2], 1937).

Se non si è convenuto diversamente, il terzo non può opporre al creditore le eccezioni relative ai suoi rapporti col debitore originario (1409, 1413).

Può opporgli invece le eccezioni che al creditore avrebbe potuto opporre il debitore originario, se non sono personali a quest'ultimo e non derivano da fatti successivi all'espromissione. Non può opporgli la compensazione (1241) che avrebbe potuto opporre il debitore originario, quantunque si sia verificata prima dell'espromissione (1248, 1275).

NOTE OPERATIVE:

Causa: L'accordo contrattuale con cui si realizza un'espromissione intercorre unicamente tra il creditore e l'espromittente (che è terzo rispetto all'originario rapporto di credito-debito) e non ha di per sé stesso una causa necessariamente gratuita o onerosa (C.C. 19393/04).

1273. Accollo. – Se il debitore e un terzo convengono che questi assuma il debito dell'altro, il creditore può aderire alla convenzione, rendendo irrevocabile la stipulazione a suo favore (1411).

L'adesione del creditore importa liberazione del debitore originario solo se ciò costituisce condizione espressa della stipulazione o se il creditore dichiara espressamente di liberarlo (1230², 1268², 1272¹, 1274, 1937).

Se non vi è liberazione del debitore, questi rimane obbligato in solido col terzo (1292).

In ogni caso il terzo è obbligato verso il creditore che ha aderito alla stipulazione nei limiti in cui ha assunto il debito, e può opporre al creditore le eccezioni fondate sul contratto in base al quale l'assunzione è avvenuta (1409, 1411, 1413).

NOTE OPERATIVE:

Tipologie: L'accollo c.d. semplice o interno, non previsto dal codice civile, si distingue dall'accollo c.d. esterno, previsto viceversa dall'art. 1273 c.c., poiché il primo non attribuisce alcun diritto al creditore e non modifica i soggetti dell'originaria obbligazione, a differenza del secondo, che configura un contratto a favore del terzo, con la conseguenza che nell'accollo interno il terzo assume obbligazioni e risponde del relativo adempimento nei confronti del solo accollato e non anche nei confronti del creditore, che resta del tutto estraneo all'accordo anche quando vi aderisca, derivando da tale adesione il solo effetto di rendere irrevocabile la relativa stipulazione senza assumere carattere necessario ai fini della modificazione soggettiva del rapporto obbligatorio (C.C. 22049/22 – Conf. C.C. 6035/22; C.C. 38225/21).

1274. Insolvenza del nuovo debitore. – Il creditore che, in seguito a delegazione, ha liberato il debitore originario, non ha azione contro di lui se il delegato diviene insolvente, salvo che ne abbia fatto espressa riserva (1268).

Tuttavia, se il delegato era insolvente al tempo in cui assunse il debito in confronto del creditore, il debitore originario non è liberato (1276).

Le medesime disposizioni si osservano quando il creditore ha aderito all'accollo stipulato a suo favore e la liberazione del debitore originario era condizione espressa della stipulazione (1273²).

NOTE OPERATIVE:

Insolvenza: L'insolvenza del delegato o dell'accollante, in presenza della quale è esclusa la liberazione del debitore originario, non coincide con quella prevista dalla legge fallimentare, ma è quella dell'insolvenza civile di cui all'art. 1186 c.c., ed è riferibile in tal guisa a ogni situazione, anche temporanea e non irreversibile, che non consenta al delegato al pagamento o all'accollante di soddisfare regolarmente le proprie obbligazioni, anche in conseguenza di una semplice situazione di difficoltà economica e patrimoniale idonea ad alterare in senso peggiorativo le garanzie patrimoniali offerte dal debitore (C.C. 17362/23).

1275. Estinzione delle garanzie. – In tutti i casi nei quali il creditore libera il debitore originario, si estinguono le garanzie annesse al credito, se colui che le ha prestate non consente espressamente a mantenerle (1232, 1276, 2878).

1276. Invalidità della nuova obbligazione. – Se l'obbligazione assunta dal nuovo debitore verso il creditore è dichiarata nulla (1418) o annullata (1425), e il creditore aveva liberato il debitore originario, l'obbligazione di questo rivive, ma il creditore non può valersi delle garanzie prestate da terzi (1197, 1213, 1418, 1425, 2881).

NOTE OPERATIVE:

Presupposti: In caso di accollo liberatorio, l'obbligazione dell'originario debitore rivive non solo quando la nuova obbligazione è invalida, ma anche in caso di risoluzione del negozio di accollo (C.C. 9094/01).

Capo VII
Di alcune specie di obbligazioni

Sezione I
Delle obbligazioni pecuniarie

1277. Debito di somma di danaro. – I debiti pecuniari si estinguono con moneta avente corso legale nello Stato al tempo del pagamento e per il suo valore nominale (1278).

Se la somma dovuta era determinata in una moneta che non ha più corso legale al tempo del pagamento, questo deve farsi in moneta legale ragguagliata per valore alla prima (1281).

NOTE OPERATIVE:

Ambito di applicazione: La norma non limita l'estinzione dell'obbligazione al versamento di denaro, ma si limita a regolare quale tipo di moneta possa essere utilizzata per adempiere ad un'obbligazione pecuniaria (C.C. 23664/17). La cambiale è un mero strumento di credito e la sua emissione e trasmissione non costituiscono pagamento, poiché l'adempimento dell'obbligazione portata dal titolo si verifica solo nel momento in cui, alla scadenza, il debitore provvede ad onorarla (C.C. 22708/17 – Conf. C.C. 24560/13; C.C. 510/99).

1278. Debito di somma di monete non aventi corso legale. – Se la somma dovuta è determinata in una moneta non avente corso legale nello Stato, il debitore ha facoltà di pagare in moneta legale, al corso del cambio nel giorno della scadenza e nel luogo stabilito per il pagamento (1182, 1196, 1281; 47 l. camb.; 39 l. ass.).

NOTE OPERATIVE:

Moneta estera: Le norme valutarie che vietano i pagamenti in moneta estera, al di fuori dei casi espressamente e tassativamente previsti, non determinano l'invalidità dell'obbligazione pattuita in moneta estera, ma incidono sulle modalità di adempimento dell'obbligazione, nel senso che questa deve essere regolata in valuta italiana (C.C. 18584/14 – Conf. C.C. 10558/02; C.C. 3175/76).

1279. Clausola di pagamento effettivo in monete non aventi corso legale. – La disposizione dell'articolo precedente non si applica, se la moneta non avente corso legale nello Stato è indicata con la clausola «effettivo» o altra equivalente, salvo che alla scadenza dell'obbligazione non sia possibile procurarsi tale moneta (1281; 47 l. camb.; 39 l. ass.).

1280. Debito di specie monetaria avente valore intrinseco. – Il pagamento deve farsi con una specie di moneta avente valore intrinseco, se così è stabilito dal titolo costitutivo del debito, sempreché la moneta avesse corso legale al tempo in cui l'obbligazione fu assunta.

Se però la moneta non è reperibile, o non ha più corso, o ne è alterato il valore intrinseco, il pagamento si effettua con moneta corrente che rappresenti il valore intrinseco che la specie monetaria dovuta aveva al tempo in cui l'obbligazione fu assunta.

1281. Leggi speciali. – Le norme che precedono si osservano in quanto non siano in contrasto con i principi derivanti da leggi speciali.

Sono salve le disposizioni particolari concernenti i pagamenti da farsi fuori del territorio dello Stato.

1282. Interessi nelle obbligazioni pecuniarie. – I crediti liquidi ed esigibili (1499) di somme di danaro producono interessi di pieno diritto (1224), salvo che la legge (506, 669, 1207, 1499, 1714, 1815[2], 2033, 2036, 2151, 2154) o il titolo stabiliscano diversamente (2948, n. 4; 5, 105 l. camb.; 7 l. ass.).

Salvo patto contrario, i crediti per fitti (1639) e pigioni (1587, n. 2) non producono interessi se non dalla costituzione in mora (1219).

Se il credito ha per oggetto rimborso di spese fatte per cose da restituire, non decorrono interessi per il periodo di tempo in cui chi ha fatto le spese abbia goduto della cosa senza corrispettivo e senza essere tenuto a render conto del godimento.

NOTE OPERATIVE:

Presupposti: La liquidità e l'esigibilità del credito, necessarie perché questo produca interessi possono essere escluse anche da circostanze e modalità di accertamento dell'obbligazione in ragione della natura pubblicistica del soggetto debitore (C.C. 4515/18 – Conf. C.C. 19452/12; C.C. 2071/00).

1283. (1) **Anatocismo.** – In mancanza di usi contrari (1834), gli interessi scaduti possono produrre interessi solo dal giorno della domanda giudiziale o per effetto di convenzione posteriore alla loro scadenza, e sempre che si tratti di interessi dovuti almeno per sei mesi.

(1) *A norma dell'art. 37, comma 50, del D.L. 4 luglio 2006, n. 223, convertito, con modificazioni, nella L. 4 agosto 2006, n. 248, gli interessi previsti per il rimborso di tributi non producono in nessun caso interessi ai sensi di questo articolo.*

NOTE OPERATIVE:

Ambito di applicazione: La norma non enuncia un principio di carattere generale, valido per ogni specie di obbligazione, ma ha carattere eccezionale, sicché non è estensibile ai debiti di valore, quali quelli derivanti da responsabilità aquiliana (C.C. 15944/17 – Conf. C.C. 25729/14; C.C. 15023/05).

Domanda: L'attribuzione degli interessi sugli interessi scaduti postula una specifica domanda del creditore, autonoma e distinta rispetto a quella volta al riconoscimento degli interessi principali, la cui proposizione non può desumersi dal generico contesto dell'attività processuale delle parti (C.C. 21935/23).

1284. (1) **Saggio degli interessi.** – Il saggio degli interessi legali è determinato in misura pari al 5 per cento in ragione d'anno (2). Il Ministro del tesoro, con proprio decreto pubblicato nella *Gazzetta Ufficiale* della Repubblica italiana non oltre il 15 dicembre dell'anno precedente a quello cui il saggio si riferisce, può modificarne annualmente la misura, sulla base del rendimento medio annuo lordo dei titoli di Stato di durata non superiore a dodici mesi e tenuto conto del tasso di inflazione registrato nell'anno. Qualora entro il 15 dicembre non sia fissata una nuova misura del saggio, questo rimane invariato per l'anno successivo (3).

Allo stesso saggio si computano gli interessi convenzionali, se le parti non ne hanno determinato la misura.

Gli interessi superiori alla misura legale devono essere determinati per iscritto (2725); altrimenti sono dovuti nella misura legale (1815).

Se le parti non ne hanno determinato la misura, dal momento in cui è proposta domanda giudiziale il saggio degli interessi legali è pari a quello previsto dalla legislazione speciale relativa ai ritardi di pagamento nelle transazioni commerciali (4).

La disposizione del quarto comma si applica anche all'atto con cui si promuove il procedimento arbitrale (4).

(1) *Articolo così sostituito dall'art. 1 della L. 26 novembre 1990, n. 353, provvedimenti urgenti per il processo civile, a far tempo dal 16 dicembre 1990. Si vedano: la L. 7 marzo 1996, n. 108 e il D.P.R. 11 giugno 1997, n. 315, in materia di usura.*

(2) *Il saggio degli interessi legali è stato così determinato dal D.M. 13 dicembre 2022, con decorrenza dal 1° gennaio 2023. Il saggio degli interessi legali dal 1° gennaio 2022 al 31 dicembre 2022, era dell'1,25%; dal 1° gennaio 2021 al 31 dicembre 2021 era dello 0,01%; dal 1° gennaio 2020 al 31 dicembre 2020 era dello 0,05%; dal 1° gennaio 2019 al 31 dicembre 2019 era dello 0,8%; dal 1° gennaio 2018 al 31 dicembre 2018 era dello 0,3%; dal 1° gennaio 2017 al 31 dicembre 2017 era dello 0,1%; dal 1° gennaio 2016 al 31 dicembre 2016 era dello 0,2%; dal 1° gennaio 2015 al 31 dicembre 2015 era dello 0,5%; dal 1° gennaio 2014 al 31 dicembre 2014 era dell'1%; dal 1° gennaio 2012 al 31 dicembre 2013 era del 2,5%; dal 1° gennaio 2011 al 31 dicembre 2011 era del 1,5%; dal 1° gennaio 2010 al 31 dicembre 2010 era del 1%; dal 1 gennaio 2008 al 31 dicembre 2009 era del 3 per cento; dal 1° gennaio 2004 al 31 dicembre 2007, era del 2,5 per cento annuo.*

(3) *Questo comma è stato così sostituito dall'art. 2, comma 185, della L. 23 dicembre 1996, n. 662, a decorrere dal 1° gennaio 1997.*

(4) *Questo comma è stato aggiunto dall'art. 17, comma 1, del D.L. 12 settembre 2014, n. 132, convertito, con modificazioni, nella L. 10 novembre 2014, n. 162. Tali disposizioni producono effetti rispetto ai procedimenti iniziati a decorrere dal trentesimo giorno successivo all'entrata in vigore della legge di conversione del presente decreto (Suppl. ord. alla G.U. Serie gen. - n. 261 del 10 novembre 2014).*

NOTE OPERATIVE:

Ambito di applicazione: Il saggio di interessi non è applicabile alle sole obbligazioni di fonte contrattuale, ma anche a quelle nascenti da fatto illecito o da altro fatto o atto idoneo a produrle, valendo la clausola di salvezza iniziale (che rimette alle parti la possibilità di determinarne la misura) ad escludere il carattere imperativo e inderogabile della disposizione e non già a delimitarne il campo d'applicazione (C.C. 61/23, contra C.C. 28409/18).

Criteri: La convenzione relativa agli interessi è validamente stipulata quando il relativo tasso risulti determinabile e controllabile in base a criteri oggettivamente indicati (C.C. 26173/18).

Sezione II
Delle obbligazioni alternative

1285. Obbligazione alternativa. – Il debitore di un'obbligazione alternativa si libera eseguendo una delle due prestazioni dedotte in obbligazione, ma non può costringere il creditore a ricevere parte dell'una e parte dell'altra (1181, 1291).

NOTE OPERATIVE:

Presupposti: L'obbligazione alternativa presuppone l'originario concorso di due o più prestazioni, poste in posizione di reciproca parità e dedotte in modo disgiuntivo, nessuna delle quali può essere adempiuta prima dell'indispensabile scelta di una di essa, rimessa alla volontà di una delle parti e che diviene irrevocabile con la dichiarazione comunicata all'altra parte. L'obbligazione cosiddetta facoltativa, invece, postula un'obbligazione semplice, avente ad oggetto una prestazione principale, unica e determinata fin dall'origine, nonché, accanto a questa, una prestazione facoltativa – della cui effettiva ed attuale esigibilità il creditore optante abbia piena consapevolezza – dovuta solo in via subordinata e secondaria, qualora venga preferita dal creditore stesso e costituisca, quindi l'oggetto di una sua specifica ed univoca opzione, esercitabile, peraltro, solo fino al momento in cui non vi sia stato l'adempimento della prestazione principale (C.C. 6772/12 – Conf. C.C. 17512/11; C.C. 10853/10; C.C. 17346/09).

1286. Facoltà di scelta. – La scelta spetta al debitore (1184, 1287), se non è stata attribuita al creditore o ad un terzo (665).

La scelta diviene irrevocabile con l'esecuzione di una delle due prestazioni, ovvero con la dichiarazione di scelta, comunicata all'altra parte, o ad entrambe se la scelta è fatta da un terzo (1453[2], 1492[2]).

Se la scelta deve essere fatta da più persone, il giudice può fissare loro un termine. Se la scelta non è fatta nel termine stabilito, essa è fatta dal giudice (1349; 81 att.; 749 c.p.c.).

1287. Decadenza dalla facoltà di scelta. – Quando il debitore, condannato alternativamente a due prestazioni, non ne esegue alcuna nel termine assegnatogli dal giudice, la scelta spetta al creditore.

Se la facoltà di scelta spetta al creditore e questi non l'esercita nel termine stabilito o in quello fissatogli dal debitore, la scelta passa a quest'ultimo.

Se la scelta è rimessa a un terzo e questi non la fa nel termine assegnatogli, essa è fatta dal giudice (631, 664, 1349; 81 att.).

1288. Impossibilità di una delle prestazioni. – L'obbligazione alternativa si considera semplice, se una delle due prestazioni non poteva formare oggetto di obbligazione o se è divenuta impossibile per causa non imputabile ad alcuna delle parti (1218, 1256, 1346, 1557).

1289. Impossibilità colposa di una delle prestazioni. – Quando la scelta spetta al debitore, l'obbligazione alternativa diviene semplice, se una delle due prestazioni diventa impossibile anche per causa a lui imputabile. Se una delle due prestazioni diviene impossibile per colpa del creditore, il debitore è liberato dall'obbligazione, qualora non preferisca eseguire l'altra prestazione e chiedere il risarcimento dei danni.

Quando la scelta spetta al creditore, il debitore è liberato dall'obbligazione, se una delle due prestazioni diviene impossibile per colpa del creditore, salvo che questi preferisca esigere l'altra prestazione e risarcire il danno. Se dell'impossibilità deve rispondere il debitore, il creditore può scegliere l'altra prestazione o esigere il risarcimento del danno.

1290. Impossibilità sopravvenuta di entrambe le prestazioni. – Qualora entrambe le prestazioni siano divenute impossibili e il debitore debba rispondere riguardo a una di esse, egli deve pagare l'equivalente di quella che è divenuta impossibile per l'ultima, se la scelta spettava a lui. Se la scelta spettava al creditore, questi può domandare l'equivalente dell'una o dell'altra.

1291. Obbligazione con alternativa multipla. – Le regole stabilite in questa sezione si osservano anche quando le prestazioni dedotte in obbligazione sono più di due.

Sezione III
Delle obbligazioni in solido

1292. Nozione della solidarietà. – L'obbligazione è in solido quando più debitori sono obbligati tutti per la medesima prestazione, in modo che ciascuno può essere costretto all'adempimento per la totalità e l'adempimento da parte di uno libera gli altri; oppure quando tra più creditori ciascuno ha diritto di chiedere l'adempimento dell'intera obbligazione (1840, 1854) e l'adempimento conseguito da uno di essi libera il debitore verso tutti i creditori (1296; 61 ss. l. fall.).

NOTE OPERATIVE:

Presupposti: La solidarietà attiva fra più creditori sussiste solo se espressamente prevista in un titolo negoziale preesistente alla richiesta di adempimento, non essendo sufficiente all'esistenza del vincolo l'identità qualitativa delle prestazioni (eadem res debita) e delle obbligazioni (eadem causa debendi) (C.C. 2267/19 – Conf. C.C. 15484/08).

Effetti:: La norma non determina la nascita di un rapporto unico ed inscindibile e non dà luogo, perciò, a litisconsorzio necessario tra i diversi obbligati o creditori (C.C. 6596/23 – Conf. C.C. 18069/19; C.C. 5014/17).

1293. Modalità varie dei singoli rapporti. – La solidarietà non è esclusa dal fatto che i singoli debitori siano tenuti ciascuno con modalità diverse, o il debitore comune sia tenuto con modalità diverse (1268, 1408, 1944, 2268) di fronte ai singoli creditori (1297).

1294. Solidarietà tra condebitori. – I condebitori sono tenuti in solido (1292), se dalla legge o dal titolo non risulta diversamente.

NOTE OPERATIVE:

Ratio: La solidarietà passiva nel rapporto obbligatorio è prevista dal legislatore nell'interesse del creditore e serve a rafforzare il diritto di quest'ultimo, consentendogli di ottenere l'adempimento dell'intera obbligazione da uno qualsiasi dei condebitori, mentre non ha alcuna influenza nei rapporti interni tra condebitori solidali, fra i quali l'obbligazione si divide secondo quanto risulta dal titolo o, in mancanza, in parti uguali (C.C. 11199/21 – Conf. C.C. 542/20; C.C. 21774/15; C.C. 2227/12; C.C. 2266/06).

1295. Divisibilità tra gli eredi. – Salvo patto contrario, l'obbligazione si divide tra gli eredi di uno dei condebitori o di uno dei creditori in solido, in proporzione delle rispettive quote (752, 754, 1318, 1319, 1507[2], 1509[1]).

NOTE OPERATIVE:

Eccezione: La regola trova eccezione, in materia di imposte, ma solo nei limiti in cui ciò possa ritenersi normativamente previsto (come, ad esempio, in tema di imposta sulle successioni dovuta dagli eredi del de cuius (C.C. 780/11).

1296. Scelta del creditore per il pagamento. – Il debitore ha la scelta di pagare all'uno o all'altro dei creditori in solido (1292), quando non è stato prevenuto da uno di essi con domanda giudiziale (1301).

1297. Eccezioni personali. – Uno dei debitori in solido non può opporre al creditore le eccezioni personali agli altri debitori (1945).

A uno dei creditori in solido il debitore non può opporre le eccezioni personali agli altri creditori (1293).

NOTE OPERATIVE:

Prescrizione: In tema di obbligazioni solidali, l'eccezione in senso stretto – quale è quella di prescrizione – sollevata da uno dei coobbligati non giova anche agli altri, ancorché chiamati nel medesimo processo (C.C. 8980/23 – Conf. C.C. 22984/20).

1298. Rapporti interni tra debitori o creditori solidali. – Nei rapporti interni l'obbligazione in solido si divide tra i diversi debitori o tra i diversi creditori, salvo che sia stata contratta nell'interesse esclusivo di alcuno di essi (1299, 2263).

Le parti di ciascuno si presumono uguali, se non risulta diversamente (1301, 2055[3]).

NOTE OPERATIVE:

Cointestazione conto corrente: La cointestazione di un conto corrente bancario attribuisce a ciascun intestatario, nei rapporti interni, la contitolarità per parti uguali del saldo attivo del conto medesimo, salva la prova che le somme versate siano di esclusiva pertinenza di uno dei correntisti, che non può ritenersi raggiunta per il solo fatto che l'alimentazione del conto sia avvenuta da parte di uno soltanto tra essi (C.C. 27069/22 – Conf. C.C. 29324/21; C.C. 15966/20; C.C. 11375/17).

1299. Regresso tra condebitori. – Il debitore in solido che ha pagato l'intero debito (61[2], 62[2-3] l. fall.) può ripetere (1203, n. 3) dai condebitori soltanto la parte di ciascuno di essi (1310[2], 1954).

Se uno di questi è insolvente, la perdita si ripartisce per contributo tra gli altri condebitori, compreso quello che ha fatto il pagamento (754, 755).

La stessa norma si applica qualora sia insolvente il condebitore nel cui esclusivo interesse l'obbligazione era stata assunta (1203, n. 3, 1298, 1313, 2871).

NOTE OPERATIVE:

Ratio: Il condebitore solidale, sia ex contractu, sia ex delicto, che paga al creditore una somma maggiore rispetto alla parte incombentegli, ha diritto di regresso anche se non ha corrisposto l'intero, perché la ratio delle norme è il depauperamento del suo patrimonio oltre il dovuto e il corrispondente indebito arricchimento dei condebitori (C.C. 42130/21 – Conf. C.C. 21197/18; C.C. 3404/18; C.C. 884/98).

Surrogazione (differenze): Il diritto di regresso e quello di surrogazione sono diritti distinti, fondati su titoli ed aventi effetti giuridici diversi: l'azione di regresso è un diritto autonomo che dà facoltà al debitore solidale che abbia pagato l'intero debito di agire per la ripetizione nei confronti del condebitore insolvente, per la parte del debito a suo carico o, nel caso in cui l'obbligazione sia stata contratta nel suo interesse esclusivo, per l'intero; la surrogazione nel creditore non si configura invece come diritto autonomo, ma realizza una successione nel lato attivo del rapporto, che rimane sempre il medesimo (C.C. 11652/23).

1300. Novazione. – La novazione (1230) tra il creditore e uno dei debitori in solido libera gli altri debitori (1233). Qualora però si sia voluto limitare la novazione a uno solo dei debitori, gli altri non sono liberati che per la parte di quest'ultimo.

Se convenuta tra uno dei creditori in solido e il debitore, la novazione ha effetto verso gli altri creditori solo per la parte del primo (1268, 1320).

1301. Remissione. – La remissione (1236 ss.) a favore di uno dei debitori in solido libera anche gli altri debitori (1237), salvo che il creditore abbia riservato il suo diritto verso gli altri, nel qual caso il creditore non può esigere il credito da questi, se non detratta la parte del debitore a favore del quale ha consentito la remissione (1311).

Se la remissione è fatta da uno dei creditori in solido, essa libera il debitore verso gli altri creditori solo per la parte spettante al primo (1239, 1320; 135, 184 l. fall.).

NOTE OPERATIVE:

Ambito di applicazione: La norma si applica necessariamente ai condebitori principali che siano legati da vincolo di solidarietà, mentre non può applicarsi nei confronti di quei condebitori che, ancorché solidali, lo siano in via di garanzia. In tale caso soccorre l'applicazione del principio accessorium sequitur principale per cui le obbligazioni accessorie, qual è quella del fideiussore, si estinguono con l'estinguersi di quella principale (C.C. 28774/05).

Presupposti: La volontà di rimettere il debito non può presumersi, ma deve risultare da un comportamento concludente che riveli in maniera univoca la volontà del creditore di non avvalersi del credito (C.C. 12765/98).

1302. Compensazione. – Ciascuno dei debitori in solido può opporre in compensazione (1241) il credito di un condebitore solo fino alla concorrenza della parte di quest'ultimo.

A uno dei creditori in solido il debitore può opporre in compensazione ciò che gli è dovuto da un altro dei creditori, ma solo per la parte di questo (1320).

NOTE OPERATIVE:

Ratio: La norma introduce la regola della efficacia pro-quota della eccezione di compensazione opposta dal debitore ad uno dei creditori e trova la sua giustificazione nella limitazione del potere dispositivo del creditore alla sola quota o parte di esso spettante, nonché nelle esigenze di tutela del concreditore che sarebbe costretto, altrimenti, ad agire in via di regresso, contro gli altri concreditori (C.C. 10024/23).

1303. Confusione. – Se nella medesima persona si riuniscono le qualità di creditore e di debitore in solido, l'obbligazione degli altri debitori si estingue per la parte di quel condebitore.

Se nella medesima persona si riuniscono le qualità di debitore e di creditore in solido, l'obbligazione si estingue per la parte di questo (1253 ss., 1320).

NOTE OPERATIVE:

Ambito di applicazione: L'effetto estintivo della confusione non può che operare in favore del solo soggetto nella cui persona si riuniscono le opposte qualità di creditore e debitore e non può comportare alcun effettivo estintivo nei confronti degli altri condebitori in solido (C.C. 26948/21).

1304. Transazione. – La transazione (1965 ss.) fatta dal creditore con uno dei debitori in solido non produce effetto nei confronti degli altri, se questi non dichiarano di volerne profittare (1411[2]).

Parimenti, se è intervenuta tra uno dei creditori in solido e il debitore, la transazione non ha effetto nei confronti degli altri creditori, se questi non dichiarano di volerne profittare (1320).

NOTE OPERATIVE:

Ambito di applicazione: La norma, nel consentire, in deroga al principio secondo cui il contratto produce effetti solo tra le parti, che il condebitore in solido, pur non avendo partecipato alla stipulazione della transazione tra creditore e uno dei debitori solidali, se ne possa avvalere, si riferisce esclusivamente all'atto di transazione che abbia ad oggetto l'intero debito (C.C. 7094/22 – Conf. C.C. 14711/20; C.C. 13877/20).

1305. Giuramento. – Il giuramento (2736 ss.; 233 ss. c.p.c.) sul debito e non sul vincolo solidale, deferito da uno dei debitori in solido al creditore o da uno dei creditori in solido al debitore, ovvero dal creditore a uno dei debitori in solido o dal debitore a uno dei creditori in solido, produce gli effetti seguenti:

il giuramento ricusato dal creditore o dal debitore, ovvero prestato dal condebitore o dal concreditore in solido, giova agli altri condebitori o concreditori;

il giuramento prestato dal creditore o dal debitore, ovvero ricusato dal condebitore o dal concreditore in solido, nuoce solo a chi lo ha deferito o a colui al quale è stato deferito (233 c.p.c.).

NOTE OPERATIVE:

Effetti: La norma disciplina le conseguenze, nei confronti degli altri condebitori, del giuramento prestato da uno dei condebitori in solido, ma non postula, per il creditore, alcun onere di convenire in giudizio tutti i debitori solidali e di deferire a tutti il giuramento decisorio (C.C. 3573/11).

1306. Sentenza. – La sentenza pronunziata tra il creditore e uno dei debitori in solido, o tra il debitore e uno dei creditori in solido, non ha effetto contro gli altri debitori o contro gli altri creditori (2909).

Gli altri debitori possono opporla al creditore, salvo che sia fondata sopra ragioni personali al condebitore; gli altri creditori possono farla valere contro il debitore, salve le eccezioni personali che questi può opporre a ciascuno di essi.

NOTE OPERATIVE:

Presupposti: La facoltà prevista dalla norma presuppone, oltre a un'espressa dichiarazione in tal senso, che il condebitore sia rimasto estraneo al giudizio (C.C. 36942/22 – Conf. C.C. 28267/21; C.C. 1779/07).

1307. Inadempimento. – Se l'adempimento dell'obbligazione è divenuto impossibile per causa imputabile a uno o più condebitori, gli altri condebitori non sono liberati dall'obbligo solidale di corrispondere il valore della prestazione dovuta (1292). Il creditore può chiedere il risarcimento del danno ulteriore al condebitore o a ciascuno dei condebitori inadempienti (1218).

1308. Costituzione in mora. – La costituzione in mora di uno dei debitori in solido non ha effetto riguardo agli altri (1219), salvo il disposto dell'art. 1310.

La costituzione in mora del debitore da parte di uno dei creditori in solido giova agli altri.

1309. Riconoscimento del debito. – Il riconoscimento del debito fatto da uno dei debitori in solido non ha effetto riguardo agli altri; se è fatto dal debitore nei confronti di uno dei creditori in solido, giova agli altri (1870, 1988, 2720, 2944, 2966).

1310. Prescrizione. – Gli atti con i quali il creditore interrompe la prescrizione (2934, 2943 ss.) contro uno dei debitori in solido, oppure uno dei creditori in solido interrompe la prescrizione contro il comune debitore, hanno effetto riguardo agli altri debitori o agli altri creditori (1308; 95 l. camb.; 76 l. ass.).

La sospensione (2941, 2942) della prescrizione nei rapporti di uno dei debitori o di uno dei creditori in solido non ha effetto riguardo agli altri. Tuttavia il debitore che sia stato costretto a pagare ha regresso contro i condebitori liberati in conseguenza della prescrizione (1299).

La rinunzia alla prescrizione (2937) fatta da uno dei debitori in solido non ha effetto riguardo agli altri; fatta in confronto di uno dei creditori in solido, giova agli altri. Il condebitore che ha rinunziato alla prescrizione non ha regresso verso gli altri debitori liberati in conseguenza della prescrizione medesima.

NOTE OPERATIVE:

Effetti: L'interruzione della prescrizione compiuta dal creditore nei confronti di uno dei soggetti obbligati ha effetto anche nei confronti degli altri condebitori solidali senza che sia richiesto che questi ultimi abbiano conoscenza dell'atto interruttivo, in quanto gli effetti conservativi che tale atto produce incidono direttamente sul rapporto da cui origina l'obbligazione, e non sulla sfera giuridica del singolo condebitore solidale (S.U. 13143/22).

1311. Rinunzia alla solidarietà. – Il creditore che rinunzia alla solidarietà a favore di uno dei debitori conserva l'azione in solido contro gli altri (1313).

Rinunzia alla solidarietà:

1) il creditore che rilascia a uno dei debitori quietanza (1199) per la parte di lui senza alcuna riserva;

2) il creditore che ha agito giudizialmente contro uno dei debitori per la parte di lui, se questi ha aderito alla domanda, o se è stata pronunciata una sentenza di condanna.

NOTE OPERATIVE:

Presupposti: La circostanza che il creditore accetti da uno dei debitori il pagamento di una parte del debito complessivo, rilasciandone quietanza e non riservandosi di agire nei confronti dello stesso debitore per il residuo, integra gli estremi della rinuncia alla solidarietà (C.C. 1453/15).

1312. Pagamento separato dei frutti o degli interessi. – Il creditore che riceve, separatamente e senza riserva, la parte dei frutti o degli interessi (1282) che è a carico di uno dei debitori perde contro di lui l'azione in solido per i frutti o per gli interessi scaduti, ma la conserva per quelli futuri.

1313. Insolvenza di un condebitore in caso di rinunzia alla solidarietà. – Nel caso di rinunzia del creditore alla solidarietà verso alcuno dei debitori (1311, 1312), se uno degli altri è insolvente, la sua parte di debito è ripartita per contributo tra tutti i condebitori, compreso quello che era stato liberato dalla solidarietà (1299).

Sezione IV
Delle obbligazioni divisibili e indivisibili

1314. Obbligazioni divisibili. – Se più sono i debitori o i creditori di una prestazione divisibile e l'obbligazione non è solidale (1292 ss.), ciascuno dei creditori non può domandare il soddisfacimento del credito che per la sua parte, e ciascuno dei debitori non è tenuto a pagare il debito che per la sua parte (1295, 1509).

NOTE OPERATIVE:

Ambito di applicazione: La solidarietà passiva richiede non soltanto la pluralità dei debitori e l'identica causa dell'obbligazione, ma anche l'indivisibilità della prestazione comune, in mancanza della quale e in difetto di una espressa disposizione di legge, prevale l'intrinseca parziarietà (S.U. 9148/08).

1315. Limiti alla divisibilità tra gli eredi del debitore. – Il beneficio della divisione non può essere opposto da quello tra gli eredi del debitore, che è stato incaricato (663) di eseguire la prestazione (752) o che è in possesso della cosa dovuta, se questa è certa e determinata.

1316. Obbligazioni indivisibili. – L'obbligazione è indivisibile, quando la prestazione ha per oggetto una cosa o un fatto che non è suscettibile di divisione per sua natura o per il modo in cui è stato considerato dalle parti contraenti (1317; 187 c.p.c.).

NOTE OPERATIVE:

Ambito di applicazione: L'obbligazione è indivisibile solo quando la prestazione abbia per oggetto una cosa o un atto che non è suscettibile di divisione per sua natura (oggettivamente indivisibile) o per il modo in cui è stato considerato dalle parti contraenti (soggettivamente indivisibile) (C.C. 2822/14).

1317. Disciplina delle obbligazioni indivisibili. – Le obbligazioni indivisibili sono regolate dalle norme relative alle obbligazioni solidali (1292 ss.), in quanto applicabili, salvo quanto è disposto dagli articoli seguenti.

1318. Indivisibilità nei confronti degli eredi. – L'indivisibilità opera anche nei confronti degli eredi del debitore o di quelli del creditore (1295).

1319. Diritto di esigere l'intero. – Ciascuno dei creditori può esigere l'esecuzione dell'intera prestazione indivisibile (1772). Tuttavia l'erede del creditore, che agisce per il soddisfacimento dell'intero credito, deve dare cauzione a garanzia dei coeredi (1179, 1295; 119 c.p.c.).

1320. Estinzione parziale. – Se uno dei creditori ha fatto remissione del debito (1236 ss.) o ha consentito a ricevere un'altra prestazione in luogo di quella dovuta (1197, 1198), il debitore non è liberato verso gli altri creditori. Questi tuttavia non possono domandare la prestazione indivisibile se non addebitandosi ovvero rimborsando il valore della parte di colui che ha fatto la remissione o che ha ricevuto la prestazione diversa (1301^2).

La medesima disposizione si applica in caso di transazione (1304^2, 1965), novazione (1230, 1300^2), compensazione (1241, 1302^2) e confusione (1253, 1303^2).

Titolo II
Dei contratti in generale

Capo I
Disposizioni preliminari

1321. Nozione. – Il contratto è l'accordo di due o più parti (1420, 1446, 1459, 1466) per costituire, regolare o estinguere tra loro un rapporto giuridico patrimoniale (1174, 1325, 1326).

1322. Autonomia contrattuale. – Le parti possono liberamente determinare il contenuto del contratto nei limiti imposti dalla legge (1372; 5 prel.; 41 Cost.) e dalle norme corporative (1).

Le parti possono anche concludere contratti che non appartengano ai tipi (1323, 2249, 2437, 2498) aventi una disciplina particolare, purché siano diretti a realizzare interessi meritevoli di tutela secondo l'ordinamento giuridico (1343, 1411, 2035).

(1) *L'espressione «e dalle norme corporative» è da ritenersi abrogata dal R.D.L. 9 agosto 1943, n. 721.*

Per alcune limitazioni legali all'autonomia contrattuale delle parti si veda il divieto di stipulare contratti atipici di concessione a terzi di fondi rustici (art. 13 della L. 15 settembre 1964, n. 756) e la conversione ex lege *in affitto dei contratti aventi ad oggetto la concessione a terzi dell'utilizzo di fondi rustici (art. 27 della L. 3 maggio 1982, n. 203).*

NOTE OPERATIVE:

Meritevolezza: Il giudizio di meritevolezza degli interessi va compiuto avendo riguardo allo scopo perseguito dalle parti, non già alla convenienza, chiarezza o aleatorietà del contratto o delle sue clausole (S.U. 5657/23).

1323. Norme regolatrici dei contratti. – Tutti i contratti, ancorché non appartengano ai tipi (1322, 2249, 2437, 2498) che hanno una disciplina particolare, sono sottoposti alle norme generali contenute in questo titolo (1372).

1324. Norme applicabili agli atti unilaterali. – Salvo diverse disposizioni di legge, le norme che regolano i contratti si osservano, in quanto compatibili, per gli atti unilaterali tra vivi aventi contenuto patrimoniale (482[1], 483[1], 526, 1174, 1334, 1414[3], 1987 ss., 2732).

NOTE OPERATIVE:

Forma: L'art. 1352 c.c. che prescrive la forma stabilita convenzionalmente dalla parti in vista della conclusione di un contratto si presume voluta per la validità dello stesso, è estensibile agli atti unilaterali (C.C. 11643/18).

Interpretazione: All'interpretazione degli atti unilaterali si applica la disciplina dettata per i contratti (C.C. 10748/19 – Conf. C.C. 9006/15).

Capo II
Dei requisiti del contratto

1325. Indicazione dei requisiti. – I requisiti del contratto sono (1418):

1) l'accordo delle parti (1326 ss.);
2) la causa (1343 ss.);
3) l'oggetto (1346 ss.);
4) la forma, quando risulta che è prescritta dalla legge sotto pena di nullità (1350 ss.).

Sezione I
Dell'accordo delle parti

1326. Conclusione del contratto. – Il contratto è concluso nel momento in cui chi ha fatto la proposta ha conoscenza (1335) dell'accettazione dell'altra parte (163, 782[2], 1333, 1336).

L'accettazione deve giungere al proponente nel termine da lui stabilito o in quello ordinariamente necessario secondo la natura dell'affare o secondo gli usi (1328, 2964).

Il proponente può ritenere efficace l'accettazione tardiva, purché ne dia immediatamente avviso (1327[2]) all'altra parte (1175).

Qualora il proponente richieda per l'accettazione una forma determinata, l'accettazione non ha effetto se è data in forma diversa (1352).

Un'accettazione non conforme alla proposta equivale a nuova proposta (1333).

NOTE OPERATIVE:

Silenzio: In tema di formazione del contratto, l'accettazione non può essere desunta dal mero silenzio serbato su una proposta, pur quando questa faccia seguito a precedenti trattative intercorse tra le parti, delle quali mostri di aver tenuto conto, assumendo il silenzio valore negoziale soltanto se, in date circostanze, il comune modo di agire o la buona fede, nei rapporti instauratisi tra le parti, impongano l'onere o il dovere di parlare, ovvero se, in un dato momento storico e sociale, avuto riguardo alla qualità dei contraenti e alle loro relazioni di affari, il tacere di uno possa intendersi come adesione alla volontà dell'altro (C.C. 25460/23 – Conf. C.C. 10533/14; C.C. 7697/08).

Formazione progressiva: Nei c.d. contratti a formazione progressiva, il momento perfezionativo coincide di regola con quello in cui tra le parti sia raggiunto l'accordo sugli elementi costitutivi, sia principali che secondari, salvo che le parti abbiano inteso considerare il contratto già definitivamente formato per l'ininfluenza dei punti ancora da definire (C.C. 14111/23 – Conf. C.C. 13610/20; C.C. 18010/17).

Controproposta: Una accettazione non conforme alla proposta equivale a nuova proposta anche quando le modifiche richieste in sede di accettazione siano di valore secondario (C.C. 14857/22 – Conf. C.C. 16016/03; C.C. 2472/99; C.C. 1072/85).

1327. Esecuzione prima della risposta dell'accettante. – Qualora, su richiesta del proponente o per la natura dell'affare o secondo gli usi, la prestazione debba eseguirsi senza una preventiva risposta, il contratto è concluso nel tempo e nel luogo in cui ha avuto inizio l'esecuzione.

L'accettante deve dare prontamente avviso (1175, 1326[3]) all'altra parte dell'iniziata esecuzione e, in mancanza, è tenuto al risarcimento del danno.

NOTE OPERATIVE:

Presupposti: La norma presuppone una prestazione che palesi l'insorgenza del vincolo contrattuale (C.C. 11392/16).

Parcheggio: Il contratto di parcheggio meccanizzato a pagamento si caratterizza per la formazione dell'incontro tra l'offerta della prestazione di parcheggio e l'accettazione mediante la concreta utilizzazione dei servizi offerti e quindi attraverso l'immissione del veicolo nell'area di parcheggio (18277/23).

1328. Revoca della proposta e dell'accettazione. – La proposta può essere revocata finché il contratto non sia concluso (782[3, 4], 1329, 1887). Tuttavia, se l'accettante ne ha intrapreso in buona fede (1335, 1337, 1366, 1375) l'esecuzione prima di avere notizia della revoca, il proponente è tenuto a indennizzarlo (843[2], 924, 925, 1038, 1053, 2045, 2047) delle spese e delle perdite subite per l'iniziata esecuzione del contratto.

L'accettazione può essere revocata, purché la revoca giunga a conoscenza (1335) del proponente prima dell'accettazione (1326, 1329).

NOTE OPERATIVE:

Ambito di applicazione: La revoca si perfeziona quando sia spedita all'indirizzo dell'accettante, prima che l'accettazione sia giunta a conoscenza del proponente, restando irrilevante che l'accettante ne abbia notizia in un momento successivo a quello in cui l'accettazione sia giunta a conoscenza del preponente, restando tutelato l'affidamento dell'accettante, in tale evenienza, dalla previsione di un indennizzo a carico del proponente per le spese e le eventuali perdite subite per l'iniziata esecuzione del contratto (C.C. 7543/16 – Conf. C.C. 4489/81; C.C. 2083/81; C.C. 296/69).

1329. Proposta irrevocabile. – Se il proponente si è obbligato a mantenere ferma la proposta per un certo tempo, la revoca è senza effetto (1328, 1331, 1333).

Nell'ipotesi prevista dal comma precedente, la morte o la sopravvenuta incapacità (414, 1330) del proponente non toglie efficacia alla proposta, salvo che la natura dell'affare o altre circostanze escludano tale efficacia.

NOTE OPERATIVE:

Caratteristiche: La proposta irrevocabile deve contenere tutti gli elementi essenziali del contratto da concludere, in modo che, con l'adesione della parte destinataria, sia possibile stipulare il detto negozio, senza la necessità di un'ulteriore pattuizione; in caso contrario, invece, essa assumerà carattere di mero accordo preparatorio, che è soltanto una parte dell'intero iter formativo del futuro contratto, nel quale confluiranno comunque gli elementi già concordati con la proposta (C.C. 9694/23 – Conf. C.C. 10777/93).

1330. Morte o incapacità dell'imprenditore. – La proposta o l'accettazione, quando è fatta dall'imprenditore nell'esercizio della sua impresa (2082), non perde efficacia se l'imprenditore muore o diviene incapace (414, 1425) prima della conclusione del contratto (1722, n. 4, 1270), salvo che si tratti di piccoli imprenditori (2083) o che diversamente risulti dalla natura dell'affare o da altre circostanze (1 l. fall.).

1331. Opzione. – Quando le parti convengono che una di esse rimanga vincolata alla propria dichiarazione e l'altra abbia facoltà di accettarla o meno, la dichiarazione della prima si considera quale proposta irrevocabile per gli effetti previsti dall'art. 1329 (1355).

Se per l'accettazione non è stato fissato un termine, questo può essere stabilito dal giudice (1183).

NOTE OPERATIVE:

Caratteristiche: Il patto di opzione ha in comune con il c.d. contratto preliminare unilaterale l'assunzione dell'obbligazione da parte di un solo contraente, ma se ne distingue per l'eventuale successivo iter della vicenda negoziale, in quanto, a differenza del predetto preliminare unilaterale, che è un contratto perfetto e autonomo rispetto al definitivo, l'opzione medesima non è che uno degli elementi di una fattispecie a formazione successiva, costituita inizialmente da un accordo avente ad oggetto l'irrevocabilità della proposta e poi dall'accettazione del promissario che, saldandosi con la prima, perfeziona il contratto, sempre che venga espressa nella forma prescritta per il contratto stesso e, quindi, nel caso di trasferimento immobiliare, per iscritto (C.C. 28762/17 – Conf. C.C. 5950/86).

1332. Adesione di altre parti al contratto. – Se ad un contratto possono aderire altre parti e non sono determinate le modalità dell'adesione, questa deve essere diretta all'organo che sia stato costituito per l'attuazione del contratto o, in mancanza di esso, a tutti i contraenti originari (2525[1]).

1333. Contratto con obbligazioni del solo proponente. – La proposta diretta a concludere un contratto da cui derivino obbligazioni solo per il proponente è irrevocabile (1329) appena giunge a conoscenza (1335) della parte alla quale è destinata (1328).

Il destinatario può rifiutare la proposta nel termine richiesto dalla natura dell'affare o dagli usi (2964). In mancanza di tale rifiuto il contratto è concluso (1236, 1399[4], 1411[2], 1454[3]).

NOTE OPERATIVE:

Ambito di applicazione: Il negozio traslativo di diritti reali non è suscettibile di essere perfezionato con la modalità di cui all'art. 1333 c.c., qualora essa consista esclusivamente in una manifestazione unilaterale da parte di colui che assume gli obblighi derivanti dal contratto e non sia stata in alcun modo indirizzata al destinatario dei suoi effetti (C.C. 12967/23), salva l'ipotesi che sia stato accertato che l'acquirente ne tragga esclusivamente vantaggio, configurandosi, in difetto, una proposta contrattuale non ancora accettata (C.C. 27857/20 – Conf. C.C. 24832/20).

1334. Efficacia degli atti unilaterali. – Gli atti unilaterali (1324, 1414[3]) producono effetto dal momento in cui pervengono a conoscenza (1335) della persona alla quale sono destinati (1724).

NOTE OPERATIVE:

Derogabilità: Sebbene il recesso sia atto irrevocabile dal momento in cui il destinatario ne abbia avuto notizia, ciò non esclude che le parti, nel rispetto dell'autonomia contrattuale, possano far venire meno gli effetti della fattispecie estintiva, ponendo in essere una concorde manifestazione di volontà che, nel caso di contratto in forma scritta ad substantiam, deve risultare da atto scritto (C.C. 1454/2019 – Conf. C.C. 14730/00).

1335. Presunzione di conoscenza. – La proposta, l'accettazione (1326), la loro revoca (1328) e ogni altra dichiarazione diretta a una determinata persona si reputano conosciute nel momento in cui giungono all'indirizzo del destinatario, se questi non prova di essere stato, senza sua colpa, nell'impossibilità di averne notizia.

NOTE OPERATIVE:

Indirizzo: Ai fini dell'operatività della presunzione di conoscenza, l'indirizzo del destinatario, presso il quale deve giungere la dichiarazione recettizia, non necessariamente coincide con i luoghi di individuazione delle persone fisiche (domicilio, residenza, dimora) o degli enti collettivi (sede), potendo identificarsi in un diverso luogo preventivamente indicato, in ragione di un collegamento di altra natura, dal destinatario e, pertanto, rientrante nella propria sfera di dominio e di controllo (C.C. 19524/19).

1336. Offerta al pubblico. – L'offerta al pubblico, quando contiene gli estremi essenziali del contratto alla cui conclusione è diretta, vale come proposta, salvo che risulti diversamente dalle circostanze o dagli usi (1989).

La revoca dell'offerta, se è fatta nella stessa forma dell'offerta o in forma equipollente (1396[2], 1990), è efficace anche in confronto di chi non ne ha avuto notizia (1328).

NOTE OPERATIVE:

Bando di concorso: Il bando di concorso per l'assunzione di lavoratori, ove contenga gli elementi del contratto alla cui conclusione è diretto, in quanto preordinato alla stipulazione di contratti di lavoro che esigono il consenso delle controparti, costituisce un'offerta al pubblico (C.C. 21622/22 – Conf. C.C. 34544/19; C.C. 5295/07); in assenza di bandi o di atti equiparati, la comunicazione dell'avvio della procedura di selezione di apprendisti non può considerarsi quale offerta al pubblico giuridicamente vincolante (C.C. 6930/18).

1337. Trattative e responsabilità precontrattuale. – Le parti, nello svolgimento delle trattative e nella formazione del contratto, devono comportarsi secondo buona fede (1175, 1338, 1358, 1366, 1375, 1460; 88 c.p.c.).

NOTE OPERATIVE:

Presupposti: Perché possa ritenersi integrata la responsabilità precontrattuale è necessario che tra le parti siano in corso trattative; che le trattative siano giunte ad uno stadio idoneo a far sorgere nella parte che invoca l'altrui responsabilità il ragionevole affidamento sulla conclusione del contratto; che la controparte, cui si addebita la responsabilità, le interrompa senza un giustificato motivo; che, infine, pur nell'ordinaria diligenza della parte che invoca la responsabilità, non sussistano fatti idonei ad escludere il suo ragionevole affidamento sulla conclusione del contratto (C.C. 8119/22 – Conf. C.C. 24510/21; C.C. 7517/18; C.C. 477/13; C.C. 7768/07; C.C. 11438/04).

Contratto valido ma dannoso: La norma non si riferisce alla sola ipotesi di rottura ingiustificata delle trattative ma ha valore di clausola generale e la violazione dell'obbligo di comportarsi secondo buona fede nello svolgimento delle trattative e nella formazione del contratto assume rilievo non solo in caso di rottura ingiustificata delle trattative e, quindi, di mancata conclusione del contratto o di conclusione di un contratto invalido o inefficace, ma anche nel caso in cui il contratto concluso sia valido e, tuttavia, risulti pregiudizievole per la parte vittima dell'altrui comportamento scorretto (C.C. 4715/22 – Conf. C.S. 1314/20; C.C. 5762/16; C.C. 23873/13; C.C. 24795/08).

Danno risarcibile: La responsabilità precontrattuale, coprendo nei limiti del cd. interesse negativo tutte le conseguenze immediate e dirette della violazione del dovere di comportarsi secondo buona fede nella fase preparatoria del contratto, secondo i criteri stabiliti dagli artt. 1223 e 2056 c.c., si estende al danno per il pregiudizio economico derivante dalle rinunce a stipulare un contratto, ancorché avente un contenuto diverso rispetto a quello per cui si erano svolte le trattative, se la sua mancata conclusione si manifesti come conseguenza immediata e diretta del comportamento della controparte che ha lasciato cadere le dette trattative quando queste erano giunte al punto di creare un ragionevole affidamento sulla conclusione positiva di esse (C.C. 19202/23 – Conf. C.C. 12836/20; C.C. 4718/16).

1338. Conoscenza delle cause d'invalidità. – La parte che, conoscendo o dovendo conoscere l'esistenza di una causa d'invalidità del contratto (1418 ss.), non ne ha dato notizia all'altra parte è tenuta a risarcire il danno da questa risentito per avere confidato, senza sua colpa, nella validità del contratto (139, 1175, 1337, 1398, 1439, 1892).

NOTE OPERATIVE:

Ambito di applicazione: La norma non può essere invocata tutte le volte in cui l'invalidità del contratto derivi dalla violazione di norme imperative (C.C. 2316/20 – Conf. C.C. 11135/09; C.C. 4635/06) delle quali può presumersi la conoscenza e la cui ignoranza avrebbe potuto essere superata attraverso l'uso della normale diligenza (C.C. 23887/21).

Risarcimento del danno: È dovuto l'integrale risarcimento del danno sofferto dal contraente ignaro, che può venire in rilievo sia sotto il profilo del danno emergente (consistente nelle spese sopportate nel corso delle trattative), sia sotto il profilo del lucro cessante (perdite sofferte dal contraente per la mancata conclusione di altre trattative dalle quali è stato distolto), non essendo, viceversa, risarcibile il pregiudizio corrispondente al cd. interesse positivo, consistente nelle utilità che si sarebbero ricavate ove il contratto fosse stato validamente concluso ed eseguito (C.C. 24014/23 – Conf. C.C. 15147/22).

1339. Inserzione automatica di clausole. – Le clausole, i prezzi di beni o di servizi, imposti dalla legge o da norme corporative (1), sono di diritto inseriti nel contratto, anche in sostituzione delle clausole difformi apposte dalle parti.

(1) *L'espressione «o da norme corporative» è da ritenersi abrogata dal R.D.L. 9 agosto 1943, n. 721.*

NOTE OPERATIVE:

Caratteristiche: L'inserzione automatica di clausole costituisce una restrizione significativa del diritto di libertà economica consacrato dall'art. 41 Cost., di cui è espressione l'autonomia privata (C.C. 697/23 – Conf. C.C. 17746/09).

Ambito di applicazione: La norma è invocabile solo nell'ipotesi in cui si prospetti la sostituzione di clausole contrattuali difformi rispetto a norme imperative di legge e non invece, ove si invochi l'integrazione di lacune della manifestazione della volontà negoziale, al fine, peraltro, di ottenere effetti che possono dipendere solo dalle pattuizioni delle parti (C.C. 4676/21 – Conf. C.C. 14083/2019).

1340. Clausole d'uso. – Le clausole d'uso s'intendono inserite nel contratto, se non risulta che non sono state volute dalle parti (1368, 1374).

NOTE OPERATIVE:

Credito documentario: La disciplina del credito documentario è regolata da un complesso normativo sorto dalle prassi del commercio internazionale, stratificatosi nel tempo ed adottato da diversi istituti bancari. Detto complesso di norme è riconducibile all'istituto giuridico delle clausole d'uso e non alla categoria degli usi giuridici e/o normativi (C.C. 11263/16).

Prassi aziendale: La prassi aziendale, che consiste nella pratica abitualmente seguita dal datore di lavoro all'interno di una determinata impresa, prescinde dai requisiti, propri degli usi normativi, della generalità e dell'opinio iuris sine necessitatis, e va inquadrata negli usi negoziali (C.C. 6176/96).

1341. Condizioni generali di contratto. – Le condizioni generali di contratto (1342, 1679, 2211) predisposte da uno dei contraenti sono efficaci nei confronti dell'altro, se al momento della conclusione (1326) del contratto questi le ha conosciute o avrebbe dovuto conoscerle usando l'ordinaria diligenza (1176, 1370).

In ogni caso non hanno effetto, se non sono specificatamente approvate per iscritto, le condizioni che stabiliscono, a favore di colui che le ha predisposte, limitazioni di responsabilità (1229), facoltà di recedere dal contratto (1373) o di sospenderne l'esecuzione (1461), ovvero sanciscono a carico dell'altro contraente decadenze (2964 ss.), limitazioni alla facoltà di opporre eccezioni (1462), restrizioni alla libertà contrattuale nei rapporti coi terzi (1379, 1566 ss., 2596[1]), tacita proroga o rinnovazione del contratto, clausole compromissorie (808 c.p.c.) o deroghe alla competenza (6, 28, 29 c.p.c.) dell'autorità giudiziaria.

NOTE OPERATIVE:

Ambito di applicazione: Le clausole inserite in un contratto notarile, ancorché si conformino alle condizioni poste da uno dei contraenti, non abbisognano comunque di una specifica approvazione (C.C. 29353/22). Quando i contraenti fanno riferimento, con una clausola, alla disciplina fissata in un distinto documento al fine dell'integrazione della regolamentazione negoziale, le previsioni di quella disciplina si intendono conosciute e approvate per relationem, assumendo pertanto il valore di clausole concordate senza necessità di una specifica approvazione per iscritto (C.C. 23194/20 – Conf. C.C. 18041/12; C.C. 5578/00).

Caparre e clausole penali: Le caparre, le clausole penali ed altre simili, con le quali le parti abbiano determinato in via convenzionale anticipata la misura del ristoro economico dovuto all'altra in caso di recesso o inadempimento, non necessitano di specifica approvazione (C.C. 18550/21 – Conf. C.C. 6558/10).

1342. Contratto concluso mediante moduli o formulari. – Nei contratti conclusi mediante la sottoscrizione di moduli o formulari, predisposti per disciplinare in maniera uniforme determinati rapporti contrattuali, le clausole aggiunte al modulo o al formulario prevalgono su quelle del modulo o del formulario qualora siano incompatibili con esse, anche se queste ultime non sono state cancellate.

Si osserva inoltre la disposizione del secondo comma dell'articolo precedente.

NOTE OPERATIVE:

Ambito di applicazione: La mera predisposizione, da parte di uno dei contraenti, del contenuto contrattuale è del tutto insufficiente a giustificare l'automatica applicazione al regolamento contrattuale della tutela apprestata negli artt. 1341 e 1342 cod. civ., occorrendo, in aggiunta, che tale regolamento risulti predisposto per essere adottato per una serie indefinita di rapporti, sicché la conclusione del contratto, da parte del contraente diverso dal predisponente, risulti avvenuta senza alcuna possibilità di incidere sul contenuto del contratto, potendo egli soltanto scegliere se stipulare o meno (C.C. 21296/22 – Conf. C.C. 3934/22; C.C. 1400/16; C.C. 17073/13).

Sezione II
Della causa del contratto

1343. Causa illecita. – La causa (1325, n. 2) è illecita (1322[2], 1418[2]) quando è contraria a norme imperative, all'ordine pubblico o al buon costume (5, 23, 25, 634, 1354, 2031, 2035).

NOTE OPERATIVE:

Presupposti: L'illiceità della causa, sia nell'ipotesi di contrarietà della stessa a norme imperative, all'ordine pubblico o al buon costume (art. 1343 c.c.) sia nell'ipotesi di utilizzazione dello strumento negoziale per frodare la legge (art. 1344 c.c.), presuppone un comune intento delle parti, attenendo tale illiceità alla funzione – necessariamente comune – cui è destinato il negozio, ovvero all'intento di eludere una norma imperativa mediante il negozio in frode alla legge, nel quale ha uno speciale rilievo il motivo illecito, che, come di norma, si comunica eccezionalmente al negozio quando esso sia stato il solo determinante e comune alle parti (art. 1345 c.c.) (C.C. 4333/87).

Accertamento: La causa identifica lo scopo pratico del negozio, la sintesi degli interessi che lo stesso è concretamente diretto a realizzare (causa concreta) quale funzione individuale della singola e specifica negoziazione, al di là del modello astratto utilizzato. L'indagine, circa la causa quale obiettiva funzione economico sociale del contratto, quindi, va svolta non in astratto, ma in concreto al fine di verificare la conformità alla legge dell'attività negoziale posta in essere dalle parti e quindi la riconoscibilità della tutela apprestata dall'ordinamento giuridico (C.C. 921/17 – Conf. C.C. 15449/12; C.C. 7557/11).

1344. Contratto in frode alla legge. – Si reputa altresì illecita la causa quando il contratto costituisce il mezzo per eludere l'applicazione di una norma imperativa (166 *bis*, 743, 1418).

NOTE OPERATIVE:

Caratteristiche: La frode alla legge consiste nel realizzare in maniera indiretta un risultato che la legge vieta (C.C. 4792/12): la peculiarità del contratto in frode alla legge sta nel fatto che gli stipulanti raggiungono, attraverso gli accordi contrattuali, il medesimo risultato vietato dalla legge, con la conseguenza che, nonostante il mezzo impiegato sia lecito, è illecito il risultato che attraverso l'abuso del mezzo e la distorsione della sua funzione ordinaria si vuole in concreto realizzare (C.C. 41581/21 – Conf. S.U. 15048/19; C.C. 20741/18; C.C. 15384/14; C.C. 22909/13; C.C. 1523/10).

1345. Motivo illecito. – Il contratto è illecito quando le parti si sono determinate a concluderlo esclusivamente per un motivo illecito comune ad entrambe (626, 788, 1362, 1418, 2035, 2126).

NOTE OPERATIVE:

Ambito di applicazione: L'illiceità del motivo, che sia stato il solo a determinare la volontà della parte, comporta la nullità del negozio unilaterale causale (C.C. 755/82

Sezione III
Dell'oggetto del contratto

1346. Requisiti. – L'oggetto del contratto deve essere possibile, lecito, determinato o determinabile (1349, 1418, 1429).

NOTE OPERATIVE:

Impossibilità: L'impossibilità dell'oggetto alla quale consegue la nullità del contratto, ricorre solo quando la prestazione sia insuscettibile di essere effettuata per la sussistenza di impedimenti originari di carattere materiale o giuridico che ostacolino in modo assoluto il risultato cui essa era diretta, e non anche quando insorgano ostacoli più o meno gravi nell'esecuzione della stessa (C.C. 37804/22 – Conf. C.C. 4013/98; C.C. 1910/78).

1347. Possibilità sopravvenuta dell'oggetto. – Il contratto sottoposto a condizione sospensiva (1353 ss.) o a termine (1184 ss.) è valido, se la prestazione inizialmente impossibile diviene possibile prima dell'avveramento della condizione o della scadenza del termine (1354[2], 1465).

1348. Cose future. – La prestazione di cose future (820) può essere dedotta in contratto (1472), salvi i particolari divieti della legge (458, 771, 2823).

NOTE OPERATIVE:

Credito futuro: Rientra nel concetto di credito futuro, suscettibile di cessione, anche un credito semplicemente sperato, ossia meramente eventuale (C.C. 4040/90).

1349. Determinazione dell'oggetto. – Se la determinazione della prestazione dedotta in contratto è deferita a un terzo e non risulta che le parti vollero rimettersi al suo mero arbitrio, il terzo deve procedere con equo apprezzamento. Se manca la determinazione del terzo o se questa è manifestamente iniqua o erronea, la determinazione è fatta dal giudice (778, 1286, 1287, 1473, 2264, 2603).

La determinazione rimessa al mero arbitrio del terzo non si può impugnare se non provando la sua mala fede. Se manca la determinazione del terzo e le parti non si accordano per sostituirlo, il contratto è nullo (1418).

Nel determinare la prestazione il terzo deve tener conto anche delle condizioni generali della produzione a cui il contratto eventualmente abbia riferimento.

NOTE OPERATIVE:

Arbitratore: L'arbitratore, al quale sia stata affidata la determinazione della prestazione dedotta in contratto (art. 1349 cod. civ.), può decidere secondo il suo criterio individuale, in quanto le parti hanno riposto piena fiducia nella sua correttezza ed imparzialità, oltre che nella sua capacità di discernimento (C.C. 13379/14 – Conf. C.C. 858/99).

Intervento giudiziale: Qualora il terzo – cui sia stato demandato dalle parti il relativo compito – non addivenga alla determinazione della prestazione dedotta in contratto, né ad essa provvedano le parti direttamente, e una di esse adisca il giudice chiedendo la condanna della controparte all'adempimento della prestazione, la relativa controversia – che ha per oggetto il predetto adempimento e il necessario presupposto della determinazione della prestazione da eseguire – può essere risolta direttamente, anche per il principio generale dell'economia processuale, dal giudice, con una decisione il cui risultato ha la funzione di integrare il contratto nel suo manchevole elemento (C.C. 3825/19).

Sezione IV
Della forma del contratto

1350. Atti che devono farsi per iscritto. – Devono farsi per atto pubblico (2699 ss.) o per scrittura privata (2702 ss.), sotto pena di nullità (1325, 1351, 1392, 1403, 2725, 2806; 852, 857, 864 c.n.):

1) i contratti che trasferiscono la proprietà di beni immobili (769, 812, 1470, 1548, 1552, 1556, 1813, 2643, n. 1);

2) i contratti che costituiscono, modificano o trasferiscono il diritto di usufrutto su beni immobili (978), il diritto di superficie (952), il diritto del concedente (960) e dell'enfiteuta (957, 959, 2643, n. 2);

3) i contratti che costituiscono la comunione (1100) di diritti indicati dai numeri precedenti (2643, n. 3);

4) i contratti che costituiscono o modificano le servitù prediali (1027 ss., 1051, 1058, 1068), il diritto di uso (1021) su beni immobili e il diritto di abitazione (1022 ss., 2643, n. 4);

5) gli atti di rinunzia ai diritti indicati dai numeri precedenti (2643, n. 5);

6) i contratti di affrancazione del fondo enfiteutico (971, 2643, n. 7);

7) i contratti di anticresi (1960 ss., 2643, n. 12);

8) i contratti di locazione (1571, 1573) di beni immobili per una durata superiore a nove anni (1572, 2643, n. 8);

9) i contratti di società (2247 ss., 2251) o di associazione (2549) con i quali si conferisce il godimento di beni immobili o di altri diritti reali immobiliari per un tempo eccedente i nove anni o per un tempo indeterminato (2643, n. 10);

10) gli atti che costituiscono rendite perpetue (1861 ss.) o vitalizie (1872 ss.), salve le disposizioni relative alle rendite dello Stato (2645);

11) gli atti di divisione di beni immobili e di altri diritti reali immobiliari (713 ss., 1111 ss., 1116, 2646);

12) le transazioni (1965) che hanno per oggetto controversie relative ai rapporti giuridici menzionati nei numeri precedenti (1967, 2643, n. 13);

13) gli altri atti specialmente indicati dalla legge.

NOTE OPERATIVE:

E-mail: La e-mail che contenga espressioni generiche di consenso alla conclusione di un contratto preliminare di compravendita, ma sia priva della firma elettronica avanzata, qualificata o digitale del promittente venditore, non integra l'atto scritto in quanto solo la predetta firma elettronica avanzata, qualificata o digitale rappresenta l'espressione grafica della paternità ed impegnatività della dichiarazione che la precede, la quale, in mancanza, non comporta la conclusione definitiva di un negozio giuridico allorché la forma scritta sia richiesta ad substantiam (C.C. 22012/23).

1351. Contratto preliminare. – Il contratto preliminare è nullo (1418), se non è fatto nella stessa forma che la legge prescrive per il contratto definitivo (1337, 1350, 1392, 1399, 1403, 2645 *bis*, 2725, 2806, 2932).

NOTE OPERATIVE:

Ambito di applicazione: Il patto fiduciario che obblighi a un trasferimento immobiliare non deve farsi per iscritto, poiché, attese le differenze con il contratto preliminare e il carattere eccezionale dell'art. 1351 c.c., quest'ultima norma non trova applicazione (S.U. 6459/20 – Con-

f. C.C. 10633/14; contra C.C. 23093/19; C.C. 1316/17; C.C. 11757/14; C.C. 8001/11; C.C. 9489/00).

1352. Forme convenzionali. – Se le parti hanno convenuto per iscritto di adottare una determinata forma per la futura conclusione di un contratto, si presume (2728) che la forma sia stata voluta per la validità (1350, 1418) di questo (1326[4], 1362, 1367, 2725).

NOTE OPERATIVE:

Ambito di applicazione: La presunzione in base alla quale le forme convenzionalmente stabilite anche per singole clausole contrattuali si intendono volute per la validità delle stesse, si applica al recesso per il quale le parti abbiano convenuto la forma scritta, in quanto atto negoziale unilaterale di contenuto negativo, che pone fine agli effetti sostanziali della permanenza del contratto rispetto al quale si esplica (C.C. 18971 – Conf. C.C. 18414/19).

Capo III
Della condizione nel contratto

1353. Contratto condizionale. – Le parti possono subordinare l'efficacia o la risoluzione del contratto o di un singolo patto a un avvenimento futuro e incerto (108, 1359, 1360, 1757, 2010).

NOTE OPERATIVE:

Adempimento: Per quanto la condizione costituisca di regola un elemento accidentale del negozio giuridico, come tale distinto dagli elementi essenziali astrattamente previsti per ciascun contratto tipico dalle rispettive norme, tuttavia, in forza del principio generale della autonomia contrattuale, i contraenti possono prevedere validamente come evento condizionante, in senso sospensivo o risolutivo dell'efficacia, il concreto adempimento o inadempimento di una delle obbligazioni principali del contratto (C.C. 35524/21 – Conf. C.C. 17380/21).
Condizione unilaterale: La condizione può ritenersi apposta nell'interesse di uno solo dei contraenti solo in presenza di una clausola espressa in tal senso o di elementi che inducano a ritenere che l'altra parte non abbia alcun interesse al suo verificarsi (C.C. 31728/21 – Conf. C.C. 18512/17).

1354. Condizioni illecite o impossibili. – È nullo il contratto al quale è apposta una condizione, sospensiva o risolutiva, contraria a norme imperative, all'ordine pubblico o al buon costume (791, 1379).

La condizione impossibile rende nullo il contratto se è sospensiva (1347); se è risolutiva, si ha come non apposta.

Se la condizione illecita o impossibile è apposta a un patto singolo del contratto, si osservano, riguardo all'efficacia del patto, le disposizioni dei commi precedenti, fermo quanto è disposto dall'art. 1419 (1367).

NOTE OPERATIVE:

Illiceità: La condizione è illecita per l'abusivo condizionamento della persona del contraente ovvero per la illiceità del fatto dedotto: la prima di tali ipotesi è riscontrabile quando la condizione si sostanzi in un mezzo di coercizione del soggetto, lesivo dei suoi interessi essenziali (ad esempio una clausola che prevedesse come condizione risolutiva di un contratto la iscrizione della parte a un determinato partito politico); la seconda riflette le illiceità del fatto dal quale dipende la efficacia del contratto (si pensi a un contratto condizionato al risultato positivo di una indebita pressione su una amministrazione pubblica) (C.C. 28717/20).

1355. Condizione meramente potestativa. – È nulla l'alienazione di un diritto o l'assunzione di un obbligo subordinata a una condizione sospensiva che la faccia dipendere dalla mera volontà dell'alienante o, rispettivamente, da quella del debitore (1331).

NOTE OPERATIVE:

Caratteristiche: La condizione meramente potestativa consiste in un fatto volontario il cui compimento o la cui omissione non dipende da seri o apprezzabili motivi, ma dal mero arbitrio della parte, svincolato da qualsiasi razionale valutazione di opportunità e convenienza, sì da manifestare l'assenza di una seria volontà della parte di ritenersi vincolata dal contratto, mentre è potestativa quando l'evento dedotto in condizione è collegato a valutazioni di interesse e convenienza e si presenta come alternativa capace di soddisfare anche l'interesse proprio del contraente, soprattutto se la decisione è affidata al concorso di fattori estrinseci, idonei ad influire sulla determinazione della volontà, pur se la relativa valutazione è rimessa all'esclusivo apprezzamento dell'interessato (C.C. 26590/21).

1356. Pendenza della condizione. – In pendenza della condizione sospensiva l'acquirente di un diritto può compiere atti conservativi (2900).

L'acquirente di un diritto sotto condizione risolutiva può, in pendenza di questa, esercitarlo, ma l'altro contraente può compiere atti conservativi (669 *bis* ss. c.p.c.).

NOTE OPERATIVE:

Adempimento spontaneo: L'adempimento spontaneo delle obbligazioni contrattuali, prima della verificazione della condizione sospensiva pattuita, priva la condizione medesima dell'efficacia sua propria e, estinguendo le obbligazioni adempiute, esaurisce la forza vincolante del contratto (C.C. 9948/10).

1357. Atti di disposizione in pendenza della condizione. – Chi ha un diritto subordinato a condizione sospensiva o risolutiva può disporne in pendenza di questa; ma gli effetti di ogni atto di disposizione sono subordinati alla stessa condizione (1361, 2852).

1358. Comportamento delle parti nello stato di pendenza. – Colui che si è obbligato o che ha alienato un diritto sotto condizione sospensiva, ovvero lo ha acquistato sotto condizione risolutiva, deve, in pendenza della condizione, comportarsi secondo buona fede (1175, 1337, 1366, 1375, 1391) per conservare integre le ragioni dell'altra parte.

NOTE OPERATIVE:

Ambito di applicazione: L'obbligo delle parti di comportarsi secondo buona fede durante la pendenza della condizione è principio che riguarda anche il contratto sottoposto a condizione potestativa mista. In tale ipotesi, l'omissione di un'attività in tanto può ritenersi contraria a buona fede e costituire fonte di responsabilità, in quanto essa costituisca oggetto di un obbligo giuridico, che, invece, deve escludersi per l'attività di attuazione dell'elemento potestativo in una condizione mista (C.C. 25085/22 – Conf. C.C. 22046/18; C.C. 23824/04).

1359. Avveramento della condizione. – La condizione si considera avverata qualora sia mancata per causa imputabile alla parte che aveva interesse contrario all'avveramento di essa (1503, 1749).

NOTE OPERATIVE:

Accertamento: Affinché possa operare la finzione, l'esistenza di un interesse contrario all'avveramento della condizione non va valutata in termini astratti, ma valorizzando l'effettivo interesse delle parti all'epoca in cui si è verificato il fatto o il comportamento che ha reso impossibile l'avverarsi della condizione (C.C. 31728/21).

1360. Retroattività della condizione. – Gli effetti dell'avveramento della condizione retroagiscono al tempo in cui è stato concluso il contratto (1326), salvo che, per volontà delle parti o per la natura del rapporto, gli effetti del contratto o della risoluzione debbano essere riportati a un momento diverso (1757[1]).

Se però la condizione risolutiva è apposta a un contratto ad esecuzione continuata o periodica (1467[1], 1655), l'avveramento di essa, in mancanza di patto contrario, non ha effetto riguardo alle prestazioni già eseguite (1361, 1373, 1458, 2126, 2332).

NOTE OPERATIVE:

Ambito di applicazione: La retroattività della condizione non opera tutte le volte che, per volontà delle parti o per la natura del rapporto, gli effetti del contratto debbano essere riportati a un momento diverso da quello della conclusione del contratto (C.C. 3415/99).

1361. Atti di amministrazione. – L'avveramento della condizione (1359) non pregiudica la validità degli atti di amministrazione compiuti dalla parte a cui, in pendenza della condizione stessa, spettava l'esercizio del diritto (1360).

Salvo diverse disposizioni di legge o diversa pattuizione, i frutti percepiti (1148) sono dovuti dal giorno in cui la condizione si è avverata.

Capo IV
Dell'interpretazione del contratto

1362. Intenzione dei contraenti. – Nell'interpretare il contratto si deve indagare quale sia stata la comune intenzione delle parti e non limitarsi al senso letterale delle parole (1365; 12 prel.).

Per determinare la comune intenzione delle parti, si deve valutare il loro comportamento complessivo anche posteriore alla conclusione del contratto (1326, 1366, 1371).

NOTE OPERATIVE:

Ratio: La norma, prescrivendo all'interprete di indagare quale sia stata la comune intenzione delle parti senza limitarsi al senso letterale delle parole, non svaluta l'elemento letterale del contratto ma, al contrario, intende ribadire che, qualora la lettera della convenzione, per le espressioni usate, riveli con chiarezza ed univocità la volontà dei contraenti e non vi sia divergenza tra la lettera e lo spirito della convenzione, una diversa interpretazione non è ammissibile (C.C. 10967/23 – Conf. C.C. 21576/19; C.C. 9284/05).

Gerarchia: Nell'interpretazione del contratto, il primo strumento da utilizzare è il senso letterale delle parole e delle espressioni adoperate, mentre soltanto se esso risulti ambiguo può farsi ricorso ai canoni strettamente interpretativi contemplati dall'art. 1362 all'art. 1365 c.c. e, in caso di loro insufficienza, a quelli interpretativi integrativi previsti dall'art. 1366 c.c. all'art. 1371 c.c. (C.C. 33451/21).

1363. Interpretazione complessiva delle clausole. – Le clausole del contratto si interpretano le une per mezzo delle altre, attribuendo a ciascuna il senso che risulta dal complesso dell'atto (1367 ss.; 12 prel.).

NOTE OPERATIVE:

Modalità: Ai fini dell'applicazione dei criteri interpretativi di un contratto (o di una sua specifica clausola) occorre partire dall'esame del suo elemento letterale, che ha funzione fondamentale nella ricerca della reale o effettiva volontà delle parti, per poi confrontarlo con l'intero contesto contrattuale. Per senso letterale delle parole va intesa tutta la formulazione letterale della dichiarazione negoziale, in ogni sua parte e in ogni parola, avuto riguardo allo scopo pratico che le parti abbiano concordato realizzare con la stipulazione del contratto (C.C. 23519/23 – Conf. C.C. 9631/23; C.C. 24699/21).

1364. Espressioni generali. – Per quanto generali siano le espressioni usate nel contratto, questo non comprende che gli oggetti sui quali le parti si sono proposte di contrattare (1369).

NOTE OPERATIVE:

Limiti: Il giudice non può attribuire alle espressioni adoperate dai contraenti una portata più ampia di quella scaturente dalle circostanze di fatto che hanno caratterizzato, all'epoca della stipulazione, le fasi della contrattazione e della conseguente formazione del consenso (C.C. 6362/88).

1365. Indicazioni esemplificative. – Quando in un contratto si è espresso un caso al fine di spiegare un patto, non si presumono esclusi i casi non espressi, ai quali, secondo ragione, può estendersi lo stesso patto (1362).

NOTE OPERATIVE:

Ambito di applicazione: La norma consente l'interpretazione estensiva di clausole contrattuali in quanto prevede l'ipotesi della inadeguatezza per difetto dell'espressione letterale rispetto alla volontà delle parti, tradottasi in un contenuto carente rispetto all'intenzione (C.C. 9560/17).

1366. Interpretazione di buona fede. – Il contratto deve essere interpretato secondo buona fede (1175, 1337, 1358, 1362, 1375, 1460).

NOTE OPERATIVE:

Effetti: L'obbligo di buona fede oggettiva si specifica in particolare nel significato di lealtà e si concreta nel non suscitare falsi affidamenti e nel non contestare ragionevoli affidamenti ingenerati nella controparte (C.C. 15707/21 – Conf. C.C. 6675/18; C.C. 9006/15; C.C. 22513/14; C.C. 12235/07; C.C. 9628/04).

1367. Conservazione del contratto. – Nel dubbio, il contratto o le singole clausole devono interpretarsi nel senso in cui possono avere qualche effetto, anziché in quello secondo cui non ne avrebbero alcuno (1371, 1424).

NOTE OPERATIVE:

Presupposti: Quando il senso del contratto o di una sua clausola sia rimasto oscuro o ambiguo nonostante l'utilizzo dei principali criteri ermeneutici (letterale, logico e sistematico), deve trovare applicazione il principio della conservazione degli effetti utili del contratto (C.C. 24868/23 – Conf. C.C. 19493/18).

1368. Pratiche generali interpretative. – Le clausole ambigue s'interpretano secondo ciò che si pratica generalmente nel luogo in cui il contratto è stato concluso (1340, 1374, 1510).

Nei contratti in cui una delle parti è un imprenditore (2082), le clausole ambigue s'interpretano secondo ciò che si pratica generalmente nel luogo in cui è la sede dell'impresa (2196, 2197).

NOTE OPERATIVE:

Caratteristiche: SI tratta di un criterio ermeneutico di carattere oggettivo e sussidiario (C.C. 6601/12).

1369. Espressioni con più sensi. – Le espressioni che possono avere più sensi devono, nel dubbio, essere intese nel senso più conveniente alla natura e all'oggetto del contratto (1364).

NOTE OPERATIVE:

Effetti: Il criterio interpretativo funzionale attribuisce rilievo alla ragione pratica del contratto, in conformità agli interessi che le parti hanno inteso tutelare mediante la stipulazione negoziale (C.C. 17718/18 – Conf. C.C. 6675/18).

1370. Interpretazione contro l'autore della clausola. – Le clausole inserite nelle condizioni generali di contratto (1341) o in moduli o formulari (1342) predisposti da uno dei contraenti s'interpretano, nel dubbio, a favore dell'altro (1366).

NOTE OPERATIVE:

Ambito di applicazione: In base al criterio dell'interpretatio contra proferentem, anche nel caso in cui una clausola sia ambigua, essa per ciò solo deve essere interpretata in senso sfavorevole al predisponente (C.C. 23762/22).

1371. Regole finali. – Qualora, nonostante l'applicazione delle norme contenute in questo capo, il contratto rimanga oscuro, esso deve essere inteso nel senso meno gravoso per l'obbligato (1184, 1286), se è a titolo gratuito, e nel senso che realizzi l'equo contemperamento degli interessi delle parti se è a titolo oneroso (1367, 1374).

(*Omissis*) [1].

[1] *Seguiva un secondo comma abrogato dall'art. 3 del D.L.vo Lgt. 14 settembre 1944, n. 287, abrogazioni di norme del codice civile.*

NOTE OPERATIVE:

Ambito di applicazione: La disposizione ha carattere espressamente supplementare, ed è quindi applicabile solo nel caso in cui, malgrado il ricorso a tutti gli altri criteri previsti dagli art. 1362 e ss. c.c., la volontà delle parti rimanga dubbia (C.C. 14206/14 – Conf. C.C. 26626/08; C.C. 74/95).

Capo V
Degli effetti del contratto

Sezione I
Disposizioni generali

1372. Efficacia del contratto. – Il contratto ha forza di legge tra le parti (1321, 1374). Non può essere sciolto che per mutuo consenso o per cause ammesse dalla legge (1373, 1453, 1671, 2227).

Il contratto non produce effetto rispetto ai terzi che nei casi previsti dalla legge (1239, 1300, 1301, 1411 ss.).

NOTE OPERATIVE:

Ambito di applicazione: Il contratto produce effetti soltanto nei confronti delle parti e dei loro eredi e non anche nei confronti dei successori a titolo particolare mortis causa o per atto fra vivi (C.C. 1920/01).

1373. Recesso unilaterale. – Se a una delle parti è attribuita (1341[2]) la facoltà di recedere dal contratto (1453[3]), tale facoltà può essere esercitata finché il contratto non abbia avuto un principio di esecuzione (1385).

Nei contratti a esecuzione continuata o periodica, tale facoltà può essere esercitata anche successivamente, ma il recesso non ha effetto per le prestazioni già eseguite o in corso di esecuzione (1671, 2227).

Qualora sia stata stipulata la prestazione di un corrispettivo per il recesso, questo ha effetto quando la prestazione è eseguita (1386).

È salvo in ogni caso il patto contrario.

NOTE OPERATIVE:

Ambito di applicazione: La norma trova applicazione anche con riferimento al contratto preliminare (C.C. 21198/22).

Effetti: L'atto con il quale il contraente esercita il recesso convenzionale o legale, costituente esplicazione di un diritto di sciogliere unilateralmente il contratto, in deroga al principio espresso dall'art. 1372, comma 1, c.c. è immediatamente vincolante sia per l'emittente che per la controparte, anche quando l'efficacia ne sia differita per il compimento di atti conseguenti (C.C. 1454/19).

1374. Integrazione del contratto. – Il contratto obbliga le parti non solo a quanto è nel medesimo espresso, ma anche a tutte le conseguenze che ne derivano secondo la legge, o, in mancanza, secondo gli usi (2187; 8 prel.) e l'equità (1340, 1367 ss., 2154[2]).

NOTE OPERATIVE:

Presupposti: Il presupposto dell'integrazione è l'incompleta o ambigua espressione della volontà dei contraenti (C.C. 6747/14).

Fonte: La disciplina legale dei contratti attribuisce, o addossa, ai contraenti, molti diritti e obblighi. Tali diritti e obblighi non cessano di avere fonte contrattuale, per il solo fatto che costituiscano naturalia negotii, ai sensi dell'art. 1374 c.c. (C.C. 3899/16 – Conf. C.C. 3913/10).

1375. Esecuzione di buona fede. – Il contratto deve essere eseguito secondo buona fede (1175, 1337, 1358, 1366, 1391, 1460).

NOTE OPERATIVE:

Violazione: La violazione del dovere di buona fede nella esecuzione del contratto bene può integrare diretta violazione degli obblighi contrattualmente assunti e dunque essere suscettiva di determinare un danno patrimoniale nella complessiva estensione riconosciuta dall'ordinamento ex art. 1223 c.c. sia per la perdita subita che per il mancato guadagno.(C.C. 10549/20 – Conf. C.C. 21250/08).

1376. Contratto con effetti reali. – Nei contratti che hanno per oggetto il trasferimento della proprietà di una cosa determinata, la costituzione o il trasferimento di un diritto reale ovvero il trasferimento di un altro diritto, la proprietà o il diritto si trasmettono e si acquistano per effetto del consenso delle parti legittimamente manifestato.

NOTE OPERATIVE:

Perfezionamento: Nella vendita ad effetti reali, una volta concluso il contratto, l'acquirente consegue immediatamente, e senza necessità di materiale consegna, non solo la proprietà ma anche il possesso giuridico (sine corpore) della res vendita, con l'obbligo del venditore di trasferirgli il possesso materiale (corpus), che si realizza con la consegna (C.C. 7182/23).

1377. Trasferimento di una massa di cose. – Quando oggetto del trasferimento è una determinata massa di cose, anche se omogenee, si applica la disposizione dell'articolo precedente, ancorché, per determinati effetti, le cose debbano essere numerate, pesate o misurate (1537).

1378. Trasferimento di cosa determinata solo nel genere. – Nei contratti che hanno per oggetto il trasferimento di cose determinate solo nel genere (1178), la proprietà si trasmette con l'individuazione (1465[3]) fatta d'accordo tra le parti o nei modi da esse stabiliti (1465, 1472). Trattandosi di cose che devono essere trasportate da un luogo a un altro (1510), l'individuazione avviene anche mediante la consegna al vettore (1678 ss.) o allo spedizioniere (1737 ss.).

NOTE OPERATIVE:

Genere limitato: La vendita di un'autovettura designata solo per marca, tipo e accessori, non è una vendita di cosa altrui o cosa futura, ma una vendita di cosa appartenente a genere limitato, che fa sorgere a carico del venditore il duplice obbligo di individuare la res e di consegnarla nel luogo pattuito; l'individuazione necessaria all'effetto reale deve essere fatta col concorso di entrambe le parti (S.U. 11748/19 – Conf. C.C. 14025/14).

1379. Divieto di alienazione. – Il divieto di alienare (1260²) stabilito per contratto (1341²) ha effetto solo tra le parti, e non è valido se non è contenuto entro convenienti limiti di tempo (965, 1329¹, 2596) e se non risponde a un apprezzabile interesse di una delle parti (1174).

NOTE OPERATIVE:

Ambito di applicazione: La norma si applica, essendo espressione di un principio di portata generale, anche a pattuizione che come quelle contenenti un vincolo di destinazione, seppur non puntualmente riconducibili al paradigma del divieto di alienazione, comportino comunque limitazioni altrettanto incisive del diritto di proprietà (C.C. 12769/99).

1380. Conflitto tra più diritti personali di godimento. – Se, con successivi contratti, una persona concede a diversi contraenti un diritto personale di godimento relativo alla stessa cosa, il godimento spetta al contraente che per primo lo ha conseguito (1155, 1265¹).

Se nessuno dei contraenti ha conseguito il godimento, è preferito quello che ha il titolo di data certa (2704) anteriore.

Sono salve le norme relative agli effetti della trascrizione (2643 ss.).

1381. Promessa dell'obbligazione o del fatto del terzo. – Colui che ha promesso l'obbligazione o il fatto di un terzo è tenuto a indennizzare l'altro contraente, se il terzo rifiuta di obbligarsi o non compie il fatto promesso.

NOTE OPERATIVE:

Obbligazioni: Il promittente assume una prima obbligazione di facere, consistente nell'adoperarsi affinché il terzo ponga in essere il comportamento promesso, al fine del soddisfacimento dell'interesse del promissario; la seconda obbligazione che assume è di dare, ovvero, si obbliga a corrispondere l'eventuale indennizzo nel caso in cui, nonostante il promittente si sia adoperato, il terzo abbia rifiutato di impegnarsi. Conseguentemente, nel primo caso il promissario avrà a disposizione gli ordinari rimedi contro l'inadempimento (compreso il risarcimento del danno), nel secondo caso il promittente sarà tenuto a corrispondere l'indennizzo, in quanto l'obbligazione di dare è divenuta attuale (C.C. 23791/21).

Sezione II
Della clausola penale e della caparra

1382. Effetti della clausola penale. – La clausola, con cui si conviene che, in caso d'inadempimento o di ritardo nell'adempimento (1218), uno dei contraenti è tenuto a una determinata prestazione, ha l'effetto di limitare il risarcimento alla prestazione promessa, se non è stata convenuta la risarcibilità del danno ulteriore (1223, 1229).

La penale è dovuta indipendentemente dalla prova del danno (1224).

NOTE OPERATIVE:

Natura giuridica: La clausola penale, la quale configura una concordata e preventiva liquidazione del danno in favore del creditore (C.C. 27994/18), non ha natura e finalità sanzionatoria o punitiva (contra C.C. 5379/23), ma assolve alla funzione di rafforzare il vincolo contrattuale e di liquidare preventivamente la prestazione risarcitoria; deve escludersi che possa essere ricondotta all'istituto proprio del diritto nord-americano dei punitive damages avente una finalità sanzionatoria e punitiva che è incompatibile con un sindacato del giudice sulla sproporzione tra l'importo liquidato e il danno effettivamente subito (C.C. 25126/23 – Conf. C.C. 1183/07).

1383. Divieto di cumulo. – Il creditore non può domandare insieme la prestazione principale e la penale, se questa non è stata stipulata per il semplice ritardo (1385).

NOTE OPERATIVE:

Ambito di applicazione: Il divieto di cumulo della prestazione non esclude che si possa chiedere tale prestazione insieme con la penale per il ritardo (C.C. 10660/22); la clausola penale, infatti, può essere stipulata per il caso di inadempimento ovvero per il caso di ritardo nell'adempimento; in questo secondo caso il creditore, esigendola, non perde il diritto di pretendere la prestazione pur dopo il verificarsi di tale ritardo, né, quindi, il diritto, a fronte di un inadempimento definitivo, di essere risarcito del danno ulteriore e diverso rispetto a quello coperto dalla penale medesima (C.C. 27994/18 – Conf. C.C. 1300/86).

1384. Riduzione della penale. – La penale può essere diminuita equamente dal giudice, se l'obbligazione principale è stata eseguita in parte ovvero se l'ammontare della penale è manifestamente eccessivo, avuto sempre riguardo all'interesse (1174, 1255, 1256², 1322², 1379, 1411, 1421, 1457, 1464; 389 c.n.) che il creditore aveva all'adempimento (1181, 1526).

NOTE OPERATIVE:

Valutazione del giudice: Ai fini dell'esercizio del potere di riduzione della penale, il giudice non deve valutare l'interesse del creditore con esclusivo riguardo al momento della stipulazione della clausola – come sembra indicare l'art. 1384 c.c., riferendosi all'interesse che il creditore aveva all'adempimento – ma tale interesse deve valutare anche con riguardo al momento in cui la prestazione è stata tardivamente eseguita o è rimasta definitivamente ineseguita, poiché anche nella fase attuativa del rapporto trovano applicazione i principi di solidarietà, correttezza e buona fede, di cui agli artt. 2 Cost., 1175 e 1375 c.c., conformativi dell'istituto della riduzione equitativa (C.C. 11908/20 – Conf. C.C. 21994/12).

Rilievo officioso: Il potere di riduzione equitativa della clausola, in quanto volto a tutelare l'interesse generale dell'ordinamento di assicurare l'equilibrio contrattuale, può essere esercitato d'ufficio (C.C. 31835/21 – Conf. C.C. 11439/20; C.C. 246/08), ma l'esercizio di tale potere è subordinato all'assolvimento degli oneri di allegazione e prova, incombenti sulla parte (C.C. 34021/19).

1385. Caparra confirmatoria. – Se al momento della conclusione del contratto (1326 ss.) una parte dà all'altra, a titolo di caparra, una somma di danaro o una quantità di altre cose fungibili, la caparra, in caso di adempimento, deve essere restituita o imputata alla prestazione dovuta (1194).

Se la parte che ha dato la caparra è inadempiente, l'altra può recedere dal contratto, ritenendo la caparra; se inadempiente è invece la parte che l'ha ricevuta, l'altra può recedere dal contratto ed esigere il doppio della caparra (1386).

Se però la parte che non è inadempiente preferisce domandare l'esecuzione o la risoluzione del contratto (1453 ss.), il risarcimento del danno è regolato dalle norme generali (1223 ss.).

NOTE OPERATIVE:

Funzione: La caparra confirmatoria ha la funzione di liquidare convenzionalmente il danno da inadempimento in favore della parte non inadempiente che intenda esercitare il potere di recesso conferitole ex lege, sicché, ove ciò avvenga, essa è legittimata a ritenere la caparra ricevuta ovvero ad esigere il doppio di quella versata; qualora, invece, detta parte preferisca agire per la risoluzione ovvero l'esecuzione del contratto, il diritto al risarcimento del danno va provato nell'an e nel quantum (C.C. 20532/20 – Conf. C.C. 8417/16).

1386. Caparra penitenziale. – Se nel contratto è stipulato il diritto di recesso per una o per entrambe le parti, la caparra ha la sola funzione di corrispettivo del recesso (1373).

In questo caso, il recedente perde la caparra data o deve restituire il doppio di quella che ha ricevuta.

NOTE OPERATIVE:

Funzione: La caparra penitenziale – che ricorre quando alla previsione del diritto di recesso si accompagna la dazione di una somma di danaro o di altra quantità di cose fungibili – e la multa penitenziale – cioè, il corrispettivo previsto per il recesso – non integrano, a differenza della caparra confirmatoria, un risarcimento del danno per la mancata esecuzione del contratto, bensì il corrispettivo del recesso per determinazione unilaterale e l'accertamento della volontà delle parti di dar vita all'una o all'altra figura (C.C. 3954/23 – Conf. C.C. 6558/10).

Capo VI
Della rappresentanza

1387. Fonti della rappresentanza. – Il potere di rappresentanza è conferito dalla legge (48, 320, 357, 360, 424, 643; 78 c.p.c.) ovvero dall'interessato.

1388. Contratto concluso dal rappresentante. – Il contratto concluso dal rappresentante in nome e nell'interesse del rappresentato, nei limiti delle facoltà conferitegli (19), produce direttamente effetto nei confronti del rappresentato (1398).

NOTE OPERATIVE:

Spendita del nome: La norma non prescrive ulteriori espressioni, oltre quella di agire in nome e nell'interesse del rappresentato – cosiddetta contemplatio domini – perché si produca la efficacia diretta del contratto nei confronti del rappresentato (C.C. 14315/14). L'espressa spendita del nome del rappresentato è indispensabile nell'ipotesi di rappresentanza volontaria ma non anche di rappresentanza legale (C.C. 8300/08 – Conf. C.C. 5371/87).

1389. Capacità del rappresentante e del rappresentato. – Quando la rappresentanza è conferita dall'interessato, per la validità del contratto concluso dal rappresentante basta che questi abbia la capacità di intendere e di volere (428, 1425), avuto riguardo alla natura e al contenuto del contratto stesso, sempre che sia legalmente capace il rappresentato (777[1]).

In ogni caso, per la validità del contratto concluso dal rappresentante è necessario che il contratto non sia vietato al rappresentato (323, 378, 779, 1261, 1471, 2233).

1390. Vizi della volontà. – Il contratto è annullabile (1441) se è viziata la volontà del rappresentante (1427). Quando però il vizio riguarda elementi predeterminati dal rappresentato, il contratto è annullabile solo se era viziata la volontà di questo (1391, 1426).

1391. Stati soggettivi rilevanti. – Nei casi in cui è rilevante lo stato di buona o di mala fede, di scienza o d'ignoranza di determinate circostanze (1175, 1337, 1358, 1366, 1375, 1428), si ha riguardo alla persona del rappresentante, salvo che si tratti di elementi predeterminati dal rappresentato (1390, 1894).

In nessun caso il rappresentato che è in mala fede può giovarsi dello stato d'ignoranza o di buona fede del rappresentante (1426).

NOTE OPERATIVE:

Ambito di applicazione: La norma è applicabile tanto nell'ipotesi di rappresentanza volontaria, come in quella di rappresentanza legale, e, quindi, anche quando il rappresentato è una persona incapace (C.C. 5103/86).

1392. Forma della procura. – La procura non ha effetto se non è conferita con le forme prescritte per il contratto che il rappresentante deve concludere (1350 ss., 1396 ss., 1403).

NOTE OPERATIVE:

Ambito di applicazione: La norma si applica agli atti unilaterali negoziali ex art. 1324 c.c., ma non agli atti in senso stretto, come la ricezione della prestazione (C.C. 11737/18 – Conf. C.C. 20345/15).

1393. Giustificazione dei poteri del rappresentante. – Il terzo che contragga col rappresentante può sempre esigere che questi giustifichi i suoi poteri e, se la rappresentanza risulta da un atto scritto, che gliene dia una copia da lui firmata (1397).

NOTE OPERATIVE:

Facoltà: In tema di rappresentanza apparente, il terzo contraente ha soltanto la facoltà, e non anche l'obbligo, di controllare se colui che si qualifichi rappresentante sia in realtà tale (C.C. 9328/15 – Conf. C.C. 5468/01). La giustificazione dei poteri del rappresentante è prevista come conseguenza della richiesta, che il terzo è facoltizzato a fare in qualsiasi momento (sia prima, sia dopo il contratto), per precostituirsi la prova che l'atto rientra nei poteri conferiti dal rappresentato (C.C. 14215/14).

1394. Conflitto d'interessi. – Il contratto concluso dal rappresentante in conflitto d'interessi (1395) col rappresentato può essere annullato (1441) su domanda del rappresentato, se il conflitto era conosciuto o riconoscibile (1431) dal terzo.

NOTE OPERATIVE:

Ambito di applicazione: Il conflitto d'interessi idoneo a produrre l'annullabilità del contratto, richiede l'accertamento dell'esistenza di un rapporto d'incompatibilità tra gli interessi del rappresentato e quelli del rappresentante, il quale, dovendo essere dimostrato non in modo astratto o ipotetico, ma con riferimento al singolo atto, è ravvisabile esclusivamente rispetto al contratto le cui caratteristiche consentano l'utile di un soggetto mediante il sacrificio dell'altro (C.C. 38537/21 – Conf. C.C. 2529/17; C.C. 14481/08).

1395. Contratto con se stesso. – È annullabile (1441) il contratto che il rappresentante conclude con se stesso, in proprio o come rappresentante di un'altra parte, a meno che il rappresentato lo abbia autorizzato specificamente ovvero il contenuto del contratto sia determinato in modo da escludere la possibilità di conflitto d'interessi (1394, 1441, 1471, n. 4, 1735, 2373, 2391).

L'impugnazione può essere proposta soltanto dal rappresentato (1471, n. 4).

NOTE OPERATIVE:

Presunzione: La norma contiene una presunzione iuris tantum di conflitto di interessi, che è onere del rappresentante superare mediante la dimostrazione delle condizioni assunte dal legislatore come idonee ad assicurare la tutela del rappresentato per via del ruolo attivo che egli assume nella fase prodromica del contratto (C.C. 29959/19 – Conf. C.C. 19229/13).

1396. Modificazione ed estinzione della procura. – Le modificazioni e la revoca della procura (1903, 2266, 2267) devono essere portate a conoscenza dei terzi con mezzi idonei. In mancanza, esse non sono opponibili ai terzi, se non si prova che questi le conoscevano al momento della conclusione del contratto (19, 2207, 2266).

Le altre cause di estinzione del potere di rappresentanza conferito dall'interessato non sono opponibili ai terzi che le hanno senza colpa ignorate (1722, 1727).

1397. Restituzione del documento della rappresentanza. – Il rappresentante è tenuto a restituire il documento dal quale risultano i suoi poteri, quando questi sono cessati (1393, 1396).

1398. Rappresentanza senza potere. – Colui che ha contrattato come rappresentante senza averne i poteri o eccedendo i limiti delle facoltà conferitegli, è responsabile del danno che il terzo contraente ha sofferto per avere confidato senza sua colpa nella validità del contratto (1338, 1399, 1890, 2032, 2822; 11 l. camb.; 14 l. ass.).

NOTE OPERATIVE:

Ambito di applicazione: La disciplina del negozio concluso da un rappresentante senza poteri è applicabile a ogni tipo di rappresentanza, compresa quella derivante da un rapporto organico (C.C. 29825/19).

Terzo contraente: La responsabilità del falsus procurator nei confronti del terzo contraente incolpevole ha natura extracontrattuale, per culpa in contrahendo ed il suo fondamento non risiede nel negozio inefficace ma nel comportamento contrario ai più generali doveri di correttezza e buona fede, connessi al divieto di neminem laedere (C.C. 18191/07 – Conf. C.C. 11453/98; C.C. 5170/86; C.C. 4581/76).

1399. Ratifica. – Nell'ipotesi prevista dall'articolo precedente, il contratto può essere ratificato dall'interessato (1188, 1444, 1711, 1890, 2032, 2822), con l'osservanza delle forme prescritte per la conclusione di esso (1350, 1392, 1403, 2805).

La ratifica ha effetto retroattivo, ma sono salvi i diritti dei terzi (1445).

Il terzo e colui che ha contrattato come rappresentante possono d'accordo sciogliere il contratto prima della ratifica (1327).

Il terzo contraente può invitare l'interessato a pronunziarsi sulla ratifica assegnandogli un termine, scaduto il quale, nel silenzio, la ratifica s'intende negata (1333[2], 1454[3], 1712).

La facoltà di ratifica si trasmette agli eredi.

NOTE OPERATIVE:

Ambito di applicazione: La ratifica dell'operato del rappresentante senza potere si estende all'intero contratto, comprese le clausole vessatorie (C.C. 2666/22 – Conf. C.C. 5906/15).

Forma: La ratifica dell'operato del falsus procurator, pur non richiedendo l'impiego di formule particolari, per considerarsi validamente effettuata, non solo deve rispondere agli stessi requisiti di forma richiesti per l'atto posto in essere, ma deve provenire dal dominus (C.C. 2572/11).

1400. Speciali forme di rappresentanza. – Le speciali forme di rappresentanza nelle imprese agricole e commerciali sono regolate dal libro V (2138, 2150, 2203 ss.).

Capo VII
Del contratto per persona da nominare

1401. Riserva di nomina del contraente. – Nel momento della conclusione del contratto (1326) una parte può riservarsi la facoltà di nominare successivamente (1402) la persona che deve acquistare i diritti e assumere gli obblighi nascenti dal contratto stesso (583 c.p.c.).

NOTE OPERATIVE:

Natura giuridica: Il contratto per persona da nominare dà luogo ad una parziale indeterminatezza soggettiva ovvero ad una fattispecie di contratto a soggetto alternativo, in quanto la nomina del terzo è solo eventuale, rappresentando l'esercizio di una facoltà della parte che tale nomina si è riservata; ne consegue che, in caso di nomina mancata, invalida o intempestiva, il contratto produce i suoi effetti fra i contraenti originari (C.C. 23125/19 – Conf. C.C. 10403/02).

1402. Termine e modalità della dichiarazione di nomina. – La dichiarazione di nomina deve essere comunicata all'altra parte nel termine di tre giorni dalla stipulazione del contratto, se le parti non hanno stabilito un termine diverso.

La dichiarazione non ha effetto se non è accompagnata dall'accettazione (1399) della persona nominata o se non esiste una procura (1387) anteriore al contratto (1405).

NOTE OPERATIVE:

Procura: Affinché possa ritenersi perfezionato il subingresso del terzo (con conseguente esclusione della legittimazione ad agire dello stipulante) non è sufficiente una valida e tempestiva electio amici, ma è altresì necessaria l'esistenza di una procura rilasciata dal terzo nominato ovvero l'accettazione della nomina da parte di costui, la quale non richiede forme peculiari, potendo essere desunta da qualsiasi atto che ne manifesti chiaramente la volontà (C.C. 10850/23 – Conf. C.C. 13537/11; C.C. 21254/06).

1403. Forme e pubblicità. – La dichiarazione di nomina e la procura o l'accettazione della persona nominata non hanno effetto se non rivestono la stessa forma che le parti hanno usata per il contratto, anche se non prescritta dalla legge (1350, 1392, 1399, 2806).

Se per il contratto è richiesta a determinati effetti una forma di pubblicità (2643), deve agli stessi effetti essere resa pubblica anche la dichiarazione di nomina, con l'indicazione dell'atto di procura o dell'accettazione della persona nominata.

NOTE OPERATIVE:

Comunicazione scritta: La dichiarazione di nomina e l'accettazione del terzo debbono rivestire la stessa forma del contratto, sicché è sufficiente che all'altro contraente pervenga una comunicazione scritta indicante la chiara volontà di designazione del terzo e l'accettazione di quest'ultimo, senza che rilevi l'eventuale non contemporaneità o la ricezione in tempi diversi della nomina del terzo e della relativa accettazione (C.C. 18490/14 – Conf. C.C. 19211/11; C.C. 21254/06).

1404. Effetti della dichiarazione di nomina. – Quando la dichiarazione di nomina è stata validamente fatta, la persona nominata acquista i diritti e assume gli obblighi derivanti dal contratto con effetto dal momento in cui questo fu stipulato (1399[2]).

NOTE OPERATIVE:

Funzione: Nel contratto per persona da nominare, a seguito dell'esercizio del potere di nomina, il terzo subentra nel contratto e, prendendo il posto della parte originaria, ne acquista i diritti e assume gli obblighi con effetto retroattivo, dovendo, quindi, considerarsi fin dall'origine parte contraente (C.C. 15215/18). La dichiarazione di nomina, attesa la funzione di far acquistare al terzo gli stessi diritti ed obblighi derivanti dal contratto, non può contenere alcuna modifica o variazione del suo contenuto, essendo, altrimenti, improduttiva di effetti (C.C. 7217/13).

1405. Effetti della mancata dichiarazione di nomina. – Se la dichiarazione di nomina non è fatta validamente nel termine stabilito dalla legge o dalle parti (1402), il contratto produce i suoi effetti tra i contraenti originari (1762).

NOTE OPERATIVE:

Consolidamento: La tardiva o invalida nomina del terzo determina il consolidamento degli effetti del contratto in capo all'originario contraente (C.C. 4169/15).

Capo VIII
Della cessione del contratto

1406. Nozione. – Ciascuna parte può sostituire a sé un terzo nei rapporti derivanti da un contratto con prestazioni corrispettive, se queste non sono state ancora eseguite, purché l'altra parte vi consenta (1180, 1260, 1410, 1594, 1624, 2149, 2160[1], 2558; 46 c.n.).

NOTE OPERATIVE:

Natura giuridica: La cessione del contratto configura un negozio plurilaterale per il cui perfezionamento occorre la partecipazione di tutti e tre i soggetti interessati: il cedente, il cessionario e il contraente ceduto (C.C. 12890/21 – Conf. C.C. 30525/19; C.C. 5439/06).

1407. Forma. – Se una parte ha consentito preventivamente che l'altra sostituisca a sé un terzo nei rapporti derivanti dal contratto, la sostituzione è efficace nei suoi confronti dal momento in cui le è stata notificata o in cui essa l'ha accettata (1264, 1403, 1918).

Se tutti gli elementi del contratto risultano da un documento nel quale è inserita la clausola «all'ordine» o altra equivalente, la girata del documento produce la sostituzione del giratario nella posizione del girante (1889, 1918, 2008, 2011; 137 c.p.c.; 15 l. camb.; 17 l. ass.).

1408. Rapporti fra contraente ceduto e cedente. – Il cedente è liberato dalle sue obbligazioni verso il contraente ceduto dal momento in cui la sostituzione diviene efficace nei confronti di questo (1407).

Tuttavia il contraente ceduto, se ha dichiarato di non liberare il cedente, può agire contro di lui qualora il cessionario non adempia le obbligazioni assunte (1267).

Nel caso previsto dal comma precedente, il contraente ceduto deve dare notizia al cedente dell'inadempimento del cessionario, entro quindici giorni da quello in cui l'inadempimento si è verificato; in mancanza è tenuto al risarcimento del danno (2481).

1409. Rapporti fra contraente ceduto e cessionario. – Il contraente ceduto può opporre al cessionario tutte le eccezioni derivanti dal contratto, ma non quelle fondate su altri rapporti col cedente, salvo che ne abbia fatto espressa riserva al momento in cui ha consentito alla sostituzione (1271, 1413).

NOTE OPERATIVE:

Modifiche: La cessione del contratto comporta il trasferimento soggettivo del complesso unitario di diritti ed obblighi derivanti dal contratto, lasciando immutati gli elementi oggettivi essenziali e realizzando soltanto una sostituzione soggettiva, il che non esclude che, a cessione avvenuta (o contestualmente alla stessa) il cessionario ed il contraente ceduto possano accordarsi fra loro per apportare delle modifiche al contenuto del contratto originario, restando, in assenza di tale accordo, immutato il contenuto del contratto originario (C.C. 23884/22 – Conf. C.C. 16635/03; C.C. 12576/95).

1410. Rapporti fra cedente e cessionario. – Il cedente è tenuto a garantire la validità del contratto (1266).

Se il cedente assume la garanzia dell'adempimento del contratto (1408[2]), egli risponde come un fideiussore (1936, 1944 ss., 1949) per le obbligazioni del contraente ceduto (1267, 1942).

NOTE OPERATIVE:

Obbligazioni aggiuntive: La cessione del contratto, che implica la sostituzione di uno dei contraenti con un altro, presuppone che l'oggetto dell'obbligazione rimanga immutato, nel senso che, se pur non possano escludersi modificazioni marginali, tuttavia queste non devono concernere gli elementi essenziali del contratto, che devono, invece, rimanere sostanzialmente invariati; è, invece, possibile, nei rapporti tra cedente e cessionario, l'inserimento di obbligazioni aggiuntive, purché le stesse abbiano oggetto diverso da quello del contratto ceduto, non siano con esso confliggenti e non alterino comunque il primitivo assetto del sinallagma (C.C. 8098/90).

Capo IX
Del contratto a favore di terzi

1411. Contratto a favore di terzi. – È valida la stipulazione a favore di un terzo (1273, 1372[2], 1599[4], 1689, 1773, 1875, 1920 ss.), qualora lo stipulante vi abbia interesse (1174, 1255, 1256[2], 1322[2], 1379, 1384, 1421, 1457[1], 1464, 1875, 1920).

Salvo patto contrario, il terzo acquista il diritto contro il promittente per effetto della stipulazione (1332[2]). Questa però può essere revocata o modificata dallo stipulante, finché il terzo non abbia dichiarato, anche in confronto del promittente, di volerne profittare (782 ss., 792, 1236, 1273, 1304, 1412, 1689, 1773, 1921).

In caso di revoca della stipulazione o di rifiuto del terzo di profittarne, la prestazione rimane a beneficio dello stipulante, salvo che diversamente risulti dalla volontà delle parti o dalla natura del contratto.

NOTE OPERATIVE:

Presupposti: Perché ricorra un contratto a favore di terzo non è sufficiente che si determini una situazione di mero vantaggio patrimoniale in capo al terzo, ma si richiede la chiara, specifica e concreta volontà delle parti di attribuire al terzo il diritto ad esigere la prestazione indicata nel contratto (C.C. 36092/21).

Terzo beneficiario: Nel contratto a favore di terzo occorre distinguere la titolarità del diritto (che appartiene al terzo che non diventa mai parte del contratto) dalla titolarità del rapporto contrattuale, che fa capo ai contraenti tradizionalmente denominati stipulante e promittente. Il terzo beneficiario, infatti, non è parte né in senso sostanziale né in senso formale e si limita a ricevere gli effetti di un rapporto già validamente costituito e operante, configurandosi la sua adesione – rilevabile per facta concludentia – come mera condicio iuris sospensiva dell'acquisizione del diritto, restando la dichiarazione del terzo di voler profittare del contratto necessaria soltanto per renderlo irrevocabile e immodificabile (C.C. 8766/21 – Conf. C.C. 7160/94).

1412. Prestazione al terzo dopo la morte dello stipulante. – Se la prestazione deve essere fatta al terzo dopo la morte dello stipulante, questi può revocare il beneficio anche con una disposizione testamentaria (587 ss.) e quantunque il terzo abbia dichiarato di volerne profittare (1411), salvo che, in quest'ultimo caso, lo stipulante abbia rinunciato per iscritto al potere di revoca (679, 1921).

La prestazione deve essere eseguita a favore degli eredi del terzo se questi premuore allo stipulante, purché il beneficio non sia stato revocato o lo stipulante non abbia disposto diversamente.

1413. Eccezioni opponibili dal promittente al terzo. – Il promittente può opporre al terzo le eccezioni fondate sul contratto dal quale il terzo deriva il suo diritto, ma non quelle fondate su altri rapporti tra promittente e stipulante (1272, 1273[4], 1409).

NOTE OPERATIVE:

Ambito di applicazione: La norma, laddove prevede l'opponibilità al terzo da parte del promittente delle eccezioni fondate sul contratto dal quale il terzo deriva il suo diritto, comprende fra tali eccezioni anche l'inadempimento dello stipulante a quel contratto (C.C. 9787/99).

Capo X
Della simulazione

1414. Effetti della simulazione tra le parti. – Il contratto simulato non produce effetto tra le parti (1415).

Se le parti hanno voluto concludere un contratto diverso da quello apparente, ha effetto tra esse il contratto dissimulato, purché ne sussistano i requisiti di sostanza e di forma (1350, 1424).

Le precedenti disposizioni si applicano anche agli atti unilaterali destinati a una persona determinata, che siano simulati per accordo tra il dichiarante e il destinatario (1324, 1334, 1471).

1415. Effetti della simulazione rispetto ai terzi. – La simulazione non può essere opposta né dalle parti contraenti, né dagli aventi causa o dai creditori del simulato alienante, ai terzi che in buona fede (1147, 1153, 1189, 1445) hanno acquistato diritti dal titolare apparente, salvi gli effetti della trascrizione della domanda di simulazione (2652, n. 4).

I terzi possono far valere la simulazione in confronto delle parti, quando essa pregiudica i loro diritti (1372).

NOTE OPERATIVE:

Ambito di applicazione: Non tutti i terzi, solo perché in rapporto con i simulanti, possono richiedere l'accertamento della simulazione, dovendosi invece riconoscere il relativo potere di azione o di eccezione soltanto a coloro la cui posizione giuridica risulti negativamente incisa dall'apparenza dell'atto (C.C. 19149/22 – Conf. C.C. 29923/20; C.C. 22070/15).

1416. Rapporti con i creditori. – La simulazione non può essere opposta dai contraenti ai creditori del titolare apparente che in buona fede hanno compiuto atti di esecuzione sui beni che furono oggetto del contratto simulato (1147, 2910 ss.; 483 ss. c.p.c.).

I creditori del simulato alienante possono far valere la simulazione che pregiudica i loro diritti, e, nel conflitto con i creditori chirografari del simulato acquirente, sono preferiti a questi, se il loro credito è anteriore all'atto simulato (483 c.p.c.).

1417. Prova della simulazione. – La prova per testimoni della simulazione è ammissibile senza limiti (2722, 2724), se la domanda è proposta da creditori o da terzi e, qualora sia diretta a far valere l'illiceità del contratto dissimulato (1343 ss., 1346), anche se è proposta dalle parti.

NOTE OPERATIVE:

Controdichiarazione: La controdichiarazione, che nei rapporti fra le parti costituisce il mezzo usualmente adoperato per documentare una simulazione, costituisce un atto di accertamento o di riconoscimento scritto non avente carattere negoziale e che non si inserisce come elemento essenziale nel procedimento simulatorio, di tal che non solo non deve essere coeva all'atto simulato ma non deve neppure necessariamente provenire da tutti i partecipi all'accordo simulatorio, potendo provenire anche dalla sola parte che voglia manifestare il riconoscimento della simulazione (C.C. 33039/22 – Conf. C.C. 9266/22; contra C.C. 31243/21).

Capo XI
Della nullità del contratto

1418. Cause di nullità del contratto. – Il contratto è nullo quando è contrario a norme imperative (2331[3]), salvo che la legge disponga diversamente (1422, 2126).

Producono nullità del contratto la mancanza di uno dei requisiti indicati dall'art. 1325 (1349[2]), l'illiceità della causa (1343, 2035), l'illiceità dei motivi nel caso indicato dall'art. 1345 e la mancanza nell'oggetto dei requisiti stabiliti dall'art. 1346 (2379).

Il contratto è altresì nullo negli altri casi stabiliti dalla legge (1876, 1904, 1963, 2103, 2122, 2265, 2744).

NOTE OPERATIVE:

Ambito di applicazione: In mancanza di una norma che in via generale faccia divieto di porre in essere attività negoziali pregiudizievoli per i terzi, il negozio lesivo dei diritti o delle attese dei creditori non può considerarsi di per sé illecito, sicché la sua conclusione non comporta una nullità per illiceità della causa, per frode alla legge o per motivo illecito determinante comune alle parti, in quanto, a tutela di chi risulti danneggiato da un simile atto, l'ordinamento appresta rimedi speciali, i quali comportano, in presenza di particolari condizioni, la sua inefficacia o inopponibilità nei confronti del singolo creditore o della categoria dei creditori concorsuali (C.C. 1147/23 – Conf. C.C. 4701/21; C.C. 19196/16; C.C. 23158/14; C.C. 20576/10).

La violazione di una norma imperativa non dà necessariamente luogo alla nullità del contratto, dal momento che l'art. 1418, comma 1, c.c., facendo salva l'ipotesi in cui la legge disponga diversamente, impone all'interprete di accertare se il legislatore, anche nel caso di inosservanza del precetto, abbia voluto salvaguardare la validità del negozio mediante la predisposizione di un meccanismo alternativo idoneo a realizzare gli effetti della norma (C.C. 25209/23).

1419. Nullità parziale. – La nullità parziale di un contratto o la nullità di singole clausole importa la nullità dell'intero contratto, se risulta che i contraenti non lo avrebbero concluso senza quella parte del suo contenuto che è colpita dalla nullità (1229, 1354[3], 1430, 1480, 2265).

La nullità di singole clausole non importa la nullità del contratto, quando le clausole nulle sono sostituite di diritto da norme imperative (1339, 1679, 1815, 1932, 2066, 2077, 2115, 2936).

NOTE OPERATIVE:

Ratio: La norma esprime il generale favore dell'ordinamento per la conservazione, ove possibile, degli atti di autonomia negoziale, ancorché difformi dallo schema legale, ed il carattere eccezionale dell'estensione all'intero contratto della nullità che ne colpisce una parte o una clausola (C.C. 18794/23 – Conf. S.U. 3199/21).

1420. Nullità nel contratto plurilaterale. – Nei contratti con più di due parti, in cui le prestazioni di ciascuna sono dirette al conseguimento di uno scopo comune, la nullità che colpisce il vincolo di una sola delle parti non importa nullità del contratto, salvo che la partecipazione di essa debba, secondo le circostanze, considerarsi essenziale (1446, 1459, 1466).

NOTE OPERATIVE:

Ambito di applicazione: La norma si riferisce alla ipotesi in cui vi siano prestazioni di più soggetti dirette ad uno scopo comune, e non due prestazioni legate da vincolo di sinallagmaticità (C.C. 1180/86).

1421. Legittimazione all'azione di nullità. – Salvo diverse disposizioni di legge, la nullità può essere fatta valere da chiunque vi ha interesse (1174, 1255, 1256[2], 1322[2], 1379, 1384, 1411, 1457[1], 1464) e può essere rilevata d'ufficio dal giudice (1462, 1903, 2379).

NOTE OPERATIVE:

Interesse ad agire: Con riferimento alla domanda (o all'eventuale eccezione) di nullità di un contratto, mentre per le parti contraenti l'interesse ad agire è in re ipsa, in dipendenza dell'attitudine del contratto di cui si invoca la nullità ad incidere nella loro sfera giuridica, il terzo che agisca ex art. 1421 c.c. deve dimostrare la sussistenza di un proprio concreto interesse alla declaratoria di nullità, ossia la necessità di ricorrere al giudice per evitare una lesione attuale del proprio diritto e il conseguente danno alla propria sfera giuridica (C.C. 1897/23 – Conf. C.C. 2670/20; C.C. 5420/02; C.C. 2721/02; C.C. 338/01; C.C. 7717/91; C.C. 1553/81).

1422. Imprescrittibilità dell'azione di nullità. – L'azione per far dichiarare la nullità non è soggetta a prescrizione (2934), salvi gli effetti dell'usucapione (1158 ss.) e della prescrizione delle azioni di ripetizione (2379, 2946).

1423. Inammissibilità della convalida. – Il contratto nullo non può essere convalidato (1444), se la legge non dispone diversamente (590, 799, 1972, 2332[5], 2379).

NOTE OPERATIVE:

Finalità: La norma è diretta ad impedire la sanatoria di un negozio nullo con effetti ex tunc e non a comprimere la libertà delle parti di reiterare, depurandola dal vizio invalidante, la manifestazione della loro autonomia negoziale al fine di regolare i loro interessi (C.C. 20519/19 – Conf. C.C. 8944/16; C.C. 22357/15).

1424. Conversione del contratto nullo. – Il contratto nullo può produrre gli effetti di un contratto diverso, del quale contenga i requisiti di sostanza e di forma (1414[2]), qualora, avuto riguardo allo scopo perseguito dalle parti, debba ritenersi che esse lo avrebbero voluto se avessero conosciuto la nullità (1059[2], 1367, 1414).

NOTE OPERATIVE:

Presupposti: Ai fini della conversione del contratto deve sussistere un duplice requisito, da un lato, il rapporto di continenza tra il contratto nullo e quello in cui quello affetto da invalidità totale dovrebbe esser convertito, dall'altro, il comune orientamento delle parti verso tale risultato (C.C. 3308/19 – Conf. C.C. 23644/17; C.C. 6004/08).

Capo XII
Dell'annullabilità del contratto

Sezione I
Dell'incapacità

1425. Incapacità delle parti. – Il contratto è annullabile se una delle parti era legalmente incapace di contrattare (2, 3, 322, 377, 396, 414, 427, 477, 1441).

È parimenti annullabile, quando ricorrono le condizioni stabilite dall'art. 428, il contratto stipulato da persona incapace d'intendere o di volere (1191, 1444; 32 c.p.).

NOTE OPERATIVE:

Incapacità naturale: L'incapacità di intendere e di volere, prevista quale causa d'annullamento del negozio giuridico, detta anche incapacità naturale, consiste nella transitoria impossibilità di rendersi conto del contenuto e degli effetti dell'atto giuridico che si compie (C.C. 4957/05 – Conf. C.C. 6999/00; C.C. 1484/95).

1426. Raggiri usati dal minore. – Il contratto non è annullabile, se il minore ha con raggiri occultato la sua minore età (2); ma la semplice dichiarazione da lui fatta di essere maggiorenne non è di ostacolo all'impugnazione del contratto (1439).

NOTE OPERATIVE:

Ambito di applicazione: La norma, stabilendo una deroga all'annullabilità per incapacità legale esclusivamente con riferimento al minore che con raggiri abbia dolosamente occultato l'età è norma di carattere eccezionale ed è di stretta applicazione sì che non può essere estesa ad altre ipotesi non previste dalla norma (C.C. 11191/12).

Sezione II
Dei vizi del consenso

1427. Errore, violenza e dolo. – Il contraente (1324, 1390), il cui consenso fu dato per errore (1428 ss.), estorto con violenza (1434 ss.) o carpito con dolo (1439 ss.), può chiedere l'annullamento del contratto secondo le disposizioni seguenti.

1428. Rilevanza dell'errore. – L'errore è causa di annullamento del contratto quando è essenziale (1429) ed è riconoscibile (1394, 1395, 1431) dall'altro contraente (787, 1391, 1972 ss.).

NOTE OPERATIVE:

Presupposti: La rilevanza dell'errore, come causa di annullamento del negozio, è caratterizzata dal duplice profilo della sua essenzialità e della riconoscibilità, intesa, quest'ultima, come capacità di rilevazione di esso da parte di una persona di media diligenza, in relazione sia alle circostanze del contratto che alle qualità dei contraenti (C.C. 31078/19).

Prezzo: Tra gli elementi, tassativamente indicati dalla norma, ai fini dell'essenzialità dell'errore comportante l'annullamento del contratto, non rientra il valore della cosa formante oggetto di una compravendita o il prezzo della stessa (C.C. 16031/07 – Conf. C.C. 11879/02; C.C. 8290/93; C.C. 721/77), a meno che la fallace rappresentazione non sia dipesa da un errore su una qualità essenziale della cosa (C.C. 985/98 – Conf. C.C. 2935/96), accordando l'ordinamento per siffatti casi, ove ricorrano le altre particolari condizioni, lo specifico e diverso rimedio della rescissione (C.C. 21094/12).

1429. Errore essenziale. – L'errore è essenziale (1433):

1) quando cade sulla natura o sull'oggetto (1346 ss., 1972[2]) del contratto;

2) quando cade sull'identità dell'oggetto della prestazione ovvero sopra una qualità dello stesso che, secondo il comune apprezzamento o in relazione alle circostanze, deve ritenersi determinante del consenso (1497);

3) quando cade sull'identità o sulle qualità della persona dell'altro contraente, sempre che l'una o le altre siano state determinanti del consenso (122);

4) quando, trattandosi di errore di diritto, è stato la ragione unica o principale del contratto (787, 1969).

1430. Errore di calcolo. – L'errore di calcolo non dà luogo ad annullamento del contratto, ma solo a rettifica, tranne che, concretandosi in errore sulla quantità, sia stato determinante del consenso (1419).

NOTE OPERATIVE:

Caratteristiche: L'errore di calcolo, che può dar luogo a rettifica del contratto, si ha quando in operazioni aritmetiche, posti come chiari e sicuri i termini da computare ed il criterio matematico da seguire, si commette, per inesperienza o disattenzione, un errore materiale di cifra che si ripercuote sul risultato finale, rilevabile ictu oculi (C.C. 7066/22).

1431. Errore riconoscibile. – L'errore si considera riconoscibile (1428) quando, in relazione al contenuto (1322[1], 1708), alle circostanze del contratto ovvero alla qualità dei contraenti, una persona di normale diligenza avrebbe potuto rilevarlo (1176, 1428).

NOTE OPERATIVE:

Ambito di applicazione: Non è richiesto che l'errore sia stato riconosciuto in concreto ma solo l'astratta possibilità di tale riconoscimento, in una persona di media avvedutezza (C.C. 24738/17 – Conf. C.C. 2518/90).

1432. Mantenimento del contratto rettificato. – La parte in errore non può domandare l'annullamento del contratto se, prima che ad essa possa derivarne pregiudizio, l'altra offre di eseguirlo in modo conforme al contenuto e alle modalità del contratto che quella intendeva concludere (1450, 1453[3], 1467).

NOTE OPERATIVE:

Trascrizione: La norma non contiene alcuna eccezione ai principi in tema di trascrizione, con la conseguenza che, ai fini della opponibilità ai terzi dell'atto di alienazione inficiato da errore poi emendato con la rettifica, si applica il criterio della anteriorità della trascrizione di cui all'art. 1445 c.c. (C.C. 11265/02).

1433. Errore nella dichiarazione o nella sua trasmissione. – Le disposizioni degli articoli precedenti si applicano anche al caso in cui l'errore cade sulla dichiarazione, o in cui la dichiarazione è stata inesattamente trasmessa dalla persona o dall'ufficio che ne era stato incaricato (1428, 2706).

NOTE OPERATIVE:

Interpretazione: L'errore nella dichiarazione o nella sua trasmissione da parte della persona o dell'ufficio che ne è stato incaricato, regolato dagli art. 1432 e 1433 c.c., deve essere sempre preceduto dall'interpretazione del contratto (C.C. 15917/16 – Conf. C.C. 9243/08).

1434. Violenza. – La violenza è causa di annullamento del contratto (1441 ss.), anche se esercitata da un terzo (1439).

1435. Caratteri della violenza. – La violenza deve essere di tal natura da fare impressione sopra una persona sensata e da farle temere di esporre sé o i suoi beni a un male ingiusto e notevole. Si ha riguardo, in questa materia, all'età, al sesso e alla condizione delle persone (1438).

NOTE OPERATIVE:

Presupposti: In tema di violenza morale, quale vizio invalidante del consenso, i requisiti previsti dalla norma possono variamente atteggiarsi, a seconda che la coazione si eserciti in modo esplicito, manifesti e diretto, o viceversa, mediante un comportamento intimidatorio, oggettivamente ingiusto, anche ad opera di un terzo; è in ogni caso necessario che la minaccia sia stata specificamente diretta ad estorcere la dichiarazione negoziale della quale si deduce l'annullabilità e risulti di natura tale da incidere, con efficacia causale concreta, sulla libertà di autodeterminazione dell'autore di essa (C.C. 27323/22 – Conf. C.C. 19320/22; C.C. 19974/17).

1436. Violenza diretta contro terzi. – La violenza è causa di annullamento del contratto anche quando il male minacciato (1438) riguarda la persona o i beni del coniuge del contraente o di un discendente o ascendente di lui.

Se il male minacciato riguarda altre persone, l'annullamento del contratto è rimesso alla prudente valutazione delle circostanze da parte del giudice.

1437. Timore riverenziale. – Il solo timore riverenziale non è causa di annullamento del contratto.

1438. Minaccia di far valere un diritto. – La minaccia di far valere un diritto può essere causa di annullamento del contratto solo quando è diretta a conseguire vantaggi ingiusti (2043).

NOTE OPERATIVE:

Presupposti: La minaccia di far valere un diritto assume i caratteri della violenza morale, invalidante il consenso prestato per la stipulazione del contratto, soltanto se è diretta a conseguire un vantaggio ingiusto, situazione che si verifica quando il fine ultimo perseguito consista nella realizzazione di un risultato che, oltre ad essere abnorme e diverso da quello conseguibile attraverso l'esercizio del diritto medesimo, sia iniquo ed esorbiti dall'oggetto di quest'ultimo, e non quando il vantaggio perseguito sia solo quello del soddisfacimento del diritto nei modi previsti dall'ordinamento (C.C. 12777/23 – Conf. C.C. 12215/16; C.C. 20305/15; C.C. 17523/11).

1439. Dolo. – Il dolo è causa di annullamento del contratto quando i raggiri usati da uno dei contraenti sono stati tali che, senza di essi, l'altra parte non avrebbe contrattato (1195, 1338, 1426, 1892, 1975[1], 1986).

Quando i raggiri sono stati usati da un terzo, il contratto è annullabile se essi erano noti al contraente che ne ha tratto vantaggio (1440).

NOTE OPERATIVE:

Presupposti: Il è causa di annullamento del contratto quando i raggiri usati da una parte abbiano determinato la volontà a contrarre del deceptus, avendo ingenerato in lui una rappresentazione alterata della realtà, che abbia provocato nel suo meccanismo volitivo un errore essenziale (C.C. 21008/22 – Conf. C.C. 12892/15).

Dolo omissivo: Il dolo omissivo, pur potendo viziare la volontà, è causa di annullamento solo quando l'inerzia della parte si inserisca in un complesso comportamento, adeguatamente preordinato, con malizia o astuzia, a realizzare l'inganno perseguito, determinando l'errore del deceptus. Pertanto, il semplice silenzio, anche in ordine a situazioni di interesse della controparte, e la reticenza, non immutando la rappresentazione della realtà, ma limitandosi a non contrastare la percezione della realtà alla quale sia pervenuto l'altro contraente, non costituiscono di per sé causa invalidante del contratto (C.C. 11605/22 – Conf. C.C. 8260/17; C.C. 9253/06).

1440. Dolo incidente. – Se i raggiri non sono stati tali da determinare il consenso, il contratto è valido, benché senza di essi sarebbe stato concluso a condizioni diverse; ma il contraente in mala fede risponde dei danni (2043, 2056).

NOTE OPERATIVE:

Presunzione: L'attore, una volta provata l'esistenza di un raggiro su un elemento non trascurabile del contratto, non è tenuto a provare altro ai fini dell'an debeatur, in quanto opera la presunzione iuris tantum che, senza la condotta illecita, le condizioni contrattuali sarebbero state diverse e quindi per lui più favorevoli (C.C. 3503/23 – Conf. C.C. 8318/90).

Sezione III
Dell'azione di annullamento

1441. Legittimazione. – L'annullamento del contratto può essere domandato solo dalla parte nel cui interesse è stabilito dalla legge (322, 323, 377, 378, 388, 396, 427, 428, 1394, 1395, 1442 ss., 1462, 1971, 1972, 1975).

L'incapacità del condannato in istato di interdizione legale (32 c.p.) può essere fatta valere da chiunque vi ha interesse.

1442. Prescrizione. – L'azione di annullamento si prescrive in cinque anni (428, 761, 775, 1449).

Quando l'annullabilità dipende da vizio del consenso (1427 ss.) o da incapacità legale (1425), il termine decorre dal giorno in cui è cessata la violenza, è stato scoperto l'errore o il dolo, è cessato lo stato d'interdizione o d'inabilitazione (429, 431), ovvero il minore ha raggiunto la maggiore età (2, 428[3], 761[2], 775[2], 2935).

Negli altri casi il termine decorre dal giorno della conclusione del contratto (1326, 2935).

L'annullabilità può essere opposta dalla parte convenuta per l'esecuzione del contratto, anche se è prescritta l'azione per farla valere (1449[2], 1495[3], 1667[3]).

NOTE OPERATIVE:

Convenuto: Il principio quae temporalia ad agendum perpetua ad excipiendum presuppone che la parte che propone l'eccezione sia convenuta per l'esecuzione della prestazione posta a suo carico, rimasta inadempiuta, e solleva tale parte dell'onere di agire in giudizio per evitare la prescrizione dell'azione di annullamento (C.C. 384/18 – Conf. S.U. 5069/16).

1443. Ripetizione contro il contraente incapace. – Se il contratto è annullato per incapacità di uno dei contraenti (1425), questi non è tenuto a restituire all'altro la prestazione ricevuta se non nei limiti in cui è stata rivolta a suo vantaggio (1190, 1769, 2039, 2041).

NOTE OPERATIVE:

Presupposti: L'esonero del contraente incapace dalla restituzione è determinato dalla presunzione che lo stesso non abbia tratto profitto dalla controprestazione ricevuta (C.C. 16888/17 – Conf. C.C. 681/68).

1444. Convalida. – Il contratto annullabile può essere convalidato dal contraente al quale spetta l'azione di annullamento, mediante un atto che contenga la menzione del contratto e del motivo di annullabilità, e la dichiarazione che s'intende convalidarlo (1423, 1451, 2824).

Il contratto è pure convalidato, se il contraente al quale spettava l'azione di annullamento vi ha dato volontariamente esecuzione conoscendo il motivo di annullabilità (1234², 1399, 2264²).

La convalida non ha effetto, se chi l'esegue non è in condizione di concludere validamente il contratto (1423, 1425, 1451, 2824).

NOTE OPERATIVE:

Convalida: La rinunzia a far valere i vizi di volontà che affliggono un contratto non può intervenire in via anticipata e preventiva: non è neppure astrattamente configurabile una convalida preventiva e generalizzata rispetto a negozi futuri, i cui motivi di annullabilità non sono ancora venuti ad esistenza – e quindi non possono nemmeno essere conosciuti – al momento dell'accordo (C.C. 272/04).

Tacita: La convalida tacita del contratto non è integrata dalla mera richiesta, formulata dalla parte che avrebbe titolo a domandare l'annullamento, di eliminazione della situazione costituente l'oggetto del vizio del suo consenso (C.C. 18502/12).

1445. Effetti dell'annullamento nei confronti dei terzi. – L'annullamento che non dipende da incapacità legale non pregiudica i diritti acquistati (1606) a titolo oneroso dai terzi di buona fede, salvi gli effetti della trascrizione della domanda di annullamento (23, 25, 785, 1425, 1458, 2377, 2652, n. 6, 2690, n. 3).

NOTE OPERATIVE:

Ambito di applicazione: La norma sancisce implicitamente l'efficacia dell'annullamento nei confronti degli acquirenti rispetto ai quali non ricorra tale requisito soggettivo (C.C. 22585/19).

1446. Annullabilità nel contratto plurilaterale. – Nei contratti indicati dall'art. 1420 l'annullabilità che riguarda il vincolo di una sola delle parti non importa annullamento del contratto, salvo che la partecipazione di questa debba, secondo le circostanze, considerarsi essenziale (1459, 1466).

Capo XIII
Della rescissione del contratto

1447. Contratto concluso in istato di pericolo. – Il contratto con cui una parte ha assunto obbligazioni a condizioni inique, per la necessità, nota alla controparte, di salvare sé o altri dal pericolo attuale di un danno grave alla persona, può essere rescisso sulla domanda della parte che si è obbligata (2045, 2652, n. 1; 54 c.p.).

Il giudice nel pronunciare la rescissione può, secondo le circostanze, assegnare un equo compenso all'altra parte per l'opera prestata.

1448. Azione generale di rescissione per lesione. – Se vi è sproporzione tra la prestazione di una parte e quella dell'altra, e la sproporzione è dipesa dallo stato di bisogno di una parte, del quale l'altra ha approfittato per trarne vantaggio, la parte danneggiata può domandare la rescissione del contratto (763, 1462, 1964, 1970, 2922; 644 c.p.).

L'azione non è ammissibile se la lesione non eccede la metà del valore che la prestazione eseguita o promessa dalla parte danneggiata aveva al tempo del contratto.

La lesione deve perdurare fino al tempo in cui la domanda è proposta.

Non possono essere rescissi per causa di lesione i contratti aleatori (1469, 1472², 1934).

Sono salve le disposizioni relative alla rescissione della divisione (763 ss.).

NOTE OPERATIVE:

Ratio: Il vizio genetico che legittima la (possibile) rescissione per lesione (nel concorso di tutte le altre condizioni) è posto a tutela dell'equilibrio tra le prestazioni, rispetto al quale rileva il valore delle stesse al momento della stipula contrattuale quale risultante da tutte le pattuizioni che concernono il prezzo e, quindi, anche di quelle (pur se solo accessorie) che determinano una maggiore fruttuosità del bene che ne costituisce l'oggetto (C.C. 20449/23 – Conf. C.C. 3176/11). L'iniquità delle condizioni è elemento necessario per la rescissione del contratto, in quanto la legge tutela non tanto una indifferenziata libertà del contraente, quanto la specifica libertà di evitare contratti dannosi (C.C. 5482/79).

Presupposti: L'azione generale di rescissione per lesione richiede la simultanea esistenza dei requisiti di una sproporzione ultra dimidium fra le reciproche prestazioni del contratto, di uno stato di bisogno del contraente danneggiato e di un approfittamento di esso da parte dell'altro contraente (C.C. 36993/22).

Effetti: La pronuncia di rescissione, non diversamente da quella di risoluzione del contratto, produce due effetti: a) un effetto liberatorio, relativo alle prestazioni non ancora eseguite, che non dovranno più eseguirsi né dall'una né dall'altra parte; b) un effetto restitutorio, relativo alle prestazioni già eseguite, che ciascuna parte ha vicendevolmente diritto di ripetere dall'altra (C.C. 6891/09 – Conf. C.C. 4604/08; C.C. 11511/92; C.C. 2879/89; C.C. 5143/87; C.C. 1599/76).

1449. Prescrizione. – L'azione di rescissione si prescrive in un anno dalla conclusione del contratto (763, 1326); ma se il fatto costituisce reato, si applica l'ultimo comma dell'art. 2947.

La rescindibilità del contratto non può essere opposta in via di eccezione quando l'azione è prescritta (1442^4, 1495^3).

NOTE OPERATIVE:

Ambito di applicazione: La norma, dovendo essere coordinata con la regola generale che fa decorrere ogni termine di prescrizione solo dal momento in cui il diritto può essere fatto valere (art. 2935 c.c.), non è applicabile, quindi, ai contratti sottoposti a condizione sospensiva (C.C. 6050/95).

1450. Offerta di modificazione del contratto. – Il contraente contro il quale è domandata la rescissione può evitarla offrendo una modificazione del contratto sufficiente per ricondurlo ad equità (767, 1432, 1453^3, 1467, 1468).

NOTE OPERATIVE:

Presupposti: Affinché il convenuto possa impedire la pronunzia di rescissione per lesione ultra dimidium attraverso l'offerta di riduzione ad equità del contratto, occorre che detta offerta sia tale da ricomprendere la differenza tra la somma corrisposta ed il valore del bene al momento della costituzione del rapporto, e non soltanto idonea ad eliminare la sproporzione tra le due prestazioni (C.C. 24247/16 – Conf. C.C. 2784/72).

1451. Inammissibilità della convalida. – Il contratto rescindibile non può essere convalidato (1449).

1452. Effetti della rescissione rispetto ai terzi. – La rescissione del contratto non pregiudica i diritti acquistati dai terzi (1445, 1458, 1757), salvi gli effetti della trascrizione della domanda di rescissione (2652, n. 1, 2690, n. 1).

Capo XIV
Della risoluzione del contratto

Sezione I
Della risoluzione per inadempimento

1453. Risolubilità del contratto per inadempimento. – Nei contratti con prestazioni corrispettive, quando uno dei contraenti non adempie le sue obbligazioni, l'altro può a sua scelta chiedere l'adempimento (1176 ss., 1454) o la risoluzione del contratto (1455, 1878, 1976), salvo, in ogni caso, il risarcimento del danno (1218, 1223, 1517, 1479, 1480, 1489, 1492, 1497, 1867, 2286, 2652, n. 1).

La risoluzione può essere domandata anche quando il giudizio è stato promosso per ottenere l'adempimento; ma non può più chiedersi l'adempimento quando è stata domandata la risoluzione (972^2, 1286^2, 1492^2).

Dalla data della domanda di risoluzione l'inadempiente non può più adempiere la propria obbligazione (1288, 1432, 1450, 1458, 1492; 72 l. fall.).

NOTE OPERATIVE:

Risarcimento del danno: La domanda di risarcimento dei danni per inadempimento contrattuale può essere proposta congiuntamente o separatamente da quella di risoluzione, giacché l'art. 1453 c.c., facendo salvo in ogni caso il risarcimento del danno, esclude che l'azione risarcitoria presupponga il necessario esperimento dell'azione di risoluzione del contratto (C.C. 22277/23 – Conf. C.C. 10429/23).

Ius variandi: La parte che chieda la risoluzione del contratto per inadempimento nel corso del giudizio dalla stessa promosso per ottenere l'adempimento, può domandare, contestualmente all'esercizio dello ius variandi, oltre alla restituzione della prestazione eseguita, anche il risarcimento dei danni derivanti dalla cessazione degli effetti del regolamento negoziale (S.U. 8510/14).

1454. Diffida ad adempiere. – Alla parte inadempiente l'altra può intimare per iscritto di adempiere in un congruo termine, con dichiarazione che, decorso inutilmente detto termine, il contratto s'intenderà senz'altro risoluto (1456, 1482^2, 1662^2, 1901^3).

Il termine non può essere inferiore a quindici giorni, salvo diversa pattuizione delle parti o salvo che, per la natura del contratto (1182^1, 1326, 1329^2, 1330, 1333^2, 1360^1, 1369, 1389^1, 1469, 1569, 1800^3) o secondo gli usi, risulti congruo un termine minore.

Decorso il termine senza che il contratto sia stato adempiuto, questo è risoluto di diritto (1333^2, 1399^4, 1456, 1457, 1482, 1901).

NOTE OPERATIVE:

Onere della parte: L'unico onere che grava sulla parte intimante è quello di fissare un termine entro cui l'altra dovrà adempiere alla propria prestazione, pena la risoluzione ope legis del contratto, non tollerando un ulteriore ritardo nell'adempimento (C.C. 10968/23).

Gravità dell'inadempimento: L'intimazione da parte del creditore della diffida ad adempiere e l'inutile decorso del termine fissato per l'adempimento non eliminano la necessità dell'accertamento giudiziale della gravità dell'inadempimento in relazione alla situazione verificatasi alla scadenza del termine e al permanere dell'interesse della parte all'esatto e tempestivo adempimento (C.C. 40325/21 – Conf. C.C. 7463/20).

1455. Importanza dell'inadempimento. – Il contratto non si può risolvere se l'inadempimento di una delle parti ha scarsa importanza, avuto riguardo all'interesse dell'altra (1522, 1525, 1564, 1565, 1668, 1819, 1820, 1878, 1901, 2286).

NOTE OPERATIVE:

Accertamento: Nella valutazione della gravità dell'inadempimento di un contratto, vanno preliminarmente distinte le violazioni delle obbligazioni costitutive del sinallagma contrattuale, che possono essere apprezzate ai fini della valutazione della gravità di cui all'art. 1455 c.c., rispetto a quelle che incidono sulle obbligazioni di carattere accessorio, che non sono idonee, in sé sole, a fondare un giudizio di gravità dell'inadempimento (C.C. 35788/22 – Conf. C.C. 19579/21).

1456. Clausola risolutiva espressa. – I contraenti possono convenire espressamente che il contratto si risolva nel caso che una determinata obbligazione non sia adempiuta secondo le modalità stabilite (973, 1458[2]).

In questo caso, la risoluzione si verifica di diritto quando la parte interessata dichiara all'altra che intende valersi della clausola risolutiva (1454, 1517).

NOTE OPERATIVE:

Ambito di applicazione: Per la configurabilità della clausola risolutiva espressa, le parti devono aver previsto la risoluzione di diritto del contratto per effetto dell'inadempimento di una o più obbligazioni specificamente determinate (C.C. 22725/21 – Conf. C.C. 1950/09; C.C. 5147/01).

1457. Termine essenziale per una delle parti. – Se il termine fissato per la prestazione di una delle parti deve considerarsi essenziale nell'interesse (1174, 1322[2], 1379, 1464) dell'altra, questa, salvo patto o uso contrario, se vuole esigerne l'esecuzione nonostante la scadenza del termine, deve darne notizia all'altra parte entro tre giorni (1184, 1326).

In mancanza, il contratto s'intende risoluto di diritto anche se non è stata espressamente pattuita la risoluzione (1456, 1901[3]).

NOTE OPERATIVE:

"Entro e non oltre": L'essenzialità del termine per l'adempimento non può essere desunta solo dall'uso dell'espressione entro e non oltre, riferita al tempo di esecuzione della prestazione, ma implica un accertamento da cui emerga inequivocabilmente, alla stregua dell'oggetto del negozio o di specifiche indicazioni delle parti, che queste abbiano inteso considerare perduta, decorso quel lasso di tempo, l'utilità prefissatasi (C.C. 24009/22 – Conf. C.C. 11068/22; C.C. 32238/19).

1458. Effetti della risoluzione. – La risoluzione del contratto per inadempimento ha effetto retroattivo (1519) tra le parti, salvo il caso di contratti ad esecuzione continuata o periodica (1467[1]), riguardo ai quali l'effetto della risoluzione non si estende alle prestazioni già eseguite (1360[2], 1373[2], 2126[1], 2332[2]).

La risoluzione, anche se è stata espressamente pattuita (1456), non pregiudica i diritti acquistati dai terzi (1399[2], 1445, 1452, 1467, 1595[3]), salvi gli effetti della trascrizione della domanda di risoluzione (1467, 2652, n. 1).

NOTE OPERATIVE:

Restituzione: La risoluzione del contratto, pur comportando, per l'effetto retroattivo sancito dall'art. 1458 cod. civ., l'obbligo del contraente di restituire la prestazione ricevuta, non autorizza il giudice ad emettere il provvedimento restitutorio in assenza di domanda dell'altro contraente (C.C. 28722/22 – Conf. C.C. 24915/22).

1459. Risoluzione nel contratto plurilaterale. – Nei contratti indicati dall'art. 1420 l'inadempimento di una delle parti non importa la risoluzione del contratto rispetto alle altre, salvo che la prestazione mancata debba, secondo le circostanze, considerarsi essenziale (1446, 1466).

1460. Eccezione d'inadempimento. – Nei contratti con prestazioni corrispettive, ciascuno dei contraenti può rifiutarsi di adempiere la sua obbligazione, se l'altro non adempie (1218, 1219) o non offre di adempiere contemporaneamente la propria (1208 ss., 1220), salvo che (1528[2]) termini diversi per l'adempimento siano stati stabiliti dalle parti o risultino dalla natura del contratto (1481, 1482, 1901, 1924).

Tuttavia non può rifiutarsi l'esecuzione se, avuto riguardo alle circostanze, il rifiuto è contrario alla buona fede (1175, 1337, 1358, 1366, 1375, 1391, 1565).

NOTE OPERATIVE:

Presupposti: In tema di inadempimento contrattuale vale la regola che l'exceptio non rite adimpleti contractus si fonda su due presupposti: l'esistenza dell'inadempimento anche dell'altra parte e la proporzionalità tra i rispettivi inadempimenti, da valutare non in rapporto alla rappresentazione soggettiva che le parti se ne facciano, bensì in relazione alla situazione oggettiva (C.C. 17020/22 – Conf. C.C. 8425/06).

1461. Mutamento nelle condizioni patrimoniali dei contraenti. – Ciascun contraente può sospendere l'esecuzione della prestazione da lui dovuta, se le condizioni patrimoniali dell'altro sono divenute tali (1186, 1822, 1956, 1959) da porre in evidente pericolo il conseguimento della controprestazione, salvo che sia prestata idonea garanzia (1179, 1877).

NOTE OPERATIVE:

Ambito di applicazione: La norma, basandosi sul principio inadimplenti non est adimplendum, consente ad un contraente di sospendere l'esecuzione della propria prestazione se ha il timore, dimostrato dalle peggiorate condizioni economiche dell'altra parte – ipotesi cui si può assimilare anche quella della conoscenza di una mutata situazione patrimoniale acquisita dopo la conclusione del contratto – di non poter ottenere l'adempimento della controprestazione, è applicabile anche al contratto preliminare, e legittima pertanto il rifiuto della stipula del definitivo, pur se le prestazioni da adempiere contemporaneamente non sono ancora eseguibili (C.C. 2217/13 – Conf. C.C. 602/99).

1462. Clausola limitativa della proponibilità di eccezioni. – La clausola (1341) con cui si stabilisce che una delle parti non può opporre eccezioni al fine di evitare o ritardare la prestazione dovuta, non ha effetto per le eccezioni di nullità (1418 ss.), di annullabilità (1425 ss.) e di rescissione (1447 ss.) del contratto.

Nei casi in cui la clausola è efficace, il giudice, se riconosce che concorrono gravi motivi, può tuttavia sospendere la condanna, imponendo, se del caso, una cauzione.

NOTE OPERATIVE:

Solve et repete: La clausola solve et repete, avendo un contenuto fondamentalmente di diritto sostanziale, in relazione alla collocazione della disposizione citata e, soprattutto, agli interessi tutelati (garantire al creditore di una prestazione il soddisfacimento del suo diritto senza il ritardo imposto dall'esame delle eccezioni del debitore), realizza la sua funzione anche se l'adempimento avviene nel corso del giudizio e per effetto di un provvedimento giurisdizionale non definitivo (C.C. 2227/95 – Conf. C.C. 10697/94).

Sezione II
Dell'impossibilità sopravvenuta

1463. (1) **Impossibilità totale.** – Nei contratti con prestazioni corrispettive, la parte liberata per la sopravvenuta impossibilità (1256 ss.) della prestazione dovuta non può chiedere la controprestazione, e deve restituire quella che abbia già ricevuta, secondo le norme relative alla ripetizione dell'indebito (2033 ss.).

(1) *Si vedano gli artt. 88 ed 88* bis *del D.L. 17 marzo 2020, n. 18, convertito, con modificazioni, nella L. 24 aprile 2020, n. 27, rispettivamente in tema di rimborsi per acquisto biglietti per spettacoli, musei ed altri luoghi di cultura ed altri titoli di viaggio.*

NOTE OPERATIVE:

Effetti: L'impossibilità sopravvenuta della prestazione, che derivi da causa non imputabile al debitore, opera, paralizzandola, più propriamente in relazione ad una domanda di adempimento, determinando, essa, di diritto, nei contratti con prestazioni corrispettive, se definitiva, con la estinzione della relativa obbligazione, la risoluzione del contratto (C.C. 36329/21 – Conf. C.C. 1037/95).

1464. Impossibilità parziale. – Quando la prestazione di una parte è divenuta solo parzialmente impossibile (1258), l'altra parte ha diritto a una corrispondente riduzione della prestazione da essa dovuta, e può anche recedere dal contratto qualora non abbia un interesse (1174, 1255, 1256[2], 1322[2], 1384, 1421, 1457[1]) apprezzabile all'adempimento parziale (1181, 1672, 2228).

NOTE OPERATIVE:

Rimedi: Nel contratto a prestazioni corrispettive, in caso di impossibilità parziale della prestazione dovuta da una delle parti, è solo la parte creditrice della prestazione divenuta parzialmente impossibile che ha il diritto di recedere dal contratto invece che usufruire di una riduzione della sua prestazione (C.C. 8112/20 – Conf. C.C. 2274/97).

1465. Contratto con effetti traslativi o costitutivi. – Nei contratti che trasferiscono la proprietà di una cosa determinata ovvero costituiscono o trasferiscono diritti reali (1376, 1470), il perimento della cosa per una causa non imputabile all'alienante non libera l'acquirente dall'obbligo di eseguire la controprestazione, ancorché la cosa non gli sia stata consegnata (1673, 2254).

La stessa disposizione si applica nel caso in cui l'effetto traslativo o costitutivo sia differito fino allo scadere di un termine (1523, 2286[3]).

Qualora oggetto del trasferimento sia una cosa determinata solo nel genere (1178), l'acquirente non è liberato dall'obbligo di eseguire la controprestazione, se l'alienante ha fatto la consegna o se la cosa è stata individuata (1378).

L'acquirente è in ogni caso liberato dalla sua obbligazione, se il trasferimento era sottoposto a condizione sospensiva e l'impossibilità è sopravvenuta prima che si verifichi la condizione (1360, 1523).

1466. Impossibilità nel contratto plurilaterale. – Nei contratti indicati dall'art. 1420 l'impossibilità della prestazione (1256 ss.) di una delle parti non importa scioglimento del contratto rispetto alle altre, salvo che la prestazione mancata debba, secondo le circostanze, considerarsi essenziale (1256, 1446, 1459).

Sezione III
Dell'eccessiva onerosità

1467. Contratto con prestazioni corrispettive. – Nei contratti a esecuzione continuata o periodica (1360², 1373², 1458²) ovvero a esecuzione differita, se la prestazione di una delle parti è divenuta eccessivamente onerosa per il verificarsi di avvenimenti straordinari e imprevedibili, la parte che deve tale prestazione può domandare la risoluzione del contratto, con gli effetti stabiliti dall'art. 1458 (1450, 1879²).

La risoluzione non può essere domandata se la sopravvenuta onerosità rientra nell'alea normale del contratto (1469).

La parte contro la quale è domandata la risoluzione può evitarla offrendo di modificare equamente le condizioni del contratto (1450, 1468, 1623, 1664).

NOTE OPERATIVE:

Presupposizione: Per configurare la fattispecie della cd. presupposizione (o condizione inespressa) è necessario che dal contenuto del contratto si evinca l'esistenza di una situazione di fatto, non espressamente enunciata in sede di stipulazione, ma considerata quale presupposto imprescindibile della volontà negoziale, il cui successivo verificarsi o venir meno dipenda da circostanze non imputabili alle parti (C.C. 5112/18 – Conf. C.C. 20620/16).

1468. Contratto con obbligazioni di una sola parte. – Nell'ipotesi prevista dall'articolo precedente, se si tratta di un contratto nel quale una sola delle parti ha assunto obbligazioni, questa può chiedere una riduzione della sua prestazione ovvero una modificazione nelle modalità di esecuzione, sufficienti per ricondurla ad equità (1450, 1623, 1664).

1469. Contratto aleatorio. – Le norme degli articoli precedenti non si applicano ai contratti aleatori per loro natura (1879², 1882) o per volontà delle parti (1467², 1472²).

Capo XIV *bis*
Dei contratti
del consumatore (¹)

(¹) *Questo capo è stato aggiunto dall'art. 25 della L. 6 febbraio 1996, n. 52.*

1469 *bis*. (¹) Contratti del consumatore. – Le disposizioni del presente titolo si applicano ai contratti del consumatore, ove non derogate dal codice del consumo o da altre disposizioni più favorevoli per il consumatore.

(¹) *Gli articoli 1469* bis *- 1469* sexies *sono stati così sostituiti dall'attuale 1469* bis *dall'art. 142 del D.L.vo 6 settembre 2005, n. 206, codice del consumo*

Titolo III
Dei singoli contratti

Capo I
Della vendita

Sezione I
Disposizioni generali

1470. Nozione. – La vendita è il contratto che ha per oggetto (1325, n. 3) il trasferimento della proprietà di una cosa o il trasferimento di un altro diritto verso il corrispettivo di un prezzo (1350 n. 1, 1376, 1465, 1862).

NOTE OPERATIVE:

Prezzo: Il prezzo della compravendita deve ritenersi inesistente, con conseguente nullità del contratto per mancanza di un elemento essenziale, non nell'ipotesi di pattuizione di prezzo tenue, vile ed irrisorio, ma quando risulti concordato un prezzo obbiettivamente non serio, o perché privo di valore reale e perciò meramente apparente e simbolico, o perché programmaticamente destinato nella comune intenzione delle parti a non essere pagato (C.C. 9640/13 – Conf. C.C. 9144/93).

1471. Divieti speciali di comprare. – Non possono essere compratori nemmeno all'asta pubblica, né direttamente né per interposta persona (323, 378, 1261):

1) gli amministratori dei beni dello Stato, dei comuni, delle province o degli altri enti pubblici, rispetto ai beni affidati allo loro cura;

2) gli ufficiali pubblici, rispetto ai beni che sono venduti per loro ministero (1261; 534 ss., 570 ss., 576 ss. c.p.c.);

3) coloro che per legge (320 ss.) o per atto della pubblica autorità amministrano beni altrui (357, 375 ss., 424 ss., 643; 78 c.p.c.), rispetto ai beni medesimi;

4) i mandatari (1703), rispetto ai beni che sono stati incaricati di vendere (1731), salvo il disposto dell'art. 1395 (1735).

Nei primi due casi l'acquisto è nullo (1418); negli altri è annullabile (1425, 1442).

1472. Vendita di cose future. – Nella vendita che ha per oggetto una cosa futura (1348), l'acquisto della proprietà si verifica non appena la cosa viene ad esistenza (1476 n. 2, 2822). Se oggetto della vendita sono gli alberi o i frutti di un fondo, la proprietà si acquista quando gli alberi sono tagliati o i frutti sono separati (820²).

Qualora le parti non abbiano voluto concludere un contratto aleatorio (1448⁴, 1469), la vendita è nulla se la cosa non viene ad esistenza (1325, n. 3, 1418 ss., 1476).

NOTE OPERATIVE:

Emptio spei speratae: Nell'ipotesi di emptio spei speratae, la vendita è soggetta alla condicio iuris della venuta ad esistenza della cosa alienata, la cui mancata realizzazione comporta non già la risoluzione del contratto per inadempimento, bensì la sua nullità per mancanza dell'oggetto (C.C. 14461/11).

1473. Determinazione del prezzo affidata a un terzo. – Le parti possono affidare la determinazione del prezzo a un terzo, eletto nel contratto o da eleggere posteriormente (1349).

Se il terzo non vuole o non può accettare l'incarico, ovvero le parti non si accordano per la sua nomina o per la sua sostituzione, la nomina, su richiesta di una delle parti, è fatta dal presidente del tribunale del luogo in cui è stato concluso il contratto (82 att.).

NOTE OPERATIVE:

Ambito di applicazione: La diversità di funzione tra gli istituti dell'arbitrato e dell'arbitraggio – composizione di una lite quanto al primo, integrazione del contenuto negoziale quanto al secondo – comporta che presupposto fondamentale dell'arbitrato è l'esistenza di un rapporto controverso, che, invece, difetta del tutto nell'arbitraggio, con la conseguenza che quest'ultimo, pur trovando applicazione in numerosi contratti tipici, non è configurabile nella transazione, della quale è presupposto essenziale una controversia attuale o prevista (C.C. 5707/02).

1474. Mancanza di determinazione espressa del prezzo. – Se il contratto ha per oggetto cose che il venditore vende abitualmente e le parti non hanno determinato il prezzo, né hanno convenuto il modo di determinarlo, né esso è stabilito per atto della pubblica autorità [o da norme corporative] (1), si presume che le parti abbiano voluto riferirsi al prezzo normalmente praticato dal venditore.

Se si tratta di cose aventi un prezzo di borsa o di mercato, il prezzo si desume dai listini o dalle mercuriali del luogo in cui deve essere eseguita la consegna, o da quelli della piazza più vicina (1515[3], 1518, 1696, 1735).

Qualora le parti abbiano inteso riferirsi al giusto prezzo, si applicano le disposizioni dei commi precedenti; e, quando non ricorrono i casi da essi previsti, il prezzo, in mancanza di accordo, è determinato da un terzo nominato a norma del secondo comma dell'articolo precedente (1561).

(1) *L'espressione «o da norme corporative» è da ritenersi abrogata dal R.D.L. 9 agosto 1943, n. 721.*

1475. Spese della vendita. – Le spese del contratto di vendita e le altre accessorie (1510[2]) sono a carico del compratore, se non è stato pattuito diversamente (1196, 1479[2], 1493, 1539, 1554, 2670).

NOTE OPERATIVE:

Natura giuridica: L'onere di pagamento o obbligo di rimborso delle spese della vendita non costituiscano obbligazioni corrispettive della compravendita comprese nel sinallagma, il cui inadempimento possa giustificare la risoluzione (C.C. 3514/15).

Ambito di applicazione: Tra le spese accessorie non rientrano quelle relative ad attività prodromiche che non siano in rapporto di strumentalità e causalità rispetto a tale conclusione (C.C. 8886/14).

§. 1
Delle obbligazioni del venditore

1476. Obbligazioni principali del venditore. – Le obbligazioni principali del venditore sono:

1) quella di consegnare la cosa al compratore (1477, 1516);

2) quella di fargli acquistare la proprietà della cosa o il diritto, se l'acquisto non è effetto immediato del contratto (1376, 1378, 1472, 1478, 1520; 72 l. fall.);

3) quella di garantire il compratore dall'evizione (1483 ss.) e dai vizi della cosa (1490 ss.; 72 l. fall.).

NOTE OPERATIVE:

Natura giuridica: La norma è derogabile dalle parti (C.C. 7182/23).

Garanzia per evizione: Gli effetti della garanzia per evizione conseguono al mero fatto obiettivo della perdita del diritto acquistato, indipendentemente dalla colpa del venditore e dalla stessa conoscenza da parte del compratore della possibile causa della futura evizione (C.C. 5561/15).

1477. Consegna della cosa. – La cosa deve essere consegnata nello stato in cui si trovava al momento della vendita.

Salvo diversa volontà delle parti, la cosa deve essere consegnata insieme con gli accessori, le pertinenze (817 ss.) e i frutti (820 ss.) dal giorno della vendita.

Il venditore deve pure consegnare i titoli e i documenti relativi alla proprietà e all'uso della cosa venduta (1177, 1262, 1527).

NOTE OPERATIVE:

Certificato di abitabilità: La consegna del certificato di abitabilità dell'immobile da adibire ad abitazione, pur non costituendo di per sé condizione di validità della compravendita, integra comunque un'obbligazione incombente sul venditore rilevante nella fase attuativa del contratto e concernente la possibilità di adibire l'immobile all'uso contrattualmente previsto (C.C. 4397/18 – Conf. C.C. 2438/16). La mancanza del certificato di abitabilità configura alternativamente l'ipotesi di vendita di aliud pro alio qualora le difformità riscontrate non siano in alcun modo sanabili, l'ipotesi del vizio contrattuale, sub specie di mancanza di qualità essenziali, qualora le difformità riscontrate siano sanabili, ovvero l'ipotesi dell'inadempimento non grave, fonte di esclusiva responsabilità risarcitoria del venditore ma non di risoluzione del contratto per inadempimento, qualora la mancanza della certificazione sia ascrivibile a semplice ritardo nella conclusione della relativa pratica amministrativa (C.C. 23604/23).

1478. Vendita di cosa altrui. – Se al momento del contratto (1326) la cosa venduta non era di proprietà del venditore, questi è obbligato a procurarne l'acquisto al compratore (1476, n. 2).

Il compratore diventa proprietario nel momento in cui il venditore acquista la proprietà dal titolare di essa (1479).

NOTE OPERATIVE:

Ambito di applicazione: La fattispecie acquisitiva prevista dall'art. 1478, comma 2, c.c., si verifica anche se la coincidenza delle posizioni di venditore e proprietario della cosa venduta sopravviene mortis causa (C.C. 24144/15).

1479. Buona fede del compratore. – Il compratore può chiedere la risoluzione del contratto (1453 ss.), se, quando l'ha concluso, ignorava che la cosa non era di proprietà del venditore (1192), e se frattanto il venditore non gliene ha fatto acquistare la proprietà (1153, 1478, 1483, 1489).

Salvo il disposto dell'art. 1223, il venditore è tenuto a restituire all'acquirente il prezzo pagato, anche se la cosa è diminuita di valore o è deteriorata; deve inoltre rimborsargli le spese e i pagamenti legittimamente fatti per il contratto (1475, 1493[1]). Se la diminuzione di valore o il deterioramento derivano da un fatto del compratore, dall'ammontare suddetto si deve detrarre l'utile che il compratore ne ha ricavato.

Il venditore è inoltre tenuto a rimborsare al compratore le spese necessarie e utili fatte per la cosa, e, se era in mala fede, anche quelle voluttuarie (1150, 1482[2], 1483, 1488).

NOTE OPERATIVE:

Ambito di applicazione: La norma non è applicabile al contratto preliminare di vendita perché, indipendentemente dalla conoscenza da parte del promissario compratore dell'altruità del bene, fino alla scadenza del termine per stipulare il contratto definitivo il promittente venditore può adempiere all'obbligo di procurargliene l'acquisto (C.C. 24207/22 – Conf. C.C. 787/20; C.C. 925/97).

1480. Vendita di cosa parzialmente di altri. – Se la cosa che il compratore riteneva di proprietà del venditore era solo in parte di proprietà altrui, il compratore può chiedere la risoluzione del contratto (1453 ss.) e il risarcimento del danno a norma dell'articolo precedente, quando deve ritenersi, secondo le circostanze, che non avrebbe acquistato la cosa senza quella parte di cui non è divenuto proprietario (1419, 1484); altrimenti può solo ottenere una riduzione del prezzo, oltre al risarcimento del danno (1223, 1488, 1489).

NOTE OPERATIVE:

Actio quanti minoris: L'obbligazione del venditore di restituire parte del prezzo, conseguente all'accoglimento dell'actio quanti minoris, ha natura di rimborso a favore dell'acquirente che, in sé, non inerisce ad un'obbligazione risarcitoria, derivando dal venir meno, per effetto dell'accertamento della parziale alienità della cosa, della causa dell'obbligazione di pagamento dell'intero prezzo (C.C. 22087/19 – Conf. C.C. 2060/13).

1481. Pericolo di rivendica. – Il compratore può sospendere il pagamento del prezzo, quando ha ragione di temere che la cosa o una parte di essa possa essere rivendicata da terzi (948), salvo che il venditore presti idonea garanzia (1460, 1489).

Il pagamento non può essere sospeso se il pericolo era noto al compratore al tempo della vendita.

NOTE OPERATIVE:

Ambito di applicazione: Nel preliminare di compravendita, lo strumento di autotutela in esame può trovare applicazione in via analogica (C.C. 31314/19 – Conf. C.C. 13264/16).

Presupposti: La norma presuppone che il pericolo di evizione sia effettivo e cioè non meramente presuntivo o putativo, onde esso non può risolversi in un mero timore soggettivo che l'evizione possa verificarsi (C.C. 8571/19 – C.C. 25765/15; Conf. C.C. 2541/94).

Donazione: La provenienza del bene da donazione, anche se non comporta per sé stessa un pericolo concreto e attuale di perdita del bene, tale da abilitare il promissario ad avvalersi del rimedio, è comunque circostanza influente sulla sicurezza, la stabilità e le potenzialità dell'acquisto programmato con il preliminare (C.C. 32694/19).

1482. Cosa gravata da garanzie reali o da altri vincoli. – Il compratore può altresì sospendere il pagamento del prezzo (1460, 1481), se la cosa venduta risulta gravata da garanzie reali (2784 ss., 2808 ss.) o da vincoli derivanti da pignoramento (491 c.p.c.) o da sequestro (671 ss. c.p.c.), non dichiarati dal venditore e dal compratore stesso ignorati (1460).

Egli può inoltre far fissare dal giudice un termine (1454), alla scadenza del quale, se la cosa non è liberata, il contratto è risoluto con obbligo del venditore di risarcire il danno ai sensi dell'art. 1479.

Se l'esistenza delle garanzie reali o dei vincoli sopra indicati era nota al compratore, questi non può chiedere la risoluzione del contratto, e il venditore è tenuto verso di lui solo per il caso di evizione (1483, 1489, 1491).

NOTE OPERATIVE:

Caratteristiche: La risoluzione prevista dalla norma, che ha carattere automatico e stragiudiziale, operando allo stesso modo della diffida ad adempiere, non costituisce per l'acquirente un rimedio speciale o esclusivo, ma alternativo, di ulteriore protezione e tutela del suo interesse all'adempimento (C.C. 12032/22 – Conf. C.C. 15380/00; C.C. 10506/96; C.C. 9498/94).

1483. Evizione totale della cosa. – Se il compratore subisce l'evizione totale della cosa (797, 1197², 1553, 1862, 2254, 2921, 2927) per effetto di diritti che un terzo ha fatti valere su di essa, il venditore è tenuto a risarcirlo del danno (1223) a norma dell'art. 1479 (1476, n. 3, 1488).

Egli deve inoltre corrispondere al compratore il valore dei frutti (820, 1148 ss.) che questi sia tenuto a restituire a colui dal quale è evitto, le spese che egli abbia fatte per la denunzia della lite (1485) e quelle che abbia dovuto rimborsare all'attore (1484, 1486).

NOTE OPERATIVE:

Ambito di applicazione: La norma di applica anche nel caso di confisca in sede penale della cosa compravenduta, a norma dell'art. 240 c.p. (S.U. 792/98).

1484. Evizione parziale. – In caso di evizione parziale della cosa, si osservano le disposizioni dell'art. 1480 e quella del secondo comma dell'articolo precedente (2921²).

NOTE OPERATIVE:

Spese di giudizio: In caso di evizione parziale, qualora sia accertato il fatto che rende operante la relativa garanzia, all'acquirente, convenuto in giudizio compete, ai sensi degli artt. 1483, comma 2, e 1484 c.c., nei confronti del venditore chiamato in garanzia, il diritto al rimborso delle spese giudiziarie sopportate e di quelle che, a sua volta, abbia dovuto rimborsare al terzo vittorioso; tale diritto compete all'acquirente chiamante in garanzia anche nel caso in cui il giudice gli abbia negato la tutela risarcitoria per la carenza delle restanti condizioni e, segnatamente, per non essere stata fornita la prova del danno in concreto subito per effetto dell'evizione stessa (S.U. 18829/23 – Conf. C.C. 21625/09; C.C. 2507/78).

1485. Chiamata in causa del venditore. – Il compratore convenuto da un terzo che pretende di avere diritti sulla cosa venduta, deve chiamare in causa il venditore (1483²; 106, 269 c.p.c.). Qualora non lo faccia e sia condannato con sentenza passata in giudicato (2909; 324 c.p.c.), perde il diritto alla garanzia, se il venditore prova che esistevano ragioni sufficienti per far respingere la domanda.

Il compratore che ha spontaneamente riconosciuto il diritto del terzo perde il diritto alla garanzia, se non prova che non esistevano ragioni sufficienti per impedire l'evizione (1489).

1486. Responsabilità limitata del venditore. – Se il compratore ha evitato l'evizione della cosa mediante il pagamento di una somma di danaro, il venditore può liberarsi da tutte le conseguenze della garanzia col rimborso della somma pagata, degli interessi e di tutte le spese (1483, 1484).

1487. Modificazione o esclusione convenzionale della garanzia. – I contraenti possono aumentare o diminuire gli effetti della garanzia e possono altresì pattuire che il venditore non sia soggetto a garanzia alcuna (1488, 1490).

Quantunque sia pattuita l'esclusione della garanzia (758), il venditore è sempre tenuto per l'evizione derivante da un fatto suo proprio (797, n. 2, 1266, 1375). È nullo ogni patto contrario (1229, 1418, 1419, 1490).

NOTE OPERATIVE:

Natura giuridica: La vendita in cui sia stato convenzionalmente modificato il contenuto della garanzia per evizione, esonerandosi il venditore, pur tenuto alla restituzione del prezzo, dal pagamento di qualsiasi tipo di indennizzo, mantiene il proprio carattere commutativo e non è configurabile come un negozio aleatorio a rischio e pericolo del compratore (C.C. 314/13).

1488. Effetti dell'esclusione della garanzia. – Quando è esclusa la garanzia, non si applicano le disposizioni degli artt. 1479 e 1480; se si verifica l'evizione, il compratore può pretendere dal venditore soltanto la restituzione del prezzo pagato e il rimborso delle spese.

Il venditore è esente anche da quest'obbligo quando la vendita è stata convenuta a rischio e pericolo del compratore (1448, 1469, 1489²).

NOTE OPERATIVE:

Obblighi residui: Per effetto della pattuizione di diminuzione della garanzia, il venditore è esentato dal risarcimento dei danni, ma non è liberato dall'obbligo, oltre che di restituire il prezzo pagato, di rimborsare le spese accessorie alla stipulazione dell'atto e non ripetibili (C.C. 314/13).

1489. Cosa gravata da oneri o da diritti di godimento di terzi. – Se la cosa venduta è gravata da oneri o da diritti reali (1027) o personali (1599) non apparenti (1061) che ne diminuiscono il libero godimento e non sono stati dichiarati nel contratto, il compratore che non ne abbia avuto conoscenza può domandare la risoluzione del contratto oppure una riduzione del prezzo secondo la disposizione dell'art. 1480.

Si osservano inoltre, in quanto applicabili, le disposizioni degli articoli 1481, 1485, 1486, 1487 e 1488.

NOTE OPERATIVE:

Decorrenza: Solo dopo che la parte acquirente abbia vista accertata, con sentenza definitiva, l'esistenza del peso ed onere sul bene scatta la garanzia contrattuale e il termine per esercitare l'azione (C.C. 24900/22).

1490. Garanzia per i vizi della cosa venduta. – Il venditore (798, 1197², 1667, 1698, 2226, 2254, 2922) è tenuto a garantire che la cosa venduta sia immune da vizi che la rendano inidonea all'uso a cui è destinata o ne diminuiscano in modo apprezzabile il valore (1476, n. 3, 1497, 1512).

Il patto con cui si esclude o si limita la garanzia non ha effetto, se il venditore ha in mala fede taciuto al compratore i vizi della cosa (1229, 1488, 1491).

NOTE OPERATIVE:

Finalità: La garanzia per vizi ha la finalità di assicurare l'equilibrio contrattuale in attuazione del sinallagma funzionale indipendentemente dalla colpa del venditore (C.C. 33149/19 – Conf. C.C. 10922/05).

Tutela: La disciplina della garanzia per vizi si esaurisce negli artt. 1490 ss. c.c., che pongono il venditore in una situazione non tanto di obbligazione, quanto di soggezione, esponendolo all'iniziativa del compratore, intesa alla modificazione del contratto od alla sua caducazione mediante l'esperimento, rispettivamente, della actio quanti minoris o della actio redibitoria (S.U. 19702/12).

1491. Esclusione della garanzia. – Non è dovuta la garanzia se al momento del contratto il compratore conosceva i vizi della cosa (1482³); parimenti non è dovuta, se i vizi erano facilmente riconoscibili (1511), salvo, in questo caso, che il venditore abbia dichiarato che la cosa era esente da vizi.

NOTE OPERATIVE:

Presupposti: La previsione normativa costituisce applicazione del principio di autoresponsabilità e consegue all'inosservanza di un onere di diligenza del compratore in ordine alla rilevazione dei vizi che si presentino di semplice percezione (C.C. 2756/20).

1492. Effetti della garanzia. – Nei casi indicati dall'art. 1490 il compratore può domandare a sua scelta la risoluzione del contratto (1453 ss.) ovvero la riduzione del prezzo, salvo che, per determinati vizi (1497), gli usi escludano la risoluzione.

La scelta è irrevocabile quando è fatta con la domanda giudiziale (1286, 1453²).

Se la cosa consegnata è perita in conseguenza dei vizi, il compratore ha diritto alla risoluzione del contratto; se invece è perita per caso fortuito o per colpa del compratore, o se questi l'ha alienata o trasformata, egli non può domandare che la riduzione del prezzo.

NOTE OPERATIVE:

Ambito di applicazione: La norma non trova applicazione con riferimento alla vendita di aliud pro alio (18998/23).

Azione redibitoria: L'azione redibitoria è preclusa in caso di utilizzo pieno e prolungato, per gli scopi dell'acquisto, del bene, poiché tale condotta integra una rinuncia tacita alla predetta azione, sempre che non si tratti di un uso normale della cosa, fatto a titolo precario e secondo la destinazione di questa, al solo scopo di ridurre il danno subito (C.C. 14109/23 – Conf. C.C. 14665/08; C.C. 12382/06; C.C. 489/01; C.C. 15104/00; C.C. 1212/93; C.C. 2891/84).

1493. Effetti della risoluzione del contratto. – In caso di risoluzione del contratto il venditore deve restituire il prezzo e rimborsare al compratore le spese e i pagamenti legittimamente fatti per la vendita (1475, 1479²).

Il compratore deve restituire la cosa, se questa non è perita in conseguenza dei vizi.

1494. Risarcimento del danno. – In ogni caso il venditore è tenuto verso il compratore al risarcimento del danno (1223 ss.), se non prova di avere ignorato senza colpa i vizi della cosa (1490).

Il venditore deve altresì risarcire al compratore i danni derivati dai vizi della cosa.

NOTE OPERATIVE:

Ambito di applicazione: L'azione di risarcimento dei danni può estendersi a tutti i danni subiti dall'acquirente medesimo e, dunque, non solo a quelli relativi alle spese necessarie per l'eliminazione dei vizi accertati, ma anche a quelli inerenti alla mancata o parziale utilizzazione della cosa, o al lucro cessante per la mancata rivendita del bene (C.C. 14986/21 – Conf. C.C. 19749/20).

1495. Termini e condizioni per l'azione. – Il compratore decade (2964) dal diritto alla garanzia (1490), se non denunzia i vizi al venditore entro otto giorni dalla scoperta, salvo il diverso termine stabilito dalle parti (2965) o dalla legge (1497, 1511, 1512, 1522).

La denunzia non è necessaria se il venditore ha riconosciuto l'esistenza del vizio o l'ha occultato.

L'azione si prescrive, in ogni caso, in un anno dalla consegna (2941, n. 8); ma il compratore, che sia convenuto per l'esecuzione del contratto, può sempre far valere la garanzia (1442[4], 1449[2]), purché il vizio della cosa sia stato denunziato entro otto giorni dalla scoperta e prima del decorso dell'anno dalla consegna (1497, 1522).

NOTE OPERATIVE:

Ambito di applicazione: I termini di decadenza e di prescrizione riguardano tutte le azioni spettanti al compratore per i vizi o la mancanza di qualità della cosa pattuita inclusa, pertanto, quella di risarcimento dei danni relativi (C.C. 22075/23 – Conf. C.C. 36052/21; C.C. 6596/16; C.C. 5202/07; C.C. 10728/01; C.C. 2322/77).

Decadenza ...: Il termine di decadenza di otto giorni dalla scoperta del vizio occulto decorre dal momento in cui il compratore ne ha acquisito certezza obiettiva e completa (C.C. 40814/21 – Conf. C.C. 11046/16).

... e prescrizione: L'azione del compratore contro il venditore per far valere la garanzia si prescrive, in ogni caso, nel termine di un anno dalla consegna del bene compravenduto, e ciò indipendentemente dalla scoperta del vizio (C.C. 3926/23 – Conf. C.C. 34290/22; C.C. 17597/20).

1496. Vendita di animali. – Nella vendita di animali la garanzia per i vizi è regolata dalle leggi speciali o, in mancanza, dagli usi locali. Se neppure questi dispongono, si osservano le norme che precedono (1490 ss.).

NOTE OPERATIVE:

Ambito di applicazione: La persona fisica che acquista un animale da compagnia (o d'affezione), per la soddisfazione di esigenze della vita quotidiana estranee all'attività imprenditoriale o professionale eventualmente esercitata, va qualificato a tutti gli effetti consumatore, così come va qualificato venditore, ai sensi del codice del consumo, chi, nell'esercizio del commercio o di altra attività imprenditoriale, venda un animale da compagnia che, a sua volta, in quanto cosa mobile in senso giuridico, costituisce bene di consumo (C.C. 35844/22 – Conf. C.C. 22728/18).

1497. Mancanza di qualità. – Quando la cosa venduta non ha le qualità promesse ovvero quelle essenziali per l'uso a cui è destinata (1429, n. 2), il compratore ha diritto di ottenere la risoluzione del contratto secondo le disposizioni generali sulla risoluzione per inadempimento (1453 ss.), purché il difetto di qualità ecceda i limiti di tolleranza stabiliti dagli usi (1492).

Tuttavia il diritto di ottenere la risoluzione è soggetto alla decadenza e alla prescrizione stabilite dall'art. 1495.

NOTE OPERATIVE:

Presupposti: L'azione, rientrando in quella disciplinata in via generale dall'art. 1453 c.c., postula che l'inadempimento posto a base della domanda di risoluzione e/o di risarcimento del danno sia imputabile a colpa dell'alienante ed abbia non scarsa importanza, tenuto conto dell'interesse della parte non inadempiente (C.C. 33149/19 – Conf. C.C. 10285/10).

§. 2
Delle obbligazioni del compratore

1498. Pagamento del prezzo. – Il compratore è tenuto a pagare il prezzo (1470, 1473) nel termine e nel luogo fissati dal contratto (1515, 2817; 72, 73 l. fall.).

In mancanza di pattuizione e salvi gli usi diversi, il pagamento deve avvenire al momento della consegna (1183, 1477) e nel luogo (1182, 1510) dove questa si esegue (1528).

Se il prezzo non si deve pagare al momento della consegna, il pagamento si fa al domicilio (43) del venditore (1182[3]).

1499. Interessi compensativi sul prezzo. – Salvo diversa pattuizione, qualora la cosa venduta e consegnata al compratore produca frutti (820) o altri proventi, decorrono gli interessi sul prezzo, anche se questo non è ancora esigibile (1282[1], 1284, 1477).

NOTE OPERATIVE:

Ambito di applicazione: Nel contratto preliminare di vendita il promittente venditore non ha diritto agli interessi compensativi nel caso in cui, in esecuzione di una specifica clausola del negozio, sia avvenuta prima della stipula definitiva l'immediata consegna della cosa promessa in vendita al promissario acquirente (C.C. 11605/18 – Conf. C.C. 20860/14; C.C. 9043/06).

§. 3
Del riscatto convenzionale

1500. Patto di riscatto. – Il venditore può riservarsi il diritto di riavere la proprietà della cosa venduta mediante la restituzione del prezzo e i rimborsi stabiliti dalle disposizioni che seguono (1604).

Il patto di restituire un prezzo superiore a quello stipulato per la vendita è nullo per l'eccedenza (1419, 1502 ss.).

NOTE OPERATIVE:

Natura giuridica: La clausola di riscatto, apposta ad un contratto di vendita, è una condizione risolutiva potestativa (C.C. 24252/11).

Ambito di applicazione: La nullità colpisce, per l'eccedenza, qualsiasi pattuizione che comporti, per il venditore che eserciti il diritto di riscatto pattuito in suo favore, un esborso superiore al prezzo stipulato (C.C. 6144/16 – Conf. C.C. 1113/72).

1501. Termini. – Il termine per il riscatto non può essere maggiore di due anni nella vendita di beni mobili (1510) e di cinque anni in quella di beni immobili (732, 1537). Se le parti stabiliscono un termine maggiore, esso si riduce a quello legale (1419).

Il termine stabilito dalla legge è perentorio e non si può prorogare (153 c.p.c.).

1502. Obblighi del riscattante. – Il venditore che esercita il diritto di riscatto (732, 1500) è tenuto a rimborsare al compratore il prezzo, le spese (1475) e ogni altro pagamento legittimamente fatto per la vendita, le spese per le riparazioni necessarie e, nei limiti dell'aumento, quelle che hanno aumentato il valore della cosa (1150³).

Fino al rimborso delle spese necessarie e utili, il compratore ha diritto di ritenere (1152) la cosa. Il giudice tuttavia, per il rimborso delle spese utili, può accordare una dilazione disponendo, se occorrono, le opportune cautele (1151, 1179).

1503. Esercizio del riscatto. – Il venditore decade dal diritto di riscatto, se entro il termine fissato (1501) non comunica al compratore la dichiarazione di riscatto e non gli corrisponde le somme liquide dovute per il rimborso del prezzo, delle spese e di ogni altro pagamento legittimamente fatto per la vendita.

Se il compratore rifiuta di ricevere il pagamento di tali rimborsi, il venditore decade dal diritto di riscatto, qualora non ne faccia offerta reale (1209) entro otto giorni dalla scadenza del termine.

Nella vendita di beni immobili la dichiarazione di riscatto deve essere fatta per iscritto, sotto pena di nullità (1350, 2653, n. 3, 2691, 2725).

1504. Effetti del riscatto rispetto ai subacquirenti. – Il venditore che ha legittimamente esercitato il diritto di riscatto nei confronti del compratore può ottenere il rilascio della cosa anche dai successivi acquirenti, purché il patto sia ad essi opponibile (732, 2644, 2653, n. 3, 2704).

Se l'alienazione è stata notificata al venditore, il riscatto deve essere esercitato in confronto del terzo acquirente.

1505. Diritti costituiti dal compratore sulla cosa. – Il venditore che ha esercitato il diritto di riscatto riprende la cosa esente dai pesi e dalle ipoteche da cui sia stata gravata (2653, n. 3); ma è tenuto a mantenere le locazioni fatte senza frode, purché abbiano data certa (1599, 2704) e siano state convenute per un tempo non superiore ai tre anni (1604).

1506. Riscatto di parte indivisa. – In caso di vendita con patto di riscatto di una parte indivisa di una cosa, il comproprietario che chiede la divisione deve proporre la domanda anche in confronto del venditore (1111 ss.).

Se la cosa non è comodamente divisibile (720, 1114) e si fa luogo all'incanto (576 ss. c.p.c.), il venditore che non ha esercitato il riscatto anteriormente all'aggiudicazione decade da tale diritto, anche se aggiudicatario sia lo stesso compratore.

1507. Vendita congiuntiva di cosa indivisa. – Se più persone hanno venduto congiuntamente, mediante un solo contratto, una cosa indivisa, ciascuna può esercitare il diritto di riscatto solo sopra la quota che le spettava.

La medesima disposizione si osserva se il venditore ha lasciato più eredi (1295).

Il compratore, nei casi sopra espressi, può esigere che tutti i venditori o tutti i coeredi esercitino congiuntamente il diritto di riscatto dell'intera cosa; se essi non si accordano, il riscatto può esercitarsi soltanto da parte di colui o di coloro che offrono di riscattare la cosa per intero.

1508. Vendita separata di cosa indivisa. – Se i comproprietari di una cosa non l'hanno venduta congiuntamente e per intero, ma ciascuno ha venduto la sola sua quota, essi possono separatamente esercitare il diritto di riscatto sopra la quota che loro spettava, e il compratore non può valersi della facoltà prevista dall'ultimo comma dell'articolo precedente.

1509. Riscatto contro gli eredi del compratore. – Qualora il compratore abbia lasciato più eredi, il diritto di riscatto si può esercitare contro ciascuno di essi solo per la parte che gli spetta, anche quando la cosa venduta è tuttora indivisa (1295).

Se l'eredità è stata divisa e la cosa venduta è stata assegnata a uno degli eredi, il diritto di riscatto non può esercitarsi contro di lui che per la totalità (1314).

Sezione II
Della vendita di cose mobili

§. 1
Disposizioni generali

1510. Luogo della consegna. – In mancanza di patto o di uso contrario, la consegna (1477) della cosa deve avvenire nel luogo dove questa si trovava al tempo della vendita, se le parti ne erano a conoscenza (1182[2]), ovvero nel luogo dove il venditore aveva il suo domicilio (43) o la sede dell'impresa (46, 1368[2], 2197).

Salvo patto o uso contrario, se la cosa venduta deve essere trasportata da un luogo all'altro, il venditore si libera dall'obbligo della consegna rimettendo la cosa (1378) al vettore (1678 ss.) o allo spedizioniere (1737 ss.); le spese del trasporto sono a carico del compratore (1196, 1475).

NOTE OPERATIVE:

Ambito di applicazione: La previsione secondo cui, salvo patto o uso contrario, se la cosa venduta deve essere trasportata da un luogo all'altro, il venditore si libera dall'obbligo di consegna rimettendo la cosa al vettore o allo spedizioniere, costituisce una norma speciale applicabile solo in tema di vendita a distanza di cose mobili, rispetto alla quale il contratto di trasporto costituisce mera modalità esecutiva (C.C. 782/20 – Conf. C.C. 2084/14).

1511. Denunzia nella vendita di cose da trasportare. – Nella vendita di cose da trasportare da un luogo a un altro (1378, 1510[2]), il termine per la denunzia dei vizi e dei difetti di qualità apparenti (1491) decorre dal giorno del ricevimento (1495).

NOTE OPERATIVE:

Decorrenza: La decorrenza del termine di denunzia dal giorno del ricevimento vale solo per le qualità essenziali all'uso cui la cosa è destinata, mentre per le qualità promesse il termine stesso decorre unicamente dalla scoperta del difetto, poiché l'affidamento generato dalla promessa del venditore solleva il compratore dall'onere di verifica alla consegna (C.C. 12465/16).

1512. Garanzia di buon funzionamento. – Se il venditore ha garantito per un tempo determinato il buon funzionamento della cosa venduta (1490 ss., 1698), il compratore, salvo patto contrario, deve denunziare al venditore (1745[1], 2212[1]) il difetto di funzionamento entro trenta giorni dalla scoperta, sotto pena di decadenza (2964). L'azione si prescrive in sei mesi dalla scoperta (1495, 2934).

Il giudice, secondo le circostanze, può assegnare al venditore un termine per sostituire o riparare la cosa in modo da assicurarne il buon funzionamento, salvo il risarcimento dei danni (1223).

Sono salvi gli usi i quali stabiliscono che la garanzia di buon funzionamento è dovuta anche in mancanza di patto espresso.

NOTE OPERATIVE:

Fonte: La garanzia non sorge direttamente dalla legge ma di regola da una apposita clausola contrattuale, ed opera in modo autonomo e indipendente rispetto alle regole proprie della garanzia per i vizi della cosa venduta e della ordinaria responsabilità per mancanza di qualità della cosa stessa, attuando una più intensa tutela del compratore (C.C. 4298/19 – Conf. C.C. 23060/09; C.C. 3656/98; C.C. 2328/72).

1513. Accertamento dei difetti. – In caso di divergenza sulla qualità o condizione della cosa, il venditore o il compratore possono chiederne la verifica nei modi stabiliti dall'art. 696 del codice di procedura civile. Il giudice, su istanza della parte interessata, può ordinare il deposito o il sequestro (670 ss. c.p.c.) della cosa stessa, nonché la vendita per conto di chi spetta (1515, 1516), determinandone le condizioni.

La parte che non ha chiesto la verifica della cosa, deve, in caso di contestazione, provarne rigorosamente l'identità e lo stato (77 att.).

1514. Deposito della cosa venduta. – Se il compratore non si presenta per ricevere la cosa acquistata, il venditore può depositarla (1210), per conto e a spese del compratore medesimo, in un locale di pubblico deposito, oppure in altro locale idoneo determinato dal tribunale del luogo in cui la consegna doveva essere fatta (1510).

Il venditore deve dare al compratore pronta notizia del deposito eseguito (77 att.; 450 c.n.).

NOTE OPERATIVE:

Natura giuridica: Si tratta di una facoltà del venditore, dal cui mancato esercizio non deriva, al venditore medesimo, alcuna conseguenza pregiudizievole in ordine al diritto di pretendere il corrispettivo dal compratore (C.C. 12017/04 – Conf. C.C. 2059/80).

1515. Esecuzione coattiva per inadempimento del compratore. – Se il compratore non adempie l'obbligazione di pagare il prezzo (1498), il venditore può far vendere senza ritardo la cosa per conto e a spese di lui (2762).

La vendita è fatta all'incanto (1471) a mezzo di una persona autorizzata (83 att.) a tali atti o, in mancanza di essa nel luogo in cui la vendita deve essere eseguita, a mezzo di un ufficiale giudiziario. Il venditore deve dare tempestiva notizia al compratore del giorno, del luogo e dell'ora in cui la vendita sarà eseguita.

Se la cosa ha un prezzo corrente, stabilito per atto della pubblica autorità [o da norme corporative] ([1]), ovvero risultante da listini di borsa o da mercuriali (1474[2]), la vendita può essere fatta senza incanto, al prezzo corrente, a mezzo delle persone indicate nel comma precedente o di un commissario (1735) ([2]) nominato dal tribunale. In tal caso il venditore deve dare al compratore pronta notizia della vendita (1516).

Il venditore ha diritto alla differenza tra il prezzo convenuto e il ricavo netto della vendita, oltre al risarcimento del maggior danno (1223, 1516, 1518, 1536, 1551, 1789, 1796; 83 att.; 450 c.n.).

([1]) *L'espressione «o da norme corporative» è da ritenersi abrogata dal R.D.L. 9 agosto 1943, n. 721.*

([2]) Rectius: *commissionario.*

NOTE OPERATIVE:

Natura giuridica: La scelta di ricorrere all'autotutela è lasciata alla parte adempiente per la quale costituisce, quindi, una facoltà e non un obbligo, con conseguente possibilità per la stessa di agire in via ordinaria per il risarcimento del danno (C.C. 31308/18 – Conf. C.C. 2171/97).

1516. Esecuzione coattiva per inadempimento del venditore. – Se la vendita ha per oggetto cose fungibili che hanno un prezzo corrente a norma del terzo comma dell'articolo precedente, e il venditore non adempie la sua obbligazione, il compratore può fare acquistare senza ritardo le cose, a spese del venditore, a mezzo di una delle persone indicate nel secondo e terzo comma dell'articolo precedente (83 att.). Dell'acquisto il compratore deve dare pronta notizia al venditore (1533).

Il compratore ha diritto alla differenza tra l'ammontare della spesa occorsa per l'acquisto e il prezzo convenuto, oltre al risarcimento del maggior danno (1223, 1453, 1516, 1518, 1536, 1551).

1517. Risoluzione di diritto. – La risoluzione ha luogo di diritto a favore del contraente che, prima della scadenza del termine stabilito, abbia offerto all'altro, nelle forme di uso (1214), la consegna della cosa (1477) o il pagamento del prezzo (1498), se l'altra parte non adempie la propria obbligazione (1460).

La risoluzione di diritto ha luogo pure a favore del venditore, se, alla scadenza del termine stabilito per la consegna, il compratore, la cui obbligazione di pagare il prezzo non sia scaduta, non si presenta per ricevere la cosa preventivamente offerta, ovvero non l'accetta.

Il contraente che intende valersi della risoluzione disposta dal presente articolo deve darne comunicazione all'altra parte entro otto giorni dalla scadenza del termine (1456); in mancanza di tale comunicazione, si osservano le disposizioni generali sulla risoluzione per inadempimento (1453 ss.).

1518. Normale determinazione del risarcimento. – Se la vendita ha per oggetto una cosa che ha un prezzo corrente a norma del terzo comma dell'art. 1515, e il contratto si risolve per l'inadempimento di una delle parti, il risarcimento (1223) è costituito dalla differenza tra il prezzo convenuto e quello corrente nel luogo e nel giorno in cui si doveva fare la consegna (1477), salva la prova di un maggior danno (1515[3], 1516[2]).

Nella vendita a esecuzione periodica, la liquidazione del danno si determina sulla base dei prezzi correnti nel luogo e nel giorno fissati per le singole consegne.

NOTE OPERATIVE:

Voci risarcitorie: Alla risoluzione per inadempimento si accompagna il diritto, per il contraente fedele, al risarcimento del danno, non limitato all'interesse negativo (id quod interest contractum non fuisse) ma esteso all'interesse positivo (quantum lucrari potuit) (C.C. 28022/21) che può essere liquidato in via equitativa, indipendentemente dalla prova che le merci siano rimaste invendute (C.C. 15009/00).

1519. Restituzione di cose non pagate. – Se la vendita è stata fatta senza dilazione per il pagamento del prezzo, il venditore, in mancanza di pagamento, può riprendere il possesso delle cose vendute, finché queste si trovano presso il compratore, purché la domanda sia proposta entro quindici giorni dalla consegna e le cose si trovino nello stato in cui erano al tempo della consegna stessa (75 l. fall.).

Il diritto di riprendere il possesso delle cose non si può esercitare in pregiudizio dei privilegi previsti dagli artt. 2764 e 2765, salvo che si provi che il creditore, al tempo della introduzione di esse nella casa o nel fondo locato ovvero nel fondo concesso a mezzadria o a colonia, conosceva che il prezzo era ancora dovuto.

La disposizione del comma precedente si applica anche a favore dei creditori del compratore che abbiano sequestrato o pignorato le cose, a meno che si provi che essi, al momento del sequestro o del pignoramento, conoscevano che il prezzo era ancora dovuto.

§. 1 *bis*
Della vendita dei beni di consumo ([1])

([1]) *Questo paragrafo è stato inserito dall'art. 1, comma 1, del D.L.vo 2 febbraio 2002, n. 24. Gli articoli da 1519* bis *a 1519* nonies *sono stati abrogati dall'art. 146, comma 1, lett.* s), *del D.L.vo 6 settembre 2005, n. 206.*

1519 *bis*. [Ambito di applicazione e definizioni. – Il presente paragrafo disciplina taluni aspetti dei contratti di vendita e delle garanzie concernenti i beni di consumo. A tali fini ai contratti di vendita sono equiparati i contratti di permuta e di somministrazione nonché quelli di appalto, di opera e tutti gli altri contratti comunque finalizzati alla fornitura di beni di consumo da fabbricare o produrre.

Ai fini del presente paragrafo si intende per:

a) consumatore: qualsiasi persona fisica che, nei contratti di cui al comma primo, agisce per scopi estranei all'attività imprenditoriale o professionale eventualmente svolta;

b) beni di consumo: qualsiasi bene mobile, anche da assemblare, tranne:

1) i beni oggetto di vendita forzata o comunque venduti secondo altre modalità dalle autorità giudiziarie, anche mediante delega ai notai;

2) l'acqua e il gas, quando non confezionati per la vendita in un volume delimitato o in quantità determinata;

3) l'energia elettrica;

c) venditore: qualsiasi persona fisica o giuridica pubblica o privata che, nell'esercizio della propria attività imprenditoriale o professionale, utilizza i contratti di cui al comma primo;

d) produttore: il fabbricante di un bene di consumo, l'importatore del bene di consumo nel territorio della Unione europea o qualsiasi altra persona che si presenta come produttore apponendo sul bene di consumo il suo nome, marchio o altro segno distintivo;

e) garanzia convenzionale ulteriore: qualsiasi impegno di un venditore o di un produttore, assunto nei confronti del consumatore senza costi supplementari, di rimborsare il prezzo pagato, sostituire, riparare, o intervenire altrimenti sul bene di consumo, qualora esso non corrisponda alle condizioni enunciate nella dichiarazione di garanzia o nella relativa pubblicità;

f) riparazione: nel caso di difetto di conformità, il ripristino del bene di consumo per renderlo conforme al contratto di vendita.

Le disposizioni del presente paragrafo si applicano alla vendita di beni di consumo usati, tenuto conto del tempo del pregresso utilizzo, limitatamente ai difetti non derivanti dall'uso normale della cosa].

1519 *ter*. [Conformità al contratto. – Il venditore ha l'obbligo di consegnare al consumatore beni conformi al contratto di vendita.

Si presume che i beni di consumo siano conformi al contratto se, ove pertinenti, coesistono le seguenti circostanze:

a) sono idonei all'uso al quale servono abitualmente beni dello stesso tipo;

b) sono conformi alla descrizione fatta dal venditore e possiedono le qualità del bene che il venditore ha presentato al consumatore come campione o modello;

c) presentano la qualità e le prestazioni abituali di un bene dello stesso tipo, che il consumatore può ragionevolmente aspettarsi, tenuto conto della natura del bene e, se del caso, delle dichiarazioni pubbliche sulle caratteristiche specifiche dei beni fatte al riguardo dal venditore, dal produttore o dal suo agente o rappresentante, in particolare nella pubblicità o sull'etichettatura;

d) sono altresì idonei all'uso particolare voluto dal consumatore e che sia stato da questi portato a conoscenza del venditore al momento della conclusione del contratto e che il venditore abbia accettato anche per fatti concludenti.

Non vi è difetto di conformità se, al momento della conclusione del contratto, il consumatore era a conoscenza del difetto o non poteva ignorarlo con l'ordinaria diligenza o se il difetto di conformità deriva da istruzioni o materiali forniti dal consumatore.

Il venditore non è vincolato dalle dichiarazioni pubbliche di cui al comma secondo, lettera *c*), quando, in via anche alternativa, dimostra che:

a) non era a conoscenza della dichiarazione e non poteva conoscerla con l'ordinaria diligenza;

b) la dichiarazione è stata adeguatamente corretta entro il momento della conclusione del contratto in modo da essere conoscibile al consumatore;

c) la decisione di acquistare il bene di consumo non è stata influenzata dalla dichiarazione.

Il difetto di conformità che deriva dall'imperfetta installazione del bene di consumo è equiparato al difetto di conformità del bene quando l'installazione è compresa nel contratto di vendita ed è stata effettuata dal venditore o sotto la sua responsabilità. Tale equiparazione si applica anche nel caso in cui il prodotto, concepito per essere installato dal consumatore, sia da questo installato in modo non corretto a causa di una carenza delle istruzioni di installazione].

1519 *quater*. [Diritti del consumatore. – Il venditore è responsabile nei confronti del consumatore per qualsiasi difetto di conformità esistente al momento della consegna del bene.

In caso di difetto di conformità, il consumatore ha diritto al ripristino, senza spese, della conformità del bene mediante riparazione o sostituzione, a norma dei commi terzo, quarto, quinto e sesto, ovvero ad una riduzione adeguata del prezzo o alla risoluzione del contratto, conformemente ai commi settimo, ottavo e nono.

Il consumatore può chiedere, a sua scelta, al venditore di riparare il bene o di sostituirlo, senza spese in entrambi i casi, salvo che il rimedio richiesto sia oggettivamente impossibile o eccessivamente oneroso rispetto all'altro.

Ai fini di cui al comma terzo è da considerare eccessivamente oneroso uno dei due rimedi se impone al venditore spese irragionevoli in confronto all'altro, tenendo conto:

a) del valore che il bene avrebbe se non vi fosse difetto di conformità;

b) dell'entità del difetto di conformità;

c) dell'eventualità che il rimedio alternativo possa essere esperito senza notevoli inconvenienti per il consumatore.

Le riparazioni o le sostituzioni devono essere effettuate entro un congruo termine dalla richiesta e non devono arrecare notevoli inconvenienti al consumatore, tenendo conto della natura del bene e dello scopo per il quale il consumatore ha acquistato il bene.

Le spese di cui ai commi secondo e terzo si riferiscono ai costi indispensabili per rendere conformi i beni, in particolare modo con riferimento alle spese effettuate per la spedizione, per la mano d'opera e per i materiali.

Il consumatore può richiedere, a sua scelta, una congrua riduzione del prezzo o la risoluzione del contratto ove ricorra una delle seguenti situazioni:

a) la riparazione e la sostituzione sono impossibili o eccessivamente onerose;

b) il venditore non ha provveduto alla riparazione o alla sostituzione del bene entro il termine congruo di cui al comma sesto;

c) la sostituzione o la riparazione precedentemente effettuata ha arrecato notevoli inconvenienti al consumatore.

Nel determinare l'importo della riduzione o la somma da restituire si tiene conto dell'uso del bene.

Dopo la denuncia del difetto di conformità, il venditore può offrire al consumatore qualsiasi altro rimedio disponibile, con i seguenti effetti:

a) qualora il consumatore abbia già richiesto uno specifico rimedio, il venditore resta obbligato ad attuarlo, con le necessarie conseguenze in ordine alla decorrenza del termine congruo di cui al comma sesto, salvo accettazione da parte del consumatore del rimedio alternativo proposto;

b) qualora il consumatore non abbia già richiesto uno specifico rimedio, il consumatore deve accettare la proposta o respingerla scegliendo un altro rimedio ai sensi del presente articolo.

Un difetto di conformità di lieve entità per il quale non è stato possibile o è eccessivamente oneroso esperire i rimedi della riparazione o della sostituzione, non dà diritto alla risoluzione del contratto].

1519 *quinquies*. [Diritto di regresso. – Il venditore finale, quando è responsabile nei confronti del consumatore a causa di un difetto di conformità imputabile ad un'azione o ad un'omissione del produttore, di un precedente venditore della medesima catena contrattuale distributiva o di qualsiasi altro intermediario, ha diritto di regresso, salvo patto contrario o rinuncia, nei confronti del soggetto o dei soggetti responsabili facenti parte della suddetta catena distributiva.

Il venditore finale che abbia ottemperato ai rimedi esperiti dal consumatore, può agire, entro un anno dall'esecuzione della prestazione, in regresso nei confronti del soggetto o dei soggetti responsabili per ottenere la reintegrazione di quanto prestato].

1519 *sexies*. [Termini. – Il venditore è responsabile, a norma dell'articolo 1519 *quater*, quando il difetto di conformità si manifesta entro il termine di due anni dalla consegna del bene.

Il consumatore decade dai diritti previsti dall'articolo 1519 *quater*, comma secondo, se non denuncia al venditore il difetto di conformità entro il termine di due mesi dalla data in cui ha scoperto il difetto. La denuncia non è necessaria se il venditore ha riconosciuto l'esistenza del difetto o l'ha occultato.

Salvo prova contraria, si presume che i difetti di conformità che si manifestano entro sei mesi dalla consegna del bene esistessero già a tale data, a meno che tale ipotesi sia incompatibile con la natura del bene o con la natura del difetto di conformità.

L'azione diretta a far valere i difetti non dolosamente occultati dal venditore si prescrive, in ogni caso, nel termine di ventisei mesi dalla consegna del bene; il consumatore, che sia convenuto per l'esecuzione del contratto, può tuttavia far valere sempre i diritti di cui all'articolo 1519 *quater*, comma secondo, purché il difetto di conformità sia stato denunciato entro due mesi dalla scoperta e prima della scadenza del termine di cui al periodo precedente].

1519 *septies*. [Garanzia convenzionale. – La garanzia convenzionale vincola chi la offre secondo le modalità indicate nella dichiarazione di garanzia medesima o nella relativa pubblicità.

La garanzia deve, a cura di chi la offre, almeno indicare:

a) la specificazione che il consumatore è titolare dei diritti previsti dal presente paragrafo e che la garanzia medesima lascia impregiudicati tali diritti;

b) in modo chiaro e comprensibile l'oggetto della garanzia e gli elementi essenziali necessari per farla valere, compresi la durata e l'estensione territoriale della garanzia, nonché il nome o la ditta e il domicilio o la sede di chi la offre.

A richiesta del consumatore, la garanzia deve essere disponibile per iscritto o su altro supporto duraturo a lui accessibile.

La garanzia deve essere redatta in lingua italiana con caratteri non meno evidenti di quelli di eventuali altre lingue.

Una garanzia non rispondente ai requisiti di cui ai commi secondo, terzo e quarto rimane comunque valida e il consumatore può continuare ad avvalersene ed esigerne l'applicazione].

1519 *octies*. [Carattere imperativo delle disposizioni. – È nullo ogni patto, anteriore alla comunicazione al venditore del difetto di conformità, volto ad escludere o limitare, anche in modo indiretto, i diritti riconosciuti dal presente paragrafo. La nullità può essere fatta valere solo dal consumatore e può essere rilevata d'ufficio dal giudice.

Nel caso di beni usati, le parti possono limitare la durata della responsabilità di cui all'articolo 1519 *sexies*, comma primo, ad un periodo di tempo in ogni caso non inferiore ad un anno.

È nulla ogni clausola contrattuale che, prevedendo l'applicabilità al contratto di una legislazione di un paese extracomunitario, abbia l'effetto di privare il consumatore della protezione assicurata dal presente paragrafo, laddove il contratto presenti uno stretto collegamento con il territorio di uno Stato membro dell'Unione europea].

1519 *nonies*. [Tutela in base ad altre disposizioni. – Le disposizioni del presente paragrafo non escludono né limitano i diritti che sono attribuiti al consumatore da altre norme dell'ordinamento giuridico].

§. 2
Della vendita con riserva di gradimento, a prova, a campione

1520. Vendita con riserva di gradimento. – Quando si vendono cose con riserva di gradimento da parte del compratore, la vendita non si perfeziona fino a che il gradimento non sia comunicato al venditore (1326, 1334, 1376).

Se l'esame della cosa deve farsi presso il venditore, questi è liberato, qualora il compratore non vi proceda nel termine stabilito dal contratto o dagli usi, o, in mancanza, in un termine congruo fissato dal venditore.

Se la cosa si trova presso il compratore e questi non si pronunzia nel termine sopra indicato, la cosa si considera di suo gradimento.

NOTE OPERATIVE:

Caratteristiche: Si tratta di un contratto soltanto in itinere e non perfezionato fino a che la riserva non sia sciolta dal potenziale acquirente con comunicazione del gradimento al venditore (C.C. 1270/86).

1521. Vendita a prova. – La vendita a prova si presume fatta sotto la condizione sospensiva (1353 ss.) che la cosa abbia le qualità pattuite o sia idonea all'uso a cui è destinata.

La prova si deve eseguire nel termine e secondo le modalità stabiliti dal contratto o dagli usi.

NOTE OPERATIVE:

Caratteristiche: Si tratta di un contratto perfetto nei suoi elementi costitutivi, ma sospensivamente condizionato per la sua efficacia all'esito positivo della prova (C.C. 8491/16 – Conf. C.C. 1270/86).

1522. Vendita su campione e su tipo di campione. – Se la vendita è fatta su campione, s'intende che questo deve servire come esclusivo paragone per la qualità della merce, e in tal caso qualsiasi difformità attribuisce al compratore il diritto alla risoluzione del contratto (1453, 1493, 1760).

Qualora, però, dalla convenzione o dagli usi risulti che il campione deve servire unicamente a indicare in modo approssimativo la qualità, si può domandare la risoluzione soltanto se la difformità dal campione sia notevole (1455).

In ogni caso l'azione è soggetta alla decadenza e alla prescrizione stabilite dall'art. 1495.

NOTE OPERATIVE:

Ambito di applicazione: Qualora sia il campione che la cosa compravenduta presentino identici vizi o mancanza di qualità e, al momento dell'accettazione del campione medesimo, gli uni e le altre non siano rilevabili dal compratore, è applicabile la disciplina ordinaria in tema di garanzia per vizi o mancanza di qualità della cosa venduta (C.C. 6162/16 – Conf. C.C. 3312/84).

§. 3
Della vendita con riserva della proprietà

1523. (1) **Passaggio della proprietà e dei rischi.** – Nella vendita a rate con riserva della proprietà, il compratore acquista la proprietà della cosa col pagamento dell'ultima rata di prezzo (1376), ma assume i rischi dal momento della consegna (1465, 2054[3]; 73[2] l. fall.).

(1) *A norma dell'art. 11, comma 3, del D.L.vo 9 ottobre 2002, n. 231, la riserva della proprietà di cui a questo articolo, preventivamente concordata per iscritto tra l'acquirente ed il venditore, è opponibile ai creditori del compratore se è confermata nelle singole fatture delle successive forniture aventi data certa anteriore al pignoramento e regolarmente registrate nelle scritture contabili.*

1524. Opponibilità della riserva di proprietà nei confronti di terzi. – La riserva della proprietà è opponibile ai creditori del compratore, solo se risulta da atto scritto avente data certa (2704) anteriore al pignoramento.

Se la vendita ha per oggetto macchine e il prezzo è superiore agli € 15,49 la riserva della proprietà è opponibile anche al terzo acquirente, purché il patto di riservato dominio sia trascritto in apposito registro tenuto nella cancelleria del tribunale nella giurisdizione del quale è collocata la macchina (2762[1]), e questa, quando è acquistata dal terzo, si trovi ancora nel luogo dove la trascrizione è stata eseguita (84 att.).

Sono salve le disposizioni relative ai beni mobili iscritti in pubblici registri (2683 ss.).

1525. Inadempimento del compratore. – Nonostante patto contrario, il mancato pagamento di una sola rata, che non superi l'ottava parte del prezzo, non dà luogo alla risoluzione (1453, 1526) del contratto, e il compratore conserva il beneficio del termine relativamente alle rate successive (1455).

NOTE OPERATIVE:

Finalità: La norma ha lo scopo di limitare l'autonomia contrattuale attraverso l'eteroregolamentazione legale che richiede, affinché la vendita possa risolversi su domanda del venditore rimasto creditore del prezzo, che il compratore non sia inadempiente per il mancato pagamento di una sola rata che non superi l'ottava parte del prezzo, con la rilevanza dell'inadempimento tipizzata dall'ordinamento che preclude al venditore o al suo cessionario di poter chiedere la risoluzione oltre i limiti della rilevanza legale (C.C. 22190/20 – Conf. S.U. 11718/93).

1526. Risoluzione del contratto. – Se la risoluzione del contratto ha luogo per l'inadempimento del compratore, il venditore deve restituire le rate riscosse, salvo il diritto a un equo compenso per l'uso della cosa, oltre al risarcimento del danno (1223, 1458; 73[2] l. fall.).

Qualora si sia convenuto che le rate pagate restino acquisite al venditore a titolo d'indennità (1382), il giudice, secondo le circostanze, può ridurre l'indennità convenuta (1384).

La stessa disposizione si applica nel caso in cui il contratto sia configurato come locazione, e sia convenuto che, al termine di esso, la proprietà della cosa sia acquisita al conduttore per effetto del pagamento dei canoni pattuiti.

§. 4
Della vendita su documenti e con pagamento contro documenti

1527. Consegna. – Nella vendita su documenti, il venditore si libera dall'obbligo della consegna rimettendo al compratore il titolo rappresentativo della merce (1996) e gli altri documenti stabiliti dal contratto o, in mancanza, dagli usi (1792, 1477[3]).

1528. Pagamento del prezzo. – Salvo patto o usi contrari, il pagamento del prezzo e degli accessori deve eseguirsi nel momento e nel luogo in cui avviene la consegna dei documenti indicati dall'articolo precedente (1498[2]).

Quando i documenti sono regolari, il compratore non può rifiutare il pagamento del prezzo adducendo eccezioni relative alla qualità e allo stato delle cose (1490 ss.), a meno che queste risultino già dimostrate.

1529. Rischi. – Se la vendita ha per oggetto cose in viaggio, e tra i documenti consegnati al compratore è compresa la polizza di assicurazione per i rischi del trasporto (1889), sono a carico del compratore i rischi a cui si trova esposta la merce dal momento della consegna al vettore (1510, 1891).

Questa disposizione non si applica se il venditore al tempo del contratto era a conoscenza della perdita o dell'avaria della merce, e le ha in mala fede taciute al compratore.

1530. Pagamento contro documenti a mezzo di banca. – Quando il pagamento del prezzo deve avvenire a mezzo di una banca, il venditore non può rivolgersi al compratore se non dopo il rifiuto opposto dalla banca stessa e constatato all'atto della presentazione dei documenti nelle forme stabilite dagli usi.

La banca che ha confermato il credito al venditore può opporgli solo le eccezioni derivanti dall'incompletezza o irregolarità dei documenti e quelle relative al rapporto di conferma del credito (1271^3).

§. 5
Della vendita a termine di titoli di credito

1531. Interessi, dividendi e diritti di voto. – Nella vendita a termine di titoli di credito (1992 ss.), gli interessi (821^3, 1263^3) e i dividendi esigibili dopo la conclusione del contratto e prima della scadenza del termine, se riscossi dal venditore, sono accreditati al compratore (1550).

Qualora la vendita abbia per oggetto titoli azionari (2346 ss.), il diritto di voto (2351) spetta al venditore fino al momento della consegna (1550; 76 l. fall.).

1532. Diritto di opzione. – Il diritto di opzione (2441) inerente ai titoli venduti a termine spetta al compratore (1550).

Il venditore, qualora il compratore gliene faccia richiesta in tempo utile, deve mettere il compratore in grado di esercitare il diritto di opzione, oppure deve esercitarlo per conto del compratore, se questi gli ha fornito i fondi necessari.

In mancanza di richiesta da parte del compratore, il venditore deve curare la vendita dei diritti di opzione per conto del compratore, a mezzo di un agente di cambio o di un istituto di credito (1838^2).

1533. Estrazione per premi o rimborsi. – Se i titoli venduti a termine sono soggetti a estrazione per premi o rimborsi, i diritti e gli oneri derivanti dall'estrazione spettano al compratore, qualora la conclusione del contratto sia anteriore al giorno stabilito per l'inizio dell'estrazione (1550, 1998).

Il venditore, al solo effetto indicato dal comma precedente, deve comunicare per iscritto al compratore una distinta numerica dei titoli almeno un giorno prima dell'inizio dell'estrazione.

In mancanza di tale comunicazione, il compratore ha facoltà di acquistare, a spese del venditore, i diritti spettanti a una quantità corrispondente di titoli, dandone comunicazione al venditore prima dell'inizio dell'estrazione (1516, 1550).

1534. Versamenti richiesti sui titoli. – Il compratore deve fornire al venditore, almeno due giorni prima della scadenza, le somme necessarie per eseguire i versamenti richiesti sui titoli non liberati (2356).

1535. Proroga dei contratti a termine. – Se alla scadenza del termine le parti convengono di prorogare l'esecuzione del contratto, è dovuta la differenza tra il prezzo originario e quello corrente nel giorno della scadenza, salva l'osservanza degli usi diversi.

1536. Inadempimento. – In caso d'inadempimento della vendita a termine di titoli, si osservano le norme degli artt. 1515 e 1516, salva, per i contratti di borsa, l'applicazione delle leggi speciali.

Sezione III
Della vendita di cose immobili

1537. Vendita a misura. – Quando un determinato immobile (812) è venduto con l'indicazione della sua misura e per un prezzo stabilito in ragione di un tanto per ogni unità di misura, il compratore ha diritto a una riduzione, se la misura effettiva dell'immobile è inferiore a quella indicata nel contratto.

Se la misura risulta superiore a quella indicata nel contratto, il compratore deve corrispondere il supplemento del prezzo, ma ha facoltà di recedere dal contratto (1373, 1539) qualora l'eccedenza oltrepassi la ventesima parte della misura dichiarata (1377, 1430).

NOTE OPERATIVE:

Caratteristiche: La differenza tra vendita a misura o a corpo attiene unicamente all'influenza dell'estensione del bene sul prezzo pattuito, mentre non produce effetti in ordine all'individuazione della cosa compravenduta (C.C. 27834/22 – Conf. C.C. 14886/22; C.C. 14592/21).

1538. Vendita a corpo. – Nei casi in cui il prezzo è determinato in relazione al corpo dell'immobile e non alla sua misura, sebbene questa sia stata indicata, non si fa luogo a diminuzione o a supplemento di prezzo, salvo che la misura reale sia inferiore o superiore di un ventesimo rispetto a quella indicata nel contratto (1540).

Nel caso in cui dovrebbe pagarsi un supplemento di prezzo, il compratore ha la scelta di recedere dal contratto o di corrispondere il supplemento (1377, 1430, 1537, 1539).

NOTE OPERATIVE:

Finalità: La norma risponde alla necessità di ripristinare l'equilibrio delle prestazioni quale in concreto fissato dalle parti e, tuttavia, pregiudicato dalla sperequazione emersa dopo la stipula (C.C. 29363/22 – Conf. C.C. 19890/13).

1539. Recesso dal contratto. – Quando il compratore esercita il diritto di recesso, il venditore è tenuto a restituire il prezzo e a rimborsare le spese del contratto (1475, 1498).

1540. Vendita cumulativa di più immobili. – Se due o più immobili sono stati venduti con lo stesso contratto per un solo e medesimo prezzo, con l'indicazione della misura di ciascuno di essi, e si trova che la quantità è minore nell'uno e maggiore nell'altro, se ne fa la compensazione fino alla debita concorrenza; il diritto al supplemento o alla diminuzione del prezzo spetta in conformità delle disposizioni sopra stabilite (1537, 1538).

NOTE OPERATIVE:

Presupposti: Nell'ipotesi in cui più venditori trasferiscano, con il medesimo atto, una pluralità di immobili, l'indicazione del prezzo di ciascuno di essi è necessaria, a pena di nullità dell'atto, solo ove i contraenti non intesero dare vita ad una vendita cumulativa con pluralità di oggetti ovvero ad una cd. vendita in blocco, ma a tanti singoli contratti conclusi contestualmente, sebbene strutturalmente distinti in ragione degli oggetti alienati (C.C. 15751/17).

1541. Prescrizione. – Il diritto del venditore al supplemento e quello del compratore alla diminuzione del prezzo o al recesso dal contratto si prescrivono in un anno dalla consegna dell'immobile.

Sezione IV
Della vendita di eredità

1542. Garanzia. – Chi vende un'eredità senza specificarne gli oggetti non è tenuto a garantire che la propria qualità di erede (477, 588, 765, 1547).

NOTE OPERATIVE:

Ambito di applicazione: Nell'oggetto del contratto di vendita di eredità, non rientra anche l'azione di petizione ereditaria, essendo quest'ultima diretta all'accertamento della qualità di erede, per sua natura intrasmissibile, e configurandosi, invece, la vendita dell'eredità come alienazione di componenti patrimoniali e non di mere qualificazioni giuridiche (C.C. 5145/12).

1543. Forme. – La vendita di un'eredità deve farsi per atto scritto (1350), sotto pena di nullità (2725).

Il venditore è tenuto a prestarsi agli atti che sono necessari da parte sua per rendere efficace, di fronte ai terzi, la trasmissione di ciascuno dei diritti compresi nell'eredità.

1544. Obblighi del venditore. – Se il venditore ha percepito i frutti di qualche bene o riscosso qualche credito ereditario, ovvero ha venduto qualche bene dell'eredità (765), è tenuto a rimborsarne il compratore, salvo patto contrario.

1545. Obblighi del compratore. – Il compratore deve rimborsare il venditore di quanto questi ha pagato per debiti e pesi dell'eredità, e deve corrispondergli quanto gli sarebbe dovuto dall'eredità medesima, salvo che sia convenuto diversamente.

1546. Responsabilità per debiti ereditari. – Il compratore, se non vi è patto contrario, è obbligato in solido (1292) col venditore a pagare i debiti ereditari (752).

1547. Altre forme di alienazione di eredità. – Le disposizioni precedenti si applicano alle altre forme di alienazione di un'eredità a titolo oneroso.

Nelle alienazioni a titolo gratuito la garanzia è regolata dall'art. 797.

Capo II
Del riporto

1548. Nozione. – Il riporto è il contratto per il quale il riportato trasferisce in proprietà al riportatore titoli di credito di una data specie per un determinato prezzo, e il riportatore assume l'obbligo di trasferire al riportato, alla scadenza del termine stabilito (1551), la proprietà di altrettanti titoli della stessa specie, verso rimborso del prezzo, che può essere aumentato o diminuito nella misura convenuta (1500).

NOTE OPERATIVE:

Fonti: Lo schema contrattuale astratto del contratto di riporto di borsa è costituito non soltanto dal paradigma normativo fissato dal codice civile, ma anche dalle disposizioni in tema di contratti di borsa e dagli usi ad essi relativi (S.U. 5295/98).

1549. Perfezione del contratto. – Il contratto si perfeziona con la consegna dei titoli.

1550. Diritti accessori e obblighi inerenti ai titoli. – I diritti accessori e gli obblighi inerenti ai titoli dati a riporto spettano al riportato. Si applicano le disposizioni degli articoli 1531, 1532, 1533 e 1534.

Il diritto di voto (2351), salvo patto contrario, spetta al riportatore (1531[2]).

1551. Inadempimento. – In caso di inadempimento di una delle parti, si osservano le disposizioni degli articoli 1515 e 1516 (76 l. fall.), salva per i contratti di borsa l'applicazione delle leggi speciali.

Se entrambe le parti non adempiono le proprie obbligazioni nel termine stabilito, il riporto cessa di avere effetto, e ciascuna parte ritiene ciò che ha ricevuto al tempo della stipulazione del contratto.

Capo III
Della permuta

1552. Nozione. – La permuta è il contratto che ha per oggetto il reciproco trasferimento della proprietà di cose, o di altri diritti, da un contraente all'altro (1376).

NOTE OPERATIVE:

Bene futuro: Il contratto di permuta di un terreno contro beni immobili da costruire, individuati solo nel genere, è valido solo a condizione che questi ultimi siano determinabili con riferimento ai parametri di edificabilità, alla collocazione degli immobili da costruire, alla loro dimensione, alla loro destinazione, nonché ai criteri attraverso i quali individuare in concreto gli immobili da attribuire in permuta (C.C. 30058/22).

1553. Evizione. – Il permutante, se ha sofferto l'evizione (1483 ss.) e non intende riavere la cosa data, ha diritto al valore della cosa evitta, secondo le norme stabilite per la vendita, salvo in ogni caso il risarcimento del danno (1223).

1554. Spese della permuta. – Salvo patto contrario, le spese della permuta e le altre accessorie sono a carico di entrambi i contraenti in parti uguali (1475).

1555. Applicabilità delle norme sulla vendita. – Le norme stabilite per la vendita (1470 ss.) si applicano alla permuta, in quanto siano con questa compatibili.

Capo IV
Del contratto estimatorio

1556. Nozione. – Con il contratto estimatorio una parte consegna (1558) una o più cose mobili all'altra e questa si obbliga a pagare il prezzo, salvo che restituisca le cose nel termine stabilito.

NOTE OPERATIVE:

Elementi del contratto: La fissazione di un termine per la facoltà di restituzione delle cose mobili consegnate non è un elemento essenziale del contratto (C.C. 5987/23 – Conf. C.C. 25606/15). L'alternativa fra la restituzione della cosa ed il pagamento del prezzo costituisce una facoltà dell'accipiens che, configurando un elemento costitutivo del contratto, deve essere contemplata nelle previsioni contrattuali (C.C. 4000/91).

1557. Impossibilità di restituzione. – Chi ha ricevuto le cose non è liberato dall'obbligo di pagarne il prezzo, se la restituzione di esse nella loro integrità è divenuta impossibile per causa a lui non imputabile (1218, 1288, 1463).

1558. Disponibilità delle cose. – Sono validi gli atti di disposizione compiuti da chi ha ricevuto le cose; ma i suoi creditori non possono sottoporle a pignoramento (491 ss., 543 ss. c.p.c.) o a sequestro (670 ss. c.p.c.) finché non ne sia stato pagato il prezzo.

Colui che ha consegnato le cose non può disporne fino a che non gli siano restituite.

Capo V
Della somministrazione

1559. Nozione. – La somministrazione è il contratto con il quale una parte si obbliga, verso corrispettivo di un prezzo, a eseguire, a favore dell'altra, prestazioni periodiche o continuative di cose (1677; 74 l. fall.).

NOTE OPERATIVE:

Caratteristiche: Il contratto di somministrazione si distingue dalla vendita a consegne ripartite perché, nel primo caso, la periodicità o la continuità delle prestazioni si pongono come elementi essenziali del contratto stesso, in funzione di un fabbisogno del somministrato (ove non sia stata determinata l'entità della somministrazione), sì che ogni singola prestazione è distinta ed autonoma rispetto alle altre, mentre la vendita a consegne ripartite è caratterizzata dalla unicità della prestazione, rispetto alla quale la ripartizione delle consegne attiene soltanto al momento esecutivo del rapporto (C.C. 33559/21 – Conf. C.C. 15189/11; C.C. 7380/91; C.C. 6864/83).

Forma: Il contratto di somministrazione di energia elettrica non richiede la forma scritta né ad substantiam, né ad probationem (C.C. 20267/23 – Conf. C.C. 10249/98).

1560. Entità della somministrazione. – Qualora non sia determinata l'entità della somministrazione, s'intende pattuita quella corrispondente al normale fabbisogno della parte che vi ha diritto, avuto riguardo al tempo della conclusione del contratto (1326).

Se le parti hanno stabilito soltanto il limite massimo e quello minimo per l'intera somministrazione o per le singole prestazioni, spetta all'avente diritto alla somministrazione di stabilire, entro i limiti suddetti, il quantitativo dovuto.

Se l'entità della somministrazione deve determinarsi in relazione al fabbisogno ed è stabilito un quantitativo minimo, l'avente diritto alla somministrazione è tenuto per la quantità corrispondente al fabbisogno se questo supera il minimo stesso.

NOTE OPERATIVE:

Ambito di applicazione: La norma. attribuisce all'avente diritto alla somministrazione la facoltà di stabilire il quantitativo dovutogli, ma solo nell'ipotesi, in esso prevista, in cui siano stati pattuiti tra le parti entrambi i limiti, minimo e massimo, e non già nella diversa ipotesi in cui sia stato pattuito soltanto il limite massimo (C.C. 7841/86).

1561. Determinazione del prezzo. – Nella somministrazione a carattere periodico, se il prezzo deve essere determinato secondo le norme dell'art. 1474, si ha riguardo al tempo della scadenza delle singole prestazioni e al luogo in cui queste devono essere eseguite.

NOTE OPERATIVE:

Mancanza: Se il contratto ha per oggetto la fornitura di beni a carattere periodico la mancata determinazione espressa del prezzo non ne importa la nullità, giacché si presume che le parti abbiano voluto riferirsi al prezzo normalmente praticato dal venditore (C.C. 4524/22 – Conf. C.C. 10503/06).

1562. Pagamento del prezzo. – Nella somministrazione a carattere periodico il prezzo è corrisposto all'atto delle singole prestazioni e in proporzione di ciascuna di esse.

Nella somministrazione a carattere continuativo il prezzo è pagato secondo le scadenze d'uso.

1563. Scadenza delle singole prestazioni. – Il termine stabilito per le singole prestazioni si presume pattuito nell'interesse di entrambe le parti (1184).

Se l'avente diritto alla somministrazione ha la facoltà di fissare la scadenza delle singole prestazioni, egli deve comunicare la data al somministrante con un congruo preavviso.

1564. Risoluzione del contratto. – In caso d'inadempimento di una delle parti relativo a singole prestazioni, l'altra può chiedere la risoluzione del contratto, se l'inadempimento ha una notevole importanza ed è tale da menomare la fiducia nell'esattezza dei successivi adempimenti (1453, 1455; 74 l. fall.).

1565. Sospensione della somministrazione. – Se la parte che ha diritto alla somministrazione è inadempiente e l'inadempimento è di lieve entità (1455), il somministrante non può sospendere l'esecuzione del contratto (1460, 1845) senza dare congruo preavviso.

NOTE OPERATIVE:

Clausola: La clausola del contratto di somministrazione di energia elettrica, che abilita la sospensione della fornitura in caso di ritardato pagamento anche di una sola bolletta, integra una specificazione pattizia dell'art. 1565 c.c., consentendo al somministrante di opporre all'utente inadempiente l'exceptio inadimplenti contractus; detta sospensione, legittima finché l'utente non adempia, se attuata quando questi abbia pagato il suo debito, integra a contrario un inadempimento del somministrante e lo obbliga al risarcimento del danno, salva la prova dell'inimputabilità a sé di tale inadempimento, ovvero dell'ignoranza incolpevole dell'avvenuto pagamento, la quale deve perciò dipendere da causa estranea al somministrante ed alla sua organizzazione (C.C. 8441/19 – Conf. C.C. 25731/15).

1566. Patto di preferenza. – Il patto con cui l'avente diritto alla somministrazione si obbliga a dare la preferenza al somministrante (1341[2]) nella stipulazione di un successivo contratto per lo stesso oggetto, è valido purché la durata dell'obbligo non ecceda il termine di cinque anni. Se è convenuto un termine maggiore, questo si riduce a cinque anni (1419).

L'avente diritto alla somministrazione deve comunicare al somministrante le condizioni propostegli da terzi e il somministrante deve dichiarare, sotto pena di decadenza, nel termine stabilito o, in mancanza, in quello richiesto dalle circostanze o dagli usi, se intende valersi del diritto di preferenza.

NOTE OPERATIVE:

Ambito di applicazione: La norma si applica per analogia all'appalto solo se questo attenga a servizi continuativi o periodici, e riguardi la stipula di un successivo contratto di appalto per lo stesso oggetto (C.C. 19556/13 – Conf. C.C. 2269/74).

1567. Esclusiva a favore del somministrante. – Se nel contratto è pattuita la clausola di esclusiva (1341²) a favore del somministrante, l'altra parte non può ricevere da terzi prestazioni della stessa natura né, salvo patto contrario, può provvedere con mezzi propri alla produzione delle cose che formano oggetto del contratto.

NOTE OPERATIVE:

Forma: La clausola di esclusiva inserita in un contratto di somministrazione, in virtù del principio generale di libertà delle forme negoziali, deve avere la medesima forma prevista per il contratto cui accede (C.C. 30660/17 – Conf. C.C. 21729/13; C.C. 13623/91).

1568. Esclusiva a favore dell'avente diritto alla somministrazione. – Se la clausola di esclusiva è pattuita (1341²) a favore dell'avente diritto alla somministrazione, il somministrante non può compiere nella zona per cui l'esclusiva è concessa e per la durata del contratto, né direttamente né indirettamente, prestazioni della stessa natura di quelle che formano oggetto del contratto.

L'avente diritto alla somministrazione, che assume l'obbligo di promuovere, nella zona assegnatagli, la vendita delle cose di cui ha l'esclusiva (1743), risponde dei danni (1223) in caso di inadempimento a tale obbligo, anche se ha eseguito il contratto rispetto al quantitativo minimo che sia stato fissato.

1569. Contratto a tempo indeterminato. – Se la durata della somministrazione non è stabilita, ciascuna delle parti può recedere dal contratto (1373), dando preavviso nel termine pattuito o in quello stabilito dagli usi o, in mancanza, in un termine congruo avuto riguardo alla natura della somministrazione.

1570. Rinvio. – Si applicano alla somministrazione, in quanto compatibili con le disposizioni che precedono, anche le regole che disciplinano il contratto a cui corrispondono le singole prestazioni (1677).

NOTE OPERATIVE:

Vizi: La disciplina dei vizi delle cose somministrate da consumare è quella prevista dal codice per la vendita, stante il rinvio posto dalla norma (C.C. 15796/09 – Conf. C.C. 14330/00).

Capo VI
Della locazione

Sezione I
Disposizioni generali

1571. Nozione. – La locazione è il contratto col quale una parte si obbliga a far godere all'altra una cosa mobile o immobile per un dato tempo (1573, 1574), verso un determinato corrispettivo (1587, 2948).

NOTE OPERATIVE:

Parti del contratto: Quando in un contratto di locazione la parte locatrice è costituita da più locatori, dal lato passivo ciascuno di essi è tenuto nei confronti del conduttore alla medesima prestazione, mentre dal lato attivo può agire nei riguardi del locatario per l'adempimento delle sue obbligazioni, trovando applicazione la disciplina della solidarietà (C.C. 6596/23). Il comproprietario può concedere in locazione la cosa comune nei limiti della propria quota ideale (C.C. 6338/23).

Oggetto: Il contratto di locazione può essere nullo per impossibilità giuridica dell'oggetto quando l'inidoneità dell'immobile all'uso convenuto dipenda da radicali sue connotazioni intrinseche, ma non anche quando, come nel caso in esame, dipenda dalla mancata conformità con prescrizioni amministrative riconducibile all'inerzia della parte tenuta all'adeguamento del bene a tali prescrizioni e/o alla richiesta delle necessarie autorizzazioni (C.C. 18289/22).

1572. Locazioni e anticipazioni eccedenti l'ordinaria amministrazione. – Il contratto di locazione per una durata superiore a nove anni è atto eccedente l'ordinaria amministrazione (320², 374, n. 4, 1108³, 1350, n. 8, 2643, n. 8, 2923²).

Sono altresì atti eccedenti l'ordinaria amministrazione le anticipazioni del corrispettivo della locazione per una durata superiore a un anno (1605).

NOTE OPERATIVE:

Azione revocatoria: I contratti di locazione ultranovennale sono soggetti all'azione revocatoria, qualora ne ricorrano gli estremi, in quanto, pur non essendo traslativi del bene, ne limitano, anche indirettamente, la possibilità di aggressione in sede esecutiva, pregiudicando le ragioni del creditore (C.C. 25854/20 – Conf. C.C. 3757/85).

1573. Durata della locazione. – Salvo diverse norme di legge (1607, 1800), la locazione non può stipularsi per un tempo eccedente i trenta anni. Se stipulata per un periodo più lungo o in perpetuo, è ridotta al termine suddetto (1419).

NOTE OPERATIVE:

Ambito di applicazione: Il limite massimo previsto per la durata della locazione deve intendersi applicabile non solo quando sia stata pattuita sin dall'inizio una durata eccedente i trenta anni ma anche quando, pur pattuita una durata inferiore, sia stata in contratto altresì prevista la rinnovazione del rapporto per un numero indeterminato di volte (C.C. 2137/06).

1574. Locazione senza determinazione di tempo. – Quando le parti non hanno determinato la durata della locazione, questa s'intende convenuta (1596, 1600, 1800):

1) se si tratta di case senza arredamento di mobili o di locali per l'esercizio di una professione, di un'industria o di un commercio, per la durata di un anno, salvi gli usi locali;

2) se si tratta di camere o di appartamenti mobiliati, per la durata corrispondente all'unità di tempo a cui è commisurata la pigione;

3) se si tratta di cose mobili, per la durata corrispondente all'unità di tempo a cui è commisurato il corrispettivo;

4) se si tratta di mobili forniti dal locatore per l'arredamento di un fondo urbano, per la durata della locazione del fondo stesso (2923).

NOTE OPERATIVE:

Ambito di applicazione: La previsione secondo cui, quando le parti non hanno determinato la durata della locazione, questa, se si tratta di casa senza arredamento di mobili o di locali per l'esercizio di una professione, di una industria o di un commercio, si intende convenuta per la durata di un anno, salvi gli usi locali, si riferisce tanto agli usi che prevedono una diversa durata del rapporto quanto a quelli che prevedono una diversa scadenza (C.C. 6861/93).

1575. Obbligazioni principali del locatore. – Il locatore deve ([1]):

1) consegnare al conduttore la cosa locata in buono stato di manutenzione (1590);

2) mantenerla in istato da servire all'uso convenuto (1576, 1577, 1582);

3) garantirne il pacifico godimento durante la locazione (1585 ss.).

([1]) *È fatta eccezione per il contratto già sottoposto a obbligo di registrazione, ex art. 5 comma 1, lett.* d), *del D.L. 13 maggio 2011, n. 70, conv., con modif, nella L. 12 luglio 2011, n. 106.*

NOTE OPERATIVE:

Opere: Le obbligazioni del locatore non comprendono l'esecuzione di opere di modificazione o trasformazione della cosa locata, anche se imposte da disposizioni di legge o dell'autorità, sopravvenute alla consegna, per rendere la cosa stessa idonea all'uso convenuto, né il locatore è tenuto a rimborsare al conduttore le spese sostenute per l'esecuzione di tali opere, salva l'applicazione della normativa in tema di miglioramenti (C.C. 19226/15 – Conf. C.C. 24987/14).

1576. Mantenimento della cosa in buono stato locativo. – Il locatore deve eseguire, durante la locazione, tutte le riparazioni necessarie (1583), eccettuate quelle di piccola manutenzione che sono a carico del conduttore (1609, 2764).

Se si tratta di cose mobili, le spese di conservazione e di ordinaria manutenzione sono, salvo patto contrario, a carico del conduttore.

NOTE OPERATIVE:

Ambito di applicazione: L'obbligo del locatore di effettuare le riparazioni necessarie a mantenere l'immobile in buono stato locativo riguarda gli inconvenienti eliminabili nell'ambito delle opere di manutenzione e, pertanto, non può essere invocato per rimuovere guasti o deterioramenti (C.C. 12712/10).

1577. Necessità di riparazioni. – Quando la cosa locata abbisogna di riparazioni che non sono a carico del conduttore (1576), questi è tenuto a darne avviso al locatore.

Se si tratta di riparazioni urgenti, il conduttore può eseguirle direttamente, salvo il rimborso, purché ne dia contemporaneamente avviso al locatore (1583).

NOTE OPERATIVE:

Avviso: L'avviso al locatore non ha natura negoziale ma di atto giuridico in senso stretto (C.C. 19626/23).

1578. Vizi della cosa locata. – Se al momento della consegna la cosa locata (2254[2]) è affetta da vizi che ne diminuiscono in modo apprezzabile l'idoneità all'uso pattuito, il conduttore può domandare la risoluzione del contratto o una riduzione del corrispettivo, salvo che si tratti di vizi conosciuti o facilmente riconoscibili (1580, 1581).

Il locatore è tenuto a risarcire al conduttore i danni derivati da vizi della cosa, se non prova di avere senza colpa ignorato i vizi stessi al momento della consegna (1494).

NOTE OPERATIVE:

Risarcimento: La domanda di risarcimento dei danni derivati dai vizi della cosa locata non è proponibile in via autonoma rispetto alle azioni di risoluzione o di riduzione del corrispettivo (C.C. 18470/23).

1579. Limitazioni convenzionali della responsabilità. – Il patto con cui si esclude o si limita la responsabilità (1229) del locatore per i vizi della cosa non ha effetto, se il locatore li ha in mala fede taciuti al conduttore oppure se i vizi sono tali da rendere impossibile il godimento della cosa (1575, n. 2, 1580, 1581).

NOTE OPERATIVE:

Ambito di applicazione: È da ritenersi valida la rinuncia del conduttore alla garanzia per vizi ignorati senza colpa dal locatore, e ciò anche quando i vizi abbiano a manifestarsi soltanto successivamente alla consegna della cosa (C.C. 16220/02 – Conf. C.C. 14342/00).

1580. Cose pericolose per la salute. – Se i vizi della cosa o di parte notevole di essa espongono a serio pericolo la salute del conduttore o dei suoi familiari o dipendenti, il conduttore può ottenere la risoluzione del contratto, anche se i vizi gli erano noti, nonostante qualunque rinunzia (1229, 1578, 1579, 1581).

NOTE OPERATIVE:

Ambito di applicazione: La norma ha carattere eccezionale e non è applicabile nelle ipotesi in cui la cosa sia affetta da vizi non conosciuti dal locatario ovvero quando il locatore si sia reso inadempiente all'obbligo di mantenere il bene in stato di servire all'uso convenuto (C.C. 23909/06).

1581. Vizi sopravvenuti. – Le disposizioni degli articoli precedenti si osservano, in quanto applicabili, anche nel caso di vizi della cosa sopravvenuti nel corso della locazione.

1582. Divieto d'innovazione. – Il locatore non può compiere sulla cosa innovazioni che diminuiscano il godimento da parte del conduttore (1575, n. 2).

1583. Mancato godimento per riparazioni urgenti. – Se nel corso della locazione la cosa abbisogna di riparazioni che non possono differirsi fino al termine del contratto, il conduttore deve tollerarle anche quando importano privazioni del godimento di parte della cosa locata (1575, 1576, 1577, 1584).

NOTE OPERATIVE:

Detenzione: Il conduttore che perda il godimento dell'immobile durante il periodo in cui il proprietario debba eseguire delle riparazioni non perde anche la detenzione dell'immobile stesso (.C. 16136/10).

1584. Diritti del conduttore in caso di riparazioni. – Se l'esecuzione delle riparazioni si protrae per oltre un sesto della durata della locazione e, in ogni caso, per oltre venti giorni, il conduttore ha diritto a una riduzione del corrispettivo, proporzionata all'intera durata delle riparazioni stesse e all'entità del mancato godimento (1583).

Indipendentemente dalla sua durata, se l'esecuzione delle riparazioni rende inabitabile quella parte della cosa che è necessaria per l'alloggio del conduttore e della sua famiglia, il conduttore può ottenere, secondo le circostanze, lo scioglimento del contratto.

1585. Garanzia per molestie. – Il locatore è tenuto a garantire il conduttore dalle molestie che diminuiscono l'uso o il godimento della cosa, arrecate da terzi che pretendono di avere diritti sulla cosa medesima (949, 1575, n. 3, 1586).

Non è tenuto a garantirlo dalle molestie di terzi che non pretendono di avere diritti, salva al conduttore la facoltà di agire contro di essi in nome proprio (1168, 2254).

NOTE OPERATIVE:

Legittimazione: Il conduttore dell'immobile locato ha diritto alla tutela risarcitoria nei confronti del terzo che con il proprio comportamento gli arrechi danno nell'uso o nel godimento della medesima, avendo un'autonoma legittimazione per proporre l'azione di responsabilità nei confronti dell'autore del danno (C.C. 8566/20).

1586. Pretese da parte di terzi. – Se i terzi che arrecano le molestie pretendono di avere diritti sulla cosa locata, il conduttore è tenuto a darne pronto avviso al locatore, sotto pena del risarcimento dei danni.

Se i terzi agiscono in via giudiziale, il locatore è tenuto ad assumere la lite, qualora sia chiamato nel processo. Il conduttore deve esserne estromesso con la semplice indicazione del locatore, se non ha interesse a rimanervi (106, 108, 269 c.p.c.).

1587. Obbligazioni principali del conduttore. – Il conduttore deve:

1) prendere in consegna la cosa e osservare la diligenza del buon padre di famiglia (1176) nel servirsene per l'uso determinato nel contratto o per l'uso che può altrimenti presumersi dalle circostanze;

2) dare il corrispettivo nei termini convenuti (1282^2, 2764, 2948, n. 3).

NOTE OPERATIVE:

Ambito di applicazione: L'obbligo del conduttore di osservare nell'uso della cosa locata la diligenza del buon padre di famiglia, con il conseguente divieto di effettuare innovazioni che ne mutino la destinazione e la natura, è sempre operante nel corso della locazione, indipendentemente dall'altro obbligo di restituire, al termine del rapporto, la cosa locata nello stesso stato in cui è stata consegnata (C.C. 12384/22).

1588. Perdita e deterioramento della cosa locata. – Il conduttore risponde della perdita e del deterioramento (1592) della cosa che avvengono nel corso della locazione, anche se derivanti da incendio (1589), qualora non provi che siano accaduti per causa a lui non imputabile (1218, 1256, 2281).

È pure responsabile della perdita e del deterioramento cagionati da persone che egli ha ammesse, anche temporaneamente, all'uso o al godimento della cosa (2764).

NOTE OPERATIVE:

Fatto del terzo: Nell'ipotesi di incendio della cosa locata cagionato da fatto del terzo, il conduttore, per andare esente dalla responsabilità ha l'onere di provare di non aver ammesso il terzo, anche temporaneamente, all'uso o al godimento del bene, oppure di aver posto in essere tutte le misure idonee a prevenire il fatto medesimo (C.C. 22289/23).

1589. Incendio di cosa assicurata. – Se la cosa distrutta o deteriorata per incendio era stata assicurata dal locatore o per conto di questo (1891), la responsabilità del conduttore verso il locatore è limitata alla differenza tra l'indennizzo corrisposto dall'assicuratore e il danno effettivo.

Quando si tratta di cosa mobile stimata (1908^2) e l'assicurazione è stata fatta per valore uguale alla stima, cessa ogni responsabilità del conduttore in confronto del locatore, se questi è indennizzato dall'assicuratore.

Sono salve in ogni caso le norme concernenti il diritto di surrogazione dell'assicuratore (1916).

1590. Restituzione della cosa locata. – Il conduttore deve restituire (1216) la cosa al locatore nello stato medesimo in cui l'ha ricevuta (1575), in conformità della descrizione che ne sia stata fatta dalle parti, salvo il deterioramento o il consumo risultante dall'uso della cosa in conformità del contratto (2281, 2764).

In mancanza di descrizione, si presume (2728) che il conduttore abbia ricevuto la cosa in buono stato di manutenzione (1575, n. 1).

Il conduttore non risponde del perimento o del deterioramento dovuti a vetustà (1609).

Le cose mobili si devono restituire nel luogo dove sono state consegnate (1182).

NOTE OPERATIVE:

Deroghe: Si è dinanzi a una norma dispositiva, ben potendo le parti regolare, nell'ambito del sinallagma tra loro specificamente concordato, in modo diverso – e quindi anche più gravoso per il conduttore – gli effetti della condizione in cui versa la cosa locata al momento della riconsegna (C.C. 15839/22).

1591. Danni per ritardata restituzione. – Il conduttore in mora (1216, 1219) a restituire la cosa è tenuto a dare al locatore il corrispettivo convenuto fino alla riconsegna, salvo l'obbligo di risarcire il maggior danno (1223).

NOTE OPERATIVE:

Natura giuridica: La responsabilità del locatario per il ritardo nella restituzione dell'immobile ha natura contrattuale perché deriva dalla violazione dell'obbligo del "conduttore" di restituire la cosa locata alla cessazione del contratto (C.C. 23143/22 – Conf. C.C. 38970/21).

1592. Miglioramenti. – Salvo disposizioni particolari della legge o degli usi, il conduttore non ha diritto a indennità per i miglioramenti apportati alla cosa locata (975, 985). Se però vi è stato il consenso del locatore, questi è tenuto a pagare un'indennità corrispondente alla minor somma tra l'importo della spesa e il valore del risultato utile al tempo della riconsegna.

Anche nel caso in cui il conduttore non ha diritto a indennità, il valore dei miglioramenti può compensare i deterioramenti che si sono verificati senza colpa grave del conduttore (1588, 1593).

NOTE OPERATIVE:

Presupposti: Nel contratto di locazione, il diritto del conduttore alla indennità per i miglioramenti della cosa locata presuppone che le relative opere siano state eseguite con il consenso del locatore (C.C. 15317/19 – Conf. C.C. 4532/19).

1593. Addizioni. – Il conduttore che ha eseguito addizioni sulla cosa locata ha diritto di toglierle alla fine della locazione qualora ciò possa avvenire senza nocumento della cosa, salvo che il proprietario preferisca ritenere le addizioni stesse. In tal caso questi deve pagare al conduttore un'indennità pari alla minor somma tra l'importo della spesa e il valore delle addizioni al tempo della riconsegna.

Se le addizioni non sono separabili senza nocumento della cosa e ne costituiscono un miglioramento, si osservano le norme dell'articolo precedente.

1594. Sublocazione o cessione della locazione. – Il conduttore, salvo patto contrario, ha facoltà di sublocare (1614) la cosa locatagli, ma non può cedere il contratto (1406 ss.) senza il consenso del locatore (1588).

Trattandosi di cosa mobile, la sublocazione deve essere autorizzata dal locatore o consentita dagli usi (378, 394 c.n.).

NOTE OPERATIVE:

Ambito di operatività: La cessione del contratto di locazione dal c.d. lato attivo (cioè dal locatore ad un terzo) è fattispecie del tutto diversa dalla cessione del contratto di locazione dal c.d. lato passivo (cioè dal conduttore ad un terzo), per la quale è richiesto il consenso del locatore, quale contraente ceduto (C.C. 18536/18).

1595. Rapporti tra il locatore e il subconduttore. – Il locatore, senza pregiudizio dei suoi diritti verso il conduttore, ha azione diretta contro il subconduttore per esigere il prezzo della sublocazione, di cui questi sia ancora debitore al momento della domanda giudiziale, e per costringerlo ad adempiere tutte le altre obbligazioni derivanti dal contratto di sublocazione (2764).

Il subconduttore non può opporgli pagamenti anticipati, salvo che siano stati fatti secondo gli usi locali (1605[1]).

Senza pregiudizio delle ragioni del subconduttore verso il sublocatore, la nullità (1418) o la risoluzione del contratto (1445, 1458) di locazione ha effetto anche nei confronti del subconduttore, e la sentenza pronunciata tra locatore e conduttore ha effetto anche contro di lui (2764, 2909).

NOTE OPERATIVE:

Ambito di operatività: L'esplicazione degli effetti della risoluzione del contratto di locazione, anche nei confronti del subconduttore, opera indipendentemente dal fatto che la durata del contratto di sublocazione sia stata programmata dalle parti (o prorogata per legge) in modo da durare oltre la data di cessazione del contratto di locazione (C.C. 8115/20).

1596. Fine della locazione per lo spirare del termine. – La locazione per un tempo determinato dalle parti cessa con lo spirare del termine, senza che sia necessaria la disdetta (80 l. fall.).

La locazione senza determinazione di tempo non cessa, se prima della scadenza stabilita a norma dell'art. 1574 una delle parti non comunica all'altra disdetta (1373[2]) nel termine fissato dalle norme corporative o, in mancanza, di quello ([1]) determinato dalle parti o dagli usi.

([1]) *L'espressione «fissato dalle norme corporative o, in mancanza, di quello» è da ritenersi abrogata dal R.D.L. 9 agosto 1943, n. 721.*

NOTE OPERATIVE:

Disdetta: Anche l'intimazione di sfratto può contenere la disdetta, in quanto da essa si trae l'inequivoca volontà del locatore di non rinnovare il contratto (C.C. 28471/17).

1597. Rinnovazione tacita del contratto. – La locazione si ha per rinnovata se, scaduto il termine di essa, il conduttore rimane ed è lasciato nella detenzione della cosa locata o se, trattandosi di locazione a tempo indeterminato (1574), non è stata comunicata la disdetta a norma dell'articolo precedente (382 c.n.).

La nuova locazione è regolata dalle stesse condizioni della precedente, ma la sua durata è quella stabilita per le locazioni a tempo indeterminato (1574).

Se è stata data licenza, il conduttore non può opporre la tacita rinnovazione, salvo che consti la volontà del locatore di rinnovare il contratto (1598; 80 l. fall.).

NOTE OPERATIVE:

Presupposti: La rinnovazione tacita del contratto di locazione non può desumersi, in caso di manifestazione della volontà del locatore di ottenere il rilascio del bene detenuto alla scadenza naturale della locazione, dalla permanenza del conduttore nell'immobile locato dopo la scadenza o dal fatto che il locatore abbia continuato a percepire il canone senza proporre tempestivamente azione di rilascio (C.C. 24456/11).

1598. Garanzie della locazione. – Le garanzie prestate da terzi non si estendono alle obbligazioni derivanti da proroghe della durata del contratto (1938).

1599. Trasferimento a titolo particolare della cosa locata. – Il contratto di locazione è opponibile al terzo acquirente (1603), se ha data certa (2704) anteriore all'alienazione della cosa.

La disposizione del comma precedente non si applica alla locazione di beni mobili non iscritti in pubblici registri, se l'acquirente ne ha conseguito il possesso in buona fede (1147, 1153).

Le locazioni di beni immobili non trascritte non sono opponibili al terzo acquirente, se non nei limiti di un novennio dall'inizio della locazione (2643, n. 8, 2644, 2923).

L'acquirente è in ogni caso tenuto a rispettare la locazione, se ne ha assunto l'obbligo verso l'alienante (1505, 1600 ss.).

NOTE OPERATIVE:

Canoni: Il trasferimento del bene locato implica la continuazione del rapporto locatizio in capo all'acquirente, ma – salvo diverso accordo delle parti – non determina il subingresso di costui nel diritto al pagamento dei canoni non corrisposti e relativi al periodo anteriore alla cessione (C.C. 14079/23).

1600. Detenzione anteriore al trasferimento. – Se la locazione non ha data certa (2704), ma la detenzione del conduttore è anteriore al trasferimento, l'acquirente non è tenuto a rispettare la locazione che per una durata corrispondente a quella stabilita per le locazioni a tempo indeterminato (1574, 2923[4]).

1601. Risarcimento del danno al conduttore licenziato. – Se il conduttore è stato licenziato dall'acquirente perché il contratto di locazione non aveva data certa (2704) anteriore al trasferimento, il locatore è tenuto a risarcirgli il danno (1223).

1602. Effetti dell'opponibilità della locazione al terzo acquirente. – Il terzo acquirente tenuto a rispettare la locazione (1599, 1600) subentra, dal giorno del suo acquisto, nei diritti e nelle obbligazioni derivanti dal contratto di locazione (1406 ss.).

NOTE OPERATIVE:

Risarcimento: L'acquirente dell'immobile locato, subentrando dal giorno dell'acquisto in tutti i diritti e gli obblighi del rapporto che non siano già esauriti, assume la qualità di locatore ed ha, quindi, azione per ottenere dal conduttore il risarcimento dei danni conseguenti alla mancata riparazione della cosa locata, i quali, ancorché verificatisi prima della vendita, siano esistenti a tale momento (C.C. 10203/23).

1603. Clausola di scioglimento del contratto in caso di alienazione. – Se si è convenuto che il contratto possa sciogliersi in caso di alienazione della cosa locata, l'acquirente che vuole valersi di tale facoltà deve dare licenza al conduttore rispettando il termine di preavviso stabilito dal secondo comma dell'art. 1596. In tal caso al conduttore licenziato non spetta il risarcimento dei danni, salvo patto contrario (1625, 2923[4]).

1604. Vendita della cosa locata con patto di riscatto. – Il compratore con patto di riscatto (1500) non può esercitare la facoltà di licenziare (1603) il conduttore fino a che il suo acquisto non sia divenuto irrevocabile con la scadenza del termine fissato per il riscatto (1501).

1605. Liberazione o cessione del corrispettivo della locazione. – La liberazione o la cessione del corrispettivo della locazione non ancora scaduto non può opporsi al terzo (1265) acquirente della cosa locata, se non risulta da atto scritto avente data certa (2704) anteriore al trasferimento (2918, 2924). Si può in ogni caso opporre il pagamento anticipato eseguito in conformità degli usi locali (1595[2], 1601, 2812).

Se la liberazione o la cessione è stata fatta per un periodo eccedente i tre anni e non è stata trascritta (2643, n. 9, 2644), può essere opposta solo entro i limiti di un triennio; se il triennio è già trascorso, può essere opposta solo nei limiti dell'anno in corso nel giorno del trasferimento (2812, 2918, 2924).

1606. Estinzione del diritto del locatore. – Nei casi in cui il diritto del locatore sulla cosa locata si estingue con effetto retroattivo (1360), le locazioni da lui concluse aventi data certa (2704) sono mantenute, purché siano state fatte senza frode e non eccedano il triennio (1445, 1458).

Sono salve le diverse disposizioni di legge.

NOTE OPERATIVE:

Presupposti: La norma presuppone che: a) fosse sussistente il diritto del locatore quando egli ha stipulato il contratto di locazione; b) si verifichi successivamente un fatto estintivo di tale diritto con effetto retroattivo (C.C. 7189/03).

Sezione II
Della locazione di fondi urbani

1607. Durata massima della locazione di case. – La locazione di una casa per abitazione può essere convenuta per tutta la durata della vita dell'inquilino e per due anni successivi alla sua morte (1350, n. 8, 1572, 1573, 1614, 2643, n. 8; 80 l. fall.).

1608. Garanzie per il pagamento della pigione. – Nelle locazioni di case non mobiliate l'inquilino può essere licenziato se non fornisce la casa di mobili sufficienti (2764) o non presta altre garanzie idonee ad assicurare il pagamento della pigione (1179, 1587).

1609. Piccole riparazioni a carico dell'inquilino. – Le riparazioni di piccola manutenzione, che a norma dell'art. 1576 devono essere eseguite dall'inquilino a sue spese, sono quelle dipendenti da deterioramenti prodotti dall'uso, e non quelle dipendenti da vetustà o da caso fortuito (1590, 2764).

Le suddette riparazioni, in mancanza di patto, sono determinate dagli usi locali.

NOTE OPERATIVE:

Ambito di applicazione: Nella categoria delle riparazioni di piccola manutenzione, a carico del conduttore, non ri-

CODICE CIVILE

entrano quelle relative agli impianti interni alla struttura dell'immobile (elettrico, idrico, termico) per l'erogazione dei servizi indispensabili al suo godimento (C.C. 11353/14 – Conf. C.C. 5459/06).

1610. (1) **Spurgo di pozzi e di latrine.** – Lo spurgo dei pozzi e delle latrine è a carico del locatore.

(1) *L'art. 9 della citata L. 27 luglio 1978, n. 392, ha posto questo obbligo a carico del conduttore.*

1611. Incendio di casa abitata da più inquilini. – Se si tratta di casa occupata da più inquilini, tutti sono responsabili verso il locatore del danno prodotto dall'incendio, proporzionatamente al valore della parte occupata (1588, 1589). Se nella casa abita anche il locatore, si detrae dalla somma dovuta una quota corrispondente alla parte da lui occupata.

La disposizione del comma precedente non si applica se si prova che l'incendio è cominciato dall'abitazione di uno degli inquilini, ovvero se alcuno di questi prova che l'incendio non è potuto cominciare nella sua abitazione.

1612. Recesso convenzionale del locatore. – Il locatore che si è riservata la facoltà di recedere dal contratto (1373) per abitare egli stesso nella casa locata deve dare licenza motivata nel termine stabilito dagli usi locali.

1613. Facoltà di recesso degli impiegati pubblici. – Gli impiegati delle pubbliche amministrazioni possono, nonostante patto contrario, recedere dal contratto (1373) nel caso di trasferimento, purché questo non sia stato disposto su loro domanda (80^2 l. fall.).

Tale facoltà si esercita mediante disdetta motivata, e il recesso ha effetto dal secondo mese successivo a quello in corso alla data della disdetta.

1614. Morte dell'inquilino. – Nel caso di morte dell'inquilino, se la locazione deve ancora durare per più di un anno ed è stata vietata la sublocazione (1594), gli eredi possono recedere dal contratto (1373) entro tre mesi dalla morte.

Il recesso si deve esercitare mediante disdetta comunicata con preavviso non inferiore a tre mesi.

NOTE OPERATIVE:

Ambito di applicazione: L'erede non convivente del conduttore di immobile adibito ad abitazione non gli succede nella detenzione qualificata (C.C. 26670/17 – Conf. C.C. 6965/01).

Sezione III
Dell'affitto

§. 1
Disposizioni generali

1615. Gestione e godimento della cosa produttiva. – Quando la locazione ha per oggetto il godimento di una cosa produttiva, mobile o immobile, l'affittuario deve curarne la gestione in conformità della destinazione economica della cosa (1618, 1619) e dell'interesse della produzione (1623; 41^3 Cost.). A lui spettano i frutti (821) e le altre utilità della cosa.

1616. Affitto senza determinazione di tempo. – Se le parti non hanno determinato la durata dell'affitto, ciascuna di esse può recedere dal contratto (1373) dando all'altra un congruo preavviso (1596^2).

Sono salvi le norme corporative e (1) gli usi che dispongono diversamente (1625).

(1) *L'espressione «le norme corporative» è da ritenersi abrogata dal R.D.L. 9 agosto 1943, n. 721.*

1617. Obblighi del locatore. – Il locatore è tenuto a consegnare la cosa, con i suoi accessori e le sue pertinenze (817), in istato da servire all'uso e alla produzione a cui è destinata (1575, n. 1).

NOTE OPERATIVE:

Consegna: La consegna della cosa che risulti poi inidonea a realizzare l'interesse del conduttore non comporta violazione dei doveri che incombono sul locatore quando risulti che il conduttore conosceva o poteva conoscere la possibile inidoneità del bene medesimo (C.C. 708/10).

1618. Inadempimenti dell'affittuario. – Il locatore può chiedere la risoluzione del contratto (1453), se l'affittuario non destina al servizio della cosa i mezzi necessari per la gestione di essa, se non osserva le regole della buona tecnica (1176), ovvero se muta stabilmente la destinazione economica della cosa (1615).

1619. Diritto di controllo. – Il locatore può accertare in ogni tempo, anche con accesso in luogo, se l'affittuario osserva gli obblighi che gli incombono.

1620. Incremento della produttività della cosa. – L'affittuario può prendere le iniziative atte a produrre un aumento di reddito della cosa, purché esse non importino obblighi per il locatore o non gli arrechino pregiudizio, e siano conformi all'interesse della produzione (1592, 1615).

NOTE OPERATIVE:

Ambito di applicazione: La norma attribuisce all'affittuario la facoltà di prendere ogni iniziativa idonea ad incrementare il reddito della cosa medesima; l'esercizio di tale facoltà non può, però, tradursi in obblighi a carico del locatore e non può, pertanto, di per sé costituire titolo per pretendere da quest'ultimo indennità per miglioramenti effettuati in attuazione di dette iniziative (C.C. 19162/05 – Conf. C.C. 1008/79).

1621. Riparazioni. – Il locatore è tenuto ad eseguire a sue spese, durante l'affitto, le riparazioni straordinarie. Le altre sono a carico dell'affittuario (1576, 1577, 1609, 2153, 2764).

NOTE OPERATIVE:

Ratio: La finalità della norma è quella di colmare eventuali carenze del regolamento negoziale in ordine alla ripartizione degli oneri delle riparazioni, sicché la predetta disposizione ha carattere dispositivo e può essere derogata convenzionalmente, non ostando a ciò alcun pubblico interesse (C.C. 7574/20 – Conf. C.C. 11213/02).

1622. Perdite determinate da riparazioni. – Se l'esecuzione delle riparazioni che sono a carico del locatore determina per l'affittuario una perdita superiore al quinto del reddito annuale o, nel caso di affitto non superiore a un anno, al quinto del reddito complessivo, l'affittuario può domandare una riduzione del fitto in ragione della diminuzione del reddito oppure, secondo le circostanze, lo scioglimento del contratto (1583, 1584).

1623. Modificazioni sopravvenute del rapporto contrattuale. – Se, in conseguenza di una disposizione di legge, di una norma corporativa (1) o di un provvedimento dell'autorità riguardanti la gestione produttiva, il rapporto contrattuale risulta notevolmente modificato in modo che le parti ne risentano rispettivamente una perdita e un vantaggio, può essere richiesto un aumento o una diminuzione del fitto (1467) ovvero, secondo le circostanze, lo scioglimento del contratto.

Sono salve le diverse disposizioni della legge, della norma corporativa (1) o del provvedimento dell'autorità.

(1) *Le espressioni «di una norma corporativa» e «della norma corporativa» sono da ritenersi abrogate dal R.D.L. 9 agosto 1943, n. 721.*

1624. Divieto di subaffitto. Cessione dell'affitto. – L'affittuario non può subaffittare la cosa senza il consenso del locatore (1594, 1649, 2149).

La facoltà di cedere l'affitto comprende quella di subaffittare; la facoltà di subaffittare non comprende quella di cedere l'affitto.

1625. Clausola di scioglimento del contratto in caso di alienazione. – Se si è convenuto che l'affitto possa sciogliersi in caso di alienazione (1603), l'acquirente che voglia dare licenza all'affittuario deve osservare la disposizione dell'art. 1616.

Quando l'affitto ha per oggetto un fondo rustico, la licenza deve essere data col preavviso di sei mesi e ha effetto per la fine dell'anno agrario in corso alla scadenza del termine di preavviso (1627²).

1626. Incapacità o insolvenza dell'affittuario. – L'affitto si scioglie per l'interdizione (414), l'inabilitazione (415) o l'insolvenza dell'affittuario (80 l. fall.), salvo che al locatore sia prestata idonea garanzia (1179) per l'esatto adempimento degli obblighi dell'affittuario.

1627. Morte dell'affittuario. – Nel caso di morte dell'affittuario, il locatore e gli eredi dell'affittuario possono, entro tre mesi dalla morte, recedere dal contratto (1373) mediante disdetta comunicata all'altra parte con preavviso di sei mesi (1614).

Se l'affitto ha per oggetto un fondo rustico, la disdetta ha effetto per la fine dell'anno agrario in corso alla scadenza del termine di preavviso (1614, 1625²).

§. 2
Dell'affitto di fondi rustici

1628. (1) **Durata minima dell'affitto.** – Se le norme corporative stabiliscono un periodo minimo di durata del contratto, l'affitto di un fondo rustico stipulato per una durata inferiore si estende al periodo minimo così stabilito.

(1) *Questo articolo deve intendersi abrogato poiché l'ordinamento corporativo è stato soppresso con R.D.L. 9 agosto 1943, n. 721.*

1629. Fondi destinati al rimboschimento. – L'affitto di fondi rustici destinati al rimboschimento può essere stipulato per un termine massimo di novantanove anni (1573).

1630. Affitto senza determinazione di tempo. – L'affitto a tempo indeterminato di un fondo soggetto a rotazione di colture si reputa stipulato (1574) per il tempo necessario affinché l'affittuario possa svolgere e portare a compimento il normale ciclo di avvicendamento delle colture praticate nel fondo (2143, 2165).

Se il fondo non è soggetto ad avvicendamento di colture, l'affitto si reputa fatto per il tempo necessario alla raccolta dei frutti (1635).

L'affitto non cessa se prima della scadenza una delle parti non ha dato disdetta con preavviso di sei mesi (1596).

Sono salve le diverse disposizioni delle norme corporative ([1]).

([1]) *Comma da ritenere abrogato a seguito della soppressione dell'ordinamento corporativo fascista disposta dal R.D.L. 9 agosto 1943, n. 721.*

1631. Estensione del fondo. – Per l'affitto a misura, oppure a corpo con indicazione della misura, nel caso di eccesso o di difetto dell'estensione del fondo rispetto alla misura indicata, i diritti e le obbligazioni delle parti sono determinati secondo le norme contenute nel capo della vendita (1537, 1538, 1539).

1632. Miglioramenti. – (*Omissis*) ([1]).

([1]) *Articoli che riguardavano i miglioramenti e i diritti relativi; abrogati dall'art. 29 della L. 11 febbraio 1971, n. 11.*

1633. Diritti derivanti dall'esecuzione dei miglioramenti. – (*Omissis*) ([1]).

([1]) *Articoli che riguardavano i miglioramenti e i diritti relativi; abrogati dall'art. 29 della L. 11 febbraio 1971, n. 11.*

1634. Inderogabilità. – Le disposizioni dei due articoli precedenti sono inderogabili.

1635. Perdita fortuita dei frutti negli affitti pluriennali. – Se, durante l'affitto convenuto per più anni, almeno la metà dei frutti di un anno non ancora separati (821) perisce per caso fortuito, l'affittuario può domandare una riduzione del fitto, salvo che la perdita trovi compenso nei precedenti raccolti.

Qualora la perdita non trovi compenso nei precedenti raccolti, la riduzione è determinata alla fine dell'affitto, eseguito il conguaglio con i frutti raccolti in tutti gli anni decorsi. Il giudice può dispensare provvisoriamente l'affittuario dal pagamento di una parte del fitto in proporzione della perdita sofferta.

La riduzione non può mai eccedere la metà del fitto.

In ogni caso si deve tener conto degli indennizzi che l'affittuario abbia conseguiti o possa conseguire in relazione alla perdita sofferta.

Al perimento è equiparata la mancata produzione dei frutti (960[2]).

1636. Perdita fortuita dei frutti negli affitti annuali. – Se l'affitto ha la durata di un solo anno, e si è verificata la perdita per caso fortuito di almeno la metà dei frutti, l'affittuario può essere esonerato dal pagamento di una parte del fitto, in misura non superiore alla metà.

1637. Accollo di casi fortuiti. – L'affittuario può, con patto espresso, assumere il rischio dei casi fortuiti ordinari (1643). Sono reputati tali i fortuiti che, avuto riguardo ai luoghi e a ogni altra circostanza, le parti potevano ragionevolmente ritenere probabili (1648).

È nullo (1419) il patto col quale l'affittuario si assoggetta ai casi fortuiti straordinari.

1638. Espropriazione per pubblico interesse. – In caso di espropriazione per pubblico interesse (834) o di occupazione temporanea del fondo locato, l'affittuario ha diritto di ottenere dal locatore la parte d'indennità a questo corrisposta per i frutti non percepiti o per il mancato raccolto.

1639. Canone di affitto. – Il fitto può consistere anche in una quota ovvero in una quantità fissa o variabile dei frutti del fondo locato (1282[2], 2099[3]).

1640. Scorte morte. – Le scorte morte costituenti la dotazione del fondo, che sono state consegnate all'affittuario all'inizio dell'affitto, con determinazione della specie, qualità e quantità, devono, anche se stimate, essere restituite al locatore alla fine dell'affitto, nella stessa specie, qualità e quantità e, se si tratta di scorte fisse, come macchinari e attrezzi, nello stesso stato d'uso (2764). L'eccedenza o la deficienza deve essere regolata in danaro, secondo il valore corrente al tempo della riconsegna. La dotazione necessaria non può essere distratta e deve essere mantenuta secondo le esigenze delle colture e la pratica dei luoghi (1642).

La disposizione del comma precedente si applica anche se, all'inizio dell'affitto, l'affittuario ha depositato la somma che rappresenti il valore delle scorte presso il locatore, salvo l'obbligo di questo di restituirla al tempo della riconsegna delle scorte (1645[3]).

Se le scorte sono state consegnate con la sola indicazione del valore, l'affittuario ne acquista la proprietà, e, alla fine dell'affitto, deve restituire il valore ricevuto o scorte in natura per un corrispondente valore, determinato secondo il prezzo corrente, al tempo della riconsegna, ovvero parte dell'uno e parte delle altre (1645[3], 2764).

Sono salve le diverse disposizioni delle norme corporative o (1) le diverse pattuizioni delle parti.

(1) *L'espressione «le diverse disposizioni delle norme corporative o» è da ritenersi abrogata dal R.D.L. 9 agosto 1943, n. 721.*

1641. Scorte vive. - Quando il bestiame da lavoro o da allevamento, costituente la dotazione del fondo, è stato in tutto o in parte fornito dal locatore, si osservano le disposizioni degli articoli seguenti, salvi le norme corporative o (1) i patti diversi (2764).

(1) *L'espressione «le norme corporative o» è da ritenersi abrogata dal R.D.L. 9 agosto 1943, n. 721.*

1642. Proprietà del bestiame consegnato. - Qualora il bestiame consegnato all'affittuario sia stato determinato con indicazione della specie, del numero, del sesso, della qualità, dell'età e del peso, anche se ne è stata fatta stima, la proprietà di esso rimane al locatore. Tuttavia l'affittuario può disporre dei singoli capi, ma deve mantenere nel fondo la dotazione necessaria (1640[1], 1645[1]).

1643. Rischio della perdita del bestiame. - Il rischio della perdita del bestiame è a carico dell'affittuario dal momento in cui questi lo ha ricevuto, se non è stato diversamente pattuito (1637, 1642).

1644. Accrescimenti e frutti del bestiame. - L'affittuario fa suoi i parti e gli altri frutti del bestiame, l'accrescimento e ogni altro provento che ne deriva (1615, 1637).

Il letame però deve essere impiegato esclusivamente nella coltivazione del fondo.

1645. Riconsegna del bestiame. - Nel caso previsto dall'art. 1642, al termine del contratto l'affittuario deve restituire bestiame corrispondente per specie, numero, sesso, qualità, età e peso a quello ricevuto. Se vi sono differenze di qualità o di quantità contenute nei limiti in cui esse possano ammettersi avuto riguardo ai bisogni della coltivazione del fondo (1642), l'affittuario deve restituire bestiame di uguale valore. Se vi è eccedenza o deficienza nel valore del bestiame, ne è fatto conguaglio in danaro tra le parti, secondo il valore al tempo della riconsegna (1640[1]).

La disposizione del comma precedente si applica anche se, all'inizio dell'affitto, l'affittuario ha depositato presso il locatore la somma che rappresenta il valore del bestiame (1640[2]).

Si applica altresì la disposizione del terzo comma dell'art. 1640.

Sono salvi le disposizioni delle norme corporative e (1) i patti diversi.

(1) *L'espressione «le disposizioni delle norme corporative e» è da ritenersi abrogata dal R.D.L. 9 agosto 1943, n. 721.*

1646. Rapporti fra gli affittuari uscente e subentrante. - L'affittuario uscente deve mettere a disposizione di chi gli subentra nella coltivazione i locali opportuni e gli altri comodi occorrenti per i lavori dell'anno seguente; il nuovo affittuario deve lasciare al precedente i locali opportuni e gli altri comodi occorrenti per il consumo dei foraggi e per le raccolte che restano da fare.

Per l'ulteriore determinazione dei rapporti tra l'affittuario uscente e l'affittuario subentrante si osservano le disposizioni delle norme corporative e, in mancanza, gli usi locali.

§. 3
Dell'affitto a coltivatore diretto

1647. Nozione. - Quando l'affitto ha per oggetto un fondo che l'affittuario coltiva col lavoro prevalentemente proprio o di persone della sua famiglia (2083), si applicano le norme che seguono (1654, 2079, 2080), sempre che il fondo non superi i limiti di estensione che, per singole zone e colture, possono essere determinati dalle norme corporative (1).

(1) *L'ultimo periodo dell'articolo dalla parola «sempre» alla fine è da ritenersi abrogato dal R.D.L. 9 agosto 1943, n. 721.*

1648. Casi fortuiti ordinari. - Il giudice, con riguardo alle condizioni economiche dell'affittuario, può disporre il pagamento rateale del fitto se per un caso fortuito ordinario, le cui conseguenze l'affittuario ha assunte a suo carico (1637), si verifica la perdita di almeno la metà dei frutti del fondo (1654).

1649. Subaffitto. - Se il locatore consente il subaffitto, questo è considerato come locazione diretta tra il locatore e il nuovo affittuario (1594, 1624, 1654).

1650. Morte dell'affittuario. - (*Omissis*) (1).

(1) *Articoli che riguardavano la morte dell'affittuario ed i miglioramenti. Abrogati dall'art. 29, L. 11 febbraio 1971, n. 11.*

1651. Miglioramenti. - (*Omissis*) (1).

(1) *Articoli che riguardavano la morte dell'affittuario ed i miglioramenti. Abrogati dall'art. 29, L. 11 febbraio 1971, n. 11.*

1652. Anticipazioni all'affittuario. – Qualora l'affittuario non possa provvedere altrimenti, il locatore è tenuto ad anticipargli le sementi e le materie fertilizzanti e antiparassitarie necessarie per la coltivazione del fondo (2151).

Il credito del locatore produce interessi in misura corrispondente al saggio legale (1284, 1654).

1653. [Sostituzione del locatore all'affittuario. – (*Omissis*)] (1).

(1) *Articolo abrogato dall'art. 29, L. 11 febbraio 1971, n. 11.*

1654. Inderogabilità. – Le disposizioni che precedono sono inderogabili.

Capo VII
Dell'appalto

1655. Nozione. – L'appalto è il contratto col quale una parte assume, con organizzazione dei mezzi necessari (2082) e con gestione a proprio rischio, il compimento di un'opera o di un servizio (1677) verso un corrispettivo in danaro (1657, 2222).

NOTE OPERATIVE:

Caratteristiche: La distinzione tra contratto d'opera e contratto d'appalto si basa sul criterio della struttura e dimensione dell'impresa a cui sono commissionate le opere, nel senso che il contratto d'opera è quello che coinvolge la piccola impresa, che svolge la propria attività con la prevalenza del lavoro personale dell'imprenditore (e dei propri familiari) e in cui l'organizzazione non è tale da consentire il perseguimento delle iniziative di impresa, facendo a meno dell'attività esecutiva dell'imprenditore artigiano (C.C. 4527/22 – Conf. C.C. 12519/10). Ai fini della differenziazione tra i contratti di appalto e vendita, quando alla prestazione di fare caratterizzante l'appalto si affianchi anche quella di dare caratterizzante la vendita (come nella ipotesi in cui i materiali siano forniti dallo stesso appaltatore) si deve avere riguardo alla prevalenza o meno del lavoro sulla materia, da considerarsi, però, non in senso oggettivo, ma in relazione alla volontà dei contraenti (C.C. 11602/02 – Conf. C.C. 6171/93).

1656. Subappalto. – L'appaltatore non può dare in subappalto (1670) l'esecuzione dell'opera o del servizio, se non è stato autorizzato dal committente.

NOTE OPERATIVE:

Natura giuridica: Essendo il subappalto un contratto derivato o subcontratto (con tale contratto l'appaltatore conferisce a un terzo subappaltore l'incarico di eseguire in tutto o in parte i lavori che si è impegnato a eseguire sulla base del contratto principale), le vicende di detto contratto restano condizionate da quelle del contratto principale (C.C. 9766/16 – Conf. C.C. 23903/09).

1657. Determinazione del corrispettivo. – Se le parti non hanno determinato la misura del corrispettivo né hanno stabilito il modo di determinarla, essa è calcolata con riferimento alle tariffe esistenti o agli usi; in mancanza, è determinata dal giudice (2225, 2233).

NOTE OPERATIVE:

Prezzo: Nel contratto di appalto stipulato tra privati, quando il corrispettivo sia stato fissato a corpo e non a misura, il prezzo viene determinato in una somma fissa ed invariabile che non può subire modifiche, se non giustificate da variazioni in corso d'opera (C.C. 34646/22 – Conf. C.C. 21517/19).

1658. Fornitura della materia. – La materia necessaria a compiere l'opera deve essere fornita dall'appaltatore, se non è diversamente stabilito dalla convenzione o dagli usi (1663, 1673, 2223).

NOTE OPERATIVE:

Presunzione: La norma prevede una presunzione legale relativa e, cioè, che la fornitura della materia necessaria a compiere l'opera appaltata sia a carico dell'appaltatore e deve, di conseguenza, considerarsi ricompresa nella misura del corrispettivo dovuto (C.C. 20870/19 – C.C. 468/14).

1659. Variazioni concordate del progetto. – L'appaltatore non può apportare variazioni alle modalità convenute dell'opera se il committente non le ha autorizzate.

L'autorizzazione si deve provare per iscritto (2725).

Anche quando le modificazioni sono state autorizzate, l'appaltatore, se il prezzo dell'intera opera è stato determinato globalmente, non ha diritto a compenso per le variazioni o per le aggiunte, salvo diversa pattuizione (1661[1]).

NOTE OPERATIVE:

Ambito di applicazione: La richiesta di notevoli e importanti variazioni delle opere, avanzata in corso di esecuzione dei lavori dal committente, comporta la sostituzione consensuale del regolamento contrattuale in essere e il venir meno del termine di consegna e della penale per il ritardo originariamente pattuiti (C.C. 32989/19 – Conf. C.C. 9152/19).

Prova: Il regime probatorio delle variazioni dell'opera muta, a seconda che le stesse siano dovute all'iniziativa dell'appaltatore ovvero a quella del committente (C.C. 40122/21 – Conf. C.C. 32989/19).

1660. Variazioni necessarie del progetto. – Se per l'esecuzione dell'opera a regola d'arte è necessario apportare variazioni al progetto (1661) e le parti non si accordano, spetta al giudice di determinare le variazioni da introdurre e le correlative variazioni del prezzo.

Se l'importo delle variazioni supera il sesto del prezzo complessivo convenuto, l'appaltatore può recedere dal contratto (1373) e può ottenere, secondo le circostanze, un'equa indennità.

Se le variazioni sono di notevole entità, il committente può recedere dal contratto (1373) ed è tenuto a corrispondere un equo indennizzo.

NOTE OPERATIVE:

Compenso: Il diritto al compenso postula che le variazioni determinate da necessità tecniche sia superiore a un sesto del prezzo pattuito (C.C. 25035/15).

1661. Variazioni ordinate dal committente. – Il committente può apportare variazioni al progetto (1660), purché il loro ammontare non superi il sesto del prezzo complessivo convenuto. L'appaltatore ha diritto al compenso per i maggiori lavori eseguiti, anche se il prezzo dell'opera era stato determinato globalmente (1659).

La disposizione del comma precedente non si applica quando le variazioni, pur essendo contenute nei limiti suddetti, importano notevoli modificazioni della natura dell'opera o dei quantitativi nelle singole categorie di lavori previste nel contratto per l'esecuzione dell'opera medesima.

NOTE OPERATIVE:

Effetti: Le variazioni al progetto che il committente ha il potere di apportare assumendone i costi non determinano, di per sé, la sostituzione del precedente contratto con uno diverso, ma solo la parziale modifica dell'oggetto della prestazione dovuta dall'appaltatore e l'obbligazione del committente di pagamento degli eventuali costi aggiuntivi, né implicano rinuncia del committente al termine di consegna dei lavori stabilito nel contratto (C.C. 2290/95).

1662. Verifica nel corso di esecuzione dell'opera. – Il committente ha diritto di controllare lo svolgimento dei lavori e di verificarne a proprie spese lo stato.

Quando, nel corso dell'opera, si accerta che la sua esecuzione non procede secondo le condizioni stabilite dal contratto e a regola d'arte, il committente può fissare un congruo termine (1454) entro il quale l'appaltatore si deve conformare a tali condizioni; trascorso inutilmente il termine stabilito, il contratto è risoluto, salvo il diritto del committente al risarcimento del danno (1223, 1665, 1667).

NOTE OPERATIVE:

Natura giuridica: La norma prevede la mera facoltà del committente e non pone un onere a carico dello stesso sicché del mancato esercizio di tale facoltà non può farsi derivare una preclusione processuale all'esercizio dell'azione generale di risoluzione (C.C. 6931/07 – Conf. C.C. 5726/78)

Finalità: La facoltà di effettuare verifiche in corso d'opera è finalizzata a garantire l'esatto adempimento dell'appalto, ma non anche a fungere da accettazione dell'opera, e non esclude, pertanto, la responsabilità dell'appaltatore per vizi o difformità dell'opera stessa (C.C. 30983/19 – Conf. C.C. 4544/03).

1663. Denuncia dei difetti della materia. – L'appaltatore è tenuto a dare pronto avviso al committente dei difetti della materia da questo fornita (1658, 1673), se si scoprono nel corso dell'opera e possono comprometterne la regolare esecuzione.

1664. Onerosità o difficoltà dell'esecuzione. – Qualora per effetto di circostanze imprevedibili si siano verificati aumenti o diminuzioni nel costo dei materiali o della mano d'opera, tali da determinare un aumento o una diminuzione superiori al decimo del prezzo complessivo convenuto, l'appaltatore o il committente possono chiedere una revisione del prezzo medesimo. La revisione può essere accordata solo per quella differenza che eccede il decimo (1467).

Se nel corso dell'opera si manifestino difficoltà di esecuzione derivanti da cause geologiche, idriche e simili, non previste dalle parti, che rendano notevolmente più onerosa la prestazione dell'appaltatore, questi ha diritto a un equo compenso.

NOTE OPERATIVE:

Natura giuridica: La norma non ha carattere vincolante per le parti, le quali, pertanto, possono legittimamente derogarvi (C.C. 5267/18) e presenta carattere speciale rispetto alla disposizione di cui all'art. 1467 c.c., della quale impedisce l'applicabilità, in quanto non prevede la risoluzione del contratto, ma solo la revisione dei prezzi o, nel caso di cui al secondo comma, il diritto dell'appaltatore ad un equo compenso (C.C. 28812/13 – Conf. C.C. 9060/94; C.C. 1123/87).

1665. Verifica e pagamento dell'opera. – Il committente, prima di ricevere la consegna, ha diritto di verificare l'opera compiuta (1662, 1666).

La verifica deve essere fatta dal committente appena l'appaltatore lo mette in condizioni di poterla eseguire.

Se, nonostante l'invito fattogli dall'appaltatore, il committente tralascia di procedere alla verifica senza giusti motivi, ovvero non ne comunica il risultato entro un breve termine, l'opera si considera accettata (1667, 2226).

Se il committente riceve senza riserve la consegna dell'opera, questa si considera accettata ancorché non si sia proceduto alla verifica (2226).

Salvo diversa pattuizione o uso contrario, l'appaltatore ha diritto al pagamento del corrispettivo quando l'opera è accettata dal committente.

NOTE OPERATIVE:

Accettazione: La norma, pur non enunciando la nozione di accettazione tacita dell'opera, indica i fatti e i comportamenti dai quali deve presumersi la sussistenza dell'accettazione da parte del committente e, in particolare, prevede come presupposto dell'accettazione tacita la consegna dell'opera al committente e come fatto concludente la ricezione senza riserve da parte di quest'ultimo, anche se non si sia proceduto alla verifica (C.C. 4021/23 – Conf. C.C. 13224/19).

1666. Verifica e pagamento di singole partite. – Se si tratta di opera da eseguire per partite, ciascuno dei contraenti può chiedere che la verifica (1662, 1665) avvenga per le singole partite. In tal caso l'appaltatore può domandare il pagamento in proporzione dell'opera eseguita.

Il pagamento fa presumere l'accettazione della parte di opera pagata; non produce questo effetto il versamento di semplici acconti (1665[3]).

1667. Difformità e vizi dell'opera. – L'appaltatore è tenuto alla garanzia (1668) per le difformità e i vizi dell'opera. La garanzia non è dovuta se il committente ha accettato l'opera (1665, 1666, 2226) e le difformità o i vizi erano da lui conosciuti o erano riconoscibili, purché, in questo caso, non siano stati in mala fede taciuti dall'appaltatore.

Il committente deve, a pena di decadenza, denunziare all'appaltatore le difformità o i vizi entro sessanta giorni dalla scoperta. La denunzia non è necessaria se l'appaltatore ha riconosciuto le difformità o i vizi o se li ha occultati (1670).

L'azione contro l'appaltatore si prescrive in due anni dal giorno della consegna dell'opera. Il committente convenuto per il pagamento può sempre far valere la garanzia (1442[4], 1449[2]), purché le difformità o i vizi siano stati denunziati entro sessanta giorni dalla scoperta e prima che siano decorsi i due anni dalla consegna (2964; 240, 855 c.n.).

NOTE OPERATIVE:

Gravi difetti: I gravi difetti che legittimano il committente all'azione di responsabilità extracontrattuale nei confronti dell'appaltatore possono consistere in una qualsiasi alterazione, conseguente ad una insoddisfacente realizzazione dell'opera, che, pur non riguardando parti essenziali della stessa bensì quegli elementi accessori o secondari che ne consentono l'impiego duraturo cui è destinata, incidono negativamente e in modo considerevole sul godimento (C.C. 39599/21 – Conf. C.C. 20307/11; C.C. 23276/05; C.C. 11740/03; C.C. 9636/01; C.C. 456/99).

1668. Contenuto della garanzia per difetti dell'opera. – Il committente può chiedere che le difformità o i vizi (1667) siano eliminati a spese dell'appaltatore, oppure che il prezzo sia proporzionalmente diminuito, salvo il risarcimento del danno (1223) nel caso di colpa dell'appaltatore.

Se però le difformità o i vizi dell'opera sono tali da renderla del tutto inadatta alla sua destinazione, il committente può chiedere la risoluzione del contratto (1453, 2226).

NOTE OPERATIVE:

Strumenti di tutela: La possibilità di chiedere la risoluzione del contratto di appalto è ammessa nella sola ipotesi in cui l'opera, considerata nella sua unicità e complessità, sia assolutamente inadatta alla destinazione sua propria in quanto affetta da vizi che incidono in misura notevole sulla struttura e funzionalità della medesima sì da impedire che essa fornisca la sua normale utilità, laddove, al contrario, se i vizi e le difformità sono facilmente e sicuramente eliminabili, il committente può solo ottenere, a sua scelta, che le difformità o i vizi siano eliminati a spese dell'appaltatore ovvero che il prezzo sia proporzionalmente ridotto (C.C. 36246/22 – Conf. C.C. 7942/12; C.C. 5250/04).

1669. Rovina e difetti di cose immobili. – Quando si tratta di edifici o di altre cose immobili destinate per loro natura a lunga durata, se, nel corso di dieci anni dal compimento, l'opera, per vizio del suolo o per difetto della costruzione, rovina in tutto o in parte, ovvero presenta evidente pericolo di rovina o gravi difetti, l'appaltatore è responsabile nei confronti del committente e dei suoi aventi causa, purché sia fatta la denunzia entro un anno dalla scoperta.

Il diritto del committente si prescrive in un anno dalla denunzia.

NOTE OPERATIVE:

Ambito di applicazione: La norma, benché collocata fra quelle disciplinanti il contratto di appalto, è diretta alla tutela dell'esigenza (avente carattere generale) della conservazione e funzionalità degli edifici e di altri immobili destinati, per loro natura, a lunga durata, sicché l'azione di responsabilità ha natura extracontrattuale e, trascendendo il rapporto negoziale (appalto o vendita) in base al quale l'immobile è pervenuto nella sfera di un soggetto diverso dal costruttore, può essere esercitata nei confronti di quest'ultimo, quando abbia veste di venditore, anche da parte degli acquirenti, i quali soli possono fruire del più favorevole termine di un anno (C.C. 23470/23 – Conf. C.C. 7634/06; C.C. 567/05; C.C. 4622/00; C.C. 12304/93; C.C. 1114/86).

1670. Responsabilità dei subappaltatori. – L'appaltatore, per agire in regresso (1228) nei confronti dei subappaltatori (1656), deve, sotto pena di decadenza, comunicare ad essi la denunzia entro sessanta giorni dal ricevimento (1667^2, 2964).

NOTE OPERATIVE:

Regresso: L'appaltatore è tenuto a denunciare tempestivamente al subappaltatore i vizi o le difformità dell'opera a lui contestati dal committente e, prima della formale denuncia di quest'ultimo, non ha interesse ad agire in regresso nei confronti del subappaltatore, atteso che il committente potrebbe accettare l'opera nonostante i vizi palesi, non denunciare mai i vizi occulti oppure denunciarli tardivamente (C.C. 24717/18 – Conf. C.C. 26686/14).

1671. Recesso unilaterale dal contratto. – Il committente può recedere dal contratto (1373), anche se è stata iniziata l'esecuzione dell'opera o la prestazione del servizio, purché tenga indenne l'appaltatore delle spese sostenute, dei lavori eseguiti e del mancato guadagno (1372, 2227, 2237).

NOTE OPERATIVE:

Onere della prova: Grava sull'appaltatore, che chiede di essere indennizzato del mancato guadagno, l'onere di dimostrare quale sarebbe stato l'utile netto da lui conseguibile con l'esecuzione delle opere appaltate (C.C. 15304/20 – Conf. C.C. 28402/17).

1672. Impossibilità di esecuzione dell'opera. – Se il contratto si scioglie perché l'esecuzione dell'opera è divenuta impossibile in conseguenza di una causa non imputabile ad alcuna delle parti (1464), il committente deve pagare la parte dell'opera già compiuta, nei limiti in cui è per lui utile (1675, 2228, 2231^2, 2237^2), in proporzione del prezzo pattuito per l'opera intera.

1673. Perimento o deterioramento della cosa. – Se, per causa non imputabile ad alcuna delle parti, l'opera perisce o è deteriorata prima che sia accettata (1666) dal committente o prima che il committente sia in mora (1207) a verificarla (1665), il perimento o il deterioramento è a carico dell'appaltatore, qualora questi abbia fornito la materia (1658).

Se la materia è stata fornita in tutto o in parte dal committente, il perimento o il deterioramento dell'opera è a suo carico per quanto riguarda la materia da lui fornita, e per il resto è a carico dell'appaltatore (1465).

1674. Morte dell'appaltatore. – Il contratto di appalto non si scioglie per la morte dell'appaltatore, salvo che la considerazione della sua persona sia stata motivo determinante del contratto (1675; 81 l. fall.). Il committente può sempre recedere dal contratto (1373), se gli eredi dell'appaltatore non danno affidamento per la buona esecuzione dell'opera o del servizio.

1675. Diritti e obblighi degli eredi dell'appaltatore. – Nel caso di scioglimento del contratto per morte dell'appaltatore (1674), il committente è tenuto a pagare agli eredi il valore delle opere eseguite, in ragione del prezzo pattuito, e a rimborsare le spese sostenute per l'esecuzione del rimanente, ma solo nei limiti in cui le opere eseguite e le spese sostenute gli sono utili (1672).

Il committente ha diritto di domandare la consegna, verso una congrua indennità, dei materiali preparati e dei piani in via di esecuzione, salve le norme che proteggono le opere dell'ingegno (2578).

1676. Diritti degli ausiliari dell'appaltatore verso il committente. – Coloro che, alle dipendenze dell'appaltatore, hanno dato la loro attività per eseguire l'opera o per prestare il servizio possono proporre azione diretta contro il committente per conseguire quanto è loro dovuto, fino alla concorrenza del debito che il committente ha verso l'appaltatore nel tempo in cui essi propongono la domanda (2900).

NOTE OPERATIVE:

Ambito di applicazione: La previsione normativa si applica anche ai dipendenti del subappaltatore nei confronti del subcommittente o subappaltante (C.C. 16259/18 – Conf. C.C. 24368/17).

1677. Prestazione continuativa o periodica di servizi. – Se l'appalto ha per oggetto prestazioni continuative o periodiche di servizi, si osservano, in quanto compatibili, le norme di questo capo e quelle relative al contratto di somministrazione (1559 ss.).

1677 *bis*. (1) Prestazione di più servizi riguardanti il trasferimento di cose. – 1. Se l'appalto ha per oggetto, congiuntamente, la prestazione di due o più servizi di logistica relativi alle attività di ricezione, trasformazione, deposito, custodia, spedizione, trasferimento e distribuzione di beni di un altro soggetto, alle attività di trasferimento di cose da un luogo a un altro si applicano le norme relative al contratto di trasporto, in quanto compatibili.

([1]) *Questo articolo, inserito dall'art. 1, comma 819, della L. 30 dicembre 2021, n. 234, a decorrere dal 1° gennaio 2022, è stato così sostituito dall'art. 37 bis, comma 1, del D.L. 30 aprile 2022, n. 36, convertito, con modificazioni, nella L. 29 giugno 2022, n. 79.*

Capo VIII
Del trasporto

Sezione I
Disposizioni generali

1678. Nozione. – Col contratto di trasporto il vettore si obbliga, verso corrispettivo (2761, 2951), a trasferire persone (1681) o cose (1683) da un luogo a un altro.

1679. Pubblici servizi di linea. – Coloro che per concessione amministrativa esercitano servizi di linea per il trasporto di persone o di cose sono obbligati (2597) ad accettare le richieste di trasporto che siano compatibili con i mezzi ordinari dell'impresa, secondo le condizioni generali (1341) stabilite o autorizzate nell'atto di concessione e rese note al pubblico (2951[4]).

I trasporti devono eseguirsi secondo l'ordine delle richieste; in caso di più richieste simultanee, deve essere preferita quella di percorso maggiore.

Se le condizioni generali ammettono speciali concessioni, il vettore è obbligato ad applicarle a parità di condizioni a chiunque ne faccia richiesta.

Salve le speciali concessioni ammesse dalle condizioni generali, qualunque deroga alle medesime è nulla, e alla clausola difforme è sostituita la norma delle condizioni generali (1339, 1341, 1419).

1680. Limiti di applicabilità delle norme. – Le disposizioni di questo capo si applicano anche ai trasporti per via d'acqua o per via d'aria e a quelli ferroviari e postali, in quanto non siano derogate dal codice della navigazione (396 - 467, 940 - 964 c.n.) e dalle leggi speciali.

Sezione II
Del trasporto di persone

1681. Responsabilità del vettore. – Salva la responsabilità per il ritardo e per l'inadempimento (1218) nell'esecuzione del trasporto, il vettore risponde dei sinistri che colpiscono la persona del viaggiatore durante il viaggio e della perdita o dell'avaria delle cose che il viaggiatore porta con sé, se non prova di avere adottato tutte le misure idonee a evitare il danno (1693, 1694, 2050, 2054, 2951; 409 ss., 942 ss. c.n.).

Sono nulle le clausole che limitano la responsabilità del vettore per i sinistri che colpiscono il viaggiatore (1229, 1694).

Le norme di questo articolo si osservano anche nei contratti di trasporto gratuito (413, 414, 497 c.n.).

NOTE OPERATIVE:

Presunzione: La norma pone una presunzione di responsabilità a carico del vettore, nel caso in cui sia provato il nesso causale tra il sinistro occorso al viaggiatore e l'attività del vettore nell'esecuzione del trasporto (C.C. 7151/23 – Conf. C.C. 7423/99).

1682. Responsabilità del vettore nei trasporti cumulativi. – Nei trasporti cumulativi (1700) ciascun vettore risponde nell'ambito del proprio percorso.

Tuttavia il danno per il ritardo o per l'interruzione del viaggio si determina in ragione dell'intero percorso (1294).

Sezione III
Del trasporto di cose

1683. Indicazioni e documenti che devono essere forniti al vettore. – Il mittente deve indicare con esattezza al vettore il nome del destinatario e il luogo di destinazione, la natura, il peso, la quantità e il numero delle cose da trasportare e gli altri estremi necessari per eseguire il trasporto.

Se per l'esecuzione del trasporto occorrono particolari documenti, il mittente deve rimetterli al vettore all'atto in cui consegna le cose da trasportare.

Sono a carico del mittente i danni che derivano dall'omissione o dall'inesattezza delle indicazioni o dalla mancata consegna o irregolarità dei documenti.

1684. Lettera di vettura e ricevuta di carico. – Su richiesta del vettore, il mittente deve rilasciare una lettera di vettura con la propria sottoscrizione, contenente le indicazioni enunciate nell'articolo precedente e le condizioni convenute per il trasporto.

Su richiesta del mittente, il vettore deve rilasciare un duplicato della lettera di vettura con la propria sottoscrizione o, se non gli è stata rilasciata lettera di vettura, una ricevuta di carico, con le stesse indicazioni (1685).

Salvo contrarie disposizioni di legge, il duplicato della lettera di vettura e la ricevuta di carico possono essere rilasciate con la clausola «all'ordine» (1691, 1996, 2008 ss.).

NOTE OPERATIVE:

Conclusione del contratto: Elemento caratteristico ed esclusivo della disciplina della conclusione del contratto è la lettera di vettura (C.C. 28282/11).

1685. Diritti del mittente. – Il mittente può sospendere il trasporto e chiedere la restituzione delle cose, ovvero ordinarne la consegna a un destinatario diverso da quello originariamente indicato o anche disporre diversamente (1378, 1510²), salvo l'obbligo di rimborsare le spese e di risarcire i danni derivanti dal contrordine (1738; 433, 450, 955 c.n.).

Qualora dal vettore sia stato rilasciato al mittente un duplicato della lettera di vettura o una ricevuta di carico (1684), il mittente non può disporre delle cose consegnate per il trasporto, se non esibisce al vettore il duplicato o la ricevuta per farvi annotare le nuove indicazioni (1691, 1996). Queste devono essere sottoscritte dal vettore.

Il mittente non può disporre delle cose trasportate dal momento in cui esse sono passate a disposizione del destinatario (1689).

NOTE OPERATIVE:

Contrordine: L'esercizio del diritto di contrordine del mittente non è soggetto ad una forma determinata e non richiede il consenso da parte di chi effettua la consegna, né il suo concorso nella formazione del nuovo documento di trasporto (C.C. 931/95).

1686. Impedimenti e ritardi nell'esecuzione del trasporto. – Se l'inizio o la continuazione del trasporto sono impediti (1256¹, 1463) o soverchiamente ritardati (1256²) per causa non imputabile al vettore, questi deve chiedere immediatamente istruzioni (1685¹, 1690) al mittente, provvedendo alla custodia delle cose consegnategli.

Se le circostanze rendono impossibile la richiesta di istruzioni al mittente o se le istruzioni non sono attuabili, il vettore può depositare le cose a norma dell'art. 1514 (77 att.), o, se sono soggette a rapido deterioramento, può farle vendere a norma dell'art. 1515 (83 att.). Il vettore deve informare prontamente il mittente del deposito o della vendita (1690).

Il vettore ha diritto al rimborso delle spese. Se il trasporto è stato iniziato, egli ha diritto anche al pagamento del prezzo in proporzione del percorso compiuto (1672), salvo che l'interruzione del trasporto sia dovuta alla perdita totale delle cose derivante da caso fortuito.

1687. Riconsegna delle merci. – Il vettore deve mettere le cose trasportate a disposizione del destinatario nel luogo, nel termine e con le modalità indicati dal contratto o, in mancanza, dagli usi (2951).

Se la riconsegna non deve eseguirsi presso il destinatario, il vettore deve dargli prontamente avviso dell'arrivo delle cose trasportate (1690, 1691).

Se dal mittente è stata rilasciata una lettera di vettura (1684, 1693, 1694), il vettore deve esibirla al destinatario (1685³).

NOTE OPERATIVE:

Messa a disposizione: La «messa a disposizione», quale obbligazione accessoria e funzionale all'esecuzione del contratto di trasporto consiste nello scaricare a terra, dal mezzo adibito a trasporto e nel luogo fissato per la riconsegna, la merce trasportata onde consentirne l'apprensione materiale al ricevente (C.C. 4195/10 – Conf. C.C. 11598/05; C.C. 5700/99). La norma non prescrive particolari modalità per la messa a disposizione del destinatario delle cose trasportate e in alcune circostanze tale messa a disposizione può ben avvenire con modalità diverse dallo scarico delle dette cose dal mezzo di trasporto, in cui normalmente consiste (C.C. 23173/14).

1688. Termine di resa. – Il termine di resa, quando sono indicati più termini parziali, è determinato dalla somma di questi.

1689. Diritti del destinatario. – I diritti nascenti dal contratto di trasporto verso il vettore spettano al destinatario dal momento in cui, arrivate le cose a destinazione o scaduto il termine in cui sarebbero dovute arrivare, il destinatario ne richiede la riconsegna al vettore (1411², 1685³, 1691).

Il destinatario non può esercitare i diritti nascenti dal contratto se non verso pagamento al vettore dei crediti derivanti dal trasporto (1702, 2761) e degli assegni da cui le cose trasportate sono gravate (1692). Nel caso in cui l'ammontare delle somme dovute sia controverso, il destinatario deve depositare la differenza contestata presso un istituto di credito (1411).

NOTE OPERATIVE:

Presupposti: Nel contratto di trasporto di cose – che si configura come contratto a favore di terzi – il destinatario, dopo che abbia chiesto o comunque ricevuto la consegna della merce, acquista tutti i diritti nascenti dal contratto, compreso quello al risarcimento del danno subito dal carico, a prescindere dal pagamento dei crediti relativi al trasporto (C.C. 19451/08 – Conf. C.C. 4650/99).

Legittimazione: La legittimazione a domandare il risarcimento del danno per inesatto adempimento del vettore spetta al destinatario che, una volta giunta la merce a destinazione, ne richieda la consegna, così esercitando un potere di fatto su di essa (C.C. 27116/23 – Conf. C.C. 15107/13; C.C. 19451/08; C.C. 4650/99; C.C. 2136/89; S.U. 1034/78).

1690. Impedimenti alla riconsegna. – Se il destinatario è irreperibile ovvero rifiuta o ritarda a chiedere la riconsegna delle cose trasportate, il vettore deve domandare immediatamente istruzioni al mittente e si applicano le disposizioni dell'art. 1686.

Se sorge controversia tra più destinatari o circa il diritto del destinatario alla riconsegna o circa l'esecuzione di questa, ovvero se il destinatario ritarda a ricevere le cose trasportate, il vettore può depositarle a norma dell'art. 1514 o, se sono soggette a rapido deterioramento, può farle vendere a norma dell'art. 1515 per conto dell'avente diritto. Il vettore deve informare prontamente il mittente del deposito o della vendita (83 att.; 450 c. n.).

1691. Lettera di vettura o ricevuta di carico all'ordine. – Se il vettore ha rilasciato al mittente un duplicato della lettera di vettura all'ordine (1684) o la ricevuta di carico all'ordine, i diritti nascenti dal contratto verso il vettore si trasferiscono mediante girata del titolo (1685, 1996, 2009).

In tal caso il vettore è esonerato dall'obbligo di dare avviso dell'arrivo delle cose trasportate (1687[2]), salvo che sia stato indicato un domiciliatario nel luogo di destinazione, e l'indicazione risulti dal duplicato della lettera di vettura o dalla ricevuta di carico.

Il possessore del duplicato della lettera di vettura all'ordine o della ricevuta di carico all'ordine, deve restituire il titolo al vettore all'atto della riconsegna delle cose trasportate.

NOTE OPERATIVE:

Funzione: L'emissione di tali documenti da parte del vettore non costituisce requisito essenziale per la formazione del contratto – già perfezionatosi col patto – ma attiene al momento esecutivo di esso (C.C. 940/82).

1692. Responsabilità del vettore nei confronti del mittente. – Il vettore che esegue la riconsegna al destinatario senza riscuotere i propri crediti o gli assegni da cui è gravata la cosa, o senza esigere il deposito della somma controversa (1689), è responsabile verso il mittente (1702) dell'importo degli assegni dovuti al medesimo e non può rivolgersi a quest'ultimo per il pagamento dei propri crediti, salva l'azione verso il destinatario (2951).

NOTE OPERATIVE:

Presupposti: Quando il destinatario è persona diversa dal mittente, si configura come contratto tra mittente e vettore a favore del terzo destinatario, in cui i diritti e gli obblighi del destinatario verso il vettore nascono con la consegna delle cose a destinazione o con la richiesta di consegna, che integra la dichiarazione di volerne profittare, ai sensi dell'art. 1411 c.c., e segna il momento in cui il destinatario fa propri gli effetti del contratto, da tale momento potendosi il vettore rivolgere solo a lui per il soddisfacimento del credito di rimborso e corrispettivo (C.C. 11744/18 – Conf. C.C. 19225/13; C.C. 19451/08).

1693. Responsabilità per perdita e avaria. – Il vettore è responsabile della perdita e dell'avaria (1696) delle cose consegnategli per il trasporto, dal momento in cui le riceve a quello in cui le riconsegna al destinatario, se non prova che la perdita o l'avaria è derivata da caso fortuito, dalla natura o dai vizi delle cose stesse o del loro imballaggio, o dal fatto del mittente o da quello del destinatario (1218, 1681).

Se il vettore accetta le cose da trasportare senza riserve, si presume che le cose stesse non presentino vizi apparenti d'imballaggio (1701).

NOTE OPERATIVE:

Presunzione: La norma pone a carico del vettore una presunzione di responsabilità ex recepto, che può essere vinta solo dalla prova specifica della derivazione del danno da un evento positivamente identificato e del tutto estraneo al vettore stesso, ricollegabile alle ipotesi del caso fortuito e della forza maggiore (C.C. 28612/13 – Conf. C.C. 15107/13; C.C. 9439/10).

1694. Presunzioni di fortuito. – Sono valide le clausole che stabiliscono presunzioni di caso fortuito per eventi che normalmente, in relazione ai mezzi e alle condizioni del trasporto, dipendono da caso fortuito (1681, 2698).

1695. Calo naturale. – Per le cose che, data la loro particolare natura, sono soggette durante il trasporto a diminuzione nel peso o nella misura, il vettore risponde solo delle diminuzioni che oltrepassano il calo naturale, a meno che il mittente o il destinatario provi che la diminuzione non è avvenuta in conseguenza della natura delle cose o che per le circostanze del caso non poteva giungere alla misura accertata (1787).

Si deve tener conto del calo separatamente per ogni collo.

1696. [1] **Limiti al risarcimento del danno per perdita o avaria delle cose trasportate.** – Il danno derivante da perdita o da avaria (1693) si calcola secondo il prezzo corrente (1474) delle cose trasportate nel luogo e nel tempo della riconsegna (1223, 1518).

Il risarcimento dovuto dal vettore non può essere superiore a 1 euro per ogni chilogrammo di peso lordo della merce perduta o avariata nei trasporti nazionali terrestri e all'importo di cui all'articolo 23, paragrafo 3, della Convenzione relativa al contratto di trasporto internazionale di merci su strada, con Protocollo, firmata a Ginevra il 19 maggio 1956, ratificata ai sensi della legge 6 dicembre 1960, n. 1621, nei trasporti internazionali terrestri, ovvero ai limiti previsti dalle convenzioni internazionali o dalle leggi nazionali applicabili per i trasporti aerei, marittimi, fluviali e ferroviari, sempre che ricorrano i presupposti ivi previsti per il sorgere della responsabilità del vettore.

Nel caso in cui il trasporto sia effettuato per il tramite di più mezzi vettoriali di natura diversa e non sia possibile distinguere in quale fase del trasporto si sia verificato il danno, il risarcimento dovuto dal vettore non può in ogni caso essere superiore a 1 euro per ogni chilogrammo di peso lordo della merce perduta o avariata nei trasporti nazionali e a 3 euro per ogni chilogrammo di peso lordo della merce perduta o avariata nei trasporti internazionali.

Le disposizioni dei commi primo, secondo e terzo non sono derogabili a favore del vettore se non nei casi e con le modalità previsti dalle leggi speciali e dalle convenzioni internazionali applicabili.

Il vettore non può avvalersi della limitazione della responsabilità prevista a suo favore dal presente articolo ove sia fornita la prova che la perdita o l'avaria della merce sono stati determinati da dolo o colpa grave del vettore o dei suoi dipendenti e preposti, ovvero di ogni altro soggetto di cui egli si sia avvalso per l'esecuzione del trasporto, quando tali soggetti abbiano agito nell'esercizio delle loro funzioni.

[1] *Questo articolo è stato così sostituito dall'art. 30 bis, comma 1, lett. a), del D.L. 6 novembre 2021, n. 152, convertito, con modificazioni, nella L. 29 dicembre 2021, n. 233.*

1697. Accertamento della perdita e dell'avaria. – Il destinatario ha diritto di fare accertare a sue spese, prima della riconsegna, l'identità e lo stato delle cose trasportate.

Se la perdita o l'avaria esiste, il vettore deve rimborsargli le spese.

Salvo diverse disposizioni della legge, la perdita e l'avaria si accertano nei modi stabiliti dall'art. 696 del codice di procedura civile.

1698. Estinzione dell'azione nei confronti del vettore. – Il ricevimento senza riserve delle cose trasportate col pagamento di quanto è dovuto al vettore estingue le azioni derivanti dal contratto, tranne il caso di dolo o colpa grave del vettore (1689). Sono salve le azioni (2951) per perdita parziale o per avaria non riconoscibili al momento della riconsegna, purché in quest'ultimo caso il danno sia denunziato appena conosciuto e non oltre otto giorni dopo il ricevimento (1681).

NOTE OPERATIVE:

Riserva: La norma non indica il modo con il quale il destinatario debba formulare la riserva, cosicché l'onere relativo può ritenersi adempiuto in qualsiasi forma idonea a rendere edotto il vettore dell'esistenza della riserva e del contenuto della stessa (C.C. 7463/90).

1699. Trasporto con rispedizione della merce. – Se il vettore si obbliga di far proseguire le cose trasportate, oltre le proprie linee, per mezzo di vettori successivi, senza farsi rilasciare dal mittente una lettera di vettura (1684) diretta fino al luogo di destinazione, si presume che egli assuma, per il trasporto oltre le proprie linee, gli obblighi di uno spedizioniere (1739).

NOTE OPERATIVE:

Collegamento negoziale: Con il contratto di trasporto con rispedizione il vettore si obbliga verso il committente, oltre che ad eseguire il trasporto per una parte del complessivo percorso, anche a concludere, in nome proprio ma per conto di quello, uno o più contratti di trasporto per l'effettuazione della restante parte del percorso (C.C. 4593/99), con la conseguenza che vengono posti in essere due contratti collegati, rispettivamente di trasporto e di spedizione (C.C. 2529/06 – Conf. C.C. 4593/99).

1700. Trasporto cumulativo. – Nei trasporti che sono assunti cumulativamente da più vettori successivi con unico contratto (1682), i vettori rispondono in solido (1292 ss., 1317) per l'esecuzione del contratto dal luogo originario di partenza fino al luogo di destinazione.

Il vettore chiamato a rispondere di un fatto non proprio può agire in regresso contro gli altri vettori, singolarmente o cumulativamente. Se risulta che il fatto dannoso è avvenuto nel percorso di uno dei vettori, questi è tenuto al risarcimento integrale; in caso contrario, al risarcimento sono tenuti tutti i vettori in parti proporzionali ai percorsi, esclusi quei vettori che provino che il danno non è avvenuto nel proprio percorso.

NOTE OPERATIVE:

Caratteristiche: Nel trasporto cumulativo più vettori, con un unico contratto (mediante manifestazione di volontà negoziale non necessariamente contestuale), si obbligano solidalmente verso il mittente a trasportare le cose fino al luogo di destinazione, operando ciascuna una tratta del percorso (C.C. 2529/06).

1701. Diritto di accertamento dei vettori successivi. – I vettori successivi hanno diritto di far dichiarare, nella lettera di vettura o in atto separato, lo stato delle cose da trasportare al momento in cui sono loro consegnate. In mancanza di dichiarazione, si presume che le abbiano ricevute in buono stato e conformi alla lettera di vettura (1693).

1702. Riscossione dei crediti da parte dell'ultimo vettore. – L'ultimo vettore rappresenta (1387) i vettori precedenti per la riscossione dei rispettivi crediti che nascono dal contratto di trasporto (1689[2]) e per l'esercizio del privilegio sulle cose trasportate (2761).

Se egli omette tale riscossione o l'esercizio del privilegio, è responsabile verso i vettori precedenti per le somme loro dovute, salva l'azione contro il destinatario (1692).

Capo IX
Del mandato

Sezione I
Disposizioni generali

1703. Nozione. – Il mandato è il contratto col quale una parte si obbliga a compiere uno o più atti giuridici per conto dell'altra (778, 1856, 2030, 2032; 78 l. fall.).

1704. Mandato con rappresentanza. – Se al mandatario è stato conferito il potere di agire in nome del mandante, si applicano anche le norme del capo VI del titolo II di questo libro (1387 ss.).

NOTE OPERATIVE:

Ambito di applicazione: La sottoscrizione "per conto" di una determinata persona, con espressa enunciazione del nome o di altra espressione che la identifichi, deve considerarsi come spendita del nome della stessa e, quindi, attività compiuta in sua rappresentanza, purché sia stato effettivamente conferito il relativo potere (C.C. 22818/17).

1705. Mandato senza rappresentanza. – Il mandatario che agisce in proprio nome acquista i diritti e assume gli obblighi derivanti dagli atti compiuti con i terzi, anche se questi hanno avuto conoscenza del mandato.

I terzi non hanno alcun rapporto col mandante (2339[2], 2615[2]). Tuttavia il mandante, sostituendosi al mandatario, può esercitare i diritti di credito derivanti dall'esecuzione del mandato (1717[4]), salvo che ciò possa pregiudicare i diritti attribuiti al mandatario dalle disposizioni degli articoli che seguono (1721).

NOTE OPERATIVE:

Terzi: Il mandatario che agisce in proprio nome (senza rappresentanza) acquista i diritti e assume gli obblighi derivanti dagli atti compiuti con i terzi, anche se questi hanno avuto conoscenza del mandato, e i terzi non hanno alcun rapporto col mandante salvo che questi, sostituendosi al mandatario, eserciti i diritti di credito derivanti dall'esecuzione del mandato (C.C. 9460/20).

Deroga: La previsione secondo cui, in deroga alla regola generale per cui i terzi non hanno alcun rapporto col mandante, quest'ultimo può esercitare i diritti di credito derivanti dall'esecuzione del mandato, va circoscritta all'esercizio dei diritti sostanziali acquistati dal mandatario, rimanendo escluse le azioni di annullamento, risoluzione, rescissione, risarcimento del danno (C.C. 12250/19 – Conf. S.U. 24778/08).

1706. Acquisti del mandatario. – Il mandante può rivendicare le cose mobili acquistate per suo conto dal mandatario che ha agito in nome proprio, salvi i diritti acquistati dai terzi per effetto del possesso di buona fede (1147, 1153, 1707; 79 l. fall.).

Se le cose acquistate dal mandatario sono beni immobili o beni mobili iscritti in pubblici registri (2683), il mandatario è obbligato a ritrasferirle al mandante. In caso d'inadempimento, si osservano le norme relative all'esecuzione dell'obbligo di contrarre (2652, n. 2, 2932, 2960, n. 1).

NOTE OPERATIVE:

Negozio fiduciario: La causa tipica del negozio fiduciario non risiede né nel trasferimento del bene, né nella sostituzione del fiduciante ai fini del compimento di specifici atti, ma nella combinazione dei due momenti allo scopo della c.d. spersonalizzazione della proprietà; si configura quindi un contratto unitario, nell'ambito del genus dell'agire per conto altrui, caratterizzato dalla convergenza delle posizioni delle parti nell'interesse del fiduciante (C.C. 3656/18).

Forma: Il patto fiduciario che obblighi a un trasferimento immobiliare non deve farsi per iscritto, poiché, attese le differenze con il contratto preliminare e il carattere eccezionale dell'art. 1351 c.c., quest'ultima norma non trova applicazione (S.U. 6459/20).

1707. Creditori del mandatario. – I creditori del mandatario non possono far valere le loro ragioni sui beni che, in esecuzione del mandato, il mandatario ha acquistati in nome proprio (1706), purché, trattandosi di beni mobili o di crediti, il mandato risulti da scrittura avente data certa (2704) anteriore al pignoramento, ovvero trattandosi di beni immobili o di beni mobili iscritti in pubblici registri (1683), sia anteriore al pignoramento la trascrizione dell'atto di ritrasferimento (2914, 2915) o della domanda giudiziale diretta a conseguirlo (2652, n. 2).

1708. Contenuto del mandato. – Il mandato comprende non solo gli atti per i quali è stato conferito, ma anche quelli che sono necessari al loro compimento (1711).

Il mandato generale non comprende gli atti che eccedono l'ordinaria amministrazione (320, 1572), se non sono indicati espressamente.

NOTE OPERATIVE:

Attività accessorie: Le attività accessorie che il mandatario è abilitato a compiere possono consistere, oltre che nel compimento di atti giuridici, nello svolgimento di atti materiali, e nel caso che sia indicato il fine che il mandante si propone, il mandatario può compiere qualsiasi atto idoneo a realizzare detto fine (C.C. 22973/22 – Conf. C.C. 7876/12; C.C. 27335/05; C.C. 2149/00; C.C. 5932/99).

Preliminare: In tema di compravendita, la procura limitata alla stipula del preliminare non può intendersi estesa al potere di concludere anche il contratto definitivo e di trasferire la proprietà dell'immobile (C.C. 15496/22).

Transazione: Il mandato per la riscossione di un credito non si estende alla transazione col debitore, la quale è atto meramente eventuale, ulteriore rispetto all'attività espressamente consentita (C.C. 2153/14).

1709. Presunzione di onerosità. – Il mandato si presume oneroso (1725). La misura del compenso, se non è stabilita dalle parti, è determinata in base alle tariffe professionali o agli usi; in mancanza è determinata dal giudice (1733, 1736, 1740, 1755[2], 2099, 2225, 2233).

NOTE OPERATIVE:

Caratteristiche: La presunzione di onerosità del mandato ha carattere relativo e può essere superata dalla prova della sua gratuità, desumibile dalle circostanze del rapporto (C.C. 17384/18 – Conf. C.C. 14682/14).

§. 1
Delle obbligazioni del mandatario

1710. Diligenza del mandatario. – Il mandatario è tenuto a eseguire il mandato (2030, 2392, 2407, 2608) con la diligenza del buon padre di famiglia (1176); ma se il mandato è gratuito, la responsabilità per colpa è valutata con minor rigore (2030[2]).

Il mandatario è tenuto a rendere note al mandante le circostanze sopravvenute che possono determinare la revoca o la modificazione del mandato (1723 ss.).

NOTE OPERATIVE:

Caratteristiche: La diligenza del mandatario è quella che è lecito attendersi da qualunque soggetto di media avvedutezza e accortezza, memore dei propri impegni, cosciente delle relative responsabilità (C.C. 11419/09 – Conf. C.C. 19778/03).

1711. Limiti del mandato. – Il mandatario non può eccedere i limiti (1708) fissati nel mandato. L'atto che esorbita dal mandato resta a carico del mandatario (1717), se il mandante non lo ratifica (1398, 1399, 1712[2]).

Il mandatario può discostarsi dalle istruzioni ricevute (1717, 1732[2], 1739) qualora circostanze ignote al mandante, e tali che non possano essergli comunicate in tempo, facciano ragionevolmente ritenere che lo stesso mandante avrebbe dato la sua approvazione (1712[2]).

NOTE OPERATIVE:

Effetti: Il negozio stipulato dal mandatario eccedente i limiti del mandato non è annullabile, ma unicamente inefficace nei confronti del mandante, come resta confermato dal rilievo che esso è suscettibile di ratifica (C.C. 2802/95).

1712. Comunicazione dell'eseguito mandato. – Il mandatario deve senza ritardo comunicare al mandante (1716[2], 1718[3], 1728[2], 1732[2]) l'esecuzione del mandato.

Il ritardo del mandante a rispondere dopo aver ricevuto tale comunicazione, per un tempo superiore a quello richiesto dalla natura dell'affare o dagli usi, importa approvazione, anche se il mandatario si è discostato dalle istruzioni o ha ecceduto i limiti del mandato (1711).

NOTE OPERATIVE:

Approvazione tacita: L'approvazione tacita dell'esecuzione del mandato presuppone la precisa indicazione, nella comunicazione fatta dal mandatario, dell'operazione compiuta al di fuori del mandato, essendo a tal fine necessaria la conoscenza da parte del mandante del superamento dei limiti del mandato (C.C. 861/16), specificando l'avvenuto compimento da parte sua delle attività divergenti o esorbitanti, laddove non può aversi ratifica tacita quando il comportamento del mandatario sia talmente divergente dalle istruzioni da far ritenere che si sia avuta una radicale inesecuzione del mandato stesso (C.C. 18299/03).

1713. Obbligo di rendiconto. – Il mandatario deve rendere al mandante il conto del suo operato e rimettergli tutto ciò che ha ricevuto a causa del mandato (263 ss. c.p.c.; 109 att. c.p.c.).

La dispensa preventiva dall'obbligo di rendiconto non ha effetto nei casi in cui il mandatario deve rispondere per dolo o per colpa grave (1229, 1718).

NOTE OPERATIVE:

Ambito di applicazione: L'obbligo posto a carico del mandatario di rimettere al mandante tutto quello che ha ricevuto a causa del mandato (non sorge solo a seguito della conclusione dell'attività gestoria, ma anche quando si accerti l'impossibilità di eseguirla o quando vi sia stata la revoca del mandato, poiché in entrambi questi ultimi casi il mandatario non ha più titolo per trattenere quanto gli è stato somministrato dal mandante (C.C. 10739/00).

1714. Interessi sulle somme riscosse. – Il mandatario deve corrispondere al mandante gli interessi legali (1284) sulle somme riscosse per conto del mandante stesso, con decorrenza dal giorno in cui avrebbe dovuto fargliene la consegna o la spedizione ovvero impiegarle secondo le istruzioni ricevute (1282[1]).

NOTE OPERATIVE:

Ambito di applicazione: La norma opera come sanzione per l'inesatto adempimento dell'incarico, e non può trovare quindi applicazione nel caso in cui il mandante abbia lasciato il mandatario depositario di fatto delle somme riscosse, omettendo di impartirgli le istruzioni necessarie, inutilmente e reiteratamente sollecitate dopo l'esaurimento del mandato (C.C. 4777/80).

1715. Responsabilità per le obbligazioni dei terzi. – In mancanza di patto contrario, il mandatario che agisce in proprio nome non risponde verso il mandante dell'adempimento delle obbligazioni assunte dalle persone con le quali ha contrattato, tranne il caso che l'insolvenza di queste gli fosse o dovesse essergli nota all'atto della conclusione del contratto (1705, 1736).

1716. Pluralità di mandatari. – Salvo patto contrario, il mandato conferito a più persone designate a operare congiuntamente non ha effetto, se non è accettato da tutte (1730).

Se nel mandato non è dichiarato che i mandatari devono agire congiuntamente, ciascuno di essi può concludere l'affare (2203[3], 2257). In questo caso il mandante, appena avvertito della conclusione (1712), deve darne notizia agli altri mandatari; in mancanza è tenuto a risarcire i danni derivanti dall'omissione o dal ritardo.

Se più mandatari hanno comunque operato congiuntamente, essi sono obbligati in solido (1294) verso il mandante.

1717. Sostituto del mandatario. – Il mandatario che, nell'esecuzione del mandato, sostituisce altri a se stesso, senza esservi autorizzato o senza che ciò sia necessario per la natura dell'incarico (1770, 1804), risponde dell'operato della persona sostituita (1228).

Se il mandante aveva autorizzato la sostituzione senza indicare la persona, il mandatario risponde soltanto quando è in colpa nella scelta (1710, 1856).

Il mandatario risponde delle istruzioni che ha impartite al sostituto.

Il mandante può agire direttamente contro la persona sostituita dal mandatario (1232, 1705[2]).

NOTE OPERATIVE:

Presupposti: Il mandato, pur essendo un contratto caratterizzato dall'elemento della fiducia, non è tuttavia basato necessariamente sull'intuitus personae, per cui al mandatario non è vietato avvalersi dell'opera di un sostituto, a meno che il divieto non sia stato espressamente stabilito oppure si tratti di attività rientrante nei limiti di un incarico fiduciario affidato intuitu personae (C.C. 1580/18 – Conf. C.C. 18512/06).

1718. Custodia delle cose e tutela dei diritti del mandante. – Il mandatario deve provvedere alla custodia delle cose che gli sono state spedite per conto del mandante e tutelare i diritti di quest'ultimo di fronte al vettore, se le cose presentano segni di deterioramento o sono giunte con ritardo (1697, 1698).

Se vi è urgenza, il mandatario può procedere alla vendita delle cose a norma dell'art. 1515 (83 att.).

Di questi fatti, come pure del mancato arrivo della merce, egli deve dare immediato avviso al mandante (1712, 1747).

Le disposizioni di questo articolo si applicano anche se il mandatario non accetta l'incarico conferitogli dal mandante, sempre che tale incarico rientri nell'attività professionale del mandatario.

§. 2
Delle obbligazioni
del mandante

1719. Mezzi necessari per l'esecuzione del mandato. – Il mandante, salvo patto contrario, è tenuto a somministrare al mandatario i mezzi necessari per l'esecuzione del mandato e per l'adempimento delle obbligazioni che a tal fine il mandatario ha contratte in proprio nome (1705[1]).

NOTE OPERATIVE:

Inadempimento: Se il mandante non somministra al mandatario i mezzi necessari per l'esecuzione dell'incarico, il contratto è dichiarato risolto per grave inadempimento del mandante (C.C. 11800/16).

1720. Spese e compenso del mandatario. – Il mandante deve rimborsare al mandatario le anticipazioni, con gli interessi legali (1284) dal giorno in cui sono state fatte, e deve pagargli il compenso che gli spetta (1709, 1733, 1748, 1756).

Il mandante deve inoltre risarcire i danni che il mandatario ha subiti a causa dell'incarico (2761).

1721. Diritto del mandatario sui crediti. – Il mandatario ha diritto di soddisfarsi sui crediti pecuniari sorti dagli affari che ha conclusi, con precedenza sul mandante e sui creditori di questo (1705[2], 2761[2]).

NOTE OPERATIVE:

Ambito di applicazione: La prelazione stabilita a favore del mandatario sui crediti pecuniari sorti dagli affari da lui conclusi, presuppone una stretta correlazione tra l'attività del mandatario ed il credito derivato al mandante e rappresenta una deroga al principio generale della par condicio creditorum, sicché ha natura eccezionale e non è suscettibile di interpretazione analogica (C.C. 77/01).

§. 3
Dell'estinzione del mandato

1722. Cause di estinzione. – Il mandato si estingue:

1) per la scadenza del termine o per il compimento, da parte del mandatario (1712), dell'affare per il quale è stato conferito;

2) per revoca da parte del mandante (1723 ss.);

3) per rinunzia del mandatario (1727);

4) per la morte, l'interdizione (414) o l'inabilitazione (415) del mandante (1723, 1728, 2013[3]; 22[3] l. camb.; 26[3] l. ass.) o del mandatario (1728; 78 l. fall.). Tuttavia il mandato che ha per oggetto il compimento di atti relativi all'esercizio di un'impresa (2082) non si estingue (1330), se l'esercizio dell'impresa è continuato, salvo il diritto di recesso delle parti o degli eredi (1373, 1833[2], 2558[1]).

NOTE OPERATIVE:

Effetti: L'estinzione del mandato per una qualsiasi delle cause contemplate dalla norma non è idonea a riverberare i suoi effetti sul diverso rapporto intercorso tra mandatario e terzo (C.C. 8145/09).

1723. Revocabilità del mandato. – Il mandante può revocare il mandato (1373, 1722, 1734); ma, se era stata pattuita l'irrevocabilità, risponde dei danni, salvo che ricorra una giusta causa.

Il mandato conferito anche nell'interesse del mandatario o di terzi non si estingue per revoca da parte del mandante, salvo che sia diversamente stabilito o ricorra una giusta causa di revoca (2259); non si estingue per la morte o per la sopravvenuta incapacità del mandante (1722, n. 4).

1724. Revoca tacita. – La nomina di un nuovo mandatario per lo stesso affare o il compimento di questo da parte del mandante importano revoca del mandato, e producono effetto dal giorno in cui sono stati comunicati al mandatario (1334, 1335).

NOTE OPERATIVE:

Silenzio: Il semplice, ancorché prolungato, silenzio del mandante non comporta l'estinzione del mandato, né la revoca tacita dello stesso, comportando bensì, per l'incertezza circa la prosecuzione o non del mandato, il dovere del mandatario di interpellare formalmente il proprio mandante al fine di conoscere se questo intenda o non continuare a servirsi della sua opera e nel contempo, fino a quando l'incarico non gli sia revocato, il compimento di tutti gli adempimenti occorrenti per evitare che siano compromessi i suoi diritti (C.C. 4044/94).

1725. Revoca del mandato oneroso. – La revoca del mandato oneroso (1709), conferito per un tempo determinato o per un determinato affare (1722, n. 1), obbliga il mandante a risarcire i danni (1223), se è fatta prima della scadenza del termine o del compimento dell'affare, salvo che ricorra una giusta causa (1734, 1738).

Se il mandato è a tempo indeterminato, la revoca obbliga il mandante al risarcimento (1223), qualora non sia dato un congruo preavviso, salvo che ricorra una giusta causa.

NOTE OPERATIVE:

Ambito di applicazione: Il mandato a tempo indeterminato per il compimento di un dato atto negoziale, come il mandato ad alienare, non è senza termine, ma è conferito per una serie indeterminata di atti (C.C. 30246/19).

1726. Revoca del mandato collettivo. – Se il mandato è stato conferito da più persone con unico atto e per un affare d'interesse comune, la revoca non ha effetto qualora non sia fatta da tutti i mandanti, salvo che ricorra una giusta causa (1730, 2609[2]).

NOTE OPERATIVE:

Ambito di applicazione: Si ha mandato collettivo quando la volontà di ciascuno di essi sia legata da vicendevole dipendenza a causa di un affare comune, che interessi egualmente tutti i vari mandanti per l'identità dell'oggetto o del contenuto, cioè di un affare unico, indivisibile ed indistinto, non bastando la semplice coincidenza di interessi diversi e divisi, associati solo casualmente o per opportunità, la quale può dar luogo, invece, ad un mandato plurimo (C.C. 22529/11 – Conf. C.C. 1184/74).

1727. Rinunzia del mandatario. – Il mandatario che rinunzia senza giusta causa al mandato (1722, n. 3) deve risarcire i danni al mandante (1223). Se il mandato è a tempo indeterminato, il mandatario che rinunzia senza giusta causa è tenuto al risarcimento, qualora non abbia dato un congruo preavviso.

In ogni caso la rinunzia deve essere fatta in modo e in tempo tali che il mandante possa provvedere altrimenti, salvo il caso d'impedimento grave da parte del mandatario (1747).

1728. Morte o incapacità del mandante o del mandatario. – Quando il mandato si estingue per morte o per incapacità sopravvenuta del mandante (1722, n. 4, 1723[2]), il mandatario che ha iniziato l'esecuzione deve continuarla, se vi è pericolo nel ritardo.

Quando il mandato si estingue per morte o per sopravvenuta incapacità del mandatario (1722, n. 4), i suoi eredi ovvero colui che lo rappresenta o lo assiste, se hanno conoscenza del mandato, devono avvertire prontamente il mandante (1712) e prendere intanto nell'interesse di questo i provvedimenti richiesti dalle circostanze.

NOTE OPERATIVE:

Rendiconto: L'estinzione del mandato per morte del mandante non fa venir meno l'obbligo di rendiconto del mandatario, che deve adempierlo nei confronti degli eredi del mandante (C.C. 11290/17 – Conf. C.C. 9262/03; C.C. 7592/94).

1729. Mancata conoscenza della causa di estinzione. – Gli atti che il mandatario ha compiuti prima di conoscere l'estinzione del mandato sono validi nei confronti del mandante o dei suoi eredi (1396).

1730. Estinzione del mandato conferito a più mandatari. – Salvo patto contrario, il mandato conferito a più persone designate a operare congiuntamente (1716) si estingue anche se la causa di estinzione concerne uno solo dei mandatari (1722, 1726).

Sezione II
Della commissione

1731. Nozione. – Il contratto di commissione è un mandato (1703 ss.) che ha per oggetto l'acquisto o la vendita di beni per conto del committente e in nome del commissionario (1705, 1706).

1732. Operazione a fido. – Il commissionario si presume autorizzato a concedere dilazioni di pagamento in conformità degli usi del luogo in cui compie l'operazione, se il committente non ha disposto altrimenti (1744, 2210[2]).

Se il commissionario concede dilazioni di pagamento, malgrado il divieto del committente o quando non è autorizzato dagli usi, il committente può esigere da lui il pagamento immediato, salvo il diritto del commissionario di far propri i vantaggi che derivano dalla concessa dilazione.

Il commissionario che ha concesso dilazioni di pagamento deve indicare al committente la persona del contraente e il termine concesso; altrimenti l'operazione si considera fatta senza dilazione e si applica il disposto del comma precedente (1736).

1733. Misura della provvigione. – La misura della provvigione spettante al commissionario, se non è stabilita dalle parti, si determina secondo gli usi del luogo in cui è compiuto l'affare. In mancanza di usi provvede il giudice secondo equità (1709, 1736, 1740, 2225, 2233).

NOTE OPERATIVE:

Presunzione: Il contratto di commissione ha natura onerosa e pertanto le somme versate dal committente al commissionario si presumono imputate a titolo di provvigione, nella misura in cui questa è stabilita dalle parti, dagli usi o dalle tariffe (C.C. 986/07).

1734. Revoca della commissione. – Il committente può revocare l'ordine di concludere l'affare fino a che il commissionario non l'abbia concluso (1723 ss., 1738). In tal caso spetta al commissionario una parte della provvigione, che si determina tenendo conto delle spese sostenute e dell'opera prestata (1720, 1738).

1735. Commissionario contraente in proprio. – Nella commissione di compera o di vendita di titoli, divise o merci aventi un prezzo corrente che risulti nei modi indicati dal terzo comma dell'art. 1515, se il committente non ha diversamente disposto, il commissionario può fornire al prezzo suddetto le cose che deve comprare, o può acquistare per se (1395) le cose che deve vendere, salvo, in ogni caso, il suo diritto alla provvigione (1733).

Anche quando il committente ha fissato il prezzo, il commissionario che acquista per sé non può praticare un prezzo inferiore a quello corrente nel giorno in cui compie l'operazione, se questo è superiore al prezzo fissato dal committente; e il commissionario che fornisce le cose che deve comprare non può praticare un prezzo superiore a quello corrente, se questo è inferiore al prezzo fissato dal committente (1395).

1736. Star del credere. – Il commissionario che, in virtù di patto o di uso, è tenuto allo «star del credere» risponde nei confronti del committente per l'esecuzione dell'affare (1715). In tal caso ha diritto, oltre che alla provvigione, a un compenso o a una maggiore provvigione, la quale, in mancanza di patto, si determina secondo gli usi del luogo in cui è compiuto l'affare (1733, 2099). In mancanza di usi, provvede il giudice secondo equità (1709).

Sezione III
Della spedizione

1737. (1) **Nozione.** – Il contratto di spedizione è un mandato (1703) con il quale lo spedizioniere assume l'obbligo di concludere in nome proprio e per conto del mandante o, se dotato di poteri di rappresentanza, in nome e per conto del mandante, uno o più contratti di trasporto (1678 ss.) con uno o più vettori e di compiere le operazioni accessorie (2951).

(1) *Questo articolo è stato così sostituito dall'art. 30* bis, *comma 1, lett.* b), *del D.L. 6 novembre 2021, n. 152, convertito, con modificazioni, nella L. 29 dicembre 2021, n. 233.*

NOTE OPERATIVE:

Operazioni accessorie: Sebbene lo spedizioniere sia tenuto, per legge, al compimento delle operazioni accessorie alla conclusione del contratto di trasporto per conto del mandante, la legge rimette all'autonomia delle parti di stabilire quali operazioni dello spedizioniere debbano ritenersi giuridicamente accessorie e, come tali, soggette alla disciplina del contratto di spedizione e quali, invece, debbano ritenersi accessorie solo in via di fatto e perciò soggette alla disciplina del tipo contrattuale in cui vanno di volta in volta inquadrate (C.C. 4900/11).

1738. Revoca. – Finché lo spedizioniere non abbia concluso il contratto di trasporto col vettore, il mittente può revocare (1723 ss.) l'ordine di spedizione (1378, 1510²), rimborsando lo spedizioniere delle spese sostenute e corrispondendogli un equo compenso per l'attività prestata (1685¹, 1725, 1734, 2227, 2237).

1739. (1) **Obblighi dello spedizioniere.** – Nell'esecuzione del mandato lo spedizioniere è tenuto a osservare le istruzioni del mandante.

Lo spedizioniere non ha l'obbligo di provvedere all'assicurazione delle cose spedite, salva espressa richiesta del mandante (1891).

(1) *Questo articolo è stato così sostituito dall'art. 30* bis, *comma 1, lett.* c), *del D.L. 6 novembre 2021, n. 152, convertito, con modificazioni, nella L. 29 dicembre 2021, n. 233.*

NOTE OPERATIVE:

Istruzioni del committente: Lo spedizioniere è tenuto ad uniformarsi alle istruzioni del committente e, comunque, ad operare nel migliore interesse di quest'ultimo, quanto alle scelte di carattere tecnico ed operativo, relative alla via, al mezzo e alle modalità di trasporto, ma non quanto alle scelte giuridico-commerciali, relative alla regolamentazione del rapporto fra mittente e destinatario e alle modalità più o meno sofisticate di esecuzione dei pagamenti (C.C. 16625/08); le istruzioni del committente servono a specificare le modalità del comportamento dovuto, trasformando l'obbligo dello spedizioniere da generico in specifico, e, benché prive di natura negoziale, debbono, tuttavia, rivestire forma tale che ne renda chiaramente percepibile il contenuto ed inequivoca l'obbligatorietà (C.C. 9697/03).

1740. Diritti dello spedizioniere. – La misura della retribuzione dovuta allo spedizioniere per l'esecuzione dell'incarico si determina, in mancanza di convenzione, secondo le tariffe professionali o, in mancanza, secondo gli usi del luogo in cui avviene la spedizione (1709, 1733, 1736, 2225, 2233).

Le spese anticipate e i compensi per le prestazioni accessorie eseguite dallo spedizioniere sono liquidate sulla base dei documenti giustificativi, a meno che il rimborso e i compensi siano stati preventivamente convenuti in una somma globale unitaria.

1741. (1) **Spedizioniere vettore.** – Lo spedizioniere che con mezzi propri o altrui assume l'esecuzione del trasporto (1735), in tutto o in parte, ha gli obblighi e i diritti del vettore (1678, 1683 ss.).

Nell'ipotesi di perdita o avaria delle cose spedite, si applica l'articolo 1696.

([1]) *Questo articolo è stato così sostituito dall'art. 30 bis, comma 1, lett. d), del D.L. 6 novembre 2021, n. 152, convertito, con modificazioni, nella L. 29 dicembre 2021, n. 233.*

NOTE OPERATIVE:

Presupposti: Lo spedizioniere acquista anche la veste di vettore ove assuma una unitaria obbligazione di esecuzione, in autonomia, del trasporto della merce con mezzi propri o altrui, verso un corrispettivo (C.C. 14089/14 – Conf. C.C. 18657/13; C.C. 1425/11).

Capo X
Del contratto di agenzia

1742. Nozione. – Col contratto di agenzia una parte assume stabilmente l'incarico di promuovere, per conto dell'altra, verso retribuzione, la conclusione di contratti in una zona determinata (1752; 290 c.n.).

Il contratto deve essere provato per iscritto. Ciascuna parte ha diritto di ottenere dall'altra un documento dalla stessa sottoscritto che riproduca il contenuto del contratto e delle clausole aggiuntive. Tale diritto è irrinunciabile.

NOTE OPERATIVE:

Ambito di applicazione: Non rientra nel contratto di agenzia l'opera di chi si limita a una mera promozione del prodotto, da cui può scaturire solo indirettamente un incremento delle vendite, senza procedere alla conclusione del contratto, che è l'obiettivo al cui perseguimento la disposizione codicistica finalizza l'attività dell'agente (C.C. 18686/08).

Subagenzia: Il contratto di subagenzia è un subcontratto funzionalmente collegato al contratto principale di agenzia ed è quindi regolato, nei limiti consentiti o imposti dal collegamento predetto, dalla disciplina di quest'ultimo, dal quale si distingue in quanto il subagente promuove la conclusione dei contratti di assicurazione solo per conto dell'agente e non anche di un'impresa assicuratrice. La subagenzia costituisce, quindi, una particolare fattispecie di contratto derivato (o subcontratto), unilateralmente e funzionalmente collegato al contratto principale di agenzia, che ne costituisce il necessario presupposto sì che al primo si applica la disciplina del contratto principale nei limiti consentiti (o imposti) dal collegamento funzionale (C.C. 9489/20 – Conf. C.C. 15190/04).

1743. Diritti di esclusiva. – Il preponente non può valersi contemporaneamente di più agenti nella stessa zona e per lo stesso ramo di attività (1748[2]), né l'agente può assumere l'incarico di trattare nella stessa zona e per lo stesso ramo gli affari di più imprese in concorrenza tra loro.

NOTE OPERATIVE:

Caratteristiche: Il diritto di esclusiva è connaturato al rapporto e dispiega i suoi effetti sia durante la permanenza dello stesso che nel periodo successivo alla sua cessazione (C.C. 9291/20). Il diritto di esclusiva previsto è elemento non già essenziale, ma naturale del contratto di agenzia e, quindi, ben può essere derogato dalle parti in forza di clausola espressa (C.C. 17063/11 – Conf. C.C. 21073/07; C.C. 14667/04).

1744. Riscossioni. – L'agente non ha facoltà di riscuotere i crediti del preponente (1188). Se questa facoltà gli è stata attribuita, egli non può concedere sconti o dilazioni senza speciale autorizzazione (1732[1], 2210[2]).

NOTE OPERATIVE:

Caratteristiche: Lo svolgimento da parte dell'agente di attività di incasso per conto del preponente dei corrispettivi dovuti dai clienti non costituisce un elemento essenziale o naturale del contratto di agenzia, ma soltanto un compito ulteriore che le parti possono convenire (C.C. 7467/18 – Conf. C.C. 21079/13; C.C. 6077/97). L'attribuzione all'agente della facoltà di riscossione dei crediti del preponente può avvenire in qualunque forma ed essere provata nei modi ordinari (C.C. 9353/12).

1745. Rappresentanza dell'agente. – Le dichiarazioni che riguardano l'esecuzione del contratto concluso per il tramite dell'agente e i reclami relativi alle inadempienze contrattuali (1495[1], 1512[1], 2226) sono validamente fatti all'agente (1752, 1903, 2212).

L'agente può chiedere i provvedimenti cautelari (669 *bis* ss. c.p.c.) nell'interesse del preponente e presentare i reclami che sono necessari per la conservazione dei diritti spettanti a quest'ultimo.

NOTE OPERATIVE:

Ambito di applicazione: La rappresentanza attiva e passiva dell'agente è limitata alla ricezione dei reclami relativi alle inadempienze contrattuali ed al promovimento delle procedure cautelari nell'interesse del preponente (C.C. 18001/21 – Conf. C.C. 20602/17).

1746. Obblighi dell'agente. – Nell'esecuzione dell'incarico l'agente deve tutelare gli interessi del preponente e agire con lealtà e buona fede. In particolare, deve adempiere l'incarico affidatogli in conformità delle istruzioni ricevute e fornire al preponente le informazioni riguardanti le condizioni del mercato nella zona assegnatagli, e ogni altra informazione utile per valutare la convenienza dei singoli affari. È nullo ogni patto contrario.

Egli deve altresì osservare gli obblighi che incombono al commissionario ad eccezione di quelli di cui all'articolo 1736 (1731 ss.), in quanto non siano esclusi dalla natura del contratto di agenzia.

È vietato il patto che ponga a carico dell'agente una responsabilità, anche solo parziale, per l'inadempimento del terzo. È però consentito eccezionalmente alle parti di concordare di volta in volta la concessione di un'apposita garanzia da parte dell'agente, purché ciò avvenga con riferimento a singoli affari, di particolare natura ed importo, individualmente determinati; l'obbligo di garanzia assunto dall'agente non sia di ammontare più elevato della provvigione che per quell'affare l'agente medesimo avrebbe diritto a percepire; sia previsto per l'agente un apposito corrispettivo.

NOTE OPERATIVE:

Informazioni: L'obbligo di fornire al preponente informazioni sulle condizioni di mercato nella zona assegnatagli, nonché ogni altra informazione utile per valutare la convenienza dei singoli affari (che si traduce nell'obbligo di informare, in generale, sullo sviluppo della concorrenza e sulle reali prospettive di penetrazione del mercato), pur avendo carattere secondario e strumentale rispetto all'obbligo principale di promuovere la conclusione di affari, può assumere, in concreto, una rilevanza tale da giustificare, in caso di sua violazione, la risoluzione del rapporto per colpa dell'agente (C.C. 7644/96).

1747. Impedimento dell'agente. – L'agente che non è in grado di eseguire l'incarico affidatogli deve dare immediato avviso al preponente (1710). In mancanza è obbligato al risarcimento del danno (1223, 1727).

1748. Diritti dell'agente. – Per tutti gli affari conclusi durante il contratto l'agente ha diritto alla provvigione quando l'operazione è stata conclusa per effetto del suo intervento.

La provvigione è dovuta anche per gli affari conclusi dal preponente con terzi che l'agente aveva in precedenza acquisito come clienti per affari dello stesso tipo o appartenenti alla zona o alla categoria o gruppo di clienti riservati all'agente, salvo che sia diversamente pattuito.

L'agente ha diritto alla provvigione sugli affari conclusi dopo la data di scioglimento del contratto se la proposta è pervenuta al preponente o all'agente in data antecedente o gli affari sono conclusi entro un termine ragionevole dalla data di scioglimento del contratto e la conclusione è da ricondurre prevalentemente all'attività da lui svolta; in tali casi la provvigione è dovuta solo all'agente precedente, salvo che da specifiche circostanze risulti equo ripartire la provvigione tra gli agenti intervenuti.

Salvo che sia diversamente pattuito, la provvigione spetta all'agente dal momento e nella misura in cui il preponente ha eseguito o avrebbe dovuto eseguire la prestazione in base al contratto concluso con il terzo. La provvigione spetta all'agente, al più tardi, inderogabilmente dal momento e nella misura in cui il terzo ha eseguito o avrebbe dovuto eseguire la prestazione qualora il preponente avesse eseguito la prestazione a suo carico.

Se il preponente e il terzo si accordano per non dare, in tutto o in parte, esecuzione al contratto, l'agente ha diritto, per la parte ineseguita, ad una provvigione ridotta nella misura determinata dagli usi o, in mancanza, dal giudice secondo equità.

L'agente è tenuto a restituire le provvigioni riscosse solo nella ipotesi e nella misura in cui sia certo che il contratto tra il terzo e il preponente non avrà esecuzione per cause non imputabili al preponente. È nullo ogni patto più sfavorevole all'agente.

L'agente non ha diritto al rimborso delle spese di agenzia.

NOTE OPERATIVE:

Presupposti: Sulla falsariga del modello tedesco, la norma distingue tra il momento di acquisizione della provvigione e il momento di esigibilità della provvigione già acquisita. Il momento di acquisizione è il momento in cui l'operazione promossa dall'agente è stata conclusa tra le parti; il momento di esigibilità è il momento in cui il preponente ha eseguito, o avrebbe dovuto eseguire, la prestazione. Nella nuova disciplina giuridica, dunque, il fatto costitutivo della provvigione è la conclusione del contratto. Condizione di esigibilità è invece l'esecuzione del contratto da parte del preponente: la provvigione è esigibile nel momento e nella misura in cui il preponente ha eseguito o avrebbe dovuto eseguire la prestazione. Non è quindi necessaria la prova del buon fine dell'affare e cioè, in sostanza, dal pagamento del prezzo da parte del cliente (C.C. 8197/23 – Conf. C.C. 3483/20; C.C. 5467/00).

Provvigioni postume: All'agente spettano anche provvigioni postume, sempre che la conclusione dell'affare, avvenuta dopo la cessazione del contratto, sia il frutto della prevalente attività promozionale da questi svolta durante il mandato, senza che rilevino, in considerazione del vincolo di esclusiva, gli eventuali interventi della società preponente finalizzati alla conclusione dell'affare (C.C. 9291/20).

1749. Obblighi del preponente. – Il preponente, nei rapporti con l'agente, deve agire con lealtà e buona fede. Egli deve mettere a disposizione dell'agente la documentazione necessaria relativa ai beni o servizi trattati e fornire all'agente le informazioni necessarie all'esecuzione del contratto: in particolare avvertire l'agente, entro un termine ragionevole, non appena preveda che il volume delle operazioni commerciali sarà notevolmente inferiore a quello che l'agente avrebbe potuto normalmente attendersi. Il preponente deve inoltre informare l'agente, entro un termine ragionevole, dell'accettazione o del rifiuto e della mancata esecuzione di un affare procuratogli.

Il preponente consegna all'agente un estratto conto delle provvigioni dovute al più tardi l'ultimo giorno del mese successivo al trimestre nel corso del quale esse sono maturate. L'estratto conto indica gli elementi essenziali in base ai quali è stato effettuato il calcolo delle provvigioni. Entro il medesimo termine le provvigioni liquidate devono essere effettivamente pagate all'agente.

L'agente ha diritto di esigere che gli siano fornite tutte le informazioni necessarie per verificare l'importo delle provvigioni liquidate ed in particolare un estratto dei libri contabili.

È nullo ogni patto contrario alle disposizioni del presente articolo.

NOTE OPERATIVE:

Correttezza e buona fede: Il preponente ha l'obbligo di agire con correttezza e buona fede nei confronti dell'agente, potendo la violazione di detti obblighi contrattuali configurare, in base alla gravità delle circostanze, giusta causa di scioglimento dello stesso rapporto di agenzia, in applicazione analogica dell'art. 2119 c.c. (C.C. 19300/15 – Conf. C.C. 21445/07).

Estratto conto provvisionale: Il diritto all'accesso ed alla documentazione contabile, è funzionalmente e strumentalmente collegato al soddisfacimento del diritto alle provvigioni ed alle indennità collegate al rapporto di agenzia (C.C. 10046/23 – Conf. C.C. 12660/19; C.C. 19319/16).

1750. Durata del contratto o recesso. – Il contratto di agenzia a tempo determinato che continui ad essere eseguito dalle parti successivamente alla scadenza del termine si trasforma in contratto a tempo indeterminato.

Se il contratto di agenzia è a tempo indeterminato, ciascuna delle parti può recedere dal contratto stesso dandone preavviso all'altra entro un termine stabilito.

Il termine di preavviso non può comunque essere inferiore ad un mese per il primo anno di durata del contratto, a due mesi per il secondo anno iniziato, a tre mesi per il terzo anno iniziato, a quattro mesi per il quarto anno, a cinque mesi per il quinto anno e a sei mesi per il sesto anno e per tutti gli anni successivi.

Le parti possono concordare termini di preavviso di maggiore durata, ma il preponente non può osservare un termine inferiore a quello posto a carico dell'agente.

Salvo diverso accordo tra le parti, la scadenza del termine di preavviso deve coincidere con l'ultimo giorno del mese del calendario.

NOTE OPERATIVE:

Termini: La norma, nel porre la regola inderogabile secondo cui i termini di preavviso devono essere gli stessi per le due parti del rapporto, esprime un precetto materiale che vieta pattuizioni che alterino la parità delle parti in materia di recesso (C.C. 24478/21 – Conf. C.C. 24274/06).

Risarcimento: Nel contratto di agenzia, analogamente a quanto previsto nei rapporti di lavoro privi di stabilità, ove non ricorra l'ipotesi della giusta causa, la parte che recede è obbligata a darne preavviso nel termine stabilito dalla norma rimanendo tenuta, in caso di mancato preavviso, al risarcimento del danno derivante da tale omissione (C.C. 21279/10).

1751. Indennità in caso di cessazione del rapporto. – All'atto della cessazione del rapporto, il preponente è tenuto a corrispondere all'agente un'indennità se ricorrono le seguenti condizioni:

l'agente abbia procurato nuovi clienti al preponente o abbia sensibilmente sviluppato gli affari con i clienti esistenti e il preponente riceva ancora sostanziali vantaggi derivanti dagli affari con tali clienti;

il pagamento di tale indennità sia equo, tenuto conto di tutte le circostanze del caso, in particolare delle provvigioni che l'agente perde e che risultano dagli affari con tali clienti.

L'indennità non è dovuta:

quando il preponente risolve il contratto per un'inadempienza imputabile all'agente, la quale, per la sua gravità, non consenta la prosecuzione anche provvisoria del rapporto;

quando l'agente recede dal contratto, a meno che il recesso sia giustificato da circostanze attribuibili al preponente o da circostanze attribuibili all'agente, quali età, infermità o malattia, per le quali non può più essergli ragionevolmente chiesta la prosecuzione dell'attività;

quando, ai sensi di un accordo con il preponente, l'agente cede ad un terzo i diritti e gli obblighi che ha in virtù del contratto d'agenzia.

L'importo dell'indennità non può superare una cifra equivalente ad un'indennità annua calcolata sulla base della media annuale delle retribuzioni riscosse dall'agente negli ultimi cinque anni e, se il contratto risale a meno di cinque anni, sulla media del periodo in questione.

La concessione dell'indennità non priva comunque l'agente del diritto all'eventuale risarcimento dei danni.

L'agente decade dal diritto all'indennità prevista dal presente articolo se, nel termine di un anno dallo scioglimento del rapporto, omette di comunicare al preponente l'intenzione di far valere i propri diritti.

Le disposizioni di cui al presente articolo sono inderogabili a svantaggio dell'agente.

L'indennità è dovuta anche se il rapporto cessa per morte dell'agente.

NOTE OPERATIVE:

Determinazione: Ai fini della determinazione dell'indennità in caso di cessazione del rapporto di agenzia per recesso del preponente, nella base di computo vanno ricomprese non soltanto le provvigioni maturate, ma anche quelle percepite come fisso provvisionale (C.C. 23547/23).

1751 *bis*. (1) Patto di non concorrenza. – Il patto che limita la concorrenza da parte dell'agente dopo lo scioglimento del contratto deve farsi per iscritto. Esso deve riguardare la medesima zona, clientela e genere di beni o servizi per i quali era stato concluso il contratto di agenzia e la sua durata non può eccedere i due anni successivi all'estinzione del contratto.

L'accettazione del patto di non concorrenza comporta, in occasione della cessazione del rapporto, la corresponsione all'agente commerciale di una indennità di natura non provvigionale. L'indennità va commisurata alla durata, non superiore a due anni dopo l'estinzione del contratto, alla natura del contratto di agenzia e all'indennità di fine rapporto. La determinazione della indennità in base ai parametri di cui al precedente periodo è affidata alla contrattazione tra le parti tenuto conto degli accordi economici nazionali di categoria. In difetto di accordo l'indennità è determinata dal giudice in via equitativa anche con riferimento:

1) alla media dei corrispettivi riscossi dall'agente in pendenza di contratto ed alla loro incidenza sul volume d'affari complessivo nello stesso periodo;

2) alle cause di cessazione del contratto di agenzia;

3) all'ampiezza della zona assegnata all'agente;

4) all'esistenza o meno del vincolo di esclusiva per un solo preponente (2).

(1) *Questo articolo è stato aggiunto dall'art. 5 del D.L.vo 10 settembre 1991, n. 303.*

(2) *Questo comma è stato aggiunto dall'art. 23 della L. 29 dicembre 2000, n. 422, a decorrere dal 1° giugno 2001.*

NOTE OPERATIVE:

Azione: L'azione si connota per avere natura contrattuale ad oggetto ampio, abbracciando, diversamente dall'azione per concorrenza sleale ex art. 2598 c.c., ogni attività concorrenziale anche astrattamente lecita (C.C. 17239/16).

1752. Agente con rappresentanza. – Le disposizioni del presente capo si applicano anche nell'ipotesi in cui all'agente è conferita dal preponente la rappresentanza per la conclusione dei contratti (1387, 1388, 1745).

1753. Agenti di assicurazione. – Le disposizioni di questo capo sono applicabili anche agli agenti di assicurazione, in quanto non siano derogate dalle norme corporative o (1) dagli usi e in quanto siano compatibili con la natura dell'attività assicurativa (1903).

(1) *L'espressione «dalle norme corporative» è da ritenersi abrogata dal R.D.L. 9 agosto 1943, n. 721.*

Capo XI
Della mediazione

1754. Mediatore. – È mediatore colui che mette in relazione due o più parti per la conclusione di un affare, senza essere legato ad alcuna di esse da rapporti di collaborazione, di dipendenza o di rappresentanza (1387 ss., 1761).

NOTE OPERATIVE:

Mediazione atipica ...: Sia in presenza di una mediazione tipica che di una mediazione atipica – che ricorre nel caso i cui il mediatore abbia ricevuto l'incarico da uno dei contraenti, di svolgere una attività intesa alla ricerca di una persona interessata alla conclusione di uno specifico affare –, il rapporto assume carattere contrattuale e può perfezionarsi anche mediante comportamenti concludenti che implichino la volontà dei contraenti di avvalersi dell'opera del mediatore o mediate la semplice accettazione dell'opera da questi svolta (C.C. 28269/19 – Conf. C.C. 21737/10).

... e unilaterale: La cd. mediazione unilaterale si realizza ove, a fronte dell'attività di mediazione svolta senza vincoli di collaborazione, dipendenza o rappresentanza di una sola delle parti, sussista un rapporto di mandato ovvero il conferimento dell'incarico al mediatore ad opera di una parte di ricercare una persona interessata allo stesso affare a determinate e prestabilite condizioni (C.C. 29287/18).

1755. Provvigione. – Il mediatore ha diritto alla provvigione da ciascuna delle parti, se l'affare è concluso per effetto del suo intervento (1757, 2950).

La misura della provvigione e la proporzione in cui questa deve gravare su ciascuna delle parti, in mancanza di patto, di tariffe professionali o di usi, sono determinate dal giudice secondo equità (2099, 2225, 2233).

NOTE OPERATIVE:

Presupposti: Il diritto alla provvigione sorge nel momento in cui può ritenersi intervenuta la conclusione di un affare, ossia quando fra le parti messe in contatto dal mediatore si sia costituito un vincolo giuridico che abiliti ciascuna ad agire per l'esecuzione (o risoluzione) del contratto stesso (C.C. 20132/22 – Conf. C.C. 13260/09; C.C. 7994/09); è necessario, inoltre, che tra l'intervento del mediatore e la conclusione dell'affare vi sia un nesso di causalità adeguata (C.C. 3165/23).

1756. Rimborso delle spese. – Salvo patti o usi contrari, il mediatore ha diritto al rimborso delle spese nei confronti della persona per incarico della quale sono state eseguite anche se l'affare non è stato concluso (1719).

NOTE OPERATIVE:

Ambito di applicazione: La norma copre ogni possibile ipotesi di mancata conclusione del contratto tra le persone messe in relazione dal mediatore (C.C. 11244/023 – Conf. C.C. 7630/02).

1757. Provvigione nei contratti condizionali o invalidi. – Se il contratto è sottoposto a condizione sospensiva (1353 ss.), il diritto alla provvigione sorge nel momento in cui si verifica la condizione (1360[1]).

Se il contratto è sottoposto a condizione risolutiva, il diritto alla provvigione non viene meno col verificarsi della condizione.

La disposizione del comma precedente si applica anche quando il contratto è annullabile (1425 ss.) o rescindibile (1447 ss.), se il mediatore non conosceva la causa d'invalidità (1445, 1452).

NOTE OPERATIVE:

Condicio iuris: Quando l'affare concluso per il tramite del mediatore sia soggetto ad una condicio iuris, rappresentata dalla necessità di un'autorizzazione amministrativa, il diritto del mediatore alla provvigione non sorge sino a quando non sia intervenuta quest'ultima (C.C. 20132/22 – Conf. C.C. 7332/09).

1758. Pluralità di mediatori. – Se l'affare è concluso per l'intervento di più mediatori, ciascuno di essi ha diritto a una quota della provvigione (1755).

NOTE OPERATIVE:

Presupposti: Quando l'affare sia concluso con l'intervento di più mediatori (congiunto o distinto, contemporaneo o successivo, concordato o autonomo, in base allo stesso incarico o a più incarichi), ciascuno di essi ha diritto ad una quota di provvigione (C.C. 1507/07); il diritto di ciascuno di essi ad ottenere una quota della provvigione sorge a condizione che sia provato il nesso di concausalità obiettiva tra l'attività svolta da ognuno e la conclusione dell'affare (C.C. 16157/10 – Conf. C.C. 8443/00; C.C. 1564/98).

1759. Responsabilità del mediatore. – Il mediatore deve comunicare alle parti le circostanze a lui note, relative alla valutazione e alla sicurezza dell'affare, che possono influire sulla conclusione di esso (1746).

Il mediatore risponde dell'autenticità della sottoscrizione delle scritture e dell'ultima girata dei titoli trasmessi per il suo tramite (2008).

NOTE OPERATIVE:

Ambito di applicazione: Il mediatore – tanto nell'ipotesi tipica in cui abbia agito in modo autonomo, quanto nell'ipotesi in cui si sia attivato su incarico di una delle parti (c.d. mediazione atipica) – ha l'obbligo di comportarsi secondo correttezza e buona fede (C.C. 17385/23); deve, pertanto, comunicare alle parti le circostanze a lui note, o che avrebbe dovuto conoscere con l'uso della diligenza impostagli dalla natura professionale dell'attività esercitata, relative alla valutazione e alla sicurezza dell'affare, che possano influire sulla conclusione di esso o determinare le parti a perfezionare il contratto a diverse condizioni (C.C. 11371/23 – Conf. C.C. 6389/01; C.C. 5107/99). Nell'onere di corretta informazione delle parti rientra il profilo della capacità patrimoniale delle parti stesse, costituendo un elemento influente sulla sicurezza dell'affare, specie in presenza della dazione di una somma a titolo di anticipo di pagamento o di caparra (C.C. 20512/20).

1760. Obblighi del mediatore professionale. – Il mediatore professionale in affari su merci o su titoli deve (1764):

1) conservare i campioni delle merci vendute sopra campione (1522), finché sussista la possibilità di controversia sull'identità della merce;

2) rilasciare al compratore una lista firmata dei titoli negoziati, con l'indicazione della serie e del numero;

3) annotare su apposito libro (2214 ss., 2220) gli estremi essenziali del contratto che si stipula col suo intervento e rilasciare alle parti copia da lui sottoscritta di ogni annotazione.

1761. Rappresentanza del mediatore. – Il mediatore può essere incaricato da una delle parti di rappresentarla negli atti relativi all'esecuzione del contratto concluso con il suo intervento (1388).

1762. Contraente non nominato. – Il mediatore che non manifesta a un contraente il nome dell'altro risponde dell'esecuzione del contratto (1405) e, quando lo ha eseguito, subentra nei diritti verso il contraente non nominato (1203).

Se dopo la conclusione del contratto il contraente non nominato si manifesta all'altra parte o è nominato dal mediatore, ciascuno dei contraenti può agire direttamente contro l'altro, ferma restando la responsabilità del mediatore.

1763. Fideiussione del mediatore. – Il mediatore può prestare fideiussione per una delle parti (1936 ss.).

NOTE OPERATIVE:

Presupposti: La garanzia personale prestata dal mediatore è regolata dai principi propri della fideiussione, sicché, come previsto dall'art. 1937 c.c., essa deve risultare da una volontà espressa (C.C. 5417/14 – Conf. C.C. 11413/92).

1764. Sanzioni. – Il mediatore che non adempie gli obblighi imposti dall'art. 1760 è punito con la sanzione amministrativa del pagamento di una somma da € 5 a € 516 (1).

Nei casi più gravi può essere aggiunta la sospensione della professione fino a sei mesi.

Alle stesse pene è soggetto il mediatore che presta la sua attività nell'interesse di persona notoriamente insolvente o della quale conosce lo stato d'incapacità (5 l. fall.).

(1) *Ammenda originaria da L. 50 a L. 5.000, aumentata di 40 volte ai sensi art. 3 L. 12 luglio 1961, n. 603, indi quintuplicata ai sensi degli artt. 113 - 114 L. 24 novembre 1981, n. 689. La contravvenzione è stata depenalizzata dalla L. 24 dicembre 1975, n. 706.*

1765. Leggi speciali. – Sono salve le disposizioni delle leggi speciali.

Capo XII
Del deposito

Sezione I
Del deposito in generale

1766. Nozione. – Il deposito è il contratto col quale una parte riceve dall'altra una cosa mobile (812) con l'obbligo di custodirla e di restituirla in natura.

NOTE OPERATIVE:

Consegna: Nel deposito, avente natura reale, la consegna della cosa è necessaria per il perfezionamento del contratto (C.C. 1733/15); tuttavia la consegna può realizzarsi con una ficta traditio attraverso la ritenzione della cosa da parte del depositario, per effetto del mancato ritiro da parte dell'avente diritto, con il conseguente sorgere per il depositario dell'obbligo di custodia e per il proprietario dell'obbligo di pagamento delle spese di custodia fino al ritiro dello stesso (C.C. 7493/07 – Conf. C.C. 9596/98).

Custodia: Le norme che disciplinano nel contratto di deposito la responsabilità del depositario sono applicabili solo nel caso in cui l'obbligazione di custodia sia assunta come principale e assorbente, rappresentando l'unica prestazione qualificatrice del contratto. Qualora, invece, l'obbligo di custodire abbia una funzione strumentale rispetto a un'altra obbligazione, di carattere principale e si atteggi come meramente accessoria rispetto a quella dedotta in obbligazione, per il suo adempimento trovano applicazione – a termini dell'art. 1177 c.c. - le regole stabilite per l'adempimento delle obbligazioni in generale (C.C. 2084/14).

Parcheggio: Al contratto atipico di parcheggio si applicano le norme relative al contratto di deposito, sicché il depositario assume verso il depositante l'obbligo di restituzione della cosa nello stato in cui è stata consegnata, nonché, in caso di sottrazione, quello di risarcimento del danno, salvo che provi l'imprevedibilità e l'inevitabilità della perdita, nonostante l'uso della diligenza del buon padre di famiglia, e dunque la non imputabilità dell'inadempimento (C.C. 9895/21 – Conf. C.C. 22807/14).

Rimessaggio: Il contratto misto e atipico di rimessaggio di un natante, in cui una parte si impegna a riparare la cosa ed a custodirla verso corrispettivo fino alla riconsegna, partecipa della natura del contratto di prestazione d'opera e del contratto di deposito (C.C. 22803/09). Al contratto in forza del quale il campeggio è utilizzato quale luogo di parcheggio di una roulotte, nel cosiddetto rimessaggio invernale, si applica la disciplina generale del contratto di deposito (C.C. 16079/02 – Conf. C.C. 6866/93).

Ormeggio: Il contratto atipico di ormeggio in un porto turistico con obbligo di custodia, assimilabile al contratto di deposito, comporta, salvo patto contrario, l'obbligo dell'ormeggiatore di custodire non solo il natante, ma anche le relative pertinenze (tra le quali rientra l'eventuale motore fuoribordo sullo stesso installato, oggetto di furto nella fattispecie), oltre al correlato obbligo di restituirli, alla scadenza, nello stato in cui erano stati consegnati (C.C. 18419/09 – Conf. C.C. 867/94).

1767. Presunzione di gratuità. – Il deposito si presume gratuito, salvo che dalla qualità professionale del depositario o da altre circostanze si debba desumere una diversa volontà delle parti (1781, 1802).

NOTE OPERATIVE:

Superamento: Per vincere la presunzione iuris tantum di gratuità del deposito non può ritenersi sufficiente l'esercizio da parte del depositario di una qualsiasi attività economica nell'ambito della quale il deposito e la custodia non assumono una rilevanza tipica (C.C. 23211/10 – Conf. C.C. 359/93).

1768. Diligenza nella custodia. – Il depositario deve usare nella custodia la diligenza del buon padre di famiglia (1176, 1177, 1770, 1800, 2051, 2148^2, 2167^2, 2790).

Se il deposito è gratuito, la responsabilità per colpa è valutata con minor rigore (1710).

NOTE OPERATIVE:

Onere della prova: In caso di furto della cosa depositata il depositario non è esente da responsabilità, ove si limiti a dimostrare di avere usato nella custodia la diligenza del buon padre di famiglia, ma deve provare che l'inadempimento sia derivato da causa a lui non imputabile (C.C. 22807/14 – Conf. C.C. 20809/10).

1769. Responsabilità del depositario incapace. – Il depositario incapace è responsabile della conservazione della cosa nei limiti in cui può essere tenuto a rispondere per fatti illeciti (2046). In ogni caso il depositante ha diritto di conseguire la restituzione della cosa finché questa si trova presso il depositario (1443); altrimenti può pretendere il rimborso di ciò che sia stato rivolto a vantaggio di quest'ultimo (2039, 2041).

1770. Modalità della custodia. – Il depositario non può servirsi della cosa depositata né darla in deposito ad altri (1717), senza il consenso del depositante (1782, 1804^2, 2232).

Se circostanze urgenti lo richiedono, il depositario può esercitare la custodia in modo diverso da quello convenuto, dandone avviso al depositante appena è possibile.

1771. Richiesta di restituzione e obbligo di ritirare la cosa. – Il depositario deve restituire la cosa (1246, n. 2) appena il depositante la richiede (1183, 1834^1), salvo che sia convenuto un termine nell'interesse del depositario (1184).

Il depositario può richiedere in qualunque tempo che il depositante riprenda la cosa, salvo che sia convenuto un termine nell'interesse del depositante. Anche se non è stato convenuto un termine, il giudice può concedere al depositante un termine congruo per ricevere la cosa.

1772. Pluralità di depositanti e di depositari. – Se più sono i depositanti di una cosa ed essi non si accordano circa la restituzione, questa deve farsi secondo le modalità stabilite dall'autorità giudiziaria.

La stessa norma si applica quando a un solo depositante succedono più eredi, se la cosa non è divisibile (1316).

Se più sono i depositari, il depositante ha facoltà di chiedere la restituzione a quello tra essi che detiene la cosa. Questi deve darne pronta notizia agli altri.

1773. Terzo interessato nel deposito. – Se la cosa è stata depositata anche nell'interesse di un terzo e questi ha comunicato al depositante e al depositario la sua adesione (1411), il depositario non può liberarsi restituendo la cosa al depositante senza il consenso del terzo (1777, 1798).

NOTE OPERATIVE:

Deposito fiduciario: Nella ipotesi di deposito fiduciario in garanzia di assegno bancario in bianco nell'interesse di terzo il diritto restitutorio del depositante non è esigibile nei confronti del depositario in presenza di un diniego motivato del terzo titolare del credito garantito (C.C. 21608/13).

1774. Luogo di restituzione e spese relative. – Salvo diversa convenzione, la restituzione della cosa deve farsi nel luogo in cui doveva essere custodita (1182^2).

Le spese per la restituzione sono a carico del depositante (1196, 1781).

1775. Restituzione dei frutti. – Il depositario è obbligato a restituire i frutti della cosa che egli abbia percepiti (821).

1776. Obblighi dell'erede del depositario. – L'erede del depositario, il quale ha alienato in buona fede la cosa che ignorava essere tenuta in deposito, è obbligato soltanto a restituire il corrispettivo ricevuto (2041). Se questo non è stato ancora pagato, il depositante subentra nel diritto dell'alienante (1203, 1259, 1780^2, 2038, 2900).

1777. Persona a cui deve essere restituita la cosa. – Il depositario deve restituire la cosa al depositante o alla persona indicata per riceverla (1188, 1836), e non può esigere che il depositante provi di esserne proprietario (1773, 1778, 1779).

Se è convenuto in giudizio da chi rivendica la proprietà della cosa o pretende di avere diritti su di essa, deve, sotto pena del risarcimento del danno, denunziare la controversia al depositante, e può ottenere di essere estromesso (109 c.p.c.) dal giudizio indicando la persona del medesimo (1586; 167, 269 c.p.c.). In questo caso egli può anche liberarsi dall'obbligo di restituire la cosa, depositandola, nei modi stabiliti dal giudice, a spese del depositante.

NOTE OPERATIVE:

Soggetto attivo: Soggetto attivo dell'obbligazione di restituzione è il depositante, non potendo il depositario esigere la prova della proprietà della cosa depositata (C.C. 6048/10 – Conf. C.C. 8934/06). La norma prevede che il depositario deve restituire la cosa a colui che ha effettuato il deposito a prescindere dalla titolarità di diritti sulla cosa stessa da parte di questi (C.C. 21608/13 – Conf. C.C. 2041/68).

1778. Cosa proveniente da reato. – Il depositario, se scopre che la cosa proviene da un reato e gli è nota la persona alla quale è stata sottratta, deve denunziarle il deposito fatto presso di sé.

Il depositario è liberato se restituisce la cosa al depositante decorsi dieci giorni dalla denunzia senza che gli sia stata notificata opposizione (1777).

1779. Cosa propria del depositario. – Il depositario è liberato da ogni obbligazione, se risulta che la cosa gli appartiene e che il depositante non ha su di essa alcun diritto (1253).

1780. Perdita non imputabile della detenzione della cosa. – Se la detenzione della cosa è tolta al depositario in conseguenza di un fatto a lui non imputabile (1256), egli è liberato dall'obbligazione di restituire la cosa, ma deve, sotto pena di risarcimento del danno, denunziare immediatamente al depositante il fatto per cui ha perduto la detenzione.

Il depositante ha diritto di ricevere ciò che, in conseguenza del fatto stesso, il depositario abbia conseguito, e subentra nei diritti spettanti a quest'ultimo (1259, 1776, 2742).

NOTE OPERATIVE:

Ambito di applicazione: La norma trova applicazione anche quando l'obbligazione della custodia e della riconsegna formi parte di un contratto misto nel quale confluiscano le cause del deposito e di altro contratto (C.C. 1246/2018 – Conf. C.C. 16783/15; C.C. 10956/10).

1781. Diritti del depositario. – Il depositante è obbligato a rimborsare il depositario delle spese fatte per conservare la cosa (1774[2], 1808), a tenerlo indenne dalle perdite cagionate dal deposito e a pagargli il compenso pattuito (1767, 1802, 2761[3]).

NOTE OPERATIVE:

Sequestro: In tema di compenso del depositario di veicoli sottoposti a sequestro penale od amministrativo, il rimborso per le opere di conservazione è dovuto nella misura in cui siano provati specifici costi di conservazione, essendo invece insita nella funzione del deposito e conseguentemente non separatamente indennizzabile l'attività di custodia e conservazione del bene, in quanto necessaria all'assolvimento del primario obbligo di restituzione in natura (C.C. 16208/08).

1782. Deposito irregolare. – Se il deposito ha per oggetto una quantità di danaro o di altre cose fungibili, con facoltà per il depositario di servirsene, questi ne acquista la proprietà ed è tenuto a restituirne altrettante della stessa specie e qualità (1834 ss.).

In tal caso si osservano, in quanto applicabili, le norme relative al mutuo (1813 ss.).

NOTE OPERATIVE:

Denaro: In caso di deposito irregolare di beni fungibili – come il denaro –, che non siano stati individuati al momento della consegna, essi entrano nella disponibilità del depositario, che acquista il diritto di servirsene e, pertanto, ne diventa proprietario, pur essendo tenuto a restituirne altrettanti della stessa specie e qualità, salvo che al negozio sia stata apposta apposita clausola derogatoria (C.C. 7262/13 – Conf. C.C. 17512/11; C.C. 5843/01).

Sezione II
Del deposito in albergo

1783. Responsabilità per le cose portate in albergo. – Gli albergatori sono responsabili di ogni deterioramento, distruzione o sottrazione delle cose portate dal cliente in albergo.

Sono considerate cose portate in albergo:

1) le cose che vi si trovano durante il tempo nel quale il cliente dispone dell'alloggio;

2) le cose di cui l'albergatore, un membro della sua famiglia o un suo ausiliario assumono la custodia, fuori dell'albergo, durante il periodo di tempo in cui il cliente dispone dell'alloggio;

3) le cose di cui l'albergatore, un membro della sua famiglia o un ausiliario assumono la custodia sia nell'albergo, sia fuori dell'albergo, durante un periodo di tempo ragionevole, precedente o successivo a quello in cui il cliente dispone dell'alloggio.

La responsabilità di cui al presente articolo è limitata al valore di quanto sia deteriorato, distrutto o sottratto, sino all'equivalente di cento volte il prezzo di locazione dell'alloggio per giornata (1785 *bis*).

NOTE OPERATIVE:

Contratto di albergo: Il contratto di albergo non può in sé considerarsi un contratto tipico, non trovando alcuna specifica regolamentazione nel codice civile che, agli artt. 1783 e 1785, disciplina solo il deposito delle cose portate in albergo o consegnate all'albergatore, né nella legislazione speciale. Esso è, invece, un contratto atipico o, al più, misto, con cui l'albergatore si obbliga a prestazioni, molteplici ed eterogenee, che vanno dalla locazione dell'alloggio, alla fornitura di servizi, al deposito, senza che la preminenza riconoscibile alla locazione dell'alloggio possa valere, sotto il profilo causale, a far assumere alle altre prestazioni carattere meramente accessorio (C.C. 10158/94).

Presupposti: La responsabilità dell'albergatore, per le cose dei clienti, sorge per il solo fatto dell'introduzione – da parte del cliente – delle cose nell'albergo, indipendentemente da qualsiasi consegna (C.C. 5030/14).

1784. Responsabilità per le cose consegnate e obblighi dell'albergatore. – La responsabilità dell'albergatore è illimitata:

1) quando le cose gli sono state consegnate in custodia;

2) quando ha rifiutato di ricevere in custodia cose che aveva l'obbligo di accettare.

L'albergatore ha l'obbligo di accettare le carte - valori, il denaro contante e gli oggetti di valore; egli può rifiutarsi di riceverli soltanto se si tratti di oggetti pericolosi o che, tenuto conto dell'importanza e delle condizioni di gestione dell'albergo, abbiano valore eccessivo o natura ingombrante.

L'albergatore può esigere che la cosa consegnatagli sia contenuta in un involucro chiuso o sigillato.

NOTE OPERATIVE:

Presupposti: Il cliente non ha l'obbligo di affidare gli oggetti di valore di sua proprietà in custodia all'albergatore, mancando una specifica previsione normativa in tale senso; pertanto, ove non si avvalga di tale facoltà, corre solo il rischio di non poter ottenere, in caso di sottrazione, l'integrale risarcimento del danno (C.C. 5030/14 – Conf. C.C. 28812/08; C.C. 1684/94).

1785. Limiti di responsabilità. – L'albergatore non è responsabile quando il deterioramento, la distruzione o la sottrazione siano dovuti:

1) al cliente, alle persone che l'accompagnano, che sono al suo servizio o che gli rendono visita;

2) a forza maggiore;

3) alla natura della cosa.

1785 *bis*. Responsabilità per colpa dell'albergatore. – L'albergatore è responsabile, senza che egli possa invocare il limite previsto dall'ultimo comma dell'art. 1783, quando il deterioramento, la distruzione o la sottrazione delle cose portate dal cliente in albergo sono dovuti a colpa sua, dei membri della sua famiglia o dei suoi ausiliari.

NOTE OPERATIVE:

Presupposti: L'albergatore risponde del furto di un oggetto di valore sottratto dalla camera del cliente, qualora il furto si verifichi nelle ore di indisponibilità del servizio di custodia gestito dall'albergatore stesso, e non sia stata assicurata una adeguata sorveglianza dei locali e delle chiavi delle camere (C.C. 10493/09).

1785 *ter*. Obbligo di denuncia del danno. – Fuori del caso previsto dall'art. 1785 *bis*, il cliente non potrà valersi delle precedenti disposizioni se, dopo aver constatato il deterioramento, la distruzione o la sottrazione, denunci il fatto all'albergatore con ritardo ingiustificato.

1785 *quater*. Nullità. – Sono nulli i patti o le dichiarazioni tendenti ad escludere o a limitare preventivamente la responsabilità dell'albergatore (1229, 1419).

1785 *quinquies*. Limiti di applicazione. – Le disposizioni della presente sezione non si applicano ai veicoli, alle cose lasciate negli stessi, né agli animali vivi.

NOTE OPERATIVE:

Deposito: Nell'ipotesi in cui un cliente consegni le chiavi di un autoveicolo al vetturiere dell'albergo dove alloggia, con tale atto, che integra l'affidamento del veicolo e non la presa in consegna delle chiavi e dell'autoveicolo a titolo di cortesia, si perfeziona un ordinario contratto di deposito, dal quale scaturiscono le relative obbligazioni a carico delle parti del rapporto (C.C. 26353/13), ed al quale non si applica la disciplina del deposito alberghiero, per effetto dell'esclusione dei veicoli di cui all'art. 1785-quinquies c.c. (C.C. 6048/10).

1786. Stabilimenti e locali assimilati agli alberghi. – Le norme di questa sezione si applicano anche agli imprenditori di case di cura, stabilimenti di pubblici spettacoli, stabilimenti balneari, pensioni, trattorie, carrozze letto e simili.

NOTE OPERATIVE:

Carrozza letto: La società che fornisce il servizio di trasporto ferroviario in carrozza letto ha l'obbligo di provvedere alla custodia del bagaglio del viaggiatore con la diligenza qualificata dell'offerente imprenditore, e, dunque, di predisporre accorgimenti e cautele analoghi a quelli dell'albergatore, a cui è equiparato, soprattutto ove non sia offerto un autonomo servizio di custodia dei valori e dei preziosi ed il viaggiatore debba portarli con sé nella propria carrozza letto (C.C. 26887/14).

Sezione III
Del deposito nei magazzini generali

1787. Responsabilità dei magazzini generali. – I magazzini generali sono responsabili della conservazione delle merci depositate, a meno che si provi che la perdita, il calo (1695) o l'avaria è derivata da caso fortuito, dalla natura delle merci ovvero da vizi di esse o dell'imballaggio (1218).

NOTE OPERATIVE:

Disciplina applicabile: Nel contratto di deposito nei magazzini generali, il cui fine principale è quello, proprio del deposito, della custodia, conservazione e restituzione delle merci, il rapporto tra i contraenti in materia di responsabilità per inadempimento e di colpa presunta ex recepto è disciplinato essenzialmente dalle norme generali sul deposito (C.C. 12972/10 – Conf. C.C. 534/97).

1788. Diritti del depositante. – Il depositante ha diritto d'ispezionare le merci depositate e di ritirare i campioni d'uso (1793[3]).

1789. Vendita delle cose depositate. – I magazzini generali, previo avviso al depositante, possono procedere alla vendita delle merci, quando, al termine del contratto, le merci non sono ritirate e non è rinnovato il deposito, ovvero, trattandosi di deposito a tempo indeterminato, quando è decorso un anno dalla data del deposito, e in ogni caso quando le merci sono minacciate di deperimento. Per la vendita si osservano le modalità stabilite dall'art. 1515.

Il ricavato della vendita, dedotte le spese e quanto altro spetta ai magazzini generali, deve essere tenuto a disposizione degli aventi diritto (83 att.).

1790. Fede di deposito. – I magazzini generali, a richiesta del depositante, devono rilasciare una fede di deposito delle merci depositate (1996).

La fede di deposito deve indicare:

1) il cognome e il nome o la ditta (2563 ss.) e il domicilio (43) del depositante;

2) il luogo del deposito;

3) la natura e la quantità delle cose depositate e gli altri estremi atti a individuarle;

4) se per la merce sono stati pagati i diritti doganali e se essa è stata assicurata.

1791. Nota di pegno. – Alla fede di deposito è unita la nota di pegno, sulla quale sono ripetute le indicazioni richieste dall'articolo precedente.

La fede di deposito e la nota di pegno devono essere staccate da un unico registro a matrice, da conservarsi presso i magazzini.

1792. Intestazione e circolazione dei titoli. – La fede di deposito e la nota di pegno possono intestarsi al nome del depositante o di un terzo da questo designato, e sono trasferibili, sia congiuntamente sia separatamente, mediante girata (2009).

1793. Diritti del possessore. – Il possessore della fede di deposito (1790) unita alla nota di pegno (1791) ha diritto alla riconsegna delle cose depositate (1777, 1996); egli ha altresì diritto di richiedere che, a sue spese, le cose depositate siano divise in più partite e che per ogni partita gli sia rilasciata una fede di deposito distinta con la nota di pegno in sostituzione del titolo complessivo (2000).

Il possessore della sola nota di pegno ha diritto di pegno sulle cose depositate (2784).

Il possessore della sola fede di deposito non ha diritto alla riconsegna delle cose depositate, se non osserva le condizioni indicate dall'art. 1795; egli può valersi della facoltà concessa dall'art. 1788.

1794. Prima girata della nota di pegno. – La prima girata (1792, 2009) della sola nota di pegno deve indicare l'ammontare del credito e degli interessi (1282) nonché la scadenza. La girata corredata delle dette indicazioni deve essere trascritta sulla fede di deposito e controfirmata dal giratario.

La girata della nota di pegno che non indica l'ammontare del credito (2787[3]) vincola, a favore del possessore di buona fede, tutto il valore delle cose depositate (1147, 1994). Rimane tuttavia salva al titolare o al terzo possessore della fede di deposito, che abbia pagato una somma non dovuta, l'azione di rivalsa nei confronti del diretto contraente e del possessore di mala fede della nota di pegno (2033).

1795. Diritti del possessore della sola fede di deposito. – Il possessore della sola fede di deposito (1790, 1793) può ritirare le cose depositate anche prima della scadenza del debito per cui furono costituite in pegno, depositando presso i magazzini generali la somma dovuta alla scadenza al creditore pignoratizio (1771).

Sotto la responsabilità dei magazzini generali, quando si tratta di merci fungibili, il possessore della sola fede di deposito (1790, 1793) può ritirare anche parte delle merci, depositando presso i magazzini generali una somma proporzionale all'ammontare del debito garantito dalla nota di pegno e alla quantità delle merci ritirate.

1796. Diritti del possessore della nota di pegno insoddisfatto. – Il possessore della nota di pegno (1791), che non sia stato soddisfatto alla scadenza e che abbia levato il protesto a norma della legge cambiaria, può far vendere le cose depositate in conformità dell'art. 1515, decorsi otto giorni da quello della scadenza (53² l. fall.).

Il girante che ha pagato volontariamente il possessore della nota di pegno è surrogato nei diritti di questo (1203), e può procedere alla vendita delle cose depositate decorsi otto giorni dalla scadenza (1515; 83 att.).

1797. Azione nei confronti dei giranti. – Il possessore della nota di pegno non può agire contro il girante, se prima non ha proceduto alla vendita del pegno (1796).

I termini per esercitare l'azione di regresso contro i giranti sono quelli stabiliti dalla legge cambiaria e decorrono dal giorno in cui è avvenuta la vendita delle cose depositate.

Il possessore della nota di pegno decade (2964) dall'azione di regresso contro i giranti, se alla scadenza non leva il protesto o se, entro quindici giorni dal protesto, non fa istanza per la vendita delle cose depositate.

Egli conserva tuttavia l'azione contro i giranti della fede di deposito e contro il debitore. Quest'azione si prescrive in tre anni (2934 ss.).

Capo XIII
Del sequestro convenzionale

1798. Nozione. – Il sequestro convenzionale è il contratto col quale due o più persone affidano a un terzo una cosa o una pluralità di cose, rispetto alla quale sia nata tra esse controversia, perché la custodisca e la restituisca a quella a cui spetterà quando la controversia sarà definita (1773, 2906; 670 c.p.c.).

1799. Obblighi, diritti e poteri del sequestratario. – Gli obblighi, i diritti e i poteri del sequestratario sono determinati dal contratto; in mancanza, si osservano le disposizioni seguenti.

1800. Conservazione e alienazione dell'oggetto del sequestro. – Il sequestratario, per la custodia delle cose affidategli, è soggetto alle norme del deposito (1766 ss.).

Se vi è imminente pericolo di perdita o di grave deterioramento delle cose mobili affidategli, il sequestratario può alienarle, dandone pronta notizia agli interessati.

Qualora la natura delle cose lo richieda, egli ha pure l'obbligo di amministrarle. In questo caso si applicano le norme del mandato (1703 ss.).

Il sequestratario non può consentire locazioni per durata superiore a quella stabilita per le locazioni a tempo indeterminato (1573, 1574).

1801. Liberazione del sequestratario. – Prima che la controversia sia definita, il sequestratario non può essere liberato che per accordo delle parti o per giusti motivi.

1802. Compenso e rimborso delle spese al sequestratario. – Il sequestratario ha diritto a compenso (1767), se non si è pattuito diversamente. Egli ha pure diritto al rimborso delle spese e di ogni altra erogazione fatta per la conservazione e per l'amministrazione della cosa (1719, 1781, 2761).

Capo XIV
Del comodato

1803. (1) **Nozione.** – Il comodato è il contratto col quale una parte consegna all'altra una cosa mobile o immobile, affinché se ne serva per un tempo o per un uso determinato, con l'obbligo di restituire la stessa cosa ricevuta (1809, 1810).

Il comodato è essenzialmente gratuito.

(1) *A norma dell'art. 93, comma 1 ter, c.s., nell'ipotesi di veicolo (autoveicolo, motoveicolo e rimorchio, nonché di ciclomotore in quanto veicoli certificati, registrati e targati), concesso in comodato a un soggetto residente in Italia e legato con rapporto di lavoro o di collaborazione con un'impresa costituita in un altro Stato membro UE o SEE che non abbia in Italia una sede secondaria o altra sede effettiva, per circolare deve avere a bordo un documento, sottoscritto dall'intestatario del veicolo stesso e recante data certa, dal quale risultano il titolo e la durata della disponibilità del veicolo medesimo.*

NOTE OPERATIVE:

Legittimazione: Chiunque abbia la disponibilità di fatto di una cosa, in base a titolo non contrario a norme di ordine pubblico, può validamente concederla in comodato e, quando il rapporto viene a cessare, è legittimato a richiederla in restituzione, senza dover dimostrare di esserne proprietario (C.C. 21853/20 – Conf. C.C. 20371/13).

Bene comune: Il comodato della cosa comune da parte di uno dei comproprietari rientra nell'ambito della gestione di affari ed è soggetto alle regole di tale istituto (C.C. 22540/19).

Gratuità: Il carattere gratuito del comodato non viene meno per effetto della apposizione, a carico del comodatario, di un modus di consistenza tale da non poter rappresentare un corrispettivo del godimento del bene (C.C. 24970/19 – Conf. C.C. 1039/19).

Forma: L'onere della forma scritta nei contratti, previsto dall'art. 1350 c.c., non riguarda il comodato immobiliare, il quale può essere provato anche per testi e per presunzioni (C.C. 7088/17).

1804. Obbligazioni del comodatario. – Il comodatario è tenuto a custodire (1770) e a conservare la cosa con la diligenza del buon padre di famiglia (1176, 1177). Egli non può servirsene che per l'uso determinato dal contratto o dalla natura della cosa (1805[2]).

Non può concedere a un terzo il godimento della cosa senza il consenso del comodante (1770).

Se il comodatario non adempie gli obblighi suddetti, il comodante può chiedere l'immediata restituzione della cosa, oltre al risarcimento del danno (1223).

NOTE OPERATIVE:

Furto: In caso di furto del bene in comodato, il comodatario è responsabile per colpa non in caso di semplice prevedibilità ed evitabilità dell'evento, ma qualora, avuto riguardo alle circostanze concrete, il comodatario stesso non abbia posto in essere tutte le attività richieste dall'ordinaria diligenza (C.C. 16826/03 – Conf. C.C. 534/97).

1805. Perimento della cosa. – Il comodatario è responsabile se la cosa perisce per un caso fortuito a cui poteva sottrarla sostituendola con la cosa propria, o se, potendo salvare una delle due cose, ha preferito la propria.

Il comodatario che impiega la cosa per un uso diverso o per un tempo più lungo di quello a lui consentito, è responsabile della perdita avvenuta per causa a lui non imputabile, qualora non provi che la cosa sarebbe perita anche se non l'avesse impiegata per l'uso diverso o l'avesse restituita a tempo debito (1221, 1804).

NOTE OPERATIVE:

Ambito di applicazione: La previsione secondo cui il comodatario che impiega la cosa per un uso diverso o per un tempo più lungo di quello a lui consentito è responsabile della perdita avvenuta per causa a lui non imputabile, benché faccia riferimento solamente al perimento della cosa, è applicabile anche al deterioramento della stessa (C.C. 13691/01).

1806. Stima. – Se la cosa è stata stimata al tempo del contratto, il suo perimento è a carico del comodatario, anche se avvenuto per causa a lui non imputabile.

1807. Deterioramento per effetto dell'uso. – Se la cosa si deteriora per solo effetto dell'uso per cui è stata consegnata e senza colpa del comodatario, questi non risponde del deterioramento (1590[3], 1609, 2281).

1808. Spese per l'uso della cosa e spese straordinarie. – Il comodatario non ha diritto al rimborso delle spese sostenute per servirsi della cosa.

Egli però ha diritto di essere rimborsato delle spese straordinarie sostenute per la conservazione della cosa, se queste erano necessarie e urgenti (2756, 2778 n. 4).

NOTE OPERATIVE:

Ambito di applicazione: Al comodatario non sono rimborsabili le spese straordinarie non necessarie ed urgenti, anche se comportino miglioramenti, non potendosi fare ricorso alla disciplina del possesso né a quella delle opere svolte dal terzo sul fondo altrui (C.C. 29192/21 – Conf. C.C. 23111/21; C.C. 15699/18); deve riconoscersi al comodatario soltanto lo ius tollendi per le addizioni (C.C. 18063/18).

1809. Restituzione. – Il comodatario è obbligato a restituire la cosa alla scadenza del termine convenuto (1246, n. 2) o, in mancanza di termine, quando se ne è servito in conformità del contratto (1803[1], 1810).

Se però, durante il termine convenuto o prima che il comodatario abbia cessato di servirsi della cosa, sopravviene un urgente e impreveduto bisogno al comodante, questi può esigerne la restituzione immediata (79 l. fall.).

NOTE OPERATIVE:

Presupposti: La norma contiene un criterio di equo contemperamento dei contrapposti interessi: l'interesse del comodante a rientrare in possesso del bene prevale su quello del comodatario solo di fronte al sopravvenire di un bisogno che sia urgente e impreveduto. Il connotato essenziale del bisogno legittimante il recesso non è qualitativo, ma cronologico. Ciò significa che il bisogno, sebbene non pretestuoso, voluttuario o artificiosamente indotto, non per forza deve essere grave, deve piuttosto, essere imprevisto, ossia sopravvenuto rispetto al contratto. Inoltre, deve essere urgente, ossia attuale e concreto al momento del recesso (C.C. 18334/23 – Conf. C.C. 6323/19; S.U. 20448/14). L'esigenza non può collegarsi alla necessaria di procurarsi un utile, tramite una diversa opportunità di impiego del bene (C.C. 25893/21).

Terzo genere: La specialità del comodato di terzo genere, che può subordinare la risoluzione del rapporto al verificarsi di un evento incerto dal punto di vista temporale, non sta nell'individuare un particolare statuto giuridico quanto al profilo temporale, bensì nel rendere negoziabile il potere di restituzione sottraendolo alla regola dell'esercizio discrezionale e facendo sì che il comodante possa farne uso solo al ricorrere delle condizioni convenute dalle parti (C.C. 9796/19 – Conf. C.C. 8571/18).

1810. Comodato senza determinazione di durata. – Se non è stato convenuto un termine né questo risulta dall'uso a cui la cosa doveva essere destinata (1803[1], 1809), il comodatario è tenuto a restituirla non appena il comodante la richiede (1183).

NOTE OPERATIVE:

Fissazione del termine: Nel comodato c.d. precario (nel quale il termine non sia stato concordato dalle parti né risulti in relazione all'uso del bene), la regola di cui all'art. 1810 c.c., configurando un'esemplificazione di quella generale prevista nella prima parte dell'art. 1183, comma 1, c.c., non esclude l'applicazione della seconda parte della citata disposizione (C.C. 14084/23).

Vincolo di destinazione: In caso di comodato avente ad oggetto un bene immobile, stipulato senza la determinazione di un termine finale, l'individuazione del vincolo di destinazione in favore delle esigenze abitative familiari non può essere desunta sulla base della mera natura immobiliare del bene, concesso in godimento dal comodante (C.C. 27634/23 – Conf. S.U. 13603/04).

1811. Morte del comodatario. – In caso di morte del comodatario, il comodante, benché sia stato convenuto un termine (1809), può esigere dagli eredi l'immediata restituzione della cosa (1833).

NOTE OPERATIVE:

Presupposti: Ove, dopo la morte del comodatario, il comodante eserciti il diritto di recesso, gli eredi del comodatario sono tenuti alla restituzione della cosa, indipendentemente dalla conoscenza del contratto e dal mantenimento di un potere di fatto sul bene che ne costituiva oggetto (C.C. 14474/23).

1812. Danni al comodatario per vizi della cosa. – Se la cosa comodata ha vizi tali che rechino danno a chi se ne serve, il comodante è tenuto al risarcimento (1223) qualora, conoscendo i vizi della cosa, non ne abbia avvertito il comodatario.

Capo XV
Del mutuo

1813. Nozione. – Il mutuo è il contratto col quale una parte consegna all'altra una determinata quantità di danaro o di altre cose fungibili, e l'altra si obbliga a restituire altrettante cose della stessa specie e qualità (1782, 2766).

NOTE OPERATIVE:

Consegna: La struttura contrattuale del mutuo implica la consegna delle somme di denaro che ne costituiscono oggetto: per quanto possa essere realizzata anche a mezzo di forme assai rarefatte, comunque, la traditio deve, per essere tale, realizzare il passaggio delle somme dal mutuante al mutuatario, più precisamente, farle muovere dal patrimonio dell'uno al patrimonio dell'altro (C.C. 20896/19). Avendo natura reale il contratto si perfeziona con la consegna della cosa mutuata ovvero con il conseguimento della disponibilità giuridica della cosa (C.C. 17194/15 – Conf. C.C. 14/11).

Mutuo solutorio: Il cosiddetto mutuo solutorio, stipulato per ripianare la pregressa esposizione debitoria del mutuatario verso il mutuante, non è nullo – in quanto non contrario né alla legge, né all'ordine pubblico – e non può essere qualificato come una mera dilazione del termine di pagamento del debito preesistente oppure quale pactum de non petendo in ragione della pretesa mancanza di un effettivo spostamento di denaro, poiché l'accredito in conto corrente delle somme erogate è sufficiente ad integrare la datio rei giuridica propria del mutuo e il loro impiego per l'estinzione del debito già esistente purga il patrimonio del mutuatario di una posta negativa (C.C. 23149/22); costituisce un'operazione meramente contabile in dare ed avere sul conto corrente, non inquadrabile nel mutuo ipotecario (C.C. 1517/21 – Conf. C.C. 20896/19).

Mutuo di scopo: Nel mutuo di scopo convenzionale si verifica una deviazione dal tipo contrattuale che si configura quando il mutuatario abbia assunto espressamente un obbligo nei confronti del mutuante, in ragione dell'interesse di quest'ultimo – diretto o indiretto – ad una specifica modalità di utilizzazione delle somme per un determinato scopo.; l'inosservanza della destinazione delle somme indicata nel mutuo rileva, in tali casi, ai fini della validità o meno del contratto stesso (C.C. 24699/17).

1814. Trasferimento della proprietà. – Le cose date a mutuo passano in proprietà del mutuatario (1782).

1815. Interessi. – Salvo diversa volontà delle parti, il mutuatario deve corrispondere gli interessi al mutuante (1282, 1820). Per la determinazione degli interessi si osservano le disposizioni dell'art. 1284.

Se sono convenuti interessi usurari (644, 649 c.p.), la clausola è nulla e non sono dovuti interessi (1).

(1) *Ai sensi dell'art. 1 del D.L. 29 dicembre 2000, n. 394, convertito, con modificazioni, nella L. 28 febbraio 2001, n. 24, si intendono usurari gli interessi che superano il limite stabilito dalla legge nel momento in cui essi sono promessi o comunque convenuti, a qualunque titolo, indipendentemente dal momento del loro pagamento.*

NOTE OPERATIVE:

Ambito di applicazione: interessi moratori ...: La disciplina anti-usura si applica agli interessi moratori, intendendo essa sanzionare la pattuizione di interessi eccessivi convenuti al momento della stipula del contratto, affinché il debitore abbia più compiuta tutela (S.U. 19597/20).

... **usura sopravvenuta**: Allorché il tasso degli interessi concordato tra il mutuante e il mutuatario superi, nel corso del rapporto, la soglia dell'usura, non si verifica la nullità o l'inefficacia della clausola di determinazione del tasso degli interessi, e ciò sia se il contratto sia stato concluso anteriormente che successivamente all'entrata in vigore della L. 108/1996; né la pretesa del mutuante di riscuotere gli interessi secondo il tasso validamente concordato può essere qualificata, per il solo fatto del sopraggiunto superamento di tale soglia, contraria al dovere di buona fede nell'esecuzione del contratto (S.U. 24675/17).

1816. Termine per la restituzione fissato dalle parti. – Il termine per la restituzione si presume stipulato a favore di entrambe le parti e, se il mutuo è a titolo gratuito, a favore del mutuatario (1184).

1817. Termine per la restituzione fissato dal giudice. – Se non è fissato un termine per la restituzione, questo è stabilito dal giudice, avuto riguardo alle circostanze.

Se è stato convenuto che il mutuatario paghi solo quando potrà, il termine per il pagamento è pure fissato dal giudice (1183).

1818. Impossibilità o notevole difficoltà di restituzione. – Se sono state mutuate cose diverse dal danaro, e la restituzione è divenuta impossibile o notevolmente difficile per causa non imputabile al debitore, questi è tenuto a pagarne il valore, avuto riguardo al tempo e al luogo in cui la restituzione si doveva eseguire (1256).

1819. Restituzione rateale. – Se è stata convenuta la restituzione rateale delle cose mutuate e il mutuatario non adempie l'obbligo del pagamento anche di una sola rata, il mutuante può chiedere, secondo le circostanze, l'immediata restituzione dell'intero (1186, 1455, 1804, 1820).

1820. Mancato pagamento degli interessi. – Se il mutuatario non adempie l'obbligo del pagamento degli interessi (1815), il mutuante può chiedere la risoluzione del contratto (1453 ss.).

1821. Danni al mutuatario per vizi delle cose. – Il mutuante è responsabile del danno cagionato al mutuatario per i vizi delle cose date a prestito, se non prova di averli ignorati senza colpa (1812).

Se il mutuo è gratuito, il mutuante è responsabile solo nel caso in cui, conoscendo i vizi, non ne abbia avvertito il mutuatario.

1822. Promessa di mutuo. – Chi ha promesso di dare a mutuo (1351) può rifiutare l'adempimento della sua obbligazione, se le condizioni patrimoniali dell'altro contraente sono divenute tali da rendere notevolmente difficile la restituzione, e non gli sono offerte idonee garanzie (1186, 1461).

Capo XVI
Del conto corrente

1823. Nozione. – Il conto corrente è il contratto col quale le parti si obbligano ad annotare in un conto i crediti derivanti da reciproche rimesse, considerandoli inesigibili e indisponibili fino alla chiusura del conto (1231).

Il saldo del conto è esigibile alla scadenza stabilita (1831). Se non è richiesto il pagamento, il saldo si considera quale prima rimessa di un nuovo conto e il contratto s'intende rinnovato a tempo indeterminato (1833, 1852; 78 l. fall.).

NOTE OPERATIVE:

Ambito di applicazione: La norma non si applica al contratto bancario di conto corrente, non essendo richiamata dall'art. 1857 c.c., che indica specificamente le norme del contratto di conto corrente applicabili alle operazioni bancarie di conto corrente (C.C. 13519/14).

1824. Crediti esclusi dal conto corrente. – Sono esclusi dal conto corrente i crediti che non sono suscettibili di compensazione (1243[1], 1246).

Qualora il contratto intervenga tra imprenditori (2082), s'intendono esclusi dal conto i crediti estranei alle rispettive imprese.

1825. Interessi. – Sulle rimesse decorrono gli interessi (1282[1]) nella misura stabilita dal contratto o dagli usi ovvero, in mancanza, in quella legale (1284).

1826. Spese e diritti di commissione. – L'esistenza del conto corrente non esclude i diritti di commissione (1731) e il rimborso delle spese per le operazioni che danno luogo alle rimesse. Tali diritti sono inclusi nel conto, salvo convenzione contraria (1857).

1827. Effetti dell'inclusione nel conto. – L'inclusione di un credito nel conto corrente non esclude l'esercizio delle azioni ed eccezioni relative all'atto da cui il credito deriva.

Se l'atto è dichiarato nullo (1418 ss.), annullato (1425 ss.), rescisso (1447 ss.) o risoluto (1453 ss.), la relativa partita si elimina dal conto.

1828. Efficacia della garanzia dei crediti iscritti. – Se il credito incluso nel conto è assistito da una garanzia reale (1960, 2784, 2808) o personale (1936), il correntista ha diritto di valersi della garanzia per il saldo esistente a suo favore alla chiusura del conto e fino alla concorrenza del credito garantito (1193, 1249).

La stessa disposizione si applica se per il credito esiste un coobbligato solidale (1292).

1829. Crediti verso terzi. – Se non risulta una diversa volontà delle parti, l'inclusione nel conto di un credito verso un terzo si presume fatta con la clausola «salvo incasso». In tal caso, se il credito non è soddisfatto, il ricevente ha la scelta di agire per la riscossione o di eliminare la partita dal conto reintegrando nelle sue ragioni colui che ha fatto la rimessa. Può eliminare la partita dal conto anche dopo avere infruttuosamente esercitato le azioni contro il debitore (1267, 1857).

NOTE OPERATIVE:

«Salvo incasso»: Il correntista non può pretendere dalla banca il pagamento di un assegno circolare, girato per l'incasso, qualora risulti impagato a causa del fallimento dell'ordinatario. Ciò perché il trasferimento a favore del cliente della proprietà delle somme portate dal titolo è sospensivamente condizionato dal «salvo incasso» (C.C. 27449/22 – Conf. C.C. 11395/19).

1830. Sequestro o pignoramento del saldo. – Se il creditore di un correntista ha sequestrato (2905; 670 ss. c.p.c.) o pignorato (2917; 543 ss. c.p.c.) l'eventuale saldo del conto spettante al suo debitore, l'altro correntista non può, con nuove rimesse, pregiudicare le ragioni del creditore (1250, 2917). Non si considerano nuove rimesse quelle fatte in dipendenza di diritti sorti prima del sequestro o del pignoramento.

Il correntista presso cui è stato eseguito il sequestro o il pignoramento deve darne notizia all'altro. Ciascuno di essi può recedere dal contratto (1373, 1833; 546, 670 c.p.c.).

NOTE OPERATIVE:

Limiti: In ipotesi di contratto di conto corrente bancario affidato con saldo negativo, il creditore non può pignorare le singole rimesse che, affluite sul conto del debitore, hanno comportato la mera riduzione dello scoperto, ma eventualmente il solo saldo positivo (C.C. 36066/21 – Conf. C.C. 6393/15; C.C. 1638/99).

1831. Chiusura del conto. – La chiusura del conto con la liquidazione del saldo è fatta alle scadenze stabilite dal contratto o dagli usi e, in mancanza, al termine di ogni semestre, computabile dalla data del contratto (1823, 1833[3]).

NOTE OPERATIVE:

Ambito di applicazione: La norma non è applicabile al conto corrente bancario (C.C. 4604/17).

1832. Approvazione del conto. – L'estratto conto trasmesso da un correntista all'altro s'intende approvato, se non è contestato nel termine pattuito o in quello usuale, o altrimenti nel termine che può ritenersi congruo secondo le circostanze.

L'approvazione del conto non preclude il diritto di impugnarlo per errori di scritturazione o di calcolo, per omissioni o per duplicazioni (2162[4]; 266 c.p.c.). L'impugnazione deve essere proposta, sotto pena di decadenza (2964), entro sei mesi dalla data di ricezione (1335) dell'estratto conto relativo alla liquidazione di chiusura, che deve essere spedito per mezzo di raccomandata (1857).

NOTE OPERATIVE:

Ambito di applicazione: L'approvazione tacita dell'estratto di conto corrente non si estende alla validità ed efficacia dei rapporti obbligatori sottostanti, ma ha la funzione di certificare la verità storica dei dati riportati nel conto, ivi compresa l'esistenza degli ordini e delle disposizioni del correntista, menzionati nel conto stesso come causali di determinate annotazioni di debito (C.C. 10043/23 – Conf. C.C. 30000/18; C.C. 23421/16; C.C. 11626/11; C.C. 3574/11).

1833. Recesso dal contratto. – Se il contratto è a tempo indeterminato (1823), ciascuna delle parti può recedere dal contratto (1373, 1831) a ogni chiusura del conto, dandone preavviso almeno dieci giorni prima.

In caso d'interdizione (414 ss.), d'inabilitazione (415), d'insolvenza (78 l. fall.) o di morte di una delle parti, ciascuna di queste o gli eredi hanno diritto di recedere dal contratto (1811).

Lo scioglimento del contratto impedisce l'inclusione nel conto di nuove partite, ma il pagamento del saldo non può richiedersi che alla scadenza del periodo stabilito dall'articolo 1831.

Capo XVII
Dei contratti bancari

Sezione I
Dei depositi bancari

1834. Depositi di danaro. – Nei depositi di una somma di danaro (1782) presso una banca (1852, 2195, n. 4), questa ne acquista la proprietà ed è obbligata a restituirla nella stessa specie monetaria (1277, 1280), alla scadenza del termine convenuto ovvero a richiesta del depositante (1183, 1771[1]), con l'osservanza del periodo di preavviso stabilito dalle parti o dagli usi.

Salvo patto contrario, i versamenti e i prelevamenti si eseguono alla sede della banca presso la quale si è costituito il rapporto (1182, 1843[2]).

NOTE OPERATIVE:

Caratteristiche: Il contratto di conto corrente si configura quale tipico negozio di durata, in cui la permanenza della somma presso l'istituto depositario comporta la soddisfazione degli interessi di entrambe le parti, ovvero dell'interesse della banca di acquisire la disponibilità del fondo conferito per gestire il risparmio raccolto in operazioni finanziarie e del contrapposto interesse del cliente di essere remunerato di tale utilizzo di capitale, tramite la percezione di utilità aggiuntive che gli vengono periodicamente riconosciuti e accreditati, con diritto di restituzione del tantundem a semplice richiesta (C.C. 23330/19).

1835. Libretto di deposito a risparmio. – Se la banca rilascia un libretto di deposito a risparmio, i versamenti e i prelevamenti si devono annotare sul libretto.

Le annotazioni sul libretto, firmate dall'impiegato della banca che appare addetto al servizio (2210), fanno piena prova nei rapporti tra banca e depositante (2702).

È nullo (1419) ogni patto contrario.

NOTE OPERATIVE:

Presunzione: La norma delinea una presunzione iuris tantum di validità delle sole annotazioni che figurano apposte sul libretto (C.C. 13643/14 – Conf. C.C. 14888/14).

1836. Legittimazione del possessore. – Se il libretto di deposito è pagabile al portatore, la banca che senza dolo o colpa grave adempie la prestazione nei confronti del possessore è liberata, anche se questi non è il depositante (1189, 1396, 1777, 1992, 2003).

La stessa disposizione si applica nel caso in cui il libretto di deposito pagabile al portatore sia intestato al nome di una determinata persona o in altro modo contrassegnato.

Sono salve le disposizioni delle leggi speciali.

NOTE OPERATIVE:

Funzione: Il libretto di deposito a risparmio è un documento di legittimazione la cui intestazione ha la funzione di impedire che le somme depositate possano essere riscosse dal possessore dello stesso, qualora sia diverso dall'intestatario (C.C. 4706/11).

1837. [Libretti in favore di minori. – *(Omissis)*] (1).

(1) *Articolo abrogato dall'art. 11 della L. 8 marzo 1975, n. 39, attribuzione della maggiore età.*

1838. Deposito di titoli in amministrazione. – La banca che assume il deposito di titoli in amministrazione deve custodire i titoli, esigerne gli interessi o i dividendi, verificare i sorteggi per l'attribuzione di premi o per il rimborso di capitale, curare le riscossioni per conto del depositante, e in generale provvedere alla tutela dei diritti inerenti ai titoli. Le somme riscosse devono essere accreditate al depositante.

Se per i titoli depositati si deve provvedere al versamento di decimi (2329[2]) o si deve esercitare un diritto di opzione, la banca deve chiedere in tempo utile istruzioni al depositante e deve eseguirle, qualora abbia ricevuto i fondi all'uopo occorrenti. In mancanza d'istruzioni, i diritti di opzione (1532, 2441), devono essere venduti per conto del depositante a mezzo di un agente di cambio.

Alla banca spetta un compenso nella misura stabilita dalla convenzione o dagli usi, nonché il rimborso delle spese necessarie da essa fatte (1848).

È nullo il patto col quale si esonera la banca dall'osservare, nell'amministrazione dei titoli, l'ordinaria diligenza (1176, 1229).

Sezione II
Del servizio bancario delle cassette di sicurezza

1839. Cassette di sicurezza. – Nel servizio delle cassette di sicurezza, la banca risponde verso l'utente per l'idoneità e la custodia dei locali e per l'integrità della cassetta, salvo il caso fortuito.

NOTE OPERATIVE:

Funzione: Costituisce primaria connotazione funzionale del servizio imprenditoriale delle cassette di sicurezza l'assicurare al cliente una compiuta segretezza (nei confronti di ogni altro soggetto, banca predisponente il servizio compresa) circa i beni che, tempo per tempo, ritenga di immettere, ovvero ritirati, dalla materialità della cassetta che gli è stata assegnata (C.C. 24647/20).

Responsabilità: In tema di contratto bancario per il servizio delle cassette di sicurezza, la clausola negoziale che disponga che l'uso delle cassette è concesso per la custodia di cose di valore complessivo non superiore ad un certo limite e che comporti l'obbligo dell'utente di non conservare nella cassetta medesima cose aventi nell'insieme valore superiore a detto importo, in correlazione con altra che, in caso di risarcimento del danno verso l'utente, imponga di tenere conto della clausola precedentemente indicata, va qualificata come attinente alla limitazione della responsabilità (C.C. 28314/11 – Conf. C.C. 20948/09).

1840. Apertura della cassetta. – Se la cassetta è intestata a più persone, l'apertura di essa è consentita singolarmente a ciascuno degli intestatari, salvo diversa pattuizione (1292, 1314, 1317).

In caso di morte dell'intestatario o di uno degli intestatari, la banca che ne abbia ricevuto comunicazione non può consentire l'apertura della cassetta se non con l'accordo di tutti gli aventi diritto o secondo le modalità stabilite dall'autorità giudiziaria (1772).

NOTE OPERATIVE:

Cointestazione: La cointestazione di una cassetta di sicurezza a più persone origina una presunzione iuris tantum di appartenenza alle stesse, in parti e quote uguali, di tutto quanto in essa contenuto, di modo che la prova contraria, per alcuni dei beni custoditi nella cassetta, lascia ferma ed operante l'anzidetta presunzione nei riguardi degli altri beni (C.C. 2453/93).

1841. Apertura forzata della cassetta. – Quando il contratto è scaduto, la banca, previa intimazione all'intestatario e decorsi sei mesi dalla data della medesima, può chiedere al tribunale l'autorizzazione ad aprire la cassetta. L'intimazione può farsi anche mediante raccomandata con avviso di ricevimento.

L'apertura si esegue con l'assistenza di un notaio all'uopo designato e con le cautele che il tribunale ritiene opportune.

Il tribunale può dare le disposizioni necessarie per la conservazione degli oggetti rinvenuti e può ordinare la vendita di quella parte di essi che occorra al soddisfacimento di quanto è dovuto alla banca per canoni e spese.

Sezione III
Dell'apertura di credito bancario

1842. Nozione. – L'apertura di credito bancario è il contratto col quale la banca si obbliga a tenere a disposizione dell'altra parte una somma di danaro per un dato periodo di tempo o a tempo indeterminato.

1843. Utilizzazione del credito. – Se non è convenuto altrimenti, l'accreditato può utilizzare in più volte il credito, secondo le forme di uso, e può con successivi versamenti ripristinare la sua disponibilità (1852).

Salvo patto contrario, i prelevamenti e i versamenti si eseguono presso la sede della banca dove è costituito il rapporto (1182, 1834[2]).

1844. Garanzia. – Se per l'apertura di credito è data una garanzia reale (1960, 2784, 2808) o personale (1936), questa non si estingue prima della fine del rapporto per il solo fatto che l'accreditato cessa di essere debitore della banca (1938, 2852).

Se la garanzia diviene insufficiente, la banca può chiedere un supplemento di garanzia o la sostituzione del garante (1850, 2743). Se l'accreditato non ottempera alla richiesta, la banca può ridurre il credito (1461) proporzionalmente al diminuito valore della garanzia o recedere (1373) dal contratto.

1845. Recesso dal contratto. – Salvo patto contrario, la banca non può recedere dal contratto prima della scadenza del termine, se non per giusta causa.

Il recesso sospende immediatamente (1334) l'utilizzazione del credito, ma la banca deve concedere un termine di almeno quindici giorni per la restituzione delle somme utilizzate e dei relativi accessori.

Se l'apertura di credito è a tempo indeterminato, ciascuna delle parti può recedere dal contratto, mediante preavviso nel termine stabilito dal contratto, dagli usi o, in mancanza, in quello di quindici giorni.

NOTE OPERATIVE:

Ad nutum: In tema di apertura di credito in conto corrente a tempo indeterminato, è legittimo il recesso ad nutum della banca, se anticipato da una comunicazione al cliente con congruo preavviso, posto che tale facoltà è espressamente prevista dalla norma e il suo esercizio non entra in conflitto con il principio generale di buona fede allorquando il debitore abbia ripetutamente, e in modo del tutto ingiustificato, superato il limite di affidamento concesso (C.C. 29317/20).

Sezione IV
Dell'anticipazione bancaria

1846. Disponibilità delle cose date in pegno. – Nell'anticipazione bancaria su pegno di titoli o di merci, la banca non può disporre delle cose ricevute in pegno (2784, 2790, 2792), se ha rilasciato un documento nel quale le cose stesse sono individuate (1851). Il patto contrario deve essere provato per iscritto (2725).

1847. Assicurazione delle merci. – La banca deve provvedere per conto del contraente all'assicurazione delle merci date in pegno (1891), se, per la natura, il valore (1474²) o l'ubicazione di esse, l'assicurazione risponde alle cautele d'uso (2790).

1848. Spese di custodia. – La banca, oltre al corrispettivo dovutole, ha diritto al rimborso delle spese (1838³) occorse per la custodia delle merci e dei titoli, salvo che ne abbia acquistato la disponibilità (1846, 1851).

1849. Ritiro dei titoli o delle merci. – Il contraente, anche prima della scadenza del contratto, può ritirare in parte i titoli o le merci dati in pegno (2799), previo rimborso proporzionale delle somme anticipate e delle altre somme spettanti alla banca secondo la disposizione dell'articolo precedente, salvo che il credito residuo risulti insufficientemente garantito (1850).

1850. Diminuzione della garanzia. – Se il valore della garanzia diminuisce almeno di un decimo rispetto a quello che era al tempo del contratto, la banca può chiedere al debitore un supplemento di garanzia nei termini d'uso, con la diffida che, in mancanza, si procederà alla vendita dei titoli o delle merci dati in pegno (1844², 1867, n. 2, 1943², 2743). Se il debitore non ottempera alla richiesta, la banca può procedere alla vendita a norma del secondo e quarto comma dell'art. 2797.

La banca ha diritto al rimborso immediato del residuo non soddisfatto col ricavato della vendita.

1851. Pegno irregolare a garanzia di anticipazione. – Se, a garanzia di uno o più crediti, sono vincolati depositi di danaro, merci o titoli che non siano stati individuati o per i quali sia stata conferita alla banca la facoltà di disporre, la banca deve restituire solo la somma o la parte delle merci o dei titoli che eccedono l'ammontare dei crediti garantiti. L'eccedenza è determinata in relazione al valore delle merci o dei titoli al tempo della scadenza dei crediti (1846, 1848).

NOTE OPERATIVE:

Caratteristiche: Il pegno irregolare si differenzia da quello regolare in quanto le somme di danaro o i titoli depositati presso il creditore diventano di proprietà del medesimo, sicché in caso di inadempimento del debitore, il creditore è tenuto soltanto a restituire l'eventuale eccedenza dei titoli rispetto alle somme garantite, mentre nel pegno regolare egli ha diritto a soddisfarsi disponendo dei titoli ricevuti in pegno (C.C. 24137/18).

Sezione V
Delle operazioni bancarie in conto corrente

1852. Disposizione da parte del correntista. – Qualora il deposito (1834), l'apertura di credito (1842) o altre operazioni bancarie siano regolate in conto corrente (1823), il correntista può disporre in qualsiasi momento delle somme risultanti a suo credito, salva l'osservanza del termine di preavviso eventualmente pattuito.

1853. Compensazione tra i saldi di più rapporti o più conti. – Se tra la banca e il correntista esistono più rapporti o più conti, ancorché in monete differenti (1277 ss.), i saldi attivi e passivi si compensano (1241) reciprocamente, salvo patto contrario (1246, nn. 2 e 4).

NOTE OPERATIVE:

Finalità: La norma prevede un'ipotesi di compensazione tecnica e legale (C.C. 17914/19); dettata allo scopo di garantire la banca contro ogni scoperto non specificamente pattuito che risulti a debito del cliente quale effetto di un qualsiasi rapporto o conto corrente fra le due parti, prevede che la compensazione tra saldi attivi e passivi, anche a favore del correntista, sia attuata mediante annotazioni in conto e, in particolare (alla luce del principio dell'unità dei conti), attraverso l'immissione del saldo di un conto, come posta passiva, in un altro conto ancora aperto (con le modalità proprie di tale tipo di operazione), salva manifestazione di volontà di segno contrario da parte del cliente (C.C. 1445/20).

1854. Conto corrente intestato a più persone. – Nel caso in cui il conto sia intestato a più persone, con facoltà per le medesime di compiere operazioni anche separatamente, gli intestatari sono considerati creditori o debitori in solido dei saldi del conto (1292 ss.).

NOTE OPERATIVE:

Ambito di applicazione: La norma non regola i rapporti interni tra correntisti ma i rapporti con la banca (C.C. 27069/22).

1855. Operazione a tempo indeterminato. – Se l'operazione regolata in conto corrente è a tempo indeterminato, ciascuna delle parti può recedere dal contratto (1373, 1833), dandone preavviso nel termine stabilito dagli usi o, in mancanza, entro quindici giorni.

1856. Esecuzione d'incarichi. – La banca risponde secondo le regole del mandato (1710 ss.) per l'esecuzione d'incarichi ricevuti dal correntista o da altro cliente.

Se l'incarico deve eseguirsi su una piazza dove non esistono filiali della banca, questa può incaricare dell'esecuzione un'altra banca o un suo corrispondente (1717).

NOTE OPERATIVE:

Ordine di bonifico: L'esecuzione del bonifico da parte della banca su ordine del correntista ha natura di negozio giuridico unilaterale con efficacia vincolante e costituisce una specificazione del mandato generale da lui conferito all'ente creditizio, cui è estraneo il beneficiario (terzo rispetto all'ordine) (C.C. 10545/15 – Conf. 22596/04).

1857. Norme applicabili. – Alle operazioni regolate in conto corrente si applicano le norme degli articoli 1826, 1829 e 1832.

Sezione VI
Dello sconto bancario

1858. Nozione. – Lo sconto è il contratto col quale la banca, previa deduzione dell'interesse, anticipa al cliente l'importo di un credito verso terzi non ancora scaduto, mediante la cessione, salvo buon fine, del credito stesso (1260 ss.).

NOTE OPERATIVE:

Esigibilità: Nello sconto, il credito della banca «scontante» nei confronti del cliente, scontatario, è esigibile solo a seguito dell'inadempimento del terzo debitore ceduto (C.C. 7931/23 – Conf. C.C. 12079/13).

1859. Sconto di cambiali. – Se lo sconto avviene mediante girata (2009) di cambiale o di assegno bancario, la banca, nel caso di mancato pagamento, oltre ai diritti derivanti dal titolo, ha anche il diritto alla restituzione della somma anticipata.

Sono salve le norme delle leggi speciali relative alla cessione della provvista nello sconto di tratte non accettate o munite di clausole «senza accettazione».

1860. Sconto di tratte documentate. – La banca che ha scontato tratte documentate ha sulla merce lo stesso privilegio del mandatario (2761) finché il titolo rappresentativo (1527, 1530, 1996) è in suo possesso.

NOTE OPERATIVE:

Ratio: La disposizione trova la sua giustificazione nella natura giuridica dello sconto di tratte documentate, il quale è un negozio complesso che si inserisce nello schema della vendita su documenti, ma racchiude in sé anche elementi della cessione di credito, del mutuo e del mandato (C.C. 1768/79).

Capo XVIII
Della rendita perpetua

1861. Nozione. – Col contratto di rendita (820[3]) perpetua una parte conferisce all'altra il diritto di esigere in perpetuo la prestazione periodica (2948, n. 1) di una somma di danaro o di una certa quantità di altre cose fungibili, quale corrispettivo dell'alienazione di un immobile (2817, n. 1) o della cessione di un capitale (1350, n. 10, 1863).

La rendita perpetua può essere costituita anche quale onere dell'alienazione gratuita di un immobile o della cessione gratuita di un capitale.

1862. Norme applicabili. – L'alienazione dell'immobile, se fatta a titolo oneroso, è soggetta alle norme stabilite per la vendita (1470 ss.).

L'alienazione o la cessione fatta a titolo gratuito è soggetta alle norme stabilite per la donazione (769 ss.).

1863. Rendita fondiaria e rendita semplice. – È fondiaria la rendita costituita mediante alienazione di un immobile (2817, n. 1). È semplice quella costituita mediante cessione di un capitale (668).

1864. Garanzia della rendita semplice. – La rendita semplice deve essere garantita con ipoteca (2808) sopra un immobile (2827); altrimenti il capitale è ripetibile (1869).

1865. Diritto di riscatto della rendita perpetua. – La rendita perpetua è redimibile (699, 753) a volontà del debitore, nonostante qualunque convenzione contraria (1879).

Le parti possono tuttavia convenire che il riscatto non possa eseguirsi durante la vita del beneficiario o prima di un certo termine, il quale non può eccedere i dieci anni nella rendita semplice e i trenta anni nella rendita fondiaria.

Può anche stipularsi che il debitore non esegua il riscatto senza averne dato preavviso al beneficiario. Il termine di preavviso non può eccedere l'anno.

Se sono convenuti termini più lunghi, essi si riducono nei limiti sopra stabiliti (1339, 1869).

1866. Esercizio del riscatto. – Il riscatto della rendita semplice e della rendita fondiaria si effettua mediante il pagamento della somma che risulta dalla capitalizzazione della rendita annua sulla base dell'interesse legale (753, 1284; 60 l. fall.).

Le modalità del riscatto sono stabilite dalle leggi speciali.

1867. Riscatto forzoso. – Il debitore di una rendita perpetua può essere costretto al riscatto (1458[1]):

1) se è in mora nel pagamento di due annualità di rendita (1219 ss., 2948, n. 1);

2) se non ha dato al creditore le garanzie promesse, o se, venendo a mancare quelle già date, non ne sostituisce altre di uguale sicurezza (1186, 1461, 1877);

3) se, per effetto di alienazione (769, 1470) o di divisione (713), il fondo su cui è garantita la rendita (1864) è diviso fra più di tre persone.

1868. Riscatto per insolvenza del debitore. – Si fa pure luogo al riscatto della rendita nel caso d'insolvenza del debitore, salvo che, essendo stato alienato il fondo su cui era garantita la rendita, l'acquirente se ne sia assunto il debito o si dichiari pronto ad assumerlo (1869).

1869. Altre prestazioni perpetue. – Le disposizioni degli articoli 1864, 1865, 1866, 1867 e 1868 si applicano a ogni altra annua prestazione perpetua costituita a qualsiasi titolo, anche per atto di ultima volontà.

1870. Ricognizione. – Il debitore della rendita o di ogni altra prestazione annua che debba o possa durare oltre i dieci anni deve fornire a proprie spese al titolare, se questi lo richiede, un nuovo documento (2720), trascorsi nove anni dalla data del precedente (1988, 2944, 2966).

1871. Rendite dello Stato. – Le disposizioni di questo capo non si applicano alle rendite emesse dallo Stato.

Capo XIX
Della rendita vitalizia

1872. Modi di costituzione. – La rendita vitalizia può essere costituita (1350, n. 10) a titolo oneroso, mediante alienazione di un bene mobile o immobile o mediante cessione di capitale (1861, 2057).

La rendita vitalizia può essere costituita anche per donazione (769, 782) o per testamento (587, 698), e in questo caso si osservano le norme stabilite dalla legge per tali atti (2948).

NOTE OPERATIVE:

Vitalizio alimentare: Il contratto atipico di cosiddetto vitalizio alimentare differisce da quello nominato di rendita vitalizia per l'accentuata spiritualità delle prestazioni assistenziali che ne costituiscono il contenuto, come tali eseguibili solo da un vitaliziante specificamente individuato alla luce delle proprie qualità personali (C.C. 27914/17 – Conf. C.C. 22009/16).

1873. Determinazione della durata. – La rendita vitalizia può costituirsi per la durata della vita del beneficiario o di altra persona.

Essa può costituirsi anche per la durata della vita di più persone.

1874. Costituzione a favore di più persone. – Se la rendita è costituita a favore di più persone, la parte spettante al creditore premorto si accresce a favore degli altri, salvo patto contrario (674 ss.).

1875. Costituzione a favore di un terzo. – La rendita vitalizia costituita a favore di un terzo (1411 ss.), quantunque importi per questo una liberalità, non richiede le forme stabilite per la donazione (782, 809).

NOTE OPERATIVE:

Presupposti: Non è sufficiente ad integrarla che il terzo riceva un vantaggio economico indiretto da un contratto concluso da altri soggetti, ma è necessario che costoro, come contraenti, glielo abbiano attribuito direttamente, come elemento del sinallagma (C.C. 7492/96 – Conf. C.C. 8075/94).

1876. Rendita costituita su persone già defunte. – Il contratto è nullo (1418), se la rendita è costituita per la durata della vita di persona che, al tempo del contratto, aveva già cessato di vivere (1325, n. 2).

1877. Risoluzione del contratto di vitalizio oneroso. – Il creditore di una rendita vitalizia costituita a titolo oneroso può chiedere la risoluzione del contratto (1453), se il promittente non gli dà o diminuisce le garanzie pattuite (1461, 1867, n. 2, 2743).

1878. Mancanza di pagamento delle rate scadute. – In caso di mancato pagamento delle rate di rendita scadute (2948, n. 1), il creditore della rendita, anche se è lo stesso stipulante, non può domandare la risoluzione del contratto (1453, 1455), ma può far sequestrare (670 c.p.c.) e vendere (501 c.p.c.) i beni del suo debitore affinché col ricavato della vendita si faccia l'impiego di una somma sufficiente ad assicurare il pagamento della rendita (60[2] l. fall.).

1879. Divieto di riscatto e onerosità sopravvenuta. – Il debitore della rendita, salvo patto contrario, non può liberarsi dal pagamento della rendita stessa offrendo il rimborso del capitale, anche se rinunzia alla ripetizione delle annualità pagate (1865 ss.).

Egli è tenuto a pagare la rendita per tutto il tempo per il quale è stata costituita, per quanto gravosa sia divenuta la sua prestazione (1467).

1880. Modalità del pagamento della rendita. – La rendita vitalizia costituita mediante contratto è dovuta al creditore in proporzione del numero dei giorni vissuti da colui sulla vita del quale è costituita (820[3], 821[3]).

Se però è stato convenuto di pagarla a rate anticipate, ciascuna rata si acquista dal giorno in cui è scaduta (1282, 2948, n. 1).

1881. Sequestro o pignoramento della rendita. – Quando la rendita vitalizia è costituita a titolo gratuito (1872), si può disporre che essa non sia soggetta a pignoramento (545 c.p.c.) o a sequestro (670 c.p.c.) entro i limiti del bisogno alimentare del creditore (438, 1246, n. 3, 1878).

Capo XX
Dell'assicurazione

Sezione I
Disposizioni generali

1882. Nozione. – L'assicurazione è il contratto col quale l'assicuratore, verso il pagamento di un premio (1901, 2952), si obbliga a rivalere l'assicurato, entro i limiti convenuti, del danno ad esso prodotto da un sinistro (1904 ss.), ovvero a pagare un capitale o una rendita (1872) al verificarsi di un evento attinente alla vita umana.

NOTE OPERATIVE:

Sinistri: Nell'assicurazione contro i danni non è consentito alle parti elevare al rango di "sinistri" fatti diversi da quelli previsti dalla norma (C.C. 1465/18).

1883. Esercizio delle assicurazioni. – L'impresa di assicurazione (2195) non può essere esercitata che da un istituto di diritto pubblico o da una società per azioni (2325, 2546) e con l'osservanza delle norme stabilite dalle leggi speciali.

1884. Assicurazioni mutue. – Le assicurazioni mutue sono disciplinate dalle norme del presente capo, in quanto compatibili con la specialità del rapporto (2546 ss.).

1885. Assicurazioni contro i rischi della navigazione. – Le assicurazioni contro i rischi della navigazione sono disciplinate dalle norme del presente capo per quanto non è regolato dal codice della navigazione (514 ss., 935, 936, 941, 996 ss., c.n.).

1886. Assicurazioni sociali. – Le assicurazioni sociali sono disciplinate dalle leggi speciali. In mancanza si applicano le norme del presente capo.

1887. Efficacia della proposta. – La proposta scritta diretta all'assicuratore rimane ferma (1329) per il termine di quindici giorni, o di trenta giorni quando occorre una visita medica (2964). Il termine decorre dalla data della consegna o della spedizione della proposta (1932).

NOTE OPERATIVE:

Nota di copertura: La c.d. nota di copertura può costituire un documento probatorio del contratto già concluso, rivolto a garantirne l'efficacia in attesa del rilascio della polizza, ovvero può evidenziare l'intervento di un accordo provvisorio, diretto a coprire il rischio nelle more dell'iter formativo del contratto, ferma restando la libertà delle parti di addivenire o meno alla conclusione dell'affare definitivo (C.C. 9298/87).

1888. Prova del contratto. – Il contratto di assicurazione deve essere provato per iscritto (2725).

L'assicuratore è obbligato a rilasciare al contraente la polizza di assicurazione o altro documento da lui sottoscritto.

L'assicuratore è anche tenuto a rilasciare, a richiesta e a spese del contraente, duplicati o copie della polizza; ma in tal caso può esigere la presentazione o la restituzione dell'originale.

NOTE OPERATIVE:

Carenza: La forma scritta è richiesta ad probationem e non ad substantiam, con la conseguenza che alla relativa carenza è possibile ovviare con un atto successivo (C.C. 18118/22 – Conf. C.C. 7763/05; C.C. 4005/00; C.C. 6147/92).

1889. Polizze all'ordine e al portatore. – Se la polizza di assicurazione è all'ordine o al portatore, il suo trasferimento importa trasferimento del credito verso l'assicuratore, con gli effetti della cessione (1260 ss., 1407, 1918[5], 2002, 2003, 2011).

Tuttavia l'assicuratore è liberato se senza dolo o colpa grave adempie la prestazione nei confronti del giratario o del portatore della polizza, anche se questi non è l'assicurato (1992).

In caso di smarrimento, furto o distruzione della polizza all'ordine, si applicano le disposizioni relative all'ammortamento dei titoli all'ordine (2016).

1890. Assicurazione in nome altrui. – Se il contraente stipula l'assicurazione in nome altrui senza averne il potere (1398), l'interessato può ratificare il contratto anche dopo la scadenza o il verificarsi del sinistro (1399, 1894, 2032).

Il contraente è tenuto personalmente ad osservare gli obblighi derivanti dal contratto fino al momento in cui l'assicuratore ha avuto notizia della ratifica o del rifiuto di questa (2031; 11 l. camb.; 14 l. ass.).

Egli deve all'assicuratore i premi del periodo in corso nel momento in cui l'assicuratore ha avuto notizia del rifiuto della ratifica (1892^3, 1901^3).

1891. Assicurazione per conto altrui o per conto di chi spetta. – Se l'assicurazione è stipulata per conto altrui o per conto di chi spetta (1529, 1589, 1739^2, 1847), il contraente deve adempiere gli obblighi derivanti dal contratto, salvi quelli che per loro natura non possono essere adempiuti che dall'assicurato (1894).

I diritti derivanti dal contratto spettano all'assicurato, e il contraente, anche se in possesso della polizza, non può farli valere senza espresso consenso dell'assicurato medesimo.

All'assicurato sono opponibili le eccezioni che si possono opporre al contraente in dipendenza del contratto (1413, 1894).

Per il rimborso dei premi pagati all'assicuratore e delle spese del contratto, il contraente ha privilegio sulle somme dovute dall'assicuratore nello stesso grado dei crediti per spese di conservazione (2756, 2778).

NOTE OPERATIVE:

Ambito di applicazione: Le norme in tema di assicurazione per conto altrui non sono incompatibili con l'assicurazione sulla vita (C.C. 21863/22).

Consenso: Il contraente non può esercitare i diritti derivanti dal contratto senza l'espresso consenso dell'assicurato, al quale fanno capo direttamente i diritti derivanti dal rapporto assicurativo (C.C. 29422/18 – Conf. C.C. 13329/04; C.C. 6482/96).

1892. Dichiarazioni inesatte e reticenze con dolo o colpa grave. – Le dichiarazioni inesatte e le reticenze del contraente, relative a circostanze tali che l'assicuratore non avrebbe dato il suo consenso (1439) o non lo avrebbe dato alle medesime condizioni se avesse conosciuto il vero stato delle cose (1440), sono causa di annullamento (1441) del contratto quando il contraente ha agito con dolo o con colpa grave (1338, 1894, 1898, 1906).

L'assicuratore decade (2964 ss.) dal diritto d'impugnare il contratto se, entro tre mesi dal giorno in cui ha conosciuto l'inesattezza della dichiarazione o la reticenza, non dichiara al contraente di volere esercitare l'impugnazione (1893, 1898^2).

L'assicuratore ha diritto ai premi relativi al periodo di assicurazione in corso al momento in cui ha domandato l'annullamento (1890^3, 1896, 1897, 1898^4, 1901^3, 1909, 1918^3, 1926^5) e, in ogni caso, al premio convenuto per il primo anno. Se il sinistro si verifica prima che sia decorso il termine indicato dal comma precedente, egli non è tenuto a pagare la somma assicurata (1893^2, 1898^5).

Se l'assicurazione riguarda più persone o più cose, il contratto è valido per quelle persone o per quelle cose alle quali non si riferisce la dichiarazione inesatta o la reticenza (1932, 2964).

NOTE OPERATIVE:

Presupposti: L'elemento soggettivo della colpa grave, presupponendo la coscienza dell'inesattezza o della reticenza della dichiarazione e la consapevolezza dell'importanza dell'informazione, inesatta o mancata, rispetto alla conclusione del contratto e alle sue condizioni, va accertato non già tramite una verifica ex post della prevedibilità della verificazione del sinistro da parte dell'assicurato, bensì mediante un giudizio di prognosi postuma, da compiersi ex ante al momento della stipulazione del contratto (C.C. 20997/23).

Questionario: La predisposizione di un questionario da parte dell'assicuratore, benché non abbia la funzione di tipizzare le possibili cause di annullamento del contratto di assicurazione per dichiarazioni inesatte o reticenti, evidenzia tuttavia l'intenzione dell'assicuratore di annettere particolare importanza a determinati requisiti e richiama l'attenzione del contraente a fornire risposte complete e veritiere sui quesiti medesimi (C.C. 8895/20 – Conf. C.C. 4682/99).

1893. Dichiarazioni inesatte e reticenze senza dolo o colpa grave. – Se il contraente ha agito senza dolo o colpa grave, le dichiarazioni inesatte e le reticenze non sono causa di annullamento del contratto, ma l'assicuratore può recedere dal contratto stesso (1373, 1897, 1898^2, 1899, 1918^4, 1926^3), mediante dichiarazione da farsi all'assicurato nei tre mesi dal giorno in cui ha conosciuto l'inesattezza della dichiarazione o la reticenza (1892^2, 1898^2, 2964 ss.).

Se il sinistro si verifica prima che l'inesattezza della dichiarazione o la reticenza sia conosciuta dall'assicuratore, o prima che questi abbia dichiarato di recedere dal contratto, la somma dovuta è ridotta in proporzione della differenza tra il premio convenuto e quello che sarebbe stato applicato se si fosse conosciuto il vero stato delle cose (1892[3], 1898[5], 1906[2], 1932).

NOTE OPERATIVE:

Ambito di applicazione: Non può ritenersi reticente l'assicurato che, al momento della stipula del contratto, ometta di segnalare all'assicuratore l'esistenza di sintomi ritenuti dai medici in quel momento ambigui, aspecifici e comunque non allarmanti, a nulla rilevando che successivamente emerga che quei sintomi erano invece determinati da una grave malattia non ancora palesatasi né facilmente accertabile al momento della stipula del contratto stesso (C.C. 12838/14 – Conf. C.C. 13604/11).

1894. Assicurazione in nome o per conto di terzi. – Nelle assicurazioni in nome o per conto di terzi (1890, 1891), se questi hanno conoscenza dell'inesattezza delle dichiarazioni o delle reticenze relative al rischio, si applicano a favore dell'assicuratore le disposizioni degli articoli 1892 e 1893 (1391, 1932).

1895. Inesistenza del rischio. – Il contratto è nullo (1325, n. 2, 1418) se il rischio non è mai esistito o ha cessato di esistere prima della conclusione (1326) del contratto (1896, 1904; 514 c.n.).

NOTE OPERATIVE:

Ambito di applicazione: Si può configurare l'inesistenza del rischio, allorché prima della conclusione del contratto non si sia presentato quanto meno come possibile il futuro danno o evento attinente alla vita umana, ovvero non sia stato incerto almeno il momento in cui esso si sarebbe verificato: in tal caso il contratto è nullo (C.C. 11763/18 – Conf. C.C. 2442/74).

1896. Cessazione del rischio durante l'assicurazione. – Il contratto si scioglie (1453) se il rischio cessa di esistere dopo la conclusione del contratto stesso (1326), ma l'assicuratore ha diritto al pagamento dei premi finché la cessazione del rischio non gli sia comunicata o non venga altrimenti a sua conoscenza (1918[2]). I premi relativi al periodo di assicurazione in corso al momento della comunicazione o della conoscenza sono dovuti per intero (1892[3], 1897, 1898[4], 1901[3], 1909, 1918[3], 1926[5]).

Qualora gli effetti dell'assicurazione debbano avere inizio in un momento posteriore alla conclusione del contratto (1326) e il rischio cessi nell'intervallo, l'assicuratore ha diritto al solo rimborso delle spese.

NOTE OPERATIVE:

Effetti: Lo scioglimento del contratto si verifica ipso iure, senza necessità di una manifestazione di volontà delle parti e malgrado un'eventuale volontà contraria, restando esclusa ogni possibilità per le parti di mantenere in vita un'assicurazione senza rischio (C.C. 6561/05 – Conf. C.C. 6212/85).

1897. Diminuzione del rischio. – Se il contraente comunica all'assicuratore mutamenti che producono una diminuzione del rischio tale che, se fosse stata conosciuta al momento della conclusione del contratto, avrebbe portato alla stipulazione di un premio minore, l'assicuratore, a decorrere dalla scadenza del premio o della rata di premio successiva alla comunicazione suddetta (1892[3], 1896), non può esigere che il minor premio, ma ha facoltà di recedere dal contratto entro due mesi dal giorno in cui è stata fatta la comunicazione.

La dichiarazione di recesso dal contratto ha effetto dopo un mese (1932).

NOTE OPERATIVE:

Ambito di applicazione: La modifica del rischio assunto è rilevante nel contratto di assicurazione tipico, non anche nell'assicurazione fideiussoria, che ha come causa non già il rischio assunto dal primo fideiussore bensì la garanzia dell'adempimento del debitore principale (C.C. 9371/06 – Conf. C.C. 6757/01).

1898. Aggravamento del rischio. – Il contraente ha l'obbligo di dare immediato avviso all'assicuratore dei mutamenti che aggravano il rischio in modo tale che, se il nuovo stato di cose fosse esistito e fosse stato conosciuto dall'assicuratore al momento della conclusione del contratto, l'assicuratore non avrebbe consentito l'assicurazione o l'avrebbe consentita per un premio più elevato (1892, 1926).

L'assicuratore può recedere dal contratto (1373, 1893, 1897, 1899, 1918[4], 1926[3]), dandone comunicazione per iscritto all'assicurato entro un mese dal giorno in cui ha ricevuto l'avviso o ha avuto in altro modo conoscenza dell'aggravamento del rischio (1892[2], 1893, 2964 ss.).

Il recesso dell'assicuratore ha effetto immediato se l'aggravamento è tale che l'assicuratore non avrebbe consentito l'assicurazione; ha effetto dopo quindici giorni, se l'aggravamento del rischio è tale che per l'assicurazione sarebbe stato richiesto un premio maggiore.

Spettano all'assicuratore i premi relativi al periodo di assicurazione in corso al momento in cui è comunicata la dichiarazione di recesso (1890[3], 1892[3], 1896, 1897, 1901[3], 1909, 1918[3], 1926[5]).

Se il sinistro si verifica prima che siano trascorsi i termini per la comunicazione e per l'efficacia del recesso, l'assicuratore non risponde qualora l'aggravamento del rischio sia tale che egli non avrebbe consentito l'assicurazione se il nuovo stato di cose fosse esistito al momento del contratto; altrimenti, la somma dovuta è ridotta, tenuto conto del rapporto tra il premio stabilito nel contratto e quello che sarebbe stato fissato se il maggior rischio fosse esistito al tempo del contratto stesso (1892[3], 1893[2], 1932; 82 l. fall.; 522 c.n.).

NOTE OPERATIVE:

Ambito di applicazione: La norma non considera qualsiasi mutamento delle circostanze, ma solo quei mutamenti che aggravano il rischio in modo tale che, se il nuovo stato di cose fosse esistito e fosse stato conosciuto dall'assicuratore al momento della conclusione del contratto, l'assicuratore non avrebbe consentito l'assicurazione o l'avrebbe consentita per un premio più elevato (C.C. 20011/16). Le parti di un contratto di assicurazione possono espressamente prevedere che il verificarsi di determinate circostanze costituisca senz'altro aggravamento del rischio e che, al loro avverarsi e a prescindere dall'obiettiva situazione di fatto, l'assicurato sia tenuto al pagamento di un premio maggiore (C.C. 2715/17).

1899. Durata dell'assicurazione. – L'assicurazione ha effetto dalle ore ventiquattro del giorno della conclusione del contratto (1326) alle ore ventiquattro dell'ultimo giorno della durata stabilita nel contratto stesso. L'assicuratore, in alternativa ad una copertura di durata annuale, può proporre una copertura di durata poliennale a fronte di una riduzione del premio rispetto a quello previsto per la stessa copertura dal contratto annuale (1). In questo caso, se il contratto supera i cinque anni, l'assicurato, trascorso il quinquennio, ha facoltà di recedere dal contratto con preavviso di sessanta giorni e con effetto dalla fine dell'annualità nel corso della quale la facoltà di recesso è stata esercitata (1).

Il contratto può essere tacitamente prorogato una o più volte, ma ciascuna proroga tacita non può avere una durata superiore a due anni (1932).

Le norme del presente articolo non si applicano alle assicurazioni sulla vita (1919).

(1) *L'originario secondo periodo di questo comma è stato da ultimo così sostituito dagli attuali secondo e terzo periodo dall'art. 21, comma 3, della L. 23 luglio 2009, n. 99. A norma dell'art. 21, comma 4, della medesima legge, tali disposizioni si applicano ai contratti stipulati successivamente alla data di entrata in vigore della presente legge.*

NOTE OPERATIVE:

Decorrenza: Il contratto di assicurazione è concluso nel momento in cui il proponente ha notizia dell'accettazione della sua proposta ma la sua efficacia è subordinata dalla legge alla condicio iuris del pagamento del premio, avendo l'assicuratore bisogno di quest'ultimo per costituire la riserva sinistri, senza la quale non potrebbe far fronte agli impegni nei confronti della massa degli assicurati (C.C. 38216/21).

1900. Sinistri cagionati con dolo o con colpa grave dell'assicurato o dei dipendenti. – L'assicuratore non è obbligato per i sinistri cagionati da dolo o da colpa grave del contraente, dell'assicurato o del beneficiario, salvo patto contrario per i casi di colpa grave (1229, 1917).

L'assicuratore è obbligato per il sinistro cagionato da dolo o da colpa grave delle persone del fatto delle quali l'assicurato deve rispondere (2047, 2048, 2049; 524 c.n.).

Egli è obbligato altresì, nonostante patto contrario, per i sinistri conseguenti ad atti del contraente, dell'assicurato o del beneficiario, compiuti per dovere di solidarietà umana o nella tutela degli interessi comuni all'assicuratore (1914; 522 c.n.).

NOTE OPERATIVE:

Ambito di applicazione: In tema di assicurazione della responsabilità civile la clausola secondo cui l'assicuratore si obbliga a tenere indenne l'assicurato di quanto questi sia tenuto a pagare a titolo di risarcimento dei danni causati in conseguenza di un fatto accidentale non può essere intesa nel senso di escludere dalla copertura assicurativa i fatti colposi, ma solo nel senso della esclusione dalla copertura assicurativa dei soli fatti dolosi (C.C. 18320/23 – Conf. C.C. 23762/22).

1901. Mancato pagamento del premio. – Se il contraente non paga il premio o la prima rata di premio stabilita dal contratto, l'assicurazione resta sospesa fino alle ore ventiquattro del giorno in cui il contraente paga quanto è da lui dovuto.

Se alle scadenze convenute il contraente non paga i premi successivi, l'assicurazione resta sospesa dalle ore ventiquattro del quindicesimo giorno dopo quello della scadenza (1460, 1932, 2952).

Nelle ipotesi previste dai due commi precedenti il contratto è risoluto di diritto (1453) se l'assicuratore, nel termine di sei mesi dal giorno in cui il premio o la rata sono scaduti, non agisce per la riscossione (1457[2]); l'assicuratore ha diritto soltanto al pagamento del premio relativo al periodo di assicurazione in corso e al rimborso delle spese. La presente norma non si applica alle assicurazioni sulla vita (1924, 1927, 1932).

NOTE OPERATIVE:

Pagamento tardivo: Non è indennizzabile il sinistro avvenuto dopo lo spirare del termine, a nulla rilevando che l'assicuratore abbia accettato senza riserve il pagamento tardivo del premio (C.C. 6480/23 – Conf. C.C. 38216/21), non trattandosi di un comportamento implicante una volontà negoziale ricognitiva del diritto all'indennizzo e abdicativa dell'effetto sospensivo dell'efficacia del contratto (C.C. 4357/22).

1902. Fusione, concentrazione e liquidazione coatta amministrativa. – La fusione (2501 ss.) e la concentrazione di aziende tra più imprese assicuratrici non sono cause di scioglimento del contratto di assicurazione. Il contratto continua con l'impresa assicuratrice che risulta dalla fusione o che incorpora le imprese preesistenti (2504[4]). Per i trasferimenti di portafoglio si osservano le leggi speciali (2558) ([1]).

Nel caso di liquidazione coatta amministrativa (194 ss. l. fall.) dell'impresa assicuratrice, il contratto di assicurazione si scioglie nei modi e con gli effetti stabiliti dalle leggi speciali anche per ciò che riguarda il privilegio a favore della massa degli assicurati (1932).

([1]) *Si veda l'art. 168 del D.L.vo 7 settembre 2005, n. 209, Codice delle assicurazioni private.*

1903. Agenti di assicurazione. – Gli agenti autorizzati a concludere contratti di assicurazione (1752, 1753) possono compiere gli atti concernenti le modificazioni e la risoluzione dei contratti medesimi, salvi i limiti contenuti nella procura che sia pubblicata nelle forme richieste dalla legge.

Possono inoltre promuovere azioni ed essere convenuti in giudizio in nome dell'assicuratore, per le obbligazioni dipendenti dagli atti compiuti nell'esecuzione del loro mandato, davanti l'autorità giudiziaria del luogo in cui ha sede l'agenzia presso la quale è stato concluso il contratto (1326, 1932, 2204; 77 c.p.c.).

Sezione II
Dell'assicurazione contro i danni

1904. Interesse all'assicurazione. – Il contratto di assicurazione contro i danni è nullo (1418, 1895) se, nel momento in cui l'assicurazione deve avere inizio, non esiste un interesse dell'assicurato al risarcimento del danno (1223, 1325, n. 2, 1895; 514 c.n.).

NOTE OPERATIVE:

Ambito di applicazione: L'interesse dell'assicurato è il risarcimento del danno subito da un proprio determinato bene in conseguenza di un sinistro e sono esclusi dalla garanzia i fatti addebitabili per colpa grave (C.C. 23948/19 – Conf. C.C. 7971/93). L'interesse richiesto è ravvisabile non solo con riguardo al diritto di proprietà o ad altro diritto reale sulla cosa assicurata, ma anche in relazione a qualsiasi rapporto economico-giuridico per il quale il titolare sopporti il danno patrimoniale per effetto di un evento dannoso (C.C. 15107/13 – Conf. C.C. 9469/04; C.C. 3541/81).

1905. Limiti del risarcimento. – L'assicuratore è tenuto a risarcire, nei modi e nei limiti stabiliti dal contratto, il danno sofferto dall'assicurato in conseguenza del sinistro (1223, 1900, 1908, 1917).

L'assicuratore risponde del profitto sperato solo se si è espressamente obbligato.

1906. Danni cagionati da vizio della cosa. – Salvo patto contrario, l'assicuratore non risponde dei danni prodotti da vizio intrinseco della cosa assicurata, che non gli sia stato denunziato (1892, 1893).

Se il vizio ha aggravato il danno, l'assicuratore, salvo patto contrario, risponde del danno nella misura in cui sarebbe stato a suo carico, qualora il vizio non fosse esistito (1892, 1893, 1898).

NOTE OPERATIVE:

Deroga: Il patto di deroga che esclude l'indennizzabilità dei danni derivanti da vizio intrinseco della cosa assicurata, non deve necessariamente essere espresso, ma può essere ricavato in via di interpretazione delle restanti clausole contrattuali, atteso che opera il principio generale della libertà delle forme (C.C. 31345/22).

1907. Assicurazione parziale. – Se l'assicurazione copre solo una parte del valore che la cosa assicurata aveva nel tempo del sinistro, l'assicuratore risponde dei danni in proporzione della parte suddetta, a meno che non sia diversamente convenuto (1908, 1909).

1908. Valore della cosa assicurata. – Nell'accertare il danno (1905) non si può attribuire alle cose perite o danneggiate un valore superiore a quello che avevano al tempo del sinistro (1907, 1909).

Il valore delle cose assicurate può essere tuttavia stabilito al tempo della conclusione del contratto, mediante stima accettata per iscritto dalle parti (2725).

Non equivale a stima la dichiarazione di valore delle cose assicurate contenuta nella polizza o in altri documenti (515, 1021 c.n.).

Nell'assicurazione dei prodotti del suolo il danno si determina in relazione al valore che i prodotti avrebbero avuto al tempo della maturazione o al tempo in cui ordinariamente si raccolgono.

NOTE OPERATIVE:

Polizza stimata: La stipula di una polizza stimata, che ha lo scopo di determinare convenzionalmente il valore assicurabile, non è incompatibile con l'assicurazione parziale, nella quale il valore assicurato rappresenta solo una parte del valore della cosa (C.C. 25405/13).

1909. Assicurazione per somma eccedente il valore delle cose. – L'assicurazione per una somma che eccede il valore reale della cosa assicurata (1908) non è valida se vi è stato dolo da parte dell'assicurato (1910); l'assicuratore, se è in buona fede, ha diritto ai premi del periodo di assicurazione in corso (1898[4]).

Se non vi è stato dolo da parte del contraente, il contratto ha effetto fino alla concorrenza del valore reale della cosa assicurata, e il contraente ha diritto di ottenere per l'avvenire una proporzionale riduzione del premio.

1910. Assicurazione presso diversi assicuratori. – Se per il medesimo rischio sono contratte separatamente più assicurazioni presso diversi assicuratori, l'assicurato deve dare avviso di tutte le assicurazioni a ciascun assicuratore.

Se l'assicurato omette dolosamente di dare l'avviso, gli assicuratori non sono tenuti a pagare l'indennità.

Nel caso di sinistro, l'assicurato deve darne avviso a tutti gli assicuratori a norma dell'art. 1913, indicando a ciascuno il nome degli altri. L'assicurato può chiedere a ciascun assicuratore l'indennità dovuta secondo il rispettivo contratto, purché le somme complessivamente riscosse non superino l'ammontare del danno (1980).

L'assicuratore che ha pagato ha diritto di regresso (1299) contro gli altri per la ripartizione proporzionale in ragione delle indennità dovute secondo i rispettivi contratti. Se un assicuratore è insolvente (5 l. fall.), la sua quota viene ripartita fra gli altri assicuratori (1299[2]).

NOTE OPERATIVE:

Ambito di applicazione: La norma, il cui fondamento risiede nell'esigenza di evitare che l'assicurato, nel conseguire l'indennizzo da più assicuratori, persegua fini di lucro ed ottenga un indebito arricchimento, si applica all'assicurazione contro gli infortuni non mortali, in quanto partecipe della funzione indennitaria propria dell'assicurazione contro i danni, ma non all'assicurazione contro gli infortuni mortali, essendo questa forma di assicurazione assimilabile all'assicurazione sulla vita (C.C. 9380/21 – Conf. C.C. 5102/06; S.U. 5119/02).

1911. Coassicurazione. – Qualora la medesima assicurazione o l'assicurazione di rischi relativi alle stesse cose sia ripartita tra gli assicuratori per quote determinate, ciascun assicuratore è tenuto al pagamento dell'indennità assicurata soltanto in proporzione della rispettiva quota, anche se unico è il contratto sottoscritto da tutti gli assicuratori (1314).

NOTE OPERATIVE:

Clausola di delega: La clausola di delega (o di guida) – con la quale i coassicuratori conferiscono ad uno solo di essi l'incarico di compiere gli atti relativi allo svolgimento del rapporto assicurativo – non fa venir meno, anche quando preveda che la denuncia di sinistro sia fatta al solo delegato, la caratteristica saliente della coassicurazione, consistente nell'assunzione pro quota dell'obbligo di pagare l'indennità (C.C. 3958/18 – Conf. C.C. 20934/16; C.C. 1754/05).

1912. Terremoto, guerra, insurrezione, tumulti popolari. – Salvo patto contrario, l'assicuratore non è obbligato per i danni determinati da movimenti tellurici, da guerra, da insurrezione o da tumulti popolari (521 c.n.).

1913. Avviso all'assicuratore in caso di sinistro. – L'assicurato deve dare avviso del sinistro all'assicuratore o all'agente autorizzato a concludere il contratto (1903), entro tre giorni da quello in cui il sinistro si è verificato o l'assicurato ne ha avuto conoscenza (1915). Non è necessario l'avviso, se l'assicuratore o l'agente autorizzato alla conclusione del contratto interviene entro il detto termine alle operazioni di salvataggio (1914) o di constatazione del sinistro.

Nelle assicurazioni contro la mortalità del bestiame l'avviso, salvo patto contrario, deve essere dato entro ventiquattro ore (533 c.n.).

NOTE OPERATIVE:

Intento fraudolento: L'inosservanza da parte dell'assicurato dell'obbligo di avviso di sinistro nel termine previsto dalla norma od in quello diverso, eventualmente previsto dalla polizza, non implica di per sé il carattere doloso dell'inadempimento, dovendo essere provato a tal fine, da parte dell'assicuratore, un intento fraudolento dell'assicurato (C.C. 8701/22 – Conf. C.C. 21533/21).

1914. Obbligo di salvataggio. – L'assicurato deve fare quanto gli è possibile per evitare o diminuire il danno (1227, 1915).

Le spese fatte a questo scopo dall'assicurato sono a carico dell'assicuratore, in proporzione del valore assicurato rispetto a quello che la cosa aveva nel tempo del sinistro (1907), anche se il loro ammontare, unitamente a quello del danno, supera la somma assicurata, e anche se non si è raggiunto lo scopo, salvo che l'assicuratore provi che le spese sono state fatte inconsideratamente (1932, 2031; 534 c.n.).

L'assicuratore risponde dei danni materiali direttamente derivanti alle cose assicurate dai mezzi adoperati dall'assicurato per evitare o diminuire i danni del sinistro, salvo che egli provi che tali mezzi sono stati adoperati inconsideratamente (1900[3]).

L'intervento dell'assicuratore per il salvataggio delle cose assicurate e per la loro conservazione non pregiudica i suoi diritti.

L'assicuratore che interviene al salvataggio deve, se richiesto dall'assicurato, anticiparne le spese o concorrere in proporzione del valore assicurato (2031).

NOTE OPERATIVE:

Ambito di applicazione: Mentre il dovere di evitare il danno si concretizza in un contegno commissivo od omissivo che si colloca utilmente nella fattispecie potenzialmente causativa del danno, valendo ad evitarlo, quello di diminuire il danno si riferisce ad un azione od omissione che, inserendosi nella serie causale quando il pregiudizio già si è determinato, ne impedisce la crescita ulteriore (C.C. 14992/16).

1915. Inadempimento dell'obbligo di avviso o di salvataggio. – L'assicurato che dolosamente non adempie l'obbligo dell'avviso (1910, 1913) o del salvataggio (1914) perde il diritto all'indennità.

Se l'assicurato omette colposamente di adempiere tale obbligo, l'assicuratore ha diritto di ridurre l'indennità in ragione del pregiudizio sofferto (1932).

NOTE OPERATIVE:

Presupposti: Ai fini della perdita dei benefici assicurativi, è sufficiente la consapevolezza dell'obbligo previsto dalla suddetta norma e la cosciente volontà di non osservarlo (C.C. 28625/19 – Conf. C.C. 14579/07).

1916. (1) **Diritto di surrogazione dell'assicuratore.** – L'assicuratore che ha pagato l'indennità è surrogato, fino alla concorrenza dell'ammontare di essa, nei diritti dell'assicurato verso i terzi responsabili (1203, n. 5, 1589).

Salvo il caso di dolo, la surrogazione non ha luogo se il danno è causato dai figli, [dagli affiliati,] (2) (404 ss.) dagli ascendenti, da altri parenti (74 ss.) o da affini (78) dell'assicurato stabilmente con lui conviventi o da domestici (2240) (3).

L'assicurato è responsabile verso l'assicuratore del pregiudizio arrecato al diritto di surrogazione.

Le disposizioni di questo articolo si applicano anche alle assicurazioni contro gli infortuni sul lavoro e contro le disgrazie accidentali.

(1) *La Corte costituzionale, con sentenza n. 356 del 18 luglio 1991, ha dichiarato l'illegittimità costituzionale di questo articolo nella parte in cui consente all'assicuratore di avvalersi, nell'esercizio del diritto di surrogazione nei confronti del terzo responsabile, anche delle somme da questi dovute all'assicurato a titolo di risarcimento del danno biologico.*

(2) *Le parole fra parentesi quadrate sono state soppresse dall'art. 91 del D.L.vo 28 dicembre 2013, n. 154, a decorrere dal trentesimo giorno successivo a quello della sua pubblicazione nella* Gazzetta Ufficiale *(G.U. n. 5 dell'8 gennaio 2014).*

(3) *La Corte costituzionale, con sentenza n. 117 del 21 maggio 1975, ha dichiarato l'illegittimità costituzionale di questo comma, nella parte in cui non annovera, tra le persone nei confronti delle quali non è ammessa surrogazione, il coniuge dell'assicurato.*

NOTE OPERATIVE:

Natura giuridica: La surrogazione dell'assicuratore costituisce una successione a titolo particolare nel diritto dell'assicurato verso il terzo responsabile e ne mutua la natura (C.C. 21218/22 – Conf. C.C. 5594/15; C.C. 1336/09; C.C. 2639/87).

1917. Assicurazione della responsabilità civile. – Nell'assicurazione della responsabilità civile l'assicuratore è obbligato a tenere indenne l'assicurato di quanto questi, in conseguenza del fatto accaduto durante il tempo dell'assicurazione, deve pagare a un terzo, in dipendenza della responsabilità dedotta nel contratto. Sono esclusi i danni derivanti da fatti dolosi (1229, 1900[1], 2952; 798 c.n.).

L'assicuratore ha facoltà, previa comunicazione all'assicurato, di pagare direttamente al terzo danneggiato l'indennità dovuta, ed è obbligato al pagamento diretto se l'assicurato lo richiede (1930, 2767; 1015 c.n.).

Le spese sostenute per resistere all'azione del danneggiato contro l'assicurato sono a carico dell'assicuratore nei limiti del quarto della somma assicurata. Tuttavia, nel caso che sia dovuta al danneggiato una somma superiore al capitale assicurato, le spese giudiziali si ripartiscono tra assicuratore e assicurato in proporzione del rispettivo interesse (1932).

L'assicurato, convenuto dal danneggiato, può chiamare in causa l'assicuratore (1932, 2951; 32, 106, 269 c.p.c.; 1015 c.n.).

NOTE OPERATIVE:

Fondamento: Nell'assicurazione della responsabilità civile, l'assicurato si cautela contro il rischio dell'alterazione negativa del suo patrimonio, in quanto l'assicuratore si impegna a tener indenne ed a reintegrare il patrimonio dell'assicurato attraverso il pagamento di una somma di danaro pari all'esborso dovuto dall'assicurato stesso in conseguenza di un fatto colposo a lui addebitato, anche se dovuto a colpa grave: fondamento dell'obbligazione di risarcire il danno, infatti, è l'imputabilità dei fatto dannoso a titolo di colpa, mentre sono esclusi dalla garanzia assicurativa unicamente i danni derivanti da fatti dolosi dell'assicurato (C.C. 31574/22 – Conf. C.C. 23948/19).

1918. Alienazione delle cose assicurate. – L'alienazione delle cose assicurate non è causa di scioglimento del contratto di assicurazione (517 c.n.).

L'assicurato, che non comunica all'assicuratore l'avvenuta alienazione e all'acquirente l'esistenza del contratto di assicurazione, rimane obbligato a pagare i premi che scadono posteriormente alla data dell'alienazione (1896).

I diritti e gli obblighi dell'assicurato passano all'acquirente, se questi, avuta notizia dell'esistenza del contratto di assicurazione, entro dieci giorni dalla scadenza del primo premio successivo all'alienazione, non dichiara all'assicuratore, mediante raccomandata, che non intende subentrare nel contratto (1406 ss.).

Spettano in tal caso all'assicuratore i premi relativi al periodo di assicurazione in corso (1890[3], 1896, 1897, 1909).

L'assicuratore, entro dieci giorni da quello in cui ha avuto notizia dell'avvenuta alienazione, può recedere dal contratto (1373, 1897) con preavviso di quindici giorni, che può essere dato anche mediante raccomandata (2558[2]).

Se è stata emessa una polizza all'ordine o al portatore (1889), nessuna notizia dell'alienazione deve essere data all'assicuratore, e così quest'ultimo come l'acquirente non possono recedere dal contratto (1407[2]).

NOTE OPERATIVE:

Effetti: È effetto normale del trasferimento della proprietà del veicolo la continuazione del contratto di assicurazione in capo all'acquirente (C.C. 6918/95).

Sezione III
Dell'assicurazione sulla vita

1919. Assicurazione sulla vita propria o di un terzo. – L'assicurazione può essere stipulata sulla vita propria o su quella di un terzo.

L'assicurazione contratta per il caso di morte di un terzo non è valida se questi o il suo legale rappresentante non dà il consenso alla conclusione del contratto. Il consenso deve essere provato per iscritto (2725).

NOTE OPERATIVE:

Tipologie: Nell'assicurazione sulla vita per il caso di vita, l'assicuratore è obbligato a pagare se, ad un determinato momento, una data persona è ancora in vita; per converso, ove l'assicurazione sulla vita sia stipulata per il caso di morte, l'assicuratore è obbligato a pagare se, in un dato momento, una certa persona sia deceduta. La polizza può essere peraltro stipulata anche nella forma cd. mista sulla vita di un terzo e, cioè, tanto per il caso di vita, quanto per il caso di morte (C.C. 29583/21).

Beneficiario: Nel contratto di assicurazione sulla vita per il caso di morte può essere designato, quale beneficiario, lo stesso portatore del rischio, con conseguente devoluzione mortis causa dell'indennizzo ai suoi eredi (C.C. 21863/22).

Consenso: Nel caso di assicurazione sulla vita di un terzo, la necessità del consenso scritto di questi alla stipulazione non sussiste nel caso in cui il beneficiario della polizza non sia il contraente ma il terzo stesso (portatore del rischio) ovvero i suoi eredi, o comunque soggetti da lui indicati, in quanto in tal caso ci si troverebbe in realtà in presenza di una normale assicurazione a favore di terzo (C.C. 3707/18 – Conf. C.C. 1883/77; C.C. 1846/73).

1920. Assicurazione a favore di un terzo. – È valida l'assicurazione sulla vita a favore di un terzo (1411).

La designazione del beneficiario può essere fatta nel contratto di assicurazione, o con successiva dichiarazione scritta comunicata all'assicuratore, o per testamento (587); essa è efficace anche se il beneficiario è determinato solo genericamente (628). Equivale a designazione l'attribuzione della somma assicurata fatta nel testamento a favore di una determinata persona.

Per effetto della designazione il terzo acquista un diritto proprio ai vantaggi dell'assicurazione.

NOTE OPERATIVE:

Designazione: La designazione generica degli eredi come beneficiari di un contratto di assicurazione sulla vita comporta l'acquisto di un diritto proprio ai vantaggi dell'assicurazione da parte di coloro che, al momento della morte del contraente, rivestano tale qualità in forza del titolo della astratta delazione indicata all'assicuratore per individuare i creditori della prestazione (S.U. 11421/21).

1921. Revoca del beneficio. – La designazione del beneficiario è revocabile con le forme con le quali può essere fatta a norma dell'articolo precedente. La revoca non può tuttavia farsi dagli eredi dopo la morte del contraente, né dopo che, verificatosi l'evento, il beneficiario ha dichiarato di voler profittare del beneficio (1411, 1412).

Se il contraente ha rinunziato per iscritto al potere di revoca, questa non ha effetto dopo che il beneficiario ha dichiarato al contraente di voler profittare del beneficio (1922). La rinuncia del contraente e la dichiarazione del beneficiario devono essere comunicate per iscritto all'assicuratore.

1922. Decadenza dal beneficio. – La designazione del beneficiario, anche se irrevocabile, non ha effetto qualora il beneficiario attenti alla vita dell'assicurato (801).

Se la designazione è irrevocabile (1921) ed è stata fatta a titolo di liberalità, essa può essere revocata nei casi previsti dall'articolo 800.

1923. Diritti dei creditori e degli eredi. – Le somme dovute dall'assicuratore al contraente o al beneficiario non possono essere sottoposte ad azione esecutiva (491, 514 c.p.c.) o cautelare (669 *bis* ss. c.p.c.).

Sono salve, rispetto ai premi pagati, le disposizioni relative alla revocazione degli atti compiuti in pregiudizio dei creditori (2901; 64 l. fall.) e quelle relative alla collazione (737), all'imputazione (747) e alla riduzione delle donazioni (555, 559).

1924. Mancato pagamento dei premi. – Se il contraente non paga il premio relativo al primo anno, l'assicuratore può agire per l'esecuzione del contratto nel termine di sei mesi dal giorno in cui il premio è scaduto. La disposizione si applica anche se il premio è ripartito in più rate, fermo restando il disposto dei primi due commi dell'articolo 1901; in tal caso il termine decorre dalla scadenza delle singole rate.

Se il contraente non paga i premi successivi nel termine di tolleranza previsto dalla polizza o, in mancanza, nel termine di venti giorni dalla scadenza, il contratto è risoluto di diritto (1456, 1457), e i premi pagati restano acquisiti all'assicuratore, salvo che sussistano le condizioni per il riscatto dell'assicurazione o per la riduzione della somma assicurata (1925).

1925. Riscatto e riduzione della polizza. – Le polizze di assicurazione devono regolare i diritti di riscatto e di riduzione della somma assicurata, in modo tale che l'assicurato sia in grado, in ogni momento, di conoscere quale sarebbe il valore di riscatto o di riduzione dell'assicurazione.

NOTE OPERATIVE:

Dichiarazione: Con riguardo a contratto di assicurazione sulla vita, la dichiarazione di riscatto da parte dell'assicurato produce i suoi effetti dal momento in cui perviene all'assicuratore trattandosi di dichiarazione ricettizia, ma il dichiarante (purché in regola con il pagamento dei premi) può anche implicitamente differire gli effetti del riscatto al momento della cessazione della copertura assicurativa (C.C. 401/88).

1926. Cambiamento di professione dell'assicurato. – I cambiamenti di professione o di attività dell'assicurato non fanno cessare gli effetti dell'assicurazione, qualora non aggravino il rischio in modo tale che, se il nuovo stato di cose fosse esistito al tempo del contratto, l'assicuratore non avrebbe consentito l'assicurazione (1898).

Qualora i cambiamenti siano di tale natura che, se il nuovo stato di cose fosse esistito al tempo del contratto, l'assicuratore avrebbe consentito l'assicurazione per un premio più elevato, il pagamento della somma assicurata è ridotto in proporzione del minor premio convenuto in confronto di quello che sarebbe stato stabilito.

Se l'assicurato dà notizia dei suddetti cambiamenti all'assicuratore, questi, entro quindici giorni, deve dichiarare se intende far cessare gli effetti del contratto (1373, 1893, 1897, 1898[2], 1918[4], 1926) ovvero ridurre la somma assicurata o elevare il premio.

Se l'assicuratore dichiara di voler modificare il contratto in uno dei due sensi su indicati, l'assicurato, entro quindici giorni successivi, deve dichiarare se intende accettare la proposta.

Se l'assicurato dichiara di non accettare, il contratto è risoluto, salvo il diritto dell'assicuratore al premio relativo al periodo di assicurazione in corso e salvo il diritto dell'assicurato al riscatto (1925). Il silenzio dell'assicurato vale come adesione alla proposta dell'assicuratore.

Le comunicazioni e dichiarazioni previste dai commi precedenti possono farsi anche mediante raccomandata (1932).

1927. Suicidio dell'assicurato. – In caso di suicidio dell'assicurato, avvenuto prima che siano decorsi due anni dalla stipulazione del contratto (1326), l'assicuratore non è tenuto al pagamento delle somme assicurate, salvo patto contrario.

L'assicuratore non è nemmeno obbligato se, essendovi stata sospensione del contratto per mancato pagamento dei premi, non sono decorsi due anni dal giorno in cui la sospensione è cessata (1901, 1924).

NOTE OPERATIVE:

Deroghe: La disciplina è derogabile con i patti di polizza, non essendo tale disposizione compresa tra le norme inderogabili indicate dall'art. 1932 c.c. (C.C. 7956/91). La previsione secondo cui sono indennizzabili solo gli eventi dovuti a causa fortuita, violenta ed esterna, costituisce quel patto espresso esclude l'indennizzabilità dell'infortunio mortale dovuta a suicidio (C.C. 38218/21).

Sezione IV
Della riassicurazione

1928. Prova. – I contratti generali di riassicurazione relativi a una serie di rapporti assicurativi devono essere provati per iscritto (2725).

I rapporti di riassicurazione in esecuzione dei contratti generali e il contratto di riassicurazione per singoli rischi possono essere provati secondo le regole generali (2697, 2952).

1929. Efficacia del contratto. – Il contratto di riassicurazione non crea rapporti tra l'assicurato e il riassicuratore, salve le disposizioni delle leggi speciali sul privilegio a favore della massa degli assicurati (1883).

1930. Diritto del riassicurato in caso di liquidazione coatta amministrativa. – In caso di liquidazione coatta amministrativa (194 l. fall.) del riassicurato, il riassicuratore deve pagare integralmente l'indennità dovuta al riassicurato, salva la compensazione con i premi e gli altri crediti (1241, 1917[2]; 56, 201 l. fall.).

1931. Compensazione dei crediti e dei debiti. – In caso di liquidazione coatta amministrativa dell'impresa del riassicuratore o del riassicurato (56, 194, 201 l. fall.), i debiti e i crediti che, alla fine della liquidazione, risultano dalla chiusura dei conti relativi a più contratti di riassicurazione, si compensano di diritto (1241).

Sezione V
Disposizioni finali

1932. Norme inderogabili. – Le disposizioni degli articoli 1887, 1892, 1893, 1894, 1897, 1898, 1899, secondo comma, 1901, 1903, secondo comma, 1914, secondo comma, 1915, secondo comma, 1917, terzo e quarto comma e 1926 non possono essere derogate se non in senso più favorevole all'assicurato.

Le clausole che derogano in senso meno favorevole all'assicurato sono sostituite di diritto dalle corrispondenti disposizioni di legge (1339 ss., 1419).

NOTE OPERATIVE:

Claims made: Il modello di assicurazione della responsabilità civile con clausole on claims made basis, quale deroga convenzionale consentita dall'art. 1932 c.c., è riconducibile al tipo della assicurazione contro i danni e, pertanto, non è assoggettato al controllo di meritevolezza di cui all'art. 1322 c.c. ma alla verifica della rispondenza della conformazione del tipo operata attraverso l'adozione delle suddette clausole ai limiti imposti dalla legge (C.C. 12981/22 – Conf. C.C. 5259/21; C.C. 8894/20; C.C. 29365/19; S.U. 22437/18).

Capo XXI
Del giuoco e della scommessa

1933. Mancanza di azione. – Non compete azione per il pagamento di un debito di giuoco o di scommessa, anche se si tratta di giuoco o di scommessa non proibiti (1934).

Il perdente tuttavia non può ripetere quanto abbia spontaneamente pagato dopo l'esito di un giuoco o di una scommessa in cui non vi sia stata alcuna frode. La ripetizione è ammessa in ogni caso se il perdente è un incapace (414, 1191, 2034).

NOTE OPERATIVE:

Ambito di applicazione: La disciplina è estendibile a fattispecie come le dazioni di denaro, di fiches, promesse di mutuo e riconoscimenti di debito, qualora le stesse risultino funzionalmente collegate all'attuazione del gioco o della scommessa (C.C. 7694/14).

Presupposti: Affinché il prestito di denaro possa configurare attività di giuoco è necessaria la partecipazione diretta del mutuante all'attività di giuoco in antagonismo con il mutuatario o unitamente ad esso purché chi ha fornito le somme di danaro, sia, in qualche modo destinatario effettivo del risultato del giuoco e ne subisca l'alea (C.C. 17686/19 – Conf. C.C. 14375/19).

1934. Competizioni sportive. – Sono eccettuati dalla norma del primo comma dell'articolo precedente, anche rispetto alle persone che non vi prendono parte, i giuochi che addestrano al maneggio delle armi, le corse di ogni specie e ogni altra competizione sportiva.

Tuttavia il giudice può rigettare o ridurre la domanda, qualora ritenga la posta eccessiva.

NOTE OPERATIVE:

Presupposti: Elemento essenziale della scommessa su un pronostico è l'oggettiva incertezza del risultato, sì che l'assenza di tale requisito determina la nullità del rapporto per difetto di causa (C.C. 11924/93).

1935. Lotterie autorizzate. – Le lotterie danno luogo ad azione in giudizio, qualora siano state legalmente autorizzate.

NOTE OPERATIVE:

Lotteria istantanea: Nel contratto di lotteria istantanea la vincita non è subordinata all'evento, futuro e incerto, della estrazione del numero del biglietto vincente, ma si realizza quando il giocatore viene in possesso di un biglietto che, oltre a recare la combinazione vincente, deve presentare un codice di validazione (cd. codice VIRN) necessariamente corrispondente ad uno dei codici segreti preindividuati dalla P.A. (C.C. 20607/15 – Conf. C.C. 24424/09; C.C. 23671/08; C.C. 8862/07; C.C. 22403/06).

Capo XXII
Della fideiussione

Sezione I
Disposizioni generali

1936. Nozione. – È fideiussore colui che, obbligandosi (1321, 1987) personalmente verso il creditore, garantisce l'adempimento di un'obbligazione altrui (1255).

La fideiussione è efficace anche se il debitore non ne ha conoscenza (1180, 1950; 35 l. camb.; 28 l. ass.).

NOTE OPERATIVE:

Presupposti: L'obbligazione fideiussoria nasce da un contratto risultante dalla proposta del fideiussore non rifiutata dal creditore, non richiedendo quindi per perfezionarsi l'accettazione espressa di quest'ultimo ai sensi dell'art. 1333 c.c., sicché l'eventuale conferma inviata dal creditore costituisce un elemento esecutivo del negozio già concluso (C.C. 3606/18 – Conf. C.C. 13652/06; C.G.A.R.S. 456/06; C.C. 9777/93).

1937. Manifestazione della volontà. – La volontà di prestare fideiussione deve essere espressa (1268^1, 1272^1, 1273^2).

NOTE OPERATIVE:

Modalità: La norma, nel prescrivere che la volontà di prestare la fideiussione deve essere espressa, si interpreta nel senso che non è necessaria la forma scritta o l'utilizzo di formule sacramentali, purché la volontà sia manifestata in modo inequivocabile, potendosi fornire la relativa prova con ogni mezzo e, dunque, anche con presunzioni (C.C. 3628/16 – Conf. C.C. 11413/92; C.C. 150/76); va interpretata, infatti, tenendo presente il principio – vigente nell'ordinamento, se non espressamente derogato – della libertà delle forme contrattuali (C.C. 13539/14).

1938. Fideiussione per obbligazioni future o condizionali. – La fideiussione può essere prestata anche per un'obbligazione condizionale (1353) o futura (1348, 1956, 1958) con la previsione, in questo ultimo caso, dell'importo massimo garantito.

NOTE OPERATIVE:

Ambito di applicazione: La norma, nel prevedere la necessità dell'importo massimo garantito per le obbligazioni condizionali o future, nell'ambito della disciplina della fideiussione, pone un principio generale di ordine pubblico economico, valevole anche per le garanzie personali atipiche e, tra queste, quella di patronage (C.C. 1520/10).

Fideiussione omnibus: La norma prevede la necessità di indicare l'importo massimo garantito solo nel caso in cui il fideiussore garantisca l'adempimento di obbligazioni future, non anche di quelle condizionali, come si evince dal chiaro riferimento letterale contenuto nella citata disposizione, come modificata dall'art. 10, L. 154/92. Tale interpretazione trova conforto nel dibattito dottrinale e giurisprudenziale sulla legittimità, o meno, della fideiussione cd. "omnibus", estesa, cioè, a tutte le obbligazioni del debitore garantito derivanti da future operazioni, della cui legittimità si dubitava con riguardo all'indeterminabilità dell'oggetto della fideiussione, cui si è posto un contemperamento con l'obbligo, previsto a pena di nullità, della precisazione dell'importo massimo garantito (C.C. 4912/23 – Conf. C.C. 2492/17; C.C. 1101/95).

1939. Validità della fideiussione. – La fideiussione non è valida se non è valida l'obbligazione principale (1253, 1941, 1945), salvo che sia prestata per un'obbligazione assunta da un incapace (1425, 1945, 1950).

1940. Fideiussore del fideiussore. – La fideiussione può essere prestata così per il debitore principale, come per il suo fideiussore (1948).

NOTE OPERATIVE:

Caratteristiche: La fideiussione alla fideiussione (o fideiussione al fideiussore, o fideiussione di regresso) va distinta dalla fideiussione del fideiussore (cosiddetta approbazione), di cui all'art. 1940 c.c., che costituisce una particolare modalità della fideiussione tipica, nella quale il "secondo" fideiussore garantisce l'adempimento dell'obbligazione del "primo" fideiussore, e non l'adempimento dell'obbligato principale. La fideiussione del fideiussore, quindi, si distingue dalla fideiussione alla fideiussione (o fideiussione di regresso), per il fatto che, mentre con la prima si aggiunge un nuovo fideiussore al creditore principale, con la seconda il creditore garantito diventa il primo fideiussore e occorre che questi abbia pagato il primo creditore, per cui solo a pagamento avvenuto egli potrà pretendere dall'altro fideiussore, e nell'ambito del diverso rapporto di garanzia, il rimborso di quanto pagato al creditore. Si tratta, pertanto, di due contro di fideiussione concettualmente e ontologicamentre autonomi, per quanto generalmente funzionalmente collegati (C.C. 18650/11 – Conf. C.C. 6808/02; C.C. 6613/00; C.C. 9363/91).

1941. Limiti della fideiussione. – La fideiussione non può eccedere ciò che è dovuto dal debitore, né può essere prestata a condizioni più onerose (1598, 1942).

Può prestarsi per una parte soltanto del debito o a condizioni meno onerose.

La fideiussione eccedente il debito o contratta a condizioni più onerose è valida nei limiti dell'obbligazione principale (1339).

NOTE OPERATIVE:

Accessorietà: L'obbligazione del fideiussore, configurandosi in termini di indubitabile accessorietà, ha un oggetto (per sorta capitale e per accessori) del tutto identico a quello dell'obbligazione principale, non può eccedere quanto dovuto dal debitore, non può essere prestata a condizioni più onerose rispetto a quelle gravanti sul debitore medesimo (C.C. 23967/04 – Conf. C.C. 12279/04; C.C. 18234/03; C.C. 12456/97).

1942. Estensione della fideiussione. – Salvo patto contrario, la fideiussione si estende a tutti gli accessori del debito principale, nonché alle spese per la denunzia al fideiussore della causa promossa contro il debitore principale e alle spese successive (1941).

NOTE OPERATIVE:

Ambito di applicazione: In relazione al contratto di fideiussione, la mancata previsione di un limite la quale attenga ai soli accessori del debito principale non comporta l'effetto della caducazione della garanzia, perché l'estensione della limitazione prevista per il debito principale agli accessori è stabilita dalla legge (C.C. 21521/16 – Conf. C.C. 3805/04).

1943. Obbligazione di prestare fideiussione. – Il debitore obbligato a dare un fideiussore (1179, 1844, 1850, 1876, 1877, 2743) deve presentare persona capace, che possieda beni sufficienti a garantire l'obbligazione e che abbia o elegga domicilio (47) nella giurisdizione della corte di appello in cui la fideiussione si deve prestare.

Quando il fideiussore è divenuto insolvente (5 l. fall.), deve esserne dato un altro, tranne che la fideiussione sia stata prestata dalla persona voluta dal creditore.

Sezione II
Dei rapporti tra creditore e fideiussore

1944. Obbligazione del fideiussore. – Il fideiussore è obbligato in solido col debitore principale al pagamento del debito (1292, 2871[2]).

Le parti però possono convenire che il fideiussore non sia tenuto a pagare prima dell'escussione del debitore principale. In tal caso, il fideiussore, che sia convenuto dal creditore e intenda valersi del beneficio dell'escussione, deve indicare i beni del debitore principale da sottoporre ad esecuzione (2268, 2868; 55[3] l. fall.).

Salvo patto contrario, il fideiussore è tenuto ad anticipare le spese necessarie.

NOTE OPERATIVE:

Fallimento: In caso di fideiussione con pattuizione del beneficio di escussione, se il debitore principale fallisce, il creditore garantito, per evitare la decadenza dalla fideiussione, non potendo più assumere iniziative individuali, deve proporre istanza di insinuazione al passivo fallimentare nel termine semestrale decorrente dalla data di apertura della procedura concorsuale (C.C. 24296/17 – Conf. C.C. 13661/13).

1945. Eccezioni opponibili dal fideiussore. – Il fideiussore può opporre contro il creditore tutte le eccezioni che spettano al debitore principale (1239, 1247, 1253, 1255, 1297, 2805), salva quella derivante dall'incapacità (1939).

NOTE OPERATIVE:

Contratto autonomo di garanzia: Caratteristica fondamentale che differenzia il contratto autonomo di garanzia dalla fideiussione è la carenza dell'elemento della accessorietà, sicché il garante si impegna a pagare al beneficiario, senza opporre eccezioni in ordine alla validità e/o alla efficacia del rapporto di base. La causa concreta del contratto autonomo di garanzia sta nel trasferire da un soggetto all'altro il rischio economico connesso alla mancata esecuzione di una prestazione contrattuale. La presenza – infine - di una clausola a prima richiesta e senza eccezioni, deve di per sé orientare l'interprete verso l'approdo alla autonoma fattispecie del Garantievertrag, salva evidente, patente, irredimibile discrasia con l'intero contenuto altro della convenzione negoziale (C.C. 6517/14 – Conf. S.U. 3947/10).

1946. Fideiussione prestata da più persone. – Se più persone hanno prestato fideiussione per un medesimo debitore e a garanzia di un medesimo debito, ciascuna di esse è obbligata per l'intero debito (1294), salvo che sia stato pattuito il beneficio della divisione (1947).

NOTE OPERATIVE:

Garanzie fideiussorie plurime: Nell'ipotesi di garanzie fideiussorie plurime, stante l'autonomia dei rapporti di garanzia, non è configurabile una azione di regresso tra i fideiussori ed è ammessa soltanto la possibilità di surrogazione del garante che abbia estinto l'obbligazione garantita nei diritti del creditore soddisfatto (C.C. 27243/17 – Conf. C.C. 18650/11; C.C. 16561/10; C.C. 25748/08; C.C. 17723/04; C.C. 4632/02).

1947. Beneficio della divisione. – Se è stato stipulato il beneficio della divisione, ogni fideiussore che sia convenuto per il pagamento dell'intero debito può esigere che il creditore riduca l'azione alla parte da lui dovuta.

Se alcuno dei fideiussori era insolvente (5 l. fall.) al tempo in cui un altro ha fatto valere il beneficio della divisione, questi è obbligato per tale insolvenza in proporzione della sua quota, ma non delle insolvenze sopravvenute (1299[2]).

1948. Obbligazione del fideiussore del fideiussore. – Il fideiussore del fideiussore non è obbligato verso il creditore, se non nel caso in cui il debitore principale e tutti i fideiussori di questo siano insolventi, o siano liberati perché incapaci.

NOTE OPERATIVE:

Caratteristiche: La fideiussione del fideiussore si distingue dalla fideiussione alla fideiussione (o fideiussione di regresso), per il fatto che, mentre con la prima si aggiunge un nuovo fideiussore al creditore principale, con la seconda il creditore garantito diventa il primo fideiussore e occorre che questi abbia pagato il primo creditore, per cui solo a pagamento avvenuto egli potrà pretendere dall'altro fideiussore, e nell'ambito del diverso rapporto di garanzia, il rimborso di quanto pagato al creditore. Si tratta, pertanto, di due contratti di fideiussione concettualmente e ontologicamente autonomi, per quanto generalmente funzionalmente collegati (C.C. 18650/11 – Conf. C.C. 6808/02).

Sezione III
Dei rapporti tra fideiussore e debitore principale

1949. Surrogazione del fideiussore nei diritti del creditore. – Il fideiussore che ha pagato il debito è surrogato nei diritti che il creditore aveva contro il debitore (1203, n. 3, 1951, 1955).

1950. Regresso contro il debitore principale. – Il fideiussore che ha pagato ha regresso contro il debitore principale (2871), benché questi non fosse consapevole della prestata fideiussione (1936[2]).

Il regresso comprende il capitale, gli interessi e le spese che il fideiussore ha fatte dopo che ha denunziato al debitore principale le istanze proposte contro di lui.

Il fideiussore inoltre ha diritto agli interessi legali (1284) sulle somme pagate dal giorno del pagamento (1287). Se il debito principale produceva interessi in misura superiore al saggio legale, il fideiussore ha diritto a questi fino al rimborso del capitale (1224; 63 l. fall.).

Se il debitore è incapace (1939), il regresso del fideiussore è ammesso solo nei limiti di ciò che sia stato rivolto a suo vantaggio (1190, 1191, 2039, 2041, 2871).

1951. Regresso contro più debitori principali. – Se vi sono più debitori principali obbligati in solido (1292 ss.), il fideiussore che ha garantito per tutti ha regresso contro ciascuno per ripetere integralmente ciò che ha pagato (1950, 2871).

1952. Divieto di agire contro il debitore principale. – Il fideiussore non ha regresso contro il debitore principale se, per avere omesso di denunziargli il pagamento fatto, il debitore ha pagato ugualmente il debito (1950).

Se il fideiussore ha pagato senza averne dato avviso al debitore principale, questi può opporgli le eccezioni che avrebbe potuto opporre al creditore principale all'atto del pagamento (1485).

In entrambi i casi è fatta salva al fideiussore l'azione per la ripetizione contro il creditore (2033).

1953. Rilievo del fideiussore. – Il fideiussore, anche prima di aver pagato (1950), può agire contro il debitore perché questi gli procuri la liberazione o, in mancanza, presti le garanzie necessarie (1179) per assicurargli il soddisfacimento delle eventuali ragioni di regresso, nei casi seguenti:

1) quando è convenuto in giudizio per il pagamento (106, 269 c.p.c.);

2) quando il debitore è divenuto insolvente (5 l. fall.);

3) quando il debitore si è obbligato di liberarlo dalla fideiussione entro un tempo determinato;

4) quando il debito è divenuto esigibile per la scadenza del termine (1957);

5) quando sono decorsi cinque anni, e l'obbligazione principale non ha un termine, purché essa non sia di tal natura da non potersi estinguere prima di un tempo determinato.

NOTE OPERATIVE:

Ambito di applicazione: L'azione di rilievo per liberazione e l'azione di rilievo per cauzione non si pongono in rapporto di equivalenza, bensì di subordinazione, dal momento che il debitore non può far ricorso al rilievo per cauzione se non quando provi di essersi trovato nella impossibilità di ottenere dal creditore la liberazione del fideiussore (C.C. 14584/10) e spettano esclusivamente al fideiussore nei confronti del debitore, e non anche al creditore garantito nei confronti del fideiussore (C.C. 17820/20 – Conf. C.C. 6808/02).

Sezione IV
Dei rapporti fra più fideiussori

1954. Regresso contro gli altri fideiussori. – Se più persone hanno prestato fideiussione per un medesimo debitore e per un medesimo debito, il fideiussore che ha pagato ha regresso contro gli altri fideiussori per la loro rispettiva porzione (2871²). Se uno di questi è insolvente, si osserva la disposizione del secondo comma dell'articolo 1299 (1946).

NOTE OPERATIVE:

Ambito di applicazione: La circostanza che altro fideiussore abbia prestato la garanzia con atto autonomo e separato non è di ostacolo, di per sé, alla configurabilità di una responsabilità solidale, né all'esercizio dell'azione di regresso (C.C. 15861/10).

Sezione V
Dell'estinzione della fideiussione

1955. Liberazione del fideiussore per fatto del creditore. – La fideiussione si estingue quando, per fatto del creditore, non può avere effetto la surrogazione del fideiussore nei diritti (1949), nel pegno (2784), nelle ipoteche (2808, 2869) e nei privilegi (2745) del creditore (2926).

NOTE OPERATIVE:

Presupposti: Il fatto del creditore, rilevante ai fini della liberazione del fideiussore, non può consistere nella mera inazione, ma deve costituire violazione di un dovere giuridico imposto dalla legge o nascente dal contratto e integrante un fatto quanto meno colposo, o comunque illecito, dal quale sia derivato un pregiudizio giuridico, non solo economico, che deve concretizzarsi nella perdita del diritto (di surrogazione ex art. 1949 c.c., o di regresso ex art. 1950 c.c.), e non già nella mera maggiore difficoltà di attuarlo per le diminuite capacità satisfattive del patrimonio del debitore (C.C. 10846/21 – Conf. C.C. 4175/20; C.C. 21833/17; C.C. 28838/08; C.C. 9634/03; C.C. 4444/02; C.C. 3161/97).

1956. Liberazione del fideiussore per obbligazione futura. – Il fideiussore per un'obbligazione futura (1938, 1958 ss.) è liberato se il creditore, senza speciale autorizzazione del fideiussore, ha fatto credito al terzo, pur conoscendo che le condizioni patrimoniali di questo erano divenute tali da rendere notevolmente più difficile il soddisfacimento del credito (1461, 1844, 1850, 1877, 1959, 2743).

Non è valida la preventiva rinuncia del fideiussore ad avvalersi della liberazione.

NOTE OPERATIVE:

Autorizzazione: L'onere del creditore di richiedere l'autorizzazione del fideiussore prima di far credito al terzo, le cui condizioni patrimoniali siano peggiorate dopo la stipulazione del contratto di garanzia, assolve alla finalità di consentire al fideiussore di sottrarsi, negando l'autorizzazione, all'adempimento di un'obbligazione divenuta, senza sua colpa, più gravosa (C.C. 18578/23 – Conf. C.C. 5766/22; C.C. 7444/17; C.C. 7587/01; C.C. 12456/97).

1957. Scadenza dell'obbligazione principale. – Il fideiussore rimane obbligato anche dopo la scadenza (55² l. fall.) dell'obbligazione principale, purché il creditore entro sei mesi abbia proposto le sue istanze contro il debitore e le abbia con diligenza continuate (1267²; 140³ l. fall.).

La disposizione si applica anche al caso in cui il fideiussore ha espressamente limitato la sua fideiussione allo stesso termine dell'obbligazione principale.

In questo caso però l'istanza contro il debitore deve essere proposta entro due mesi.

L'istanza proposta contro il debitore interrompe la prescrizione anche nei confronti del fideiussore (1310, 2943).

NOTE OPERATIVE:

Ambito di applicazione: Nell'ipotesi in cui la durata di una fideiussione sia correlata non alla scadenza dell'obbligazione principale, ma al suo integrale adempimento, l'azione del creditore nei confronti del fideiussore non è soggetta al termine di decadenza previsto dalla norma (C.C. 26906/23 – Conf. C.C. 31569/19).

Capo XXIII
Del mandato di credito

1958. Effetti del mandato di credito. – Se una persona si obbliga verso un'altra, che le ha conferito l'incarico, a fare credito a un terzo, in nome e per conto proprio, quella che ha dato l'incarico risponde come fideiussore di un debito futuro (1938, 1956).

Colui che ha accettato l'incarico non può rinunziarvi (1959), ma chi l'ha conferito può revocarlo, salvo l'obbligo di risarcire il danno all'altra parte (1723, 1725).

NOTE OPERATIVE:

Natura giuridica: Il mandato di credito è un contratto bilaterale che esige per il perfezionamento l'accettazione del mandatario (C.C. 2965/90).

1959. Sopravvenuta insolvenza del mandante o del terzo. – Se, dopo l'accettazione dell'incarico, le condizioni patrimoniali di colui che lo ha conferito o del terzo sono divenute tali da rendere notevolmente più difficile il soddisfacimento del credito, colui che ha accettato l'incarico non può essere costretto ad eseguirlo (1461).

Si applica inoltre la disposizione dell'articolo 1956.

Capo XXIV
Dell'anticresi

1960. Nozione. – L'anticresi è il contratto col quale il debitore o un terzo si obbliga a consegnare un immobile al creditore a garanzia del credito, affinché il creditore ne percepisca i frutti (821), imputandoli agli interessi (1194, 1282), se dovuti, e quindi al capitale (1350, n. 7, 2643, n. 12).

NOTE OPERATIVE:

Natura giuridica: L'anticresi è il contratto col quale il debitore o un terzo si obbliga a consegnare un immobile al creditore a garanzia del credito, affinché il creditore ne percepisca i frutti imputandoli agli interessi, se dovuti, e quindi al capitale, sicché non è configurabile tale figura contrattuale nell'ipotesi in cui non sia previsto che i frutti derivanti dal godimento del bene concorrano ad estinguere il debito (C.C. 19694/22).

1961. Obblighi del creditore anticretico. – Il creditore, se non è stato convenuto diversamente, è obbligato a pagare i tributi e i pesi annui dell'immobile ricevuto in anticresi.

Egli ha l'obbligo di conservare, amministrare e coltivare il fondo da buon padre di famiglia (1176). Le spese relative devono essere prelevate dai frutti (2790).

Il creditore se vuole liberarsi da tali obblighi, può, in ogni tempo, restituire l'immobile al debitore, purché non abbia rinunziato a tale facoltà.

1962. Durata dell'anticresi. – L'anticresi dura finché il creditore sia stato interamente soddisfatto del suo credito, anche se il credito o l'immobile dato in anticresi sia divisibile, salvo che sia stata stabilita la durata (2794, 2799).

In ogni caso l'anticresi non può avere una durata superiore a dieci anni.

Se è stato stipulato un termine maggiore, questo si riduce al termine suddetto.

1963. Divieto del patto commissorio. – È nullo (1419) qualunque patto, anche posteriore alla conclusione del contratto, con cui si conviene che la proprietà dell'immobile passi al creditore nel caso di mancato pagamento del debito (2744).

NOTE OPERATIVE:

Ambito di applicazione: Il divieto di patto commissorio si estende a qualsiasi negozio, ancorché astrattamente di per sé lecito, che venga impiegato per conseguire il risultato concreto, vietato dall'ordinamento, di assoggettare il debitore all'illecita coercizione del creditore, sottostando alla volontà del medesimo di conseguire il trasferimento della proprietà di un suo bene come conseguenza della mancata estinzione del debito (C.C. 21588/19 – Conf. C.C. 437/09; C.C. 13621/07).

1964. Compensazione dei frutti con gli interessi. – Salva la disposizione dell'articolo 1448, è valido il patto col quale le parti convengono che i frutti si compensino con gli interessi in tutto o in parte. In tal caso il debitore può in ogni tempo estinguere il suo debito e rientrare nel possesso dell'immobile.

Capo XXV
Della transazione

1965. Nozione. – La transazione è il contratto col quale le parti, facendosi reciproche concessioni, pongono fine a una lite già incominciata o prevengono una lite che può sorgere tra loro (1976).

Con le reciproche concessioni si possono creare, modificare o estinguere anche rapporti diversi da quello che ha formato oggetto della pretesa e della contestazione delle parti (1304, 1350, n. 12, 2643, n. 13, 2684, n. 4).

NOTE OPERATIVE:

Presupposti: A differenza della transazione, con la quale le parti modificano la disciplina di un rapporto preesistente mediante reciproche concessioni, con il negozio di accertamento, le parti rimuovono dubbi ed incertezze relativi ad un determinato rapporto giuridico con una regolamentazione nuova ma corrispondente alla situazione preesistente (C.C. 5999/87).

Reciproche concessioni: In tema di transazione, le reciproche concessioni devono essere intese in correlazione con le reciproche pretese e contestazioni e non già ai diritti effettivamente a ciascuna delle parti spettanti (C.C. 25600/22 – Conf. C.C. 16154/21) e possono riguardare anche liti future non ancora instaurate ed eventuali danni non ancora manifestatisi, purché questi ultimi siano ragionevolmente prevedibili; il relativo accertamento è riservato all'apprezzamento del giudice del merito ed è insindacabile in sede di legittimità, se sorretto da motivazione logica e completa (C.C. 26528/19 – Conf. C.C. 12320/05; C.C. 615/03).

Tipologie: Nella transazione c.d. conservativa, con cui le parti si limitano a regolare il rapporto preesistente mediante reciproche concessioni, senza crearne uno nuovo (come avviene invece nel caso di transazione c.d. novativa), il rapporto che ne discende è comunque regolato dall'accordo transattivo e non già da quello che in precedenza vincolava le parti medesime (C.C. 2952/13 – Conf. C.C. 11632/10).

1966. Capacità a transigere e disponibilità dei diritti. – Per transigere le parti devono avere la capacità di disporre dei diritti che formano oggetto della lite (181, 320[3], 375, n. 4, 2393[4]).

La transazione è nulla se tali diritti, per loro natura o per espressa disposizione di legge, sono sottratti alla disponibilità delle parti (2113, 2937).

NOTE OPERATIVE:

Ambito di applicazione: Poiché la capacità a transigere presuppone la capacità di disporre del diritto, la transazione relativa alla proprietà di un bene conclusa da un soggetto estraneo e diverso dal proprietario è affetta da nullità (C.C. 7319/93).

1967. Prova. – La transazione deve essere provata per iscritto (2702 ss., 2725), fermo il disposto del n. 12 dell'articolo 1350 (2643, n. 13).

NOTE OPERATIVE:

Forma scritta: La transazione deve essere provata per iscritto; pertanto tutti gli elementi costitutivi del negozio transattivo debbono risultare dal documento, non essendo possibile ricorrere, neppure a fini integrativi, alla prova per testimoni o per presunzioni (C.C. 8875/05 – Conf. C.C. 6662/01).

1968. Transazione sulla falsità di documenti. – La transazione nei giudizi civili di falso (221 ss. c.p.c.) non produce alcun effetto, se non è stata omologata dal tribunale, sentito il pubblico ministero (70, n. 5 c.p.c.).

1969. Errore di diritto. – La transazione non può essere annullata per errore di diritto (1429, n. 4) relativo alle questioni che sono state oggetto di controversia tra le parti.

NOTE OPERATIVE:

Ambito di applicazione: È rilevante il solo errore di diritto sulla situazione costituente presupposto della res controversa (e, quindi, antecedente logico della transazione) e non anche quello che cade su una questione che sia stata oggetto di controversia o che avrebbe potuto formare oggetto di controversia (C.C. 6718/20 – Conf. C.C. 72/11).

Res dubia: Il presupposto della res dubia che caratterizza la transazione è integrato non dall'incertezza obiettiva circa lo stato di fatto o di diritto, ma dalla situazione di discordanti valutazioni in ordine alle correlative situazioni giudiziali e ai rispettivi diritti e obblighi delle parti, sicché non può riconoscersi nessuna incidenza sulla validità ed efficacia del contratto all'accertamento successivo dell'assoluta infondatezza di una delle contrapposte pretese, proprio perché la causa della transazione è, non un astratto accertamento del contenuto esatto ed effettivo della res dubia, bensì la prevenzione o il superamento della lite (C.C. 26528/19 – Conf. C.C. 2784/19).

1970. Lesione. – La transazione non può essere impugnata per causa di lesione (764[2], 1448).

NOTE OPERATIVE:

Ratio: Il contratto di transazione non può essere oggetto di rescissione per lesione, in quanto la considerazione dei reciproci sacrifici e vantaggi ha carattere soggettivo ed è rimessa all'autonomia negoziale delle parti (C.C. 7963/20 – Conf. C.C. 3984/99).

Ambito di applicazione: La transazione ad esecuzione differita è suscettibile di risoluzione per eccessiva onerosità sopravvenuta (C.S. 5514/22 – Conf. C.C. 4451/20).

1971. Transazione su pretesa temeraria. – Se una delle parti era consapevole della temerarietà della sua pretesa (96 c.p.c.), l'altra può chiedere l'annullamento della transazione (1441 ss.).

NOTE OPERATIVE:

Presupposti: L'annullamento presuppone la presenza di due elementi, uno obiettivo e uno soggettivo, ossia che la pretesa fatta valere dalla parte nei cui confronti si chiede l'annullamento sia totalmente infondata e che la parte versi in mala fede, ovvero che, pur essendo consapevole della infondatezza della propria pretesa, l'abbia dolosamente sostenuta (C.C. 12744/22 – Conf. C.C. 19023/15; C.C. 5139/03).

1972. Transazione su un titolo nullo. – È nulla la transazione relativa a un contratto illecito (1343 ss.), ancorché le parti abbiano trattato della nullità di questo (1345, 1346, 1418).

Negli altri casi in cui la transazione è stata fatta relativamente a un titolo nullo, l'annullamento (1427, 1429, n. 1, 1441 ss.) di essa può chiedersi solo dalla parte che ignorava la causa di nullità del titolo (1423).

NOTE OPERATIVE:

Ambito di applicazione: Ai fini dell'applicazione della norma assume rilievo dirimente la distinzione tra transazione novativa e conservativa: la prima che interviene su un titolo nullo è sanzionata con la nullità soltanto se relativa a un contratto illecito (per illiceità della causa o del motivo comune a entrambe le parti) ed è invece annullabile negli altri casi, ma il vizio del negozio può essere fatto valere soltanto dalla parte che ha ignorato la causa di invalidità; la seconda, riguardante l'esecuzione o gli effetti di un negozio nullo, è sempre affetta da nullità, ancorché le parti ne abbiano trattato, perché essa regola il rapporto congiuntamente al titolo contrattuale invalido e non in sostituzione di questo (C.C. 6255/23 – Conf. C.C. 7963/20; C.C. 15841/14).

1973. Annullabilità per falsità di documenti. – È annullabile (1427, 1441 ss.) la transazione fatta, in tutto o in parte, sulla base di documenti che in seguito sono stati riconosciuti falsi (395, n. 2 c.p.c.).

NOTE OPERATIVE:

Prescrizione: Il termine di cinque anni, entro il quale si prescrive l'azione volta ad ottenere l'annullamento della transazione, inizia a decorrere dal giorno in cui la falsità sia stata accertata giudizialmente o trovi riscontro in una prova non contestata (C.C. 14656/12).

1974. Annullabilità per cosa giudicata. – È pure annullabile (1427, 1441 ss.) la transazione fatta su lite già decisa con sentenza passata in giudicato (2909), della quale le parti o una di esse non avevano notizia (324, 395, n. 5 c.p.c.).

NOTE OPERATIVE:

Ambito di applicazione: L'ipotesi di annullabilità per cosa giudicata trova applicazione tanto nella transazione generale che in quella speciale, con priorità rispetto all'ipotesi di annullabilità per scoperta di documenti (C.C. 21557/21).

1975. Annullabilità per scoperta di documenti. – La transazione che le parti hanno conclusa generalmente sopra tutti gli affari che potessero esservi tra loro non può impugnarsi per il fatto che posteriormente una di esse venga a conoscenza di documenti che le erano ignoti al tempo della transazione, salvo che questi siano stati occultati dall'altra parte (1439).

La transazione è annullabile (1427, 1441 ss.), quando non riguarda che un affare determinato e con documenti posteriormente scoperti si prova che una delle parti non aveva alcun diritto (395, n. 3 c.p.c.).

NOTE OPERATIVE:

Ambito di applicazione: In tema di scoperta di documenti ignoti al tempo della transazione la non conoscenza dell'esistenza del documento attiene al documento come mezzo di prova (e non, invece, alla situazione giuridica preesistente), e il documento si ritiene scoperto dopo la transazione se prima era affatto sconosciuto, e quindi non si sapeva dove fosse (C.C. 5138/03).

1976. Risoluzione della transazione per inadempimento. – La risoluzione della transazione per inadempimento (1453 ss.) non può essere richiesta se il rapporto preesistente è stato estinto per novazione (1230 ss., 1965[2]), salvo che il diritto alla risoluzione sia stato espressamente stipulato.

Capo XXVI
Della cessione dei beni ai creditori

1977. Nozione. – La cessione dei beni ai creditori è il contratto (1978) col quale il debitore incarica i suoi creditori o alcuni di essi di liquidare tutte o alcune sue attività e di ripartirne (507, 1982) tra loro il ricavato in soddisfacimento dei loro crediti.

NOTE OPERATIVE:

Funzione: Il contratto – che, anche se non attua immediatamente una solutio, ha una funzione solutoria, attenendo la sua causa al soddisfacimento dei crediti – è caratterizzato dall'intento comune al cedente ed ai cessionari, di liquidare, in tutto o in parte, il patrimonio del debitore, al fine di ripartirne il ricavato fra i creditori (C.C. 4135/81).

1978. Forma. – La cessione dei beni si deve fare per iscritto, sotto pena di nullità (1350, n. 13, 2649, 2687, 2725).

Se tra i beni ceduti esistono crediti, si osservano le disposizioni degli articoli 1264 e 1265.

1979. Poteri dei creditori cessionari. – L'amministrazione dei beni ceduti spetta ai creditori cessionari. Questi possono esercitare tutte le azioni di carattere patrimoniale relative ai beni medesimi.

1980. Effetti della cessione. – Il debitore non può disporre dei beni ceduti.

I creditori anteriori alla cessione che non vi hanno partecipato possono agire esecutivamente anche su tali beni.

I creditori cessionari, se la cessione ha avuto per oggetto solo alcune attività del debitore, non possono agire esecutivamente sulle altre attività prima di aver liquidato quelle cedute.

1981. Spese. – I creditori che hanno concluso il contratto o vi hanno aderito devono anticipare le spese necessarie per la liquidazione e hanno il diritto di prelevarne l'importo sul ricavato di essa (1332; 95 c.p.c.).

1982. Riparto. – I creditori devono ripartire tra loro le somme ricavate in proporzione dei rispettivi crediti, salve le cause di prelazione (2741). Il residuo spetta al debitore.

1983. Controllo del debitore. – Il debitore ha diritto di controllare la gestione e di averne il rendiconto alla fine della liquidazione, o alla fine di ogni anno se la gestione dura più di un anno (263 ss. c.p.c.; 109, 178 att. c.p.c.).

Se è stato nominato un liquidatore, questi deve rendere il conto anche al debitore.

NOTE OPERATIVE:

Rendiconto: L'obbligo del rendiconto annuale della gestione della cessio bonorum non implica necessariamente l'applicabilità delle norme dettate in tema di rendimento dei conti degli art. 263 e seguenti c.p.c., per il caso di lite giudiziaria (C.C. 1062/80).

1984. Liberazione del debitore. – Se non vi è patto contrario, il debitore è liberato verso i creditori solo dal giorno in cui essi ricevono la parte loro spettante sul ricavato della liquidazione, e nei limiti di quanto hanno ricevuto.

1985. Recesso dal contratto. – Il debitore può recedere dal contratto (1373) offrendo il pagamento del capitale e degli interessi a coloro con i quali ha contrattato o che hanno aderito alla cessione. Il recesso ha effetto dal giorno del pagamento.

Il debitore è tenuto al rimborso delle spese di gestione (1981).

1986. Annullamento e risoluzione del contratto. – La cessione può essere annullata (1441 ss.) se il debitore, avendo dichiarato di cedere tutti i suoi beni, ha dissimulato parte notevole di essi, ovvero se ha occultato passività o ha simulato passività inesistenti (138 l. fall.).

La cessione può essere risoluta per inadempimento secondo le regole generali (1453 ss.).

Titolo IV
Delle promesse unilaterali

1987. Efficacia delle promesse. – La promessa unilaterale di una prestazione non produce effetti obbligatori fuori dei casi ammessi dalla legge (1322, 2821).

1988. Promessa di pagamento e ricognizione di debito. – La promessa di pagamento o la ricognizione di un debito dispensa colui a favore del quale è fatta dall'onere di provare (2697) il rapporto fondamentale (969, 1309, 1870, 2944, 2966). L'esistenza di questo si presume fino a prova contraria (2720).

NOTE OPERATIVE:

Caratteristiche: La promessa di pagamento o la ricognizione di debito, anche se titolate, divergono dalla confessione in quanto, mentre le prime consistono in una dichiarazione di volontà intese a impegnare il promittente all'adempimento della prestazione oggetto della promessa medesima, la seconda consiste nella dichiarazione di fatti sfavorevoli al dichiarante e ha, perciò, il contenuto di una dichiarazione di scienza (C.C. 22588/20 – Conf. C.C. 23246/17).

1989. Promessa al pubblico. – Colui che, rivolgendosi al pubblico, promette una prestazione a favore di chi si trovi in una determinata situazione o compia una determinata azione, è vincolato dalla promessa non appena questa è resa pubblica (1334, 1336).

Se alla promessa non è apposto un termine, o questo non risulta dalla natura o dallo scopo della medesima, il vincolo del promittente cessa, qualora entro l'anno dalla promessa non gli sia stato comunicato l'avveramento della situazione o il compimento dell'azione prevista nella promessa.

NOTE OPERATIVE:

Ambito di applicazione: Il bando di concorso per l'assunzione di lavoratori non è riconducibile alla previsione dell'art. 1989 c.c. - che configura la promessa al pubblico come negozio unilaterale vincolante per il promittente a prescindere da manifestazione di consenso da parte dei beneficiari – ma, essendo preordinato alla stipulazione di contratti di lavoro, che esigono il consenso delle controparti, costituisce, ove contenga gli elementi del contratto alla cui conclusione è diretto, un'offerta al pubblico (C.C. 13273/07 – Conf. C.C. 13138/99).

1990. Revoca della promessa. – La promessa può essere revocata prima della scadenza del termine indicato dall'articolo precedente solo per giusta causa, purché la revoca sia resa pubblica nella stessa forma della promessa o in forma equivalente (1336[2]).

In nessun caso la revoca può avere effetto se la situazione prevista nella promessa si è già verificata o se l'azione è già stata compiuta.

1991. Cooperazione di più persone. – Se l'azione è stata compiuta da più persone separatamente, oppure se la situazione è comune a più persone, la prestazione promessa, quando è unica, spetta a colui che per primo ne ha dato notizia al promittente.

Titolo V
Dei titoli di credito

Capo I
Disposizioni generali

1992. Adempimento della prestazione. – Il possessore di un titolo di credito ha diritto alla prestazione in esso indicata verso presentazione del titolo, purché sia legittimato nelle forme prescritte dalla legge (2003[2], 2008, 2021).

Il debitore, che senza dolo o colpa grave adempie la prestazione nei confronti del possessore, è liberato anche se questi non è il titolare del diritto (1189, 1836, 1889[2], 2006[3]; 46 l. camb.).

NOTE OPERATIVE:

Ambito di applicazione: Il biglietto del gioco del lotto o della lotteria istantanea non può essere annoverato tra i titoli di credito e, quindi, non incorpora il diritto indicato, in quanto non è dotato dei requisiti di letteralità e autonomia che connotano tali titoli; valendo ad attestare la giocata del possessore, cui pagare la vincita, costituisce titolo di legittimazione in senso ampio ex art. 2002 c.c. (C.C. 33576/22 – Conf. C.C. 3588/10; C.C. 28065/08; C.C. 25265/08).

1993. Eccezioni opponibili. – Il debitore può opporre al possessore del titolo soltanto le eccezioni a questo personali, le eccezioni di forma, quelle che sono fondate sul contesto letterale del titolo, nonché quelle che dipendono da falsità della propria firma, da difetto di capacità o di rappresentanza al momento dell'emissione, o dalla mancanza delle condizioni necessarie per l'esercizio dell'azione.

Il debitore può opporre al possessore del titolo le eccezioni fondate sui rapporti personali con i precedenti possessori, soltanto se, nell'acquistare il titolo, il possessore ha agito intenzionalmente a danno del debitore medesimo (2014[2]; 21, 65 l. camb.; 25, 57 l. ass.).

NOTE OPERATIVE:

Presupposti: La norma va intesa nel senso che, affinché possano opporsi al giratario le eccezioni derivanti dai rapporti extracartolari opponibili al girante, se non occorre la prova di una vera e propria collusione fra girante e giratario, è necessaria almeno la dimostrazione che l'acquisto del titolo sia stato fatto con il programma di danneggiare il debitore, cioè con il sicuro proposito di impedire a quest'ultimo le difese, privandolo delle eccezioni che avrebbe potuto opporre al portatore precedente e di arrecargli così un danno (C.C. 15580/22 – Conf. C.C. 8590/21; C.C. 6350/97; C.C. 6431/81).

1994. Effetti del possesso di buona fede. – Chi ha acquistato in buona fede (1147, 1157) il possesso di un titolo di credito, in conformità delle norme che ne disciplinano la circolazione (2003, 2008, 2021), non è soggetto a rivendicazione (948; 20 l. camb.; 24 l. ass.).

1995. Trasferimento dei diritti accessori. – Il trasferimento del titolo di credito comprende anche i diritti accessori che sono ad esso inerenti (2011; 18 l. camb.; 20 l. ass.).

1996. Titoli rappresentativi. – I titoli rappresentativi di merci attribuiscono al possessore il diritto alla consegna delle merci che sono in essi specificate, il possesso delle medesime e il potere di disporne mediante trasferimento del titolo (1527, 1691, 1794; 463, 466, 961 c.n.).

1997. Efficacia dei vincoli sul credito. – Il pegno (2784), il sequestro (670 ss. c.p.c.), il pignoramento (451 ss. c.p.c.) e ogni altro vincolo sul diritto menzionato in un titolo di credito o sulle merci da esso rappresentate non hanno effetto se non si attuano sul titolo (2786).

1998. Titoli con diritto a premi. – Nel caso di usufrutto (978 ss.) di titoli di credito (2025) il godimento dell'usufruttuario si estende ai premi e alle altre utilità aleatorie prodotte dal titolo (983, 1533).

Il premio è investito a norma dell'articolo 1000.

Nel pegno di titoli di credito (2784) la garanzia non si estende ai premi e alle altre utilità aleatorie prodotte dal titolo (1533, 2791).

1999. Conversione dei titoli. – I titoli di credito al portatore (2003) possono essere convertiti dall'emittente in titoli nominativi (2021), su richiesta e a spese del possessore.

Salvo il caso in cui la convertibilità sia stata espressamente esclusa dall'emittente, i titoli nominativi possono essere convertiti in titoli al portatore, su richiesta e a spese dell'intestatario che dimostri la propria identità e la propria capacità a norma del secondo comma dell'articolo 2022.

2000. Riunione e frazionamento dei titoli. – I titoli di credito emessi in serie possono essere riuniti in un titolo multiplo, su richiesta e a spese del possessore (1793).

I titoli di credito multipli possono essere frazionati in più titoli di taglio minore.

2001. Rinvio a disposizioni speciali. – Le norme di questo titolo si applicano in quanto non sia diversamente disposto da altre norme di questo codice o di leggi speciali.

I titoli del debito pubblico, i biglietti di banca e gli altri titoli equivalenti sono regolati da leggi speciali.

2002. Documenti di legittimazione e titoli impropri. – Le norme di questo titolo non si applicano ai documenti che servono solo a identificare l'avente diritto alla prestazione, o a consentire il trasferimento del diritto senza l'osservanza delle forme proprie della cessione (1889).

NOTE OPERATIVE:

Ambito di applicazione: Lo scontrino di giocata costituisce un titolo di legittimazione e solo il suo possesso è idoneo ad attestare la giocata da parte del possessore e a legittimare l'incasso dell'eventuale vincita (C.C. 33576/22). I buoni postali fruttiferi non hanno natura di titoli di credito ma vanno considerati titoli di legittimazione (C.C. 4761/18).

Capo II
Dei titoli al portatore

2003. Trasferimento del titolo e legittimazione del possessore. – Il trasferimento del titolo al portatore si opera con la consegna del titolo (1994, 1995).

Il possessore del titolo al portatore è legittimato all'esercizio del diritto in esso menzionato in base alla presentazione del titolo (1992).

2004. Limitazione della libertà di emissione. – Il titolo di credito contenente l'obbligazione di pagare una somma di danaro non può essere emesso al portatore se non nei casi stabiliti dalla legge.

2005. Titolo deteriorato. – Il possessore di un titolo deteriorato che non sia più idoneo alla circolazione, ma sia tuttora sicuramente identificabile, ha diritto di ottenere dall'emittente un titolo equivalente, verso la restituzione del primo e il rimborso delle spese.

2006. Smarrimento e sottrazione del titolo. – Salvo disposizioni di leggi speciali, non è ammesso l'ammortamento dei titoli al portatore smarriti o sottratti.

Tuttavia chi denunzia all'emittente lo smarrimento o la sottrazione d'un titolo al portatore e gliene fornisce la prova ha diritto alla prestazione e agli accessori della medesima, decorso il termine di prescrizione del titolo (2946).

Il debitore che esegue la prestazione a favore del possessore del titolo prima del termine suddetto è liberato, salvo che si provi che egli conoscesse il vizio del possesso del presentatore (1992[2]).

Se i titoli smarriti o sottratti sono azioni al portatore (2355), il denunziante può essere autorizzato dal tribunale, previa cauzione (119 c.p.c.), se del caso, a esercitare i diritti inerenti alle azioni anche prima del termine di prescrizione, fino a quando i titoli non vengano presentati da altri.

È salvo, in ogni caso, l'eventuale diritto del denunziante verso il possessore del titolo.

NOTE OPERATIVE:

Differimento della prestazione: Il differimento della prestazione – in favore di chi abbia denunciato tale evento all'emittente – al termine della prescrizione del titolo medesimo, è volto unicamente ad evitare che il debitore possa essere esposto alla duplice pretesa dell'originario proprietario del titolo e dell'eventuale suo legittimo possessore (C.C. 4571/92).

2007. Distruzione del titolo. – Il possessore del titolo al portatore, che ne provi la distruzione, ha diritto di chiedere all'emittente il rilascio di un duplicato o di un titolo equivalente (2016, 2027).

Le spese sono a carico del richiedente.

Se la prova della distruzione non è raggiunta, si osservano le disposizioni dell'articolo precedente.

Capo III
Dei titoli all'ordine

2008. Legittimazione del possessore. – Il possessore di un titolo all'ordine è legittimato all'esercizio del diritto in esso menzionato in base a una serie continua di girate (1992; 20 l. camb.; 22 l. ass.).

NOTE OPERATIVE:

Presupposti: Il mero possessore di un titolo di credito cartolare, che non risulti prenditore (né giratario) dello stesso, difettando sul titolo l'indicazione del beneficiario, non può considerarsi legittimato alla pretesa del credito ivi contenuto, se non dimostri l'esistenza del rapporto giuridico da cui deriva tale credito (C.C. 63/12 – Conf. C.C. 17689/06; C.C. 12582/01).

2009. Forma della girata. – La girata deve essere scritta sul titolo e sottoscritta dal girante (17 l. camb.; 19 l. ass.).

È valida la girata anche se non contiene l'indicazione del giratario.

La girata al portatore vale come girata in bianco.

2010. Girata condizionale o parziale. – Qualsiasi condizione apposta alla girata si ha come non scritta.

È nulla la girata parziale (16 ss. l. camb.; 18 ss. l. ass.).

2011. Effetti della girata. – La girata trasferisce tutti i diritti inerenti al titolo (1407[2], 1995; 16 ss. l. camb.; 18 ss. l. ass.).

Se il titolo è girato in bianco, il possessore può riempire la girata col proprio nome o con quello di altra persona, ovvero può girare di nuovo il titolo o trasmetterlo a un terzo senza riempire la girata o senza apporne una nuova.

2012. Obblighi del girante. – Salvo diversa disposizione di legge (1797; 19 l. camb.; 21 l. ass.) o clausola contraria risultante dal titolo, il girante non è obbligato per l'inadempimento della prestazione da parte dell'emittente.

2013. Girata per incasso o per procura. – Se alla girata è apposta una clausola che importa conferimento di una procura per incasso, il giratario può esercitare tutti i diritti inerenti al titolo, ma non può girare il titolo, fuorché per procura (22 l. camb.; 26 l. ass.).

L'emittente può opporre al giratario per procura soltanto le eccezioni opponibili al girante.

L'efficacia della girata per procura non cessa per la morte o per la sopravvenuta incapacità del girante.

NOTE OPERATIVE:

Eccezioni: Il traente può opporre al giratario per l'incasso dell'assegno bancario non trasferibile tutte le eccezioni opponibili al girante, compresa quella di pagamento dell'importo portato dal titolo (C.C. 2778/02).

2014. Girata a titolo di pegno. – Se alla girata è apposta una clausola che importa costituzione di pegno (2786), il giratario può esercitare tutti i diritti inerenti al titolo, ma la girata da lui fatta vale solo come girata per procura.

L'emittente non può opporre al giratario in garanzia le eccezioni fondate sui propri rapporti personali col girante, a meno che il giratario, ricevendo il titolo, abbia agito intenzionalmente a danno dell'emittente (1993[2]; 23 l. camb.).

2015. Cessione del titolo all'ordine. – L'acquisto di un titolo all'ordine con un mezzo diverso dalla girata produce gli effetti della cessione (1260 ss.; 24 l. camb.; 27 l. ass.).

2016. Procedura d'ammortamento. – In caso di smarrimento, sottrazione o distruzione del titolo (1889[3]), il possessore può farne denunzia al debitore e chiedere l'ammortamento del titolo con ricorso al presidente del tribunale del luogo in cui il titolo è pagabile.

Il ricorso deve indicare i requisiti essenziali del titolo e, se si tratta di titolo in bianco (2009, 2011), quelli sufficienti a identificarlo.

Il presidente del tribunale, premessi gli opportuni accertamenti sulla verità dei fatti e sul diritto del possessore, pronunzia con decreto l'ammortamento e autorizza il pagamento del titolo dopo trenta giorni dalla data di pubblicazione del decreto nella *Gazzetta Ufficiale* della Repubblica, purché nel frattempo non sia fatta opposizione dal detentore. Se alla data della pubblicazione il titolo non è ancora scaduto, il termine per il pagamento decorre dalla data della scadenza.

Il decreto deve essere notificato (137 c.p.c.) al debitore e pubblicato nella *Gazzetta Ufficiale* della Repubblica a cura del ricorrente.

Nonostante la denunzia, il pagamento fatto al detentore prima della notificazione del decreto libera il debitore (2006[3], 2027; 89 l. camb.; 69 l. ass.).

2017. Opposizione del detentore. – La opposizione del detentore deve essere proposta davanti al tribunale che ha pronunziato l'ammortamento, con citazione da notificarsi al ricorrente e al debitore.

L'opposizione non è ammissibile senza il deposito del titolo presso la cancelleria del tribunale.

Se l'opposizione è respinta, il titolo è consegnato a chi ha ottenuto l'ammortamento (90 l. camb.; 70 l. ass.).

2018. Diritti del ricorrente durante il termine per l'opposizione. – Durante il termine stabilito dall'articolo 2016, il ricorrente può compiere tutti gli atti che tendono a conservare i suoi diritti, e, se il titolo è scaduto o pagabile a vista, può esigerne il pagamento mediante cauzione o chiedere il deposito giudiziario della somma (2027[3]; 91 l. camb.; 71 l. ass.).

2019. Effetti dell'ammortamento. – Trascorso senza opposizione il termine indicato dall'articolo 2016, il titolo non ha più efficacia, salve le ragioni (1189[2]) del detentore verso chi ha ottenuto l'ammortamento.

Chi ha ottenuto l'ammortamento, su presentazione del decreto e di un certificato del cancelliere del tribunale comprovante che non fu interposta opposizione, può esigere il pagamento o, qualora il titolo sia in bianco o non sia ancora scaduto, può ottenere un duplicato (92, 93 l. camb.; 72, 74 l. ass.).

2020. Leggi speciali. – Le norme di questa sezione si applicano ai titoli all'ordine regolati da leggi speciali in quanto queste non dispongano diversamente.

Capo IV
Dei titoli nominativi

2021. Legittimazione del possessore. – Il possessore di un titolo nominativo è legittimato all'esercizio del diritto in esso menzionato per effetto dell'intestazione a suo favore contenuta nel titolo e nel registro dell'emittente (1992).

2022. Trasferimento. – Il trasferimento del titolo nominativo si opera mediante l'annotazione del nome dell'acquirente sul titolo e nel registro dell'emittente o col rilascio di un nuovo titolo intestato al nuovo titolare. Del rilascio deve essere fatta annotazione nel registro.

Colui che chiede l'intestazione del titolo a favore di un'altra persona, o il rilascio di un nuovo titolo ad essa intestato, deve provare la propria identità e la propria capacità di disporre, mediante certificazione di un notaio o di un agente di cambio. Se l'intestazione o il rilascio è richiesto dall'acquirente, questi deve esibire il titolo e dimostrare il suo diritto mediante atto autentico (1999, 2703).

Le annotazioni nel registro e sul titolo sono fatte a cura e sotto la responsabilità dell'emittente.

L'emittente che esegue il trasferimento nei modi indicati dal presente articolo è esonerato da responsabilità, salvo il caso di colpa (464 c.n.).

NOTE OPERATIVE:

Transfert: Il trasferimento delle azioni si perfeziona con annotazione del nome dell'acquirente sul titolo e con inscrizione del nome nel libro dei soci (C.C. 2041/18); il compimento delle formalità previste dalla legge (art. 2021 - 2023 c.c.: c.d. transfert), e tra esse l'iscrizione nel libro dei soci, come necessarie per l'esercizio dei diritti sociali, non è affidato ad un potere discrezionale della società stessa, la quale, invece, è tenuta a dare corso ai relativi adempimenti una volta verificata la conformità a legge del trasferimento dei titoli (C.C. 26199/21 – Conf. C.C. 13106/04).

2023. Trasferimento mediante girata. – Salvo diverse disposizioni della legge, il titolo nominativo può essere trasferito anche mediante girata (2009) autenticata da un notaio o da un agente di cambio.

La girata deve essere datata e sottoscritta dal girante e contenere l'indicazione del giratario. Se il titolo non è interamente liberato, è necessaria anche la sottoscrizione del giratario (1534, 2356).

Il trasferimento mediante girata non ha efficacia nei confronti dell'emittente fino a che non ne sia fatta annotazione nel registro. Il giratario che si dimostra possessore del titolo in base a una serie continua di girate ha diritto di ottenere l'annotazione del trasferimento nel registro dell'emittente.

NOTE OPERATIVE:

Presupposti: Il momento traslativo della proprietà delle azioni nominative si produce quando sia stata apposta sul titolo la girata piena, mentre il cd. transfert (ossia l'annotazione del nominativo del nuovo socio nel registro dell'emittente) attiene alla fase esecutiva e certificativa del trasferimento, incidendo soltanto sulla legittimazione del nuovo socio (C.C. 1588/17 – Conf. C.C. 17088/08).

2024. Vincoli sul credito. – Nessun vincolo sul credito produce effetti nei confronti dell'emittente e dei terzi, se non risulta da una corrispondente annotazione sul titolo e nel registro (1997, 2026).

Per l'annotazione si osserva il disposto del secondo comma dell'articolo 2022.

2025. Usufrutto. – Chi ha l'usufrutto (978 ss.) del credito menzionato in un titolo nominativo ha diritto di ottenere un titolo separato da quello del proprietario (1998, 2352).

2026. Pegno. – La costituzione in pegno (2786) di un titolo nominativo può farsi anche mediante consegna del titolo, girato con la clausola «in garanzia» o altra equivalente (2352).

Il giratario in garanzia non può trasmettere ad altri il titolo se non mediante girata per procura (2784 ss.).

2027. Ammortamento. – In caso di smarrimento, sottrazione o distruzione del titolo, l'intestatario o il giratario di esso può farne denunzia all'emittente e chiedere l'ammortamento del titolo in conformità delle norme relative ai titoli all'ordine (2016 ss.).

In caso di smarrimento, sottrazione o distruzione di azioni nominative, durante il termine stabilito dall'articolo 2016 il ricorrente può esercitare i diritti inerenti alle azioni, salva, se del caso, la prestazione di una cauzione (119 c.p.c.).

L'ammortamento estingue il titolo, ma non pregiudica le ragioni (1189^2) del detentore verso chi ha ottenuto il nuovo titolo (2019).

Titolo VI
Della gestione di affari

2028. Obbligo di continuare la gestione. – Chi, senza esservi obbligato, assume scientemente la gestione di un affare altrui, è tenuto a continuarla e a condurla a termine finché l'interessato non sia in grado di provvedervi da se stesso.

L'obbligo di continuare la gestione sussiste anche se l'interessato muore prima che l'affare sia terminato, finché l'erede possa provvedere direttamente.

NOTE OPERATIVE:

Presupposti: L'istituto della negotiorum gestio postula uno svolgimento di attività, da parte del gestore, diretta al conseguimento dell'esclusivo interesse dell'altro soggetto (C.C. 23823/04 – Conf. C.C. 7278/97).

Absentia domini: La absentia domini deve intendersi non come impossibilità oggettiva e soggettiva di curare i propri interessi, ma come semplice mancanza di un rapporto giuridico in forza del quale il gestore sia tenuto ad intervenire nella sfera giuridica altrui, ovvero quale forma di spontaneo intervento senza opposizione o divieto del dominus (C.C. 12304/11 – Conf. C.C. 12280/07).

2029. Capacità del gestore. – Il gestore deve avere la capacità di contrattare (1425).

2030. Obbligazioni del gestore. – Il gestore è soggetto alle stesse obbligazioni che deriverebbero da un mandato (1710).

Tuttavia il giudice, in considerazione delle circostanze che hanno indotto il gestore ad assumere la gestione, può moderare il risarcimento dei danni (1223) ai quali questi sarebbe tenuto per effetto della sua colpa (1425, 1710, 1768).

NOTE OPERATIVE:

Rendiconto: Il terzo che, senza esservi obbligato, abbia assunto la gestione di un altrui patrimonio, è tenuto, al pari di chi abbia ricevuto uno specifico incarico in tal senso, ad adempiere alle stesse obbligazioni che deriverebbero da un mandato, tra le quali, in particolare, una volta conclusa la sua attività, il dovere di rendere all'interessato (ovvero, dopo la sua morte, ai relativi eredi) il conto del suo operato (C.C. 10076/20 – Conf. C.C. 7254/13).

2031. Obblighi dell'interessato. – Qualora la gestione sia stata utilmente iniziata, l'interessato deve adempiere le obbligazioni che il gestore ha assunte in nome di lui, deve tenere indenne il gestore di quelle assunte dal medesimo in nome proprio e rimborsargli tutte le spese necessarie o utili con gli interessi (1284) dal giorno in cui le spese stesse sono state fatte (1719, 1720, 1914).

Questa disposizione non si applica agli atti di gestione eseguiti contro il divieto dell'interessato, eccetto che tale divieto sia contrario alla legge, all'ordine pubblico o al buon costume (23^4, 25^1, 1343, 1354^1, 2035).

NOTE OPERATIVE:

Ambito di applicazione: Il coniuge che abbia integralmente adempiuto l'obbligo di mantenimento dei figli, pure per la quota facente carico all'altro coniuge, è legittimato ad agire iure proprio nei confronti di quest'ultimo per il rimborso di detta quota (C.C. 6819/17 – Conf. C.C. 27653/11).

2032. Ratifica dell'interessato. – La ratifica (1399) dell'interessato produce, relativamente alla gestione, gli effetti che sarebbero derivati da un mandato (1703, 1711, 1890), anche se la gestione è stata compiuta da persona che credeva di gestire un affare proprio.

NOTE OPERATIVE:

Ambito di applicazione: La locazione della cosa comune da parte di uno dei comproprietari rientra nell'ambito di applicazione della gestione di affari ed è soggetta alle regole di tale istituto, sicché, nel caso di gestione non rappresentativa, il comproprietario non locatore potrà ratificare l'operato del gestore e potrà esigere dal conduttore, nel contraddittorio con il comproprietario locatore, la quota dei canoni corrispondente alla quota di proprietà indivisa (C.C. 25433/19 – Conf. C.C. 22540/19; S.U. 11136/12).

Titolo VII
Del pagamento dell'indebito

2033. Indebito oggettivo. – Chi ha eseguito un pagamento non dovuto ha diritto di ripetere ciò che ha pagato (1185^2, 1463, 1952^3; 39 l. fall.). Ha inoltre diritto ai frutti (820, 1148) e agli interessi (1284) dal giorno del pagamento, se chi lo ha ricevuto era in mala fede, oppure, se questi era in buona fede (1147), dal giorno della domanda (1148, 2036, 2039).

NOTE OPERATIVE:

Ambito di applicazione: L'azione di ripetizione di somme versate in esecuzione di un provvedimento giudiziale, provvisoriamente esecutivo, successivamente riformato in sede di sua impugnazione, non si inquadra nell'istituto della condictio indebiti (C.C. 7919/23 – Conf. C.C. 28646/21). In tema di assegno di mantenimento separativo e divorzile, ove si accerti nel corso del giudizio – nella sentenza di primo o secondo grado – l'insussistenza ab origine, in capo all'avente diritto, dei presupposti per il versamento del contributo, ancorché riconosciuto in sede presidenziale o dal giudice istruttore in sede di conferma o modifica, opera la regola generale della condictio indebiti che può essere derogata, con conseguente applicazione del principio di irripetibilità, esclusivamente nelle seguenti due ipotesi: ove si escluda la debenza del contributo, in virtù di una diversa valutazione con effetto ex tunc delle sole condizioni economiche dell'obbligato già esistenti al tempo della pronuncia, ed ove si proceda soltanto ad una rimodulazione al ribasso, di una misura originaria idonea a soddisfare esclusivamente i bisogni essenziali del richiedente, sempre che la modifica avvenga nell'ambito di somme modeste, che si presume siano destinate ragionevolmente al consumo da un coniuge, od ex coniuge, in condizioni di debolezza economica (C.C. 17577/23 – Conf. S.U. 32914/22).

Decorso degli interessi: Ai fini del decorso degli interessi in ipotesi di ripetizione d'indebito oggettivo, il termine domanda non va inteso come riferito esclusivamente alla domanda giudiziale ma comprende, anche, gli atti stragiudiziali aventi valore di costituzione in mora (S.U. 15895/19).

2034. Obbligazioni naturali. – Non è ammessa la ripetizione di quanto è stato spontaneamente prestato (627³, 799, 1185, 1933, 2035, 2126, 2321, 2433, 2940) in esecuzione di doveri morali o sociali (64 l. fall.), salvo che la prestazione sia stata eseguita da un incapace (2, 591, 1191).

I doveri indicati dal comma precedente, e ogni altro per cui la legge non accorda azione ma esclude la ripetizione di ciò che è stato spontaneamente pagato, non producono altri effetti.

NOTE OPERATIVE:

Ambito di applicazione: Le unioni di fatto, quali formazioni sociali che presentano significative analogie con la famiglia formatasi nell'ambito di un legame matrimoniale e assumono rilievo ai sensi dell'art. 2 Cost., sono caratterizzate da doveri di natura morale e sociale di ciascun convivente nei confronti dell'altro, doveri che si esprimono anche nei rapporti di natura patrimoniale, sicché le attribuzioni finanziarie a favore del convivente more uxorio, effettuate nel corso del rapporto per far fronte alle esigenze della famiglia (C.C. 16864/23 – Conf. C.C. 1266/16; C.C. 1277/14).

Donazione rimuneratoria (differenze): La liberalità fatta per riconoscenza nei confronti del beneficiario (cd. donazione rimuneratoria) differisce dall'obbligazione naturale la cui sussistenza postula una duplice indagine, finalizzata ad accertare se ricorra un dovere morale o sociale, in rapporto alla valutazione corrente nella società, e se tale dovere sia stato spontaneamente adempiuto con una prestazione avente carattere di proporzionalità ed adeguatezza in relazione a tutte le circostanze del caso (C.C. 19578/16 – Conf. C.C. 1007/80).

2035. Prestazione contraria al buon costume. – Chi ha eseguito una prestazione per uno scopo che, anche da parte sua, costituisca offesa al buon costume (5, 23⁴, 25¹, 634, 1343, 1354¹) non può ripetere quanto ha pagato (2034).

NOTE OPERATIVE:

Ambito di applicazione: Le prestazioni contrarie al buon costume non sono soltanto quelle che contrastano con le regole della morale sessuale o della decenza, ma sono anche quelle che non rispondo ai principi e alle esigenze etiche costituenti la morale sociale in un determinato ambiente e in un certo momento storico (C.C. 16706/20 – Conf. C.C. 8169/18; C.C. 2014/18). La nozione di prestazione non ripetibile non si identifica con un dato materiale, qual è la ripetibilità in concreto della prestazione, bensì con un dato giuridico, nel senso che la prestazione fornita non può formare oggetto di obbligazione restitutoria, in favore di chi sia stato partecipe del negozio immorale, in quanto fondata su un contratto illecito, non corrispondente, di conseguenza, ad un interesse giuridicamente tutelabile del creditore (C.C. 25631/17).

2036. Indebito soggettivo. – Chi ha pagato un debito altrui, credendosi debitore in base a un errore scusabile (1189), può ripetere ciò che ha pagato, sempre che il creditore non si sia privato in buona fede (1147) del titolo o delle garanzie del credito (1237).

Chi ha ricevuto l'indebito è anche tenuto a restituire i frutti e gli interessi dal giorno del pagamento, se era in mala fede, o dal giorno della domanda, se era in buona fede (1148, 2033).

Quando la ripetizione non è ammessa (2034), colui che ha pagato subentra nei diritti del creditore (1203, n. 5).

NOTE OPERATIVE:

Ambito di applicazione: Non sussiste indebito soggettivo, con il conseguente diritto del solvens alla ripetizione, ove un soggetto abbia adempiuto un debito altrui con la consapevolezza di non essere debitore, non potendo tale pagamento considerarsi effettuato in situazione di errore, salva la surrogazione del solvens nei diritti del creditore (C.C. 17120/02 – Conf. C.C. 1981/95; contra S.U. 9946/09).

2037. Restituzione di cosa determinata. – Chi ha ricevuto indebitamente una cosa determinata è tenuto a restituirla (1189).

Se la cosa è perita, anche per caso fortuito (1218, 1256), chi l'ha ricevuta in mala fede è tenuto a corrisponderne il valore; se la cosa è soltanto deteriorata, colui che l'ha data può chiedere l'equivalente, oppure la restituzione e un'indennità per la diminuzione di valore.

Chi ha ricevuto la cosa in buona fede (1147) non risponde del perimento o del deterioramento di essa, ancorché dipenda da fatto proprio, se non nei limiti del suo arricchimento (2041).

NOTE OPERATIVE:

Prova: L'impossibilità di restituzione del bene, che trasforma l'obbligazione restitutoria dell'accipiens in obbligazione di versare l'equivalente in denaro, deve essere dedotta e provata da parte di quest'ultimo, non del solvens (C.C. 5512/96).

2038. Alienazione della cosa ricevuta indebitamente. – Chi, avendo ricevuto la cosa in buona fede (1147), l'ha alienata prima di conoscere l'obbligo di restituirla è tenuto a restituire il corrispettivo conseguito. Se questo è ancora dovuto, colui che ha pagato l'indebito subentra nel diritto dell'alienante (1203, n. 5, 1776). Nel caso di alienazione a titolo gratuito, il terzo acquirente è obbligato, nei limiti del suo arricchimento (2041), verso colui che ha pagato l'indebito.

Chi ha alienato la cosa ricevuta in mala fede, o dopo aver conosciuto l'obbligo di restituirla (1147[3]), è obbligato a restituirla in natura o a corrisponderne il valore. Colui che ha pagato l'indebito può però esigere il corrispettivo dell'alienazione e può anche agire direttamente per conseguirlo. Se l'alienazione è stata fatta a titolo gratuito, l'acquirente, qualora l'alienante sia stato inutilmente escusso, è obbligato, nei limiti dell'arricchimento (2041), verso colui che ha pagato l'indebito.

2039. Indebito ricevuto da un incapace. – L'incapace (2) che ha ricevuto l'indebito, anche in mala fede, non è tenuto che nei limiti in cui ciò che ha ricevuto è stato rivolto a suo vantaggio (1190, 1443, 1950, 2041).

2040. Rimborso di spese e di miglioramenti. – Colui al quale è restituita la cosa è tenuto a rimborsare il possessore delle spese e dei miglioramenti, a norma degli articoli 1149, 1150, 1151 e 1152.

NOTE OPERATIVE:

Presupposti: Il promissario acquirente, che abbia ottenuto l'anticipata consegna del bene, ove receda dal contratto preliminare, non può pretendere il rimborso di spese e miglioramenti affrontati per l'immobile, fintantoché non lo restituisce al promittente venditore (C.C. 17888/09).

Titolo VIII
Dell'arricchimento senza causa

2041. Azione generale di arricchimento. – Chi, senza una giusta causa, si è arricchito a danno di un'altra persona è tenuto, nei limiti dell'arricchimento, a indennizzare quest'ultima della correlativa diminuzione patrimoniale (1185[2], 1443).

Qualora l'arricchimento abbia per oggetto una cosa determinata, colui che l'ha ricevuta è tenuto a restituirla in natura, se sussiste al tempo della domanda (2037; 67 l. camb.; 59 l. ass.).

NOTE OPERATIVE:

Presupposti: L'azione può essere proposta solo quando ricorrano due presupposti: a) la mancanza di qualsiasi altro rimedio giudiziale in favore dell'impoverito; b) la unicità del fatto causativo dell'impoverimento sussistente quando la prestazione resa dall'impoverito sia andata a vantaggio dell'arricchito, con conseguente esclusione dei casi di cosiddetto arricchimento indiretto, nei quali l'arricchimento è realizzato da persona diversa rispetto a quella cui era destinata la prestazione dell'impoverito (C.C. 29937/22 – Conf. C.C. 29672/21; C.C. 21479/18). Il riconoscimento dell'utilità da parte dell'arricchito non costituisce requisito dell'azione di indebito arricchimento (C.C. 11067/23 – Conf. C.C. 22908/22).

2042. Carattere sussidiario dell'azione. – L'azione di arricchimento non è proponibile quando il danneggiato può esercitare un'altra azione per farsi indennizzare del pregiudizio subito.

NOTE OPERATIVE:

Presupposti: La proponibilità dell'azione generale di indebito arricchimento postula semplicemente che non sia prevista nell'ordinamento giuridico altra azione tipica a tutela di colui che lamenti il depauperamento, ovvero che la domanda sia stata respinta sotto il profilo della carenza ab origine dell'azione proposta, per difetto del titolo posto a suo fondamento (C.C. 2350/17).

Titolo IX
Dei fatti illeciti

2043. (1) **Risarcimento per fatto illecito.** – Qualunque fatto doloso o colposo, che cagiona ad altri un danno ingiusto (1438), obbliga colui che ha commesso il fatto a risarcire il danno (2947; 185, 198 c.p.).

(1) *A norma dell'art. 590 sexies, comma 2, c.p., come inserito dall'art. 6, comma 1, della L. 8 marzo 2017, n. 24, qualora l'evento si sia verificato a causa di imperizia, la punibilità è esclusa quando sono rispettate le raccomandazioni previste dalle linee guida come definite e pubblicate ai sensi di legge ovvero, in mancanza di queste, le buone pratiche clinico-assistenziali, sempre che le raccomandazioni previste dalle predette linee guida risultino adeguate alle specificità del caso concreto.*

NOTE OPERATIVE:

Ambito di applicazione: La responsabilità risarcitoria per omissione richiede, oltre alla violazione di un obbligo giuridico di impedire l'evento dannoso (criterio oggettivo), l'imputabilità della responsabilità all'agente quantomeno a titolo di colpa (criterio soggettivo) (C.C. 3294/22 – Conf. C.C. 3876/12). L'emanazione di una legge successivamente dichiarata incostituzionale non costituisce fatto illecito in quanto il potere legislativo è libero nei fini, sì che non è ravvisabile, in capo ai cittadini, un diritto soggettivo all'esercizio legittimo del potere legislativo (C.C. 39534/21). Il fatto-procreazione non rientra sotto lo stampo dell'illecito ex art. 2043 c.c.; la paternità indesiderata, non è fonte di alcun obbligo risarcitorio (C.C. 15544/17).

Funzione: Nel vigente ordinamento, alla responsabilità civile non è assegnato solo il compito di restaurare la sfera patrimoniale del soggetto che ha subito la lesione, poiché sono interne al sistema la funzione di deterrenza e quella sanzionatoria del responsabile civile (S.U. 16601/17). Nel sistema italiano della responsabilità civile, così come regolato dalla legge, la valutazione della incidenza, della condotta del danneggiante sulla entità del danno da liquidare (e, dunque, l'apprezzamento della sostanziale funzione sanzionatoria dell'istituto della responsabilità risarcitoria, secondo i termini della liquidazione dei c.d. danni punitivi), pur se astrattamente non incompatibile con i principi dell'ordinamento, deve ritenersi in ogni caso vincolata al ricorso di specifici presupposti di tipicità legislativa, oltre che di ulteriori requisiti di prevedibilità e di dimensionamento quantitativi (C.C. 5829/19, contra C.C. 1183/07 secondo cui è incompatibile con l'ordinamento italiano l'istituto dei danni punitivi che, per altro verso, non è neanche riferibile alla risarcibilità dei danni non patrimoniali o morali).

Misura: La responsabilità civile è improntata a una prospettiva differenzialista, per la quale il danno coincide col pregiudizio economico, dovendosi escludere che, al di fuori di una specifica previsione di, il risarcimento possa avere funzione ultracompensativa, in quanto l'ordinamento non consente che un soggetto si arricchisca ai danni di un altro, in mancanza di una causa giustificatrice del relativo spostamento patrimoniale (C.C. 33537/22); anche quando il fatto illecito è fonte di arricchimento per il danneggiante, il risarcimento del danno va commisurato al pregiudizio subito dal danneggiato, salvo che l'arricchimento derivi dallo sfruttamento di beni o risorse dello stesso danneggiato (C.C. 8137/20).

2044. Legittima difesa. – Non è responsabile chi cagiona il danno per legittima difesa di sé o di altri (52 c.p.).

Nei casi di cui all'articolo 52, commi secondo, terzo e quarto, del codice penale, la responsabilità di chi ha compiuto il fatto è esclusa (1).

Nel caso di cui all'articolo 55, secondo comma, del codice penale, al danneggiato è dovuta una indennità la cui misura è rimessa all'equo apprezzamento del giudice, tenuto altresì conto della gravità, delle modalità realizzative e del contributo causale della condotta posta in essere dal danneggiato (1).

(1) *Questo comma è stato aggiunto dall'art. 7, comma 1, della L. 26 aprile 2019, n. 36.*

NOTE OPERATIVE:

Presupposti: La legittima difesa, idonea ad escludere la responsabilità per fatto illecito, esige il concorso di due elementi: la necessità di difendere un diritto proprio od altrui dal pericolo attuale di un'offesa ingiusta, e la proporzione tra l'offesa e la difesa (C.C. 24848/23 – Conf. C.C. 18799/09).

2045. Stato di necessità. – Quando chi ha compiuto il fatto dannoso vi è stato costretto dalla necessità di salvare sé o altri dal pericolo attuale di un danno grave alla persona, e il pericolo non è stato da lui volontariamente causato né era altrimenti evitabile (1447; 54 c.p.), al danneggiato è dovuta un'indennità (843^2, 924, 925, 1038, 1053, 1328, 2047), la cui misura è rimessa all'equo apprezzamento del giudice.

NOTE OPERATIVE:

Ambito di applicazione: In tema di responsabilità medica, la struttura ospedaliera che esegua un intervento chirurgico d'urgenza non può invocare lo stato di necessità, il quale implica l'elemento dell'imprevedibilità della situazione d'emergenza, la cui programmazione rientra nei compiti di ogni struttura sanitaria (C.C. 13919/16).

Presupposti: Per ravvisare lo stato di necessità è richiesta la sussistenza della necessità di salvare sé o altri dal pericolo attuale di un danno grave alla persona in relazione al quale non è comunque possibile pretendere dall'agente un comportamento diverso (C.C. 21918/06).

2046. Imputabilità del fatto dannoso. – Non risponde delle conseguenze del fatto dannoso chi non aveva la capacità d'intendere o di volere (428; 85, 87 c.p.) al momento in cui lo ha commesso, a meno che lo stato d'incapacità derivi da sua colpa (2047).

NOTE OPERATIVE:

Presupposti: Tutto il sistema di tutela del terzo rinvenibile negli artt. 2046 e 2047 c.c. ruota intorno all'assenza di una responsabilità civile dell'incapace verso il terzo, affiancata dall'assenza di una responsabilità civile di un terzo comunque per fatto proprio, finalizzata a far conseguire al danneggiato un risarcimento o, in via residuale, un equo indennizzo (C.C. 11718/21).

2047. Danno cagionato dall'incapace. – In caso di danno cagionato da persona incapace di intendere o di volere (428; 85 c.p.), il risarcimento è dovuto da chi è tenuto alla sorveglianza dell'incapace, salvo che provi di non aver potuto impedire il fatto (2048^3).

Nel caso in cui il danneggiato non abbia potuto ottenere il risarcimento da chi è tenuto alla sorveglianza, il giudice, in considerazione delle condizioni economiche delle parti, può condannare l'autore del danno a un'equa indennità (843^2, 924, 925, 1038, 1053, 1328, 2045).

NOTE OPERATIVE:

Presupposti: Ai fini del riconoscimento della responsabilità del sorvegliante, a norma dell'art. 2047 c.c., è necessario che il fatto commesso dall'incapace presenti tutte le caratteristiche oggettive dell'antigiuridicità e cioè che sia tale che, se fosse assistito da dolo o colpa, integrerebbe un fatto illecito (C.C. 7247/11).

Accertamento: Il giudice non può limitarsi a tener presente l'età dell'autore del fatto ma deve anche considerarne lo sviluppo intellettivo, quello fisico, l'assenza di eventuali malattie ritardanti, la forza del carattere, la capacità del minore di rendersi conto della illiceità della sua azione e la capacità del volere con riferimento all'attitudine di autodeterminarsi (C.C. 8740/01).

2048. Responsabilità dei genitori, dei tutori, dei precettori e dei maestri d'arte. – Il padre e la madre (316), o il tutore (357 ss.) sono responsabili del danno (2056) cagionato dal fatto illecito dei figli minori non emancipati (301, 316, 320) o delle persone soggette alla tutela (343, 414), che abitano con essi. La stessa disposizione si applica all'affiliante (404 ss.).

I precettori e coloro che insegnano un mestiere o un'arte sono responsabili del danno cagionato dal fatto illecito dei loro allievi e apprendisti (2130) nel tempo in cui sono sotto la loro vigilanza.

Le persone indicate dai commi precedenti sono liberate dalla responsabilità soltanto se provano di non aver potuto impedire il fatto (1900, 2047[1], 2054[1]).

NOTE OPERATIVE:

Genitori ...: La responsabilità dei genitori configura una forma di responsabilità diretta per fatto (anche) proprio – in particolare, per non avere, con idoneo comportamento, educativo e di sorveglianza, impedito il fatto dannoso – che concorre con quella del minore (C.C. 4303/23). La responsabilità del genitore per è subordinata al requisito della coabitazione, perché solo la convivenza può consentire l'adozione di quelle attività di sorveglianza e di educazione, il cui mancato assolvimento giustifica la responsabilità medesima (C.C. 11198/19). La precoce emancipazione dei minori frutto del costume sociale non esclude né attenua la responsabilità che la norma pone a carico dei genitori, i quali, proprio in ragione di tale precoce emancipazione, hanno l'onere di impartire ai figli l'educazione necessaria per non recare danni a terzi nella loro vita di relazione, dovendo rispondere delle carenze educative a cui l'illecito commesso dal figlio sia riconducibile (C.C. 24907/19 – Conf. C.C. 11198/19).

... e precettori: La presunzione di responsabilità posta a carico dei precettori trova applicazione limitatamente al danno cagionato ad un terzo dal fatto illecito dell'allievo; essa pertanto non è invocabile al fine di ottenere il risarcimento del danno che l'allievo abbia, con la sua condotta, procurato a se stesso (C.C. 19110/20). Il precettore o il maestro d'arte, per liberarsi dalla presunzione di colpa, ha l'onere di provare l'imprevedibilità e l'inevitabilità del danno correlate al criterio della diligenza ex art. 1176, comma 2 c.c. (C.C. 14216/18).

2049. Responsabilità dei padroni e dei committenti. – I padroni e i committenti sono responsabili per i danni arrecati dal fatto illecito dei loro domestici e commessi nell'esercizio delle incombenze a cui sono adibiti (1900, 2048).

NOTE OPERATIVE:

Finalità: La norma è finalizzata a proteggere i terzi danneggiati dalla condotta del dipendente – rispetto alla quale il preponente risponde per il cd. collegamento funzionale – e non è volta a tutelare i terzi che, in cooperazione col dipendente, abbiano cagionato danni al soggetto preponente (C.C. 22717/22).

Presupposti: La responsabilità non richiede che tra le mansioni affidate all'autore dell'illecito e l'evento sussista un nesso di causalità, essendo sufficiente che ricorra un rapporto di occasionalità necessaria, nel senso che le incombenze assegnate al dipendente abbiano reso possibile o comunque agevolato il comportamento produttivo del danno al terzo (C.C. 22058/17 – Conf. C.C. 16663/17; C.C. 16887/16).

2050. Responsabilità per l'esercizio di attività pericolose. – Chiunque cagiona danno ad altri nello svolgimento di un'attività pericolosa, per sua natura o per la natura dei mezzi adoperati, è tenuto al risarcimento, se non prova di avere adottato tutte le misure idonee a evitare il danno (1681, 2054) (1) (2).

(1) *L'obbligo della assicurazione da responsabilità per danni da circolazione è attualmente disposto per i veicoli a motore senza guida di rotaie dall'art. 193 del codice della strada e dall'art. 122 del D.L.vo 7 settembre 2005, n. 209; per i natanti dall'art. 123 stesso D.L.vo; e per i ciclomotori e le macchine agricole dall'art. 237 del codice della strada).*

(2) *Per l'indennizzo dei danni, in quanto conseguenti all'esercizio di attività pericolose, è obbligatoria l'assicurazione per responsabilità civile in materia di caccia (L. 11 febbraio 1992, n. 157), di circolazione di veicoli a motore e di natanti, di gare e competizioni sportive di veicoli a motore.*

NOTE OPERATIVE:

Presunzione: La presunzione di responsabilità può essere vinta solo con una prova particolarmente rigorosa, e cioè con la dimostrazione di aver adottato tutte le misure idonee ad evitare il danno (C.C. 11975/23 – Conf. C.C. 16170/22; C.C. 6587/19).

2051. Danno cagionato da cosa in custodia. – Ciascuno è responsabile del danno cagionato dalle cose che ha in custodia, salvo che provi il caso fortuito (1215, 1256, 1588, 1611, 2056).

NOTE OPERATIVE:

Prova liberatoria: Il criterio di imputazione della responsabilità ha carattere oggettivo, essendo sufficiente, per la sua configurazione, la dimostrazione da parte dell'attore del nesso di causalità tra la cosa in custodia ed il danno, mentre al custode spetta l'onere della prova liberatoria del caso fortuito, inteso come fattore che, in base ai principi della regolarità o adeguatezza causale, esclude il nesso eziologico tra cosa e danno, ed è comprensivo della condotta incauta della vittima, che assume rilievo ai fini del concorso di responsabilità ai sensi dell'art. 1227, comma 1, c.c., e deve essere graduata sulla base di un accertamento in ordine alla sua effettiva incidenza causale sull'evento dannoso, che può anche essere esclusiva (C.C. 26013/23 – Conf. C.C. 19960/23; C.C. 7415/23; S.U. 20943/22).

2052. Danno cagionato da animali. – Il proprietario di un animale o chi se ne serve per il tempo in cui l'ha in uso, è responsabile dei danni cagionati dall'animale, sia che fosse sotto custodia, sia che fosse smarrito o fuggito, salvo che provi il caso fortuito (1218, 1256).

NOTE OPERATIVE:

Legittimati passivi: La norma prevede, alternativamente e senza vincolo di solidarietà, la responsabilità del proprietario dell'animale oppure dell'utilizzatore, ma non impedisce che del danno possa rispondere, a diverso titolo e previo accertamento dei presupposti ex art. 2043 c.c., anche l'altro soggetto (C.C. 9661/20 – Conf. C.C. 16023/10).

2053. Rovina di edificio. – Il proprietario di un edificio o di altra costruzione è responsabile dei danni cagionati dalla loro rovina, salvo che provi che questa non è dovuta a difetto di manutenzione o a vizio di costruzione (1669; 677 c.p.).

NOTE OPERATIVE:

Legittimato passivo: Si tratta un'ipotesi di responsabilità oggettiva – il cui carattere di specialità rispetto a quella di cui all'art. 2051 c.c., deriva dal fatto che essa è posta a carico del proprietario o di altro titolare di diritto reale di godimento. In altri termini il responsabile deve essere individuato in base al criterio formale del titolo, non bastando che egli abbia un potere d'uso sulla res che cagiona il danno – la quale può essere esclusa solamente dalla dimostrazione che i danni provocati dalla rovina dell'edificio non debbono ricondursi a vizi di costruzione o difetto di manutenzione – bensì a un fatto dotato di efficacia causale autonoma, comprensivo del fatto del terzo o del danneggiato, anche se tale fatto esterno non presenta i caratteri della imprevedibilità e inevitabilità (C.C. 9694/20 – Conf. C.C. 1002/10; C.C. 11053/08; C.C. 16231/05).

2054. Circolazione di veicoli. – Il conducente di un veicolo senza guida di rotaie è obbligato a risarcire il danno prodotto a persone o a cose dalla circolazione del veicolo, se non prova di aver fatto tutto il possibile per evitare il danno (1227, 2047[1], 2048[3], 2050, 2947).

Nel caso di scontro tra veicoli si presume, fino a prova contraria, che ciascuno dei conducenti abbia concorso ugualmente a produrre il danno subito dai singoli veicoli (2055[3]) (¹).

Il proprietario del veicolo, o, in sua vece, l'usufruttuario (978) o l'acquirente con patto di riservato dominio (1523), è responsabile in solido (1292) col conducente, se non prova che la circolazione del veicolo è avvenuta contro la sua volontà.

In ogni caso le persone indicate dai commi precedenti sono responsabili dei danni derivanti da vizi di costruzione o da difetto di manutenzione del veicolo.

(¹) *La Corte costituzionale, con sentenza n. 205 del 29 dicembre 1972, ha dichiarato l'illegittimità costituzionale del secondo comma limitatamente alla parte in cui nel caso di scontro fra veicoli esclude che la presunzione di egual concorso dei conducenti operi anche se uno dei veicoli non abbia riportato danni.*

NOTE OPERATIVE:

Superamento della presunzione: Ai fini dell'accertamento della colpa esclusiva di uno dei conducenti, idonea a determinare il superamento della presunzione di pari responsabilità, non è sufficiente la prova relativa all'avvenuta infrazione al codice della strada essendo, altresì, necessaria la dimostrazione della sussistenza di un nesso di causalità tra il comportamento integrante detta violazione e l'evento dannoso, posto che la presunzione in parola opera sul piano della causalità, sicché la violazione amministrativa deve aver avuto un'incidenza causale per aver rilievo in termini di responsabilità civile (C.C. 8311/23).

Tamponamento: In caso di tamponamento tra veicoli, la presunzione di eguale responsabilità di entrambi i conducenti, è superata, ex art. 149, comma 1, codice della strada, dalla presunzione de facto di inosservanza della distanza di sicurezza da parte del tamponante, sul quale grava l'onere di fornire la prova liberatoria, dimostrando che il tamponamento è derivato da causa in tutto o in parte a lui imputabile, che può consistere anche nel fatto che il veicolo tamponato abbia costituito un ostacolo imprevedibile ed anomalo rispetto al normale andamento della circolazione stradale (C.C. 3398/23 – Conf. C.C. 18708/21).

2055. Responsabilità solidale. – Se il fatto dannoso è imputabile a più persone, tutte sono obbligate in solido (1294) al risarcimento del danno.

Colui che ha risarcito il danno ha regresso (1299) contro ciascuno degli altri, nella misura determinata dalla gravità della rispettiva colpa e dall'entità delle conseguenze che ne sono derivate (1227[1]).

Nel dubbio (2054[2]), le singole colpe si presumono uguali (1298[2]).

NOTE OPERATIVE:

Ambito di applicazione: L'unicità del fatto dannoso richiesta ai fini della configurabilità della responsabilità solidale degli autori dell'illecito ricorre anche nel caso in cui questo sia derivato da più azioni o omissioni, dolose o colpose, costituenti fatti illeciti distinti, e anche diversi, sempre che le singole azioni o omissioni, legate da un vincolo di interdipendenza, abbiano concorso in maniera efficiente alla produzione dell'intero danno (C.C. 15512/22 – Conf. S.U. 13143/22; C.C. 11043/22).

2056. Valutazione dei danni. – Il risarcimento dovuto al danneggiato si deve determinare secondo le disposizioni degli articoli 1223, 1226 e 1227.

Il lucro cessante è valutato dal giudice con equo apprezzamento delle circostanze del caso (1226).

2057. Danni permanenti. – Quando il danno alle persone ha carattere permanente la liquidazione può essere fatta dal giudice, tenuto conto delle condizioni delle parti e della natura del danno, sotto forma di una rendita vitalizia (1872 ss.). In tal caso il giudice dispone le opportune cautele.

NOTE OPERATIVE:

Ambito di applicazione: La norma trova applicazione qualora il giudice di merito accerti l'esistenza di un danno alla persona di carattere permanente, e prevede la possibilità che la liquidazione di tale danno possa avvenire attraverso il meccanismo della rendita vitalizia. Quest'ultima costituisce una forma di risarcimento per equivalente (C.C. 357/93), ed è fonte di un rapporto a esecuzione periodica, in cui la durata prevista è componente essenziale dell'utilità alla quale è ordinato il rapporto. La liquidazione, mirando a realizzare una tendenziale corrispondenza fra permanenza del danno e permanenza del risarcimento, configurando la liquidazione della rendita non come diritto della parte, ma come facoltà del giudice, imponendogli al contempo di predisporre le opportune cautele (C.C. 31574/22).

2058. Risarcimento in forma specifica. – Il danneggiato può chiedere la reintegrazione in forma specifica, qualora sia in tutto o in parte possibile.

Tuttavia il giudice può disporre che il risarcimento avvenga solo per equivalente, se la reintegrazione in forma specifica risulta eccessivamente onerosa per il debitore.

NOTE OPERATIVE:

Ambito di applicazione: La norma non trova applicazione alle azioni intese a far valere un diritto reale, la cui tutela esige la rimozione del fatto, atteso il carattere assoluto del diritto leso (C.C. 19942/20 – Conf. C.C. 11744/03).

Presupposti: La verifica relativa all'eccessiva onerosità non può basarsi soltanto sull'entità dei costi, dovendosi valutare, altresì, se la reintegrazione in forma specifica comporti o meno una locupletazione per il danneggiato, tale da superare la finalità risarcitoria che le è propria e da rendere ingiustificata la condanna del debitore a una prestazione che ecceda notevolmente il valore di mercato del bene danneggiato (C.C. 10686/23).

2059. Danni non patrimoniali. – Il danno non patrimoniale deve essere risarcito solo nei casi determinati dalla legge (89^2 c.p.c.; 185^2, 187, 189 c.p.).

NOTE OPERATIVE:

Ambito di applicazione: Il danno non patrimoniale è risarcibile nelle ipotesi in cui tale risarcibilità, pur non essendo prevista da norma di legge ad hoc, deve ammettersi sulla base di un'interpretazione costituzionalmente orientata della norma, per avere il fatto illecito vulnerato in modo grave un diritto della persona direttamente tutelato dalla legge (S.U. 3677/09). Si tratta di una categoria generale non suscettiva di suddivisione in sottocategorie variamente etichettate. In particolare, non può farsi riferimento ad una generica sottocategoria denominata danno esistenziale perché attraverso questa si finisce per portare anche il danno non patrimoniale nell'atipicità, sia pure attraverso l'individuazione della apparente tipica figura categoriale del danno esistenziale (S.U. 557/09); il riferimento a determinati tipi di pregiudizio, in vario modo denominati (danno morale, danno biologico, danno da perdita del rapporto parentale), risponde ad esigenze descrittive, ma non implica il riconoscimento di distinte categorie di danno (S.U. 26972/08).

Presupposti: Il danno non patrimoniale consistito nel mero disagio psichico, sofferenza o stress, là dove non ricorra alcuna delle ipotesi in cui la legge consente espressamente la risarcibilità del danno non patrimoniale, è risarcibile alla sola condizione che l'interesse leso dal fatto illecito (e non il pregiudizio derivatone) abbia rilievo costituzionale, la sua lesione sia stata grave e le conseguenze derivatene siano state serie (S.U. 18356/09).

Danno tanatologico: In caso di morte causata da un illecito, il danno morale terminale deve essere tenuto distinto da quello biologico terminale, in quanto il primo (danno da lucida agonia o danno catastrofale o catastrofico) consiste nel pregiudizio subito dalla vittima in ragione della sofferenza provata nel consapevolmente avvertire l'ineluttabile approssimarsi della propria fine ed è risarcibile a prescindere dall'apprezzabilità dell'intervallo di tempo intercorso tra le lesioni e il decesso, rilevando soltanto l'integrità della sofferenza medesima; mentre il secondo, quale pregiudizio alla salute che, anche se temporaneo, è massimo nella sua entità e intensità, sussiste, per il tempo della permanenza in vita, a prescindere dalla percezione cosciente della gravissima lesione dell'integrità personale della vittima nella fase terminale della stessa, ma richiede, ai fini della risarcibilità, che tra le lesioni colpose e la morte intercorra un apprezzabile lasso di tempo (C.C. 11719/21 – Conf. C.C. 21837/19).

Libro V
Del lavoro

Titolo I
Della disciplina delle attività professionali

Capo I
Disposizioni generali

2060. Del lavoro. – Il lavoro è tutelato in tutte le sue forme organizzative ed esecutive, intellettuali, tecniche e manuali (35 Cost.) [secondo i principi della Carta del lavoro] (1).

(1) *Inciso soppresso dall'art. 3, D.L.vo Lgt. 14 settembre 1944, n. 287, provvedimenti relativi alla riforma della legislazione civile.*

2061. Ordinamento delle categorie professionali. – L'ordinamento delle categorie professionali è stabilito dalle leggi (2229), dai regolamenti, dai provvedimenti dell'autorità governativa e dagli statuti delle associazioni professionali (1).

(1) *L'espressione «e dagli statuti delle associazioni professionali» è da ritenere abrogata dal R.D.L. 9 agosto 1943, n. 721, relativamente alle corporazioni, e dal D.L.vo Lgt. 23 novembre 1944, n. 369, relativamente alle associazioni sindacali.*

2062. Esercizio professionale delle attività economiche. – L'esercizio professionale delle attività economiche (2082, 2247; 41 Cost.) è disciplinato dalle leggi, dai regolamenti e dalle norme corporative (1).

(1) *L'espressione «e dalle norme corporative» è da ritenere abrogata dal R.D.L. 9 agosto 1943, n. 721.*

Capo II
Delle ordinanze corporative e degli accordi economici collettivi (1)

(1) *L'intero capo composto dagli artt. 2063-2066, deve ritenersi abrogato in seguito alla soppressione dell'ordinamento corporativo fascista, disposta dal R.D.L. 9 agosto 1943, n. 721, relativamente agli organi centrali ed alle corporazioni, e dal D.L.vo Lgt. 23 novembre 1944, n. 369, relativamente alle associazioni sindacali.*

2063. Oggetto. – Le ordinanze corporative (5, 6 prel.) per il coordinamento della produzione e degli scambi possono avere per oggetto:

1) la disciplina unitaria della produzione;

2) il regolamento dei rapporti tra determinate categorie professionali;

3) le tariffe per le prestazioni e per i beni di consumo offerti al pubblico in condizioni di privilegio.

Le materie indicate nel n. 2 possono anche, nei casi e nei modi stabiliti dalla legge, formare oggetto di accordi economici collettivi tra le associazioni professionali che rappresentano le categorie interessate.

2064. Formazione e pubblicazione. – La formazione e pubblicazione delle ordinanze corporative e degli accordi economici collettivi sono regolate dalle leggi speciali (10 prel.).

2065. Efficacia. – Le ordinanze corporative e gli accordi economici collettivi hanno efficacia per tutti coloro che esercitano la loro attività nel ramo di produzione regolata dalle ordinanze e dagli accordi medesimi (6, 13 prel.).

2066. Inderogabilità. – I contratti individuali non possono derogare alle ordinanze corporative e agli accordi economici collettivi, salvo che questi lo consentano.

Le clausole dei contratti individuali, difformi dalle norme inderogabili contenute nelle ordinanze e negli accordi previsti nel presente capo, sono sostituite di diritto dalle norme suddette (1339, 2077).

La disposizione del comma precedente non si applica ai contratti stipulati prima dell'entrata in vigore dell'ordinanza corporativa o dell'accordo economico collettivo. L'ordinanza e l'accordo possono tuttavia stabilire che le norme in essi contenute si applichino anche ai contratti ad esecuzione continuata o periodica in corso, per la parte non ancora eseguita.

Capo III
Del contratto
collettivo di lavoro
e delle norme equiparate

2067. Soggetti. – I contratti collettivi di lavoro sono stipulati dalle associazioni professionali (39[4] Cost.; 5 prel.).

2068. Rapporti di lavoro sottratti a contratto collettivo. – Non possono essere regolati da contratto collettivo i rapporti di lavoro, in quanto siano disciplinati con atti della pubblica autorità in conformità della legge.

Sono altresì sottratti alla disciplina del contratto collettivo i rapporti di lavoro concernenti prestazioni di carattere personale o domestico (2240 ss.) (1).

(1) *La Corte costituzionale, con sentenza n. 68 del 9 aprile 1969, ha dichiarato l'illegittimità costituzionale del comma secondo, in relazione all'art. 3 Cost., nella parte in cui dispone che sono sottratti alla disciplina del contratto collettivo i rapporti di lavoro concernenti prestazioni di carattere domestico.*

2069. Efficacia. – Il contratto collettivo deve contenere l'indicazione della categoria d'imprenditori e di prestatori di lavoro, ovvero delle imprese o dell'impresa (2082), a cui si riferisce, e del territorio dove ha efficacia (2071).

In mancanza di tali indicazioni il contratto collettivo è obbligatorio per tutti gli imprenditori e i prestatori di lavoro rappresentati dalle associazioni stipulanti (2075).

NOTE OPERATIVE:

Ambito di applicazione: I contratti collettivi non aventi efficacia erga omnes sono atti negoziali privatistici, applicabili esclusivamente ai rapporti individuali intercorrenti tra soggetti iscritti alle associazioni stipulanti o che, in mancanza di tale condizione, abbiano espressamente aderito ai patti collettivi o li abbiano implicitamente recepiti, attraverso un comportamento concludente desumibile da una costante e prolungata applicazione, senza contestazione, delle relative clausole al singolo rapporto (C.C. 935/22 – Conf. C.C. 42001/21; C.C. 319/96).

2070. Criteri di applicazione. – L'appartenenza alla categoria professionale, ai fini dell'applicazione del contratto collettivo, si determina secondo l'attività effettivamente esercitata dall'imprenditore (2082).

Se l'imprenditore esercita distinte attività aventi carattere autonomo, si applicano ai rispettivi rapporti di lavoro le norme dei contratti collettivi corrispondenti alle singole attività.

Quando il datore di lavoro esercita non professionalmente un'attività organizzata, si applica il contratto collettivo che regola i rapporti di lavoro relativi alle imprese che esercitano la stessa attività (13 prel.).

NOTE OPERATIVE:

Ambito di applicazione: La norma non opera nei riguardi della contrattazione collettiva di diritto comune, che ha efficacia vincolante limitatamente agli iscritti alle associazioni sindacali stipulanti e a coloro che, esplicitamente o implicitamente, al contratto abbiano prestato adesione (C.C. 16376/21 – Conf. S.U. 2665/97).

2071. Contenuto. – Il contratto collettivo deve contenere le disposizioni occorrenti, secondo la natura del rapporto, [per attuare i principi della Carta del lavoro e] (1) per dare esecuzione alle norme di questo codice concernenti la disciplina del lavoro, i diritti e gli obblighi degli imprenditori e dei prestatori di lavoro (2096 ss.).

Deve inoltre indicare le qualifiche e le rispettive mansioni dei prestatori di lavoro appartenenti alla categoria a cui si riferisce la disciplina collettiva (2069).

Deve infine contenere la determinazione della sua durata (2074).

(1) *Inciso soppresso dall'art. 3 D.L.vo Lgt. 14 settembre 1944, n. 287, provvedimenti relativi alla riforma della legislazione civile.*

NOTE OPERATIVE:

Ipotesi di accordo: In tema di contrattazione collettiva, le cd. ipotesi di accordo possono non rappresentare la mera documentazione dello stato finale raggiunto dalle trattative, ma costituire espressione di un'effettiva volontà contrattuale, trovando giustificazione, in tale caso, l'adozione del termine ipotesi nel fatto che viene fatta salva una fase di ratifica della conclusa stipulazione negoziale, soprattutto nell'interesse della parte che rappresenta i lavoratori (C.C. 18153/18 – Conf. C.C. 7115/05).

2072. (1) Deposito e pubblicazione. – Il deposito e la pubblicazione del contratto collettivo sono regolati dalle leggi speciali.

Prima della pubblicazione l'autorità governativa deve accertare che ricorrano le condizioni richieste per la validità del contratto collettivo.

La pubblicazione può essere rifiutata, se il contratto collettivo non contiene le disposizioni e le indicazioni richieste dall'art. 2071, salvo che le parti si siano obbligate a integrarlo con successivi patti da stipularsi entro un termine stabilito. Se i patti integrativi non sono stipulati nel termine, può essere adita la magistratura del lavoro per la formazione delle disposizioni integrative.

Contro il rifiuto di pubblicazione è ammesso ricorso alla magistratura del lavoro a norma delle leggi speciali.

(1) *Articolo da ritenersi abrogato dal R.D.L. 9 agosto 1943, n. 721, relativamente alle corporazioni e dal D.L.vo Lgt. 23 novembre 1944, n. 369, relativamente alle associazioni sindacali.*

2073. (1) **Denunzia.** – La denunzia del contratto collettivo deve farsi almeno tre mesi prima della scadenza.

Se, avvenuta la denunzia, le associazioni professionali non hanno, un mese prima della scadenza, provveduto alla stipulazione e al deposito del nuovo contratto collettivo, ed è rimasto infruttuoso l'esperimento di conciliazione previsto nell'art. 412 del codice di procedura civile, può essere adita la magistratura del lavoro per la formazione di nuove condizioni di lavoro.

(1) *Articolo da ritenersi abrogato dal R.D.L. 9 agosto 1943, n. 721, relativamente alle corporazioni e dal D.L.vo Lgt. 23 novembre 1944, n. 369, relativamente alle associazioni sindacali.*

2074. (1) **Efficacia dopo la scadenza.** – Il contratto collettivo, anche quando è stato denunziato, continua a produrre i suoi effetti dopo la scadenza, fino a che sia intervenuto un nuovo regolamento collettivo.

(1) *Articolo da ritenersi abrogato dal R.D.L. 9 agosto 1943, n. 721, relativamente alle corporazioni e dal D.L.vo Lgt. 23 novembre 1944, n. 369, relativamente alle associazioni sindacali.*

2075. (1) **Efficacia nel caso di variazioni nell'inquadramento.** – Il contratto collettivo conserva efficacia nei confronti della categoria alla quale si riferisce, anche se la rappresentanza legale di questa, per effetto di variazioni nell'inquadramento, spetta ad altra associazione.

Questa ha però facoltà di denunziare il contratto collettivo indipendentemente dal termine fissato per la scadenza di esso.

(1) *Articolo da ritenersi abrogato dal R.D.L. 9 agosto 1943, n. 721, relativamente alle corporazioni e dal D.L.vo Lgt. 23 novembre 1944, n. 369, relativamente alle associazioni sindacali.*

2076. (1) **Contratto collettivo annullabile.** – Il contratto collettivo annullabile conserva efficacia fino a che intervenga una sentenza di annullamento passata in giudicato (324 c.p.c.).

La domanda di annullamento è proposta davanti la magistratura del lavoro dalle associazioni interessate o dal pubblico ministero.

La domanda deve essere proposta, sotto pena di decadenza (2964 ss.), entro sei mesi dalla pubblicazione del contratto collettivo.

(1) *Articolo da ritenersi abrogato dal R.D.L. 9 agosto 1943, n. 721, relativamente alle corporazioni e dal D.L.vo Lgt. 23 novembre 1944, n. 369, relativamente alle associazioni sindacali.*

2077. Efficacia del contratto collettivo sul contratto individuale. – I contratti individuali di lavoro tra gli appartenenti alle categorie alle quali si riferisce il contratto collettivo devono uniformarsi alle disposizioni di questo.

Le clausole difformi dei contratti individuali, preesistenti o successivi al contratto collettivo (1419[2]), sono sostituite di diritto da quelle del contratto collettivo, salvo che contengano speciali condizioni più favorevoli ai prestatori di lavoro (1339, 2066).

NOTE OPERATIVE:

Limiti: Nell'ipotesi di successione tra contratti collettivi, le modificazioni in peius per il lavoratore sono ammissibili con il solo limite dei diritti quesiti (C.C. 11072/22 – Conf. C.C. 21169/21; C.C. 13960/14).

2078. Efficacia degli usi. – In mancanza di disposizioni di legge e di contratto collettivo si applicano gli usi. Tuttavia gli usi più favorevoli ai prestatori di lavoro prevalgono sulle norme dispositive di legge.

Gli usi non prevalgono sui contratti individuali di lavoro (8 prel.).

NOTE OPERATIVE:

Presupposti: Nell'ambito dei rapporti di lavoro, la reiterazione costante e generalizzata di un comportamento favorevole ai dipendenti integra gli estremi dell'uso aziendale che, essendo diretto, quale fonte sociale, a conseguire un'uniforme disciplina dei rapporti con la collettività impersonale dei lavoratori di un'azienda, agisce sul piano dei singoli rapporti individuali allo stesso modo e con la stessa efficacia di un contratto collettivo aziendale (C.C. 31204/21 – Conf. C.C. 15995/16; S.U. 26107/07).

2079. Rapporti di associazione agraria e di affitto a coltivatore diretto. – La disciplina del contratto collettivo di lavoro si applica anche ai rapporti di associazione agraria regolati dal capo II del titolo II (2135 ss.) ed a quelli di affitto a coltivatore diretto del fondo (1647 ss.).

Tuttavia in questi rapporti il contratto collettivo non deve contenere norme relative al salario, all'orario di lavoro, alle ferie, al periodo di prova, od altre che contrastino con la natura dei rapporti medesimi.

2080. Colonia parziaria e affitto con obbligo di miglioria. - Nei contratti individuali di colonia parziaria (2164) e di affitto a coltivatore diretto (1647), con obbligo di miglioria, conservano efficacia le clausole difformi dalle disposizioni del contratto collettivo stipulato durante lo svolgimento del rapporto.

2081. Norme equiparate al contratto collettivo. - Le disposizioni sul contratto collettivo di lavoro contenute in questo capo valgono, in quanto applicabili, per le altre norme corporative che disciplinano rapporti di lavoro.

Titolo II
Del lavoro nell'impresa

Capo I
Dell'impresa in generale

Sezione I
Dell'imprenditore

2082. (1) **Imprenditore.** - È imprenditore chi esercita professionalmente (2070[3]) una attività economica (2062) organizzata (1655, 2135, 2195, 2238, 2247) al fine della produzione o dello scambio di beni o di servizi (2085, 2086).

(1) *A norma dell'art. 1, comma 595, della L. 30 dicembre 2020, n. 178, a decorrere dal 1° gennaio 2021, il regime fiscale delle locazioni brevi di cui all'articolo 4, commi 2 e 3, del decreto legge 24 aprile 2017, n. 50, convertito, con modificazioni, dalla legge 21 giugno 2017, n. 96, con effetto dal periodo d'imposta relativo all'anno 2021, è riconosciuto solo in caso di destinazione alla locazione breve di non più di quattro appartamenti per ciascun periodo d'imposta. Negli altri casi, ai fini della tutela dei consumatori e della concorrenza, l'attività di locazione di cui al presente comma, da chiunque esercitata, si presume svolta in forma imprenditoriale ai sensi di questo articolo. Le disposizioni del presente comma si applicano anche per i contratti stipulati tramite soggetti che esercitano attività di intermediazione immobiliare, ovvero tramite soggetti che gestiscono portali telematici, mettendo in contatto persone in cerca di un immobile con persone che dispongono di appartamenti da condurre in locazione.*

NOTE OPERATIVE:

Presupposti: Gli elementi identificativi dell'impresa commerciale sono costituiti dalla professionalità e dall'organizzazione, intesa come svolgimento abituale e continuo dell'attività nonché sistematica aggregazione di mezzi materiali e immateriali, al di là della scarsezza dei beni predisposti, tanto più quando l'attività non necessiti di mezzi materiali e personali rilevanti (C.C. 1466/19 - Conf. C.C. 12338/17; C.C. 7626/10).

2083. Piccoli imprenditori. - Sono piccoli imprenditori (1 l. fall.) i coltivatori diretti del fondo (1647 ss., 2139), gli artigiani (45[2] Cost.), i piccoli commercianti e coloro che esercitano un'attività professionale organizzata prevalentemente con il lavoro proprio o dei componenti della famiglia (1647, 2202, 2214, 2221).

NOTE OPERATIVE:

Ambito di applicazione: Anche le società sono qualificabili come piccole imprese, ai fini dell'esenzione dal fallimento, qualora soddisfino i requisiti indicati dalla norma (C.C. 20640/04 - Conf. C.C. 18235/02).

2084. Condizioni per l'esercizio dell'impresa. - La legge determina le categorie d'imprese il cui esercizio è subordinato a concessione o autorizzazione amministrativa.

Le altre condizioni per l'esercizio delle diverse categorie d'impresa sono stabilite dalla legge e dalle norme corporative (1).

(1) *L'espressione «e dalle norme corporative» è da ritenersi abrogata dal R.D.L. 9 agosto 1943, n. 721, e dal D.L.vo 23 novembre 1944, n. 369.*

2085. Indirizzo della produzione. - Il controllo sull'indirizzo della produzione e degli scambi in relazione all'interesse unitario dell'economia nazionale è esercitato dallo Stato, nei modi previsti dalla legge (2088 ss.) e dalle norme corporative (1).

La legge stabilisce altresì i casi e i modi nei quali si esercita la vigilanza dello Stato sulla gestione delle imprese (41 Cost.).

(1) *L'espressione «e dalle norme corporative» è da ritenersi abrogata dal R.D.L. 9 agosto 1943, n. 721, e dal D.L.vo Lgt. 23 novembre 1944, n. 369.*

2086. Gestione dell'impresa (1). - L'imprenditore è il capo dell'impresa e da lui dipendono gerarchicamente i suoi collaboratori (2094 ss., 2104, 2145[2]).

L'imprenditore, che operi in forma societaria o collettiva, ha il dovere di istituire un assetto organizzativo, amministrativo e contabile adeguato alla natura e alle dimensioni dell'impresa, anche in funzione della rilevazione tempestiva della crisi dell'impresa e della perdita della continuità aziendale, nonché di attivarsi senza indugio per l'adozione e l'attuazione di uno degli strumenti previsti dall'ordinamento per il superamento della crisi e il recupero della continuità aziendale (2).

(1) *La precedente rubrica:* «Direzione e gerarchia nella impresa» *è stata così sostituita dalla seguente:* «Gestione dell'impresa» *dell'art. 375, comma 1, del D.L.vo 12 gennaio 2019, n. 14.*

A norma dell'art. 389, comma 2, del medesimo provvedimento, tali disposizioni entrano in vigore il tren-

tesimo giorno successivo alla data di pubblicazione in Gazzetta Ufficiale del suddetto decreto (Suppl. ord. alla G.U. n. 38 del 14 febbraio 2019).

(2) *Questo comma è stato aggiunto dall'art. 375, comma 2, del D.L.vo 12 gennaio 2019, n. 14.*

A norma dell'art. 389, comma 2, del medesimo provvedimento, tali disposizioni entrano in vigore il trentesimo giorno successivo alla data di pubblicazione in Gazzetta Ufficiale del suddetto decreto (Suppl. ord. alla G.U. n. 38 del 14 febbraio 2019).

NOTE OPERATIVE:

Limiti: Gli artt. 2086 e 2104 c.c. che prevedono il potere gerarchico del datore di lavoro sul lavoratore vanno interpretati alla luce del generale principio secondo cui ciascuna parte contrattuale può pretendere e deve fornire soltanto le prestazioni previste nel contratto (C.C. 5643/99).

2087. Tutela delle condizioni di lavoro. – L'imprenditore è tenuto ad adottare nell'esercizio dell'impresa le misure che, secondo la particolarità del lavoro, l'esperienza e la tecnica, sono necessarie a tutelare l'integrità fisica e la personalità morale dei prestatori di lavoro (37 Cost.) (1) (2).

(1) *Per la prevenzione degli infortuni, si veda il D.L.vo 9 aprile 2008, n. 81, in materia di tutela della salute e della sicurezza nei luoghi di lavoro. Per la tutela della libertà e dignità dei lavoratori e della libertà sindacale si veda la L. 20 maggio 1970, n. 300, statuto dei lavoratori.*

(2) *A norma dell'art. 29 bis del D.L. 8 aprile 2020, n. 23, convertito, con modificazioni, nella L. 6 giugno 2020, n. 40, ai fini della tutela contro il rischio di contagio da COVID-19, i datori di lavoro pubblici e privati adempiono all'obbligo previsto da questo articolo mediante l'applicazione delle prescrizioni contenute nel protocollo condiviso di regolamentazione delle misure per il contrasto e il contenimento della diffusione del COVID-19 negli ambienti di lavoro, sottoscritto il 24 aprile 2020 tra il Governo e le parti sociali, e successive modificazioni e integrazioni, e negli altri protocolli e linee guida di cui all'articolo 1, comma 14, del decreto legge 16 maggio 2020, n. 33, convertito con modificazioni, nella L. 14 luglio 2020, n. 74, nonché mediante l'adozione e il mantenimento delle misure ivi previste. Qualora non trovino applicazione le predette prescrizioni, rilevano le misure contenute nei protocolli o accordi di settore stipulati dalle organizzazioni sindacali e datoriali comparativamente più rappresentative sul piano nazionale.*

NOTE OPERATIVE:

Natura giuridica: Si tratta di una norma di chiusura del sistema infortunistico e suscettibile di interpretazione estensiva, in ragione sia del rilievo costituzionale del diritto alla salute sia dei principi di correttezza e buona fede cui deve ispirarsi lo svolgimento del rapporto di lavoro, il datore è tenuto ad astenersi da iniziative che possano ledere i diritti fondamentali del dipendente (C.C. 33428/22 – Conf. C.C. 7844/18).

Mobbing: È configurabile il mobbing lavorativo ove ricorra l'elemento obiettivo, integrato da una pluralità continuata di comportamenti pregiudizievoli per la persona interni al rapporto di lavoro e quello soggettivo dell'intendimento persecutorio nei confronti della vittima e ciò a prescindere dalla illegittimità intrinseca di ciascun comportamento, in quanto la concreta connotazione intenzionale colora in senso illecito anche condotte altrimenti astrattamente legittime (C.C. 3692/23 – Conf. C.C. 16580/22; C.C. 27110/17).

Straining: Lo straining rappresenta una forma attenuata di mobbing perché priva della continuità delle vessazioni (C.C. 29101/23 – Conf. C.C. 16580/22; C.C. 3977/18).

2088. Responsabilità dell'imprenditore. – L'imprenditore deve uniformarsi nell'esercizio dell'impresa ai principi dell'ordinamento corporativo e agli obblighi che ne derivano, e (1) risponde verso lo Stato dell'indirizzo della produzione e degli scambi, in conformità della legge (41 Cost.) e delle norme corporative (1).

(1) *Le espressioni «deve uniformarsi nell'esercizio dell'impresa ai principi dell'ordinamento corporativo e agli obblighi che ne derivano, e» e «e delle norme corporative» sono da ritenersi abrogate dal R.D.L. 9 agosto 1943, n. 721, e dal D.L.vo Lgt. 23 novembre 1944, n. 369.*

2089. (1) **Inosservanza degli obblighi dell'imprenditore.** – Se l'imprenditore non osserva gli obblighi imposti dall'ordinamento corporativo nell'interesse della produzione, in modo da determinare grave danno all'economia nazionale, gli organi corporativi, dopo aver compiuto le opportune indagini e richiesto all'imprenditore i chiarimenti necessari, possono disporre la trasmissione degli atti al pubblico ministero presso la corte d'appello di cui fa parte la magistratura del lavoro competente per territorio, perché promuova eventualmente i provvedimenti indicati nell'art. 2091.

(1) *Articolo da ritenersi abrogato dal R.D.L. 9 agosto 1943, n. 721 e dal D.L.vo Lgt. 23 novembre 1944, n. 369.*

2090. (1) **Procedimento.** – Il presidente della magistratura del lavoro, ricevuta l'istanza del pubblico ministero, fissa il giorno per la comparizione dell'imprenditore e assegna un termine entro il quale egli deve presentare le sue deduzioni.

La magistratura del lavoro decide in camera di consiglio, sentiti il pubblico ministero e l'imprenditore. Può anche, prima di decidere, sentire la associazione professionale alla quale appartiene l'imprenditore, assumere le informazioni e compiere le indagini che ritiene necessarie.

Contro la sentenza della magistratura del lavoro l'imprenditore e il pubblico ministero possono proporre ricorso per cassazione a norma dell'art. 426 del codice di procedura civile.

(1) *Articolo da ritenersi abrogato dal R.D.L. 9 agosto 1943, n. 721 e dal D.L.vo Lgt. 23 novembre 1944, n. 369.*

2091. [1] **Sanzioni.** – La magistratura del lavoro, se accerta che l'inosservanza perdura, fissa un termine entro il quale l'imprenditore deve uniformarsi agli obblighi suddetti.

Qualora l'imprenditore non vi ottemperi nel termine fissato, la magistratura del lavoro può ordinare la sospensione dell'esercizio dell'impresa o, se la sospensione è tale da recare pregiudizio all'economia nazionale, può nominare un amministratore che assuma la gestione dell'impresa, scegliendolo fra le persone designate dall'imprenditore, se riconosciute idonee, e determinandone i poteri e la durata.

Se si tratta di società, la magistratura del lavoro, anziché nominare un amministratore, può assegnare un termine entro il quale la società deve provvedere a sostituire gli amministratori in carica con altre persone riconosciute idonee.

(1) *Articolo da ritenersi abrogato dal R.D.L. 9 agosto 1943, n. 721 e dal D.L.vo Lgt. 23 novembre 1944, n. 369.*

2092. [1] **Sanzioni previste da leggi speciali.** – Le disposizioni dei tre articoli precedenti non si applicano nei casi in cui per le trasgressioni commesse dall'imprenditore le leggi speciali prevedono particolari sanzioni a di lui carico.

(1) *Articolo da ritenersi abrogato dal R.D.L. 9 agosto 1943, n. 721 e dal D.L.vo Lgt. 23 novembre 1944, n. 369.*

2093. Imprese esercitate da enti pubblici. – Le disposizioni di questo libro si applicano agli enti pubblici inquadrati nelle associazioni professionali.

Agli enti pubblici non inquadrati si applicano le disposizioni di questo libro, limitatamente alle imprese da essi esercitate (2201).

Sono salve le diverse disposizioni della legge (2221; 1[1], 195[8] l. fall.).

Sezione II
Dei collaboratori dell'imprenditore

2094. Prestatore di lavoro subordinato. – È prestatore di lavoro subordinato chi si obbliga mediante retribuzione a collaborare nell'impresa, prestando il proprio lavoro intellettuale o manuale alle dipendenze e sotto la direzione dell'imprenditore (2086, 2104; 36 ss. Cost.).

NOTE OPERATIVE:

Presupposti: Costituisce elemento essenziale, come tale indefettibile, del rapporto di lavoro subordinato, e criterio discretivo, nel contempo, rispetto a quello di lavoro autonomo, la soggezione personale del prestatore al potere direttivo, disciplinare e di controllo del datore di lavoro, che inerisce alle intrinseche modalità di svolgimento della prestazione lavorativa e non già soltanto al suo risultato (C.C. 14530/21 – Conf. C.C. 24154/19; C.C. 3303/16).

2095. Categorie dei prestatori di lavoro. – I prestatori di lavoro subordinato si distinguono in dirigenti, quadri, impiegati e operai (2125).

Le leggi speciali e le norme corporative (1), in relazione a ciascun ramo di produzione e alla particolare struttura dell'impresa, determinano i requisiti di appartenenza alle indicate categorie (95, 96 att.).

(1) *L'espressione: «le norme corporative» è da ritenersi abrogata dal R.D.L. 9 agosto 1943, n. 721.*

Sezione III
Del rapporto di lavoro

§. 1
Della costituzione del rapporto di lavoro

2096. Assunzione in prova. – Salvo diversa disposizione delle norme corporative (1), l'assunzione del prestatore di lavoro per un periodo di prova deve risultare da atto scritto (2725).

L'imprenditore e il prestatore di lavoro sono rispettivamente tenuti a consentire e a fare l'esperimento che forma oggetto del patto di prova (2241).

Durante il periodo di prova ciascuna delle parti può recedere dal contratto (1373), senza obbligo di preavviso o d'indennità. Se però la prova è stabilita per un tempo minimo necessario, la facoltà di recesso non può esercitarsi prima della scadenza del termine (2).

Compiuto il periodo di prova, l'assunzione diviene definitiva e il servizio prestato si computa nell'anzianità del prestatore di lavoro (2120).

(1) *L'espressione «salvo diversa disposizione delle norme corporative» è da ritenersi abrogata dal R.D.L. 9 agosto 1943, n. 721 e dal D.L.vo Lgt. 23 novembre 1944, n. 369.*

(2) *La Corte costituzionale, con sentenza n. 189 del 16 dicembre 1980, ha dichiarato l'illegittimità costituzionale del terzo comma, nella parte in cui non riconosce il diritto alla indennità di anzianità di cui agli artt. 2120 e 2121 c.c., al lavoratore assunto con patto di prova nel caso di recesso dal contratto durante il periodo di prova medesimo.*

NOTE OPERATIVE:

Forma: La dichiarazione di assunzione del lavoratore, se sottoscritta per ricevuta dal lavoratore, integra il requisito della forma scritta richiesto dalla norma (C.C. 17587/13).

2097. Durata del contratto di lavoro. – (*Omissis*) ([1]).

([1]) *Articolo abrogato dall'art. 9 della L. 18 aprile 1962, n. 230, che ha dettato una nuova disciplina del contratto di lavoro a tempo determinato.*

2098. Violazione delle norme sul collocamento dei prestatori di lavoro. – Il contratto di lavoro stipulato senza l'osservanza delle disposizioni concernenti la disciplina della domanda e dell'offerta di lavoro può essere annullato, salva l'applicazione delle sanzioni penali (2126; 125, 126 c.n.).

La domanda di annullamento è proposta dal pubblico ministero, su denunzia dell'ufficio di collocamento, entro un anno dalla data dell'assunzione del prestatore di lavoro (2964).

§. 2
Dei diritti e degli obblighi delle parti

2099. Retribuzione. – La retribuzione del prestatore di lavoro può essere stabilita a tempo o a cottimo e deve essere corrisposta nella misura determinata dalle norme corporative ([1]), con le modalità e nei termini in uso nel luogo in cui il lavoro viene eseguito (2103, 2955, n. 2, 2956, n. 1; 36, 37 Cost.).

In mancanza di norme corporative o ([1]) di accordo tra le parti, la retribuzione è determinata dal giudice, tenuto conto, ove occorra, del parere delle associazioni professionali ([1]).

Il prestatore di lavoro può anche essere retribuito in tutto o in parte con partecipazione agli utili (2102) o ai prodotti (2121), con provvigione o con prestazioni in natura.

([1]) *Le espressioni «nella misura determinata dalle norme corporative», «di norme corporative o» e «tenuto conto, ove occorra, del parere delle associazioni professionali» sono da ritenersi abrogate dal R.D.L. 9 agosto 1943, n. 721 e dal D.L.vo Lgt. 23 novembre 1944, n. 369.*

NOTE OPERATIVE:

Salario minimo: Ai fini della determinazione del giusto salario minimo costituzionale il giudice può servirsi a fini parametrici del trattamento retributivo stabilito in altri contratti collettivi di settori affini o per mansioni analoghe; nella opera di verifica della retribuzione minima adeguata ex art. 36 Cost. il giudice, nell'ambito dei propri poteri può fare altresì riferimento, all'occorrenza, ad indicatori economici e statistici, anche secondo quanto suggerito dalla Direttiva UE 2022/2041 del 19 ottobre 2022 (C.C. 27769/23 – Conf. C.C. 27711/23).

2100. Obbligatorietà del cottimo. – Il prestatore di lavoro deve essere retribuito secondo il sistema del cottimo quando, in conseguenza dell'organizzazione del lavoro, è vincolato all'osservanza di un determinato ritmo produttivo, o quando la valutazione della sua prestazione è fatta in base al risultato delle misurazioni dei tempi di lavorazione (2101, 2127, 2131).

Le norme corporative determinano i rami di produzione e i casi in cui si verificano le condizioni previste nel comma precedente e stabiliscono i criteri per la formazione delle tariffe ([1]).

([1]) *Comma da ritenersi abrogato dal R.D.L. 9 agosto 1943, n. 721 e dal D.L.vo Lgt. 23 novembre 1944, n. 369.*

2101. Tariffe di cottimo. – Le norme corporative ([1]) possono stabilire che le tariffe di cottimo non divengano definitive se non dopo un periodo di esperimento.

Le tariffe possono essere sostituite o modificate soltanto se intervengono mutamenti nelle condizioni di esecuzione del lavoro, e in ragione degli stessi. In questo caso la sostituzione o la variazione della tariffa non diviene definitiva se non dopo il periodo di esperimento stabilito dalle norme corporative ([1]).

L'imprenditore deve comunicare preventivamente ai prestatori di lavoro i dati riguardanti gli elementi costitutivi della tariffa di cottimo, le lavorazioni da eseguirsi e il relativo compenso unitario. Deve altresì comunicare i dati relativi alla quantità di lavoro eseguita e al tempo impiegato.

([1]) *L'espressione «corporative» ed il secondo periodo del secondo comma sono da ritenersi abrogati dal R.D.L. 9 agosto 1943, n. 721.*

2102. Partecipazione agli utili. – Se [le norme corporative o] ([1]) la convenzione non dispongono diversamente, la partecipazione agli utili spettante al prestatore di lavoro (2099[3], 2121, 2349, 2554) è determinata in base agli utili netti dell'impresa, e, per le imprese soggette alla pubblicazione del bilancio, in base agli utili netti risultanti dal bilancio regolarmente approvato e pubblicato (2433, 2435).

([1]) *L'espressione «le norme corporative o» è da ritenersi abrogata dal R.D.L. 9 agosto 1943, n. 721 e dal D.L.vo Lgt. 23 novembre 1944, n. 369.*

2103. ([1]) **Prestazione del lavoro.** – Il lavoratore deve essere adibito alle mansioni per le quali è stato assunto o a quelle corrispondenti all'inquadramento superiore che abbia successivamente acquisito ovvero a mansioni riconducibili allo stesso livello e categoria legale di inquadramento delle ultime effettivamente svolte.

In caso di modifica degli assetti organizzativi aziendali che incide sulla posizione del lavoratore, lo stesso può essere assegnato a mansioni appartenenti al livello di inquadramento inferiore purché rientranti nella medesima categoria legale.

Il mutamento di mansioni è accompagnato, ove necessario, dall'assolvimento dell'obbligo formativo, il cui mancato adempimento non determina comunque la nullità dell'atto di assegnazione delle nuove mansioni.

Ulteriori ipotesi di assegnazione di mansioni appartenenti al livello di inquadramento inferiore, purché rientranti nella medesima categoria legale, possono essere previste dai contratti collettivi.

Nelle ipotesi di cui al secondo e al quarto comma, il mutamento di mansioni è comunicato per iscritto, a pena di nullità, e il lavoratore ha diritto alla conservazione del livello di inquadramento e del trattamento retributivo in godimento, fatta eccezione per gli elementi retributivi collegati a particolari modalità di svolgimento della precedente prestazione lavorativa.

Nelle sedi di cui all'articolo 2113, quarto comma, o avanti alle commissioni di certificazione, possono essere stipulati accordi individuali di modifica delle mansioni, della categoria legale e del livello di inquadramento e della relativa retribuzione, nell'interesse del lavoratore alla conservazione dell'occupazione, all'acquisizione di una diversa professionalità o al miglioramento delle condizioni di vita. Il lavoratore può farsi assistere da un rappresentante dell'associazione sindacale cui aderisce o conferisce mandato o da un avvocato o da un consulente del lavoro.

Nel caso di assegnazione a mansioni superiori il lavoratore ha diritto al trattamento corrispondente all'attività svolta e l'assegnazione diviene definitiva, salvo diversa volontà del lavoratore, ove la medesima non abbia avuto luogo per ragioni sostitutive di altro lavoratore in servizio, dopo il periodo fissato dai contratti collettivi o, in mancanza, dopo sei mesi continuativi.

Il lavoratore non può essere trasferito da un'unità produttiva ad un'altra se non per comprovate ragioni tecniche, organizzative e produttive.

Salvo che ricorrano le condizioni di cui al secondo e al quarto comma e fermo quanto disposto al sesto comma, ogni patto contrario è nullo.

(1) *Questo articolo è stato, da ultimo, così sostituito dall'art. 3, comma 1, del D.L.vo 15 giugno 2015, n. 81.*

NOTE OPERATIVE:

Jus variandi: L'equivalenza tra le nuove mansioni e quelle precedenti, che legittima lo jus variandi del datore di lavoro deve essere intesa nel senso di pari valore professionale delle mansioni, considerate nella loro oggettività, e quale attitudine delle nuove mansioni a consentire la piena utilizzazione o, addirittura, l'arricchimento del patrimonio professionale dal lavoratore acquisito nella pregressa fase del rapporto (C.C. 31342/21 – Conf. S.U. 25033/06; C.C. 7453/05).

Eccezione di inadempimento: L'inadempimento datoriale, in caso di trasferimento, non legittima in via automatica il rifiuto del lavoratore ad eseguire la prestazione lavorativa in quanto, vertendosi in ipotesi di contratto a prestazioni corrispettive, trova applicazione il disposto dell'art. 1460, comma 2, c.c., alla stregua del quale la parte adempiente può rifiutarsi di eseguire la prestazione a proprio carico solo ove tale rifiuto, avuto riguardo alle circostanze concrete, non risulti contrario alla buona fede (C.C. 10227/23 – Conf. C.C. 16206/22).

2104. Diligenza del prestatore di lavoro. – Il prestatore di lavoro deve usare la diligenza richiesta dalla natura della prestazione dovuta, dall'interesse dell'impresa e da quello superiore della produzione nazionale (1176).

Deve inoltre osservare le disposizioni per l'esecuzione e per la disciplina del lavoro impartite dall'imprenditore (2086) e dai collaboratori di questo dai quali gerarchicamente dipende (2094, 2106).

NOTE OPERATIVE:

Caratteristiche: L'obbligo di diligenza del prestatore di lavoro è un obbligo di carattere oggettivo, poiché l'adeguatezza della prestazione deve essere valutata con riguardo all'interesse del datore di lavoro: difatti esso costituisce una specificazione del principio generale fissato dall'art. 1176, comma 2, c.c. e deve essere pertanto valutato in relazione alla natura dell'attività esercitata (C.C. 24634/19 – Conf. C.C. 22965/13).

2105. Obbligo di fedeltà. – Il prestatore di lavoro non deve trattare affari, per conto proprio o di terzi, in concorrenza con l'imprenditore, né divulgare notizie attinenti all'organizzazione e ai metodi di produzione dell'impresa, o farne uso in modo da poter recare ad essa pregiudizio (2125).

NOTE OPERATIVE:

Ambito di applicazione: La violazione del dovere di fedeltà riguarda la concorrenza che il prestatore possa svolgere non già, dopo la cessazione del rapporto, nei confronti del precedente datore di lavoro, ma quella che egli abbia svolto illecitamente nel corso del rapporto di lavoro, incluso il periodo di preavviso (C.C. 3543/21 – Conf. C.C. 3543/21).

2106. Sanzioni disciplinari. – L'inosservanza delle disposizioni contenute nei due articoli precedenti può dar luogo all'applicazione di sanzioni disciplinari, secondo la gravità dell'infrazione (96 att.) [e in conformità delle norme corporative] (1).

(1) *L'espressione «e in conformità delle norme corporative» è da ritenersi abrogata dal R.D.L. 9 agosto 1943, n. 721 e dal D.L.vo Lgt. 23 novembre 1944, n. 369.*

NOTE OPERATIVE:

Ambito di applicazione: Solo una condotta posta in essere mentre il rapporto di lavoro è in corso può integrare stricto iure una responsabilità disciplinare del dipendente (C.C. 24259/16).

Valutazione: Nella valutazione complessiva della proporzionalità tra l'infrazione e la sanzione disciplinare irrogata rientra non solo l'illiceità in senso oggettivo della condotta (C.C. 17337/16), ma anche l'intensità o la tenuità dell'elemento psicologico del lavoratore (C.C. 3416/16).

2107. Orario di lavoro. – La durata giornaliera e settimanale della prestazione di lavoro non può superare i limiti stabiliti dalle leggi speciali [o dalle norme corporative] (1).

(1) *L'espressione «o dalle norme corporative» è da ritenersi abrogata dal R.D.L. 9 agosto 1943, n. 721 e dal D.L.vo Lgt. 23 novembre 1944, n. 369.*

NOTE OPERATIVE:

Ambito di applicazione: Il tempo preparatorio della prestazione lavorativa rientra nell'orario di lavoro se le relative operazioni si svolgano sotto la direzione e il controllo del datore di lavoro (C.C. 37286/21).

2108. Lavoro straordinario e notturno. – In caso di prolungamento dell'orario normale, il prestatore di lavoro deve essere compensato per le ore straordinarie con un aumento di retribuzione rispetto a quella dovuta per il lavoro ordinario.

Il lavoro notturno non compreso in regolari turni periodici deve essere parimenti retribuito con una maggiorazione rispetto al lavoro diurno.

I limiti entro i quali sono consentiti il lavoro straordinario e quello notturno, la durata di essi e la misura della maggiorazione sono stabiliti dalla legge [o dalle norme corporative] (1).

(1) *L'espressione «o dalle norme corporative» è da ritenersi abrogata dal R.D.L. 9 agosto 1943, n. 721 e dal D.L.vo Lgt. 23 novembre 1944, n. 369.*

NOTE OPERATIVE:

Ambito di applicazione: Il lavoro svolto oltre il normale orario contrattuale, ma inferiore a quello massimo fissato per legge, può non essere considerato straordinario (C.C. 28715/08 – Conf. C.C. 1333/08).

2109. Periodo di riposo (1) (2). – Il prestatore di lavoro ha diritto ad un giorno di riposo ogni settimana, di regola in coincidenza con la domenica (36 Cost.).

Ha anche diritto, dopo un anno d'ininterrotto servizio (3), ad un periodo annuale di ferie retribuito, possibilmente continuativo, nel tempo che l'imprenditore stabilisce, tenuto conto delle esigenze dell'impresa e degli interessi del prestatore di lavoro. La durata di tale periodo è stabilita dalla legge, dalle norme corporative (4), e dagli usi o secondo equità (2243).

L'imprenditore deve preventivamente comunicare al prestatore di lavoro il periodo stabilito per il godimento delle ferie.

Non può essere computato nelle ferie il periodo di preavviso indicato nell'art. 2118 (98 att.).

(1) *La Corte costituzionale, con sentenza n. 189 del 16 dicembre 1980, ha dichiarato l'illegittimità costituzionale di questo articolo nella parte in cui non prevede il diritto a ferie retribuite anche per il lavoratore assunto in prova in caso di recesso dal contratto durante il periodo di prova medesimo.*

(2) *La Corte costituzionale, con sentenza n. 616 del 30 dicembre 1987, ha dichiarato l'illegittimità costituzionale di questo articolo, nella parte in cui non prevede che la malattia insorta durante il periodo feriale ne sospenda il decorso.*

(3) *La Corte costituzionale, con sentenza n. 66 del 10 maggio 1963, ha dichiarato l'illegittimità costituzionale dell'espressione «dopo un anno di ininterrotto servizio».*

(4) *L'espressione «dalle norme corporative» è da ritenersi abrogata dal R.D.L. 9 agosto 1943, n. 721.*

NOTE OPERATIVE:

Finalità: Il diritto del lavoratore alle ferie annuali, tutelato dall'art. 36 Cost., è ricollegabile non solo ad una funzione di corrispettivo dell'attività lavorativa, ma altresì al soddisfacimento di esigenze psicologiche fondamentali del lavoratore, il quale, mediante le ferie, può partecipare più incisivamente alla vita famigliare e sociale e può vedersi tutelato il proprio diritto alla salute nell'interesse dello stesso datore di lavoro (C.C. 17177/14 – Conf. S.U. 14020/01).

2110. Infortunio, malattia, gravidanza, puerperio. – In caso d'infortunio, di malattia, di gravidanza o di puerperio, se la legge o le norme corporative (1) non stabiliscono forme equivalenti di previdenza o di assistenza, è dovuta al prestatore di lavoro la retribuzione o un'indennità nella misura e per il tempo determinati dalle leggi speciali, dalle norme corporative (1), dagli usi o secondo equità (38^2 Cost.; 98 att.).

Nei casi indicati nel comma precedente, l'imprenditore ha diritto di recedere dal contratto a norma dell'art. 2118, decorso il periodo stabilito dalla legge [dalle norme corporative] (1), dagli usi o secondo equità.

Il periodo di assenza dal lavoro per una delle cause anzidette deve essere computato nell'anzianità di servizio (2120; 98 att.).

(1) *L'espressione «le norme corporative» è da ritenersi abrogata dal R.D.L. 9 agosto 1943, n. 721 e dal D.L.vo Lgt. 23 novembre 1944, n. 369.*

NOTE OPERATIVE:

Ambito di applicazione: La norma trova applicazione sia in caso di assenze determinate da malattia del lavoratore, sia nel caso di una sola affezione continuata, quanto in quello del succedersi di diversi episodi morbosi (cosiddetta eccessiva morbilità), essendo norma prevalente, per la sua specialità, sulla disciplina generale della risoluzione del contratto per sopravvenuta impossibilità parziale della prestazione lavorativa e sulla disciplina limitativa dei licenziamenti individuali (C.C. 16719/23 – Conf. C.C. 31736/18; C.C. 7730/04).

2111. Servizio militare. – [La chiamata alle armi per adempiere agli obblighi di leva risolve il contratto di lavoro, salvo diverse disposizioni delle norme corporative] (1).

In caso di richiamo alle armi, si applicano le disposizioni del primo e del terzo comma dell'articolo precedente.

(1) *Comma da ritenersi implicitamente abrogato dal D.L.vo C.P.S. 13 settembre 1946, n. 303, conservazione del posto ai lavoratori chiamati alle armi per servizio di leva, il quale ha disposto che la chiamata alle armi per adempiere agli obblighi di leva sospende il rapporto di lavoro per tutto il periodo di leva con diritto del lavoratore alla conservazione del posto. Si vedano anche: L. 8 luglio 1998, n. 230, nuove norme in materia di obiezione di coscienza; L. 6 marzo 2001, n. 64, istituzione del servizio civile nazionale.*

NOTE OPERATIVE:

Effetti: In tema di adempimento di obblighi di leva, ai sensi dell'art. 52 Cost., il servizio militare non pregiudica la posizione di lavoro del cittadino (C.C. 5050/07).

2112. (1) **Mantenimento dei diritti dei lavoratori in caso di trasferimento d'azienda.** – In caso di trasferimento d'azienda, il rapporto di lavoro continua con il cessionario ed il lavoratore conserva tutti i diritti che ne derivano.

Il cedente ed il cessionario sono obbligati, in solido, per tutti i crediti che il lavoratore aveva al tempo del trasferimento. Con le procedure di cui agli articoli 410 e 411 del codice di procedura civile il lavoratore può consentire la liberazione del cedente dalle obbligazioni derivanti dal rapporto di lavoro.

Il cessionario è tenuto ad applicare i trattamenti economici e normativi previsti dai contratti collettivi nazionali, territoriali ed aziendali vigenti alla data del trasferimento, fino alla loro scadenza, salvo che siano sostituiti da altri contratti collettivi applicabili all'impresa del cessionario. L'effetto di sostituzione si produce esclusivamente fra contratti collettivi del medesimo livello.

Ferma restando la facoltà di esercitare il recesso ai sensi della normativa in materia di licenziamenti, il trasferimento d'azienda non costituisce di per sé motivo di licenziamento. Il lavoratore, le cui condizioni di lavoro subiscono una sostanziale modifica nei tre mesi successivi al trasferimento d'azienda, può rassegnare le proprie dimissioni con gli effetti di cui all'articolo 2119, primo comma.

Ai fini e per gli effetti di cui al presente articolo si intende per trasferimento d'azienda qualsiasi operazione che, in seguito a cessione contrattuale o fusione, comporti il mutamento nella titolarità di un'attività economica organizzata, con o senza scopo di lucro, preesistente al trasferimento e che conserva nel trasferimento la propria identità a prescindere dalla tipologia negoziale o dal provvedimento sulla base del quale il trasferimento è attuato ivi compresi l'usufrutto o l'affitto di azienda. Le disposizioni del presente articolo si applicano altresì al trasferimento di parte dell'azienda, intesa come articolazione funzionalmente autonoma di un'attività economica organizzata, identificata come tale dal cedente e dal cessionario al momento del suo trasferimento (2).

Nel caso in cui l'alienante stipuli con l'acquirente un contratto di appalto la cui esecuzione avviene utilizzando il ramo d'azienda oggetto di cessione, tra appaltante e appaltatore opera un regime di solidarietà di cui all'articolo 29, comma 2, del decreto legislativo 10 settembre 2003, n. 276 (3) (4).

(1) *Questo articolo è stato così sostituito, a decorrere dal 1° luglio 2001, dall'art. 1 del D.L.vo 2 febbraio 2001, n. 18.*

(2) *Questo comma è stato così sostituito dall'art. 32, comma 1, del D.L.vo 10 settembre 2003, n. 276.*

(3) *Le parole: «di cui all'articolo 1676» sono state così sostituite dalle attuali: «di cui all'articolo 29, comma 2, del decreto legislativo 10 settembre 2003, n. 276» dall'art. 9 del D.L.vo 6 ottobre 2004, n. 251.*

(4) *Questo comma è stato aggiunto dall'art. 32, comma 2, del D.L.vo 10 settembre 2003, n. 276.*

NOTE OPERATIVE:

Ambito di applicazione: La norma si applica ogni qualvolta, rimanendo immutata l'organizzazione aziendale, vi sia la sostituzione della persona del titolare del rapporto di lavoro e il suo subentro nella gestione del complesso dei beni ai fini dell'esercizio dell'impresa, indipendentemente dallo strumento tecnico giuridico adottato e dalla sussistenza di un vincolo contrattuale diretto tra cedente e cessionario (C.C. 23242/23 – Conf. C.C. 21615/19).

2113. Rinunzie e transazioni. – Le rinunzie (1236 ss.) e le transazioni (1966[2]), che hanno per oggetto diritti del prestatore di lavoro derivanti da disposizioni inderogabili della legge e dei contratti o accordi collettivi concernenti i rapporti di cui all'art. 409 del codice di procedura civile, non sono valide (2112[3]).

L'impugnazione (1441) deve essere proposta, a pena di decadenza (2964), entro sei mesi dalla data di cessazione del rapporto o dalla data della rinunzia o della transazione, se queste sono intervenute dopo la cessazione medesima.

Le rinunzie e le transazioni di cui ai commi precedenti possono essere impugnate con qualsiasi atto scritto, anche stragiudiziale, del lavoratore idoneo a rendere nota la volontà.

Le disposizioni del presente articolo non si applicano alla conciliazione intervenuta ai sensi degli articoli 185, 410, 411, 412 *ter* e 412 *quater* del codice di procedura civile (1).

(1) *Le parole: «ai sensi degli articoli 185, 410 e 411 del codice di procedura civile» sono state così sostituite dalle attuali: «ai sensi degli articoli 185, 410, 411, 412* ter *e 412* quater *del codice di procedura civile» dall'art. 31, comma 7, della L. 4 novembre 2010, n. 183.*

NOTE OPERATIVE:

Ambito di applicazione: La disciplina dell'annullabilità degli atti contenenti rinunce del lavoratore a diritti garantiti da norme inderogabili di legge o di contratto collettivo riguarda le ipotesi di rinuncia a un diritto già acquisito (C.C. 1887/22 – Conf. C.C. 13834/01; C.C. 6857/98).

§. 3
Della previdenza e dell'assistenza

2114. Previdenza ed assistenza obbligatorie. – Le leggi speciali [e le norme corporative] (1) determinano i casi e le forme di previdenza e di assistenza obbligatorie e le contribuzioni e prestazioni relative.

(1) *L'espressione «e le norme corporative» è da ritenersi abrogata dal R.D.L. 9 agosto 1943, n. 721.*

2115. Contribuzioni. – Salvo diverse disposizioni della legge [o delle norme corporative] (1), l'imprenditore e il prestatore di lavoro contribuiscono in parti eguali alle istituzioni di previdenza e di assistenza.

L'imprenditore è responsabile del versamento del contributo, anche per la parte che è a carico del prestatore di lavoro, salvo il diritto di rivalsa secondo le leggi speciali (2753, 2754).

È nullo qualsiasi patto diretto ad eludere gli obblighi relativi alla previdenza o all'assistenza (1419).

(1) *L'espressione «o delle norme corporative» è da ritenersi abrogata dal R.D.L. 9 agosto 1943, n. 721.*

NOTE OPERATIVE:

Ambito di applicazione: Le prestazioni previdenziali e pensionistiche di fonte negoziale non hanno carattere di indisponibilità ed irrinunciabilità (C.C. 1432/98).

2116. Prestazioni. – Le prestazioni indicate nell'art. 2114 sono dovute al prestatore di lavoro, anche quando l'imprenditore non ha versato regolarmente i contributi dovuti alle istituzioni di previdenza e di assistenza, salvo diverse disposizioni delle leggi speciali [o delle norme corporative] (1).

Nei casi in cui, secondo tali disposizioni, le istituzioni di previdenza e di assistenza, per mancata o irregolare contribuzione, non sono tenute a corrispondere in tutto o in parte le prestazioni dovute, l'imprenditore è responsabile del danno che ne deriva al prestatore di lavoro.

(1) *L'espressione «o delle norme corporative» è da ritenersi abrogata dal R.D.L. 9 agosto 1943, n. 721.*

NOTE OPERATIVE:

Risarcimento: In tema di omissioni contributive, l'azione attribuita al lavoratore per il conseguimento del risarcimento del danno patrimoniale – consistente nella perdita totale del trattamento pensionistico ovvero nella percezione di un trattamento inferiore a quello altrimenti spettante – presuppone che siano maturati i requisiti per l'accesso alla prestazione previdenziale e postula l'intervenuta prescrizione del credito contributivo (C.C. 36321/22 – Conf. C.C. 15947/21).

2117. Fondi speciali per la previdenza e l'assistenza. – I fondi speciali per la previdenza e l'assistenza che l'imprenditore abbia costituiti (2123, 2429), anche senza contribuzione dei prestatori di lavoro, non possono essere distratti dal fine al quale sono destinati e non possono formare oggetto di esecuzione (513, 545 c.p.c.) da parte dei creditori dell'imprenditore o del prestatore di lavoro.

§. 4
Dell'estinzione del rapporto di lavoro

2118. Recesso dal contratto a tempo indeterminato. – Ciascuno dei contraenti può recedere dal contratto di lavoro a tempo indeterminato (1373), dando il preavviso nel termine e nei modi stabiliti [dalle norme corporative] ([1]), dagli usi o secondo equità (1750[2], 2109, 2110[2], 2244; 98 att.).

In mancanza di preavviso, il recedente è tenuto verso l'altra parte a un'indennità equivalente all'importo della retribuzione che sarebbe spettata per il periodo di preavviso (2276, 2751 *bis*, n. 4, 2948, n. 5; 98 att.).

La stessa indennità è dovuta dal datore di lavoro nel caso di cessazione del rapporto per morte del prestatore di lavoro (2122).

([1]) *L'espressione «dalle norme corporative» è da ritenersi abrogata dal R.D.L. 9 agosto 1943, n. 721.*

NOTE OPERATIVE:

Preavviso: L'istituto del preavviso ha natura, non già risarcitoria, ma indennitaria, in quanto finalizzato a porre rimedio alla mera eventualità del mancato rinvenimento di una nuova occupazione, nonché a tutelare la parte che subisce l'improvvisa interruzione del rapporto, attenuandone le conseguenze (C.C. 3351/23) ed esplica i suoi effetti, per la sua portata generale, in tutti i casi in cui il recesso ha efficacia estintiva del rapporto di lavoro (C.C. 24776/13 – Conf. C.C. 4192/13; C.C. 13732/06).

2119. Recesso per giusta causa. – Ciascuno dei contraenti può recedere dal contratto prima della scadenza del termine, se il contratto è a tempo determinato, o senza preavviso, se il contratto è a tempo indeterminato (2097), qualora si verifichi una causa che non consenta la prosecuzione, anche provvisoria, del rapporto. Se il contratto è a tempo indeterminato, al prestatore di lavoro che recede per giusta causa compete l'indennità indicata nel secondo comma dell'articolo precedente (2244).

Non costituisce giusta causa di risoluzione del contratto la liquidazione coatta amministrativa dell'impresa. Gli effetti della liquidazione giudiziale sui rapporti di lavoro sono regolati dal codice della crisi e dell'insolvenza ([1]).

([1]) *Questo comma è stato così sostituito dall'art. 376, comma 1, del D.L.vo 12 gennaio 2019, n. 14, a decorrere dal 15 luglio 2022.*

NOTE OPERATIVE:

Contrattazione collettiva: La scala valoriale espressa dalle disposizioni disciplinari della contrattazione collettiva costituisce uno dei parametri per mezzo dei quali riempire di contenuto la clausola generale dell'art. 2119 c.c. (C.C. 17597/22) priva di valore vincolante (C.C. 34422/21 – Conf. C.C. 17321/20).

2120. ([1]) **Disciplina del trattamento di fine rapporto.** – In ogni caso di cessazione del rapporto di lavoro subordinato, il prestatore di lavoro ha diritto ad un trattamento di fine rapporto. Tale trattamento si calcola sommando per ciascun anno di servizio una quota pari e comunque non superiore all'importo della retribuzione dovuta per l'anno stesso divisa per 13,5. La quota è proporzionalmente ridotta per le frazioni di anno, computandosi come mese intero le frazioni di mese uguali o superiori a 15 giorni.

Salvo diversa previsione dei contratti collettivi la retribuzione annua, ai fini del comma precedente, comprende tutte le somme, compreso l'equivalente delle prestazioni in natura, corrisposte in dipendenza del rapporto di lavoro, a titolo non occasionale e con esclusione di quanto è corrisposto a titolo di rimborso spese.

In caso di sospensione della prestazione di lavoro nel corso dell'anno per una delle cause di cui all'articolo 2110, nonché in caso di sospensione totale o parziale per la quale sia prevista l'integrazione salariale, deve essere computato nella retribuzione di cui al primo comma l'equivalente della retribuzione a cui il lavoratore avrebbe avuto diritto in caso di normale svolgimento del rapporto di lavoro.

Il trattamento di cui al precedente primo comma, con esclusione della quota maturata nell'anno, è incrementato, su base composta, al 31 dicembre di ogni anno, con l'applicazione di un tasso costituito dall'1,5 per cento in misura fissa e dal 75 per cento dell'aumento dell'indice dei prezzi al consumo per le famiglie di operai ed impiegati, accertato dall'ISTAT, rispetto al mese di dicembre dell'anno precedente.

Ai fini dell'applicazione del tasso di rivalutazione di cui al comma precedente per frazioni di anno, l'incremento dell'indice ISTAT è quello risultante nel mese di cessazione del rapporto di lavoro rispetto a quello di dicembre dell'anno precedente. Le frazioni di mese uguali o superiori a quindici giorni si computano come mese intero.

Il prestatore di lavoro, con almeno otto anni di servizio presso lo stesso datore di lavoro, può chiedere, in costanza di rapporto di lavoro, una anticipazione non superiore al 70 per cento sul trattamento cui avrebbe diritto nel caso di cessazione del rapporto alla data della richiesta.

Le richieste sono soddisfatte annualmente entro i limiti del 10 per cento degli aventi titolo, di cui al precedente comma, e comunque del 4 per cento del numero totale dei dipendenti.

La richiesta deve essere giustificata dalla necessità di:

a) eventuali spese sanitarie per terapie e interventi straordinari riconosciuti dalle competenti strutture pubbliche;

b) acquisto della prima casa di abitazione per sé o per i figli, documentato con atto notarile ([2]).

L'anticipazione può essere ottenuta una sola volta nel corso del rapporto di lavoro e viene detratta, a tutti gli effetti, dal trattamento di fine rapporto.

Nell'ipotesi di cui all'articolo 2122 la stessa anticipazione è detratta dall'indennità prevista dalla norma medesima.

Condizioni di miglior favore possono essere previste dai contratti collettivi o da patti individuali. I contratti collettivi possono altresì stabilire criteri di priorità per l'accoglimento delle richieste di anticipazione.

([1]) *Articolo così sostituito dall'art. 1 della L. 29 maggio 1982, n. 297, disciplina del trattamento di fine rapporto e norme in materia pensionistica.*

([2]) *La Corte costituzionale, con sentenza n. 142 del 5 aprile 1991, ha dichiarato l'illegittimità di questa lettera nella parte in cui non prevede la possibilità di concessione dell'anticipazione in ipotesi di acquisto «in itinere» comprovato con mezzi idonei a dimostrarne l'effettività.*

NOTE OPERATIVE:

Decorrenza: Il trattamento di fine rapporto sorge al momento della cessazione del rapporto ed in conseguenza di essa, essendo irrilevante, al fine di ipotizzare una diversa decorrenza, l'accantonamento annuale della quota del trattamento, che costituisce una mera modalità di calcolo dell'unico diritto che matura nel momento anzidetto, ovvero l'anticipazione sul trattamento medesimo, che è corresponsione di somme provvisoriamente quantificate e prive del requisito della certezza, atteso che il diritto all'integrale prestazione matura, per l'appunto, solo alla fine del rapporto lavorativo (C.C. 9303/20 – Conf. C.C. 4337/20; C.C. 3894/10).

2121. Computo dell'indennità di mancato preavviso. – L'indennità di cui all'articolo 2118 deve calcolarsi computando le provvigioni, i premi di produzione, le partecipazioni agli utili o ai prodotti (2099, 2102) ed ogni altro compenso di carattere continuativo, con esclusione di quanto è corrisposto a titolo di rimborso spese.

Se il prestatore di lavoro è retribuito in tutto o in parte con provvigioni, con premi di produzione o con partecipazioni, l'indennità suddetta è determinata sulla media degli emolumenti degli ultimi tre anni di servizio o del minor tempo di servizio prestato.

Fa parte della retribuzione anche l'equivalente del vitto e dell'alloggio dovuto al prestatore di lavoro ([1]).

([1]) *Vedi, art. 6, D.L. 11 luglio 1992, n. 333, convertito in L. 8 agosto 1992, n. 359.*

NOTE OPERATIVE:

Ambito di applicazione: Nell'ipotesi di contratto di lavoro nullo, al lavoratore non spetta l'indennità sostitutiva del preavviso che, per sua natura, presuppone la validità del rapporto (C.C. 28330/22).

Criteri: Per la determinazione dell'indennità si deve tenere conto di ogni compenso a carattere continuativo, escluso quanto corrisposto a titolo di rimborso spese (C.C. 5592/98).

2122. Indennità in caso di morte. – In caso di morte del prestatore di lavoro, le indennità indicate dagli articoli 2118 e 2120 ([1]) devono corrispondersi al coniuge, ai figli e, se vivevano a carico del prestatore di lavoro, ai parenti entro il terzo grado (76) e agli affini (78) entro il secondo grado (1751[4]).

La ripartizione delle indennità, se non vi è accordo tra gli aventi diritto, deve farsi secondo il bisogno di ciascuno.

In mancanza delle persone indicate nel primo comma, le indennità sono attribuite secondo le norme della successione legittima (565 ss.) ([2]).

È nullo ogni patto anteriore alla morte del prestatore di lavoro circa l'attribuzione e la ripartizione delle indennità (458).

([1]) *Le indennità di cui agli articoli richiamati riguardano le dimissioni dal rapporto di lavoro, il licenziamento* ad nutum *ed il trattamento di fine rapporto.*

([2]) *La Corte costituzionale, con sentenza n. 8 del 19 gennaio 1972, ha dichiarato l'illegittimità costituzionale del comma terzo nella parte in cui esclude che il lavoratore subordinato, in mancanza delle persone indicate nel primo comma, possa disporre per testamento delle indennità di cui allo stesso articolo.*

2123. Forme di previdenza. – Salvo patto contrario, l'imprenditore che ha compiuto volontariamente atti di previdenza può dedurre dalle somme da lui dovute a norma degli articoli 2110, 2111 e 2120 quanto il prestatore di lavoro ha diritto di percepire per effetto degli atti medesimi (1751[2]).

Se esistono fondi di previdenza (2117) formati con il contributo dei prestatori di lavoro, questi hanno diritto alla liquidazione della propria quota, qualunque sia la causa della cessazione del contratto.

2124. Certificato di lavoro. – Se non è obbligatorio il libretto di lavoro, all'atto della cessazione del contratto, qualunque ne sia la causa, l'imprenditore deve rilasciare un certificato con l'indicazione del tempo durante il quale il prestatore di lavoro è stato occupato alle sue dipendenze e delle mansioni esercitate (2133, 2246).

NOTE OPERATIVE:

Efficacia probatoria: Il libretto di lavoro ha efficacia probatoria per le dichiarazioni in esso contenute. Infatti, le annotazioni sul documento in esame hanno natura di scrittura privata e consistono in attestazioni unilaterali del datore di lavoro che costituiscono, quanto meno, indice presuntivo della durata e del contenuto del rapporto di lavoro (C.C. 29819/08 – Conf. C.C. 8950/91; C.C. 510/88; C.C. 2347/87).

2125. Patto di non concorrenza. – Il patto con il quale si limita lo svolgimento dell'attività del prestatore di lavoro, per il tempo successivo alla cessazione del contratto, è nullo se non risulta da atto scritto (2725), se non è pattuito un corrispettivo a favore del prestatore di lavoro e se il vincolo non è contenuto entro determinati limiti di oggetto, di tempo e di luogo.

La durata del vincolo non può essere superiore ai cinque anni, se si tratta di dirigenti, e a tre anni negli altri casi. Se è pattuita una durata maggiore, essa si riduce nella misura suindicata (2557, 2596).

NOTE OPERATIVE:

Presupposti: Al fine di valutare la validità del patto di non concorrenza occorre osservare i seguenti criteri: a) il patto non deve necessariamente limitarsi alle mansioni espletate dal lavoratore nel corso del rapporto, ma può riguardare qualsiasi prestazione lavorativa che possa competere con le attività economiche volte da datore di lavoro, da identificarsi in relazione a ciascun mercato nelle sue oggettive strutture, ove convergano domande e offerte di beni o servizi identici o comunque parimenti idonei a soddisfare le esigenze della clientela del medesimo mercato; b) non deve essere di ampiezza tale da comprimere la esplicazione della concreta professionalità del lavoratore in termini che ne compromettano ogni potenzialità reddituale; c) quanto al corrispettivo dovuto, il patto non deve prevedere compensi simbolici o manifestamente iniqui o sproporzionati in rapporto al sacrificio richiesto al lavoratore e alla riduzione delle sue capacità di guadagno, indipendentemente dall'utilità che il comportamento richiesto rappresenta per il datore di lavoro e dal suo ipotetico valore di mercato; d) il corrispettivo del patto di non concorrenza può essere erogato anche in corso del rapporto di lavoro (C.C. 23418/21 – Conf. C.C. 9790/20).

§. 5
Disposizioni finali

2126. Prestazione di fatto con violazione di legge. – La nullità (1418) o l'annullamento (1425) del contratto di lavoro non produce effetto per il periodo in cui il rapporto ha avuto esecuzione (1445, 2332[2]), salvo che la nullità derivi dall'illiceità dell'oggetto o della causa (1343, 1345, 1346, 2035).

Se il lavoro è stato prestato con violazione di norme poste a tutela del prestatore di lavoro, questi ha in ogni caso diritto alla retribuzione (2098, 2099).

NOTE OPERATIVE:

Ambito di applicazione: La norma ha applicazione generale e riguarda tutte le ipotesi di prestazione di lavoro alle dipendenze di una P.A. (C.C. 991/16 – Conf. C.C. 15450/14).

2127. Divieto d'interposizione nel lavoro a cottimo. – È vietato all'imprenditore di affidare a propri dipendenti lavori a cottimo da eseguirsi da prestatori di lavoro assunti e retribuiti direttamente dai dipendenti medesimi (2100 ss.).

In caso di violazione di tale divieto, l'imprenditore risponde direttamente, nei confronti dei prestatori di lavoro assunti dal proprio dipendente, degli obblighi derivanti dai contratti di lavoro da essi stipulati.

2128. Lavoro a domicilio. – Ai prestatori di lavoro a domicilio si applicano le disposizioni di questa sezione, in quanto compatibili con la specialità del rapporto.

NOTE OPERATIVE:

Caratteristiche: Il lavoro a domicilio realizza una forma di decentramento produttivo, caratterizzata dal fatto che l'oggetto della prestazione viene in rilievo non come risultato, ma come l'estrinsecazione di energie lavorative, rese in maniera continuativa all'esterno dell'azienda, ma organizzate ed utilizzate in funzione complementare o sostitutiva del lavoro eseguito all'interno di essa (C.C. 4761/06).

2129. Contratto di lavoro per i dipendenti da enti pubblici. – Le disposizioni di questa sezione si applicano ai prestatori di lavoro dipendenti da enti pubblici, salvo che il rapporto sia diversamente regolato dalla legge (98).

Sezione IV
Del tirocinio

2130. Durata del tirocinio. – Il periodo di tirocinio non può superare i limiti stabiliti [dalle norme corporative o] (1) dagli usi.

(1) *L'espressione «dalle norme corporative» è da ritenersi abrogata dal R.D.L. 9 agosto 1943, n. 721.*

NOTE OPERATIVE:

Stage: Nel rapporto che si istituisce nei corsi di addestramento o perfezionamento per lavoratori (stages) indetti dalle imprese con autonomia di regolamentazione, organizzazione e funzionamento, l'insegnamento impartito dalle imprese, diretto alla formazione professionale dell'allievo, è l'unico oggetto del contratto (C.C. 1380/06 – Conf. C.C. 3958/00; C.C. 630/98; C.C. 987/94; C.C. 5731/90; C.C. 3607/90).

2131. Retribuzione. – La retribuzione dell'apprendista non può assumere la forma di salario a cottimo (2100 ss.).

2132. Istruzione professionale. – L'imprenditore deve permettere che l'apprendista frequenti i corsi per la formazione professionale e deve destinarlo soltanto ai lavori attinenti alla specialità professionale a cui si riferisce il tirocinio.

2133. Attestato di tirocinio. – Alla cessazione del tirocinio, l'apprendista, per il quale non è obbligatorio il libretto di lavoro, ha diritto di ottenere un attestato del tirocinio compiuto (2124).

2134. Norme applicabili al tirocinio. – Al tirocinio si applicano le disposizioni della sezione precedente, in quanto siano compatibili con la specialità del rapporto e non siano derogate da disposizioni delle leggi speciali [o da norme corporative] (1).

(1) *L'espressione «o da norme corporative» è da ritenersi abrogata dal R.D.L. 9 agosto 1943, n. 721.*

Capo II
Dell'impresa agricola

Sezione I
Disposizioni generali

2135. (1) (2) (3) (4) **Imprenditore agricolo.** – È imprenditore agricolo chi esercita una delle seguenti attività: coltivazione del fondo, selvicoltura, allevamento di animali e attività connesse.

Per coltivazione del fondo, per selvicoltura e per allevamento di animali si intendono le attività dirette alla cura ed allo sviluppo di un ciclo biologico o di una fase necessaria del ciclo stesso, di carattere vegetale o animale, che utilizzano o possono utilizzare il fondo, il bosco o le acque dolci, salmastre o marine.

Si intendono comunque connesse le attività, esercitate dal medesimo imprenditore agricolo, dirette alla manipolazione, conservazione, trasformazione, commercializzazione e valorizzazione che abbiano ad oggetto prodotti ottenuti prevalentemente dalla coltivazione del fondo o del bosco o dall'allevamento di animali, nonché le attività dirette alla fornitura di beni o servizi mediante l'utilizzazione prevalente di attrezzature o risorse dell'azienda normalmente impiegate nell'attività agricola esercitata, ivi comprese le attività di valorizzazione del territorio e del patrimonio rurale e forestale, ovvero di ricezione ed ospitalità come definite dalla legge.

(1) *Questo articolo è stato così sostituito dall'art. 1 del D.L.vo 18 maggio 2001, n. 228.*

(2) *A norma dell'articolo 78, del D.L. 17 marzo 2020 n. 18, convertito, con modificazioni, nella legge 24 aprile 2020 n. 27, così come modificato dall'art. 224, comma 2, lett. c), del D.L. 19 maggio 2020, n. 34, convertito, con modificazioni, nella L. 17 luglio 2020, n. 77, al fine di garantire la continuità aziendale delle imprese agricole di cui a questo articolo, in forma singola o associata, i mutui e gli altri finanziamenti concessi dalle banche e dagli altri soggetti autorizzati all'esercizio del credito destinati a soddisfare le esigenze di conduzione o miglioramento delle strutture produttive, in essere al 1° marzo 2020, anche perfezionati tramite il rilascio di cambiali agrarie, possono essere rinegoziati, tenuto conto delle esigenze economiche e finanziarie delle imprese agricole ed assicurando condizioni migliorative incidendo sul piano di ammortamento e sulla misura del tasso di interesse. Le operazioni di rinegoziazione sono esenti da ogni imposta e da ogni altro onere, anche amministrativo, a carico dell'impresa, ivi comprese le spese istruttorie.*

(3) *A norma dell'art. 39 bis, comma 1, del D.L. 22 marzo 2021, n. 41, convertito, con modificazioni, nella L. 21 maggio 2021, n. 69, fino al 31 dicembre 2022, nelle zone montane le misure d'incentivazione di cui al decreto del Ministro dello sviluppo economico 16 febbraio 2016, pubblicato nella Gazzetta Ufficiale n. 51 del 2 marzo 2016, si applicano anche alle imprese il cui titolare esercita le attività di cui a questo articolo.*

(4) *A norma dell'art. 13, comma 1, del D.L. 9 agosto 2022, n. 115, convertito, con modificazioni, nella L. 21 settembre 2022, n. 142, le imprese agricole di cui a questo articolo, ivi comprese le cooperative che svolgono l'attività di produzione agricola, iscritte nel registro delle imprese o nell'anagrafe delle imprese agricole istituita presso le Province autonome di Trento e di Bolzano, che hanno subito danni dalla siccità eccezionale verificatasi a partire dal mese di maggio 2022 e che, al verificarsi dell'evento, non beneficiavano della copertura recata da polizze assicurative a fronte del rischio siccità, possono accedere agli interventi previsti per favorire la ripresa dell'attività economica e produttiva di cui all'articolo 5 del decreto legislativo 29*

marzo 2004, n. 102, anche in deroga alle disposizioni di cui al comma 4 del medesimo articolo 5.

NOTE OPERATIVE:

Ambito di applicazione: La nuova formulazione della norma ha ampliato la nozione di imprenditore agricolo, rilevante ai fini dell'inquadramento previdenziale nonché della tutela assicurativa, in quanto, richiamando le attività dirette alla cura e allo sviluppo di un ciclo biologico, ha ricompreso tra quelle complementari anche le attività che non presentano una connessione necessaria tra produzione e utilizzazione del fondo, ma unicamente un collegamento funzionale e meramente strumentale con il terreno (C.C. 27198/22 – Conf. C.C. 5391/18).

2136. Inapplicabilità delle norme sulla registrazione. – Le norme relative all'iscrizione nel registro delle imprese (2188, 2195) non si applicano agli imprenditori agricoli, salvo quanto è disposto dall'art. 2200.

2137. Responsabilità dell'imprenditore agricolo. – L'imprenditore, anche se esercita l'impresa su fondo altrui, è soggetto agli obblighi stabiliti dalla legge [e dalle norme corporative] (1) concernenti l'esercizio dell'agricoltura.

(1) *L'espressione «e dalle norme corporative» è da ritenersi abrogata dal R.D.L. 9 agosto 1943, n. 721.*

2138. Dirigenti e fattori di campagna. – I poteri dei dirigenti preposti all'esercizio dell'impresa agricola e quelli dei fattori di campagna, se non sono determinati per iscritto dal preponente, sono regolati [dalle norme corporative (1) e, in mancanza], dagli usi.

(1) *L'espressione «e dalle norme corporative» è da ritenersi abrogata dal R.D.L. 9 agosto 1943, n. 721.*

2139. Scambio di mano d'opera o di servizi. – Tra i piccoli imprenditori agricoli (2083) è ammesso lo scambio di mano d'opera o di servizi secondo gli usi.

2140. [**Comunioni tacite familiari.** – (*Omissis*)] (1).

(1) *Articolo abrogato dall'art. 205, L. 19 maggio 1975, n. 151. Si veda, ora, l'art. 230 bis c.c.*

Sezione II
Della mezzadria

2141. Nozione. – Nella mezzadria il concedente ed il mezzadro, in proprio e quale capo di una famiglia colonica (2142, 2150), si associano per la coltivazione di un podere e per l'esercizio delle attività connesse (2135) al fine di dividerne a metà i prodotti e gli utili (2155, 2156). È valido tuttavia il patto con il quale taluni prodotti si dividono in proporzioni diverse.

NOTE OPERATIVE:

Natura giuridica: Il mezzadro non è legittimato all'instaurazione di un giudizio petitorio, giacché titolare di un diritto di godimento personale e non reale (C.C. 12124/23).

2142. (1) **Famiglia colonica.** – La composizione della famiglia colonica non può volontariamente essere modificata senza il consenso del concedente, salvi i casi di matrimonio, di adozione e di riconoscimento di figli nati fuori del matrimonio (2). La composizione e le variazioni della famiglia colonica devono risultare dal libretto colonico.

(1) *Articolo da ritenere abrogato. Dispone, in contrario, l'art. 7 della L. 15 settembre 1964, n. 756, che: «La composizione della famiglia colonica può essere modificata senza il consenso del concedente, anche fuori dei casi previsti dall'art. 2142 c.c., purché non ne risulti compromessa la normale conduzione del fondo. Ai fini della presente legge il lavoro della donna è considerato equivalente a quello dell'uomo».*

(2) *Le parole: «figli naturali» sono state così sostituite dalle attuali: «figli nati fuori del matrimonio» dall'art. 105, comma 3, del D.L.vo 28 dicembre 2013, n. 154, a decorrere dal trentesimo giorno successivo a quello della sua pubblicazione nella* Gazzetta Ufficiale *(G.U. n. 5 dell'8 gennaio 2014).*

2143. Mezzadria a tempo indeterminato. – La mezzadria a tempo indeterminato s'intende convenuta per la durata di un anno agrario, salvo diverse disposizioni delle norme corporative (1), e si rinnova tacitamente di anno in anno, se non è stata comunicata disdetta almeno sei mesi prima della scadenza nei modi fissati [dalle norme corporative], (1) dalla convenzione o dagli usi.

(1) *Le espressioni: «salvo diverse disposizioni delle norme corporative» e «dalle norme corporative» sono da ritenersi abrogate dal R.D.L. 9 agosto 1943, n. 721.*

2144. Mezzadria a tempo determinato. – La mezzadria a tempo determinato non cessa di diritto alla scadenza del termine.

Se non è comunicata disdetta a norma dell'articolo precedente, il contratto s'intende rinnovato di anno in anno.

2145. Diritti ed obblighi del concedente. – Il concedente conferisce il godimento del podere, dotato in quanto occorre per l'esercizio dell'impresa e di un'adeguata casa per la famiglia colonica (2765).

La direzione dell'impresa spetta al concedente, il quale deve osservare le norme della buona tecnica agraria (2086, 2156, 2169, 2173).

2146. Conferimento delle scorte. – Le scorte vive e morte sono conferite dal concedente e dal mezzadro in parti uguali, salvo diversa disposizione [delle norme corporative], (1) della convenzione o degli usi.

Le scorte conferite divengono comuni in proporzione dei rispettivi conferimenti (2136).

(1) *L'espressione «delle norme corporative» è da ritenersi abrogata dal R.D.L. 9 agosto 1943, n. 721.*

2147. Obblighi del mezzadro. – Il mezzadro è obbligato a prestare, secondo le direttive del concedente e la necessità della coltivazione (2145[2]), il lavoro proprio e quello della famiglia colonica (2765).

È a carico del mezzadro, salve diverse disposizioni [delle norme corporative] (1) della convenzione o degli usi, la spesa della mano d'opera eventualmente necessaria per la normale coltivazione del podere (2149, 2169).

(1) *L'espressione: «delle norme corporative» è da ritenersi abrogata dal R.D.L. 9 agosto 1943, n. 721.*

2148. Obblighi di residenza e di custodia. – Il mezzadro ha l'obbligo di risiedere stabilmente (43) nel podere con la famiglia colonica (2145).

Egli deve custodire il podere e mantenerlo in normale stato di produttività. Egli deve altresì custodire e conservare le altre cose affidategli dal concedente, con la diligenza del buon padre di famiglia (1176, 1768, 2167[2], 2174), e non può, senza il consenso del concedente o salvo uso contrario, svolgere attività a suo esclusivo profitto o compiere prestazioni a favore di terzi.

2149. Divieto di subconcessione. – Il mezzadro non può cedere la mezzadria, né affidare ad altri la coltivazione del podere, senza il consenso del concedente (1770, 1804, 2169).

2150. Rappresentanza della famiglia colonica. – Nei rapporti relativi alla mezzadria il mezzadro rappresenta (1387), nei confronti del concedente, i componenti della famiglia colonica (2142).

Le obbligazioni contratte dal mezzadro nell'esercizio della mezzadria sono garantite dai suoi beni e da quelli comuni della famiglia colonica. I componenti della famiglia colonica non rispondono con i loro beni, se non hanno prestato espressa garanzia.

2151. Spese per la coltivazione. – Le spese per la coltivazione del podere e per l'esercizio delle attività connesse (2135), escluse quelle per la mano d'opera previste dall'art. 2147, sono a carico del concedente e del mezzadro in parti uguali, se non dispongono diversamente [le norme corporative] (1), la convenzione o gli usi.

Se il mezzadro è sfornito di mezzi propri, il concedente deve anticipare senza interesse (1282, 1652, 1815, 2154), sino alla scadenza dell'anno agrario in corso, le spese indicate nel comma precedente, salvo rivalsa mediante prelevamento sui prodotti e sugli utili (2169).

(1) *L'espressione: «le norme corporative» è da ritenersi abrogata dal R.D.L. 9 agosto 1943, n. 721.*

2152. Miglioramenti. – Il concedente che intende compiere miglioramenti sul podere deve valersi del lavoro dei componenti della famiglia colonica che siano forniti della necessaria capacità lavorativa, e questi sono tenuti a prestarlo verso compenso.

La misura del compenso, se non è stabilita [dalle norme corporative] (1) dalla convenzione o dagli usi, è determinata dal giudice, sentite, ove occorra, le associazioni professionali (2) e tenuto conto dell'eventuale incremento di reddito realizzato dal mezzadro.

(1) *L'espressione: «delle norme corporative» è da ritenersi abrogata dal R.D.L. 9 agosto 1943, n. 721.*

(2) *Soppresse dal D.L.vo Lgt. 23 novembre 1944, n. 369, soppressione delle associazioni sindacali fasciste e liquidazione dei rispettivi patrimoni.*

2153. Riparazioni di piccola manutenzione. – Salvo diverse disposizioni [delle norme corporative] (1), della convenzione o degli usi, sono a carico del mezzadro le riparazioni di piccola manutenzione (1577, 1621) della casa colonica e degli strumenti di lavoro, di cui egli e la famiglia colonica si servono (1576, 1621).

(1) *L'espressione: «delle norme corporative» è da ritenersi abrogata dal R.D.L. 9 agosto 1943, n. 721.*

2154. Anticipazioni di carattere alimentare alla famiglia colonica. – Se la quota dei prodotti spettante al mezzadro, per scarsezza del raccolto a lui non imputabile, non è sufficiente ai bisogni alimentari della famiglia colonica, e questa non è in grado di provvedervi, il concedente deve somministrare senza interesse (1282) il necessario per il mantenimento della famiglia colonica, salvo rivalsa mediante prelevamento sulla parte dei prodotti e degli utili spettanti al mezzadro (2151[2], 2155).

Il giudice, con riguardo alle circostanze, può disporre il rimborso rateale.

2155. Raccolta e divisione dei prodotti. – Il mezzadro non può iniziare le operazioni di raccolta senza il consenso del concedente ed è obbligato a custodire i prodotti sino alla divisione.

I prodotti sono divisi in natura sul fondo con l'intervento delle parti (2156).

Salvo diverse disposizioni [delle norme corporative] (1), della convenzione o degli usi, il mezzadro deve trasportare ai magazzini del concedente la quota a questo assegnata nella divisione.

(1) *L'espressione: «delle norme corporative» è da ritenersi abrogata dal R.D.L. 9 agosto 1943, n. 721.*

2156. Vendita dei prodotti. – La vendita dei prodotti, che in conformità degli usi non si dividono in natura, è fatta dal concedente previo accordo col mezzadro e, in mancanza, sulla base del prezzo di mercato.

La divisione si effettua sul ricavato della vendita, dedotte le spese (2169).

2157. Diritto di preferenza del concedente. – Il mezzadro, nella vendita dei prodotti assegnatigli in natura, deve, a parità di condizioni, preferire il concedente (732, 696, 2169).

2158. Morte di una delle parti. – La mezzadria non si scioglie per la morte del concedente (2168, 2179).

In caso di morte del mezzadro la mezzadria si scioglie alla fine dell'anno agrario in corso, salvo che tra gli eredi del mezzadro vi sia persona idonea a sostituirlo ed i componenti della famiglia colonica si accordino nel designarla.

Se la morte del mezzadro è avvenuta negli ultimi quattro mesi dell'anno agrario, i componenti della famiglia colonica possono chiedere che la mezzadria continui sino alla fine dell'anno successivo, purché assicurino la buona coltivazione del podere. La richiesta deve essere fatta entro due mesi dalla morte del mezzadro, o, se ciò non è possibile, prima dell'inizio del nuovo anno agrario.

In tutti i casi, se il podere non è coltivato con la dovuta diligenza (2147, 2148^2), il concedente può fare eseguire a sue spese i lavori necessari, salvo rivalsa mediante prelevamento sui prodotti e sugli utili.

2159. Scioglimento del contratto. – Salve le norme generali sulla risoluzione dei contratti per inadempimento (1453 ss.), ciascuna delle parti può chiedere lo scioglimento del contratto quando si verificano fatti tali da non consentire la prosecuzione del rapporto (2169, 2180).

2160. Trasferimento del diritto di godimento del fondo. – Se viene trasferito il diritto di godimento del fondo (978, 1470, 1552), la mezzadria continua nei confronti di chi subentra al concedente, salvo che il mezzadro, entro un mese dalla notizia del trasferimento, dichiari di recedere dal contratto (1373). In tal caso il recesso ha effetto alla fine dell'anno agrario in corso o di quello successivo, se non è comunicato almeno tre mesi prima della fine dell'anno agrario in corso.

I crediti e i debiti del concedente verso il mezzadro risultanti dal libretto colonico (2161) passano a chi subentra nel godimento del fondo, salva per i debiti la responsabilità sussidiaria dell'originario concedente (2169, 2177, 2559, 2560).

2161. Libretto colonico. – Il concedente deve istituire un libretto colonico da tenersi in due esemplari, uno per ciascuna delle parti (2142).

Il concedente deve annotare di volta in volta su entrambi gli esemplari i crediti e i debiti delle parti relativi alla mezzadria, con indicazione della data e del fatto che li ha determinati.

Le annotazioni devono, alla fine dell'anno agrario, essere sottoscritte per accettazione dal concedente e dal mezzadro.

Il mezzadro deve presentare il libretto colonico al concedente per le annotazioni e per i saldi annuali (2160^2, 2169).

2162. Efficacia probatoria del libretto colonico. – Le annotazioni eseguite sui due esemplari del libretto colonico fanno prova a favore e contro ciascuno dei contraenti (2702), se il mezzadro non ha reclamato entro novanta giorni dalla consegna del libretto fattagli dal concedente (2964 ss.).

Se una delle parti non presenta il proprio libretto, fa fede quello presentato.

In ogni caso le annotazioni delle partite fanno prova contro chi le ha scritte (2707).

Con la sottoscrizione delle parti alla chiusura annuale del conto colonico, questo si intende approvato. Le risultanze del conto possono essere impugnate soltanto per errori materiali, omissioni, falsità e duplicazioni di partite entro novanta giorni dalla consegna del libretto al mezzadro (1427, 2169 ss., 2964; 266 c.p.c.).

2163. Assegnazione delle scorte al termine della mezzadria. – Salvo diverse disposizioni [delle norme corporative] (1), della convenzione o degli usi, l'assegnazione delle scorte (2146) al termine della mezzadria deve farsi secondo le norme seguenti:

1) se si tratta di scorte vive (1641), secondo la specie, il sesso, il numero, la qualità e il peso, ovvero, in mancanza di tali determinazioni, secondo il valore, tenuto conto della differenza di esso tra il tempo del conferimento e quello della riconsegna;

2) se si tratta di scorte morte (1640) circolanti, per quantità e qualità, valutando le eccedenze e le diminuzioni in base ai prezzi di mercato nel tempo della riconsegna;

3) se si tratta di scorte morte fisse, per specie, quantità, qualità e stato d'uso (2169).

(1) *L'espressione: «delle norme corporative» è da ritenersi abrogata dal R.D.L. 9 agosto 1943, n. 721.*

Sezione III
Della colonia parziaria

2164. Nozione. – Nella colonia parziaria il concedente ed uno o più coloni si associano per la coltivazione di un fondo e per l'esercizio delle attività connesse (2135), al fine di dividerne i prodotti e gli utili.

La misura della ripartizione dei prodotti e degli utili è stabilita [dalle norme corporative] (1), dalla convenzione o dagli usi (2141, 2187).

(1) *L'espressione «dalle norme corporative» è da ritenersi abrogata dal R.D.L. 9 agosto 1943, n. 721.*

2165. Durata. – La colonia parziaria è contratta per il tempo necessario affinché il colono possa svolgere e portare a compimento un ciclo normale di rotazione delle colture praticate nel fondo.

Se non si fa luogo a rotazioni di colture, la colonia non può avere una durata inferiore a due anni (2143).

2166. Obblighi del concedente. – Il concedente deve consegnare il fondo in istato di servire alla produzione alla quale è destinato.

2167. Obblighi del colono. – Il colono deve prestare il lavoro proprio secondo le direttive del concedente (2145, 2173) e le necessità della coltivazione.

Egli deve custodire il fondo e mantenerlo in normale stato di produttività; deve altresì custodire e conservare le altre cose affidategli dal concedente con la diligenza del buon padre di famiglia (1176, 2148, 2765).

2168. Morte di una delle parti. – La colonia parziaria non si scioglie per la morte del concedente (2159, 2179).

In caso di morte del colono, si applicano a favore degli eredi di questo le disposizioni del secondo, terzo e quarto comma dell'art. 2158.

2169. Rinvio. – Sono applicabili alla colonia parziaria le norme dettate per la mezzadria negli artt. 2145, secondo comma, 2147, secondo comma, 2149, 2151, secondo comma, 2152, 2155, 2156, 2157, 2159, 2160 e 2163, nonché quelle concernenti la tenuta e l'efficacia probatoria del libretto colonico (2161, 2162), qualora le parti l'abbiano d'accordo istituito.

Sezione IV
Della soccida

§. 1
Disposizioni generali

2170. Nozione. – Nella soccida il soccidante e il soccidario si associano per l'allevamento e lo sfruttamento di una certa quantità di bestiame e per l'esercizio delle attività connesse (2135), al fine di ripartire l'accrescimento del bestiame e gli altri prodotti e utili che ne derivano (2181, 2184, 2187).

L'accrescimento consiste tanto nei parti sopravvenuti, quanto nel maggior valore intrinseco che il bestiame abbia al termine del contratto (2178).

NOTE OPERATIVE:

Natura giuridica: Il contratto di soccida si configura quale contratto agrario di tipo associativo per l'esercizio dell'attività di allevamento (C.C. 9267/23 – Conf. C.C. 1146/22).

§. 2
Della soccida semplice

2171. Nozione. – Nella soccida semplice il bestiame è conferito dal soccidante.

La stima del bestiame all'inizio del contratto non ne trasferisce la proprietà al soccidario.

La stima deve indicare il numero, la razza, la qualità, il sesso, il peso e l'età del bestiame e il relativo prezzo di mercato. La stima serve di base per determinare il prelevamento a cui ha diritto il soccidante alla fine del contratto, a norma dell'art. 2181.

2172. Durata del contratto. – Se nel contratto non è stabilito un termine, la soccida ha la durata di tre anni (2176).

Alla scadenza del termine il contratto non cessa di diritto, e la parte che non intende rinnovarlo deve darne disdetta almeno sei mesi prima della scadenza o nel maggior termine fissato [dalle norme corporative] (1), dalla convenzione o dagli usi.

Se non è data disdetta, il contratto s'intende rinnovato di anno in anno (2144).

(1) *L'espressione: «dalle norme corporative» è da ritenersi abrogata dal R.D.L. 9 agosto 1943, n. 721.*

2173. Direzione dell'impresa e assunzione di mano d'opera. – La direzione dell'impresa spetta al soccidante (2186²), il quale deve esercitarla secondo le regole della buona tecnica dell'allevamento.

La scelta di prestatori di lavoro, estranei alla famiglia del soccidario, deve essere fatta col consenso del soccidante, anche quando secondo la convenzione o gli usi la relativa spesa è posta a carico del soccidario (2174², 2149).

2174. Obblighi del soccidario. – Il soccidario deve prestare, secondo le direttive del soccidante (2173), il lavoro occorrente per la custodia e l'allevamento del bestiame affidatogli, per la lavorazione dei prodotti e per il trasporto sino ai luoghi di ordinario deposito.

Il soccidario deve usare la diligenza del buon allevatore (1176, 2175).

2175. Perimento del bestiame. – Il soccidario non risponde del bestiame che provi essere perito per causa a lui non imputabile (1218, 1256), ma deve rendere conto delle parti recuperabili (1258, 2176).

2176. Reintegrazione del bestiame conferito. – Nella soccida stipulata per un tempo non inferiore a tre anni, qualora durante la prima metà del periodo contrattuale perisca la maggior parte del bestiame inizialmente conferito, per causa non imputabile al soccidario, questi può chiederne la reintegrazione con altri capi di valore intrinseco eguale a quello che i capi periti avevano all'inizio del contratto, tenuto conto del numero, della razza, della qualità, del sesso, del peso e dell'età.

Se il soccidante non provvede alla reintegrazione, il soccidario può recedere dal contratto (1373, 1453, 2183).

2177. Trasferimento dei diritti sul bestiame. – Se la proprietà o il godimento del bestiame dato a soccida viene trasferito ad altri, il contratto non si scioglie, e i crediti e i debiti del soccidante (2559), derivanti dalla soccida, passano all'acquirente in proporzione della quota acquistata, salva per i debiti la responsabilità sussidiaria del soccidante.

Se il trasferimento riguarda la maggior parte del bestiame, il soccidario può, nel termine di un mese da quando ha avuto conoscenza del trasferimento, recedere dal contratto con effetto dalla fine dell'anno in corso.

2178. Accrescimenti, prodotti, utili e spese. – Gli accrescimenti (2170), i prodotti, gli utili e le spese si dividono tra le parti secondo le proporzioni stabilite [dalle norme corporative], (1) dalla convenzione o dagli usi.

È nullo (1418, 1419) il patto per il quale il soccidario debba sopportare nella perdita una parte maggiore di quella spettantegli nel guadagno (2184, 2263, 2265).

(1) *L'espressione: «dalle norme corporative» è da ritenersi abrogata dal R.D.L. 9 agosto 1943, n. 721.*

2179. Morte di una delle parti. – La soccida non si scioglie per la morte del soccidante.

In caso di morte del soccidario si osservano, in quanto applicabili, nei riguardi degli eredi le disposizioni del secondo, terzo e quarto comma dell'art. 2158 (2168, 2186).

2180. Scioglimento del contratto. – Salve le norme generali sulla risoluzione dei contratti per inadempimento (1453 ss.), ciascuna delle parti può chiedere lo scioglimento del contratto, quando si verificano fatti tali da non consentire la prosecuzione del rapporto (2159).

2181. Prelevamento e divisione al termine del contratto. – Al termine del contratto le parti procedono a nuova stima del bestiame.

Il soccidante preleva, d'accordo con il soccidario, un complesso di capi che, avuto riguardo al numero, alla razza, al sesso, al peso, alla qualità e all'età, sia corrispondente alla consistenza del bestiame apportato all'inizio della soccida (2171). Il di più si divide a norma dell'art. 2178.

Se non vi sono capi sufficienti ad eguagliare la stima iniziale, il soccidante prende quelli che rimangono.

§. 3
Della soccida parziaria

2182. Conferimento del bestiame. – Nella soccida parziaria il bestiame è conferito da entrambi i contraenti nelle proporzioni convenute.

Essi divengono comproprietari del bestiame in proporzione del rispettivo conferimento.

2183. Reintegrazione del bestiame conferito. – Nella soccida stipulata per un tempo non inferiore a tre anni, qualora durante la prima metà del periodo contrattuale perisca per causa non imputabile al soccidario la maggior parte del bestiame inizialmente conferito, e i contraenti non si accordino per la reintegrazione (2176), ciascuno di essi ha diritto di recedere dal contratto (1373).

Salvo diverso accordo delle parti, il recesso ha effetto con la fine dell'anno in corso.

Il bestiame rimasto è diviso tra le parti nella proporzione indicata nell'art. 2184.

Se è convenuto che nella divisione del bestiame da farsi alla scadenza del contratto sia attribuita ad uno dei contraenti una quota maggiore di quella corrispondente al suo conferimento, tale quota deve essere ridotta in rapporto alla minor durata della soccida.

2184. Divisione del bestiame, dei prodotti e degli utili. – Gli accrescimenti (2170), i prodotti, gli utili, le spese e, al termine del contratto, il bestiame conferito si dividono nella proporzione stabilita dalle norme corporative, (1) dalla convenzione o dagli usi (2178, 2186²).

(1) *L'espressione: «dalle norme corporative» è da ritenersi abrogata dal R.D.L. 9 agosto 1943, n. 721.*

2185. Rinvio. – Per quanto non è disposto dagli articoli precedenti, si applicano alla soccida parziaria le disposizioni relative alla soccida semplice (2171 ss.).

§. 4
Della soccida con conferimento di pascolo

2186. Nozione e norme applicabili. – Si ha rapporto di soccida anche quando il bestiame è conferito dal soccidario e il soccidante conferisce il terreno per il pascolo.

In tal caso il soccidario ha la direzione dell'impresa e al soccidante spetta il controllo della gestione (2173, 2552).

Si osservano inoltre le disposizioni dell'art. 2184 e, in quanto applicabili, quelle dettate per la soccida semplice (2171 ss.).

Sezione V
Disposizione finale

2187. Usi. – Nei rapporti di associazione agraria regolati dalle sezioni II, III e IV di questo capo (2141 ss.), per quanto non è espressamente disposto, si applicano, in mancanza di convenzioni, gli usi (1374).

Capo III
Delle imprese commerciali e delle altre imprese soggette a registrazione

Sezione I
Del registro delle imprese

2188. Registro delle imprese. – È istituito il registro delle imprese per le iscrizioni previste dalla legge (2136, 2195 ss., 2200, 2411; 17², 142³, 197 l. fall.).

Il registro è tenuto dall'ufficio del registro delle imprese sotto la vigilanza di un giudice delegato dal presidente del tribunale.

Il registro è pubblico (99 ss. att.).

NOTE OPERATIVE:

Cancellazione: La cancellazione dell'imprenditore individuale dal registro delle imprese non fa venir meno i diritti di credito a lui spettanti in funzione dell'attività imprenditoriale svolta, né incide sulla sua legittimazione e capacità processuale, sicché la persona fisica, già imprenditore, è pienamente legittimata ad agire dinanzi all'autorità giudiziaria a tutela di detti diritti (C.C. 35962/21 – Conf. C.C. 28658/20; C.C. 98/16; C.C. 21714/13; C.C. 9744/11).

2189. Modalità dell'iscrizione. – Le iscrizioni nel registro sono eseguite su domanda sottoscritta dall'interessato (2190, 2194).

Prima di procedere all'iscrizione, l'ufficio del registro deve accertare l'autenticità della sottoscrizione e il concorso delle condizioni richieste dalla legge per l'iscrizione (2330³, 2566).

Il rifiuto dell'iscrizione deve essere comunicato con raccomandata al richiedente. Questi può ricorrere entro otto giorni al giudice del registro, che provvede con decreto (2330⁴, 2411).

2190. Iscrizione d'ufficio. – Se un'iscrizione obbligatoria non è stata richiesta, l'ufficio del registro invita mediante raccomandata l'imprenditore a richiederla entro un congruo termine. Decorso inutilmente il termine assegnato, il giudice del registro può ordinarla con decreto (2192; 101 att.).

2191. Cancellazione d'ufficio. – Se un'iscrizione è avvenuta senza che esistano le condizioni richieste dalla legge, il giudice del registro, sentito l'interessato, ne ordina con decreto la cancellazione (2312).

2192. Ricorso contro il decreto del giudice del registro. – Contro il decreto del giudice del registro emesso a norma degli articoli precedenti, l'interessato, entro quindici giorni dalla comunicazione, può ricorrere al tribunale dal quale dipende l'ufficio del registro.

Il decreto che pronunzia sul ricorso deve essere iscritto d'ufficio nel registro.

2193. Efficacia dell'iscrizione. – I fatti dei quali la legge prescrive l'iscrizione, se non sono stati iscritti, non possono essere opposti ai terzi da chi è obbligato a richiederne l'iscrizione, a meno che questi provi che i terzi ne abbiano avuto conoscenza (2298, 2300, 2384, 2436).

L'ignoranza dei fatti dei quali la legge prescrive l'iscrizione non può essere opposta dai terzi dal momento in cui l'iscrizione è avvenuta (2206, 2207).

Sono salve le disposizioni particolari della legge (2297, 2298, 2300).

2194. Inosservanza dell'obbligo d'iscrizione. – Salvo quanto disposto dagli articoli 2626 e 2634, chiunque omette di richiedere l'iscrizione nei modi e nel termine stabiliti dalla legge, è punito con la sanzione amministrativa del pagamento di una somma da € 10 a € 516 (100 att.).

Sezione II
Dell'obbligo di registrazione

2195. Imprenditori soggetti a registrazione. – Sono soggetti all'obbligo dell'iscrizione nel registro delle imprese (2188) gli imprenditori che esercitano:

1) un'attività industriale diretta alla produzione di beni o di servizi (2135[2]);

2) un'attività intermediaria nella circolazione dei beni;

3) un'attività di trasporto per terra, per acqua o per aria (1678);

4) un'attività bancaria (1834 ss.) o assicurativa (1882);

5) altre attività ausiliari delle precedenti (1754).

Le disposizioni della legge che fanno riferimento alle attività e alle imprese commerciali si applicano, se non risulta diversamente, a tutte le attività indicate in questo articolo e alle imprese che le esercitano (371[3], 397, 425, 2201).

2196. Iscrizione dell'impresa. – Entro trenta giorni dall'inizio dell'impresa (160[1], n. 1 l. fall.) l'imprenditore che esercita un'attività commerciale deve chiedere l'iscrizione all'ufficio del registro delle imprese nella cui circoscrizione stabilisce la sede, indicando:

1) il cognome e il nome, il nome del padre (¹), la cittadinanza [e la razza] (²);

2) la ditta (2563 ss.);

3) l'oggetto dell'impresa;

4) la sede dell'impresa (2197);

5) il cognome e il nome degli institori (2203 ss.) e procuratori (2209).

[All'atto della richiesta l'imprenditore deve depositare la sua firma autografa e quelle dei suoi institori e procuratori] (³).

L'imprenditore deve inoltre chiedere l'iscrizione delle modificazioni relative agli elementi suindicati e della cessazione dell'impresa (10 l. fall.), entro trenta giorni da quello in cui le modificazioni o la cessazione si verificano.

(¹) *A norma dell'art. 2 della L. 31 ottobre 1955, n. 1064, l'indicazione della paternità deve essere omessa. L'art. 3 della legge citata stabilisce che in luogo della paternità sia indicato il luogo e la data di nascita.*

(²) *Indicazione soppressa dal R.D.L. 20 gennaio 1944, n. 25, disposizioni per la reintegrazione nei diritti civili e politici dei cittadini italiani e stranieri già dichiarati di razza ebraica o considerati di razza ebraica, e dall'art. 3, D.L.vo Lgt. 14 settembre 1944, n. 287, provvedimenti relativi alla riforma della legislazione civile.*

(³) *Questo comma è stato abrogato dall'art. 33, comma 1, della L. 24 novembre 2000, n. 340.*

2197. Sedi secondarie. – L'imprenditore che istituisce nel territorio dello Stato sedi secondarie con una rappresentanza stabile deve, entro trenta giorni, chiederne l'iscrizione all'ufficio del registro delle imprese del luogo dove è la sede principale dell'impresa (2194).

Nello stesso termine la richiesta deve essere fatta all'ufficio del luogo nel quale è istituita la sede secondaria (2299), indicando altresì la sede principale, e il cognome e il nome del rappresentante preposto alla sede secondaria (2203). [Il rappresentante deve depositare presso il medesimo ufficio la sua firma autografa] (¹).

La disposizione del secondo comma si applica anche all'imprenditore che ha all'estero la sede principale dell'impresa (2506).

L'imprenditore che istituisce sedi secondarie con rappresentanza stabile all'estero deve, entro trenta giorni, chiederne l'iscrizione all'ufficio del registro nella cui circoscrizione si trova la sede principale (²).

(¹) *Questo periodo è stato abrogato dall'art. 33, comma 1, della L. 24 novembre 2000, n. 340.*

(²) *A norma dell'art. 4, comma 3, del D.L.vo 8 novembre 2021, n. 183, questo comma non si applica in caso di sedi secondarie registrate nel territorio di un altro Stato membro da società di capitali soggette alla legge italiana.*

2198. Minori, interdetti e inabilitati. – I provvedimenti di autorizzazione all'esercizio di un'impresa commerciale (2195) da parte di un minore emancipato (397) o di un inabilitato (425) o nell'interesse di un minore non emancipato (320[4], 371, n. 3) o di un interdetto (424) e i provvedimenti con i quali l'autorizzazione viene revocata devono essere comunicati senza indugio a cura del cancelliere all'ufficio del registro delle imprese per l'iscrizione (2206).

2199. Indicazione dell'iscrizione. – L'imprenditore deve indicare negli atti e nella corrispondenza, che si riferiscono all'impresa, il registro presso il quale è iscritto (2250; 100 att.).

2200. Società. – Sono soggette all'obbligo dell'iscrizione (2136, 2195) nel registro delle imprese le società costituite secondo uno dei tipi regolati nei capi III e seguenti del titolo V (2291 ss.) e le società cooperative (2511 ss.), anche se non esercitano un'attività commerciale.

L'iscrizione delle società nel registro delle imprese è regolata dalle disposizioni dei titoli V e VI.

NOTE OPERATIVE:

Cancellazione: L'atto formale di cancellazione di una società dal registro delle imprese ha funzione di pubblicità, e non ne determina l'estinzione, ove non siano ancora esauriti tutti i rapporti giuridici facenti capo alla società stessa (C.C. 15691/03 – Conf. C.C. 8842/00).

2201. Enti pubblici. – Gli enti pubblici che hanno per oggetto esclusivo o principale un'attività commerciale sono soggetti all'obbligo dell'iscrizione nel registro delle imprese (2093, 2221; 100 att.).

2202. Piccoli imprenditori. – Non sono soggetti all'obbligo dell'iscrizione nel registro delle imprese i piccoli imprenditori (2083, 2214[3], 2221; 1 l. fall.).

Sezione III
Disposizioni particolari per le imprese commerciali

§. 1
Della rappresentanza

2203. Preposizione institoria. – È institore colui che è preposto dal titolare all'esercizio di un'impresa commerciale (2195; 290 c.n.).

La preposizione può essere limitata all'esercizio di una sede secondaria o di un ramo particolare dell'impresa (2197[2], 2205).

Se sono preposti più institori, questi possono agire disgiuntamente, salvo che nella procura sia diversamente disposto (1716[2], 2257).

NOTE OPERATIVE:

Presupposti: La qualità di institore è da porre in correlazione con la preposizione, operata dall'imprenditore, all'esercizio dell'impresa commerciale, indipendentemente dall'inquadramento professionale del preposto dal punto di vista della carriera, dal conferimento di procura o comunque dall'utilizzo di forme solenni (C.C. 3022/03), sicché il preposto ad una sede secondaria dell'impresa è per ciò stesso institore, salva prova contraria, acquisendone automaticamente i relativi poteri rappresentativi e divenendo, pertanto, destinatario della notificazione di atti processuali indirizzati al preponente (C.C. 16532/16).

2204. Poteri dell'institore. – L'institore può compiere tutti gli atti pertinenti all'esercizio dell'impresa a cui è preposto, salve le limitazioni contenute nella procura (2206). Tuttavia non può alienare o ipotecare i beni immobili del preponente, se non è stato a ciò espressamente autorizzato.

L'institore può stare in giudizio in nome del preponente per le obbligazioni dipendenti da atti compiuti nell'esercizio dell'impresa a cui è preposto (1903; 77 c.p.c.).

2205. Obblighi dell'institore. – Per le imprese o le sedi secondarie alle quali è preposto, l'institore è tenuto, insieme con l'imprenditore, all'osservanza delle disposizioni riguardanti l'iscrizione nel registro delle imprese (2188 ss.), e la tenuta delle scritture contabili (2214 ss.).

2206. Pubblicità della procura. – La procura con sottoscrizione del preponente autenticata (2703) deve essere depositata per l'iscrizione presso il competente ufficio del registro delle imprese (2194, 2196, 2197).

In mancanza dell'iscrizione, la rappresentanza si reputa generale e le limitazioni di essa non sono opponibili ai terzi, se non si prova che questi le conoscevano al momento della conclusione dell'affare (2193, 2198, 2209, 2298; 100 att.).

2207. Modificazione e revoca della procura. – Gli atti con i quali viene successivamente limitata o revocata la procura devono essere depositati, per l'iscrizione nel registro delle imprese, anche se la procura non fu pubblicata (2193, 2194).

In mancanza dell'iscrizione, le limitazioni o la revoca non sono opponibili ai terzi, se non si prova che questi le conoscevano al momento della conclusione dell'affare (19, 2193, 2198, 2298, 2383[7], 2384[4]; 289 c.n.).

2208. Responsabilità personale dell'institore. – L'institore è personalmente obbligato se omette di far conoscere al terzo che egli tratta per il preponente; tuttavia il terzo può agire anche contro il preponente per gli atti compiuti dall'institore, che siano pertinenti all'esercizio dell'impresa a cui è preposto (2204; 227, 236, n. 2 l. fall.).

NOTE OPERATIVE:

Ambito di applicazione: La nomina di un institore non esclude la responsabilità del titolare dell'impresa per gli atti dallo stesso compiuti (C.C. 9130/13 – Conf. C.C. 5671/06).

2209. Procuratori. – Le disposizioni degli articoli 2206 e 2207 si applicano anche ai procuratori, i quali, in base a un rapporto continuativo, abbiano il potere di compiere per l'imprenditore gli atti pertinenti all'esercizio dell'impresa (2204), pur non essendo preposti ad esso.

2210. Poteri dei commessi dell'imprenditore. – I commessi dell'imprenditore, salve le limitazioni contenute nell'atto di conferimento della rappresentanza, possono compiere gli atti che ordinariamente comporta la specie delle operazioni di cui sono incaricati (1835[2]).

Non possono tuttavia esigere il prezzo delle merci delle quali non facciano la consegna (2213), né concedere dilazioni o sconti che non sono d'uso, salvo che siano a ciò espressamente autorizzati (1732, 1744).

NOTE OPERATIVE:

Natura giuridica: I commessi (riguardo ai quali la principale distinzione si configura tra commessi viaggiatori e commessi di negozio) sono ausiliari dell'imprenditore commerciale con mansioni più modeste (di tipo essenzialmente materiale e finalizzate tutte a concludere contratti per il principale) e con poteri di rappresentanza più limitati rispetto all'institore e al procuratore, riguardando essa gli atti che ordinariamente comporta la specie di operazioni di cui essi sono incaricati (C.C. 26048/05 – Conf. C.C. 3772/75).

2211. Poteri di deroga alle condizioni generali di contratto. – I commessi, anche se autorizzati a concludere contratti in nome dell'imprenditore, non hanno il potere di derogare alle condizioni generali di contratto o alle clausole stampate sui moduli dell'impresa, se non sono muniti di una speciale autorizzazione scritta (1341, 1342).

2212. Poteri dei commessi relativi agli affari conclusi. – Per gli affari da essi conclusi, i commessi dell'imprenditore sono autorizzati a ricevere per conto di questo le dichiarazioni che riguardano l'esecuzione del contratto e i reclami relativi alle inadempienze contrattuali (1495[1], 1512[1], 2226[2]).

Sono altresì legittimati a chiedere provvedimenti cautelari nell'interesse dell'imprenditore (1745; 669 *bis* ss. c.p.c.).

2213. Poteri dei commessi preposti alla vendita. – I commessi preposti alla vendita nei locali dell'impresa possono esigere il prezzo delle merci da essi vendute, salvo che alla riscossione sia palesemente destinata una cassa speciale.

Fuori dei locali dell'impresa non possono esigere il prezzo, se non sono autorizzati o se non consegnano quietanza (1199) firmata dall'imprenditore (2210).

§. 2
Delle scritture contabili

2214. Libri obbligatori e altre scritture contabili. – L'imprenditore (2082) che esercita un'attività commerciale (2195) deve tenere il libro giornale (1760, n. 3, 2215, 2216, 2709 ss) e il libro degli inventari (2217, 2302, 2709 ss.; 86[1], n. 2, 86[3], 88, 160, n. 1, 187, 216[1], n. 2, 216[2], 217[2] l. fall.).

Deve altresì tenere le altre scritture contabili che siano richieste dalla natura e dalle dimensioni dell'impresa e conservare ordinatamente per ciascun affare gli originali delle lettere, dei telegrammi e delle fatture ricevute, nonché le copie delle lettere, dei telegrammi e delle fatture spedite (2220, 2709 ss; 86 l. fall.).

Le disposizioni di questo paragrafo non si applicano ai piccoli imprenditori (2083, 2202, 2221; 1 l. fall.).

NOTE OPERATIVE:

Prescrizioni presuntive: Le prescrizioni presuntive, trovando ragione unicamente nei rapporti che si svolgono senza formalità, dove il pagamento suole avvenire senza dilazione, non operano se il credito trae origine da contratto stipulato in forma scritta; tuttavia delle stesse si può avvalere anche un soggetto obbligato a tenere le scritture contabili, non interferendo tale disciplina con quella dei requisiti di forma dei contratti (C.C. 763/17 – Conf. C.C. 9930/14).

Lettere: Le lettere che l'imprenditore deve conservare sono quelle commerciali relative agli affari trattati dall'impresa (C.C. 4329/03).

2215. ([1]) **Modalità di tenuta delle scritture contabili.** – I libri contabili, prima di essere messi in uso, devono essere numerati progressivamente in ogni pagina e, qualora sia previsto l'obbligo della bollatura o della vidimazione, devono essere bollati in ogni foglio dall'ufficio del registro delle imprese o da un notaio secondo le disposizioni delle leggi speciali. L'ufficio del registro o il notaio deve dichiarare nell'ultima pagina dei libri il numero dei fogli che li compongono.

Il libro giornale e il libro degli inventari devono essere numerati progressivamente e non sono soggetti a bollatura né a vidimazione.

([1]) *Questo articolo è stato così sostituito dall'art. 8, comma 1, della L. 18 ottobre 2001, n. 383.*

NOTE OPERATIVE:

Violazione (conseguenze): La tenuta in modo sommario e non intelligibile della contabilità sociale, trattandosi di violazione di specifici obblighi di legge, è di per se idonea a tradursi in pregiudizio per il patrimonio sociale ed è giustificativa della condanna dell'amministratore al risarcimento del danno (C.C. 2324/14 – Conf. C.C. 5876/11; C.C. 6493/85).

2215 *bis*. ([1]) **Documentazione informatica.** – 1. I libri, i repertori, le scritture e la documentazione la cui tenuta è obbligatoria per disposizione di legge o di regolamento o che sono richiesti dalla natura o dalle dimensioni dell'impresa possono essere formati e tenuti con strumenti informatici.

2. Le registrazioni contenute nei documenti di cui al primo comma debbono essere rese consultabili in ogni momento con i mezzi messi a disposizione dal soggetto tenutario e costituiscono informazione primaria e originale da cui è possibile effettuare, su diversi tipi di supporto, riproduzioni e copie per gli usi consentiti dalla legge.

3. Gli obblighi di numerazione progressiva e di vidimazione previsti dalle disposizioni di legge o di regolamento per la tenuta dei libri, repertori e scritture sono assolti, in caso di tenuta con strumenti informatici, mediante apposizione, almeno una volta all'anno, della marcatura temporale e della firma digitale dell'imprenditore o di altro soggetto dal medesimo delegato ([2]).

4. Qualora per un anno non siano state eseguite registrazioni, la firma digitale e la marcatura temporale devono essere apposte all'atto di una nuova registrazione e da tale apposizione decorre il periodo annuale di cui al terzo comma ([2]).

5. I libri, i repertori e le scritture tenuti con strumenti informatici, secondo quanto previsto dal presente articolo, hanno l'efficacia probatoria di cui agli articoli 2709 e 2710 del codice civile.

6. Per i libri e per i registri la cui tenuta è obbligatoria per disposizione di legge o di regolamento di natura tributaria, il termine di cui al terzo comma opera secondo le norme in materia di conservazione digitale contenute nelle medesime disposizioni ([3]).

([1]) *Questo articolo è stato inserito dall'art. 16, comma 12 bis del D.L. 29 novembre 2008, n. 185, convertito, con modificazioni, nella L. 28 gennaio 2009, n. 2, a decorrere dal sessantesimo giorno successivo all'entrata in vigore della legge di conversione. Entro tale termine, gli amministratori delle società a responsabilità limitata depositano, con esenzione da ogni imposta e tassa, apposita dichiarazione per integrare le risultanze del registro delle imprese con quelle del libro dei soci.*

([2]) *Questo comma è stato così sostituito dall'art. 6, comma 2, lett. f quater), n. 1), del D.L. 13 maggio 2011, n. 70, convertito, con modificazioni, nella L. 12 luglio 2011, n. 106.*

([3]) *Questo comma è stato aggiunto dall'art. 6, comma 2, lett. f quater), n. 2), del D.L. 13 maggio 2011, n. 70, convertito, con modificazioni, nella L. 12 luglio 2011, n. 106.*

2216. Contenuto del libro giornale. – Il libro giornale deve indicare giorno per giorno le operazioni relative all'esercizio dell'impresa.

2217. Redazione dell'inventario. – L'inventario (365) deve redigersi all'inizio dell'esercizio dell'impresa (2196[1]; 160[1], n. 1 l. fall.) e successivamente ogni anno, e deve contenere l'indicazione e la valutazione delle attività e delle passività relative all'impresa, nonché delle attività e delle passività dell'imprenditore estranee alla medesima.

L'inventario si chiude con il bilancio e con il conto dei profitti e delle perdite, il quale deve dimostrare con evidenza e verità gli utili conseguiti o le perdite subite (2423). Nelle valutazioni di bilancio l'imprenditore deve attenersi ai criteri stabiliti per i bilanci delle società per azioni, in quanto applicabili (2425).

L'inventario deve essere sottoscritto dall'imprenditore entro tre mesi dal termine per la presentazione della dichiarazione dei redditi ai fini delle imposte dirette.

2218. Bollatura facoltativa. – L'imprenditore può far bollare nei modi indicati nell'articolo 2215 gli altri libri da lui tenuti (2710).

2219. Tenuta della contabilità. – Tutte le scritture devono essere tenute secondo le norme di un'ordinata contabilità, senza spazi in bianco, senza interlinee e senza trasporti in margine. Non vi si possono fare abrasioni e, se è necessaria qualche cancellazione, questa deve eseguirsi in modo che le parole cancellate siano leggibili (2710).

2220. Conservazione delle scritture contabili. – Le scritture devono essere conservate per dieci anni dalla data dell'ultima registrazione (2214, 2312[4], 2457, 2946).

Per lo stesso periodo devono conservarsi le fatture, le lettere e i telegrammi ricevuti e le copie delle fatture, delle lettere e dei telegrammi spediti (2214[2]).

Le scritture e documenti di cui al presente articolo possono essere conservati sotto forma di registrazioni su supporti di immagini, sempre che le registrazioni corrispondano ai documenti e possano in ogni momento essere rese leggibili con mezzi messi a disposizione dal soggetto che utilizza detti supporti.

§. 3
Dell'insolvenza

2221. (1) **[Fallimento e concordato preventivo.** – Gli imprenditori che esercitano un'attività commerciale (2195), esclusi gli enti pubblici (2093, 2201; 1[1], 3[1], 195[8] l. fall.) e i piccoli imprenditori (2083; 1[1-2] l. fall.), sono soggetti, in caso d'insolvenza (5 l. fall.), alle procedure del fallimento e del concordato preventivo, salve le disposizioni delle leggi speciali].

(1) *Questo articolo è stato abrogato dall'art. 384, comma 1, del D.L.vo 12 gennaio 2019, n. 14, a decorrere dal 15 luglio 2022.*

Titolo III
Del lavoro autonomo

Capo I
Disposizioni generali

2222. Contratti d'opera. – Quando una persona si obbliga a compiere verso un corrispettivo un'opera o un servizio, con lavoro prevalentemente proprio e senza vincolo di subordinazione nei confronti del committente, si applicano le norme di questo capo, salvo che il rapporto abbia una disciplina particolare nel libro IV (1655 ss.).

NOTE OPERATIVE:

Caratteristiche: Ai fini della distinzione tra lavoro subordinato e lavoro autonomo, l'elemento della subordinazione (ossia della sottoposizione al potere direttivo, disciplinare e di controllo del datore di lavoro) costituisce una modalità d'essere del rapporto, desumibile da un insieme di circostanze che devono essere complessivamente valutate da parte del giudice del merito e ciò in particolare nei rapporti di lavoro aventi natura professionale o intellettuale ed indipendentemente da una iniziale pattuizione scritta sulle modalità del rapporto (C.C. 19568/13 – Conf. C.C. 19199/13).

2223. Prestazione della materia. – Le disposizioni di questo capo si osservano anche se la materia è fornita dal prestatore d'opera (1658), purché le parti non abbiano avuto prevalentemente in considerazione la materia, nel qual caso si applicano le norme sulla vendita (1470 ss.).

2224. Esecuzione dell'opera. – Se il prestatore d'opera non procede all'esecuzione dell'opera secondo le condizioni stabilite dal contratto e a regola d'arte (1176), il committente può fissare un congruo termine, entro il quale il prestatore d'opera deve conformarsi a tali condizioni (1454, 1662).

Trascorso inutilmente il termine fissato, il committente può recedere dal contratto (1373), salvo il diritto al risarcimento dei danni (1218, 1372).

NOTE OPERATIVE:

Caratteristiche: La norma costituisce applicazione specifica dell'obbligo di diligenza previsto in via generale dall'art. 1176 c.c. che, facendo riferimento alla figura media del buon padre di famiglia, detta un criterio di carattere generale che sta ad indicare la misura in astratto dell'attenzione, della cura e dello sforzo psicologico che il debitore deve adoperare per attuare esattamente la prestazione pattuita (C.C. 13351/06).

2225. Corrispettivo. – Il corrispettivo, se non è convenuto dalle parti e non può essere determinato secondo le tariffe professionali o gli usi, è stabilito dal giudice in relazione al risultato ottenuto e al lavoro normalmente necessario per ottenerlo (1657, 2233).

NOTE OPERATIVE:

Mancata indicazione: Nel contratto di prestazione d'opera professionale l'assenza di pattuizione di un corrispettivo non consente di escludere l'esistenza di un'obbligazione contrattuale (C.C. 38592/21 – Conf. C.C. 2318/87; C.C. 4452/85; C.C. 3389/72).

2226. Difformità e vizi dell'opera. – L'accettazione espressa o tacita dell'opera libera il prestatore d'opera dalla responsabilità per difformità o per vizi della medesima, se all'atto dell'accettazione questi erano noti al committente o facilmente riconoscibili, purché in questo caso non siano stati dolosamente occultati (1665).

Il committente deve, a pena di decadenza, denunziare le difformità e i vizi occulti (1167 ss.) al prestatore d'opera (1745[1], 2212[1]) entro otto giorni dalla scoperta. L'azione si prescrive entro un anno dalla consegna.

I diritti del committente nel caso di difformità o di vizi dell'opera sono regolati dall'art. 1668.

NOTE OPERATIVE:

Ambito di applicazione: Le disposizioni in tema di decadenza e prescrizione dell'azione di garanzia per vizi dell'opera, sono inapplicabili alla prestazione d'opera intellettuale (C.C. 24981/20).

2227. Recesso unilaterale dal contratto. - Il committente può recedere dal contratto (1373), ancorché sia iniziata l'esecuzione dell'opera, tenendo indenne il prestatore d'opera delle spese, del lavoro eseguito e del mancato guadagno (1671, 1685, 1725, 1734, 1738, 2237).

2228. Impossibilità sopravvenuta dell'esecuzione dell'opera. - Se l'esecuzione dell'opera diventa impossibile per causa non imputabile ad alcuna delle parti (1463, 1464), il prestatore d'opera ha diritto ad un compenso per il lavoro prestato in relazione all'utilità della parte dell'opera compiuta (1672, 1686, 2231[2], 2237[2]).

NOTE OPERATIVE:

Ambito di applicazione: La norma applica solo quando la prosecuzione dell'opera divenga impossibile per causa non imputabile ad alcuna delle parti, in presenza, cioè, di fatti estranei alla volontà o al comportamento delle parti, quali la forza maggiore derivante da eventi naturali o da provvedimenti dell'autorità (C.C. 16768/15).

Capo II
Delle professioni intellettuali

2229. Esercizio delle professioni intellettuali. - La legge determina le professioni intellettuali per l'esercizio delle quali è necessaria l'iscrizione in appositi albi o elenchi (2062, 2231).

L'accertamento dei requisiti per la iscrizione negli albi o negli elenchi, la tenuta dei medesimi e il potere disciplinare sugli iscritti sono demandati alle associazioni professionali, sotto la vigilanza dello Stato, salvo che la legge disponga diversamente (2642).

Contro il rifiuto dell'iscrizione o la cancellazione dagli albi o elenchi, e contro i provvedimenti disciplinari che importano la perdita o la sospensione del diritto all'esercizio della professione è ammesso ricorso in via giurisdizionale nei modi e nei termini stabiliti dalle leggi speciali.

NOTE OPERATIVE:

Gratuità: Le disposizioni degli artt. 2229 e ss. c.c., che disciplinano il contratto d'opera intellettuale, non escludono la legittimità di accordi di prestazione gratuita, né determinano una presunzione di onerosità, nemmeno iuris tantum (C.C. 2769/14).

2230. Prestazione d'opera intellettuale. - Il contratto che ha per oggetto una prestazione d'opera intellettuale è regolato dalle norme seguenti e, in quanto compatibili con queste e con la natura del rapporto, dalle disposizioni del capo precedente.

Sono salve le disposizioni delle leggi speciali.

2231. Mancanza d'iscrizione. - Quando l'esercizio di un'attività professionale è condizionata all'iscrizione in un albo o elenco, la prestazione eseguita da chi non è iscritto non gli dà azione per il pagamento della retribuzione (2034, 2041, 2126).

La cancellazione dall'albo o elenco risolve il contratto in corso, salvo il diritto del prestatore d'opera al rimborso delle spese incontrate e a un compenso adeguato all'utilità del lavoro compiuto (1672, 2228, 2237[2]).

NOTE OPERATIVE:

Conseguenze: L'esecuzione di una prestazione d'opera professionale di natura intellettuale effettuata da chi non sia iscritto nell'apposito albo previsto dalla legge dà luogo a nullità assoluta del rapporto tra professionista e cliente, privando il contratto di qualsiasi effetto, con conseguente non spettanza di alcun compenso per l'attività svolta (C.C. 2038/19). La nullità ricorre soltanto quando la prestazione espletata dal professionista rientri tra quelle riservate in via esclusiva ad una determinata categoria professionale, il cui esercizio sia subordinato per legge all'iscrizione in apposito albo o ad abilitazione (C.C. 8450/23 - Conf. C.C. 13342/18).

2232. Esecuzione dell'opera. - Il prestatore d'opera deve eseguire personalmente l'incarico assunto. Può tuttavia valersi, sotto la propria direzione e responsabilità (1228), dei sostituti e ausiliari, se la collaborazione di altri è consentita dal contratto o dagli usi e non è incompatibile con l'oggetto della prestazione (1717).

NOTE OPERATIVE:

Sostituto: La facoltà per il professionista di servirsi della collaborazione di sostituti e ausiliari, peraltro, non comporta mai che costoro diventino parte del rapporto di clientela, restando invece la loro attività giuridicamente assorbita da quella del prestatore d'opera che ha concluso il contratto con il cliente (C.C. 24374/21 – Conf. C.C. 1847/06).

2233. Compenso. – Il compenso, se non è convenuto dalle parti e non può essere determinato secondo le tariffe o gli usi, è determinato dal giudice, sentito il parere dell'associazione professionale a cui il professionista appartiene (1657, 1709, 1755², 2225).

In ogni caso la misura del compenso deve essere adeguata all'importanza dell'opera e al decoro della professione (2751, n. 5).

Sono nulli, se non redatti in forma scritta, i patti conclusi tra gli avvocati ed i praticanti abilitati con i loro clienti che stabiliscono i compensi professionali (1).

(1) *Questo comma è stato così sostituito dall'art. 2, comma 2 bis, del D.L. 4 luglio 2006, n. 223, convertito, con modificazioni, nella L. 4 agosto 2006, n. 248. Il comma previgente così disponeva: «Gli avvocati, i procuratori e i patrocinatori non possono, neppure per interposta persona, stipulare con i loro clienti alcun patto relativo ai beni che formano oggetto delle controversie affidate al loro patrocinio, sotto pena di nullità e dei danni».*

NOTE OPERATIVE:

Criteri: La norma detta i criteri di determinazione del compenso in base ad una scala preferenziale che individua al primo posto l'accordo delle parti, poi le tariffe professionali ovvero gli usi ed infine, la decisione del giudice, previo parere (obbligatorio ma non vincolante), delle associazioni professionali; il ricorso ai criteri sussidiari (tariffe professionali, usi, decisione giudiziale) è impedito al giudice quando esista un determinato accordo tra le parti, le cui pattuizioni sono preminenti su ogni altro criterio di liquidazione (C.C. 19237/23 – Conf. C.C. 29837/11; C.C. 6732/00).

2234. Spese e acconti. – Il cliente, salvo diversa pattuizione, deve anticipare al prestatore d'opera le spese occorrenti al compimento dell'opera e corrispondere, secondo gli usi, gli acconti sul compenso.

2235. Divieto di ritenzione. – Il prestatore d'opera non può ritenere le cose e i documenti ricevuti, se non per il periodo strettamente necessario alla tutela dei propri diritti secondo le leggi professionali (2961).

NOTE OPERATIVE:

Ambito di applicazione: Il diritto di ritenzione si riferisce ai soli documenti occorrenti per la dimostrazione dell'opera svolta (S.U. 13617/12).

2236. Responsabilità del prestatore d'opera. – Se la prestazione implica la soluzione di problemi tecnici di speciale difficoltà, il prestatore d'opera non risponde dei danni, se non in caso di dolo o di colpa grave (1176).

NOTE OPERATIVE:

Ambito di applicazione: La distinzione fra prestazione di facile esecuzione e prestazione implicante la soluzione di problemi tecnici di particolare difficoltà non rileva quale criterio di ripartizione dell'onere della prova, ma soltanto ai fini della valutazione del grado della diligenza e del corrispondente grado della colpa del professionista (C.C. 15732/18 – Conf. C.C. 8826/07); l'esonero da responsabilità non trova applicazione per i danni ricollegabili a negligenza o imprudenza, dei quali il professionista risponde anche solo per colpa lieve (C.C. 5846/07 – Conf. C.C. 10297/04; C.C. 5945/00; C.C. 4852/99; C.C. 6464/94).

2237. Recesso. – Il cliente può recedere dal contratto (1373), rimborsando al prestatore d'opera le spese sostenute e pagando il compenso per l'opera svolta (2227).

Il prestatore d'opera può recedere dal contratto per giusta causa. In tal caso egli ha diritto al rimborso delle spese fatte e al compenso per l'opera svolta, da determinarsi con riguardo al risultato utile che ne sia derivato al cliente (1672, 2228, 2231²).

Il recesso del prestatore d'opera deve essere esercitato in modo da evitare pregiudizio al cliente.

NOTE OPERATIVE:

Presupposti: La norma attribuisce la facoltà di recedere indipendentemente da quello che è stato il comportamento del prestatore d'opera intellettuale, ossia prescindendo dalla presenza o meno di giusti motivi a carico di quest'ultimo: tale amplissima facoltà ha come contropartita l'imposizione a carico del cliente dell'obbligo di rimborsare il prestatore delle spese sostenute e di corrispondergli il compenso per l'opera da lui svolta, mentre nessuna indennità è prevista, a differenza di quanto prescritto dall'art. 2227 c.c., per il mancato guadagno (C.C. 19265/12 – Conf. C.C. 14702/07; C.C. 5775/99).

Conseguenze: Il recesso del cliente, giustificato o meno, non incide sulla determinazione della misura del compenso, se non nel senso che esso è dovuto non per tutta l'opera commessa, ma solo per l'opera svolta (C.C. 29745/20).

2238. Rinvio. – Se l'esercizio della professione costituisce elemento di un'attività organizzata in forma d'impresa (2082), si applicano anche le disposizioni del titolo II.

In ogni caso, se l'esercente una professione intellettuale impiega sostituti o ausiliari, si applicano le disposizioni delle sezioni II, III e IV del capo I del titolo II (2094 ss.).

Titolo IV
Del lavoro subordinato in particolari rapporti

Capo I
Disposizioni generali

2239. Norme applicabili. – I rapporti di lavoro subordinato che non sono inerenti all'esercizio di un'impresa sono regolati dalle disposizioni delle sezioni II, III e IV del capo I del titolo II (2094 ss.), in quanto compatibili con la specialità del rapporto.

Capo II
Del lavoro domestico

2240. Norme applicabili. – Il rapporto di lavoro che ha per oggetto la prestazione di servizi di carattere domestico è regolato dalle disposizioni di questo capo e, in quanto più favorevoli al prestatore di lavoro, dalla convenzione e dagli usi (2068).

NOTE OPERATIVE:

Caratteristiche: Il rapporto di lavoro deve essere qualificato come domestico laddove sia caratterizzato dalla prestazione finalizzata al funzionamento della vita familiare per soddisfare un bisogno personale del datore e che non costituisce strumento per l'esercizio della sua attività professionale (C.C. 21446/18 – Conf. C.C. 27578/05).

2241. Periodo di prova. – Il patto di prova si presume per i primi otto giorni.

2242. Vitto, alloggio e assistenza. – Il prestatore di lavoro ammesso alla convivenza familiare ha diritto, oltre alla retribuzione in danaro, al vitto, all'alloggio e, per le infermità di breve durata, alla cura e all'assistenza medica.

Le parti devono contribuire alle istituzioni di previdenza e di assistenza, nei casi e nei modi stabiliti dalla legge (2114).

2243. Periodo di riposo. – Il prestatore di lavoro, oltre al riposo settimanale secondo gli usi, ha diritto, dopo un anno di ininterrotto servizio, (1) ad un periodo di ferie retribuito, che non può essere inferiore a otto giorni (2109; 36 Cost.).

(1) *La Corte costituzionale, con sentenza n. 16 del 17 febbraio 1969, ha dichiarato l'illegittimità costituzionale di questo articolo limitatamente all'inciso «dopo un anno di ininterrotto servizio» in relazione all'art. 36, comma terzo, della Costituzione.*

2244. Recesso. – Al contratto di lavoro domestico sono applicabili le norme sul recesso volontario e per giusta causa, stabilite negli articoli 2118 e 2119.

Il periodo di preavviso non può essere inferiore a otto giorni o, se l'anzianità di servizio è superiore a due anni, a quindici giorni.

2245. Indennità di anzianità. – In caso di cessazione del contratto è devoluta al prestatore di lavoro un'indennità proporzionale agli anni di servizio, salvo il caso di licenziamento per colpa di lui o di dimissioni volontarie.

L'ammontare dell'indennità è determinata sulla base dell'ultima retribuzione in danaro, nella misura di otto giorni per ogni anno di servizio.

[Se gli usi lo stabiliscono, l'indennità è dovuta anche nel caso di dimissioni volontarie] (2120) (1).

(1) *Comma da ritenersi abrogato dall'art. 17, L. 2 aprile 1958, n. 339.*

2246. Certificato di lavoro. – Alla cessazione del contratto il prestatore di lavoro ha diritto al rilascio di un certificato che attesti la natura delle mansioni disimpegnate e il periodo di servizio prestato (2124).

Titolo V
Delle società

Capo I
Disposizioni generali

2247. Contratto di società. – Con il contratto di società due o più persone conferiscono beni o servizi (2253) per l'esercizio in comune di una attività economica allo scopo di dividerne gli utili (1350, n. 9).

NOTE OPERATIVE:

Caratteristiche: Nel contratto di società rileva l'esercizio in comune di un'attività svolta a fine di lucro da parte di più soggetti, per l'esercizio della quale non è necessaria alcuna comunione di beni, che sono soltanto lo strumento materiale attraverso il quale la società opera (C.C. 23952/18 – Conf. C.C. 6361/04).

Preliminare: Il contratto preliminare di società, che non identifichi il tipo di società da costituire, è nullo per indeterminatezza dell'oggetto, a nulla valendo che sia stato specificato trattarsi di società a base personale (C.C. 16597/08).

2248. Comunione a scopo di godimento. – La comunione costituita o mantenuta al solo scopo del godimento di una o più cose è regolata dalle norme del titolo VII del libro III (1100 ss.).

NOTE OPERATIVE:

Caratteristiche: La comunione a scopo di godimento presuppone la comproprietà del bene oggetto di godimento in capo a tutti i partecipanti (C.C. 23952/18).

2249. Tipi di società. – Le società che hanno per oggetto l'esercizio di una attività commerciale (2195) devono costituirsi secondo uno dei tipi regolati nei capi III e seguenti di questo titolo (2291 ss.).

Le società che hanno per oggetto l'esercizio di una attività diversa (2135) sono regolate dalle disposizioni sulla società semplice (2251 ss.), a meno che i soci abbiano voluto costituire la società secondo uno degli altri tipi regolati nei capi III e seguenti (2291 ss.) di questo titolo.

Sono salve le disposizioni riguardanti le società cooperative (2511 ss.) e quelle delle leggi speciali che per l'esercizio di particolari categorie d'imprese prescrivono la costituzione della società secondo un determinato tipo.

NOTE OPERATIVE:

Trasformazione: La trasformazione di una società da un tipo ad un altro previsto dalla legge, ancorché connotato di personalità giuridica, non si traduce nell'estinzione di un soggetto e nella correlativa creazione di uno nuovo in luogo di quello precedente, ma configura una vicenda meramente evolutiva e modificativa del medesimo soggetto, la quale comporta soltanto una variazione di assetto e di struttura organizzativa, senza incidere sui rapporti processuali e sostanziali facenti capo all'originaria organizzazione societaria (C.C. 23030/20 – Conf. C.S. 4389/18; C.C. 10332/16; C.C. 13467/11).

2250. (1) **Indicazione negli atti e nella corrispondenza.** – Negli atti e nella corrispondenza delle società soggette all'obbligo dell'iscrizione nel registro delle imprese devono essere indicati la sede della società e l'ufficio del registro delle imprese presso il quale questa è iscritta (2199) e il numero di iscrizione (2627).

Il capitale delle società per azioni, in accomandita per azioni e a responsabilità limitata deve essere negli atti e nella corrispondenza indicato secondo la somma effettivamente versata e quale risulta esistente dall'ultimo bilancio (2410[1]).

Dopo lo scioglimento delle società previste dal primo comma deve essere espressamente indicato negli atti e nella corrispondenza che la società è in liquidazione (2627).

Negli atti e nella corrispondenza delle società per azioni ed (2) a responsabilità limitata deve essere indicato se queste hanno un unico socio (3).

Gli atti delle società costituite secondo uno dei tipi regolati nei capi V, VI e VII del presente titolo, per i quali è obbligatoria l'iscrizione o il deposito, possono essere altresì pubblicati in apposita sezione del registro delle imprese in altra lingua ufficiale delle Comunità europee, con traduzione giurata di un esperto (4).

In caso di discordanza con gli atti pubblicati in lingua italiana, quelli pubblicati in altra lingua ai sensi del quinto comma non possono essere opposti ai terzi, ma questi possono avvalersene, salvo che la società dimostri che essi erano a conoscenza della loro versione in lingua italiana (4).

Le società di cui al quinto comma che dispongono di uno spazio elettronico destinato alla comunicazione collegato ad una rete telematica ad accesso pubblico forniscono, attraverso tale mezzo, tutte le informazioni di cui al primo, secondo, terzo e quarto comma (4).

(1) *Articolo così sostituito dall'art. 1 del D.P.R. 29 dicembre 1969, n. 1127, modificazioni alle norme del codice civile sulle società, in attuazione della direttiva 9 marzo 1968, n. 151, del consiglio dei ministri delle comunità europee.*

(2) *Le parole: «per azioni ed» sono state inserite dall'art. 6, comma 3, del D.L.vo 6 febbraio 2004, n. 37.*

(3) *Comma aggiunto dall'art. 2 del D.L.vo 3 marzo 1993, n. 88, in materia di diritto delle società.*

(4) *Questo comma è stato aggiunto dall'art. 42, comma 1, della L. 7 luglio 2009, n. 88.*

Capo II
Della società semplice

Sezione I
Disposizioni generali

2251. Contratto sociale. – Nella società semplice il contratto non è soggetto a forme speciali, salve quelle richieste dalla natura dei beni conferiti (1350, n. 9, 2643, n. 10).

NOTE OPERATIVE:

Forma: La mancanza della prova scritta di un contratto societario relativo ad una società di fatto o irregolare non impedisce al giudice di accertarne in altro modo l'esistenza all'esito di una rigorosa valutazione (quanto ai rapporti tra soci) del complesso delle circostanze idonee a rivelare l'esercizio in comune di una attività imprenditoriale quali il fondo comune, costituito dai conferimenti finalizzati all'esercizio congiunto di un'attività economica, l'alea comune dei guadagni e delle perdite, e l'affectio societatis, cioè il vincolo di collaborazione in vista di detta attività nei confronti dei terzi (C.C. 8981/16 – Conf. C.C. 6175/10).

2252. Modificazioni del contratto sociale. – Il contratto sociale può essere modificato soltanto con il consenso di tutti i soci (1372, 2272, n. 3), se non è convenuto diversamente.

Sezione II
Dei rapporti tra i soci

2253. Conferimenti. – Il socio è obbligato a eseguire i conferimenti determinati nel contratto sociale (2247).

Se i conferimenti non sono determinati, si presume che i soci siano obbligati a conferire, in parti eguali tra loro, quanto è necessario per il conseguimento dell'oggetto sociale.

NOTE OPERATIVE:

Obbligo: Il contratto di società è un contratto consensuale, che si perfeziona, con l'assunzione dell'obbligo dei conferimenti, indipendentemente dalla sua esecuzione (C.C. 4569/92).

2254. Garanzia e rischi dei conferimenti. – Per le cose conferite in proprietà la garanzia dovuta dal socio e il passaggio dei rischi sono regolati dalle norme sulla vendita (1465 ss., 1478 ss., 1483 ss., 1529, 2286[3]).

Il rischio delle cose conferite in godimento resta a carico del socio che le ha conferite (1483, 2281, 2286[2]). La garanzia per il godimento è regolata dalle norme sulla locazione (1578 ss., 1585 ss.).

2255. Conferimento di crediti. – Il socio che ha conferito un credito risponde della insolvenza del debitore, nei limiti indicati dall'art. 1267 per il caso di assunzione convenzionale della garanzia.

2256. Uso illegittimo delle cose sociali. – Il socio non può servirsi, senza il consenso degli altri soci, delle cose appartenenti al patrimonio sociale per fini estranei a quelli della società (1102).

2257. Amministrazione disgiuntiva. – L'istituzione degli assetti di cui all'articolo 2086, secondo comma, spetta esclusivamente agli amministratori. Salvo diversa pattuizione, l'amministrazione della società spetta a ciascuno dei soci disgiuntamente dagli altri (1).

Se l'amministrazione spetta disgiuntamente a più soci, ciascun socio amministratore ha diritto di opporsi all'operazione che un altro voglia compiere, prima che sia compiuta.

La maggioranza dei soci, determinata secondo la parte attribuita a ciascun socio negli utili, decide sull'opposizione (2258[2]).

(1) *Questo comma è stato, da ultimo, così sostituito dall'art. 40, comma 1, del D.L.vo 26 ottobre 2020, n. 147.*

2258. Amministrazione congiuntiva. – Se l'amministrazione spetta congiuntamente a più soci, è necessario il consenso di tutti i soci amministratori per il compimento delle operazioni (2317[2]) sociali.

Se è convenuto che per l'amministrazione o per determinati atti sia necessario il consenso della maggioranza, questa si determina a norma dell'ultimo comma dell'articolo precedente.

Nei casi preveduti da questo articolo, i singoli amministratori non possono compiere da soli alcun atto, salvo che vi sia urgenza di evitare un danno alla società.

2259. Revoca della facoltà di amministrare. – La revoca dell'amministratore nominato con il contratto sociale non ha effetto se non ricorre una giusta causa (1723 ss., 2252).

L'amministratore nominato con atto separato è revocabile secondo le norme sul mandato (1726).

La revoca per giusta causa può in ogni caso essere chiesta giudizialmente da ciascun socio.

2260. Diritti e obblighi degli amministratori. – I diritti e gli obblighi degli amministratori sono regolati dalle norme sul mandato (1703 ss.).

Gli amministratori sono solidalmente (1292) responsabili verso la società per l'adempimento degli obblighi ad essi imposti dalla legge e dal contratto sociale. Tuttavia la responsabilità non si estende a quelli che dimostrino di essere esenti da colpa (2392).

2261. Controllo dei soci. – I soci che non partecipano all'amministrazione hanno diritto di avere dagli amministratori notizia dello svolgimento degli affari sociali, di consultare i documenti relativi all'amministrazione e di ottenere il rendiconto quando gli affari per cui fu costituita la società sono stati compiuti (2320[3], 2489, 2552, 2623, n. 3).

Se il compimento degli affari sociali dura oltre un anno, i soci hanno diritto di avere il rendiconto dell'amministrazione al termine di ogni anno, salvo che il contratto stabilisca un termine diverso (2552[3]).

2262. Utili. – Salvo patto contrario, ciascun socio ha diritto di percepire la sua parte di utili dopo l'approvazione del rendiconto (2261[2], 2265, 2270, 2350, 2433).

2263. Ripartizione dei guadagni e delle perdite. – Le parti spettanti ai soci nei guadagni e nelle perdite si presumono proporzionali ai conferimenti (1298 ss.). Se il valore dei conferimenti non è determinato dal contratto, esse si presumono eguali (1101, 2282[2]).

La parte spettante al socio che ha conferito la propria opera, se non è determinata dal contratto, è fissata dal giudice secondo equità (2286[2], 2295, n. 7).

Se il contratto determina soltanto la parte di ciascun socio nei guadagni, nella stessa misura si presume che debba determinarsi la partecipazione alle perdite (2178[2]).

2264. Partecipazione ai guadagni e alle perdite rimessa alla determinazione di un terzo. – La determinazione della parte di ciascun socio nei guadagni e nelle perdite può essere rimessa ad un terzo (1473).

La determinazione del terzo può essere impugnata soltanto nei casi previsti dall'art. 1349 e nel termine di tre mesi dal giorno in cui il socio, che pretende di esserne leso, ne ha avuto comunicazione (2964 ss.). L'impugnazione non può essere proposta dal socio che ha volontariamente eseguito la determinazione del terzo (1444[2], 2603[4]).

2265. Patto leonino. – È nullo il patto con il quale uno o più soci sono esclusi da ogni partecipazione agli utili o alle perdite (2178[2], 2263, 2553, 2554).

NOTE OPERATIVE:

Ambito di applicazione: Il divieto è estensibile a tutti i tipi sociali e presuppone l'esistenza di una clausola statutaria, frutto della volontà dei soci, che escluda in modo totale e costante uno o alcuni di essi dalla partecipazione al rischio d'impresa e agli utili (C.C. 25594/23 – Conf. C.C. 17498/18; C.C. 642/00; C.C. 8927/94).

Opzione put e call: L'opzione put e call contenuta in un patto parasociale è valida in quanto non contravviene al divieto di patto leonino e ha per causa concreta una legittima forma di garanzia in favore del socio finanziatore (C.C. 27227/21 – Conf. C.C. 17500/18; C.C. 17498/18).

Sezione III
Dei rapporti con i terzi

2266. Rappresentanza della società. – La società acquista diritti e assume obbligazioni per mezzo dei soci che ne hanno la rappresentanza e sta in giudizio nella persona dei medesimi (2278).

In mancanza di diversa disposizione del contratto, la rappresentanza spetta a ciascun socio amministratore (2257 ss.) e si estende a tutti gli atti che rientrano nell'oggetto sociale (2298).

Le modificazioni e l'estinzione dei poteri di rappresentanza sono regolate dall'art. 1396.

2267. Responsabilità per le obbligazioni sociali. – I creditori della società possono far valere i loro diritti sul patrimonio sociale (2268). Per le obbligazioni sociali rispondono inoltre personalmente (2740) e solidalmente (1292) i soci che hanno agito in nome e per conto della società e, salvo patto contrario, gli altri soci (33, 38, 41[1], 2291, 2297, 2317[2], 2320[1], 2615).

Il patto deve essere portato a conoscenza dei terzi con mezzi idonei (1396); in mancanza, la limitazione della responsabilità o l'esclusione della solidarietà non è opponibile a coloro che non ne hanno avuto conoscenza (2193[1], 2290[2]).

NOTE OPERATIVE:

Aspetti processuali: La clausola di deroga della competenza territoriale contenuta in un contratto concluso da una società in nome collettivo è vincolante anche per i singoli soci (C.C. 41670/21 – Conf. C.C. 11950/15).

2268. Escussione preventiva del patrimonio sociale. – Il socio richiesto del pagamento di debiti sociali può domandare, anche se la società è in liquidazione, la preventiva escussione del patrimonio sociale, indicando i beni sui quali il creditore possa agevolmente soddisfarsi (2304, 2471).

2269. Responsabilità del nuovo socio. – Chi entra a far parte di una società già costituita risponde con gli altri soci per le obbligazioni sociali anteriori all'acquisto della qualità di socio.

2270. Creditore particolare del socio. – Il creditore particolare del socio, finché dura la società, può far valere i suoi diritti sugli utili spettanti al debitore (2262) e compiere atti conservativi sulla quota spettante a quest'ultimo nella liquidazione.

Se gli altri beni del debitore sono insufficienti a soddisfare i suoi crediti, il creditore particolare del socio può inoltre chiedere in ogni tempo la liquidazione della quota del suo debitore (2288). La quota deve essere liquidata (2289) entro tre mesi dalla domanda, salvo che sia deliberato lo scioglimento della società.

2271. Esclusione della compensazione. – Non è ammessa compensazione (1246, n. 5) fra il debito che un terzo ha verso la società e il credito che egli ha verso un socio.

Sezione IV
Dello scioglimento della società

2272. Cause di scioglimento. – La società si scioglie (2308, 2323):

1) per il decorso del termine (2273);

2) per il conseguimento dell'oggetto sociale o per la sopravvenuta impossibilità di conseguirlo (27¹);

3) per la volontà di tutti i soci (2252);

4) quando viene a mancare la pluralità dei soci, se nel termine di sei mesi questa non è ricostituita (27², 2284);

5) per le altre cause previste dal contratto sociale.

5 *bis*) per l'apertura della procedura di liquidazione controllata ([1]).

([1]) *Questo numero è stato aggiunto dall'art. 382, comma 1, del D.L.vo 12 gennaio 2019, n. 14, così come modificato dall'art. 39, comma 2, del D.L.vo 26 ottobre 2020, n. 147, a decorrere dal 15 luglio 2022.*

2273. Proroga tacita. – La società è tacitamente prorogata a tempo indeterminato (2285) quando, decorso il tempo per cui fu contratta, i soci continuano a compiere le operazioni sociali (2307³).

2274. Poteri degli amministratori dopo lo scioglimento. – Avvenuto lo scioglimento della società, i soci amministratori conservano il potere di amministrare, limitatamente agli affari urgenti, fino a che siano presi i provvedimenti necessari per la liquidazione (29, 2272).

2275. Liquidatori. – Se il contratto non prevede il modo di liquidare il patrimonio sociale e i soci non sono d'accordo nel determinarlo, la liquidazione è fatta da uno o più liquidatori, nominati con il consenso di tutti i soci o, in caso di disaccordo, dal presidente del tribunale (2309).

I liquidatori possono essere revocati per volontà di tutti i soci e in ogni caso dal tribunale per giusta causa su domanda di uno o più soci (2259).

2276. Obblighi e responsabilità dei liquidatori. – Gli obblighi e la responsabilità dei liquidatori sono regolati dalle disposizioni stabilite per gli amministratori (2257 ss.), in quanto non sia diversamente disposto dalle norme seguenti o dal contratto sociale.

2277. Inventario. – Gli amministratori devono consegnare ai liquidatori i beni e i documenti sociali e presentare ad essi il conto della gestione relativo al periodo successivo all'ultimo rendiconto.

I liquidatori devono prendere in consegna i beni e i documenti sociali, e redigere, insieme con gli amministratori, l'inventario dal quale risulti lo stato attivo e passivo del patrimonio sociale. L'inventario deve essere sottoscritto dagli amministratori e dai liquidatori.

2278. Poteri dei liquidatori. – I liquidatori possono compiere gli atti necessari per la liquidazione e, se i soci non hanno disposto diversamente, possono vendere anche in blocco i beni sociali e fare transazioni (1965 ss.) e compromessi (806 ss. c.p.c.).

Essi rappresentano la società anche in giudizio (2266; 75 c.p.c.).

2279. Divieto di nuove operazioni. – I liquidatori non possono intraprendere nuove operazioni. Contravvenendo a tale divieto, essi rispondono personalmente e solidalmente (1292 ss.) per gli affari intrapresi (29).

2280. Pagamento dei debiti sociali. – I liquidatori non possono ripartire tra i soci, neppure parzialmente, i beni sociali, finché non siano pagati i creditori della società o non siano accantonate le somme necessarie per pagarli.

Se i fondi disponibili risultano insufficienti per il pagamento dei debiti sociali, i liquidatori possono chiedere ai soci i versamenti ancora dovuti sulle rispettive quote (150 l. fall.) e, se occorre, le somme necessarie, nei limiti della rispettiva responsabilità e in proporzione della parte di ciascuno nelle perdite (2263, 2267). Nella stessa proporzione si ripartisce tra i soci il debito del socio insolvente (1299²).

2281. Restituzione dei beni conferiti in godimento. – I soci che hanno conferito beni in godimento hanno diritto di riprenderli nello stato in cui si trovano (1807). Se i beni sono periti o deteriorati per causa imputabile agli amministratori, i soci hanno diritto al risarcimento del danno a carico del patrimonio sociale, salva l'azione contro gli amministratori (2043, 2254², 2260).

2282. Ripartizione dell'attivo. – Estinti i debiti sociali, l'attivo residuo è destinato al rimborso dei conferimenti (2263²). L'eventuale eccedenza è ripartita tra i soci in proporzione della parte di ciascuno nei guadagni.

L'ammontare dei conferimenti non aventi per oggetto somme di danaro è determinato secondo la valutazione che ne è stata fatta nel contratto o, in mancanza, secondo il valore che essi avevano nel momento in cui furono eseguiti (2263[1]).

2283. Ripartizione dei beni in natura. – Se è convenuto che la ripartizione dei beni sia fatta in natura, si applicano le disposizioni sulla divisione delle cose comuni (1111 ss.).

Sezione V
Dello scioglimento del rapporto sociale limitatamente a un socio

2284. Morte del socio. – Salvo contraria disposizione del contratto sociale, in caso di morte di uno dei soci, gli altri devono liquidare la quota agli eredi (2289), a meno che preferiscano sciogliere la società (2272, n. 3), ovvero continuarla con gli eredi stessi e questi vi acconsentano.

NOTE OPERATIVE:

Finalità: La norma consente di disciplinare nell'atto costitutivo di società di persone un regime convenzionale per il caso di morte di uno dei soci, prevedendo la continuazione del rapporto sociale tra l'erede e i soci superstiti; la qualità di socio, pertanto, non si acquista mortis causa, ma in forza dell'atto inter vivos intercorso tra l'erede e i soci (C.C. 15686/20).

2285. Recesso del socio. – Ogni socio può recedere (1373) dalla società quando questa è contratta a tempo indeterminato o per tutta la vita di uno dei soci.

Può inoltre recedere nei casi previsti nel contratto sociale ovvero quando sussiste una giusta causa.

Nei casi previsti nel primo comma il recesso deve essere comunicato agli altri soci con un preavviso di almeno tre mesi (24[2]).

NOTE OPERATIVE:

Effetti: La volontà del socio di recedere dalla società per giusta causa determina lo scioglimento del singolo rapporto sociale, con il conseguente diritto alla liquidazione della quota a favore del socio uscente, che risponde soltanto dei debiti sociali già sorti (C.C. 13063/02).

2286. Esclusione. – L'esclusione di un socio può avere luogo per gravi inadempienze (24[3], 1455) delle obbligazioni che derivano dalla legge o dal contratto sociale (2253), nonché per l'interdizione (414), l'inabilitazione (415) del socio o per la sua condanna ad una pena che importa l'interdizione, anche temporanea, dai pubblici uffici (32 c.p.).

Il socio che ha conferito nella società la propria opera (2263[2]) o il godimento di una cosa (2254[5]) può altresì essere escluso per la sopravvenuta inidoneità a svolgere l'opera conferita o per il perimento della cosa dovuto a causa non imputabile agli amministratori.

Parimenti può essere escluso il socio che si è obbligato con il conferimento a trasferire la proprietà di una cosa, se questa è perita prima che la proprietà sia acquistata alla società (1455, 1465[2], 2254).

2287. Procedimento di esclusione. – L'esclusione è deliberata dalla maggioranza dei soci, non computandosi nel numero di questi il socio da escludere, ed ha effetto decorsi trenta giorni dalla data della comunicazione al socio escluso.

Entro questo termine il socio escluso può fare opposizione davanti al tribunale, il quale può sospendere l'esecuzione.

Se la società si compone di due soci, l'esclusione di uno di essi è pronunciata dal tribunale, su domanda dell'altro.

2288. Esclusione di diritto. – È escluso di diritto il socio nei confronti del quale è stata aperta o al quale è stata estesa la procedura di liquidazione giudiziale o di liquidazione controllata ([1]).

Parimenti è escluso di diritto il socio nei cui confronti un suo creditore particolare abbia ottenuto la liquidazione della quota a norma dell'art. 2270.

([1]) *Questo comma è stato così sostituito dall'art. 382, comma 2, del D.L.vo 12 gennaio 2019, n. 14, così come modificato dall'art. 39, comma 2, del D.L.vo 26 ottobre 2020, n. 147, a decorrere dal 15 luglio 2022.*

NOTE OPERATIVE:

Fallimento: L'esclusione del socio fallito opera di diritto, sì che gli effetti risalgono al momento del deposito della sentenza di fallimento (C.C. 5449/15).

2289. Liquidazione della quota del socio uscente. – Nei casi in cui il rapporto sociale si scioglie limitatamente a un socio (2284 ss.), questi o i suoi eredi hanno diritto soltanto ad una somma di danaro che rappresenti il valore della quota.

La liquidazione della quota è fatta in base alla situazione patrimoniale della società nel giorno in cui si verifica lo scioglimento.

Se vi sono operazioni in corso, il socio o i suoi eredi partecipano agli utili e alle perdite inerenti alle operazioni medesime.

Salvo quanto è disposto nell'art. 2270, il pagamento della quota spettante al socio deve essere fatto entro sei mesi dal giorno in cui si verifica lo scioglimento del rapporto (2307).

2290. Responsabilità del socio uscente o dei suoi eredi. – Nei casi in cui il rapporto sociale si scioglie limitatamente a un socio (2284 ss.), questi o i suoi eredi sono responsabili verso i terzi per le obbligazioni sociali (2267 ss.) fino al giorno in cui si verifica lo scioglimento.

Lo scioglimento deve essere portato a conoscenza dei terzi con mezzi idonei; in mancanza non è opponibile ai terzi che lo hanno senza colpa ignorato (2193[1]).

Capo III
Della società in nome collettivo

2291. Nozione. – Nella società in nome collettivo tutti i soci rispondono solidalmente (1292 ss.) e illimitatamente per le obbligazioni sociali (147 l. fall.).

Il patto contrario non ha effetto nei confronti dei terzi (2267, 2297).

2292. Ragione sociale. – La società in nome collettivo agisce sotto una ragione sociale costituita dal nome di uno o più soci con l'indicazione del rapporto sociale (2295, n. 2).

La società può conservare nella ragione sociale il nome del socio receduto (2285) o defunto (2284), se il socio receduto o gli eredi del socio defunto vi consentono.

2293. Norme applicabili. – La società in nome collettivo è regolata dalle norme di questo capo e, in quanto queste non dispongano, dalle norme del capo precedente (2251 ss.).

2294. Incapace. – La partecipazione di un incapace alla società in nome collettivo è subordinata in ogni caso all'osservanza delle disposizioni degli articoli 320, 371, 397, 424 e 425 (1495).

2295. Atto costitutivo. – L'atto costitutivo della società deve indicare:

1) il cognome e il nome, il nome del padre (¹), il domicilio, la cittadinanza e la razza (²) dei soci;

2) la ragione sociale (2292);

3) i soci che hanno l'amministrazione e la rappresentanza della società (2298);

4) la sede della società e le eventuali sedi secondarie (2250, 2299);

5) l'oggetto sociale (2253[2], 2266[2], 2272, n. 2);

6) i conferimenti di ciascun socio, il valore ad essi attribuito e il modo di valutazione (2253 ss.);

7) le prestazioni a cui sono obbligati i soci di opera (2263[2], 2286[2]);

8) le norme secondo le quali gli utili devono essere ripartiti e la quota di ciascun socio negli utili e nelle perdite (2263 ss.);

9) la durata della società (2272, n. 1, 2307).

(¹) *A norma dell'art. 2 della L. 31 ottobre 1955, n. 1064, l'indicazione della paternità deve essere omessa. L'art. 3 della legge citata stabilisce che in luogo della paternità sia indicato il luogo e la data di nascita.*

(²) *L'indicazione della razza è stata soppressa dal D.L.vo Lgt. 14 settembre 1944, n. 287, provvedimenti relativi alla riforma della legislazione civile.*

2296. Pubblicazione. – L'atto costitutivo della società, con sottoscrizione autenticata (2703) dei contraenti, o una copia autentica di esso se la stipulazione è avvenuta per atto pubblico (2699), deve entro trenta giorni essere depositato per l'iscrizione, a cura degli amministratori (2626), presso l'ufficio del registro delle imprese nella cui circoscrizione è stabilita la sede sociale (2188 ss; 99 att.).

Se gli amministratori non provvedono al deposito nel termine indicato nel comma precedente, ciascun socio può provvedervi a spese della società, o far condannare gli amministratori ad eseguirlo (2230[2]).

Se la stipulazione è avvenuta per atto pubblico, è obbligato ad eseguire il deposito anche il notaio.

2297. Mancata registrazione. – Fino a quando la società non è iscritta nel registro delle imprese (2188; 99 ss. att.), i rapporti tra la società e i terzi, ferma restando la responsabilità illimitata e solidale di tutti i soci (2267, 2291; 147 l. fall.; 284 c.n.), sono regolati dalle disposizioni relative alla società semplice (2251 ss.).

Tuttavia si presume (2727 ss.) che ciascun socio che agisce per la società abbia la rappresentanza sociale, anche in giudizio. I patti che attribuiscono la rappresentanza ad alcuno soltanto dei soci o che limitano i poteri di rappresentanza non sono opponibili ai terzi, a meno che si provi che questi ne erano a conoscenza.

2298. Rappresentanza della società. – L'amministratore che ha la rappresentanza della società può compiere tutti gli atti che rientrano nell'oggetto sociale (2384[1]; 152[2] l. fall.), salve le limitazioni che risultano dall'atto costitutivo o dalla procura. Le limitazioni non sono opponibili ai terzi, se non sono iscritte nel registro delle imprese (2188; 99 ss. att.) o se non si prova che i terzi ne hanno avuto conoscenza (19, 34, 2193, 2207, 2384[2]).

[Gli amministratori che hanno la rappresentanza sociale devono, entro quindici giorni dalla notizia della nomina, depositare presso l'ufficio del registro delle imprese le loro firme autografe] (1).

(1) *Questo comma è stato abrogato dall'art. 33, comma 1, della L. 24 novembre 2000, n. 340.*

2299. Sedi secondarie. - Un estratto dell'atto costitutivo deve essere depositato per l'iscrizione presso l'ufficio del registro delle imprese (2188; 99 ss. att.) del luogo in cui la società istituisce sedi secondarie con una rappresentanza stabile, entro trenta giorni dall'istituzione delle medesime (2197).

L'estratto deve indicare l'ufficio del registro presso il quale è iscritta la società e la data dell'iscrizione.

[Presso l'ufficio del registro in cui è iscritta la sede secondaria deve essere altresì depositata la firma autografa del rappresentante preposto all'esercizio della sede medesima] (1).

L'istituzione di sedi secondarie deve essere denunciata per l'iscrizione nello stesso termine anche all'ufficio del registro del luogo dove è iscritta la società (2197, 2330[5]).

(1) *Questo comma è stato abrogato dall'art. 33, comma 1, della L. 24 novembre 2000, n. 340.*

2300. Modificazioni dell'atto costitutivo. - Gli amministratori devono richiedere nel termine di trenta giorni all'ufficio del registro delle imprese l'iscrizione delle modificazioni dell'atto costitutivo (2252) e degli altri fatti relativi alla società, dei quali è obbligatoria l'iscrizione.

Se la modificazione dell'atto costitutivo risulta da deliberazione dei soci, questa deve essere depositata in copia autentica (2626, 2714 ss.).

Le modificazioni dell'atto costitutivo, finché non sono iscritte, non sono opponibili ai terzi, a meno che si provi che questi ne erano a conoscenza (2193; 100[2] att; 284 c.n.).

2301. Divieto di concorrenza. - Il socio non può, senza il consenso degli altri soci, esercitare per conto proprio o altrui un'attività concorrente con quella della società, né partecipare come socio illimitatamente responsabile ad altra società concorrente (2291, 2318, 2390, 2462).

Il consenso si presume (2727), se l'esercizio dell'attività o la partecipazione ad altra società preesisteva al contratto sociale, e gli altri soci ne erano a conoscenza.

In caso d'inosservanza delle disposizioni del primo comma la società ha diritto al risarcimento del danno, salva l'applicazione dell'art. 2286.

2302. Scritture contabili. - Gli amministratori devono tenere i libri e le altre scritture contabili prescritti dall'art. 2214.

2303. Limiti alla distribuzione degli utili. - Non può farsi luogo a ripartizione di somme tra soci se non per utili realmente conseguiti (2262, 2321, 2433[2], 2621, n. 2).

Se si verifica una perdita del capitale sociale, non può farsi luogo a ripartizione di utili fino a che il capitale non sia reintegrato o ridotto in misura corrispondente.

2304. Responsabilità dei soci. - I creditori sociali, anche se la società è in liquidazione (2308 ss.), non possono pretendere il pagamento dai singoli soci, se non dopo l'escussione del patrimonio sociale (2268, 2471).

2305. Creditore particolare del socio. - Il creditore particolare del socio, finché dura la società, non può chiedere la liquidazione della quota del socio debitore (2270, 2288[1], 2307, 2531, 2614; 148[4] l. fall.).

2306. Riduzione di capitale. - La deliberazione di riduzione di capitale (2445), mediante rimborso ai soci delle quote pagate o mediante liberazione di essi dall'obbligo di ulteriori versamenti, può essere eseguita soltanto dopo tre mesi dal giorno dell'iscrizione nel registro delle imprese (2188; 99 ss. att.), purché entro questo termine (2964 ss.) nessun creditore sociale anteriore all'iscrizione abbia fatto opposizione (2623, n. 1).

Il tribunale, nonostante l'opposizione, può disporre che l'esecuzione abbia luogo, previa prestazione da parte della società di un'idonea garanzia (1179, 2445, 2503).

2307. Proroga della società. - Il creditore particolare del socio (2305) può fare opposizione alla proroga della società, entro tre mesi dalla iscrizione della deliberazione di proroga nel registro delle imprese (2273, 2531[2]).

Se l'opposizione è accolta, la società deve, entro tre mesi dalla notificazione della sentenza, liquidare la quota del socio debitore dell'opponente (2289).

In caso di proroga tacita (2273) ciascun socio può sempre recedere dalla società (1373), dando preavviso a norma dell'art. 2285, e il creditore particolare del socio può chiedere la liquidazione della quota del suo debitore a norma dell'art. 2270 (2531).

2308. Scioglimento della società. – La società si scioglie, oltre che per le cause indicate dall'articolo 2272, per provvedimento dell'autorità governativa nei casi stabiliti dalla legge e per l'apertura della procedura di liquidazione giudiziale (1).

(1) *Questo comma è stato così sostituito dall'art. 382, comma 3, del D.L.vo 12 gennaio 2019, n. 14, così come modificato dall'art. 39, comma 2, del D.L.vo 26 ottobre 2020, n. 147, a decorrere dal 15 luglio 2022.*

2309. Pubblicazione della nomina dei liquidatori. – La deliberazione dei soci o la sentenza (2332[4]) che nomina i liquidatori (2275) e ogni atto successivo che importa cambiamento nelle persone dei liquidatori devono essere, entro trenta giorni dalla notizia della nomina, depositati in copia autentica a cura dei liquidatori medesimi per l'iscrizione presso l'ufficio del registro delle imprese (2188, 2626).

[I liquidatori devono altresì depositare presso lo stesso ufficio le loro firme autografe] (1).

(1) *Questo comma è stato abrogato dall'art. 33, comma 1, della L. 24 novembre 2000, n. 340.*

2310. Rappresentanza della società in liquidazione. – Dall'iscrizione della nomina dei liquidatori la rappresentanza della società, anche in giudizio, spetta ai liquidatori (2298, 2452).

2311. Bilancio finale di liquidazione e piano di riparto. – Compiuta la liquidazione, i liquidatori devono redigere il bilancio finale e proporre ai soci il piano di riparto.

Il bilancio, sottoscritto dai liquidatori, e il piano di riparto devono essere comunicati mediante raccomandata ai soci, e s'intendono approvati se non sono stati impugnati nel termine di due mesi dalla comunicazione (2453, 2964 ss.).

In caso d'impugnazione del bilancio e del piano di riparto, il liquidatore può chiedere che le questioni relative alla liquidazione siano esaminate separatamente da quelle relative alla divisione, alle quali il liquidatore può restare estraneo.

Con l'approvazione del bilancio i liquidatori sono liberati di fronte ai soci (2453, 2454, 2625).

2312. Cancellazione della società. – Approvato il bilancio finale di liquidazione, i liquidatori devono chiedere la cancellazione della società dal registro delle imprese (2188).

Dalla cancellazione della società i creditori sociali che non sono stati soddisfatti possono far valere i loro crediti nei confronti dei soci (31[3], 495[2]) e, se il mancato pagamento è dipeso da colpa dei liquidatori, anche nei confronti di questi (2324, 2456[2]).

Le scritture contabili (2302) e i documenti che non spettano ai singoli soci sono depositati presso la persona designata dalla maggioranza.

Le scritture contabili e i documenti devono essere conservati per dieci anni a decorrere dalla cancellazione della società dal registro delle imprese (2220, 2457, 2946).

Capo IV
Della società in accomandita semplice

2313. Nozione. – Nella società in accomandita semplice i soci accomandatari rispondono solidalmente (1292 ss.) e illimitatamente per le obbligazioni sociali (2471[2]; 147 l. fall.), e i soci accomandanti rispondono limitatamente alla quota conferita (150 l. fall.).

Le quote di partecipazione dei soci non possono essere rappresentate da azioni (2325[2], 2346 ss., 2462[2], 2472[2]).

2314. Ragione sociale. – La società agisce sotto una ragione sociale costituita dal nome (1) di almeno uno dei soci accomandatari, con l'indicazione di società in accomandita semplice, salvo il disposto del secondo comma dell'art. 2292 (2463, 2567).

L'accomandante, il quale consente che il suo nome sia compreso nella ragione sociale, risponde di fronte ai terzi illimitatamente e solidalmente (1292 ss.) con i soci accomandatari per le obbligazioni sociali (2320).

(1) *E cognome.*

2315. Norme applicabili. – Alla società in accomandita semplice si applicano le disposizioni relative alla società in nome collettivo, in quanto siano compatibili con le norme seguenti.

2316. Atto costitutivo. – L'atto costitutivo (2295) deve indicare i soci accomandatari e i soci accomandanti (2465).

2317. Mancata registrazione. – Fino a quando la società non è iscritta nel registro delle imprese (2188; 99 ss. att.), ai rapporti fra la società e i terzi si applicano le disposizioni dell'art. 2297.

Tuttavia per le obbligazioni sociali i soci accomandanti rispondono limitatamente alla loro quota, salvo che abbiano partecipato alle operazioni (2257², 2258¹) sociali (33⁴, 38, 41¹, 2267, 2273, 2291, 2320, 2331¹; 147 l. fall.).

2318. Soci accomandatari. – I soci accomandatari hanno i diritti e gli obblighi dei soci della società in nome collettivo (2291).

L'amministrazione della società può essere conferita soltanto a soci accomandatari.

2319. Nomina e revoca degli amministratori. – Se l'atto costitutivo non dispone diversamente, per la nomina degli amministratori e per la loro revoca nel caso indicato nel secondo comma dell'art. 2259 sono necessari il consenso dei soci accomandatari e l'approvazione di tanti soci accomandanti che rappresentino la maggioranza del capitale da essi sottoscritto.

2320. Soci accomandanti. – I soci accomandanti non possono compiere atti di amministrazione, né trattare o concludere affari in nome della società, se non in forza di procura speciale per singoli affari (2252¹). Il socio accomandante che contravviene a tale divieto assume responsabilità illimitata e solidale verso i terzi per tutte le obbligazioni sociali (2291, 2317²) e può essere escluso a norma dell'art. 2286 (147 l. fall.).

I soci accomandanti possono tuttavia prestare la loro opera sotto la direzione degli amministratori e, se l'atto costitutivo lo consente, dare autorizzazioni e pareri per determinate operazioni e compiere atti di ispezione e di sorveglianza.

In ogni caso essi hanno diritto di avere comunicazione annuale del bilancio (2423) e del conto dei profitti e delle perdite, e di controllarne l'esattezza, consultando i libri (2421) e gli altri documenti della società (2261, 2623, n. 3).

2321. Utili percepiti in buona fede. – I soci accomandanti non sono tenuti alla restituzione degli utili riscossi in buona fede secondo il bilancio regolarmente approvato (2303, 2433⁴, 2621, n. 2).

2322. Trasferimento della quota. – La quota di partecipazione del socio accomandante è trasmissibile per causa di morte (2284).

Salvo diversa disposizione dell'atto costitutivo, la quota può essere ceduta, con effetto verso la società, con il consenso dei soci che rappresentano la maggioranza del capitale (24³, 2479).

2323. Cause di scioglimento. – La società si scioglie (2250³), oltre che per le cause previste nell'art. 2308, quando rimangono soltanto soci accomandanti o soci accomandatari, sempreché nel termine di sei mesi non sia stato sostituito il socio che è venuto meno.

Se vengono a mancare tutti gli accomandatari, per il periodo indicato dal comma precedente gli accomandanti nominano un amministratore provvisorio per il compimento degli atti di ordinaria amministrazione. L'amministratore provvisorio non assume la qualità di socio accomandatario (2272, n. 4, 2318², 2320).

2324. Diritti dei creditori sociali dopo la liquidazione. – Salvo il diritto previsto dal secondo comma dell'art. 2312 nei confronti degli accomandatari e dei liquidatori, i creditori sociali che non sono stati soddisfatti nella liquidazione della società possono far valere i loro crediti anche nei confronti degli accomandanti, limitatamente alla quota di liquidazione (31³, 2311, 2456²).

Capo V
Società per azioni (¹) (²)

(¹) *Il previgente Capo V: «DELLA SOCIETÀ PER AZIONI» è stato così sostituito dall'art. 1 del D.L.vo 17 gennaio 2003, n. 6, rettificato e corretto con avviso pubblicato in* Gazzetta Ufficiale *Serie gen. - n. 153 del 4 luglio 2003 e di nuovo rettificato con avviso pubblicato in* Gazzetta Ufficiale *– Serie gen. - n. 165 del 18 luglio 2003, a decorrere dal 1° gennaio 2004.*

(²) *Si veda quanto dispone l'art. 223* bis *disp. att.*

Sezione I
Disposizioni generali

2325. Responsabilità. – Nella società per azioni per le obbligazioni sociali risponde soltanto la società con il suo patrimonio.

In caso di insolvenza della società, per le obbligazioni sociali sorte nel periodo in cui le azioni sono appartenute ad una sola persona, questa risponde illimitatamente quando i conferimenti non siano stati effettuati secondo quanto previsto dall'articolo 2342 o fin quando non sia stata attuata la pubblicità prescritta dall'articolo 2362.

NOTE OPERATIVE:

Abuso della personalità giuridica: In tema di società di capitali, la nozione di abuso della personalità giuridica assume rilievo al fine di contrastare lo schermo dietro cui si cela il socio tiranno, in modo tale da accollargli la responsabilità illimitata per le obbligazioni contratte dalla società di capitali, da lui diretta e controllata, consentendo l'aggressione del suo patrimonio personale da parte dei creditori della società (C.C. 20181/22).

2325 *bis*. Società che fanno ricorso al mercato del capitale di rischio. – Ai fini dell'applicazione del presente titolo ([1]), sono società che fanno ricorso al mercato del capitale di rischio le società con azioni quotate in mercati regolamentati o diffuse fra il pubblico in misura rilevante.

Le norme di questo titolo si applicano alle società con azioni ([2]) quotate in mercati regolamentati in quanto non sia diversamente disposto da altre norme di questo codice o di leggi speciali.

([1]) *La parola: «capo» è stata così sostituita dall'art. 5, lett. a), del D.L.vo 6 febbraio 2004, n. 37.*

([2]) *Le parole: «Le norme di questo capo si applicano alle società emittenti di azioni» sono state così sostituite dall'art. 5, lett. b), del D.L.vo 6 febbraio 2004, n. 37.*

2326. Denominazione sociale. – La denominazione sociale, in qualunque modo formata, deve contenere l'indicazione di società per azioni.

NOTE OPERATIVE:

Funzione: La denominazione sociale – che è il nome necessario di una società di capitali e può essere, pertanto, distinta dalla ditta che, invece, individua l'impresa (C.C. 16163/15) – è tutelata anche nell'ipotesi di un eventuale mutamento dell'oggetto sociale, in quanto essa ha la funzione di individuare la società come soggetto di diritto e quindi prescinde dall'attività in concreto svolta e dall'oggetto sociale, che può mutare nel corso della sua attività senza che ciò comporti un mutamento della sua soggettività (C.C. 11004/23 – Conf. C.C. 5931/14).

2327. Ammontare minimo del capitale. – La società per azioni deve costituirsi con un capitale non inferiore a cinquantamila ([1]) euro.

([1]) *La parola: «centoventimila» è stata così sostituita dall'attuale: «cinquantamila» dall'art. 20, comma 7, del D.L. 24 giugno 2014, n. 91, convertito, con modificazioni, nella L. 11 agosto 2014, n. 116.*

2328. Atto costitutivo. – La società può essere costituita per contratto o per atto unilaterale.

L'atto costitutivo deve essere redatto per atto pubblico e deve indicare:

1) il cognome e il nome o la denominazione, la data e il luogo di nascita o lo Stato ([1]) di costituzione, il domicilio o la sede, la cittadinanza dei soci e degli eventuali promotori, nonché il numero delle azioni assegnate a ciascuno di essi;

2) la denominazione e il comune ove sono poste la sede della società e le eventuali sedi secondarie;

3) l'attività che costituisce l'oggetto sociale;

4) l'ammontare del capitale sottoscritto e di quello versato;

5) il numero e l'eventuale valore nominale delle azioni, le loro caratteristiche e le modalità di emissione e circolazione;

6) il valore attribuito ai crediti e beni conferiti in natura;

7) le norme secondo le quali gli utili devono essere ripartiti;

8) i benefici eventualmente accordati ai promotori o ai soci fondatori;

9) il sistema di amministrazione adottato, il numero degli amministratori e i loro poteri, indicando quali tra essi hanno la rappresentanza della società;

10) il numero dei componenti il collegio sindacale;

11) la nomina dei primi amministratori e sindaci ovvero dei componenti del consiglio di sorveglianza ([2]) e, quando previsto, del soggetto incaricato di effettuare la revisione legale dei conti ([3]);

12) l'importo globale, almeno approssimativo, delle spese per la costituzione poste a carico della società;

13) la durata della società ovvero, se la società è costituita a tempo indeterminato, il periodo di tempo, comunque non superiore ad un anno, decorso il quale il socio potrà recedere.

Lo statuto contenente le norme relative al funzionamento della società, anche se forma oggetto di atto separato, costituisce parte integrante dell'atto costitutivo. In caso di contrasto tra le clausole dell'atto costitutivo e quelle dello statuto prevalgono le seconde.

([1]) *Le parole: «lo Stato» sono state inserite dall'art. 5, lett. c), del D.L.vo 6 febbraio 2004, n. 37.*

([2]) *Le parole: «ovvero dei componenti del consiglio di sorveglianza» sono state inserite dall'art. 5, lett. c), del D.L.vo 6 febbraio 2004, n. 37.*

([3]) *Le parole: «al quale è demandato il controllo contabile» sono state così sostituite dalle attuali: «incaricato di effettuare la revisione legale dei conti» dall'art. 37, comma 1, del D.L.vo 27 gennaio 2010, n. 39.*

2329. Condizioni per la costituzione. – Per procedere alla costituzione della società è necessario:

1) che sia sottoscritto per intero il capitale sociale;

2) che siano rispettate le previsioni degli articoli 2342, 2343 e 2343 *ter* ([1]) relative ai conferimenti;

3) che sussistano le autorizzazioni e le altre condizioni richieste dalle leggi speciali per la costituzione della società, in relazione al suo particolare oggetto.

([1]) *Le parole: «e 2343» sono state così sostituite dalle parole: «, 2343 e 2343* ter*» dall'art. 1, comma 1, del D.L.vo 4 agosto 2008, n. 142.*

2330. Deposito dell'atto costitutivo e iscrizione della società. - Il notaio che ha ricevuto l'atto costitutivo deve depositarlo entro dieci giorni ([1]) presso l'ufficio del registro delle imprese nella cui circoscrizione è stabilita la sede sociale, allegando i documenti comprovanti la sussistenza delle condizioni previste dall'articolo 2329.

Se il notaio o gli amministratori non provvedono al deposito nel termine indicato nel comma precedente, ciascun socio può provvedervi a spese della società.

L'iscrizione della società nel registro delle imprese è richiesta contestualmente al deposito dell'atto costitutivo. L'ufficio del registro delle imprese, verificata la regolarità formale della documentazione, iscrive la società nel registro.

Se la società istituisce sedi secondarie, si applica l'articolo 2299.

([1]) *Le parole: «entro venti giorni» sono state così sostituite dalle attuali: «entro dieci giorni» dall'art. 3, comma 1* quinquies*, del D.L. 14 dicembre 2018, n. 135, convertito, con modificazioni, nella L. 11 febbraio 2019, n. 12, a decorrere dal 13 febbraio 2019.*

2331. Effetti dell'iscrizione. - Con l'iscrizione nel registro la società acquista la personalità giuridica.

Per le operazioni compiute in nome della società prima dell'iscrizione sono illimitatamente e solidalmente responsabili verso i terzi coloro che hanno agito. Sono altresì solidalmente e illimitatamente responsabili il socio unico fondatore e quelli tra i soci che nell'atto costitutivo o con atto separato hanno deciso, autorizzato o consentito il compimento dell'operazione.

Qualora successivamente all'iscrizione la società abbia approvato un'operazione prevista dal precedente comma, è responsabile anche la società ed essa è tenuta a rilevare coloro che hanno agito.

Le somme depositate a norma del secondo comma dell'articolo 2342 non possono essere consegnate agli amministratori se non provano l'avvenuta iscrizione della società nel registro. Se entro novanta giorni dalla stipulazione dell'atto costitutivo o dal rilascio delle autorizzazioni previste dal numero 3) dell'articolo 2329 l'iscrizione non ha avuto luogo, esse sono restituite ai sottoscrittori e l'atto costitutivo perde efficacia.

Prima dell'iscrizione nel registro è vietata l'emissione delle azioni ed esse, salvo l'offerta pubblica di sottoscrizione ai sensi dell'articolo 2333, non possono costituire oggetto di una offerta al pubblico di prodotti finanziari ([1]).

([1]) *Le parole: «sollecitazione all'investimento» sono state così sostituite dalle attuali: «offerta al pubblico di prodotti finanziari» dall'art. 5 del D.L.vo 28 marzo 2007, n. 51.*

2332. Nullità della società. - Avvenuta l'iscrizione nel registro delle imprese, la nullità della società può essere pronunciata soltanto nei seguenti casi:

1) mancata stipulazione dell'atto costitutivo nella forma dell'atto pubblico;

2) illiceità dell'oggetto sociale;

3) mancanza nell'atto costitutivo di ogni indicazione riguardante la denominazione della società, o i conferimenti, o l'ammontare del capitale sociale o l'oggetto sociale.

La dichiarazione di nullità non pregiudica l'efficacia degli atti compiuti in nome della società dopo l'iscrizione nel registro delle imprese.

I soci non sono liberati dall'obbligo di conferimento fino a quando non sono soddisfatti i creditori sociali.

La sentenza che dichiara la nullità nomina i liquidatori.

La nullità non può essere dichiarata quando la causa di essa è stata eliminata e di tale eliminazione è stata data pubblicità con iscrizione nel registro delle imprese.

Il dispositivo della sentenza che dichiara la nullità deve essere iscritto, a cura degli amministratori o dei liquidatori nominati ai sensi del quarto comma, nel registro delle imprese.

NOTE OPERATIVE:

Ambito di applicazione: Non è configurabile la simulazione del contratto sociale, sia in ragione delle inderogabili formalità che assistono la creazione e la stessa organizzazione dell'ente, sia in relazione alla tassatività delle cause di nullità (nel testo modificato in attuazione della direttiva n. 68/151/CE), la cui clausola di chiusura esclude, al di fuori dei casi previsti, l'assoggettamento della società a cause di nullità assoluta o relativa, d'inesistenza o d'annullabilità (C.C. 36392/21 – Conf. C.C. 29700/19; C.C. 20888/19; C.C. 22560/15).

Sezione II
Della costituzione per pubblica sottoscrizione (1)

(1) *Si riporta il testo previgente: «SezioneII. Della costituzione mediante pubblica sottoscrizione».*

2333. Programma e sottoscrizione delle azioni. – La società può essere costituita anche per mezzo di pubblica sottoscrizione sulla base di un programma che ne indichi l'oggetto e il capitale, le principali disposizioni dell'atto costitutivo e dello statuto, l'eventuale partecipazione che i promotori si riservano agli utili e il termine entro il quale deve essere stipulato l'atto costitutivo.

Il programma con le firme autenticate dei promotori, prima di essere reso pubblico, deve essere depositato presso un notaio.

Le sottoscrizioni delle azioni devono risultare da atto pubblico o da scrittura privata autenticata. L'atto deve indicare il cognome e il nome o la denominazione, il domicilio o la sede del sottoscrittore, il numero delle azioni sottoscritte e la data della sottoscrizione.

2334. Versamenti e convocazione dell'assemblea dei sottoscrittori. – Raccolte le sottoscrizioni, i promotori, con raccomandata o nella forma prevista nel programma, devono assegnare ai sottoscrittori un termine non superiore a trenta giorni per fare il versamento prescritto dal secondo comma dell'articolo 2342.

Decorso inutilmente questo termine, è in facoltà dei promotori di agire contro i sottoscrittori morosi o di scioglierli dall'obbligazione assunta. Qualora i promotori si avvalgano di quest'ultima facoltà, non può procedersi alla costituzione della società prima che siano collocate le azioni che quelli avevano sottoscritte.

Salvo che il programma stabilisca un termine diverso, i promotori, nei venti giorni successivi al termine fissato per il versamento prescritto dal primo comma del presente articolo, devono convocare l'assemblea dei sottoscrittori mediante raccomandata, da inviarsi a ciascuno di essi almeno dieci giorni prima di quello fissato per l'assemblea, con l'indicazione delle materie da trattare.

2335. Assemblea dei sottoscrittori. – L'assemblea dei sottoscrittori:

1) accerta l'esistenza delle condizioni richieste per la costituzione della società;

2) delibera sul contenuto dell'atto costitutivo e dello statuto;

3) delibera sulla riserva di partecipazione agli utili fatta a proprio favore dai promotori;

4) nomina gli amministratori, ed i sindaci ovvero i componenti del consiglio di sorveglianza (1) e, quando previsto, il soggetto incaricato di effettuare la revisione legale dei conti (2).

L'assemblea è validamente costituita con la presenza della metà dei sottoscrittori.

Ciascun sottoscrittore ha diritto a un voto, qualunque sia il numero delle azioni sottoscritte, e per la validità delle deliberazioni si richiede il voto favorevole della maggioranza dei presenti.

Tuttavia per modificare le condizioni stabilite nel programma è necessario il consenso di tutti i sottoscrittori.

(1) *Le parole: «i membri del collegio sindacale» sono state così sostituite dall'art. 5, lett.* d)*, del D.L.vo 6 febbraio 2004, n. 37.*

(2) *Le parole: «cui è demandato il controllo contabile» sono state così sostituite dalle attuali: «incaricato di effettuare la revisione legale dei conti» dall'art. 37, comma 2, del D.L.vo 27 gennaio 2010, n. 39.*

2336. Stipulazione e deposito dell'atto costitutivo. – Eseguito quanto è prescritto nell'articolo precedente, gli intervenuti all'assemblea, in rappresentanza anche dei sottoscrittori assenti, stipulano l'atto costitutivo, che deve essere depositato per l'iscrizione nel registro delle imprese a norma dell'articolo 2330.

Sezione III
Dei promotori e dei soci fondatori

2337. Promotori. – Sono promotori coloro che nella costituzione per pubblica sottoscrizione hanno firmato il programma a norma del secondo comma dell'articolo 2333.

2338. Obbligazioni dei promotori. – I promotori sono solidalmente responsabili verso i terzi per le obbligazioni assunte per costituire la società.

La società è tenuta a rilevare i promotori dalle obbligazioni assunte e a rimborsare loro le spese sostenute, sempre che siano state necessarie per la costituzione della società o siano state approvate dall'assemblea.

Se per qualsiasi ragione la società non si costituisce, i promotori non possono rivalersi verso i sottoscrittori delle azioni.

2339. Responsabilità dei promotori. – I promotori sono solidalmente responsabili verso la società e verso i terzi:

1) per l'integrale sottoscrizione del capitale sociale e per i versamenti richiesti per la costituzione della società;

2) per l'esistenza dei conferimenti in natura in conformità della relazione giurata indicata nell'articolo 2343;

3) per la veridicità delle comunicazioni da essi fatte al pubblico per la costituzione della società.

Sono del pari solidalmente responsabili verso la società e verso i terzi coloro per conto dei quali i promotori hanno agito.

2340. Limiti dei benefici riservati ai promotori. – I promotori possono riservarsi nell'atto costitutivo, indipendentemente dalla loro qualità di soci, una partecipazione non superiore complessivamente a un decimo degli utili netti risultanti dal bilancio e per un periodo massimo di cinque anni.

Essi non possono stipulare a proprio vantaggio altro beneficio.

2341. Soci fondatori. – La disposizione del primo comma dell'articolo 2340 si applica anche ai soci che nella costituzione simultanea o in quella per pubblica sottoscrizione stipulano l'atto costitutivo.

Sezione III *bis*
Dei patti parasociali

2341 *bis*. (1) Patti parasociali. – I patti, in qualunque forma stipulati, che al fine di stabilizzare gli assetti proprietari o il governo della società:

a) hanno per oggetto l'esercizio del diritto di voto nelle società per azioni o nelle società che le controllano;

b) pongono limiti al trasferimento delle relative azioni o delle partecipazioni in società che le controllano;

c) hanno per oggetto o per effetto l'esercizio anche congiunto di un'influenza dominante su tali società, non possono avere durata superiore a cinque anni e si intendono stipulati per questa durata anche se le parti hanno previsto un termine maggiore; i patti sono rinnovabili alla scadenza.

Qualora il patto non preveda un termine di durata, ciascun contraente ha diritto di recedere con un preavviso di centottanta giorni.

Le disposizioni di questo articolo non si applicano ai patti strumentali ad accordi di collaborazione nella produzione o nello scambio di beni o servizi e relativi a società interamente possedute dai partecipanti all'accordo.

(1) *Si veda l'art. 223* vicies semel *att.*

NOTE OPERATIVE:

Voto: Il patto parasociale di voto nel quale si prevede la nomina di un certo soggetto alla carica di amministratore e se ne definisce il compenso può configurarsi come contratto a favore di terzo (C.C. 36092/21). La clausola cd. russian roulette, contenuta in un patto parasociale, è valida, in quanto soddisfa l'interesse dei soci paciscenti ad evitare la possibile paralisi del funzionamento dell'assemblea derivante dalla contrapposizione del loro paritetico peso nell'esercizio del diritto di voto, sicché deve negarsi che la determinazione del suo contenuto sia rimessa all'unilaterale arbitrio di un socio a danno dell'altro (C.C. 22375/23).

Aspetti processuali: La controversia in materia di patti parasociali atipici rientra tra quelle devolute alla competenza delle sezioni specializzate in materia di impresa (C.C. 2335/23).

2341 *ter*. Pubblicità dei patti parasociali. – Nelle società che fanno ricorso al mercato del capitale di rischio i patti parasociali devono essere comunicati alla società e dichiarati in apertura di ogni assemblea. La dichiarazione deve essere trascritta nel verbale e questo deve essere depositato presso l'ufficio del registro delle imprese.

In caso di mancanza della dichiarazione prevista dal comma precedente i possessori delle azioni cui si riferisce il patto parasociale non possono esercitare il diritto di voto e le deliberazioni assembleari adottate con il loro voto determinante sono impugnabili a norma dell'articolo 2377.

Sezione IV
Dei conferimenti

2342. Conferimenti. – Se nell'atto costitutivo non è stabilito diversamente, il conferimento deve farsi in danaro.

Alla sottoscrizione dell'atto costitutivo deve essere versato presso una banca almeno il venticinque per cento dei conferimenti in danaro o, nel caso di costituzione con atto unilaterale, il loro intero ammontare.

Per i conferimenti di beni in natura e di crediti si osservano le disposizioni degli articoli 2254 e 2255. Le azioni corrispondenti a tali conferimenti devono essere integralmente liberate al momento della sottoscrizione.

Se viene meno la pluralità dei soci, i versamenti ancora dovuti devono essere effettuati entro novanta giorni.

Non possono formare oggetto di conferimento le prestazioni di opera o di servizi.

2343. Stima dei conferimenti di beni in natura e di crediti. – Chi conferisce beni in natura o crediti deve presentare la relazione giurata di un esperto designato dal tribunale nel cui circondario ha sede la società, contenente la descrizione dei beni o dei crediti conferiti, l'attestazione che il loro valore è almeno pari a quello ad essi attribuito ai fini della determinazione del capitale sociale e dell'eventuale soprapprezzo e i criteri di valutazione seguiti. La relazione deve essere allegata all'atto costitutivo.

L'esperto risponde dei danni causati alla società, ai soci e ai terzi. Si applicano le disposizioni dell'articolo 64 del codice di procedura civile.

Gli amministratori devono, nel termine di centottanta giorni dalla iscrizione della società, controllare le valutazioni contenute nella relazione indicata nel primo comma e, se sussistano fondati motivi, devono procedere alla revisione della stima. Fino a quando le valutazioni non sono state controllate, le azioni corrispondenti ai conferimenti sono inalienabili e devono restare depositate presso la società.

Se risulta che il valore dei beni o dei crediti conferiti era inferiore di oltre un quinto a quello per cui avvenne il conferimento, la società deve proporzionalmente ridurre il capitale sociale, annullando le azioni che risultano scoperte. Tuttavia il socio conferente può versare la differenza in danaro o recedere dalla società; il socio recedente ha diritto alla restituzione del conferimento, qualora sia possibile in tutto o in parte in natura. L'atto costitutivo può prevedere, salvo in ogni caso quanto disposto dal quinto comma dell'articolo 2346, che per effetto dell'annullamento delle azioni disposto nel presente comma si determini una loro diversa ripartizione tra i soci.

2343 *bis*. Acquisto della società da promotori, fondatori, soci e amministratori. – L'acquisto da parte della società, per un corrispettivo pari o superiore al decimo del capitale sociale, di beni o di crediti dei promotori, dei fondatori, dei soci o degli amministratori, nei due anni dalla iscrizione della società nel registro delle imprese, deve essere autorizzato dall'assemblea ordinaria.

L'alienante deve presentare la relazione giurata di un esperto designato dal tribunale nel cui circondario ha sede la società ovvero la documentazione di cui all'articolo 2343 *ter* primo e secondo comma (¹) contenente la descrizione dei beni o dei crediti, il valore a ciascuno di essi attribuito, i criteri di valutazione seguiti, nonché l'attestazione che tale valore non è inferiore al corrispettivo, che deve comunque essere indicato.

La relazione deve essere depositata nella sede della società durante i quindici giorni che precedono l'assemblea. I soci possono prenderne visione. Entro trenta giorni dall'autorizzazione il verbale dell'assemblea, corredato dalla relazione dell'esperto designato dal tribunale ovvero dalla documentazione di cui all'articolo 2343 *ter* (²), deve essere depositato a cura degli amministratori presso l'ufficio del registro delle imprese.

Le disposizioni del presente articolo non si applicano agli acquisti che siano effettuati a condizioni normali nell'ambito delle operazioni correnti della società né a quelli che avvengono nei mercati regolamentati o sotto il controllo dell'autorità giudiziaria o amministrativa.

In caso di violazione delle disposizioni del presente articolo gli amministratori e l'alienante sono solidalmente responsabili per i danni causati alla società, ai soci ed ai terzi.

(¹) *Le parole: «ovvero la documentazione di cui all'articolo 2343* ter *primo e secondo comma» sono state aggiunte dall'art. 20, comma 4, del D.L. 24 giugno 2014, n. 91, convertito, con modificazioni, nella L. 11 agosto 2014, n. 116.*

(²) *Le parole: «ovvero dalla documentazione di cui all'articolo 2343* ter*» sono state aggiunte dall'art. 20, comma 4, del D.L. 24 giugno 2014, n. 91, convertito, con modificazioni, nella L. 11 agosto 2014, n. 116.*

2343 *ter*. (¹) Conferimento di beni in natura o crediti senza relazione di stima. – Nel caso di conferimento di valori mobiliari ovvero di strumenti del mercato monetario non è richiesta la relazione di cui all'articolo 2343, primo comma, se il valore ad essi attribuito ai fini della determinazione del capitale sociale e dell'eventuale sovrapprezzo è pari o inferiore al prezzo medio ponderato al quale sono stati negoziati su uno o più mercati regolamentati nei sei mesi precedenti il conferimento.

Fuori dai casi in cui è applicabile il primo comma, non è altresì richiesta la relazione di cui all'articolo 2343, primo comma, qualora il valore attribuito, ai fini della determinazione del capitale sociale e dell'eventuale sovrapprezzo, ai beni in natura o crediti conferiti sia pari o inferiore:

a) al *fair value* iscritto nel bilancio dell'esercizio precedente quello nel quale è effettuato il conferimento a condizione che il bilancio sia sottoposto a revisione legale e la relazione del revisore non esprima rilievi in ordine alla valutazione dei beni oggetto del conferimento, ovvero;

b) al valore risultante da una valutazione riferita ad una data precedente di non oltre sei mesi il conferimento e conforme ai principi e criteri generalmente riconosciuti per la valutazione dei beni oggetto del conferimento, a condizione che essa provenga da un esperto indipendente da chi effettua il conferimento, dalla società e dai soci che esercitano individualmente o congiuntamente il controllo sul soggetto conferente o sulla società medesima, dotato di adeguata e comprovata professionalità (2).

Chi conferisce beni o crediti ai sensi del primo e secondo comma presenta la documentazione dalla quale risulta il valore attribuito ai conferimenti e la sussistenza, per i conferimenti di cui al secondo comma, delle condizioni ivi indicate. La documentazione è allegata all'atto costitutivo.

L'esperto di cui al secondo comma, lettera *b*), risponde dei danni causati alla società, ai soci e ai terzi.

Ai fini dell'applicazione del secondo comma, lettera *a*), per la definizione di "fair value" si fa riferimento ai principi contabili internazionali adottati dall'Unione europea (3).

(1) *Questo articolo è stato inserito dall'art. 1, comma 2, del D.L.vo 4 agosto 2008, n. 142.*

(2) *Questo comma è stato così sostituito dall'art. 1, comma 1, lett.* a), *del D.L.vo 29 novembre 2010, n. 224.*

(3) *Questo comma è stato aggiunto dall'art. 1, comma 1, lett.* b), *del D.L.vo 29 novembre 2010, n. 224.*

2343 *quater*. (1) Fatti eccezionali o rilevanti che incidono sulla valutazione. – Gli amministratori verificano, nel termine di trenta giorni dalla iscrizione della società, se, nel periodo successivo a quello di cui all'articolo 2343 *ter*, primo comma, sono intervenuti fatti eccezionali che hanno inciso sul prezzo dei valori mobiliari o degli strumenti del mercato monetario conferiti in modo tale da modificare sensibilmente il valore di tali beni alla data di iscrizione della società nel registro delle imprese, comprese le situazioni in cui il mercato dei valori o strumenti non è più liquido. Gli amministratori verificano altresì nel medesimo termine se, successivamente al termine dell'esercizio cui si riferisce il bilancio di cui alla lettera *a*) del secondo comma dell'articolo 2343 *ter*, o alla data della valutazione di cui alla lettera *b*) del medesimo comma, si sono verificati fatti nuovi rilevanti tali da modificare sensibilmente il valore dei beni o dei crediti conferiti alla data di iscrizione della società nel registro delle imprese, nonché i requisiti di professionalità ed indipendenza dell'esperto che ha reso la valutazione di cui all'articolo 2343 *ter*, secondo comma, lettera *b*) (2).

Qualora gli amministratori ritengano che siano intervenuti i fatti di cui al primo comma, ovvero ritengano non idonei i requisiti di professionalità e indipendenza dell'esperto che ha reso la valutazione di cui all'articolo 2343 *ter*, secondo comma, lettera *b*), si procede, su iniziativa degli amministratori, ad una nuova valutazione ai sensi e per gli effetti dell'articolo 2343 (3).

Fuori dai casi di cui al secondo comma, è depositata per l'iscrizione nel registro delle imprese, nel medesimo termine di cui al primo comma, una dichiarazione degli amministratori contenente le seguenti informazioni:

a) la descrizione dei beni o dei crediti conferiti per i quali non si è fatto luogo alla relazione di cui all'articolo 2343, primo comma;

b) il valore ad essi attribuito, la fonte di tale valutazione e, se del caso, il metodo di valutazione;

c) la dichiarazione che tale valore è almeno pari a quello loro attribuito ai fini della determinazione del capitale sociale e dell'eventuale sovrapprezzo;

d) la dichiarazione che non sono intervenuti fatti eccezionali o rilevanti che incidono sulla valutazione di cui alla lettera *b*);

e) la dichiarazione di idoneità dei requisiti di professionalità e indipendenza dell'esperto di cui all'articolo 2343 *ter*, secondo comma, lettera *b*).

Fino all'iscrizione della dichiarazione le azioni sono inalienabili e devono restare depositate presso la società.

(1) *Questo articolo è stato inserito dall'art. 1, comma 2, del D.L.vo 4 agosto 2008, n. 142.*

(2) *Questo comma è stato così sostituito dall'art. 1, comma 2, lett.* a), *del D.L.vo 29 novembre 2010, n. 224.*

(3) *Questo comma è stato così sostituito dall'art. 1, comma 2, lett.* b), *del D.L.vo 29 novembre 2010, n. 224.*

2344. Mancato pagamento delle quote. – Se il socio non esegue i pagamenti dovuti, decorsi quindici giorni dalla pubblicazione di una diffida nella *Gazzetta Ufficiale* della Repubblica, gli amministratori, se non ritengono utile promuovere azione per l'esecuzione del conferimento, offrono le azioni agli altri soci, in proporzione alla loro partecipazione (1), per un corrispettivo non inferiore ai conferimenti ancora dovuti. In mancanza di offerte possono far vendere le azioni a rischio e per conto del socio, a mezzo di una banca o di un intermediario autorizzato alla negoziazione in mercati regolamentati (1).

Qualora la vendita non possa aver luogo per mancanza di compratori, gli amministratori possono dichiarare decaduto il socio, trattenendo le somme riscosse, salvo il risarcimento dei maggiori danni.

Le azioni non vendute, se non possono essere rimesse in circolazione entro l'esercizio in cui fu pronunziata la decadenza del socio moroso, devono essere estinte con la corrispondente riduzione del capitale.

Il socio in mora nei versamenti non può esercitare il diritto di voto.

(1) *Le parole: «della loro partecipazione» e «nei mercati regolamentati» sono state così sostituite dall'art. 5, lett. e), del D.L.vo 6 febbraio 2004, n. 37.*

2345. Prestazioni accessorie. – Oltre l'obbligo dei conferimenti, l'atto costitutivo può stabilire l'obbligo dei soci di eseguire prestazioni accessorie non consistenti in danaro, determinandone il contenuto, la durata, le modalità e il compenso, e stabilendo particolari sanzioni per il caso di inadempimento. Nella determinazione del compenso devono essere osservate le norme applicabili ai rapporti aventi per oggetto le stesse prestazioni.

Le azioni alle quali è connesso l'obbligo delle prestazioni anzidette devono essere nominative e non sono trasferibili senza il consenso degli amministratori.

Se non è diversamente disposto dall'atto costitutivo, gli obblighi previsti in questo articolo non possono essere modificati senza il consenso di tutti i soci.

Sezione V
Delle azioni e di altri strumenti finanziari partecipativi (1)

(1) *Si riporta il testo previgente: «Sezione V - Delle azioni».*

2346. Emissione delle azioni. – La partecipazione sociale è rappresentata da azioni; salvo diversa disposizione di leggi speciali lo statuto può escludere l'emissione dei relativi titoli o prevedere l'utilizzazione di diverse tecniche di legittimazione e circolazione.

Se determinato nello statuto, il valore nominale di ciascuna azione corrisponde ad una frazione del capitale sociale; tale determinazione deve riferirsi senza eccezioni a tutte le azioni emesse dalla società.

In mancanza di indicazione del valore nominale delle azioni, le disposizioni che ad esso si riferiscono si applicano con riguardo al loro numero in rapporto al totale delle azioni emesse.

A ciascun socio è assegnato un numero di azioni proporzionale alla parte del capitale sociale sottoscritta e per un valore non superiore a quello del suo conferimento. Lo statuto (1) può prevedere una diversa assegnazione delle azioni.

In nessun caso il valore dei conferimenti può essere complessivamente inferiore all'ammontare globale del capitale sociale.

Resta salva la possibilità che la società, a seguito dell'apporto da parte dei soci o di terzi anche di opera o servizi, emetta strumenti finanziari forniti di diritti patrimoniali o anche di diritti amministrativi, escluso il voto nell'assemblea generale degli azionisti. In tal caso lo statuto ne disciplina le modalità e condizioni di emissione, i diritti che conferiscono, le sanzioni in caso di inadempimento delle prestazioni e, se ammessa, la legge di circolazione.

(1) *Le originarie parole: «L'atto costitutivo» sono state così sostituite dall'art. 7 del D.L.vo 28 dicembre 2004, n. 310.*

2347. Indivisibilità delle azioni. – Le azioni sono indivisibili. Nel caso di comproprietà di un'azione, i diritti dei comproprietari devono essere esercitati da un rappresentante comune nominato secondo le modalità previste dagli articoli 1105 e 1106.

Se il rappresentante comune non è stato nominato, le comunicazioni e le dichiarazioni fatte dalla società a uno dei comproprietari sono efficaci nei confronti di tutti.

I comproprietari dell'azione rispondono solidalmente delle obbligazioni da essa derivanti.

2348. Categorie di azioni. – Le azioni devono essere di uguale valore e conferiscono ai loro possessori uguali diritti.

Si possono tuttavia creare, con lo statuto o con successive modificazioni di questo, categorie di azioni fornite di diritti diversi anche per quanto concerne la incidenza delle perdite. In tal caso la società, nei limiti imposti dalla legge, può liberamente determinare il contenuto delle azioni delle varie categorie.

Tutte le azioni appartenenti ad una medesima categoria conferiscono uguali diritti.

2349. Azioni e strumenti finanziari a favore dei prestatori di lavoro. – Se lo statuto lo prevede, l'assemblea straordinaria può deliberare l'assegnazione di utili ai prestatori di lavoro dipendenti della società o di società controllate mediante l'emissione, per un ammontare corrispondente agli utili stessi, di speciali categorie di azioni da assegnare individualmente ai prestatori di lavoro, con norme particolari riguardo alla forma, al modo di trasferimento ed ai diritti spettanti agli azionisti. Il capitale sociale deve essere aumentato in misura corrispondente.

L'assemblea straordinaria può altresì deliberare l'assegnazione ai prestatori di lavoro (1) dipendenti della società o di società controllate di strumenti finanziari, diversi dalle azioni, forniti di diritti patrimoniali o anche di (1) diritti amministrativi, escluso il voto nell'assemblea generale degli azionisti. In tal caso possono essere previste norme particolari riguardo alle condizioni di esercizio dei diritti attribuiti, alla possibilità di trasferimento ed alle eventuali cause di decadenza o riscatto.

(1) *Le parole: «prestatori di lavoro» e «anche di» sono state inserite dall'art. 5, lett.* f), *del D.L.vo 6 febbraio 2004, n. 37.*

2350. Diritto agli utili e alla quota di liquidazione. – Ogni azione attribuisce il diritto a una parte proporzionale degli utili netti e del patrimonio netto risultante dalla liquidazione, salvi i diritti stabiliti a favore di speciali categorie di azioni.

Fuori dai casi di cui all'articolo 2447 *bis*, la società può emettere azioni fornite di diritti patrimoniali correlati ai risultati dell'attività sociale in un determinato settore. Lo statuto stabilisce i criteri di individuazione dei costi e ricavi imputabili al settore, le modalità di rendicontazione, i diritti attribuiti a tali azioni, nonché le eventuali (1) condizioni e modalità di conversione in azioni di altra categoria.

Non possono essere pagati dividendi ai possessori delle azioni previste dal precedente comma se non nei limiti degli utili risultanti dal bilancio della società.

(1) *Le parole: «l'eventuali» sono state così sostituite dall'art. 5, lett.* g), *del D.L.vo 6 febbraio 2004, n. 37.*

2351. Diritto di voto. – Ogni azione attribuisce il diritto di voto.

Salvo quanto previsto dalle leggi speciali, lo statuto può prevedere la creazione di azioni senza diritto di voto, con diritto di voto limitato a particolari argomenti, con diritto di voto subordinato al verificarsi di particolari condizioni non meramente potestative. Il valore di tali azioni non può complessivamente superare la metà del capitale sociale.

Lo statuto può altresì prevedere che, in relazione alla quantità delle azioni possedute da uno stesso soggetto, il diritto di voto sia limitato a una misura massima o disporne scaglionamenti (1).

Salvo quanto previsto dalle leggi speciali, lo statuto può prevedere la creazione di azioni con diritto di voto plurimo anche per particolari argomenti o subordinato al verificarsi di particolari condizioni non meramente potestative. Ciascuna azione a voto plurimo può avere fino a un massimo di tre voti (1).

Gli strumenti finanziari di cui agli articoli 2346, sesto comma, e 2349, secondo comma, possono essere dotati del diritto di voto su argomenti specificamente indicati e in particolare può essere ad essi riservata, secondo modalità stabilite dallo statuto, la nomina di un componente indipendente del consiglio di amministrazione o del consiglio di sorveglianza o di un sindaco. Alle persone così nominate si applicano le medesime norme previste per gli altri componenti dell'organo cui partecipano.

(1) *Questo comma è stato così sostituito dall'art. 20, comma 8* bis, *del D.L. 24 giugno 2014, n. 91, convertito, con modificazioni, nella L. 11 agosto 2014, n. 116.*

2352. Pegno, usufrutto e sequestro delle azioni. – Nel caso di pegno o usufrutto sulle azioni, il diritto di voto spetta, salvo convenzione contraria, al creditore pignoratizio o all'usufruttuario. Nel caso di sequestro delle azioni il diritto di voto è esercitato dal custode.

Se le azioni attribuiscono un diritto di opzione, questo spetta al socio ed al medesimo sono attribuite le azioni in base ad esso sottoscritte. Qualora il socio non provveda almeno tre giorni prima della scadenza al versamento delle somme necessarie per l'esercizio del diritto di opzione e qualora gli altri soci non si offrano di acquistarlo, questo deve essere alienato per suo conto a mezzo banca od intermediario autorizzato alla negoziazione nei mercati regolamentati.

Nel caso di aumento del capitale sociale ai sensi dell'articolo 2442, il pegno, l'usufrutto o il sequestro si estendono alle azioni di nuova emissione.

Se sono richiesti versamenti sulle azioni, nel caso di pegno, il socio deve provvedere al versamento delle somme necessarie almeno tre giorni prima della scadenza; in mancanza il creditore pignoratizio può vendere le azioni nel modo stabilito dal secondo comma del presente articolo. Nel caso di usufrutto, l'usufruttuario deve provvedere al versamento, salvo il suo diritto alla restituzione al termine dell'usufrutto.

Se l'usufrutto spetta a più persone, si applica il secondo comma dell'articolo 2347.

Salvo che dal titolo o dal provvedimento del giudice risulti diversamente, i diritti amministrativi diversi da quelli previsti nel presente articolo spettano, nel caso di pegno o di usufrutto, sia al socio sia al creditore pignoratizio o all'usufruttuario; nel caso di sequestro sono esercitati dal custode.

NOTE OPERATIVE:

Stock lending: Il contratto atipico di stock lending realizza il medesimo fenomeno economico dell'usufrutto di azioni (C.C. 16475/21).

2353. Azioni di godimento. – Salvo diversa disposizione dello statuto, le azioni di godimento attribuite ai possessori delle azioni rimborsate non danno diritto di voto nell'assemblea. Esse concorrono nella ripartizione degli utili che residuano dopo il pagamento delle azioni non rimborsate di un dividendo pari all'interesse legale e, nel caso di liquidazione, nella ripartizione del patrimonio sociale residuo dopo il rimborso delle altre azioni al loro valore nominale.

2354. Titoli azionari. – I titoli possono essere nominativi o al portatore, a scelta del socio, se lo statuto o le leggi speciali non stabiliscono (1) diversamente.

Finché le azioni non siano interamente liberate, non possono essere emessi titoli al portatore.

I titoli azionari devono indicare:

1) la denominazione e la sede della società;

2) la data dell'atto costitutivo e della sua iscrizione e l'ufficio del registro delle imprese dove la società è iscritta;

3) il loro valore nominale o, se si tratta di azioni senza valore nominale, il numero complessivo delle azioni emesse, nonché l'ammontare del capitale sociale;

4) l'ammontare dei versamenti parziali sulle azioni non interamente liberate;

5) i diritti e gli obblighi particolari ad essi inerenti.

I titoli azionari devono essere sottoscritti da uno degli amministratori. È valida la sottoscrizione mediante riproduzione meccanica della firma.

Le disposizioni di questo articolo si applicano anche ai certificati provvisori che si distribuiscono ai soci prima dell'emissione dei titoli definitivi.

Sono salve le disposizioni delle leggi speciali in tema di strumenti finanziari negoziati o destinati alla negoziazione nelle sedi di negoziazione (2).

Lo statuto può assoggettare le azioni alla disciplina prevista dalle leggi speciali di cui al precedente comma.

(1) *La parola: «stabiliscano» è stata così sostituita dall'art. 5, lett. h), del D.L.vo 6 febbraio 2004, n. 37.*

(2) *Le parole: «nei mercati regolamentati» sono state così sostituite dalle seguenti: «nelle sedi di negoziazione» dall'art. 4, comma 2, del D.L.vo 12 agosto 2016, n. 176.*

2355. Circolazione delle azioni. – Nel caso di mancata emissione dei titoli azionari il trasferimento delle azioni ha effetto nei confronti della società dal momento dell'iscrizione nel libro dei soci.

Le azioni al portatore si trasferiscono con la consegna del titolo.

Il trasferimento delle azioni nominative si opera mediante girata autenticata da un notaio o da altro soggetto secondo quanto previsto dalle leggi speciali. Il giratario che si dimostra possessore in base a una serie continua di girate ha diritto di ottenere l'annotazione del trasferimento nel libro dei soci, ed è comunque legittimato ad esercitare i diritti sociali; resta salvo l'obbligo della società, previsto dalle leggi speciali, di aggiornare il libro dei soci.

Il trasferimento delle azioni nominative con mezzo diverso dalla girata si opera a norma dell'articolo 2022.

Nei casi previsti ai commi sesto e settimo dell'articolo 2354, il trasferimento si opera mediante scritturazione sui conti destinati a registrare i movimenti degli strumenti finanziari; in tal caso, se le azioni sono nominative, si applica il terzo comma e la scritturazione sul conto equivale alla girata.

NOTE OPERATIVE:

Clausole: Le particolari condizioni alle quali l'atto costitutivo di una società può sottoporre la circolazione delle azioni non possono essere in alcun caso così incisive da compromettere la possibilità per ciascun socio di cedere le proprie azioni. La clausola statutaria che vieta ai soci di trasferire le proprie partecipazioni deve, pertanto, considerarsi nulla perché vanifica del tutto tale possibilità, lasciando i singoli soci di minoranza in balia delle determinazioni della maggioranza (C.C. 10970/96).

2355 *bis*. Limiti alla circolazione delle azioni. – Nel caso di azioni nominative ed in quello di mancata emissione dei titoli azionari, lo statuto può sottoporre a particolari condizioni il loro trasferimento e può, per un periodo non superiore a cinque anni dalla costituzione della società o dal momento in cui il divieto viene introdotto, vietarne il trasferimento.

Le clausole dello statuto che subordinano il trasferimento delle azioni al mero gradimento di organi sociali o di altri soci sono inefficaci se non prevedono, a carico della società o degli altri soci, un obbligo di acquisto oppure il diritto di recesso dell'alienante; resta ferma l'applicazione dell'articolo 2357. Il corrispettivo dell'acquisto o rispettivamente la quota di liquidazione sono determinati secondo le modalità e nella misura previste dall'articolo 2437 *ter*.

La disposizione del precedente comma si applica in ogni ipotesi di clausole che sottopongono a particolari condizioni il trasferimento a causa di morte delle azioni, salvo che sia previsto il gradimento e questo sia concesso.

Le limitazioni al trasferimento delle azioni devono risultare dal titolo.

2356. Responsabilità in caso di trasferimento di azioni non liberate. – Coloro che hanno trasferito azioni non liberate sono obbligati in solido con gli acquirenti per l'ammontare dei versamenti ancora dovuti, per il periodo di tre anni dall'annotazione del trasferimento nel libro dei soci.

Il pagamento non può essere ad essi domandato se non nel caso in cui la richiesta al possessore dell'azione sia rimasta infruttuosa.

2357. Acquisto delle proprie azioni. – La società non può acquistare azioni proprie se non nei limiti degli utili distribuibili e delle riserve disponibili risultanti dall'ultimo bilancio regolarmente approvato. Possono essere acquistate soltanto azioni interamente liberate.

L'acquisto deve essere autorizzato dall'assemblea, la quale ne fissa le modalità, indicando in particolare il numero massimo di azioni da acquistare, la durata, non superiore ai diciotto mesi, per la quale l'autorizzazione è accordata, il corrispettivo minimo ed il corrispettivo massimo.

Il valore nominale delle azioni acquistate a norma del primo e secondo comma dalle società che fanno ricorso al mercato del capitale di rischio non può eccedere la quinta parte del capitale sociale, tenendosi conto a tale fine anche delle azioni possedute da società controllate [1].

Le azioni acquistate in violazione dei commi precedenti debbono essere alienate secondo modalità da determinarsi dall'assemblea, entro un anno dal loro acquisto. In mancanza, deve procedersi senza indugio al loro annullamento e alla corrispondente riduzione del capitale. Qualora l'assemblea non provveda, gli amministratori e i sindaci devono chiedere che la riduzione sia disposta dal tribunale secondo il procedimento previsto dall'articolo 2446, secondo comma.

Le disposizioni del presente articolo si applicano anche agli acquisti fatti per tramite di società fiduciaria o per interposta persona.

[1] *Questo comma già sostituito dall'art. 1, comma 3, del D.L.vo 4 agosto 2008, n. 142, è stato successivamente così sostituito dall'art. 7, comma 3* sexies, *lett.* a), *del D.L. 10 febbraio 2009, n. 5, convertito, con modificazioni, nella L. 9 aprile 2009, n. 33.*

2357 *bis*. Casi speciali di acquisto delle proprie azioni. – Le limitazioni contenute nell'articolo 2357 non si applicano quando l'acquisto di azioni proprie avvenga:

1) in esecuzione di una deliberazione dell'assemblea di riduzione del capitale, da attuarsi mediante riscatto e annullamento di azioni;

2) a titolo gratuito, sempre che si tratti di azioni interamente liberate;

3) per effetto di successione universale o di fusione o scissione;

4) in occasione di esecuzione forzata per il soddisfacimento di un credito della società, sempre che si tratti di azioni interamente liberate.

Se il valore nominale delle azioni proprie supera il limite della quinta parte del capitale per effetto di acquisti avvenuti a norma dei numeri 2), 3) e 4) del primo comma del presente articolo, si applica per l'eccedenza il penultimo comma dell'articolo 2357, ma il termine entro il quale deve avvenire l'alienazione è di tre anni [1].

[1] *Questo comma è stato così sostituito dall'art. 7, comma 3* sexies, *lett.* b), *del D.L. 10 febbraio 2009, n. 5, convertito, con modificazioni, nella L. 9 aprile 2009, n. 33.*

2357 *ter*. Disciplina delle proprie azioni. – Gli amministratori non possono disporre delle azioni acquistate a norma dei due articoli precedenti se non previa autorizzazione dell'assemblea, la quale deve stabilire le relative modalità. A tal fine possono essere previste, nei limiti stabiliti dal primo e secondo comma dell'articolo 2357, operazioni successive di acquisto ed alienazione.

Finché le azioni restano in proprietà della società, il diritto agli utili e il diritto di opzione sono attribuiti proporzionalmente alle altre azioni. Il diritto di voto è sospeso, ma le azioni proprie sono tuttavia computate ai fini del calcolo delle maggioranze e delle quote richieste per la costituzione e per le deliberazioni dell'assemblea. Nelle società che fanno ricorso al mercato del capitale di rischio il computo delle azioni proprie è disciplinato dall'articolo 2368, terzo comma (1).

L'acquisto di azioni proprie comporta una riduzione del patrimonio netto di eguale importo, tramite l'iscrizione nel passivo del bilancio di una specifica voce, con segno negativo (2).

(1) *Questo comma è stato così sostituito dall'art. 1, comma 3, del D.L.vo 29 novembre 2010, n. 224.*

(2) *Questo comma è stato così sostituito, dall'art. 6, comma 1, del D.L.vo 18 agosto 2015, n. 139. A norma dell'art. 12, comma 1, del predetto decreto, tale disposizione entra in vigore dal 1° gennaio 2016 e si applica ai bilanci relativi agli esercizi finanziari aventi inizio a partire da quella data.*

Si riporta il testo precedente: «Una riserva indisponibile pari all'importo delle azioni proprie iscritto all'attivo del bilancio deve essere costituita e mantenuta finché le azioni non siano trasferite o annullate.».

2357 *quater*. Divieto di sottoscrizione delle proprie azioni. – Salvo quanto previsto dall'articolo 2357 *ter*, secondo comma (1), la società non può sottoscrivere azioni proprie.

Le azioni sottoscritte in violazione del divieto stabilito nel precedente comma si intendono sottoscritte e devono essere liberate dai promotori e dai soci fondatori o, in caso di aumento del capitale sociale, dagli amministratori. La presente disposizione non si applica a chi dimostri di essere esente da colpa.

Chiunque abbia sottoscritto in nome proprio, ma per conto della società, azioni di quest'ultima è considerato a tutti gli effetti sottoscrittore per conto proprio. Della liberazione delle azioni rispondono solidalmente, a meno che dimostrino di essere esenti da colpa, i promotori, i soci fondatori e, nel caso di aumento del capitale sociale, gli amministratori.

(1) *Le parole: «comma secondo» sono state così sostituite dall'art. 5, lett. i), del D.L.vo 6 febbraio 2004, n. 37.*

2358. (1) **Altre operazioni sulle proprie azioni.** – La società non può, direttamente o indirettamente, accordare prestiti, né fornire garanzie per l'acquisto o la sottoscrizione delle proprie azioni, se non alle condizioni previste dal presente articolo.

Tali operazioni sono preventivamente autorizzate dall'assemblea straordinaria.

Gli amministratori della società predispongono una relazione che illustri, sotto il profilo giuridico ed economico, l'operazione, descrivendone le condizioni, evidenziando le ragioni e gli obiettivi imprenditoriali che la giustificano, lo specifico interesse che l'operazione presenta per la società, i rischi che essa comporta per la liquidità e la solvibilità della società ed indicando il prezzo al quale il terzo acquisirà le azioni. Nella relazione gli amministratori attestano altresì che l'operazione ha luogo a condizioni di mercato, in particolare per quanto riguarda le garanzie prestate e il tasso di interesse praticato per il rimborso del finanziamento, e che il merito di credito della controparte è stato debitamente valutato. La relazione è depositata presso la sede della società durante i trenta giorni che precedono l'assemblea. Il verbale dell'assemblea, corredato dalla relazione degli amministratori, è depositato entro trenta giorni per l'iscrizione nel registro delle imprese.

In deroga all'articolo 2357 *ter*, quando le somme o le garanzie fornite ai sensi del presente articolo sono utilizzate per l'acquisto di azioni detenute dalla società ai sensi dell'articolo 2357 e 2357 *bis* l'assemblea straordinaria autorizza gli amministratori a disporre di tali azioni con la delibera di cui al secondo comma. Il prezzo di acquisto delle azioni è determinato secondo i criteri di cui all'articolo 2437 *ter*, secondo comma. Nel caso di azioni negoziate in un mercato regolamentato il prezzo di acquisto è pari almeno al prezzo medio ponderato al quale le azioni sono state negoziate nei sei mesi che precedono la pubblicazione dell'avviso di convocazione dell'assemblea.

Qualora la società accordi prestiti o fornisca garanzie per l'acquisto o la sottoscrizione delle azioni proprie a singoli amministratori della società o della controllante o alla stessa controllante ovvero a terzi che agiscono in nome proprio e per conto dei predetti soggetti, la relazione di cui al terzo comma attesta altresì che l'operazione realizza al meglio l'interesse della società.

L'importo complessivo delle somme impiegate e delle garanzie fornite ai sensi del presente articolo non può eccedere il limite degli utili distribuibili e delle riserve disponibili risultanti dall'ultimo bilancio regolarmente approvato, tenuto conto anche dell'eventuale acquisto di proprie azioni ai sensi dell'articolo 2357. Una riserva indisponibile pari all'importo complessivo delle somme impiegate e delle garanzie fornite è iscritta al passivo del bilancio.

La società non può, neppure per tramite di società fiduciaria, o per interposta persona, accettare azioni proprie in garanzia.

Salvo quanto previsto dal comma sesto, le disposizioni del presente articolo non si applicano alle operazioni effettuate per favorire l'acquisto di azioni da parte di dipendenti della società o di quelli di società controllanti o controllate.

Resta salvo quanto previsto dagli articoli 2391 *bis* e 2501 *bis*.

(1) *Questo articolo è stato così sostituito dall'art. 1, comma 4, del D.L.vo 4 agosto 2008, n. 142.*

2359. Società controllate e società collegate. – Sono considerate società controllate:

1) le società in cui un'altra società dispone della maggioranza dei voti esercitabili nell'assemblea ordinaria;

2) le società in cui un'altra società dispone di voti sufficienti per esercitare un'influenza dominante nell'assemblea ordinaria;

3) le società che sono sotto influenza dominante di un'altra società in virtù di particolari vincoli contrattuali con essa.

Ai fini dell'applicazione dei numeri 1) e 2) del primo comma si computano anche i voti spettanti a società controllate, a società fiduciarie e a persona interposta: non si computano i voti spettanti per conto di terzi.

Sono considerate collegate le società sulle quali un'altra società esercita un'influenza notevole. L'influenza si presume quando nell'assemblea ordinaria può essere esercitato almeno un quinto dei voti ovvero un decimo se la società ha azioni quotate in mercati regolamentati (1).

(1) *Le originarie parole: «in borsa» sono state così sostituite dall'art. 8 del D.L.vo 28 dicembre 2004, n. 310.*

2359 *bis*. Acquisto di azioni o quote da parte di società controllate. – La società controllata non può acquistare azioni o quote della società controllante se non nei limiti degli utili distribuibili e delle riserve disponibili risultanti dall'ultimo bilancio regolarmente approvato. Possono essere acquistate soltanto azioni interamente liberate.

L'acquisto deve essere autorizzato dall'assemblea a norma del secondo comma dell'articolo 2357.

In nessun caso il valore nominale delle azioni acquistate a norma dei commi primo e secondo può eccedere la quinta parte del capitale della società controllante qualora questa sia una società che faccia ricorso al mercato del capitale di rischio, tenendosi conto a tal fine delle azioni possedute dalla medesima società controllante o dalle società da essa controllate (1).

Una riserva indisponibile, pari all'importo delle azioni o quote della società controllante iscritto all'attivo del bilancio deve essere costituita e mantenuta finché le azioni o quote non siano trasferite.

La società controllata da altra società non può esercitare il diritto di voto nelle assemblee di questa.

Le disposizioni di questo articolo si applicano anche agli acquisti fatti per il tramite di società fiduciaria o per interposta persona.

(1) *Questo comma è stato così sostituito dall'art. 1, comma 4, del D.L.vo 29 novembre 2010, n. 224.*

2359 *ter*. Alienazione o annullamento delle azioni o quote della società controllante. – Le azioni o quote acquistate in violazione dell'articolo 2359 *bis* devono essere alienate secondo modalità da determinarsi dall'assemblea entro un anno dal loro acquisto.

In mancanza, la società controllante deve procedere senza indugio al loro annullamento e alla corrispondente riduzione del capitale, con rimborso secondo i criteri indicati dagli articoli 2437 *ter* e 2437 *quater*. Qualora l'assemblea non provveda, gli amministratori e i sindaci devono chiedere che la riduzione sia disposta dal tribunale secondo il procedimento previsto dall'articolo 2446, secondo comma.

2359 *quater*. Casi speciali di acquisto o di possesso di azioni o quote della società controllante. – Le limitazioni dell'articolo 2359 *bis* non si applicano quando l'acquisto avvenga ai sensi dei numeri 2, 3 e 4 del primo comma dell'articolo 2357 *bis*.

Le azioni o quote così acquistate, che superino il limite stabilito dal terzo comma dell'articolo 2359 *bis*, devono tuttavia essere alienate, secondo modalità da determinarsi dall'assemblea, entro tre anni dall'acquisto. Si applica il secondo comma dell'articolo 2359 *ter*.

Se il limite indicato dal terzo comma dell'articolo 2359 *bis* è superato per effetto di circostanze sopravvenute, la società controllante, entro tre anni dal momento in cui si è verificata la circostanza che ha determinato il superamento del limite, deve procedere all'annullamento delle azioni o quote in misura proporzionale a quelle possedute da ciascuna società, con conseguente riduzione del capitale e con rimborso alle società controllate secondo i criteri indicati dagli articoli 2437 *ter* e 2437 *quater*. Qualora l'assemblea non provveda, gli amministratori e i sindaci devono chiedere che la riduzione sia disposta dal tribunale secondo il procedimento previsto dall'articolo 2446, secondo comma.

2359 ***quinquies*. Sottoscrizione di azioni o quote della società controllante.** – La società controllata non può sottoscrivere azioni o quote della società controllante.

Le azioni o quote sottoscritte in violazione del comma precedente si intendono sottoscritte e devono essere liberate dagli amministratori, che non dimostrino di essere esenti da colpa.

Chiunque abbia sottoscritto in nome proprio, ma per conto della società controllata, azioni o quote della società controllante è considerato a tutti gli effetti sottoscrittore per conto proprio. Della liberazione delle azioni o quote rispondono solidalmente gli amministratori della società controllata che non dimostrino di essere esenti da colpa.

2360. Divieto di sottoscrizione reciproca di azioni. – È vietato alle società di costituire o di aumentare il capitale mediante sottoscrizione reciproca di azioni, anche per tramite di società fiduciaria o per interposta persona.

2361. Partecipazioni. – L'assunzione di partecipazioni in altre imprese, anche se prevista genericamente nello statuto, non è consentita, se per la misura e per l'oggetto della partecipazione ne risulta sostanzialmente modificato l'oggetto sociale determinato dallo statuto.

L'assunzione di partecipazioni in altre imprese comportante una responsabilità illimitata per le obbligazioni delle medesime deve essere deliberata dall'assemblea; di tali partecipazioni gli amministratori danno specifica informazione nella nota integrativa del bilancio, indicando la denominazione, la sede legale e la forma giuridica di ciascun soggetto partecipato (1).

(1) *Le parole: «, indicando la denominazione, la sede legale e la forma giuridica di ciascun soggetto partecipato» sono state aggiunte dall'art. 24, comma 2, lett.* d), *della L. 23 dicembre 2021, n. 238.*

2362. Unico azionista. – Quando le azioni risultano appartenere ad una sola persona o muta la persona dell'unico socio, gli amministratori devono depositare per l'iscrizione del registro delle imprese una dichiarazione contenente l'indicazione del cognome e nome o della denominazione, della data e del luogo di nascita o lo Stato (1) di costituzione, del domicilio o della sede e cittadinanza dell'unico socio (2).

Quando si costituisce o ricostituisce la pluralità dei soci, gli amministratori ne devono depositare apposita dichiarazione per l'iscrizione nel registro delle imprese.

L'unico socio o colui che cessa di essere tale può provvedere alla pubblicità prevista nei commi precedenti.

Le dichiarazioni degli amministratori previste dai precedenti commi devono essere depositate entro trenta giorni dall'iscrizione nel libro dei soci e devono indicare la data di iscrizione.

I contratti della società con l'unico socio o le operazioni a favore dell'unico socio sono opponibili ai creditori della società solo se risultano dal libro delle adunanze e delle deliberazioni del consiglio di amministrazione o da atto scritto avente data certa anteriore al pignoramento.

(1) *Le parole: «lo Stato» sono state inserite dall'art. 5, lett.* l), *del D.L.vo 6 febbraio 2004, n. 37.*

(2) *Si veda l'art. 223* vicies bis att.

Sezione VI
Dell'assemblea (1)

(1) *Si riporta il testo previgente: «Sezione VI Degli organi sociali».*

2363. Luogo di convocazione dell'assemblea. – L'assemblea è convocata nel comune dove ha sede la società, se lo statuto non dispone diversamente.

L'assemblea è ordinaria o straordinaria.

2364. Assemblea ordinaria nelle società prive di consiglio di sorveglianza. – Nelle società prive di consiglio di sorveglianza, l'assemblea ordinaria:

1) approva il bilancio;

2) nomina e revoca gli amministratori; nomina i sindaci e il presidente del collegio sindacale e, quando previsto, il soggetto incaricato di effettuare la revisione legale dei conti (1);

3) determina il compenso degli amministratori e dei sindaci, se non è stabilito dallo statuto;

4) delibera sulla responsabilità degli amministratori e dei sindaci;

5) delibera sugli altri oggetti attribuiti dalla legge alla competenza dell'assemblea, nonché sulle autorizzazioni eventualmente richieste dallo statuto per il compimento di atti degli amministratori, ferma in ogni caso la responsabilità di questi per gli atti compiuti;

6) approva l'eventuale regolamento dei lavori assembleari.

L'assemblea ordinaria deve essere convocata almeno una volta l'anno, entro il termine stabilito dallo statuto e comunque non superiore a centoventi giorni dalla chiusura dell'esercizio sociale. Lo statuto può prevedere un maggior termine, comunque non superiore a centottanta giorni, nel caso di società tenute alla redazione del bilancio consolidato ovvero (2) quando lo richiedono particolari esigenze relative alla struttura ed all'oggetto della società; in questi casi gli amministratori segnalano nella relazione prevista dall'articolo 2428 le ragioni della dilazione.

(1) *Le parole: «al quale è demandato il controllo contabile» sono state così sostituite dalle attuali: «incaricato di effettuare la revisione legale dei conti» dall'art. 37, comma 3, del D.L.vo 27 gennaio 2010, n. 39.*

(2) *L'originaria parola: «e» è stata così sostituita dall'art. 9 del D.L.vo 28 dicembre 2004, n. 310.*

2364 *bis*. Assemblea ordinaria nelle società con consiglio di sorveglianza. - Nelle società ove è previsto il consiglio di sorveglianza, l'assemblea ordinaria:

1) nomina e revoca i consiglieri di sorveglianza;

2) determina il compenso ad essi spettante, se non è stabilito nello statuto;

3) delibera sulla responsabilità dei consiglieri di sorveglianza;

4) delibera sulla distribuzione degli utili;

5) nomina il soggetto incaricato di effettuare la revisione legale dei conti (1).

Si applica il secondo comma dell'articolo 2364.

(1) *Le parole: «il revisore» sono state così sostituite dalle attuali: «il soggetto incaricato di effettuare la revisione legale dei conti» dall'art. 37, comma 4, del D.L.vo 27 gennaio 2010, n. 39.*

2365. (1) **Assemblea straordinaria.** - L'assemblea straordinaria delibera sulle modificazioni dello statuto, sulla nomina, sulla sostituzione e sui poteri dei liquidatori e su ogni altra materia espressamente attribuita dalla legge alla sua competenza.

Fermo quanto disposto dagli articoli 2420 *ter* e 2443, lo statuto può attribuire alla competenza dell'organo amministrativo o del consiglio di sorveglianza o del consiglio di gestione le deliberazioni concernenti la fusione nei casi previsti dagli articoli 2505 e 2505 *bis*, l'istituzione o la soppressione di sedi secondarie, la indicazione di quali tra gli amministratori hanno la rappresentanza della società, la riduzione del capitale in caso di recesso del socio, gli adeguamenti dello statuto a disposizioni normative, il trasferimento della sede sociale nel territorio nazionale. Si applica in ogni caso l'articolo 2436.

(1) *Si veda l'art. 1, comma 477, della L. 30 dicembre 2004, n. 311, di cui si riporta il testo:*

«477. L'imposta sostitutiva è indeducibile e può essere imputata, in tutto o in parte, alle riserve iscritte in bilancio o rendiconto. Se l'imposta sostitutiva è imputata al capitale sociale o fondo di dotazione, la corrispondente riduzione è operata, anche in deroga all'articolo 2365 del codice civile, con le modalità di cui all'articolo 2445, secondo comma, del medesimo codice».

2366. Formalità per la convocazione. - L'assemblea è convocata dall'amministratore unico, dal consiglio di amministrazione (1) o dal consiglio di gestione mediante avviso contenente l'indicazione del giorno, dell'ora e del luogo dell'adunanza e l'elenco delle materie da trattare.

L'avviso deve essere pubblicato nella *Gazzetta Ufficiale* della Repubblica o in almeno un quotidiano indicato nello statuto almeno quindici giorni prima di quello fissato per l'assemblea. Se i quotidiani indicati nello statuto hanno cessato le pubblicazioni, l'avviso deve essere pubblicato nella *Gazzetta Ufficiale* (2). Per le società [, diverse dalle società cooperative,] (3) che fanno ricorso al mercato del capitale di rischio, le modalità di pubblicazione dell'avviso sono definite dalle leggi speciali (4).

Lo statuto delle società che non fanno ricorso al mercato del capitale di rischio può, in deroga al comma precedente, consentire la convocazione mediante avviso comunicato ai soci con mezzi che garantiscano la prova dell'avvenuto ricevimento almeno otto giorni prima dell'assemblea.

In mancanza delle formalità previste per la convocazione, (5) l'assemblea si reputa regolarmente costituita, quando è rappresentato l'intero capitale sociale e partecipa all'assemblea la maggioranza dei componenti degli organi amministrativi e di controllo. Tuttavia in tale ipotesi ciascuno dei partecipanti può opporsi alla discussione degli argomenti sui quali non si ritenga sufficientemente informato.

Nell'ipotesi di cui al comma precedente, dovrà essere data tempestiva comunicazione delle deliberazioni assunte ai componenti degli organi amministrativi e di controllo non presenti.

(1) *Le parole: «Salvo quanto previsto dalle leggi speciali per le società, diverse dalle società cooperative, che fanno ricorso al mercato del capitale di rischio, l'assemblea è convocata dagli amministratori» sono state così sostituite dalle attuali: «L'assemblea è convocata dall'amministratore unico, dal consiglio di am-*

ministrazione» dall'art. 1, comma 1, lett. a), del D.L.vo 18 giugno 2012, n. 91. A norma dell'art. 5 del medesimo provvedimento queste disposizioni si applicano alle assemblee il cui avviso di convocazione sia pubblicato dopo il 1° gennaio 2013.

(2) *L'ultimo periodo di questo comma è stato aggiunto dall'art. 5, lett. m), del D.L.vo 6 febbraio 2004, n. 37.*

(3) *Le parole fra parentesi quadrate sono state soppresse dall'art. 1, comma 1, lett. b), del D.L.vo 18 giugno 2012, n. 91. A norma dell'art. 5 del medesimo provvedimento queste disposizioni si applicano alle assemblee il cui avviso di convocazione sia pubblicato dopo il 1° gennaio 2013.*

(4) *Le parole: «Per le società, diverse dalle società cooperative, che fanno ricorso al mercato del capitale di rischio, le modalità di pubblicazione dell'avviso sono definite dalle leggi speciali.» sono state aggiunte dall'art. 1, comma 1, lett. b), del D.L.vo 27 gennaio 2010, n. 27. A norma dell'art. 7 dello stesso D.L.vo, questa disposizione si applica alle assemblee il cui avviso di convocazione sia pubblicato dopo il 31 ottobre 2010. Fino a tale data continuano ad applicarsi le disposizioni sostituite od abrogate dalle corrispondenti disposizioni del D.L.vo n. 27/2010.*

(5) *La parola: «suddette» è stata così sostituita dalle attuali: «previste per la convocazione,» dall'art. 1, comma 1, lett. c), del D.L.vo 27 gennaio 2010, n. 27. A norma dell'art. 7 dello stesso D.L.vo, questa disposizione si applica alle assemblee il cui avviso di convocazione sia pubblicato dopo il 31 ottobre 2010. Fino a tale data continuano ad applicarsi le disposizioni sostituite od abrogate dalle corrispondenti disposizioni del D.L.vo n. 27/2010.*

NOTE OPERATIVE:

Presunzione: Salvo che l'atto costitutivo della società a responsabilità limitata non contenga una disciplina diversa, deve presumersi che l'assemblea dei soci sia validamente costituita ogni qual volta i relativi avvisi di convocazione siano stati spediti agli aventi diritto almeno otto giorni prima dell'adunanza (o nel diverso termine eventualmente in proposito indicato dall'atto costitutivo), ma tale presunzione può essere vinta nel caso in cui il destinatario dimostri che, per causa a lui non imputabile, egli non abbia affatto ricevuto l'avviso di convocazione o lo abbia ricevuto così tardi da non consentirgli di prendere parte all'adunanza (S.U. 23218/13).

2367. Convocazione su richiesta di soci. – Gli amministratori o il consiglio di gestione devono convocare senza ritardo l'assemblea, quando ne è fatta domanda da tanti soci che rappresentino almeno il ventesimo del capitale sociale nelle società che fanno ricorso al mercato del capitale di rischio e il decimo del capitale sociale nelle altre (1) o la minore percentuale prevista nello statuto, e nella domanda sono indicati gli argomenti da trattare.

Se gli amministratori o il consiglio di gestione, oppure in loro vece i sindaci o il consiglio di sorveglianza o il comitato per il controllo sulla gestione, non provvedono, il tribunale, sentiti i componenti degli organi amministrativi e di controllo, ove il rifiuto di provvedere risulti ingiustificato, ordina con decreto la convocazione dell'assemblea, designando la persona che deve presiederla.

La convocazione su richiesta di soci non è ammessa per argomenti sui quali l'assemblea delibera, a norma di legge, su proposta degli amministratori o sulla base di un progetto o di una relazione da essi predisposta.

(1) *Le parole: «almeno il decimo del capitale sociale» sono state così sostituite dalle parole: «almeno il ventesimo del capitale sociale nelle società che fanno ricorso al mercato del capitale di rischio e il decimo del capitale sociale nelle altre» dall'art. 1, comma 2, del D.L.vo 27 gennaio 2010, n. 27. A norma dell'art. 7 dello stesso D.L.vo, questa disposizione si applica alle assemblee il cui avviso di convocazione sia pubblicato dopo il 31 ottobre 2010. Fino a tale data continuano ad applicarsi le disposizioni sostituite od abrogate dalle corrispondenti disposizioni del D.L.vo n. 27/2010.*

2368. Costituzione dell'assemblea e validità delle deliberazioni. – L'assemblea ordinaria è regolarmente costituita quando è rappresentata (1) almeno la metà del capitale sociale, escluse dal computo le azioni prive del diritto di voto nell'assemblea medesima. Essa delibera a maggioranza assoluta, salvo che lo statuto richieda una maggioranza più elevata. Per la nomina alle cariche sociali lo statuto può stabilire norme particolari.

L'assemblea straordinaria delibera con il voto favorevole di [tanti soci che rappresentino] (2) più della metà del capitale sociale, se lo statuto non richiede una maggioranza più elevata. Nelle società che fanno ricorso al mercato del capitale di rischio l'assemblea straordinaria è regolarmente costituita quando è rappresentata (3) almeno la metà del capitale sociale o la maggiore percentuale prevista dallo statuto e delibera con il voto favorevole di almeno i due terzi del capitale rappresentato in assemblea (4).

Salvo diversa disposizione di legge le azioni per le quali non può essere esercitato il diritto di voto sono computate ai fini della regolare costituzione dell'assemblea. Le medesime azioni e quelle per le quali il diritto di voto non è stato esercitato a seguito della dichiarazione del soggetto al quale spetta il diritto di voto (5) di astenersi per conflitto di interessi non sono computate ai fini del calcolo della maggioranza e della quota di capitale richiesta per l'approvazione della deliberazione.

(1) *Le parole: «con l'intervento di tanti soci che rappresentino» sono state così sostituite dalle parole: «quando è rappresentata» dall'art. 1, comma 3, lett. a), del D.Lvo 27 gennaio 2010, n. 27. A norma dell'art. 7 dello stesso D.L.vo, questa disposizione si applica alle assemblee il cui avviso di convocazione sia pubblicato dopo il 31 ottobre 2010. Fino a tale data continuano ad*

applicarsi le disposizioni sostituite od abrogate dalle corrispondenti disposizioni del D.L.vo n. 27/2010.

(2) *Le parole tra parentesi quadrate sono state soppresse dall'art. 1, comma 3, lett. b), del D.L.vo 27 gennaio 2010, n. 27. A norma dell'art. 7 dello stesso D.L.vo, questa disposizione si applica alle assemblee il cui avviso di convocazione sia pubblicato dopo il 31 ottobre 2010. Fino a tale data continuano ad applicarsi le disposizioni sostituite od abrogate dalle corrispondenti disposizioni del D.L.vo n. 27/2010.*

(3) *Le parole: «con la presenza di tanti soci che rappresentino» sono state così sostituite dalle parole: «quando è rappresentata» dall'art. 1, comma 3, lett. b), del D.L.vo 27 gennaio 2010, n. 27. A norma dell'art. 7 dello stesso D.L.vo, questa disposizione si applica alle assemblee il cui avviso di convocazione sia pubblicato dopo il 31 ottobre 2010. Fino a tale data continuano ad applicarsi le disposizioni sostituite od abrogate dalle corrispondenti disposizioni del D.L.vo n. 27/2010.*

(4) *Si vedano i commi 1 e 2 dell'art. 44 del D.L. 16 luglio 2020, n. 76, convertito, con modificazioni, nella L. 11 settembre 2020, n. 120, che si riportano:*

«Art. 44. Misure a favore degli aumenti di capitale. 1. In deroga agli articoli 2368, secondo comma, e 2369, terzo e settimo comma, del codice civile, sino alla data del 30 giugno 2021, a condizione che sia rappresentata almeno la metà del capitale sociale, sono approvate con il voto favorevole della maggioranza del capitale rappresentato in assemblea, anche qualora lo statuto preveda maggioranza più elevate, le deliberazioni aventi ad oggetto:

a) gli aumenti del capitale sociale mediante nuovi conferimenti, ai sensi degli articoli 2439, 2440 e 2441 del codice civile;

b) l'introduzione nello statuto della delega agli amministratori ad aumentare il capitale sociale, ai sensi dell'articolo 2443 del codice civile, per aumenti di capitale da deliberare fino al 30 giugno 2021.

2. Le disposizioni di cui al comma 1 si applicano anche alle società a responsabilità limitata, ai sensi degli articoli 2480, 2481 e 2481 bis del codice civile».

(5) *La parola: «socio» è stata così sostituita dalle parole: «soggetto al quale spetta il diritto di voto» dall'art. 1, comma 3, lett. c), del D.L.vo 27 gennaio 2010, n. 27. A norma dell'art. 7 dello stesso D.L.vo, questa disposizione si applica alle assemblee il cui avviso di convocazione sia pubblicato dopo il 31 ottobre 2010. Fino a tale data continuano ad applicarsi le disposizioni sostituite od abrogate dalle corrispondenti disposizioni del D.L.vo n. 27/2010.*

NOTE OPERATIVE:

Motivazione: Nel diritto societario costituiscono un numero limitato le deliberazioni degli organi sociali soggette per legge all'obbligo di motivazione (artt. 2391, 2391-bis, 2441, comma 5, 2497-ter c.c.) restando di regola i soci liberi di determinarsi senza necessariamente esternare le ragioni delle proprie decisioni, sebbene, accanto alle ipotesi in cui le deliberazioni societarie debbano essere motivate per esplicito dettato normativo altre possano essere individuate in via interpretativa dove la necessità di verificare la sussistenza della giusta causa o della fattispecie statutaria impone di motivare la deliberazione al momento in cui essa viene assunta (C.C. 15647/20 – Conf. C.C. 2037/18).

2369. Seconda convocazione e convocazioni successive. – Se all'assemblea non è complessivamente rappresentata la parte di capitale richiesta dall'articolo precedente, l'assemblea deve essere nuovamente convocata. Salvo che lo statuto disponga diversamente, le assemblee delle società, diverse dalle società cooperative, che fanno ricorso al mercato del capitale di rischio, si tengono in unica convocazione alla quale si applicano, per l'assemblea ordinaria, le maggioranze indicate dal terzo e quarto comma, nonché dell'articolo 2368, primo comma, secondo periodo, e per l'assemblea straordinaria, le maggioranze previste dal settimo comma del presente articolo (1). Restano salve le disposizioni di legge o dello statuto che richiedono maggioranze più elevate per l'approvazione di talune deliberazioni (2) (3).

Nell'avviso di convocazione dell'assemblea può essere fissato il giorno per la seconda convocazione. Questa non può aver luogo nello stesso giorno fissato per la prima. Se il giorno per la seconda convocazione non è indicato nell'avviso, l'assemblea deve essere riconvocata entro trenta giorni dalla data della prima, e il termine stabilito dal secondo comma dell'articolo 2366 è ridotto ad otto giorni.

In seconda convocazione l'assemblea ordinaria delibera sugli oggetti che avrebbero dovuto essere trattati nella prima, qualunque sia la parte di capitale rappresentata [dai soci partecipanti] (4), e l'assemblea straordinaria è regolarmente costituita con la partecipazione di oltre un terzo del capitale sociale e delibera con il voto favorevole di almeno i due terzi del capitale rappresentato in assemblea (5).

Lo statuto può richiedere maggioranze più elevate, tranne che per l'approvazione del bilancio e per la nomina e la revoca delle cariche sociali.

Nelle società che non fanno ricorso al mercato del capitale di rischio è necessario, anche in seconda convocazione, il voto favorevole di [tanti soci che rappresentino] (6) più di un terzo del capitale sociale per le deliberazioni concernenti il cambiamento dell'oggetto sociale, la trasformazione della società, lo scioglimento anticipato, la proroga della società, la revoca dello stato di liquidazione, il trasferimento della sede sociale all'estero e l'emissione delle azioni di cui al secondo comma dell'articolo 2351 (7).

Lo statuto può prevedere eventuali ulteriori convocazioni dell'assemblea, alle quali si applicano le disposizioni del terzo, quarto e quinto comma.

Nelle società che fanno ricorso al mercato del capitale di rischio l'assemblea straordinaria è costituita, nelle convocazioni successive alla seconda, quando è rappresentato (8) almeno un quinto del capitale sociale, salvo che lo statuto richieda una quota di capitale più elevata, e delibera con il voto favorevole di almeno i due terzi del capitale rappresentato in assemblea (9) (5).

(1) *Questo periodo è stato così sostituito dall'art. 1, comma 2, lett. a), del D.L.vo 18 giugno 2012, n. 91. A norma dell'art. 5 del medesimo provvedimento queste disposizioni si applicano alle assemblee il cui avviso di convocazione sia pubblicato dopo il 1° gennaio 2013.*

(2) *Questo periodo è stato aggiunto dall'art. 1, comma 2, lett. b), del D.L.vo 18 giugno 2012, n. 91. A norma dell'art. 5 del medesimo provvedimento queste disposizioni si applicano alle assemblee il cui avviso di convocazione sia pubblicato dopo il 1° gennaio 2013.*

(3) *Questo comma è stato così sostituito dall'art. 1, comma 4, lett. a), del D.L.vo 27 gennaio 2010, n. 27. A norma dell'art. 7 dello stesso D.L.vo, questa disposizione si applica alle assemblee il cui avviso di convocazione sia pubblicato dopo il 31 ottobre 2010. Fino a tale data continuano ad applicarsi le disposizioni sostituite od abrogate dalle corrispondenti disposizioni del D.L.vo n. 27/2010.*

(4) *Le parole tra parentesi quadrate sono state soppresse dall'art. 1, comma 4, lett. b), del D.L.vo 27 gennaio 2010, n. 27. A norma dell'art. 7 dello stesso D.L.vo, questa disposizione si applica alle assemblee il cui avviso di convocazione sia pubblicato dopo il 31 ottobre 2010. Fino a tale data continuano ad applicarsi le disposizioni sostituite od abrogate dalle corrispondenti disposizioni del D.L.vo n. 27/2010.*

(5) *Si vedano i commi 1 e 2 dell'art. 44 del D.L. 16 luglio 2020, n. 76, convertito, con modificazioni, nella L. 11 settembre 2020, n. 120, che si riportano:*

«Art. 44. Misure a favore degli aumenti di capitale.
1. In deroga agli articoli 2368, secondo comma, e 2369, terzo e settimo comma, del codice civile, sino alla data del 30 giugno 2021, a condizione che sia rappresentata almeno la metà del capitale sociale, sono approvate con il voto favorevole della maggioranza del capitale rappresentato in assemblea, anche qualora lo statuto preveda maggioranze più elevate, le deliberazioni aventi ad oggetto:

a) gli aumenti del capitale sociale mediante nuovi conferimenti, ai sensi degli articoli 2439, 2440 e 2441 del codice civile;

b) l'introduzione nello statuto della delega agli amministratori ad aumentare il capitale sociale, ai sensi dell'articolo 2443 del codice civile, per aumenti di capitale da deliberare fino al 30 giugno 2021.

2. Le disposizioni di cui al comma 1 si applicano anche alle società a responsabilità limitata, ai sensi degli articoli 2480, 2481 e 2481 bis del codice civile».

(6) *Le parole tra parentesi quadrate sono state soppresse dall'art. 1, comma 4, lett. c), del D.L.vo 27 gennaio 2010, n. 27. A norma dell'art. 7 dello stesso D.L.vo, questa disposizione si applica alle assemblee il cui avviso di convocazione sia pubblicato dopo il 31 ottobre 2010. Fino a tale data continuano ad applicarsi le disposizioni sostituite od abrogate dalle corrispondenti disposizioni del D.L.vo n. 27/2010.*

(7) *Le parole: «e l'emissione di azioni privilegiate.» sono state così sostituite dall'art. 5, lett. n), del D.L.vo 6 febbraio 2004, n. 37.*

(8) *Le parole: «con la presenza di tanti soci che rappresentino» sono state così sostituite dalle parole: «quando è rappresentato» dall'art. 1, comma 4, lett. d), del D.L.vo 27 gennaio 2010, n. 27. A norma dell'art. 7 dello stesso D.L.vo, questa disposizione si applica alle assemblee il cui avviso di convocazione sia pubblicato dopo il 31 ottobre 2010. Fino a tale data continuano ad applicarsi le disposizioni sostituite od abrogate dalle corrispondenti disposizioni del D.L.vo n. 27/2010.*

(9) *Le parole: «, e delibera con il voto favorevole di almeno i due terzi del capitale rappresentato in assemblea» sono state aggiunte dall'art. 1, comma 4, lett. d), del D.L.vo 27 gennaio 2010, n. 27. A norma dell'art. 7 dello stesso D.L.vo, questa disposizione si applica alle assemblee il cui avviso di convocazione sia pubblicato dopo il 31 ottobre 2010. Fino a tale data continuano ad applicarsi le disposizioni sostituite od abrogate dalle corrispondenti disposizioni del D.L.vo n. 27/2010.*

2370. (1) **Diritto d'intervento all'assemblea ed esercizio del voto.** – Possono intervenire all'assemblea coloro ai quali spetta il diritto di voto.

Lo statuto delle società le cui azioni non sono ammesse alla gestione accentrata, può richiedere il preventivo deposito delle azioni presso la sede sociale o presso le banche indicate nell'avviso di convocazione, fissando il termine entro il quale debbono essere depositate ed eventualmente prevedendo che non possano essere ritirate prima che l'assemblea abbia avuto luogo. Qualora le azioni emesse dalle società indicate al primo periodo siano diffuse fra il pubblico in misura rilevante il termine non può essere superiore a due giorni non festivi.

Se le azioni sono nominative, le società di cui al secondo comma provvedono all'iscrizione nel libro dei soci di coloro che hanno partecipato all'assemblea o che hanno effettuato il deposito.

Lo statuto può consentire l'intervento all'assemblea mediante mezzi di telecomunicazione ovvero l'espressione del voto per corrispondenza o in via elettronica. Chi esprime il voto per corrispondenza o in via elettronica si considera intervenuto all'assemblea.

Resta fermo quanto previsto dalle leggi speciali in materia di legittimazione all'intervento e all'esercizio del diritto di voto nell'assemblea nonché in materia di aggiornamento del libro soci nelle società con azioni ammesse alla gestione accentrata.

(1) *Questo articolo è stato da ultimo così sostituito dall'art. 1, comma 5, del D.L.vo 27 gennaio 2010, n. 27. A norma dell'art. 7 dello stesso D.L.vo, questa disposizione si applica alle assemblee il cui avviso di convocazione sia pubblicato dopo il 31 ottobre 2010. Fino a tale*

data continuano ad applicarsi le disposizioni sostituite od abrogate dalle corrispondenti disposizioni del D.L.vo n. 27/2010.

2371. Presidenza dell'assemblea. - L'assemblea è presieduta dalla persona indicata nello statuto o, in mancanza, da quella eletta con il voto della maggioranza dei presenti. Il presidente è assistito da un segretario designato nello stesso modo. Il presidente dell'assemblea verifica la regolarità della costituzione, accerta l'identità e la legittimazione dei presenti, regola il suo svolgimento ed accerta i risultati delle votazioni; degli esiti di tali accertamenti deve essere dato conto nel verbale.

L'assistenza del segretario non è necessaria quando il verbale dell'assemblea è redatto da un notaio.

2372. Rappresentanza nell'assemblea. - Coloro ai quali spetta il diritto di voto possono farsi rappresentare nell'assemblea salvo che, nelle società che non fanno ricorso al mercato del capitale di rischio e nelle società cooperative, lo statuto disponga diversamente. La rappresentanza deve essere conferita per iscritto e i documenti relativi devono essere conservati dalla società (1).

Nelle società che fanno ricorso al mercato del capitale di rischio la rappresentanza può essere conferita solo per singole assemblee, con effetto anche per le successive convocazioni, salvo che si tratti di procura generale o di procura conferita da una società, associazione, fondazione o altro ente collettivo o istituzione ad un proprio dipendente.

La delega non può essere rilasciata con il nome del rappresentante in bianco ed è sempre revocabile nonostante ogni patto contrario. Il rappresentante può farsi sostituire solo da chi sia espressamente indicato nella delega.

Se la rappresentanza è conferita ad una società, associazione, fondazione od altro ente collettivo o istituzione, questi possono delegare soltanto un proprio dipendente o collaboratore.

La rappresentanza non può essere conferita né ai membri degli organi amministrativi o di controllo o ai dipendenti della società, né alle società da essa controllate o ai membri degli organi amministrativi o di controllo o ai dipendenti di queste.

La stessa persona non può rappresentare in assemblea più di venti soci o, se si tratta di società previste nel secondo comma di questo articolo, più di cinquanta soci se la società ha capitale non superiore a cinque milioni di euro, più di cento soci se la società ha capitale superiore a cinque milioni di euro e non superiore a venticinque milioni di euro, e più di duecento soci se la società ha capitale superiore a venticinque milioni di euro.

Le disposizioni del quinto e del sesto comma di questo articolo si applicano anche nel caso di girata delle azioni per procura.

Le disposizioni del quinto e del sesto comma non si applicano alle società con azioni quotate nei mercati regolamentati diverse dalle società cooperative. Resta fermo quanto previsto dall'articolo 2539 (2).

(1) *Questo comma è stato così sostituito dall'art. 1, comma 6, lett. a), del D.L.vo 27 gennaio 2010, n. 27. A norma dell'art. 7 dello stesso D.L.vo, questa disposizione si applica alle assemblee il cui avviso di convocazione sia pubblicato dopo il 31 ottobre 2010. Fino a tale data continuano ad applicarsi le disposizioni sostituite od abrogate dalle corrispondenti disposizioni del D.L.vo n. 27/2010.*

(2) *Questo comma è stato aggiunto dall'art. 1, comma 6, lett. b), del D.L.vo 27 gennaio 2010, n. 27. A norma dell'art. 7 dello stesso D.L.vo, questa disposizione si applica alle assemblee il cui avviso di convocazione sia pubblicato dopo il 31 ottobre 2010. Fino a tale data continuano ad applicarsi le disposizioni sostituite od abrogate dalle corrispondenti disposizioni del D.L.vo n. 27/2010.*

2373. Conflitto d'interessi. - La deliberazione approvata con il voto determinante di coloro (1) che abbiano, per conto proprio o di terzi, un interesse in conflitto con quello della società è impugnabile a norma dell'articolo 2377 qualora possa recarle danno.

Gli amministratori non possono votare nelle deliberazioni riguardanti la loro responsabilità. I componenti del consiglio di gestione non possono votare nelle deliberazioni riguardanti la nomina, la revoca o la responsabilità dei consiglieri di sorveglianza.

(1) *Le parole: «di soci» sono state così sostituite dalle parole: «di coloro» dall'art. 1, comma 7, del D.L.vo 27 gennaio 2010, n. 27. A norma dell'art. 7 dello stesso D.L.vo, questa disposizione si applica alle assemblee il cui avviso di convocazione sia pubblicato dopo il 31 ottobre 2010. Fino a tale data continuano ad applicarsi le disposizioni sostituite od abrogate dalle corrispondenti disposizioni del D.L.vo n. 27/2010.*

2374. Rinvio dell'assemblea. - I soci intervenuti che riuniscono un terzo del capitale rappresentato nell'assemblea, se dichiarano di non essere sufficientemente informati sugli oggetti posti in deliberazione, possono chiedere che l'assemblea sia rinviata a non oltre cinque giorni.

Questo diritto non può esercitarsi che una sola volta per lo stesso oggetto.

2375. Verbale delle deliberazioni dell'assemblea. – Le deliberazioni dell'assemblea devono constare da verbale sottoscritto dal presidente e dal segretario o dal notaio. Il verbale deve indicare la data dell'assemblea e, anche in allegato, l'identità dei partecipanti e il capitale rappresentato da ciascuno; deve altresì indicare le modalità e il risultato delle votazioni e deve consentire, anche per allegato, l'identificazione dei soci favorevoli, astenuti o dissenzienti. Nel verbale devono essere riassunte, su richiesta dei soci, le loro dichiarazioni pertinenti all'ordine del giorno.

Il verbale dell'assemblea straordinaria deve essere redatto da un notaio.

Il verbale deve essere redatto senza ritardo, nei tempi necessari per la tempestiva esecuzione degli obblighi di deposito o di pubblicazione.

2376. Assemblee speciali. – Se esistono diverse categorie di azioni o strumenti finanziari che conferiscono diritti amministrativi, le deliberazioni dell'assemblea, che pregiudicano i diritti di una di esse, devono essere approvate anche dall'assemblea speciale degli appartenenti alla categoria interessata.

Alle assemblee speciali si applicano le disposizioni relative alle assemblee straordinarie.

Quando le azioni o gli strumenti finanziari sono ammessi al sistema di gestione accentrata la legittimazione all'intervento e al voto nella relativa assemblea è disciplinata dalle leggi speciali (1).

(1) *Questo comma è stato aggiunto dall'art. 1, comma 3, del D.L.vo 18 giugno 2012, n. 91. A norma dell'art. 5 del medesimo provvedimento queste disposizioni si applicano alle assemblee il cui avviso di convocazione sia pubblicato dopo il 1° gennaio 2013.*

2377. (1) **Annullabilità delle deliberazioni.** – Le deliberazioni dell'assemblea, prese in conformità della legge e dell'atto costitutivo, vincolano tutti i soci, ancorché non intervenuti o dissenzienti (2).

Le deliberazioni che non sono prese in conformità della legge o dello statuto possono essere impugnate dai soci assenti, dissenzienti od astenuti, dagli amministratori, dal consiglio di sorveglianza e dal collegio sindacale.

L'impugnazione può essere proposta dai soci quando possiedono tante azioni aventi diritto di voto con riferimento alla deliberazione che rappresentino, anche congiuntamente, l'uno per mille del capitale sociale nelle società che fanno ricorso al mercato del capitale di rischio e il cinque per cento nelle altre; lo statuto può ridurre o escludere questo requisito. Per l'impugnazione delle deliberazioni delle assemblee speciali queste percentuali sono riferite al capitale rappresentato dalle azioni della categoria.

I soci che non rappresentano la parte di capitale indicata nel comma precedente e quelli che, in quanto privi di voto, non sono legittimati a proporre l'impugnativa hanno diritto al risarcimento del danno loro cagionato dalla non conformità della deliberazione alla legge o allo statuto.

La deliberazione non può essere annullata:

1) per la partecipazione all'assemblea di persone non legittimate, salvo che tale partecipazione sia stata determinante ai fini della regolare costituzione dell'assemblea a norma degli articoli 2368 e 2369;

2) per l'invalidità di singoli voti o per il loro errato conteggio, salvo che il voto invalido o l'errore di conteggio siano stati determinanti ai fini del raggiungimento della maggioranza richiesta;

3) per l'incompletezza o l'inesattezza del verbale, salvo che impediscano l'accertamento del contenuto, degli effetti e della validità della deliberazione.

L'impugnazione o la domanda di risarcimento del danno sono proposte nel termine di novanta giorni dalla data della deliberazione, ovvero, se questa è soggetta ad iscrizione nel registro delle imprese, entro novanta giorni dall'iscrizione o, se è soggetta solo a deposito presso l'ufficio del registro delle imprese, entro novanta giorni dalla data di questo.

L'annullamento della deliberazione ha effetto rispetto a tutti i soci ed obbliga gli amministratori, il consiglio di sorveglianza e il consiglio di gestione a prendere i conseguenti provvedimenti sotto la propria responsabilità. In ogni caso sono salvi i diritti acquistati in buona fede dai terzi in base ad atti compiuti in esecuzione della deliberazione.

L'annullamento della deliberazione non può aver luogo, se la deliberazione impugnata è sostituita con altra presa in conformità della legge e dello statuto. In tal caso il giudice provvede sulle spese di lite, ponendole di norma a carico della società, e sul risarcimento dell'eventuale danno.

Restano salvi i diritti acquisiti dai terzi sulla base della deliberazione sostituita.

(1) *Ai sensi dell'art. 223 sexies delle disposizioni di attuazione, le disposizioni di questo articolo si applicano anche alle deliberazioni anteriori alla data del 1 gennaio 2004, salvo che l'azione sia stata già proposta. Tuttavia se i termini scadono entro il 31 marzo 2004, le*

azioni per l'annullamento o la dichiarazione di nullità delle deliberazioni possono essere esercitate entro il 31 marzo 2004.

([2]) *Questo comma è stato inserito dall'art. 5, lett.* o), *del D.L.vo 6 febbraio 2004, n. 37.*

NOTE OPERATIVE:

Ambito di applicazione: L'abuso della regola di maggioranza (altrimenti detto abuso o eccesso di potere) è causa di annullamento delle deliberazioni assembleari allorquando la delibera non trovi alcuna giustificazione nell'interesse della società – per essere il voto ispirato al perseguimento da parte dei soci di maggioranza di un interesse personale antitetico a quello sociale – oppure sia il risultato di una intenzionale attività fraudolenta dei soci maggioritari diretta a provocare la lesione dei diritti di partecipazione e degli altri diritti patrimoniali spettanti ai soci di minoranza uti singuli (S.U. 2767/23 – Conf. C.C. 20625/20; C.C. 27387/05).

2378. ([1]) **Procedimento d'impugnazione.** – L'impugnazione è proposta con atto di citazione davanti al tribunale del luogo dove la società ha sede.

Il socio o i soci opponenti devono dimostrarsi possessori al tempo dell'impugnazione del numero delle azioni previsto dal terzo comma ([2]) dell'articolo 2377. Fermo restando quanto disposto dall'articolo 111 del codice di procedura civile, qualora nel corso del processo venga meno a seguito di trasferimenti per atto tra vivi il richiesto numero delle azioni, il giudice, previa se del caso revoca del provvedimento di sospensione dell'esecuzione della deliberazione, non può pronunciare l'annullamento e provvede sul risarcimento dell'eventuale danno, ove richiesto.

Con ricorso depositato contestualmente al deposito, anche in copia, della citazione, l'impugnante può chiedere la sospensione dell'esecuzione della deliberazione. In caso di eccezionale e motivata urgenza, il presidente del tribunale, omessa la convocazione della società convenuta, provvede sull'istanza con decreto motivato, che deve altresì contenere la designazione del giudice per la trattazione della causa di merito e la fissazione, davanti al giudice designato, entro quindici giorni, dell'udienza per la conferma, modifica o revoca dei provvedimenti emanati con il decreto, nonché la fissazione del termine per la notificazione alla controparte del ricorso e del decreto.

Il giudice designato per la trattazione della causa di merito, sentiti gli amministratori e sindaci, provvede valutando comparativamente il pregiudizio che subirebbe il ricorrente dalla esecuzione e quello che subirebbe la società dalla sospensione dell'esecuzione della deliberazione; può disporre in ogni momento che i soci opponenti prestino idonea garanzia per l'eventuale risarcimento dei danni. All'udienza, il giudice, ove lo ritenga utile, esperisce il tentativo di conciliazione eventualmente suggerendo le modificazioni da apportare alla deliberazione impugnata e, ove la soluzione appaia realizzabile, rinvia adeguatamente l'udienza.

Tutte le impugnazioni relative alla medesima deliberazione, anche se separatamente proposte ed ivi comprese le domande proposte ai sensi del quarto comma ([3]) dell'articolo 2377, devono essere istruite congiuntamente e decise con unica sentenza. Salvo quanto disposto dal quarto comma del presente articolo, la trattazione della causa di merito ha inizio trascorso il termine stabilito nel sesto comma ([4]) dell'articolo 2377.

I dispositivi del provvedimento di sospensione e della sentenza che decide sull'impugnazione devono essere iscritti, a cura degli amministratori, nel registro delle imprese ([5]).

([1]) *Si veda la nota ([2]) all'art. 2377.*

([2]) *Le parole: «secondo comma» sono state così sostituite dall'art. 5, lett.* p), *n. 1, del D.L.vo 6 febbraio 2004, n. 37.*

([3]) *Le parole: «terzo comma» sono state così sostituite dall'art. 5, lett.* p), *n. 2, del D.L.vo 6 febbraio 2004, n. 37.*

([4]) *Le parole: «quinto comma» sono state così sostituite dall'art. 5, lett.* p), *n. 2, del D.L.vo 6 febbraio 2004, n. 37.*

([5]) *Questo comma è stato aggiunto dall'art. 5, lett.* p), *n. 3, del D.L.vo 6 febbraio 2004, n. 37.*

2379. ([1]) **Nullità delle deliberazioni.** – Nei casi di mancata convocazione dell'assemblea, di mancanza del verbale e di impossibilità o illiceità dell'oggetto la deliberazione può essere impugnata da chiunque vi abbia interesse entro tre anni dalla sua iscrizione o deposito nel registro delle imprese, se la deliberazione vi è soggetta, o dalla trascrizione nel libro delle adunanze dell'assemblea, se la deliberazione non è soggetta né a iscrizione né a deposito. Possono essere impugnate senza limiti di tempo le deliberazioni che modificano l'oggetto sociale prevedendo attività illecite o impossibili.

Nei casi e nei termini previsti dal precedente comma l'invalidità può essere rilevata d'ufficio dal giudice.

Ai fini di quanto previsto dal primo comma la convocazione non si considera mancante nel caso d'irregolarità dell'avviso, se questo proviene da un componente dell'organo di amministrazione o di controllo della società ed è idoneo a consentire a coloro che hanno diritto di intervenire di essere preventivamente ([2])

avvertiti della convocazione e della data dell'assemblea. Il verbale non si considera mancante se contiene la data della deliberazione e il suo oggetto ed è sottoscritto dal presidente dell'assemblea, o dal presidente del consiglio d'amministrazione o del consiglio di sorveglianza e dal segretario o dal notaio.

Si applicano, in quanto compatibili, il settimo e ottavo comma (3) dell'articolo 2377.

(1) *Si veda la nota (2) all'art. 2377.*

(2) *La parola: «tempestivamente» è stata così sostituita dall'art. 5, lett. q), n. 1, del D.L.vo 6 febbraio 2004, n. 37.*

(3) *Le parole: «sesto e settimo comma» sono state così sostituite dall'art. 5, lett. q), n. 2, del D.L.vo 6 febbraio 2004, n. 37.*

NOTE OPERATIVE:

Ambito di applicazione: Nell'ambito dell'autonoma disciplina dell'invalidità delle deliberazioni dell'assemblea delle società per azioni, la previsione della nullità è limitata ai soli casi di impossibilità o illiceità dell'oggetto, che ricorrono quando il contenuto della deliberazione contrasta con norme dettate a tutela degli interessi generali, che trascendono l'interesse del singolo socio, risultando dirette ad impedire deviazioni dallo scopo economico-pratico del rapporto di società (C.C. 6882/14 – Conf. C.C. 18671/12; C.C. 15721/05).

2379 *bis*. (1) Sanatoria della nullità. – L'impugnazione della deliberazione invalida per mancata convocazione non può essere esercitata da chi anche successivamente abbia dichiarato il suo assenso allo svolgimento dell'assemblea.

L'invalidità della deliberazione per mancanza del verbale può essere sanata mediante verbalizzazione eseguita prima dell'assemblea successiva. La deliberazione ha effetto dalla data in cui è stata presa, salvi i diritti dei terzi che in buona fede ignoravano la deliberazione.

(1) *Si veda la nota (2) all'art. 2377.*

2379 *ter*. (1) Invalidità delle deliberazioni di aumento o di riduzione del capitale e della emissione di obbligazioni. – Nei casi previsti dall'articolo 2379 l'impugnativa dell'aumento di capitale, della riduzione del capitale ai sensi dell'articolo 2445 o della emissione di obbligazioni non può essere proposta dopo che siano trascorsi centottanta giorni dall'iscrizione della deliberazione nel registro delle imprese o, nel caso di mancata convocazione, novanta giorni dall'approvazione del bilancio dell'esercizio nel corso del quale la deliberazione è stata anche parzialmente eseguita.

Nelle società che fanno ricorso al mercato del capitale di rischio l'invalidità della deliberazione di aumento del capitale non può essere pronunciata dopo che a norma dell'articolo 2444 sia stata iscritta nel registro delle imprese l'attestazione che l'aumento è stato anche parzialmente eseguito; l'invalidità della deliberazione di riduzione del capitale ai sensi dell'articolo 2445 o della deliberazione di emissione delle obbligazioni non può essere pronunciata dopo che la deliberazione sia stata anche parzialmente eseguita.

Resta salvo il diritto al risarcimento del danno eventualmente spettante ai soci e ai terzi.

(1) *Si veda la nota (2) all'art. 2377.*

Sezione VI *bis*
Della amministrazione e del controllo

§. 1
Disposizioni generali

2380. Sistemi di amministrazione e di controllo. – Se lo statuto non dispone diversamente, l'amministrazione e il controllo della società sono regolati dai successivi paragrafi 2, 3 e 4.

Lo statuto può adottare per l'amministrazione e per il controllo della società il sistema di cui al paragrafo 5, oppure quello di cui al paragrafo 6; salvo che la deliberazione disponga altrimenti, la variazione di sistema ha effetto alla data dell'assemblea convocata per l'approvazione del bilancio relativo all'esercizio successivo.

Salvo che sia diversamente stabilito, le disposizioni che fanno riferimento agli amministratori si applicano a seconda dei casi al consiglio di amministrazione o al consiglio di gestione.

§. 2
Degli amministratori

2380 *bis*. Amministrazione della società. – La gestione dell'impresa si svolge nel rispetto della disposizione di cui all'articolo 2086, secondo comma, e spetta esclusivamente agli amministratori, i quali compiono le operazioni necessarie per l'attuazione dell'oggetto sociale (1). L'istituzione degli assetti di cui all'articolo 2086, secondo comma, spetta esclusivamente agli amministratori (2).

L'amministrazione della società può essere affidata anche a non soci.

Quando l'amministrazione è affidata a più persone, queste costituiscono il consiglio di amministrazione.

Se lo statuto non stabilisce il numero degli amministratori, ma ne indica solamente un numero massimo e minimo, la determinazione spetta all'assemblea.

Il consiglio di amministrazione sceglie tra i suoi componenti il presidente, se questi non è nominato dall'assemblea.

(1) *Questo comma è stato così sostituito dall'art. 377, comma 2, del D.L.vo 12 gennaio 2019, n. 14.*

A norma dell'art. 389, comma 2, del medesimo provvedimento, tali disposizioni entrano in vigore il trentesimo giorno successivo alla data di pubblicazione in Gazzetta Ufficiale *del suddetto decreto (Suppl. ord. alla G.U. n. 38 del 14 febbraio 2019).*

(2) *Questo periodo è stato aggiunto dall'art. 40, comma 2, del D.L.vo 26 ottobre 2020, n. 147.*

2381. Presidente, comitato esecutivo e amministratori delegati. – Salvo diversa previsione dello statuto, il presidente convoca il consiglio di amministrazione, ne fissa l'ordine del giorno, ne coordina i lavori e provvede affinché adeguate informazioni sulle materie iscritte all'ordine del giorno vengano fornite a tutti i consiglieri.

Se lo statuto o l'assemblea lo consentono, il consiglio di amministrazione può delegare proprie attribuzioni ad un comitato esecutivo composto da alcuni dei suoi componenti, o ad uno o più dei suoi componenti.

Il consiglio di amministrazione determina il contenuto, i limiti e le eventuali modalità di esercizio della delega; può sempre impartire direttive agli organi delegati e avocare a sé operazioni rientranti nella delega. Sulla base delle informazioni ricevute valuta l'adeguatezza dell'assetto organizzativo, amministrativo e contabile della società; quando elaborati, esamina i piani strategici, industriali e finanziari della società; valuta, sulla base della relazione degli organi delegati, il generale andamento della gestione.

Non possono essere delegate le attribuzioni indicate negli articoli 2420 *ter*, 2423, 2443, 2446, 2447, 2501 *ter* e 2506 *bis*.

Gli organi delegati curano che l'assetto organizzativo, amministrativo e contabile sia adeguato alla natura e alle dimensioni dell'impresa e riferiscono al consiglio di amministrazione e al collegio sindacale, con la periodicità fissata dallo statuto e in ogni caso almeno ogni sei mesi (1), sul generale andamento della gestione e sulla sua prevedibile evoluzione nonché sulle operazioni di maggior rilievo, per le loro dimensioni o caratteristiche, effettuate dalla società e dalle sue controllate.

Gli amministratori sono tenuti ad agire in modo informato; ciascun amministratore può chiedere agli organi delegati che in consiglio siano fornite informazioni relative alla gestione della società.

(1) *Le parole: «centottanta giorni» sono state così sostituite dall'art. 5, lett.* r), *del D.L.vo 6 febbraio 2004, n. 37.*

NOTE OPERATIVE:

Obblighi degli amministratori: L'obbligo agli amministratori delle società per azioni di «agire in modo informato», pur quando non siano titolari di deleghe, si declina, da un lato, nel dovere di attivarsi, esercitando tutti i poteri connessi alla carica, per prevenire o eliminare ovvero attenuare le situazioni di criticità aziendale di cui siano, o debbano essere, a conoscenza, dall'altro, in quello di informarsi, affinché tanto la scelta di agire quanto quella di non agire risultino fondate sulla conoscenza della situazione aziendale che gli stessi possano procurarsi esercitando tutti i poteri di iniziativa cognitoria connessi alla carica con la diligenza richiesta dalla natura dell'incarico e dalle loro specifiche competenze (C.C. 30233/23 – Conf. C.C. 15585/22; C.C. 27710/21; C.C. 2620/21; C.C. 19556/20).

2382. Cause di ineleggibilità e di decadenza. – Non può essere nominato amministratore, e se nominato decade dal suo ufficio, l'interdetto, l'inabilitato, il fallito, o chi è stato condannato ad una pena che importa l'interdizione, anche temporanea, dai pubblici uffici o l'incapacità ad esercitare uffici direttivi.

2383. Nomina e revoca degli amministratori. – La nomina degli amministratori spetta all'assemblea, fatta eccezione per i primi amministratori, che sono nominati nell'atto costitutivo, e salvo il disposto degli articoli 2351, 2449 e 2450. La nomina è in ogni caso preceduta dalla presentazione, da parte dell'interessato, di una dichiarazione circa l'inesistenza, a suo carico, delle cause di ineleggibilità previste dall'articolo 2382 e di interdizioni dall'ufficio di amministratore adottate nei suoi confronti in uno Stato membro dell'Unione europea (1).

Gli amministratori non possono essere nominati per un periodo superiore a tre esercizi, e scadono alla data dell'assemblea convocata per l'approvazione del bilancio relativo all'ultimo esercizio della loro carica.

Gli amministratori sono rieleggibili, salvo diversa disposizione dello statuto, e sono revocabili dall'assemblea in qualunque tempo, anche se nominati nell'atto costitutivo, salvo il diritto dell'amministratore al risarcimento dei danni, se la revoca avviene senza giusta causa.

Entro trenta giorni dalla notizia della loro nomina gli amministratori devono chiederne l'iscrizione nel registro delle imprese indicando per ciascuno di essi il cognome e il nome, il luogo e la data di nascita, il domicilio e la cittadinanza, nonché a quali tra essi è attribuita la rappresentanza della società, precisando se disgiuntamente o congiuntamente.

Le cause di nullità o di annullabilità della nomina degli amministratori che hanno la rappresentanza della società non sono opponibili ai terzi dopo l'adempimento della pubblicità di cui al quarto comma, salvo che la società provi che i terzi ne erano a conoscenza.

(1) *Questo periodo è stato aggiunto dall'art. 6, comma 2, del D.L.vo 8 novembre 2021, n. 183.*

NOTE OPERATIVE:

Patto di sindacato: Il patto di sindacato, con il quale i soci abbiano concordato la nomina di un soggetto alla carica di amministratore per due trienni consecutivi, non è nullo per violazione degli artt. 2372 e 2383 c.c., avendo effetti organizzativi del voto meramente interni e obbligatori, senza porre in discussione il corretto funzionamento e le prerogative dell'organo assembleare (C.C. 36092/21).

2384. Poteri di rappresentanza. – Il potere di rappresentanza attribuito agli amministratori dallo statuto o dalla deliberazione di nomina è generale.

Le limitazioni ai poteri degli amministratori che risultano dallo statuto o da una decisione degli organi competenti non sono opponibili ai terzi, anche se pubblicate, salvo che si provi che questi abbiano intenzionalmente agito a danno della società.

NOTE OPERATIVE:

Opponibilità: Le limitazioni dei poteri di rappresentanza degli amministratori di società di capitali, risultanti dall'atto costitutivo o dallo statuto non sono opponibili ai terzi di buona fede, non solo quando si tratti di limitazioni alla rappresentanza processuale, ma anche per le limitazioni alla rappresentanza sostanziale (C.C. 30051/23 – Conf. C.C. 18536/19).

2385. Cessazione degli amministratori. – L'amministratore che rinunzia all'ufficio deve darne comunicazione scritta al consiglio d'amministrazione e al presidente del collegio sindacale. La rinunzia ha effetto immediato, se rimane in carica la maggioranza del consiglio di amministrazione, o, in caso contrario, dal momento in cui la maggioranza del consiglio si è ricostituita in seguito all'accettazione dei nuovi amministratori.

La cessazione degli amministratori per scadenza del termine ha effetto dal momento in cui il consiglio di amministrazione è stato ricostituito.

La cessazione degli amministratori dall'ufficio per qualsiasi causa deve essere iscritta entro trenta giorni nel registro delle imprese a cura del collegio sindacale.

2386. Sostituzione degli amministratori. – Se nel corso dell'esercizio vengono a mancare uno o più amministratori, gli altri provvedono a sostituirli con deliberazione approvata dal collegio sindacale, purché la maggioranza sia sempre costituita da amministratori nominati dall'assemblea. Gli amministratori così nominati restano in carica fino alla prossima assemblea.

Se viene meno la maggioranza degli amministratori nominati dall'assemblea, quelli rimasti in carica devono convocare l'assemblea perché provveda alla sostituzione dei mancanti.

Salvo diversa disposizione dello statuto o dell'assemblea, gli amministratori nominati ai sensi del comma precedente scadono insieme con quelli in carica all'atto della loro nomina.

Se particolari disposizioni dello statuto prevedono che a seguito della cessazione di taluni amministratori cessi l'intero consiglio, l'assemblea per la nomina del nuovo consiglio è convocata d'urgenza dagli amministratori rimasti in carica; lo statuto può tuttavia prevedere l'applicazione in tal caso di quanto disposto nel successivo comma.

Se vengono a cessare l'amministratore unico o tutti gli amministratori, l'assemblea per la nomina dell'amministratore o dell'intero consiglio deve essere convocata d'urgenza dal collegio sindacale, il quale può compiere nel frattempo gli atti di ordinaria amministrazione.

2387. Requisiti di onorabilità, professionalità e indipendenza. – Lo statuto può subordinare l'assunzione della carica di amministratore al possesso di speciali requisiti di onorabilità, professionalità ed indipendenza, anche con riferimento ai requisiti al riguardo previsti da codici di comportamento redatti da associazioni di categoria o da società di gestione di mercati regolamentati. Si applica in tal caso l'articolo 2382.

Resta salvo quanto previsto da leggi speciali in relazione all'esercizio di particolari attività.

2388. Validità delle deliberazioni del consiglio. – Per la validità delle deliberazioni del consiglio di amministrazione è necessaria la presenza della maggioranza degli amministratori in carica, quando lo statuto non richiede un maggior numero di presenti. Lo statuto può prevedere che la presenza alle riunioni del consiglio avvenga anche mediante mezzi di telecomunicazione.

Le deliberazioni del consiglio di amministrazione sono prese a maggioranza assoluta dei presenti, salvo diversa disposizione dello statuto.

Il voto non può essere dato per rappresentanza.

Le deliberazioni che non sono prese in conformità della legge o dello statuto possono essere impugnate solo dal collegio sindacale e dagli amministratori assenti o dissenzienti entro novanta giorni dalla data della deliberazione; si applica in quanto compatibile l'articolo 2378. Possono essere altresì impugnate dai soci le deliberazioni lesive dei loro diritti; si applicano in tal caso, in quanto compatibili, gli articoli 2377 e 2378.

In ogni caso sono salvi i diritti acquistati in buona fede dai terzi in base ad atti compiuti in esecuzione delle deliberazioni.

2389. Compensi degli amministratori. – I compensi spettanti ai membri del consiglio di amministrazione e del comitato esecutivo sono stabiliti all'atto della nomina o dall'assemblea.

Essi possono essere costituiti in tutto o in parte da partecipazioni agli utili o dall'attribuzione del diritto di sottoscrivere a prezzo predeterminato azioni di futura emissione.

La rimunerazione degli amministratori investiti di particolari cariche in conformità dello statuto è stabilita dal consiglio di amministrazione, sentito il parere del collegio sindacale. Se lo statuto lo prevede, l'assemblea può determinare un importo complessivo per la remunerazione di tutti gli amministratori, inclusi quelli investiti di particolari cariche.

2390. Divieto di concorrenza. – Gli amministratori non possono assumere la qualità di soci illimitatamente responsabili in società concorrenti, né esercitare un'attività concorrente per conto proprio o di terzi, né essere amministratori o direttori generali in società concorrenti, salvo autorizzazione dell'assemblea.

Per l'inosservanza di tale divieto l'amministratore può essere revocato dall'ufficio e risponde dei danni.

NOTE OPERATIVE:

Finalità: Il divieto di concorrenza è finalizzato a favorire il perseguimento dell'interesse della società da parte dell'amministratore, al fine di evitare che sia indotto a danneggiarla, facendole concorrenza; da ciò deriva che la violazione di tale divieto vulnera direttamente la società ed il suo patrimonio, mentre il danno subito dal socio è soltanto indiretto (C.C. 6558/11).

2391. Interessi degli amministratori. – L'amministratore deve dare notizia agli altri amministratori e al collegio sindacale di ogni interesse che, per conto proprio o di terzi, abbia in una determinata operazione della società, precisandone la natura, i termini, l'origine e la portata; se si tratta di amministratore delegato, deve altresì astenersi dal compiere l'operazione, investendo della stessa l'organo collegiale, se si tratta di amministratore unico, deve darne notizia anche alla prima assemblea utile (1).

Nei casi previsti dal precedente comma la deliberazione del consiglio di amministrazione deve adeguatamente motivare le ragioni e la convenienza per la società dell'operazione.

Nei casi di inosservanza a quanto disposto nei due precedenti commi del presente articolo ovvero nel caso di deliberazioni del consiglio o del comitato esecutivo adottate con il voto determinante dell'amministratore interessato, le deliberazioni medesime, qualora possano recare danno alla società, possono essere impugnate dagli amministratori e dal collegio sindacale entro novanta giorni dalla loro data; l'impugnazione non può essere proposta da chi ha consentito con il proprio voto alla deliberazione se sono stati adempiuti gli obblighi di informazione previsti dal primo comma. In ogni caso sono salvi i diritti acquistati in buona fede dai terzi in base ad atti compiuti in esecuzione della deliberazione.

L'amministratore risponde dei danni derivati alla società dalla sua azione od omissione.

L'amministratore risponde altresì dei danni che siano derivati alla società dalla utilizzazione a vantaggio proprio o di terzi di dati, notizie o opportunità di affari appresi nell'esercizio del suo incarico.

(1) *Le parole da: «, se si tratta di amministratore unico, ...» fino alla fine del periodo, sono state aggiunte dall'art. 11 del D.L.vo 28 dicembre 2004, n. 310.*

NOTE OPERATIVE:

Adempimenti: Tra i doveri imposti dalla legge, cui gli amministratori devono adempiere sussiste altresì l'obbligo per ogni amministratore di dare notizia, agli altri amministratori ed al collegio sindacale, di ogni interesse che, per conto proprio o di terzi, abbia in una determinata operazione della società, precisandone la natura, i termini, l'origine e la portata (C.C. 28718/20).

2391 *bis*. (1) Operazioni con parti correlate. – Gli organi di amministrazione delle società che fanno ricorso al mercato del capitale di rischio adottano, secondo principi generali indicati dalla Consob, regole che assicurano la trasparenza e la correttezza sostanziale e procedurale delle operazioni con parti correlate e li rendono noti nella relazione sulla gestione; a tali fini possono farsi assistere da esperti indipendenti, in ragione della natura, del valore o delle caratteristiche dell'operazione.

I principi e le regole previsti dal (2) primo comma si applicano alle operazioni realizzate direttamente o per il tramite di società controllate e disciplinano le operazioni stesse in termini di competenza decisionale, di motivazione e di documentazione. L'organo di controllo vigila sull'osservanza delle regole adottate ai sensi del primo comma e ne riferisce nella relazione all'assemblea.

La Consob, nel definire i principi indicati nel primo comma, individua, in conformità all'articolo 9 *quater* della direttiva 2007/36/CE, almeno:

a) le soglie di rilevanza delle operazioni con parti correlate tenendo conto di indici quantitativi legati al controvalore dell'operazione o al suo impatto su uno o più parametri dimensionali della società. La Consob può individuare anche criteri di rilevanza che tengano conto della natura dell'operazione e della tipologia di parte correlata;

b) regole procedurali e di trasparenza proporzionate rispetto alla rilevanza e alle caratteristiche delle operazioni, alle dimensioni della società ovvero alla tipologia di società che fa ricorso al mercato del capitale di rischio, nonché i casi di esenzione dall'applicazione, in tutto o in parte, delle predette regole;

c) i casi in cui gli amministratori, fermo restando quanto previsto dall'articolo 2391, e gli azionisti coinvolti nell'operazione sono tenuti ad astenersi dalla votazione sulla stessa ovvero misure di salvaguardia a tutela dell'interesse della società che consentono ai predetti azionisti di prendere parte alla votazione sull'operazione (3).

(1) *Questo articolo è stato inserito dall'art. 12 del D.L.vo 28 dicembre 2004, n. 310.*

(2) *Le parole: «di cui al» sono state così sostituite dalle attuali: «e le regole previsti dal» dall'art. 1, comma 1, comma 1, lett. a), del D.L.vo 10 maggio 2019, n. 49, a decorrere dal 10 giugno 2019.*

(3) *Questo comma è stato aggiunto dall'art. 1, comma 1, comma 1, lett. b), del D.L.vo 10 maggio 2019, n. 49, a decorrere dal 10 giugno 2019.*

2392. Responsabilità verso la società. – Gli amministratori devono adempiere i doveri ad essi imposti dalla legge e dallo statuto con la diligenza richiesta dalla natura dell'incarico e dalle loro specifiche competenze. Essi sono solidalmente responsabili verso la società dei danni derivanti dall'inosservanza di tali doveri, a meno che si tratti di attribuzioni proprie del comitato esecutivo o di funzioni in concreto attribuite ad uno o più amministratori.

In ogni caso gli amministratori, fermo quanto disposto dal comma terzo dell'articolo 2381, sono solidalmente responsabili se, essendo a conoscenza di fatti pregiudizievoli, non hanno fatto quanto potevano per impedirne il compimento o eliminarne o attenuarne le conseguenze dannose.

La responsabilità per gli atti o le omissioni degli amministratori non si estende a quello tra essi che, essendo immune da colpa, abbia fatto annotare senza ritardo il suo dissenso nel libro delle adunanze e delle deliberazioni del consiglio, dandone immediata notizia per iscritto al presidente del collegio sindacale.

NOTE OPERATIVE:

Limiti: In tema di responsabilità dell'amministratore di una società di capitali per i danni cagionati alla società amministrata, l'insindacabilità del merito delle sue scelte di gestione (cosiddetto business judgement rule) trova un limite nella valutazione di ragionevolezza delle stesse (C.C. 1678/23 – Conf. C.C. 20252/21).

2393. Azione sociale di responsabilità. – L'azione di responsabilità contro gli amministratori è promossa in seguito a deliberazione dell'assemblea, anche se la società è in liquidazione.

La deliberazione concernente la responsabilità degli amministratori può essere presa in occasione della discussione del bilancio, anche se non è indicata nell'elenco delle materie da trattare, quando si tratta di fatti di competenza dell'esercizio cui si riferisce il bilancio.

L'azione di responsabilità può anche essere promossa a seguito di deliberazione del collegio sindacale, assunta con la maggioranza dei due terzi dei suoi componenti (1).

L'azione può essere esercitata entro cinque anni dalla cessazione dell'amministratore dalla carica.

La deliberazione dell'azione di responsabilità importa la revoca dall'ufficio degli amministratori contro cui è proposta, purché sia presa con il voto favorevole di almeno un quinto del capitale sociale. In questo caso, l'assemblea provvede alla sostituzione degli amministratori ([2]).

La società può rinunziare all'esercizio dell'azione di responsabilità e può transigere, purché la rinunzia e la transazione siano approvate con espressa deliberazione dell'assemblea, e purché non vi sia il voto contrario di una minoranza di soci che rappresenti almeno il quinto del capitale sociale o, nelle società che fanno ricorso al mercato del capitale di rischio, almeno un ventesimo del capitale sociale, ovvero la misura prevista nello statuto per l'esercizio dell'azione sociale di responsabilità ai sensi dei commi primo e secondo dell'articolo 2393 *bis*.

([1]) *Questo comma è stato inserito dall'art. 3, comma 1, lett.* a), *numero 1, della L. 28 dicembre 2005, n. 262.*

([2]) *Questo comma è stato così sostituito dall'art. 3, comma 1, lett.* a), *numero 2, della L. 28 dicembre 2005, n. 262.*

NOTE OPERATIVE:

Contenuto: La delibera assembleare con la quale è autorizzato il promovimento dell'azione sociale di responsabilità deve contenere l'individuazione degli elementi costitutivi dell'azione, sia sotto il profilo oggettivo che soggettivo, in mancanza dei quali la delibera deve considerarsi generica e, dunque, invalida, non essendo idonea ad esprimere la volontà compiutamente informata dei soci (C.C. 21245/21).

2393 *bis*. Azione sociale di responsabilità esercitata dai soci. – L'azione sociale di responsabilità può essere esercitata anche dai soci che rappresentino almeno un quinto del capitale sociale o la diversa misura prevista nello statuto, comunque non superiore al terzo.

Nelle società che fanno ricorso al mercato del capitale di rischio, l'azione di cui al comma precedente può essere esercitata dai soci che rappresentino un quarantesimo ([1]) del capitale sociale o la minore misura prevista nello statuto.

La società deve essere chiamata in giudizio e l'atto di citazione è ad essa notificato anche in persona del presidente del collegio sindacale.

I soci che intendono promuovere l'azione nominano, a maggioranza del capitale posseduto, uno o più rappresentanti comuni per l'esercizio dell'azione e per il compimento degli atti conseguenti.

In caso di accoglimento della domanda, la società rimborsa agli attori le spese del giudizio e quelle sopportate nell'accertamento dei fatti che il giudice non abbia posto a carico dei soccombenti o che non sia possibile recuperare a seguito della loro escussione.

I soci che hanno agito possono rinunciare all'azione o transigerla; ogni corrispettivo per la rinuncia o transazione deve andare a vantaggio della società.

Si applica all'azione prevista dal presente articolo l'ultimo comma dell'articolo precedente.

([1]) *Le originarie parole: «un ventesimo» sono state così sostituite dall'art. 3, comma 1, lett.* b), *della L. 28 dicembre 2005, n. 262.*

2394. Responsabilità verso i creditori sociali. – Gli amministratori rispondono verso i creditori sociali per l'inosservanza degli obblighi inerenti alla conservazione dell'integrità del patrimonio sociale.

L'azione può essere proposta dai creditori quando il patrimonio sociale risulta insufficiente al soddisfacimento dei loro crediti.

La rinunzia all'azione da parte della società non impedisce l'esercizio dell'azione da parte dei creditori sociali. La transazione può essere impugnata dai creditori sociali soltanto con l'azione revocatoria quando ne ricorrono gli estremi.

2394 *bis*. Azioni di responsabilità nelle procedure concorsuali. – In caso di fallimento, liquidazione coatta amministrativa e amministrazione straordinaria le azioni di responsabilità previste dai precedenti articoli spettano al curatore del fallimento, al commissario liquidatore e al commissario straordinario.

2395. Azione individuale del socio e del terzo. – Le disposizioni dei precedenti articoli non pregiudicano il diritto al risarcimento del danno spettante al singolo socio o al terzo che sono stati direttamente danneggiati da atti colposi o dolosi degli amministratori.

L'azione può essere esercitata entro cinque anni dal compimento dell'atto che ha pregiudicato il socio o il terzo.

NOTE OPERATIVE:

Ambito di applicazione: La norma si riferisce alle precedenti disposizioni aventi ad oggetto la responsabilità degli amministratori nei confronti della società per i comportamenti commissivi o omissivi, in violazione del dovere di diligenza nell'esercizio dell'attività di gestione loro affidata dall'assemblea che li ha nominati (C.C. 5045/23 – Conf. C.C. 269/04).

Presupposti: L'azione individuale del socio nei confronti dell'amministratore di una società di capitali non è esperibile quando il danno lamentato costituisca solo il riflesso del pregiudizio al patrimonio sociale, giacché la norma esige che il singolo socio sia stato danneggiato direttamente dagli atti colposi o dolosi dell'amministratore, mentre il diritto alla conservazione del patrimonio sociale appartiene unicamente alla società (C.C. 11223/21 – Conf. C.C. 4548/12).

2396. Direttori generali. – Le disposizioni che regolano la responsabilità degli amministratori si applicano anche ai direttori generali nominati dall'assemblea o per disposizione dello statuto, in relazione ai compiti loro affidati, salve le azioni esercitabili in base al rapporto di lavoro con la società.

NOTE OPERATIVE:

Ambito di applicazione: La disciplina prevista per la responsabilità degli amministratori si applica esclusivamente se la posizione apicale di tale soggetto all'interno della società sia desumibile da una nomina formale da parte dell'assemblea o anche del consiglio di amministrazione in base ad apposita previsione statutaria, salva la ricorrenza dei diversi presupposti dell'amministratore di fatto (C.C. 345/20 – Conf. C.C. 23630/15; C.C. 28819/08).

§. 3
Del collegio sindacale

2397. Composizione del collegio. – Il collegio sindacale si compone di tre o cinque membri effettivi, soci o non soci. Devono inoltre essere nominati due sindaci supplenti.

Almeno un membro effettivo ed uno supplente devono essere scelti tra i revisori legali iscritti nell'apposito registro (1). I restanti membri, se non iscritti in tale registro, devono essere scelti fra gli iscritti negli albi professionali individuati con decreto del Ministro della giustizia, o fra i professori universitari di ruolo, in materie economiche o giuridiche (2).

[Per le società aventi ricavi o patrimonio netto inferiori a 1 milione di euro lo statuto può prevedere che l'organo di controllo sia composto da un sindaco unico, scelto tra i revisori legali iscritti nell'apposito registro] (3).

(1) *Le parole: «tra gli iscritti nel registro dei revisori contabili istituito presso il Ministero della giustizia» sono state così sostituite dalle attuali: «tra i revisori legali iscritti nell'apposito registro» dall'art. 37, comma 5, del D.L.vo 27 gennaio 2010, n. 39.*

(2) *Si veda il D.M. 29 dicembre 2004, n. 320, in* G.U. *Serie gen. - n. 13 del 18 gennaio 2005, che si riporta:*

«Art. 1. *1. I membri del collegio sindacale, previsti dal secondo comma dell'articolo 2397 del codice civile, possono essere scelti fra gli iscritti negli albi professionali tenuti dai seguenti ordini e collegi vigilati dal Ministero della giustizia:*

a) *Avvocati;*
b) *Dottori commercialisti;*
c) *Ragionieri e periti commerciali;*
d) *Consulenti del lavoro».*

(3) *Questo comma, aggiunto dall'art. 14, comma 14, della L. 12 novembre 2011, n. 183, a decorrere dal 1° gennaio 2012, è stato abrogato dall'art. 35, comma 1, del D.L. 9 febbraio 2012, n. 5, convertito, con modificazioni, nella L. 4 aprile 2012, n. 35.*

2398. Presidenza del collegio. – Il presidente del collegio sindacale è nominato dall'assemblea.

2399. Cause d'ineleggibilità e di decadenza. – Non possono essere eletti alla carica di sindaco e, se eletti, decadono dall'ufficio:

a) coloro che si trovano nelle condizioni previste dall'articolo 2382;

b) il coniuge, i parenti e gli affini entro il quarto grado degli amministratori della società, gli amministratori, il coniuge, i parenti e gli affini entro il quarto grado degli amministratori delle società da questa controllate, delle società che la controllano e di quelle sottoposte a comune controllo;

c) coloro che sono legati alla società o alle società da questa controllate o alle società che la controllano o a quelle sottoposte a comune controllo da un rapporto di lavoro o da un rapporto continuativo di consulenza o di prestazione d'opera retribuita, ovvero da altri rapporti di natura patrimoniale che ne compromettano l'indipendenza.

La cancellazione o la sospensione dal registro dei revisori legali e delle società di revisione legale (1) e la perdita dei requisiti previsti dall'ultimo comma dell'articolo 2397 sono causa di decadenza dall'ufficio di sindaco.

Lo statuto può prevedere altre cause di ineleggibilità o decadenza, nonché cause di incompatibilità e limiti e criteri per il cumulo degli incarichi.

(1) *Le parole: «dei revisori contabili» sono state così sostituite dalle attuali: «dei revisori legali e delle società di revisione legale» dall'art. 37, comma 6, del D.L.vo 27 gennaio 2010, n. 39.*

2400. Nomina e cessazione dall'ufficio. – I sindaci sono nominati per la prima volta nell'atto costitutivo e successivamente dall'assemblea, salvo il disposto degli articoli 2351, 2449 e 2450. Essi restano in carica per tre esercizi, e scadono alla data dell'assemblea convocata per l'approvazione del bilancio relativo al terzo esercizio della carica.

La cessazione dei sindaci per scadenza del termine ha effetto dal momento in cui il collegio è stato ricostituito.

I sindaci possono essere revocati solo per giusta causa. La deliberazione di revoca deve essere approvata con decreto dal tribunale, sentito l'interessato.

La nomina dei sindaci, con l'indicazione per ciascuno di essi del cognome e del nome, del luogo e della data di nascita e del domicilio, e la cessazione dall'ufficio devono essere iscritte, a cura degli amministratori, nel registro delle imprese nel termine di trenta giorni.

Al momento della nomina dei sindaci e prima dell'accettazione dell'incarico, sono resi noti all'assemblea gli incarichi di amministrazione e di controllo da essi ricoperti presso altre società [1].

[1] *Questo comma è stato aggiunto dall'art. 2, comma 2, lett.* a), *della L. 28 dicembre 2005, n. 262.*

2401. Sostituzione. - In caso di morte, di rinunzia o di decadenza di un sindaco, subentrano i supplenti in ordine di età, nel rispetto dell'articolo 2397, secondo comma. I nuovi sindaci restano in carica fino alla prossima assemblea, la quale deve provvedere alla nomina dei sindaci effettivi e supplenti necessari per l'integrazione del collegio, nel rispetto dell'articolo 2397, secondo comma. I nuovi nominati scadono insieme con quelli in carica.

In caso di sostituzione del presidente, la presidenza è assunta fino alla prossima assemblea dal sindaco più anziano.

Se con i sindaci supplenti non si completa il collegio sindacale, deve essere convocata l'assemblea perché provveda all'integrazione del collegio medesimo.

NOTE OPERATIVE:

Dimissioni: L'efficacia delle dimissioni di un componente del collegio sindacale non consegue immediatamente a tale atto, ma è operativa con la comunicazione al sindaco supplente del suo subingresso nella carica, tale essendo la regola in ragione del trasferimento degli obblighi, implicato dalle dimissioni stesse (C.C. 6788/12).

2402. Retribuzione. - La retribuzione annuale dei sindaci, se non è stabilita nello statuto, deve essere determinata dalla assemblea all'atto della nomina per l'intero periodo di durata del loro ufficio.

NOTE OPERATIVE:

Funzione: L'incarico di componente del collegio è necessariamente oneroso, in quanto non riflette solo interessi corporativi, ma concorre a tutelare, a garanzia dei terzi e del mercato, la serietà, l'indipendenza e l'obiettività della funzione, onde, ove l'entità del compenso non sia stabilita nell'atto costitutivo, né fissata dall'assemblea, spetta al giudice che ne sia richiesto (C.C. 7299/15 - Conf. C.C. 14640/08).

Esclusione: Il sindaco che, trovatosi in situazione di incompatibilità, abbia esercitato o proseguito di fatto ad esercitare le funzioni sindacali non ha diritto al compenso (C.C. 9392/15).

2403. Doveri del collegio sindacale. - Il collegio sindacale vigila sull'osservanza della legge e dello statuto, sul rispetto dei principi di corretta amministrazione ed in particolare sull'adeguatezza dell'assetto organizzativo, amministrativo e contabile adottato dalla società e sul suo concreto funzionamento.

Esercita inoltre il controllo contabile nel caso previsto dall'articolo 2409 *bis*, terzo comma.

2403 *bis*. Poteri del collegio sindacale. - I sindaci possono in qualsiasi momento procedere, anche individualmente, ad atti di ispezione e di controllo.

Il collegio sindacale può chiedere agli amministratori notizie, anche con riferimento a società controllate, sull'andamento delle operazioni sociali o su determinati affari. Può altresì scambiare informazioni con i corrispondenti organi delle società controllate in merito ai sistemi di amministrazione e controllo ed all'andamento generale dell'attività sociale.

Gli accertamenti eseguiti devono risultare dal libro previsto dall'articolo 2421, primo comma, n. 5).

Nell'espletamento di specifiche operazioni di ispezione e di controllo i sindaci sotto la propria responsabilità ed a proprie spese possono avvalersi di propri dipendenti ed ausiliari che non si trovino in una delle condizioni previste dall'articolo 2399.

L'organo amministrativo può rifiutare agli ausiliari e ai dipendenti dei sindaci l'accesso a informazioni riservate.

2404. Riunioni e deliberazioni del collegio. - Il collegio sindacale deve riunirsi almeno ogni novanta giorni. La riunione può svolgersi, se lo statuto lo consente indicandone le modalità, anche con mezzi di telecomunicazione.

Il sindaco che, senza giustificato motivo, non partecipa durante un esercizio sociale a due riunioni del collegio decade dall'ufficio.

Delle riunioni del collegio deve redigersi verbale, che viene trascritto nel libro previsto dall'articolo 2421, primo comma, n. 5), e sottoscritto dagli intervenuti.

Il collegio sindacale è regolarmente costituito con la presenza della maggioranza dei sindaci e delibera a maggioranza assoluta dei presenti. Il sindaco dissenziente ha diritto di fare iscrivere a verbale i motivi del proprio dissenso.

2405. Intervento alle adunanze del consiglio di amministrazione e alle assemblee. – I sindaci devono assistere alle adunanze del consiglio di amministrazione, alle assemblee e alle riunioni del comitato esecutivo.

I sindaci, che non assistono senza giustificato motivo alle assemblee o, durante un esercizio sociale, a due adunanze consecutive del consiglio d'amministrazione o del comitato esecutivo, decadono dall'ufficio.

2406. Omissioni degli amministratori. – In caso di omissione o di ingiustificato ritardo da parte degli amministratori, il collegio sindacale deve convocare l'assemblea ed eseguire le pubblicazioni prescritte dalla legge.

Il collegio sindacale può altresì, previa comunicazione al presidente del consiglio di amministrazione, convocare l'assemblea qualora nell'espletamento del suo incarico ravvisi fatti censurabili di rilevante gravità e vi sia urgente necessità di provvedere.

2407. Responsabilità. – I sindaci devono adempiere i loro doveri con la professionalità e la diligenza richieste dalla natura dell'incarico; sono responsabili della verità delle loro attestazioni e devono conservare il segreto sui fatti e sui documenti di cui hanno conoscenza per ragione del loro ufficio.

Essi sono responsabili solidalmente con gli amministratori per i fatti o le omissioni di questi, quando il danno non si sarebbe prodotto se essi avessero vigilato in conformità degli obblighi della loro carica.

All'azione di responsabilità contro i sindaci si applicano, in quanto compatibili, le disposizioni degli articoli 2393, 2393 *bis*, 2394, 2394 *bis* e 2395.

NOTE OPERATIVE:

Mancata produzione del danno: In tema di responsabilità dei sindaci per omesso controllo dello svolgimento di attività dannose da parte degli amministratori di società di capitali, non disponendo i sindaci di poteri di veto o di sostituzione rispetto all'organo amministrativo, il concetto di mancata produzione del danno va inteso nel senso che è necessario che l'attività di vigilanza dei sindaci sia sempre improntata alla tempestiva segnalazione agli organi competenti del pericolo di danno derivante dalla condotta degli amministratori, in modo da porre in essere le condizioni legali per l'eliminazione preventiva, o comunque l'attenuazione, dei danni conseguenti alla cattiva condotta gestoria (C.C. 23688/23 – Conf. C.C. 24045/21).

2408. Denunzia al collegio sindacale. – Ogni socio può denunziare i fatti che ritiene censurabili al collegio sindacale, il quale deve tener conto della denunzia nella relazione all'assemblea.

Se la denunzia è fatta da tanti soci che rappresentino un ventesimo del capitale sociale o un cinquantesimo nelle società che fanno ricorso al mercato del capitale di rischio, il collegio sindacale deve indagare senza ritardo sui fatti denunziati e presentare le sue conclusioni ed eventuali proposte all'assemblea; deve altresì, nelle ipotesi previste dal secondo comma dell'articolo 2406, convocare l'assemblea. Lo statuto può prevedere per la denunzia percentuali minori di partecipazione.

2409. (1) (2) **Denunzia al tribunale.** – Se vi è fondato sospetto che gli amministratori, in violazione dei loro doveri, abbiano compiuto gravi irregolarità nella gestione che possono arrecare danno alla società o a una o più società controllate, i soci che rappresentano il decimo del capitale sociale o, nelle società che fanno ricorso al mercato del capitale di rischio, il ventesimo del capitale sociale possono denunziare i fatti al tribunale con ricorso notificato anche alla società. Lo statuto può prevedere percentuali minori di partecipazione.

Il tribunale, sentiti in camera di consiglio gli amministratori e i sindaci, può ordinare l'ispezione dell'amministrazione della società a spese dei soci richiedenti, subordinandola, se del caso, alla prestazione di una cauzione. Il provvedimento è reclamabile.

Il tribunale non ordina l'ispezione e sospende per un periodo determinato il procedimento se l'assemblea sostituisce gli amministratori e i sindaci con soggetti di adeguata professionalità, che si attivano senza indugio per accertare se le violazioni sussistono e, in caso positivo, per eliminarle, riferendo al tribunale sugli accertamenti e le attività compiute.

Se le violazioni denunziate sussistono ovvero se gli accertamenti e le attività compiute ai sensi del terzo comma risultano insufficienti alla loro eliminazione, il tribunale può disporre gli opportuni provvedimenti provvisori e convocare l'assemblea per le conseguenti deliberazioni. Nei casi più gravi può revocare gli amministratori ed eventualmente anche i sindaci e nominare un amministratore giudiziario, determinandone i poteri e la durata.

L'amministratore giudiziario può proporre l'azione di responsabilità contro gli amministratori e i sindaci. Si applica l'ultimo comma dell'articolo 2393.

Prima della scadenza del suo incarico l'amministratore giudiziario rende conto al tribunale che lo ha nominato; convoca e presiede l'assemblea per la nomina dei nuovi amministratori e sindaci o per proporre, se del caso, la messa in liquidazione della società o la sua ammissione ad una procedura concorsuale.

I provvedimenti previsti da questo articolo possono essere adottati anche su richiesta del collegio sindacale, del consiglio di sorveglianza o del comitato per il controllo sulla gestione, nonché, nelle società che fanno ricorso al mercato del capitale di rischio, del pubblico ministero; in questi casi le spese per l'ispezione sono a carico della società.

(1) *Si veda l'art. 223* vicies *att.*

(2) *Si veda l'art. 238 del D.L.vo 7 settembre 2005, n. 209, Codice delle assicurazioni private.*

NOTE OPERATIVE:

Amministratore giudiziario: L'amministratore giudiziario, organo di garanzia nominato dal tribunale ed i cui poteri derivano direttamente da quest'ultimo e dalla legge, è legittimato a proporre in qualità di terzo, non essendo titolare degli interessi in conflitto, l'azione di simulazione di un negozio posto in essere dal precedente amministratore della società, non rilevando, al riguardo, la successiva cessazione dell'amministrazione giudiziaria e la nomina del liquidatore (C.C. 11848/15).

§. 4

Della revisione legale dei conti (1)

(1) *L'originaria rubrica:* «Del controllo contabile» *è stata così sostituita dall'attuale dall'art. 37, comma 7, del D.L.vo 27 gennaio 2010, n. 39.*

2409 *bis*. (1) **Revisione legale dei conti.** – La revisione legale dei conti sulla società è esercitata da un revisore legale dei conti o da una società di revisione legale iscritti nell'apposito registro.

Lo statuto delle società che non siano tenute alla redazione del bilancio consolidato può prevedere che la revisione legale dei conti sia esercitata dal collegio sindacale. In tal caso il collegio sindacale è costituito da revisori legali iscritti nell'apposito registro.

(1) *Questo articolo è stato così sostituito dall'art. 37, comma 8, del D.L.vo 27 gennaio 2010, n. 39.*

2409 *ter*. (1) [**Funzioni di controllo contabile.** – Il revisore o la società incaricata del controllo contabile:

a) verifica, nel corso dell'esercizio e con periodicità almeno trimestrale, la regolare tenuta della contabilità sociale e la corretta rilevazione nelle scritture contabili dei fatti di gestione;

b) verifica se il bilancio di esercizio e, ove redatto, il bilancio consolidato corrispondono alle risultanze delle scritture contabili e degli accertamenti eseguiti e se sono conformi alle norme che li disciplinano;

c) esprime con apposita relazione un giudizio sul bilancio di esercizio e sul bilancio consolidato, ove redatto.

La relazione comprende:

a) un paragrafo introduttivo che identifica il bilancio sottoposto a revisione e il quadro delle regole di redazione applicate dalla società;

b) una descrizione della portata della revisione svolta con l'indicazione dei principi di revisione osservati;

c) un giudizio sul bilancio che indica chiaramente se questo è conforme alle norme che ne disciplinano la redazione e se rappresenta in modo veritiero e corretto la situazione patrimoniale e finanziaria e il risultato economico dell'esercizio;

d) eventuali richiami di informativa che il revisore sottopone all'attenzione dei destinatari del bilancio, senza che essi costituiscano rilievi;

e) un giudizio sulla coerenza della relazione sulla gestione con il bilancio.

Nel caso in cui il revisore esprima un giudizio sul bilancio con rilievi, un giudizio negativo o rilasci una dichiarazione di impossibilità di esprimere un giudizio, la relazione illustra analiticamente i motivi della decisione.

La relazione è datata e sottoscritta dal revisore.

La relazione sul bilancio è depositata presso la sede della società a norma dell'articolo 2429.

Il revisore o la società incaricata del controllo contabile può chiedere agli amministratori documenti e notizie utili al controllo e può procedere ad ispezioni; documenta l'attività svolta in apposito libro, tenuto presso la sede della società o in luogo diverso stabilito dallo statuto, secondo le disposizioni dell'articolo 2421, terzo comma].

(1) *Questo articolo è stato abrogato dall'art. 37, comma 9, del D.L.vo 27 gennaio 2010, n. 39.*

2409 *quater*. (1) **[Conferimento e revoca dell'incarico.** - Salvo quanto disposto dal numero 11 del secondo comma dell'articolo 2328, l'incarico del controllo contabile è conferito dall'assemblea, sentito il collegio sindacale, la quale determina il corrispettivo spettante al revisore o alla società di revisione per l'intera durata dell'incarico.

L'incarico ha la durata di tre esercizi, con scadenza alla data dell'assemblea convocata per l'approvazione del bilancio relativo al terzo esercizio dell'incarico.

L'incarico può essere revocato solo per giusta causa, sentito il parere del collegio sindacale. La deliberazione di revoca deve essere approvata con decreto dal tribunale, sentito l'interessato].

(1) *Questo articolo è stato abrogato dall'art. 37, comma 9, del D.L.vo 27 gennaio 2010, n. 39.*

2409 *quinquies*. (1) **[Cause di ineleggibilità e di decadenza.** - Salvo quanto disposto dall'articolo 2409 *bis*, terzo comma, non possono essere incaricati del controllo contabile, e se incaricati decadono dall'ufficio, i sindaci della società o delle società da questa controllate, delle società che la controllano o di quelle sottoposte a comune controllo, nonché coloro che si trovano nelle condizioni previste dall'articolo 2399, primo comma.

Lo statuto può prevedere altre cause di ineleggibilità o di decadenza, nonché cause di incompatibilità; può prevedere altresì ulteriori requisiti concernenti la specifica qualificazione professionale del soggetto incaricato del controllo contabile.

Nel caso di società di revisione le disposizioni del presente articolo si applicano con riferimento ai soci della medesima ed ai soggetti incaricati della revisione].

(1) *Questo articolo è stato abrogato dall'art. 37, comma 9, del D.L.vo 27 gennaio 2010, n. 39. A norma dell'art. 43, comma 1, lett. l), del D.L.vo 27 gennaio 2010, n. 39, questo articolo è abrogato ma continua ad applicarsi fino alla data di entrata in vigore dei regolamenti del Ministro dell'economia e delle finanze emanati ai sensi dello stesso D.L.vo n. 39/2010.*

2409 *sexies*. (1) **[Responsabilità.** - I soggetti incaricati del controllo contabile sono sottoposti alle disposizioni dell'articolo 2407 e sono responsabili nei confronti della società, dei soci e dei terzi per i danni derivanti dall'inadempimento ai loro doveri.

Nel caso di società di revisione i soggetti che hanno effettuato il controllo contabile sono responsabili in solido con la società medesima.

L'azione si prescrive nel termine di cinque anni dalla cessazione dell'incarico].

(1) *Questo articolo è stato abrogato dall'art. 37, comma 9, del D.L.vo 27 gennaio 2010, n. 39.*

2409 *septies*. Scambio di informazioni. - Il collegio sindacale e i soggetti incaricati della revisione legale dei conti (1) si scambiano tempestivamente le informazioni rilevanti per l'espletamento dei rispettivi compiti.

(1) *Le parole: «del controllo contabile» sono state così sostituite dalle attuali: «della revisione legale dei conti» dall'art. 37, comma 10, del D.L.vo 27 gennaio 2010, n. 39.*

§. 5
Del sistema dualistico

2409 *octies*. Sistema basato su un consiglio di gestione e un consiglio di sorveglianza. - Lo statuto può prevedere che l'amministrazione ed il controllo siano esercitati da un consiglio di gestione e da un consiglio di sorveglianza in conformità alle norme seguenti.

2409 *novies*. Consiglio di gestione. - La gestione dell'impresa si svolge nel rispetto della disposizione di cui all'articolo 2086, secondo comma, e spetta esclusivamente al consiglio di gestione, il quale compie le operazioni necessarie per l'attuazione dell'oggetto sociale (1). Può delegare proprie attribuzioni ad uno o più dei suoi componenti; si applicano in tal caso il terzo, quarto e quinto comma dell'articolo 2381. L'istituzione degli assetti di cui all'articolo 2086, secondo comma, spetta esclusivamente al consiglio di gestione (2).

È costituito da un numero di componenti, anche non soci, non inferiore a due.

Fatta eccezione per i primi componenti, che sono nominati nell'atto costitutivo, e salvo quanto disposto dagli articoli 2351, 2449 e 2450, la nomina dei componenti il consiglio di gestione spetta al consiglio di sorveglianza, previa determinazione del loro numero nei limiti stabiliti dallo statuto.

I componenti del consiglio di gestione non possono essere nominati consiglieri di sorveglianza, e restano in carica per un periodo non superiore a tre esercizi, con scadenza alla data della riunione del consiglio di sorveglianza convocato per l'approvazione del bilancio relativo all'ultimo esercizio della loro carica.

I componenti del consiglio di gestione sono rieleggibili, salvo diversa disposizione dello statuto, e sono revocabili dal consiglio di sorveglianza in qualunque tempo, anche se nominati nell'atto costitutivo, salvo il diritto al risarcimento dei danni se la revoca avviene senza giusta causa.

Se nel corso dell'esercizio vengono a mancare uno o più componenti del consiglio di gestione, il consiglio di sorveglianza provvede senza indugio alla loro sostituzione.

([1]) *Questo periodo è stato così sostituito dall'art. 377, comma 3, del D.L.vo 12 gennaio 2019, n. 14.*

A norma dell'art. 389, comma 2, del medesimo provvedimento, tali disposizioni entrano in vigore il trentesimo giorno successivo alla data di pubblicazione in Gazzetta Ufficiale *del suddetto decreto (Suppl. ord. alla G.U. n. 38 del 14 febbraio 2019).*

([2]) *Questo periodo è stato aggiunto dall'art. 40, comma 3, del D.L.vo 26 ottobre 2020, n. 147.*

2409 *decies*. Azione sociale di responsabilità. – L'azione di responsabilità contro i consiglieri di gestione è promossa dalla società o dai soci, ai sensi degli articoli 2393 e 2393 *bis*.

L'azione sociale di responsabilità può anche essere proposta a seguito di deliberazione del consiglio di sorveglianza. La deliberazione è assunta dalla maggioranza dei componenti del consiglio di sorveglianza e, se è presa a maggioranza dei due terzi dei suoi componenti, importa la revoca dall'ufficio dei consiglieri di gestione contro cui è proposta, alla cui sostituzione provvede contestualmente lo stesso consiglio di sorveglianza.

L'azione può essere esercitata dal consiglio di sorveglianza entro cinque anni dalla cessazione dell'amministratore dalla carica.

Il consiglio di sorveglianza può rinunziare all'esercizio dell'azione di responsabilità e può transigerla, purché la rinunzia e la transazione siano approvate dalla maggioranza assoluta dei componenti del consiglio di sorveglianza e purché non si opponga la percentuale di soci indicata nell'ultimo comma dell'articolo 2393.

La rinuncia all'azione da parte della società o del consiglio di sorveglianza non impedisce l'esercizio delle azioni previste dagli articoli 2393 *bis*, 2394 e 2394 *bis*.

2409 *undecies*. Norme applicabili. – Al consiglio di gestione si applicano, in quanto compatibili, le disposizioni degli articoli 2380 *bis*, quinto comma, 2381, sesto comma, 2382, 2383, quarto e quinto comma, 2384, 2385, 2387, 2390, 2392, 2394, 2394 *bis*, 2395.

Si applicano alle deliberazioni del consiglio di gestione gli articoli 2388 e 2391, e la legittimazione ad impugnare le deliberazioni spetta anche al consiglio di sorveglianza.

2409 *duodecies*. Consiglio di sorveglianza. – Salvo che lo statuto non preveda un maggior numero, il consiglio di sorveglianza si compone di un numero di componenti, anche non soci, non inferiore a tre.

Fatta eccezione per i primi componenti che sono nominati nell'atto costitutivo, e salvo quanto disposto dagli articoli 2351, 2449 e 2450, la nomina dei componenti il consiglio di sorveglianza spetta all'assemblea, previa determinazione del loro numero nei limiti stabiliti dallo statuto.

I componenti del consiglio di sorveglianza restano in carica per tre esercizi e scadono alla data della successiva assemblea prevista dal secondo comma dell'articolo 2364 *bis*. La cessazione per scadenza del termine ha effetto dal momento in cui il consiglio di sorveglianza è stato ricostituito.

Almeno un componente effettivo del consiglio di sorveglianza deve essere scelto tra i revisori legali iscritti nell'apposito registro ([1]).

I componenti del consiglio di sorveglianza sono rieleggibili, salvo diversa disposizione dello statuto, e sono revocabili dall'assemblea in qualunque tempo con deliberazione adottata con la maggioranza prevista dal quinto comma dell'articolo 2393 ([2]), anche se nominati nell'atto costitutivo, salvo il diritto al risarcimento dei danni, se la revoca avviene senza giusta causa.

Lo statuto, fatto salvo quanto previsto da leggi speciali in relazione all'esercizio di particolari attività, può subordinare l'assunzione della carica al possesso di particolari requisiti di onorabilità, professionalità e indipendenza.

Se nel corso dell'esercizio vengono a mancare uno o più componenti del consiglio di sorveglianza, l'assemblea provvede senza indugio alla loro sostituzione.

Il presidente del consiglio di sorveglianza è eletto dall'assemblea.

Lo statuto determina i poteri del presidente del consiglio di sorveglianza.

Non possono essere eletti alla carica di componente del consiglio di sorveglianza e, se eletti, decadono dall'ufficio:

a) coloro che si trovano nelle condizioni previste dall'articolo 2382;

b) i componenti del consiglio di gestione;

c) coloro che sono legati alla società o alle società da questa controllate o a quelle sottoposte a comune controllo da un rapporto di lavoro o da un rapporto continuativo di consulenza o di prestazione d'opera retribuita che ne compromettano l'indipendenza ([3]).

Lo statuto può prevedere altre cause di ineleggibilità o decadenza, nonché cause di incompatibilità e limiti e criteri per il cumulo degli incarichi.

([1]) *Le parole: «gli iscritti nel registro dei revisori contabili istituito presso il Ministero della giustizia» sono state così sostituite dalle attuali: «i revisori legali iscritti nell'apposito registro» dall'art. 37, comma 11, del D.L.vo 27 gennaio 2010, n. 39.*

([2]) *Le originarie parole: «dal quarto comma dell'art. 2393» sono state così sostituite dalle attuali dall'art. 3, comma 1, lett.* c), *della L. 28 dicembre 2005, n. 262.*

([3]) *Questa lettera è stata così sostituita dall'art. 13 del D.L.vo 28 dicembre 2004, n. 310.*

2409 *terdecies*. Competenza del consiglio di sorveglianza. – Il consiglio di sorveglianza:

a) nomina e revoca i componenti del consiglio di gestione; ne determina il compenso, salvo che la relativa competenza sia attribuita dallo statuto all'assemblea;

b) approva il bilancio di esercizio e, ove redatto, il bilancio consolidato;

c) esercita le funzioni di cui all'articolo 2403, primo comma;

d) promuove l'esercizio dell'azione di responsabilità nei confronti dei componenti del consiglio di gestione;

e) presenta la denunzia al tribunale di cui all'articolo 2409;

f) riferisce per iscritto almeno una volta all'anno all'assemblea sull'attività di vigilanza svolta, sulle omissioni e sui fatti censurabili rilevati;

f bis) se previsto dallo statuto, delibera in ordine alle operazioni strategiche e ai piani ([1]) industriali e finanziari della società predisposti dal consiglio di gestione, ferma in ogni caso la responsabilità di questo per gli atti compiuti ([2]).

Lo statuto può prevedere che in caso di mancata approvazione del bilancio o qualora lo richieda almeno un terzo dei componenti del consiglio di gestione o del consiglio di sorveglianza la competenza per l'approvazione del bilancio di esercizio sia attribuita all'assemblea.

I componenti del consiglio di sorveglianza devono adempiere i loro doveri con la diligenza richiesta dalla natura dell'incarico. Sono responsabili solidalmente con i componenti del consiglio di gestione per i fatti o le omissioni di questi quando il danno non si sarebbe prodotto se avessero vigilato in conformità degli obblighi della loro carica.

I componenti del consiglio di sorveglianza possono assistere alle adunanze del consiglio di gestione e devono partecipare alle assemblee.

([1]) *Le originarie parole: «ai piani strategici» sono state così sostituite dalle attuali: «alle operazioni strategiche e ai piani» dall'art. 14 del D.L.vo 28 dicembre 2004, n. 310.*

([2]) *Questa lettera è stata aggiunta dall'art. 5, lett.* s), *del D.L.vo 6 febbraio 2004, n. 37.*

2409 *quaterdecies*. Norme applicabili. – Al consiglio di sorveglianza ed ai suoi componenti si applicano, in quanto compatibili, gli articoli 2388, 2400, terzo e quarto ([1]) comma, 2402, 2403 *bis*, secondo e terzo comma, 2404, primo, terzo e quarto comma, 2406, 2408 e 2409 *septies*.

Alla deliberazione del consiglio di sorveglianza con cui viene approvato il bilancio di esercizio si applica l'articolo 2434 *bis* ed essa può venire impugnata anche dai soci ai sensi dell'articolo 2377.

([1]) *Le parole: «e quarto» sono state inserite dall'art. 2, comma 2, lett.* b), *della L. 28 dicembre 2005, n. 262.*

2409 *quinquiesdecies*. ([1]) Revisione legale. – La revisione legale dei conti è svolta a norma dell'articolo 2409 *bis*, primo comma.

([1]) *Questo articolo è stato così sostituito dall'art. 37, comma 12, del D.L.vo 27 gennaio 2010, n. 39.*

§. 6
Del sistema monistico

2409 *sexiesdecies*. Sistema basato sul consiglio di amministrazione e un comitato costituito al suo interno. – Lo statuto può prevedere che l'amministrazione ed il controllo siano esercitati rispettivamente dal consiglio di amministrazione e da un comitato costituito al suo interno.

2409 *septiesdecies*. Consiglio di amministrazione. – La gestione dell'impresa spetta esclusivamente al consiglio di amministrazione.

Almeno un terzo dei componenti del consiglio di amministrazione deve essere in possesso dei requisiti di indipendenza stabiliti per i sindaci dall'articolo 2399, primo comma, e, se lo statuto lo prevede, di quelli al riguardo previsti da codici di comportamento redatti da associazioni di categoria o da società di gestione di mercati regolamentati.

Al momento della nomina dei componenti del consiglio di amministrazione e prima dell'accettazione dell'incarico, sono resi noti all'assemblea gli incarichi di amministrazione e di controllo da essi ricoperti presso altre società ([1]).

([1]) *Questo comma è stato aggiunto dall'art. 2, comma 2, lett.* c), *della L. 28 dicembre 2005, n. 262.*

2409 *octiesdecies*. Comitato per il controllo sulla gestione. – Salvo diversa disposizione dello statuto, la determinazione del numero e la nomina dei componenti del comitato per il controllo sulla gestione spetta al consiglio di amministrazione. Nelle società che fanno ricorso al mercato del capitale di rischio il numero dei componenti del comitato non può essere inferiore a tre.

Il comitato è composto da amministratori in possesso dei requisiti di onorabilità e professionalità stabiliti dallo statuto e dei requisiti di indipendenza di cui all'articolo 2409 *septiesdecies*, che non siano membri del comitato esecutivo ed ai quali non siano attribuite deleghe o particolari cariche e comunque non svolgano, anche di mero fatto, funzioni attinenti alla gestione dell'impresa sociale o di società che la controllano o ne sono controllate.

Almeno uno dei componenti del comitato per il controllo sulla gestione deve essere scelto fra i revisori legali iscritti nell'apposito registro (1).

In caso di morte, rinunzia revoca o decadenza di un componente del comitato per il controllo sulla gestione, il consiglio di amministrazione provvede senza indugio a sostituirlo scegliendolo tra gli altri amministratori in possesso dei requisiti previsti dai commi precedenti; se ciò non è possibile, provvede senza indugio a norma dell'articolo 2386 scegliendo persona provvista dei suddetti requisiti.

Il comitato per il controllo sulla gestione:

a) elegge al suo interno, a maggioranza assoluta dei suoi membri, il presidente;

b) vigila sull'adeguatezza della struttura organizzativa della società, del sistema di controllo interno e del sistema amministrativo e contabile, nonché sulla sua idoneità a rappresentare correttamente i fatti di gestione;

c) svolge gli ulteriori compiti affidatigli dal consiglio di amministrazione con particolare riguardo ai rapporti con il soggetto incaricato di effettuare la revisione legale dei conti (2).

Al comitato per il controllo sulla gestione si applicano altresì, in quanto compatibili, gli articoli 2404, primo, terzo e quarto comma, 2405, primo comma, e 2408.

(1) *Le parole: «*gli iscritti nel registro dei revisori contabili*» sono state così sostituite dalle attuali: «*i revisori legali iscritti nell'apposito registro*» dall'art. 37, comma 13, del D.l.vo 27 gennaio 2010, n. 39.*

(2) *Le parole: «*i soggetti incaricati del controllo contabile*» sono state così sostituite dalle attuali: «*il soggetto incaricato di effettuare la revisione legale dei conti*» dall'art. 37, comma 14, del D.L.vo 27 gennaio 2010, n. 39.*

2409 *noviesdecies*. (1) Norme applicabili e revisione legale. – Al consiglio di amministrazione si applicano, in quanto compatibili, gli articoli da 2380 *bis*, 2381, 2382, 2383, 2384, 2385, 2386, 2387, 2388, 2389, 2390, 2391, 2392, 2393, 2393 *bis*, 2394, 2394 *bis*, 2395.

La revisione legale dei conti è svolta ai sensi dell'articolo 2409 *bis*, primo comma (2).

(1) *L'originaria rubrica: «*Norme applicabili e controllo contabile*» è stata così sostituita dall'attuale dall'art. 37, comma 15, lett.* a)*, del D.L.vo 27 gennaio 2010, n. 39.*

(2) *Questo comma è stato così sostituito dall'art. 37, comma 15, lett.* b)*, del D.L.vo 27 gennaio 2010, n. 39.*

Sezione VII
Delle obbligazioni

2410. Emissione. – Se la legge o lo statuto non dispongono diversamente, l'emissione di obbligazioni è deliberata dagli amministratori.

In ogni caso la deliberazione di emissione deve risultare da verbale redatto da notaio ed è depositata ed iscritta a norma dell'articolo 2436.

2411. Diritti degli obbligazionisti. – Il diritto degli obbligazionisti alla restituzione del capitale ed agli interessi può essere, in tutto o in parte, subordinato alla soddisfazione dei diritti di altri creditori della società.

I tempi e l'entità del pagamento degli interessi possono variare in dipendenza di parametri oggettivi anche relativi all'andamento economico della società.

La disciplina della presente sezione si applica inoltre agli strumenti finanziari, comunque denominati, che condizionano i tempi e l'entità del rimborso del capitale all'andamento economico della società.

2412. Limiti all'emissione. – La società può emettere obbligazioni al portatore o nominative per somma complessivamente non eccedente il doppio del capitale sociale, della riserva legale e delle riserve disponibili risultanti dall'ultimo bilancio approvato. I sindaci attestano il rispetto del suddetto limite.

Il limite di cui al primo comma può essere superato se le obbligazioni emesse in eccedenza sono destinate alla sottoscrizione da parte di investitori professionali soggetti a vigilanza prudenziale a norma delle leggi speciali. In caso di successiva circolazione delle obbligazioni, chi le trasferisce risponde della solvenza della società nei confronti degli acquirenti che non siano investitori professionali.

Non è soggetta al limite di cui al primo comma, e non rientra nel calcolo al fine del medesimo, l'emissione di obbligazioni garantite da ipoteca di primo grado su immobili di proprietà della società, sino a due terzi del valore degli immobili medesimi.

Al computo del limite di cui al primo comma concorrono gli importi relativi a garanzie comunque prestate dalla società per obbligazioni emesse da altre società, anche estere ([1]).

I commi primo e secondo non si applicano alle emissioni di obbligazioni destinate ad essere quotate in mercati regolamentati o in sistemi multilaterali di negoziazione ovvero di obbligazioni che danno il diritto di acquisire ovvero di sottoscrivere azioni ([2]).

Quando ricorrono particolari ragioni che interessano l'economia nazionale, la società può essere autorizzata con provvedimento dell'autorità governativa, ad emettere obbligazioni per somma superiore a quanto previsto nel presente articolo, con l'osservanza dei limiti, delle modalità e delle cautele stabilite nel provvedimento stesso.

Restano salve le disposizioni di leggi speciali relative a particolari categorie di società e alle riserve di attività.

[Le disposizioni del presente articolo si applicano anche alle obbligazioni emesse all'estero da società italiane ovvero da loro controllate o controllanti, se negoziate nello Stato, nei limiti stabiliti con regolamento del Ministro dell'economia e delle finanze e del Ministro della giustizia, da adottare ai sensi dell'articolo 17, comma 3, della legge 23 agosto 1988, n. 400, su proposta della Commissione nazionale per le società e la borsa; in questo caso la negoziazione ad opera di investitori professionali nei confronti di soggetti diversi deve, a pena di nullità, avvenire mediante consegna di un prospetto informativo contenente le informazioni stabilite dalla Commissione nazionale per le società e la borsa, anche quando la vendita avvenga su richiesta dell'acquirente] ([3]).

([1]) *Questo comma è stato inserito dall'art. 11, comma 1, lett.* a), *della L. 28 dicembre 2005, n. 262.*

([2]) *Questo comma è stato così sostituito dall'art. 32, comma 26, del D.L. 22 giugno 2012, n. 83, convertito, con modificazioni, nella L. 7 agosto 2012, n. 134.*

([3]) *Questo comma, aggiunto dall'art. 15 del D.L.vo 28 dicembre 2004, n. 310, è stato abrogato dall'art. 11, comma 1, lett.* b), *della L. 28 dicembre 2005, n. 262.*

2413. Riduzione del capitale. – Salvo i casi previsti dal terzo, quarto e quinto comma dell'articolo 2412, la società che ha emesso obbligazioni non può ridurre volontariamente il capitale sociale o distribuire riserve se rispetto all'ammontare delle obbligazioni ancora in circolazione il limite di cui al primo comma dell'articolo medesimo non risulta più rispettato.

Se la riduzione del capitale sociale è obbligatoria, o le riserve diminuiscono in conseguenza di perdite, non possono distribuirsi utili sinché l'ammontare del capitale sociale, della riserva legale e delle riserve disponibili non eguagli la metà dell'ammontare delle obbligazioni in circolazione ([1]).

([1]) *Le parole: «e delle riserve non eguagli l'ammontare delle obbligazioni in circolazione» sono state così sostituite dall'art. 5, lett.* u), *del D.L.vo 6 febbraio 2004, n. 37.*

2414. Contenuto delle obbligazioni. – I titoli obbligazionari devono indicare:

1) la denominazione, l'oggetto e la sede della società, con l'indicazione dell'ufficio del registro delle imprese presso il quale la società è iscritta;

2) il capitale sociale e le riserve esistenti al momento dell'emissione;

3) la data della deliberazione di emissione e della sua iscrizione nel registro;

4) l'ammontare complessivo dell'emissione, il valore nominale di ciascun titolo, i diritti con essi attribuiti, il rendimento o i criteri per la sua determinazione e il modo di pagamento e di rimborso, l'eventuale subordinazione dei diritti degli obbligazionisti a quelli di altri creditori della società;

5) le eventuali garanzie da cui sono assistiti;

6) la data di rimborso del prestito e gli estremi dell'eventuale prospetto informativo ([1]).

([1]) *Questo numero è stato inserito dall'art. 5, lett.* v), *del D.L.vo 6 febbraio 2004, n. 37.*

2414 *bis*. Costituzione delle garanzie. – La deliberazione di emissione di obbligazioni che preveda la costituzione di garanzie reali a favore dei sottoscrittori deve designare un notaio che, per conto dei sottoscrittori, compia le formalità necessarie per la costituzione delle garanzie medesime.

Qualora un azionista pubblico garantisca i titoli obbligazionari si applica il numero 5) dell'articolo 2414 ([1]).

Le garanzie, reali e personali e di qualunque altra natura e le cessioni di credito in garanzia, che assistono i titoli obbligazionari possono essere costituite in favore dei sottoscrittori delle obbligazioni o anche di un loro rappresentante che sarà legittimato a esercitare in nome e per conto dei sottoscrittori tutti i diritti, sostanziali e processuali, relativi alle garanzie medesime (2).

(1) *Questo comma è stato aggiunto dall'art. 5, lett. z), del D.L.vo 6 febbraio 2004, n. 37.*

(2) *Questo comma è stato aggiunto dall'art. 13, comma 2, del D.L. 12 settembre 2014, n. 133, convertito, con modificazioni, nella L. 11 novembre 2014, n. 164.*

2415. (1) **Assemblea degli obbligazionisti.** – L'assemblea degli obbligazionisti delibera:

1) sulla nomina e sulla revoca del rappresentante comune;

2) sulle modificazioni delle condizioni del prestito;

3) sulla proposta di amministrazione controllata e di concordato;

4) sulla costituzione di un fondo per le spese necessarie alla tutela dei comuni interessi e sul rendiconto relativo;

5) sugli altri oggetti d'interesse comune degli obbligazionisti.

L'assemblea è convocata dal consiglio di amministrazione, dal consiglio di gestione (2) o dal rappresentante degli obbligazionisti, quando lo ritengono necessario, o quando ne è fatta richiesta da tanti obbligazionisti che rappresentino il ventesimo dei titoli emessi e non estinti.

Si applicano all'assemblea degli obbligazionisti le disposizioni relative all'assemblea straordinaria dei soci e le sue deliberazioni sono iscritte, a cura del notaio che ha redatto il verbale, nel registro delle imprese. Per la validità delle deliberazioni sull'oggetto indicato nel primo comma, numero 2, è necessario anche in seconda convocazione il voto favorevole degli obbligazionisti che rappresentino la metà delle obbligazioni emesse e non estinte. Quando le obbligazioni sono ammesse al sistema di gestione accentrata la legittimazione all'intervento e al voto nell'assemblea degli obbligazionisti è disciplinata dalle leggi speciali (3).

La società, per le obbligazioni da essa eventualmente possedute, non può partecipare alle deliberazioni.

All'assemblea degli obbligazionisti possono assistere gli amministratori, i sindaci e i componenti del consiglio di gestione o di sorveglianza (4).

(1) *Si veda l'art. 223* decies *att.*

(2) *Le parole: «dagli amministratori» sono state così sostituite dalle attuali: «dal consiglio di amministrazione, dal consiglio di gestione» dall'art. 1, comma 4, lett. a), del D.L.vo 18 giugno 2012, n. 91. A norma dell'art. 5 del medesimo provvedimento queste disposizioni si applicano alle assemblee il cui avviso di convocazione sia pubblicato dopo il 1° gennaio 2013.*

(3) *Questo periodo è stato aggiunto dall'art. 1, comma 4, lett. b), del D.L.vo 18 giugno 2012, n. 91. A norma dell'art. 5 del medesimo provvedimento queste disposizioni si applicano alle assemblee il cui avviso di convocazione sia pubblicato dopo il 1° gennaio 2013.*

(4) *Questo comma è stato così sostituito dall'art. 1, comma 4, lett. c), del D.L.vo 18 giugno 2012, n. 91. A norma dell'art. 5 del medesimo provvedimento queste disposizioni si applicano alle assemblee il cui avviso di convocazione sia pubblicato dopo il 1° gennaio 2013.*

2416. (1) **Impugnazione delle deliberazioni dell'assemblea.** – Le deliberazioni prese dall'assemblea degli obbligazionisti sono impugnabili a norma degli articoli 2377 e 2379. Le percentuali previste dall'articolo 2377 sono calcolate con riferimento (2) all'ammontare del prestito obbligazionario e alla circostanza che le obbligazioni siano quotate in mercati regolamentati.

L'impugnazione è proposta innanzi al tribunale, nella cui giurisdizione la società ha sede, in contraddittorio del rappresentante degli obbligazionisti.

(1) *Si veda l'art. 223* decies *att.*

(2) *Le originarie parole: «Le quote previste dall'articolo 2377 si intendono riferite» sono state così sostituite dall'art. 5, lett. aa), del D.L.vo 6 febbraio 2004, n. 37.*

2417. (1) **Rappresentante comune.** – Il rappresentante comune può essere scelto al di fuori degli obbligazionisti e possono essere nominate anche le persone giuridiche autorizzate all'esercizio dei servizi di investimento nonché le società fiduciarie. Non possono essere nominati rappresentanti comuni degli obbligazionisti e, se nominati, decadono dall'ufficio, gli amministratori, i sindaci, i dipendenti della società debitrice e coloro che si trovano nelle condizioni indicate nell'articolo 2399.

Se non è nominato dall'assemblea a norma dell'articolo 2415, il rappresentante comune è nominato con decreto dal tribunale su domanda di uno o più obbligazionisti o degli amministratori della società.

Il rappresentante comune dura in carica per un periodo non superiore a tre esercizi sociali (2) e può essere rieletto. L'assemblea degli obbligazionisti ne fissa il compenso. Entro trenta giorni dalla notizia della sua nomina il rappresentante comune deve richiederne l'iscrizione nel registro delle imprese.

(1) *Si veda l'art. 223* decies *att.*

([2]) *Le parole: «ad un triennio» sono state così sostituite dall'art. 5, lett.* bb)*, del D.L.vo 6 febbraio 2004, n. 37.*

2418. ([1]) **Obblighi e poteri del rappresentante comune.** – Il rappresentante comune deve provvedere all'esecuzione delle deliberazioni dell'assemblea degli obbligazionisti, tutelare gli interessi comuni di questi nei rapporti con la società e assistere alle operazioni di sorteggio delle obbligazioni. Egli ha diritto di assistere all'assemblea dei soci.

Per la tutela degli interessi comuni ha la rappresentanza processuale degli obbligazionisti anche nell'amministrazione controllata, nel concordato preventivo, nel fallimento, nella liquidazione coatta amministrativa e nell'amministrazione straordinaria della società debitrice.

([1]) *Si veda l'art. 223* decies *att.*

2419. ([1]) **Azione individuale degli obbligazionisti.** – Le disposizioni degli articoli precedenti non precludono le azioni individuali degli obbligazionisti, salvo che queste siano incompatibili con le deliberazioni dell'assemblea previste dall'articolo 2415.

([1]) *Si veda l'art. 223* decies *att.*

2420. ([1]) **Sorteggio delle obbligazioni.** – Le operazioni per l'estrazione a sorte delle obbligazioni devono farsi, a pena di nullità, alla presenza del rappresentante comune o, in mancanza, di un notaio.

([1]) *Si veda l'art. 223* decies *att.*

2420 *bis*. Obbligazioni convertibili in azioni. – L'assemblea straordinaria può deliberare l'emissione di obbligazioni convertibili in azioni, determinando il rapporto di cambio e il periodo e le modalità della conversione. La deliberazione non può essere adottata se il capitale sociale non sia stato interamente versato.

Contestualmente la società deve deliberare l'aumento del capitale sociale per un ammontare corrispondente alle azioni da attribuire in conversione. Si applicano, in quanto compatibili, le disposizioni del secondo, terzo, quarto e quinto comma dell'articolo 2346.

Nel primo mese di ciascun semestre gli amministratori provvedono all'emissione delle azioni spettanti agli obbligazionisti che hanno chiesto la conversione nel semestre precedente. Entro il mese successivo gli amministratori devono depositare per l'iscrizione nel registro delle imprese un'attestazione dell'aumento del capitale sociale in misura corrispondente al valore nominale delle azioni emesse. Si applica la disposizione del secondo comma dell'articolo 2444.

Fino a quando non siano scaduti i termini fissati per la conversione, la società non può deliberare né la riduzione volontaria del capitale sociale, né la modificazione delle disposizioni dello statuto concernenti la ripartizione degli utili, salvo che ai possessori di obbligazioni convertibili sia stata data la facoltà, mediante avviso depositato presso l'ufficio del registro delle imprese almeno novanta giorni prima della convocazione dell'assemblea, di esercitare il diritto di conversione nel termine di trenta giorni dalla pubblicazione.

Nei casi di aumento del capitale mediante imputazione di riserve e di riduzione del capitale per perdite, il rapporto di cambio è modificato in proporzione alla misura dell'aumento o della riduzione.

Le obbligazioni convertibili in azioni devono indicare in aggiunta a quanto stabilito nell'articolo 2414, il rapporto di cambio e le modalità della conversione.

2420 *ter*. Delega agli amministratori. – Lo statuto può attribuire agli amministratori la facoltà di emettere in una o più volte obbligazioni convertibili, fino ad un ammontare determinato e per il periodo massimo di cinque anni dalla data di iscrizione della società nel registro delle imprese. In tal caso la delega comprende anche quella relativa al corrispondente aumento del capitale sociale.

Tale facoltà può essere attribuita anche mediante modificazione dello statuto, per il periodo massimo di cinque anni dalla data della deliberazione.

Si applica il secondo comma dell'articolo 2410.

Sezione VIII
Dei libri sociali

2421. Libri sociali obbligatori. – Oltre i libri e le altre scritture contabili prescritti nell'articolo 2214, la società deve tenere:

1) il libro dei soci, nel quale devono essere indicati distintamente per ogni categoria il numero delle azioni, il cognome e il nome dei titolari delle azioni nominative, i trasferimenti e i vincoli ad esse relativi e i versamenti eseguiti;

2) il libro delle obbligazioni, il quale deve indicare l'ammontare delle obbligazioni emesse e di quelle estinte, il cognome e il nome dei titolari delle obbligazioni nominative e i trasferimenti e i vincoli ad esse relativi;

3) il libro delle adunanze e delle deliberazioni delle assemblee, in cui devono essere trascritti anche i verbali redatti per atto pubblico;

4) il libro delle adunanze e delle deliberazioni del consiglio di amministrazione o del consiglio di gestione;

5) il libro delle adunanze e delle deliberazioni del collegio sindacale ovvero del consiglio di sorveglianza o del comitato per il controllo sulla gestione;

6) il libro delle adunanze e delle deliberazioni del comitato esecutivo, se questo esiste;

7) il libro delle adunanze e delle deliberazioni delle assemblee degli obbligazionisti, se sono state emesse obbligazioni;

8) il libro degli strumenti finanziari emessi ai sensi dell'articolo 2447 *sexies*.

I libri indicati nel primo comma, numeri 1), 2), 3), 4) e 8) sono tenuti a cura degli amministratori o dei componenti del consiglio di gestione, il libro indicato nel numero 5) a cura del collegio sindacale ovvero del consiglio di sorveglianza o del comitato per il controllo sulla gestione, il libro indicato nel numero 6) a cura del comitato esecutivo e il libro indicato nel numero 7) a cura del rappresentante comune degli obbligazionisti.

I libri di cui al presente articolo, prima che siano messi in uso, devono essere numerati progressivamente in ogni pagina e bollati in ogni foglio a norma dell'articolo 2215.

2422. Diritto d'ispezione dei libri sociali. – I soci hanno diritto di esaminare i libri indicati nel primo comma, numeri 1) e 3) dell'articolo 2421 e di ottenerne estratti a proprie spese.

Eguale diritto spetta al rappresentante comune degli obbligazionisti per i libri indicati nei numeri 2) e 3) dell'articolo 2421, e al rappresentante comune dei possessori di strumenti finanziari ed ai singoli possessori per il libro indicato al numero 8), ai singoli obbligazionisti per il libro indicato nel numero 7) dell'articolo medesimo.

Sezione IX
Del bilancio

2423. Redazione del bilancio. – Gli amministratori devono redigere il bilancio di esercizio, costituito dallo stato patrimoniale, dal conto economico, dal rendiconto finanziario (1) e dalla nota integrativa.

Il bilancio deve essere redatto con chiarezza e deve rappresentare in modo veritiero e corretto la situazione patrimoniale e finanziaria della società e il risultato economico dell'esercizio.

Se le informazioni richieste da specifiche disposizioni di legge non sono sufficienti a dare una rappresentazione veritiera e corretta, si devono fornire le informazioni complementari necessarie allo scopo.

Non occorre rispettare gli obblighi in tema di rilevazione, valutazione, presentazione e informativa quando la loro osservanza abbia effetti irrilevanti al fine di dare una rappresentazione veritiera e corretta. Rimangono fermi gli obblighi in tema di regolare tenuta delle scritture contabili. Le società illustrano nella nota integrativa i criteri con i quali hanno dato attuazione alla presente disposizione (2).

Se, in casi eccezionali, l'applicazione di una disposizione degli articoli seguenti è incompatibile con la rappresentazione veritiera e corretta, la disposizione non deve essere applicata. La nota integrativa deve motivare la deroga e deve indicarne l'influenza sulla rappresentazione della situazione patrimoniale, finanziaria e del risultato economico. Gli eventuali utili derivanti dalla deroga devono essere iscritti in una riserva non distribuibile se non in misura corrispondente al valore recuperato.

Il bilancio deve essere redatto in unità di euro, senza cifre decimali, ad eccezione della nota integrativa che può essere redatta in migliaia di euro.

(1) *Le parole: «, dal rendiconto finanziario» sono state inserite dall'art. 6, comma 2, lett. a), del D.L.vo 18 agosto 2015, n. 139.*

A norma dell'art. 12, comma 1, del predetto decreto, tale disposizione entra in vigore dal 1° gennaio 2016 e si applica ai bilanci relativi agli esercizi finanziari aventi inizio a partire da quella data.

(2) *Questo comma è stato inserito dall'art. 6, comma 2, lett. b), del D.L.vo 18 agosto 2015, n. 139.*

A norma dell'art. 12, comma 1, del predetto decreto, tale disposizione entra in vigore dal 1° gennaio 2016 e si applica ai bilanci relativi agli esercizi finanziari aventi inizio a partire da quella data.

NOTE OPERATIVE:

Criteri: Il bilancio di esercizio, avendo la funzione non solo di misurare gli utili e le perdite dell'impresa, ma anche di fornire ai soci e al mercato tutte le informazioni richieste dall'art. 2423 c.c., deve essere redatto nel rispetto dei principi di verità, correttezza e chiarezza e delle regole di redazione poste dal legislatore, che, pur essendo tratte dai principi contabili ed avendo un contenuto di discrezionalità tecnica, sono norme giuridiche cogenti, alla cui violazione consegue l'illiceità del bilancio e la nullità della deliberazione assembleare con cui è stato approvato, poiché le scelte operate dai redattori, nel fornire la rappresentazione contabile dell'elemento considerato, sono sempre sindacabili, salvo che non siano riconducibili all'ambito proprio delle scelte insindacabili di gestione (C.C. 7433/23).

2423 *bis*. Principi di redazione del bilancio. – Nella redazione del bilancio devono essere osservati i seguenti principi:

1) la valutazione delle voci deve essere fatta secondo prudenza e nella prospettiva della continuazione dell'attività, [nonché tenendo conto della funzione economica dell'elemento dell'attivo o del passivo considerato] (1);

1 *bis*) la rilevazione e la presentazione delle voci è effettuata tenendo conto della sostanza dell'operazione o del contratto (2);

2) si possono indicare esclusivamente gli utili realizzati alla data di chiusura dell'esercizio;

3) si deve tener conto dei proventi e degli oneri di competenza dell'esercizio, indipendentemente dalla data dell'incasso o del pagamento;

4) si deve tener conto dei rischi e delle perdite di competenza dell'esercizio, anche se conosciuti dopo la chiusura di questo;

5) gli elementi eterogenei ricompresi nelle singole voci devono essere valutati separatamente;

6) i criteri di valutazione non possono essere modificati da un esercizio all'altro.

Deroghe al principio enunciato nel numero 6) del comma precedente sono consentite in casi eccezionali. La nota integrativa deve motivare la deroga e indicarne l'influenza sulla rappresentazione della situazione patrimoniale e finanziaria e del risultato economico.

(1) *Le parole fra parentesi quadrate sono state soppresse dall'art. 6, comma 3, lett.* a), *del D.L.vo 18 agosto 2015, n. 139.*

A norma dell'art. 12, comma 1, del predetto decreto, tale disposizione entra in vigore dal 1° gennaio 2016 e si applica ai bilanci relativi agli esercizi finanziari aventi inizio a partire da quella data.

(2) *Questo numero è stato inserito dall'art. 6, comma 3, lett.* b), *del D.L.vo 18 agosto 2015, n. 139.*

A norma dell'art. 12, comma 1, del predetto decreto, tale disposizione entra in vigore dal 1° gennaio 2016 e si applica ai bilanci relativi agli esercizi finanziari aventi inizio a partire da quella data.

2423 *ter*. Struttura dello stato patrimoniale e del conto economico. – Salve le disposizioni di leggi speciali per le società che esercitano particolari attività, nello stato patrimoniale e nel conto economico devono essere iscritte separatamente, e nell'ordine indicato, le voci previste negli articoli 2424 e 2425.

Le voci precedute da numeri arabi possono essere ulteriormente suddivise, senza eliminazione della voce complessiva e dell'importo corrispondente; esse possono essere raggruppate soltanto quando il raggruppamento, a causa del loro importo, è irrilevante ai fini indicati nel secondo comma dell'articolo 2423 o quando esso favorisce la chiarezza del bilancio. In questo secondo caso la nota integrativa deve contenere distintamente le voci oggetto di raggruppamento.

Devono essere aggiunte altre voci qualora il loro contenuto non sia compreso in alcuna di quelle previste dagli articoli 2424 e 2425.

Le voci precedute da numeri arabi devono essere adattate quando lo esige la natura dell'attività esercitata.

Per ogni voce dello stato patrimoniale e del conto economico deve essere indicato l'importo della voce corrispondente dell'esercizio precedente. Se le voci non sono comparabili, quelle relative all'esercizio precedente devono essere adattate; la non comparabilità e l'adattamento o l'impossibilità di questo devono essere segnalati e commentati nella nota integrativa.

Sono vietati i compensi di partite. Nei casi in cui la compensazione è ammessa dalla legge, sono indicati nella nota integrativa gli importi lordi oggetto di compensazione (1).

(1) *Questo periodo è stato aggiunto dall'art. 24, comma 2, lett.* a), *della L. 23 dicembre 2021, n. 238.*

2424. Contenuto dello stato patrimoniale. – Lo stato patrimoniale deve essere redatto in conformità al seguente schema.

Attivo:

A) Crediti verso soci per versamenti ancora dovuti, con separata indicazione della parte già richiamata.

B) Immobilizzazioni, con separata indicazione di quelle concesse in locazione finanziaria:

I – *Immobilizzazioni immateriali:*

1) costi di impianto e di ampliamento;

2) costi di sviluppo (1);

3) diritti di brevetto industriale e diritti di utilizzazione delle opere dell'ingegno;

4) concessioni, licenze, marchi e diritti simili;

5) avviamento;

6) immobilizzazioni in corso e acconti;

7) altre.

Totale.

II – *Immobilizzazioni materiali:*

1) terreni e fabbricati;

2) impianti e macchinario;

3) attrezzature industriali e commerciali;
4) altri beni;
5) immobilizzazioni in corso e acconti.
Totale.
III – *Immobilizzazioni finanziarie*, con separata indicazione, per ciascuna voce dei crediti, degli importi esigibili entro l'esercizio successivo:
1) partecipazioni in:
a) imprese controllate;
b) imprese collegate;
c) imprese controllanti;
d) imprese sottoposte al controllo delle controllanti (2);
d bis) altre imprese (3);
2) crediti (4):
a) verso imprese controllate (4);
b) verso imprese collegate (4);
c) verso controllanti (4);
d) verso imprese sottoposte al controllo delle controllanti (4);
d bis) verso altri (4);
3) altri titoli;
4) strumenti finanziari derivati attivi (5);
Totale.
Totale immobilizzazioni (*B*);
C) Attivo circolante:
I – *Rimanenze:*
1) materie prime, sussidiarie e di consumo;
2) prodotti in corso di lavorazione e semilavorati;
3) lavori in corso su ordinazione;
4) prodotti finiti e merci;
5) acconti.
Totale.
II – *Crediti*, con separata indicazione, per ciascuna voce, degli importi esigibili oltre l'esercizio successivo:
1) verso clienti;
2) verso imprese controllate;
3) verso imprese collegate;
4) verso controllanti;
5) verso imprese sottoposte al controllo delle controllanti (6);
5 *bis*) crediti tributari (6);
5 *ter*) imposte anticipate (6);
5 *quater*) verso altri (6);
Totale.
III – *Attività finanziarie* che non costituiscono immobilizzazioni:
1) partecipazioni in imprese controllate;
2) partecipazioni in imprese collegate;
3) partecipazioni in imprese controllanti;
3 *bis*) partecipazioni in imprese sottoposte al controllo delle controllanti (7);
4) altre partecipazioni;
5) strumenti finanziari derivati attivi (8);
6) altri titoli.
Totale.
IV – *Disponibilità liquide*:
1) depositi bancari e postali;
2) assegni;
3) danaro e valori in cassa.
Totale.
Totale attivo circolante (*C*).
D) Ratei e risconti (9).
Passivo:
A) Patrimonio netto:
I – *Capitale.*
II – *Riserva da soprapprezzo delle azioni.*
III – *Riserve di rivalutazione.*
IV – *Riserva legale.*
V – *Riserve statutarie.*
VI – *Altre riserve, distintamente indicate* (10).
VII – *Riserva per operazioni di copertura dei flussi finanziari attesi* (10).
VIII – *Utili (perdite) portati a nuovo* (10).
IX – *Utile (perdita) dell'esercizio* (10).
X – *Riserva negativa per azioni proprie in portafoglio* (10).
Totale.
B) Fondi per rischi e oneri:
1) per trattamento di quiescenza e obblighi simili;
2) per imposte, anche differite (11);
3) strumenti finanziari derivati passivi (11);
4) altri (11).
Totale.
C) Trattamento di fine rapporto di lavoro subordinato.
D) Debiti, con separata indicazione, per ciascuna voce, degli importi esigibili oltre l'esercizio successivo:
1) obbligazioni;
2) obbligazioni convertibili;
3) debiti verso soci per finanziamenti;
4) debiti verso banche;
5) debiti verso altri finanziatori;
6) acconti;
7) debiti verso fornitori;
8) debiti rappresentati da titoli di credito;
9) debiti verso imprese controllate;
10) debiti verso imprese collegate;
11) debiti verso controllanti;
11 *bis*) debiti verso imprese sottoposte al controllo delle controllanti (12);
12) debiti tributari;

13) debiti verso istituti di previdenza e di sicurezza sociale;

14) altri debiti.

Totale.

E) Ratei e risconti ([13]).

Se un elemento dell'attivo o del passivo ricade sotto più voci dello schema, nella nota integrativa deve annotarsi, qualora ciò sia necessario ai fini della comprensione del bilancio, la sua appartenenza anche a voci diverse da quella nella quale è iscritto.

[In calce allo stato patrimoniale devono risultare le garanzie prestate direttamente o indirettamente, distinguendosi fra fideiussioni, avalli, altre garanzie personali e garanzie reali, ed indicando separatamente, per ciascun tipo, le garanzie prestate a favore di imprese controllate e collegate, nonché di controllanti e di imprese sottoposte al controllo di queste ultime; devono inoltre risultare gli altri conti d'ordine] ([14]).

È fatto salvo quanto disposto dall'articolo 2447 *septies* con riferimento ai beni e rapporti giuridici compresi nei patrimoni destinati ad uno specifico affare ai sensi della lettera *a*) del primo comma dell'articolo 2447 *bis*.

([1]) *Le parole: «2) costi di ricerca, di sviluppo e di pubblicità» sono state così sostituite dalle seguenti: «2) costi di sviluppo;», dall'art. 6, comma 4, lett. a), del D.L.vo 18 agosto 2015, n. 139.*

A norma dell'art. 12, comma 1, del predetto decreto, tale disposizione entra in vigore dal 1° gennaio 2016 e si applica ai bilanci relativi agli esercizi finanziari aventi inizio a partire da quella data.

([2]) *Le parole: «d) altre imprese;» sono state così sostituite dalle parole: «d) imprese sottoposte al controllo delle controllanti;» dall'art. 6, comma 4, lett. b), del D.L.vo 18 agosto 2015, n. 139.*

([3]) *Questa lettera è stata aggiunta dall'art. 6, comma 4, lett. b), del D.L.vo 18 agosto 2015, n. 139.*

([4]) *Le parole: «2) crediti: a) verso imprese controllate; b) verso imprese collegate; c) verso controllanti; d) verso altri;» sono state così sostituite dalle seguenti: «2) crediti: a) verso imprese controllate; b) verso imprese collegate; c) verso controllanti; d) verso imprese sottoposte al controllo delle controllanti; d bis) verso altri;», dall'art. 6, comma 4, lett. c), del D.L.vo 18 agosto 2015, n. 139.*

([5]) *Le parole: «4) azioni proprie, con indicazioni anche del valore nominale complessivo;» sono state così sostituite dalle seguenti: «4) strumenti finanziari derivati attivi;», dall'art. 6, comma 4, lett. d), del D.L.vo 18 agosto 2015, n. 139.*

([6]) *Le parole: «4 bis) crediti tributari; 4 ter) imposte anticipate; 5) verso altri;» sono state così sostituite dalle seguenti: «5) verso imprese sottoposte al controllo delle controllanti; 5 bis) crediti tributari; 5 ter) imposte anticipate; 5 quater) verso altri;», dall'art. 6, comma 4, lett. e), del D.L.vo 18 agosto 2015, n. 139.*

([7]) *Le parole: «3 bis) partecipazioni in imprese sottoposte al controllo delle controllanti;» sono state inserite dall'art. 6, comma 4, lett. f), del D.L.vo 18 agosto 2015, n. 139.*

([8]) *Le parole: «5) azioni proprie, con indicazione anche del valore nominale complessivo» sono state così sostituite dalle seguenti: «5) strumenti finanziari derivati attivi;», dall'art. 6, comma 4, lett. f), del D.L.vo 18 agosto 2015, n. 139.*

([9]) *Le parole: «D) Ratei e risconti, con separata indicazione del disaggio su prestiti.» sono state così sostituite dalle parole: «D) Ratei e risconti.», dall'art. 6, comma 4, lett. g), del D.L.vo 18 agosto 2015, n. 139.*

([10]) *Le parole: «VI - Riserva per azioni proprie in portafoglio. VII - Altre riserve, distintamente indicate. VIII - Utili (perdite) portati a nuovo. IX - Utile (perdita) dell'esercizio.» sono state così sostituite dalle seguenti: «VI - Altre riserve, distintamente indicate. VII - Riserva per operazioni di copertura dei flussi finanziari attesi. VIII - Utili (perdite) portati a nuovo. IX - Utile (perdita) dell'esercizio. X - Riserva negativa per azioni proprie in portafoglio.», dall'art. 6, comma 4, lett. h), del D.L.vo 18 agosto 2015, n. 139.*

([11]) *Le parole: «2) per imposte, anche differite; 3) altri.» sono state così sostituite dalle seguenti: «2) per imposte, anche differite; 3) strumenti finanziari derivati passivi; 4) altri.», dall'art. 6, comma 4, lett. i), del D.L.vo 18 agosto 2015, n. 139.*

([12]) *Le parole: «11 bis) debiti verso imprese sottoposte al controllo delle controllanti;» sono state inserite dall'art. 6, comma 4, lett. l), del D.L.vo 18 agosto 2015, n. 139.*

([13]) *Le parole: «E) Ratei e risconti, con separata indicazione dell'aggio su prestiti.» sono state così sostituite dalle seguenti: «E) Ratei e risconti.», dall'art. 6, comma 4, lett. m), del D.L.vo 18 agosto 2015, n. 139.*

([14]) *Questo comma è stato abrogato dall'art. 6, comma 4, lett. n), del D.L.vo 18 agosto 2015, n. 139.*

2424 *bis*. Disposizioni relative a singole voci dello stato patrimoniale. – Gli elementi patrimoniali destinati ad essere utilizzati durevolmente devono essere iscritti tra le immobilizzazioni.

Le partecipazioni in altre imprese in misura non inferiore a quelle stabilite dal terzo comma dell'articolo 2359 si presumono immobilizzazioni.

Gli accantonamenti per rischi ed oneri sono destinati soltanto a coprire perdite o debiti di natura determinata, di esistenza certa o probabile, dei quali tuttavia alla chiusura dell'esercizio sono indeterminati o l'ammontare o la data di sopravvenienza.

Nella voce: "trattamento di fine rapporto di lavoro subordinato" deve essere indicato l'importo calcolato a norma dell'articolo 2120.

Le attività oggetto di contratti di compravendita con obbligo di retrocessione a termine devono essere iscritte nello stato patrimoniale del venditore.

Nella voce ratei e risconti attivi devono essere iscritti i proventi di competenza dell'esercizio esigibili in esercizi successivi, e i costi sostenuti entro la chiusura dell'esercizio ma di competenza di esercizi successivi. Nella voce ratei e risconti passivi devono essere iscritti i costi di competenza dell'esercizio esigibili in esercizi successivi e i proventi percepiti entro la chiusura dell'esercizio ma di competenza di esercizi successivi. Possono essere iscritte in tali voci soltanto quote di costi e proventi, comuni a due o più esercizi, l'entità dei quali vari in ragione del tempo.

Le azioni proprie sono rilevate in bilancio a diretta riduzione del patrimonio netto, ai sensi di quanto disposto dal terzo comma dell'articolo 2357 *ter* (1).

(1) *Questo comma è stato aggiunto dall'art. 6, comma 5, del D.L.vo 18 agosto 2015, n. 139.*
A norma dell'art. 12, comma 1, del predetto decreto, tale disposizione entra in vigore dal 1° gennaio 2016 e si applica ai bilanci relativi agli esercizi finanziari aventi inizio a partire da quella data.

2425. Contenuto del conto economico. – Il conto economico deve essere redatto in conformità al seguente schema:

A) Valore della produzione:

1) ricavi delle vendite e delle prestazioni;

2) variazioni delle rimanenze di prodotti in corso di lavorazione, semilavorati e finiti;

3) variazioni dei lavori in corso su ordinazione;

4) incrementi di immobilizzazioni per lavori interni;

5) altri ricavi e proventi, con separata indicazione dei contributi in conto esercizio (1).

Totale.

B) Costi della produzione:

6) per materie prime, sussidiarie, di consumo e di merci;

7) per servizi;

8) per godimento di beni di terzi;

9) per il personale:

a) salari e stipendi;

b) oneri sociali;

c) trattamento di fine rapporto;

d) trattamento di quiescenza e simili;

e) altri costi;

10) ammortamenti e svalutazioni:

a) ammortamento delle immobilizzazioni immateriali;

b) ammortamento delle immobilizzazioni materiali;

c) altre svalutazioni delle immobilizzazioni;

d) svalutazioni dei crediti compresi nell'attivo circolante e delle disponibilità liquide;

11) variazioni delle rimanenze di materie prime, sussidiarie, di consumo e merci;

12) accantonamenti per rischi;

13) altri accantonamenti;

14) oneri diversi di gestione (1).

Totale.

Differenza tra valore e costi della produzione (A – B).

C) Proventi e oneri finanziari:

15) proventi da partecipazioni, con separata indicazione di quelli relativi ad imprese controllate e collegate e di quelli relativi a controllanti e a imprese sottoposte al controllo di queste ultime (2);

16) altri proventi finanziari:

a) da crediti iscritti nelle immobilizzazioni, con separata indicazione di quelli da imprese controllate e collegate e di quelli da controllanti e da imprese sottoposte al controllo di queste ultime (3);

b) da titoli iscritti nelle immobilizzazioni che non costituiscono partecipazioni;

c) da titoli iscritti nell'attivo circolante che non costituiscono partecipazioni;

d) proventi diversi dai precedenti, con separata indicazione di quelli da imprese controllate e collegate e di quelli da controllanti e da imprese sottoposte al controllo di queste ultime (4);

17) interessi e altri oneri finanziari, con separata indicazione di quelli verso imprese controllate e collegate e verso controllanti;

17 *bis*) utili e perdite su cambi. Totale (15 + 16 – 17+ – 17 *bis*).

D) Rettifiche di valore di attività e passività finanziarie : (5)

18) rivalutazioni:

a) di partecipazioni;

b) di immobilizzazioni finanziarie che non costituiscono partecipazioni;

c) di titoli iscritti all'attivo circolante che non costituiscono partecipazioni;

d) di strumenti finanziari derivati (6);

19) svalutazioni:

a) di partecipazioni;

b) di immobilizzazioni finanziarie che non costituiscono partecipazioni;

c) di titoli iscritti nell'attivo circolante che non costituiscono partecipazioni;

d) di strumenti finanziari derivati (7).

Totale delle rettifiche (18 – 19).

Risultato prima delle imposte (A – B + – C + – D) (8);

20) imposte sul reddito dell'esercizio, correnti, differite e anticipate (8);

21) utile (perdite) dell'esercizio (8).

(1) *A norma dell'art. 13 bis, comma 4, del D.L. 30 dicembre 2016, n. 244, convertito, con modificazioni,*

nella L. 27 febbraio 2017, n. 19, il riferimento contenuto nelle norme vigenti di natura fiscale ai componenti positivi o negativi di cui a questa lettera, va inteso come riferito ai medesimi componenti assunti al netto dei componenti positivi e negativi di natura straordinaria derivanti da trasferimenti di azienda o di rami di azienda.

(2) *Le parole: «e di quelli relativi a controllanti e a imprese sottoposte al controllo di queste ultime» sono state aggiunte dall'art. 6, comma 6, lett. a), del D.L.vo 18 agosto 2015, n. 139.*

(3) *Le parole: «e da imprese sottoposte al controllo di queste ultime» sono state aggiunte dall'art. 6, comma 6, lett. b), del D.L.vo 18 agosto 2015, n. 139.*

(4) *Le parole: «e da imprese sottoposte al controllo di queste ultime» sono state aggiunte dall'art. 6, comma 6, lett. c), del D.L.vo 18 agosto 2015, n. 139.*

(5) *Le parole: «D) Rettifiche di valore di attività finanziarie:» sono state così sostituite dalle parole: «D) Rettifiche di valore di attività e passività finanziarie:», dall'art. 6, comma 6, lett. d), del D.L.vo 18 agosto 2015, n. 139.*

(6) *Le parole: «d) di strumenti finanziari derivati;» sono state aggiunte dall'art. 6, comma 6, lett. e), del D.L.vo 18 agosto 2015, n. 139.*

(7) *Le parole: «d) di strumenti finanziari derivati;» sono state aggiunte dall'art. 6, comma 6, lett. f), del D.L.vo 18 agosto 2015, n. 139.*

(8) *Le parole: «E) Proventi e oneri straordinari: 20) proventi, con separata indicazione delle plusvalenze da alienazioni i cui ricavi non sono iscrivibili al n. 5); 21) oneri, con separata indicazione delle minusvalenze da alienazioni, i cui effetti contabili non sono iscrivibili al n. 14), e delle imposte relative a esercizi precedenti. Totale delle partite straordinarie (20-21). Risultato prima delle imposte (A-B+-C+-D+-E); 22) imposte sul reddito dell'esercizio, correnti, differite e anticipate; 23) utile (perdite) dell'esercizio.» sono state così sostituite dalle seguenti: «Risultato prima delle imposte (A-B+-C+-D); 20) imposte sul reddito dell'esercizio, correnti, differite e anticipate; 21) utile (perdite) dell'esercizio.», dall'art. 6, comma 6, lett. g), del D.L.vo 18 agosto 2015, n. 139.*

2425 *bis*. Iscrizione dei ricavi, proventi, costi ed oneri. – I ricavi e i proventi, i costi e gli oneri devono essere indicati al netto dei resi, degli sconti, abbuoni e premi, nonché delle imposte direttamente connesse con la vendita dei prodotti e la prestazione dei servizi.

I ricavi e i proventi, i costi e gli oneri relativi ad operazioni in valuta devono essere determinati al cambio corrente alla data nella quale la relativa operazione è compiuta.

I proventi e gli oneri relativi ad operazioni di compravendita con obbligo di retrocessione a termine, ivi compresa la differenza tra prezzo a termine e prezzo a pronti, devono essere iscritti per le quote di competenza dell'esercizio.

Le plusvalenze derivanti da operazioni di compravendita con locazione finanziaria al venditore sono ripartite in funzione della durata del contratto di locazione (1).

(1) *Questo comma è stato aggiunto dall'art. 16 del D.L.vo 28 dicembre 2004, n. 310.*

2425 *ter*. (1) Rendiconto finanziario. – Dal rendiconto finanziario risultano, per l'esercizio a cui è riferito il bilancio e per quello precedente, l'ammontare e la composizione delle disponibilità liquide, all'inizio e alla fine dell'esercizio, ed i flussi finanziari dell'esercizio derivanti dall'attività operativa, da quella di investimento, da quella di finanziamento, ivi comprese, con autonoma indicazione, le operazioni con i soci.

(1) *Questo articolo è stato inserito dall'art. 6, comma 7, del D.L.vo 18 agosto 2015, n. 139.*

A norma dell'art. 12, comma 1, del predetto decreto, tale disposizione entra in vigore dal 1° gennaio 2016 e si applica ai bilanci relativi agli esercizi finanziari aventi inizio a partire da quella data.

2426. Criteri di valutazioni. – Nelle valutazioni devono essere osservati i seguenti criteri:

1) le immobilizzazioni sono iscritte al costo di acquisto o di produzione. Nel costo di acquisto si computano anche i costi accessori. Il costo di produzione comprende tutti i costi direttamente imputabili al prodotto. Può comprendere anche altri costi, per la quota ragionevolmente imputabile al prodotto, relativi al periodo di fabbricazione e fino al momento dal quale il bene può essere utilizzato; con gli stessi criteri possono essere aggiunti gli oneri relativi al finanziamento della fabbricazione, interna o presso terzi; le immobilizzazioni rappresentate da titoli sono rilevate in bilancio con il criterio del costo ammortizzato, ove applicabile (1);

2) il costo delle immobilizzazioni, materiali e immateriali, la cui utilizzazione è limitata nel tempo deve essere sistematicamente ammortizzato in ogni esercizio in relazione con la loro residua possibilità di utilizzazione. Eventuali modifiche dei criteri di ammortamento e dei coefficienti applicati devono essere motivate nella nota integrativa (2);

3) l'immobilizzazione che, alla data della chiusura dell'esercizio, risulti durevolmente di valore inferiore a quello determinato secondo i numeri 1) e 2) deve essere iscritta a tale minore valore. Il minor valore (3) non può essere mantenuto nei successivi bilanci se sono venuti meno i motivi della rettifica effettuata; questa disposizione non si applica a rettifiche di valore relative all'avviamento (4).

Per le immobilizzazioni consistenti in partecipazioni in imprese controllate o collegate che risultino iscritte per un valore superiore a quello derivante dall'applicazione del criterio di valutazione previsto dal successivo numero 4) o, se non vi sia obbligo di redigere il bilancio consolidato, al valore corrispondente alla frazione di patrimonio netto risultante dall'ultimo bilancio dell'impresa partecipata, la differenza dovrà essere motivata nella nota integrativa;

4) le immobilizzazioni consistenti in partecipazioni in imprese controllate o collegate possono essere valutate, con riferimento ad una o più tra dette imprese, anziché secondo il criterio indicato al numero 1), per un importo pari alla corrispondente frazione del patrimonio netto risultante dall'ultimo bilancio delle imprese medesime, detratti i dividendi ed operate le rettifiche richieste dai principi di redazione del bilancio consolidato nonché quelle necessarie per il rispetto dei principi indicati negli articoli 2423 e 2423 *bis*.

Quando la partecipazione è iscritta per la prima volta in base al metodo del patrimonio netto, il costo di acquisto superiore al valore corrispondente del patrimonio netto riferito alla data di acquisizione o ([5]) risultante dall'ultimo bilancio dell'impresa controllata o collegata può essere iscritto nell'attivo, purché ne siano indicate le ragioni nella nota integrativa. La differenza, per la parte attribuibile a beni ammortizzabili o all'avviamento, deve essere ammortizzata.

Negli esercizi successivi le plusvalenze, derivanti dall'applicazione del metodo del patrimonio netto, rispetto al valore indicato nel bilancio dell'esercizio precedente sono iscritte in una riserva non distribuibile;

5) i costi di impianto e di ampliamento e i costi di sviluppo aventi utilità pluriennale possono essere iscritti nell'attivo con il consenso, ove esistente, del collegio sindacale. I costi di impianto e ampliamento devono essere ammortizzati entro un periodo non superiore a cinque anni. I costi di sviluppo sono ammortizzati secondo la loro vita utile; nei casi eccezionali in cui non è possibile stimarne attendibilmente la vita utile, sono ammortizzati entro un periodo non superiore a cinque anni. Fino a che l'ammortamento dei costi di impianto e ampliamento e di sviluppo non è completato possono essere distribuiti dividendi solo se residuano riserve disponibili sufficienti a coprire l'ammontare dei costi non ammortizzati ([6]);

6) l'avviamento può essere iscritto nell'attivo con il consenso, ove esistente, del collegio sindacale, se acquisito a titolo oneroso, nei limiti del costo per esso sostenuto. L'ammortamento dell'avviamento è effettuato secondo la sua vita utile; nei casi eccezionali in cui non è possibile stimarne attendibilmente la vita utile, è ammortizzato entro un periodo non superiore a dieci anni. Nella nota integrativa è fornita una spiegazione del periodo di ammortamento dell'avviamento ([7]);

7) il disaggio e l'aggio su prestiti sono rilevati secondo il criterio stabilito dal numero 8) ([8]);

8) i crediti e i debiti sono rilevati in bilancio secondo il criterio del costo ammortizzato, tenendo conto del fattore temporale e, per quanto riguarda i crediti, del valore di presumibile realizzo ([9]);

8 *bis*) le attività e passività monetarie in valuta sono iscritte al cambio a pronti alla data di chiusura dell'esercizio; i conseguenti utili o perdite su cambi devono essere imputati al conto economico e l'eventuale utile netto è accantonato in apposita riserva non distribuibile fino al realizzo. Le attività e passività in valuta non monetarie devono essere iscritte al cambio vigente al momento del loro acquisto ([10]);

9) le rimanenze, i titoli e le attività finanziarie che non costituiscono immobilizzazioni sono iscritti al costo di acquisto o di produzione, calcolato secondo il numero 1), ovvero al valore di realizzazione desumibile dall'andamento del mercato, se minore; tale minor valore non può essere mantenuto nei successivi bilanci se ne sono venuti meno i motivi. I costi di distribuzione non possono essere computati nel costo di produzione;

10) il costo dei beni fungibili può essere calcolato col metodo della media ponderata o con quelli: "primo entrato, primo uscito" o: "ultimo entrato, primo uscito"; se il valore così ottenuto differisce in misura apprezzabile dai costi correnti alla chiusura dell'esercizio, la differenza deve essere indicata, per categoria di beni, nella nota integrativa;

11) i lavori in corso su ordinazione possono essere iscritti sulla base dei corrispettivi contrattuali maturati con ragionevole certezza;

11 *bis*) gli strumenti finanziari derivati, anche se incorporati in altri strumenti finanziari, sono iscritti al fair value. Le variazioni del fair value sono imputate al conto economico oppure, se lo strumento copre il rischio di variazione dei flussi finanziari attesi di un altro strumento finanziario o di un'operazione pro-

grammata, direttamente ad una riserva positiva o negativa di patrimonio netto; tale riserva è imputata al conto economico nella misura e nei tempi corrispondenti al verificarsi o al modificarsi dei flussi di cassa dello strumento coperto o al verificarsi dell'operazione oggetto di copertura. Gli elementi oggetto di copertura contro il rischio di variazioni dei tassi di interesse o dei tassi di cambio o dei prezzi di mercato o contro il rischio di credito sono valutati simmetricamente allo strumento derivato di copertura; si considera sussistente la copertura in presenza, fin dall'inizio, di stretta e documentata correlazione tra le caratteristiche dello strumento o dell'operazione coperti e quelle dello strumento di copertura. Non sono distribuibili gli utili che derivano dalla valutazione al fair value degli strumenti finanziari derivati non utilizzati o non necessari per la copertura. Le riserve di patrimonio che derivano dalla valutazione al fair value di derivati utilizzati a copertura dei flussi finanziari attesi di un altro strumento finanziario o di un'operazione programmata non sono considerate nel computo del patrimonio netto per le finalità di cui agli articoli 2412, 2433, 2442, 2446 e 2447 e, se positive, non sono disponibili e non sono utilizzabili a copertura delle perdite ([11]);

[12) le attrezzature industriali e commerciali, le materie prime, sussidiarie e di consumo, possono essere iscritte nell'attivo ad un valore costante qualora siano costantemente rinnovate, e complessivamente di scarsa importanza in rapporto all'attivo di bilancio, sempreché non si abbiano variazioni sensibili nella loro entità, valore e composizione] ([12]);

Ai fini della presente Sezione, per la definizione di "strumento finanziario", di "attività finanziaria" e "passività finanziaria", di "strumento finanziario derivato", di "costo ammortizzato", di "fair value", di "attività monetaria" e "passività monetaria", "parte correlata" e "modello e tecnica di valutazione generalmente accettato" si fa riferimento ai principi contabili internazionali adottati dall'Unione europea ([13]).

Ai fini dell'applicazione delle disposizioni del primo comma, numero 11 *bis*), sono considerati strumenti finanziari derivati anche quelli collegati a merci che conferiscono all'una o all'altra parte contraente il diritto di procedere alla liquidazione del contratto per contanti o mediante altri strumenti finanziari, ad eccezione del caso in cui si verifichino contemporaneamente le seguenti condizioni:

a) il contratto sia stato concluso e sia mantenuto per soddisfare le esigenze previste dalla società che redige il bilancio di acquisto, di vendita o di utilizzo delle merci;

b) il contratto sia stato destinato a tale scopo fin dalla sua conclusione;

c) si prevede che il contratto sia eseguito mediante consegna della merce ([13]).

Il fair value è determinato con riferimento:

a) al valore di mercato, per gli strumenti finanziari per i quali è possibile individuare facilmente un mercato attivo; qualora il valore di mercato non sia facilmente individuabile per uno strumento, ma possa essere individuato per i suoi componenti o per uno strumento analogo, il valore di mercato può essere derivato da quello dei componenti o dello strumento analogo;

b) al valore che risulta da modelli e tecniche di valutazione generalmente accettati, per gli strumenti per i quali non sia possibile individuare facilmente un mercato attivo; tali modelli e tecniche di valutazione devono assicurare una ragionevole approssimazione al valore di mercato ([13]).

Il fair value non è determinato se l'applicazione dei criteri indicati al quarto comma non dà un risultato attendibile ([13]).

([1]) *Le parole: «le immobilizzazioni rappresentate da titoli sono rilevate in bilancio con il criterio del costo ammortizzato, ove applicabile;» sono state aggiunte dall'art. 6, comma 8, lett. a), del D.L.vo 18 agosto 2015, n. 139.*

([2]) *A norma dell'art. 60, comma 7 bis, del D.L. 14 agosto 2020, n. 104, convertito, con modificazioni, nella L. 13 ottobre 2020, n. 126, i soggetti che non adottano i principi contabili internazionali, nell'esercizio in corso alla data di entrata in vigore del presente decreto, possono, anche in deroga a questo numero, non effettuare fino al 100 per cento dell'ammortamento annuo del costo delle immobilizzazioni materiali e immateriali, mantenendo il loro valore di iscrizione, così come risultante dall'ultimo bilancio annuale regolarmente approvato. La quota di ammortamento non effettuata ai sensi del presente comma è imputata al conto economico relativo all'esercizio successivo e con lo stesso criterio sono differite le quote successive, prolungando quindi per tale quota il piano di ammortamento originario di un anno. Tale misura, in relazione all'evoluzione della situazione economica conseguente alla pandemia da SARS-COV-2, può essere estesa agli esercizi successivi con decreto del Ministro dell'economia e delle finanze.*

([3]) *Le parole: «; questo» è stata così sostituita dalle seguenti: «. Il minor valore», dall'art. 6, comma 8, lett. b), del D.L.vo 18 agosto 2015, n. 139.*

([4]) *Le parole: «; questa disposizione non si applica a rettifiche di valore relative all'avviamento» sono state aggiunte dall'art. 6, comma 8, lett. b), del D.L.vo 18 agosto 2015, n. 139.*

([5]) *Le parole: «riferito alla data di acquisizione o» sono state inserite dall'art. 6, comma 8, lett. c), del D.L.vo 18 agosto 2015, n. 139.*

([6]) *Questo numero è stato così sostituito dall'art. 6, comma 8, lett. d), del D.L.vo 18 agosto 2015, n. 139.*

A norma dell'art. 12, comma 1, del predetto decreto, tale disposizione entra in vigore dal 1° gennaio 2016 e si applica ai bilanci relativi agli esercizi finanziari aventi inizio a partire da quella data.

Si riporta il testo precedente: «5) i costi di impianto e di ampliamento, i costi di ricerca, di sviluppo e di pubblicità aventi utilità pluriennale possono essere iscritti nell'attivo con il consenso, ove esistente, del collegio sindacale e devono essere ammortizzati entro un periodo non superiore a cinque anni. Fino a che l'ammortamento non è completato possono essere distribuiti dividendi solo se residuano riserve disponibili sufficienti a coprire l'ammontare dei costi non ammortizzati;».

([7]) *Le parole: «e deve essere ammortizzato entro un periodo di cinque anni. È tuttavia consentito ammortizzare sistematicamente l'avviamento in un periodo di durata superiore, purché esso non superi la durata per l'utilizzazione di questo attivo e ne sia data adeguata motivazione nella nota integrativa;» sono state così sostituite dalle seguenti: «. L'ammortamento dell'avviamento è effettuato secondo la sua vita utile; nei casi eccezionali in cui non è possibile stimarne attendibilmente la vita utile, è ammortizzato entro un periodo non superiore a dieci anni.*

Nella nota integrativa è fornita una spiegazione del periodo di ammortamento dell'avviamento;», dall'art. 6, comma 8, lett. e), del D.L.vo 18 agosto 2015, n. 139.

([8]) *Questo numero è stato così sostituito dall'art. 6, comma 8, lett. f), del D.L.vo 18 agosto 2015, n. 139.*

([9]) *Questo numero è stato così sostituito dall'attuale, dall'art. 6, comma 8, lett. g), del D.L.vo 18 agosto 2015, n. 139.*

([10]) *Questo numero è stato così sostituito dall'attuale, dall'art. 6, comma 8, lett. h), del D.L.vo 18 agosto 2015, n. 139.*

A norma dell'art. 12, comma 1, del predetto decreto, tale disposizione entra in vigore dal 1° gennaio 2016 e si applica ai bilanci relativi agli esercizi finanziari aventi inizio a partire da quella data.

Si riporta il testo precedente: «8 bis) le attività e le passività in valuta, ad eccezione delle immobilizzazioni, devono essere iscritte al tasso di cambio a pronti alla data di chiusura dell'esercizio ed i relativi utili e perdite su cambi devono essere imputati al conto economico e l'eventuale utile netto deve essere accantonato in apposita riserva non distribuibile fino al realizzo. Le immobilizzazioni materiali, immateriali e quelle finanziarie, costituite da partecipazioni, rilevate al costo (*) in valuta devono essere iscritte al tasso di cambio al momento del loro acquisto o a quello inferiore alla data di chiusura dell'esercizio se la riduzione debba giudicarsi durevole;».

(*) *Le parole da: «materiali, immateriali e ...» fino a: «... rilevate al costo» sono state inserite dall'art. 17 del D.L.vo 28 dicembre 2004, n. 310.*

([11]) *Questo numero è stato inserito dall'art. 6, comma 8, lett. i), del D.L.vo 18 agosto 2015, n. 139.*

([12]) *Questo numero è stato abrogato dall'art. 6, comma 8, lett. l), del D.L.vo 18 agosto 2015, n. 139.*

([13]) *Questo comma è stato aggiunto dall'art. 6, comma 8, lett. m), del D.L.vo 18 agosto 2015, n. 139.*

2427. Contenuto della nota integrativa. – La nota integrativa deve indicare, oltre a quanto stabilito da altre disposizioni:

1) i criteri applicati nella valutazione delle voci del bilancio, nelle rettifiche di valore e nella conversione dei valori non espressi all'origine in moneta avente corso legale nello Stato;

2) i movimenti delle immobilizzazioni, specificando per ciascuna voce: il costo; le precedenti rivalutazioni, ammortamenti e svalutazioni; le acquisizioni, gli spostamenti da una ad altra voce, le alienazioni avvenuti nell'esercizio; le rivalutazioni, gli ammortamenti e le svalutazioni effettuati nell'esercizio; il totale delle rivalutazioni riguardanti le immobilizzazioni esistenti alla chiusura dell'esercizio;

3) la composizione dell voci: "costi di impianto e di ampliamento" e: "costi di sviluppo" ([1]), nonché le ragioni della iscrizione ed i rispettivi criteri di ammortamento;

3 *bis*) la misura e le motivazioni delle riduzioni di valore applicate alle immobilizzazioni materiali e ([2]) immateriali [di durata indeterminata] ([3]), facendo a tal fine esplicito riferimento al loro concorso alla futura produzione di risultati economici, alla loro prevedibile durata utile e, per quanto rilevante ([4]), al loro valore di mercato, segnalando altresì le differenze rispetto a quelle operate negli esercizi precedenti ed evidenziando la loro influenza sui risultati economici dell'esercizio [e sugli indicatori di redditività di cui sia stata data comunicazione] ([5]);

4) le variazioni intervenute nella consistenza delle altre voci dell'attivo e del passivo; in particolare, per le voci del patrimonio netto, per i fondi e per il trattamento di fine rapporto, la formazione e le utilizzazioni;

5) l'elenco delle partecipazioni, possedute direttamente o per tramite di società fiduciaria o per interposta persona, in imprese controllate e collegate, indicando per ciascuna la denominazione, la sede, il capitale, l'importo del patrimonio netto, l'utile o la perdita dell'ultimo esercizio, la quota posseduta e il valore attribuito in bilancio o il corrispondente credito;

6) distintamente per ciascuna voce, l'ammontare dei crediti e dei debiti di durata residua superiore a cinque anni, e dei debiti assistiti da garanzie reali su beni sociali, con specifica indicazione della natura delle ga-

ranzie e con specifica ripartizione secondo le aree geografiche;

6 *bis*) eventuali effetti significativi delle variazioni nei cambi valutari verificatesi successivamente alla chiusura dell'esercizio;

6 *ter*) distintamente per ciascuna voce, l'ammontare dei crediti e dei debiti relativi ad operazioni che prevedono l'obbligo per l'acquirente di retrocessione a termine;

7) la composizione delle voci "ratei e risconti attivi" e "ratei e risconti passivi" e della voce "altri fondi" dello stato patrimoniale [, quando il loro ammontare sia apprezzabile] ([6]), nonché la composizione della voce "altre riserve";

7 *bis*) le voci di patrimonio netto devono essere analiticamente indicate, con specificazione in appositi prospetti della loro origine, possibilità di utilizzazione e distribuibilità, nonché della loro avvenuta utilizzazione nei precedenti esercizi;

8) l'ammontare degli oneri finanziari imputati nell'esercizio ai valori iscritti nell'attivo dello stato patrimoniale, distintamente per ogni voce;

9) l'importo complessivo degli impegni, delle garanzie e delle passività potenziali non risultanti dallo stato patrimoniale, con indicazione della natura delle garanzie reali prestate; gli impegni esistenti in materia di trattamento di quiescenza e simili, nonché gli impegni assunti nei confronti di imprese controllate, collegate, nonché controllanti e imprese sottoposte al controllo di quest'ultime sono distintamente indicati ([7]);

10) [se significativa,] ([8]) la ripartizione dei ricavi delle vendite e delle prestazioni secondo categorie di attività e secondo aree geografiche;

11) l'ammontare dei proventi da partecipazioni, indicati nell'articolo 2425, numero 15), diversi dai dividendi;

12) la suddivisione degli interessi ed altri oneri finanziari, indicati nell'articolo 2425, n. 17), relativi a prestiti obbligazionari, a debiti verso banche, e altri;

13) l'importo e la natura dei singoli elementi di ricavo o di costo di entità o incidenza eccezionali ([9]);

14) un apposito prospetto contenente:

a) la descrizione delle differenze temporanee che hanno comportato la rilevazione di imposte differite e anticipate, specificando l'aliquota applicata e le variazioni rispetto all'esercizio precedente, gli importi accreditati o addebitati a conto economico oppure a patrimonio netto, le voci escluse dal computo e le relative motivazioni;

b) l'ammontare delle imposte anticipate contabilizzato in bilancio attinenti a perdite dell'esercizio o di esercizi precedenti e le motivazioni dell'iscrizione, l'ammontare non ancora contabilizzato e le motivazioni della mancata iscrizione;

15) il numero medio dei dipendenti, ripartito per categoria;

16) l'ammontare dei compensi, delle anticipazioni e dei crediti concessi agli ([10]) spettanti agli amministratori ed ai sindaci, cumulativamente per ciascuna categoria, precisando il tasso d'interesse, le principali condizioni e gli importi eventualmente rimborsati, cancellati o oggetto di rinuncia, nonché gli impegni assunti per loro conto per effetto di garanzie di qualsiasi tipo prestate, precisando il totale per ciascuna categoria ([11]);

16 *bis*) salvo che la società sia inclusa in un ambito di consolidamento e le informazioni siano contenute nella nota integrativa del relativo bilancio consolidato, l'importo totale dei corrispettivi spettanti al revisore legale o alla società di revisione legale per la revisione legale dei conti annuali, l'importo totale dei corrispettivi di competenza per gli altri servizi di verifica svolti, l'importo totale dei corrispettivi di competenza per i servizi di consulenza fiscale e l'importo totale dei corrispettivi di competenza per altri servizi diversi dalla revisione contabile ([12]);

17) il numero e il valore nominale di ciascuna categoria di azioni della società e il numero e il valore nominale delle nuove azioni della società sottoscritte durante l'esercizio;

18) le azioni di godimento, le obbligazioni convertibili in azioni, i warrants, le opzioni ([13]) e i titoli o valori simili emessi dalla società, specificando il loro numero e i diritti che essi attribuiscono;

19) il numero e le caratteristiche degli altri strumenti finanziari emessi dalla società, con l'indicazione dei diritti patrimoniali e partecipativi che conferiscono e delle principali caratteristiche delle operazioni relative;

19 *bis*) i finanziamenti effettuati dai soci alla società, ripartiti per scadenze e con la separata indicazione di quelli con clausola di postergazione rispetto agli altri creditori;

20) i dati richiesti dal terzo comma dell'articolo 2447 *septies* con riferimento ai patrimoni destinati ad uno specifico affare ai sensi della lettera *a*) del primo comma dell'articolo 2447 *bis*;

21) i dati richiesti dall'articolo 2447 *decies*, ottavo comma;

22) le operazioni di locazione finanziaria che comportano il trasferimento al locatario della parte prevalente dei rischi e dei benefici inerenti ai beni che ne costituiscono oggetto, sulla base di un apposito prospetto dal quale risulti il valore attuale delle rate di canone non scadute quale determinato utilizzando tassi di interesse pari all'onere finanziario effettivo inerenti i singoli contratti, l'onere finanziario effettivo attribuibile ad essi e riferibile all'esercizio, l'ammontare complessivo al quale i beni oggetto di locazione sarebbero stati iscritti alla data di chiusura dell'esercizio qualora fossero stati considerati immobilizzazioni, con separata indicazione di ammortamenti, rettifiche e riprese di valore che sarebbero stati inerenti all'esercizio;

22 *bis*) le operazioni realizzate con parti correlate, precisando l'importo, la natura del rapporto e ogni altra informazione necessaria per la comprensione del bilancio relativa a tali operazioni, qualora le stesse [siano rilevanti e] ([14]) non siano state concluse a normali condizioni di mercato. Le informazioni relative alle singole operazioni possono essere aggregate secondo la loro natura, salvo quando la loro separata evidenziazione sia necessaria per comprendere gli effetti delle operazioni medesime sulla situazione patrimoniale e finanziaria e sul risultato economico della società;

22 *ter*) la natura e l'obiettivo economico di accordi non risultanti dallo stato patrimoniale, con indicazione del loro effetto patrimoniale, finanziario ed economico, a condizione che i rischi e i benefici da essi derivanti siano significativi e l'indicazione degli stessi sia necessaria per valutare la situazione patrimoniale e finanziaria e il risultato economico della società ([15]);

22 *quater*) la natura e l'effetto patrimoniale, finanziario ed economico dei fatti di rilievo avvenuti dopo la chiusura dell'esercizio ([16]);

22 *quinquies*) il nome e la sede legale dell'impresa che redige il bilancio consolidato dell'insieme più grande di imprese di cui l'impresa fa parte in quanto impresa controllata, nonché il luogo in cui è disponibile la copia del bilancio consolidato ([16]);

22 *sexies*) il nome e la sede legale dell'impresa che redige il bilancio consolidato dell'insieme più piccolo di imprese di cui l'impresa fa parte in quanto impresa controllata nonché il luogo in cui è disponibile la copia del bilancio consolidato ([16]);

22 *septies*) la proposta di destinazione degli utili o di copertura delle perdite ([16]);

Le informazioni in nota integrativa relative alle voci dello stato patrimoniale e del conto economico sono presentate secondo l'ordine in cui le relative voci sono indicate nello stato patrimoniale e nel conto economico ([17]).

([1]) *Le parole: «costi di ricerca, di sviluppo e di pubblicità» sono state così sostituite dalle seguenti: «costi di sviluppo», dall'art. 6, comma 9, lett.* a)*, del D.L.vo 18 agosto 2015, n. 139.*

([2]) *Le parole: «materiali e» sono state inserite dall'art. 18, comma 1, lett.* a)*, del D.L.vo 28 dicembre 2004, n. 310.*

([3]) *Le parole tra parentesi quadrate sono state soppresse dall'art. 18, comma 1, lett.* b) *del D.L.vo 28 dicembre 2004, n. 310.*

([4]) *L'originaria parola: «determinabile» è stata così sostituita dall'attuale: «rilevante» dall'art. 18, comma 1, lett.* c) *del D.L.vo 28 dicembre 2004, n. 310.*

([5]) *Le parole tra parentesi quadrate sono state soppresse dall'art. 18, comma 1, lett.* d) *del D.L.vo 28 dicembre 2004, n. 310.*

([6]) *Le parole fra parentesi quadrate sono state soppresse dall'art. 6, comma 9, lett.* b)*, del D.L.vo 18 agosto 2015, n. 139.*

([7]) *Questo numero è stato così sostituito dall'attuale, dall'art. 6, comma 9, lett.* c)*, del D.L.vo 18 agosto 2015, n. 139.*

([8]) *Le parole fra parentesi quadrate sono state soppresse dall'art. 6, comma 9, lett.* d)*, del D.L.vo 18 agosto 2015, n. 139.*

([9]) *Questo numero è stato così sostituito dall'attuale, dall'art. 6, comma 9, lett.* e)*, del D.L.vo 18 agosto 2015, n. 139.*

([10]) *Le parole: «, delle anticipazioni e dei crediti concessi agli» sono state inserite dall'art. 6, comma 9, lett.* f)*, del D.L.vo 18 agosto 2015, n. 139.*

([11]) *Le parole: «, precisando il tasso d'interesse, le principali condizioni e gli importi eventualmente rimborsati, cancellati o oggetto di rinuncia, nonché gli impegni assunti per loro conto per effetto di garanzie di qualsiasi tipo prestate, precisando il totale per ciascuna categoria» sono state inserite dall'art. 6, comma 9, lett.* f)*, del D.L.vo 18 agosto 2015, n. 139.*

([12]) *Questo numero è stato inserito dall'art. 37, comma 16, del D.L.vo 27 gennaio 2010, n. 39.*

([13]) *Le parole: «, i warrants, le opzioni» sono state inserite dall'art. 6, comma 9, lett.* g)*, del D.L.vo 18 agosto 2015, n. 139.*

([14]) *Le parole fra parentesi quadrate sono state soppresse dall'art. 6, comma 9, lett.* h)*, del D.L.vo 18 agosto 2015, n. 139.*

([15]) *Questo numero è stato aggiunto dall'art. 1, comma 1, del D.L.vo 3 novembre 2008, n. 173.*

([16]) *Questo numero è stato aggiunto dall'art. 6, comma 9, lett.* i)*, del D.L.vo 18 agosto 2015, n. 139.*

([17]) *Questo comma è stato così sostituito dall'attuale, dall'art. 6, comma 9, lett.* l)*, del D.L.vo 18 agosto 2015, n. 139.*

(*) *Questo comma è stato aggiunto dall'art. 1, comma 2, del D.L.vo 3 novembre 2008, n. 173.*

2427 *bis*. ([1]) **Informazioni relative al "fair value"** ([2]) **degli strumenti finanziari.** – 1. Nella nota integrativa sono indicati:

1) per ciascuna categoria di strumenti finanziari derivati:

a) il loro *fair value*;

b) informazioni sulla loro entità e sulla loro natura, compresi i termini e le condizioni significative che possono influenzare l'importo, le scadenze e la certezza dei flussi finanziari futuri ([3]);

b bis) gli assunti fondamentali su cui si basano i modelli e le tecniche di valutazione, qualora il fair value non sia stato determinato sulla base di evidenze di mercato ([4]);

b ter) le variazioni di valore iscritte direttamente nel conto economico, nonché quelle imputate alle riserve di patrimonio netto ([4]);

b quater) una tabella che indichi i movimenti delle riserve di fair value avvenuti nell'esercizio ([4]).

2) per le immobilizzazioni finanziarie iscritte a un valore superiore al loro *fair value*, con esclusione delle partecipazioni in società controllate e collegate ai sensi dell'articolo 2359 e delle partecipazioni in *joint venture*:

a) il valore contabile e il *fair value* delle singole attività, o di appropriati raggruppamenti di tali attività;

b) i motivi per i quali il valore contabile non è stato ridotto, inclusa la natura degli elementi sostanziali sui quali si basa il convincimento che tale valore possa essere recuperato.

[2. Ai fini dell'applicazione delle disposizioni del comma 1, sono considerati strumenti finanziari derivati anche quelli collegati a merci che conferiscono all'una o all'altra parte contraente il diritto di procedere alla liquidazione del contratto per contanti o mediante altri strumenti finanziari, ad eccezione del caso in cui si verifichino contemporaneamente le seguenti condizioni:

a) il contratto sia stato concluso e sia mantenuto per soddisfare le esigenze previste dalla società che redige il bilancio di acquisto, di vendita o di utilizzo delle merci;

b) il contratto sia stato destinato a tale scopo fin dalla sua conclusione;

c) si prevede che il contratto sia eseguito mediante consegna della merce] ([5]).

[3. *Il fair value* è determinato con riferimento:

a) al valore di mercato, per gli strumenti finanziari per i quali è possibile individuare facilmente un mercato attivo; qualora il valore di mercato non sia facilmente individuabile per uno strumento, ma possa essere individuato per i suoi componenti o per uno strumento analogo, il valore di mercato può essere derivato da quello dei componenti o dello strumento analogo;

b) al valore che risulta da modelli e tecniche di valutazione generalmente accettati, per gli strumenti per i quali non sia possibile individuare facilmente un mercato attivo; tali modelli e tecniche di valutazione devono assicurare una ragionevole approssimazione al valore di mercato] ([5]).

[4. *Il fair value* non è determinato se l'applicazione dei criteri indicati al comma precedente non dà un risultato attendibile] ([5]).

[5. Ai fini dell'applicazione del presente articolo e dell'articolo 2428, comma 2, numero 6 *bis*) per la definizione di strumento finanziario, di strumento finanziario derivato, di *fair value* e di modello e tecnica di valutazione generalmente accettato, si fa riferimento ai principi contabili riconosciuti in ambito internazionale e compatibili con la disciplina in materia dell'Unione europea] ([6]).

([1]) *Questo articolo è stato inserito dall'art. 1 del D.L.vo 30 dicembre 2003, n. 394, a decorrere dal 1° gennaio 2005*

([2]) *Le parole: «valore equo "fair value"» sono state così sostituite dalle seguenti: «fair value», dall'art. 6, comma 10, lett.* a)*, del D.L.vo 18 agosto 2015, n. 139.*

([3]) *Le parole: «, compresi i termini e le condizioni significative che possono influenzare l'importo, le scadenze e la certezza dei flussi finanziari futuri» sono state aggiunte dall'art. 6, comma 10, lett.* b)*, del D.L.vo 18 agosto 2015, n. 139.*

([4]) *Questa lettera è stata aggiunta dall'art. 6, comma 10, lett.* b)*, del D.L.vo 18 agosto 2015, n. 139.*

([5]) *Questo comma è stato abrogato dall'art. 6, comma 10, lett.* c)*, del D.L.vo 18 agosto 2015, n. 139.*

([6]) *Questo comma è stato abrogato dall'art. 1, comma 3, del D.L.vo 3 novembre 2008, n. 173.*

2428. Relazione sulla gestione. – Il bilancio deve essere corredato da una relazione degli amministratori contenente un'analisi fedele, equilibrata ed esauriente della situazione della società e dell'andamento e del risultato della gestione ([1]), nel suo complesso e nei vari settori in cui essa ha operato, anche attraverso imprese controllate, con particolare riguardo ai costi, ai ricavi e agli investimenti, nonché una descrizione dei principali rischi e incertezze cui la società è esposta ([2]).

L'analisi di cui al primo comma è coerente con l'entità e la complessità degli affari della società e contiene, nella misura necessaria alla comprensione della situazione della società e dell'andamento e del risultato della sua gestione, gli indicatori di risultato finanziari e, se del caso, quelli non finanziari pertinenti all'attività specifica della società, comprese le informazioni attinenti all'ambiente e al personale. L'analisi contiene, ove opportuno, riferimenti agli importi riportati nel bilancio e chiarimenti aggiuntivi su di essi (3).

Dalla relazione devono in ogni caso risultare:

1) le attività di ricerca e di sviluppo;

2) i rapporti con imprese controllate, collegate, controllanti e imprese sottoposte al controllo di queste ultime;

3) il numero e il valore nominale sia delle azioni proprie sia delle azioni o quote di società controllanti possedute dalla società, anche per tramite di società fiduciaria o per interposta persona, con l'indicazione della parte di capitale corrispondente;

4) il numero e il valore nominale sia delle azioni proprie sia delle azioni o quote di società controllanti acquistate o alienate dalla società, nel corso dell'esercizio, anche per tramite di società fiduciaria o per interposta persona, con l'indicazione della corrispondente parte di capitale, dei corrispettivi e dei motivi degli acquisti e delle alienazioni;

[5) i fatti di rilievo avvenuti dopo la chiusura dell'esercizio] (4);

6) l'evoluzione prevedibile della gestione.

6 *bis*) in relazione all'uso da parte della società di strumenti finanziari e se rilevanti per la valutazione della situazione patrimoniale e finanziaria e del risultato economico dell'esercizio:

a) gli obiettivi e le politiche della società in materia di gestione del rischio finanziario, compresa la politica di copertura per ciascuna principale categoria di operazioni previste;

b) l'esposizione della società al rischio di prezzo, al rischio di credito, al rischio di liquidità e al rischio di variazione dei flussi finanziari (5).

[Entro tre mesi dalla fine del primo semestre dell'esercizio gli amministratori delle società con azioni quotate in mercati regolamentati devono trasmettere al collegio sindacale una relazione sull'andamento della gestione, redatta secondo i criteri stabiliti dalla Commissione nazionale per le società e la borsa con regolamento pubblicato nella *Gazzetta Ufficiale* della Repubblica italiana. La relazione deve essere pubblicata nei modi e nei termini stabiliti dalla Commissione stessa con il regolamento anzidetto] (6).

Dalla relazione deve inoltre risultare l'elenco delle sedi secondarie della società.

(1) *Le parole: «sulla situazione della società e sull'andamento della gestione» sono state così sostituite dalle attuali da: «contenente un'analisi ...» fino a: «... risultato della gestione» dall'art. 1, comma 1, lett.* a), *del D.L.vo 2 febbraio 2007, n. 32.*

(2) *Le parole: «, nonché una descrizione dei principali rischi e incertezze cui la società è esposta» sono state aggiunte dall'art. 1, comma 1, lett.* b), *del D.L.vo 2 febbraio 2007, n. 32.*

(3) *Questo comma è stato inserito dall'art. 1, comma 1, lett.* c), *del D.L.vo 2 febbraio 2007, n. 32.*

(4) *Questo numero è stato abrogato dall'art. 6, comma 11, del D.L.vo 18 agosto 2015, n. 139.*

(5) *Questo numero è stato aggiunto dall'art. 3 del D.L.vo 30 dicembre 2003, n. 394, a decorrere dal 1° gennaio 2005.*

(6) *Questo comma è stato abrogato dall'art. 2, comma 1, del D.L.vo 6 novembre 2007, n. 195.*

2429. Relazione dei sindaci e deposito del bilancio. – Il bilancio deve essere comunicato dagli amministratori al collegio sindacale e al soggetto incaricato della revisione legale dei conti (1), con la relazione, almeno trenta giorni prima di quello fissato per l'assemblea che deve discuterlo.

Il collegio sindacale deve riferire all'assemblea sui risultati dell'esercizio sociale e sull'attività svolta nell'adempimento dei propri doveri, e fare le osservazioni e le proposte in ordine al bilancio e alla sua approvazione, con particolare riferimento all'esercizio della deroga di cui all'articolo 2423, quarto comma. [Il collegio sindacale, se esercita il controllo contabile, redige anche la relazione prevista dall'articolo 2409 *ter*] (2).

Il bilancio, con le copie integrali dell'ultimo bilancio delle società controllate e un prospetto riepilogativo dei dati essenziali dell'ultimo bilancio delle società collegate, deve restare depositato in copia nella sede della società, insieme con le relazioni degli amministratori, dei sindaci e del soggetto incaricato della revisione legale dei conti (3), durante i quindici giorni che precedono l'assemblea, e finché sia approvato. I soci possono prenderne visione.

Il deposito delle copie dell'ultimo bilancio delle società controllate prescritto dal comma precedente può essere sostituito, per quelle incluse nel consolidamento, dal deposito di un prospetto riepilogativo dei dati essenziali dell'ultimo bilancio delle medesime.

(1) *Le parole: «e al soggetto incaricato della revisione legale dei conti» sono state inserite dall'art. 37, comma 17, lett.* a), *del D.L.vo 27 gennaio 2010, n. 39.*

(2) *Questo periodo è stato così sostituito dall'art. 2, comma 2, del D.L.vo 2 febbraio 2007, n. 32 e poi soppresso dall'art. 37, comma, 17, lett.* b), *del D.L.vo 27 gennaio 2010, n. 39.*

([3]) *Le parole: «del controllo contabile» sono state così sostituite dalle attuali: «della revisione legale dei conti» dall'art. 37, comma 17, lett. c), del D.L.vo 27 gennaio 2010, n. 39.*

2430. Riserva legale. – Dagli utili netti annuali deve essere dedotta una somma corrispondente almeno alla ventesima parte di essi per costituire una riserva, fino a che questa non abbia raggiunto il quinto del capitale sociale.

La riserva deve essere reintegrata a norma del comma precedente se viene diminuita per qualsiasi ragione.

Sono salve le disposizioni delle leggi speciali.

2431. Soprapprezzo delle azioni. – Le somme percepite dalla società per l'emissione di azioni ad un prezzo superiore al loro valore nominale, ivi comprese quelle derivate dalla conversione di obbligazioni, non possono essere distribuite fino a che la riserva legale non abbia raggiunto il limite stabilito dall'articolo 2430.

2432. Partecipazione agli utili. – Le partecipazioni agli utili eventualmente spettanti ai promotori, ai soci fondatori e agli amministratori sono computate sugli utili netti risultanti dal bilancio, fatta deduzione della quota di riserva legale.

2433. Distribuzione degli utili ai soci. – La deliberazione sulla distribuzione degli utili è adottata dall'assemblea che approva il bilancio ovvero, qualora il bilancio sia approvato dal consiglio di sorveglianza, dall'assemblea convocata a norma dell'articolo 2364 *bis*, secondo comma.

Non possono essere pagati dividendi sulle azioni, se non per utili realmente conseguiti e risultanti dal bilancio regolarmente approvato.

Se si verifica una perdita del capitale sociale, non può farsi luogo a ripartizione di utili fino a che il capitale non sia reintegrato o ridotto in misura corrispondente.

I dividendi erogati in violazione delle disposizioni del presente articolo non sono ripetibili, se i soci li hanno riscossi in buona fede in base a bilancio regolarmente approvato, da cui risultano utili netti corrispondenti.

2433 *bis*. Acconti sui dividendi. – La distribuzione di acconti sui dividendi è consentita solo alle società il cui bilancio è assoggettato per legge a revisione legale dei conti, secondo il regime previsto dalle leggi speciali per gli enti di interesse pubblico ([1]).

La distribuzione di acconti sui dividendi deve essere prevista dallo statuto ed è deliberata dagli amministratori dopo il rilascio da parte del soggetto incaricato di effettuare la revisione legale dei conti ([2]) di un giudizio positivo sul bilancio dell'esercizio precedente e la sua approvazione.

Non è consentita la distribuzione di acconti sui dividendi quando dall'ultimo bilancio approvato risultino perdite relative all'esercizio o a esercizi precedenti.

L'ammontare degli acconti sui dividendi non può superare la minor somma tra l'importo degli utili conseguiti dalla chiusura dell'esercizio precedente, diminuito delle quote che dovranno essere destinate a riserva per obbligo legale o statutario, e quello delle riserve disponibili.

Gli amministratori deliberano la distribuzione di acconti sui dividendi sulla base di un prospetto contabile e di una relazione, dai quali risulti che la situazione patrimoniale, economica e finanziaria della società consente la distribuzione stessa. Su tali documenti deve essere acquisito il parere del soggetto incaricato della revisione legale dei conti ([3]).

Il prospetto contabile, la relazione degli amministratori e il parere del soggetto incaricato della revisione legale dei conti ([3]) debbono restare depositati in copia nella sede della società fino all'approvazione del bilancio dell'esercizio in corso. I soci possono prenderne visione.

Ancorché sia successivamente accertata l'inesistenza degli utili di periodo risultanti dal prospetto, gli acconti sui dividendi erogati in conformità con le altre disposizioni del presente articolo non sono ripetibili se i soci li hanno riscossi in buona fede.

([1]) *Le parole: «al controllo da parte di società di revisione iscritte all'albo speciale» sono state così sostituite dalle attuali: «a revisione legale dei conti, secondo il regime previsto dalle leggi speciali per gli enti di interesse pubblico», dall'art. 37, comma 18, lett. a), del D.L.vo 27 gennaio 2010, n. 39.*

([2]) *Le parole: «della società di revisione» sono state così sostituite dalle attuali: «del soggetto incaricato di effettuare la revisione legale dei conti» dall'art. 37, comma 18, lett. b), del D.L.vo 27 gennaio 2010, n. 39.*

([3]) *Le parole: «del controllo contabile» sono state così sostituite dalle attuali: «della revisione legale dei conti» dall'art. 37, comma 18, lett. c), del D.L.vo 27 gennaio 2010, n. 39.*

2434. Azione di responsabilità. – L'approvazione del bilancio non implica liberazione degli amministratori, dei direttori generali, dei dirigenti preposti alla redazione dei documenti contabili societari ([1]) e dei sindaci per le responsabilità incorse nella gestione sociale.

([1]) *Le parole: «, dei dirigenti preposti alla redazione dei documenti contabili societari» sono state inserite dall'art. 15, comma 1, lett.* a), *della L. 28 dicembre 2005, n. 262.*

2434 *bis*. ([1]) **Invalidità della deliberazione di approvazione del bilancio.** – Le azioni previste dagli articoli 2377 e 2379 non possono essere proposte nei confronti delle deliberazioni di approvazione del bilancio dopo che è avvenuta l'approvazione del bilancio dell'esercizio successivo.

La legittimazione ad impugnare la deliberazione di approvazione del bilancio su cui il soggetto incaricato di effettuare la revisione legale dei conti ha emesso un giudizio privo di rilievi ([2]) spetta a tanti soci che rappresentino almeno il cinque per cento del capitale sociale.

Il bilancio dell'esercizio nel corso del quale viene dichiarata l'invalidità di cui al comma precedente tiene conto delle ragioni di questa.

([1]) *Ai sensi dell'art. 223* sexies *delle disposizioni di attuazione, le disposizioni di questo articolo si applicano anche alle deliberazioni anteriori alla data del 1 gennaio 2004, salvo che l'azione sia stata già proposta. Tuttavia se i termini scadono entro il 31 marzo 2004, le azioni per l'annullamento o la dichiarazione di nullità delle deliberazioni possono essere esercitate entro il 31 marzo 2004.*

([2]) *Le parole: «il revisore non ha formulato rilievi» sono state così sostituite dalle attuali: «il soggetto incaricato di effettuare la revisione legale dei conti ha emesso un giudizio privo di rilievi» dall'art. 37, comma 19, del D.L.vo 27 gennaio 2010, n. 39.*

NOTE OPERATIVE:

Impugnazioni: Le impugnazioni previste dagli artt. 2377 e 2379 c.c. nei confronti delle delibere di approvazione del bilancio non richiedono, dopo l'impugnazione giudiziale del primo bilancio, anche quella dei bilanci medio tempore chiusi nel corso del giudizio, posto che l'amministratore deve tener conto delle ragioni dell'intervenuta dichiarazione giudiziale di invalidità dell'impugnata delibera di approvazione del bilancio solo nel bilancio dell'esercizio nel corso del quale viene dichiarata l'invalidità stessa (C.C. 14338/23).

2435. Pubblicazione del bilancio e dell'elenco dei soci e dei titolari di diritti su azioni. – Entro trenta giorni dall'approvazione una copia del bilancio, corredata dalle relazioni previste dagli articoli 2428 e 2429 e dal verbale di approvazione dell'assemblea o del consiglio di sorveglianza, deve essere, a cura degli amministratori, depositata presso l'ufficio del registro delle imprese o spedita al medesimo ufficio a mezzo di lettera raccomandata.

Entro trenta giorni dall'approvazione del bilancio le società non aventi azioni quotate in mercati regolamentati sono tenute altresì a depositare per l'iscrizione nel registro delle imprese l'elenco dei soci riferito alla data di approvazione del bilancio, con l'indicazione del numero delle azioni possedute, nonché dei soggetti diversi dai soci che sono titolari di diritti o beneficiari di vincoli sulle azioni medesime. L'elenco deve essere corredato dall'indicazione analitica delle annotazioni effettuate nel libro dei soci a partire dalla data di approvazione del bilancio dell'esercizio precedente.

2435 *bis*. Bilancio in forma abbreviata. – Le società, che non abbiano emesso titoli negoziati in mercati regolamentati, possono redigere il bilancio in forma abbreviata quando, nel primo esercizio o, successivamente, per due esercizi consecutivi, non abbiano superato due dei seguenti limiti:

1) totale dell'attivo dello stato patrimoniale: 4.400.000 euro ([1]);

2) ricavi delle vendite e delle prestazioni: 8.800.000 euro ([1]);

3) dipendenti occupati in media durante l'esercizio: 50 unità.

Nel bilancio in forma abbreviata lo stato patrimoniale comprende solo le voci contrassegnate nell'articolo 2424 con lettere maiuscole e con numeri romani; le voci A e D dell'attivo possono essere comprese nella voce CII; [dalle voci BI e BII dell'attivo devono essere detratti in forma esplicita gli ammortamenti e le svalutazioni;] ([2]) la voce E del passivo può essere compresa nella voce D; nelle voci CII dell'attivo e D del passivo devono essere separatamente indicati i crediti e i debiti esigibili oltre l'esercizio successivo. Le società che redigono il bilancio in forma abbreviata sono esonerate dalla redazione del rendiconto finanziario ([3]).

Nel conto economico del bilancio in forma abbreviata le seguenti voci previste dall'articolo 2425 possono essere tra loro raggruppate:

voci A2 e A3
voci B9 (c), B9 (d), B9 (e)
voci B10 (a), B10 (b), B10 (c)
voci C16 (b) e C16 (c)
voci D18 (a), D18 (b), D18 (c), D18 (d) ([4])
voci D19 (a), D19 (b), D19 (c), D19 (d) ([5])

[Nel conto economico del bilancio in forma abbreviata nella voce E20 non è richiesta la separata indicazione delle plusvalenze e nella voce E21 non è richiesta la separata indicazione delle minusvalenze e delle imposte relative a esercizi precedenti] (6).

Fermo restando le indicazioni richieste dal terzo, quarto e quinto comma dell'articolo 2423, dal secondo, quinto e sesto comma dell'articolo 2423 *ter*, (7) dal secondo comma dell'articolo 2424, dal primo comma, numeri 4) e 6), dell'articolo 2426, la nota integrativa fornisce le indicazioni richieste dal primo comma dell'articolo 2427, numeri 1), 2), 6), per quest'ultimo limitatamente ai soli debiti senza indicazione della ripartizione geografica, 8), 9), 13), 15), per quest'ultimo anche omettendo la ripartizione per categoria, 16), 22 *bis*), 22 *ter*), per quest'ultimo anche omettendo le indicazioni riguardanti gli effetti patrimoniali, finanziari ed economici, 22 *quater*), 22 *sexies*), per quest'ultimo anche omettendo l'indicazione del luogo in cui è disponibile la copia del bilancio consolidato, nonché dal primo comma dell'articolo 2427 *bis*, numero 1) (8).

Le società possono limitare l'informativa richiesta ai sensi dell'articolo 2427, primo comma, numero 22 *bis*, alle operazioni realizzate direttamente o indirettamente con i loro maggiori azionisti ed a quelle con i membri degli organi di amministrazione e controllo, nonché con le imprese in cui la società stessa detiene una partecipazione (9) (10).

Qualora le società indicate nel primo comma forniscano nella nota integrativa le informazioni richieste dai numeri 3) e 4) dell'articolo 2428, esse sono esonerate dalla redazione della relazione sulla gestione.

Le società che redigono il bilancio in forma abbreviata, in deroga a quanto disposto dall'articolo 2426, hanno la facoltà di iscrivere i titoli al costo di acquisto, i crediti al valore di presumibile realizzo e i debiti al valore nominale (11).

Le società che a norma del presente articolo redigono il bilancio in forma abbreviata devono redigerlo in forma ordinaria quando per il secondo esercizio consecutivo abbiano superato due dei limiti indicati nel primo comma.

(1) *Questo numero è stato così sostituito dall'art. 1, comma 4, del D.L.vo 3 novembre 2008, n. 173.*

(2) *Le parole fra parentesi quadrate sono state soppresse dall'art. 6, comma 12, lett. a), del D.L.vo 18 agosto 2015, n. 139.*

(3) *Le parole: «Le società che redigono il bilancio in forma abbreviata sono esonerate dalla redazione del rendiconto finanziario.» sono state inserite dall'art. 6, comma 12, lett. a), del D.L.vo 18 agosto 2015, n. 139.*

(4) *Le parole: «, D18 (d)» sono state inserite dall'art. 6, comma 12, lett. b), del D.L.vo 18 agosto 2015, n. 139.*

(5) *Le parole: «, D19 (d)» sono state inserite dall'art. 6, comma 12, lett. b), del D.L.vo 18 agosto 2015, n. 139.*

(6) *Questo comma è stato abrogato dall'art. 6, comma 12, lett. c), del D.L.vo 18 agosto 2015, n. 139.*

(7) *Le parole: «e quinto comma dell'articolo 2423 ter,» sono state così sostituite dalle attuali: «, quinto e sesto comma dell'articolo 2423 ter,» dall'art. 24, comma 2, lett. b), della L. 23 dicembre 2021, n. 238.*

(8) *Questo comma è stato così sostituito dall'attuale, dall'art. 6, comma 12, lett. d), del D.L.vo 18 agosto 2015, n. 139.*

(*) *Le parole: «e dal numero 1) del comma 1 dell'articolo 2427 bis» sono state inserite dall'art. 2 del D.L.vo 30 dicembre 2003, n. 394, a decorrere dal 1° gennaio 2005.*

(9) *Le parole: «limitare alla natura e all'obiettivo economico le informazioni richieste ai sensi dell'articolo 2427, primo comma, numero 22 ter» sono state così sostituite dalle seguenti: «con le imprese in cui la società stessa detiene una partecipazione» dall'art. 6, comma 12, lett. e), del D.L.vo 18 agosto 2015, n. 139.*

(10) *Questo comma è stato inserito dall'art. 1, comma 5, del D.L.vo 3 novembre 2008, n. 173.*

(11) *Questo comma è stato inserito dall'art. 6, comma 12, lett. f), del D.L.vo 18 agosto 2015, n. 139.*

2435 *ter*. (1) **Bilancio delle micro-imprese.** – Sono considerate micro-imprese le società di cui all'articolo 2435 *bis* che nel primo esercizio o, successivamente, per due esercizi consecutivi, non abbiano superato due dei seguenti limiti:

1) totale dell'attivo dello stato patrimoniale: 175.000 euro;

2) ricavi delle vendite e delle prestazioni: 350.000 euro;

3) dipendenti occupati in media durante l'esercizio: 5 unità.

Fatte salve le norme del presente articolo, gli schemi di bilancio e i criteri di valutazione delle micro-imprese sono determinati secondo quanto disposto dall'articolo 2435 *bis*. Le micro-imprese sono esonerate dalla redazione:

1) del rendiconto finanziario;

2) della nota integrativa quando in calce allo stato patrimoniale risultino le informazioni previste dal primo comma dell'articolo 2427, numeri 9) e 16);

3) della relazione sulla gestione: quando in calce allo stato patrimoniale risultino le informazioni richieste dai numeri 3) e 4) dell'articolo 2428.

Non sono applicabili le disposizioni di cui al quinto comma dell'articolo 2423 e al numero 11 *bis* del primo comma dell'articolo 2426.

Le società che si avvalgono delle esenzioni previste del presente articolo devono redigere il bilancio, a seconda dei casi, in forma abbreviata o in forma ordinaria quando per il secondo esercizio consecutivo abbiano superato due dei limiti indicati nel primo comma.

Agli enti di investimento e alle imprese di partecipazione finanziaria non si applicano le disposizioni previste dal presente articolo, dal sesto comma dell'articolo 2435 *bis* e dal secondo comma dell'articolo 2435 *bis* con riferimento alla facoltà di comprendere la voce D dell'attivo nella voce CII e la voce E del passivo nella voce D (2).

(1) *Questo articolo è stato inserito dall'art. 6, comma 13, del D.L.vo 18 agosto 2015, n. 139.*

(2) *Questo comma è stato aggiunto dall'art. 24, comma 2, lett.* c)*, della L. 23 dicembre 2021, n. 238.*

Sezione X
Delle modificazioni dello statuto (1)

(1) *Si riporta il testo previgente: «*SEZIONE X. *DELLE MODIFICAZIONI DELL'ATTO COSTITUTIVO».*

2436. Deposito, iscrizione e pubblicazione delle modificazioni. – Il notaio che ha verbalizzato la deliberazione di modifica dello statuto, entro trenta giorni, verificato l'adempimento delle condizioni stabilite dalla legge, ne richiede l'iscrizione nel registro delle imprese contestualmente al deposito e allega le eventuali autorizzazioni richieste.

L'ufficio del registro delle imprese, verificata la regolarità formale della documentazione, iscrive la delibera nel registro.

Se il notaio ritiene non adempiute le condizioni stabilite dalla legge, ne dà comunicazione tempestivamente, e comunque non oltre il termine previsto dal primo comma del presente articolo, agli amministratori. Gli amministratori, nei trenta giorni successivi, possono convocare l'assemblea per gli opportuni provvedimenti oppure ricorrere al tribunale per il provvedimento di cui ai successivi commi; in mancanza la deliberazione è definitivamente inefficace.

Il tribunale, verificato l'adempimento delle condizioni richieste dalla legge e sentito il pubblico ministero, ordina l'iscrizione nel registro delle imprese con decreto soggetto a reclamo.

La deliberazione non produce effetti se non dopo l'iscrizione.

Dopo ogni modifica dello statuto deve esserne depositato nel registro delle imprese il testo integrale nella sua redazione aggiornata.

2437. Diritto di recesso. – Hanno diritto di recedere, per tutte o parte delle loro azioni, i soci che non hanno concorso alle deliberazioni riguardanti:

a) la modifica della clausola dell'oggetto sociale, quando consente un cambiamento significativo dell'attività della società;

b) la trasformazione della società;

[*c*) il trasferimento della sede sociale all'estero] (1);

d) la revoca dello stato di liquidazione;

e) l'eliminazione di una o più cause di recesso previste dal successivo comma ovvero dallo statuto (2);

f) la modifica dei criteri di determinazione del valore dell'azione in caso di recesso;

g) le modificazioni dello statuto concernenti i diritti di voto o di partecipazione.

Salvo che lo statuto disponga diversamente, hanno diritto di recedere i soci che non hanno concorso all'approvazione delle deliberazioni riguardanti:

a) la proroga del termine;

b) l'introduzione o la rimozione di vincoli alla circolazione dei titoli azionari.

Se la società è costituita a tempo indeterminato e le azioni non sono quotate in un mercato regolamentato il socio può recedere con il preavviso di almeno centottanta giorni; lo statuto può prevedere un termine maggiore, non superiore ad un anno.

Lo statuto delle società che non fanno ricorso al mercato del capitale di rischio può prevedere ulteriori cause di recesso.

Restano salve le disposizioni dettate in tema di recesso per le società soggette ad attività di direzione e coordinamento.

È nullo ogni patto volto ad escludere o rendere più gravoso l'esercizio del diritto di recesso nelle ipotesi previste dal primo comma del presente articolo.

(1) *Questa lettera è stata soppressa dall'art. 51, comma 1, del D.L.vo 2 marzo 2023, n. 19.*

A norma dell'art. 56, comma 2, del medesimo decreto legislativo, l'articolo 51 si applica a decorrere dalla data di entrata in vigore del predetto decreto (22 marzo 2023). La società che ha trasferito la sede statutaria all'estero prima di tale data mantenendo l'iscrizione nel registro delle imprese continua a essere regolata dalla legge italiana e, ai fini della giurisdizione e della legge applicabile, la sua sede si considera ubicata presso il registro delle imprese presso il quale ha mantenuto l'iscrizione.

(2) *Si veda l'art. 223* vicies ter *att.*

2437 *bis*. Termini e modalità di esercizio. – Il diritto di recesso è esercitato mediante lettera raccomandata che deve essere spedita entro quindici giorni dall'iscrizione nel registro delle imprese della delibera che lo legittima, con l'indicazione delle generalità del socio recedente, del domicilio per le comunicazioni inerenti al procedimento, del numero e della categoria delle azioni per le quali il diritto di recesso viene esercitato. Se il fatto che legittima il recesso è diverso da una deliberazione, esso è esercitato entro trenta giorni dalla sua conoscenza da parte del socio.

Le azioni per le quali è esercitato il diritto di recesso non possono essere cedute e devono essere depositate presso la sede sociale.

Il recesso non può essere esercitato e, se già esercitato, è privo di efficacia, se, entro novanta giorni, la società revoca la delibera che lo legittima ovvero se è deliberato lo scioglimento della società.

2437 *ter*. Criteri di determinazione del valore delle azioni. – Il socio ha diritto alla liquidazione delle azioni per le quali esercita il recesso.

Il valore di liquidazione delle azioni è determinato dagli amministratori, sentito il parere del collegio sindacale e del soggetto incaricato della revisione legale dei conti (1), tenuto conto della consistenza patrimoniale della società e delle sue prospettive reddituali, nonché dell'eventuale valore di mercato delle azioni.

Il valore di liquidazione delle azioni quotate in mercati regolamentati è determinato facendo [esclusivo] (2) riferimento alla media aritmetica dei prezzi di chiusura nei sei mesi che precedono la pubblicazione ovvero ricezione dell'avviso di convocazione dell'assemblea le cui deliberazioni legittimano il recesso. Lo statuto delle società con azioni quotate in mercati regolamentati può prevedere che il valore di liquidazione sia determinato secondo i criteri indicati dai commi 2 e 4 del presente articolo, fermo restando che in ogni caso tale valore non può essere inferiore al valore che sarebbe dovuto in applicazione del criterio indicato dal primo periodo del presente comma (3).

Lo statuto può stabilire criteri diversi di determinazione del valore di liquidazione, indicando gli elementi dell'attivo e del passivo del bilancio che possono essere rettificati rispetto ai valori risultanti dal bilancio, unitamente ai criteri di rettifica, nonché altri elementi suscettibili di valutazione patrimoniale da tenere in considerazione.

I soci hanno diritto di conoscere la determinazione del valore di cui al secondo comma del presente articolo nei quindici giorni precedenti alla data fissata per l'assemblea; ciascun socio ha diritto di prenderne visione e di ottenerne copia a proprie spese.

In caso di contestazione da proporre contestualmente alla dichiarazione di recesso il valore di liquidazione è determinato entro novanta giorni dall'esercizio del diritto di recesso tramite relazione giurata di un esperto nominato dal tribunale, che provvede anche sulle spese, su istanza della parte più diligente; si applica in tal caso il primo comma dell'articolo 1349.

(1) *Le parole: «revisione contabile» sono state così sostituite dalle attuali: «revisione legale dei conti» dall'art. 37, comma 20, del D.L.vo 27 gennaio 2010, n. 39.*

(2) *La parola fra parentesi quadrate è stata soppressa dall'art. 20, comma 3, del D.L. 24 giugno 2014, n. 91, convertito, con modificazioni, nella L. 11 agosto 2014, n. 116.*

(3) *Le parole: «Lo statuto delle società con azioni quotate in mercati regolamentati può prevedere che il valore di liquidazione sia determinato secondo i criteri indicati dai commi 2 e 4 del presente articolo, fermo restando che in ogni caso tale valore non può essere inferiore al valore che sarebbe dovuto in applicazione del criterio indicato dal primo periodo del presente comma.» sono state aggiunte dall'art. 20, comma 3, del D.L. 24 giugno 2014, n. 91, convertito, con modificazioni, nella L. 11 agosto 2014, n. 116.*

2437 *quater*. Procedimento di liquidazione. – Gli amministratori offrono in opzione le azioni del socio recedente agli altri soci in proporzione al numero delle azioni possedute. Se vi sono obbligazioni convertibili, il diritto di opzione spetta anche ai possessori di queste, in concorso con i soci, sulla base del rapporto di cambio.

L'offerta di opzione è depositata presso il registro delle imprese entro quindici giorni dalla determinazione definitiva del valore di liquidazione. Per l'esercizio del diritto di opzione deve essere concesso un termine non inferiore a trenta giorni dal deposito dell'offerta.

Coloro che esercitano il diritto di opzione, purché ne facciano contestuale richiesta, hanno diritto di prelazione nell'acquisto delle azioni che siano rimaste non optate.

Qualora i soci non acquistino in tutto o in parte le azioni del recedente, gli amministratori possono collocarle presso terzi; nel caso di azioni quotate in mercati regolamentati, il loro collocamento avviene mediante offerta nei mercati medesimi.

In caso di mancato collocamento ai sensi delle disposizioni dei commi precedenti, entro centottanta giorni dalla comunicazione del recesso (1) le azioni del recedente vengono rimborsate mediante acquisto da parte della società utilizzando riserve disponibili anche in deroga a quanto previsto dal terzo comma dell'articolo 2357.

In assenza di utili e riserve disponibili, deve essere convocata l'assemblea straordinaria per deliberare la riduzione del capitale sociale, ovvero lo scioglimento della società.

Alla deliberazione di riduzione del capitale sociale si applicano le disposizioni del comma secondo, terzo e quarto dell'articolo 2445; ove l'opposizione sia accolta la società si scioglie.

(1) *Le parole: «entro centottanta giorni dalla comunicazione del recesso» sono state inserite dall'art. 5, lett. cc), del D.L.vo 6 febbraio 2004, n. 37.*

2437 *quinquies*. Disposizioni speciali per le società con azioni quotate in mercati regolamentati. - Se le azioni sono quotate in mercati regolamentati hanno diritto di recedere i soci che non hanno concorso alla deliberazione che comporta l'esclusione dalla quotazione.

2437 *sexies*. Azioni riscattabili. - Le disposizioni degli articoli 2437 *ter* e 2437 *quater* si applicano, in quanto compatibili, alle azioni o categorie di azioni per le quali lo statuto prevede un potere di riscatto da parte della società o dei soci. Resta salva in tal caso l'applicazione della disciplina degli articoli 2357 e 2357 *bis*.

2438. Aumento di capitale. - Un aumento di capitale non può essere eseguito fino a che le azioni precedentemente emesse non siano interamente liberate.

In caso di violazione del precedente comma, gli amministratori sono solidalmente responsabili per i danni arrecati ai soci ed ai terzi. Restano in ogni caso salvi gli obblighi assunti con la sottoscrizione delle azioni emesse in violazione del precedente comma.

2439. Sottoscrizione e versamenti. - Salvo quanto previsto nel quarto comma dell'articolo 2342, i sottoscrittori delle azioni di nuova emissione devono, all'atto della sottoscrizione, versare alla società almeno il venticinque per cento del valore nominale delle azioni sottoscritte. Se è previsto un soprapprezzo, questo deve essere interamente versato all'atto della sottoscrizione.

Se l'aumento di capitale non è integralmente sottoscritto entro il termine che, nell'osservanza di quelli stabiliti dall'articolo 2441, secondo e terzo comma, deve risultare dalla deliberazione, il capitale è aumentato di un importo pari alle sottoscrizioni raccolte soltanto se la deliberazione medesima lo abbia espressamente previsto.

2440. (1) **Conferimenti di beni in natura e di crediti.** - Se l'aumento di capitale avviene mediante conferimento di beni in natura o di crediti si applicano le disposizioni degli articoli 2342, terzo e quinto comma, e 2343.

L'aumento di capitale mediante conferimento di beni in natura o di crediti può essere sottoposto, su decisione degli amministratori, alla disciplina di cui agli articoli 2343 *ter* e 2343 *quater*.

Ai fini dell'applicazione dell'articolo 2343 *ter*, primo comma, rileva il periodo di negoziazione di sei mesi precedenti la data alla quale si riferisce la relazione degli amministratori redatta ai sensi dell'articolo 2441, sesto comma. Il conferimento è eseguito entro sessanta giorni da tale data, ovvero entro novanta giorni qualora l'aumento sia deliberato da una società che fa ricorso al mercato del capitale di rischio.

Qualora trovi applicazione l'articolo 2343 *ter*, secondo comma, il conferimento è eseguito, nel caso di cui alla lettera *a*), entro il termine dell'esercizio successivo a quello cui si riferisce il bilancio, ovvero, nel caso di cui alla lettera *b*), entro sei mesi dalla data cui si riferisce la valutazione.

La verifica prevista dall'articolo 2343 *quater*, primo comma, è eseguita dagli amministratori nel termine di trenta giorni dall'esecuzione del conferimento ovvero, se successiva, dalla data di iscrizione nel registro delle imprese della deliberazione di aumento del capitale. La dichiarazione di cui all'articolo 2343 *quater*, terzo comma, è allegata all'attestazione prevista dall'articolo 2444.

Qualora siano conferiti beni in natura o crediti valutati ai sensi dell'articolo 2343 *ter*, secondo comma, nel termine indicato al quinto comma uno o più soci che rappresentino, e che rappresentavano alla data della delibera di aumento del capitale, almeno il ventesimo del capitale sociale, nell'ammontare precedente l'aumento medesimo, possono richiedere che si proceda, su iniziativa degli amministratori, ad una nuova valutazione ai sensi e per gli effetti dell'articolo 2343; la domanda dei soci non ha effetto qualora gli amministratori all'esito della verifica prevista dal quinto comma procedano ai sensi dell'articolo 2343 *quater*, secondo comma.

(1) *Questo articolo è stato così sostituito dall'art. 1, comma 5, del D.L.vo 29 novembre 2010, n. 224.*

2440 *bis*. (1) **[Aumento di capitale delegato liberato mediante conferimenti di beni in natura e di crediti senza relazione di stima.** – Nel caso sia attribuita agli amministratori la facoltà di cui all'articolo 2443, secondo comma, e sia deliberato il conferimento di beni in natura o crediti valutati in conformità dell'articolo 2343 *ter*, gli amministratori, espletata la verifica di cui all'articolo 2343 *quater*, primo comma, depositano per l'iscrizione nel registro delle imprese, in allegato al verbale della deliberazione di aumento del capitale, una dichiarazione con i contenuti di cui all'articolo 2343 *quater*, terzo comma, dalla quale risulti la data della delibera di aumento del capitale.

Entro trenta giorni dall'iscrizione della dichiarazione di cui al primo comma i soci che rappresentano, e che rappresentavano alla data della delibera di aumento del capitale, almeno il ventesimo del capitale sociale, nell'ammontare precedente l'aumento medesimo, possono richiedere la presentazione di una nuova valutazione. Si applica in tal caso l'articolo 2343. Il conferimento non può essere eseguito fino al decorso del predetto termine e, se del caso, alla presentazione della nuova valutazione.

Qualora non sia richiesta la nuova valutazione, gli amministratori depositano per l'iscrizione nel registro delle imprese congiuntamente all'attestazione di cui all'articolo 2444 la dichiarazione che non sono intervenuti, successivamente alla data della dichiarazione di cui al secondo comma, i fatti o le circostanze di cui all'articolo 2343 *quater*, primo comma].

(1) *Questo articolo, inserito dall'art. 1, comma 6, del D.L.vo 4 agosto 2008, n. 142 è stato abrogato dall'art. 1, comma 6, del D.L.vo 29 novembre 2010, n. 224.*

2441. Diritto di opzione. – Le azioni di nuova emissione e le obbligazioni convertibili in azioni devono essere offerte in opzione ai soci in proporzione al numero delle azioni possedute. Se vi sono obbligazioni convertibili il diritto di opzione spetta anche ai possessori di queste, in concorso con i soci, sulla base del rapporto di cambio.

L'offerta di opzione deve essere depositata presso l'ufficio del registro delle imprese e contestualmente resa nota mediante un avviso pubblicato sul sito internet della società, con modalità atte a garantire la sicurezza del sito medesimo, l'autenticità dei documenti e la certezza della data di pubblicazione, o, in mancanza, mediante deposito presso la sede della società. Per l'esercizio del diritto di opzione deve essere concesso un termine non inferiore a quattordici giorni dalla pubblicazione dell'offerta nel sito internet della società con le modalità sopra descritte, o, in mancanza, dall'iscrizione dell'offerta nel registro delle imprese (1) (2).

Coloro che esercitano il diritto di opzione, purché ne facciano contestuale richiesta, hanno diritto di prelazione nell'acquisto delle azioni e delle obbligazioni convertibili in azioni che siano rimaste non optate. Se le azioni sono quotate in (3) mercati regolamentati o negoziate in sistemi multilaterali di negoziazione (4), i diritti di opzione non esercitati devono essere offerti sul mercato regolamentato o nel sistema multilaterale di negoziazione (5) dagli amministratori, per conto della società, entro il mese successivo alla scadenza del termine stabilito a norma del secondo comma, per almeno due sedute (6), salvo che i diritti di opzione siano già stati integralmente venduti (7).

Il diritto di opzione non spetta per le azioni di nuova emissione che, secondo la deliberazione di aumento del capitale, devono essere liberate mediante conferimenti in natura. Nelle società con azioni quotate in mercati regolamentati o negoziate in sistemi multilaterali di negoziazione (8) lo statuto può altresì escludere il diritto di opzione nei limiti del dieci per cento del capitale sociale preesistente, a condizione che il prezzo di emissione corrisponda al valore di mercato delle azioni e ciò sia confermato in apposita relazione da un revisore legale o da una società di revisione legale (9) (10). Le ragioni dell'esclusione o della limitazione nonché i criteri adottati per la determinazione del prezzo di emissione devono risultare da apposita relazione degli amministratori, depositata presso la sede sociale e pubblicata nel sito internet della società entro il termine della convocazione dell'assemblea, salvo quanto previsto dalle leggi speciali (11).

Quando l'interesse della società lo esige, il diritto di opzione può essere escluso o limitato con la deliberazione di aumento di capitale [, approvata da tanti soci che rappresentino oltre la metà del capitale sociale, anche se la deliberazione è presa in assemblea di convocazione successiva alla prima] (12).

Le proposte di aumento di capitale sociale con esclusione o limitazione del diritto di opzione, ai sensi del primo periodo del quarto comma o del quinto comma del presente articolo, devono essere illustrate dagli amministratori con apposita relazione, dalla quale devono risultare le ragioni dell'esclusione o della limitazione, ovvero, qualora l'esclusione derivi da un conferimento in natura, le ragioni di questo e in ogni caso i criteri adottati per la determinazione del prezzo di emissione. La relazione deve essere comunicata dagli amministratori al collegio sindacale o al consiglio di sorveglianza e al soggetto incaricato della revisione legale dei conti (13) almeno trenta giorni prima di quello fissato per l'assemblea. Entro quindici giorni il collegio sindacale deve esprimere il proprio parere sulla congruità del prezzo di emissione delle azioni. Il parere del collegio sindacale e, nell'ipotesi prevista dal quarto comma, la relazione giurata dell'esperto designato dal Tribunale ovvero la documentazione indicata dall'articolo 2343 *ter*, terzo comma, devono restare depositati nella sede della società durante i quindici giorni che precedono l'assemblea e finché questa non abbia deliberato; i soci possono prenderne visione (14). La deliberazione determina il prezzo di emissione delle azioni in base al valore del patrimonio netto, tenendo conto, per le azioni quotate in mercati regolamentati (15), anche dell'andamento delle quotazioni nell'ultimo semestre.

Non si considera escluso né limitato il diritto di opzione qualora la deliberazione di aumento di capitale preveda che le azioni di nuova emissione siano sottoscritte da banche, da enti o società finanziarie soggetti al controllo della Commissione nazionale per le società e la borsa ovvero da altri soggetti autorizzati all'esercizio dell'attività di collocamento di strumenti finanziari, con obbligo di offrirle agli azionisti della società, con operazioni di qualsiasi tipo, in conformità con i primi tre commi del presente articolo. Nel periodo di detenzione delle azioni offerte agli azionisti e comunque fino a quando non sia stato esercitato il diritto di opzione, i medesimi soggetti non possono esercitare il diritto di voto. Le spese dell'operazione sono a carico della società e la deliberazione di aumento del capitale deve indicarne l'ammontare.

Con deliberazione dell'assemblea presa con la maggioranza richiesta per le assemblee straordinarie può essere escluso il diritto di opzione per le (16) azioni di nuova emissione, se queste sono offerte in sottoscrizione ai dipendenti della società o di società che la controllano o che sono da essa controllate. [L'esclusione dell'opzione in misura superiore al quarto deve essere approvata con la maggioranza prescritta nel quinto comma] (17).

(1) *L'ultimo periodo del presente comma: «Per l'esercizio del diritto di opzione deve essere concesso un termine non inferiore a quindici giorni dalla pubblicazione dell'offerta» è stato così sostituito dall'attuale: «Per l'esercizio del diritto di opzione deve essere concesso un termine non inferiore a quattordici giorni dalla pubblicazione dell'offerta nel sito internet della società con le modalità sopra descritte, o, in mancanza, dall'iscrizione dell'offerta nel registro delle imprese» dall'art. 44, comma 4, lett.* a), *del D.L. 16 luglio 2020, n. 76, convertito, con modificazioni, nella L. 11 settembre 2020, n. 120.*

(2) *Questo comma è stato così sostituito dall'art. 20, comma 6, del D.L. 24 giugno 2014, n. 91, convertito, con modificazioni, nella L. 11 agosto 2014, n. 116.*

(3) *L'originaria parola: «sui» è stata sostituita dall'attuale: «in» dall'art. 19, comma 1, lett.* a) *del D.L.vo 28 dicembre 2004, n. 310.*

(4) *Le parole: «o negoziate in sistemi multilaterali di negoziazione» sono state inserite dall'art. 44, comma 4, lett.* b), *del D.L. 16 luglio 2020, n. 76, convertito, con modificazioni, nella L. 11 settembre 2020, n. 120.*

(5) *Le parole: «o nel sistema multilaterale di negoziazione» sono state inserite dall'art. 44, comma 4, lett.* b), *del D.L. 16 luglio 2020, n. 76, convertito, con modificazioni, nella L. 11 settembre 2020, n. 120.*

(6) *Le parole: «cinque sedute» sono state così sostituite dalle seguenti: «due sedute» dall'art. 44, comma 4, lett.* b), *del D.L. 16 luglio 2020, n. 76, convertito, con modificazioni, nella L. 11 settembre 2020, n. 120.*

(7) *Le parole: «per almeno cinque riunioni, entro il mese successivo alla scadenza del termine stabilito a norma del secondo comma» sono state così sostituite dalle attuali: «entro il mese successivo alla scadenza del termine stabilito a norma del secondo comma, per almeno cinque sedute, salvo che i diritti di opzione siano già stati integralmente venduti» dall'art. 2, comma 1, lett.* a), *del D.L.vo 11 ottobre 2012, n. 184.*

(8) *Le parole: «o negoziate in sistemi multilaterali di negoziazione» sono state inserite dall'art. 44, comma 4, lett.* c), *del D.L. 16 luglio 2020, n. 76, convertito, con modificazioni, nella L. 11 settembre 2020, n. 120.*

(9) *Le parole: «dalla società incaricata della revisione contabile» sono state sostituite dalle parole: «dal revisore legale o dalla società di revisione legale» dall'art. 37, comma 21, lett.* a), *del D.L.vo 27 gennaio 2010, n. 39. Le parole: «dal revisore legale o dalla società di revisione legale» sono state, a loro volta, da ultimo così sostituite dalle attuali: «da un revisore legale o da una società di revisione legale» dall'art. 2, comma 1, lett.* b), *del D.L.vo 11 ottobre 2012, n. 184.*

(10) *Si veda l'art. 44, comma 3, del D.L. 16 luglio 2020, n. 76, convertito, con modificazioni, nella L. 11 settembre 2020, n. 120, che si riporta:*

«3. Sino alla data del 30 giugno 2021, le società con azioni quotate in mercati regolamentati o negoziate in sistemi multilaterali di negoziazione possono deliberare l'aumento del capitale sociale mediante nuovi conferimenti, con esclusione del diritto di opzione, ai sensi dell'articolo 2441, quarto comma, secondo periodo, del codice civile, anche in mancanza di espressa previsione statutaria, nei limiti del 20 per cento del capitale sociale preesistente.»

(11) *Le parole: «Le ragioni dell'esclusione o della limitazione nonché i criteri adottati per la determinazione del prezzo di emissione devono risultare da apposita relazione degli amministratori, depositata presso la sede sociale e pubblicata nel sito internet della società*

entro il termine della convocazione dell'assemblea, salvo quanto previsto dalle leggi speciali» sono state aggiunte dall'art. 44, comma 4, lett. c), *del D.L. 16 luglio 2020, n. 76, convertito, con modificazioni, nella L. 11 settembre 2020, n. 120.*

([12]) *Le parole fra parentesi quadrate sono state soppresse dall'art. 2, comma 1, lett.* c), *del D.L.vo 11 ottobre 2012, n. 184.*

([13]) *Le parole: «del controllo contabile» sono state così sostituite dalle attuali: «della revisione legale dei conti» dall'art. 37, comma 21, lett.* b), *del D.L.vo 27 gennaio 2010, n. 39.*

([14]) *Le parole: «Il parere del collegio sindacale e la relazione giurata dell'esperto designato dal Tribunale nell'ipotesi prevista dal quarto comma devono restare depositati nella sede della società durante i quindici giorni che precedono l'assemblea e finché questa non abbia deliberato; i soci possono prenderne visione.» sono state così sostituite dalle attuali: «Il parere del collegio sindacale e, nell'ipotesi prevista dal quarto comma, la relazione giurata dell'esperto designato dal Tribunale ovvero la documentazione indicata dall'articolo 2343 ter, terzo comma, devono restare depositati nella sede della società durante i quindici giorni che precedono l'assemblea e finché questa non abbia deliberato; i soci possono prenderne visione.» dall'art. 1, comma 7, del D.L.vo 29 novembre 2010, n. 224.*

([15]) *Le originarie parole: «in borsa» sono state così sostituite dalle attuali: «in mercati regolamentati» dall'art. 19, comma 1, lett.* b), *del D.L.vo 28 dicembre 2004, n. 310.*

([16]) *Le parole: «limitatamente a un quarto delle» sono state così sostituite dalle attuali: «per le» dall'art. 2, comma 1, lett.* d), *del D.L.vo 11 ottobre 2012, n. 184.*

([17]) *Questo periodo è stato soppresso dall'art. 2, comma 1, lett.* d), *del D.L.vo 11 ottobre 2012, n. 184.*

2442. Passaggio di riserve a capitale. – L'assemblea può aumentare il capitale, imputando a capitale le riserve e gli altri fondi iscritti in bilancio in quanto disponibili.

In questo caso le azioni di nuova emissione devono avere le stesse caratteristiche di quelle in circolazione, e devono essere assegnate gratuitamente agli azionisti in proporzione di quelle da essi già possedute.

L'aumento di capitale può attuarsi anche mediante aumento del valore nominale delle azioni in circolazione.

2443. Delega agli amministratori. – Lo statuto può attribuire agli amministratori la facoltà di aumentare in una o più volte il capitale fino ad un ammontare determinato e per il periodo massimo di cinque anni dalla data dell'iscrizione della società nel registro delle imprese. Tale facoltà può prevedere anche l'adozione delle deliberazioni di cui al quarto e quinto comma dell'articolo 2441; in questo caso si applica in quanto compatibile il sesto comma dell'articolo 2441 e lo statuto determina i criteri cui gli amministratori devono attenersi.

La facoltà di cui al secondo periodo del precedente comma può essere attribuita anche mediante modificazione dello statuto, [approvata con la maggioranza prevista dal quinto comma dell'articolo 2441,] ([1]) per il periodo massimo di cinque anni dalla data della deliberazione.

Il verbale della deliberazione degli amministratori di aumentare il capitale deve essere redatto da un notaio e deve essere depositato e iscritto a norma dall'articolo 2436.

Se agli amministratori è attribuita la facoltà di adottare le deliberazioni di cui all'articolo 2441, quarto comma, qualora essi decidano di deliberare l'aumento di capitale con conferimenti di beni in natura o di crediti senza la relazione dell'esperto di cui all'articolo 2343, avvalendosi delle disposizioni contenute nell'articolo 2343 *ter*, il conferimento non può avere efficacia, salvo che consti il consenso di tutti i soci, prima del decorso del termine di trenta giorni dall'iscrizione nel registro delle imprese della deliberazione di aumento, contenente anche le dichiarazioni previste nelle lettere *a*), *b*), *c*) ed *e*), di cui all'articolo 2343 *quater*, terzo comma. Entro detto termine uno o più soci che rappresentano, e che rappresentavano alla data della delibera di aumento del capitale, almeno il ventesimo del capitale sociale, nell'ammontare precedente l'aumento medesimo, possono richiedere che si proceda, su iniziativa degli amministratori, ad una nuova valutazione ai sensi e per gli effetti di cui all'articolo 2343. In mancanza di tale domanda, gli amministratori depositano per l'iscrizione nel registro delle imprese unitamente all'attestazione di cui all'articolo 2444 la dichiarazione prevista all'articolo 2343 *quater*, terzo comma, lettera *d*) ([2]).

([1]) *Le parole tra parentesi quadrate sono state soppresse dall'art. 2, comma 2, del D.L.vo 11 ottobre 2012, n. 184.*

([2]) *Questo comma è stato aggiunto dall'art. 1, comma 8, del D.L.vo 29 novembre 2010, n. 224.*

2444. Iscrizione nel registro delle imprese. – Nei trenta giorni dall'avvenuta sottoscrizione delle azioni di nuova emissione gli amministratori devono depositare per l'iscrizione nel registro delle imprese un'attestazione che l'aumento del capitale è stato eseguito.

Fino a che l'iscrizione nel registro non sia avvenuta, l'aumento del capitale non può essere menzionato negli atti della società.

2445. Riduzione del capitale sociale. – La riduzione del capitale sociale può aver luogo sia mediante liberazione dei soci dall'obbligo dei versamenti ancora dovuti, sia mediante rimborso del capitale ai soci, nei limiti ammessi dagli articoli 2327 e 2413.

L'avviso di convocazione dell'assemblea deve indicare le ragioni e le modalità della riduzione. Nel caso di società cui si applichi l'articolo 2357, terzo comma, la riduzione deve comunque effettuarsi con modalità tali che le azioni proprie eventualmente possedute dopo la riduzione non eccedano la quinta parte del capitale sociale (1).

La deliberazione può essere eseguita soltanto dopo novanta giorni dal giorno dell'iscrizione nel registro delle imprese, purché entro questo termine nessun creditore sociale anteriore all'iscrizione abbia fatto opposizione.

Il tribunale, quando ritenga infondato il pericolo di pregiudizio per i creditori oppure la società abbia prestato idonea garanzia, dispone che l'operazione (2) abbia luogo nonostante l'opposizione.

(1) *Questo comma è stato così sostituito dall'art. 7, comma 3 sexies, lett. c), del D.L. 10 febbraio 2009, n. 5, convertito, con modificazioni, nella L. 9 aprile 2009, n. 33.*

(2) *Le parole: «la riduzione» sono state così sostituite dalle attuali: «l'operazione» dall'art. 5, lett. dd), del D.L.vo 6 febbraio 2004, n. 37.*

2446. Riduzione del capitale per perdite. – Quando risulta che il capitale è diminuito di oltre un terzo in conseguenza di perdite, gli amministratori o il consiglio di gestione, e nel caso di loro inerzia il collegio sindacale ovvero il consiglio di sorveglianza, devono senza indugio convocare l'assemblea per gli opportuni provvedimenti. All'assemblea deve essere sottoposta una relazione sulla situazione patrimoniale della società, con le osservazioni del collegio sindacale o del comitato per il controllo sulla gestione. La relazione e le osservazioni devono restare depositate in copia nella sede della società durante gli otto giorni che precedono l'assemblea, perché i soci possano prenderne visione. Nell'assemblea gli amministratori devono dare conto dei fatti di rilievo avvenuti dopo la redazione della relazione.

Se entro l'esercizio successivo la perdita non risulta diminuita a meno di un terzo, l'assemblea ordinaria o il consiglio di sorveglianza che approva il bilancio di tale esercizio deve ridurre il capitale in proporzione delle perdite accertate. In mancanza gli amministratori e i sindaci o il consiglio di sorveglianza devono chiedere al tribunale che venga disposta la riduzione del capitale in ragione delle perdite risultanti dal bilancio. Il tribunale provvede, sentito il pubblico ministero, con decreto soggetto a reclamo, che deve essere iscritto nel registro delle imprese a cura degli amministratori (1).

Nel caso in cui le azioni emesse dalla società siano senza valore nominale, lo statuto, una sua modificazione ovvero una deliberazione adottata con le maggioranze previste per l'assemblea straordinaria possono prevedere che la riduzione del capitale di cui al precedente comma sia deliberata dal consiglio di amministrazione. Si applica in tal caso l'articolo 2436 (1).

(1) *A norma dell'art. 8, comma 1, del D.L. 24 agosto 2021, n. 118, convertito, con modificazioni, nella L. 21 ottobre 2021, n. 147, con l'istanza di nomina dell'esperto, o con dichiarazione successivamente presentata con le modalità di cui all'articolo 5, comma 1* (Accesso alla composizione negoziata e suo funzionamento), *l'imprenditore può dichiarare che, sino alla conclusione delle trattative o all'archiviazione dell'istanza di composizione negoziata, non si applicano nei suoi confronti gli articoli 2446, secondo e terzo comma, 2447, 2482 bis, quarto, quinto e sesto comma, e 2482 ter di cui a questo codice, e non si verifica la causa di scioglimento della società per riduzione o perdita del capitale sociale di cui agli articoli 2484, primo comma, numero 4), e 2545 duodecies del codice civile. A tal fine, l'istanza o la dichiarazione sono pubblicate nel registro delle imprese e gli effetti di cui al primo periodo decorrono dalla pubblicazione.*

2447. (1) Riduzione del capitale sociale al di sotto del limite legale. – Se, per la perdita di oltre un terzo del capitale, questo si riduce al disotto del minimo stabilito dall'articolo 2327, gli amministratori o il consiglio di gestione e, in caso di loro inerzia, il consiglio di sorveglianza devono senza indugio convocare l'assemblea per deliberare la riduzione del capitale ed il contemporaneo aumento del medesimo ad una cifra non inferiore al detto minimo, o la trasformazione della società.

(1) *A norma dell'art. 8, comma 1, del D.L. 24 agosto 2021, n. 118, convertito, con modificazioni, nella L. 21 ottobre 2021, n. 147, con l'istanza di nomina dell'esperto, o con dichiarazione successivamente presentata con le modalità di cui all'articolo 5, comma 1* (Accesso alla composizione negoziata e suo funzionamento), *l'imprenditore può dichiarare che, sino alla conclusione delle trattative o all'archiviazione dell'istanza di composizione negoziata, non si applicano nei suoi confronti gli articoli 2446, secondo e terzo comma, 2447, 2482 bis, quarto, quinto e sesto comma, e 2482 ter di cui a questo codice, e non si verifica la causa di scioglimento della società per riduzione o perdita del capitale sociale di cui agli articoli 2484, primo comma, numero 4), e 2545 duodecies del codice civile. A tal fine, l'istanza o la dichiarazione sono pubblicate nel registro delle imprese e gli effetti di cui al primo periodo decorrono dalla pubblicazione.*

Sezione XI
Dei patrimoni destinati ad uno specifico affare (1)

(1) *La previgente «*SEZIONE XI. *DELLO SCIOGLIMENTO E DELLA LIQUIDAZIONE» trova ora disciplina nel «*CAPO VIII. *SCIOGLIMENTO E LIQUIDAZIONE DELLE SOCIETÀ DI CAPITALI».*

2447 *bis*. Patrimoni destinati ad uno specifico affare. - La società può:

a) costituire uno o più patrimoni ciascuno dei quali destinato in via esclusiva ad uno specifico affare;

b) convenire che nel contratto relativo al finanziamento di uno specifico affare al rimborso totale o parziale del finanziamento medesimo siano destinati i proventi dell'affare stesso, o parte di essi.

Salvo quanto disposto in leggi speciali, i patrimoni destinati ai sensi della lettera *a*) del primo comma non possono essere costituiti per un valore complessivamente superiore al dieci per cento del patrimonio netto della società e non possono comunque essere costituiti per l'esercizio di affari attinenti ad attività riservate in base alle leggi speciali.

2447 *ter*. Deliberazione costitutiva del patrimonio destinato. - La deliberazione che ai sensi della lettera *a*) del primo comma dell'articolo 2447 *bis* destina un patrimonio ad uno specifico affare deve indicare:

a) l'affare al quale è destinato il patrimonio;

b) i beni e i rapporti giuridici compresi in tale patrimonio;

c) il piano economico-finanziario da cui risulti la congruità del patrimonio rispetto alla realizzazione dell'affare, le modalità e le regole relative al suo impiego, il risultato che si intende perseguire e le eventuali garanzie offerte ai terzi;

d) gli eventuali apporti di terzi, le modalità di controllo sulla gestione e di partecipazione ai risultati dell'affare;

e) la possibilità di emettere strumenti finanziari di partecipazione all'affare, con la specifica indicazione dei diritti che attribuiscono;

f) la nomina di un revisore legale o di una società di revisione legale per la revisione dei conti dell'affare, quando la società non è già assoggettata alla revisione legale (1);

g) le regole di rendicontazione dello specifico affare.

Salvo diversa disposizione dello statuto, la deliberazione di cui al presente articolo è adottata dall'organo amministrativo (2) a maggioranza assoluta dei suoi componenti.

(1) *Questa lettera è stata così sostituita dall'attuale dall'art. 37, comma 22, del D.L.vo 27 gennaio 2010, n. 39.*

(2) *Le parole: «dal consiglio di amministrazione o di gestione» sono state così sostituite dall'art. 5, lett. ee), del D.L.vo 6 febbraio 2004, n. 37.*

2447 *quater*. Pubblicità della costituzione del patrimonio destinato. - La deliberazione prevista dal precedente articolo deve essere depositata e iscritta a norma dell'articolo 2436.

Nel termine di sessanta giorni dall'iscrizione della deliberazione nel registro delle imprese i creditori sociali anteriori all'iscrizione possono fare opposizione. Il tribunale, nonostante l'opposizione, può disporre che la deliberazione sia eseguita previa prestazione da parte della società di idonea garanzia.

2447 *quinquies*. Diritti dei creditori. - Decorso il termine di cui al secondo comma del precedente articolo ovvero dopo l'iscrizione nel registro delle imprese del provvedimento del tribunale ivi previsto, i creditori della società non possono far valere alcun diritto sul patrimonio destinato allo specifico affare né, salvo che per la parte spettante alla società, sui frutti o proventi da esso derivanti.

Qualora nel patrimonio siano compresi immobili o beni mobili iscritti in pubblici registri, la disposizione del precedente comma non si applica fin quando la destinazione allo specifico affare non è trascritta nei rispettivi registri.

Qualora la deliberazione prevista dall'articolo 2447 *ter* non disponga diversamente, per le obbligazioni contratte in relazione allo specifico affare la società risponde nei limiti del patrimonio ad esso destinato. Resta salva tuttavia la responsabilità illimitata della società per le obbligazioni derivanti da fatto illecito.

Gli atti compiuti in relazione allo specifico affare debbono recare espressa menzione del vincolo di destinazione; in mancanza ne risponde la società con il suo patrimonio residuo.

2447 *sexies*. Libri obbligatori e altre scritture contabili. - Con riferimento allo specifico affare cui un patrimonio è destinato ai sensi della lettera *a*) del primo comma dell'articolo 2447 *bis*, gli amministratori [o il consiglio di gestione] (1) tengono separatamente i libri e le scritture contabili prescritti dagli articoli 2214 e seguenti. Qualora siano emessi strumenti finanziari, la società deve altresì tenere un libro indicante le loro caratteristiche, l'ammontare di quelli emessi e di quelli estinti, le generalità dei titolari degli strumenti nominativi e i trasferimenti e i vincoli ad essi relativi.

(1) *Le parole tra parentesi quadrate sono state soppresse dall'art. 5, lett.* ff), *del D.L.vo 6 febbraio 2004, n. 37.*

2447 *septies*. Bilancio. - I beni e i rapporti compresi nei patrimoni destinati ai sensi della lettera *a*) del primo comma dell'articolo 2447 *bis* sono distintamente indicati nello stato patrimoniale della società.

Per ciascun patrimonio destinato gli amministratori redigono un separato rendiconto, allegato al bilancio, secondo quanto previsto dagli articoli 2423 e seguenti.

Nella nota integrativa del bilancio della società gli amministratori devono illustrare il valore e la tipologia dei beni e dei rapporti giuridici compresi in ciascun patrimonio destinato, ivi inclusi quelli apportati da terzi, i criteri adottati per la imputazione degli elementi comuni di costo e di ricavo, nonché il corrispondente regime della responsabilità.

Qualora la deliberazione costitutiva del patrimonio destinato preveda una responsabilità illimitata della società per le obbligazioni contratte in relazione allo specifico affare, l'impegno da ciò derivante deve risultare in calce allo stato patrimoniale e formare oggetto di valutazione secondo criteri da illustrare nella nota integrativa.

2447 *octies*. Assemblee speciali. - Per ogni categoria di strumenti finanziari previsti dalla lettera *e*) del primo comma dell'articolo 2447 *ter* l'assemblea dei possessori delibera:

1) sulla nomina e sulla revoca dei rappresentanti comuni di ciascuna categoria, con funzione di controllo sul regolare andamento dello specifico affare, e sull'azione di responsabilità nei loro confronti;

2) sulla costituzione di un fondo per le spese necessarie alla tutela dei comuni interessi dei possessori degli strumenti finanziari e sul rendiconto relativo;

3) sulle modificazioni dei diritti attribuiti dagli strumenti finanziari;

4) sulle controversie con la società e sulle relative transazioni e rinunce;

5) sugli altri oggetti di interesse comune a ciascuna categoria di strumenti finanziari.

Alle assemblee speciali si applicano le disposizioni contenute negli articoli 2415, secondo, terzo, quarto e quinto comma, 2416 e 2419.

Al rappresentante comune si applicano gli articoli 2417 e 2418.

2447 *novies*. Rendiconto finale. - Quando si realizza ovvero è divenuto impossibile l'affare cui è stato destinato un patrimonio ai sensi della lettera *a*) del primo comma dell'articolo 2447 *bis*, gli amministratori [o il consiglio di gestione] (1) redigono un rendiconto finale che, accompagnato da una relazione dei sindaci e del soggetto incaricato della revisione legale dei conti (2), deve essere depositato presso l'ufficio del registro delle imprese.

Nel caso in cui non siano state integralmente soddisfatte le obbligazioni contratte per lo svolgimento dello specifico affare cui era destinato il patrimonio, i relativi creditori possono chiederne la liquidazione mediante lettera raccomandata da inviare alla società entro novanta giorni dal deposito di cui al comma precedente. In tale caso, si applicano esclusivamente le disposizioni sulla liquidazione delle società di cui al Capo VIII del presente titolo, in quanto compatibili (3).

Sono comunque salvi, con riferimento ai beni e rapporti compresi nel patrimonio destinato, i diritti dei creditori previsti dall'articolo 2447 *quinquies*.

La deliberazione costitutiva del patrimonio destinato può prevedere anche altri casi di cessazione della destinazione del patrimonio allo specifico affare. In tali ipotesi ed in quella di fallimento della società si applicano le disposizioni del presente articolo.

(1) *Le parole tra parentesi quadrate sono state soppresse dall'art. 5, lett.* gg), *del D.L.vo 6 febbraio 2004, n. 37.*

(2) *Le parole: «revisione contabile» sono state così sostituite dalle attuali: «revisione legale dei conti» dall'art. 37, comma 23, del D.L.vo 27 gennaio 2010, n. 39.*

(3) *L'ultimo periodo di questo comma è stato così sostituito dall'art. 20 del D.L.vo 28 dicembre 2004, n. 310.*

2447 *decies*. Finanziamento destinato ad uno specifico affare. - Il contratto relativo al finanziamento di uno specifico affare ai sensi della lettera *b*) del primo comma dell'articolo 2447 *bis* può prevedere che al rimborso totale o parziale del finanziamento siano destinati, in via esclusiva, tutti o parte dei proventi dell'affare stesso.

Il contratto deve contenere:

a) una descrizione dell'operazione che consenta di individuarne lo specifico oggetto; le modalità ed i tempi di realizzazione; i costi previsti ed i ricavi attesi;

b) il piano finanziario dell'operazione, indicando la parte coperta dal finanziamento e quella a carico della società;

c) i beni strumentali necessari alla realizzazione dell'operazione;

d) le specifiche garanzie che la società offre in ordine all'obbligo di esecuzione del contratto e di corretta e tempestiva realizzazione dell'operazione;

e) i controlli che il finanziatore, o soggetto da lui delegato, può effettuare sull'esecuzione dell'operazione;

f) la parte dei proventi destinati al rimborso del finanziamento e le modalità per determinarli;

g) le eventuali garanzie che la società presta per il rimborso di parte del finanziamento;

h) il tempo massimo di rimborso, decorso il quale nulla più è dovuto al finanziatore.

I proventi dell'operazione costituiscono patrimonio separato da quello della società, e da quello relativo ad ogni altra operazione di finanziamento effettuata ai sensi della presente disposizione, a condizione:

a) che copia del contratto sia depositata per l'iscrizione presso l'ufficio del registro delle imprese;

b) che la società adotti sistemi di incasso e di contabilizzazione idonei ad individuare in ogni momento i proventi dell'affare ed a tenerli separati dal restante patrimonio della società.

Alle condizioni di cui al comma precedente, sui proventi, sui frutti di essi e degli investimenti eventualmente effettuati in attesa del rimborso al finanziatore, non sono ammesse azioni da parte dei creditori sociali; alle medesime condizioni, delle obbligazioni nei confronti del finanziatore risponde esclusivamente il patrimonio separato, salva (1) l'ipotesi di garanzia parziale di cui al secondo comma, lettera *g*).

I creditori della società, sino al rimborso del finanziamento, o alla scadenza del termine di cui al secondo comma, lettera *h*) sui beni strumentali destinati alla realizzazione dell'operazione possono esercitare esclusivamente azioni conservative a tutela dei loro diritti.

Se il fallimento della società impedisce la realizzazione o la continuazione dell'operazione cessano le limitazioni di cui al comma precedente, ed il finanziatore ha diritto di insinuazione al passivo per il suo credito, al netto delle somme di cui ai commi terzo e quarto.

Fuori dall'ipotesi di cartolarizzazione previste dalle leggi vigenti, il finanziamento non può essere rappresentato da titoli destinati alla circolazione.

La nota integrativa alle voci di bilancio relative ai proventi di cui al terzo comma, ed ai beni di cui al quarto comma, deve contenere l'indicazione della destinazione dei proventi e dei vincoli relativi ai beni.

(1) *La parola: «tranne» è stata così sostituita dall'art. 5, lett. hh), del D.L.vo 6 febbraio 2004, n. 37.*

Sezione XII

2448. Effetti della pubblicazione nel registro delle imprese. – Gli atti per i quali il codice prescrive l'iscrizione o il deposito nel registro delle imprese sono opponibili ai terzi soltanto dopo tale pubblicazione, a meno che la società provi che i terzi ne erano a conoscenza.

Per le operazioni compiute entro il quindicesimo giorno dalla pubblicazione di cui al comma precedente, gli atti non sono opponibili ai terzi che provino di essere stati nella impossibilità di averne conoscenza.

Sezione XIII
Delle società con partecipazione dello Stato o di enti pubblici

2449. (1) **Società con partecipazione dello Stato o di enti pubblici.** – Se lo Stato o gli enti pubblici hanno partecipazioni in una società per azioni che non fa ricorso al mercato del capitale di rischio, lo statuto può ad essi conferire la facoltà di nominare un numero di amministratori e sindaci, ovvero componenti del consiglio di sorveglianza, proporzionale alla partecipazione al capitale sociale.

Gli amministratori e i sindaci o i componenti del consiglio di sorveglianza nominati a norma del primo comma possono essere revocati soltanto dagli enti che li hanno nominati. Essi hanno i diritti e gli obblighi dei membri nominati dall'assemblea. Gli amministratori non possono essere nominati per un periodo superiore a tre esercizi e scadono alla data dell'assemblea convocata per l'approvazione del bilancio relativo all'ultimo esercizio della loro carica.

I sindaci, ovvero i componenti del consiglio di sorveglianza, restano in carica per tre esercizi e scadono alla data dell'assemblea convocata per l'approvazione del bilancio relativo al terzo esercizio della loro carica.

Alle società che fanno ricorso al capitale di rischio si applicano le disposizioni del sesto comma dell'articolo 2346. Il consiglio di amministrazione può altresì proporre all'assemblea, che delibera con le maggioranze previste per l'assemblea ordinaria, che i diritti amministrativi previsti dallo statuto a favore dello Stato o degli enti pubblici siano rappresentati da una particolare categoria di azioni. A tal fine è in ogni caso necessario il consenso dello Stato o dell'ente pubblico a favore del quale i diritti amministrativi sono previsti.

(1) *Questo articolo è stato così sostituito dall'art. 13, comma 1, della L. 25 febbraio 2008, n. 34. Il successivo comma 2 dello stesso articolo così dispone:*

«2. Il consiglio di amministrazione, nelle società che ricorrono al capitale di rischio e nelle quali sia prevista la nomina di amministratori ai sensi dell'articolo 2449 del codice civile, nel testo vigente anteriormente alla data di entrata in vigore della presente legge, adegua lo statuto entro otto mesi da tale data, prevedendo che i diritti amministrativi siano rappresentati da strumenti finanziari, non trasferibili e condizionati alla persistenza della partecipazione dello Stato o dell'ente pubblico, ai sensi dell'articolo 2346, sesto comma, del codice civile. Scaduto il predetto termine di otto mesi, perdono efficacia le disposizioni statuarie non conformi alle disposizioni dell'articolo 2449, come sostituito dal comma 1».

2450. (1) [**Amministratori e sindaci nominati dallo Stato o da enti pubblici.** – Le disposizioni dell'articolo precedente si applicano anche nel caso in cui la legge o lo statuto attribuisca allo Stato o a enti pubblici, anche in mancanza di partecipazione azionaria, la nomina di uno o più amministratori o sindaci o componenti del consiglio di sorveglianza, salvo che la legge disponga diversamente.

Qualora uno o più sindaci siano nominati dallo Stato, il presidente del collegio sindacale deve essere scelto tra essi].

(1) *Questo articolo è stato abrogato dall'art. 3, comma 1, del D.L. 15 febbraio 2007, n. 10, convertito, con modificazioni, nella L. 6 aprile 2007, n. 46.*

Sezione XIV
Delle società di interesse nazionale

2451. Norme applicabili. – Le disposizioni di questo capo si applicano anche alle società per azioni d'interesse nazionale, compatibilmente con le disposizioni delle leggi speciali che stabiliscono per tali società una particolare disciplina circa la gestione sociale, la trasferibilità delle azioni, il diritto di voto e la nomina degli amministratori, dei sindaci e dei dirigenti.

Capo VI
Della società in accomandita per azioni (1) (2)

(1) *Questo Capo è stato così sostituito dall'art. 2 del D.L.vo 17 gennaio 2003, n. 6, rettificato e corretto con avviso pubblicato in* Gazzetta Ufficiale *Serie gen. - n. 153 del 4 luglio 2003 e di nuovo rettificato con avviso pubblicato in* Gazzetta Ufficiale *Serie gen. - n. 165 del 18 luglio 2003, a decorrere dal 1° gennaio 2004.*

(2) *Si veda quanto dispone l'art. 223 bis disp. att.*

2452. Responsabilità e partecipazioni. – Nella società in accomandita per azioni i soci accomandatari rispondono solidalmente e illimitatamente per le obbligazioni sociali, e i soci accomandanti sono obbligati nei limiti della quota di capitale sottoscritta. Le quote di partecipazione dei soci sono rappresentate da azioni.

2453. Denominazione sociale. – La denominazione della società è costituita dal nome di almeno uno dei soci accomandatari, con l'indicazione di società in accomandita per azioni.

2454. Norme applicabili. – Alla società in accomandita per azioni sono applicabili le norme relative alla società per azioni, in quanto compatibili con le disposizioni seguenti.

2455. Soci accomandatari. – L'atto costitutivo deve indicare i soci accomandatari.

I soci accomandatari sono di diritto amministratori e sono soggetti agli obblighi degli amministratori della società per azioni.

2456. Revoca degli amministratori. – La revoca degli amministratori deve essere deliberata con la maggioranza prescritta per le deliberazioni dell'assemblea straordinaria della società per azioni.

Se la revoca avviene senza giusta causa, l'amministratore revocato ha diritto al risarcimento dei danni.

2457. Sostituzione degli amministratori. – L'assemblea con la maggioranza indicata nell'articolo precedente provvede a sostituire l'amministratore che, per qualunque causa, ha cessato dal suo ufficio. Nel caso di pluralità di amministratori, la nomina deve essere approvata dagli amministratori rimasti in carica.

Il nuovo amministratore assume la qualità di socio accomandatario dal momento dell'accettazione della nomina.

2458. Cessazione dall'ufficio di tutti i soci amministratori. – In caso di cessazione dall'ufficio di tutti gli amministratori, la società si scioglie se nel termine di centottanta giorni non si è provveduto alla loro sostituzione e i sostituti non hanno accettato la carica.

Per questo periodo il collegio sindacale nomina un amministratore provvisorio per il compimento degli atti di ordinaria amministrazione. L'amministratore provvisorio non assume la qualità di socio accomandatario.

2459. Sindaci, consiglio di sorveglianza e azione di responsabilità. – I soci accomandatari non hanno diritto di voto per le azioni ad essi spettanti nelle deliberazioni dell'assemblea che concernono la nomina e la revoca dei sindaci ovvero dei componenti del consiglio di sorveglianza e l'esercizio dell'azione di responsabilità.

2460. Modificazioni dell'atto costitutivo. – Le modificazioni dell'atto costitutivo devono essere approvate dall'assemblea con le maggioranze prescritte per l'assemblea straordinaria della società per azioni, e devono inoltre essere approvate da tutti i soci accomandatari.

2461. Responsabilità degli accomandatari verso i terzi. – La responsabilità dei soci accomandatari verso i terzi è regolata dall'articolo 2304.

Il socio accomandatario che cessa dall'ufficio di amministratore non risponde per le obbligazioni della società sorte posteriormente all'iscrizione nel registro delle imprese della cessazione dall'ufficio.

Capo VII
Della società a responsabilità limitata [1] [2]

[1] *Questo Capo è stato così sostituito dall'art. 3 del D.L.vo 17 gennaio 2003, n. 6, rettificato e corretto con avviso pubblicato in* Gazzetta Ufficiale *Serie gen. - n. 153 del 4 luglio 2003 e di nuovo rettificato con avviso pubblicato in* Gazzetta Ufficiale *Serie gen. - n. 165 del 18 luglio 2003, a decorrere dal 1° gennaio 2004.*

[2] *Si veda quanto dispone l'art. 223* bis *disp. att.*

Sezione I
Disposizioni generali

2462. Responsabilità. – Nella società a responsabilità limitata per le obbligazioni sociali risponde soltanto la società con il suo patrimonio.

In caso di insolvenza della società, per le obbligazioni sociali sorte nel periodo in cui l'intera partecipazione è appartenuta ad una sola persona, questa risponde illimitatamente quando i conferimenti non siano stati effettuati secondo quanto previsto dall'articolo 2464, o fin quando non sia stata attuata la pubblicità prescritta dall'articolo 2470.

2463. Costituzione. – La società può essere costituita con contratto o con atto unilaterale.

L'atto costitutivo deve essere redatto per atto pubblico e deve indicare:

1) il cognome e il nome o la denominazione, la data e il luogo di nascita o lo Stato [1] di costituzione, il domicilio o la sede, la cittadinanza di ciascun socio;

2) la denominazione, contenente l'indicazione di società a responsabilità limitata, e il comune ove sono poste la sede della società e le eventuali sedi secondarie;

3) l'attività che costituisce l'oggetto sociale;

4) l'ammontare del capitale, non inferiore a diecimila euro, sottoscritto e di quello versato;

5) i conferimenti di ciascun socio e il valore attribuito ai crediti e ai beni conferiti in natura;

6) la quota di partecipazione di ciascun socio;

7) le norme relative al funzionamento della società, indicando quelle concernenti l'amministrazione, la rappresentanza;

8) le persone cui è affidata l'amministrazione e l'eventuale soggetto incaricato di effettuare la revisione legale dei conti [2];

9) l'importo globale, almeno approssimativo, della spese per la costituzione poste a carico della società.

Si applicano alla società a responsabilità limitata le disposizioni degli articoli 2329, 2330, 2331, 2332 e 2341.

L'ammontare del capitale può essere determinato in misura inferiore a euro diecimila, pari almeno a un euro. In tal caso i conferimenti devono farsi in denaro e devono essere versati per intero alle persone cui è affidata l'amministrazione [3].

La somma da dedurre dagli utili netti risultanti dal bilancio regolarmente approvato, per formare la riserva prevista dall'articolo 2430, deve essere almeno pari a un quinto degli stessi, fino a che la riserva non abbia raggiunto, unitamente al capitale, l'ammontare di diecimila euro. La riserva così formata può essere utilizzata solo per imputazione a capitale e per copertura di eventuali perdite. Essa deve essere reintegrata a norma del presente comma se viene diminuita per qualsiasi ragione (3).

(1) *Le parole: «lo Stato» sono state inserite dall'art. 5, lett. ii), del D.L.vo 6 febbraio 2004, n. 37.*

(2) *Le parole: «gli eventuali soggetti incaricati del controllo contabile» sono state così sostituite dalle attuali: «l'eventuale soggetto incaricato di effettuare la revisione legale dei conti» dall'art. 37, comma 24, del D.L.vo 27 gennaio 2010, n. 39.*

(3) *Questo comma è stato aggiunto dall'art. 9, comma 15 ter, del D.L. 28 giugno 2013, n. 76, convertito, con modificazioni, nella L. 9 agosto 2013, n. 99.*

2463 *bis*. (1) (2) **Società a responsabilità limitata semplificata** (3). – La società a responsabilità limitata semplificata può essere costituita con contratto o atto unilaterale da persone fisiche [che non abbiano compiuto i trentacinque anni di età alla data della costituzione] (4).

L'atto costitutivo deve essere redatto per atto pubblico in conformità al modello *standard* tipizzato con decreto del Ministro della giustizia, di concerto con il Ministro dell'economia e delle finanze e con il Ministro dello sviluppo economico, e deve indicare:

1) il cognome, il nome, la data, il luogo di nascita, il domicilio, la cittadinanza di ciascun socio;

2) la denominazione sociale contenente l'indicazione di società a responsabilità limitata semplificata e il comune ove sono poste la sede della società e le eventuali sedi secondarie;

3) l'ammontare del capitale sociale, pari almeno ad 1 euro e inferiore all'importo di 10.000 euro previsto dall'articolo 2463, secondo comma, numero 4), sottoscritto e interamente versato alla data della costituzione. Il conferimento deve farsi in denaro ed essere versato all'organo amministrativo;

4) i requisiti previsti dai numeri 3), 6), 7) e 8) del secondo comma dell'articolo 2463;

5) luogo e data di sottoscrizione;

6) gli amministratori [, i quali devono essere scelti tra i soci] (5).

Le clausole del modello standard tipizzato sono inderogabili (6).

La denominazione di società a responsabilità limitata semplificata, l'ammontare del capitale sottoscritto e versato, la sede della società e l'ufficio del registro delle imprese presso cui questa è iscritta devono essere indicati negli atti, nella corrispondenza della società e nello spazio elettronico destinato alla comunicazione collegato con la rete telematica ad accesso pubblico.

[È fatto divieto di cessione delle quote a soci non aventi i requisiti di età di cui al primo comma e l'eventuale atto è conseguentemente nullo] (7).

Salvo quanto previsto dal presente articolo, si applicano alla società a responsabilità limitata semplificata le disposizioni del presente capo in quanto compatibili.

(1) *Questo articolo è stato aggiunto dall'art. 3 del D.L. 24 gennaio 2012, n. 1, convertito, con modificazioni, nella L. 24 marzo 2012, n. 27. Si vedano i commi 2-4 dell'art. 3 del medesimo provvedimento, che si riportano: «2. Con decreto del Ministro della giustizia, di concerto con il Ministro dell'economia e delle finanze e con il Ministro dello sviluppo economico, entro sessanta giorni dalla data di entrata in vigore della legge di conversione del presente decreto, viene tipizzato lo statuto standard della società e sono individuati i criteri di accertamento delle qualità soggettive dei soci.*

«3. L'atto costitutivo e l'iscrizione nel registro delle imprese sono esenti da diritto di bollo e di segreteria e non sono dovuti onorari notarili.

«4. Il Consiglio nazionale del notariato vigila sulla corretta e tempestiva applicazione delle disposizioni del presente articolo da parte dei singoli notai e pubblica ogni anno i relativi dati sul proprio sito istituzionale».

(2) *A norma dell'art. 2, comma 4, del D.L. 1° marzo 2021, n. 22, convertito, con modificazioni, nella L. 22 aprile 2021, n. 55, con riguardo alle funzioni di cui all'articolo 35, comma 2, lettera b), del decreto legislativo n. 300 del 1999, come modificato dal medesimo decreto, la denominazione «Ministro della transizione ecologica» sostituisce, ad ogni effetto e ovunque presente, la denominazione: «Ministro dello sviluppo economico».*

(3) *Si veda l'art. 44, comma 4 bis, del D.L. 22 giugno 2012, n. 83, convertito, con modificazioni, nella L. 7 agosto 2012, n. 134, così come modificato dall'art. 9, comma 14, del D.L. 28 giugno 2013, n. 76, convertito, con modificazioni, nella L. 9 agosto 2013, n. 99, che si riporta:*

«4 bis. Al fine di favorire l'accesso dei giovani imprenditori al credito, il Ministro dell'economia e delle finanze promuove, senza nuovi o maggiori oneri a carico della finanza pubblica, un accordo con l'Associazione bancaria italiana per fornire credito a condizioni agevolate ai giovani di età inferiore a trentacinque anni che intraprendono attività imprenditoriale attraverso la costituzione di una società a responsabilità limitata semplificata».

A norma dell'art. 9, comma 15, del D.L. n. 76/2013, convertito, con modificazioni, nella L. n. 99/2013, le società a responsabilità limitata a capitale ridotto iscritte al registro delle imprese alla data di entrata in vigore del medesimo decreto, sono qualificate società a responsabilità limitata semplificata.

(4) *Le parole fra parentesi quadrate sono state soppresse dall'art. 9, comma 13, lett. a), del D.L. 28 giugno 2013, n. 76, convertito, con modificazioni, nella L. 9 agosto 2013, n. 99.*

(5) *Le parole fra parentesi quadrate sono state soppresse dall'art. 9, comma 13, lett. b), del D.L. 28 giugno 2013, n. 76, convertito, con modificazioni, nella L. 9 agosto 2013, n. 99.*

([6]) *Questo comma è stato inserito dall'art. 9, comma 13, lett. b bis), del D.L. 28 giugno 2013, n. 76, convertito, con modificazioni, nella L. 9 agosto 2013, n. 99.*

([7]) *Questo comma è stato soppresso dall'art. 9, comma 13, lett. c), del D.L. 28 giugno 2013, n. 76, convertito, con modificazioni, nella L. 9 agosto 2013, n. 99.*

Sezione II
Dei conferimenti e delle quote

2464. Conferimenti. – Il valore dei conferimenti non può essere complessivamente inferiore all'ammontare globale del capitale sociale.

Possono essere conferiti tutti gli elementi dell'attivo suscettibili di valutazione economica.

Se nell'atto costitutivo non è stabilito diversamente, il conferimento deve farsi in danaro.

Alla sottoscrizione dell'atto costitutivo deve essere versato all'organo amministrativo nominato nell'atto costitutivo ([1]) almeno il venticinque per cento dei conferimenti in danaro e l'intero soprapprezzo o, nel caso di costituzione con atto unilaterale, il loro intero ammontare. I mezzi di pagamento sono indicati nell'atto ([2]). Il versamento può essere sostituito dalla stipula, per un importo almeno corrispondente, di una polizza di assicurazione o di una fideiussione bancaria con le caratteristiche determinate con decreto del Presidente del Consiglio dei Ministri; in tal caso il socio può in ogni momento sostituire la polizza o la fideiussione con il versamento del corrispondente importo in danaro.

Per i conferimenti di beni in natura e di crediti si osservano le disposizioni degli articoli 2254 e 2255. Le quote corrispondenti a tali conferimenti devono essere integralmente liberate al momento della sottoscrizione.

Il conferimento può anche avvenire mediante la prestazione di una polizza di assicurazione o di una fideiussione bancaria con cui vengono garantiti, per l'intero valore ad essi assegnato, gli obblighi assunti dal socio aventi per oggetto la prestazione d'opera o di servizi a favore della società. In tal caso, se l'atto costitutivo lo prevede, la polizza o la fideiussione possono essere sostituite dal socio con il versamento a titolo di cauzione del corrispondente importo in danaro presso la società.

Se viene meno la pluralità dei soci, i versamenti ancora dovuti devono essere effettuati nei novanta giorni.

([1]) *Le parole: «presso una banca» sono state così sostituite dalle attuali: «all'organo amministrativo nominato nell'atto costitutivo» dall'art. 9, comma 15 bis, lett. a), del D.L. 28 giugno 2013, n. 76, convertito, con modificazioni, nella L. 9 agosto 2013, n. 99.*

([2]) *Questo periodo è stato inserito dall'art. 9, comma 15 bis, lett. b), del D.L. 28 giugno 2013, n. 76, convertito, con modificazioni, nella L. 9 agosto 2013, n. 99.*

2465. Stima dei conferimenti di beni in natura e di crediti. – Chi conferisce beni in natura o crediti deve presentare la relazione giurata di un revisore legale o di una società di revisione legali iscritti nell'apposito registro ([1]). La relazione, che deve contenere la descrizione dei beni o crediti conferiti, l'indicazione dei criteri di valutazione adottati e l'attestazione che il loro valore è almeno pari a quello ad essi attribuito ai fini della determinazione del capitale sociale e dell'eventuale soprapprezzo, deve essere allegata all'atto costitutivo.

La disposizione del precedente comma si applica in caso di acquisto da parte della società, per un corrispettivo pari o superiore al decimo del capitale sociale, di beni o di crediti dei soci fondatori, dei soci e degli amministratori, nei due anni dalla iscrizione della società nel registro delle imprese. In tal caso l'acquisto, salvo diversa disposizione dell'atto costitutivo, deve essere autorizzato con decisione dei soci a norma dell'articolo 2479.

Nei casi previsti dai precedenti commi si applicano il secondo comma dell'articolo 2343 ed il quarto e quinto comma dell'articolo 2343 *bis*.

([1]) *Le parole: «di un esperto o di una società di revisione iscritti nel registro dei revisori contabili o di una società di revisione iscritta nell'albo speciale» sono state così sostituite dalle attuali: «di un revisore legale o di una società di revisione legali iscritti nell'apposito registro» dall'art. 37, comma 25, del D.L.vo 27 gennaio 2010, n. 39*

2466. Mancata esecuzione dei conferimenti. – Se il socio non esegue il conferimento nel termine prescritto, gli amministratori diffidano il socio moroso ad eseguirlo nel termine di trenta giorni.

Decorso inutilmente questo termine gli amministratori, qualora non ritengano utile promuovere azione per l'esecuzione dei conferimenti dovuti, possono vendere agli altri soci in proporzione alla ([1]) loro partecipazione la quota del socio moroso. La vendita è effettuata a rischio e pericolo del medesimo per il valore risultante dall'ultimo bilancio approvato. In mancanza di offerte per l'acquisto, se l'atto costitutivo lo consente, la quota è venduta all'incanto.

Se la vendita non può aver luogo per mancanza di compratori, gli amministratori escludono il socio, trattenendo le somme riscosse. Il capitale deve essere ridotto in misura corrispondente.

Il socio moroso non può partecipare alle decisioni dei soci.

Le disposizioni dei precedenti commi si applicano anche nel caso in cui per qualsiasi motivo siano scadute o divengano inefficaci la polizza assicurativa o la garanzia bancaria prestate ai sensi dell'articolo 2464. Resta salva in tal caso la possibilità del socio di sostituirle con il versamento del corrispondente importo di danaro.

(1) *Le parole*: «*proporzione della*» *sono state così sostituite dall'art. 5, lett.* ll), *del D.L.vo 6 febbraio 2004, n. 37.*

2467. Finanziamenti dei soci. – Il rimborso dei finanziamenti dei soci a favore della società è postergato rispetto alla soddisfazione degli altri creditori [e, se avvenuto nell'anno precedente la dichiarazione di fallimento della società, deve essere restituito] (1).

Ai fini del precedente comma s'intendono finanziamenti dei soci a favore della società quelli, in qualsiasi forma effettuati, che sono stati concessi in un momento in cui, anche in considerazione del tipo di attività esercitata dalla società, risulta un eccessivo squilibrio dell'indebitamento rispetto al patrimonio netto oppure in una situazione finanziaria della società nella quale sarebbe stato ragionevole un conferimento.

(1) *Le parole fra parentesi quadrate sono state soppresse dall'art. 383, comma 1, del D.L.vo 12 gennaio 2019, n. 14, a decorrere dal 15 luglio 2022.*

2468. Quote di partecipazione. – Le partecipazioni dei soci non possono essere rappresentate da azioni né costituire oggetto di offerta al pubblico di prodotti finanziari (1).

Salvo quanto disposto dal terzo comma del presente articolo, i diritti sociali spettano ai soci in misura proporzionale alla partecipazione da ciascuno posseduta. Se l'atto costitutivo non prevede diversamente, le partecipazioni dei soci sono determinate in misura proporzionale al conferimento.

Resta salva la possibilità che l'atto costitutivo preveda l'attribuzione a singoli soci di particolari diritti riguardanti l'amministrazione della società o la distribuzione degli utili.

Salvo diversa disposizione dell'atto costitutivo e salvo in ogni caso quanto previsto dal primo comma dell'articolo 2473, i diritti previsti dal precedente comma possono essere modificati solo con il consenso di tutti i soci.

Nel caso di comproprietà di una partecipazione, i diritti dei comproprietari devono essere esercitati da un rappresentante comune nominato secondo le modalità previste dagli articoli 1105 e 1106. [Nel caso di pegno, usufrutto o sequestro delle partecipazioni si applica l'articolo 2352] (2).

(1) *Le parole*: «*sollecitazione all'investimento*» *sono state così sostituite dalle attuali*: «*offerta al pubblico di prodotti finanziari*» *dall'art. 5 del D.L.vo 28 marzo 2007, n. 51.*

(2) *L'ultimo periodo di questo comma è stato soppresso dall'art. 21 del D.L.vo 28 dicembre 2004, n. 310.*

2469. Trasferimento delle partecipazioni. – Le partecipazioni sono liberamente trasferibili (1) per atto tra vivi e per successione a causa di morte, salvo contraria disposizione dell'atto costitutivo.

Qualora l'atto costitutivo preveda l'intrasferibilità delle partecipazioni o ne subordini il trasferimento al gradimento di organi sociali, di soci o di terzi senza prevederne condizioni e limiti, o ponga condizioni o limiti che nel caso concreto impediscono il trasferimento a causa di morte, il socio o i suoi eredi possono esercitare il diritto di recesso ai sensi dell'articolo 2473. In tali casi l'atto costitutivo può stabilire un termine, non superiore a due anni dalla costituzione della società o dalla sottoscrizione della partecipazione, prima del quale il recesso non può essere esercitato.

(1) *La parola*: «*trasmissibili*» *è stata così sostituita dall'art. 5, lett.* nn), *del D.L.vo 6 febbraio 2004, n. 37.*

2470. Efficacia e pubblicità. – Il trasferimento delle partecipazioni ha effetto di fronte alla società dal momento del deposito di cui al (1) successivo comma.

L'atto di trasferimento, con sottoscrizione autenticata, deve essere depositato entro trenta giorni, a cura del notaio autenticante, presso l'ufficio del registro delle imprese nella cui circoscrizione è stabilita la sede sociale. [L'iscrizione del trasferimento nel libro dei soci ha luogo, su richiesta dell'alienante o dell'acquirente, verso esibizione del titolo da cui risultino il trasferimento e l'avvenuto deposito] (2). In caso di trasferimento a causa di morte il deposito è effettuato (3) a richiesta dell'erede o del legatario verso presentazione della documentazione richiesta per l'annotazione nel libro dei soci dei corrispondenti trasferimenti in materia di società per azioni (4).

Se la quota è alienata con successivi contratti a più persone, quella tra esse che per prima ha effettuato in buona fede l'iscrizione nel registro delle imprese è preferita alle altre, anche se il suo titolo è di data posteriore.

Quando l'intera partecipazione appartiene ad un solo socio o muta la persona dell'unico socio, gli amministratori devono depositare per l'iscrizione nel registro (5) delle imprese una dichiarazione contenente l'indicazione del cognome e nome o della denominazione, della data e del luogo di nascita o lo Stato (5) di costituzione, del domicilio o della sede e cittadinanza dell'unico socio.

Quando si costituisce o ricostituisce la pluralità dei soci, gli amministratori ne devono depositare apposita dichiarazione per l'iscrizione nel registro delle imprese.

L'unico socio o colui che cessa di essere tale può provvedere alla pubblicità prevista nei commi precedenti.

Le dichiarazioni degli amministratori previste dai commi quarto e quinto devono essere depositate entro trenta giorni dall'avvenuta variazione della compagine sociale (6).

(1) *Le parole: «dell'iscrizione nel libro dei soci secondo quanto previsto nel», sono state così sostituite dalle parole: «del deposito di cui al», dall'art. 16, comma 12* quater, *lett. a), del D.L. 29 novembre 2008, n. 185, convertito, con modificazioni, nella L. 28 gennaio 2009, n. 2, a decorrere dal sessantesimo giorno successivo all'entrata in vigore della legge di conversione. Entro tale termine, gli amministratori delle società a responsabilità limitata depositano, con esenzione da ogni imposta e tassa, apposita dichiarazione per integrare le risultanze del registro delle imprese con quelle del libro dei soci.*

(2) *Questo periodo è stato soppresso dall'art. 16, comma 12* quater, *lett. b), del D.L. 29 novembre 2008, n. 185, convertito, con modificazioni, nella L. 28 gennaio 2009, n. 2, a decorrere dal sessantesimo giorno successivo all'entrata in vigore della legge di conversione. Entro tale termine, gli amministratori delle società a responsabilità limitata depositano, con esenzione da ogni imposta e tassa, apposita dichiarazione per integrare le risultanze del registro delle imprese con quelle del libro dei soci.*

(3) *Le parole: «e l'iscrizione sono effettuati», sono state così sostituite dalle parole: «è effettuato», dall'art. 16, comma 12* quater, *lett. b), del D.L. 29 novembre 2008, n. 185, convertito, con modificazioni, nella L. 28 gennaio 2009, n. 2, a decorrere dal sessantesimo giorno successivo all'entrata in vigore della legge di conversione. Entro tale termine, gli amministratori delle società a responsabilità limitata depositano, con esenzione da ogni imposta e tassa, apposita dichiarazione per integrare le risultanze del registro delle imprese con quelle del libro dei soci.*

(4) *Si veda l'art. 36, comma 1 bis, del D.L. 25 giugno 2008, n. 112, convertito, con modificazioni, nella L. 6 agosto 2008, n. 133 che così dispone:*

«1 bis. L'atto di trasferimento di cui al secondo comma dell'articolo 2470 del codice civile può essere sottoscritto con firma digitale, nel rispetto della normativa anche regolamentare concernente la sottoscrizione dei documenti informatici, ed è depositato, entro trenta giorni, presso l'ufficio del registro delle imprese nella cui circoscrizione è stabilita la sede sociale, a cura di un intermediario abilitato ai sensi dell'articolo 31, comma 2 quater, *della legge 24 novembre 2000, n. 340. In tale caso, l'iscrizione del trasferimento nel libro dei soci ha luogo, su richiesta dell'alienante e dell'acquirente, dietro esibizione del titolo da cui risultino il trasferimento e l'avvenuto deposito, rilasciato dall'intermediario che vi ha provveduto ai sensi del presente comma. Resta salva la disciplina tributaria applicabile agli atti di cui al presente comma» (*).*

(*) *A norma dell'art. 14, comma 8, della L. 12 novembre 2011, n. 183, questo comma deve intendersi nel senso che l'atto di trasferimento delle partecipazioni di società a responsabilità limitata ivi disciplinato è in deroga al secondo comma dell'articolo 2470 del codice civile ed è sottoscritto con la firma digitale di cui all'articolo 24 del codice di cui al decreto legislativo 7 marzo 2005, n. 82.*

(5) *Ai sensi dell'art. 5, lett. oo), del D.L.vo 6 febbraio 2004, n. 37, le originarie parole: «l'iscrizione del registro» sono state sostituite dalle attuali: «l'iscrizione nel registro» e dopo le parole: «luogo di nascita o» sono state inserite le parole: «lo Stato».*

(6) *Questo comma è stato così sostituito dall'art. 16, comma 12* quater, *lett. c), del D.L. 29 novembre 2008, n. 185, convertito, con modificazioni, nella L. 28 gennaio 2009, n. 2, a decorrere dal sessantesimo giorno successivo all'entrata in vigore della legge di conversione. Entro tale termine, gli amministratori delle società a responsabilità limitata depositano, con esenzione da ogni imposta e tassa, apposita dichiarazione per integrare le risultanze del registro delle imprese con quelle del libro dei soci.*

2471. Espropriazione della partecipazione. – La partecipazione può formare oggetto di espropriazione. Il pignoramento si esegue mediante notificazione al debitore e alla società e successiva iscrizione nel registro delle imprese. [Gli amministratori procedono senza indugio all'annotazione nel libro dei soci] (1).

L'ordinanza del giudice che dispone la vendita della partecipazione deve essere notificata alla società a cura del creditore.

Se la partecipazione non è liberamente trasferibile e il creditore, il debitore e la società non si accordano sulla vendita della quota stessa, la vendita ha luogo all'incanto; ma la vendita è priva di effetto se, entro dieci giorni dall'aggiudicazione, la società presenta un altro acquirente che offra lo stesso prezzo.

Le disposizioni del comma precedente si applicano anche in caso di fallimento di un socio.

(1) *Le parole tra parentesi quadrate sono state soppresse dall'art. 16, comma 12* quinquies, *del D.L. 29 novembre 2008, n. 185, convertito, con modificazioni, nella L. 28 gennaio 2009, n. 2, a decorrere dal sessantesimo giorno successivo all'entrata in vigore della legge di conversione. Entro tale termine, gli amministratori delle società a responsabilità limitata depositano, con*

esenzione da ogni imposta e tassa, apposita dichiarazione per integrare le risultanze del registro delle imprese con quelle del libro dei soci.

2471 *bis*. Pegno, usufrutto e sequestro della partecipazione. – La partecipazione può formare oggetto di pegno, usufrutto e sequestro. Salvo quanto disposto dal terzo comma dell'articolo che precede, si applicano le disposizioni dell'articolo 2352.

2472. Responsabilità dell'alienante per i versamenti ancora dovuti. – Nel caso di cessione della partecipazione l'alienante è obbligato solidalmente con l'acquirente, per il periodo di tre anni dall'iscrizione del trasferimento nel registro delle imprese (1), per i versamenti ancora dovuti.

Il pagamento non può essere domandato all'alienante se non quando la richiesta al socio moroso è rimasta infruttuosa.

(1) *Le parole: «libro dei soci», sono state così sostituite dall'art. 16, comma 12* sexies, *del D.L. 29 novembre 2008, n. 185, convertito, con modificazioni, nella L. 28 gennaio 2009, n. 2, a decorrere dal sessantesimo giorno successivo all'entrata in vigore della legge di conversione. Entro tale termine, gli amministratori delle società a responsabilità limitata depositano, con esenzione da ogni imposta e tassa, apposita dichiarazione per integrare le risultanze del registro delle imprese con quelle del libro dei soci.*

2473. Recesso del socio. – L'atto costitutivo determina quando il socio può recedere dalla società e le relative modalità. In ogni caso il diritto di recesso compete ai soci che non hanno consentito al cambiamento dell'oggetto o del tipo di società, alla sua fusione o scissione, alla revoca dello stato di liquidazione [al trasferimento della sede all'estero] (1) alla eliminazione di una o più cause di recesso previste dall'atto costitutivo e al compimento di operazioni che comportano una sostanziale modificazione dell'oggetto della società determinato nell'atto costitutivo o una rilevante modificazione dei diritti attribuiti ai soci a norma dell'articolo 2468, quarto comma. Restano salve le disposizioni in materia di recesso per le società soggette ad attività di direzione e coordinamento.

Nel caso di società contratta a tempo indeterminato il diritto di recesso compete al socio in ogni momento e può essere esercitato con un preavviso di almeno centottanta giorni; l'atto costitutivo può prevedere un periodo di preavviso di durata maggiore purché non superiore ad un anno.

I soci che recedono dalla società hanno diritto di ottenere il rimborso della propria partecipazione in proporzione del patrimonio sociale. Esso a tal fine è determinato tenendo conto del suo valore di mercato al momento della dichiarazione di recesso; in caso di disaccordo la determinazione è compiuta tramite relazione giurata di un esperto nominato dal tribunale, che provvede anche sulle spese, su istanza della parte più diligente; si applica in tal caso il primo comma dell'articolo 1349.

Il rimborso delle partecipazioni per cui è stato esercitato il diritto di recesso deve essere eseguito entro centottanta giorni dalla comunicazione del medesimo fatta alla società. Esso può avvenire anche mediante acquisto da parte degli altri soci proporzionalmente alle loro partecipazioni oppure da parte di un terzo concordemente individuato da soci medesimi. Qualora ciò non avvenga, il rimborso è effettuato utilizzando riserve disponibili o, in mancanza, (2) corrispondentemente riducendo il capitale sociale; in quest'ultimo caso si applica l'articolo 2482 e, qualora sulla base di esso non risulti possibile il rimborso della partecipazione del socio receduto, la società viene posta in liquidazione.

Il recesso non può essere esercitato e, se già esercitato, è privo di efficacia, se la società revoca la delibera che lo legittima ovvero se è deliberato lo scioglimento della società.

(1) *Le parole tra parentesi quadrate sono state soppresse dall'art. 51, comma 2, del D.L.vo 2 marzo 2023, n. 19.*

A norma dell'art. 56, comma 2, del medesimo decreto legislativo, l'articolo 51 si applica a decorrere dalla data di entrata in vigore del predetto decreto (22 marzo 2023). La società che ha trasferito la sede statutaria all'estero prima di tale data mantenendo l'iscrizione nel registro delle imprese continua a essere regolata dalla legge italiana e, ai fini della giurisdizione e della legge applicabile, la sua sede si considera ubicata presso il registro delle imprese presso il quale ha mantenuto l'iscrizione.

(2) *Le parole: «in mancanza» sono state così sostituite dalle attuali: «, in mancanza,» dall'art. 5, lett.* pp), *del D.L.vo 6 febbraio 2004, n. 37.*

2473 *bis*. Esclusione del socio. – L'atto costitutivo può prevedere specifiche ipotesi di esclusione per giusta causa del socio. In tal caso si applicano le disposizioni del precedente articolo, esclusa la possibilità del rimborso della partecipazione mediante riduzione del capitale sociale.

2474. Operazioni sulle proprie partecipazioni. – In nessun caso la società può acquistare o accettare in garanzia partecipazioni proprie, ovvero accordare prestiti o fornire garanzia per il loro acquisto o la loro sottoscrizione.

Sezione III
Dell'amministrazione della società e dei controlli

2475. Amministrazione della società. – L'istituzione degli assetti di cui all'articolo 2086, secondo comma, spetta esclusivamente agli amministratori. Salvo diversa disposizione dell'atto costitutivo, l'amministrazione della società è affidata a uno o più soci nominati con decisione dei soci presa ai sensi dell'articolo 2479. Si applica l'articolo 2382 (1) (2).

All'atto di nomina degli amministratori si applicano il primo, (3) quarto e quinto comma dell'articolo 2383.

Quando l'amministrazione è affidata a più persone, queste costituiscono il consiglio di amministrazione. L'atto costitutivo può tuttavia prevedere, salvo quanto disposto nell'ultimo comma del presente articolo, che l'amministrazione sia ad esse affidata disgiuntamente oppure congiuntamente; in tali casi si applicano, rispettivamente, gli articoli 2257 e 2258.

Qualora sia costituito un consiglio di amministrazione, l'atto costitutivo può prevedere che le decisioni siano adottate mediante consultazione scritta o sulla base del consenso espresso per iscritto. In tal caso dai documenti sottoscritti dagli amministratori devono risultare con chiarezza l'argomento oggetto della decisione ed il consenso alla stessa.

La redazione del progetto di bilancio e dei progetti di fusione o scissione, nonché le decisioni di aumento del capitale ai sensi dell'articolo 2481 sono in ogni caso di competenza dell'organo amministrativo.

Si applica, in quanto compatibile, l'articolo 2381 (4).

(1) *Questo periodo è stato aggiunto dall'art. 6, comma 1, lett. a), del D.L.vo 8 novembre 2021, n. 183.*

(2) *Questo comma è stato, da ultimo, così sostituito dall'art. 40, comma 4, del D.L.vo 26 ottobre 2020, n. 147.*

(3) *Le parole: «primo,» sono state aggiunte dall'art. 6, comma 1, lett. b), del D.L.vo 8 novembre 2021, n. 183.*

(4) *Questo comma è stato aggiunto dall'art. 377, comma 5, del D.L.vo 12 gennaio 2019, n. 14.*

A norma dell'art. 389, comma 2, del medesimo provvedimento, tali disposizioni entrano in vigore il trentesimo giorno successivo alla data di pubblicazione in Gazzetta Ufficiale *del suddetto decreto (Suppl. ord. alla G.U. n. 38 del 14 febbraio 2019).*

2475 *bis*. Rappresentanza della società. – Gli amministratori hanno la rappresentanza generale della società.

Le limitazioni ai poteri degli amministratori che risultano dall'atto costitutivo o dall'atto di nomina, anche se pubblicate, non sono opponibili ai terzi, salvo che si provi che questi abbiano intenzionalmente agito a danno della società.

2475 *ter*. Conflitto di interessi. – I contratti conclusi dagli amministratori che hanno la rappresentanza della società in conflitto di interessi, per conto proprio o di terzi, con la medesima possono essere annullati su domanda della società, se il conflitto era conosciuto o riconoscibile dal terzo.

Le decisioni adottate dal consiglio di amministrazione con il voto determinante di un amministratore in conflitto di interessi con la società, qualora le cagionino un danno patrimoniale, possono essere impugnate entro novanta giorni dagli amministratori e, ove esistenti, dai soggetti previsti dall'articolo 2477. In ogni caso sono salvi i diritti acquistati in buona fede dai terzi in base ad atti compiuti in esecuzione della decisione.

2476. Responsabilità degli amministratori e controllo dei soci. – Gli amministratori sono solidalmente responsabili verso la società dei danni derivanti dall'inosservanza dei doveri ad essi imposti dalla legge e dall'atto costitutivo per l'amministrazione della società. Tuttavia la responsabilità non si estende a quelli che dimostrino di essere esenti da colpa e, essendo a cognizione che l'atto si stava per compiere, abbiano fatto constare del proprio dissenso.

I soci che non partecipano all'amministrazione hanno diritto di avere dagli amministratori notizie sullo svolgimento degli affari sociali e di consultare, anche tramite professionisti di loro fiducia, i libri sociali ed i documenti relativi all'amministrazione.

L'azione di responsabilità contro gli amministratori è promossa da ciascun socio, il quale può altresì chiedere, in caso di gravi irregolarità nella gestione della società, che sia adottato provvedimento cautelare di revoca degli amministratori medesimi. In tal caso il giudice può subordinare il provvedimento alla prestazione di apposita cauzione.

In caso di accoglimento della domanda la società, salvo il suo diritto di regresso nei confronti degli amministratori, rimborsa agli attori le spese di giudizio e quelle da essi sostenute per l'accertamento dei fatti.

Salvo diversa disposizione dell'atto costitutivo, l'azione di responsabilità contro gli amministratori può essere oggetto di rinuncia o transazione da parte della società, purché vi consenta una maggioranza dei soci rappresentante almeno i due terzi del capitale sociale e purché non si oppongano tanti soci che rappresentano almeno il decimo del capitale sociale.

Gli amministratori rispondono verso i creditori sociali per l'inosservanza degli obblighi inerenti alla conservazione dell'integrità del patrimonio sociale. L'azione può essere proposta dai creditori quando il patrimonio sociale risulta insufficiente al soddisfacimento dei loro crediti. La rinunzia all'azione da parte della società non impedisce l'esercizio dell'azione da parte dei creditori sociali. La transazione può essere impugnata dai creditori sociali soltanto con l'azione revocatoria quando ne ricorrono gli estremi (1).

Le disposizioni dei precedenti commi non pregiudicano il diritto al risarcimento dei danni spettante al singolo socio o al terzo che sono stati direttamente danneggiati da atti dolosi o colposi degli amministratori.

Sono altresì solidalmente responsabili con gli amministratori, ai sensi dei precedenti commi, i soci che hanno intenzionalmente deciso o autorizzato il compimento di atti dannosi per la società, i soci o i terzi.

L'approvazione del bilancio da parte dei soci non implica liberazione degli amministratori e dei sindaci per le responsabilità incorse nella gestione sociale.

(1) *Questo comma è stato inserito dall'art. 378, comma 1, del D.L.vo 12 gennaio 2019, n. 14.*

A norma dell'art. 389, comma 2, del medesimo provvedimento, tali disposizioni entrano in vigore il trentesimo giorno successivo alla data di pubblicazione in Gazzetta Ufficiale *del suddetto decreto (Suppl. ord. alla G.U. n. 38 del 14 febbraio 2019).*

2477. (1) **Sindaco e revisione legale dei conti.** – L'atto costitutivo può prevedere, determinandone le competenze e i poteri, ivi compresa la revisione legale dei conti, la nomina di un organo di controllo o di un revisore. Se lo statuto non dispone diversamente, l'organo di controllo è costituito da un solo membro effettivo (2).

[La nomina dell'organo di controllo o del revisore è obbligatoria se il capitale sociale non è inferiore a quello minimo stabilito per le società per azioni] (3).

La nomina dell'organo di controllo o del revisore è obbligatoria se la società:

a) è tenuta alla redazione del bilancio consolidato;

b) controlla una società obbligata alla revisione legale dei conti;

c) ha superato per due esercizi consecutivi almeno uno dei seguenti limiti:

1) totale dell'attivo dello stato patrimoniale: 4 milioni di euro;

2) ricavi delle vendite e delle prestazioni: 4 milioni di euro;

3) dipendenti occupati in media durante l'esercizio: 20 unità (4).

L'obbligo di nomina dell'organo di controllo o del revisore di cui alla lettera *c*) del secondo comma cessa quando, per tre esercizi consecutivi, non è superato alcuno dei predetti limiti (4).

Nel caso di nomina di un organo di controllo, anche monocratico, si applicano le disposizioni sul collegio sindacale previste per le società per azioni (5).

L'assemblea che approva il bilancio in cui vengono superati i limiti indicati al secondo comma (6) deve provvedere, entro trenta giorni, alla nomina dell'organo di controllo o del revisore. Se l'assemblea non provvede, alla nomina provvede il tribunale su richiesta di qualsiasi soggetto interessato o su segnalazione del conservatore del registro delle imprese (7).

Si applicano le disposizioni dell'articolo 2409 anche se la società è priva di organo di controllo (8).

(1) *Questo articolo è stato così sostituito dall'art. 14, comma 13, della L. 12 novembre 2011, n. 183, a decorrere dal 1° gennaio 2012.*

(2) *Questo comma è stato così sostituito dall'art. 35, comma 2, lett. a), del D.L. 9 febbraio 2012, n. 5, convertito, con modificazioni, nella L. 4 aprile 2012, n. 35.*

(3) *Questo comma è stato abrogato dall'art. 20, comma 8, del D.L. 24 giugno 2014, n. 91, convertito, con modificazioni, nella L. 11 agosto 2014, n. 116.*

(4) *Questo comma è stato, da ultimo, così sostituito dall'art. 2 bis, comma 2, del D.L. 18 aprile 2019, n. 32, convertito, con modificazioni, nella L. 14 giugno 2019, n. 55, a decorrere dal 18 giugno 2019.*

(5) *Questo comma è stato così sostituito dall'art. 35, comma 2, lett. c), del D.L. 9 febbraio 2012, n. 5, convertito, con modificazioni, nella L. 4 aprile 2012, n. 35.*

(6) *Le parole: «limiti indicati al terzo comma» sono state così sostituite dalle attuali: «limiti indicati al secondo comma», dall'art. 2 bis, comma 3, del D.L. 18 aprile 2019, n. 32, convertito, con modificazioni, nella L. 14 giugno 2019, n. 55, a decorrere dal 18 giugno 2019.*

(7) *Le parole: «o su segnalazione del conservatore del registro delle imprese» sono state aggiunte dall'art. 379, comma 2, del D.L.vo 12 gennaio 2019, n. 14.*

A norma dell'art. 389, comma 2, del medesimo provvedimento, tali disposizioni entrano in vigore il trentesimo giorno successivo alla data di pubblicazione in Gazzetta Ufficiale *del suddetto decreto (Suppl. ord. alla G.U. n. 38 del 14 febbraio 2019).*

(8) *Questo comma è stato aggiunto dall'art. 379, comma 2, del D.L.vo 12 gennaio 2019, n. 14.*

A norma dell'art. 389, comma 2, del medesimo provvedimento, tali disposizioni entrano in vigore il tren-

tesimo giorno successivo alla data di pubblicazione in Gazzetta Ufficiale *del suddetto decreto (Suppl. ord. alla G.U. n. 38 del 14 febbraio 2019).*

2478. Libri sociali obbligatori. – Oltre i libri e le altre scritture contabili prescritti nell'articolo 2214, la società deve tenere:

[1) il libro dei soci, nel quale devono essere indicati il nome dei soci, la partecipazione di spettanza di ciascuno, i versamenti fatti sulle partecipazioni, nonché le variazioni nelle persone dei soci] (1);

2) il libro delle decisioni dei soci, nel quale sono trascritti senza indugio sia i verbali delle assemblee, anche se redatti per atto pubblico, sia le decisioni prese ai sensi del primo periodo del terzo comma dell'articolo 2479; la relativa documentazione è conservata dalla società;

3) il libro delle decisioni degli amministratori;

4) il libro delle decisioni del collegio sindacale nominato (2) ai sensi dell'articolo 2477.

I libri indicati nei numeri 2) e 3) del primo comma (3) devono essere tenuti a cura degli amministratori; il libro indicato nel numero 4) del primo comma deve essere tenuto (4) a cura dei sindaci [o del revisore] (5).

I contratti della società con l'unico socio o le operazioni a favore dell'unico socio sono opponibili ai creditori della società solo se risultano dal libro indicato nel numero 3 del primo comma o da atto scritto avente data certa anteriore al pignoramento.

(1) *Questo numero è stato abrogato dall'art. 16, comma 12 septies, lett. a), del D.L. 29 novembre 2008, n. 185, convertito, con modificazioni, nella L. 28 gennaio 2009, n. 2, a decorrere dal sessantesimo giorno successivo all'entrata in vigore della legge di conversione. Entro tale termine, gli amministratori delle società a responsabilità limitata depositano, con esenzione da ogni imposta e tassa, apposita dichiarazione per integrare le risultanze del registro delle imprese con quelle del libro dei soci.*

(2) *Le parole: «o del revisore nominati» sono state così sostituite dalle attuali: «nominato» dall'art. 37, comma 27, del D.L.vo 27 gennaio 2010, n. 39.*

(3) *Le parole: «I primi tre libri», sono state così sostituite dalle parole: «I libri indicati nei numeri 2) e 3) del primo comma», dall'art. 16, comma 12 septies, lett. b), del D.L. 29 novembre 2008, n. 185, convertito, con modificazioni, nella L. 28 gennaio 2009, n. 2, a decorrere dal sessantesimo giorno successivo all'entrata in vigore della legge di conversione. Entro tale termine, gli amministratori delle società a responsabilità limitata depositano, con esenzione da ogni imposta e tassa, apposita dichiarazione per integrare le risultanze del registro delle imprese con quelle del libro dei soci.*

(4) *Le parole: «e il quarto», sono state così sostituite dalle parole: «; il libro indicato nel numero 4) del primo comma deve essere tenuto», dall'art. 16, comma 12 septies, lett. b), del D.L. 29 novembre 2008, n. 185, convertito, con modificazioni, nella L. 28 gennaio 2009, n. 2, a decorrere dal sessantesimo giorno successivo all'entrata in vigore della legge di conversione. Entro tale termine, gli amministratori delle società a responsabilità limitata depositano, con esenzione da ogni imposta e tassa, apposita dichiarazione per integrare le risultanze del registro delle imprese con quelle del libro dei soci.*

(5) *Le parole fra parentesi quadrate sono state soppresse dall'art. 37, comma 27, del D.L.vo 27 gennaio 2010, n. 39.*

2478 *bis*. (1) Bilancio e distribuzione degli utili ai soci. – Il bilancio deve essere redatto con l'osservanza delle disposizioni di cui alla sezione IX, del capo V del presente libro (2). Esso è presentato ai soci entro il termine stabilito dall'atto costitutivo e comunque non superiore a centoventi giorni dalla chiusura dell'esercizio sociale, salva la possibilità di un maggior termine nei limiti ed alle condizioni previsti dal secondo comma dell'articolo 2364.

Entro trenta giorni dalla decisione dei soci di approvazione del bilancio deve essere depositata (3) presso l'ufficio del registro delle imprese, a norma dell'articolo 2435, copia del bilancio approvato [e l'elenco dei soci e degli altri titolari di diritti sulle partecipazioni sociali] (4).

La decisione dei soci che approva il bilancio decide sulla distribuzione degli utili ai soci.

Possono essere distribuiti esclusivamente gli utili realmente conseguiti e risultanti da bilancio regolarmente approvato.

Se si verifica una perdita del capitale sociale, non può farsi luogo a ripartizione (5) degli utili fino a che il capitale non sia reintegrato o ridotto in misura corrispondente.

Gli utili erogati in violazione delle disposizioni del presente articolo non sono ripetibili se i soci li hanno riscossi in buona fede in base a bilancio regolarmente approvato, da cui risultano utili netti corrispondenti.

(1) *A norma dell'art. 14, comma 9, della L. 12 novembre 2011, n. 183, a partire dal 1° gennaio 2012, le società a responsabilità limitata che non abbiano nominato il collegio sindacale possono redigere il bilancio secondo uno schema semplificato. Con decreto del Ministro dell'economia e delle finanze, da adottare entro novanta giorni dalla data di entrata in vigore della presente legge, sono definite le voci e la struttura che compongono lo schema di bilancio semplificato e le modalità di attuazione del presente comma.*

(2) *Il primo periodo di questo comma: «Il bilancio deve essere redatto con l'osservanza degli articoli da 2423, 2423 bis, 2423 ter, 2424, 2424 bis, 2425, 2425 bis, 2426, 2427, 2428, 2429, 2430 e 2431, salvo quanto disposto dall'articolo 2435 bis» è stato così sostituito dall'attuale, dall'art. 6, comma 14, del D.L.vo 18 agosto 2015, n. 139.*

A norma dell'art. 12, comma 1, del predetto decreto, tale disposizione entra in vigore dal 1° gennaio 2016 e si applica ai bilanci relativi agli esercizi finanziari aventi inizio a partire da quella data.

(3) *Le parole: «devono essere depositati», sono state così sostituite dalle parole: «deve essere depositata», dall'art. 16, comma 12* octies, *del D.L. 29 novembre 2008, n. 185, convertito, con modificazioni, nella L. 28 gennaio 2009, n. 2, a decorrere dal sessantesimo giorno successivo all'entrata in vigore della legge di conversione. Entro tale termine, gli amministratori delle società a responsabilità limitata depositano, con esenzione da ogni imposta e tassa, apposita dichiarazione per integrare le risultanze del registro delle imprese con quelle del libro dei soci.*

(4) *Le parole tra parentesi quadrate sono state soppresse dall'art. 16, comma 12* octies, *del D.L. 29 novembre 2008, n. 185, convertito, con modificazioni, nella L. 28 gennaio 2009, n. 2, a decorrere dal sessantesimo giorno successivo all'entrata in vigore della legge di conversione. Entro tale termine, gli amministratori delle società a responsabilità limitata depositano, con esenzione da ogni imposta e tassa, apposita dichiarazione per integrare le risultanze del registro delle imprese con quelle del libro dei soci.*

(5) *La parola: «distribuzione» è stata così sostituita dall'art. 5, lett.* rr), *del D.L.vo 6 febbraio 2004, n. 37.*

Sezione IV
Delle decisioni dei soci

2479. Decisioni dei soci. – I soci decidono sulle materie riservate alla loro competenza dall'atto costitutivo, nonché sugli argomenti che uno o più amministratori o tanti soci che rappresentano almeno un terzo del capitale sociale sottopongono alla loro approvazione (1).

In ogni caso sono riservate alla competenza dei soci:

1) l'approvazione del bilancio e la distribuzione degli utili;

2) la nomina, se prevista nell'atto costitutivo, degli amministratori;

3) la nomina nei casi previsti dall'articolo 2477 dei sindaci e del presidente del collegio sindacale o del soggetto incaricato di effettuare la revisione legale dei conti (2);

4) le modificazioni dell'atto costitutivo;

5) la decisione di compiere operazioni che comportano una sostanziale modificazione dell'oggetto sociale determinato nell'atto costitutivo o una rilevante modificazione dei diritti dei soci.

L'atto costitutivo può prevedere che le decisioni dei soci siano adottate mediante consultazione scritta o sulla base del consenso espresso per iscritto. In tal caso dai documenti sottoscritti dai soci devono risultare con chiarezza l'argomento oggetto della decisione ed il consenso alla stessa.

Qualora nell'atto costitutivo non vi sia la previsione di cui al terzo comma e comunque (3) con riferimento alle materie indicate nei numeri 4) e 5) del secondo comma del presente articolo nonché nel caso previsto dal quarto comma dell'articolo 2482 *bis* (4) oppure quando lo richiedono uno o più amministratori o un numero di soci che rappresentano almeno un terzo del capitale sociale, le decisioni dei soci debbono essere adottate mediante deliberazione assembleare ai sensi dell'articolo 2479 *bis*.

Ogni socio ha diritto di partecipare alle decisioni previste dal presente articolo ed il suo voto vale in misura proporzionale alla sua partecipazione.

Salvo diversa disposizione dell'atto costitutivo, le decisioni dei soci sono prese con il voto favorevole di una maggioranza che rappresenti almeno la metà del capitale sociale (5).

(1) *Il segno grafico: «:» è stato sostituito dall'attuale «.», dall'art. 5, lett.* ss), *n. 1, del D.L.vo 6 febbraio 2004, n. 37.*

(2) *Le parole: «del revisore» sono state così sostituite dalle attuali: «del soggetto incaricato di effettuare la revisione legale dei conti» dall'art. 37, comma 28, del D.L.vo 27 gennaio 2010, n. 39.*

(3) *Le parole: «in ogni caso» sono state sostituite dalla parola: «comunque» dall'art. 5, lett.* ss), *n. 2, del D.L.vo 6 febbraio 2004, n. 37.*

(4) *Le parole: «nonché nel caso previsto dal quarto comma dell'art. 2482* bis*» sono state aggiunte dall'art. 5, lett.* ss), *n. 2, del D.L.vo 6 febbraio 2004, n. 37.*

(5) *Questo comma è stato così sostituito dall'art. 5, lett.* ss), *n. 3, del D.L.vo 6 febbraio 2004, n. 37.*

2479 *bis*. Assemblea dei soci. – L'atto costitutivo determina i modi di convocazione dell'assemblea dei soci, tali comunque da assicurare la tempestiva informazione sugli argomenti da trattare. In mancanza la convocazione è effettuata mediante lettera raccomandata spedita ai soci almeno otto giorni prima dell'adunanza nel domicilio risultante dal registro delle imprese (1).

Se l'atto costitutivo non dispone diversamente, il socio può farsi rappresentare in assemblea e la relativa documentazione è conservata secondo quanto prescritto dall'articolo 2478, primo comma, numero 2).

Salvo diversa disposizione dell'atto costitutivo l'assemblea si riunisce presso la sede sociale ed è regolarmente costituita con la presenza di tanti soci che rappresentano almeno la metà del capitale sociale e delibera a maggioranza assoluta e, nei casi previsti dai numeri 4) e 5) del secondo comma dell'articolo 2479, con il voto favorevole dei soci che rappresentano almeno la metà del capitale sociale.

L'assemblea è presieduta dalla persona indicata nell'atto costitutivo o, in mancanza, da quella designata dagli intervenuti. Il presidente dell'assemblea verifica la regolarità della costituzione, accerta l'identità e la legittimazione dei presenti, regola il suo svolgimento ed accerta i risultati delle votazioni; degli esiti di tali accertamenti deve essere dato conto nel verbale.

In ogni caso la deliberazione s'intende adottata quando ad essa partecipa l'intero capitale sociale e tutti gli amministratori e sindaci sono presenti o informati della riunione e nessuno si oppone alla trattazione dell'argomento.

(1) *Le parole: «libro dei soci», sono state così sostituite dalle parole: «registro delle imprese», dall'art. 16, comma 12 novies, del D.L. 29 novembre 2008, n. 185, convertito, con modificazioni, nella L. 28 gennaio 2009, n. 2, a decorrere dal sessantesimo giorno successivo all'entrata in vigore della legge di conversione. Entro tale termine, gli amministratori delle società a responsabilità limitata depositano, con esenzione da ogni imposta e tassa, apposita dichiarazione per integrare le risultanze del registro delle imprese con quelle del libro dei soci.*

2479 *ter*. Invalidità delle decisioni dei soci. – Le decisioni dei soci che non sono prese in conformità della legge o dell'atto costitutivo possono essere impugnate dai soci che non vi hanno consentito, da ciascun amministratore e dal collegio sindacale entro novanta giorni dalla loro trascrizione nel libro delle decisioni dei soci. Il tribunale, qualora ne ravvisi l'opportunità e ne sia fatta richiesta dalla società o da chi ha proposto l'impugnativa, può assegnare un termine non superiore a centottanta giorni per l'adozione di una nuova decisione idonea ad eliminare la causa di invalidità.

Qualora possano recare danno alla società, sono impugnabili a norma del precedente comma le decisioni assunte con la partecipazione determinante di soci che hanno, per conto proprio o di terzi, un interesse in conflitto con quello della società.

Le decisioni aventi oggetto illecito o impossibile e quelle prese in assenza assoluta di informazione possono essere impugnate da chiunque vi abbia interesse entro tre anni dalla trascrizione indicata nel primo periodo del primo (1) comma. Possono essere impugnate senza limiti di tempo le deliberazioni che modificano l'oggetto sociale prevedendo attività impossibili o illecite.

Si applicano, in quanto compatibili, gli articoli 2377, primo, quinto, settimo, ottavo e nono comma, (2) 2378, 2379 *bis*, 2379 *ter* e 2434 *bis*.

(1) *L'originaria parola: «secondo» è stata così sostituita dall'attuale: «primo» dall'art. 22 del D.L.vo 28 dicembre 2004, n. 310.*

(2) *Le parole: «quarto, sesto, settimo e ottavo comma,» sono state così sostituite dall'articolo 5, lett. tt) del D.L.vo 6 febbraio 2004, n. 37.*

Sezione V
Delle modificazioni dell'atto costitutivo

2480. Modificazioni dell'atto costitutivo. – Le modificazioni dell'atto costitutivo sono deliberate dall'assemblea dei soci a norma dell'articolo 2479 *bis*. Il verbale è redatto da notaio e si applica l'articolo 2436.

2481. Aumento di capitale. – L'atto costitutivo può attribuire agli amministratori la facoltà di aumentare il capitale sociale, determinandone i limiti e le modalità di esercizio; la decisione degli amministratori, che deve risultare da verbale redatto senza indugio da notaio, deve essere depositata ed iscritta a norma dell'articolo 2436.

La decisione di aumentare il capitale sociale non può essere attuata fin quando i conferimenti precedentemente dovuti non sono stati integralmente eseguiti.

2481 *bis*. Aumento di capitale mediante nuovi conferimenti. – In caso di decisione di aumento del capitale sociale mediante nuovi conferimenti spetta ai soci il diritto di sottoscriverlo in proporzione delle partecipazioni da essi possedute. L'atto costitutivo può prevedere, salvo per il caso di cui all'articolo 2482 *ter*, che l'aumento di capitale possa essere attuato anche mediante offerta di quote di nuova emissione a terzi; in tal caso spetta ai soci che non hanno consentito alla decisione il diritto di recesso a norma dell'articolo 2473.

La decisione di aumento di capitale prevede l'eventuale soprapprezzo e le modalità ed i termini entro i quali può essere esercitato il diritto di sottoscrizione. Tali termini non possono essere inferiori a trenta giorni dal momento in cui viene comunicato ai soci che l'aumento di capitale può essere sottoscritto. La decisione può anche consentire, disciplinandone le modalità, che la parte dell'aumento di capitale non sottoscritta da uno o più soci sia sottoscritta dagli altri soci o da terzi.

Se l'aumento di capitale non è integralmente sottoscritto nel termine stabilito dalla decisione, il capitale è aumentato di un importo pari alle sottoscrizioni raccolte soltanto se la deliberazione medesima lo abbia espressamente consentito.

Salvo quanto previsto dal secondo periodo del quarto comma e dal sesto comma dell'articolo 2464, i sottoscrittori dell'aumento di capitale devono, all'atto della sottoscrizione, versare alla società almeno il venticinque per cento della parte di capitale sottoscritta e, se previsto, l'intero soprapprezzo. Per i conferimenti di beni in natura o di crediti si applica quanto disposto dal quinto comma dell'articolo 2464.

Se l'aumento di capitale è sottoscritto dall'unico socio, il conferimento in danaro deve essere integralmente versato all'atto della sottoscrizione.

Nei trenta giorni dall'avvenuta sottoscrizione gli amministratori devono depositare per l'iscrizione nel registro delle imprese un'attestazione che l'aumento di capitale è stato eseguito.

2481 *ter*. Passaggio di riserve a capitale. – La società può aumentare il capitale imputando ad esso le riserve e gli altri fondi iscritti in bilancio in quanto disponibili.

In questo caso la quota di partecipazione di ciascun socio resta immutata.

2482. Riduzione del capitale sociale. – La riduzione del capitale sociale può avere luogo, nei limiti previsti dal numero 4) dell'articolo 2463, mediante rimborso ai soci delle quote pagate o mediante liberazione di essi dall'obbligo dei versamenti ancora dovuti.

La decisione dei soci di ridurre il capitale sociale può essere eseguita soltanto dopo novanta giorni (1) dal giorno dell'iscrizione nel registro delle imprese della decisione medesima, purché entro questo termine nessun creditore sociale anteriore all'iscrizione abbia fatto opposizione.

Il tribunale, quando ritenga infondato il pericolo di pregiudizio per i creditori oppure la società abbia prestato un'idonea garanzia, dispone che l'esecuzione abbia luogo nonostante l'opposizione.

(1) *Le parole: «tre mesi» sono state così sostituite dall'art. 5, lett. uu), del D.L.vo 6 febbraio 2004, n. 37.*

2482 *bis*. Riduzione del capitale per perdite. – Quando risulta che il capitale è diminuito di oltre un terzo in conseguenza di perdite, gli amministratori devono senza indugio convocare l'assemblea dei soci per gli opportuni provvedimenti.

All'assemblea deve essere sottoposta una relazione degli amministratori sulla situazione patrimoniale della società, con le osservazioni nei casi previsti dall'articolo 2477 del collegio sindacale o del soggetto incaricato di effettuare la revisione legale dei conti (1). Se l'atto costitutivo non prevede diversamente, copia della relazione e delle osservazioni deve essere depositata nella sede della società almeno otto giorni prima dell'assemblea, perché i soci possano prenderne visione.

Nell'assemblea gli amministratori devono dare conto dei fatti di rilievo avvenuti dopo la redazione della relazione prevista nel precedente comma.

Se entro l'esercizio successivo la perdita non risulta diminuita a meno di un terzo, deve essere convocata l'assemblea per l'approvazione del bilancio e per la riduzione del capitale in proporzione delle perdite accertate (2). In mancanza gli amministratori e i sindaci o il soggetto incaricato di effettuare la revisione legale dei conti (3) nominati ai sensi dell'articolo 2477 devono chiedere al tribunale che venga disposta la riduzione del capitale in ragione delle perdite risultanti dal bilancio (4).

Il tribunale, anche su istanza di qualsiasi interessato, provvede con decreto soggetto a reclamo, che deve essere iscritto nel registro delle imprese a cura degli amministratori (4).

Si applica, in quanto compatibile, l'ultimo comma dell'articolo 2446 (4).

(1) *Le parole: «o del revisore» sono state così sostituite dalle attuali: «o del soggetto incaricato di effettuare la revisione legale dei conti» dall'art. 37, comma 29, lett. a), del D.L.vo 27 gennaio 2010, n. 39.*

(2) *Le parole: «l'assemblea convocata per l'approvazione del bilancio deve ridurre il capitale in proporzione delle perdite accertate.» sono state così sostituite dall'art. 5, lett. vv), del D.L.vo 6 febbraio 2004, n. 37.*

(3) *Le parole: «o il revisore» sono state così sostituite dalle attuali: «o il soggetto incaricato di effettuare la revisione legale dei conti» dall'art. 37, comma 29, lett. b), del D.L.vo 27 gennaio 2010, n. 39.*

(4) *A norma dell'art. 8, comma 1, del D.L. 24 agosto 2021, n. 118, convertito, con modificazioni, nella L. 21 ottobre 2021, n. 147, con l'istanza di nomina dell'esperto, o con dichiarazione successivamente presentata con le modalità di cui all'articolo 5, comma 1 (*Accesso alla composizione negoziata e suo funzionamento*), l'imprenditore può dichiarare che, sino alla conclusione delle trattative o all'archiviazione dell'istanza di composizione negoziata, non si applicano nei suoi confronti gli articoli 2446, secondo e terzo comma, 2447, 2482 bis, quarto, quinto e sesto comma, e 2482 ter di cui a questo codice, e non si verifica la causa di scioglimento della società per riduzione o perdita del capitale*

sociale di cui agli articoli 2484, primo comma, numero 4), e 2545 duodecies del codice civile. A tal fine, l'istanza o la dichiarazione sono pubblicate nel registro delle imprese e gli effetti di cui al primo periodo decorrono dalla pubblicazione.

2482 *ter*. (1) **Riduzione del capitale al disotto del minimo legale.** – Se, per la perdita di oltre un terzo del capitale, questo si riduce al disotto del minimo stabilito dal numero 4) dell'articolo 2463, gli amministratori devono senza indugio convocare l'assemblea per deliberare la riduzione del capitale ed il contemporaneo aumento del medesimo ad una cifra non inferiore al detto minimo.

È fatta salva la possibilità di deliberare la trasformazione della società.

(1) *A norma dell'art. 8, comma 1, del D.L. 24 agosto 2021, n. 118, convertito, con modificazioni, nella L. 21 ottobre 2021, n. 147, con l'istanza di nomina dell'esperto, o con dichiarazione successivamente presentata con le modalità di cui all'articolo 5, comma 1* (Accesso alla composizione negoziata e suo funzionamento)*, l'imprenditore può dichiarare che, sino alla conclusione delle trattative o all'archiviazione dell'istanza di composizione negoziata, non si applicano nei suoi confronti gli articoli 2446, secondo e terzo comma, 2447, 2482 bis, quarto, quinto e sesto comma, e 2482 ter di cui a questo codice, e non si verifica la causa di scioglimento della società per riduzione o perdita del capitale sociale di cui agli articoli 2484, primo comma, numero 4), e 2545 duodecies del codice civile. A tal fine, l'istanza o la dichiarazione sono pubblicate nel registro delle imprese e gli effetti di cui al primo periodo decorrono dalla pubblicazione.*

2482 *quater*. Riduzione del capitale per perdite e diritti dei soci. – In tutti i casi di riduzione del capitale per perdite è esclusa ogni modificazione delle quote di partecipazione e dei diritti spettanti ai soci.

2483. Emissione di titoli di debito. – Se l'atto costitutivo lo prevede, la società può emettere titoli di debito. In tal caso l'atto costitutivo attribuisce la relativa competenza ai soci o agli amministratori determinando gli eventuali limiti, le modalità e le maggioranze necessarie per la decisione.

I titoli emessi ai sensi del precedente comma possono essere sottoscritti soltanto da investitori professionali soggetti a vigilanza prudenziale a norma delle leggi speciali. In caso di successiva circolazione dei titoli di debito, chi li trasferisce risponde della solvenza della società nei confronti degli acquirenti che non siano investitori professionali ovvero soci della società medesima.

La decisione di emissione dei titoli prevede le condizioni del prestito e le modalità del rimborso ed è iscritta a cura degli amministratori presso il registro delle imprese. Può altresì prevedere che, previo consenso della maggioranza dei possessori dei titoli, la società possa modificare tali condizioni e modalità.

Restano salve le disposizioni di leggi speciali relative a particolari categorie di società e alle riserve di attività.

Capo VIII
Scioglimento e liquidazione delle società di capitali (1)

(1) *Questo Capo è stato così sostituito dall'art. 4 del D.L.vo 17 gennaio 2003, n. 6, rettificato e corretto con avviso pubblicato in* Gazzetta Ufficiale *Serie gen. - n. 153 del 4 luglio 2003 e di nuovo rettificato con avviso pubblicato in* Gazzetta Ufficiale *Serie gen. - n. 165 del 18 luglio 2003, a decorrere dal 1° gennaio 2004.*

2484. Cause di scioglimento. – Le società per azioni, in accomandita per azioni e a responsabilità limitata si sciolgono:

1) per il decorso del termine;

2) per il conseguimento dell'oggetto sociale o per la sopravvenuta impossibilità di conseguirlo, salvo che l'assemblea, all'uopo convocata senza indugio, non deliberi le opportune modifiche statutarie;

3) per l'impossibilità di funzionamento o per la continuata inattività dell'assemblea;

4) per la riduzione del capitale al disotto del minimo legale, salvo quanto è disposto dagli articoli 2447 e 2482 *ter* (1);

5) nelle ipotesi previste dagli articoli 2437 *quater* e 2473;

6) per deliberazione dell'assemblea;

7) per le altre cause previste dall'atto costitutivo o dallo statuto;

7 *bis*) per l'apertura della procedura di liquidazione giudiziale e della liquidazione controllata. Si applicano, in quanto compatibili, gli articoli 2487 e 2487 *bis* (2).

La società inoltre si scioglie per le altre cause previste dalla legge; in queste ipotesi le disposizioni dei seguenti articoli si applicano in quanto compatibili.

Gli effetti dello scioglimento si determinano, nelle ipotesi previste dai numeri 1), 2), 3), 4) e 5) del primo comma, alla data dell'iscrizione presso l'ufficio del registro delle imprese della dichiarazione con cui gli amministratori ne accertano la causa e, nell'ipotesi prevista dal numero 6) del medesimo comma, alla data dell'iscrizione della relativa deliberazione.

Quando l'atto costitutivo o lo statuto prevedono altre cause di scioglimento, essi devono determinare la competenza a deciderle od accertarle, e ad effettuare gli adempimenti pubblicitari di cui al precedente comma.

(1) *A norma dell'art. 8, comma 1, del D.L. 24 agosto 2021, n. 118, convertito, con modificazioni, nella L. 21 ottobre 2021, n. 147, con l'istanza di nomina dell'esperto, o con dichiarazione successivamente presentata con le modalità di cui all'articolo 5, comma 1* (Accesso alla composizione negoziata e suo funzionamento), *l'imprenditore può dichiarare che, sino alla conclusione delle trattative o all'archiviazione dell'istanza di composizione negoziata, non si applicano nei suoi confronti gli articoli 2446, secondo e terzo comma, 2447, 2482* bis, *quarto, quinto e sesto comma, e 2482* ter *di cui a questo codice, e non si verifica la causa di scioglimento della società per riduzione o perdita del capitale sociale di cui a questo numero, e 2545* duodecies *del codice civile. A tal fine, l'istanza o la dichiarazione sono pubblicate nel registro delle imprese e gli effetti di cui al primo periodo decorrono dalla pubblicazione.*

(2) *Questo numero è stato aggiunto dall'art. 380, comma 1, del D.L.vo 12 gennaio 2019, n. 14, così come modificato dall'art. 39, comma 1, del D.L.vo 26 ottobre 2020, n. 147, a decorrere dal 15 luglio 2022.*

NOTE OPERATIVE:

Effetti: Il verificarsi di una causa di scioglimento della società, non comportando la sua estinzione ma solo l'instaurazione del procedimento di liquidazione, al cui esito potrà seguire l'estinzione, non determina il venir meno della soggettività passiva ai tributi ed alle sanzioni, poiché l'ente continua ad esistere con la stessa individualità, struttura e organizzazione, sia pure con un restringimento della capacità, derivante dalla modificazione dello scopo che non è più quello dell'esercizio dell'impresa, bensì della sua liquidazione, attraverso la definizione dei rapporti di credito e di debito con i terzi (C.C. 32178/22 – Conf. C.C. 3221/99).

2485. Obblighi degli amministratori. – Gli amministratori devono senza indugio accertare il verificarsi di una causa di scioglimento e procedere agli adempimenti previsti dal terzo comma dell'articolo 2484. Essi, in caso di ritardo od omissione, sono personalmente e solidalmente responsabili per i danni subiti dalla società, dai soci, dai creditori sociali e dai terzi.

Quando gli amministratori omettono gli adempimenti di cui al precedente comma, il tribunale, su istanza di singoli soci o amministratori ovvero dei sindaci, accerta il verificarsi della causa di scioglimento, con decreto che deve essere iscritto a norma del terzo comma dell'articolo 2484.

NOTE OPERATIVE:

Responsabilità: Il ritardo o l'omissione, da parte degli amministratori di società di capitali, nell'accertamento della causa di scioglimento e nella sua iscrizione nel registro delle imprese determina responsabilità risarcitoria degli amministratori verso la società, i soci i creditori e i terzi se vi è prova di un danno (C.C. 11041/23).

2486. Poteri degli amministratori. – Al verificarsi di una causa di scioglimento e fino al momento della consegna di cui all'articolo 2487 *bis*, gli amministratori conservano il potere di gestire la società, ai soli fini della conservazione dell'integrità e del valore del patrimonio sociale.

Gli amministratori sono personalmente e solidalmente responsabili dei danni arrecati alla società, ai soci, ai creditori sociali ed ai terzi, per atti od omissioni compiuti in violazione del precedente comma.

Quando è accertata la responsabilità degli amministratori a norma del presente articolo, e salva la prova di un diverso ammontare, il danno risarcibile si presume pari alla differenza tra il patrimonio netto alla data in cui l'amministratore è cessato dalla carica o, in caso di apertura di una procedura concorsuale, alla data di apertura di tale procedura e il patrimonio netto determinato alla data in cui si è verificata una causa di scioglimento di cui all'articolo 2484, detratti i costi sostenuti e da sostenere, secondo un criterio di normalità, dopo il verificarsi della causa di scioglimento e fino al compimento della liquidazione. Se è stata aperta una procedura concorsuale e mancano le scritture contabili o se a causa dell'irregolarità delle stesse o per altre ragioni i netti patrimoniali non possono essere determinati, il danno è liquidato in misura pari alla differenza tra attivo e passivo accertati nella procedura (1).

(1) *Questo comma è stato aggiunto dall'art. 378, comma 2, del D.L.vo 12 gennaio 2019, n. 14.*

A norma dell'art. 389, comma 2, del medesimo provvedimento, tali disposizioni entrano in vigore il trentesimo giorno successivo alla data di pubblicazione in Gazzetta Ufficiale *del suddetto decreto (Suppl. ord. alla G.U. n. 38 del 14 febbraio 2019).*

2487. Nomina e revoca dei liquidatori; criteri di svolgimento della liquidazione. – Salvo che nei casi previsti dai numeri 2), 4) e 6) del primo comma dell'articolo 2484 non abbia già provveduto l'assemblea e salvo che l'atto costitutivo o lo statuto non dispongano in materia, gli amministratori, contestualmente all'accertamento della causa di scioglimento, debbono convocare l'assemblea dei soci perché deliberi, con le maggioranze previste per le modificazioni dell'atto costitutivo o dello statuto, su:

a) il numero dei liquidatori e le regole di funzionamento del collegio in caso di pluralità di liquidatori;

b) la nomina dei liquidatori, con indicazione di quelli cui spetta la rappresentanza della società;

c) i criteri in base ai quali deve svolgersi la liquidazione; i poteri dei liquidatori, con particolare riguardo alla cessione dell'azienda sociale, di rami di essa, ovvero anche di singoli beni o diritti, o blocchi di essi; gli atti necessari per la conservazione del valore dell'impresa, ivi compreso il suo esercizio provvisorio, anche di singoli rami, in funzione del migliore realizzo.

Se gli amministratori omettono la convocazione di cui al comma precedente, il tribunale vi provvede su istanza di singoli soci o amministratori, ovvero dei sindaci, e, nel caso in cui l'assemblea non si costituisca o non deliberi, adotta con decreto le decisioni ivi previste.

L'assemblea può sempre modificare, con le maggioranze richieste per le modificazioni dell'atto costitutivo o dello statuto, le deliberazioni di cui al primo comma.

I liquidatori possono essere revocati dall'assemblea o, quando sussiste una giusta causa, dal tribunale su istanza di soci, dei sindaci o del pubblico ministero.

2487 *bis*. Pubblicità della nomina dei liquidatori ed effetti. – La nomina dei liquidatori e la determinazione dei loro poteri, comunque avvenuta, nonché le loro modificazioni, devono essere iscritte, a loro cura, nel registro delle imprese.

Alla denominazione sociale deve essere aggiunta l'indicazione trattarsi di società in liquidazione.

Avvenuta l'iscrizione di cui al primo comma gli amministratori cessano dalla carica e consegnano ai liquidatori i libri sociali, una situazione dei conti alla data di effetto dello scioglimento ed un rendiconto sulla loro gestione relativo al periodo successivo all'ultimo bilancio approvato. Di tale consegna viene redatto apposito verbale. Quando nei confronti della società è stata aperta la procedura di liquidazione giudiziale o di liquidazione controllata, il rendiconto sulla gestione è consegnato anche, rispettivamente, al curatore o al liquidatore della liquidazione controllata (1).

(1) *Questo periodo è stato aggiunto dall'art. 380, comma 2, del D.L.vo 12 gennaio 2019, n. 14, così come modificato dall'art. 39, comma 1, del D.L.vo 26 ottobre 2020, n. 147, a decorrere dal 15 luglio 2022.*

2487 *ter*. Revoca dello stato di liquidazione. – La società può in ogni momento revocare lo stato di liquidazione, occorrendo previa eliminazione della causa di scioglimento, con deliberazione dell'assemblea presa con le maggioranze richieste per le modificazioni dell'atto costitutivo o dello statuto. Si applica l'articolo 2436.

La revoca ha effetto solo dopo sessanta giorni dall'iscrizione nel registro delle imprese della relativa deliberazione, salvo che consti il consenso dei creditori della società o il pagamento dei creditori che non hanno dato il consenso. Qualora nel termine suddetto i creditori anteriori all'iscrizione abbiano fatto opposizione, si applica l'ultimo comma dell'articolo 2445.

2488. Organi sociali. – Le disposizioni sulle decisioni dei soci, sulle assemblee e sugli organi amministrativi e di controllo si applicano, in quanto compatibili, anche durante la liquidazione.

2489. Poteri, obblighi e responsabilità dei liquidatori. – Salvo diversa disposizione statutaria, ovvero adottata in sede di nomina, i liquidatori hanno il potere di compiere tutti gli atti utili per la liquidazione della società.

I liquidatori debbono adempiere i loro doveri con la professionalità e diligenza richieste dalla natura dell'incarico e la loro responsabilità per i danni derivanti dall'inosservanza di tali doveri è disciplinata secondo le norme in tema di responsabilità degli amministratori.

2490. Bilanci in fase di liquidazione. – I liquidatori devono redigere il bilancio e presentarlo, alle scadenze previste per il bilancio di esercizio della società, per l'approvazione all'assemblea o, nel caso previsto dal terzo comma dell'articolo 2479, ai soci. Si applicano, in quanto compatibili con la natura, le finalità e lo stato della liquidazione, le disposizioni degli articoli 2423 e seguenti.

Nella relazione i liquidatori devono illustrare l'andamento, le prospettive, anche temporali, della liquidazione, ed i principi e criteri adottati per realizzarla.

Nella nota integrativa i liquidatori debbono indicare e motivare i criteri di valutazione adottati.

Nel primo bilancio successivo alla loro nomina i liquidatori devono indicare le variazioni nei criteri di valutazione adottati rispetto all'ultimo bilancio approvato, e le ragioni e conseguenze di tali variazioni. Al medesimo bilancio deve essere allegata la documentazione consegnata dagli amministratori a norma del terzo comma dell'articolo 2487 *bis*, con le eventuali osservazioni dei liquidatori.

Quando sia prevista una continuazione, anche parziale, dell'attività di impresa, le relative poste di bilancio devono avere una indicazione separata; la relazione deve indicare le ragioni e le prospettive della continuazione; la nota integrativa deve indicare e motivare i criteri di valutazione adottati.

Qualora per oltre tre anni consecutivi non venga depositato il bilancio di cui al presente articolo, la società è cancellata d'ufficio dal registro delle imprese con gli effetti previsti dall'articolo 2495.

2491. Poteri e doveri particolari dei liquidatori. – Se i fondi disponibili risultano insufficienti per il pagamento dei debiti sociali, i liquidatori possono chiedere proporzionalmente ai soci i versamenti ancora dovuti.

I liquidatori non possono ripartire tra i soci acconti sul risultato della liquidazione, salvo che dai bilanci risulti che la ripartizione non incide sulla disponibilità di somme idonee alla integrale e tempestiva soddisfazione dei creditori sociali; i liquidatori possono condizionare la ripartizione alla prestazione da parte del socio di idonee garanzie.

I liquidatori sono personalmente e solidalmente responsabili per i danni cagionati ai creditori sociali con la violazione delle disposizioni del comma precedente.

2492. Bilancio finale di liquidazione. – Compiuta la liquidazione, i liquidatori devono redigere il bilancio finale, indicando la parte spettante a ciascun socio o azione nella divisione dell'attivo.

Il bilancio, sottoscritto dai liquidatori e accompagnato dalla relazione dei sindaci e del soggetto incaricato di effettuare la revisione legale dei conti (1), è depositato presso l'ufficio del registro delle imprese.

Nei novanta giorni successivi all'iscrizione dell'avvenuto deposito, ogni socio può proporre reclamo davanti al tribunale in contraddittorio dei liquidatori.

Entro i cinque giorni successivi alla presentazione del reclamo, il cancelliere comunica la notizia in via telematica, ai fini dell'annotazione, al competente ufficio del registro delle imprese (2).

I reclami devono essere riuniti e decisi in unico giudizio, nel quale tutti i soci possono intervenire. La trattazione della causa ha inizio quando sia decorso il termine suddetto. La sentenza fa stato anche riguardo ai non intervenuti. Un estratto della sentenza definitiva che decide sul reclamo è trasmesso, entro cinque giorni, dal cancelliere al competente ufficio del registro delle imprese per la relativa annotazione (3).

(1) *Le parole: «della revisione contabile» sono state così sostituite dalle attuali: «di effettuare la revisione legale dei conti» dall'art. 37, comma 30, del D.L.vo 27 gennaio 2010, n. 39.*

(2) *Questo comma è stato inserito dall'art. 40, comma 12 ter, lett. a), n. 1), del D.L. 16 luglio 2020, n. 76, convertito, con modificazioni, nella L. 11 settembre 2020, n. 120.*

(3) *Questo periodo è stato aggiunto dall'art. 40, comma 12 ter, lett. a), n. 2), del D.L. 16 luglio 2020, n. 76, convertito, con modificazioni, nella L. 11 settembre 2020, n. 120.*

2493. Approvazione tacita del bilancio. – Decorso il termine di novanta giorni senza che siano stati proposti reclami, il bilancio finale di liquidazione s'intende approvato, e i liquidatori, salvi i loro obblighi relativi alla distribuzione dell'attivo risultante dal bilancio, sono liberati di fronte ai soci.

Indipendentemente dalla decorrenza del termine, la quietanza, rilasciata senza riserve all'atto del pagamento dell'ultima quota di riparto, importa approvazione del bilancio.

2494. Deposito delle somme non riscosse. – Le somme spettanti ai soci, non riscosse entro novanta giorni dall'iscrizione dell'avvenuto deposito del bilancio a norma dell'articolo 2492, devono essere depositate presso una banca con l'indicazione del cognome e del nome del socio o dei numeri delle azioni, se queste sono al portatore.

2495. (1) **Cancellazione della società.** – Approvato il bilancio finale di liquidazione, i liquidatori devono chiedere la cancellazione della società dal registro delle imprese, salvo quanto disposto dal secondo comma (2).

Decorsi cinque giorni dalla scadenza del termine previsto dal terzo comma dell'articolo 2492, il conservatore del registro delle imprese iscrive la cancellazione della società qualora non riceva notizia della presentazione di reclami da parte del cancelliere (3).

Ferma restando l'estinzione della società, dopo la cancellazione i creditori sociali non soddisfatti possono far valere i loro crediti nei confronti dei soci, fino alla concorrenza delle somme da questi riscosse in base al bilancio finale di liquidazione, e nei confronti dei liquidatori, se il mancato pagamento è dipeso da colpa di questi. La domanda, se proposta entro un anno dalla cancellazione, può essere notificata presso l'ultima sede della società.

(1) *A norma dell'art. 28, comma 4, del D.L.vo 21 novembre 2014, n. 175, ai soli fini della validità e dell'efficacia degli atti di liquidazione, accertamento, contenzioso e riscossione dei tributi e contributi, sanzioni e interessi, l'estinzione della società di cui a questo articolo ha effetto trascorsi cinque anni dalla richiesta di cancellazione del Registro delle imprese. A norma dell'art. 28, comma 6, dello stesso provvedimento dall'entrata in vigore di queste disposizioni, non discendono obblighi di dichiarazione nuovi o diversi rispetto a quelli vigenti.*

(2) *Le parole: «, salvo quanto disposto dal secondo comma» sono state aggiunte dall'art. 40, comma 12 ter, lett. b), n. 1), del D.L. 16 luglio 2020, n. 76, convertito, con modificazioni, nella L. 11 settembre 2020, n. 120.*

(3) *Questo comma è stato inserito dall'art. 40, comma 12 ter, lett. b), n. 2), del D.L. 16 luglio 2020, n. 76, convertito, con modificazioni, nella L. 11 settembre 2020, n. 120.*

NOTE OPERATIVE:

Debiti: Dall'estinzione della società, a causa della volontaria cancellazione dal registro delle imprese, non discende l'estinzione dei debiti ancora insoddisfatti che ad essa facevano capo, in quanto, in tale ipotesi si riconoscerebbe al debitore di disporre unilateralmente del diritto altrui, con conseguente ingiustificato sacrificio dei creditori (C.C. 37932/22 – Conf. C.C. 17243/18).

2496. Deposito dei libri sociali. – Compiuta la liquidazione, la distribuzione dell'attivo o il deposito indicato nell'articolo 2494, i libri della società devono essere depositati e conservati per dieci anni presso l'ufficio del registro delle imprese; chiunque può esaminarli, anticipando le spese.

Capo IX
Direzione e coordinamento di società (1)

(1) *Questo Capo è stato così sostituito dall'art. 5 del D.L.vo 17 gennaio 2003, n. 6, rettificato e corretto con avviso pubblicato in* Gazzetta Ufficiale *Serie gen. - n. 153 del 4 luglio 2003 e di nuovo rettificato con avviso pubblicato in* Gazzetta Ufficiale *Serie gen. - n. 165 del 18 luglio 2003, a decorrere dal 1° gennaio 2004.*

2497. Responsabilità. – Le società o gli enti che, esercitando attività di direzione e coordinamento di società, agiscono nell'interesse imprenditoriale proprio o altrui in violazione dei principi di corretta gestione societaria e imprenditoriale delle società medesime, sono direttamente responsabili nei confronti dei soci di queste per il pregiudizio arrecato alla redditività ed al valore della partecipazione sociale, nonché nei confronti dei creditori sociali per la lesione cagionata all'integrità del patrimonio della società. Non vi è responsabilità quando il danno risulta mancante alla luce del risultato complessivo dell'attività di direzione e coordinamento ovvero integralmente eliminato anche a seguito di operazioni a ciò dirette (1).

Risponde in solido chi abbia comunque preso parte al fatto lesivo e, nei limiti del vantaggio conseguito, chi ne abbia consapevolmente tratto beneficio.

Il socio ed il creditore sociale possono agire contro la società o l'ente che esercita l'attività di direzione e coordinamento, solo se non sono stati soddisfatti dalla società soggetta alla attività di direzione e coordinamento.

Nel caso di liquidazione giudiziale, liquidazione coatta amministrativa e amministrazione straordinaria di società soggetta ad altrui direzione e coordinamento, l'azione spettante ai creditori di questa è esercitata dal curatore o dal commissario liquidatore o dal commissario straordinario (2).

(1) *A norma dell'art. 19, comma 6, del D.L. 1 luglio 2009, n. 78, convertito, con modificazioni, nella L. 3 agosto 2009, n. 102, questo comma si interpreta nel senso che per enti si intendono i soggetti giuridici collettivi, diversi dallo Stato, che detengono la partecipazione sociale nell'ambito della propria attività imprenditoriale ovvero per finalità di natura economica o finanziaria.*

(2) *Questo comma era stato sostituito dall'art. 382, comma 3, del D.L.vo 12 gennaio 2019, n. 14, con il seguente testo: «Nel caso di liquidazione giudiziale, liquidazione coatta amministrativa e amministrazione straordinaria di società soggetta ad altrui direzione e coordinamento, l'azione spettante ai creditori di questa è esercitata dal curatore o dal commissario liquidatore o dal commissario straordinario.». L'art. 39, comma 2, del D.L.vo 26 ottobre 2020, n. 147, ha poi completamente sostituito l'art. 382 del D.L.vo n. 14/2019 eliminando la modifica all'art. 2497. L'attuale testo è quindi il seguente: «Nel caso di fallimento, liquidazione coatta amministrativa e amministrazione straordinaria di società soggetta ad altrui direzione e coordinamento, l'azione spettante ai creditori di questa è esercitata dal curatore o dal commissario liquidatore o dal commissario straordinario.». Si segnala tuttavia che ai sensi dell'art. 349 del citato D.L.vo n. 14/2019, nelle disposizioni normative vigenti i termini «fallimento», «procedura fallimentare», «fallito» nonché le espressioni dagli stessi termini derivate devono intendersi sostituite, rispettivamente, con le espressioni «liquidazione giudiziale», «procedura di liquidazione giudiziale» e «debitore assoggettato a liquidazione giudiziale» e loro derivati, con salvezza della continuità delle fattispecie. Si ritiene quindi di proporre il testo del comma nella formulazione più rispettosa del disposto legislativo.*

NOTE OPERATIVE:

Supersocietà di fatto: La supersocietà di fatto si differenzia dalla holding di fatto perché, mentre nella prima tutti i soci perseguono un comune intento sociale, nella seconda le singole società perseguono l'interesse delle persone fisiche che ne hanno il controllo, le quali, oltre a rispondere, ex art. 2497 c.c., dell'abuso di attività di direzione e coordinamento ai curatori dei fallimenti delle singole società sottoposte a tale attività, possono anche essere, a loro volta, dichiarate fallite, ove ne sia accertata l'insolvenza, a richiesta dei soggetti legittimati (C.C. 4784/23 – Conf. C.C. 4398/23; C.C. 7903/20; C.C. 5520/17; C.C. 15346/16).

2497 *bis*. Pubblicità. – La società deve indicare la società o l'ente alla cui attività di direzione e coordinamento è soggetta ([1]) negli atti e nella corrispondenza, nonché mediante iscrizione, a cura degli amministratori, presso la sezione del registro delle imprese di cui al comma successivo.

È istituita presso il registro delle imprese apposita sezione nella quale sono indicati le società o gli enti ([2]) che esercitano attività di direzione e coordinamento e quelle che vi sono soggette.

Gli amministratori che omettono l'indicazione di cui al comma primo ovvero l'iscrizione di cui al comma secondo, o le mantengono quando la soggezione è cessata, sono responsabili dei danni che la mancata conoscenza di tali fatti abbia recato ai soci o ai terzi.

La società deve esporre, in apposita sezione della nota integrativa, un prospetto riepilogativo dei dati essenziali dell'ultimo bilancio della società o dell'ente che esercita su di essa l'attività di direzione e coordinamento.

Parimenti, gli amministratori devono indicare nella relazione sulla gestione i rapporti intercorsi con chi esercita l'attività di direzione e coordinamento e con le altre società che vi sono soggette, nonché l'effetto che tale attività ha avuto sull'esercizio dell'impresa sociale e sui suoi risultati.

([1]) *Le parole: «la propria soggezione all'altrui attività di direzione e coordinamento» sono state così sostituite dall'art. 5, lett. zz), n. 1, del D.L.vo 6 febbraio 2004, n. 37.*

([2]) *Le parole: «sono indicati i soggetti» sono state così sostituite dall'art. 5, lett. zz), n. 2, del D.L.vo 6 febbraio 2004, n. 37.*

2497 *ter*. Motivazione delle decisioni. – Le decisioni delle società soggette ad attività di direzione e coordinamento, quando da questa influenzate, debbono essere analiticamente motivate e recare puntuale indicazione delle ragioni e degli interessi la cui valutazione ha inciso sulla decisione. Di esse viene dato adeguato conto nella relazione di cui all'articolo 2428.

2497 *quater*. Diritto di recesso. – Il socio di società soggetta ad attività di direzione e coordinamento può recedere:

a) quando la società o l'ente che esercita attività di direzione e coordinamento ha deliberato una trasformazione che implica il mutamento del suo scopo sociale, ovvero ha deliberato una modifica del suo oggetto sociale consentendo l'esercizio di attività che alterino in modo sensibile e diretto le condizioni economiche e patrimoniali della società soggetta ad attività di direzione e coordinamento;

b) quando a favore del socio sia stata pronunciata, con decisione esecutiva, condanna di chi esercita attività di direzione e coordinamento ai sensi dell'articolo 2497; in tal caso il diritto di recesso può essere esercitato soltanto per l'intera partecipazione del socio;

c) all'inizio ed alla cessazione dell'attività di direzione e coordinamento, quando non si tratta di una società con azioni quotate in mercati regolamentati e ne deriva un'alterazione delle condizioni di rischio dell'investimento e non venga promossa un'offerta pubblica di acquisto.

Si applicano, a seconda dei casi ed in quanto compatibili, le disposizioni previste per il diritto di recesso del socio nella società per azioni o in quella a responsabilità limitata.

2497 *quinquies*. Finanziamenti nell'attività di direzione e coordinamento. – Ai finanziamenti effettuati a favore della società da chi esercita attività di direzione e coordinamento nei suoi confronti o da altri soggetti ad essa sottoposti si applica l'articolo 2467.

2497 *sexies*. Presunzioni. – Ai fini di quanto previsto nel presente capo, si presume salvo prova contraria che l'attività di direzione e coordinamento di società sia esercitata dalla società o ente tenuto al consolidamento dei loro bilanci o che comunque le controlla ([1]) ai sensi dell'articolo 2359.

[Le disposizioni del presente capo si applicano altresì a chi esercita attività di direzione e coordinamento di società sulla base di un contratto con le società medesime o di clausole dei loro statuti] ([2]).

([1]) *Le parole: «dalle società o enti tenuti al consolidamento dei loro bilanci o che comunque le controllano» sono state così sostituite dall'art. 5, lett. aaa), n. 1, del D.L.vo 6 febbraio 2004, n. 37.*

([2]) *Questo comma è stato soppresso dall'art. 5, lett. aaa), n. 2, del D.L.vo 6 febbraio 2004, n. 37.*

2497 *septies*. ([1]) **Coordinamento fra società.** – Le disposizioni del presente capo si applicano altresì alla società o all'ente che, fuori dalle ipotesi di cui all'articolo 2497 *sexies*, esercita attività di direzione e coordinamento di società sulla base di un contratto con le società medesime o di clausole dei loro statuti.

([1]) *Questo articolo è stato inserito dall'art. 5, lett.* bb-b), *del D.L.vo 6 febbraio 2004, n. 37.*

Capo X
Della trasformazione, della fusione e della scissione ([1])

([1]) *Questo Capo è stato aggiunto dall'art. 6 del D.L.vo 17 gennaio 2003, n. 6, rettificato e corretto con avviso pubblicato in* Gazzetta Ufficiale *Serie gen. - n. 153 del 4 luglio 2003 e di nuovo rettificato con avviso pubblicato in* Gazzetta Ufficiale *Serie gen. - n. 165 del 18 luglio 2003, a decorrere dal 1° gennaio 2004.*

Sezione I
Della trasformazione

2498. Continuità dei rapporti giuridici. – Con la trasformazione l'ente trasformato conserva i diritti e gli obblighi e prosegue in tutti i rapporti anche processuali dell'ente che ha effettuato la trasformazione.

2499. Limiti alla trasformazione. – Può farsi luogo alla trasformazione anche in pendenza di procedura concorsuale, purché non vi siano incompatibilità con le finalità o lo stato della stessa.

NOTE OPERATIVE:

Consenso dei creditori: La trasformazione di una società non libera i soci a responsabilità illimitata dalla responsabilità per le obbligazioni sociali anteriori all'iscrizione della deliberazione di trasformazione nel registro delle imprese, se non risulta che i creditori sociali abbiano dato il loro consenso alla trasformazione stessa, il quale si presume se i creditori, ai quali la suddetta deliberazione sia stata comunicata, non abbiano negato espressamente la loro adesione nel termine di trenta giorni dalla ricezione della comunicazione medesima (C.C. 9065/06).

2500. Contenuto, pubblicità ed efficacia dell'atto di trasformazione. – La trasformazione in società per azioni, in accomandita per azioni o a responsabilità limitata deve risultare da atto pubblico, contenente le indicazioni previste dalla legge per l'atto di costituzione del tipo adottato.

L'atto di trasformazione è soggetto alla disciplina prevista per il tipo adottato ed alle forme di pubblicità relative, nonché alla pubblicità richiesta per la cessazione dell'ente che effettua la trasformazione.

La trasformazione ha effetto dall'ultimo degli adempimenti pubblicitari di cui al comma precedente.

2500 *bis*. Invalidità della trasformazione. – Eseguita la pubblicità di cui all'articolo precedente, l'invalidità dell'atto di trasformazione non può essere pronunciata.

Resta salvo il diritto al risarcimento del danno eventualmente spettante ai partecipanti all'ente trasformato ed ai terzi danneggiati dalla trasformazione.

2500 *ter*. Trasformazione di società di persone. – Salvo diversa disposizione del contratto sociale, la trasformazione di società di persone in società di capitali è decisa con il consenso della maggioranza dei soci determinata secondo la parte attribuita a ciascuno negli utili; in ogni caso al socio che non ha concorso alla decisione spetta il diritto di recesso.

Nei casi previsti dal precedente comma il capitale della società risultante dalla trasformazione deve essere determinato sulla base dei valori attuali degli elementi dell'attivo e del passivo e deve risultare da relazione di stima redatta a norma dell'articolo 2343 ovvero dalla documentazione di cui all'articolo 2343 *ter* ovvero, infine, nel caso di società a responsabilità limitata, dell'articolo 2465. Si applicano altresì, nel caso di società per azioni o in accomandita per azioni, il secondo, terzo e, in quanto compatibile, quarto comma dell'articolo 2343 ovvero, nelle ipotesi di cui al primo e secondo comma dell'articolo 2343 *ter*, il terzo comma del medesimo articolo ([1]).

([1]) *Questo comma è stato così sostituito dall'art. 20, comma 5, del D.L. 24 giugno 2014, n. 91, convertito, con modificazioni, nella L. 11 agosto 2014, n. 116.*

2500 *quater*. Assegnazione di azioni o quote. – Nel caso previsto dall'articolo 2500 *ter*, ciascun socio ha diritto all'assegnazione di un numero di azioni o di una quota proporzionale alla sua partecipazione, salvo quanto disposto dai commi successivi.

Il socio d'opera ha diritto all'assegnazione di un numero di azioni o di una quota in misura corrispondente alla partecipazione che l'atto costitutivo gli riconosceva precedentemente alla trasformazione o, in mancanza, d'accordo tra i soci ovvero, in difetto di accordo, determinata dal giudice secondo equità.

Nelle ipotesi di cui al comma precedente, le azioni o quote assegnate agli altri soci si riducono proporzionalmente.

2500 *quinquies*. Responsabilità dei soci. – La trasformazione non libera i soci a responsabilità illimitata dalla responsabilità per le obbligazioni sociali sorte prima degli adempimenti previsti dal terzo comma dell'articolo 2500, se non risulta che i creditori sociali hanno dato il loro consenso alla trasformazione.

Il consenso si presume se i creditori, ai quali la deliberazione di trasformazione sia stata comunicata per raccomandata o con altri mezzi che garantiscano la prova dell'avvenuto ricevimento, non lo hanno espressamente negato nel termine di sessanta giorni dal ricevimento della comunicazione.

NOTE OPERATIVE:

Ambito di applicazione: La norma prevede un'ipotesi di presunzione di consenso abdicativo del creditore nei confronti dei soci illimitatamente responsabili che non può essere estesa oltre le ipotesi ivi espressamente contemplate di trasformazione da società di persone a società di capitali, comportando un atto di rinuncia ad un diritto nei confronti di un condebitore solidale con conseguente diminuzione della garanzia patrimoniale sottostante il credito (C.C. 11040/22).

2500 *sexies*. Trasformazione di società di capitali. – Salvo diversa disposizione dello statuto, la deliberazione di trasformazione di società di capitali in società di persone è adottata con le maggioranze previste per le modifiche dello statuto. È comunque richiesto il consenso dei soci che con la trasformazione assumono responsabilità illimitata.

Gli amministratori devono predisporre una relazione che illustri le motivazioni e gli effetti della trasformazione. Copia della relazione deve restare depositata presso la sede sociale durante i trenta giorni che precedono l'assemblea convocata per deliberare la trasformazione; i soci hanno diritto di prenderne visione e di ottenerne gratuitamente copia.

Ciascun socio ha diritto all'assegnazione di una partecipazione proporzionale al valore della sua quota o delle sue azioni.

I soci che con la trasformazione assumono responsabilità illimitata, rispondono illimitatamente anche per le obbligazioni sociali sorte anteriormente alla trasformazione.

2500 *septies*. Trasformazione eterogenea da società di capitali. – Le società disciplinate nei capi V, VI, VII del presente titolo possono trasformarsi in consorzi, società consortili, società cooperative, comunioni di azienda, associazioni non riconosciute e fondazioni.

Si applica l'articolo 2500 *sexies*, in quanto compatibile.

La deliberazione deve essere assunta con il voto favorevole dei due terzi degli aventi diritto, e comunque con il consenso dei soci che assumono responsabilità illimitata.

La deliberazione di trasformazione in fondazione produce gli effetti che il capo II del titolo II del Libro primo ricollega all'atto di fondazione o alla volontà del fondatore.

2500 *octies*. Trasformazione eterogenea in società di capitali. – I consorzi, le società consortili, le comunioni d'azienda, le associazioni riconosciute e le fondazioni possono trasformarsi in una delle società disciplinate nei capi V, VI e VII del presente titolo.

La deliberazione di trasformazione deve essere assunta, nei consorzi, con il voto favorevole della maggioranza assoluta dei consorziati; nelle comunioni di aziende all'unanimità; nelle società consortili e nelle associazioni con la maggioranza richiesta dalla legge o dall'atto costitutivo per lo scioglimento anticipato.

La trasformazione di associazioni in società di capitali può essere esclusa dall'atto costitutivo o, per determinate categorie di associazioni, dalla legge; non è comunque ammessa per le associazioni che abbiano ricevuto contributi pubblici oppure liberalità e oblazioni del pubblico. Il capitale sociale della società risultante dalla trasformazione è diviso in parti uguali fra gli associati, salvo diverso accordo tra gli stessi.

La trasformazione di fondazioni in società di capitali è disposta dall'autorità governativa, su proposta dell'organo competente. Le azioni o quote sono assegnate secondo le disposizioni dell'atto di fondazione o, in mancanza, dell'articolo 31.

2500 *novies*. Opposizione dei creditori. – In deroga a quanto disposto dal terzo comma dell'articolo 2500, la trasformazione eterogenea ha effetto dopo sessanta giorni dall'ultimo degli adempimenti pubblicitari previsti dallo stesso articolo, salvo che consti il consenso dei creditori o il pagamento dei creditori che non hanno dato il consenso.

I creditori possono, nel suddetto termine di sessanta giorni, fare opposizione. Si applica in tal caso l'ultimo comma dell'articolo 2445.

Sezione II
Della fusione delle società

2501. Forme di fusione. – La fusione di più società può eseguirsi mediante la costituzione di una nuova società, o mediante l'incorporazione in una società di una o più altre.

La partecipazione alla fusione non è consentita alle società in liquidazione che abbiano iniziato la distribuzione dell'attivo.

NOTE OPERATIVE:

Fusione per incorporazione: In caso di fusione per incorporazione, la società incorporata, in quanto coinvolta in una vicenda evolutiva-modificativa, con mutamento solo formale dell'organizzazione societaria già esistente, non si estingue e sopravvive in tutti i suoi rapporti, anche processuali (C.C. 32208/19 – Conf. C.C. 1772/19; C.C. 18188/16).

2501 *bis*. Fusione a seguito di acquisizione con indebitamento. – Nel caso di fusione tra società, una delle quali abbia contratto debiti per acquisire il controllo dell'altra, quando per effetto della fusione il patrimonio di quest'ultima viene a costituire garanzia generica o fonte di rimborso di detti debiti, si applica la disciplina del presente articolo.

Il progetto di fusione di cui all'articolo 2501 *ter* deve indicare le risorse finanziarie previste per il soddisfacimento delle obbligazioni della società risultante dalla fusione.

La relazione di cui all'articolo 2501 *quinquies* deve indicare le ragioni che giustificano l'operazione e contenere un piano economico e finanziario con indicazione della fonte delle risorse finanziarie e la descrizione degli obiettivi che si intendono raggiungere.

La relazione degli esperti di cui all'articolo 2501 *sexies*, attesta la ragionevolezza delle indicazioni contenute nel progetto di fusione ai sensi del precedente secondo comma.

Al progetto deve essere allegata una (1) relazione del soggetto incaricato della revisione legale dei conti (2) della società obiettivo o della società acquirente.

Alle fusioni di cui al primo comma non si applicano le disposizioni degli articoli 2505 e 2505 *bis*.

(1) *La parola: «una» è stata inserita dall'art. 5, lett.* ccc), *del D.L.vo 6 febbraio 2004, n. 37.*

(2) *Le parole: «della società di revisione incaricata della revisione contabile obbligatoria» sono state così sostituite dalle attuali: «del soggetto incaricato della revisione legale dei conti» dall'art. 37, comma 31, del D.L.vo 27 gennaio 2010, n. 39.*

2501 *ter*. Progetto di fusione. – L'organo amministrativo delle società partecipanti alla fusione redige un progetto di fusione, dal quale devono in ogni caso risultare:

1) il tipo, la denominazione o ragione sociale, la sede delle società partecipanti alla fusione;

2) l'atto costitutivo della nuova società risultante dalla fusione o di quella incorporante, con le eventuali modificazioni derivanti dalla fusione;

3) il rapporto di cambio delle azioni o quote, nonché l'eventuale conguaglio in danaro;

4) le modalità di assegnazione delle azioni o delle quote della società che risulta dalla fusione o di quella incorporante;

5) la data dalla quale tali azioni o quote partecipano agli utili;

6) la data a decorrere dalla quale le operazioni delle società partecipanti alla fusione sono imputate al bilancio della società che risulta dalla fusione o di quella incorporante;

7) il trattamento eventualmente riservato a particolari categorie di soci e ai possessori di titoli diversi dalle azioni;

8) i vantaggi particolari eventualmente proposti a favore dei soggetti cui compete l'amministrazione delle società partecipanti alla fusione.

Il conguaglio in danaro indicato nel numero 3) del comma precedente non può essere superiore al dieci per cento del valore nominale delle azioni o delle quote assegnate.

Il progetto di fusione è depositato per l'iscrizione nel registro delle imprese del luogo ove hanno sede le società partecipanti alla fusione. In alternativa al deposito presso il registro delle imprese il progetto di fusione è pubblicato nel sito Internet della società, con modalità atte a garantire la sicurezza del sito medesimo, l'autenticità dei documenti e la certezza della data di pubblicazione (1).

Tra l'iscrizione o la pubblicazione nel sito Internet (2) del progetto e la data fissata per la decisione in ordine alla fusione devono intercorrere almeno trenta giorni, salvo che i soci rinuncino al termine con consenso unanime.

(1) *Questo comma è stato così sostituito dall'art. 1, comma 1, lett.* a), *del D.L.vo 22 giugno 2012, n. 123.*

(2) *Le parole: «o la pubblicazione nel sito Internet» sono state inserite dall'art. 1, comma 1, lett.* b), *del D.L.vo 22 giugno 2012, n. 123.*

2501 *quater*. Situazione patrimoniale. – L'organo amministrativo delle società partecipanti alla fusione redige (1), con l'osservanza delle norme sul bilancio d'esercizio, la situazione patrimoniale delle società stesse, riferita ad una data non anteriore di oltre centoventi giorni al giorno in cui il progetto di fusione è depositato nella sede della società ovvero pubblicato sul sito Internet di questa (²).

La situazione patrimoniale può essere sostituita dal bilancio dell'ultimo esercizio, se questo è stato chiuso non oltre sei mesi prima del giorno del deposito o della pubblicazione indicato nel primo comma, ovvero, nel caso di società quotata in mercati regolamentati, dalla relazione finanziaria semestrale prevista dalle leggi speciali, purché non riferita ad una data antecedente sei mesi dal giorno di deposito o pubblicazione indicato al primo comma (³).

La situazione patrimoniale non è richiesta se vi rinunciano all'unanimità i soci e i possessori di altri strumenti finanziari che attribuiscono il diritto di voto di ciascuna delle società partecipanti alla fusione (⁴).

(¹) *Le parole: «deve redigere» sono state così sostituite dalla parola: «redige» dall'art. 1, comma 2, lett.* a), *del D.L.vo 22 giugno 2012, n. 123.*

(²) *Le parole: «ovvero pubblicato sul sito Internet di questa» sono state inserite dall'art. 1, comma 2, lett.* a), *del D.L.vo 22 giugno 2012, n. 123.*

(³) *Le parole: «del giorno del deposito indicato nel primo comma» sono state così sostituite dalle parole: «del giorno del deposito o della pubblicazione indicato nel primo comma, ovvero, nel caso di società quotata in mercati regolamentati, dalla relazione finanziaria semestrale prevista dalle leggi speciali, purché non riferita ad una data antecedente sei mesi dal giorno di deposito o pubblicazione indicato al primo comma» dall'art. 1, comma 2, lett.* b), *del D.L.vo 22 giugno 2012, n. 123.*

(⁴) *Questo comma è stato aggiunto dall'art. 1, comma 2, lett.* c), *del D.L.vo 22 giugno 2012, n. 123.*

2501 *quinquies*. Relazione dell'organo amministrativo. - L'organo amministrativo delle società partecipanti alla fusione deve predisporre una relazione che illustri e giustifichi, sotto il profilo giuridico ed economico, il progetto di fusione e in particolare il rapporto di cambio delle azioni o delle quote.

La relazione deve indicare i criteri di determinazione del rapporto di cambio. Nella relazione devono essere segnalate le eventuali difficoltà di valutazione.

L'organo amministrativo segnala ai soci in assemblea e all'organo amministrativo delle altre società partecipanti alla fusione le modifiche rilevanti degli elementi dell'attivo e del passivo eventualmente intervenute tra la data in cui il progetto di fusione è depositato presso la sede della società ovvero pubblicato nel sito Internet di questa e la data della decisione sulla fusione (¹).

La relazione di cui al primo comma non è richiesta se vi rinunciano all'unanimità i soci e i possessori di altri strumenti finanziari che attribuiscono il diritto di voto di ciascuna delle società partecipanti alla fusione (¹).

(¹) *Questo comma è stato aggiunto dall'art. 1, comma 3, del D.L.vo 22 giugno 2012, n. 123.*

2501 *sexies*. Relazione degli esperti. - Uno o più esperti per ciascuna società redigono (¹) una relazione sulla congruità del rapporto di cambio delle azioni o delle quote, che indichi:

a) il metodo o i metodi seguiti per la determinazione del rapporto di cambio proposto e i valori risultanti dall'applicazione di ciascuno di essi;

b) le eventuali difficoltà di valutazione.

La relazione deve contenere, inoltre, un parere sull'adeguatezza del metodo o dei metodi seguiti per la determinazione del rapporto di cambio e sull'importanza relativa attribuita a ciascuno di essi nella determinazione del valore adottato.

L'esperto o gli esperti sono scelti tra i soggetti di cui al primo comma dell'articolo 2409 *bis* e, se la società incorporante o la società risultante dalla fusione è una società per azioni o in accomandita per azioni, sono designati dal tribunale del luogo in cui ha sede la società. Se la società è quotata in mercati regolamentati, l'esperto è scelto tra le società di revisione sottoposte alla vigilanza della Commissione Nazionale per le Società e la Borsa (²) (³).

In ogni caso, le società partecipanti alla fusione possono congiuntamente richiedere al tribunale del luogo in cui ha sede la società risultante dalla fusione o quella incorporante la nomina di uno o più esperti comuni.

Ciascun esperto ha diritto di ottenere dalle società partecipanti alla fusione tutte le informazioni e i documenti utili e di procedere ad ogni necessaria verifica.

L'esperto risponde dei danni causati alle società partecipanti alle fusioni, ai loro soci e ai terzi. Si applicano le disposizioni dell'articolo 64 del codice di procedura civile.

Ai soggetti di cui ai precedenti terzo e quarto comma è altresì affidata, in ipotesi di fusione di società di persone con società di capitali, la relazione di stima del patrimonio della società di persone a norma dell'articolo 2343.

La relazione di cui al primo comma non è richiesta se vi rinunciano all'unanimità i soci e i possessori di altri strumenti finanziari che attribuiscono il diritto di voto (4) di ciascuna società partecipante alla fusione (5).

(1) *Le parole: «devono redigere» sono state così sostituite dalla parola: «redigono» dall'art. 1, comma 4, lett. a), del D.L.vo 22 giugno 2012, n. 123.*

(2) *L'ultimo periodo di questo comma è stato così sostituito dall'art. 37, comma 32, del D.L.vo 27 gennaio 2010, n. 39.*

(3) *Questo comma è stato così sostituito dall'art. 5, lett. ddd), del D.L.vo 6 febbraio 2004, n. 37.*

(4) *Le parole: «e i possessori di altri strumenti finanziari che attribuiscono il diritto di voto» sono state inserite dall'art. 1, comma 4, lett. b), del D.L.vo 22 giugno 2012, n. 123.*

(5) *Questo comma è stato aggiunto dall'art. 1, comma 1, del D.L.vo 13 ottobre 2009, n. 147. A norma dell'art. 2 dello stesso decreto legislativo, tale disposizione si applica alle fusioni e alle scissioni i cui progetti non siano stati approvati dagli organi competenti di alcuna delle società partecipanti alla fusione o alla scissione, alla data di entrata in vigore dello stesso decreto (G.U. Serie gen. - n. 254 del 31 ottobre 2009).*

2501 *septies*. Deposito di atti. – Devono restare depositati in copia nella sede delle società partecipanti alla fusione, ovvero pubblicati sul sito Internet delle stesse, (1) durante i trenta giorni che precedono la decisione in ordine alla fusione, salvo che i soci rinuncino al termine con consenso unanime, e finché la fusione sia decisa:

1) il progetto di fusione con le relazioni, ove redatte, (2) indicate negli articoli 2501 *quinquies* e 2501 *sexies*;

2) i bilanci degli ultimi tre esercizi delle società partecipanti alla fusione, con le relazioni dei soggetti cui compete l'amministrazione e la revisione legale (3);

3) le situazioni patrimoniali delle società partecipanti alla fusione ove redatte a norma dell'articolo 2501 *quater*, primo comma, ovvero, nel caso previsto dall'articolo 2501 *quater*, secondo comma, la relazione finanziaria semestrale (4).

I soci hanno diritto di prendere visione di questi documenti e di ottenerne gratuitamente copia. Su richiesta del socio le copie gli sono trasmesse telematicamente (5). La società non è tenuta a fornire copia dei documenti, qualora gli stessi siano stati pubblicati sul sito Internet della società dal quale sia possibile effettuarne liberamente copia o stampa (5).

(1) *Le parole: «ovvero pubblicati sul sito Internet delle stesse,» sono state inserite dall'art. 1, comma 5, lett. a), del D.L.vo 22 giugno 2012, n. 123.*

(2) *Le parole: «con le relazioni» sono state così sostituite dalle parole: «con le relazioni, ove redatte,» dall'art. 1, comma 5, lett. b), del D.L.vo 22 giugno 2012, n. 123.*

(3) *Le parole: «il controllo contabile» sono state così sostituite dalle attuali: «la revisione legale» dall'art. 37, comma 33, del D.L.vo 27 gennaio 2010, n. 39.*

(4) *Questo numero è stato così sostituito dall'art. 1, comma 5, lett. c), del D.L.vo 22 giugno 2012, n. 123.*

(5) *Questo periodo è stato aggiunto dall'art. 1, comma 5, lett. d), del D.L.vo 22 giugno 2012, n. 123.*

2502. Decisione in ordine alla fusione. – La fusione è decisa da ciascuna delle società che vi partecipano mediante approvazione del relativo progetto. Se l'atto costitutivo o lo statuto non dispongono diversamente, tale approvazione avviene, nelle società di persone, con il consenso della maggioranza dei soci determinata secondo la parte attribuita a ciascuno negli utili, salva la facoltà di recesso per il socio che non abbia consentito alla fusione e, nelle società di capitali, secondo le norme previste per la modificazione dell'atto costitutivo o statuto.

La decisione di fusione può apportare al progetto di cui all'articolo 2501 *ter* solo le modifiche che non incidono sui diritti dei soci o dei terzi.

2502 *bis*. Deposito e iscrizione della decisione di fusione. – La deliberazione di fusione delle società previste nei capi V, VI e VII deve essere depositata per l'iscrizione nel registro delle imprese, insieme con i documenti indicati nell'articolo 2501 *septies*. Si applica l'articolo 2436.

La decisione di fusione delle società previste nei capi II, III e IV deve essere depositata per l'iscrizione nell'ufficio del registro delle imprese, insieme con i documenti indicati nell'articolo 2501 *septies*; il deposito va effettuato a norma dell'articolo 2436 se la società risultante dalla fusione o quella incorporante è regolata dai capi V, VI, VII.

2503. Opposizione dei creditori. – La fusione può essere attuata solo dopo sessanta giorni dall'ultima delle iscrizioni previste dall'articolo 2502 *bis*, salvo che consti il consenso dei creditori delle società che vi partecipano anteriori all'iscrizione o alla pubblicazione (1) prevista nel terzo comma dell'articolo 2501 *ter*, o il pagamento dei creditori che non hanno dato il consenso, ovvero il deposito delle somme corrispondenti presso una banca, salvo che la relazione di cui all'articolo 2501 *sexies* sia redatta, per tutte le società partecipanti alla fusione, da un'unica società di revisione la quale asseveri, sotto la propria responsabilità ai sensi del sesto comma dell'articolo 2501 *sexies*, che la situazione patrimoniale e finanziaria delle società partecipanti alla fusione rende non necessarie garanzie a tutela dei suddetti creditori.

Se non ricorre alcuna di tali eccezioni, i creditori indicati al comma precedente possono, nel suddetto termine di sessanta giorni, fare opposizione. Si applica in tal caso l'ultimo comma dell'articolo 2445.

([1]) *Le parole: «o alla pubblicazione» sono state inserite dall'art. 1, comma 6, del D.L.vo 22 giugno 2012, n. 123.*

2503 *bis*. Obbligazioni. – I possessori di obbligazioni delle società partecipanti alla fusione possono fare opposizione a norma dell'articolo 2503, salvo che la fusione sia approvata dall'assemblea degli obbligazionisti.

Ai possessori di obbligazioni convertibili deve essere data facoltà, mediante avviso da pubblicarsi nella *Gazzetta Ufficiale* della Repubblica italiana almeno novanta giorni prima della iscrizione del progetto di fusione, di esercitare il diritto di conversione nel termine di trenta giorni dalla pubblicazione dell'avviso.

Ai possessori di obbligazioni convertibili che non abbiano esercitato la facoltà di conversione devono essere assicurati diritti equivalenti a quelli loro spettanti prima della fusione, salvo che la modificazione dei loro diritti sia stata approvata dall'assemblea prevista dall'articolo 2415.

2504. Atto di fusione. – La fusione deve risultare da atto pubblico.

L'atto di fusione deve essere depositato per l'iscrizione, a cura del notaio o dei soggetti cui compete l'amministrazione della società risultante dalla fusione o di quella incorporante, entro trenta giorni, nell'ufficio del registro delle imprese dei luoghi ove è posta la sede delle società partecipanti alla fusione, di quella che ne risulta o della società incorporante.

Il deposito relativo alla società risultante dalla fusione o di quella incorporante non può precedere quelli relativi alle altre società partecipanti alla fusione.

2504 *bis*. Effetti della fusione. – La società che risulta dalla fusione o quella incorporante assumono i diritti e gli obblighi delle società partecipanti alla fusione, proseguendo in tutti i loro rapporti, anche processuali, anteriori alla fusione.

La fusione ha effetto quando è stata eseguita l'ultima delle iscrizioni prescritte dall'articolo 2504. Nella fusione mediante incorporazione può tuttavia essere stabilita una data successiva.

Per gli effetti ai quali si riferisce il primo comma dell'articolo 2501 *ter*, numeri 5) e 6), possono essere stabilite date anche anteriori.

Nel primo bilancio successivo alla fusione le attività e le passività sono iscritte ai valori risultanti dalle scritture contabili alla data di efficacia della fusione medesima; se dalla fusione emerge un disavanzo, esso deve essere imputato, ove possibile, agli elementi dell'attivo e del passivo delle società partecipanti alla fusione e, per la differenza e nel rispetto delle condizioni previste dal numero 6 dell'articolo 2426, ad avviamento. Quando si tratta di società che fa ricorso al mercato del capitale di rischio, devono altresì essere allegati alla nota integrativa prospetti contabili indicanti i valori attribuiti alle attività e passività delle società che hanno partecipato alla fusione e la relazione di cui all'articolo 2501 *sexies*. Se dalla fusione emerge un avanzo, esso è iscritto ad apposita voce del patrimonio netto, ovvero, quando sia dovuto a previsione di risultati economici sfavorevoli, in una voce dei fondi per rischi ed oneri ([1]).

La fusione attuata mediante costituzione di una nuova società di capitali ovvero mediante incorporazione in una società di capitali non libera i soci a responsabilità illimitata dalla responsabilità per le obbligazioni delle rispettive società partecipanti alla fusione anteriori all'ultima delle iscrizioni prescritte dall'articolo 2504, se non risulta che i creditori hanno dato il loro consenso.

([1]) *L'ultimo periodo di questo comma è stato aggiunto dall'art. 23 del D.L.vo 28 dicembre 2004, n. 310.*

2504 *ter*. Divieto di assegnazione di azioni o quote. – La società che risulta dalla fusione non può assegnare azioni o quote in sostituzione di quelle delle società partecipanti alla fusione possedute, anche per il tramite di società fiduciarie o di interposta persona, dalle società medesime.

La società incorporante non può assegnare azioni o quote in sostituzione di quelle delle società incorporate possedute, anche per il tramite di società fiduciaria o di interposta persona, dalle incorporate medesime o dalla società incorporante.

2504 *quater*. Invalidità della fusione. – Eseguite le iscrizioni dell'atto di fusione a norma del secondo comma dell'articolo 2504, l'invalidità dell'atto di fusione non può essere pronunciata.

Resta salvo il diritto al risarcimento del danno eventualmente spettante ai soci o ai terzi danneggiati dalla fusione.

NOTE OPERATIVE:

Finalità: La norma vale a preservare l'effettività dell'organizzazione societaria nascente dall'operazione di fusione (o da quella di scissione) (C.C. 8120/22).

2505. Incorporazione di società interamente possedute. – Alla fusione per incorporazione di una società in un'altra che possiede tutte le azioni o le quote della prima non si applicano le disposizioni dell'articolo 2501 *ter*, primo comma, numeri 3), 4) e 5) e degli articoli 2501 *quinquies* e 2501 *sexies*.

L'atto costitutivo o lo statuto può prevedere che la fusione per incorporazione di una società in un'altra che possiede tutte le azioni o le quote della prima sia decisa, con deliberazione risultante da atto pubblico, dai rispettivi organi amministrativi, sempre che siano rispettate, con riferimento a ciascuna delle società partecipanti alla fusione, le disposizioni dell'articolo 2501 *ter*, terzo e quarto comma, nonché, quanto alla società incorporante, quelle dell'articolo 2501 *septies* (1).

I soci della società incorporante che rappresentano almeno il cinque per cento del capitale sociale possono in ogni caso, con domanda indirizzata alla società entro otto giorni dal deposito o dalla pubblicazione (2) di cui al terzo comma dell'articolo 2501 *ter*, chiedere che la decisione di approvazione della fusione da parte della incorporante medesima sia adottata a norma del primo comma dell'articolo 2502.

(1) *Le parole: «le disposizioni dell'articolo 2501* ter *e, quanto alla società incorporante, anche quelle dell'articolo 2501* septies, *primo comma, numeri 1 e 2» sono state così sostituite dalle parole: «le disposizioni dell'articolo 2501* ter, *terzo e quarto comma, nonché, quanto alla società incorporante, quelle dell'articolo 2501* septies*» dall'art. 1, comma 7, lett.* a), *del D.L.vo 22 giugno 2012, n. 123.*

(2) *Le parole: «o dalla pubblicazione» sono state inserite dall'art. 1, comma 7, lett.* b), *del D.L.vo 22 giugno 2012, n. 123.*

2505 *bis*. Incorporazione di società possedute al novanta per cento. – Alla fusione per incorporazione di una o più società in un'altra che possiede almeno il novanta per cento delle loro azioni o quote non si applicano le disposizioni degli articoli 2501 *quater*, 2501 *quinquies*, 2501 *sexies* e 2501 *septies* (1), qualora venga concesso agli altri soci della società incorporata il diritto di far acquistare le loro azioni o quote dalla società incorporante per un corrispettivo determinato alla stregua dei criteri previsti per il recesso.

L'atto costitutivo o lo statuto possono prevedere che la fusione per incorporazione di una o più società in un'altra che possiede almeno il novanta per cento delle loro azioni o quote sia decisa, quanto alla società incorporante, dal suo organo amministrativo, con deliberazione risultante da atto pubblico, sempre che siano rispettate le disposizioni dell'articolo 2501 *septies* (2), e che l'iscrizione o la pubblicazione prevista (3) dall'articolo 2501 *ter*, terzo comma, sia fatta, per la società incorporante, almeno trenta giorni prima della data fissata per la decisione di fusione da parte della società incorporata.

Si applica la disposizione di cui al terzo comma dell'articolo 2505.

(1) *Le parole: «dell'articolo 2501* sexies*» sono state così sostituite dalle parole: «degli articoli 2501* quater, *2501* quinquies, *2501* sexies *e 2501* septies*» dall'art. 1, comma 8, lett.* a), *del D.L.vo 22 giugno 2012, n. 123.*

(2) *Le parole: «dell'articolo 2501* septies, *primo comma, numeri 1 e 2» sono state così sostituite dalle parole: «dell'articolo 2501* septies*» dall'art. 1, comma 8, lett.* b), *del D.L.vo 22 giugno 2012, n. 123.*

(3) *Le parole: «l'iscrizione prevista» sono state così sostituite dalle parole: «l'iscrizione o la pubblicazione prevista» dall'art. 1, comma 8, lett.* b), *del D.L.vo 22 giugno 2012, n. 123.*

2505 *ter*. Effetti della pubblicazione degli atti del procedimento di fusione nel registro delle imprese. – Alle iscrizioni nel registro delle imprese ai sensi degli articoli 2501 *ter*, 2502 *bis* e 2504 conseguono gli effetti previsti dall'articolo 2448.

2505 *quater*. Fusioni cui non partecipano società con capitale rappresentato da azioni. – Se alla fusione non partecipano società regolate dai capi V e VI del presente titolo, né società cooperative per azioni, non si applicano le disposizioni degli articoli 2501, secondo comma, e 2501 *ter*, secondo comma; [le disposizioni dell'articolo 2501 *sexies* possono essere derogate con il consenso di tutti i soci delle società partecipanti alla fusione;] (1) i termini di cui agli articoli 2501 *ter*, quarto comma, 2501 *septies*, primo comma, e 2503, primo comma, sono ridotti alla metà.

(1) *Le parole tra parentesi quadrate sono state soppresse dall'art. 1, comma 2, del D.L.vo 13 ottobre 2009, n. 147. A norma dell'art. 2 dello stesso decreto legislativo, tale disposizione si applica alle fusioni e alle scissioni i cui progetti non siano stati approvati dagli organi competenti di alcuna delle società partecipanti alla fusione o alla scissione, alla data di entrata in vigore dello stesso decreto* (G.U. *Serie gen. - n. 254 del 31 ottobre 2009*).

Sezione III
Della scissione delle società

2506. Forme di scissione. – Con la scissione una società assegna l'intero suo patrimonio a più società, preesistenti o di nuova costituzione, o parte del suo patrimonio, in tal caso anche ad una sola società, e le relative azioni o quote ai suoi soci.

È consentito un conguaglio in danaro, purché non superiore al dieci per cento del valore nominale delle azioni o quote (1) attribuite. È consentito inoltre che, per consenso unanime, ad alcuni soci non vengano distribuite azioni o quote (1) di una delle società beneficiarie della scissione, ma azioni o quote (1) della società scissa.

La società scissa può, con la scissione, attuare il proprio scioglimento senza liquidazione, ovvero continuare la propria attività.

La partecipazione alla scissione non è consentita alle società in liquidazione che abbiano iniziato la distribuzione dell'attivo.

(1) *Le parole: «o quote» sono state inserite dall'art. 5, lett. eee), del D.L.vo 6 febbraio 2004, n. 37.*

2506.1. (1) **Scissione mediante scorporo.** – 1. Con la scissione mediante scorporo una società assegna parte del suo patrimonio a una o più società di nuova costituzione e a sé stessa le relative azioni o quote a sé stessa, continuando la propria attività.

La partecipazione alla scissione non è consentita alle società in liquidazione che abbiano iniziato la distribuzione dell'attivo.

(1) *Questo articolo è stato inserito dall'art. 51, comma 3, lett. a), del D.L.vo 2 marzo 2023, n. 19.*

A norma dell'art. 56, comma 2, del medesimo decreto legislativo, l'articolo 51 si applica a decorrere dalla data di entrata in vigore del predetto decreto (22 marzo 2023). La società che ha trasferito la sede statutaria all'estero prima di tale data mantenendo l'iscrizione nel registro delle imprese continua a essere regolata dalla legge italiana e, ai fini della giurisdizione e della legge applicabile, la sua sede si considera ubicata presso il registro delle imprese presso il quale ha mantenuto l'iscrizione.

2506 *bis*. Progetto di scissione. – L'organo amministrativo delle società partecipanti alla scissione redige un progetto dal quale devono risultare i dati indicati nel primo comma dell'articolo 2501 *ter* ed inoltre l'esatta descrizione degli elementi patrimoniali da assegnare a ciascuna delle società beneficiarie e dell'eventuale conguaglio in danaro.

Se la destinazione di un elemento dell'attivo non è desumibile dal progetto, esso, nell'ipotesi di assegnazione dell'intero patrimonio della società scissa, è ripartito tra le società beneficiarie in proporzione della quota del patrimonio netto assegnato a ciascuna di esse, così come valutato ai fini della determinazione del rapporto di cambio; se l'assegnazione del patrimonio della società è solo parziale, tale elemento rimane in capo alla società trasferente.

Degli elementi del passivo, la cui destinazione non è desumibile dal progetto, rispondono in solido, nel primo caso, le società beneficiarie, nel secondo la società scissa e le società beneficiarie. La responsabilità solidale è limitata al valore effettivo del patrimonio netto attribuito a ciascuna società beneficiaria.

Dal progetto di scissione devono risultare i criteri di distribuzione delle azioni o quote delle società beneficiarie. Qualora il progetto preveda una attribuzione delle partecipazioni ai soci non proporzionale alla loro quota di partecipazione originaria, il progetto medesimo deve prevedere il diritto dei soci che non approvino la scissione di far acquistare le proprie partecipazioni per un corrispettivo determinato alla stregua dei criteri previsti per il recesso, indicando coloro a cui carico è posto l'obbligo di acquisto. Il progetto di scissione mediante scorporo non contiene i dati di cui ai numeri 3), 4), 5) e 7) dell'articolo 2501 *ter*, primo comma, né altro contenuto incompatibile con l'assegnazione delle azioni o quote delle società beneficiarie alla società stessa, anziché ai suoi soci (1).

Il progetto di scissione è depositato per l'iscrizione nel registro delle imprese ovvero pubblicato sul sito Internet della società a norma dell'articolo 2501 *ter*, commi terzo e quarto (2).

(1) *Questo periodo è stato aggiunto dall'art. 51, comma 3, lett. b), del D.L.vo 2 marzo 2023, n. 19.*

A norma dell'art. 56, comma 2, del medesimo decreto legislativo, l'articolo 51 si applica a decorrere dalla data di entrata in vigore del predetto decreto (22 marzo 2023). La società che ha trasferito la sede statutaria all'estero prima di tale data mantenendo l'iscrizione nel registro delle imprese continua a essere regolata dalla legge italiana e, ai fini della giurisdizione e della legge applicabile, la sua sede si considera ubicata presso il registro delle imprese presso il quale ha mantenuto l'iscrizione.

(2) *Questo comma è stato così sostituito dall'art. 1, comma 9, del D.L.vo 22 giugno 2012, n. 123.*

2506 *ter*. Norme applicabili. – L'organo amministrativo delle società partecipanti alla scissione redige la situazione patrimoniale e la relazione illustrativa in conformità agli articoli 2501 *quater* e 2501 *quinquies*.

La relazione dell'organo amministrativo deve inoltre illustrare i criteri di distribuzione delle azioni o quote e deve indicare il valore effettivo del patrimonio netto assegnato alle società beneficiarie e di quello che eventualmente rimanga nella società scissa. Quando la scissione si realizza mediante aumento di capitale con conferimento di beni in natura o di crediti, la relazione dell'organo amministrativo menziona, ove prevista, l'elaborazione della relazione di cui all'articolo 2343 e il registro delle imprese presso il quale tale relazione è depositata (1).

Si applica alla scissione l'articolo 2501 *sexies*; la situazione patrimoniale prevista dall'articolo 2501 *quater* e le relazioni previste dagli articoli 2501 *quinquies* e 2501 *sexies*, non sono richieste (2) quando la scissione avviene mediante la costituzione di una o più nuove società e non siano previsti criteri di attribuzione delle azioni o quote diversi da quello proporzionale o quando la scissione avviene mediante scorporo (3).

Con il consenso unanime dei soci e dei possessori di altri strumenti finanziari che danno diritto di voto nelle società partecipanti alla scissione l'organo amministrativo può essere esonerato dalla redazione dei documenti previsti nei precedenti commi.

Sono altresì applicabili alla scissione gli articoli 2501 *septies*, 2502, 2502 *bis*, 2503, 2503 *bis*, 2504, 2504 *ter*, 2504 *quater*, 2505, (4) primo e secondo comma, (5) 2505 *bis* e 2505 *ter*. Tutti i riferimenti alla fusione contenuti in detti articoli s'intendono riferiti anche alla scissione.

Alla scissione mediante scorporo non si applica il diritto di recesso previsto dagli articoli 2473 e 2502 (6).

(1) *Questo periodo è stato aggiunto dall'art. 27, comma 1, della L. 30 ottobre 2014, n. 161.*

(2) *Le parole: «la relazione ivi prevista non è richiesta» sono state così sostituite dalle parole: «la situazione patrimoniale prevista dall'articolo 2501* quater *e le relazioni previste dagli articoli 2501* quinquies *e 2501* sexies*, non sono richieste» dall'art. 1, comma 10, lett. a), del D.L.vo 22 giugno 2012, n. 123.*

(3) *Le parole: «o quando la scissione avviene mediante scorporo» sono state aggiunte dall'art. 51, comma 3, lett. c), n. 1), del D.L.vo 2 marzo 2023, n. 19.*

A norma dell'art. 56, comma 2, del medesimo decreto legislativo, l'articolo 51 si applica a decorrere dalla data di entrata in vigore del predetto decreto (22 marzo 2023). La società che ha trasferito la sede statutaria all'estero prima di tale data mantenendo l'iscrizione nel registro delle imprese continua a essere regolata dalla legge italiana e, ai fini della giurisdizione e della legge applicabile, la sua sede si considera ubicata presso il registro delle imprese presso il quale ha mantenuto l'iscrizione.

(4) *La parola: «2505,» è stata inserita dall'art. 24 del D.L.vo 28 dicembre 2004, n. 310.*

(5) *Le parole: «primo e secondo comma,» sono state inserite dall'art. 1, comma 10, lett. b), del D.L.vo 22 giugno 2012, n. 123.*

(6) *Questo comma è stato aggiunto dall'art. 51, comma 3, lett. c), n. 2), del D.L.vo 2 marzo 2023, n. 19.*

A norma dell'art. 56, comma 2, del medesimo decreto legislativo, l'articolo 51 si applica a decorrere dalla data di entrata in vigore del predetto decreto (22 marzo 2023). La società che ha trasferito la sede statutaria all'estero prima di tale data mantenendo l'iscrizione nel registro delle imprese continua a essere regolata dalla legge italiana e, ai fini della giurisdizione e della legge applicabile, la sua sede si considera ubicata presso il registro delle imprese presso il quale ha mantenuto l'iscrizione.

2506 *quater*. Effetti della scissione. – La scissione ha effetto dall'ultima delle iscrizioni dell'atto di scissione nell'ufficio del registro delle imprese in cui sono iscritte le società beneficiarie; può essere tuttavia stabilita una data successiva, tranne che nel caso di scissione mediante costituzione di società nuove. Per gli effetti a cui si riferisce l'articolo 2501 *ter*, numeri 5) e 6), possono essere stabilite date anche anteriori. Si applica il quarto comma dell'articolo 2504 *bis*.

Qualunque società beneficiaria può effettuare gli adempimenti pubblicitari relativi alla società scissa.

Ciascuna società è solidalmente responsabile, nei limiti del valore effettivo del patrimonio netto ad essa assegnato o rimasto, dei debiti della società scissa non soddisfatti dalla società cui fanno carico.

Capo XI
Delle società costituite all'estero ([1])

([1]) *Questo Capo è stato aggiunto dall'art. 7 del D.L.vo 17 gennaio 2003, n. 6, rettificato e corretto con avviso pubblicato in* Gazzetta Ufficiale *Serie gen. - n. 153 del 4 luglio 2003 e di nuovo rettificato con avviso pubblicato in* Gazzetta Ufficiale *Serie gen. - n. 165 del 18 luglio 2003, a decorrere dal 1° gennaio 2004.*

2507. Rapporti con il diritto comunitario. – L'interpretazione ed applicazione delle disposizioni contenute nel presente capo è effettuata in base ai principi dell'ordinamento delle Comunità europee.

NOTE OPERATIVE:

Riconoscimento: Per il riconoscimento nell'ordinamento italiano di una persona giuridica straniera non è necessario che sia strutturalmente o funzionalmente conforme alle persone giuridiche di diritto interno, ma è sufficiente che sia riconosciuta dal suo ordinamento di origine, né osta che sia costituita da un solo fondatore, come del resto avviene per le fondazioni di diritto interno (C.C. 14870/00).

2508. Società estere con sede secondaria nel territorio dello Stato. – Le società costituite all'estero, le quali stabiliscono nel territorio dello Stato una o più sedi secondarie con rappresentanza stabile, sono soggette, per ciascuna sede, alle disposizioni della legge italiana sulla pubblicità degli atti sociali. Esse devono inoltre pubblicare, secondo le medesime disposizioni, il cognome, il nome, la data e il luogo di nascita delle persone che le rappresentano stabilmente nel territorio dello Stato, con indicazione dei relativi poteri.

Ai terzi che hanno compiuto operazioni con le sede secondaria non può essere opposto che gli atti pubblicati ai sensi dei commi precedenti sono difformi da quelli pubblicati nello Stato ove è situata la sede principale.

Le società costituite all'estero sono altresì soggette, per quanto riguarda le sedi secondarie, alle disposizioni che regolano l'esercizio dell'impresa o che la subordinano all'osservanza di particolari condizioni.

Negli atti e nella corrispondenza delle sedi secondarie di società costituite all'estero devono essere contenute le indicazioni richieste dall'articolo 2250; devono essere altresì indicati l'ufficio del registro delle imprese presso la quale è iscritta la sede secondaria e il numero di iscrizione.

2508 *bis*. ([1]) Registrazione e cancellazione telematica della sede secondaria di una società soggetta alla legge di uno Stato membro dell'Unione europea. – L'atto istitutivo di sedi secondarie nel territorio dello Stato da parte di società di capitali soggette alla legge di uno Stato membro dell'Unione europea e gli atti di nomina dei soggetti che rappresentano stabilmente la società per le attività della sede secondaria, con l'indicazione dei relativi poteri, sono depositati, ai fini della loro iscrizione nel registro delle imprese, presso un notaio esercente in Italia con le modalità disciplinate dagli articoli 47 *bis*, 47 *ter* e 52 *bis* della legge 16 febbraio 1913, n. 89, anche con le modalità in videoconferenza di cui alle disposizioni di attuazione della direttiva (UE) 2019/1151 del Parlamento europeo e del Consiglio del 20 giugno 2019. Gli atti da depositare, ai fini della procedura di cui al periodo precedente, sono contenuti in duplicati informatici o copie informatiche rilasciate dal competente registro delle imprese delle quali è garantita, ai sensi del decreto legislativo 7 marzo 2005, n. 82, la provenienza dal medesimo registro e la conformità ai corrispondenti documenti o informazioni nello stesso iscritti. Il notaio può richiedere la presenza fisica delle parti, o di alcune di esse, se dubita dell'identità dei richiedenti o se rileva il mancato rispetto delle norme riguardanti la capacità di agire e la capacità dei richiedenti di rappresentare una società.

Ai fini della registrazione delle sedi secondarie di cui al primo comma, sono forniti i seguenti dati:

a) l'indirizzo della sede secondaria;

b) l'attività della sede secondaria;

c) il registro di iscrizione della società;

d) il numero di iscrizione della società nel registro di cui al punto *c*);

e) la denominazione della società;

f) la forma legale della società;

g) l'ampiezza dei poteri dei soggetti che rappresentano stabilmente la società per le attività della sede secondaria;

h) gli estremi dell'atto costitutivo e, eventualmente, dello statuto ove presente come documento separato;

i) i dati personali dei legali rappresentanti della società;

l) i dati personali dei soggetti che rappresentano stabilmente la società per le attività della sede secondaria;

m) l'eventuale stato di liquidazione della società, i dati personali dei liquidatori e i poteri agli stessi conferiti, nonché l'eventuale conclusione della procedura di liquidazione;

n) la pendenza di una procedura di insolvenza o di altra procedura di ristrutturazione aziendale connessa a crisi aziendale della società;

o) la data di chiusura della sede secondaria.

Ai medesimi fini di cui al secondo comma, sono altresì depositati:

a) la nomina, la cessazione o la revoca dei liquidatori;

b) la nomina, la cessazione o la revoca dei legali rappresentanti della società;

c) la nomina, la cessazione o la revoca dei soggetti che rappresentano stabilmente la società per le attività della sede secondaria;

d) l'ultimo bilancio di esercizio della società;

e) l'atto costitutivo e lo statuto, ove presente come documento separato, della società, e le relative modifiche;

f) una dichiarazione resa dai soggetti che rappresentano stabilmente la società per le attività della sede secondaria circa l'inesistenza, a loro carico, delle cause di ineleggibilità previste dall'articolo 2382 e di interdizioni dall'ufficio di amministratore adottate nei loro confronti in uno Stato membro dell'Unione europea.

La capacità di agire dei richiedenti e il loro potere di rappresentare la società sono verificate, mediante il sistema di interconnessione di cui all'articolo 22 della direttiva (UE) 2017/1132, dalle risultanze del registro delle imprese in cui è iscritta la società. Nel caso di indisponibilità del sistema di interconnessione, è utilizzato un certificato rilasciato dal competente registro da non oltre sei mesi. Se il potere rappresentativo deriva da una procura e questa non è acquisibile tramite il sistema di interconnessione di cui all'articolo 22 della direttiva (UE) 2017/1132, la procura è consegnata in originale al notaio.

Se la registrazione della sede secondaria non può essere completata nel termine di dieci giorni dal momento della presentazione dei documenti e delle informazioni di cui al secondo, terzo e quarto comma, l'ufficio del registro delle imprese comunica ai richiedenti i motivi del ritardo.

Gli atti di cui al terzo comma e i documenti di cui al quarto comma redatti in una lingua straniera sono accompagnati dalla traduzione giurata.

Gli uffici del registro delle imprese comunicano, tramite il sistema di interconnessione di cui all'articolo 22 della direttiva (UE) 2017/1132, ai registri delle imprese di altri Stati membri in cui sono registrate sedi secondarie di società di capitali regolate dalla legge italiana, le modifiche ai seguenti elementi:

a) denominazione della società;

b) sede legale della società;

c) numero di iscrizione della società nel registro;

d) forma legale della società;

e) legali rappresentanti, con specificazione se in forma congiunta o disgiunta, amministratori, componenti degli organi di controllo o di supervisione;

f) bilanci societari.

Ove siano destinatari della comunicazione di cui all'ottavo comma, in qualità di uffici di registrazione di una sede secondaria di società soggette alla legge di un altro Stato membro dell'Unione europea, gli uffici del registro delle imprese rilasciano attestazione di ricezione della comunicazione e provvedono senza ritardo all'iscrizione dei conseguenti aggiornamenti. L'istanza con cui si richiede la registrazione della sede secondaria di una società di capitali soggetta alla legge di uno Stato membro dell'Unione europea ai sensi del primo comma, è sottoscritta elettronicamente da un notaio esercente nel territorio dello Stato. Gli adempimenti pubblicitari successivi alla registrazione possono essere assolti mediante firma elettronica qualificata o firma digitale da un amministratore della società o dallo stabile preposto.

(1) *Questo articolo è stato inserito dall'art. 6, comma 3, del D.L.vo 8 novembre 2021, n. 183.*

2509. Società estere di tipo diverso da quelle nazionali. – Le società costituite all'estero, che sono di tipo diverso da quelli regolati in questo codice, sono soggette alle norme della società per azioni, per ciò che riguarda gli obblighi relativi all'iscrizione degli atti sociali nel registro delle imprese e la responsabilità degli amministratori.

2509 *bis*. Responsabilità in caso di inosservanza delle formalità. – Fino all'adempimento delle formalità sopra indicate, coloro che agiscono in nome della società rispondono illimitatamente e solidalmente per le obbligazioni sociali.

2510. Società con prevalenti interessi stranieri. – Sono salve le disposizioni delle leggi speciali che vietano o sottopongono a particolari condizioni l'esercizio di determinate attività da parte di società nelle quali siano rappresentati interessi stranieri.

Capo XI *bis*

Del trasferimento della sede all'estero ([1])

([1]) *Questo Capo (Art. 2510* bis*) è stato inserito dall'art. 51, comma 4, del D.L.vo 2 marzo 2023, n. 19.*

A norma dell'art. 56, comma 2, del medesimo decreto legislativo, l'articolo 51 si applica a decorrere dalla data di entrata in vigore del predetto decreto (22 marzo 2023). La società che ha trasferito la sede statutaria all'estero prima di tale data mantenendo l'iscrizione nel registro delle imprese continua a essere regolata dalla legge italiana e, ai fini della giurisdizione e della legge applicabile, la sua sede si considera ubicata presso il registro delle imprese presso il quale ha mantenuto l'iscrizione.

2510 *bis*. Trasferimento della sede all'estero. – 1. Il trasferimento all'estero della sede statutaria è posto in essere mediante trasformazione in conformità alle disposizioni che regolano le operazioni di trasformazione transfrontaliera e internazionale.

Titolo VI

Delle società cooperative
e delle mutue assicuratrici ([1])

([1]) *Questo Titolo è stato così sostituito dall'art. 8 del D.L.vo 17 gennaio 2003, n. 6, rettificato e corretto con avviso pubblicato in* Gazzetta Ufficiale *Serie gen. - n. 153 del 4 luglio 2003 e di nuovo rettificato con avviso pubblicato in* Gazzetta Ufficiale *Serie gen. - n. 165 del 18 luglio 2003, a decorrere dal 1° gennaio 2004.*

Capo I

Delle società cooperative ([1])

([1]) *A norma dell'art. 14, comma 15 della L. 12 novembre 2011, n. 183, nel caso in cui siano entrate in vigore norme di legge o regolamentari che incidano, direttamente o indirettamente, sulle materie regolate dallo statuto sociale, le società cooperative di cui a questo capo, le cui azioni non siano negoziate in mercati regolamentati, possono modificare il proprio statuto con le maggioranze assembleari previste in via generale dallo statuto per le sue modificazioni, anche nei casi in cui lo statuto stesso preveda maggioranze più elevate per la modifica di determinati suoi articoli.*

Sezione I

Disposizioni generali.
Cooperative a mutualità prevalente

2511. Società cooperative. – Le cooperative sono società a capitale variabile con scopo mutualistico iscritte presso l'albo delle società cooperative di cui all'articolo 2512, secondo comma, e all'articolo 223 *sexiesdecies* delle disposizioni per l'attuazione del presente codice ([1]).

([1]) *Le parole: «iscritte presso l'albo delle società cooperative di cui all'articolo 2512, secondo comma, e all'articolo 223* sexiesdecies *delle disposizioni per l'attuazione del presente codice» sono state aggiunte dall'art. 10, comma 1 della L. 23 luglio 2009, n. 99.*

NOTE OPERATIVE:

Scopo mutualistico: Siccome nelle società cooperative v'è una tendenziale coincidenza tra i soci ed i fruitori dei beni o dei servizi prodotti dall'impresa sociale (o, nel caso delle cooperative di produzione e lavoro, i fattori produttivi necessari per l'attività sociale sono tendenzialmente forniti dagli stessi soci), lo scopo mutualistico, si sostanzia in un particolare modo di organizzazione e di svolgimento dell'attività d'impresa, il quale si caratterizza per la gestione del servizio a favore dei soci (C.C. 111/95).

2512. Cooperativa a mutualità prevalente. – Sono società cooperative a mutualità prevalente, in ragione del tipo di scambio mutualistico, quelle che:

1) svolgono la loro attività prevalentemente in favore dei soci, consumatori o utenti di beni o servizi;

2) si avvalgono prevalentemente, nello svolgimento della loro attività, delle prestazioni lavorative dei soci;

3) si avvalgono prevalentemente, nello svolgimento della loro attività, degli apporti di beni o servizi da parte dei soci.

Le società cooperative a mutualità prevalente si iscrivono in un apposito albo, presso il quale depositano annualmente i propri bilanci.

2513. ([1]) **Criteri per la definizione della prevalenza.** – Gli amministratori e i sindaci documentano la condizione di prevalenza di cui al precedente articolo nella nota integrativa al bilancio, evidenziando contabilmente i seguenti parametri:

a) i ricavi dalle vendite dei beni e dalle prestazioni di servizi verso i soci sono superiori al cinquanta per cento del totale dei ricavi delle vendite e delle prestazioni ai sensi dell'articolo 2425, primo comma, punto A1;

b) il costo del lavoro dei soci è superiore al cinquanta per cento del totale del costo del lavoro di cui all'articolo 2425, primo comma, punto B9 computate le altre forme di lavoro inerenti lo scopo mutualistico ([2]);

c) il costo della produzione per servizi ricevuti dai soci ovvero per beni conferiti dai soci è rispettivamente superiore al cinquanta per cento del totale dei costi dei servizi di cui all'articolo 2425, primo comma, punto B7, ovvero al costo delle merci o materie prime acquistate o conferite, di cui all'articolo 2425, primo comma, punto B6.

Quando si realizzano contestualmente più tipi di scambio mutualistico, la condizione di prevalenza è documentata facendo riferimento alla media ponderata delle percentuali delle lettere precedenti.

Nelle cooperative agricole la condizione di prevalenza sussiste quando la quantità o il valore dei prodotti conferiti dai soci è superiore al cinquanta per cento della quantità o del valore totale dei prodotti.

(1) *Si veda il D.M. 30 dicembre 2005, recante regimi derogatori ai criteri per la definizione della prevalenza* (Gazzetta Ufficiale *Serie gen. - n. 20 del 25 gennaio 2006*).

(2) *Le parole da: «computate le ...» fino alla fine della lettera, sono state aggiunte dall'art. 25 del D.L.vo 28 dicembre 2004, n. 310.*

2514. Requisiti delle cooperative a mutualità prevalente. – Le cooperative a mutualità prevalente devono prevedere nei propri statuti:

a) il divieto di distribuire i dividendi in misura superiore all'interesse massimo dei buoni postali fruttiferi, aumentato di due punti e mezzo rispetto al capitale effettivamente versato;

b) il divieto di remunerare gli strumenti finanziari offerti in sottoscrizione ai soci cooperatori in misura superiore a due punti rispetto al limite massimo previsto per i dividendi;

c) il divieto di distribuire le riserve fra i soci cooperatori;

d) l'obbligo di devoluzione, in caso di scioglimento della società, dell'intero patrimonio sociale, dedotto soltanto il capitale sociale e i dividendi eventualmente maturati, ai fondi mutualistici per la promozione e lo sviluppo della cooperazione.

Le cooperative deliberano l'introduzione e la soppressione delle clausole di cui al comma precedente con le maggioranze previste per l'assemblea straordinaria.

2515. Denominazione sociale. – La denominazione sociale, in qualunque modo formata, deve contenere l'indicazione di società cooperativa.

L'indicazione di cooperativa non può essere usata da società che non hanno scopo mutualistico.

[Le società cooperative a mutualità prevalente devono indicare negli atti e nella corrispondenza il numero di iscrizione presso l'albo delle cooperative a mutualità prevalente] (1).

(1) *Questo comma è stato abrogato dall'art. 10, comma 5, della L. 23 luglio 2009, n. 99.*

2516. Rapporti con i soci. – Nella costituzione e nell'esecuzione dei rapporti mutualistici deve essere rispettato il principio di parità di trattamento.

2517. Enti mutualistici. – Le disposizioni del presente titolo non si applicano agli enti mutualistici diversi dalle società.

2518. Responsabilità per le obbligazioni sociali. – Nelle società cooperative per le obbligazioni sociali risponde soltanto la società con il suo patrimonio.

2519. Norme applicabili. – Alle società cooperative, per quanto non previsto dal presente titolo, si applicano in quanto compatibili le disposizioni sulla società per azioni.

L'atto costitutivo può prevedere che trovino applicazione, in quanto compatibili, le norme sulla società a responsabilità limitata nelle cooperative con un numero di soci cooperatori inferiore a venti ovvero con un attivo dello stato patrimoniale non superiore ad un milione di euro.

2520. Leggi speciali. – Le cooperative regolate dalle leggi speciali sono soggette alle disposizioni del presente titolo, in quanto compatibili.

La legge può prevedere la costituzione di cooperative destinate a procurare beni o servizi a soggetti appartenenti a particolari categorie anche di non soci.

Sezione II
Della costituzione

2521. Atto costitutivo. – La società deve costituirsi per atto pubblico.

L'atto costitutivo stabilisce le regole per lo svolgimento dell'attività mutualistica e può prevedere che la società svolga la propria attività anche con terzi.

L'atto costitutivo deve indicare:

1) il cognome e il nome o la denominazione, il luogo e la data di nascita o di costituzione, il domicilio o la sede, la cittadinanza dei soci;

2) la denominazione, e il comune ove è posta la sede della società e le eventuali sedi secondarie;

3) la indicazione specifica dell'oggetto sociale con riferimento ai requisiti e agli interessi dei soci;

4) la quota di capitale sottoscritta da ciascun socio, i versamenti eseguiti e, se il capitale è ripartito in azioni, il loro valore nominale;

5) il valore attribuito ai crediti e ai beni conferiti in natura;

6) i requisiti e le condizioni per l'ammissione dei soci e il modo e il tempo in cui devono essere eseguiti i conferimenti;

7) le condizioni per l'eventuale recesso o per la esclusione dei soci;

8) le regole per la ripartizione degli utili e i criteri per la ripartizione dei ristorni;

9) le forme di convocazione dell'assemblea, in quanto si deroga alle disposizioni di legge;

10) il sistema di amministrazione adottato, il numero degli amministratori e i loro poteri, indicando quali tra essi hanno la rappresentanza della società;

11) il numero dei componenti del collegio sindacale;

12) la nomina dei primi amministratori e sindaci;

13) l'importo globale, almeno approssimativo, delle spese per la costituzione poste a carico delle società.

Lo statuto contenente le norme relative al funzionamento della società, anche se forma oggetto di atto separato, si considera parte integrante dell'atto costitutivo.

I rapporti tra la società e i soci possono essere disciplinati da regolamenti che determinano i criteri e le regole inerenti allo svolgimento dell'attività mutualistica tra la società e i soci. I regolamenti, quando non costituiscono parte integrante dell'atto costitutivo, sono predisposti dagli amministratori e approvati dall'assemblea con le maggioranze previste per le assemblee straordinarie.

2522. Numero dei soci. – Per costituire una società cooperativa è necessario che i soci siano almeno nove.

Può essere costituita una società cooperativa da almeno tre soci quando i medesimi sono persone fisiche e la società adotta le norme della società a responsabilità limitata; nel caso di attività agricola possono essere soci anche le società semplici (1).

Se successivamente alla costituzione il numero dei soci diviene inferiore a quello stabilito nei precedenti commi, esso deve essere integrato nel termine massimo di un anno, trascorso il quale la società si scioglie e deve essere posta in liquidazione.

La legge determina il numero minimo di soci necessario per la costituzione di particolari categorie di cooperative.

(1) *Le parole da: «; nel caso ...» fino alla fine del periodo sono state aggiunte dall'art. 26 del D.L.vo 28 dicembre 2004, n. 310.*

2523. Deposito dell'atto costitutivo e iscrizione della società. – Il notaio che ha ricevuto l'atto costitutivo deve depositarlo entro venti giorni presso l'ufficio del registro delle imprese nella cui circoscrizione è stabilita la sede sociale, a norma dell'articolo 2330.

Gli effetti dell'iscrizione e della nullità sono regolati rispettivamente dagli articoli 2331 e 2332.

2524. Variabilità del capitale. – Il capitale sociale non è determinato in un ammontare prestabilito.

Nelle società cooperative l'ammissione di nuovi soci, nelle forme previste dall'articolo 2528 non importa modificazione dell'atto costitutivo.

La società può deliberare aumenti di capitale con modificazione dell'atto costitutivo nelle forme previste dagli articoli 2438 e seguenti.

L'esclusione o la limitazione del diritto di opzione può essere autorizzata dall'assemblea su proposta motivata degli amministratori.

Sezione III
Delle quote e delle azioni

2525. Quote e azioni. – Il valore nominale di ciascuna azione o quota non può essere inferiore a venticinque euro né per le azioni (1) superiore a cinquecento euro.

Ove la legge non preveda diversamente, nelle società cooperative nessun socio può avere una quota superiore a centomila euro, né tante azioni il cui valore nominale superi tale somma.

L'atto costitutivo, nelle società cooperative con più di cinquecento soci, può elevare il limite previsto nel precedente comma sino al due per cento del capitale sociale. Le azioni eccedenti tale limite possono essere riscattate o alienate nell'interesse del socio dagli amministratori e, comunque, i relativi diritti patrimoniali sono destinati a riserva indivisibile a norma dell'articolo 2545 *ter*.

I limiti di cui ai commi precedenti non si applicano nel caso di conferimenti di beni in natura o di crediti, nei casi previsti dagli articoli 2545 *quinquies* e 2545 *sexies*, e con riferimento ai soci diversi dalle persone fisiche ed ai sottoscrittori degli strumenti finanziari dotati di diritti di amministrazione.

Alle azioni si applicano, in quanto compatibili, le disposizioni degli articoli 2346, 2347, 2348, 2349, 2354 e 2355. Tuttavia nelle azioni non è indicato l'ammontare del capitale né quello dei versamenti parziali sulle azioni non completamente liberate.

(1) *Le parole: «per le azioni» sono state inserite dall'art. 27 del D.L.vo 28 dicembre 2004, n. 310.*

2526. Soci finanziatori e altri sottoscrittori di titoli di debito. – L'atto costitutivo può prevedere l'emissione di strumenti finanziari, secondo la disciplina prevista per le società per azioni.

L'atto costitutivo stabilisce i diritti patrimoniali o anche amministrativi (1) attribuiti ai possessori degli strumenti finanziari e le eventuali condizioni cui è sottoposto il loro trasferimento. I privilegi previsti nella ripartizione degli utili e nel rimborso del capitale non si estendono alle riserve indivisibili a norma dell'articolo 2545 *ter*. Ai possessori di strumenti finanziari non può, in ogni caso, essere attribuito più di un terzo dei voti spettanti all'insieme dei soci presenti ovvero rappresentati in ciascuna assemblea generale.

Il recesso dei possessori di strumenti finanziari forniti del diritto di voto è disciplinato dagli articoli 2437 e seguenti.

La cooperativa cui si applicano le norme sulla società a responsabilità limitata può offrire in sottoscrizione strumenti privi di diritti di amministrazione solo a investitori qualificati (2).

(1) *Le parole: «i diritti di amministrazione o patrimoniali» sono state così sostituite dall'art. 5, lett. fff), del D.L.vo 6 febbraio 2004, n. 37.*

(2) *A norma dell'art. 11, comma 3 bis, del D.L. 23 dicembre 2013, n. 145, convertito, con modificazioni, nella L. 21 febbraio 2014, n. 9, questo comma si interpreta nel senso che, nelle cooperative cui si applicano le norme sulle società a responsabilità limitata, il limite all'emissione di strumenti finanziari si riferisce esclusivamente ai titoli di debito.*

2527. Requisiti dei soci. – L'atto costitutivo stabilisce i requisiti per l'ammissione dei nuovi soci e la relativa procedura, secondo criteri non discriminatori coerenti con lo scopo mutualistico e l'attività economica svolta.

Non possono in ogni caso divenire soci quanti esercitano in proprio imprese in concorrenza con quella della cooperativa (1).

L'atto costitutivo può prevedere, determinandone i diritti e gli obblighi, l'ammissione del nuovo socio cooperatore in una categoria speciale in ragione dell'interesse alla sua formazione ovvero del suo inserimento nell'impresa. I soci ammessi alla categoria speciale non possono in ogni caso superare un terzo del numero totale dei soci cooperatori. Al termine di un periodo comunque non superiore a cinque anni il nuovo socio è ammesso a godere i diritti che spettano agli altri soci cooperatori.

(1) *Questo comma è stato così sostituito dall'art. 28 del D.L.vo 28 dicembre 2004, n. 310.*

2528. Procedura di ammissione e carattere aperto della società. – L'ammissione di un nuovo socio è fatta con deliberazione degli amministratori su domanda dell'interessato. La deliberazione di ammissione deve essere comunicata all'interessato e annotata a cura degli amministratori nel libro dei soci.

Il nuovo socio deve versare, oltre l'importo della quota o delle azioni, il soprapprezzo eventualmente determinato dall'assemblea in sede di approvazione del bilancio su proposta dagli amministratori.

Il consiglio di amministrazione deve entro sessanta giorni motivare la deliberazione di rigetto della domanda di ammissione e comunicarla agli interessati.

Qualora la domanda di ammissione non sia accolta dagli amministratori, chi l'ha proposta può entro sessanta giorni dalla comunicazione del diniego chiedere che sull'istanza si pronunci l'assemblea, la quale delibera sulle domande non accolte, se non appositamente convocata, in occasione della sua prossima successiva convocazione.

Gli amministratori nella relazione al bilancio illustrano le ragioni delle determinazioni assunte con riguardo all'ammissione dei nuovi soci.

2529. Acquisto delle proprie quote o azioni. – L'atto costitutivo può autorizzare gli amministratori ad acquistare o rimborsare quote o azioni della società, purché sussistano le condizioni previste dal secondo comma dell'articolo 2545 *quinquies* e l'acquisto o il rimborso è fatto nei limiti degli utili distribuibili e delle riserve disponibili risultanti dall'ultimo bilancio regolarmente approvato.

2530. Trasferibilità della quota o delle azioni. – La quota o le azioni dei soci cooperatori non possono essere cedute con effetto verso la società, se la cessione non è autorizzata dagli amministratori.

Il socio che intende trasferire la propria quota o le proprie azioni deve darne comunicazione agli amministratori con lettera raccomandata.

Il provvedimento che concede o nega l'autorizzazione deve essere comunicato al socio entro sessanta giorni dal ricevimento della richiesta.

Decorso tale termine, il socio è libero di trasferire la propria partecipazione e la società deve iscrivere nel libro dei soci l'acquirente che abbia i requisiti previsti per divenire socio.

Il provvedimento che nega al socio l'autorizzazione deve essere motivato. Contro il diniego il socio entro sessanta giorni dal ricevimento della comunicazione può proporre opposizione al tribunale.

Qualora l'atto costitutivo vieti la cessione della quota o delle azioni il socio può recedere dalla società, con preavviso di novanta giorni. Il diritto di recesso, in caso di divieto statutario di trasferimento della partecipazione, non può essere esercitato prima che siano decorsi due anni dall'ingresso del socio nella società.

2531. Mancato pagamento delle quote o delle azioni. – Il socio che non esegue in tutto o in parte il pagamento delle quote o delle azioni sottoscritte può, previa intimazione da parte degli amministratori, essere escluso a norma dell'articolo 2533.

2532. Recesso del socio. – Il socio cooperatore può recedere dalla società nei casi previsti dalla legge e dall'atto costitutivo. Il recesso non può essere parziale.

La dichiarazione di recesso deve essere comunicata con raccomandata alla società. Gli amministratori devono esaminarla entro sessanta giorni dalla ricezione. Se non sussistono i presupposti del recesso, gli amministratori devono darne immediata comunicazione al socio, che entro sessanta giorni dal ricevimento della comunicazione, può proporre opposizione innanzi il tribunale.

Il recesso ha effetto per quanto riguarda il rapporto sociale dalla comunicazione del provvedimento di accoglimento della domanda. Ove la legge o l'atto costitutivo non preveda diversamente, per i rapporti mutualistici tra socio e società il recesso ha effetto con la chiusura dell'esercizio in corso, se comunicato tre mesi prima, e, in caso contrario, con la chiusura dell'esercizio successivo.

NOTE OPERATIVE:

Natura giuridica: Anche nelle società cooperative la dichiarazione di recesso di un socio è atto unilaterale recettizio, pur se sottoposto alla condizione sospensiva dell'accertamento da parte dell'organo amministrativo delle condizioni per il suo esercizio (C.C. 17667/22).

2533. Esclusione del socio. – L'esclusione del socio, oltre che nel caso indicato all'articolo 2531, può aver luogo:

1) nei casi previsti dall'atto costitutivo;

2) per gravi inadempienze delle obbligazioni che derivano dalla legge, dal contratto sociale, dal regolamento o dal rapporto mutualistico;

3) per mancanza o perdita dei requisiti previsti per la partecipazione alla società;

4) nei casi previsti dall'articolo 2286;

5) nei casi previsti dell'articolo 2288, primo comma.

L'esclusione deve essere deliberata dagli amministratori o, se l'atto costitutivo lo prevede, dall'assemblea.

Contro la deliberazione di esclusione il socio può proporre opposizione al tribunale, nel termine di sessanta giorni dalla comunicazione.

Qualora l'atto costitutivo non preveda diversamente, lo scioglimento del rapporto sociale determina anche la risoluzione dei rapporti mutualistici pendenti.

NOTE OPERATIVE:

Opposizione: Ai fini del decorso del termine per proporre opposizione avverso la deliberazione di esclusione non è necessaria la comunicazione di addebiti rigorosamente enunciati, dovendo l'esigenza di specificità della contestazione ritenersi soddisfatta allorquando le indicazioni fornite consentano di individuare le ragioni dell'esclusione, così da porre il socio in condizione di predisporre la difesa (C.C. 22605/21 – Conf. C.C. 19090/18).

2534. Morte del socio. – In caso di morte del socio, gli eredi hanno diritto alla liquidazione della quota o al rimborso delle azioni secondo le disposizioni dell'articolo seguente.

L'atto costitutivo può prevedere che gli eredi provvisti dei requisiti per l'ammissione alla società subentrino nella partecipazione del socio deceduto.

Nell'ipotesi prevista dal secondo comma, in caso di pluralità di eredi, questi debbono nominare un rappresentante comune, salvo che la quota sia divisibile e la società consenta la divisione.

2535. Liquidazione della quota o rimborso delle azioni del socio uscente. – La liquidazione della quota o il rimborso delle azioni ha luogo sulla base del bilancio dell'esercizio in cui si sono verificati il recesso, l'esclusione o la morte del socio.

La liquidazione della partecipazione sociale, eventualmente ridotta in proporzione alle perdite imputabili al capitale, avviene sulla base dei criteri stabiliti nell'atto costitutivo. Salvo diversa disposizione, la liquidazione comprende anche il rimborso del soprapprezzo, ove versato, qualora sussista nel patrimonio della società e non sia stato destinato ad aumento gratuito del capitale ai sensi dell'articolo 2545 *quinquies*, terzo comma.

Il pagamento deve essere fatto entro centottanta giorni dall'approvazione del bilancio. L'atto costitutivo può prevedere che, per la frazione della quota o le azioni assegnate al socio ai sensi degli articoli dell'articolo 2545 *quinquies* e 2545 *sexies*, la liquidazione o il rimborso, unitamente agli interessi legali, possa essere corrisposto in più rate entro un termine massimo di cinque anni.

2536. Responsabilità del socio uscente e dei suoi eredi. – Il socio che cessa di far parte della società risponde verso questa per il pagamento dei conferimenti non versati, per un anno dal giorno in cui il recesso, la esclusione o la cessione della quota si è verificata.

Se entro un anno dallo scioglimento del rapporto associativo si manifesta l'insolvenza della società, il socio uscente è obbligato verso questa nei limiti di quanto ricevuto per la liquidazione della quota o per il rimborso delle azioni.

Nello stesso modo e per lo stesso termine sono responsabili verso la società gli eredi del socio defunto.

2537. Creditore particolare del socio. – Il creditore particolare del socio cooperatore, finché dura la società, non può agire esecutivamente sulla quota e sulle azioni del medesimo.

Sezione IV
Degli organi sociali

2538. Assemblea. – Nelle assemblee hanno diritto di voto coloro che risultano iscritti da almeno novanta giorni nel libro dei soci.

Ciascun socio cooperatore ha un voto, qualunque sia il valore della quota o il numero delle azioni possedute. L'atto costitutivo determina i limiti al diritto di voto degli strumenti finanziari offerti in sottoscrizione ai soci cooperatori.

Ai soci cooperatori persone giuridiche l'atto costitutivo può attribuire più voti, ma non oltre cinque, in relazione all'ammontare della quota oppure al numero dei loro membri.

Nelle cooperative in cui i soci realizzano lo scopo mutualistico attraverso l'integrazione delle rispettive imprese o di talune fasi di esse, l'atto costitutivo può prevedere che il diritto di voto sia attribuito in ragione della partecipazione allo scambio mutualistico. Lo statuto stabilisce un limite per il voto plurimo per tali categorie di soci, in modo che nessuno di essi possa esprimere più del decimo dei voti in ciascuna assemblea generale. In ogni caso, ad essi non può essere attribuito più di un terzo dei voti spettanti all'insieme dei soci presenti o rappresentati in ciascuna assemblea generale.

Le maggioranze richieste per la costituzione delle assemblee e per la validità delle deliberazioni sono determinate dall'atto costitutivo e sono calcolate secondo il numero dei voti spettanti ai soci.

L'atto costitutivo può prevedere che il voto venga espresso per corrispondenza, ovvero mediante altri mezzi di telecomunicazione. In tal caso l'avviso di convocazione deve contenere per esteso la deliberazione proposta. Se sono poste in votazione proposte diverse da quelle indicate nell'avviso di convocazione, i voti espressi per corrispondenza non si computano ai fini della regolare costituzione dell'assemblea.

2539. Rappresentanza nell'assemblea. – Nelle cooperative disciplinate dalle norme sulla società per azioni ciascun socio può rappresentare sino ad un massimo di dieci soci.

Il socio imprenditore individuale può farsi rappresentare nell'assemblea anche dal coniuge, dai parenti entro il terzo grado e dagli affini entro il secondo che collaborano all'impresa.

2540. Assemblee separate. – L'atto costitutivo delle società cooperative può prevedere lo svolgimento di assemblee separate, anche rispetto a specifiche materie ovvero in presenza di particolari categorie di soci.

Lo svolgimento di assemblee separate deve essere previsto quando la società cooperativa ha più di tremila soci e svolge la propria attività in più province ovvero se ha più di cinquecento soci e si realizzano più gestioni mutualistiche.

L'atto costitutivo stabilisce il luogo, i criteri e le modalità di convocazione e di partecipazione all'assemblea generale dei soci delegati e assicura in ogni caso la proporzionale rappresentanza delle minoranze espresse dalle assemblee separate.

I delegati debbono essere soci. Alla assemblea generale possono assistere anche i soci che hanno preso parte alle assemblee separate.

Le deliberazioni della assemblea generale possono essere impugnate ai sensi dell'articolo 2377 anche dai soci assenti e dissenzienti nelle assemblee separate quando, senza i voti espressi dai delegati delle assemblee separate irregolarmente tenute, verrebbe meno la maggioranza richiesta per la validità della deliberazione.

Le deliberazioni delle assemblee separate non possono essere autonomamente impugnate.

Le disposizioni del presente articolo non si applicano alle società cooperative con azioni ammesse alla quotazione in mercati regolamentati.

2541. Assemblee speciali dei possessori degli strumenti finanziari. - Se sono stati emessi strumenti finanziari privi di diritto di voto, l'assemblea speciale di ciascuna categoria delibera:

1) sull'approvazione delle deliberazioni dell'assemblea della società cooperativa che pregiudicano i diritti della categoria;

2) sull'esercizio dei diritti ad essa eventualmente attribuiti ai sensi dell'articolo 2526;

3) sulla nomina e sulla revoca dei rappresentanti comuni di ciascuna categoria e sull'azione di responsabilità nei loro confronti;

4) sulla costituzione di un fondo per le spese, necessario alla tutela dei comuni interessi dei possessori degli strumenti finanziari e sul rendiconto relativo;

5) sulle controversie con la società cooperativa e sulle relative transazioni e rinunce;

6) sugli altri oggetti di interesse comune a ciascuna categoria di strumenti finanziari.

La assemblea speciale è convocata dagli amministratori della società cooperativa o dal rappresentante comune, quando lo ritengano necessario o quando almeno un terzo dei possessori degli strumenti finanziari ne faccia richiesta.

Il rappresentante comune deve provvedere all'esecuzione delle deliberazioni dell'assemblea speciale e deve tutelare gli interessi comuni dei possessori degli strumenti finanziari nei rapporti con la società cooperativa.

Il rappresentante comune ha diritto di esaminare i libri di cui all'articolo 2421, numeri 1) e 3) e di ottenere estratti; ha altresì il diritto di assistere all'assemblea della società cooperativa e di impugnarne le deliberazioni.

2542. Consiglio di amministrazione. - La nomina degli amministratori spetta all'assemblea fatta eccezione per i primi amministratori che sono nominati nell'atto costitutivo e salvo quanto disposto nell'ultimo comma del presente articolo.

L'amministrazione della società è affidata ad un organo collegiale formato da almeno tre soggetti. Alle cooperative di cui all'articolo 2519, secondo comma, si applica la disposizione prevista dall'articolo 2383, secondo comma (1).

La maggioranza degli amministratori è scelta tra i soci cooperatori ovvero tra le persone indicate dai soci cooperatori persone giuridiche.

[Nelle società cooperative cui si applica la disciplina delle società per azioni, l'atto costitutivo stabilisce i limiti al cumulo delle cariche e alla rieleggibilità degli amministratori nel limite massimo di tre mandati consecutivi] (2).

L'atto costitutivo può prevedere che uno o più amministratori siano scelti tra gli appartenenti alle diverse categorie dei soci, in proporzione dell'interesse che ciascuna categoria ha nell'attività sociale. In ogni caso, ai possessori di strumenti finanziari non può essere attribuito il diritto di eleggere più di un terzo degli amministratori.

La nomina di uno o più amministratori può essere attribuita dall'atto costitutivo allo Stato o ad enti pubblici. In ogni caso, la nomina della maggioranza degli amministratori è riservata all'assemblea.

(1) *Questo comma è stato inserito dall'art. 1, comma 936, lett.* b)*, della L. 27 dicembre 2017, n. 205, a decorrere dal 1° gennaio 2018.*

(2) *Questo comma è stato soppresso dall'art. 29 del D.L.vo 28 dicembre 2004, n. 310.*

2543. Organo di controllo. - La nomina del collegio sindacale è obbligatoria nei casi previsti dal secondo e terzo comma dell'articolo 2477, nonché quando la società emette strumenti finanziari non partecipativi.

L'atto costitutivo può attribuire il diritto di voto nell'elezione dell'organo di controllo proporzionalmente alle quote o alle azioni possedute ovvero in ragione della partecipazione allo scambio mutualistico.

I possessori degli strumenti finanziari dotati di diritti di amministrazione possono eleggere, se lo statuto lo prevede, nel complesso sino ad un terzo dei componenti dell'organo di controllo.

2544. Sistemi di amministrazione. - Indipendentemente dal sistema di amministrazione adottato non possono essere delegati dagli amministratori, oltre le materie previste dall'articolo 2381, i poteri in materia di ammissione, di recesso e di esclusione dei soci e le decisioni che incidono sui rapporti mutualistici con i soci.

Se la cooperativa ha adottato il sistema di amministrazione di cui all'articolo 2409 *octies*, i possessori di strumenti finanziari non possono eleggere più di un terzo dei componenti del consiglio di sorveglianza e più di un terzo dei componenti del consiglio di gestione. I componenti del consiglio di sorveglianza eletti dai soci cooperatori devono essere scelti tra i soci cooperatori ovvero tra le persone indicate dai soci cooperatori persone giuridiche.

Se la cooperativa ha adottato il sistema di amministrazione di cui all'articolo 2409 *sexiesdecies*. agli amministratori eletti dai possessori di strumenti finanziari, in misura comunque non superiore ad un terzo, non possono essere attribuite deleghe operative né gli stessi possono fare parte del comitato esecutivo.

2545. Relazione annuale sul carattere mutualistico della cooperativa. – Gli amministratori e i sindaci della società, in occasione della approvazione del bilancio di esercizio debbono, nelle relazioni previste dagli articoli 2428 e 2429 indicare specificamente i criteri seguiti nella gestione sociale per il conseguimento dello scopo mutualistico.

2545 *bis*. Diritti dei soci. – Nelle società cooperative cui si applica la disciplina della società per azioni, oltre a quanto stabilito dal primo comma dell'articolo 2422, i soci, quando almeno un decimo del numero complessivo lo richieda ovvero almeno un ventesimo quando la cooperativa ha più di tremila soci, hanno diritto di esaminare, attraverso un rappresentante, eventualmente assistito da un professionista di sua fiducia, il libro delle adunanze e delle deliberazioni del consiglio di amministrazione e il libro delle deliberazioni del comitato esecutivo, se esiste.

I diritti di cui al comma precedente non spettano ai soci in mora per la mancata esecuzione dei conferimenti o inadempienti rispetto alle obbligazioni contratte con la società.

2545 *ter*. Riserve indivisibili. – Sono indivisibili le riserve che per disposizione di legge o dello statuto non possono essere ripartite tra i soci, neppure in caso di scioglimento della società.

Le riserve indivisibili possono essere utilizzate per la copertura di perdite solo dopo che sono esaurite le riserve che la società aveva destinato ad operazioni di aumento di capitale e quelle che possono essere ripartite tra i soci in caso di scioglimento della società.

2545 *quater*. Riserve legali, statutarie e volontarie. – Qualunque sia l'ammontare del fondo di riserva legale, deve essere a questo destinato almeno il trenta per cento degli utili netti annuali.

Una quota degli utili netti annuali deve essere corrisposta ai fondi mutualistici per la promozione e lo sviluppo della cooperazione, nella misura e con le modalità previste dalla legge.

L'assemblea determina, nel rispetto di quanto previsto dall'articolo 2545 *quinquies*, la destinazione degli utili non assegnati ai sensi del primo e secondo comma.

2545 *quinquies*. Diritto agli utili e alle riserve dei soci cooperatori. – L'atto costitutivo indica le modalità e la percentuale massima di ripartizione dei dividendi tra i soci cooperatori.

Possono essere distribuiti dividendi, acquistate proprie quote o azioni ovvero assegnate ai soci le riserve divisibili se il rapporto tra il patrimonio netto e il complessivo indebitamento della società è superiore ad un quarto. La condizione (1) non si applica nei confronti dei possessori di strumenti finanziari.

L'atto costitutivo può autorizzare l'assemblea ad assegnare ai soci le riserve divisibili attraverso:

a) l'emissione degli strumenti finanziari di cui all'articolo 2526;

b) mediante aumento proporzionale delle quote sottoscritte e versate, o mediante l'emissione di nuove azioni, anche in deroga a quanto previsto dall'articolo 2525, nella misura massima complessiva del venti per cento del valore originario.

Le riserve divisibili, spettanti al socio in caso di scioglimento del rapporto, possono essere assegnate, se lo statuto non prevede diversamente, attraverso l'emissione di strumenti finanziari liberamente trasferibili e devono esserlo ove il rapporto tra il patrimonio netto e il complessivo indebitamento della società sia inferiore ad un quarto.

Le disposizioni dei commi secondo e terzo non si applicano alle cooperative con azioni quotate in mercati regolamentati (2).

(1) *Le originarie parole: «Il divieto» sono state così sostituite dalle attuali: «La condizione» dall'art. 30, comma 1, lett.* a)*, del D.L.vo 28 dicembre 2004, n. 310.*

(2) *Questo comma è stato aggiunto dall'art. 30, comma 1, lett.* b)*, del D.L.vo 28 dicembre 2004, n. 310.*

2545 *sexies*. Ristorni. – L'atto costitutivo determina i criteri di ripartizione dei ristorni ai soci proporzionalmente alla quantità e qualità degli scambi mutualistici.

Le cooperative devono riportare separatamente nel bilancio i dati relativi all'attività svolta con i soci, distinguendo eventualmente le diverse gestioni mutualistiche.

L'assemblea può deliberare la ripartizione dei ristorni a ciascun socio anche mediante aumento proporzionale delle rispettive quote o con l'emissione di nuove azioni, in deroga a quanto previsto dall'articolo 2525, ovvero mediante l'emissione di strumenti finanziari.

2545 *septies*. Gruppo cooperativo paritetico. - Il contratto con cui più cooperative appartenenti anche a categorie diverse regolano, anche in forma consortile, la direzione e il coordinamento delle rispettive imprese deve indicare:

1) la durata;

2) la cooperativa o le cooperative cui è attribuita direzione del gruppo, indicandone i relativi poteri;

3) l'eventuale partecipazione di altri enti pubblici e privati;

4) i criteri e le condizioni di adesione e di recesso dal contratto;

5) i criteri di compensazione e l'equilibrio nella distribuzione dei vantaggi derivanti dall'attività comune.

La cooperativa può recedere dal contratto senza che ad essa possano essere imposti oneri di alcun tipo qualora, per effetto dell'adesione al gruppo, le condizioni dello scambio risultino pregiudizievoli per i propri soci.

Le cooperative aderenti ad un gruppo sono tenute a depositare in forma scritta l'accordo di partecipazione presso l'albo delle società cooperative.

Sezione V
Delle modificazioni dell'atto costitutivo

2545 *octies*. Perdita della qualifica di cooperativa a mutualità prevalente. - La cooperativa perde la qualifica di cooperativa a mutualità prevalente quando, per due esercizi consecutivi, non rispetti la condizione di prevalenza, di cui all'articolo 2513, ovvero quando modifichi le previsioni statutarie di cui all'articolo 2514.

In questo caso, sentito il parere del revisore esterno, ove presente, gli amministratori devono redigere un apposito bilancio, da notificarsi entro sessanta giorni dalla approvazione al Ministero delle attività produttive, (1) al fine di determinare il valore effettivo dell'attivo patrimoniale da imputare alle riserve indivisibili. Il bilancio deve essere verificato senza rilievi da una società di revisione.

Qualora la cooperativa abbia perso la qualifica di cooperativa a mutualità prevalente per il mancato rispetto della condizione di prevalenza di cui all'articolo 2513, l'obbligo di cui al secondo comma si applica soltanto nel caso in cui la cooperativa medesima modifichi le previsioni statutarie di cui all'articolo 2514 o abbia emesso strumenti finanziari (2).

In tutti i casi di perdita della citata qualifica, la cooperativa è tenuta a segnalare espressamente tale condizione attraverso gli strumenti di comunicazione informatica previsti dall'articolo 223 *sexiesdecies* delle disposizioni per l'attuazione del presente codice (2).

Lo stesso obbligo sussiste per la cooperativa nel caso in cui le risultanze contabili relative al primo anno successivo alla perdita della detta qualifica evidenzino il rientro nei parametri della mutualità prevalente (2).

In seguito alle predette segnalazioni, l'amministrazione presso la quale è tenuto l'albo delle società cooperative provvede alla variazione della sezione di iscrizione all'albo medesimo senza alcun ulteriore onere istruttorio (2).

L'omessa o ritardata comunicazione della perdita della qualifica di cooperativa a mutualità prevalente è segnalata all'amministrazione finanziaria e comporta l'applicazione della sanzione amministrativa della sospensione semestrale di ogni attività dell'ente, intesa come divieto di assumere nuove eventuali obbligazioni contrattuali (2).

(1) *Le originarie parole: «il bilancio» sono state così sostituite dalle attuali da: «un apposito bilancio ...» sino a: «... produttive,» dall'art. 31 del D.L.vo 28 dicembre 2004, n. 310.*

(2) *Questo comma è stato aggiunto dall'art. 10, comma 8, della L. 23 luglio 2009, n. 99.*

2545 *novies*. Modificazioni dell'atto costitutivo. - Alle deliberazioni che importano modificazioni dell'atto costitutivo si applica l'articolo 2436.

La fusione e la scissione di società cooperative sono disciplinate dal titolo V, capo X, sezione II e III.

2545 *decies*. Trasformazione. - Le società cooperative diverse da quelle a mutualità prevalente possono deliberare, con il voto favorevole di almeno la metà dei soci della cooperativa, la trasformazione in una società del tipo previsto dal titolo V, capi II, III, IV, V, VI e VII, o in consorzio.

Quando i soci sono meno di cinquanta, la deliberazione deve essere approvata con il voto favorevole dei due terzi di essi. Quando i soci sono più di diecimila, l'atto costitutivo può prevedere che la trasformazione sia deliberata con il voto favorevole dei due terzi dei votanti se all'assemblea sono presenti, personalmente o per delega, almeno il venti per cento dei soci.

All'esito della trasformazione gli strumenti finanziari con diritto di voto sono convertiti in partecipazioni ordinarie, conservando gli eventuali privilegi.

2545 *undecies*. Devoluzione del patrimonio e bilancio di trasformazione. – La deliberazione di trasformazione devolve il valore effettivo del patrimonio, dedotti il capitale versato e rivalutato e i dividendi non ancora distribuiti, eventualmente aumentato fino a concorrenza dell'ammontare minimo del capitale della nuova società, esistenti alla data di trasformazione, ai fondi mutualistici per la promozione e lo sviluppo della cooperazione.

Alla proposta di deliberazione di trasformazione gli amministratori allegano una relazione giurata di un esperto designato dal tribunale nel cui circondario ha sede la società cooperativa, attestante il valore effettivo del patrimonio dell'impresa.

L'assemblea non può procedere alla deliberazione di cui ai precedenti commi qualora la cooperativa non sia stata sottoposta a revisione da parte dell'autorità di vigilanza nell'anno precedente o, comunque, gli amministratori non ne abbiano fatto richiesta da almeno novanta giorni (1).

(1) *Questo comma è stato aggiunto dall'art. 32 del D.L.vo 28 dicembre 2004, n. 310.*

2545 *duodecies*. (1) Scioglimento. – La società cooperativa si scioglie per le cause indicate ai numeri 1), 2), 3), 5), 6) e 7) dell'articolo 2484, nonché per la perdita del capitale sociale.

(1) *A norma dell'art. 8, comma 1, del D.L. 24 agosto 2021, n. 118, convertito, con modificazioni, nella L. 21 ottobre 2021, n. 147, con l'istanza di nomina dell'esperto, o con dichiarazione successivamente presentata con le modalità di cui all'articolo 5, comma 1 (*Accesso alla composizione negoziata e suo funzionamento*), l'imprenditore può dichiarare che, sino alla conclusione delle trattative o all'archiviazione dell'istanza di composizione negoziata, non si applicano nei suoi confronti gli articoli 2446, secondo e terzo comma, 2447, 2482 bis, quarto, quinto e sesto comma, e 2482 ter di cui a questo codice, e non si verifica la causa di scioglimento della società per riduzione o perdita del capitale sociale di cui agli articoli 2484, primo comma, numero 4), e 2545 duodecies del codice civile. A tal fine, l'istanza o la dichiarazione sono pubblicate nel registro delle imprese e gli effetti di cui al primo periodo decorrono dalla pubblicazione.*

2545 *terdecies*. (1) Insolvenza. – In caso di insolvenza della società, l'autorità governativa alla quale spetta il controllo sulla società dispone la liquidazione coatta amministrativa. Le cooperative che svolgono attività commerciale sono soggette anche a liquidazione giudiziale (2).

La dichiarazione di fallimento preclude la liquidazione coatta amministrativa e il provvedimento di liquidazione coatta amministrativa preclude la dichiarazione di fallimento.

(1) *A norma dell'art. 12, comma 75, del D.L. 6 luglio 2012, n. 95, convertito, con modificazioni, nella L. 7 agosto 2012, n. 135, l'incarico di commissario, previsto da questo articolo, è monocratico. Il commissario liquidatore esercita personalmente le funzioni del proprio ufficio; nel caso di delega a terzi di specifiche operazioni, l'onere per il compenso del delegato è detratto dal compenso del commissario.*

(2) *Questo periodo è stato così sostituito dall'art. 381, comma 1, del D.L.vo 12 gennaio 2019, n. 14, a decorrere dal 15 luglio 2022.*

Sezione VI
Dei controlli

2545 *quaterdecies*. Controllo sulle società cooperative. – Le società cooperative sono sottoposte alle autorizzazioni, alla vigilanza e agli altri controlli sulla gestione previsti dalle leggi speciali.

2545 *quinquiesdecies*. Controllo giudiziario. – I fatti previsti dall'articolo 2409 possono essere denunciati al tribunale dai soci che siano titolari del decimo del capitale sociale ovvero da un decimo del numero complessivo dei soci, e, nelle società cooperative che hanno più di tremila soci, da un ventesimo dei soci.

Il ricorso deve essere notificato a cura dei ricorrenti anche all'autorità di vigilanza.

Il tribunale, sentiti in camera di consiglio gli amministratori, i sindaci e l'autorità di vigilanza, dichiara improcedibile il ricorso se per i medesimi fatti sia stato già nominato un ispettore o un commissario dall'autorità di vigilanza.

L'autorità di vigilanza dispone la sospensione del procedimento dalla medesima iniziato se il tribunale per i medesimi fatti ha nominato un ispettore o un amministratore giudiziario.

2545 *sexiesdecies*. ([1]) Gestione commissariale. – Fuori dai casi di cui all'articolo 2545 septiesdecies, in caso di irregolare funzionamento della società cooperativa, l'autorità di vigilanza può revocare gli amministratori e i sindaci, affidare la gestione della società a un commissario, determinando i poteri e la durata, al fine di sanare le irregolarità riscontrate e, nel caso di crisi o insolvenza, autorizzarlo a domandare o l'accesso a una delle procedure regolatrici previste nel codice della crisi e dell'insolvenza ([2]). Ove l'importanza della società cooperativa lo richieda, l'autorità di vigilanza può nominare un vice commissario che collabora con il commissario e lo sostituisce in caso di impedimento.

Al commissario possono essere conferiti per determinati atti anche i poteri dell'assemblea, ma le relative deliberazioni non sono valide senza l'approvazione dell'autorità di vigilanza.

Se l'autorità di vigilanza accerta irregolarità nelle procedure di ammissione dei nuovi soci, può diffidare la società cooperativa e, qualora non si adegui, assumere i provvedimenti di cui al quarto comma ([3]).

Laddove vengano accertate una o più irregolarità suscettibili di specifico adempimento, l'autorità di vigilanza, previa diffida, può nominare un commissario, anche nella persona del legale rappresentante o di un componente dell'organo di controllo societario, che si sostituisce agli organi amministrativi dell'ente, limitatamente al compimento degli specifici adempimenti indicati ([4]).

([1]) *A norma dell'art. 12, comma 75, del D.L. 6 luglio 2012, n. 95, convertito, con modificazioni, nella L. 7 agosto 2012, n. 135, l'incarico di commissario, previsto da questo articolo, è monocratico. Il commissario liquidatore esercita personalmente le funzioni del proprio ufficio; nel caso di delega a terzi di specifiche operazioni, l'onere per il compenso del delegato è detratto dal compenso del commissario.*

([2]) *Questo periodo è stato così sostituito dall'art. 381, comma 2, del D.L.vo 12 gennaio 2019, n. 14, così come modificato dall'art. 45, comma 1, del D.L.vo 17 giugno 2022, n. 83, a decorrere dal 15 luglio 2022.*

([3]) *Le parole: «di cui ai commi precedenti» sono state così sostituite dalle attuali: «di cui al quarto comma» dall'art. 1, comma 936, lett. c), n. 2), della L. 27 dicembre 2017, n. 205, a decorrere dal 1° gennaio 2018.*

([4]) *Questo comma è stato aggiunto dall'art. 1, comma 936, lett. c), n. 3), della L. 27 dicembre 2017, n. 205, a decorrere dal 1° gennaio 2018.*

2545 *septiesdecies*. ([1]) Scioglimento per atto dell'autorità. – L'autorità di vigilanza, con provvedimento da pubblicarsi nella *Gazzetta Ufficiale* e da iscriversi nel registro delle imprese, può sciogliere le società cooperative e gli enti mutualistici che non perseguono lo scopo mutualistico o non sono in condizione di raggiungere gli scopi per cui sono stati costituiti o che per due anni consecutivi non hanno depositato il bilancio di esercizio o non hanno compiuto atti di gestione.

Se vi è luogo a liquidazione, con lo stesso provvedimento sono nominati uno o più commissari liquidatori.

([1]) *A norma dell'art. 12, comma 75, del D.L. 6 luglio 2012, n. 95, convertito, con modificazioni, nella L. 7 agosto 2012, n. 135, l'incarico di commissario, previsto da questo articolo, è monocratico. Il commissario liquidatore esercita personalmente le funzioni del proprio ufficio; nel caso di delega a terzi di specifiche operazioni, l'onere per il compenso del delegato è detratto dal compenso del commissario.*

2545 *octiesdecies*. Sostituzione dei liquidatori. – In caso di irregolarità o di eccessivo ritardo nello svolgimento della liquidazione ordinaria di una società cooperativa, l'autorità di vigilanza ([1]) può sostituire i liquidatori o, se questi sono stati nominati dall'autorità giudiziaria, può chiederne la sostituzione al tribunale.

Fatti salvi i casi di liquidazione per i quali è intervenuta la nomina di un liquidatore da parte dell'autorità giudiziaria, l'autorità di vigilanza dispone la pubblicazione nella *Gazzetta Ufficiale*, per la conseguente cancellazione dal registro delle imprese, dell'elenco delle società cooperative e degli enti mutualistici in liquidazione ordinaria che non hanno depositato i bilanci di esercizio relativi agli ultimi cinque anni.

Entro il termine perentorio di trenta giorni dalla pubblicazione i creditori e gli altri interessati possono presentare all'autorità di vigilanza ([1]) formale e motivata domanda intesa a consentire la prosecuzione della liquidazione. Trascorso il suddetto termine, a seguito di comunicazione da parte dell'autorità di vigilanza, il conservatore del registro delle imprese territorialmente competente provvede alla cancellazione della società cooperativa o dell'ente mutualistico dal registro medesimo.

([1]) *L'originaria parola: «governativa» è stata così sostituita dalle attuali: «di vigilanza» dall'art. 34 del D.L.vo 28 dicembre 2004, n. 310.*

Capo II
Delle mutue assicuratrici

2546. Nozione. – Nella società di mutua assicurazione le obbligazioni sono garantite dal patrimonio sociale.

I soci sono tenuti al pagamento dei contributi fissi o variabili, entro il limite massimo determinato dall'atto costitutivo.

Nelle mutue assicuratrici non si può acquistare la qualità di socio, se non assicurandosi presso la società, e si perde la qualità di socio con l'estinguersi dell'assicurazione, salvo quanto disposto dall'articolo 2548.

2547. Norme applicabili. – Le società di mutua assicurazione sono soggette alle autorizzazioni, alla vigilanza e agli altri controlli stabiliti dalle leggi speciali sull'esercizio dell'assicurazione, e sono regolate dalle norme stabilite per le società cooperative, in quanto compatibili con la loro natura.

2548. Conferimenti per la costituzione di fondi di garanzia. – L'atto costitutivo può prevedere la costituzione di fondi di garanzia per il pagamento delle indennità, mediante speciali conferimenti da parte di assicurati o di terzi, attribuendo anche a questi ultimi la qualità di socio.

L'atto costitutivo può attribuire a ciascuno dei soci sovventori più voti, ma non oltre cinque, in relazione all'ammontare del conferimento.

I voti attribuiti ai soci sovventori, come tali, devono in ogni caso essere inferiori al numero dei voti spettanti ai soci assicurati.

I soci sovventori possono essere nominati amministratori. La maggioranza degli amministratori deve essere costituita da soci assicurati.

Titolo VII
Dell'associazione in partecipazione

2549. Nozione. – Con il contratto di associazione in partecipazione l'associante attribuisce all'associato una partecipazione agli utili della sua impresa o di uno o più affari verso il corrispettivo di un determinato apporto (1350, n. 9).

Nel caso in cui l'associato sia una persona fisica l'apporto di cui al primo comma non può consistere, nemmeno in parte, in una prestazione di lavoro (1) (2).

[Le disposizioni di cui al secondo comma non si applicano, limitatamente alle imprese a scopo mutualistico, agli associati individuati mediante elezione dall'organo assembleare di cui all'articolo 2540, il cui contratto sia certificato dagli organismi di cui all'articolo 76 del decreto legislativo 10 settembre 2003, n. 276, e successive modificazioni, nonché in relazione al rapporto fra produttori e artisti, interpreti, esecutori, volto alla realizzazione di registrazioni sonore, audiovisive o di sequenze di immagini in movimento] (3).

(1) *Questo comma, aggiunto dall'art. 1, comma 28, della L. 28 giugno 2012, n. 92, è stato così sostituito dall'art. 53, comma 1, lett.* a), *del D.L.vo 15 giugno 2015, n. 81.*

(2) *A norma dell'art. 53, comma 2, del D.L.vo 15 giugno 2015, n. 81, i contratti di associazione in partecipazione in atto alla data di entrata in vigore del presente decreto, nei quali l'apporto dell'associato persona fisica consiste, in tutto o in parte, in una prestazione di lavoro, sono fatti salvi fino alla loro cessazione.*

(3) *Questo comma, aggiunto dall'art. 1, comma 28, della L. 28 giugno 2012, n. 92, così come modificato dall'art. 7, comma 5, n. 2 bis), del D.L. 28 giugno 2013, n. 76, convertito, con modificazioni, nella L. 9 agosto 2013, n. 99, è stato abrogato dall'art. 53, comma 1, lett.* b), *del D.L.vo 15 giugno 2015, n. 81.*

NOTE OPERATIVE:

Contratto: Il contratto di associazione in partecipazione, che si qualifica per il carattere sinallagmatico fra l'attribuzione da parte di un contraente (associante) di una quota di utili derivanti dalla gestione di una sua impresa e di un suo affare all'altro (associato) e l'apporto da quest'ultimo conferito, non determina la formazione di un soggetto nuovo e la costituzione di un patrimonio autonomo, né la comunanza dell'affare o dell'impresa, i quali restano di esclusiva pertinenza dell'associante (C.C. 12816/16 – Conf. C.C. 13968/11; C.C. 6757/01).

2550. Pluralità di associazioni. – Salvo patto contrario, l'associante non può attribuire partecipazioni per la stessa impresa o per lo stesso affare ad altre persone senza il consenso dei precedenti associati.

2551. Diritti ed obbligazioni dei terzi. – I terzi acquistano diritti e assumono obbligazioni soltanto verso l'associante (2554).

2552. Diritti dell'associante e dell'associato. – La gestione dell'impresa o dell'affare spetta all'associante (2554).

Il contratto può determinare quale controllo possa esercitare l'associato sull'impresa o sullo svolgimento dell'affare per cui l'associazione è stata contratta (2186).

In ogni caso l'associato ha diritto al rendiconto dell'affare compiuto, o a quello annuale della gestione se questa si protrae per più di un anno (2261, 2320[3], 2489).

NOTE OPERATIVE:

Rischio di impresa: Ancorché la disciplina prevista dalla norma sia derogabile, l'associante non può restare esonerato da ogni perdita, ossia dal rischio di impresa, in contrasto con l'art. 2549 c.c. (C.C. 20189/15).

2553. Divisione degli utili e delle perdite. – Salvo patto contrario, l'associato partecipa alle perdite nella stessa misura in cui partecipa agli utili, ma le perdite che colpiscono l'associato non possono superare il valore del suo apporto (77, 150 l. fall.).

NOTE OPERATIVE:

Criteri: Poiché la norma consente alle parti di determinare la quantità di partecipazione dell'associato agli utili, non contrasta con lo schema contrattuale la previsione di una partecipazione rapportata non già agli utili netti bensì al ricavo dell'impresa (C.C. 24871/08).

2554. Partecipazione agli utili e alle perdite. – Le disposizioni degli articoli 2551 e 2552 si applicano anche al contratto di cointeressenza agli utili di una impresa senza partecipazione alle perdite (2265), e al contratto con il quale un contraente attribuisce la partecipazione agli utili e alle perdite della sua impresa, senza il corrispettivo di un determinato apporto.

Per le partecipazioni agli utili attribuite ai prestatori di lavoro resta salva la disposizione dell'articolo 2102.

NOTE OPERATIVE:

Caratteristiche: Il contratto di cointeressenza impropria si qualifica per il carattere sinallagmatico fra l'attribuzione da parte di un contraente (associante) di una quota di utili derivanti dalla gestione di una sua impresa all'altro (associato) e l'apporto che quest'ultimo, senza partecipare alle perdite, conferisce per lo svolgimento di quell'impresa (C.C. 8955/14).

Titolo VIII
Dell'azienda

Capo I
Disposizioni generali

2555. Nozione. – L'azienda è il complesso dei beni organizzati dall'imprenditore per l'esercizio dell'impresa (2082; 670, n. 1 c.p.c.).

NOTE OPERATIVE:

Possesso: Ai fini della disciplina del possesso e dell'usucapione, l'azienda, quale complesso dei beni organizzati per l'esercizio dell'impresa, deve essere considerata come un bene distinto dai singoli componenti, suscettibile di essere unitariamente posseduto e, nel concorso degli altri elementi indicati dalla legge, usucapito (S.U. 5087/14).

2556. Imprese soggette a registrazione. – Per le imprese soggette a registrazione (2195) i contratti che hanno per oggetto il trasferimento della proprietà o il godimento dell'azienda devono essere provati per iscritto (2725), salva l'osservanza delle forme stabilite dalla legge per il trasferimento dei singoli beni che compongono l'azienda o per la particolare natura del contratto (1350, 1543).

I contratti di cui al primo comma, in forma pubblica o per scrittura privata autenticata, devono essere depositati per l'iscrizione nel registro delle imprese (2188), nel termine di trenta giorni, a cura del notaio rogante o autenticante.

2557. Divieto di concorrenza. – Chi aliena l'azienda deve astenersi, per il periodo di cinque anni dal trasferimento, dall'iniziare una nuova impresa che per l'oggetto, l'ubicazione o altre circostanze sia idonea a sviare la clientela dell'azienda ceduta (2301).

Il patto di astenersi dalla concorrenza in limiti più ampi di quelli previsti dal comma precedente è valido, purché non impedisca ogni attività professionale dell'alienante. Esso non può eccedere la durata di cinque anni dal trasferimento (2596).

Se nel patto è indicata una durata maggiore o la durata non è stabilita, il divieto di concorrenza vale per il periodo di cinque anni dal trasferimento (1339, 2125).

Nel caso di usufrutto (978, 2561) o di affitto (2561, 2562) dell'azienda il divieto di concorrenza disposto dal primo comma vale nei confronti del proprietario o del locatore per la durata dell'usufrutto o dell'affitto.

Le disposizioni di questo articolo si applicano alle aziende agricole solo per le attività ad esse connesse (2135), quando rispetto a queste sia possibile uno sviamento di clientela.

NOTE OPERATIVE:

Ambito di applicazione: Il divieto di concorrenza non ha natura eccezionale poiché non è diretto a derogare al principio di libera concorrenza, ma solo a disciplinare, nel modo più congruo, la portata degli effetti connaturali al rapporto contrattuale intercorso tra le parti (C.C. 14471/14 – Conf. C.C. 27505/08; C.C. 9682/00; C.C. 1643/98; C.C. 549/97).

2558. Successione nei contratti. – Se non è pattuito diversamente, l'acquirente dell'azienda subentra nei contratti stipulati per l'esercizio dell'azienda stessa che non abbiano carattere personale (2112, 2616).

Il terzo contraente può tuttavia recedere dal contratto entro tre mesi dalla notizia del trasferimento, se sussiste una giusta causa, salvo in questo caso la responsabilità dell'alienante (1722, n. 4, 1833[2], 1918[4], 2610).

Le stesse disposizioni si applicano anche nei confronti dell'usufruttuario (2561, 2562) e dell'affittuario per la durata dell'usufrutto e dell'affitto.

2559. Crediti relativi all'azienda ceduta. – La cessione dei crediti (1264, 1265) relativi all'azienda ceduta, anche in mancanza di notifica al debitore o di sua accettazione, ha effetto, nei confronti dei terzi, dal momento dell'iscrizione del trasferimento nel registro delle imprese (2188, 2556). Tuttavia il debitore ceduto è liberato se paga in buona fede all'alienante (1264).

Le stesse disposizioni si applicano anche nel caso di usufrutto dell'azienda (2561), se esso si estende ai crediti relativi alla medesima.

2560. Debiti relativi all'azienda ceduta. – L'alienante non è liberato dai debiti, inerenti l'esercizio dell'azienda ceduta anteriori al trasferimento, se non risulta che i creditori vi hanno consentito (1273).

Nel trasferimento di un'azienda commerciale (2556) risponde dei debiti suddetti anche l'acquirente dell'azienda (1546, 2112[2], 2160[2]), se essi risultano dai libri contabili obbligatori (2114 ss.).

NOTE OPERATIVE:

Ambito di applicazione: Il regime stabilito dalla norma è destinato a trovare applicazione quando si tratti di debiti in sé soli considerati, e non anche quando, viceversa, essi si ricolleghino a posizioni contrattuali non ancora definite, in cui il cessionario sia subentrato nel qual caso la responsabilità si inserisce nell'ambito della più generale sorte del contratto, purché non sia già del tutto esaurito (C.C. 25259/23 – Conf. C.C. 8539/18).

2561. Usufrutto dell'azienda. – L'usufruttuario dell'azienda deve esercitarla sotto la ditta che la contraddistingue (2563 ss.).

Egli deve gestire l'azienda senza modificarne la destinazione (981, 985) e in modo da conservare l'efficienza dell'organizzazione (2352[1]) e degli impianti (997) e le normali dotazioni di scorte.

Se non adempie a tale obbligo o cessa arbitrariamente dalla gestione dell'azienda, si applica l'articolo 1015.

La differenza tra le consistenze d'inventario all'inizio e al termine dell'usufrutto è regolata in danaro, sulla base dei valori correnti al termine dell'usufrutto (2112).

2562. Affitto dell'azienda. – Le disposizioni dell'articolo precedente si applicano anche nel caso di affitto dell'azienda (1615 ss., 2112).

NOTE OPERATIVE:

Presupposti: Si ha affitto d'azienda (o di ramo d'azienda), e non locazione, solo se i beni oggetto del contratto fanno già parte di un'organizzazione produttiva (C.C. 3888/20)

Obblighi: L'affittuario dell'azienda ha l'obbligo di conservarla, in tutte le sue componenti, nello stato in cui viene affittata e, perciò, di sostenere tutte le spese necessarie a tale scopo (C.C. 19632/20).

Capo II
Della ditta e dell'insegna

2563. Ditta. – L'imprenditore ha diritto all'uso esclusivo (2569, 2577, 2584, 2592) della ditta da lui prescelta.

La ditta, comunque sia formata, deve contenere almeno il cognome (4) o la sigla dell'imprenditore, salvo quanto è disposto dall'articolo 2565.

NOTE OPERATIVE:

Funzione: La ditta ha la funzione di identificare l'imprenditore come soggetto di diritti e per questa ragione la norma esige che ne includa almeno il cognome o la sigla (C.C. 22350/15 – Conf. C.C. 16163/15; C.C. 16283/09).

Caratteristiche: La denominazione della ditta individuale esercitata dall'imprenditore individuale costituisce un mero segno distintivo dell'impresa, non un soggetto autonomo rispetto all'imprenditore che ne è titolare (C.C. 5562/22).

2564. Modificazione della ditta. – Quando la ditta è uguale o simile a quella usata da altro imprenditore e può creare confusione (2598, n. 1) per l'oggetto dell'impresa e per il luogo in cui questa è esercitata, deve essere integrata o modificata con indicazioni idonee a differenziarla (2568, 2598).

Per le imprese commerciali (2195) l'obbligo dell'integrazione o modificazione spetta a chi ha iscritto la propria ditta nel registro delle imprese (2188) in epoca posteriore.

2565. Trasferimento della ditta. – La ditta non può essere trasferita separatamente dall'azienda (2573).

Nel trasferimento dell'azienda per atto tra vivi la ditta non passa all'acquirente senza il consenso dell'alienante (2573).

Nella successione nell'azienda per causa di morte la ditta si trasmette al successore, salvo diversa disposizione testamentaria (2292[2]).

2566. Registrazione della ditta. - Per le imprese commerciali (2195), l'ufficio del registro delle imprese deve rifiutare l'iscrizione della ditta, se questa non è conforme a quanto è prescritto dal secondo comma dell'articolo 2563 o, trattandosi di ditta derivata (2565), se non è depositata copia dell'atto in base al quale ha avuto luogo la successione nell'azienda (2189).

2567. Società. - La ragione sociale e la denominazione delle società sono regolate dai titoli V e VI di questo libro (2292, 2314, 2326, 2464, 2515).

Tuttavia si applicano anche ad esse le disposizioni dell'articolo 2564.

NOTE OPERATIVE:

Caratteristiche: La denominazione e la ragione sociale non possono formare oggetto di autonoma circolazione, neppure con la cessione dell'azienda, posto che costituiscono il nome civile della società e sono segni distintivi indisponibili, identificando il soggetto di diritto (C.C. 11004/23 - Conf. C.C. 5931/14).

2568. Insegna. - Le disposizioni del primo comma dell'articolo 2564 si applicano all'insegna.

NOTE OPERATIVE:

Funzione: L'insegna ha la funzione di identificare un determinato stabilimento nel quale l'attività imprenditoriale viene esercitata (C.C. 22350/15 - Conf. C.C. 16163/15; C.C. 1042/66).

Capo III
Del marchio

2569. Diritto di esclusività. - Chi ha registrato nelle forme stabilite dalla legge un nuovo (2585, 2593) marchio idoneo a distinguere prodotti o servizi ha diritto di valersene in modo esclusivo (2563, 2577, 2584, 2592) per i prodotti o servizi per i quali è stato registrato (473, 474, 514, 517 c.p.).

In mancanza di registrazione il marchio è tutelato a norma dell'art. 2571.

2570. Marchi collettivi. - I soggetti che svolgono la funzione di garantire l'origine, la natura o la qualità di determinati prodotti o servizi possono ottenere la registrazione di marchi collettivi per concederne l'uso, secondo le norme dei rispettivi regolamenti, a produttori o commercianti.

2571. Preuso. - Chi ha fatto uso di un marchio non registrato ha la facoltà di continuare ad usarne, nonostante la registrazione da altri ottenuta, nei limiti in cui anteriormente se ne è valso.

2572. Divieto di soppressione del marchio. - Il rivenditore può apporre il proprio marchio ai prodotti che mette in vendita, ma non può sopprimere il marchio del produttore.

2573. Trasferimento del marchio. - Il marchio può essere trasferito o concesso in licenza per la totalità o per una parte dei prodotti o servizi per i quali è stato registrato, purché in ogni caso dal trasferimento o dalla licenza non derivi inganno in quei caratteri dei prodotti o servizi che sono essenziali nell'apprezzamento del pubblico.

Quando il marchio è costituito da un segno figurativo, da una denominazione di fantasia o da una ditta derivata, si presume che il diritto all'uso esclusivo di esso sia trasferito insieme con l'azienda (2557).

2574. Leggi speciali. - Le condizioni per la registrazione dei marchi e degli atti di trasferimento dei medesimi, nonché gli effetti della registrazione sono stabiliti dalle leggi speciali.

Titolo IX
Dei diritti sulle opere dell'ingegno e sulle invenzioni industriali

Capo I
Del diritto di autore sulle opere dell'ingegno letterarie e artistiche

2575. Oggetto del diritto. - Formano oggetto del diritto di autore le opere dell'ingegno di carattere creativo che appartengono alle scienze, alla letteratura, alla musica, alle arti figurative, all'architettura, al teatro e alla cinematografia, qualunque ne sia il modo o la forma di espressione.

NOTE OPERATIVE:

Ambito di applicazione: Oggetto di tutela del diritto d'autore è il prodotto della creatività umana (C.C. 17565/21).

Requisiti: La protezione del diritto d'autore postula il requisito dell'originalità e della creatività, consistente non già nell'idea che è alla base della sua realizzazione, ma nella forma della sua espressione, ovvero dalla sua soggettività, presupponendo che l'opera rifletta la personalità del suo autore, manifestando le sue scelte libere e creative (C.C. 1107/23 - Conf. C.C. 32871/22; C.C. 10300/20; C.C. 13524/14; C.C. 20925/05).

2576. Acquisto del diritto. - Il titolo originario dell'acquisto del diritto di autore è costituito dalla creazione dell'opera, quale particolare espressione del lavoro intellettuale.

2577. Contenuto del diritto. – L'autore ha il diritto esclusivo (2563, 2569, 2584, 2592) di pubblicare l'opera e di utilizzarla economicamente in ogni forma e modo, nei limiti e per gli effetti fissati dalla legge (2583).

L'autore, anche dopo la cessione dei diritti previsti dal comma precedente (2581), può rivendicare la paternità dell'opera (2589) e può opporsi a qualsiasi deformazione, mutilazione o altra modificazione dell'opera stessa, che possa essere di pregiudizio al suo onore o alla sua reputazione (2579², 2582).

2578. Progetti di lavori. – All'autore di progetti di lavori d'ingegneria o di altri lavori analoghi che costituiscono soluzioni originali di problemi tecnici, compete, oltre il diritto esclusivo di riproduzione dei piani e disegni dei progetti medesimi, il diritto di ottenere un equo compenso (2579) da coloro che eseguono il progetto tecnico a scopo di lucro senza il suo consenso.

2579. Interpreti ed esecutori. – Agli artisti attori o interpreti di opere o composizioni drammatiche o letterarie, e agli artisti esecutori di opere o composizioni musicali, anche se le opere o composizioni sopraindicate sono in dominio pubblico, compete, nei limiti, per gli effetti e con le modalità fissati dalle leggi speciali, indipendentemente dall'eventuale retribuzione loro spettante per la recitazione, rappresentazione, od esecuzione, il diritto ad un equo compenso (2578) nei confronti di chiunque diffonda o trasmetta per radio, telefono od altro apparecchio equivalente, ovvero incida, registri o comunque riproduca su dischi fonografici, pellicola cinematografica od altro apparecchio equivalente la suddetta recitazione, rappresentazione od esecuzione.

Gli artisti attori od interpreti e gli artisti esecutori hanno diritto di opporsi alla diffusione, trasmissione o riproduzione della loro recitazione, rappresentazione od esecuzione che possa essere di pregiudizio al loro onore o alla loro reputazione (2577², 2582).

2580. Soggetti del diritto. – Il diritto di autore spetta all'autore ed ai suoi aventi causa nei limiti e per gli effetti fissati dalle leggi speciali.

(*Omissis*) ([1]).

([1]) *Seguiva un secondo comma, abrogato dall'art. 12 della L. 8 marzo 1975, n. 39, attribuzione della maggiore età.*

2581. Trasferimento dei diritti di utilizzazione. – I diritti di utilizzazione sono trasferibili (2577², 2582, 2589).

Il trasferimento per atto tra vivi deve essere provato per iscritto (2725).

2582. Ritiro dell'opera dal commercio. – L'autore, qualora concorrano gravi ragioni morali, ha diritto di ritirare l'opera dal commercio, salvo l'obbligo d'indennizzare coloro che hanno acquistato i diritti di riprodurre, diffondere, eseguire, rappresentare o mettere in commercio l'opera medesima.

Questo diritto è personale e intrasmissibile (2577²).

2583. Leggi speciali. – L'esercizio dei diritti contemplati in questo capo e la loro durata sono regolati dalle leggi speciali (2575).

Capo II
Del diritto di brevetto per invenzioni industriali

2584. Diritto di esclusività. – Chi ha ottenuto un brevetto per un'invenzione industriale ha il diritto esclusivo (2563, 2569, 2577, 2592) di attuare l'invenzione e di disporne entro i limiti e alle condizioni stabilite dalla legge.

Il diritto si estende anche al commercio del prodotto a cui l'invenzione si riferisce (2588, 2589).

NOTE OPERATIVE:

Caratteristiche: Il diritto al brevetto identifica la facoltà di chiedere la registrazione, posizione giuridica che si riconosce all'inventore ovvero a colui che a titolo derivativo acquista la completa descrizione dell'invenzione ceduta, contestualmente alla assunzione dell'obbligo di non divulgarla ulteriormente (C.C. 5963/19 – Conf. C.C. 6392/00).

2585. Oggetto del brevetto. – Possono costituire oggetto di brevetto le nuove (2569, 2593) invenzioni atte ad avere un'applicazione industriale, quali un metodo o un processo di lavorazione industriale, una macchina, uno strumento, un utensile o un dispositivo meccanico, un prodotto o un risultato industriale e l'applicazione tecnica di un principio scientifico, purché essa dia immediati risultati industriali.

In quest'ultimo caso il brevetto è limitato ai soli risultati indicati dall'inventore.

NOTE OPERATIVE:

Novità intrinseca: In materia di brevetti, per la sussistenza del requisito della novità intrinseca dell'invenzione non è richiesto un grado di novità e originalità assoluto rispetto a qualsiasi precedente cognizione, ma è sufficiente che essa riguardi nuove implicazioni e nuovi usi di elementi già noti, associati o coordinati in modo da ottenere un risultato industriale nuovo, economicamente utile (C.C. 6373/19 – Conf. C.C. 12510/15).

2586. Brevetto per nuovi metodi o processi di fabbricazione. – Il brevetto concernente un nuovo metodo o processo di fabbricazione industriale ne attribuisce al titolare l'uso esclusivo.

[Se il metodo o processo è diretto ad ottenere un prodotto industriale nuovo, il brevetto si estende anche al prodotto ottenuto, purché questo possa formare oggetto di brevetto] (1).

(1) *Questo comma è stato abrogato dall'art. 13, comma 1, del D.L.vo 19 marzo 1996, n. 198.*

2587. Brevetto dipendente da brevetto altrui. – Il brevetto per invenzione industriale, la cui attuazione implica quella d'invenzioni protette da precedenti brevetti per invenzioni industriali ancora in vigore, non pregiudica i diritti dei titolari di questi ultimi, e non può essere attuato né utilizzato senza il consenso di essi.

Sono salve le disposizioni delle leggi speciali (2591).

2588. Soggetti del diritto. – Il diritto di brevetto spetta all'autore dell'invenzione e ai suoi aventi causa.

2589. Trasferibilità. – I diritti nascenti dalle invenzioni industriali, tranne il diritto di esserne riconosciuto autore, sono trasferibili.

2590. Invenzione del prestatore di lavoro. – Il prestatore di lavoro ha diritto di essere riconosciuto autore dell'invenzione fatta nello svolgimento del rapporto di lavoro (2589).

I diritti e gli obblighi delle parti relativi all'invenzione sono regolati dalle leggi speciali.

NOTE OPERATIVE:

Caratteristiche: L'elemento distintivo tra l'invenzione di servizio e l'invenzione di azienda risiede nel fatto che, pur presupponendo entrambe la realizzazione di un'invenzione industriale nell'adempimento di un contratto di lavoro, nel primo caso l'attività inventiva è prevista come oggetto del contratto, essendo prevista, attraverso un'esplicita previsione contrattuale, una speciale retribuzione costituente il suo corrispettivo, mentre nel caso dell'invenzione di azienda la prestazione del lavoratore non ha ad oggetto il conseguimento di un risultato inventivo, che alla prima è piuttosto collegata come frutto non dovuto, né previsto (C.C. 36140/22 – Conf. C.C. 6367/11; C.C. 1285/06; C.C. 11305/03; C.C. 7161/98; C.C. 2732/92; C.C. 4091/90).

2591. Rinvio alle leggi speciali. – Le condizioni e le modalità per la concessione del brevetto, l'esercizio dei diritti che ne derivano e la loro durata sono regolati dalle leggi speciali.

Capo III
Del diritto di brevetto per modelli di utilità e di registrazione per disegni o modelli (1)

(1) *Questa rubrica è stata così sostituita dall'art. 21, comma 1, del D.L.vo 2 febbraio 2001, n. 95.*

2592. Modelli di utilità. – Chi, in conformità della legge, ha ottenuto un brevetto per un'invenzione atta a conferire a macchine o parti di esse, strumenti, utensili od oggetti, particolare efficacia o comodità di applicazione o d'impiego, ha il diritto esclusivo (2563, 2569, 2577, 2584) di attuare l'invenzione, di disporne e di fare commercio dei prodotti a cui si riferisce (2589).

Il brevetto per le macchine nel loro complesso non comprende la protezione delle singole parti.

2593. (1) **Modelli e disegni.** – Chi ha ottenuto una registrazione per un nuovo disegno o modello che abbia carattere individuale, ha il diritto esclusivo di utilizzarlo e di vietare a terzi di utilizzarlo senza il suo consenso, in conformità alle leggi speciali.

(1) *Questo articolo è stato così sostituito dall'art. 21, comma 2, del D.L.vo 2 febbraio 2001, n. 95.*

2594. (1) **Norme applicabili.** – Ai diritti di brevetto e di registrazioni contemplati in questo capo, si applicano gli articoli 2588, 2589 e 2590. Le condizioni e le modalità per la concessione del brevetto e della registrazione, l'esercizio dei diritti che ne derivano e la loro durata sono regolati dalle leggi speciali.

(1) *Questo articolo è stato così sostituito dall'art. 21, comma 3, del D.L.vo 2 febbraio 2001, n. 95.*

Titolo X
Della disciplina della concorrenza e dei consorzi

Capo I
Della disciplina della concorrenza

Sezione I
Disposizioni generali

2595. Limiti legali della concorrenza. – La concorrenza deve svolgersi in modo da non ledere gli interessi dell'economia nazionale e nei limiti stabiliti dalla legge e dalle norme corporative (1) (2596, 2598; 41[2] Cost.).

(1) *L'espressione: «e dalle norme corporative» è da ritenersi soppressa dopo la cessazione dell'ordinamento corporativo fascista, disposta dal R.D.L. 9 agosto 1943, n. 721 e dal D.L.vo Lgt. 23 novembre 1944, n. 369.*

2596. Limiti contrattuali della concorrenza. – Il patto che limita la concorrenza deve essere provato per iscritto (1341[2], 2725). Esso è valido se circoscritto ad una determinata zona o ad una determinata attività, e non può eccedere la durata di cinque anni (1379).

Se la durata del patto non è determinata o è stabilita per un periodo superiore a cinque anni, il patto è valido per la durata di un quinquennio (2125, 2557).

2597. Obbligo di contrattare nel caso di monopolio. – Chi esercita un'impresa (2082) in condizione di monopolio legale ha l'obbligo di contrattare (1032, 2932) con chiunque richieda le prestazioni che formano oggetto dell'impresa, osservando la parità di trattamento (3 Cost.; 1679[2,3], 1680).

NOTE OPERATIVE:

Ambito di applicazione: La norma si limita a stabilire che il monopolista legale ha l'obbligo di contrattare con chiunque richieda le prestazioni che formano oggetto dell'impresa, osservando la parità di trattamento, ma non stabilisce affatto il principio che il medesimo sia tenuto in qualunque caso, anche in presenza dell'inadempimento da parte dell'utente degli obblighi su di lui gravanti, ad eseguire le relative prestazioni. L'obbligo imposto dalla legge si riferisce chiaramente al momento genetico del contratto e cioè a quello della sua stipulazione, ma non riguarda anche la fase della sua esecuzione che è soggetta alla normativa generale dettata in materia dal codice civile, nonché a quella specifica stabilita nelle norme contrattuali (C.C. 19516/10).

Sezione II
Della concorrenza sleale

2598. Atti di concorrenza sleale. – Ferme le disposizioni che concernono la tutela dei segni distintivi (2563 ss., 2568, 2569 ss.) e dei diritti di brevetto (2584 ss., 2592, 2593), compie atti di concorrenza sleale chiunque:

1) usa nomi o segni distintivi idonei a produrre confusione (2564) con i nomi o con i segni distintivi legittimamente usati da altri, o imita servilmente i prodotti di un concorrente, o compie con qualsiasi altro mezzo atti idonei a creare confusione con i prodotti e con l'attività di un concorrente;

2) diffonde notizie e apprezzamenti sui prodotti e sull'attività di un concorrente, idonei a determinarne il discredito, o si appropria di pregi dei prodotti o dell'impresa di un concorrente;

3) si vale direttamente o indirettamente di ogni altro mezzo non conforme ai principi della correttezza professionale e idoneo a danneggiare l'altrui azienda (1175).

NOTE OPERATIVE:

Presupposti: Gli atti di concorrenza sleale presuppongono un rapporto di concorrenza tra imprenditori, sicché la legittimazione attiva e passiva all'azione richiede il possesso della qualità di imprenditore; ciò, tuttavia, non esclude la possibilità del compimento di un atto di concorrenza sleale da parte di chi si trovi in una relazione particolare con l'imprenditore, soggetto avvantaggiato, tale da far ritenere che l'attività posta in essere sia stata oggettivamente svolta nell'interesse di quest'ultimo (C.C. 12092/23 – Conf. C.C. 7676/20; C.C. 18772/19).

2599. Sanzioni. – La sentenza che accerta atti di concorrenza sleale ne inibisce la continuazione e dà gli opportuni provvedimenti affinché ne vengano eliminati gli effetti.

NOTE OPERATIVE:

Azione inibitoria: Il carattere essenziale e tipico dell'azione inibitoria è quello di apprestare una tutela giurisdizionale preventiva rivolta verso il futuro. Ne consegue che la pronuncia di inibitoria implica non solo l'ordine di cessare una attività in atto, ma anche quello di astenersi in futuro dal compiere una certa attività, pur se nel frattempo cessata (C.C. 25454/23 – Conf. C.C. 6226/13; C.C. 8080/95).

2600. Risarcimento del danno. – Se gli atti di concorrenza sleale sono compiuti con dolo o con colpa, l'autore è tenuto al risarcimento dei danni (2043).

In tale ipotesi può essere ordinata la pubblicazione della sentenza (120 c.p.c.).

Accertati gli atti di concorrenza, la colpa si presume (2727 ss.).

NOTE OPERATIVE:

Presunzione di colpa: L'accertamento di concreti fatti materiali di concorrenza sleale comporta la presunzione di colpa che onera, pertanto, l'autore degli stessi della dimostrazione dell'assenza dell'elemento soggettivo da valutarsi secondo il canone civilistico oggettivato, riferito a un modello standard di comportamento, enucleato dal criterio della diligenza ex art. 1176 c.c. e parametrato sul c.d. agente modello (C.C. 23739/23).

Onere della prova: Il danno cagionato dal compimento di atti di concorrenza sleale non è qualificabile in re ipsa ma, essendo conseguenza diversa e ulteriore rispetto alla distorsione delle regole della concorrenza richiede, in ogni caso, di essere autonomamente provato secondo i principi generali che regolano il risarcimento da fatto illecito, con la conseguenza che solo la dimostrazione dell'esistenza del danno consente il ricorso al criterio equitativo ai fini della liquidazione (C.C. 25921/15 – Conf. C.C. 16294/12; C.C. 7306/09).

2601. Azione delle associazioni professionali. – Quando gli atti di concorrenza sleale pregiudicano gli interessi di una categoria professionale, l'azione per la repressione della concorrenza sleale può essere promossa anche dalle associazioni professionali e dagli enti che rappresentano la categoria (1).

(1) *Il D.L.vo Lgt. 23 novembre 1944, n. 369, soppressione delle organizzazioni sindacali fasciste, ha soppresso le associazioni professionali costituite in rappresentanza delle categorie.*

NOTE OPERATIVE:

Finalità: La norma attribuisce anche alle associazioni professionali la legittimazione a promuovere l'azione per la repressione della concorrenza sleale; tale azione, volta a reprimere i fatti di concorrenza sleale, è diversa da quella risarcitoria, meramente eventuale, prevista dall'art. 2600 c.c. (C.C. 7047/12).

Capo II
Dei consorzi per il coordinamento della produzione e degli scambi

Sezione I
Disposizioni generali

2602. Nozione e norme applicabili. – Con il contratto di consorzio più imprenditori (2082) istituiscono un'organizzazione comune per la disciplina o per lo svolgimento di determinate fasi delle rispettive imprese.

Il contratto di cui al precedente comma è regolato dalle norme seguenti, salve le diverse disposizioni delle leggi speciali (2610, 2620).

2603. Forma e contenuto del contratto. – Il contratto deve essere fatto per iscritto sotto pena di nullità (1350, 2295, 2316).

Esso deve indicare:

1) l'oggetto (2606) e la durata (2604, 2611, n. 1) del consorzio;

2) la sede dell'ufficio eventualmente costituito;

3) gli obblighi assunti e i contributi dovuti dai consorziati;

4) le attribuzioni e i poteri degli organi consortili anche in ordine alla rappresentanza in giudizio (2608);

5) le condizioni di ammissione di nuovi consorziati;

6) i casi di recesso e di esclusione (2609);

7) le sanzioni per l'inadempimento degli obblighi dei consorziati.

Se il consorzio ha per oggetto il contingentamento della produzione o degli scambi, il contratto deve inoltre stabilire le quote dei singoli consorziati o i criteri per la determinazione di esse.

Se l'atto costitutivo deferisce la risoluzione di questioni relative alla determinazione delle quote ad una o più persone, le decisioni di queste possono essere impugnate innanzi all'autorità giudiziaria, se sono manifestamente inique od erronee, entro trenta giorni dalla notizia (1349, 2264, 2964).

NOTE OPERATIVE:

Contratto: Il contratto di consorzio comporta non già l'assorbimento delle imprese consorziate in un organismo unitario, realizzativo di un rapporto di immedesimazione organica con le singole contraenti, bensì la costituzione tra le stesse di un'organizzazione comune per lo svolgimento di determinate fasi delle loro attività (C.S. 3760/23 – Conf. C.S. 3707/23; C.C. 6569/20 – Conf. C.C. 1636/14).

2604. Durata del consorzio. – In mancanza di determinazione della durata del contratto, questo è valido per dieci anni.

2605. Controllo sull'attività dei singoli consorziati. – I consorziati devono consentire i controlli e le ispezioni da parte degli organi previsti dal contratto, al fine di accertare l'esatto adempimento delle obbligazioni assunte (2619).

2606. Deliberazioni consortili. – Se il contratto non dispone diversamente, le deliberazioni relative all'attuazione dell'oggetto del consorzio sono prese col voto favorevole della maggioranza dei consorziati.

Le deliberazioni che non sono prese in conformità alle disposizioni di questo articolo o a quelle del contratto possono essere impugnate (2377^2) davanti all'autorità giudiziaria entro trenta giorni (2964). Per i consorziati assenti il termine decorre dalla comunicazione o, se si tratta di deliberazione soggetta ad iscrizione, dalla data di questa.

2607. Modificazioni del contratto. – Il contratto, se non è diversamente convenuto, non può essere modificato senza il consenso di tutti i consorziati (2604, 2611, n. 3).

Le modificazioni devono essere fatte per iscritto sotto pena di nullità (1350).

2608. Organi preposti al consorzio. – La responsabilità verso i consorziati di coloro che sono preposti al consorzio è regolata dalle norme sul mandato (1710 ss.).

2609. Recesso ed esclusione. – Nei casi di recesso (1373) e di esclusione previsti dal contratto, la quota di partecipazione del consorziato receduto o escluso si accresce proporzionalmente a quelle degli altri.

Il mandato (1703 ss.) conferito dai consorziati per l'attuazione degli scopi del consorzio, ancorché dato con unico atto, cessa nei confronti del consorziato receduto o escluso (1726).

2610. Trasferimento dell'azienda. – Salvo patto contrario, in caso di trasferimento a qualunque titolo dell'azienda l'acquirente subentra nel contratto di consorzio (2558).

Tuttavia, se sussiste una giusta causa, in caso di trasferimento dell'azienda per atto fra vivi, gli altri consorziati possono deliberare, entro un mese dalla notizia dell'avvenuto trasferimento (2964), l'esclusione dell'acquirente dal consorzio (2558).

2611. Cause di scioglimento. – Il contratto di consorzio si scioglie (2272):

1) per il decorso del tempo stabilito per la sua durata (2603, n. 1, 2604);

2) per il conseguimento dell'oggetto o per l'impossibilità di conseguirlo (2603, n. 1);

3) per volontà unanime dei consorziati (2604, 2607);

4) per deliberazione dei consorziati, presa a norma dell'articolo 2606, se sussiste una giusta causa;

5) per provvedimento dell'autorità governativa, nei casi ammessi dalla legge (2619);

6) per le altre cause previste nel contratto.

NOTE OPERATIVE:

Ipotesi: La riduzione ad un unico soggetto consorziato non è prevista tra le cause di scioglimento del consorzio e non comporta, pertanto, l'estinzione del medesimo, evento che può essere determinato solo dall'effettiva liquidazione di tutti i rapporti giuridici pendenti e dalla definizione di tutte le controversie giudiziarie in corso (C.C. 6214/13).

Sezione II
Dei consorzi con attività esterna

2612. Iscrizione nel registro delle imprese. – Se il contratto prevede l'istituzione di un ufficio destinato a svolgere un'attività con i terzi, un estratto del contratto deve, a cura degli amministratori, entro trenta giorni dalla stipulazione, essere depositato per l'iscrizione presso l'ufficio del registro delle imprese (2188) del luogo dove l'ufficio ha sede (2626, 2635; 108 att.).

L'estratto deve indicare:

1) la denominazione e l'oggetto del consorzio e la sede dell'ufficio;

2) il cognome e il nome dei consorziati;

3) la durata del consorzio;

4) le persone a cui vengono attribuite la presidenza, la direzione e la rappresentanza del consorzio ed i rispettivi poteri;

5) il modo di formazione del fondo consortile e le norme relative alla liquidazione.

Del pari devono essere iscritte nel registro delle imprese le modificazioni del contratto concernenti gli elementi sopra indicati.

2613. Rappresentanza in giudizio. – I consorzi possono essere convenuti in giudizio in persona di coloro ai quali il contratto attribuisce la presidenza o la direzione, anche se la rappresentanza è attribuita ad altre persone (41).

2614. Fondo consortile. – I contributi dei consorziati e i beni acquistati con questi contributi costituiscono il fondo consortile. Per la durata del consorzio i consorziati non possono chiedere la divisione del fondo, e i creditori particolari dei consorziati non possono far valere i loro diritti sul fondo medesimo (2270, 2305, 2531).

2615. Responsabilità verso i terzi. – Per le obbligazioni assunte in nome del consorzio dalle persone che ne hanno la rappresentanza, i terzi possono far valere i loro diritti esclusivamente sul fondo consortile.

Per le obbligazioni assunte dagli organi del consorzio per conto dei singoli consorziati rispondono questi ultimi solidalmente col fondo consortile. In caso d'insolvenza nei rapporti tra i consorziati il debito dell'insolvente si ripartisce tra tutti in proporzione delle quote.

2615 *bis*. Situazione patrimoniale. – Entro due mesi dalla chiusura dell'esercizio annuale le persone che hanno la direzione del consorzio redigono (2612) la situazione patrimoniale osservando le norme relative al bilancio di esercizio delle società per azioni (2423 ss.) e la depositano presso l'ufficio del registro delle imprese.

Alle persone che hanno la direzione del consorzio sono applicabili gli articoli 2621, n. 1), e 2626.

Negli atti e nella corrispondenza del consorzio devono essere indicati la sede di questo, l'ufficio del registro delle imprese presso il quale esso è iscritto e il numero di iscrizione.

Sezione II *bis*
Società consortili

2615 *ter*. Società consortili. - Le società previste nei capi III e seguenti del titolo V (2291 ss.) possono assumere come oggetto sociale gli scopi indicati nell'articolo 2602.

In tal caso l'atto costitutivo può stabilire l'obbligo dei soci di versare contributi in denaro.

Sezione III
Dei consorzi obbligatori

2616. Costituzione. - Con provvedimento dell'autorità governativa sentite le corporazioni interessate (1) può essere disposta, anche per zone determinate, la costituzione di consorzi obbligatori fra esercenti lo stesso ramo o rami similari di attività economica, qualora la costituzione stessa risponda alle esigenze dell'organizzazione della produzione.

Nello stesso modo, ricorrendo le condizioni di cui al comma precedente, possono essere trasformati in obbligatori i consorzi costituiti volontariamente (111 att.).

(1) *L'espressione: «sentite le corporazioni interessate» è da ritenersi soppressa dal R.D.L. 9 agosto 1943, n. 721 e dal D.L.vo Lgt. 23 novembre 1944, n. 369.*

2617. Consorzi per l'ammasso dei prodotti agricoli. - Quando la legge prescrive l'ammasso di determinati prodotti agricoli (837), la gestione collettiva di questi è fatta per conto degli imprenditori interessati a mezzo di consorzi obbligatori, secondo le disposizioni delle leggi speciali.

Sezione IV
Dei controlli dell'autorità governativa

2618. Approvazione del contratto consortile. - I contratti previsti nel presente capo, se sono tali da influire sul mercato generale dei beni in essi contemplati, sono soggetti ad approvazione da parte dell'autorità governativa (2620), sentite le corporazioni interessate (1).

(1) *L'espressione: «sentite le corporazioni interessate» è da ritenersi soppressa dal R.D.L. 9 agosto 1943, n. 721 e dal D.L.vo Lgt. 23 novembre 1944, n. 369.*

2619. Controllo sull'attività del consorzio. - L'attività dei consorzi è sottoposta alla vigilanza dell'autorità governativa (111 att.).

Quando l'attività del consorzio risulta non conforme agli scopi per cui è stato costituito, l'autorità governativa può sciogliere gli organi del consorzio e affidare la gestione a un commissario governativo (2636 ss.; 108^3 att.) ovvero, nei casi più gravi, può disporre lo scioglimento del consorzio stesso.

2620. Estensione delle norme di controllo alle società. - Le disposizioni di questa sezione si applicano anche alle società che si costituiscono per raggiungere gli scopi indicati nell'articolo 2602.

L'autorità governativa può sempre disporre lo scioglimento della società, quando la costituzione di questa non abbia avuto l'approvazione prevista nell'articolo 2618 (111 att.).

Titolo XI
Disposizioni penali in materia di società, di consorzi e di altri enti privati (1) (2)

(1) *La precedente rubrica:* «Disposizioni penali in materia di società e di consorzi» *è stata così sostituita dall'attuale dall'art. 2 del D.L.vo 15 marzo 2017, n. 38.*

(2) *Questo titolo è stato così sostituito dall'art. 1 del D.L.vo 11 aprile 2002, n. 61. A norma dell'art. 5 dello stesso D.L.vo per i reati perseguibili a querela ai sensi del medesimo decreto legislativo, commessi prima della data di entrata in vigore dello stesso, il termine per la proposizione della querela decorre dalla data predetta (16 aprile 2002).*

Capo I
Delle falsità

2621. (1) **False comunicazioni sociali.** – Fuori dai casi previsti dall'art. 2622, gli amministratori, i direttori generali, i dirigenti preposti alla redazione dei documenti contabili societari, i sindaci e i liquidatori, i quali, al fine di conseguire per sé o per altri un ingiusto profitto, nei bilanci, nelle relazioni o nelle altre comunicazioni sociali dirette ai soci o al pubblico, previste dalla legge, consapevolmente espongono fatti materiali rilevanti non rispondenti al vero ovvero omettono fatti materiali rilevanti la cui comunicazione è imposta dalla legge sulla situazione economica, patrimoniale o finanziaria della società o del gruppo al quale la stessa appartiene, in modo concretamente idoneo ad indurre altri in errore, sono puniti con la pena della reclusione da uno a cinque anni.

La stessa pena si applica anche se le falsità o le omissioni riguardano beni posseduti o amministrati dalla società per conto di terzi.

(1) *Questo articolo è stato, da ultimo, così sostituito dall'art. 9 della L. 27 maggio 2015, n. 69.*

NOTE OPERATIVE:

Elemento oggettivo ...: Il reato è configurabile in relazione alla esposizione in bilancio di enunciati valutativi se l'agente si discosta, consapevolmente e senza fornire adeguata informazione giustificativa, da criteri di valutazione normativamente fissati o da criteri tecnici generalmente accettati, in modo concretamente idoneo ad indurre in errore i destinatari delle comunicazioni (S.U. 22474/16), purché tali criteri siano precisi ed intellegibili (C.P. 46689/16)

... e soggettivo: L'elemento psicologico del reato di false comunicazioni sociali non si può considerare provato, in quanto in re ipsa, sulla sola base della violazione di norme contabili relative all'esposizione delle voci in bilancio, né può essere ravvisato nella volontà di far vivere in modo artificioso la società, ma deve essere desunto da elementi idonei ad evidenziare la consapevolezza, da parte del soggetto che redige il bilancio, delle proprie azioni abnormi o irragionevoli realizzate mediante artifici contabili (C.P. 21672/18 – Conf. C.P. 46689/16).

2621 *bis*. (1) **Fatti di lieve entità.** – Salvo che costituiscano più grave reato, si applica la pena da sei mesi a tre anni di reclusione se i fatti di cui all'articolo 2621 sono di lieve entità, tenuto conto della natura e delle dimensioni della società e delle modalità o degli effetti della condotta.

Salvo che costituiscano più grave reato, si applica la stessa pena di cui al comma precedente quando i fatti di cui all'articolo 2621 riguardano società che non superano i limiti indicati dal secondo comma dell'articolo 1 del regio decreto 16 marzo 1942, n. 267. In tale caso, il delitto è procedibile a querela della società, dei soci, dei creditori o degli altri destinatari della comunicazione sociale.

(1) *Questo articolo è stato inserito dall'art. 10 della L. 27 maggio 2015, n. 69.*

2621 *ter*. (1) **Non punibilità per particolare tenuità.** – Ai fini della non punibilità per particolare tenuità del fatto, di cui all'articolo 131 *bis* del codice penale, il giudice valuta, in modo prevalente, l'entità dell'eventuale danno cagionato alla società, ai soci o ai creditori conseguente ai fatti di cui agli articoli 2621 e 2621 *bis*.

(1) *Questo articolo è stato inserito dall'art. 10 della L. 27 maggio 2015, n. 69.*

2622. (1) **False comunicazioni sociali delle società quotate.** – Gli amministratori, i direttori generali, i dirigenti preposti alla redazione dei documenti contabili societari, i sindaci e i liquidatori di società emittenti strumenti finanziari ammessi alla negoziazione in un mercato regolamentato italiano o di altro Paese dell'Unione europea, i quali, al fine di conseguire per sé o per altri un ingiusto profitto, nei bilanci, nelle relazioni o nelle altre comunicazioni sociali dirette ai soci o al pubblico consapevolmente espongono fatti materiali non rispondenti al vero ovvero omettono fatti materiali rilevanti la cui comunicazione è imposta dalla legge sulla situazione economica, patrimoniale o finanziaria della società o del gruppo al quale la stessa appartiene, in modo concretamente idoneo ad indurre altri in errore, sono puniti con la pena della reclusione da tre a otto anni.

Alle società indicate nel comma precedente sono equiparate:

1) le società emittenti strumenti finanziari per i quali è stata presentata una richiesta di ammissione alla negoziazione in un mer-

cato regolamentato italiano o di altro Paese dell'Unione europea;

2) le società emittenti strumenti finanziari ammessi alla negoziazione in un sistema multilaterale di negoziazione italiano;

3) le società che controllano società emittenti strumenti finanziari ammessi alla negoziazione in un mercato regolamentato italiano o di altro Paese dell'Unione europea;

4) le società che fanno appello al pubblico risparmio o che comunque lo gestiscono.

Le disposizioni di cui ai commi precedenti si applicano anche se le falsità o le omissioni riguardano beni posseduti o amministrati dalla società per conto di terzi.

(1) *Questo articolo è stato, da ultimo, così sostituito dall'art. 11 della L. 27 maggio 2015, n. 69.*

2623. (1) [**Falso in prospetto.** – Chiunque, allo scopo di conseguire per sé o per altri un ingiusto profitto, nei prospetti richiesti ai fini della sollecitazione all'investimento o dell'ammissione alla quotazione nei mercati regolamentati, ovvero nei documenti da pubblicare in occasione delle offerte pubbliche di acquisto o di scambio, con la consapevolezza della falsità e l'intenzione di ingannare i destinatari del prospetto, espone false informazioni od occulta dati o notizie in modo idoneo ad indurre in errore i suddetti destinatari è punito, se la condotta non ha loro cagionato un danno patrimoniale, con l'arresto fino ad un anno.

Se la condotta di cui al primo comma ha cagionato un danno patrimoniale ai destinatari del prospetto, la pena è della reclusione da uno a tre anni].

(1) *Questo articolo è stato abrogato dall'art. 34, comma 2, della L. 28 dicembre 2005, n. 262.*

2624. (1) [**Falsità nelle relazioni o nelle comunicazioni delle società di revisione.** – I responsabili della revisione i quali, al fine di conseguire per sé o per altri un ingiusto profitto, nelle relazioni o in altre comunicazioni, con la consapevolezza della falsità e l'intenzione di ingannare i destinatari delle comunicazioni, attestano il falso od occultano informazioni concernenti la situazione economica, patrimoniale o finanziaria della società, ente o soggetto sottoposto a revisione, in modo idoneo ad indurre in errore i destinatari delle comunicazioni sulla predetta situazione, sono puniti, se la condotta non ha loro cagionato un danno patrimoniale, con l'arresto fino a un anno.

Se la condotta di cui al primo comma ha cagionato un danno patrimoniale ai destinatari delle comunicazioni, la pena è della reclusione da uno a quattro anni].

(1) *Questo articolo è stato abrogato dall'art. 37, comma 34, del D.L.vo 27 gennaio 2010, n. 39.*

2625. Impedito controllo. – Gli amministratori che, occultando documenti o con altri idonei artifici, impediscono o comunque ostacolano lo svolgimento delle attività di controllo [o di revisione] (1) legalmente attribuite ai soci o ad altri organi sociali (2), sono puniti con la sanzione amministrativa pecuniaria fino a 10.329 euro.

Se la condotta ha cagionato un danno ai soci, si applica la reclusione fino ad un anno e si procede a querela della persona offesa.

La pena è raddoppiata se si tratta di società con titoli quotati in mercati regolamentati italiani o di altri Stati dell'Unione europea o diffusi tra il pubblico in misura rilevante ai sensi dell'articolo 116 del testo unico di cui al decreto legislativo 24 febbraio 1998, n. 58 (3).

(1) *Le parole poste fra parentesi quadrate sono state soppresse dall'art. 37, comma 35, lett. a), del D.L.vo 27 gennaio 2010, n. 39.*

(2) *Le parole: «, ad altri organi sociali o alle società di revisione» sono state così sostituite dalle attuali: «o ad altri organi sociali» dall'art. 37, comma 35, lett. b), del D.L.vo 27 gennaio 2010, n. 39.*

(3) *Questo comma è stato inserito dall'art. 39, comma 2, lett. a), della L. 28 dicembre 2005, n. 262.*

NOTE OPERATIVE:

Presupposti: Nel reato di impedito controllo la condotta di impedimento, di natura non necessariamente attiva, deve attenere in modo specifico alle funzioni di controllo esercitabili da ciascun socio sulla gestione ed amministrazione della società (C.P. 49550/18).

Capo II
Degli illeciti commessi dagli amministratori

2626. Indebita restituzione dei conferimenti. – Gli amministratori che, fuori dei casi di legittima riduzione del capitale sociale, restituiscono, anche simulatamente, i conferimenti ai soci o li liberano dall'obbligo di eseguirli, sono puniti con la reclusione fino ad un anno.

2627. Illegale ripartizione degli utili e delle riserve. – Salvo che il fatto non costituisca più grave reato, gli amministratori che ripartiscono utili o acconti su utili non effettivamente conseguiti o destinati per legge a riserva, ovvero che ripartiscono riserve, anche non costituite con utili, che non possono per legge essere distribuite, sono puniti con l'arresto fino ad un anno.

La restituzione degli utili o la ricostituzione delle riserve prima del termine previsto per l'approvazione del bilancio estingue il reato.

2628. Illecite operazioni sulle azioni o quote sociali o della società controllante. – Gli amministratori che, fuori dei casi consentiti dalla legge, acquistano o sottoscrivono azioni o quote sociali, cagionando una lesione all'integrità del capitale sociale o delle riserve non distribuibili per legge, sono puniti con la reclusione fino ad un anno.

La stessa pena si applica agli amministratori che, fuori dei casi consentiti dalla legge, acquistano o sottoscrivono azioni o quote emesse dalla società controllante, cagionando una lesione del capitale sociale o delle riserve non distribuibili per legge.

Se il capitale sociale o le riserve sono ricostituiti prima del termine previsto per l'approvazione del bilancio relativo all'esercizio in relazione al quale è stata posta in essere la condotta, il reato è estinto.

2629. Operazioni in pregiudizio dei creditori. – Gli amministratori che, in violazione delle disposizioni di legge a tutela dei creditori, effettuano riduzioni del capitale sociale o fusioni con altra società o scissioni, cagionando danno ai creditori, sono puniti, a querela della persona offesa, con la reclusione da sei mesi a tre anni.

Il risarcimento del danno ai creditori prima del giudizio estingue il reato.

Capo III
Degli illeciti commessi mediante omissione

2629 *bis*. (1) Omessa comunicazione del conflitto d'interessi. – L'amministratore o il componente del consiglio di gestione di una società con titoli quotati in mercati regolamentati italiani o di altro Stato dell'Unione europea o diffusi tra il pubblico in misura rilevante ai sensi dell'articolo 116 del testo unico di cui al decreto legislativo 24 febbraio 1998, n. 58, e successive modificazioni, ovvero di un soggetto sottoposto a vigilanza ai sensi del testo unico di cui al decreto legislativo 1° settembre 1993, n. 385, del citato testo unico di cui al decreto legislativo n. 58 del 1998, del decreto legislativo 7 settembre 2005, n. 209 (2), o del decreto legislativo 21 aprile 1993, n. 124, che viola gli obblighi previsti dall'articolo 2391, primo comma, è punito con la reclusione da uno a tre anni, se dalla violazione siano derivati danni alla società o a terzi.

(1) *Questo articolo è stato inserito dall'art. 31, comma 1, della L. 28 dicembre 2005, n. 262.*

(2) *Le originarie parole: «della legge 12 agosto 1982, n. 576» sono state così sostituite dalle attuali: «del decreto legislativo 7 settembre 2005, n. 209» dall'art. 6, comma 1, del D.L.vo 29 dicembre 2006, n. 303.*

NOTE OPERATIVE:

Presupposti: Il danno arrecato alla società od a terzi è elemento costituivo della fattispecie e può consistere in qualsiasi pregiudizio, anche non strettamente patrimoniale (C.C. 300/19 – Conf. C.C. 126/19; C.P. 29605/14).

2630. (1) Omessa esecuzione di denunce, comunicazioni e depositi. – Chiunque, essendovi tenuto per legge a causa delle funzioni rivestite in una società o in un consorzio, omette di eseguire, nei termini prescritti, denunce, comunicazioni o depositi presso il registro delle imprese, ovvero omette di fornire negli atti, nella corrispondenza e nella rete telematica le informazioni prescritte dall'articolo 2250, primo, secondo, terzo e quarto comma, è punito con la sanzione amministrativa pecuniaria da 103 euro a 1.032 euro. Se la denuncia, la comunicazione o il deposito avvengono nei trenta giorni successivi alla scadenza dei termini prescritti, la sanzione amministrativa pecuniaria è ridotta ad un terzo.

Se si tratta di omesso deposito dei bilanci, la sanzione amministrativa pecuniaria è aumentata di un terzo.

(1) *Questo articolo è stato così sostituito dall'art. 9, comma 5, della L. 11 novembre 2011, n. 180.*

2631. Omessa convocazione dell'assemblea. – Gli amministratori e i sindaci che omettono di convocare l'assemblea dei soci nei casi previsti dalla legge o dallo statuto, nei termini ivi previsti, sono puniti con la sanzione amministrativa pecuniaria da 1.032 a 6.197 euro. Ove la legge o lo statuto non prevedano espressamente un termine, entro il quale effettuare la convocazione, questa si considera omessa allorché siano trascorsi trenta giorni dal momento in cui amministratori e sindaci sono venuti a conoscenza del presupposto che obbliga alla convocazione dell'assemblea dei soci.

La sanzione amministrativa pecuniaria è aumentata di un terzo in caso di convocazione a seguito di perdite o per effetto di espressa legittima richiesta da parte dei soci.

Capo IV
Degli altri illeciti, delle circostanze attenuanti e delle misure di sicurezza patrimoniali

2632. ([1]) **Formazione fittizia del capitale.** – Gli amministratori e i soci conferenti che, anche in parte, formano od aumentano fittiziamente il capitale sociale mediante attribuzioni di azioni o quote in misura complessivamente superiore all'ammontare del capitale sociale, sottoscrizione reciproca di azioni o quote, sopravvalutazione rilevante dei conferimenti di beni in natura o di crediti ovvero del patrimonio della società nel caso di trasformazione, sono puniti con la reclusione fino ad un anno.

([1]) *Questo articolo è stato sostituito dall'art. 111* quinquies *delle disposizioni di attuazione del codice civile, inserito dall'art. 9, comma 1, lett. f), del D.L.vo 17 gennaio 2003, n. 6, a decorrere dal 1° gennaio 2004.*

2633. Indebita ripartizione dei beni sociali da parte dei liquidatori. – I liquidatori che, ripartendo i beni sociali tra i soci prima del pagamento dei creditori sociali o dell'accantonamento delle somme necessario a soddisfarli, cagionano danno ai creditori, sono puniti, a querela della persona offesa, con la reclusione da sei mesi a tre anni.

Il risarcimento del danno ai creditori prima del giudizio estingue il reato.

2634. Infedeltà patrimoniale. – Gli amministratori, i direttori generali e i liquidatori, che, avendo un interesse in conflitto con quello della società, al fine di procurare a sé o ad altri un ingiusto profitto o altro vantaggio, compiono o concorrono a deliberare atti di disposizione dei beni sociali, cagionando intenzionalmente alla società un danno patrimoniale, sono puniti con la reclusione da sei mesi a tre anni.

La stessa pena si applica se il fatto è commesso in relazione a beni posseduti o amministrati dalla società per conto di terzi, cagionando a questi ultimi un danno patrimoniale.

In ogni caso non è ingiusto il profitto della società collegata o del gruppo, se compensato da vantaggi, conseguiti o fondatamente prevedibili, derivanti dal collegamento o dall'appartenenza al gruppo.

Per i delitti previsti dal primo e secondo comma si procede a querela della persona offesa.

NOTE OPERATIVE:

Presupposti: Ai fini della configurabilità del reato di infedeltà patrimoniale è necessario un antagonismo di interessi effettivo, attuale e oggettivamente valutabile tra il soggetto attivo e la società in ragione del quale il primo si trovi in una posizione antitetica rispetto a quella dell'ente tale da pregiudicarne gli interessi tramite l'atto di disposizione deliberato, non essendo sufficiente, ai fini della configurabilità di tale antagonismo, che siano stati compiuti atti improntati ad illiceità sistematica (C.P. 40446/19 – Conf. C.P. 57077/18).

2635. ([1]) **Corruzione tra privati.** – Salvo che il fatto costituisca più grave reato, gli amministratori, i direttori generali, i dirigenti preposti alla redazione dei documenti contabili societari, i sindaci e i liquidatori, di società o enti privati che, anche per interposta persona, sollecitano o ricevono, per sé o per altri, denaro o altra utilità non dovuti, o ne accettano la promessa, per compiere o per omettere un atto in violazione degli obblighi inerenti al loro ufficio o degli obblighi di fedeltà, sono puniti con la reclusione da uno a tre anni. Si applica la stessa pena se il fatto è commesso da chi nell'ambito organizzativo della società o dell'ente privato esercita funzioni direttive diverse da quelle proprie dei soggetti di cui al precedente periodo ([2]).

Si applica la pena della reclusione fino a un anno e sei mesi se il fatto è commesso da chi è sottoposto alla direzione o alla vigilanza di uno dei soggetti indicati al primo comma.

Chi, anche per interposta persona, offre, promette o dà denaro o altra utilità non dovuti alle persone indicate nel primo e nel secondo comma, è punito con le pene ivi previste ([3]).

Le pene stabilite nei commi precedenti sono raddoppiate se si tratta di società con titoli quotati in mercati regolamentati italiani o di altri Stati dell'Unione europea o diffusi tra il pubblico in misura rilevante ai sensi dell'articolo 116 del testo unico delle disposizioni in materia di intermediazione finanziaria, di cui al decreto legislativo 24 febbraio 1998, n. 58, e successive modificazioni.

[Si procede a querela della persona offesa, salvo che dal fatto derivi una distorsione della concorrenza nella acquisizione di beni o servizi] ([4]).

Fermo quanto previsto dall'articolo 2641, la misura della confisca per valore equivalente non può essere inferiore al valore delle utilità date, promesse o offerte ([5]) ([6]).

([1]) *Questo articolo è stato così sostituito dall'art. 1, comma 76, della L. 6 novembre 2012, n. 190.*

([2]) *Questo comma è stato così sostituito dall'art. 3, comma 1, lett. a), del D.L.vo 15 marzo 2017, n. 38.*

([3]) *Questo comma è stato così sostituito dall'art. 3, comma 1, lett. b), del D.L.vo 15 marzo 2017, n. 38.*

([4]) *Questo comma è stato abrogato dall'art. 1, comma 5, lett. a), della L. 9 gennaio 2019, n. 3.*

(5) *Le parole: «utilità date o promesse» sono state così sostituite dalle attuali: «utilità date, promesse o offerte» dall'art. 3, comma 1, lett. c), del D.L.vo 15 marzo 2017, n. 38.*

(6) *Questo comma è stato aggiunto dall'art. 3 del D.L.vo 29 ottobre 2016, n. 202.*

NOTE OPERATIVE:

Presupposti: L'atto che integra la condotta illecita del delitto va apprezzato avendo riguardo alla definizione di nocumento per la società o l'ente, ossia a qualsiasi pregiudizio giuridicamente rilevante e di qualsiasi natura subito, ad opera di un proprio collaboratore, dal soggetto passivo del reato di infedeltà; la condotta, pertanto, può consistere anche nell'adozione di atti preparatori e prodromici alla conclusiva delibera degli organi societari che siffatto nocumento è in grado di determinare (C.P. 37911/22 – Conf. C.P. 37169/22).

2635 *bis*. (1) Istigazione alla corruzione tra privati. – Chiunque offre o promette denaro o altra utilità non dovuti agli amministratori, ai direttori generali, ai dirigenti preposti alla redazione dei documenti contabili societari, ai sindaci e ai liquidatori, di società o enti privati, nonché a chi svolge in essi un'attività lavorativa con l'esercizio di funzioni direttive, affinché compia od ometta un atto in violazione degli obblighi inerenti al proprio ufficio o degli obblighi di fedeltà, soggiace, qualora l'offerta o la promessa non sia accettata, alla pena stabilita nel primo comma dell'articolo 2635, ridotta di un terzo.

La pena di cui al primo comma si applica agli amministratori, ai direttori generali, ai dirigenti preposti alla redazione dei documenti contabili societari, ai sindaci e ai liquidatori, di società o enti privati, nonché a chi svolge in essi attività lavorativa con l'esercizio di funzioni direttive, che sollecitano per sé o per altri, anche per interposta persona, una promessa o dazione di denaro o di altra utilità, per compiere o per omettere un atto in violazione degli obblighi inerenti al loro ufficio o degli obblighi di fedeltà, qualora la sollecitazione non sia accettata.

[Si procede a querela della persona offesa] (2).

(1) *Questo articolo è stato inserito dall'art. 4 del D.L.vo 15 marzo 2017, n. 38.*

(2) *Questo comma è stato abrogato dall'art. 1, comma 5, lett. b), della L. 9 gennaio 2019, n. 3.*

2635 *ter*. (1) Pene accessorie. – La condanna per il reato di cui all'articolo 2635, primo comma, importa in ogni caso l'interdizione temporanea dagli uffici direttivi delle persone giuridiche e delle imprese di cui all'articolo 32 *bis* del codice penale nei confronti di chi sia già stato condannato per il medesimo reato o per quello di cui all'articolo 2635 *bis*, secondo comma.

(1) *Questo articolo è stato inserito dall'art. 5 del D.L.vo 15 marzo 2017, n. 38.*

2636. Illecita influenza sull'assemblea. – Chiunque, con atti simulati o fraudolenti, determina la maggioranza in assemblea, allo scopo di procurare a sé o ad altri un ingiusto profitto, è punito con la reclusione da sei mesi a tre anni.

NOTE OPERATIVE:

Presupposti: Il delitto di illecita influenza sull'assemblea è integrato da qualsiasi operazione che artificiosamente consenta di alterare la formazione delle maggioranze assembleari, rendendo così di fatto possibile il conseguimento di risultati vietati dalla legge o non consentiti dallo statuto della società (C.P. 36000/22 – Conf. C.P. 20451/20; C.P. 555/12).

2637. Aggiotaggio. – Chiunque diffonde notizie false, ovvero pone in essere operazioni simulate o altri artifici concretamente idonei a provocare una sensibile alterazione del prezzo di strumenti finanziari non quotati o per i quali non è stata presentata una richiesta di ammissione alle negoziazioni in un mercato regolamentato, (1) ovvero ad incidere in modo significativo sull'affidamento che il pubblico ripone nella stabilità patrimoniale di banche o di gruppi bancari, è punito con la pena della reclusione da uno a cinque anni.

(1) *Le parole: «strumenti finanziari, quotati o non quotati,» sono state così sostituite dalle attuali: «strumenti finanziari non quotati o per i quali non è stata presentata una richiesta di ammissione alle negoziazioni in un mercato regolamentato,» dall'art. 9, comma 4, della L. 18 aprile 2005, n. 62.*

NOTE OPERATIVE:

Caratteristiche: La fattispecie di aggiotaggio manipolativo costituisce un reato di pericolo concreto la cui consumazione non richiede la verificazione della effettiva sensibile alterazione del prezzo degli strumenti finanziari, ma esclusivamente la idoneità della condotta a produrre tale effetto, la cui definizione normativa costituisce un concetto elastico, commisurabile alla particolare condizione del caso ed alla natura dello strumento su cui l'operatore va ad incidere con la sua condotta (C.P. 17789/22 – Conf. C.P. 4619/13).

2638. Ostacolo all'esercizio delle funzioni delle autorità pubbliche di vigilanza. – Gli amministratori, i direttori generali, i dirigenti preposti alla redazione dei documenti contabili societari, (1) i sindaci e i liquidatori di società o enti e gli altri soggetti sottoposti per legge alle autorità pubbliche di vigilanza, o tenuti ad obblighi nei loro confronti, i quali nelle

CODICE CIVILE

comunicazioni alle predette autorità previste in base alla legge, al fine di ostacolare l'esercizio delle funzioni di vigilanza, espongono fatti materiali non rispondenti al vero, ancorché oggetto di valutazioni, sulla situazione economica, patrimoniale o finanziaria dei sottoposti alla vigilanza ovvero, allo stesso fine, occultano con altri mezzi fraudolenti, in tutto o in parte fatti che avrebbero dovuto comunicare, concernenti la situazione medesima, sono puniti con la reclusione da uno a quattro anni. La punibilità è estesa anche al caso in cui le informazioni riguardino beni posseduti o amministrati dalla società per conto di terzi.

Sono puniti con la stessa pena gli amministratori, i direttori generali, i dirigenti preposti alla redazione dei documenti contabili societari, ([1]) i sindaci e i liquidatori di società, o enti e gli altri soggetti sottoposti per legge alle autorità pubbliche di vigilanza o tenuti ad obblighi nei loro confronti, i quali, in qualsiasi forma, anche omettendo le comunicazioni dovute alle predette autorità, consapevolmente ne ostacolano le funzioni.

La pena è raddoppiata se si tratta di società con titoli quotati in mercati regolamentati italiani o di altri Stati dell'Unione europea o diffusi tra il pubblico in misura rilevante ai sensi dell'articolo 116 del testo unico di cui al decreto legislativo 24 febbraio 1998, n. 58 ([2]).

3 *bis*. Agli effetti della legge penale, le autorità e le funzioni di risoluzione di cui al decreto di recepimento della direttiva 2014/59/UE sono equiparate alle autorità e alle funzioni di vigilanza ([3]).

([1]) *Le parole: «i dirigenti preposti alla redazione dei documenti contabili societari,» sono state inserite dall'art. 15, comma 1, lett.* c) *della L. 28 dicembre 2005, n. 262.*

([2]) *Questo comma è stato aggiunto dall'art. 39, comma 2, lett.* c), *della L. 28 dicembre 2005, n. 262.*

([3]) *Questo comma è stato inserito dall'art. 101, comma 1, del D.L.vo 16 novembre 2015, n. 180. A norma dell'art. 101, comma 2, del medesimo decreto, la violazione dell'obbligo di segreto di cui all'articolo 5, commi 4 e 7, del D.L.vo n. 180/2015 è punita a norma dell'articolo 622 del codice penale, ma si procede d'ufficio.*

NOTE OPERATIVE:

Caratteristiche: Si tratta di un reato di evento a forma libera e a dolo generico diretto, dovendosi escludere, tra le forme di dolo idonee a integrare la fattispecie incriminatrice, il dolo eventuale atteso l'utilizzo nella disposizione incriminatrice dell'avverbio consapevolmente (C.P. 21878/23 – Conf. S.U. 22474/16).

2639. Estensione delle qualifiche soggettive. – Per i reati previsti dal presente titolo al soggetto formalmente investito della qualifica o titolare della funzione prevista dalla legge civile è equiparato sia chi è tenuto a svolgere la stessa funzione, diversamente qualificata, sia chi esercita in modo continuativo e significativo i poteri tipici inerenti alla qualifica o alla funzione.

Fuori dei casi di applicazione delle norme riguardanti i delitti dei pubblici ufficiali contro la pubblica amministrazione, le disposizioni sanzionatorie relative agli amministratori si applicano anche a coloro che sono legalmente incaricati dall'autorità giudiziaria o dall'autorità pubblica di vigilanza di amministrare la società o i beni dalla stessa posseduti o gestiti per conto di terzi.

NOTE OPERATIVE:

Amministratore di fatto: La nozione di amministratore di fatto postula l'esercizio in modo continuativo e significativo, cioè non episodico o occasionale, dei poteri tipici inerenti alla qualifica od alla funzione (C.P. 14558/23).

2640. Circostanza attenuante. – Se i fatti previsti come reato agli articoli precedenti hanno cagionato un'offesa di particolare tenuità la pena è diminuita.

2641. Confisca. – In caso di condanna o di applicazione della pena su richiesta delle parti per uno dei reati previsti dal presente titolo è ordinata la confisca del prodotto o del profitto del reato e dei beni utilizzati per commetterlo.

Quando non è possibile l'individuazione o l'apprensione dei beni indicati nel comma primo, la confisca ha ad oggetto una somma di denaro o beni di valore equivalente.

Per quanto non stabilito nei commi precedenti si applicano le disposizioni dell'articolo 240 del codice penale.

NOTE OPERATIVE:

Ambito di applicazione: Nei reati societari il sequestro preventivo, finalizzato alla confisca, va disposto, in via prioritaria, sui beni costituenti prodotto, profitto o strumento del reato che si trovino presso l'indagato, l'imputato o terzi non estranei al reato; solo in caso di impossibilità di reperimento di tali beni, anche se transitoria e reversibile, purché sussistente al momento della richiesta dell'adozione della misura, è consentito il sequestro finalizzato alla confisca per equivalente (C.C. 6391/21).

2642. ([1]) **Comunicazione delle sentenze di condanna.** – (*Omissis*).

([1]) *Questo articolo è stato abrogato dall'art. 1 del D.L.vo 11 aprile 2002, n. 61, che ha interamente sostituito il Titolo XI, recante disposizioni penali in materia di società e consorzi, ora comprensivo degli artt. 2621-2641.*

Libro VI
Della tutela dei diritti

Titolo I
Della trascrizione

Capo I
Della trascrizione degli atti relativi ai beni immobili

2643. Atti soggetti a trascrizione. – Si devono rendere pubblici col mezzo della trascrizione (2658 ss.):

1) i contratti che trasferiscono la proprietà di beni immobili (769, 812, 1197, 1470 ss, 2648, 2651);

2) i contratti che costituiscono, trasferiscono o modificano il diritto di usufrutto (978 ss.) su beni immobili, il diritto di superficie (952 ss.), i diritti del concedente e dell'enfiteuta (959, 960, 2648, 2651);

2 *bis*) i contratti che trasferiscono, costituiscono o modificano i diritti edificatori comunque denominati, previsti da normative statali o regionali, ovvero da strumenti di pianificazione territoriale (¹);

3) i contratti che costituiscono la comunione (1100) dei diritti menzionati nei numeri precedenti;

4) i contratti che costituiscono o modificano servitù prediali (7 ss, 1022, 1058), il diritto di uso (1021) sopra i beni immobili, il diritto di abitazione (1027 ss., 2648, 2651);

5) gli atti tra vivi di rinunzia ai diritti menzionati nei numeri precedenti;

6) i provvedimenti con i quali nell'esecuzione forzata si trasferiscono la proprietà di beni immobili o altri diritti reali immobiliari (555, 574, 586, 590 c.p.c.; 164 att. c.p.c.), eccettuato il caso di vendita seguita nel processo di liberazione degli immobili dalle ipoteche a favore del terzo acquirente (2889, 2896);

7) gli atti e le sentenze di affrancazione del fondo enfiteutico (971);

8) i contratti di locazione di beni immobili che hanno durata superiore a nove anni (320^2, 1572, 1599, 2923^2);

9) gli atti e le sentenze da cui risulta liberazione o cessione di pigioni o di fitti non ancora scaduti, per un termine maggiore di tre anni (1605, 2918, 2924);

10) i contratti di società (2247, 2251, 2291, 2313, 2328, 2462, 2475, 2518) e di associazione (14 ss., 2549 ss.) con i quali si conferisce il godimento di beni immobili o di altri diritti reali immobiliari, quando la durata della società o dell'associazione eccede i nove anni o è indeterminata;

11) gli atti di costituzione dei consorzi (862 ss., 2602 ss.) che hanno l'effetto indicato dal numero precedente;

12) i contratti di anticresi (1350, n. 7, 1960);

12 *bis*) gli accordi di mediazione che accertano l'usucapione con la sottoscrizione del processo verbale autenticata da un pubblico ufficiale a ciò autorizzato (²);

13) le transazioni che hanno per oggetto controversie sui diritti menzionati nei numeri precedenti (1965 ss.);

14) le sentenze che operano la costituzione, il trasferimento o la modificazione (2932) di uno dei diritti menzionati nei numeri precedenti (2646).

(¹) *Questo numero è stato inserito dall'art. 5, comma 3, del D.L. 13 maggio 2011, n. 70, convertito, con modificazioni, nella L. 12 luglio 2011, n. 106.*

(²) *Questo numero è stato inserito dall'art. 84* bis *del D.L. 21 giugno 2013, n. 69, convertito, con modificazioni, nella L. 9 agosto 2013, n. 98.*

2644. Effetti della trascrizione. – Gli atti enunciati nell'articolo precedente non hanno effetto riguardo ai terzi che a qualunque titolo hanno acquistato diritti sugli immobili in base a un atto trascritto o iscritto (2839) anteriormente alla trascrizione degli atti medesimi (2650, 2684, 2827).

Seguita la trascrizione, non può avere effetto contro colui che ha trascritto (2666) alcuna trascrizione o iscrizione di diritti acquistati verso il suo autore, quantunque l'acquisto risalga a data anteriore (2812, 2848, 2857, 2913 ss.; 44 l. fall.).

NOTE OPERATIVE:

Funzione: L'istituto della trascrizione è un mezzo legale di pubblicità, posto a tutela della circolazione dei beni immobili, volto a dirimere i conflitti rispetto ai terzi aventi causa e non tra le stesse parti di negozi, traslativi o costitutivi di diritti reali, tra loro incompatibili (15393/02). Gli effetti sostanziali contemplati dalla norma non sono gli unici realizzati dalla trascrizione, in quanto questo istituto non mira soltanto a dirimere eventuali conflitti fra diritti tra loro incompatibili, ma assolve – tra l'altro – la finalità di rendere opponibili ai terzi determinate situazioni che comportano vincoli di indisponibilità relativamente a beni o diritti immobiliari (C.C. 20292/04 – Conf. C.C. 5194/85).

2645. Altri atti soggetti a trascrizione. – Deve del pari rendersi pubblico, agli effetti previsti dall'articolo precedente, ogni altro atto o provvedimento che produce in relazione a beni immobili o a diritti immobiliari taluni degli effetti dei contratti menzionati nell'art. 2643, salvo che dalla legge risulti che la trascrizione non è richiesta o è richiesta a effetti diversi (2650, 2657 ss., 2672; 555 c.p.c.).

2645 *bis*. Trascrizione di contratti preliminari. – 1. I contratti preliminari aventi ad oggetto la conclusione di taluno dei contratti di cui ai numeri 1), 2), 3) e 4) dell'articolo 2643, anche se sottoposti a condizione o relativi a edifici da costruire o in corso di costruzione, devono essere trascritti se risultano da atto pubblico o da scrittura privata con sottoscrizione autenticata o accertata giudizialmente.

2. La trascrizione del contratto definitivo o di altro atto che costituisca comunque esecuzione dei contratti preliminari di cui al comma 1, ovvero della sentenza che accoglie la domanda diretta ad ottenere l'esecuzione in forma specifica dei contratti preliminari predetti, prevale sulle trascrizioni e iscrizioni eseguite contro il promittente alienante dopo la trascrizione del contratto preliminare.

3. Gli effetti della trascrizione del contratto preliminare cessano e si considerano come mai prodotti se entro un anno dalla data convenuta tra le parti per la conclusione del contratto definitivo, e in ogni caso entro tre anni dalla trascrizione predetta, non sia eseguita la trascrizione del contratto definitivo o di altro atto che costituisca comunque esecuzione del contratto preliminare o della domanda giudiziale di cui all'articolo 2652, primo comma, numero 2).

4. I contratti preliminari aventi a oggetto porzioni di edifici da costruire o in corso di costruzione devono indicare, per essere trascritti (2659, n. 4), la superficie utile della porzione di edificio e la quota del diritto spettante al promissario acquirente relativa all'intero costruendo edificio espressa in millesimi (1118, 1123).

5. Nel caso previsto nel comma 4 la trascrizione è eseguita con riferimento al bene immobile per la quota determinata secondo le modalità di cui al comma stesso. Non appena l'edificio viene ad esistenza gli effetti della trascrizione si producono rispetto alle porzioni materiali corrispondenti alle quote di proprietà predeterminate nonché alle relative parti comuni. L'eventuale differenza di superficie o di quota contenuta nei limiti di un ventesimo rispetto a quelle indicate nel contratto preliminare non produce effetti.

6. Ai fini delle disposizioni di cui al comma 5, si intende esistente l'edificio nel quale sia stato eseguito il rustico, comprensivo delle mura perimetrali delle singole unità, e sia stata completata la copertura.

NOTE OPERATIVE:

Presupposti: L'interessato, quando l'atto soggetto a trascrizione sia documentato solo da una scrittura privata mancante di autenticità, deve provvedere all'accertamento giudiziale della sottoscrizione della scrittura, perché solo attraverso l'integrazione della scrittura con la sentenza egli potrà ottenere l'effetto della prenotazione dell'opponibilità ai terzi della (futura) trascrizione del definitivo, con decorrenza dalla data in cui è stata trascritta la domanda di accertamento (C.C. 26102/16).

2645 *ter*. (1) Trascrizione di atti di destinazione per la realizzazione di interessi meritevoli di tutela riferibili a persone con disabilità, a pubbliche amministrazioni, o ad altri enti o persone fisiche. – Gli atti in forma pubblica con cui beni immobili o beni mobili iscritti in pubblici registri sono destinati, per un periodo non superiore a novanta anni o per la durata della vita della persona fisica beneficiaria, alla realizzazione di interessi meritevoli di tutela riferibili a persone con disabilità, a pubbliche amministrazioni, o ad altri enti o persone fisiche ai sensi dell'articolo 1322, secondo comma, possono essere trascritti al fine di rendere opponibile ai terzi il vincolo di destinazione; per la realizzazione di tali interessi può agire, oltre al conferente, qualsiasi interessato anche durante la vita del conferente stesso. I beni conferiti e i loro frutti possono essere impiegati solo per la realizzazione del fine di destinazione e possono costituire oggetto di esecuzione, salvo quanto previsto dall'articolo 2915, primo comma, solo per debiti contratti per tale scopo.

(1) *Questo articolo è stato inserito dall'art. 39 novies del D.L. 30 dicembre 2005, n. 273, convertito, con modificazioni, nella L. 23 febbraio 2006, n. 51.*

2645 *quater*. (1) **Trascrizione di atti costitutivi di vincolo.** – 1. Si devono trascrivere, se hanno per oggetto beni immobili, gli atti di diritto privato, i contratti e gli altri atti di diritto privato, anche unilaterali, nonché le convenzioni e i contratti con i quali vengono costituiti a favore dello Stato, della regione, degli altri enti pubblici territoriali ovvero di enti svolgenti un servizio di interesse pubblico, vincoli di uso pubblico o comunque ogni altro vincolo a qualsiasi fine richiesto dalle normative statali e regionali, dagli strumenti urbanistici comunali nonché dai conseguenti strumenti di pianificazione territoriale e dalle convenzioni urbanistiche a essi relative.

(1) *Questo articolo è stato inserito dall'art. 6, comma 5* quaterdecies, *del D.L. 2 marzo 2012, n. 16, convertito, con modificazioni, nella L. 26 aprile 2012, n. 44.*

2646. Trascrizione delle divisioni. – Si devono trascrivere le divisioni che hanno per oggetto beni immobili (713 ss., 729, 1111, 2685; 784 ss. c.p.c.), come pure i provvedimenti di aggiudicazione degli immobili divisi mediante incanto (788 c.p.c.), i provvedimenti di attribuzione delle quote tra condividenti (757) e i verbali di estrazione a sorte (729, 791 c.p.c.) delle quote (2657 ss.).

Si devono pure trascrivere la domanda di divisione giudiziale (748 c. p.c.) e l'atto di opposizione indicato dall'art. 1113, per gli effetti ivi enunciati (2650).

2647. Costituzione del fondo patrimoniale e separazione di beni. – Devono essere trascritti, se hanno per oggetto beni immobili (812), la costituzione del fondo patrimoniale (167-171), le convenzioni matrimoniali che escludono i beni medesimi dalla comunione tra i coniugi (160 ss., 210 ss., 215 ss.), gli atti e i provvedimenti di scioglimento della comunione (191), gli atti di acquisto di beni personali a norma delle lettere *c*), *d*), *e*) ed *f*) dell'art. 179, a carico, rispettivamente, dei coniugi titolari del fondo patrimoniale e del coniuge titolare del bene escluso o che cessa di far parte della comunione.

Le trascrizioni previste dal precedente comma devono essere eseguite anche relativamente ai beni immobili che successivamente entrano a far parte del patrimonio familiare o risultano esclusi dalla comunione tra i coniugi (177).

La trascrizione del vincolo derivante dal fondo patrimoniale costituito per testamento deve essere eseguita d'ufficio dal conservatore contemporaneamente alla trascrizione dell'acquisto a causa di morte (2685).

NOTE OPERATIVE:

Funzione: La costituzione del fondo patrimoniale è opponibile ai terzi solo in quanto sia stata annotata a margine dell'atto di matrimonio, in quanto la trascrizione imposta per gli immobili dall'art. 2647 c.c. risponde ad una funzione di pubblicità-notizia e non sopperisce al difetto di annotazione nei registri dello stato civile, che non ammette deroghe o equipollenti, restando irrilevante la conoscenza che i terzi abbiano acquisito altrimenti del vincolo di indisponibilità (C.C. 21725/13 – Conf. C.C. 7210/09).

2648. Accettazione di eredità e acquisto di legato. – Si devono trascrivere (2660 ss.) l'accettazione dell'eredità (470 ss., 475, 484[2]) che importi acquisto dei diritti enunciati nei numeri 1, 2 e 4 dell'art. 2643 o liberazione dai medesimi e l'acquisto del legato (649) che abbia lo stesso oggetto (484, 507, 509).

La trascrizione dell'accettazione dell'eredità si opera in base alla dichiarazione del chiamato all'eredità, contenuta in un atto pubblico (2699) ovvero in una scrittura privata (475) con sottoscrizione autenticata (2703) o accertata giudizialmente (2657; 214 c.p.c.).

Se il chiamato ha compiuto uno degli atti che importano accettazione tacita dell'eredità (476), si può richiedere la trascrizione sulla base di quell'atto, qualora esso risulti da sentenza, da atto pubblico (2699) o da scrittura privata con sottoscrizione autenticata (2703) o accertata giudizialmente (2657; 214 c.p.c.).

La trascrizione dell'acquisto del legato (649) si opera sulla base di un estratto autentico del testamento (2658[1]).

2649. Cessione dei beni ai creditori. – Deve essere trascritta, qualora comprenda beni immobili, la cessione che il debitore fa dei suoi beni ai creditori (1977), perché questi procedano alla liquidazione dei medesimi e alla ripartizione del ricavato (2587).

Non hanno effetto, rispetto ai creditori, le trascrizioni o iscrizioni di diritti acquistati verso il debitore, se eseguite dopo che la cessione è stata trascritta (2644, 2913).

2650. Continuità delle trascrizioni. – Nei casi in cui, per le disposizioni precedenti, un atto di acquisto è soggetto a trascrizione, le successive trascrizioni o iscrizioni a carico dell'acquirente non producono effetto, se non è stato trascritto l'atto anteriore di acquisto (2655, 2665, 2688).

Quando l'atto anteriore di acquisto è stato trascritto, le successive trascrizioni o iscrizioni producono effetto secondo il loro ordine rispettivo, salvo il disposto dell'art. 2644.

L'ipoteca legale a favore dell'alienante e quella a favore del condividente (2817, 2825), iscritte contemporaneamente alla trascrizione del titolo di acquisto o della divisione, prevalgono sulle trascrizioni o iscrizioni eseguite anteriormente contro l'acquirente e il condividente tenuto al conguaglio (2834).

NOTE OPERATIVE:

Ambito di applicazione: In mancanza di trascrizione dell'atto di acquisto di un immobile, il conflitto tra più acquirenti va risolto non già in base all'art. 2650 c.c., applicabile soltanto nel caso vi sia continuità tra le trascrizioni, bensì in base al principio prior in tempore, potior in iure, con la conseguenza che prevale l'acquisto con data anteriormente certa (C.C. 8337/98).

2651. Trascrizione di sentenze. – Si devono trascrivere le sentenze da cui risulta estinto per prescrizione (2934 ss.) o acquistato per usucapione (1158 ss.) ovvero in altro modo non soggetto a trascrizione uno dei diritti indicati dai numeri 1, 2 e 4 dell'art. 2643.

2652. Domande riguardanti atti soggetti a trascrizione. Effetti delle relative trascrizioni rispetto ai terzi. – Si devono trascrivere (2654, 2655), qualora si riferiscano ai diritti menzionati nell'art. 2643, le domande giudiziali (163 c.p.c.) indicate dai numeri seguenti, agli effetti per ciascuna di esse previsti (2654, 2668):

1) le domande di risoluzione dei contratti (1453, 1877) e quelle indicate dal secondo comma dell'art. 648 e dall'ultimo comma dell'art. 793, le domande di rescissione (763, 1447), le domande di revocazione delle donazioni (800 ss., 808), nonché quelle indicate dall'art. 524.

Le sentenze che accolgono tali domande non pregiudicano i diritti acquistati dai terzi in base a un atto trascritto o iscritto anteriormente alla trascrizione della domanda (2644, 2655);

2) le domande dirette a ottenere l'esecuzione in forma specifica dell'obbligo a contrarre (2932).

La trascrizione della sentenza che accoglie la domanda prevale sulle trascrizioni e iscrizioni eseguite contro il convenuto dopo la trascrizione della domanda;

3) le domande dirette a ottenere l'accertamento giudiziale della sottoscrizione di scritture private in cui si contiene un atto soggetto a trascrizione o a iscrizione (2702 ss.; 214 ss. c.p.c.).

La trascrizione o l'iscrizione dell'atto contenuto nella scrittura produce effetto dalla data in cui è stata trascritta la domanda;

4) le domande dirette all'accertamento della simulazione di atti soggetti a trascrizione (1414 ss.).

La sentenza che accoglie la domanda non pregiudica i diritti acquistati dai terzi di buona fede in base a un atto trascritto o iscritto anteriormente alla trascrizione della domanda;

5) le domande di revoca degli atti soggetti a trascrizione (2643), che siano stati compiuti in pregiudizio dei creditori (2901; 64 ss. l. fall.).

La sentenza che accoglie la domanda non pregiudica i diritti acquistati a titolo oneroso dai terzi di buona fede in base a un atto trascritto o iscritto anteriormente alla trascrizione della domanda (2644, 2655);

6) le domande dirette a far dichiarare la nullità (1418 ss.) o a far pronunziare l'annullamento (1425 ss.) di atti soggetti a trascrizione (2655) e le domande dirette a impugnare la validità della trascrizione (2665).

Se la domanda è trascritta dopo cinque anni dalla data della trascrizione dell'atto impugnato, la sentenza che l'accoglie non pregiudica i diritti acquistati a qualunque titolo dai terzi di buona fede in base a un atto trascritto o iscritto anteriormente alla trascrizione della domanda. Se però la domanda è diretta a far pronunziare l'annullamento per una causa diversa dall'incapacità legale (2, 414, 415), la sentenza che l'accoglie non pregiudica i diritti acquistati dai terzi di buona fede in base a un atto trascritto o iscritto anteriormente alla trascrizione della domanda, anche se questa è stata trascritta prima che siano decorsi cinque anni dalla data della trascrizione dell'atto impugnato, purché in questo caso i terzi abbiano acquistato a titolo oneroso (1445, 2690 n. 3);

7) le domande con le quali si contesta il fondamento di un acquisto a causa di morte (470, 590, 591, 624, 649 ss.).

Salvo quanto è disposto dal secondo e dal terzo comma dell'art. 534, se la trascrizione della domanda è eseguita dopo cinque anni dalla data della trascrizione dell'acquisto, la sentenza che accoglie la domanda non pregiudica i terzi di buona fede che, in base a un atto trascritto o iscritto anteriormente alla trascrizione della domanda, hanno a qualunque titolo acquistato diritti da chi appare erede o legatario (2690, n. 4);

8) le domande di riduzione delle donazioni (555) e delle disposizioni testamentarie per lesioni di legittima (553, 554, 557, 561, 2690, n. 5).

Se la trascrizione è eseguita dopo dieci anni dall'apertura della successione (456, 2946), la sentenza che accoglie la domanda non pregiudica i terzi che hanno acquistato a titolo oneroso diritti in base a un atto trascritto o iscritto anteriormente alla trascrizione della domanda (64 l. fall.);

9) le domande di revocazione (395) e quelle di opposizione di terzo (404) contro le sentenze soggette a trascrizione per le cause previste dai numeri 1, 2, 3 e 6 dell'art. 395 del codice di procedura civile e dal secondo comma dell'art. 404 dello stesso codice.

9 *bis*) le domande di revocazione contro le sentenze soggette a trascrizione per le cause previste dall'articolo 391 *quater* del codice di procedura civile.

La sentenza che accoglie la domanda non pregiudica i diritti acquistati dai terzi di buona fede in base a un atto trascritto o iscritto anteriormente alla trascrizione della domanda ([1]).

Se la domanda è trascritta dopo cinque anni dalla trascrizione della sentenza impugnata, la sentenza che l'accoglie non pregiudica i diritti acquistati dai terzi di buona fede in base a un atto trascritto o iscritto anteriormente alla trascrizione della domanda (2655, 2690, n. 6).

Alla domanda giudiziale è equiparato l'atto notificato con il quale la parte, in presenza di compromesso o di clausola compromissoria, dichiara all'altra la propria intenzione di promuovere il procedimento arbitrale, propone la domanda e procede, per quanto le spetta, alla nomina degli arbitri.

([1]) *Questo numero è stato inserito dall'art. 1, comma 12, lett.* a), *del D.L.vo 10 ottobre 2022, n. 149, a decorrere dal 28 febbraio 2023.*

2653. Altre domande e atti soggetti a trascrizione a diversi effetti. – Devono parimenti essere trascritti (2654, 2668):

1) le domande (163 c.p.c.) dirette a rivendicare la proprietà (948, 949) o altri diritti reali di godimento su beni immobili (1079 ss.) e le domande dirette all'accertamento dei diritti stessi.

La sentenza pronunziata contro il convenuto indicato nella trascrizione della domanda ha effetto anche contro coloro che hanno acquistato diritti dal medesimo in base a un atto trascritto dopo la trascrizione della domanda (2644);

2) la domanda di devoluzione del fondo enfiteutico (972, 2655).

La pronunzia di devoluzione ha effetto anche nei confronti di coloro che hanno acquistato diritti dall'enfiteuta in base a un atto trascritto posteriormente alla trascrizione della domanda (974, 2655);

3) le domande e le dichiarazioni di riscatto nella vendita di beni immobili (1500 ss.).

Se la trascrizione di tali domande o dichiarazioni è eseguita dopo sessanta giorni dalla scadenza del termine per l'esercizio del riscatto, restano salvi i diritti acquistati dai terzi dopo la scadenza del termine medesimo in base a un atto trascritto o iscritto anteriormente alla trascrizione della domanda o della dichiarazione;

4) le domande di separazione degli immobili dotali e quelle di scioglimento della comunione tra coniugi avente per oggetto beni immobili (191).

La sentenza che pronunzia la separazione o lo scioglimento non ha effetto a danno dei terzi che, anteriormente alla trascrizione della domanda, hanno validamente acquistato dal marito diritti relativi a beni dotali o a beni della comunione;

5) gli atti e le domande che interrompono il corso dell'usucapione di beni immobili (1167, 2943 ss.).

L'interruzione non ha effetto riguardo ai terzi che hanno acquistato diritti dal possessore in base a un atto trascritto o iscritto, se non dalla data della trascrizione dell'atto o della domanda.

Alla domanda giudiziale è equiparato l'atto notificato con il quale la parte, in presenza di compromesso o di clausola compromissoria, dichiara all'altra la propria intenzione di promuovere il procedimento arbitrale, propone la domanda e procede, per quanto le spetta, alla nomina degli arbitri.

2654. Annotazione di domande o atti soggetti a trascrizione. – La trascrizione degli atti e delle domande indicati dai due articoli precedenti dev'essere anche annotata (2655, 2668, 2692) in margine alla trascrizione o iscrizione, quando si riferisce a un atto trascritto o iscritto.

2655. Annotazione di atti e di sentenze. – Qualora un atto trascritto o iscritto sia dichiarato nullo (1418 ss.) o sia annullato (1425 ss.), risoluto (1453 ss.), rescisso (1447 ss.) o revocato (2901 ss.) o sia soggetto a condizione risolutiva (1360), la dichiarazione di nullità e, rispettivamente, l'annullamento, la risoluzione, la rescissione, la revocazione, l'avveramento della condizione devono annotarsi in margine alla trascrizione o all'iscrizione dell'atto (2643, 2652, 2896).

Si deve del pari annotare, in margine alla trascrizione della relativa domanda, la sentenza di devoluzione del fondo enfiteutico (972, 2653).

Se tali annotazioni non sono eseguite, non producono effetto le successive trascrizioni o iscrizioni a carico di colui che ha ottenuto la dichiarazione di nullità o l'annullamento, la risoluzione, la rescissione, la revoca o la devoluzione o a favore del quale si è avverata la condizione. Eseguita l'annotazione, le trascrizioni o iscrizioni già compiute hanno il loro effetto secondo l'ordine rispettivo (2644, 2650).

L'annotazione si opera in base alla sentenza o alla convenzione da cui risulta uno dei fatti sopra indicati; se si tratta di condizione, può eseguirsi in virtù della dichiarazione unilaterale del contraente in danno del quale la condizione stessa si è verificata (2692, 2896).

2656. Forme per l'annotazione. – L'annotazione si esegue secondo le norme stabilite dagli articoli seguenti per la trascrizione, in quanto applicabili (2692).

2657. Titolo per la trascrizione. – La trascrizione non si può eseguire (2674) se non in forza di sentenza (2908; 131 ss. c.p.c.), di atto pubblico (2699) o di scrittura privata (2703) con sottoscrizione autenticata (2703) o accertata giudizialmente (214 ss. c.p.c.).

Le sentenze e gli atti eseguiti in paese estero (796 ss. c.p.c.) devono essere legalizzati (2674).

2658. Atti da presentare al conservatore. – La parte che domanda la trascrizione del titolo deve presentarne al conservatore dei registri immobiliari copia autenticata, se si tratta di atti pubblici o di sentenze, e, se si tratta di scritture private, deve presentare l'originale (2648[4]), salvo che questo si trovi depositato in un pubblico archivio o negli atti di un notaio. In questo caso basta la presentazione di una copia autenticata dall'archivista o dal notaio, dalla quale risulti che la scrittura ha i requisiti indicati dall'articolo precedente.

Per la trascrizione di una domanda giudiziale occorre presentare copia autentica del documento che la contiene, munito della relazione di notifica (148 c.p.c.) alla controparte (2659, 2669, 2670). Quando la domanda giudiziale si propone con ricorso, la parte che chiede la trascrizione presenta copia conforme dell'atto che la contiene munita di attestazione della data del suo deposito presso l'ufficio giudiziario ([1]).

([1]) *Questo periodo è stato inserito dall'art. 1, comma 12, lett.* b)*, del D.L.vo 10 ottobre 2022, n. 149, a decorrere dal 28 febbraio 2023.*

2659. Nota di trascrizione. – Chi domanda la trascrizione di un atto tra vivi deve presentare al conservatore dei registri immobiliari, insieme con la copia del titolo, una nota in doppio originale, nella quale devono essere indicati (2669, 2674):

1) il cognome ed il nome, il luogo e la data di nascita e il numero di codice fiscale delle parti, nonché il regime patrimoniale delle stesse, se coniugate, secondo quanto risulta da loro dichiarazione resa nel titolo o da certificato dell'ufficiale di stato civile; la denominazione o la ragione sociale, la sede e il numero di codice fiscale delle persone giuridiche, delle società previste dai capi II, III, e IV del titolo V del libro quinto e delle associazioni non riconosciute, con l'indicazione, per queste ultime e per le società semplici, anche delle generalità delle persone che le rappresentano secondo l'atto costitutivo. Per i condominii devono essere indicati l'eventuale denominazione, l'ubicazione e il codice fiscale ([1]);

2) il titolo di cui si chiede la trascrizione e la data del medesimo;

3) il cognome e il nome del pubblico ufficiale che ha ricevuto l'atto o autenticato le firme, o l'autorità giudiziaria che ha pronunziato la sentenza;

4) la natura e la situazione dei beni a cui si riferisce il titolo, con le indicazioni richieste dall'articolo 2826, nonché, nel caso previsto dall'articolo 2645 *bis*, comma 4, la superficie e la quota espressa in millesimi di cui a quest'ultima disposizionc.

Se l'acquisto, la rinunzia o la modificazione del diritto sono sottoposti a termine o a condizione, se ne deve fare menzione nella nota di trascrizione (2665). Tale menzione non è necessaria se, al momento in cui l'atto si trascrive, la condizione sospensiva si è verificata o la condizione risolutiva è mancata ovvero il termine iniziale è scaduto (2668).

([1]) *Le parole: «Per i condominii devono essere indicati l'eventuale denominazione, l'ubicazione e il codice fiscale;» sono state aggiunte dall'art. 17 della L. 11 dicembre 2012, n. 220 (in vigore dal 18 giugno 2013).*

2660. Trascrizione degli acquisti a causa di morte. - Chi domanda la trascrizione di un acquisto a causa di morte (456 ss.) deve presentare, oltre l'atto indicato dall'art. 2648, il certificato di morte dell'autore della successione e una copia o un estratto autentico (2661) del testamento, se l'acquisto segue in base a esso (2674; 254 c.n.).

Deve anche presentare una nota in doppio originale con le seguenti indicazioni (2665):

1) il cognome e il nome, il luogo e la data di nascita dell'erede o legatario e del defunto;

2) la data di morte;

3) se la successione è devoluta per legge (565 ss.), il vincolo che univa all'autore il chiamato e la quota a questo spettante;

4) se la successione è devoluta per testamento (587 ss.), la forma e la data del medesimo, il nome del pubblico ufficiale che l'ha ricevuto o che l'ha in deposito;

5) la natura e la situazione dei beni con le indicazioni richieste dall'art. 2826;

6) la condizione o il termine, qualora siano apposti alla disposizione testamentaria, salvo il caso contemplato dal secondo comma del precedente articolo, nonché la sostituzione fidecommissaria, qualora sia stata disposta a norma dell'art. 692 (2662, 2665).

2661. Ulteriori trascrizioni in base allo stesso titolo. - Quando si domanda la trascrizione di un acquisto a causa di morte (2660) e per la stessa successione è stato già trascritto altro acquisto in base allo stesso titolo, basta presentare l'atto di accettazione (470) se si tratta di acquisto a titolo di erede (475, 2648). Deve essere anche indicata la trascrizione anteriormente eseguita, se si tratta dello stesso ufficio, e, se si tratta di ufficio diverso (2663), deve essere presentato il certificato della trascrizione medesima.

Se chi ha trascritto anteriormente ha presentato un estratto (2718) del testamento, alla domanda di nuova trascrizione deve essere allegato, qualora occorra, un altro estratto o la copia dell'intero testamento (2663).

2662. Trascrizione di acquisti a causa di morte in luogo di altri chiamati. - Qualora l'acquisto a causa di morte si colleghi alla rinunzia (519 ss.) o alla morte di uno dei chiamati (479), chi domanda la trascrizione deve presentare il documento comprovante la morte o la rinunzia, facendone menzione nella nota (2660).

Se invece l'acquisto dipende da altra ragione che impedisce ad alcuno dei chiamati di succedere (70, 462, 463), non è necessario esibire un documento che giustifichi la ragione stessa, ma il richiedente risponde dei danni, quando le sue dichiarazioni non corrispondono a verità.

Qualora alcune della cause di impedimento sopra indicate si sia constatata dopo la trascrizione dell'acquisto a causa di morte, essa si annota in margine alla trascrizione stessa, purché risulti da regolare documento (2655, 2660).

2663. Ufficio in cui deve farsi la trascrizione. - La trascrizione deve essere fatta presso ciascun ufficio dei registri immobiliari nella cui circoscrizione sono situati i beni (484[2], 2677).

2664. Conservazione dei titoli. Trascrizione e restituzione della nota. - Il conservatore dei registri immobiliari deve custodire negli archivi, in appositi volumi, i titoli che gli sono consegnati (2840, 2842) e deve inserire, con numerazione progressiva annuale, nella raccolta delle note costituente il registro particolare delle trascrizioni (2671) uno degli originali della nota, indicandovi il giorno della consegna del titolo e il numero d'ordine assegnato nel registro generale.

Il conservatore deve restituire al richiedente uno degli originali della nota, nel quale deve certificare l'eseguita trascrizione con le indicazioni sopra accennate.

2665. Omissioni o inesattezze nelle note. - L'omissione o l'inesattezza di alcuna delle indicazioni richieste nelle note menzionate negli articoli 2659 e 2660 non nuoce alla validità della trascrizione, eccetto che induca incertezza sulle persone, sul bene o sul rapporto giuridico a cui si riferisce l'atto o, rispettivamente, la sentenza o la domanda (2652, n. 6, 2841).

NOTE OPERATIVE:

Conseguenze: I principi in tema di trascrizione sono finalizzati, in via principale, a dirimere il possibile conflitto fra più acquirenti dello stesso immobile o bene mobile registrato, con la conseguenza che all'eventuale inesattezza della nota di trascrizione consegue soltanto l'inopponibilità nei confronti del terzo in buona fede, essendo la trascrizione, a tal fine, invalida (C.C. 264/06 – Conf. C.C. 3477/97).

Trascrizione occulta: L'inesatta indicazione, nella nota di trascrizione, delle generalità della persona contro la quale si intendeva trascrivere comporta l'invalidità della trascrizione, rimanendo la stessa legalmente occulta nei confronti dei terzi, ove abbia prodotto la registrazione dell'atto nel conto di una persona diversa dall'acquirente – e non anche qualora l'annotazione sia avvenuta nel conto di colui al quale l'atto era correlato – poiché induce incertezza sulle persone, senza che possa rilevare, quale sanatoria con effetti ex tunc, la successiva correzione dell'errore contenuto nella nota (C.C. 7680/19).

2666. Limiti soggettivi dell'efficacia della trascrizione. – La trascrizione, da chiunque si faccia, giova a tutti coloro che vi hanno interesse (2644, 2647[3], 2671).

2667. Atti compiuti per persona incapace. – I rappresentanti di persone incapaci (320, 321, 357, 394, 424) e coloro che hanno prestato assistenza alle medesime devono curare che si esegua la trascrizione degli atti, delle sentenze o delle domande giudiziali che sono soggetti a trascrizione e rispetto ai quali essi hanno esercitato il loro ufficio.

La mancanza della trascrizione può anche essere opposta ai minori (2), agli interdetti (414) e a qualsiasi altro incapace (415 ss., 1425), salvo ai medesimi il regresso contro i tutori, gli amministratori o i curatori che avevano l'obbligo della trascrizione.

La mancanza della trascrizione non può essere opposta dalle persone che avevano l'obbligo di eseguirla per i propri rappresentanti o amministrati, né dai loro eredi.

2668. Cancellazione della trascrizione. – La cancellazione della trascrizione delle domande enunciate dagli articoli 2652 e 2653 e delle relative annotazioni (2654) si esegue quando è debitamente consentita dalle parti interessate (2883, 2888; 113 att.) ovvero è ordinata giudizialmente con sentenza passata in giudicato (324, 586, 683 c.p.c.).

Deve essere giudizialmente ordinata, qualora la domanda sia rigettata o il processo sia estinto per rinunzia o per inattività delle parti (306, 307, 562, 683 c.p.c.; 172 att. c.p.c.).

Si deve cancellare l'indicazione della condizione (1353) o del termine (1184) negli atti trascritti, quando l'avveramento o la mancanza della condizione ovvero la scadenza del termine risulta da sentenza o da dichiarazione, anche unilaterale, della parte, in danno della quale la condizione sospensiva si è verificata o la condizione risolutiva è mancata ovvero il termine iniziale è scaduto (2659).

Si deve cancellare la trascrizione dei contratti preliminari quando la cancellazione è debitamente consentita dalle parti interessate ovvero è ordinata giudizialmente con sentenza passata in giudicato.

2668 *bis*. (1) Durata dell'efficacia della trascrizione della domanda giudiziale. – La trascrizione della domanda giudiziale conserva il suo effetto per venti anni dalla sua data. L'effetto cessa se la trascrizione non è rinnovata prima che scada detto termine.

Per ottenere la rinnovazione si presenta al conservatore una nota in doppio originale conforme a quella della precedente trascrizione, in cui si dichiara che si intende rinnovare la trascrizione originaria.

In luogo del titolo si può presentare la nota precedente.

Il conservatore deve osservare le disposizioni dell'articolo 2664.

Se al tempo della rinnovazione gli immobili a cui si riferisce il titolo risultano dai registri delle trascrizioni passati agli eredi o aventi causa di colui contro il quale venne eseguita la formalità, la rinnovazione deve essere fatta anche nei confronti degli eredi o aventi causa e la nota deve contenere le indicazioni stabilite dall'articolo 2659, se queste risultano dai registri medesimi.

(1) *Questo articolo è stato inserito dall'art. 62 della L. 18 giugno 2009, n. 69.*

2668 *ter*. (1) Durata dell'efficacia della trascrizione del pignoramento immobiliare e del sequestro conservativo sugli immobili. – Le disposizioni di cui all'articolo 2668 *bis* si applicano anche nel caso di trascrizione del pignoramento immobiliare e del sequestro conservativo sugli immobili.

(1) *Questo articolo è stato inserito dall'art. 62 della L. 18 giugno 2009, n. 69.*

NOTE OPERATIVE:

Ambito di applicazione: La norma va interpretata nel senso che la mancata rinnovazione della trascrizione del pignoramento nel termine ventennale determina la caducazione del processo esecutivo, ivi compreso il pignoramento, restando preclusa la possibilità che il soggetto interessato possa fare luogo ad una rinnovazione tardiva, di sua iniziativa o su termine concesso dal giudice dell'esecuzione, in modo da rivivificare l'originario pignoramento, sebbene con salvezza degli atti di disposizione medio tempore posti in essere da parte del debitore pignorato (C.C. 15764/16 – Conf. C.C. 4751/16).

2669. Trascrizione anteriore al pagamento dell'imposta di registro. – La trascrizione può essere domandata, quantunque non sia stata ancora pagata l'imposta di registro a cui è soggetto il titolo, se si tratta di atto pubblico (2699) ricevuto nello Stato o di sentenza pronunziata da un'autorità giudiziaria dello Stato (131 c.p.c.).

(*Omissis*) (1).

(1) *Seguiva un secondo comma, abrogato dall'art. 30 della L. 27 febbraio 1985, n. 52, nuove norme sul servizio ipotecario.*

2670. Spese della trascrizione. – Le spese della trascrizione devono essere anticipate da chi fa la domanda, salvo il diritto al rimborso verso l'interessato (1196, 1475).

Se più sono gli interessati, ciascuno di essi deve rimborsare la persona che ha eseguito la trascrizione della parte di spesa corrispondente alla quota per cui è interessato (1314).

2671. Obbligo dei pubblici ufficiali. – Il notaio o altro pubblico ufficiale che ha ricevuto o autenticato l'atto soggetto a trascrizione ha l'obbligo di curare che questa venga eseguita nel più breve tempo possibile, ed è tenuto al risarcimento dei danni in caso di ritardo, salva l'applicazione delle pene pecuniarie previste dalle leggi speciali, se lascia trascorrere trenta giorni dalla data dell'atto ricevuto o autenticato.

Rimangono ferme le disposizioni delle leggi speciali che stabiliscono a carico di altre persone l'obbligo di richiedere la trascrizione di determinati atti e le relative sanzioni (555 c.p.c.; 88 l. fall.).

NOTE OPERATIVE:

Termine: La norma, richiedendo che la trascrizione dell'atto sia effettuata dal pubblico ufficiale nel più breve tempo possibile, non effettua una rigida predeterminazione del termine, che spetta al giudice del merito stabilire di volta in volta, avuto riguardo alla particolare sollecitudine con la quale la prestazione contrattuale richiesta al professionista deve essere espletata (C.C. 1439/23).

2672. Leggi speciali. – Sono salve le disposizioni delle leggi speciali che richiedono la trascrizione di atti non contemplati dal presente capo e le altre disposizioni che non sono incompatibili con quelle contenute nel capo medesimo (484^2, 507^2, 509^2, 854^2; 555, 679 c.p.c.; 156^2 att. c.p.c.; 88^2 l. fall.).

Capo II
Della pubblicità dei registri immobiliari e della responsabilità dei conservatori

2673. Obblighi del conservatore. – Il conservatore dei registri immobiliari deve rilasciare a chiunque ne fa richiesta copia delle trascrizioni, delle iscrizioni e delle annotazioni, o il certificato che non ve ne è alcuna (743 c.p.c.).

Deve altresì permettere l'ispezione dei suoi registri nei modi e nelle ore fissati dalla legge.

Il conservatore deve anche rilasciare copia dei documenti che sono depositati presso di lui in originale o i cui originali sono depositati negli atti di un notaio o di un pubblico archivio fuori della circoscrizione del tribunale nella quale ha sede il suo ufficio (2714).

2674. Divieto di rifiutare gli atti del proprio ufficio. – Il conservatore può ricusare di ricevere le note e i titoli (2658, 2659), se non sono in carattere intelligibile e non può riceverli quando il titolo non ha i requisiti stabiliti dagli articoli 2657, 2660, primo comma, 2821, 2835 e 2837 o non è presentato con le modalità previste dall'art. 2658 e quando la nota non contiene le indicazioni prescritte dagli articoli 2659, 2660 e 2839, numeri 1), 3), 4) e 7).

In ogni altro caso il conservatore non può ricusare o ritardare di ricevere la consegna dei titoli presentati e di eseguire le trascrizioni, iscrizioni o annotazioni richieste, nonché di spedire le copie o i certificati. Le parti possono far stendere immediatamente verbale del rifiuto o del ritardo da un notaio o da un ufficiale giudiziario assistito da due testimoni.

NOTE OPERATIVE:

Aspetti processuali: La norma dispone che il Conservatore dei Registri immobiliari (oggi direttore dell'Agenzia del Territorio) non può rifiutare o ritardare le trascrizioni richieste se ne ricorrono i presupposti. In caso di rifiuto del Conservatore la parte può avvalersi del procedimento ex art. 745 c.p.c. che disciplina proprio l'ipotesi di rifiuto o ritardo nel rilascio, e ricorrere al Presidente del Tribunale nella cui circoscrizione il depositario dei Registri Immobiliari esercita le sue funzioni che provvede con decreto, sentito il pubblico ufficiale. Questo procedimento da ritenersi di volontaria giurisdizione – dunque non contenzioso – non avendo ad oggetto la risoluzione di un conflitto di interessi, ma il regolamento, secondo la legge, dell'interesse pubblico alla pubblicità immobiliare (C.C. 15131/15).

2674 *bis*. Trascrizione e iscrizione con riserva e impugnazione. – Al di fuori dei casi di cui al precedente articolo, qualora emergano gravi e fondati dubbi sulla trascrivibilità di un atto o sulla iscrivibilità di una ipoteca, il conservatore, su istanza della parte richiedente, esegue la formalità con riserva.

La parte a favore della quale è stata eseguita la formalità con riserva deve proporre reclamo all'autorità giudiziaria.

2675. [Responsabilità del conservatore. – (*Omissis*)] (1).

(1) *Articolo abrogato dall'art. 2 della L. 21 gennaio 1983, n. 22, disciplina della responsabilità dei conservatori dei registri immobiliari.*

2676. Diversità tra registri, copie e certificati. – Nel caso di diversità tra i risultati dei registri e quelli delle copie o dei certificati rilasciati dal conservatore dei registri immobiliari, prevale ciò che risulta dai registri.

2677. Orario per le domande di trascrizione e iscrizione. – Il conservatore non può ricevere alcuna domanda di trascrizione o di iscrizione fuorché nelle ore, determinate dalla legge, nelle quali l'ufficio è aperto al pubblico.

2678. Registro generale. – Il conservatore è obbligato a tenere un registro generale d'ordine in cui giornalmente deve annotare, secondo l'ordine di presentazione, ogni titolo che gli è rimesso perché sia trascritto, iscritto o annotato.

Questo registro deve indicare il numero d'ordine, il giorno della richiesta ed il relativo numero di presentazione, la persona dell'esibitore e le persone per cui la richiesta è fatta, i titoli presentati (2658) con la nota (2659), l'oggetto della richiesta, e cioè se questa è fatta per trascrizione, per iscrizione o per annotazione, e le persone riguardo alle quali la trascrizione, la iscrizione o l'annotazione si deve eseguire.

Appena avvenuta l'accettazione del titolo e della nota, il conservatore ne deve dare ricevuta in carta libera all'esibitore, senza spesa; la ricevuta contiene l'indicazione del numero di presentazione (2853).

2679. Altri registri da tenersi dal conservatore. – Oltre al registro generale, il conservatore deve tenere, nei modi previsti dall'art. 2664, registri particolari:

1) per le trascrizioni;
2) per le iscrizioni;
3) per le annotazioni.

Deve inoltre tenere gli altri registri che sono ordinati dalla legge.

2680. (1) **Tenuta del registro generale d'ordine.** – Il registro generale deve essere vidimato in ogni foglio dal presidente o da un giudice del tribunale nella cui circoscrizione è stabilito l'ufficio, indicando nel relativo processo verbale il numero dei fogli e il giorno in cui sono stati vidimati (2).

Questo registro deve essere scritto di seguito, senza spazi in bianco o interlinee e senza aggiunte. Le cancellature di parole devono essere approvate dal conservatore in fine di ciascun foglio con la sua firma e con l'indicazione del numero delle parole cancellate.

Il registro, alla fine di ciascun giorno, deve essere chiuso con l'indicazione del numero dei titoli annotati e firmato dal conservatore.

In esso si deve rigorosamente osservare la serie delle date, dei fogli e dei numeri d'ordine.

(1) *Articolo così sostituito dall'art. 12 della L. 27 febbraio 1985, n. 52, nuove norme sul servizio ipotecario.*

(2) *A norma dell'art. 1, comma 279, della L. 24 dicembre 2007, n. 244, in deroga a questo comma, fino a quando non sarà data attuazione a quanto stabilito dall'articolo 61 del codice dell'amministrazione digitale, di cui al decreto legislativo 7 marzo 2005, n. 82, la vidimazione del registro generale d'ordine viene eseguita dal conservatore.*

2681. Divieto di rimozione dei registri. – I registri sopra indicati non possono essere rimossi dall'ufficio del conservatore, fuorché per ordine di una corte d'appello, qualora ne sia riconosciuta la necessità, e mediante le cautele determinate dalla stessa corte.

2682. [Sanzioni contro il conservatore. – (*Omissis*)] (1).

(1) *Articolo abrogato dall'art. 2 della L. 21 gennaio 1983, n. 22, disciplina della responsabilità dei conservatori dei registri immobiliari.*

Capo III
Della trascrizione degli atti relativi ad alcuni beni mobili

Sezione I
Della trascrizione relativamente alle navi, agli aeromobili e agli autoveicoli

2683. Beni per i quali è disposta la pubblicità. – Devono essere resi pubblici col mezzo della trascrizione (2656 ss.), osservate le altre forme di pubblicità stabilite dalla legge (233, 250 ss., 843, 865 ss. c.n.), gli atti menzionati negli articoli seguenti, quando hanno per oggetto (815):

1) le navi e i galleggianti iscritti nei registri indicati dal codice della navigazione (146 c.n.);
2) gli aeromobili iscritti nei registri indicati dallo stesso codice (752 ss. c.n.);
3) gli autoveicoli iscritti nel pubblico registro automobilistico.

NOTE OPERATIVE:

P.R.A.: La trascrizione dell'atto di vendita del veicolo nel P.R.A. costituisce una forma di pubblicità notizia finalizzata a regolare conflitti fra aventi causa di un unico autore concernenti lo stesso mezzo di trasporto e, pertanto, la mancanza di tale annotazione determina una mera presunzione del fatto che la vettura sia rimasta nella disponibilità dell'alienante, presunzione recessiva rispetto alla prova fondata sul certificato di proprietà che, ancorché non trascritto, dimostra l'avvenuto trasferimento del bene in capo all'acquirente (C.C. 20436/18).

2684. Atti soggetti a trascrizione. – Sono soggetti alla trascrizione per gli effetti stabiliti dall'art. 2644:

1) i contratti che trasferiscono la proprietà (2643, n. 13) o costituiscono la comunione (110 ss., 2686, 2689, 2690; 250, 865 c.n.);

2) i contratti che costituiscono o modificano diritti di usufrutto (978 ss.) o di uso (1021) o che trasferiscono il diritto di usufrutto (2686, 2689, 2690);

3) gli atti tra vivi di rinunzia ai diritti indicati dai numeri precedenti (2690);

4) le transazioni (1965 ss.) che hanno per oggetto controversie sui diritti indicati dai numeri precedenti (2690);

5) i provvedimenti con i quali nel giudizio di espropriazione si trasferiscono la proprietà o gli altri diritti menzionati nei numeri precedenti (2690, 2914; 586 c.p.c.; 164 att. c.p.c.; 643 ss., 1055 ss. c.n.);

6) le sentenze che operano la costituzione, la modificazione o il trasferimento di uno dei diritti indicati dai numeri precedenti (2643, 2686; 585 c.p.c.).

2685. Altri atti soggetti a trascrizione. – Si devono trascrivere le divisioni (713 ss.) e gli altri atti menzionati nell'art. 2646, la costituzione del fondo patrimoniale (167-171) e gli altri atti menzionati nell'art. 2647, l'accettazione dell'eredità (470) e l'acquisto del legato (649) che importano acquisto dei diritti indicati dai numeri 1 e 2 dell'art. 2684 o liberazione dai medesimi.

La trascrizione ha gli effetti stabiliti per i beni immobili (2644).

2686. Sentenze. – Devono essere trascritte, agli effetti dell'art. 2644, le sentenze da cui risulta acquistato, modificato o estinto uno dei diritti indicati dai numeri 1 e 2 dell'art. 2684 in forza di un titolo non trascritto (2651, 2689, 2690).

2687. Cessione dei beni ai creditori. – Deve essere trascritta, per gli effetti indicati dall'art. 2649, la cessione che il debitore fa dei suoi beni ai creditori, perché questi procedano alla liquidazione dei medesimi e alla ripartizione del ricavato (1977 ss.).

2688. Continuità delle trascrizioni. – Nei casi in cui, per le disposizioni precedenti, un atto di acquisto è soggetto a trascrizione, le successive trascrizioni o iscrizioni non producono effetto se non è stato trascritto l'atto anteriore di acquisto (2650).

Quando l'atto anteriore di acquisto è stato trascritto, le successive trascrizioni o iscrizioni producono il loro effetto secondo l'ordine rispettivo, salvo il disposto dell'art. 2644.

2689. Usucapione. – Devono essere trascritte le sentenze da cui risulta acquistato per usucapione (1162) uno dei diritti indicati dai numeri 1 e 2 dell'art. 2684 (2651, 2686).

2690. Domande relative ad atti soggetti a trascrizione. – Devono essere trascritte (2652, 2692), qualora si riferiscano ai diritti menzionati dall'art. 2684:

1) le domande indicate dai numeri 1, 2, 3, 4 e 5 dell'art. 2652 per gli effetti ivi disposti;

2) le domande dirette all'accertamento di uno dei contratti indicati dai numeri 1 e 2 dell'art. 2684 (2686).

La trascrizione della sentenza che accoglie la domanda prevale sulle trascrizioni e iscrizioni eseguite contro il convenuto dopo la trascrizione della domanda;

3) le domande dirette a far dichiarare la nullità (1418) o far pronunziare l'annullamento (1441) di atti soggetti a trascrizione e le domande dirette a impugnare la validità della trascrizione (2675).

La sentenza che accoglie la domanda non pregiudica i diritti acquistati a qualunque titolo dai terzi di buona fede in base a un atto trascritto o iscritto anteriormente alla trascrizione della domanda medesima, se questa è stata resa pubblica dopo tre anni dalla data della trascrizione dell'atto che si impugna. Se però la domanda è diretta a far pronunziare l'annullamento per una causa diversa dall'incapacità legale (2, 414, 415, 1441), la sentenza che l'accoglie non pregiudica i diritti acquistati dai terzi di buona fede in base a un atto trascritto o iscritto anteriormente alla trascrizione della domanda, anche se questa è stata trascritta prima che siano decorsi tre anni dalla data della trascrizione dell'atto impugnato, purché in questo caso i terzi abbiano acquistato a titolo oneroso (1445);

4) le domande con le quali si contesta il fondamento di un acquisto a causa di morte (470, 590, 624, 649 ss.).

Salvo quanto è disposto dal secondo e dal terzo comma dell'art. 534, se la domanda è trascritta dopo tre anni dalla data della trascrizione dell'atto impugnato, la sentenza che l'accoglie non pregiudica i terzi di buona fede che, in base a un atto trascritto o iscritto anteriormente alla trascrizione della domanda, hanno a qualunque titolo acquistato diritti da chi appare erede o legatario (2652, n. 7);

5) le domande di riduzione delle donazioni e delle disposizioni testamentarie per lesione di legittima (553 ss., 561).

Se la trascrizione è eseguita dopo tre anni dall'apertura della successione, la sentenza che accoglie la domanda non pregiudica i terzi che hanno acquistato a titolo oneroso diritti in base a un atto trascritto o iscritto anteriormente alla trascrizione della domanda (2652, n. 8);

6) le domande di revocazione e quelle di opposizione di terzo contro le sentenze soggette a trascrizione per le cause previste dai numeri 1, 2, 3 e 6 dell'art. 395 del codice di procedura civile e dal secondo comma dell'art. 404 dello stesso codice.

6 *bis*) Le domande indicate dal numero 9 *bis* dell'articolo 2652 per gli effetti ivi disposti.

La trascrizione della sentenza che accoglie la domanda prevale sulle trascrizioni e iscrizioni eseguite contro il convenuto dopo la trascrizione della domanda ([1]).

Se la domanda è trascritta dopo tre anni dalla trascrizione della sentenza impugnata, la sentenza che l'accoglie non pregiudica i diritti acquistati dai terzi di buona fede in base a un atto trascritto o iscritto anteriormente alla trascrizione della domanda (2654, 2668, 2692, 2695).

Alla domanda giudiziale è equiparato l'atto notificato con il quale la parte, in presenza di compromesso o di clausola compromissoria, dichiara all'altra la propria intenzione di promuovere il procedimento arbitrale, propone la domanda e procede, per quanto le spetta, alla nomina degli arbitri.

([1]) *Questo numero è stato aggiunto dall'art. 1, comma 13, del D.L.vo 10 ottobre 2022, n. 149, a decorrere dal 28 febbraio 2023.*

2691. Altre domande e atti soggetti a trascrizione. – Devono del pari trascriversi quando si riferiscono ai beni menzionati nell'art. 2683, le domande e gli atti indicati dai numeri 1, 3, 4 e 5 dell'art. 2653, per gli effetti ivi disposti (2692).

Alla domanda giudiziale è equiparato l'atto notificato con il quale la parte, in presenza di compromesso o di clausola compromissoria, dichiara all'altra la propria intenzione di promuovere il procedimento arbitrale, propone la domanda e procede, per quanto le spetta, alla nomina degli arbitri.

2692. Annotazione della trascrizione delle domande e degli atti. – La trascrizione delle domande e degli atti indicati dai due articoli precedenti dev'essere anche annotata secondo le modalità stabilite dall'art. 2654.

Si osservano inoltre le disposizioni del primo, terzo e quarto comma dell'art. 2655 e quelle dell'art. 2656.

2693. Trascrizione del pignoramento e del sequestro. – Deve essere trascritto, dopo la notificazione, il provvedimento che ordina il sequestro conservativo (671, 679 c.p.c.) per gli effetti disposti dall'art. 2906. Si deve trascrivere del pari l'atto di pignoramento (491, 518 c.p.c.) per gli effetti disposti dagli articoli 2913, 2914, 2915 e 2916.

2694. Richiamo di altre leggi. – Sono salve le disposizioni del codice della navigazione e delle leggi speciali che richiedono la trascrizione di atti non contemplati dal presente capo e le altre disposizioni non incompatibili con quelle contenute nel capo medesimo.

2695. Forme e modalità della trascrizione. – Le forme e le modalità delle trascrizioni previste in questo capo sono regolate dal codice della navigazione, per quanto riguarda le navi e gli aeromobili (250 ss., 865 ss. c.n.), e dalla legge speciale per quanto riguarda gli autoveicoli.

In mancanza, si osservano le norme concernenti la trascrizione degli atti relativi ai beni immobili, in quanto sono applicabili (2656 ss.).

Sezione II
Della trascrizione relativamente ad altri beni mobili

2696. Rinvio. – Per gli altri beni mobili per cui è disposta la trascrizione di determinati atti si osservano le disposizioni delle leggi che li riguardano.

Titolo II
Delle prove

Capo I
Disposizioni generali

2697. Onere della prova. – Chi vuol far valere un diritto in giudizio (99, 100 c.p.c.) deve provare i fatti che ne costituiscono il fondamento (1988, 2728; 115 c.p.c.).

Chi eccepisce l'inefficacia di tali fatti ovvero eccepisce che il diritto si è modificato o estinto deve provare i fatti su cui l'eccezione si fonda (115 ss, 191 ss. c.p.c.).

NOTE OPERATIVE:

Vicinanza della prova: Il principio di vicinanza della prova non deroga alla regola di cui all'art. 2697 c.c. ma opera allorquando le disposizioni attributive delle situazioni attive non offrono indicazioni univoche per distinguere le suddette due categorie di fatti, fungendo da criterio ermeneutico alla cui stregua i primi vanno identificati in quelli più prossimi all'attore e dunque nella sua disponibilità, mentre gli altri in quelli meno prossimi e quindi più facilmente suffragabili dal convenuto, di modo che la vicinanza riguarda la possibilità di conoscere in via diretta o indiretta il fatto, e non già la possibilità concreta di acquisire la relativa prova (C.C. 27728/23 – Conf. C.C. 12910/22). Il principio della prossimità della prova apporta al canone dell'art. 2697 c.c. una specifica tutela dal suo abuso (C.C. 13851/20).

Fatti negativi: L'onere probatorio non subisce deroga neanche quando abbia ad oggetto fatti negativi, in quanto la negatività dei fatti oggetto della prova non esclude né inverte il relativo onere, tanto più se l'applicazione di tale regola dia luogo ad un risultato coerente con quello derivante dal principio della riferibilità o vicinanza o disponibilità dei mezzi di prova, riconducibile all'art. 24 Cost. e al divieto di interpretare la legge in modo da rendere impossibile o troppo difficile l'esercizio dell'azione in giudizio (C.C. 25603/23 – Conf. C.C. 8018/21; C.C. 9099/12).

2698. Patti relativi all'onere della prova. – Sono nulli (1418 ss.) i patti con i quali è invertito ovvero è modificato l'onere della prova, quando si tratta di diritti di cui le parti non possono disporre (5 ss.) o quando l'inversione o la modificazione ha per effetto di rendere a una delle parti eccessivamente difficile l'esercizio del diritto (1694, 2965).

NOTE OPERATIVE:

Inversione: La inversione dell'onere della prova, in mancanza di apposito patto, può risultare anche dal comportamento processuale della parte, ma, affinché ciò si verifichi, non è sufficiente che la parte sulla quale non grava l'onere deduca o anche offra la prova, occorrendo, invece, la inequivoca manifestazione della parte medesima di voler rinunciare ai benefici e ai vantaggi che le derivano dal principio che regola la distribuzione dell'onere stesso e di subire le conseguenze dell'eventuale fallimento della prova dedotta od offerta (C.C. 8901/13 – Conf. C.C. 14306/05; C.C. 17573/02).

Capo II
Della prova documentale

Sezione I
Dell'atto pubblico

2699. Atto pubblico. – L'atto pubblico è il documento redatto, con le richieste formalità, da un notaio o da altro pubblico ufficiale autorizzato ad attribuirgli pubblica fede nel luogo dove l'atto è formato (2700, 2701).

NOTE OPERATIVE:

Ambito di applicazione: Costituiscono atti pubblici soltanto gli atti che i pubblici ufficiali formano nell'esercizio di pubbliche funzioni certificative delle quali siano investiti dalla legge, mentre esulano da tale nozione gli atti dei pubblici ufficiali che non siano espressione delle predette funzioni (C.C. 32884/21 – Conf. C.C. 19032/21; C.C. 18757/17).

2700. Efficacia dell'atto pubblico. – L'atto pubblico fa piena prova, fino a querela di falso (221 ss. c.p.c.), della provenienza del documento dal pubblico ufficiale che lo ha formato, nonché delle dichiarazioni delle parti e degli altri fatti che il pubblico ufficiale attesta avvenuti in sua presenza o da lui compiuti (2729; 178, 775 c.n.).

NOTE OPERATIVE:

Ambito di applicazione: La efficacia probatoria privilegiata di un atto pubblico concerne la provenienza del documento dal pubblico ufficiale che lo ha formato, nonché delle dichiarazioni delle parti o degli altri fatti che il pubblico ufficiale attesta avvenuti in sua presenza, ma non la veridicità e l'esattezza delle dichiarazioni rese dalle parti, le quali possono essere contrastate e accertate con tutti i mezzi di prova consentiti dalla legge, senza ricorrere alla querela di falso (C.C. 5827/23 – Conf. C.C. 29871/19; C.C. 20214/19).

Querela di falso: La querela di falso costituisce il rimedio estremo, la cui precipua finalità è quella di superare la fede privilegiata che l'ordinamento attribuisce, oltre che agli atti pubblici, anche alle scritture private, limitatamente alla provenienza delle dichiarazioni in esse contenute da chi figuri averle sottoscritte nei casi in cui la sottoscrizione sia stata riconosciuta, ovvero debba considerarsi legalmente riconosciuta (C.C. 8162/12).

2701. Conversione dell'atto pubblico. – Il documento formato da ufficiale pubblico incompetente o incapace ovvero senza l'osservanza delle formalità prescritte, se è stato sottoscritto dalle parti, ha la stessa efficacia probatoria della scrittura privata (2702).

Sezione II
Della scrittura privata

2702. Efficacia della scrittura privata. – La scrittura privata fa piena prova, fino a querela di falso (221 ss. c.p.c.), della provenienza delle dichiarazioni da chi l'ha sottoscritta, se colui contro il quale la scrittura è prodotta ne riconosce la sottoscrizione, ovvero se questa è legalmente considerata come riconosciuta (2715; 214, 215 c.p.c.; 178, 775 c.n.).

NOTE OPERATIVE:

Sottoscrizione: La sottoscrizione si riferisce all'intera dichiarazione e non al solo foglio che la contiene, rimanendo irrilevante la mancata firma dei fogli precedenti, con la conseguenza che, al fine di impedire che l'intero contenuto della scrittura faccia stato nei confronti del sottoscrittore, quest'ultimo ha l'onere di proporre querela di falso (C.C. 19147/23 – Conf. C.C. 7681/19).

Terzi: La disposizione non si applica alle scritture private provenienti da terzi estranei (C.C. 24387/22 – Conf. C.C. 21554/20; C.C. 6650/20).

2703. Sottoscrizione autenticata. – Si ha per riconosciuta la sottoscrizione autenticata dal notaio o da altro pubblico ufficiale a ciò autorizzato.

L'autenticazione consiste nell'attestazione da parte del pubblico ufficiale che la sottoscrizione è stata apposta in sua presenza. Il pubblico ufficiale deve previamente accertare l'identità della persona che sottoscrive (214 c.p.c.).

NOTE OPERATIVE:

Soggetti abilitati: L'autenticazione dell'autografia della sottoscrizione della procura speciale rilasciata dal cliente in calce o margine dell'atto introduttivo del giudizio, anche se accessoria alla nomina a difensore, si distingue da quest'ultima in quanto atto autonomamente rilevante, riconducibile alla categoria dei c.d. atti di certezza, il cui fine è di vincolare l'altrui rappresentazione in ordine all'oggetto dell'acclaramento, in quanto proveniente da pubbliche autorità o soggetti equiparati, come i notai, che compiono professionalmente un'attività strumentale alla realizzazione del pubblico interesse alla certezza degli atti o fatti giuridici, ed anche tutti quei professionisti (come gli avvocati ed i procuratori legali), sono occasionalmente abilitati (art. 83, comma 3, c.p.c.) ad autenticare le sottoscrizione (C.C. 25066/21).

2704. Data della scrittura privata nei confronti dei terzi. – La data della scrittura privata della quale non è autenticata la sottoscrizione (2703) non è certa e computabile riguardo ai terzi, se non dal giorno in cui la scrittura è stata registrata o dal giorno della morte o della sopravvenuta impossibilità fisica di colui o di uno di coloro che l'hanno sottoscritta o dal giorno in cui il contenuto della scrittura è riprodotto in atti pubblici (2699) o, infine, dal giorno in cui si verifica un altro fatto che stabilisca in modo egualmente certo l'anteriorità della formazione del documento.

La data della scrittura privata che contiene dichiarazioni unilaterali non destinate a persona determinata (1992 ss.) può essere accertata con qualsiasi mezzo di prova (228, 233, 244 ss. c.p.c.).

Per l'accertamento della data nelle quietanze (1199) il giudice, tenuto conto delle circostanze, può ammettere qualsiasi mezzo di prova (2787).

NOTE OPERATIVE:

Prova: Qualora manchino le situazioni tipiche di certezza contemplate dalla norma, ai fini dell'opponibilità della data ai terzi è necessario che sia dedotto e dimostrato un fatto idoneo a stabilire in modo ugualmente certo l'anteriorità della formazione del documento (C.C. 21446/23 – Conf. C.C. 19656/15).

2705. Telegramma. – Il telegramma ha l'efficacia probatoria della scrittura privata (2702), se l'originale consegnato all'ufficio di partenza è sottoscritto dal mittente, ovvero se è stato consegnato o fatto consegnare dal mittente medesimo, anche senza sottoscriverlo.

La sottoscrizione può essere autenticata da notaio (2703; 634 c.p.c.).

Se l'identità della persona che ha sottoscritto l'originale del telegramma è stata accertata nei modi stabiliti dai regolamenti, è ammessa la prova contraria.

Il mittente può fare indicare nel telegramma se l'originale è stato firmato con o senza autenticazione.

2706. Conformità tra originale e riproduzione del telegramma. – La riproduzione del telegramma consegnata al destinatario si presume, fino a prova contraria, conforme all'originale (2727).

Il mittente, se ha fatto collazionare il telegramma secondo le disposizioni dei regolamenti, si presume esente da colpa per divergenze verificatesi tra originale e riproduzione.

2707. Carte e registri domestici. – Le carte e i registri domestici fanno prova contro chi li ha scritti (2162):

1) quando enunciano espressamente un pagamento ricevuto (1199, 2704);

2) quando contengono la menzione espressa che l'annotazione è stata fatta per supplire alla mancanza di titolo in favore di chi è indicato come creditore (2162).

2708. Annotazione in calce, in margine o a tergo di un documento. – L'annotazione fatta dal creditore in calce, in margine o a tergo di un documento rimasto in suo possesso fa prova, benché non sottoscritta da lui, se tende ad accertare la liberazione del debitore (1199).

Lo stesso valore ha l'annotazione fatta dal creditore in calce, in margine o a tergo di una quietanza o di un esemplare del documento del debito posseduto dal debitore.

Sezione III
Delle scritture contabili delle imprese soggette a registrazione

2709. Efficacia probatoria contro l'imprenditore. – I libri e le altre scritture contabili (2214, 2421, 2490) delle imprese soggette a registrazione (2195) fanno prova contro l'imprenditore (2082; 634 c.p.c.). Tuttavia chi vuol trarne vantaggio non può scinderne il contenuto (2734; 775 c.n.).

NOTE OPERATIVE:

Inscindibilità: I libri e le scritture contabili delle imprese soggette a registrazione costituiscono prova contro l'imprenditore, ma la parte che intenda trarne vantaggio non può scinderne il contenuto, dovendo le scritture stesse, una volta indicate ed esibite, essere valutate nella loro interezza, quale che sia la parte a cui favore o a cui carico depongono (C.C. 26874/18).

2710. Efficacia probatoria tra imprenditori. – I libri bollati e vidimati nelle forme di legge (2215, 2216), quando sono regolarmente tenuti (2219), possono fare prova tra imprenditori (2082) per i rapporti inerenti all'esercizio dell'impresa (634 c.p.c.).

NOTE OPERATIVE:

Fattura: La fattura è un mero documento contabile che può far prova dei rapporti intercorsi tra imprenditori, ma che in nessun caso assume la veste di atto scritto avente natura contrattuale, sicché essa è inidonea a fornire la prova tanto della esistenza, quanto della liquidità di un credito (C.C. 10862/23 – Conf. C.C. 30309/22).

2711. Comunicazione ed esibizione. – La comunicazione integrale dei libri, delle scritture contabili e della corrispondenza (2214 ss.) può essere ordinata dal giudice solo nelle controversie relative allo scioglimento della società (2272, 2308, 2323, 2448 ss., 2497, 2539), alla comunione dei beni (1100; 784 ss. c.p.c.) e alla successione per causa di morte (456 ss.).

Negli altri casi il giudice può ordinare, anche d'ufficio, che si esibiscano i libri per estrarne le registrazioni concernenti la controversia in corso (212 c.p.c.). Può ordinare altresì l'esibizione di singole scritture contabili, lettere, telegrammi o fatture concernenti la controversia stessa.

NOTE OPERATIVE:

Presupposti: Il potere officioso del giudice di disporre l'esibizione dei libri contabili, potendo esercitarsi solo se la prova non sia acquisibile aliunde, non può sopperire all'onere di allegazione probatoria che grava sulla parte (C.C. 18152/20 – Conf. C.C. 9522/12).

Sezione IV
Delle riproduzioni meccaniche

2712. Riproduzioni meccaniche. – Le riproduzioni fotografiche, informatiche ([1]) o cinematografiche, le registrazioni fonografiche e, in genere, ogni altra rappresentazione meccanica di fatti e di cose formano piena prova dei fatti e delle cose rappresentate, se colui contro il quale sono prodotte non ne disconosce la conformità ai fatti o alle cose medesime (261 c.p.c.).

([1]) *Le parole: «, informatiche» sono state inserite dall'art. 23* quater *del D.L.vo 7 marzo 2005, n. 82, così come aggiunto dall'art. 16, comma 2, del D.L.vo 30 dicembre 2010, n. 235.*

NOTE OPERATIVE:

E-mail: In materia di efficacia probatoria dei documenti informatici, il messaggio di posta elettronica (cosiddetta e-mail) costituisce un documento elettronico che contiene la rappresentazione informatica di atti, fatti o dati giuridicamente rilevanti che, seppure privo di firma, rientra tra le riproduzioni informatiche e le rappresentazioni meccaniche e, pertanto, forma piena prova dei fatti e delle cose rappresentate se colui contro il quale viene prodotto non ne disconosca la conformità ai fatti o alle cose medesime (C.C. 30186/21 – Conf. C.C. 11606/18).

Sezione V
Delle taglie o tacche di contrassegno

2713. Taglie o tacche di contrassegno. – Le taglie o tacche di contrassegno corrispondenti al contrassegno di riscontro formano piena prova tra coloro che usano provare in tal modo le somministrazioni che fanno o ricevono al minuto.

Sezione VI
Delle copie degli atti

2714. Copie di atti pubblici. – Le copie di atti pubblici (2699) spedite nelle forme prescritte da depositari pubblici autorizzati (2673[3], 2711) fanno fede come l'originale (2700; 212 c.p. c.).

La stessa fede fanno le copie di copie di atti pubblici originali, spedite da depositari pubblici di esse, a ciò autorizzati (743 c.p.c).

2715. Copie di scritture private originali depositate. – Le copie delle scritture private depositate presso pubblici uffici e spedite da pubblici depositari autorizzati (2700; 743 c.p.c.) hanno la stessa efficacia della scrittura originale da cui sono estratte (2702; 212 c.p.c.).

2716. Mancanza dell'atto originale o di copia depositata. – In mancanza dell'originale dell'atto pubblico (2699) o di una copia di esso presso un pubblico depositario, le copie spedite in conformità dell'art. 2714 fanno piena prova; ma se tali copie, o anche la copia esistente presso un pubblico depositario quando manca l'originale, presentano cancellature, abrasioni, intercalazioni o altri difetti esteriori, è rimesso al giudice di apprezzarne l'efficacia probatoria (116 c.p.c.).

In mancanza dell'originale scrittura privata (2702), le copie di essa spedite in conformità dell'art. 2715 fanno egualmente prova; ma se presentano cancellature, abrasioni, intercalazioni o altri difetti esteriori, è rimesso parimenti al giudice di apprezzarne l'efficacia probatoria. Resta in ogni caso salva la questione circa l'autenticità dell'originale mancante (116 c.p.c.).

2717. Valore probatorio di altre copie. – Le copie rilasciate da pubblici ufficiali fuori dai casi contemplati dagli articoli precedenti hanno l'efficacia di un principio di prova per iscritto (2724).

2718. Valore probatorio di copie parziali. – Le copie parziali o le riproduzioni per estratto, rilasciate nella forma prescritta da pubblici ufficiali che ne sono depositari e sono debitamente autorizzati, fanno piena prova solo per quella parte dell'originale che riproducono letteralmente (2661; 212 c.p.c.).

2719. Copie fotografiche di scritture. – Le copie fotografiche (261 c.p.c.) di scritture hanno la stessa efficacia delle autentiche, se la loro conformità con l'originale è attestata da pubblico ufficiale competente (2714, 2715) ovvero non è espressamente disconosciuta (212 c.p.c.).

Sezione VII
Degli atti di ricognizione o di rinnovazione

2720. Efficacia probatoria. – L'atto di ricognizione (969, 1309, 1870, 1988, 2944, 2966) o di rinnovazione fa piena prova delle dichiarazioni contenute nel documento originale, se non si dimostra, producendo quest'ultimo, che vi è stato errore (1428 ss.) nella ricognizione o nella rinnovazione.

NOTE OPERATIVE:

Presupposti: L'atto di ricognizione presuppone l'esistenza di un documento originale contenente una valida dichiarazione, da cui derivi l'esistenza del diritto riconosciuto, e non sostituisce il titolo, costituendo solo una prova della sua esistenza (C.C. 33337/21 – Conf. C.C. 2719/09).

Capo III
Della prova testimoniale

2721. Ammissibilità: limiti di valore. – La prova per testimoni (244 c.p.c.) dei contratti non è ammessa quando il valore dell'oggetto eccede gli € 2,58 (1417, 2724, 2729, 2735; 421, 621 c.p.c.; 102 ss. att. c.p.c.).

Tuttavia l'autorità giudiziaria può consentire la prova (115 c.p.c.) oltre il limite anzidetto, tenuto conto della qualità delle parti, della natura del contratto e di ogni altra circostanza.

NOTE OPERATIVE:

Aspetti processuali: I limiti di valore non attengono all'ordine pubblico, ma sono dettati nell'esclusivo interesse delle parti private, con la conseguenza che la prova deve ritenersi ritualmente acquisita, ove la parte interessata non ne abbia tempestivamente eccepito l'inammissibilità in sede di assunzione o nella prima difesa successiva, senza che la relativa nullità, ormai sanata, possa essere eccepita per la prima volta nel giudizio di legittimità (C.C. 18971/22 – Conf. C.C. 23431/21; C.C. 3956/18).

2722. Patti aggiunti o contrari al contenuto di un documento. – La prova per testimoni non è ammessa (2724) se ha per oggetto patti aggiunti o contrari al contenuto di un documento, per i quali si alleghi che la stipulazione è stata anteriore o contemporanea (1417, 2723, 2735).

NOTE OPERATIVE:

Ambito di applicazione: Nel concetto di patti aggiunti o contrari al contenuto del documento contrattuale non rientrano quelle pattuizioni il cui contenuto od oggetto non risulti in alcun modo previsto dal contratto e che non possono, perciò, ritenersi comprese nel negozio consacrato nell'atto scritto, ma che non siano in contrasto con la volontà contrattuale precisamente e compiutamente espressa (C.C. 1742/22 – Conf. C.C. 5071/07; C.C. 14024/05).

2723. Patti posteriori alla formazione del documento. – Qualora si alleghi che, dopo la formazione di un documento, è stato stipulato un patto aggiunto o contrario al contenuto di esso (2722), l'autorità giudiziaria può consentire la prova per testimoni (115 c.p.c.) soltanto se, avuto riguardo alla qualità delle parti, alla natura del contratto e a ogni altra circostanza, appare verosimile che siano state fatte aggiunte o modificazioni verbali.

2724. Eccezioni al divieto della prova testimoniale. – La prova per testimoni è ammessa in ogni caso:

1) quando vi è un principio di prova per iscritto: questo è costituito da qualsiasi scritto, proveniente dalla persona contro la quale è diretta la domanda o dal suo rappresentante, che faccia apparire verosimile il fatto allegato (241, 242, 2712, 2717);

2) quando il contraente è stato nell'impossibilità morale o materiale di procurarsi una prova scritta;

3) quando il contraente ha senza sua colpa perduto il documento che gli forniva la prova (2725).

NOTE OPERATIVE:

Principio di prova scritta: Il documento costituente principio di prova per iscritto non deve necessariamente contenere un preciso riferimento al fatto controverso, essendo sufficiente che tra lo scritto e il fatto medesimo esista una nesso logico dal quale scaturisca la verosimiglianza del secondo (C.C. 24903/23).

2725. Atti per i quali è richiesta la prova per iscritto o la forma scritta. – Quando, secondo la legge o la volontà delle parti, un contratto deve essere provato per iscritto, la prova per testimoni è ammessa soltanto nel caso indicato dal n. 3 dell'articolo precedente.

La stessa regola si applica nei casi in cui la forma scritta è richiesta sotto pena di nullità.

NOTE OPERATIVE:

Aspetti processuali: L'inammissibilità della prova testimoniale di un contratto che deve essere provato per iscritto, attenendo alla tutela processuale di interessi privati, non può essere rilevata d'ufficio, ma deve essere eccepita dalla parte interessata prima dell'ammissione del mezzo istruttorio (S.U. 16723/20).

2726. Prova del pagamento e della remissione. – Le norme stabilite per la prova testimoniale dei contratti si applicano anche al pagamento e alla remissione del debito (1188 ss., 1236 ss.).

NOTE OPERATIVE:

Ambito di applicazione: La norma estendendo al pagamento i limiti legali della prova testimoniale dei contratti, si riferisce al pagamento del debito contrattuale oggetto di giudizio (C.C. 17571/20 – Conf. C.C. 7090/15).

Capo IV
Delle presunzioni

2727. Nozione. – Le presunzioni sono le conseguenze che la legge o il giudice trae da un fatto noto per risalire a un fatto ignorato (115 c.p.c.).

NOTE OPERATIVE:

Presupposti: Per la configurazione di una presunzione giuridicamente valida non occorre che tra il fatto noto e quello ignoto sussista un legame di assoluta ed esclusiva necessità causale, ma è sufficiente che il fatto da provare sia desumibile dal fatto noto, in forza di una regola d'esperienza, come conseguenza meramente probabile, secondo un criterio di normalità (C.C. 6143/23 – Conf. C.C. 22824/22).

2728. Prova contro le presunzioni legali. – Le presunzioni legali dispensano da qualunque prova coloro a favore dei quali esse sono stabilite.

Contro le presunzioni sul fondamento delle quali la legge dichiara nulli certi atti o non ammette l'azione in giudizio non può essere data prova contraria, salvo che questa sia consentita dalla legge stessa.

2729. Presunzioni semplici. – Le presunzioni non stabilite dalla legge sono lasciate alla prudenza del giudice (116 c.p.c.), il quale non deve ammettere che presunzioni gravi, precise e concordanti.

Le presunzioni non si possono ammettere nei casi in cui la legge esclude la prova per testimoni (1350, 2721, 2722).

NOTE OPERATIVE:

Ambito di applicazione: Non è consentito fare ricorso alle presunzioni semplici per desumere dal fatto noto uno ignoto, quando quest'ultimo ha costituito oggetto di prova diretta, in quanto, da un lato, ciò esclude che il fatto possa considerarsi ignoto e, dall'altro, lo stesso contrasto fra le risultanze di una prova diretta e le presunzioni semplici priva queste dei caratteri di gravità e precisione (C.C. 25635/23).

Capo V
Della confessione

2730. Nozione. – La confessione è la dichiarazione che una parte fa della verità di fatti ad essa sfavorevoli e favorevoli all'altra parte.

La confessione è giudiziale o stragiudiziale (2733, 2734; 228 ss. c.p.c.).

NOTE OPERATIVE:

Ambito di applicazione: Poiché la confessione è atto di parte, sia essa spontanea oppure provocata tramite interrogatorio formale, le dichiarazioni rese dal difensore, anche in giudizio, contenenti affermazioni relative a fatti sfavorevoli al proprio rappresentato e favorevoli all'altra parte non hanno efficacia di confessione ma costituiscono elementi di libero apprezzamento da parte del giudice di merito (C.C. 9864/14 – Conf. C.C. 7015/12).

2731. Capacità richiesta per la confessione. – La confessione non è efficace se non proviene da persona capace di disporre (2733[2]) del diritto, a cui i fatti confessati si riferiscono (1966). Qualora sia resa da un rappresentante, è efficace solo se fatta entro i limiti e nei modi in cui questi vincola il rappresentato (1387, 1388, 1389, 2736).

2732. Revoca della confessione. – La confessione (1324) non può essere revocata se non si prova che è stata determinata da errore di fatto (1428 ss.) o da violenza (1434, 1435).

2733. Confessione giudiziale. – È giudiziale la confessione resa in giudizio (228 ss. c.p.c.).

Essa forma piena prova contro colui che l'ha fatta, purché non verta su fatti relativi a diritti non disponibili (2731).

In caso di litisconsorzio necessario (102 c.p.c.), la confessione resa da alcuni soltanto dei litisconsorti è liberamente apprezzata dal giudice (1309, 2738; 116 c.p.c.).

NOTE OPERATIVE:

C.I.D.: La dichiarazione confessoria, contenuta nel modulo di constatazione amichevole del sinistro (cosiddetto C.I.D.), resa dal responsabile del danno proprietario del veicolo assicurato e litisconsorte necessario, non ha valore di piena prova nemmeno nei confronti del solo confidente (C.C. 4536/16 – Conf. C.C. 25047/13; C.C. 5290/08).

2734. Dichiarazioni aggiunte alla confessione. – Quando alla dichiarazione indicata dall'art. 2730 si accompagna quella di altri fatti o circostanze tendenti a infirmare l'efficacia del fatto confessato ovvero a modificarne o a estinguerne gli effetti, le dichiarazioni fanno piena prova nella loro integrità (2709) se l'altra parte non contesta la verità dei fatti o delle circostanze aggiunte. In caso di contestazione, è rimesso al giudice di apprezzare, secondo le circostanze, l'efficacia probatoria delle dichiarazioni (116 c.p.c.).

2735. Confessione stragiudiziale. – La confessione stragiudiziale fatta alla parte o a chi la rappresenta (1387 ss.) ha la stessa efficacia probatoria di quella giudiziale (2733). Se è fatta a un terzo o se è contenuta in un testamento (587), è liberamente apprezzata dal giudice (116 c.p.c).

La confessione stragiudiziale non può provarsi per testimoni, se verte su un oggetto per il quale la prova testimoniale non è ammessa dalla legge (1350, 2721 ss.).

NOTE OPERATIVE:

Quietanza: Il creditore che, rilasciando quietanza al debitore, ammette il fatto del ricevuto pagamento rende confessione stragiudiziale alla parte, con piena efficacia probatoria (C.C. 5945/23 – Conf. C.C. 23662/21; C.C. 32458/18).

Capo VI
Del giuramento

2736. Specie. – Il giuramento è di due specie:

1) è decisorio quello che una parte deferisce all'altra per farne dipendere la decisione totale o parziale della causa (2739, 2960; 233, 345 c.p.c.);

2) è suppletorio quello che è deferito d'ufficio dal giudice a una delle parti al fine di decidere la causa quando la domanda o le eccezioni non sono pienamente provate, ma non sono del tutto sfornite di prova, ovvero quello che è deferito al fine di stabilire il valore della cosa domandata, se non si può accertarlo altrimenti (240, 241 c.p.c.).

NOTE OPERATIVE:

Decisorio ...: Il giuramento decisorio, per essere ammesso, deve avere ad oggetto circostanze dalle quali dipende la decisione di uno o più capi della domanda, ossia circostanze tali che al giudice, previo accertamento sull'an iuratum sit, non resti altro che accogliere o rigettare la domanda o singoli capi di essa, mentre se il predetto giuramento fosse ammissibile anche su circostanze attinenti a fasi dell'iter logico per decidere detti capi non sarebbe distinguibile da altre risultanze processuali soggette alla valutazione del giudice per pervenire alla decisione (C.C. 1634/2000).

... e suppletorio: Il giuramento suppletorio è deferibile d'ufficio ed è quindi oggetto di un potere pienamente discrezionale del giudice, il cui esercizio la parte può solo sollecitare (C.C. 21235/16 – Conf. C.C. 10441/96).

2737. Capacità delle parti. – Per deferire o riferire (234, 242 c.p.c.) il giuramento si richiedono le condizioni indicate dall'art. 2731.

2738. Efficacia. – Se è stato prestato il giuramento deferito o riferito (233, 234 c.p.c.), l'altra parte non è ammessa a provare il contrario, né può chiedere la revocazione della sentenza (395, n. 2 c.p.c.) qualora il giuramento sia stato dichiarato falso.

Può tuttavia domandare il risarcimento dei danni nel caso di condanna penale per falso giuramento (371 c.p.). Se la condanna penale non può essere pronunziata perché il reato è estinto (150 ss., 198 c.p.), il giudice civile può conoscere del reato al solo fine del risarcimento (578 c.p.p.) (1).

In caso di litisconsorzio necessario (102, 784 c.p.c.), il giuramento prestato da alcuni soltanto dei litisconsorti è liberamente apprezzato dal giudice (1305).

(1) *La Corte costituzionale, con sentenza n. 105 del 4 aprile 1996, ha dichiarato l'illegittimità costituzionale di questo comma nella parte in cui non prevede che il giudice civile possa conoscere del reato di falso giuramento al solo fine del risarcimento anche nel caso in cui la sentenza irrevocabile di assoluzione pronunziata nel giudizio penale non abbia efficacia di giudicato nei confronti del danneggiato.*

NOTE OPERATIVE:

Finalità: La norma è indicativa della volontà del legislatore di impedire ogni possibilità di rimettere in discussione, per effetto delle deduzioni difensive delle parti, l'esito della causa determinato dalla prestazione del giuramento (C.C. 737/05).

2739. Oggetto. – Il giuramento non può essere deferito o riferito (2737; 233, 234 c.p.c.) per la decisione di cause relative a diritti di cui le parti non possono disporre (1966), né sopra un fatto illecito (2043 ss.) o sopra un contratto per la validità del quale sia richiesta la forma scritta (1350), né per negare un fatto che da un atto pubblico (2699) risulti avvenuto alla presenza del pubblico ufficiale che ha formato l'atto stesso (2700).

Il giuramento non può essere deferito che sopra un fatto proprio della parte a cui si deferisce o sulla conoscenza che essa ha di un fatto altrui e non può essere riferito qualora il fatto che ne è l'oggetto non sia comune a entrambe le parti (2960).

NOTE OPERATIVE:

Ratio: Il divieto di deferire il giuramento su fatti illeciti trova il suo fondamento nell'opportunità di non obbligare il giurante a confessarsi autore di un atto per lui potenzialmente produttivo anche di responsabilità civile (C.C. 647/23 – Conf. C.C. 12866/09).

Titolo III
Della responsabilità patrimoniale, delle cause di prelazione e della conservazione della garanzia patrimoniale

Capo I
Disposizioni generali

2740. Responsabilità patrimoniale. – Il debitore risponde dell'adempimento delle obbligazioni (1176 ss., 1218 ss.) con tutti i suoi beni presenti e futuri (2901, 2910; 42[2] l. fall.).

Le limitazioni della responsabilità non sono ammesse se non nei casi stabiliti dalla legge (170, 187, 188, 326, 490, n. 2, 695, 1881, 2045 ss., 2117, 2267, 2313, 2741; 514 ss., 545 c.p.c.; 46 l. fall.).

NOTE OPERATIVE:

Ambito di applicazione: La norma dispone che il debitore risponde con tutti i suoi beni dell'adempimento delle proprie obbligazioni, a prescindere dalla loro fonte, e quindi anche se le stesse derivino dalla legge (C.C. 2904/21 – Conf. C.C. 13364/15; C.C. 24757/08), come l'obbligo di mantenimento del coniuge e dei figli minori (C.C. 11762/22 – Conf. C.C. 10443/19; C.C. 15603/05).

Trust: La costituzione di un trust è di per sé foriera di una riduzione della garanzia patrimoniale in quanto i beni assoggettati a trust sono segregati a vantaggio dei beneficiari (C.C. 5814/19).

2741. Concorso dei creditori e cause di prelazione. – I creditori hanno eguale diritto di essere soddisfatti sui beni del debitore, salve le cause legittime di prelazione (52 l. fall.).

Sono cause legittime di prelazione i privilegi (2745 ss.), il pegno (2784 ss.) e le ipoteche (2808 ss.).

2742. Surrogazione dell'indennità alla cosa. – Se le cose soggette a privilegio (2745 ss.), pegno (2784) o ipoteca (2808) sono perite (2743, 2878, n. 4) o deteriorate, le somme dovute dagli assicuratori per indennità della perdita o del deterioramento (1905 ss.) sono vincolate al pagamento dei crediti privilegiati, pignoratizi o ipotecari, secondo il loro grado, eccetto che le medesime vengano impiegate a riparare la perdita o il deterioramento (553, 1026 c.n.). L'autorità giudiziaria può, su istanza degli interessati, disporre le opportune cautele per assicurare l'impiego delle somme nel ripristino o nella riparazione della cosa.

Gli assicuratori sono liberati qualora paghino dopo trenta giorni dalla perdita o dal deterioramento, senza che sia stata fatta opposizione (2906[2]). Quando però si tratta di immobili su cui gravano iscrizioni, gli assicuratori non sono liberati se non dopo che è decorso senza opposizione il termine di trenta giorni dalla notificazione ai creditori iscritti (2844) del fatto che ha dato luogo alla perdita o al deterioramento.

Sono del pari vincolate al pagamento dei crediti suddetti le somme dovute per causa di servitù coattive (1032) o di comunione forzosa (874, 1117) o di espropriazione per pubblico interesse (834), osservate, per quest'ultima, le disposizioni della legge speciale (1259, 1781).

2743. Diminuzione della garanzia. – Qualora la cosa data in pegno o sottoposta a ipoteca perisca o si deteriori, anche per caso fortuito, in modo da essere insufficiente alla sicurezza del creditore, questi può chiedere che gli sia prestata idonea garanzia su altri beni e, in mancanza, può chiedere l'immediato pagamento del suo credito (1186, 1844[2], 1850, 1867, n. 2, 1877, 2795, 2813).

2744. Divieto del patto commissorio. – È nullo (1418 ss.) il patto col quale si conviene che, in mancanza del pagamento del credito nel termine fissato, la proprietà della cosa ipotecata o data in pegno passi al creditore. Il patto è nullo anche se posteriore alla costituzione dell'ipoteca o del pegno (1963, 2796, 2798).

NOTE OPERATIVE:

Ambito di applicazione: Il divieto di patto commissorio si estende a qualsiasi negozio, quale ne sia il contenuto, che venga impiegato per conseguire il risultato concreto, vietato dall'ordinamento, dell'illecita coercizione del debitore a sottostare alla volontà del creditore (C.C. 3385/23 – Conf. C.C. 22903/18; C.C. 23617/17; C.C. 15486/14), ancorché di per sé astrattamente lecito (C.C. 12462/13).

Capo II
Dei privilegi

Sezione I
Disposizioni generali

2745. Fondamento del privilegio. – Il privilegio (2741[2]) è accordato dalla legge in considerazione della causa del credito (1232; 551 c.n.). La costituzione del privilegio può tuttavia dalla legge essere subordinata (2775[2]) alla convenzione delle parti (2766[3]); può anche essere subordinata a particolari forme di pubblicità (2762, 2810[3]).

2746. Distinzione dei privilegi. – Il privilegio è generale o speciale. Il primo si esercita su tutti i beni mobili del debitore (2751 ss.), il secondo su determinati beni mobili (2755 ss.) o immobili (812, 2770 ss.).

NOTE OPERATIVE:

Privilegio generale: Il privilegio generale – modo di essere o, come si dice, qualità del credito impressagli dalla legge – fa sì che il credito in sé acquisti, sin dalla sua nascita, il rango particolare che gli è attribuito (C.C. 17738/22).

2747. Efficacia del privilegio. – Il privilegio generale non può esercitarsi in pregiudizio dei diritti spettanti ai terzi sui mobili che ne formano oggetto (1153, 2777 ss.), salvo quanto è disposto dagli articoli 2913, 2914, 2915 e 2916 (528[2] c.p.c.).

Se la legge non dispone diversamente (2756[2], 2757[3], 2760, 2761[4], 2764[6], 2765[3]), il privilegio speciale sui mobili, sempre che sussista la particolare situazione alla quale è subordinato, può esercitarsi in pregiudizio dei diritti acquistati dai terzi posteriormente al sorgere di esso.

2748. Efficacia del privilegio speciale rispetto al pegno e alle ipoteche. – Se la legge non dispone altrimenti, il privilegio speciale sui beni mobili non può esercitarsi in pregiudizio del creditore pignoratizio (2777, 2781).

I creditori che hanno privilegio sui beni immobili sono preferiti ai creditori ipotecari se la legge non dispone diversamente (2772).

2749. Estensione del privilegio. – Il privilegio accordato al credito si estende alle spese ordinarie per l'intervento nel processo di esecuzione (2755, 2770; 498 ss. c.p.c.). Si estende anche agli interessi dovuti per l'anno in corso alla data del pignoramento (491 ss. c.p.c.) e per quelli dell'anno precedente.

Gli interessi successivamente maturati hanno privilegio nei limiti della misura legale (1284) fino alla data della vendita (2788, 2855).

2750. Privilegi marittimi, aeronautici e privilegi stabiliti da leggi speciali. – I privilegi sulla nave, sul nolo e sulle cose caricate e i privilegi sull'aeromobile, sul nolo e sulle cose caricate sono regolati dal codice della navigazione (548 ss., 673 ss., 1022 ss., 1072 ss. c.n.).

Ai privilegi previsti da leggi speciali si applicano le norme di questo capo, se non è diversamente disposto.

Sezione II
Dei privilegi sui mobili

§. 1
Dei privilegi generali sui mobili

2751. Crediti per spese funebri, d'infermità, alimenti. – Hanno privilegio generale sui mobili (2746, 2769), nell'ordine che segue, i crediti riguardanti (2776):

1) le spese funebri necessarie secondo gli usi (2778, n. 17);

2) le spese d'infermità fatte negli ultimi sei mesi della vita del debitore (2778, n. 17);

3) le somministrazioni di vitto, vesti e alloggio, nei limiti della stretta necessità, fatte al debitore per lui e per la sua famiglia negli ultimi sei mesi;

4) i crediti di alimenti (433) per gli ultimi tre mesi a favore delle persone alle quali gli alimenti sono dovuti per legge.

2751 *bis*. (1) Crediti per retribuzioni e provvigioni, crediti dei coltivatori diretti, delle società od enti cooperativi e delle imprese artigiane. – Hanno privilegio generale sui mobili i crediti riguardanti (2776, 2777):

1) le retribuzioni (2099, 2108 ss.) dovute, sotto qualsiasi forma, ai prestatori di lavoro subordinato (2094) e tutte le indennità dovute per effetto della cessazione del rapporto di lavoro (2118, 2120 ss.), nonché il credito del lavoratore per i danni conseguenti alla mancata corresponsione, da parte del datore di lavoro, dei contributi previdenziali ed assicurativi obbligatori (2114 ss.) ed il credito per il risarcimento del danno subito per effetto di un licenziamento inefficace, nullo o annullabile (2118, 2777) (2) (3);

2) le retribuzioni dei professionisti, compresi il contributo integrativo da versare alla rispettiva cassa di previdenza ed assistenza e il credito di rivalsa per l'imposta sul valore aggiunto, (4) e di ogni altro prestatore d'opera intellettuale dovute per gli ultimi due anni di prestazione (2233, 2777) (5);

3) le provvigioni (1748) derivanti dal rapporto di agenzia (1742 ss.) dovute per l'ultimo anno di prestazione e le indennità dovute per la cessazione del rapporto medesimo (1751, 2777) (6);

4) i crediti del coltivatore diretto (1647), sia proprietario che affittuario, mezzadro (2141 ss.), colono (2164), soccidario (2170 ss.) o comunque compartecipante, per i corrispettivi della vendita dei prodotti, nonché i crediti del mezzadro o del colono indicati dall'art. 2765 (2777);

5) i crediti dell'impresa artigiana (2083), definita ai sensi delle disposizioni legislative vigenti, nonché delle società ed enti cooperativi di produzione e lavoro (2511 ss.) per i corrispettivi dei servizi prestati e della vendita dei manufatti (2777) (7) (8);

5 *bis*) i crediti delle società cooperative agricole e dei loro consorzi per i corrispettivi della vendita dei prodotti (9).

5 *ter*) i crediti delle imprese fornitrici di lavoro temporaneo di cui alla legge 24 giugno 1997, n. 196, per gli oneri retributivi e previdenziali addebitati alle imprese utilizzatrici (10).

(1) *Articolo aggiunto dall'art. 2 della L. 29 luglio 1975, n. 426, modificazioni al codice civile e alla L. 30 aprile 1969, n. 153, in materia di privilegi.*

(2) *La Corte costituzionale, con sentenza n. 220 del 29 maggio 2002, ha dichiarato l'illegittimità costituzionale di questo numero nella parte in cui non munisce del privilegio generale sui mobili il credito del lavoro subordinato per danni conseguenti a malattia professionale, della quale sia responsabile il datore di lavoro.*

(3) *La Corte costituzionale, con sentenza n. 326 del 17 novembre 1983, ha dichiarato l'illegittimità costituzionale di questo numero nella parte in cui non munisce del privilegio generale istituito dall'art. 2 della legge n. 426/1975 il credito del lavoratore subordinato per danni conseguenti ad infortunio sul lavoro, del quale sia responsabile il datore di lavoro, se e nei limiti in cui il creditore non sia soddisfatto della percezione delle indennità previdenziali e assistenziali obbligatorie dovute al lavoratore subordinato in dipendenza dello stesso infortunio.*

(4) *Le parole: «, compresi il contributo integrativo da versare alla rispettiva cassa di previdenza ed assistenza e il credito di rivalsa per l'imposta sul valore aggiunto,» sono state inserite dall'art. 1, comma 474, della L. 27 dicembre 2017, n. 205, a decorrere dal 1° gennaio 2018.*

(5) *La Corte costituzionale, con sentenza n. 1 del 29 gennaio 1998, ha dichiarato l'illegittimità costituzionale di questo numero limitatamente alla parola: «intellettuale».*

(6) *La Corte costituzionale, con sentenza n. 167 del 1° luglio 2022, ha dichiarato l'illegittimità costituzionale di questo numero e dell'art. 1, comma 474, della L. 27 dicembre 2017, n. 205, nella parte in cui non prevedono, in favore dell'agente che svolga una prestazione di opera continuativa e coordinata, prevalentemente personale, il privilegio generale sui mobili esteso al credito di rivalsa per l'imposta sul valore aggiunto (IVA) sulle provvigioni dovute per l'ultimo anno di prestazione.*

(7) *Questo numero è stato così sostituito dall'art. 36, del D.L. 9 febbraio 2012, n. 5, convertito, con modificazioni, nella L. 4 aprile 2012, n. 35.*

(8) *A norma dell'art. 82, comma 3 bis, del D.L. 21 giugno 2013, n. 69, convertito, con modificazioni, nella L. 9 agosto 2013, n. 98, al fine di garantire i crediti spettanti alle cooperative di lavoro, in relazione alla loro finalità mutualistica, il privilegio di cui a questo numero spettante per corrispettivi dei servizi prestati e dei manufatti prodotti, è riconosciuto qualora le medesi-*

me cooperative abbiano superato positivamente o abbiano comunque richiesto la revisione di cui al decreto legislativo 2 agosto 2002, n. 220.

(9) *Numero aggiunto dall'art. 18 della L. 31 gennaio 1992, n. 59, in materia di società cooperative.*

(10) *Questo numero è stato aggiunto dall'art. 117, comma 2, della L. 23 dicembre 2000, n. 388.*

2752. (1) **Crediti per tributi diretti dello Stato, per imposta sul valore aggiunto e per tributi degli enti locali.** – Hanno privilegio generale sui mobili del debitore i crediti dello Stato per le imposte e le sanzioni dovute secondo le norme in materia di imposta sul reddito delle persone fisiche, imposta sul reddito delle persone giuridiche, imposta sul reddito delle società, imposta regionale sulle attività produttive ed imposta locale sui redditi (2).

[Se si tratta di ruoli suppletivi, e si procede per imposte relative a periodi d'imposta anteriori agli ultimi due, il privilegio non può esercitarsi per un importo superiore a quello degli ultimi due anni, qualunque sia il periodo cui le imposte si riferiscono] (3).

Hanno altresì privilegio generale sui mobili del debitore i crediti dello Stato per le imposte, le pene pecuniarie e le soprattasse dovute secondo le norme relative all'imposta sul valore aggiunto (2778, n. 19) (4).

Hanno lo stesso privilegio, subordinatamente a quello dello Stato, i crediti per le imposte, tasse e tributi dei comuni e delle province previste dalla legge per la finanza locale (5) e dalle norme relative all'imposta comunale sulla pubblicità e ai diritti sulle pubbliche affissioni (2778, n. 20) (6).

(1) *Articolo sostituito dall'art. 3 della L. 29 luglio 1975, n. 426, modificazioni al codice civile e alla L. 30 aprile 1969, n. 153, in materia di privilegi.*

(2) *Le parole: «per l'imposta sul reddito delle persone fisiche, per l'imposta sul reddito delle persone giuridiche, per l'imposta regionale sulle attività produttive e per l'imposta locale sui redditi, diversi da quelli indicati nel primo comma dell'articolo 2771, iscritti nei ruoli resi esecutivi nell'anno in cui il concessionario del servizio di riscossione procede o interviene nell'esecuzione e nell'anno precedente» sono state così sostituite dalle attuali: «per le imposte e le sanzioni dovute secondo le norme in materia di imposta sul reddito delle persone fisiche, imposta sul reddito delle persone giuridiche, imposta sul reddito delle società, imposta regionale sulle attività produttive ed imposta locale sui redditi» dall'art. 23, comma 37, del D.L. 6 luglio 2011, n. 98, convertito, con modificazioni, nella L. 15 luglio 2011, n. 111. Tale disposizione si osserva anche per i crediti sorti anteriormente all'entrata in vigore del presente decreto (*).*

(*) *La Corte costituzionale, con sentenza n. 170 del 4 luglio 2013, ha dichiarato l'illegittimità costituzionale dell'art. 23, commi 37, ultimo periodo e 40 del citato D.L. n. 98/2011.*

(3) *Questo comma è stato soppresso dall'art. 33, lett. b), del D.L.vo 26 febbraio 1999, n. 46, a decorrere dall'1 luglio 1999.*

(4) *Si veda il D.P.R. 26 ottobre 1972, n. 633, istituzione e disciplina dell'imposta sul valore aggiunto, e successive integrazioni e modificazioni.*

(5) *A norma dell'art. 13, comma 13, del D.L. 6 dicembre 2011, n. 201, convertito, con modificazioni, nella L. 22 dicembre 2011, n. 214, il riferimento alla "legge per la finanza locale" si intende effettuato a tutte disposizioni che disciplinano i singoli tributi comunali e provinciali.*

(6) *Si veda il D.L.vo 15 novembre 1993, n. 507.*

2753. Crediti per contributi di assicurazione obbligatoria per l'invalidità, la vecchiaia e i superstiti. – Hanno privilegio generale sui mobili del datore di lavoro i crediti derivanti dal mancato versamento dei contributi ad istituti, enti o fondi speciali, compresi quelli sostitutivi o integrativi, che gestiscono forme di assicurazione obbligatoria per l'invalidità, la vecchiaia ed i superstiti (2114 ss., 2778, n. 1).

2754. Crediti per contributi relativi ad altre forme di assicurazione. – Hanno pure privilegio generale sui mobili del datore di lavoro i crediti per i contributi dovuti a istituti ed enti per forme di tutela previdenziale e assistenziale diverse da quelle indicate dal precedente articolo, nonché gli accessori, limitatamente al cinquanta per cento del loro ammontare, relativi a tali crediti ed a quelli indicati dal precedente articolo (2778 n. 8).

§. 2
Dei privilegi sopra determinati mobili

2755. Spese per atti conservativi o di espropriazione. – I crediti per spese di giustizia fatte per atti conservativi (2905; 671 c.p.c.) o per espropriazione di beni mobili (2910; 513 c.p.c.; 6 l. fall.) nell'interesse comune dei creditori hanno privilegio sui beni stessi (2777).

2756. Crediti per prestazioni e spese di conservazione e miglioramento. – I crediti per le prestazioni e le spese relative alla conservazione o al miglioramento di beni mobili hanno privilegio sui beni stessi, purché questi si trovino ancora presso chi ha fatto le prestazioni o le spese (1152, 2769, 2778, n. 4).

Il privilegio ha effetto anche in pregiudizio dei terzi che hanno diritti sulla cosa (1153, 2747[2]), qualora chi ha fatto le prestazioni o le spese sia stato in buona fede (1147).

Il creditore può ritenere la cosa soggetta al privilegio finché non è soddisfatto del suo credito e può anche venderla secondo le norme stabilite per la vendita del pegno (2797; 502 c.p.c.; 53 l. fall.).

2757. Crediti per somministrazioni e lavori occorrenti per la produzione agricola. – I crediti per le somministrazioni di sementi, di materie fertilizzanti e antiparassitarie e di acqua per irrigazione, come pure i crediti per lavori di coltivazione e di raccolta dell'annata agricola (821) hanno privilegio sui frutti (820), alla cui produzione abbiano concorso (2778, nn. 5 e 6).

Il privilegio si può esercitare finché i frutti si trovano nel fondo o nelle sue dipendenze.

Si applica la disposizione del secondo comma dell'articolo 2756 (2747[2]).

2758. Crediti per tributi indiretti. – I crediti dello Stato per i tributi indiretti hanno privilegio sui mobili ai quali i tributi si riferiscono e sugli altri beni indicati dalle leggi relative, con l'effetto da esse stabilito (2778, n. 7).

Eguale privilegio hanno i crediti di rivalsa verso il cessionario ed il committente previsti dalle norme relative all'imposta sul valore aggiunto, sui beni che hanno formato oggetto della cessione o ai quali si riferisce il servizio.

Il privilegio, per quanto riguarda l'imposta di successione, non ha effetto in pregiudizio dei creditori che hanno esercitato il diritto di separazione dei beni del defunto da quelli dell'erede (512 ss.).

2759. Crediti per le imposte sul reddito. – I crediti dello Stato per l'imposta sul reddito delle persone fisiche, sul reddito delle persone giuridiche e per l'imposta locale sui redditi (2752), dovuta per i due anni anteriori a quello in cui si procede, hanno privilegio, limitatamente all'imposta o alla quota d'imposta imputabile al reddito d'impresa, sopra i mobili che servono all'esercizio di imprese commerciali e sopra le merci che si trovano nel locale adibito all'esercizio stesso o nell'abitazione dell'imprenditore (2778, n. 7).

Il privilegio si applica sui beni indicati nel comma precedente ancorché appartenenti a persona diversa dall'imprenditore, salvo che si tratti di beni rubati o smarriti, di merci affidate all'imprenditore per la lavorazione o di merci non ancora nazionalizzate munite di regolare bolletta doganale.

Qualora l'accertamento del reddito iscritto a ruolo sia stato determinato sinteticamente ai fini dell'imposta sul reddito delle persone fisiche, la ripartizione proporzionale dell'imposta, prevista dal primo comma, viene effettuata sulla base dei diritti iscritti o iscrivibili ai fini dell'imposta locale sui redditi ([1]).

([1]) *Questa imposta è stata sostituita, a decorrere dal 1998, dall'imposta regionale sulle attività produttive (Irap).*

2760. Crediti dell'albergatore. – I crediti dell'albergatore per mercedi e somministrazioni verso le persone albergate (2954) hanno privilegio (2778, n. 12) sulle cose da queste portate nell'albergo e nelle dipendenze e che continuano a trovarvisi (1783, 1784, 1786).

Il privilegio ha effetto anche in pregiudizio dei terzi (2747[2]) che hanno diritto sulle cose stesse, a meno che l'albergatore fosse a conoscenza di tali diritti al tempo in cui le cose sono state portate nell'albergo (2778, n. 12).

2761. ([1]) **Crediti del vettore, dello spedizioniere, del mandatario, del depositario e del sequestratario.** – I crediti dipendenti dal contratto di trasporto (1678 ss., 2951) e di spedizione e quelli per le spese d'imposta anticipate dal vettore o dallo spedizioniere hanno privilegio sulle cose trasportate o spedite finché queste rimangono presso di lui (1702). Tale privilegio può essere esercitato anche su beni oggetto di un trasporto o di una spedizione diversi da quelli per cui è sorto il credito purché tali trasporti o spedizioni costituiscano esecuzione di un unico contratto per prestazioni periodiche o continuative.

I crediti derivanti dall'esecuzione del mandato hanno privilegio sulle cose del mandante che il mandatario detiene per l'esecuzione del mandato.

Qualora il mandatario abbia provveduto a pagare i diritti doganali per conto del mandante, il suo credito ha il privilegio di cui all'articolo 2752.

I crediti derivanti dal deposito (1767, 1781, 1787 ss.) o dal sequestro convenzionale a favore del depositario e del sequestratario (1802) hanno parimenti privilegio sulle cose che questi detengono per effetto del deposito o del sequestro.

Si applicano a questi privilegi le disposizioni del secondo e del terzo comma dell'articolo 2756.

([1]) *Questo articolo è stato così sostituito dall'art. 30 bis, comma 1, lett. e), del D.L. 6 novembre 2021, n. 152, convertito, con modificazioni, nella L. 29 dicembre 2021, n. 233.*

2762. Privilegio del venditore di macchine. – Chi ha venduto macchine per un prezzo superiore a € 15,49 ha privilegio (2778, n. 14) per il prezzo non pagato sulle macchine vendute e consegnate, anche se sono incorporate o congiunte all'immobile di proprietà del compratore o di un terzo (819).

Il privilegio è subordinato alla trascrizione dei documenti, dai quali la vendita e il credito risultano, nel registro indicato dal secondo comma dell'art. 1524. La trascrizione è eseguita presso il tribunale nella giurisdizione del quale è collocata la macchina.

Il privilegio dura per un triennio dalla data della vendita e ha effetto fino a quando la macchina si trova in possesso del compratore nel luogo dove è stata eseguita la trascrizione, salvo il caso di sottrazione fraudolenta.

Il privilegio stabilito in questo articolo spetta anche alle banche autorizzate all'esercizio di prestiti con garanzia sul macchinario (2778, n. 14), le quali abbiano anticipato al compratore il prezzo per l'acquisto. Il privilegio sussiste a condizione che il documento rilasciato a prova della sovvenzione indichi lo scopo, l'ammontare e la scadenza del credito, contenga l'esatta designazione della macchina soggetta al privilegio e sia trascritto a norma del secondo comma di questo articolo.

Se il privilegio della banca concorre con quello del venditore, è preferito il creditore che ha trascritto per primo (2769).

2763. Crediti per canoni enfiteutici. – I crediti del concedente per il canone dovuto dall'enfiteuta per l'anno in corso e per il precedente (960, 972, n. 2) hanno privilegio (2778, n. 15) sui frutti (820) dell'anno e su quelli raccolti anteriormente, purché si trovino nel fondo o nelle sue dipendenze (2815[2]).

2764. Crediti del locatore di immobili. – Il credito delle pigioni e dei fitti degli immobili (1571 ss., 1615 ss.) ha privilegio (2778, n. 16) sui frutti (820) dell'anno e su quelli raccolti anteriormente, nonché sopra tutto ciò che serve a fornire l'immobile o a coltivare il fondo locato.

Il privilegio sussiste per il credito dell'anno in corso, dell'antecedente e dei successivi, se la locazione ha data certa (2704), e, in caso diverso, per quello dell'anno in corso e del susseguente.

Lo stesso privilegio ha il credito dipendente da mancate riparazioni le quali siano a carico del conduttore (1576, 1609, 1621), il credito per i danni arrecati all'immobile locato, per la mancata restituzione delle scorte (1640) e ogni altro credito dipendente da inadempimento del contratto (80 l. fall.).

Il privilegio sui frutti sussiste finché si trovano nel fondo o nelle sue dipendenze. Esso si può far valere anche nei confronti del subconduttore (1595, 2769).

Il privilegio sulle cose che servono a fornire l'immobile locato o alla coltivazione del fondo sussiste pure se le cose appartengono al subconduttore, nei limiti in cui il locatore ha azione contro il medesimo (1595, 2765).

Il privilegio sulle cose che servono a fornire l'immobile locato ha luogo altresì nei confronti dei terzi, finché le cose si trovano nell'immobile, salvo che si provi che il locatore conoscesse il diritto del terzo al tempo in cui sono state introdotte (1153, 1519, 2747[2]; 621, 622 c.p.c.).

Qualora le cose che servono a fornire la casa o il fondo locato ovvero a coltivare il medesimo vengano asportate dall'immobile senza il consenso del locatore, questi conserva su di esse il privilegio, purché ne domandi il sequestro, nei modi stabiliti dal codice di procedura civile per il sequestro conservativo (671 ss. c.p.c.), entro il termine di trenta giorni dall'asportazione, se si tratta di mobili che servono a fornire o a coltivare il fondo rustico, e di quindici giorni, se si tratta di mobili che servono a fornire la casa (2769). Restano salvi in ogni caso i diritti acquistati dopo l'asportazione dai terzi che ignoravano l'esistenza del privilegio (1153, 1519, 2755, 2778, n. 16; 80 l. fall.).

2765. Crediti derivanti dai contratti di mezzadria e di colonia. – Colui che concede un fondo a mezzadria (2141 ss.) o a colonia (2164 ss.) e il mezzadro o il colono hanno, per i crediti derivanti dal contratto, privilegio (2778, n. 16) sulla rispettiva parte dei frutti (820) e sulle cose che servono a coltivare o a fornire il fondo dato a mezzadria o a colonia.

Il privilegio sui frutti sussiste finché questi si trovano nel fondo o nelle sue dipendenze.

Si applicano le disposizioni degli ultimi tre commi dell'art. 2764 (1519, 2747[2]).

2766. (1) **[Crediti degli istituti di credito agrario.** – Gli istituti che esercitano il credito agrario hanno privilegio (2778, n. 6) sui frutti del fondo (820) per i mutui concessi per la conduzione dell'azienda agraria e per l'utilizzazione, manipolazione e trasformazione dei prodotti (2778, n. 3).

Per i mutui concessi per acquisto di bestiame, di macchine e di attrezzi agricoli essi hanno eguale privilegio sulle cose acquistate con il danaro preso a mutuo (2778, n. 3).

A garanzia dei crediti indicati dai commi precedenti, nonché dei mutui per opere di miglioramento del fondo può essere inoltre costituito un privilegio sui frutti del fondo e sopra tutto ciò che serve a coltivare o a fornire il fondo stesso, limitatamente alla parte di valore che eccede l'ammontare dei crediti assistiti dal privilegio indicato dai due commi anzidetti (2778, n. 9).

I privilegi previsti da questo articolo sono regolati dalle leggi speciali].

(1) *Articolo abrogato dall'art. 161 del D.L.vo 1° settembre 1993, n. 385, recante testo unico delle leggi in materia bancaria e creditizia.*

2767. Crediti per risarcimento di danni contro l'assicurato. – Nel caso di assicurazione della responsabilità civile (1917), il credito del danneggiato per il risarcimento ha privilegio (2778, n. 11) sull'indennità dovuta dall'assicuratore (1917, 2947, 2952).

2768. Crediti dipendenti da reato. – Per i crediti dipendenti da reato (2947) hanno privilegio (2778, n. 10) sulle cose sequestrate lo Stato e le altre persone indicate dal codice penale (189 c.p.), secondo le disposizioni del codice stesso (185 ss. c.p.) e del codice di procedura penale (252, 253, 262, 354 c.p.p.).

2769. Sequestro della cosa soggetta a privilegio. – Il creditore che ha privilegio su una cosa mobile, se ha fondati motivi di temere la rimozione della cosa dalla particolare situazione alla quale è subordinata la sussistenza del privilegio, può domandarne il sequestro conservativo (2764[7], 2905; 671 c.p.c.).

Sezione III
Dei privilegi sopra gli immobili

2770. Crediti per atti conservativi o di espropriazione. – I crediti per le spese di giustizia fatte per atti conservativi (2905 ss.; 671 c.p.c.) o per l'espropriazione di beni immobili (555 c.p.c.; 6 l. fall.) nell'interesse comune dei creditori sono privilegiati sul prezzo degli immobili stessi.

Del pari ha privilegio il credito dell'acquirente di un immobile per le spese fatte per la dichiarazione di liberazione dell'immobile dalle ipoteche (2777, 2889 ss.; 792, 795[5] c.p.c.).

2771. (1) **[Crediti per le imposte sui redditi immobiliari.** – I crediti dello Stato per l'imposta sul reddito delle persone fisiche, per l'imposta sul reddito delle persone giuridiche e per l'imposta locale sui redditi, limitatamente all'imposta o alla quota proporzionale di imposta imputabile ai redditi immobiliari, compresi quelli di natura fondiaria non determinabili catastalmente, sono privilegiati sopra gli immobili tutti del contribuente situati nel territorio del comune in cui il tributo si riscuote e sopra i frutti, i fitti e le pigioni degli stessi immobili, senza pregiudizio dei mezzi speciali di esecuzione autorizzati dalla legge (2778, n. 2, 2780, n. 1).

Il privilegio previsto nel primo comma è limitato alle imposte iscritte nei ruoli resi esecutivi nell'anno in cui il concessionario del servizio di riscossione procede o interviene nell'esecuzione e nell'anno precedente.

Qualora l'accertamento del reddito iscritto a ruolo sia stato determinato sinteticamente ai fini dell'imposta sul reddito delle persone fisiche, la ripartizione proporzionale dell'imposta, prevista dal primo comma, viene effettuata sulla base dei redditi iscritti o iscrivibili ai fini dell'imposta locale sui redditi].

(1) *Questo articolo è stato dapprima sostituito dall'art. 7 della L. 29 luglio 1975, n. 426 e successivamente abrogato dall'art. 23, comma 38, del D.L. 6 luglio 2011, n. 98, convertito, con modificazioni, nella L. 15 luglio 2011, n. 111.*

2772. Crediti per tributi indiretti. – Hanno pure privilegio i crediti dello Stato per ogni tributo indiretto, nonché quelli derivanti dall'applicazione dell'imposta comunale sull'incremento di valore degli immobili, sopra gli immobili ai quali il tributo si riferisce (2780, nn. 4 e 5).

I crediti dello Stato, derivanti dall'applicazione dell'imposta sul valore aggiunto, hanno privilegio, in caso di responsabilità solidale del cessionario, sugli immobili che hanno formato oggetto della cessione o ai quali si riferisce il servizio prestato (2780, n. 4).

Eguale privilegio hanno i crediti di rivalsa, verso il cessionario ed il committente, previsti dalle norme relative all'imposta sul valore aggiunto, sugli immobili che hanno formato oggetto della cessione o ai quali si riferisce il servizio (2780, n. 4).

Il privilegio non si può esercitare in pregiudizio dei diritti che i terzi hanno anteriormente acquistato sugli immobili.

Per le imposte suppletive il privilegio non si può neppure esercitare in pregiudizio dei diritti acquistati successivamente dai terzi.

Lo stesso privilegio, per quanto riguarda l'imposta di successione, non ha effetto a danno dei creditori del defunto che hanno iscritto la loro ipoteca nei tre mesi dalla morte di lui (2829), né ha effetto a danno dei creditori che hanno esercitato il diritto di separazione dei beni del defunto da quelli dell'erede (512, 2758).

2773. [Crediti dei comuni e delle province per tributi. – (*Omissis*)] ([1]).

([1]) *Articolo abrogato dall'art. 9 della L. 29 luglio 1975, n. 426, modificazioni al codice civile e alla L. 30 aprile 1969, n. 153, in materia di privilegi.*

2774. Crediti per concessione di acque. – I crediti dello Stato per i canoni dovuti dai concessionari di acque pubbliche o di acque derivate da canali demaniali (822) ovvero per i lavori eseguiti d'ufficio sono privilegiati (2780, n. 3) sugli impianti, in conformità delle leggi speciali.

Tale privilegio, per quanto riguarda i canoni, non è opponibile ai terzi che hanno acquistato diritti sugli immobili anteriormente all'atto di concessione o, trattandosi di crediti per lavori, anteriormente al sorgere dei crediti stessi (822, 2780, n. 3).

2775. Contributi per opere di bonifica e di miglioramento. – I crediti per i contributi indicati dall'art. 864 sono privilegiati sugli immobili che traggono beneficio dalle opere di bonifica (857) o di miglioramento (2780, n. 2).

La costituzione del privilegio per le opere di miglioramento è subordinata all'osservanza delle leggi speciali.

2775 *bis*. Credito per mancata esecuzione di contratti preliminari. – Nel caso di mancata esecuzione del contratto preliminare trascritto ai sensi dell'articolo 2645 *bis*, i crediti del promissario acquirente che ne conseguono hanno privilegio speciale sul bene immobile oggetto del contratto preliminare (2745-2748, 2780, n. 5 *bis*), sempre che gli effetti della trascrizione non siano cessati al momento della risoluzione del contratto risultante da atto avente data certa, ovvero al momento della domanda giudiziale di risoluzione del contratto o di condanna al pagamento, ovvero al momento della trascrizione del pignoramento o al momento dell'intervento nella esecuzione promossa da terzi.

Il privilegio non è opponibile ai creditori garantiti da ipoteca relativa a mutui erogati al promissario acquirente per l'acquisto del bene immobile nonché ai creditori garantiti da ipoteca ai sensi dell'articolo 2825 *bis*.

2776. Collocazione sussidiaria sugli immobili. – I crediti relativi al trattamento di fine rapporto (2120) nonché all'indennità di cui all'art. 2118 sono collocati sussidiariamente, in caso di infruttuosa esecuzione sui mobili, sul prezzo degli immobili, con preferenza rispetto ai crediti chirografari.

I crediti indicati dagli artt. 2751 e 2751 *bis*, ad eccezione di quelli indicati al precedente comma, ed i crediti per contributi dovuti a istituti, enti o fondi speciali, compresi quelli sostitutivi o integrativi, che gestiscono forme di assicurazione obbligatoria per l'invalidità, la vecchiaia ed i superstiti, di cui all'art. 2753, sono collocati sussidiariamente, in caso di infruttuosa esecuzione sui mobili, sul prezzo degli immobili, con preferenza rispetto ai crediti chirografari, ma dopo i crediti indicati al primo comma.

I crediti dello Stato indicati dal primo e ([1]) dal terzo comma dell'art. 2752 sono collocati sussidiariamente, in caso di infruttuosa esecuzione sui mobili, sul prezzo degli immobili, con preferenza rispetto ai crediti chirografari, ma dopo i crediti indicati al comma precedente.

([1]) *Le parole: «dal primo e» sono state inserite dall'art. 23, comma 39, del D.L. 6 luglio 2011, n. 98, convertito, con modificazioni, nella L. 15 luglio 2011, n. 111. Tale disposizione si osserva anche per i crediti sorti anteriormente alla data di entrata in vigore del presente decreto* (*).

(*) *La Corte costituzionale con sentenza n. 176 del 13 luglio 2017, ha dichiarato l'illegittimità costituzionale di questo periodo.*

Sezione IV
Dell'ordine dei privilegi

2777. Preferenza delle spese di giustizia e di altri crediti. – I crediti per spese di giustizia enunciati dagli articoli 2755 e 2770 sono preferiti ad ogni altro credito anche pignoratizio o ipotecario (2748, 2778, 2780).

Immediatamente dopo le spese di giustizia sono collocati i crediti aventi privilegio generale mobiliare di cui all'art. 2751 *bis* nell'ordine seguente:

a) i crediti di cui all'art. 2751 *bis*, n. 1;
b) i crediti di cui all'art. 2751 *bis*, nn. 2 e 3;
c) i crediti di cui all'art. 2751 *bis*, nn. 4 e 5.

I privilegi che le leggi speciali dichiarano preferiti ad ogni altro credito sono sempre posposti al privilegio per le spese di giustizia ed ai privilegi indicati nell'art. 2751 *bis* (2782).

2778. Ordine degli altri privilegi sui mobili. – Salvo quanto è disposto dall'art. 2777, nel concorso di crediti aventi privilegio generale (2751 ss.) o speciale (2755-2769) sulla medesima cosa, la prelazione si esercita nell'ordine che segue:

1) i crediti per contributi ad istituti, enti o fondi speciali – compresi quelli sostitutivi o integrativi – che gestiscono forme di assicurazione obbligatoria per l'invalidità, la vecchiaia ed i superstiti, indicati dall'art. 2753;

2) i crediti per le imposte sui redditi immobiliari, indicati dall'art. 2771, quando il privilegio si esercita separatamente sopra i frutti, i fitti e le pigioni degli immobili;

[3) i crediti degli istituti esercenti il credito agrario, indicati dai due primi commi dell'art. 2766] (1);

4) i crediti per prestazioni e spese di conservazione e miglioramento di beni mobili, indicati dall'art. 2756;

5) i crediti per le mercedi dovute ai lavoratori impiegati nelle opere di coltivazione e di raccolta, indicati dall'art. 2757;

6) i crediti per sementi e materie fertilizzanti e antiparassitarie e per somministrazione di acqua per irrigazione, nonché i crediti per i lavori di coltivazione e di raccolta indicati dall'art. 2757. Qualora tali crediti vengano in concorso tra loro, sono preferiti quelli di raccolta, seguono quelli di coltivazione e, infine, gli altri crediti indicati dallo stesso articolo;

7) i crediti per i tributi indiretti, indicati dall'art. 2758, salvo che la legge speciale accordi un diverso grado di preferenza, e i crediti per le imposte sul reddito, indicati dall'art. 2759;

8) i crediti per contributi dovuti a istituti ed enti per forme di tutela previdenziale e assistenziale indicati dall'art. 2754, nonché gli accessori, limitatamente al cinquanta per cento del loro ammontare, relativi a tali crediti ed a quelli indicati dal precedente n. 1) del presente articolo;

[9) i crediti degli istituti esercenti il credito agrario, indicati dal terzo comma dell'art. 2766] (1);

10) i crediti dipendenti da reato, indicati dall'art. 2768, sulle cose sequestrate, nei casi e secondo l'ordine stabiliti dal codice penale (191 c.p.) e dal codice di procedura penale (539 ss. c.p.p.);

11) i crediti per risarcimento, indicati dall'art. 2767;

12) i crediti dell'albergatore, indicati dall'art. 2760;

13) i crediti del vettore, del mandatario, del depositario e sequestratario, indicati dall'art. 2761;

14) i crediti del venditore di macchine o della banca per le anticipazioni del prezzo, indicati dall'art. 2762;

15) i crediti per canoni enfiteutici, indicati dall'art. 2763;

16) i crediti del locatore e i crediti del concedente dipendenti dai contratti di mezzadria e colonia, indicati rispettivamente dagli articoli 2764 e 2765;

17) i crediti per spese funebri, d'infermità, per somministrazioni ed alimenti, nell'ordine indicato dall'art. 2751;

18) i crediti dello Stato per tributi diretti, indicati dal primo comma dell'art. 2752;

19) i crediti dello Stato indicati dal terzo comma dell'art. 2752;

20) i crediti degli enti locali per tributi, indicati dal quarto comma dell'art. 2752.

(1) *Numero abrogato dall'art. 161 del D.L.vo 1° settembre 1993, n. 385, recante testo unico delle leggi in materia bancaria e creditizia.*

L'art. 44 del medesimo D.L.vo, così come sostituito dall'art. 1 del D.L. 4 gennaio 1994, n. 1, convertito, senza modificazioni, nella L. 17 febbraio 1994, n. 135, definendo le garanzie per i finanziamenti di credito agrario e di credito peschereccio, ha stabilito che il privilegio legale che assiste tali finanziamenti, si colloca nel grado immediatamente successivo ai crediti per le imposte sui redditi immobiliari di cui al n. 2) di questo articolo.

2779. Concorso dei privilegi con ipoteche sugli autoveicoli. – Se i privilegi indicati dall'articolo precedente concorrono con le ipoteche sugli autoveicoli, menzionate nell'art. 2810, queste sono posposte ai privilegi menzionati nei primi dieci numeri dell'art. 2778 e sono preferite a tutti gli altri.

2780. Ordine dei privilegi sugli immobili. – Quando sul prezzo dello stesso immobile concorrono più crediti privilegiati, la prelazione ha luogo secondo l'ordine seguente:

1) i crediti per le imposte sui redditi immobiliari, indicati dall'art. 2771;

2) i crediti per i contributi, indicati dall'art. 2775;

3) i crediti dello Stato per le concessioni di acque, indicati dall'art. 2774;

4) i crediti per i tributi indiretti, indicati dall'art. 2772;

5) i crediti per l'imposta comunale sull'incremento di valore degli immobili;

5 *bis*) i crediti del promissario acquirente per mancata esecuzione dei contratti preliminari, indicato all'articolo 2775 *bis*.

2781. Concorso di privilegi speciali con crediti pignoratizi. – Qualora con crediti assistiti da privilegio speciale concorra un credito garantito con pegno (2784) e uno dei privilegi debba essere preferito rispetto al pegno, tale privilegio prevale su quegli altri che devono essere posposti al pegno, anche se anteriori di grado (2748).

2782. Concorso di crediti egualmente privilegiati. – I crediti egualmente privilegiati concorrono tra loro in proporzione del rispettivo importo.

La stessa disposizione si osserva quando concorrono tra loro più crediti privilegiati ai quali le leggi speciali attribuiscono genericamente una prelazione su ogni altro credito (2777).

2783. Preferenza non determinata dalla legge. – Quando dalla legge non risulta il grado di preferenza di un determinato privilegio speciale, esso prende grado dopo ogni altro privilegio speciale regolato nel codice (2778).

2783 *bis*. Crediti derivanti dall'applicazione dei prelievi di cui agli artt. 49 e 50 del trattato che istituisce la Comunità europea del carbone e dell'acciaio. – I crediti derivanti dall'applicazione dei prelievi di cui agli artt. 49 e 50 del Trattato che istituisce la Comunità europea del carbone e dell'acciaio, nonché dalle relative maggiorazioni di mora, sono equiparati, ai fini dell'applicazione delle disposizioni del presente capo, ai crediti dello Stato per l'imposta sul valore aggiunto.

2783 *ter*. [1] Crediti dello Stato attinenti alle risorse proprie tradizionali di pertinenza del bilancio generale dell'Unione europea. – I crediti dello Stato attinenti alle risorse proprie tradizionali di cui all'articolo 2, paragrafo 1, lettera *a*), della decisione n. 2007/436/CE/Euratom del Consiglio, del 7 giugno 2007, di pertinenza del bilancio generale dell'Unione europea sono equiparati, ai fini dell'applicazione delle disposizioni del presente capo, ai crediti dello Stato per l'imposta sul valore aggiunto.

[1] Questo articolo è stato aggiunto dall'art. 9, comma 3, del D.L. 2 marzo 2012, n. 16, convertito, con modificazioni, nella L. 26 aprile 2012, n. 44.

Capo III
Del pegno

Sezione I
Disposizioni generali

2784. Nozione. – Il pegno (2741[2]) è costituito (2786, 2800, 2806) a garanzia dell'obbligazione dal debitore o da un terzo per il debitore (2799).

Possono essere dati in pegno i beni mobili (812, 1851), le universalità di mobili (816), i crediti e altri diritti aventi per oggetto beni mobili (813, 2799, 2910, 2911).

NOTE OPERATIVE:

Accessorietà: In tema di pegno a garanzia di crediti, il principio di accessorietà comporta la nullità per difetto di causa dell'atto costitutivo della prelazione stipulato in relazione ad un credito non ancora esistente (C.C. 24790/16).

2785. Rinvio a leggi speciali. – Le disposizioni del presente capo non derogano alle leggi speciali concernenti casi e forme particolari di costituzione di pegno, né a quelle concernenti gli istituti autorizzati a fare prestiti sopra pegni.

Sezione II
Del pegno dei beni mobili

2786. Costituzione. – Il pegno si costituisce con la consegna al creditore della cosa o del documento (2801) che conferisce l'esclusiva disponibilità della cosa (1794, 1997, 2014, 2026, 2352, 2787, 2789, 2790).

La cosa o il documento possono essere anche consegnati a un terzo designato dalle parti o possono essere posti in custodia di entrambe, in modo che il costituente sia nell'impossibilità di disporne senza la cooperazione del creditore (1263, 2014, 2026, 2787, 2801).

NOTE OPERATIVE:

Modalità: Nel rapporto tra le parti, il pegno è validamente costituito con la sola consegna della cosa senza la necessità di alcuna formalità, la forma scritta e l'identificazione del credito garantito e dei beni assoggettati alla garanzia essendo necessari per la prelazione, cioè per rendere opponibile la garanzia agli altri creditori del datore di pegno (C.C. 19059/06 – Conf. C.C. 16261/02; C.C. 14869/01; C.C. 14070/99; C.C. 5562/99; C.C. 6073/85).

Cosa futura: Il pegno di cosa futura rappresenta una fattispecie a formazione progressiva che trae origine dall'accordo delle parti (accordo in base al quale vanno determinate la certezza della data e la sufficiente specificazione del credito garantito), avente meri effetti obbligatori, e si perfeziona con la venuta ad esistenza della cosa e con la consegna di essa al creditore (C.C. 7257/10 – Conf. C.C. 8517/98).

2787. Prelazione del credito pignoratizio. – Il creditore ha diritto di farsi pagare con prelazione sulla cosa ricevuta in pegno (2744, 2748, 2781, 2788, 2794, 2911).

La prelazione non si può far valere se la cosa data in pegno non è rimasta in possesso del creditore o presso il terzo designato dalle parti (2786, 2789).

Quando il credito garantito eccede la somma di € 2,58, la prelazione non ha luogo se il pegno non risulta da scrittura con data certa (2704, 2725), la quale contenga sufficiente indicazione del credito (1794) e della cosa (2800, 2806).

Se però il pegno risulta da polizza o da altra scrittura di enti che, debitamente autorizzati, compiono professionalmente operazioni di credito su pegno, la data della scrittura può essere accertata con ogni mezzo di prova (63^3 l. fall.).

2788. Prelazione per il credito degli interessi. – La prelazione ha luogo anche per gli interessi dell'anno in corso alla data del pignoramento (492, 518 c.p.c.; 54^3 l. fall.) o, in mancanza di questo (502 c.p.c.), alla data della notificazione del precetto (479 c.p.c.). La prelazione ha luogo inoltre per gli interessi successivamente maturati, nei limiti della misura legale (1284), fino alla data della vendita (2796; 502, 528 c.p.c.).

2789. Rivendicazione della cosa da parte del creditore pignoratizio. – Il creditore che ha perduto il possesso (2786) della cosa ricevuta in pegno, oltre le azioni a difesa del possesso (1168 ss.), può anche esercitare l'azione di rivendicazione (948 ss.), se questa spetta al costituente (2900).

2790. Conservazione della cosa e spese relative. – Il creditore è tenuto a custodire la cosa ricevuta in pegno (1770) e risponde, secondo le regole generali (1768), della perdita e del deterioramento di essa (1218 ss., 1760, 1780, 1847, 1948).

Colui che ha costituito il pegno è tenuto al rimborso delle spese occorse per la conservazione della cosa (1848, 2756, 2792, 2794).

2791. Pegno di cosa fruttifera. – Se è data in pegno una cosa fruttifera, il creditore, salvo patto contrario, ha la facoltà di fare suoi i frutti (820), imputandoli prima alle spese e agli interessi e poi al capitale (2802).

2792. Divieto di uso e disposizione della cosa. – Il creditore non può, senza il consenso del costituente, usare della cosa (1770, 2793), salvo che l'uso sia necessario per la conservazione di essa (2790, 2803). Egli non può darla in pegno o concederne ad altri il godimento (1263).

In ogni caso, deve imputare l'utile ricavato prima alle spese e agli interessi e poi al capitale (2802).

2793. Sequestro della cosa. – Se il creditore abusa della cosa data in pegno (2790, 2793), il costituente può domandarne il sequestro (2905; 669 ss. c.p.c.).

2794. Restituzione della cosa. – Colui che ha costituito il pegno non può esigerne la restituzione (374), se non sono stati interamente pagati il capitale e gli interessi (2788) e non sono state rimborsate le spese relative al debito e al pegno (1849, 1962, 2791, 2799).

Se il pegno è stato costituito dal debitore e questi ha verso lo stesso creditore un altro debito sorto dopo la costituzione del pegno e scaduto prima che sia pagato il debito anteriore, il creditore ha soltanto diritto di ritenzione a garanzia del nuovo credito (544 c.p.c.).

2795. Vendita anticipata. – Se la cosa data in pegno si deteriora in modo da far temere che essa divenga insufficiente alla sicurezza del creditore, questi, previo avviso a colui che ha costituito il pegno, può chiedere al giudice l'autorizzazione a vendere la cosa (2743, 2797; 502 c.p.c.).

Con il provvedimento che autorizza la vendita il giudice dispone anche circa il deposito del prezzo a garanzia del credito. Il costituente può evitare la vendita e farsi restituire il pegno, offrendo altra garanzia reale che il giudice riconosca idonea.

Il costituente può del pari, in caso di deterioramento o di diminuzione di valore della cosa data in pegno, domandare al giudice l'autorizzazione a venderla oppure chiedere la restituzione del pegno, offrendo altra garanzia reale che il giudice riconosca idonea (2743).

Il costituente può chiedere al giudice l'autorizzazione a vendere la cosa, qualora si presenti un'occasione favorevole. Con il provvedimento di autorizzazione il giudice dispone le condizioni della vendita e il deposito del prezzo (530 c.p.c.).

2796. Vendita della cosa. – Il creditore per il conseguimento di quanto gli è dovuto può far vendere la cosa ricevuta in pegno secondo le forme stabilite dall'articolo seguente (2744, 2911; 502 c.p.c.).

2797. Forme della vendita. – Prima di procedere alla vendita il creditore, a mezzo di ufficiale giudiziario, deve intimare al debitore di pagare il debito e gli accessori, avvertendolo che, in mancanza, si procederà alla vendita. L'intimazione deve essere notificata anche al terzo che abbia costituito il pegno (602 c.p.c.).

Se entro cinque giorni dall'intimazione non è proposta opposizione, o se questa è rigettata, il creditore può far vendere la cosa al pubblico incanto (534 ss. c.p.c.), o, se la cosa ha un prezzo di mercato (1474), anche a prezzo corrente, a mezzo di persona autorizzata a tali atti (1515; 83 att.). Se il debitore non ha residenza o domicilio eletto nel luogo di residenza del creditore, il termine per l'opposizione è determinato a norma dell'art. 166 (1) del codice di procedura civile.

Il giudice, sull'opposizione del costituente, può limitare la vendita a quella tra più cose date in pegno, il cui valore basti a pagare il debito (2799).

Per la vendita della cosa data in pegno le parti possono convenire forme diverse (2744; 53 l. fall.).

(1) *A seguito delle modifiche apportate con la L. 14 luglio 1950, n. 501, il richiamo deve essere inteso come riferito all'attuale art. 163* bis.

2798. Assegnazione della cosa in pagamento. – Il creditore può sempre domandare al giudice che la cosa gli venga assegnata in pagamento (2804, 2925, 2955; 502, 505, 530 c.p.c.) fino alla concorrenza del debito, secondo la stima da farsi con perizia o secondo il prezzo corrente, se la cosa ha un prezzo di mercato (1474, 2744, 2803).

2799. Indivisibilità del pegno. – Il pegno è indivisibile (2809²) e garantisce il credito finché questo non è integralmente soddisfatto (2873²), anche se il debito o la cosa data in pegno è divisibile (754, 1203, n. 3, 1849, 2797³).

Sezione III
Del pegno di crediti e di altri diritti

2800. Condizioni della prelazione. – Nel pegno di crediti la prelazione non ha luogo, se non quando il pegno risulta da atto scritto (1350, n. 13, 2725) e la costituzione di esso è stata notificata al debitore (1264, 2805) del credito dato in pegno ovvero è stata da questo accettata con scrittura avente data certa (2704).

NOTE OPERATIVE:

Ambito di applicazione: La norma non trova applicazione nell'ipotesi del pegno di titoli di credito, tanto regolare quanto irregolare, ove per la costituzione del vincolo pignoratizio sono sufficienti la consegna del titolo (nella specie, certificato di deposito al portatore) al creditore pignoratizio ed il correlativo spossessamento del debitore (C.C. 7214/09 – Conf. C.C. 5949/82).

2801. Consegna del documento. – Se il credito costituito in pegno risulta da un documento (2786), il costituente è tenuto a consegnarlo al creditore.

2802. Riscossione d'interessi e di prestazioni periodiche. – Il creditore pignoratizio è tenuto a riscuotere gli interessi del credito o le altre prestazioni periodiche, imputandone l'ammontare in primo luogo alle spese e agli interessi e poi al capitale (1960, 1998, 2791, 2804). Egli è tenuto a compiere gli atti conservativi del credito ricevuto in pegno (2790, 2795).

2803. Riscossione del credito dato in pegno. – Il creditore pignoratizio è tenuto a riscuotere, alla scadenza, il credito ricevuto in pegno e, se questo ha per oggetto danaro o altre cose fungibili, deve, a richiesta del debitore, effettuarne il deposito nel luogo stabilito d'accordo o altrimenti determinato dall'autorità giudiziaria (2792). Se il credito garantito è scaduto, il creditore può ritenere del danaro ricevuto quanto basta per il soddisfacimento delle sue ragioni e restituire il residuo al costituente o, se si tratta di cose diverse dal danaro, può farle vendere o chiederne l'assegnazione secondo le norme degli articoli 2797 e 2798 (502 c.p.c.).

2804. Assegnazione o vendita del credito dato in pegno. – Il creditore pignoratizio non soddisfatto può in ogni caso chiedere che gli sia assegnato in pagamento il credito ricevuto in pegno, fino a concorrenza del suo credito (2798, 2928).

Se il credito non è ancora scaduto, egli può anche farlo vendere nelle forme stabilite dall'art. 2797 (2744; 522 c.p.c.).

2805. Eccezioni opponibili dal debitore del credito dato in pegno. – Il debitore del credito dato in pegno può opporre al creditore pignoratizio le eccezioni che gli spetterebbero contro il proprio creditore (1250, 1254, 1945).

Se il debitore medesimo ha accettato senza riserve la costituzione del pegno, non può opporre al creditore pignoratizio la compensazione (1248) verificatasi anteriormente (1243[1], 2917).

2806. Pegno di diritti diversi dai crediti. – Il pegno di diritti diversi dai crediti si costituisce nella forma rispettivamente richiesta per il trasferimento dei diritti stessi (1350, 1351, 1392, 1399, 1403), fermo il disposto del terzo comma dell'art. 2787.

Sono salve le disposizioni delle leggi speciali.

2807. Norme applicabili al pegno di crediti. – Per tutto ciò che non è regolato nella presente sezione si osservano, in quanto applicabili, le norme della sezione precedente (2786 ss.).

Capo IV
Delle ipoteche

Sezione I
Disposizioni generali

2808. Costituzione ed effetti dell'ipoteca. – L'ipoteca attribuisce al creditore il diritto di espropriare, anche in confronto del terzo acquirente (518, 2858 ss., 2910[2]; 602 ss. c.p.c.), i beni vincolati a garanzia del suo credito (555 c.p.c.) e di essere soddisfatto con preferenza sul prezzo ricavato dall'espropriazione (2748, 2770 ss., 2777, 2812, 2814, 2825, 2847, 2852, 2854, 2911, 2916; 54 att.; 596 c.p.c.; 51 l. fall.).

L'ipoteca può avere per oggetto beni del debitore (2829) o di un terzo (2868 ss.) e si costituisce (2847, 2881) mediante iscrizione nei registri immobiliari (2827 ss.).

L'ipoteca è legale (2817), giudiziale (2818 ss.) o volontaria (2821 ss.).

NOTE OPERATIVE:

Natura giuridica: Il sistema della pubblicità ipotecaria, ha natura costitutiva (13524/21).

2809. Specialità e indivisibilità dell'ipoteca. – L'ipoteca deve essere iscritta su beni specialmente indicati (2826) e per una somma determinata in danaro (2810, 2838, 2839, 2855).

Essa è indivisibile (2799) e sussiste per intero sopra tutti i beni vincolati, sopra ciascuno di essi e sopra ogni loro parte (853, 2811).

2810. Oggetto dell'ipoteca. – Sono capaci d'ipoteca:

1) i beni immobili che sono in commercio (812 ss.) con le loro pertinenze (817 ss.);

2) l'usufrutto dei beni stessi (326, 978, 2814);

3) il diritto di superficie (952);

4) il diritto dell'enfiteuta e quello del concedente sul fondo enfiteutico (957 ss.).

Sono anche capaci d'ipoteca le rendite dello Stato nel modo determinato dalle leggi relative al debito pubblico, e inoltre le navi, gli aeromobili e gli autoveicoli, secondo le leggi che li riguardano (2779; 565 ss., 1027 ss. c.n.).

Sono considerati ipoteche i privilegi iscritti sugli autoveicoli a norma della legge speciale.

2811. Miglioramenti e accessioni. – L'ipoteca si estende ai miglioramenti (975, 985), nonché alle costruzioni e alle altre accessioni (934 ss.) dell'immobile ipotecato, salve le eccezioni stabilite dalla legge (2816, 2864, 2873).

2812. Diritti costituiti sulla cosa ipotecata. – Le servitù (1027) di cui sia stata trascritta la costituzione dopo l'iscrizione dell'ipoteca non sono opponibili al creditore ipotecario, il quale può far subastare la cosa come libera. La stessa disposizione si applica per i diritti di usufrutto, di uso e di abitazione (978 ss., 1021 ss., 2644).

Tali diritti si estinguono con l'espropriazione del fondo (586 c.p.c.) e i titolari sono ammessi a far valere le loro ragioni sul ricavato, con preferenza rispetto alle ipoteche iscritte posteriormente alla trascrizione dei diritti medesimi.

Per coloro che hanno acquistato il diritto di superficie (952) o il diritto d'enfiteusi (957) sui beni soggetti all'ipoteca e hanno trascritto l'acquisto posteriormente all'iscrizione dell'ipoteca, si osservano le disposizioni relative ai terzi acquirenti (2858).

Le cessioni e le liberazioni di pigione e di fitti non scaduti (1605), che non siano trascritte o siano inferiori al triennio, sono opponibili ai creditori ipotecari solo se hanno data certa (2704) anteriore al pignoramento (555 c.p.c.) e per un termine non superiore a un anno dal giorno del pignoramento (1605, 2918, 2924).

Le cessioni e le liberazioni trascritte non sono opponibili ai creditori ipotecari anteriori alla trascrizione, se non per il termine stabilito dal comma precedente.

2813. Pericolo di danno alle cose ipotecate. – Qualora il debitore o un terzo compia atti da cui possa derivare il perimento o il deterioramento dei beni ipotecati (1186, 2743, 2864), il creditore può domandare all'autorità giudiziaria che ordini la cessazione di tali atti o disponga le cautele necessarie per evitare il pregiudizio della sua garanzia (1171, 1172, 1186, 2743).

2814. Ipoteca sull'usufrutto e sulla nuda proprietà. – Le ipoteche costituite sull'usufrutto (2810, n. 2) si estinguono col cessare di questo (979, 1014). Tuttavia, se la cessazione si verifica per rinunzia o per abuso (1015) da parte dell'usufruttuario ovvero per acquisto della nuda proprietà da parte del medesimo, l'ipoteca perdura fino a che non si verifichi l'evento che avrebbe altrimenti prodotto l'estinzione dell'usufrutto.

Se la nuda proprietà è gravata da ipoteca, questa, avvenendo l'estinzione dell'usufrutto, si estende alla piena proprietà. Ma nei casi in cui, secondo la disposizione del comma precedente, perdura l'ipoteca costituita sull'usufrutto, l'estensione non pregiudica il credito garantito con l'ipoteca stessa.

2815. Ipoteca sul diritto del concedente e sul diritto dell'enfiteuta. – Nel caso di affrancazione (971), le ipoteche gravanti sul diritto del concedente (2810, n. 4) si risolvono sul prezzo dovuto per l'affrancazione (2742); le ipoteche gravanti sul diritto dell'enfiteuta si estendono alla piena proprietà (2814).

Nel caso di devoluzione (972) o di cessazione dell'enfiteusi per decorso del termine (958), le ipoteche gravanti sul diritto dell'enfiteuta (2810, n. 4) si risolvono sul prezzo dovuto per i miglioramenti (975), senza deduzione di quanto dovuto al concedente per i canoni non soddisfatti (2763). Il prezzo dei miglioramenti, se da atto scritto non risulta concordato con i creditori ipotecari, deve determinarsi giudizialmente, anche in contraddittorio dei medesimi. Le ipoteche gravanti sul diritto del concedente si estendono alla piena proprietà (974).

Quando l'enfiteusi si estingue per prescrizione (970), si estinguono le ipoteche che gravano sul diritto dell'enfiteuta.

Se per causa diversa da quelle sopra indicate vengono a riunirsi in una medesima persona il diritto del concedente e il diritto dell'enfiteuta, le ipoteche gravanti sull'uno e sull'altro continuano a gravarli separatamente; ma se l'ipoteca grava soltanto sull'uno o sull'altro diritto, essa si estende alla piena proprietà.

2816. Ipoteca sul diritto di superficie. – Le ipoteche che hanno per oggetto il diritto di superficie (952; 2810, n. 3) si estinguono nel caso di devoluzione della superficie al proprietario del suolo per decorso del termine (954). Se però il superficiario ha diritto a un corrispettivo, le ipoteche iscritte contro di lui si risolvono sul corrispettivo medesimo. Le ipoteche iscritte contro il proprietario del suolo non si estendono alla superficie.

Se per altre cause si riuniscono nella medesima persona il diritto del proprietario del suolo e quello del superficiario, le ipoteche sull'uno e sull'altro diritto continuano a gravare separatamente i diritti stessi.

Sezione II
Dell'ipoteca legale

2817. Persone a cui compete. – Hanno ipoteca legale:

1) l'alienante sopra gli immobili alienati per l'adempimento degli obblighi che derivano dall'atto di alienazione (1498, 2650, 2834);

2) i coeredi, i soci e altri condividenti (713, 728, 1111) per il pagamento dei conguagli sopra gli immobili assegnati ai condividenti ai quali incombe tale obbligo (723, 728, 2283, 2650, 2834);

3) lo Stato sopra i beni dell'imputato e della persona civilmente responsabile, secondo le disposizioni del codice penale (189 ss. c.p.) e del codice di procedura penale (616 ss. c.p.p.; 69 l. fall.).

Sezione III
Dell'ipoteca giudiziale

2818. Provvedimenti da cui deriva. – Ogni sentenza che porta condanna al pagamento di una somma o all'adempimento di altra obbligazione ovvero al risarcimento dei danni da liquidarsi successivamente è titolo per iscrivere ipoteca sui beni del debitore (2828, 2830, 2874; 278, 279 c.p.c.).

Lo stesso ha luogo per gli altri provvedimenti giudiziali ai quali la legge attribuisce tale effetto (2836; 655 c.p.c.).

2819. Sentenze arbitrali. – Si può iscrivere ipoteca in base al lodo degli arbitri, quando è stato reso esecutivo (825 c.p.c.).

2820. Sentenze straniere. – Si può parimenti iscrivere ipoteca in base alle sentenze pronunziate dalle autorità giudiziarie straniere, dopo che ne è stata dichiarata l'efficacia dall'autorità giudiziaria italiana, salvo che le convenzioni internazionali dispongano diversamente (796 ss. c.p.c.).

Sezione IV
Dell'ipoteca volontaria

2821. Concessione d'ipoteca. – L'ipoteca può essere concessa (375, n. 2) anche mediante dichiarazione unilaterale (1987, 2868). La concessione deve farsi per atto pubblico (2699) o per scrittura privata (2703, 2835), sotto pena di nullità (1334, 1350, 2674, 2725, 2882; 41, 565 c.n.).

Non può essere concessa per testamento (587).

2822. Ipoteca su beni altrui. – Se l'ipoteca è concessa da chi non è proprietario della cosa, l'iscrizione può essere validamente presa solo quando la cosa è acquistata dal concedente (1478, 2823).

Se l'ipoteca è concessa da persona che agisce come rappresentante senza averne la qualità, l'iscrizione può essere validamente presa solo quando il proprietario ha ratificato la concessione (1398, 1399, 1478).

NOTE OPERATIVE:

Ambito di applicazione: La norma non trova deroga nella disciplina del mutuo fondiario (C.C. 7674/91).

2823. Ipoteca sui beni futuri. – L'ipoteca su cosa futura può essere validamente iscritta solo quando la cosa è venuta a esistenza (458, 1348, 1427, 2822, 2828).

2824. Ipoteca iscritta in base a titolo annullabile. – L'iscrizione d'ipoteca eseguita in virtù di un titolo annullabile rimane convalidata con la convalida del titolo (1425, 1444).

2825. Ipoteca su beni indivisi. – L'ipoteca costituita sulla propria quota da uno dei partecipanti alla comunione produce effetto rispetto a quei beni o a quella porzione di beni che a lui verranno assegnati nella divisione (757, 1100, 1103, 1113^{3}).

Se nella divisione (1111) sono assegnati a un partecipante beni diversi da quello da lui ipotecato, l'ipoteca si trasferisce su questi altri beni, col grado derivante dall'originaria iscrizione e nei limiti del valore del bene in precedenza ipotecato, quale risulta dalla divisione, purché l'ipoteca sia nuovamente iscritta con l'indicazione di detto valore entro novanta giorni dalla trascrizione della divisione medesima (2643).

Il trasferimento però non pregiudica le ipoteche iscritte contro tutti i partecipanti (1108), né l'ipoteca legale spettante ai condividenti per i conguagli (2650, 2817, n. 2).

I creditori ipotecari e i cessionari di un partecipante (1113), al quale siano stati assegnati beni diversi da quelli ipotecati o ceduti, possono far valere le loro ragioni anche sulle somme a lui dovute per conguaglio (728) o, qualora sia stata attribuita una somma di danaro in luogo di beni in natura (720), possono far valere le loro ragioni su tale somma, con prelazione determinata dalla data di iscrizione o di trascrizione dei titoli rispettivi, nel limite però del valore dei beni precedentemente ipotecati o ceduti.

I debitori delle somme sono tuttavia liberati quando le abbiano pagate al condividente dopo trenta giorni da che la divisione è stata notificata ai creditori ipotecari o ai cessionari (789, 790 c.p.c.) senza che da costoro sia stata fatta opposizione (757, 1116, 2643, 2906).

2825 *bis*. Ipoteca sul bene oggetto di contratto preliminare. – L'ipoteca iscritta su edificio o complesso condominiale, anche da costruire o in corso di costruzione, a garanzia di finanziamento dell'intervento edilizio ai sensi degli articoli 38 e seguenti del decreto legislativo 1° settembre 1993, n. 385, prevale sulla trascrizione anteriore dei contratti preliminari di cui all'articolo 2645 *bis*, limitatamente alla quota di debito derivante dal suddetto finanziamento che il promissario acquirente si sia accollata con il contratto preliminare o con altro atto successivo eventualmente adeguata ai sensi dell'articolo 39, comma 3, del citato decreto legislativo n. 385 del 1993. Se l'accollo risulta da atto successivo, questo è annotato in margine alla trascrizione del contratto preliminare (2645 *bis*).

2826. Indicazioni dell'immobile ipotecato. – Nell'atto di concessione dell'ipoteca l'immobile deve essere specificatamente designato con l'indicazione della sua natura, del comune in cui si trova, nonché dei dati di identificazione catastale; per i fabbricati in corso di costruzione devono essere indicati i dati di identificazione catastale del terreno su cui insistono (2659, 2839).

Sezione V
Dell'iscrizione e rinnovazione delle ipoteche

§. 1
Dell'iscrizione

2827. Luogo dell'iscrizione. – L'ipoteca si iscrive (2808²) nell'ufficio dei registri immobiliari del luogo in cui si trova l'immobile (2673 ss., 2839).

2828. Immobili su cui può iscriversi l'ipoteca giudiziale. – L'ipoteca giudiziale si può iscrivere su qualunque degli immobili appartenenti al debitore e su quelli che gli pervengono successivamente alla condanna, a misura che egli li acquista (812 ss., 2818 ss., 2822, 2823, 2874).

2829. Iscrizione sui beni del defunto. – L'iscrizione d'ipoteca sui beni di un defunto può eseguirsi con la semplice indicazione della sua persona, osservate per il resto le regole ordinarie. Se però risulta trascritto l'acquisto dei beni da parte degli eredi (2648, 2660 ss.), l'iscrizione deve eseguirsi contro costoro (2851).

2830. Ipoteca giudiziale sui beni dell'eredità beneficiata e dell'eredità giacente. – Se l'eredità è accettata con beneficio d'inventario (484 ss.) o se si tratta di eredità giacente (528 ss.), non possono essere iscritte ipoteche giudiziali (2818) sui beni ereditari, neppure in base a sentenze pronunziate anteriormente alla morte del debitore.

2831. Ipoteca a garanzia di obbligazioni all'ordine o al portatore. – Le obbligazioni risultanti dai titoli all'ordine (2008) o al portatore (2003) possono essere garantite con ipoteca.

Per i titoli all'ordine l'ipoteca è iscritta (2839, n. 1) a favore dell'attuale possessore e si trasmette ai successivi possessori (2011, 2887); questi non sono tenuti a effettuare l'annotazione prevista dall'art. 2843 (2845).

Per i titoli al portatore l'ipoteca a favore degli obbligazionisti (2410, 2413, 2414) è iscritta con l'indicazione dell'emittente, della data dell'atto di emissione, della serie, del numero e del valore delle obbligazioni emesse. In margine all'iscrizione deve essere annotato (2674, n. 4) il nome del rappresentante degli obbligazionisti, appena questo sia nominato (2417, 2418, 2833, 2845). Per l'annotazione (2843) deve presentarsi copia della deliberazione o del provvedimento giudiziale di nomina (2839, n. 1; 559 c.n.).

2832 - 2833. (*Omissis*) (¹).

(¹) *Articoli abrogati dall'art. 209 della L. 19 maggio 1975, n. 151, riforma del diritto di famiglia.*

2834. Iscrizione dell'ipoteca legale dell'alienante e del condividente. – Il conservatore dei registri immobiliari (2664 ss., 2673 ss.), nel trascrivere un atto di alienazione o di divisione, deve iscrivere d'ufficio l'ipoteca legale che spetta all'alienante o al condividente a norma dei numeri 1 e 2 dell'art. 2817, a meno che gli sia presentato un atto pubblico (2699) o una scrittura privata con sottoscrizione autenticata o accertata giudizialmente (2703; 220 c.p.c.), da cui risulti che gli obblighi sono stati adempiuti o che vi è stata rinunzia all'ipoteca da parte dell'alienante o del condividente.

2835. Iscrizione in base a scrittura privata. – Se il titolo per l'iscrizione risulta da scrittura privata (2702 ss.), la sottoscrizione di chi ha concesso l'ipoteca deve essere autenticata (2703) o accertata giudizialmente (2703, 2843, 2882; 214 ss. c.p.c.).

Il richiedente deve presentare la scrittura originale o, se questa è depositata in pubblico archivio o negli atti d'un notaio, una copia autenticata (2714, 2715), con la certificazione che ricorrono i requisiti innanzi indicati (2674).

L'originale o la copia rimane in deposito nell'ufficio dei registri immobiliari (2664, 2840).

2836. Iscrizione in base ad atto pubblico o a sentenza. – Se il titolo per l'iscrizione risulta da un atto pubblico (2699) ricevuto nello Stato o da una sentenza (131 ss. c.p.c.) o da altro provvedimento giudiziale ad essa parificato (655 c.p.c.), si deve presentare copia del titolo (2818).

(*Omissis*) (¹).

(¹) *Seguiva un secondo comma abrogato dall'art. 30 della L. 27 febbraio 1985, n. 52, nuove norme sul servizio ipotecario.*

2837. Atti formati all'estero. – Gli atti formati in paese estero che si presentano per l'iscrizione devono essere legalizzati (2674, 2873, 2882).

2838. Somma per cui l'iscrizione è eseguita. – Se la somma di danaro non è altrimenti determinata negli atti in base ai quali è eseguita l'iscrizione o in atto successivo (2809), essa è determinata dal creditore nella nota per l'iscrizione (2839, 2872 ss.).

Qualora tra la somma enunciata nell'atto e quella enunciata nella nota vi sia divergenza, l'iscrizione ha efficacia per la somma minore (2809, 2839, n. 4).

2839. Formalità per l'iscrizione. – Per eseguire l'iscrizione deve presentarsi il titolo costitutivo (518, 2808) insieme con una nota sottoscritta dal richiedente in doppio originale (2841, 2846).

La nota deve indicare:

1) il cognome, il nome, il luogo e la data di nascita e il numero di codice fiscale del creditore, del debitore e dell'eventuale terzo datore di ipoteca; la denominazione o la ragione sociale, la sede e il numero di codice fiscale delle persone giuridiche, delle società previste dai capi II, III e IV del titolo V del libro quinto e delle associazioni non riconosciute, con l'indicazione, per queste ultime e per le società semplici, anche delle generalità delle persone che le rappresentano secondo l'atto costitutivo.

Per le obbligazioni all'ordine (2008) o al portatore (2003) si devono osservare le norme dell'art. 2831. Per le obbligazioni all'ordine si deve inoltre esibire il titolo al conservatore, il quale vi annota l'eseguita iscrizione dell'ipoteca. Per le obbligazioni al portatore si deve presentare copia dell'atto di emissione e del piano di ammortamento (2887);

2) il domicilio eletto (47, 2827, 2842) dal creditore nella circoscrizione del tribunale in cui ha sede l'ufficio dei registri immobiliari;

3) il titolo, la sua data e il nome del pubblico ufficiale che lo ha ricevuto o autenticato;

4) l'importo della somma per la quale l'iscrizione è presa (2838);

5) gli interessi e le annualità che il credito produce (2855);

6) il tempo della esigibilità;

7) la natura e la situazione dei beni gravati, con le indicazioni prescritte dall'art. 2826 (569 c.n.).

2840. Certificato dell'iscrizione. – Eseguita l'iscrizione, il conservatore restituisce al richiedente uno degli originali della nota, certificando, in calce alla medesima, la data e il numero d'ordine dell'iscrizione (2678 ss., 2850).

I titoli consegnati al conservatore sono custoditi secondo quanto è disposto dall'art. 2664 (2678, 2835, 2836, 2837).

2841. Omissioni e inesattezze nei titoli o nelle note. – L'omissione o l'inesattezza di alcune delle indicazioni nel titolo, in base al quale è presa l'iscrizione o nella nota (2839) non nuoce alla validità dell'iscrizione, salvo che induca incertezza sulla persona del creditore o del debitore o sull'ammontare del credito ovvero sulla persona del proprietario del bene gravato, quando l'indicazione ne è necessaria, o sull'identità dei singoli beni gravati.

Nel caso di altre omissioni o inesattezze, si può ordinare la rettificazione a istanza e a spese della parte interessata (2886²).

2842. Variazione del domicilio eletto. – È in facoltà del creditore, del suo mandatario o del suo erede o avente causa di variare il domicilio eletto nell'iscrizione (2839, n. 2, 2844), sostituendone un altro nella stessa circoscrizione.

Il cambiamento deve essere annotato dal conservatore in margine o in calce all'iscrizione (2843³).

La dichiarazione circa il cambiamento del domicilio deve risultare da atto ricevuto o autenticato da notaio e deve rimanere depositata nell'ufficio del conservatore (2664).

2843. Annotazione di cessione, di surrogazione e di altri atti dispositivi del credito. – La trasmissione o il vincolo dell'ipoteca per cessione (1260), surrogazione (1201 ss., 1857, 2856, 2866), pegno (2800), postergazione di grado o costituzione in dote nel credito ipotecario, nonché per sequestro (2905; 671 ss. c.p.c.), pignoramento (2913; 492 ss., 543, 544 c.p.c.) o assegnazione (2925; 554 c.p.c.) del credito medesimo si deve annotare in margine all'iscrizione dell'ipoteca (2831; 505 c.p.c.).

La trasmissione o il vincolo dell'ipoteca non ha effetto finché l'annotazione non sia stata eseguita (2679, 2866, 2879). Dopo l'annotazione l'iscrizione non si può cancellare senza il consenso dei titolari dei diritti indicati nell'annotazione medesima e le intimazioni o notificazioni che occorrono in dipendenza dell'iscrizione devono essere loro fatte nel domicilio eletto (2879, 2882).

Per l'annotazione deve essere consegnata al conservatore copia del titolo e, qualora questo sia una scrittura privata o un atto formato in paese estero, si applicano le disposizioni degli articoli 2835 e 2837 (2839, n. 2; 54 att.).

2844. Azioni e notificazioni. – Le azioni a cui le iscrizioni possono dar luogo contro i creditori sono promosse davanti all'autorità giudiziaria competente (21 c.p.c.), per mezzo di citazione (163 c.p.c.) da farsi alla persona in mani proprie (138 c.p.c.) o all'ultimo domicilio da essa eletto (2839, n. 2, 2842, 2845).

La stessa disposizione si applica per ogni altra notificazione relativa alle dette iscrizioni (2861, 2890; 498, 569 c.p.c.; 108 l. fall.).

Se non è stata fatta elezione di domicilio o se è morta la persona ovvero è cessato l'ufficio presso cui si era eletto il domicilio, le citazioni e le notificazioni possono essere fatte all'ufficio presso il quale l'iscrizione è stata presa.

Se si tratta di giudizio promosso dal debitore contro il suo creditore per la riduzione dell'ipoteca (2872 ss.) o per la cancellazione totale o parziale dell'iscrizione (2884 ss.), il creditore deve essere citato nei modi ordinari stabiliti dal codice di procedura civile (163 ss. c.p.c.).

2845. Notificazioni relative a iscrizioni per obbligazioni all'ordine e al portatore. – Se l'iscrizione è presa per obbligazioni risultanti da titoli all'ordine (2008), le citazioni e notificazioni previste dall'articolo precedente devono farsi nei confronti di chi ha preso l'iscrizione a norma degli articoli 2831 e 2839, salvo che dai registri risulti l'annotazione a favore di un possessore successivo.

Se si tratta di obbligazioni al portatore (2003, 2413), le citazioni e le notificazioni devono essere fatte al rappresentante degli obbligazionisti il cui nome è annotato in margine all'iscrizione (2831). Le citazioni e le notificazioni devono essere iscritte nel registro delle imprese (2188; 100 att.) e pubblicate per estratto in un giornale quotidiano designato dall'autorità giudiziaria.

Se manca per qualsiasi causa il rappresentante o il nome di lui non è stato annotato in margine all'iscrizione dell'ipoteca, le citazioni e le notificazioni sono fatte nei confronti di un curatore da nominarsi dall'autorità giudiziaria (78 c.p.c.). Il decreto di nomina del curatore deve essere pubblicato con le modalità prescritte nel comma precedente.

2846. Spese d'iscrizione. – Le spese d'iscrizione dell'ipoteca sono a carico del debitore, se non vi è patto contrario, ma devono essere anticipate dal richiedente (2855[1]).

§. 2
Della rinnovazione

2847. Durata dell'efficacia dell'iscrizione. – L'iscrizione conserva il suo effetto (2808) per venti anni dalla sua data. L'effetto cessa se l'iscrizione non è rinnovata prima che scada detto termine (2679, n. 2, 2849, 2878, n. 2).

2848. Nuova iscrizione dell'ipoteca. – Nonostante il decorso del termine indicato dall'articolo precedente, il creditore può procedere a nuova iscrizione; in tale caso l'ipoteca prende grado (2852) dalla data della nuova iscrizione.

La nuova iscrizione non può essere presa contro i terzi acquirenti dell'immobile ipotecato che hanno trascritto il loro titolo (2644).

2849. [Durata dell'ipoteca legale della moglie. – (*Omissis*)] (¹).

(¹) *Articolo abrogato dall'art. 209 della L. 19 maggio 1975, n. 151, riforma del diritto di famiglia.*

2850. Formalità per la rinnovazione. – Per ottenere la rinnovazione si presenta al conservatore una nota in doppio originale conforme a quella della precedente iscrizione (2839), in cui si dichiari che s'intende rinnovare l'iscrizione originaria.

In luogo del titolo si può presentare la nota precedente.

Il conservatore deve osservare le disposizioni dell'art. 2840.

2851. Rinnovazione rispetto a beni trasferiti agli eredi o aventi causa. – Se al tempo della rinnovazione gli immobili ipotecati risultano dai registri delle trascrizioni (2618, 2660 ss., 2679) passati agli eredi del debitore o ai suoi aventi causa, la rinnovazione deve essere fatta anche nei confronti degli eredi o aventi causa (2829) e la nota deve contenere le indicazioni stabilite dall'art. 2839, se queste risultano dai registri medesimi (2679).

Sezione VI
Dell'ordine delle ipoteche

2852. Grado dell'ipoteca. – L'ipoteca prende grado dal momento della sua iscrizione (518[2], 2848[1]), anche se è iscritta per un credito condizionale (1353 ss.). La stessa norma si applica per i crediti che possano eventualmente nascere in dipendenza di un rapporto già esistente.

NOTE OPERATIVE:

Ambito di applicazione: Il principio secondo cui il titolo deve essere sufficiente ed adeguato a dare contezza dell'esistenza e dell'individuabilità del credito garantito, trovando il suo fondamento nell'impossibilità di costituire un'ipoteca per debiti non attuali, ad eccezione di quanto previsto dall'art. 2852 c.c. per i crediti condizionali o per quelli che possano eventualmente nascere in dipendenza di un rapporto, non trova applicazione relativamente ad un credito riconosciuto come già esistente da colui che concede la garanzia (C.C. 7291/21 – Conf. C.C. 3221/15).

2853. Richieste contemporanee d'iscrizione. – Il numero d'ordine delle iscrizioni determina il loro grado. Nondimeno, se più persone presentano contemporaneamente la nota per ottenere iscrizione contro la stessa persona o sugli stessi immobili, le iscrizioni sono eseguite sotto lo stesso numero, e di ciò si fa menzione nella ricevuta spedita dal conservatore a ciascuno dei richiedenti (2650[3], 2678, 2840, 2854).

2854. Ipoteche iscritte nello stesso grado. – I crediti con iscrizione ipotecaria dello stesso grado (2853) sugli stessi beni concorrono tra loro in proporzione dell'importo relativo.

2855. Estensione degli effetti dell'iscrizione. – L'iscrizione del credito fa collocare nello stesso grado le spese dell'atto di costituzione d'ipoteca, quelle dell'iscrizione (2846) e rinnovazione (2847) e quelle ordinarie occorrenti per l'intervento nel processo di esecuzione (499, 563 ss. c.p.c.). Per il credito di maggiori spese giudiziali le parti possono estendere l'ipoteca con patto espresso, purché sia presa la corrispondente iscrizione.

Qualunque sia la specie d'ipoteca, l'iscrizione di un capitale che produce interessi (1282) fa collocare nello stesso grado gli interessi dovuti, purché ne sia enunciata la misura nell'iscrizione (2839). La collocazione degli interessi è limitata alle due annate anteriori e a quella in corso al giorno del pignoramento (492, 555 c.p.c.; 54[4] l. fall.), ancorché sia stata pattuita l'estensione a un maggior numero di annualità; le iscrizioni particolari prese per altri arretrati hanno effetto dalla loro data (576 c.n.).

L'iscrizione del capitale fa pure collocare nello stesso grado gli interessi maturati dopo il compimento dell'annata in corso alla data del pignoramento, però soltanto nella misura legale (1284) e fino alla data della vendita (2857; 574, 581 c.p.c.; 54[4] l. fall.).

2856. Surrogazione del creditore perdente. – Il creditore che ha ipoteca sopra uno o più immobili, qualora si trovi perdente perché sul loro prezzo si è in tutto o in parte soddisfatto un creditore anteriore (2852, 2899), la cui ipoteca si estendeva ad altri beni dello stesso debitore, può surrogarsi (1203) nell'ipoteca iscritta a favore del creditore soddisfatto, al fine di esercitare l'azione ipotecaria su questi altri beni con preferenza rispetto ai creditori posteriori alla propria iscrizione. Lo stesso diritto spetta ai creditori perdenti in seguito alla detta surrogazione (2866[3]).

Questa disposizione si applica anche ai creditori perdenti per causa di privilegi immobiliari (2770 ss., 2857; 550, 1026 c.n.).

2857. Limiti della surrogazione. – La surrogazione non si può esercitare sui beni dati in ipoteca da un terzo (2868), né sui beni alienati dal debitore (2858), quando l'alienazione è stata trascritta anteriormente all'iscrizione del creditore perdente (2644).

Trattandosi di beni acquistati dal debitore posteriormente a detta iscrizione, se il creditore soddisfatto aveva esteso a essi la sua ipoteca giudiziale (2818, 2828), il creditore perdente può esercitare la surrogazione anche su tali beni.

Per far valere il diritto alla surrogazione deve essere eseguita annotazione in margine all'ipoteca del creditore soddisfatto (2843); per l'annotazione deve presentarsi al conservatore copia dello stato di graduazione (2852) dal quale risulta l'incapienza (2843; 596 c.p.c.; 179 att. c.p.c.).

Sezione VII
Degli effetti dell'ipoteca rispetto al terzo acquirente

2858. Facoltà del terzo acquirente. – Il terzo acquirente dei beni ipotecati, che ha trascritto (2643) il suo titolo di acquisto (2812[3]) e non è personalmente obbligato, se non preferisce pagare i creditori iscritti (2827 ss., 2852 ss.), può rilasciare i beni stessi (2860 ss., 2867) ovvero liberarli dalle ipoteche, osservando le norme contenute nella sezione XII di questo capo (2889 ss.). In mancanza, l'espropriazione segue contro di lui secondo le forme prescritte dal codice di procedura civile (2880, 2910; 483, 602 c.p.c.).

2859. Eccezioni opponibili dal terzo acquirente. – Se la domanda diretta a ottenere la condanna del debitore è posteriore alla trascrizione del titolo del terzo acquirente, questi, ove non abbia preso parte al giudizio, può opporre al creditore procedente tutte le eccezioni non opposte dal debitore e quelle altresì che spetterebbero a questo dopo la condanna (2870).

Le eccezioni suddette però non sospendono il corso dei termini stabiliti per la liberazione del bene dalle ipoteche (2870, 2889; 792 c.p.c.).

2860. Capacità per il rilascio. – Può procedere al rilascio soltanto chi ha la capacità di alienare (2, 320, 375, 394, 424, 428, 1425).

2861. Termine ed esecuzione del rilascio. – Il rilascio dei beni ipotecati si esegue con dichiarazione alla cancelleria del tribunale competente per l'espropriazione (16, 21, 26 c.p.c.). La dichiarazione deve essere fatta non oltre i dieci giorni dalla data del pignoramento (555, 604 c.p.c.).

Il certificato della cancelleria attestante la dichiarazione deve, a cura del terzo, essere annotato (2843) in margine alla trascrizione dell'atto di pignoramento e deve essere notificato, entro cinque giorni dalla sua data, al creditore procedente (2844).

Sull'istanza di questo o di qualunque altro interessato, il tribunale provvede alla nomina di un amministratore, in confronto del quale prosegue il processo di espropriazione (602 ss. c.p.c.).

Il terzo rimane responsabile della custodia dell'immobile fino alla consegna all'amministratore (560 c.p.c.).

2862. Ipoteche e altri diritti reali a carico e a favore del terzo. – Il rilascio non pregiudica le ipoteche, le servitù e gli altri diritti reali resi pubblici contro il terzo prima dell'annotazione del rilascio (2659, 2844, 2861).

Le ipoteche, le servitù e gli altri diritti reali che già spettavano al terzo prima dell'acquisto riprendono efficacia dopo il rilascio (2861) o dopo la vendita all'incanto eseguita contro di lui (534, 576 ss. c.p.c.).

Del pari riprendono efficacia le servitù che al momento dell'iscrizione dell'ipoteca esistevano a favore del fondo ipotecato e a carico di altro fondo del terzo (1072). Esse sono comprese nell'espropriazione del fondo ipotecato.

2863. Ricupero dell'immobile rilasciato e abbandono dell'esecuzione. – Finché non sia avvenuta la vendita, il terzo può ricuperare l'immobile rilasciato, pagando i crediti iscritti (2852) e i loro accessori (2855), oltre le spese.

Qualora la vendita sia avvenuta e, dopo pagati i creditori iscritti, vi sia un residuo del prezzo, questo spetta al terzo acquirente (510 c.p.c.).

Il rilascio non ha effetto se il processo di esecuzione si estingue per rinunzia (306, 629 c.p.c.) o per inattività delle parti (630 c.p.c.).

2864. Danni causati dal terzo e miglioramenti. – Il terzo è tenuto a risarcire i danni (2043) che da sua colpa grave sono derivati all'immobile in pregiudizio dei creditori iscritti (2743, 2813, 2827).

Egli non può ritenere l'immobile per causa di miglioramenti (1152); ma ha il diritto di far separare dal prezzo di vendita la parte corrispondente ai miglioramenti eseguiti dopo la trascrizione del suo titolo (2659), fino a concorrenza del valore dei medesimi al tempo della vendita.

Se il prezzo non copre il valore dell'immobile nello stato in cui era prima dei miglioramenti e insieme quello dei miglioramenti, esso deve dividersi in due parti proporzionali ai detti valori.

2865. Frutti dovuti dal terzo. – I frutti (820) dell'immobile ipotecato sono dovuti dal terzo (1148) a decorrere dal giorno in cui è stato eseguito il pignoramento (2912; 555 ss., 604 c.p.c.).

Nel caso di liberazione dell'immobile dalle ipoteche (2889 ss.) i frutti (820) sono del pari dovuti dal giorno del pignoramento o, in mancanza di pignoramento, dal giorno della notificazione eseguita in conformità dell'art. 2890 (604, 792 c.p.c.).

2866. Diritti del terzo nei confronti del debitore e di altri terzi acquirenti. – Il terzo che ha pagato i creditori iscritti (2858) ovvero ha rilasciato l'immobile (2861) o sofferto l'espropriazione (602 c.p.c.) ha ragione d'indennità verso il suo autore (1482^2, 1486), anche se si tratta di acquisto a titolo gratuito (1473 ss.).

Ha pure diritto di subingresso (1203, 2871) nelle ipoteche costituite a favore del creditore soddisfatto sugli altri beni del debitore; se questi sono stati acquistati da terzi, non ha azione che contro coloro i quali hanno trascritto il loro acquisto in data posteriore alla trascrizione del suo titolo. Per esercitare il subingresso deve fare eseguire la relativa annotazione in conformità dell'art. 2843.

Il subingresso non pregiudica l'esercizio del diritto di surrogazione stabilito dall'art. 2856 a favore dei creditori che hanno un'iscrizione anteriore alla trascrizione del titolo del terzo acquirente (2644).

2867. Terzo debitore di somma in dipendenza dell'acquisto. – Se il terzo acquirente, che ha trascritto il suo titolo, è debitore, in dipendenza dell'acquisto (1498), di una somma attualmente esigibile, la quale basti a soddisfare tutti i creditori iscritti contro il precedente proprietario, ciascuno di questi può obbligarlo al pagamento.

Se il debito del terzo non è attualmente esigibile, o è minore o diverso da ciò che è dovuto ai detti creditori, questi, purché di comune accordo, possono egualmente richiedere che venga loro pagato, fino alla rispettiva concorrenza, ciò che il terzo deve nei modi e termini della sua obbligazione (553 c.p.c.).

Nell'uno e nell'altro caso l'acquirente non può evitar di pagare, offrendo il rilascio dell'immobile (2861), ma, eseguito il pagamento, l'immobile è liberato da ogni ipoteca, non esclusa quella che spetta all'alienante (2817, n. 1), e il terzo ha diritto di ottenere che si cancellino le relative iscrizioni (2882 ss.).

Sezione VIII
Degli effetti dell'ipoteca rispetto al terzo datore

2868. Beneficio di escussione. – Chi ha costituito un'ipoteca (2808, 2871) a garanzia del debito altrui non può invocare il beneficio della preventiva escussione del debitore (1944), se il beneficio non è stato convenuto (2910; 602 c.p.c.).

2869. Estinzione dell'ipoteca per fatto del creditore. – L'ipoteca costituita dal terzo si estingue (2926) se, per fatto del creditore, non può avere effetto la surrogazione del terzo nei diritti, nel pegno, nelle ipoteche e nei privilegi del creditore (1203, n. 2, 1944, 1955).

2870. Eccezioni opponibili dal terzo datore. – Il terzo datore che non ha preso parte al giudizio diretto alla condanna del debitore può opporre al creditore le eccezioni indicate dall'art. 2859.

2871. Diritti del terzo datore che ha pagato i creditori iscritti o ha sofferto l'espropriazione. – Il terzo datore che ha pagato i creditori iscritti o ha sofferto l'espropriazione ha regresso contro il debitore (1950). Se vi sono più debitori obbligati in solido (1292), il terzo che ha costituito l'ipoteca a garanzia di tutti ha regresso contro ciascuno per l'intero (1951).

Il terzo datore ha regresso contro i fideiussori (1936) del debitore. Ha inoltre regresso contro gli altri terzi datori per la loro rispettiva porzione (1299, 1954, 2868) e può esercitare, anche nei confronti dei terzi acquirenti, il subingresso previsto dal secondo comma dell'art. 2866 (1950, 1951).

Sezione IX
Della riduzione delle ipoteche

2872. Modalità della riduzione. – La riduzione delle ipoteche si opera riducendo la somma per la quale è stata presa l'iscrizione o restringendo l'iscrizione (2838) a una parte soltanto dei beni (2876).

Questa restrizione può aver luogo anche se l'ipoteca ha per oggetto un solo bene, qualora questo abbia parti distinte o tali che si possano comodamente distinguere (843).

2873. Esclusione della riduzione. – Non è ammessa domanda di riduzione riguardo alla quantità dei beni né riguardo alla somma, se la quantità dei beni o la somma è stata determinata per convenzione o per sentenza.

Tuttavia, se sono stati eseguiti pagamenti parziali così da estinguere almeno il quinto del debito originario, si può chiedere una riduzione proporzionale per quanto riguarda la somma (2799).

Nel caso d'ipoteca iscritta su un edificio, il costituente che dopo l'iscrizione ha eseguito sopraelevazioni (2811) può chiedere che l'ipoteca sia ridotta, per modo che le sopraelevazioni ne restino esenti in tutto o in parte, osservato il limite stabilito dall'art. 2876 per il valore della cautela (934).

2874. Riduzione dell'ipoteca legale e dell'ipoteca giudiziale. – Le ipoteche legali, eccettuate quelle indicate dai numeri 1 e 2 dell'art. 2817, e le ipoteche giudiziali (2818) devono ridursi su domanda degli interessati, se i beni compresi nell'iscrizione hanno un valore che eccede la cautela da somministrarsi (2828, 2875) o se la somma determinata dal creditore nell'iscrizione (2838) eccede di un quinto quella che l'autorità giudiziaria dichiara dovuta.

2875. Eccesso nel valore dei beni. – Si reputa che il valore dei beni ecceda la cautela da somministrarsi (2874), se tanto alla data dell'iscrizione dell'ipoteca, quanto posteriormente, supera di un terzo l'importo dei crediti iscritti (2876), accresciuto degli accessori a norma dell'art. 2855.

2876. Limiti della riduzione. – La riduzione si opera rispettando l'eccedenza del quinto (2874) per ciò che riguarda la somma del credito e l'eccedenza del terzo (2875) per ciò che riguarda il valore della cautela (2873).

2877. Spese della riduzione. – Le spese necessarie per eseguire la riduzione (2846), anche se consentita dal creditore, sono sempre a carico del richiedente, a meno che la riduzione abbia luogo per eccesso nella determinazione del credito fatta dal creditore (2838, 2872), nel quale caso sono a carico di quest'ultimo.

Se la riduzione è stata ordinata con sentenza, le spese del giudizio sono a carico del soccombente, salvo che siano compensate tra le parti (91, 92 c.p.c.).

Sezione X
Dell'estinzione delle ipoteche

2878. Cause di estinzione. – L'ipoteca si estingue:

1) con la cancellazione dell'iscrizione (2882);

2) con la mancata rinnovazione dell'iscrizione entro il termine indicato dall'art. 2847;

3) con l'estinguersi dell'obbligazione (1176 ss., 1230 ss., 2934);

4) col perimento del bene ipotecato, salvo quanto è stabilito dall'art. 2742;

5) con la rinunzia del creditore (2879, 2899; 127, 177 l. fall.);

6) con lo spirare del termine a cui l'ipoteca è stata limitata o col verificarsi della condizione risolutiva (1353);

7) con la pronunzia del provvedimento che trasferisce all'acquirente il diritto espropriato e ordina la cancellazione delle ipoteche (586 c.p.c.).

2879. Rinunzia all'ipoteca. – La rinunzia del creditore all'ipoteca (2878, n. 5, 2889) deve essere espressa e deve risultare da atto scritto, sotto pena di nullità (1350, n. 13, 2725).

La rinunzia non ha effetto di fronte ai terzi che anteriormente alla cancellazione dell'ipoteca abbiano acquistato il diritto all'ipoteca medesima ed eseguito la relativa annotazione a termini dell'art. 2843.

2880. Prescrizione rispetto a beni acquistati da terzi. – Riguardo ai beni acquistati da terzi, l'ipoteca si estingue per prescrizione (2934), indipendentemente dal credito (2878, n. 3), col decorso di venti anni dalla data della trascrizione del titolo di acquisto (2643 ss.), salve le cause di sospensione (2951) e d'interruzione (2943).

2881. Nuova iscrizione dell'ipoteca. – Salvo diversa disposizione di legge (1197[3], 1276, 2899, 2926[2], 2927[2]), se la causa estintiva dell'obbligazione è dichiarata nulla (1418 ss.) o altrimenti non sussiste ovvero è dichiarata nulla la rinunzia fatta dal creditore all'ipoteca (2879) e l'iscrizione non è stata conservata, si può procedere a nuova iscrizione e questa prende grado dalla sua data (2852).

Sezione XI
Della cancellazione dell'iscrizione

2882. Formalità per la cancellazione. – La cancellazione consentita dalle parti interessate (374, n. 2) deve essere eseguita dal conservatore in seguito a presentazione dell'atto contenente il consenso del creditore (2821).

Per quest'atto devono essere osservate le forme prescritte dagli articoli 2821, 2835 e 2837 (2725).

NOTE OPERATIVE:

Funzioni: La cancellazione dell'ipoteca svolge due distinte funzioni: quella di pubblicità-notizia, nei casi in cui sussista già un'autonoma causa estintiva dell'ipoteca (ovvero quando quest'ultima sia nulla o definitivamente inefficace); quella di autonoma causa estintiva dell'ipoteca, nel senso che, per evidenti ragioni di tutela dei terzi che facciano affidamento sulle risultanze dei registri immobiliari, una volta che l'ipoteca sia stata cancellata, essa è definitivamente estinta, anche se la cancellazione fosse priva dei presupposti (C.C. 20434/22).

2883. Capacità per consentire la cancellazione. – Chi non ha la capacità richiesta per liberare il debitore non può consentire la cancellazione dell'iscrizione, se non è assistito dalle persone il cui intervento è necessario per la liberazione (320, 374, 394, 424).

Il rappresentante legale dell'incapace e ogni altro amministratore, anche se autorizzati a esigere il credito e a liberare il debitore, non possono consentire la cancellazione dell'iscrizione, ove il credito non sia soddisfatto.

2884. Cancellazione ordinata con sentenza. – La cancellazione deve essere eseguita dal conservatore, quando è ordinata con sentenza passata in giudicato (2909; 324 c.p.c.) o con altro provvedimento definitivo emesso dalle autorità competenti (2888; 586, 794 c.p.c.; 136[3] l. fall.).

2885. Cancellazione sotto condizione. – Se è stato convenuto od ordinato che la cancellazione non debba aver luogo che sotto la condizione di nuova ipoteca, di nuovo impiego o sotto altra condizione, la cancellazione non può essere eseguita se non si fa constare al conservatore che la condizione è stata adempiuta.

2886. Formalità per la cancellazione. – Chi richiede la cancellazione totale o parziale deve presentare al conservatore l'atto su cui la richiesta è fondata (2882, 2884; 586 c.p.c.).

La cancellazione di un'iscrizione o la rettifica (2841[2]) deve essere eseguita in margine all'iscrizione medesima, con l'indicazione del titolo dal quale è stata consentita od ordinata e della data in cui si esegue, e deve portare la sottoscrizione del conservatore.

2887. Cancellazione delle ipoteche a garanzia dei titoli all'ordine. – La cancellazione della ipoteca costituita a garanzia dell'obbligazione risultante da un titolo all'ordine è consentita dal creditore risultante nei registri immobiliari e l'atto di consenso deve essere presentato al conservatore insieme con il titolo, il quale è restituito dopo che il conservatore vi ha eseguito l'annotazione della cancellazione.

La cancellazione dell'ipoteca importa la perdita del diritto di regresso contro i giranti anteriori alla cancellazione medesima (2011).

2888. Rifiuto di cancellazione. – Qualora il conservatore rifiuti di procedere alla cancellazione di un'iscrizione, il richiedente può proporre reclamo all'autorità giudiziaria (113 att.; 737 c.p.c.).

Sezione XII
Del modo di liberare i beni dalle ipoteche

2889. Facoltà di liberare i beni dalle ipoteche. – Il terzo acquirente dei beni ipotecati, che ha trascritto il suo titolo (2643 ss.) e non è personalmente obbligato a pagare i creditori ipotecari, ha facoltà di liberare i beni da ogni ipoteca iscritta anteriormente alla trascrizione del suo titolo di acquisto (2858; 792 c.p.c.).

Tale facoltà spetta all'acquirente anche dopo il pignoramento (555 c.p.c.) purché nel termine di trenta giorni proceda in conformità dell'articolo che segue (2890, 2892, 2894).

2890. Notificazione. – L'acquirente deve far notificare, per mezzo di ufficiale giudiziario (137 c.p.c.), ai creditori iscritti (2827), nel domicilio da essi eletto (47, 2839, n. 2, 2842, 2844, 2899; 141 c.p.c.), e al precedente proprietario un atto nel quale siano indicati:

1) il titolo, la data del medesimo e la data della sua trascrizione;

2) la qualità e la situazione dei beni col numero del catasto o altra loro designazione, quale risulta dallo stesso titolo;

3) il prezzo stipulato o il valore da lui stesso dichiarato, se si tratta di beni pervenutigli a titolo lucrativo o di cui non sia stato determinato il prezzo (2893, 2898).

In ogni caso, il prezzo o il valore dichiarato non può essere inferiore a quello stabilito come base degli incanti dal codice di procedura civile in caso di espropriazione (535, 568 c.p.c.).

Nell'atto della notificazione il terzo acquirente deve eleggere domicilio nel comune dove ha sede il tribunale competente per l'espropriazione (26 c.p.c.) e deve offrire di pagare il prezzo o il valore dichiarato.

Un estratto sommario della notificazione è inserito nel giornale degli annunzi giudiziari (792 c.p.c.).

2891. Diritto dei creditori di far vendere i beni. – Entro il termine (2892) di quaranta giorni dalla notificazione indicata dall'articolo precedente, qualunque dei creditori iscritti (2827 ss.) o dei relativi fideiussori (1936 ss.) ha diritto di richiedere l'espropriazione dei beni (2898, 2899; 555 c.p.c.) con ricorso al presidente del tribunale competente a norma del codice di procedura civile (16, 26, 192 c.p.c.), purché adempia le condizioni che seguono (795 c.p.c.):

1) che la richiesta sia notificata al terzo acquirente nel domicilio da lui eletto a norma dell'articolo precedente e al proprietario anteriore;

2) che contenga la dichiarazione del richiedente di aumentare di un decimo il prezzo stipulato o il valore dichiarato (795[3] c.p.c.);

3) che contenga l'offerta di una cauzione per una somma eguale al quinto del prezzo aumentato come sopra (576, n. 5 c.p.c.);

4) che l'originale e le copie della richiesta siano sottoscritti dal richiedente o da un suo procuratore munito di mandato speciale.

L'omissione di alcuna di queste condizioni produce nullità della richiesta (2893, 2899).

2892. Divieto di proroga dei termini. – I termini fissati dal secondo comma dell'art. 2889 e dal primo comma dell'art. 2891 non possono essere prorogati.

2893. Mancata richiesta dell'incanto. – Se l'incanto non è domandato nel tempo e nel modo prescritti dall'art. 2891, il valore del bene rimane definitivamente stabilito nel prezzo che l'acquirente ha posto a disposizione dei creditori a norma dell'art. 2890, n. 3.

La liberazione del bene dalle ipoteche avviene dopo che è stato depositato il prezzo e si è provveduto nei modi indicati dal codice di procedura civile (792 ss. c.p.c.).

2894. Effetti del mancato deposito del prezzo. – Se il terzo acquirente non deposita il prezzo entro il termine stabilito dall'art. 792 del codice di procedura civile, la richiesta di liberazione del bene dalle ipoteche rimane senza effetto, salva la responsabilità del richiedente per i danni verso i creditori iscritti.

2895. Desistenza del creditore. – La desistenza del creditore che ha richiesto l'incanto (2891) non può impedire l'espropriazione, a meno che vi consentano espressamente gli altri creditori iscritti (500, 629 c.p.c.).

2896. Aggiudicazione al terzo acquirente. – Se l'aggiudicazione segue a favore del terzo acquirente, il decreto di trasferimento deve essere annotato in margine alla trascrizione dell'atto di acquisto (2643, n. 6, 2655; 586 c.p.c.).

2897. Regresso dell'acquirente divenuto compratore all'incanto. – Il terzo acquirente al quale è stato aggiudicato l'immobile ha regresso contro il venditore per il rimborso di ciò che eccede il prezzo stipulato nel contratto di vendita (2866).

2898. Beni non ipotecati per il credito per il quale si procede. – Nel caso in cui il titolo d'acquisto del terzo acquirente comprende mobili e immobili (812), o comprende più immobili, gli uni ipotecati e gli altri liberi, ovvero non tutti gravati dalle stesse iscrizioni, situati nella giurisdizione dello stesso tribunale o in diverse giurisdizioni di tribunali, alienati per un unico prezzo ovvero per prezzi distinti, il prezzo di ciascun immobile assoggettato a particolari e separate iscrizioni deve dichiararsi nella notificazione, ragguagliato al prezzo totale espresso dal titolo (2890).

Il creditore che richiede l'espropriazione (2891) non può in nessun caso essere costretto a estendere la sua domanda ai mobili, o ad altri immobili, fuori di quelli che sono ipotecati per il suo credito, salvo il regresso del terzo acquirente contro il suo autore per il risarcimento del danno che venga a soffrire a causa della separazione dei beni compresi nell'acquisto e delle relative coltivazioni (2890, 2891).

Sezione XIII
Della rinunzia e dell'astensione del creditore nell'espropriazione forzata

2899. Divieto di rinunzia a un'ipoteca a danno di altro creditore. – Il creditore, che ha ipoteca su vari immobili, dopo che gli è stata fatta la notificazione indicata dall'art. 2890, se si tratta del processo di liberazione dalle ipoteche, o dopo la notificazione del provvedimento che dispone la vendita (569 c.p.c.), in caso di espropriazione (2891), non può rinunziare (2879) alla sua ipoteca sopra uno di quegli immobili né astenersi dall'intervenire nel giudizio di espropriazione (498, 563 ss. c.p.c.), qualora sia con ciò favorito un creditore a danno di altro creditore anteriormente iscritto (2852); se egli rinunzia o si astiene, è responsabile dei danni, a meno che vi siano giusti motivi.

La stessa disposizione si applica nel caso in cui la rinunzia o l'astensione favorisca un terzo acquirente a danno di un creditore con ipoteca anteriore o di un altro terzo acquirente che abbia un titolo anteriormente trascritto.

Capo V
Dei mezzi di conservazione della garanzia patrimoniale

Sezione I
Dell'azione surrogatoria

2900. Condizioni, modalità ed effetti. – Il creditore, per assicurare che siano soddisfatte o conservate le sue ragioni, può esercitare i diritti e le azioni che spettano verso i terzi al proprio debitore e che questi trascura di esercitare, purché i diritti e le azioni abbiano contenuto patrimoniale e non si tratti di diritti o di azioni che, per loro natura o per disposizione di legge, non possono essere esercitati se non dal loro titolare.

Il creditore, qualora agisca giudizialmente, deve citare (163 c.p.c.) anche il debitore al quale intende surrogarsi.

NOTE OPERATIVE:

Ambito di applicazione: L'azione surrogatoria, consentendo al creditore di prevenire e neutralizzare gli effetti negativi che possano derivare alle sue ragioni dall'inerzia del debitore, il quale ometta di esercitare le opportune azioni dirette ad incrementare il suo patrimonio, conferisce al creditore stesso la legittimazione all'esercizio di un diritto altrui, ed ha perciò carattere necessariamente eccezionale, potendo essere proposta solo nei casi ed alle condizioni previsti dalla legge (C.C. 34940/22 – Conf. C.C. 5805/12).

Effetti: Il creditore che agisce in surroga in luogo del proprio debitore (stante la funzione meramente conservativa dell'azione surrogatoria, volta a acquisire risultati utili al patrimonio del debitore inerte) esercita il medesimo diritto che sarebbe spettato a quest'ultimo, sicché il creditore, legittimato straordinario, agisce in nome proprio per il mero accertamento del diritto vantato dal debitore principale nei confronti del terzo, assumendo la veste di sostituto processuale del debitore surrogato e rimanendo, conseguentemente, soggetto a tutte le eccezioni – sostanziali e processuali – opponibili al debitore medesimo (C.C. 7648/13 – Conf. C.C. 9314/08; S.U. 1856/65).

Sezione II
Dell'azione revocatoria

2901. Condizioni. – Il creditore (2740, 2741), anche se il credito è soggetto a condizione o a termine (1356), può domandare che siano dichiarati inefficaci nei suoi confronti gli atti di disposizione del patrimonio (524, 1113) con i quali il debitore rechi pregiudizio alle sue ragioni (206, 209), quando concorrono le seguenti condizioni:

1) che il debitore conoscesse il pregiudizio che l'atto arrecava alle ragioni del creditore o, trattandosi di atto anteriore al sorgere del credito, l'atto fosse dolosamente preordinato al fine di pregiudicarne il soddisfacimento (192, 195 c.p.);

2) che, inoltre, trattandosi di atto a titolo oneroso, il terzo fosse consapevole del pregiudizio e, nel caso di atto anteriore al sorgere del credito, fosse partecipe della dolosa preordinazione (1923).

Agli effetti della presente norma, le prestazioni di garanzia, anche per debiti altrui, sono considerate atti a titolo oneroso, quando sono contestuali al credito garantito.

Non è soggetto a revoca l'adempimento di un debito scaduto (1183, 1186; 65, 67 l. fall.).

L'inefficacia dell'atto non pregiudica i diritti acquistati a titolo oneroso dai terzi di buona fede, salvi gli effetti della trascrizione della domanda di revocazione (2652, n. 5, 2690; 64 ss., 70^2 l. fall.).

NOTE OPERATIVE:

Ambito di applicazione: La norma accoglie una nozione lata di credito, comprensiva della ragione o aspettativa, con conseguente irrilevanza della certezza del fondamento dei relativi fatti costitutivi, coerentemente con la funzione propria dell'azione, la quale non persegue scopi specificamente restitutori, bensì mira a conservare la garanzia generica sul patrimonio del debitore in favore di tutti i creditori, compresi quelli meramente eventuali (C.C. 28141/23 – Conf. C.C. 23208/16; C.C. 3981/03). L'azione revocatoria è ammissibile anche rispetto ad un credito sub iudice o eventuale (C.C. 25331/23 – Conf. C.C. 25209/20).

Presupposti: In tema di azione revocatoria ordinaria degli atti a titolo gratuito, il requisito della scientia damni si risolve, non già nella consapevolezza dell'insolvenza del debitore, ma nella semplice conoscenza del danno che ragionevolmente può derivare alle ragioni creditorie dal compimento dell'atto (C.C. 9192/21). Il requisito oggettivo dell'eventus damni ricorre non solo nel caso in cui l'atto dispositivo comprometta totalmente la consistenza patrimoniale del debitore, ma anche quando determini una variazione soltanto qualitativa del patrimonio che comporti una maggiore incertezza o difficoltà nel soddisfacimento del credito, è configurabile in caso di sostituzione di beni immobili con partecipazioni societarie, le quali sono soggette a maggiori mutamenti di valore (C.C. 20232/23 – Conf. C.C. 16221/19).

2902. Effetti. – Il creditore, ottenuta la dichiarazione di inefficacia, può promuovere nei confronti dei terzi acquirenti le azioni esecutive (2910^2; 474 ss., 602 c.p.c.) o conservative (671 c.p.c.) sui beni che formano oggetto dell'atto impugnato (2905, 2910).

Il terzo contraente, che abbia verso il debitore ragioni di credito dipendenti dall'esercizio dell'azione revocatoria, non può concorrere sul ricavato dei beni che sono stati oggetto dell'atto dichiarato inefficace, se non dopo che il creditore è stato soddisfatto (71 l. fall.).

NOTE OPERATIVE:

Inefficacia: L'azione revocatoria ordinaria tende a far dichiarare inefficace rispetto al solo creditore che la esercita un atto di disposizione patrimoniale compiuto dal debitore in favore di terzi, il quale rimane, tuttavia, perfettamente valido ed efficace nei confronti delle parti e di qualsiasi altro terzo diverso dal creditore istante, senza che l'utile esercizio della suddetta azione presupponga l'accertamento della validità dell'atto medesimo (C.C. 25209/23 – Conf. S.U. 9660/09; C.C. 13972/07)

2903. Prescrizione dell'azione. – L'azione revocatoria si prescrive in cinque anni dalla data dell'atto (2934 ss.).

NOTE OPERATIVE:

Decorrenza: La norma deve essere interpretata nel senso che la prescrizione decorre dal giorno in cui dell'atto è stata data pubblicità ai terzi, in quanto solo da questo momento il diritto può esser fatto valere e l'inerzia del titolare protratta nel tempo assume effetto estintivo (C.C. 4049/23 – Conf. C.C. 25855).

2904. Rinvio. – Sono salve le disposizioni sull'azione revocatoria in materia fallimentare (64 ss. l. fall.) e in materia penale (192 c.p.).

Sezione III
Del sequestro conservativo

2905. Sequestro nei confronti del debitore o del terzo. – Il creditore può chiedere il sequestro conservativo dei beni del debitore, secondo le regole stabilite dal codice di procedura civile (671 ss. c.p.c.).

Il sequestro può essere chiesto anche nei confronti del terzo acquirente dei beni del debitore, qualora sia stata proposta l'azione per far dichiarare l'inefficacia dell'alienazione (2901, 2902).

NOTE OPERATIVE:

L'ambito di applicazione: L'equivalenza tra le tutele garantite dal sequestro conservativo e dall'azione revocatoria non può essere affermata in termini generali in ragione dello scarto "diacronico" tra i due istituti: il sequestro opera in via preventiva, mentre la revocatoria in via successiva (C.C. 22835/17).

2906. Effetti. – Non hanno effetto in pregiudizio del creditore sequestrante le alienazioni e gli altri atti che hanno per oggetto la cosa sequestrata, in conformità delle regole stabilite per il pignoramento (2843, 2912 ss.; 491 c.p.c.).

Non ha parimenti effetto in pregiudizio del creditore opponente il pagamento (1188) eseguito dal debitore, qualora l'opposizione sia stata proposta nei casi e con le forme stabilite dalla legge (495, 498, 530, 2742, 2825).

NOTE OPERATIVE:

Fase esecutiva: Il sequestro conservativo si converte automaticamente in pignoramento quando il creditore sequestrante ottenga sentenza di condanna esecutiva, ma solo nei limiti del credito per il quale è intervenuta la condanna e non anche per l'importo, eventualmente maggiore, fino al quale il sequestro è stato autorizzato, perché gli effetti che la norma riconosce in favore del creditore sequestrante sono equiparati a quelli che lo stesso otterrebbe in caso di pignoramento (C.C. 10871/12).

Titolo IV
Della tutela giurisdizionale dei diritti

Capo I
Disposizioni generali

2907. Attività giurisdizionale. – Alla tutela giurisdizionale dei diritti provvede l'autorità giudiziaria (117 c.p.c.) su domanda di parte (99, 100, 163 c.p.c.) e, quando la legge lo dispone, anche su istanza del pubblico ministero (69 c.p.) o d'ufficio.

La tutela giurisdizionale dei diritti, nell'interesse delle categorie professionali, è attuata su domande delle associazioni legalmente riconosciute, nei casi determinati dalla legge e con le forme da questa stabilite ([1]).

([1]) *Comma da ritenersi abrogato poiché le associazioni professionali obbligatorie, rappresentative per legge, sono state sciolte dal D.L.vo Lgt. 23 novembre 1944, n. 369, soppressione delle organizzazioni sindacali fasciste e liquidazione dei rispettivi patrimoni.*

NOTE OPERATIVE:

Ambito di applicazione: L'azione volta alla delibazione di una sentenza straniera non integra una domanda diretta a far valere un diritto, dovendosi riconoscere alla stessa un'efficacia meramente processuale, consistente nel dare impulso ad un procedimento di giurisdizione oggettiva (C.C. 15023/23 – Conf. C.C. 11198/18; C.C. 8590/96; C.C. 1882/93).

2908. Effetti costitutivi delle sentenze. – Nei casi previsti dalla legge, l'autorità giudiziaria può costituire, modificare o estinguere rapporti giuridici, con effetto tra le parti, i loro eredi o aventi causa.

2909. Cosa giudicata. – L'accertamento contenuto nella sentenza passata in giudicato (324 c.p.c.) fa stato a ogni effetto tra le parti, i loro eredi o aventi causa (1306, 1595).

NOTE OPERATIVE:

Ambito di applicazione: Il giudicato sostanziale che, quale riflesso di quello formale ex art. 324 c.p.c., fa stato a ogni effetto tra le parti per l'accertamento di merito positivo o negativo del diritto controverso, si forma su tutto ciò che ha costituito oggetto della decisione, compresi gli accertamenti di fatto che ne rappresentano le premesse necessarie e il fondamento logico e giuridico (C.C. 18601 – Conf. C.C. 3635/21; C.C. 212/20; C.C. 5138/19).

Capo II
Dell'esecuzione forzata

Sezione I
Dell'espropriazione

§. 1
Disposizioni generali

2910. Oggetto dell'espropriazione. – Il creditore, per conseguire quanto gli è dovuto, può fare espropriare i beni del debitore (170, 188, 326, 2740), secondo le regole stabilite dal codice di procedura civile (474 ss., 483 ss. c.p.c.).

Possono essere espropriati anche i beni di un terzo quando sono vincolati a garanzia del credito (2786, 2858, 2868) o quando sono oggetto di un atto che è stato revocato perché compiuto in pregiudizio del creditore (2901 ss., 2905; 602 ss. c.p.c.).

NOTE OPERATIVE:

Aspetti processuali: In tema di procedimento esecutivo, difetta l'interesse, ex art. 100 c.p.c., a promuovere l'espropriazione forzata soltanto qualora il credito, di natura esclusivamente patrimoniale, sia di entità economica minima alla stregua di un criterio meramente oggettivo riferito alla generalità dei consociati e non in base alle soggettive condizioni economiche delle parti (C.C. 1489/23).

2911. Beni gravati da pegno o ipoteca. – Il creditore che ha pegno (2784) su beni del debitore non può pignorare (491, 502 c.p.c.) altri beni del debitore medesimo, se non sottopone a esecuzione anche i beni gravati dal pegno (2796). Non può parimenti, quando ha ipoteca (2808), pignorare altri immobili, se non sottopone a pignoramento anche gli immobili gravati dall'ipoteca (2808; 502, 544, 558 c.p.c.).

La stessa disposizione si applica se il creditore ha privilegio speciale su determinati beni (2746, 2755 ss., 2770 ss.).

NOTE OPERATIVE:

Ambito di applicazione: La norma trova applicazione solo nel caso in cui beni sottoposti a pegno siano di proprietà del debitore (C.C. 1033/07).

§. 2
Degli effetti
del pignoramento

2912. Estensione del pignoramento. – Il pignoramento (491 ss., 513 ss., 555 ss. c.p.c.) comprende gli accessori, le pertinenze (817; 556 c.p.c.) e i frutti (820; 516 c.p.c.) della cosa pignorata (559 c.p.c.).

2913. Inefficacia delle alienazioni del bene pignorato. – Non hanno effetto in pregiudizio del creditore pignorante (491 c.p.c.) e dei creditori che intervengono nell'esecuzione (498 ss. c.p.c.) gli atti di alienazione dei beni sottoposti a pignoramento, salvi gli effetti del possesso di buona fede (1147, 1153) per i mobili non iscritti in pubblici registri (815).

2914. Alienazioni anteriori al pignoramento. – Non hanno effetto in pregiudizio del creditore pignorante (491 ss. c.p.c.) e dei creditori che intervengono nell'esecuzione (498 ss. c.p.c.), sebbene anteriori al pignoramento (45, 54[3] l. fall.):

1) le alienazioni di beni immobili (812) o di beni mobili iscritti in pubblici registri (815), che siano state trascritte successivamente al pignoramento (1707, 2644, 2684, 2693; 555 c.p.c.);

2) le cessioni di crediti (1260) che siano state notificate al debitore ceduto o accettate dal medesimo successivamente al pignoramento (1264);

3) le alienazioni di universalità di mobili (816) che non abbiano data certa (2704);

4) le alienazioni di beni mobili di cui non sia stato trasmesso il possesso (1376) anteriormente al pignoramento, salvo che risultino da atto avente data certa (2644, 2704, 2915).

2915. Atti che limitano la disponibilità dei beni pignorati. – Non hanno effetto in pregiudizio del creditore pignorante (491 c.p.c.) e dei creditori che intervengono nell'esecuzione (498 ss. c.p.c.) gli atti che importano vincoli di indisponibilità (167, 1980), se non sono stati trascritti (2644 ss., 2647, 2684, 2685, 2693; 555 c.p.c.) prima del pignoramento, quando hanno per oggetto beni immobili (812) o beni mobili iscritti in pubblici registri (815, 2647, 2649, 2683, 2685, 2687, 2693), e, negli altri casi, se non hanno data certa anteriore al pignoramento (2704).

Non hanno del pari effetto in pregiudizio del creditore pignorante e dei creditori che intervengono nell'esecuzione gli atti e le domande per la cui efficacia rispetto ai terzi acquirenti la legge richiede la trascrizione (2643, 2644, 2652, 2653), se sono trascritti successivamente al pignoramento (2693).

2916. Ipoteche e privilegi. – Nella distribuzione della somma ricavata dall'esecuzione (509 ss. c.p.c.) non si tiene conto:

1) delle ipoteche (2808), anche se giudiziali (2818), iscritte dopo il pignoramento (555 c.p.c.);

CODICE CIVILE

2) dei privilegi per la cui efficacia è necessaria l'iscrizione, se questa ha luogo dopo il pignoramento (2762, 2810[3]);

3) dei privilegi (2745 ss.) per crediti sorti dopo il pignoramento.

2917. Estinzione del credito pignorato. – Se oggetto del pignoramento è un credito (2800 ss.; 543 ss. c.p.c.), l'estinzione di esso per cause verificatesi (1243[1]) in epoca successiva al pignoramento non ha effetto in pregiudizio del creditore pignorante e dei creditori che intervengono nell'esecuzione (1830; 498 ss. c.p.c.).

2918. Cessioni e liberazioni di pigioni e di fitti. – Le cessioni e le liberazioni di pigioni e di fitti (2924) non ancora scaduti per un periodo eccedente i tre anni (1605) non hanno effetto in pregiudizio del creditore pignorante e dei creditori che intervengono nell'esecuzione (498 ss. c. p.c.), se non sono trascritte anteriormente al pignoramento (2643, n. 9; 510 c.p.c.). Le cessioni e le liberazioni per un tempo inferiore ai tre anni e le cessioni e le liberazioni superiori ai tre anni non trascritte non hanno effetto, se non hanno data certa (2704) anteriore al pignoramento e, in ogni caso, non oltre il termine di un anno dalla data del pignoramento (2812, 2924).

NOTE OPERATIVE:

Ambito di applicazione: La disposizione è applicabile sia in caso di espropriazione diretta dei suddetti crediti sia in caso di espropriazione del bene locato che ad essi si estenda, quali frutti, ai sensi dell'art. 2912 c.c. (C.C. 35876/22).

§. 3
Effetti della vendita forzata e dell'assegnazione

2919. Effetto traslativo della vendita forzata. – La vendita forzata (503 c.p.c.) trasferisce all'acquirente i diritti che sulla cosa spettavano a colui che ha subito l'espropriazione, salvi gli effetti del possesso di buona fede (1147, 1153, 2920). Non sono però opponibili all'acquirente diritti acquistati da terzi sulla cosa, se i diritti stessi non hanno effetto in pregiudizio del creditore pignorante e dei creditori intervenuti nell'esecuzione (2643, n. 6, 2913; 498 ss. c.p.c.).

2920. Diritti di terzi sulla cosa mobile venduta. – Se oggetto della vendita è una cosa mobile (812), coloro che avevano la proprietà o altri diritti reali su di essa, ma non hanno fatto valere le loro ragioni sulla somma ricavata dall'esecuzione (620 c.p.c.), non possono farle valere nei confronti dell'acquirente di buona fede (1153), né possono ripetere dai creditori la somma distribuita. Resta ferma la responsabilità del creditore procedente di mala fede per i danni e per le spese (96, 509, 541 c.p.c.; 79[2] l. fall.).

2921. Evizione. – L'acquirente della cosa espropriata, se ne subisce l'evizione (1483), può ripetere il prezzo non ancora distribuito, dedotte le spese, e, se la distribuzione è già avvenuta (510 c.p.c.), può ripeterne da ciascun creditore la parte che ha riscossa e dal debitore l'eventuale residuo, salva la responsabilità del creditore procedente per i danni e per le spese (96 c.p.c.).

Se l'evizione è soltanto parziale (1484), l'acquirente ha diritto di ripetere una parte proporzionale del prezzo. La ripetizione ha luogo anche se l'aggiudicatario, per evitare l'evizione, ha pagato una somma di danaro.

In ogni caso l'acquirente non può ripetere il prezzo nei confronti dei creditori privilegiati o ipotecari ai quali la causa di evizione non era opponibile (2747).

NOTE OPERATIVE:

Fondamento: Il fondamento dell'obbligazione risarcitoria risiede nel potere di scelta che l'ordinamento conferisce al creditore procedente di individuare i beni da sottoporre a esecuzione forzata e nella responsabilità che egli assume assoggettando al procedimento espropriativo beni che non appartengono al debitore (C.C. 23407/16 – Conf. C.C. 2750/15; C.C. 2724/69).

Effetti: La garanzia per evizione, pur avendo un fondamento ed una natura diversi dall'omonima garanzia per evizione della vendita volontaria – in quanto il rimedio è riconducibile al generale principio di cui all'art. 2033 c.c. – sta a significare che i creditori, in tanto hanno diritto al ricavato della vendita forzata, in quanto il prezzo versato abbia surrogato la cosa venduta entrando a far parte dei patrimonio dei debitore – effetto questo che non si verifica, ove manchi la qualità di proprietario della res di costui (C.C. 25926/22).

2922. Vizi della cosa. Lesione. – Nella vendita forzata non ha luogo la garanzia per i vizi della cosa (1490 ss.).

Essa non può essere impugnata per causa di lesione (1448).

NOTE OPERATIVE:

Ambito di applicazione: La garanzia è limitata ai casi in cui la cosa presenti imperfezioni che la rendano inidonea all'uso cui dovrebbe essere destinata o ne diminuiscano in modo apprezzabile il valore, ovvero appartenga per caratteristiche strutturali ad un tipo o ad una specie diversa da quella pattuita, e non riguarda, quindi, l'ipotesi di consegna di aliud pro alio che è configurabile sia quando la cosa appartenga ad un genere del tutto diverso da quello indicato nella ordinanza di vendita, ovvero manchi delle particolari qualità necessarie per assolvere alla sua naturale funzione economico-sociale, sia quando risulti del tutto compromessa la destinazione della cosa all'uso che, preso in considerazione nell'ordinanza di vendita, abbia costituito elemento determinante per l'offerta di acquisto (C.C. 2064/23 – Conf. C.C. 14165/16; C.C. 1669/16; C.C. 7708/14; C.C. 4085/05; C.C. 7294/03; C.C. 10015/98; C.C. 11018/94).

2923. Locazioni. – Le locazioni (1571) consentite da chi ha subito l'espropriazione sono opponibili all'acquirente (1599) se hanno data certa (2704) anteriore al pignoramento (560^2 c.p.c.), salvo che, trattandosi di beni mobili, l'acquirente ne abbia conseguito il possesso in buona fede (1147, 1153, 1599).

Le locazioni immobiliari eccedenti i nove anni (1572) che non sono state trascritte anteriormente al pignoramento (2643, n. 8) non sono opponibili all'acquirente, se non nei limiti di un novennio dall'inizio della locazione (1599^3).

In ogni caso l'acquirente non è tenuto a rispettare la locazione qualora il prezzo convenuto sia inferiore di un terzo al giusto prezzo o a quello risultante da precedenti locazioni.

Se la locazione non ha data certa, ma la detenzione del conduttore è anteriore al pignoramento della cosa locata, l'acquirente non è tenuto a rispettare la locazione che per la durata corrispondente a quella stabilita per le locazioni a tempo indeterminato (1574, 1600).

Se nel contratto di locazione è convenuto che esso possa risolversi in caso di alienazione, l'acquirente può intimare licenza al conduttore secondo le disposizioni dell'art. 1603.

NOTE OPERATIVE:

Canone vile: La locazione a canone vile stipulata in data anteriore al pignoramento non è opponibile all'aggiudicatario ed è inopponibile anche alla procedura o ai creditori che ad essa danno impulso, stante l'interesse pubblicistico al rituale sviluppo del processo esecutivo e, quindi, per un motivo di ordine pubblico processuale, il quale impone l'anticipazione degli effetti favorevoli dell'aggiudicazione e del decreto di trasferimento, col peculiare regime di efficacia ultra partes di quest'ultimo (C.C. 12473/23 – Conf. C.C. 9877/22).

2924. Cessioni e liberazioni di pigioni e di fitti. – Le cessioni e le liberazioni di pigioni e di fitti non ancora scaduti (1605) non sono opponibili all'acquirente, salvo che si tratti di cessioni o di liberazioni eccedenti il triennio e trascritte anteriormente al pignoramento o si tratti di anticipazioni fatte in conformità degli usi locali (2643, n. 9, 2812, 2918; 555 c.p.c.).

2925. Norme applicabili all'assegnazione forzata. – Le norme concernenti la vendita forzata (2919 ss.) si applicano anche all'assegnazione forzata (2798; 505 c.p.c.), salvo quanto è disposto negli articoli seguenti.

2926. Diritti dei terzi sulla cosa assegnata. – Se l'assegnazione ha per oggetto beni mobili, i terzi che ne avevano la proprietà possono, entro il termine di sessanta giorni dall'assegnazione, rivolgersi contro l'assegnatario che ha ricevuto in buona fede il possesso (1147, 1153), al solo scopo di ripetere la somma corrispondente al suo credito soddisfatto con l'assegnazione. La stessa facoltà spetta ai terzi che avevano sulla cosa altri diritti reali, nei limiti del valore del loro diritto.

L'assegnatario conserva le sue ragioni nei confronti del debitore, ma si estinguono le garanzie prestate da terzi (1955, 2799, 2869).

NOTE OPERATIVE:

Rimedi processuali: Il terzo che assume di essere proprietario dei beni mobili pignorati può proporre l'opposizione ex art. 619 c.p.c. – prima della vendita o dell'assegnazione – per paralizzare l'azione esecutiva e, dopo la vendita, l'opposizione tardiva ex art. 620 c.p.c. per la ripetizione della somma ricavata; dopo l'assegnazione al creditore, il terzo può agire, ai sensi dell'art. 2926, comma 1, c.c., nei confronti del creditore assegnatario che ha acquisito in buona fede il possesso dei beni, entro il termine decadenziale di 60 giorni, soltanto per la ripetizione della somma corrispondente al credito soddisfatto con l'assegnazione; in caso di mala fede dell'assegnatario, invece, il terzo può rivendicare i beni senza limiti temporali ex artt. 2920 e 2925 c.c.; indipendentemente dalla condizione soggettiva dell'assegnatario, il terzo può proporre l'opposizione tardiva ex art. 620 c.p.c. per far valere i suoi diritti sulla somma ricavata, ma solo nell'ipotesi in cui l'esecuzione mobiliare sia ancora pendente, dopo l'assegnazione, per la distribuzione tra i creditori concorrenti sull'eccedenza; resta ferma, in ogni caso, la responsabilità del creditore procedente di mala fede per i danni cagionati al terzo e per le spese affrontate a causa dell'espropriazione (C.C. 13362/23).

2927. Evizione della cosa assegnata. – L'assegnatario, se subisce l'evizione (1483, 2921) della cosa, ha diritto di ripetere quanto ha pagato agli altri creditori, salva la responsabilità del creditore procedente per i danni e per le spese (96 c.p.c.).

L'assegnatario conserva le sue ragioni nei confronti del debitore espropriato, ma non le garanzie prestate da terzi (1955, 2881, 2926).

2928. Assegnazione di crediti. – Se oggetto dell'assegnazione è un credito (553 c.p.c.), il diritto dell'assegnatario verso il debitore che ha subito l'espropriazione non si estingue che con la riscossione del credito assegnato.

2929. Nullità del processo esecutivo. – La nullità degli atti esecutivi (617 c.p.c.) che hanno preceduto la vendita o l'assegnazione non ha effetto riguardo all'acquirente o all'assegnatario (21 l. fall.), salvo il caso di collusione con il creditore procedente. Gli altri creditori non sono in nessun caso tenuti a restituire quanto hanno ricevuto per effetto dell'esecuzione.

Sezione I *bis*
Dell'espropriazione di beni oggetto di vincoli di indisponibilità o di alienazioni a titolo gratuito (1)

(1) *Questa Sezione è stata inserita – unitamente all'art. 2929* bis *– dall'art. 12, comma 1, del D.L. 27 giugno 2015, n. 83, convertito, con modificazioni, nella L. 6 agosto 2015, n. 132. A norma dell'art. 23, comma 6, del medesimo provvedimento, tali disposizioni si applicano esclusivamente alle procedure esecutive iniziate successivamente alla data di entrata in vigore del presente decreto (Suppl. ord. alla G.U. Serie gen. - n. 192 del 20 agosto 2015).*

2929 *bis*. Espropriazione di beni oggetto di vincoli di indisponibilità o di alienazioni a titolo gratuito. – Il creditore che sia pregiudicato da un atto del debitore, di costituzione di vincolo di indisponibilità o di alienazione, che ha per oggetto beni immobili o mobili iscritti in pubblici registri, compiuto a titolo gratuito successivamente al sorgere del credito, può procedere, munito di titolo esecutivo, a esecuzione forzata, ancorché non abbia preventivamente ottenuto sentenza dichiarativa di inefficacia, se trascrive il pignoramento nel termine di un anno dalla data in cui l'atto è stato trascritto. La disposizione di cui al presente comma si applica anche al creditore anteriore che, entro un anno dalla trascrizione dell'atto pregiudizievole, interviene nell'esecuzione da altri promossa.

Quando il bene, per effetto o in conseguenza dell'atto, è stato trasferito a un terzo, il creditore promuove l'azione esecutiva nelle forme dell'espropriazione contro il terzo proprietario ed è preferito ai creditori personali di costui nella distribuzione del ricavato. Se con l'atto è stato riservato o costituito alcuno dei diritti di cui al primo comma dell'articolo 2812, il creditore pignora la cosa come libera nei confronti del proprietario. Tali diritti si estinguono con la vendita del bene e i terzi titolari sono ammessi a far valere le loro ragioni sul ricavato, con preferenza rispetto ai creditori cui i diritti sono opponibili (1).

Il debitore, il terzo assoggettato a espropriazione e ogni altro interessato alla conservazione del vincolo possono proporre le opposizioni all'esecuzione di cui al titolo V del libro terzo del codice di procedura civile quando contestano la sussistenza dei presupposti di cui al primo comma o che l'atto abbia arrecato pregiudizio alle ragioni del creditore o che il debitore abbia avuto conoscenza del pregiudizio arrecato (1).

L'azione esecutiva di cui al presente articolo non può esercitarsi in pregiudizio dei diritti acquistati a titolo oneroso dall'avente causa del contraente immediato, salvi gli effetti della trascrizione del pignoramento (1).

(1) *Gli originari commi secondo e terzo sono stati così sostituiti dagli attuali secondo terzo e quarto dall'art. 4, comma 1 bis, del D.L. 3 maggio 2016, n. 59, convertito, con modificazioni, nella L. 30 giugno 2016, n. 119.*

Sezione II
Dell'esecuzione forzata in forma specifica

2930. Esecuzione forzata per consegna o rilascio. – Se non è adempiuto l'obbligo di consegnare una cosa determinata, mobile o immobile, l'avente diritto può ottenere la consegna o il rilascio forzati a norma delle disposizioni del codice di procedura civile (605 ss. c.p.c.).

NOTE OPERATIVE:

Aspetti processuali: Mentre il diritto soggettivo di credito al rilascio di un bene riconosce al titolare del diritto di conseguire l'adempimento della obbligazione di consegna della cosa determinata, cioè l'adempimento di un'obbligazione di dare, il momento processuale della esecuzione per rilascio, attraverso il verbale di immissione redatto dall'ufficiale giudiziario ai sensi dell'art. 608 c.p.c. si esaurisce nella predisposizione dei mezzi tecnici di attuazione del trasferimento materiale del possesso dal debitore al creditore (C.C. 607/98).

2931. Esecuzione forzata degli obblighi di fare. – Se non è adempiuto un obbligo di fare, l'avente diritto può ottenere che esso sia eseguito a spese dell'obbligato nelle forme stabilite dal codice di procedura civile (612 ss. c.p.c.).

2932. Esecuzione specifica dell'obbligo di concludere un contratto. – Se colui che è obbligato a concludere un contratto (651[2], 849, 938, 1032, 1329 ss., 1351, 1706[2], 2597) non adempie l'obbligazione, l'altra parte, qualora sia possibile e non sia escluso dal titolo, può ottenere una sentenza che produca gli effetti del contratto non concluso (1706, 2643, n. 14, 2652, n. 2, 2684, n. 6, 2690, n. 1, 2908).

Se si tratta di contratti che hanno per oggetto il trasferimento della proprietà di una cosa determinata o la costituzione o il trasferimento di un altro diritto, la domanda non può essere accolta, se la parte che l'ha proposta non esegue la sua prestazione o non ne fa offerta nei modi di legge (1208, 1209, 1214, 1220), a meno che la prestazione non sia ancora esigibile (1329, 1351).

NOTE OPERATIVE:

Natura giuridica: L'azione diretta all'esecuzione in forma specifica dell'obbligo di stipulare una vendita, avente natura personale siccome diretta a far valere un diritto di obbligazione nascente da un contratto e, in particolare, a conseguire una pronuncia che disponga il trasferimento del bene di pertinenza del promittente alienante, deve essere sperimentata soltanto nei confronti di chi ha assunto un simile obbligo (C.C. 15762/23 – Conf. C.C. 12642/20; C.C. 1233/12).

Cosa altrui: In caso di preliminare di vendita di cosa altrui, può essere pronunciata sentenza di esecuzione in forma specifica a condizione che il promittente venditore acquisti la proprietà del bene, evento che non è necessario che si verifichi prima della proposizione della domanda giudiziale, potendo esso anche sopravvenire in corso di causa (C.C. 26833/23).

Preliminare di preliminare: In presenza di contrattazione preliminare relativa a compravendita immobiliare che sia scandita in due fasi, con la previsione di stipula di un contratto preliminare successiva alla conclusione di un primo accordo, il giudice di merito deve preliminarmente verificare se tale accordo costituisca già esso stesso contratto preliminare valido e suscettibile di conseguire effetti ex art. 1351 e 2932 c.c., ovvero anche soltanto effetti obbligatori ma con esclusione dell'esecuzione in forma specifica in caso di inadempimento. Riterrà produttivo di effetti l'accordo denominato come preliminare con il quale i contraenti si obblighino alla successiva stipula di un altro contratto preliminare, soltanto qualora emerga la configurabilità dell'interesse delle parti a una formazione progressiva del contratto basata sulla differenziazione dei contenuti negoziali e sia identificabile la più ristretta area del regolamento di interessi coperta dal vincolo negoziale originato dal primo preliminare. La violazione di tale accordo, in quanto contraria a buona fede, potrà dar luogo a responsabilità per la mancata conclusione del contratto stipulando, da qualificarsi di natura contrattuale per la rottura del rapporto obbligatorio assunto nella fase precontrattuale (S.U. 4628/15).

2933. Esecuzione forzata degli obblighi di non fare. – Se non è adempiuto un obbligo di non fare, l'avente diritto può ottenere che sia distrutto, a spese dell'obbligato, ciò che è stato fatto in violazione dell'obbligo (612 ss. c.p.c.).

Non può essere ordinata la distruzione della cosa e l'avente diritto può conseguire solo il risarcimento dei danni, se la distruzione della cosa è di pregiudizio all'economia nazionale.

NOTE OPERATIVE:

Limiti: Il divieto di distruzione della cosa che sia di pregiudizio all'economia nazionale va riferito alle sole fonti di produzione o distribuzione della ricchezza dell'intero paese (C.C. 25890/17).

Titolo V
Della prescrizione e della decadenza

Capo I
Della prescrizione

Sezione I
Disposizioni generali

2934. Estinzione dei diritti. – Ogni diritto si estingue per prescrizione (2962, 2963), quando il titolare non lo esercita per il tempo determinato dalla legge (1242).

Non sono soggetti alla prescrizione i diritti indisponibili (326, 1966, 2113) e gli altri diritti indicati dalla legge.

2935. Decorrenza della prescrizione. – La prescrizione comincia a decorrere dal giorno in cui il diritto può essere fatto valere (387, 2903) (1).

(1) *A norma dell'art. 2, comma 61, del D.L. 29 dicembre 2010, n. 225, convertito, con modificazioni, nella L. 26 febbraio 2011, n. 10, in ordine alle operazioni bancarie regolate in conto corrente, questo articolo si interpreta nel senso che la prescrizione relativa ai diritti nascenti dall'annotazione in conto inizia a decorrere dal giorno dell'annotazione stessa. In ogni caso non si fa luogo alla restituzione degli importi già versati alla data di entrata in vigore della legge di conversione del suddetto decreto.*

La Corte costituzionale, con sentenza n. 78 del 5 aprile 2012, ha dichiarato l'illegittimità costituzionale dell'art. 2, comma 61, del D.L. n. 225 del 2010.

NOTE OPERATIVE:

Impossibilità di far valere il diritto: La impossibilità di far valere il diritto è solo quella che deriva da cause giuridiche che ostacolino l'esercizio del diritto stesso, essendo irrilevanti le incertezze giurisprudenziali circa le modalità di esercizio o la qualificazione dell'azione, le quali non precludono l'esercizio immediato del diritto, ma rappresentano un mero impedimento di fatto (C.C. 10786/23 – Conf. C.C. 13343/22).

Danno lungolatente: In tema di risarcimento del danno riconducibile alla categoria del danno lungolatente, il termine di prescrizione della relativa azione comincia a decorrere non dal momento in cui il fatto si verifica nella sua materialità e realtà fenomenica, ma da quando esso si manifesta all'esterno con tutti i connotati che ne determinano l'illiceità (C.C. 30783/22 – Conf. C.C. 18176/19).

2936. Inderogabilità delle norme sulla prescrizione. – È nullo (1418, 1419) ogni patto diretto a modificare la disciplina legale della prescrizione (2965).

NOTE OPERATIVE:

Ambito di applicazione: Il pactum de non petendo non integra violazione del divieto di deroga convenzionale del regime legale della prescrizione in quanto incide sostanzialmente sulla stessa azionabilità della pretesa, per cui la prescrizione inizia a decorrere dalla scadenza del termine fissato con il patto stesso (C.C. 8606/06 – Conf. C.C. 10887/95).

2937. Rinunzia alla prescrizione. – Non può rinunziare alla prescrizione chi non può disporre validamente del diritto (1310[3]).

Si può rinunziare alla prescrizione solo quando questa è compiuta (2939, 2946 ss.).

La rinunzia può risultare da un fatto incompatibile con la volontà di valersi della prescrizione (1310).

NOTE OPERATIVE:

Tacita: La rinuncia tacita a far valere la prescrizione presuppone un comportamento processuale in cui sia necessariamente insita la univoca volontà di non sollevare la relativa eccezione (C.C. 20852/14) e deve risultare da un comportamento del tutto incompatibile con la volontà di opporre la causa estintiva, non altrimenti interpretabile se non nel senso di ritenere non estinto il diritto altrui (C.C. 6397/11 – Conf. C.C. 7447/00; C.C. 8304/96).

2938. Non rilevabilità d'ufficio. – Il giudice non può rilevare d'ufficio la prescrizione non opposta (112 c.p.c.).

NOTE OPERATIVE:

Ambito di applicazione: Il principio che fa divieto al giudice di rilevare d'ufficio la prescrizione non opposta si applica anche alla prescrizione presuntiva (C.C. 35689/22).

2939. Opponibilità della prescrizione da parte dei terzi. – La prescrizione può essere opposta dai creditori e da chiunque vi ha interesse, qualora la parte non la faccia valere. Può essere opposta anche se la parte vi ha rinunziato (2900, 2937).

NOTE OPERATIVE:

Eccezione: Per stabilire gli effetti dell'eccezione di prescrizione proposta da persona diversa dal debitore convenuto, occorre distinguere: da un lato, se la prescrizione è eccepita dal debitore inerte o rinunciatario ad eccepirla, in tal caso l'eccezione ha l'effetto di estinguere il diritto dell'attore, nei limiti della somma che il convenuto deve all'eccipiente; dall'altro lato, se, invece, l'eccezione è proposta da altri soggetti, essa non estingue il diritto dell'attore, ma soltanto il credito vantato dal debitore convenuto nei confronti del terzo eccipiente (C.C. 6934/07 – Conf. C.C. 5262/01).

2940. Pagamento del debito prescritto. – Non è ammessa la ripetizione di ciò che è stato spontaneamente pagato in adempimento di un debito prescritto.

NOTE OPERATIVE:

Presupposti: La norma esige che quello adempiuto sia un debito effettivamente esistente e che il pagamento presenti carattere spontaneo, posto che la ratio della norma è di evitare che chi paga quando non vi è più tenuto, sebbene originariamente obbligato, abbia successivamente a pentirsene, sicché, qualora il creditore abbia formalizzato la costituzione in mora del debitore, non opera il divieto di ripetizione delle somme (C.C. 19654/14).

Sezione II
Della sospensione della prescrizione

2941. Sospensione per rapporti tra le parti. – La prescrizione rimane sospesa (1073[6], 1310[2], 2952[4]; 168 l. fall.):

1) tra i coniugi (186);

2) tra chi esercita la responsabilità genitoriale di cui all'art. 316 (1) o i poteri a essa inerenti (301, 317 *bis*, 409) e le persone che vi sono sottoposte;

3) tra il tutore e il minore (346 ss.) o l'interdetto (424) soggetti alla tutela, finché non sia stato reso e approvato il conto finale (386), salvo quanto è disposto dall'art. 387 per le azioni relative alla tutela;

4) tra il curatore e il minore emancipato (392) o l'inabilitato (415, 424);

5) tra l'erede e l'eredità accettata con beneficio d'inventario (484, 490);

6) tra le persone i cui beni sono sottoposti per legge o per provvedimento del giudice all'amministrazione altrui e quelle da cui l'amministrazione è esercitata, finché non sia stato reso e approvato definitivamente il conto;

7) tra le persone giuridiche (11) e i loro amministratori (18), finché sono in carica, per le azioni di responsabilità contro di essi (2393) (2);

8) tra il debitore che ha dolosamente occultato l'esistenza del debito e il creditore, finché il dolo non sia stato scoperto (1310).

(1) *Le parole «patria potestà» sono state sostituite dalle parole: «potestà di cui all'art. 316» dall'art. 210 della L. 19 maggio 1975, n. 151. La parola: «potestà» è stata poi, da ultimo, sostituita dalle attuali: «responsabilità genitoriale» dall'art. 92 del D.L.vo 28 dicembre 2013, n. 154, a decorrere dal trentesimo giorno successivo a quello della sua pubblicazione nella* Gazzetta Ufficiale *(G.U. n. 5 dell'8 gennaio 2014).*

(2) *La Corte costituzionale, con sentenza n. 322 del 24 luglio 1998, ha dichiarato l'illegittimità costituzionale di questo numero, nella parte in cui non prevede che la prescrizione rimane sospesa tra la società in accomandita semplice ed i suoi amministratori, finché sono in carica, per le azioni di responsabilità contro di essi.*

La Corte costituzionale, con sentenza n. 262 dell'11 dicembre 2015, ha dichiarato l'illegittimità costituzionale di questo numero, nella parte in cui non prevede che la prescrizione sia sospesa tra la società in nome collettivo e i suoi amministratori, finché sono in carica, per le azioni di responsabilità contro di essi.

NOTE OPERATIVE:

Coniugi: La norma non trova applicazione con riferimento alla coppia in regime di separazione personale (giudiziaria o consensuale), nonostante la lettera della norma, la quale va interpretata restrittivamente, posto che la ratio dell'istituto consiste nel salvaguardare la "pace familiare" così da evitare che ciascuno si trovi costretto a compiere atti interruttivi nei confronti del partner (C.C. 32212/22).

2942. Sospensione per la condizione del titolare. – La prescrizione rimane sospesa (1073^6, 1166):

1) contro i minori (2) non emancipati (394) e gli interdetti per infermità di mente (245, 414 ss.), per il tempo in cui non hanno rappresentante legale e per sei mesi successivi alla nomina del medesimo o alla cessazione dell'incapacità (386, 429 ss.);

2) in tempo di guerra, contro i militari in servizio e gli appartenenti alle forze armate dello Stato e contro coloro che si trovano per ragioni di servizio al seguito delle forze stesse, per il tempo indicato dalle disposizioni delle leggi di guerra.

NOTE OPERATIVE:

Ambito di applicazione: La sospensione contro il minore rimane sospesa nei soli casi in cui lo stesso non abbia un rappresentante legale e per sei mesi successivi alla nomina del medesimo (C.C. 26671/17).

Sezione III
Dell'interruzione della prescrizione

2943. Interruzione da parte del titolare. – La prescrizione è interrotta (1073^6, 1310) dalla notificazione (137 ss. c.p.c.) dell'atto con il quale si inizia un giudizio, sia questo di cognizione (163, 638 c.p.c.) ovvero conservativo (669 ss.) o esecutivo (474 ss., 491 c.p.c.).

È pure interrotta dalla domanda proposta nel corso di un giudizio (2945; 34 ss., 105^1, 499 c.p.c.; 94 l. fall.).

L'interruzione si verifica anche se il giudice adito è incompetente (7 ss., 18 ss. c.p.c.).

La prescrizione è inoltre interrotta da ogni altro atto che valga a costituire in mora il debitore (1219, 1957) e dall'atto notificato con il quale una parte, in presenza di compromesso o clausola compromissoria, dichiara la propria intenzione di promuovere il procedimento arbitrale, propone la domanda e procede, per quanto le spetta, alla nomina degli arbitri.

NOTE OPERATIVE:

Ambito di applicazione: I casi di interruzione e sospensione della prescrizione previsti dal codice sono tassativi e non suscettibili di applicazione analogica (C.C. 5630/20).

2944. Interruzione per effetto di riconoscimento. – La prescrizione è interrotta dal riconoscimento del diritto da parte di colui contro il quale il diritto stesso può essere fatto valere (1309, 1870, 1988, 2720, 2966).

NOTE OPERATIVE:

Presupposti: La prescrizione è interrotta dal riconoscimento del diritto, da parte di colui contro il quale il diritto stesso può essere fatto valere. Occorre pertanto che il riconoscimento provenga dal soggetto che abbia poteri dispositivi del diritto e non già da un terzo, che non sia stato autorizzato dal primo a rendere tale riconoscimento: riconoscimento che deve essere univoco ed incompatibile con la volontà di negare il diritto stesso (C.C. 29101/20 – Conf. C.C. 13184/15).

2945. Effetti e durata dell'interruzione. – Per effetto dell'interruzione s'inizia un nuovo periodo di prescrizione (2946 ss.).

Se l'interruzione è avvenuta mediante uno degli atti indicati dai primi due commi dell'art. 2943, la prescrizione non corre fino al momento in cui passa in giudicato la sentenza che definisce il giudizio (1310^2; 324 c.p.c.).

Se il processo si estingue (306 c.p.c.), rimane fermo l'effetto interruttivo e il nuovo periodo di prescrizione comincia dalla data dell'atto interruttivo.

Nel caso di arbitrato la prescrizione non corre dal momento della notificazione dell'atto contenente la domanda di arbitrato sino al momento in cui il lodo che definisce il giudizio non è più impugnabile o passa in giudicato la sentenza resa sull'impugnazione.

NOTE OPERATIVE:

Estinzione del processo: L'estinzione del processo (sia stata o meno dichiarata dal giudice) elimina l'effetto permanente dell'interruzione della prescrizione prodotto dalla domanda giudiziale, ma non incide sull'effetto interruttivo istantaneo della medesima, comunque prodottosi, con la conseguenza che la prescrizione ricomincia a decorrere dalla data di detta domanda (C.C. 21201/17 – Conf. C.C. 8720/10; C.C. 11318/96).

Sezione IV
Del termine della prescrizione

§. 1
Della prescrizione ordinaria

2946. Prescrizione ordinaria. – Salvi i casi in cui la legge dispone diversamente, i diritti si estinguono per prescrizione con il decorso di dieci anni.

§. 2
Delle prescrizioni brevi

2947. (1) **Prescrizioni del diritto al risarcimento del danno.** – Il diritto al risarcimento del danno derivante da fatto illecito (2043) si prescrive in cinque anni dal giorno in cui il fatto si è verificato.

Per il risarcimento del danno prodotto dalla circolazione dei veicoli di ogni specie (2054) il diritto si prescrive in due anni (2767).

In ogni caso, se il fatto è considerato dalla legge come reato (2768) e per il reato è stabilita una prescrizione più lunga, questa si applica anche all'azione civile (157 ss. c.p.). Tuttavia, se il reato è estinto (150 ss. c.p.) per causa diversa dalla prescrizione o è intervenuta sentenza irrevocabile nel giudizio penale (648 c.p.p.), il diritto al risarcimento del danno si prescrive nei termini indicati dai primi due commi, con decorrenza dalla data di estinzione del reato o dalla data in cui la sentenza è divenuta irrevocabile (1449[1]).

(1) *A norma dell'art. 4, comma 43, della L. 12 novembre 2011, n. 183, a decorrere dal 1° gennaio 2012, la prescrizione del diritto al risarcimento del danno derivante da mancato recepimento nell'ordinamento dello Stato di direttive o altri provvedimenti obbligatori comunitari soggiace, in ogni caso, alla disciplina di cui al presente articolo e decorre dalla data in cui il fatto, dal quale sarebbero derivati i diritti se la direttiva fosse stata tempestivamente recepita, si è effettivamente verificato.*

NOTE OPERATIVE:

Reato: Qualora l'illecito civile sia considerato dalla legge come reato ma il giudizio penale non sia stato promosso, ancorché per difetto di querela, all'azione civile di risarcimento si applica, l'eventuale più lunga prescrizione prevista per il reato purché il giudice civile accerti, incidenter tantum, con gli strumenti probatori ed i criteri propri del relativo processo, l'esistenza di una fattispecie che integri gli estremi di un fatto-reato in tutti i suoi elementi costitutivi, sia soggettivi che oggettivi (C.C. 29859/23 – Conf. C.C. 24260/20; C.C. 2350/18).

2948. Prescrizione di cinque anni. – Si prescrivono in cinque anni:

1) le annualità delle rendite perpetue (1861) o vitalizie (1872);

1 *bis*) il capitale nominale dei titoli di Stato emessi al portatore;

2) le annualità delle pensioni alimentari (433 ss.);

3) le pigioni delle case, i fitti dei beni rustici e ogni altro corrispettivo di locazioni (1571, 1587);

4) gli interessi (1282) e, in generale, tutto ciò che deve pagarsi periodicamente ad anno o in termini più brevi (1);

5) le indennità spettanti per la cessazione del rapporto di lavoro.

(1) *La Corte costituzionale, con sentenza n. 63 del 10 giugno 1966, ha dichiarato l'illegittimità costituzionale degli artt. 2948, n. 4, 2955, n. 2 e 2956, n. 1, limitatamente alla parte in cui consentono che la prescrizione del diritto alla retribuzione decorra durante il rapporto di lavoro (3, 4 e 36 Cost.). Con successive sentenze n. 143 del 20 novembre 1969 e n. 174 del 12 dicembre 1972, la Corte costituzionale ha tuttavia precisato che tale principio non trova applicazione nei rapporti di pubblico impiego e in quelli garantiti dall'art. 1 della L. 15 luglio 1966, n. 604 e dall'art. 18 della L. 20 maggio 1970, n. 300, licenziamento per giusta causa.*

Con sentenza n. 50 del 7 aprile 1981, peraltro, la stessa Corte ha dichiarato costituzionalmente illegittimo l'art. 2 del R.D.L. 19 gennaio 1939, n. 295, che prevedeva la prescrizione biennale di stipendi, pensioni ed altri emolumenti degli impiegati dello Stato.

2949. Prescrizione in materia di società. – Si prescrivono in cinque anni i diritti che derivano dai rapporti sociali, se la società (2247 ss.) è iscritta nel registro delle imprese (2188, 2200).

Nello stesso termine si prescrive l'azione di responsabilità che spetta ai creditori sociali verso gli amministratori nei casi stabiliti dalla legge (2394).

NOTE OPERATIVE:

Ambito di applicazione: La prescrizione breve in materia di società è applicabile non solo alle società commerciali ma anche ai consorzi a rilevanza esterna e alle società consortili (C.C. 2180/16).

2950. Prescrizione del diritto del mediatore. – Si prescrive in un anno il diritto del mediatore al pagamento della provvigione (1755).

2951. Prescrizione in materia di spedizione e di trasporto. – Si prescrivono in un anno i diritti derivanti dal contratto di spedizione (1737 ss.) e dal contratto di trasporto (1678 ss.).

La prescrizione si compie con il decorso di diciotto mesi se il trasporto ha inizio o termine fuori d'Europa.

Il termine decorre dall'arrivo a destinazione della persona o, in caso di sinistro, dal giorno di questo, ovvero dal giorno in cui è avvenuta o sarebbe dovuta avvenire la riconsegna (1687) della cosa al luogo di destinazione.

Si prescrivono parimenti in un anno dalla richiesta del trasporto i diritti verso gli esercenti pubblici servizi di linea indicati dall'art. 1679.

2952. Prescrizione in materia di assicurazione. – Il diritto al pagamento delle rate di premio si prescrive in un anno dalle singole scadenze (1901).

Gli altri diritti derivanti dal contratto di assicurazione e dal contratto di riassicurazione si prescrivono in due anni dal giorno in cui si è verificato il fatto su cui il diritto si fonda, ad esclusione del contratto di assicurazione sulla vita i cui diritti si prescrivono in dieci anni (1).

Nell'assicurazione della responsabilità civile (1917), il termine decorre dal giorno in cui il terzo ha richiesto il risarcimento all'assicurato o ha promosso contro di questo l'azione.

La comunicazione all'assicuratore della richiesta del terzo danneggiato o dell'azione da questo proposta sospende il corso della prescrizione (2941) finché il credito del danneggiato non sia divenuto liquido ed esigibile oppure il diritto del terzo danneggiato non sia prescritto (2947).

La disposizione del comma precedente si applica all'azione del riassicurato verso il riassicuratore per il pagamento dell'indennità (1930; 547, 1020 c.n.).

(1) *Questo comma è stato, da ultimo, così sostituito dall'art. 22, comma 14, del D.L. 18 ottobre 2012, n. 179, convertito, con modificazioni, nella L. 17 dicembre 2012, n. 221.*

2953. Effetti del giudizio sulle prescrizioni brevi. – I diritti per i quali la legge stabilisce una prescrizione più breve di dieci anni, quando riguardo ad essi è intervenuta sentenza di condanna passata in giudicato (324 c.p.c.), si prescrivono con il decorso di dieci anni (2946).

NOTE OPERATIVE:

Ambito di applicazione: La norma, presupponendo una sentenza di condanna passata in giudicato e, quindi, un provvedimento giudiziale che impone all'obbligato di dare esecuzione alla prestazione dovuta, non è applicabile ad una sentenza di mero accertamento (C.C. 23620/20).

§. 3
Delle prescrizioni presuntive

2954. Prescrizione di sei mesi. – Si prescrive in sei mesi il diritto degli albergatori e degli osti per l'alloggio e il vitto che somministrano (1783 ss., 2760), e si prescrive nello stesso termine il diritto di tutti coloro che danno alloggio con o senza pensione (2957, 2959, 2960).

2955. Prescrizione di un anno. – Si prescrive in un anno (2959, 2960) il diritto:

1) degli insegnanti, per la retribuzione delle lezioni che impartiscono a mesi o a giorni o a ore (2956, n. 4);

2) dei prestatori di lavoro, per le retribuzioni corrisposte a periodi non superiori al mese (2099, 2956, n. 1) (1);

3) di coloro che tengono convitto o casa di educazione e d'istruzione, per il prezzo della pensione e dell'istruzione;

4) degli ufficiali giudiziari, per il compenso degli atti compiuti nella loro qualità (59 c.p.c.);

5) dei commercianti (2195, n. 2), per il prezzo delle merci vendute a chi non ne fa commercio;

6) dei farmacisti, per il prezzo dei medicinali (2957).

(1) *La Corte costituzionale, con sentenza n. 63 del 10 giugno 1966, ha dichiarato l'illegittimità costituzionale degli artt. 2948, n. 4), 2955, n. 2) e 2956, n. 1), limitatamente alla parte in cui consentono che la prescrizione del diritto alla retribuzione decorra durante il rapporto di lavoro. Con successive sentenze n. 143 del 20 novembre 1969 e n. 174 del 12 dicembre 1972, la Corte costituzionale ha tuttavia precisato che tale principio non trova applicazione nei rapporti di pubblico impiego e in quelli garantiti dall'art. 1 della L. 15 luglio 1966, n. 604 e dall'art. 18 della L. 20 maggio 1970, n. 300, licenziamento per giusta causa.*

2956. Prescrizione di tre anni. – Si prescrive in tre anni (2959, 2960) il diritto:

1) dei prestatori di lavoro, per le retribuzioni corrisposte a periodi superiori al mese (2099, 2955, n. 2) (1);

2) dei professionisti, per il compenso dell'opera prestata e per il rimborso delle spese correlative (2229 ss.);

3) dei notai, per gli atti del loro ministero;

4) degli insegnanti, per la retribuzione delle lezioni impartite a tempo più lungo di un mese (2955, n. 1).

(1) *La Corte costituzionale, con sentenza n. 63 del 10 giugno 1966, ha dichiarato l'illegittimità costituzionale degli artt. 2948, n. 4, 2955, n. 2 e 2956, n. 1, limitatamente alla parte in cui consentono che la prescrizione del diritto alla retribuzione decorra durante il rappor-*

to di lavoro (3, 4 e 36 Cost.). Con successive sentenze n. 143 del 20 novembre 1969 e n. 174 del 12 dicembre 1972, la Corte costituzionale ha tuttavia precisato che tale principio non trova applicazione nei rapporti di pubblico impiego e in quelli garantiti dall'art. 1 della L. 15 luglio 1966, n. 604 e dall'art. 18 della L. 20 maggio 1970, n. 300, licenziamento per giusta causa.

2957. Decorrenza delle prescrizioni presuntive. – Il termine della prescrizione decorre (2935) dalla scadenza della retribuzione periodica o dal compimento della prestazione (2958).

Per le competenze dovute agli avvocati, ai procuratori e ai patrocinatori legali il termine decorre dalla decisione della lite (324 c.p.c.), dalla conciliazione delle parti o dalla revoca del mandato (85 c.p.c.); per gli affari non terminati, la prescrizione decorre dall'ultima prestazione (633 c.p.c.).

NOTE OPERATIVE:

Competenze dell'avvocato: In ambito di competenze dovute agli avvocati, la conclusione della prestazione, prevista dalla norma quale dies a quo del decorso del termine triennale di prescrizione, deve individuarsi nell'esaurimento dell'affare per il cui svolgimento è stato conferito l'incarico, momento che coincide con la pubblicazione del provvedimento decisorio definitivo (C.C. 25197/23 – Conf. C.C. 4595/20).

2958. Corso della prescrizione. – La prescrizione decorre anche se vi è stata continuazione di somministrazioni o di prestazioni.

2959. Ammissioni di colui che oppone la prescrizione. – L'eccezione è rigettata, se chi oppone la prescrizione nei casi indicati dagli articoli 2954, 2955 e 2956 ha comunque ammesso in giudizio che l'obbligazione non è stata estinta (2961).

NOTE OPERATIVE:

Prescrizione presuntiva: L'eccezione di prescrizione presuntiva è incompatibile con qualsiasi comportamento del debitore che importi, sia pure implicitamente, l'ammissione in giudizio che l'obbligazione non è stata estinta (C.C. 18365/22).

2960. Delazione del giuramento. – Nei casi indicati dagli articoli 2954, 2955 e 2956, colui al quale la prescrizione è stata opposta può deferire all'altra parte il giuramento per accertare se si è verificata l'estinzione del debito (2736; 233 c.p.c.).

Il giuramento può essere deferito al coniuge superstite e agli eredi o ai loro rappresentanti legali per dichiarare se hanno notizia dell'estinzione del debito (2739).

2961. Restituzione di documenti. – I cancellieri, gli arbitri, gli avvocati, i procuratori e i patrocinatori legali sono esonerati dal rendere conto degli incartamenti relativi alle liti dopo tre anni da che queste sono state decise o sono altrimenti terminate (2235).

Tale esonero si verifica, per gli ufficiali giudiziari, dopo due anni dal compimento degli atti ad essi affidati.

Anche alle persone designate in questo articolo può essere deferito il giuramento (2960) perché dichiarino se ritengono o sanno dove si trovano gli atti o le carte.

Si applica in questo caso il disposto dell'art. 2959.

§. 4
Del computo dei termini

2962. Compimento della prescrizione. – In tutti i casi contemplati dal presente codice e dalle altre leggi, la prescrizione si verifica quando è compiuto l'ultimo giorno del termine (1073^4).

2963. Computo dei termini di prescrizione. – I termini di prescrizione contemplati dal presente codice e dalle altre leggi si computano secondo il calendario comune (1187; 155 c.p.c.).

Non si computa il giorno nel corso del quale cade il momento iniziale del termine e la prescrizione si verifica con lo spirare dell'ultimo istante del giorno finale.

Se il termine scade in giorno festivo, è prorogato di diritto al giorno seguente non festivo.

La prescrizione a mesi si verifica nel mese di scadenza e nel giorno di questo corrispondente al giorno del mese iniziale.

Se nel mese di scadenza manca tale giorno, il termine si compie con l'ultimo giorno dello stesso mese.

Capo II
Della decadenza

2964. Inapplicabilità di regole della prescrizione. - Quando un diritto deve esercitarsi entro un dato termine sotto pena di decadenza (2966), non si applicano le norme relative all'interruzione della prescrizione (2943 ss.). Del pari non si applicano le norme che si riferiscono alla sospensione (2941), salvo che sia disposto altrimenti (245, 489, 802, 2941; 168[2] l. fall.).

2965. Decadenze stabilite contrattualmente. - È nullo (1418) il patto con cui si stabiliscono termini di decadenza che rendono eccessivamente difficile a una delle parti l'esercizio del diritto (1341[2]).

NOTE OPERATIVE:

Congruità: La valutazione circa la congruità del termine di decadenza previsto contrattualmente deve avere riguardo alla brevità dello specifico termine e alla particolare situazione del soggetto obbligato a svolgere l'attività prevista per evitare la decadenza (C.C. 9647/04 - Conf. C.C. 9202/03).

2966. Cause che impediscono la decadenza. - La decadenza non è impedita se non dal compimento dell'atto previsto dalla legge o dal contratto (94 l. fall.). Tuttavia, se si tratta di un termine stabilito dal contratto o da una norma di legge relativa a diritti disponibili (2968), la decadenza può essere anche impedita (2967) dal riconoscimento (1309, 1870, 1988, 2720, 2944) del diritto proveniente dalla persona contro la quale si deve far valere il diritto soggetto a decadenza.

NOTE OPERATIVE:

Riconoscimento del diritto: Il riconoscimento del diritto proveniente dalla persona contro la quale esso si deve far valere, se non è espresso, può essere desunto esclusivamente da un fatto che, avendo quale presupposto l'ammissione, totale o parziale, della pretesa avversaria, sia incompatibile con la volontà opposta (C.C. 24060/06 - Conf. C.C. 10120/06).

2967. Effetto dell'impedimento della decadenza. - Nei casi in cui la decadenza è impedita (2966), il diritto rimane soggetto alle disposizioni che regolano la prescrizione (2934 ss.).

2968. Diritti indisponibili. - Le parti non possono modificare la disciplina legale della decadenza né possono rinunziare alla decadenza medesima, se questa è stabilita dalla legge in materia sottratta alla disponibilità delle parti (1966, 2966).

NOTE OPERATIVE:

Ambito di applicazione: Pur sussistendo la tendenziale corrispondenza tra i diritti indisponibili, cui fa riferimento la norma, e la materia sottratta alla disponibilità delle parti, menzionata nel testo della citata disposizione, non v'è tra le due espressioni una coincidenza assoluta, talché, pur potendo esser disponibile il diritto colpito da decadenza questa può essere prevista dalla legge a tutela di un interesse superiore rispetto a quello delle parti in contesa, ossia per regolare una materia sottratta alla loro disponibilità (C.C. 8014/97).

2969. Rilievo d'ufficio. - La decadenza non può essere rilevata d'ufficio dal giudice, salvo che, trattandosi di materia sottratta alla disponibilità delle parti, il giudice debba rilevare le cause d'improponibilità dell'azione (112 c.p.c.).

DISPOSIZIONI PER L'ATTUAZIONE
DEL CODICE CIVILE E DISPOSIZIONI TRANSITORIE

R.D. 30 marzo 1942, n. 318. Disposizioni per l'attuazione del Codice civile e disposizioni transitorie (*Gazzetta Ufficiale* n. 91 del 17 aprile 1942) e avviso di rettifica in *Gazzetta Ufficiale* n. 159 del 12 luglio 1943.

Capo I
Disposizioni di attuazione

Sezione I
Disposizioni relative al libro I

1. (1) [L'esercizio delle facoltà attribuite all'autorità governativa nel titolo II del libro I del codice può dal Governo essere delegato in tutto o in parte ai prefetti per gli enti che esercitano la loro attività nell'ambito di una provincia].

(1) *Questo articolo è stato abrogato dall'art. 11, comma 1, lett.* f), *del D.P.R. 10 febbraio 2000, n. 361.*

2. (1) [La domanda per il riconoscimento di una persona giuridica deve essere accompagnata dalla copia autentica dell'atto costitutivo e dello statuto e da quegli altri documenti che possono, secondo le circostanze, servire a dimostrare lo scopo dell'ente e i mezzi patrimoniali per provvedervi.

Il riconoscimento delle fondazioni può essere concesso dall'autorità governativa anche d'ufficio].

(1) *Questo articolo è stato abrogato dall'art. 11, comma 1, lett.* f), *del D.P.R. 10 febbraio 2000, n. 361.*

3. Il notaio che interviene per la stipulazione di atti tra vivi ovvero per la pubblicazione di testamenti, con i quali si dispongono fondazioni (14, 600 c.c.) o si fanno donazioni o lasciti in favore di enti da istituire (786 c.c.), è obbligato a farne denunzia al prefetto entro trenta giorni.

La denunzia deve contenere gli estremi essenziali dell'atto, il testo letterale concernente la liberalità, la indicazione degli eredi e della loro residenza.

Il prefetto è autorizzato a promuovere, nei modi e nei casi stabiliti dalla legge, gli atti conservativi che reputa necessari per l'esecuzione della disposizione sia nei confronti degli eredi, sia nei confronti dei terzi.

Può anche chiedere al tribunale, in caso di urgenza o di necessità, la nomina di un amministratore provvisorio dei beni. Il tribunale provvede con decreto in camera di consiglio (737 c.p.c.).

4. (1) [La domanda per ottenere l'approvazione delle modificazioni dell'atto costitutivo e dello statuto deve essere accompagnata da una copia autentica della deliberazione relativa e dai documenti necessari per dimostrare l'osservanza delle condizioni prescritte dal secondo comma dell'art. 21 del codice.

Gli amministratori della persona giuridica devono chiedere l'approvazione entro trenta giorni dalla deliberazione].

(1) *Questo articolo è stato abrogato dall'art. 11, comma 1, lett.* f), *del D.P.R. 10 febbraio 2000, n. 361.*

5. La domanda per ottenere l'autorizzazione prevista nell'art. 17 del codice deve essere presentata al prefetto della provincia in cui la persona giuridica ha la sua sede (46 c.c.) e accompagnata dai documenti necessari per dimostrare l'entità, le condizioni, l'opportunità dell'acquisto, nonché la destinazione dei beni.

Il prefetto raccoglie le opportune informazioni, sente, quando trattasi di atti di ultima volontà, coloro ai quali per successione sarebbero devoluti i beni lasciati alla persona giuridica, e, ove non sia delegato a concedere la chiesta autorizzazione, trasmette la domanda al ministero competente secondo l'attività che la persona giuridica svolge. In tal caso l'autorizzazione è data con decreto presidenziale.

Durante il procedimento i rappresentanti della persona giuridica possono compiere gli atti che tendono a conservarne i diritti.

6. L'acquisto di beni immobili in seguito a subastazione effettuata a carico di un debitore della persona giuridica non è soggetto alla necessità dell'autorizzazione (17 c.c.). Tuttavia entro trenta giorni dall'acquisto i rappresentanti della persona giuridica devono darne comunicazione al prefetto (586, 590 c.p.c.).

7. Il notaio che interviene per la stipulazione di atti tra vivi ovvero per la pubblicazione di testamenti (620, 621 c.c.), nei quali si dispongono donazioni o lasciti in favore di una persona giuridica, deve darne notizia entro trenta giorni al rappresentante della persona giuridica e al prefetto della provincia in cui questa ha la sua sede.

8. La convocazione dell'assemblea delle associazioni (20 c.c.) deve farsi nelle forme stabilite dallo statuto e, se questo non dispone, mediante avviso personale che deve contenere l'ordine del giorno degli argomenti da trattare.

Se non è vietato dall'atto costitutivo o dallo statuto, gli associati possono farsi rappresentare nell'assemblea da altri associati mediante delega scritta anche in calce all'avviso di convocazione (2372 c.c.).

9. Nell'ipotesi prevista dal quarto comma dell'art. 23 del codice il provvedimento di sospensione deve essere comunicato agli amministratori, i quali possono entro quindici giorni proporre reclamo.

In tal caso l'autorità governativa, se non ritiene di revocare il provvedimento, ne dà comunicazione al pubblico ministero, il quale promuove l'azione di annullamento della deliberazione.

10. ([1]) [Il provvedimento con il quale l'autorità governativa dichiara l'estinzione o dispone la trasformazione della persona giuridica è comunicato agli amministratori e al presidente del tribunale, il quale ne ordina l'iscrizione nel registro delle persone giuridiche].

([1]) *Questo articolo è stato abrogato dall'art. 11, comma 1, lett. f), del D.P.R. 10 febbraio 2000, n. 361.*

11. Quando la persona giuridica è dichiarata estinta (27 c.c.) o quando l'associazione è sciolta (21[3] c.c.), il presidente del tribunale, su istanza degli amministratori, dei soci, dei creditori, del pubblico ministero o anche di ufficio, nomina uno o più commissari liquidatori (30 c.c.), salvo che l'atto costitutivo o lo statuto non preveda una diversa forma di nomina e a questa si proceda entro un mese dal provvedimento. La preventiva designazione dei liquidatori nell'atto costitutivo o nello statuto non ha effetto.

Quando lo scioglimento dell'associazione è deliberato dall'assemblea, la nomina può essere fatta dall'assemblea medesima con la maggioranza prevista dall'art. 21 del codice.

Possono essere nominati liquidatori anche gli amministratori uscenti.

In ogni caso la nomina fatta dall'assemblea o nelle forme previste nell'atto costitutivo o nello statuto deve essere comunicata immediatamente al presidente del tribunale.

12. I liquidatori esercitano la loro funzione sotto la diretta sorveglianza del presidente del tribunale (15) e si considerano ad ogni effetto di legge pubblici ufficiali (375 c.p.). Essi possono essere revocati e sostituiti in ogni tempo anche di ufficio dallo stesso presidente con provvedimento non soggetto a reclamo.

I liquidatori deliberano a maggioranza.

13. I liquidatori, entro quindici giorni dalla comunicazione avutane, devono procedere all'annotazione della loro nomina nel registro dove la persona giuridica è iscritta, e richiedere agli amministratori la consegna dei beni e delle scritture della persona giuridica. All'atto della consegna è redatto inventario, di cui è trasmessa copia al presidente del tribunale (35 c.c.).

Se gli amministratori si rifiutano di procedere alla consegna, il presidente del tribunale autorizza il rilascio coattivo con decreto non soggetto a reclamo. In questo caso l'inventario è redatto dall'ufficiale giudiziario procedente.

14. Entro trenta giorni dalla formazione dell'inventario i liquidatori, dopo avere determinato la consistenza dell'attivo e del passivo dell'ente, se riconoscono che il patrimonio non è sufficiente al pagamento integrale delle passività, devono iniziare la liquidazione generale dei beni nell'interesse di tutti i creditori (16), dandone avviso mediante annotazione nel registro delle persone giuridiche.

Il medesimo avviso deve essere dato nel caso in cui i liquidatori non ritengono di dover procedere alla liquidazione generale, essendovi eccedenza dell'attivo sul passivo.

In quest'ultimo caso i creditori dell'ente possono fare opposizione entro trenta giorni dall'annotazione chiedendo la liquidazione generale del patrimonio.

Le opposizioni si propongono davanti al presidente del tribunale. Contro il provvedimento di questo è ammesso reclamo davanti al presidente della corte nel termine di quindici giorni. Il provvedimento definitivo è annotato nel registro a cura dei liquidatori (35 c.c.).

15. Quando non sono intervenute opposizioni ai sensi dell'articolo precedente o queste sono state rigettate con provvedimento definitivo, i liquidatori provvedono a riscuotere i crediti dell'ente, a convertire in danaro, nei limiti in cui è necessario, i beni e a pagare i creditori a misura che si presentano.

I liquidatori possono provvedere al pagamento anche dei creditori il cui credito non è attualmente esigibile, e devono provvedere alle cautele necessarie per assicurare il pagamento dei creditori condizionali.

Soddisfatti i creditori, i liquidatori formano l'inventario dei beni residuati e rendono conto della gestione al presidente del tribunale.

Copia dell'inventario e del rendiconto approvato dal presidente del tribunale deve essere trasmessa all'autorità governativa.

I liquidatori distribuiscono i beni residuati a norma dell'art. 31 del codice, provocando, quando è necessario, le disposizioni dell'autorità governativa (32 c.c.).

16. Quando è disposta la liquidazione generale del patrimonio dell'ente si osservano, in quanto applicabili, le disposizioni degli articoli 304, 308, 309, 310, 311, 312 e 313 del codice della crisi e dell'insolvenza (1) (2), salve le disposizioni seguenti.

(1) *Legge fallimentare.*

(2) *Le parole: «201, 207, 208, 209, 210, 212 e 213 del r.d. 16 marzo 1942, n. 267» sono state così state così sostituite dalle seguenti: «304, 308, 309, 310, 311, 312 e 313 del codice della crisi e dell'insolvenza» dall'art. 371, comma 1, del D.L.vo 12 gennaio 2019, n. 14, a decorrere dal 15 luglio 2022.*

A norma dell'art. 371, comma 2, del predetto decreto n. 14/2019, tale disposizione si applica alle liquidazioni generali del patrimonio disposte per effetto di domande depositate o iniziative comunque esercitate successivamente all'entrata in vigore del presente decreto.

17. I termini, che secondo le disposizioni richiamate nell'articolo precedente decorrono dalla data del provvedimento di liquidazione o di nomina dei liquidatori o dalla sua pubblicazione nella *Gazzetta Ufficiale*, decorrono dalla data in cui è stato annotato nel registro il provvedimento che dispone la liquidazione generale della persona giuridica ai sensi del precedente art. 14.

18. La pubblicità del provvedimento che ordina la liquidazione (11) e del bilancio finale di liquidazione si attua mediante annotazione nel registro delle persone giuridiche (22) a cura dei liquidatori. Nei casi in cui le norme richiamate nell'art. 16 richiedono il deposito di atti nella cancelleria del tribunale, il deposito si deve effettuare presso la cancelleria in cui è tenuto il registro delle persone giuridiche (35 c.c.).

19. Le attribuzioni, che secondo le norme sulla liquidazione coatta amministrativa sono demandate all'autorità che ha nominato il liquidatore, spettano al presidente del tribunale.

20. Chiusa la liquidazione, il presidente del tribunale ordina la cancellazione dell'ente dal registro delle persone giuridiche.

[Il provvedimento di cancellazione è annotato d'ufficio nel registro a cura della cancelleria del tribunale] (1).

(1) *Questo comma è stato abrogato dall'art. 11, comma 1, lett. f), del D.P.R. 10 febbraio 2000, n. 361.*

21. La competenza per i provvedimenti relativi alla liquidazione spetta al tribunale del capoluogo della provincia in cui è registrata la persona giuridica.

22. (1) [Il registro delle persone giuridiche è istituito presso la cancelleria del tribunale di ogni capoluogo di provincia ed è tenuto sotto la diretta sorveglianza del presidente del tribunale].

(1) *Questo articolo è stato abrogato dall'art. 11, comma 1, lett. f), del D.P.R. 10 febbraio 2000, n. 361.*

23. (1) [Il registro consta di due parti, l'una generale e l'altra analitica.

Nella prima parte del registro sono iscritte le persone giuridiche con la sola indicazione della loro denominazione.

L'iscrizione è contrassegnata da un numero d'ordine, ed è accompagnata dall'indicazione della data, del nome del richiedente, delle pagine riservate nella parte analitica alla stessa persona giuridica e del volume in cui sono contenuti lo statuto e l'atto costitutivo. Alla fine della parte generale il registro è munito di una rubrica alfabetica contenente il nome della persona giuridica, il numero della pagina in cui la stessa è scritta e il riferimento alla parte analitica del registro.

Nella seconda parte del registro, distintamente per ogni persona giuridica, sono iscritti tutti gli elementi e i fatti indicati nel secondo comma dell'art. 33 e nel primo dell'art. 34 del codice.

Ogni iscrizione è contrassegnata da un numero d'ordine e deve contenere l'indicazione della data, del nome del richiedente, del volume in cui sono raccolti l'atto costitutivo e lo statuto e di quello dove sono raccolte le copie delle deliberazioni e dei provvedimenti iscritti nel registro.

Ad ogni persona giuridica è riservata nella seconda parte del registro un intero foglio costituito da due pagine contrapposte. Le iscrizioni successive si fanno nello stesso foglio. Quando il foglio riservato per una persona giuridica è esaurito, le iscrizioni sono fatte in un foglio successivo. La continuazione deve risultare chiaramente dalla pagina esaurita].

(1) *Questo articolo è stato abrogato dall'art. 11, comma 1, lett.* f), *del D.P.R. 10 febbraio 2000, n. 361.*

24. (1) [Le iscrizioni si eseguono nel registro tenuto nel capoluogo della provincia, nella quale è la sede della persona giuridica.

Al richiedente deve essere rilasciata ricevuta in carta libera della richiesta d'iscrizione].

(1) *Questo articolo è stato abrogato dall'art. 11, comma 1, lett.* f), *del D.P.R. 10 febbraio 2000, n. 361.*

25. (1) [Per ottenere l'iscrizione della persona giuridica, il richiedente deve presentare copia autentica in carta libera del decreto di riconoscimento, dell'atto costitutivo e dello statuto.

Quando il riconoscimento è avvenuto per decreto del Presidente della Repubblica, è sufficiente l'esibizione del numero della *Gazzetta Ufficiale* nel quale il decreto è stato pubblicato.

L'atto costitutivo e lo statuto rimangono depositati nella cancelleria e sono ordinati in volumi muniti di rubrica alfabetica].

(1) *Questo articolo è stato abrogato dall'art. 11, comma 1, lett.* f), *del D.P.R. 10 febbraio 2000, n. 361.*

26. (1) [Per ottenere l'iscrizione dei fatti indicati nell'art. 34 del codice, il richiedente deve presentare copia autentica in carta libera della deliberazione o del provvedimento da iscrivere.

Tali copie restano depositate in cancelleria e sono ordinate in volumi muniti di rubrica alfabetica].

(1) *Questo articolo è stato abrogato dall'art. 11, comma 1, lett.* f), *del D.P.R. 10 febbraio 2000, n. 361.*

27. (1) [L'obbligo di richiedere le iscrizioni nel registro delle persone giuridiche deve essere adempiuto dagli amministratori e dai liquidatori nel termine di giorni quindici.

Per le iscrizioni previste nell'art. 33 del codice, il termine decorre dalla data di pubblicazione del decreto presidenziale di riconoscimento nella *Gazzetta Ufficiale* e, se il riconoscimento è concesso con decreto del prefetto, dalla data di comunicazione del provvedimento prefettizio.

Per gli amministratori, che al momento della pubblicazione o della comunicazione del decreto di riconoscimento non erano in carica, il termine decorre dal momento in cui essi hanno accettato la nomina.

Per le iscrizioni previste nell'art. 34 del codice, il termine decorre, se trattasi di provvedimenti dell'autorità, dalla data della loro comunicazione, se di deliberazioni dell'ente o dei suoi organi dalla data delle medesime. Quando la deliberazione è soggetta ad approvazione dell'autorità governativa a norma dell'art. 16 del codice, il termine decorre dalla data in cui l'approvazione è comunicata].

(1) *Questo articolo è stato abrogato dall'art. 11, comma 1, lett.* f), *del D.P.R. 10 febbraio 2000, n. 361.*

28. (1) [La registrazione della persona giuridica prevista nell'art. 33 del codice può essere richiesta da coloro che hanno fatto istanza per il riconoscimento.

La registrazione di ufficio prevista nel terzo comma dell'art. 33 del codice può essere disposta dal pubblico ministero presso il tribunale dove è tenuto il registro].

(1) *Questo articolo è stato abrogato dall'art. 11, comma 1, lett.* f), *del D.P.R. 10 febbraio 2000, n. 361.*

29. (1) [Il registro e i documenti relativi possono essere esaminati da chiunque ne fa richiesta.

La cancelleria deve rilasciare gli estratti e i certificati che sono richiesti].

(1) *Questo articolo è stato abrogato dall'art. 11, comma 1, lett.* f), *del D.P.R. 10 febbraio 2000, n. 361.*

30. (1) [Il registro, prima di essere posto in uso, deve essere numerato e vidimato in ciascun foglio dal presidente del tribunale o da un giudice del tribunale delegato dal presidente con decreto da iscriversi nella prima pagina del registro.

Nell'ultima pagina del registro il presidente o il giudice delegato indica il numero dei fogli di cui è composto il registro].

(1) *Questo articolo è stato abrogato dall'art. 11, comma 1, lett.* f), *del D.P.R. 10 febbraio 2000, n. 361.*

31. Il trasferimento della residenza (43 c.c.) si prova con la doppia dichiarazione fatta al comune che si abbandona e a quello dove s'intende fissare la dimora abituale. Nella dichiarazione fatta al comune che si abbandona deve risultare il luogo in cui è fissata la nuova residenza (44 c.c.).

32. (1) Il pubblico ministero deve essere sempre sentito nei procedimenti di volontaria giurisdizione riguardanti il fondo patrimoniale.

(1) *Articolo così sostituito dall'art. 213 della L. 19 maggio 1975, n. 151, riforma del diritto di famiglia.*

33. (1) Nel caso previsto dall'art. 183 del codice, il tribunale, in camera di consiglio, provvede con decreto, su istanza dell'altro coniuge, e sentito il pubblico ministero.

(1) *Articolo così sostituito dall'art. 214 della L. 19 maggio 1975, n. 151, riforma del diritto di famiglia.*

34. (1) [Sulla domanda del figlio naturale per ottenere il mantenimento, l'istruzione e l'educazione di cui all'art. 279, primo comma, del codice provvede il tribunale per i minorenni].

(1) *Questo articolo è stato abrogato dall'art. 106, comma 1, lett. b), del D.L.vo 28 dicembre 2013, n. 154, a decorrere dal trentesimo giorno successivo a quello della sua pubblicazione nella* Gazzetta Ufficiale *(G.U. n. 5 dell'8 gennaio 2014).*

34 *bis*. (1) Il notaio rogante deve, nel termine di trenta giorni dalla data del matrimonio o dalla data dell'atto pubblico di modifica delle convenzioni, ovvero di quella dell'omologazione del (2) caso previsto dal secondo comma dell'art. 163 del codice, richiedere l'annotazione a margine dell'atto di matrimonio della convenzione matrimoniale dell'atto di modifica della stessa.

Nello stesso termine deve richiedere l'annotazione di cui all'ultimo comma dell'art. 163 del codice.

(1) *Articolo aggiunto dall'art. 216 della L. 19 maggio 1975, n. 151, riforma del diritto di famiglia.*
(2) *Si ritiene debba correggersi in «nel».*

35. (1) Sulla domanda di adozione e di revoca della adozione di minore di età provvede il tribunale per i minorenni.

(1) *Questo articolo è stato da ultimo così sostituito dall'art. 96, comma 1, lett. a), del D.L.vo 28 dicembre 2013, n. 154, a decorrere dal trentesimo giorno successivo a quello della sua pubblicazione nella* Gazzetta Ufficiale *(G.U. n. 5 dell'8 gennaio 2014).*

36. (1) La rinunzia alla cittadinanza di cui all'art. 143 *ter* del codice deve essere fatta dinanzi all'ufficiale di stato civile del luogo dove la rinunziante risiede, ed è trascritta nei registri di cittadinanza.

Qualora la rinunziante risieda all'estero, la rinunzia deve essere fatta dinanzi all'agente diplomatico o consolare del luogo di residenza. L'agente la trascrive in apposito registro e ne rimette immediatamente copia al Ministero dell'interno che ne cura, a mezzo dell'autorità competente, la trascrizione nei registri di cittadinanza.

(1) *Articolo così sostituito dall'art. 218 della L. 19 maggio 1975, n. 151, riforma del diritto di famiglia.*

37. (1) L'iscrizione nel registro previsto nell'art. 314 del codice si esegue senza spese.

L'iscrizione della sentenza che revoca la adozione deve essere altresì annotata in margine all'iscrizione del decreto di adozione.

(1) *Articolo così sostituito dall'art. 220 della L. 19 maggio 1975, n. 151, riforma del diritto di famiglia.*

37 *bis*. (1) I figli maggiorenni portatori di *handicap* grave previsti dall'articolo 337 *septies*, secondo comma, del codice civile, sono coloro i quali siano portatori di *handicap* ai sensi dell'articolo 3, comma 3, della legge 5 febbraio 1992, n. 104.

(1) *Questo articolo è stato inserito dall'art. 96, comma 1, lett. b), del D.L.vo 28 dicembre 2013, n. 154, a decorrere dal trentesimo giorno successivo a quello della sua pubblicazione nella* Gazzetta Ufficiale *(G.U. n. 5 dell'8 gennaio 2014).*

38. (1) Sono di competenza del tribunale per i minorenni i procedimenti previsti dagli articoli 84, 90, 250, ultimo comma, 251, 317 *bis*, ultimo comma, 330, 332, 333, 334, 335 e 371, ultimo comma, del codice civile. Sono di competenza del tribunale ordinario i procedimenti previsti dagli articoli 330, 332, 333, 334 e 335 del codice civile, anche se instaurati su ricorso del pubblico ministero, quando è già pendente o è instaurato successivamente, tra le stesse parti, giudizio di separazione, scioglimento o cessazione degli effetti civili del matrimonio, ovvero giudizio ai sensi degli articoli 250, quarto comma, 268, 277, secondo comma, e 316 del codice civile, procedimento per la modifica delle condizioni dettate da precedenti provvedimenti a tutela del minore (2). In questi casi il tribunale per i minorenni, d'ufficio o su richiesta di parte, senza indugio e comunque entro il termine di quindici giorni dalla richiesta, adotta tutti gli opportuni provvedimenti temporanei e urgenti nell'interesse del minore e trasmette gli atti al tribunale ordinario, innanzi al quale il procedimento, previa riunione, continua. I provvedimenti adottati dal tribunale per i minorenni conservano la loro efficacia fino a quando sono confermati, modificati o revocati con provvedimento emesso dal tribunale ordinario. Il pubblico ministero della procura della Repubblica presso il tribunale per i minorenni, nei casi di trasmissione degli atti dal tribunale per i minorenni al tribunale ordinario, provvede alla trasmissione dei propri atti al pubblico ministero della procura della Repubblica presso il tribunale ordinario (3).

Il tribunale per i minorenni è competente per il ricorso previsto per l'irrogazione delle sanzioni in caso di inadempienze o violazioni, (4) quando è già pendente o è instaurato successivamente, tra le stesse parti, un procedimento previsto dagli articoli 330, 332, 333, 334 e 335 del codice civile. Nei casi in cui è già pendente o viene instaurato autonomo procedimento per l'irrogazione delle sanzioni (5) davanti al tribunale ordinario, quest'ultimo, d'ufficio o a richiesta di parte, senza indugio e comunque non oltre quindici giorni dalla richiesta, adotta tutti gli opportuni provvedimenti temporanei e urgenti nell'interesse del minore e trasmette gli atti al tribunale per i minorenni, innanzi al quale il procedimento, previa riunione, continua. I provvedimenti adottati dal tribunale ordinario conservano la loro efficacia fino a quando sono confermati, modificati o revocati con provvedimento emesso dal tribunale per i minorenni (3).

Sono emessi dal tribunale ordinario i provvedimenti relativi ai minori per i quali non è espressamente stabilita la competenza di una diversa autorità giudiziaria. [Nei procedimenti in materia di affidamento e di mantenimento dei minori si applicano, in quanto compatibili, gli articoli 737 e seguenti del codice di procedura civile] (6).

Quando il tribunale per i minorenni procede ai sensi dell'articolo 737 del codice di procedura civile, il reclamo si propone davanti alla sezione di corte di appello per i minorenni (7).

(1) *Questo articolo è stato da ultimo, così sostituito, dall'art. 3, comma 1, della L. 10 dicembre 2012, n. 219. Si veda altresì l'art. 3, comma 2, della medesima legge di cui si riporta il testo: «Il giudice, a garanzia dei provvedimenti patrimoniali in materia di alimenti e mantenimento della prole, può imporre al genitore obbligato di prestare idonea garanzia personale o reale, se esiste il pericolo che possa sottrarsi all'adempimento degli obblighi suddetti. Per assicurare che siano conservate o soddisfatte le ragioni del creditore in ordine all'adempimento degli obblighi di cui al periodo precedente, il giudice può disporre il sequestro dei beni dell'obbligato secondo quanto previsto dall'articolo 8, settimo comma, della legge 1° dicembre 1970, n. 898. Il giudice può ordinare ai terzi, tenuti a corrispondere anche periodicamente somme di denaro all'obbligato, di versare le somme dovute direttamente agli aventi diritto, secondo quanto previsto dall'articolo 8, secondo comma e seguenti, della legge 1° dicembre 1970, n. 898. I provvedimenti definitivi costituiscono titolo per l'iscrizione dell'ipoteca giudiziale ai sensi dell'articolo 2818 del codice civile.».*

A norma dell'art. 4, comma 1, della citata L. n. 219/2012 tali disposizioni si applicano ai giudizi instaurati a decorrere dalla data di entrata in vigore della predetta legge (1° gennaio 2013).

L'art. 4, comma 2 della medesima legge stabilisce altresì che ai processi relativi all'affidamento e al mantenimento dei figli di genitori non coniugati pendenti davanti al tribunale per i minorenni alla data di entrata in vigore della predetta legge (1° gennaio 2013) si applicano, in quanto compatibili, gli articoli 737 e seguenti del codice di procedura civile e il comma 2 dell'articolo 3 della predetta legge.

(2) *Le parole: «o dell'articolo 710 del codice di procedura civile e dell'articolo 9 della legge 1° dicembre 1970, n. 898» sono state così sostituite dalle attuali: «procedimento per la modifica delle condizioni dettate da precedenti provvedimenti a tutela del minore» dall'art. 2, comma 1, lett. a), n. 1), del D.L.vo 10 ottobre 2022, n. 149, a decorrere dal 28 febbraio 2023.*

A norma dell'art. 35, comma 1, del medesimo decreto, così come modificato dall'art. 1, comma 380, lett. a), della L. 29 dicembre 2022, n. 197, le disposizioni si applicano ai procedimenti instaurati successivamente a tale data. Ai procedimenti pendenti alla data del 28 febbraio 2023 si applicano le disposizioni anteriormente vigenti.

(3) *L'originario primo comma è stato così sostituito dagli attuali primo e secondo comma, dall'art. 1, comma 28, della L. 26 novembre 2021, n. 206, a decorrere dal centottantesimo giorno successivo alla data di entrata in vigore della presente legge.*

Si riporta il testo previgente:

«Sono di competenza del tribunale per i minorenni i provvedimenti contemplati dagli articoli 84, 90, 330, 332, 333, 334, 335 e 371, ultimo comma, del codice civile. Per i procedimenti di cui all'articolo 333 resta esclusa la competenza del tribunale per i minorenni nell'ipotesi in cui sia in corso, tra le stesse parti, giudizio di separazione o divorzio o giudizio ai sensi dell'articolo 316 del codice civile; in tale ipotesi per tutta la durata del processo la competenza, anche per i provvedimenti contemplati dalle disposizioni richiamate nel primo periodo, spetta al giudice ordinario. Sono, altresì, di competenza del tribunale per i minorenni i provvedimenti contemplati dagli articoli 251 e 317 bis del codice civile (*).».

(*) *Questo periodo è stato aggiunto dall'art. 96, comma 1, lett. c), del D.L.vo 28 dicembre 2013, n. 154, a decorrere dal trentesimo giorno successivo a quello della sua pubblicazione nella Gazzetta Ufficiale (G.U. n. 5 dell'8 gennaio 2014).*

(4) *Le parole: «previsto dall'articolo 709 ter del codice di procedura civile» sono state così sostituite dalle attuali: «per l'irrogazione delle sanzioni in caso di inadempienze o violazioni,» dall'art. 2, comma 1, lett. a), n. 2), del D.L.vo 10 ottobre 2022, n. 149, a decorrere dal 28 febbraio 2023.*

A norma dell'art. 35, comma 1, del medesimo decreto, così come modificato dall'art. 1, comma 380, lett. a), della L. 29 dicembre 2022, n. 197, le disposizioni si applicano ai procedimenti instaurati successivamente a tale data. Ai procedimenti pendenti alla data del 28 febbraio 2023 si applicano le disposizioni anteriormente vigenti.

(5) *Le parole: «previsto dall'articolo 709* ter *del codice di procedura civile» sono state così sostituite dalle seguenti: «per l'irrogazione delle sanzioni» dall'art. 2, comma 1, lett. a), n. 2), del D.L.vo 10 ottobre 2022, n. 149, a decorrere dal 28 febbraio 2023.*

A norma dell'art. 35, comma 1, del medesimo decreto, così come modificato dall'art. 1, comma 380, lett. a), della L. 29 dicembre 2022, n. 197, le disposizioni si applicano ai procedimenti instaurati successivamente a tale data. Ai procedimenti pendenti alla data del 28 febbraio 2023 si applicano le disposizioni anteriormente vigenti.

(6) *Questo periodo è stato soppresso dall'art. 2, comma 1, lett. a), n. 3), del D.L.vo 10 ottobre 2022, n. 149, a decorrere dal 28 febbraio 2023.*

A norma dell'art. 35, comma 1, del medesimo decreto, così come modificato dall'art. 1, comma 380, lett. a), della L. 29 dicembre 2022, n. 197, le disposizioni si applicano ai procedimenti instaurati successivamente a tale data. Ai procedimenti pendenti alla data del 28 febbraio 2023 si applicano le disposizioni anteriormente vigenti.

(7) *Questo comma è stato così sostituito dall'art. 2, comma 1, lett. a), n. 4), del D.L.vo 10 ottobre 2022, n. 149, a decorrere dal 28 febbraio 2023.*

A norma dell'art. 35, comma 1, del medesimo decreto, così come modificato dall'art. 1, comma 380, lett. a), della L. 29 dicembre 2022, n. 197, le disposizioni si applicano ai procedimenti instaurati successivamente a tale data. Ai procedimenti pendenti alla data del 28 febbraio 2023 si applicano le disposizioni anteriormente vigenti.

Si riporta il testo precedente:

«Fermo restando quanto previsto per le azioni di stato, il tribunale competente provvede in ogni caso in camera di consiglio, sentito il pubblico ministero, e i provvedimenti emessi sono immediatamente esecutivi, salvo che il giudice disponga diversamente. Quando il provvedimento è emesso dal tribunale per i minorenni, il reclamo si propone davanti alla sezione di corte di appello per i minorenni.».

38 *bis*. (1) [Quando la salvaguardia del minore è assicurata con idonei mezzi tecnici, quali l'uso di un vetro specchio unitamente ad impianto citofonico, i difensori delle parti, il curatore speciale del minore, se già nominato, ed il pubblico ministero possono seguire l'ascolto del minore, in luogo diverso da quello in cui egli si trova, senza chiedere l'autorizzazione del giudice prevista dall'articolo 336 *bis*, secondo comma, del codice civile].

(1) *Questo articolo, inserito dall'art. 96, comma 1, lett. d), del D.L.vo 28 dicembre 2013, n. 154, a decorrere dal trentesimo giorno successivo a quello della sua pubblicazione nella Gazzetta Ufficiale (G.U. n. 5 dell'8 gennaio 2014), è stato abrogato dall'art. 2, comma 1, lett. b), del D.L.vo 10 ottobre 2022, n. 149, a decorrere dal 28 febbraio 2023.*

38 *ter*. (1) Nei procedimenti riguardanti l'affidamento dei minori e l'esercizio della responsabilità genitoriale non possono assumere l'incarico di tutore, curatore, curatore speciale, consulente tecnico d'ufficio o svolgere funzioni di assistente sociale coloro che rivestono, o hanno rivestito nei due anni antecedenti, cariche rappresentative in strutture o comunità pubbliche o private presso le quali sono inseriti i minori, o partecipano alla gestione delle medesime strutture, o prestano a favore di esse attività professionale, anche a titolo gratuito, o fanno parte degli organi sociali di società che le gestiscono.

Il divieto previsto dal primo comma si applica anche a coloro il cui coniuge, parte dell'unione civile, convivente o parente entro il quarto grado svolge, o ha svolto nei due anni antecedenti, le funzioni di cui al primo comma.

(1) *Questo articolo è stato inserito dall'art. 2, comma 1, lett. c), del D.L.vo 10 ottobre 2022, n. 149, a decorrere dal 28 febbraio 2023.*

A norma dell'art. 35, comma 1, del medesimo decreto, così come modificato dall'art. 1, comma 380, lett. a), della L. 29 dicembre 2022, n. 197, le disposizioni si applicano ai procedimenti instaurati successivamente a tale data. Ai procedimenti pendenti alla data del 28 febbraio 2023 si applicano le disposizioni anteriormente vigenti.

39. (1) [L'omologazione prevista negli articoli 406 e 412 del codice è di competenza del tribunale per i minorenni].

(1) *Questo articolo è stato abrogato dall'art. 11 della L. 9 gennaio 2004, n. 6, a decorrere dal sessantesimo giorno dalla pubblicazione sulla Gazzetta Ufficiale, avvenuta il 19 gennaio 2004.*

40. La domanda per l'interdizione del minore emancipato (414 c.c.) e quella per l'interdizione o l'inabilitazione del minore nell'ultimo anno della minore età (416 c.c.) devono essere proposte davanti al tribunale per i minorenni.

41. (1) [I provvedimenti previsti nell'articolo 145 del codice sono di competenza del tribunale del circondario del luogo in cui è stabilita la residenza familiare o, se questa manchi, del tribunale del luogo del domicilio di uno dei coniugi. Il tribunale provvede in composizione monocratica].

(1) *Questo articolo, dapprima sostituito dall'art. 222 della L. 19 maggio 1975, n. 151, riforma del diritto di famiglia, e dall'art. 151 del D.L.vo 19 febbraio 1998, n. 51, recante l'istituzione del giudice unico, a decorrere dal 2 giugno 1999, è stato, infine, abrogato dall'art. 2, comma 1, lett. d), del D.L.vo 10 ottobre 2022, n. 149, a decorrere dal 28 febbraio 2023.*

A norma dell'art. 35, comma 1, del medesimo decreto, le disposizioni si applicano ai procedimenti instaurati successivamente a tale data. Ai procedimenti pendenti alla data del 28 febbraio 2023 si applicano le disposizioni anteriormente vigenti.

42. I provvedimenti indicati nell'art. 423 del codice e le sentenze di revoca previste nell'art. 429 del codice stesso devono essere trasmessi in copia in carta libera, entro dieci giorni dalla pubblicazione, al giudice tutelare a cura del cancelliere dell'autorità giudiziaria che li ha pronunziati.

43. I provvedimenti del giudice tutelare (344 c.c.) sono emessi con decreto (135 c.p.c.).

Nei casi urgenti la richiesta di un provvedimento può essere fatta al giudice anche verbalmente.

44. (1) Il giudice tutelare può convocare in qualunque momento il tutore, il protutore, il curatore e l'amministratore di sostegno allo scopo di chiedere informazioni, chiarimenti e notizie sulla gestione della tutela, della curatela o dell'amministrazione di sostegno, e di dare istruzioni inerenti agli interessi morali e patrimoniali del minore o del beneficiario.

(1) *Questo articolo è stato così sostituito dall'art. 12 della L. 9 gennaio 2004, n. 6, a decorrere dal sessantesimo giorno dalla pubblicazione sulla* Gazzetta Ufficiale, *avvenuta il 19 gennaio 2004.*

45. La competenza a decidere dei reclami (739[2], 740 c.p.c.) avverso i decreti del giudice tutelare spetta al tribunale ordinario quando si tratta dei provvedimenti indicati negli articoli 320, 321, 372, 373, 374, 376 [, secondo comma] (1), 386, 394 e 395 del codice.

La competenza spetta al tribunale per i minorenni in tutti gli altri casi.

Nell'ipotesi prevista nell'art. 386, ultimo comma, del codice l'autorità giudiziaria competente provvede in sede contenziosa.

(1) *Le parole tra parentesi quadrate sono state soppresse dall'art. 2, comma 1, lett. e), del D.L.vo 10 ottobre 2022, n. 149, a decorrere dal 28 febbraio 2023.*

46. (1) Tutti gli atti della procedura della tutela (343 c.c.), compresi l'inventario, i conti annuali (380 c.c.) e il conto finale (385 c.c.), sono esenti da tasse di bollo e di registro.

Sono del pari esenti da tasse di bollo e di registro gli atti previsti nel titolo XI del libro I del codice (400 ss. c.c.).

(1) *Per effetto dell'art. 42 del D.P.R. 29 settembre 1973, n. 601, sono abrogate le disposizioni concernenti esenzioni e agevolazioni tributarie, diverse da quelle contemplate nel decreto stesso.*

46 *bis*. (1) Gli atti e i provvedimenti relativi ai procedimenti previsti dal titolo XII del libro primo del codice non sono soggetti all'obbligo di registrazione e sono esenti dal contributo unificato previsto dall'articolo 9 del testo unico delle disposizioni legislative e regolamentari in materia di spese di giustizia, di cui al decreto del Presidente della Repubblica 30 maggio 2002, n. 115.

(1) *Questo articolo è stato inserito dall'art. 13, comma 1, della L. 9 gennaio 2004, n. 6, a decorrere dal sessantesimo giorno dalla pubblicazione sulla* Gazzetta Ufficiale, *avvenuta il 19 gennaio 2004.*

47. (1) (2) Presso l'ufficio del giudice tutelare sono tenuti un registro delle tutele dei minori e degli interdetti, un registro delle curatele dei minori, (3) emancipati e degli inabilitati ed un registro delle amministrazioni di sostegno.

(1) *Questo articolo è stato così sostituito dall'art. 14 della L. 9 gennaio 2004, n. 6, a decorrere dal sessantesimo giorno dalla pubblicazione sulla* Gazzetta Ufficiale, *avvenuta il 19 gennaio 2004.*

(2) *Si veda il D.M. 12 marzo 2004, in* Gazzetta Ufficiale *Serie gen. - n. 65 del 18 marzo 2004.*

(3) *Le parole: «dei minori,» sono state inserite dall'art. 2, comma 1, lett. f), del D.L.vo 10 ottobre 2022, n. 149, a decorrere dal 28 febbraio 2023.*

48. Nel registro delle tutele, in un capitolo speciale per ciascuna di esse, si devono annotare a cura del cancelliere (389[1] c.c.):

il giorno in cui si è aperta la tutela;

la data e gli estremi essenziali della sentenza che ha pronunziato l'interdizione se trattasi di interdetti;

il nome, il cognome, la condizione e il domicilio del tutore e del protutore, la data della nomina e della prestazione del giuramento da parte del tutore;

le risultanze dell'inventario e del conto annuale;

l'esonero e la rimozione del tutore o del protutore e in generale tutti i provvedimenti che portano modificazioni allo stato personale e patrimoniale della persona sottoposta a tutela;

la chiusura della tutela e la menzione del provvedimento che ne ha provocato la chiusura;

le risultanze del rendiconto definitivo (51).

49. (1) Nel registro delle curatele, in un capitolo speciale per ciascuna di esse, si devono annotare a cura del cancelliere:

a) la data e gli estremi essenziali del provvedimento che concede l'emancipazione o della sentenza che pronuncia l'inabilitazione o del provvedimento che dispone la nomina del curatore del minore ai sensi dell'articolo 473 *bis*.7, secondo comma, del codice di procedura civile;

b) il nome, il cognome, la condizione, l'età e il domicilio del minore o della persona emancipata o inabilitata;

c) il nome, il cognome, la condizione e il domicilio del curatore nominato al minore, all'emancipato, o all'inabilitato;

d) la data del provvedimento che revoca la nomina del curatore del minore ai sensi dell'articolo 473 *bis*.7, secondo comma, del codice di procedura civile o l'emancipazione, o della sentenza che revoca l'inabilitazione.

(1) *Questo articolo è stato così sostituito dall'art. 2, comma 1, lett.* g), *del D.L.vo 10 ottobre 2022, n. 149, a decorrere dal 28 febbraio 2023.*

A norma dell'art. 35, comma 1, del medesimo decreto, così come modificato dall'art. 1, comma 380, lett. a), *della L. 29 dicembre 2022, n. 197, le disposizioni si applicano ai procedimenti instaurati successivamente a tale data. Ai procedimenti pendenti alla data del 28 febbraio 2023 si applicano le disposizioni anteriormente vigenti.*

Si riporta il testo precedente:

«Nel registro delle curatele (47), in un capitolo speciale per ciascuna di esse, si devono annotare a cura del cancelliere:

la data e gli estremi essenziali del provvedimento che concede l'emancipazione o della sentenza che pronunzia l'inabilitazione;

il nome, il cognome, la condizione, l'età e il domicilio della persona emancipata o inabilitata;

il nome, il cognome, la condizione e il domicilio del curatore nominato all'emancipato o all'inabilitato;

la data del provvedimento o della sentenza che revoca l'inabilitazione.».

49 *bis*. (1) Nel registro delle amministrazioni di sostegno, in un capitolo speciale per ciascuna di esse, si devono annotare a cura del cancelliere:

1) la data e gli estremi essenziali del provvedimento che dispone l'amministrazione di sostegno, e di ogni altro provvedimento assunto dal giudice nel corso della stessa, compresi quelli emanati in via d'urgenza ai sensi dell'articolo 405 del codice;

2) le complete generalità della persona beneficiaria;

3) le complete generalità dell'amministratore di sostegno o del legale rappresentante del soggetto che svolge la relativa funzione, quando non si tratta di persona fisica;

4) la data e gli estremi essenziali del provvedimento che dispone la revoca o la chiusura dell'amministrazione di sostegno.

(1) *Questo articolo è stato inserito dall'art. 15 della L. 9 gennaio 2004, n. 6, a decorrere dal sessantesimo giorno dalla pubblicazione sulla* Gazzetta Ufficiale, *avvenuta il 19 gennaio 2004.*

50. (1) Il cancelliere è responsabile della tenuta dei registri (47), che sono da lui numerati e vidimati prima di essere posti in uso.

(1) *Questo articolo è stato così sostituito dall'art. 152 del D.L.vo 19 febbraio 1998, n. 51, recante l'istituzione del giudice unico, a decorrere dal 2 giugno 1999. Si riporta il testo previgente:*

«Il giudice tutelare vigila sulla tenuta dei registri, che sono da lui numerati e vidimati prima di essere posti in uso. Alla fine di ogni anno fa rapporto sulla tenuta medesima al procuratore della Repubblica».

51. (1) Nei registri delle tutele e delle curatele devono essere annotati, in capitoli speciali per ciascun minore, i provvedimenti emanati dal tribunale per i minorenni e dal tribunale ordinario ai sensi articoli 252, 262, 279, 316, 317 *bis*, 330, 332, 333, 334 e 335 del codice, e delle altre disposizioni della legge speciale che prevedono la nomina del tutore (2).

A tal fine la cancelleria del tribunale che ha emesso il provvedimento deve trasmetterne copia in carta libera entro dieci giorni all'ufficio del giudice tutelare del luogo in cui il minore ha il domicilio per la prescritta annotazione.

(1) *Articolo così sostituito dall'art. 223 della L. 19 maggio 1975, n. 151, riforma del diritto di famiglia. Si veda anche l'art. 69 della L. 4 maggio 1983, n. 184, disciplina dell'adozione e dell'affidamento dei minori, che dispone:*

«69. *In aggiunta a quanto disposto nell'art. 51 delle disposizioni di attuazione del codice civile, nel registro delle tutele devono essere annotati i provvedimenti emanati dal tribunale per i minorenni ai sensi dell'art. 10 della presente legge».*

(2) *Questo comma è stato così sostituito dall'art. 2, comma 1, lett.* h), *del D.L.vo 10 ottobre 2022, n. 149, a decorrere dal 28 febbraio 2023.*

A norma dell'art. 35, comma 1, del medesimo decreto, così come modificato dall'art. 1, comma 380, lett. a), *della L. 29 dicembre 2022, n. 197, le disposizioni si applicano ai procedimenti instaurati successivamente a tale data. Ai procedimenti pendenti alla data del 28 febbraio 2023 si applicano le disposizioni anteriormente vigenti.*

Si riporta il testo precedente:

«Nel registro delle tutele devono essere annotati, in capitoli speciali per ciascun minore, i provvedimenti emanati dal tribunale per i minorenni ai sensi degli articoli 252, 262, 279, 316, 317 bis*, 330, 332, 333, 334 e 335 del codice».*

Sezione II
Disposizioni
relative al libro II

51 *bis*. ([1]) I provvedimenti previsti negli articoli 485, primo comma, 508, primo comma, 509, primo comma, 517, secondo comma, 528, primo comma, 529, 530, primo comma, 620, secondo e sesto comma, 621, primo comma, 730, primo comma, e 736, secondo comma, del codice sono adottati dal tribunale in composizione monocratica.

([1]) *Questo articolo è stato inserito dall'art. 153 del D.L.vo 19 febbraio 1998, n. 51, recante l'istituzione del giudice unico, a decorrere dal 2 giugno 1999.*

52. Presso la cancelleria di ogni tribunale è tenuto, a cura del cancelliere, il registro delle successioni ([1]).

In questo registro sono inseriti gli estremi degli atti e delle dichiarazioni indicati dalla legge (484, 507, 508, 509, 519, 528, 702 c.c.). L'inserzione è fatta d'ufficio dal cancelliere, se si tratta di dichiarazioni da lui ricevute o di provvedimenti del tribunale ([2]); su istanza della parte o dietro produzione di copia autentica dell'atto, negli altri casi.

Il registro è diviso in tre parti. Nella prima sono registrati le dichiarazioni di accettazione dell'eredità con beneficio d'inventario (484 c.c.) e tutti gli atti e le indicazioni relativi al beneficio d'inventario e all'amministrazione e liquidazione delle eredità beneficiate, comprese le nomine del curatore previste dagli articoli 508 e 509 (507 c.c.) del codice e la menzione della pubblicazione dell'invito ai creditori per la presentazione delle dichiarazioni di credito (498 c.c.). Nella seconda sono registrate le dichiarazioni di rinunzia all'eredità (519 ss. c.c.). Nella terza sono registrati i provvedimenti di nomina dei curatori delle eredità giacenti (528 c.c.), nonché gli atti relativi alla curatela e le dichiarazioni di accettazione o di rinunzia degli esecutori testamentari (702 c.c.).

Il registro deve essere alla fine munito di una rubrica alfabetica contenente l'indicazione del nome delle persone la cui successione si è aperta e il riferimento alla pagina nella quale sono contenute le diverse indicazioni.

([1]) *Questo comma è stato così sostituito dall'art. 154, comma 1, lett. a), del D.L.vo 19 febbraio 1998, n. 51, recante l'istituzione del giudice unico, a decorrere dal 2 giugno 1999. Si riporta il testo previgente:*

«Presso la cancelleria di ogni pretura è tenuto, a cura del cancelliere e sotto la sorveglianza del pretore, il registro delle successioni».

([2]) *La parola: «pretore» è stata sostituita dalla parola: «tribunale» dall'art. 154, comma 1, lett. b), del D.L.vo 19 febbraio 1998, n. 51, recante l'istituzione del giudice unico, a decorrere dal 2 giugno 1999.*

53. Il registro, prima di essere posto in uso, deve essere numerato e vidimato in ciascun foglio dal cancelliere ([1]). Nell'ultima pagina il cancelliere ([1]) indica il numero dei fogli di cui esso è composto.

Il registro può essere esaminato da chiunque ne faccia domanda e la cancelleria deve rilasciare gli estratti e i certificati che sono richiesti.

([1]) *La parola: «pretore» è stata sostituita dalla parola: «cancelliere» dall'art. 155 del D.L.vo 19 febbraio 1998, n. 51, recante l'istituzione del giudice unico, a decorrere dal 2 giugno 1999.*

54. I creditori e i legatari non separatisti, se hanno proposto domanda giudiziale allo scopo di far valere sugli immobili separati il diritto loro attribuito dal secondo comma dell'art. 514 del codice, possono fare annotare tale domanda in margine all'iscrizione in separazione.

Eseguita l'annotazione della domanda di concorso, il vincolo della separazione non può cessare se non col consenso di coloro che hanno eseguito l'annotazione, salvo che la loro pretesa sia stata giudizialmente esclusa.

55. Le copie dei verbali e dei testamenti, che sono trasmesse alla cancelleria del tribunale ([1]) secondo l'art. 622 del codice, devono, a cura del cancelliere, essere raccolte in appositi volumi e annotate in una rubrica alfabetica generale. Le copie possono essere esaminate da chiunque ne faccia richiesta.

([1]) *Le parole: «della pretura» sono state sostituite dalle parole: «del tribunale» dall'art. 156 del D.L.vo 19 febbraio 1998, n. 51, recante l'istituzione del giudice unico, a decorrere dal 2 giugno 1999.*

Sezione III
Disposizioni
relative al libro III

56. Il provvedimento dell'autorità amministrativa con il quale si dispone che si proceda all'espropriazione a norma dell'art. 838 del codice è dato con decreto motivato del ministro competente. Il decreto deve contenere la designazione precisa del bene soggetto a espropriazione e deve essere notificato all'interessato, il quale può impugnarlo con ricorso al consiglio di Stato.

Si osservano nell'espropriazione, in quanto applicabili, le norme della legge generale sull'espropriazione per pubblica utilità.

57. Le azioni previste dagli articoli 848 e 849 del codice sono di competenza del tribunale, qualunque sia il valore della causa.

Nel caso regolato dall'art. 849 il giudice fissa con ordinanza l'udienza per la comparizione del rappresentante dell'associazione professionale (1), il quale può delegare altra persona. Si osservano nel resto, in quanto applicabili, le disposizioni dettate dal codice di procedura civile per i consulenti tecnici (61 ss. c.p.c.).

(1) *Disciolte con D.L.vo Lgt. 23 novembre 1944, n. 369, soppressione delle organizzazioni sindacali fasciste e liquidazione dei relativi patrimoni.*

57 *bis*. (1) L'autorizzazione prevista nell'articolo 915, primo comma, del codice è data dal tribunale in composizione monocratica.

(1) *Questo articolo è stato inserito dall'art. 157 del D.L.vo 19 febbraio 1998, n. 51, recante l'istituzione del giudice unico, a decorrere dal 2 giugno 1999.*

58. Le modalità e gli effetti dell'affrancazione del fondo enfiteutico (971 c.c.) sono regolati dalle disposizioni della L. 11 giugno 1925, n. 998 e del R.D. 7 febbraio 1926, n. 426.

Il prezzo di affrancazione può essere corrisposto anche in titoli del debito pubblico consolidato di qualsiasi specie, osservate, per la determinazione del loro valore, le disposizioni dell'art. 9 della legge anzidetta.

Le disposizioni del primo comma del precedente articolo si applicano anche alla riduzione in misura fissa dei canoni enfiteutici, dei censi e di altre prestazioni perpetue consistenti in una quota di prodotti naturali.

59. La domanda per la nomina dell'amministratore o per la designazione dell'istituto di credito nei casi previsti dall'art. 1003 del codice, se non è proposta in corso di giudizio, si propone con ricorso al presidente del tribunale: nel caso di nomina dell'amministratore, al presidente del tribunale del luogo in cui si trovano gli immobili o si trova la parte più rilevante di essi.

Il presidente del tribunale provvede con decreto, sentita l'altra parte.

Contro tale provvedimento si può proporre reclamo al presidente della corte d'appello nel termine di dieci giorni dalla notificazione.

60. Gli uffici tecnici che devono essere sentiti a norma del terzo comma dell'art. 1092 del codice sono l'ufficio locale del genio civile e il locale ispettorato dell'agricoltura.

61. Qualora un edificio o un gruppo di edifici appartenenti per piani o porzioni di piano a proprietari diversi si possa dividere in parti che abbiano le caratteristiche di edifici autonomi, il condominio può essere sciolto e i comproprietari di ciascuna parte possono costituirsi in condominio separato.

Lo scioglimento è deliberato dall'assemblea con la maggioranza prescritta dal secondo comma dell'art. 1136 del codice, o è disposto dall'autorità giudiziaria su domanda di almeno un terzo dei comproprietari di quella parte dell'edificio della quale si chiede la separazione.

62. La disposizione del primo comma dell'articolo precedente si applica anche se restano in comune con gli originari partecipanti alcune delle cose indicate dall'art. 1117 del codice.

Qualora la divisione non possa attuarsi senza modificare lo stato delle cose e occorrano opere per la sistemazione diversa dei locali o delle dipendenze tra i condomini, lo scioglimento del condominio deve essere deliberato dall'assemblea con la maggioranza prescritta dal quinto comma dell'art. 1136 del codice stesso.

63. (1) Per la riscossione dei contributi in base allo stato di ripartizione approvato dall'assemblea (1123 c.c.), l'amministratore, senza bisogno di autorizzazione di questa, può ottenere un decreto di ingiunzione immediatamente esecutivo, nonostante opposizione (642 c.p.c.), ed è tenuto a comunicare ai creditori non ancora soddisfatti che lo interpellino i dati dei condomini morosi.

I creditori non possono agire nei confronti degli obbligati in regola con i pagamenti, se non dopo l'escussione degli altri condomini.

In caso di mora (1219 c.c.) nel pagamento dei contributi che si sia protratta per un semestre, l'amministratore può sospendere il condomino moroso dalla fruizione dei servizi comuni suscettibili di godimento separato (72).

Chi subentra nei diritti di un condomino è obbligato solidalmente (1292 c.c.) con questo al pagamento dei contributi relativi all'anno in corso e a quello precedente.

Chi cede diritti su unità immobiliari resta obbligato solidalmente con l'avente causa per i contributi maturati fino al momento in cui è trasmessa all'amministratore copia autentica del titolo che determina il trasferimento del diritto.

(1) *Questo articolo è stato così sostituito dall'art. 18, comma 1, della L. 11 dicembre 2012, n. 220 (in vigore dal 18 giugno 2013).*

Si riporta il testo previgente:

«63. Per la riscossione dei contributi in base allo stato di ripartizione approvato dall'assemblea, l'amministratore può ottenere decreto d'ingiunzione immediatamente esecutivo, nonostante opposizione.

Chi subentra nei diritti di un condomino è obbligato, solidalmente con questo, al pagamento dei contributi relativi all'anno in corso e a quello precedente.

In caso di mora nel pagamento dei contributi, che si sia protratta per un semestre, l'amministratore, se il regolamento di condominio ne contiene l'autorizzazione, può sospendere al condominio moroso l'utilizzazione dei servizi comuni che sono suscettibili di godimento separato.».

64. (1) Sulla revoca dell'amministratore, nei casi indicati dall'undicesimo comma dell'art. 1129 e dal quarto comma dell'art. 1131 del codice, il tribunale provvede in camera di consiglio, con decreto motivato, sentito l'amministratore in contraddittorio con il ricorrente.

Contro il provvedimento del tribunale può essere proposto reclamo alla corte d'appello nel termine di dieci giorni dalla notificazione o dalla comunicazione (59).

(1) *Questo articolo è stato così sostituito dall'art. 19, comma 1, della L. 11 dicembre 2012, n. 220 (in vigore dal 18 giugno 2013).*

Si riporta il testo previgente:

«64. Sulla revoca dell'amministratore, nei casi indicati dal terzo comma dell'art. 1129 e dall'ultimo comma dell'art. 1131 del codice, il tribunale provvede in camera di consiglio, con decreto motivato, sentito l'amministratore medesimo.

Contro il provvedimento del tribunale può essere proposto reclamo alla corte d'appello nel termine di dieci giorni dalla notificazione.».

65. Quando per qualsiasi causa manca il legale rappresentante dei condomini, chi intende iniziare o proseguire una lite contro i partecipanti a un condominio può richiedere la nomina di un curatore speciale ai sensi dell'art. 80 del codice di procedura civile.

Il curatore speciale deve senza indugio convocare l'assemblea dei condomini per avere istruzioni sulla condotta della lite.

66. L'assemblea, oltre che annualmente in via ordinaria per le deliberazioni indicate dall'art. 1135 del codice, può essere convocata in via straordinaria dall'amministratore quando questi lo ritiene necessario o quando ne è fatta richiesta da almeno due condomini che rappresentino un sesto del valore dell'edificio. Decorsi inutilmente dieci giorni dalla richiesta, i detti condomini possono provvedere direttamente alla convocazione.

In mancanza dell'amministratore, l'assemblea tanto ordinaria quanto straordinaria può essere convocata a iniziativa di ciascun condomino.

L'avviso di convocazione, contenente specifica indicazione dell'ordine del giorno, deve essere comunicato almeno cinque giorni prima della data fissata per l'adunanza (72) in prima convocazione, a mezzo di posta raccomandata, posta elettronica certificata, fax o tramite consegna a mano, e deve contenere l'indicazione del luogo e dell'ora della riunione o, se prevista in modalità di videoconferenza, della piattaforma elettronica sulla quale si terrà la riunione e dell'ora della stessa (1). In caso di omessa, tardiva o incompleta convocazione degli aventi diritto, la deliberazione assembleare è annullabile ai sensi dell'articolo 1137 del codice su istanza dei dissenzienti o assenti perché non ritualmente convocati (2).

L'assemblea in seconda convocazione non può tenersi nel medesimo giorno solare della prima (2).

L'amministratore ha facoltà di fissare più riunioni consecutive in modo da assicurare lo svolgimento dell'assemblea in termini brevi, convocando gli aventi diritto con un unico avviso nel quale sono indicate le ulteriori date ed ore di eventuale prosecuzione dell'assemblea validamente costituitasi (2).

Anche ove non espressamente previsto dal regolamento condominiale, previo consenso della maggioranza dei condomini (3), la partecipazione all'assemblea può avvenire in modalità di videoconferenza. In tal caso, il verbale, redatto dal segretario e sottoscritto dal presidente, è trasmesso all'amministratore e a tutti i condomini con le medesime formalità previste per la convocazione (4).

(1) *Le parole: «o, se prevista in modalità di videoconferenza, della piattaforma elettronica sulla quale si terrà la riunione e dell'ora della stessa» sono state inserite dall'art. 63, comma 1 bis, lett. a), del D.L. 14 ago-*

sto 2020, n. 104, convertito, con modificazioni, nella L. 13 ottobre 2020, n. 126.

(2) *L'originario terzo comma è stato così sostituito dagli attuali terzo, quarto e quinto comma dall'art. 20, comma 1, della L. 11 dicembre 2012, n. 220 (in vigore dal 18 giugno 2013).*

Si riporta il testo previgente: «L'avviso di convocazione deve essere comunicato ai condomini almeno cinque giorni prima della data fissata per l'adunanza».

(3) *Le parole: «di tutti i condomini» sono state così sostituite dalle attuali: «della maggioranza dei condomini» dall'art. 5 bis, comma 1, del D.L. 7 ottobre 2020, n. 125, convertito, con modificazioni, nella L. 27 novembre 2020, n. 159.*

(4) *Questo comma è stato inserito dall'art. 63, comma 1 bis, lett. b), del D.L. 14 agosto 2020, n. 104, convertito, con modificazioni, nella L. 13 ottobre 2020, n. 126.*

67. (1) Ogni condomino può intervenire all'assemblea (1135 c.c.) anche a mezzo di rappresentante, munito di delega scritta. Se i condomini sono più di venti, il delegato non può rappresentare più di un quinto dei condomini e del valore proporzionale.

Qualora un'unità immobiliare appartenga in proprietà indivisa a più persone, queste hanno diritto a un solo rappresentante nell'assemblea, che è designato dai comproprietari interessati a norma dell'articolo 1106 del codice.

Nei casi di cui all'articolo 1117 *bis* del codice, quando i partecipanti sono complessivamente più di sessanta, ciascun condominio deve designare, con la maggioranza di cui all'articolo 1136, quinto comma, del codice, il proprio rappresentante all'assemblea per la gestione ordinaria delle parti comuni a più condominii e per la nomina dell'amministratore. In mancanza, ciascun partecipante può chiedere che l'autorità giudiziaria nomini il rappresentante del proprio condominio. Qualora alcuni dei condominii interessati non abbiano nominato il proprio rappresentante, l'autorità giudiziaria provvede alla nomina su ricorso anche di uno solo dei rappresentanti già nominati, previa diffida a provvedervi entro un congruo termine. La diffida ed il ricorso all'autorità giudiziaria sono notificati al condominio cui si riferiscono in persona dell'amministratore o, in mancanza, a tutti i condomini.

Ogni limite o condizione al potere di rappresentanza si considera non apposto. Il rappresentante risponde con le regole del mandato e comunica tempestivamente all'amministratore di ciascun condominio l'ordine del giorno e le decisioni assunte dall'assemblea dei rappresentanti dei condominii. L'amministratore riferisce in assemblea.

All'amministratore non possono essere conferite deleghe per la partecipazione a qualunque assemblea.

L'usufruttuario di un piano o porzione di piano dell'edificio esercita il diritto di voto negli affari che attengono all'ordinaria amministrazione e al semplice godimento delle cose e dei servizi comuni.

Nelle altre deliberazioni, il diritto di voto spetta ai proprietari, salvi i casi in cui l'usufruttuario intenda avvalersi del diritto di cui all'articolo 1006 del codice ovvero si tratti di lavori od opere ai sensi degli articoli 985 e 986 del codice. In tutti questi casi l'avviso di convocazione deve essere comunicato sia all'usufruttuario sia al nudo proprietario.

Il nudo proprietario e l'usufruttuario rispondono solidalmente per il pagamento dei contributi dovuti all'amministrazione condominiale.

(1) *Questo articolo è stato così sostituito dall'art. 21, comma 1, della L. 11 dicembre 2012, n. 220 (in vigore dal 18 giugno 2013).*

Si riporta il testo previgente:

«67. Ogni condomino può intervenire all'assemblea anche a mezzo di rappresentante.

Qualora un piano o porzione di piano dell'edificio appartenga in proprietà indivisa a più persone, queste hanno diritto a un solo rappresentante nell'assemblea, che è designato dai comproprietari interessati; in mancanza provvede per sorteggio il presidente.

L'usufruttuario di un piano o porzione di piano dell'edificio esercita il diritto di voto negli affari che attengono all'ordinaria amministrazione e al semplice godimento delle cose e dei servizi comuni.

Nelle deliberazioni che riguardano innovazioni, ricostruzioni od opere di manutenzione straordinaria delle parti comuni dell'edificio il diritto di voto spetta invece al proprietario.».

68. (1) Ove non precisato dal titolo ai sensi dell'articolo 1118, per gli effetti indicati dagli articoli 1123, 1124, 1126 e 1136 del codice, il valore proporzionale di ciascuna unità immobiliare è espresso in millesimi in apposita tabella allegata al regolamento di condominio (1138 c.c.).

Nell'accertamento dei valori di cui al primo comma non si tiene conto del canone locativo, dei miglioramenti e dello stato di manutenzione di ciascuna unità immobiliare.

(1) *Questo articolo è stato così sostituito dall'art. 22, comma 1, della L. 11 dicembre 2012, n. 220 (in vigore dal 18 giugno 2013).*

Si riporta il testo previgente: «68. Per gli effetti indicati dagli articoli 1123, 1124, 1126 e 1136 del codice, il regolamento di condominio deve precisare il valore proporzionale di ciascun piano o di ciascuna porzione di piano spettante in proprietà esclusiva ai singoli condomini.

I valori dei piani o delle porzioni di piano, ragguagliati a quello dell'intero edificio, devono essere espressi in millesimi in apposita tabella allegata al regolamento di condominio.

Nell'accertamento dei valori medesimi non si tiene conto del canone locatizio, dei miglioramenti e dello stato di manutenzione di ciascun piano o di ciascuna porzione di piano.».

69. (1) I valori proporzionali delle singole unità immobiliari espressi nella tabella millesimale di cui all'articolo 68 possono essere rettificati o modificati all'unanimità. Tali valori possono essere rettificati o modificati, anche nell'interesse di un solo condomino, con la maggioranza prevista dall'articolo 1136, secondo comma, del codice, nei seguenti casi:

1) quando risulta che sono conseguenza di un errore;

2) quando, per le mutate condizioni di una parte dell'edificio, in conseguenza di sopraelevazione, di incremento di superfici o di incremento o diminuzione delle unità immobiliari, è alterato per più di un quinto il valore proporzionale dell'unità immobiliare anche di un solo condomino. In tal caso il relativo costo è sostenuto da chi ha dato luogo alla variazione.

Ai soli fini della revisione dei valori proporzionali espressi nella tabella millesimale allegata al regolamento di condominio ai sensi dell'articolo 68, può essere convenuto in giudizio unicamente il condominio in persona dell'amministratore. Questi è tenuto a darne senza indugio notizia all'assemblea dei condomini. L'amministratore che non adempie a quest'obbligo può essere revocato ed è tenuto al risarcimento degli eventuali danni.

Le norme di cui al presente articolo si applicano per la rettifica o la revisione delle tabelle per la ripartizione delle spese redatte in applicazione dei criteri legali o convenzionali.

(1) *Questo articolo è stato così sostituito dall'art. 23, comma 1, della L. 11 dicembre 2012, n. 220 (in vigore dal 18 giugno 2013).*

Si riporta il testo previgente:«69. I valori proporzionali dei vari piani o porzioni di piano possono essere riveduti o modificati, anche nell'interesse di un solo condomino, nei seguenti casi:

1) quando risulta che sono conseguenza di un errore;

2) quando, per le mutate condizioni di una parte dell'edificio, in conseguenza della sopraelevazione di nuovi piani, di espropriazione parziale o di innovazioni di vasta portata, è notevolmente alterato il rapporto originario tra i valori dei singoli piani o porzioni di piano.».

70. (1) Per le infrazioni al regolamento di condominio (1138 c.c.) può essere stabilito, a titolo di sanzione, il pagamento di una somma fino ad euro 200 e, in caso di recidiva, fino ad euro 800. La somma è devoluta al fondo di cui l'amministratore dispone per le spese ordinarie. L'irrogazione della sanzione è deliberata dall'assemblea con le maggioranze di cui al secondo comma dell'articolo 1136 del Codice (2).

(1) *Questo articolo è stato così sostituito dall'art. 24, comma 1, della L. 11 dicembre 2012, n. 220 (in vigore dal 18 giugno 2013).*

Si riporta il testo previgente:

«70. Per le infrazioni al regolamento di condominio può essere stabilito, a titolo di sanzione, il pagamento di una somma fino a € 0,052. La somma è devoluta al fondo di cui l'amministratore dispone per le spese ordinarie.».

(2) *Le parole: «L'irrogazione della sanzione è deliberata dall'assemblea con le maggioranze di cui al secondo comma dell'articolo 1136 del Codice» sono state aggiunte dall'art. 1, comma 9, lett. e), del D.L. 23 dicembre 2013, n. 145, convertito, con modificazioni, nella L. 21 febbraio 2014, n. 9.*

71. Il registro indicato dal quarto comma dell'art. 1129 e dal terzo comma dell'art. 1138 del codice è tenuto presso l'associazione professionale (1) dei proprietari di fabbricati.

(1) *Disciolta con D.L.vo Lgt. 23 novembre 1944, n. 369 (soppressione delle associazioni sindacali fasciste e liquidazione dei relativi patrimoni).*

71 *bis*. (1) Possono svolgere l'incarico di amministratore di condominio coloro:

a) che hanno il godimento dei diritti civili;

b) che non sono stati condannati per delitti contro la pubblica amministrazione, l'amministrazione della giustizia, la fede pubblica, il patrimonio o per ogni altro delitto non colposo per il quale la legge commina la pena della reclusione non inferiore, nel minimo, a due anni e, nel massimo, a cinque anni;

c) che non sono stati sottoposti a misure di prevenzione divenute definitive, salvo che non sia intervenuta la riabilitazione;

d) che non sono interdetti o inabilitati;

e) il cui nome non risulta annotato nell'elenco dei protesti cambiari;

f) che hanno conseguito il diploma di scuola secondaria di secondo grado;

g) che hanno frequentato un corso di formazione iniziale e svolgono attività di formazione periodica in materia di amministrazione condominiale.

I requisiti di cui alle lettere *f*) e *g*) del primo comma non sono necessari qualora l'amministratore sia nominato tra i condomini dello stabile.

Possono svolgere l'incarico di amministratore di condominio anche società di cui al titolo V del libro V del codice. In tal caso, i requisiti devono essere posseduti dai soci illimitatamente responsabili, dagli amministratori e dai dipendenti incaricati di svolgere le funzioni di amministrazione dei condominii a favore dei quali la società presta i servizi.

La perdita dei requisiti di cui alle lettere *a*), *b*), *c*), *d*) ed *e*) del primo comma comporta la cessazione dall'incarico. In tale evenienza ciascun condomino può convocare senza formalità l'assemblea per la nomina del nuovo amministratore.

A quanti hanno svolto attività di amministrazione di condominio per almeno un anno, nell'arco dei tre anni precedenti alla data di entrata in vigore della presente disposizione, è consentito lo svolgimento dell'attività di amministratore anche in mancanza dei requisiti di cui alle lettere *f*) e *g*) del primo comma. Resta salvo l'obbligo di formazione periodica.

([1]) *Questo articolo è stato inserito dall'art. 25, comma 1, della L. 11 dicembre 2012, n. 220 (in vigore dal 18 giugno 2013).*

71 *ter*. ([1]) 1. Su richiesta dell'assemblea, che delibera con la maggioranza di cui al secondo comma dell'articolo 1136 del codice, l'amministratore è tenuto ad attivare un sito internet del condominio che consenta agli aventi diritto di consultare ed estrarre copia in formato digitale dei documenti previsti dalla delibera assembleare. Le spese per l'attivazione e la gestione del sito internet sono poste a carico dei condomini.

([1]) *Questo articolo è stato inserito dall'art. 25, comma 1, della L. 11 dicembre 2012, n. 220 (in vigore dal 18 giugno 2013).*

71 *quater*. ([1]) Per controversie in materia di condominio, ai sensi dell'articolo 5, comma 1, del decreto legislativo 4 marzo 2010, n. 28, si intendono quelle derivanti dalla violazione o dall'errata applicazione delle disposizioni del libro III, titolo VII, capo II, del codice e degli articoli da 61 a 72 delle presenti disposizioni per l'attuazione del codice.

[La domanda di mediazione deve essere presentata, a pena di inammissibilità, presso un organismo di mediazione ubicato nella circoscrizione del tribunale nella quale il condominio è situato] ([2]).

Al procedimento è legittimato a partecipare l'amministratore secondo quanto previsto dall'articolo 5 *ter* del decreto legislativo 4 marzo 2010, n. 28 ([3]).

[Se i termini di comparizione davanti al mediatore non consentono di assumere la delibera di cui al terzo comma, il mediatore dispone, su istanza del condominio, idonea proroga della prima comparizione] ([4]).

[La proposta di mediazione deve essere approvata dall'assemblea con la maggioranza di cui all'articolo 1136, secondo comma, del codice. Se non si raggiunge la predetta maggioranza, la proposta si deve intendere non accettata] ([4]).

[Il mediatore fissa il termine per la proposta di conciliazione di cui all'articolo 11 del decreto legislativo 4 marzo 2010, n. 28, tenendo conto della necessità per l'amministratore di munirsi della delibera assembleare] ([4]).

([1]) *Questo articolo è stato inserito dall'art. 25, comma 1, della L. 11 dicembre 2012, n. 220 (in vigore dal 18 giugno 2013).*

([2]) *Questo comma è stato abrogato dall'art. 2, comma 2, lett. a), del D.L.vo 10 ottobre 2022, n. 149, a decorrere dal 28 febbraio 2023.*

([3]) *Le parole: «, previa delibera assembleare da assumere con la maggioranza di cui all'articolo 1136, secondo comma, del codice» sono state così sostituite dalle attuali: «secondo quanto previsto dall'articolo 5* ter *del decreto legislativo 4 marzo 2010, n. 28» dall'art. 2, comma 2, lett. b), del D.L.vo 10 ottobre 2022, n. 149, a decorrere dal 28 febbraio 2023.*

([4]) *Questo comma è stato abrogato dall'art. 2, comma 2, lett. c), del D.L.vo 10 ottobre 2022, n. 149, a decorrere dal 28 febbraio 2023.*

72. I regolamenti di condominio non possono derogare alle disposizioni dei precedenti articoli 63, 66, 67 e 69.

Sezione IV
Disposizioni relative al libro IV

73. Gli atti di offerta reale e quelli di deposito previsti dagli articoli 1209, primo comma, 1212 e 1214 del codice, sono eseguiti da un notaio o da un ufficiale giudiziario.

Le offerte per intimazione, previste dagli articoli 1209, secondo comma, e 1216, primo comma, sono eseguite con atto di ufficiale giudiziario.

73 *bis*. ([1]) I provvedimenti previsti negli articoli 1211, 1514, primo comma, 1515, terzo comma, e 1841 del codice sono adottati dal tribunale in composizione monocratica.

([1]) *Questo articolo è stato inserito dall'art. 158 del D.L.vo 19 febbraio 1998, n. 51, recante l'istituzione del giudice unico, a decorrere dal 2 giugno 1999.*

74. Il processo verbale dell'offerta reale deve essere redatto in conformità delle disposizioni dell'art. 126 del codice di procedura civile e deve in particolare contenere la specificazione dell'oggetto dell'offerta e le dichiarazioni del creditore.

Quando l'offerta è accettata, il pubblico ufficiale esegue il pagamento e riceve le dichiarazioni del creditore per quietanza e per liberazione dalle garanzie.

Se il creditore non è presente all'offerta, il processo verbale deve essergli notificato nelle forme prescritte per la citazione.

L'intimazione prescritta dall'art. 1212, n. 1, del codice, può essere fatta con lo stesso atto di notificazione del verbale dell'offerta. In ogni caso tra l'intimazione e il deposito deve trascorrere un termine non minore di giorni tre.

75. L'atto di intimazione, nei casi previsti dagli articoli 1209, secondo comma, e 1216, primo comma, del codice, deve contenere l'indicazione del giorno, dell'ora e del luogo in cui il debitore intende procedere alla consegna delle cose mobili o al rilascio dell'immobile a favore del creditore, con rispetto di un intervallo non minore di giorni tre.

La mancata comparizione del creditore o il suo rifiuto di accettare l'offerta sono accertati con verbale redatto da un notaio o da un ufficiale giudiziario nel luogo, nel giorno e nell'ora indicati nell'atto di intimazione, con tutte le altre indicazioni prescritte dal primo comma dell'articolo precedente, e da tale giorno decorrono gli effetti della mora.

76. I depositi che hanno per oggetto titoli di credito o somme di danaro debbono essere eseguiti presso la Cassa dei depositi e prestiti secondo le norme della legge speciale, oppure presso un istituto di credito.

77. Il deposito di cose mobili diverse dal danaro e di titoli di credito, nei casi previsti dagli articoli 1210, primo comma, e 1214 del codice e in ogni altro caso in cui esso sia prescritto dalla legge o dal giudice (1513, 1514, 1686, 1691 c.c.) ovvero sia voluto dalle parti, si esegue presso stabilimenti di pubblico deposito a norma delle leggi speciali (1).

Qualora non esistano stabilimenti di pubblico deposito nel luogo in cui deve essere eseguita la prestazione, o se ricorrono particolari ragioni, il pretore (2) del luogo predetto, su ricorso della parte interessata, può autorizzare con decreto il deposito presso altro locale idoneo.

(1) *Si vedano: R.D. 2 gennaio 1913, n. 453, T.U. delle leggi sulla Cassa depositi e prestiti e le gestioni annesse; R.D.L. 23 marzo 1919, n. 1058, regolamento alla legge predetta; L. 6 luglio 1949, n. 466, disposizioni relative ai depositi presso la Cassa dei depositi e prestiti.*

(2) *Ai sensi del D.L.vo 19 febbraio 1998, n. 51, l'ufficio del pretore è soppresso a decorrere dal 2 giugno 1999, fatta salva l'attività necessaria per l'esaurimento degli affari pendenti, e le relative competenze sono trasferite al tribunale ordinario, fuori dei casi in cui è diversamente disposto dal predetto provvedimento.*

78. Il pubblico ufficiale, che a norma dell'art. 1210 del codice procede al deposito di danaro, di titoli di credito o di altre cose mobili, deve redigere processo verbale della relativa operazione in conformità del successivo art. 1212, n. 3, e dell'art. 126 del codice di procedura civile, e consegnarne copia al depositario, nonché al creditore comparso, se la richiede.

Se il creditore non è stato presente, deve essergli notificata copia del processo verbale nelle forme prescritte per gli atti di citazione (137 c.p.c.).

79. Il sequestratario dell'immobile, nel caso previsto dal secondo comma dell'art. 1216 del codice, è nominato, se non vi è giudizio pendente, dal presidente del tribunale del luogo in cui si trova l'immobile.

Il presidente del tribunale provvede con decreto, sentito il creditore. Contro tale decreto è ammesso reclamo al presidente della corte di appello, entro dieci giorni dalla notificazione (82).

La consegna dell'immobile al sequestratario deve risultare da processo verbale redatto da un notaio o da un ufficiale giudiziario. Copia del processo verbale deve essere notificata al creditore che non sia stato presente (137 c.p.c.).

80. L'atto d'intimazione previsto dall'art. 1217 del codice, se non è determinato il tempo in cui la prestazione deve essere eseguita, e in ogni caso se la prestazione medesima deve effettuarsi in località diversa dal domicilio del creditore, deve contenere l'indicazione del giorno, dell'ora e del luogo in cui il debitore intende eseguire la prestazione, col rispetto di un intervallo di almeno tre giorni, a meno che la natura del rapporto non imponga un intervallo minore.

Il mancato ricevimento della prestazione da parte del creditore nel giorno stabilito può essere accertato nelle forme di uso e da tale giorno decorrono gli effetti della mora (1207 c.c.).

81. Nei casi previsti dagli articoli 1286, terzo comma, e 1287, terzo comma, del codice, l'istanza per la fissazione del termine entro il quale deve essere fatta la scelta e quella per la scelta della prestazione da parte del giudice si propongono, se non vi è giudizio pendente, davanti l'autorità giudiziaria del luogo in cui la prestazione deve eseguirsi, osservate le disposizioni previste rispettivamente dagli articoli 749 e 750 del codice di procedura civile.

82. L'istanza per la nomina del terzo nei casi previsti dal secondo comma dell'art. 1473 del codice, qualora non vi sia giudizio in corso, si propone con ricorso al presidente del tribunale del luogo in cui deve eseguirsi la consegna della cosa a norma dell'art. 1510 del codice.

Il ricorso deve essere notificato alle altre parti interessate e al terzo. Il presidente del tribunale provvede con decreto: contro di questo è ammesso reclamo al primo presidente della corte di appello entro dieci giorni dalla notificazione (137 c.p.c.).

La nomina deve cadere normalmente su persona esperta iscritta in albi o elenchi o ruoli istituiti a norma di legge.

83. Sono autorizzati alle operazioni di vendita con o senza incanto a norma dell'art. 1515 del codice, o alle operazioni di compra a norma del successivo art. 1516 (2797 c.c.):

1) gli agenti di cambio, per i valori pubblici e per i titoli di credito specificati nelle leggi sulle borse;

2) i mediatori in merci iscritti presso i consigli provinciali delle corporazioni (1), per le merci e le derrate.

La vendita all'incanto deve essere annunziata con le forme di una pubblicità commerciale adeguata alla natura ed al valore delle cose poste in vendita.

Il verbale d'incanto è depositato nella cancelleria della pretura (2) del luogo in cui si è proceduto alla vendita.

Le operazioni di vendita senza incanto e quelle di compra devono essere documentate mediante certificato, fattura o fissato bollato, in doppio esemplare, uno dei quali è consegnato alla parte richiedente e l'altro, vistato da questa, è conservato dalla persona che ha eseguito l'incarico.

Il compenso dovuto alla persona predetta, se non esiste una tariffa approvata, è stabilito con decreto del pretore (2) del luogo in cui l'incarico è stato eseguito.

(1) *Oggi sostituiti dalle camere di commercio, industria, artigianato e agricoltura.*

(2) *Ai sensi del D.L.vo 19 febbraio 1998, n. 51, l'ufficio del pretore è soppresso a decorrere dal 2 giugno 1999, fatta salva l'attività necessaria per l'esaurimento degli affari pendenti, e le relative competenze sono trasferite al tribunale ordinario, fuori dei casi in cui è diversamente disposto dal predetto provvedimento.*

84. Il contratto di vendita con riserva di proprietà di macchine per prezzo superiore a € 15,49, deve essere iscritto, agli effetti previsti dal secondo comma dell'art. 1524 del codice, nel registro istituito presso la cancelleria del tribunale nella cui giurisdizione la macchina viene collocata.

Le sottoscrizioni delle parti devono essere autenticate, se il contratto non risulta da atto pubblico (2699 c.c.).

Sezione V
Disposizioni relative al libro V

85 - 91. (*Omissis*) (1).

(1) *Articoli da ritenere abrogati in conseguenza della soppressione dell'ordinamento corporativo fascista disposta con D.L.vo Lgt. 23 novembre 1944, n. 369.*

92. (1) Il decreto, previsto dall'articolo 2409 del codice, che nomina l'amministratore giudiziario nelle società di cui ai capi V, VI e VII (2) del titolo V del libro V del codice priva l'imprenditore, dalla sua data, dell'amministrazione della società nei limiti dei poteri conferiti all'amministratore giudiziario.

Salvo che il decreto disponga diversamente, l'amministratore giudiziario non può compiere atti eccedenti l'ordinaria amministrazione, senza l'autorizzazione del tribunale.

Entro i limiti dei poteri conferitigli, l'amministratore sta in giudizio nelle controversie, anche pendenti, relative alla gestione della società.

All'amministratore giudiziario possono essere attribuiti per determinati atti i poteri dell'assemblea. Le relative deliberazioni non sono efficaci senza l'approvazione del tribunale.

Il compenso dell'amministratore giudiziario è determinato dal tribunale.

(1) *Questo articolo è stato così sostituito dall'art. 9, comma 1, lett. a), del D.L.vo 17 gennaio 2003, n. 6, a decorrere dal 1° gennaio 2004.*

(2) *Le parole «capi V e VI» sono state così sostituite dalle seguenti: «capi V, VI e VII» dall'art. 379, comma 4, del D.L.vo 12 gennaio 2019, n. 14.*

A norma dell'art. 389, comma 2, del medesimo provvedimento, tali disposizioni entrano in vigore il trentesimo giorno successivo alla data di pubblicazione in Gazzetta Ufficiale *del suddetto decreto (Suppl. ord. alla G.U. n. 38 del 14 febbraio 2019).*

93. L'amministratore giudiziario è, per quanto attiene all'esercizio delle sue funzioni, pubblico ufficiale.

94. L'amministratore giudiziario deve adempiere ai doveri del proprio ufficio con la diligenza richiesta dalla natura del proprio ufficio e può essere revocato dal tribunale su richiesta dei soggetti legittimati a chiederne la nomina (1).

L'amministratore che cessa dal suo ufficio deposita nella cancelleria del tribunale del luogo, ove è la sede principale dell'impresa, il conto della gestione. L'avvenuto deposito è comunicato immediatamente alla società (1).

Il presidente del tribunale con decreto fissa l'udienza, in termine non inferiore a quindici giorni dal deposito, nella quale le parti possono presentare le loro osservazioni, e nomina un giudice per la procedura. Non sono ammesse contestazioni relative ai criteri tecnici della gestione nei limiti dei poteri conferiti all'amministratore.

Si applicano le disposizioni degli articoli 263, secondo comma, e seguenti del codice di procedura civile.

(1) *Il primo e il secondo comma di questo articolo sono stati così sostituiti dall'art. 9, comma 1, lett.* b), *del D.L.vo 17 gennaio 2003, n. 6, a decorrere dal 1° gennaio 2004.*

95. Quando le leggi o le norme corporative (1) non dispongono, l'appartenenza alla categoria d'impiegato o di operaio è determinata dal R.D.L. 13 novembre 1924, n. 1825, convertito nella L. 18 marzo 1926, n. 562 (2).

(1) *L'ordinamento corporativo fascista è stato soppresso dal D.L.vo Lgt. 23 novembre 1944, n. 369.*

(2) *Disposizioni relative al contratto d'impiego privato.*

96. L'imprenditore deve far conoscere al prestatore di lavoro, al momento dell'assunzione, la categoria e la qualifica che gli sono assegnate in relazione alle mansioni per cui è stato assunto (2103 c.c.).

Le qualifiche dei prestatori di lavoro, nell'ambito di ciascuna delle categorie indicate nell'art. 2095 del codice, possono essere stabilite e raggruppate per gradi secondo la loro importanza nell'ordinamento dell'impresa. Il prestatore di lavoro assume il grado gerarchico corrispondente alla qualifica e alle mansioni.

I contratti collettivi di lavoro possono stabilire che, nel caso di divergenza tra l'imprenditore e il prestatore di lavoro circa l'assegnazione della qualifica, l'accertamento dei fatti rilevanti per la determinazione della qualifica venga fatto da un collegio costituito da un funzionario dell'ispettorato corporativo, che presiede, e da un delegato di ciascuna delle associazioni professionali che rappresentano le categorie interessate (1).

Sui fatti rilevanti per la determinazione della qualifica che hanno formato oggetto dell'accertamento compiuto con tali forme, non sono ammesse nuove indagini o prove, salvo che l'accertamento sia viziato da errore manifesto.

(1) *Comma da ritenersi abrogato poiché l'ordinamento corporativo fascista è stato soppresso con D.L.vo Lgt. 23 novembre 1944, n. 369.*

97. (*Omissis*) (1).

(1) *L'articolo è da ritenere abrogato in conseguenza della soppressione dell'ordinamento corporativo fascista disposta con D.L.vo Lgt. 23 novembre 1944, n. 369. Riguardava i prestatori di lavoro addetti alle imprese esercitate da enti pubblici inquadrati sindacalmente.*

98. Nei rapporti d'impiego inerenti all'esercizio dell'impresa, in mancanza di norme corporative (1) o di usi più favorevoli, per quanto concerne il trattamento cui ha diritto l'impiegato nei casi d'infortunio, di malattia, di gravidanza o di puerperio (2110 c.c.), la durata del periodo feriale (2109 c.c.), del periodo di preavviso (2118 c.c.), la misura dell'indennità sostitutiva di questo e l'ammontare della indennità di anzianità in caso di cessazione del rapporto (2120 c.c.), si applicano le corrispondenti norme del R.D.L. 13 novembre 1924, n. 1825, convertito nella L. 18 marzo 1926, n. 562 (2).

Le richiamate norme si applicano altresì ai rapporti d'impiego dei dipendenti di enti pubblici anche se non inquadrati sindacalmente, in quanto il rapporto non sia diversamente disciplinato da leggi o regolamenti speciali, nonché ai rapporti d'impiego non inerenti all'esercizio di un'impresa in quanto non esistano convenzioni od usi più favorevoli al prestatore di lavoro.

(1) *L'ordinamento corporativo fascista è stato soppresso con D.L.vo Lgt. 23 novembre 1944, n. 369.*

(2) *Disposizioni relative al contratto d'impiego privato.*

99. (1) Le disposizioni relative alla istituzione del registro delle imprese previsto dall'art. 2188 del codice saranno emanate con decreto del Presidente della Repubblica. Tale decreto stabilirà altresì la data di attuazione del registro delle imprese, nonché le condizioni per l'iscrizione delle imprese individuali e sociali esistenti in tale momento.

(1) *Si veda il D.P.R. 7 dicembre 1995, n. 581.*

100. (1) [Fino all'attuazione del registro delle imprese gli atti di autorizzazione alla continuazione dell'esercizio di un'impresa commerciale nell'interesse di un minore o di un interdetto, gli atti di autorizzazione all'esercizio di un'impresa commerciale da parte di un minore emancipato o di un inabilitato, i provvedimenti di revoca delle autorizzazioni stesse, le procure institorie, le nomine di procuratori nonché gli atti e i fatti relativi alla società, per i quali il codice stabilisce l'iscrizione nel registro delle imprese, sono soggetti all'iscrizione nei registri di cancelleria presso il tribunale secondo le modalità stabilite dalle leggi anteriori.

Tuttavia il contenuto degli atti da iscrivere, i termini per l'iscrizione e gli effetti della medesima sono determinati dal codice.

Fino all'attuazione del registro delle imprese non sono soggetti a registrazione gli imprenditori individuali e gli enti pubblici che esercitano un'attività commerciale, salvo quanto disposto dal primo comma del presente articolo.

Non si applicano inoltre le disposizioni contenute nel secondo comma dell'art. 2556 e nell'art. 2559 del codice].

(1) *Questo articolo è stato abrogato dall'art. 111 sexies delle disposizioni di attuazione del codice civile, così come inserito dall'art. 9, comma 1, lett. f), del D.L.vo 17 gennaio 2003, n. 6, a decorrere dal 1° gennaio 2004.*

101. (1) [Fino all'attuazione del registro delle imprese i depositi di atti o documenti, che secondo il codice devono eseguirsi presso l'ufficio del registro delle imprese, si eseguono presso la cancelleria del tribunale.

Le attribuzioni del giudice del registro spettano al presidente del tribunale o a un giudice da lui delegato].

(1) *Questo articolo è stato abrogato dall'art. 111 sexies delle disposizioni di attuazione del codice civile, così come inserito dall'art. 9, comma 1, lett. f), del D.L.vo 17 gennaio 2003, n. 6, a decorrere dal 1° gennaio 2004.*

101 *bis*. (1) Copia integrale o parziale di ogni atto per il quale è prescritta l'iscrizione o il deposito nel registro delle imprese deve essere rilasciata a chi ne faccia richiesta, anche per corrispondenza, senza che il costo di tale copia possa eccedere il costo amministrativo.

(1) *Articolo aggiunto dall'art. 20 del D.P.R. 29 dicembre 1969, n. 1127, modificazioni alle norme del codice civile sulle società per azioni, per accomandita per azioni e a responsabilità limitata.*

101 *ter*. (1) Ai fini della pubblicità prescritta dagli artt. 2506 e 2507 del codice civile la società richiedente deve allegare agli atti e documenti ivi previsti la traduzione giurata in lingua italiana e deve indicare gli estremi della pubblicità attuata nello Stato ove è situata la sede principale. Dell'avvenuto deposito dei documenti deve essere fatta menzione nel Bollettino ufficiale delle società per azioni e a responsabilità limitata (2).

(1) *Articolo aggiunto dall'art. 5 del D.L.vo 29 dicembre 1992, n. 516, recante attuazione della direttiva 89/666/CEE, relativa alla pubblicità delle succursali.*

(2) *Si veda ora l'art. 29 della L. 7 agosto 1997, n. 266.*

101 *quater*. (1) Le società soggette alla legislazione di un altro Stato appartenente alla Comunità economica europea, le quali stabiliscono nel territorio dello Stato più sedi secondarie con rappresentanza stabile, possono attuare la pubblicità dell'atto costitutivo, dello statuto e dei bilanci nell'ufficio del registro delle imprese di una soltanto delle sedi secondarie, depositando negli altri l'attestazione dell'eseguita pubblicità.

(1) *Articolo aggiunto dall'art. 5 del D.L.vo 29 dicembre 1992, n. 516, recante attuazione della direttiva 89/666/CEE, relativa alla pubblicità delle succursali.*

102. Le norme per la formazione del ruolo, per la nomina e per la disciplina dei revisori ufficiali dei conti e quelle per la vigilanza e per la disciplina dei sindaci delle società saranno emanate con decreto del Presidente della Repubblica.

Fino all'entrata in vigore di tale decreto continueranno ad applicarsi le disposizioni anteriori.

103. I provvedimenti del tribunale previsti dall'articolo 2409 del codice sono disposti con decreto, il quale deve essere comunicato a cura del cancelliere, entro cinque giorni, all'ufficio del registro delle imprese per l'iscrizione (1).

[L'amministratore giudiziario, nominato dal tribunale a norma dell'art. 2409 del codice, è scelto possibilmente fra gli iscritti nel ruolo degli amministratori giudiziari. A lui si applicano gli articoli 92, 93 e 94 di queste disposizioni, intendendosi sostituiti nei poteri della magistratura del lavoro e del presidente della magistratura del lavoro rispettivamente quelli del tribunale e del presidente del tribunale] (2).

(1) *Questo comma è stato così sostituito dall'art. 9, comma 1, lett. c), n. 1), del D.L.vo 17 gennaio 2003, n. 6, a decorrere dal 1° gennaio 2004.*

(2) *Questo comma è stato abrogato dall'art. 9, comma 1, lett. c), n. 2), del D.L.vo 17 gennaio 2003, n. 6, a decorrere dal 1° gennaio 2004.*

104. ([1]) Il tribunale, prima di procedere alla nomina del rappresentante degli obbligazionisti prevista dall'articolo 2417 del codice, deve sentire gli amministratori o il consiglio di gestione della società.

([1]) *Questo articolo è stato così sostituito dall'art. 9, comma 1, lett.* d), *del D.L.vo 17 gennaio 2003, n. 6, a decorrere dal 1° gennaio 2004.*

105. La liquidazione coatta amministrativa delle società cooperative (2540 c.c.) è regolata dalle norme generali sulla liquidazione coatta amministrativa delle società, salvo che le leggi speciali dispongano diversamente.

106. ([1]) Le norme degli articoli 92, 93 e 94 di queste disposizioni si applicano anche al commissario governativo incaricato della gestione della società cooperativa a norma dell'articolo 2545 *sexiesdecies* del codice, intendendosi sostituiti nei poteri del tribunale, per quanto riguarda le disposizioni dei precedenti articoli 92 e 94, primo comma, l'autorità governativa che ha nominato il commissario.

([1]) *Questo articolo è stato così sostituito dall'art. 9, comma 1, lett.* e), *del D.L.vo 17 gennaio 2003, n. 6, a decorrere dal 1° gennaio 2004.*

107. Alle mutue assicuratrici regolate da leggi speciali le disposizioni del capo II del titolo VI del libro V del codice (2546 c.c.) si applicano in quanto compatibili con le leggi medesime.

108. ([1]) [Fino all'attuazione del registro delle imprese l'iscrizione dei contratti di consorzio prevista dall'art. 2612 del codice deve essere eseguita nel registro delle società presso la cancelleria del tribunale nella cui circoscrizione ha sede l'ufficio, e pubblicata nel foglio degli annunzi legali.

Per le modalità dell'iscrizione si osservano le norme stabilite per le società, in quanto applicabili.

Al commissario governativo, nominato dall'autorità governativa in sostituzione degli organi del consorzio a norma dell'art. 2619 del codice, si applica l'art. 106 di queste disposizioni].

([1]) *Questo articolo è stato abrogato dall'art. 111* sexies *delle disposizioni di attuazione del codice civile, così come inserito dall'art. 9, comma 1, lett.* f), *del D.L.vo 17 gennaio 2003, n. 6, a decorrere dal 1° gennaio 2004.*

109. ([1]) [Per le società per azioni soggette al R.D.L. 25 ottobre 1941, n. 1148, e per la durata di tale decreto non si applicano le disposizioni del libro V del codice relative alle azioni al portatore].

([1]) *Questo articolo è stato abrogato dall'art. 111* sexies *delle disposizioni di attuazione del codice civile, così come inserito dall'art. 9, comma 1, lett.* f), *del D.L.vo 17 gennaio 2003, n. 6, a decorrere dal 1° gennaio 2004.*

110. La competenza dell'autorità governativa nell'esercizio dei poteri ad essa demandati dal libro V del codice è determinata dalle leggi speciali.

111. Le norme per l'attuazione delle disposizioni contenute nelle sezioni III e IV del capo II del titolo X del libro V del codice (2616 ss. c.c.) saranno emanate con decreto del Presidente della Repubblica.

Fino all'entrata in vigore di tale decreto la disciplina dei consorzi obbligatori e i controlli dell'autorità governativa sui consorzi volontari continuano ad essere regolati dalle leggi anteriori.

111 *bis*. ([1]) La misura rilevante di cui all'articolo 2325 *bis* del codice è quella stabilita a norma dell'articolo 116 del decreto legislativo 24 febbraio 1998, n. 58 [, e risultante alla data del 1 gennaio 2004] ([2]). Nel caso previsto dall'articolo 2409 *bis*, secondo comma, del codice, si applicano alla società di revisione le disposizioni degli articoli 155, comma 2, 162, commi 1 e 2, 163, commi 1 e 4 del decreto legislativo n. 58 del 1998.

Ai fini di cui all'articolo 2343 *ter*, per valori mobiliari e strumenti del mercato monetario si intendono quelli di cui all'articolo 1, commi 1 *bis* e 1 *ter*, del testo unico delle disposizioni in materia di intermediazione finanziaria, di cui al decreto legislativo 24 febbraio 1998, n. 58 ([3]).

([1]) *Questo articolo è stato inserito dall'art. 9, comma 1, lett.* f), *del D.L.vo 17 gennaio 2003, n. 6, a decorrere dal 1° gennaio 2004.*

([2]) *Le parole fra parentesi quadrate sono state soppresse dall'art. 3, comma 1, del D.L.vo 11 ottobre 2012, n. 184.*

([3]) *Questo comma è stato aggiunto dall'art. 2, comma 1, del D.L.vo 4 agosto 2008, n. 142.*

111 *ter*. ([1]) Chi richiede l'iscrizione presso il registro delle imprese dell'atto costitutivo di una società deve indicarne nella domanda l'indirizzo, comprensivo della via e del numero civico, ove è posta la sua sede. In caso di successiva modificazione di tale indirizzo gli amministratori ne depositano apposita dichiarazione presso il registro delle imprese.

(1) *Questo articolo è stato inserito dall'art. 9, comma 1, lett. f), del D.L.vo 17 gennaio 2003, n. 6, a decorrere dal 1° gennaio 2004.*

111 *quater*. (1) La società di revisione di cui all'articolo 2447 *ter* del codice è scelta tra quelle iscritte nell'albo speciale delle società di revisione tenuto dalla Commissione nazionale per le società e la borsa a norma delle leggi speciali; [essa non può essere una persona fisica] (2).

(1) *Questo articolo è stato inserito dall'art. 9, comma 1, lett. f), del D.L.vo 17 gennaio 2003, n. 6, a decorrere dal 1° gennaio 2004.*

(2) *Le parole tra parentesi quadrate sono state soppresse dall'art. 5, lett. ggg), del D.L.vo 6 febbraio 2004, n. 37.*

111 *quinquies*. (1) L'articolo 2632 del codice, come modificato dal decreto legislativo 11 aprile 2002, n. 61, è sostituito dal seguente: (*Omissis*).

(1) *Questo articolo è stato inserito dall'art. 9, comma 1, lett. f), del D.L.vo 17 gennaio 2003, n. 6, a decorrere dal 1° gennaio 2004.*

111 *sexies*. (1) Gli articoli 100, 101, 108 e 109 sono abrogati.

(1) *Questo articolo è stato inserito dall'art. 9, comma 1, lett. f), del D.L.vo 17 gennaio 2003, n. 6, a decorrere dal 1° gennaio 2004.*

111 *septies*. (1) Le cooperative sociali che rispettino le norme di cui alla legge 8 novembre 1991, n. 381, sono considerate, indipendentemente dai requisiti di cui all'articolo 2513 del codice, cooperative a mutualità prevalente. Le cooperative agricole che esercitano le attività di cui all'articolo 2135 del codice sono considerate cooperative a mutualità prevalente se soddisfano le condizioni di cui al terzo comma dell'articolo 2513 del codice. Le piccole società cooperative costituite ai sensi della legge 7 agosto 1997, n. 266, nel termine previsto all'articolo 223 *duodecies* del codice devono trasformarsi nella società cooperativa disciplinata dall'articolo 2522 del codice.

(1) *Questo articolo è stato inserito dall'art. 9, comma 1, lett. f), del D.L.vo 17 gennaio 2003, n. 6, a decorrere dal 1° gennaio 2004.*

111 *octies*. (1) Sono investitori istituzionali destinati alle società cooperative quelli costituiti ai sensi della legge 25 febbraio 1985, n. 49, i fondi mutualistici e i fondi pensione costituiti da società cooperative.

(1) *Questo articolo è stato inserito dall'art. 9, comma 1, lett. f), del D.L.vo 17 gennaio 2003, n. 6, a decorrere dal 1° gennaio 2004.*

111 *novies*. (1) Le società di revisione di cui al secondo comma dell'articolo 2545 *octies* del codice sono quelle di cui al decreto legislativo 27 gennaio 1992, n. 88.

(1) *Questo articolo è stato inserito dall'art. 9, comma 1, lett. f), del D.L.vo 17 gennaio 2003, n. 6, a decorrere dal 1° gennaio 2004.*

111 *decies*. (1) Ferma restando la natura indivisibile delle riserve accantonate, non rilevano ai fini dell'obbligo di devoluzione previsto dall'articolo 17 della legge 23 dicembre 2000, n. 388, la modificazione delle clausole previste dall'articolo 26 del decreto legislativo Capo provvisorio dello Stato 14 dicembre 1947, n. 1577, ovvero la decadenza dai benefici fiscali per effetto della perdita del requisito della prevalenza come disciplinato dagli articoli 2512 e 2513 del codice.

Gli amministratori devono, tuttavia, redigere un bilancio ai sensi dell'articolo 2545 *octies* del codice.

(1) *Questo articolo è stato inserito dall'art. 9, comma 1, lett. f), del D.L.vo 17 gennaio 2003, n. 6, a decorrere dal 1° gennaio 2004.*

111 *undecies*. (1) Il Ministro delle attività produttive, di concerto con il Ministro dell'economia e delle finanze, stabilisce, con proprio decreto, regimi derogatori al requisito della prevalenza, così come definite dall'articolo 2513 del codice, in relazione alla struttura dell'impresa e del mercato in cui le cooperative operano, a specifiche disposizioni normative cui le cooperative devono uniformarsi e alla circostanza che la realizzazione del bene destinato allo scambio mutualistico richieda il decorso di un periodo di tempo superiore all'anno di esercizio.

(1) *Questo articolo è stato inserito dall'art. 9, comma 1, lett. f), del D.L.vo 17 gennaio 2003, n. 6, a decorrere dal 1° gennaio 2004.*

111 *duodecies*. (1) Qualora tutti i loro soci illimitatamente responsabili, di cui all'articolo 2361, comma secondo, del codice, siano società per azioni, in accomandita per azioni o società a responsabilità limitata, le società in nome collettivo o in accomandita semplice devono redigere il bilancio secondo le norme previste per le società per azioni; esse devono inoltre redigere e pubblicare il bilancio consolidato come disciplinato dall'articolo 26 del decreto legislativo 9 aprile 1991, n. 127, ed in presenza dei presupposti ivi previsti.

Il primo comma si applica anche qualora i soci illimitatamente responsabili siano società di capitali soggette al diritto di un altro

Stato membro dell'Unione europea o società soggette al diritto di un altro Stato assimilabili giuridicamente alle imprese a responsabilità limitata disciplinate dal diritto di uno Stato membro dell'Unione europea (²).

(¹) *Questo articolo è stato inserito dall'art. 9, comma 1, lett. f), del D.L.vo 17 gennaio 2003, n. 6, a decorrere dal 1° gennaio 2004.*

(²) *Questo comma è stato aggiunto dall'art. 24, comma 1, della L. 23 dicembre 2021, n. 238.*

111 *terdecies*. (¹) La deliberazione prevista dal secondo comma dell'articolo 2446 del codice è verbalizzata ed iscritta nel registro delle imprese a norma dell'articolo 2436 del codice.

(¹) *Questo articolo è stato inserito dall'art. 5, lett. hhh), del D.L.vo 6 febbraio 2004, n. 37.*

111 *quaterdecies*. (¹) La durata del primo incarico di controllo contabile può coincidere con quello di revisione affidato alla stessa società.

(¹) *Questo articolo è stato aggiunto dall'art. 35 del D.L.vo 28 dicembre 2004, n. 310.*

Sezione VI
Disposizioni relative al libro VI

112. (*Omissis*) (¹).

(¹) *Articolo abrogato dall'art. 2 della L. 21 gennaio 1983, n. 22, disciplina della responsabilità dei conservatori dei registri immobiliari. Concerneva la procedura di applicazione della pena pecuniaria stabilita dall'art. 2682 del codice civile.*

113. Il reclamo menzionato nell'art. 2888 del codice si propone al tribunale, il quale provvede con decreto motivato in camera di consiglio, sentito il conservatore e il pubblico ministero.

Contro il provvedimento che non accoglie la domanda, il richiedente può proporre reclamo alla corte d'appello.

Il tribunale o la corte può ordinare che la domanda di cancellazione sia proposta nelle forme ordinarie in contraddittorio delle persone che ritiene abbiano interesse contrario alla cancellazione medesima.

113 *bis*. (¹) Il conservatore, nel caso in cui non riceva i titoli e le note ai sensi dell'art. 2674 del codice, indica sulle note i motivi del rifiuto e restituisce uno degli originali alla parte richiedente. La parte può avvalersi del procedimento stabilito nell'art. 745 del codice di procedura civile.

Dello stesso procedimento la parte può avvalersi per il ritardo nel rilascio di certificati o di copie.

Il pubblico ministero comunica al Ministero di grazia e giustizia e al Ministero delle finanze la decisione adottata.

(¹) *Articolo aggiunto dall'art. 6 della L. 27 febbraio 1985, n. 52, modifiche al libro sesto del codice civile e norme di servizio ipotecario, in riferimento all'introduzione di un sistema di elaborazione automatica nelle conservatorie dei registri immobiliari.*

113 *ter*. (¹) Il reclamo previsto nell'art. 2674 *bis* del codice si propone con ricorso, entro il termine perentorio di trenta giorni dalla esecuzione della formalità, davanti al tribunale nella cui circoscrizione è stabilita la conservatoria; entro lo stesso termine il ricorso deve essere notificato al conservatore, a pena di improcedibilità.

Il tribunale provvede in camera di consiglio, con decreto motivato, immediatamente esecutivo, sentiti il pubblico ministero, il conservatore e le parti interessate.

Contro il provvedimento del tribunale è consentito reclamo alla corte d'appello, con ricorso notificato, a pena di improcedibilità, anche al conservatore.

A margine della formalità eseguita con riserva il conservatore annota la proposizione del reclamo, il decreto immediatamente esecutivo del tribunale e il decreto definitivo.

Quando il reclamo non è proposto o è rigettato definitivamente, la formalità perde ogni effetto.

(¹) *Articolo aggiunto dall'art. 8 della L. 27 febbraio 1985, n. 52, nuove norme sul servizio ipotecario.*

Capo II
Disposizioni transitorie

Sezione I
Disposizioni relative al libro I

114. La pronunzia di immissione nel possesso definitivo dei beni dell'assente, emessa a termini degli articoli 36 e 38 del codice del 1865, equivale a tutti gli effetti alla dichiarazione di morte presunta prevista nell'art. 58 del nuovo codice.

Fino al 30 giugno 1942 non può essere dichiarata la morte presunta nell'ipotesi prevista nell'art. 58 del nuovo codice, se non quando concorrono le condizioni indicate negli articoli 36 e 38 del codice del 1865 per la pronunzia di immissioni nei beni dell'assente.

115. Il termine di tre mesi, previsto nel secondo comma dell'art. 14 della L. 27 maggio 1929, n. 847 (1), è ridotto a un mese.

Il capo primo della legge suddetta è abrogato.

(1) *Disposizioni per l'applicazione del concordato dell'11 febbraio 1929 tra la Santa Sede e l'Italia, nella parte relativa al matrimonio.*

116. L'impugnazione prevista nell'art. 123, primo comma, del codice non può essere proposta dal coniuge impotente per i matrimoni anteriori al 1 luglio 1939.

I matrimoni che sono stati celebrati anteriormente al 1 luglio 1939 davanti ad un ufficiale dello stato civile incompetente o senza la presenza dei testimoni non si possono più impugnare.

117. Se il matrimonio è stato annullato prima del 1 luglio 1939 ed è stata riconosciuta la mala fede di entrambi i coniugi, i figli nati o concepiti durante il matrimonio possono acquistare lo stato di figli nati fuori del matrimonio (1) riconosciuti ai sensi dell'art. 128, ultimo comma, del codice con effetto dal giorno della domanda giudiziale proposta in contraddittorio dei genitori o dei loro eredi.

(1) *Le parole: «figli naturali» sono state così sostituite dalle seguenti: «figli nati fuori del matrimonio» dall'art. 96, comma 1, lett. e), del D.L.vo 28 dicembre 2013, n. 154, a decorrere dal trentesimo giorno successivo a quello della sua pubblicazione nella* Gazzetta Ufficiale *(G.U. n. 5 dell'8 gennaio 2014).*

118. Gli atti di costituzione di dote aventi per oggetto beni futuri, stipulati prima del 1 luglio 1939, conservano la loro efficacia anche rispetto ai beni che pervengono alla moglie dopo tale data (179 c.c.).

119. I lucri dotali in favore del coniuge sopravvivente, stipulati prima del 1 luglio 1939, conservano la loro efficacia.

Conservano parimenti la loro efficacia le ipoteche iscritte a garanzia dei lucri medesimi.

120. L'azione di disconoscimento di paternità (233, 235 c.c.) è soggetta ai termini (244 c.c.) e alle cause di decadenza previsti nel nuovo codice anche quando si tratta di impugnare la legittimità di figli nati prima dell'entrata in vigore dello stesso codice, sempre che l'azione non sia già estinta a norma delle disposizioni del codice del 1865.

121. Le azioni di reclamo di stato di figlio nato nel matrimonio (1) (249 c.c.), spettanti agli eredi che non siano discendenti del figlio a norma dell'art. 178 del codice del 1865, possono essere continuate quando la domanda è stata proposta prima del 1 luglio 1939.

(1) *La parola: «legittimo» è stata così sostituita dalle seguenti: «nato nel matrimonio» dall'art. 96, comma 1, lett. f), del D.L.vo 28 dicembre 2013, n. 154, a decorrere dal trentesimo giorno successivo a quello della sua pubblicazione nella* Gazzetta Ufficiale *(G.U. n. 5 dell'8 gennaio 2014).*

122. Le disposizioni del codice relative al riconoscimento dei figli nati fuori del matrimonio (1) (250 ss. c.c.) si applicano anche ai figli nati o concepiti prima del 1° luglio 1939.

Il riconoscimento di figli nati fuori del matrimonio (1), compiuto prima di tale data fuori dei casi in cui era ammesso secondo le leggi anteriori, non può essere annullato, se al momento in cui fu fatto concorrevano le condizioni per cui sarebbe ammissibile secondo le disposizioni del codice.

Tale riconoscimento vale anche agli effetti delle successioni aperte prima del 1° luglio 1939, purché i diritti successori del figlio non siano stati esclusi con sentenza passata in giudicato (324 c.p.c.) o non sia intervenuta transazione tra le parti interessate o non siano trascorsi tre anni dall'apertura della successione senza che il figlio abbia fatto valere alcuna ragione ereditaria sui beni della successione.

(1) *La parola: «naturali» è stata così sostituita dalle seguenti: «nati fuori del matrimonio» dall'art. 96, comma 1, lett. g), del D.L.vo 28 dicembre 2013, n. 154, a decorrere dal trentesimo giorno successivo a quello della sua pubblicazione nella* Gazzetta Ufficiale *(G.U. n. 5 dell'8 gennaio 2014).*

123. L'azione per la dichiarazione giudiziale di paternità può essere proposta dai figli nati prima del 1° luglio 1939 solo nel caso in cui ricorrono le condizioni previste dall'art. 189 del codice del 1865. L'azione può essere proposta, sempre che ricorrano tali condizioni, anche dai figli nati fuori del matrimonio (1) per i quali è ammessa dall'art. 278 del nuovo codice (2).

I figli nati fuori del matrimonio (3) che si trovano nelle condizioni previste nei numeri 1 e 4 dell'art. 269 del codice, ma che non possono ottenere la dichiarazione giudiziale di paternità perché nati prima del 1° luglio 1939, possono agire soltanto per ottenere gli alimenti (2).

Nei casi in cui l'azione per la dichiarazione giudiziale di paternità è ammessa secondo le norme del codice del 1865 essa è soggetta al termine stabilito dall'art. 271 del nuovo codice.

Le disposizioni del codice relative alle forme dei giudizi per la dichiarazione giudiziale di paternità o di maternità naturale (273 ss. c.c.) si applicano anche ai figli nati o concepiti prima del 1° luglio 1939.

I giudizi relativi alla dichiarazione di paternità o di maternità [naturale] (4) proposti prima del 1° luglio 1939 non possono essere proseguiti se non è intervenuto il decreto contemplato dall'art. 274 del codice stesso, salvo il caso che si sia già ottenuta una sentenza anche se interlocutoria.

(1) *La parola*: «adulterini» *è stata così sostituita dalle seguenti*: «nati fuori del matrimonio» *dall'art. 96, comma 1, lett.* h), *del D.L.vo 28 dicembre 2013, n. 154, a decorrere dal trentesimo giorno successivo a quello della sua pubblicazione nella* Gazzetta Ufficiale (G.U. *n. 5 dell'8 gennaio 2014*).

(2) *Comma dichiarato illegittimo dalla Corte costituzionale con sentenza n. 7 del 16 febbraio 1963.*

(3) *La parola*: «naturali» *è stata così sostituita dalle seguenti*: «nati fuori del matrimonio» *dall'art. 96, comma 1, lett.* h), *del D.L.vo 28 dicembre 2013, n. 154, a decorrere dal trentesimo giorno successivo a quello della sua pubblicazione nella* Gazzetta Ufficiale (G.U. *n. 5 dell'8 gennaio 2014*).

(4) *La parola tra parentesi quadrate è stata soppressa dall'art. 96, comma 1, lett.* h), *del D.L.vo 28 dicembre 2013, n. 154, a decorrere dal trentesimo giorno successivo a quello della sua pubblicazione nella* Gazzetta Ufficiale (G.U. *n. 5 dell'8 gennaio 2014*).

124. (1) [La disposizione dell'art. 286 del codice è applicabile anche per la legittimazione dei figli naturali, i cui genitori sono morti prima del 1 luglio 1939].

(1) *Questo articolo è stato abrogato dall'art. 106, comma 1, lett.* b), *del D.L.vo 28 dicembre 2013, n. 154, a decorrere dal trentesimo giorno successivo a quello della sua pubblicazione nella* Gazzetta Ufficiale (G.U. *n. 5 dell'8 gennaio 2014*).

125. (1) [La disposizione dell'art. 287 del codice è applicabile anche ai casi in cui era ammessa, secondo le leggi anteriori, la celebrazione del matrimonio per procura].

(1) *Questo articolo è stato abrogato dall'art. 106, comma 1, lett.* b), *del D.L.vo 28 dicembre 2013, n. 154, a decorrere dal trentesimo giorno successivo a quello della sua pubblicazione nella* Gazzetta Ufficiale (G.U. *n. 5 dell'8 gennaio 2014*).

126. La disposizione del secondo comma dell'art. 293 del nuovo codice è applicabile anche alle adozioni costituite prima del 1 luglio 1939, a meno che siano state già impugnate ai sensi dell'art. 205 del codice del 1865.

127. Le disposizioni del codice sulla revoca dell'adozione (305 c.c.) si applicano anche alle adozioni costituite prima del 1 luglio 1939.

127 *bis*. (1) I divieti contenuti nei numeri 6, 7, 8 e 9 dell'articolo 87 del codice civile sono applicabili all'affiliazione.

(1) *Questo articolo è stato inserito dall'art. 96, comma 1, lett.* i), *del D.L.vo 28 dicembre 2013, n. 154, a decorrere dal trentesimo giorno successivo a quello della sua pubblicazione nella* Gazzetta Ufficiale (G.U. *n. 5 dell'8 gennaio 2014*).

128. Se l'ipotesi prevista dall'art. 342 (1) del codice si è verificata prima del 1 luglio 1939, il tribunale, su istanza del figlio medesimo o dei parenti o del pubblico ministero, può privare il genitore della potestà dei genitori (2) sui figli, quando risulta che egli impartisce ad essi una educazione non corrispondente ai fini nazionali, e può provvedere in conformità all'art. 342 del codice.

(1) *L'art. 342 c.c. è stato abrogato dall'art. 3 del D.L.vo Lgt. 14 settembre 1944, n. 287, provvedimenti relativi alla riforma della legislazione civile.*

(2) *A norma dell'art. 105, comma 1, del D.L. vo 28 dicembre 2013, n. 154, a decorrere dal trentesimo giorno successivo a quello della sua pubblicazione nella* Gazzetta Ufficiale (G.U. *n. 5 dell'8 gennaio 2014*), *le parole*: «potestà» *o* «potestà genitoriale» *sono state sostituite dalle attuali*: «responsabilità genitoriale».

129. Le norme del codice in materia di tutela e di curatela (344 ss. c.c.) si applicano anche alle tutele e alle curatele che si sono aperte prima del 1 luglio 1939.

Tuttavia i tutori, i protutori e i curatori già nominati conservano l'ufficio, salve le disposizioni degli articoli 383, 384 e 393 del codice, e sempre che non ricorrano cause d'incapacità previste dal codice stesso (350, 393 c.c.).

130. La disposizione dell'art. 428 del codice è applicabile anche se gli atti in essa contemplati sono stati compiuti prima del 1 luglio 1939.

131. Le ipoteche legali sui beni del tutore iscritte a norma degli articoli 292, 293 e 1969, n. 3, del codice del 1865 possono essere cancellate quando il tutore ne fa istanza al giudice tutelare, il quale, se ordina la cancellazione, provvede secondo l'art. 381 del nuovo codice.

Sezione II
Disposizioni
relative al libro II

132. L'erede con beneficio d'inventario (484 c.c.) può promuovere la procedura di liquidazione ai sensi dell'art. 503 del codice anche se l'accettazione è stata fatta prima del 21 aprile 1940.

133. La rinunzia all'eredità (519 c.c.) o al legato (649 c.c.), fatta dopo il 21 aprile 1940, produce tutti gli effetti previsti dal codice, ancorché si tratti di successione apertasi anteriormente a quella data.

134. La disposizione dell'art. 528 del codice è applicabile anche per le successioni apertesi prima del 21 aprile 1940, se il chiamato non ha ancora accettato e non è nel possesso di beni ereditari.

L'obbligo del curatore di procedere alla liquidazione dell'eredità giacente (530 c.c.) incombe anche sui curatori già nominati, se, in caso di opposizione dei creditori o legatari, il pretore (1) ritiene opportuno disporre la liquidazione.

(1) *Ai sensi del D.L.vo 19 febbraio 1998, n. 51, l'ufficio del pretore è soppresso a decorrere dal 2 giugno 1999, fatta salva l'attività necessaria per l'esaurimento degli affari pendenti, e le relative competenze sono trasferite al tribunale ordinario, fuori dei casi in cui è diversamente disposto dal predetto provvedimento.*

135. Le norme sulla riduzione delle donazioni (555 c.c.) sono applicabili anche alle donazioni fatte anteriormente al 21 aprile 1940, purché la successione si sia aperta dopo. Tali donazioni sono soggette a riduzione, avuto riguardo alla misura dei diritti riservati ai legittimari stabilita dal codice (537 ss. c.c.).

La medesima disposizione si applica per le regole stabilite dal codice sulla collazione (737 c.c.), sull'imputazione (747 c.c.) e sulla riunione fittizia (556 c.c.).

Tuttavia per le donazioni di beni mobili fatte anteriormente al 21 aprile 1940, si tiene conto del valore risultante dalla stima annessa all'atto di donazione.

136. Le disposizioni degli articoli 580 e 594 del codice si applicano anche alle successioni apertesi prima del 21 aprile 1940, se i diritti dei figli nati fuori del matrimonio (1) non riconoscibili o non ricosciuti non sono stati definiti con sentenza passata in giudicato (324 c.p.c.) o mediante convenzione.

Possono inoltre valersi delle disposizioni degli articoli 580 e 594 i figli nati fuori del matrimonio (1) che si trovano nelle condizioni previste dai numeri 1 e 4 dell'art. 269 del codice, ma che non possono ottenere la dichiarazione giudiziale di paternità perché nati anteriormente al 1° luglio 1939 (2).

I figli nati fuori del matrimonio (1) indicati dal comma precedente hanno facoltà di chiedere l'assegno vitalizio (594 c.c.) anche per le successioni già aperte, ma non oltre cinque anni prima del 21 aprile 1940; l'assegno in questo caso deve essere calcolato con riguardo allo stato e al valore che i beni ereditari avevano a tale data.

(1) *Le parole: «figli naturali» sono state così sostituite dalle seguenti: «figli nati fuori del matrimonio» dall'art. 105, comma 3, del D.L.vo 28 dicembre 2013, n. 154, a decorrere dal trentesimo giorno successivo a quello della sua pubblicazione nella* Gazzetta Ufficiale *(G.U. n. 5 dell'8 gennaio 2014).*

(2) *Comma dichiarato illegittimo dalla Corte costituzionale con sentenza n. 7 del 16 febbraio 1963.*

137. Non possono essere promosse né proseguite azioni per la dichiarazione di nullità, per vizio di forma (606 c.c.), per incapacità a ricevere (592 c.c.) o per altre cause, di disposizioni testamentarie e di donazioni (782 c.c.) che sono valide secondo il codice. La nullità ammessa anche da questo non può essere pronunziata se non nei limiti da esso previsti.

138. Le condizioni di vedovanza (636 c.c.) ammesse dall'ultimo comma dell'art. 850 del codice del 1865, relative alle successioni apertesi prima del 21 aprile 1940, conservano la loro efficacia.

139. I diritti derivanti da una disposizione testamentaria sotto condizione sospensiva (633 c.c.) si trasmettono agli eredi dell'onorato, se questi muore dopo il 21 aprile 1940 senza che la condizione si sia verificata.

140. Ancorché la divisione sia stata già effettuata, si applica la norma dell'art. 759 del codice, se l'evizione ha luogo dopo il 21 aprile 1940.

141. Le norme sulla revocazione per ingratitudine (801 c.c.) sono applicabili alle donazioni anteriori, se la causa di revocazione si è verificata dopo il 21 aprile 1940. Tuttavia la norma del secondo comma dell'art. 802 del codice è applicabile anche se la causa di revocazione è anteriore.

Sezione III
Disposizioni
relative al libro III

142 - 149. (*Omissis*) ([1]).

([1]) *Articoli abrogati dall'art. 18 della L. 22 luglio 1966, n. 607, che ha dettato nuove norme in materia di enfiteusi e prestazioni fondiarie perpetue.*

150. Per l'acquisto dei frutti al termine dell'usufrutto, se questo ha avuto inizio anteriormente al 28 ottobre 1941, si osserva il disposto dell'art. 480 del codice del 1865.

151. Le disposizioni dell'art. 999 del codice si applicano anche alle locazioni concluse dall'usufruttuario anteriormente al 28 ottobre 1941 (157).

152. Il diritto di ritenzione ammesso dagli articoli 1006 e 1011 del codice spetta all'usufruttuario anche per le somme a lui dovute in dipendenza di anticipazioni effettuate prima del 28 ottobre 1941.

153. La disposizione dell'art. 1023 del codice si applica anche ai diritti di uso e di abitazione costituiti prima del 28 ottobre 1941.

154. Se l'interclusione del fondo si è verificata per effetto di vendita anteriore al 28 ottobre 1941, il compratore non è tenuto a dare il passaggio senza indennità (1054 c.c.).

155. Le disposizioni concernenti la revisione dei regolamenti di condominio e la trascrizione di essi (1138 c.c.) si applicano anche ai regolamenti formati prima del 28 ottobre 1941.

Cessano di avere effetto le disposizioni dei regolamenti di condominio che siano contrarie alle norme richiamate nell'ultimo comma dell'art. 1138 del codice e nell'art. 72 di queste disposizioni.

155 *bis*. ([1]) L'assemblea, ai fini dell'adeguamento degli impianti non centralizzati di cui all'articolo 1122 *bis*, primo comma, del codice, già esistenti alla data di entrata in vigore del predetto articolo, adotta le necessarie prescrizioni con le maggioranze di cui all'articolo 1136, commi primo, secondo e terzo, del codice.

([1]) *Questo articolo è stato inserito dall'art. 26, comma 1, della L. 11 dicembre 2012, n. 220 (in vigore dal 18 giugno 2013).*

156. I condomini costituiti in forma di società cooperative possono conservare tale forma di amministrazione.

Ai rapporti di condominio negli edifici di cooperative edilizie le quali godono del contributo dello Stato nel pagamento degli interessi sui mutui si applicano le disposizioni delle leggi speciali.

157. Per i diritti spettanti al possessore (1150 c.c.), all'usufruttuario (985, 1005, 1006 c.c.) o all'enfiteuta (975 c.c.) a causa di riparazioni, di miglioramenti o di addizioni eseguite anteriormente al 28 ottobre 1941 si applicano le norme del codice del 1865, salvo quanto è stabilito dall'art. 152 di queste disposizioni.

158. Il termine per l'usucapione delle servitù discontinue apparenti (1061 c.c.) comincia a decorrere dal 28 ottobre 1941.

La disposizione dell'art. 1075 del codice si applica se la prescrizione del modo della servitù non si è compiuta prima del 28 ottobre 1941.

Sezione IV
Disposizioni
relative al libro IV

159. Il luogo in cui devono essere adempiute le obbligazioni che scadono dopo l'entrata in vigore del codice, si determina in conformità dell'art. 1182 del codice stesso, anche se si tratta di obbligazioni sorte anteriormente.

160. Le disposizioni del codice relative alla mora del creditore (1206 ss. c.c.), all'inadempimento e alla mora del debitore (1218 c.c.) si applicano anche se si tratta di obbligazione sorta prima dell'entrata in vigore del codice stesso, se l'offerta di pagamento sia stata compiuta ovvero l'inadempimento o la mora si sia verificato posteriormente.

161. I crediti di somme di danaro che siano divenuti esigibili prima dell'entrata in vigore del nuovo codice, producono, da questa data, interessi di pieno diritto (1282 c.c.), anche se tale effetto non si verificava secondo le disposizioni del codice del 1865.

Gli interessi legali che si maturano dopo la data predetta devono essere computati al saggio stabilito dall'art. 1284 del nuovo codice.

162. La disposizione dell'art. 1283 del codice si applica anche se si tratta di obbligazioni sorte anteriormente all'entrata in vigore del codice stesso, quando gl'interessi sono dovuti per almeno sei mesi.

163. Il giudice può ridurre la penale manifestamente eccessiva (1384 c. c.) anche se il contratto sia stato concluso anteriormente all'entrata in vigore del codice e anche se il pagamento della penale sia stato giudizialmente domandato e il giudizio sia pendente alla data suddetta (1398 c.c.).

164. Le disposizioni del secondo e del terzo comma dell'art. 1385 del codice si applicano anche se il contratto sia stato concluso anteriormente al giorno dell'entrata in vigore del codice stesso, e anche se a tale data sia stato già iniziato il giudizio e questo sia tuttora pendente.

165. Gli effetti dell'annullamento (1445 c.c.) o della risoluzione (1453 ss. c.c.) dei contratti rispetto ai terzi sono regolati dalle disposizioni del codice civile del 1865 se la domanda sia stata proposta anteriormente all'entrata in vigore del nuovo codice.

166. Per le vendite immobiliari stipulate anteriormente all'entrata in vigore del codice, la rescissione a causa di lesione (1448 c.c.) è regolata dalle disposizioni del codice del 1865.

167. Le disposizioni dell'art. 1462 del codice si applicano anche se la clausola ivi prevista sia inserita in un contratto stipulato prima del giorno dell'entrata in vigore del codice stesso, quando l'eccezione del debitore sia opposta dopo o, se proposta prima, il relativo giudizio sia ancora pendente alla data predetta.

168. Le disposizioni relative agli effetti dell'eccessiva onerosità sopravvenuta (1467 c.c.) si applicano anche per i contratti conclusi prima dell'entrata in vigore del codice se le circostanze e gli avvenimenti da cui deriva la eccessiva onerosità si siano verificati dopo.

169. Le disposizioni che regolano le conseguenze del sopravvenuto mutamento nelle condizioni patrimoniali del debitore (1461 c.c.) si applicano anche quando si tratti di contratti anteriori all'entrata in vigore del codice, se il mutamento si avveri posteriormente.

170. Le disposizioni del secondo comma dell'art. 1473 del codice si applicano anche ai contratti di vendita conclusi anteriormente all'entrata in vigore del codice stesso, se il rifiuto o l'impedimento del terzo ad accettare l'incarico si verificano dopo.

171. Le disposizioni degli articoli 1478, 1479 e 1480 del codice si applicano anche ai contratti di vendita conclusi anteriormente al giorno dell'entrata in vigore di esso, se a tale data non era stato domandato in giudizio l'annullamento.

172. Le disposizioni che impongono la denuncia dei vizi o della mancanza di qualità della cosa venduta e stabiliscono i termini per farla (1495 c.c.), si applicano anche se il contratto sia stato concluso anteriormente all'entrata in vigore del codice, purché la consegna o il ricevimento della cosa abbiano avuto luogo posteriormente.

173. Le disposizioni relative al riscatto convenzionale nel contratto di vendita (1500 ss. c.c.), tranne quella del primo comma dell'art. 1501, si applicano anche ai contratti conclusi anteriormente all'entrata in vigore del codice quando il diritto di riscatto venga esercitato posteriormente.

174. Le disposizioni dell'art. 1512 del codice si applicano ai contratti di vendita anteriori all'entrata in vigore di esso e il difetto di funzionamento sia scoperto posteriormente.

175. Qualora secondo le leggi anteriori i contratti di vendita di cose mobili con riserva di proprietà fossero opponibili ai creditori o ai terzi aventi causa dal compratore indipendentemente dai requisiti prescritti dall'art. 1524 del codice, le formalità relative, trattandosi di contratti conclusi anteriormente al giorno dell'entrata in vigore di esso, devono essere adempiute entro tre mesi dalla data medesima. In mancanza, la riserva di proprietà non può essere opposta ai creditori del compratore che abbiano pignorato la cosa e ai terzi aventi causa dal medesimo che abbiano acquistato diritti sulla cosa stessa posteriormente alla data anzidetta.

176. Le disposizioni degli articoli 1525 e 1526 del codice si applicano ai contratti conclusi anteriormente al giorno dell'entrata in vigore di esso e anche se la risoluzione per inadempimento sia stata giudizialmente domandata e il giudizio sia tuttora pendente alla data suddetta.

177. Le disposizioni degli articoli 1531, secondo comma, e 1550, secondo comma, del codice, relative all'esercizio del diritto di voto, si applicano anche ai contratti di vendita a termine o di riporto di titoli di credito, che siano in corso di esecuzione all'entrata in vigore del codice stesso.

178. La prescrizione stabilita dall'art. 1541 del codice si applica anche se si tratta di contratto di vendita anteriore alla data dell'entrata in vigore del codice stesso qualora la consegna dell'immobile sia stata eseguita posteriormente e al momento della consegna non sia già decorso il termine stabilito dall'art. 1478 del codice del 1865.

179. I patti di preferenza previsti dall'art. 1566 del codice che alla data dell'entrata in vigore di questo devono ancora durare oltre cinque anni, sono validi nei limiti di un quinquennio computabile da tale data.

Le modalità per l'esercizio del diritto di preferenza stabilite dal secondo comma dell'art. 1566 predetto, si osservano se l'esercizio medesimo ha luogo dopo l'entrata in vigore del codice, anche se il patto sia stato stipulato anteriormente.

180. I rapporti di locazione (1571 ss. c.c.) in corso al giorno dell'entrata in vigore del nuovo codice sono regolati dal codice del 1865.

Tuttavia si applicano, con effetto da tale data, le disposizioni del nuovo codice dichiarate inderogabili, o che siano comunque di ordine pubblico, e tutte le altre che regolano fatti o situazioni non previste specificamente dalla legge anteriore.

181. Le disposizioni degli articoli 1665, 1666, 1667 e 1668 del codice si applicano anche per i contratti anteriori, se l'opera o singole partite di essa siano compiute o comunque alla loro consegna si addivenga dopo l'entrata in vigore del codice stesso.

182. Le disposizioni dell'art. 1694 e della seconda parte dell'art. 1698 del codice si osservano anche se il contratto sia anteriore all'entrata in vigore del codice stesso.

183. Le disposizioni degli articoli 1706 e 1707 del codice si applicano anche se il mandato sia stato conferito anteriormente all'entrata in vigore del codice stesso.

184. Le cause di estinzione del mandato (1722 c.c.) sono regolate dal codice se si verificano dopo l'entrata in vigore di questo, anche se si tratta di mandato conferito anteriormente.

185. La disposizione del secondo comma dell'art. 1815 del codice si applica anche se il contratto di mutuo sia anteriore all'entrata in vigore del codice stesso.

186. Il creditore di una rendita (1861, 1872 c.c.) o di ogni altra prestazione annua costituita anteriormente all'entrata in vigore del nuovo codice, può pretendere dal debitore il rilascio di un nuovo documento secondo la disposizione dell'art. 1870 del codice stesso, ma il termine di nove anni decorre dall'entrata in vigore di questo se non scada prima il termine di ventotto anni stabilito dall'art. 2136 del codice del 1865.

187. Le disposizioni degli articoli 1888, secondo e terzo comma, 1889, 1902, 1903, secondo comma, 1930 e 1931 del codice si applicano anche ai contratti in corso.

Si applicano parimenti ai contratti suddetti le disposizioni degli articoli 1897, 1898 e 1926, quando le modificazioni del rischio da esse previste si verificano dopo l'entrata in vigore del codice, la disposizione del secondo comma dell'art. 1899, se la proroga tacita non è già avvenuta anteriormente alla entrata in vigore medesima, le disposizioni dell'art. 1901 relativamente ai premi che scadono dopo l'entrata in vigore medesima, le disposizioni degli articoli 1914, secondo comma, e 1915, secondo comma, per i sinistri verificatisi dopo l'entrata in vigore medesima.

188. Le disposizioni dell'art. 1921 del codice si applicano alle dichiarazioni di revoca posteriori all'entrata in vigore di esso, anche se il contratto di assicurazione sia stato concluso anteriormente.

Qualora i fatti che producono la decadenza del beneficiario o che autorizzano la revoca del beneficio si siano verificati dopo l'entrata in vigore predetta, si applicano le disposizioni dell'art. 1922 del codice, anche se il contratto di assicurazione sia anteriore.

189. Le disposizioni del primo comma dell'art. 1943 del codice si osservano quando la presentazione del fideiussore avviene posteriormente all'entrata in vigore del codice stesso, anche se l'obbligazione di dare un fideiussore sia sorta anteriormente.

La disposizione del precedente comma non si applica se l'obbligazione di dare un fideiussore deriva da un contratto.

190. La disposizione dell'art. 1957 del codice si applica anche alle fideiussioni anteriori all'entrata in vigore del codice stesso se l'obbligazione principale scade dopo.

Se l'obbligazione è già scaduta, il termine di sei mesi stabilito dal primo comma dell'articolo 1957 decorre dall'entrata in vigore suddetta.

191. La disposizione del secondo comma dell'art. 1962 del codice si applica anche ai contratti di anticresi anteriori, ma il termine di dieci anni decorre dall'entrata in vigore del codice stesso.

192. Il debitore può valersi della facoltà accordatagli dall'art. 1964 del codice, anche se il contratto di anticresi sia anteriore all'entrata in vigore del codice stesso.

193. Le disposizioni degli articoli 1979, 1980, 1982, 1983, 1984 e 1985 del codice si applicano anche ai contratti di cessione dei beni ai creditori, conclusi anteriormente all'entrata in vigore di esso.

194. Le disposizioni degli articoli 2045, 2057 e 2058 del codice si applicano anche se i fatti da cui deriva la responsabilità del loro autore sono avvenuti anteriormente all'entrata in vigore del codice stesso.

Sezione V
Disposizioni relative al libro V

195. Le disposizioni contenute nelle sezioni III e IV del capo I del titolo II del libro V del codice (2096 ss. c.c.) e quelle contenute nelle sezioni II, III, IV e V del capo II dello stesso titolo (2141 ss. c.c.) si applicano anche ai rapporti in corso al momento dell'entrata in vigore del codice, salvo quanto è stabilito negli articoli seguenti.

196. Nei contratti di lavoro a tempo determinato in corso al giorno dell'entrata in vigore del codice, che devono ancora durare per un periodo superiore a quello indicato dall'ultimo comma dell'articolo 2097 (1) del codice stesso, il prestatore di lavoro può recedere dal contratto, decorsi il quinquennio o il decennio dal giorno suddetto.

(1) *Articolo abrogato dall'art. 9 della L. 18 aprile 1962, n. 230, disciplina del contratto di lavoro a tempo determinato.*

197. Le rinunzie e le transazioni successive alla cessazione del rapporto di lavoro previste dall'articolo 2113 del codice, che hanno avuto luogo nei tre mesi anteriori all'entrata in vigore del codice, sono impugnabili a norma dell'articolo medesimo, e il termine per l'impugnazione decorre dalla data predetta.

198. I patti di non concorrenza previsti dall'articolo 2125 del codice, che al giorno dell'entrata in vigore del codice devono ancora durare per un periodo superiore a quello stabilito nell'articolo stesso, sono efficaci per il periodo previsto nella detta disposizione a decorrere dalla data predetta.

199. L'inabilitato (415 c.c.), che al giorno dell'entrata in vigore del codice esercita un'impresa commerciale (2195 c.c.), non può continuarla se non con l'autorizzazione prevista dall'art. 425 del codice stesso. Questa autorizzazione produce effetto fino dal detto giorno qualora sia pubblicata, secondo le nuove disposizioni, entro tre mesi successivi.

200. Le disposizioni del codice, relative alla tenuta delle scritture contabili (2214 c.c.) e alla redazione del bilancio (2217, 2423 c.c.) per gli imprenditori che esercitano un'attività commerciale (2195 c.c.) e per le società soggette a registrazione (2200 c.c.), entreranno in vigore il 1 gennaio 1943.

Fino a tale data le scritture contabili si considerano regolarmente tenute a tutti gli effetti previsti dal codice in quanto siano regolarmente tenute secondo le leggi anteriori.

Fino all'attuazione delle disposizioni relative al registro delle imprese (99), la numerazione, la bollatura e la vidimazione dei libri contabili prescritte dal codice saranno eseguite dal cancelliere del tribunale o della pretura, o da un notaio secondo le leggi anteriori, e le relative richieste dovranno essere annotate nel registro dei libri di commercio istituito presso la cancelleria del tribunale a norma delle leggi anteriori.

201. Ai contratti d'opera (2222 c.c.) stipulati prima dell'entrata in vigore del codice non si applica la decadenza prevista nel secondo comma dell'art. 2226 del codice, salvo che la consegna dell'opera avvenga posteriormente all'entrata in vigore del codice stesso.

202. Le disposizioni contenute nel capo II del titolo III del libro V del codice (2229 ss. c.c.) si applicano anche ai rapporti di prestazione d'opera intellettuale in corso al giorno dell'entrata in vigore del codice stesso, salva l'osservanza delle leggi speciali.

203. Le disposizioni contenute nel capo II del titolo IV del libro V del codice (2240 ss. c.c.) si applicano anche ai rapporti di lavoro domestico in corso al giorno dell'entrata in vigore del codice stesso.

204. Le società civili a tempo determinato, esistenti al giorno dell'entrata in vigore del codice, continuano ad essere soggette alle leggi anteriori per la durata del contratto, purché questa risulti da atto scritto di data anteriore al 27 febbraio 1942.

Le società civili a tempo indeterminato e quelle, il cui termine di durata non risulta da atto scritto di data anteriore al 27 febbraio 1942, sono soggette alle norme del codice sulle società semplici (2251 c.c.) a partire dal 1 luglio 1945. Tuttavia anche dopo tale data le obbligazioni sociali sorte antecedentemente alla data suddetta sono regolate dalle disposizioni delle leggi anteriori.

Alle società civili costituite in forma di società per azioni, esistenti al giorno dell'entrata in vigore del codice, si applicano le disposizioni relative a questo tipo di società (205; 2325 c.c.).

205. Le società commerciali (2195 c.c.) e le società cooperative, esistenti al giorno dell'entrata in vigore del codice, ma non legalmente costituite (2297, 2317, 2331², 2519 c.c.) secondo le leggi anteriori, devono adempiere, entro il 31 dicembre 1942, le formalità stabilite dal codice secondo le norme dettate dall'art. 100 di queste disposizioni.

206. Le società commerciali e le società cooperative, legalmente costituite al giorno dell'entrata in vigore del codice, devono provvedere ad uniformare l'atto costitutivo e lo statuto alle nuove disposizioni entro il 30 giugno 1945. Fino a questa data le disposizioni dell'atto costitutivo e dello statuto, in vigore al momento dell'attuazione del codice, conservano la loro efficacia, anche se non sono a questo conformi, salve le norme degli articoli seguenti.

207. Non è necessario il consenso del socio receduto o degli eredi del socio defunto, richiesto dal secondo comma dell'art. 2292 del codice, se il socio è receduto o defunto almeno un anno prima dell'entrata in vigore del codice stesso, ed il suo nome è stato conservato nella ragione sociale senza opposizione del socio receduto o degli eredi del socio defunto.

208. L'incapace, che sia socio di una società in nome collettivo o socio accomandatario di una società in accomandita, deve ottenere le autorizzazioni previste dagli articoli 320, 371, 397, 424 e 425 del codice entro tre mesi dall'entrata in vigore di questo.

Se entro tale termine non sono state ottenute le autorizzazioni prescritte, l'incapace può essere escluso a norma dell'art. 2286 del codice.

209. Hanno immediata, applicazione con l'entrata in vigore del codice, anche per le società esistenti a tale data, nonostante ogni contraria disposizione dell'atto costitutivo o dello statuto, gli articoli 2357 a 2362, 2367, 2373, 2377 a 2379, 2389, 2391 a 2396, 2398 a 2409, 2422 e 2446, nonché le disposizioni del titolo XI del libro V del codice (2621 c.c.).

Le società, che anteriormente al giorno dell'entrata in vigore del codice hanno investito in tutto o in parte il proprio capitale in difformità delle disposizioni degli articoli 2359 e 2360, devono uniformarsi alle disposizioni stesse entro il 30 giugno 1945.

210. L'emissione di obbligazioni da parte di società per azioni, esistenti al giorno dell'entrata in vigore del codice, è regolata dalle nuove disposizioni (2410 ss. c.c.).

Gli articoli 2415, 2416, 2417, 2418, 2419 e 2420 del codice si applicano alle obbligazioni emesse anteriormente alla suddetta data.

211. Le modificazioni dell'atto costitutivo e dello statuto delle società commerciali e delle società cooperative, esistenti al giorno dell'entrata in vigore del codice, nonché la trasformazione e la fusione delle società stesse sono regolate dalle nuove disposizioni (2300, 2306, 2307, 2436 ss., 2470, 2494 ss., 2537 c.c.).

211 *bis*. (1) Il secondo periodo dell'articolo 2441, settimo comma, del codice non si applica alle azioni detenute, alla data del 7 marzo 1992, dai soggetti indicati nel medesimo comma, con obbligo di offrirle agli azionisti.

(1) *Questo articolo è stato inserito dall'art. 210, comma 5, del D.L.vo 24 febbraio 1998, n. 58, a decorrere dal 1° luglio 1998.*

212. (1) Le deliberazioni di modifica dello statuto di società iscritte nel registro delle imprese alla data del 31 agosto 2014 con cui è prevista la creazione di azioni a voto plurimo ai sensi dell'articolo 2351 del codice sono prese, anche in prima convocazione, con il voto favorevole di almeno i due terzi del capitale rappresentato in assemblea.

(1) *Questo articolo è stato così sostituito dall'art. 20, comma 8 ter, del D.L. 24 giugno 2014, n. 91, convertito, con modificazioni, nella L. 11 agosto 2014, n. 116.*

213. Salvo contraria disposizione dell'atto costitutivo o dello statuto, la durata dell'ufficio degli amministratori delle società esistenti al giorno dell'entrata in vigore del codice, resta regolata dalla legge anteriore sino al 30 giugno 1945. Gli amministratori in carica a questa data decadono dall'ufficio alla prima scadenza, per decorrenza del termine, di uno o più amministratori, successiva alla data stessa, salva la disposizione del secondo comma dell'art. 2385 del codice.

214. Le disposizioni dell'art. 2387 del codice non si applicano agli amministratori in carica al giorno dell'entrata in vigore del codice stesso per la durata della loro nomina.

215. Le società per azioni, che al giorno dell'entrata in vigore del codice hanno un capitale non inferiore a cinquecentomila lire, possono conservare la forma della società per azioni per il tempo stabilito per la loro durata antecedentemente al 27 febbraio 1942.

Le società per azioni, che al giorno dell'entrata in vigore del codice, hanno un capitale inferiore a cinquecentomila lire, e che entro il 30 giugno 1945 non abbiano provveduto a conformarsi a uno dei tipi sociali previsti dal codice, sono sciolte, e gli amministratori devono entro un mese convocare l'assemblea per le deliberazioni relative alla liquidazione secondo le norme stabilite dal codice stesso.

216. Le società a garanzia limitata, esistenti al giorno dell'entrata in vigore del codice nella Venezia Giulia e Tridentina, a norma del R.D. 4 novembre 1928, n. 2325, se non hanno provveduto a conformarsi al codice entro il 30 giugno 1945, sono soggette a decorrere dal 1 luglio 1945 alle nuove disposizioni sulle società a responsabilità limitata (2472 ss. c.c.).

217. Le società cooperative in nome collettivo e quelle per azioni, esistenti al giorno dell'entrata in vigore del codice, sono soggette alle disposizioni dettate dal codice stesso rispettivamente per le società cooperative a responsabilità illimitata e per le società cooperative a responsabilità limitata, salvo quanto disposto dagli articoli 206 e seguenti di queste disposizioni.

Le società cooperative in accomandita, esistenti al giorno dell'entrata in vigore del codice, che, entro il 30 giugno 1945 non abbiano provveduto a conformarsi al medesimo, devono essere poste in liquidazione.

Le disposizioni di questo articolo si applicano anche ai consorzi conservati in vigore nella Venezia Giulia e Tridentina a norma del primo comma dell'art. 41 del R.D. 4 novembre 1928, n. 2325.

218. (1) Le società [poste] (2) in liquidazione alla data del 1° gennaio 2004, sono liquidate secondo le leggi anteriori.

Le società [poste] (2) in liquidazione dal 1° gennaio 2004, sono liquidate secondo le nuove disposizioni.

(1) *Questo articolo è stato così sostituito dall'art. 9, comma 2, lett. a), del D.L.vo 17 gennaio 2003, n. 6, a decorrere dal 1° gennaio 2004.*

(2) *La parola: «poste» è stata soppressa dall'art. 5, lett. iii), del D.L.vo 6 febbraio 2004, n. 37.*

219. I rapporti di associazione in partecipazione (2549 c.c.) costituiti anteriormente all'entrata in vigore del codice sono regolati dalle leggi anteriori.

220. La disposizione del secondo comma dell'art. 2560 del codice non si applica ai trasferimenti di azienda anteriori all'entrata in vigore del codice.

221. L'imprenditore deve, entro il 30 giugno 1945, uniformare alla disposizione dell'art. 2563 del codice la ditta costituita anteriormente all'entrata in vigore del codice stesso.

222. La disposizione dell'art. 2596 del codice non si applica ai patti limitativi della concorrenza conclusi anteriormente al 27 febbraio 1942.

Tuttavia i patti limitativi della concorrenza, conclusi prima del 27 febbraio 1942 per tempo indeterminato, o che alla data di entrata in vigore del codice devono ancora durare per oltre cinque anni, hanno efficacia entro i limiti di un quinquennio da quest'ultima data.

223. I contratti di consorzio previsti dal capo II del titolo X del libro V del codice (2602 ss. c.c.), stipulati anteriormente all'entrata in vigore del codice stesso, sono soggetti alle nuove disposizioni a partire dal 1 luglio 1945.

Entro il 30 giugno 1945 tali contratti devono essere uniformati alle disposizioni stesse: le relative deliberazioni sono prese con il voto favorevole della maggioranza dei consorziati e possono essere impugnate davanti l'autorità giudiziaria dai consorziati assenti o dissenzienti entro trenta giorni dalla data della deliberazione. In mancanza il consorzio è sciolto.

223 *bis*. (1) Le società di cui ai capi V, VI e VII del titolo V del libro V, del codice civile, iscritte nel registro delle imprese alla data del 1 gennaio 2004, devono uniformare l'atto costitutivo e lo statuto alle nuove disposizioni inderogabili entro il 30 settembre 2004.

Le decisioni di trasformazione della società a responsabilità limitata in società per azioni possono essere prese entro il 30 settembre 2004, anche in deroga a clausole statutarie, con il voto favorevole di una maggioranza che rappresenti più della metà del capitale sociale (2).

Le deliberazioni dell'assemblea straordinaria di mero adattamento dell'atto costitutivo e dello statuto a nuove disposizioni inderogabili possono essere assunte, entro il termine di cui al primo comma, a maggioranza semplice, qualunque sia la parte di capitale rappresentata in assemblea. Con la medesima maggioranza ed entro il medesimo termine possono essere assunte le deliberazioni dell'assemblea straordinaria aventi ad oggetto l'introduzione nello statuto di clausole che escludono l'applicazione di nuove disposizioni di legge, derogabili con specifica clausola statutaria; fino alla avvenuta adozione della modifica statutaria e comunque non oltre il 30 settembre 2004, per tali società resta in vigore la relativa disciplina statutaria e di legge vigente alla data del 31 dicembre 2003 (3).

Le modifiche statutarie necessarie per l'attribuzione all'organo amministrativo, al consiglio di sorveglianza o al consiglio di gestione della competenza all'adeguamento dello statuto alle disposizioni di cui all'articolo 2365, secondo comma, del codice sono deliberate dall'assemblea straordinaria con le modalità e le maggioranze indicate nei commi precedenti.

Fino alla data indicata al primo comma, le previgenti disposizioni dell'atto costitutivo e dello statuto conservano la loro efficacia anche se non sono conformi alle disposizioni inderogabili del presente decreto.

Dalla data del 1 gennaio 2004 non possono essere iscritte nel registro delle imprese le società di cui ai capi V, VI e VII del Titolo V del libro V del codice civile, anche se costituite anteriormente a detta data, che siano regolate da atto costitutivo e statuto non conformi al decreto medesimo. Si applica in tale caso l'articolo 2331, quarto comma, del codice.

Le società costituite anteriormente al 1 gennaio 2004 possono, in sede di costituzione o di modificazione dello statuto, adottare clausole statutarie conformi ai decreti legislativi attuativi della legge 3 ottobre 2001, n. 366. Tali clausole avranno efficacia a decorrere dal momento, successivo alla data del 1 gennaio 2004, in cui saranno iscritte nel registro delle imprese con contestuale deposito dello statuto nella sua nuova versione.

(1) *Questo articolo è stato inserito dall'art. 9, comma 2, lett.* b), *del D.L.vo 17 gennaio 2003, n. 6, a decorrere dal 1° gennaio 2004.*

(2) *Questo comma è stato inserito dall'art. 5, lett.* lll), *n. 1, del D.L.vo 6 febbraio 2004, n. 37.*

(3) *Questo comma è stato così sostituito dall'art. 5, lett.* lll), *n. 2, del D.L.vo 6 febbraio 2004, n. 37.*

223 *ter*. (1) Le società per azioni costituite prima del 1 gennaio 2004 con un capitale sociale inferiore a centoventimila euro possono conservare la forma della società per azioni per il tempo, stabilito antecedentemente alla data del 1 gennaio 2004, per la loro durata.

(1) *Questo articolo è stato inserito dall'art. 9, comma 2, lett.* b), *del D.L.vo 17 gennaio 2003, n. 6, a decorrere dal 1° gennaio 2004.*

223 *quater*. (1) Nel caso in cui la legge prevede che le autorizzazioni di cui agli articoli 2329, numero 3), e 2436, secondo comma, del codice civile siano rilasciate successivamente alla stipulazione dell'atto costitutivo o, rispettivamente, alla deliberazione, i termini previsti dalle suddette disposizioni decorrono dal giorno in cui l'originale o la copia autentica del provvedimento di autorizzazione è stato consegnato al notaio.

L'autorità competente al rilascio delle autorizzazioni di cui al primo comma è altresì legittimata, qualora l'iscrizione nel registro delle imprese sia avvenuta nonostante la loro mancanza o invalidità, a proporre istanza per la cancellazione della società medesima dal registro. Il tribunale provvede, sentita la società, in camera di consiglio e nel caso di accoglimento dell'istanza si applica l'articolo 2332 del codice.

(1) *Questo articolo è stato inserito dall'art. 9, comma 2, lett.* b), *del D.L.vo 17 gennaio 2003, n. 6, a decorrere dal 1° gennaio 2004.*

223 *quinquies*. (1) Tutti i termini previsti in disposizioni speciali con riferimento all'omologazione dell'atto costitutivo o di deliberazioni assembleari decorrono dalla data di iscrizione di tali atti nel registro delle imprese.

(1) *Questo articolo è stato inserito dall'art. 9, comma 2, lett.* b), *del D.L.vo 17 gennaio 2003, n. 6, a decorrere dal 1° gennaio 2004.*

223 *sexies*. (1) Le disposizioni degli articoli 2377, 2378, 2379, 2379 *bis*, 2379 *ter* e 2434 *bis* del codice civile si applicano anche alle deliberazioni anteriori alla data del 1 gennaio 2004, salvo che l'azione sia stata già proposta. Tuttavia se i termini scadono entro il 31 marzo 2004, le azioni per l'annullamento o la dichiarazione di nullità delle deliberazioni possono essere esercitate entro il 31 marzo 2004.

(1) *Questo articolo è stato inserito dall'art. 9, comma 2, lett.* b), *del D.L.vo 17 gennaio 2003, n. 6, a decorrere dal 1° gennaio 2004.*

223 *septies*. (1) Se non diversamente disposto, le norme del codice civile che fanno riferimento agli amministratori e ai sindaci trovano applicazione, in quanto compatibili, anche ai componenti del consiglio di gestione e del consiglio di sorveglianza, per le società che abbiano adottato il sistema dualistico, e ai componenti del consiglio di amministrazione e ai componenti del comitato per il controllo sulla gestione, per le società che abbiano adottato il sistema monistico.

Ogni riferimento al collegio sindacale o ai sindaci presente nelle leggi speciali è da intendersi effettuato anche al consiglio di sorveglianza e al comitato per il controllo sulla gestione o ai loro componenti, ove compatibile con le specificità di tali organi.

(1) *Questo articolo è stato inserito dall'art. 9, comma 2, lett.* b), *del D.L.vo 17 gennaio 2003, n. 6, a decorrere dal 1° gennaio 2004.*

223 *octies*. (1) La trasformazione prevista dall'articolo 2500 *octies* del codice civile è consentita alle associazioni e fondazioni costituite prima del 1 gennaio 2004 soltanto quando non comporta distrazione, dalle originarie finalità, di fondi o valori creati con contributi di terzi o in virtù di particolari regimi fiscali di agevolazione. Nell'ipotesi di fondi creati in virtù di particolari regimi fiscali di agevolazione, la trasformazione è consentita nel caso in cui siano previamente versate le relative imposte.

La trasformazione di cui al primo comma non è consentita alle fondazioni bancarie.

(1) *Questo articolo è stato inserito dall'art. 9, comma 2, lett.* b), *del D.L.vo 17 gennaio 2003, n. 6, a decorrere dal 1° gennaio 2004.*

223 *novies*. (1) I procedimenti previsti dall'articolo 2409 del codice, pendenti alla data del 1 gennaio 2004, proseguono secondo le norme anteriormente vigenti.

Il tribunale ha il potere di dichiarare cessata la materia del contendere, qualora le modifiche introdotte comportino la sanatoria delle irregolarità denunciate.

(1) *Questo articolo è stato inserito dall'art. 9, comma 2, lett.* b), *del D.L.vo 17 gennaio 2003, n. 6, a decorrere dal 1° gennaio 2004.*

223 *decies*. (1) Gli articoli da 2415 a 2420 del codice civile si applicano anche alle obbligazioni emesse anteriormente al 1 gennaio 2004.

(1) *Questo articolo è stato inserito dall'art. 9, comma 2, lett.* b), *del D.L.vo 17 gennaio 2003, n. 6, a decorrere dal 1° gennaio 2004.*

223 *undecies*. (1) I bilanci relativi ad esercizi chiusi prima del 1 gennaio 2004 sono redatti secondo le leggi anteriormente vigenti.

I bilanci relativi ad esercizi chiusi tra il 1 gennaio 2004 e il 30 settembre 2004 possono essere redatti secondo le leggi anteriormente vigenti o secondo le nuove disposizioni.

I bilanci relativi ad esercizi chiusi dopo la data del 30 settembre 2004 sono redatti secondo le nuove disposizioni.

(1) *Questo articolo è stato inserito dall'art. 9, comma 2, lett.* b), *del D.L.vo 17 gennaio 2003, n. 6, a decorrere dal 1° gennaio 2004.*

223 *duodecies*. (1) Le società di cui al capo I del titolo VI del libro V del codice civile, iscritte nel registro delle imprese alla data del 1 gennaio 2004, devono uniformare l'atto costitutivo e lo statuto alle nuove disposizioni inderogabili entro il 31 marzo 2005 (2).

Le deliberazioni necessarie per l'adeguamento dell'atto costitutivo e dello statuto alle nuove disposizioni inderogabili possono essere adottate, in terza convocazione, a maggioranza semplice dei presenti.

L'articolo 2365, secondo comma, del codice civile, nella parte relativa all'adeguamento dello statuto a disposizioni normative, trova applicazione anche per l'adeguamento alle norme introdotte con i decreti legislativi attuativi della legge n. 366 del 2001. Le modifiche statutarie necessarie per l'attribuzione all'organo amministrativo, al consiglio di sorveglianza o al consiglio di gestione della competenza all'adeguamento dello statuto alle disposizioni di cui al presente decreto sono deliberate dall'assemblea straordinaria con le modalità e le maggioranze indicate nei commi precedenti.

Fino alla data indicata al primo comma le previgenti disposizioni dell'atto costitutivo e dello statuto conservano la loro efficacia anche se non sono conformi alle disposizioni inderogabili del presente decreto.

Dalla data del 1 gennaio 2004 non possono essere iscritte nel registro delle imprese le società di cui al capo I del titolo VI del libro V del codice, anche se costituite anteriormente a detta data, che siano regolate da atto costitutivo e statuto non conformi al decreto medesimo. Si applica in tale caso l'articolo 2331, quarto comma, del codice civile.

Le disposizioni fiscali di carattere agevolativo previste dalle leggi speciali si applicano soltanto alle cooperative a mutualità prevalente.

Conservano le agevolazioni fiscali le società cooperative e i loro consorzi che, con le modalità e le maggioranze previste per le deliberazioni assembleari dall'articolo 2538 del codice, adeguano i propri statuti alle disposizioni che disciplinano le società cooperative a mutualità prevalente entro il 31 marzo 2005 (3).

(1) *Questo articolo è stato inserito dall'art. 9, comma 2, lett. b), del D.L.vo 17 gennaio 2003, n. 6, a decorrere dal 1° gennaio 2004.*

(2) *Le originarie parole: «31 dicembre 2004» sono state così sostituite dall'art. 36 del D.L.vo 28 dicembre 2004, n. 310.*

(3) *Le originarie parole: «31 dicembre 2004» sono state così sostituite dall'art. 19 ter del D.L. 9 novembre 2004, n. 266, convertito, con modificazioni, nella L. 27 dicembre 2004, n. 306.*

223 *terdecies*. (1) Alle banche popolari e alle banche di credito cooperativo si applica l'articolo 223 *duodecies*; il termine per l'adeguamento degli statuti alle nuove disposizioni inderogabili del codice civile è fissato al 30 giugno 2005. Entro lo stesso termine le banche cooperative provvedono all'iscrizione presso l'Albo delle società cooperative.

Ai consorzi agrari continuano ad applicarsi le norme vigenti alla data di entrata in vigore della legge n. 366 del 2001.

(1) *Questo articolo, inserito dall'art. 9, comma 2, lett. b), del D.L.vo 17 gennaio 2003, n. 6, a decorrere dal 1° gennaio 2004, è stato così sostituito dall'art. 37 del D.L.vo 28 dicembre 2004, n. 310.*

223 *quaterdecies*. (1) Nelle cooperative che hanno adottato e osservano le clausole previste dall'articolo 14 del decreto del Presidente della Repubblica 29 settembre 1973, n. 601, alla data del 1 gennaio 2004, la deliberazione di trasformazione deve devolvere il patrimonio in essere alla data di trasformazione, dedotti il capitale versato e rivalutato ed i dividendi non ancora distribuiti, eventualmente aumentato sino a concorrenza dell'ammontare minimo del capitale della nuova società, ai fondi mutualistici per la promozione e lo sviluppo della cooperazione.

(1) *Questo articolo è stato inserito dall'art. 9, comma 2, lett. b), del D.L.vo 17 gennaio 2003, n. 6, a decorrere dal 1° gennaio 2004.*

223 *quinquiesdecies*. (1) Le cooperative che non hanno adottato le clausole previste dall'articolo 14 del decreto del Presidente della Repubblica 29 settembre 1973, n. 601, alla data del 1 gennaio 2004, possono deliberare la trasformazione in società lucrative con le maggioranze previste dall'articolo 2545 *decies* del codice senza che trovi applicazione la devoluzione del patrimonio ai fondi mutualistici.

In deroga all'articolo 2545 *quater* del codice civile, le cooperative di cui al primo comma, qualora non accedano ai benefici fiscali, devono destinare al fondo di riserva legale il venti per cento degli utili netti annuali (2).

L'obbligo di cui all'articolo (3) 2545 *undecies* del codice si applica, salva la rinunzia ai benefici fiscali da parte della cooperativa, limitatamente alle riserve indivisibili accantonate ai sensi dell'articolo 2545 *ter*, primo comma, del codice dal 1° gennaio 2004.

(1) *Questo articolo è stato inserito dall'art. 9, comma 2, lett. b), del D.L.vo 17 gennaio 2003, n. 6, a decorrere dal 1° gennaio 2004.*

(2) *Questo comma è stato inserito dall'art. 5, lett. mmm), n. 1, del D.L.vo 6 febbraio 2004, n. 37.*

(3) *Le originarie parole: «devolvere le riserve indivisibili previsto dall'articolo» sono state così sostituite dall'art. 5, lett. mmm), n. 2, del D.L.vo 6 febbraio 2004, n. 37.*

223 *sexiesdecies*. (1) (2) Entro il 30 giugno 2004, il Ministro delle attività produttive predispone un Albo delle società cooperative tenuto a cura del Ministero delle attività produttive, ove si iscrivono le cooperative a mutualità prevalente, e a tal fine consente di comunicare annualmente attraverso strumenti di comunicazione informatica le notizie di bilancio, anche ai fini della dimostrazione del possesso del requisito di cui all'articolo 2513 del codice, all'amministrazione presso la quale è tenuto l'albo. L'omessa comunicazione comporta l'applicazione della sanzione amministrativa della sospensione semestrale di ogni attività dell'ente, intesa come divieto di assumere nuove eventuali obbligazioni contrattuali (3). In una diversa sezione del medesimo Albo sono tenute ad iscriversi anche le cooperative diverse da quelle a mutualità prevalente (4).

Il Ministro delle attività produttive, di concerto con il Ministro dell'economia e delle finanze, adegua ogni tre anni, con proprio decreto le previsioni di cui all'articoli 2519 e 2525 del codice tenuto conto delle variazioni dell'indice nazionale generale annuo dei prezzi al consumo delle famiglie di operai e impiegati, calcolate dall'Istat.

(1) *Questo articolo è stato inserito dall'art. 9, comma 2, lett.* b), *del D.L.vo 17 gennaio 2003, n. 6, a decorrere dal 1° gennaio 2004.*

(2) *Si veda l'art. 1, comma 460, della L. 30 dicembre 2004, n. 311, di cui si riporta il testo:*

«460. Fermo restando quanto disposto dall'articolo 6, commi 1, 2 e 3, del decreto legge 15 aprile 2002, n. 63, convertito, con modificazioni, dalla legge 15 giugno 2002, n. 112, l'articolo 12 della legge 16 dicembre 1977, n. 904, non si applica alle società cooperative e loro consorzi a mutualità prevalente di cui al libro V, titolo VI, capo I, sezione I, del codice civile, e alle relative disposizioni di attuazione e transitorie, e che sono iscritti all'Albo delle cooperative sezione cooperative a mutualità prevalente di cui all'articolo 223 sexiesdecies *delle disposizioni di attuazione del codice civile:*

a) *per la quota del 20 per cento degli utili netti annuali delle cooperative agricole e loro consorzi di cui al decreto legislativo 18 maggio 2001, n. 228, delle cooperative della piccola pesca e loro consorzi;*

b) *per la quota del 30 per cento degli utili netti annuali delle altre cooperative e loro consorzi;*

b bis) *per la quota del 55 per cento degli utili netti annuali delle società cooperative di consumo e loro consorzi».*

(3) *Le parole: «depositare i bilanci attraverso strumenti di comunicazione informatica» sono state così sostituite dalle attuali: «comunicare annualmente attraverso strumenti di comunicazione informatica le notizie di bilancio, anche ai fini della dimostrazione del possesso del requisito di cui all'articolo 2513 del codice, all'amministrazione presso la quale è tenuto l'albo. L'omessa comunicazione comporta l'applicazione della sanzione amministrativa della sospensione semestrale di ogni attività dell'ente, intesa come divieto di assumere nuove eventuali obbligazioni contrattuali» dall'art. 10, comma 6, della L. 23 luglio 2009, n. 99.*

(4) *Si veda il D.M. 23 giugno 2004* (G.U. *n. 162 del 13 luglio 2004*).

223 *septiesdecies*. (1) Fermo restando quanto previsto degli articoli 2545 *septiesdecies* e 2545 *octiesdecies* del codice, [entro il 31 dicembre 2004] (2) gli enti cooperativi che non hanno depositato i bilanci di esercizio da oltre cinque anni, qualora non risulti l'esistenza di valori patrimoniali immobiliari, sono sciolti senza nomina del liquidatore con provvedimento dell'autorità di vigilanza da iscriversi nel registro delle imprese. Entro il termine perentorio di trenta giorni dalla pubblicazione nella *Gazzetta Ufficiale* i creditori o gli altri interessati possono presentare formale e motivata domanda all'autorità governativa, intesa ad ottenere la nomina del commissario liquidatore; in mancanza, a seguito di comunicazione dell'autorità di vigilanza, il conservatore del registro delle imprese territorialmente competente provvede alla cancellazione della società cooperativa o dell'ente mutualistico dal registro medesimo.

Ai fini dello scioglimento e della cancellazione ai sensi del primo comma, l'ente di cui all'articolo 7 della legge 29 dicembre 1993, n. 580, trasmette all'autorità di vigilanza, alla chiusura di ogni semestre solare, l'elenco degli enti cooperativi, anche in liquidazione ordinaria, che non hanno depositato i bilanci di esercizio da oltre cinque anni. L'autorità di vigilanza verifica l'assenza di valori patrimoniali immobiliari mediante apposita indagine massiva nei pubblici registri, in attuazione delle convenzioni che devono essere all'uopo stipulate con le competenti autorità detentrici dei registri predetti (3).

(1) *Questo articolo è stato inserito dall'art. 9, comma 2, lett.* b), *del D.L.vo 17 gennaio 2003, n. 6, a decorrere dal 1° gennaio 2004.*

(2) *Le parole: «entro il 31 dicembre 2004» sono state soppresse dall'art. 10, comma 13, della L. 23 luglio 2009, n. 99.*

(3) *Questo comma è stato aggiunto dall'art. 40, comma 11, del D.L. 16 luglio 2020, n. 76, convertito, con modificazioni, nella L. 11 settembre 2020, n. 120.*

223 *octiesdecies*. (1) I bilanci relativi ad esercizi chiusi prima del 1 gennaio 2004 sono redatti secondo le leggi anteriormente vigenti.

I bilanci relativi ad esercizi chiusi tra la data del 1 gennaio 2004 e quella del 31 dicembre 2004 possono essere redatti secondo le leggi anteriormente vigenti o secondo le nuove disposizioni.

I bilanci relativi ad esercizi chiusi dopo la data del 31 dicembre 2004 sono redatti secondo le nuove disposizioni.

(1) *Questo articolo è stato inserito dall'art. 9, comma 2, lett.* b), *del D.L.vo 17 gennaio 2003, n. 6, a decorrere dal 1° gennaio 2004.*

223 *noviesdecies*. (1) Le società cooperative poste in liquidazione prima del 1 gennaio

2004 sono liquidate secondo le leggi anteriori.

Le società cooperative poste in liquidazione dopo il 1 gennaio 2004 sono liquidate secondo le nuove disposizioni.

(1) *Questo articolo è stato inserito dall'art. 9, comma 2, lett.* b), *del D.L.vo 17 gennaio 2003, n. 6, a decorrere dal 1° gennaio 2004.*

223 *vicies.* (1) I procedimenti riguardanti società cooperative previsti dall'articolo 2409 del codice, pendenti al 1 gennaio 2004, proseguono secondo le norme anteriormente vigenti.

(1) *Questo articolo è stato inserito dall'art. 9, comma 2, lett.* b), *del D.L.vo 17 gennaio 2003, n. 6, a decorrere dal 1° gennaio 2004.*

223 *vicies semel.* (1) Il limite di cinque anni previsto dall'articolo 2341 *bis* si applica ai patti parasociali stipulati prima del 1 gennaio 2004 e decorre dalla medesima data.

(1) *Questo articolo è stato inserito dall'art. 9, comma 2, lett.* b), *del D.L.vo 17 gennaio 2003, n. 6, a decorrere dal 1° gennaio 2004.*

223 *vicies bis.* (1) Qualora la fattispecie di cui al primo comma dell'articolo 2362 del codice sia precedente al 1 gennaio 2004, il termine ivi previsto decorre dalla sua data di entrata in vigore.

(1) *Questo articolo è stato inserito dall'art. 9, comma 2, lett.* b), *del D.L.vo 17 gennaio 2003, n. 6, a decorrere dal 1° gennaio 2004.*

223 *vicies ter.* (1) Non si applica la lettera e) del primo comma dell'articolo 2437 del codice alla eliminazione delle cause di recesso, previste nel secondo comma del medesimo articolo, purché deliberata entro il 30 giugno 2004.

(1) *Questo articolo è stato inserito dall'art. 9, comma 2, lett.* b), *del D.L.vo 17 gennaio 2003, n. 6, a decorrere dal 1° gennaio 2004.*

Sezione VI
Disposizioni relative al libro VI

224. Salvo quanto è disposto dagli articoli seguenti, la trascrizione di un atto, eseguita in conformità delle leggi anteriori a effetti diversi da quelli stabiliti dal codice (2644 ss. c.c.), produce gli effetti previsti dal codice stesso, a decorrere dal giorno dell'entrata in vigore di questo.

225. Le disposizioni del codice che regolano gli effetti dell'omissione della trascrizione o dell'annotazione (2644 ss., 2843) non si applicano agli atti anteriori all'entrata in vigore del codice stesso, per i quali la trascrizione non era richiesta secondo le leggi precedenti o era richiesta a effetti diversi (242).

226. La trascrizione delle domande giudiziali prevista dagli articoli 2652 e 2653 del codice, anche se eseguita prima dell'entrata in vigore di questo, non pregiudica in nessun caso i diritti acquistati dai terzi prima di tale entrata in vigore, se essi erano fatti salvi dalle leggi anteriori.

227. Le disposizioni del codice, secondo le quali la trascrizione di una domanda giudiziale eseguita oltre un certo termine non pregiudica i diritti acquistati dai terzi (2652, nn. 6, 7, 8, 9 c.c.) non si applicano ai diritti che sono stati acquistati anteriormente all'entrata in vigore del codice stesso e che non erano fatti salvi dalle leggi anteriori, a meno che i diritti medesimi siano resi pubblici prima della trascrizione della domanda e il termine stabilito dal codice per la loro salvezza sia decorso dal giorno dell'entrata in vigore di questo.

228. La trascrizione del testamento o del certificato di denunciata successione, eseguita a norma delle leggi anteriori, produce dal giorno dell'entrata in vigore del codice gli stessi effetti che questo attribuisce alla trascrizione dell'accettazione dell'eredità (2648 c.c.).

229. Le disposizioni degli articoli 2650 e 2834 del codice relative all'ipoteca legale a favore del condividente non si applicano alle divisioni stipulate prima dell'entrata in vigore del codice stesso, ancorché trascritte successivamente.

230. Salvo quanto è disposto dai successivi articoli 231 e 232, le norme del R.D. 28 marzo 1929, n. 499, e della legge sui libri fondiari nel testo allegato al decreto medesimo (1), fino a che non sarà provveduto al loro coordinamento con le disposizioni del codice, continuano ad avere vigore nei territori delle nuove province, e in luogo delle disposizioni del codice del 1865 s'intendono richiamate le corrispondenti disposizioni del nuovo codice.

(1) *Modificato con L. 4 dicembre 1956, n. 1376, modificazioni al nuovo testo della legge generale sui libri fondiari, allegato al R.D. 28 marzo 1929, n. 499.*

231. Formano oggetto di annotazione, secondo le disposizioni della legge sui libri fondiari, anche:

1) gli atti menzionati dai numeri 10, 11 e 12 dell'art. 2643 del codice agli effetti previsti dall'art. 19 della legge sui libri fondiari;

2) gli atti di costituzione del patrimonio familiare agli effetti previsti dalle disposizioni del codice (1);

3) la cessione dei beni ai creditori (1977 c.c.) agli effetti previsti dalle disposizioni del codice stesso (2649 c.c.);

4) le domande e gli atti indicati dagli articoli 2652 e 2653 del codice agli effetti disposti dagli articoli medesimi, in quanto non siano incompatibili con gli effetti stabiliti dalla legge sui libri fondiari.

(1) *Dispone l'art. 227 della L. 19 maggio 1975, n. 151, riforma del diritto di famiglia, che ha soppresso gli istituti della dote e del patrimonio familiare*:

«Le doti e i patrimoni familiari costituiti prima dell'entrata in vigore della presente legge continuano ad essere disciplinati dalle norme anteriori».

232. L'annotazione del vincolo dotale e della comunione dei beni tra coniugi prevista dall'art. 19, lett. c) della legge sui libri fondiari o l'omissione dell'annotazione medesima produce dal giorno dell'entrata in vigore del codice gli effetti da questo stabiliti (2647 c.c.).

232 *bis*. (1) A decorrere dal 25 novembre 1973, la responsabilità per danni del conservatore dei registri immobiliari è regolata dalle norme relative agli impiegati civili dello Stato, salvo che per i rapporti definiti con sentenza passata in giudicato, con transazione, o comunque esauriti.

(1) *Articolo aggiunto dall'art. 5 della L. 21 gennaio 1983, n. 22, disciplina della responsabilità dei conservatori dei registri immobiliari.*

233. Le disposizioni del codice relative alle prove (2697 ss. c.c.) si applicano anche nei giudizi pendenti, se non è stata pronunziata sentenza definitiva (279 cpv. nn. 1, 2, 3 c.p.c.), ancorché di primo grado.

La prova testimoniale per gli atti seguiti anteriormente all'entrata in vigore del codice rimane tuttavia ammissibile anche nei casi in cui non è da questo consentita (2721 c.c.), se essa poteva essere ammessa a norma del codice civile del 1865 o del codice di commercio del 1882 (244 c.p.c.).

234. Le disposizioni del codice relative ai diritti dei creditori privilegiati, all'ordine dei privilegi (2777 ss. c.c.) e all'efficacia di questi rispetto al pegno, alle ipoteche e agli altri diritti reali (2745 ss. c.c.) si osservano anche per i privilegi sorti anteriormente all'entrata in vigore del codice stesso, se sono fatti valere posteriormente.

235. La disposizione dell'art. 2767 del codice si applica anche ai crediti per risarcimento sorti prima dell'entrata in vigore del codice stesso, se l'indennità dovuta dall'assicuratore non è stata ancora corrisposta.

236. Quando un credito al quale le leggi speciali attribuiscono il privilegio del creditore pignoratizio viene in concorso con i crediti indicati dall'art. 2778 del codice, esso è preferito a quelli di cui ai nn. 12 e seguenti dello stesso articolo e posposto agli altri.

237. Se il pegno (2786 c.c.) è stato costituito anteriormente all'entrata in vigore del codice, le condizioni per l'efficacia della prelazione sono determinate dalle leggi anteriori.

Si osservano invece le disposizioni del codice per ciò che concerne i poteri e gli obblighi del creditore pignoratizio (2788 ss., 2800 c.c.).

Continua tuttavia ad applicarsi la disposizione del secondo comma dell'art. 1888 del codice del 1865, se il secondo credito è divenuto esigibile anteriormente all'entrata in vigore del nuovo codice.

238. L'opponibilità ai creditori ipotecari dei diritti costituiti sulla cosa ipotecata e delle cessioni o liberazioni di pigioni o di fitti è regolata dalle disposizioni del codice (2812 c.c.), quantunque si tratti di diritti sorti o di cessioni o liberazioni effettuate anteriormente all'entrata in vigore del codice stesso, sempre che il pignoramento sia eseguito posteriormente.

239. Le disposizioni dell'art. 2825 del codice si applicano anche alle ipoteche costituite e alle cessioni effettuate anteriormente all'entrata in vigore del codice stesso, se la divisione ha luogo posteriormente.

240. Le ipoteche iscritte prima dell'entrata in vigore del codice conservano la loro efficacia per venti anni dall'entrata in vigore del codice stesso (2847 c.c.), a meno che per la cessazione di tale efficacia, secondo le disposizioni del codice del 1865, rimanga a decorrere un termine più breve.

241. La disposizione dell'ultimo comma dell'art. 2855 del codice non si applica alle ipoteche iscritte prima dell'entrata in vigore del codice stesso. L'estensione degli effetti dell'iscrizione continua a essere regolata dalle leggi anteriori.

242. Le disposizioni del codice, secondo le quali l'esercizio di determinate facoltà del terzo acquirente dell'immobile ipotecario è subordinato alla trascrizione del titolo (2858 ss., 2866 c.c.), non si applicano a coloro il cui acquisto è anteriore all'entrata in vigore del codice stesso, se a norma del codice del 1865 la trascrizione non era a quell'effetto richiesta.

243. Le disposizioni degli articoli 2872, secondo comma, e 2873, secondo e terzo comma, del codice si applicano anche alle ipoteche iscritte anteriormente all'entrata in vigore del codice stesso.

244. Se il processo di liberazione dei beni dalle ipoteche (2889 c.c.; 792 c.p.c.) è in corso all'entrata in vigore del codice, esso prosegue secondo le norme delle leggi anteriori, ma, per quanto concerne la espropriazione, si osservano le disposizioni dell'art. 222 delle norme di attuazione e transitorie relative al codice di procedura civile, approvate con R.D. 18 dicembre 1941, n. 1368.

245. Gli effetti del sequestro conservativo (2906 c.c.) e del pignoramento (2912 c.c.) eseguiti anteriormente all'entrata in vigore del nuovo codice sono determinati dalle disposizioni del codice del 1865.

246. Le disposizioni dell'art. 2932 del codice si applicano anche se l'obbligo di concludere il contratto è sorto anteriormente all'entrata in vigore del codice stesso, purché l'inadempimento si verifichi posteriormente.

247. Cessano di avere effetto dalla data dell'entrata in vigore del codice le cause di sospensione della prescrizione che non sono da questo ammesse (2941 c.c.).

248. Rimangono immutate le disposizioni vigenti circa il termine della prescrizione nei riguardi dei buoni del tesoro ordinari e pluriennali, dei titoli del debito pubblico, delle cartelle della sezione autonoma del credito comunale e provinciale, dei libretti postali di risparmio, dei buoni postali fruttiferi e di quelli della cassa depositi e prestiti.

Rimangono parimenti immutate le disposizioni delle leggi speciali che stabiliscono termini di prescrizione diversi da quello ordinario (2946 c.c.).

Capo III
Disposizioni generali e finali

249. (*Omissis*) (1).

(1) *Articolo abrogato a seguito del mutamento di forma dello Stato (art. 1 Cost.). Disciplinava lo stato delle persone della famiglia reale.*

250. (*Omissis*) (1).

(1) *Articolo da ritenersi abrogato a seguito dell'abrogazione delle leggi razziali, disposta con D.L.vo Lgt. 14 settembre 1944, n. 287.*

251. Quando nel codice o in queste disposizioni si fa riferimento a istituti di credito (76), in detta espressione si intendono comprese, oltre l'istituto di emissione, le imprese autorizzate e controllate, a norma delle leggi vigenti, dal Comitato interministeriale per il credito ed il risparmio.

(*Omissis*) (1).

(1) *Seguiva un secondo comma abrogato dall'art. 36 del D.P.R. 10 febbraio 1986, n. 30.*

252. Quando per l'esercizio di un diritto ovvero per la prescrizione o per l'usucapione il codice stabilisce un termine più breve di quello stabilito dalle leggi anteriori, il nuovo termine si applica anche all'esercizio dei diritti sorti anteriormente e alle prescrizioni e usucapioni in corso, ma il nuovo termine decorre dal 1 luglio 1939 se esso è stabilito dal I libro del codice, dal 21 aprile 1940 se è stabilito dal II libro, dal 28 ottobre 1941 se è stabilito dal III libro e dall'entrata in vigore del codice stesso se è stabilito dagli altri libri, purché, a norma della legge precedente, non rimanga a decorrere un termine minore.

La stessa disposizione si applica in ogni altro caso in cui l'acquisto di un diritto è subordinato al decorso di un termine più breve di quello stabilito dalle leggi anteriori.

253. Le trascrizioni e le annotazioni di vincolo previste dal codice e da queste disposizioni, quando si tratta di rendite del debito pubblico o di altri beni per i quali leggi speciali stabiliscono determinate forme di pubblicità, si eseguono con l'osservanza di dette leggi.

254. I modelli dei registri delle persone giuridiche, delle legittimazioni per decreto, delle adozioni, delle tutele e curatele, delle successioni e di quello previsto dal secondo comma dell'art. 1524 del codice sono determinati con decreto del Ministero di grazia e giustizia.

255. Per la tenuta del registro previsto dal secondo comma dell'art. 1524 del codice e per le formalità della trascrizione si osservano, in quanto applicabili, le disposizioni degli articoli 2658, primo comma, 2659, 2664, 2673, 2677 e 2680, primo, secondo e quarto comma del codice stesso.

Le trascrizioni devono essere eseguite giornalmente al momento della presentazione della nota e dell'atto da trascriversi.

Il numero d'ordine della trascrizione è quello progressivo del registro delle trascrizioni.

Il cancelliere deve formare un fascicolo per ogni trascrizione secondo le disposizioni stabilite per i fascicoli di cancelleria dall'art. 36 del R.D. 18 dicembre 1941, n. 1368 (1).

(1) *Disposizioni di attuazione del c.p.c.*

256. Quando nelle leggi e nei regolamenti sono richiamate le disposizioni del codice civile del 1865 e del codice di commercio del 1882 s'intendono richiamate le disposizioni corrispondenti del nuovo codice.

CODICE DI PROCEDURA CIVILE

R.D. 28 ottobre 1940, n. 1443. Approvazione del Codice di procedura civile (Suppl. ord. alla *Gazzetta Ufficiale* n. 253 del 28 ottobre 1940).

VITTORIO EMANUELE III
PER GRAZIA DI DIO
E PER VOLONTÀ DELLA NAZIONE,
RE D'ITALIA E DI ALBANIA,
IMPERATORE D'ETIOPIA

Vista la legge 30 dicembre 1923, n. 2814, che autorizza il Governo del Re Imperatore ad emanare un nuovo Codice di procedura civile;

Sentito il parere della Commissione delle Assemblee legislative, a termini dell'art. 2 della legge 30 dicembre 1923, n. 2814, e dell'art. 3 della legge 24 dicembre 1925, n. 2260;

Udito il Consiglio dei Ministri;

Sulla proposta del Nostro Guardasigilli, Ministro Segretario di Stato per la grazia e giustizia;

Abbiamo decretato e decretiamo:

1. Il testo del Codice di procedura civile è approvato ed avrà esecuzione a cominciare dal 21 aprile 1942.

2. Un esemplare del Codice di procedura civile, firmato da Noi e contrassegnato dal Nostro Ministro Segretario di Stato per la grazia e giustizia, servirà di originale e sarà depositato e custodito nell'Archivio del Regno.

3. La pubblicazione del Codice di procedura civile si eseguirà col trasmetterne un esemplare stampato a ciascuno dei Comuni del Regno, per essere depositato nella sala comunale e tenuto ivi esposto, durante un mese successivo, per sei ore in ciascun giorno, affinché ognuno possa prenderne cognizione.

Ordiniamo che il presente decreto, munito del sigillo dello Stato, sia inserito nella Raccolta ufficiale delle leggi e dei decreti del Regno d'Italia, mandando a chiunque spetti di osservarlo e di farlo osservare.

Dato a San Rossore, addì 28 ottobre 1940.

VITTORIO EMANUELE
MUSSOLINI – GRANDI

Visto, il Guardasigilli: Grandi

Registrato alla Corte dei conti, addì 28 ottobre 1940 – Atti del Governo, registro 426, foglio 72.

MANCINI

Libro I
Disposizioni generali

Titolo I
Degli organi giudiziari

Capo I
Del giudice

Sezione I
Della giurisdizione e della competenza in generale

1. Giurisdizione dei giudici ordinari. – La giurisdizione civile, salvo speciali disposizioni di legge (25, 102, 103 Cost.; 585 c.n.), è esercitata dai giudici ordinari secondo le norme del presente codice (37).

2. [1] **[Inderogabilità convenzionale della giurisdizione.** – La giurisdizione italiana non può essere convenzionalmente derogata a favore di una giurisdizione straniera, né di arbitri (810 ss.) che pronuncino all'estero (832 ss.), salvo che si tratti di causa relativa ad obbligazioni tra stranieri o tra uno straniero e un cittadino non residente né domiciliato (43 c.c.) nella Repubblica e la deroga risulti da atto scritto].

[1] *Articolo abrogato dall'art. 73 della L. 31 maggio 1995, n. 218, con decorrenza dal 1° settembre 1995. Si veda l'art. 4 della citata L. n. 218/1995.*

3. [1] **[Pendenza di lite davanti a giudice straniero.** – La giurisdizione italiana non è esclusa dalla pendenza davanti a un giudice straniero della medesima causa (39) o di altra con questa connessa (31 ss., 40)].

[1] *Articolo abrogato dall'art. 73 della L. 31 maggio 1995, n. 218, con decorrenza dal 1° settembre 1995. Si veda l'art. 7 della citata L. n. 218/1995.*

4. [1] **[Giurisdizione rispetto allo straniero.** – Lo straniero può essere convenuto davanti ai giudici della Repubblica:

1) se quivi è residente o domiciliato (43 c.c.) anche elettivamente (47 c.c.) o vi ha un rappresentante (1387 c.c.) che sia autorizzato a stare in giudizio a norma dell'art. 77, oppure se ha accettato la giurisdizione italiana, salvo che la domanda sia relativa a beni immobili (812 c.c.) situati all'estero (37);

2) se la domanda riguarda beni esistenti nella Repubblica o successioni ereditarie di cittadino italiano o aperte (456 ss. c.c.) nella Repubblica, oppure obbligazioni (1173 ss. c.c.) quivi sorte (1182 c.c.) o da eseguirsi (1326 ss. c.c.);

3) se la domanda è connessa (31 ss.) con altra pendente davanti al giudice italiano, oppure riguarda provvedimenti cautelari (669 *bis* ss.) da eseguirsi nella Repubblica o relativi a rapporti dei quali il giudice italiano può conoscere (14 c.n.);

4) se, nel caso reciproco, il giudice dello Stato al quale lo straniero appartiene può conoscere delle domande proposte contro un cittadino italiano].

[1] *Articolo abrogato dall'art. 73 della L. 31 maggio 1995, n. 218, con decorrenza dal 1° settembre 1995. Si vedano gli artt. 3 e 10 della citata L. n. 218/1995.*

5. [1] **Momento determinante della giurisdizione e della competenza.** – La giurisdizione e la competenza si determinano con riguardo alla legge vigente e allo stato di fatto esistente al momento della proposizione della domanda, e non hanno rilevanza rispetto ad esse i successivi mutamenti della legge o dello stato medesimo.

[1] *Articolo così sostituito dall'art. 2 della L. 26 novembre 1990, n. 353, a decorrere dall'1 gennaio 1993.*

NOTE OPERATIVE:

Criteri: La giurisdizione si determina sulla base della domanda proposta dall'attore, e non anche del contenuto delle eventuali eccezioni sollevate dal convenuto, a meno che le stesse non evidenzino che la pretesa giudiziale avversa, già come ab initio formulata, implichi l'accertamento di situazioni soggettive esulanti dalla cognizione del giudice adito (S.U. 30346/22).

Ius superveniens: L'incompetenza sussistente al momento della proposizione della domanda non può essere dichiarata ove il giudice sia diventato competente in forza di legge entrata in vigore nel corso del giudizio (C.C. 29218/19 – Conf. C.C. 28468/17; C.C. 8148/17).

6. Inderogabilità convenzionale della competenza. – La competenza non può essere derogata per accordo delle parti, salvo che nei casi stabiliti dalla legge (28-30, 339, 360).

Sezione II
Della competenza per materia e valore

7. (1) **Competenza del giudice di pace.** – Il giudice di pace è competente per le cause relative a beni mobili (812 c.c.) di valore non superiore a diecimila (2) euro (3) (10), quando dalla legge non sono attribuite alla competenza di altro giudice.

Il giudice di pace è altresì competente per le cause di risarcimento del danno prodotto dalla circolazione di veicoli e di natanti, purché il valore della controversia non superi venticinquemila (4) euro (5).

[Il giudice di pace è inoltre competente, con il limite di valore di cui al secondo comma, per le cause di opposizione alle ingiunzioni di cui alla L. 24 novembre 1981, n. 689, salvo che con la sanzione pecuniaria sia stata anche applicata una sanzione amministrativa accessoria. Resta ferma la competenza del pretore in funzione di giudice del lavoro e per le cause di opposizione alle ingiunzioni in materia di previdenza ed assistenza obbligatorie.] (6)

È competente qualunque ne sia il valore:

1) per le cause relative ad apposizione di termini (951 c.c.) ed osservanza delle distanze stabilite dalla legge, dai regolamenti o dagli usi riguardo al piantamento degli alberi e delle siepi (892 ss. c.c.);

2) per le cause relative alla misura ed alle modalità d'uso dei servizi di condominio di case;

3) per le cause relative a rapporti tra proprietari o detentori di immobili adibiti a civile abitazione in materia di immissioni (844 c.c.) di fumo o di calore, esalazioni, rumori, scuotimenti e simili propagazioni che superino la normale tollerabilità;

3 *bis*) per le cause relative agli interessi o accessori da ritardato pagamento di prestazioni previdenziali o assistenziali (7).

[4) per le cause di opposizione alle sanzioni amministrative irrogate in base all'art. 75 del testo unico approvato con D.P.R. 9 ottobre 1990, n. 309] (8).

(1) *Questo articolo è stato così sostituito dall'art. 17 della L. 21 novembre 1991, n. 374, recante l'istituzione del giudice di pace, a decorrere dal 1° maggio 1995.*

(2) *La parola: «cinquemila» è stata così sostituita dalla attuale: «diecimila» dall'art. 3, comma 1, lett.* a), *del D.L.vo 10 ottobre 2022, n. 149, a decorrere dal 28 febbraio 2023.*

A norma dell'art. 35, comma 1, del medesimo decreto, le disposizioni si applicano ai procedimenti instaurati successivamente a tale data. Ai procedimenti pendenti alla data del 28 febbraio 2023 si applicano le disposizioni anteriormente vigenti.

(3) *Le originarie parole: «lire cinque milioni» sono state così sostituite dall'art. 45, comma 1, lett.* a), *della L. 18 giugno 2009, n. 69, a decorrere dal 4 luglio 2009. Ai sensi dell'art. 58, comma 1, della predetta legge, tale disposizione si applica ai giudizi instaurati dopo la data della sua entrata in vigore.*

(4) *La parola: «ventimila» è stata così sostituita dalla attuale: «venticinquemila» dall'art. 3, comma 1, lett.* b), *del D.L.vo 10 ottobre 2022, n. 149, a decorrere dal 28 febbraio 2023.*

A norma dell'art. 35, comma 1, del medesimo decreto, le disposizioni si applicano ai procedimenti instaurati successivamente a tale data. Ai procedimenti pendenti alla data del 28 febbraio 2023 si applicano le disposizioni anteriormente vigenti.

(5) *Le originarie parole: «lire trenta milioni» sono state così sostituite dall'art. 45, comma 1, lett.* b), *della L. 18 giugno 2009, n. 69, a decorrere dal 4 luglio 2009. Ai sensi dell'art. 58, comma 1, della predetta legge, tale disposizione si applica ai giudizi instaurati dopo la data della sua entrata in vigore.*

(6) *Questo comma è stato abrogato dall'art. 1 del D.L. 18 ottobre 1995, n. 432, convertito, con modificazioni, nella L. 20 dicembre 1995, n. 534. In materia di competenza del giudice di pace nel giudizio di opposizione ad ordinanza-ingiunzione, si veda l'art. 22 bis della L. 24 novembre 1981, n. 689.*

(7) *Questo numero è stato aggiunto dall'art. 45, comma 1, lett.* c), *della L. 18 giugno 2009, n. 69, a decorrere dal 4 luglio 2009. Ai sensi dell'art. 58, comma 1, della predetta legge, tale disposizione si applica ai giudizi instaurati dopo la data della sua entrata in vigore.*

(8) *Questo numero è stato abrogato dall'art. 1 del D.L. 18 ottobre 1995, n. 432, convertito, con modificazioni, nella L. 20 dicembre 1995, n. 534.*

NOTE OPERATIVE:

Condominio: Le controversie aventi ad oggetto la riscossione dei contributi condominiali rientrano nella competenza del giudice di pace, nei limiti della sua competenza per valore (C.C. 26261/23); le controversie che vedono messo in discussione il diritto del condomino ad un determinato uso della cosa comune non rientrano nella competenza del giudice di pace ma sono soggette agli ordinari criteri della competenza per valore (C.C. 36967/21 – Conf. C.C. 4030/05; C.C. 17660/04).

Immissioni: La competenza del giudice di pace è tassativamente circoscritta alle cause tra proprietari e detentori di immobili ad uso abitativo, esulando da essa le controversie relative ad immissioni provenienti da impianti industriali, agricoli o destinati ad uso commerciale (C.C. 1823/23 – Conf. C.C. 19946/19); se la domanda attorea mira ad ottenere la valutazione della normale tollerabilità delle esalazioni, rumori e scuotimenti vari in base ai criteri del contemperamento delle contrapposte esigenze e della priorità di un determinato uso, la competenza è del giudice di pace, qualunque sia il valore della causa; nel caso in cui, invece, la domanda miri a far valere anche il rispetto di una clausola del regolamento condominiale, si è al di fuori dall'ambito di applicazione di tale norma, con conseguente competenza del Tribunale (C.C. 22730/17).

Locazioni: In tema di controversie aventi ad oggetto il pagamento di canoni di locazione, ancorché di importo non eccedente il limite di valore, resta esclusa la competenza del giudice di pace, atteso che la pretesa creditoria ha la propria fonte in un rapporto locativo, materia da ritenersi riservata alla competenza del tribunale (C.C. 25155/20 – Conf. C.C. 28041/19).

Clausola di contenimento: In ipotesi di proposizione cumulativa di più domande, l'affermazione dell'attore di limitare l'ammontare della domanda nei limiti della competenza per valore del giudice adito ha il duplice effetto di radicare la competenza innanzi al predetto giudice e di delimitare in tali limiti l'importo accertabile dalla sentenza, con conseguente nullità della pronuncia per l'ipotesi di superamento del valore determinato per effetto della clausola di contenimento (S.U. 36897/21). Qualora l'attore abbia introdotto l'azione dinanzi al pretore dichiarando di voler contenere la domanda nell'ambito della competenza per valore del giudice adito (cd. clausola o riserva di contenimento del valore), tale limitazione ha effetto non solo ai fini dell'individuazione del giudice competente per valore ma anche in relazione al merito, sicché è viziata da ultrapetizione la sentenza che, accogliendo la domanda, vada oltre il limite indicato con la clausola di contenimento (C.C. 23640/15 – Conf. C.C. 18942/03).

8. (1) [**Competenza del pretore.** – Il pretore è competente per le cause, anche se relative a beni immobili, di valore non superiore a lire cinquanta milioni, in quanto non siano di competenza del giudice di pace (7) (2).

È competente qualunque ne sia il valore (10):

1) per le azioni possessorie (1168 ss. c.c.), salvo il disposto dell'art. 704, e per le denunce di nuova opera e di danno temuto, salvo il disposto dell'art. 688, secondo comma;

2) per le cause relative ad apposizione di termini e osservanza delle distanze stabilite dalla legge, dai regolamenti o dagli usi riguardo al piantamento degli alberi e delle siepi (3);

3) per le cause (447 *bis*) relative a rapporti di locazione (1571 c.c.) e di comodato (1803 c.c.) di immobili urbani e per quelle di affitto di aziende, in quanto non siano di competenza delle sezioni specializzate agrarie;

4) per le cause relative alla misura e alle modalità di uso dei servizi di condominio di case] (3).

(1) *Articolo dapprima sostituito dall'art. 3 della L. 26 novembre 1990, n. 353, a decorrere dal 30 aprile 1995 e poi abrogato dall'art. 49 del D.L.vo 19 febbraio 1998, n. 51, recante l'istituzione del giudice unico, a decorrere dal 2 giugno 1999.*

(2) *Comma così sostituito dall'art. 18 della L. 21 novembre 1991, n. 374, recante l'istituzione del giudice di pace, a decorrere dal 1° maggio 1995 e poi di nuovo così sostituito dall'art. 2 del D.L. 18 ottobre 1995, n. 432, convertito, con modificazioni, nella L. 20 dicembre 1995, n. 534.*

(3) *Numero abrogato dall'art. 47 della L. 21 novembre 1991, n. 374, recante l'istituzione del giudice di pace, a decorrere dal 1° maggio 1995.*

9. (1) **Competenza del tribunale.** – Il tribunale è competente per tutte le cause che non sono di competenza di altro giudice.

Il tribunale è altresì esclusivamente competente per le cause in materia di imposte e tasse, per quelle relative allo stato e alla capacità delle persone e ai diritti onorifici, per la querela di falso, per l'esecuzione forzata e, in generale, per ogni causa di valore indeterminabile.

(1) *Questo articolo è stato così sostituito dall'art. 50 del D.L.vo 19 febbraio 1998, n. 51, recante l'istituzione del giudice unico, a decorrere dal 2 giugno 1999.*

NOTE OPERATIVE:

Verifica: La verifica della competenza va attuata alla stregua delle allegazioni contenute nella domanda e non anche delle contestazioni mosse alla pretesa dalla parte convenuta, tenendo altresì conto che, qualora uno stesso fatto possa essere qualificato in relazione a diversi titoli giuridici, spetta alla scelta discrezionale della parte attrice la individuazione dell'azione da esperire in giudizio, essendo consentito al giudice di riqualificare la domanda stessa soltanto nel caso in cui questa presenti elementi di ambiguità non altrimenti risolvibili (C.C. 14731/22 – Conf. C.C. 20508/17).

10. Determinazione del valore. – Il valore della causa, ai fini della competenza, si determina dalla domanda a norma delle disposizioni seguenti.

A tale effetto le domande proposte nello stesso processo contro la medesima persona si sommano tra loro, e gli interessi scaduti (1282, 1284 c.c.), le spese e i danni (1223 ss., 2043 ss. c.c.) anteriori alla proposizione si sommano col capitale (31, 104).

NOTE OPERATIVE:

Domanda giudiziale: Ai fini dell'individuazione del giudice territorialmente competente, occorre avere riguardo ai fatti per come prospettati dall'attore, attenendo al merito l'accertamento della fondatezza delle contestazioni formulate dal convenuto e dovendosi tenere separate le questioni concernenti il merito della causa da quelle relative alla competenza (C.C. 9028/14). La determinazione della competenza deve essere fatta in base al contenuto della domanda giudiziale, salvo che nei casi in cui la prospettazione ivi contenuta appaia prima facie artificiosa e finalizzata soltanto a sottrarre la cognizione della causa al giudice predeterminato per legge (C.C. 17309/18 – Conf. C.C. 11415/07) e salvo che le deduzioni del convenuto circa la inesistenza del rapporto o la proposizione di una domanda riconvenzionale rientrino tra quelle indicate negli artt. 409 e 442 c.p.c., in relazione alle quali va fatta applicazione del rito speciale, con conseguente spostamento di competenza (C.C. 22816/16 – Conf. C.C. 11415/07).

Dichiarazione del difensore ai fini del C.U.: In tema di contributo unificato, la dichiarazione del difensore è ininfluente ai fini dell'individuazione del valore della domanda, poiché essa è indirizzata al funzionario di cancelleria, cui compete il relativo controllo, sicché, non appartenendo tale dichiarazione di valore alle conclusioni della citazione, deve escludersi la possibilità di considerarla come parte della domanda, nel senso cui vi allude il comma 1 dell'art. 10 c.p.c., quando dice che il valore della causa, ai fini della competenza, si determina dalla domanda a norma delle disposizioni seguenti (C.C. 12770/23).

11. Cause relative a quote di obbligazione tra più parti. – Se è chiesto da più persone o contro più persone (102, 103) l'adempimento per quote di un'obbligazione (1314 ss. c.c.), il valore della causa si determina dall'intera obbligazione.

NOTE OPERATIVE:

Ambito di applicazione: Nelle controversie originate dalla richiesta del creditore di adempimento parziale di obbligazione divisibile, il valore della causa è determinato dall'ammontare della parte richiesta, e non da quello dell'intero credito (C.C. 11333/03). Nel caso di domanda di proposta verso più debitori in solido, il valore della causa, ai fini della liquidazione delle spese di lite, è costituito dall'ammontare complessivo dell'obbligazione dedotta in giudizio, senza che abbia rilievo la successiva ed eventuale fase del regresso tra condebitori solidali, siccome estranea alla specifica pretesa azionata dall'attore (C.C. 40832/21 – Conf. C.C. 1749/72).

12. Cause relative a rapporti obbligatori, a locazioni e a divisioni. – Il valore delle cause relative all'esistenza, alla validità o alla risoluzione di un rapporto giuridico obbligatorio (1173 ss. c.c.) si determina in base a quella parte del rapporto che è in contestazione (35).

[Nelle cause per finita locazione d'immobili il valore si determina in base all'ammontare del fitto o della pigione per un anno, ma se sorge controversia sulla continuazione della locazione, il valore si determina cumulando i fitti o le pigioni relativi al periodo controverso] (1).

Il valore delle cause per divisione (784 ss.; 713, 1111 c.c.) si determina da quello della massa attiva da dividersi (22).

(1) *Comma abrogato dall'art. 89, comma primo, della L. 26 novembre 1990, n. 353, a decorrere dal 30 aprile 1995.*

NOTE OPERATIVE:

Ambito di applicazione: La norma subisce deroga nell'ipotesi in cui il giudice sia chiamato ad esaminare, con efficacia di giudicato, le questioni relative all'esistenza o alla validità del rapporto che va, pertanto, interamente preso in considerazione ai fini della determinazione del valore della causa (C.C. 2850/18 – Conf. C.C. 2737/12).

13. Cause relative a prestazioni alimentari e a rendite. – Nelle cause per prestazioni alimentari periodiche (433 ss. c.c.), se il titolo è controverso, il valore si determina in base all'ammontare delle somme dovute per due anni.

Nelle cause relative a rendite perpetue (1861 ss. c.c.; 553[3]), se il titolo è controverso, il valore si determina cumulando venti annualità; nelle cause relative a rendite temporanee o vitalizie (1872 ss. c.c.), cumulando le annualità domandate fino a un massimo di dieci.

Le regole del comma precedente si applicano anche per determinare il valore delle cause relative al diritto del concedente (568[2]; 960 c.c.).

NOTE OPERATIVE:

Ambito di applicazione: Le prestazioni di assistenza sociale hanno natura alimentare, perché fondate esclusivamente sullo stato di bisogno del beneficiario, a differenza delle prestazioni previdenziali, che presuppongono un rapporto assicurativo e hanno più ampia funzione di tutela. Pertanto, nelle controversie relative a prestazioni assistenziali, il valore della causa ai fini della liquidazione delle spese di giudizio si stabilisce con il criterio previsto per le cause relative alle prestazioni alimentari (C.C. 19020/18 – Conf. C.C. 211/06).

14. Cause relative a somme di danaro e a beni mobili. – Nelle cause relative a somme di danaro o a beni mobili (812 c.c.), il valore si determina in base alla somma indicata o al valore dichiarato dall'attore; in mancanza di indicazione o dichiarazione, la causa si presume di competenza del giudice adito.

Il convenuto può contestare, ma soltanto nella prima difesa (38, 167), il valore come sopra dichiarato o presunto; in tal caso il giudice decide, ai soli fini della competenza, in base a quello che risulta dagli atti e senza apposita istruzione.

Se il convenuto non contesta il valore dichiarato o presunto, questo rimane fissato, anche agli effetti del merito, nei limiti della competenza del giudice adito.

NOTE OPERATIVE:

La somma maggiore o minore che verrà ritenuta di giustizia: Ai fini dell'individuazione del giudice competente per valore, la domanda avente ad oggetto il pagamento di una somma determinata ovvero, in alternativa, di quella maggiore o minore che verrà ritenuta di giustizia si risolve nella mancata indicazione della somma stessa, dovendosi conseguentemente presumere rientrante nella competenza del giudice adito (C.C. 3142/23 – Conf. C.C. 1210/18; C.C. 9432/12). L'applicazione del contributo unificato, pertanto, deve avvenire sulla base di tale parametro (C.C. 6053/13).

15. (1) **Cause relative a beni immobili.** – Il valore delle cause relative a beni immobili è determinato moltiplicando il reddito dominicale del terreno e la rendita catastale del fabbricato alla data della proposizione della domanda (568[1]):

per duecento per le cause relative alla proprietà;

per cento per le cause relative all'usufrutto, all'uso, all'abitazione, alla nuda proprietà e al diritto dell'enfiteuta;

per cinquanta con riferimento al fondo servente per le cause relative alla servitù.

Il valore delle cause per il regolamento di confini si desume dal valore della parte di proprietà controversa, se questa è determinata; altrimenti il giudice lo determina a norma del comma seguente.

Se per l'immobile all'atto della proposizione della domanda non risulta il reddito dominicale o la rendita catastale, il giudice determina il valore della causa secondo quanto emerge dagli atti; e se questi non offrono elementi per la stima, ritiene la causa di valore indeterminabile.

(1) *Articolo così sostituito dall'art. 7 L. 30 luglio 1984, n. 399, in vigore dal 29 novembre 1984.*

NOTE OPERATIVE:

Criteri: Il valore delle cause relative a beni immobili si determina sulla base del reddito dominicale o della rendita catastale della res, sicché, in loro assenza, il giudice deve attenersi alle risultanze degli atti e, in mancanza di elementi concreti ed attendibili per la stima, deve ritenere la causa di valore indeterminabile (C.C. 6286/23 – Conf. C.C. 10810/15). Ai fini della determinazione del valore non possono essere utilizzate le risultanze della consulenza tecnica d'ufficio espletata nel corso del giudizio: gli elementi su cui fondare il giudizio di valore ex actis devono, infatti, risultare precostituiti e disponibili fin dall'inizio del processo, essendo invece irrilevanti quelli acquisiti in corso di istruzione (C.C. 14885/22 – Conf. C.C. 30081/19; C.C. 7615/97; C.C. 4784/88; C.C. 5152/87).

16. (1) [**Esecuzione forzata.** – Per la consegna e il rilascio di cose (605-611; 2930 c.c.) e per l'espropriazione forzata (2910 ss. c.c.) di cose mobili (513-542) e di crediti (543-554) è competente il pretore (26, 484).

Per l'espropriazione forzata di cose immobili (555-598) è competente il tribunale (21, 26).

Se cose mobili sono soggette all'espropriazione forzata insieme con l'immobile nel quale si trovano (556), per l'espropriazione è competente il tribunale anche relativamente ad esse.

Per l'esecuzione forzata degli obblighi di fare e di non fare è competente il pretore (612 ss.; 2931 ss. c.c.)].

(1) *Questo articolo è stato abrogato dall'art. 51 del D.L.vo 19 febbraio 1998, n. 51, recante l'istituzione del giudice unico, a decorrere dal 2 giugno 1999.*

17. Cause relative all'esecuzione forzata. – Il valore delle cause di opposizione all'esecuzione forzata (27, 615) si determina dal credito per cui si procede:

quello delle cause relative alle opposizioni proposte da terzi a norma dell'art. 619, dal valore dei beni controversi;

quello delle cause relative a controversie sorte in sede di distribuzione (512, 598), dal valore del maggiore dei crediti contestati.

NOTE OPERATIVE:

Opposizione all'esecuzione: In materia di opposizione ad esecuzione forzata, quando l'esecuzione sia già iniziata, l'individuazione del giudice competente per valore per il giudizio di merito deve essere effettuata sulla base del credito per cui si procede, che corrisponde a quello che risulta dal titolo esecutivo e per il quale è stato intimato precetto di pagamento (C.C. 4530/19 – Contra 16920/18).

Sezione III
Della competenza
per territorio

18. Foro generale delle persone fisiche. – Salvo che la legge disponga altrimenti (20, 27, 413, 444, 637, 661, 669 *ter*, 669 *quater*, 669 *quinquies*, 688, 825, 828, 831; 9, 161, 187 e 195 l. fall.), è competente il giudice del luogo in cui il convenuto ha la residenza o il domicilio (43, 2196 n. 4 c.c.), e, se questi sono sconosciuti, quello del luogo in cui il convenuto ha la dimora (139).

Se il convenuto non ha residenza, né domicilio, né dimora nello Stato o se la dimora è sconosciuta, è competente il giudice del luogo in cui risiede l'attore (142, 143).

19. (1) **Foro generale delle persone giuridiche e delle associazioni non riconosciute.** – Salvo che la legge disponga altrimenti, qualora sia convenuta una persona giuridica (12, 13 c.c.), è competente il giudice del luogo dove essa ha sede (16, 46, 2328 n. 2, 2475 n. 2, 2518 n. 2 c.c.). È competente altresì il giudice del luogo dove la persona giuridica ha uno stabilimento e un rappresentante autorizzato a stare in giudizio per l'oggetto della domanda.

Ai fini della competenza, le società non aventi personalità giuridica (2251, 2291, 2313 c.c.), le associazioni non riconosciute e i comitati di cui agli artt. 36 ss. del codice civile hanno sede dove svolgono attività in modo continuativo (145).

(1) *Articolo così modificato con R.D. 20 aprile 1942, n. 504.*

NOTE OPERATIVE:

Stabilimento: La norma attribuisce rilievo non alla semplice esistenza di uno stabilimento, ma alla presenza, nel posto, di un rappresentante autorizzato a stare in giudizio per l'oggetto della domanda (C.C. 5309/20).

Eccezione di incompetenza: In caso di eccezione di incompetenza territoriale sollevata con riguardo a una persona giuridica, la mancata contestazione nella comparsa di risposta della sussistenza del criterio di collegamento indicato dalla norma comporta l'incompletezza dell'eccezione, rilevabile d'ufficio anche in sede di regolamento di competenza, sicché l'eccezione deve ritenersi come non proposta, con radicamento della competenza del giudice adito (C.C. 20387/19 – Conf. C.C. 20597/18; C.C. 26094/14; C.C. 11897/13).

20. Foro facoltativo per le cause relative a diritti di obbligazione. – Per le cause relative a diritti di obbligazione è anche competente il giudice del luogo in cui è sorta (1182, 1326 c.c.) o deve eseguirsi (1327 c.c.) l'obbligazione dedotta in giudizio (413, 444, 661).

NOTE OPERATIVE:

Ambito di applicazione: Il criterio determinativo della competenza previsto dalla norma – che indica il foro facoltativo (forum contractus e forum destinatae solutionis) per le cause relative a diritti di obbligazione e che deve valutarsi sulla base della domanda – è applicabile anche alle azioni di accertamento negativo, purché possa stabilirsi una relazione, sia pure di tipo ipotetico, fra l'obbligazione che costituisce l'oggetto della lite e il luogo dove essa, se esistesse, sarebbe sorta o dovrebbe essere eseguita (C.C. 11797/20 – Conf. C.C. 15110/07).

21. Foro per le cause relative a diritti reali e ad azioni possessorie. – Per le cause relative a diritti reali su beni immobili, per le cause in materia di locazione e comodato di immobili e di affitto di aziende, nonché per le cause relative ad apposizione di termini ed osservanza delle distanze stabilite dalla legge, dai regolamenti o dagli usi riguardo al piantamento degli alberi e delle siepi, è competente il giudice del luogo dove è posto l'immobile o l'azienda (1). Qualora l'immobile sia compreso in più circoscrizioni giudiziarie, è competente il giudice della circoscrizione nella quale è compresa la parte soggetta a maggior tributo (2) verso lo Stato (568); quando non è sottoposto a tributo, è competente ogni giudice nella cui circoscrizione si trova una parte dell'immobile.

Per le azioni possessorie (703 ss.; 1168 ss. c.c.) e per la denuncia di nuova opera e di danno temuto (688 ss.; 1171, 1172 c.c.) è competente il giudice del luogo nel quale è avvenuto il fatto denunciato.

(1) *Questo periodo è stato così sostituito dall'art. 52 del D.L.vo 19 febbraio 1998, n. 51, recante l'istituzione del giudice unico, a decorrere dal 2 giugno 1999.*

(2) *Le imposte sui fabbricati sono state abrogate dall'art. 82 del D.P.R. 29 settembre 1973, n. 597 (IRPEF).*

NOTE OPERATIVE:

Ambito di applicazione: L'azione proposta dal venditore di un immobile e volta ad ottenere il saldo del prezzo pattuito ha natura personale, concernendo il pagamento di un'obbligazione e non l'accertamento, positivo o negativo, di un diritto reale sul bene o dei modi di costituzione di tale diritto ovvero, ancora, delle posizioni soggettive, attive o passive, che direttamente ne derivano, con conseguente sua estraneità alla speciale competenza territoriale del forum rei sitae (C.C. 40327/21).

Ipoteca: L'azione di riduzione di ipoteca, ancorché presupponga una domanda di accertamento negativo del credito che ha dato luogo all'iscrizione ipotecaria, ha ad oggetto un diritto reale su beni immobili, e pertanto rientra nella competenza per territorio del tribunale del luogo in cui si trovano i beni ipotecati (C.C. 18681/22).

Inderogabilità: In tema di locazioni, la competenza territoriale del giudice del locus rei sitae ha natura inderogabile, con la conseguente invalidità di una eventuale clausola difforme, rilevabile ex officio anche in sede di regolamento di competenza (C.C. 12404/20 – Conf. C.C. 21908/14).

22. Foro per le cause ereditarie. – È competente il giudice del luogo dell'aperta successione (456 c.c.) per le cause:

1) relative a petizione (533 c.c.) o divisione di eredità (713 ss. c.c.) e per qualunque altra tra coeredi fino alla divisione (784 ss.);

2) relative alla rescissione della divisione (763 c.c.) e alla garanzia delle quote (758 c.c.), purché proposte entro un biennio dalla divisione;

3) relative a crediti verso il defunto (752 c.c.) o a legati dovuti dall'erede (662 c.c.), purché proposte prima della divisione e in ogni caso entro un biennio dall'apertura della successione;

4) contro l'esecutore testamentario (700 ss. c.c.), purché proposte entro i termini indicati nel numero precedente.

Se la successione si è aperta fuori della Repubblica, le cause suindicate sono di competenza del giudice del luogo in cui è posta la maggior parte dei beni situati nella Repubblica, o, in mancanza di questi, del luogo di residenza (43 c.c.) del convenuto o di alcuno dei convenuti.

NOTE OPERATIVE:

Ambito di applicazione: Rientrano tra le cause di divisione di eredità, e dunque sono di competenza del tribunale del luogo dell'apertura della successione, sia le domande di scioglimento dell'intera comunione ereditaria, sia le domande volte alla divisione di una parte di essa, ovvero di determinati beni compresi per intero nell'eredità, giacché comunque attinenti all'universalità dei rapporti giuridici facenti capo al de cuius (C.C. 18021/23), tornando ad applicarsi, nelle altre ipotesi, la regola generale del forum rei sitae (C.C. 7617/19).

Derogabilità: Il foro esclusivo previsto per le cause ereditarie è derogabile non rientrando tra le ipotesi elencate dall'art. 28 c.p.c. (C.C. 26141/21 – Conf. C.C. 2466/76).

23. Foro per le cause tra soci e tra condomini. – Per le cause tra soci (2247 c.c.) è competente il giudice del luogo dove ha sede la società (16; 46 c.c.); per le cause tra condomini (1100 ss. c.c.), ovvero tra condomini e condominio, (1) il giudice del luogo dove si trovano i beni comuni o la maggior parte di essi.

Tale norma si applica anche dopo lo scioglimento della società o del condominio, purché la domanda sia proposta entro un biennio dalla divisione.

(1) *Le parole: «, ovvero tra condomini e condominio,» sono state inserite dall'art. 31 della L. 11 dicembre 2012, n. 220 (in vigore dal 18 giugno 2013).*

NOTE OPERATIVE:

Ambito di applicazione: La regola del forum rei sitae non è limitato alle liti tra singoli condomini attinenti ai rapporti giuridici derivanti dalla proprietà delle parti comuni dell'edificio o dall'uso e godimento delle stesse, ma comprende qualsiasi controversia possa insorgere nell'ambito condominiale per ragioni afferenti al condominio, rientrandovi anche la domanda di risarcimento del danno da infiltrazioni provenienti dalla proprietà esclusiva di altro condomino (C.C. 3930/23 – Conf. C.C. 180/15; S.U. 20076/06).

Condominio: La norma introduce un foro speciale esclusivo per le controversie tra condomini, stabilendo che per esse è competente il giudice del luogo in cui si trova l'immobile condominiale (S.U. 20076/06).

Derogabilità: La norma può essere derogata in presenza di un accordo tra le parti (regolamento condominiale); il carattere esclusivo del foro non significa che lo stesso sia anche inderogabile (C.C. 17130/15).

24. Foro per le cause relative alle gestioni tutelari e patrimoniali. – Per le cause relative alla gestione di una tutela (343 ss. c.c.) o di una amministrazione patrimoniale (52, 167, 180, 528, 641 c.c.), conferita per legge o per provvedimento dell'autorità è competente il giudice del luogo d'esercizio della tutela o dell'amministrazione.

NOTE OPERATIVE:

Ambito di applicazione: La norma, nel designare la competenza del giudice di esercizio della tutela, intende riferirsi al giudice presso il quale la tutela risulti formalmente aperta ed al quale il tutore debba presentare il rendiconto, ovvero, in caso di omissione, possa procedersi ai sensi dell'art. 386, comma 3, c.c. (C.C. 7621/12).

25. Foro della pubblica amministrazione. – Per le cause nelle quali è parte un'amministrazione dello Stato è competente, a norma delle leggi speciali sulla rappresentanza e difesa dello Stato in giudizio e nei casi ivi previsti, il giudice del luogo dove ha sede l'ufficio dell'Avvocatura dello Stato (144), nel cui distretto si trova il giudice che sarebbe competente secondo le norme ordinarie (7 ss.). Quando l'amministrazione è convenuta, tale distretto si determina con riguardo al giudice del luogo in cui è sorta o deve eseguirsi l'obbligazione o in cui si trova la cosa mobile o immobile oggetto della domanda (144).

NOTE OPERATIVE:

Ambito di applicazione: Le particolari disposizioni in materia di foro erariale si applicano alle sole controversie nelle quali sia parte un'amministrazione dello Stato; dette disposizioni non sono pertanto estensibili alle controversie nelle quali siano parte altri enti che, pur rappresentati e difesi in giudizio dall'Avvocatura dello Stato, abbiano soggettività giuridica formalmente distinta dallo Stato (C.C. 28255/18 – Conf. C.C. 30035/11; C.C. 26994/05; C.C. 7956/97).

Inderogabilità: Nelle cause con una pluralità di convenuti, nelle quali è parte un'amministrazione dello Stato, come litisconsorte necessario, prevale la competenza del foro erariale, trattandosi di competenza funzionale e inderogabile (C.C. 26883/20).

26. Foro dell'esecuzione forzata. – Per l'esecuzione forzata su cose mobili (513 ss.) o immobili (555 ss.) è competente il giudice del luogo in cui le cose si trovano (16). Se le cose immobili soggette all'esecuzione non sono interamente comprese nella circoscrizione di un solo tribunale, si applica l'art. 21.

Per l'esecuzione forzata su autoveicoli, motoveicoli e rimorchi è competente il giudice del luogo in cui il debitore ha la residenza, il domicilio, la dimora o la sede (1).

Per l'esecuzione forzata degli obblighi di fare e di non fare (612 ss.; 2931, 2933 c.c.) è competente il giudice del luogo dove l'obbligo deve essere adempiuto (1182 c.c.).

(1) *Questo comma è stato così sostituito dall'art. 19, comma 1, lett. a), del D.L. 12 settembre 2014, n. 132, convertito, con modificazioni, nella L. 10 novembre 2014, n. 162. A norma dell'art. 19, comma 6 bis, dello stesso provvedimento, tali disposizioni si applicano ai procedimenti iniziati a decorrere dal trentesimo gior-*

no successivo alla data di entrata in vigore della legge di conversione del presente decreto (Suppl. ord. alla G.U. Serie gen. - n. 261 del 10 novembre 2014).

26 *bis*. (¹) **Foro relativo all'espropriazione forzata di crediti.** – Quando il debitore è una delle pubbliche amministrazioni indicate dall'articolo 413, quinto comma, per l'espropriazione forzata di crediti è competente, salvo quanto disposto dalle leggi speciali, il giudice del luogo dove ha sede l'ufficio dell'Avvocatura dello Stato nel cui distretto il creditore ha la residenza, il domicilio, la dimora o la sede (²).

Fuori dei casi di cui al primo comma, per l'espropriazione forzata di crediti è competente il giudice del luogo in cui il debitore ha la residenza, il domicilio, la dimora o la sede.

(¹) *Questo articolo è stato inserito dall'art. 19, comma 1, lett. b), del D.L. 12 settembre 2014, n. 132, convertito, con modificazioni, nella L. 10 novembre 2014, n. 162. A norma dell'art. 19, comma 6 bis, dello stesso provvedimento, tali disposizioni si applicano ai procedimenti iniziati a decorrere dal trentesimo giorno successivo alla data di entrata in vigore della legge di conversione del presente decreto (Suppl. ord. alla G.U. Serie gen. - n. 261 del 10 novembre 2014).*

(²) *Le parole: «il giudice del luogo dove il terzo debitore ha la residenza, il domicilio, la dimora o la sede» sono state così sostituite dalle attuali: «il giudice del luogo dove ha sede l'ufficio dell'Avvocatura dello Stato nel cui distretto il creditore ha la residenza, il domicilio, la dimora o la sede» dall'art. 1, comma 29, della L. 26 novembre 2021, n. 206, a decorrere dal centottantesimo giorno successivo alla data di entrata in vigore della presente legge.*

NOTE OPERATIVE:

Ambito di applicazione: La norma, quando allude alla disciplina di leggi speciali come idonea a stabilite il foro dell'esecuzione forzata per espropriazione di crediti, in danno delle P.A. di cui all'art. 413, comma 5, c.p.c., attribuisce alla regola desumibile dalla legge speciale il valore di regola esclusiva rispetto a quella fissata dallo stesso citato comma 1, con riferimento al luogo in cui il terzo debitore ha la residenza, il domicilio, la dimora o la sede (C.C. 8172/18).

27. Foro relativo alle opposizioni all'esecuzione. – Per le cause di opposizione all'esecuzione forzata di cui agli artt. 615 e 619 è competente il giudice del luogo dell'esecuzione (17), salva la disposizione dell'art. 480 terzo comma (28).

Per le cause di opposizione a singoli atti esecutivi (617) è competente il giudice davanti al quale si svolge l'esecuzione.

28. Foro stabilito per accordo delle parti. – La competenza per territorio può essere derogata per accordo delle parti (6, 29), salvo che per le cause previste nei nn. 1, 2, 3 e 5 dell'art. 70, per i casi di esecuzione forzata (483 ss.), di opposizione alla stessa (27, 615 ss.), di procedimenti cautelari (669 *bis* ss.) e possessori (703 ss.), di procedimenti in camera di consiglio (737 ss.) e per ogni altro caso in cui l'inderogabilità sia disposta espressamente dalla legge (25, 413, 661, 747, 825; 9 l. fall.).

NOTE OPERATIVE:

Natura giuridica: Il foro convenzionale stabilito dalle parti, benché dalle stesse indicato come esclusivo, dà luogo a un'ipotesi di competenza derogata e non inderogabile (C.C. 2120/22 – Conf. C.C. 19714/18).

29. Forma ed effetti dell'accordo delle parti. – L'accordo delle parti per la deroga della competenza territoriale (6, 18 ss.) deve riferirsi ad uno o più affari determinati e risultare da atto scritto (1341, 2725¹ c.c.).

L'accordo non attribuisce al giudice designato competenza esclusiva quando ciò non è espressamente stabilito.

NOTE OPERATIVE:

Efficacia: Il patto con il quale sia stata prevista una deroga convenzionale alla competenza territoriale opera nei soli confronti dei diretti contraenti; esso, dunque, non produce effetto rispetto ai terzi e non è vincolante, né opponibile verso questi ultimi che, invece, restano assoggettati, come convenuti o come attori, alle regole determinative della competenza fissate dalla legge, essendo irrilevante che il patto di deroga sia stato validamente trascritto (C.C. 33309/19 – Conf. C.C. 9035/95; C.C. 7896/94; C.C. 582/84; C.C. 112/76).

Modalità: La designazione convenzionale di un foro territoriale come esclusivo presuppone una pattuizione espressa, che non può essere desunta in via di argomentazione logica da elementi presuntivi, dovendo per converso essere inequivoca e non lasciar adito ad alcun dubbio circa l'intenzione delle parti di escludere la competenza degli altri fori contemplati dalla legge (C.C. 20713/23 – Conf. C.C. 21010/20; C.C. 21362/20).

Clausola asimmetrica: È lecita la clausola contrattuale (cd. asimmetrica) di deroga alla competenza territoriale a favore anche solo di una parte, con la conseguente facoltà per la stessa di introdurre la lite sia davanti al giudice indicato nel contratto, sia dinanzi a quello che sarebbe competente secondo i criteri ordinari, mentre l'altro contraente resta obbligato a promuovere eventuali controversie soltanto dinanzi all'autorità giudiziaria contrattualmente indicata (C.C. 15202/20).

30. (¹) **Foro del domicilio eletto.** – Chi ha eletto domicilio a norma dell'art. 47 c.c. può essere convenuto davanti al giudice del domicilio stesso (141, 319; 58 att.).

(¹) *Articolo così modificato con R.D. 20 aprile 1942, n. 504, norme per il coordinamento del codice di procedura civile.*

30 *bis*. (1) (2) **Foro per le cause in cui sono parti i magistrati.** – Le cause in cui sono comunque parti magistrati, che secondo le norme del presente capo sarebbero attribuite alla competenza di un ufficio giudiziario compreso nel distretto di corte d'appello in cui il magistrato esercita le proprie funzioni, sono di competenza del giudice, ugualmente competente per materia, che ha sede nel capoluogo del distretto di corte d'appello determinato ai sensi dell'articolo 11 del codice di procedura penale (3).

Se nel distretto determinato ai sensi del primo comma il magistrato è venuto ad esercitare le proprie funzioni successivamente alla sua chiamata in giudizio, è competente il giudice che ha sede nel capoluogo del diverso distretto di corte d'appello individuato ai sensi dell'articolo 11 del codice di procedura penale con riferimento alla nuova destinazione.

(1) *Questo articolo è stato inserito dall'art. 9 della L. 2 dicembre 1998, n. 420.*

(2) *La Corte costituzionale, con sentenza n. 444 del 12 novembre 2002, ha dichiarato l'illegittimità costituzionale di questo articolo, nella parte in cui si applica ai processi di esecuzione forzata promossi da o contro magistrati in servizio nel distretto di corte d'appello comprendente l'ufficio giudiziario competente ai sensi dell'articolo 26 del c.p.c.*

(3) *La Corte costituzionale, con sentenza n. 147 del 25 maggio 2004, ha dichiarato l'illegittimità costituzionale di questo comma, ad eccezione della parte relativa alle azioni civili concernenti le restituzioni e il risarcimento del danno da reato, di cui sia parte un magistrato, nei termini di cui all'art. 11 del codice di procedura penale.*

NOTE OPERATIVE:

Ambito di applicazione: Nelle cause relative alle azioni civili concernenti le restituzioni e il risarcimento del danno da reato di cui sia parte un magistrato, lo spostamento di competenza presuppone l'attualità dello svolgimento delle funzioni, ne consegue che la norma, eccezionale in quanto derogatoria delle ordinarie regole in tema di competenza territoriale, e di cui va dunque esclusa l'interpretazione estensiva, non trova applicazione nell'ipotesi in cui parte del processo sia un magistrato in quiescenza (C.C. 24945/21).

Sezione IV
Delle modificazioni della competenza per ragione di connessione

31. Cause accessorie. – La domanda accessoria può essere proposta al giudice territorialmente competente (18 ss.) per la domanda principale affinché sia decisa nello stesso processo (40, 274, 274 *bis*), osservata, quanto alla competenza per valore, la disposizione dell'art. 10 secondo comma.

[Può tuttavia essere proposta allo stesso giudice anche se eccede la sua competenza per valore, qualora la competenza per la causa principale sia determinata per ragione di materia] (1).

(1) *Questo comma è stato abrogato dall'art. 53 del D.L.vo 19 febbraio 1998, n. 51, recante l'istituzione del giudice unico, a decorrere dal 2 giugno 1999.*

NOTE OPERATIVE:

Presupposti: Il vincolo di accessorietà tra due pretese giudiziali tale da giustificarne il cumulo e la trattazione congiunta sussiste allorché l'una, oltre a connotarsi per il contenuto meno rilevante, risulti obiettivamente in posizione di subordinazione o dipendenza rispetto all'altra, nel senso che il petitum e il titolo della causa accessoria, pur mantenendo la loro autonomia, non possano concepirsi se non come storicamente e ontologicamente fondati su quelli della causa principale (C.C. 21261/11 – Conf. C.C. 10356/05).

32. (1) **Cause di garanzia.** – La domanda di garanzia può essere proposta al giudice competente per la causa principale affinché sia decisa nello stesso processo. Qualora essa ecceda la competenza per valore del giudice adito, questi rimette entrambe le cause al giudice superiore assegnando alle parti un termine perentorio per la riassunzione.

(1) *Questo articolo è stato così sostituito dall'art. 54 del D.L.vo 19 febbraio 1998, n. 51, recante l'istituzione del giudice unico, a decorrere dal 2 giugno 1999.*

NOTE OPERATIVE:

Ambito di applicazione: La distinzione fra garanzia propria ed impropria, seppure configurabile sotto il profilo descrittivo, è priva di conseguenze dal punto di vista applicativo, non essendo rilevante ai fini della determinazione dell'ambito di operatività della norma (C.C. 19714/18 – Conf. S.U. 24707/15).

33. Cumulo soggettivo. – Le cause contro più persone che a norma degli artt. 18 e 19 dovrebbero essere proposte davanti a giudici diversi, se sono connesse per l'oggetto o per il titolo (40) possono essere proposte davanti al giudice del luogo di residenza o domicilio (43, 46 c.c.) di una di esse, per essere decise nello stesso processo (103, 274).

NOTE OPERATIVE:

Ambito di applicazione: Nel caso in cui, nel medesimo processo, più soggetti propongano contro uno stesso convenuto una pluralità di domande non altrimenti connesse, non si verifica un'ipotesi di cumulo soggettivo, che riguarda il caso in cui lo stesso attore convenga più persone davanti ad un unico giudice in deroga alle normali regole sulla competenza territoriale, ma una fattispecie di cumulo oggettivo semplice (C.C. 16424/18).

34. Accertamenti incidentali. – Il giudice, se per legge o per esplicita domanda di una delle parti è necessario decidere con efficacia di giudicato (324; 2909 c.c.) una questione pregiudiziale (295) che appartiene per materia o valore alla competenza di un giudice superiore, rimette tutta la causa a quest'ultimo, assegnando alle parti un termine perentorio (152, 153) per la riassunzione della causa davanti a lui (50; 125 att.).

NOTE OPERATIVE:

Ambito di applicazione: La norma si riferisce alla sola pregiudizialità in senso tecnico e non già a quella in senso logico giuridico (C.C. 41895/21).

35. Eccezione di compensazione. – Quando è opposto in compensazione (1241 ss. c.c.) un credito che è contestato ed eccede la competenza per valore (7 ss.) del giudice adito, questi, se la domanda è fondata su titolo non controverso o facilmente accertabile, può decidere su di essa e rimettere le parti al giudice competente per la decisione relativa all'eccezione di compensazione, subordinando, quando occorre, l'esecuzione della sentenza alla prestazione di una cauzione (119, 478); altrimenti provvede a norma dell'articolo precedente.

NOTE OPERATIVE:

Ambito di applicazione: Allorquando in un giudizio di primo grado avente ad oggetto l'accertamento di un credito venga eccepita in compensazione l'esistenza di un controcredito, oggetto di altro giudizio fra le stesse parti pendente in secondo grado, il giudice del primo giudizio deve risolvere la situazione di connessione sulla base dei principi emergenti dalla norma opportunamente adattati alla situazione di pendenza dei due giudizi in gradi diversi (C.C. 24098/06).

36. Cause riconvenzionali. – Il giudice competente per la causa principale conosce anche delle domande riconvenzionali (167) che dipendono dal titolo dedotto in giudizio dall'attore o da quello che già appartiene alla causa come mezzo di eccezione, purché non eccedano la sua competenza per materia o valore (7 ss.); altrimenti applica le disposizioni dei due articoli precedenti.

NOTE OPERATIVE:

Ambito di applicazione: In tema di competenza, il giudice di pace, adito con domanda rientrante nella sua competenza per materia, ove sia investito, in via riconvenzionale, di una eccezione eccedente la sua competenza per valore o per materia, deve decidere su entrambe, in quanto l'eccezione riconvenzionale, a differenza della domanda riconvenzionale, non comporta lo spostamento della competenza e la separazione delle cause (C.C. 23074/20 – Conf C.C. 23937/10).

Eccezione riconvenzionale: La distinzione tra domanda ed eccezione riconvenzionale non dipende dal titolo posto a base della difesa del convenuto, e cioè dal fatto o dal rapporto giuridico invocato a suo fondamento, ma dal relativo oggetto, vale a dire dal risultato processuale che lo stesso intende con essa ottenere, che è limitato, nel secondo caso, al rigetto della domanda proposta dall'attore. Deriva da quanto precede, pertanto, che non sussistono limiti al possibile ampliamento del tema della controversia da parte del convenuto a mezzo di eccezioni, purché vengano allegati, a loro fondamento, fatti o rapporti giuridici prospettati come idonei a determinare l'estinzione o la modificazione dei diritti fatti valere dall'attore, e in base ai quali si chiede la reiezione delle domande da questo proposte e non una pronunzia di accoglimento di ulteriori e diverse domande (C.C. 6318/19 – Conf. C.C. 21472/16).

Sezione V
Del difetto di giurisdizione, dell'incompetenza e della litispendenza ([1])

([1]) *Si veda l'art. 59 della L. 18 giugno 2009, n. 69, che così dispone: «59. (Decisione delle questioni di giurisdizione) 1. Il giudice che, in materia civile, amministrativa, contabile, tributaria o di giudici speciali, dichiara il proprio difetto di giurisdizione indica altresì, se esistente, il giudice nazionale che ritiene munito di giurisdizione. La pronuncia sulla giurisdizione resa dalle sezioni unite della Corte di cassazione è vincolante per ogni giudice e per le parti anche in altro processo.*

«2. Se, entro il termine perentorio di tre mesi dal passaggio in giudicato della pronuncia di cui al comma 1, la domanda è riproposta al giudice ivi indicato, nel successivo processo le parti restano vincolate a tale indicazione e sono fatti salvi gli effetti sostanziali e processuali che la domanda avrebbe prodotto se il giudice di cui è stata dichiarata la giurisdizione fosse stato adito fin dall'instaurazione del primo giudizio, ferme restando le preclusioni e le decadenze intervenute. Ai fini del presente comma la domanda si ripropone con le modalità e secondo le forme previste per il giudizio davanti al giudice adito in relazione al rito applicabile.

«3. Se sulla questione di giurisdizione non si sono già pronunciate, nel processo, le sezioni unite della Corte di cassazione, il giudice davanti al quale la causa è riassunta può sollevare d'ufficio, con ordinanza, tale questione davanti alle medesime sezioni unite della Corte di cassazione, fino alla prima udienza fissata per la trattazione del merito. Restano ferme le disposizioni sul regolamento preventivo di giurisdizione.

«4. L'inosservanza dei termini fissati ai sensi del presente articolo per la riassunzione o per la prosecuzione del giudizio comporta l'estinzione del processo, che è dichiarata anche d'ufficio alla prima udienza, e impedisce la conservazione degli effetti sostanziali e processuali della domanda.

«5. In ogni caso di riproposizione della domanda davanti al giudice di cui al comma 1, le prove raccolte nel processo davanti al giudice privo di giurisdizione possono essere valutate come argomenti di prova.».

37. ([1]) **Difetto di giurisdizione.** – Il difetto di giurisdizione del giudice ordinario nei confronti della pubblica amministrazione è rilevato, anche d'ufficio, in qualunque stato e grado del processo. Il difetto di giurisdizione del giudice ordinario nei confronti del giudice amministrativo o dei giudici speciali è rilevato anche d'ufficio nel giudizio di primo grado. Nei giudizi di impugnazione può essere rilevato solo se oggetto di specifico motivo, ma l'attore non può impugnare la sentenza per denunciare il difetto di giurisdizione del giudice da lui adito.

([1]) *Questo articolo è stato così sostituito dall'art. 3, comma 2, lett. a), del D.L.vo 10 ottobre 2022, n. 149, a decorrere dal 28 febbraio 2023.*

A norma dell'art. 35, comma 1, del medesimo decreto, le disposizioni si applicano ai procedimenti instaurati successivamente a tale data. Ai procedimenti pendenti alla data del 28 febbraio 2023 si applicano le disposizioni anteriormente vigenti.

Si riporta il testo precedente:

«Art. 37 (Difetto di giurisdizione)

Il difetto di giurisdizione del giudice ordinario nei confronti della pubblica amministrazione o dei giudici speciali (102, 103 Cost.) è rilevato, anche d'ufficio, in qualunque stato e grado del processo (41, 360, n. 1, 368, 374, 386).

[Il difetto di giurisdizione del giudice italiano nei confronti dello straniero è rilevato (279) dal giudice d'ufficio in qualunque stato e grado del processo relativamente alle cause che hanno per oggetto beni immobili situati all'estero; in ogni altro caso è rilevato, egualmente d'ufficio, dal giudice se il convenuto è contumace (291), e può essere rilevato soltanto dal convenuto costituito che non abbia accettato espressamente o tacitamente la giurisdizione italiana (*).]».

(*) *Comma abrogato dall'art. 73 della L. 31 maggio 1995, n. 218, con decorrenza dal 1° settembre 1995. Si veda l'art. 11 della citata L. n. 218/1995.*

NOTE OPERATIVE:

Ambito di applicazione: Nell'interpretare la norma occorre tenere conto dei principi di economia processuale e di ragionevole durata del processo (asse portante della nuova lettura della norma), della progressiva forte assimilazione delle questioni di giurisdizione a quelle di competenza e dell'affievolirsi dell'idea di giurisdizione intesa come espressione della sovranità statale, essendo essa un servizio reso alla collettività con effettività e tempestività, per la realizzazione del diritto della parte ad avere una valida decisione nel merito in tempi ragionevoli (S.U. 20853/22).

38. ([1]) **Incompetenza.** – L'incompetenza per materia, quella per valore e quella per territorio sono eccepite, a pena di decadenza, nella comparsa di risposta tempestivamente depositata. L'eccezione di incompetenza per territorio si ha per non proposta se non contiene l'indicazione del giudice che la parte ritiene competente.

Fuori dei casi previsti dall'articolo 28, quando le parti costituite aderiscono all'indicazione del giudice competente per territorio, la competenza del giudice indicato rimane ferma se la causa è riassunta entro tre mesi dalla cancellazione della stessa dal ruolo.

L'incompetenza per materia, quella per valore e quella per territorio nei casi previsti dall'articolo 28 sono rilevate d'ufficio non oltre l'udienza di cui all'articolo 183.

Le questioni di cui ai commi precedenti sono decise, ai soli fini della competenza, in base a quello che risulta dagli atti e, quando sia reso necessario dall'eccezione del convenuto o dal rilievo del giudice, assunte sommarie informazioni.

([1]) *Questo articolo è stato così sostituito dall'art. 45, comma 2, della L. 18 giugno 2009, n. 69, a decorrere dal*

CODICE PROCEDURA CIVILE

4 luglio 2009. Ai sensi dell'art. 58, comma 1, della predetta legge, tale disposizione si applica ai giudizi instaurati dopo la data della sua entrata in vigore.

Il testo precedente così disponeva: «38. (Incompetenza). L'incompetenza per materia, quella per valore e quella per territorio nei casi previsti dall'art. 28 sono rilevate, anche d'ufficio, non oltre la prima udienza di trattazione.

«L'incompetenza per territorio, fuori dei casi previsti dall'art. 28, è eccepita a pena di decadenza nella comparsa di risposta. L'eccezione si ha per non proposta se non contiene l'indicazione del giudice che la parte ritiene competente. Quando le parti costituite aderiscono a tale indicazione, la competenza del giudice rimane ferma se la causa è riassunta entro tre mesi dalla cancellazione dal ruolo.

«Le questioni di cui ai commi precedenti sono decise, ai soli fini della competenza, in base a quello che risulta dagli atti e, quando sia reso necessario dall'eccezione del convenuto o dal rilievo del giudice, assunte sommarie informazioni.».

NOTE OPERATIVE:

Opposizione a d.i.: In tema di opposizione a decreto ingiuntivo, l'eccezione di incompetenza per territorio deve essere sollevata nell'atto di opposizione, che deve intendersi come prima difesa utile poiché tiene luogo della comparsa di risposta nella procedura ordinaria (C.C. 4779/21 – Conf. C.C. 5161/99).

Onere della parte: Il convenuto che deduca l'incompetenza per territorio del giudice adito in ragione dell'esistenza di un foro inderogabile non è tenuto ad indicare i possibili fori alternativi e la loro irrilevanza rispetto a quello su cui è fondata la sua eccezione (C.C. 31604/21).

Adesione all'eccezione: L'adesione all'eccezione di incompetenza territoriale proposta da controparte comporta l'esclusione di ogni potere del giudice adito di decidere sulla competenza e conseguentemente di pronunciare sulle spese processuali relative alla fase svoltasi davanti a lui, dovendo provvedervi il giudice al quale è rimessa la causa (C.C. 15017/22).

39. Litispendenza e continenza di cause. – Se una stessa causa è proposta davanti a giudici diversi, quello successivamente adito, in qualunque stato e grado del processo, anche d'ufficio, dichiara con ordinanza la litispendenza e dispone la cancellazione della causa dal ruolo (1).

Nel caso di continenza di cause, se il giudice preventivamente adito è competente anche per la causa proposta successivamente, il giudice di questa dichiara con ordinanza (2) la continenza e fissa un termine perentorio (153) entro il quale le parti debbono riassumere la causa davanti al primo giudice (44, 50; 125 att.). Se questi non è competente anche per la causa successivamente proposta, la dichiarazione della continenza e la fissazione del termine sono da lui pronunciate.

La prevenzione è determinata dalla notificazione (137 ss.) della citazione (163) ovvero dal deposito del ricorso (3).

(1) *Questo comma è stato così sostituito dall'art. 45, comma 3, lett. a), della L. 18 giugno 2009, n. 69, a decorrere dal 4 luglio 2009. Ai sensi dell'art. 58, comma 1, della predetta legge, tale disposizione si applica ai giudizi instaurati dopo la data della sua entrata in vigore.*

(2) *L'originaria parola: «sentenza» è stata così sostituita dall'art. 45, comma 3, lett. b), della L. 18 giugno 2009, n. 69, a decorrere dal 4 luglio 2009. Ai sensi dell'art. 58, comma 1, della predetta legge, tale disposizione si applica ai giudizi instaurati dopo la data della sua entrata in vigore.*

(3) *Le parole: «ovvero dal deposito del ricorso» sono state aggiunte dall'art. 45, comma 3, lett. c), della L. 18 giugno 2009, n. 69, a decorrere dal 4 luglio 2009. Ai sensi dell'art. 58, comma 1, della predetta legge, tale disposizione si applica ai giudizi instaurati dopo la data della sua entrata in vigore.*

NOTE OPERATIVE:

Ambito di applicazione: Gli istituti della litispendenza e della continenza, operando soltanto tra cause pendenti dinanzi a uffici giudiziari diversi, non sono applicabili se le cause identiche o connesse pendano dinanzi al medesimo ufficio giudiziario, anche se in gradi diversi (C.C. 30042/23 – Conf. C.C. 10183/23).

Continenza: La relazione di continenza sussiste non solo quando due cause, pendenti contemporaneamente davanti a giudici diversi, abbiano identità di soggetti e di causae petendi e differenza quantitativa di petitum (cd. continenza in senso stretto), ma anche quando vi sia una coincidenza parziale di causae petendi, ovvero qualora le questioni dedotte in una causa costituiscano il presupposto logico – giuridico necessario per la definizione dell'altra, o siano in tutto o in parte comuni alla decisione di entrambe, avendo le rispettive domande origine dal medesimo rapporto negoziale e risultando tra loro interdipendenti o contrapposte, cosicché la soluzione dell'una interferisce su quella dell'altra (cd. continenza per specularità) (C.C. 11888/23 – Conf. C.C. 19460/17; C.C. 15532/11).

40. Connessione. – Se sono proposte davanti a giudici diversi più cause le quali, per ragione di connessione (31 ss.), possono essere decise in un solo processo (274), il giudice fissa con ordinanza (1) alle parti un termine perentorio (153) per la riassunzione (50; 125 att.) della causa accessoria davanti al giudice della causa principale (31), e negli altri casi davanti a quello preventivamente (39^3) adito (42, 45).

La connessione non può essere eccepita dalle parti né rilevata d'ufficio dopo la prima udienza (183), e la rimessione non può essere ordinata quando lo stato della causa principale o preventivamente proposta non consente l'esauriente trattazione e decisione delle cause connesse.

Nei casi previsti negli artt. 31, 32, 34, 35 e 36, le cause, cumulativamente proposte o successivamente riunite, debbono essere trattate e decise col rito ordinario, salva l'applicazione del solo rito speciale quando una di tali cause rientri fra quelle indicate negli artt. 409 e 442 (2). In caso di connessione ai sensi degli articoli 31, 32, 34, 35 e 36 tra causa sottoposta al rito semplificato di cognizione e causa sottoposta a rito speciale diverso da quello previsto dal primo periodo, le cause debbono essere trattate e decise con il rito semplificato di cognizione (3).

Qualora le cause connesse siano assoggettate a differenti riti speciali debbono essere trattate e decise col rito previsto per quella tra esse in ragione della quale viene determinata la competenza o, in subordine, col rito previsto per la causa di maggior valore (2).

Se la causa è stata trattata con un rito diverso da quello divenuto applicabile ai sensi del terzo comma, il giudice provvede a norma degli artt. 426, 427 e 439 (2).

Se una causa di competenza del giudice di pace (7) sia connessa per i motivi di cui agli artt. 31, 32, 34, 35 e 36 con altra causa di competenza [del pretore o] (4) del tribunale (9), le relative domande possono essere proposte innanzi [al pretore o] (4) al tribunale affinché siano decise nello stesso processo (5).

Se le cause connesse ai sensi del sesto comma sono proposte davanti al giudice di pace e [al pretore o] (4) al tribunale, il giudice di pace deve pronunziare anche d'ufficio (279) la connessione a favore [del pretore o] (4) del tribunale (5).

(1) *L'originaria parola: «sentenza» è stata così sostituita dall'art. 45, comma 4, della L. 18 giugno 2009, n. 69, a decorrere dal 4 luglio 2009. Ai sensi dell'art. 58, comma 1, della predetta legge, tale disposizione si applica ai giudizi instaurati dopo la data della sua entrata in vigore.*

(2) *Comma aggiunto dall'art. 5 della L. 26 novembre 1990, n. 353, a decorrere dall'1 gennaio 1993.*

(3) *Questo periodo è stato aggiunto dall'art. 3, comma 2, lett. b), del D.L.vo 10 ottobre 2022, n. 149, a decorrere dal 28 febbraio 2023.*

A norma dell'art. 35, comma 1, del medesimo decreto, le disposizioni si applicano ai procedimenti instaurati successivamente a tale data. Ai procedimenti pendenti alla data del 28 febbraio 2023 si applicano le disposizioni anteriormente vigenti.

(4) *Le parole: «del pretore o» e: «al pretore o» sono state soppresse dall'art. 55 del D.L.vo 19 febbraio 1998, n. 51, recante l'istituzione del giudice unico, a decorrere dal 2 giugno 1999.*

(5) *Comma aggiunto dall'art. 19 della L. 21 novembre 1991, n. 374, recante istituzione del giudice di pace, a decorrere dal 1° maggio 1995.*

NOTE OPERATIVE:

Presupposti: Per dar luogo alla competenza per connessione non è sufficiente una qualsiasi relazione di interdipendenza fra due cause pendenti davanti a giudici diversi, ma è necessario che tra esse intercorra uno dei rapporti previsti dagli artt. 31 e ss. c.p.c. (C.C. 28456/20 – Conf. C.C. 23890/06; C.C. 6322/00).

Sezione VI
Del regolamento di giurisdizione e di competenza (1)

(1) *Si veda l'art. 59 della L. 18 giugno 2009, n. 69, che così dispone: «59. (Decisione delle questioni di giurisdizione) 1. Il giudice che, in materia civile, amministrativa, contabile, tributaria o di giudici speciali, dichiara il proprio difetto di giurisdizione indica altresì, se esistente, il giudice nazionale che ritiene munito di giurisdizione. La pronuncia sulla giurisdizione resa dalle sezioni unite della Corte di cassazione è vincolante per ogni giudice e per le parti anche in altro processo.*

«2. Se, entro il termine perentorio di tre mesi dal passaggio in giudicato della pronuncia di cui al comma 1, la domanda è riproposta al giudice ivi indicato, nel successivo processo le parti restano vincolate a tale indicazione e sono fatti salvi gli effetti sostanziali e processuali che la domanda avrebbe prodotto se il giudice di cui è stata dichiarata la giurisdizione fosse stato adito fin dall'instaurazione del primo giudizio, ferme restando le preclusioni e le decadenze intervenute. Ai fini del presente comma la domanda si ripropone con le modalità e secondo le forme previste per il giudizio davanti al giudice adito in relazione al rito applicabile.

«3. Se sulla questione di giurisdizione non si sono già pronunciate, nel processo, le sezioni unite della Corte di cassazione, il giudice davanti al quale la causa è riassunta può sollevare d'ufficio, con ordinanza, tale questione davanti alle medesime sezioni unite della Corte di cassazione, fino alla prima udienza fissata per la trattazione del merito. Restano ferme le disposizioni sul regolamento preventivo di giurisdizione.

«4. L'inosservanza dei termini fissati ai sensi del presente articolo per la riassunzione o per la prosecuzione del giudizio comporta l'estinzione del processo, che è dichiarata anche d'ufficio alla prima udienza, e impedisce la conservazione degli effetti sostanziali e processuali della domanda.

«5. In ogni caso di riproposizione della domanda davanti al giudice di cui al comma 1, le prove raccolte nel processo davanti al giudice privo di giurisdizione possono essere valutate come argomenti di prova.».

41. Regolamento di giurisdizione. – Finché la causa non sia decisa nel merito (277) in primo grado, ciascuna parte può chiedere alle Sezioni unite della Corte di cassazione (374) che risolvano (382) le questioni di giurisdizione di cui all'art. 37. L'istanza si propone con ricorso a norma degli artt. 364 ss., e produce gli effetti di cui all'art. 367.

La pubblica amministrazione che non è parte in causa può chiedere (368) in ogni stato e grado del processo che sia dichiarato dalle Sezioni unite della Corte di cassazione il difetto di giurisdizione (37) del giudice ordinario a causa dei poteri attribuiti dalla legge alla amministrazione stessa, finché la giurisdizione non sia stata affermata con sentenza passata in giudicato (324, 368).

NOTE OPERATIVE:

Natura giuridica: Il regolamento di giurisdizione si configura non già come mezzo di impugnazione, ma come strumento volto a provocare – indipendentemente da un conflitto in atto tra più giudici – una pronuncia sulla giurisdizione prima che la causa sia decisa nel merito e cioè al fine di evitare lo svolgimento di una attività giurisdizionale destinata a rilevarsi inutile, nel caso in cui successivamente venga dichiarato il difetto di giurisdizione (S.U. 489/19) e pertanto può anche non contenere specifici motivi di ricorso, ossia l'indicazione del giudice che abbia la giurisdizione o delle norme e delle ragioni su cui si fonda, essendo sufficiente che esponga gli elementi necessari alla definizione della questione di giurisdizione (S.U. 12865/20).

42. (1) **Regolamento necessario di competenza.** – L'ordinanza (2) che, pronunciando sulla competenza anche ai sensi degli artt. 39 e 40, non decide il merito della causa (277, 279) e i provvedimenti che dichiarano la sospensione del processo ai sensi dell'art. 295 possono essere impugnati (323) soltanto con istanza di regolamento di competenza (187 att.).

(1) *Articolo così sostituito dall'art. 6 della L. 26 novembre 1990, n. 353, a decorrere dall'1 gennaio 1993.*

(2) *L'originaria parola: «sentenza» è stata così sostituita dall'art. 45, comma 4, della L. 18 giugno 2009, n. 69, a decorrere dal 4 luglio 2009. Ai sensi dell'art. 58, comma 1, della predetta legge, tale disposizione si applica ai giudizi instaurati dopo la data della sua entrata in vigore.*

NOTE OPERATIVE:

Ambito di applicazione: Il regolamento necessario di competenza non è ammesso contro il diniego di sospensione del processo, poiché la formulazione letterale della norma, di carattere eccezionale, prevede un controllo immediato solo sulla legittimità del provvedimento che tale sospensione concede (C.C. 17882/23 – Conf. C.C. 42103/21; C.C. 20344/20; C.C. 31694/19; C.C. 27404/08; C.C. 1978/05). La violazione delle norme che disciplinano la ripartizione della potestas iudicandi tra giudice civile e penale non può costituire oggetto di un'istanza di regolamento di competenza (C.C. 38596/21 – Conf. C.C. 14573/19). La statuizione sulla competenza resa dal giudice di pace non può essere impugnata con regolamento di competenza che, se proposto, deve essere dichiarato inammissibile (C.C. 36514/22 – Conf. C.C. 711/21).

43. Regolamento facoltativo di competenza. – Il provvedimento (1) che ha pronunciato sulla competenza (38 ss.) insieme col merito (279) può essere impugnato (2) con l'istanza di regolamento di competenza (46, 47), oppure nei modi ordinari (323 ss.) quando insieme con la pronuncia sulla competenza si impugna quella sul merito.

La proposizione dell'impugnazione ordinaria non toglie alle altre parti la facoltà di proporre l'istanza di regolamento (47).

Se l'istanza di regolamento è proposta prima dell'impugnazione ordinaria, i termini per la proposizione di questa (325) riprendono a decorrere dalla comunicazione dell'ordinanza (3) che regola la competenza (49); se è proposta dopo, si applica la disposizione dell'art. 48 (187 att.).

(1) *Le originarie parole: «La sentenza» sono state così sostituite dall'art. 45, comma 5, lett. a), della L. 18 giugno 2009, n. 69, a decorrere dal 4 luglio 2009. Ai sensi dell'art. 58, comma 1, della predetta legge, tale disposizione si applica ai giudizi instaurati dopo la data della sua entrata in vigore.*

(2) *L'originaria parola: «impugnata» è stata così sostituita dall'art. 45, comma 5, lett. a), della L. 18 giugno 2009, n. 69, a decorrere dal 4 luglio 2009. Ai sensi dell'art. 58, comma 1, della predetta legge, tale disposizione si applica ai giudizi instaurati dopo la data della sua entrata in vigore.*

(3) *Le originarie parole: «della sentenza» sono state così sostituite dall'art. 45, comma 5, lett. b), della L. 18 giugno 2009, n. 69, a decorrere dal 4 luglio 2009. Ai sensi dell'art. 58, comma 1, della predetta legge, tale disposizione si applica ai giudizi instaurati dopo la data della sua entrata in vigore.*

NOTE OPERATIVE:

Ambito di applicazione: Difetta dei presupposti per la proposizione del regolamento di competenza l'impugnazione della decisione che non abbia avuto ad oggetto la ripartizione interna della competenza tra i giudici ordinari, bensì una questione di ripartizione della giurisdizione tra giudice ordinario e giudice speciale (C.C. 8303/20).
Scelta: La norma non attribuisce una assoluta ed indiscriminata facoltà di scelta tra il regolamento e l'impugnazione ordinaria, ma consente quest'ultima soltanto quando, secondo il testuale dettato della norma, insieme con la pronunzia sulla competenza, si impugna quella sul merito (C.C. 10932/20).

44. Efficacia dell'ordinanza (1) **che pronuncia sulla competenza.** – L'ordinanza (1) che, anche a norma degli artt. 39 e 40, dichiara l'incompetenza del giudice che l'ha pronunciata, se non è impugnata con l'istanza di regolamento (47), rende incontestabile l'incompetenza dichiarata e la competenza del giudice in essa indicato se la causa è riassunta (125 att.) nei termini di cui all'art. 50, salvo che si tratti di incompetenza per materia o di incompetenza per territorio nei casi previsti nell'art. 28.

(1) *L'originaria parola: «sentenza» è stata così sostituita dall'art. 45, comma 4, della L. 18 giugno 2009, n.*

69, a decorrere dal 4 luglio 2009. Ai sensi dell'art. 58, comma 1, della predetta legge, tale disposizione si applica ai giudizi instaurati dopo la data della sua entrata in vigore.

45. Conflitto di competenza. – Quando, in seguito alla ordinanza (1) che dichiara l'incompetenza del giudice adito per ragione di materia o per territorio nei casi di cui all'art. 28, la causa nei termini di cui all'art. 50 è riassunta davanti ad altro giudice (125 att.), questi, se ritiene di essere a sua volta incompetente, richiede d'ufficio (47[4]) il regolamento di competenza.

(1) *L'originaria parola: «sentenza» è stata così sostituita dall'art. 45, comma 4, della L. 18 giugno 2009, n. 69, a decorrere dal 4 luglio 2009. Ai sensi dell'art. 58, comma 1, della predetta legge, tale disposizione si applica ai giudizi instaurati dopo la data della sua entrata in vigore.*

NOTE OPERATIVE:

Ambito di applicazione: La norma legittima il giudice dinanzi al quale il processo sia stato riassunto, a seguito della declinatoria di competenza di altro giudice originariamente adito, a sollevare d'ufficio il conflitto negativo di competenza soltanto ove si ritenga incompetente per materia o per territorio inderogabile e non già qualora ritenga che la competenza sia regolata unicamente per valore (C.C. 8891/23).

Preclusioni: Il regolamento di competenza d'ufficio soggiace al termine preclusivo di cui all'art. 38, comma 3, c.p.c., dovendo pertanto essere sollevato entro la prima udienza di trattazione (C.C. 25391/23 – Conf. S.U. 11866/20).

46. Casi di inapplicabilità del regolamento di competenza. – Le disposizioni degli artt. 42 e 43 non si applicano nei giudizi davanti ai giudici di pace (339[3], 360).

NOTE OPERATIVE:

Ambito di applicazione: È possibile impugnare mediante regolamento di competenza i provvedimenti di sospensione del processo, adottati dal giudice di pace, in quanto la norma che sancisce l'inapplicabilità ai giudizi davanti al giudice di pace degli artt. 42 e 43 c.p.c., va intesa nel senso che limita l'inammissibilità del regolamento ai soli provvedimenti del giudice di pace che decidono sulla competenza, consentendo invece alla parte di avvalersi dell'unico strumento di tutela che impedisce la lesione del diritto alla ragionevole durata del processo attraverso un'immediata verifica della sussistenza dei presupposti del provvedimento di sospensione (C.C. 1450/20 – Conf. C.C. 27994/17; C.C. 16700/14).

47. (1) Procedimento del regolamento di competenza. – L'istanza di regolamento di competenza si propone alla Corte di cassazione (375[1]) con ricorso sottoscritto dal procuratore (82 ss.) o dalla parte, se questa si è costituita personalmente (86, 125).

Il ricorso deve essere notificato (330) alle parti che non vi hanno aderito entro il termine perentorio (152) di trenta giorni dalla comunicazione della ordinanza (2) che abbia pronunciato sulla competenza o dalla notificazione dell'impugnazione ordinaria nel caso previsto nell'art. 43 secondo comma. L'adesione delle parti può risultare anche dalla sottoscrizione del ricorso.

La parte che propone l'istanza deve depositare il ricorso, con i documenti necessari, nel termine perentorio di venti giorni dall'ultima notificazione alle altre parti (3).

Il regolamento d'ufficio (45) è richiesto con ordinanza dal giudice [, il quale dispone la rimessione del fascicolo di ufficio alla cancelleria della Corte di cassazione] (4) (382; 137 att.).

Le parti, alle quali è notificato il ricorso o comunicata (136) l'ordinanza del giudice, possono, nei venti giorni successivi, depositare alla Corte (5) di cassazione scritture difensive e documenti (375).

(1) *Articolo così sostituito dall'art. 2 della L. 14 luglio 1950, n. 581.*

(2) *L'originaria parola: «sentenza» è stata così sostituita dall'art. 45, comma 4, della L. 18 giugno 2009, n. 69, a decorrere dal 4 luglio 2009. Ai sensi dell'art. 58, comma 1, della predetta legge, tale disposizione si applica ai giudizi instaurati dopo la data della sua entrata in vigore.*

(3) *Questo comma è stato così sostituito dall'art. 3, comma 3, lett. a), n. 1), del D.L.vo 10 ottobre 2022, n. 149, a decorrere dal 28 febbraio 2023.*

A norma dell'art. 35, comma 1, del medesimo decreto, le disposizioni si applicano ai procedimenti instaurati successivamente a tale data. Ai procedimenti pendenti alla data del 28 febbraio 2023 si applicano le disposizioni anteriormente vigenti.

Si riporta il testo precedente:

«La parte che propone l'istanza, nei cinque giorni successivi all'ultima notificazione del ricorso alle parti, deve chiedere ai cancellieri degli uffici davanti ai quali pendono i processi che i relativi fascicoli (168[2]) siano rimessi alla cancelleria della Corte di cassazione (137 att.). Nel termine perentorio (152) di venti giorni dalla stessa notificazione deve depositare nella cancelleria il ricorso con i documenti necessari (369).».

(4) *Le parole tra parentesi quadrate sono state soppresse dall'art. 3, comma 3, lett. a), n. 2), del D.L.vo 10 ottobre 2022, n. 149, a decorrere dal 28 febbraio 2023.*

A norma dell'art. 35, comma 1, del medesimo decreto, le disposizioni si applicano ai procedimenti instaurati successivamente a tale data. Ai procedimenti pendenti alla data del 28 febbraio 2023 si applicano le disposizioni anteriormente vigenti.

(5) *Le parole: «nella cancelleria della Corte» sono state così sostituite dalle attuali: «alla Corte» dall'art. 3, comma 3, lett. a), n. 3), del D.L.vo 10 ottobre 2022, n. 149, a decorrere dal 28 febbraio 2023.*

A norma dell'art. 35, comma 1, del medesimo decreto, le disposizioni si applicano ai procedimenti instaurati successivamente a tale data. Ai procedimenti pendenti alla data del 28 febbraio 2023 si applicano le disposizioni anteriormente vigenti.

NOTE OPERATIVE:

Procura: Il difensore della parte, munito di procura speciale per il giudizio di merito, è legittimato a proporre il procedimento del regolamento di competenza come a resistere in esso, ove ciò non sia espressamente e inequivocabilmente escluso dal mandato alle liti, giacché l'art. 47, comma 1, c.p.c. è norma speciale, che prevale sull'art. 83, comma 4, c.p.c., operando il regolamento medesimo come un semplice incidente del processo di merito (C.C. 18021/23 – Conf. C.C. 5340/22).

Termine: Alla comunicazione prescritta dalla norma non può ritenersi equipollente, ai fini della decorrenza del termine di trenta giorni per la notificazione del ricorso per regolamento di competenza, la conoscenza che la parte abbia avuto aliunde del provvedimento con cui il giudice ha statuito sulla competenza (C.C. 33087/21 – Conf. C.C. 3989/11; C.C. 11758/02).

48. Sospensione dei processi. – I processi relativamente ai quali è chiesto il regolamento di competenza (42 ss.) sono sospesi (295 ss.) dal giorno in cui è depositata innanzi al giudice davanti al quale pende la causa, a cura della parte, copia del ricorso notificato o è pronunciata l'ordinanza (1) che richiede il regolamento (133 *bis* att.).

Il giudice può autorizzare il compimento degli atti che ritiene urgenti (298).

(1) *Le parole: «presentata l'istanza al cancelliere a norma dell'articolo precedente o dalla pronuncia dell'ordinanza» sono state così sostituite dalle attuali: «depositata innanzi al giudice davanti al quale pende la causa, a cura della parte, copia del ricorso notificato o è pronunciata l'ordinanza» dall'art. 3, comma 3, lett. b), del D.L.vo 10 ottobre 2022, n. 149, a decorrere dal 28 febbraio 2023.*

A norma dell'art. 35, comma 1, del medesimo decreto, le disposizioni si applicano ai procedimenti instaurati successivamente a tale data. Ai procedimenti pendenti alla data del 28 febbraio 2023 si applicano le disposizioni anteriormente vigenti.

NOTE OPERATIVE:

Ambito di applicazione: La norma si riferisce unicamente a quei processi la cui decisione dipenda dalla risoluzione della questione di competenza dedotta con l'istanza di regolamento (C.C. 8061/07 – Conf. C.C. 9512/99).

Assunzione prova: Il provvedimento di assunzione della prova, disposto per ragioni d'urgenza, durante la sospensione del procedimento a seguito di proposizione di regolamento di competenza, ha carattere ordinatorio e non decisorio, con la conseguenza che deve ritenersi inammissibile il ricorso straordinario per cassazione proposto avverso tale provvedimento (C.C. 283/22 – Conf. C.C. 10043/05).

49. Ordinanza (1) di regolamento di competenza. – [Il regolamento è pronunciato con ordinanza (2) in camera di consiglio (375) entro i venti giorni successivi alla scadenza del termine previsto nell'art. 47 ultimo comma] (3).

L'ordinanza con cui (4) la Corte di cassazione statuisce sulla competenza (382) (5) dà i provvedimenti necessari per la prosecuzione del processo davanti al giudice che dichiara competente (50) e rimette, quando occorre, le parti in termini affinché provvedano alla loro difesa (125 att.).

(1) *L'originaria parola: «sentenza» è stata così sostituita dall'art. 45, comma 4, della L. 18 giugno 2009, n. 69, a decorrere dal 4 luglio 2009. Ai sensi dell'art. 58, comma 1, della predetta legge, tale disposizione si applica ai giudizi instaurati dopo la data della sua entrata in vigore.*

(2) *L'originaria parola: «sentenza» è stata così sostituita dall'art. 45, comma 4, della L. 18 giugno 2009, n. 69, a decorrere dal 4 luglio 2009. Ai sensi dell'art. 58, comma 1, della predetta legge, tale disposizione si applica ai giudizi instaurati dopo la data della sua entrata in vigore.*

(3) *Questo comma è stato abrogato dall'art. 3, comma 3, lett. c), del D.L.vo 10 ottobre 2022, n. 149, a decorrere dal 28 febbraio 2023.*

A norma dell'art. 35, comma 1, del medesimo decreto, le disposizioni si applicano ai procedimenti instaurati successivamente a tale data. Ai procedimenti pendenti alla data del 28 febbraio 2023 si applicano le disposizioni anteriormente vigenti.

(4) *Le parole: «Con la ordinanza (*)» sono state così sostituite dalle attuali: «L'ordinanza con cui» dall'art. 3, comma 3, lett. c), del D.L.vo 10 ottobre 2022, n. 149, a decorrere dal 28 febbraio 2023.*

A norma dell'art. 35, comma 1, del medesimo decreto, le disposizioni si applicano ai procedimenti instaurati successivamente a tale data. Ai procedimenti pendenti alla data del 28 febbraio 2023 si applicano le disposizioni anteriormente vigenti.

(*) *L'originaria parola: «sentenza» è stata così sostituita dall'art. 45, comma 4, della L. 18 giugno 2009, n. 69, a decorrere dal 4 luglio 2009. Ai sensi dell'art. 58, comma 1, della predetta legge, tale disposizione si applica ai giudizi instaurati dopo la data della sua entrata in vigore.*

(5) *Il segno di interpunzione: «,» è stato soppresso dall'art. 3, comma 3, lett. c), del D.L.vo 10 ottobre 2022, n. 149, a decorrere dal 28 febbraio 2023.*

50. (1) **Riassunzione della causa.** – Se la riassunzione della causa davanti al giudice dichiarato competente (44, 49[2]) avviene nel termine fissato nella ordinanza (2) dal giudice e, in mancanza, in quello di tre mesi (3) dalla comunicazione (136) della ordinanza di regolamento (375) o della ordinanza (2) che dichiara l'incompetenza del giudice adito (44), il processo continua davanti al nuovo giudice (125 att.).

Se la riassunzione non avviene nei termini su indicati, il processo si estingue (307, 310, 393).

(1) *Articolo così sostituito dall'art. 3 della L. 14 luglio 1950, n. 581.*

(2) *L'originaria parola: «sentenza» è stata così sostituita dall'art. 45, comma 6, lett. a), della L. 18 giugno 2009, n. 69, a decorrere dal 4 luglio 2009. Ai sensi dell'art. 58, comma 1, della predetta legge, tale disposizione si applica ai giudizi instaurati dopo la data della sua entrata in vigore.*

(3) *Le originarie parole: «sei mesi» sono state così sostituite dall'art. 45, comma 6, lett. b), della L. 18 giugno 2009, n. 69, a decorrere dal 4 luglio 2009. Ai sensi dell'art. 58, comma 1, della predetta legge, tale disposizione si applica ai giudizi instaurati dopo la data della sua entrata in vigore.*

NOTE OPERATIVE:

Effetti: Quando, la riassunzione della causa davanti al giudice dichiarato competente avviene nel termine fissato dal giudice o, in mancanza, dalla legge, il processo continua davanti al nuovo giudice mantenendo una struttura unitaria e, perciò, conservando tutti gli effetti sostanziali e processuali di quello svoltosi davanti al giudice incompetente, poiché la riassunzione non comporta l'instaurazione di un nuovo processo, bensì costituisce la prosecuzione di quello originario (C.C. 5542/21 – Conf. C.C. 9915/19; C.C. 19030/08).

Termine: Il termine per la riassunzione della causa decorre, dalla data di comunicazione della sentenza che abbia dichiarato l'incompetenza ovvero, in mancanza, da quella della sua notificazione, a nulla rilevando che il giudice, con statuizione da considerare tamquam non esset, lo abbia fissato con riferimento alla data di pubblicazione della sentenza, la quale costituisce un atto interno alla cancelleria, di cui la parte non ha notizia (C.C. 12313/19 – Conf. C.C. 4805/96).

Sezione VI *bis* (1)
Della composizione del tribunale

(1) *Questa sezione è stata inserita dall'art. 56 del D.L.vo 19 febbraio 1998, n. 51, recante l'istituzione del giudice unico, a decorrere dal 2 giugno 1999.*

50 *bis*. Cause nelle quali il tribunale giudica in composizione collegiale. – Il tribunale giudica in composizione collegiale:

1) nelle cause nelle quali è obbligatorio l'intervento del pubblico ministero, salvo che sia altrimenti disposto;

2) nelle cause di opposizione, impugnazione, revocazione e in quelle conseguenti a dichiarazioni tardive di crediti di cui al regio decreto 16 marzo 1942, n. 267, [al decreto legge 30 gennaio 1979, n. 26, convertito con modificazioni dalla legge 3 aprile 1979, n. 95] (1), e alle altre leggi speciali disciplinanti la liquidazione coatta amministrativa;

3) nelle cause devolute alle sezioni specializzate;

4) nelle cause di omologazione del concordato fallimentare e del concordato preventivo;

[5) nelle cause di impugnazione delle deliberazioni dell'assemblea e del consiglio di amministrazione, nonché nelle cause di responsabilità da chiunque promosse contro gli organi amministrativi e di controllo, i direttori generali, i dirigenti preposti alla redazione dei documenti contabili societari (2) e i liquidatori delle società, delle mutue assicurazioni e società cooperative, delle associazioni in partecipazione e dei consorzi] (3);

[6) nelle cause di impugnazione dei testamenti e di riduzione per lesione di legittima] (3);

7) nelle cause di cui alla legge 13 aprile 1988, n. 117;

7 *bis*) nelle cause di cui all'articolo 140 *bis* del codice del consumo, di cui al decreto legislativo 6 settembre 2005, n. 206 (4).

Il tribunale giudica altresì in composizione collegiale nei procedimenti in camera di consiglio disciplinati dagli articoli 737 e seguenti, salvo che sia altrimenti disposto.

(1) *Le parole tra parentesi quadre sono state soppresse dall'art. 98 del D.L.vo 8 luglio 1999, n. 270.*

(2) *Le parole: «, i dirigenti preposti alla redazione dei documenti contabili societari» sono state inserite dall'art. 15, comma 2, della L. 28 dicembre 2005, n. 262.*

(3) *Questo numero è stato soppresso dall'art. 3, comma 4, del D.L.vo 10 ottobre 2022, n. 149, a decorrere dal 28 febbraio 2023.*

A norma dell'art. 35, comma 1, del medesimo decreto, le disposizioni si applicano ai procedimenti instaurati successivamente a tale data. Ai procedimenti pendenti alla data del 28 febbraio 2023 si applicano le disposizioni anteriormente vigenti.

(4) *Questo numero è stato aggiunto dall'art. 2, comma 448, della L. 24 dicembre 2007, n. 244.*

NOTE OPERATIVE:

Ambito di applicazione: Il procedimento per la liquidazione di onorari di avvocato ai sensi degli art. 28, 29 e 30 L. 13 giugno 1942, n. 794 si svolge in camera di consiglio per cui ai sensi dell'art. 50 bis, comma 2, c.p.c. dev'essere trattato dal tribunale in composizione collegiale; tale norma infatti espressamente prevede una riserva di collegialità per i procedimenti in camera di consiglio disciplinati dagli art. 737 e ss. c.p.c. (C.C. 25942/13 – Conf. S.U. 12609/12; C.C. 10271/05; C.C. 4967/04).

50 *ter*. Cause nelle quali il tribunale giudica in composizione monocratica. – Fuori dei casi previsti dall'articolo 50 *bis*, il tribunale giudica in composizione monocratica.

50 *quater*. Inosservanza delle disposizioni sulla composizione collegiale o monocratica del tribunale. – Le disposizioni di cui agli articoli 50 *bis* e 50 *ter* non si considerano attinenti alla costituzione del giudice. Alla nullità derivante dalla loro inosservanza si applica l'articolo 161, primo comma.

NOTE OPERATIVE:

Ambito di applicazione: Le sezioni distaccate di tribunale costituiscono articolazioni interne del medesimo ufficio giudiziario e, in quanto tali, sono prive di rilevanza esterna, con la conseguenza che i rapporti tra sede principale e sezione distaccata non possono mai dare luogo a questioni di competenza (C.C. 9915/10 – Conf. C.C. 11572/05; C.C. 13751/03).

Effetti: All'inosservanza delle disposizioni sulla composizione collegiale o monocratica del tribunale è applicabile, in forza del rinvio operato dalla norma, il regime della nullità di cui all'art. 161, comma 1, c.p.c., con la conseguenza che il relativo vizio (che non comporta la nullità degli atti precedenti) si converte in motivo di impugnazione, senza che quest'ultima produca l'effetto della rimessione degli atti al primo giudice, ove il giudice dell'impugnazione sia anche giudice del merito (C.C. 9224/23 – Conf. C.C. 6307/20; C.C. 16186/18).

Sezione VII
Dell'astensione, della ricusazione e della responsabilità dei giudici

51. Astensione del giudice. – Il giudice ha l'obbligo di astenersi (78 att.):

1) se ha interesse nella causa o in altra vertente su identica questione di diritto;

2) se egli stesso o la moglie è parente fino al quarto grado (74 ss. c.c.) [o legato da vincoli di affiliazione] (1), o è convivente o commensale abituale di una delle parti o di alcuno dei difensori;

3) se egli stesso o la moglie ha causa pendente o grave inimicizia o rapporti di credito o debito con una delle parti o alcuno dei suoi difensori;

4) se ha dato consiglio o prestato patrocinio (82) nella causa, o ha deposto in essa come testimone, oppure ne ha conosciuto come magistrato in altro grado del processo o come arbitro (810, 815) o vi ha prestato assistenza come consulente tecnico (61);

5) se è tutore (343 ss. c.c.), curatore (392 c.c.), amministratore di sostegno (2), procuratore, agente o datore di lavoro di una delle parti; se, inoltre, è amministratore o gerente di un ente, di un'associazione anche non riconosciuta (36 ss. c.c.), di un comitato (39 c.c.), di una società (2247 ss. c.c.) o stabilimento che ha interesse nella causa.

In ogni altro caso in cui esistono gravi ragioni di convenienza, il giudice può richiedere al capo dell'ufficio l'autorizzazione ad astenersi; quando l'astensione riguarda il capo dell'ufficio, l'autorizzazione è chiesta al capo dell'ufficio superiore.

(1) *L'istituto dell'affiliazione è stato soppresso dalla L. 4 maggio 1983, n. 184, sulla adozione speciale, il cui art. 77 ha abrogato gli artt. 404-413 del codice civile.*

(2) *Le parole*: «, amministratore di sostegno» *sono state inserite dall'art. 16 della L. 9 gennaio 2004, n. 6, a decorrere dal sessantesimo giorno dalla pubblicazione sulla* Gazzetta Ufficiale, *avvenuta il 19 gennaio 2004.*

NOTE OPERATIVE:

Ambito di applicazione: I casi di astensione obbligatoria del giudice stabiliti dalla norma, ai quali corrisponde il diritto di ricusazione delle parti, in quanto incidono sulla capacità del giudice, determinando una deroga al principio del giudice naturale precostituito per legge, sono di stretta interpretazione e non sono, pertanto, suscettibili di applicazione per via di interpretazione analogica (C.C. 22930/17 – Conf. S.U. 12345/01).

Autorizzazione: L'autorizzazione del giudice ad astenersi, resa dal capo dell'ufficio, costituisce atto sostanzialmente amministrativo, soggetto a forma scritta e la revoca dell'autorizzazione, attraverso la quale il giudice riacquista la capacità di compiere gli ulteriori atti processuali, deve essere parimenti resa dal capo dell'ufficio in forma scritta, previa valutazione del venir meno delle gravi ragioni di convenienza che erano alla base dell'autorizzazione revocata (C.C. 4768/22).

Violazione: La violazione, da parte del giudice, dell'obbligo di astensione è deducibile solo con lo strumento della ricusazione e non in sede di impugnazione, come motivo di nullità della sentenza emessa dal giudice che avrebbe dovuto astenersi (C.C. 28789/22 – Conf. S.U. 1545/17; C.C. 22854/14), a eccezione dell'ipotesi di interesse diretto del giudice nella causa, non come motivo di nullità della sentenza (C.C. 14128/22 – Conf. C.C. 29346/19).

52. Ricusazione del giudice. – Nei casi in cui è fatto obbligo al giudice di astenersi (51[1]), ciascuna delle parti può proporre la ricusazione mediante ricorso contenente i motivi specifici e i mezzi di prova.

Il ricorso, sottoscritto dalla parte o dal difensore (125), deve essere depositato in cancelleria due giorni prima dell'udienza, se al ricusante è noto il nome dei giudici che sono chiamati a trattare o decidere la causa, e prima dell'inizio della trattazione (183) o discussione (190 *bis*, 275) di questa nel caso contrario.

La ricusazione sospende il processo (295 ss.).

NOTE OPERATIVE:

Natura: Il potere di ricusazione costituisce un onere per la parte, la quale, se non lo esercita entro il termine all'uopo fissato dall'art. 52 cod. proc. civ., non ha mezzi processuali per far valere il difetto di capacità del giudice (C.C. 26223/14 – Conf. S.U. 3527/02; C.C. 4187/98).

53. Giudice competente. – Sulla ricusazione decide il presidente del tribunale se è ricusato un giudice di pace; il collegio se è ricusato uno dei componenti del tribunale o della corte [1].

La decisione è pronunciata con ordinanza non impugnabile (134, 177, 279), udito il giudice ricusato e assunte, quando occorre, le prove offerte.

[1] *Questo comma è stato così sostituito dall'art. 57 del D.L.vo 19 febbraio 1998, n. 51, recante l'istituzione del giudice unico, a decorrere dal 2 giugno 1999.*

54. [1] **Ordinanza sulla ricusazione.** – L'ordinanza che accoglie il ricorso designa il giudice che deve sostituire quello ricusato.

La ricusazione è dichiarata inammissibile, se non è stata proposta nelle forme e nei termini fissati nell'art. 52.

Il giudice, con l'ordinanza con cui dichiara inammissibile o rigetta la ricusazione, provvede sulle spese e può condannare la parte che l'ha proposta ad una pena pecuniaria non superiore a euro 250 [2].

Dell'ordinanza è data notizia (136) dalla cancelleria al giudice e alle parti, le quali debbono provvedere alla riassunzione (125 att.) della causa nel termine perentorio (152) di sei mesi.

[1] *Articolo così sostituito dall'art. 4 della L. 14 luglio 1950, n. 581.*

[2] *Questo comma è stato così sostituito dall'art. 45, comma 7, della L. 18 giugno 2009, n. 69, a decorrere dal 4 luglio 2009. Ai sensi dell'art. 58, comma 1, della predetta legge, tale disposizione si applica ai giudizi instaurati dopo la data della sua entrata in vigore.*

Il testo precedente così disponeva: «L'ordinanza, che dichiara inammissibile o rigetta la ricusazione, provvede sulle spese e condanna la parte o il difensore che l'ha proposta a una pena pecuniaria non superiore a € 5».

NOTE OPERATIVE:

Rigetto: Non è prevista la comunicazione del relativo provvedimento di rigetto, poiché, una volta negata la sospensione del processo, le parti sono tenute al rispetto delle successive scansioni procedimentali senza necessità di ulteriori adempimenti dell'ufficio, né la concessione di termini a difesa, giacché tale procedimento, di natura incidentale, è connotato dai caratteri dell'essenzialità e della rapidità della decisione, pur nel rispetto delle garanzie del contraddittorio (C.C. 24312/23 – Conf. C.C. 11225/19).

Impugnazione: L'ordinanza di rigetto dell'istanza di ricusazione non è impugnabile con il ricorso straordinario per Cassazione: essa infatti, pur avendo natura decisoria, manca tuttavia del necessario carattere della definitività (C.C. 18611/20 – Conf. C.C. 7862/17; S.U. 17636/03).

55 - 56. (*Omissis*) [1].

[1] *Questi articoli sono stati abrogati dal D.P.R. 9 dicembre 1987, n. 497, a decorrere dal 120° giorno successivo alla pubblicazione (avvenuta sulla G.U. n. 287 dello stesso 9 dicembre). Si veda, ora, la L. 13 aprile 1988, n. 117, risarcimento dei danni cagionati dall'esercizio delle funzioni giudiziarie e responsabilità civile dei magistrati.*

Capo II
Del cancelliere, dell'ufficio per il processo e dell'ufficiale giudiziario [1]

[1] *La precedente rubrica:* «Del cancelliere e dell'ufficiale giudiziario» *è stata così sostituita dall'attuale dall'art. 18, comma 1, lett.* b)*, del D.L.vo 10 ottobre 2022, n. 151.*

57. Attività del cancelliere. – Il cancelliere documenta a tutti gli effetti, nei casi e nei modi previsti dalla legge, le attività proprie e quelle degli organi giudiziari e delle parti (28-46 att.).

Egli assiste il giudice in tutti gli atti dei quali deve essere formato processo verbale (126, 130; 44 att.).

Quando il giudice provvede per iscritto, salvo che la legge disponga altrimenti (119 att.), il cancelliere stende la scrittura (46 att.) e vi appone la sua sottoscrizione dopo quella del giudice.

NOTE OPERATIVE:

Attestazioni: Le attestazioni della cancelleria relative ai dati relativi al deposito degli atti estratti dai registri informatici hanno efficacia di certezza legale analoga a quella delle annotazioni del cancelliere sugli atti medesimi (C.C. 23119/23 – Conf. C.C. 19019/11).

58. Altre attività del cancelliere. – Il cancelliere attende al rilascio di copie ed estratti autentici (743 ss.; 76, 100 att.; 2714 c.c.) dei documenti prodotti, all'iscrizione delle cause a ruolo (168, 347), alla formazione del fascicolo d'ufficio (168) e alla conservazione di quelli delle parti (169, 320; 72 ss. att.), alle comunicazioni (136, 170, 489; 45 att.) e alle notificazioni (137, 151, 170, 489) prescritte dalla legge o dal giudice, nonché alle altre incombenze che la legge gli attribuisce.

NOTE OPERATIVE:

Deposito e custodia: Gli atti depositati dalle parti devono essere inseriti nel fascicolo di ufficio e devono rimanere custoditi presso la cancelleria e non possono essere restituiti alle parti stesse, che hanno facoltà di richiederne al cancelliere copie o estratti autentici. Il deposito e la custodia dell'atto hanno lo scopo di garantirne la conservazione e di impedirne qualsiasi alterazione successiva al deposito (C.C. 2919/00).

58 *bis*. (1) Ufficio per il processo. – L'ufficio per il processo presso i tribunali ordinari, le corti di appello e la Corte di Cassazione e l'ufficio spoglio, analisi e documentazione presso la Procura generale della Corte di Cassazione operano secondo le disposizioni della legge speciale.

(1) *Questo articolo è stato inserito dall'art. 18, comma 1, lett. a), del D.L.vo 10 ottobre 2022, n. 151.*

59. Attività dell'ufficiale giudiziario. – L'ufficiale giudiziario assiste il giudice in udienza (116 att.), provvede all'esecuzione dei suoi ordini, esegue la notificazione degli atti (137 ss.; 47-51 att.) e attende alle altre incombenze che la legge gli attribuisce (250, 492, 513, 534, 543, 555, 608, 613, 645, 733).

60. Responsabilità del cancelliere e dell'ufficiale giudiziario. – Il cancelliere e l'ufficiale giudiziario sono civilmente responsabili (28 Cost.; 2043 ss. c.c.):

1) quando, senza giusto motivo, ricusano di compiere gli atti che sono loro legalmente richiesti oppure omettono di compierli nel termine (328 c.p.) che, su istanza di parte, è fissato dal giudice dal quale dipendono o dal quale sono stati delegati;

2) quando hanno compiuto un atto nullo con dolo o colpa grave (162[2]).

NOTE OPERATIVE:

Ambito di applicazione: La responsabilità dell'ufficiale giudiziario per il ritardo nel compimento dei propri atti sussiste anche quando il termine non sia stato fissato dal giudice, ma sia stato legittimamente stabilito dalla parte, purché, in quest'ultimo caso, la relativa scadenza sia stata chiaramente evidenziata dalla parte al momento della richiesta, non potendosi configurare, in capo all'ufficiale giudiziario, un onere di esaminare il contenuto dell'atto al fine di trarne le informazioni giuridicamente rilevanti circa lo spirare del relativo termine (C.C. 24203/18).

Capo III
Del consulente tecnico, del custode e degli altri ausiliari del giudice

61. Consulente tecnico. – Quando è necessario, il giudice può farsi assistere, per il compimento di singoli atti o per tutto il processo, da uno o più consulenti di particolare competenza tecnica (87, 191 ss., 424, 441, 445).

La scelta dei consulenti tecnici deve essere normalmente fatta tra le persone iscritte in albi speciali formati a norma delle disposizioni di attuazione del presente codice (13 ss. att.).

NOTE OPERATIVE:

Scelta: La scelta dell'ausiliario tecnico, anche per quanto riguarda la categoria professionale di appartenenza del consulente e la valutazione circa la sua competenza a svolgere le indagini richieste, è riservata all'apprezzamento discrezionale del giudice; questi può nominare qualunque persona, iscritta o meno all'albo e a prescindere dalla categoria di inclusione, purché la reputi provvista di competenza specifica in relazione alla questione tecnica da risolvere (C.C. 31937/19 – Conf. C.C. 19173/15; C.C. 14906/11).

62. Attività del consulente. – Il consulente compie le indagini (194; 90-92 att.) che gli sono commesse dal giudice e fornisce, in udienza e in camera di consiglio, i chiarimenti che il giudice gli richiede a norma degli artt. 194 ss. e degli artt. 441 e 463 (1).

(1) *Ora, artt. 424 e 445, a seguito della L. 11 agosto 1973, n. 533, sulle controversie in materia di lavoro.*

NOTE OPERATIVE:

Deducente e percipiente: La consulenza tecnica di ufficio, non essendo qualificabile come mezzo di prova in senso proprio, perché volta ad aiutare il giudice nella valutazione degli elementi acquisiti o nella soluzione di questioni necessitanti specifiche conoscenze, è sottratta alla disponibilità delle parti ed affidata al prudente apprezzamento del giudice di merito (C.C. 25354/22 – Conf. C.S. 1711/22; C.C. 3717/19; C.C. 6155/09; C.C. 3881/06; C.C. 14979/00). Questi può affidare al consulente non solo l'incarico di valutare i fatti accertati o dati per esistenti (consulente deducente), ma anche quello di accertare i fatti stessi (consulente percipiente), ed in tal caso è necessario e sufficiente che la parte deduca il fatto che pone a fondamento del suo diritto e che il giudice ritenga che l'accertamento richieda specifiche cognizioni tecniche (C.C. 26854/22 – Conf. C.C. 3717/19; C.C. 3990/06).

Limiti: Il consulente nominato dal giudice, nei limiti delle indagini commessegli e nell'osservanza del contraddittorio delle parti, può accertare tutti i fatti inerenti all'oggetto della lite, il cui accertamento si renda necessario al fine di rispondere ai quesiti sottopostigli, a condizione che non si tratti dei fatti principali che è onere delle parti allegare a fondamento della domanda o delle eccezioni e salvo, quanto a queste ultime, che non si tratti di fatti principali rilevabili d'ufficio (S.U. 3086/22).

63. Obbligo di assumere l'incarico e ricusazione del consulente. – Il consulente scelto tra gli iscritti in un albo ha l'obbligo (366 c.p.) di prestare il suo ufficio (19 ss. att.), tranne che il giudice riconosca che ricorre un giusto motivo di astensione (192).

Il consulente può essere ricusato dalle parti per i motivi indicati nell'art. 51.

Della ricusazione del consulente conosce il giudice che l'ha nominato (89 att.).

NOTE OPERATIVE:

Imparzialità: L'imparzialità del consulente tecnico d'ufficio è analoga a quella costituzionalmente imposta al giudice ed è garantita proprio dall'imparzialità di quest'ultimo, oltre che dall'applicabilità al consulente tecnico d'ufficio, degli istituti dell'astensione e della ricusazione (C.C. 27916/19 – Conf. C.C. 13667/04).

64. Responsabilità del consulente. – Si applicano al consulente tecnico le disposizioni del codice penale relative ai periti (314 ss., 366, 373 ss. c.p.).

In ogni caso, il consulente tecnico che incorre in colpa grave nell'esecuzione degli atti che gli sono richiesti, è punito con l'arresto fino a un anno o con l'ammenda fino a € 10.329 (179). Si applica l'art. 35 del codice penale. In ogni caso è dovuto il risarcimento dei danni causati alle parti (1).

(1) *Comma così sostituito dall'art. 25 della L. 4 giugno 1985, n. 281, che detta norme sulla Consob, sulle società e sul mercato dei valori mobiliari.*

NOTE OPERATIVE:

Diligenza: La diligenza nell'esecuzione delle indagini affidategli, costituendo un preciso, quanto ovvio, obbligo del consulente, rappresenta soltanto il presupposto necessario affinché il parere dell'ausiliario sia meritevole della considerazione del giudice, che, pertanto, non è dispensato dal dovere di valutare l'intrinseca attendibilità del parere stesso in rapporto alle specifiche censure contro di esso formulate dalla parte interessata (C.C. 20532/23 – Conf. C.C. 3897/81).

65. Custode. – La conservazione e l'amministrazione dei beni pignorati (520, 521, 559, 560) o sequestrati (676) sono affidati a un custode (676, 679, 759; 166 att.), quando la legge non dispone altrimenti.

Il compenso al custode è stabilito, con decreto, dal giudice dell'esecuzione nel caso di nomina fatta dall'ufficiale giudiziario e in ogni altro caso dal giudice che l'ha nominato (1).

(1) *Questo comma è stato così sostituito dall'art. 58 del D.L.vo 19 febbraio 1998, n. 51, recante l'istituzione del giudice unico, a decorrere dal 2 giugno 1999.*

NOTE OPERATIVE:

Natura giuridica: Il custode di beni sottoposti a sequestro giudiziario, in quanto rappresentante di ufficio, nella sua qualità di ausiliario del giudice, di un patrimonio separato, costituente centro di imputazione di rapporti giuridici attivi e passivi, risponde direttamente degli atti compiuti in tale veste, anche se in esecuzione di provvedimenti del giudice ai sensi dell'art. 676 c.p.c., ed è pertanto legittimato a stare in giudizio, attivamente e passivamente, limitatamente alle azioni relative a tali rapporti, attinenti alla custodia ed amministrazione dei beni sequestrati (C.C. 16057/19 – Conf. C.C. 8483/13; C.C. 10252/02).

Compenso: Le spese di custodia ed il compenso al custode giudiziario rientrano tra le spese di lite e devono essere poste a carico della parte soccombente, anche d'ufficio ed in mancanza di apposita istanza della parte vittoriosa (C.C. 15198/11).

66. Sostituzione del custode. – Il giudice, d'ufficio o su istanza di parte, può disporre in ogni tempo la sostituzione del custode.

Il custode che non ha diritto a compenso (522², 676) può chiedere in ogni tempo di essere sostituito; altrimenti può chiederlo soltanto per giusti motivi.

Il provvedimento di sostituzione è dato, con ordinanza non impugnabile, dal giudice di cui all'articolo 65, secondo comma (1).

(1) *Questo comma è stato così sostituito dall'art. 59 del D.L.vo 19 febbraio 1998, n. 51, recante l'istituzione del giudice unico, a decorrere dal 2 giugno 1999.*

NOTE OPERATIVE:

Impugnazione: L'ordinanza di surroga del custode, la quale ha natura meramente conservativa, è sottratta ad ogni impugnazione, salvo che si contesti la stessa competenza del giudice ad emettere il provvedimento (C.C. 6064/95).

67. Responsabilità del custode. – Ferme le disposizioni del codice penale (328, 335, 349, 351, 366, 388, 388 *bis* c.p.), il custode che non esegue l'incarico assunto può essere condannato dal giudice a una pena pecuniaria (179) da euro 250 a euro 500 (1).

Egli è tenuto al risarcimento dei danni (2043 ss. c.c.) cagionati alle parti, se non esercita la custodia da buon padre di famiglia (1176 c.c.).

(1) *Le originarie parole: «non superiore a euro 10» sono state così sostituite dall'art. 45, comma 8, della L. 18 giugno 2009, n. 69, a decorrere dal 4 luglio 2009. Ai sensi dell'art. 58, comma 1, della predetta legge, tale disposizione si applica ai giudizi instaurati dopo la data della sua entrata in vigore.*

68. Altri ausiliari. – Nei casi previsti dalla legge o quando ne sorga necessità, il giudice, il cancelliere o l'ufficiale giudiziario si può fare assistere da esperti in una determinata arte o professione e, in generale, da persona idonea al compimento di atti che non è in grado di compiere da sé solo (52, 53 att.).

Il giudice può commettere a un notaio il compimento di determinati atti nei casi previsti dalla legge.

Il giudice può sempre richiedere l'assistenza della forza pubblica (755).

NOTE OPERATIVE:

Esperto stimatore: L'esperto stimatore va annoverato fra gli ausiliari del giudice, mettendo egli a disposizione delle parti il risultato della propria opera di valutazione al fine della regolazione delle loro posizioni (C.C. 2152/12).

Titolo II
Del pubblico ministero

69. Azione del pubblico ministero. – Il pubblico ministero esercita l'azione civile nei casi stabiliti dalla legge.

NOTE OPERATIVE:

Ambito di applicazione: La titolarità dell'azione del p.m. in sede civile è eccezionale, derogando al principio della domanda di parte (cd. principio dispositivo), e la regola della tipicità porta ad escludere interpretazioni estensive o analogiche, avendo tali enunciati carattere imperativo; ne consegue che, fuori dalle ipotesi tassativamente previste, il P.M. non ha potere di azione e tanto meno d'impugnazione (C.C. 17768/16 – Conf. C.C. 17764/12).

70. Intervento in causa del pubblico ministero (1). – Il pubblico ministero deve intervenire (2, 3 att.), a pena di nullità rilevabile d'ufficio (158, 397):

1) nelle cause che egli stesso potrebbe proporre (69);

2) nelle cause matrimoniali (117 ss. c.c.), comprese quelle di separazione personale dei coniugi (706 ss.; 150 ss. c.c.);

3) nelle cause riguardanti lo stato e la capacità delle persone (713, 721 ss., 11, 728, 738, 740);

[4) nelle cause collettive e nelle cause individuali di lavoro in grado di appello;] (2)

5) negli altri casi previsti dalla legge.

Deve intervenire nelle cause davanti alla corte di cassazione nei casi stabiliti dalla legge (375, 379, 380; 137, 138 att.) (3).

Può infine intervenire in ogni altra causa in cui ravvisa un pubblico interesse (1 att.).

(1) *La Corte costituzionale, con sentenza n. 214 del 25 giugno 1996, ha dichiarato l'illegittimità costituzionale di questo articolo nella parte in cui non prescrive l'intervento obbligatorio del pubblico ministero nei giudizi tra genitori naturali che comportino «provvedimenti relativi ai figli», nei sensi di cui agli artt. 9 della legge n. 898 del 1970 e 710 del codice di procedura civile come risulta a seguito della sentenza n. 416 del 1992.*

(2) *Il n. 4) è stato abrogato dall'art. 2 L. 11 agosto 1973, n. 533, disciplina delle controversie individuali di lavoro.*

(3) *Questo comma è stato così sostituito dall'art. 75, comma 1, lett. a), del D.L. 21 giugno 2013, n. 69, convertito, con modificazioni, nella L. 9 agosto 2013, n. 98. A norma dell'art. 75, comma 2, del medesimo provvedimento tali disposizioni si applicano ai giudizi dinanzi alla Corte di cassazione nei quali il decreto di fissazione dell'udienza o dell'adunanza in camera di consiglio sia adottato a partire dal giorno successivo alla data di entrata in vigore della legge di conversione del predetto decreto.*

NOTE OPERATIVE:

Contraddittorio: La formulazione delle conclusioni del P.M. ove pure avvenuta tardivamente, fuori udienza e senza che le parti abbiano potute conoscerle, non determina la violazione del contraddittorio (C.C. 32313/22), atteso che, ai fini della validità del procedimento, non è necessaria la presenza alle udienze, né la formulazione delle conclusioni, da parte di un rappresentante di tale ufficio, che deve semplicemente essere informato, mediante l'invio degli atti e posto in condizione di sviluppare l'attività ritenuta opportuna (C.C. 11299/23 – Conf. C.C. 11223/14).

71. Comunicazione degli atti processuali al pubblico ministero. – Il giudice, davanti al quale è proposta una delle cause indicate nel primo comma dell'articolo precedente, ordina la comunicazione (136) degli atti al pubblico ministero affinché possa intervenire (1 att.).

Lo stesso ordine il giudice può dare ogni volta che ravvisi uno dei casi previsti nell'ultimo comma dell'articolo precedente.

NOTE OPERATIVE:

Ambito di applicazione: Nei giudizi civili in cui è previsto l'intervento obbligatorio del P.M., il disposto della legge è osservato con la comunicazione degli atti all'ufficio competente del P.M., per consentirgli d'intervenire in giudizio con un proprio rappresentante; nessun'altra comunicazione deve essere fatta a quell'ufficio (C.C. 40377/21 – Conf. C.C. 5289/80).

72. (1) **Poteri del pubblico ministero.** – Il pubblico ministero, che interviene (267; 2 att.) nelle cause che avrebbe potuto proporre (69, 70), ha gli stessi poteri che competono alle parti e li esercita nelle forme che la legge stabilisce per queste ultime (115).

Negli altri casi di intervento previsti nell'art. 70, tranne che nelle cause davanti alla Corte di cassazione, il pubblico ministero può produrre documenti, dedurre prove, prendere conclusioni nei limiti delle domande proposte dalle parti.

Il pubblico ministero può proporre impugnazioni contro le sentenze relative a cause matrimoniali, salvo che per quelle di separazione personale dei coniugi (706 ss.) (2).

Lo stesso potere spetta al pubblico ministero contro le sentenze che dichiarino l'efficacia o l'inefficacia di sentenze straniere relative a cause matrimoniali, salvo che per quelle di separazione personale dei coniugi.

Nelle ipotesi prevedute nei commi terzo e quarto, la facoltà di impugnazione spetta tanto al pubblico ministero presso il giudice che ha pronunciato la sentenza quanto a quello presso il giudice competente a decidere sull'impugnazione.

Il termine decorre dalla comunicazione della sentenza a norma dell'art. 133.

Restano salve le disposizioni dell'art. 397.

(1) *Articolo così sostituito dall'art. unico L. 30 luglio 1950, n. 534.*

(2) *L'articolo 5 della legge 1° dicembre 1970, n. 898 (disciplina dei casi di scioglimento del matrimonio) consente, in materia di scioglimento del matrimonio, l'impugnazione del P.M. limitatamente agli interessi patrimoniali dei figli minori o legalmente incapaci.*

NOTE OPERATIVE:

Ambito di applicazione: Nell'esercizio delle facoltà e dei poteri previsti dalla norma, il P.M. può intervenire alle udienze, dedurre prove, prendere conclusioni e proporre impugnazioni, senza, peraltro, che il mancato esercizio di tali poteri implichi la nullità delle udienze disertate dal P.M. o degli atti ai quali il medesimo non è intervenuto e delle sentenze pronunciate malgrado la mancanza di sue conclusioni (C.C. 40377/21 – Conf. C.C. 549/86).

73. Astensione del pubblico ministero. – Ai magistrati del pubblico ministero che intervengono nel processo civile si applicano le disposizioni del presente codice relative all'astensione dei giudici (51), ma non quelle relative alla ricusazione (52).

NOTE OPERATIVE:

Ambito di applicazione: È configurabile l'illecito disciplinare pure a carico del magistrato del P.M., benché per esso sia prevista solo la facoltà di astenersi, in quanto anche per il P.M. sussiste il dovere di valutare, nell'esercizio delle sue funzioni, le ragioni di grave convenienza per non trattare cause in cui egli o suoi stretti congiunti abbiano interessi e quello di astenersi nel caso di verificata esistenza di tali ragioni, con particolare riguardo a interessi propri o personali dello stesso magistrato (S.U. 20385/21 – Conf. S.U. 19704/12; S.U. 18701/11; S.U. 11431/10).

74. (*Omissis*) (1).

(1) *Articolo abrogato dal D.P.R. 9 dicembre 1987, n. 497, a decorrere dal 120° giorno successivo alla pubblicazione avvenuta sulla G.U. n. 287 in pari data. Si veda, ora, la L. 13 aprile 1988, n. 117, sulla responsabilità dei magistrati.*

Titolo III
Delle parti e dei difensori

Capo I
Delle parti

75. (1) **Capacità processuale.** – Sono capaci di stare in giudizio le persone che hanno il libero esercizio dei diritti che vi si fanno valere (1-3, 397 c.c.).

Le persone che non hanno il libero esercizio dei diritti non possono stare in giudizio (182, 716) se non rappresentate (48, 320 ss., 357 ss., 402 ss., 414 ss. c.c.), assistite (394, 424 c.c.) o autorizzate (320[2], 374 n. 5, 375 n. 3, 394[3], 424 c.c.) secondo le norme che regolano la loro capacità.

Le persone giuridiche (11 ss. c.c.) stanno in giudizio per mezzo di chi le rappresenta a norma della legge o dello statuto.

Le associazioni e i comitati, che non sono persone giuridiche, stanno in giudizio per mezzo delle persone indicate negli artt. 36 ss. del codice civile (2).

(1) *La Corte costituzionale, con sentenza n. 220 del 16 ottobre 1986, ha dichiarato l'illegittimità costituzionale degli artt. 75 e 300 c.p.c. nella parte in cui non prevedono, ove emerga una situazione di scomparsa del convenuto, l'interruzione del processo e la segnalazione, ad opera del giudice, del caso al pubblico ministero perché promuova la nomina di un curatore, nei cui confronti debba l'attore riassumere il giudizio.*

(2) *Comma così modificato con R.D. 20 aprile 1942, n. 504, norme per il coordinamento del codice di procedura civile.*

NOTE OPERATIVE:

Ambito di applicazione: La norma, nell'escludere la capacità processuale delle persone che non hanno il libero esercizio dei propri diritti, si riferisce solo a quelle che siano state private della capacità di agire con una sentenza di interdizione o di inabilitazione, ovvero con provvedimento di nomina di un rappresentante e non anche a quelle colpite da incapacità naturale, ma non interdette o inabilitate (C.C. 17914/22 – Conf. C.C. 17912/10; C.C. 3085/02).

Ratio: La ratio della disposizione si fonda, da un lato, sull'esigenza che ogni limitazione della capacità di agire, con le relative ricadute sul piano processuale, possa operare solo all'esito finale di uno specifico procedimento e, dall'altro, sull'altrettanto incontestabile esigenza di impedire il pericolo che ogni processo possa subire interruzioni o sospensioni sulla base di situazioni di non sollecito ed agevole accertamento, con il conseguente pregiudizio del diritto di tutela giurisdizionale della parte che ha proposto la domanda (C.C. 21507/19 – Conf. C.C. 9146/02).

76. [**Famiglia Reale.** – (*Omissis*)] (1).

(1) *Abrogato dall'art. 1 Cost.*

77. Rappresentanza del procuratore e dell'institore. – Il procuratore generale e quello preposto a determinati affari (1387 ss., 1704, 1903, 2203, 2209 c.c.) non possono stare in giudizio per il preponente, quando questo potere non è stato loro conferito espressamente per iscritto, tranne che per gli atti urgenti e per le misure cautelari (670, 671; 1745, 2204[2], 2209, 2212 c.c.).

Tale potere si presume conferito al procuratore generale di chi non ha residenza o domicilio (43 c.c.) nello Stato e all'institore (2204 c.c.).

NOTE OPERATIVE:

Ambito di applicazione: La rappresentanza processuale volontaria può essere conferita esclusivamente a chi sia investito di un potere rappresentativo di natura sostanziale in ordine al rapporto dedotto in giudizio. Dalla lettura combinata degli artt. 100 e 77 c.p.c. si desume la regola generale per cui il diritto di agire spetta a chi abbia il potere di rappresentare l'interessato nella totalità dei suoi affari (procuratore generale) o in un gruppo omogeneo di questi, paragonabile ad un'azienda commerciale o ad un suo settore (institore) (C.C. 43/17 – Conf. C.C. 13054/06).

78. Curatore speciale. – Se manca la persona a cui spetta la rappresentanza o l'assistenza, e vi sono ragioni d'urgenza, può essere nominato all'incapace, alla persona giuridica (11-13 c.c.) o all'associazione non riconosciuta (36 ss. c.c.) un curatore speciale che lo rappresenti o assista finché subentri colui al quale spetta la rappresentanza o l'assistenza (41 c.c.; 65 att. c.c.).

Si procede altresì alla nomina di un curatore speciale al rappresentato, quando vi è conflitto di interessi col rappresentante (247, 320^{6}, 347, 360^{2} c.c.).

[Il giudice provvede alla nomina del curatore speciale del minore, anche d'ufficio e a pena di nullità degli atti del procedimento:

1) con riguardo ai casi in cui il pubblico ministero abbia chiesto la decadenza dalla responsabilità genitoriale di entrambi i genitori, o in cui uno dei genitori abbia chiesto la decadenza dell'altro;

2) in caso di adozione di provvedimenti ai sensi dell'articolo 403 del codice civile o di affidamento del minore ai sensi degli articoli 2 e seguenti della legge 4 maggio 1983, n. 184;

3) nel caso in cui dai fatti emersi nel procedimento venga alla luce una situazione di pregiudizio per il minore tale da precluderne l'adeguata rappresentanza processuale da parte di entrambi i genitori;

4) quando ne faccia richiesta il minore che abbia compiuto quattordici anni] (1).

[In ogni caso il giudice può nominare un curatore speciale quando i genitori appaiono per gravi ragioni temporaneamente inadeguati a rappresentare gli interessi del minore; il provvedimento di nomina del curatore deve essere succintamente motivato] (1).

(1) *Questo comma, aggiunto dall'art. 1, comma 30, della L. 26 novembre 2021, n. 206, a decorrere dal centottantesimo giorno successivo alla data di entrata in vigore della medesima legge, è stato soppresso dall'art. 3, comma 5, lett. a), del D.L.vo 10 ottobre 2022, n. 149, a decorrere dal 28 febbraio 2023.*

A norma dell'art. 35, comma 1, del medesimo decreto, le disposizioni si applicano ai procedimenti instaurati successivamente a tale data. Ai procedimenti pendenti alla data del 28 febbraio 2023 si applicano le disposizioni anteriormente vigenti.

NOTE OPERATIVE:

Nomina: In pendenza di giudizio, la nomina del curatore speciale avviene incidentalmente, quale sub-procedimento all'interno del processo, con istanza da proporre al giudicante (C.C. 38883/21).

79. Istanza di nomina del curatore speciale. – La nomina del curatore speciale di cui all'articolo precedente può essere in ogni caso chiesta dal pubblico ministero (182, 299). Può essere chiesta anche dalla persona che deve essere rappresentata o assistita, sebbene incapace, nonché dai suoi prossimi congiunti e, in caso di conflitto di interessi, dal rappresentante.

Può essere inoltre chiesta da qualunque altra parte in causa che vi abbia interesse (100).

NOTE OPERATIVE:

Legittimati: L'esistenza d'un conflitto d'interessi fra rappresentante e rappresentato può legittimare la controparte che vi abbia interesse a chiedere la nomina di un curatore speciale al rappresentato (C.C. 19149/14 – Conf. C.C. 1808/79).

80. Provvedimento di nomina del curatore speciale. – L'istanza (121, 125) per la nomina del curatore speciale si propone al giudice di pace [, al pretore] (1) o al presidente dell'ufficio giudiziario davanti al quale s'intende proporre la causa (65 att. c.c.). Se la necessità di nominare un curatore speciale sorge nel corso di un procedimento, anche di natura cautelare, alla nomina provvede, d'ufficio, il giudice che procede (2).

Il giudice, assunte le opportune informazioni e sentite possibilmente le persone interessate, provvede con decreto (135). Questo è comunicato (136) al pubblico ministero affinché provochi, quando occorre, i provvedimenti per la costituzione della normale rappresentanza o assistenza dell'incapace, della persona giuridica o dell'associazione non riconosciuta.

[Al curatore speciale del minore il giudice può attribuire nel provvedimento di nomina, ovvero con provvedimento non impugnabile adottato nel corso del giudizio, specifici poteri di rappresentanza sostanziale. Il curatore speciale del minore procede al suo ascolto. Il minore che abbia compiuto quattordici anni, i genitori che esercitano la responsabilità genitoriale, il tutore o il pubblico ministero possono chiedere con istanza motivata al presidente del tribunale o al giudice che procede, che decide con decreto non impugnabile, la revoca del curatore per gravi inadempienze o perché mancano o sono venuti meno i presupposti per la sua nomina] (3).

(1) *Le parole: «, al pretore» sono state soppresse dall'art. 60 del D.L.vo 19 febbraio 1998, n. 51, recante l'istituzione del giudice unico, a decorrere dal 2 giugno 1999.*

(2) *Questo periodo è stato aggiunto dall'art. 1, comma 31, lett. a), della L. 26 novembre 2021, n. 206, a decorrere dal centottantesimo giorno successivo alla data di entrata in vigore della presente legge.*

(3) *Questo comma, aggiunto dall'art. 1, comma 31, lett. b), della L. 26 novembre 2021, n. 206, a decorrere dal centottantesimo giorno successivo alla data di entrata in vigore della presente legge, è stato soppresso dall'art. 3, comma 5, lett. b), del D.L.vo 10 ottobre 2022, n. 149, a decorrere dal 28 febbraio 2023.*

A norma dell'art. 35, comma 1, del medesimo decreto, le disposizioni si applicano ai procedimenti instaurati successivamente a tale data. Ai procedimenti pendenti alla data del 28 febbraio 2023 si applicano le disposizioni anteriormente vigenti.

NOTE OPERATIVE:

Competenza: Allorquando l'esigenza della nomina di un curatore speciale si manifesti nel corso del giudizio ed in relazione ad esso, la corrispondente istanza deve essere proposta al giudice (monocratico o collegiale nelle ipotesi di cui all'art. 50-bis c.p.c.) della causa pendente, a tanto non ostando la riconducibilità alla giurisdizione volontaria del provvedimento (C.C. 7762/17 – Conf. C.C. 7362/15).

81. Sostituzione processuale. – Fuori dei casi espressamente previsti dalla legge, nessuno può far valere nel processo in nome proprio un diritto altrui.

NOTE OPERATIVE:

Legitimatio ad causam: La legitimatio ad causam si ricollega al principio secondo il quale nessuno può far valere nel processo un diritto altrui in nome proprio fuori dei casi espressamente previsti dalla legge, e, trattandosi di materia attinente al contraddittorio e mirandosi a prevenire una sentenza inutiliter data, comporta la verifica, anche d'ufficio, in ogni stato e grado del processo (col solo limite della formazione del giudicato interno), in via preliminare al merito, della coincidenza dell'attore e del convenuto con i soggetti che, secondo la legge che regola il rapporto dedotto in giudizio, sono destinatari degli effetti della pronuncia richiesta (C.C. 29505/20 – Conf. C.C. 31574/18; C.C. 2342/18; C.C. 23913/13; C.C. 14243/12; C.C. 1912/12).

Capo II
Dei difensori (1)

(1) *Si veda l'art. 23, comma 50, del D.L. 6 luglio 2011, n. 98, convertito, con modificazioni, nella L. 15 luglio 2011, n. 150, che così dispone: «50. In tutti gli atti introduttivi di un giudizio, compresa l'azione civile in sede penale e in tutti gli atti di prima difesa devono essere indicati, le generalità complete della parte, la residenza o sede, il domicilio eletto presso il difensore ed il codice fiscale, oltre che della parte, anche dei rappresentanti in giudizio.».*

82. (1) **Patrocinio.** – Davanti al giudice di pace le parti possono stare in giudizio personalmente nelle cause il cui valore (10) non eccede € 1.100 (2).

Negli altri casi, le parti non possono stare in giudizio se non col ministero o con l'assistenza di un difensore (317) (3). Il giudice di pace tuttavia, in considerazione della natura ed entità della causa, con decreto emesso anche su istanza verbale della parte, può autorizzarla a stare in giudizio di persona.

Salvi i casi in cui la legge dispone altrimenti (86, 107), davanti [al pretore,] (4) al tribunale e alla corte d'appello le parti debbono stare in giudizio col ministero di un procuratore legalmente esercente (163, n. 6); e davanti alla Corte di cassazione col ministero di un avvocato iscritto nell'apposito albo (365) (5).

(1) *Questo articolo è stato così sostituito dall'art. 20 della L. 21 novembre 1991, n. 374, recante l'istituzione del giudice di pace, a decorrere dal 1° maggio 1995.*

(2) *Le parole: «euro 516,46» sono state così sostituite dalle attuali: «euro 1.100» dall'art. 13, comma 1, lett. a), del D.L. 22 dicembre 2011, n. 212, convertito, con modificazioni, nella L. 17 febbraio 2012, n. 10.*

(3) *L'art. 23 della L. 24 novembre 1981, n. 689, di depenalizzazione e modifica al sistema penale, consente all'opponente e all'autorità che ha emesso l'ordinanza-ingiunzione di stare personalmente nel giudizio di opposizione avverso il provvedimento di condanna.*

(4) *Le parole: «al pretore,» sono state soppresse dall'art. 61 del D.L.vo 19 febbraio 1998, n. 51, recante l'istituzione del giudice unico, a decorrere dal 2 giugno 1999.*

(5) *L'art. 417 c.p.c. consente alla parte di stare in giudizio personalmente, nelle controversie di lavoro, quando il valore della causa non eccede € 129,11.*

NOTE OPERATIVE:

Difesa personale: onere di parte ...: In tema di giudizi in cui è consentita alla parte la difesa personale è onere dell'interessato, che rivesta la qualità di avvocato, specificare a che titolo intenda partecipare al processo (C.C. 1518/19).

... limiti ...: Salvi i casi in cui la legge dispone altrimenti, dinanzi alla Corte di Cassazione la parte non può stare in giudizio personalmente, ma solo col ministero di un avvocato iscritto nell'apposito albo previsto dal r.d.l. 1578/1933, art. 33, munito di procura speciale. Tale obbligo non si pone in contrasto con le norme costituzionali che tutelano il diritto di difesa (C.C. 2451/20).

... e autorizzazione: Il provvedimento col quale il giudice di pace autorizza la parte a stare in giudizio di persona non esige il rigore formale della espressa scrittura, potendo risultare implicitamente dai verbali di causa e desumersi, in particolare, dalla circostanza che il giudice abbia provveduto su di una determinata istanza senza rilevarne l'avvenuta proposizione ad opera della parte personalmente (C.C. 5013/18 – Conf. C.C. 3874/12; S.U. 9767/01).

83. Procura alle liti. – Quando la parte sta in giudizio col ministero di un difensore, questi deve essere munito di procura (125, 319).

La procura alle liti può essere generale o speciale (221, 365, 370, 398), e deve essere conferita con atto pubblico o scrittura privata autenticata (317).

La procura speciale può essere anche apposta in calce o a margine della citazione (163, 316, 342), del ricorso (366, 486, 499, 615[2], 617[2], 619, 638, 688, 693, 703, 712, 721, 726, 736, 737), del controricorso (370), della comparsa di risposta (167, 271, 293) o d'intervento (267), del precetto (480), o della domanda d'intervento nell'esecuzione (499, 525, 551, 563), ovvero della memoria di nomina del nuovo difensore, in aggiunta o in sostituzione del difensore originariamente designato (¹). In tali casi l'autografia della sottoscrizione della parte deve essere certificata dal difensore. La procura si considera apposta in calce anche se rilasciata su foglio separato che sia però congiunto materialmente all'atto cui si riferisce, o su documento informatico separato sottoscritto con firma digitale e congiunto all'atto cui si riferisce mediante strumenti informatici, individuati con apposito decreto del Ministero della giustizia (²). Se la procura alle liti è stata conferita su supporto cartaceo, il difensore che si costituisce attraverso strumenti telematici ne trasmette la copia informatica autenticata con firma digitale, nel rispetto della normativa, anche regolamentare, concernente la sottoscrizione, la trasmissione e la ricezione dei documenti informatici e trasmessi in via telematica (³).

La procura speciale si presume conferita soltanto per un determinato grado del processo quando nell'atto non è espressa volontà diversa.

(¹) *Le parole: «, ovvero della memoria di nomina del nuovo difensore, in aggiunta o in sostituzione del difensore originariamente designato» sono state aggiunte dall'art. 45, comma 9, lett.* a), *della L. 18 giugno 2009, n. 69, a decorrere dal 4 luglio 2009. Ai sensi dell'art. 58, comma 1, della predetta legge, tale disposizione si applica ai giudizi instaurati dopo la data della sua entrata in vigore.*

(²) *Questo periodo è stato aggiunto dall'art. 1 della L. 27 maggio 1997, n. 141. Le parole: «, o su documento informatico separato sottoscritto con firma digitale e congiunto all'atto cui si riferisce mediante strumenti informatici, individuati con apposito decreto del Ministero della giustizia» sono state aggiunte dall'art. 45, comma 9, lett.* b), *della L. 18 giugno 2009, n. 69, a decorrere dal 4 luglio 2009. Ai sensi dell'art. 58, comma 1, della predetta legge, tale disposizione si applica ai giudizi instaurati dopo la data della sua entrata in vigore.*

(³) *Questo periodo è stato aggiunto dall'art. 45, comma 9, lett.* c), *della L. 18 giugno 2009, n. 69, a decorrere dal 4 luglio 2009. Ai sensi dell'art. 58, comma 1, della predetta legge, tale disposizione si applica ai giudizi instaurati dopo la data della sua entrata in vigore.*

NOTE OPERATIVE:

Atto processuale: L'elencazione degli atti processuali sui quali può essere apposta la procura speciale alle liti non è tassativa purché l'atto sia depositato al momento della costituzione in giudizio e la controparte non abbia sollevato specifiche contestazioni sulla regolarità del mandato; occorre, però, che si tratti pur sempre di atto processuale, sia pure nella nozione lata, riferita cioè a qualunque elemento del processo di realizzazione della tutela giurisdizionale (C.C. 24472/20 – Conf. C.C. 21154/13; C.C. 4279/88).

Specialità: Il requisito di specialità della procura richiesto come condizione per la proposizione del ricorso per cassazione (del controricorso e degli atti equiparati) è integrato, a prescindere dal contenuto, dalla sua collocazione topografica; nel senso che la firma per autentica apposta dal difensore su foglio separato, ma materialmente congiunto all'atto, è in tutto equiparata alla procura redatta a margine o in calce all'atto stesso (S.U. 37434/22).

84. Poteri del difensore. – Quando la parte sta in giudizio col ministero del difensore (82), questi può compiere e ricevere (170; 108 att.), nell'interesse della parte stessa, tutti gli atti del processo che dalla legge non sono ad essa espressamente riservati.

In ogni caso non può compiere atti che importano disposizione del diritto in contesa, se non ne ha ricevuto espressamente il potere.

NOTE OPERATIVE:

Ambito di applicazione: Il mandato ad litem attribuisce al difensore la facoltà di proporre tutte le domande ricollegabili all'oggetto della causa, con esclusione degli atti (non espressamente menzionati) che comportano disposizione del diritto in contesa e delle domande con cui si introduce una nuova e distinta controversia, eccedente l'ambito della lite originaria (C.C. 14070/23 – Conf. C.C. 1293/95) ivi compresa la domanda riconvenzionale (C.C. 10168/18) e l'azione di garanzia impropria anche se non espressamente prevista (S.U. 4909/16).

85. Revoca e rinuncia alla procura. – La procura può essere sempre revocata e il difensore può sempre rinunciarvi, ma la revoca e la rinuncia non hanno effetto (301[3]) nei confronti dell'altra parte finché non sia avvenuta la sostituzione del difensore (299 ss.).

NOTE OPERATIVE:

Disciplina: La norma è espressione di una disciplina derogatoria, per i professionisti intellettuali che svolgono la professione di avvocato, rispetto a quella generale dell'art. 2237 c.c., per effetto della quale l'avvocato può recedere dal mandato professionale anche in assenza di una giusta causa, salvo, in tal caso, il risarcimento del danno di cui il cliente provi l'esistenza (C.C. 17770/23 – Conf. C.C. 7180/23; C.C. 23077/22).

Perpetuatio: In virtù del principio della c.d. perpetuatio dell'ufficio di difensore, né la revoca, né la rinuncia alla procura privano il difensore delle capacità di compiere o ricevere atti processuali: ciò che priva il procuratore della capacità di compiere o ricevere atti non sono la revoca o la rinuncia di per sé sole, bensì il fatto che alla revoca o alla rinuncia si accompagni la sostituzione del difensore (C.C. 12249/20 – Conf. C.C. 17649/10; C.C. 10643/97).

86. Difesa personale della parte. – La parte o la persona che la rappresenta o assiste, quando ha la qualità necessaria per esercitare l'ufficio di difensore con procura presso il giudice adito, può stare in giudizio senza il ministero di altro difensore (82, 125, 165, 166, 317).

NOTE OPERATIVE:

Onorari: La circostanza che l'avvocato si sia avvalso della facoltà di difesa personale non incide sulla natura professionale dell'attività svolta e, pertanto, non esclude che il giudice debba liquidare in suo favore, secondo le regole della soccombenza e in base alle tariffe professionali, i diritti e gli onorari stabiliti per la prestazione resa (C.C. 4698/19 – Conf. C.S. 5652/18; C.C. 189/17; C.C. 2193/08).

87. Assistenza degli avvocati e del consulente tecnico. – La parte può farsi assistere da uno o più avvocati, e anche da un consulente tecnico nei casi e con i modi stabiliti nel presente codice (201).

NOTE OPERATIVE:

Mandato congiuntivo: Se il mandato alle liti viene conferito a più difensori, ciascuno di essi, in difetto di un'espressa ed inequivoca volontà della parte circa il carattere congiuntivo, e non disgiuntivo, del mandato medesimo, ha pieni poteri di rappresentanza processuale (C.C. 15174/17 – Conf. C.C. 13252/06; C.C. 7021/03).

Consulenza di parte: Le consulenze di parte costituiscono semplici allegazioni difensive, onde il giudice di merito non è tenuto a motivare il proprio dissenso in ordine alle osservazioni in esse contenute, quando ponga a base del proprio convincimento considerazioni incompatibili con le stesse e conformi al parere del proprio consulente (C.C. 6432/02 – Conf. C.C. 15028/01).

Capo III
Dei doveri delle parti e dei difensori

88. Dovere di lealtà e di probità. – Le parti e i loro difensori hanno il dovere di comportarsi in giudizio con lealtà e probità (92, 175).

In caso di mancanza dei difensori a tale dovere, il giudice deve riferirne alle autorità che esercitano il potere disciplinare su di essi.

NOTE OPERATIVE:

Violazione: Una condotta in violazione del dovere di lealtà e probità processuale potrebbe al massimo essere considerata ai fini della regolamentazione delle spese, ma non potrebbe comunque giustificare una condanna della parte ex art. 96 c.p.c. Peraltro, l'eventuale violazione del dovere di lealtà processuale, al quale si collega il dovere di probità, dignità e decoro sancito dal codice deontologico forense, è certamente riferibile all'avvocato, ma non necessariamente alla parte (C.C. 15319/22 – Conf. S.U. 10090/15; C.C. 11978/03; S.U. 3306/87).

89. Espressioni sconvenienti od offensive. – Negli scritti presentati e nei discorsi pronunciati davanti al giudice, le parti e i loro difensori non debbono usare espressioni sconvenienti od offensive.

Il giudice, in ogni stato dell'istruzione, può disporre con ordinanza che si cancellino le espressioni sconvenienti od offensive, e, con la sentenza che decide la causa, può inoltre assegnare alla persona offesa una somma a titolo di risarcimento del danno anche non patrimoniale (2059 c.c; 185^2 c.p.) sofferto, quando le espressioni offensive non riguardano l'oggetto della causa.

NOTE OPERATIVE:

Valutazione: Il potere del giudice di merito di ordinare la cancellazione di espressioni sconvenienti ed offensive utilizzate negli scritti presentati o nei discorsi pronunciati davanti al giudice costituisce un potere valutativo discrezionale volto alla tutela di interessi diversi da quelli oggetto di contesa tra le parti ed il suo esercizio d'ufficio, presentando carattere ordinatorio e non decisorio, si sottrae all'obbligo di motivazione (C.C. 27616/20 – Conf. C.C. 14659/15; C.C. 3487/09).

Natura giuridica: La responsabilità conseguente ad affermazioni offensive per il giudice contenute negli scritti difensivi di un giudizio civile non ha natura penale, ma deriva da un fatto illecito ex art. 2043 c.c. di cui risponde, oltre all'avvocato autore delle espressioni offensive, la stessa parte, quale responsabile civile dell'operato del proprio difensore, posto che nel processo civile non trova applicazione l'art. 589 c.p., ma l'art. 89 c.p.c., quale norma posteriore e speciale rispetto alla prima (C.C. 4733/19).

Capo IV
Della responsabilità delle parti per le spese e per i danni processuali

90. (1) [**Onere delle spese.** – Salve le disposizioni relative al gratuito patrocinio, nel corso del processo ciascuna delle parti deve provvedere alle spese (306, 310) degli atti che compie e di quelli che chiede, e deve anticiparle per gli altri atti necessari al processo quando l'anticipazione è posta a suo carico dalla legge o dal giudice].

(1) *Quest'articolo è stato abrogato, a decorrere dal 1° luglio 2002, dall'art. 299 del D.P.R. 30 maggio 2002, n. 115 sulle spese di giustizia.*

91. Condanna alle spese. – Il giudice, con la sentenza che chiude il processo davanti a lui, condanna la parte soccombente al rimborso delle spese a favore dell'altra parte e ne liquida l'ammontare insieme con gli onorari di difesa (93, 216; 75, 151[2], 152 att.; 2877 c.c.). Se accoglie la domanda in misura non superiore all'eventuale proposta conciliativa, condanna la parte che ha rifiutato senza giustificato motivo la proposta al pagamento delle spese del processo maturate dopo la formulazione della proposta, salvo quanto disposto dal secondo comma dell'articolo 92 (1).

Le spese della sentenza (132) sono liquidate dal cancelliere con nota in margine alla stessa; quelle della notificazione (137) della sentenza, del titolo esecutivo (474) e del precetto (480) sono liquidate dall'ufficiale giudiziario con nota in margine all'originale e alla copia notificata.

I reclami contro le liquidazioni di cui al comma precedente sono decisi con le forme previste negli artt. 287 e 288 dal capo dell'ufficio a cui appartiene il cancelliere o l'ufficiale giudiziario.

Nelle cause previste dall'articolo 82, primo comma, le spese, competenze ed onorari liquidati dal giudice non possono superare il valore della domanda (2).

(1) *Questo periodo è stato così sostituito dall'art. 45, comma 10, della L. 18 giugno 2009, n. 69, a decorrere dal 4 luglio 2009. Ai sensi dell'art. 58, comma 1, della predetta legge, tale disposizione si applica ai giudizi instaurati dopo la data della sua entrata in vigore.*

Il testo precedente così disponeva: «Eguale provvedimento emette nella sua sentenza il giudice che regola la competenza».

(2) *Questo comma è stato aggiunto dall'art. 13, comma 1, lett. b), del D.L. 22 dicembre 2011, n. 212, convertito, con modificazioni, nella L. 17 febbraio 2012, n. 10.*

NOTE OPERATIVE:

Finalità: La condanna al pagamento delle spese processuali non costituisce sanzione a fronte di un danno punitivo, ma criterio di riparto dei costi del processo, in applicazione del principio della causalità, sotteso a quello della soccombenza, avendo lo scopo di regolare non le conseguenze della mancata conciliazione, ma quelle derivanti dal comportamento scorretto della parte che, pur sostanzialmente vittoriosa, si sia sottratta ad una seria proposta di conciliazione (C. 7591/23).

Richiesta: La condanna al pagamento delle spese del giudizio rappresenta la naturale conseguenza prevista dalla legge a seguito della decisione sulle domande proposte, dovendo pertanto il giudice procedervi anche in mancanza di una esplicita richiesta della parte vittoriosa (C.C. 25741/23 – Conf. C.C. 30729/22).

Condanna del difensore: La condanna alle spese processuali va pronunciata nei confronti della parte soccombente e non del difensore, salvo che questi abbia agito quale rappresentante processuale di un altro soggetto senza essere investito del relativo potere, nel caso di inesistenza della procura ad litem o falsa o rilasciata da soggetto diverso da quello dichiaratamente rappresentato o per processi o fasi di processo diverse da quello per il quale l'atto è speso (C.C. 16622/22).

92. Condanna alle spese per singoli atti. Compensazione delle spese. – Il giudice, nel pronunciare la condanna di cui all'articolo precedente, può escludere la ripetizione delle spese sostenute dalla parte vincitrice, se le ritiene eccessive o superflue; e può, indipendentemente dalla soccombenza, condannare una parte al rimborso delle spese, anche non ripetibili, che, per trasgressione al dovere di cui all'art. 88, essa ha causato all'altra parte.

Se vi è soccombenza reciproca ovvero nel caso di assoluta novità della questione trattata o mutamento della giurisprudenza rispetto alle questioni dirimenti, il giudice può compensare le spese tra le parti, parzialmente o per intero (1).

Se le parti si sono conciliate, le spese si intendono compensate, salvo che le parti stesse abbiano diversamente convenuto nel processo verbale di conciliazione (183, 185, 199, 320, 322, 652; 88 att.).

(1) *Questo comma è stato da ultimo così sostituito dall'art. 13, comma 1, del D.L. 12 settembre 2014, n. 132, convertito, con modificazioni, nella L. 10 novembre 2014, n. 162. A norma dell'art. 13, comma 2, dello stesso provvedimento, tale disposizione si applica ai procedimenti introdotti a decorrere dal trentesimo giorno successivo all'entrata in vigore della legge di conversione del presente decreto (Suppl. ord. alla G.U. Serie gen. - n. 261 del 10 novembre 2014).*

La Corte costituzionale, con sentenza n. 77 del 19 aprile 2018, ha dichiarato l'illegittimità costituzionale di questo comma, nel testo modificato dall'art. 13, comma 1, del D.L. n. 132/2014, nella parte in cui non preve-

de che il giudice possa compensare le spese tra le parti, parzialmente o per intero, anche qualora sussistano altre analoghe gravi ed eccezionali ragioni.

NOTE OPERATIVE:

Compensazione: La norma, nella parte in cui consente la compensazione delle spese di lite se concorrano gravi ed eccezionali ragioni, costituisce una norma elastica, quale clausola generale che il legislatore ha previsto per adeguarla ad un dato contesto storico-sociale o a speciali situazioni, non esattamente ed efficacemente determinabili a priori (C.C. 26847/23 – Conf. C.C. 1983/23; C.C. 11222/16; S.U. 2572/12).

Reciproca soccombenza: L'accoglimento in misura ridotta, anche sensibile, di una domanda articolata in un unico capo non dà luogo a reciproca soccombenza (C.C. 16430/23 – Conf. C.C. 8175/23; C.C. 3386/23).

93. Distrazione delle spese. – Il difensore con procura (83) può chiedere che il giudice, nella stessa sentenza in cui condanna alle spese, distragga in favore suo e degli altri difensori gli onorari non riscossi e le spese che dichiara di avere anticipate (75 att.).

Finché il difensore non abbia conseguito il rimborso che gli è stato attribuito, la parte può chiedere al giudice, con le forme stabilite per la correzione delle sentenze (288), la revoca del provvedimento, qualora dimostri di aver soddisfatto il credito del difensore per gli onorari e le spese.

NOTE OPERATIVE:

Conseguenze: In virtù del provvedimento di distrazione delle spese processuali in favore del difensore con procura della parte vittoriosa, si instaura, fra il procuratore e la parte soccombente, un rapporto autonomo rispetto a quello fra le parti in causa che – nei limiti della somma liquidata dal giudice – si affianca a quello di prestazione d'opera professionale fra il cliente vittorioso ed il suo avvocato (C.C. 32668/21 – Conf. C.C. 14082/21; C.C. 27041/08; C.C. 9097/00).

Patrocinio a spese dello Stato: La presentazione dell'istanza di distrazione delle spese proposta dal difensore della parte ammessa al patrocinio a spese dello Stato non costituisce rinuncia implicita al beneficio da parte dell'assistito, attesa la diversa finalità ed il diverso piano di operatività del gratuito patrocinio e della distrazione delle spese, l'uno volto a garantire alla parte non abbiente l'effettività del diritto di difesa e l'altra ad attribuire al difensore un diritto in rem propriam (S.U. 8561/21).

Termine: La richiesta di distrazione delle spese in suo favore può essere formulata dall'avvocato anche nelle conclusioni o in comparsa conclusionale (C.C. 412/06)) e anche per la prima volta in appello (C.C. 2736/02).

94. Condanna di rappresentanti o curatori. – Gli eredi beneficiati (484 ss. c.c.), i tutori (348, 424 c.c.), i curatori (392, 424 c.c.) e in genere coloro che rappresentano o assistono la parte in giudizio (75) possono essere condannati personalmente, per motivi gravi che il giudice deve specificare nella sentenza, alle spese dell'intero processo o di singoli atti, anche in solido (1292 c.c.) con la parte rappresentata o assistita.

NOTE OPERATIVE:

Ratio: La norma, prevedendo la condanna – pronunciabile anche d'ufficio – alle spese in favore dell'avversario vincitore, eventualmente in solido con la parte, del soggetto che la rappresenti, si giustifica con il fatto che il predetto, pur non assumendo la veste di parte nel processo, esplica pur tuttavia, anche se in nome altrui, una attività processuale in maniera autonoma (C.C. 8666/22).

95. Spese del processo di esecuzione. – Le spese sostenute dal creditore procedente (491 ss.; 165 att.) e da quelli intervenuti (499, 500) che partecipano utilmente alla distribuzione (510) sono a carico di chi ha subito l'esecuzione, fermo il privilegio stabilito dal codice civile (2749, 2755, 2770, 2777 c.c.).

NOTE OPERATIVE:

Ambito di applicazione: La norma, nel porre a carico del debitore esecutato le spese sostenute dal creditore procedente e da quelli intervenuti che partecipano utilmente alla distribuzione, presuppone che il processo esecutivo sia iniziato con il pignoramento eseguito dall'ufficiale giudiziario (C.C. 18676/22 – Conf. C.C. 8298/11).

96. Responsabilità aggravata. – Se risulta che la parte soccombente ha agito o resistito in giudizio con mala fede o colpa grave, il giudice, su istanza dell'altra parte, la condanna, oltre che alle spese, al risarcimento dei danni (2043 ss. c.c.), che liquida, anche d'ufficio, nella sentenza.

Il giudice che accerta l'inesistenza del diritto per cui è stato eseguito un provvedimento cautelare (669 *bis* ss.), o trascritta domanda giudiziale (2652 ss., 2690 ss. c.c.), o iscritta ipoteca giudiziale (2818 c.c.), oppure iniziata o compiuta l'esecuzione forzata (483 ss.; 2930 ss. c.c.), su istanza della parte danneggiata condanna al risarcimento dei danni l'attore o il creditore procedente, che ha agito senza la normale prudenza. La liquidazione dei danni è fatta a norma del comma precedente.

In ogni caso, quando pronuncia sulle spese ai sensi dell'articolo 91, il giudice, anche d'ufficio, può altresì condannare la parte soccombente al pagamento, a favore della controparte, di una somma equitativamente determinata ([1]).

Nei casi previsti dal primo, secondo e terzo comma, il giudice condanna altresì la parte al pagamento, in favore della cassa delle ammende, di una somma di denaro non inferiore ad euro 500 e non superiore ad euro 5.000 ([2]).

([1]) *Questo comma è stato aggiunto dall'art. 45, comma 12, della L. 18 giugno 2009, n. 69, a decorrere dal 4 luglio 2009. Ai sensi dell'art. 58, comma 1, della predetta legge, tale disposizione si applica ai giudizi instaurati dopo la data della sua entrata in vigore.*

([2]) *Questo comma è stato aggiunto dall'art. 3, comma 6, del D.L.vo 10 ottobre 2022, n. 149, a decorrere dal 28 febbraio 2023.*

A norma dell'art. 35, comma 1, del medesimo decreto, le disposizioni si applicano ai procedimenti instaurati successivamente a tale data. Ai procedimenti pendenti alla data del 28 febbraio 2023 si applicano le disposizioni anteriormente vigenti.

NOTE OPERATIVE:

Presupposti: La responsabilità aggravata presuppone, sotto il profilo soggettivo, una concreta presenza di malafede o colpa grave della parte soccombente, perché agire in giudizio per far valere una pretesa non è di per sé condotta rimproverabile, anche se questa si riveli infondata, dovendosi attribuire a tale figura carattere eccezionale e/o residuale, al pari del correlato istituto dell'abuso del processo, giacché una sua interpretazione lata o addirittura automaticamente aggiunta alla sconfitta processuale verrebbe a contrastare con i principi dell'art. 24 Cost. (C.C. 25086/23 – Conf. C.C. 19948/23). La condanna ex art. 96, comma 3, c.p.c. è volta a salvaguardare finalità pubblicistiche, correlate all'esigenza di una sollecita ed efficace definizione dei giudizi, nonché interessi della parte vittoriosa ed a sanzionare la violazione dei doveri di lealtà e probità sanciti dall'art. 88 c.p.c., realizzata attraverso un vero e proprio abuso della potestas agendi con un'utilizzazione del potere di promuovere la lite, di per sé legittimo, per fini diversi da quelli ai quali esso è preordinato, con conseguente produzione di effetti pregiudizievoli per la controparte (S.U. 22405/18).

Fase esecutiva: L'istanza di condanna al risarcimento dei danni per aver intrapreso o compiuto, senza la normale prudenza, un'esecuzione forzata in forza di un titolo esecutivo di formazione giudiziale non definitivo successivamente caducato, deve essere proposta, di regola, in sede di cognizione, ossia nel giudizio di formazione o preordinato alla definitività del titolo esecutivo, ove quel giudizio sia ancora pendente, e non vi siano preclusioni di natura processuale. In questa ultima ipotesi, la domanda deve essere formulata al giudice dell'opposizione all'esecuzione; solo qualora sussista un'ipotesi di impossibilità di fatto o di diritto all'articolazione della domanda anche in tale sede, ne è consentita la proposizione in un giudizio autonomo (S.U. 25478/21).

97. Responsabilità di più soccombenti. – Se le parti soccombenti sono più (33, 102 ss.), il giudice condanna ciascuna di esse alle spese (91) e ai danni (96) in proporzione del rispettivo interesse nella causa. Può anche pronunciare condanna solidale (1292 c.c.) di tutte o di alcune tra esse, quando hanno interesse comune.

Se la sentenza non statuisce sulla ripartizione delle spese e dei danni, questa si fa per quote uguali.

NOTE OPERATIVE:

Presupposti: La condanna di più parti soccombenti al pagamento in solido può essere pronunciata non solo quando vi sia indivisibilità o solidarietà del rapporto sostanziale, ma pure nel caso in cui sussista una mera comunanza di interessi, ad esempio tra l'attore ed uno o più interventori, che può desumersi anche dalla semplice identità delle questioni sollevate e dibattute, ovvero dalla convergenza di atteggiamenti difensivi diretti a contrastare la pretesa avversaria (C.C. 1650/22 – Conf. C.C. 27476/18).

98. ([1]) **Cauzione per le spese.** – Il giudice istruttore, il pretore ([2]) o il giudice di pace, su istanza del convenuto, può disporre con ordinanza che l'attore non ammesso al gratuito patrocinio, presti cauzione per il rimborso delle spese, quando vi è fondato timore che l'eventuale condanna possa restare ineseguita.

Se la cauzione non è prestata nel termine stabilito, il processo si estingue.

([1]) *La Corte costituzionale, con sentenza n. 67 del 29 novembre 1960, ha dichiarato la illegittimità costituzionale di quest'articolo, in riferimento agli artt. 3 e 24 Cost.*

([2]) *Ai sensi del D.L.vo 19 febbraio 1998, n. 51, l'ufficio del pretore è soppresso a decorrere dal 2 giugno 1999, fatta salva l'attività necessaria per l'esaurimento degli affari pendenti. Le relative competenze sono trasferite al tribunale ordinario, fuori dei casi in cui è diversamente disposto dal predetto provvedimento.*

Titolo IV
Dell'esercizio dell'azione

99. Principio della domanda. – Chi vuole far valere un diritto in giudizio deve proporre domanda (104, 163; 2907 c.c.) al giudice competente (7 ss.).

NOTE OPERATIVE:

Ambito di applicazione: Il potere del giudice di rilevare in via officiosa l'esistenza di una causa di nullità di un contratto va contemperato e coordinato con il principio della domanda nel senso che occorre comunque la tempestiva proposizione della questione in giudizio (C.C. 26585/22 – Conf. C.C. 11106/21; C.C. 36353/21; C.C. 12/14).

100. Interesse ad agire. – Per proporre una domanda o per contraddire alla stessa è necessario avervi interesse (81, 105 ss., 246).

NOTE OPERATIVE:

Caratteristiche: La titolarità della posizione soggettiva, attiva o passiva, vantata in giudizio è un elemento costitutivo della domanda e attiene al merito della decisione, sicché spetta all'attore allegarla e provarla. Diversamente, il difetto di legittimatio ad causam, attenendo alla verifica, sempre secondo la prospettazione offerta dall'attore, della regolarità processuale del contraddittorio, è rilevabile di ufficio in ogni stato e grado del giudizio (C.C. 943/17).

Ambito di applicazione: In tema di impugnazioni, l'interesse ad agire postula la soccombenza nel suo aspetto sostanziale, correlata al pregiudizio che la parte subisca a causa della decisione da apprezzarsi in relazione all'utilità giuridica che può derivare al proponente il gravame dall'eventuale suo accoglimento (C.C. 38054/22 – Conf. C.C. 28307/20).

Limiti: La tutela del diritto di azione va contemperata, per esplicita o anche implicita disposizione di legge, con le regole di correttezza e buona fede, nonché con i principi del giusto processo e della durata ragionevole dei giudizi ex articolo 111 della Costituzione e 6 della CEDU (C.C. 32270/21); così, in tema di procedimento esecutivo, qualora il credito, di natura esclusivamente patrimoniale, sia di entità economica oggettivamente minima, difetta l'interesse a promuovere l'espropriazione forzata, dovendosi escludere che ne derivi la violazione dell'art. 24 Cost. (C.C. 24691/20 – Conf. C.C. 4228/15).

101. Principio del contraddittorio. – Il giudice, salvo che la legge disponga altrimenti, non può statuire sopra alcuna domanda, se la parte contro la quale è proposta non è stata regolarmente citata (164) e non è comparsa (181, 291).

Il giudice assicura il rispetto del contraddittorio e, quando accerta che dalla sua violazione è derivata una lesione del diritto di difesa, adotta i provvedimenti opportuni. Se ritiene di porre a fondamento della decisione una questione rilevata d'ufficio, il giudice riserva la decisione, assegnando alle parti, a pena di nullità, un termine, non inferiore a venti giorni e non superiore a quaranta giorni dalla comunicazione, per il deposito in cancelleria di memorie contenenti osservazioni sulla medesima questione (1).

(1) *Questo comma, aggiunto dall'art. 45, comma 13, della L. 18 giugno 2009, n. 69, a decorrere dal 4 luglio 2009, è stato così sostituito dall'art. 3, comma 7, del D.L.vo 10 ottobre 2022, n. 149, a decorrere dal 28 febbraio 2023.*

A norma dell'art. 35, comma 1, del medesimo decreto, le disposizioni si applicano ai procedimenti instaurati successivamente a tale data. Ai procedimenti pendenti alla data del 28 febbraio 2023 si applicano le disposizioni anteriormente vigenti.

Si riporta il testo precedente:

«Se ritiene di porre a fondamento della decisione una questione rilevata d'ufficio, il giudice riserva la decisione, assegnando alle parti, a pena di nullità, un termine, non inferiore a venti e non superiore a quaranta giorni dalla comunicazione, per il deposito in cancelleria di memorie contenenti osservazioni sulla medesima questione.».

NOTE OPERATIVE:

Funzione: L'obbligo del giudice di stimolare il contraddittorio ha lo scopo di evitare le decisioni cosiddette "a sorpresa" o "della terza via" e, pertanto, vale solo per le questioni che il giudice rilevi effettivamente d'ufficio per non essere state dedotte dalle parti mentre non vale per le questioni che – pur rilevabili d'ufficio – siano state introdotte dalle parti sotto forma di eccezione cosiddette in senso lato, in quanto tali questioni fanno già parte del thema decidendum (C.C. 18583/23 – Conf. C.C. 11269/23; C.C. 29098/17).

102. (1) **Litisconsorzio necessario.** – Se la decisione non può pronunciarsi che in confronto di più parti (331, 784), queste debbono agire o essere convenute nello stesso processo.

Se questo è promosso da alcune o contro alcune soltanto di esse, il giudice ordina l'integrazione del contraddittorio (268, 307, 331, 350, 375) in un termine perentorio (152) da lui stabilito.

(1) *La Corte costituzionale, con sentenza n. 41 dell'8 febbraio 2006, ha dichiarato l'illegittimità costituzionale di questo articolo in combinato disposto con l'art. 38 c.p.c., nella parte in cui, in ipotesi di litisconsorzio necessario, consente di ritenere improduttiva di effetti l'eccezione di incompetenza territoriale derogabile proposta non da tutti i litisconsorti convenuti.*

NOTE OPERATIVE:

Accertamento: La non integrità del contraddittorio non può essere rilevata direttamente dagli atti o in base alle prospettazioni delle parti, spettando alla parte che la deduce l'onere di indicare le persone dei litisconsorti asseritamente pretermessi, e di provare i requisiti di fatto e di diritto che giustificano l'invocata integrazione e, cioè, i titoli in base ai quali i soggetti pretermessi assumono la veste di litisconsorti necessari (C.C. 23418/23 – Conf. C.C. 4452/16; C.C. 5880/06).

Termine: Il termine concesso dal giudice per l'integrazione del contraddittorio ha natura perentoria e non può essere né rinnovato, né prorogato ai sensi dell'art. 153 c.p.c.. (C.C. 22866/19).

103. (1) **Litisconsorzio facoltativo.** – Più parti possono agire o essere convenute nello stesso processo, quando tra le cause che si propongono esiste connessione per l'oggetto o per il titolo dal quale dipendono (31 ss., 40), oppure quando la decisione dipende, totalmente o parzialmente, dalla risoluzione di identiche questioni.

Il giudice può disporre, nel corso della istruzione o nella decisione, la separazione delle cause, se vi è istanza di tutte le parti, ovvero quando la continuazione della loro riunione ritarderebbe o renderebbe più gravoso il processo, e può rimettere al giudice inferiore le cause di sua competenza (279 n. 5).

(1) *Articolo così sostituito dall'art. 5 della L. 14 luglio 1950, n. 581.*

NOTE OPERATIVE:

Presupposti: Se più parti sono convenute in un unico processo, le cause connesse sono scindibili ed il litisconsorzio che si instaura tra di esse è facoltativo (C.C. 6824/10).

104. (1) **Pluralità di domande contro la stessa parte.** – Contro la stessa parte possono proporsi nel medesimo processo più domande (33) anche non altrimenti connesse, purché sia osservata la norma dell'art. 10 secondo comma.

È applicabile la disposizione del secondo comma dell'articolo precedente.

(1) *Articolo così sostituito dall'art. 5 della L. 14 luglio 1950, n. 581.*

NOTE OPERATIVE:

Abuso del processo: domande relative a diritti di credito analoghi per oggetto e per titolo, in quanto fondati su analoghi, seppur diversi, fatti costitutivi, non possono essere proposte in giudizi diversi quando i relativi fatti costitutivi si inscrivano nell'ambito di una relazione unitaria tra le parti, anche di mero fatto, caratterizzante la concreta vicenda da cui deriva la controversia; tale divieto processuale non opera quando l'attore abbia un interesse oggettivo, il cui accertamento compete al giudice di merito, ad azionare in giudizio solo uno, o solo alcuni, dei crediti sorti nell'ambito della suddetta relazione unitaria le parti. La violazione dell'enunciato divieto processuale è sanzionata con l'improponibilità della domanda, ferma restando la possibilità di riproporre in giudizio la domanda medesima, in cumulo oggettivo con tutte le altre domande relative agli analoghi crediti sorti nell'ambito della menzionata relazione unitaria tra le parti (C.C. 28847/21 – Conf. C.C. 24915/21; C.C. 24371/21; C.C. 18562/21; C.C. 17813/21; C.C. 14143/21).

105. Intervento volontario. – Ciascuno può intervenire (267 ss., 344, 499, 525, 551, 563) in un processo tra altre persone per far valere, in confronto di tutte le parti o di alcune di esse, un diritto relativo all'oggetto o dipendente dal titolo (163 nn. 3, 4) dedotto nel processo medesimo.

Può altresì intervenire per sostenere le ragioni di alcuna delle parti, quando vi ha un proprio interesse (100).

NOTE OPERATIVE:

Effetti: L'intervento concerne non la causa, ma il processo ed è tale che il terzo, una volta intervenuto nel giudizio e proposta domanda contro le altre parti o anche una sola di esse, diventa parte egli stesso nel processo medesimo, al pari di tutte le altre parti e nei confronti di queste ultime (C.C. 36639/21).

106. Intervento su istanza di parte. – Ciascuna parte può chiamare nel processo un terzo al quale ritiene comune la causa o dal quale pretende essere garantita (32, 167, 183, 269, 271).

NOTE OPERATIVE:

Ambito di applicazione: La nozione di garanzia, su cui la norma fonda – in via alternativa alla comunanza di causa – il diritto di chiamare in giudizio un terzo, ricomprende anche la cosiddetta garanzia impropria (C.C. 1380/23 – Conf. C.C. 4475/21).

Impugnazione: Il provvedimento del giudice di merito che concede o nega l'autorizzazione a chiamare in causa un terzo coinvolge valutazioni assolutamente discrezionali che, come tali, non possono formare oggetto di appello e di ricorso per cassazione (S.U. 16984 – Conf. C.C. 21929/22; C.C. 2331/22; C.C. 25676/14).

107. Intervento per ordine del giudice. – Il giudice, quando ritiene opportuno che il processo si svolga in confronto di un terzo al quale la causa è comune, ne ordina l'intervento (270-272).

NOTE OPERATIVE:

Termine: La manifestazione, da parte dell'attore, della volontà di estendere la domanda originaria nei confronti del terzo chiamato in causa iussu iudicis non è assoggettata ad alcun termine perentorio, potendo essere disposto l'intervento in ogni momento del processo (C.C. 4724/19).

108. Estromissione del garantito. – Se il garante comparisce e accetta di assumere la causa in luogo del garantito (32, 81, 106), questi può chiedere, qualora le altre parti non si oppongano, la propria estromissione. Questa è disposta dal giudice con ordinanza

(134); ma la sentenza di merito pronunciata nel giudizio spiega i suoi effetti anche contro l'estromesso (2908, 2909 c.c.).

NOTE OPERATIVE:

Impugnazione: La decisione con cui il giudice di primo grado estrometta dal processo uno dei convenuti o chiamati in causa, ritenendolo privo di legittimazione passiva, configura, nonostante l'improprietà della formula adottata (C.C. 30664/17 – Conf. C.C. 8693/15; C.C. 13766/04), una statuizione di rigetto della domanda nei suoi confronti, suscettibile di passare in giudicato se non tempestivamente impugnata (C.C. 7612/22).

109. Estromissione dell'obbligato. – Se si contende a quale di più parti spetta una prestazione e l'obbligato si dichiara pronto a eseguirla a favore di chi ne ha diritto, il giudice può ordinare il deposito della cosa o della somma dovuta e, dopo il deposito, può estromettere l'obbligato dal processo (1777[2] c.c.).

110. Successione nel processo. – Quando la parte viene meno per morte o per altra causa, il processo è proseguito dal successore universale o in suo confronto (286, 299, 300).

NOTE OPERATIVE:

Ambito di applicazione: Nell'ipotesi in cui uno dei coeredi del defunto si costituisca in prosecuzione volontaria ovvero il processo venga riassunto nei confronti di uno o di alcuni fra i coeredi, la norma impone la prosecuzione nei confronti di tutti (C.C. 8835/23 – Conf. C.C. 28447/20).

111. (¹) **Successione a titolo particolare nel diritto controverso.** – Se nel corso del processo si trasferisce il diritto controverso per atto tra vivi a titolo particolare, il processo prosegue tra le parti originarie.

Se il trasferimento a titolo particolare avviene a causa di morte il processo è proseguito dal successore universale o in suo confronto (299, 300).

In ogni caso il successore a titolo particolare può intervenire (105) o essere chiamato (106) nel processo e, se le altri parti vi consentono, l'alienante o il successore universale può esserne estromesso.

La sentenza pronunciata contro questi ultimi spiega sempre i suoi effetti anche contro il successore a titolo particolare (2908, 2909 c.c.) ed è impugnabile anche da lui, salve le norme sull'acquisto in buona fede dei mobili (1153 c.c.) e sulla trascrizione (2643 c.c.).

(¹) *Articolo così modificato con R.D. 20 aprile 1942, n. 504, norme per il coordinamento del codice di procedura civile.*

NOTE OPERATIVE:

Ambito di applicazione: La norma enuncia una regola di carattere generale per la quale, anche in caso di trasferimento a titolo particolare della res litigiosa nel corso del processo, questo deve proseguire nei confronti dell'alienante, fatta salva la facoltativa possibilità di intervento dell'acquirente, tenuto in ogni caso a risentire degli effetti della pronuncia emessa nei confronti del dante causa, ed è, pertanto, applicabile anche in materia di giudizio di divisione, non sussistendo ragioni peculiari che ostino a tale operatività (C.C. 8624/22).

Titolo V
Dei poteri del giudice

112. Corrispondenza tra il chiesto e il pronunciato. – Il giudice deve (55) pronunciare su tutta la domanda (163, 167, 183) e non oltre i limiti di essa (277); e non può pronunciare d'ufficio su eccezioni che possono essere proposte soltanto dalle parti (38; 2938, 2969 c.c.).

NOTE OPERATIVE:

Ambito di applicazione: Il principio della corrispondenza fra il chiesto e il pronunciato deve ritenersi violato ogni qual volta il giudice, interferendo nel potere dispositivo delle parti, alteri uno degli elementi obiettivi di identificazione dell'azione (petitum e causa petendi), attribuendo o negando ad uno dei contendenti un bene diverso da quello richiesto e non compreso – nemmeno implicitamente o virtualmente – nell'ambito della domanda o delle richieste delle parti, mentre non incorre nel vizio di ultrapetizione il giudice che esamini una questione non espressamente formulata, tutte le volte che questa debba ritenersi tacitamente proposta, in quanto in rapporto di necessaria connessione con quelle espressamente formulate (C.C. 18583/23 – Conf. C.C. 17897/19; C.C. 16857/13; C.C. 22595/09).

113. Pronuncia secondo diritto. – Nel pronunciare sulla causa il giudice deve seguire le norme del diritto, salvo che la legge gli attribuisca il potere di decidere secondo equità (114, 119[4] att.; 912, 1226, 1349, 1733, 1736, 1749, 2045, 2047, 2056 c.c.).

Il giudice di pace decide secondo equità le cause il cui valore non eccede millecento euro, salvo quelle derivanti da rapporti giuridici relativi a contratti conclusi secondo le modalità di cui all'articolo 1342 del codice civile (¹) (²).

(¹) *Questo comma, già sostituito dall'art. 21 della L. 21 novembre 1991, n. 374, a decorrere dal 1° maggio 1995, è stato da ultimo così sostituito dall'art. 1 del D.L. 8 febbraio 2003, n. 18, convertito, con modificazioni, nella L. 7 aprile 2003, n. 63. A norma dell'art. 1 bis dello stesso provvedimento questo comma si applica ai giudizi instaurati con citazione notificata dal 10 febbraio 2003.*

(²) *La Corte costituzionale, con sentenza n. 206 del 6 luglio 2004, ha dichiarato l'illegittimità costituzionale di questo comma, nella parte in cui non prevede che il giudice di pace debba osservare i principi informatori della materia.*

NOTE OPERATIVE:

Iura novit curia: L'applicazione del principio iura novit curia, di cui all'art. 113, comma 1, c.p.c., fa salva la possibilità per il giudice di assegnare una diversa qualificazione giuridica ai fatti e ai rapporti dedotti in lite, nonché all'azione esercitata in causa, ponendo a fondamento della sua decisione anche principi di diritto diversi da quelli erroneamente richiamati dalle parti (C.C. 34432/22 – Conf. C.C. 5832/21; C.C. 30607/18).

114. Pronuncia secondo equità a richiesta di parte. – Il giudice, sia in primo grado che in appello, decide il merito della causa secondo equità quando esso riguarda diritti disponibili delle parti e queste gliene fanno concorde richiesta (822; 112, 118, 119[4] att.).

NOTE OPERATIVE:

Caratteristiche: La decisione della causa secondo equità – che importa, appunto, la decisione della lite prescindendo dallo stretto diritto, in contrapposizione con il precedente art. 113 c.p.c. che disciplina la decisione secondo diritto –, è un istituto ben diverso dalla valutazione equitativa del danno (regolata dall'art. 1226 c.c.) la quale consiste nella possibilità del giudice di ricorrere anche d'ufficio a criteri equitativi per raggiungere la prova dell'ammontare del danno risarcibile, integrando così le risultanze processuali che siano insufficienti al detto scopo e assolvendo l'onere di fornire l'indicazione di congrue, anche se sommarie, ragioni del processo logico in base al quale ha adottato i criteri stessi (C.C. 1765/14 – Conf. C.C. 25943/07).

Obblighi del giudice: Nel giudizio secondo equità il giudice non ha l'obbligo di individuare preventivamente la norma giuridica astrattamente applicabile né di applicarla in concreto, mentre ha l'obbligo di rendere comprensibile il procedimento logico-intuitivo seguito per determinare la regola equitativa e di verificare che essa non si ponga in contrasto con i principi sottesi alla disciplina legislativa (C.C. 14611/09).

115. ([1]) **Disponibilità delle prove.** – Salvi i casi previsti dalla legge, il giudice deve porre a fondamento della decisione le prove proposte dalle parti o dal pubblico ministero, nonché i fatti non specificatamente contestati dalla parte costituita.

Il giudice può tuttavia, senza bisogno di prova, porre a fondamento della decisione le nozioni di fatto che rientrano nella comune esperienza.

([1]) *Questo articolo è stato così sostituito dall'art. 45, comma 14, della L. 18 giugno 2009, n. 69, a decorrere dal 4 luglio 2009. Ai sensi dell'art. 58, comma 1, della predetta legge, tale disposizione si applica ai giudizi instaurati dopo la data della sua entrata in vigore.*

*Il testo precedente così disponeva: «*115. (Disponibilità delle prove). *Salvi i casi previsti dalla legge il giudice deve porre a fondamento della decisione le prove proposte dalle parti o dal pubblico ministero.*

«Può tuttavia, senza bisogno di prova, porre a fondamento della decisione le nozioni di fatto che rientrano nella comune esperienza.».

NOTE OPERATIVE:

Non contestazione: Il principio di non contestazione opera soltanto in relazione ai fatti allegati dalla parte e non pure rispetto ai documenti o alle conclusioni ricostruttive desumibili dalla valutazione di documenti (C.C. 18221/23) e riguarda i fatti costitutivi, modificativi od estintivi del diritto azionato, ma non si applica alla stessa contestazione del fatto allegato, da considerarsi quale mera difesa (C.C. 15490/23 – Conf. C.C. 27907/22).

Violazione: Si ha violazione della norma quando il giudice: 1) decida contraddicendo espressamente la disposizione normativa (dichiarando di non doverla osservare), 2) operi una contraddizione implicita, ovvero giudica sulla base di prove non introdotte dalle parti e disposte invece di sua iniziativa (al di fuori dei casi in cui gli sia riconosciuto un potere d'ufficio di disporre delle prove), fermo restando il dovere di considerare i fatti non contestati e la possibilità di ricorrere al fatto noto (C.C. 37839/22 – Conf. S.U. 20867/20).

116. Valutazione delle prove. – Il giudice deve valutare le prove secondo il suo prudente apprezzamento, salvo che la legge disponga altrimenti (239; 2700, 2702, 2706 ss., 2721, 2733 ss., 2738 c.c.).

Il giudice può desumere argomenti di prova dalle risposte che le parti gli danno a norma dell'articolo seguente, dal loro rifiuto ingiustificato a consentire le ispezioni che egli ha ordinate (118, 258 ss) e, in generale, dal contegno delle parti stesse nel processo (88, 183, 200[2], 207[3], 232, 310[3]).

NOTE OPERATIVE:

Sindacabilità: Se è vero che l'uso nella disposizione dell'aggettivo possessivo «suo» non ha il senso del rimando ad un'arbitrarietà soggettiva, perché si tratta pur sempre dell'attributo di un parametro di riferimento, e cioè quello del «prudente» apprezzamento (visto che, con riferimento a quello compiuto dal giudice, la legge non parla di «suo apprezzamento», ma di «suo prudente apprezzamento»), resta, nondimeno, inteso che è proprio da tale declinazione in termini soggettivi del prudente apprezzamento della prova che deriva il fondamento della libertà, e non sindacabilità in sede di legittimità, della funzione giudiziale prevista dalla norma (C.C. 18307/23 – Conf. C.C. 2980/23).

117. Interrogatorio non formale delle parti. – Il giudice, in qualunque stato e grado del processo, ha facoltà di ordinare la comparizione personale delle parti (350[3], 485) in contraddittorio tra loro per interrogarle liberamente sui fatti della causa (183, 185). Le parti possono farsi assistere dai difensori.

NOTE OPERATIVE:

Finalità: L'interrogatorio non formale non costituisce un mezzo di prova, non essendo diretto a provocare dichiarazioni contrarie all'interesse dell'interrogato, ma solo a chiarire e a precisare i fatti di causa, sicché le risposte date dalla parte nel corso dello svolgimento di esso non hanno valore di confessione, né costituiscono da sole elementi sufficienti di prova (C.C. 24711/14 – Conf. C.C. 5290/08).

118. Ordine d'ispezione di persone e di cose. – Il giudice può ordinare (13, 14 Cost.) alle parti e ai terzi di consentire sulla loro persona o sulle cose in loro possesso le ispezioni che appaiono indispensabili per conoscere i fatti della causa (210 ss.; 258 ss., 93 att.), purché ciò possa compiersi senza grave danno per la parte o per il terzo (211, 260), e senza costringerli a violare uno dei segreti previsti negli artt. 351 e 352 c.p.p..

Se la parte rifiuta di eseguire tale ordine senza giusto motivo, il giudice la condanna a una pena pecuniaria da euro 500 a euro 3.000 e (1) può da questo rifiuto desumere argomenti di prova a norma dell'art. 116 secondo comma.

Se rifiuta il terzo, il giudice lo condanna a una pena pecuniaria da euro 250 a euro 1.500 (2).

(1) *Le parole: «la condanna a una pena pecuniaria da euro 500 a euro 3.000 e» sono state inserite dall'art. 3, comma 8, del D.L.vo 10 ottobre 2022, n. 149, a decorrere dal 28 febbraio 2023.*

A norma dell'art. 35, comma 1, del medesimo decreto, le disposizioni si applicano ai procedimenti instaurati successivamente a tale data. Ai procedimenti pendenti alla data del 28 febbraio 2023 si applicano le disposizioni anteriormente vigenti.

(2) *Le originarie parole: «non superiore a euro 5» sono state così sostituite dall'art. 45, comma 15, della L. 18 giugno 2009, n. 69, a decorrere dal 4 luglio 2009. Ai sensi dell'art. 58, comma 1, della predetta legge, tale disposizione si applica ai giudizi instaurati dopo la data della sua entrata in vigore.*

NOTE OPERATIVE:

Natura giuridica: L'ordine di esibizione costituisce uno strumento istruttorio residuale, che può essere utilizzato soltanto in caso di impossibilità di acquisire la prova dei fatti con altri mezzi e non per supplire al mancato assolvimento dell'onere probatorio a carico dell'istante (C.C. 22516/23 – Conf. C.C. 31251/21; C.C. 27412/21).

Rifiuto: Solo quando sia la parte a rifiutarsi all'ordine di acconsentire a indagini sulla sua persona la norma prevede che se ne traggano argomenti di prova. Invece, quando il rifiuto sia opposto da un terzo, la medesima norma prevede solo la possibilità di una sanzione pecuniaria a carico di costui, ma non certo che possa ricavarsene argomento di prova, dal momento che la parte non può subire effetti probatori sfavorevoli dal comportamento di un terzo (C.C. 8109/20).

119. Imposizione di cauzione. – Il giudice, nel provvedimento col quale impone una cauzione, deve indicare l'oggetto di essa, il modo di prestarla, e il termine entro il quale la prestazione deve avvenire (478; 86, 155 att.).

NOTE OPERATIVE:

Impossibilità: Quando il giudice abbia imposto la prestazione di una cauzione alla parte ed essa sia condizione per l'esercizio di un potere (come quello di iniziare l'esecuzione forzata) la parte che ritenga impossibile (in ipotesi anche giuridicamente) la prestazione della cauzione nel modo fissato dal giudice è tenuta a sollecitare il giudice (salvo che non sia previsto un mezzo di controllo del potere medesimo) a modificare il modo di prestazione della cauzione mentre non può provvedere alla prestazione della cauzione con una modalità diversa per legittimarsi all'esercizio del potere e, quindi, ove eserciti tale potere lo fa illegittimamente (C.C. 4334/09).

120. Pubblicità della sentenza. – Nei casi in cui la pubblicità della decisione di merito può contribuire a riparare il danno, compreso quello derivante per effetto di quanto previsto all'articolo 96, il giudice, su istanza di parte, può ordinarla a cura e spese del soccombente, mediante inserzione per estratto, ovvero mediante comunicazione, nelle forme specificamente indicate, in una o più testate giornalistiche, radiofoniche o televisive e in siti *internet* da lui designati (1).

Se l'inserzione non avviene nel termine stabilito dal giudice, può procedervi la parte a favore della quale è stata disposta, con diritto a ripetere le spese dall'obbligato.

(1) *Questo comma è stato così sostituito dall'art. 45, comma 16, della L. 18 giugno 2009, n. 69, a decorrere dal 4 luglio 2009. Ai sensi dell'art. 58, comma 1, della predetta legge, tale disposizione si applica ai giudizi instaurati dopo la data della sua entrata in vigore.*

Il testo precedente così disponeva: «Nei casi in cui la pubblicità della decisione di merito può contribuire a riparare il danno, il giudice, su istanza di parte, può ordinarla a cura e spese del soccombente, mediante inserzione per estratto in uno o più giornali da lui designati».

NOTE OPERATIVE:

Funzione: La pubblicazione della sentenza può essere disposta indipendentemente dall'esistenza o dalla prova di un danno attuale, trattandosi di una sanzione autonoma che, grazie alla conoscenza da parte della collettività della reintegrazione del diritto offeso, assolve ad una funzione riparatoria, in via preventiva rispetto all'ulteriore propagazione degli effetti dannosi dell'illecito nel futuro; ciò a differenza del risarcimento del danno per equivalente, che ha funzione reintegratoria di un pregiudizio già verificatosi (C.C. 1091/16 – Conf. C.C. 6226/13; C.C. 1982/03; C.C. 12103/95; C.C. 564/95).

Titolo VI
Degli atti processuali

Capo I
Delle forme degli atti
e dei provvedimenti

Sezione I
Degli atti in generale

121. Libertà di forme. Chiarezza e sinteticità degli atti (1). – Gli atti del processo, per i quali la legge non richiede forme determinate (125, 126, 131-135; 46 att.), possono essere compiuti nella forma più idonea al raggiungimento del loro scopo (156). Tutti gli atti del processo sono redatti in modo chiaro e sintetico (2).

(1) *Le parole: «Chiarezza e sinteticità degli atti» sono state aggiunte dall'art. 3, comma 9, lett. b), del D.L.vo 10 ottobre 2022, n. 149, a decorrere dal 28 febbraio 2023.*
A norma dell'art. 35, comma 1, del medesimo decreto, le disposizioni si applicano ai procedimenti instaurati successivamente a tale data. Ai procedimenti pendenti alla data del 28 febbraio 2023 si applicano le disposizioni anteriormente vigenti.

(2) *Questo periodo è stato aggiunto dall'art. 3, comma 9, lett. a), del D.L.vo 10 ottobre 2022, n. 149, a decorrere dal 28 febbraio 2023.*
A norma dell'art. 35, comma 1, del medesimo decreto, le disposizioni si applicano ai procedimenti instaurati successivamente a tale data. Ai procedimenti pendenti alla data del 28 febbraio 2023 si applicano le disposizioni anteriormente vigenti.

NOTE OPERATIVE:
Finalità: Pur vigendo, per gli atti processuali non specificamente regolati dalla legge, il principio di libertà della forma, è necessario che detti atti rivestano una forma idonea al raggiungimento dello scopo (C.C. 6541/93).

122. Uso della lingua italiana. Nomina dell'interprete (1). – In tutto il processo è prescritto l'uso della lingua italiana.

Quando deve essere sentito chi non conosce la lingua italiana, il giudice può nominare un interprete.

Questi, prima di esercitare le sue funzioni, presta giuramento davanti al giudice di adempiere fedelmente il suo ufficio (366, 373 c.p.).

(1) *La Corte costituzionale con sentenza n. 62 del 24 febbraio 1992, ha dichiarato l'illegittimità costituzionale degli artt. 22 e 23 della L. 24 novembre 1981, n. 689, in combinato disposto con questo articolo, nella parte in cui non consentono ai cittadini italiani appartenenti alla minoranza linguistica slovena nel processo di opposizione ad ordinanze-ingiunzioni applicative di sanzioni amministrative davanti al pretore avente competenza su un territorio dove sia insediata la predetta minoranza, di usare, su loro richiesta, la lingua materna nei propri atti, usufruendo per questi della traduzione nella lingua italiana, nonché di ricevere tradotti nella propria lingua gli atti dell'autorità giudiziaria e le risposte della controparte.*

NOTE OPERATIVE:
Ambito di applicazione: La norma impone l'utilizzo della lingua italiana soltanto con riferimento agli atti in senso stretto mentre la documentazione ben può essere prodotta nella lingua in cui è stata originariamente vergata (C.C. 24980/20).

123. Nomina del traduttore. – Quando occorre procedere all'esame di documenti che non sono scritti in lingua italiana, il giudice può nominare un traduttore, il quale presta giuramento a norma dell'articolo precedente.

NOTE OPERATIVE:
Ambito di applicazione: Il giudice ha la facoltà, e non l'obbligo, di procedere alla nomina di un traduttore, della quale può farsi a meno allorché le medesime parti siano concordi sul significato delle espressioni contenute nel documento prodotto ovvero esso sia accompagnato da una traduzione che, allegata dalla parte e ritenuta idonea dal giudice, non sia stata oggetto di specifiche contestazioni della parte avversa (C.C. 24980/20 – Conf. C.C. 13249/11; C.C. 27593/06).

124. Interrogazione del sordo e del muto. – Se nel procedimento deve essere sentito un sordo, un muto o un sordomuto, le interrogazioni e le risposte possono essere fatte per iscritto.

Quando occorre, il giudice nomina un interprete, il quale presta giuramento a norma dell'art. 122 ultimo comma.

125. (1) **Contenuto e sottoscrizione degli atti di parte.** – Salvo che la legge disponga altrimenti, la citazione (163), il ricorso (366, 486, 499, 638, 737; 184 att.), la comparsa (167, 190, 271), il controricorso (370), il precetto (480) debbono indicare l'ufficio giudiziario, le parti, l'oggetto, le ragioni della domanda e le conclusioni o la istanza, e, tanto nell'originale quanto nelle copie da notificare, debbono essere sottoscritti dalla parte, se essa sta in giudizio personalmente (82, 86, 317), oppure dal difensore (83) che indica il proprio codice fiscale (2). Il difensore deve altresì indicare il proprio numero di fax (3).

La procura al difensore dell'attore può essere rilasciata in data posteriore alla notificazione dell'atto, purché anteriormente alla costituzione della parte rappresentata (165).

La disposizione del comma precedente non si applica quando la legge richiede che la citazione sia sottoscritta da difensore munito di mandato speciale (221, 365, 370, 398).

(1) *Articolo così sostituito dall'art. 6 della L. 14 luglio 1950, n. 581.*

(2) *Le parole: «che indica il proprio codice fiscale» sono state aggiunte dall'art. 4, comma 8, lett. a), del D.L. 29 dicembre 2009, n. 193, convertito, con modificazioni, nella L. 22 febbraio 2010, n. 24.*

(3) *Questo periodo, aggiunto dall'art. 2, comma 35 ter, lett. a), del D.L. 13 agosto 2011, n. 138, convertito, con modificazioni, nella L. 14 settembre 2011, n. 148, è stato da ultimo così sostituito dall'art. 45 bis, comma 1, del D.L. 24 giugno 2014, n. 90, convertito, con modificazioni, nella L. 11 agosto 2014, n. 114.*

NOTE OPERATIVE:

PEC: A seguito della introduzione del domicilio digitale non sussiste alcun obbligo, per il difensore di indicare nell'atto introduttivo l'indirizzo PEC comunicato al proprio ordine, trattandosi di dato già risultante dal ReGindE, in virtù di della trasmissione effettuata dall'Ordine di appartenenza (C.C. 27183/22).

126. Contenuto del processo verbale. – Il processo verbale (130; 46 att.) deve contenere l'indicazione delle persone intervenute e delle circostanze di luogo e di tempo nelle quali gli atti che documenta sono compiuti; deve inoltre contenere la descrizione delle attività svolte e delle rilevazioni fatte, nonché le dichiarazioni ricevute (44, 46 att.).

Il processo verbale è sottoscritto dal cancelliere. Se vi sono altri intervenuti, il cancelliere, quando la legge non dispone altrimenti, dà loro lettura del processo verbale (1).

(1) *Questo comma è stato così sostituito dall'art. 45, comma 1, lett. a), del D.L. 24 giugno 2014, n. 90, convertito, con modificazioni, nella L. 11 agosto 2014, n. 114.*

NOTE OPERATIVE:

Sottoscrizione: La mancata sottoscrizione del verbale d'udienza da parte del dichiarante non determina la nullità dell'atto, ma una mera irregolarità, tenuto conto che le nullità degli atti processuali sono solo quelle previste dalla legge e che la mancata sottoscrizione della parte personalmente intervenuta in udienza non riceve specifica sanzione normativa (C.C. 18421/23 – Conf. C.C. 8874/11).

Sezione II
Delle udienze

127. Direzione dell'udienza. – L'udienza è diretta dal giudice singolo o dal presidente del collegio (175, 275).

Il giudice che la dirige può fare o prescrivere quanto occorre affinché la trattazione delle cause avvenga in modo ordinato e proficuo (84 att.), regola la discussione, determina i punti sui quali essa deve svolgersi (183) e la dichiara chiusa quando la ritiene sufficiente.

Il giudice può disporre, nei casi e secondo le disposizioni di cui agli articoli 127 *bis* e 127 *ter*, che l'udienza si svolga mediante collegamenti audiovisivi a distanza o sia sostituita dal deposito di note scritte (1).

(1) *Questo comma è stato aggiunto dall'art. 3, comma 10, lett. a), del D.L.vo 10 ottobre 2022, n. 149, a decorrere dal 1° gennaio 2023 e da tale data si applica anche ai procedimenti civili pendenti davanti al tribunale, alla corte di appello e alla Corte di cassazione.*

A norma dell'art. 35, comma 3 del D.L.vo 10 ottobre 2022, n. 149, così come sostituito dall'art. 1, comma 380, lett. a), della L. 29 dicembre 2022, n. 197, davanti al giudice di pace, al tribunale per i minorenni, al commissario per la liquidazione degli usi civici e al tribunale superiore delle acque pubbliche, tali disposizioni hanno effetto a decorrere dal 1° gennaio 2023 anche per i procedimenti civili pendenti a tale data.

NOTE OPERATIVE:

Sollecita definizione: Il rispetto del diritto fondamentale ad una ragionevole durata del processo impone al giudice di evitare ed impedire comportamenti che siano di ostacolo ad una sollecita definizione dello stesso, tra i quali rientrano quelli che si traducono in un inutile dispendio di attività processuali e formalità superflue perché non giustificate dalla struttura dialettica del processo (C.C. 25843/23 – Conf. S.U. 8774/21).

127 *bis*. (1) Udienza mediante collegamenti audiovisivi. – Lo svolgimento dell'udienza, anche pubblica, mediante collegamenti audiovisivi a distanza può essere disposto dal giudice quando non è richiesta la presenza di soggetti diversi dai difensori, dalle parti, dal pubblico ministero e dagli ausiliari del giudice.

Il provvedimento di cui al primo comma è comunicato alle parti almeno quindici giorni prima dell'udienza. Ciascuna parte costituita, entro cinque giorni dalla comunicazione, può chiedere che l'udienza si svolga in presenza. Il giudice, tenuto conto dell'utilità e dell'importanza della presenza delle parti in relazione agli adempimenti da svolgersi in udienza, provvede nei cinque giorni successivi con decreto non impugnabile, con il quale può anche disporre che l'udienza si svolga alla presenza delle parti che ne hanno fatto richiesta e con collegamento audiovisivo per le altre parti. In tal caso resta ferma la possibilità per queste ultime di partecipare in presenza.

Se ricorrono particolari ragioni di urgenza, delle quali il giudice dà atto nel provvedimento, i termini di cui al secondo comma possono essere abbreviati.

(1) *Questo articolo è stato inserito dall'art. 3, comma 10, lett. b), del D.L.vo 10 ottobre 2022, n. 149, a decorrere dal 1 gennaio 2023 e da tale data si applica anche ai*

CODICE PROCEDURA CIVILE

procedimenti civili pendenti davanti al tribunale, alla corte di appello e alla Corte di cassazione.

A norma dell'art. 35, comma 3 del D.L.vo 10 ottobre 2022, n. 149, così come sostituito dall'art. 1, comma 380, lett. a), della L. 29 dicembre 2022, n. 197, davanti al giudice di pace, al tribunale per i minorenni, al commissario per la liquidazione degli usi civici e al tribunale superiore delle acque pubbliche, tali disposizioni hanno effetto a decorrere dal 1° gennaio 2023 anche per i procedimenti civili pendenti a tale data.

127 ter. (1) **Deposito di note scritte in sostituzione dell'udienza.** – L'udienza, anche se precedentemente fissata, può essere sostituita dal deposito di note scritte, contenenti le sole istanze e conclusioni, se non richiede la presenza di soggetti diversi dai difensori, dalle parti, dal pubblico ministero e dagli ausiliari del giudice. Negli stessi casi, l'udienza è sostituita dal deposito di note scritte se ne fanno richiesta tutte le parti costituite.

Con il provvedimento con cui sostituisce l'udienza il giudice assegna un termine perentorio non inferiore a quindici giorni per il deposito delle note. Ciascuna parte costituita può opporsi entro cinque giorni dalla comunicazione; il giudice provvede nei cinque giorni successivi con decreto non impugnabile e, in caso di istanza proposta congiuntamente da tutte le parti, dispone in conformità. Se ricorrono particolari ragioni di urgenza, delle quali il giudice dà atto nel provvedimento, i termini di cui al primo e secondo periodo possono essere abbreviati.

Il giudice provvede entro trenta giorni dalla scadenza del termine per il deposito delle note.

Se nessuna delle parti deposita le note nel termine assegnato il giudice assegna un nuovo termine perentorio per il deposito delle note scritte o fissa udienza. Se nessuna delle parti deposita le note nel nuovo termine o compare all'udienza, il giudice ordina che la causa sia cancellata dal ruolo e dichiara l'estinzione del processo.

Il giorno di scadenza del termine assegnato per il deposito delle note di cui al presente articolo è considerato data di udienza a tutti gli effetti.

(1) *Questo articolo è stato inserito dall'art. 3, comma 10, lett. b), del D.L.vo 10 ottobre 2022, n. 149, a decorrere dal 1 gennaio 2023 e da tale data si applica anche ai procedimenti civili pendenti davanti al tribunale, alla corte di appello e alla Corte di cassazione.*

A norma dell'art. 35, comma 3 del D.L.vo 10 ottobre 2022, n. 149, così come sostituito dall'art. 1, comma 380, lett. a), della L. 29 dicembre 2022, n. 197, davanti al giudice di pace, al tribunale per i minorenni, al commissario per la liquidazione degli usi civici e al tribunale superiore delle acque pubbliche, tali disposizioni hanno effetto a decorrere dal 1° gennaio 2023 anche per i procedimenti civili pendenti a tale data.

NOTE OPERATIVE:

Comunicazione: I provvedimenti pronunciati in sede di udienza a trattazione scritta o cartolare devono intendersi emessi fuori udienza, con la conseguenza che la conoscenza di essi può avvenire soltanto all'esito della comunicazione di cancelleria non potendosi applicare la presunzione legale di conoscenza dei provvedimenti adottati in udienza in capo ai soggetti presenti o che dovevano comparirvi (C.C. 13735/23).

128. Udienza pubblica. – L'udienza in cui si discute la causa è pubblica (190 *bis*, 275, 315, 321) a pena di nullità, ma il giudice che la dirige può disporre che si svolga a porte chiuse, se ricorrono ragioni di sicurezza dello Stato, di ordine pubblico o di buon costume (84 att.).

Il giudice esercita i poteri di polizia per il mantenimento dell'ordine e del decoro e può allontanare chi contravviene alle sue prescrizioni (68[3]).

NOTE OPERATIVE:

Presupposti: Il requisito della pubblicità dell'udienza di discussione resta soddisfatto quando risulti concretamente assicurata la possibilità di assistere all'udienza medesima, mentre è irrilevante la utilizzazione di un locale normalmente non destinato ad aula di udienza, quale la stanza del giudice (C.C. 5563/84).

129. Doveri di chi interviene o assiste all'udienza. – Chi interviene o assiste all'udienza non può portare armi o bastoni e deve stare a capo scoperto e in silenzio.

È vietato fare segni di approvazione o di disapprovazione o cagionare in qualsiasi modo disturbo (340 c.p.).

130. Redazione del processo verbale. – Il cancelliere redige il processo verbale di udienza (126, 422; 44, 46 att.), sotto la direzione del giudice (84[3] att.).

Il processo verbale è sottoscritto da chi presiede l'udienza e dal cancelliere (315); di esso non si dà lettura, salvo espressa istanza di parte.

NOTE OPERATIVE:

Cancelliere: La mancata assistenza del cancelliere nella formazione del processo verbale di udienza o l'omessa sottoscrizione del detto verbale da parte del cancelliere stesso non comportano l'inesistenza o la nullità dell'atto (C.C. 9389/07 – Conf. C.C. 4849/96).

Riapertura: Il provvedimento del giudice che dispone la riapertura del verbale di udienza, che può ricondursi al potere di direzione del procedimento, deve essere sempre esercitato nel rispetto del diritto di difesa delle parti (C.C. 14848/07).

Sezione III
Dei provvedimenti

131. Forma dei provvedimenti in generale. – La legge prescrive in quali casi il giudice pronuncia sentenza, ordinanza, o decreto.

In mancanza di tali prescrizioni, i provvedimenti sono dati in qualsiasi forma idonea al raggiungimento del loro scopo.

Dei provvedimenti collegiali è compilato sommario processo verbale, il quale deve contenere la menzione dell'unanimità della decisione o del dissenso, succintamente motivato, che qualcuno dei componenti del collegio, da indicarsi nominativamente, abbia eventualmente espresso su ciascuna delle questioni decise. Il verbale, redatto dal meno anziano dei componenti togati del collegio e sottoscritto da tutti i componenti del collegio stesso, è conservato a cura del presidente in plico sigillato presso la cancelleria dell'ufficio (1).

(1) *Comma aggiunto dall'art. 16, comma secondo, L. 13 aprile 1988, n. 117.*

La Corte costituzionale, con sentenza n. 18 del 19 gennaio 1989, ha dichiarato l'illegittimità costituzionale del secondo comma dell'art. 16 L. 13 aprile 1988, n. 117 cit., nella parte in cui dispone che «è compilato sommario processo verbale» anziché «può, se uno dei componenti dell'organo collegiale lo richieda, essere compilato sommario processo verbale».

NOTE OPERATIVE:

Qualificazione: Per stabilire se un provvedimento costituisca sentenza o ordinanza endoprocessuale, è necessario avere riguardo non alla sua forma esteriore o all'intestazione adottata, bensì al suo contenuto e, conseguentemente, all'effetto giuridico che esso è destinato a produrre (C.C. 831/23 – Conf. C.C. 3945/18; C.C. 27127/14).

Errore materiale: Il provvedimento che abbia natura di sentenza e sia impropriamente denominato ordinanza è affetto da errore materiale, ma non è nullo quale sentenza, attesi i principi di prevalenza della sostanza sulla forma e tassatività delle nullità (C.C. 14222/16).

132. (1) **Contenuto della sentenza.** – La sentenza reca l'intestazione: «Repubblica Italiana», ed è pronunciata «In nome del popolo italiano» (101 Cost.) (2).

Essa deve contenere:

1) l'indicazione del giudice che l'ha pronunciata;

2) l'indicazione delle parti e dei loro difensori;

3) le conclusioni del pubblico ministero e quelle delle parti;

4) la concisa esposizione delle ragioni di fatto e di diritto della decisione (3);

5) il dispositivo, la data della deliberazione e la sottoscrizione del giudice (161[2]).

La sentenza emessa dal giudice collegiale è sottoscritta soltanto dal presidente e dal giudice estensore. Se il presidente non può sottoscrivere per morte o per altro impedimento, la sentenza viene sottoscritta dal componente più anziano del collegio, purché prima della sottoscrizione sia menzionato l'impedimento; se l'estensore non può sottoscrivere la sentenza per morte o altro impedimento è sufficiente la sottoscrizione del solo presidente, purché prima della sottoscrizione sia menzionato l'impedimento (4).

(1) *Si veda l'art. 58, comma 2, della L. 18 giugno 2009, n. 69 che così dispone: «2. Ai giudizi pendenti in primo grado alla data di entrata in vigore della presente legge si applicano gli articoli 132, 345 e 616 del codice di procedura civile e l'articolo 118 delle disposizioni per l'attuazione del codice di procedura civile, come modificati dalla presente legge.».*

(2) *Così previsto dall'art. 6, D.L.vo Pres. 19 giugno 1946, n. 1, avente per oggetto: Nuove formule per la emanazione dei decreti ed altre disposizioni conseguenti alla mutata forma istituzionale dello Stato.*

(3) *Questo numero è stato così sostituito dall'art. 45, comma 17, della L. 18 giugno 2009, n. 69, a decorrere dal 4 luglio 2009.*

Il testo precedente così disponeva: «4) la concisa esposizione dello svolgimento del processo e dei motivi in fatto e in diritto della decisione;».

(4) *Comma così sostituito dall'art. 6, L. 8 agosto 1977, n. 532.*

NOTE OPERATIVE:

Motivazione ...: In tema di motivazione della sentenza civile la violazione del principio del c.d. minimo costituzionale, è individuabile nei soli casi di «mancanza assoluta di motivi sotto il profilo materiale e grafico», di «motivazione apparente», di «contrasto irriducibile fra affermazioni inconciliabili» e di «motivazione perplessa od incomprensibile», esclusa qualunque rilevanza della mera «insufficienza» o «contraddittorietà» della motivazione (C.C. 24808/23).

.. per relationem: La motivazione per relationem dei provvedimenti giurisdizionali è ammissibile purché dalla giustapposizione del testo redatto dal giudice e di quello cui quest'ultimo fa rinvio, risulti con sufficiente chiarezza e precisione il suo ragionamento (C.C. 9615/16 – Conf. C.C. 3920/11).

133. Pubblicazione e comunicazione della sentenza. – La sentenza è resa pubblica mediante deposito (190 *bis*, 275, 314, 321, 352, 430) nella cancelleria del giudice che l'ha pronunciata.

Il cancelliere dà atto del deposito in calce alla sentenza e vi appone la data e la firma, ed entro cinque giorni, mediante biglietto (136) contenente il testo integrale della sentenza (1), ne dà notizia alle parti che si sono costituite (136, 731, 825). La comunicazione non è idonea a far decorrere i termini per le impugnazioni di cui all'articolo 325 ([2]).

[L'avviso di cui al secondo comma può essere effettuato a mezzo telefax o a mezzo di posta elettronica nel rispetto della normativa, anche regolamentare, concernente la sottoscrizione, la trasmissione e la ricezione dei documenti informatici e teletrasmessi. A tal fine il difensore indica nel primo scritto difensivo utile il numero di fax o l'indirizzo di posta elettronica presso cui dichiara di voler ricevere l'avviso] ([3]).

([1]) *Le parole: «il dispositivo» sono state così sostituite dalle attuali: «il testo integrale della sentenza», dall'art. 45, comma 1, lett. b), del D.L. 24 giugno 2014, n. 90, convertito, con modificazioni, nella L. 11 agosto 2014, n. 114.*

([2]) *Questo periodo è stato aggiunto dall'art. 45, comma 1, lett. b), del D.L. 24 giugno 2014, n. 90, convertito, con modificazioni, nella L. 11 agosto 2014, n. 114.*

([3]) *Questo comma, aggiunto dall'art. 2, comma 3, lett. a), del D.L. 14 marzo 2005, n. 35, convertito, con modificazioni, nella L. 14 maggio 2005, n. 80, è stato abrogato dall'art. 25, comma 1, lett. b), della L. 12 novembre 2011, n. 183. A norma dell'art. 25, comma 5, della stessa legge, tali disposizioni si applicano decorsi 30 giorni dalla data di entrata in vigore della medesima legge (Suppl. ord. alla G.U. Serie gen.- n. 265 del 14 novembre 2011).*

NOTE OPERATIVE:

Modalità digitale: La data di pubblicazione di un provvedimento redatto in modalità digitale coincide non già con quella del deposito telematico ad opera del giudice, bensì con quella di attestazione dell'avvenuto deposito da parte del cancelliere che, mediante il sistema informatico, attribuisce al provvedimento il numero identificativo e la data (C.C. 2829/23).

134. Forma, contenuto e comunicazione dell'ordinanza. – L'ordinanza è succintamente motivata (111 Cost.). Se è pronunciata in udienza, è inserita nel processo verbale (126, 130, 176[2]); se è pronunciata fuori dell'udienza, è scritta in calce al processo verbale oppure in foglio separato, munito della data e della sottoscrizione del giudice o, quando questo è collegiale, del presidente (176 ss., 279[2], 487).

Il cancelliere comunica (136, 176[2], 237[2], 280, 487; 121 att.) alle parti l'ordinanza pronunciata fuori dell'udienza, salvo che la legge ne prescriva la notificazione (137).

[L'avviso di cui al secondo comma può essere effettuato a mezzo telefax o a mezzo di posta elettronica nel rispetto della normativa, anche regolamentare, concernente la sottoscrizione la trasmissione e la ricezione dei documenti informatici e teletrasmessi. A tal fine il difensore indica nel primo scritto difensivo utile il numero di fax o l'indirizzo di posta elettronica presso cui dichiara di voler ricevere l'avviso] ([1]).

([1]) *Questo comma, aggiunto dall'art. 2, comma 3, lett. a), del D.L. 14 marzo 2005, n. 35, convertito, con modificazioni, nella L. 14 maggio 2005, n. 80, è stato abrogato dall'art. 25, comma 1, lett. c), della L. 12 novembre 2011, n. 183. A norma dell'art. 25, comma 5, della stessa legge, tali disposizioni si applicano decorsi 30 giorni dalla data di entrata in vigore della medesima legge (Suppl. ord. alla G.U. Serie gen.- n. 265 del 14 novembre 2011).*

NOTE OPERATIVE:

Motivazione succinta: Anche nei casi di motivazione "succinta", cioè quando deve essere soddisfatto soltanto il minimum costituzionale della motivazione di tutti i provvedimenti giurisdizionali, essa deve comunque far luce sugli argomenti che reggono la decisione essendo altrimenti meramente apparente e quindi nulla (C.C. 15643/21).

135. Forma e contenuto del decreto. – Il decreto è pronunciato d'ufficio o su istanza anche verbale della parte.

Se è pronunciato su ricorso, è scritto in calce al medesimo.

Quando l'istanza è proposta verbalmente, se ne redige processo verbale (126) e il decreto è inserito nello stesso.

Il decreto non è motivato, salvo che la motivazione sia prescritta espressamente dalla legge; è datato ed è sottoscritto dal giudice o, quando questo è collegiale, dal presidente.

NOTE OPERATIVE:

Sottoscrizione: Il decreto decisorio emesso dal Tribunale in composizione collegiale deve essere sottoscritto dal solo Presidente, anche quando la relazione della causa e l'estensione del provvedimento siano state affidate ad un altro membro del collegio (C.C. 22453/21).

Sezione IV
Delle comunicazioni e delle notificazioni

136. Comunicazioni. – Il cancelliere, con biglietto di cancelleria [in carta non bollata] ([1]) (45 att.), fa le comunicazioni (133, 134) che sono prescritte dalla legge o dal giudice al pubblico ministero (71), alle parti (170, 176, 280, 292, 308, 377, 485, 538; 176 att.), al consulente (192), agli altri ausiliari del giudice (68) e ai testimoni, e dà notizia di quei provvedimenti per i quali è disposta dalla legge tale forma abbreviata di comunicazione.

Il biglietto è consegnato dal cancelliere al destinatario, che ne rilascia ricevuta, ovvero trasmesso a mezzo posta elettronica certificata, nel rispetto della normativa, anche regolamentare, concernente la sottoscrizione, la trasmissione e la ricezione dei documenti informatici ([2]).

Salvo che la legge disponga diversamente, se non è possibile procedere ai sensi del comma che precede, il biglietto [viene trasmesso a mezzo telefax, o] ([3]) è rimesso all'ufficiale giudiziario per la notifica ([4]).

[Tutte le comunicazioni alle parti devono essere effettuate con le modalità di cui al terzo comma] ([5]).

([1]) *Le parole tra parentesi quadrate sono state soppresse dall'art. 16, comma 1, del D.L. 18 ottobre 2012, n. 179, convertito, con modificazioni, nella L. 17 dicembre 2012, n. 221.*

([2]) *Questo comma è stato così sostituito dall'art. 25, comma 1, lett. d), n. 1), della L. 12 novembre 2011, n. 183. A norma dell'art. 25, comma 5, della stessa legge, tali disposizioni si applicano decorsi 30 giorni dalla data di entrata in vigore della medesima legge (Suppl. ord. alla G.U. Serie gen.- n. 265 del 14 novembre 2011).*

([3]) *Le parole tra parentesi quadrate sono state soppresse dall'art. 3, comma 11, lett. a), del D.L.vo 10 ottobre 2022, n. 149, a decorrere dal 28 febbraio 2023.*

A norma dell'art. 35, comma 1, del medesimo decreto, le disposizioni si applicano ai procedimenti instaurati successivamente a tale data. Ai procedimenti pendenti alla data del 28 febbraio 2023 si applicano le disposizioni anteriormente vigenti.

([4]) *Questo comma è stato così sostituito dall'art. 25, comma 1, lett. d), n. 2), della L. 12 novembre 2011, n. 183. A norma dell'art. 25, comma 5, della stessa legge, tali disposizioni si applicano decorsi 30 giorni dalla data di entrata in vigore della medesima legge (Suppl. ord. alla G.U. Serie gen.- n. 265 del 14 novembre 2011).*

([5]) *Questo comma, aggiunto dall'art. 2, comma 35 ter, lett. b), del D.L. 13 agosto 2011, n. 138, convertito, con modificazioni, nella L. 14 settembre 2011, n. 148, è stato abrogato dall'art. 25, comma 1, lett. d), n. 3), della L. 12 novembre 2011, n. 183. A norma dell'art. 25, comma 5, della stessa legge, tali disposizioni si applicano decorsi 30 giorni dalla data di entrata in vigore della medesima legge (Suppl. ord. alla G.U. Serie gen.- n. 265 del 14 novembre 2011).*

NOTE OPERATIVE:

PEC: In caso di comunicazione a mezzo PEC di un provvedimento giurisdizionale dalla cancelleria al difensore, l'impossibilità per il gestore della posta elettronica di completare la consegna per essere la casella inibita alla ricezione, costituisce un evento imputabile al destinatario, difettando una ragione tecnica ascrivibile a terzi tale da scriminare la negligenza del titolare, con conseguente legittimità dell'effettuazione della comunicazione mediante deposito dell'atto in cancelleria (C.C. 24426/23 – Conf. C.C. 25426/21).

137. Notificazioni. – Le notificazioni, quando non è disposto altrimenti (150, 151), sono eseguite dall'ufficiale giudiziario (59), su istanza di parte o su richiesta del pubblico ministero o del cancelliere (47 ss. att.).

L'ufficiale giudiziario o l'avvocato ([1]) esegue la notificazione mediante consegna al destinatario (160) di copia conforme all'originale dell'atto da notificarsi.

Se l'atto da notificare o comunicare è costituito da un documento informatico e il destinatario non possiede indirizzo di posta elettronica certificata, l'ufficiale giudiziario esegue la notificazione mediante consegna di una copia dell'atto su supporto cartaceo, da lui dichiarata conforme all'originale, e conserva il documento informatico per i due anni successivi. Se richiesto, l'ufficiale giudiziario invia l'atto notificato anche attraverso strumenti telematici all'indirizzo di posta elettronica dichiarato dal destinatario della notifica o dal suo procuratore, ovvero consegna ai medesimi, previa esazione dei relativi diritti, copia dell'atto notificato, su supporto informatico non riscrivibile ([2]).

Se la notificazione non può essere eseguita in mani proprie del destinatario, tranne che nel caso previsto dal secondo comma dell'articolo 143, l'ufficiale giudiziario consegna o deposita la copia dell'atto da notificare in busta che provvede a sigillare e su cui trascrive il numero cronologico della notificazione, dandone atto nella relazione in calce all'originale e alla copia dell'atto stesso. Sulla busta non sono apposti segni o indicazioni dai quali possa desumersi il contenuto dell'atto ([3]).

Le disposizioni di cui al quarto ([4]) comma si applicano anche alle comunicazioni effettuate con biglietto di cancelleria ai sensi degli articoli 133 e 136 ([3]).

L'avvocato esegue le notificazioni nei casi e con le modalità previste dalla legge ([5]).

L'ufficiale giudiziario esegue la notificazione su richiesta dell'avvocato se quest'ultimo non deve eseguirla a mezzo di posta elettronica certificata o servizio elettronico di recapito certificato qualificato, o con altra modalità prevista dalla legge, salvo che l'avvocato dichiari che la notificazione con le predette modalità non è possibile o non ha avuto esito positivo per cause non imputabili al destinatario. Della dichiarazione è dato atto nella relazione di notificazione ([5]).

([1]) *Le parole: «o l'avvocato» sono state inserite dall'art. 3, comma 11, lett. b), n. 1), del D.L.vo 10 ottobre 2022, n. 149, a decorrere dal 28 febbraio 2023.*

A norma dell'art. 35, comma 1, del medesimo decreto, le disposizioni si applicano ai procedimenti instaurati successivamente a tale data. Ai procedimenti pendenti alla data del 28 febbraio 2023 si applicano le disposizioni anteriormente vigenti.

([2]) *Questo comma è stato inserito dall'art. 45, comma 18, lett. a), della L. 18 giugno 2009, n. 69, a decorrere dal 4 luglio 2009. Ai sensi dell'art. 58, comma 1, della predetta legge, tale disposizione si applica ai giudizi instaurati dopo la data della sua entrata in vigore.*

(3) *Questo comma è stato inserito dall'art. 174, comma 1, del D.L.vo 30 giugno 2003, n. 196, a decorrere dal 1° gennaio 2004. L'art. 174 del D.L.vo n. 196/2003 è stato poi abrogato dall'art. 27, comma 1, lett. c), n. 3, del D.L.vo 10 agosto 2018, n. 101.*

(4) *L'originaria parola: «terzo» è stata così sostituita dall'art. 45, comma 18, lett. b), della L. 18 giugno 2009, n. 69, a decorrere dal 4 luglio 2009. Ai sensi dell'art. 58, comma 1, della predetta legge, tale disposizione si applica ai giudizi instaurati dopo la data della sua entrata in vigore (*).*

(*) *Si segnala che la Gazzetta Ufficiale colloca la modifica nel «terzo comma», ma la parola modificata è presente solo nel quarto.*

(5) *Questo comma è stato aggiunto dall'art. 3, comma 11, lett. b), n. 2), del D.L.vo 10 ottobre 2022, n. 149, a decorrere dal 28 febbraio 2023.*

A norma dell'art. 35, comma 1, del medesimo decreto, le disposizioni si applicano ai procedimenti instaurati successivamente a tale data. Ai procedimenti pendenti alla data del 28 febbraio 2023 si applicano le disposizioni anteriormente vigenti.

NOTE OPERATIVE:

Modalità: La norma demanda l'attività di impulso del procedimento notificatorio – consistente essenzialmente nella consegna dell'atto da notificare all'ufficiale giudiziario – alla parte personalmente o al suo procuratore, che la rappresenta in giudizio in ragione del suo ufficio di difensore, mentre non sono disciplinate le modalità di conferimento dell'incarico all'ufficiale giudiziario, che restano irrilevanti rispetto al destinatario (C.C. 19780/20).

PEC: Il mancato perfezionamento della notifica per posta elettronica per non avere il destinatario reso possibile la ricezione dei messaggi sulla propria casella PEC (casella piena), pur chiaramente imputabile al destinatario, impone alla parte di provvedere tempestivamente al suo rinnovo secondo le regole generali dettate dagli artt. 137 e ss. c.p.c., e non mediante deposito dell'atto in cancelleria (C.C. 2193/23 – Conf. C.C. 29851/19).

138. Notificazione in mani proprie. – L'ufficiale giudiziario esegue la notificazione di regola mediante consegna della copia nelle mani proprie del destinatario, presso la casa di abitazione oppure, se ciò non è possibile, (1) ovunque lo trovi nell'ambito della circoscrizione dell'ufficio giudiziario al quale è addetto.

Se il destinatario rifiuta di ricevere la copia, l'ufficiale giudiziario ne dà atto nella relazione (148), e la notificazione si considera fatta in mani proprie.

(1) *Le originarie parole: «può sempre eseguire la notificazione mediante consegna della copia nelle mani proprie del destinatario» sono state così sostituite dalle attuali: «esegue la notificazione di regola mediante consegna della copia nelle mani proprie del destinatario, presso la casa di abitazione oppure, se ciò non è possibile,» dall'art. 174, comma 2, del D.L.vo 30 giugno 2003, n. 196, a decorrere dal 1° gennaio 2004. L'art. 174 del D.L.vo n. 196/2003 è stato poi abrogato dall'art. 27, comma 1, lett. c), n. 3, del D.L.vo 10 agosto 2018, n. 101.*

NOTE OPERATIVE:

Ambito di applicazione: La regola secondo cui l'ufficiale giudiziario può sempre eseguire la notificazione mediante consegna nelle mani proprie del destinatario, ovunque lo trovi, è applicabile anche nei confronti del difensore di una delle parti in causa, essendo quest'ultimo, dopo la costituzione in giudizio della parte a mezzo di procuratore, l'unico destinatario delle notificazioni da eseguirsi nel corso del procedimento (S.U. 7454/20).

139. Notificazione nella residenza, nella dimora o nel domicilio. – Se non avviene nel modo previsto nell'articolo precedente, la notificazione deve essere fatta nel comune di residenza (43, 44 c.c.) del destinatario, ricercandolo nella casa di abitazione o dove ha l'ufficio o esercita l'industria o il commercio (2196 c.c.).

Se il destinatario non viene trovato in uno di tali luoghi, l'ufficiale giudiziario consegna copia dell'atto a una persona di famiglia o addetta alla casa, all'ufficio o all'azienda, purché non minore di quattordici anni o non palesemente incapace (518).

In mancanza delle persone indicate nel comma precedente, la copia è consegnata al portiere dello stabile dove è l'abitazione, l'ufficio o l'azienda, e, quando anche il portiere manca, a un vicino di casa che accetti di riceverla.

Se la copia è consegnata al portiere o al vicino, l'ufficiale giudiziario ne dà atto nella relazione di notificazione, specificando le modalità con le quali ne ha accertato l'identità, e dà notizia al destinatario dell'avvenuta notificazione dell'atto, a mezzo di lettera raccomandata (1).

Se il destinatario vive abitualmente a bordo di una nave mercantile, l'atto può essere consegnato al capitano o a chi ne fa le veci (293, 321 c.n.).

Quando non è noto il comune di residenza, la notificazione si fa nel comune di dimora, e, se anche questa è ignota, nel comune di domicilio (43 c.c.), osservate in quanto è possibile le disposizioni precedenti.

(1) *Questo comma è stato così sostituito dall'art. 3, comma 11, lett. c), del D.L.vo 10 ottobre 2022, n. 149, a decorrere dal 28 febbraio 2023.*

A norma dell'art. 35, comma 1, del medesimo decreto, le disposizioni si applicano ai procedimenti instaurati successivamente a tale data. Ai procedimenti pendenti alla data del 28 febbraio 2023 si applicano le disposizioni anteriormente vigenti.

Si riporta il testo precedente:

«Il portiere o il vicino deve sottoscrivere una ricevuta (*), e l'ufficiale giudiziario dà notizia al destinatario dell'avvenuta notificazione dell'atto, a mezzo di lettera raccomandata.».

(*) *L'originaria parola: «l'originale» è stata così sostituita dalle attuali: «una ricevuta» dall'art. 174, comma 3, del D.L.vo 30 giugno 2003, n. 196, a decorrere dal 1° gennaio 2004. L'art. 174 del D.L.vo n. 196/2003 è stato poi abrogato dall'art. 27, comma 1, lett. c), n. 3), del D.L.vo 10 agosto 2018, n. 101.*

NOTE OPERATIVE:

Persona di famiglia: La consegna dell'atto da notificare a persona di famiglia non postula necessariamente né il solo rapporto di parentela – cui è da ritenersi equiparato quello di affinità – né l'ulteriore requisito della convivenza del familiare con il destinatario dell'atto, non espressamente menzionato dalla norma, risultando, all'uopo, sufficiente l'esistenza di un vincolo di parentela o di affinità che giustifichi la presunzione che la persona di famiglia consegnerà l'atto al destinatario stesso (C.C. 11228/21 – Conf. C.C. 11815/20; C.C. 21362/10; C.C. 23368/06).

140. (1) **Irreperibilità o rifiuto di ricevere la copia.** – Se non è possibile eseguire la consegna per irreperibilità o per incapacità o rifiuto delle persone indicate nell'articolo precedente, l'ufficiale giudiziario deposita la copia nella casa del comune dove la notificazione deve eseguirsi, affigge avviso del deposito in busta chiusa e sigillata (2) alla porta della abitazione o dell'ufficio o dell'azienda del destinatario, e gliene dà notizia per raccomandata con avviso di ricevimento (48 att.).

(1) *La Corte costituzionale, con sentenza n. 3 del 14 gennaio 2010, ha dichiarato l'illegittimità costituzionale di questo articolo nella parte in cui prevede che la notifica si perfezioni, per il destinatario, con la spedizione della raccomandata informativa, anziché con il ricevimento della stessa o, comunque, decorsi dieci giorni dalla relativa spedizione.*

(2) *Le parole: «in busta chiusa e sigillata» sono state inserite dall'art. 174, comma 4, del D.L.vo 30 giugno 2003, n. 196, a decorrere dal 1° gennaio 2004. L'art. 174 del D.L.vo n. 196/2003 è stato poi abrogato dall'art. 27, comma 1, lett. c), n. 3, del D.L.vo 10 agosto 2018, n. 101.*

NOTE OPERATIVE:

Dichiarazione U.G.: La dichiarazione con la quale l'ufficiale giudiziario o quello postale dichiari di non avere trovato nessuno all'indirizzo del destinatario non costituisce attestazione dotata di pubblica fede, ma mera presunzione, superabile con qualsiasi mezzo di prova e senza necessità di impugnazione con querela di falso (C.C. 25885/22).

141. Notificazione presso il domiciliatario. – La notificazione degli atti a chi ha eletto domicilio (47 c.c.) presso una persona o un ufficio può essere fatta mediante consegna di copia alla persona o al capo dell'ufficio in qualità di domiciliatario, nel luogo indicato nell'elezione (319, 660).

Quando l'elezione di domicilio è stata inserita in un contratto, la notificazione presso il domiciliatario è obbligatoria, se così è stato espressamente dichiarato (330, 480[3], 645[1]).

La consegna, a norma dell'art. 138, della copia nelle mani della persona o del capo dell'ufficio presso i quali si è eletto domicilio, equivale a consegna nelle mani del destinatario.

La notificazione non può essere fatta nel domicilio eletto se è chiesta dal domiciliatario o questi è morto o si è trasferito fuori della sede indicata nella elezione di domicilio o è cessato l'ufficio.

NOTE OPERATIVE:

Ambito di applicazione: Al di fuori dei casi eccezionali in cui, nell'interesse del destinatario, la legge dispone che la notificazione presso il domiciliatario sia esclusiva, quest'ultima ha carattere alternativo rispetto agli altri modi di notificazione (C.C. 27995/22).

142. Notificazione a persona non residente, né dimorante, né domiciliata nella Repubblica. – Salvo quanto disposto nel secondo comma, se il destinatario non ha residenza, dimora o domicilio nello Stato e non vi ha eletto domicilio o costituito un procuratore a norma dell'articolo 77, l'atto è notificato mediante spedizione al destinatario per mezzo della posta con raccomandata e mediante consegna di altra copia al pubblico ministero che ne cura la trasmissione al Ministero degli affari esteri per la consegna alla persona alla quale è diretta (1).

Le disposizioni di cui al primo comma (2) si applicano soltanto nei casi in cui risulta impossibile eseguire la notificazione in uno dei modi consentiti dalle Convenzioni internazionali e dagli artt. 30 e 75 del D.P.R. 5 gennaio 1967, n. 200 (3) (4) (5).

(1) *I precedenti primo e secondo comma sono stati così sostituiti dall'attuale primo comma dall'art. 174, comma 5, lett. a), del D.L.vo 30 giugno 2003, n. 196, a decorrere dal 1° gennaio 2004. L'art. 174 del D.L.vo n. 196/2003 è stato poi abrogato dall'art. 27, comma 1, lett. c), n. 3, del D.L.vo 10 agosto 2018, n. 101.*

Il testo precedente così disponeva: «Salvo quanto disposto nel terzo comma, se il destinatario non ha residenza, dimora o domicilio nello Stato e non vi ha eletto domicilio o costituito un procuratore a norma dell'art. 77, l'atto è notificato mediante affissione di copia nell'albo dell'ufficio giudiziario davanti al quale si procede e mediante spedizione di altra copia al destinatario per mezzo della posta in piego raccomandato.

«Una terza copia è consegnata al pubblico ministero che ne cura la trasmissione al Ministero degli affari esteri per la consegna alla persona alla quale è diretta.».

(2) *Le originarie parole: «ai commi precedenti» sono state così sostituite dalle attuali: «al primo comma» dall'art. 174, comma 5, lett. b), del D.L.vo 30 giugno 2003, n. 196, a decorrere dal 1° gennaio 2004. L'art. 174*

CODICE PROCEDURA CIVILE

del D.L.vo n. 196/2003 è stato poi abrogato dall'art. 27, comma 1, lett. c), n. 3, del D.L.vo 10 agosto 2018, n. 101.

(3) *Comma aggiunto dall'art. 9, L. 6 febbraio 1981, n. 42.*

(4) *Disposizioni sulle funzioni e sui poteri consolari. L'aggiunta di questo comma è avvenuta per l'adeguamento alla sentenza n. 10 del 2 febbraio 1978, con la quale la Corte cost. aveva dichiarato l'illegittimità costituzionale dell'art. 143 ultimo comma, nella parte in cui non prevedeva, per quanto attiene alla operatività della notifica nei confronti del destinatario dell'atto da notificare, nei casi preveduti dall'art. 142, che la sua applicazione fosse subordinata alla accertata impossibilità di eseguire la notificazione nei modi consentiti dalle convenzioni internazionali e dal D.P.R. 5 gennaio 1967, n. 200, recante nuove disposizioni sulle funzioni e sui poteri consolari.*

(5) *La Corte costituzionale, con sentenza n. 69 del 3 marzo 1994, ha dichiarato l'illegittimità costituzionale degli artt. 142, terzo comma, 143, terzo comma, e 680, primo comma, c.p.c., nella parte in cui non prevedono che la notificazione all'estero del sequestro si perfezioni, ai fini dell'osservanza del prescritto termine, con il tempestivo compimento delle formalità imposte al notificante dalle convenzioni internazionali e dagli artt. 30 e 75 del D.P.R. 5 gennaio 1967, n. 200.*

NOTE OPERATIVE:

Presupposti: La notificazione di atti ad impulso processuale effettuata nei confronti di un cittadino straniero deve seguire le modalità previste dalla norma laddove dalla documentazione in possesso del notificante risulti evidente la provenienza estera del destinatario (C.C. 2966/19).

143. Notificazione a persona di residenza, dimora e domicilio sconosciuti. – Se non sono conosciuti la residenza, la dimora e il domicilio del destinatario e non vi è il procuratore previsto nell'art. 77, l'ufficiale giudiziario esegue la notificazione mediante deposito di copia dell'atto nella casa comunale dell'ultima residenza (43 c.c.) o, se questa è ignota, in quella del luogo di nascita del destinatario [, e mediante affissione di altra copia nell'albo dell'ufficio giudiziario davanti al quale si procede] (1).

Se non sono noti né il luogo dell'ultima residenza né quello di nascita, l'ufficiale giudiziario consegna una copia dell'atto al pubblico ministero (49 att.).

Nei casi previsti nel presente articolo e nei primi due commi dell'articolo precedente, la notificazione si ha per eseguita nel ventesimo giorno successivo a quello in cui sono compiute le formalità prescritte (2) (3).

(1) *Le parole da: «, e mediante» fino alla fine del periodo sono state soppresse dall'art. 174, comma 6, del D.L.vo 30 giugno 2003, n. 196, a decorrere dal 1° gennaio 2004. L'art. 174 del D.L.vo n. 196/2003 è stato poi abrogato dall'art. 27, comma 1, lett. c), n. 3, del D.L.vo 10 agosto 2018, n. 101.*

(2) *Comma così sostituito dall'art. 10 della L. 6 febbraio 1981, n. 42 citata.*

(3) *La Corte costituzionale, con sentenza n. 69 del 3 marzo 1994, ha dichiarato l'illegittimità costituzionale degli artt. 142, terzo comma, 143, terzo comma, e 680, primo comma, c.p.c., nella parte in cui non prevedono che la notificazione all'estero del sequestro si perfezioni, ai fini dell'osservanza del prescritto termine, con il tempestivo compimento delle formalità imposte al notificante dalle convenzioni internazionali e dagli artt. 30 e 75 del D.P.R. 5 gennaio 1967, n. 200.*

NOTE OPERATIVE:

Presupposti: Le condizioni legittimanti la notificazione non sono rappresentate dal solo dato soggettivo dell'ignoranza da parte del richiedente o dell'ufficiale giudiziario circa la residenza, la dimora o il domicilio del destinatario dell'atto, né dal possesso del solo certificato anagrafico dal quale risulti che il destinatario è trasferito per ignota destinazione; è anche richiesto che la condizione di ignoranza non possa essere superata attraverso le indagini possibili nel caso concreto, che il mittente deve compiere usando l'ordinaria diligenza (C.C. 25408/23 – Conf. C.C. 1084/07).

144. Notificazione alle amministrazioni dello Stato. – Per le amministrazioni dello Stato si osservano le disposizioni delle leggi speciali che prescrivono la notificazione presso gli uffici dell'Avvocatura dello Stato.

Fuori dei casi previsti nel comma precedente, le notificazioni si fanno direttamente, presso l'amministrazione destinataria, a chi la rappresenta nel luogo in cui risiede il giudice davanti al quale si procede. Esse si eseguono mediante consegna di copia nella sede dell'ufficio al titolare o alle persone indicate nell'articolo seguente.

NOTE OPERATIVE:

Inosservanza: L'inosservanza delle disposizioni che impongono che l'atto introduttivo del giudizio (o l'impugnazione di una sentenza) contro un'amministrazione pubblica patrocinata dall'Avvocatura dello Stato sia a quest'ultima notificato, comporta la nullità dell'atto di citazione (o dell'impugnazione) (S.U. 9654/97).

145. (1) Notificazione alle persone giuridiche. – La notificazione alle persone giuridiche si esegue nella loro sede (19; 16, 46 c.c.), mediante consegna di copia dell'atto al rappresentante o alla persona incaricata di ricevere le notificazioni o, in mancanza, ad altra persona addetta alla sede stessa ovvero al portiere dello stabile in cui è la sede. La notificazione può anche essere eseguita, a norma degli articoli 138, 139 e 141, alla persona fisica che rappresenta l'ente qualora nell'atto da notificare ne sia indicata la qualità e risultino specificati residenza, domicilio e dimora abituale.

La notificazione alle società non aventi personalità giuridica, alle associazioni non riconosciute e ai comitati di cui agli artt. 36 ss. c.c. si fa a norma del comma precedente, nella sede indicata nell'art. 19, secondo comma, ovvero alla persona fisica che rappresenta l'ente qualora nell'atto da notificare ne sia indicata la qualità e risultino specificati residenza, domicilio e dimora abituale.

Se la notificazione non può essere eseguita a norma dei commi precedenti, la notificazione alla persona fisica indicata nell'atto, che rappresenta l'ente, può essere eseguita anche a norma degli articoli 140 o 143.

(1) *Questo articolo è stato così modificato dall'art. 2, comma 1, lett. c), nn. 1, 2 e 3, della L. 28 dicembre 2005, n. 263.*

Ai sensi dell'art. 2, comma 4, del medesimo provvedimento, come modificato dall'art. 39 quater del D.L. 30 dicembre 2005, n. 273, convertito, con modificazioni, nella L. 23 febbraio 2006, n. 51, questa disposizione entra in vigore il 1° marzo 2006 e si applica ai procedimenti instaurati successivamente a tale data.

NOTE OPERATIVE:

Destinatario: La raccomandata è prescritta nelle ipotesi di consegna del piego a persona diversa dal destinatario, ma nel caso di notificazione alle persone giuridiche, (il destinatario) va individuato non solo nel legale rappresentante, ma anche negli altri soggetti indicati nella disposizione e, cioè, nelle persone incaricate di ricevere le notificazioni o, in mancanza, addette alla sede (C.C. 26846/21 – Conf. C.C. 9878/20).

146. Notificazione a militari in attività di servizio. – Se il destinatario è militare in attività di servizio e la notificazione non è eseguita in mani proprie (138), osservate le disposizioni di cui agli artt. 139 ss., si consegna una copia al pubblico ministero (49 att.), che ne cura l'invio al comandante del corpo al quale il militare appartiene.

NOTE OPERATIVE:

Modalità: Quando la notificazione al destinatario militare in attività di servizio non è eseguita a mani proprie, è necessario che si proceda alla consegna di una copia dell'atto al p.m. che ne cura l'invio al comandante del corpo al quale il militare appartiene, con l'osservanza delle modalità stabilite nell'art. 49 disp. att. c.p.c. (C.C. 372/07).

147. (1) (2) **Tempo delle notificazioni.** – Le notificazioni non possono farsi prima delle ore 7 e dopo le ore 21.

Le notificazioni a mezzo posta elettronica certificata o servizio elettronico di recapito certificato qualificato possono essere eseguite senza limiti orari (3).

Le notificazioni eseguite ai sensi del secondo comma si intendono perfezionate, per il notificante, nel momento in cui è generata la ricevuta di accettazione e, per il destinatario, nel momento in cui è generata la ricevuta di avvenuta consegna. Se quest'ultima è generata tra le ore 21 e le ore 7 del mattino del giorno successivo, la notificazione si intende perfezionata per il destinatario alle ore 7 (3).

(1) *Questo articolo è stato così sostituito dall'art. 2, comma 1, lett. d), della L. 28 dicembre 2005, n. 263.*

Ai sensi dell'art. 2, comma 4, del medesimo provvedimento, come modificato dall'art. 39 quater del D.L. 30 dicembre 2005, n. 273, convertito, con modificazioni, nella L. 23 febbraio 2006, n. 51, questa disposizione entra in vigore il 1° marzo 2006 e si applica ai procedimenti instaurati successivamente a tale data.

Si riporta l'articolo precedente:

«147. (Tempo delle notificazioni). *Le notificazioni non possono farsi dal 1° ottobre al 31 marzo prima delle ore 7 e dopo le ore 19; dal 1° aprile al 30 settembre prima delle ore 6 e dopo le ore 20.*».

(2) *Ai sensi dell'art. 16 septies, comma 1, inserito dall'art. 45 bis, comma 2, lett. b), del D.L. 24 giugno 2014, n. 90, convertito, con modificazioni, nella L. 11 agosto 2014, n. 114, la disposizione del presente articolo si applica anche alle notificazioni eseguite con modalità telematiche. Quando è eseguita dopo le ore 21, la notificazione si considera perfezionata alle ore 7 del giorno successivo.*

La Corte costituzionale, con sentenza n. 75 del 9 aprile 2019, ha dichiarato l'illegittimità costituzionale del citato art. 16 septies, comma 1, nella parte in cui prevede che la notifica eseguita con modalità telematiche la cui ricevuta di accettazione è generata dopo le ore 21 ed entro le ore 24 si perfeziona per il notificante alle ore 7 del giorno successivo, anziché al momento di generazione della predetta ricevuta.

(3) *Questo comma è stato aggiunto dall'art. 3, comma 11, lett. d), del D.L.vo 10 ottobre 2022, n. 149, a decorrere dal 28 febbraio 2023.*

A norma dell'art. 35, comma 1, del medesimo decreto, le disposizioni si applicano ai procedimenti instaurati successivamente a tale data. Ai procedimenti pendenti alla data del 28 febbraio 2023 si applicano le disposizioni anteriormente vigenti.

NOTE OPERATIVE:

Finalità: La norma è funzionale alla tutela del diritto al riposo del destinatario, diritto che non è lambito né tantomeno infranto dall'effettuazione di una notificazione telematica (C.C. 1383/22).

PEC: La notifica a mezzo PEC è tempestiva quando la generazione della ricevuta di accettazione è avvenuta entro la ventiquattresima ora dell'ultimo giorno utile per la proposizione dell'impugnazione e, cioè, entro le ore 23:59:59 (secondo l'UTC, Coordinated Universal Time), poiché, una volta sopraggiunto il secondo immediatamente successivo (alle ore 00:00:00 UTC), si deve ritenere già iniziato un nuovo giorno (C.C. 22518/23 – Conf. C.C. 1519/23).

148. Relazione di notificazione. – L'ufficiale giudiziario certifica l'eseguita notificazione mediante relazione da lui datata (47 att.)

e sottoscritta, apposta in calce all'originale e alla copia dell'atto.

La relazione indica la persona alla quale è consegnata la copia e le sue qualità (138, 139), nonché il luogo della consegna, oppure le ricerche, anche anagrafiche, fatte dall'ufficiale giudiziario, i motivi della mancata consegna e le notizie raccolte sulla reperibilità del destinatario (140).

NOTE OPERATIVE:

Contenuto: L'ufficiale giudiziario deve indicare, nella relazione, la persona alla quale ha consegnato copia dell'atto, identificandola con le sue generalità, nonché il rapporto della stessa con il destinatario della notificazione (C.C. 6565/20 – Conf. C.C. 3902/19).

149. (1) **Notificazione a mezzo del servizio postale.** – Se non ne è fatto espresso divieto dalla legge, la notificazione può eseguirsi anche a mezzo del servizio postale.

In tal caso l'ufficiale giudiziario scrive la relazione di notificazione sull'originale e sulla copia dell'atto, facendovi menzione dell'ufficio postale per mezzo del quale spedisce la copia al destinatario in piego raccomandato con avviso di ricevimento. Quest'ultimo è allegato all'originale.

La notifica si perfeziona, per il soggetto notificante, al momento della consegna del plico all'ufficiale giudiziario e, per il destinatario, dal momento in cui lo stesso ha la legale conoscenza dell'atto (2).

(1) *La Corte costituzionale, con sentenza n. 477 del 26 novembre 2002, ha dichiarato l'illegittimità costituzionale del combinato disposto di questo articolo e dell'art. 4, comma terzo, della L. 20 novembre 1982, n. 890, nella parte in cui prevede che la notificazione si perfeziona, per il notificante, alla data di ricezione dell'atto da parte del destinatario anziché a quella, antecedente, di consegna dell'atto all'ufficiale giudiziario.*

(2) *Questo comma è stato aggiunto dall'art. 2, comma 1, lett. e), della L. 28 dicembre 2005, n. 263.*

Ai sensi dell'art. 2, comma 4, del medesimo provvedimento, come modificato dall'art. 39 quater *del D.L. 30 dicembre 2005, n. 273, convertito, con modificazioni, nella L. 23 febbraio 2006, n. 51, questa disposizione entra in vigore il 1° marzo 2006 e si applica ai procedimenti instaurati successivamente a tale data.*

NOTE OPERATIVE:

Avviso di ricevimento: Nella notificazione a mezzo posta, che non si esaurisce con la spedizione dell'atto, ma si perfeziona con la consegna del relativo plico al destinatario da parte dell'agente postale, l'avviso di ricevimento è il solo documento idoneo a provare sia la consegna, sia la data di questa, sia l'identità della persona a mani della quale è stata eseguita la consegna (C.C. 9552/21 – Conf. C.C. 17373/20).

149 *bis*. (1) **Notificazione a mezzo posta elettronica certificata eseguita dall'ufficiale giudiziario** (2). – L'ufficiale giudiziario esegue la notificazione a mezzo posta elettronica certificata o servizio elettronico di recapito certificato qualificato, anche previa estrazione di copia informatica del documento cartaceo, quando il destinatario è un soggetto per il quale la legge prevede l'obbligo di munirsi di un indirizzo di posta elettronica certificata o servizio elettronico di recapito certificato qualificato risultante dai pubblici elenchi oppure quando il destinatario ha eletto domicilio digitale ai sensi dell'articolo 3 *bis*, comma 1 *bis*, del codice dell'amministrazione digitale di cui al decreto legislativo 7 marzo 2005, n. 82 (3).

Se procede ai sensi del primo comma, l'ufficiale giudiziario trasmette copia informatica dell'atto sottoscritta con firma digitale all'indirizzo di posta elettronica certificata del destinatario risultante da pubblici elenchi o comunque accessibili alle pubbliche amministrazioni (4).

La notifica si intende perfezionata nel momento in cui il gestore rende disponibile il documento informatico nella casella di posta elettronica certificata del destinatario.

L'ufficiale giudiziario redige la relazione di cui all'articolo 148, primo comma, su documento informatico separato, sottoscritto con firma digitale e congiunto all'atto cui si riferisce mediante strumenti informatici, individuati con apposito decreto del Ministero della giustizia. La relazione contiene le informazioni di cui all'articolo 148, secondo comma, sostituito il luogo della consegna con l'indirizzo di posta elettronica presso il quale l'atto è stato inviato.

Al documento informatico originale o alla copia informatica del documento cartaceo sono allegate, con le modalità previste dal quarto comma, le ricevute di invio e di consegna previste dalla normativa, anche regolamentare, concernente la trasmissione e la ricezione dei documenti informatici trasmessi in via telematica.

Eseguita la notificazione, l'ufficiale giudiziario restituisce all'istante o al richiedente, anche per via telematica, l'atto notificato, unitamente alla relazione di notificazione e agli allegati previsti dal quinto comma.

(1) *Questo articolo è stato inserito dall'art. 4, comma 8, lett. d), del D.L. 29 dicembre 2009, n. 193, convertito, con modificazioni, nella L. 22 febbraio 2010, n. 24.*

(2) *Le parole:* «certificata eseguita dall'ufficiale giudiziario» *sono state aggiunte dall'art. 3, comma 11,*

lett. e), n. 2), del del D.L.vo 10 ottobre 2022, n. 149, a decorrere dal 28 febbraio 2023.

A norma dell'art. 35, comma 1, del medesimo decreto, le disposizioni si applicano ai procedimenti instaurati successivamente a tale data. Ai procedimenti pendenti alla data del 28 febbraio 2023 si applicano le disposizioni anteriormente vigenti.

(3) *Questo comma è stato così sostituito dall'art. 3, comma 11, lett. e), n. 1), del D.L.vo 10 ottobre 2022, n. 149, a decorrere dal 28 febbraio 2023.*

A norma dell'art. 35, comma 1, del medesimo decreto, le disposizioni si applicano ai procedimenti instaurati successivamente a tale data. Ai procedimenti pendenti alla data del 28 febbraio 2023 si applicano le disposizioni anteriormente vigenti.

Si riporta il testo precedente:

«Se non è fatto espresso divieto dalla legge, la notificazione può eseguirsi a mezzo posta elettronica certificata, anche previa estrazione di copia informatica del documento cartaceo.».

(4) *Le parole: «o comunque accessibili alle pubbliche amministrazioni» sono state inserite dall'art. 16, comma 2, del D.L. 18 ottobre 2012, n. 179, convertito, con modificazioni, nella L. 17 dicembre 2012, n. 221.*

NOTE OPERATIVE:

Casella piena: La notificazione di un atto eseguita ad un soggetto, obbligato per legge a munirsi di un indirizzo di posta elettronica certificata si ha per perfezionata con la ricevuta con cui l'operatore attesta di aver rinvenuto la casella PEC del destinatario "piena", da considerarsi equiparata alla ricevuta di avvenuta consegna, in quanto il mancato inserimento nella casella di posta per saturazione della capienza rappresenta un evento imputabile al destinatario, per l'inadeguata gestione dello spazio per l'archiviazione e la ricezione di nuovi messaggi (C.C. 3164/20). La mancata consegna all'avvocato della comunicazione o notificazione inviatagli a mezzo posta elettronica certificata produce effetti diversi a seconda che gli sia o meno imputabile: nel primo caso le notificazioni/comunicazioni saranno eseguite esclusivamente mediante deposito in cancelleria; nel secondo attraverso l'utilizzo delle forme ordinarie previste dal codice di rito (C.C. 4920/21 – Conf. C.C. 3965/20).

150. Notificazione per pubblici proclami.

– Quando la notificazione nei modi ordinari (138 ss.) è sommamente difficile per il rilevante numero dei destinatari o per la difficoltà di identificarli tutti, il capo dell'ufficio giudiziario davanti al quale si procede [e, in caso di procedimento davanti al pretore, il presidente del tribunale, nella cui circoscrizione è posta la pretura,] (1) può autorizzare, su istanza della parte interessata e sentito il pubblico ministero (50 att.) la notificazione per pubblici proclami.

L'autorizzazione è data con decreto steso in calce all'atto da notificarsi; in esso sono designati, quando occorre, i destinatari ai quali la notificazione deve farsi nelle forme ordinarie e sono indicati i modi che appaiono più opportuni per portare l'atto a conoscenza degli altri interessati.

In ogni caso, copia dell'atto è depositata nella casa comunale del luogo in cui ha sede l'ufficio giudiziario davanti al quale si promuove o si svolge il processo, e un estratto di esso è inserito nella *Gazzetta Ufficiale* della Repubblica e nel Foglio degli annunzi legali delle province (2) dove risiedono i destinatari o si presume che risieda la maggior parte di essi.

La notificazione si ha per avvenuta quando, eseguito ciò che è prescritto nel presente articolo, l'ufficiale giudiziario deposita una copia dell'atto, con la relazione e i documenti giustificativi dell'attività svolta, nella cancelleria del giudice davanti al quale si procede (166; 51 att.).

Questa forma di notificazione non è ammessa nei procedimenti davanti al giudice di pace.

(1) *Le parole poste tra parentesi quadre sono state soppresse dall'art. 62 del D.L.vo 19 febbraio 1998, n. 51, recante l'istituzione del giudice unico, a decorrere dal 2 giugno 1999.*

(2) *A norma dell'art. 31, comma 1, della L. 24 novembre 2000, n. 340, a decorrere dal novantesimo giorno successivo alla data di entrata in vigore della stessa legge sono aboliti i fogli degli annunzi legali delle province.*

NOTE OPERATIVE:

Finalità: La norma introduce nell'ordinamento processuale italiano la possibilità di promuovere giudizi ordinari di cognizione contro intere categorie o ceti di persone non tutte identificate nominativamente ed anzi identificate solo in base a certe qualificazioni o a certe situazioni in cui si possono trovare (C.C. 22782/19).

151. Forme di notificazione ordinate dal giudice.

– Il giudice può prescrivere, anche d'ufficio, con decreto steso in calce all'atto, che la notificazione sia eseguita in modo diverso da quello stabilito dalla legge, e anche per mezzo di telegramma collazionato (2706 c.c.) con avviso di ricevimento quando lo consigliano circostanze particolari o esigenze di maggiore celerità, di riservatezza o di tutela della dignità (1).

(1) *Le parole: «di riservatezza o di tutela della dignità» sono state aggiunte dall'art. 174, comma 7, del D.L.vo 30 giugno 2003, n. 196, a decorrere dal 1 gennaio 2004. L'art. 174 del D.L.vo n. 196/2003 è stato poi abrogato dall'art. 27, comma 1, lett. c), n. 3, del D.L.vo 10 agosto 2018, n. 101.*

NOTE OPERATIVE:

Modalità: Nel caso di notificazioni autorizzate dal giudice, le forme devono trovare corrispondenza nello scopo dell'atto e le modalità prescelte debbono garantire i principi fondamentali del diritto di difesa e del diritto al contraddittorio (C.C. 23919/17 – Conf. C.C. 4319/03).

Capo II
Dei termini ([1])

([1]) *La L. 7 ottobre 1969, n. 742, disciplina la sospensione dei termini durante il periodo feriale.*

Il D.L.vo 9 aprile 1948, n. 437, autorizza la proroga dei termini di decadenza in conseguenza del mancato funzionamento degli uffici giudiziari.

152. Termini legali e termini giudiziari. – I termini per il compimento degli atti del processo sono stabiliti dalla legge; possono essere stabiliti dal giudice anche a pena di decadenza, soltanto se la legge lo permette espressamente.

I termini stabiliti dalla legge sono ordinatori, tranne che la legge stessa li dichiari espressamente perentori.

NOTE OPERATIVE:

Ambito di applicazione: L'inosservanza dei termini stabiliti per il compimento degli atti del giudice (e dei suoi ausiliari) resta sottratta alla disciplina dettata dagli art. 152 ss. c.p.c. in quanto, pur incidendo detti termini sulla durata complessiva del processo, essi non sono ulteriormente qualificati dalle norme che li prevedono, né ricevono sanzione in conseguenza della loro inosservanza, poiché l'atto compiuto dopo la relativa scadenza conserva validità ed efficacia, salvi eventuali riflessi di carattere disciplinare (C.C. 2761/21 – Conf. C.C. 2790/02).

Proroga: Poiché i termini stabiliti dal giudice per il compimento di un atto processuale sono, ai sensi dell'art. 152 c.p.c., ordinatori, salvo che la legge li dichiari espressamente perentori o la perentorietà consegua allo scopo e alla funzione adempiuta, ad essi non si applica il divieto di abbreviazione e di proroga sancito dall'art. 153 c.p.c. per i termini perentori (C.C. 1064/05).

153. Improrogabilità dei termini perentori. – I termini perentori non possono essere abbreviati o prorogati, nemmeno sull'accordo delle parti (184 *bis*).

La parte che dimostra di essere incorsa in decadenze per causa ad essa non imputabile può chiedere al giudice di essere rimessa in termini. Il giudice provvede a norma dell'articolo 294, secondo e terzo comma ([1]).

([1]) *Questo comma è stato aggiunto dall'art. 45, comma 19, della L. 18 giugno 2009, n. 69, a decorrere dal 4 luglio 2009. Ai sensi dell'art. 58, comma 1, della predetta legge, tale disposizione si applica ai giudizi instaurati dopo la data della sua entrata in vigore.*

NOTE OPERATIVE:

Ambito di applicazione: La rimessione in termini presuppone due elementi e, cioè, l'esistenza di un fatto ostativo esterno alla volontà della parte (non determinato da quest'ultima) e l'immediata reazione al manifestarsi della necessità di svolgere l'attività processuale ormai preclusa (C.C. 11029/23 – Conf. C.C. 268/22; C.C. 22342/21).

154. Prorogabilità del termine ordinatorio. – Il giudice, prima della scadenza, può abbreviare, o prorogare anche d'ufficio, il termine che non sia stabilito a pena di decadenza. La proroga non può avere una durata superiore al termine originario. Non può essere consentita proroga ulteriore, se non per motivi particolarmente gravi e con provvedimento motivato.

NOTE OPERATIVE:

Ambito di applicazione: La norma disciplina la proroga dei soli termini processuali sicché non si applica a quelli di carattere sostanziale (C.C. 29527/18 – Conf. C.C. 240/14).

Presupposti: I termini ordinatori possono essere prorogati dal giudice solo a condizione che essi non siano ancora scaduti e che la proroga non superi la durata del termine originario (C.C. 23227/10).

155. Computo dei termini. – Nel computo dei termini a giorni o ad ore, si escludono il giorno e l'ora iniziali.

Per il computo dei termini a mesi o ad anni, si osserva il calendario comune (1187, 2963 c.c.).

I giorni festivi ([1]) si computano nel termine.

Se il giorno di scadenza è festivo ([1]), la scadenza è prorogata di diritto al primo giorno seguente non festivo (96 l. camb.).

La proroga prevista dal quarto comma si applica altresì ai termini per il compimento degli atti processuali svolti fuori dell'udienza che scadono nella giornata del sabato ([2]).

Resta fermo il regolare svolgimento delle udienze e di ogni altra attività giudiziaria, anche svolta da ausiliari, nella giornata del sabato, che ad ogni effetto è considerata lavorativa ([2]).

([1]) *Si considerano giorni festivi: tutte le domeniche, il 1° gennaio, il 6 gennaio, il 25 aprile, il lunedì dopo Pasqua, il 1° maggio, il 2 giugno, il 15 agosto, il 1° novembre, l'8, il 25 e il 26 dicembre a norma della L. 27 maggio 1949, n. 260, modificata dalle leggi 31 marzo 1954, n. 90, 5 marzo 1977, n. 54, del D.P.R. 28 dicembre 1985, n. 792 e della L. 20 novembre 2000, n. 336.*

([2]) *Questo comma è stato aggiunto dall'art. 2, comma 1, lett. f), della L. 28 dicembre 2005, n. 263.*

Ai sensi dell'art. 2, comma 4, del medesimo provvedimento, come modificato dall'art. 39 quater *del D.L. 30 dicembre 2005, n. 273, convertito, con modificazioni, nella L. 23 febbraio 2006, n. 51, questa disposizione entra in vigore il 1° marzo 2006 e si applica ai procedimenti instaurati successivamente a tale data. Si veda ora l'art. 58, comma 3, della L. 18 giugno 2009, n. 69, che così dispone: «3. Le disposizioni di cui ai commi quinto e sesto dell'articolo 155 del codice di procedura civile si applicano anche ai procedimenti pendenti alla data del 1° marzo 2006.».*

NOTE OPERATIVE:

Proroga: La proroga dei termini processuali che scadono nella giornata di sabato ha natura eccezionale e, pertanto, è insuscettibile di interpretazione estensiva e di applicazione analogica con la conseguenza che il sostantivo sabato non equivale a qualsiasi giorno prefestivo (C.C. 17280/23).

Capo III
Della nullità degli atti

156. Rilevanza della nullità. – Non può essere pronunciata la nullità per inosservanza di forme (121, 131[2]) di alcun atto del processo, se la nullità non è comminata dalla legge.

Può tuttavia essere pronunciata quando l'atto manca dei requisiti formali indispensabili per il raggiungimento dello scopo.

La nullità non può mai essere pronunciata, se l'atto ha raggiunto lo scopo a cui è destinato (164).

NOTE OPERATIVE:

Ambito di applicazione: Il principio di non rilevabilità della nullità di un atto per mancato raggiungimento dello scopo si riferisce esclusivamente all'inosservanza di forme in senso stretto e non di termini perentori, per i quali vigano apposite e separate norme (C.C. 6386/21 – Conf. C.C. 16799/20; C.C. 2660/20; C.C. 25453/17). Il principio secondo cui la nullità non può essere mai pronunciata se l'atto ha raggiunto lo scopo a cui è destinato, vale anche per le notificazioni, in relazione alle quali, pertanto, la nullità non può essere dichiarata tutte le volte che l'atto, malgrado l'irritualità della notificazione, sia venuto a conoscenza del destinatario (S.U. 7665/16).

157. Rilevabilità e sanatoria della nullità. – Non può pronunciarsi la nullità senza istanza di parte, se la legge non dispone che sia pronunciata d'ufficio (158, 164).

Soltanto la parte nel cui interesse è stabilito un requisito può opporre la nullità dell'atto per la mancanza del requisito stesso, ma deve farlo nella prima istanza o difesa successiva all'atto o alla notizia di esso.

La nullità non può essere opposta dalla parte che vi ha dato causa, né da quella che vi ha rinunciato anche tacitamente.

NOTE OPERATIVE:

Sanatoria: In mancanza di tempestiva deduzione, la nullità resta sanata e non può più essere eccepita dalla parte che, non opponendosi nella prima difesa successiva all'atto, ha implicitamente rinunciato a farla valere (C.C. 21957/19).

Rilievo ufficioso: La regola secondo cui la parte che ha determinato la nullità non può rilevarla non opera quando si tratti di una nullità rilevabile anche d'ufficio, ma tale inoperatività è correlata alla durata del potere ufficioso del giudice (C.C. 14423/23 – C.C. 5815/23).

158. Nullità derivante dalla costituzione del giudice. – La nullità derivante da vizi relativi alla costituzione del giudice (274 *bis*) o all'intervento del pubblico ministero (70) è insanabile e deve essere rilevata d'ufficio (157), salva la disposizione dell'art. 161.

NOTE OPERATIVE:

Giudici onorari: I giudici onorari – sia in qualità di giudici monocratici che di componenti di un collegio – possono decidere ogni processo e pronunciare qualsiasi sentenza per la quale non vi sia espresso divieto di legge, con piena assimilazione dei loro poteri a quelli dei magistrati togati, come si evince dall'art. 106 Cost. (C.C. 5808/19).

159. Estensione della nullità. – La nullità di un atto non importa quella degli atti precedenti, né di quelli successivi che ne sono indipendenti (336).

La nullità di una parte dell'atto non colpisce le altre parti che ne sono indipendenti.

Se il vizio impedisce un determinato effetto, l'atto può tuttavia produrre gli altri effetti ai quali è idoneo (121).

NOTE OPERATIVE:

Ambito di applicazione: Il principio fissato a tenore del quale la nullità parziale di un atto non colpisce le altre parti che ne siano indipendenti, trova applicazione anche con riguardo agli atti processuali che costituiscono il risultato di una pluralità di distinte ed autonome attività (C.C. 15383/23 – Conf. C.C. 18202/17; C.C. 3893/17; C.C. 16441/11).

160. Nullità della notificazione. – La notificazione è nulla se non sono osservate le disposizioni circa la persona alla quale deve essere consegnata la copia (138 ss.), o se vi è incertezza assoluta sulla persona a cui è fatta o sulla data (148), salva l'applicazione degli artt. 156 e 157 (291[1], 354[1]).

NOTE OPERATIVE:

Tassatività: I casi di nullità previsti dalla norma sono tassativi (C.C. 10138/22).

Inesistenza: La notificazione è inesistente soltanto se effettuata in un luogo o consegnata ad un soggetto diversi da quelli dovuti ed in difetto di qualsivoglia attinenza, riferimento o collega mento di quel luogo o soggetto con il destinatario rituale dell'atto: ne deriva che, negli altri casi, ed in particolare se eseguita in luogo o nei confronti di un soggetto diverso dal destinatario, la notifica è meramente nulla (C.C. 17555/06).

161. Nullità della sentenza. – La nullità delle sentenze (274 *bis*) soggette ad appello (339) o a ricorso per cassazione (360) può essere fatta valere soltanto nei limiti e secondo le regole proprie di questi mezzi di impugnazione.

Questa disposizione non si applica quando la sentenza manca della sottoscrizione del giudice (132 n. 5, 354[1]; 119 att.).

NOTE OPERATIVE:

Ambito di applicazione: La inosservanza delle disposizioni sulla composizione collegiale o monocratica del tribunale legittimato a decidere su una domanda giudiziale costituisce un'autonoma causa di nullità della decisione e non una forma di nullità relativa derivante da atti processuali antecedenti alla sentenza (C.C. 4475/22 – C.C. 6307/20).

162. Pronuncia sulla nullità. – Il giudice che pronuncia la nullità deve disporre, quando sia possibile, la rinnovazione degli atti (291, 316, 350, 354) ai quali la nullità si estende (159).

Se la nullità degli atti del processo è imputabile al cancelliere, all'ufficiale giudiziario o al difensore, il giudice, col provvedimento col quale la pronuncia, pone le spese della rinnovazione a carico del responsabile e, su istanza di parte, con la sentenza che decide la causa (227) può condannare quest'ultimo al risarcimento dei danni causati dalla nullità, a norma dell'art. 60, n. 2.

NOTE OPERATIVE:

Ambito di applicazione: Se la nullità della notificazione in rinnovazione è rilevata e dichiarata, una ulteriore rinnovazione non può essere ammessa (C.C. 19218/19 – Conf. C.C. 1659/07).

Libro II
Del processo di cognizione

Titolo I
Del procedimento
davanti al tribunale

Capo I
Dell'introduzione
della causa

Sezione I
Della citazione
e della costituzione delle parti

163. ([1]) **Contenuto della citazione.** – La domanda (99, 316) si propone mediante citazione a comparire a udienza fissa.

Il presidente del tribunale stabilisce al principio dell'anno giudiziario, con decreto approvato dal primo presidente della corte di appello, i giorni della settimana e le ore delle udienze destinate esclusivamente alla prima comparizione delle parti (69 *bis* att.).

L'atto di citazione deve contenere (164, 318, 342, 405):

1) l'indicazione del tribunale davanti al quale la domanda è proposta;

2) il nome, il cognome, la residenza e il codice fiscale dell'attore ([2]), il nome, il cognome (6 c.c.), il codice fiscale, la residenza o il domicilio (43 c.c.) o la dimora del convenuto e delle persone che rispettivamente li rappresentano o li assistono ([3]) (75 ss.). Se attore o convenuto è una persona giuridica (11, 12 c.c.), un'associazione non riconosciuta (36 c.c.) o un comitato (39 c.c.), la citazione deve contenere la denominazione (2292, 2314, 2326, 2463, 2473, 2515 c.c.) o la ditta (2563 c.c.), con l'indicazione dell'organo o ufficio che ne ha la rappresentanza in giudizio ([4]);

3) la determinazione della cosa oggetto della domanda;

3 *bis*) l'indicazione, nei casi in cui la domanda è soggetta a condizione di procedibilità, dell'assolvimento degli oneri previsti per il suo superamento ([5]);

4) l'esposizione in modo chiaro e specifico ([6]) dei fatti e degli elementi di diritto costituenti le ragioni della domanda, con le relative conclusioni;

5) l'indicazione specifica dei mezzi di prova (244 ss.) dei quali l'attore intende valersi (115) e in particolare dei documenti (2699 ss. c.c.) che offre in comunicazione (183, 184);

6) il nome e il cognome del procuratore e l'indicazione della procura (83), qualora questa sia già stata rilasciata (125[2]);

7) l'indicazione del giorno dell'udienza di comparizione; l'invito al convenuto a costituirsi nel termine di settanta giorni prima dell'udienza indicata ai sensi e nelle forme stabilite dall'articolo 166 e a comparire, nell'udienza indicata, dinanzi al giudice designato ai sensi dell'articolo 168 *bis*, con l'avvertimento che la costituzione oltre i suddetti termini implica le decadenze di cui agli articoli 38 e 167, che la difesa tecnica mediante avvocato è obbligatoria in tutti i giudizi davanti al tribunale, fatta eccezione per i casi previsti dall'articolo 86 o da leggi speciali, e che la parte, sussistendone i presupposti di legge, può presentare istanza per l'ammissione al patrocinio a spese dello Stato ([7]).

L'atto di citazione, sottoscritto a norma dell'art. 125, è consegnato dalla parte o dal procuratore all'ufficiale giudiziario (59), il quale lo notifica a norma degli artt. 137 ss.

([1]) *Articolo così sostituito dall'art. 7 della L. 14 luglio 1950, n. 581.*

([2]) *Le parole: «il cognome e la residenza dell'attore» sono state così sostituite dalle parole: «il cognome, la residenza e il codice fiscale dell'attore», dall'art. 4, comma 8, lett. b), del D.L. 29 dicembre 2009, n. 193, convertito, con modificazioni, nella L. 22 febbraio 2010, n. 24.*

([3]) *Le parole: «il nome, il cognome, la residenza o il domicilio o la dimora del convenuto e delle persone che rispettivamente li rappresentano o li assistono» sono state così sostituite dalle parole: «il nome, il cognome, il codice fiscale, la residenza o il domicilio o la dimora del convenuto e delle persone che rispettivamente li rappresentano o li assistono», dall'art. 4, comma 8, lett. b), del D.L. 29 dicembre 2009, n. 193, convertito, con modificazioni, nella L. 22 febbraio 2010, n. 24.*

([4]) *Le amministrazioni dello Stato sono citate nella persona del Ministro competente, così come previsto dall'art. 11 R.D. 30 ottobre 1933, n. 1611.*

([5]) *Questo numero è stato inserito dall'art. 3, comma 12, lett. a), n. 1), del D.L.vo 10 ottobre 2022, n. 149, a decorrere dal 28 febbraio 2023.*

A norma dell'art. 35, comma 1, del medesimo decreto, così come modificato dall'art. 1, comma 380, lett. a), della L. 29 dicembre 2022, n. 197, le disposizioni si applicano ai procedimenti instaurati successivamente a tale data. Ai procedimenti pendenti alla data del 28 febbraio 2023 si applicano le disposizioni anteriormente vigenti.

(6) *Le parole: «in modo chiaro e specifico» sono state inserite dall'art. 3, comma 12, lett. a), n. 2), del D.L.vo 10 ottobre 2022, n. 149, a decorrere dal 28 febbraio 2023.*

A norma dell'art. 35, comma 1, del medesimo decreto, così come modificato dall'art. 1, comma 380, lett. a), della L. 29 dicembre 2022, n. 197, le disposizioni si applicano ai procedimenti instaurati successivamente a tale data. Ai procedimenti pendenti alla data del 28 febbraio 2023 si applicano le disposizioni anteriormente vigenti.

(7) *Questo numero è stato così sostituito dall'art. 3, comma 12, lett. a), n. 3), del D.L.vo 10 ottobre 2022, n. 149, a decorrere dal 28 febbraio 2023.*

A norma dell'art. 35, comma 1, del medesimo decreto, così come modificato dall'art. 1, comma 380, lett. a), della L. 29 dicembre 2022, n. 197, le disposizioni si applicano ai procedimenti instaurati successivamente a tale data. Ai procedimenti pendenti alla data del 28 febbraio 2023 si applicano le disposizioni anteriormente vigenti.

Si riporta il testo precedente:

«7) l'indicazione del giorno dell'udienza di comparizione (164); l'invito al convenuto a costituirsi nel termine di venti giorni prima dell'udienza indicata ai sensi e nelle forme stabilite dall'art. 166, ovvero di dieci giorni prima in caso di abbreviazione dei termini, e a comparire, nell'udienza indicata, dinanzi al giudice designato ai sensi dell'art. 168 bis, con l'avvertimento che la costituzione oltre i suddetti termini implica le decadenze di cui agli articoli 38 e 167 (*) (**).».

(*) *Numero così sostituito dall'art. 7 della L. 26 novembre 1990, n. 353, a decorrere dal 30 aprile 1995.*

(**) *Le parole: «di cui all'articolo 167» sono state così sostituite dall'art. 46, comma 1, della L. 18 giugno 2009, n. 69, a decorrere dal 4 luglio 2009. Ai sensi dell'art. 58, comma 1, della predetta legge, tale disposizione si applica ai giudizi instaurati dopo la data della sua entrata in vigore.*

NOTE OPERATIVE:

Rinnovazione: In caso di atto di citazione nullo per più vizi inerenti alla vocatio in ius, la cui rilevazione avvenga in momenti diversi, è consentito disporre due volte la rinnovazione della citazione (C.C. 4710/20).

163 *bis*. (1) Termine per comparire. – Tra il giorno della notificazione della citazione (148, 163) e quello dell'udienza di comparizione (164, 183) debbono intercorrere termini liberi (155[4]) non minori (70 *bis*, 82 att.) di centoventi (2) giorni (3) se il luogo della notificazione si trova in Italia e di centocinquanta giorni (3) se si trova all'estero (318, 342).

[Nelle cause che richiedono pronta spedizione il presidente può, su istanza dell'attore e con decreto motivato (135) in calce all'atto originale e delle copie della citazione, abbreviare fino alla metà i termini indicati dal primo comma] (4).

Se il termine assegnato dall'attore eccede il minimo indicato dal primo comma, il convenuto, costituendosi (166) prima della scadenza del termine minimo, può chiedere al presidente del tribunale che, sempre osservata la misura di quest'ultimo termine, l'udienza per la comparizione delle parti (183) sia fissata con congruo anticipo su quella indicata dall'attore. Il presidente provvede con decreto, che deve essere comunicato (136) dal cancelliere all'attore, almeno cinque giorni liberi prima dell'udienza fissata dal presidente (70, 70 *bis* att.). In questo caso i termini di cui all'articolo 171 *ter* decorrono dall'udienza così fissata (5).

(1) *Articolo aggiunto dall'art. 8 della L. 14 luglio 1950, n. 581.*

(2) *La parola: «novanta» è stata così sostituita dalla attuale: «centoventi» dall'art. 3, comma 12, lett. b), n. 1), del D.L.vo 10 ottobre 2022, n. 149, a decorrere dal 28 febbraio 2023.*

A norma dell'art. 35, comma 1, del medesimo decreto, le disposizioni si applicano ai procedimenti instaurati successivamente a tale data. Ai procedimenti pendenti alla data del 28 febbraio 2023 si applicano le disposizioni anteriormente vigenti.

(3) *Ai sensi dell'art. 2, comma 1, lett. g), della L. 28 dicembre 2005, n. 263, le originarie parole: «sessanta giorni» sono sostituite dalle attuali: «novanta giorni» e le parole: «centoventi giorni» sono sostituite dalle attuali: «centocinquanta giorni».*

Secondo quanto dispone l'art. 2, comma 4, del medesimo provvedimento, come modificato dall'art. 39 quater del D.L. 30 dicembre 2005, n. 273, convertito, con modificazioni, nella L. 23 febbraio 2006, n. 51, questa disposizione entra in vigore il 1° marzo 2006 e si applica ai procedimenti instaurati successivamente a tale data.

(4) *Questo comma è stato abrogato dall'art. 3, comma 12, lett. b), n. 2), del D.L.vo 10 ottobre 2022, n. 149, a decorrere dal 28 febbraio 2023.*

A norma dell'art. 35, comma 1, del medesimo decreto, le disposizioni si applicano ai procedimenti instaurati successivamente a tale data. Ai procedimenti pendenti alla data del 28 febbraio 2023 si applicano le disposizioni anteriormente vigenti.

(5) *Questo periodo è stato inserito dall'art. 3, comma 12, lett. b), n. 3), del D.L.vo 10 ottobre 2022, n. 149, a decorrere dal 28 febbraio 2023.*

A norma dell'art. 35, comma 1, del medesimo decreto, le disposizioni si applicano ai procedimenti instaurati successivamente a tale data. Ai procedimenti pendenti alla data del 28 febbraio 2023 si applicano le disposizioni anteriormente vigenti.

NOTE OPERATIVE:

Criteri: I termini per comparire in giudizio stabiliti dalla norma sono fissati, non in relazione ai luoghi delle possibili notificazioni, bensì al luogo in cui la notificazione è realmente e validamente avvenuta, avuto riguardo alla ratio di tale norma, che prevede un termine maggiore solo se il luogo della notificazione si trova non in Italia ma all'estero, dovendosi presumere la necessità di un maggior tempo per apprestare, dall'estero, una congrua difesa in Italia (C.C. 26147/17).

164. (1) **Nullità della citazione.** – La citazione è nulla se è omesso o risulta assolutamente incerto alcuno dei requisiti stabiliti nei nn. 1) e 2) dell'art. 163, se manca l'indicazione della data dell'udienza di comparizione, se è stato assegnato un termine a comparire inferiore a quello stabilito dalla legge ovvero se manca l'avvertimento previsto dal n. 7) dell'art. 163.

Se il convenuto non si costituisce in giudizio, il giudice, rilevata la nullità (157) della citazione ai sensi del primo comma, ne dispone d'ufficio la rinnovazione entro un termine perentorio. Questa sana i vizi e gli effetti sostanziali e processuali della domanda si producono sin dal momento della prima notificazione. Se la rinnovazione non viene eseguita, il giudice ordina la cancellazione della causa dal ruolo e il processo si estingue a norma dell'art. 307, comma terzo.

La costituzione del convenuto (166, 171) sana i vizi della citazione e restano salvi gli effetti sostanziali e processuali di cui al secondo comma; tuttavia, se il convenuto deduce l'inosservanza dei termini a comparire o la mancanza dell'avvertimento previsto dal n. 7) dell'art. 163, il giudice fissa una nuova udienza nel rispetto dei termini.

La citazione è altresì nulla se è omesso o risulta assolutamente incerto il requisito stabilito nel n. 3) dell'art. 163 ovvero se manca l'esposizione dei fatti di cui al n. 4) dello stesso articolo.

Il giudice, rilevata la nullità ai sensi del comma precedente, fissa all'attore un termine perentorio (153) per rinnovare la citazione o, se il convenuto si è costituito, per integrare la domanda. Restano ferme le decadenze maturate e salvi i diritti quesiti anteriormente alla rinnovazione o alla integrazione.

Nel caso di integrazione della domanda, il giudice fissa l'udienza ai sensi del secondo (2) comma dell'articolo 171 *bis* (3) e si applica l'art. 167.

(1) *Articolo sostituito dall'art. 9 della L. 14 luglio 1950, n. 581 e poi così nuovamente sostituito dall'art. 9 della L. 26 novembre 1990, n. 353, a far tempo dal 30 aprile 1995.*

(2) *La parola: «ultimo» è stata così sostituita dall'attuale: «secondo» dall'art. 2, comma 3, lett.* b bis), *del D.L. 14 marzo 2005, n. 35, convertito, con modificazioni, nella L. 14 maggio 2005, n. 80.*

A norma dell'art. 2, comma 3 quinquies, dello stesso provvedimento, come modificato dall'art. 1, comma 6, della L. 28 dicembre 2005, n. 263 e dall'art. 39 quater del D.L. 30 dicembre 2005, n. 273, convertito, con modificazioni, nella L. 23 febbraio 2006, n. 51, questa disposizione entra in vigore il 1° marzo 2006 e si applica ai procedimenti instaurati successivamente a tale data.

(3) *Le parole: «dell'articolo 183» sono state così sostituite dalle attuali: «dell'articolo 171 bis» dall'art. 3, comma 12, lett. c), del D.L.vo 10 ottobre 2022, n. 149, a decorrere dal 28 febbraio 2023.*

A norma dell'art. 35, comma 1, del medesimo decreto, le disposizioni si applicano ai procedimenti instaurati successivamente a tale data. Ai procedimenti pendenti alla data del 28 febbraio 2023 si applicano le disposizioni anteriormente vigenti.

NOTE OPERATIVE:

Sanatoria: La sanatoria trova applicazione anche nell'ipotesi in cui l'atto introduttivo del gravame difetti di tutti i requisiti della vocatio (C.C. 10926/23).

Rinnovazione: Il termine concesso dal giudice per la rinnovazione della citazione nulla ha natura perentoria (C.C. 32207/21).

165. (1) **Costituzione dell'attore.** – L'attore, entro dieci giorni dalla notificazione della citazione al convenuto, deve costituirsi in giudizio a mezzo del procuratore, o personalmente nei casi consentiti dalla legge, depositando la nota d'iscrizione a ruolo e il proprio fascicolo contenente l'originale della citazione, la procura e i documenti offerti in comunicazione. Se si costituisce personalmente, deve dichiarare la residenza o eleggere domicilio nel comune ove ha sede il tribunale o indicare l'indirizzo presso cui ricevere le comunicazioni e notificazioni anche in forma telematica (2).

Se la citazione è notificata a più persone, l'originale della citazione deve essere inserito nel fascicolo entro dieci giorni dall'ultima notificazione.

(1) *Articolo così sostituito dall'art. 10 della L. 14 luglio 1950, n. 581.*

(2) *Questo comma è stato così sostituito dall'art. 3, comma 12, lett. d), del D.L.vo 10 ottobre 2022, n. 149, a decorrere dal 28 febbraio 2023.*

A norma dell'art. 35, comma 1, del medesimo decreto, le disposizioni si applicano ai procedimenti instaurati successivamente a tale data. Ai procedimenti pendenti alla data del 28 febbraio 2023 si applicano le disposizioni anteriormente vigenti.

Si riporta il testo precedente:

«L'attore, entro dieci giorni dalla notificazione della citazione al convenuto, ovvero entro cinque giorni nel caso di abbreviazione di termini a norma del secondo comma dell'art. 163 bis, deve costituirsi (171) in giudizio a mezzo del procuratore, o personalmente nei casi consentiti dalla legge (82, 86, 317, 417, 442), depositando in cancelleria (38 att.) la nota d'iscrizione a ruolo (71 att.) e il proprio fascicolo (73, 74 att.) contenente l'originale della citazione (163), la procura (83, 125) e i documenti (2699 ss. c.c.) offerti in comunicazione (163 n. 5). Se si costituisce personalmente, deve dichiarare

CODICE PROCEDURA CIVILE

la residenza o eleggere domicilio (47 c.c.) nel comune ove ha sede il tribunale (170, 319).».

166. ([1]) **Costituzione del convenuto.** – Il convenuto deve costituirsi a mezzo del procuratore, o personalmente nei casi consentiti dalla legge, almeno settanta giorni prima dell'udienza di comparizione fissata nell'atto di citazione depositando la comparsa di cui all'articolo 167 con la copia della citazione notificata, la procura e i documenti che offre in comunicazione ([2]).

([1]) *Articolo sostituito dall'art. 10 della L. 14 luglio 1950, n. 581 e poi così nuovamente sostituito dall'art. 10 della L. 26 novembre 1990, n. 353, a decorrere dal 30 aprile 1995.*

([2]) *Questo comma è stato così sostituito dall'art. 3, comma 12, lett. e), del D.L.vo 10 ottobre 2022, n. 149, a decorrere dal 28 febbraio 2023.*

A norma dell'art. 35, comma 1, del medesimo decreto, le disposizioni si applicano ai procedimenti instaurati successivamente a tale data. Ai procedimenti pendenti alla data del 28 febbraio 2023 si applicano le disposizioni anteriormente vigenti.

Si riporta il testo precedente:

«Il convenuto deve costituirsi (171, 291, 319) a mezzo del procuratore, o personalmente nei casi consentiti dalla legge (82, 86), almeno venti giorni prima dell'udienza di comparizione fissata nell'atto di citazione, o almeno dieci giorni prima nel caso di abbreviazione di termini a norma del secondo comma dell'art. 163 bis, ovvero almeno venti giorni prima dell'udienza fissata a norma dell'art. 168 bis, quinto comma ([1]), depositando in cancelleria il proprio fascicolo (38, 72, 74, 76 att.) contenente la comparsa di cui all'art. 167 con la copia della citazione notificata (163), la procura (83) e i documenti che offre in comunicazione (343; 87 att.).».

([1]) *Le parole da «ovvero almeno ...» a «...art 168 bis, quinto comma» sono state inserite dall'art. 1 del D.L. 7 ottobre 1994, n. 571, convertito, con modificazioni, nella L. 6 dicembre 1994, n. 673.*

167. ([1]) **Comparsa di risposta.** – Nella comparsa di risposta il convenuto deve proporre tutte le sue difese prendendo posizione in modo chiaro e specifico ([2]) sui fatti posti dall'attore a fondamento della domanda, indicare le proprie generalità e il codice fiscale, ([3]) i mezzi di prova di cui intende valersi (191 ss.) e i documenti che offre in comunicazione, formulare le conclusioni (183, 184, 189, 190).

A pena di decadenza deve proporre le eventuali domande riconvenzionali e le eccezioni processuali e di merito che non siano rilevabili d'ufficio ([4]). Se è omesso o risulta assolutamente incerto l'oggetto o il titolo della domanda riconvenzionale, il giudice, rilevata la nullità, fissa al convenuto un termine perentorio per integrarla. Restano ferme le decadenze maturate e salvi i diritti acquisiti anteriormente alla integrazione ([5]).

Se intende chiamare un terzo in causa, deve farne dichiarazione nella stessa comparsa e provvedere ai sensi dell'art. 269.

([1]) *Articolo così sostituito dall'art. 11 della L. 26 novembre 1990, n. 353, a decorrere dal 30 aprile 1995.*

([2]) *Le parole: «in modo chiaro e specifico» sono state inserite dall'art. 3, comma 12, lett. f), del D.L.vo 10 ottobre 2022, n. 149, a decorrere dal 28 febbraio 2023.*

A norma dell'art. 35, comma 1, del medesimo decreto, le disposizioni si applicano ai procedimenti instaurati successivamente a tale data. Ai procedimenti pendenti alla data del 28 febbraio 2023 si applicano le disposizioni anteriormente vigenti.

([3]) *Le parole: «le proprie generalità e il codice fiscale,» sono state inserite dall'art. 4, comma 8, lett. c), del D.L. 29 dicembre 2009, n. 193, convertito, con modificazioni, nella L. 22 febbraio 2010, n. 24.*

([4]) *Le parole: «e le eccezioni processuali e di merito che non siano rilevabili d'ufficio» sono state inserite dall'art. 2, comma 3, lett. b ter), del D.L. 14 marzo 2005, n. 35, convertito, con modificazioni, nella L. 14 maggio 2005, n. 80.*

A norma dell'art. 2, comma 3 quinquies, dello stesso provvedimento, come modificato dall'art. 1, comma 6, della L. 28 dicembre 2005, n. 263 e dall'art. 39 quater del D.L. 30 dicembre 2005, n. 273, convertito, con modificazioni, nella L. 23 febbraio 2006, n. 51, questa disposizione entra in vigore il 1° marzo 2006 e si applica ai procedimenti instaurati successivamente a tale data.

([5]) *Comma così sostituito dall'art. 3 del D.L. 18 ottobre 1995, n. 432, convertito, con modificazioni, nella L. 20 dicembre 1995, n. 534.*

NOTE OPERATIVE:

Seconda comparsa: Il deposito di una seconda comparsa di risposta è ammissibile, purché esso sia avvenuto nel rispetto del termine previsto dalla norma, salvi i casi in cui sia ravvisabile uno specifico abuso dello strumento processuale (C.C. 25934/22).

168. ([1]) **Iscrizione della causa a ruolo e formazione del fascicolo d'ufficio.** – All'atto della costituzione dell'attore (165) o, se questi non si è costituito, all'atto della costituzione del convenuto (166), su presentazione della nota d'iscrizione a ruolo (71, 72 att.), il cancelliere iscrive la causa nel ruolo generale (38 att.).

Contemporaneamente il cancelliere forma il fascicolo d'ufficio (320; 36 att.), nel quale inserisce la nota di iscrizione a ruolo, copia dell'atto di citazione, delle comparse e delle memorie in carta non bollata (73 att.) e, successivamente, i processi verbali di udienza (126), i provvedimenti del giudice (134, 135), gli atti d'istruzione e la copia del dispositivo delle sentenze (132 n. 5, 315, 347).

([1]) *Articolo così sostituito dall'art. 10 della L. 14 luglio 1950, n. 581.*

NOTE OPERATIVE:

Iniziativa: L'iscrizione della causa a ruolo può avvenire su iniziativa del convenuto, all'atto di costituzione, solo ove l'attore non si sia costituito, talché l'iscrizione non può essere effettuata su richiesta della parte convenuta qualora l'attore si sia già costituito e abbia presentato la nota di iscrizione a ruolo, determinando la formazione del fascicolo di ufficio, al quale va unito il fascicolo del convenuto che si costituisce successivamente (C.C. 24974/20).

168 *bis*. (1) **Designazione del giudice istruttore.** – Formato un fascicolo d'ufficio a norma dell'articolo precedente, il cancelliere lo presenta senza indugio al presidente del tribunale, il quale [, con decreto (135) scritto in calce della nota d'iscrizione a ruolo (71 att.),] (2) designa il giudice istruttore davanti al quale le parti debbono comparire, se non creda di procedere egli stesso all'istruzione. Nei tribunali divisi in più sezioni il presidente assegna la causa ad una di esse, e il presidente di questa provvede nelle stesse forme alla designazione del giudice istruttore.

La designazione del giudice istruttore deve in ogni caso avvenire non oltre il secondo giorno successivo alla costituzione della parte più diligente.

Subito dopo la designazione del giudice istruttore il cancelliere iscrive la causa sul ruolo della sezione e (3) su quello del giudice istruttore [e gli trasmette il fascicolo] (4).

Se nel giorno fissato per la comparizione il giudice istruttore designato non tiene udienza, la comparizione delle parti è d'ufficio rimandata all'udienza immediatamente successiva tenuta dal giudice designato (80, 82 att.).

[Il giudice istruttore può differire, con decreto da emettere entro cinque giorni dalla presentazione del fascicolo, la data della prima udienza (70 *bis* att.) fino ad un massimo di quarantacinque giorni. In tal caso il cancelliere comunica alle parti costituite la nuova data della prima udienza. (*Omissis*)] (5) (6).

(1) *Articolo aggiunto dall'art. 10 della L. 14 luglio 1950, n. 581.*

(2) *Le parole tra parentesi quadrate sono state soppresse dall'art. 3, comma 12, lett. g), n. 1), del D.L.vo 10 ottobre 2022, n. 149, a decorrere dal 28 febbraio 2023.*

A norma dell'art. 35, comma 1, del medesimo decreto, le disposizioni si applicano ai procedimenti instaurati successivamente a tale data. Ai procedimenti pendenti alla data del 28 febbraio 2023 si applicano le disposizioni anteriormente vigenti.

(3) *Il segno di interpunzione «,» è stato così sostituito dalla parola «e» dall'art. 3, comma 12, lett. g), n. 2), del D.L.vo 10 ottobre 2022, n. 149, a decorrere dal 28 febbraio 2023.*

A norma dell'art. 35, comma 1, del medesimo decreto, le disposizioni si applicano ai procedimenti instaurati successivamente a tale data. Ai procedimenti pendenti alla data del 28 febbraio 2023 si applicano le disposizioni anteriormente vigenti.

(4) *Le parole tra parentesi quadrate sono state soppresse dall'art. 3, comma 12, lett. g), n. 2), del D.L.vo 10 ottobre 2022, n. 149, a decorrere dal 28 febbraio 2023.*

A norma dell'art. 35, comma 1, del medesimo decreto, le disposizioni si applicano ai procedimenti instaurati successivamente a tale data. Ai procedimenti pendenti alla data del 28 febbraio 2023 si applicano le disposizioni anteriormente vigenti.

(5) *L'ultimo periodo di questo comma è stato soppresso dall'art. 2 del D.L. 7 ottobre 1994, n. 571, convertito, con modificazioni, nella L. 6 dicembre 1994, n. 673.*

(6) *Questo comma, così sostituito dall'art. 12 della L. 26 novembre 1990, n. 353, è stato abrogato dall'art. 3, comma 12, lett. g), n. 3), del D.L.vo 10 ottobre 2022, n. 149, a decorrere dal 28 febbraio 2023.*

A norma dell'art. 35, comma 1, del medesimo decreto, le disposizioni si applicano ai procedimenti instaurati successivamente a tale data. Ai procedimenti pendenti alla data del 28 febbraio 2023 si applicano le disposizioni anteriormente vigenti.

169. (1) **Ritiro dei fascicoli di parte.** – Ciascuna parte può ottenere dal giudice istruttore l'autorizzazione di ritirare il proprio fascicolo dalla cancelleria (77 att.); ma il fascicolo deve essere di nuovo depositato ogni volta che il giudice lo disponga.

Ciascuna parte ha la facoltà di ritirare il fascicolo all'atto della rimessione della causa al collegio (2) a norma dell'art. 189, ma deve restituirlo (77[2] att.) al più tardi al momento del deposito della comparsa conclusionale (190; 111 att.).

(1) *Articolo così sostituito dall'art. 10 della L. 14 luglio 1950, n. 581.*

(2) *Da intendersi, dopo la sostituzione degli artt. 190 e 275, e l'introduzione dell'art. 190 bis, disposte con la L. 26 novembre 1990, n. 353 a far tempo dal 30 aprile 1995, nel senso di rimessione della causa alla decisione (del collegio o del giudice istruttore in funzione di giudice unico).*

NOTE OPERATIVE:

Mancanza di documenti: In virtù del principio dispositivo delle prove, il mancato reperimento nel fascicolo di parte, al momento della decisione, di alcuni documenti ritualmente prodotti, deve presumersi espressione, in assenza della denuncia di altri eventi, di un atto volontario della parte stessa, che è libera di ritirare il proprio fascicolo e di omettere la restituzione di esso o di alcuni dei documenti ivi contenuti (C.C. 10224/17).

170. Notificazioni e comunicazioni nel corso del procedimento. – Dopo la costituzione in giudizio (165, 166, 271) tutte le notificazioni (137) e le comunicazioni (136) si fanno al procuratore costituito (84), salvo che la legge disponga altrimenti.

È sufficiente la consegna di una sola copia dell'atto, anche se il procuratore è costituito per più parti.

Le notificazioni e le comunicazioni alla parte che si è costituita personalmente (82, 86, 317, 417, 442) si fanno nella residenza dichiarata (165; 58 att.; 43 c.c.) o nel domicilio eletto (47 c.c.).

Le comparse e le memorie (125, 167, 180, 183, 190, 190, 275, 281 *quinquies*, 281 *sexies*) consentite dal giudice si comunicano mediante deposito in cancelleria oppure mediante notificazione o mediante scambio documentato con l'apposizione sull'originale, in calce o in margine, del visto della parte o del procuratore. [Il giudice può autorizzare per singoli atti, in qualunque stato e grado del giudizio, che lo scambio o la comunicazione di cui al presente comma possano avvenire anche a mezzo telefax o posta elettronica nel rispetto della normativa, anche regolamentare, concernente la sottoscrizione, la trasmissione e la ricezione dei documenti informatici e teletrasmessi. La parte che vi procede in relazione ad un atto di impugnazione deve darne comunicazione alla cancelleria del giudice che ha emesso la sentenza impugnata. A tal fine il difensore indica nel primo scritto difensivo utile il numero di telefax o l'indirizzo di posta elettronica presso cui dichiara di voler ricevere le comunicazioni] (1).

(1) *Le parole fra parentesi quadrate sono state soppresse dall'art. 25, comma 1, lett. e), della L. 12 novembre 2011, n. 183. A norma dell'art. 25, comma 5, della stessa legge, tali disposizioni si applicano decorsi 30 giorni dalla data di entrata in vigore della medesima legge (Suppl. ord. alla G.U. Serie gen.- n. 265 del 14 novembre 2011).*

NOTE OPERATIVE:

Pluralità di parti: La previsione secondo cui se il procuratore è costituito per più parti è sufficiente, ai fini della valida notificazione o comunicazione, al medesimo, di atti del procedimento, la consegna di una sola copia di essi, opera, in difetto di una corrispondente specifica limitazione legislativa, anche nell'ipotesi in cui detto procuratore sia costituito per una pluralità di parti in virtù di procure ed atti di costituzione distinti per ciascuna di esse (C.C. 6059/18).

171. (1) **Ritardata costituzione delle parti.** – Se nessuna delle parti si costituisce nei termini stabiliti (165, 166), si applicano le disposizioni dell'art. 307, primo e secondo comma.

Se una delle parti si è costituita entro il termine rispettivamente a lei assegnato, l'altra parte può costituirsi successivamente [fino alla prima udienza,] (2) ma restano ferme per il convenuto le decadenze di cui all'art. 167 (3).

La parte che non si costituisce entro il termine di cui all'articolo 166 (4) è dichiarata contumace (290 ss.; 59 att.) con ordinanza del giudice istruttore, salva la disposizione dell'art. 291.

(1) *Articolo così sostituito dall'art. 10 della L. 14 luglio 1950, n. 581.*

(2) *Le parole tra parentesi quadrate sono state soppresse dall'art. 3, comma 12, lett. h), n. 1) del D.L.vo 10 ottobre 2022, n. 149, a decorrere dal 28 febbraio 2023.*

A norma dell'art. 35, comma 1, del medesimo decreto, le disposizioni si applicano ai procedimenti instaurati successivamente a tale data. Ai procedimenti pendenti alla data del 28 febbraio 2023 si applicano le disposizioni anteriormente vigenti.

(3) *Comma così sostituito dall'art. 13 della L. 26 novembre 1990, n. 353, a decorrere dal 30 aprile 1995.*

(4) *Le parole: «neppure in tale udienza» sono state così sostituite dalle attuali: «entro il termine di cui all'articolo 166» dall'art. 3, comma 12, lett. h), n. 2), del D.L.vo 10 ottobre 2022, n. 149, a decorrere dal 28 febbraio 2023.*

A norma dell'art. 35, comma 1, del medesimo decreto, le disposizioni si applicano ai procedimenti instaurati successivamente a tale data. Ai procedimenti pendenti alla data del 28 febbraio 2023 si applicano le disposizioni anteriormente vigenti.

NOTE OPERATIVE:

Ambito di applicazione: Le disposizioni sulla cancellazione della causa dal ruolo per la mancata costituzione delle parti non si applicano se le parti, costituendosi tardivamente, dimostrino la comune volontà di dare impulso al processo, regolarizzando in tal modo l'instaurazione del rapporto processuale (C.C. 3626/14).

171 *bis*. (1) **Verifiche preliminari.** – Scaduto il termine di cui all'articolo 166, il giudice istruttore, entro i successivi quindici giorni, verificata d'ufficio la regolarità del contraddittorio, pronuncia, quando occorre, i provvedimenti previsti dagli articoli 102, secondo comma, 107, 164, secondo, terzo, quinto e sesto comma, 167, secondo e terzo comma, 171, terzo comma, 182, 269, secondo comma, 291 e 292, e indica alle parti le questioni rilevabili d'ufficio di cui ritiene opportuna la trattazione, anche con riguardo alle condizioni di procedibilità della domanda e alla sussistenza dei presupposti per procedere con rito semplificato. Tali questioni sono trattate dalle parti nelle memorie integrative di cui all'articolo 171 *ter*.

Quando pronuncia i provvedimenti di cui al primo comma, il giudice, se necessario, fissa la nuova udienza per la comparizione delle parti, rispetto alla quale decorrono i termini indicati dall'articolo 171 *ter*.

Se non provvede ai sensi del secondo comma, conferma o differisce, fino ad un massimo di quarantacinque giorni, la data della prima udienza rispetto alla quale decorrono i termini indicati dall'articolo 171 *ter*.

Il decreto è comunicato alle parti costituite a cura della cancelleria.

(1) *Questo articolo è stato inserito dall'art. 3, comma 12, lett. i), del D.L.vo 10 ottobre 2022, n. 149, a decorrere dal 28 febbraio 2023.*

A norma dell'art. 35, comma 1, del medesimo decreto, le disposizioni si applicano ai procedimenti instaurati successivamente a tale data. Ai procedimenti pendenti alla data del 28 febbraio 2023 si applicano le disposizioni anteriormente vigenti.

171 *ter*. (1) **Memorie integrative.** – Le parti, a pena di decadenza, con memorie integrative possono:

1) almeno quaranta giorni prima dell'udienza di cui all'articolo 183, proporre le domande e le eccezioni che sono conseguenza della domanda riconvenzionale o delle eccezioni proposte dal convenuto o dal terzo, nonché precisare o modificare le domande, eccezioni e conclusioni già proposte. Con la stessa memoria l'attore può chiedere di essere autorizzato a chiamare in causa un terzo, se l'esigenza è sorta a seguito delle difese svolte dal convenuto nella comparsa di risposta;

2) almeno venti giorni prima dell'udienza, replicare alle domande e alle eccezioni nuove o modificate dalle altre parti, proporre le eccezioni che sono conseguenza delle domande nuove da queste formulate nella memoria di cui al numero 1), nonché indicare i mezzi di prova ed effettuare le produzioni documentali.

3) almeno dieci giorni prima dell'udienza, replicare alle eccezioni nuove e indicare la prova contraria.

(1) *Questo articolo è stato inserito dall'art. 3, comma 12, lett. i), del D.L.vo 10 ottobre 2022, n. 149, a decorrere dal 28 febbraio 2023.*

A norma dell'art. 35, comma 1, del medesimo decreto, le disposizioni si applicano ai procedimenti instaurati successivamente a tale data. Ai procedimenti pendenti alla data del 28 febbraio 2023 si applicano le disposizioni anteriormente vigenti.

Sezione II
Della designazione
del giudice istruttore

172 - 173. (*Omissis*) (1).

(1) *Articoli abrogati dall'art. 11 della L. 14 luglio 1950, n. 581.*

174. Immutabilità del giudice istruttore. – Il giudice designato (168 *bis*) è investito di tutta l'istruzione della causa (175 ss., 190 *bis*) e della relazione al collegio (275).

Soltanto in caso di assoluto impedimento o di gravi esigenze di servizio può essere sostituito con decreto del presidente. La sostituzione può essere disposta, quando è indispensabile, anche per il compimento di singoli atti (79 att.).

NOTE OPERATIVE:

Violazione: È irrilevante che la sostituzione del giudice istruttore sia avvenuta senza l'osservanza delle condizioni stabilite dalla norma perché tale violazione costituisce una mera irregolarità di carattere interno, che non incide sulla validità del procedimento o della sentenza (C.C. 14554/22 – Conf. C.C. 12982/22).

Capo II
Dell'istruzione della causa

Sezione I
Dei poteri del giudice
istruttore in generale

175. Direzione del procedimento. – Il giudice istruttore esercita tutti i poteri intesi al più sollecito e leale (88) svolgimento del procedimento (127; 84 att.).

Egli fissa le udienze successive (80, 81, 82 att.) e i termini entro i quali le parti debbono compiere gli atti processuali (152).

Quando il giudice ha omesso di provvedere a norma del comma precedente, si applica la disposizione dell'art. 289.

NOTE OPERATIVE:

Ragionevole durata: Il rispetto del diritto fondamentale ad una ragionevole durata del processo impone al giudice di evitare ed impedire comportamenti che siano di ostacolo ad una sollecita definizione dello stesso, tra i quali rientrano quelli che si traducono in un inutile dispendio di attività processuali e formalità superflue perché non giustificate dalla struttura dialettica del processo (C.C. 25843/23 – Conf. C.C. 14554/22; S.U. 8774/21).

176. Forma dei provvedimenti. – Tutti i provvedimenti del giudice istruttore (183, 184, 186 *bis*, 186 *ter*, 187, 189, 205) salvo che la legge disponga altrimenti hanno la forma dell'ordinanza (134).

Le ordinanze pronunciate in udienza si ritengono conosciute dalle parti presenti e da quelle che dovevano comparirvi; quelle pronunciate fuori dell'udienza (186) sono comunicate (136) a cura del cancelliere entro i tre giorni successivi [anche a mezzo telefax o a mezzo di posta elettronica nel rispetto della normativa, anche regolamentare, concernente la sottoscrizione, la trasmissione e la ricezione dei documenti informatici e teletrasmessi. Al fine il difensore indica nel primo scritto difensivo utile il numero di fax o l'indirizzo di posta elettronica presso cui dichiara di volere ricevere la comunicazione] (1).

(1) *Le parole da: «anche a mezzo telefax o a mezzo di posta elettronica ...» fino alla fine del comma, sono state aggiunte dall'art. 2, comma 3, lett. c), del D.L. 14 marzo 2005, n. 35, convertito, con modificazioni, nella L. 14 maggio 2005, n. 80 e poi soppresse dall'art. 25, comma 1, lett. f), della L. 12 novembre 2011, n. 183. A norma dell'art. 25, comma 5, della stessa legge, tali disposizioni si applicano decorsi 30 giorni dalla data di entrata in vigore della medesima legge (Suppl. ord. alla G.U. Serie gen.- n. 265 del 14 novembre 2011).*

NOTE OPERATIVE:

Comunicazione: Atteso che la comunicazione assolve la funzione di dare notizia alle parti dell'avvenuta emissione di un provvedimento, in caso di ordinanza pronunciate in udienza (e riprodotte nel relativo verbale) il legislatore ha reputato parificata all'effetto di conoscenza, cui è teleologicamente finalizzata la comunicazione del cancelliere, la partecipazione (effettiva o anche solo potenzialmente doverosa) delle parti alla udienza in cui la ordinanza stessa viene pronunciata dal giudice (C.C. 14635/17).

177. (1) **Effetti e revoca delle ordinanze.** – Le ordinanze, comunque motivate, non possono mai pregiudicare la decisione della causa.

Salvo quanto disposto dal seguente comma, le ordinanze possono essere sempre modificate o revocate dal giudice che le ha pronunciate (208, 487, 669 *decies*, 708).

Non sono modificabili né revocabili (287) dal giudice che le ha pronunciate:

1) le ordinanze pronunciate sull'accordo delle parti, in materia della quale queste possono disporre; esse sono tuttavia revocabili dal giudice istruttore o dal collegio (178, 279^4), quando vi sia l'accordo di tutte le parti;

2) le ordinanze dichiarate espressamente non impugnabili dalla legge;

3) le ordinanze per le quali la legge predisponga uno speciale mezzo di reclamo (178, 179, 749, 750, 779, 825) (2);

[4) le ordinanze per le quali sia stato proposto reclamo a norma dell'articolo seguente] (3).

(1) *Articolo così sostituito dall'art. 12 della L. 14 luglio 1950, n. 581.*

(2) *Numero così sostituito dall'art. 14 della L. 26 novembre 1990, n. 353, a decorrere dal 30 aprile 1995.*

(3) *Numero abrogato dall'art. 89, comma primo, della L. 26 novembre 1990, n. 353, a decorrere dal 30 aprile 1995.*

NOTE OPERATIVE:

Ambito di applicazione: La previsione secondo la quale le ordinanze lato sensu istruttorie e quelle destinate a regolare lo svolgimento del processo possono essere modificate o revocate dal giudice che le ha emesse è applicabile anche al giudizio di cassazione, unitamente al principio secondo cui tali ordinanze non possono pregiudicare la decisione della causa (C.C. 12525/18 – Conf. C.C. 3409/11).

178. (1) **Controllo del collegio sulle ordinanze.** – Le parti, senza bisogno di mezzi d'impugnazione, possono proporre al collegio, quando la causa è rimessa a questo a norma dell'art. 189, tutte le questioni risolute dal giudice istruttore con ordinanza revocabile.

L'ordinanza del giudice istruttore, che non operi in funzione di giudice unico, quando dichiara l'estinzione del processo è impugnabile dalle parti con reclamo (308) immediato al collegio (2).

Il reclamo deve essere proposto nel termine perentorio (152) di dieci giorni, decorrente dalla pronuncia dell'ordinanza se avvenuta in udienza, o altrimenti (186) decorrente dalla comunicazione (136) dell'ordinanza medesima (630).

Il reclamo è presentato con semplice dichiarazione nel verbale d'udienza (126, 130; 843 att.), o con ricorso al giudice istruttore.

Se il reclamo è presentato in udienza, il giudice assegna nella stessa udienza, ove le parti lo richiedano, il termine per la comunicazione di una memoria, e quello successivo per la comunicazione di una replica. Se il reclamo è proposto con ricorso, questo è comunicato (136) a mezzo della cancelleria alle altre parti, insieme col decreto, in calce, del giudice istruttore, che assegna un termine per la comunicazione dell'eventuale memoria di risposta. Scaduti tali termini, il collegio provvede entro i quindici giorni successivi (3).

[Scaduti i termini previsti dal comma precedente, il collegio, entro i quindici giorni successivi, provvede in camera di consiglio con ordinanza, alla quale si applicano le disposizioni dell'art. 279 quarto comma, e dell'art. 280] (4).

[Il provvedimento del collegio è limitato all'ammissibilità e alla rilevanza del mezzo di prova, e pertanto le parti non possono sottoporgli conclusioni di merito, né totali né parziali. Tuttavia il collegio, su richiesta di parte o d'ufficio, può limitarsi a rimettere con l'ordinanza le parti al giudice istruttore per gli adempimenti previsti dagli artt. 189 e 190] (4).

[L'esecuzione dell'ordinanza è sospesa durante il termine per proporre reclamo e durante il giudizio su questo, salvo che il giudice istruttore, nei casi d'urgenza, l'abbia dichiarata esecutiva nonostante reclamo] (4).

(1) *Articolo così sostituito dall'art. 13 della L. 14 luglio 1950, n. 581.*

(2) *Comma così sostituito dall'art. 15, comma primo, della L. 26 novembre 1990, n. 353, a decorrere dal 30 aprile 1995.*

(3) *Periodo aggiunto dall'art. 15, comma secondo, della L. 26 novembre 1990, n. 353, a decorrere dal 30 aprile 1995.*

(4) *Comma abrogato dall'art. 89, comma primo, della L. 26 novembre 1990, n. 353, a decorrere dal 30 aprile 1995.*

179. Ordinanze di condanna a pene pecuniarie. – Se la legge non dispone altrimenti (54, 67, 220, 226, 408, 476[4]), le condanne a pena pecuniaria previste nel presente codice sono pronunciate con ordinanza (134, 176) del giudice istruttore (1).

L'ordinanza pronunciata in udienza in presenza dell'interessato e previa contestazione dell'addebito non è impugnabile; altrimenti il cancelliere la notifica (137 ss.) al condannato, il quale, nel termine perentorio (152) di tre giorni, può proporre reclamo (177 n. 3) con ricorso allo stesso giudice che l'ha pronunciata. Questi, valutate le giustificazioni addotte, pronuncia sul reclamo con ordinanza non impugnabile.

Le ordinanze di condanna previste nel presente articolo costituiscono titolo esecutivo (474).

(1) *Condanna del custode che non esegue l'incarico assunto (art. 67); rifiuto del terzo di consentire l'ispezione (art. 118); mancata comparizione di testimoni (art. 255).*

NOTE OPERATIVE:

Ambito di applicazione: La norma è applicabile alle sole sanzioni previste dal codice di rito, in attuazione di un potere disciplinare in senso lato (C.C. 2030/18).

Sezione II
Della trattazione della causa

180. (1) **Forma di trattazione.** – La trattazione della causa è orale. Della trattazione della causa si redige processo verbale.

(1) *Questo articolo è stato così sostituito dall'art. 2, comma 3, lett. c bis), del D.L. 14 marzo 2005, n. 35, convertito, con modificazioni, nella L. 14 maggio 2005, n. 80.*

A norma dell'art. 2, comma 3 quinquies, dello stesso provvedimento, come modificato dall'art. 1, comma 6, della L. 28 dicembre 2005, n. 263 e dall'art. 39 quater del D.L. 30 dicembre 2005, n. 273, convertito, con modificazioni, nella L. 23 febbraio 2006, n. 51, questa disposizione entra in vigore il 1° marzo 2006 e si applica ai procedimenti instaurati successivamente a tale data.

181. (1) **Mancata comparizione delle parti.** – Se nessuna delle parti compare alla prima udienza, il giudice fissa un'udienza successiva, di cui il cancelliere dà comunicazione alle parti costituite. Se nessuna delle parti compare alla nuova udienza, il giudice ordina che la causa sia cancellata dal ruolo e dichiara l'estinzione del processo (2).

Se l'attore costituito non comparisce alla prima udienza, e il convenuto non chiede che si proceda in assenza di lui, il giudice fissa una nuova udienza, della quale il cancelliere dà comunicazione (136) all'attore. Se questi non comparisce alla nuova udienza (171[3], 290), il giudice, se il convenuto non chiede che si proceda in assenza di lui, ordina che la causa sia cancellata dal ruolo e dichiara l'estinzione del processo (307, 308, 310).

(1) *Articolo così sostituito dall'art. 15 della L. 14 luglio 1950, n. 581.*

(2) *Questo comma è stato dapprima sostituito dall'art. 16 della L. 26 novembre 1990, n. 353, a decorrere dall'1 gennaio 1993, poi dall'art. 4, comma 1 bis, del D.L. 18 ottobre 1995, n. 432, convertito, con modificazioni, nella L. 20 dicembre 1995, n. 534 e, successivamente, dall'art. 50 del D.L. 25 giugno 2008, n. 112, convertito, con modificazioni, nella L. 6 agosto 2008, n. 133.*

NOTE OPERATIVE:

Impugnazione: Avverso il provvedimento di cancellazione della causa dal ruolo e di estinzione del giudizio sono ammissibili gli ordinari mezzi di impugnazione (C.C. 4989/19).

182. Difetto di rappresentanza o di autorizzazione. – Il giudice istruttore verifica d'ufficio la regolarità della costituzione delle parti (165, 166, 171[2], 271) e, quando occorre, le invita a completare o a mettere in regola gli atti e i documenti che riconosce difettosi.

Quando rileva la mancanza della procura al difensore oppure un difetto di rappresentanza, di assistenza o di autorizzazione che ne determina la nullità, il giudice assegna alle parti un termine perentorio per la costituzione della persona alla quale spetta la rappresentanza o l'assistenza, per il rilascio delle necessarie autorizzazioni, ovvero per il rilascio della procura alle liti o per la rinnovazione della stessa (1). L'osservanza del termine sana i vizi, e gli effetti sostanziali e processuali della domanda si producono fin dal momento della prima notificazione (2).

(1) *Il primo periodo del presente comma è stato così sostituito dall'art. 3, comma 13, lett. a), del D.L.vo 10 ottobre 2022, n. 149, a decorrere dal 28 febbraio 2023.*

A norma dell'art. 35, comma 1, del medesimo decreto, le disposizioni si applicano ai procedimenti instaurati successivamente a tale data. Ai procedimenti pendenti alla data del 28 febbraio 2023 si applicano le disposizioni anteriormente vigenti.

Si riporta il testo precedente:

«Quando rileva un difetto di rappresentanza, di assistenza o di autorizzazione ovvero un vizio che determina la nullità della procura al difensore, il giudice asse-

gna alle parti un termine perentorio per la costituzione della persona alla quale spetta la rappresentanza o l'assistenza, per il rilascio delle necessarie autorizzazioni, ovvero per il rilascio della procura alle liti o per la rinnovazione della stessa.».

([2]) *Questo comma è stato così sostituito dall'art. 46, comma 2, della L. 18 giugno 2009, n. 69, a decorrere dal 4 luglio 2009. Ai sensi dell'art. 58, comma 1, della predetta legge, tale disposizione si applica ai giudizi instaurati dopo la data della sua entrata in vigore.*

Il testo precedente così disponeva: «Quando rileva un difetto di rappresentanza, di assistenza o di autorizzazione, il giudice può assegnare alle parti un termine per la costituzione della persona alla quale spetta la rappresentanza o l'assistenza, o per il rilascio delle necessarie autorizzazioni, salvo che si sia avverata una decadenza.».

NOTE OPERATIVE:

Effetti della riforma: La norma, nella formulazione anteriore alla c.d. riforma Cartabia, non consente di sanare l'inesistenza o la mancanza in atti della procura alla lite (S.U. 37434/22) giacché in tale testo espressamente si fa riferimento ad un vizio che determina la nullità della procura, a differenza di quanto accade nel testo come novellato dal D.L.vo n. 149 del 2022, ove si è espressamente esteso il fenomeno giuridico della sanatoria anche alla fattispecie di inesistenza (C.C. 28251/23).

183. ([1]) **Prima comparizione delle parti e trattazione della causa.** – All'udienza fissata per la prima comparizione e la trattazione le parti devono comparire personalmente. La mancata comparizione delle parti senza giustificato motivo costituisce comportamento valutabile ai sensi dell'articolo 116, secondo comma.

Salva l'applicazione dell'art. 187, il giudice, se autorizza l'attore a chiamare in causa un terzo fissa una nuova udienza a norma dell'art. 269, terzo comma.

Il giudice interroga liberamente le parti, richiedendo, sulla base dei fatti allegati, i chiarimenti necessari e tenta la conciliazione a norma dell'art. 185.

Se non provvede ai sensi del secondo comma il giudice provvede sulle richieste istruttorie e, tenuto conto della natura, dell'urgenza e della complessità della causa, predispone, con ordinanza, il calendario delle udienze successive sino a quella di rimessione della causa in decisione, indicando gli incombenti che verranno espletati in ciascuna di esse. L'udienza per l'assunzione dei mezzi di prova ammessi è fissata entro novanta giorni. Se l'ordinanza di cui al primo periodo è emanata fuori udienza, deve essere pronunciata entro trenta giorni.

Se con l'ordinanza di cui al quarto comma vengono disposti d'ufficio mezzi di prova, ciascuna parte può dedurre, entro un termine perentorio assegnato dal giudice con la medesima ordinanza, i mezzi di prova che si rendono necessari in relazione ai primi, nonché depositare memoria di replica nell'ulteriore termine perentorio parimenti assegnato dal giudice, che si riserva di provvedere a norma del quarto comma ultimo periodo.

([1]) *Questo articolo è stato, da ultimo, così sostituito dall'art. 3, comma 13, lett. b), del D.L.vo 10 ottobre 2022, n. 149, a decorrere dal 28 febbraio 2023.*

A norma dell'art. 35, comma 1, del medesimo decreto, le disposizioni si applicano ai procedimenti instaurati successivamente a tale data. Ai procedimenti pendenti alla data del 28 febbraio 2023 si applicano le disposizioni anteriormente vigenti.

Si riporta il testo precedente:

«Art. 183 (*) (**) (Prima comparizione delle parti e trattazione della causa)

All'udienza fissata per la prima comparizione delle parti e la trattazione il giudice istruttore verifica d'ufficio la regolarità del contraddittorio e, quando occorre, pronuncia i provvedimenti previsti dall'articolo 102, secondo comma, dall'articolo 164, secondo, terzo e quinto comma, dall'articolo 167, secondo e terzo comma, dall'articolo 182 e dall'articolo 291, primo comma.

Quando pronunzia i provvedimenti di cui al primo comma, il giudice fissa una nuova udienza di trattazione.

Il giudice istruttore fissa altresì una nuova udienza se deve procedersi a norma dell'art. 185.

Nell'udienza di trattazione ovvero in quella eventualmente fissata ai sensi del terzo comma, il giudice richiede alle parti, sulla base dei fatti allegati, i chiarimenti necessari e indica le questioni rilevabili d'ufficio delle quali ritiene opportuna la trattazione.

Nella stessa udienza l'attore può proporre le domande e le eccezioni che sono conseguenza della domanda riconvenzionale o delle eccezioni proposte dal convenuto. Può altresì chiedere di essere autorizzato a chiamare un terzo ai sensi degli articoli 106 e 269, terzo comma, se l'esigenza è sorta dalle difese del convenuto. Le parti possono precisare e modificare le domande, le eccezioni e le conclusioni già formulate.

Se richiesto, il giudice concede alle parti i seguenti termini perentori:

1) un termine di ulteriori trenta giorni per il deposito di memorie limitate alle sole precisazioni o modificazioni delle domande, delle eccezioni e delle conclusioni già proposte;

2) un termine di ulteriori trenta giorni per replicare alle domande ed eccezioni nuove, o modificate dall'altra parte, per proporre le eccezioni che sono conseguenza delle domande e delle eccezioni medesime e per l'indicazione dei mezzi di prova e produzioni documentali;

3) un termine di ulteriori venti giorni per le sole indicazioni di prova contraria.

Salva l'applicazione dell'articolo 187, il giudice provvede sulle richieste istruttorie fissando l'udienza di cui all'articolo 184 per l'assunzione dei mezzi di prova ritenuti ammissibili e rilevanti. Se provvede mediante ordinanza emanata fuori udienza, questa deve essere pronunciata entro trenta giorni.

Nel caso in cui vengano disposti di ufficio mezzi di prova con l'ordinanza di cui al settimo comma, ciascu-

na parte può dedurre, entro un termine perentorio assegnato dal giudice con la medesima ordinanza, i mezzi di prova che si rendono necessari in relazione ai primi nonché depositare memoria di replica nell'ulteriore termine perentorio parimenti assegnato dal giudice, che si riserva di provvedere ai sensi del settimo comma.

Con l'ordinanza che ammette le prove il giudice può in ogni caso disporre, qualora lo ritenga utile, il libero interrogatorio delle parti; all'interrogatorio disposto dal giudice istruttore si applicano le disposizioni di cui al terzo comma.

L'ordinanza di cui al settimo comma è comunicata a cura del cancelliere entro i tre giorni successivi al deposito, anche a mezzo telefax, nella sola ipotesi in cui il numero sia stato indicato negli atti difensivi, nonché a mezzo di posta elettronica, nel rispetto della normativa, anche regolamentare, concernente la sottoscrizione e la trasmissione dei documenti informatici e teletrasmessi. A tal fine il difensore indica nel primo scritto difensivo utile il numero di fax o l'indirizzo di posta elettronica presso cui dichiara di voler ricevere gli atti (***)*».*

(**) *Questo articolo è stato così sostituito dall'art. 2, comma 3, lett. c ter), del D.L. 14 marzo 2005, n. 35, convertito, con modificazioni, nella L. 14 maggio 2005, n. 80, come modificato dall'art. 1, comma 1, lett. a), della L. 28 dicembre 2005, n. 263.*

(*) *Questo articolo è stato così sostituito dall'art. 2, comma 3, lett. c ter), del D.L. 14 marzo 2005, n. 35, convertito, con modificazioni, nella L. 14 maggio 2005, n. 80, come modificato dall'art. 1, comma 1, lett. a), della L. 28 dicembre 2005, n. 263.*

A norma dell'art. 2, comma 3 quinquies, dello stesso provvedimento, come sostituito dall'art. 1, comma 6, della L. 28 dicembre 2005, n. 263 e successivamente modificato dall'art. 39 quater del D.L. 30 dicembre 2005, n. 273, convertito, con modificazioni, nella L. 23 febbraio 2006, n. 51, questa disposizione ha effetto a decorrere dal 1° marzo 2006 e si applica ai procedimenti instaurati successivamente a tale data.

Si riporta l'articolo precedente:

«183. (Prima udienza di trattazione). *Nella prima udienza di trattazione il giudice istruttore interroga liberamente le parti presenti e, quando la natura della causa lo consente, tenta la conciliazione. La mancata comparizione delle parti senza giustificato motivo costituisce comportamento valutabile ai sensi del secondo comma dell'art. 116.*

«Le parti hanno facoltà di farsi rappresentare da un procuratore generale o speciale, il quale deve essere a conoscenza dei fatti della causa. La procura deve essere conferita con atto pubblico o scrittura privata autenticata, e deve attribuire al procuratore il potere di conciliare o transigere la controversia. La mancata conoscenza, senza gravi ragioni, dei fatti della causa da parte del procuratore è valutabile ai sensi del secondo comma dell'art. 116.

«Il giudice richiede alle parti, sulla base dei fatti allegati, i chiarimenti necessari e indica le questioni rilevabili d'ufficio delle quali ritiene opportuna la trattazione.

«Nella stessa udienza l'attore può proporre le domande e le eccezioni che sono conseguenza della domanda riconvenzionale o delle eccezioni proposte dal convenuto. Può altresì chiedere di essere autorizzato a chiamare un terzo ai sensi degli artt. 106 e 269, terzo comma, se l'esigenza è sorta dalle difese del convenuto. Entrambe le parti possono precisare e modificare le domande, le eccezioni e le conclusioni già formulate.

«Se richiesto, il giudice fissa un termine perentorio non superiore a trenta giorni per il deposito di memorie contenenti precisazioni o modificazioni delle domande, delle eccezioni e delle conclusioni già proposte. Concede altresì alle parti un successivo termine perentorio non superiore a trenta giorni per replicare alle domande ed eccezioni nuove o modificate dell'altra parte e per proporre le eccezioni che sono conseguenza delle domande e delle eccezioni medesime. Con la stessa ordinanza il giudice fissa l'udienza per i provvedimenti di cui all'art. 184».

(***) *Questo comma è stato abrogato dall'art. 25, comma 1, lett. g), della L. 12 novembre 2011, n. 183. A norma dell'art. 25, comma 5, della stessa legge, tali disposizioni si applicano decorsi 30 giorni dalla data di entrata in vigore della medesima legge (Suppl. ord. alla G.U. Serie gen.- n. 265 del 14 novembre 2011).*

NOTE OPERATIVE:

Preclusioni: Le preclusioni processuali previste dalla norma, determinando cause di inammissibilità della domanda espressamente previste dalla legge e prevedibili ex ante, non limitano il fondamentale diritto di accesso della parte ad un organo giudiziario e sono, pertanto, del tutto coerenti con i principi dettati dalla Cedu, così come interpretati dalla Corte Europea dei diritti dell'Uomo, poiché non sono espressione di una interpretazione eccessivamente formalistica delle forme processuali (C.C. 19259/23).

183 *bis*. (1) **Passaggio dal rito ordinario al rito semplificato di cognizione.** – All'udienza di trattazione il giudice, valutata la complessità della lite e dell'istruzione probatoria e sentite le parti, se rileva che in relazione a tutte le domande proposte ricorrono i presupposti di cui al primo comma dell'articolo 281 *decies*, dispone con ordinanza non impugnabile la prosecuzione del processo nelle forme del rito semplificato e si applica il comma quinto dell'articolo 281 *duodecies*.

(1) *Questo articolo, inserito dall'art. 14, comma 1, del D.L. 12 settembre 2014, n. 132, convertito, con modificazioni, nella L. 10 novembre 2014, n. 162, è stato così sostituito dall'art. 3, comma 13, lett. c), del D.L.vo 10 ottobre 2022, n. 149, a decorrere dal 28 febbraio 2023.*

A norma dell'art. 35, comma 1, del medesimo decreto, le disposizioni si applicano ai procedimenti instaurati successivamente a tale data. Ai procedimenti pendenti alla data del 28 febbraio 2023 si applicano le disposizioni anteriormente vigenti.

Si riporta il testo precedente:

«Art. 183 bis (*) (Passaggio dal rito ordinario al rito sommario di cognizione)

1. Nelle cause in cui il tribunale giudica in composizione monocratica, il giudice nell'udienza di trattazione, valutata la complessità della lite e dell'istruzione probatoria, può disporre, previo contraddittorio anche mediante trattazione scritta, con ordinanza non impugnabile, che si proceda a norma dell'articolo 702 ter e invita le parti ad indicare, a pena di decadenza, nella stessa udienza i mezzi di prova, ivi compresi i documenti, di cui intendono avvalersi e la relativa prova contraria. Se richiesto, può fissare una nuova udienza e termine perentorio non superiore a quindici giorni per l'indicazione dei mezzi di prova e produzioni documentali e termine perentorio di ulteriori dieci giorni per le sole indicazioni di prova contraria.».

(*) *Questo articolo è stato inserito dall'art. 14, comma 1, del D.L. 12 settembre 2014, n. 132, convertito, con modificazioni, nella L. 10 novembre 2014, n. 162. A norma dell'art. 14, comma 2, dello stesso provvedimento, tale disposizione si applica ai procedimenti introdotti a decorrere dal trentesimo giorno successivo all'entrata in vigore della legge di conversione del presente decreto (Suppl. ord. alla G.U. Serie gen. - n. 261 del 10 novembre 2014).*

183 *ter*. (1) Ordinanza di accoglimento della domanda. – Nelle controversie di competenza del tribunale aventi ad oggetto diritti disponibili il giudice, su istanza di parte, nel corso del giudizio di primo grado può pronunciare ordinanza di accoglimento della domanda quando i fatti costitutivi sono provati e le difese della controparte appaiono manifestamente infondate.

In caso di pluralità di domande l'ordinanza può essere pronunciata solo se tali presupposti ricorrono per tutte.

L'ordinanza di accoglimento è provvisoriamente esecutiva, è reclamabile ai sensi dell'articolo 669 *terdecies* e non acquista efficacia di giudicato ai sensi dell'articolo 2909 del codice civile, né la sua autorità può essere invocata in altri processi. Con la stessa ordinanza il giudice liquida le spese di lite.

L'ordinanza di cui al secondo comma, se non è reclamata o se il reclamo è respinto, definisce il giudizio e non è ulteriormente impugnabile.

In caso di accoglimento del reclamo, il giudizio prosegue innanzi a un magistrato diverso da quello che ha emesso l'ordinanza reclamata.

(1) *Questo articolo è stato inserito dall'art. 3, comma 13, lett. d), del D.L.vo 10 ottobre 2022, n. 149, a decorrere dal 28 febbraio 2023.*

A norma dell'art. 35, comma 1, del medesimo decreto, le disposizioni si applicano ai procedimenti instaurati successivamente a tale data. Ai procedimenti pendenti alla data del 28 febbraio 2023 si applicano le disposizioni anteriormente vigenti.

183 *quater*. (1) Ordinanza di rigetto della domanda. – Nelle controversie di competenza del tribunale che hanno ad oggetto diritti disponibili, il giudice, su istanza di parte, nel corso del giudizio di primo grado, all'esito dell'udienza di cui all'articolo 183, può pronunciare ordinanza di rigetto della domanda quando questa è manifestamente infondata, ovvero se è omesso o risulta assolutamente incerto il requisito di cui all'articolo 163, terzo comma, n. 3), e la nullità non è stata sanata o se, emesso l'ordine di rinnovazione della citazione o di integrazione della domanda, persiste la mancanza dell'esposizione dei fatti di cui al numero 4), terzo comma del predetto articolo 163. In caso di pluralità di domande l'ordinanza può essere pronunciata solo se tali presupposti ricorrano per tutte.

L'ordinanza che accoglie l'istanza di cui al primo comma è reclamabile ai sensi dell'articolo 669 *terdecies* e non acquista efficacia di giudicato ai sensi dell'articolo 2909 del codice civile, né la sua autorità può essere invocata in altri processi. Con la stessa ordinanza il giudice liquida le spese di lite.

L'ordinanza di cui al secondo comma, se non è reclamata o se il reclamo è respinto, definisce il giudizio e non è ulteriormente impugnabile.

In caso di accoglimento del reclamo, il giudizio prosegue davanti a un magistrato diverso da quello che ha emesso l'ordinanza reclamata.

(1) *Questo articolo è stato inserito dall'art. 3, comma 13, lett. d), del D.L.vo 10 ottobre 2022, n. 149, a decorrere dal 28 febbraio 2023.*

A norma dell'art. 35, comma 1, del medesimo decreto, le disposizioni si applicano ai procedimenti instaurati successivamente a tale data. Ai procedimenti pendenti alla data del 28 febbraio 2023 si applicano le disposizioni anteriormente vigenti.

184. (1) [Udienza di assunzione dei mezzi di prova. – Nell'udienza fissata con l'ordinanza prevista dal settimo comma dell'articolo 183, il giudice istruttore procede all'assunzione dei mezzi di prova ammessi].

(1) *Questo articolo, così sostituito dall'art. 2, comma 3, lett. c ter), del D.L. 14 marzo 2005, n. 35, convertito, con modificazioni, nella L. 14 maggio 2005, n. 80, come modificato dall'art. 1, comma 1, lett. b), della L. 28 dicembre 2005, n. 263, è stato abrogato dall'art. 3, comma 13, lett. e), del D.L.vo 10 ottobre 2022, n. 149, a decorrere dal 28 febbraio 2023.*

A norma dell'art. 35, comma 1, del medesimo decreto, le disposizioni si applicano ai procedimenti instaurati successivamente a tale data. Ai procedimenti pendenti alla data del 28 febbraio 2023 si applicano le disposizioni anteriormente vigenti.

184 *bis*. (1) [Rimessione in termini. – La parte che dimostra di essere incorsa in decadenze per causa ad essa non imputabile può chiedere al giudice istruttore di essere rimessa in termini.

Il giudice provvede a norma dell'art. 294, secondo e terzo comma].

(1) *Articolo aggiunto dall'art. 19 della L. 26 novembre 1990, n. 353, a decorrere dal 30 aprile 1995, e poi abrogato dall'art. 46, comma 3, della L. 18 giugno 2009, n. 69, a decorrere dal 4 luglio 2009. Ai sensi dell'art. 58, comma 1, della predetta legge, tale disposizione si applica ai giudizi instaurati dopo la data della sua entrata in vigore.*

185. (1) **Tentativo di conciliazione.** – Il giudice istruttore, in caso di richiesta congiunta delle parti, fissa la comparizione delle medesime al fine di interrogarle liberamente e di provocarne la conciliazione. Il giudice istruttore ha altresì facoltà di fissare la predetta udienza di comparizione personale a norma dell'art. 117. Quando è disposta la comparizione personale, le parti hanno facoltà di farsi rappresentare da un procuratore generale o speciale il quale deve essere a conoscenza dei fatti della causa. La procura deve essere conferita con atto pubblico o scrittura privata autenticata e deve attribuire al procuratore il potere di conciliare o transigere la controversia. Se la procura è conferita con scrittura privata, questa può essere autenticata anche dal difensore della parte. La mancata conoscenza, senza giustificato motivo, dei fatti della causa da parte del procuratore è valutata ai sensi del secondo comma dell'articolo 116 (2).

Il tentativo di conciliazione può essere rinnovato in qualunque momento dell'istruzione, nel rispetto del calendario del processo (3).

Quando le parti si sono conciliate (92, 320, 322, 652), si forma processo verbale (126, 130; 88 att.) della convenzione conclusa (1965 ss. c.c.). Il processo verbale costituisce titolo esecutivo (474).

(1) *Articolo così sostituito dall'art. 1 del D.P.R. 17 ottobre 1950, n. 857.*

(2) *Questo comma è stato inserito dall'art. 2, comma 3, lett. c quater), del D.L. 14 marzo 2005, n. 35, convertito, con modificazioni, nella L. 14 maggio 2005, n. 80, come modificato dall'articolo 1, comma 2, della L. 28 dicembre 2005, n. 263.*

A norma dell'art. 2, comma 3 quinquies, dello stesso provvedimento, come sostituito dall'art. 1, comma 6, della L. 28 dicembre 2005, n. 263 e successivamente modificato dall'art. 39 quater del D.L. 30 dicembre 2005, n. 273, convertito, con modificazioni, nella L. 23 febbraio 2006, n. 51, questa disposizione ha effetto a decorrere dal 1° marzo 2006 e si applica ai procedimenti instaurati successivamente a tale data.

(3) *Le parole: «, nel rispetto del calendario del processo» sono state inserite dall'art. 3, comma 13, lett. f), del D.L.vo 10 ottobre 2022, n. 149, a decorrere dal 28 febbraio 2023.*

A norma dell'art. 35, comma 1, del medesimo decreto, le disposizioni si applicano ai procedimenti instaurati successivamente a tale data. Ai procedimenti pendenti alla data del 28 febbraio 2023 si applicano le disposizioni anteriormente vigenti.

NOTE OPERATIVE:

Conciliazione: La conciliazione giudiziale è una convenzione non assimilabile ad un negozio di diritto privato puro e semplice, caratterizzandosi, strutturalmente, per il necessario intervento del giudice e per le formalità previste e, funzionalmente, da un lato per l'effetto processuale di chiusura del giudizio nel quale interviene, dall'altro per gli effetti sostanziali derivanti dal negozio giuridico contestualmente stipulato dalle parti (C.C. 25472/17 – Conf. C.C. 11677/95).

185 *bis*. (1) **Proposta di conciliazione del giudice.** – Il giudice, fino al momento in cui fissa l'udienza di rimessione della causa in decisione (2), formula alle parti ove possibile, avuto riguardo alla natura del giudizio, al valore della controversia e all'esistenza di questioni di facile e pronta soluzione di diritto, una proposta transattiva o conciliativa. La proposta di conciliazione non può costituire motivo di ricusazione o astensione del giudice.

(1) *Questo articolo è stato inserito dall'art. 77, comma 1, lett. a), del D.L. 21 giugno 2013, n. 69, convertito, con modificazioni, nella L. 9 agosto 2013, n. 98.*

(2) *Le parole: «alla prima udienza, ovvero sino a quando è esaurita l'istruzione» sono state così sostituite dalle attuali: «fino al momento in cui fissa l'udienza di rimessione della causa in decisione» dall'art. 3, comma 13, lett. g), del D.L.vo 10 ottobre 2022, n. 149, a decorrere dal 28 febbraio 2023.*

A norma dell'art. 35, comma 1, del medesimo decreto, le disposizioni si applicano ai procedimenti instaurati successivamente a tale data. Ai procedimenti pendenti alla data del 28 febbraio 2023 si applicano le disposizioni anteriormente vigenti.

186. Pronuncia dei provvedimenti. – Sulle domande e sulle eccezioni delle parti, il giudice istruttore, sentite le loro ragioni, dà in udienza i provvedimenti opportuni (176, 205); ma può anche riservarsi di pronunciarli entro i cinque giorni successivi.

NOTE OPERATIVE:

Ambito di applicazione: La disposizione non è applicabile nelle controversie con il rito del lavoro (C.C. 27752/20 – Conf. C.C. 14479/01).

186 *bis*. (1) **Ordinanza per il pagamento di somme non contestate.** – Su istanza di parte il giudice istruttore può disporre, fino al momento della precisazione delle conclusioni, il pagamento delle somme non contestate dalle parti costituite (165, 167, 271). Se l'istanza è proposta fuori dall'udienza il giudice dispone la comparizione delle parti ed assegna il termine per la notificazione (2).

L'ordinanza (134) costituisce titolo esecutivo (474) e conserva la sua efficacia in caso di estinzione del processo (305, 306 ss.).

L'ordinanza è soggetta alla disciplina delle ordinanze revocabili di cui agli artt. 177, primo e secondo comma, e 178, primo comma.

(1) *Articolo aggiunto dall'art. 20 della L. 26 novembre 1990, n. 353, a decorrere dall'1 gennaio 1993.*

(2) *Questo periodo è stato aggiunto dall'art. 2, comma 1, lett. i), della L. 28 dicembre 2005, n. 263.*

Ai sensi dell'art. 2, comma 4, del medesimo provvedimento, come modificato dall'art. 39 quater *del D.L. 30 dicembre 2005, n. 273, convertito, con modificazioni, nella L. 23 febbraio 2006, n. 51, questa disposizione ha effetto a decorrere dal 1° marzo 2006 e si applica ai procedimenti instaurati successivamente a tale data.*

NOTE OPERATIVE:

Revoca: La revoca dell'ordinanza di condanna al pagamento di somme non contestate – in corso di causa o con la sentenza, definitiva o meno, in rito e/o nel merito, che decide la controversia – determina il venir meno di tutti gli effetti del provvedimento (C.C. 20789/17).

186 *ter*. (1) Istanza di ingiunzione. – Fino al momento della precisazione delle conclusioni (189, 281 *quinquies*, 321), quando ricorrano i presupposti di cui all'art. 633, primo comma, n. 1), e secondo comma, e di cui all'art. 634, la parte può chiedere al giudice istruttore, in ogni stato del processo, di pronunciare con ordinanza (134) ingiunzione di pagamento o di consegna. Se l'istanza è proposta fuori dall'udienza il giudice dispone la comparizione delle parti ed assegna il termine per la notificazione (2).

L'ordinanza deve contenere i provvedimenti previsti dall'art. 641, ultimo comma, ed è dichiarata provvisoriamente esecutiva ove ricorrano i presupposti di cui all'art. 642, nonché, ove la controparte non sia rimasta contumace, quelli di cui all'art. 648, primo comma. La provvisoria esecutorietà non può essere mai disposta ove la controparte abbia disconosciuto (214) la scrittura privata prodotta contro di lei o abbia proposto querela di falso (221) contro l'atto pubblico.

L'ordinanza è soggetta alla disciplina delle ordinanze revocabili di cui agli artt. 177 e 178, primo comma.

Se il processo si estingue (305, 306 ss.) l'ordinanza che non ne sia già munita acquista efficacia esecutiva ai sensi dell'art. 653, primo comma.

Se la parte contro cui è pronunciata l'ingiunzione è contumace (290 ss.), l'ordinanza deve essere notificata ai sensi e per gli effetti dell'art. 644. In tal caso l'ordinanza deve altresì contenere l'espresso avvertimento che, ove la parte non si costituisca entro il termine di venti giorni dalla notifica, diverrà esecutiva ai sensi dell'art. 647.

L'ordinanza dichiarata esecutiva costituisce titolo per l'iscrizione dell'ipoteca giudiziale (2818 ss. c.c.).

(1) *Articolo aggiunto dall'art. 21 della L. 26 novembre 1990, n. 353, a decorrere dall'1° gennaio 1993.*

(2) *Questo periodo è stato aggiunto dall'art. 2, comma 1, lett. l), della L. 28 dicembre 2005, n. 263.*

Ai sensi dell'art. 2, comma 4, del medesimo provvedimento, come modificato dall'art. 39 quater *del D.L. 30 dicembre 2005, n. 273, convertito, con modificazioni, nella L. 23 febbraio 2006, n. 51, questa disposizione ha effetto a decorrere dal 1° marzo 2006 e si applica ai procedimenti instaurati successivamente a tale data.*

NOTE OPERATIVE:

Natura giuridica: L'ordinanza-ingiunzione adottata in corso di causa, ancorché contenga l'affermazione della giurisdizione del giudice adito, non può essere considerata una statuizione che, sul punto, ha natura di sentenza, suscettibile di passare in giudicato ove non tempestivamente impugnata (S.U. 19042/18).

186 *quater*. (1) Ordinanza successiva alla chiusura dell'istruzione. – Esaurita l'istruzione, il giudice istruttore, su istanza della parte che ha proposto domanda di condanna al pagamento di somme ovvero alla consegna, o al rilascio di beni, può disporre con ordinanza il pagamento, ovvero la consegna o il rilascio, nei limiti per cui ritiene già raggiunta la prova. Con l'ordinanza il giudice provvede sulle spese processuali.

L'ordinanza è titolo esecutivo. Essa è revocabile con la sentenza che definisce il giudizio.

Se, dopo la pronuncia dell'ordinanza, il processo si estingue, l'ordinanza acquista l'efficacia della sentenza impugnabile sull'oggetto dell'istanza.

L'ordinanza acquista l'efficacia della sentenza impugnabile sull'oggetto dell'istanza se la parte intimata non manifesta entro trenta giorni dalla sua pronuncia in udienza o dalla comunicazione, con ricorso notificato all'altra parte e depositato in cancelleria, la volontà che sia pronunciata la sentenza (2).

(1) *Articolo inserito dall'art. 7 del D.L. 18 ottobre 1995, n. 432, convertito, con modificazioni, nella L. 20 dicembre 1995, n. 534.*

(2) *Questo comma è stato così sostituito dall'art. 2, comma 1, lett. m), della L. 28 dicembre 2005, n. 263.*

Ai sensi dell'art. 2, comma 4, del medesimo provvedimento, come modificato dall'art. 39 quater *del D.L. 30 dicembre 2005, n. 273, convertito, con modificazioni, nella L. 23 febbraio 2006, n. 51, questa disposizione ha effetto a decorrere dal 1° marzo 2006 e si applica ai procedimenti instaurati successivamente a tale data.*

Si riporta il comma precedente: «La parte intimata può dichiarare di rinunciare alla pronuncia della sen-

tenza, con atto notificato all'altra parte e depositato in cancelleria. Dalla data del deposito dell'atto notificato, l'ordinanza acquista l'efficacia della sentenza impugnabile sull'oggetto dell'istanza».

NOTE OPERATIVE:

Effetti: L'ordinanza, se non è richiesta dalla parte intimata la pronuncia della sentenza, produce gli effetti di una sentenza definitiva sull'intero oggetto del giudizio, con la conseguenza che, ove abbia pronunciato solo su alcune domande o capi della domanda, implicitamente rigettando gli altri, le parti che si ritengano insoddisfatte hanno l'onere di impugnarla per evitare che la statuizione passi in giudicato (C.C. 19296/23 – Conf. C.C. 10097/20).

Oggetto: L'emissione dell'ordinanza necessita di un'esplicita richiesta di parte e l'oggetto devoluto alla cognizione del giudice chiamato a rendere tale pronuncia anticipatoria è limitato alle domande formulate con l'istanza (C.C. 27984/19).

187. (1) **Provvedimenti del giudice istruttore.** – Il giudice istruttore, se ritiene che la causa sia matura per la decisione di merito (277) senza bisogno di assunzione di mezzi di prova, rimette le parti davanti al collegio (189, 190, 275, 281 *quater*, 281 *quinquies*, 281 *sexies*; 80 *bis* att.).

Può rimettere le parti al collegio affinché sia decisa separatamente una questione di merito avente carattere preliminare, solo quando la decisione di essa può definire il giudizio (225, 272, 279).

Il giudice provvede analogamente se sorgono questioni attinenti alla giurisdizione (37) o alla competenza (38) o ad altre pregiudiziali, ma può anche disporre che siano decise unitamente al merito.

Qualora il collegio provveda a norma dell'art. 279, secondo comma, n. 4), i termini di cui all'articolo 183, quarto (2) comma, (3) non concessi prima della rimessione al collegio, sono assegnati dal giudice istruttore, su istanza di parte, nella prima udienza dinanzi a lui.

Il giudice dà ogni altra disposizione relativa al processo (176).

(1) *Articolo così sostituito dall'art. 18 della L. 14 luglio 1950, n. 581.*

(2) *La parola: «ottavo» è stata così sostituita dalla attuale: «quarto» dall'art. 3, comma 13, lett. h), del D.L.vo 10 ottobre 2022, n. 149, a decorrere dal 28 febbraio 2023.*

A norma dell'art. 35, comma 1, del medesimo decreto, le disposizioni si applicano ai procedimenti instaurati successivamente a tale data. Ai procedimenti pendenti alla data del 28 febbraio 2023 si applicano le disposizioni anteriormente vigenti.

(3) *Le originarie parole: «di cui all'articolo 184» sono state così sostituite dall'art. 2, comma 3, lett. c quinquies), del D.L. 14 marzo 2005, n. 35, convertito, con modificazioni, nella L. 14 maggio 2005, n. 80, come modificato dall'articolo 1, comma 2, della L. 28 dicembre 2005, n. 263.*

A norma dell'art. 2, comma 3 quinquies, dello stesso provvedimento, come sostituito dall'art. 1, comma 6, della L. 28 dicembre 2005, n. 263 e successivamente modificato dall'art. 39 quater del D.L. 30 dicembre 2005, n. 273, convertito, con modificazioni, nella L. 23 febbraio 2006, n. 51, questa disposizione ha effetto a decorrere dal 1° marzo 2006 e si applica ai procedimenti instaurati successivamente a tale data.

NOTE OPERATIVE:

Valutazione: In tema di rimessione della causa al collegio (o allo stesso giudice unico qualora operi in composizione monocratica) è da escludere che le parti abbiano diritto all'immediata fissazione dell'udienza di precisazione delle conclusioni (C.C. 1036/19).

188. (1) **Attività istruttoria del giudice.** – Il giudice istruttore, nel rispetto del calendario del processo, provvede all'assunzione dei mezzi di prova e, esaurita l'istruzione, rimette le parti al collegio per la decisione a norma dell'articolo 189 o dell'articolo 275 *bis*.

(1) *Questo articolo è stato così sostituito dall'art. 3, comma 13, lett. i), del D.L.vo 10 ottobre 2022, n. 149, a decorrere dal 28 febbraio 2023.*

A norma dell'art. 35, comma 1, del medesimo decreto, le disposizioni si applicano ai procedimenti instaurati successivamente a tale data. Ai procedimenti pendenti alla data del 28 febbraio 2023 si applicano le disposizioni anteriormente vigenti.

Si riporta il testo precedente:

«Art. 188 (Attività del giudice)

Il giudice istruttore provvede all'assunzione dei mezzi di prova (202 ss.) e, esaurita l'istruzione, rimette le parti al collegio per la decisione a norma dell'articolo seguente.».

189. (1) **Rimessione al collegio.** – Il giudice istruttore, quando procede a norma dei primi tre commi dell'articolo 187 o dell'articolo 188, fissa davanti a sé l'udienza per la rimessione della causa al collegio per la decisione e assegna alle parti, salvo che queste vi rinuncino, i seguenti termini perentori:

1) un termine non superiore a sessanta giorni prima dell'udienza per il deposito di note scritte contenenti la sola precisazione delle conclusioni che le parti intendono sottoporre al collegio, nei limiti di quelle formulate negli atti introduttivi o a norma dell'articolo 171 *ter*. Le conclusioni di merito debbono essere interamente formulate anche nei casi previsti dell'articolo 187, secondo e terzo comma;

2) un termine non superiore a trenta giorni prima dell'udienza per il deposito delle comparse conclusionali;

3) un termine non superiore a quindici giorni prima dell'udienza per il deposito delle memorie di replica.

La rimessione investe il collegio di tutta la causa, anche quando avviene a norma dell'articolo 187, secondo e terzo comma.

All'udienza fissata ai sensi del primo comma la causa è rimessa al collegio per la decisione.

(1) *Questo articolo è stato, da ultimo, così sostituito dall'art. 3, comma 13, lett. l), del D.L.vo 10 ottobre 2022, n. 149, a decorrere dal 28 febbraio 2023.*

A norma dell'art. 35, comma 1, del medesimo decreto, le disposizioni si applicano ai procedimenti instaurati successivamente a tale data. Ai procedimenti pendenti alla data del 28 febbraio 2023 si applicano le disposizioni anteriormente vigenti.

Si riporta il testo precedente:

«Art. 189 (*) (Rimessione al collegio)

Il giudice istruttore, quando rimette la causa al collegio, a norma dei primi tre commi dell'art. 187 o dell'art. 188, invita le parti a precisare davanti a lui le conclusioni che intendono sottoporre al collegio stesso, nei limiti di quelle formulate negli atti introduttivi o a norma dell'art. 183. Le conclusioni di merito debbono essere interamente formulate anche nei casi previsti dall'art. 187, secondo e terzo comma (**) (***) (****).

La rimessione investe il collegio di tutta la causa, anche quando avviene a norma dell'art. 187, secondo e terzo comma.».

(*) *Articolo così sostituito dall'art. 19 della L. 14 luglio 1950, n. 581.*

(**) *Comma così sostituito dall'art. 23 della L. 26 novembre 1990, n. 353, a decorrere dal 30 aprile 1995.*

(***) *Comma così sostituito dall'art. 23 della L. 26 novembre 1990, n. 353, a decorrere dal 30 aprile 1995.*

(****) *L'art. 1 ter, primo comma, della L. 24 marzo 2001, n. 89, dispone, tra l'altro: "Nelle cause in cui il tribunale giudica in composizione collegiale, il giudice istruttore quando ritiene che la causa può essere decisa a seguito di trattazione orale, a norma dell'art. 281 sexies del codice di procedura civile, rimette la causa al collegio fissando l'udienza collegiale per la precisazione delle conclusioni e per la discussione orale".*

NOTE OPERATIVE:

Richieste istruttorie: La parte che si sia vista rigettare dal giudice le proprie richieste istruttorie ha l'onere di reiterarle, in modo specifico, quando precisa le conclusioni, senza limitarsi al richiamo generico dei precedenti atti difensivi, poiché, diversamente, le stesse devono ritenersi abbandonate e non potranno essere riproposte in sede di impugnazione (C.C. 10767/22 – Conf. C.C. 7193/22; C.C. 5741/19).

190. (1) **[Comparse conclusionali e memorie.** – Le comparse conclusionali debbono essere depositate entro il termine perentorio di sessanta giorni dalla rimessione della causa al collegio e le memorie di replica entro i venti giorni successivi (275, 281 *quinquies*, 320, 352, 420).

Per il deposito delle comparse conclusionali il giudice istruttore, quando rimette la causa al collegio, può fissare un termine più breve, comunque non inferiore a venti giorni].

(1) *Questo articolo, così da ultimo, sostituito dall'art. 24 della L. 26 novembre 1990, n. 353, è stato abrogato dall'art. 3, comma 13, lett. m), del D.L.vo 10 ottobre 2022, n. 149, a decorrere dal 28 febbraio 2023.*

A norma dell'art. 35, comma 1, del medesimo decreto, le disposizioni si applicano ai procedimenti instaurati successivamente a tale data. Ai procedimenti pendenti alla data del 28 febbraio 2023 si applicano le disposizioni anteriormente vigenti.

190 *bis*. (1) **[Decisione del giudice istruttore in funzione di giudice unico.** – Per le cause che devono essere decise dal giudice istruttore in funzione di giudice unico, questi, fatte precisare le conclusioni ai sensi dell'art. 189, dispone lo scambio delle comparse conclusionali e delle memorie di replica ai sensi dell'art. 190 e, quindi, deposita la sentenza in cancelleria entro sessanta giorni dalla scadenza del termine per il deposito delle memorie di replica.

Se una delle parti lo richiede il giudice, disposto lo scambio delle sole comparse conclusionali ai sensi dell'art. 190, fissa l'udienza di discussione non oltre sessanta giorni dalla scadenza del termine per il deposito delle comparse conclusionali; la sentenza è depositata in cancelleria entro i sessanta giorni successivi].

(1) *Questo articolo, aggiunto dall'art. 25 della L. 26 novembre 1990, n. 353, a decorrere dal 30 aprile 1995, è stato abrogato dall'art. 63 del D.L.vo 19 febbraio 1998, n. 51, recante l'istituzione del giudice unico, a decorrere dal 2 giugno 1999.*

Sezione III
Dell'istruzione probatoria

§. 1
Della nomina e delle indagini del consulente tecnico

191. Nomina del consulente tecnico. – Nei casi previsti dagli articoli 61 e seguenti il giudice istruttore, con ordinanza ai sensi dell'articolo 183, quarto comma (1), o con altra successiva ordinanza, nomina un consulente (22 ss., 89 att.), formula i quesiti e fissa l'udienza nella quale il consulente deve comparire (2).

Possono essere nominati più consulenti soltanto in caso di grave necessità o quando la legge espressamente lo dispone.

(1) *Le parole: «dell'articolo 183, settimo comma» sono state così sostituite dalle seguenti: «dell'articolo*

183, quarto comma» dall'art. 3, comma 13, lett. n), del D.L.vo 10 ottobre 2022, n. 149, a decorrere dal 28 febbraio 2023.

A norma dell'art. 35, comma 1, del medesimo decreto, le disposizioni si applicano ai procedimenti instaurati successivamente a tale data. Ai procedimenti pendenti alla data del 28 febbraio 2023 si applicano le disposizioni anteriormente vigenti.

(2) *Questo comma è stato così sostituito dall'art. 46, comma 4, della L. 18 giugno 2009, n. 69, a decorrere dal 4 luglio 2009. Ai sensi dell'art. 58, comma 1, della predetta legge, tale disposizione si applica ai giudizi instaurati dopo la data della sua entrata in vigore.*

Il testo precedente così disponeva: «Nei casi di cui agli artt. 61 ss. il giudice istruttore, con l'ordinanza prevista nell'art. 187 ultimo comma o con altra successiva, nomina un consulente tecnico e fissa l'udienza nella quale questi deve comparire».

NOTE OPERATIVE:

Finalità: La consulenza tecnica d'ufficio non è mezzo istruttorio in senso proprio, avendo la finalità di coadiuvare il giudice nella valutazione di elementi acquisiti o nella soluzione di questioni che necessitino di specifiche conoscenze. Ne consegue che il suddetto mezzo di indagine non può essere utilizzato al fine di esonerare la parte dal fornire la prova di quanto assume (C.C. 10941/23 – Conf. C.C. 18928/20; C.C. 15521/19; C.C. 30218/17; C.C. 3130/11; C.C. 3191/06); non è diretta a determinare il convincimento del giudice in ordine alla verità o la non verità di determinati fatti, ma svolge unicamente la funzione di integrare l'attività del giudice offrendogli le cognizioni tecniche necessarie o utili per la decisione (C.C. 6754/08).

192. Astensione e ricusazione del consulente. – L'ordinanza è notificata (137) al consulente tecnico a cura del cancelliere, con invito a comparire all'udienza fissata dal giudice.

Il consulente che non ritiene di accettare l'incarico o quello che, obbligato a prestare il suo ufficio (366 c.p.), intende astenersi (63), deve farne denuncia o istanza al giudice che l'ha nominato almeno tre giorni prima dell'udienza di comparizione; nello stesso termine le parti debbono proporre le loro istanze di ricusazione (63), depositando nella cancelleria ricorso al giudice istruttore.

Questi provvede con ordinanza non impugnabile (177; 89 att.).

NOTE OPERATIVE:

Ambito di applicazione: La terzietà-imparzialità del consulente tecnico d'ufficio richiede che il consulente non debba essere legato a nessuna delle parti del processo, analogamente a quanto è prescritto per il giudice, ed è garantita dalla legge sia con il demandarne la nomina al giudice, organo per il quale l'imparzialità è autonomamente e preliminarmente prescritta, sia con la previsione, anche per il consulente tecnico, degli istituti dell'astensione e della ricusazione (C.C. 27916/19 – Conf. C.C. 13667/04).

Termine: L'istanza di ricusazione del consulente tecnico d'ufficio dev'essere presentata con apposito ricorso da depositare in cancelleria almeno tre giorni prima dell'udienza di comparizione e, quindi, decorso tale termine è definitivamente preclusa la possibilità di far valere successivamente la situazione di incompatibilità, con la conseguenza che la consulenza rimane ritualmente acquisita al processo (C.C. 7280/23 – Conf. C.C. 28103/18; C.C. 3657/98). Il termine – perentorio – è fissato per risolvere, definitivamente e in via preventiva, ogni questione sulle qualità che deve rivestire il consulente, onde evitare successivi comportamenti dilatori delle parti, fondati su strategie determinate secundum eventum litis, evidentemente in contrasto con li principio di ragionevole durata del processo (C.C. 122/20).

193. (1) **Giuramento del consulente.** – All'udienza di comparizione il giudice istruttore ricorda al consulente l'importanza delle funzioni che è chiamato ad adempiere, e ne riceve il giuramento (366² c.p.) di bene e fedelmente adempiere le funzioni affidategli al solo scopo di fare conoscere al giudice la verità (19 ss., 89, 194 att.; 373 ss. c.p.).

In luogo della fissazione dell'udienza di comparizione per il giuramento del consulente tecnico d'ufficio il giudice può assegnare un termine per il deposito di una dichiarazione sottoscritta dal consulente con firma digitale, recante il giuramento previsto dal primo comma. Con il medesimo provvedimento il giudice fissa i termini previsti dall'articolo 195, terzo comma (2).

(1) *A norma dell'art. 221, comma 8, del D.L. 19 maggio 2020, n. 34, convertito, con modificazioni, nella L. 17 luglio 2020, n. 77, in luogo dell'udienza fissata per il giuramento del consulente tecnico d'ufficio ai sensi del presente articolo, il giudice può disporre che il consulente, prima di procedere all'inizio delle operazioni peritali, presti giuramento di bene e fedelmente adempiere alle funzioni affidate con dichiarazione sottoscritta con firma digitale da depositare nel fascicolo telematico.*

(2) *Questo comma è stato aggiunto dall'art. 3, comma 14, del D.L.vo 10 ottobre 2022, n. 149, a decorrere dal 1° gennaio 2023 e da tale data si applica anche ai procedimenti civili pendenti davanti al tribunale, alla corte di appello e alla Corte di cassazione.*

A norma dell'art. 35, comma 3 del del D.L.vo 10 ottobre 2022, n. 149, così come sostituito dall'art. 1, comma 380, lett. a), della L. 29 dicembre 2022, n. 197, davanti al giudice di pace, al tribunale per i minorenni, al commissario per la liquidazione degli usi civici e al tribunale superiore delle acque pubbliche, tali disposizioni hanno effetto a decorrere dal 1° gennaio 2023 anche per i procedimenti civili pendenti a tale data.

NOTE OPERATIVE:

Nullità: La violazione dell'obbligo di bene e fedelmente adempiere le funzioni affidategli comporta la nullità della perizia, rilevabile d'ufficio, poiché l'ausiliare del giudice svolge nel processo una pubblica funzione nell'interesse generale e superiore della giustizia (C.C. 25022/19).

194. Attività del consulente. – Il consulente tecnico assiste alle udienze alle quali è invitato dal giudice istruttore; compie, anche fuori della circoscrizione giudiziaria, le indagini di cui all'art. 62, da sé solo o insieme col giudice secondo che questi dispone. Può essere autorizzato a domandare chiarimenti alle parti, ad assumere informazioni da terzi e a eseguire piante, calchi e rilievi (261).

Anche quando il giudice dispone che il consulente compia indagini da sé solo (90, 92 att), le parti possono intervenire alle operazioni in persona e a mezzo dei propri consulenti tecnici (201; 91 att.) e dei difensori (82 ss.), e possono presentare al consulente, per iscritto o a voce, osservazioni e istanze.

NOTE OPERATIVE:

Documenti: Il consulente nominato dal giudice, nei limiti delle indagini commessegli e nell'osservanza del contraddittorio delle parti, può acquisire, anche prescindendo dall'attività di allegazione delle parti, non applicandosi alle attività del consulente le preclusioni istruttorie vigenti a carico delle parti, tutti i documenti che si rende necessario acquisire al fine di rispondere ai quesiti sottopostigli, a condizione che essi non siano diretti a provare i fatti principali dedotti a fondamento della domanda e delle eccezioni che è onere delle parti provare e salvo, quanto a queste ultime, che non si tratti di documenti diretti a provare fatti principali rilevabili d'ufficio (C.C. 26144/23 – Conf. C.C. 32935/22; S.U. 6500/22; contra C.C. 31886/19).

195. Processo verbale e relazione. – Delle indagini del consulente si forma processo verbale (126), quando sono compiute con l'intervento del giudice istruttore, ma questi può anche disporre che il consulente rediga relazione scritta.

Se le indagini sono compiute senza l'intervento del giudice, il consulente deve farne relazione, nella quale inserisce anche le osservazioni e le istanze delle parti (194²; 92 att.).

La relazione deve essere trasmessa dal consulente alle parti costituite nel termine stabilito dal giudice con ordinanza resa all'udienza di cui all'articolo 193. Con la medesima ordinanza il giudice fissa il termine entro il quale le parti devono trasmettere al consulente le proprie osservazioni sulla relazione e il termine, anteriore alla successiva udienza, entro il quale il consulente deve depositare in cancelleria la relazione, le osservazioni delle parti e una sintetica valutazione sulle stesse ([1]).

([1]) *Questo comma è stato così sostituito dall'art. 46, comma 5, della L. 18 giugno 2009, n. 69, a decorrere dal 4 luglio 2009. Ai sensi dell'art. 58, comma 1, della predetta legge, tale disposizione si applica ai giudizi instaurati dopo la data della sua entrata in vigore.*

Il testo precedente così disponeva: «La relazione deve essere depositata in cancelleria nel termine che il giudice fissa.».

NOTE OPERATIVE:

Registrazione: Le attività dell'ausiliario devono essere espletate con la partecipazione di tutte le parti del processo, tenuto conto della necessità di rispettare il principio del contraddittorio nell'intero svolgimento delle operazioni peritali; la registrazione audio e/o video delle predette operazioni, invece, attenendo alla mera documentazione delle stesse, che di regola può essere compiuta mediante verbalizzazione, non può ritenersi dovuta, anche se effettuata su iniziativa del consulente, a meno che non sia stata prescritta dal giudice al momento del conferimento dell'incarico e fermo pur sempre il rispetto del contraddittorio (C.C. 25446/23).

196. Rinnovazione delle indagini e sostituzione del consulente. – Il giudice ha sempre la facoltà di disporre la rinnovazione delle indagini e, per gravi motivi, la sostituzione del consulente tecnico (64).

NOTE OPERATIVE:

Valutazione: Il giudice di merito non è tenuto, anche a fronte di una esplicita richiesta di parte, a disporre una nuova consulenza tecnica d'ufficio (C.C. 28716/20 – Conf. C.C. 22799/17); rientra nei poteri discrezionali del giudice di merito la valutazione dell'opportunità di disporre indagini tecniche suppletive o integrative, di sentire a chiarimenti il consulente sulla relazione già depositata ovvero di rinnovare, in parte o in toto, le indagini, sostituendo l'ausiliare del giudice (C.C. 20264/22 – Conf. C.C. 3850/20; C.C. 2103/19).

197. Assistenza all'udienza e audizione in camera di consiglio. – Quando lo ritiene opportuno il presidente invita il consulente tecnico ad assistere alla discussione davanti al collegio (201², 275, 281 *sexies*) e ad esprimere il suo parere in camera di consiglio in presenza delle parti (441), le quali possono chiarire e svolgere le loro ragioni per mezzo dei difensori.

198. Esame contabile. – Quando è necessario esaminare documenti contabili e registri, il giudice istruttore può darne incarico al consulente tecnico, affidandogli il compito di tentare la conciliazione delle parti (185², 199).

Il consulente sente le parti e, previo consenso di tutte, può esaminare anche documenti e registri non prodotti in causa. Di essi tuttavia senza il consenso di tutte le parti non può fare menzione nei processi verbali o nella relazione di cui all'art. 195.

NOTE OPERATIVE:

Limiti: Il consulente contabile, nei limiti delle indagini commessegli e nell'osservanza della disciplina del contraddittorio delle parti ivi prevista, può acquisire, anche prescindendo dall'attività di allegazione delle parti, tutti i documenti che si rende necessario acquisire al fine di rispondere ai quesiti sottopostigli, anche se essi siano diretti a provare i fatti principali posti dalle parti a fondamento della domanda e delle eccezioni (C.C. 5370/23 – Conf. C.C. 34600/22; S.U. 6500/22; contra C.C. 31886/19).

199. Processo verbale di conciliazione. – Se le parti si conciliano, si redige processo verbale della conciliazione, che è sottoscritto dalle parti e dal consulente tecnico e inserito nel fascicolo d'ufficio.

Il giudice istruttore attribuisce con decreto (135) efficacia di titolo esecutivo al processo verbale (474).

NOTE OPERATIVE:

Requisiti: L'accordo stipulato fra le parti e verbalizzato, in assenza del giudice, dal consulente tecnico d'ufficio, pur non integrando una conciliazione giudiziale con efficacia estintiva del giudizio, può costituire, ove il giudice ne ravvisi gli estremi, un negozio transattivo sostanziale, idoneo a determinare la cessazione dell'originaria materia del contendere (C.C. 1858/23 – Conf. C.C. 13578/08).

200. Mancata conciliazione. – Se la conciliazione delle parti non riesce, il consulente espone i risultati delle indagini compiute e il suo parere in una relazione, che deposita in cancelleria nel termine fissato dal giudice istruttore.

Le dichiarazioni delle parti, riportate dal consulente nella relazione, possono essere valutate dal giudice a norma dell'art. 116 secondo comma.

201. Consulente tecnico di parte. – Il giudice istruttore, con l'ordinanza di nomina del consulente (191), assegna alle parti un termine entro il quale possono nominare, con dichiarazione ricevuta dal cancelliere, un loro consulente tecnico (87; 91, 145, 146 att.).

Il consulente della parte, oltre ad assistere a norma dell'art. 194 alle operazioni del consulente del giudice, partecipa all'udienza e alla camera di consiglio ogni volta che interviene il consulente del giudice, per chiarire e svolgere, con l'autorizzazione del presidente, le sue osservazioni sui risultati delle indagini tecniche (197).

NOTE OPERATIVE:

Natura giuridica: La consulenza tecnica di parte è mera allegazione difensiva di carattere tecnico, priva di autonomo valore probatorio (C.C. 19827/23 – Conf. C.C. 9483/21).

§. 2
Dell'assunzione dei mezzi di prova in generale

202. Tempo, luogo e modo dell'assunzione. – Quando dispone mezzi di prova, il giudice istruttore, se non può assumerli nella stessa udienza, stabilisce il tempo, il luogo e il modo dell'assunzione (184, 188, 210-266; 2697-2739 c.c.).

Se questa non si esaurisce nell'udienza fissata, il giudice ne differisce la prosecuzione ad un giorno prossimo (208; 81 att.).

203. (1) **Assunzione fuori della circoscrizione del tribunale.** – Se i mezzi di prova debbono assumersi fuori della circoscrizione del tribunale, il giudice istruttore delega a procedervi il giudice istruttore del luogo, salvo che le parti richiedano concordemente e il presidente del tribunale consenta che vi si trasferisca il giudice stesso.

Nell'ordinanza di delega, il giudice delegante fissa il termine entro il quale la prova deve assumersi e l'udienza di comparizione delle parti per la prosecuzione del giudizio.

Il giudice delegato, su istanza della parte interessata, procede all'assunzione del mezzo di prova e d'ufficio ne rimette il processo verbale al giudice delegante prima dell'udienza fissata per la prosecuzione del giudizio, anche se l'assunzione non è esaurita.

Le parti possono rivolgere al giudice delegante, direttamente o a mezzo del giudice delegato, istanza per la proroga del termine.

(1) *Questo articolo è stato così sostituito dall'art. 64 del D.L.vo 19 febbraio 1998, n. 51, recante l'istituzione del giudice unico, a decorrere dal 2 giugno 1999.*

NOTE OPERATIVE:

Termine: Il termine fissato dal giudice istruttore per l'assunzione dei mezzi di prova fuori della circoscrizione del tribunale ha carattere ordinatorio (C.C. 4448/13) sicché la relativa istanza di proroga (da rivolgersi all'autorità delegante) deve essere presentata prima della scadenza del termine stesso (C.C. 589/15 – Conf. C.C. 4877/05; C.C. 3406/04).

204. Rogatorie alle autorità estere e ai consoli italiani. – Le rogatorie dei giudici italiani alle autorità estere per l'esecuzione di provvedimenti istruttori sono trasmesse per via diplomatica.

Quando la rogatoria riguarda cittadini italiani residenti all'estero, il giudice istruttore delega il console competente, che provvede a norma della legge consolare.

Per l'assunzione dei mezzi di prova e la prosecuzione del giudizio il giudice pronuncia i provvedimenti previsti negli ultimi tre commi dell'articolo precedente.

NOTE OPERATIVE:

Informazione: La mancata informazione delle parti circa il tempo ed il luogo dell'assunzione della prova non contrasta con l'ordine pubblico interno (C.C. 17299/13).

205. Risoluzione degli incidenti relativi alla prova. – Il giudice che procede all'assunzione dei mezzi di prova, anche se delegato a norma dell'art. 203, pronuncia con ordinanza (134, 176) su tutte le questioni che sorgono nel corso della stessa.

206. Assistenza delle parti all'assunzione. – Le parti possono assistere personalmente all'assunzione dei mezzi di prova (84 att.).

207. Processo verbale dell'assunzione. – Dell'assunzione dei mezzi di prova si redige processo verbale (126, 130) sotto la direzione del giudice.

Le dichiarazioni delle parti e dei testimoni sono riportate in prima persona e sono lette al dichiarante [che le sottoscrive] (1).

Il giudice, quando lo ritiene opportuno, nel riportare le dichiarazioni descrive il contegno della parte e del testimone (116).

(1) *Le parole tra parentesi quadrate sono state soppresse dall'art. 45, comma 1, lett. c), del D.L. 24 giugno 2014, n. 90, convertito, con modificazioni, nella L. 11 agosto 2014, n. 114.*

NOTE OPERATIVE:

Sottoscrizione: Poiché il verbale di udienza costituisce atto pubblico, che fa fede fino a querela di falso della sua provenienza da parte del pubblico ufficiale che lo forma e delle dichiarazioni rese dalle persone intervenute (C.C. 13671/91), la mancata sottoscrizione da parte dei testimoni delle dichiarazioni da essi rese e riportate a verbale, o la mancata lettura da parte del giudice della verbalizzazione delle loro dichiarazioni costituisce mera irregolarità della prova testimoniale e non già nullità della stessa, potendo presumersi, fino a querela di falso, che quanto riportato a verbale corrisponda a quanto dichiarato al giudice da parte dei testimoni (C.C. 12828/03).

208. (1) **Decadenza dall'assunzione.** – Se non si presenta la parte su istanza della quale deve iniziarsi o proseguirsi la prova, il giudice istruttore la dichiara decaduta (104 att.) dal diritto di farla assumere, salvo che l'altra parte presente non ne richieda l'assunzione.

La parte interessata può chiedere nell'udienza successiva al giudice la revoca dell'ordinanza (134, 176) che ha pronunciato la sua decadenza dal diritto di assumere la prova. Il giudice dispone la revoca con ordinanza, quando riconosce che la mancata comparizione è stata cagionata da causa non imputabile alla stessa parte.

(1) *Articolo così sostituito dall'art. 26 della L. 26 novembre 1990, n. 353, a decorrere dal 30 aprile 1995.*

NOTE OPERATIVE:

Ambito di applicazione: In ipotesi di assunzione frazionata della prova testimoniale, la decadenza per mancata comparizione non si estende a tutta la prova già ammessa ma opera unicamente in relazione all'udienza nella quale in concreto la prova stessa doveva essere assunta e limitatamente alle attività ivi previste (C.C. 1926/21).

209. Chiusura dell'assunzione. – Il giudice istruttore dichiara chiusa l'assunzione quando sono eseguiti i mezzi ammessi (281) o quando, dichiarata la decadenza di cui all'articolo precedente, non vi sono altri mezzi da assumere, oppure quando egli ravvisa superflua, per i risultati già raggiunti, la ulteriore assunzione (115, 116).

NOTE OPERATIVE:

Dichiarazione: Allorché il giudice dichiara chiusa l'istruttoria ed invita le parti a precisare le conclusioni, le parti medesime decadono dai mezzi istruttori non assunti indipendentemente da un'espressa dichiarazione di decadenza (C.C. 22843/06 – Conf. C.C. 11394/05; C.C. 5751/91; C.C. 3378/80).

§. 3
Dell'esibizione delle prove

210. Ordine di esibizione alla parte o al terzo. – Negli stessi limiti entro i quali può essere ordinata a norma dell'art. 118 l'ispezione di cose in possesso di una parte o di un terzo, il giudice istruttore, su istanza di parte (94 att.), può ordinare all'altra parte o a un terzo di esibire in giudizio un documento (212) o altra cosa di cui ritenga necessaria l'acquisizione al processo (213, 670).

Nell'ordinare l'esibizione, il giudice dà i provvedimenti opportuni circa il tempo, il luogo e il modo dell'esibizione (258, 262; 95 att.).

Se l'esibizione importa una spesa, questa deve essere in ogni caso anticipata dalla parte che ha proposto l'istanza di esibizione (90).

Se la parte non adempie senza giustificato motivo all'ordine di esibizione, il giudice la condanna a una pena pecuniaria da euro 500 a euro 3.000 e può da questo comportamento desumere argomenti di prova a norma dell'articolo 116, secondo comma (1).

Se non adempie il terzo, il giudice lo condanna a una pena pecuniaria da euro 250 a euro 1.500 (1).

(1) *Questo comma è stato aggiunto dall'art. 3, comma 15, lett. a), del D.L.vo 10 ottobre 2022, n. 149, a decorrere dal 28 febbraio 2023.*

A norma dell'art. 35, comma 1, del medesimo decreto, le disposizioni si applicano ai procedimenti instaurati successivamente a tale data. Ai procedimenti pendenti alla data del 28 febbraio 2023 si applicano le disposizioni anteriormente vigenti.

NOTE OPERATIVE:

Ambito di applicazione: L'ordine di esibizione costituisce uno strumento istruttorio residuale, che può essere utilizzato soltanto in caso di impossibilità di acquisire la prova dei fatti con altri mezzi e non per supplire al mancato assolvimento dell'onere probatorio a carico dell'istante (C.C. 22516/23 – Conf. C.C. 31251/21).

211. Tutela dei diritti del terzo. – Quando l'esibizione è ordinata ad un terzo, il giudice istruttore deve cercare di conciliare nel miglior modo possibile l'interesse della giustizia col riguardo dovuto ai diritti del terzo, e prima di ordinare l'esibizione può disporre che il terzo sia citato in giudizio (270), assegnando alla parte istante un termine per provvedervi (95 att.).

Il terzo può sempre fare opposizione contro l'ordinanza di esibizione, intervenendo nel giudizio (105¹, 267) prima della scadenza del termine assegnatogli.

NOTE OPERATIVE:

Privacy: Con riguardo al tema relativo alla protezione dei dati personali, non costituisce violazione di tale disciplina il loro utilizzo mediante svolgimento di attività processuale giacché tale disciplina non trova applicazione ai sensi del codice della privacy quando i dati vengano raccolti e gestiti nell'ambito di un processo (C.C. 9314/23 – Conf. S.U. 3034/11).

212. Esibizione di copia del documento e dei libri di commercio. – Il giudice istruttore può disporre che, in sostituzione dell'originale, si esibisca una copia (2714 c.c.) anche fotografica (261; 2719 c.c.) o un estratto autentico (2718 c.c.) del documento.

Nell'ordinare l'esibizione di libri di commercio (2214, 2704 c.c.) o di registri al fine di estrarne determinate partite (2711² c.c.), il giudice, su istanza dell'interessato, può disporre che siano prodotti estratti, per la formazione dei quali nomina un notaio e, quando occorre, un esperto affinché lo assista (68).

213. Richiesta d'informazioni alla pubblica amministrazione. – Fuori dei casi previsti negli artt. 210 e 211, il giudice può richiedere d'ufficio alla pubblica amministrazione le informazioni scritte relative ad atti e documenti dell'amministrazione stessa, che è necessario acquisire al processo (96 att.).

L'amministrazione entro sessanta giorni dalla comunicazione del provvedimento di cui al primo comma trasmette le informazioni richieste o comunica le ragioni del diniego (1).

(1) *Questo comma è stato aggiunto dall'art. 3, comma 15, lett. b), del D.L.vo 10 ottobre 2022, n. 149, a decorrere dal 28 febbraio 2023.*

A norma dell'art. 35, comma 1, del medesimo decreto, le disposizioni si applicano ai procedimenti instaurati successivamente a tale data. Ai procedimenti pendenti alla data del 28 febbraio 2023 si applicano le disposizioni anteriormente vigenti.

NOTE OPERATIVE:

Valutazione: Si tratta di una facoltà rimessa alla discrezionalità del giudice (C.C. 34158/19).

§. 4
Del riconoscimento e della verificazione della scrittura privata

214. Disconoscimento della scrittura privata. – Colui contro il quale è prodotta una scrittura privata (2702 ss. c.c.), se intende disconoscerla, è tenuto a negare formalmente la propria scrittura o la propria sottoscrizione (215, 293³).

Gli eredi o aventi causa possono limitarsi a dichiarare di non conoscere la scrittura o la sottoscrizione del loro autore.

NOTE OPERATIVE:

Ambito di applicazione: Qualora una scrittura privata sia prodotta in giudizio dalla medesima parte che deduce la non autenticità della propria apparente sottoscrizione, non trova applicazione la norma che postula, al pari dell'art. 2702 c.c., che il documento del quale si alleghi la falsità della firma sia stato prodotto in giudizio dall'altra parte, e non dall'apparente sottoscrittore (C.C. 27362/22).

215. Riconoscimento tacito della scrittura privata. – La scrittura privata prodotta in giudizio si ha per riconosciuta (219²; 2702, 2703 c.c.):

1) se la parte, alla quale la scrittura è attribuita o contro la quale la scrittura è prodotta, è contumace (171³, 290), salva la disposizione dell'art. 293 terzo comma;

2) se la parte comparsa non la disconosce o non dichiara di non conoscerla nella prima udienza (183) o nella prima risposta successiva alla produzione (214).

Quando nei casi ammessi dalla legge la scrittura è prodotta in copia autentica (2714 ss. c.c.), il giudice istruttore può concedere un termine per deliberare alla parte che ne fa istanza nei modi di cui al n. 2.

NOTE OPERATIVE:

Termine: La previsione in base alla quale la scrittura privata prodotta in giudizio si ha per riconosciuta se la parte comparsa non la disconosce nella prima udienza o nella risposta successiva alla produzione, va intesa con riferimento al primo atto in cui la parte esercita il proprio diritto di difesa, sia essa un'udienza o una difesa scritta (C.C. 9690/23).

216. Istanza di verificazione. – La parte che intende valersi della scrittura disconosciuta (214) deve chiederne la verificazione, proponendo i mezzi di prova che ritiene utili e producendo o indicando le scritture che possono servire di comparazione (217², 219).

L'istanza per la verificazione può anche proporsi in via principale con citazione (163; 2652 n. 3 c.c.), quando la parte dimostra di avervi interesse (100); ma se il convenuto riconosce la scrittura, le spese sono poste a carico dell'attore (92).

NOTE OPERATIVE:

Onere della parte: La norma prevede un "imprescindibile onere" che deve essere assolto dalla parte quando chiede la verificazione (C.C. 26525/23).

217. Custodia della scrittura e provvedimenti istruttori. – Quando è chiesta la verificazione, il giudice istruttore dispone le cautele opportune per la custodia del documento, stabilisce il termine per il deposito in cancelleria delle scritture di comparazione, nomina, quando occorre, un consulente tecnico (61, 191 ss.) e provvede alla ammissione delle altre prove (183, 188).

Nel determinare le scritture che debbono servire di comparazione, il giudice ammette, in mancanza di accordo delle parti, quella la cui provenienza dalla persona che si afferma autrice della scrittura è riconosciuta (215) oppure accertata per sentenza di giudice o per atto pubblico (2703 c.c.).

NOTE OPERATIVE:

CTU: Allorché sia proposta istanza di verificazione della scrittura privata il giudice non è tenuto a disporre necessariamente una consulenza tecnica grafologica (C.C. 25508/21 – Conf. C.C. 20584/19).

Scritture: Nel procedimento per la verifica di scrittura privata spetta al giudice del merito stabilire quali scritture debbano servire di comparazione, senza esser vincolato da alcuna graduatoria tra le varie fonti di accertamento dell'autenticità (C.C. 29542/19 – Conf. C.C. 13844/99).

218. Scritture di comparazione presso depositari. – Se le scritture di comparazione si trovano presso depositari pubblici o privati e l'asportazione non ne è vietata, il giudice istruttore può disporne il deposito in cancelleria in un termine da lui fissato.

Se la comparazione deve eseguirsi nel luogo dove si trovano le scritture, il giudice dà le disposizioni necessarie per le operazioni, che debbono compiersi in presenza del depositario (98 att.).

NOTE OPERATIVE:

Caratteristiche: Le scritture di raffronto devono rispondere al requisito dell'autenticità e non dell'abbondanza e devono essere, per quanto possibile, coeve alla scrittura della quale si contesta l'autenticità (C.C. 3849/79).

219. Redazione di scritture di comparazione. – Il giudice istruttore può ordinare alla parte di scrivere sotto dettatura, anche alla presenza del consulente tecnico (194).

Se la parte invitata a comparire personalmente non si presenta o rifiuta di scrivere senza giustificato motivo, la scrittura si può ritenere riconosciuta (116, 215).

NOTE OPERATIVE:

Mancata comparizione: La mancata comparizione deve necessariamente costituire espressione della volontà della parte medesima di sottrarsi all'incombente della redazione del documento comparativo, necessario per effettuare la verificazione della scrittura disconosciuta (C.C. 5648/84).

220. Pronuncia del collegio. – Sull'istanza di verificazione pronuncia sempre il collegio (190 *bis*, 275, 277).

Il collegio, nella sentenza che dichiara la scrittura o la sottoscrizione di mano della parte che l'ha negata (88), può condannare quest'ultima a una pena pecuniaria non inferiore a € 2 (¹) e non superiore a € 20 (¹) (96, 179).

(¹) *Pena originaria: da lire 500 a lire 10.000. Poi quadruplicata dall'art. 3 del D.L.vo 9 aprile 1948, n. 438. Ai sensi dell'art. 114 della L. 24 novembre 1981, n. 689, la pena minima è stata elevata a lire 4.000.*

§. 5
Della querela di falso

221. Modo di proposizione e contenuto della querela. – La querela di falso può proporsi tanto in via principale (9, 163; 99, 100, 101 att.) quanto in corso di causa (222, 313; 65 att.) in qualunque stato e grado di giudizio (355), finché la verità del documento non sia stata accertata con sentenza passata in giudicato (324).

La querela deve contenere, a pena di nullità (156), l'indicazione degli elementi e delle prove della falsità e deve essere proposta personalmente dalla parte (84) oppure a mezzo di procuratore speciale (83², 125), con atto di citazione (163) o con dichiarazione da unirsi al verbale d'udienza (99² att.).

È obbligatorio l'intervento nel processo del pubblico ministero (70, 158).

NOTE OPERATIVE:

Finalità: Il giudizio di querela di falso, tanto in via principale che incidentale, si connota quale processo a contenuto oggettivo con prevalente funzione di protezione dell'interesse pubblico all'eliminazione di documenti falsi dalla circolazione giuridica (C.C. 12130/11).

Legittimazione: È legittimato a proporre querela di falso chiunque abbia interesse a contrastare l'efficacia probatoria di un documento munito di fede privilegiata in relazione ad una pretesa che su di esso si fondi, non esclusa la stessa parte che l'abbia prodotto in giudizio, senza potersi distinguere tra querela proposta in via principale o incidentale (C.C. 8575/19).

Contenuto: La norma, senza fare distinzione fra querela proposta in via principale e querela proposta in corso di causa, prevede che la querela di falso debba contenere, a pena di nullità, l'indicazione, oltre che degli elementi, delle prove della falsità (C.C. 27408/23).

Intervento del P.M.: La partecipazione del P.M. al giudizio di falso è richiesta solo in relazione alla fase relativa all'accertamento della falsificazione del documento, siccome involgente l'interesse generale all'intangibilità della pubblica fede dell'atto (che l'organo requirente è chiamato a tutelare) (C.C. 21232/23).

222. Interpello della parte che ha prodotto la scrittura. – Quando è proposta querela di falso in corso di causa, il giudice istruttore (313; 65 att.) interpella la parte che ha prodotto il documento se intende valersene in giudizio. Se la risposta è negativa, il documento non è utilizzabile in causa; se è affermativa, il giudice, che ritiene il documento rilevante, autorizza la presentazione della querela nella stessa udienza o in una successiva; ammette i mezzi istruttori che ritiene idonei (115), e dispone i modi e i termini della loro assunzione (202 ss.).

NOTE OPERATIVE:

Revoca: La risposta affermativa all'interpello rivolto dal giudice alla parte, circa l'intenzione di avvalersi del documento contestato, è revocabile (C.C. 20563/17).

Ammissibilità: Il giudizio di ammissibilità e rilevanza non è riservato alla fase della sua proposizione, in quanto l'ordinanza che autorizza la presentazione non è suscettibile di passare in giudicato e, pertanto, non vincola il giudice della querela che, se non è obbligato a esaminare nuovamente la rilevanza, è tenuto a controllare che: a) che sulla genuinità del documento sia insorta contestazione; b) sia stato fatto uso del documento; c) il documento stesso sia idoneo a costituire prova contro l'istante (C.C. 18019/23 – Conf. C.C. 6028/23).

223. Processo verbale di deposito del documento. – Nell'udienza in cui è presentata la querela, si forma processo verbale (126) di deposito nelle mani del cancelliere del documento impugnato (100 att.).

Il processo verbale è redatto in presenza del pubblico ministero e delle parti, e deve contenere la descrizione dello stato in cui il documento si trova, con indicazione delle cancellature, abrasioni, aggiunte, scritture interlineari e di ogni altra particolarità che vi si riscontra.

Il giudice istruttore, il pubblico ministero e il cancelliere appongono la firma sul documento. Il giudice può anche ordinare che di esso sia fatta copia fotografica (261).

224. Sequestro del documento. – Se il documento impugnato di falso si trova presso un depositario, il giudice istruttore può ordinarne il sequestro con le forme previste nel codice di procedura penale (253 c.p.p.), dopo di che si redige il processo verbale di cui all'articolo precedente.

Se non è possibile il deposito del documento in cancelleria, il giudice dispone le necessarie cautele per la conservazione di esso e redige il processo verbale alla presenza del depositario, nel luogo dove il documento si trova (98 att.).

NOTE OPERATIVE:

Valutazione: Sia il sequestro sia il processo verbale di deposito del documento relativamente al quale sia stata proposta querela di falso, sono rimessi alla discrezionalità del giudice che deve adottarli, ove ne ravvisi la necessità, in relazione alla peculiarità del caso concreto, senza peraltro che dalla legge siano comminate sanzioni di nullità per il mancato adempimento di tali incombenti, essendo questi posti in funzione della attività ordinatoria da esplicarsi per giungere alla soluzione della controversia (C.C. 19727/03).

225. Decisione sulla querela. – Sulla querela di falso pronuncia il tribunale in composizione monocratica ([1]) (226, 275, 279; 65, 101 att.).

Il giudice può trattenere la causa in decisione sulla querela indipendentemente dal merito. In tal caso, su istanza di parte, può disporre che la trattazione della causa continui relativamente a quelle domande che possono essere decise indipendentemente dal documento impugnato ([2]).

(1) *Le parole: «sempre il collegio» sono state così sostituite dalle attuali: «il tribunale in composizione monocratica» dall'art. 3, comma 16, lett. a), n. 1), del D.L.vo 10 ottobre 2022, n. 149, a decorrere dal 28 febbraio 2023.*

A norma dell'art. 35, comma 1, del medesimo decreto, le disposizioni si applicano ai procedimenti instaurati successivamente a tale data. Ai procedimenti pendenti alla data del 28 febbraio 2023 si applicano le disposizioni anteriormente vigenti.

(2) *Questo comma è stato così sostituito dall'art. 3, comma 16, lett. a), n. 2), del D.L.vo 10 ottobre 2022, n. 149, a decorrere dal 28 febbraio 2023.*

A norma dell'art. 35, comma 1, del medesimo decreto, le disposizioni si applicano ai procedimenti instaurati successivamente a tale data. Ai procedimenti pendenti alla data del 28 febbraio 2023 si applicano le disposizioni anteriormente vigenti.

Si riporta il testo precedente:

«Il giudice istruttore può rimettere le parti al collegio per la decisione sulla querela indipendentemente dal merito (187[2]). In tal caso, su istanza di parte, può disporre che la trattazione della causa continui davanti a sé relativamente a quelle domande che possono essere decise indipendentemente dal documento impugnato (313) (*).».

(*) *Comma così modificato con R.D. 20 aprile 1942, n. 504.*

NOTE OPERATIVE:

Prova: Nel giudizio di falso, la prova univoca della falsità del documento impugnato con apposita querela deve essere fornita dal querelante perché possa pervenirsi all'accoglimento della relativa domanda, sia essa proposta in via incidentale o in via principale (C.C. 2126/19).

226. Contenuto della sentenza. – Il tribunale (1), con la sentenza che rigetta la querela di falso, ordina la restituzione del documento e dispone che, a cura del cancelliere, sia fatta menzione della sentenza sull'originale o sulla copia che ne tiene luogo; condanna inoltre la parte querelante a una pena pecuniaria non inferiore a € 2 e non superiore a € 20 (179) (2).

Con la sentenza che accerta la falsità il tribunale (3), anche d'ufficio, dà le disposizioni di cui all'articolo 537 (4) c.p.p.

(1) *La parola: «collegio» è stata così sostituita dalla attuale: «tribunale» dall'art. 3, comma 16, lett. b), n. 1), del D.L.vo 10 ottobre 2022, n. 149, a decorrere dal 28 febbraio 2023.*

A norma dell'art. 35, comma 1, del medesimo decreto, le disposizioni si applicano ai procedimenti instaurati successivamente a tale data. Ai procedimenti pendenti alla data del 28 febbraio 2023 si applicano le disposizioni anteriormente vigenti.

(2) *Pena originaria: da lire 1.000 a lire 10.000. Poi così quadruplicata dall'art. 3 del D.L.vo 9 aprile 1948, n. 438.*

(3) *La parola: «collegio» è stata così sostituita dalla attuale: «tribunale» dall'art. 3, comma 16, lett. b), n. 2), del D.L.vo 10 ottobre 2022, n. 149, a decorrere dal 28 febbraio 2023.*

A norma dell'art. 35, comma 1, del medesimo decreto, le disposizioni si applicano ai procedimenti instaurati successivamente a tale data. Ai procedimenti pendenti alla data del 28 febbraio 2023 si applicano le disposizioni anteriormente vigenti.

(4) *Le parole: «di cui all'articolo 480» sono state così sostituite dalle attuali: «di cui all'articolo 537» dall'art. 3, comma 16, lett. b), n. 2), del D.L.vo 10 ottobre 2022, n. 149, a decorrere dal 28 febbraio 2023.*

A norma dell'art. 35, comma 1, del medesimo decreto, le disposizioni si applicano ai procedimenti instaurati successivamente a tale data. Ai procedimenti pendenti alla data del 28 febbraio 2023 si applicano le disposizioni anteriormente vigenti.

NOTE OPERATIVE:

Valore: La sentenza che decide la querela di falso incidentale è, di regola, definitiva, poiché conclude un procedimento autonomo che ha per oggetto l'accertamento della falsità di un atto avente fede privilegiata (C.C. 7243/17).

227. Esecuzione della sentenza che ha pronunciato sulla querela. – L'esecuzione delle sentenze previste nell'articolo precedente non può aver luogo prima che siano passate in giudicato (324).

Se non è richiesta dalle parti, l'esecuzione è promossa dal pubblico ministero a spese del soccombente con l'osservanza, in quanto applicabili, delle norme dell'art. 481 c.p.p. (1).

(1) *Ora, art. 675 nuovo c.p.p.*

NOTE OPERATIVE:

Pronunce accessorie: Solo l'attuazione delle pronunce accessorie è subordinata al passaggio in giudicato della sentenza, e non anche l'esecutività di ogni altro capo della pronuncia sul merito della lite ovvero sulle spese di giudizio (C.C. 891/14).

§. 6
Della confessione giudiziale e dell'interrogatorio formale

228. Confessione giudiziale. – La confessione giudiziale è spontanea (229) o provocata mediante interrogatorio formale (230; 2730-2734 c.c.).

NOTE OPERATIVE:

Oggetto: La confessione deve avere a oggetto non giudizi, ovvero opinioni, ma fatti obiettivi (C.C. 21210/19).

229. Confessione spontanea. – La confessione spontanea può essere contenuta in qualsiasi atto processuale firmato dalla parte personalmente (125, 316, 317), salvo il caso dell'art. 117 (183, 320).

NOTE OPERATIVE:

Presupposti: Le ammissioni contenute negli scritti difensivi, sottoscritti unicamente dal procuratore ad litem, costituiscono elementi indiziari liberamente valutabili dal giudice per la formazione del suo convincimento ma possono assumere anche il carattere proprio della confessione giudiziale spontanea qualora l'atto sia stato sottoscritto dalla parte personalmente, con modalità tali che rivelino inequivocabilmente la consapevolezza delle specifiche dichiarazioni dei fatti sfavorevoli in esso contenute (C.C. 11793/21 – Conf. C.C. 23634/18; C.C. 24539/16).

230. Modo dell'interrogatorio. – L'interrogatorio deve essere dedotto per articoli separati e specifici.

Il giudice istruttore procede all'assunzione dell'interrogatorio nei modi e termini stabiliti nell'ordinanza (176) che lo ammette (102 att.).

Non possono farsi domande su fatti diversi da quelli formulati nei capitoli, a eccezione delle domande su cui le parti concordano e che il giudice ritiene utili; ma il giudice può sempre chiedere i chiarimenti opportuni sulle risposte date (2734 c.c.).

NOTE OPERATIVE:

Capitoli di prova: Inammissibile la richiesta di ammissione dell'interrogatorio formale su tutto il contenuto della comparsa di risposta che non consenta, per la genericità ed indeterminatezza del testo, di individuare capitoli di prova che rispondano ai requisiti richiesti dalla norma, né può essere richiesto al giudice di estrapolare egli stesso detti capitoli di prova (tramite una c.d. «lettura estrapolativa» nell'atto di parte), contrastandovi il principio della disponibilità della prova.

231. Risposta. – La parte interrogata deve rispondere personalmente (183, 317). Essa non può servirsi di scritti preparati, ma il giudice istruttore può consentirle di valersi di note o appunti, quando deve fare riferimento a nomi o a cifre, o quando particolari circostanze lo consigliano.

NOTE OPERATIVE:

Procuratore speciale: L'interrogatorio formale non può essere reso a mezzo di procuratore speciale (C.C. 12843/98).

232. Mancata risposta. – Se la parte non si presenta o rifiuta di rispondere senza giustificato motivo, il collegio (183, 320), valutato ogni altro elemento di prova (115, 116), può ritenere come ammessi i fatti dedotti nell'interrogatorio (116, 548).

Il giudice istruttore, che riconosce giustificata la mancata presentazione della parte per rispondere all'interrogatorio, dispone per l'assunzione di esso anche fuori della sede giudiziaria (203).

NOTE OPERATIVE:

Effetti: La norma non ricollega automaticamente alla mancata risposta all'interrogatorio, per quanto ingiustificata, l'effetto della confessione, ma dà solo la facoltà al giudice di ritenere come ammessi i fatti dedotti con tale mezzo istruttorio, imponendogli, però, nel contempo, di valutare ogni altro elemento di prova (C.C. 25935/22 – Conf. C.C. 41643/21; C.C. 9436/18).

§. 7
Del giuramento

233. Deferimento del giuramento decisorio. – Il giuramento decisorio (2736 n. 1, 2960 c.c.) può essere deferito in qualunque stato della causa (345^2, 394^2) davanti al giudice istruttore, con dichiarazione fatta all'udienza dalla parte (84^2, 86) o dal procuratore munito di mandato speciale (83) o con atto sottoscritto dalla parte.

Esso deve essere formulato in articoli separati, in modo chiaro e specifico.

NOTE OPERATIVE:

Formulazione: Il giuramento decisorio è ammissibile solo se la sua formulazione sia chiaramente centrata sui punti essenziali della controversia, sicché al giudice, dopo la sua prestazione, non resti che verificare l'an iuratum sit; è, invece, escluso se la formula possa fornire solo elementi probatori o presuntivi da valutarsi in concorso con altre risultanze istruttorie (C.C. 6246/19 – Conf. C.C. 4809; C.C. 724/83).

Oggetto: Il giuramento non può vertere sull'esistenza o meno di rapporti o di situazioni giuridiche, né può deferirsi per provocare l'espressione di apprezzamenti od opinioni né, tantomeno, di valutazioni giuridiche, dovendo la sua formula avere ad oggetto circostanze determinate che, quali fatti storici, siano stati percepiti dal giurante con i sensi o con l'intelligenza (C.C. 27086/18 – Conf. C.C. 10184/13).

234. Riferimento. – Finché non abbia dichiarato di essere pronta a giurare, la parte (84), alla quale il giuramento decisorio è stato deferito, può riferirlo all'avversario nei limiti fissati dal codice civile (2739 c.c.).

235. Irrevocabilità. – La parte, che ha deferito o riferito il giuramento decisorio, non può più revocarlo (236) quando l'avversario ha dichiarato di essere pronto a prestarlo.

236. Caso di revocabilità. – Se nell'ammettere il giuramento decisorio il giudice modifica la formula proposta dalla parte (84, 233^2), questa può revocarlo.

237. Risoluzione delle contestazioni. – Le contestazioni sorte tra le parti circa l'ammissione del giuramento decisorio sono decise dal collegio (178).

L'ordinanza del collegio (176, 240, 280) che ammette il giuramento deve essere notificata (137, 292) personalmente alla parte.

238. Prestazione. – Il giuramento decisorio è prestato personalmente dalla parte ed è ricevuto dal giudice istruttore. Questi ammonisce il giurante sull'importanza religiosa (1) e morale dell'atto e sulle conseguenze penali delle dichiarazioni false (371 c.p.), e quindi lo invita a giurare.

Il giurante, in piedi, pronuncia a chiara voce le parole: «consapevole della responsabilità che col giuramento assumo davanti a Dio e agli uomini, giuro...», e continua ripetendo le parole della formula su cui giura (232; 2738 c.c.) (2).

(1) *La Corte costituzionale, con sentenza n. 334 dell'8 ottobre 1996, ha dichiarato l'illegittimità costituzionale di questo comma, seconda proposizione, limitatamente alle parole «religiosa e».*

(2) *La Corte costituzionale, con sentenza n. 334 dell'8 ottobre 1996, ha dichiarato l'illegittimità costituzionale di questo comma, limitatamente alle parole «davanti a Dio e agli uomini».*

NOTE OPERATIVE:

Formula: Il giuramento decisorio deve considerarsi prestato anche quando il giurante abbia apportato alla formula del giuramento aggiunte e varianti che ne costituiscano semplici chiarimenti senza alterarne la sostanza (C.C. 18207/08).

239. Mancata prestazione. – La parte alla quale il giuramento decisorio è deferito, se non si presenta senza giustificato motivo all'udienza all'uopo fissata (202, 208, 292), o, comparendo, rifiuta di prestarlo o non lo riferisce all'avversario (234), soccombe rispetto alla domanda o al punto di fatto relativamente al quale il giuramento è stato ammesso; e del pari soccombe la parte avversaria, se rifiuta di prestare il giuramento che le è riferito.

Il giudice istruttore, se ritiene giustificata la mancata comparizione della parte che deve prestare il giuramento, provvede a norma dell'art. 232 secondo comma.

NOTE OPERATIVE:

Ambito di applicazione: Alla mancata prestazione del giuramento decisorio è legittimamente assimilabile l'ipotesi in cui il deferito presti il giuramento apportando modifiche alla formula ammessa dal giudice, tali da alterarne l'originaria sostanza (C.C. 11328/17 – Conf. C.C. 9927/04).

240. (1) Deferimento del giuramento suppletorio. – Nelle cause riservate alla decisione collegiale, il giuramento suppletorio può essere deferito esclusivamente dal collegio (237[2]).

(1) *Articolo così sostituito dall'art. 27 della L. 26 novembre 1990, n. 353, a decorrere dal 30 aprile 1995. Il testo precedente disponeva: «Il giuramento suppletorio può essere deferito esclusivamente dal collegio».*

NOTE OPERATIVE:

Valutazione: La valutazione sull'opportunità di disporre il giuramento suppletorio, trattandosi di mezzo di prova eccezionalmente sottratto alla disponibilità delle parti ed ammissibile di ufficio, è rimessa al prudente e discrezionale apprezzamento del giudice del merito (C.C. 2676/16).

241. Ammissibilità e contenuto del giuramento d'estimazione. – Il giuramento sul valore della cosa domandata (2736 n. 2 c.c.) può essere deferito dal collegio a una delle parti, soltanto se non è possibile accertare altrimenti il valore della cosa stessa. In questo caso il collegio deve anche determinare la somma fino a concorrenza della quale il giuramento avrà efficacia (265).

NOTE OPERATIVE:

Ambito di applicazione: Il deferimento del giuramento estimatorio non è ammesso nel caso in cui, trattandosi di stabilire l'ammontare della somma dovuta al creditore, il giudice abbia acquisito gli elementi di prova utili per tale accertamento (C.C. 29411/20).

242. Divieto di riferire il giuramento suppletorio. – Il giuramento deferito d'ufficio a una delle parti non può da questa essere riferito (234) all'altra.

243. Rinvio alle norme sul giuramento decisorio. – Per la prestazione del giuramento deferito d'ufficio si applicano le disposizioni relative al giuramento decisorio (238, 239).

§. 8
Della prova per testimoni

244. Modo di deduzione. – La prova per testimoni (414, 416, 421, 442 ss.; 2721 c.c.) deve essere dedotta mediante indicazione specifica delle persone (245, 247, 248) da interrogare e dei fatti, formulati in articoli separati, sui quali ciascuna di esse deve essere interrogata (163, 184, 257, 312, 621, 692; 102 att.).

[La parte contro la quale la prova è proposta, anche quando si oppone all'ammissione (187[4]), deve indicare a sua volta nella prima risposta le persone che intende fare interrogare e deve dedurre per articoli separati i fatti sui quali debbono essere interrogate] (1).

[Il giudice istruttore, secondo le circostanze, può assegnare un termine perentorio

(152) alle parti per formulare o integrare tali indicazioni (316, 439)] (1).

(1) *Comma abrogato dall'art. 89, comma primo, della L. 26 novembre 1990, n. 353, a decorrere dal 30 aprile 1995.*

NOTE OPERATIVE:

Formulazione: La richiesta di provare per testimoni un fatto esige non solo che questo sia dedotto in un capitolo specifico e determinato, ma anche che sia collocato univocamente nel tempo e nello spazio, al duplice scopo di consentire al giudice la valutazione della concludenza della prova e alla controparte la preparazione di un'adeguata difesa (C.C. 24377/21).

245. Ordinanza di ammissione. – Con l'ordinanza che ammette la prova (202; 102 att.) il giudice istruttore riduce le liste dei testimoni sovrabbondanti ed elimina i testimoni che non possono essere sentiti per legge (246, 247).

La rinuncia fatta da una parte all'audizione dei testimoni da essa indicati non ha effetto se le altre non vi aderiscono e se il giudice non vi consente (116, 208, 257²).

NOTE OPERATIVE:

Riduzione lista: La riduzione delle liste testimoniali sovrabbondanti costituisce un potere tipicamente discrezionale del giudice di merito, non censurabile in sede di legittimità, ed esercitabile anche nel corso dell'espletamento della prova, potendo il giudice non esaurire l'esame di tutti i testi ammessi qualora, per i risultati raggiunti, ritenga superflua l'ulteriore assunzione della prova (C.C: 9551/09 – Conf. C.C. 15955/04; C.C. 6361/00).

246. Incapacità a testimoniare. – Non possono essere assunte come testimoni le persone aventi nella causa un interesse che potrebbe legittimare la loro partecipazione al giudizio (100, 105).

NOTE OPERATIVE:

Presupposti: L'interesse che determina l'incapacità a testimoniare è solo quello giuridico, personale, concreto ed attuale che comporta o una legittimazione principale a proporre l'azione ovvero una legittimazione secondaria ad intervenire in un giudizio già proposto da altri cointeressati (C.C. 26044/23).

Rilevabilità: L'incapacità a testimoniare non è rilevabile d'ufficio: nel caso in cui la parte non eccepisca l'incapacità a testimoniare prima dell'ammissione del mezzo, detta eccezione sarà definitivamente preclusa (S.U. 9456/23).

247. (1) **Divieto di testimoniare.** – Non possono deporre il coniuge ancorché separato (150 c.c.), i parenti (75 c.c.), o affini in linea retta (78 c.c.) e coloro che sono legati a una delle parti da vincoli di affiliazione (2) (409 c.c.), salvo che la causa verta su questioni di stato (231-290, 291 ss., 404 ss. c.c.), di separazione personale (706 ss.; 150 ss. c.c.) o relative a rapporti di famiglia (117 ss., 315 ss., 433 ss. c.c.).

(1) *La Corte costituzionale, con sentenza n. 248 del 23 luglio 1974, ha dichiarato l'illegittimità costituzionale dell'intero articolo, salvo che la causa verta su questioni di stato di separazione personale o relative a rapporti di famiglia.*

(2) *L'istituto dell'affiliazione è stato soppresso dalla L. 4 maggio 1983, n. 184.*

NOTE OPERATIVE:

Parente: Non sussiste alcun principio di necessaria inattendibilità del testimone che abbia vincoli di parentela o coniugali con una delle parti, atteso che, caduto il divieto di testimoniare per effetto della sentenza della Corte cost. n. 248 del 1974, l'attendibilità del teste legato da uno dei predetti vincoli non può essere esclusa aprioristicamente in difetto di ulteriori elementi dai quali il giudice del merito desuma la perdita di credibilità (C.C. 6001/23 – Conf. C.C. 98/19; C.C. 23447/18).

248. (1) **Audizione dei minori degli anni quattordici.** – I minori degli anni quattordici possono essere sentiti solo quando la loro audizione è resa necessaria da particolari circostanze. Essi non prestano giuramento.

(1) *La Corte costituzionale, con sentenza n. 139 dell'11 giugno 1975, ha dichiarato l'illegittimità costituzionale dell'intero articolo.*

NOTE OPERATIVE:

Valutazione: La minore età di un teste non incide sulla sua capacità a testimoniare bensì sulla valutazione della testimonianza resa e quindi sull'attendibilità di essa (C.C. 5485/97).

249. Facoltà d'astensione. – Si applicano all'audizione dei testimoni le disposizioni degli articoli 200, 201 e 202 del codice di procedura penale (1) relative alla facoltà d'astensione dei testimoni.

(1) *Le parole: «degli articoli 351 e 352 c.p.p.» sono state così sostituite dalle attuali: «degli articoli 200, 201 e 202 del codice di procedura penale» dall'art. 46, comma 6, della L. 18 giugno 2009, n. 69, a decorrere dal 4 luglio 2009. Ai sensi dell'art. 58, comma 1, della predetta legge, tale disposizione si applica ai giudizi instaurati dopo la data della sua entrata in vigore.*

NOTE OPERATIVE:

Avvocato: La facoltà di astensione dalla testimonianza in giudizio, riconosciuta all'avvocato, si inquadra nella tutela del diritto di difesa per cui il professionista può avvalersene riguardo alle conoscenze acquisite in ogni fase dell'attività professionale, sia contenziosa che non, e il presupposto oggettivo connesso allo svolgimento dell'attività svolta non è circoscritto alla sola ipotesi in cui egli abbia assunto la veste di difensore nel processo (C.C. 27703/20).

250. Intimazione ai testimoni. – L'ufficiale giudiziario (59), su richiesta della parte interessata (208; 103, 104 att.), intima ai testimoni ammessi dal giudice istruttore (202, 245) di comparire nel luogo, nel giorno e nell'ora fissati, indicando il giudice che assume la prova e la causa nella quale debbono essere sentiti (107 att.).

L'intimazione di cui al primo comma, se non è eseguita in mani proprie del destinatario o mediante servizio postale, è effettuata in busta chiusa e sigillata (1).

L'intimazione al testimone ammesso su richiesta delle parti private a comparire in udienza può essere effettuata dal difensore attraverso l'invio di copia dell'atto mediante lettera raccomandata con avviso di ricevimento o a mezzo posta elettronica certificata o a mezzo telefax (2).

Il difensore che ha spedito l'atto da notificare con lettera raccomandata deposita nella cancelleria del giudice copia dell'atto inviato, attestandone la conformità all'originale, e l'avviso di ricevimento (3).

(1) *Questo comma è stato aggiunto dall'art. 174, comma 8, del D.L.vo 30 giugno 2003, n. 196, a decorrere dal 1° gennaio 2004. L'art. 174 del D.L.vo n. 196/2003 è stato poi abrogato dall'art. 27, comma 1, lett. c), n. 3, del D.L.vo 10 agosto 2018, n. 101.*

(2) *Questo comma, aggiunto dall'art. 2, comma 3, lett. d), del D.L. 14 marzo 2005, n. 35, convertito, con modificazioni, nella L. 14 maggio 2005, n. 80, è stato così sostituito dall'art. 25, comma 1, lett. h), della L. 12 novembre 2011, n. 183. A norma dell'art. 25, comma 5, della stessa legge, tali disposizioni si applicano decorsi 30 giorni dalla data di entrata in vigore della medesima legge (Suppl. ord. alla G.U. Serie gen.- n. 265 del 14 novembre 2011).*

(3) *Questo comma è stato aggiunto dall'art. 2, comma 3, lett. d), del D.L. 14 marzo 2005, n. 35, convertito, con modificazioni, nella L. 14 maggio 2005, n. 80.*

NOTE OPERATIVE:

Termine: Non incorre in alcuna decadenza la parte che intima un teste a comparire in un termine inferiore ai tre giorni previsti dall'art. 103 disp. att. c.p.c. (C.C. 7477/97).

251. Giuramento dei testimoni. – I testimoni sono esaminati separatamente (253, 254).

Il giudice istruttore ammonisce il testimone sulla importanza religiosa e morale del giuramento e sulle conseguenze penali delle dichiarazioni false o reticenti (372 c.p.) e legge la formula: «consapevole della responsabilità che con il giuramento assumete davanti a Dio, se credente, (1) e agli uomini, giurate di dire la verità, null'altro che la verità». Quindi il testimone, in piedi, presta il giuramento pronunciando le parole: «Lo giuro» (2).

(1) *La Corte costituzionale, con sentenza n. 117 del 10 ottobre 1979, ha dichiarato l'illegittimità del secondo comma dell'art. 251 nella parte in cui in esso non è contenuto l'inciso «se credente».*

(2) *La Corte costituzionale, con sentenza n. 149 del 5 maggio 1995, ha dichiarato l'illegittimità costituzionale di questo comma: a) nella parte in cui prevede che il giudice istruttore «ammonisce il testimone sull'importanza religiosa, se credente, e morale del giuramento e sulle», anziché stabilire che il giudice istruttore «avverte il testimone dell'obbligo di dire la verità e delle»; b) nella parte in cui prevede che il giudice istruttore «legge la formula: "Consapevole della responsabilità che con il giuramento assumete davanti a Dio, se credente, e agli uomini, giurate di dire la verità, null'altro che la verità"», anziché stabilire che il giudice istruttore «lo invita a rendere la seguente dichiarazione: "Consapevole della responsabilità morale e giuridica che assumo con la mia deposizione, mi impegno a dire tutta la verità e a non nascondere nulla di quanto è a mia conoscenza"»; c) nella parte in cui prevede: «quindi il testimone, in piedi, presta il giuramento pronunciando le parole: "lo giuro"».*

Dalla motivazione della sentenza n. 149/1995 si evince che questo comma risulta quindi, ora, così formulato: «Il giudice istruttore avverte il testimone dell'obbligo di dire la verità e delle conseguenze penali delle dichiarazioni false e reticenti e lo invita a rendere la seguente dichiarazione: "Consapevole della responsabilità morale e giuridica che assumo con la mia deposizione, mi impegno a dire tutta la verità e a non nascondere nulla di quanto è a mia conoscenza"».

NOTE OPERATIVE:

Mancanza: La mancata prestazione del giuramento non comporta, in difetto di espressa comminatoria di legge, la nullità della prova testimoniale, in quanto il giuramento medesimo non costituisce un requisito indispensabile affinché l'atto raggiunga lo scopo cui è destinato (C.C: 22330/07 – Conf. C.C. 12430/01; C.C. 11386/99).

252. Identificazione dei testimoni. – Il giudice istruttore richiede al testimone il nome, il cognome, la paternità, l'età e la professione, e lo invita a dichiarare se ha rapporti di parentela (74 c.c.), affinità (78 c.c.), affiliazione (409 c.c.) o dipendenza con alcuna delle parti, oppure interesse nella causa (246, 247).

Le parti possono fare osservazioni sull'attendibilità del testimone, e questi deve fornire in proposito i chiarimenti necessari. Delle osservazioni e dei chiarimenti si fa menzione nel processo verbale prima dell'audizione del testimone (126).

NOTE OPERATIVE:

Termini: Le disposizioni limitative della capacità dei testi, come quelle relative alla loro identificazione, sono dettate nell'esclusivo interesse delle parti, le quali devono denunziarne la inosservanza in sede di assunzione della prova, o nella prima difesa successiva, senza di che tale nullità deve ritenersi sanata (C.C. 4776/05).

253. Interrogazioni e risposte. – Il giudice istruttore interroga il testimone sui fatti intorno ai quali è chiamato a deporre (244). Può altresì rivolgergli, d'ufficio o su istanza di parte, tutte le domande che ritiene utili a chiarire i fatti medesimi (257).

È vietato alle parti e al pubblico ministero di interrogare direttamente i testimoni.

Alle risposte dei testimoni si applica la disposizione dell'art. 231.

NOTE OPERATIVE:

Ruolo del giudice: Il giudice del merito non è un mero registratore passivo di quanto dichiarato dal testimone, ma un soggetto attivo partecipe dell'escussione, al quale l'ordinamento attribuisce il potere-dovere, non solo di sondare con zelo l'attendibilità del testimone, ma anche di acquisire da esso tutte le informazioni indispensabili per una giusta decisione (C.C. 32456/22 – Conf. C.C. 17981/20).

254. Confronto dei testimoni. – Se vi sono divergenze tra le deposizioni di due o più testimoni, il giudice istruttore, su istanza di parte o d'ufficio, può disporre che essi siano messi a confronto (251).

NOTE OPERATIVE:

Revoca: La norma attribuisce al giudice di merito una mera facoltà discrezionale di procedere al confronto tra testimoni, conferendogli, perciò, anche il potere di recedere dal disposto confronto per motivi sopravvenuti di qualsiasi genere (C.C. 14538/09).

255. Mancata comparizione dei testimoni. – Se il testimone regolarmente intimato non si presenta, il giudice istruttore può ordinare una nuova intimazione oppure disporne l'accompagnamento all'udienza stessa o ad altra successiva. Con la medesima ordinanza il giudice, in caso di mancata comparizione senza giustificato motivo, può condannarlo ad una pena pecuniaria non inferiore a 100 euro e non superiore a 1.000 euro. In caso di ulteriore mancata comparizione senza giustificato motivo, il giudice dispone l'accompagnamento del testimone all'udienza stessa o ad altra successiva e lo condanna a una pena pecuniaria non inferiore a 200 euro e non superiore a 1.000 euro (1) (2).

Se il testimone si trova nell'impossibilità di presentarsi o ne è esentato dalla legge (249) o dalle convenzioni internazionali (105 att.) il giudice si reca nella sua abitazione o nel suo ufficio; e, se questi sono situati fuori della circoscrizione del tribunale, delega all'esame il giudice istruttore del luogo (203; 108 att.).

(1) *Questo comma è stato così sostituito dall'art. 2, comma 1, lett.* n), *della L. 28 dicembre 2005, n. 263.*

Ai sensi dell'art. 2, comma 4, del medesimo provvedimento, come modificato dall'art. 39 quater del D.L. 30 dicembre 2005, n. 273, convertito, con modificazioni, nella L. 23 febbraio 2006, n. 51, questa disposizione entra in vigore il 1° marzo 2006 e si applica ai procedimenti instaurati successivamente a tale data.

Si riporta il comma precedente: «Se il testimone regolarmente intimato non si presenta, il giudice istruttore può ordinare una nuova intimazione oppure disporne l'accompagnamento all'udienza stessa o ad altra successiva. Con la medesima ordinanza lo condanna a una pena pecuniaria non inferiore a € 2 e non superiore a € 5, oltre che alle spese causate dalla mancata presentazione».

(2) *L'ultimo periodo di questo comma è stato aggiunto dall'art. 46, comma 7, della L. 18 giugno 2009, n. 69, a decorrere dal 4 luglio 2009. Ai sensi dell'art. 58, comma 1, della predetta legge, tale disposizione si applica ai giudizi instaurati dopo la data della sua entrata in vigore.*

NOTE OPERATIVE:

Citazione: Nell'ipotesi di mancata comparizione in udienza di testimoni ritualmente citati dalla parte interessata, qualora il giudice non abbia esercitato il potere di ordinare una nuova intimazione o di disporne l'accompagnamento coattivo, ai sensi dell'art. 255 c.p.c., l'onere di citare i testimoni all'udienza cui il giudice abbia rinviato per l'assunzione della prova grava sulla parte interessata, a pena di decadenza (C.C. 1020/13).

256. Rifiuto di deporre e falsità della testimonianza. – Se il testimone, presentandosi, rifiuta di giurare (251) o di deporre (249) senza giustificato motivo, o se vi è fondato sospetto che egli non abbia detto la verità o sia stato reticente (372 c.p.), il giudice istruttore lo denuncia al pubblico ministero, al quale trasmette copia del processo verbale (126). [Il giudice può anche ordinare l'arresto del testimone] (1).

(1) *Le parole tra parentesi quadrate sono state soppresse dall'art. 2, comma 1, lett.* o), *della L. 28 dicembre 2005, n. 263.*

Ai sensi dell'art. 2, comma 4, del medesimo provvedimento, come modificato dall'art. 39 quater del D.L. 30 dicembre 2005, n. 273, convertito, con modificazioni, nella L. 23 febbraio 2006, n. 51, questa disposizione entra in vigore il 1° marzo 2006 e si applica ai procedimenti instaurati successivamente a tale data.

257. Assunzione di nuovi testimoni e rinnovazione dell'esame. – Se alcuno dei testimoni si riferisce, per la conoscenza dei fatti, ad altre persone, il giudice istruttore può disporre d'ufficio che esse siano chiamate a deporre.

Il giudice può anche disporre che siano sentiti i testimoni dei quali ha ritenuto l'audizione superflua a norma dell'art. 245 o dei quali ha consentito la rinuncia; e del pari può disporre che siano nuovamente esaminati i testimoni già interrogati, al fine di chiarire la loro deposizione o di correggere irregolarità avveratesi nel precedente esame.

NOTE OPERATIVE:

Ambito di applicazione: L'assunzione di testi che non siano stati preventivamente e specificamente indicati può essere consentita solamente nei casi previsti dalla norma con una enunciazione che deve ritenersi tassativa, dal momento che l'obbligo della rituale indicazione è inderogabile (C.C. 8929/19).

257 *bis*. [1] **Testimonianza scritta.** – Il giudice, su accordo delle parti, tenuto conto della natura della causa e di ogni altra circostanza, può disporre di assumere la deposizione chiedendo al testimone, anche nelle ipotesi di cui all'articolo 203, di fornire, per iscritto e nel termine fissato, le risposte ai quesiti sui quali deve essere interrogato.

Il giudice, con il provvedimento di cui al primo comma, dispone che la parte che ha richiesto l'assunzione predisponga il modello di testimonianza in conformità agli articoli ammessi e lo faccia notificare al testimone.

Il testimone rende la deposizione compilando il modello di testimonianza in ogni sua parte, con risposta separata a ciascuno dei quesiti, e precisa quali sono quelli cui non è in grado di rispondere, indicandone la ragione.

Il testimone sottoscrive la deposizione apponendo la propria firma autenticata su ciascuna delle facciate del foglio di testimonianza, che spedisce in busta chiusa con plico raccomandato o consegna alla cancelleria del giudice.

Quando il testimone si avvale della facoltà d'astensione di cui all'articolo 249, ha l'obbligo di compilare il modello di testimonianza, indicando le complete generalità e i motivi di astensione.

Quando il testimone non spedisce o non consegna le risposte scritte nel termine stabilito, il giudice può condannarlo alla pena pecuniaria di cui all'articolo 255, primo comma.

Quando la testimonianza ha ad oggetto documenti di spesa già depositati dalle parti, essa può essere resa mediante dichiarazione sottoscritta dal testimone e trasmessa al difensore della parte nel cui interesse la prova è stata ammessa, senza il ricorso al modello di cui al secondo comma.

Il giudice, esaminate le risposte o le dichiarazioni, può sempre disporre che il testimone sia chiamato a deporre davanti a lui o davanti al giudice delegato.

[1] *Questo articolo è stato aggiunto dall'art. 46, comma 8, della L. 18 giugno 2009, n. 69, a decorrere dal 4 luglio 2009. Ai sensi dell'art. 58, comma 1, della predetta legge, tale disposizione si applica ai giudizi instaurati dopo la data della sua entrata in vigore.*

§. 9
Delle ispezioni, delle riproduzioni meccaniche e degli esperimenti

258. Ordinanza d'ispezione. – L'ispezione (118; 13, 14 Cost.) di luoghi, di cose mobili e immobili, o delle persone è disposta dal giudice istruttore, il quale fissa il tempo, il luogo e il modo dell'ispezione (202, 696; 93 att.).

259. Modo dell'ispezione. – All'ispezione procede personalmente il giudice istruttore (260), assistito, quando occorre, da un consulente tecnico (61 ss., 194), anche se l'ispezione deve eseguirsi fuori della circoscrizione del tribunale, tranne che esigenze di servizio gli impediscano di allontanarsi dalla sede. In tal caso delega il giudice istruttore del luogo a norma dell'art. 203 (108 att.).

NOTE OPERATIVE:

CTU: Nel caso di ispezione giudiziale compiuta con la continua assistenza di un consulente tecnico appositamente nominato, si verifica una tale compenetrazione dei due mezzi di istruzione probatoria da rendere inconcepibile l'esistenza di rigorosi sbarramenti tra l'uno e l'altro (C.C. 1318/93).

260. Ispezione corporale. – Il giudice istruttore può astenersi dal partecipare all'ispezione corporale e disporre che vi proceda il solo consulente tecnico (194; 90, 92 att.).

All'ispezione corporale deve procedersi con ogni cautela diretta a garantire il rispetto della persona (118; 93 att.; 13 Cost.).

261. Riproduzioni, copie ed esperimenti. – Il giudice istruttore può disporre (176, 202) che siano eseguiti rilievi, calchi e riproduzioni anche fotografiche di oggetti, documenti (2712, 2714, 2719 c.c.) e luoghi e, quando occorre, rilevazioni cinematografiche o altre che richiedono l'impiego di mezzi, strumenti o procedimenti meccanici.

Egualmente, per accertare se un fatto sia o possa essersi verificato in un dato modo, il giudice può ordinare di procedere alla riproduzione del fatto stesso, facendone eventualmente eseguire la rilevazione fotografica o cinematografica.

Il giudice presiede all'esperimento e, quando occorre, ne affida l'esecuzione a un esperto (68) che presta giuramento a norma dell'art. 193.

262. Poteri del giudice istruttore. – Nel corso dell'ispezione o dell'esperimento il giudice istruttore può sentire testimoni per informazioni (253) e dare i provvedimenti necessari per l'esibizione della cosa o per accedere alla località (210; 94 att.).

Può anche disporre l'accesso in luoghi appartenenti a persone estranee al processo, sentite se è possibile queste ultime, e prendendo in ogni caso le cautele necessarie alla tutela dei loro interessi (118, 211).

§. 10
Del rendimento dei conti

263. Presentazione e accettazione del conto. – Se il giudice ordina la presentazione di un conto (385 ss., 496, 709, 1130, 1713 c.c.), questo deve essere depositato in cancelleria con i documenti giustificativi, almeno cinque giorni prima dell'udienza fissata per la discussione di esso (198).

Se il conto viene accettato, il giudice istruttore ne dà atto nel processo verbale (126) e ordina il pagamento delle somme che risultano dovute. L'ordinanza non è impugnabile (177) e costituisce titolo esecutivo (474).

NOTE OPERATIVE:

Presupposti: Il procedimento di rendiconto è fondato sul presupposto dell'obbligo di una parte, derivante dalla legge o dall'accordo delle parti ed accertato dal giudice, di rendere il conto all'altra parte, facendo conoscere il risultato della propria attività in quanto rifluente nella sfera di interessi patrimoniali altrui o, contemporaneamente, in quella altrui e nella propria (C.C. 26222/22).

264. Impugnazione e discussione. – La parte che impugna il conto deve specificare le partite che intende contestare. Se chiede un termine per la specificazione, il giudice istruttore fissa (176) un'udienza per tale scopo.

Se le parti, in seguito alla discussione, concordano nel risultato del conto, il giudice provvede a norma del secondo comma dell'articolo precedente.

In ogni caso il giudice può disporre, con ordinanza non impugnabile (177), il pagamento del sopravanzo che risulta dal conto o dalla discussione dello stesso (109 att.).

NOTE OPERATIVE:

Termini: La parte che ha diritto alla presentazione del conto può contestarlo anche oltre l'udienza fissata per la discussione dello stesso finché, tuttavia, secondo le norme del codice di rito, non siano maturate le preclusioni relative alla produzione di documenti ed alla allegazione di fatti nuovi (C.C. 660/23).

265. Giuramento. – Il collegio (240) può ammettere il creditore a determinare con giuramento (2736 n. 2 c.c.) le somme a lui dovute, se la parte tenuta al rendiconto non lo presenta (263) o rimane contumace (171, 290 ss.). Si applica in tal caso la disposizione dell'art. 241.

Il collegio può altresì ordinare a chi rende il conto di asseverare con giuramento le partite per le quali non si può o non si suole richiedere ricevuta; ma può anche ammetterle senza giuramento, quando sono verosimili e ragionevoli (115).

266. Revisione del conto approvato. – La revisione del conto che la parte ha approvato (263²) può essere chiesta, anche in separato processo, soltanto in caso di errore materiale, omissione, falsità o duplicazioni di partite.

Sezione IV
Dell'intervento di terzi e della riunione di procedimenti

§. 1
Dell'intervento di terzi

267. Costituzione del terzo interveniente. – Per intervenire nel processo a norma dell'art. 105, il terzo deve costituirsi [presentando in udienza o] (1) depositando [in cancelleria] (1) una comparsa (125) formata a norma dell'art. 167 con [le copie per le altre parti,] (1) i documenti e la procura (83).

Il cancelliere dà notizia (136, 170) dell'intervento alle altre parti [, se la costituzione del terzo non è avvenuta in udienza] (2) (2, 3 att.).

(1) *Le parole tra parentesi quadrate sono state soppresse dall'art. 3, comma 17, lett. a), n. 1), del D.L.vo 10 ottobre 2022, n. 149, a decorrere dal 28 febbraio 2023.*

A norma dell'art. 35, comma 1, del medesimo decreto, le disposizioni si applicano ai procedimenti instaurati successivamente a tale data. Ai procedimenti pendenti alla data del 28 febbraio 2023 si applicano le disposizioni anteriormente vigenti.

(2) *Le parole tra parentesi quadrate sono state soppresse dall'art. 3, comma 17, lett. a), n. 2), del D.L.vo 10 ottobre 2022, n. 149, a decorrere dal 28 febbraio 2023.*

A norma dell'art. 35, comma 1, del medesimo decreto, le disposizioni si applicano ai procedimenti instaurati successivamente a tale data. Ai procedimenti pendenti alla data del 28 febbraio 2023 si applicano le disposizioni anteriormente vigenti.

NOTE OPERATIVE:

Comparsa: La comparsa per mezzo della quale avviene l'intervento e la costituzione dei terzi nel processo rappresenta un sostitutivo della citazione, consentito dal legislatore, sul presupposto che tutte le altre parti siano già costituite in giudizio, in quanto idoneo a portare a conoscenza delle medesime il fatto dell'intervento e le richieste dell'interventore (C.C. 17328/15).

268. ([1]) **Termine per l'intervento.** – L'intervento (105) può aver luogo sino al momento in cui il giudice fissa l'udienza di rimessione della causa in decisione ([2]) (190, 314, 315, 320, 419).

Il terzo non può compiere atti che al momento dell'intervento non sono più consentiti (167, 171, 183) ad alcuna altra parte, salvo che comparisca volontariamente per l'integrazione necessaria del contraddittorio.

([1]) *Articolo così sostituito dall'art. 28 della L. 26 novembre 1990, n. 353, a decorrere dal 30 aprile 1995.*

([2]) *Le parole: «a che non vengano precisate le conclusioni» sono state così sostituite dalle attuali: «al momento in cui il giudice fissa l'udienza di rimessione della causa in decisione» dall'art. 3, comma 17, lett. b), del D.L.vo 10 ottobre 2022, n. 149, a decorrere dal 28 febbraio 2023.*

A norma dell'art. 35, comma 1, del medesimo decreto, le disposizioni si applicano ai procedimenti instaurati successivamente a tale data. Ai procedimenti pendenti alla data del 28 febbraio 2023 si applicano le disposizioni anteriormente vigenti.

NOTE OPERATIVE:

Preclusioni: La preclusione per il terzo interveniente, di compiere atti che, al momento dell'intervento, non sono più consentiti ad alcuna parte, opera esclusivamente sul piano istruttorio, non anche su quello assertivo – senza che ciò determini alcuna violazione del diritto di difesa (C.C. 6392/23) -, e deve ritenersi riferita sia alle prove costituende, sia alle prove documentali (C.C. 19901/23).

269. ([1]) **Chiamata di un terzo in causa.** – Alla chiamata di un terzo nel processo a norma dell'art. 106, la parte provvede mediante citazione (163) a comparire nell'udienza fissata dal giudice istruttore ai sensi del presente articolo, osservati i termini dell'art. 163 *bis*.

Il convenuto che intenda chiamare un terzo in causa deve, a pena di decadenza, farne dichiarazione nella comparsa di risposta (167) e contestualmente chiedere al giudice istruttore lo spostamento della prima udienza allo scopo di consentire la citazione del terzo nel rispetto dei termini dell'art. 163 *bis*. Il giudice istruttore, nel termine previsto dall'articolo 171 *bis* ([2]), provvede con decreto (135) a fissare la data della nuova udienza. Il decreto è comunicato (170) dal cancelliere alle parti costituite. La citazione è notificata al terzo a cura del convenuto.

Ove, a seguito delle difese svolte dal convenuto nella comparsa di risposta, sia sorto l'interesse dell'attore a chiamare in causa un terzo (100, 106), l'attore deve, a pena di decadenza, chiederne l'autorizzazione al giudice istruttore nella memoria di cui all'articolo 171 *ter*, primo comma, numero 1 ([3]) (183). Il giudice istruttore, se concede l'autorizzazione, fissa una nuova udienza allo scopo di consentire la citazione del terzo nel rispetto dei termini dell'art. 163 *bis*. La citazione è notificata al terzo a cura dell'attore entro il termine perentorio stabilito dal giudice.

La parte che chiama in causa il terzo deve depositare la citazione notificata entro il termine previsto dall'art. 165, e il terzo deve costituirsi a norma dell'art. 166.

Nell'ipotesi prevista dal terzo comma restano ferme per le parti le preclusioni maturate anteriormente alla chiamata in causa del terzo e i termini indicati dall'articolo 171 *ter* decorrono nuovamente rispetto all'udienza fissata per la citazione del terzo ([4]) ([5]).

([1]) *Articolo sostituito dall'art. 2 del D.P.R. 17 ottobre 1950, n. 857 e così nuovamente sostituito dall'art. 29 della L. 26 novembre 1990, n. 353, a decorrere dal 30 aprile 1995.*

([2]) *Le parole: «entro cinque giorni dalla richiesta» sono state così sostituite dalle attuali: «nel termine previsto dall'articolo 171* bis*» dall'art. 3, comma 17, lett. c), n. 1), del D.L.vo 10 ottobre 2022, n. 149, a decorrere dal 28 febbraio 2023.*

A norma dell'art. 35, comma 1, del medesimo decreto, le disposizioni si applicano ai procedimenti instaurati successivamente a tale data. Ai procedimenti pendenti alla data del 28 febbraio 2023 si applicano le disposizioni anteriormente vigenti.

([3]) *Le parole: «nella prima udienza» sono state così sostituite dalle attuali: «nella memoria di cui all'articolo 171* ter*, primo comma, numero 1» dall'art. 3, comma 17, lett. c), n. 2), del D.L.vo 10 ottobre 2022, n. 149, a decorrere dal 28 febbraio 2023.*

A norma dell'art. 35, comma 1, del medesimo decreto, le disposizioni si applicano ai procedimenti instaurati successivamente a tale data. Ai procedimenti pendenti alla data del 28 febbraio 2023 si applicano le disposizioni anteriormente vigenti.

([4]) *Le parole: «ricollegate alla prima udienza di trattazione, ma i termini eventuali di cui al sesto comma dell'articolo 183 sono fissati dal giudice istruttore nella udienza di comparizione del terzo» sono state così sostituite dalle attuali: «maturate anteriormente alla chiamata in causa del terzo e i termini indicati dall'articolo 171* ter *decorrono nuovamente rispetto all'udienza fissata per la citazione del terzo» dall'art. 3, comma 17, lett. c), n. 3), del D.L.vo 10 ottobre 2022, n. 149, a decorrere dal 28 febbraio 2023.*

A norma dell'art. 35, comma 1, del medesimo decreto, le disposizioni si applicano ai procedimenti instaurati successivamente a tale data. Ai procedimenti pendenti alla data del 28 febbraio 2023 si applicano le disposizioni anteriormente vigenti.

([5]) *Questo comma è stato così sostituito dall'art. 2, comma 1, lett. p), della L. 28 dicembre 2005, n. 263.*

Ai sensi dell'art. 2, comma 4, del medesimo provvedimento, come modificato dall'art. 39 quater del D.L. 30 dicembre 2005, n. 273, convertito, con modificazioni, nella L. 23 febbraio 2006, n. 51, questa disposizione entra in vigore il 1° marzo 2006 e si applica ai procedimenti instaurati successivamente a tale data.

Si riporta il comma precedente: «Nell'ipotesi prevista dal terzo comma, restano ferme per le parti le preclusioni ricollegate alla prima udienza di trattazione, ma il termine eventuale di cui all'ultimo comma dell'articolo 183 è fissato dal giudice istruttore nella udienza di comparizione del terzo, e i termini di cui all'art. 184 decorrono con riferimento alla udienza successiva a quella di comparizione del terzo».

NOTE OPERATIVE:

Termine: Nel caso di chiamata di un terzo in causa, il termine entro il quale deve essere depositata la citazione del terzo chiamato ha natura ordinatoria e, se non rispettato, non comporta l'improcedibilità della domanda nei confronti del chiamato (C.C. 4674/22).

270. (1) **Chiamata di un terzo per ordine del giudice.** – La chiamata di un terzo nel processo a norma dell'art. 107 può essere ordinata (134, 176) in ogni momento dal giudice istruttore per un'udienza che all'uopo egli fissa.

Se nessuna delle parti provvede alla citazione del terzo, il giudice istruttore dispone con ordinanza non impugnabile (177[3]) la cancellazione della causa dal ruolo (307).

(1) *Articolo così sostituito dall'art. 21 della L. 14 luglio 1950, n. 581.*

NOTE OPERATIVE:

Finalità: L'intervento in causa per ordine del giudice trascende l'interesse delle parti originarie ed è strumentale a quello di realizzare l'economia di giudizi e di prevenire giudicati contraddittori che possono verificarsi qualora vengano decise separatamente cause caratterizzate da elementi comuni (C.C. 5670/84).

Termine: La chiamata del terzo nel processo per ordine del giudice – ai sensi dell'art. 107 c.p.c. – può essere ordinata in ogni momento del giudizio di primo grado (C.C. 25127/10).

271. (1) (2) **Costituzione del terzo chiamato.** – Al terzo si applicano, con riferimento all'udienza per la quale è citato, le disposizioni degli articoli 166, 167, primo comma e 171 *ter* (3). Se intende chiamare a sua volta in causa un terzo, deve farne dichiarazione a pena di decadenza nella comparsa di risposta ed essere poi autorizzato dal giudice ai sensi del terzo comma dell'art. 269.

(1) *Articolo così sostituito dall'art. 30 della L. 26 novembre 1990, n. 353, a decorrere dal 30 aprile 1995.*

(2) *La Corte costituzionale, con sentenza n. 260 del 23 luglio 1997, ha dichiarato l'illegittimità costituzionale di questo articolo, nella parte in cui non prevede per il terzo chiamato in causa l'applicazione dell'art. 167, secondo comma, c.p.c.*

(3) *Questo periodo è stato così sostituito dall'art. 3, comma 17, lett. d), del D.L.vo 10 ottobre 2022, n. 149, a decorrere dal 28 febbraio 2023.*

A norma dell'art. 35, comma 1, del medesimo decreto, le disposizioni si applicano ai procedimenti instaurati successivamente a tale data. Ai procedimenti pendenti alla data del 28 febbraio 2023 si applicano le disposizioni anteriormente vigenti.

Si riporta il testo precedente:

«Al terzo si applicano (100, 106), con riferimento all'udienza per la quale è citato, le disposizioni degli artt. 166 e 167, primo comma.».

272. Decisione delle questioni relative all'intervento. – Le questioni relative all'intervento sono decise dal collegio insieme col merito (277, 279), salvo che il giudice istruttore disponga a norma dell'art. 187 secondo comma.

§. 2
Della riunione dei procedimenti

273. Riunione di procedimenti relativi alla stessa causa. – Se più procedimenti relativi alla stessa causa (39) pendono davanti allo stesso giudice, questi, anche d'ufficio, ne ordina la riunione.

Se il giudice istruttore o il presidente della sezione ha notizia che per la stessa causa pende procedimento davanti ad altro giudice o ad altra sezione dello stesso tribunale, ne riferisce al presidente, il quale, sentite le parti (117), ordina con decreto (135) la riunione, determinando la sezione o designando il giudice davanti al quale il procedimento deve proseguire.

NOTE OPERATIVE:

Valutazione: I provvedimenti che decidono sulla riunione o separazione delle cause sono atti processuali di carattere meramente preparatorio, privi di contenuto decisorio sulla competenza, ed insindacabili in sede di gravame, in quanto la valutazione dell'opportunità della trattazione congiunta delle cause connesse è rimessa alla discrezionalità del giudice innanzi al quale i procedimenti pendono (C.C. 15193/22).

Omissione: Il provvedimento di riunione di cause, che si adegua al principio dell'economia dei giudizi, costituisce espressione del potere ordinatorio del giudice che lo esercita incensurabilmente; l'omessa riunione di procedimenti relativi alla stessa causa non risulta sanzionata da nullità (C.C. 19693/08).

274. Riunione di procedimenti relativi a cause connesse. – Se più procedimenti relativi a cause connesse (31 ss., 40, 274 *bis*) pendono davanti allo stesso giudice, questi, anche d'ufficio, può disporne la riunione.

Se il giudice istruttore o il presidente della sezione ha notizia che per una causa connessa pende procedimento davanti ad altro giudice o davanti ad altra sezione dello stesso tribunale, ne riferisce al presidente, il quale, sentite le parti (117), ordina con decreto (135) che le cause siano chiamate alla medesima udienza davanti allo stesso giudice o alla stessa sezione per i provvedimenti opportuni.

NOTE OPERATIVE:

Ambito di applicazione: L'istituto della riunione di procedimenti relativi a cause connesse, operante anche in sede di legittimità, è inapplicabile non solo nel caso di giudizi pendenti in gradi diversi, ma anche quando i due procedimenti, di cui si chiede la riunione, si svolgano dinanzi a giudici i quali esercitano giurisdizioni distinte (S.U. 3690/12).

274 *bis*. ([1]) **[Rapporti tra collegio e giudice istruttore in funzione di giudice unico.** – Il collegio, quando rileva che una causa, rimessa dinanzi a lui per la decisione (187, 188, 189), deve essere decisa dal giudice istruttore in funzione di giudice unico, rimette la causa dinanzi a quest'ultimo con ordinanza non impugnabile (177). Il giudice istruttore provvede ai sensi dell'art. 190 *bis*.

Il giudice istruttore, quando rileva che una causa, riservata per la decisione dinanzi a sé in funzione di giudice unico, deve essere rimessa al collegio, provvede ai sensi degli artt. 187, 188 e 189.

In caso di connessione (33 ss., 40) tra cause attribuite al collegio e cause attribuite al giudice istruttore in funzione di giudice unico, questi ne ordina la riunione (273) e, all'esito dell'istruttoria, le rimette, ai sensi dell'art. 189, al collegio, il quale si pronuncia su tutte le domande, a meno che non sia disposta la separazione ai sensi dell'art. 279, secondo comma, n. 5.

Alla nullità derivante dalla inosservanza delle disposizioni di legge relative alla composizione del tribunale giudicante si applicano gli artt. 158 e 161, primo comma].

([1]) *Articolo dapprima aggiunto dall'art. 31 della L. 26 novembre 1990, n. 353, a decorrere dal 30 aprile 1995, e poi abrogato dall'art. 67 del D.L.vo 19 febbraio 1998, n. 51, recante l'istituzione del giudice unico, a decorrere dal 2 giugno 1999.*

Capo III
Della decisione della causa

275. ([1]) **Decisione del collegio.** – Rimessa la causa al collegio, la sentenza è depositata entro sessanta giorni dall'udienza di cui all'articolo 189.

Ciascuna delle parti, con la nota di precisazione delle conclusioni, può chiedere, al presidente del tribunale, che la causa sia discussa oralmente dinanzi al collegio. In tal caso, resta fermo il rispetto dei termini indicati nell'articolo 189 per il deposito delle sole comparse conclusionali.

Il presidente provvede sulla richiesta revocando l'udienza di cui all'articolo 189 e fissando con decreto la data dell'udienza di discussione davanti al collegio, da tenersi entro sessanta giorni.

Nell'udienza il giudice istruttore fa la relazione orale della causa. Dopo la relazione, il presidente ammette le parti alla discussione e la sentenza è depositata in cancelleria entro i sessanta giorni successivi.

([1]) *Questo articolo è stato, da ultimo, così sostituito dall'art. 3, comma 18, lett. a), del D.L.vo 10 ottobre 2022, n. 149, a decorrere dal 28 febbraio 2023.*

A norma dell'art. 35, comma 1, del medesimo decreto, le disposizioni si applicano ai procedimenti instaurati successivamente a tale data. Ai procedimenti pendenti alla data del 28 febbraio 2023 si applicano le disposizioni anteriormente vigenti.

Si riporta il testo precedente:

«Art. 275 (*) (Decisione del collegio)

Rimessa la causa al collegio, la sentenza è depositata in cancelleria entro sessanta giorni dalla scadenza del termine per il deposito delle memorie di replica di cui all'art. 190.

Ciascuna delle parti, nel precisare le conclusioni, può chiedere che la causa sia discussa oralmente dinanzi al collegio. In tal caso, fermo restando il rispetto dei termini indicati nell'art. 190 per il deposito delle difese scritte, la richiesta deve essere riproposta al presidente del tribunale alla scadenza del termine per il deposito delle memorie di replica.

Il presidente provvede sulla richiesta fissando con decreto (135) la data dell'udienza di discussione, da tenersi entro sessanta giorni.

Nell'udienza il giudice istruttore fa la relazione orale della causa. Dopo la relazione, il presidente ammette le parti alla discussione (197; 115, 116, 117 att.); la sentenza è depositata in cancelleria entro i sessanta giorni successivi.».

(*) *Articolo così sostituito dall'art. 32 della L. 26 novembre 1990, n. 353, a decorrere dal 30 aprile 1995.*

275 *bis*. ([1]) **Decisione a seguito di discussione orale davanti al collegio.** – Il giudice istruttore, quando ritiene che la causa può essere decisa a seguito di discussione orale, fissa udienza davanti al collegio e assegna alle parti termine, anteriore all'udienza, non superiore a trenta giorni per il deposito di note limitate alla precisazione delle conclusioni e un ulteriore termine non superiore a quindici giorni per note conclusionali.

All'udienza il giudice istruttore fa la relazione orale della causa e il presidente ammette le parti alla discussione. All'esito della discussione il collegio pronuncia sentenza dando lettura del dispositivo e della concisa esposizione delle ragioni di fatto e di diritto della decisione.

In tal caso, la sentenza si intende pubblicata con la sottoscrizione da parte del presidente del verbale che la contiene ed è immediatamente depositata in cancelleria.

Se non provvede ai sensi del secondo comma, il collegio deposita la sentenza nei successivi sessanta giorni.

(1) *Questo articolo è stato inserito dall'art. 3, comma 18, lett. b), del D.L.vo 10 ottobre 2022, n. 149, a decorrere dal 28 febbraio 2023.*

A norma dell'art. 35, comma 1, del medesimo decreto, le disposizioni si applicano ai procedimenti instaurati successivamente a tale data. Ai procedimenti pendenti alla data del 28 febbraio 2023 si applicano le disposizioni anteriormente vigenti.

276. Deliberazione. – La decisione è deliberata in segreto nella camera di consiglio. Ad essa (279) possono partecipare soltanto i giudici che hanno assistito alla discussione (158, 197; 114 att.).

Il collegio, sotto la direzione del presidente, decide gradatamente le questioni pregiudiziali proposte dalle parti o rilevabili d'ufficio e quindi il merito della causa (279[2]).

La decisione è presa a maggioranza di voti. Il primo a votare è il relatore, quindi l'altro giudice e infine il presidente.

Se intorno a una questione si prospettano più soluzioni e non si forma la maggioranza alla prima votazione, il presidente mette ai voti due delle soluzioni per escluderne una, quindi mette ai voti la non esclusa e quella eventualmente restante, e così successivamente finché le soluzioni siano ridotte a due, sulle quali avviene la votazione definitiva.

Chiusa la votazione, il presidente scrive e sottoscrive il dispositivo (132 n. 5). La motivazione (132 n. 4) è quindi stesa dal relatore, a meno che il presidente non creda di stenderla egli stesso o affidarla all'altro giudice (118, 119, 131, 141 att.).

NOTE OPERATIVE:

Composizione: La norma va interpretata nel senso che i giudici che deliberano la sentenza devono essere gli stessi dinanzi ai quali sono state precisate le conclusioni; il collegio che delibera la decisione deve quindi essere composto dagli stessi giudici dinanzi ai quali è stata compiuta l'ultima attività processuale, ossia la discussione o la precisazione delle conclusioni, conseguendone la nullità della sentenza nel caso di mutamento della composizione del collegio medesimo (C.C. 37292/22).

Ragione più liquida: In applicazione del principio processuale, desumibile dagli artt. 24 e 111 della Costituzione, la causa può essere decisa sulla base della questione ritenuta di più agevole soluzione, anche se logicamente subordinata, senza che sia necessario esaminare precisamente le altre (C.C. 14404/22).

277. Pronuncia sul merito. – Il collegio nel deliberare sul merito deve decidere tutte le domande proposte e le relative eccezioni (189) definendo il giudizio (112, 278, 279[1]).

Tuttavia il collegio, anche quando il giudice istruttore gli ha rimesso la causa a norma dell'art. 187 primo comma, può limitare la decisione ad alcune domande, se riconosce che per esse soltanto non sia necessaria una ulteriore istruzione (279[3]), e se la loro sollecita definizione è di interesse apprezzabile per la parte che ne ha fatto istanza.

NOTE OPERATIVE:

Sentenza non definitiva: Le statuizioni contenute nella sentenza non definitiva non possono essere modificate o revocate con la sentenza definitiva, in quanto i singoli punti della prima possono essere sottoposti a riesame solo con le impugnazioni, mentre la non definitività concerne soltanto la non integralità della decisione della controversia, e non anche la modificabilità, da parte dello stesso giudice, di ciò che è già stato deciso (C.C. 13621/14).

278. Condanna generica. Provvisionale. – Quando è già accertata la sussistenza di un diritto, ma è ancora controversa la quantità della prestazione dovuta, il collegio, su istanza di parte, può limitarsi a pronunciare con sentenza (279, 340; 129 att.) la condanna generica alla prestazione, disponendo con ordinanza (280) che il processo prosegua per la liquidazione.

In tal caso il collegio, con la stessa sentenza e sempre su istanza di parte, può altresì condannare il debitore al pagamento di una provvisionale, nei limiti della quantità per cui ritiene già raggiunta la prova (282[2]; 129 att.; 2818 c.c.).

NOTE OPERATIVE:

Presupposti: Ai fini dell'accoglimento della domanda di condanna generica al risarcimento del danno è sufficiente che l'attore dimostri la colpa ed il nesso causale e che l'esistenza del danno appaia anche solo probabile; ai fini dell'ammissibilità stessa della domanda non è pertanto necessario che l'attore indichi le prove di cui intende avvalersi per dimostrare il quantum debeatur, prove che andranno, invece, fornite nel relativo e successivo giudizio (S.U. 29862/22).

279. (1) **Forma dei provvedimenti del collegio.** – Il collegio pronuncia ordinanza quando provvede soltanto su questioni relative all'istruzione della causa, senza definire il giudizio, nonché quando decide soltanto questioni di competenza. In tal caso, se non definisce il giudizio, impartisce con la stessa ordinanza i provvedimenti per l'ulteriore istruzione della causa (2).

Il collegio pronuncia sentenza:

1) quando definisce il giudizio, decidendo questioni di giurisdizione [o di competenza] (3);

2) quando definisce il giudizio, decidendo questioni pregiudiziali attinenti al processo o questioni preliminari di merito;

3) quando definisce il giudizio, decidendo totalmente il merito;

4) quando, decidendo alcune delle questioni di cui ai nn. 1, 2 e 3, non definisce il giudizio e impartisce distinti provvedimenti per l'ulteriore istruzione della causa (340, 356²; 129, 129 *bis*, 133 *bis* att.);

5) quando, valendosi della facoltà di cui agli artt. 103, secondo comma, e 104, secondo comma, decide solo alcune delle cause fino a quel momento riunite, e con distinti provvedimenti dispone la separazione delle altre cause e l'ulteriore istruzione riguardo alle medesime, ovvero la rimessione al giudice inferiore delle cause di sua competenza.

I provvedimenti per l'ulteriore istruzione, previsti dai nn. 4 e 5, sono dati con separata ordinanza (280).

I provvedimenti del collegio, che hanno forma di ordinanza (134), comunque motivati, non possono mai pregiudicare la decisione della causa (177); salvo che la legge disponga altrimenti (308²), essi sono modificabili e revocabili dallo stesso collegio, e non sono soggetti ai mezzi di impugnazione previsti per le sentenze (323). Le ordinanze del collegio sono sempre immediatamente esecutive. Tuttavia, quando sia stato proposto appello immediato (339) contro una delle sentenze previste dal n. 4 del secondo comma, il giudice istruttore, su istanza concorde delle parti, qualora ritenga che i provvedimenti dell'ordinanza collegiale siano dipendenti da quelli contenuti nella sentenza impugnata, può disporre con ordinanza non impugnabile (177²) che l'esecuzione o la prosecuzione dell'ulteriore istruttoria sia sospesa (295 ss.) sino alla definizione del giudizio di appello (356²; 125 *bis*, 126 att.).

L'ordinanza è depositata in cancelleria insieme con la sentenza.

(1) *Articolo così sostituito dall'art. 23 della L. 14 luglio 1950, n. 581.*

(2) *Questo comma è stato così sostituito dall'art. 46, comma 9, lett.* a), *della L. 18 giugno 2009, n. 69, a decorrere dal 4 luglio 2009. Ai sensi dell'art. 58, comma 1, della predetta legge, tale disposizione si applica ai giudizi instaurati dopo la data della sua entrata in vigore.*

Il testo precedente così disponeva: «Il collegio quando provvede soltanto su questioni relative all'istruzione della causa, senza definire il giudizio, pronuncia ordinanza».

(3) *Le parole fra parentesi quadrate sono state soppresse dall'art. 46, comma 9, lett.* b), *della L. 18 giugno 2009, n. 69, a decorrere dal 4 luglio 2009. Ai sensi dell'art. 58, comma 1, della predetta legge, tale disposizione si applica ai giudizi instaurati dopo la data della sua entrata in vigore.*

NOTE OPERATIVE:

Sentenza non definitiva: Nel caso di pronuncia di sentenza non definitiva e di prosecuzione del giudizio per l'ulteriore istruzione della controversia, per il giudice che ha adottato la pronuncia si verifica una preclusione al riesame delle questioni decise con tale sentenza, conseguente all'esaurimento con essa della relativa potestas decidendi, onde detto giudice non può risolvere quelle questioni in senso diverso con la sentenza definitiva (C.C. 9968/23).

280. (1) **Contenuto e disciplina dell'ordinanza del collegio.** – Con la sua ordinanza (279) il collegio fissa l'udienza per la comparizione delle parti davanti al giudice istruttore o davanti a sé nel caso previsto dall'articolo seguente.

Il cancelliere inserisce l'ordinanza nel fascicolo di ufficio (168) e ne dà tempestiva comunicazione alle parti a norma dell'art. 176 secondo comma (136, 170).

Per effetto dell'ordinanza il giudice istruttore è investito di tutti i poteri per l'ulteriore trattazione della causa (175 ss., 188).

(1) *Articolo così sostituito dall'art. 24 della L. 14 luglio 1950, n. 581.*

281. Rinnovazione di prove davanti al collegio. – Quando ne ravvisa la necessità, il collegio, anche d'ufficio, può disporre la riassunzione davanti a sé di uno o più mezzi di prova (202 ss.).

Capo III *bis* (1)
Del procedimento davanti al tribunale in composizione monocratica

(1) *Questo capo è stato inserito dall'art. 68 del D.L.vo 19 febbraio 1998, n. 51, recante l'istituzione del giudice unico, a decorrere dal 2 giugno 1999.*

281 *bis*. Norme applicabili. – Nel procedimento davanti al tribunale in composizione monocratica si osservano, in quanto applicabili, le disposizioni dei capi precedenti, ove non derogate dalle disposizioni del presente capo.

281 *ter*. Poteri istruttori del giudice. – Il giudice può disporre d'ufficio la prova testimoniale formulandone i capitoli, quando le parti nella esposizione dei fatti si sono riferite a persone che appaiono in grado di conoscere la verità.

281 *quater*. Decisione del tribunale in composizione monocratica. – Le cause nelle quali il tribunale giudica in composizione monocratica sono decise, con tutti i poteri del collegio, dal giudice designato a norma dell'art. 168 *bis* o dell'articolo 484, secondo comma.

281 *quinquies*. (¹) Decisione a seguito di trattazione scritta o mista. – Quando la causa è matura per la decisione il giudice fissa davanti a sé l'udienza di rimessione della causa in decisione assegnando alle parti i termini di cui all'articolo 189. All'udienza trattiene la causa in decisione e la sentenza è depositata entro i trenta giorni successivi.

Se una delle parti lo richiede, il giudice, disposto lo scambio dei soli scritti difensivi a norma dell'articolo 189 numeri 1) e 2), fissa l'udienza di discussione orale non oltre trenta giorni dalla scadenza del termine per il deposito delle comparse conclusionali e la sentenza è depositata entro trenta giorni.

(¹) *Questo articolo è stato così sostituito dall'art. 3, comma 19, lett. a), del D.L.vo 10 ottobre 2022, n. 149, a decorrere dal 28 febbraio 2023.*

A norma dell'art. 35, comma 1, del medesimo decreto, le disposizioni si applicano ai procedimenti instaurati successivamente a tale data. Ai procedimenti pendenti alla data del 28 febbraio 2023 si applicano le disposizioni anteriormente vigenti.

Si riporta il testo precedente:

«Art. 281 quinquies (Decisione a seguito di trattazione scritta o mista)

Il giudice, fatte precisare le conclusioni a norma dell'articolo 189, dispone lo scambio delle comparse conclusionali e delle memorie di replica a norma dell'articolo 190 e, quindi, deposita la sentenza in cancelleria entro trenta giorni dalla scadenza del termine per il deposito delle memorie di replica.

Se una delle parti lo richiede, il giudice, disposto lo scambio delle sole comparse conclusionali a norma dell'articolo 190, fissa l'udienza di discussione orale non oltre trenta giorni dalla scadenza del termine per il deposito delle comparse medesime; la sentenza è depositata entro i trenta giorni successivi all'udienza di discussione.».

281 *sexies*. Decisione a seguito di trattazione orale. – Se non dispone a norma dell'articolo 281 *quinquies*, il giudice, fatte precisare le conclusioni, può ordinare la discussione orale della causa nella stessa udienza o, su istanza di parte, in un'udienza successiva e pronunciare sentenza al termine della discussione, dando lettura del dispositivo e della concisa esposizione delle ragioni di fatto e di diritto della decisione.

In tal caso, la sentenza si intende pubblicata con la sottoscrizione da parte del giudice del verbale che la contiene ed è immediatamente depositata in cancelleria.

Al termine della discussione orale il giudice, se non provvede ai sensi del primo comma, deposita la sentenza nei successivi trenta giorni (¹).

(¹) *Questo comma è stato aggiunto dall'art. 3, comma 19, lett. b), del D.L.vo 10 ottobre 2022, n. 149, a decorrere dal 28 febbraio 2023.*

A norma dell'art. 35, comma 1, del medesimo decreto, le disposizioni si applicano ai procedimenti instaurati successivamente a tale data. Ai procedimenti pendenti alla data del 28 febbraio 2023 si applicano le disposizioni anteriormente vigenti.

NOTE OPERATIVE:

Comunicazione: L'omessa comunicazione del provvedimento di fissazione dell'udienza reso all'esito di udienza a trattazione scritta, equivalendo alla mancata comunicazione di un provvedimento emesso fuori udienza, determina la nullità del procedimento e della sentenza per violazione del principio del contraddittorio (C.C. 28302/23).

Capo III *ter* (¹)
Dei rapporti tra collegio e giudice monocratico

(¹) *Questo capo è stato inserito dall'art. 68 del D.L.vo 19 febbraio 1998, n. 51, recante l'istituzione del giudice unico, a decorrere dal 2 giugno 1999.*

281 *septies*. (¹) Rimessione della causa al giudice monocratico. – Il collegio, quando rileva che una causa, rimessa davanti a lui per la decisione, deve essere decisa dal tribunale in composizione monocratica, pronuncia ordinanza non impugnabile con cui rimette la causa davanti al giudice istruttore perché decida la causa quale giudice monocratico. La sentenza è depositata entro i successivi trenta giorni.

(¹) *Questo articolo è stato così sostituito dall'art. 3, comma 20, lett. a), del D.L.vo 10 ottobre 2022, n. 149, a decorrere dal 28 febbraio 2023.*

A norma dell'art. 35, comma 1, del medesimo decreto, le disposizioni si applicano ai procedimenti instaurati successivamente a tale data. Ai procedimenti pendenti alla data del 28 febbraio 2023 si applicano le disposizioni anteriormente vigenti.

Si riporta il testo precedente:

«Art. 281 septies (Rimessione della causa al giudice monocratico)

Il collegio, quando rileva che una causa, rimessa davanti a lui per la decisione, deve essere decisa dal tribunale in composizione monocratica, rimette la causa davanti al giudice istruttore con ordinanza non impugnabile perché provveda, quale giudice monocratico, a norma degli articoli 281 quater, *281* quinquies *e 281* sexies.*».*

281 *octies*. Rimessione della causa al tribunale in composizione collegiale. – Il giudice, quando rileva che una causa, riservata per la decisione davanti a sé in funzione di giudice monocratico, deve essere decisa dal tribunale in composizione collegiale, rimette la causa al collegio per la decisione, con ordinanza comunicata alle parti (1).

Entro dieci giorni dalla comunicazione, ciascuna parte può chiedere la fissazione dell'udienza di discussione davanti al collegio, e in questo caso il giudice istruttore procede ai sensi dell'articolo 275 *bis* (2).

(1) *Le parole: «provvede a norma degli articoli 187, 188 e 189» sono state così sostituite dalle attuali: «rimette la causa al collegio per la decisione, con ordinanza comunicata alle parti» dall'art. 3, comma 20, lett.* b), *n. 1), del D.L.vo 10 ottobre 2022, n. 149, a decorrere dal 28 febbraio 2023.*

A norma dell'art. 35, comma 1, del medesimo decreto, le disposizioni si applicano ai procedimenti instaurati successivamente a tale data. Ai procedimenti pendenti alla data del 28 febbraio 2023 si applicano le disposizioni anteriormente vigenti.

(2) *Questo comma è stato aggiunto dall'art. 3, comma 20, lett.* b), *n. 2), del D.L.vo 10 ottobre 2022, n. 149, a decorrere dal 28 febbraio 2023.*

A norma dell'art. 35, comma 1, del medesimo decreto, le disposizioni si applicano ai procedimenti instaurati successivamente a tale data. Ai procedimenti pendenti alla data del 28 febbraio 2023 si applicano le disposizioni anteriormente vigenti.

281 *nonies*. Connessione. – In caso di connessione tra cause che debbono essere decise dal tribunale in composizione collegiale e cause che debbono essere decise dal tribunale in composizione monocratica, il giudice istruttore ne ordina la riunione e, all'esito dell'istruttoria, le rimette, a norma dell'articolo 189, al collegio, il quale pronuncia su tutte le domande, a meno che disponga la separazione a norma dell'articolo 279, secondo comma, numero 5).

Alle cause riunite si applica il rito previsto per la causa in cui il tribunale giudica in composizione collegiale e restano ferme le decadenze e le preclusioni già maturate in ciascun procedimento prima della riunione (1).

(1) *Questo comma è stato aggiunto dall'art. 3, comma 20, lett.* c), *del D.L.vo 10 ottobre 2022, n. 149, a decorrere dal 28 febbraio 2023.*

A norma dell'art. 35, comma 1, del medesimo decreto, le disposizioni si applicano ai procedimenti instaurati successivamente a tale data. Ai procedimenti pendenti alla data del 28 febbraio 2023 si applicano le disposizioni anteriormente vigenti.

Capo III *quater*
Del procedimento semplificato di cognizione (1)

(1) *Questo Capo, con gli artt. 281* decies *- 281* terdecies, *è stato inserito dall'art. 3, comma 21, del D.L.vo 10 ottobre 2022, n. 149, a decorrere dal 28 febbraio 2023.*

A norma dell'art. 35, comma 1, del medesimo decreto, le disposizioni si applicano ai procedimenti instaurati successivamente a tale data. Ai procedimenti pendenti alla data del 28 febbraio 2023 si applicano le disposizioni anteriormente vigenti.

281 *decies*. Ambito di applicazione. – Quando i fatti di causa non sono controversi, oppure quando la domanda è fondata su prova documentale, o è di pronta soluzione o richiede un'istruzione non complessa, il giudizio è introdotto nelle forme del procedimento semplificato.

Nelle cause in cui il tribunale giudica in composizione monocratica la domanda può sempre essere proposta nelle forme del procedimento semplificato.

281 *undecies*. Forma della domanda e costituzione delle parti. – La domanda si propone con ricorso, sottoscritto a norma dell'articolo 125, che deve contenere le indicazioni di cui ai numeri 1), 2), 3), 3 *bis*), 4), 5), 6) e l'avvertimento di cui al numero 7) del terzo comma dell'articolo 163.

Il giudice, entro cinque giorni dalla designazione, fissa con decreto l'udienza di comparizione delle parti assegnando il termine per la costituzione del convenuto, che deve avvenire non oltre dieci giorni prima dell'udienza. Il ricorso, unitamente al decreto di fissazione dell'udienza, deve essere notificato al convenuto a cura dell'attore. Tra il giorno della notificazione del ricorso e quello dell'udienza di comparizione debbono intercorrere termini liberi non minori di quaranta giorni se il luogo della notificazione si trova in Italia e di sessanta giorni se si trova all'estero.

Il convenuto si costituisce mediante deposito della comparsa di risposta, nella quale deve proporre le sue difese e prendere posizione in modo chiaro e specifico sui fatti posti dall'attore a fondamento della domanda, indicare i mezzi di prova di cui intende avvalersi e i documenti che offre in comunicazione, nonché formulare le conclusioni. A pena di decadenza deve proporre le eventuali domande riconvenzionali e le eccezioni processuali e di merito che non sono rilevabili d'ufficio.

Se il convenuto intende chiamare un terzo deve, a pena di decadenza, farne dichiarazione nella comparsa di costituzione e chiedere lo spostamento dell'udienza. Il giudice, con decreto comunicato dal cancelliere alle parti costituite, fissa la data della nuova udienza assegnando un termine perentorio per la citazione del terzo. La costituzione del terzo in giudizio avviene a norma del terzo comma.

281 *duodecies*. Procedimento. – Alla prima udienza il giudice se rileva che per la domanda principale o per la domanda riconvenzionale non ricorrono i presupposti di cui al primo comma dell'articolo 281 *decies*, dispone con ordinanza non impugnabile la prosecuzione del processo nelle forme del rito ordinario fissando l'udienza di cui all'articolo 183, rispetto alla quale decorrono i termini previsti dall'articolo 171 *ter*. Nello stesso modo procede quando, valutata la complessità della lite e dell'istruzione probatoria, ritiene che la causa debba essere trattata con il rito ordinario.

Entro la stessa udienza l'attore può chiedere di essere autorizzato a chiamare in causa un terzo, se l'esigenza è sorta dalle difese del convenuto. Il giudice, se lo autorizza, fissa la data della nuova udienza assegnando un termine perentorio per la citazione del terzo. Se procede ai sensi del primo comma il giudice provvede altresì sulla autorizzazione alla chiamata del terzo. La costituzione del terzo in giudizio avviene a norma del terzo comma dell'articolo 281 *undecies*.

Alla stessa udienza, a pena di decadenza, le parti possono proporre le eccezioni che sono conseguenza della domanda riconvenzionale e delle eccezioni proposte dalle altre parti.

Se richiesto e sussiste giustificato motivo, il giudice può concedere alle parti un termine perentorio non superiore a venti giorni per precisare e modificare le domande, le eccezioni e le conclusioni, per indicare i mezzi di prova e produrre documenti, e un ulteriore termine non superiore a dieci giorni per replicare e dedurre prova contraria.

Se non provvede ai sensi del secondo e del quarto comma e non ritiene la causa matura per la decisione il giudice ammette i mezzi di prova rilevanti per la decisione e procede alla loro assunzione.

281 *terdecies*. Decisione. – Il giudice quando rimette la causa in decisione procede a norma dell'art. 281 *sexies*. Nelle cause in cui il tribunale giudica in composizione collegiale, procede a norma dell'articolo 275 *bis*.

La sentenza è impugnabile nei modi ordinari.

Capo IV
Dell'esecutorietà
e della notificazione
delle sentenze

282. (1) **Esecuzione provvisoria.** – La sentenza di primo grado è provvisoriamente esecutiva tra le parti (283, 337, 351).

(1) *Articolo così sostituito dall'art. 33 della L. 26 novembre 1990, n. 353, a decorrere dall'1 gennaio 1993.*

Si veda, per il regime transitorio, l'art. 90 della L. 26 novembre 1990, n. 353, come modificato dall'art. 9 del D.L. 18 ottobre 1995, n. 432, convertito, con modificazioni, nella L. 20 dicembre 1995, n. 534.

NOTE OPERATIVE:

Esecuzione in forma specifica: Nell'esecuzione in forma specifica dell'obbligo di concludere un contratto di compravendita, l'esecutività provvisoria della sentenza costitutiva emessa ai sensi dell'art. 2932 c.c., è limitata ai capi della decisione che sono compatibili con la produzione dell'effetto costitutivo in un momento successivo, e non si estende a quelli che si collocano in rapporto di stretta sinallagmaticità con i capi costitutivi relativi alla modificazione giuridica sostanziale (C.C. 8693/16 – Conf. S.U. 4059/10).

283. (1) **Provvedimenti sull'esecuzione provvisoria in appello.** – Il giudice d'appello, su istanza di parte proposta con l'impugnazione principale o con quella incidentale, sospende in tutto o in parte l'efficacia esecutiva o l'esecuzione della sentenza impugnata, con o senza cauzione, se l'impugnazione appare manifestamente fondata o se dall'esecuzione della sentenza può derivare un pregiudizio grave e irreparabile, pur quando la condanna ha ad oggetto il pagamento di una somma di denaro, anche in relazione alla possibilità di insolvenza di una delle parti (2).

L'istanza di cui al primo comma può essere proposta o riproposta nel corso del giudizio di appello se si verificano mutamenti nelle circostanze, che devono essere specificamente indicati nel ricorso, a pena di inammissibilità (3).

Se l'istanza prevista dal primo e dal secondo comma (4) è inammissibile o manifestamente infondata il giudice, con ordinanza non impugnabile, può condannare la parte che l'ha proposta al pagamento in favore della cassa delle ammende (5) di una pena (6) pecuniaria non inferiore ad euro 250 e non superiore ad euro 10.000. L'ordinanza è revocabile con la sentenza che definisce il giudizio (7).

(1) *Questo articolo è stato così sostituito dall'art. 2, comma 1, lett. q), della L. 28 dicembre 2005, n. 263.*

Ai sensi dell'art. 2, comma 4, del medesimo provvedimento, come modificato dall'art. 39 quater del D.L. 30 dicembre 2005, n. 273, convertito, con modificazio-

CODICE PROCEDURA CIVILE

ni, nella L. 23 febbraio 2006, n. 51, questa disposizione entra in vigore il 1° marzo 2006 e si applica ai procedimenti instaurati successivamente a tale data.

Si riporta l'articolo precedente:

«283. (Procedimenti sull'esecuzione provvisoria in appello). *Il giudice d'appello su istanza di parte, proposta con l'impugnazione principale o con quella incidentale, quando ricorrono gravi motivi, sospende in tutto o in parte l'efficacia esecutiva o l'esecuzione della sentenza impugnata*».

(2) *Questo comma è stato così sostituito dall'art. 3, comma 22, lett. a), del D.L.vo 10 ottobre 2022, n. 149, a decorrere dal 28 febbraio 2023.*

A norma dell'art. 35, comma 1, del medesimo decreto, così come modificato dall'art. 1, comma 380, lett. a), della L. 29 dicembre 2022, n. 197, le disposizioni si applicano ai procedimenti instaurati successivamente a tale data. Ai procedimenti pendenti alla data del 28 febbraio 2023 si applicano le disposizioni anteriormente vigenti. A norma dell'art. 35, comma 4, del citato decreto, tali disposizioni si applicano alle impugnazioni proposte successivamente al 28 febbraio 2023.

Si riporta il testo precedente:

«Il giudice dell'appello, su istanza di parte, proposta con l'impugnazione principale o con quella incidentale, quando sussistono gravi e fondati motivi, anche in relazione alla possibilità di insolvenza di una delle parti, sospende in tutto o in parte l'efficacia esecutiva o l'esecuzione della sentenza impugnata, con o senza cauzione.».

(3) *Questo comma è stato inserito dall'art. 3, comma 22, lett. b), del D.L.vo 10 ottobre 2022, n. 149, a decorrere dal 28 febbraio 2023.*

A norma dell'art. 35, comma 1, del medesimo decreto, così come modificato dall'art. 1, comma 380, lett. a), della L. 29 dicembre 2022, n. 197, le disposizioni si applicano ai procedimenti instaurati successivamente a tale data. Ai procedimenti pendenti alla data del 28 febbraio 2023 si applicano le disposizioni anteriormente vigenti. A norma dell'art. 35, comma 4, del citato decreto, tali disposizioni si applicano alle impugnazioni proposte successivamente al 28 febbraio 2023.

(4) *Le parole: «dal comma che precede» sono state così sostituite dalle attuali: «dal primo e dal secondo comma» dall'art. 3, comma 22, lett. c), del D.L.vo 10 ottobre 2022, n. 149, a decorrere dal 28 febbraio 2023.*

A norma dell'art. 35, comma 1, del medesimo decreto, così come modificato dall'art. 1, comma 380, lett. a), della L. 29 dicembre 2022, n. 197, le disposizioni si applicano ai procedimenti instaurati successivamente a tale data. Ai procedimenti pendenti alla data del 28 febbraio 2023 si applicano le disposizioni anteriormente vigenti. A norma dell'art. 35, comma 4, del citato decreto, tali disposizioni applicano alle impugnazioni proposte successivamente al 28 febbraio 2023.

(5) *Le parole: «al pagamento in favore della cassa delle ammende» sono state inserite dall'art. 3, comma 22, lett. c), del D.L.vo 10 ottobre 2022, n. 149, a decorrere dal 28 febbraio 2023.*

A norma dell'art. 35, comma 1, del medesimo decreto, così come modificato dall'art. 1, comma 380, lett. a), della L. 29 dicembre 2022, n. 197, le disposizioni si applicano ai procedimenti instaurati successivamente a tale data. Ai procedimenti pendenti alla data del 28 febbraio 2023 si applicano le disposizioni anteriormente vigenti. A norma dell'art. 35, comma 4, del citato decreto, tali disposizioni si applicano alle impugnazioni proposte successivamente al 28 febbraio 2023.

(6) *Le parole: «ad una pena» sono state così sostituite dalle attuali: «di una pena» dall'art. 3, comma 22, lett. c), del D.L.vo 10 ottobre 2022, n. 149, a decorrere dal 28 febbraio 2023.*

A norma dell'art. 35, comma 1, del medesimo decreto, così come modificato dall'art. 1, comma 380, lett. a), della L. 29 dicembre 2022, n. 197, le disposizioni si applicano ai procedimenti instaurati successivamente a tale data. Ai procedimenti pendenti alla data del 28 febbraio 2023 si applicano le disposizioni anteriormente vigenti. A norma dell'art. 35, comma 4, del citato decreto, tali disposizioni si applicano alle impugnazioni proposte successivamente al 28 febbraio 2023.

(7) *Questo comma è stato aggiunto dall'art. 27, comma 1, lett. a), della L. 12 novembre 2011, n. 183. A norma dell'art. 27, comma 2, della stessa legge, tali disposizioni si applicano decorsi 30 giorni dalla data di entrata in vigore della medesima legge (Suppl. ord. alla G.U. Serie gen. - n. 265 del 14 novembre 2011).*

NOTE OPERATIVE:

Procedimento: La richiesta dà corso a un sub-procedimento eventuale e incidentale, esterno rispetto alla trattazione della causa e autonomo rispetto ad essa (C.C. 28630/22).

284. [Concessione o revoca dell'esecuzione provvisoria relativa a sentenze parziali. – (*Omissis*)] (1).

(1) *Articolo abrogato dall'art. 25 della L. 14 luglio 1950, n. 581.*

285. Modo di notificazione della sentenza. – La notificazione della sentenza, al fine della decorrenza del termine per l'impugnazione (325, 326), si fa, su istanza di parte, a norma dell'art. 170 [primo e terzo comma] (1).

(1) *Le parole fra parentesi quadrate sono state soppresse dall'art. 46, comma 10, della L. 18 giugno 2009, n. 69, a decorrere dal 4 luglio 2009. Ai sensi dell'art. 58, comma 1, della predetta legge, tale disposizione si applica ai giudizi instaurati dopo la data della sua entrata in vigore.*

NOTE OPERATIVE:

Finalità: Ai fini della decorrenza del termine breve per la impugnazione, la notificazione della sentenza alla parte presso il procuratore costituito deve considerarsi equivalente alla notificazione al procuratore stesso poiché entrambe le forme di notificazione soddisfano la esigenza di assicurare che la sentenza sia portata a conoscenza della parte per il tramite del suo rappresentante processuale, professionalmente qualificato a vagliare la opportunità della impugnazione (C.C. 2974/20).

286. Notificazione nel caso di interruzione. – Se dopo la chiusura della discussione (275, 281 *sexies*, 321) si è avverato uno dei casi previsti nell'art. 299, la notificazione della sentenza si può fare, anche a norma dell'art.

303, secondo comma, a coloro ai quali spetta stare in giudizio (75, 110).

Se si è avverato uno dei casi previsti nell'art. 301, la notificazione si fa alla parte personalmente (141[4]).

NOTE OPERATIVE:

Finalità: La norma opera un idoneo bilanciamento tra l'esigenza di tutelare il diritto degli eredi di agire in giudizio e quella contrapposta della parte notificante di abbreviare la durata del processo, dovendosi tenere conto sia del ruolo del difensore del defunto, il quale ha l'obbligo di individuare i successori per informarli dello stato della causa, sia, in caso di non adempimento di tale obbligo, della circostanza che la stessa notificazione della sentenza è idonea, per il suo contenuto, a produrre di per sé un effetto informativo nei confronti del consegnatario presso l'ultimo domicilio, nella probabile relazione che l'ordinamento assume che egli abbia con gli eredi (C.C. 27633/18).

Capo V
Della correzione delle sentenze e delle ordinanze

287. Casi di correzione. – Le sentenze contro le quali non sia stato proposto appello ([1]) (339) e le ordinanze non revocabili (177 n. 2) possono essere corrette, su ricorso di parte, dallo stesso giudice che le ha pronunciate, qualora egli sia incorso in omissioni o in errori materiali o di calcolo.

([1]) *La Corte costituzionale, con sentenza n. 335 del 10 novembre 2004, ha dichiarato l'illegittimità costituzionale di questo articolo, limitatamente alle parole: «contro le quali non sia stato proposto appello».*

NOTE OPERATIVE:

Scambio di coppia: Può farsi ricorso al procedimento per la correzione degli errori materiali quando il giudice, nel redigere la sentenza e in conseguenza di un mero errore di sostituzione del file informatico, abbia commesso uno scambio di provvedimenti nella fase di impaginazione (C.C. 21012/22).

288. Procedimento di correzione. – Se tutte le parti concordano nel chiedere la stessa correzione, il giudice provvede con decreto (135).

Se è chiesta da una delle parti, il giudice, con decreto da notificarsi insieme col ricorso a norma dell'art. 170 primo e terzo comma, fissa l'udienza nella quale le parti debbono comparire davanti a lui. Sull'istanza il giudice provvede con ordinanza (91[1], 134), che deve essere annotata sull'originale del provvedimento.

Se è chiesta la correzione di una sentenza dopo un anno dalla pubblicazione (133[1]), il ricorso e il decreto debbono essere notificati alle parti personalmente (137 ss., 327).

Le sentenze possono essere impugnate relativamente alle parti corrette nel termine ordinario (325) decorrente dal giorno in cui è stata notificata l'ordinanza di correzione (327; 121 att.).

NOTE OPERATIVE:

Natura giuridica: Il provvedimento di correzione della sentenza ha natura amministrativa, in quanto non modifica minimamente il contenuto della pronuncia corretta, ma serve soltanto a rendere aderente l'elemento rappresentativo a quello sostanziale del decisum, con la eliminazione degli errori od omissioni del primo (C.C. 1873/23).

Spese: Nel procedimento di correzione degli errori materiali non è ammessa alcuna statuizione sulle spese processuali, trattandosi di procedimento di natura amministrativa senza una parte soccombente in senso proprio (C.C. 26566/23).

289. ([1]) **Integrazione dei provvedimenti istruttori.** – I provvedimenti istruttori (176, 280), che non contengono la fissazione dell'udienza successiva o del termine entro il quale le parti debbono compiere gli atti processuali, possono essere integrati, su istanza di parte (122 att.) o d'ufficio, entro il termine perentorio (152) di sei mesi dall'udienza in cui i provvedimenti furono pronunciati, oppure dalla loro notificazione (137) o comunicazione (136) se prescritte (176[2]).

L'integrazione è disposta dal presidente del collegio nel caso di provvedimento collegiale (280) e dal giudice istruttore negli altri casi, con decreto (135) che è comunicato a tutte le parti a cura del cancelliere (136).

([1]) *Articolo così sostituito dall'art. 26 della L. 14 luglio 1950, n. 581.*

Capo VI
Del procedimento in contumacia

290. Contumacia dell'attore. – Nel dichiarare la contumacia dell'attore a norma dell'art. 171 ultimo comma, il giudice istruttore, se il convenuto ne fa richiesta, ordina che sia proseguito il giudizio e dà le disposizioni previste nell'art. 187, altrimenti dispone che la causa sia cancellata dal ruolo e il processo si estingue (307[4], 308, 310).

291. ([1]) **Contumacia del convenuto.** – Se il convenuto non si costituisce (166, 171) e il giudice istruttore rileva (182) un vizio che importi nullità nella notificazione della citazione (160, 354), fissa all'attore un termine perentorio (152, 307[3]) per rinnovarla (162). La rinnovazione impedisce ogni decadenza ([2]).

Se il convenuto non si costituisce neppure anteriormente alla pronuncia del decreto di cui all'articolo 171 *bis*, secondo comma ([3]), il giudice provvede a norma dell'art. 171 ultimo comma.

Se l'ordine di rinnovazione della citazione di cui al primo comma non è eseguito, il giudice ordina la cancellazione della causa dal ruolo e il processo si estingue a norma dell'art. 307, comma terzo.

(1) *Articolo così sostituito dall'art. 27 della L. 14 luglio 1950, n. 581.*

(2) *Ai sensi dell'art. 46, comma 24, della L. 18 giugno 2009, n. 69, questo comma si applica anche nei giudizi davanti ai giudici amministrativi e contabili, a decorrere dal 4 luglio 2009. Ai sensi dell'art. 58, comma 1, della L. 18 giugno 2009, n. 69, tale disposizione si applica ai giudizi instaurati dopo la data della sua entrata in vigore. Tuttavia, a decorrere dal 16 settembre 2010, l'art. 46, comma 24, è stato abrogato dall'art. 4, comma 1, dell'Allegato 4 del D.L.vo 2 luglio 2010, n. 104, limitatamente alle parole: «amministrativi e».*

(3) *Le parole: «all'udienza fissata a norma del comma precedente» sono state così sostituite dalle attuali: «anteriormente alla pronuncia del decreto di cui all'articolo 171 bis, secondo comma» dall'art. 3, comma 23, del D.L.vo 10 ottobre 2022, n. 149, a decorrere dal 28 febbraio 2023.*

A norma dell'art. 35, comma 1, del medesimo decreto, le disposizioni si applicano ai procedimenti instaurati successivamente a tale data. Ai procedimenti pendenti alla data del 28 febbraio 2023 si applicano le disposizioni anteriormente vigenti.

NOTE OPERATIVE:

Effetti: La disciplina della contumacia non attribuisce a questo istituto alcun significato sul piano probatorio, salva previsione espressa, con la conseguenza che si deve escludere non solo che essa sollevi la controparte dall'onere della prova, ma anche che rappresenti un comportamento valutabile per trarne argomenti di prova in danno del contumace (C.C. 14860/13).

292. (1) **Notificazione e comunicazione di atti al contumace.** – L'ordinanza che ammette (187[4]) l'interrogatorio (230) o il giuramento (233, 237, 240, 241), e le comparse contenenti domande nuove (184) o riconvenzionali (36, 167, 271) da chiunque proposte sono notificate personalmente (137 ss.) al contumace nei termini che il giudice istruttore fissa con ordinanza (2).

Le altre comparse (125) si considerano comunicate con il deposito in cancelleria e con l'apposizione del visto del cancelliere sull'originale.

Tutti gli altri atti non sono soggetti a notificazione (137) o comunicazione (136).

Le sentenze sono notificate alla parte personalmente (327[2]).

(1) *La Corte costituzionale, con sentenza n. 250 del 28 novembre 1986, ha dichiarato l'illegittimità costituzionale di questo articolo, nella parte in cui non prevede la notificazione al contumace del verbale in cui si dà atto della produzione della scrittura privata nei procedimenti di cognizione ordinaria dinanzi al pretore e al conciliatore, di cui al titolo II del libro II del c.p.c.*

(2) *La Corte costituzionale, con sentenza n. 317 del 6 giugno 1989, ha dichiarato l'illegittimità costituzionale del primo comma, in relazione all'art. 215, n. 1 dello stesso codice, nella parte in cui non prevede la notificazione al contumace del verbale in cui si dà atto della produzione della scrittura privata non indicata in atti notificati in precedenza.*

NOTE OPERATIVE:

Ambito di applicazione: La norma prescrive, con elencazione tassativa, la notificazione personale al contumace (C.C. 1935/23 – Conf. C.C. 26800/22).

Intangibilità: La norma sancisce l'intangibilità della qualificazione della posizione processuale delle parti siccome desumibile in via esclusiva dall'accertamento contenuto nella sentenza, ancorché erroneo (C.C. 29037/18).

293. Costituzione del contumace. – La parte che è stata dichiarata contumace può costituirsi in ogni momento del procedimento fino all'udienza di precisazione delle conclusioni (1).

La costituzione può avvenire mediante deposito di una comparsa (125), della procura (83) e dei documenti in cancelleria o mediante comparizione all'udienza.

In ogni caso il contumace che si costituisce può disconoscere, nella prima udienza o nel termine assegnatogli dal giudice istruttore, le scritture contro di lui prodotte (214 ss.).

(1) *Questo comma è stato così sostituito dall'art. 2, comma 1, lett. r), della L. 28 dicembre 2005, n. 263.*

Ai sensi dell'art. 2, comma 4, del medesimo procedimento, come modificato dall'art. 39 quater del D.L. 30 dicembre 2005, n. 273, convertito, con modificazioni, nella L. 23 febbraio 2006, n. 51, questa disposizione entra in vigore il 1° marzo 2006 e si applica ai procedimenti instaurati successivamente a tale data.

Si riporta il comma precedente: «La parte che è stata dichiarata contumace può costituirsi in ogni momento del procedimento fino all'udienza in cui la causa è rimessa al collegio a norma dell'art. 189».

NOTE OPERATIVE:

Modalità: La norma, nel prevedere che il contumace possa costituirsi anche mediante comparizione all'udienza, non si riferisce alla comparizione personale del medesimo contumace, ma a quella del suo difensore munito di valida procura (C.C. 7020/20).

294. (1) **Rimessione in termini.** – Il contumace che si costituisce può chiedere al giudice istruttore di essere ammesso a compiere attività che gli sarebbero precluse (184), se dimostra che la nullità della citazione (164) o della sua notificazione (160) gli ha impedito di avere conoscenza del processo o che la costituzione è stata impedita da causa a lui non imputabile.

Il giudice, se ritiene verosimili i fatti allegati, ammette, quando occorre, la prova dell'impedimento (115, 202 ss.), e quindi provvede sulla rimessione in termini delle parti.

I provvedimenti previsti nel comma precedente sono pronunciati con ordinanza (134, 176).

Le disposizioni dei commi precedenti si applicano anche se il contumace che si costituisce intende svolgere, senza il consenso delle altre parti, attività difensive che producono ritardo nella rimessione al collegio della causa che sia già matura per la decisione rispetto alle parti già costituite.

(1) *Articolo così sostituito dall'art. 28 della L. 14 luglio 1950, n. 581.*

NOTE OPERATIVE:

Funzione: La funzione della norma è di contemperare l'esigenza del contumace di essere rimesso nel termine per compiere attività che gli sarebbero precluse e quella di impedire attività unicamente dilatorie ad una parte processuale (C.C. 21373/21).

Capo VII
Della sospensione, interruzione ed estinzione del processo

Sezione I
Della sospensione del processo

295. (1) **Sospensione necessaria.** – Il giudice dispone che il processo sia sospeso in ogni caso in cui egli stesso o altro giudice deve risolvere una controversia (75 c.p.p.), dalla cui definizione dipende la decisione della causa (42, 48[1], 52[3], 313, 332[2], 337[2], 368[3], 443, 678; 129 *bis*, 133 *bis* att.).

(1) *Articolo così sostituito dall'art. 35 della L. 26 novembre 1990, n. 353, a decorrere dal 1° gennaio 1993.*

NOTE OPERATIVE:

Giudizio penale: La sospensione necessaria del processo civile in attesa del giudicato penale può essere disposta solo se una norma di diritto sostanziale ricolleghi alla commissione del reato un effetto sul diritto oggetto del giudizio civile ed a condizione che la sentenza penale possa avere, nel caso concreto, valore di giudicato nel processo civile (C.C. 18553/23 – Conf. C.C. 29742/22).

296. (1) **Sospensione su istanza delle parti.** – Il giudice istruttore, su istanza di tutte le parti, ove sussistano giustificati motivi, può disporre, per una sola volta, che il processo rimanga sospeso per un periodo non superiore a tre mesi, fissando l'udienza per la prosecuzione del processo medesimo.

(1) *Questo articolo è stato così sostituito dall'art. 46, comma 11, della L. 18 giugno 2009, n. 69, a decorrere dal 4 luglio 2009. Ai sensi dell'art. 58, comma 1, della predetta legge, tale disposizione si applica ai giudizi instaurati dopo la data della sua entrata in vigore.*

Il testo precedente così disponeva: «296. (Sospensione su istanza delle parti). *Il giudice istruttore, su istanza di tutte le parti, può disporre che il processo rimanga sospeso per un periodo non superiore a quattro mesi.*».

NOTE OPERATIVE:

Q.L.C.: La sospensione del processo, disposta a seguito di una questione di legittimità costituzionale sollevata in altro giudizio, è ricondotta nella categoria della sospensione su istanza delle parti, con applicazione del termine perentorio di tre mesi per la riassunzione che decorre dalla pubblicazione della sentenza della Consulta nella Gazzetta Ufficiale della Repubblica Italiana, ciò alfine di garantire il principio della ragionevole durata del processo (C.C. 7580/13).

297. (1) **Fissazione della nuova udienza dopo la sospensione.** – Se col provvedimento di sospensione non è stata fissata l'udienza in cui il processo deve proseguire, le parti debbono chiederne la fissazione entro il termine perentorio (152) di tre mesi (2) dalla cessazione della causa di sospensione di cui all'art. 3 del c.p.p. o dal passaggio in giudicato (324) della sentenza che definisce la controversia civile o amministrativa di cui all'art. 295 (3).

Nell'ipotesi dell'articolo precedente l'istanza deve essere proposta dieci giorni prima della scadenza del termine di sospensione.

L'istanza si propone con ricorso (125) al giudice istruttore o, in mancanza, al presidente del tribunale.

Il ricorso, col decreto (135) che fissa l'udienza, è notificato a cura dell'istante alle altre parti (170) nel termine stabilito dal giudice.

(1) *Articolo così sostituito dall'art. 29 della L. 14 luglio 1950, n. 581.*

(2) *Le parole: «sei mesi» sono state così sostituite dall'art. 46, comma 12, della L. 18 giugno 2009, n. 69, a decorrere dal 4 luglio 2009. Ai sensi dell'art. 58, comma 1, della predetta legge, tale disposizione si applica ai giudizi instaurati dopo la data della sua entrata in vigore.*

(3) *La Corte costituzionale, con sentenza n. 34 del 4 marzo 1970, ha dichiarato incostituzionale il primo comma nella parte in cui dispone la decorrenza del termine utile per la richiesta di fissazione della nuova udienza dalla cessazione della causa di sospensione anziché dalla conoscenza che ne abbiano le parti del processo sospeso.*

NOTE OPERATIVE:

Riassunzione: Il termine per la riassunzione del processo a seguito della cessazione della causa di sospensione, costituita dall'esistenza di una controversia pregiudiziale, decorre solo in forza di una conoscenza legale del provvedimento finale, conseguita per effetto di un'attività svolta nel processo, della quale la parte sia destinataria o che essa stessa ponga in essere (C.C. 19936/17).

298. Effetti della sospensione. – Durante la sospensione (295, 296) non possono essere compiuti atti del procedimento.

La sospensione interrompe i termini in corso (152 ss.), i quali ricominciano a decorrere dal giorno della nuova udienza fissata nel provvedimento di sospensione o nel decreto di cui all'articolo precedente.

NOTE OPERATIVE:

Nullità derivata: Durante la sospensione del processo non possono essere compiuti atti del procedimento, con la conseguenza che è inefficace, poiché funzionalmente inidonea a provocare la riattivazione del giudizio e motivo di nullità per derivazione di tutti gli eventuali atti successivi, l'istanza di riassunzione proposta prima della cessazione della causa di sospensione, ovvero anteriormente al passaggio in giudicato della sentenza che abbia definito la controversia pregiudiziale, senza che rilevi, al fine del superamento di detta sanzione, il sopravvenuto venire meno della medesima causa (C.C. 1580/20 – Conf. C.C. 3718/13).

Sezione II
Dell'interruzione del processo

299. (¹) **Morte o perdita della capacità prima della costituzione.** – Se prima della costituzione in cancelleria (165, 166, 271) o all'udienza davanti al giudice istruttore (171, 183), sopravviene la morte oppure la perdita della capacità di stare in giudizio (75; 43 l. fall.) di una delle parti o del suo rappresentante legale o la cessazione di tale rappresentanza (110), il processo è interrotto, salvo che coloro ai quali spetta di proseguirlo si costituiscano volontariamente (302, 305), oppure l'altra parte provveda a citarli in riassunzione (303), osservati i termini di cui all'art. 163 *bis* (286, 328; 125 att.).

(¹) *Articolo così sostituito dall'art. 3 del D.P.R. 17 ottobre 1950, n. 857.*

NOTE OPERATIVE:

Ultrattività del mandato: L'incidenza sul processo degli eventi dalla norma è disciplinata, in ipotesi di costituzione in giudizio a mezzo di difensore, dalla regola dell'ultrattività del mandato alla lite (C.C. 4006/18).

300. Morte o perdita della capacità della parte costituita o del contumace. – Se alcuno degli eventi previsti nell'articolo precedente si avvera nei riguardi della parte che si è costituita a mezzo di procuratore (82 ss.), questi lo dichiara in udienza (126) o lo notifica alle altre parti (170).

Dal momento di tale dichiarazione o notificazione il processo è interrotto, salvo che avvenga la costituzione volontaria o la riassunzione a norma dell'articolo precedente.

Se la parte è costituita personalmente (82, 317, 417, 442), il processo è interrotto al momento dell'evento.

Se l'evento riguarda la parte dichiarata contumace, il processo è interrotto dal momento in cui il fatto interruttivo è documentato dall'altra parte, o è notificato ovvero è certificato dall'ufficiale giudiziario nella relazione di notificazione di uno dei provvedimenti di cui all'articolo 292 (¹).

Se alcuno degli eventi previsti nell'articolo precedente si avvera o è notificato dopo la chiusura della discussione davanti al collegio (190 *bis*, 275), esso non produce effetto se non nel caso di riapertura dell'istruzione (279, 280, 281) (²).

(¹) *Questo comma è stato così sostituito dall'art. 46, comma 13, della L. 18 giugno 2009, n. 69, a decorrere dal 4 luglio 2009. Ai sensi dell'art. 58, comma 1, della predetta legge, tale disposizione si applica ai giudizi instaurati dopo la data della sua entrata in vigore.*
Il testo precedente così disponeva: «Se questo riguarda la parte dichiarata contumace, il processo è interrotto dal momento in cui il fatto interruttivo è notificato o è certificato dall'ufficiale giudiziario nella relazione di notificazione di uno dei provvedimenti di cui all'art. 292.».

(²) *La Corte costituzionale, con sentenza n. 220 del 16 ottobre 1986, ha dichiarato l'illegittimità costituzionale degli artt. 75 e 300 c.p.c. nella parte in cui non prevedono, ove emerga una situazione di scomparsa del convenuto, l'interruzione del processo e la segnalazione, ad opera del giudice, del caso al pubblico ministero perché promuova la nomina di un curatore, nei cui confronti debba l'attore riassumere il giudizio.*

NOTE OPERATIVE:

Modalità: La dichiarazione del procuratore relativa al verificarsi in capo al proprio assistito di uno degli eventi interruttivi che giustificano l'applicazione della norma deve essere finalizzata al perseguimento di tale effetto, mentre non rileva a tal fine se la dichiarazione venga resa a scopo puramente informativo in difetto del sopra indicato elemento intenzionale, dei requisiti di forma prescritti (formulazione in udienza o in atto notificato alle parti) e della astensione dall'attività difensiva (C.C. 12648/20).

301. Morte o impedimento del procuratore. – Se la parte è costituita a mezzo di procuratore (82), il processo è interrotto dal giorno della morte, radiazione o sospensione del procuratore stesso.

In tal caso si applica la disposizione dell'art. 299.

Non sono cause d'interruzione la revoca della procura o la rinuncia ad essa (85).

NOTE OPERATIVE:

Effetti: La morte (come la radiazione o la sospensione dall'albo) dell'unico difensore a mezzo del quale la parte è costituita nel giudizio di merito, determina automaticamente l'interruzione del processo, anche se il giudice e le altri parti non ne hanno avuto conoscenza (e senza, quindi, che occorra, perché si perfezioni la fattispecie interruttiva, la dichiarazione o la notificazione dell'evento), con preclusione di ogni ulteriore attività processuale che, se compiuta, è causa di nullità degli atti successivi e della sentenza (C.C. 13976/22 – Conf. C.C. 28846/18).

302. Prosecuzione del processo. – Nei casi previsti negli articoli precedenti la costituzione per proseguire (305) il processo può avvenire all'udienza o a norma dell'art. 166. Se non è fissata alcuna udienza (289), la parte può chiedere con ricorso al giudice istruttore o, in mancanza, al presidente del tribunale la fissazione dell'udienza. Il ricorso e il decreto sono notificati (137) alle altre parti (170) a cura dell'istante.

NOTE OPERATIVE:

Mandato: Nel caso di interruzione del processo, il ricorso in prosecuzione, in quanto atto di mero impulso processuale nell'ambito di un procedimento già instaurato, di cui permangono tutti gli effetti sostanziali e processuali, non richiede il conferimento di un mandato speciale al difensore (C.C. 2757/18).

303. Riassunzione del processo. – Se non avviene la prosecuzione del processo a norma dell'articolo precedente, l'altra parte può chiedere la fissazione dell'udienza (305), notificando quindi il ricorso e il decreto a coloro che debbono costituirsi per proseguirlo (75 ss., 110; 125, 126 att.).

In caso di morte della parte il ricorso deve contenere gli estremi della domanda, e la notificazione entro un anno dalla morte può essere fatta collettivamente e impersonalmente agli eredi, nell'ultimo domicilio del defunto (456 c.c.).

Se vi sono altre parti in causa, il decreto è notificato anche ad esse (170).

Se la parte che ha ricevuto la notificazione non comparisce all'udienza fissata, si procede in sua contumacia (290, 291).

NOTE OPERATIVE:

Funzione: L'atto di riassunzione del processo non introduce un nuovo procedimento, ma espleta esclusivamente la funzione di consentire la prosecuzione di quello già pendente (C.C. 11193/18).

304. Effetti dell'interruzione. – In caso d'interruzione del processo si applica la disposizione dell'art. 298.

305. (1) (2) **Mancata prosecuzione o riassunzione.** – Il processo deve essere proseguito o riassunto entro il termine perentorio (153) di tre mesi (3) dall'interruzione, altrimenti si estingue (307 - 310).

(1) *Articolo così sostituito dall'art. 30 della L. 14 luglio 1950, n. 581.*

(2) *La Corte costituzionale, con sentenza n. 139 del 15 dicembre 1967, ha dichiarato la illegittimità costituzionale di quest'articolo, per la parte in cui fa decorrere dalla data dell'interruzione del processo il termine per la sua prosecuzione o la sua riassunzione anche nei casi regolati dal precedente art. 301.*

Con successiva sentenza 6 luglio 1971, n. 159, ha dichiarato l'illegittimità costituzionale anche nella parte in cui la norma dispone che il termine utile per la prosecuzione o per la riassunzione del processo interrotto a sensi dell'art. 299 e dell'art. 300[3] dello stesso codice decorre dall'interruzione anziché dalla data in cui le parti ne hanno avuto conoscenza.

(3) *Le parole: «sei mesi» sono state così sostituite dall'art. 46, comma 14, della L. 18 giugno 2009, n. 69, a decorrere dal 4 luglio 2009. Ai sensi dell'art. 58, comma 1, della predetta legge, tale disposizione si applica ai giudizi instaurati dopo la data della sua entrata in vigore.*

NOTE OPERATIVE:

Presupposti: L'elemento discriminante al fine dell'applicazione della norma è la conoscenza legale dell'evento interruttivo da parte degli altri soggetti del processo (C.C. 24541/18).

Sezione III
Dell'estinzione del processo

306. Rinuncia agli atti del giudizio. – Il processo si estingue per rinuncia agli atti del giudizio quando questa è accettata dalle parti costituite (165, 166, 271, 629) che potrebbero aver interesse alla prosecuzione. L'accettazione non è efficace se contiene riserve o condizioni.

Le dichiarazioni di rinuncia e di accettazione sono fatte dalle parti o da loro procuratori speciali (84[2]), verbalmente all'udienza (126) o con atti sottoscritti (125) e notificati alle altre parti (137 ss., 170).

Il giudice, se la rinuncia e l'accettazione sono regolari, dichiara l'estinzione del processo (308, 310; 2668[2] c.c.).

Il rinunciante deve rimborsare le spese alle altre parti, salvo diverso accordo tra loro (90 ss.). La liquidazione delle spese è fatta dal giudice istruttore con ordinanza non impugnabile (177 n. 2).

NOTE OPERATIVE:

Spese: Il provvedimento con cui il giudice, nel pronunciare l'estinzione del giudizio per rinuncia agli atti di una delle parti, liquida le spese in caso di mancato accordo delle parti stesse, attesa l'espressa previsione di inoppugnabilità ed il suo carattere decisorio, per la sua attitudine ad incidere su diritti, è ricorribile in cassazione (C.C. 32771/21).

307. (1) **Estinzione del processo per inattività delle parti.** – Se dopo la notificazione della citazione (163[4]) nessuna delle parti siasi costituita entro il termine stabilito dall'art. 166 (171), ovvero, se, dopo la costituzione delle stesse, il giudice, nei casi previsti dalla legge (181, 270[2], 291[3], 309), abbia ordinata la cancellazione della causa dal ruolo, il processo, salvo il disposto [del secondo comma] (2) dell'art. 181 e dell'art. 290, deve essere riassunto (125 att.) davanti allo stesso giudice nel termine perentorio di tre mesi (3), che decorre rispettivamente dalla scadenza del termine per la costituzione del convenuto a norma dell'art. 166, o dalla data del provvedimento di cancellazione; altrimenti il processo si estingue.

Il processo, una volta riassunto a norma del precedente comma, si estingue se nessuna delle parti siasi costituita, ovvero se nei casi previsti dalla legge il giudice ordini la cancellazione della causa dal ruolo.

Oltre che nei casi previsti dai commi precedenti, e salvo diverse disposizioni di legge (289, 290), il processo si estingue altresì qualora le parti alle quali spetta di rinnovare la citazione o di proseguire, riassumere o integrare il giudizio, non vi abbiano provveduto entro il termine perentorio stabilito dalla legge (50, 54[4], 297, 305, 367[2], 393), o dal giudice che dalla legge sia autorizzato a fissarlo (34, 39[2], 40, 50, 102, 291, 355). Quando la legge autorizza il giudice a fissare il termine, questo non può essere inferiore ad un mese né superiore a tre (4).

L'estinzione opera di diritto ed è dichiarata, anche d'ufficio, con ordinanza del giudice istruttore ovvero con sentenza del collegio (5).

(1) *Articolo così sostituito dall'art. 31 della L. 14 luglio 1950, n. 581.*

(2) *Le parole fra parentesi quadrate sono state soppresse dall'art. 46, comma 15, lett. a), della L. 18 giugno 2009, n. 69, a decorrere dal 4 luglio 2009. Ai sensi dell'art. 58, comma 1, della predetta legge, tale disposizione si applica ai giudizi instaurati dopo la data della sua entrata in vigore.*

(3) *Le parole: «un anno» sono state così sostituite dall'art. 46, comma 15, lett. a), della L. 18 giugno 2009, n. 69, a decorrere dal 4 luglio 2009. Ai sensi dell'art. 58, comma 1, della predetta legge, tale disposizione si applica ai giudizi instaurati dopo la data della sua entrata in vigore.*

(4) *La parola: «sei» è stata così sostituita dall'art. 46, comma 15, lett. b), della L. 18 giugno 2009, n. 69, a decorrere dal 4 luglio 2009. Ai sensi dell'art. 58, comma 1, della predetta legge, tale disposizione si applica ai giudizi instaurati dopo la data della sua entrata in vigore.*

(5) *Questo comma è stato così sostituito dall'art. 46, comma 15, lett. c), della L. 18 giugno 2009, n. 69, a decorrere dal 4 luglio 2009. Ai sensi dell'art. 58, comma 1, della predetta legge, tale disposizione si applica ai giudizi instaurati dopo la data della sua entrata in vigore.*

Il testo precedente così disponeva: «L'estinzione opera di diritto, ma deve essere eccepita dalla parte interessata prima di ogni altra sua difesa. Essa è dichiarata con ordinanza del giudice istruttore, ovvero con sentenza del collegio, se dinanzi a questo venga eccepita.».

NOTE OPERATIVE:

Presupposti: L'ordine di integrazione della domanda per ritenuta nullità della citazione, emesso in difetto dei presupposti per la sua emanazione, è improduttivo di effetti, sicché la mancata ottemperanza al medesimo, essendo irrilevante, non può determinare l'estinzione del giudizio (C.C. 22735/21).

308. (1) **Comunicazione e impugnabilità dell'ordinanza.** – L'ordinanza che dichiara l'estinzione (307[4]) è comunicata (136, 357[1]) a cura del cancelliere se è pronunciata fuori dell'udienza (134). Contro di essa è ammesso reclamo nei modi di cui all'art. 178, commi terzo, quarto e quinto.

Il collegio provvede in camera di consiglio con sentenza, se respinge il reclamo (354[2]; 130 att.), e con ordinanza non impugnabile (177 n. 2, 280), se l'accoglie.

(1) *Articolo così sostituito dall'art. 32 della L. 14 luglio 1950, n. 581.*

309. (1) **Mancata comparizione all'udienza.** – Se nel corso del processo nessuna delle parti si presenta all'udienza, il giudice provvede a norma del primo comma dell'art. 181.

(1) *Articolo così sostituito dall'art. 32 della L. 14 luglio 1950, n. 581.*

310. Effetti dell'estinzione del processo. – L'estinzione del processo non estingue l'azione (186 *bis*, 186 *ter*, 338, 632; 2945 c.c.).

L'estinzione rende inefficaci gli atti compiuti, ma non le sentenze di merito (277) pronunciate nel corso del processo e le pronunce che regolano la competenza (1).

Le prove raccolte sono valutate dal giudice a norma dell'art. 116 secondo comma.

Le spese del processo estinto (306[4]) stanno a carico delle parti che le hanno anticipate (90, 632[3]).

(1) *Le parole: «e quelle che regolano la competenza» sono state così sostituite dall'art. 46, comma 16, della L. 18 giugno 2009, n. 69, a decorrere dal 4 luglio 2009. Ai sensi dell'art. 58, comma 1, della predetta legge, tale disposizione si applica ai giudizi instaurati dopo la data della sua entrata in vigore.*

NOTE OPERATIVE:

Ambito di applicazione: L'estinzione del processo rende inefficaci gli atti compiuti ma non le sentenze non definitive di merito pronunciate nel corso dello stesso (C.C. 37735/22).

Titolo II
Del procedimento davanti al giudice di pace (1)

(1) La rubrica: «DEL PROCEDIMENTO DAVANTI AL PRETORE E AL GIUDICE DI PACE» è stata sostituita dall'attuale: «DEL PROCEDIMENTO DAVANTI AL GIUDICE DI PACE» a norma dell'art. 69, comma 1, del D.L.vo 19 febbraio 1998, n. 51, recante l'istituzione del giudice unico, a decorrere dal 2 giugno 1999.

L'art. 69, comma 2, dello stesso provvedimento, ha inoltre soppresso la ripartizione interna in capi.

Capo I (1)
Disposizioni comuni

(1) Intitolazione inserita dall'art. 38, comma primo, della L. 26 novembre 1990, n. 353, a decorrere dal 30 aprile 1995. La ripartizione in capi è stata poi soppressa dall'art. 69 del D.L.vo 19 febbraio 1998, n. 51, recante l'istituzione del giudice unico, a decorrere dal 2 giugno 1999.

311. (1) **Rinvio alle norme relative al procedimento davanti al tribunale.** – Il procedimento davanti al giudice di pace, per tutto ciò che non è regolato nel presente titolo o in altre espresse disposizioni, è retto dalle norme relative al procedimento davanti al tribunale in composizione monocratica, in quanto applicabili.

(1) Questo articolo è stato dapprima sostituito dall'art. 22 della L. 21 novembre 1991, n. 374, recante l'istituzione del giudice di pace, a decorrere dal 1° maggio 1995, e poi così sostituito dall'art. 70 del D.L.vo 19 febbraio 1998, n. 51, recante l'istituzione del giudice unico, a decorrere dal 2 giugno 1999.

312. (1) [**Poteri istruttori del giudice.** – Il pretore o il giudice di pace può disporre d'ufficio la prova testimoniale formulandone i capitoli, quando le parti nella esposizione dei fatti si sono riferite a persone che appaiono in grado di conoscere la verità].

(1) Articolo dapprima modificato dall'art. 4 della L. 30 luglio 1984, n. 399, poi sostituito dall'art. 36 della L. 26 novembre 1990, n. 353, a decorrere dal 30 aprile 1995, ed infine abrogato dall'art. 71 del D.L.vo 19 febbraio 1998, n. 51, recante l'istituzione del giudice unico, a decorrere dal 2 giugno 1999.

313. (1) **Querela di falso.** – Se è proposta querela di falso (221 ss.), [il pretore o] (2) il giudice di pace, quando ritiene il documento impugnato rilevante per la decisione, sospende il giudizio (295) e rimette le parti davanti al tribunale per il relativo procedimento. Può anche disporre a norma dell'art. 225, secondo comma (65 att.).

(1) Articolo dapprima sostituito dall'art. 33 della L. 14 luglio 1950, n. 581 e poi così sostituito dall'art. 37 della L. 26 novembre 1990, n. 353, a decorrere dal 30 aprile 1995.

Il riferimento al giudice di pace, in sostituzione del conciliatore, è stato infine introdotto dall'art. 24 della L. 21 novembre 1991, n. 374, a decorrere dal 1° maggio 1995.

«Se la citazione indica un giorno in cui non si tiene udienza presso l'ufficio giudiziario o la sezione di esso al quale il capo ha destinato la causa, la comparizione deve avvenire all'udienza successiva».

(*) La Corte costituzionale, con sentenza n. 214 del 24 maggio 1991, aveva dichiarato l'illegittimità costituzionale di questo comma, nella parte in cui non prevede che l'atto introduttivo del giudizio debba contenere, tra l'altro, l'indicazione della scrittura privata che l'attore offre in comunicazione.

(2) Le parole: «il pretore o» sono state soppresse dall'art. 72 del D.L.vo 19 febbraio 1998, n. 51, recante l'istituzione del giudice unico, a decorrere dal 2 giugno 1999.

Capo II (1)
Disposizioni speciali per il procedimento davanti al pretore

(1) Intitolazione inserita dall'art. 38, comma primo, della L. 26 novembre 1990, n. 353, a decorrere dal 30 aprile 1995. La ripartizione in capi è stata poi soppressa dall'art. 69 del D.L.vo 19 febbraio 1998, n. 51, a decorrere dal 2 giugno 1999.

314. (1) [**Decisione a seguito di trattazione scritta.** – Il pretore, quando ritiene la causa matura per la decisione, invita le parti a precisare le conclusioni, dispone lo scambio delle comparse conclusionali e delle memorie di replica ai sensi dell'art. 190 e, quindi, deposita la sentenza in cancelleria entro trenta giorni dalla scadenza del termine per il deposito delle memorie di replica].

(1) Articolo dapprima modificato dall'art. 38, comma secondo, della L. 26 novembre 1990, n. 353, a decorrere dal 30 aprile 1995, e poi abrogato dall'art. 71 del D.L.vo 19 febbraio 1998, n. 51, recante l'istituzione del giudice unico, a decorrere dal 2 giugno 1999.

315. (1) [**Decisione a seguito di discussione orale.** – Il pretore, se non dispone a norma dell'art. 314, può ordinare l'immediata discussione orale della causa. Al termine della discussione pronuncia sentenza dando lettura del dispositivo e della concisa esposizione delle ragioni di fatto e di diritto della decisione. In questo caso la sentenza si intende pubblicata con la sottoscrizione da parte del giudice del verbale che la contiene ed è immediatamente depositata in cancelleria].

(1) Articolo dapprima sostituito dall'art. 4 del D.P.R. 17 ottobre 1950, n. 857, poi nuovamente sostituito dall'art. 39 della L. 26 novembre 1990, n. 353, a decorrere dal 30 aprile 1995, ed infine abrogato dall'art. 71 del D.L.vo 19 febbraio 1998, n. 51, recante l'istituzione del giudice unico, a decorrere dal 2 giugno 1999.

Capo III (1)
Disposizioni speciali per il procedimento davanti al giudice di pace

(1) *Intitolazione inserita dall'art. 40, comma primo, della L. 26 novembre 1990, n. 353, a decorrere dal 30 aprile 1995.*

Il riferimento al giudice di pace, in sostituzione del conciliatore, è stato introdotto dall'art. 25 della L. 21 novembre 1991, n. 374, a decorrere dal 1° maggio 1995. La ripartizione in capi è stata poi soppressa dall'art. 69 del D.L.vo 19 febbraio 1998, n. 51, a decorrere dal 2 giugno 1999.

316. (1) **Forma della domanda.** – Davanti al giudice di pace la domanda si propone nelle forme del procedimento semplificato di cognizione, in quanto compatibili (2).

La domanda si può anche proporre verbalmente. Di essa il giudice di pace fa redigere processo verbale che, a cura dell'attore, è notificato unitamente al decreto di cui all'articolo 318 (3).

(1) *Articolo così sostituito dall'art. 40, comma secondo, della L. 26 novembre 1990, n. 353, a decorrere dal 30 aprile 1995.*

Il riferimento al giudice di pace, in sostituzione del conciliatore, è stato introdotto dall'art. 25 della L. 21 novembre 1991, n. 374, a decorrere dal 1° maggio 1995.

(2) *Le parole: «mediante citazione a comparire a udienza fissa» sono state così sostituite dalle attuali: «nelle forme del procedimento semplificato di cognizione, in quanto compatibili» dall'art. 3, comma 24, lett. a), n. 1), del D.L.vo 10 ottobre 2022, n. 149, a decorrere dal 28 febbraio 2023.*

A norma dell'art. 35, comma 1, del medesimo decreto, le disposizioni si applicano ai procedimenti instaurati successivamente a tale data. Ai procedimenti pendenti alla data del 28 febbraio 2023 si applicano le disposizioni anteriormente vigenti.

(3) *Le parole: «con citazione a comparire a udienza fissa» sono state così sostituite dalle attuali: «unitamente al decreto di cui all'articolo 318» dall'art. 3, comma 24, lett. a), n. 2), del D.L.vo 10 ottobre 2022, n. 149, a decorrere dal 28 febbraio 2023.*

A norma dell'art. 35, comma 1, del medesimo decreto, le disposizioni si applicano ai procedimenti instaurati successivamente a tale data. Ai procedimenti pendenti alla data del 28 febbraio 2023 si applicano le disposizioni anteriormente vigenti.

317. (1) **Rappresentanza davanti al giudice di pace.** – Davanti al giudice di pace le parti possono farsi rappresentare da persona munita di mandato (83) [scritto in calce alla citazione o in atto separato,] (2) salvo che il giudice ordini la loro comparizione personale.

Il mandato a rappresentare comprende sempre quello a transigere e a conciliare.

(1) *Articolo dapprima sostituito dall'art. 33 della L. 14 luglio 1950, n. 581 e poi nuovamente così sostituito dall'art. 41 della L. 26 novembre 1990, n. 353, a decorrere dal 30 aprile 1995.*

Il riferimento al giudice di pace, in sostituzione del conciliatore, è stato infine introdotto dall'art. 26 della L. 21 novembre 1991, n. 374, a decorrere dal 1° maggio 1995.

(2) *Le parole tra parentesi quadrate sono state soppresse dall'art. 3, comma 24, lett. b), del D.L.vo 10 ottobre 2022, n. 149, a decorrere dal 28 febbraio 2023.*

A norma dell'art. 35, comma 1, del medesimo decreto, le disposizioni si applicano ai procedimenti instaurati successivamente a tale data. Ai procedimenti pendenti alla data del 28 febbraio 2023 si applicano le disposizioni anteriormente vigenti.

NOTE OPERATIVE:

Mandato: La norma, nel prevedere che le parti possono farsi rappresentare in giudizio da persona munita di mandato in calce alla citazione o in atto separato, non richiede che la scrittura privata di conferimento sia munita di autenticazione, requisito che è invece stabilito per il procedimento dinanzi al tribunale (C.C. 8339/05).

318. (1) **Contenuto della domanda.** – La domanda si propone con ricorso, sottoscritto a norma dell'articolo 125, che deve contenere, oltre all'indicazione del giudice e delle parti, l'esposizione dei fatti e l'indicazione del suo oggetto.

Il giudice di pace, entro cinque giorni dalla designazione, fissa con decreto l'udienza di comparizione delle parti a norma del comma secondo dell'articolo 281 *undecies*.

(1) *Questo articolo è stato, da ultimo, così sostituito dall'art. 3, comma 24, lett. c), del D.L.vo 10 ottobre 2022, n. 149, a decorrere dal 28 febbraio 2023.*

A norma dell'art. 35, comma 1, del medesimo decreto, le disposizioni si applicano ai procedimenti instaurati successivamente a tale data. Ai procedimenti pendenti alla data del 28 febbraio 2023 si applicano le disposizioni anteriormente vigenti.

Si riporta il testo precedente:

«Art. 318 (*) (Contenuto della domanda)

La domanda, comunque proposta, deve contenere, oltre l'indicazione del giudice e delle parti, l'esposizione dei fatti e l'indicazione dell'oggetto (163) (**).

Tra il giorno della notificazione di cui all'art. 316 e quello della comparizione devono intercorrere termini liberi non minori di quelli previsti dall'art. 163 bis, ridotti alla metà.

Se la citazione indica un giorno nel quale il giudice di pace non tiene udienza, la comparizione è d'ufficio rimandata all'udienza immediatamente successiva (57 att.).».

(*) *Articolo così sostituito dall'art. 42, comma primo della L. 26 novembre 1990, n. 353, a decorrere dal 30 aprile 1995.*

Il riferimento al giudice di pace, nell'ultimo comma, è stato introdotto dall'art. 27 della L. 21 novembre 1991, n. 374, a decorrere dal 1° maggio 1995.

(**) *La Corte costituzionale, con sentenza n. 110 del 22 aprile 1997, ha dichiarato l'illegittimità costituzionale di questo comma, nella parte in cui non prevede che l'atto introduttivo del giudizio dinanzi al giudice di pace debba contenere l'indicazione della scrittura privata che l'attore offre in comunicazione.*

[Capo II
Disposizioni speciali per il procedimento davanti al conciliatore] (1)

(1) *Titolazione soppressa dall'art. 42, comma secondo, della L. 26 novembre 1990, n. 353, a decorrere dal 30 aprile 1995.*

319. (1) **Costituzione delle parti.** – L'attore si costituisce depositando il ricorso notificato o il processo verbale di cui all'articolo 316 unitamente al decreto di cui all'articolo 318 e con la relazione della notificazione e, quando occorre, la procura. Il convenuto si costituisce a norma dei commi terzo e quarto dell'articolo 281 *undecies* mediante deposito della comparsa di risposta e, quando occorre, la procura (2).

Le parti, che non hanno precedentemente dichiarato la residenza (43 c.c.) o eletto domicilio (47 c.c.) nel comune in cui ha sede l'ufficio del giudice di pace, debbono farlo con dichiarazione ricevuta nel processo verbale (126) al momento della costituzione (58 att.).

(1) *Articolo così sostituito dall'art. 43 della L. 26 novembre 1990, n. 353, a decorrere dal 30 aprile 1995.*

Il riferimento all'ufficio del giudice di pace, in sostituzione di quello di conciliazione, è stato introdotto dall'art. 28 della L. 21 novembre 1991, n. 374, a decorrere dal 1° maggio 1995.

(2) *Questo comma è stato così sostituito dall'art. 3, comma 24, lett. d), del D.L.vo 10 ottobre 2022, n. 149, a decorrere dal 28 febbraio 2023.*

A norma dell'art. 35, comma 1, del medesimo decreto, le disposizioni si applicano ai procedimenti instaurati successivamente a tale data. Ai procedimenti pendenti alla data del 28 febbraio 2023 si applicano le disposizioni anteriormente vigenti.

Si riporta il testo precedente:

«Le parti si costituiscono depositando in cancelleria la citazione o il processo verbale di cui all'art. 316 con la relazione della notificazione (148) e, quando occorre, la procura, oppure presentando tali documenti al giudice in udienza (56 att.).».

320. (1) **Trattazione della causa.** – Nella prima udienza il giudice di pace interroga liberamente le parti e tenta la conciliazione (69 att.).

Se la conciliazione riesce se ne redige processo verbale a norma dell'art. 185, ultimo comma (88 att.).

Se la conciliazione non riesce, il giudice di pace procede ai sensi dell'articolo 281 *duodecies*, commi secondo, terzo e quarto, e se non ritiene la causa matura per la decisione, procede agli atti di istruzione rilevanti per la decisione (2).

[Quando sia reso necessario dalle attività svolte dalle parti in prima udienza, il giudice di pace fissa per una sola volta una nuova udienza per ulteriori produzioni e richieste di prova] (3).

I documenti prodotti dalle parti possono essere inseriti nel fascicolo di ufficio (168) ed ivi conservati fino alla definizione del giudizio.

(1) *Articolo così sostituito dall'art. 44 della L. 26 novembre 1990, n. 353, a decorrere dal 30 aprile 1995.*

Il riferimento al giudice di pace, in sostituzione del conciliatore, è stato introdotto dall'art. 29 della L. 21 novembre 1991, n. 374, a decorrere dal 1° maggio 1995.

(2) *Questo comma è stato così sostituito dall'art. 3, comma 24, lett. e), n. 1), del D.L.vo 10 ottobre 2022, n. 149, a decorrere dal 28 febbraio 2023.*

A norma dell'art. 35, comma 1, del medesimo decreto, le disposizioni si applicano ai procedimenti instaurati successivamente a tale data. Ai procedimenti pendenti alla data del 28 febbraio 2023 si applicano le disposizioni anteriormente vigenti.

Si riporta il testo precedente:

«Se la conciliazione non riesce, il giudice di pace invita le parti a precisare definitivamente i fatti che ciascuna pone a fondamento delle domande, difese ed eccezioni, a produrre i documenti e a richiedere i mezzi di prova da assumere (184).».

(3) *Questo comma è stato soppresso dall'art. 3, comma 24, lett. e), n. 2), del D.L.vo 10 ottobre 2022, n. 149, a decorrere dal 28 febbraio 2023.*

A norma dell'art. 35, comma 1, del medesimo decreto, le disposizioni si applicano ai procedimenti instaurati successivamente a tale data. Ai procedimenti pendenti alla data del 28 febbraio 2023 si applicano le disposizioni anteriormente vigenti.

321. (1) **Decisione.** – Il giudice di pace, quando ritiene matura la causa per la decisione, procede ai sensi dell'articolo 281 *sexies* (2).

La sentenza è depositata in cancelleria entro quindici giorni dalla discussione.

(1) *Articolo così sostituito dall'art. 45 della L. 26 novembre 1990, n. 353, a decorrere dal 30 aprile 1995.*

Il riferimento al giudice di pace, in sostituzione del conciliatore, è stato introdotto dall'art. 30 della L. 21 novembre 1991, n. 374, recante l'istituzione del giudice di pace, a decorrere dal 1° maggio 1995.

(2) *Le parole: «invita le parti a precisare le conclusioni e a discutere la causa.» sono state così sostituite dalle attuali: «procede ai sensi dell'articolo 281 sexies.» dall'art. 3, comma 24, lett. f), del D.L.vo 10 ottobre 2022, n. 149, a decorrere dal 28 febbraio 2023.*

A norma dell'art. 35, comma 1, del medesimo decreto, le disposizioni si applicano ai procedimenti instaurati successivamente a tale data. Ai procedimenti pendenti alla data del 28 febbraio 2023 si applicano le disposizioni anteriormente vigenti.

322. (1) **Conciliazione in sede non contenziosa.** – L'istanza per la conciliazione in sede non contenziosa è proposta anche verbalmente al giudice di pace competente per territorio secondo le disposizioni della sezione III, capo I, titolo I, del libro primo.

Il processo verbale di conciliazione in sede non contenziosa costituisce titolo esecutivo

(474) a norma dell'art. 185, ultimo comma, se la controversia rientra nella competenza del giudice di pace.

Negli altri casi il processo verbale ha valore di scrittura privata riconosciuta in giudizio (215; 2702 c.c.).

(1) *Articolo dapprima sostituito dall'art. 46 della L. 26 novembre 1990, n. 353, a decorrere dal 30 aprile 1995 e poi così ulteriormente sostituito dall'art. 31 della L. 21 novembre 1991, n. 374, a decorrere dal 1° maggio 1995.*

NOTE OPERATIVE:

Contraddittorio: Qualora la conciliazione in sede non contenziosa sia impedita dalla mancata presentazione della controparte, il giudice di pace, constatato l'insuccesso del procedimento di natura amministrativa, anche se esso inerisca a materia civile rientrante nella sua competenza giurisdizionale, non può, dichiarata la contumacia della parte che non si sia presentata, trattare e definire la lite in sede contenziosa, senza che il transito a tale fase sia preceduto dalla domanda della parte che aveva fatto istanza di conciliazione e senza che siano rispettate le forme necessarie ad assicurare, nei confronti della controparte, il rispetto del contraddittorio derivandone, altrimenti, la nullità dell'intera fase contenziosa e della pronuncia emessa a conclusione di tale fase (C.C. 22818/11).

Titolo III
Delle impugnazioni

Capo I
Delle impugnazioni in generale

323. Mezzi di impugnazione. – I mezzi per impugnare le sentenze, oltre al regolamento di competenza (42 ss.) nei casi previsti dalla legge, sono: l'appello (339 ss.), il ricorso per cassazione (360 ss.), la revocazione (395 ss.) e l'opposizione di terzo (404 ss.).

NOTE OPERATIVE:

Qualificazione: L'individuazione del mezzo di impugnazione esperibile contro un provvedimento giudiziale a contenuto decisorio su diritti soggettivi deve essere effettuata soltanto avendo riferimento a quanto previsto dalla legge per le decisioni emesse secondo il rito adottato in concreto dal giudice in relazione alla qualificazione, anche implicita, dell'azione (C.C. 20265/23).

324. Cosa giudicata formale. – Si intende passata in giudicato la sentenza che non è più soggetta né a regolamento di competenza (42 ss.), né ad appello (339 ss.), né a ricorso per cassazione (360 ss.), né a revocazione per i motivi di cui ai nn. 4 e 5 dell'art. 395 (2909, 2953 c.c.; 124 att.).

NOTE OPERATIVE:

Ambito di applicazione: Il giudicato sostanziale (art. 2909 c.c.), che, quale riflesso di quello formale (art. 324 c.p.c.), fa stato a ogni effetto tra le parti per l'accertamento di merito positivo o negativo del diritto controverso, si forma su tutto ciò che ha costituito oggetto della decisione, compresi gli accertamenti di fatto che ne rappresentano le premesse necessarie e il fondamento logico e giuridico (C.C. 3635/21).

325. Termini per le impugnazioni. – Il termine (328) per proporre l'appello (339 ss.), la revocazione (395) e l'opposizione di terzo di cui all'art. 404, secondo comma, è di trenta giorni. È anche di trenta giorni il termine per proporre la revocazione e l'opposizione di terzo sopra menzionata contro la sentenza delle corti di appello (1).

Il termine per proporre il ricorso per cassazione è di giorni sessanta (360, 362, 371, 398[4]; 99, 131 l. fall.).

(1) *Comma sostituito dall'art. 47 della L. 26 novembre 1990, n. 353, a decorrere dal 30 aprile 1995 e poi nuovamente modificato dall'art. 32 della L. 21 novembre 1991, n. 374, a decorrere dal 1° maggio 1995. Nel testo anteriore a quest'ultima modifica il termine di trenta giorni per impugnare di cui al primo periodo riguardava solo le sentenze dei pretori e dei tribunali; il termine sempre di trenta giorni di cui al secondo periodo riguardava anche le sentenze dei conciliatori.*

NOTE OPERATIVE:

Notifica in modalità telematica: Ai fini della decorrenza del termine breve per l'impugnazione, la prova dell'avvenuta notifica in modalità telematica della sentenza può essere data mediante il deposito delle copie informatiche, in formato pdf, delle ricevute di accettazione e consegna della PEC, corredate di attestazione di conformità agli originali informatici, non occorrendo il deposito dei relativi file in formato *.eml o *.msg (necessario, invece, al diverso fine della prova dell'avvenuta notificazione telematica degli atti introduttivi del giudizio), posto che la relata di notifica della sentenza è atto esterno al giudizio che, come qualsiasi atto digitale, può essere stampato o salvato e attestato conforme all'originale dal difensore (C.C. 25686/23).

326. Decorrenza dei termini. – I termini stabiliti nell'articolo 325 (1) sono perentori (152, 153) e decorrono dalla notificazione (285, 286, 288; 99, 131, 183 l. fall.) della sentenza, sia per il soggetto notificante che per il destinatario della notificazione, dal momento in cui il relativo procedimento si perfeziona per il destinatario (2), tranne per i casi previsti nei nn. 1, 2, 3 e 6 dell'art. 395 e negli artt. 397 e 404 secondo comma, riguardo ai quali il termine decorre dal giorno in cui è stato scoperto il dolo o la falsità o la collusione o è stato recuperato il documento o è passata in giudicato (324) la sentenza di cui al n. 6 dell'art. 395, o il pubblico ministero ha avuto conoscenza della sentenza.

Nel caso previsto nell'art. 332, l'impugnazione proposta contro una parte fa decorrere nei confronti dello stesso soccombente il termine (325, 334) per proporla contro le altre parti.

(1) *Le parole: «nell'articolo precedente» sono state così sostituite dalle attuali: «nell'articolo 325» dall'art. 3, comma 25, lett. a), del D.L.vo 10 ottobre 2022, n. 149, a decorrere dal 28 febbraio 2023.*

A norma dell'art. 35, comma 1, del medesimo decreto, così come modificato dall'art. 1, comma 380, lett. a), della L. 29 dicembre 2022, n. 197, le disposizioni si applicano ai procedimenti instaurati successivamente a tale data. Ai procedimenti pendenti alla data del 28 febbraio 2023 si applicano le disposizioni anteriormente vigenti. A norma dell'art. 35, comma 4, del citato decreto, tali disposizioni si applicano alle impugnazioni proposte successivamente al 28 febbraio 2023.

(2) *Le parole: «, sia per il soggetto notificante che per il destinatario della notificazione, dal momento in cui il relativo procedimento si perfeziona per il destinatario» sono state aggiunte dall'art. 3, comma 25, lett. a), del D.L.vo 10 ottobre 2022, n. 149, a decorrere dal 28 febbraio 2023.*

A norma dell'art. 35, comma 1, del medesimo decreto, così come modificato dall'art. 1, comma 380, lett. a), della L. 29 dicembre 2022, n. 197, le disposizioni si applicano ai procedimenti instaurati successivamente a tale data. Ai procedimenti pendenti alla data del 28 febbraio 2023 si applicano le disposizioni anteriormente vigenti. A norma dell'art. 35, comma 4, del citato decreto, tali disposizioni si applicano alle impugnazioni proposte successivamente al 28 febbraio 2023.

327. Decadenza dall'impugnazione. – Indipendentemente dalla notificazione (285, 326), l'appello, il ricorso per cassazione e la revocazione per i motivi indicati nei nn. 4 e 5 dell'art. 395 non possono proporsi dopo decorsi sei mesi (1) dalla pubblicazione della sentenza (133, 315, 332; 124[2], 129[3] att.).

Questa disposizione non si applica quando la parte contumace (291 ss.) dimostra di non aver avuto conoscenza del processo per nullità della citazione (164) o della notificazione (160) di essa, e per nullità della notificazione degli atti di cui all'art. 292.

(1) *Le parole: «decorso un anno» sono state così sostituite dall'art. 46, comma 17, della L. 18 giugno 2009, n. 69, a decorrere dal 4 luglio 2009. Ai sensi dell'art. 58, comma 1, della predetta legge, tale disposizione si applica ai giudizi instaurati dopo la data della sua entrata in vigore.*

NOTE OPERATIVE:

Termine: Per il computo del termine di decadenza dall'impugnazione si osserva, a norma degli artt. 155, comma 2, c.p.c. e 2963, comma 4, c.c., il sistema della computazione civile, non ex numero bensì ex nominatione dierum (C.C. 22518/23).

328. (1) **Decorrenza dei termini contro gli eredi della parte defunta.** – Se, durante la decorrenza del termine di cui all'art. 325, sopravviene alcuno degli eventi previsti nell'art. 299, il termine stesso è interrotto e il nuovo decorre dal giorno in cui la notificazione della sentenza è rinnovata (285, 286, 330).

Tale rinnovazione può essere fatta agli eredi collettivamente e impersonalmente, nell'ultimo domicilio del defunto (286, 303[2], 330).

Se dopo sei mesi dalla pubblicazione della sentenza (133) si verifica alcuno degli eventi previsti nell'art. 299, il termine di cui all'articolo precedente è prorogato per tutte le parti di sei mesi dal giorno dell'evento.

(1) *La Corte costituzionale, con sentenza n. 41 del 3 marzo 1986, ha dichiarato l'illegittimità costituzionale di questo articolo, nella parte in cui non prevede tra i motivi di interruzione del termine di cui all'art. 325 del c.p.c. la morte, la radiazione e la sospensione dall'albo del procuratore costituito, sopravvenute nel corso del termine stesso.*

329. Acquiescenza totale o parziale. – Salvi i casi di cui ai nn. 1, 2, 3 e 6 dell'art. 395, l'acquiescenza risultante da accettazione espressa o da atti incompatibili con la volontà di avvalersi delle impugnazioni ammesse dalla legge (323) ne esclude la proponibilità (334).

L'impugnazione parziale importa acquiescenza alle parti della sentenza non impugnata (346).

NOTE OPERATIVE:

Modalità: L'acquiescenza alla sentenza, preclusiva dell'impugnazione, consiste nella manifestazione da parte del soccombente della volontà di non impugnare e può avvenire sia in forma espressa che tacita (C.C. 34539/21).

330. Luogo di notificazione della impugnazione. – Se nell'atto di notificazione della sentenza (285) la parte ha dichiarato la sua residenza (43 c.c.) o eletto domicilio (47 c.c.) nella circoscrizione del giudice che l'ha pronunciata, l'impugnazione deve essere notificata nel luogo indicato; altrimenti si notifica, ai sensi dell'articolo 170, (1) presso il procuratore costituito (170) o nella residenza dichiarata o nel domicilio eletto per il giudizio (165, 319).

L'impugnazione può essere notificata nei luoghi sopra menzionati collettivamente e impersonalmente agli eredi della parte defunta dopo la notificazione della sentenza (303[2], 328).

Quando manca la dichiarazione di residenza (43 c.c.) o l'elezione di domicilio (47 c.c.) e, in ogni caso, dopo un anno dalla pubblicazione della sentenza (133), l'impugnazione, se è ancora ammessa dalla legge (327), si notifica personalmente a norma degli artt. 137 ss. (123 att.).

(1) *Le parole: «, ai sensi dell'articolo 170,» sono state inserite dall'art. 46, comma 10, della L. 18 giugno 2009, n. 69, a decorrere dal 4 luglio 2009. Ai sensi dell'art. 58, comma 1, della predetta legge, tale disposizione si applica ai giudizi instaurati dopo la data della sua entrata in vigore.*

NOTE OPERATIVE:

Ordine: La norma non prescrive un tassativo ordine di successione dei luoghi suddetti bensì un concorso alternativo degli stessi (C.C. 34252/19).

331. Integrazione del contraddittorio in cause inscindibili. – Se la sentenza pronunciata tra più parti in causa inscindibile (102) o in cause tra loro dipendenti (31 ss.) non è stata impugnata nei confronti di tutte, il giudice ordina l'integrazione del contraddittorio (350, 371 *bis*) fissando il termine nel quale la notificazione deve essere fatta e, se è necessario, l'udienza di comparizione (334, 343, 371).

L'impugnazione è dichiarata inammissibile (350², 358, 375) se nessuna delle parti provvede all'integrazione nel termine fissato.

NOTE OPERATIVE:

Ambito di applicazione: La chiamata in garanzia determina un litisconsorzio necessario processuale tra il terzo chiamato e le parti originarie, con conseguente inscindibilità delle cause (C.C. 1893/23).

332. Notificazione dell'impugnazione relativa a cause scindibili. – Se la impugnazione di una sentenza pronunciata in cause scindibili (31 ss., 40, 103, 104) è stata proposta soltanto da alcuna delle parti o nei confronti di alcune di esse, il giudice ne ordina la notificazione (330) alle altre (350), in confronto delle quali l'impugnazione non è preclusa o esclusa, fissando il termine nel quale la notificazione deve essere fatta e, se è necessario, l'udienza di comparizione (326, 371).

Se la notificazione ordinata dal giudice non avviene, il processo rimane sospeso (298) fino a che non siano decorsi i termini previsti negli artt. 325 e 327 primo comma.

NOTE OPERATIVE:

Finalità: La norma ha la finalità di evitare che avverso la medesima sentenza si svolgano separati giudizi d'impugnazione, per cui la notificazione dell'impugnazione non contiene una vocatio in ius, ma ha il valore di semplice litis denuntiatio e serve a consentire che le parti alle quali è stata indirizzata, propongano, a pena di decadenza, le loro impugnazioni in via incidentale nello stesso processo (C.C. 11048/22).

333. Impugnazioni incidentali. – Le parti alle quali sono state fatte le notificazioni previste negli articoli precedenti debbono proporre, a pena di decadenza, le loro impugnazioni in via incidentale nello stesso processo (334, 343, 371).

NOTE OPERATIVE:

Ambito di applicazione: La norma si riferisce tanto alla notificazione di una prima impugnazione effettuata a tutte le parti ai sensi dell'art. 330 c.p.c., quanto alle notificazioni, effettuate successivamente alla notificazione dell'impugnazione principale notificata soltanto ad alcune delle parti, ai sensi dell'art. 331 e 332 c.p.c. (C.C. 3129/17).

334. Impugnazioni incidentali tardive. – Le parti, contro le quali è stata proposta impugnazione e quelle chiamate ad integrare il contraddittorio a norma dell'art. 331, possono proporre impugnazione incidentale (333, 343, 371) anche quando per esse è decorso il termine (326, 327) o hanno fatto acquiescenza alla sentenza (329).

In tal caso, se l'impugnazione principale è dichiarata inammissibile o improcedibile (1), la impugnazione incidentale perde ogni efficacia.

(1) *Le parole: «o improcedibile» sono state inserite dall'art. 3, comma 25, lett. b), del D.L.vo 10 ottobre 2022, n. 149, a decorrere dal 28 febbraio 2023.*

A norma dell'art. 35, comma 1, del medesimo decreto, così come modificato dall'art. 1, comma 380, lett. a), della L. 29 dicembre 2022, n. 197, le disposizioni si applicano ai procedimenti instaurati successivamente a tale data. Ai procedimenti pendenti alla data del 28 febbraio 2023 si applicano le disposizioni anteriormente vigenti. A norma dell'art. 35, comma 4, del citato decreto, tali disposizioni si applicano alle impugnazioni proposte successivamente al 28 febbraio 2023.

NOTE OPERATIVE:

Ambito di applicazione: L'impugnazione incidentale tardiva è sempre ammissibile tute le volte che quella principale metta comunque in discussione l'assetto di interessi derivante dalla sentenza (C.C. 13707/23).

335. Riunione delle impugnazioni separate. – Tutte le impugnazioni proposte separatamente contro la stessa sentenza debbono essere riunite, anche d'ufficio, in un solo processo (273, 274, 350³).

NOTE OPERATIVE:

Presupposti: L'obbligo di disporre la riunione di appelli separatamente proposti dalla stessa parte avverso la medesima sentenza trova applicazione con esclusivo riguardo alle impugnazioni ritualmente proposte (C.C. 3053/18).

336. (1) **Effetti della riforma o della cassazione.** – La riforma o la cassazione parziale ha effetto anche sulle parti della sentenza dipendenti dalla parte riformata o cassata (386; 129 *bis*, 133 *bis* att.).

La riforma o la cassazione estende i suoi effetti ai provvedimenti e agli atti dipendenti dalla sentenza riformata o cassata (159) (2).

(1) *Articolo così sostituito dall'art. 34 della L. 14 luglio 1950, n. 581.*

(2) *Comma così sostituito dall'art. 48 della L. 26 novembre 1990, n. 353, a decorrere dall'1 gennaio 1993.*

NOTE OPERATIVE:

Obblighi restitutori: La norma comporta che, non appena sia pubblicata la sentenza di riforma, vengano meno immediatamente sia l'efficacia esecutiva della sentenza di primo grado, sia l'efficacia degli atti o provvedimenti di esecuzione spontanea o coattiva della stessa, rimasti privi di qualsiasi giustificazione, con conseguente obbligo di restituzione delle somme pagate e di ripristino della situazione precedente. In sostanza, è sufficiente l'accoglimento della impugnazione perché sorga l'obbligo restitutorio (C.C. 26849/22).

337. Sospensione dell'esecuzione e dei processi. – L'esecuzione della sentenza non è sospesa per effetto dell'impugnazione di essa, salve le disposizioni degli artt. 283, 373, 401 e 407 (1).

Quando l'autorità di una sentenza è invocata in un diverso processo, questo può essere sospeso (295) se tale sentenza è impugnata (323).

(1) *Comma così sostituito dall'art. 49 della L. 26 novembre 1990, n. 353, a decorrere dall'1 gennaio 1993.*

NOTE OPERATIVE:

Valutazione: Il legittimo esercizio del potere di sospensione discrezionale del processo richiede un'espressa valutazione di plausibile controvertibilità della decisione di cui venga invocata l'autorità in quel processo, sulla base di un confronto tra la decisione stessa e la critica che ne è stata fatta (C.C. 15230/21).

338. Effetti dell'estinzione del procedimento di impugnazione. – L'estinzione del procedimento di appello (307 ss., 359) o di revocazione nei casi previsti nei nn. 4 e 5 dell'art. 395 fa passare in giudicato (324) la sentenza impugnata, salvo che ne siano stati modificati gli effetti con provvedimenti pronunciati nel procedimento estinto (186 *bis*, 186 *ter*, 393; 129 att.).

NOTE OPERATIVE:

Prescrizione: Il termine di prescrizione dell'actio iudicati decorre non già dal momento in cui è intervenuto l'evento estintivo, ma dalla declaratoria di estinzione del processo (C.C. 23156/13).

Capo II
Dell'appello

339. (1) **Appellabilità delle sentenze.** – Possono essere impugnate con appello le sentenze (277, 279) pronunciate in primo grado, purché l'appello non sia escluso dalla legge (99[6] l. fall.) o dall'accordo delle parti a norma dell'art. 360, secondo comma.

È inappellabile la sentenza che il giudice ha pronunciato secondo equità a norma dell'art. 114.

Le sentenze del giudice di pace pronunciate secondo equità a norma dell'art. 113, secondo comma, sono appellabili esclusivamente per violazione delle norme sul procedimento, per violazione di norme costituzionali o comunitarie ovvero dei principi regolatori della materia (2).

(1) *Articolo così sostituito dall'art. 35 della L. 14 luglio 1950, n. 581.*

(2) *Questo comma è stato da ultimo così sostituito dall'art. 1, del D.L.vo 2 febbraio 2006, n. 40.*

A norma dell'art. 27, comma 1, del citato decreto legislativo, tale disposizione si applica ai giudizi pendenti alla data di entrata in vigore del medesimo decreto. Tuttavia, ai provvedimenti del giudice di pace pubblicati entro la data di entrata in vigore del suddetto decreto si applica la disciplina previgente.

Si riporta il comma precedente: «Sono altresì inappellabili le sentenze del giudice di pace pronunziate secondo equità».

NOTE OPERATIVE:

Principi regolatori della materia: I principi regolatori della materia non corrispondono a singole norme regolatrici della specifica materia in questione, né alle regole accessorie e contingenti che non la qualificano nella sua essenza, ma costituiscono enunciati desumibili dalla disciplina positiva complessiva della materia stessa (C.C. 34432/22).

340. (1) **Riserva facoltativa di appello contro sentenze non definitive.** – Contro le sentenze previste dall'art. 278 e dal n. 4 del secondo comma dell'art. 279, l'appello può essere differito (123 *bis* att.), qualora la parte soccombente ne faccia riserva, a pena di decadenza, entro il termine per appellare (325 ss.) e, in ogni caso, non oltre la prima udienza dinanzi al giudice istruttore successiva alla comunicazione (133[2]) della sentenza stessa (129 att.).

Quando sia stata fatta la riserva di cui al precedente comma, l'appello deve essere proposto unitamente a quello contro la sentenza che definisce il giudizio o con quello che venga proposto, dalla stessa o da altra parte, contro altra sentenza successiva che non definisca il giudizio.

La riserva non può più farsi, e se già fatta rimane priva di effetto, quando contro la stessa sentenza da alcuna delle altre parti sia proposto immediatamente appello.

(1) *Articolo così sostituito dall'art. 35 della L. 14 luglio 1950, n. 581.*

NOTE OPERATIVE:

Finalità: La parte che abbia formulato la riserva di impugnazione differita di una sentenza non definitiva, non ha l'onere, quando sia sopravvenuta la sentenza definitiva, di impugnare ambedue le sentenze, e ciò in ragione della finalità dell'istituto della riserva e dell'impugnazione differita che è quella di impedire la vanificazione del principio dell'unicità del processo di impugnazione (C.C. 3805/22).

341. (1) **Giudice dell'appello.** – L'appello contro le sentenze del giudice di pace e del tribunale si propone rispettivamente al tribunale ed alla corte di appello nella cui circoscrizione ha sede il giudice che ha pronunciato la sentenza.

(1) *Articolo dapprima sostituito dall'art. 6 L. 30 luglio 1984, n. 399, in vigore dal 29 novembre 1984, e poi così sostituito dall'art. 73 del D.L.vo 19 febbraio 1998, n. 51, recante l'istituzione del giudice unico, a decorrere dal 2 giugno 1999.*

NOTE OPERATIVE:

Erronea valutazione: L'appello proposto davanti a un giudice diverso, per territorio o grado, da quello indicato dalla norma non determina l'inammissibilità dell'impugnazione, ma è idoneo a instaurare un valido rapporto processuale, suscettibile di proseguire dinanzi al giudice competente attraverso il meccanismo della translatio iudicii (C.C. 11740/18 – Conf. C.C. 8155/18; C.C. 24274/17).

342. (1) **Forma dell'appello.** – L'appello si propone con citazione contenente le indicazioni prescritte nell'articolo 163. L'appello deve essere motivato, e per ciascuno dei motivi deve indicare a pena di inammissibilità, in modo chiaro, sintetico e specifico:

1) il capo della decisione di primo grado che viene impugnato;

2) le censure proposte alla ricostruzione dei fatti compiuta dal giudice di primo grado;

3) le violazioni di legge denunciate e la loro rilevanza ai fini della decisione impugnata.

Tra il giorno della citazione e quello della prima udienza di trattazione devono intercorrere termini liberi non minori di novanta giorni se il luogo della notificazione si trova in Italia e di centocinquanta giorni se si trova all'estero.

(1) *Questo articolo è stato, da ultimo, così sostituito dall'art. 3, comma 26, lett. a), del D.L.vo 10 ottobre 2022, n. 149, a decorrere dal 28 febbraio 2023.*

A norma dell'art. 35, comma 1, del medesimo decreto, così come modificato dall'art. 1, comma 380, lett. a), della L. 29 dicembre 2022, n. 197, le disposizioni si applicano ai procedimenti instaurati successivamente a tale data. Ai procedimenti pendenti alla data del 28 febbraio 2023 si applicano le disposizioni anteriormente vigenti. A norma dell'art. 35, comma 4, del citato decreto, tali disposizioni si applicano alle impugnazioni proposte successivamente al 28 febbraio 2023.

Si riporta il testo precedente:

«Art. 342 (*) (Forma dell'appello)

L'appello si propone con citazione contenente le indicazioni prescritte dall'articolo 163. L'appello deve essere motivato. La motivazione dell'appello deve contenere, a pena di inammissibilità:

1) l'indicazione delle parti del provvedimento che si intende appellare e delle modifiche che vengono richieste alla ricostruzione del fatto compiuta dal giudice di primo grado;

2) l'indicazione delle circostanze da cui deriva la violazione della legge e della loro rilevanza ai fini della decisione impugnata (**).

Tra il giorno della citazione e quello della prima udienza di trattazione (350) devono intercorrere termini liberi non minori di quelli previsti dall'art. 163 bis.».

(*) *Articolo così sostituito dall'art. 50 della L. 26 novembre 1990, n. 353, a decorrere dal 30 aprile 1995.*

(**) *Questo comma è stato così sostituito dall'art. 54, comma 1, lett. 0a), del D.L. 22 giugno 2012, n. 83, convertito, con modificazioni, nella L. 7 agosto 2012, n. 134. A norma dell'art. 54, comma 2, del medesimo decreto tali disposizioni si applicano ai giudizi di appello introdotti con ricorso depositato o con citazione di cui sia stata richiesta la notificazione dal trentesimo giorno successivo a quello di entrata in vigore della legge di conversione del presente decreto. A norma del comma 3 bis dell'art. 54 del medesimo decreto tali disposizioni non si applicano al processo tributario di cui al decreto legislativo 31 dicembre 1992, n. 546.*

NOTE OPERATIVE:

Natura giuridica: L'appello è un mezzo di gravame con carattere devolutivo pieno, non limitato al controllo di vizi specifici, ma rivolto ad ottenere il riesame della causa nel merito (C.C. 26151/23).

343. Modo e termine dell'appello incidentale. – L'appello incidentale (333) si propone, a pena di decadenza, nella comparsa di risposta depositata almeno venti giorni prima dell'udienza di comparizione fissata nell'atto di citazione o dell'udienza fissata a norma dell'articolo 349 *bis*, secondo comma (1) (2).

Se l'interesse a proporre l'appello incidentale sorge dalla impugnazione proposta da altra parte che non sia l'appellante principale, tale appello si propone nella prima udienza successiva alla proposizione dell'impugnazione stessa (334).

(1) *Le parole: «, all'atto della costituzione in cancelleria ai sensi dell'articolo 166» sono state così sostituite dalle attuali: «depositata almeno venti giorni prima dell'udienza di comparizione fissata nell'atto di citazione o dell'udienza fissata a norma dell'articolo 349* bis*, se-*

condo comma» dall'art. 3, comma 26, lett. b), del D.L.vo 10 ottobre 2022, n. 149, a decorrere dal 28 febbraio 2023.

A norma dell'art. 35, comma 1, del medesimo decreto, così come modificato dall'art. 1, comma 380, lett. a), della L. 29 dicembre 2022, n. 197, le disposizioni si applicano ai procedimenti instaurati successivamente a tale data. Ai procedimenti pendenti alla data del 28 febbraio 2023 si applicano le disposizioni anteriormente vigenti. A norma dell'art. 35, comma 4, del citato decreto, tali disposizioni si applicano alle impugnazioni proposte successivamente al 28 febbraio 2023.

(2) *Comma così sostituito dall'art. 51 della L. 26 novembre 1990, n. 353, a decorrere dal 30 aprile 1995.*

NOTE OPERATIVE:

Oneri: Soltanto la parte totalmente vittoriosa in primo grado non ha l'onere di riproporre con appello incidentale le domande o eccezioni non accolte nella sentenza di primo grado (C.C. 26321/23).

344. Intervento in appello. – Nel giudizio d'appello è ammesso soltanto l'intervento dei terzi (105, 267 ss.) che potrebbero proporre opposizione a norma dell'art. 404.

NOTE OPERATIVE:

Finalità: La norma appresta uno strumento di tutela anticipata offerto a coloro che potrebbero proporre opposizione di terzo avverso la sentenza, al fine di consentire ai medesimi di far valere le loro ragioni ancor prima che sia emessa quella sentenza che potrebbe pregiudicarli (C.C. 9967/23)

345. (1) **Domande ed eccezioni nuove.** – Nel giudizio d'appello non possono proporsi domande nuove (189, 190) e, se proposte, debbono essere dichiarate inammissibili d'ufficio. Possono tuttavia domandarsi gli interessi (1282 ss. c.c.), i frutti (820 c.c.) e gli accessori maturati dopo la sentenza impugnata, nonché il risarcimento dei danni sofferti dopo la sentenza stessa (1223 ss., 2043 c.c.).

Non possono proporsi nuove eccezioni, che non siano rilevabili anche d'ufficio.

Non sono ammessi nuovi mezzi di prova e non possono essere prodotti nuovi documenti (2), salvo [che il collegio non li ritenga indispensabili ai fini della decisione della causa ovvero] (3) che la parte dimostri di non aver potuto proporli o produrli (2) nel giudizio di primo grado per causa ad essa non imputabile. Può sempre deferirsi il giuramento decisorio (233).

(1) *Articolo sostituito dall'art. 36 della L. 14 luglio 1950, n. 581 e poi così nuovamente sostituito dall'art. 52 della L. 26 novembre 1990, n. 353, a decorrere dal 30 aprile 1995.*

(2) *Le parole: «e non possono essere prodotti nuovi documenti», nonché le parole: «o produrli» sono state inserite dall'art. 46, comma 18, della L. 18 giugno 2009, n. 69, a decorrere dal 4 luglio 2009.*

(3) *Le parole fra parentesi quadrate sono state soppresse dall'art. 54, comma 1, lett. 0b), del D.L. 22 giugno 2012, n. 83, convertito, con modificazioni, nella L. 7 agosto 2012, n. 134. A norma del comma 3 bis dell'art. 54 del medesimo decreto, tali disposizioni non si applicano al processo tributario di cui al decreto legislativo 31 dicembre 1992, n. 546.*

NOTE OPERATIVE:

Domanda nuova: Non costituisce domanda nuova la prospettazione, in appello, di una qualificazione giuridica del contratto oggetto del giudizio diversa da quella effettuata dalla parte in primo grado, ove basata sui medesimi fatti (C.C. 6292/23).

Eccezione nuova: Il divieto di introdurre nuove eccezioni non opera nel caso di eccezione fondata su fatti sopravvenuti, verificatisi, cioè, a seconda dei casi, dopo la scadenza del termine per la loro deducibilità nel giudizio di primo grado e, quindi, da proporre con l'atto d'appello, ovvero, nel corso del giudizio d'appello, e, quindi, da dedurre, unitamente alle relative prove, con la prima difesa utile nel corso del suo svolgimento (C.C. 18586/23 – Conf. C.C. 2531/23).

346. Decadenza dalle domande e dalle eccezioni non riproposte. – Le domande e le eccezioni non accolte nella sentenza di primo grado, che non sono espressamente riproposte in appello (342), si intendono rinunciate (329).

NOTE OPERATIVE:

Ambito di applicazione: La norma si riferisce alle sole questioni rilevabili ad istanza di parte, ma non anche a quelle rilevabili d'ufficio (C.C. 9844/22).

Modalità: Seppure la riproposizione in appello delle domande ed eccezioni che non siano state accolte nella sentenza di primo grado, non esiga formule sacramentali, per scongiurare la presunzione di rinuncia è invece necessario che la volontà di sottoporre al riesame del giudice superiore le domande ed eccezioni rimaste assorbite sia manifestata in maniera esplicita e non equivoca (C.C. 25380/23).

347. Forme e termini della costituzione in appello. – La costituzione in appello avviene secondo le forme e i termini (348) per i procedimenti davanti al tribunale (165, 166, 171) (1).

L'appellante deve inserire nel proprio fascicolo copia della sentenza appellata.

Il cancelliere provvede a norma dell'art. 168 e richiede la trasmissione del fascicolo d'ufficio al cancelliere del giudice di primo grado (123 *bis* att.).

(1) *Comma così sostituito dall'art. 53 della L. 26 novembre 1990, n. 353, a decorrere dal 30 aprile 1995.*

348. (1) **Improcedibilità dell'appello.** – L'appello è dichiarato improcedibile, anche d'ufficio, se l'appellante non si costituisce in termini (347).

Se l'appellante non compare alla prima udienza, benché si sia anteriormente costituito, il collegio, con ordinanza non impugnabile, rinvia la causa ad una prossima udienza, della quale il cancelliere dà comunicazione (136) all'appellante. Se anche alla nuova udienza l'appellante non compare, l'appello è dichiarato improcedibile (358) anche d'ufficio.

L'improcedibilità dell'appello è dichiarata con sentenza. Davanti alla corte di appello l'istruttore, se nominato, provvede con ordinanza reclamabile nelle forme e nei termini previsti dal terzo, quarto e quinto comma dell'articolo 178, e il collegio procede ai sensi dell'articolo 308, secondo comma ([2]).

([1]) *Articolo sostituito dall'art. 37 della L. 14 luglio 1950, n. 581 e poi così nuovamente modificato dall'art. 54 della L. 26 novembre 1990, n. 353, a decorrere dal 30 aprile 1995.*

([2]) *Questo comma è stato aggiunto dall'art. 3, comma 26, lett.* c)*, del D.L.vo 10 ottobre 2022, n. 149, a decorrere dal 28 febbraio 2023.*

A norma dell'art. 35, comma 1, del medesimo decreto, così come modificato dall'art. 1, comma 380, lett. a)*, della L. 29 dicembre 2022, n. 197, le disposizioni si applicano ai procedimenti instaurati successivamente a tale data. Ai procedimenti pendenti alla data del 28 febbraio 2023 si applicano le disposizioni anteriormente vigenti. A norma dell'art. 35, comma 4, del citato decreto, tali disposizioni si applicano alle impugnazioni proposte successivamente al 28 febbraio 2023.*

NOTE OPERATIVE:

Finalità: La norma è diretta unicamente a garantire l'interesse dell'appellante ad evitare che sia dichiarata l'improcedibilità del gravame senza che egli sia stato posto in grado di costituirsi e comparire alla udienza successiva a quella disertata, ma non attribuisce allo stesso il diritto di impedire, non comparendo, la decisione del gravame nel merito o anche solo in rito (C.C. 18951/23).

348 *bis*. ([1]) Inammissibilità e manifesta infondatezza dell'appello. – Quando ravvisa che l'impugnazione è inammissibile o manifestamente infondata, il giudice dispone la discussione orale della causa secondo quanto previsto dall'articolo 350 *bis*.

Se è proposta impugnazione incidentale, si provvede ai sensi del primo comma solo quando i presupposti ivi indicati ricorrono sia per l'impugnazione principale che per quella incidentale. In mancanza, il giudice procede alla trattazione di tutte le impugnazioni comunque proposte contro la sentenza.

([1]) *Questo articolo, inserito dall'art. 54, comma 1, lett.* a)*, del D.L. 22 giugno 2012, n. 83, convertito, con modificazioni, nella L. 7 agosto 2012, n. 134, è stato così sostituito dall'art. 3, comma 26, lett.* d)*, del D.L.vo 10 ottobre 2022, n. 149, a decorrere dal 28 febbraio 2023.*

A norma dell'art. 35, comma 1, del medesimo decreto, così come modificato dall'art. 1, comma 380, lett. a)*, della L. 29 dicembre 2022, n. 197, le disposizioni si applicano ai procedimenti instaurati successivamente a tale data. Ai procedimenti pendenti alla data del 28 febbraio 2023 si applicano le disposizioni anteriormente vigenti. A norma dell'art. 35, comma 4, del citato decreto, tali disposizioni si applicano alle impugnazioni proposte successivamente al 28 febbraio 2023.*

Si riporta il testo precedente:

«Art. 348 bis (Inammissibilità dell'appello)

Fuori dei casi in cui deve essere dichiarata con sentenza l'inammissibilità o l'improcedibilità dell'appello, l'impugnazione è dichiarata inammissibile dal giudice competente quando non ha una ragionevole probabilità di essere accolta.

Il primo comma non si applica quando:

a) *l'appello è proposto relativamente a una delle cause di cui all'articolo 70, primo comma;*

b) *l'appello è proposto a norma dell'articolo 702* quater.*».*

348 *ter*. ([1]) [Pronuncia sull'inammissibilità dell'appello. – All'udienza di cui all'articolo 350 il giudice, prima di procedere alla trattazione, sentite le parti, dichiara inammissibile l'appello, a norma dell'articolo 348 *bis*, primo comma, con ordinanza succintamente motivata, anche mediante il rinvio agli elementi di fatto riportati in uno o più atti di causa e il riferimento a precedenti conformi. Il giudice provvede sulle spese a norma dell'articolo 91.

L'ordinanza di inammissibilità è pronunciata solo quando sia per l'impugnazione principale che per quella incidentale di cui all'articolo 333 ricorrono i presupposti di cui al primo comma dell'articolo 348 *bis*. In mancanza, il giudice procede alla trattazione di tutte le impugnazioni comunque proposte contro la sentenza.

Quando è pronunciata l'inammissibilità, contro il provvedimento di primo grado può essere proposto, a norma dell'articolo 360, ricorso per cassazione. In tal caso il termine per il ricorso per cassazione avverso il provvedimento di primo grado decorre dalla comunicazione o notificazione, se anteriore, dell'ordinanza che dichiara l'inammissibilità. Si applica l'articolo 327, in quanto compatibile.

Quando l'inammissibilità è fondata sulle stesse ragioni, inerenti alle questioni di fatto, poste a base della decisione impugnata, il ricorso per cassazione di cui al comma precedente può essere proposto esclusivamente per i motivi di cui ai numeri 1), 2), 3) e 4) del primo comma dell'articolo 360.

La disposizione di cui al quarto comma si applica, fuori dei casi di cui all'articolo 348 *bis*, secondo comma, lettera *a*), anche al ricorso per cassazione avverso la sentenza d'appello che conferma la decisione di primo grado].

([1]) *Questo articolo, inserito dall'art. 54, comma 1, lett. a), del D.L. 22 giugno 2012, n. 83, convertito, con modificazioni, nella L. 7 agosto 2012, n. 134, è stato abrogato dall'art. 3, comma 26, lett. e), del D.L.vo 10 ottobre 2022, n. 149, a decorrere dal 28 febbraio 2023.*

A norma dell'art. 35, comma 1, del medesimo decreto, le disposizioni si applicano ai procedimenti instaurati successivamente a tale data. Ai procedimenti pendenti alla data del 28 febbraio 2023 si applicano le disposizioni anteriormente vigenti.

A norma dell'art. 35, comma 5, del medesimo decreto, le norme si applicano alle impugnazioni proposte avverso le sentenze depositate successivamente al 30 giugno 2023.

349. [**Nomina dell'istruttore.** - (*Omissis*)] ([1]).

([1]) *Articolo abrogato dall'art. 5 del D.P.R. 17 ottobre 1950, n. 857.*

349 *bis*. ([1]) **Nomina dell'istruttore.** - Quando l'appello è proposto davanti alla corte di appello, il presidente, se non ritiene di nominare il relatore e disporre la comparizione delle parti davanti al collegio per la discussione orale, designa un componente di questo per la trattazione e l'istruzione della causa.

Il presidente o il giudice istruttore può differire, con decreto da emettere entro cinque giorni dalla presentazione del fascicolo, la data della prima udienza fino a un massimo di quarantacinque giorni. In tal caso il cancelliere comunica alle parti costituite la nuova data della prima udienza.

([1]) *Questo articolo è stato inserito dall'art. 3, comma 26, lett. f), del D.L.vo 10 ottobre 2022, n. 149, a decorrere dal 28 febbraio 2023.*

A norma dell'art. 35, comma 1, del medesimo decreto, così come modificato dall'art. 1, comma 380, lett. a), della L. 29 dicembre 2022, n. 197, le disposizioni si applicano ai procedimenti instaurati successivamente a tale data. Ai procedimenti pendenti alla data del 28 febbraio 2023 si applicano le disposizioni anteriormente vigenti. A norma dell'art. 35, comma 4, del citato decreto, tali disposizioni si applicano alle impugnazioni proposte successivamente al 28 febbraio 2023.

350. ([1]) **Trattazione.** - Davanti alla corte di appello la trattazione dell'appello è affidata all'istruttore, se nominato, e la decisione è collegiale; davanti al tribunale l'appello è trattato e deciso dal giudice monocratico.

Nella prima udienza di trattazione il giudice verifica la regolare costituzione del giudizio e, quando occorre, ordina l'integrazione di esso o la notificazione prevista dall'articolo 332, dichiara la contumacia dell'appellato oppure dispone che si rinnovi la notificazione dell'atto di appello, e provvede alla riunione degli appelli proposti contro la stessa sentenza.

Quando rileva che ricorre l'ipotesi di cui all'articolo 348 *bis* il giudice, sentite le parti, dispone la discussione orale della causa ai sensi dell'articolo 350 *bis*. Allo stesso modo può provvedere quando l'impugnazione appare manifestamente fondata, o comunque quando lo ritenga opportuno in ragione della ridotta complessità o dell'urgenza della causa.

Quando non provvede ai sensi del terzo comma, nella stessa udienza il giudice procede al tentativo di conciliazione ordinando, quando occorre, la comparizione personale delle parti; provvede inoltre sulle eventuali richieste istruttorie, dando le disposizioni per l'assunzione davanti a sé delle prove ammesse.

([1]) *Questo articolo è stato, da ultimo, così sostituito dall'art. 3, comma 26, lett. g), del D.L.vo 10 ottobre 2022, n. 149, a decorrere dal 28 febbraio 2023.*

A norma dell'art. 35, comma 1, del medesimo decreto, così come modificato dall'art. 1, comma 380, lett. a), della L. 29 dicembre 2022, n. 197, le disposizioni si applicano ai procedimenti instaurati successivamente a tale data. Ai procedimenti pendenti alla data del 28 febbraio 2023 si applicano le disposizioni anteriormente vigenti. A norma dell'art. 35, comma 4, del citato decreto, tali disposizioni si applicano alle impugnazioni proposte successivamente al 28 febbraio 2023.

Si riporta il testo precedente:

«Art. 350 (*) (Trattazione)

Davanti alla corte di appello la trattazione dell'appello è collegiale ma il presidente del collegio può delegare per l'assunzione dei mezzi istruttori uno dei suoi componenti (**); davanti al tribunale l'appello è trattato e deciso dal giudice monocratico (***).

Nella prima udienza di trattazione il giudice (****) verifica la regolare costituzione del giudizio e, quando occorre, ordina l'integrazione (331) di esso o la notificazione prevista dall'art. 332, oppure dispone che si rinnovi la notificazione dell'atto di appello.

Nella stessa udienza il giudice (****) dichiara la contumacia dell'appellato, provvede alla riunione (335) degli appelli proposti contro la stessa sentenza e procede al tentativo di conciliazione (183, 185) ordinando, quando occorre, la comparizione personale delle parti (117).».

(*) Articolo sostituito dall'art. 38 della L. 14 luglio 1950, n. 581 e poi così nuovamente sostituito dall'art. 55 della L. 26 novembre 1990, n. 353, a decorrere dal 30 aprile 1995.

(**) Le parole: «ma il presidente del collegio può delegare per l'assunzione dei mezzi istruttori uno dei suoi componenti» sono state aggiunte dall'art. 27, comma 1, lett. b), della L. 12 novembre 2011, n. 183. A norma dell'art. 27, comma 2, della stessa legge, tali disposizioni si applicano decorsi 30 giorni dalla data di entrata in vigore della medesima legge (Suppl. ord. alla G.U. Serie gen. - n. 265 del 14 novembre 2011).

(***) Questo comma è stato così sostituito dall'art. 74, comma 1, lett. a), del D.L.vo 19 febbraio 1998, n. 51, recante l'istituzione del giudice unico, a decorrere dal 2 giugno 1999. Si riporta il testo previgente:

«La trattazione dell'appello è collegiale».

(****) *La parola: «collegio» è stata sostituita dalla parola: «giudice» a norma dell'art. 74, comma 1, lett. b), del D.L.vo 19 febbraio 1998, n. 51, recante l'istituzione del giudice unico, a decorrere dal 2 giugno 1999.*

350 *bis*. (1) **Decisione a seguito di discussione orale.** – Nei casi di cui agli articoli 348 *bis* e 350, terzo comma, il giudice procede ai sensi dell'articolo 281 *sexies*.

Dinanzi alla corte di appello l'istruttore, fatte precisare le conclusioni, fissa udienza davanti al collegio e assegna alle parti termine per note conclusionali antecedente alla data dell'udienza. All'udienza l'istruttore svolge la relazione orale della causa.

La sentenza è motivata in forma sintetica, anche mediante esclusivo riferimento al punto di fatto o alla questione di diritto ritenuti risolutivi o mediante rinvio a precedenti conformi.

(1) *Questo articolo è stato inserito dall'art. 3, comma 26, lett. h), del D.L.vo 10 ottobre 2022, n. 149, a decorrere dal 28 febbraio 2023.*

A norma dell'art. 35, comma 1, del medesimo decreto, così come modificato dall'art. 1, comma 380, lett. a), della L. 29 dicembre 2022, n. 197, le disposizioni si applicano ai procedimenti instaurati successivamente a tale data. Ai procedimenti pendenti alla data del 28 febbraio 2023 si applicano le disposizioni anteriormente vigenti. A norma dell'art. 35, comma 4, del citato decreto, tali disposizioni si applicano alle impugnazioni proposte successivamente al 28 febbraio 2023.

351. (1) **Provvedimenti sull'esecuzione provvisoria.** – Sull'istanza prevista dal primo e dal secondo comma dell'articolo 283 (2) il giudice provvede con ordinanza non impugnabile (3) nella prima udienza. Davanti alla corte di appello, i provvedimenti sull'esecuzione provvisoria sono adottati con ordinanza collegiale (4). Se nominato, l'istruttore, sentite le parti, riferisce al collegio (4).

La parte può, con ricorso al giudice, chiedere che la decisione sulla sospensione sia pronunciata prima dell'udienza di comparizione. Davanti alla corte di appello il ricorso è presentato al presidente del collegio.

Il presidente del collegio o il tribunale, con decreto in calce al ricorso, ordina la comparizione delle parti in camera di consiglio, rispettivamente, davanti all'istruttore (5) o davanti a sé. Con lo stesso decreto, se ricorrono giusti motivi di urgenza, può disporre provvisoriamente l'immediata sospensione dell'efficacia esecutiva o dell'esecuzione della sentenza; in tal caso, con l'ordinanza non impugnabile pronunciata all'esito dell'udienza (6) in camera di consiglio il collegio o il tribunale conferma, modifica o revoca il decreto con ordinanza non impugnabile.

Il giudice, all'udienza prevista dal primo comma, se ritiene la causa matura per la decisione, può provvedere ai sensi dell'articolo 281 *sexies*. Davanti alla corte d'appello, se l'udienza è stata tenuta dall'istruttore il collegio, con l'ordinanza con cui adotta i provvedimenti sull'esecuzione provvisoria, fissa udienza davanti a sé per la precisazione delle conclusioni e la discussione orale e assegna alle parti un termine per note conclusionali (7). Se per la decisione sulla sospensione è stata fissata l'udienza di cui al terzo comma, il giudice fissa apposita udienza per la decisione della causa nel rispetto dei termini a comparire (8).

(1) *Articolo dapprima sostituito dall'art. 38 della L. 14 luglio 1950, n. 581, poi nuovamente sostituito dall'art. 56 della L. 26 novembre 1990, n. 353, a decorrere dal 30 aprile 1995, ed attualmente così sostituito dall'art. 75 del D.L.vo 19 febbraio 1998, n. 51, recante l'istituzione del giudice unico, a decorrere dal 2 giugno 1999.*

(2) *Le parole: «dall'articolo 283» sono state così sostituite dalle attuali: «dal primo e dal secondo comma dell'articolo 283» dall'art. 3, comma 26, lett. i), n. 1), del D.L.vo 10 ottobre 2022, n. 149, a decorrere dal 28 febbraio 2023.*

A norma dell'art. 35, comma 1, del medesimo decreto, così come modificato dall'art. 1, comma 380, lett. a), della L. 29 dicembre 2022, n. 197, le disposizioni si applicano ai procedimenti instaurati successivamente a tale data. Ai procedimenti pendenti alla data del 28 febbraio 2023 si applicano le disposizioni anteriormente vigenti. A norma dell'art. 35, comma 4, del citato decreto, tali disposizioni si applicano alle impugnazioni proposte successivamente al 28 febbraio 2023.

(3) *Le parole: «non impugnabile» sono state aggiunte dall'art. 27, comma 1, lett. c), n. 1), della L. 12 novembre 2011, n. 183. A norma dell'art. 27, comma 2, della stessa legge, tali disposizioni si applicano decorsi 30 giorni dalla data di entrata in vigore della medesima legge (Suppl. ord. alla G.U. Serie gen. - n. 265 del 14 novembre 2011).*

(4) *Questo periodo è stato aggiunto dall'art. 3, comma 26, lett. i), n. 1), del D.L.vo 10 ottobre 2022, n. 149, a decorrere dal 28 febbraio 2023.*

A norma dell'art. 35, comma 1, del medesimo decreto, così come modificato dall'art. 1, comma 380, lett. a), della L. 29 dicembre 2022, n. 197, le disposizioni si applicano ai procedimenti instaurati successivamente a tale data. Ai procedimenti pendenti alla data del 28 febbraio 2023 si applicano le disposizioni anteriormente vigenti. A norma dell'art. 35, comma 4, del citato decreto, tali disposizioni si applicano alle impugnazioni proposte successivamente al 28 febbraio 2023.

(5) *Le parole: «al collegio» sono state così sostituite dalle attuali: «all'istruttore» dall'art. 3, comma 26, lett. i), n. 2), del D.L.vo 10 ottobre 2022, n. 149, a decorrere dal 28 febbraio 2023.*

A norma dell'art. 35, comma 1, del medesimo decreto, così come modificato dall'art. 1, comma 380, lett. a), della L. 29 dicembre 2022, n. 197, le disposizioni si applicano ai procedimenti instaurati successivamente a tale data. Ai procedimenti pendenti alla data del

28 febbraio 2023 si applicano le disposizioni anteriormente vigenti. A norma dell'art. 35, comma 4, del citato decreto, tali disposizioni si applicano alle impugnazioni proposte successivamente al 28 febbraio 2023.

(6) *Le parole: «all'udienza» sono state così sostituite dalle attuali: «con l'ordinanza non impugnabile pronunciata all'esito dell'udienza» dall'art. 3, comma 26, lett. i), n. 2), del D.L.vo 10 ottobre 2022, n. 149, a decorrere dal 28 febbraio 2023.*

A norma dell'art. 35, comma 1, del medesimo decreto, così come modificato dall'art. 1, comma 380, lett. a), della L. 29 dicembre 2022, n. 197, le disposizioni si applicano ai procedimenti instaurati successivamente a tale data. Ai procedimenti pendenti alla data del 28 febbraio 2023 si applicano le disposizioni anteriormente vigenti. A norma dell'art. 35, comma 4, del citato decreto, tali disposizioni si applicano alle impugnazioni proposte successivamente al 28 febbraio 2023.

(7) *Le parole: «Davanti alla corte d'appello, se l'udienza è stata tenuta dall'istruttore il collegio, con l'ordinanza con cui adotta i provvedimenti sull'esecuzione provvisoria, fissa udienza davanti a sé per la precisazione delle conclusioni e la discussione orale e assegna alle parti un termine per note conclusionali.» sono state aggiunte dall'art. 3, comma 26, lett. i), n. 3), del D.L.vo 10 ottobre 2022, n. 149, a decorrere dal 28 febbraio 2023.*

A norma dell'art. 35, comma 1, del medesimo decreto, così come modificato dall'art. 1, comma 380, lett. a), della L. 29 dicembre 2022, n. 197, le disposizioni si applicano ai procedimenti instaurati successivamente a tale data. Ai procedimenti pendenti alla data del 28 febbraio 2023 si applicano le disposizioni anteriormente vigenti. A norma dell'art. 35, comma 4, del citato decreto, tali disposizioni si applicano alle impugnazioni proposte successivamente al 28 febbraio 2023.

(8) *Questo comma è stato aggiunto dall'art. 27, comma 1, lett. c), n. 2), della L. 12 novembre 2011, n. 183. A norma dell'art. 27, comma 2, della stessa legge, tali disposizioni si applicano decorsi 30 giorni dalla data di entrata in vigore della medesima legge (Suppl. ord. alla G.U. Serie gen. - n. 265 del 14 novembre 2011).*

352. (1) **Decisione.** – Esaurita l'attività prevista negli articoli 350 e 351, l'istruttore, quando non ritiene di procedere ai sensi dell'articolo 350 *bis*, fissa davanti a sé l'udienza di rimessione della causa in decisione e assegna alle parti, salvo che queste non vi rinuncino, i seguenti termini perentori:

1) un termine non superiore a sessanta giorni prima dell'udienza per il deposito di note scritte contenenti la sola precisazione delle conclusioni;

2) un termine non superiore a trenta giorni prima dell'udienza per il deposito delle comparse conclusionali;

3) un termine non superiore a quindici giorni prima per il deposito delle note di replica.

All'udienza la causa è trattenuta in decisione. Davanti alla corte di appello, l'istruttore riserva la decisione al collegio. La sentenza è depositata entro sessanta giorni.

(1) *Questo articolo è stato, da ultimo, così sostituito dall'art. 3, comma 26, lett. l), del D.L.vo 10 ottobre 2022, n. 149, a decorrere dal 28 febbraio 2023.*

A norma dell'art. 35, comma 1, del medesimo decreto, così come modificato dall'art. 1, comma 380, lett. a), della L. 29 dicembre 2022, n. 197, le disposizioni si applicano ai procedimenti instaurati successivamente a tale data. Ai procedimenti pendenti alla data del 28 febbraio 2023 si applicano le disposizioni anteriormente vigenti. A norma dell'art. 35, comma 4, del citato decreto, tali disposizioni si applicano alle impugnazioni proposte successivamente al 28 febbraio 2023.

Si riporta il testo precedente:

«Art. 352 (*) (Decisione)

Esaurita l'attività prevista negli articoli 350 e 351, il giudice, ove non provveda a norma dell'articolo 356, invita le parti a precisare le conclusioni e dispone lo scambio delle comparse conclusionali e delle memorie di replica a norma dell'articolo 190; la sentenza è depositata in cancelleria entro sessanta giorni dalla scadenza del termine per il deposito delle memorie di replica.

Se l'appello è proposto alla corte di appello, ciascuna delle parti, nel precisare le conclusioni, può chiedere che la causa sia discussa oralmente dinanzi al collegio. In tal caso, fermo restando il rispetto dei termini indicati nell'articolo 190 per il deposito delle difese scritte, la richiesta deve essere riproposta al presidente della corte alla scadenza del termine per il deposito delle memorie di replica.

Il presidente provvede sulla richiesta fissando con decreto la data dell'udienza di discussione da tenersi entro sessanta giorni; con lo stesso decreto designa il relatore.

La discussione è preceduta dalla relazione della causa; la sentenza è depositata in cancelleria entro i sessanta giorni successivi.

Se l'appello è proposto al tribunale, il giudice, quando una delle parti lo richiede, dispone lo scambio delle sole comparse conclusionali a norma dell'articolo 190 e fissa l'udienza di discussione non oltre sessanta giorni dalla scadenza del termine per il deposito delle comparse medesime; la sentenza è depositata in cancelleria entro i sessanta giorni successivi.

Quando non provvede ai sensi dei commi che precedono, il giudice può decidere la causa ai sensi dell'articolo 281 sexies *(**).».*

(*) *Articolo dapprima sostituito dall'art. 57 della L. 26 novembre 1990, n. 353, provvedimenti urgenti per il processo civile, a decorrere dal 30 aprile 1995 e poi così sostituito dall'art. 76 del D.L.vo 19 febbraio 1998, n. 51, recante l'istituzione del giudice unico, a decorrere dal 2 giugno 1999.*

(**) *Questo comma è stato aggiunto dall'art. 27, comma 1, lett. d), della L. 12 novembre 2011, n. 183. A norma dell'art. 27, comma 2, della stessa legge, tali disposizioni si applicano decorsi 30 giorni dalla data di entrata in vigore della medesima legge (Suppl. ord. alla G.U. Serie gen. - n. 265 del 14 novembre 2011).*

353. (1) **[Rimessione al primo giudice per ragioni di giurisdizione** (2). – Il giudice d'appello, se riforma la sentenza di primo grado dichiarando che il giudice ordinario ha sulla causa la giurisdizione (37) negata dal primo giudice, pronuncia sentenza con la quale rimanda le parti davanti al primo giudice.

Le parti debbono riassumere il processo nel termine perentorio (152, 153) di tre mesi (3) dalla notificazione della sentenza (285; 125 att.).

Se contro la sentenza d'appello è proposto ricorso per cassazione (360 ss.) il termine è interrotto.

La disposizione del primo comma si applica anche quando il pretore, in riforma della sentenza del conciliatore, dichiara la competenza di questo] (4).

(1) *Questo articolo, così sostituito dall'art. 39 della L. 14 luglio 1950, n. 581, è stato abrogato dall'art. 3, comma 26, lett. m), del D.L.vo 10 ottobre 2022, n. 149, a decorrere dal 28 febbraio 2023.*

A norma dell'art. 35, comma 1, del medesimo decreto, così come modificato dall'art. 1, comma 380, lett. a), della L. 29 dicembre 2022, n. 197, le disposizioni si applicano ai procedimenti instaurati successivamente a tale data. Ai procedimenti pendenti alla data del 28 febbraio 2023 si applicano le disposizioni anteriormente vigenti. A norma dell'art. 35, comma 4, del citato decreto, tali disposizioni si applicano alle impugnazioni proposte successivamente al 28 febbraio 2023.

(2) *L'originaria rubrica:* «Rimessione al primo giudice per ragioni di giurisdizione o di competenza» *è stata così sostituita dall'art. 46, comma 19, lett. a), della L. 18 giugno 2009, n. 69, a decorrere dal 4 luglio 2009. Ai sensi dell'art. 58, comma 1, della predetta legge, tale disposizione si applica ai giudizi instaurati dopo la data della sua entrata in vigore.*

(3) *Le parole:* «sei mesi» *sono state così sostituite dall'art. 46, comma 19, lett. b), della L. 18 giugno 2009, n. 69, a decorrere dal 4 luglio 2009. Ai sensi dell'art. 58, comma 1, della predetta legge, tale disposizione si applica ai giudizi instaurati dopo la data della sua entrata in vigore.*

(4) *Comma da ritenersi già abrogato, stante la nuova formulazione dell'art. 339*[3] *in conseguenza della sostituzione disposta dall'art. 5 della L. 30 luglio 1984, n. 399, ed ora espressamente abrogato dall'art. 89, comma primo, della L. 26 novembre 1990, n. 353, a decorrere dall'1 gennaio 1993.*

354. (1) **Rimessione al primo giudice.** – Il giudice d'appello, se dichiara la nullità della notificazione dell'atto introduttivo, riconosce che nel giudizio di primo grado doveva essere integrato il contraddittorio o non doveva essere estromessa una parte, oppure dichiara la nullità della sentenza di primo grado a norma dell'articolo 161 secondo comma, pronuncia sentenza con cui rimette la causa al primo giudice.

Nei casi di rimessione al primo giudice, le parti devono riassumere il processo nel termine perentorio di tre mesi dalla notificazione della sentenza. Se contro la sentenza d'appello è proposto ricorso per cassazione, il termine è interrotto.

Se il giudice d'appello riconosce sussistente la giurisdizione negata dal primo giudice o dichiara la nullità di altri atti compiuti in primo grado, ammette le parti a compiere le attività che sarebbero precluse e ordina, in quanto possibile, la rinnovazione degli atti a norma dell'articolo 356.

(1) *Questo articolo è stato, da ultimo, così sostituito dall'art. 3, comma 26, lett.* n), *del D.L.vo 10 ottobre 2022, n. 149, a decorrere dal 28 febbraio 2023.*

A norma dell'art. 35, comma 1, del medesimo decreto, così come modificato dall'art. 1, comma 380, lett. a), della L. 29 dicembre 2022, n. 197, le disposizioni si applicano ai procedimenti instaurati successivamente a tale data. Ai procedimenti pendenti alla data del 28 febbraio 2023 si applicano le disposizioni anteriormente vigenti. A norma dell'art. 35, comma 4, del citato decreto, tali disposizioni si applicano alle impugnazioni proposte successivamente al 28 febbraio 2023.

Si riporta il testo precedente:

«Art. 354 (Rimessione al primo giudice per altri motivi)

Fuori dei casi previsti nell'articolo precedente, il giudice d'appello non può rimettere la causa al primo giudice, tranne che dichiari nulla la notificazione della citazione introduttiva (160, 291[1]*), oppure riconosca che nel giudizio di primo grado doveva essere integrato il contraddittorio (102) o non doveva essere estromessa una parte (108, 109, 111*[3]*), ovvero dichiari la nullità della sentenza di primo grado a norma dell'art. 161 secondo comma.*

Il giudice d'appello rimette la causa al primo giudice anche nel caso di riforma della sentenza che ha pronunciato sull'estinzione del processo a norma e nelle forme dell'art. 308.

Nei casi di rimessione al primo giudice previsti nei commi precedenti, si applicano le disposizioni dell'art. 353.

Se il giudice d'appello dichiara la nullità di altri atti compiuti in primo grado, ne ordina, in quanto possibile, la rinnovazione a norma dell'art. 356.».

355. Provvedimenti sulla querela di falso. – Se nel giudizio di appello è proposta querela di falso (9, 221 ss.), il giudice, quando ritiene il documento impugnato rilevante per la decisione della causa, sospende (295) con ordinanza (134) il giudizio e fissa alle parti un termine perentorio (152) entro il quale debbono riassumere la causa di falso davanti al tribunale (9; 125 att.).

NOTE OPERATIVE:

Manifesta infondatezza: La corte di appello può dichiarare la manifesta infondatezza della querela di falso in virtù del principio costituzionale della ragionevole durata del processo, potendo i gravi effetti sullo svolgimento e sulla durata del giudizio essere in parte evitati dalla interpretazione restrittiva e sistematica della norma (C.C. 23899/16).

356. (1) **Ammissione e assunzione di prove.** - Ferma l'applicabilità della norma di cui al n. 4 del secondo comma dell'art. 279, il giudice d'appello, se dispone l'assunzione di una prova oppure la rinnovazione totale o parziale dell'assunzione già avvenuta in primo grado o comunque dà disposizioni per effetto delle quali il procedimento deve continuare, pronuncia ordinanza e provvede a norma degli artt. 191 ss. (354[4]) (2). Davanti alla corte di appello il collegio delega l'assunzione delle prove all'istruttore, se nominato, o al relatore e, quando ne ravvisa la necessità, può anche d'ufficio disporre la rinnovazione davanti a sé di uno o più mezzi di prova assunti dall'istruttore ai sensi dell'articolo 350, quarto comma (3).

Quando sia stato proposto appello immediato contro una delle sentenze previste dal n. 4 del secondo comma dell'art. 279, il giudice d'appello non può disporre nuove prove riguardo alle domande e alle questioni, rispetto alle quali il giudice di primo grado, non definendo il giudizio, abbia disposto, con separata ordinanza (280), la prosecuzione dell'istruzione (125 *bis* att.).

(1) *Articolo così sostituito dall'art. 40 della L. 14 luglio 1950, n. 581.*

(2) *Comma così sostituito dall'art. 58 della L. 26 novembre 1990, n. 353, a decorrere dal 30 aprile 1995.*

(3) *Questo periodo è stato aggiunto dall'art. 3, comma 26, lett. o), del D.L.vo 10 ottobre 2022, n. 149, a decorrere dal 28 febbraio 2023.*

A norma dell'art. 35, comma 1, del medesimo decreto, così come modificato dall'art. 1, comma 380, lett. a), della L. 29 dicembre 2022, n. 197, le disposizioni si applicano ai procedimenti instaurati successivamente a tale data. Ai procedimenti pendenti alla data del 28 febbraio 2023 si applicano le disposizioni anteriormente vigenti. A norma dell'art. 35, comma 4, del citato decreto, tali disposizioni si applicano alle impugnazioni proposte successivamente al 28 febbraio 2023.

357. (1) [**Reclamo contro ordinanze.** - Le ordinanze con le quali l'istruttore abbia dichiarato, a norma dell'art. 350 secondo comma, l'inammissibilità o l'improcedibilità dell'appello, ovvero l'estinzione del procedimento d'appello, e le ordinanze sulla esecuzione provvisoria prevista dall'art. 351, possono essere impugnate con reclamo al collegio nel termine perentorio (153) di dieci giorni dalla notificazione. Il reclamo si propone con le forme previste dall'art. 178 terzo, quarto e quinto comma.

Il collegio pronuncia sul reclamo in camera di consiglio salvo che, trattandosi delle ordinanze previste dall'art. 350 secondo comma, alcuna delle parti, prima della scadenza del termine per la comunicazione (170[4]) della memoria di replica (178[5]), proponga istanza al presidente del collegio, perché il reclamo sia discusso in udienza. In tal caso il presidente fissa l'udienza per la discussione, con decreto che è comunicato (136) alle parti a cura del cancelliere.

La decisione è pronunciata con sentenza se è respinto il reclamo contro le ordinanze previste dall'art. 350 secondo comma; negli altri casi è pronunciata con ordinanza non impugnabile (177 n. 2)].

(1) *Articolo sostituito dall'art. 41 della L. 14 luglio 1950, n. 581 e poi abrogato dall'art. 89, primo comma, della L. 26 novembre 1990, n. 353, provvedimenti urgenti per il processo civile, a decorrere dal 30 aprile 1995.*

358. Non riproponibilità di appello dichiarato inammissibile o improcedibile. - L'appello dichiarato inammissibile (325, 327, 329, 331, 339, 350) o improcedibile (348, 350) non può essere riproposto, anche se non è decorso il termine (325, 326, 328) fissato dalla legge.

NOTE OPERATIVE:

Ambito di applicazione: La norma, nel precludere la riproposizione dell'appello dichiarato inammissibile (o improcedibile) anche nell'ipotesi in cui non sia decorso il termine fissato dalla legge, opera soltanto ove sia intervenuta una declaratoria di inammissibilità (C.C. 22679/15).

359. Rinvio alle norme relative al procedimento davanti al tribunale. - Nei procedimenti d'appello davanti alla Corte o al tribunale si osservano, in quanto applicabili, le norme dettate per il procedimento di primo grado davanti al tribunale (163 ss.), se non sono incompatibili con le disposizioni del presente capo (131, 132 att.).

[Davanti al pretore si osservano anche nei procedimenti d'appello le norme del procedimento di primo grado, in quanto applicabili (311 ss.)] (1).

(1) *Comma da ritenersi già abrogato, stante la nuova formulazione dell'art. 339[3] in conseguenza della sostituzione disposta dall'art. 5 della L. 30 luglio 1984, n. 399, ed ora espressamente abrogato dall'art. 89, comma primo, della L. 26 novembre 1990, n. 353, provvedimenti urgenti per il processo civile, a decorrere dall'1 gennaio 1993.*

Capo III
Del ricorso per cassazione [1]

[1] A norma dell'art. 35, comma 5, del D.L.vo 10 ottobre 2022, n. 149, come modificato dall'art. 1, comma 380, lett. a), della L. 29 dicembre 2022, n. 197, salvo quanto previsto dal comma 6 del medesimo articolo, le norme di cui a questo Capo, come modificate dal citato D.L.vo n. 149/2022, si applicano ai giudizi introdotti con ricorso notificato a decorrere dal 1° gennaio 2023.

Sezione I
Dei provvedimenti impugnabili e dei ricorsi

360. [1] **Sentenze impugnabili e motivi di ricorso.** – Le sentenze pronunciate in grado d'appello o in unico grado possono essere impugnate con ricorso per cassazione:

1) per motivi attinenti alla giurisdizione;

2) per violazione delle norme sulla competenza, quando non è prescritto il regolamento di competenza;

3) per violazione o falsa applicazione di norme di diritto e dei contratti e accordi collettivi nazionali di lavoro;

4) per nullità della sentenza o del procedimento;

5) per omesso esame circa un fatto decisivo per il giudizio che è stato oggetto di discussione tra le parti [2].

Può inoltre essere impugnata con ricorso per cassazione una sentenza appellabile del tribunale, se le parti sono d'accordo per omettere l'appello; ma in tale caso l'impugnazione può proporsi soltanto a norma del primo comma, n. 3).

Non sono immediatamente impugnabili con ricorso per cassazione le sentenze che decidono di questioni insorte senza definire, neppure parzialmente, il giudizio. Il ricorso per cassazione avverso tali sentenze può essere proposto, senza necessità di riserva, allorché sia impugnata la sentenza che definisce, anche parzialmente, il giudizio.

Quando la pronuncia di appello conferma la decisione di primo grado per le stesse ragioni, inerenti ai medesimi fatti, poste a base della decisione impugnata, il ricorso per cassazione può essere proposto esclusivamente per i motivi di cui al primo comma, numeri 1), 2), 3) e 4). Tale disposizione non si applica relativamente alle cause di cui all'articolo 70, primo comma [3].

Le disposizioni di cui al primo, al terzo e al quarto comma [4] si applicano alle sentenze ed ai provvedimenti diversi dalla sentenza contro i quali è ammesso il ricorso per cassazione per violazione di legge.

[1] Questo articolo è stato da ultimo così sostituito dall'art. 2 del D.L.vo 2 febbraio 2006, n. 40.

A norma dell'art. 27, comma 2, del citato decreto legislativo, tale disposizione si applica ai ricorsi per cassazione proposti avverso le sentenze e gli altri provvedimenti pubblicati a decorrere dalla data di entrata in vigore del medesimo decreto.

Si riporta l'articolo precedente:

«360. (Sentenze impugnabili e motivi di ricorso). Le sentenze pronunziate in grado d'appello o in unico grado possono essere impugnate con ricorso per cassazione:

1) per motivi attinenti alla giurisdizione;

2) per violazione delle norme sulla competenza, quando non è prescritto il regolamento di competenza;

3) per violazione o falsa applicazione di norme di diritto;

4) per nullità della sentenza o del procedimento;

5) per omessa, insufficiente o contraddittoria motivazione circa un punto decisivo della controversia, prospettato dalle parti o rilevabile di ufficio.

«Può inoltre essere impugnata con ricorso per cassazione una sentenza appellabile del tribunale, se le parti sono d'accordo per omettere l'appello; ma in tal caso l'impugnazione può proporsi soltanto per violazione o falsa applicazione di norme di diritto.».

[2] Questo numero è stato così sostituito dall'art. 54, comma 1, lett. b), del D.L. 22 giugno 2012, n. 83, convertito, con modificazioni, nella L. 7 agosto 2012, n. 134. A norma dell'art. 54, comma 3, del medesimo decreto, tale disposizione si applica alle sentenze pubblicate dal trentesimo giorno successivo a quello di entrata in vigore della legge di conversione del predetto decreto. A norma del comma 3 bis dell'art. 54 del medesimo decreto, tali disposizioni non si applicano al processo tributario di cui al D.L.vo 31 dicembre 1992, n. 546.

[3] Questo comma è stato inserito dall'art. 3, comma 27, lett. a), n. 1), del D.L.vo 10 ottobre 2022, n. 149, a decorrere dal 1° gennaio 2023.

A norma dell'art. 35, comma 5, del medesimo decreto, come modificato dall'art. 1, comma 380, lett. a), della L. 29 dicembre 2022, n. 197, tali disposizioni si applicano ai giudizi introdotti con ricorso notificato a decorrere da tale data.

[4] Le parole: «Le disposizioni di cui al primo comma e terzo comma» sono state così sostituite dalle attuali: «Le disposizioni di cui al primo, al terzo e al quarto comma» dall'art. 3, comma 27, lett. a), n. 2), del D.L.vo 10 ottobre 2022, n. 149, a decorrere dal 1° gennaio 2023.

A norma dell'art. 35, comma 5, del medesimo decreto, come modificato dall'art. 1, comma 380, lett. a), della L. 29 dicembre 2022, n. 197, tali disposizioni si applicano ai giudizi introdotti con ricorso notificato a decorrere da tale data.

NOTE OPERATIVE:

Limiti: Il motivo di ricorso, che si risolve in generici riferimenti ad alcuni elementi di giudizio, ovvero in meri commenti, deduzioni o interpretazioni, che si traducano in una sostanziale prospettazione di tesi difformi da quelle recepite dal giudice di merito, di cui si chiede a tale stregua un riesame, non è consentito in sede di legittimità (C.C. 25314/23).

360 *bis*. (1) Inammissibilità del ricorso. - Il ricorso è inammissibile:

1) quando il provvedimento impugnato ha deciso le questioni di diritto in modo conforme alla giurisprudenza della Corte e l'esame dei motivi non offre elementi per confermare o mutare l'orientamento della stessa;

2) quando è manifestamente infondata la censura relativa alla violazione dei princìpi regolatori del giusto processo.

(1) *Questo articolo è stato inserito dall'art. 47, comma 1, lett. a), della L. 18 giugno 2009, n. 69, a decorrere dal 4 luglio 2009. Ai sensi dell'art. 58, comma 1, della predetta legge, tale disposizione si applica ai giudizi instaurati dopo la data della sua entrata in vigore. Si veda l'art. 58, comma 5, della predetta L. 18 giugno 2009, n. 69 che così dispone: «5. Le disposizioni di cui all'articolo 47 si applicano alle controversie nelle quali il provvedimento impugnato con il ricorso per cassazione è stato pubblicato ovvero, nei casi in cui non sia prevista la pubblicazione, depositato successivamente alla data di entrata in vigore della presente legge.».*

NOTE OPERATIVE:

Ambito di applicazione: Anche un solo precedente, se univoco, chiaro e condivisibile, integra l'orientamento della giurisprudenza della Suprema Corte cui fa riferimento la norma, con conseguente dichiarazione di inammissibilità del relativo ricorso per cassazione che non ne contenga valide critiche (C.C. 26619/22).

361. (1) Riserva facoltativa di ricorso contro sentenze non definitive. - Contro le sentenze previste dall'articolo 278 e contro quelle che decidono una o alcune delle domande senza definire l'intero giudizio, il ricorso per cassazione può essere differito, qualora la parte soccombente ne faccia riserva, a pena di decadenza, entro il termine per la proposizione del ricorso, e in ogni caso non oltre la prima udienza successiva alla comunicazione della sentenza stessa (2).

Qualora sia stata fatta la riserva di cui al precedente comma (133 att.), il ricorso deve essere proposto unitamente a quello contro la sentenza che definisce il giudizio, o con quello che venga proposto, dalla stessa o da altra parte, contro altra sentenza successiva che non definisca il giudizio.

La riserva non può farsi, e se già fatta rimane priva di effetto, quando contro la stessa sentenza da alcune delle parti sia proposto immediatamente ricorso.

(1) *Articolo così sostituito dall'art. 42 della L. 14 luglio 1950, n. 581.*

(2) *Questo comma è stato così sostituito dall'art. 3 del D.L.vo 2 febbraio 2006, n. 40.*

A norma dell'art. 27, comma 2, del citato decreto legislativo, tale disposizione si applica ai ricorsi per cassazione proposti avverso le sentenze e gli altri provvedimenti pubblicati a decorrere dalla data di entrata in vigore del medesimo decreto.

Si riporta il comma precedente: «Contro le sentenze previste dall'art. 278 e dal n. 4 del secondo comma dell'art. 279, il ricorso per cassazione può essere differito, qualora la parte soccombente ne faccia riserva, a pena di decadenza, entro il termine per la proposizione del ricorso, e in ogni caso non oltre la prima udienza successiva alla comunicazione della sentenza stessa».

NOTE OPERATIVE:

Opzioni: La possibilità che il ricorso avverso la sentenza non definitiva, per la quale sia stata precedentemente espressa riserva di impugnazione, sia fatto unitamente al ricorso contro la sentenza che definisce il giudizio, non esclude che la parte, anche dopo la pubblicazione di quella definitiva, possa optare per l'impugnazione della sola sentenza non definitiva, la cui eventuale cassazione comporta comunque la caducazione anche della sentenza definitiva quando le statuizioni di quest'ultima dipendono da quelle della prima (C.C. 194/18).

362. Altri casi di ricorso. - Possono essere impugnate con ricorso per cassazione (366, 374), nel termine di cui all'art. 325 secondo comma, le decisioni in grado di appello o in unico grado del giudice amministrativo o (1) di un giudice speciale, per motivi attinenti alla giurisdizione del giudice stesso (37, 41, 368).

Possono essere denunciati in ogni tempo con ricorso per cassazione:

1) i conflitti positivi o negativi di giurisdizione tra giudici speciali, o tra giudice amministrativo e giudice speciale, (2) o tra questi e i giudici ordinari (37, 41);

2) i conflitti negativi di attribuzione tra la pubblica amministrazione e il giudice ordinario (374).

Le decisioni dei giudici ordinari passate in giudicato possono altresì essere impugnate per revocazione ai sensi dell'articolo 391 *quater* quando il loro contenuto è stato dichiarato dalla Corte europea dei diritti dell'uomo contrario alla Convenzione ovvero ad uno dei suoi Protocolli (3).

(1) *Le parole: «del giudice amministrativo o» sono state aggiunte dall'art. 3, comma 27, lett. b), n. 1), del D.L.vo 10 ottobre 2022, n. 149, a decorrere dal 1° gennaio 2023.*

A norma dell'art. 35, comma 5, del medesimo decreto, come modificato dall'art. 1, comma 380, lett. a), della L. 29 dicembre 2022, n. 197, tali disposizioni si applicano ai giudizi introdotti con ricorso notificato a decorrere da tale data.

(2) *Le parole: «o tra giudice amministrativo e giudice speciale,» sono state aggiunte dall'art. 3, comma 27, lett. b), n. 2), del D.L.vo 10 ottobre 2022, n. 149, a decorrere dal 1° gennaio 2023.*

A norma dell'art. 35, comma 5, del medesimo decreto, come modificato dall'art. 1, comma 380, lett. a), della L. 29 dicembre 2022, n. 197, tali disposizioni si applicano ai giudizi introdotti con ricorso notificato a decorrere da tale data.

(3) *Questo comma è stato aggiunto dall'art. 3, comma 27, lett. b), n. 3), del D.L.vo 10 ottobre 2022, n. 149, a decorrere dal 1° gennaio 2023.*

A norma dell'art. 35, comma 5, del medesimo decreto, come modificato dall'art. 1, comma 380, lett. a), della L. 29 dicembre 2022, n. 197, tali disposizioni si applicano ai giudizi introdotti con ricorso notificato a decorrere da tale data.

NOTE OPERATIVE:

Giurisdizione: Il sindacato della corte di cassazione per motivi inerenti alla giurisdizione concerne le sole ipotesi di difetto assoluto di giurisdizione per invasione o sconfinamento nella sfera riservata ad altro potere dello Stato ovvero per arretramento rispetto ad una materia che può formare oggetto, in via assoluta, di cognizione giurisdizionale, nonché le ipotesi di difetto relativo di giurisdizione (C.C. 27433/23).

363. (1) **Principio di diritto nell'interesse della legge.** – Quando le parti non hanno proposto ricorso nei termini di legge o vi hanno rinunciato, ovvero quando il provvedimento non è ricorribile in cassazione e non è altrimenti impugnabile, il Procuratore generale presso la Corte di cassazione può chiedere che la Corte enunci nell'interesse della legge il principio di diritto al quale il giudice di merito avrebbe dovuto attenersi.

La richiesta del procuratore generale, contenente una sintetica esposizione del fatto e delle ragioni di diritto poste a fondamento dell'istanza, è rivolta al primo presidente, il quale può disporre che la Corte si pronunci a sezioni unite se ritiene che la questione è di particolare importanza.

Il principio di diritto può essere pronunciato dalla Corte anche d'ufficio, quando il ricorso proposto dalle parti è dichiarato inammissibile, se la Corte ritiene che la questione decisa è di particolare importanza.

La pronuncia della Corte non ha effetto sul provvedimento del giudice di merito.

(1) *Questo articolo è stato così da ultimo sostituito dall'art. 4 del D.L.vo 2 febbraio 2006, n. 40.*

A norma dell'art. 27, comma 2, del citato decreto legislativo, tale disposizione si applica ai ricorsi per cassazione proposti avverso le sentenze e gli altri provvedimenti pubblicati a decorrere dalla data di entrata in vigore del medesimo decreto.

Si riporta l'articolo precedente:

«363. (Ricorso nell'interesse della legge). *Quando le parti non hanno proposto ricorso nei termini di legge o vi hanno rinunciato, il procuratore generale presso la Corte di cassazione può proporre ricorso per chiedere che sia cassata la sentenza nell'interesse della legge.*

«In tal caso le parti non possono giovarsi della cassazione della sentenza.».

NOTE OPERATIVE:

Procedimento: Il procedimento per l'enunciazione del principio di diritto nell'interesse della legge richiede la ricorrenza dei seguenti presupposti processuali: a) l'avvenuta pronuncia di uno specifico provvedimento giurisdizionale non impugnato o non impugnabile né ricorribile per cassazione; b) l'illegittimità del provvedimento stesso, quale indefettibile momento di collegamento ad una controversia concreta; c) un interesse della legge, quale interesse generale o trascendente quello delle parti, all'affermazione di un principio di diritto per l'importanza di una sua formulazione espressa (S.U. 8268/23).

363 *bis*. (1) **Rinvio pregiudiziale.** – Il giudice di merito può disporre con ordinanza, sentite le parti costituite, il rinvio pregiudiziale degli atti alla Corte di cassazione per la risoluzione di una questione esclusivamente di diritto, quando concorrono le seguenti condizioni:

1) la questione è necessaria alla definizione anche parziale del giudizio e non è stata ancora risolta dalla Corte di cassazione;

2) la questione presenta gravi difficoltà interpretative;

3) la questione è suscettibile di porsi in numerosi giudizi.

L'ordinanza che dispone il rinvio pregiudiziale è motivata, e con riferimento alla condizione di cui al numero 2) del primo comma reca specifica indicazione delle diverse interpretazioni possibili. Essa è immediatamente trasmessa alla Corte di cassazione ed è comunicata alle parti. Il procedimento è sospeso dal giorno in cui è depositata l'ordinanza, salvo il compimento degli atti urgenti e delle attività istruttorie non dipendenti dalla soluzione della questione oggetto del rinvio pregiudiziale.

Il primo presidente, ricevuta l'ordinanza di rinvio pregiudiziale, entro novanta giorni assegna la questione alle sezioni unite o alla sezione semplice per l'enunciazione del principio di diritto, o dichiara con decreto l'inammissibilità della questione per la mancanza di una o più delle condizioni di cui al primo comma.

La Corte, sia a sezioni unite che a sezione semplice, pronuncia in pubblica udienza, con la requisitoria scritta del pubblico ministero e con facoltà per le parti costituite di depositare brevi memorie, nei termini di cui all'articolo 378.

Con il provvedimento che definisce la questione è disposta la restituzione degli atti al giudice.

Il principio di diritto enunciato dalla Corte è vincolante nel procedimento nell'ambito del quale è stata rimessa la questione e, se questo si estingue, anche nel nuovo processo in cui è proposta la medesima domanda tra le stesse parti.

(1) *Questo articolo è stato inserito dall'art. 3, comma 27, lett. c), del D.L.vo 10 ottobre 2022, n. 149, a decorrere dal 1° gennaio 2023.*

A norma dell'art. 35, comma 5, del medesimo decreto, come modificato dall'art. 1, comma 380, lett. a), della L. 29 dicembre 2022, n. 197, tali disposizioni si applicano ai giudizi introdotti con ricorso notificato a decorrere da tale data.

A norma dell'art. 35, comma 7, del D.L.vo 10 ottobre 2022, n. 149, come modificato dall'art. 1, comma 380, lett. a), della L. 29 dicembre 2022, n. 197, le disposizioni di cui a questo articolo si applicano ai procedimenti di merito pendenti alla data del 1° gennaio 2023.

364. [Deposito per il caso di soccombenza. - (*Omissis*)] (1).

(1) *Articolo abrogato dall'art. 1 della L. 18 ottobre 1977, n. 793.*

365. Sottoscrizione del ricorso. - Il ricorso (370, 391 *bis*) è diretto alla Corte e sottoscritto, a pena di inammissibilità (375), da un avvocato iscritto nell'apposito albo, munito di procura speciale (82[2], 83, 125[3], 369, n. 3).

NOTE OPERATIVE:

Specialità: Il requisito della specialità del mandato al difensore, richiesto come condizione per la proposizione del ricorso per cassazione (del controricorso e degli atti equiparati), è integrato, a prescindere dal contenuto, dalla sua collocazione topografica, nel senso che la firma per autentica apposta dal difensore su foglio separato, ma materialmente congiunto all'atto, è in tutto equiparata alla procura redatta a margine o in calce allo stesso (C.C. 10313/23 – Conf. C.C. 7486/23).

366. (1) **Contenuto del ricorso.** - Il ricorso deve contenere, a pena di inammissibilità:

1) l'indicazione delle parti;

2) l'indicazione della sentenza o decisione impugnata;

3) la chiara esposizione dei fatti della causa essenziali alla illustrazione dei motivi di ricorso (2);

4) la chiara e sintetica esposizione dei motivi per i quali si chiede la cassazione, con l'indicazione delle norme di diritto su cui si fondano (3);

5) l'indicazione della procura, se conferita con atto separato e, nel caso di ammissione al gratuito patrocinio, del relativo decreto;

6) la specifica indicazione, per ciascuno dei motivi, degli atti processuali, dei documenti e dei contratti o accordi collettivi sui quali il motivo si fonda, e l'illustrazione del contenuto rilevante degli stessi (4).

[Se il ricorrente non ha eletto domicilio in Roma ovvero non ha indicato l'indirizzo di posta elettronica certificata comunicato al proprio ordine (5), le notificazioni gli sono fatte presso la cancelleria della Corte di cassazione] (6).

Nel caso previsto nell'articolo 360, secondo comma, l'accordo delle parti deve risultare mediante visto apposto sul ricorso dalle altre parti o dai loro difensori muniti di procura speciale, oppure mediante atto separato, anche anteriore alla sentenza impugnata, da unirsi al ricorso stesso.

[Le comunicazioni della cancelleria e le notificazioni tra i difensori di cui agli articoli 372 e 390 sono effettuate ai sensi dell'articolo 136, secondo e terzo comma] (6).

(1) *Questo articolo è stato così sostituito dall'art. 5 del D.L.vo 2 febbraio 2006, n. 40.*

A norma dell'art. 27, comma 2, del citato decreto legislativo, tale disposizione si applica ai ricorsi per cassazione proposti avverso le sentenze e gli altri provvedimenti pubblicati a decorrere dalla data di entrata in vigore del medesimo decreto.

Si riporta l'articolo precedente:

«366. (Contenuto del ricorso). *Il ricorso deve contenere, a pena di inammissibilità:*

1) l'indicazione delle parti;

2) l'indicazione della sentenza o decisione impugnata;

3) l'esposizione sommaria dei fatti della causa;

4) i motivi per i quali si chiede la cassazione, con l'indicazione delle norme di diritto su cui si fondano;

5) l'indicazione della procura, se conferita con atto separato, e, nel caso di ammissione al gratuito patrocinio, del relativo decreto.

«Se il ricorrente non ha eletto domicilio in Roma, le notificazioni gli sono fatte presso la cancelleria della Corte di cassazione.

«Nel caso previsto nell'art. 360 secondo comma, l'accordo delle parti deve risultare mediante visto apposto sul ricorso dalle altre parti o dai loro difensori muniti di procura speciale, oppure mediante atto separato da unirsi al ricorso stesso.».

(2) *Questo numero è stato così sostituito dall'art. 3, comma 27, lett. d), n. 1), del D.L.vo 10 ottobre 2022, n. 149, a decorrere dal 1° gennaio 2023.*

A norma dell'art. 35, comma 5, del medesimo decreto, come modificato dall'art. 1, comma 380, lett. a), della L. 29 dicembre 2022, n. 197, tali disposizioni si applicano ai giudizi introdotti con ricorso notificato a decorrere da tale data.

Si riporta il testo precedente:

«3) l'esposizione sommaria dei fatti della causa;».

(3) *Questo numero è stato così sostituito dall'art. 3, comma 27, lett. d), n. 1), del D.L.vo 10 ottobre 2022, n. 149, a decorrere dal 1° gennaio 2023.*

A norma dell'art. 35, comma 5, del medesimo decreto, come modificato dall'art. 1, comma 380, lett. a), della L. 29 dicembre 2022, n. 197, tali disposizioni si applicano ai giudizi introdotti con ricorso notificato a decorrere da tale data.

Si riporta il testo precedente:

«4) i motivi per i quali si chiede la cassazione, con l'indicazione delle norme di diritto su cui si fondano, secondo quanto previsto dall'articolo 366 bis*;».*

(4) *Questo numero è stato così sostituito dall'art. 3, comma 27, lett.* d), *n.* 1), *del D.L.vo 10 ottobre 2022, n. 149, a decorrere dal 1° gennaio 2023.*

A norma dell'art. 35, comma 5, del medesimo decreto, come modificato dall'art. 1, comma 380, lett. a), *della L. 29 dicembre 2022, n. 197, tali disposizioni si applicano ai giudizi introdotti con ricorso notificato a decorrere da tale data.*

Si riporta il testo precedente:

«6) la specifica indicazione degli atti processuali, dei documenti e dei contratti o accordi collettivi sui quali il ricorso si fonda.».

(5) *Le parole: «ovvero non ha indicato l'indirizzo di posta elettronica certificata comunicato al proprio ordine» sono state aggiunte dall'art. 25, comma 1, lett.* i), *n.* 1), *della L. 12 novembre 2011, n. 183. A norma dell'art. 25, comma 5, della stessa legge, tali disposizioni si applicano decorsi 30 giorni dalla data di entrata in vigore della medesima legge (Suppl. ord. alla G.U. Serie gen. - n. 265 del 14 novembre 2011).*

(6) *Questo comma, così sostituito dall'art. 25, comma 1, lett.* i), *n.* 2), *della L. 12 novembre 2011, n. 183, è stato abrogato dall'art. 3, comma 27, lett.* d), *n.* 2), *del D.L.vo 10 ottobre 2022, n. 149, a decorrere dal 1° gennaio 2023.*

A norma dell'art. 35, comma 5, del medesimo decreto, come modificato dall'art. 1, comma 380, lett. a), *della L. 29 dicembre 2022, n. 197, tali disposizioni si applicano ai giudizi introdotti con ricorso notificato a decorrere da tale data.*

NOTE OPERATIVE:

Criteri di redazione: Il ricorso per cassazione deve essere redatto in conformità ai principi di chiarezza e sinteticità espositiva, occorrendo che il ricorrente selezioni i profili di fatto e di diritto della vicenda sub iudice posti a fondamento delle doglianze proposte, in modo da offrire alla Corte di legittimità una concisa rappresentazione dell'intera vicenda giudiziaria e delle questioni giuridiche prospettate e non risolte o risolte in maniera non condivisa, per poi esporre le ragioni delle critiche nell'ambito della tipologia dei vizi elencata dalla norma (C.C. 18194/23).

366 *bis*. (1) **[Formulazione dei motivi.** – Nei casi previsti dall'articolo 360, primo comma, numeri 1), 2), 3) e 4) l'illustrazione di ciascun motivo si deve concludere, a pena di inammissibilità, con la formulazione di un quesito di diritto. Nel caso previsto dall'articolo 360, primo comma, n. 5), l'illustrazione di ciascun motivo deve contenere, a pena di inammissibilità, la chiara indicazione del fatto controverso in relazione al quale la motivazione si assume omessa o contraddittoria, ovvero le ragioni per le quali la dedotta insufficienza della motivazione la rende inidonea a giustificare la decisione].

(1) *Questo articolo, inserito dall'art. 6 del D.L.vo 2 febbraio 2006, n. 40, è stato abrogato dall'art. 47, comma 1, lett.* d), *della L. 18 giugno 2009, n. 69. Ai sensi dell'art. 58, comma 5, della medesima legge «le disposizioni di cui all'art. 47 si applicano alle controversie nelle quali il provvedimento impugnato con il ricorso per Cassazione è stato pubblicato ovvero, nei casi in cui non sia prevista la pubblicazione, depositato successivamente alla data di entrata in vigore della presente legge.».*

367. (1) **Sospensione del processo di merito.** – Una copia del ricorso per cassazione proposto a norma dell'art. 41, primo comma, è depositata (134 att.), dopo la notificazione alle altre parti, nella cancelleria del giudice davanti a cui pende la causa, il quale sospende (298) il processo se non ritiene l'istanza manifestamente inammissibile o la contestazione della giurisdizione manifestamente infondata. Il giudice istruttore o il collegio provvede con ordinanza (134, 177) (2).

Se la Corte di cassazione dichiara la giurisdizione del giudice ordinario (382[1]), le parti devono riassumere il processo (125 att.) entro il termine perentorio (152, 153) di sei mesi dalla comunicazione della sentenza (133).

(1) *Articolo così sostituito dall'art. 43 della L. 14 luglio 1950, n. 581.*

(2) *Comma così sostituito dall'art. 61 della L. 26 novembre 1990, n. 353, a decorrere dall'1 gennaio 1993.*

368. Questione di giurisdizione sollevata dal prefetto. – Nel caso previsto nell'art. 41 secondo comma, la richiesta per la decisione della Corte di cassazione è fatta dal prefetto con decreto motivato.

Il decreto è notificato (137), su richiesta del prefetto, alle parti e al procuratore della Repubblica presso il tribunale, se la causa pende davanti a questo [o davanti a un pretore] (1), oppure al procuratore generale presso la corte d'appello, se pende davanti alla Corte.

Il pubblico ministero comunica il decreto del prefetto al capo dell'ufficio giudiziario davanti al quale pende la causa. Questi sospende (295) il procedimento con decreto (135) che è notificato alle parti a cura del pubblico ministero entro dieci giorni dalla sua pronuncia, sotto pena di decadenza della richiesta.

La Corte di cassazione è investita della questione di giurisdizione con ricorso (360 n. 1, 362) a cura della parte più diligente, nel termine perentorio (152, 153) di trenta giorni dalla notificazione del decreto (374, 382, 386).

Si applica la disposizione dell'ultimo comma dell'articolo precedente.

(1) *Le parole: «o davanti a un pretore» sono state soppresse dall'art. 77 del D.L.vo 19 febbraio 1998, n. 51, recante l'istituzione del giudice unico, a decorrere dal 2 giugno 1999.*

369. Deposito del ricorso. – Il ricorso è ([1]) depositato [nella cancelleria della Corte] ([2]), a pena di improcedibilità (375, 387), nel termine di giorni venti dall'ultima notificazione (330) alle parti contro le quali è proposto (134, 135, 137 att.).

Insieme col ricorso debbono essere depositati, sempre a pena di improcedibilità:

1) il decreto di concessione del gratuito patrocinio (38 att.) ([3]);

2) copia autentica della sentenza o della decisione impugnata con la relazione di notificazione, se questa è avvenuta, tranne che nei casi di cui ai due articoli precedenti; oppure copia autentica dei provvedimenti dai quali risulta il conflitto nei casi di cui ai nn. 1 e 2 dell'art. 362;

3) la procura speciale, se questa è conferita con atto separato (83, 365, 366);

4) gli atti processuali, i documenti, i contratti o accordi collettivi sui quali il ricorso si fonda ([4]).

[Il ricorrente deve chiedere alla cancelleria del giudice che ha pronunciato la sentenza impugnata o del quale si contesta la giurisdizione la trasmissione alla cancelleria della Corte di cassazione del fascicolo d'ufficio (168); tale richiesta è restituita dalla cancelleria al richiedente munita di visto, e deve essere depositata insieme col ricorso (123 *bis*, 134, 135, 137 att.)] ([5]).

([1]) *Le parole: «deve essere» sono state così sostituite dalla attuale: «è» dall'art. 3, comma 27, lett. e), n. 1), del D.L.vo 10 ottobre 2022, n. 149, a decorrere dal 1° gennaio 2023.*

A norma dell'art. 35, comma 5, del medesimo decreto, come modificato dall'art. 1, comma 380, lett. a), della L. 29 dicembre 2022, n. 197, tali disposizioni si applicano ai giudizi introdotti con ricorso notificato a decorrere da tale data.

([2]) *Le parole tra parentesi quadrate sono state soppresse dall'art. 3, comma 27, lett. e), n. 1), del D.L.vo 10 ottobre 2022, n. 149, a decorrere dal 1° gennaio 2023.*

A norma dell'art. 35, comma 5, del medesimo decreto, come modificato dall'art. 1, comma 380, lett. a), della L. 29 dicembre 2022, n. 197, tali disposizioni si applicano ai giudizi introdotti con ricorso notificato a decorrere da tale data.

([3]) *Numero così sostituito dall'art. 4 della L. 18 ottobre 1977, n. 793.*

([4]) *Questo numero è stato così sostituito dall'art. 7, del D.L.vo 2 febbraio 2006, n. 40.*

A norma dell'art. 27, comma 2, del citato decreto legislativo, tale disposizione si applica ai ricorsi per cassazione proposti avverso le sentenze e gli altri provvedimenti pubblicati a decorrere dalla data di entrata in vigore del medesimo decreto.

Si riporta il testo del numero precedente: «4) gli atti e i documenti sui quali il ricorso si fonda».

([5]) *Questo comma è stato abrogato dall'art. 3, comma 27, lett. e), n. 2), del D.L.vo 10 ottobre 2022, n. 149, a decorrere dal 1° gennaio 2023.*

A norma dell'art. 35, comma 5, del medesimo decreto, come modificato dall'art. 1, comma 380, lett. a), della L. 29 dicembre 2022, n. 197, tali disposizioni si applicano ai giudizi introdotti con ricorso notificato a decorrere da tale data.

370. Controricorso. – La parte contro la quale il ricorso è diretto, se intende contraddire, deve farlo mediante controricorso (125) da depositare entro quaranta giorni dalla notificazione del ricorso ([1]) (369[3]). In mancanza [di tale notificazione] ([2]), essa non può presentare memorie, ma soltanto partecipare alla discussione orale.

Al controricorso si applicano le norme degli artt. 365 e 366, in quanto è possibile.

Il controricorso è depositato [nella cancelleria della Corte entro venti giorni dalla notificazione,] ([3]) insieme con gli atti e i documenti e con la procura speciale, se conferita con atto separato (83; 134, 135, 137 att.).

([1]) *Le parole: «da notificarsi al ricorrente nel domicilio eletto entro venti giorni dalla scadenza del termine stabilito per il deposito del ricorso» sono state così sostituite dalle attuali: «da depositare entro quaranta giorni dalla notificazione del ricorso» dall'art. 3, comma 27, lett. f), n. 1), del D.L.vo 10 ottobre 2022, n. 149, a decorrere dal 1° gennaio 2023.*

A norma dell'art. 35, comma 5, del medesimo decreto, come modificato dall'art. 1, comma 380, lett. a), della L. 29 dicembre 2022, n. 197, tali disposizioni si applicano ai giudizi introdotti con ricorso notificato a decorrere da tale data.

([2]) *Le parole tra parentesi quadrate sono state soppresse dall'art. 3, comma 27, lett. f), n. 1), del D.L.vo 10 ottobre 2022, n. 149, a decorrere dal 1° gennaio 2023.*

A norma dell'art. 35, comma 5, del medesimo decreto, come modificato dall'art. 1, comma 380, lett. a), della L. 29 dicembre 2022, n. 197, tali disposizioni si applicano ai giudizi introdotti con ricorso notificato a decorrere da tale data.

([3]) *Le parole tra parentesi quadrate sono state soppresse dall'art. 3, comma 27, lett. f), n. 2), del D.L.vo 10 ottobre 2022, n. 149, a decorrere dal 1° gennaio 2023.*

A norma dell'art. 35, comma 5, del medesimo decreto, come modificato dall'art. 1, comma 380, lett. a), della L. 29 dicembre 2022, n. 197, tali disposizioni si applicano ai giudizi introdotti con ricorso notificato a decorrere da tale data.

371. Ricorso incidentale. – La parte di cui all'articolo precedente deve proporre con l'atto contenente il controricorso l'eventuale ricorso incidentale (333) contro la stessa sentenza.

La parte alla quale è stato notificato il ricorso per integrazione a norma degli artt. 331 e 332 deve proporre l'eventuale ricorso incidentale con atto depositato ([1]) nel termine di quaranta giorni dalla notificazione [, con atto notificato al ricorrente principale e alle altre parti nello stesso modo del ricorso principale] (²) (330).

Al ricorso incidentale si applicano le disposizioni degli artt. 365, 366 e 369 (³).

Per resistere al ricorso incidentale può essere depositato (⁴) un controricorso a norma dell'articolo precedente.

Se il ricorrente principale deposita la copia della sentenza o della decisione impugnata, non è necessario che la depositi anche il ricorrente per incidente (369, n. 2).

(¹) *Le parole: «con atto depositato» sono state inserite dall'art. 3, comma 27, lett. g), n. 1), del D.L.vo 10 ottobre 2022, n. 149, a decorrere dal 1° gennaio 2023.*

A norma dell'art. 35, comma 5, del medesimo decreto, come modificato dall'art. 1, comma 380, lett. a), della L. 29 dicembre 2022, n. 197, tali disposizioni si applicano ai giudizi introdotti con ricorso notificato a decorrere da tale data.

(²) *Le parole tra parentesi quadrate sono state soppresse dall'art. 3, comma 27, lett. g), n. 1), del D.L.vo 10 ottobre 2022, n. 149, a decorrere dal 1° gennaio 2023.*

A norma dell'art. 35, comma 5, del medesimo decreto, come modificato dall'art. 1, comma 380, lett. a), della L. 29 dicembre 2022, n. 197, tali disposizioni si applicano ai giudizi introdotti con ricorso notificato a decorrere da tale data.

(³) *Comma così sostituito dall'art. 5 della L. 18 ottobre 1977, n. 793.*

(⁴) *La parola: «notificato» è stata così sostituita dalla attuale: «depositato» dall'art. 3, comma 27, lett. g), n. 2), del D.L.vo 10 ottobre 2022, n. 149, a decorrere dal 1° gennaio 2023.*

A norma dell'art. 35, comma 5, del medesimo decreto, come modificato dall'art. 1, comma 380, lett. a), della L. 29 dicembre 2022, n. 197, tali disposizioni si applicano ai giudizi introdotti con ricorso notificato a decorrere da tale data.

371 *bis*. (¹) Deposito dell'atto di integrazione del contraddittorio. – Qualora la Corte abbia ordinato l'integrazione del contraddittorio (331, 332), assegnando alle parti un termine perentorio (152, 153) per provvedervi, il ricorso notificato, contenente nell'intestazione le parole «atto di integrazione del contraddittorio», deve essere depositato (369; 144 *bis* att.) nella cancelleria della Corte stessa, a pena di improcedibilità (375, 387), entro venti giorni dalla scadenza del termine assegnato.

(¹) *Articolo aggiunto dall'art. 62 della L. 26 novembre 1990, n. 353, a decorrere dall'1 gennaio 1993.*

NOTE OPERATIVE:

Termine: Qualora la corte di cassazione abbia ordinato l'integrazione del contraddittorio, il deposito del relativo atto di integrazione oltre il termine di venti giorni dalla scadenza del termine concesso, comporta l'improcedibilità, rilevabile d'ufficio, del ricorso in cassazione, restando del tutto irrilevante un tardivo deposito dell'atto integrativo (C.C: 15308/20).

372. Produzione di altri documenti. – Non è ammesso il deposito di atti e documenti non prodotti nei precedenti gradi del processo, tranne di quelli che riguardano la nullità della sentenza impugnata (161) e l'ammissibilità del ricorso e del controricorso (375).

Il deposito dei documenti relativi all'ammissibilità può avvenire indipendentemente da quello del ricorso e del controricorso, fino a quindici giorni prima dell'udienza o dell'adunanza in camera di consiglio (¹).

(¹) *Le parole: «ma deve essere notificato, mediante elenco, alle altre parti» sono state così sostituite dalle attuali: «fino a quindici giorni prima dell'udienza o dell'adunanza in camera di consiglio» dall'art. 3, comma 27, lett. h), del D.L.vo 10 ottobre 2022, n. 149.*

A norma dell'art. 35, comma 6, del D.L.vo 10 ottobre 2022, n. 149, come modificato dall'art. 1, comma 380, lett. a), della L. 29 dicembre 2022, n. 197, le disposizioni di cui a questo articolo, si applicano anche ai giudizi introdotti con ricorso già notificato alla data del 1° gennaio 2023 per i quali non è stata ancora fissata udienza o adunanza in camera di consiglio.

NOTE OPERATIVE:

Ambito di applicazione: La nullità della sentenza impugnata, in relazione alla quale, è ammissibile il deposito di nuovi documenti in cassazione, non è solo quella derivante dai vizi propri della sentenza, cioè dalla mancanza dei requisiti essenziali di forma e di sostanza della sentenza, ma altresì quella originata, in via riflessa, da vizi radicali del procedimento che, attenendo alla identificazione dei soggetti del rapporto processuale e dunque alla legittimità del contraddittorio, determinino la nullità degli atti processuali compiuti (C.C. 29221/23).

373. (¹) Sospensione dell'esecuzione. – Il ricorso per cassazione non sospende l'esecuzione della sentenza (282, 337). Tuttavia il giudice che ha pronunciato la sentenza impugnata può, su istanza di parte e qualora dall'esecuzione possa derivare grave e irreparabile danno, disporre con ordinanza non impugnabile che la esecuzione sia sospesa o che sia prestata congrua cauzione (119, 407, 623; 86, 131 *bis* att.).

L'istanza si propone con ricorso al giudice di pace, al tribunale in composizione monocratica o al presidente del collegio, il quale, con decreto in calce al ricorso, ordina la comparizione delle parti rispettivamente dinanzi a sé o al collegio in camera di consiglio. Copia del ricorso e del decreto sono notificate al procuratore dell'altra parte, ovvero alla parte stessa, se questa sia stata in giudizio senza ministero di difensore o non si sia costituita nel giudizio definito con la sentenza impugnata. Con lo stesso decreto, in caso di eccezionale urgenza può essere disposta provvisoriamente l'immediata sospensione dell'esecuzione (401) ([2]).

([1]) *Articolo così sostituito dall'art. 44 della L. 14 luglio 1950, n. 581.*

([2]) *Comma così sostituito dall'art. 63 della L. 26 novembre 1990, n. 353, a decorrere dall'1 gennaio 1993.*

NOTE OPERATIVE:

Spese: La richiesta di liquidazione delle spese dovute deve essere contenuta nel ricorso e non può essere avanzata per la prima volta nella memoria illustrativa, giacché questa modalità di proposizione della suddetta istanza impedisce alla controparte di replicare e viola, di conseguenza, il principio del contraddittorio (C.C. 29033/19). La liquidazione delle spese del sub-procedimento spetta esclusivamente alla Suprema Corte, nell'ambito del giudizio di legittimità al quale è funzionale la procedura incidentale di sospensione dell'esecuzione (C.C. 26966/18).

Sezione II
Del procedimento e dei provvedimenti

374. ([1]) **Pronuncia a sezioni unite.** - La Corte pronuncia a sezioni unite nei casi previsti nel n. 1) dell'articolo 360 e nell'articolo 362. Tuttavia, tranne che nei casi di impugnazione delle decisioni del Consiglio di Stato e della Corte dei conti, il ricorso può essere assegnato alle sezioni semplici, se sulla questione di giurisdizione proposta si sono già pronunciate le sezioni unite.

Inoltre il primo presidente può disporre che la Corte pronunci a sezioni unite sui ricorsi che presentano una questione di diritto già decisa in senso difforme dalle sezioni semplici, e su quelli che presentano una questione di massima di particolare importanza.

Se la sezione semplice ritiene di non condividere il principio di diritto enunciato dalle sezioni unite, rimette a queste ultime, con ordinanza motivata, la decisione del ricorso.

In tutti gli altri casi la Corte pronuncia a sezione semplice.

([1]) *Questo articolo è stato così sostituito dall'art. 8 del D.L.vo 2 febbraio 2006, n. 40.*

A norma dell'art. 27, comma 2, del citato decreto legislativo, tale disposizione si applica ai ricorsi per cassazione proposti avverso le sentenze e gli altri provvedimenti pubblicati a decorrere dalla data di entrata in vigore del medesimo decreto.

Si riporta l'articolo precedente:

«374. (Pronuncia a sezioni unite). *La Corte pronuncia a sezioni unite nei casi previsti nel n. 1 dell'art. 360 e nell'art. 362.*

«Inoltre il primo presidente può disporre che la Corte pronunci a sezioni unite sui ricorsi che presentano una questione di diritto già decisa in senso difforme dalle sezioni semplici, e su quelli che presentano una questione di massima di particolare importanza.

«In tutti gli altri casi la Corte pronuncia a sezione semplice.».

NOTE OPERATIVE:

Giurisdizione: La norma va interpretata nel senso che, tranne nei casi di impugnazione delle decisioni del Consiglio di Stato e della Corte dei Conti, i ricorsi che pongono questioni di giurisdizione possono essere trattati dalle sezioni semplici allorché sulla regola finale di riparto della giurisdizione si sono già pronunciate le sezioni unite, ovvero sussistono ragioni di inammissibilità inerenti alla modalità di formulazione del motivo e all'esistenza di un giudicato sulla giurisdizione (esterno o interno, esplicito o implicito), costituendo questione di giurisdizione anche la verifica in ordine alla formazione del giudicato (S.U. 1599/22).

375. Pronuncia in udienza pubblica o in camera di consiglio ([1]). - La Corte, sia a sezioni unite che a sezione semplice, pronuncia in pubblica udienza quando la questione di diritto è di particolare rilevanza, nonché nei casi di cui all'art. 391 *quater* ([2]).

La Corte, sia a sezioni unite che a sezione semplice, pronuncia con ordinanza in camera di consiglio quando riconosce di dovere:

1) dichiarare l'inammissibilità del ricorso principale e di quello incidentale eventualmente proposto, anche per mancanza dei motivi previsti dall'articolo 360 ([3]);

1 *bis*) dichiarare l'improcedibilità del ricorso ([4]);

[2) ordinare l'integrazione del contraddittorio o disporre che sia eseguita la notificazione dell'impugnazione a norma dell'articolo 332 ovvero che sia rinnovata] ([5]);

[3) provvedere in ordine all'estinzione del processo in ogni caso diverso dalla rinuncia] ([5]);

4) pronunciare sulle istanze di regolamento di competenza e di giurisdizione, salva l'applicazione del primo comma ([6]) ([7]);

4 *bis*) pronunciare nei casi di correzione di errore materiale ([8]);

4 *ter*) pronunciare sui ricorsi per revocazione e per opposizione di terzo, salva l'applicazione del primo comma ([8]);

4 *quater*) in ogni altro caso in cui non pronuncia in pubblica udienza ([8]).

[[5) accogliere o rigettare il ricorso principale e l'eventuale ricorso incidentale per manifesta fondatezza o infondatezza]] ([9]).

[La Corte, sia a sezioni unite che a sezione semplice, pronuncia sentenza in camera di consiglio quando il ricorso principale e quello incidentale eventualmente proposto sono manifestamente fondati e vanno, pertanto, accolti entrambi, o quando riconosce di dover pronunciare il rigetto di entrambi per mancanza dei motivi previsti nell'articolo 360 o per manifesta infondatezza degli stessi, nonché quando un ricorso va accolto per essere manifestamente fondato e l'altro va rigettato per mancanza dei motivi previsti nell'articolo 360 o per manifesta infondatezza degli stessi] ([10]).

[La Corte, se ritiene che non ricorrano le ipotesi di cui al primo e al secondo comma, rinvia la causa alla pubblica udienza] ([10]).

[Le conclusioni del pubblico ministero, almeno venti giorni prima dell'adunanza della Corte in camera di consiglio, sono notificate agli avvocati delle parti, che hanno facoltà di presentare memorie entro il termine di cui all'articolo 378 e di essere sentiti, se compaiono, nei casi previsti al primo comma, numeri 1), 4) e 5), limitatamente al regolamento di giurisdizione, e al secondo comma] ([10]).

[La Corte, a sezione semplice, pronuncia con ordinanza in camera di consiglio in ogni altro caso, salvo che la trattazione in pubblica udienza sia resa opportuna dalla particolare rilevanza della questione di diritto sulla quale deve pronunciare, ovvero che il ricorso sia stato rimesso dall'apposita sezione di cui all'articolo 376 in esito alla camera di consiglio che non ha definito il giudizio] ([11]).

([1]) *La precedente rubrica:* «Pronuncia in camera di consiglio» *è stata così sostituita dalla attuale dall'art. 3, comma 28, lett.* a), *n.* 2), *punto* f), *del D.L.vo 10 ottobre 2022, n. 149.*

A norma dell'art. 35, comma 6, del D.L.vo 10 ottobre 2022, n. 149, come modificato dall'art. 1, comma 380, lett. a), *della L. 29 dicembre 2022, n. 197, le disposizioni di cui a questo articolo, si applicano anche ai giudizi introdotti con ricorso già notificato alla data del 1 gennaio 2023 per i quali non è stata ancora fissata udienza o adunanza in camera di consiglio.*

([2]) *Questo comma è stato anteposto al primo comma dall'art. 3, comma 28, lett.* a), *n.* 1), *del D.L.vo 10 ottobre 2022, n. 149.*

A norma dell'art. 35, comma 6, del D.L.vo 10 ottobre 2022, n. 149, come modificato dall'art. 1, comma 380, lett. a), *della L. 29 dicembre 2022, n. 197, le disposizioni di cui a questo articolo, si applicano anche ai giudizi introdotti con ricorso già notificato alla data del 1 gennaio 2023 per i quali non è stata ancora fissata udienza o adunanza in camera di consiglio.*

([3]) *Questo numero è stato così sostituito dall'art. 47, comma 1, lett.* e), *n.* 1), *della L. 18 giugno 2009, n. 69, a decorrere dal 4 luglio 2009. Ai sensi dell'art. 58, comma 1, della predetta legge, tale disposizione si applica ai giudizi instaurati dopo la data della sua entrata in vigore.*

Il testo precedente così disponeva: «1) dichiarare l'inammissibilità del ricorso principale e di quello incidentale eventualmente proposto».

Si veda l'art. 58, comma 5, della predetta L. 18 giugno 2009, n. 69 che così dispone:«5. Le disposizioni di cui all'articolo 47 si applicano alle controversie nelle quali il provvedimento impugnato con il ricorso per cassazione è stato pubblicato ovvero, nei casi in cui non sia prevista la pubblicazione, depositato successivamente alla data di entrata in vigore della presente legge».

([4]) *Questo numero è stato inserito dall'art. 3, comma 28, lett.* a), *n.* 2), *punto* a), *del D.L.vo 10 ottobre 2022, n. 149.*

A norma dell'art. 35, comma 6, del D.L.vo 10 ottobre 2022, n. 149, come modificato dall'art. 1, comma 380, lett. a), *della L. 29 dicembre 2022, n. 197, le disposizioni di cui a questo articolo, si applicano anche ai giudizi introdotti con ricorso già notificato alla data del 1 gennaio 2023 per i quali non è stata ancora fissata udienza o adunanza in camera di consiglio.*

([5]) *Questo numero è stato abrogato dall'art. 1 bis, comma 1, lett.* a), *n.* 1), *del D.L. 31 agosto 2016, n. 168, convertito, con modificazioni, nella L. 25 ottobre 2016, n. 197. Tali disposizioni si applicano ai ricorsi depositati successivamente alla data di entrata in vigore della legge di conversione del presente decreto (giorno successivo alla data di pubblicazione della Gazzetta Ufficiale Serie gen. - n. 254 del 29 ottobre 2016) nonché a quelli già depositati alla medesima data per i quali non è stata fissata udienza o adunanza in camera di consiglio.*

([6]) *Le parole:* «, salva l'applicazione del primo comma» *sono state inserite dall'art. 3, comma 28, lett.* a), *n.* 2), *punto* b), *del D.L.vo 10 ottobre 2022, n. 149.*

A norma dell'art. 35, comma 7, del D.L.vo 10 ottobre 2022, n. 149, le disposizioni di cui a questo articolo, si applicano anche ai giudizi introdotti con ricorso già notificato alla data del 1 gennaio 2023 per i quali non è stata ancora fissata udienza o adunanza in camera di consiglio.

([7]) *I numeri* 2), 3), *e* 4) *sono stati così sostituiti dagli attuali dall'art. 9, lett.* a), *del D.L.vo 2 febbraio 2006, n. 40.*

Si riporta il testo dei numeri precedenti:

«2) ordinare l'integrazione del contraddittorio o disporre che sia eseguita la notificazione dell'impugnazione a norma dell'articolo 332;

3) dichiarare l'estinzione del processo per avvenuta rinuncia a norma dell'articolo 390;

4) pronunciare in ordine all'estinzione del processo in ogni altro caso».

([8]) *Questo numero è stato inserito dall'art. 3, comma 28, lett.* a), *n.* 2), *punto* c), *del D.L.vo 10 ottobre 2022, n. 149.*

A norma dell'art. 35, comma 6, del D.L.vo 10 ottobre 2022, n. 149, come modificato dall'art. 1, comma 380, lett. a), *della L. 29 dicembre 2022, n. 197, le disposizioni di cui a questo articolo, si applicano anche ai giudizi introdotti con ricorso già notificato alla data del 1 gennaio 2023 per i quali non è stata ancora fissata udienza o adunanza in camera di consiglio.*

([9]) *Questo numero, così sostituito dall'art. 47, comma 1, lett.* e), *n.* 2), *della L. 18 giugno 2009, n. 69, è stato soppresso dall'art. 3, comma 28, lett.* a), *n.* 2), *punto* d), *del D.L.vo 10 ottobre 2022, n. 149.*

A norma dell'art. 35, comma 6, del D.L.vo 10 ottobre 2022, n. 149, come modificato dall'art. 1, comma 380, lett. a), *della L. 29 dicembre 2022, n. 197, le disposizioni di cui a questo articolo, si applicano anche ai giudizi introdotti con ricorso già notificato alla data del 1 gen-*

naio 2023 per i quali non è stata ancora fissata udienza o adunanza in camera di consiglio.

([10]) *Questo comma è stato abrogato dall'art. 9, lett. b), del D.L.vo 2 febbraio 2006, n. 40.*

([11]) *Questo comma, aggiunto dall'art. 1 bis, comma 1, lett. a), n. 2), del D.L. 31 agosto 2016, n. 168, convertito, con modificazioni, nella L. 25 ottobre 2016, n. 197, è stato abrogato dall'art. 3, comma 28, lett. a), n. 2), punto e), del D.L.vo 10 ottobre 2022, n. 149, a decorrere dal 1° gennaio 2023.*

A norma dell'art. 35, comma 6, del D.L.vo 10 ottobre 2022, n. 149, come modificato dall'art. 1, comma 380, lett. a), della L. 29 dicembre 2022, n. 197, le disposizioni di cui a questo articolo, si applicano anche ai giudizi introdotti con ricorso già notificato alla data del 1 gennaio 2023 per i quali non è stata ancora fissata udienza o adunanza in camera di consiglio.

376. Assegnazione dei ricorsi alle sezioni. – Il primo presidente assegna i ricorsi alle sezioni unite o alla sezione semplice ([1]).

La parte, che ritiene di competenza delle sezioni unite un ricorso assegnato a una sezione semplice, può proporre al primo presidente istanza di rimessione alle sezioni unite, fino a quindici ([2]) giorni prima dell'udienza o dell'adunanza ([3]) (139 att.).

All'udienza o all'adunanza ([4]) della sezione semplice, la rimessione può essere disposta con ordinanza ([5]) soltanto su richiesta del pubblico ministero o d'ufficio [, con ordinanza inserita nel processo verbale] ([6]).

([1]) *Questo comma è stato, da ultimo, così sostituito dall'art. 3, comma 28, lett. b), n. 1), del D.L.vo 10 ottobre 2022, n. 149.*

A norma dell'art. 35, comma 6, del D.L.vo 10 ottobre 2022, n. 149, come modificato dall'art. 1, comma 380, lett. a), della L. 29 dicembre 2022, n. 197, le disposizioni di cui a questo articolo, si applicano anche ai giudizi introdotti con ricorso già notificato alla data del 1 gennaio 2023 per i quali non è stata ancora fissata udienza o adunanza in camera di consiglio.

Si riporta il testo precedente:

«Il primo presidente, tranne quando ricorrono le condizioni previste dall'articolo 374, assegna i ricorsi ad apposita sezione, che verifica se sussistono i presupposti per la pronuncia in camera di consiglio ai sensi dell'articolo 375, primo comma, numeri 1) e 5). Se, a un sommario esame del ricorso, la suddetta sezione non ravvisa tali presupposti, il presidente, omessa ogni formalità, rimette gli atti alla sezione semplice (*) (**).».

(*) *Questo periodo è stato così sostituito dall'art. 1 bis, comma 1, lett. b), del D.L. 31 agosto 2016, n. 168, convertito, con modificazioni, nella L. 25 ottobre 2016, n. 197.*

Tali disposizioni si applicano ai ricorsi depositati successivamente alla data di entrata in vigore della legge di conversione del presente decreto (giorno successivo alla data di pubblicazione della Gazzetta Ufficiale Serie gen. - n. 254 del 29 ottobre 2016) nonché a quelli già depositati alla medesima data per i quali non è stata fissata udienza o adunanza in camera di consiglio.

Si riporta il testo precedente:

«Se la sezione non definisce il giudizio, gli atti sono rimessi al primo presidente, che procede all'assegnazione alle sezioni semplici.».

(**) *Questo comma è stato così sostituito dall'art. 47, comma 1, lett. b), della L. 18 giugno 2009, n. 69, a decorrere dal 4 luglio 2009.*

([2]) *La parola: «dieci» è stata così sostituita dalla attuale: «quindici» dall'art. 3, comma 28, lett. b), n. 2), del D.L.vo 10 ottobre 2022, n. 149.*

A norma dell'art. 35, comma 6, del D.L.vo 10 ottobre 2022, n. 149, come modificato dall'art. 1, comma 380, lett. a), della L. 29 dicembre 2022, n. 197, le disposizioni di cui a questo articolo, si applicano anche ai giudizi introdotti con ricorso già notificato alla data del 1 gennaio 2023 per i quali non è stata ancora fissata udienza o adunanza in camera di consiglio.

([3]) *Le parole: «di discussione del ricorso» sono state così sostituite dalle attuali: «o dell'adunanza» dall'art. 3, comma 28, lett. b), n. 2), del D.L.vo 10 ottobre 2022, n. 149.*

A norma dell'art. 35, comma 6, del D.L.vo 10 ottobre 2022, n. 149, come modificato dall'art. 1, comma 380, lett. a), della L. 29 dicembre 2022, n. 197, le disposizioni di cui a questo articolo, si applicano anche ai giudizi introdotti con ricorso già notificato alla data del 1 gennaio 2023 per i quali non è stata ancora fissata udienza o adunanza in camera di consiglio.

([4]) *Le parole: «o all'adunanza» sono state inserite dall'art. 3, comma 28, lett. b), n. 3), del D.L.vo 10 ottobre 2022, n. 149.*

A norma dell'art. 35, comma 6, del D.L.vo 10 ottobre 2022, n. 149, come modificato dall'art. 1, comma 380, lett. a), della L. 29 dicembre 2022, n. 197, le disposizioni di cui a questo articolo, si applicano anche ai giudizi introdotti con ricorso già notificato alla data del 1 gennaio 2023 per i quali non è stata ancora fissata udienza o adunanza in camera di consiglio.

([5]) *Le parole: «con ordinanza» sono state inserite dall'art. 3, comma 28, lett. b), n. 3), del D.L.vo 10 ottobre 2022, n. 149.*

A norma dell'art. 35, comma 6, del D.L.vo 10 ottobre 2022, n. 149, come modificato dall'art. 1, comma 380, lett. a), della L. 29 dicembre 2022, n. 197, le disposizioni di cui a questo articolo, si applicano anche ai giudizi introdotti con ricorso già notificato alla data del 1 gennaio 2023 per i quali non è stata ancora fissata udienza o adunanza in camera di consiglio.

([6]) *Le parole tra parentesi quadrate sono state soppresse dall'art. 3, comma 28, lett. b), n. 3), del D.L.vo 10 ottobre 2022, n. 149.*

A norma dell'art. 35, comma 6, del D.L.vo 10 ottobre 2022, n. 149, come modificato dall'art. 1, comma 380, lett. a), della L. 29 dicembre 2022, n. 197, le disposizioni di cui a questo articolo, si applicano anche ai giudizi introdotti con ricorso già notificato alla data del 1 gennaio 2023 per i quali non è stata ancora fissata udienza o adunanza in camera di consiglio.

377. ([1]) **Fissazione dell'udienza o dell'adunanza in camera di consiglio e decreto preliminare del presidente** ([2]). – Il primo presidente, su presentazione del ricorso a cura del cancelliere, fissa l'udienza o l'adunanza della camera di consiglio e nomina il relatore per i ricorsi assegnati alle sezioni unite. Per i ricorsi assegnati alle sezioni semplici provvede allo stesso modo il presidente della sezione.

Dell'udienza è data comunicazione (136) dal cancelliere al pubblico ministero e (3) agli avvocati delle parti almeno sessanta (4) giorni prima.

Il primo presidente o il presidente della sezione (5), quando occorre, ordina con decreto l'integrazione del contraddittorio o dispone che sia eseguita la notificazione dell'impugnazione a norma dell'articolo 332, ovvero che essa sia rinnovata (6).

(1) *Articolo così sostituito dall'art. 65 della L. 26 novembre 1990, n. 353, a decorrere dall'1 gennaio 1993.*

(2) *La precedente rubrica:* «Fissazione dell'udienza o dell'adunanza in camera di consiglio» *è stata così sostituita dall'attuale:* «Fissazione dell'udienza o dell'adunanza in camera di consiglio e decreto preliminare del presidente» *dall'art. 1 bis, comma 1, lett. c), n. 1), del D.L. 31 agosto 2016, n. 168, convertito, con modificazioni, nella L. 25 ottobre 2016, n. 197. Tali disposizioni si applicano ai ricorsi depositati successivamente alla data di entrata in vigore della legge di conversione del presente decreto (giorno successivo alla data di pubblicazione della Gazzetta Ufficiale Serie gen. – n. 254 del 29 ottobre 2016) nonché a quelli già depositati alla medesima data per i quali non è stata fissata udienza o adunanza in camera di consiglio.*

(3) *Le parole:* «al pubblico ministero e» *sono state inserite dall'art. 3, comma 28, lett. c), n. 1), del D.L.vo 10 ottobre 2022, n. 149.*

A norma dell'art. 35, comma 6, del D.L.vo 10 ottobre 2022, n. 149, come modificato dall'art. 1, comma 380, lett. a), della L. 29 dicembre 2022, n. 197, le disposizioni di cui a questo articolo, si applicano anche ai giudizi introdotti con ricorso già notificato alla data del 1 gennaio 2023 per i quali non è stata ancora fissata udienza o adunanza in camera di consiglio.

(4) *La parola:* «venti» *è stata così sostituita dalla attuale:* «sessanta» *dall'art. 3, comma 28, lett. c), n. 1), del D.L.vo 10 ottobre 2022, n. 149.*

A norma dell'art. 35, comma 6, del D.L.vo 10 ottobre 2022, n. 149, come modificato dall'art. 1, comma 380, lett. a), della L. 29 dicembre 2022, n. 197, le disposizioni di cui a questo articolo, si applicano anche ai giudizi introdotti con ricorso già notificato alla data del 1 gennaio 2023 per i quali non è stata ancora fissata udienza o adunanza in camera di consiglio.

(5) *Le parole:* «Il primo presidente, il presidente della sezione semplice o il presidente della sezione di cui all'articolo 376, primo comma» *sono state così sostituite dalle attuali:* «Il primo presidente o il presidente della sezione» *dall'art. 3, comma 28, lett. c), n. 2), del D.L.vo 10 ottobre 2022, n. 149.*

A norma dell'art. 35, comma 6, del D.L.vo 10 ottobre 2022, n. 149, come modificato dall'art. 1, comma 380, lett. a), della L. 29 dicembre 2022, n. 197, le disposizioni di cui a questo articolo, si applicano anche ai giudizi introdotti con ricorso già notificato alla data del 1 gennaio 2023 per i quali non è stata ancora fissata udienza o adunanza in camera di consiglio.

(6) *Questo comma è stato aggiunto dall'art. 1 bis, comma 1, lett. c), n. 2), del D.L. 31 agosto 2016, n. 168, convertito, con modificazioni, nella L. 25 ottobre 2016, n. 197. Tali disposizioni si applicano ai ricorsi depositati successivamente alla data di entrata in vigore della legge di conversione del presente decreto (giorno successivo alla data di pubblicazione della Gazzetta Ufficiale Serie gen. – n. 254 del 29 ottobre 2016) nonché a quelli già depositati alla medesima data per i quali non è stata fissata udienza o adunanza in camera di consiglio.*

378. Deposito di memorie [di parte] (1). – Il pubblico ministero può depositare una memoria non oltre venti giorni prima dell'udienza (2).

Le parti possono depositare sintetiche (3) memorie illustrative (4) non oltre dieci (5) giorni prima dell'udienza (370; 140 att.).

(1) *Le parole tra parentesi quadrate sono state soppresse dall'art. 3, comma 28, lett. d), n. 1), del D.L.vo 10 ottobre 2022, n. 149.*

A norma dell'art. 35, comma 6, del D.L.vo 10 ottobre 2022, n. 149, come modificato dall'art. 1, comma 380, lett. a), della L. 29 dicembre 2022, n. 197, le disposizioni di cui a questo articolo, si applicano anche ai giudizi introdotti con ricorso già notificato alla data del 1 gennaio 2023 per i quali non è stata ancora fissata udienza o adunanza in camera di consiglio.

(2) *Questo comma è stato anteposto al primo comma dall'art. 3, comma 28, lett. d), n. 2), del D.L.vo 10 ottobre 2022, n. 149.*

A norma dell'art. 35, comma 6, del D.L.vo 10 ottobre 2022, n. 149, come modificato dall'art. 1, comma 380, lett. a), della L. 29 dicembre 2022, n. 197, le disposizioni di cui a questo articolo, si applicano anche ai giudizi introdotti con ricorso già notificato alla data del 1 gennaio 2023 per i quali non è stata ancora fissata udienza o adunanza in camera di consiglio.

(3) *Le parole:* «presentare le loro» *sono state così sostituite dalle attuali:* «depositare sintetiche» *dall'art. 3, comma 28, lett. d), n. 3), del D.L.vo 10 ottobre 2022, n. 149.*

A norma dell'art. 35, comma 6, del D.L.vo 10 ottobre 2022, n. 149, come modificato dall'art. 1, comma 380, lett. a), della L. 29 dicembre 2022, n. 197, le disposizioni di cui a questo articolo, si applicano anche ai giudizi introdotti con ricorso già notificato alla data del 1 gennaio 2023 per i quali non è stata ancora fissata udienza o adunanza in camera di consiglio.

(4) *Le parole:* «in cancelleria» *sono state così sostituite dalla attuale:* «illustrative» *dall'art. 3, comma 28, lett. d), n. 3), del D.L.vo 10 ottobre 2022, n. 149.*

A norma dell'art. 35, comma 6, del D.L.vo 10 ottobre 2022, n. 149, come modificato dall'art. 1, comma 380, lett. a), della L. 29 dicembre 2022, n. 197, le disposizioni di cui a questo articolo, si applicano anche ai giudizi introdotti con ricorso già notificato alla data del 1 gennaio 2023 per i quali non è stata ancora fissata udienza o adunanza in camera di consiglio.

(5) *La parola:* «cinque» *è stata così sostituita dalla attuale:* «dieci» *dall'art. 3, comma 28, lett. d), n. 3), del D.L.vo 10 ottobre 2022, n. 149.*

A norma dell'art. 35, comma 6, del D.L.vo 10 ottobre 2022, n. 149, come modificato dall'art. 1, comma 380, lett. a), della L. 29 dicembre 2022, n. 197, le disposizio-

ni di cui a questo articolo, si applicano anche ai giudizi introdotti con ricorso già notificato alla data del 1 gennaio 2023 per i quali non è stata ancora fissata udienza o adunanza in camera di consiglio.

379. Discussione. – L'udienza di svolge sempre in presenza ([1]).

All'udienza il relatore espone in sintesi le questioni della causa ([2]).

Dopo la relazione il presidente invita il pubblico ministero a esporre oralmente le sue conclusioni motivate e, quindi, i difensori delle parti a svolgere le loro difese ([3]) ([4]). Il presidente dirige la discussione, indicandone ove necessario i punti e i tempi ([5]).

Non sono ammesse repliche ([6]).

([1]) *Questo comma è stato anteposto al primo comma dall'art. 3, comma 28, lett. e), n. 1), del D.L.vo 10 ottobre 2022, n. 149.*

A norma dell'art. 35, comma 6, del D.L.vo 10 ottobre 2022, n. 149, come modificato dall'art. 1, comma 380, lett. a), della L. 29 dicembre 2022, n. 197, le disposizioni di cui a questo articolo, si applicano anche ai giudizi introdotti con ricorso già notificato alla data del 1 gennaio 2023 per i quali non è stata ancora fissata udienza o adunanza in camera di consiglio.

([2]) *Le parole: «riferisce i fatti rilevanti per la decisione del ricorso, il contenuto del provvedimento impugnato e, in riassunto, se non vi è discussione delle parti, i motivi del ricorso e del controricorso» sono state così sostituite dalle attuali: «espone in sintesi le questioni della causa» dall'art. 3, comma 28, lett. e), n. 2), del D.L.vo 10 ottobre 2022, n. 149.*

A norma dell'art. 35, comma 6, del D.L.vo 10 ottobre 2022, n. 149, come modificato dall'art. 1, comma 380, lett. a), della L. 29 dicembre 2022, n. 197, le disposizioni di cui a questo articolo, si applicano anche ai giudizi introdotti con ricorso già notificato alla data del 1 gennaio 2023 per i quali non è stata ancora fissata udienza o adunanza in camera di consiglio.

([3]) *Gli originari secondo e terzo comma, sono stati così sostituiti dall'attuale secondo comma, dall'art. 1 bis, comma 1, lett. d), n. 1), del D.L. 31 agosto 2016, n. 168, convertito, con modificazioni, nella L. 25 ottobre 2016, n. 197. Tali disposizioni si applicano ai ricorsi depositati successivamente alla data di entrata in vigore della legge di conversione del presente decreto (giorno successivo alla data di pubblicazione della Gazzetta Ufficiale Serie gen. - n. 254 del 29 ottobre 2016) nonché a quelli già depositati alla medesima data per i quali non è stata fissata udienza o adunanza in camera di consiglio.*

Si riporta il testo precedente:

«Dopo la relazione il presidente invita gli avvocati delle parti a svolgere le loro difese.

«Quindi il pubblico ministero espone oralmente le sue conclusioni motivate.».

([4]) *Dispone l'art. 76 dell'ordinamento giudiziario R.D. 30 gennaio 1941, n. 12, come sostituito dall'art. 5 della L. 8 agosto 1977, n. 532:*

«76. (Attribuzioni del pubblico ministero presso la Corte di cassazione). *Il pubblico ministero presso la Corte di cassazione interviene e conclude in tutte le udienze civili e penali e redige requisitorie scritte nei casi stabiliti dalla legge».*

([5]) *Questo periodo è stato aggiunto dall'art. 3, comma 28, lett. e), n. 3), del D.L.vo 10 ottobre 2022, n. 149.*

A norma dell'art. 35, comma 6, del D.L.vo 10 ottobre 2022, n. 149, come modificato dall'art. 1, comma 380, lett. a), della L. 29 dicembre 2022, n. 197, le disposizioni di cui a questo articolo, si applicano anche ai giudizi introdotti con ricorso già notificato alla data del 1 gennaio 2023 per i quali non è stata ancora fissata udienza o adunanza in camera di consiglio.

([6]) *Questo comma è stato così sostituito dall'art. 1 bis, comma 1, lett. d), n. 2), del D.L. 31 agosto 2016, n. 168, convertito, con modificazioni, nella L. 25 ottobre 2016, n. 197. Tali disposizioni si applicano ai ricorsi depositati successivamente alla data di entrata in vigore della legge di conversione del presente decreto (giorno successivo alla data di pubblicazione della Gazzetta Ufficiale Serie gen. - n. 254 del 29 ottobre 2016) nonché a quelli già depositati alla medesima data per i quali non è stata fissata udienza o adunanza in camera di consiglio.*

Si riporta il testo precedente:

«Non sono ammesse repliche, ma gli avvocati delle parti possono nella stessa udienza presentare alla Corte brevi osservazioni per iscritto sulle conclusioni del pubblico ministero.».

380. Deliberazione della sentenza. – La Corte, dopo la discussione della causa, delibera, nella stessa seduta, la sentenza in camera di consiglio.

Si applica alla deliberazione della Corte la disposizione dell'art. 276 (141 att.).

La sentenza è depositata nei novanta giorni successivi ([1]).

([1]) *Questo comma è stato aggiunto dall'art. 3, comma 28, lett. f), del D.L.vo 10 ottobre 2022, n. 149.*

A norma dell'art. 35, comma 6, del D.L.vo 10 ottobre 2022, n. 149, come modificato dall'art. 1, comma 380, lett. a), della L. 29 dicembre 2022, n. 197, le disposizioni di cui a questo articolo, si applicano anche ai giudizi introdotti con ricorso già notificato alla data del 1 gennaio 2023 per i quali non è stata ancora fissata udienza o adunanza in camera di consiglio.

380 *bis*. ([1]) Procedimento per la decisione accelerata dei ricorsi inammissibili, improcedibili o manifestamente infondati. – Se non è stata ancora fissata la data della decisione, il presidente della sezione o un consigliere da questo delegato può formulare una sintetica proposta di definizione del giudizio, quando ravvisa la inammissibilità, improcedibilità o manifesta infondatezza del ricorso principale e di quello incidentale eventualmente proposto. La proposta è comunicata ai difensori delle parti.

Entro quaranta giorni dalla comunicazione la parte ricorrente, con istanza sottoscritta dal difensore munito di una nuova procura speciale, può chiedere la decisione. In mancanza, il ricorso si intende rinunciato e la Corte provvede ai sensi dell'articolo 391.

Se entro il termine indicato al secondo comma la parte chiede la decisione, la Corte procede ai sensi dell'articolo 380 *bis*.1, e quando definisce il giudizio in conformità alla proposta applica il terzo e il quarto comma dell'articolo 96.

(1) *Questo articolo, inserito dall'art. 10 del D.L.vo 2 febbraio 2006, n. 40, è stato, da ultimo, così sostituito dall'art. 3, comma 28, lett. g), del D.L.vo 10 ottobre 2022, n. 149.*

A norma dell'art. 35, comma 6, del D.L.vo 10 ottobre 2022, n. 149, come modificato dall'art. 1, comma 380, lett. a), della L. 29 dicembre 2022, n. 197, le disposizioni di cui a questo articolo, si applicano anche ai giudizi introdotti con ricorso già notificato alla data del 1 gennaio 2023 per i quali non è stata ancora fissata udienza o adunanza in camera di consiglio.

Si riporta il testo precedente:

«*Art. 380* bis (*) (Procedimento per la decisione in camera di consiglio sull'inammissibilità o sulla manifesta fondatezza o infondatezza del ricorso)

Nei casi previsti dall'articolo 375, primo comma, numeri 1) e 5), su proposta del relatore della sezione indicata nell'articolo 376, primo comma, il presidente fissa con decreto l'adunanza della Corte indicando se è stata ravvisata un'ipotesi di inammissibilità, di manifesta infondatezza o di manifesta fondatezza del ricorso.

Almeno venti giorni prima della data stabilita per l'adunanza, il decreto è notificato agli avvocati delle parti, i quali hanno facoltà di presentare memorie non oltre cinque giorni prima.

Se ritiene che non ricorrano le ipotesi previste dall'articolo 375, primo comma, numeri 1) e 5), la Corte in camera di consiglio rimette la causa alla pubblica udienza della sezione semplice.».

(*) *Questo articolo, inserito dall'art. 10 del D.L.vo 2 febbraio 2006, n. 40, è poi sostituito, dall'art. 1 bis, comma 1, lett. e), del D.L. 31 agosto 2016, n. 168, convertito, con modificazioni, nella L. 25 ottobre 2016, n. 197.*

NOTE OPERATIVE:

Cassa delle ammende: Nel caso in cui il ricorrente abbia formulato istanza di decisione e la Corte abbia definito il giudizio in conformità alla proposta, l'omessa costituzione dell'intimato, se da un lato preclude la statuizione ex art. 96, comma 3, c.p.c. (non ricorrendo una situazione che consenta una pronuncia sulle spese), dall'altro ne impone la condanna al pagamento, in favore della cassa delle ammende, della somma di cui all'art. 96, comma 4, c.p.c., alla stregua dell'autonoma valenza precettiva del richiamo a tale ultima disposizione che si giustifica in funzione della ratio di disincentivare la richiesta di definizione ordinaria a fronte di una proposta di definizione accelerata (esigenza che sussiste anche nel caso di mancata costituzione dell'intimato) (C.C. 27947/23).

Presupposti: La condanna del ricorrente al pagamento della somma in favore della cassa delle ammende deve essere pronunciata anche qualora nessuno dei soggetti intimati abbia svolto attività difensiva, avendo essa una funzione deterrente e, allo stesso tempo, sanzionatoria rispetto al compimento di atti processuali meramente defatigatori (S.U. 27195/23).

Abuso del diritto: La noma codifica un'ipotesi normativa di abuso del processo, poiché non attenersi ad una valutazione del proponente poi confermata nella decisione definitiva lascia presumere una responsabilità aggravata del ricorrente (S.U. 27433/23).

380 *bis*.1. (1) **Procedimento per la decisione in camera di consiglio.** – Della fissazione del ricorso in camera di consiglio dinanzi alle sezioni unite o alla sezione semplice è data comunicazione agli avvocati delle parti e al pubblico ministero almeno sessanta giorni prima dell'adunanza. Il pubblico ministero può depositare le sue conclusioni scritte non oltre venti giorni prima dell'adunanza in camera di consiglio. Le parti possono depositare le loro sintetiche memorie illustrative non oltre dieci giorni prima dell'adunanza. La Corte giudica senza l'intervento del pubblico ministero e delle parti.

L'ordinanza, sinteticamente motivata, è depositata al termine della camera di consiglio, ma il collegio può riservarsi il deposito nei successivi sessanta giorni.

(1) *Questo articolo, inserito dall'art. 1 bis, comma 1, lett. f), del D.L. 31 agosto 2016, n. 168, convertito, con modificazioni, nella L. 25 ottobre 2016, n. 197, è stato così sostituito dall'art. 3, comma 28, lett. h), del D.L.vo 10 ottobre 2022, n. 149.*

A norma dell'art. 35, comma 6, del D.L.vo 10 ottobre 2022, n. 149, come modificato dall'art. 1, comma 380, lett. a), della L. 29 dicembre 2022, n. 197, le disposizioni di cui a questo articolo, si applicano anche ai giudizi introdotti con ricorso già notificato alla data del 1 gennaio 2023 per i quali non è stata ancora fissata udienza o adunanza in camera di consiglio.

Si riporta il testo precedente:

«*Art. 380* bis.1 (Procedimento per la decisione in camera di consiglio dinanzi alla sezione semplice)

Della fissazione del ricorso in camera di consiglio dinanzi alla sezione semplice ai sensi dell'articolo 375, secondo comma, è data comunicazione agli avvocati delle parti e al pubblico ministero almeno quaranta giorni prima. Il pubblico ministero può depositare in cancelleria le sue conclusioni scritte non oltre venti giorni prima dell'adunanza in camera di consiglio. Le parti possono depositare le loro memorie non oltre dieci giorni prima dell'adunanza in camera di consiglio. In camera di consiglio la Corte giudica senza l'intervento del pubblico ministero e delle parti.».

380 *ter*. (1) **Procedimento per la decisione sulle istanze di regolamento di giurisdizione e di competenza.** – Nei casi previsti dall'articolo 375, secondo comma, numero 4, si applica l'articolo 380 *bis*.1; il pubblico ministero deposita le sue conclusioni scritte nel termine ivi stabilito (2).

[Le conclusioni e il decreto del presidente che fissa l'adunanza sono notificati, almeno venti giorni prima, agli avvocati delle parti, che hanno facoltà di presentare memorie non oltre cinque giorni prima della medesima adunanza] (3).

[In camera di consiglio la Corte giudica senza l'intervento del pubblico ministero e delle parti] (3).

(1) *Questo articolo, inserito dall'art. 11 del D.L.vo 2 febbraio 2006, n. 40, è stato così sostituito dall'art. 1* bis, *comma 1, lett. g), del D.L. 31 agosto 2016, n. 168, convertito, con modificazioni, nella L. 25 ottobre 2016, n. 197. Tali disposizioni si applicano ai ricorsi depositati successivamente alla data di entrata in vigore della legge di conversione del presente decreto (giorno successivo alla data di pubblicazione della* Gazzetta Ufficiale *Serie gen. - n. 254 del 29 ottobre 2016) nonché a quelli già depositati alla medesima data per i quali non è stata fissata udienza o adunanza in camera di consiglio.*

Si riporta il testo precedente:

«380 ter. (Procedimento per la decisione sulle istanze di regolamento di giurisdizione e di competenza). - *Nei casi previsti dall'articolo 375, primo comma, numero 4), il presidente, se non provvede ai sensi dell'articolo 380* bis, *primo comma, richiede al pubblico ministero le sue conclusioni scritte.*

Le conclusioni ed il decreto del presidente che fissa l'adunanza sono notificati, almeno venti giorni prima, agli avvocati delle parti, che hanno facoltà di presentare memorie non oltre cinque giorni prima e di chiedere di essere sentiti, se compaiono, limitatamente al regolamento di giurisdizione.

Non si applica la disposizione del quinto comma dell'articolo 380 bis*».*

(2) *Questo comma è stato così sostituito dall'art. 3, comma 28, lett. i), n. 1), del D.L.vo 10 ottobre 2022, n. 149.*

A norma dell'art. 35, comma 6, del D.L.vo 10 ottobre 2022, n. 149, come modificato dall'art. 1, comma 380, lett. a), della L. 29 dicembre 2022, n. 197, le disposizioni di cui a questo articolo, si applicano anche ai giudizi introdotti con ricorso già notificato alla data del 1 gennaio 2023 per i quali non è stata ancora fissata udienza o adunanza in camera di consiglio.

Si riporta il testo precedente:

«Nei casi previsti dall'articolo 375, primo comma, numero 4), il presidente richiede al pubblico ministero le sue conclusioni scritte.».

(3) *Questo comma è stato abrogato dall'art. 3, comma 28, lett. i), n. 2), del D.L.vo 10 ottobre 2022, n. 149.*

A norma dell'art. 35, comma 6, del D.L.vo 10 ottobre 2022, n. 149, come modificato dall'art. 1, comma 380, lett. a), della L. 29 dicembre 2022, n. 197, le disposizioni di cui a questo articolo, si applicano anche ai giudizi introdotti con ricorso già notificato alla data del 1 gennaio 2023 per i quali non è stata ancora fissata udienza o adunanza in camera di consiglio.

381. [Provvedimento sul deposito. - (*Omissis*)] (1).

(1) *Articolo abrogato dall'art. 1 della L. 18 ottobre 1977, n. 793.*

382. Decisione delle questioni di giurisdizione e di competenza. - La Corte, quando decide una questione di giurisdizione (37, 41, 360 n. 1, 362, 368), statuisce su questa, determinando, quando occorre, il giudice competente (367², 386).

Quando cassa per violazione delle norme sulla competenza (7 ss.), statuisce su questa.

Se riconosce che il giudice del quale si impugna il provvedimento e ogni altro giudice difettano di giurisdizione (1 ss.), cassa senza rinvio. Egualmente provvede in ogni altro caso in cui ritiene che la causa non poteva essere proposta o il processo proseguito (385, 389).

383. Cassazione con rinvio. - La Corte, quando accoglie il ricorso per motivi diversi da quelli richiamati nell'articolo precedente, rinvia la causa ad altro giudice di grado pari a quello che ha pronunciato la sentenza cassata (392 ss.).

Nel caso previsto nell'art. 360 secondo comma, la causa può essere rinviata al giudice che avrebbe dovuto pronunciare sull'appello al quale le parti hanno rinunciato.

La Corte, se riscontra una nullità del giudizio di primo grado per la quale il giudice d'appello avrebbe dovuto rimettere le parti al primo giudice (353, 354), rinvia (392 ss.) la causa a quest'ultimo.

[Nelle ipotesi di cui all'articolo 348 *ter*, commi terzo e quarto, la Corte, se accoglie il ricorso per motivi diversi da quelli indicati dall'articolo 382, rinvia la causa al giudice che avrebbe dovuto pronunciare sull'appello e si applicano le disposizioni del libro secondo, titolo terzo, capo terzo, sezione terza] (1).

(1) *Questo comma, aggiunto dall'art. 54, comma 1, lett. c), del D.L. 22 giugno 2012, n. 83, convertito, con modificazioni, nella L. 7 agosto 2012, n. 134, è stato abrogato dall'art. 3, comma 28, lett. l), del D.L.vo 10 ottobre 2022, n. 149, a decorrere dal 1° gennaio 2023.*

A norma dell'art. 35, comma 5, del medesimo decreto, come modificato dall'art. 1, comma 380, lett. a), della L. 29 dicembre 2022, n. 197, tali disposizioni si applicano ai giudizi introdotti con ricorso notificato a decorrere da tale data.

NOTE OPERATIVE:

Rinvio proprio: La sentenza che dispone il rinvio c.d. proprio o prosecutorio esaurisce l'individuazione del giudice del rinvio con l'indicazione dell'ufficio giudiziario, unitariamente inteso, di pari grado rispetto a quello che ha pronunciato la sentenza cassata, senza che rilevi anche l'articolazione organizzativa interna in sezioni dell'ufficio giudiziario indicato (C.C. 5938/21).

384. (1) **Enunciazione del principio di diritto e decisione della causa nel merito.** - La Corte enuncia il principio di diritto quando decide il ricorso proposto a norma dell'articolo 360, primo comma, n. 3), e in ogni altro caso in cui, decidendo su altri motivi del ricorso, risolve una questione di diritto di particolare importanza.

La Corte, quando accoglie il ricorso, cassa la sentenza rinviando la causa ad altro giudice, il quale deve uniformarsi al principio di diritto e comunque a quanto statuito dalla Corte, ovvero decide la causa nel merito qualora non siano necessari ulteriori accertamenti di fatto.

Se ritiene di porre a fondamento della sua decisione una questione rilevata d'ufficio, la Corte riserva la decisione, assegnando con ordinanza al pubblico ministero e alle parti un termine non inferiore a venti e non superiore a sessanta giorni dalla comunicazione per il deposito in cancelleria di osservazioni sulla medesima questione.

Non sono soggette a cassazione le sentenze erroneamente motivate in diritto, quando il dispositivo sia conforme al diritto; in tal caso la Corte si limita a correggere la motivazione.

(1) *Questo articolo è stato così sostituito dall'art. 12 del D.L.vo 2 febbraio 2006, n. 40.*

A norma dell'art. 27, comma 2, del citato decreto legislativo, tale disposizione si applica ai ricorsi per cassazione proposti avverso le sentenze e gli altri provvedimenti pubblicati a decorrere dalla data di entrata in vigore del medesimo decreto.

Si riporta l'articolo precedente:

«384. (Enunciazione del principio di diritto e decisione della causa nel merito). *La Corte, quando accoglie il ricorso per violazione o falsa applicazione di norme di diritto, enuncia il principio di diritto al quale il giudice di rinvio deve uniformarsi ovvero decide la causa nel merito qualora non siano necessari ulteriori accertamenti di fatto.*

«Non sono soggette a cassazione le sentenze erroneamente motivate in diritto quando il dispositivo sia conforme al diritto; in tal caso la Corte si limita a correggere la motivazione.».

NOTE OPERATIVE:

Principio di diritto: L'enunciazione del principio di diritto vincola il giudice di rinvio che ad esso deve uniformarsi, con conseguente preclusione della possibilità di rimettere in discussione questioni, di fatto o di diritto, che siano il presupposto di quella decisione, e di tenere conto di eventuali mutamenti giurisprudenziali della stessa corte, anche a Sezioni Unite, non essendo consentito in sede di rinvio sindacare l'esattezza del principio affermato dal giudice di legittimità (C.C. 12441/20 – Conf. C.C. 9804/20).

Rinvio: L'efficacia preclusiva della sentenza di cassazione con rinvio riguarda non solo le questioni oggetto di esame nel giudizio di legittimità, ma anche quelle che costituiscono il necessario presupposto della sentenza (C.C. 29733/22).

Ius superveniens: L'obbligo del giudice di rinvio di uniformarsi alla regula iuris enunciata dalla corte di cassazione viene meno quando la norma da applicare in aderenza a tale principio sia stata successivamente abrogata, modificata o sostituita per effetto di ius superveniens, ovvero dichiarata costituzionalmente illegittima successivamente alla pronuncia rescindente, dovendo, in questo caso, farsi applicazione, rispetto ai fatti già accertati nelle precedenti fasi del processo, del diritto sopravvenuto, che travalica il principio di diritto enunciato dalla sentenza di rinvio (C.C. 26193/16); rientrano nell'ambito dello ius superveniens, che travalica il principio di diritto enunciato nella sentenza di annullamento, anche i mutamenti normativi prodotti dalle sentenze della Corte di giustizia UE, che hanno efficacia immediata nell'ordinamento nazionale (C.C. 25414/22).

385. Provvedimenti sulle spese. – La Corte, se rigetta il ricorso, condanna il ricorrente alle spese (91, 391[2]).

Se cassa senza rinvio (382[2]) o per violazione delle norme sulla competenza (382[2]), provvede sulle spese di tutti i precedenti giudizi, liquidandole essa stessa o rimettendone la liquidazione al giudice che ha pronunciato la sentenza cassata.

Se rinvia (392 ss.) la causa ad altro giudice, può provvedere sulle spese del giudizio di cassazione o rimetterne la pronuncia al giudice di rinvio (383).

[Quando pronuncia sulle spese, anche nelle ipotesi di cui all'articolo 375, la Corte, anche d'ufficio, condanna, altresì, la parte soccombente al pagamento, a favore della controparte, di una somma, equitativamente determinata, non superiore al doppio dei massimi tariffari, se ritiene che essa ha proposto il ricorso o vi ha resistito anche solo con colpa grave] (1).

(1) *Questo comma, aggiunto dall'art. 13 del D.L.vo 2 febbraio 2006, n. 40, è stato abrogato dall'art. 46, comma 20, della L. 18 giugno 2009, n. 69, a decorrere dal 4 luglio 2009. Ai sensi dell'art. 58, comma 1, della predetta legge, tale disposizione si applica ai giudizi instaurati dopo la data della sua entrata in vigore.*

NOTE OPERATIVE:

Valutazione: Il giudice del rinvio, cui la causa sia stata rimessa anche per provvedere sulle spese del giudizio di legittimità, si deve attenere al principio della soccombenza applicato all'esito globale del processo, piuttosto che ai diversi gradi del giudizio ed al loro risultato, sicché non deve liquidare le spese con riferimento a ciascuna fase del giudizio, ma, in relazione all'esito finale della lite, può legittimamente pervenire ad un provvedimento di compensazione delle spese, totale o parziale, ovvero, addirittura, condannare la parte vittoriosa nel giudizio di cassazione – e, tuttavia, complessivamente soccombente – al rimborso delle stesse in favore della controparte (S.U. 32906/22).

386. Effetti della decisione sulla giurisdizione. – La decisione sulla giurisdizione

(374[1], 382) è determinata dall'oggetto della domanda (5) e, quando prosegue il giudizio, non pregiudica le questioni sulla pertinenza del diritto e sulla proponibilità della domanda (336).

NOTE OPERATIVE:

Criterio: Il criterio in base a quale devono essere regolati i rapporti tra le diverse giurisdizioni è quello del petitum sostanziale, cioè dello specifico oggetto e della reale natura della controversia, da identificarsi non soltanto in funzione della causa petendi – sostituita dal contenuto della posizione soggettiva dedotta in giudizio e individuabile in relazione alla sostanziale protezione accordata, in astratto, dall'ordinamento alla posizione medesima – senza che a tale fine possa assumere rilievo la prospettazione della parte (S.U. 20852/22).

387. Non riproponibilità del ricorso dichiarato inammissibile o improcedibile. – Il ricorso dichiarato inammissibile (365, 366, 371, 375) o improcedibile (369, 375) non può essere riproposto, anche se non è scaduto il termine (325[2], 327, 370) fissato dalla legge.

NOTE OPERATIVE:

Ambito di applicazione: La norma preclude la riproposizione del ricorso per cassazione nel caso in cui il primo ricorso risulti affetto da vizi che ne comportino l'inammissibilità o l'improcedibiltà, e sempre che questa sia stata già dichiarata (C.C. 21702/08).

388. (1) **Trasmissione di copia del dispositivo al giudice di merito.** – Copia della sentenza è trasmessa dal cancelliere della Corte a quello del giudice che ha pronunciato la sentenza impugnata, affinché ne sia presa nota in margine all'originale di quest'ultima. La trasmissione può avvenire anche in via telematica.

(1) *Questo articolo è stato così sostituito dall'art. 14 del D.L.vo 2 febbraio 2006, n. 40.*

A norma dell'art. 27, comma 2, del citato decreto legislativo, tale disposizione si applica ai ricorsi per cassazione proposti avverso le sentenze e gli altri provvedimenti pubblicati a decorrere dalla data di entrata in vigore del medesimo decreto.

Si riporta l'articolo precedente:

«388. (Trasmissione di copia del dispositivo al giudice di merito). *Copia del dispositivo della sentenza è trasmessa dal cancelliere della Corte a quello del giudice che ha pronunciato la sentenza impugnata, affinché ne sia presa nota in margine all'originale di quest'ultima.*».

389. Domande conseguenti alla cassazione. – Le domande di restituzione o di riduzione in pristino e ogni altra conseguente alla sentenza di cassazione (336) si propongono al giudice di rinvio (383, 392 ss.) e, in caso di cassazione senza rinvio (382), al giudice che ha pronunciato la sentenza cassata (144 att.).

NOTE OPERATIVE:

Restituzioni: Il giudizio di rinvio e quello per le restituzioni sono autonomi e possono essere instaurati separatamente, fermo restando che, ove il giudice del rinvio si sia pronunciato nel senso della conferma della sentenza cassata, prima che giunga a decisione la causa sulle restituzioni, il giudice di quest'ultima può omettere la pronuncia di accoglimento della domanda restitutoria o risarcitoria, essendo stato nuovamente posto in essere il titolo giustificativo del corrispondente spostamento patrimoniale (C.C. 27409/23).

390. Rinuncia. – La parte può rinunciare al ricorso principale (360) o incidentale (371) finché non sia cominciata la relazione all'udienza (379), o sino alla data dell'adunanza camerale [, o finché non siano notificate le conclusioni scritte del pubblico ministero nei casi di cui all'articolo 380 *ter*] (1) (2).

La rinuncia deve farsi con atto sottoscritto dalla parte e dal suo avvocato (365) o anche da questo solo se è munito di mandato speciale a tale effetto (84[2]).

Del deposito dell'atto di rinuncia è data comunicazione alle parti costituite a cura della cancelleria (3).

(1) *Le parole tra parentesi quadrate sono state soppresse dall'art. 3, comma 28, lett.* m), *n. 1), del D.L.vo 10 ottobre 2022, n. 149.*

A norma dell'art. 35, comma 6, del D.L.vo 10 ottobre 2022, n. 149, come modificato dall'art. 1, comma 380, lett. a), *della L. 29 dicembre 2022, n. 197, le disposizioni di cui a questo articolo, si applicano anche ai giudizi introdotti con ricorso già notificato alla data del 1 gennaio 2023 per i quali non è stata ancora fissata udienza o adunanza in camera di consiglio.*

(2) *Le originarie parole: «o sia notificata la richiesta del pubblico ministero di cui all'articolo 375» sono state sostituite dalle parole «o siano notificate le conclusioni scritte del pubblico ministero nei casi di cui all'articolo 380* ter*» dall'art. 75, comma 1, lett.* c), *del D.L. 21 giugno 2013, n. 69, convertito, con modificazioni, nella L. 9 agosto 2013, n. 98. Successivamente tali parole sono state così ulteriormente sostituite dalle attuali: «o sino alla data dell'adunanza camerale, o finché non siano notificate le conclusioni scritte del pubblico ministero nei casi di cui all'articolo 380* ter*» dall'art. 1 bis, comma 1, lett.* h), *del D.L. 31 agosto 2016, n. 168, convertito, con modificazioni, nella L. 25 ottobre 2016, n. 197. Tali disposizioni si applicano ai ricorsi depositati successivamente alla data di entrata in vigore della legge di conversione del presente decreto (giorno successivo alla data di pubblicazione della Gazzetta Ufficiale Serie gen. – n. 254 del 29 ottobre 2016) nonché a quelli già depositati alla medesima data per i quali non è stata fissata udienza o adunanza in camera di consiglio.*

(3) *Questo comma è stato così sostituito dall'art. 3, comma 28, lett.* m), *n. 2), del D.L.vo 10 ottobre 2022, n. 149.*

A norma dell'art. 35, comma 6, del D.L.vo 10 ottobre 2022, n. 149, come modificato dall'art. 1, comma 380, lett. a), della L. 29 dicembre 2022, n. 197, le disposizioni di cui a questo articololo, si applicano anche ai giudizi introdotti con ricorso già notificato alla data del 1 gennaio 2023 per i quali non è stata ancora fissata udienza o adunanza in camera di consiglio.

Si riporta il testo precedente:

«L'atto di rinuncia è notificato alle parti costituite o comunicato agli avvocati delle stesse, che vi appongono il visto.».

NOTE OPERATIVE:

Effetti: Se la parte che ha proposto ricorso per cassazione vi rinunci, nel rispetto dei termini e delle modalità previste dal codice, alla manifestazione di tale volontà abdicativa segue la declaratoria di estinzione, anche se sussista una causa di inammissibilità dell'impugnazione, sulla base del rilievo assorbente che qualunque valutazione sul ricorso presuppone che esso sia in atto e che ciò è escluso dalla sua rinunzia senza necessità di statuizione sulle spese in assenza di un controricorso (C.C. 32043/22).

391. Pronuncia sulla rinuncia. – Sulla rinuncia e nei casi di estinzione del processo disposta per legge la Corte provvede con ordinanza in camera di consiglio, salvo che debba decidere altri ricorsi contro lo stesso provvedimento fissati per la pubblica udienza. Provvede il presidente, con decreto, se non è stata ancora fissata la data della decisione (1) (2).

Il decreto, l'ordinanza (3) o la sentenza che dichiara l'estinzione può condannare la parte che vi ha dato causa alle spese (1).

Il decreto ha efficacia di titolo esecutivo se nessuna delle parti chiede la fissazione dell'udienza nel termine di dieci giorni dalla comunicazione (1).

La condanna non è pronunciata, se alla rinuncia hanno aderito le altre parti personalmente o i loro avvocati autorizzati con mandato speciale (84[2]).

(1) *I primi tre commi di questo articolo sono stati così sostituiti dagli attuali primi tre commi dell'art. 15 del D.L.vo 2 febbraio 2006, n. 40.*

A norma dell'art. 27, comma 2, del citato decreto legislativo, tale disposizione si applica ai ricorsi per cassazione proposti avverso le sentenze e gli altri provvedimenti pubblicati a decorrere dalla data di entrata in vigore del medesimo decreto.

Si riporta il testo dei primi tre commi precedenti: «Sulla rinuncia la Corte provvede con sentenza quando deve decidere altri ricorsi contro lo stesso provvedimento, altrimenti provvede con ordinanza.

«L'ordinanza o la sentenza, che provvede sulla rinuncia, condanna il rinunciante alle spese.

«L'ordinanza ha efficacia di titolo esecutivo».

(2) *Questo comma è stato da ultimo così sostituito dall'art. 1 bis, comma 1, lett. i) n. 1), del D.L. 31 agosto 2016, n. 168, convertito, con modificazioni, nella L. 25 ottobre 2016, n. 197. Tali disposizioni si applicano ai ricorsi depositati successivamente alla data di entrata in vigore della legge di conversione del presente decreto (giorno successivo alla data di pubblicazione della Gazzetta Ufficiale Serie gen. – n. 254 del 29 ottobre 2016) nonché a quelli già depositati alla medesima data per i quali non è stata fissata udienza o adunanza in camera di consiglio.*

Si riporta il testo precedente:

«Sulla rinuncia e nei casi di estinzione del processo disposta per legge, la Corte provvede con sentenza quando deve decidere altri ricorsi contro lo stesso provvedimento, altrimenti provvede il presidente con decreto.»

(3) *Le parole: «, l'ordinanza» sono state inserite dall'art. 1 bis, comma 1, lett. i) n. 2), del D.L. 31 agosto 2016, n. 168, convertito, con modificazioni, nella L. 25 ottobre 2016, n. 197. Tali disposizioni si applicano ai ricorsi depositati successivamente alla data di entrata in vigore della legge di conversione del presente decreto (giorno successivo alla data di pubblicazione della Gazzetta Ufficiale Serie gen. – n. 254 del 29 ottobre 2016) nonché a quelli già depositati alla medesima data per i quali non è stata fissata udienza o adunanza in camera di consiglio.*

391 *bis*. (1) (2) Correzione degli errori materiali e revocazione delle sentenze della Corte di cassazione. – Se la sentenza, l'ordinanza o il decreto di cui all'articolo 380 *bis* pronunciati dalla Corte di cassazione sono affetti da errore materiale (3) o di calcolo ai sensi dell'articolo 287, ovvero da errore di fatto ai sensi dell'articolo 395, numero 4), la parte interessata può chiederne la correzione o la revocazione con ricorso ai sensi degli articoli 365 e seguenti. La correzione può essere chiesta, e può essere rilevata d'ufficio dalla Corte, in qualsiasi tempo. La revocazione può essere chiesta entro il termine perentorio di sessanta giorni dalla notificazione ovvero di sei mesi dalla pubblicazione del provvedimento (4).

[Sulla correzione la Corte pronuncia nell'osservanza delle disposizioni di cui all'articolo 380 *bis*, primo e secondo comma] (5).

[Sul ricorso per correzione dell'errore materiale pronuncia con ordinanza. Sul ricorso per revocazione pronuncia con ordinanza se lo dichiara inammissibile, altrimenti rinvia alla pubblica udienza] (6).

[Sul ricorso per revocazione, anche per le ipotesi regolate dall'articolo 391 *ter*, la Corte pronuncia nell'osservanza delle disposizioni di cui all'articolo 380 *bis*, primo e secondo comma, se ritiene l'inammissibilità, altrimenti rinvia alla pubblica udienza della sezione semplice] (7).

In caso di impugnazione per revocazione della sentenza della Corte di cassazione non è ammessa la sospensione (373) dell'esecuzione della sentenza passata in giudicato, né è sospeso il giudizio di rinvio o il termine per riassumerlo.

(1) *Articolo aggiunto dall'art. 67 della L. 26 novembre 1990, n. 353, a decorrere dall'1 gennaio 1993.*

(2) *La Corte costituzionale, con sentenza n. 119 del 18 aprile 1996, ha dichiarato l'illegittimità costituzionale di questo articolo, nella parte in cui prevede un termine per la proposizione dell'istanza di correzione degli errori materiali delle sentenze della Corte di cassazione.*

(3) *Le parole: «Se la sentenza o l'ordinanza pronunciata dalla Corte di cassazione è affetta da errore materiale» sono state così sostituite dalle attuali: «Se la sentenza, l'ordinanza o il decreto di cui all'articolo 380 bis pronunciati dalla Corte di cassazione sono affetti da errore materiale» dall'art. 3, comma 28, lett. n), n. 1), del D.L.vo 10 ottobre 2022, n. 149, a decorrere dal 1 giugno 2023.*

A norma dell'art. 35, comma 6, del D.L.vo 10 ottobre 2022, n. 149, come modificato dall'art. 1, comma 380, lett. a), della L. 29 dicembre 2022, n. 197, le disposizioni di cui a questo articolo, si applicano anche ai giudizi introdotti con ricorso già notificato alla data del 1 gennaio 2023 per i quali non è stata ancora fissata udienza o adunanza in camera di consiglio.

(4) *Questo comma è stato così sostituito dall'art. 1 bis, comma 1, lett. l) n. 1), del D.L. 31 agosto 2016, n. 168, convertito, con modificazioni, nella L. 25 ottobre 2016, n. 197. Tali disposizioni si applicano ai ricorsi depositati successivamente alla data di entrata in vigore della legge di conversione del presente decreto (giorno successivo alla data di pubblicazione della Gazzetta Ufficiale Serie gen. - n. 254 del 29 ottobre 2016) nonché a quelli già depositati alla medesima data per i quali non è stata fissata udienza o adunanza in camera di consiglio.*

Si riporta il testo precedente:

«Se la sentenza o l'ordinanza pronunciata ai sensi dell'articolo 375, primo comma, numeri 4) e 5), pronunciata dalla Corte di cassazione è affetta da errore materiale o di calcolo ai sensi dell'art. 287 ovvero da errore di fatto ai sensi dell'art. 395, n. 4, la parte interessata può chiederne la correzione o la revocazione con ricorso ai sensi degli artt. 365 ss. da notificare entro il termine perentorio di sessanta giorni dalla notificazione della sentenza, ovvero di un anno dalla pubblicazione della sentenza stessa.»

(5) *Questo comma, da ultimo, sostituito dall'art. 1 bis, comma 1, lett. l) n. 2), del D.L. 31 agosto 2016, n. 168, convertito, con modificazioni, nella L. 25 ottobre 2016, n. 197, è stato abrogato dall'art. 3, comma 28, lett. n), n. 2), del D.L.vo 10 ottobre 2022, n. 149.*

A norma dell'art. 35, comma 6, del D.L.vo 10 ottobre 2022, n. 149, come modificato dall'art. 1, comma 380, lett. a), della L. 29 dicembre 2022, n. 197, le disposizioni di cui a questo articolo, si applicano anche ai giudizi introdotti con ricorso già notificato alla data del 1 gennaio 2023 per i quali non è stata ancora fissata udienza o adunanza in camera di consiglio.

(6) *Questo comma, inserito dall'art. 16, comma 1, lett. c), del D.L.vo 2 febbraio 2006, n. 40, è stato abrogato dall'art. 3, comma 28, lett. n), n. 2), del D.L.vo 10 ottobre 2022, n. 149.*

A norma dell'art. 35, comma 6, del D.L.vo 10 ottobre 2022, n. 149, come modificato dall'art. 1, comma 380, lett. a), della L. 29 dicembre 2022, n. 197, le disposizioni di cui a questo articolo, si applicano anche ai giudizi introdotti con ricorso già notificato alla data del 1 gennaio 2023 per i quali non è stata ancora fissata udienza o adunanza in camera di consiglio.

(7) *Questo comma, così sostituito dall'art. 1 bis, comma 1, lett. l) n. 3), del D.L. 31 agosto 2016, n. 168, convertito, con modificazioni, nella L. 25 ottobre 2016, n. 197, è stato abrogato dall'art. 3, comma 28, lett. n), n. 2), del D.L.vo 10 ottobre 2022, n. 149.*

A norma dell'art. 35, comma 6, del D.L.vo 10 ottobre 2022, n. 149, come modificato dall'art. 1, comma 380, lett. a), della L. 29 dicembre 2022, n. 197, le disposizioni di cui a questo articolo, si applicano anche ai giudizi introdotti con ricorso già notificato alla data del 1 gennaio 2023 per i quali non è stata ancora fissata udienza o adunanza in camera di consiglio.

NOTE OPERATIVE:

Ambito di pubblicazione: L'errore materiale, che colpisce la manifestazione della volontà espressa dal comando giudiziale, va distinto dall'errore revocatorio, che incide sulla formazione del giudizio di fatto contenuto nella decisione (S.U. 12210/22).

391 *ter*. (1) Altri casi di revocazione ed opposizione di terzo. – Il provvedimento con il quale la Corte ha deciso la causa nel merito è, altresì, impugnabile per revocazione per i motivi di cui ai numeri 1), 2), 3) e 6) del primo comma dell'articolo 395 e per opposizione di terzo. I relativi ricorsi si propongono alla stessa Corte e debbono contenere gli elementi, rispettivamente, degli articoli 398, commi secondo e terzo, e 405, comma secondo.

Quando pronuncia la revocazione o accoglie l'opposizione di terzo, la Corte decide la causa nel merito qualora non siano necessari ulteriori accertamenti di fatto; altrimenti, pronunciata la revocazione ovvero dichiarata ammissibile l'opposizione di terzo, rinvia la causa al giudice che ha pronunciato la sentenza cassata.

(1) *Questo articolo è stato inserito dall'art. 17 del D.L.vo 2 febbraio 2006, n. 40.*

A norma dell'art. 27, comma 2, del citato decreto legislativo, tale disposizione si applica ai ricorsi per cassazione proposti avverso le sentenze e gli altri provvedimenti pubblicati a decorrere dalla data di entrata in vigore del medesimo decreto.

391 *quater*. (1) Revocazione per contrarietà alla Convenzione europea dei diritti dell'uomo. – Le decisioni passate in giudicato il cui contenuto è stato dichiarato dalla Corte europea dei diritti dell'uomo contrario alla Convenzione per la salvaguardia dei Diritti dell'Uomo e delle Libertà fondamentali ovvero ad uno dei suoi Protocolli, possono essere impugnate per revocazione se concorrono le seguenti condizioni:

1) la violazione accertata dalla Corte europea ha pregiudicato un diritto di stato della persona;

2) l'equa indennità eventualmente accordata dalla Corte europea ai sensi dell'articolo 41 della Convenzione non è idonea a compensare le conseguenze della violazione.

Il ricorso si propone nel termine di sessanta giorni dalla comunicazione o, in mancanza, dalla pubblicazione della sentenza della Corte europea ai sensi del regolamento della Corte stessa. Si applica l'articolo 391 *ter*, secondo comma.

L'accoglimento della revocazione non pregiudica i diritti acquisiti dai terzi di buona fede che non hanno partecipato al giudizio svoltosi innanzi alla Corte europea.

(1) Questo articolo è stato inserito dall'art. 3, comma 28, lett. o), del D.L.vo 10 ottobre 2022, n. 149, a decorrere dal 1° gennaio 2023.

A norma dell'art. 35, comma 5, del medesimo decreto, come modificato dall'art. 1, comma 380, lett. a), della L. 29 dicembre 2022, n. 197, tali disposizioni si applicano ai giudizi introdotti con ricorso notificato a decorrere da tale data.

Sezione III
Del giudizio di rinvio

392. Riassunzione della causa. – La riassunzione della causa davanti al giudice di rinvio (383[1]) può essere fatta da ciascuna delle parti non oltre tre mesi (1) dalla pubblicazione (133; 125, 126 att.) della sentenza della Corte di cassazione.

La riassunzione si fa con citazione, la quale è notificata personalmente a norma degli artt. 137 ss.

(1) Le parole: «un anno» sono state così sostituite dall'art. 46, comma 21, della L. 18 giugno 2009, n. 69, a decorrere dal 4 luglio 2009. Ai sensi dell'art. 58, comma 1, della predetta legge, tale disposizione si applica ai giudizi instaurati dopo la data della sua entrata in vigore.

NOTE OPERATIVE:

Funzione: La riassunzione della causa dinanzi al giudice di rinvio ha la funzione di riattivare il giudizio, configurandosi come meramente ripetitiva delle richieste avanzate negli atti processuali precedenti, a mezzo dei quali, pertanto, il suo contenuto può essere integrato (C.C. 37200/22).

393. Estinzione del processo. – Se la riassunzione non avviene entro il termine di cui all'articolo precedente, o si avvera successivamente a essa una causa di estinzione (306 ss.) del giudizio di rinvio, l'intero processo si estingue (310); ma la sentenza della Corte di cassazione conserva il suo effetto vincolante anche nel nuovo processo che sia instaurato con la riproposizione della domanda (384).

NOTE OPERATIVE:

Ambito di applicazione: La mancata riassunzione del giudizio di rinvio determina l'estinzione dell'intero processo, con conseguente caducazione di tutte le sentenze emesse nel corso dello stesso, eccettuate quelle già passate in giudicato in quanto non impugnate (C.C. 26970/23).

394. Procedimento in sede di rinvio. – In sede di rinvio si osservano le norme stabilite per il procedimento davanti al giudice al quale la Corte ha rinviato la causa (163 ss., 311 ss., 339 ss.). In ogni caso deve essere prodotta copia autentica (58[1]) della sentenza di cassazione.

Le parti conservano la stessa posizione processuale che avevano nel procedimento in cui fu pronunciata la sentenza cassata.

Nel giudizio di rinvio può deferirsi il giuramento decisorio (233), ma le parti non possono prendere conclusioni diverse da quelle prese nel giudizio nel quale fu pronunciata la sentenza cassata (163, 167, 183, 189, 190, 314, 320, 352), salvo che la necessità delle nuove conclusioni sorga dalla sentenza di cassazione (389).

NOTE OPERATIVE:

Natura giuridica: Il giudizio di rinvio è configurato dalla norma come un giudizio a istruzione sostanzialmente chiusa, salve le eccezioni previste dalla stessa norma (C.C. 18031/23).

Capo IV
Della revocazione

395. Casi di revocazione. – Le sentenze pronunciate in grado d'appello (353 ss., 396) o in unico grado (339[2-3]) possono essere impugnate (325-327, 397; 2652, 2690 c.c.) per revocazione:

1) se sono l'effetto del dolo di una delle parti in danno dell'altra (88, 1439 c.c.) (1);

2) se si è giudicato in base a prove riconosciute o comunque dichiarate false dopo la sentenza oppure che la parte soccombente ignorava essere state riconosciute o dichiarate tali prima della sentenza (221 ss., 326, 656; 372-374 c.p.; 2738 c.c.);

3) se dopo la sentenza sono stati trovati uno o più documenti decisivi (2699, 2702 c.c.) che la parte non aveva potuto produrre in giudizio per causa di forza maggiore o per fatto dell'avversario (326);

4) se la sentenza è l'effetto di un errore di fatto risultante dagli atti o documenti della causa. Vi è questo errore quando la decisione è fondata sulla supposizione di un fatto la cui verità è incontrastabilmente esclusa, oppure quando è supposta l'inesistenza di un fatto

la cui verità è positivamente stabilita, e tanto nell'uno quanto nell'altro caso se il fatto non costituì un punto controverso sul quale la sentenza ebbe a pronunciare (324, 327, 328) (²);

5) se la sentenza è contraria ad altra precedente avente fra le parti autorità di cosa giudicata (324; 2909 c.c.), purché non abbia pronunciato sulla relativa eccezione (327; 124 att.);

6) se la sentenza è effetto del dolo del giudice (55 n. 1), accertato con sentenza passata in giudicato (324, 326).

(¹) *La Corte costituzionale, con sentenza n. 51 del 20 febbraio 1995, ha dichiarato l'illegittimità costituzionale di questo articolo, prima parte e numero 1, nella parte in cui non prevede la revocazione avverso i provvedimenti di convalida di sfratto per morosità che siano l'effetto del dolo di una delle parti in danno dell'altra.*

(²) *La Corte costituzionale, con sentenza n. 17 del 30 gennaio 1986, ha dichiarato l'incostituzionalità di questo articolo, prima parte, e n. 4, nella parte in cui non prevede la revocazione di sentenze dalla Corte di cassazione rese sui ricorsi basati sul n. 4 dell'art. 360 del c.p.c. e affette dall'errore di cui al n. 4 dell'art. 395 dello stesso codice.*

Analogamente la stessa Corte, con sentenza n. 558 del 20 dicembre 1989, ha dichiarato l'illegittimità costituzionale dello stesso n. 4, nella parte in cui non prevede la revocazione per errore di fatto avverso i provvedimenti di convalida di sfratto o licenza per finita locazione emessi in assenza o per mancata opposizione dell'intimato.

E, ancora, la stessa Corte, con sentenza n. 36 del 31 gennaio 1991, ha dichiarato l'illegittimità costituzionale dello stesso n. 4, nella parte in cui non prevede la revocazione di sentenze della Corte di cassazione per errore di fatto nella lettura di atti interni al suo stesso giudizio.

Anche a questo proposito si veda ora l'art. 391 bis.

NOTE OPERATIVE:

Tassatività: Il carattere di impugnazione eccezionale della revocazione, prevista per i soli motivi tassativamente indicati nella norma, comporta l'inammissibilità di ogni censura non compresa in detta tassativa elencazione (C.C. 9865/14 – Conf. S.U. 16402/2007).

396. Revocazione delle sentenze per le quali è scaduto il termine per l'appello. – Le sentenze per le quali è scaduto il termine per l'appello (325) possono essere impugnate per revocazione nei casi dei nn. 1, 2, 3 e 6 dell'articolo precedente, purché la scoperta del dolo o della falsità o il recupero dei documenti o la pronuncia della sentenza di cui al n. 6 siano avvenuti dopo la scadenza del termine suddetto.

Se i fatti menzionati nel comma precedente avvengono durante il corso del termine per l'appello, il termine stesso è prorogato dal giorno dell'avvenimento in modo da raggiungere i trenta giorni da esso.

397. Revocazione proponibile dal pubblico ministero. – Nelle cause in cui l'intervento del pubblico ministero è obbligatorio a norma dell'art. 70 primo comma, le sentenze previste nei due articoli precedenti possono essere impugnate per revocazione dal pubblico ministero (72, 326):

1) quando la sentenza è stata pronunciata senza che egli sia stato sentito (70, 158);

2) quando la sentenza è l'effetto della collusione posta in opera dalle parti per frodare la legge.

Nei casi di cui all'articolo 391 *quater*, la revocazione può essere promossa anche dal procuratore generale presso la Corte di cassazione (¹).

(¹) *Questo comma è stato aggiunto dall'art. 3, comma 29, del D.L.vo 10 ottobre 2022, n. 149, a decorrere dal 28 febbraio 2023.*

A norma dell'art. 35, comma 1, del medesimo decreto, le disposizioni si applicano ai procedimenti instaurati successivamente a tale data. Ai procedimenti pendenti alla data del 28 febbraio 2023 si applicano le disposizioni anteriormente vigenti.

NOTE OPERATIVE:

Intervento: Non è ammissibile l'intervento ad adiuvandum da parte di altri soggetti privati (C.C. 6302/07).

398. Proposizione della domanda. – La revocazione si propone con citazione (163) davanti allo stesso giudice che ha pronunciato la sentenza impugnata (325; 2652 n. 9, 2690 n. 6 c.c.).

La citazione deve indicare, a pena di inammissibilità (402), il motivo della revocazione e le prove relative alla dimostrazione dei fatti di cui ai nn. 1, 2, 3 e 6 dell'art. 395, del giorno della scoperta o dell'accertamento del dolo o della falsità o del recupero dei documenti (326).

La citazione deve essere sottoscritta da un difensore munito di procura speciale (83², 125) (¹).

La proposizione della revocazione non sospende il termine per proporre il ricorso per cassazione (325, 360 ss.) o il procedimento relativo. Tuttavia il giudice davanti a cui è proposta la revocazione, su istanza di parte, può sospendere l'uno o l'altro fino alla comunicazione della sentenza (133) che abbia pronunciato sulla revocazione, qualora ritenga non manifestamente infondata la revocazione proposta (²).

(¹) *Comma così sostituito dall'art. 7 della L. 18 ottobre 1977, n. 793.*

(²) *Comma così modificato dall'art. 68 della L. 26 novembre 1990, n. 353, a decorrere dall'1 gennaio 1993.*

NOTE OPERATIVE:

Intervento: La previsione di indicare, fin dall'istanza di revocazione, le prove del giorno della scoperta o dell'accertamento del dolo o della falsità, o del recupero dei documenti, impone che la data in questione debba costituire un preciso thema probandum e risultare ab initio, perché, dandosi ingresso al giudizio rescindente, è necessario conoscere, ai fini della decorrenza del termine perentorio, se, almeno secondo l'assunto di chi agisce, questo non appaia scaduto (C.C. 5031/22).

399. Deposito della citazione e della risposta. – Se la revocazione è proposta davanti al tribunale o alla corte d'appello, la citazione deve essere depositata, a pena di improcedibilità (402), entro venti giorni dalla notificazione, nella cancelleria del giudice adito insieme con la copia autentica della sentenza impugnata (38-43 att.) (1).

Le altre parti debbono costituirsi nello stesso termine mediante deposito in cancelleria di una comparsa contenente le loro conclusioni.

Se la revocazione è proposta davanti al giudice di pace il deposito e la costituzione di cui ai due commi precedenti debbono farsi a norma dell'articolo 319 (2).

(1) *Comma così sostituito dall'art. 8 della L. 18 ottobre 1977, n. 793.*

(2) *Questo comma è stato così sostituito dall'art. 79 del D.L.vo 19 febbraio 1998, n. 51, recante l'istituzione del giudice unico, a decorrere dal 2 giugno 1999. Si riporta il testo previgente:*

«Se la revocazione è proposta davanti al pretore o al giudice di pace il deposito e la costituzione di cui ai due commi precedenti debbono farsi a norma dell'art. 314».

400. Procedimento. – Davanti al giudice adito si osservano le norme stabilite per il procedimento davanti a lui in quanto non derogate da quelle del presente capo (163 ss., 311 ss., 359, 413).

401. (1) **Sospensione dell'esecuzione.** – Il giudice della revocazione può pronunciare, su istanza di parte inserita nell'atto di citazione (398), l'ordinanza prevista nell'art. 373, con lo stesso procedimento in camera di consiglio ivi stabilito.

(1) *Articolo così sostituito dall'art. 7 del D.P.R. 17 ottobre 1950, n. 857.*

NOTE OPERATIVE:

Termine: Il provvedimento ha natura ordinatoria, poiché non contiene alcuna decisione in senso tecnico, né pregiudica in alcun modo la decisione della causa (C.C. 14680/12).

402. (1) **Decisione.** – Con la sentenza che pronuncia la revocazione il giudice decide il merito della causa e dispone l'eventuale restituzione di ciò che siasi conseguito con la sentenza revocata (2).

Il giudice, se per la decisione del merito della causa ritiene di dover disporre nuovi mezzi istruttori, pronuncia, con sentenza, la revocazione della sentenza impugnata e rimette con ordinanza le parti davanti all'istruttore (280[3]).

(1) *Articolo così sostituito dall'art. 8 del D.P.R. 17 ottobre 1950, n. 857.*

(2) *Comma che così sostituisce gli originari primo e secondo comma a norma dell'art. 9 della L. 18 ottobre 1977, n. 793.*

403. Impugnazione della sentenza di revocazione. – Non può essere impugnata per revocazione la sentenza pronunciata nel giudizio di revocazione.

Contro di essa sono ammessi i mezzi d'impugnazione ai quali era originariamente soggetta la sentenza impugnata per revocazione (323 ss.).

Capo V
Dell'opposizione di terzo

404. Casi di opposizione di terzo. – Un terzo può fare opposizione contro la sentenza passata in giudicato (324 ss.) o comunque esecutiva (282) pronunciata tra altre persone quando pregiudica i suoi diritti (656) (1) (2) (3) (4).

Gli aventi causa e i creditori di una delle parti possono fare opposizione alla sentenza, quando è l'effetto di dolo (88; 1439 c.c.) o collusione a loro danno (326, 656; 2652, 2690 c.c.).

(1) *La Corte costituzionale, con sentenza n. 167 del 7 giugno 1984, ha dichiarato l'illegittimità costituzionale dell'articolo, nella parte in cui non ammette l'opposizione di terzo avverso l'ordinanza di convalida di sfratto per finita locazione, emanata per la mancata comparizione dell'intimato o per la mancata opposizione dell'intimato pur comparso.*

(2) *La Corte costituzionale, con sentenza n. 237 del 22 ottobre 1985, ha dichiarato l'illegittimità costituzionale dell'articolo nella parte in cui non ammette l'opposizione di terzo avverso l'ordinanza di sfratto per morosità.*

(3) *La Corte costituzionale, con sentenza n. 1105 del 20 dicembre 1988, ha dichiarato l'illegittimità costituzionale dell'articolo, nella parte in cui non ammette opposizione di terzo avverso l'ordinanza con la quale il pretore dispone l'affrancazione del fondo ex art. 4 L. 22 luglio 1966, n. 607.*

(4) *La Corte costituzionale, con sentenza n. 192 del 26 maggio 1995, ha dichiarato l'illegittimità costituzionale di questo comma nella parte in cui non ammette l'opposizione di terzo avverso l'ordinanza di convalida di licenza per finita locazione.*

NOTE OPERATIVE:

Ambito di applicazione: Il terzo che, per effetto di una sentenza resa inter alios e passata in giudicato, abbia subito un pregiudizio giuridico, consistente nell'affermazione di un diritto incompatibile con quello che ritiene di vantare, non può proporre un autonomo giudizio per far valere tale diritto, ma deve esercitare l'opposizione di terzo (C.C. 22710/22).

405. Domanda di opposizione. – L'opposizione è proposta davanti allo stesso giudice che ha pronunciato la sentenza, secondo le forme prescritte per il procedimento davanti a lui.

La citazione deve contenere, oltre agli elementi di cui all'art. 163, anche l'indicazione della sentenza impugnata e, nel caso del secondo comma dell'articolo precedente, l'indicazione del giorno in cui il terzo è venuto a conoscenza del dolo o della collusione (326), e della relativa prova.

NOTE OPERATIVE:

Titolarità: Il giudice che si pronuncia sull'opposizione del terzo deve stabilire se il terzo opponente è titolare di un diritto autonomo e incompatibile con quello riconosciuto dalla sentenza pronunciata inter alias, verificando, in particolare, se il diritto vantato dal terzo prevalga, per ragioni di diritto sostanziale, su quello della parte vittoriosa nel primo giudizio (C.C. 21641/19).

406. Procedimento. – Davanti al giudice adito si osservano le norme stabilite per il procedimento davanti a lui (163 ss., 311 ss., 342 ss., 359), in quanto non derogate da quelle del presente capo.

407. (1) **Sospensione dell'esecuzione.** – Il giudice dell'opposizione può pronunciare, su istanza di parte inserita nell'atto di citazione (405), l'ordinanza prevista nell'art. 373, con lo stesso procedimento in camera di consiglio ivi stabilito (337).

(1) *Articolo così sostituito dall'art. 7 del D.P.R. 17 ottobre 1950, n. 857.*

408. Decisione. – Il giudice, se dichiara inammissibile (325) o improcedibile (404) la domanda o la rigetta per infondatezza dei motivi, condanna l'opponente al pagamento di una pena pecuniaria di € 2 (1) se la sentenza impugnata è del giudice di pace, [di lire quattromila se è del pretore,] (2) di € 2 (1) se è del tribunale e di € 2 (1) in ogni altro caso (127 att.) (1).

(1) *Pene quadruplicate dall'art. 3 del D.L.vo 9 aprile 1948, n. 438. Importo così elevato ai sensi dell'art. 114 della L. 24 novembre 1981, n. 689.*

(2) *Le parole: «di lire quattromila se è del pretore,» sono state soppresse dall'art. 80 del D.L.vo 19 febbraio 1998, n. 51, recante l'istituzione del giudice unico, a decorrere dal 2 giugno 1999.*

Titolo IV
Norme per le controversie in materia di lavoro

Capo I
Delle controversie individuali di lavoro (1)

(1) *A norma dell'art. 3 della L. 21 febbraio 2006, n. 102, alle cause relative al risarcimento dei danni per morte o lesioni, conseguenti ad incidenti stradali, si applicano le norme processuali di cui al libro II, titolo IV, capo I, c.p.c.*

Si veda ora l'art. 53 della L. 18 giugno 2009, n. 69 che così dispone: «53. (Abrogazione dell'articolo 3 della legge 21 febbraio 2006, n. 102, e disposizioni transitorie). 1. L'articolo 3 della legge 21 febbraio 2006, n. 102, è abrogato.

«2. Alle controversie disciplinate dall'articolo 3 della legge 21 febbraio 2006, n. 102, pendenti alla data di entrata in vigore della presente legge, continuano ad applicarsi le disposizioni di cui al libro secondo, titolo IV, capo I, del codice di procedura civile. La disposizione di cui al presente comma non si applica ai giudizi introdotti con il rito ordinario e per i quali alla data di entrata in vigore della presente legge non è stata ancora disposta la modifica del rito ai sensi dell'articolo 426 del codice di procedura civile.».

Sezione I
Disposizioni generali

409. (1) **Controversie individuali di lavoro.** – Si osservano le disposizioni del presente capo nelle controversie relative a:

1) rapporti di lavoro subordinato privato, anche se non inerenti all'esercizio di una impresa;

2) rapporti di mezzadria, di colonia parziaria, di compartecipazione agraria, di affitto a coltivatore diretto, nonché rapporti derivanti da altri contratti agrari, salva la competenza delle sezioni specializzate agrarie;

3) rapporti di agenzia, di rappresentanza commerciale ed altri rapporti di collaborazione che si concretino in una prestazione di opera continuativa e coordinata, prevalentemente personale, anche se non a carattere subordinato. La collaborazione si intende coordinata quando, nel rispetto delle modalità di coordinamento stabilite di comune accordo dalle parti, il collaboratore organizza autonomamente l'attività lavorativa (2);

4) rapporti di lavoro dei dipendenti di enti pubblici che svolgono esclusivamente o prevalentemente attività economica;

5) rapporti di lavoro dei dipendenti di enti pubblici ed altri rapporti di lavoro pubblico, sempreché non siano devoluti dalla legge ad altro giudice.

(1) *Articolo così sostituito dall'art. 1 della L. 11 agosto 1973, n. 533.*

([2]) *Le parole: «. La collaborazione si intende coordinata quando, nel rispetto delle modalità di coordinamento stabilite di comune accordo dalle parti, il collaboratore organizza autonomamente l'attività lavorativa» sono state aggiunte dall'art. 15, comma 1, lett.* a), *della L. 22 maggio 2017, n. 81.*

NOTE OPERATIVE:

Ambito di applicazione: Per controversie relative a rapporti di lavoro subordinato, debbono intendersi non solo quelle relative alle obbligazioni propriamente caratteristiche del rapporto di lavoro, ma tutte le controversie in cui la pretesa fatta valere in giudizio si ricolleghi direttamente al detto rapporto, nel senso che questo, pur non costituendo la causa petendi di tale pretesa, si presenti come antecedente e presupposto necessario, e non già meramente occasionale, della situazione di fatto in ordine alla quale viene invocata la tutela giurisdizionale, essendo irrilevante l'eventuale non coincidenza delle parti in causa con quelle del rapporto di lavoro. (C.C. 17092/12).

410. ([1]) **Tentativo di conciliazione.** – Chi intende proporre in giudizio una domanda relativa ai rapporti previsti dall'articolo 409 può promuovere, anche tramite l'associazione sindacale alla quale aderisce o conferisce mandato, un previo tentativo di conciliazione presso la commissione di conciliazione individuata secondo i criteri di cui all'articolo 413.

La comunicazione della richiesta di espletamento del tentativo di conciliazione interrompe la prescrizione e sospende, per la durata del tentativo di conciliazione e per i venti giorni successivi alla sua conclusione, il decorso di ogni termine di decadenza.

Le commissioni di conciliazione sono istituite presso la Direzione provinciale del lavoro. La commissione è composta dal direttore dell'ufficio stesso o da un suo delegato o da un magistrato collocato a riposo, in qualità di presidente, da quattro rappresentanti effettivi e da quattro supplenti dei datori di lavoro e da quattro rappresentanti effettivi e da quattro supplenti dei lavoratori, designati dalle rispettive organizzazioni sindacali maggiormente rappresentative a livello territoriale.

Le commissioni, quando se ne ravvisi la necessità, affidano il tentativo di conciliazione a proprie sottocommissioni, presiedute dal direttore della Direzione provinciale del lavoro o da un suo delegato, che rispecchino la composizione prevista dal terzo comma. In ogni caso per la validità della riunione è necessaria la presenza del presidente e di almeno un rappresentante dei datori di lavoro e almeno un rappresentante dei lavoratori.

La richiesta del tentativo di conciliazione, sottoscritta dall'istante, è consegnata o spedita mediante raccomandata con avviso di ricevimento. Copia della richiesta del tentativo di conciliazione deve essere consegnata o spedita con raccomandata con ricevuta di ritorno a cura della stessa parte istante alla controparte.

La richiesta deve precisare:

1) nome, cognome e residenza dell'istante e del convenuto; se l'istante o il convenuto sono una persona giuridica, un'associazione non riconosciuta o un comitato, l'istanza deve indicare la denominazione o la ditta nonché la sede;

2) il luogo dove è sorto il rapporto ovvero dove si trova l'azienda o sua dipendenza alla quale è addetto il lavoratore o presso la quale egli prestava la sua opera al momento della fine del rapporto;

3) il luogo dove devono essere fatte alla parte istante le comunicazioni inerenti alla procedura;

4) l'esposizione dei fatti e delle ragioni posti a fondamento della pretesa.

Se la controparte intende accettare la procedura di conciliazione, deposita presso la commissione di conciliazione, entro venti giorni dal ricevimento della copia della richiesta, una memoria contenente le difese e le eccezioni in fatto e in diritto, nonché le eventuali domande in via riconvenzionale. Ove ciò non avvenga, ciascuna delle parti è libera di adire l'autorità giudiziaria. Entro i dieci giorni successivi al deposito, la commissione fissa la comparizione delle parti per il tentativo di conciliazione, che deve essere tenuto entro i successivi trenta giorni. Dinanzi alla commissione il lavoratore può farsi assistere anche da un'organizzazione cui aderisce o conferisce mandato.

La conciliazione della lite da parte di chi rappresenta la pubblica amministrazione, anche in sede giudiziale ai sensi dell'articolo 420, commi primo, secondo e terzo, non può dar luogo a responsabilità, salvi i casi di dolo e colpa grave.

([1]) *Questo articolo è stato così sostituito dall'art. 31, comma 1, della L. 4 novembre 2010, n. 183.*

410 *bis*. ([1]) **[Termine per l'espletamento del tentativo di conciliazione.** – Il tentativo di conciliazione, anche se nelle forme previste dai contratti e accordi collettivi, deve essere espletato entro sessanta giorni dalla presentazione della richiesta.

Trascorso inutilmente tale termine, il tentativo di conciliazione si considera comunque espletato ai fini dell'articolo 412 *bis*].

([1]) *Questo articolo, inserito dall'art. 37 del D.L.vo 31 marzo 1998, n. 80 è stato abrogato dall'art. 31, comma 16, della L. 4 novembre 2010, n. 183.*

411. (1) **Processo verbale di conciliazione.** – Se la conciliazione esperita ai sensi dell'articolo 410 riesce, anche limitatamente ad una parte della domanda, viene redatto separato processo verbale sottoscritto dalle parti e dai componenti della commissione di conciliazione. Il giudice, su istanza della parte interessata, lo dichiara esecutivo con decreto.

Se non si raggiunge l'accordo tra le parti, la commissione di conciliazione deve formulare una proposta per la bonaria definizione della controversia. Se la proposta non è accettata, i termini di essa sono riassunti nel verbale con indicazione delle valutazioni espresse dalle parti. Delle risultanze della proposta formulata dalla commissione e non accettata senza adeguata motivazione il giudice tiene conto in sede di giudizio.

Ove il tentativo di conciliazione sia stato richiesto dalle parti, al ricorso depositato ai sensi dell'articolo 415 devono essere allegati i verbali e le memorie concernenti il tentativo di conciliazione non riuscito. Se il tentativo di conciliazione si è svolto in sede sindacale, ad esso non si applicano le disposizioni di cui all'articolo 410. Il processo verbale di avvenuta conciliazione è depositato presso la Direzione provinciale del lavoro a cura di una delle parti o per il tramite di un'associazione sindacale. Il direttore, o un suo delegato, accertatane l'autenticità, provvede a depositarlo nella cancelleria del tribunale nella cui circoscrizione è stato redatto. Il giudice, su istanza della parte interessata, accertata la regolarità formale del verbale di conciliazione, lo dichiara esecutivo con decreto.

(1) *Questo articolo è stato così sostituito dall'art. 31, comma 3, della L. 4 novembre 2010, n. 183.*

NOTE OPERATIVE:

Sede sindacale: In caso di tentativo di conciliazione svolto in sede sindacale, al fine di verificare che l'accordo sia raggiunto con un'effettiva assistenza del lavoratore da parte di esponenti della propria organizzazione sindacale, occorre valutare se, in base alle concrete modalità di espletamento della conciliazione, sia stata correttamente attuata quella funzione di supporto che la legge assegna al sindacato nella fattispecie conciliativa (C.C. 13217/08).

412. (1) **Risoluzione arbitrale della controversia.** – In qualunque fase del tentativo di conciliazione, o al suo termine in caso di mancata riuscita, le parti possono indicare la soluzione, anche parziale, sulla quale concordano, riconoscendo, quando è possibile, il credito che spetta al lavoratore, e possono accordarsi per la risoluzione della lite, affidando alla commissione di conciliazione il mandato a risolvere in via arbitrale la controversia.

Nel conferire il mandato per la risoluzione arbitrale della controversia, le parti devono indicare:

1) il termine per l'emanazione del lodo, che non può comunque superare i sessanta giorni dal conferimento del mandato, spirato il quale l'incarico deve intendersi revocato;

2) le norme invocate dalle parti a sostegno delle loro pretese e l'eventuale richiesta di decidere secondo equità, nel rispetto dei princìpi generali dell'ordinamento e dei princìpi regolatori della materia, anche derivanti da obblighi comunitari.

Il lodo emanato a conclusione dell'arbitrato, sottoscritto dagli arbitri e autenticato, produce tra le parti gli effetti di cui all'articolo 1372 e all'articolo 2113, quarto comma, del codice civile.

Il lodo è impugnabile ai sensi dell'articolo 808 *ter*. Sulle controversie aventi ad oggetto la validità del lodo arbitrale irrituale, ai sensi dell'articolo 808 *ter*, decide in unico grado il tribunale, in funzione di giudice del lavoro, nella cui circoscrizione è la sede dell'arbitrato. Il ricorso è depositato entro il termine di trenta giorni dalla notificazione del lodo. Decorso tale termine, o se le parti hanno comunque dichiarato per iscritto di accettare la decisione arbitrale, ovvero se il ricorso è stato respinto dal tribunale, il lodo è depositato nella cancelleria del tribunale nella cui circoscrizione è la sede dell'arbitrato. Il giudice, su istanza della parte interessata, accertata la regolarità formale del lodo arbitrale, lo dichiara esecutivo con decreto.

(1) *Questo articolo è stato da ultimo così sostituito dall'art. 31, comma 5, della L. 4 novembre 2010, n. 183.*

412 *bis*. (1) [**Procedibilità della domanda.** – L'espletamento del tentativo di conciliazione costituisce condizione di procedibilità della domanda.

L'improcedibilità deve essere eccepita dal convenuto nella memoria difensiva di cui all'articolo 416 e può essere rilevata d'ufficio dal giudice non oltre l'udienza di cui all'articolo 420.

Il giudice ove rilevi che non è stato promosso il tentativo di conciliazione ovvero che la domanda giudiziale è stata presentata prima dei sessanta giorni dalla promozione del tentativo stesso, sospende il giudizio e fissa alle parti il termine perentorio di sessanta giorni per promuovere il tentativo di conciliazione.

Trascorso il termine di cui al primo comma dell'articolo 410 *bis*, il processo può essere ri-

CODICE PROCEDURA CIVILE

assunto entro il termine perentorio di centottanta giorni.

Ove il processo non sia stato tempestivamente riassunto, il giudice dichiara d'ufficio l'estinzione del processo con decreto cui si applica la disposizione di cui all'articolo 308.

Il mancato espletamento del tentativo di conciliazione non preclude la concessione dei provvedimenti speciali d'urgenza e di quelli cautelari previsti nel capo III del titolo I del libro IV].

(1) *Questo articolo, inserito dall'art. 39, comma 1, del D.L.vo 31 marzo 1998, n. 80 è stato abrogato dall'art. 31, comma 16, della L. 4 novembre 2010, n. 183.*

412 *ter*. (1) Altre modalità di conciliazione e arbitrato previste dalla contrattazione collettiva. – La conciliazione e l'arbitrato, nelle materie di cui all'articolo 409, possono essere svolti altresì presso le sedi e con le modalità previste dai contratti collettivi sottoscritti dalle associazioni sindacali maggiormente rappresentative.

(1) *Questo articolo è stato inserito dall'art. 39, comma 1, del D.L.vo 31 marzo 1998, n. 80 e poi così sostituito dall'art. 31, comma 6, della L. 4 novembre 2010, n. 183.*

412 *quater*. (1) Altre modalità di conciliazione e arbitrato. – Ferma restando la facoltà di ciascuna delle parti di adire l'autorità giudiziaria e di avvalersi delle procedure di conciliazione e di arbitrato previste dalla legge, le controversie di cui all'articolo 409 possono essere altresì proposte innanzi al collegio di conciliazione e arbitrato irrituale costituito secondo quanto previsto dai commi seguenti.

Il collegio di conciliazione e arbitrato è composto da un rappresentante di ciascuna delle parti e da un terzo membro, in funzione di presidente, scelto di comune accordo dagli arbitri di parte tra i professori universitari di materie giuridiche e gli avvocati ammessi al patrocinio davanti alla Corte di cassazione.

La parte che intenda ricorrere al collegio di conciliazione e arbitrato deve notificare all'altra parte un ricorso sottoscritto, salvo che si tratti di una pubblica amministrazione, personalmente o da un suo rappresentante al quale abbia conferito mandato e presso il quale deve eleggere il domicilio. Il ricorso deve contenere la nomina dell'arbitro di parte e indicare l'oggetto della domanda, le ragioni di fatto e di diritto sulle quali si fonda la domanda stessa, i mezzi di prova e il valore della controversia entro il quale si intende limitare la domanda. Il ricorso deve contenere il riferimento alle norme invocate dal ricorrente a sostegno della sua pretesa e l'eventuale richiesta di decidere secondo equità, nel rispetto dei princìpi generali dell'ordinamento e dei princìpi regolatori della materia, anche derivanti da obblighi comunitari.

Se la parte convenuta intende accettare la procedura di conciliazione e arbitrato nomina il proprio arbitro di parte, il quale entro trenta giorni dalla notifica del ricorso procede, ove possibile, concordemente con l'altro arbitro, alla scelta del presidente e della sede del collegio. Ove ciò non avvenga, la parte che ha presentato ricorso può chiedere che la nomina sia fatta dal presidente del tribunale nel cui circondario è la sede dell'arbitrato. Se la parti non hanno ancora determinato la sede, il ricorso è presentato al presidente del tribunale del luogo in cui è sorto il rapporto di lavoro o ove si trova l'azienda o una sua dipendenza alla quale è addetto il lavoratore o presso la quale egli prestava la sua opera al momento della fine del rapporto.

In caso di scelta concorde del terzo arbitro e della sede del collegio, la parte convenuta, entro trenta giorni da tale scelta, deve depositare presso la sede del collegio una memoria difensiva sottoscritta, salvo che si tratti di una pubblica amministrazione, da un avvocato cui abbia conferito mandato e presso il quale deve eleggere il domicilio. La memoria deve contenere le difese e le eccezioni in fatto e in diritto, le eventuali domande in via riconvenzionale e l'indicazione dei mezzi di prova.

Entro dieci giorni dal deposito della memoria difensiva il ricorrente può depositare presso la sede del collegio una memoria di replica senza modificare il contenuto del ricorso. Nei successivi dieci giorni il convenuto può depositare presso la sede del collegio una controreplica senza modificare il contenuto della memoria difensiva.

Il collegio fissa il giorno dell'udienza, da tenere entro trenta giorni dalla scadenza del termine per la controreplica del convenuto, dandone comunicazione alle parti, nel domicilio eletto, almeno dieci giorni prima.

All'udienza il collegio esperisce il tentativo di conciliazione. Se la conciliazione riesce, si applicano le disposizioni dell'articolo 411, commi primo e terzo.

Se la conciliazione non riesce, il collegio provvede, ove occorra, a interrogare le parti e ad ammettere e assumere le prove, altrimenti invita all'immediata discussione orale. Nel caso di ammissione delle prove, il collegio può rinviare ad altra udienza, a non più di dieci giorni di distanza, l'assunzione delle stesse e la discussione orale.

La controversia è decisa, entro venti giorni dall'udienza di discussione, mediante un lodo. Il lodo emanato a conclusione dell'arbitrato, sottoscritto dagli arbitri e autenticato, produce tra le parti gli effetti di cui agli articoli 1372 e 2113, quarto comma, del codice civile. Il lodo è impugnabile ai sensi dell'articolo 808 *ter*. Sulle controversie aventi ad oggetto la validità del lodo arbitrale irrituale, ai sensi dell'articolo 808 *ter*, decide in unico grado il tribunale, in funzione di giudice del lavoro, nella cui circoscrizione è la sede dell'arbitrato. Il ricorso è depositato entro il termine di trenta giorni dalla notificazione del lodo. Decorso tale termine, o se le parti hanno comunque dichiarato per iscritto di accettare la decisione arbitrale, ovvero se il ricorso è stato respinto dal tribunale, il lodo è depositato nella cancelleria del tribunale nella cui circoscrizione è la sede dell'arbitrato. Il giudice, su istanza della parte interessata, accertata la regolarità formale del lodo arbitrale, lo dichiara esecutivo con decreto.

Il compenso del presidente del collegio è fissato in misura pari al 2 per cento del valore della controversia dichiarato nel ricorso ed è versato dalle parti, per metà ciascuna, presso la sede del collegio mediante assegni circolari intestati al presidente almeno cinque giorni prima dell'udienza. Ciascuna parte provvede a compensare l'arbitro da essa nominato. Le spese legali e quelle per il compenso del presidente e dell'arbitro di parte, queste ultime nella misura dell'1 per cento del suddetto valore della controversia, sono liquidate nel lodo ai sensi degli articoli 91, primo comma, e 92.

I contratti collettivi nazionali di categoria possono istituire un fondo per il rimborso al lavoratore delle spese per il compenso del presidente del collegio e del proprio arbitro di parte.

(1) *Questo articolo è stato inserito dall'art. 39, comma 1, del D.L.vo 31 marzo 1998, n. 80 e poi così sostituito dall'art. 31, comma 8, della L. 4 novembre 2010, n. 183.*

Sezione II
Del procedimento

§. 1
Del procedimento di primo grado

413. (1) **Giudice competente.** – Le controversie previste dall'art. 409 sono in primo grado di competenza del tribunale (9) in funzione di giudice del lavoro (428).

Competente per territorio (18 ss.) è il giudice nella cui circoscrizione è sorto il rapporto ovvero si trova l'azienda o una sua dipendenza alla quale è addetto il lavoratore o presso la quale egli prestava la sua opera al momento della fine del rapporto.

Tale competenza permane dopo il trasferimento dell'azienda o la cessazione di essa o della sua dipendenza, purché la domanda sia proposta entro sei mesi dal trasferimento o dalla cessazione.

Competente per territorio per le controversie previste dal numero 3) dell'art. 409 è il giudice nella cui circoscrizione si trova il domicilio dell'agente, del rappresentante di commercio ovvero del titolare degli altri rapporti di collaborazione di cui al predetto numero 3) dell'art. 409 (2).

Competente per territorio per le controversie relative ai rapporti di lavoro alle dipendenze delle pubbliche amministrazioni è il giudice nella cui circoscrizione ha sede l'ufficio al quale il dipendente è addetto o era addetto al momento della cessazione del rapporto (3).

Nelle controversie nelle quali è parte una Amministrazione dello Stato non si applicano le disposizioni dell'articolo 6 del regio decreto 30 ottobre 1933, n. 1611 (3).

Qualora non trovino applicazione le disposizioni dei commi precedenti, si applicano quelle dell'art. 18.

Sono nulle le clausole derogative della competenza per territorio (1419[2] c.c.).

(1) *Articolo così sostituito dall'art. 1 della L. 11 agosto 1973, n. 533.*

(2) *Comma aggiunto dall'art. 1 della L. 11 febbraio 1992, n. 128, recante norme inerenti alla competenza territoriale.*

(3) *Questo comma è stato inserito dall'art. 40, comma 1, del D.L.vo 31 marzo 1998, n. 80.*

NOTE OPERATIVE:

Dipendenza aziendale: La competenza territoriale in materia di lavoro va individuata alternativamente nel luogo in cui è sorto il rapporto, in quello dove si trova l'azienda ovvero, infine, in quello ove si trova la dipendenza aziendale alla quale il lavoratore è addetto; per dipendenza aziendale va inteso il luogo in cui il datore ha dislocato un nucleo, seppur modesto, di beni organizzati per l'esercizio dell'impresa, dovendo escludersi che la competenza territoriale possa radicarsi nel mero luogo di svolgimento della prestazione lavorativa (C.C. 14449/19).

414. (1) **Forma della domanda.** – La domanda (99 ss.) si propone con ricorso, il quale deve contenere:

1) l'indicazione del giudice (413);

2) il nome, il cognome, nonché la residenza o il domicilio eletto (43, 47 c.c.) del ricorrente nel comune in cui ha sede il giudice adito,

CODICE PROCEDURA CIVILE

il nome, il cognome e la residenza o il domicilio o la dimora del convenuto; se ricorrente o convenuto è una persona giuridica (11-13 c.c.), un'associazione non riconosciuta o un comitato (36 ss. c.c.), il ricorso deve indicare la denominazione (2292, 2314, 2326, 2463, 2473, 2515 c.c.) o ditta (2563 c.c.) nonché la sede del ricorrente o del convenuto (75);

3) la determinazione dell'oggetto della domanda (420[1]);

4) l'esposizione dei fatti e degli elementi di diritto sui quali si fonda la domanda con le relative conclusioni;

5) l'indicazione specifica dei mezzi di prova (202 ss.) di cui il ricorrente intende avvalersi (115) e in particolare dei documenti (420[2]; 2699 ss. c.c.) che si offrono in comunicazione.

(1) *Articolo così sostituito dall'art. 1 della L. 11 agosto 1973, n. 533.*

NOTE OPERATIVE:

Nullità: Nel rito del lavoro, qualora il ricorrente non provveda ad indicare nel ricorso introduttivo della lite gli elementi di fatto e di diritto posti a base della domanda, la conseguenza è la nullità del ricorso, che ricorre allorché sia assolutamente impossibile l'individuazione dell'uno o dell'altro elemento attraverso l'esame complessivo dell'atto, perché in tal caso il convenuto non è posto in condizione di predisporre la propria difesa né il giudice di conoscere l'esatto oggetto del giudizio (C.C. 3816/20). Nel rito del lavoro, ove sia stata omessa, o sia errata, l'indicazione del contratto collettivo applicabile, non ricorre la nullità del ricorso introduttivo, in quanto rientra nel potere-dovere del giudice acquisirlo d'ufficio ex art. 421 c.p.c., qualora vi sia solo contestazione circa la sua applicabilità, non comportando tale acquisizione una supplenza ad una carenza probatoria su fatti costitutivi della domanda, ma piuttosto il superamento di una incertezza su un fatto indispensabile ai fini del decidere (C.C. 6610/17).

415. (1) **Deposito del ricorso e decreto di fissazione dell'udienza.** – Il ricorso è depositato nella cancelleria del giudice competente (413) insieme con i documenti in esso indicati.

Il giudice, entro cinque giorni dal deposito del ricorso, fissa, con decreto (135), l'udienza di discussione (420), alla quale le parti sono tenute a comparire personalmente.

Tra il giorno del deposito del ricorso e l'udienza di discussione non devono decorrere più di sessanta giorni.

Il ricorso, unitamente al decreto di fissazione dell'udienza, deve essere notificato (137 ss.) al convenuto, a cura dell'attore, entro dieci giorni dalla data di pronuncia del decreto (135), salvo quanto disposto dall'art. 417.

Tra la data di notificazione al convenuto e quella dell'udienza di discussione deve intercorrere un termine non minore di trenta giorni (152).

Il termine di cui al comma precedente è elevato a quaranta giorni e quello di cui al terzo comma è elevato a ottanta giorni nel caso in cui la notificazione prevista dal quarto comma debba effettuarsi all'estero (142).

Nelle controversie relative ai rapporti di lavoro dei dipendenti delle pubbliche amministrazioni di cui al quinto comma dell'articolo 413, il ricorso è notificato direttamente presso l'amministrazione destinataria ai sensi dell'articolo 144, secondo comma. Per le amministrazioni statali o ad esse equiparate, ai fini della rappresentanza e difesa in giudizio, si osservano le disposizioni delle leggi speciali che prescrivono la notificazione presso gli uffici dell'Avvocatura dello Stato competente per territorio (2).

(1) *Articolo così sostituito dall'art. 1 della L. 11 agosto 1973, n. 533.*

(2) *Questo comma è stato aggiunto dall'art. 41 del D.L.vo 31 marzo 1998, n. 80.*

416. (1) **Costituzione del convenuto.** – Il convenuto deve costituirsi almeno dieci giorni prima della udienza (415), dichiarando la residenza (43 c.c.) o eleggendo domicilio (47 c.c.) nel comune in cui ha sede il giudice adito.

La costituzione del convenuto si effettua mediante deposito in cancelleria di una memoria difensiva, nella quale devono essere proposte, a pena di decadenza, le eventuali domande in via riconvenzionale (36) e le eccezioni processuali e di merito che non siano rilevabili d'ufficio (420[1], 421).

Nella stessa memoria il convenuto deve prendere posizione, in maniera precisa e non limitata ad una generica contestazione, circa i fatti affermati dall'attore a fondamento della domanda, proporre tutte le sue difese in fatto e in diritto ed indicare specificamente, a pena di decadenza, i mezzi di prova dei quali intende avvalersi ed in particolare i documenti che deve contestualmente depositare (202 ss.; 2699 ss. c.c.).

(1) *Articolo così sostituito dall'art. 1 della L. 11 agosto 1973, n. 533.*

417. (1) **Costituzione e difesa personali delle parti.** – In primo grado la parte può stare in giudizio personalmente (82) quando il valore della causa non eccede gli € 129,11 (10).

La parte che sta in giudizio personalmente propone la domanda nelle forme di cui all'art. 414 o si costituisce nelle forme di cui all'art. 416 con elezione di domicilio nell'ambito del territorio della Repubblica.

Può proporre la domanda anche verbalmente davanti al giudice ([2]) che ne fa redigere processo verbale (126).

Il ricorso o il processo verbale con il decreto di fissazione dell'udienza devono essere notificati (137 ss.) al convenuto e allo stesso attore a cura della cancelleria entro i termini di cui all'art. 415.

Alle parti che stanno in giudizio personalmente ogni ulteriore atto o memoria deve essere notificato (137 ss., 170) dalla cancelleria.

([1]) *Articolo così sostituito dall'art. 1 della L. 11 agosto 1973, n. 533.*

([2]) *La parola: «pretore» è stata sostituita dalla parola: «giudice» a norma dell'art. 83 del D.L.vo 19 febbraio 1998, n. 51, recante l'istituzione del giudice unico, a decorrere dal 2 giugno 1999.*

417 *bis*. ([1]) **Difesa delle pubbliche amministrazioni.** – Nelle controversie relative ai rapporti di lavoro dei dipendenti delle pubbliche amministrazioni di cui al quinto comma dell'articolo 413, limitatamente al giudizio di primo grado le amministrazioni stesse possono stare in giudizio avvalendosi direttamente di propri dipendenti ([2]).

Per le amministrazioni statali o ad esse equiparate, ai fini della rappresentanza e difesa in giudizio, la disposizione di cui al comma precedente si applica salvo che l'Avvocatura dello Stato competente per territorio, ove vengano in rilievo questioni di massima o aventi notevoli riflessi economici, determini di assumere direttamente la trattazione della causa dandone immediata comunicazione ai competenti uffici dell'amministrazione interessata, nonché al Dipartimento della funzione pubblica, anche per l'eventuale emanazione di direttive agli uffici per la gestione del contenzioso del lavoro. In ogni altro caso l'Avvocatura dello Stato trasmette immediatamente, e comunque non oltre 7 giorni dalla notifica degli atti introduttivi, gli atti stessi ai competenti uffici dell'amministrazione interessata per gli adempimenti di cui al comma precedente.

Gli enti locali, anche al fine di realizzare economie di gestione, possono utilizzare le strutture dell'amministrazione civile del Ministero dell'interno, alle quali conferiscono mandato nei limiti di cui al primo comma.

([1]) *Questo articolo è stato inserito dall'art. 42 del D.L.vo 31 marzo 1998, n. 80.*

([2]) *Questo comma è stato così modificato dall'art. 19, n. 17, del D.L.vo 29 ottobre 1998, n. 387.*

418. ([1]) **Notificazione della domanda riconvenzionale.** – Il convenuto che abbia proposta domanda in via riconvenzionale (36) a norma del secondo comma dell'art. 416 deve, con istanza contenuta nella stessa memoria, a pena di decadenza dalla riconvenzionale medesima, chiedere al giudice che, a modifica del decreto di cui al secondo comma dell'art. 415, pronunci, non oltre cinque giorni, un nuovo decreto (135) per la fissazione dell'udienza.

Tra la proposizione della domanda riconvenzionale e l'udienza di discussione non devono decorrere più di cinquanta giorni.

Il decreto che fissa l'udienza deve essere notificato (137 ss., 170) all'attore, a cura dell'ufficio, unitamente alla memoria difensiva (416), entro dieci giorni dalla data in cui è stato pronunciato.

Tra la data di notificazione all'attore del decreto pronunciato a norma del primo comma e quella dell'udienza di discussione deve intercorrere un termine non minore di venticinque giorni.

Nel caso in cui la notificazione del decreto debba farsi all'estero (142) il termine di cui al secondo comma è elevato a settanta giorni, e quello di cui al comma precedente è elevato a trentacinque giorni.

([1]) *Articolo così sostituito dall'art. 1 della L. 11 agosto 1973, n. 533.*

NOTE OPERATIVE:

Decadenza: Nelle controversie soggette al rito del lavoro è onere declinato dal legislatore con chiarezza e univocità che il convenuto che nel costituirsi in giudizio propone una domanda riconvenzionale – a pena di decadenza, di natura processuale e non sostanziale, come tale non impeditiva della riproposizione della domanda in altra sede – richieda il differimento dell'udienza già fissata. Siffatta decadenza, in quanto posta a presidio del principio del contraddittorio e della regolare instaurazione del rapporto processuale, è rilevabile anche d'ufficio dal giudice, in ogni stato e grado del processo, e non suscettibile di sanatoria (C.C. 15359/17).

419. ([1]) ([2]) **Intervento volontario.** – Salvo che sia effettuato per l'integrazione necessaria del contraddittorio (101 ss.), l'intervento del terzo ai sensi dell'art. 105 non può aver luogo oltre il termine stabilito per la costituzione del convenuto, con le modalità previste dagli artt. 414 e 416 in quanto applicabili.

([1]) *Articolo così sostituito dall'art. 1 della L. 11 agosto 1973, n. 533.*

([2]) *La Corte costituzionale, con sentenza n. 193 del 23 giugno 1983, ha dichiarato l'illegittimità costituzionale di questo articolo nella parte in cui, ove un terzo spieghi intervento volontario, non attribuisce al giudice il potere-dovere di fissare – con il rispetto del termine di cui all'art. 415, comma quinto (elevabile a quaranta giorni allorquando la notificazione ad alcuna delle parti originarie contumaci debba effettuarsi all'estero) – una nuova udienza, non meno di dieci giorni prima della quale potranno le parti originarie depositare memoria, e di disporre che, entro cinque giorni, siano notificati alle parti originarie il provvedimento di fissazione e la memoria dell'interveniente, e che sia notificato a quest'ultimo il provvedimento di fissazione della nuova udienza.*

NOTE OPERATIVE:

Termine: Nelle controversie soggette al rito del lavoro, l'intervento volontario del terzo non può avvenire oltre il termine stabilito per la costituzione del convenuto e, qualora esso sia tardivo e non finalizzato all'integrazione necessaria del contraddittorio, la tardività non può essere sanata dall'accettazione del contraddittorio da parte del soggetto contro il quale il terzo abbia proposto le sue domande e può essere rilevata anche d'ufficio dal giudice, attesa la rilevanza pubblica degli interessi in vista del quale, nei giudizi assoggettati a detto rito, è posto il divieto di domande nuove (C.C. 17932/19).

420. (1) **Udienza di discussione della causa.** – Nell'udienza fissata per la discussione della causa il giudice interroga liberamente le parti presenti, tenta la conciliazione della lite e formula alle parti una proposta transattiva (2) o conciliativa (3) (185; 88 att.). La mancata comparizione personale delle parti, o il rifiuto della proposta transattiva o conciliativa (3) del giudice, senza giustificato motivo, costituiscono comportamento valutabile dal giudice ai fini del giudizio (116) (4). Le parti possono, se ricorrono gravi motivi, modificare le domande, eccezioni e conclusioni già formulate, previa autorizzazione del giudice.

Le parti hanno facoltà di farsi rappresentare (83) da un procuratore generale o speciale, il quale deve essere a conoscenza dei fatti della causa. La procura deve essere conferita con atto pubblico (2699 c.c.) o scrittura privata autenticata (2703 c.c.) e deve attribuire al procuratore il potere di conciliare o transigere la controversia. La mancata conoscenza, senza gravi ragioni, dei fatti della causa da parte del procuratore è valutata dal giudice ai fini della decisione (116).

Il verbale di conciliazione ha efficacia di titolo esecutivo (474).

Se la conciliazione non riesce e il giudice ritiene la causa matura per la decisione, o se sorgono questioni attinenti alla giurisdizione (37) o alla competenza (38) o ad altre pregiudiziali (34) la cui decisione può definire il giudizio, il giudice invita le parti alla discussione e pronuncia sentenza anche non definitiva dando lettura del dispositivo (279).

Nella stessa udienza ammette i mezzi di prova (202 ss.) già proposti dalle parti (414, 416) e quelli che le parti non abbiano potuto proporre prima, se ritiene che siano rilevanti, disponendo, con ordinanza resa nell'udienza (134), per la loro immediata assunzione (191).

Qualora ciò non sia possibile, fissa altra udienza, non oltre dieci giorni dalla prima, concedendo alle parti, ove ricorrano giusti motivi, un termine perentorio (152, 153) non superiore a cinque giorni prima dell'udienza di rinvio per il deposito in cancelleria di note difensive.

Nel caso in cui vengano ammessi nuovi mezzi di prova, a norma del quinto comma, la controparte può dedurre i mezzi di prova che si rendano necessari in relazione a quelli ammessi, con assegnazione di un termine perentorio di cinque giorni. Nell'udienza fissata a norma del precedente comma il giudice ammette, se rilevanti, i nuovi mezzi di prova dedotti dalla controparte e provvede alla loro assunzione.

L'assunzione delle prove (202 ss.) deve essere esaurita nella stessa udienza o, in caso di necessità, in udienza da tenersi nei giorni feriali immediatamente successivi.

Nel caso di chiamata in causa a norma degli artt. 102, secondo comma, 106 e 107, il giudice fissa una nuova udienza e dispone che, entro cinque giorni, siano notificati al terzo il provvedimento nonché il ricorso introduttivo (414) e l'atto di costituzione del convenuto (416), osservati i termini di cui ai commi terzo, quinto e sesto dell'art. 415. Il termine massimo entro il quale deve tenersi la nuova udienza decorre dalla pronuncia del provvedimento di fissazione.

Il terzo chiamato deve costituirsi non meno di dieci giorni prima dell'udienza fissata, depositando la propria memoria a norma dell'art. 416.

A tutte le notificazioni (137) e comunicazioni (136) occorrenti provvede l'ufficio (170).

Le udienze di mero rinvio sono vietate.

(1) *Articolo così sostituito dall'art. 1 della L. 11 agosto 1973, n. 533.*

(2) *Le parole: «e tenta la conciliazione della lite» sono state così sostituite dalle attuali: «, tenta la conciliazione della lite e formula alle parti una proposta transattiva», dall'art. 31, comma 4, della L. 4 novembre 2010, n. 183.*

(3) *Le parole: «o conciliativa» sono state aggiunte dall'art. 77, comma 1, lett. b), del D.L. 21 giugno 2013, n. 69, convertito, con modificazioni, nella L. 9 agosto 2013, n. 98.*

(4) *Le parole: «senza giustificato motivo, costituisce comportamento valutabile dal giudice ai fini della de-*

cisione» sono state così sostituite dalle attuali: «o il rifiuto della proposta transattiva del giudice, senza giustificato motivo, costituiscono comportamento valutabile dal giudice ai fini del giudizio» dall'art. 31, comma 4, della L. 4 novembre 2010, n. 183.

NOTE OPERATIVE:

Contestazione: Il ricorrente ha l'onere di specifica e tempestiva contestazione, entro l'udienza di discussione, dei fatti estintivi specificamente dedotti dal convenuto in comparsa di risposta e rientranti nella sua sfera di conoscibilità, salvo il potere del giudice di accertarne, d'ufficio, l'inesistenza in base alle risultanze ritualmente acquisite (C.C. 5166/23).

Emendatio: Ricorrendo gravi motivi e previa autorizzazione del giudice, le parti possono modificare domande, eccezioni e conclusioni già formulate ma non anche proporre domande nuove per causa petendi o petitum, neppure con il consenso della controparte, esplicito, mediante l'espressa accettazione del contraddittorio, ovvero implicito nella difesa nel merito (C.C. 6728/19).

Interrogatorio libero: L'interrogatorio libero delle parti non costituisce un mezzo di prova e le dichiarazioni rese in detto interrogatorio costituiscono solo argomenti di prova, ossia elementi sussidiari al libero convincimento del giudice (C.C. 12712/17).

Chiamata in causa: La norma non implica un automatico obbligo di adozione dei provvedimenti conseguenti all'istanza di chiamata in causa, in quanto il giudice conserva, secondo i principi generali, il potere di valutare la comunanza della causa e le ragioni d'intervento del terzo (C.C. 2522/16).

420 *bis*. (1) **Accertamento pregiudiziale sull'efficacia, validità ed interpretazione dei contratti e accordi collettivi.** – Quando per la definizione di una controversia di cui all'articolo 409 è necessario risolvere in via pregiudiziale una questione concernente l'efficacia, la validità o l'interpretazione delle clausole di un contratto o accordo collettivo nazionale, il giudice decide con sentenza tale questione, impartendo distinti provvedimenti per l'ulteriore istruzione o, comunque, per la prosecuzione della causa fissando una successiva udienza in data non anteriore a novanta giorni.

La sentenza è impugnabile soltanto con ricorso immediato per cassazione da proporsi entro sessanta giorni dalla comunicazione dell'avviso di deposito della sentenza.

Copia del ricorso per cassazione deve, a pena di inammissibilità del ricorso, essere depositata presso la cancelleria del giudice che ha emesso la sentenza impugnata entro venti giorni dalla notificazione del ricorso alle altre parti; il processo è sospeso dalla data del deposito.

(1) *Questo articolo è stato inserito dall'art. 18 del D.L.vo 2 febbraio 2006, n. 40.*

A norma dell'art. 27, comma 2, del citato decreto legislativo, tale disposizione si applica ai ricorsi per cassazione proposti avverso le sentenze e gli altri provvedimenti pubblicati a decorrere dalla data di entrata in vigore del medesimo decreto.

NOTE OPERATIVE:

Presupposti: Ai fini del ricorso immediato per cassazione non basta che nel processo si ponga una questione di interpretazione di una clausola di un contratto collettivo nazionale, ma è necessario che si sia scelto di discutere e decidere tale questione in via pregiudiziale (C.C. 3602/11).

421. (1) **Poteri istruttori del giudice.** – Il giudice indica alle parti in ogni momento le irregolarità degli atti e dei documenti che possono essere sanate assegnando un termine per provvedervi, salvo gli eventuali diritti quesiti.

Può altresì disporre d'ufficio in qualsiasi momento l'ammissione di ogni mezzo di prova, anche fuori dei limiti stabiliti dal codice civile (2697 ss. c.c.), ad eccezione del giuramento decisorio (233; 2736 c.c.), nonché la richiesta di informazioni e osservazioni, sia scritte che orali, alle associazioni sindacali (425) indicate dalle parti. Si osserva la disposizione del comma sesto dell'articolo 420 (2).

Dispone, su istanza di parte, l'accesso sul luogo di lavoro (259), purché necessario al fine dell'accertamento dei fatti, e dispone altresì, se ne ravvisa l'utilità, l'esame dei testimoni sul luogo stesso (425).

Il giudice, ove lo ritenga necessario, può ordinare la comparizione, per interrogarle liberamente sui fatti della causa, anche di quelle persone che siano incapaci di testimoniare a norma dell'art. 246 o a cui sia vietato a norma dell'art. 247.

(1) *Articolo così sostituito dall'art. 1 della L. 11 agosto 1973, n. 533.*

(2) *Le originarie parole: «dell'articolo precedente» sono state così sostituite dalle attuali: «dell'articolo 420» dall'art. 53, comma 1, del D.L. 25 giugno 2008, n. 112, convertito, con modificazioni, nella L. 6 agosto 2008, n. 133.*

NOTE OPERATIVE:

Presupposti: Nel rito del lavoro, l'attivazione dei poteri istruttori d'ufficio del giudice non può mai essere volta a superare gli effetti derivanti da una tardiva richiesta istruttoria delle parti o a supplire ad una carenza probatoria totale, in funzione sostitutiva degli oneri di parte; la norma, in chiave di contemperamento del principio dispositivo con le esigenze di ricerca della verità materiale – quale caratteristica precipua del rito speciale –, consente l'esercizio dei poteri ufficiosi allorquando le risultanze di causa offrano già significativi dati di indagine, al fine di superare lo stato di incertezza dei fatti costitutivi dei diritti di cui si controverte (C.C. 23605/20). Nel rito del lavoro, l'esercizio dei poteri istruttori del giudice, che può essere utilizzato a prescindere dalla maturazione di preclusioni probatorie in capo alle parti, vede quali presupposti la ricorrenza di una semiplena probatio e l'individuazione ex actis di una pista probatoria (C.C. 26597/20).

422. (1) **Registrazione su nastro.** – Il giudice può autorizzare la sostituzione della verbalizzazione (126, 130) da parte del cancelliere con la registrazione su nastro delle deposizioni di testi e delle audizioni delle parti o di consulenti.

(1) *Articolo così sostituito dall'art. 1 della L. 11 agosto 1973, n. 533.*

423. (1) **Ordinanze per il pagamento di somme.** – Il giudice, su istanza di parte, in ogni stato del giudizio, dispone con ordinanza (134) il pagamento delle somme non contestate (186 *bis*).

Egualmente, in ogni stato del giudizio, il giudice può, su istanza del lavoratore, disporre con ordinanza (134) il pagamento di una somma a titolo provvisorio quando ritenga il diritto accertato e nei limiti della quantità per cui ritiene già raggiunta la prova (186 *ter*).

Le ordinanze di cui ai commi precedenti costituiscono titolo esecutivo (474).

L'ordinanza di cui al secondo comma è revocabile con la sentenza che decide la causa (177).

(1) *Articolo così sostituito dall'art. 1 della L. 11 agosto 1973, n. 533.*

NOTE OPERATIVE:

Quantum: L'ordinanza non è vincolante in ordine alla debenza delle somme delle quali viene ordinato il pagamento, poiché solo la sentenza che definisce il giudizio determina l'ammontare del debito, in relazione al quale il debitore può agire in restituzione, ai sensi dell'art. 2033 c.c., per le maggiori somme eventualmente corrisposte (C.C. 15944/11).

424. (1) **Assistenza del consulente tecnico.** – Se la natura della controversia lo richiede, il giudice, in qualsiasi momento, nomina uno o più consulenti tecnici, scelti in albi speciali, a norma dell'art. 61 (191; 145, 146 att.). A tal fine il giudice può disporre ai sensi del sesto comma dell'art. 420.

Il consulente può essere autorizzato a riferire verbalmente ed in tal caso le sue dichiarazioni sono integralmente raccolte a verbale (126, 130) salvo quanto previsto dal precedente art. 422.

Se il consulente chiede di presentare relazione scritta, il giudice fissa un termine non superiore a venti giorni, non prorogabile, rinviando la trattazione ad altra udienza.

(1) *Articolo così sostituito dall'art. 1 della L. 11 agosto 1973, n. 533.*

NOTE OPERATIVE:

Funzione: La consulenza tecnica d'ufficio è funzionale alla sola risoluzione di questioni di fatto che presuppongano cognizioni di ordine tecnico e non giuridico sicché i consulenti tecnici non possono essere incaricati di accertamenti e valutazioni circa la qualificazione giuridica di fatti e la conformità al diritto di comportamenti (C.C. 1186/16).

Documenti: Nel rito del lavoro, l'acquisizione, da parte del consulente tecnico di ufficio, di documenti non prodotti dalle parti è riconducibile ai poteri istruttori ufficiosi, sicché, da un lato, è ammissibile solo previa autorizzazione del giudice, e dall'altro impone a quest'ultimo di assegnare un termine per la formulazione della prova contraria alla parte che ne faccia richiesta (C.C. 24024/21).

Rinnovazione: In tema di consulenza tecnica d'ufficio, il giudice di merito non è tenuto, anche a fronte di una esplicita richiesta di parte, a disporre una nuova consulenza d'ufficio, atteso che il rinnovo dell'indagine tecnica rientra tra i poteri istituzionali del giudice di merito, sicché non è neppure necessaria una espressa pronunzia sul punto (C.C. 20227/10).

425. (1) **Richiesta di informazioni e osservazioni alle associazioni sindacali.** – Su istanza di parte, l'associazione sindacale indicata dalla stessa ha facoltà di rendere in giudizio, tramite un suo rappresentante, informazioni e osservazioni orali o scritte.

Tali informazioni e osservazioni possono essere rese anche nel luogo di lavoro ove sia stato disposto l'accesso ai sensi del terzo comma dell'art. 421.

A tal fine, il giudice può disporre ai sensi del sesto comma dell'art. 420.

Il giudice può richiedere alle associazioni sindacali il testo dei contratti e accordi collettivi di lavoro, anche aziendali, da applicare nella causa.

(1) *Articolo così sostituito dall'art. 1 della L. 11 agosto 1973, n. 533.*

NOTE OPERATIVE:

Funzione: Le informazioni e osservazioni, che possono essere fornite in giudizio dall'associazione sindacale indicata dalla parte, sono inidonee, anche in considerazione del loro carattere unilaterale, ad identificare la comune intenzione delle parti stipulanti il contratto collettivo, rilevante ai sensi dell'art. 1362 c.c., ma, salva l'ipotesi in cui siano suffragate da elementi aventi un'intrinseca valenza probatoria, hanno la funzione di fornire chiarimenti ed elementi di valutazione riguardo agli elementi di prova già disponibili, rientrando, in tali limiti, nella nozione di materiale istruttorio valutabile, con la motivazione richiesta dalle circostanze, dal giudice (C.C. 30137/18).

426. (1) (2) **Passaggio dal rito ordinario al rito speciale.** – Il giudice, quando rileva che una causa promossa nelle forme ordinarie riguarda uno dei rapporti previsti dall'art. 409, fissa con ordinanza l'udienza di cui all'art. 420 e il termine perentorio entro il quale le parti dovranno provvedere all'eventuale integrazione degli atti introduttivi mediante deposito di memorie e documenti in cancelleria.

Nell'udienza come sopra fissata provvede a norma degli articoli che precedono ([2]).

([1]) *Articolo così sostituito dall'art. 1 della L. 11 agosto 1973, n. 533.*

([2]) *La Corte costituzionale, con sentenza n. 14 del 14 gennaio 1977, ha dichiarato la illegittimità costituzionale del combinato disposto dell'art. 426 c.p.c., come modificato dall'art. 1 della L. 11 agosto 1973, n. 533 (sul nuovo rito del lavoro), e dell'art. 20 della legge medesima, nella parte in cui, con riguardo alle cause pendenti al momento dell'entrata in vigore della legge, non è prevista la comunicazione anche alla parte contumace dell'ordinanza che fissa l'udienza di discussione ed il termine perentorio per l'integrazione degli atti.*

NOTE OPERATIVE:

Provvedimento: Il provvedimento di mutamento del rito è un provvedimento di natura formale, cioè che deve adottarsi in modo espresso, posto che esso serve per mettere in regola con le preclusioni proprie del rito stesso le parti (C.C. 1554/23 – Conf. C.C. 18048/19).

427. ([1]) **Passaggio dal rito speciale al rito ordinario.** – Il giudice, quando rileva che una causa promossa nelle forme stabilite dal presente capo riguarda un rapporto diverso da quelli previsti dall'art. 409, se la causa stessa rientra nella sua competenza dispone che gli atti siano messi in regola con le disposizioni tributarie; altrimenti la rimette con ordinanza al giudice competente, fissando un termine perentorio (152, 153) non superiore a trenta giorni per la riassunzione (50; 125 att.) con il rito ordinario.

In tal caso le prove acquisite durante lo stato di rito speciale avranno l'efficacia consentita dalle norme ordinarie.

([1]) *Articolo così sostituito dall'art. 1 della L. 11 agosto 1973, n. 533.*

NOTE OPERATIVE:

Omesso mutamento: L'omesso mutamento del rito non determina ipso iure l'inesistenza o la nullità della sentenza ma assume rilevanza invalidante soltanto se la parte che se ne dolga in sede di impugnazione indichi lo specifico pregiudizio processuale concretamente derivatole dalla mancata adozione del rito diverso, quale una precisa e apprezzabile lesione del diritto di difesa, del contraddittorio e, in generale, delle prerogative processuali protette della parte (C.C. 14374/23).

428. ([1]) **Incompetenza del giudice.** – Quando una causa relativa ai rapporti di cui all'art. 409 sia stata proposta a giudice incompetente (38, 413), l'incompetenza può essere eccepita dal convenuto soltanto nella memoria difensiva di cui all'art. 416 ovvero rilevata d'ufficio dal giudice non oltre l'udienza di cui all'art. 420.

Quando l'incompetenza sia stata eccepita o rilevata ai sensi del comma precedente, il giudice rimette la causa al tribunale in funzione di giudice del lavoro (413), fissando un termine perentorio (152, 153) non superiore a trenta giorni per la riassunzione (50; 125 att.) con rito speciale.

([1]) *Articolo così sostituito dall'art. 1 della L. 11 agosto 1973, n. 533.*

NOTE OPERATIVE:

Termine: La previsione secondo la quale l'incompetenza territoriale può essere rilevata d'ufficio non oltre l'udienza di cui all'art. 420 c.p.c., va intesa nel significato che detta incompetenza può essere rilevata non oltre la prima udienza in senso cronologico, ossia quella fissata con il decreto contemplato dall'art. 415 c.p.c., in quanto il legislatore ha inteso accelerare al massimo i tempi di risoluzione delle questioni di competenza (C.C. 10516/19).

429. ([1]) **Pronuncia della sentenza.** – Nell'udienza il giudice, esaurita la discussione orale e udite le conclusioni delle parti, pronuncia sentenza con cui definisce il giudizio dando lettura del dispositivo e della esposizione delle ragioni di fatto e di diritto della decisione. In caso di particolare complessità della controversia, il giudice fissa nel dispositivo un termine, non superiore a sessanta giorni, per il deposito della sentenza ([2]).

Se il giudice lo ritiene necessario, su richiesta delle parti, concede alle stesse un termine non superiore a dieci giorni per il deposito di note difensive, rinviando la causa all'udienza immediatamente successiva alla scadenza del termine suddetto, per la discussione e la pronuncia della sentenza.

Il giudice, quando pronuncia sentenza di condanna al pagamento di somme di denaro per crediti di lavoro, deve determinare, oltre gli interessi nella misura legale (1284 c.c.), il maggior danno eventualmente subito dal lavoratore per la diminuzione di valore del suo credito (1224 c.c.), condannando al pagamento della somma relativa con decorrenza dal giorno della maturazione del diritto (150 att.).

([1]) *Articolo così sostituito dall'art. 1 della L. 11 agosto 1973, n. 533.*

([2]) *Questo comma è stato così sostituito dall'art. 53, comma 2, del D.L. 25 giugno 2008, n. 112, convertito, con modificazioni, nella L. 6 agosto 2008, n. 133.*

NOTE OPERATIVE:

Lettura del dispositivo: La norma, laddove prevede che il giudice, all'esito dell'udienza di discussione, decida la causa dando lettura del dispositivo della sentenza e delle ragioni in fatto e diritto che ne sono a fondamento, ricollega, al compimento di tale attività, il duplice effetto di perfezionamento della pubblicazione del provvedimento e di portare ad effettiva conoscenza delle parti il dispositivo e le motivazioni (C.C. 1929/20).

Omessa lettura: Nelle controversie di lavoro l'omessa lettura del dispositivo in udienza determina la nullità insanabile della sentenza, per la mancanza di un requisito formale indispensabile per il raggiungimento dello scopo dell'atto, a norma dell'art. 156, comma 2, c.p.c., poiché l'omissione di detta lettura preclude la possibilità di ancorare il momento dell'immodificabilità della decisione alla data dell'udienza stessa (C.C. 5818/97).

Accessori: La rivalutazione monetaria e gli interessi legali liquidati dal giudice in relazione ad un credito di lavoro vanno calcolati sulla somma dovuta al lavoratore al lordo delle ritenute fiscali e contributive (C.C. 11720/20).

430. (1) **Deposito della sentenza.** – Quando la sentenza è depositata fuori udienza, il cancelliere ne dà immediata comunicazione alle parti.

(1) *Questo articolo è stato, da ultimo, così sostituito dall'art. 3, comma 30, del D.L.vo 10 ottobre 2022, n. 149, a decorrere dal 28 febbraio 2023.*

A norma dell'art. 35, comma 1, del medesimo decreto, le disposizioni si applicano ai procedimenti instaurati successivamente a tale data. Ai procedimenti pendenti alla data del 28 febbraio 2023 si applicano le disposizioni anteriormente vigenti.

Si riporta il testo precedente:

«430. (*) Deposito della sentenza

La sentenza deve essere depositata in cancelleria entro quindici giorni dalla pronuncia. Il cancelliere ne dà immediata comunicazione alle parti (133, 136).».

(*) *Articolo così sostituito dall'art. 1 della L. 11 agosto 1973, n. 533.*

NOTE OPERATIVE:

Formato digitale: In tema di redazione della sentenza in formato digitale, il procedimento decisionale è completato e si esterna fin dal momento del suo deposito telematico, divenendo da tale data legalmente noto a tutti, con conseguente decorrenza del termine di decadenza per le impugnazioni (C.C. 2362/19).

431. (1) **Esecutorietà della sentenza.** – Le sentenze che pronunciano condanna a favore del lavoratore per crediti derivanti dai rapporti di cui all'art. 409 sono provvisoriamente esecutive (282).

All'esecuzione si può procedere con la sola copia del dispositivo, in pendenza del termine per il deposito della sentenza (430).

Il giudice di appello può disporre con ordinanza non impugnabile che l'esecuzione sia sospesa quando dalla stessa possa derivare all'altra parte gravissimo danno.

La sospensione disposta a norma del comma precedente può essere anche parziale e, in ogni caso, l'esecuzione provvisoria resta autorizzata fino alla somma di € 258,23.

Le sentenze che pronunciano condanna a favore del datore di lavoro sono provvisoriamente esecutive e sono soggette alla disciplina degli artt. 282 e 283 (2).

Il giudice di appello può disporre con ordinanza non impugnabile (177) che l'esecuzione sia sospesa in tutto o in parte quando ricorrono gravi motivi (2).

Se l'istanza per la sospensione di cui al terzo ed al sesto comma è inammissibile o manifestamente infondata il giudice, con ordinanza non impugnabile, può condannare la parte che l'ha proposta ad una pena pecuniaria non inferiore ad euro 250 e non superiore ad euro 10.000. L'ordinanza è revocabile con la sentenza che definisce il giudizio (3).

(1) *Articolo così sostituito dall'art. 1 della L. 11 agosto 1973, n. 533.*

(2) *Comma aggiunto dall'art. 69 della L. 26 novembre 1990, n. 353, a decorrere dall'1 gennaio 1993.*

(3) *Questo comma è stato aggiunto dall'art. 27, comma 1, lett. e), della L. 12 novembre 2011, n. 183. A norma dell'art. 27, comma 2, della stessa legge, tali disposizioni si applicano decorsi 30 giorni dalla data di entrata in vigore della medesima legge (Suppl. ord. alla G.U. Serie gen. - n. 265 del 14 novembre 2011).*

NOTE OPERATIVE:

Dispositivo: La disposizione che riconosce al lavoratore la facoltà di procedere ad esecuzione con la sola copia del dispositivo in pendenza del termine per il deposito della sentenza, conferisce al dispositivo piena efficacia di titolo esecutivo destinata a permanere, in relazione allo specifico fine perseguito dal legislatore di consentire al lavoratore una pronta e celere realizzazione dei suoi diritti, anche dopo il deposito della sentenza (C.C. 10164/10).

432. (1) **Valutazione equitativa delle prestazioni.** – Quando sia certo il diritto ma non sia possibile determinare la somma dovuta, il giudice la liquida con valutazione equitativa.

(1) *Articolo così sostituito dall'art. 1 della L. 11 agosto 1973, n. 533.*

NOTE OPERATIVE:

Presupposti: Il potere, conferito al giudice, di liquidare con valutazione equitativa la somma dovuta al lavoratore quando sia certo il relativo diritto, può essere esercitato dal giudice del lavoro soltanto nell'ipotesi in cui sia individuata, con adeguata e corretta motivazione, l'obiettiva impossibilità di una determinazione certa dell'importo della somma dovuta alla stregua degli elementi acquisiti al processo (C.C. 10401/09).

§. 2
Delle impugnazioni

433. (1) **Giudice d'appello.** – L'appello contro le sentenze pronunciate nei processi relativi alle controversie previste nell'art. 409 deve essere proposto con ricorso davanti alla corte di appello (2) territorialmente competente in funzione di giudice del lavoro (413[2-5], 440).

Ove l'esecuzione sia iniziata, prima della notificazione della sentenza, l'appello può essere proposto con riserva dei motivi che dovranno essere presentati nel termine di cui all'art. 434.

(1) *Articolo così sostituito dall'art. 1 della L. 11 agosto 1973, n. 533.*

(2) *Le parole: «al tribunale» sono state sostituite dalle parole: «alla corte di appello» a norma dell'art. 85 del D.L.vo 19 febbraio 1998, n. 51, recante l'istituzione del giudice unico, a decorrere dal 2 giugno 1999.*

NOTE OPERATIVE:

Riserva dei motivi: Nel rito del lavoro, il principio generale dell'impugnabilità della sentenza solo dopo che, con il deposito in cancelleria del testo della stessa, completo di dispositivo e motivazione, sia venuto a compimento il relativo procedimento di formazione, soffre la sola deroga eccezionalmente prevista per l'appello con riserva di motivi, per il caso in cui sia stata intrapresa l'esecuzione forzata sulla base del dispositivo letto in udienza (C.C. 19775/22). Il potere di proporre impugnazione avverso la sentenza del giudice del lavoro non sorge in conseguenza della semplice lettura del dispositivo in udienza (salva l'eccezionale ipotesi prevista dalla norma), ma postula che la sentenza stessa sia completa nei suoi elementi strutturali, tra cui è essenziale la motivazione, e che sia stata depositata in cancelleria (C.C. 18162/15).

434. (1) **Deposito del ricorso in appello.** – Il ricorso deve contenere le indicazioni prescritte dall'articolo 414. L'appello deve essere motivato, e per ciascuno dei motivi deve indicare a pena di inammissibilità, in modo chiaro, sintetico e specifico:

1) il capo della decisione di primo grado che viene impugnato;

2) le censure proposte alla ricostruzione dei fatti compiuta dal giudice di primo grado;

3) le violazioni di legge denunciate e la loro rilevanza ai fini della decisione impugnata (2).

Il ricorso deve essere depositato nella cancelleria della corte di appello (3) entro trenta giorni dalla notificazione della sentenza, oppure entro quaranta giorni nel caso in cui la notificazione abbia dovuto effettuarsi all'estero (142).

(1) *Articolo così sostituito dall'art. 1 della L. 11 agosto 1973, n. 533.*

(2) *Questo comma è stato, da ultimo, così sostituito dall'art. 3, comma 31, lett. a), del D.L.vo 10 ottobre 2022, n. 149, a decorrere dal 28 febbraio 2023.*

A norma dell'art. 35, comma 1, del medesimo decreto, così come modificato dall'art. 1, comma 380, lett. a), della L. 29 dicembre 2022, n. 197, le disposizioni si applicano ai procedimenti instaurati successivamente a tale data. Ai procedimenti pendenti alla data del 28 febbraio 2023 si applicano le disposizioni anteriormente vigenti. A norma dell'art. 35, comma 4, del citato decreto, tali disposizioni si applicano alle impugnazioni proposte successivamente al 28 febbraio 2023.

Si riporta il testo precedente:

«Il ricorso deve contenere le indicazioni prescritte dall'articolo 414. L'appello deve essere motivato. La motivazione dell'appello deve contenere, a pena di inammissibilità:

1) l'indicazione delle parti del provvedimento che si intende appellare e delle modifiche che vengono richieste alla ricostruzione del fatto compiuta dal giudice di primo grado;

2) l'indicazione delle circostanze da cui deriva la violazione della legge e della loro rilevanza ai fini della decisione impugnata (*).».

(*) Questo comma è stato così sostituito dall'art. 54, comma 1, lett. c bis), del D.L. 22 giugno 2012, n. 83, convertito, con modificazioni, nella L. 7 agosto 2012, n. 134.

(3) *Le parole: «del tribunale» sono state sostituite dalle parole: «della corte di appello» a norma dell'art. 85 del D.L.vo 19 febbraio 1998, n. 51, recante l'istituzione del giudice unico, a decorrere dal 2 giugno 1999.*

435. (1) **Decreto del presidente.** – Il presidente della corte di appello (2) entro cinque giorni dalla data di deposito del ricorso nomina il giudice relatore e fissa, non oltre sessanta giorni dalla data medesima, l'udienza di discussione dinanzi al collegio.

L'appellante, nei dieci giorni successivi al deposito del decreto, provvede alla notifica del ricorso e del decreto all'appellato (3).

Tra la data di notificazione all'appellato e quella dell'udienza di discussione deve intercorrere un termine non minore di venticinque giorni.

Nel caso in cui la notificazione prevista dal secondo comma deve effettuarsi all'estero (142), i termini di cui al primo e al terzo comma sono elevati, rispettivamente, a ottanta e sessanta giorni.

(1) *Articolo così sostituito dall'art. 1 della L. 11 agosto 1973, n. 533.*

(2) *Le parole: «del tribunale» sono state sostituite dalle parole: «della corte di appello» a norma dell'art. 85 del D.L.vo 19 febbraio 1998, n. 51, recante l'istituzione del giudice unico, a decorrere dal 2 giugno 1999.*

(3) *La Corte costituzionale, con sentenza n. 15 del 14 gennaio 1977, ha dichiarato la illegittimità costituzionale dell'art. 435, comma secondo, del codice di procedura civile, come modificato dall'art. 1 della L. 11 agosto 1973, n. 533 (sul nuovo rito del lavoro), nella parte in cui non dispone che l'avvenuto deposito del decreto pre-*

CODICE PROCEDURA CIVILE

sidenziale di fissazione dell'udienza di discussione sia comunicato all'appellante e che da tale comunicazione decorra il termine per la notificazione all'appellato.

436. (1) **Costituzione dell'appellato e appello incidentale.** – L'appellato deve costituirsi almeno dieci giorni prima della udienza.

La costituzione dell'appellato si effettua mediante deposito in cancelleria del fascicolo e di una memoria difensiva (416), nella quale deve essere contenuta dettagliata esposizione di tutte le sue difese.

Se propone appello incidentale (343), l'appellato deve esporre nella stessa memoria i motivi specifici su cui fonda l'impugnazione. L'appello incidentale deve essere proposto, a pena di decadenza, nella memoria di costituzione, da notificarsi, a cura dell'appellato, alla controparte almeno dieci giorni prima dell'udienza fissata a norma dell'articolo precedente.

Si osservano, in quanto applicabili, le disposizioni dell'art. 416.

(1) *Articolo così sostituito dall'art. 1 della L. 11 agosto 1973, n. 533.*

NOTE OPERATIVE:

Appello incidentale: La proposizione dell'appello incidentale (alla stessa stregua, peraltro, di quello principale) si perfeziona con il deposito, nel termine previsto dalla legge, del ricorso nella cancelleria del giudice ad quem, che impedisce ogni decadenza (C.C. 33426/22).

Motivi: La norma richiede all'appellante incidentale di dedurre nella stessa memoria di costituzione i motivi specifici su cui si fonda l'impugnazione, sicché è escluso che tali motivi possano essere desunti da altri atti processuali, tanto più se di primo grado (C.C. 59/09).

436 *bis*. (1) **Inammissibilità, improcedibilità, manifesta fondatezza o infondatezza dell'appello.** – Nei casi previsti dagli articoli 348, 348 *bis* e 350, terzo comma, all'udienza di discussione il collegio, sentiti i difensori delle parti, pronuncia sentenza dando lettura del dispositivo e della motivazione redatta in forma sintetica, anche mediante esclusivo riferimento al punto di fatto o alla questione di diritto ritenuti risolutivi o mediante rinvio a precedenti conformi.

(1) *Questo articolo, inserito dall'art. 54, comma 1, lett.* d), *del D.L. 22 giugno 2012, n. 83, convertito, con modificazioni, nella L. 7 agosto 2012, n. 134, è stato così sostituito dall'art. 3, comma 31, lett.* b), *del D.L.vo 10 ottobre 2022, n. 149, a decorrere dal 28 febbraio 2023.*

A norma dell'art. 35, comma 1, del medesimo decreto, così come modificato dall'art. 1, comma 380, lett. a), *della L. 29 dicembre 2022, n. 197, le disposizioni si applicano ai procedimenti instaurati successivamente a tale data. Ai procedimenti pendenti alla data del 28 febbraio 2023 si applicano le disposizioni anteriormente vigenti. A norma dell'art. 35, comma 4, del citato decreto, tali disposizioni si applicano alle impugnazioni proposte successivamente al 28 febbraio 2023.*

Si riporta il testo precedente:

«Art. 436 bis *(Inammissibilità dell'appello e pronuncia)*

All'udienza di discussione si applicano gli articoli 348 bis *e 348* ter.*».*

437. (1) **Udienza di discussione.** – Nell'udienza il giudice incaricato fa la relazione orale della causa. Quando non provvede ai sensi dell'articolo 436 *bis*, il collegio (2), sentiti i difensori delle parti, pronuncia sentenza dando lettura del dispositivo nella stessa udienza (131, 132 att.).

Non sono ammesse nuove domande ed eccezioni. Non sono ammessi nuovi mezzi di prova, tranne il giuramento estimatorio (241; 2736 n. 2 c.c.), salvo che il collegio anche d'ufficio, li ritenga indispensabili ai fini della decisione della causa. È salva la facoltà delle parti di deferire il giuramento decisorio in qualsiasi momento della causa (233).

Qualora ammetta le nuove prove (356), il collegio fissa, entro venti giorni, l'udienza nella quale esse debbono essere assunte e deve essere pronunciata la sentenza. In tal caso il collegio con la stessa ordinanza può adottare i provvedimenti di cui all'art. 423.

Sono applicabili le disposizioni di cui ai commi secondo e terzo dell'art. 429.

(1) *Articolo così sostituito dall'art. 1 della L. 11 agosto 1973, n. 533.*

(2) *Le parole: «Il collegio» sono state così sostituite dalle attuali: «Quando non provvede ai sensi dell'articolo 436* bis, *il collegio» dall'art. 3, comma 31, lett.* c), *del D.L.vo 10 ottobre 2022, n. 149, a decorrere dal 28 febbraio 2023.*

A norma dell'art. 35, comma 1, del medesimo decreto, così come modificato dall'art. 1, comma 380, lett. a), *della L. 29 dicembre 2022, n. 197, le disposizioni si applicano ai procedimenti instaurati successivamente a tale data. Ai procedimenti pendenti alla data del 28 febbraio 2023 si applicano le disposizioni anteriormente vigenti. A norma dell'art. 35, comma 4, del citato decreto, tali disposizioni si applicano alle impugnazioni proposte successivamente al 28 febbraio 2023.*

NOTE OPERATIVE:

Poteri officiosi: I poteri-doveri officiosi, nel ricorrere i presupposti di coerenza rispetto ai fatti allegati dalle parti e di indispensabilità al fine di percorrere una pista probatoria palesata dagli atti, possono essere esercitati dal giudice in deroga non solo alle regole sulle prove dettate dal codice civile, ma anche alle norme sull'assunzione delle prove dettate per il rito ordinario (C.C. 32265/19).

438. (1) **Deposito della sentenza di appello.** – Fuori dei casi di cui all'articolo 436 *bis*, la sentenza deve essere depositata entro sessanta giorni dalla pronuncia. Il cancelliere ne dà immediata comunicazione alle parti (²).

Si applica il disposto del secondo comma dell'art. 431.

(¹) *Articolo così sostituito dall'art. 1 della L. 11 agosto 1973, n. 533.*

(²) *Questo comma è stato così sostituito dall'art. 3, comma 31, lett. d), del D.L.vo 10 ottobre 2022, n. 149, a decorrere dal 28 febbraio 2023.*

A norma dell'art. 35, comma 1, del medesimo decreto, così come modificato dall'art. 1, comma 380, lett. a), della L. 29 dicembre 2022, n. 197, le disposizioni si applicano ai procedimenti instaurati successivamente a tale data. Ai procedimenti pendenti alla data del 28 febbraio 2023 si applicano le disposizioni anteriormente vigenti. A norma dell'art. 35, comma 4, del citato decreto, tali disposizioni si applicano alle impugnazioni proposte successivamente al 28 febbraio 2023.

Si riporta il testo precedente:

«Il deposito della sentenza di appello è effettuato con l'osservanza delle norme di cui all'art. 430.».

439. (¹) **Cambiamento del rito in appello.** – La corte di appello (²), se ritiene che il procedimento in primo grado non si sia svolto secondo il rito prescritto, procede a norma degli artt. 426 e 427.

(¹) *Articolo così sostituito dall'art. 1 della L. 11 agosto 1973, n. 533.*

(²) *Le parole: «il tribunale» sono state sostituite dalle parole: «la corte di appello» a norma dell'art. 85 del D.L.vo 19 febbraio 1998, n. 51, recante l'istituzione del giudice unico, a decorrere dal 2 giugno 1999.*

NOTE OPERATIVE:

Termine: La concessione del termine è volta solo a consentire alle parti di mettersi in regola con le prescrizioni introdotte dal rito del lavoro e non può quindi essere utilizzato per aggirare il divieto di proporre domande nuove in appello (C.C. 4573/93).

440. (¹) **Appellabilità delle sentenze.** – Sono inappellabili le sentenze che hanno deciso una controversia di valore non superiore a € 25,82.

(¹) *Articolo così sostituito dall'art. 1 della L. 11 agosto 1973, n. 533.*

441. (¹) **Consulente tecnico in appello.** – Il collegio, nell'udienza di cui al primo comma dell'art. 437, può nominare un consulente tecnico (61, 191, 424; 145, 146 att.) rinviando ad altra udienza da fissarsi non oltre trenta giorni. In tal caso con la stessa ordinanza può adottare i provvedimenti di cui all'art. 423.

Il consulente deve depositare il proprio parere almeno dieci giorni prima della nuova udienza.

(¹) *Articolo così sostituito dall'art. 1 della L. 11 agosto 1973, n. 533.*

NOTE OPERATIVE:

Rinnovazione: In tema di consulenza tecnica d'ufficio, il principio secondo il quale rientra tra i poteri discrezionali del giudice di merito valutare l'opportunità di rinnovare le indagini peritali va coordinato con il principio dell'effetto devolutivo dell'appello, sicché, qualora l'appellante non abbia censurato la consulenza tecnica d'ufficio svolta in primo grado e anzi ne abbia posto le risultanze a fondamento del gravame, incorre nel vizio di ultrapetizione il giudice di appello che disponga la rinnovazione delle operazioni peritali, derivandone la nullità della nuova consulenza e della sentenza che vi aderisca (C.C. 14338/12).

Capo I *bis*
Delle controversie relative ai licenziamenti (¹)

(¹) *Questo Capo, comprendente gli artt. 441* bis *- 441* quater, *è stato inserito dall'art. 3, comma 32, del D.L.vo 10 ottobre 2022, n. 149, a decorrere dal 28 febbraio 2023.*

A norma dell'art. 35, comma 1, del medesimo decreto, le disposizioni si applicano ai procedimenti instaurati successivamente a tale data. Ai procedimenti pendenti alla data del 28 febbraio 2023 si applicano le disposizioni anteriormente vigenti.

441 *bis*. Controversie in materia di licenziamento. – La trattazione e la decisione delle controversie aventi ad oggetto l'impugnazione dei licenziamenti nelle quali è proposta domanda di reintegrazione nel posto di lavoro hanno carattere prioritario rispetto alle altre pendenti sul ruolo del giudice, anche quando devono essere risolte questioni relative alla qualificazione del rapporto.

Salvo quanto stabilito nel presente articolo, le controversie di cui al primo comma sono assoggettate alle norme del capo primo.

Tenuto conto delle circostanze esposte nel ricorso il giudice può ridurre i termini del procedimento fino alla metà, fermo restando che tra la data di notificazione al convenuto o al terzo chiamato e quella della udienza di discussione deve intercorrere un termine non minore di venti giorni e che, in tal caso, il termine per la costituzione del convenuto o del terzo chiamato è ridotto della metà.

All'udienza di discussione il giudice dispone, in relazione alle esigenze di celerità anche prospettate dalle parti, la trattazione congiunta di eventuali domande connesse e riconvenzionali ovvero la loro separazione, assicurando in ogni caso la concentrazione della fase istruttoria e di quella decisoria in relazione alle domande di reintegrazione nel posto di lavoro. A tal fine il giudice riserva particolari giorni, anche ravvicinati, nel calendario delle udienze.

I giudizi di appello e di cassazione sono decisi tenendo conto delle medesime esigenze di celerità e di concentrazione.

441 ter. Licenziamento del socio della cooperativa. – Le controversie aventi ad oggetto l'impugnazione dei licenziamenti dei soci delle cooperative sono assoggettate alle norme di cui agli articoli 409 e seguenti e, in tali casi, il giudice decide anche sulle questioni relative al rapporto associativo eventualmente proposte. Il giudice del lavoro decide sul rapporto di lavoro e sul rapporto associativo, altresì, nei casi in cui la cessazione del rapporto di lavoro deriva dalla cessazione del rapporto associativo.

441 quater. Licenziamento discriminatorio. – Le azioni di nullità dei licenziamenti discriminatori, ove non siano proposte con ricorso ai sensi dell'articolo 414, possono essere introdotte, ricorrendone i presupposti, con i riti speciali. La proposizione della domanda relativa alla nullità del licenziamento discriminatorio e alle sue conseguenze, nell'una o nell'altra forma, preclude la possibilità di agire successivamente in giudizio con rito diverso per quella stessa domanda.

Capo II
Delle controversie in materia di previdenza e di assistenza obbligatorie

442. (1) **Controversie in materia di previdenza e di assistenza obbligatorie** (2) (3). – Nei procedimenti relativi a controversie derivanti dall'applicazione delle norme riguardanti le assicurazioni sociali, gli infortuni sul lavoro, le malattie professionali, gli assegni familiari nonché ogni altra forma di previdenza e di assistenza obbligatorie, si osservano le disposizioni di cui al capo primo di questo titolo (147-151 att.).

Anche per le controversie relative alla inosservanza degli obblighi di assistenza e di previdenza derivanti da contratti e accordi collettivi si osservano le disposizioni di cui al capo primo di questo titolo (147-151 att.).

Per le controversie di cui all'articolo 7, terzo comma, numero 3 *bis*), non si osservano le disposizioni di questo capo, né quelle di cui al capo primo di questo titolo (4).

(1) *Articolo così sostituito dall'art. 1 della L. 11 agosto 1973, n. 533. L'art. 20, commi 7, 8 e 9, del D.L. 25 giugno 2008, n. 112, convertito, con modificazioni, nella L. 6 agosto 2008, n. 133, ha così disposto: «7. A decorrere dalla data di entrata in vigore del presente decreto, nei procedimenti relativi a controversie in materia di previdenza e assistenza sociale, a fronte di una pluralità di domande o di azioni esecutive che frazionano un credito relativo al medesimo rapporto, comprensivo delle somme eventualmente dovute per interessi, competenze e onorari e ogni altro accessorio, la riunificazione è disposta d'ufficio dal giudice ai sensi dell'articolo 151 delle disposizioni per l'attuazione del codice di procedura civile e disposizioni transitorie, di cui al regio decreto 18 dicembre 1941, n. 1368.*

8. In mancanza della riunificazione di cui al comma 7, l'improcedibilità delle domande successive alla prima è dichiarata dal giudice, anche d'ufficio, in ogni stato e grado del procedimento. Analogamente, il giudice dichiara la nullità dei pignoramenti successivi al primo in caso di proposizione di più azioni esecutive in violazione del comma 7.

9. Il giudice, ove abbia notizia che la riunificazione non è stata osservata, anche sulla base dell'eccezione del convenuto, sospende il giudizio e l'efficacia esecutiva dei titoli eventualmente già formatisi e fissa alle parti un termine perentorio per la riunificazione a pena di improcedibilità della domanda».

(2) *La Corte costituzionale, con sentenza n. 156 del 12 aprile 1991, ha dichiarato l'illegittimità costituzionale di questo articolo nella parte in cui non prevede che il giudice, quando pronuncia sentenza di condanna al pagamento di somme di denaro per crediti relativi a prestazioni di previdenza sociale, deve determinare, oltre gli interessi nella misura legale, il maggior danno eventualmente subito dal titolare per la diminuzione del valore del suo credito, applicando l'indice dei prezzi calcolato dall'Istat per la scala mobile nel settore dell'industria e condannando al pagamento della somma relativa con decorrenza dal giorno in cui si sono verificate le condizioni legali di responsabilità dell'istituto o ente debitore per il ritardo dell'adempimento.*

Successivamente l'art. 16, comma 6, della L. 30 dicembre 1991, n. 412, ha così disposto: «Gli enti gestori di forme di previdenza obbligatoria sono tenuti a corrispondere gli interessi legali, sulle prestazioni dovute, a decorrere dalla data di scadenza del termine previsto per l'adozione del provvedimento sulla domanda. L'importo dovuto a titolo di interessi è portato in detrazione dalle somme eventualmente spettanti a ristoro del maggior danno subito dal titolare della prestazione per la diminuzione del valore del suo credito».

È poi intervenuta la L. 23 dicembre 1994 n. 724 la quale, all'art. 22, comma 36, seconda parte ha così disposto:

«L'articolo 16, comma 6, della L. 30 dicembre 1991, n. 412, si applica anche agli emolumenti di natura retributiva, pensionistica ed assistenziale, per i quali non sia maturato il diritto alla percezione entro il 31 dicembre 1994, spettanti ai dipendenti pubblici [e privati] (*) in attività di servizio o in quiescenza. I criteri e le modalità di applicazione del presente comma sono determinati con decreto del Ministro del tesoro, del bilancio e della programmazione economica, da emanare entro trenta giorni dalla data di entrata in vigore della presente legge».

(*) *Le parole «e privati» sono state dichiarate incostituzionali con sentenza della Corte costituzionale 2 novembre 2000, n. 459.*

(3) *La Corte costituzionale, con sentenza n. 196 del 27 aprile 1993, ha dichiarato l'illegittimità costituzionale di questo articolo, nella parte in cui non prevede, quan-*

do il giudice pronuncia sentenza di condanna al pagamento di somme di denaro per crediti relativi a prestazioni di assistenza sociale obbligatoria, il medesimo trattamento dei crediti relativi a prestazioni di previdenza sociale in ordine agli interessi legali e al risarcimento del maggior danno sofferto dal titolare per la diminuzione di valore del suo credito.

([4]) *Questo comma è stato aggiunto dall'art. 46, comma 22, della L. 18 giugno 2009, n. 69, a decorrere dal 4 luglio 2009. Ai sensi dell'art. 58, comma 1, della predetta legge, tale disposizione si applica ai giudizi instaurati dopo la data della sua entrata in vigore.*

NOTE OPERATIVE:

Competenza: Le controversie in materia di previdenza e di assistenza obbligatorie, nel cui ambito vanno ricomprese tutte quelle derivanti dalla applicazione di norme di natura previdenziale, sono di competenza del tribunale, in funzione di giudice del lavoro, nella cui circoscrizione ha residenza l'attore (C.C. 3338/20).

443. ([1]) **Rilevanza del procedimento amministrativo.** – La domanda relativa alle controversie in materia di previdenza e assistenza obbligatorie di cui al primo comma dell'art. 442 non è procedibile se non quando siano esauriti i procedimenti prescritti dalle leggi speciali per la composizione in sede amministrativa o siano decorsi i termini ivi fissati per il compimento dei procedimenti stessi o siano, comunque, decorsi 180 giorni dalla data in cui è stato proposto il ricorso amministrativo (148 att.).

Se il giudice nella prima udienza di discussione rileva l'improcedibilità della domanda a norma del comma precedente, sospende (295) il giudizio e fissa all'attore un termine perentorio (152, 153) di sessanta giorni per la presentazione del ricorso in sede amministrativa.

Il processo deve essere riassunto, a cura dell'attore, nel termine perentorio di 180 giorni che decorre dalla cessazione della causa della sospensione (125, 126 att.).

([1]) *Articolo così sostituito dall'art. 1 della L. 11 agosto 1973, n. 533.*

NOTE OPERATIVE:

Natura giuridica: La preventiva presentazione della domanda amministrativa costituisce un presupposto dell'azione, mancando il quale la domanda giudiziaria è improponibile, determinandosi in tal caso una temporanea carenza di giurisdizione, rilevabile anche d'ufficio in qualsiasi stato e grado del giudizio, senza che tale difetto possa essere sanato in relazione alla presentazione di domanda amministrativa concernente prestazione previdenziale diversa, ancorché compatibile con quella poi richiesta in sede giudiziaria (C.C. 9504/15).

Ambito di applicazione: La previsione, che attribuisce al giudice il potere di rilevare l'improcedibilità della domanda per il mancato previo esperimento del procedimento amministrativo e di sospendere di conseguenza il giudizio, trova applicazione solo nelle controversie relative a domande proposte da privati contro enti previdenziali, e non per le pretese fatte valere in giudizio dagli enti stessi (C.C. 19487/23).

444. ([1]) **Giudice competente.** – Le controversie in materia di previdenza e di assistenza obbligatorie indicate nell'articolo 442 sono di competenza del tribunale, in funzione di giudice del lavoro, nella cui circoscrizione ha la residenza l'attore. Se l'attore è residente all'estero la competenza è del tribunale, in funzione di giudice del lavoro, nella cui circoscrizione l'attore aveva l'ultima residenza prima del trasferimento all'estero ovvero, quando la prestazione è chiesta dagli eredi, nella cui circoscrizione il defunto aveva la sua ultima residenza ([2]) ([3]).

Se la controversia in materia di infortuni sul lavoro e malattie professionali riguarda gli addetti alla navigazione marittima o alla pesca marittima, è competente il tribunale, in funzione di giudice del lavoro, del luogo in cui ha sede l'ufficio del porto di iscrizione della nave.

Per le controversie relative agli obblighi dei datori di lavoro e all'applicazione delle sanzioni civili per l'inadempimento di tali obblighi, è competente il tribunale, in funzione di giudice del lavoro, del luogo in cui ha sede l'ufficio dell'ente.

([1]) *Articolo così sostituito dall'art. 1 della L. 11 agosto 1973, n. 533.*

([2]) *L'ultimo periodo di questo comma è stato aggiunto dall'art. 46, comma 23, della L. 18 giugno 2009, n. 69, a decorrere dal 4 luglio 2009. Ai sensi dell'art. 58, comma 1, della predetta legge, tale disposizione si applica ai giudizi instaurati dopo la data della sua entrata in vigore.*

([3]) *Questo comma è stato così sostituito dall'art. 86, comma 1, lett. a), del D.L.vo 19 febbraio 1998, n. 51, recante l'istituzione del giudice unico, a decorrere dal 2 giugno 1999.*

NOTE OPERATIVE:

Natura giuridica: La competenza territoriale per le controversie previdenziali ha natura inderogabile in quanto si ricollega alla particolare idoneità del giudice di quel luogo a conoscere quei tipi di controversie e costituisce una condicio iuris dell'esercizio dell'azione (C.C. 8426/19).

445. ([1]) **Consulente tecnico.** – Nei processi regolati nel presente capo, relativi a domande di prestazioni previdenziali o assistenziali che richiedono accertamenti tecnici, il giudice nomina uno o più consulenti tecnici scelti in appositi albi, ai sensi dell'art. 424 (61, 191; 145, 146 att.).

Nei casi di particolare complessità il termine di cui all'art. 424 può essere prorogato fino a sessanta giorni.

(1) *Articolo così sostituito dall'art. 1 della L. 11 agosto 1973, n. 533.*

445 *bis*. (1) **Accertamento tecnico preventivo obbligatorio.** – 1. Nelle controversie in materia di invalidità civile, cecità civile, sordità civile, handicap e disabilità, nonché di pensione di inabilità e di assegno di invalidità, disciplinati dalla legge 12 giugno 1984, n. 222, chi intende proporre in giudizio domanda per il riconoscimento dei propri diritti presenta con ricorso al giudice competente ai sensi dell'articolo 442 codice di procedura civile, presso il Tribunale nel cui circondario risiede l'attore, istanza di accertamento tecnico per la verifica preventiva delle condizioni sanitarie legittimanti la pretesa fatta valere. Il giudice procede a norma dell'articolo 696 *bis* codice di procedura civile, in quanto compatibile nonché secondo le previsioni inerenti all'accertamento peritale di cui all'articolo 10, comma 6 *bis*, del decreto legge 30 settembre 2005, n. 203, convertito, con modificazioni, dalla legge 2 dicembre 2005, n. 248, e all'articolo 195.

2. L'espletamento dell'accertamento tecnico preventivo costituisce condizione di procedibilità della domanda di cui al primo comma. L'improcedibilità deve essere eccepita dal convenuto a pena di decadenza o rilevata d'ufficio dal giudice, non oltre la prima udienza. Il giudice ove rilevi che l'accertamento tecnico preventivo non è stato espletato ovvero che è iniziato ma non si è concluso, assegna alle parti il termine di quindici giorni per la presentazione dell'istanza di accertamento tecnico ovvero di completamento dello stesso.

3. La richiesta di espletamento dell'accertamento tecnico interrompe la prescrizione.

4. Il giudice, terminate le operazioni di consulenza, con decreto comunicato alle parti, fissa un termine perentorio non superiore a trenta giorni, entro il quale le medesime devono dichiarare, con atto scritto depositato in cancelleria, se intendono contestare le conclusioni del consulente tecnico dell'ufficio.

5. In assenza di contestazione, il giudice, se non procede ai sensi dell'articolo 196, con decreto pronunciato fuori udienza entro trenta giorni dalla scadenza del termine previsto dal comma precedente omologa l'accertamento del requisito sanitario secondo le risultanze probatorie indicate nella relazione del consulente tecnico dell'ufficio provvedendo sulle spese. Il decreto, non impugnabile né modificabile, è notificato agli enti competenti, che provvedono, subordinatamente alla verifica di tutti gli ulteriori requisiti previsti dalla normativa vigente, al pagamento delle relative prestazioni, entro 120 giorni.

6. Nei casi di mancato accordo la parte che abbia dichiarato di contestare le conclusioni del consulente tecnico dell'ufficio deve depositare, presso il giudice di cui al comma primo, entro il termine perentorio di trenta giorni dalla formulazione della dichiarazione di dissenso, il ricorso introduttivo del giudizio, specificando, a pena di inammissibilità, i motivi della contestazione.

7. La sentenza che definisce il giudizio previsto dal comma precedente è inappellabile (2).

(1) *Questo articolo è stato inserito dall'art. 38, comma 1, lett.* b), *n. 1), del D.L. 6 luglio 2011, n. 98, convertito, con modificazioni, nella L. 15 luglio 2011, n. 111. A norma dell'art. 38, comma 2, del medesimo decreto legge, le disposizioni di cui al comma 1, lett.* b), *n. 1), si applicano a decorrere dal 1° gennaio 2012.*

(2) *Questo comma è stato aggiunto dall'art. 27, comma 1, lett.* f), *della L. 12 novembre 2011, n. 183. A norma dell'art. 27, comma 2, della stessa legge, tali disposizioni entrano in vigore decorsi 30 giorni dalla data di entrata in vigore della medesima legge (Suppl. ord. alla G.U. Serie gen. - n. 265 del 14 novembre 2011).*

NOTE OPERATIVE:

Conclusioni: Le conclusioni rese dalle parti all'esito dell'accertamento tecnico preventivo non sono autonome rispetto a quelle formulate nella domanda introduttiva, destinata a spiegare effetti fino al momento della decisione (C.C. 24664/22).

446. (1) **Istituti di patronato e di assistenza sociale.** – Gli istituti di patronato e di assistenza sociale legalmente riconosciuti, possono, su istanza dell'assistito, in ogni grado del giudizio, rendere informazioni e osservazioni orali o scritte nella forma di cui all'art. 425.

(1) *Articolo così sostituito dall'art. 1 della L. 11 agosto 1973, n. 533.*

447. (1) **Esecuzione provvisoria.** – Le sentenze pronunciate nei giudizi relativi alle controversie di cui all'art. 442 sono provvisoriamente esecutive.

Si applica il disposto dell'art. 431.

(1) *Articolo così sostituito dall'art. 1 della L. 11 agosto 1973, n. 533.*

447 *bis*. (1) **Norme applicabili alle controversie in materia di locazione, di comodato e di affitto.** – Le controversie in materia di locazione e di comodato di immobili urbani e quelle di affitto di aziende sono disciplinate dagli articoli 414, 415, 416, 417, 418, 419, 420,

421, primo comma, 422, 423, primo e terzo comma, 424, 425, 426, 427, 428, 429, primo e secondo comma, 430, 433, 434, 435, 436, 436 *bis*, 437, 438, 439, 440, 441, (2) in quanto applicabili (3).

[Per le controversie relative ai rapporti di cui all'art. 8, secondo comma, n. 3), è competente il giudice del luogo dove si trova la cosa] (4). Sono nulle le clausole di deroga alla competenza (1419 c.c.).

Il giudice può disporre d'ufficio, in qualsiasi momento, l'ispezione della cosa (118, 258) e l'ammissione di ogni mezzo di prova, ad eccezione del giuramento decisorio (233), nonché la richiesta di informazioni, sia scritte che orali, alle associazioni di categoria indicate dalle parti (425).

Le sentenze di condanna di primo grado sono provvisoriamente esecutive (282). All'esecuzione si può procedere con la sola copia del dispositivo in pendenza del termine per il deposito della sentenza. Il giudice d'appello può disporre con ordinanza non impugnabile (177) che l'efficacia esecutiva o l'esecuzione siano sospese quando dalle stesse possa derivare all'altra parte gravissimo danno.

(1) *Articolo aggiunto dall'art. 70 della L. 26 novembre 1990, n. 353, a far tempo dal 30 aprile 1995.*

(2) *Le parole: «e secondo comma, 430, 433, 434, 435, 436, 437, 438, 439, 440, 441,» sono state così sostituite dalle attuali: «e secondo comma, 430, 433, 434, 435, 436, 436* bis*, 437, 438, 439, 440, 441,» dall'art. 54, comma 1, lett. e), del D.L. 22 giugno 2012, n. 83, convertito, con modificazioni, nella L. 7 agosto 2012, n. 134. A norma dell'art. 54, comma 2, del medesimo decreto tali disposizioni si applicano ai giudizi di appello introdotti con ricorso depositato o con citazione di cui sia stata richiesta la notificazione dal trentesimo giorno successivo a quello di entrata in vigore della legge di conversione del presente decreto. A norma del comma 3* bis *dell'art. 54 del medesimo decreto, tali disposizioni non si applicano al processo tributario di cui al decreto legislativo 31 dicembre 1992, n. 546.*

(3) *Questo comma è stato così sostituito dall'art. 87, comma 1, lett. a), del D.L.vo 19 febbraio 1998, n. 51, recante l'istituzione del giudice unico, a decorrere dal 2 giugno 1999. Si riporta il testo previgente:*

«Le controversie di cui all'art. 8, secondo comma, n. 3), sono disciplinate dagli artt. 414, 415, 416, 417, 418, 419, 420, 421, primo comma, 422, 423, primo e terzo comma, 424, 425, 426, 427, 428, 429, primo e secondo comma, 430, 433, 434, 435, 436, 437, 438, 439, 440, 441, in quanto applicabili».

(4) *Questo periodo è stato soppresso dell'art. 87, comma 1, lett. b), del D.L.vo 19 febbraio 1998, n. 51, recante l'istituzione del giudice unico, a decorrere dal 2 giugno 1999.*

448 - 473. (*Omissis*) (1).

(1) *Articoli soppressi dall'art. 1 della L. 11 agosto 1973, n. 533.*

Titolo IV *bis*
Norme per il procedimento in materia di persone, minorenni e famiglie (1)

(1) *Questo Titolo (art. 473* bis *– art. 473* ter*) è stato inserito dall'art. 3, comma 33, del D.L.vo 10 ottobre 2022, n. 149, a decorrere dal 28 febbraio 2023.*

A norma dell'art. 35, comma 1, del medesimo decreto, le disposizioni si applicano ai procedimenti instaurati successivamente a tale data. Ai procedimenti pendenti alla data del 28 febbraio 2023 si applicano le disposizioni anteriormente vigenti.

Capo I
Disposizioni generali

473 *bis*. Ambito di applicazione. – Le disposizioni del presente titolo si applicano ai procedimenti relativi allo stato delle persone, ai minorenni e alle famiglie attribuiti alla competenza del tribunale ordinario, del giudice tutelare e del tribunale per i minorenni, salvo che la legge disponga diversamente e con esclusione dei procedimenti volti alla dichiarazione di adottabilità, dei procedimenti di adozione di minori di età e dei procedimenti attribuiti alla competenza delle sezioni specializzate in materia di immigrazione, protezione internazionale e libera circolazione dei cittadini dell'Unione europea.

Per quanto non disciplinato dal presente titolo, i procedimenti di cui al primo comma sono regolati dalle norme previste dai titoli I e III del libro II.

473 *bis*.1. Composizione dell'organo giudicante. – Salvo che la legge disponga diversamente, il tribunale giudica in composizione collegiale, e la trattazione e l'istruzione possono essere delegate a uno dei componenti del collegio.

Davanti al tribunale per i minorenni, nei procedimenti aventi ad oggetto la responsabilità genitoriale possono essere delegati ai giudici onorari specifici adempimenti ad eccezione dell'ascolto del minore, dell'assunzione delle testimonianze e degli altri atti riservati al giudice. La prima udienza, l'udienza di rimessione della causa in decisione e le udienze all'esito delle quali sono assunti provvedimenti temporanei sono tenute davanti al collegio o al giudice relatore (1) (2).

(1) *A norma dell'art. 8, comma 9* bis*, del D.L. 29 dicembre 2022, n. 198, convertito, con modificazioni, nella L. 24 febbraio 2023, n. 14, in deroga alle disposizioni di cui all'art. 35 del D.L.vo 10 ottobre 2022, n. 149, il divieto di delegare ai giudici onorari del tribunale per i minorenni l'ascolto del minore e l'assunzione delle testimonianze, previsto da questo comma, si applica ai procedimenti instaurati successivamente al 30 giugno 2023.*

CODICE PROCEDURA CIVILE

(2) *A norma dell'art. 3 del D.L. 10 agosto 2023, n. 105, convertito, con modificazioni, nella L. 9 ottobre 2023, n. 137, sino al 30 aprile 2024, in deroga a quanto previsto dall'articolo 473 bis.1, secondo comma, del codice di procedura civile, davanti al tribunale per i minorenni, nei procedimenti aventi ad oggetto la responsabilità genitoriale il giudice, con provvedimento motivato, può delegare ad un giudice onorario specifici adempimenti, compresi l'audizione delle parti e l'ascolto del minore, indicando puntualmente le modalità di svolgimento e le circostanze oggetto dell'atto. Il giudice onorario cui sia stato delegato l'ascolto del minore o lo svolgimento di attività istruttoria fa parte del collegio chiamato a decidere sul procedimento o ad adottare provvedimenti temporanei. La prima udienza, l'udienza di rimessione della causa in decisione e le udienze all'esito delle quali sono assunti provvedimenti temporanei sono tenute davanti al collegio o al giudice relatore.*

473 *bis*.2. Poteri del giudice. – A tutela dei minori il giudice può d'ufficio nominare il curatore speciale nei casi previsti dalla legge, adottare i provvedimenti opportuni in deroga all'articolo 112 e disporre mezzi di prova al di fuori dei limiti di ammissibilità previsti dal codice civile, nel rispetto del contraddittorio e del diritto alla prova contraria.

Con riferimento alle domande di contributo economico, il giudice può d'ufficio ordinare l'integrazione della documentazione depositata dalle parti e disporre ordini di esibizione e indagini sui redditi, sui patrimoni e sull'effettivo tenore di vita, anche nei confronti di terzi, valendosi se del caso della polizia tributaria.

473 *bis*.3. Poteri del pubblico ministero. – Nell'esercizio dell'azione civile e al fine di adottare le relative determinazioni, il pubblico ministero può assumere informazioni, acquisire atti e svolgere accertamenti, anche avvalendosi della polizia giudiziaria e dei servizi sociali, sanitari e assistenziali.

473 *bis*.4. Ascolto del minore. – Il minore che ha compiuto gli anni dodici e anche di età inferiore ove capace di discernimento è ascoltato dal giudice nei procedimenti nei quali devono essere adottati provvedimenti che lo riguardano. Le opinioni del minore devono essere tenute in considerazione avuto riguardo alla sua età e al suo grado di maturità.

Il giudice non procede all'ascolto, dandone atto con provvedimento motivato, se esso è in contrasto con l'interesse del minore o manifestamente superfluo, in caso di impossibilità fisica o psichica del minore o se quest'ultimo manifesta la volontà di non essere ascoltato.

Nei procedimenti in cui si prende atto di un accordo dei genitori relativo alle condizioni di affidamento dei figli, il giudice procede all'ascolto soltanto se necessario.

473 *bis*.5. Modalità dell'ascolto. – L'ascolto del minore è condotto dal giudice, il quale può farsi assistere da esperti e altri ausiliari. Se il procedimento riguarda più minori, di regola il giudice li ascolta separatamente.

L'udienza è fissata in orari compatibili con gli impegni scolastici del minore, ove possibile in locali idonei e adeguati alla sua età, anche in luoghi diversi dal tribunale.

Prima di procedere all'ascolto, il giudice indica i temi oggetto dell'adempimento ai genitori, agli esercenti la responsabilità genitoriale, ai rispettivi difensori e al curatore speciale, i quali possono proporre argomenti e temi di approfondimento e, su autorizzazione del giudice, partecipare all'ascolto.

Il giudice, tenuto conto dell'età e del grado di maturità del minore, lo informa della natura del procedimento e degli effetti dell'ascolto, e procede all'adempimento con modalità che ne garantiscono la serenità e la riservatezza. Il minore che ha compiuto quattordici anni è informato altresì della possibilità di chiedere la nomina di un curatore speciale ai sensi dell'articolo 473 *bis*.8.

Dell'ascolto del minore è effettuata registrazione audiovisiva. Se per motivi tecnici non è possibile procedere alla registrazione, il processo verbale descrive dettagliatamente il contegno del minore.

473 *bis*.6. Rifiuto del minore a incontrare il genitore. – Quando il minore rifiuta di incontrare uno o entrambi i genitori, il giudice procede all'ascolto senza ritardo, assume sommarie informazioni sulle cause del rifiuto e può disporre l'abbreviazione dei termini processuali.

Allo stesso modo il giudice procede quando sono allegate o segnalate condotte di un genitore tali da ostacolare il mantenimento di un rapporto equilibrato e continuativo tra il minore e l'altro genitore o la conservazione di rapporti significativi con gli ascendenti e con i parenti di ciascun ramo genitoriale.

473 *bis*.7. Nomina del tutore e del curatore del minore. – Il giudice nomina il tutore del minore quando dispone, anche con provvedimento temporaneo, la sospensione o la decadenza dalla responsabilità genitoriale di entrambi i genitori. Copia del provvedimento è trasmessa al giudice tutelare per le prescritte annotazioni sul registro delle tutele. Sino alla definizione del procedimento, le funzioni del giudice tutelare sono esercitate dal giudice che procede.

Il giudice può nominare il curatore del minore quando dispone, all'esito del procedimento, limitazioni della responsabilità genitoriale. Il provvedimento di nomina del curatore deve contenere l'indicazione:

a) della persona presso cui il minore ha la residenza abituale;

b) degli atti che il curatore ha il potere di compiere nell'interesse del minore, e di quelli per i quali è necessaria l'autorizzazione del giudice tutelare;

c) degli atti che possono compiere i genitori, congiuntamente o disgiuntamente;

d) degli atti che può compiere la persona presso cui il minore ha la residenza abituale;

e) della periodicità con cui il curatore riferisce al giudice tutelare circa l'andamento degli interventi, i rapporti mantenuti dal minore con i genitori, l'attuazione del progetto eventualmente predisposto dal tribunale.

Nei casi previsti dal presente articolo, all'esito del procedimento il giudice trasmette gli atti al giudice tutelare competente.

473 *bis*.8. Curatore speciale del minore. – Il giudice provvede alla nomina del curatore speciale del minore, anche d'ufficio e a pena di nullità degli atti del procedimento:

a) nei casi in cui il pubblico ministero abbia chiesto la decadenza dalla responsabilità genitoriale di entrambi i genitori, o in cui uno dei genitori abbia chiesto la decadenza dell'altro;

b) in caso di adozione di provvedimenti ai sensi dell'articolo 403 del codice civile o di affidamento del minore ai sensi degli articoli 2 e seguenti della legge 4 maggio 1983, n. 184;

c) nel caso in cui dai fatti emersi nel procedimento venga alla luce una situazione di pregiudizio per il minore tale da precluderne l'adeguata rappresentanza processuale da parte di entrambi i genitori;

d) quando ne faccia richiesta il minore che abbia compiuto quattordici anni.

In ogni caso il giudice può nominare un curatore speciale quando i genitori appaiono per gravi ragioni temporaneamente inadeguati a rappresentare gli interessi del minore. Il provvedimento di nomina del curatore deve essere succintamente motivato. Si applicano gli articoli 78, 79 e 80.

Al curatore speciale del minore il giudice può attribuire, con il provvedimento di nomina o con provvedimento non impugnabile adottato nel corso del giudizio, specifici poteri di rappresentanza sostanziale. Il curatore speciale del minore procede al suo ascolto ai sensi dell'articolo 315 *bis*, terzo comma, del codice civile, nel rispetto dei limiti di cui all'articolo 473 *bis*.4.

Il minore che abbia compiuto quattordici anni, i genitori che esercitano la responsabilità genitoriale, il tutore o il pubblico ministero possono chiedere con istanza motivata al presidente del tribunale o al giudice che procede, che decide con decreto non impugnabile, la revoca del curatore per gravi inadempienze o perché mancano o sono venuti meno i presupposti per la sua nomina.

473 *bis*.9. Disposizioni in favore dei figli maggiorenni portatori di handicap grave. – Ai figli maggiorenni portatori di handicap grave si applicano le disposizioni in favore dei figli minori previste nel presente titolo, in quanto compatibili.

473 *bis*.10. Mediazione familiare. – Il giudice può, in ogni momento, informare le parti della possibilità di avvalersi della mediazione familiare e invitarle a rivolgersi a un mediatore, da loro scelto tra le persone iscritte nell'elenco formato a norma delle disposizioni di attuazione del presente codice, per ricevere informazioni circa le finalità, i contenuti e le modalità del percorso e per valutare se intraprenderlo.

Qualora ne ravvisi l'opportunità, il giudice, sentite le parti e ottenuto il loro consenso, può rinviare l'adozione dei provvedimenti di cui all'articolo 473 *bis*.22 per consentire che i coniugi, avvalendosi di esperti, tentino una mediazione per raggiungere un accordo, con particolare riferimento alla tutela dell'interesse morale e materiale dei figli.

Capo II
Del procedimento

Sezione I
Disposizioni comuni
al giudizio di primo grado

473 *bis*.11. Competenza per territorio. – Per tutti i procedimenti nei quali devono essere adottati provvedimenti che riguardano un minore, è competente il tribunale del luogo in cui il minore ha la residenza abituale. Se vi è stato trasferimento del minore non autorizzato e non è decorso un anno, è competente il tribunale del luogo dell'ultima residenza abituale del minore prima del trasferimento.

In tutti gli altri casi si applicano le disposizioni generali, ove non derogate da quanto previsto alla sezione II del capo III del presente titolo.

473 *bis*.12. Forma della domanda. – La domanda si propone con ricorso che contiene:

a) l'indicazione dell'ufficio giudiziario davanti al quale la domanda è proposta;

b) il nome, il cognome, il luogo e la data di nascita, la cittadinanza, la residenza o il domicilio o la dimora e il codice fiscale dell'attore e del convenuto, nonché dei figli comuni delle parti se minorenni, maggiorenni economicamente non autosufficienti o portatori di handicap grave, e degli altri soggetti ai quali le domande o il procedimento si riferiscono;

c) il nome, il cognome e il codice fiscale del procuratore, unitamente all'indicazione della procura;

d) la determinazione dell'oggetto della domanda;

e) la chiara e sintetica esposizione dei fatti e degli elementi di diritto sui quali la domanda si fonda, con le relative conclusioni;

f) l'indicazione specifica dei mezzi di prova dei quali l'attore intende valersi e dei documenti che offre in comunicazione.

Il ricorso deve altresì indicare l'esistenza di altri procedimenti aventi a oggetto, in tutto o in parte, le medesime domande o domande ad esse connesse. Ad esso è allegata copia di eventuali provvedimenti, anche provvisori, già adottati in tali procedimenti.

In caso di domande di contributo economico o in presenza di figli minori, al ricorso sono allegati:

a) le dichiarazioni dei redditi degli ultimi tre anni;

b) la documentazione attestante la titolarità di diritti reali su beni immobili e beni mobili registrati, nonché di quote sociali;

c) gli estratti conto dei rapporti bancari e finanziari relativi agli ultimi tre anni.

Nei procedimenti relativi ai minori, al ricorso è allegato un piano genitoriale che indica gli impegni e le attività quotidiane dei figli relative alla scuola, al percorso educativo, alle attività extrascolastiche, alle frequentazioni abituali e alle vacanze normalmente godute.

473 *bis*.13. Ricorso del pubblico ministero. – Il ricorso del pubblico ministero contiene:

a) l'indicazione dell'ufficio giudiziario davanti al quale il ricorso è presentato;

b) il nome, il cognome, il luogo e la data di nascita, la cittadinanza, la residenza o il domicilio o la dimora e il codice fiscale del minore, dei genitori e, ove nominati, del tutore, del curatore, del curatore speciale e dell'affidatario del minore, nonché, nei giudizi relativi allo stato delle persone, di coloro che possono avere un interesse qualificato all'esito del giudizio;

c) la determinazione dell'oggetto della domanda;

d) la chiara e sintetica esposizione dei fatti e degli elementi di diritto sui quali la domanda si fonda con le relative conclusioni, anche istruttorie.

Nei casi in cui il minore sia stato collocato in una struttura comunitaria, il ricorso indica altresì il nome, il cognome, il codice fiscale e la residenza del legale rappresentante, salvo che sia necessario mantenere riservate tali indicazioni.

Al ricorso sono allegati i documenti relativi agli accertamenti svolti e alle informazioni assunte, nonché i provvedimenti relativi al minore emessi dall'autorità giudiziaria o da altra pubblica autorità.

In presenza di richiesta di allontanamento del minore, il ricorso reca l'indicazione di eventuali parenti entro il quarto grado che abbiano mantenuto rapporti significativi con lo stesso.

In caso di domande di contributo economico, al ricorso è allegata la documentazione attestante la situazione economica e reddituale dei genitori e del minore.

Le disposizioni che precedono si applicano, in quanto compatibili, anche al ricorso presentato dal parente, dal tutore, dal curatore e dal curatore speciale.

473 *bis*.14. Deposito del ricorso e decreto di fissazione dell'udienza. – Il ricorso è depositato al giudice competente insieme con i documenti in esso indicati.

Il presidente, entro tre giorni dal deposito del ricorso, designa il relatore, al quale può delegare la trattazione del procedimento, e fissa l'udienza di prima comparizione delle parti assegnando il termine per la costituzione del convenuto, che deve avvenire almeno trenta giorni prima dell'udienza. Il presidente nomina un curatore speciale quando il convenuto è malato di mente o legalmente incapace.

Tra il giorno del deposito del ricorso e l'udienza non devono intercorrere più di novanta giorni.

Con lo stesso decreto il presidente informa il convenuto che la costituzione oltre il suddetto termine implica le decadenze di cui agli articoli 38 e 167, che la difesa tecnica mediante avvocato è obbligatoria e che la parte, sussistendone i presupposti di legge, può presentare istanza per l'ammissione al patrocinio a spese dello Stato. Informa inoltre le parti della possibilità di avvalersi della mediazione familiare.

Il ricorso e il decreto di fissazione dell'udienza sono notificati al convenuto a cura dell'attore. Tra la notifica del ricorso e la data dell'udienza deve intercorrere un termine non inferiore a sessanta giorni liberi. Il decreto è inoltre comunicato al pubblico ministero, a cura della cancelleria.

Il termine di cui al terzo comma è elevato a centoventi giorni e quello di cui al quinto comma è elevato a novanta giorni nel caso in cui la notificazione debba essere effettuata all'estero.

473 *bis*.15. Provvedimenti indifferibili. – In caso di pregiudizio imminente e irreparabile o quando la convocazione delle parti potrebbe pregiudicare l'attuazione dei provvedimenti, il presidente o il giudice da lui delegato, assunte ove occorre sommarie informazioni, adotta con decreto provvisoriamente esecutivo i provvedimenti necessari nell'interesse dei figli e, nei limiti delle domande da queste proposte, delle parti. Con il medesimo decreto fissa entro i successivi quindici giorni l'udienza per la conferma, modifica o revoca dei provvedimenti adottati con il decreto, assegnando all'istante un termine perentorio per la notifica.

473 *bis*.16. Costituzione del convenuto. – Il convenuto si costituisce nel termine assegnato dal giudice, depositando comparsa di risposta che contiene le indicazioni previste, anche a pena di decadenza, dagli articoli 167 e 473 *bis*.12, secondo, terzo e quarto comma.

473 *bis*.17. Ulteriori difese. – Entro venti giorni prima della data dell'udienza, l'attore può depositare memoria con cui prendere posizione in maniera chiara e specifica sui fatti allegati dal convenuto, nonché, a pena di decadenza, modificare o precisare le domande e le conclusioni già formulate, proporre le domande e le eccezioni che sono conseguenza delle difese del convenuto, indicare mezzi di prova e produrre documenti. Nel caso in cui il convenuto abbia formulato domande di contributo economico, nello stesso termine l'attore deve depositare la documentazione prevista nell'articolo 473 *bis*.12, terzo comma.

Entro dieci giorni prima della data dell'udienza, il convenuto può depositare un'ulteriore memoria con cui, a pena di decadenza, precisare e modificare le domande, le eccezioni e le conclusioni già proposte, proporre le eccezioni non rilevabili d'ufficio che siano conseguenza della domanda riconvenzionale o delle difese svolte dall'attore con la memoria di cui al primo comma, indicare mezzi di prova e produrre documenti, anche a prova contraria.

Entro cinque giorni prima della data dell'udienza, l'attore può depositare ulteriore memoria per le sole indicazioni di prova contraria rispetto ai mezzi istruttori dedotti nella memoria di cui al secondo comma.

473 *bis*.18. Dovere di leale collaborazione. – Il comportamento della parte che in ordine alle proprie condizioni economiche rende informazioni o effettua produzioni documentali inesatte o incomplete è valutabile ai sensi del secondo comma dell'articolo 116, nonché ai sensi del primo comma dell'articolo 92 e dell'articolo 96.

473 *bis*.19. Nuove domande e nuovi mezzi di prova. – Le decadenze previste dagli articoli 473 *bis*.14 e 473 *bis*.17 operano solo in riferimento alle domande aventi a oggetto diritti disponibili.

Le parti possono sempre introdurre nuove domande e nuovi mezzi di prova relativi all'affidamento e al mantenimento dei figli minori. Possono altresì proporre, nella prima difesa utile successiva e fino al momento della precisazione delle conclusioni, nuove domande di contributo economico in favore proprio e dei figli maggiorenni non indipendenti economicamente e i relativi nuovi mezzi di prova, se si verificano mutamenti nelle circostanze o a seguito di nuovi accertamenti istruttori.

473 *bis*.20. Intervento volontario. – L'intervento del terzo avviene con le modalità previste dall'articolo 473 *bis*.16.

Il terzo non può intervenire oltre il termine stabilito per la costituzione del convenuto, salvo che compaia volontariamente per l'integrazione necessaria del contraddittorio.

473 *bis*.21. Udienza di comparizione delle parti. – All'udienza fissata per la comparizione delle parti, il collegio o il giudice delegato verifica d'ufficio la regolarità del contraddittorio e, quando occorre, pronuncia i provvedimenti opportuni. Salvo che il processo sia introdotto con ricorso del pubblico ministero, se l'attore non compare o rinuncia e il convenuto costituito non chiede che si proceda in sua assenza, il procedimento si estingue.

Le parti devono comparire personalmente, salvo gravi e comprovati motivi. La mancata comparizione senza giustificato motivo costituisce comportamento valutabile ai sensi del secondo comma dell'articolo 116 e nella liquidazione delle spese.

All'udienza il giudice sente le parti, congiuntamente o separatamente, alla presenza dei rispettivi difensori, e ne tenta la conciliazione. Può inoltre formulare una motivata proposta conciliativa della controversia. Se le parti si conciliano, il giudice assume i provvedimenti temporanei e urgenti che si rendono necessari e rimette la causa in decisione.

473 *bis*.22. Provvedimenti del giudice. – Se la conciliazione non riesce, il giudice, sentite le parti e i rispettivi difensori e assunte ove occorra sommarie informazioni, dà con ordinanza i provvedimenti temporanei e urgenti che ritiene opportuni nell'interesse delle parti, nei limiti delle domande da queste proposte, e dei figli. Quando pone a carico delle parti l'obbligo di versare un contributo economico il giudice determina la data di decorrenza del provvedimento, con facoltà di farla retroagire fino alla data della domanda. Allo stesso modo provvede se una delle parti non compare senza giustificato motivo.

L'ordinanza costituisce titolo esecutivo e titolo per l'iscrizione dell'ipoteca giudiziale, e conserva la sua efficacia anche dopo l'estinzione del processo, finché non sia sostituita con altro provvedimento.

Con l'ordinanza di cui al primo comma, il giudice provvede sulle richieste istruttorie e predispone il calendario del processo, fissando entro i successivi novanta giorni l'udienza per l'assunzione dei mezzi di prova ammessi.

Quando la causa è matura per la decisione senza bisogno di assunzione dei mezzi di prova, il giudice, fatte precisare le conclusioni, pronuncia i provvedimenti di cui al primo comma e ordina la discussione orale della causa nella stessa udienza o, su istanza di parte, in un'udienza successiva e, all'esito, trattiene la causa in decisione. Il giudice delegato si riserva di riferire al collegio per la decisione. Allo stesso modo si procede quando può essere decisa la domanda relativa allo stato delle persone e il procedimento deve continuare per la definizione delle ulteriori domande. Contro la sentenza che decide sullo stato delle persone è ammesso solo appello immediato.

473 *bis*.23. Modifica dei provvedimenti temporanei e urgenti. – I provvedimenti temporanei e urgenti possono essere modificati o revocati dal collegio o dal giudice delegato in presenza di fatti sopravvenuti o nuovi accertamenti istruttori.

473 *bis*.24. Reclamo dei provvedimenti temporanei e urgenti. – Contro i provvedimenti temporanei e urgenti di cui al primo comma dell'articolo 473 *bis*.22 si può proporre reclamo con ricorso alla Corte di appello.

È altresì ammesso reclamo contro i provvedimenti temporanei emessi in corso di causa che sospendono o introducono sostanziali limitazioni alla responsabilità genitoriale, nonché quelli che prevedono sostanziali modifiche dell'affidamento e della collocazione dei minori ovvero ne dispongono l'affidamento a soggetti diversi dai genitori.

Il reclamo deve essere proposto entro il termine perentorio di dieci giorni dalla pronuncia del provvedimento in udienza ovvero dalla comunicazione, o dalla notificazione se anteriore. Eventuali circostanze sopravvenute sono dedotte davanti al giudice di merito.

Il collegio, assicurato il contraddittorio tra le parti, entro sessanta giorni dal deposito del ricorso pronuncia ordinanza con la quale conferma, modifica o revoca il provvedimento reclamato e provvede sulle spese. Ove indispensabile ai fini della decisione, può assumere sommarie informazioni. L'ordinanza è immediatamente esecutiva.

Avverso i provvedimenti di reclamo pronunciati nei casi di cui al secondo comma è ammesso ricorso per cassazione ai sensi dell'articolo 111 della Costituzione.

473 *bis*.25. Consulenza tecnica d'ufficio. – Quando dispone consulenza tecnica d'ufficio, il giudice precisa l'oggetto dell'incarico e sceglie il consulente tra quelli dotati di specifica competenza in relazione all'accertamento e alle valutazioni da compiere.

Nella consulenza psicologica le indagini e le valutazioni su caratteristiche e profili di personalità delle parti sono consentite nei limiti in cui hanno ad oggetto aspetti tali da incidere direttamente sulle capacità genitoriali, e sono fondate su metodologie e protocolli riconosciuti dalla comunità scientifica.

Il consulente svolge le indagini che coinvolgono direttamente il minore in orari compatibili con gli impegni scolastici, e con durata e modalità che garantiscono la serenità del minore e sono adeguate alla sua età.

Nella relazione il consulente tiene distinti i fatti osservati direttamente, le dichiarazioni rese dalle parti e dai terzi e le valutazioni da lui formulate. La relazione indica altresì le metodologie e i protocolli seguiti, nonché eventuali specifiche proposte di intervento a sostegno del nucleo familiare e del minore.

473 *bis*.26. Nomina di un esperto su richiesta delle parti. – Il giudice, su istanza congiunta delle parti, può nominare ai sensi dell'articolo 68 uno o più ausiliari, scelti tra gli iscritti all'albo dei consulenti tecnici d'ufficio, o al di fuori dell'albo se vi è accordo delle parti, per intervenire sul nucleo familiare al fine di superare i conflitti tra le parti, fornire ausilio per i minori e agevolare la ripresa o il miglioramento delle relazioni tra genitori e figli.

Il giudice individua gli obiettivi dell'attività demandata all'ausiliario tra quelli indicati nel primo comma, e fissa i termini, anche periodici, entro cui l'ausiliario deposita una relazione sull'attività svolta e quelli entro cui le parti possono depositare note scritte.

Se sorgono questioni sui poteri o sui limiti dell'incarico conferito, l'ausiliario o le parti informano il giudice il quale, sentite le parti, dà i provvedimenti opportuni.

473 *bis*.27. Intervento dei servizi sociali o sanitari nei procedimenti a tutela dei minori. – Quando dispone l'intervento dei servizi sociali o sanitari, il giudice indica in modo specifico l'attività ad essi demandata e fissa i termini entro cui i servizi sociali o sanitari devono depositare una relazione periodica sull'attività svolta, nonché quelli entro cui le parti possono depositare memorie.

Nelle relazioni sono tenuti distinti i fatti accertati, le dichiarazioni rese dalle parti e dai terzi e le eventuali valutazioni formulate dagli operatori che, ove aventi oggetto profili di personalità delle parti, devono essere fondate su dati oggettivi e su metodologie e protocolli riconosciuti dalla comunità scientifica, da indicare nella relazione.

Le parti possono prendere visione ed estrarre copia delle relazioni e di ogni accertamento compiuto dai responsabili del servizio sociale o sanitario incaricati, trasmessi all'autorità giudiziaria, salvo che la legge non disponga diversamente.

473 *bis*.29. Modificabilità dei provvedimenti. – Qualora sopravvengano giustificati motivi, le parti possono in ogni tempo chiedere, con le forme previste nella presente sezione, la revisione dei provvedimenti a tutela dei minori e in materia di contributi economici.

Sezione II

Dell'appello

473 *bis*.30. Forma dell'appello. – L'appello si propone con ricorso, che deve contenere le indicazioni previste dall'articolo 342.

473 *bis*.31. Decreto del presidente. – Il presidente della Corte di appello, entro cinque giorni dal deposito del ricorso, nomina il relatore e fissa l'udienza di comparizione e trattazione e il termine entro il quale l'appellante deve provvedere alla notificazione del ricorso e del decreto all'appellato.

Tra la data di notificazione all'appellato e quella dell'udienza deve intercorrere un termine non minore di novanta giorni.

Nel caso in cui la notificazione prevista dal primo comma debba effettuarsi all'estero, il termine di cui al secondo comma è elevato a centocinquanta giorni.

Il presidente acquisisce d'ufficio le relazioni aggiornate dei servizi sociali o sanitari eventualmente incaricati e ordina alle parti di depositare la documentazione aggiornata di cui all'articolo 473 *bis*.12, terzo comma.

473 *bis*.32. Costituzione dell'appellato e appello incidentale. – L'appellato deve costituirsi almeno trenta giorni prima dell'udienza, mediante deposito della comparsa di costituzione, nella quale deve esporre le sue difese in modo chiaro e specifico. Nella stessa comparsa l'appellato può, a pena di decadenza, proporre appello incidentale.

L'appellante può depositare una memoria di replica entro il termine perentorio di venti giorni prima dell'udienza, e l'appellato può a sua volta replicare con memoria da depositare entro il termine perentorio di dieci giorni prima.

473 *bis*.33. Intervento del pubblico ministero. – Il pubblico ministero interviene in giudizio depositando le proprie conclusioni almeno dieci giorni prima dell'udienza.

473 *bis*.34. Udienza di discussione. – La trattazione dell'appello è collegiale.

All'udienza il giudice incaricato fa la relazione orale della causa, e all'esito della discussione il collegio trattiene la causa in decisione. Su richiesta delle parti, può assegnare loro un termine per note difensive e rinviare la causa ad altra udienza.

La sentenza è depositata nei sessanta giorni successivi all'udienza.

Il giudice dell'appello può adottare i provvedimenti di cui agli articoli 473 *bis*.15 e 473 *bis*.22. Se ammette nuove prove, dà con ordinanza i provvedimenti per la loro assunzione, per la quale può delegare il relatore.

473 *bis*.35. Domande ed eccezioni nuove. – Il divieto di nuove domande ed eccezioni e di nuovi mezzi di prova previsto dall'articolo 345 si applica limitatamente alle domande aventi ad oggetto diritti disponibili.

Sezione III
Dell'attuazione dei provvedimenti

473 *bis*.36. Garanzie a tutela del credito. – I provvedimenti, anche se temporanei, in materia di contributo economico in favore della prole o delle parti sono immediatamente esecutivi e costituiscono titolo per l'iscrizione dell'ipoteca giudiziale. Se il valore dei beni ipotecati eccede la cautela da somministrare, si applica il secondo comma dell'articolo 96.

Il giudice può imporre al soggetto obbligato di prestare idonea garanzia personale o reale, se esiste il pericolo che possa sottrarsi all'adempimento degli obblighi di contributo economico.

Il creditore cui spetta la corresponsione periodica del contributo, per assicurare che siano soddisfatte o conservate le sue ragioni in ordine all'adempimento, può chiedere al giudice di autorizzare il sequestro dei beni mobili, immobili o crediti del debitore.

Qualora sopravvengano giustificati motivi il giudice, su istanza di parte, può disporre la revoca o la modifica dei provvedimenti.

I provvedimenti di cui al secondo, terzo e quarto comma sono richiesti al giudice del procedimento in corso o, in mancanza, ai sensi dell'articolo 473 *bis*.29.

473 *bis*.37. Pagamento diretto del terzo. – Il creditore cui spetta la corresponsione periodica del contributo in favore suo o della prole, dopo la costituzione in mora del debitore, inadempiente per un periodo di almeno trenta giorni, può notificare il provvedimento o l'accordo di negoziazione assistita in cui è stabilita la misura dell'assegno ai terzi tenuti a corrispondere periodicamente somme di denaro al soggetto obbligato, con la richiesta di versargli direttamente le somme dovute, dandone comunicazione al debitore inadempiente.

Il terzo è tenuto al pagamento dell'assegno dal mese successivo a quello in cui è stata effettuata la notificazione. Ove il terzo non adempia, il creditore ha azione esecutiva diretta nei suoi confronti per il pagamento delle somme dovute.

Qualora il credito dell'obbligato nei confronti dei suddetti terzi sia stato già pignorato al momento della notificazione, all'assegnazione e alla ripartizione delle somme tra l'avente diritto al contributo e gli altri creditori provvede il giudice dell'esecuzione, il quale tiene conto anche della natura e delle finalità dell'assegno.

473 *bis*.38. Attuazione dei provvedimenti sull'affidamento. – Per l'attuazione dei provvedimenti sull'affidamento del minore e per la soluzione delle controversie in ordine all'esercizio della responsabilità genitoriale è competente il giudice del procedimento in corso, che provvede in composizione monocratica.

Se non pende un procedimento è competente, in composizione monocratica, il giudice che ha emesso il provvedimento da attuare o, in caso di trasferimento del minore, quello individuato ai sensi dell'articolo 473 *bis*.11, primo comma. Quando è instaurato successivamente tra le stesse parti un giudizio che ha ad oggetto la titolarità o l'esercizio della responsabilità genitoriale, il giudice dell'attuazione, anche d'ufficio, senza indugio e comunque entro quindici giorni adotta i provvedimenti urgenti che ritiene necessari nell'interesse del minore e trasmette gli atti al giudice di merito. I provvedimenti adottati conservano la loro efficacia fino a quando sono confermati, modificati o revocati con provvedimento emesso dal giudice del merito.

A seguito del ricorso il giudice, sentiti i genitori, coloro che esercitano la responsabilità genitoriale, il curatore e il curatore speciale, se nominati, e il pubblico ministero, tenta la conciliazione delle parti e in difetto pronuncia ordinanza con cui determina le modalità dell'attuazione e adotta i provvedimenti opportuni, avendo riguardo all'interesse superiore del minore.

Se nel corso dell'attuazione sorgono difficoltà che non ammettono dilazione, ciascuna parte e gli ausiliari incaricati possono chiedere al giudice, anche verbalmente, che adotti i necessari provvedimenti temporanei.

Il giudice può autorizzare l'uso della forza pubblica, con provvedimento motivato, soltanto se assolutamente indispensabile e avendo riguardo alla preminente tutela della salute psicofisica del minore. L'intervento è posto in essere sotto la vigilanza del giudice e con l'ausilio di personale specializzato, anche sociale e sanitario, il quale adotta ogni cautela richiesta dalle circostanze.

Nel caso in cui sussista pericolo attuale e concreto, desunto da circostanze specifiche e oggettive, di sottrazione del minore o di altre condotte che potrebbero pregiudicare l'attuazione del provvedimento, il giudice determina le modalità di attuazione con decreto motivato, senza la preventiva convocazione delle parti. Con lo stesso decreto dispone la comparizione delle parti davanti a sé nei quindici giorni successivi, e all'udienza provvede con ordinanza.

Avverso l'ordinanza pronunciata dal giudice ai sensi del presente articolo è possibile proporre opposizione nelle forme dell'articolo 473 *bis*.12.

473 *bis*.39. Provvedimenti in caso di inadempienze o violazioni. – In caso di gravi inadempienze, anche di natura economica, o di atti che arrechino pregiudizio al minore od ostacolino il corretto svolgimento delle modalità dell'affidamento e dell'esercizio della responsabilità genitoriale, il giudice può d'ufficio modificare i provvedimenti in vigore e può, anche congiuntamente:

a) ammonire il genitore inadempiente;

b) individuare ai sensi dell'articolo 614 *bis* la somma di denaro dovuta dall'obbligato per ogni violazione o inosservanza successiva ovvero per ogni giorno di ritardo nell'esecuzione del provvedimento;

c) condannare il genitore inadempiente al pagamento di una sanzione amministrativa pecuniaria, da un minimo di 75 euro a un massimo di 5.000 euro a favore della Cassa delle ammende.

Nei casi di cui al primo comma, il giudice può inoltre condannare il genitore inadempiente al risarcimento dei danni a favore dell'altro genitore o, anche d'ufficio, del minore.

I provvedimenti assunti dal giudice del procedimento sono impugnabili nei modi ordinari.

Capo III
Disposizioni speciali

Sezione I
Della violenza domestica o di genere

473 *bis*.40. Ambito di applicazione. – Le disposizioni previste dalla presente sezione si applicano nei procedimenti in cui siano allegati abusi familiari o condotte di violenza domestica o di genere poste in essere da una parte nei confronti dell'altra o dei figli minori.

473 *bis*.41. Forma della domanda. – Il ricorso indica, oltre a quanto previsto dagli articoli 473 *bis*.12 e 473 *bis*.13, gli eventuali procedimenti, definiti o pendenti, relativi agli abusi o alle violenze.

Al ricorso è allegata copia degli accertamenti svolti e dei verbali relativi all'assunzione di sommarie informazioni e di prove testimoniali, nonché dei provvedimenti relativi alle parti e al minore emessi dall'autorità giudiziaria o da altra pubblica autorità.

473 *bis*.42. Procedimento. – Il giudice può abbreviare i termini fino alla metà, e compie tutte le attività previste dalla presente sezione anche d'ufficio e senza alcun ritardo. Al fine di accertare le condotte allegate, può disporre mezzi di prova anche al di fuori dei limiti di ammissibilità previsti dal codice civile, nel rispetto del contraddittorio e del diritto alla prova contraria.

Il giudice e i suoi ausiliari tutelano la sfera personale, la dignità e la personalità della vittima e ne garantiscono la sicurezza, anche evitando, se opportuno, la contemporanea presenza delle parti.

Quando nei confronti di una delle parti è stata pronunciata sentenza di condanna o di applicazione della pena, anche non definitiva, o provvedimento cautelare civile o penale ovvero penda procedimento penale in una fase successiva ai termini di cui all'articolo 415 *bis* del codice di procedura penale per abusi o violenze, il decreto di fissazione dell'udienza non contiene l'invito a rivolgersi ad un mediatore familiare.

Quando la vittima degli abusi o delle violenze allegate è inserita in collocazione protetta, il giudice, ove opportuno per la sua sicurezza, dispone la secretazione dell'indirizzo ove essa dimora.

Con il decreto di fissazione dell'udienza, il giudice chiede al pubblico ministero e alle altre autorità competenti informazioni circa l'esistenza di eventuali procedimenti relativi agli abusi e alle violenze allegate, definiti o pendenti, e la trasmissione dei relativi atti non coperti dal segreto di cui all'articolo 329 del codice di procedura penale. Il pubblico ministero e le altre autorità competenti provvedono entro quindici giorni a quanto richiesto.

Le parti non sono tenute a comparire personalmente all'udienza di cui all'articolo 473 *bis*.21. Se compaiono, il giudice si astiene dal procedere al tentativo di conciliazione e dall'invitarle a rivolgersi ad un mediatore familiare. Può comunque invitare le parti a rivolgersi a un mediatore o tentare la conciliazione, se nel corso del giudizio ravvisa l'insussistenza delle condotte allegate.

473 *bis*.43. Mediazione familiare. – È fatto divieto di iniziare il percorso di mediazione familiare quando è stata pronunciata sentenza di condanna o di applicazione della pena, anche in primo grado, ovvero è pendente un procedimento penale in una fase successiva ai termini di cui all'articolo 415 *bis* del codice di procedura penale per le condotte di cui all'articolo 473 *bis*.40, nonché quando tali condotte sono allegate o comunque emergono in corso di causa.

Il mediatore interrompe immediatamente il percorso di mediazione familiare intrapreso, se nel corso di esso emerge notizia di abusi o violenze.

473 *bis*.44. Attività istruttoria. – Il giudice procede all'interrogatorio libero delle parti sui fatti allegati, avvalendosi se necessario di esperti o di altri ausiliari dotati di competenze specifiche in materia. Assume inoltre sommarie informazioni da persone informate dei fatti, può disporre d'ufficio la prova testimoniale formulandone i capitoli, e acquisisce atti e documenti presso gli uffici pubblici. Può anche acquisire rapporti d'intervento e relazioni di servizio redatti dalle forze dell'ordine, se non sono relativi ad attività d'indagine coperta da segreto.

Quando nomina un consulente tecnico d'ufficio, scelto tra quelli dotati di competenza in materia di violenza domestica e di genere, ovvero dispone indagini a cura dei servizi sociali, il giudice indica nel provvedimento la presenza di allegazioni di abusi o violenze, gli accertamenti da compiere e gli accorgimenti necessari a tutelare la vittima e i minori, anche evitando la contemporanea presenza delle parti.

473 *bis*.45. Ascolto del minore. – Il giudice procede personalmente e senza ritardo all'ascolto del minore secondo quanto previsto dagli articoli 473 *bis*.4 e 473 *bis*.5, evitando ogni contatto con la persona indicata come autore degli abusi o delle violenze.

Non si procede all'ascolto quando il minore è stato già ascoltato nell'ambito di altro procedimento, anche penale, e le risultanze dell'adempimento acquisite agli atti sono ritenute sufficienti ed esaustive.

473 *bis*.46. Provvedimenti del giudice. – Quando all'esito dell'istruzione, anche sommaria, ravvisa la fondatezza delle allegazioni, il giudice adotta i provvedimenti più idonei a tutelare la vittima e il minore, tra cui quelli previsti dall'articolo 473 *bis*.70, e disciplina il diritto di visita individuando modalità idonee a non compromettere la loro sicurezza.

A tutela della vittima e del minore, il giudice può altresì disporre, con provvedimento motivato, l'intervento dei servizi sociali e del servizio sanitario.

Quando la vittima è inserita in collocazione protetta, il giudice può incaricare i servizi sociali del territorio per l'elaborazione di progetti finalizzati al suo reinserimento sociale e lavorativo.

Sezione II
Dei procedimenti di separazione, di scioglimento o cessazione degli effetti civili del matrimonio, di scioglimento dell'unione civile e di regolamentazione dell'esercizio della responsabilità genitoriale, nonché di modifica delle relative condizioni

473 *bis*.47. Competenza. – Per le domande di separazione personale dei coniugi, scioglimento o cessazione degli effetti civili del matrimonio, scioglimento dell'unione civile e regolamentazione dell'esercizio della responsabilità genitoriale nei confronti dei figli nati fuori dal matrimonio, nonché per quelle di modifica delle relative condizioni, è competente il tribunale individuato ai sensi dell'articolo 473 *bis*.11, primo comma. In mancanza di figli minori, è competente il tribunale del luogo di residenza del convenuto. In caso di irreperibilità o residenza all'estero del convenuto, è competente il tribunale del luogo di residenza dell'attore o, nel caso in cui l'attore sia residente all'estero, qualunque tribunale della Repubblica.

473 *bis*.48. Produzioni documentali. – Nei procedimenti di cui alla presente sezione, al ricorso e alla comparsa di costituzione e risposta è sempre allegata la documentazione prevista dall'articolo 473 *bis*.12, terzo comma.

473 *bis*.49. Cumulo di domande di separazione e scioglimento o cessazione degli effetti civili del matrimonio. – Negli atti introduttivi del procedimento di separazione personale le parti possono proporre anche domanda di scioglimento o cessazione degli effetti civili del matrimonio e le domande a questa connesse. Le domande così proposte sono procedibili decorso il termine a tal fine previsto dalla legge, e previo passaggio in giudicato della sentenza che pronuncia la separazione personale.

Se il giudizio di separazione e quello di scioglimento o cessazione degli effetti civili del matrimonio sono proposti tra le stesse parti davanti a giudici diversi, si applica l'articolo 40. In presenza di figli minori, la rimessione avviene in favore del giudice individuato ai sensi dell'articolo 473 *bis*.11, primo comma.

Se i procedimenti di cui al secondo comma pendono davanti allo stesso giudice, si applica l'articolo 274.

La sentenza emessa all'esito dei procedimenti di cui al presente articolo contiene autonomi capi per le diverse domande e determina la decorrenza dei diversi contributi economici eventualmente previsti.

NOTE OPERATIVE:

Proposizione cumulativa: Al fine di velocizzare i tempi necessari per giungere al divorzio, la norma disciplina la possibilità di contemporanea proposizione di giudizio di separazione giudiziale e di divorzio contenzioso: negli atti introduttivi del procedimento di separazione personale le parti possono proporre anche domanda di scioglimento o cessazione degli effetti civili del matrimonio e le domande a questa connesse, garantendo un'economia dei tempi processuali. È la stessa relazione illustrativa al D.L.vo n. 149/2022 che ci suggerisce di trovare la ratio in un risparmio di "energie processuali", tenuto conto che tra le domande conseguenti proponibili dalla parte in caso di separazione giudiziale o divorzio contenzioso, molte sono tra loro perfettamente corrispondenti e sovrapponibili, e altre, pur distinte, necessitano di analoghi accertamenti istruttori. La proposizione cumulativa delle domande congiunte di separazione divorzio realizza un risparmio di energie processuali nel quale consisterebbe una delle ragioni della previsione dell'art. 473-bis. 49 c.p.c.: trovare per le parti a fronte dell'irreversibilità della crisi matrimoniale in un'unica sede un accordo complessivo sia sulle condizioni di separazione che sulle condizioni di divorzio, concentrando in un unico ricorso l'esito della negoziazione delle modalità di gestione complessiva di tale crisi, disciplinando una volta per tutte i rapporti economici e patrimoniali tra loro i rapporti tra ciascuno di essi figli minorenni o maggiorenni non ancora autosufficienti, realizza indubbiamente un risparmio di energie processuali che può indurre le stesse a fare ricorso al predetto cumulo di domande congiunte (C.C. 28727/23).

473 *bis*.50. Provvedimenti temporanei e urgenti. – Il giudice, quando adotta i provvedimenti temporanei e urgenti di cui all'articolo 473 *bis*.22, primo comma, indica le informazioni che ciascun genitore è tenuto a comunicare all'altro e può formulare una proposta di piano genitoriale tenendo conto di quelli allegati dalle parti. Se queste accettano la proposta, il mancato rispetto delle condizioni previste nel piano genitoriale costituisce comportamento sanzionabile ai sensi dell'articolo 473 *bis*.39.

473 *bis*.51. Procedimento su domanda congiunta. – La domanda congiunta relativa ai procedimenti di cui all'articolo 473 *bis*.47 si propone con ricorso al tribunale del luogo di residenza o di domicilio dell'una o dell'altra parte.

Il ricorso è sottoscritto anche dalle parti e contiene le indicazioni di cui all'articolo 473 *bis*.12, primo comma, numeri 1), 2), 3) e 5), e secondo comma, e quelle relative alle disponibilità reddituali e patrimoniali dell'ultimo triennio e degli oneri a carico delle parti, nonché le condizioni inerenti alla prole e ai rapporti economici. Con il ricorso le parti possono anche regolamentare, in tutto o in parte, i loro rapporti patrimoniali. Se intendono avvalersi della facoltà di sostituire l'udienza con il deposito di note scritte, devono farne richiesta nel ricorso, dichiarando di non volersi riconciliare e depositando i documenti di cui all'articolo 473 *bis*.13, terzo comma.

A seguito del deposito, il presidente fissa l'udienza per la comparizione delle parti davanti al giudice relatore e dispone la trasmissione degli atti al pubblico ministero, il quale esprime il proprio parere entro tre giorni prima della data dell'udienza. All'udienza il giudice, sentite le parti e preso atto della loro volontà di non riconciliarsi, rimette la causa in decisione. Il giudice può sempre chiedere i chiarimenti necessari e invitare le parti a depositare la documentazione di cui all'articolo 473 *bis*.12, terzo comma.

Il collegio provvede con sentenza con la quale omologa o prende atto degli accordi intervenuti tra le parti. Se gli accordi sono in contrasto con gli interessi dei figli, convoca le parti indicando loro le modificazioni da adottare, e, in caso di inidonea soluzione, rigetta allo stato la domanda.

In caso di domanda congiunta di modifica delle condizioni inerenti all'esercizio della responsabilità genitoriale nei confronti dei figli e ai contributi economici in favore di questi o delle parti, il presidente designa il relatore che, acquisito il parere del pubblico ministero, riferisce in camera di consiglio. Il giudice dispone la comparizione personale delle parti quando queste ne fanno richiesta congiunta o sono necessari chiarimenti in merito alle nuove condizioni proposte.

NOTE OPERATIVE:

Proposizione cumulativa: In tema di crisi familiare è ammissibile il ricorso dei coniugi proposto con domanda congiunta e cumulata di separazione e di scioglimento o cessazione degli effetti civili del matrimonio (C.C. 28727/23).

Sezione III
Dei procedimenti di interdizione, di inabilitazione e di nomina di amministratore di sostegno

473 *bis*.52. Forma della domanda. – La domanda per interdizione o inabilitazione si propone con ricorso diretto al tribunale del luogo in cui la persona nei confronti della quale è proposta ha residenza o domicilio.

Il ricorso contiene le indicazioni di cui all'articolo 473 *bis*.12 o all'articolo 473 *bis*.13, nonché il nome e il cognome e la residenza del coniuge o del convivente di fatto, dei parenti entro il quarto grado, degli affini entro il secondo grado e, se vi sono, del tutore o curatore dell'interdicendo o dell'inabilitando.

473 *bis*.53. Provvedimenti del presidente. – Il presidente nomina il giudice relatore e fissa l'udienza di comparizione davanti a questo del ricorrente, dell'interdicendo o dell'inabilitando e delle altre persone indicate nel ricorso, le cui informazioni ritenga utili.

Il ricorso e il decreto sono notificati a cura del ricorrente, entro il termine fissato nel decreto stesso, alle persone indicate nel primo comma. Il decreto è comunicato al pubblico ministero.

473 *bis*.54. Udienza di comparizione. – All'udienza il giudice relatore, con l'intervento del pubblico ministero, procede all'esame dell'interdicendo o dell'inabilitando, sente il parere delle altre persone citate interrogandole sulle circostanze che ritiene rilevanti ai fini della decisione, e può disporre anche d'ufficio l'assunzione di ulteriori informazioni, esercitando tutti i poteri istruttori previsti nell'articolo 419 del codice civile.

L'udienza per l'esame dell'interdicendo o dell'inabilitando si svolge in presenza.

Se l'interdicendo o l'inabilitando non può comparire per legittimo impedimento o la comparizione personale può arrecargli grave pregiudizio, il giudice, con l'intervento del pubblico ministero, si reca per sentirlo nel luogo in cui si trova. Valutata ogni circostanza, può disporre che l'udienza si svolga mediante collegamento audiovisivo a distanza, individuando le modalità idonee ad assicurare l'assenza di condizionamenti.

473 *bis*.55. Capacità processuale dell'interdicendo e dell'inabilitando e nomina del tutore e del curatore provvisorio. – L'interdicendo e l'inabilitando possono stare in giudizio e compiere da soli tutti gli atti del procedimento, comprese le impugnazioni, anche quando è stato nominato il tutore o il curatore provvisorio previsto negli articoli 419 e 420 del codice civile.

Il tutore o il curatore provvisorio è nominato, anche d'ufficio, con decreto del giudice relatore. Finché non sia pronunciata la sentenza sulla domanda d'interdizione o d'inabilitazione, lo stesso giudice relatore può revocare la nomina, anche d'ufficio.

473 *bis*.56. Impugnazione. – La sentenza che provvede sulla domanda d'interdizione o d'inabilitazione può essere impugnata da tutti coloro che avrebbero avuto diritto di proporre la domanda, anche se non hanno partecipato al giudizio, e dal tutore o curatore nominato con la stessa sentenza.

Il termine per l'impugnazione decorre, per tutte le persone indicate al primo comma, dalla notificazione della sentenza fatta nelle forme ordinarie a tutti coloro che hanno partecipato al giudizio.

Se è stato nominato un tutore o curatore provvisorio, l'atto di impugnazione deve essere notificato anche a lui.

473 *bis*.57. Revoca dell'interdizione o dell'inabilitazione. – Per la revoca dell'interdizione o dell'inabilitazione si osservano le norme stabilite nella presente sezione.

Coloro che avevano diritto di promuovere l'interdizione e l'inabilitazione possono intervenire nel giudizio di revoca per opporsi alla domanda, e possono altresì impugnare la sentenza pronunciata nel giudizio di revoca, anche se non hanno partecipato al giudizio.

473 *bis*.58. Procedimenti in materia di amministrazione di sostegno. – Ai procedimenti in materia di amministrazione di sostegno si applicano, in quanto compatibili, le disposizioni della presente sezione.

Contro i decreti del giudice tutelare è ammesso reclamo al tribunale ai sensi dell'articolo 739.

Contro il decreto del tribunale in composizione collegiale è ammesso ricorso per cassazione.

Sezione IV
Assenza e morte presunta

473 *bis*.59. Provvedimenti conservativi nell'interesse dello scomparso. – I provvedimenti indicati nell'articolo 48 del codice civile sono pronunciati dal tribunale in camera di consiglio su ricorso degli interessati, sentito il pubblico ministero.

473 *bis*.60. Procedimento per la dichiarazione d'assenza. – La domanda per dichiarazione d'assenza si propone con ricorso, nel quale debbono essere indicati il nome e cognome e la residenza dei presunti successori legittimi dello scomparso e, se esistono, del suo procuratore o rappresentante legale.

Il presidente del tribunale fissa con decreto l'udienza per la comparizione davanti a sé o ad un giudice da lui designato del ricorrente e di tutte le persone indicate nel ricorso a norma del primo comma, e stabilisce il termine entro il quale la notificazione deve essere fatta a cura del ricorrente. Può anche ordinare che il decreto sia pubblicato in uno o più giornali. Il decreto è comunicato al pubblico ministero.

Il giudice interroga le persone comparse sulle circostanze che ritiene rilevanti, assume, quando occorre, ulteriori informazioni e quindi riferisce in camera di consiglio per i provvedimenti del tribunale, che questo pronuncia con sentenza.

473 *bis*.61. Immissione nel possesso temporaneo dei beni. – Il tribunale provvede in camera di consiglio sulle domande per apertura di atti di ultima volontà e per immissione nel possesso temporaneo dei beni dell'assente, quando sono proposte da coloro che sarebbero eredi legittimi.

Se la domanda è proposta da altri interessati, il giudizio si svolge nelle forme ordinarie in contraddittorio di coloro che sarebbero eredi legittimi.

Con lo stesso provvedimento col quale viene ordinata l'immissione nel possesso temporaneo, sono determinate la cauzione o le altre cautele previste nell'articolo 50, quinto comma del codice civile, e sono date le disposizioni opportune per la conservazione delle rendite riservate all'assente a norma dell'articolo 53 dello stesso codice.

473 *bis*.62. Procedimento per la dichiarazione di morte presunta. – La domanda per dichiarazione di morte presunta si propone con ricorso, nel quale debbono essere indicati il nome, cognome e domicilio dei presunti successori legittimi dello scomparso e, se esistono, del suo procuratore o rappresentante legale e di tutte le altre persone, che a notizia del ricorrente, perderebbero diritti o sarebbero gravate da obbligazioni, per effetto della morte dello scomparso.

Il presidente del tribunale nomina un giudice a norma dell'articolo 473 *bis*.60, secondo comma, e ordina che a cura del ricorrente la domanda, entro il termine che egli stesso fissa, sia inserita per estratto, due volte consecutive a distanza di dieci giorni, nella *Gazzetta Ufficiale* della Repubblica italiana e in due giornali, con invito a chiunque abbia notizie dello scomparso di farle pervenire al tribunale entro sei mesi dall'ultima pubblicazione.

Se tutte le inserzioni non vengono eseguite entro il termine fissato, la domanda s'intende abbandonata.

Il presidente del tribunale può anche disporre altri mezzi di pubblicità.

Decorsi sei mesi dalla data dell'ultima pubblicazione, il giudice, su istanza del ricorrente, fissa con decreto l'udienza di comparizione davanti a sé del ricorrente e delle persone indicate nel ricorso a norma del primo comma, nonché il termine per la notificazione del ricorso e del decreto a cura del ricorrente.

Il decreto è comunicato al pubblico ministero.

Il giudice interroga le persone comparse sulle circostanze che ritiene rilevanti; può disporre che siano assunte ulteriori informazioni e quindi riferisce in camera di consiglio al collegio, che pronuncia sentenza.

473 *bis*.63. Pubblicazione della sentenza e sua esecuzione. – La sentenza che dichiara l'assenza o la morte presunta deve essere inserita per estratto nella *Gazzetta Ufficiale* della Repubblica italiana e pubblicata nel sito internet del Ministero della giustizia. Il tribunale può anche disporre altri mezzi di pubblicità.

Le inserzioni possono essere eseguite a cura di qualsiasi interessato e valgono come notificazione. Copia della sentenza e dei giornali nei quali è stato pubblicato l'estratto deve essere depositata nella cancelleria del giudice che ha pronunciato la sentenza, per l'annotazione sull'originale.

La sentenza che dichiara l'assenza o la morte presunta non può essere eseguita prima che sia passata in giudicato e che sia compiuta l'annotazione di cui al secondo comma.

Il cancelliere dà notizia, a norma dell'articolo 133, secondo comma, all'ufficio dello stato civile competente della sentenza di dichiarazione di morte presunta.

Sezione V
Disposizioni relative
a minori interdetti e inabilitati

473 *bis*.64. Provvedimenti su parere del giudice tutelare. – I provvedimenti relativi ai minori, agli interdetti e agli inabilitati sono pronunciati dal tribunale in camera di consiglio, salvo che la legge disponga altrimenti.

Quando il tribunale deve pronunciare un provvedimento nell'interesse di minori, interdetti o inabilitati sentito il parere del giudice tutelare, il parere stesso deve essere prodotto dal ricorrente insieme col ricorso.

Qualora il parere non sia prodotto, il presidente provvede a richiederlo d'ufficio.

473 *bis*.65. Vendita di beni. – Se, nell'autorizzare la vendita di beni di minori, interdetti o inabilitati, il tribunale stabilisce che essa deve farsi ai pubblici incanti, designa per procedervi un ufficiale giudiziario del tribunale del luogo in cui si trovano i beni mobili, oppure un cancelliere della stessa pretura o un notaio del luogo in cui si trovano i beni immobili.

L'ufficiale designato per la vendita procede all'incanto con l'osservanza delle norme degli articoli 534 e seguenti, in quanto applicabili, e premesse le forme di pubblicità ordinate dal tribunale.

473 *bis*.66. Esito negativo dell'incanto. – Se al primo incanto non è fatta offerta superiore o uguale al prezzo fissato dal tribunale a norma dell'articolo 376, primo comma, del codice civile, l'ufficiale designato ne dà atto nel processo verbale e trasmette copia di questo al tribunale che ha autorizzato la vendita.

Il tribunale, se non crede di revocare l'autorizzazione o disporre una nuova vendita su prezzo base inferiore, autorizza la vendita a trattative private.

Sezione VI
Rapporti patrimoniali
tra coniugi

473 *bis*.67. Sostituzione dell'amministratore del patrimonio familiare. – La sostituzione dell'amministratore del patrimonio familiare può essere chiesta, nel caso previsto nell'articolo 174 del codice civile, dall'altro coniuge o da uno dei prossimi congiunti, o dal pubblico ministero, e, nel caso previsto nell'articolo 176 del codice civile, da uno dei figli maggiorenni o emancipati, da un prossimo congiunto o dal pubblico ministero.

473 *bis*.68. Procedimento. – La domanda per i provvedimenti previsti nell'articolo 473 *bis*.67 si propone con ricorso.

Il presidente del tribunale fissa con decreto un giorno per la comparizione degli interessati davanti a sé o a un giudice da lui designato e stabilisce il termine per la notificazione del ricorso e del decreto.

Dopo l'audizione delle parti, il presidente o il giudice designato assume le informazioni che crede opportune e quindi riferisce sulla domanda al tribunale, che decide in camera di consiglio con ordinanza non impugnabile.

Sezione VII
Degli ordini di protezione contro gli abusi familiari

473 *bis*.69. Ordini di protezione contro gli abusi familiari. – Quando la condotta del coniuge o di altro convivente è causa di grave pregiudizio all'integrità fisica o morale ovvero alla libertà dell'altro coniuge o convivente, il giudice, su istanza di parte, può adottare con decreto uno o più dei provvedimenti di cui all'articolo 473 *bis*.70. I medesimi provvedimenti possono essere adottati, ricorrendone i presupposti, anche quando la convivenza è cessata.

Quando la condotta può arrecare pregiudizio ai minori, i medesimi provvedimenti possono essere adottati, anche su istanza del pubblico ministero, dal tribunale per i minorenni.

473 *bis*.70. Contenuto degli ordini di protezione. – Con il decreto di cui all'articolo 473 *bis*.69 il giudice ordina al coniuge o convivente, che ha tenuto la condotta pregiudizievole, la cessazione della stessa condotta e dispone l'allontanamento dalla casa familiare del coniuge o del convivente che ha tenuto la condotta pregiudizievole prescrivendogli altresì, ove occorra, di non avvicinarsi ai luoghi abitualmente frequentati dal beneficiario dell'ordine di protezione, ed in particolare al luogo di lavoro, al domicilio della famiglia d'origine, ovvero al domicilio di altri prossimi congiunti o di altre persone ed in prossimità dei luoghi di istruzione dei figli della coppia, salvo che questi non debba frequentare i medesimi luoghi per esigenze di lavoro o di salute.

Il giudice può altresì disporre, ove occorra, l'intervento dei servizi sociali del territorio, nonché delle associazioni che abbiano come fine statutario il sostegno e l'accoglienza di donne e minori o di altri soggetti vittime di abusi e maltrattati, nonché il pagamento periodico di un assegno a favore delle persone conviventi che, per effetto dei provvedimenti di cui al primo comma, rimangono prive di mezzi adeguati, fissando modalità e termini di versamento e prescrivendo, se del caso, che la somma sia versata direttamente all'avente diritto dal datore di lavoro dell'obbligato, detraendola dalla retribuzione allo stesso spettante.

Con il medesimo decreto il giudice, nei casi di cui al primo e al secondo comma, stabilisce la durata dell'ordine di protezione, che decorre dal giorno dell'avvenuta esecuzione dello stesso. Questa non può essere superiore a un anno e può essere prorogata, su istanza di parte o, in presenza di minori, del pubblico ministero, soltanto se ricorrano gravi motivi per il tempo strettamente necessario.

Con il medesimo decreto il giudice determina le modalità di attuazione. Ove sorgano difficoltà o contestazioni in ordine all'esecuzione, lo stesso giudice provvede con decreto ad emanare i provvedimenti più opportuni per l'attuazione, ivi compreso l'ausilio della forza pubblica e dell'ufficiale sanitario.

473 *bis*.71. Provvedimenti di adozione degli ordini di protezione contro gli abusi familiari. – L'istanza si propone, anche dalla parte personalmente, con ricorso al tribunale del luogo di residenza o di domicilio dell'istante, che provvede in camera di consiglio in composizione monocratica.

Il presidente del tribunale designa il giudice a cui è affidata la trattazione del ricorso. Il giudice, sentite le parti, procede nel modo che ritiene più opportuno agli atti di istruzione necessari, disponendo, ove occorra, anche per mezzo della polizia tributaria, indagini sui redditi, sul tenore di vita e sul patrimonio personale e comune delle parti, e provvede con decreto motivato immediatamente esecutivo.

Nel caso di urgenza, il giudice, assunte ove occorra sommarie informazioni, può adottare immediatamente l'ordine di protezione fissando l'udienza di comparizione delle parti davanti a sé entro un termine non superiore a quindici giorni ed assegnando all'istante un termine non superiore a otto giorni per la notificazione del ricorso e del decreto. All'udienza il giudice conferma, modifica o revoca l'ordine di protezione.

Contro il decreto con cui il giudice adotta l'ordine di protezione o rigetta il ricorso, ai sensi del secondo comma, ovvero conferma, modifica o revoca l'ordine di protezione precedentemente adottato nel caso di cui al terzo comma, è ammesso reclamo al tribunale entro i termini previsti dal secondo comma dell'articolo 739. Il reclamo non sospende l'esecutività dell'ordine di protezione. Il tribunale provvede in camera di consiglio, in composizione collegiale, sentite le parti, con decreto motivato non impugnabile. Del collegio non fa parte il giudice che ha emesso il provvedimento impugnato.

Per quanto non previsto dal presente articolo, si applicano al procedimento, in quanto compatibili, gli articoli 737 e seguenti.

Capo IV
Dei procedimenti
in camera di consiglio

473 *ter*. Rinvio. – I provvedimenti di cui agli articoli 102, 171, 262, 316 e 371 del codice civile, agli articoli 25 e seguenti del regio decreto legge 20 luglio 1934, n. 1404, convertito, con modificazioni, dalla legge 27 maggio 1935, n. 835, agli articoli 31 e 33 del decreto legislativo 25 luglio 1998, n. 286, agli articoli 18, 19 e 19 *bis* della legge 18 agosto 2015, n. 142, nonché i decreti del giudice tutelare, ove non sia diversamente stabilito, sono pronunciati in camera di consiglio e sono immediatamente esecutivi.

Libro III
Del processo di esecuzione

Titolo I
Del titolo esecutivo e del precetto

474. ([1]) **Titolo esecutivo.** – L'esecuzione forzata non può avere luogo che in virtù di un titolo esecutivo per un diritto certo, liquido ed esigibile.

Sono titoli esecutivi:

1) le sentenze, i provvedimenti e gli altri atti ai quali la legge attribuisce espressamente efficacia esecutiva;

2) le scritture private autenticate, relativamente alle obbligazioni di somme di denaro in esse contenute, le cambiali, nonché gli altri titoli di credito ai quali la legge attribuisce espressamente la stessa efficacia;

3) gli atti ricevuti da notaio o da altro pubblico ufficiale autorizzato dalla legge a riceverli.

L'esecuzione forzata per consegna o rilascio non può aver luogo che in virtù dei titoli esecutivi di cui ai numeri 1 e 3 del secondo comma. Il precetto deve contenere trascrizione integrale, ai sensi dell'articolo 480, secondo comma, delle scritture private autenticate di cui al numero 2) del secondo comma.

Il titolo è messo in esecuzione da tutti gli ufficiali giudiziari che ne siano richiesti e da chiunque spetti, con l'assistenza del pubblico ministero e il concorso di tutti gli ufficiali della forza pubblica, quando ne siano legalmente richiesti ([2]).

([1]) *Questo articolo è stato così sostituito dall'art. 2, comma 3, lett. e), n. 1), del D.L. 14 marzo 2005, n. 35, convertito, con modificazioni, nella L. 14 maggio 2005, n. 80 come modificato dall'art. 1, comma 3, lett.* a) *della L. 28 dicembre 2005, n. 263.*

A norma dell'art. 2, comma 3 quater, *dello stesso provvedimento, come sostituito dall'art. 1, comma 6, della L. 28 dicembre 2005, n. 263 e successivamente modificato dall'art. 39* quater *del D.L. 30 dicembre 2005, n. 273, convertito, con modificazioni, nella L. 23 febbraio 2006, n. 51, questa disposizione ha effetto a decorrere dal 1° marzo 2006.*

Si riporta l'articolo precedente:

«474. (Titolo esecutivo). *L'esecuzione forzata non può avere luogo che in virtù di un titolo esecutivo per un diritto certo, liquido ed esigibile.*

«Sono titoli esecutivi:

1) le sentenze, e i provvedimenti ai quali la legge attribuisce espressamente efficacia esecutiva;

2) le cambiali, nonché gli altri titoli di credito e gli atti ai quali la legge attribuisce espressamente la stessa efficacia;

3) gli atti ricevuti da notaio o da altro pubblico ufficiale autorizzato dalla legge a riceverli, relativamente alle obbligazioni di somme di danaro in essi contenute».

([2]) *Questo comma è stato aggiunto dall'art. 3, comma 34, lett. a), del D.L.vo 10 ottobre 2022, n. 149, a decorrere dal 28 febbraio 2023.*

A norma dell'art. 35, comma 1, del medesimo decreto, le disposizioni si applicano ai procedimenti instaurati successivamente a tale data. Ai procedimenti pendenti alla data del 28 febbraio 2023 si applicano le disposizioni anteriormente vigenti.

NOTE OPERATIVE:

Requisiti: Il titolo esecutivo non deve possedere solamente i requisiti formali indicati dalla norma ma deve essere pure relativo a un credito liquido ed esigibile (C.C. 4034/21).

Interpretazione: Il titolo esecutivo giudiziale non si esaurisce nel documento giudiziario in cui è consacrato l'obbligo da eseguire, in quanto è consentita l'interpretazione extratestuale del provvedimento sulla base degli elementi ritualmente acquisiti nel processo in cui esso si è formato, purché le relative questioni siano state trattate nel corso dello stesso e possano intendersi come ivi univocamente definite, essendo mancata, piuttosto, la concreta estrinsecazione della soluzione come operata nel dispositivo o perfino nel tenore stesso del titolo (C.C. 14356/18).

475. ([1]) **Forma del titolo esecutivo giudiziale e del titolo ricevuto da notaio o da altro pubblico ufficiale.** – Le sentenze, i provvedimenti e gli altri atti dell'autorità giudiziaria, nonché gli atti ricevuti da notaio o da altro pubblico ufficiale, per valere come titolo per l'esecuzione forzata, ai sensi dell'articolo 474, per la parte a favore della quale fu pronunciato il provvedimento o stipulata l'obbligazione, o per i suoi successori, devono essere rilasciati in copia attestata conforme all'originale, salvo che la legge disponga altrimenti.

([1]) *Questo articolo è stato così sostituito dall'art. 3, comma 34, lett. b), del D.L.vo 10 ottobre 2022, n. 149, a decorrere dal 28 febbraio 2023.*

A norma dell'art. 35, comma 8, del medesimo decreto, così come modificato dall'art. 1, comma 380, lett. a), della L. 29 dicembre 2022, n. 197, tali disposizioni si applicano agli atti di precetto notificati successivamente al 28 febbraio 2023.

Si riporta il testo precedente:

«Art. 475 (Spedizione in forma esecutiva)

Le sentenze e gli altri provvedimenti dell'autorità giudiziaria e gli atti ricevuti da notaio o da altro pubblico ufficiale, per valere come titolo per l'esecuzione forzata, debbono essere muniti della formula esecutiva, salvo che la legge disponga altrimenti (153 att.).

La spedizione del titolo in forma esecutiva può farsi soltanto alla parte a favore della quale fu pronunciato il provvedimento o stipulata l'obbligazione, o ai suoi successori (477), con indicazione in calce della persona alla quale è spedita (476).

La spedizione in forma esecutiva consiste nell'intestazione REPUBBLICA ITALIANA – IN NOME DELLA LEGGE (*) *e nell'apposizione da parte del cancelliere o notaio o altro pubblico ufficiale, sull'originale o sulla copia, della seguente formula:*

«Comandiamo a tutti gli ufficiali giudiziari che ne siano richiesti e a chiunque spetti, di mettere a esecuzione il presente titolo, al pubblico ministero di darvi assistenza, e a tutti gli ufficiali della forza pubblica di concorrervi, quando ne siano legalmente richiesti» (153 att.).».

(*) *Intestazione così modificata dall'art. 6, D.L.vo Pres. 19 giugno 1946, n. 1.*

476. (1) [**Altre copie in forma esecutiva.** – Non può spedirsi senza giusto motivo più di una copia in forma esecutiva alla stessa parte.

Le ulteriori copie sono chieste dalla parte interessata, in caso di provvedimento con ricorso al capo dell'ufficio che lo ha pronunciato, e negli altri casi al presidente del tribunale nella cui circoscrizione l'atto fu formato.

Sull'istanza si provvede con decreto (135).

Il cancelliere, il notaio o altro pubblico ufficiale che contravviene alle disposizioni del presente articolo è condannato a una pena pecuniaria da euro 1.000 a 5.000 (2), con decreto del capo dell'ufficio o del presidente del tribunale competente a norma del secondo comma (154 att.)].

(1) *Questo articolo è stato abrogato dall'art. 3, comma 34, lett. c), del D.L.vo 10 ottobre 2022, n. 149, a decorrere dal 28 febbraio 2023.*

A norma dell'art. 35, comma 8, del medesimo decreto, così come modificato dall'art. 1, comma 380, lett. a), della L. 29 dicembre 2022, n. 197, tali disposizioni si applicano agli atti di precetto notificati successivamente al 28 febbraio 2023.

(2) *Le parole: «non superiore a 5 euro» sono state così sostituite dalle attuali: «da euro 1.000 a 5.000» dall'art. 2, comma 3, lett. e), n. 2), del D.L. 14 marzo 2005, n. 35, convertito, con modificazioni, nella L. 14 maggio 2005, n. 80.*

A norma dell'art. 2, comma 3 sexies, dello stesso provvedimento, come sostituito dall'art. 1, comma 6, della L. 28 dicembre 2005, n. 263 e successivamente modificato dall'art. 39 quater del D.L. 30 dicembre 2005, n. 273, convertito, con modificazioni, nella L. 23 febbraio 2006, n. 51, questa disposizione entra in vigore il 1° marzo 2006 e si applica anche alle procedure esecutive pendenti a tale data di entrata in vigore. Quando tuttavia è già stata ordinata la vendita, la stessa ha luogo con l'osservanza delle norme precedentemente in vigore. L'intervento dei creditori non muniti di titolo esecutivo conserva efficacia se avvenuto prima del 1° marzo 2006.

477. Efficacia del titolo esecutivo contro gli eredi. – Il titolo esecutivo contro il defunto ha efficacia contro gli eredi, ma si può loro notificare (137 ss.) il precetto (480) soltanto dopo dieci giorni dalla notificazione del titolo (479[2]).

Entro un anno dalla morte, la notificazione può farsi agli eredi collettivamente e impersonalmente, nell'ultimo domicilio del defunto (286, 328; 456 c.c.).

NOTE OPERATIVE:

Notifica: La norma non impone alcun obbligo di notificare nuovamente il titolo esecutivo ed il precetto agli eredi di una persona defunta alla quale siano già stati notificati sia l'uno che l'altro. Tale obbligo sussiste invece se alla persona poi defunta non sia stato notificato né l'uno né l'altro, oppure sia stato notificato solo il titolo esecutivo e non anche il precetto (C.C. 14653/15).

478. Prestazione della cauzione. – Se l'efficacia del titolo esecutivo è subordinata a cauzione (35, 642, 648[2], 663[2], 665[2]), non si può iniziare l'esecuzione forzata finché quella non sia stata prestata (119). Della prestazione si fa constare con annotazione in calce o in margine al titolo rilasciato ai sensi dell'articolo 475 (1) (475), con atto separato che deve essere unito al titolo (86, 155 att.).

(1) *Le parole: «spedito in forma esecutiva» sono state così sostituite dalle seguenti: «rilasciato ai sensi dell'articolo 475» dall'art. 3, comma 34, lett. d), del D.L.vo 10 ottobre 2022, n. 149, a decorrere dal 28 febbraio 2023.*

A norma dell'art. 35, comma 8, del medesimo decreto, così come modificato dall'art. 1, comma 380, lett. a), della L. 29 dicembre 2022, n. 197, tali disposizioni si applicano agli atti di precetto notificati successivamente al 28 febbraio 2023.

479. Notificazione del titolo esecutivo e del precetto. – Se la legge non dispone altrimenti (654[2], 677), l'esecuzione forzata deve essere preceduta dalla notificazione del titolo in copia attestata conforme all'originale (1) (475) e del precetto (480).

La notificazione del titolo esecutivo deve essere fatta alla parte personalmente a norma degli artt. 137 ss.; [ma, se esso è costituito da una sentenza, la notificazione, entro l'anno dalla pubblicazione (133), può essere fatta a norma dell'art. 170] (2) (301, 477, 603, 654).

Il precetto può essere redatto di seguito al titolo esecutivo ed essere notificato insieme con questo, purché la notificazione sia fatta alla parte personalmente (477).

(1) *Le parole: «in forma esecutiva» sono state così sostituite dalle attuali: «in copia attestata conforme all'originale» dall'art. 3, comma 34, lett. e), del D.L.vo 10 ottobre 2022, n. 149, a decorrere dal 28 febbraio 2023.*

A norma dell'art. 35, comma 8, del medesimo decreto, così come modificato dall'art. 1, comma 380, lett. a), della L. 29 dicembre 2022, n. 197, tali disposizioni si applicano agli atti di precetto notificati successivamente al 28 febbraio 2023.

(2) *Le parole fra parentesi quadre sono state soppresse dall'art. 2, comma 3, lett. e), n. 3), del D.L. 14 marzo 2005, n. 35, convertito, con modificazioni, nella L. 14 maggio 2005, n. 80.*

A norma dell'art. 2, comma 3 sexies, dello stesso provvedimento, come sostituito dall'art. 1, comma 6, della L. 28 dicembre 2005, n. 263 e successivamente modificato dall'art. 39 quater del D.L. 30 dicembre 2005, n. 273, convertito, con modificazioni, nella L. 23 febbraio 2006, n. 51, questa disposizione entra in vigore il 1° marzo 2006 e si applica anche alle procedure esecutive pendenti a tale data di entrata in vigore. Quando tuttavia è già stata ordinata la vendita, la stessa ha luogo con l'osservanza delle norme precedentemente in vigore. L'intervento dei creditori non muniti di titolo esecutivo conserva efficacia se avvenuto prima del 1° marzo 2006.

480. Forma del precetto. – Il precetto consiste nell'intimazione di adempiere l'obbligo risultante dal titolo esecutivo (474) entro un termine non minore di dieci giorni (605[2]), salva l'autorizzazione di cui all'art. 482, con l'avvertimento che, in mancanza, si procederà a esecuzione forzata.

Il precetto deve contenere (603[2], 605[1]) a pena di nullità (156, 617) l'indicazione delle parti, della data di notificazione del titolo esecutivo (479, 482, 654[2]), se questa è fatta separatamente, o la trascrizione integrale del titolo stesso (1), quando è richiesta dalla legge. In quest'ultimo caso l'ufficiale giudiziario, prima della relazione di notificazione (148), deve certificare di avere riscontrato che la trascrizione corrisponde esattamente al titolo originale. Il precetto deve altresì contenere l'avvertimento che il debitore può, con l'ausilio di un organismo di composizione della crisi o di un professionista nominato dal giudice, porre rimedio alla situazione di sovraindebitamento concludendo con i creditori un accordo di composizione della crisi o proponendo agli stessi un piano del consumatore (2).

Il precetto deve inoltre contenere la dichiarazione di residenza (43 c.c.) o l'elezione di domicilio (489; 47 c.c.) della parte istante nel comune in cui ha sede il giudice competente per l'esecuzione (16, 26, 28). In mancanza le opposizioni al precetto (615 ss.) si propongono davanti al giudice del luogo in cui è stato notificato (479), e le notificazioni alla parte istante si fanno presso la cancelleria del giudice stesso.

Il precetto deve essere sottoscritto a norma dell'art. 125 e notificato alla parte personalmente a norma degli artt. 137 ss.

(1) *Gli artt. 63 del R.D. 5 dicembre 1933, n. 1669, sulla cambiale e il vaglia cambiario, e 55 del R.D. 21 dicembre 1933, n. 1736, sull'assegno, dispongono che il precetto relativo al pagamento di questi titoli deve contenere la trascrizione del titolo o del protesto e degli altri documenti necessari a dimostrare la somma dovuta. Nelle obbligazioni cambiarie sottoscritte per procura il precetto deve indicare anche l'atto dal quale risulta il mandato.*

(2) *Questo periodo è stato aggiunto dall'art. 13, comma 1, lett. a), del D.L. 27 giugno 2015, n. 83, convertito, con modificazioni, nella L. 6 agosto 2015, n. 132. A norma dell'art. 23, comma 7, del medesimo provvedimento, tali disposizioni si applicano a decorrere dalla data di entrata in vigore della legge di conversione del presente decreto (Suppl. ord. alla G.U. Serie gen. - n. 192 del 20 agosto 2015).*

NOTE OPERATIVE:

Intimazione: L'intimazione di adempiere l'obbligo risultante dal titolo esecutivo non richiede, quale requisito formale a pena di nullità, oltre all'indicazione della somma domandata in base al titolo esecutivo, anche quella del procedimento logico-giuridico e del calcolo matematico seguiti per determinarla (C.C. 8906/22).

481. Cessazione dell'efficacia del precetto. – Il precetto diventa inefficace, se nel termine di novanta giorni dalla sua notificazione non è iniziata l'esecuzione (648 c.n.).

Se contro il precetto è proposta opposizione (615, 617), il termine rimane sospeso e riprende a decorrere a norma dell'art. 627.

482. Termine ad adempiere. – Non si può iniziare l'esecuzione forzata (491) prima che sia decorso il termine indicato nel precetto e in ogni caso non prima che siano decorsi dieci giorni dalla notificazione di esso (479); ma il presidente del tribunale competente per l'esecuzione o un giudice da lui delegato (1) (16, 26, 28), se vi è pericolo nel ritardo, può autorizzare l'esecuzione immediata, con cauzione (119; 86 att.) o senza. L'autorizzazione è data con decreto scritto in calce al precetto e trascritto a cura dell'ufficiale giudiziario nella copia da notificarsi (480, 642[3]).

(1) *Le parole: «il capo dell'ufficio competente per l'esecuzione» sono state sostituite dalle parole: «il presidente del tribunale competente per l'esecuzione o un giudice da lui delegato» dall'art. 88 del D.L.vo 19 febbraio 1998, n. 51, recante l'istituzione del giudice unico, a decorrere dal 2 giugno 1999.*

Titolo II
Dell'espropriazione forzata

Capo I
Dell'espropriazione forzata in generale

Sezione I
Dei modi e delle forme dell'espropriazione forzata in generale

483. ([1]) **Cumulo dei mezzi di espropriazione.** – Il creditore può valersi cumulativamente dei diversi mezzi di espropriazione forzata previsti dalla legge, ma, su opposizione del debitore, il giudice dell'esecuzione, con ordinanza non impugnabile, può limitare l'espropriazione al mezzo che il creditore sceglie o, in mancanza, a quello che il giudice stesso determina.

Se è iniziata anche l'esecuzione immobiliare, l'ordinanza è pronunciata dal giudice di quest'ultima.

([1]) *Questo articolo è stato così sostituito dall'art. 89 del D.L.vo 19 febbraio 1998, n. 51, recante l'istituzione del giudice unico, a decorrere dal 2 giugno 1999. Si riporta il testo previgente:*

«483. (Cumulo dei mezzi di espropriazione). *Il creditore può valersi cumulativamente dei diversi mezzi di espropriazione forzata previsti dalla legge, ma, su opposizione del debitore, il giudice dell'esecuzione immobiliare, quando è iniziata anche questa, e negli altri casi il pretore, con ordinanza non impugnabile, possono limitare l'espropriazione al mezzo che il creditore sceglie o, in mancanza, a quello che il giudice stesso determina*».

NOTE OPERATIVE:

Ambito di applicazione: Il creditore, in forza del medesimo titolo esecutivo, può procedere a più pignoramenti dello stesso bene in tempi successivi, senza dover attendere che il processo di espropriazione aperto dal primo pignoramento si concluda, atteso che il diritto di agire in esecuzione forzata non si esaurisce che con la piena soddisfazione del credito portato dal titolo esecutivo (C.C. 23847/08).

Abuso del diritto: È contrario a buona fede il contegno del creditore che – senza alcun vantaggio o interesse – instauri più procedure esecutive in forza di diversi titoli esecutivi nei confronti del medesimo debitore (C.C. 6513/23).

484. Giudice dell'esecuzione. – L'espropriazione è diretta da un giudice (16, 26, 28).

La nomina del giudice dell'esecuzione è fatta dal presidente del tribunale, su presentazione a cura del cancelliere del fascicolo entro due giorni dalla sua formazione ([1]).

[Nelle preture fornite di più magistrati la nomina è fatta dal dirigente a norma del comma precedente] ([2]).

Si applicano al giudice dell'esecuzione le disposizioni degli artt. 174 e 175.

([1]) *Questo comma è stato così sostituito dall'art. 90, comma 1, lett. a), del D.L.vo 19 febbraio 1998, n. 51, recante l'istituzione del giudice unico, a decorrere dal 2 giugno 1999. Si riporta il testo previgente:*

«Nei tribunali la nomina del giudice dell'esecuzione è fatta dal presidente, su presentazione a cura del cancelliere del fascicolo entro due giorni da che è stato formato».

([2]) *Questo comma è stato abrogato dall'art. 90, comma 1, lett. b), del D.L.vo 19 febbraio 1998, n. 51, recante l'istituzione del giudice unico, a decorrere dal 2 giugno 1999.*

485. Audizione degli interessati. – Quando la legge richiede o il giudice ritiene necessario che le parti ed eventualmente altri interessati siano sentiti, il giudice stesso fissa con decreto l'udienza alla quale il creditore pignorante, i creditori intervenuti (499, 525, 528, 551, 563), il debitore ed eventualmente gli altri interessati debbono comparire davanti a lui.

Il decreto è comunicato dal cancelliere (136).

Se risulta o appare probabile che alcuna delle parti non sia comparsa per cause indipendenti dalla sua volontà, il giudice dell'esecuzione fissa una nuova udienza della quale il cancelliere dà comunicazione (136) alla parte non comparsa (597).

486. Forma delle domande e delle istanze. – Le domande e le istanze che si propongono al giudice dell'esecuzione, se la legge non dispone altrimenti, sono proposte oralmente quando avvengono all'udienza, e con ricorso (125) da depositarsi in cancelleria negli altri casi (38 ss. att.).

487. Forma dei provvedimenti del giudice. – Salvo che la legge disponga altrimenti, i provvedimenti del giudice dell'esecuzione sono dati con ordinanza (134), che può essere dal giudice stesso modificata o revocata finché non abbia avuto esecuzione (177).

Per le ordinanze del giudice dell'esecuzione si osservano le disposizioni degli artt. 176 ss. in quanto applicabili (593) e quella dell'art. 186.

488. ([1]) **Fascicolo dell'esecuzione.** – Il cancelliere forma per ogni procedimento d'espropriazione un fascicolo telematico, nel quale sono inseriti tutti gli atti compiuti dal giudice, dal cancelliere e dall'ufficiale giudiziario, e gli atti e documenti depositati dalle parti e dagli eventuali interessati.

Il creditore è obbligato a presentare l'originale del titolo esecutivo nella sua disponibilità o la copia autenticata dal cancelliere o dal notaio o da altro pubblico ufficiale autorizzato dalla legge a ogni richiesta del giudice.

(1) *Questo articolo è stato così sostituito dall'art. 3, comma 35, del D.L.vo 10 ottobre 2022, n. 149, a decorrere dal 28 febbraio 2023.*

A norma dell'art. 35, comma 1, del medesimo decreto, le disposizioni si applicano ai procedimenti instaurati successivamente a tale data. Ai procedimenti pendenti alla data del 28 febbraio 2023 si applicano le disposizioni anteriormente vigenti.

Si riporta il testo precedente:

«Art. 488 (Fascicolo dell'esecuzione)

Il cancelliere forma per ogni procedimento d'espropriazione un fascicolo, nel quale sono inseriti tutti gli atti compiuti dal giudice, dal cancelliere e dall'ufficiale giudiziario, e gli atti e documenti depositati dalle parti e dagli eventuali interessati (168, 518, 543, 557; 36, 72 att.).

[Il pretore o] il presidente del tribunale competente per l'esecuzione o il giudice dell'esecuzione stessa può autorizzare il creditore a depositare, in luogo dell'originale, una copia autentica del titolo esecutivo, con obbligo di presentare l'originale a ogni richiesta del giudice (492²).».

489. Luogo delle notificazioni e delle comunicazioni. – Le notificazioni (137 ss.) e le comunicazioni (136) ai creditori pignoranti si fanno nella residenza dichiarata o nel domicilio eletto nell'atto di precetto (480³); quelle ai creditori intervenuti, nella residenza dichiarata o nel domicilio eletto nella domanda d'intervento (499², 525, 528, 551, 563).

In mancanza di dichiarazione di residenza o di elezione di domicilio le notificazioni possono farsi presso la cancelleria del giudice competente per l'esecuzione (16, 26).

490. Pubblicità degli avvisi. – Quando la legge dispone che di un atto esecutivo sia data pubblica notizia, un avviso contenente tutti i dati, che possono interessare il pubblico, deve essere inserito sul portale del Ministero della giustizia in un'area pubblica denominata "portale delle vendite pubbliche" (1).

In caso di espropriazione di beni mobili registrati, per un valore superiore a 25.000 euro, e di beni immobili, lo stesso avviso, unitamente a copia dell'ordinanza del giudice e della relazione di stima redatta ai sensi dell'articolo 173 *bis* delle disposizioni di attuazione del presente codice, è altresì inserito in appositi siti internet almeno 45 giorni prima del termine per la presentazione delle offerte o della data dell'incanto (2).

Anche su istanza del creditore procedente o dei creditori intervenuti muniti di titolo esecutivo il giudice può disporre inoltre che l'avviso sia inserito almeno quarantacinque giorni prima del termine per la presentazione delle offerte una o più volte sui quotidiani di informazione locali aventi maggiore diffusione nella zona interessata o, quando opportuno, sui quotidiani di informazione nazionali o che sia divulgato con le forme della pubblicità commerciale. Sono equiparati ai quotidiani, i giornali di informazione locale, multisettimanali o settimanali editi da soggetti iscritti al Registro operatori della comunicazione (ROC) e aventi caratteristiche editoriali analoghe a quelle dei quotidiani che garantiscono la maggior diffusione nella zona interessata. Nell'avviso è omessa l'indicazione del debitore (3).

(1) *Questo comma è stato così sostituito dall'art. 13, comma 1, lett. b), n. 1), del D.L. 27 giugno 2015, n. 83, convertito, con modificazioni, nella L. 6 agosto 2015, n. 132.*

A norma dell'art. 23, comma 2, del medesimo provvedimento, tali disposizioni, si applicano decorsi trenta giorni dalla pubblicazione in Gazzetta Ufficiale delle specifiche tecniche previste dall'articolo 161 quater *delle disposizioni per l'attuazione del codice di procedura civile.*

(2) *Questo comma è stato così sostituito dall'art. 2, comma 3, lett. e), n. 4.1), del D.L. 14 marzo 2005, n. 35, convertito, con modificazioni, nella L. 14 maggio 2005, n. 80.*

A norma dell'art. 2, comma 3 sexies*, dello stesso provvedimento, come sostituito dall'art. 1, comma 6, della L. 28 dicembre 2005, n. 263 e successivamente modificato dall'art. 39* quater *del D.L. 30 dicembre 2005, n. 273, convertito, con modificazioni, nella L. 23 febbraio 2006, n. 51, questa disposizione entra in vigore il 1° marzo 2006 e si applica anche alle procedure esecutive pendenti a tale data di entrata in vigore. Quando tuttavia è già stata ordinata la vendita, la stessa ha luogo con l'osservanza delle norme precedentemente in vigore. L'intervento dei creditori non muniti di titolo esecutivo conserva efficacia se avvenuto prima del 1° marzo 2006.*

Si riporta il comma precedente:

«In caso d'espropriazione immobiliare il medesimo avviso è inserito nel Foglio degli annunzi legali della provincia in cui ha sede lo stesso ufficio giudiziario».

(3) *Questo comma è stato così sostituito dall'art. 13, comma 1, lett. b), n. 2), del D.L. 27 giugno 2015, n. 83, convertito, con modificazioni, nella L. 6 agosto 2015, n. 132. A norma dell'art. 23, comma 9, del medesimo provvedimento, tali disposizioni, si applicano anche ai procedimenti pendenti alla data di entrata in vigore del presente decreto. Quando è già stata disposta la vendita, la stessa ha comunque luogo con l'osservanza delle norme precedentemente in vigore e le disposizioni di cui al presente decreto si applicano quando il giudice o il professionista delegato dispone una nuova vendita.*

Sezione II
Del pignoramento

491. Inizio dell'espropriazione. – Salva l'ipotesi prevista nell'art. 502, l'espropriazione forzata si inizia col pignoramento (492; 2912-2918 c.c.).

492. (1) **Forma del pignoramento.** – Salve le forme particolari previste nei capi seguenti, il pignoramento consiste in un'ingiunzione che l'ufficiale giudiziario fa al debitore di astenersi da qualunque atto diretto a sottrarre alla garanzia del credito esattamente indicato i beni che si assoggettano all'espropriazione e i frutti di essi.

Il pignoramento deve altresì contenere l'invito rivolto al debitore ad effettuare presso la cancelleria del giudice dell'esecuzione la dichiarazione di residenza o l'elezione di domicilio in uno dei comuni del circondario in cui ha sede il giudice competente per l'esecuzione con l'avvertimento che, in mancanza ovvero in caso di irreperibilità presso la residenza dichiarata o il domicilio eletto, le successive notifiche o comunicazioni a lui dirette saranno effettuate presso la cancelleria dello stesso giudice.

Il pignoramento deve anche contenere l'avvertimento che il debitore, ai sensi dell'articolo 495, può chiedere di sostituire alle cose o ai crediti pignorati una somma di denaro pari all'importo dovuto al creditore pignorante e ai creditori intervenuti, comprensivo del capitale, degli interessi e delle spese, oltre che delle spese di esecuzione, sempre che, a pena di inammissibilità, sia da lui depositata in cancelleria, prima che sia disposta la vendita o l'assegnazione a norma degli articoli 530, 552 e 569, la relativa istanza unitamente ad una somma non inferiore ad un quinto dell'importo del credito per cui è stato eseguito il pignoramento e dei crediti dei creditori intervenuti indicati nei rispettivi atti di intervento, dedotti i versamenti effettuati di cui deve essere data prova documentale. Il pignoramento deve contenere l'avvertimento che, a norma dell'articolo 615, secondo comma, terzo periodo, l'opposizione è inammissibile se è proposta dopo che è stata disposta la vendita o l'assegnazione a norma degli articoli 530, 552 e 569, salvo che sia fondata su fatti sopravvenuti ovvero che l'opponente dimostri di non aver potuto proporla tempestivamente per causa a lui non imputabile (2).

Quando per la soddisfazione del creditore procedente i beni assoggettati a pignoramento appaiono insufficienti ovvero per essi appare manifesta la lunga durata della liquidazione l'ufficiale giudiziario invita il debitore ad indicare ulteriori beni utilmente pignorabili, i luoghi in cui si trovano ovvero le generalità dei terzi debitori, avvertendolo della sanzione prevista per l'omessa o falsa dichiarazione.

Della dichiarazione del debitore è redatto processo verbale che lo stesso sottoscrive. Se sono indicate cose mobili queste, dal momento della dichiarazione, sono considerate pignorate anche agli effetti dell'articolo 388, terzo comma, del codice penale e l'ufficiale giudiziario provvede ad accedere al luogo in cui si trovano per gli adempimenti di cui all'articolo 520 oppure, quando tale luogo è compreso in altro circondario, trasmette copia del verbale all'ufficiale giudiziario territorialmente competente. Se sono indicati crediti o cose mobili che sono in possesso di terzi il pignoramento si considera perfezionato nei confronti del debitore esecutato dal momento della dichiarazione e questi è costituito custode della somma o della cosa anche agli effetti dell'articolo 388, quarto comma, del codice penale quando il terzo, prima che gli sia notificato l'atto di cui all'articolo 543, effettua il pagamento o restituisce il bene. Se sono indicati beni immobili il creditore procede ai sensi degli articoli 555 e seguenti.

Qualora, a seguito di intervento di altri creditori, il compendio pignorato sia divenuto insufficiente, il creditore procedente può richiedere all'ufficiale giudiziario di procedere ai sensi dei precedenti commi ai fini dell'esercizio delle facoltà di cui all'articolo 499, quarto comma.

[In ogni caso l'ufficiale giudiziario, ai fini della ricerca delle cose e dei crediti da sottoporre ad esecuzione, quando non individua beni utilmente pignorabili oppure le cose e i crediti pignorati o indicati dal debitore appaiono insufficienti a soddisfare il creditore procedente e i creditori intervenuti, su richiesta del creditore procedente, rivolge richiesta ai soggetti gestori dell'anagrafe tributaria e di altre banche dati pubbliche. La richiesta, eventualmente riguardante più soggetti nei cui confronti procedere a pignoramento, deve indicare distintamente le complete generalità di ciascuno, nonché quelle dei creditori istanti. L'ufficiale giudiziario ha altresì facoltà di richiedere l'assistenza della forza pubblica, ove da lui ritenuto necessario] (3).

Nell'ipotesi di sospensione ai sensi dell'articolo 492 *bis*, terzo comma, il pignoramento deve contenere l'indicazione della data di deposito dell'istanza di ricerca telematica dei beni, l'autorizzazione del presidente del tribunale quando è prevista, l'indicazione della data di comunicazione del processo verbale di cui al quarto comma dell'articolo 492 *bis*, ovvero della data di comunicazione dell'ufficiale giudiziario di cui al terzo comma dello stesso articolo, o del provvedimento del presidente del tribunale di rigetto dell'istanza (4).

Quando la legge richiede che l'ufficiale giudiziario nel compiere il pignoramento sia munito del titolo esecutivo, il presidente del tribunale competente per l'esecuzione può concedere al creditore l'autorizzazione prevista dall'articolo 488, secondo comma.

(1) *Questo articolo è stato così sostituito dall'art. 2, comma 3, lett. e), n. 5), del D.L. 14 marzo 2005, n. 35, convertito, con modificazioni, nella L. 14 maggio 2005, n. 80, dapprima modificato dall'art. 1, comma 3, lett. b), della L. 28 dicembre 2005, n. 263 e successivamente così sostituito dall'art. 1 della L. 24 febbraio 2006, n. 52.*

A norma dell'art. 2, comma 3 sexies, dello stesso D.L. n. 35/2005, come sostituito dall'art. 1, comma 6, della L. 28 dicembre 2005, n. 263 e successivamente modificato dall'art. 39 quater del D.L. 30 dicembre 2005, n. 273, convertito, con modificazioni, nella L. 23 febbraio 2006, n. 51, questa disposizione entra in vigore il 1° marzo 2006 e si applica anche alle procedure esecutive pendenti a tale data di entrata in vigore. Quando tuttavia è già stata ordinata la vendita, la stessa ha luogo con l'osservanza delle norme precedentemente in vigore. L'intervento dei creditori non muniti di titolo esecutivo conserva efficacia se avvenuto prima del 1° marzo 2006.

Si riporta l'articolo precedente:

«492. (Forma del pignoramento). *Salve le forme particolari previste nei capi seguenti, il pignoramento consiste in una ingiunzione che l'ufficiale giudiziario fa al debitore di astenersi da qualunque atto diretto a sottrarre alla garanzia del credito esattamente indicato i beni che si assoggettano alla espropriazione e i frutti di essi.*

«Quando la legge richiede che l'ufficiale giudiziario nel compiere il pignoramento sia munito del titolo esecutivo, [il pretore o] il presidente del tribunale competente per l'esecuzione può concedere al creditore l'autorizzazione prevista nell'art. 488 secondo comma».

(2) *Questo periodo è stato aggiunto dall'art. 4, comma 1, lett. a), del D.L. 3 maggio 2016, n. 59, convertito, con modificazioni, nella L. 30 giugno 2016, n. 119. A norma dell'art. 4, comma 3, del medesimo provvedimento, tali disposizioni si applicano ai procedimenti di esecuzione forzata per espropriazione iniziati successivamente all'entrata in vigore della legge di conversione del presente decreto.*

(3) *Questo comma è stato abrogato dall'art. 19, comma 1, lett. c), n. 1), del D.L. 12 settembre 2014, n. 132, convertito, con modificazioni, nella L. 10 novembre 2014, n. 162. A norma dell'art. 19, comma 6 bis, dello stesso provvedimento, tali disposizioni si applicano ai procedimenti iniziati a decorrere dal trentesimo giorno successivo alla data di entrata in vigore della legge di conversione del presente decreto (Suppl. ord. alla G.U. Serie gen. - n. 261 del 10 novembre 2014).*

(4) *Questo comma è stato così sostituito dall'art. 3, comma 36, lett. a), del D.L.vo 10 ottobre 2022, n. 149, a decorrere dal 28 febbraio 2023.*

A norma dell'art. 35, comma 1, del medesimo decreto, le disposizioni si applicano ai procedimenti instaurati successivamente a tale data. Ai procedimenti pendenti alla data del 28 febbraio 2023 si applicano le disposizioni anteriormente vigenti.

Si riporta il testo precedente:

«Se il debitore è un imprenditore commerciale l'ufficiale giudiziario, [negli stessi casi di cui al settimo comma e] (*) *previa istanza del creditore procedente, con spese a carico di questi, invita il debitore a indicare il luogo ove sono tenute le scritture contabili e nomina un commercialista o un avvocato ovvero un notaio iscritto nell'elenco di cui all'articolo 179 ter delle disposizioni per l'attuazione del presente codice per il loro esame al fine dell'individuazione di cose e crediti pignorabili. Il professionista nominato può richiedere informazioni agli uffici finanziari sul luogo di tenuta nonché sulle modalità di conservazione, anche informatiche o telematiche, delle scritture contabili indicati nelle dichiarazioni fiscali del debitore e vi accede ovunque si trovi, richiedendo quando occorre l'assistenza dell'ufficiale giudiziario territorialmente competente. Il professionista trasmette apposita relazione con i risultati della verifica al creditore istante e all'ufficiale giudiziario che lo ha nominato, che provvede alla liquidazione delle spese e del compenso. Se dalla relazione risultano cose o crediti non oggetto della dichiarazione del debitore, le spese dell'accesso alle scritture contabili e della relazione sono liquidate con provvedimento che costituisce titolo esecutivo contro il debitore.».*

(*) *Le parole fra parentesi quadrate sono state soppresse dall'art. 19, comma 1, lett. c), n. 2), del D.L. 12 settembre 2014, n. 132, convertito, con modificazioni, nella L. 10 novembre 2014, n. 162.*

492 *bis*. (1) Ricerca con modalità telematiche dei beni da pignorare. – Su istanza del creditore munito del titolo esecutivo e del precetto, l'ufficiale giudiziario addetto al tribunale del luogo in cui il debitore ha la residenza, il domicilio, la dimora o la sede, procede alla ricerca con modalità telematiche dei beni da pignorare. L'istanza deve contenere l'indicazione dell'indirizzo di posta elettronica ordinaria del difensore e, ai fini dell'articolo 547, dell'indirizzo di posta elettronica certificata o servizio elettronico di recapito certificato qualificato. L'istanza non può essere proposta prima che sia decorso il termine di cui all'articolo 482.

Prima della notificazione del precetto ovvero prima che sia decorso il termine di cui all'articolo 482, se vi è pericolo nel ritardo, il presidente del tribunale del luogo in cui il debitore ha la residenza, il domicilio, la dimora o la sede, su istanza del creditore, autorizza la ricerca telematica dei beni da pignorare.

Dalla proposizione dell'istanza di cui al primo e al secondo comma, il termine di cui all'articolo 481, primo comma, è sospeso fino alla comunicazione dell'ufficiale giudiziario di non aver eseguito le ricerche per mancanza dei presupposti o al rigetto da parte del presidente del tribunale dell'istanza ovvero fino alla comunicazione del processo verbale di cui al quarto comma.

Fermo quanto previsto dalle disposizioni in materia di accesso ai dati e alle informazioni degli archivi automatizzati del Centro elaborazione dati istituito presso il Ministero dell'interno ai sensi dell'articolo 8 della legge 1° aprile 1981, n. 121, l'ufficiale giudiziario accede mediante collegamento telematico diretto ai dati contenuti nelle banche dati delle pubbliche amministrazioni e, in particolare, nell'anagrafe tributaria, compreso l'archivio dei rapporti finanziari, e in quelle degli enti previdenziali, per l'acquisizione di tutte le informazioni rilevanti per l'individuazione di cose e crediti da sottoporre ad esecuzione, comprese quelle relative ai rapporti intrattenuti dal debitore con istituti di credito e datori di lavoro o committenti. Terminate le operazioni l'ufficiale giudiziario redige un unico processo verbale nel quale indica tutte le banche dati interrogate e le relative risultanze e ne dà comunicazione al creditore istante. L'ufficiale giudiziario procede a pignoramento munito del titolo esecutivo e del precetto, anche acquisendone copia dal fascicolo informatico. Nel caso di cui al secondo comma, il precetto è consegnato o trasmesso all'ufficiale giudiziario prima che si proceda al pignoramento.

Se l'accesso ha consentito di individuare cose che si trovano in luoghi appartenenti al debitore compresi nel territorio di competenza dell'ufficiale giudiziario, quest'ultimo accede agli stessi per provvedere d'ufficio agli adempimenti di cui agli articoli 517, 518 e 520. Se i luoghi non sono compresi nel territorio di competenza di cui al primo periodo, copia autentica del verbale è rilasciata al creditore che, entro quindici giorni dal rilascio a pena d'inefficacia della richiesta, la presenta, unitamente all'istanza per gli adempimenti di cui agli articoli 517, 518 e 520, all'ufficiale giudiziario territorialmente competente.

L'ufficiale giudiziario, quando non rinviene una cosa individuata mediante l'accesso nelle banche dati di cui al quarto comma, intima al debitore di indicare entro quindici giorni il luogo in cui si trova, avvertendolo che l'omessa o la falsa comunicazione è punita a norma dell'articolo 388, sesto comma, del codice penale.

Se l'accesso ha consentito di individuare crediti del debitore o cose di quest'ultimo che sono nella disponibilità di terzi, l'ufficiale giudiziario notifica d'ufficio, ove possibile a norma dell'articolo 149 *bis*, al debitore e al terzo il verbale, che dovrà anche contenere l'indicazione del credito per cui si procede, del titolo esecutivo e del precetto, dell'indirizzo di posta elettronica certificata o servizio elettronico di recapito certificato qualificato di cui al primo comma, del luogo in cui il creditore ha eletto domicilio o ha dichiarato di essere residente, dell'ingiunzione, dell'invito e dell'avvertimento al debitore di cui all'articolo 492, primo, secondo e terzo comma, nonché l'intimazione al terzo di non disporre delle cose o delle somme dovute, nei limiti di cui all'articolo 546. Il verbale di cui al presente comma è notificato al terzo per estratto, contenente esclusivamente i dati a quest'ultimo riferibili.

Quando l'accesso ha consentito di individuare più crediti del debitore o più cose di quest'ultimo che sono nella disponibilità di terzi l'ufficiale giudiziario sottopone ad esecuzione i beni scelti dal creditore.

Quando l'accesso ha consentito di individuare sia cose di cui al quinto comma che crediti o cose di cui al settimo comma, l'ufficiale giudiziario sottopone ad esecuzione i beni scelti dal creditore.

Nel caso di sospensione del termine di cui al terzo comma, con la nota d'iscrizione a ruolo, al fine della verifica del rispetto dei termini di cui all'articolo 481, primo comma, a pena di inefficacia del pignoramento, il creditore deposita con le modalità e nei termini previsti dagli articoli 518, sesto comma, 543, quarto comma, 557, secondo comma, l'istanza, l'autorizzazione del presidente del tribunale, quando è prevista, nonché la comunicazione del verbale di cui al quarto comma, ovvero la comunicazione dell'ufficiale giudiziario di cui al terzo comma o il provvedimento del presidente del tribunale di rigetto dell'istanza.

(1) *Questo articolo, inserito dall'art. 19, comma 1, lett.* d), *del D.L. 12 settembre 2014, n. 132, convertito, con modificazioni, nella L. 10 novembre 2014, n. 162, è stato così sostituito dall'art. 3, comma 36, lett.* b), *del D.L.vo 10 ottobre 2022, n. 149, a decorrere dal 28 febbraio 2023.*

A norma dell'art. 35, comma 1, del medesimo decreto, le disposizioni si applicano ai procedimenti instaurati successivamente a tale data. Ai procedimenti pendenti alla data del 28 febbraio 2023 si applicano le disposizioni anteriormente vigenti.

Si riporta il testo precedente:

«Art. 492 bis (Ricerca con modalità telematiche dei beni da pignorare)

Su istanza del creditore [procedente] (*), il presidente del tribunale del luogo in cui il debitore ha la residenza, il domicilio, la dimora o la sede, verificato il diritto della parte istante a procedere ad esecuzione forzata, autorizza la ricerca con modalità telematiche dei beni da pignorare. L'istanza deve contenere l'indicazione dell'indirizzo di posta elettronica ordinaria ed il numero di fax del difensore nonché, ai fini dell'articolo 547, dell'indirizzo di posta elettronica certificata. L'istanza non può essere proposta prima che sia decorso il termine di cui all'articolo 482 (**). Se vi è pericolo nel ritardo, il presidente del tribunale autorizza la ricerca telematica dei beni da pignorare prima della notificazione del precetto (**).

Fermo quanto previsto dalle disposizioni in materia di accesso ai dati e alle informazioni degli archivi automatizzati del Centro elaborazione dati istituito presso il Ministero dell'interno ai sensi dell'articolo 8 della legge 1° aprile 1981, n. 121, con l'autorizzazione di cui al primo comma il presidente del tribunale o un giudice da lui delegato dispone che l'ufficiale giudiziario acceda mediante collegamento telematico diretto ai dati contenuti nelle banche dati delle pubbliche amministrazioni [o alle quali le stesse possono accedere] (***) e, in particolare, nell'anagrafe tributaria, compreso l'archivio dei rapporti finanziari, [nel pubblico registro automobilistico] (***) e in quelle degli enti previdenziali, per l'acquisizione di tutte le informazioni rilevanti per l'individuazione di cose e crediti da sottoporre ad esecuzione, comprese quelle relative ai rapporti intrattenuti dal debitore con istituti di credito e datori di lavoro o committenti. Terminate le operazioni l'ufficiale giudiziario redige un unico processo verbale nel quale indica tutte le banche dati interrogate e le relative risultanze. L'ufficiale giudiziario procede a pignoramento munito del titolo esecutivo e del precetto, anche acquisendone copia dal fascicolo informatico (****). Nel caso di cui al primo comma, quarto periodo, il precetto è consegnato o trasmesso all'ufficiale giudiziario prima che si proceda al pignoramento (****).

Se l'accesso ha consentito di individuare cose che si trovano in luoghi appartenenti al debitore compresi nel territorio di competenza dell'ufficiale giudiziario, quest'ultimo accede agli stessi per provvedere d'ufficio agli adempimenti di cui agli articoli 517, 518 e 520. Se i luoghi non sono compresi nel territorio di competenza di cui al periodo precedente, copia autentica del verbale è rilasciata al creditore che, entro quindici giorni dal rilascio a pena d'inefficacia della richiesta, la presenta, unitamente all'istanza per gli adempimenti di cui agli articoli 517, 518 e 520, all'ufficiale giudiziario territorialmente competente.

L'ufficiale giudiziario, quando non rinviene una cosa individuata mediante l'accesso nelle banche dati di cui al secondo comma, intima al debitore di indicare entro quindici giorni il luogo in cui si trova, avvertendolo che l'omessa o la falsa comunicazione è punita a norma dell'articolo 388, sesto comma, del codice penale.

Se l'accesso ha consentito di individuare crediti del debitore o cose di quest'ultimo che sono nella disponibilità di terzi, l'ufficiale giudiziario notifica d'ufficio, ove possibile a norma dell'articolo 149 bis o a mezzo telefax, al debitore e al terzo il verbale, che dovrà anche contenere l'indicazione del credito per cui si procede, del titolo esecutivo e del precetto, dell'indirizzo di posta elettronica certificata di cui al primo comma, del luogo in cui il creditore ha eletto domicilio o ha dichiarato di essere residente, dell'ingiunzione, dell'invito e dell'avvertimento al debitore di cui all'articolo 492, primo, secondo e terzo comma, nonché l'intimazione al terzo di non disporre delle cose o delle somme dovute, nei limiti di cui all'articolo 546. Il verbale di cui al presente comma è notificato al terzo per estratto, contenente esclusivamente i dati a quest'ultimo riferibili.

Quando l'accesso ha consentito di individuare più crediti del debitore o più cose di quest'ultimo che sono nella disponibilità di terzi l'ufficiale giudiziario sottopone ad esecuzione i beni scelti dal creditore.

Quando l'accesso ha consentito di individuare sia cose di cui al terzo comma che crediti o cose di cui al quinto comma, l'ufficiale giudiziario sottopone ad esecuzione i beni scelti dal creditore.».

(*) *La parola fra parentesi quadrata è stata soppressa dall'art. 13, comma 1, lett. ff), n. 1), lett. a), del D.L. 27 giugno 2015, n. 83, convertito, con modificazioni, nella L. 6 agosto 2015, n. 132.*

(**) *Questo periodo è stato aggiunto dall'art. 13, comma 1, lett. ff), n. 1), lett. b), del D.L. 27 giugno 2015, n. 83, convertito, con modificazioni, nella L. 6 agosto 2015, n. 132.*

(***) *Le parole fra parentesi quadrate sono state soppresse dall'art. 13, comma 1, lett. ff), n. 2), del D.L. 27 giugno 2015, n. 83, convertito, con modificazioni, nella L. 6 agosto 2015, n. 132.*

(****) *Questo periodo è stato aggiunto dall'art. 13, comma 1, lett. ff), n. 2), del D.L. 27 giugno 2015, n. 83, convertito, con modificazioni, nella L. 6 agosto 2015, n. 132.*

493. Pignoramenti su istanza di più creditori. – Più creditori possono con unico pignoramento colpire il medesimo bene (523).

Il bene sul quale è stato compiuto un pignoramento può essere pignorato successivamente su istanza di uno o più creditori (523, 524, 550, 561).

Ogni pignoramento ha effetto indipendente, anche se è unito ad altri in unico processo.

NOTE OPERATIVE:

Estinzione: In tema di pluralità di pignoramenti sugli stessi beni, la dichiarazione di estinzione della procedura esecutiva originata da un singolo atto di pignoramento non fa venire meno gli effetti di quelli eventualmente successivi ed autonomi (C.C. 30500/19).

494. (1) **Pagamento nelle mani dell'ufficiale giudiziario.** – Il debitore può evitare il pignoramento versando nelle mani dell'ufficiale giudiziario la somma per cui si procede e l'importo delle spese, con l'incarico di consegnarli al creditore.

All'atto del versamento si può fare riserva di ripetere la somma versata (157 att.).

Può altresì evitare il pignoramento di cose, depositando nelle mani dell'ufficiale giudiziario, in luogo di esse, come oggetto di pignoramento, una somma di denaro uguale all'importo del credito o dei crediti per cui si procede e delle spese, aumentato di due decimi (687).

(1) *Articolo così sostituito dall'art. 47 della L. 14 luglio 1950, n. 581.*

495. (1) **Conversione del pignoramento.** – Prima che sia disposta la vendita o l'assegnazione a norma degli articoli 530, 552 e 569 (2), il debitore può chiedere di sostituire alle cose o ai crediti pignorati una somma di denaro pari, oltre alle spese di esecuzione, all'importo dovuto al creditore pignorante e ai creditori intervenuti, comprensivo del capitale, degli interessi e delle spese.

Unitamente all'istanza deve essere depositata in cancelleria, a pena di inammissibilità, una somma non inferiore a un sesto (3) dell'importo del credito per cui è stato eseguito il pignoramento e dei crediti dei creditori intervenuti indicati nei rispettivi atti di intervento, dedotti i versamenti effettuati di cui deve essere data prova documentale. La somma è depositata dal cancelliere, presso un istituto di credito indicato dal giudice.

La somma da sostituire al bene pignorato è determinata con ordinanza dal giudice dell'esecuzione, sentite le parti in udienza non oltre trenta giorni dal deposito dell'istanza di conversione.

Quando le cose pignorate siano costituite da beni immobili o cose mobili, il giudice con la stessa ordinanza può disporre, se ricorrono giustificati motivi, che il debitore versi con rateizzazioni mensili entro il termine massimo di quarantotto mesi (4) la somma determinata a norma del terzo comma, maggiorata degli interessi scalari al tasso convenzionale pattuito ovvero, in difetto, al tasso legale. Ogni sei mesi il giudice provvede, a norma dell'articolo 510, al pagamento al creditore pignorante o alla distribuzione tra i creditori delle somme versate dal debitore (5).

Qualora il debitore ometta il versamento dell'importo determinato dal giudice ai sensi del terzo comma, ovvero ometta o ritardi di oltre trenta giorni (6) il versamento anche di una sola delle rate previste nel quarto comma, le somme versate formano parte dei beni pignorati. Il giudice dell'esecuzione, su richiesta del creditore procedente o creditore intervenuto munito di titolo esecutivo, dispone senza indugio la vendita di questi ultimi.

Con l'ordinanza che ammette la sostituzione, il giudice, quando le cose pignorate siano costituite da beni immobili o cose mobili, dispone che le cose pignorate siano liberate dal pignoramento con il versamento dell'intera somma (7).

L'istanza può essere avanzata una sola volta a pena di inammissibilità.

(1) *Questo articolo è stato così sostituito dall'art. 13 della L. 3 agosto 1998, n. 302.*

(2) *Le parole: «In qualsiasi momento anteriore alla vendita» sono state così sostituite dalle attuali: «Prima che sia disposta la vendita o l'assegnazione a norma degli articoli 530, 552 e 569» dall'art. 2, comma 3, lett. e), n. 6.1), del D.L. 14 marzo 2005, n. 35, convertito, con modificazioni, nella L. 14 maggio 2005, n. 80.*

A norma dell'art. 2, comma 3 sexies, dello stesso provvedimento, come sostituito dall'art. 1, comma 6, della L. 28 dicembre 2005, n. 263 e successivamente modificato dall'art. 39 quater del D.L. 30 dicembre 2005, n. 273, convertito, con modificazioni, nella L. 23 febbraio 2006, n. 51, questa disposizione entra in vigore il 1° marzo 2006 e si applica anche alle procedure esecutive pendenti a tale data di entrata in vigore. Quando tuttavia è già stata ordinata la vendita, la stessa ha luogo con l'osservanza delle norme precedentemente in vigore. L'intervento dei creditori non muniti di titolo esecutivo conserva efficacia se avvenuto prima del 1° marzo 2006.

(3) *Le parole: «non inferiore a un quinto» sono state così sostituite dalle attuali: «non inferiore a un sesto» dall'art. 4, comma 1, lett. a), del D.L. 14 dicembre 2018, n. 135, convertito, con modificazioni, nella L. 11 febbraio 2019, n. 12. A norma dell'art. 4, comma 4, del medesimo decreto tali disposizioni non si applicano alle esecuzioni iniziate anteriormente alla data di entrata in vigore della legge di conversione del citato decreto (13 febbraio 2019).*

(4) *Le parole: «di trentasei mesi» sono state così sostituite dalle attuali: «di quarantotto mesi» dall'art. 4, comma 1, lett. b), del D.L. 14 dicembre 2018, n. 135, convertito, con modificazioni, nella L. 11 febbraio 2019, n. 12. A norma dell'art. 4, comma 4, del medesimo decreto tali disposizioni non si applicano alle esecuzioni iniziate anteriormente alla data di entrata in vigore della legge di conversione del citato decreto (13 febbraio 2019).*

(5) *Questo comma è stato così sostituito dall'art. 13, comma 1, lett. c), del D.L. 27 giugno 2015, n. 83, convertito, con modificazioni, nella L. 6 agosto 2015, n. 132. A norma dell'art. 23, comma 9, del medesimo provvedimento, tali disposizioni, si applicano anche ai procedimenti pendenti alla data di entrata in vigore del presente decreto. Quando è già stata disposta la vendita, la stessa ha comunque luogo con l'osservanza delle norme precedentemente in vigore e le disposizioni di cui al presente decreto si applicano quando il giudice o il professionista delegato dispone una nuova vendita.*

(6) *Le parole: «oltre quindici giorni» sono state così sostituite dalle attuali: «oltre trenta giorni» dall'art. 4, comma 1, lett. c), del D.L. 14 dicembre 2018, n. 135, convertito, con modificazioni, nella L. 11 febbraio 2019, n. 12. A norma dell'art. 4, comma 4, del medesimo decreto tali disposizioni non si applicano alle esecuzioni iniziate anteriormente alla data di entrata in vigore della legge di conversione del citato decreto (13 febbraio 2019).*

(7) *Questo comma è stato così sostituito dall'art. 13, comma 1, lett. c bis), del D.L. 27 giugno 2015, n. 83, convertito, con modificazioni, nella L. 6 agosto 2015, n. 132. A norma dell'art. 23, comma 9, del medesimo provvedimento, tali disposizioni, si applicano anche ai procedimenti pendenti alla data di entrata in vigore del presente decreto. Quando è già stata disposta la vendita, la stessa ha comunque luogo con l'osservanza delle norme precedentemente in vigore e le disposizioni di cui al presente decreto si applicano quando il giudice o il professionista delegato dispone una nuova vendita.*

NOTE OPERATIVE:

Finalità: La ratio dell'istituto della domanda di conversione del pignoramento è quella di favorire il debitore che voglia evitare l'esecuzione, impedendo però che lo stesso attraverso istanze reiterate rallenti la procedura esecutiva attraverso il divieto di reiterazione dell'istanza medesima (C.C. 15362/17).

496. Riduzione del pignoramento. – Su istanza (486) del debitore o anche di ufficio, quando il valore dei beni pignorati è superiore all'importo delle spese e dei crediti di cui all'articolo precedente, il giudice, sentiti il creditore pignorante e i creditori intervenuti, può disporre (134, 487) la riduzione del pignoramento (558).

NOTE OPERATIVE:

Rimedi: L'ordinanza di riduzione del pignoramento, sebbene per legge modificabile e revocabile finché non abbia avuto esecuzione, ha effetto immediato ed il rimedio esperibile avverso la medesima è quello dell'opposizione agli atti esecutivi (C.C. 21325/10).

497. Cessazione dell'efficacia del pignoramento. – Il pignoramento perde efficacia quando dal suo compimento sono trascorsi quarantacinque (1) giorni senza che sia stata richiesta l'assegnazione o la vendita (501 ss., 562, 628, 630, 632).

(1) *La parola: «novanta» è stata così sostituita dall'attuale: «quarantacinque» dall'art. 13, comma 1, lett. d), del D.L. 27 giugno 2015, n. 83, convertito, con modificazioni, nella L. 6 agosto 2015, n. 132. A norma dell'art. 23, comma 6, del medesimo decreto, tali disposizioni si applicano esclusivamente alle procedure esecutive iniziate successivamente alla data di entrata in vigore del presente decreto.*

Sezione III
Dell'intervento dei creditori

498. Avviso ai creditori iscritti. – Debbono essere avvertiti dell'espropriazione i creditori che sui beni pignorati hanno un diritto di prelazione (2741 c.c.) risultante da pubblici registri (2673 ss., 2693, 2745 c.c.; 158 att.).

A tal fine è notificato (137; 2844, 2845 c.c.) a ciascuno di essi, a cura del creditore pignorante ed entro cinque giorni dal pignoramento (492), un avviso (158, 160 att.) contenente l'indicazione del creditore pignorante, del credito per il quale si procede, del titolo e delle cose pignorate.

In mancanza della prova di tale notificazione, il giudice non può provvedere sull'istanza di assegnazione o di vendita (501, 505, 529, 567).

499. (1) **Intervento.** – Possono intervenire nell'esecuzione i creditori che nei confronti del debitore hanno un credito fondato su titolo esecutivo, nonché i creditori che, al momento del pignoramento, avevano eseguito un sequestro sui beni pignorati ovvero avevano un diritto di pegno o un diritto di prelazione risultante da pubblici registri ovvero erano titolari di un credito di somma di denaro risultante dalle scritture contabili di cui all'articolo 2214 del codice civile.

Il ricorso deve essere depositato prima che sia tenuta l'udienza in cui è disposta la vendita o l'assegnazione ai sensi degli articoli 530, 552 e 569, deve contenere l'indicazione del credito e quella del titolo di esso, la domanda per partecipare alla distribuzione della somma ricavata e la dichiarazione di residenza o la elezione di domicilio nel comune in cui ha sede il giudice competente per l'esecuzione. Se l'intervento ha luogo per un credito di somma di denaro risultante dalle scritture di cui al primo comma, al ricorso deve essere allegato, a pena di inammissibilità, l'estratto autentico notarile delle medesime scritture rilasciato a norma delle vigenti disposizioni.

Il creditore privo di titolo esecutivo che interviene nell'esecuzione deve notificare al debitore, entro i dieci giorni successivi al deposito, copia del ricorso, nonché copia dell'estratto autentico notarile attestante il credito se l'intervento nell'esecuzione ha luogo in forza di essa.

Ai creditori chirografari, intervenuti tempestivamente, il creditore pignorante ha facoltà di indicare, con atto notificato o all'udienza in cui è disposta la vendita o l'assegnazione, l'esistenza di altri beni del debitore utilmente pignorabili, e di invitarli ad estendere il pignoramento se sono forniti di titolo esecutivo o, altrimenti, ad anticipare le spese necessarie per l'estensione. Se i creditori intervenuti, senza giusto motivo, non estendono il pignoramento ai beni indicati ai sensi del primo periodo entro il termine di trenta giorni, il creditore pignorante ha

CODICE PROCEDURA CIVILE

diritto di essere loro preferito in sede di distribuzione.

Con l'ordinanza con cui è disposta la vendita o l'assegnazione ai sensi degli articoli 530, 552 e 569 il giudice fissa, altresì, udienza di comparizione davanti a sé del debitore e dei creditori intervenuti privi di titolo esecutivo, disponendone la notifica a cura di una delle parti. Tra la data dell'ordinanza e la data fissata per l'udienza non possono decorrere più di sessanta giorni.

All'udienza di comparizione il debitore deve dichiarare quali dei crediti per i quali hanno avuto luogo gli interventi egli intenda riconoscere in tutto o in parte, specificando in quest'ultimo caso la relativa misura. Se il debitore non compare, si intendono riconosciuti tutti i crediti per i quali hanno avuto luogo interventi in assenza di titolo esecutivo. In tutti i casi il riconoscimento rileva comunque ai soli effetti dell'esecuzione. I creditori intervenuti i cui crediti siano stati riconosciuti da parte del debitore partecipano alla distribuzione della somma ricavata per l'intero ovvero limitatamente alla parte del credito per la quale vi sia stato riconoscimento parziale. I creditori intervenuti i cui crediti siano stati viceversa disconosciuti dal debitore hanno diritto, ai sensi dell'articolo 510, terzo comma, all'accantonamento delle somme che ad essi spetterebbero, sempre che ne facciano istanza e dimostrino di avere proposto, nei trenta giorni successivi all'udienza di cui al presente comma, l'azione necessaria affinché essi possano munirsi del titolo esecutivo.

(1) *Questo articolo è stato così sostituito dall'art. 2, comma 3, lett.* e), *n. 7), del D.L. 14 marzo 2005, n. 35, convertito, con modificazioni, nella L. 14 maggio 2005, n. 80, come modificato dall'art. 1, comma 3, lett.* c), *della L. 28 dicembre 2005, n. 263.*

A norma dell'art. 2, comma 3 sexies, *dello stesso provvedimento, come sostituito dall'art. 1, comma 6, della L. 28 dicembre 2005, n. 263 e successivamente modificato dall'art. 39* quater *del D.L. 30 dicembre 2005, n. 273, convertito, con modificazioni, nella L. 23 febbraio 2006, n. 51, questa disposizione entra in vigore il 1° marzo 2006 e si applica anche alle procedure esecutive pendenti a tale data di entrata in vigore. Quando tuttavia è già stata ordinata la vendita, la stessa ha luogo con l'osservanza delle norme precedentemente in vigore. L'intervento dei creditori non muniti di titolo esecutivo conserva efficacia se avvenuto prima del 1° marzo 2006.*

Si riporta l'articolo precedente:

«Oltre i creditori indicati nell'articolo precedente, possono intervenire nell'esecuzione gli altri creditori, ancorché non privilegiati».

NOTE OPERATIVE:

Verifica dei crediti: Il sub-procedimento di verifica dei crediti dei creditori intervenuti senza titolo esecutivo costituisce requisito per l'accesso degli stessi alla distribuzione del ricavato e presidia un interesse pubblico processuale alla regolarità e celerità della ripartizione (C.C. 15996/22).

500. (1) **Effetti dell'intervento.** – L'intervento, secondo le disposizioni contenute nei capi seguenti e nei casi ivi previsti, dà diritto a partecipare alla distribuzione della somma ricavata, a partecipare all'espropriazione del bene pignorato e a provocarne i singoli atti.

(1) *Questo articolo è stato così sostituito dall'art. 2, comma 3, lett.* e), *n. 7* bis *del D.L. 14 marzo 2005, n. 35, convertito, con modificazioni, nella L. 14 maggio 2005, n. 80, come modificato dall'art. 1, comma 3, lett.* d), *della L. 28 dicembre 2005, n. 263.*

A norma dell'art. 2, comma 3 sexies, *dello stesso provvedimento, come sostituito dall'art. 1, comma 6, della L. 28 dicembre 2005, n. 263 e successivamente modificato dall'art. 39* quater *del D.L. 30 dicembre 2005, n. 273, convertito, con modificazioni, nella L. 23 febbraio 2006, n. 51, questa disposizione entra in vigore il 1° marzo 2006 e si applica anche alle procedure esecutive pendenti a tale data di entrata in vigore. Quando tuttavia è già stata ordinata la vendita, la stessa ha luogo con l'osservanza delle norme precedentemente in vigore. L'intervento dei creditori non muniti di titolo esecutivo conserva efficacia se avvenuto prima del 1° marzo 2006.*

Si riporta l'articolo precedente:

«500. (Effetti dell'intervento). *L'intervento dà diritto a partecipare alla distribuzione della somma ricavata (510 ss., 541 ss., 596 ss.; 2929 c.c.), e, secondo le disposizioni contenute nei capi seguenti, può anche dare diritto a partecipare all'espropriazione del bene pignorato e a provocarne i singoli atti (526, 530[5], 564, 566, 629[1])».*

NOTE OPERATIVE:

Perdita degli effetti: L'intervento del creditore, del cui titolo esecutivo la provvisoria esecutività sia stata sospesa, non per ciò stesso perde ogni effetto nell'ambito del processo di espropriazione forzata (C.C. 4034/21).

Sezione IV
Della vendita e dell'assegnazione

501. Termine dilatorio dal pignoramento. – L'istanza di assegnazione (505 ss.) o di vendita (529, 552 ss., 567 ss.) dei beni pignorati non può essere proposta se non decorsi dieci giorni dal pignoramento, tranne che per le cose deteriorabili, delle quali può essere disposta l'assegnazione o la vendita immediata (497).

NOTE OPERATIVE:

Finalità: La norma fissa un termine dilatorio allo scopo di permettere al debitore di evitare la vendita o l'assegnazione dei beni, la cui inosservanza dà luogo a nullità sanabile, che non può essere rilevata d'ufficio, né può essere dedotta oltre l'udienza fissata per l'autorizzazione della vendita, che ha funzione preclusiva rispetto agli atti compiuti in data anteriore alla stessa, a meno che il debitore non alleghi di non avere ricevuto comunicazione del decreto di fissazione di detta udienza (C.C. 564/03).

502. Termine per l'assegnazione o la vendita del pegno. – Salve le disposizioni speciali del codice civile (2795, 2797, 2798, 2804 c.c.), per l'espropriazione delle cose date in pegno (2796 ss., 2800 c.c.) e dei mobili soggetti ad ipoteca (2810 c.c.) si seguono le norme del presente codice, ma l'assegnazione o la vendita può essere chiesta senza che sia stata preceduta da pignoramento (491; 2911 c.c.) (1).

In tal caso il termine per l'istanza di assegnazione o di vendita (501) decorre dalla notificazione del precetto (479, 499).

(1) *Comma così modificato con R.D. 20 aprile 1942, n. 504.*

503. Modi della vendita forzata. – La vendita forzata può farsi con incanto (532 ss., 576 ss.) o senza (532 ss., 570 ss.), secondo le forme previste nei capi seguenti (2919 ss. c.c.; 164 att.).

L'incanto può essere disposto solo quando il giudice ritiene probabile che la vendita con tale modalità abbia luogo ad un prezzo superiore della metà rispetto al valore del bene, determinato a norma dell'articolo 568 nonché, nel caso di beni mobili, degli articoli 518 e 540 *bis* (1) (2).

(1) *Le parole*: «*nonché, nel caso di beni mobili, degli articoli 518 e 540* bis» *sono state aggiunte dall'art. 4, comma 1, lett.* b), *del D.L. 3 maggio 2016, n. 59, convertito, con modificazioni, nella L. 30 giugno 2016, n. 119.*

(2) *Questo comma è stato aggiunto dall'art. 19, comma 1, lett.* d bis), *del D.L. 12 settembre 2014, n. 132, convertito, con modificazioni, nella L. 10 novembre 2014, n. 162. A norma dell'art. 19, comma 6 bis, dello stesso provvedimento, tali disposizioni si applicano ai procedimenti iniziati a decorrere dal trentesimo giorno successivo alla data di entrata in vigore della legge di conversione del presente decreto (Suppl. ord. alla G.U. Serie gen. - n. 261 del 10 novembre 2014).*

504. Cessazione della vendita forzata. – Se la vendita è fatta in più volte o in più lotti, deve cessare quando il prezzo già ottenuto raggiunge l'importo delle spese e dei crediti menzionati nell'art. 495 comma primo (163 att.).

505. Assegnazione. – Il creditore pignorante può chiedere l'assegnazione (507) dei beni pignorati, nei limiti e secondo le regole contenute nei capi seguenti (529², 538², 539, 552 ss., 588 ss.; 2925 ss. c.c.).

Se sono intervenuti altri creditori (498 ss.), l'assegnazione può essere chiesta a vantaggio di uno solo o di più, d'accordo fra tutti.

506. Valore minimo per l'assegnazione. – L'assegnazione può essere fatta soltanto per un valore non inferiore alle spese di esecuzione e ai crediti aventi diritto a prelazione (2741² c.c.) anteriore a quello dell'offerente.

Se il valore eccede quello indicato nel comma precedente, sull'eccedenza concorrono l'offerente e gli altri creditori, osservate le cause di prelazione che li assistono (498; 162 att.).

507. Forma dell'assegnazione. – L'assegnazione si fa mediante ordinanza del giudice dell'esecuzione (134, 484, 487) contenente l'indicazione dell'assegnatario, del creditore pignorante, di quelli intervenuti, del debitore, ed eventualmente del terzo proprietario, del bene assegnato e del prezzo di assegnazione (162 att.).

508. Assunzione di debiti da parte dell'aggiudicatario o dell'assegnatario. – Nel caso di vendita o di assegnazione di un bene gravato da pegno (2784 ss. c.c.) o da ipoteca (2808 ss. c.c.), l'aggiudicatario o assegnatario, con l'autorizzazione del giudice dell'esecuzione (134, 484, 487), può concordare col creditore pignoratizio o ipotecario l'assunzione del debito con le garanzie ad esso inerenti, liberando il debitore.

In tal caso nel provvedimento di vendita o di assegnazione si deve menzionare l'assunzione del debito (585²).

Sezione V
Della distribuzione della somma ricavata

509. Composizione della somma ricavata. – La somma da distribuire è formata da quanto proviene a titolo di prezzo o conguaglio (590²) delle cose vendute o assegnate, di rendita (594) o provento delle cose pignorate, di multa (587) e risarcimento di danno (540², 587²) da parte dell'aggiudicatario.

510. (1) **Distribuzione della somma ricavata.** – Se vi è un solo creditore pignorante senza intervento di altri creditori, il giudice dell'esecuzione, sentito il debitore, dispone a favore del creditore pignorante il pagamento di quanto gli spetta per capitale, interessi e spese.

In caso diverso la somma ricavata è dal giudice distribuita tra i creditori a norma delle disposizioni contenute nei capi seguenti, con riguardo alle cause legittime di prelazione e previo accantonamento delle somme che spetterebbero ai creditori intervenuti privi di titolo esecutivo i cui crediti non siano stati in tutto o in parte riconosciuti dal debitore.

L'accantonamento è disposto dal giudice dell'esecuzione per il tempo ritenuto necessario affinché i predetti creditori possano munirsi di titolo esecutivo e, in ogni caso, per un periodo di tempo non superiore a tre anni. Decorso il termine fissato, su istanza di una delle parti o anche d'ufficio, il giudice dispone la comparizione davanti a sé del debitore, del creditore procedente e dei creditori intervenuti, con l'eccezione di coloro che siano già stati integralmente soddisfatti, e dà luogo alla distribuzione della somma accantonata tenuto conto anche dei creditori intervenuti che siano nel frattempo muniti di titolo esecutivo. La comparizione delle parti per la distribuzione della somma accantonata è disposta anche prima che sia decorso il termine fissato se vi è istanza di uno dei predetti creditori e non ve ne siano altri che ancora debbano munirsi di titolo esecutivo.

Il residuo della somma ricavata, dopo l'ulteriore distribuzione di cui al terzo comma ovvero dopo che sia decorso il termine nello stesso previsto, è consegnato al debitore o la terzo che ha subito l'espropriazione.

(1) *Questo articolo è stato così sostituito dall'art. 2, comma 3, lett. e), n. 8), del D.L. 14 marzo 2005, n. 35, convertito, con modificazioni, nella L. 14 maggio 2005, n. 80, come modificato dall'art. 1, comma 3, lett. e), della L. 28 dicembre 2005, n. 263.*

A norma dell'art. 2, comma 3 sexies, dello stesso provvedimento, come sostituito dall'art. 1, comma 6, della L. 28 dicembre 2005, n. 263 e successivamente modificato dall'art. 39 quater del D.L. 30 dicembre 2005, n. 273, convertito, con modificazioni, nella L. 23 febbraio 2006, n. 51, questa disposizione entra in vigore il 1° marzo 2006 e si applica anche alle procedure esecutive pendenti a tale data di entrata in vigore. Quando tuttavia è già stata ordinata la vendita, la stessa ha luogo con l'osservanza delle norme precedentemente in vigore. L'intervento dei creditori non muniti di titolo esecutivo conserva efficacia se avvenuto prima del 1° marzo 2006.

Si riporta l'articolo precedente:

«510. (Distribuzione della somma ricavata). *Se vi è un solo creditore pignorante senza intervento di altri creditori, il giudice dell'esecuzione, sentito il debitore, dispone a favore del creditore pignorante il pagamento di quanto gli spetta per capitale, interessi e spese.*

«In caso diverso, la somma ricavata è dal giudice distribuita tra i creditori a norma delle disposizioni contenute nei capi seguenti, con riguardo alle cause legittime di prelazione e previo accantonamento delle somme che spetterebbero ai creditori sequestratari, pignoratizi e ipotecari privi di titolo esecutivo.

«Il residuo della somma ricavata è consegnato al debitore o al terzo che ha subito l'espropriazione».

NOTE OPERATIVE:

Intangibilità: A seguito della chiusura del procedimento di esecuzione forzata, è da escludere la possibilità di ottenere una modifica della distribuzione del ricavato della vendita mediante l'esperimento dell'azione di ripetizione di indebito da parte di un creditore nei confronti degli altri, in quanto la definizione di quel procedimento con l'approvazione del progetto di distribuzione senza contestazioni da parte dei creditori determina l'intangibilità della concreta ed effettiva distribuzione delle somme ricavate dalla vendita (C.C. 4263/19).

511. Domanda di sostituzione. – I creditori di un creditore avente diritto alla distribuzione possono chiedere di essere a lui sostituiti, proponendo domanda a norma dell'art. 499 secondo comma (2900 c.c.).

Il giudice dell'esecuzione provvede alla distribuzione (510) anche nei loro confronti, ma le contestazioni relative alle loro domande non possono ritardare la distribuzione tra gli altri creditori concorrenti.

NOTE OPERATIVE:

Effetti: La sostituzione esecutiva realizza il subingresso di uno o più creditori del creditore dell'esecutato nella sua posizione processuale nel diritto al riparto della somma ricavata dall'esecuzione e non integra pertanto una forma di pignoramento del credito presso terzi (C.C. 15981/23).

512. (1) **Risoluzione delle controversie.** – Se, in sede di distribuzione, sorge controversia tra i creditori concorrenti o tra creditore e debitore o terzo assoggettato all'espropriazione, circa la sussistenza o l'ammontare di uno o più crediti o circa la sussistenza di diritti di prelazione, il giudice dell'esecuzione, sentite le parti e compiuti i necessari accertamenti, provvede con ordinanza, impugnabile nelle forme e nei termini di cui all'articolo 617, secondo comma.

Il giudice può, anche con l'ordinanza di cui al primo comma, sospendere, in tutto o in parte, la distribuzione della somma ricavata.

(1) *Questo articolo è stato così sostituito dall'art. 2, comma 3, lett. e), n. 9), del D.L. 14 marzo 2005, n. 35, convertito, con modificazioni, nella L. 14 maggio 2005, n. 80.*

A norma dell'art. 2, comma 3 sexies, dello stesso provvedimento, come sostituito dall'art. 1, comma 6, della L. 28 dicembre 2005, n. 263 e successivamente modificato dall'art. 39 quater del D.L. 30 dicembre 2005, n. 273, convertito, con modificazioni, nella L. 23 febbraio 2006, n. 51, questa disposizione entra in vigore il 1° marzo 2006 e si applica anche alle procedure esecutive pendenti a tale data di entrata in vigore. Quando tuttavia è già stata ordinata la vendita, la stessa ha luogo con l'osservanza delle norme precedentemente in vigore. L'intervento dei creditori non muniti di titolo esecutivo conserva efficacia se avvenuto prima del 1° marzo 2006.

Si riporta l'articolo precedente:

«512. (Risoluzione delle controversie). *Se, in sede di distribuzione, sorge controversia tra i creditori concorrenti o tra creditore e debitore o terzo assoggettato all'espropriazione, circa la sussistenza o l'ammontare di uno o più crediti o circa la sussistenza di diritti di prelazione, il giudice dell'esecuzione provvede all'istruzione della causa, se è competente; altrimenti rimette le parti davanti al giudice competente a norma dell'art. 17, fissando un termine perentorio per la riassunzione.*

«Il giudice, se non sospende totalmente il procedimento, provvede alla distribuzione della parte della somma ricavata non controversa».

NOTE OPERATIVE:

Caratteristiche: L'opposizione all'esecuzione e quella distributiva divergono per l'oggetto – concernendo la prima il diritto di procedere all'esecuzione forzata (con statuizione suscettibile di acquisire efficacia di giudicato sul diritto azionato e spendibile in ogni altra successiva eventuale controversia) e la seconda il diritto di partecipare alla distribuzione del ricavato nella singola procedura – e possono tra loro concorrere ed essere anche fondate sul medesimo fatto costitutivo, senza essere legate da un nesso di successione cronologica o di esclusività alternativa (C.C. 15439/23).

Capo II
Dell'espropriazione mobiliare presso il debitore

Sezione I
Del pignoramento

513. Ricerca delle cose da pignorare. – L'ufficiale giudiziario, munito del titolo esecutivo (474, 492[2]) e del precetto (480), può ricercare (517) le cose da pignorare (514 ss.; 165 att.; 2912 c.c.) nella casa del debitore e negli altri luoghi a lui appartenenti. Può anche ricercarle sulla persona del debitore, osservando le opportune cautele per rispettarne il decoro.

Quando è necessario aprire porte, ripostigli o recipienti, vincere la resistenza opposta dal debitore o da terzi, oppure allontanare persone che disturbano l'esecuzione del pignoramento, l'ufficiale giudiziario provvede secondo le circostanze, richiedendo, quando occorre, l'assistenza della forza pubblica (59, 475[4]).

Il presidente del tribunale o un giudice da lui delegato, su ricorso (125) del creditore (486), può autorizzare con decreto (135) l'ufficiale giudiziario a pignorare cose determinate che non si trovano in luoghi appartenenti al debitore, ma delle quali egli può direttamente disporre.

In ogni caso l'ufficiale giudiziario può sottoporre a pignoramento, secondo le norme della presente sezione, le cose del debitore che il terzo possessore (543) consente di esibirgli (556).

NOTE OPERATIVE:

Ufficiale giudiziario: La norma pone una presunzione di titolarità in capo a quest'ultimo dei beni che si trovano nella sua casa e negli altri luoghi a lui appartenenti; pertanto, poiché l'attività svolta dall'ufficiale giudiziario in sede di pignoramento mobiliare è meramente esecutiva, è preclusa al medesimo qualsiasi valutazione giuridica dei titoli di appartenenza dei beni da sottoporre al pignoramento, rimanendo a disposizione degli eventuali terzi proprietari lo strumento processuale dell'opposizione di terzo all'esecuzione (C.C. 23625/12).

514. Cose mobili assolutamente impignorabili. – Oltre alle cose dichiarate impignorabili da speciali disposizioni di legge, non si possono pignorare:

1) le cose sacre e quelle che servono all'esercizio del culto (831 c.c.);

2) l'anello nuziale, i vestiti, la biancheria, i letti, i tavoli per la consumazione dei pasti con le relative sedie, gli armadi guardaroba, i cassettoni, il frigorifero, le stufe ed i fornelli di cucina anche se a gas o elettrici, la lavatrice, gli utensili di casa e di cucina unitamente ad un mobile idoneo a contenerli, in quanto indispensabili al debitore ed alle persone della sua famiglia con lui conviventi; sono tuttavia esclusi i mobili, meno i letti, di rilevante valore economico, anche per accertato pregio artistico o di antiquariato ([1]);

3) i commestibili e i combustibili necessari per un mese al mantenimento del debitore e delle altre persone indicate nel numero precedente;

[4) gli strumenti, gli oggetti e i libri indispensabili per l'esercizio della professione, dell'arte o del mestiere del debitore] ([2]);

5) le armi e gli oggetti che il debitore ha l'obbligo di conservare per l'adempimento di un pubblico servizio;

6) le decorazioni al valore, le lettere, i registri e in generale gli scritti di famiglia, nonché i manoscritti, salvo che formino parte di una collezione;

6 *bis*) gli animali di affezione o da compagnia tenuti presso la casa del debitore o negli altri luoghi a lui appartenenti, senza fini produttivi, alimentari o commerciali ([3]);

6 *ter*) gli animali impiegati ai fini terapeutici o di assistenza del debitore, del coniuge, del convivente o dei figli ([3]).

([1]) *Numero così sostituito dall'art. un. della L. 8 maggio 1971, n. 302.*

([2]) *Questo numero è stato abrogato a decorrere dal 1° marzo 2006, dall'art. 3 della L. 24 febbraio 2006, n. 52.*

([3]) *Questo numero è stato aggiunto dall'art. 77 della L. 28 dicembre 2015, n. 221.*

515. Cose mobili relativamente impignorabili. – Le cose, che il proprietario di un fondo vi tiene per il servizio e la coltivazione del medesimo (817 c.c.), possono essere pignorate separatamente dall'immobile soltanto in mancanza di altri mobili (556); tuttavia il giudice dell'esecuzione, su istanza del debitore e sentito il creditore, può escludere dal pignoramento, con ordinanza non impugnabile, quelle tra le cose suindicate che sono di uso necessario per la coltura del fondo, o può anche permetterne l'uso, sebbene pignorate, con le opportune cautele per la loro conservazione e ricostituzione (645 c.n.).

Le stesse disposizioni il giudice dell'esecuzione può dare relativamente alle cose destinate dal coltivatore al servizio o alla coltivazione del fondo (531[3]).

Gli strumenti, gli oggetti e i libri indispensabili per l'esercizio della professione, dell'arte o del mestiere del debitore possono essere pignorati nei limiti di un quinto, quando il presumibile valore di realizzo degli altri beni rinvenuti dall'ufficiale giudiziario o indicati dal debitore non appare sufficiente per la soddisfazione del credito; il predetto limite non si applica per i debitori costituiti in forma societaria e in ogni caso se nelle attività del debitore risulta una prevalenza del capitale investito sul lavoro ([1]).

([1]) *Questo comma è stato aggiunto a decorrere dal 1° marzo 2006, dall'art. 4 della L. 24 febbraio 2006, n. 52.*

516. Cose pignorabili in particolari circostanze di tempo. – I frutti non ancora raccolti o separati dal suolo (820[2] c.c.) non possono essere pignorati separatamente dall'immobile a cui accedono, se non nelle ultime sei settimane anteriori al tempo ordinario della loro maturazione, tranne che il creditore pignorante si assuma le maggiori spese della custodia.

I bachi da seta possono essere pignorati solo quando sono nella maggior parte sui rami per formare il bozzolo (518, 431[2]).

517. ([1]) **Scelta delle cose da pignorare.** – Il pignoramento deve essere eseguito sulle cose che l'ufficiale giudiziario ritiene di più facile e pronta liquidazione, nel limite di un presumibile valore di realizzo pari all'importo del credito precettato aumentato della metà.

In ogni caso l'ufficiale giudiziario deve preferire il denaro contante, gli oggetti preziosi e i titoli di credito e ogni altro bene che appaia di sicura realizzazione.

([1]) *Questo articolo è stato così sostituito a decorrere dal 1° marzo 2006, dall'art. 5 della L. 24 febbraio 2006, n. 52.*

Si riporta l'articolo precedente:

«517. (Scelta delle cose da pignorare). *Il pignoramento, quando non v'è pregiudizio per il creditore, deve essere eseguito preferibilmente sulle cose indicate dal debitore.*

«In ogni caso l'ufficiale giudiziario deve preferire il danaro contante, gli oggetti preziosi e i titoli di credito che ritiene di sicura realizzazione».

518. ([1]) **Forma del pignoramento.** – L'ufficiale giudiziario redige delle sue operazioni processo verbale nel quale dà atto dell'ingiunzione di cui all'articolo 492 e descrive le cose pignorate, nonché il loro stato, mediante rappresentazione fotografica ovvero altro mezzo di ripresa audiovisiva, determinandone approssimativamente il presumibile valore di realizzo con l'assistenza, se ritenuta utile o richiesta dal creditore, di un esperto stimatore da lui scelto. Se il pignoramento cade su frutti non ancora raccolti o separati dal suolo, l'ufficiale giudiziario ne descrive la natura, la qualità e l'ubicazione.

Quando ritiene opportuno differire le operazioni di stima l'ufficiale giudiziario redige un primo verbale di pignoramento, procedendo senza indugio e comunque entro il termine perentorio di trenta giorni alla definitiva individuazione dei beni da assoggettare al pignoramento sulla base dei valori indicati dall'esperto, al quale è consentito in ogni caso accedere al luogo in cui i beni si trovano.

Il giudice dell'esecuzione liquida le spese ed il compenso spettanti all'esperto, tenuto conto dei valori di effettiva vendita o assegnazione dei beni o, in qualunque altro caso, sulla base dei valori stimati.

Nel processo verbale l'ufficiale giudiziario fa relazione delle disposizioni date per conservare le cose pignorate.

Se il debitore non è presente, l'ufficiale giudiziario rivolge l'ingiunzione alle persone indicate nell'articolo 139, secondo comma, e consegna loro un avviso dell'ingiunzione stessa per il debitore. In mancanza di dette persone affigge l'avviso alla porta dell'immobile in cui ha eseguito il pignoramento.

Compiute le operazioni, l'ufficiale giudiziario consegna senza ritardo al creditore il processo verbale, il titolo esecutivo e il precetto. Il creditore deve depositare nella cancelleria del tribunale competente per l'esecuzione la nota di iscrizione a ruolo, con copie conformi degli atti di cui al periodo precedente, entro quindici giorni dalla consegna. La conformità di tali copie è attestata dall'avvocato del creditore ai soli fini del presente articolo. Il cancelliere al momento del deposito forma il fascicolo dell'esecuzione. Sino alla scadenza del termine di cui all'articolo 497 copia del processo verbale è conservata dall'ufficiale giudiziario a disposizione del debitore. Il pignoramento perde efficacia quando la nota di iscrizione a ruolo e le copie degli atti di cui al primo periodo del presente comma sono depositate oltre il termine di quindici giorni dalla consegna al creditore (2).

Su istanza del creditore, da depositare non oltre il termine per il deposito dell'istanza di vendita, il giudice, nominato uno stimatore quando appare opportuno, ordina l'integrazione del pignoramento se ritiene che il presumibile valore di realizzo dei beni pignorati sia inferiore a quello indicato nel primo comma. In tale caso l'ufficiale giudiziario riprende senza indugio le operazioni di ricerca dei beni.

(1) *Questo articolo è stato così sostituito a decorrere dal 1° marzo 2006, dall'art. 6 della L. 24 febbraio 2006, n. 52.*

Si riporta l'articolo precedente:

«518. (Forma del pignoramento). *L'ufficiale giudiziario redige delle sue operazioni processo verbale nel quale dà atto dell'ingiunzione di cui all'art. 492 e descrive le cose pignorate, determinandone approssimativamente il valore, con l'assistenza, quando occorre, di uno stimatore da lui scelto. Se il pignoramento cade su frutti non ancora raccolti o separati dal suolo o su bachi da seta, l'ufficiale giudiziario ne descrive la natura, la qualità e l'ubicazione.*

«Nel processo verbale l'ufficiale giudiziario fa relazione delle disposizioni date per conservare le cose pignorate.

«Se il debitore non è presente, l'ufficiale giudiziario rivolge l'ingiunzione alle persone indicate nell'art. 139 secondo comma, e consegna loro un avviso dell'ingiunzione stessa per il debitore. In mancanza di dette persone affigge l'avviso alla porta dell'immobile in cui ha eseguito il pignoramento.

«Il processo verbale col titolo esecutivo e il precetto deve essere depositato in cancelleria entro le ventiquattro ore dal compimento delle operazioni. Il cancelliere al momento del deposito forma il fascicolo dell'esecuzione».

(2) *Questo comma è stato così sostituito dall'art. 18, comma 1, lett. a), del D.L. 12 settembre 2014, n. 132, convertito, con modificazioni, nella L. 10 novembre 2014, n. 162. A norma dell'art. 18, comma 3, dello stesso provvedimento, tali disposizioni si applicano ai procedimenti esecutivi iniziati a decorrere dal trentesimo giorno successivo all'entrata in vigore della legge di conversione del presente decreto legge (Suppl. ord. alla G.U. Serie gen. - n. 261 del 10 novembre 2014).*

519. Tempo del pignoramento. – Il pignoramento non può essere eseguito nei giorni festivi (1), né fuori delle ore indicate nell'art. 147, salvo che ne sia data autorizzazione dal presidente del tribunale o da un giudice da lui delegato (26, 487).

Il pignoramento iniziato nelle ore prescritte può essere proseguito fino al suo compimento.

(1) *A norma della L. 27 maggio 1949, n. 260, della L. 31 marzo 1954, n. 90, della L. 5 marzo 1977, n. 54, del D.P.R. 28 dicembre 1985, n. 792 e della L. 20 novembre 2000, n. 336, sono giorni festivi: le domeniche, il 1° gennaio, il 6 gennaio, il 25 aprile, il lunedì dopo Pasqua, il 1° maggio, il 2 giugno, il 15 agosto, il 1° novembre, l'8, il 25 e il 26 dicembre.*

520. Custodia dei mobili pignorati. – L'ufficiale giudiziario consegna al cancelliere del tribunale il danaro, i titoli di credito (1992 c.c.) e gli oggetti preziosi colpiti dal pignoramento (517²; 166 att.). Il danaro deve essere depositato dal cancelliere nelle forme dei depositi giudiziari, mentre i titoli di credito e gli oggetti preziosi sono custoditi nei modi che il giudice dell'esecuzione determina (166 att.).

Per la conservazione delle altre cose l'ufficiale giudiziario provvede, quando il creditore ne fa richiesta, trasportandole presso un luogo di pubblico deposito oppure affidandole a un custode diverso dal debitore; nei casi di urgenza l'ufficiale giudiziario affida la custodia agli istituti autorizzati di cui all'articolo 159 delle disposizioni per l'attuazione del presente codice (1).

(1) *Questo comma è stato così sostituito, a decorrere dal 1° marzo 2006, dall'art. 7 della L. 24 febbraio 2006, n. 52.*

Si riporta il comma precedente: «Per la conservazione delle altre cose l'ufficiale giudiziario provvede trasportandole in un luogo di pubblico deposito o affidandole a un custode».

521. Nomina e obblighi del custode. – Non possono essere nominati custode il creditore o il suo coniuge senza il consenso del debitore, né il debitore o le persone della sua famiglia che convivono con lui senza il consenso del creditore (522²).

Il custode sottoscrive il processo verbale (126) dal quale risulta la sua nomina.

Al fine della conservazione delle cose pignorate, l'ufficiale giudiziario autorizza il custode a lasciarle nell'immobile appartenente al debitore o a trasportarle altrove (520, 536).

Il custode non può usare delle cose pignorate senza l'autorizzazione del giudice dell'esecuzione e deve rendere il conto a norma dell'art. 593 (66, 67, 632²).

Quando è depositata l'istanza di vendita il giudice dispone la sostituzione del custode nominando l'istituto di cui al primo comma dell'articolo 534 che entro trenta giorni, previo invio di comunicazione contenente la data e l'orario approssimativo dell'accesso, provvede al trasporto dei beni pignorati presso la propria sede o altri locali nella propria disponibilità. Le persone incaricate dall'istituto, quando risulta necessario per apprendere i beni, possono aprire porte, ripostigli e recipienti e richiedere l'assistenza della forza pubblica. Per i beni che risultano difficilmente trasportabili con l'impiego dei mezzi usualmente utilizzati l'istituto può chiedere di essere autorizzato a provvedere alla loro custodia nel luogo in cui si trovano (1).

(1) *Questo comma è stato aggiunto, a decorrere dal 1° marzo 2006, dall'art. 8 della L. 24 febbraio 2006, n. 52.*

NOTE OPERATIVE:

Funzione: Il custode giudiziale, quale amministratore dei beni pignorati, agisce in giudizio esclusivamente per assicurarne la conservazione e la piena fruibilità nell'interesse dei soli creditori procedenti, allo scopo dell'espropriazione, con la conseguenza che, al momento della cessazione dell'incarico, non si verifica alcun fenomeno successorio con il proprietario debitore, il quale diviene l'unico soggetto legittimato ad esercitare le domande nascenti dal contratto e consequenziali (C.C. 22029/18).

521 *bis*. (1) Pignoramento e custodia di autoveicoli, motoveicoli e rimorchi. – Oltre che con le forme previste dall'articolo 518, il pignoramento di autoveicoli, motoveicoli e rimorchi può essere eseguito anche (2) mediante notificazione al debitore e successiva trascrizione di un atto nel quale si indicano esattamente, con gli estremi richiesti dalla legge speciale per la loro iscrizione nei pubblici registri, i beni e i diritti che si intendono sottoporre ad esecuzione, e gli si fa l'ingiunzione prevista nell'articolo 492. Il pignoramento contiene altresì l'intimazione a consegnare entro dieci giorni i beni pignorati, nonché i titoli e i documenti relativi alla proprietà e all'uso dei medesimi, all'istituto vendite giudiziarie autorizzato ad operare nel territorio del circondario nel quale è compreso il luogo in cui il debitore ha la residenza, il domicilio, la dimora o la sede o, in mancanza, a quello più vicino (3).

Col pignoramento il debitore è costituito custode dei beni pignorati e di tutti gli accessori comprese le pertinenze e i frutti, senza diritto a compenso.

Al momento della consegna l'istituto vendite giudiziarie assume la custodia del bene pignorato e ne dà immediata comunicazione al creditore pignorante, a mezzo posta elettronica certificata ove possibile.

Decorso il termine di cui al primo comma, gli organi di polizia che accertano la circolazione dei beni pignorati o comunque li rinvengono (4) procedono al ritiro della carta di circolazione nonché, ove possibile, dei titoli e dei documenti relativi alla proprietà e all'uso dei beni pignorati e consegnano il bene pignorato all'istituto vendite giudiziarie più vicino al (5) luogo in cui il bene pignorato è stato rinvenuto. Si applica il terzo comma.

Eseguita l'ultima notificazione, l'ufficiale giudiziario consegna senza ritardo al creditore l'atto di pignoramento perché proceda alla trascrizione nei pubblici registri. Entro trenta giorni dalla comunicazione di cui al terzo comma, il creditore deve depositare nella cancelleria del tribunale competente per l'esecuzione la nota di iscrizione a ruolo, con copie conformi del titolo esecutivo, del precetto, dell'atto di pignoramento e della nota di trascrizione. La conformità di tali copie è attestata dall'avvocato del creditore ai soli fini del presente articolo.

Il cancelliere forma il fascicolo dell'esecuzione. Il pignoramento perde efficacia quando la nota di iscrizione a ruolo e le copie dell'atto di pignoramento, del titolo esecutivo e del precetto sono depositate oltre il termine di cui al quinto comma.

In deroga a quanto previsto dall'articolo 497, l'istanza di assegnazione o l'istanza di vendita deve essere depositata entro quarantacinque giorni dal deposito da parte del creditore della nota di iscrizione a norma del presente articolo ovvero dal deposito da parte di quest'ultimo delle copie conformi degli atti, a norma dell'articolo 159 *ter* delle disposizioni per l'attuazione del presente codice (6).

Si applicano in quanto compatibili le disposizioni del presente capo.

(1) *Questo articolo è stato inserito dall'art. 19, comma 1, lett.* d ter), *del D.L. 12 settembre 2014, n. 132, convertito, con modificazioni, nella L. 10 novembre 2014, n. 162. A norma dell'art. 19, comma 6 bis, dello stesso provvedimento, tali disposizioni si applicano ai procedimenti iniziati a decorrere dal trentesimo giorno successivo alla data di entrata in vigore della legge di conversione del presente decreto (Suppl. ord. alla G.U. Serie gen. - n. 261 del 10 novembre 2014).*

(2) *Le parole: «Il pignoramento di autoveicoli, motoveicoli e rimorchi si esegue» sono state così sostituite dalle attuali: «Oltre che con le forme previste dall'articolo 518, il pignoramento di autoveicoli, motoveicoli e rimorchi può essere eseguito anche» dall'art. 13, comma 1, lett.* d bis), *n. 1), del D.L. 27 giugno 2015, n. 83, convertito, con modificazioni, nella L. 6 agosto 2015, n. 132. A norma dell'art. 23, comma 9, del medesimo provvedimento, tali disposizioni, si applicano anche ai pro-*

cedimenti pendenti alla data di entrata in vigore del presente decreto. Quando è già stata disposta la vendita, la stessa ha comunque luogo con l'osservanza delle norme precedentemente in vigore e le disposizioni di cui al presente decreto si applicano quando il giudice o il professionista delegato dispone una nuova vendita.

(3) *Le parole: «o, in mancanza, a quello più vicino» sono state aggiunte dall'art. 13, comma 1, lett.* d bis), *n. 1), del D.L. 27 giugno 2015, n. 83, convertito, con modificazioni, nella L. 6 agosto 2015, n. 132. A norma dell'art. 23, comma 9, del medesimo provvedimento, tali disposizioni, si applicano anche ai procedimenti pendenti alla data di entrata in vigore del presente decreto. Quando è già stata disposta la vendita, la stessa ha comunque luogo con l'osservanza delle norme precedentemente in vigore e le disposizioni di cui al presente decreto si applicano quando il giudice o il professionista delegato dispone una nuova vendita.*

(4) *Le parole: «o comunque li rinvengono» sono state inserite dall'art. 13, comma 1, lett.* d bis), *n. 2), del D.L. 27 giugno 2015, n. 83, convertito, con modificazioni, nella L. 6 agosto 2015, n. 132. A norma dell'art. 23, comma 9, del medesimo provvedimento, tali disposizioni, si applicano anche ai procedimenti pendenti alla data di entrata in vigore del presente decreto. Quando è già stata disposta la vendita, la stessa ha comunque luogo con l'osservanza delle norme precedentemente in vigore e le disposizioni di cui al presente decreto si applicano quando il giudice o il professionista delegato dispone una nuova vendita.*

(5) *Le parole: «autorizzato ad operare nel territorio del circondario nel quale è compreso il» sono state così sostituite dalle attuali: «più vicino al» dall'art. 13, comma 1, lett.* d bis), *n. 2), del D.L. 27 giugno 2015, n. 83, convertito, con modificazioni, nella L. 6 agosto 2015, n. 132. A norma dell'art. 23, comma 9, del medesimo provvedimento, tali disposizioni, si applicano anche ai procedimenti pendenti alla data di entrata in vigore del presente decreto. Quando è già stata disposta la vendita, la stessa ha comunque luogo con l'osservanza delle norme precedentemente in vigore e le disposizioni di cui al presente decreto si applicano quando il giudice o il professionista delegato dispone una nuova vendita.*

(6) *Questo comma è stato inserito dall'art. 13, comma 1, lett.* d bis), *n. 3), del D.L. 27 giugno 2015, n. 83, convertito, con modificazioni, nella L. 6 agosto 2015, n. 132. A norma dell'art. 23, comma 9, del medesimo provvedimento, tali disposizioni, si applicano anche ai procedimenti pendenti alla data di entrata in vigore del presente decreto. Quando è già stata disposta la vendita, la stessa ha comunque luogo con l'osservanza delle norme precedentemente in vigore e le disposizioni di cui al presente decreto si applicano quando il giudice o il professionista delegato dispone una nuova vendita.*

522. Compenso del custode. – Il custode non ha diritto a compenso se non l'ha chiesto e se non gli è stato riconosciuto dall'ufficiale giudiziario all'atto della nomina (65-67).

Nessun compenso può attribuirsi alle persone indicate nel primo comma dell'articolo precedente (66[2]).

523. Unione di pignoramenti. – L'ufficiale giudiziario, che trova un pignoramento già iniziato da altro ufficiale giudiziario, continua le operazioni insieme con lui. Essi redigono unico processo verbale (493).

524. (1) **Pignoramento successivo.** – L'ufficiale giudiziario, che trova un pignoramento già compiuto, ne dà atto nel processo verbale (126, 518) descrivendo i mobili precedentemente pignorati (493[2]), e quindi procede al pignoramento degli altri beni o fa constare nel processo verbale che non ve ne sono.

Il processo verbale è depositato in cancelleria e inserito nel fascicolo (488, 518[4]) formato in base al primo pignoramento, se quello successivo è compiuto anteriormente alla udienza prevista nell'articolo 525, primo comma (2), ovvero alla presentazione del ricorso per l'assegnazione o la vendita (529) dei beni pignorati nella ipotesi prevista nel secondo comma dell'articolo 525 (3). In tale caso il cancelliere ne dà notizia (160 att.) al creditore primo pignorante e l'esecuzione si svolge in unico processo.

Il pignoramento successivo, se è compiuto dopo l'udienza di cui sopra ovvero dopo la presentazione del ricorso predetto, ha gli effetti di un intervento tardivo (528) rispetto ai beni colpiti dal primo pignoramento. Se colpisce altri beni, per questi ha luogo separato processo (550).

(1) *Articolo così sostituito dall'art. 10 del D.P.R. 17 ottobre 1950, n. 857.*

(2) *Le parole: «nell'articolo 525, secondo comma» sono state così sostituite dalle attuali: «nell'articolo 525, primo comma» dall'art. 2, comma 3, lett.* e), *n. 10), del D.L. 14 marzo 2005, n. 35, convertito, con modificazioni, nella L. 14 maggio 2005, n. 80.*

A norma dell'art. 2, comma 3 sexies, dello stesso provvedimento, come sostituito dall'art. 1, comma 6, della L. 28 dicembre 2005, n. 263 e successivamente modificato dall'art. 39 quater del D.L. 30 dicembre 2005, n. 273, convertito, con modificazioni, nella L. 23 febbraio 2006, n. 51, questa disposizione entra in vigore il 1° marzo 2006 e si applica anche alle procedure esecutive pendenti a tale data di entrata in vigore. Quando tuttavia è già stata ordinata la vendita, la stessa ha luogo con l'osservanza delle norme precedentemente in vigore. L'intervento dei creditori non muniti di titolo esecutivo conserva efficacia se avvenuto prima del 1° marzo 2006.

(3) *Le parole: «nel terzo comma dell'articolo 525» sono state così sostituite dalle attuali: «nel secondo comma dell'articolo 525» dall'art. 2, comma 3, lett.* e), *n. 10), del D.L. 14 marzo 2005, n. 35, convertito, con modificazioni, nella L. 14 maggio 2005, n. 80.*

A norma dell'art. 2, comma 3 sexies, dello stesso provvedimento, come sostituito dall'art. 1, comma 6, della L. 28 dicembre 2005, n. 263 e successivamente modificato dall'art. 39 quater del D.L. 30 dicembre 2005, n. 273, convertito, con modificazioni, nella L. 23 febbraio 2006, n. 51, questa disposizione entra in vigore il 1° marzo 2006 e si applica anche alle procedu-

re esecutive pendenti a tale data di entrata in vigore. Quando tuttavia è già stata ordinata la vendita, la stessa ha luogo con l'osservanza delle norme precedentemente in vigore. L'intervento dei creditori non muniti di titolo esecutivo conserva efficacia se avvenuto prima del 1° marzo 2006.

NOTE OPERATIVE:

Funzione: La regola dei pignoramenti successivi e quella conseguente della considerazione nei processi esecutivi riuniti del pignoramento successivo o alla stessa stregua di un intervento tardivo o come legittimante il concorso agli effetti dell'assegnazione del credito, è funzionale alla tutela di detta situazione processuale e, quindi, ad assicurare un certo modo di svolgimento del processo esecutivo (C.C. 17029/10).

Sezione II
Dell'intervento dei creditori

525. (1) **Condizione e tempo dell'intervento.** – [Possono intervenire (551) a norma dell'art. 499 tutti coloro che nei confronti del debitore hanno un credito certo, liquido ed esigibile] (2).

Per gli effetti di cui agli articoli seguenti l'intervento deve aver luogo non oltre (528) la prima udienza fissata per l'autorizzazione della vendita o per la assegnazione (530). Di tale intervento il cancelliere dà notizia al creditore pignorante (160 att.).

Qualora il valore dei beni pignorati, determinato a norma dell'articolo 518, non superi ventimila euro, l'intervento di cui al comma precedente deve aver luogo non oltre la data di presentazione del ricorso, prevista dall'articolo 529 (3).

(1) *Articolo così sostituito dall'art. 48 della L. 14 luglio 1950, n. 581.*

(2) *Questo comma è stato abrogato dall'art. 2, comma 3, lett. e), n. 11.1), del D.L. 14 marzo 2005, n. 35, convertito, con modificazioni, nella L. 14 maggio 2005, n. 80.*

A norma dell'art. 2, comma 3 sexies, dello stesso provvedimento, come sostituito dall'art. 1, comma 6, della L. 28 dicembre 2005, n. 263 e successivamente modificato dall'art. 39 quater del D.L. 30 dicembre 2005, n. 273, convertito, con modificazioni, nella L. 23 febbraio 2006, n. 51, questa disposizione entra in vigore il 1° marzo 2006 e si applica anche alle procedure esecutive pendenti a tale data di entrata in vigore. Quando tuttavia è già stata ordinata la vendita, la stessa ha luogo con l'osservanza delle norme precedentemente in vigore. L'intervento dei creditori non muniti di titolo esecutivo conserva efficacia se avvenuto prima del 1° marzo 2006.

(3) *Questo comma è stato così sostituito dall'art. 2, comma 3, lett. e), n. 11.2), del D.L. 14 marzo 2005, n. 35, convertito, con modificazioni, nella L. 14 maggio 2005, n. 80.*

A norma dell'art. 2, comma 3 sexies, dello stesso provvedimento, come sostituito dall'art. 1, comma 6, della L. 28 dicembre 2005, n. 263 e successivamente modificato dall'art. 39 quater del D.L. 30 dicembre 2005, n. 273, convertito, con modificazioni, nella L. 23 febbraio 2006, n. 51, questa disposizione entra in vigore il 1° marzo 2006 e si applica anche alle procedure esecutive pendenti a tale data di entrata in vigore. Quando tuttavia è già stata ordinata la vendita, la stessa ha luogo con l'osservanza delle norme precedentemente in vigore. L'intervento dei creditori non muniti di titolo esecutivo conserva efficacia se avvenuto prima del 1° marzo 2006.

526. (1) **Facoltà dei creditori intervenuti.** – I creditori intervenuti a norma dell'articolo 525 (2) partecipano alla espropriazione dei mobili pignorati e, se muniti di titolo esecutivo (474), possono provocarne i singoli atti (500, 530[5], 564, 566, 629[1]).

(1) *Articolo così sostituito dall'art. 10 del D.P.R. 17 ottobre 1950, n. 857.*

(2) *Le parole: «a norma del secondo comma e del terzo comma dell'articolo precedente» sono state così sostituite dalle attuali: «a norma dell'articolo 525» dall'art. 2, comma 3, lett. e), n. 12), del D.L. 14 marzo 2005, n. 35, convertito, con modificazioni, nella L. 14 maggio 2005, n. 80.*

A norma dell'art. 2, comma 3 sexies, dello stesso provvedimento, come sostituito dall'art. 1, comma 6, della L. 28 dicembre 2005, n. 263 e successivamente modificato dall'art. 39 quater del D.L. 30 dicembre 2005, n. 273, convertito, con modificazioni, nella L. 23 febbraio 2006, n. 51, questa disposizione entra in vigore il 1° marzo 2006 e si applica anche alle procedure esecutive pendenti a tale data di entrata in vigore. Quando tuttavia è già stata ordinata la vendita, la stessa ha luogo con l'osservanza delle norme precedentemente in vigore. L'intervento dei creditori non muniti di titolo esecutivo conserva efficacia se avvenuto prima del 1° marzo 2006.

527. (1) [**Diritto dei creditori intervenuti alla distribuzione.** – Ai creditori intervenuti a norma dell'art. 525 secondo e terzo comma il creditore pignorante ha facoltà di indicare, all'udienza o con atto notificato, e, in ogni caso, non oltre i cinque giorni successivi alla comunicazione fattagli dal cancelliere, l'esistenza di altri beni del debitore utilmente pignorabili, ed invitarli ad estendere il pignoramento se sono forniti di titolo esecutivo o, altrimenti, ad anticipare le spese necessarie per l'estensione.

Se i creditori intervenuti non si giovano, senza giusto motivo, delle indicazioni loro fatte o non rispondono all'invito entro il termine di dieci giorni, il creditore pignorante ha diritto di essere loro preferito in sede di distribuzione].

(1) *Questo articolo, così sostituito dall'art. 10 del D.P.R. 17 ottobre 1950, n. 857 è stato poi abrogato dall'art. 2, comma 3, lett. e), n. 13), del D.L. 14 marzo 2005, n. 35, convertito, con modificazioni, nella L. 14 maggio 2005, n. 80.*

A norma dell'art. 2, comma 3 sexies, dello stesso provvedimento, come sostituito dall'art. 1, comma 6, della L. 28 dicembre 2005, n. 263 e successivamente modificato dall'art. 39 quater del D.L. 30 dicembre 2005, n. 273, convertito, con modificazioni, nella L. 23 febbraio 2006, n. 51, questa disposizione entra in vigore il 1° marzo 2006 e si applica anche alle procedure esecutive pendenti a tale data di entrata in vigore. Quando tuttavia è già stata ordinata la vendita, la stessa ha luogo con l'osservanza delle norme precedentemente in vigore. L'intervento dei creditori non muniti di titolo esecutivo conserva efficacia se avvenuto prima del 1° marzo 2006.

528. (1) **Intervento tardivo.** – I creditori chirografari che intervengono successivamente ai termini di cui all'articolo 525, ma prima del provvedimento di distribuzione, concorrono alla distribuzione della parte della somma ricavata che sopravanza dopo soddisfatti i diritti del creditore pignorante, dei creditori privilegiati e di quelli intervenuti in precedenza (2).

I creditori che hanno un diritto di prelazione sulle cose pignorate, anche se intervengono a norma del comma precedente, concorrono alla distribuzione della somma ricavata in ragione dei loro diritti di prelazione (510; 2741[2] c.c.).

(1) *Articolo dapprima modificato dal R.D. 20 aprile 1942, n. 504, e poi così sostituito dall'art. 10 del D.P.R. 17 ottobre 1950, n. 857.*

(2) *Questo comma è stato così sostituito dall'art. 2, comma 3, lett. e), n. 14), del D.L. 14 marzo 2005, n. 35, convertito, con modificazioni, nella L. 14 maggio 2005, n. 80.*

A norma dell'art. 2, comma 3 sexies, dello stesso provvedimento, come sostituito dall'art. 1, comma 6, della L. 28 dicembre 2005, n. 263 e successivamente modificato dall'art. 39 quater del D.L. 30 dicembre 2005, n. 273, convertito, con modificazioni, nella L. 23 febbraio 2006, n. 51, questa disposizione entra in vigore il 1° marzo 2006 e si applica anche alle procedure esecutive pendenti a tale data di entrata in vigore. Quando tuttavia è già stata ordinata la vendita, la stessa ha luogo con l'osservanza delle norme precedentemente in vigore. L'intervento dei creditori non muniti di titolo esecutivo conserva efficacia se avvenuto prima del 1° marzo 2006.

Sezione III
Dell'assegnazione e della vendita

529. Istanza di assegnazione o di vendita. – Decorso il termine di cui all'art. 501, il creditore pignorante e ognuno dei creditori intervenuti (525, 526) muniti di titolo esecutivo (474) possono chiedere la distribuzione del danaro (494, 495) e la vendita di tutti gli altri beni.

Dei titoli di credito (1992 ss. c.c.) e delle altre cose il cui valore risulta dal listino di borsa o di mercato (1474[2] c.c.) possono chiedere anche l'assegnazione (505 ss.; 162 att.).

Al ricorso si deve unire il certificato d'iscrizione dei privilegi gravanti sui mobili pignorati (2755 ss. c.c.).

530. (1) **Provvedimento per l'assegnazione o per l'autorizzazione della vendita.** – Sull'istanza di cui all'articolo precedente il giudice dell'esecuzione fissa l'udienza per l'audizione delle parti (485).

All'udienza le parti possono fare osservazioni circa l'assegnazione e circa il tempo e le modalità della vendita, e debbono proporre, a pena di decadenza, le opposizioni agli atti esecutivi (617 ss.), se non sono già decadute dal diritto di proporle (619).

Se non vi sono opposizioni o se su di esse si raggiunge l'accordo delle parti comparse, il giudice dell'esecuzione dispone con ordinanza (487) l'assegnazione (162 att.; 2798, 2825 c.c.) o la vendita (2919 ss. c.c.).

Se vi sono opposizioni il giudice dell'esecuzione le decide con sentenza (277 ss., 618) e dispone con ordinanza l'assegnazione o la vendita (162, 164 att.).

Qualora ricorra l'ipotesi prevista dal secondo comma (2) dell'art. 525, e non siano intervenuti creditori fino alla presentazione del ricorso, il giudice dell'esecuzione provvederà con decreto per l'assegnazione o la vendita; altrimenti provvederà a norma dei commi precedenti, ma saranno sentiti soltanto i creditori intervenuti nel termine previsto dal secondo comma (2) dell'art. 525 (500, 526, 564, 566, 629[1]).

Il giudice dell'esecuzione stabilisce che il versamento della cauzione, la presentazione delle offerte, lo svolgimento della gara tra gli offerenti, ai sensi dell'articolo 532, nonché il pagamento del prezzo, siano effettuati con modalità telematiche, salvo che le stesse siano pregiudizievoli per gli interessi dei creditori o per il sollecito svolgimento della procedura (3).

In ogni caso il giudice dell'esecuzione può disporre che sia effettuata la pubblicità prevista dall'articolo 490, secondo comma, almeno dieci giorni prima della scadenza del termine per la presentazione delle offerte o della data dell'incanto. Il giudice dispone che sia sempre effettuata la pubblicità prevista dall'articolo 490, primo comma, nel rispetto del termine di cui al periodo precedente (4).

Fuori dell'ipotesi prevista dal secondo comma dell'articolo 525, il giudice dell'esecuzio-

CODICE PROCEDURA CIVILE

ne può disporre che il versamento del prezzo abbia luogo ratealmente ed entro un termine non superiore a dodici mesi; si applicano, in quanto compatibili, le disposizioni di cui agli articoli 569, terzo comma, terzo periodo, 574, primo comma, secondo periodo, e 587, primo comma, secondo periodo ([5]).

([1]) *Articolo così sostituito dall'art. 48 della L. 14 luglio 1950, n. 581.*

([2]) *Le parole: «terzo comma» sono state così sostituite dalle attuali: «secondo comma» dall'art. 2, comma 3, lett. e), n. 15), del D.L. 14 marzo 2005, n. 35, convertito, con modificazioni, nella L. 14 maggio 2005, n. 80.*

A norma dell'art. 2, comma 3 sexies, dello stesso provvedimento, come sostituito dall'art. 1, comma 6, della L. 28 dicembre 2005, n. 263 e successivamente modificato dall'art. 39 quater del D.L. 30 dicembre 2005, n. 273, convertito, con modificazioni, nella L. 23 febbraio 2006, n. 51, questa disposizione entra in vigore il 1° marzo 2006 e si applica anche alle procedure esecutive pendenti a tale data di entrata in vigore. Quando tuttavia è già stata ordinata la vendita, la stessa ha luogo con l'osservanza delle norme precedentemente in vigore. L'intervento dei creditori non muniti di titolo esecutivo conserva efficacia se avvenuto prima del 1° marzo 2006.

([3]) *Questo comma, precedentemente aggiunto dall'art. 4, comma 8, lett. d bis), del D.L. 29 dicembre 2009, n. 193, convertito, con modificazioni, nella L. 22 febbraio 2010, n. 24, è stato da ultimo così sostituito, dall'art. 48, comma 1, del D.L. 24 giugno 2014, n. 90, convertito, con modificazioni, nella L. 11 agosto 2014, n. 114. A norma del comma 2, le disposizioni del comma 1 dell'art. 48, si applicano alle vendite disposte a decorrere dal trentesimo giorno successivo alla entrata in vigore della legge di conversione del presente decreto.*

([4]) *Questo periodo è stato aggiunto dall'art. 13, comma 1, lett. e), n. 1), del D.L. 27 giugno 2015, n. 83, convertito, con modificazioni, nella L. 6 agosto 2015, n. 132.*

A norma dell'art. 23, comma 2, del medesimo provvedimento, tali disposizioni si applicano decorsi trenta giorni dalla pubblicazione in Gazzetta Ufficiale delle specifiche tecniche previste dall'articolo 161 quater delle disposizioni per l'attuazione del codice di procedura civile.

([5]) *Questo comma è stato aggiunto dall'art. 13, comma 1, lett. e), n. 2), del D.L. 27 giugno 2015, n. 83, convertito, con modificazioni, nella L. 6 agosto 2015, n. 132.*

A norma dell'art. 23, comma 9, del medesimo provvedimento, tali disposizioni, si applicano anche ai procedimenti pendenti alla data di entrata in vigore del presente decreto. Quando è già stata disposta la vendita, la stessa ha comunque luogo con l'osservanza delle norme precedentemente in vigore e le disposizioni di cui al presente decreto si applicano quando il giudice o il professionista delegato dispone una nuova vendita.

531. Vendita di frutti pendenti o di speciali beni mobili. – La vendita di frutti pendenti (516; 820 c.c.) non può essere disposta se non per il tempo della loro maturazione, salvo diverse consuetudini locali.

La vendita dei bachi da seta non può essere fatta prima che siano in bozzoli (516^2).

Delle cose indicate nell'art. 515 il giudice dell'esecuzione può differire la vendita per il periodo che ritiene necessario a soddisfare le esigenze dell'azienda agraria.

532. ([1]) **Vendita a mezzo di commissionario.** – Il giudice dell'esecuzione dispone ([2]) la vendita senza incanto o tramite commissionario dei beni pignorati. Le cose pignorate devono essere affidate, all'istituto vendite giudiziarie, ovvero, con provvedimento motivato, ad altro soggetto specializzato nel settore di competenza iscritto nell'elenco di cui all'articolo 169 *sexies* delle disposizioni per l'attuazione del presente codice ([3]), affinché proceda alla vendita in qualità di commissionario ([4]).

Nello stesso provvedimento di cui al primo comma il giudice, dopo avere sentito, se necessario, uno stimatore dotato di specifica preparazione tecnica e commerciale in relazione alla peculiarità del bene stesso, fissa il prezzo minimo della vendita e l'importo globale fino al raggiungimento del quale la vendita deve essere eseguita, e può imporre al commissionario una cauzione. Il giudice fissa altresì il numero complessivo, non superiore a tre, degli esperimenti di vendita, i criteri per determinare i relativi ribassi, le modalità di deposito della somma ricavata dalla vendita e il termine finale non superiore a sei mesi, alla cui scadenza il soggetto incaricato della vendita deve restituire gli atti in cancelleria ([5]). Quando gli atti sono restituiti a norma del periodo precedente, il giudice, se non vi sono istanze a norma dell'articolo 540 *bis*, dispone la chiusura anticipata del processo esecutivo, anche quando non sussistono i presupposti di cui all'articolo 164 *bis* delle disposizioni di attuazione del presente codice ([5]) ([4]).

Se il valore delle cose risulta da listino di borsa o di mercato (1474^2 c.c.), la vendita non può essere fatta a prezzo inferiore al minimo ivi segnato (539).

([1]) *Articolo così sostituito dall'art. 11 del D.P.R. 17 ottobre 1950, n. 857.*

([2]) *Le parole: «può disporre» sono state così sostituite dalle attuali: «dispone» dall'art. 13, comma 1, lett. f), n. 1), del D.L. 27 giugno 2015, n. 83, convertito, con modificazioni, nella L. 6 agosto 2015, n. 132. A norma dell'art. 23, comma 7, del medesimo provvedimento, tali disposizioni si applicano a decorrere dalla data di entrata in vigore della legge di conversione del presente decreto (Suppl. ord. alla G.U. Serie gen. - n. 192 del 20 agosto 2015).*

([3]) *Le parole: «iscritto nell'elenco di cui all'articolo 169 sexies delle disposizioni per l'attuazione del presente codice» sono state inserite dall'art. 13, comma 1, lett. f), n. 1), del D.L. 27 giugno 2015, n. 83, convertito, con modificazioni, nella L. 6 agosto 2015, n. 132. A norma dell'art. 23, comma 7, del medesimo provvedimento, tali disposizioni si applicano a decorrere dalla data di entrata in vigore della legge di conversione del presente decreto (Suppl. ord. alla G.U. Serie gen. - n. 192 del 20 agosto 2015).*

(4) *Questo comma è stato così sostituito dall'art. 2, comma 3, lett. e), n. 16), del D.L. 14 marzo 2005, n. 35, convertito, con modificazioni, nella L. 14 maggio 2005, n. 80, successivamente modificato dall'art. 9 della L. 24 febbraio 2006, n. 52.*

A norma dell'art. 2, comma 3 sexies, dello stesso D.L. n. 35/2005, come sostituito dall'art. 1, comma 6, della L. 28 dicembre 2005, n. 263 e successivamente modificato dall'art. 39 quater del D.L. 30 dicembre 2005, n. 273, convertito, con modificazioni, nella L. 23 febbraio 2006, n. 51, questa disposizione entra in vigore il 1° marzo 2006 e si applica anche alle procedure esecutive pendenti a tale data di entrata in vigore. Quando tuttavia è già stata ordinata la vendita, la stessa ha luogo con l'osservanza delle norme precedentemente in vigore. L'intervento dei creditori non muniti di titolo esecutivo conserva efficacia se avvenuto prima del 1° marzo 2006.

(5) *Questo periodo, inserito dall'art. 13, comma 1, lett. f), n. 2), del D.L. 27 giugno 2015, n. 83, convertito, con modificazioni, nella L. 6 agosto 2015, n. 132, è stato così sostituito dall'art. 4, comma 1, lett. c), del D.L. 3 maggio 2016, n. 59, convertito, con modificazioni, nella L. 30 giugno 2016, n. 119.*

533. (1) **Obblighi del commissionario.** – Il commissionario assicura agli interessati la possibilità di esaminare, anche con modalità telematiche, le cose poste in vendita almeno tre giorni prima della data fissata per l'esperimento di vendita e non può consegnare la cosa all'acquirente prima del pagamento integrale del prezzo (2) (1732 c.c.). Egli è tenuto in ogni caso a documentare le operazioni di vendita mediante certificato, fattura o fissato bollato in doppio esemplare, uno dei quali deve essere consegnato al cancelliere col prezzo ricavato dalla vendita, nel termine stabilito dal giudice dell'esecuzione nel suo provvedimento.

Qualora la vendita non avvenga nel termine fissato a norma dell'articolo 532, secondo comma, il commissionario restituisce gli atti in cancelleria e fornisce prova dell'attività specificamente svolta in relazione alla tipologia del bene per reperire potenziali acquirenti. In ogni caso fornisce prova di avere effettuato la pubblicità disposta dal giudice (3).

Il compenso al commissionario (1733 c.c.) è stabilito dal giudice dell'esecuzione con decreto (168 att.).

(1) *Articolo così sostituito dall'art. 11 del D.P.R. 17 ottobre 1950, n. 857.*

(2) *Questo periodo è stato così sostituito dall'art. 4, comma 8, lett. d ter), del D.L. 29 dicembre 2009, n. 193, convertito, con modificazioni, nella L. 22 febbraio 2010, n. 24.*

(3) *Questo comma è stato così sostituito dall'art. 13, comma 1, lett. g), del D.L. 27 giugno 2015, n. 83, convertito, con modificazioni, nella L. 6 agosto 2015, n. 132. A norma dell'art. 23, comma 10, del medesimo provvedimento, tali disposizioni, si applicano alle vendite disposte dal giudice o dal professionista delegato successivamente alla data di entrata in vigore del presente decreto, anche nelle procedure esecutive pendenti alla medesima data.*

534. (1) **Vendita all'incanto.** – Quando la vendita deve essere fatta ai pubblici incanti, il giudice dell'esecuzione, col provvedimento di cui all'art. 530, stabilisce il giorno, l'ora e il luogo in cui deve eseguirsi, e ne affida l'esecuzione al cancelliere o all'ufficiale giudiziario o ad un istituto all'uopo autorizzato (159, 168 att.; 353, 354 c.p.).

Nello stesso provvedimento il giudice dell'esecuzione può disporre che, oltre alla pubblicità prevista dal primo comma dell'art. 490, sia data anche una pubblicità straordinaria a norma del comma terzo dello stesso articolo.

(1) *Articolo così sostituito dall'art. 11 del D.P.R. 17 ottobre 1950, n. 857.*

534 *bis*. (1) **Delega delle operazioni di vendita.** – Il giudice, con il provvedimento di cui all'articolo 530, delega (2) all'istituto di cui al primo comma dell'articolo 534, ovvero in mancanza a un notaio avente sede preferibilmente nel circondario o a un avvocato o a un commercialista, iscritti nei relativi elenchi di cui all'articolo 179 *ter* delle disposizioni di attuazione del presente codice, il compimento delle operazioni di vendita con incanto ovvero senza incanto di beni mobili iscritti nei pubblici registri. La delega e gli atti conseguenti sono regolati dalle disposizioni di cui all'articolo 591 *bis*, in quanto compatibili con le previsioni della presente sezione.

(1) *Questo articolo, inserito dall'art. 4 della L. 3 agosto 1998, n. 302, è stato così sostituito dall'art. 2, comma 3, lett. e), n. 17), del D.L. 14 marzo 2005, n. 35, convertito, con modificazioni, nella L. 14 maggio 2005, n. 80, come modificato dall'art. 1, comma 3, lett. f), della L. 28 dicembre 2005, n. 263.*

A norma dell'art. 2, comma 3 sexies, dello stesso provvedimento, come sostituito dall'art. 1, comma 6, della L. 28 dicembre 2005, n. 263 e successivamente modificato dall'art. 39 quater del D.L. 30 dicembre 2005, n. 273, convertito, con modificazioni, nella L. 23 febbraio 2006, n. 51, questa disposizione entra in vigore il 1° marzo 2006 e si applica anche alle procedure esecutive pendenti a tale data di entrata in vigore. Quando tuttavia è già stata ordinata la vendita, la stessa ha luogo con l'osservanza delle norme precedentemente in vigore. L'intervento dei creditori non muniti di titolo esecutivo conserva efficacia se avvenuto prima del 1° marzo 2006.

(²) *Le parole: «può, sentiti gli interessati, delegare» sono state così sostituite dall'attuale: «delega» dall'art. 13, comma 1, lett. h), del D.L. 27 giugno 2015, n. 83, convertito, con modificazioni, nella L. 6 agosto 2015, n. 132. A norma dell'art. 23, comma 9, del medesimo provvedimento, tali disposizioni, si applicano anche ai procedimenti pendenti alla data di entrata in vigore del presente decreto. Quando è già stata disposta la vendita, la stessa ha comunque luogo con l'osservanza delle norme precedentemente in vigore e le disposizioni di cui al presente decreto si applicano quando il giudice o il professionista delegato dispone una nuova vendita (Suppl. ord. alla G.U. Serie gen. - n. 192 del 20 agosto 2015).*

534 ter. (¹) **Ricorso al giudice dell'esecuzione.** – Quando, nel corso delle operazioni di vendita, insorgono difficoltà il professionista delegato o il commissionario possono rivolgersi al giudice dell'esecuzione, il quale provvede con decreto.

Avverso gli atti del professionista delegato o del commissionario è ammesso reclamo delle parti e degli interessati, da proporre con ricorso al giudice dell'esecuzione nel termine perentorio di venti giorni dal compimento dell'atto o dalla sua conoscenza. Il ricorso non sospende le operazioni di vendita, salvo che il giudice dell'esecuzione, concorrendo gravi motivi, disponga la sospensione.

Sul reclamo di cui al secondo comma, il giudice dell'esecuzione provvede con ordinanza, avverso la quale è ammessa l'opposizione ai sensi dell'articolo 617.

(¹) *Questo articolo, inserito dall'art. 6 della L. 3 agosto 1998, n. 302, è stato così sostituito dall'art. 3, comma 37, del D.L.vo 10 ottobre 2022, n. 149, a decorrere dal 28 febbraio 2023.*

A norma dell'art. 35, comma 1, del medesimo decreto, le disposizioni si applicano ai procedimenti instaurati successivamente a tale data. Ai procedimenti pendenti alla data del 28 febbraio 2023 si applicano le disposizioni anteriormente vigenti.

Si riporta il testo precedente:

«Art. 534 ter (Ricorso al giudice dell'esecuzione)

Quando, nel corso delle operazioni di vendita [con incanto] (*), insorgono difficoltà il professionista (*) delegato o il commissionario possono (**) rivolgersi al giudice dell'esecuzione, il quale provvede con decreto. Le parti e gli interessati possono proporre reclamo avverso il predetto decreto ed avverso gli atti del professionista (*) o del commissionario (***) con ricorso allo stesso giudice, il quale provvede con ordinanza; il ricorso non sospende le operazioni di vendita salvo che il giudice, concorrendo gravi motivi, disponga la sospensione.

Contro il provvedimento del giudice è ammesso il reclamo ai sensi dell'articolo 669 terdecies (****).».

(*) *Ai sensi dell'art. 2, comma 3, lett. e), n. 17 bis, del D.L. 14 marzo 2005, n. 35, convertito, con modificazioni, nella L. 14 maggio 2005, n. 80, inserito dall'art. 1, comma 3, lett. g), della L. 28 dicembre 2005, n. 263, le parole «con incanto» sono soppresse e la parola «notaio», ovunque ricorra, è sostituita dall'attuale: «professionista».*

(**) *La parola: «può» è stata così sostituita dalle attuali: «o il commissionario possono» dall'art. 13, comma 1, lett. i), n. 1), del D.L. 27 giugno 2015, n. 83, convertito, con modificazioni, nella L. 6 agosto 2015, n. 132.*

(***) *Le parole: «o del commissionario» sono state inserite dall'art. 13, comma 1, lett. i), n. 2), del D.L. 27 giugno 2015, n. 83, convertito, con modificazioni, nella L. 6 agosto 2015, n. 132.*

(****) *Questo comma è stato così sostituito dall'art. 13, comma 1, lett. i), n. 3), del D.L. 27 giugno 2015, n. 83, convertito, con modificazioni, nella L. 6 agosto 2015, n. 132. A norma dell'art. 23, comma 9, del medesimo provvedimento, tali disposizioni, si applicano anche ai procedimenti pendenti alla data di entrata in vigore del presente decreto. Quando è già stata disposta la vendita, la stessa ha comunque luogo con l'osservanza delle norme precedentemente in vigore e le disposizioni di cui al presente decreto si applicano quando il giudice o il professionista delegato dispone una nuova vendita.*

535. (¹) **Prezzo base dell'incanto.** – Se il valore delle cose risulta da listino di borsa o di mercato (1474² c.c.), il prezzo base è determinato dal minimo del giorno precedente alla vendita.

In ogni altro caso il giudice dell'esecuzione, nel provvedimento di cui all'art. 530, sentito quando occorre uno stimatore (68; 161 att.), fissa il prezzo di apertura dell'incanto o autorizza, se le circostanze lo consigliano, la vendita al migliore offerente senza determinare il prezzo minimo.

(¹) *Articolo così sostituito dall'art. 11 del D.P.R. 17 ottobre 1950, n. 857.*

536. Trasporto e ricognizione delle cose da vendere. – Chi è incaricato della vendita fa trasportare, quando occorre, le cose pignorate nel luogo stabilito per l'incanto, e può richiedere l'intervento della forza pubblica.

In ogni caso, prima di addivenire agli incanti deve fare, in concorso col custode (520, 521), la ricognizione degli oggetti da vendersi, confrontandoli con la descrizione contenuta nel processo verbale di pignoramento (518).

537. Modo dell'incanto. – Le cose da vendere si offrono singolarmente oppure a lotti (504) secondo la convenienza, per il prezzo base di cui all'art. 535. L'aggiudicazione al maggiore offerente segue quando, dopo una duplice pubblica enunciazione del prezzo raggiunto, non è fatta una maggiore offerta.

Se la vendita non può compiersi nel giorno stabilito, è continuata nel primo giorno seguente non festivo (¹).

Dell'incanto si redige processo verbale (126), che si deposita immediatamente nella cancelleria (169 att.).

(1) *A norma della L. 27 maggio 1949, n. 260, della L. 31 marzo 1954, n. 90, della L. 5 marzo 1977, n. 54, del D.P.R. 28 dicembre 1985, n. 792 e della L. 20 novembre 2000, n. 336, sono giorni festivi: le domeniche, il 1° gennaio, il 6 gennaio, il 25 aprile, il lunedì dopo Pasqua, il 1° maggio, il 2 giugno, il 15 agosto, il 1° novembre, l'8, il 25 e il 26 dicembre.*

538. (1) **Nuovo incanto.** – Quando una cosa messa all'incanto resta invenduta, il soggetto a cui è stata affidata l'esecuzione della vendita fissa un nuovo incanto ad un prezzo base inferiore di un quinto rispetto a quello precedente.

(1) *Questo articolo è stato così sostituito, a decorrere dal 1° marzo 2006, dall'art. 10 della L. 24 febbraio 2006, n. 52.*

539. Vendita o assegnazione degli oggetti d'oro e d'argento. – Gli oggetti d'oro e d'argento non possono in nessun caso essere venduti per un prezzo inferiore al valore intrinseco.

Se restano invenduti, sono assegnati (506 ss.) per tale valore ai creditori (162 att.).

540. Pagamento del prezzo e rivendita. – [La vendita all'incanto si fa per contanti] (1).

Se il prezzo non è pagato, si procede immediatamente a nuovo incanto (538²), a spese e sotto la responsabilità dell'aggiudicatario inadempiente.

La somma ricavata dalla vendita è immediatamente consegnata al cancelliere per essere depositata con le forme dei depositi giudiziari (169 att.).

(1) *Questo comma è stato abrogato dall'art. 4, comma 8, lett. d quater), del D.L. 29 dicembre 2009, n. 193, convertito, con modificazioni, nella L. 22 febbraio 2010, n. 24.*

540 *bis*. (1) **Integrazione del pignoramento.** – Quando le cose pignorate risultano invendute a seguito del secondo o successivo esperimento ovvero quando la somma assegnata, ai sensi degli articoli 510, 541 e 542, non è sufficiente a soddisfare le ragioni dei creditori, il giudice, ad istanza di uno di questi, provvede a norma dell'ultimo comma dell'articolo 518. Se sono pignorate nuove cose, il giudice ne dispone la vendita senza che vi sia necessità di nuova istanza. In caso contrario, dichiara l'estinzione del procedimento, salvo che non siano da completare le operazioni di vendita.

(1) *Questo articolo è stato aggiunto dall'art. 48, comma 1, della L. 18 giugno 2009, n. 69, a decorrere dal 4 luglio 2009. Ai sensi dell'art. 58, comma 1, della predetta legge, tale disposizione si applica ai giudizi instaurati dopo la data della sua entrata in vigore.*

Sezione IV
Della distribuzione
della somma ricavata

541. Distribuzione amichevole. – Se i creditori concorrenti chiedono la distribuzione della somma ricavata (509) secondo un piano concordato, il giudice dell'esecuzione, sentito il debitore (485, 604), provvede in conformità (2916 c.c.).

542. Distribuzione giudiziale. – Se i creditori non raggiungono l'accordo di cui all'articolo precedente o il giudice dell'esecuzione non l'approva, ognuno di essi può chiedere che si proceda alla distribuzione della somma ricavata.

Il giudice dell'esecuzione, sentite le parti (485, 512), distribuisce la somma ricavata, a norma degli artt. 510 ss. e ordina il pagamento delle singole quote.

Capo III
Dell'espropriazione
presso terzi

Sezione I
Del pignoramento
e dell'intervento

543. Forma del pignoramento. – Il pignoramento di crediti del debitore verso terzi (2917 c.c.) o di cose del debitore che sono in possesso di terzi (513, 545), si esegue mediante atto (125, 163) notificato [personalmente] (1) al terzo (546) e al debitore a norma degli artt. 137 ss.

L'atto deve contenere, oltre all'ingiunzione al debitore di cui all'art. 492:

1) l'indicazione del credito per il quale si procede, del titolo esecutivo (474) e del precetto (480);

2) l'indicazione, almeno generica, delle cose o delle somme dovute e la intimazione al terzo di non disporne senza ordine di giudice;

3) la dichiarazione di residenza (43 c.c.) o l'elezione di domicilio (47 c.c.) nel comune in cui ha sede il tribunale competente nonché l'indicazione dell'indirizzo di posta elettronica certificata del creditore procedente (2) (26, 28, 484);

4) la citazione del debitore a comparire davanti al giudice competente, con l'invito al terzo a comunicare la dichiarazione di cui

CODICE PROCEDURA CIVILE

all'articolo 547 al creditore procedente entro dieci giorni a mezzo raccomandata ovvero a mezzo di posta elettronica certificata; con l'avvertimento al terzo che in caso di mancata comunicazione della dichiarazione, la stessa dovrà essere resa dal terzo comparendo in un'apposita udienza e che quando il terzo non compare o, sebbene comparso, non rende la dichiarazione, il credito pignorato o il possesso di cose di appartenenza del debitore, nell'ammontare o nei termini indicati dal creditore, si considereranno non contestati ai fini del procedimento in corso e dell'esecuzione fondata sul provvedimento di assegnazione ([3]).

Nell'indicare l'udienza di comparizione si deve rispettare il termine previsto nell'art. 501.

Eseguita l'ultima notificazione, l'ufficiale giudiziario consegna senza ritardo al creditore l'originale dell'atto di citazione. Il creditore deve depositare nella cancelleria del tribunale competente per l'esecuzione la nota di iscrizione a ruolo, con copie conformi dell'atto di citazione, del titolo esecutivo e del precetto, entro trenta giorni dalla consegna. La conformità di tali copie è attestata dall'avvocato del creditore ai soli fini del presente articolo. Il cancelliere al momento del deposito forma il fascicolo dell'esecuzione. Il pignoramento perde efficacia quando la nota di iscrizione a ruolo e le copie degli atti di cui al secondo periodo sono depositate oltre il termine di trenta giorni dalla consegna al creditore ([4]).

Il creditore, entro la data dell'udienza di comparizione indicata nell'atto di pignoramento, notifica al debitore e al terzo l'avviso di avvenuta iscrizione a ruolo con indicazione del numero di ruolo della procedura e deposita l'avviso notificato nel fascicolo dell'esecuzione. La mancata notifica dell'avviso o il suo mancato deposito nel fascicolo dell'esecuzione determina l'inefficacia del pignoramento ([5]).

Qualora il pignoramento sia eseguito nei confronti di più terzi, l'inefficacia si produce solo nei confronti dei terzi rispetto ai quali non è notificato o depositato l'avviso. In ogni caso, ove la notifica dell'avviso di cui al presente comma non sia effettuata, gli obblighi del debitore e del terzo cessano alla data dell'udienza indicata nell'atto di pignoramento ([5]).

Quando procede a norma dell'articolo 492 *bis*, l'ufficiale giudiziario consegna senza ritardo al creditore il verbale, il titolo esecutivo ed il precetto, e si applicano le disposizioni di cui al quarto comma. Decorso il termine di cui all'articolo 501, il creditore pignorante e ognuno dei creditori intervenuti muniti di titolo esecutivo possono chiedere l'assegnazione o la vendita delle cose mobili o l'assegnazione dei crediti. Sull'istanza di cui al periodo precedente il giudice fissa l'udienza per l'audizione del creditore e del debitore e provvede a norma degli articoli 552 o 553. Il decreto con cui viene fissata l'udienza di cui al periodo precedente è notificato a cura del creditore procedente e deve contenere l'invito e l'avvertimento al terzo di cui al numero 4) del secondo comma ([6]).

([1]) *La parola fra parentesi quadrata è stata soppressa dall'art. 19, comma 1, lett. e), n. 1), del D.L. 12 settembre 2014, n. 132, convertito, con modificazioni, nella L. 10 novembre 2014, n. 162. A norma dell'art. 19, comma 6 bis, dello stesso provvedimento, tali disposizioni si applicano ai procedimenti iniziati a decorrere dal trentesimo giorno successivo alla data di entrata in vigore della legge di conversione del presente decreto (Suppl. ord. alla G.U. Serie gen. - n. 261 del 10 novembre 2014).*

([2]) *Le parole: «nonché l'indicazione dell'indirizzo di posta elettronica certificata del creditore procedente» sono state inserite dall'art. 1, comma 20, n. 1), lett. a), della L. 24 dicembre 2012, n. 228. A norma dell'art. 1, comma 21, della medesima legge, tali disposizioni si applicano ai procedimenti di espropriazione presso terzi iniziati successivamente all'entrata in vigore della presente legge (1° gennaio 2013).*

([3]) *Questo numero è stato da ultimo, così sostituito, dall'art. 19, comma 1, lett. e), n. 2), del D.L. 12 settembre 2014, n. 132, convertito, con modificazioni, nella L. 10 novembre 2014, n. 162. A norma dell'art. 19, comma 6 bis, dello stesso provvedimento, tali disposizioni si applicano ai procedimenti iniziati a decorrere dal trentesimo giorno successivo alla data di entrata in vigore della legge di conversione del presente decreto (Suppl. ord. alla G.U. Serie gen. - n. 261 del 10 novembre 2014)..*

([4]) *Questo comma è stato così sostituito dall'art. 18, comma 1, lett. b), del D.L. 12 settembre 2014, n. 132, convertito, con modificazioni, nella L. 10 novembre 2014, n. 162. A norma dell'art. 18, comma 3, dello stesso provvedimento, tali disposizioni si applicano ai procedimenti esecutivi iniziati a decorrere dal trentesimo giorno successivo all'entrata in vigore della legge di conversione del presente decreto legge (Suppl. ord. alla G.U. Serie gen. - n. 261 del 10 novembre 2014).*

([5]) *Questo comma è stato aggiunto dall'art. 1, comma 32, della L. 26 novembre 2021, n. 206, a decorrere dal centottantesimo giorno successivo alla data di entrata in vigore della presente legge.*

([6]) *Questo comma è stato inserito dall'art. 19, comma 1, lett. e), n. 3), del D.L. 12 settembre 2014, n. 132, convertito, con modificazioni, nella L. 10 novembre 2014, n. 162. A norma dell'art. 19, comma 6 bis, dello stesso provvedimento, tali disposizioni si applicano ai procedimenti iniziati a decorrere dal trentesimo giorno successivo alla data di entrata in vigore della legge di conversione del presente decreto (Suppl. ord. alla G.U. Serie gen. - n. 261 del 10 novembre 2014).*

NOTE OPERATIVE:

Litisconsorzio: Nei giudizi di opposizione esecutiva relativi a una espropriazione presso terzi, il terzo pignorato è sempre litisconsorte necessario (C.C. 20318/22 – Conf. C.C. 13533/21).

544. Pegno o ipoteca a garanzia del credito pignorato. – Se il credito pignorato è garantito da pegno (502; 2784 c.c.), s'intima a chi detiene la cosa data in pegno di non eseguirne la riconsegna senza ordine (487) di giudice (554; 182 att.).

Se il credito pignorato è garantito da ipoteca (2808 c.c.), l'atto di pignoramento deve essere annotato nei libri fondiari (2843 c.c.).

545. Crediti impignorabili. – Non possono essere pignorati i crediti alimentari, tranne che per cause di alimenti, e sempre con l'autorizzazione del presidente del tribunale o di un giudice da lui delegato e per la parte dal medesimo determinata mediante decreto (1).

Non possono essere pignorati crediti aventi per oggetto sussidi di grazia o di sostentamento a persone comprese nell'elenco dei poveri, oppure sussidi dovuti per maternità, malattie o funerali da casse di assicurazione, da enti di assistenza o da istituti di beneficenza.

Le somme dovute dai privati a titolo di stipendio, di salario o di altre indennità relative al rapporto di lavoro o di impiego (2099 ss. c.c.), comprese quelle dovute a causa di licenziamento (2118 ss. c.c.), possono essere pignorate per crediti alimentari nella misura autorizzata dal presidente del tribunale o da un giudice da lui delegato.

Tali somme possono essere pignorate nella misura di un quinto per i tributi dovuti allo Stato, alle province e ai comuni, ed in eguale misura per ogni altro credito.

Il pignoramento per il simultaneo concorso delle cause indicate precedentemente non può estendersi oltre la metà dell'ammontare delle somme predette.

Restano in ogni caso ferme le altre limitazioni contenute in speciali disposizioni di legge (514 ss.).

Le somme da chiunque dovute a titolo di pensione, di indennità che tengono luogo di pensione o di altri assegni di quiescenza non possono essere pignorate per un ammontare corrispondente al doppio della misura massima mensile dell'assegno sociale, con un minimo di 1.000 euro. La parte eccedente tale ammontare è pignorabile nei limiti previsti dal terzo, dal quarto e dal quinto comma nonché dalle speciali disposizioni di legge (2) (3).

Le somme dovute a titolo di stipendio, salario, altre indennità relative al rapporto di lavoro o di impiego, comprese quelle dovute a causa di licenziamento, nonché a titolo di pensione, di indennità che tengono luogo di pensione, o di assegni di quiescenza, nel caso di accredito su conto bancario o postale intestato al debitore, possono essere pignorate, per l'importo eccedente il triplo dell'assegno sociale, quando l'accredito ha luogo in data anteriore al pignoramento; quando l'accredito ha luogo alla data del pignoramento o successivamente, le predette somme possono essere pignorate nei limiti previsti dal terzo, quarto, quinto e settimo comma, nonché dalle speciali disposizioni di legge (4).

Il pignoramento eseguito sulle somme di cui al presente articolo in violazione dei divieti e oltre i limiti previsti dallo stesso e dalle speciali disposizioni di legge è parzialmente inefficace. L'inefficacia è rilevata dal giudice anche d'ufficio.

(1) *Questo comma è stato così sostituito dall'art. 97, comma 1, lett. a), del D.L.vo 19 febbraio 1998, n. 51, recante l'istituzione del giudice unico, a decorrere dal 2 giugno 1999.*

(2) *Questo comma è stato aggiunto dall'art. 13, comma 1, lett. l), del D.L. 27 giugno 2015, n. 83, convertito, con modificazioni, nella L. 6 agosto 2015, n. 132. A norma dell'art. 23, comma 6, del D.L. 27 giugno 2015, n. 83, convertito, con modificazioni, nella L. 6 agosto 2015, n. 132, tali disposizioni si applicano esclusivamente alle procedure esecutive iniziate successivamente alla data di entrata in vigore del presente decreto.*

(3) *Questo comma è stato così sostituito dall'art. 21 bis, comma 1, del D.L. 9 agosto 2022, n. 115, convertito, con modificazioni, nella L. 21 settembre 2022, n. 142.*

(4) *La Corte costituzionale, con sentenza n. 12 del 31 gennaio 2019, ha dichiarato l'illegittimità costituzionale dell'art. 23, comma 6, del D.L. 27 giugno 2015, n. 83, convertito, con modificazioni, nella L. 6 agosto 2015, n. 132, nella parte in cui non prevede che questo comma, introdotto dall'art. 13, comma 1, lettera l), di questo decreto, si applichi anche alle procedure esecutive aventi ad oggetto prestazioni pensionistiche pendenti alla data di entrata in vigore del medesimo decreto.*

546. Obblighi del terzo. – Dal giorno in cui gli è notificato l'atto previsto nell'art. 543, il terzo è soggetto, relativamente alle cose e alle somme da lui dovute e nei limiti dell'importo del credito precettato aumentato della metà (1), agli obblighi che la legge impone al custode (65 ss., 520 ss.; 388[4-5], 388 *bis* c.p.).

Nel caso di accredito su conto bancario o postale intestato al debitore di somme a titolo di stipendio, salario, altre indennità relative al rapporto di lavoro o di impiego, comprese quelle dovute a causa di licenziamento, nonché a titolo di pensione, di indennità che tengono luogo di pensione, o di assegni di quiescenza, gli obblighi del terzo pignorato non operano, quando l'accredito ha luogo in data anteriore al pignoramento, per un importo pari al triplo dell'assegno sociale; quando l'accredito ha luogo alla data del pignoramento o successivamente, gli obblighi del terzo pignorato operano nei limiti previsti dall'articolo 545 e dalle speciali disposizioni di legge (²).

Nel caso di pignoramento eseguito presso più terzi, il debitore può chiedere la riduzione proporzionale dei singoli pignoramenti a norma dell'articolo 496 ovvero la dichiarazione di inefficacia di taluno di essi; il giudice dell'esecuzione, convocate le parti, provvede con ordinanza non oltre venti giorni dall'istanza (³).

(¹) *Le parole: «e nei limiti dell'importo del credito precettato aumentato della metà» sono state inserite dall'art. 2, comma 3, lett. e), n. 18.1), del D.L. 14 marzo 2005, n. 35, convertito, con modificazioni, nella L. 14 maggio 2005, n. 80.*

A norma dell'art. 2, comma 3 sexies, dello stesso provvedimento, come sostituito dall'art. 1, comma 6, della L. 28 dicembre 2005, n. 263 e successivamente modificato dall'art. 39 quater del D.L. 30 dicembre 2005, n. 273, convertito, con modificazioni, nella L. 23 febbraio 2006, n. 51, questa disposizione entra in vigore il 1° marzo 2006 e si applica anche alle procedure esecutive pendenti a tale data di entrata in vigore. Quando tuttavia è già stata ordinata la vendita, la stessa ha luogo con l'osservanza delle norme precedentemente in vigore. L'intervento dei creditori non muniti di titolo esecutivo conserva efficacia se avvenuto prima del 1° marzo 2006.

(²) *Questo periodo è stato aggiunto dall'art. 13, comma 1, lett. m), del D.L. 27 giugno 2015, n. 83, convertito, con modificazioni, nella L. 6 agosto 2015, n. 132. A norma dell'art. 23, comma 6, del medesimo provvedimento, tali disposizioni si applicano esclusivamente alle procedure esecutive iniziate successivamente alla data di entrata in vigore del presente decreto.*

(³) *Questo comma è stato aggiunto dall'art. 2, comma 3, lett. e), n. 18.2), del D.L. 14 marzo 2005, n. 35, convertito, con modificazioni, nella L. 14 maggio 2005, n. 80.*

A norma dell'art. 2, comma 3 sexies, dello stesso provvedimento, come sostituito dall'art. 1, comma 6, della L. 28 dicembre 2005, n. 263 e successivamente modificato dall'art. 39 quater del D.L. 30 dicembre 2005, n. 273, convertito, con modificazioni, nella L. 23 febbraio 2006, n. 51, questa disposizione entra in vigore il 1° marzo 2006 e si applica anche alle procedure esecutive pendenti a tale data di entrata in vigore. Quando tuttavia è già stata ordinata la vendita, la stessa ha luogo con l'osservanza delle norme precedentemente in vigore. L'intervento dei creditori non muniti di titolo esecutivo conserva efficacia se avvenuto prima del 1° marzo 2006.

547. Dichiarazione del terzo. – Con dichiarazione a mezzo raccomandata inviata al creditore procedente o trasmessa a mezzo di posta elettronica certificata, il terzo, personalmente o a mezzo di procuratore speciale o del difensore munito di procura speciale, deve specificare di quali cose o di quali somme è debitore o si trova in possesso e quando ne deve eseguire il pagamento o la consegna (¹).

Deve altresì specificare i sequestri precedentemente eseguiti presso di lui e le cessioni che gli sono state notificate o che ha accettato (550; 1264 c.c.).

Il creditore pignorante deve chiamare nel processo (269) il sequestrante (158 att.) nel termine perentorio (152) fissato dal giudice.

(¹) *Questo comma è stato così sostituito dall'art. 19, comma 1, lett. f), del D.L. 12 settembre 2014, n. 132, convertito, con modificazioni, nella L. 10 novembre 2014, n. 162. A norma dell'art. 19, comma 6 bis, dello stesso provvedimento, tali disposizioni si applicano ai procedimenti iniziati a decorrere dal trentesimo giorno successivo alla data di entrata in vigore della legge di conversione del presente decreto (Suppl. ord. alla G.U. Serie gen. - n. 261 del 10 novembre 2014).*

NOTE OPERATIVE:

Funzione: La dichiarazione resa dal terzo pignorato deve essere resa al creditore pignorante con comunicazione formale – cioè, a mezzo lettera raccomandata o PEC – avendo la funzione, se positiva, di individuare il bene o il credito del debitore esecutato che forma oggetto dell'azione esecutiva (C.C. 16005/23).

Contenuto: In tema di espropriazione presso terzi, il terzo pignorato, nel rendere la dichiarazione, deve fornire indicazioni complete e dettagliate dal punto di vista oggettivo, in modo da consentire l'identificazione dell'oggetto della prestazione dovuta al debitore esecutato, compresi il titolo e il quantum del credito pignorato; invece dal punto di vista soggettivo, è necessario e sufficiente che dichiari quali siano i rapporti intrattenuti soltanto col soggetto che nell'atto di pignoramento è indicato come debitore sottoposto a esecuzione, atteso che l'ambito soggettivo della dichiarazione del terzo è delimitato dall'ampiezza della direzione soggettiva dell'atto di pignoramento, rivolto sia nei confronti del terzo pignorato che del debitore esecutato, in base al titolo esecutivo azionato (C.C. 21970/19).

548. (¹) **Mancata dichiarazione del terzo.** – [Se il pignoramento riguarda i crediti di cui all'articolo 545, terzo e quarto comma, quando il terzo non compare all'udienza stabilita, il credito pignorato, nei termini indicati dal creditore, si considera non contestato ai fini del procedimento in corso e dell'esecuzione fondata sul provvedimento di assegnazione, e il giudice provvede a norma degli articoli 552 o 553] (²).

Quando all'udienza il creditore dichiara di non aver ricevuto la dichiarazione, il giudice, con ordinanza, fissa un'udienza successiva. L'ordinanza è notificata al terzo almeno dieci giorni prima della nuova udienza. Se questi non compare alla nuova udienza o, comparendo, rifiuta di fare la dichiarazione, il credito pignorato o il possesso del bene di appartenenza del debitore, nei termini indicati dal creditore, si considera non contestato ai fini del procedimento in corso e dell'esecuzione fondata sul provvedimento di assegnazione se l'allegazione del creditore consente l'identificazione del credito o dei beni di appartenenza del debitore in possesso del terzo (3) e il giudice provvede a norma degli articoli 552 o 553 (4).

Il terzo può impugnare nelle forme e nei termini di cui all'articolo 617 [, primo comma,] (5) l'ordinanza di assegnazione di crediti adottata a norma del presente articolo, se prova di non averne avuto tempestiva conoscenza per irregolarità della notificazione o per caso fortuito o forza maggiore.

(1) *Questo articolo è stato così sostituito dall'art. 1, comma 20, n. 3), della L. 24 dicembre 2012, n. 228. A norma dell'art. 1, comma 21, della medesima legge, tali disposizioni si applicano ai procedimenti di espropriazione presso terzi iniziati successivamente all'entrata in vigore della presente legge (1° gennaio 2013).*

(2) *Questo comma è stato abrogato dall'art. 19, comma 1, lett. g), n. 1), del D.L. 12 settembre 2014, n. 132, convertito, con modificazioni, nella L. 10 novembre 2014, n. 162. A norma dell'art. 19, comma 6 bis, dello stesso provvedimento, tali disposizioni si applicano ai procedimenti iniziati a decorrere dal trentesimo giorno successivo alla data di entrata in vigore della legge di conversione del presente decreto (Suppl. ord. alla G.U. Serie gen. - n. 261 del 10 novembre 2014).*

(3) *Le parole: «se l'allegazione del creditore consente l'identificazione del credito o dei beni di appartenenza del debitore in possesso del terzo» sono state inserite dall'art. 13, comma 1, lett. m bis), n. 1), del D.L. 27 giugno 2015, n. 83, convertito, con modificazioni, nella L. 6 agosto 2015, n. 132. A norma dell'art. 23, comma 9, del medesimo provvedimento, tali disposizioni, si applicano anche ai procedimenti pendenti alla data di entrata in vigore del presente decreto. Quando è già stata disposta la vendita, la stessa ha comunque luogo con l'osservanza delle norme precedentemente in vigore e le disposizioni di cui al presente decreto si applicano quando il giudice o il professionista delegato dispone una nuova vendita.*

(4) *Questo comma è stato così sostituito dall'art. 19, comma 1, lett. g), n. 2), del D.L. 12 settembre 2014, n. 132, convertito, con modificazioni, nella L. 10 novembre 2014, n. 162. A norma dell'art. 19, comma 6 bis, dello stesso provvedimento, tali disposizioni si applicano ai procedimenti iniziati a decorrere dal trentesimo giorno successivo alla data di entrata in vigore della legge di conversione del presente decreto (Suppl. ord. alla G.U. Serie gen. - n. 261 del 10 novembre 2014).*

(5) *Le parole fra parentesi quadrate sono state soppresse dall'art. 13, comma 1, lett. m bis), n. 2), del D.L. 27 giugno 2015, n. 83, convertito, con modificazioni, nella L. 6 agosto 2015, n. 132. A norma dell'art. 23, comma 9, del medesimo provvedimento, tali disposizioni, si applicano anche ai procedimenti pendenti alla data di entrata in vigore del presente decreto. Quando è già stata disposta la vendita, la stessa ha comunque luogo con l'osservanza delle norme precedentemente in vigore e le disposizioni di cui al presente decreto si applicano quando il giudice o il professionista delegato dispone una nuova vendita.*

NOTE OPERATIVE:

Modalità: Nel pignoramento presso terzi la dichiarazione del terzo non può essere considerata alla stregua di una qualsivoglia comunicazione comunque effettuata: o viene effettuata a mezzo lettera raccomandata o a mezzo pec, mentre qualora venga effettuata con mezzi diversi e comunque non idonei a dimostrare immediatamente e incontestabilmente l'esistenza e il contenuto della dichiarazione stessa, essa è da considerarsi tamquam non esset (C.C. 16005/23).

549. (1) **Contestata dichiarazione del terzo.** – Se sulla dichiarazione sorgono contestazioni o se a seguito della mancata dichiarazione del terzo non è possibile l'esatta identificazione del credito o dei beni del debitore in possesso del terzo, il giudice dell'esecuzione, su istanza di parte, provvede con ordinanza, compiuti i necessari accertamenti nel contradditorio tra le parti e con il terzo (2). L'ordinanza produce effetti ai fini del procedimento in corso e dell'esecuzione fondata sul provvedimento di assegnazione ed è impugnabile nelle forme e nei termini di cui all'articolo 617.

(1) *Questo articolo è stato così sostituito dall'art. 1, comma 20, n. 4), della L. 24 dicembre 2012, n. 228. A norma dell'art. 1, comma 21, della medesima legge, tali disposizioni si applicano ai procedimenti di espropriazione presso terzi iniziati successivamente all'entrata in vigore della presente legge (1° gennaio 2013).*

(2) *Questo periodo è stato così sostituito dall'art. 13, comma 1, lett. m ter), del D.L. 27 giugno 2015, n. 83, convertito, con modificazioni, nella L. 6 agosto 2015, n. 132. A norma dell'art. 23, comma 9, del medesimo provvedimento, tali disposizioni, si applicano anche ai procedimenti pendenti alla data di entrata in vigore del presente decreto. Quando è già stata disposta la vendita, la stessa ha comunque luogo con l'osservanza delle norme precedentemente in vigore e le disposizioni di cui al presente decreto si applicano quando il giudice o il professionista delegato dispone una nuova vendita.*

NOTE OPERATIVE:

Litisconsorzio: Nell'accertamento dell'obbligo del terzo il debitore esecutato è litisconsorte necessario, in quanto interessato all'accertamento del rapporto di credito oggetto di pignoramento, ancorché la pronuncia non faccia stato nei suoi confronti (C.C. 26158/20).

550. Pluralità di pignoramenti. – Il terzo deve indicare i pignoramenti (543) che sono stati eseguiti presso di lui.

Se altri pignoramenti sono eseguiti dopo che il terzo abbia fatto la sua dichiarazione (547), egli può limitarsi a richiamare la dichiarazione precedente e i pignoramenti ai quali si riferiva.

Si applicano le disposizioni dell'art. 524 secondo e terzo comma.

551. Intervento. – L'intervento di altri creditori è regolato a norma degli artt. 525 ss.

Agli effetti di cui all'art. 526 l'intervento non deve avere luogo oltre la prima udienza (547) di comparizione delle parti.

Sezione II
Dell'assegnazione e della vendita

552. Assegnazione e vendita di cose dovute dal terzo. – Se il terzo si dichiara (547) o è dichiarato (549) possessore di cose appartenenti al debitore, il giudice dell'esecuzione, sentite le parti, provvede per l'assegnazione (2925 ss. c.c.) o la vendita (2919 ss. c.c.) delle cose mobili a norma degli artt. 529 ss., o per l'assegnazione dei crediti a norma dell'articolo seguente.

553. Assegnazione e vendita di crediti. – Se il terzo si dichiara (547) o è dichiarato (549) debitore di somme esigibili immediatamente o in termini non maggiori di novanta giorni, il giudice dell'esecuzione le assegna in pagamento, salvo esazione, ai creditori concorrenti (530, 551; 2928 c.c.).

Se le somme dovute dal terzo sono esigibili in termine maggiore, o si tratta di censi o di rendite perpetue o temporanee (1861 c.c.), e i creditori non ne chiedono d'accordo l'assegnazione, si applicano le regole richiamate nell'articolo precedente per la vendita di cose mobili (529 ss.).

Il valore delle rendite perpetue e dei censi, quando sono assegnati ai creditori, deve essere ragguagliato in ragione di € 0,052 di capitale per € 0,00258 di rendita (13; 1866 c.c.).

554. Pegno o ipoteca a garanzia del credito assegnato. – Se il credito assegnato o venduto è garantito da pegno (512, 544; 2784 c.c.), il giudice dell'esecuzione dispone che la cosa data in pegno sia affidata all'assegnatario o aggiudicatario del credito oppure ad un terzo (65) che designa, sentite le parti.

Se il credito assegnato o venduto è garantito da ipoteca (512, 544; 2808 c.c.), il provvedimento di assegnazione o l'atto di vendita va annotato nei libri fondiari (2843 c.c.).

Capo IV (1)
Dell'espropriazione immobiliare

(1) *Si veda l'art. 16, commi 1, 2, 2 bis e 3, del D.L. 14 febbraio 2016, n. 18, convertito, con modificazioni, nella L. 8 aprile 2016, n. 49, che si riportano:*

«1. Gli atti e i provvedimenti recanti il trasferimento della proprietà o di diritti reali su beni immobili emessi, a favore di soggetti che svolgono attività d'impresa, nell'ambito di una procedura giudiziaria di espropriazione immobiliare di cui al libro III, titolo II, capo IV, del codice di procedura civile, ovvero di una procedura di vendita di cui all'articolo 107 del regio decreto 16 marzo 1942, n. 267, sono assoggettati alle imposte di registro, ipotecaria e catastale nella misura fissa di 200 euro ciascuna a condizione che l'acquirente dichiari che intende trasferirli entro due anni.

2. Ove non si realizzi la condizione del ritrasferimento entro il biennio, le imposte di registro, ipotecaria e catastale sono dovute nella misura ordinaria e si applica una sanzione amministrativa del 30 per cento oltre agli interessi di mora di cui all'articolo 55, comma 4, del testo unico delle disposizioni concernenti l'imposta di registro, di cui al decreto del Presidente della Repubblica 26 aprile 1986, n. 131. Dalla scadenza del biennio decorre il termine per il recupero delle imposte ordinarie da parte dell'amministrazione finanziaria.

2 bis. Gli atti e i provvedimenti di cui al comma 1 emessi a favore di soggetti che non svolgono attività d'impresa sono assoggettati alle imposte di registro, ipotecaria e catastale nella misura fissa di 200 euro ciascuna sempre che in capo all'acquirente ricorrano le condizioni di cui alla nota II bis) all'articolo 1 della tariffa, parte prima, allegata al testo unico delle disposizioni concernenti l'imposta di registro, di cui al decreto del Presidente della Repubblica 26 aprile 1986, n. 131. In caso di dichiarazione mendace nell'atto di acquisto, ovvero di rivendita nel quinquiennio dalla data dell'atto, si applicano le disposizioni indicate nella predetta nota.

3. Le disposizioni del presente articolo hanno effetto per gli atti emessi dalla data di entrata in vigore del presente decreto fino al 31 dicembre 2016».

Sezione I
Del pignoramento

555. (1) **Forma del pignoramento.** – Il pignoramento immobiliare si esegue mediante notificazione (137) al debitore e successiva trascrizione (2658, 2659, 2672 c.c.) di un atto (170 att.) nel quale gli si indicano esattamente, con gli estremi richiesti dal codice civile per l'individuazione dell'immobile ipotecato (2826, 2841 c.c.), i beni e i diritti immobiliari (812, 813 c.c.) che si intendono sottoporre a esecuzione, e gli si fa l'ingiunzione prevista nell'art. 492.

Immediatamente dopo la notificazione l'ufficiale giudiziario consegna copia autentica dell'atto con le note di trascrizione (2658, 2659 c.c.) al competente conservatore dei registri immobiliari (2663 c.c.), che trascrive l'atto e gli restituisce una delle note (561; 2664 c.c.) (2).

Le attività previste nel comma precedente possono essere compiute anche dal creditore pignorante, al quale l'ufficiale giudiziario, se richiesto, deve consegnare gli atti di cui sopra (557).

(¹) *A norma dell'art. 54 ter, comma 1, del D.L. 17 marzo 2020, n. 18, convertito, con modificazioni, nella L. 24 aprile 2020, n. 27, così come modificato dall'art. 4 del D.L. 28 ottobre 2020, n. 137, convertito, con modificazioni, nella L. 18 dicembre 2020, n. 176, al fine di contenere gli effetti negativi dell'emergenza epidemiologica da COVID-19, in tutto il territorio nazionale è sospesa, fino al 31 dicembre 2020 (*), ogni procedura esecutiva per il pignoramento immobiliare, di cui a questo articolo, che abbia ad oggetto l'abitazione principale del debitore. È inefficace ogni procedura esecutiva per il pignoramento immobiliare, di cui a questo articolo, che abbia ad oggetto l'abitazione principale del debitore, effettuata dal 25 ottobre 2020 alla data di entrata in vigore della legge di conversione del D.L. 137/2020 (25 dicembre 2020) (**).*

(*) *Le parole: «fino al 31 dicembre 2020» sono state sostituite dalle seguenti: «fino al 30 giugno 2021» dall'art. 13, comma 14, del D.L. 31 dicembre 2020, n. 183, convertito, con modificazioni, nella L. 26 febbraio 2021, n. 21. La Corte costituzionale, con sentenza n. 128 del 22 giugno 2021, ha dichiarato l'illegittimità costituzionale dell'art. 13, comma 14, del D.L. n. 183/2020.*

(**) *La Corte costituzionale, con sentenza n. 87 del 4 aprile 2022, ha dichiarato l'illegittimità costituzionale dell'art. 4, comma 1, del D.L. 28 ottobre 2020, n. 137, convertito, con modificazioni, nella L. 18 dicembre 2020, n. 176, nella parte in cui prevede che «È inefficace ogni procedura esecutiva per il pignoramento immobiliare, di cui all'articolo 555 del codice di procedura civile, che abbia ad oggetto l'abitazione principale del debitore, effettuata dal 25 ottobre 2020 alla data di entrata in vigore della legge di conversione del citato decreto».*

(²) *Comma così modificato con R.D. 20 aprile 1942, n. 504.*

NOTE OPERATIVE:

Natura giuridica: Il pignoramento è strutturato come fattispecie a formazione progressiva nella quale la notificazione dell'ingiunzione all'esecutato segna l'inizio del processo esecutivo e la trascrizione nei registri immobiliari ha la funzione di completare il pignoramento e di renderlo opponibile ai terzi (C.C. 37558/22).

556. Espropriazione di mobili insieme con immobili. – Il creditore può fare pignorare insieme coll'immobile anche i mobili che lo arredano (513), quando appare opportuno che l'espropriazione avvenga unitamente (483; 2912 c.c.).

In tal caso l'ufficiale giudiziario forma atti separati per l'immobile e per i mobili (518), ma li deposita insieme nella cancelleria del tribunale (16³, 26).

557. (¹) **Deposito dell'atto di pignoramento.** – Eseguita l'ultima notificazione, l'ufficiale giudiziario consegna senza ritardo al creditore l'atto di pignoramento e la nota di trascrizione restituitagli dal conservatore dei registri immobiliari.

Il creditore deve depositare nella cancelleria del tribunale competente per l'esecuzione la nota di iscrizione a ruolo, con copie conformi del titolo esecutivo, del precetto, dell'atto di pignoramento e della nota di trascrizione entro quindici giorni dalla consegna dell'atto di pignoramento. La conformità di tali copie è attestata dall'avvocato del creditore ai soli fini del presente articolo. Nell'ipotesi di cui all'articolo 555, ultimo comma, il creditore deve depositare la nota di trascrizione appena restituitagli dal conservatore dei registri immobiliari.

Il cancelliere forma il fascicolo dell'esecuzione. Il pignoramento perde efficacia quando la nota di iscrizione a ruolo e le copie dell'atto di pignoramento, del titolo esecutivo e del precetto sono depositate oltre il termine di quindici giorni dalla consegna al creditore.

(¹) *Questo articolo è stato così sostituito dall'art. 18, comma 1, lett. c), del D.L. 12 settembre 2014, n. 132, convertito, con modificazioni, nella L. 10 novembre 2014, n. 162. A norma dell'art. 18, comma 3, dello stesso provvedimento, tali disposizioni si applicano ai procedimenti esecutivi iniziati a decorrere dal trentesimo giorno successivo all'entrata in vigore della legge di conversione del presente decreto legge (Suppl. ord. alla G.U. Serie gen. - n. 261 del 10 novembre 2014).*

558. Limitazione dell'espropriazione. – Se un creditore ipotecario (2808 ss. c.c.) estende il pignoramento a immobili non ipotecati a suo favore, il giudice dell'esecuzione (484) può applicare il disposto dell'art. 496, oppure può sospenderne la vendita fino al compimento di quella relativa agli immobili ipotecati (2911 c.c.).

559. (¹) **Custodia dei beni pignorati.** – Col pignoramento il debitore è costituito custode dei beni pignorati e di tutti gli accessori, compresi le pertinenze e i frutti, senza diritto a compenso.

Salvo che la sostituzione nella custodia non abbia alcuna utilità ai fini della conservazione o della amministrazione del bene o per la vendita, il giudice dell'esecuzione, con provvedimento non impugnabile emesso entro quindici giorni dal deposito della documentazione di cui all'articolo 567, secondo comma, contestualmente alla nomina dell'esperto di cui all'articolo 569, nomina custode giudiziario dei beni pignorati una persona inserita nell'elenco di cui all'articolo 179 *ter* delle disposizioni di attuazione del presente codice o l'istituto di cui al primo comma dell'articolo 534.

Il custode nominato ai sensi del secondo comma collabora con l'esperto nominato ai sensi dell'articolo 569 al controllo della completezza della documentazione di cui all'articolo 567, secondo comma, redigendo apposita relazione informativa nel termine fissato dal giudice dell'esecuzione.

Il giudice provvede alla sostituzione del custode in caso di inosservanza degli obblighi su di lui incombenti

(1) *Questo articolo è stato così sostituito dall'art. 3, comma 38, lett.* a), *del D.L.vo 10 ottobre 2022, n. 149, a decorrere dal 28 febbraio 2023.*

A norma dell'art. 35, comma 1, del medesimo decreto, le disposizioni si applicano ai procedimenti instaurati successivamente a tale data. Ai procedimenti pendenti alla data del 28 febbraio 2023 si applicano le disposizioni anteriormente vigenti.

Si riporta il testo precedente:

«Art. 559 (Custodia dei beni pignorati)

Col pignoramento il debitore è costituito custode (65, 67, 520 ss.) dei beni pignorati e di tutti gli accessori (2912 c.c.), comprese le pertinenze (817 c.c.), e i frutti (820 c.c.) senza diritto a compenso (65 ss.; 522) (*).

Su istanza del creditore pignorante o di un creditore intervenuto (563 ss.), il giudice dell'esecuzione (484), sentito il debitore, può nominare custode una persona diversa dallo stesso debitore (66). Il giudice provvede a nominare una persona diversa quando l'immobile non sia occupato dal debitore (**).

Il giudice provvede alla sostituzione del custode in caso di inosservanza degli obblighi su di lui incombenti (***).

Il giudice, se custode dei beni pignorati è il debitore e salvo che per la particolare natura degli stessi ritenga che la sostituzione non abbia utilità, dispone, al momento in cui pronuncia l'ordinanza con cui è autorizzata la vendita o disposta la delega delle relative operazioni, che custode dei beni medesimi sia la persona incaricata delle dette operazioni o l'istituto di cui al primo comma dell'articolo 534 (***).

Qualora tale istituto non sia disponibile o debba essere sostituito, è nominato custode altro soggetto (***).

I provvedimenti di cui ai commi che precedono sono pronunciati con ordinanza non impugnabile (***).*»*.

(*) *Comma così modificato con R.D. 20 aprile 1942, n. 504.*

(**) *Questo periodo è stato aggiunto dall'art. 2, comma 3, lett.* e), *n. 20.1), del D.L. 14 marzo 2005, n. 35, convertito, con modificazioni, nella L. 14 maggio 2005, n. 80.*

(***) *Questo comma è stato aggiunto dall'art. 2, comma 3, lett.* e), *n. 20.2), del D.L. 14 marzo 2005, n. 35, convertito, con modificazioni, nella L. 14 maggio 2005, n. 80, come modificato dall'art. 1, comma 3, lett.* h) *della L. 28 dicembre 2005, n. 263.*

560. (1) **Modo della custodia.** – Il debitore e il terzo nominato custode debbono rendere il conto a norma dell'articolo 593.

Ad essi è fatto divieto di dare in locazione l'immobile pignorato se non autorizzati dal giudice dell'esecuzione.

Il debitore e i familiari che con lui convivono non perdono il possesso dell'immobile e delle sue pertinenze sino alla pronuncia del decreto di trasferimento, salvo quanto previsto dal nono comma.

Nell'ipotesi di cui al terzo comma, il custode giudiziario ha il dovere di vigilare affinché il debitore e il nucleo familiare conservino il bene pignorato con la diligenza del buon padre di famiglia e ne mantengano e tutelino l'integrità.

Il custode giudiziario provvede altresì, previa autorizzazione del giudice dell'esecuzione, alla amministrazione e alla gestione dell'immobile pignorato ed esercita le azioni previste dalla legge e occorrenti per conseguirne la disponibilità.

Il debitore deve consentire, in accordo con il custode, che l'immobile sia visitato da potenziali acquirenti, secondo le modalità stabilite con ordinanza del giudice dell'esecuzione.

Il giudice dell'esecuzione, con provvedimento opponibile ai sensi dell'articolo 617, ordina la liberazione dell'immobile non abitato dall'esecutato e dal suo nucleo familiare oppure occupato da un soggetto privo di titolo opponibile alla procedura non oltre la pronuncia dell'ordinanza con cui è autorizzata la vendita o sono delegate le relative operazioni.

Salvo quanto previsto dal nono comma, il giudice dell'esecuzione ordina la liberazione dell'immobile occupato dal debitore e dal suo nucleo familiare con provvedimento emesso contestualmente al decreto di trasferimento.

Il giudice dell'esecuzione, sentite le parti ed il custode, ordina la liberazione dell'immobile pignorato quando è ostacolato il diritto di visita di potenziali acquirenti o comunque impedito lo svolgimento delle attività degli ausiliari del giudice, quando l'immobile non è adeguatamente tutelato o mantenuto in uno stato di buona conservazione, quando l'esecutato viola gli altri obblighi che la legge pone a suo carico.

L'ordine di liberazione è attuato dal custode secondo le disposizioni del giudice dell'esecuzione, senza l'osservanza delle formalità di cui agli articoli 605 e seguenti, anche successivamente alla pronuncia del decreto di trasferimento, nell'interesse e senza spese a carico dell'aggiudicatario o dell'assegnatario, salvo espresso esonero del custode ad opera di questi ultimi. Per l'attuazione dell'ordine di liberazione il giudice può autorizzare il custode ad avvalersi della forza pubblica e nominare ausiliari ai sensi dell'articolo 68. Quando nell'immobile si trovano beni mobili che non debbono essere consegnati, il custode intima al soggetto tenuto al rilascio di asportarli, assegnandogli un termine non inferiore a trenta giorni, salvi i casi di urgenza. Dell'intimazione si dà atto a verbale ovvero, se il soggetto intimato non è presente, mediante atto notificato a cura del custode. Se l'asporto non è eseguito entro il termine assegnato, i beni mobili sono considerati abbandonati e il custode, salva diversa disposizione del giudice dell'esecuzione, ne cura lo smaltimento o la distruzione.

(1) *Questo articolo è stato, da ultimo, così sostituito, dall'art. 3, comma 38, lett. b), del D.L.vo 10 ottobre 2022, n. 149, a decorrere dal 28 febbraio 2023.*

A norma dell'art. 35, comma 1, del medesimo decreto, le disposizioni si applicano ai procedimenti instaurati successivamente a tale data. Ai procedimenti pendenti alla data del 28 febbraio 2023 si applicano le disposizioni anteriormente vigenti.

Si riporta il testo precedente:

«Art. 560 (*) (Modo della custodia)

Il debitore e il terzo nominato custode debbono rendere il conto a norma dell'articolo 593.

Il custode nominato ha il dovere di vigilare affinché il debitore e il nucleo familiare conservino il bene pignorato con la diligenza del buon padre di famiglia e ne mantengano e tutelino l'integrità.

Il debitore e i familiari che con lui convivono non perdono il possesso dell'immobile e delle sue pertinenze sino al decreto di trasferimento, salvo quanto previsto dal sesto comma.

Il debitore deve consentire, in accordo con il custode, che l'immobile sia visitato da potenziali acquirenti.

Le modalità del diritto di visita sono contemplate e stabilite nell'ordinanza di cui all'articolo 569.

Il giudice ordina, sentiti il custode e il debitore, la liberazione dell'immobile pignorato per lui ed il suo nucleo familiare, qualora sia ostacolato il diritto di visita di potenziali acquirenti, quando l'immobile non sia adeguatamente tutelato e mantenuto in uno stato di buona conservazione, per colpa o dolo del debitore e dei membri del suo nucleo familiare, quando il debitore viola gli altri obblighi che la legge pone a suo carico, o quando l'immobile non è abitato dal debitore e dal suo nucleo familiare. A richiesta dell'aggiudicatario, l'ordine di liberazione può essere attuato dal custode senza l'osservanza delle formalità di cui agli articoli 605 e seguenti; il giudice può autorizzarlo ad avvalersi della forza pubblica e nominare ausiliari ai sensi dell'articolo 68 (**). Quando nell'immobile si trovano beni mobili che non debbono essere consegnati, il custode intima alla parte tenuta al rilascio di asportarli, assegnando ad essa un termine non inferiore a trenta giorni, salvi i casi di urgenza da provarsi con giustificati motivi (**). Quando vi sono beni mobili di provata o evidente titolarità di terzi, l'intimazione è rivolta anche a questi ultimi con le stesse modalità di cui al periodo precedente (**). Dell'intimazione è dato atto nel verbale (**). Se uno dei soggetti intimati non è presente, l'intimazione gli è notificata dal custode (**). Se l'asporto non è eseguito entro il termine assegnato, i beni mobili sono considerati abbandonati e il custode, salva diversa disposizione del giudice dell'esecuzione, ne dispone lo smaltimento o la distruzione (**). Dopo la notifica o la comunicazione del decreto di trasferimento, il custode, su istanza dell'aggiudicatario o dell'assegnatario, provvede all'attuazione del provvedimento di cui all'articolo 586, secondo comma, decorsi sessanta giorni e non oltre centoventi giorni dalla predetta istanza, con le modalità definite nei periodi dal secondo al settimo del presente comma (**).

Al debitore è fatto divieto di dare in locazione l'immobile pignorato se non è autorizzato dal giudice dell'esecuzione.

Fermo quanto previsto dal sesto comma, quando l'immobile pignorato è abitato dal debitore e dai suoi familiari il giudice non può mai disporre il rilascio dell'immobile pignorato prima della pronuncia del decreto di trasferimento ai sensi dell'articolo 586.».

(*) *Questo articolo è stato così sostituito, dall'art. 4, comma 2, del D.L. 14 dicembre 2018, n. 135, convertito, con modificazioni, nella L. 11 febbraio 2019, n. 12. A norma dell'art. 4, comma 4, del medesimo decreto tali disposizioni non si applicano alle esecuzioni iniziate anteriormente alla data di entrata in vigore della legge di conversione del citato decreto (13 febbraio 2019).*

(**) *Questo periodo è stato aggiunto dall'art. 18 quater, comma 1, del D.L. 30 dicembre 2019, n. 162, convertito, con modificazioni, nella L. 28 febbraio 2020, n. 8.*

A norma dell'art. 18 quater, comma 3, del medesimo provvedimento, tali disposizioni si applicano anche alle procedure di espropriazione immobiliare pendenti alla data di entrata in vigore della legge di conversione del presente decreto.

561. Pignoramento successivo. – Il conservatore dei registri immobiliari, se nel trascrivere (555[2]) un atto di pignoramento trova che sugli stessi beni è stato eseguito un altro pignoramento, ne fa menzione nella nota di trascrizione che restituisce (557; 2664 c.c.) (1).

L'atto di pignoramento con gli altri documenti indicati nell'art. 557 è depositato in cancelleria e inserito nel fascicolo formato in base al primo pignoramento (557[3]), se quello successivo è compiuto anteriormente alla udienza prevista nell'articolo 564 (2). In tale caso l'esecuzione si svolge in unico processo (493[3]).

Se il pignoramento successivo è compiuto dopo l'udienza di cui sopra, si applica l'art. 524 ultimo comma.

(1) *Comma così modificato con R.D. 20 aprile 1942, n. 504.*

(2) *Le parole: «nell'articolo 563, secondo comma,» sono state così sostituite dalle attuali: «nell'articolo 564» dall'art. 2, comma 3, lett. e), n. 24), del D.L. 14 marzo 2005, n. 35, convertito, con modificazioni, nella L. 14 maggio 2005, n. 80.*

A norma dell'art. 2, comma 3 sexies, dello stesso provvedimento, come sostituito dall'art. 1, comma 6, della L. 28 dicembre 2005, n. 263 e successivamente modi-

ficato dall'art. 39 quater del D.L. 30 dicembre 2005, n. 273, convertito, con modificazioni, nella L. 23 febbraio 2006, n. 51, questa disposizione entra in vigore il 1° marzo 2006 e si applica anche alle procedure esecutive pendenti a tale data di entrata in vigore. Quando tuttavia è già stata ordinata la vendita, la stessa ha luogo con l'osservanza delle norme precedentemente in vigore. L'intervento dei creditori non muniti di titolo esecutivo conserva efficacia se avvenuto prima del 1° marzo 2006.

NOTE OPERATIVE:

Ambito di applicazione: La norma trova applicazione qualora coincidano i beni colpiti da diversi pignoramenti, il che si verifica quando, in momenti diversi, sono assoggettati ad espropriazione i diritti reali vantati dallo stesso esecutato sul cespite colpito, ma non nel caso in cui distinti diritti, facenti capo a soggetti differenti, pur se riguardanti il medesimo bene, siano aggrediti con diversi atti di pignoramento (C.C. 40847/21).

562. Inefficacia del pignoramento e cancellazione della trascrizione. – Se il pignoramento diviene inefficace per il decorso del termine previsto nell'art. 497, il giudice dell'esecuzione (484) con l'ordinanza di cui all'art. 630 dispone che sia cancellata la trascrizione (172 att.).

Il conservatore dei registri immobiliari provvede alla cancellazione su presentazione dell'ordinanza (2668 c.c.) ([1]).

([1]) *Comma così modificato con R.D. 20 aprile 1942, n. 504.*

NOTE OPERATIVE:

Effetti: La trascrizione del pignoramento immobiliare nei registri immobiliari è elemento necessario perché tale atto produca i suoi effetti, sicché la sua cancellazione, indipendentemente dalla validità o meno del titolo in base al quale essa è stata effettuata, impedisce di dare seguito all'istanza di vendita del bene immobile pignorato, giacché la cancellazione medesima opera come autonoma causa di estinzione della pubblicità, che ne fa venir meno gli effetti rispetto ad ogni interessato (C.C. 17367/11).

Sezione II
Dell'intervento dei creditori

563. ([1]) **[Condizioni e tempo dell'intervento.** – Possono intervenire a norma dell'art. 499 tutti coloro che nei confronti del debitore hanno un credito, anche se sottoposto a termine o a condizione.

Per gli effetti di cui all'articolo seguente l'intervento deve avere luogo non oltre la prima udienza fissata per l'autorizzazione della vendita].

([1]) *Questo articolo è stato abrogato dall'art. 2, comma 3, lett. e), n. 22), del D.L. 14 marzo 2005, n. 35, convertito, con modificazioni, nella L. 14 maggio 2005, n. 80.*

A norma dell'art. 2, comma 3 sexies, dello stesso provvedimento, come sostituito dall'art. 1, comma 6, della L. 28 dicembre 2005, n. 263 e successivamente modificato dall'art. 39 quater del D.L. 30 dicembre 2005, n. 273, convertito, con modificazioni, nella L. 23 febbraio 2006, n. 51, questa disposizione entra in vigore il 1° marzo 2006 e si applica anche alle procedure esecutive pendenti a tale data di entrata in vigore. Quando tuttavia è già stata ordinata la vendita, la stessa ha luogo con l'osservanza delle norme precedentemente in vigore. L'intervento dei creditori non muniti di titolo esecutivo conserva efficacia se avvenuto prima del 1° marzo 2006.

564. ([1]) **Facoltà dei creditori intervenuti.** – I creditori intervenuti non oltre la prima udienza fissata per l'autorizzazione della vendita partecipano all'espropriazione dell'immobile pignorato e, se muniti di titolo esecutivo, possono provocarne i singoli atti.

([1]) *Questo articolo è stato così sostituito dall'art. 2, comma 3, lett. e), n. 23), del D.L. 14 marzo 2005, n. 35, convertito, con modificazioni, nella L. 14 maggio 2005, n. 80.*

A norma dell'art. 2, comma 3 sexies, dello stesso provvedimento, come sostituito dall'art. 1, comma 6, della L. 28 dicembre 2005, n. 263 e successivamente modificato dall'art. 39 quater del D.L. 30 dicembre 2005, n. 273, convertito, con modificazioni, nella L. 23 febbraio 2006, n. 51, questa disposizione entra in vigore il 1° marzo 2006 e si applica anche alle procedure esecutive pendenti a tale data di entrata in vigore. Quando tuttavia è già stata ordinata la vendita, la stessa ha luogo con l'osservanza delle norme precedentemente in vigore. L'intervento dei creditori non muniti di titolo esecutivo conserva efficacia se avvenuto prima del 1° marzo 2006.

565. Intervento tardivo. – I creditori chirografari che intervengono oltre l'udienza indicata nell'art. 564 ([1]), ma prima di quella prevista nell'art. 596, concorrono alla distribuzione di quella parte della somma ricavata (509) che sopravanza dopo soddisfatti i diritti del creditore pignorante e di quelli intervenuti in precedenza e a norma dell'articolo seguente.

([1]) *Le parole: «nell'articolo 563, secondo comma,» sono state così sostituite dalle attuali: «nell'articolo 564» dall'art. 2, comma 3, lett. e), n. 24), del D.L. 14 marzo 2005, n. 35, convertito, con modificazioni, nella L. 14 maggio 2005, n. 80.*

A norma dell'art. 2, comma 3 sexies, dello stesso provvedimento, come sostituito dall'art. 1, comma 6, della L. 28 dicembre 2005, n. 263 e successivamente modificato dall'art. 39 quater del D.L. 30 dicembre 2005, n. 273, convertito, con modificazioni, nella L. 23 febbraio 2006, n. 51, questa disposizione entra in vigore il 1° marzo 2006 e si applica anche alle procedure esecutive pendenti a tale data di entrata in vigore. Quando tuttavia è già stata ordinata la vendita, la stessa ha luogo con l'osservanza delle norme precedentemente in vigore. L'intervento dei creditori non muniti di titolo esecutivo conserva efficacia se avvenuto prima del 1° marzo 2006.

NOTE OPERATIVE:

Limite temporale: La previsione secondo cui il limite temporale ultimo dell'intervento del creditore chirografario è prima dell'udienza di cui all'art. 596 c.p.c., deve intendersi nel senso che tale intervento è ormai precluso dopo che l'udienza di vendita abbia avuto inizio (nella data e nell'ora fissate) e si sia ivi svolta un'attività di trattazione effettiva, ancorché venga disposto, in esito ad essa, un rinvio in prosieguo (C.C. 26423/20).

566. Intervento dei creditori iscritti e privilegiati. – I creditori iscritti (498) e i privilegiati (2770 ss. c.c.) che intervengono oltre l'udienza indicata nell'art. 564 (1), ma prima di quella prevista nell'art. 596, concorrono alla distribuzione della somma ricavata (509) in ragione dei loro diritti di prelazione, e, quando sono muniti di titolo esecutivo (474), possono provocare atti della espropriazione (500, 564, 629[1]).

(1) *Le parole: «nell'articolo 563, secondo comma,» sono state così sostituite dalle attuali: «nell'articolo 564» dall'art. 2, comma 3, lett. e), n. 24), del D.L. 14 marzo 2005, n. 35, convertito, con modificazioni, nella L. 14 maggio 2005, n. 80.*

A norma dell'art. 2, comma 3 sexies, dello stesso provvedimento, come sostituito dall'art. 1, comma 6, della L. 28 dicembre 2005, n. 263 e successivamente modificato dall'art. 39 quater del D.L. 30 dicembre 2005, n. 273, convertito, con modificazioni, nella L. 23 febbraio 2006, n. 51, questa disposizione entra in vigore il 1° marzo 2006 e si applica anche alle procedure esecutive pendenti a tale data di entrata in vigore. Quando tuttavia è già stata ordinata la vendita, la stessa ha luogo con l'osservanza delle norme precedentemente in vigore. L'intervento dei creditori non muniti di titolo esecutivo conserva efficacia se avvenuto prima del 1° marzo 2006.

Sezione III
Della vendita e dell'assegnazione

§. 1
Disposizioni generali

567. (1) **Istanza di vendita.** – Decorso il termine di cui all'articolo 501, il creditore pignorante e ognuno dei creditori intervenuti muniti di titolo esecutivo possono chiedere la vendita dell'immobile pignorato.

Il creditore che richiede la vendita deve provvedere a depositare, entro il termine previsto dall'articolo 497, (2) l'estratto del catasto, nonché i certificati delle iscrizioni e trascrizioni relative all'immobile pignorato effettuate nei venti anni anteriori alla trascrizione del pignoramento; tale documentazione può essere sostituita da un certificato notarile attestante le risultanze delle visure catastali e dei registri immobiliari.

Il termine di cui al secondo comma può essere prorogato sola una volta su istanza dei creditori o dell'esecutato, per giusti motivi e per una durata non superiore ad ulteriore quarantacinque (3) giorni. Un termine di quarantacinque (3) giorni è inoltre assegnato al creditore dal giudice, quando lo stesso ritiene che la documentazione da questi depositata debba essere completata. Se la proroga non è richiesta o non è concessa, oppure se la documentazione non è integrata nel termine assegnato ai sensi di quanto previsto nel periodo precedente, il giudice dell'esecuzione, anche d'ufficio, dichiara l'inefficacia del pignoramento relativamente all'immobile per il quale non è stata depositata la prescritta documentazione. L'inefficacia è dichiarata con ordinanza, sentite le parti. Il giudice, con l'ordinanza, dispone la cancellazione della trascrizione del pignoramento. Si applica l'articolo 562, secondo comma. Il giudice dichiara altresì l'estinzione del processo esecutivo se non vi sono altri beni pignorati.

(1) *Questo articolo è stato così sostituito dall'art. 2, comma 3, lett. e), n. 25), del D.L. 14 marzo 2005, n. 35, convertito, con modificazioni, nella L. 14 maggio 2005, n. 80, come modificato dall'art. 1, comma 3, lett. l), della L. 28 dicembre 2005, n. 263.*

A norma dell'art. 2, comma 3 sexies, dello stesso provvedimento, come sostituito dall'art. 1, comma 6, della L. 28 dicembre 2005, n. 263 e successivamente modificato dall'art. 39 quater del D.L. 30 dicembre 2005, n. 273, convertito, con modificazioni, nella L. 23 febbraio 2006, n. 51, questa disposizione entra in vigore il 1° marzo 2006 e si applica anche alle procedure esecutive pendenti a tale data di entrata in vigore. Quando tuttavia è già stata ordinata la vendita, la stessa ha luogo con l'osservanza delle norme precedentemente in vigore. L'intervento dei creditori non muniti di titolo esecutivo conserva efficacia se avvenuto prima del 1° marzo 2006.

(2) *Le parole: «, entro sessanta (*) giorni dal deposito del ricorso, ad allegare allo stesso» sono state così sostituite dalle attuali: «a depositare, entro il termine previsto dall'articolo 497,» dall'art. 3, comma 39, lett. a), n. 1), del D.L.vo 10 ottobre 2022, n. 149, a decorrere dal 28 febbraio 2023.*

A norma dell'art. 35, comma 1, del medesimo decreto, le disposizioni si applicano ai procedimenti instaurati successivamente a tale data. Ai procedimenti pendenti alla data del 28 febbraio 2023 si applicano le disposizioni anteriormente vigenti.

(*) *La parola: «centoventi» è stata così sostituita dall'attuale: «sessanta» dall'art. 13, comma 1, lett. n), n. 1), del D.L. 27 giugno 2015, n. 83, convertito, con modificazioni, nella L. 6 agosto 2015, n. 132. A norma dell'art. 23, comma 6, del medesimo provvedimento, tali disposizioni si applicano esclusivamente alle procedure esecutive iniziate successivamente alla data di entrata in vigore del presente decreto.*

[3] *La parola: «sessanta», ovunque ricorra, è stata, da ultimo, così sostituita dalla attuale: «quarantacinque» dall'art. 3, comma 39, lett. a), n. 2), del D.L.vo 10 ottobre 2022, n. 149, a decorrere dal 28 febbraio 2023.*

A norma dell'art. 35, comma 1, del medesimo decreto, le disposizioni si applicano ai procedimenti instaurati successivamente a tale data. Ai procedimenti pendenti alla data del 28 febbraio 2023 si applicano le disposizioni anteriormente vigenti.

568. [1] **Determinazione del valore dell'immobile.** – Agli effetti dell'espropriazione il valore dell'immobile è determinato dal giudice avuto riguardo al valore di mercato sulla base degli elementi forniti dalle parti e dall'esperto nominato ai sensi dell'articolo 569, primo comma.

Nella determinazione del valore di mercato l'esperto procede al calcolo della superficie dell'immobile, specificando quella commerciale, del valore per metro quadro e del valore complessivo, esponendo analiticamente gli adeguamenti e le correzioni della stima, ivi compresa la riduzione del valore di mercato praticata per l'assenza della garanzia per vizi del bene venduto, e precisando tali adeguamenti in maniera distinta per gli oneri di regolarizzazione urbanistica, lo stato d'uso e di manutenzione, lo stato di possesso, i vincoli e gli oneri giuridici non eliminabili nel corso del procedimento esecutivo, nonché per le eventuali spese condominiali insolute.

[1] *Questo articolo è stato così sostituito dall'art. 13, comma 1, lett. o), del D.L. 27 giugno 2015, n. 83, convertito, con modificazioni, nella L. 6 agosto 2015, n. 132. A norma dell'art. 23, comma 9, del medesimo provvedimento, tali disposizioni, si applicano anche ai procedimenti pendenti alla data di entrata in vigore del presente decreto. Quando è già stata disposta la vendita, la stessa ha comunque luogo con l'osservanza delle norme precedentemente in vigore e le disposizioni di cui al presente decreto si applicano quando il giudice o il professionista delegato dispone una nuova vendita.*

568 *bis*. [1] **Vendita diretta.** – Il debitore, con istanza depositata non oltre dieci giorni prima della udienza prevista dall'articolo 569, primo comma, può chiedere al giudice dell'esecuzione di disporre la vendita diretta dell'immobile pignorato o di uno degli immobili pignorati per un prezzo non inferiore al valore indicato nella relazione di stima di cui all'articolo 173 *bis*, terzo comma, delle disposizioni d'attuazione del presente codice.

A pena di inammissibilità, unitamente all'istanza di cui al primo comma deve essere depositata in cancelleria l'offerta di acquisto, nonché una cauzione non inferiore al decimo del prezzo offerto. L'istanza e l'offerta sono notificate a cura dell'offerente o del debitore almeno cinque giorni prima dell'udienza prevista dall'articolo 569 al creditore procedente, ai creditori di cui all'articolo 498 e a quelli intervenuti prima del deposito dell'offerta medesima.

L'offerta è irrevocabile, salvo che siano decorsi centoventi giorni dalla data del provvedimento di cui al secondo comma dell'articolo 569 *bis* ed essa non sia stata accolta.

A pena di inammissibilità, l'istanza di cui al primo comma non può essere formulata più di una volta.

[1] *Questo articolo è stato inserito dall'art. 3, comma 39, lett. b), del D.L.vo 10 ottobre 2022, n. 149, a decorrere dal 28 febbraio 2023.*

A norma dell'art. 35, comma 1, del medesimo decreto, le disposizioni si applicano ai procedimenti instaurati successivamente a tale data. Ai procedimenti pendenti alla data del 28 febbraio 2023 si applicano le disposizioni anteriormente vigenti.

569. [1] **Provvedimento per l'autorizzazione della vendita.** – A seguito dell'istanza di cui all'articolo 567 il giudice dell'esecuzione, entro quindici [2] giorni dal deposito della documentazione di cui al secondo comma dell'articolo 567, nomina l'esperto che presta giuramento in cancelleria mediante sottoscrizione del verbale di accettazione [3] e fissa l'udienza per la comparizione delle parti e dei creditori di cui all'articolo 498 che non siano intervenuti. Tra la data del provvedimento e la data fissata per l'udienza non possono decorrere più di novanta [4] giorni. Salvo quanto disposto dagli articoli 565 e 566, non oltre trenta giorni prima dell'udienza, il creditore pignorante e i creditori già intervenuti ai sensi dell'articolo 499 depositano un atto, sottoscritto personalmente dal creditore e previamente notificato al debitore esecutato, nel quale è indicato l'ammontare del residuo credito per cui si procede, comprensivo degli interessi maturati, del criterio di calcolo di quelli in corso di maturazione e delle spese sostenute fino all'udienza [5]. In difetto, agli effetti della liquidazione della somma di cui al primo comma dell'articolo 495, il credito resta definitivamente fissato nell'importo indicato nell'atto di precetto o di intervento, maggiorato dei soli interessi al tasso legale e delle spese successive [5].

All'udienza le parti possono fare osservazioni circa il tempo e le modalità della vendita, e debbono proporre, a pena di decadenza, le opposizioni agli atti esecutivi, se non sono già decadute dal diritto di proporle.

Nel caso in cui il giudice disponga con ordinanza la vendita forzata, fissa un termine non inferiore a novanta giorni, e non superiore a centoventi, entro il quale possono essere proposte offerte d'acquisto ai sensi dell'articolo 571. Il giudice con la medesima ordinanza stabilisce le modalità con cui deve essere prestata la cauzione, se la vendita è fatta in uno o più lotti, il prezzo base determinato a norma dell'articolo 568, l'offerta minima, il termine, non superiore a centoventi giorni dall'aggiudicazione, entro il quale il prezzo dev'essere depositato, con le modalità del deposito e fissa, al giorno successivo alla scadenza del termine, l'udienza per la deliberazione sull'offerta e per la gara tra gli offerenti di cui all'articolo 573. Quando ricorrono giustificati motivi, il giudice dell'esecuzione può disporre che il versamento del prezzo abbia luogo ratealmente ed entro un termine non superiore a dodici mesi. Il giudice provvede ai sensi dell'articolo 576 solo quando ritiene probabile che la vendita con tale modalità possa aver luogo ad un prezzo superiore della metà rispetto al valore del bene, determinato a norma dell'articolo 568 (6).

Con la stessa ordinanza, il giudice stabilisce, salvo che sia pregiudizievole per gli interessi dei creditori o per il sollecito svolgimento della procedura, (7) che il versamento della cauzione, la presentazione delle offerte, lo svolgimento della gara tra gli offerenti e, nei casi previsti, l'incanto, nonché il pagamento del prezzo, siano effettuati con modalità telematiche, nel rispetto della normativa regolamentare di cui all'articolo 161 *ter* delle disposizioni per l'attuazione del presente codice (8) (9).

Se vi sono opposizioni il tribunale le decide con sentenza e quindi il giudice dell'esecuzione dispone la vendita con ordinanza.

Con la medesima ordinanza il giudice fissa il termine entro il quale essa deve essere notificata, a cura del creditore che ha chiesto la vendita o di un altro autorizzato, ai creditori di cui all'articolo 498 che non sono comparsi.

(1) *Questo articolo è stato così sostituito dall'art. 2, comma 3, lett. e), n. 26), del D.L. 14 marzo 2005, n. 35, convertito, con modificazioni, nella L. 14 maggio 2005, n. 80, come modificato dall'art. 1, comma 3, lett. m), della L. 28 dicembre 2005, n. 263.*

A norma dell'art. 2, comma 3 sexies, dello stesso provvedimento, come sostituito dall'art. 1, comma 6, della L. 28 dicembre 2005, n. 263 e successivamente modificato dall'art. 39 quater del D.L. 30 dicembre 2005, n. 273, convertito, con modificazioni, nella L. 23 febbraio 2006, n. 51, questa disposizione entra in vigore il 1° marzo 2006 e si applica anche alle procedure esecutive pendenti a tale data di entrata in vigore. Quando tuttavia è già stata ordinata la vendita, la stessa ha luogo con l'osservanza delle norme precedentemente in vigore. L'intervento dei creditori non muniti di titolo esecutivo conserva efficacia se avvenuto prima del 1° marzo 2006.

(2) *La parola: «trenta» è stata così sostituita dall'attuale: «quindici» dall'art. 13, comma 1, lett. p), n. 1), del D.L. 27 giugno 2015, n. 83, convertito, con modificazioni, nella L. 6 agosto 2015, n. 132. A norma dell'art. 23, comma 9, del medesimo provvedimento, tali disposizioni, si applicano anche ai procedimenti pendenti alla data di entrata in vigore del presente decreto. Quando è già stata disposta la vendita, la stessa ha comunque luogo con l'osservanza delle norme precedentemente in vigore e le disposizioni di cui al presente decreto si applicano quando il giudice o il professionista delegato dispone una nuova vendita.*

(3) *Le parole: «convocandolo davanti a sé per prestare il giuramento» sono state così sostituite dalle attuali: «che presta giuramento in cancelleria mediante sottoscrizione del verbale di accettazione» dall'art. 13, comma 1, lett. p), n. 1), del D.L. 27 giugno 2015, n. 83, convertito, con modificazioni, nella L. 6 agosto 2015, n. 132. A norma dell'art. 23, comma 9, del medesimo provvedimento, tali disposizioni, si applicano anche ai procedimenti pendenti alla data di entrata in vigore del presente decreto. Quando è già stata disposta la vendita, la stessa ha comunque luogo con l'osservanza delle norme precedentemente in vigore e le disposizioni di cui al presente decreto si applicano quando il giudice o il professionista delegato dispone una nuova vendita.*

(4) *La parola: «centoventi» è stata così sostituita dalla attuale: «novanta» dall'art. 13, comma 1, lett. p), n. 1), del D.L. 27 giugno 2015, n. 83, convertito, con modificazioni, nella L. 6 agosto 2015, n. 132. A norma dell'art. 23, comma 9, del medesimo provvedimento, tali disposizioni, si applicano anche ai procedimenti pendenti alla data di entrata in vigore del presente decreto. Quando è già stata disposta la vendita, la stessa ha comunque luogo con l'osservanza delle norme precedentemente in vigore e le disposizioni di cui al presente decreto si applicano quando il giudice o il professionista delegato dispone una nuova vendita.*

(5) *Questo periodo è stato aggiunto, dall'art. 4, comma 3, del D.L. 14 dicembre 2018, n. 135, convertito, con modificazioni, nella L. 11 febbraio 2019, n. 12. A norma dell'art. 4, comma 4, del medesimo decreto tali disposizioni non si applicano alle esecuzioni iniziate anteriormente alla data di entrata in vigore della legge di conversione del citato decreto (13 febbraio 2019).*

(6) *Questo comma è stato così sostituito dall'art. 13, comma 1, lett. p), n. 2), del D.L. 27 giugno 2015, n. 83, convertito, con modificazioni, nella L. 6 agosto 2015, n. 132. A norma dell'art. 23, comma 9, del medesimo provvedimento, tali disposizioni, si applicano anche ai procedimenti pendenti alla data di entrata in vigore del presente decreto. Quando è già stata disposta la vendita, la stessa ha comunque luogo con l'osservanza delle norme precedentemente in vigore e le disposizioni di cui al presente decreto si applicano quando il giudice o il professionista delegato dispone una nuova vendita.*

(7) *Le parole: «può stabilire» sono state così sostituite dalle attuali: «stabilisce, salvo che sia pregiudizievole per gli interessi dei creditori o per il sollecito svolgimento della procedura,» dall'art. 4, comma 1, lett. e), del D.L. 3 maggio 2016, n. 59, convertito, con modificazioni, nella L. 30 giugno 2016, n. 119. A norma dell'art. 4, comma 5, del medesimo provvedimento, tale disposizione si applica alle vendite forzate di beni immobili*

disposte dal giudice dell'esecuzione o dal professionista delegato dopo il novantesimo giorno successivo alla pubblicazione nella Gazzetta Ufficiale *del decreto di cui al comma 3 bis del citato D.L..*

(8) *Le parole: «, nel rispetto della normativa regolamentare di cui all'articolo 161* ter *delle disposizioni per l'attuazione del presente codice» sono state aggiunte dall'art. 4, comma 1, lett.* e), *del D.L. 3 maggio 2016, n. 59, convertito, con modificazioni, nella L. 30 giugno 2016, n. 119. A norma dell'art. 4, comma 5, del medesimo provvedimento, tale disposizione si applica alle vendite forzate di beni immobili disposte dal giudice dell'esecuzione o dal professionista delegato dopo il novantesimo giorno successivo alla pubblicazione nella* Gazzetta Ufficiale *del decreto di cui al comma* 3 bis *del citato D.L..*

(9) *Questo comma è stato inserito dall'art. 4, comma 8, lett.* d quinquies), *del D.L. 29 dicembre 2009, n. 193, convertito, con modificazioni, nella L. 22 febbraio 2010, n. 24.*

569 *bis*. (1) Modalità della vendita diretta. – Nel caso di deposito dell'istanza ai sensi dell'articolo 568 *bis*, il giudice dell'esecuzione, all'udienza di cui all'articolo 569, se il prezzo base determinato ai sensi dell'articolo 568 non è maggiore del prezzo offerto, valutata l'ammissibilità della medesima, provvede ai sensi del quarto e quinto comma.

Se il prezzo base determinato ai sensi dell'articolo 568 è maggiore del prezzo offerto, il giudice fissa un termine di dieci giorni per integrare l'offerta e la cauzione, adeguandole al prezzo base. Se l'offerta e la cauzione sono integrate entro tale termine, il giudice entro i successivi cinque giorni, valutata l'ammissibilità dell'offerta, provvede ai sensi del quarto e quinto comma.

Se l'offerta e la cauzione non sono integrate, il giudice dell'esecuzione, entro cinque giorni, dichiara inammissibile l'offerta e dispone la vendita nei modi e nei termini di cui al terzo comma dell'articolo 569. Nello stesso modo dispone nei casi in cui dichiara con decreto inammissibile l'istanza ai sensi dell'articolo 568 *bis*.

Il giudice dell'esecuzione, quando dichiara ammissibile l'offerta di cui all'articolo 568 *bis*, in assenza di opposizione dei creditori titolati e di quelli intervenuti di cui all'articolo 498 da proporsi in ogni caso entro l'udienza di cui all'articolo 569, aggiudica l'immobile all'offerente. Si applicano il sesto, settimo, ottavo, nono e decimo comma.

Se un creditore titolato o uno di quelli intervenuti di cui dall'articolo 498 si oppone all'aggiudicazione a norma del quarto comma, il giudice con ordinanza:

1) fissa un termine non superiore a quarantacinque giorni per l'effettuazione della pubblicità, ai sensi dell'articolo 490, dell'offerta pervenuta e della vendita;

2) fissa il termine di novanta giorni per la formulazione di ulteriori offerte di acquisto ad un prezzo non inferiore a quello dell'offerta già presentata, garantite da cauzione in misura non inferiore a un decimo del prezzo proposto;

3) convoca il debitore, i comproprietari, il creditore procedente, i creditori intervenuti, i creditori iscritti e gli offerenti a un'udienza che fissa entro quindici giorni dalla scadenza del termine di cui al numero 2) per la deliberazione sull'offerta e, in caso di pluralità di offerte, per la gara tra gli offerenti;

4) prevede, salvo che sia pregiudizievole per gli interessi dei creditori o per il sollecito svolgimento della procedura, che il versamento della cauzione, la presentazione delle offerte, lo svolgimento della gara tra gli offerenti, nonché il pagamento del prezzo siano effettuati con modalità telematiche, nel rispetto della normativa regolamentare di cui all'articolo 161 *ter* delle disposizioni per l'attuazione del presente codice.

Il giudice dell'esecuzione, con il provvedimento con il quale aggiudica l'immobile al migliore offerente, stabilisce le modalità di pagamento del prezzo da versare entro novanta giorni, a pena di decadenza, ai sensi e per gli effetti dell'articolo 587.

Si applica l'articolo 585.

Se il prezzo non è depositato nel termine di cui al sesto comma, o in ogni altra ipotesi in cui il bene immobile non è aggiudicato, il giudice dell'esecuzione con decreto dispone la vendita nei modi e nei termini già fissati ai sensi dell'articolo 569, terzo comma.

Avvenuto il versamento del prezzo, il giudice dell'esecuzione pronuncia il decreto con il quale trasferisce il bene all'aggiudicatario.

Su istanza dell'aggiudicatario, il giudice autorizza il trasferimento dell'immobile mediante atto negoziale e ordina, contestualmente alla trascrizione di quest'ultimo, la cancellazione delle trascrizioni dei pignoramenti e delle iscrizioni ipotecarie ai sensi dell'articolo 586. Il notaio stipulante trasmette copia dell'atto al cancelliere o al professionista delegato, che provvedono al deposito nel fascicolo della procedura.

(1) *Questo articolo è stato inserito dall'art. 3, comma 39, lett.* c), *del D.L.vo 10 ottobre 2022, n. 149, a decorrere dal 28 febbraio 2023.*

A norma dell'art. 35, comma 1, del medesimo decreto, le disposizioni si applicano ai procedimenti instaurati successivamente a tale data. Ai procedimenti pendenti alla data del 28 febbraio 2023 si applicano le disposizioni anteriormente vigenti.

§. 2
Vendita senza incanto

570. Avviso della vendita. – Dell'ordine di vendita (569) è dato dal cancelliere, a norma dell'art. 490, pubblico avviso contenente l'indicazione [del debitore] (1), degli estremi previsti nell'art. 555, del valore dell'immobile determinato a norma dell'articolo 568, del sito Internet sul quale è pubblicata la relativa relazione di stima, del nome e del recapito telefonico del custode nominato in sostituzione del debitore (2), con l'avvertimento che maggiori informazioni, anche relative alle generalità del debitore, possono essere fornite dalla cancelleria del tribunale a chiunque vi abbia interesse (3).

L'avviso è redatto in conformità a modelli predisposti dal giudice dell'esecuzione (4).

(1) *Le parole: «del debitore» sono state soppresse dall'art. 174, comma 10, del D.L.vo 30 giugno 2003, n. 196, a decorrere dal 1° gennaio 2004. L'art. 174 del D.L.vo n. 196/2003 è stato poi abrogato dall'art. 27, comma 1, lett. c), n. 3, del D.L.vo 10 agosto 2018, n. 101.*

(2) *Ai sensi dell'art. 2, comma 3, lett. e), n. 26* bis, *del D.L. 14 marzo 2005, n. 35, convertito, con modificazioni, nella L. 14 maggio 2005, n. 80, inserito dall'art. 1, comma 3, lett. n), della L. 28 dicembre 2005, n. 263, le parole: «e del valore dell'immobile determinato a norma dell'articolo 568,» sono sostituite dalle seguenti: «, del valore dell'immobile determinato a norma dell'articolo 568, del sito Internet sul quale è pubblicata la relativa relazione di stima, del nome e del recapito telefonico del custode nominato in sostituzione del debitore».*

A norma dell'art. 2, comma 3 sexies, *dello stesso provvedimento, come sostituito dall'art. 1, comma 6, della L. 28 dicembre 2005, n. 263 e successivamente modificato dall'art. 39* quater *del D.L. 30 dicembre 2005, n. 273, convertito, con modificazioni, nella L. 23 febbraio 2006, n. 51, questa disposizione entra in vigore il 1° marzo 2006 e si applica anche alle procedure esecutive pendenti a tale data di entrata in vigore. Quando tuttavia è già stata ordinata la vendita, la stessa ha luogo con l'osservanza delle norme precedentemente in vigore. L'intervento dei creditori non muniti di titolo esecutivo conserva efficacia se avvenuto prima del 1° marzo 2006.*

(3) *Le originarie parole: «informazioni possono essere fornite dalla cancelleria del tribunale» sono state così sostituite dalle attuali: «informazioni, anche relative alle generalità del debitore, possono essere fornite dalla cancelleria del tribunale a chiunque vi abbia interesse» dall'art. 174, comma 10, del D.L.vo 30 giugno 2003, n. 196, a decorrere dal 1° gennaio 2004. L'art. 174 del D.L.vo n. 196/2003 è stato poi abrogato dall'art. 27, comma 1, lett. c), n. 3, del D.L.vo 10 agosto 2018, n. 101.*

(4) *Questo comma è stato aggiunto dall'art. 3, comma 40, del D.L.vo 10 ottobre 2022, n. 149, a decorrere dal 28 febbraio 2023.*

A norma dell'art. 35, comma 1, del medesimo decreto, le disposizioni si applicano ai procedimenti instaurati successivamente a tale data. Ai procedimenti pendenti alla data del 28 febbraio 2023 si applicano le disposizioni anteriormente vigenti.

571. (1) **Offerte d'acquisto.** – Ognuno, tranne il debitore, è ammesso a offrire per l'acquisto dell'immobile pignorato personalmente o a mezzo di procuratore legale anche a norma dell'articolo 579, ultimo comma. L'offerente deve presentare nella cancelleria dichiarazione contenente l'indicazione del prezzo, del tempo e modo del pagamento e ogni altro elemento utile alla valutazione dell'offerta.

L'offerta non è efficace se perviene oltre il termine stabilito ai sensi dell'articolo 569, terzo comma, se è inferiore di oltre un quarto al prezzo stabilito nell'ordinanza (2) o se l'offerente non presta cauzione, con le modalità stabilite nell'ordinanza di vendita, in misura non inferiore al decimo del prezzo da lui proposto.

L'offerta è irrevocabile, salvo che:

[1) il giudice disponga la gara tra gli offerenti di cui all'articolo 573] (3);

2) il giudice ordini l'incanto;

3) siano decorsi centoventi giorni dalla sua presentazione ed essa non sia stata accolta.

L'offerta deve essere depositata in busta chiusa all'esterno della quale sono annotati, a cura del cancelliere ricevente, il nome, previa identificazione, di chi materialmente provvede al deposito, il nome del giudice dell'esecuzione o del professionista delegato ai sensi dell'articolo 591 *bis* e la data dell'udienza fissata per l'esame delle offerte. Se è stabilito che la cauzione è da versare mediante assegno circolare, lo stesso deve essere inserito nella busta. Le buste sono aperte all'udienza fissata per l'esame delle offerte alla presenza degli offerenti.

(1) *Questo articolo è stato così sostituito dall'art. 2, comma 3, lett. e), n. 27), del D.L. 14 marzo 2005, n. 35, convertito, con modificazioni, nella L. 14 maggio 2005, n. 80, come modificato dall'art. 1, comma 3, lett. o), della L. 28 dicembre 2005, n. 263.*

A norma dell'art. 2, comma 3 sexies, *dello stesso provvedimento, come sostituito dall'art. 1, comma 6, della L. 28 dicembre 2005, n. 263 e successivamente modificato dall'art. 39* quater *del D.L. 30 dicembre 2005, n. 273, convertito, con modificazioni, nella L. 23 febbraio 2006, n. 51, questa disposizione entra in vigore il 1° marzo 2006 e si applica anche alle procedure esecutive pendenti a tale data di entrata in vigore. Quando tuttavia è già stata ordinata la vendita, la stessa ha luogo con l'osservanza delle norme precedentemente in vigore. L'intervento dei creditori non muniti di titolo esecutivo conserva efficacia se avvenuto prima del 1° marzo 2006.*

(2) *Le parole: «al prezzo determinato a norma dell'articolo 568» sono state così sostituite dalle attuali: «di oltre un quarto al prezzo stabilito nell'ordinanza» dall'art. 13, comma 1, lett. q), del D.L. 27 giugno 2015, n. 83,*

convertito, con modificazioni, nella L. 6 agosto 2015, n. 132. A norma dell'art. 23, comma 9, del medesimo provvedimento, tali disposizioni, si applicano anche ai procedimenti pendenti alla data di entrata in vigore del presente decreto. Quando è già stata disposta la vendita, la stessa ha comunque luogo con l'osservanza delle norme precedentemente in vigore e le disposizioni di cui al presente decreto si applicano quando il giudice o il professionista delegato dispone una nuova vendita.

(³) *Questo numero è stato abrogato, a decorrere dal 1° marzo 2006, dall'art. 19 della L. 24 febbraio 2006, n. 52.*

572. (¹) **Deliberazione sull'offerta.** – Sull'offerta il giudice dell'esecuzione sente le parti e i creditori iscritti non intervenuti.

Se l'offerta è pari o superiore al valore dell'immobile stabilito nell'ordinanza di vendita, la stessa è senz'altro accolta (²).

Se il prezzo offerto è inferiore rispetto al prezzo stabilito nell'ordinanza di vendita in misura non superiore ad un quarto, il giudice può far luogo alla vendita quando ritiene che non vi sia seria possibilità di conseguire un prezzo superiore con una nuova vendita e non sono state presentate istanze di assegnazione ai sensi dell'articolo 588 (²).

Si applicano le disposizioni degli articoli 573, 574 e 577.

(¹) *Questo articolo è stato così sostituito dall'art. 2, comma 3, lett. e), n. 27), del D.L. 14 marzo 2005, n. 35, convertito, con modificazioni, nella L. 14 maggio 2005, n. 80, come modificato dall'art. 1, comma 3, lett. p), della L. 28 dicembre 2005, n. 263.*

A norma dell'art. 2, comma 3 sexies, dello stesso provvedimento, come sostituito dall'art. 1, comma 6, della L. 28 dicembre 2005, n. 263 e successivamente modificato dall'art. 39 quater del D.L. 30 dicembre 2005, n. 273, convertito, con modificazioni, nella L. 23 febbraio 2006, n. 51, questa disposizione entra in vigore il 1° marzo 2006 e si applica anche alle procedure esecutive pendenti a tale data di entrata in vigore. Quando tuttavia è già stata ordinata la vendita, la stessa ha luogo con l'osservanza delle norme precedentemente in vigore. L'intervento dei creditori non muniti di titolo esecutivo conserva efficacia se avvenuto prima del 1° marzo 2006.

(²) *Questo comma è stato così sostituito dall'art. 13, comma 1, lett. r), del D.L. 27 giugno 2015, n. 83, convertito, con modificazioni, nella L. 6 agosto 2015, n. 132. A norma dell'art. 23, comma 9, del medesimo provvedimento, tali disposizioni, si applicano anche ai procedimenti pendenti alla data di entrata in vigore del presente decreto. Quando è già stata disposta la vendita, la stessa ha comunque luogo con l'osservanza delle norme precedentemente in vigore e le disposizioni di cui al presente decreto si applicano quando il giudice o il professionista delegato dispone una nuova vendita.*

573. (¹) **Gara tra gli offerenti.** – Se vi sono più offerte, il giudice dell'esecuzione invita in ogni caso (²) gli offerenti a una gara sull'offerta più alta.

Se sono state presentate istanze di assegnazione a norma dell'articolo 588 e il prezzo indicato nella migliore offerta o nell'offerta presentata per prima è inferiore al valore dell'immobile stabilito nell'ordinanza di vendita, il giudice non fa luogo alla vendita e procede all'assegnazione (³).

Ai fini dell'individuazione della migliore offerta, il giudice tiene conto dell'entità del prezzo, delle cauzioni prestate, delle forme, dei modi e dei tempi del pagamento nonché di ogni altro elemento utile indicato nell'offerta stessa (⁴).

Se il prezzo offerto all'esito della gara di cui al primo comma è inferiore al valore dell'immobile stabilito nell'ordinanza di vendita, il giudice non fa luogo alla vendita quando sono state presentate istanze di assegnazione ai sensi dell'articolo 588 (⁴).

(¹) *Questo articolo è stato così sostituito dall'art. 2, comma 3, lett. e), n. 27), del D.L. 14 marzo 2005, n. 35, convertito, con modificazioni, nella L. 14 maggio 2005, n. 80.*

A norma dell'art. 2, comma 3 sexies, dello stesso provvedimento, come sostituito dall'art. 1, comma 6, della L. 28 dicembre 2005, n. 263 e successivamente modificato dall'art. 39 quater del D.L. 30 dicembre 2005, n. 273, convertito, con modificazioni, nella L. 23 febbraio 2006, n. 51, questa disposizione entra in vigore il 1° marzo 2006 e si applica anche alle procedure esecutive pendenti a tale data di entrata in vigore. Quando tuttavia è già stata ordinata la vendita, la stessa ha luogo con l'osservanza delle norme precedentemente in vigore. L'intervento dei creditori non muniti di titolo esecutivo conserva efficacia se avvenuto prima del 1° marzo 2006.

(²) *Le parole: «in ogni caso» sono state inserite dall'art. 13, comma 1, lett. s), n. 1), del D.L. 27 giugno 2015, n. 83, convertito, con modificazioni, nella L. 6 agosto 2015, n. 132. A norma dell'art. 23, comma 9, del medesimo provvedimento, tali disposizioni, si applicano anche ai procedimenti pendenti alla data di entrata in vigore del presente decreto. Quando è già stata disposta la vendita, la stessa ha comunque luogo con l'osservanza delle norme precedentemente in vigore e le disposizioni di cui al presente decreto si applicano quando il giudice o il professionista delegato dispone una nuova vendita.*

(³) *Questo comma è stato così sostituito dall'art. 13, comma 1, lett. s), n. 2), del D.L. 27 giugno 2015, n. 83, convertito, con modificazioni, nella L. 6 agosto 2015, n. 132. A norma dell'art. 23, comma 9, del medesimo provvedimento, tali disposizioni, si applicano anche ai procedimenti pendenti alla data di entrata in vigore del presente decreto. Quando è già stata disposta la vendita, la stessa ha comunque luogo con l'osservanza delle norme precedentemente in vigore e le disposizioni di cui al presente decreto si applicano quando il giudice o il professionista delegato dispone una nuova vendita.*

(⁴) *Questo comma è stato inserito dall'art. 13, comma 1, lett. s), n. 3), del D.L. 27 giugno 2015, n. 83, convertito, con modificazioni, nella L. 6 agosto 2015, n. 132. A norma dell'art. 23, comma 9, del medesimo provve-*

dimento, tali disposizioni, si applicano anche ai procedimenti pendenti alla data di entrata in vigore del presente decreto. Quando è già stata disposta la vendita, la stessa ha comunque luogo con l'osservanza delle norme precedentemente in vigore e le disposizioni di cui al presente decreto si applicano quando il giudice o il professionista delegato dispone una nuova vendita.

574. Provvedimenti relativi alla vendita. – Il giudice dell'esecuzione (484), quando fa luogo alla vendita, dispone con decreto (136, 170; 174 att.) il modo del versamento del prezzo e il termine, dalla comunicazione del decreto, entro il quale il versamento deve farsi, e, quando questo è avvenuto, pronuncia il decreto previsto nell'art. 586 (164 att.). Quando l'ordinanza che ha disposto la vendita ha previsto che il versamento del prezzo abbia luogo ratealmente, col decreto di cui al primo periodo il giudice dell'esecuzione può autorizzare l'aggiudicatario, che ne faccia richiesta, ad immettersi nel possesso dell'immobile venduto, a condizione che sia prestata una fideiussione, autonoma, irrevocabile e a prima richiesta, rilasciata da banche, società assicuratrici o intermediari finanziari che svolgono in via esclusiva o prevalente attività di rilascio di garanzie e che sono sottoposti a revisione contabile da parte di una società di revisione per un importo pari ad almeno il trenta per cento del prezzo di vendita (1). Il giudice dell'esecuzione individua la categoria professionale alla quale deve appartenere il soggetto che può rilasciare la fideiussione a norma del periodo precedente (1). La fideiussione è rilasciata a favore della procedura esecutiva a garanzia del rilascio dell'immobile entro trenta giorni dall'adozione del provvedimento di cui all'articolo 587, primo comma, secondo periodo, nonché del risarcimento dei danni eventualmente arrecati all'immobile; la fideiussione è escussa dal custode o dal professionista delegato su autorizzazione del giudice (1).

Si applica anche a questa forma di vendita la disposizione dell'art. 583.

Se il prezzo non è depositato a norma del decreto di cui al primo comma, il giudice provvede a norma dell'art. 587.

(1) *Questo periodo è stato aggiunto dall'art. 13, comma 1, lett. t), del D.L. 27 giugno 2015, n. 83, convertito, con modificazioni, nella L. 6 agosto 2015, n. 132. A norma dell'art. 23, comma 9, del medesimo provvedimento, tali disposizioni, si applicano anche ai procedimenti pendenti alla data di entrata in vigore del presente decreto. Quando è già stata disposta la vendita, la stessa ha comunque luogo con l'osservanza delle norme precedentemente in vigore e le disposizioni di cui al presente decreto si applicano quando il giudice o il professionista delegato dispone una nuova vendita.*

575. (1) **[Termine delle offerte senza incanto.** – Se il decreto di cui al primo comma dell'articolo precedente non è pronunciato entro due mesi dalla pubblicazione dell'avviso previsto nell'art. 570, il giudice dell'esecuzione ordina l'incanto.

Su istanza del creditore pignorante o di un creditore intervenuto il giudice può prorogare tale termine fino a quattro mesi].

(1) *Questo articolo è stato abrogato dall'art. 2, comma 3, lett. e), n. 28), del D.L. 14 marzo 2005, n. 35, convertito, con modificazioni, nella L. 14 maggio 2005, n. 80.*

A norma dell'art. 2, comma 3 sexies, dello stesso provvedimento, come sostituito dall'art. 1, comma 6, della L. 28 dicembre 2005, n. 263 e successivamente modificato dall'art. 39 quater del D.L. 30 dicembre 2005, n. 273, convertito, con modificazioni, nella L. 23 febbraio 2006, n. 51, questa disposizione entra in vigore il 1° marzo 2006 e si applica anche alle procedure esecutive pendenti a tale data di entrata in vigore. Quando tuttavia è già stata ordinata la vendita, la stessa ha luogo con l'osservanza delle norme precedentemente in vigore. L'intervento dei creditori non muniti di titolo esecutivo conserva efficacia se avvenuto prima del 1° marzo 2006.

§. 3

Vendita con incanto

576. Contenuto del provvedimento che dispone la vendita. – Il giudice dell'esecuzione (484), quando ordina l'incanto (569, 572, 573, 575, 587), stabilisce, sentito quando occorre un esperto (68; 161 att.):

1) se la vendita si deve fare in uno o più lotti (577, 578);

2) il prezzo base dell'incanto determinato a norma dell'art. 568;

3) il giorno e l'ora dell'incanto;

4) il termine che deve decorrere tra il compimento delle forme di pubblicità e l'incanto, nonché le eventuali forme di pubblicità straordinaria a norma dell'art. 490 ultimo comma;

5) l'ammontare della cauzione in misura non superiore al decimo del prezzo base d'asta e il termine entro il quale tale ammontare deve essere prestato dagli offerenti (1);

6) la misura minima dell'aumento da apportarsi alle offerte (581);

7) il termine, non superiore a sessanta giorni dall'aggiudicazione, entro il quale il prezzo deve essere depositato e le modalità del deposito (585).

L'ordinanza è pubblicata (490) a cura del cancelliere.

(1) *Questo numero è stato così sostituito dall'art. 2, comma 3, lett. e), n. 29), del D.L. 14 marzo 2005, n. 35, convertito, con modificazioni, nella L. 14 maggio 2005, n. 80.*

A norma dell'art. 2, comma 3 sexies, dello stesso provvedimento, come sostituito dall'art. 1, comma 6, della L. 28 dicembre 2005, n. 263 e successivamente modificato dall'art. 39 quater del D.L. 30 dicembre 2005, n. 273, convertito, con modificazioni, nella L. 23 febbraio 2006, n. 51, questa disposizione entra in vigore il 1° marzo 2006 e si applica anche alle procedure esecutive pendenti a tale data di entrata in vigore. Quando tuttavia è già stata ordinata la vendita, la stessa ha luogo con l'osservanza delle norme precedentemente in vigore. L'intervento dei creditori non muniti di titolo esecutivo conserva efficacia se avvenuto prima del 1° marzo 2006.

577. Indivisibilità dei fondi. – La divisione in lotti (576 n. 1) non può essere disposta se l'immobile costituisce un'unità colturale ([1]) o se il frazionamento ne potrebbe impedire la razionale coltivazione.

([1]) *La definizione della minima unità colturale è contenuta nell'art. 846 c.c.*

La legge 3 giugno 1940, n. 1078, detta norme per evitare il frazionamento delle unità poderali assegnate a contadini piccoli coltivatori.

578. Delega a compiere la vendita. – Se una parte dei beni pignorati è situata nella circoscrizione di altro tribunale, con l'ordinanza che dispone la vendita (576) il giudice dell'esecuzione (484) può stabilire che l'incanto avvenga, per quella parte, davanti al tribunale del luogo in cui è situata (26).

In tal caso, copia dell'ordinanza è trasmessa dal cancelliere al presidente del tribunale delegato, il quale nomina un giudice (484) per l'esecuzione della vendita.

579. Persone ammesse agli incanti. – Salvo quanto è disposto nell'articolo seguente, ognuno, eccetto il debitore (1471 c.c.), è ammesso a fare offerte all'incanto (604).

Le offerte debbono essere fatte personalmente o a mezzo di mandatario (1703 ss. c.c.) munito di procura speciale.

I procuratori legali (83) possono fare offerte per persone da nominare (583; 1401 c.c.; 658, 660 c.n.).

580. ([1]) **Prestazione della cauzione.** – Per offrire all'incanto è necessario avere prestato la cauzione a norma dell'ordinanza di cui all'articolo 576.

Se l'offerente non diviene aggiudicatario la cauzione è immediatamente restituita dopo la chiusura dell'incanto, salvo che lo stesso non abbia omesso di partecipare al medesimo, personalmente o a mezzo di procuratore speciale, senza documentato e giustificato motivo. In tale caso la cauzione è restituita solo nella misura dei nove decimi dell'intero e la restante parte è trattenuta come somma rinveniente a tutti gli effetti dall'esecuzione.

([1]) *Questo articolo è stato così sostituito dall'art. 2, comma 3, lett. e), n. 30), del D.L. 14 marzo 2005, n. 35, convertito, con modificazioni, nella L. 14 maggio 2005, n. 80.*

A norma dell'art. 2, comma 3 sexies, dello stesso provvedimento, come sostituito dall'art. 1, comma 6, della L. 28 dicembre 2005, n. 263 e successivamente modificato dall'art. 39 quater del D.L. 30 dicembre 2005, n. 273, convertito, con modificazioni, nella L. 23 febbraio 2006, n. 51, questa disposizione entra in vigore il 1° marzo 2006 e si applica anche alle procedure esecutive pendenti a tale data di entrata in vigore. Quando tuttavia è già stata ordinata la vendita, la stessa ha luogo con l'osservanza delle norme precedentemente in vigore. L'intervento dei creditori non muniti di titolo esecutivo conserva efficacia se avvenuto prima del 1° marzo 2006.

NOTE OPERATIVE:

Mancanza: La mancata presentazione, nel termine perentorio previsto, della cauzione impedisce all'offerente la partecipazione alla gara ed integra una causa di radicale nullità del provvedimento di aggiudicazione dell'immobile in suo favore, senza che l'omessa impugnazione dello stesso da parte di controinteressati, possa sanare il vizio precludendo l'aggiudicazione in favore di altro offerente (C.C. 17728/14).

581. ([1]) **Modalità dell'incanto.** – L'incanto ha luogo davanti al giudice dell'esecuzione (484), nella sala delle udienze pubbliche.

Le offerte non sono efficaci se non superano il prezzo base o l'offerta precedente nella misura indicata nelle condizioni di vendita (576 n. 6).

Allorché siano trascorsi tre minuti dall'ultima offerta senza che ne segua un'altra maggiore, l'immobile è aggiudicato all'ultimo offerente (584).

Ogni offerente cessa di essere tenuto per la sua offerta quando essa è superata da un'altra, anche se poi questa è dichiarata nulla.

([1]) *Questo articolo è stato così sostituito dall'art. 2 della L. 3 agosto 1998, n. 302.*

582. Dichiarazione di residenza o elezione di domicilio dell'aggiudicatario. – L'aggiudicatario deve dichiarare la propria residenza (43 c.c.) o eleggere domicilio (30; 47 c.c.) nel comune in cui ha sede il giudice che ha proceduto alla vendita. In mancanza le notificazioni (137) e comunicazioni (136) possono essergli fatte presso la cancelleria del giudice stesso.

583. Aggiudicazione per persona da nominare. – Il procuratore legale, che è rimasto aggiudicatario per persona da nominare (579[3]), deve dichiarare in cancelleria nei tre giorni dall'incanto il nome della persona per la quale ha fatto l'offerta, depositando il mandato (83; 1703 ss. c.c.).

In mancanza, l'aggiudicazione diviene definitiva al nome del procuratore (1405 c.c.; 660 c.n.).

584. (1) **Offerte dopo l'incanto.** – Avvenuto l'incanto, possono ancora essere fatte offerte di acquisto entro il termine perentorio di dieci giorni, ma esse non sono efficaci se il prezzo offerto non supera di un quinto quello raggiunto nell'incanto.

Le offerte di cui al primo comma si fanno mediante deposito in cancelleria nelle forme di cui all'articolo 571, prestando cauzione per una somma pari al doppio della cauzione versata ai sensi dell'articolo 580.

Il giudice, verificata la regolarità delle offerte, indice la gara, della quale il cancelliere dà pubblico avviso a norma dell'articolo 570 e comunicazione all'aggiudicatario, fissando il termine perentorio entro il quale possono essere fatte ulteriori offerte a norma del secondo comma.

Alla gara possono partecipare, oltre gli offerenti in aumento di cui ai commi precedenti e l'aggiudicatario, anche gli offerenti al precedente incanto che, entro il termine fissato dal giudice, abbiano integrato la cauzione nella misura di cui al secondo comma.

Se nessuno degli offerenti in aumento partecipa alla gara indetta a norma del terzo comma, l'aggiudicazione diventa definitiva, ed il giudice pronuncia a carico degli offerenti di cui al primo comma, salvo che ricorra un documentato e giustificato motivo, la perdita della cauzione, il cui importo è trattenuto come rinveniente a tutti gli effetti dall'esecuzione.

(1) *Questo articolo è stato così sostituito dall'art. 2, comma 3, lett.* e), *n. 31), del D.L. 14 marzo 2005, n. 35, convertito, con modificazioni, nella L. 14 maggio 2005, n. 80, come modificato dall'art. 1, comma 3, lett.* q), *della L. 28 dicembre 2005, n. 263.*

A norma dell'art. 2, comma 3 sexies, *dello stesso provvedimento, come sostituito dall'art. 1, comma 6, della L. 28 dicembre 2005, n. 263 e successivamente modificato dall'art. 39* quater *del D.L. 30 dicembre 2005, n. 273, convertito, con modificazioni, nella L. 23 febbraio 2006, n. 51, questa disposizione entra in vigore il 1° marzo 2006 e si applica anche alle procedure esecutive pendenti a tale data di entrata in vigore. Quando tuttavia è già stata ordinata la vendita, la stessa ha luogo con l'osservanza delle norme precedentemente in vigore. L'intervento dei creditori non muniti di titolo esecutivo conserva efficacia se avvenuto prima del 1° marzo 2006.*

585. (1) **Versamento del prezzo.** – L'aggiudicatario deve versare il prezzo nel termine e nel modo fissati dall'ordinanza che dispone la vendita a norma dell'articolo 576, e consegnare al cancelliere il documento comprovante l'avvenuto versamento.

Se l'immobile è stato aggiudicato a un creditore ipotecario o l'aggiudicatario è stato autorizzato ad assumersi un debito garantito da ipoteca, il giudice dell'esecuzione può limitare, con suo decreto, il versamento alla parte del prezzo occorrente per le spese e per la soddisfazione degli altri creditori che potranno risultare capienti.

Se il versamento del prezzo avviene con l'erogazione a seguito di contratto di finanziamento che preveda il versamento diretto delle somme erogate in favore della procedura e la garanzia ipotecaria di primo grado sul medesimo immobile oggetto di vendita, nel decreto di trasferimento deve essere indicato tale atto ed il conservatore dei registri immobiliari non può eseguire la trascrizione del decreto se non unitamente all'iscrizione dell'ipoteca concessa dalla parte finanziata.

Nel termine fissato per il versamento del prezzo, l'aggiudicatario, con dichiarazione scritta resa nella consapevolezza della responsabilità civile e penale prevista per le dichiarazioni false o mendaci, fornisce al giudice dell'esecuzione o al professionista delegato le informazioni prescritte dall'articolo 22 del decreto legislativo 21 novembre 2007, n. 231 (2).

(1) *Questo articolo è stato così sostituito dall'art. 2, comma 3, lett.* e), *n. 31), del D.L. 14 marzo 2005, n. 35, convertito, con modificazioni, nella L. 14 maggio 2005, n. 80.*

A norma dell'art. 2, comma 3 sexies, *dello stesso provvedimento, come sostituito dall'art. 1, comma 6, della L. 28 dicembre 2005, n. 263 e successivamente modificato dall'art. 39* quater *del D.L. 30 dicembre 2005, n. 273, convertito, con modificazioni, nella L. 23 febbraio 2006, n. 51, questa disposizione entra in vigore il 1° marzo 2006 e si applica anche alle procedure esecutive pendenti a tale data di entrata in vigore. Quando tuttavia è già stata ordinata la vendita, la stessa ha luogo con l'osservanza delle norme precedentemente in vigore. L'intervento dei creditori non muniti di titolo esecutivo conserva efficacia se avvenuto prima del 1° marzo 2006.*

(2) *Questo comma è stato aggiunto dall'art. 3, comma 41, lett.* a), *del D.L.vo 10 ottobre 2022, n. 149, a decorrere dal 28 febbraio 2023.*

A norma dell'art. 35, comma 1, del medesimo decreto, le disposizioni si applicano ai procedimenti instaurati successivamente a tale data. Ai procedimenti pendenti alla data del 28 febbraio 2023 si applicano le disposizioni anteriormente vigenti.

586. Trasferimento del bene espropriato. – Avvenuto il versamento del prezzo e verificato l'assolvimento dell'obbligo posto a carico dell'aggiudicatario dall'articolo 585, quarto comma (1), il giudice dell'esecuzione (484) può sospendere la vendita quando ritiene che il prezzo offerto sia notevolmente inferiore a quello giusto, ovvero pronunciare decreto (135) col quale trasferisce (2919 c.c.) all'aggiudicatario il bene espropriato, ripetendo la descrizione contenuta nell'ordinanza che dispone la vendita (569, 576), e ordinando che si cancellino le trascrizioni dei pignoramenti (555; 2668 c.c.) e le iscrizioni ipotecarie (2878, n. 7, 2884 c.c.), se queste ultime non si riferiscono ad obbligazioni assuntesi dall'aggiudicatario a norma dell'art. 508 (585; 2919 ss. c.c.). Il giudice con il decreto ordina anche la cancellazione delle trascrizioni dei pignoramenti e delle iscrizioni ipotecarie successive alla trascrizione del pignoramento (2) (3).

Il decreto contiene altresì l'ingiunzione al debitore (559[1]) o al custode (559[2]) di rilasciare l'immobile venduto (164 att.).

Esso costituisce titolo per la trascrizione della vendita sui libri fondiari (2643 n. 6, 2896 c.c.) e titolo esecutivo per il rilascio (474, 605 ss.; 164 att.; 664 c.n.).

(1) *Le parole: «e verificato l'assolvimento dell'obbligo posto a carico dell'aggiudicatario dall'articolo 585, quarto comma» sono state aggiunte dall'art. 3, comma 41, lett. b), del D.L.vo 10 ottobre 2022, n. 149, a decorrere dal 28 febbraio 2023.*

A norma dell'art. 35, comma 1, del medesimo decreto, le disposizioni si applicano ai procedimenti instaurati successivamente a tale data. Ai procedimenti pendenti alla data del 28 febbraio 2023 si applicano le disposizioni anteriormente vigenti.

(2) *Questo comma è stato così sostituito dall'art. 19 bis del D.L. 13 maggio 1991, n. 152, in tema di lotta alla criminalità organizzata, aggiunto dalla legge di conversione 12 luglio 1991, n. 203.*

(3) *L'ultimo periodo di questo comma è stato aggiunto dall'art. 2, comma 3, lett. e), n. 32), del D.L. 14 marzo 2005, n. 35, convertito, con modificazioni, nella L. 14 maggio 2005, n. 80.*

A norma dell'art. 2, comma 3 sexies, dello stesso provvedimento, come sostituito dall'art. 1, comma 6, della L. 28 dicembre 2005, n. 263 e successivamente modificato dall'art. 39 quater del D.L. 30 dicembre 2005, n. 273, convertito, con modificazioni, nella L. 23 febbraio 2006, n. 51, questa disposizione entra in vigore il 1° marzo 2006 e si applica anche alle procedure esecutive pendenti a tale data di entrata in vigore. Quando tuttavia è già stata ordinata la vendita, la stessa ha luogo con l'osservanza delle norme precedentemente in vigore. L'intervento dei creditori non muniti di titolo esecutivo conserva efficacia se avvenuto prima del 1° marzo 2006.

NOTE OPERATIVE:

Sospensione della vendita: Il potere di sospendere la vendita, attribuito dalla norma al giudice dell'esecuzione dopo l'aggiudicazione, in ragione del fatto che il prezzo offerto è notevolmente inferiore a quello giusto, può essere esercitato allorquando: a) si verifichino fatti nuovi successivi all'aggiudicazione; b) emerga che nel procedimento di vendita si siano verificate interferenze illecite di natura criminale che abbiano influenzato il procedimento, ivi compresa la stima stessa; c) il prezzo fissato nella stima posta a base della vendita sia stato frutto di dolo scoperto dopo l'aggiudicazione; d) vengano prospettati, da una parte del processo esecutivo, fatti o elementi che essa sola conosceva anteriormente all'aggiudicazione, non conosciuti né conoscibili dalle altre parti prima di essa, purché costoro li facciano propri, adducendo tale tardiva acquisizione di conoscenza come sola ragione giustificativa per l'esercizio del potere del giudice dell'esecuzione (C.C. 24913/23).

587. Inadempienza dell'aggiudicatario. – Se il prezzo non è depositato nel termine stabilito (585), il giudice dell'esecuzione (484) con decreto (135) dichiara la decadenza dell'aggiudicatario, pronuncia la perdita della cauzione (580) a titolo di multa e quindi dispone un nuovo incanto (176 att.). La disposizione di cui al periodo precedente si applica altresì nei confronti dell'aggiudicatario che non ha versato anche una sola rata entro dieci giorni dalla scadenza del termine; il giudice dell'esecuzione dispone la perdita a titolo di multa anche delle rate già versate. Con il decreto adottato a norma del periodo precedente, il giudice ordina altresì all'aggiudicatario che sia stato immesso nel possesso di rilasciare l'immobile al custode; il decreto è attuato dal custode a norma dell'articolo 560, quarto comma (1) (2).

Per il nuovo incanto si procede a norma degli artt. 576 ss. Se il prezzo che se ne ricava, unito alla cauzione confiscata, risulta inferiore a quello dell'incanto precedente, l'aggiudicatario inadempiente è tenuto al pagamento della differenza (177 att.; 666 c.n.).

(1) *Le parole: «costituisce titolo esecutivo per il rilascio» sono state così sostituite dalle attuali: «è attuato dal custode a norma dell'articolo 560, quarto comma» dall'art. 4, comma 1, lett. e bis), del D.L. 3 maggio 2016, n. 59, convertito, con modificazioni, nella L. 30 giugno 2016, n. 119.*

(2) *Questo periodo è stato inserito dall'art. 13, comma 1, lett. u), del D.L. 27 giugno 2015, n. 83, convertito, con modificazioni, nella L. 6 agosto 2015, n. 132. A norma dell'art. 23, comma 9, del medesimo provvedimento, tali disposizioni, si applicano anche ai procedimenti pendenti alla data di entrata in vigore del presente decreto. Quando è già stata disposta la vendita, la stessa ha comunque luogo con l'osservanza delle norme precedentemente in vigore e le disposizioni di cui al presen-*

te decreto si applicano quando il giudice o il professionista delegato dispone una nuova vendita.

NOTE OPERATIVE:

Cauzione: Al mancato deposito del prezzo di vendita nel termine stabilito consegue in via automatica la perdita della cauzione a titolo di multa, non avendo il giudice alcuna discrezionalità nella pronunzia (C.C. 28461/23).

588. ([1]) **Termine per l'istanza di assegnazione.** – Ogni creditore, nel termine di dieci giorni prima della data dell'udienza fissata per la vendita ([2]), può presentare istanza di assegnazione, per sé o a favore di un terzo, ([3]) a norma dell'articolo 589 per il caso in cui la vendita [all'incanto] ([4]) non abbia luogo [per mancanza di offerte] ([4]).

([1]) *Questo articolo è stato così sostituito dall'art. 2, comma 3, lett. e), n. 33), del D.L. 14 marzo 2005, n. 35, convertito, con modificazioni, nella L. 14 maggio 2005, n. 80.*

A norma dell'art. 2, comma 3 sexies, dello stesso provvedimento, come sostituito dall'art. 1, comma 6, della L. 28 dicembre 2005, n. 263 e successivamente modificato dall'art. 39 quater del D.L. 30 dicembre 2005, n. 273, convertito, con modificazioni, nella L. 23 febbraio 2006, n. 51, questa disposizione entra in vigore il 1° marzo 2006 e si applica anche alle procedure esecutive pendenti a tale data di entrata in vigore. Quando tuttavia è già stata ordinata la vendita, la stessa ha luogo con l'osservanza delle norme precedentemente in vigore. L'intervento dei creditori non muniti di titolo esecutivo conserva efficacia se avvenuto prima del 1° marzo 2006.

([2]) *Le parole: «dell'incanto» sono state così sostituite dalle attuali: «dell'udienza fissata per la vendita» dall'art. 13, comma 1, lett. v), del D.L. 27 giugno 2015, n. 83, convertito, con modificazioni, nella L. 6 agosto 2015, n. 132. A norma dell'art. 23, comma 9, del medesimo provvedimento, tali disposizioni, si applicano anche ai procedimenti pendenti alla data di entrata in vigore del presente decreto. Quando è già stata disposta la vendita, la stessa ha comunque luogo con l'osservanza delle norme precedentemente in vigore e le disposizioni di cui al presente decreto si applicano quando il giudice o il professionista delegato dispone una nuova vendita.*

([3]) *Le parole: «, per sé o a favore di un terzo,» sono state aggiunte dall'art. 4, comma 1, lett. f), del D.L. 3 maggio 2016, n. 59, convertito, con modificazioni, nella L. 30 giugno 2016, n. 119. A norma dell'art. 4, comma 6, del medesimo provvedimento, tali disposizioni si applicano alle istanze di assegnazione presentate, nei procedimenti di esecuzione forzata per espropriazione immobiliare, successivamente al decorso del termine di trenta giorni dalla data di entrata in vigore della legge di conversione del presente decreto.*

([4]) *Le parole fra parentesi quadrate sono state soppresse dall'art. 13, comma 1, lett. v), del D.L. 27 giugno 2015, n. 83, convertito, con modificazioni, nella L. 6 agosto 2015, n. 132. A norma dell'art. 23, comma 9, del medesimo provvedimento, tali disposizioni, si applicano anche ai procedimenti pendenti alla data di entrata in vigore del presente decreto. Quando è già stata disposta la vendita, la stessa ha comunque luogo con l'osservanza delle norme precedentemente in vigore e le disposizioni di cui al presente decreto si applicano quando il giudice o il professionista delegato dispone una nuova vendita.*

589. ([1]) **Istanza di assegnazione.** – L'istanza di assegnazione deve contenere l'offerta di pagamento di una somma non inferiore a quella prevista nell'articolo 506 ed al prezzo base stabilito per l'esperimento di vendita per cui è presentata ([2]).

Fermo quanto previsto al primo comma, se nella procedura non risulta che vi sia alcuno dei creditori di cui all'articolo 498 e se non sono intervenuti altri creditori oltre al procedente, questi può presentare offerta di pagamento di una somma pari alla differenza fra il suo credito in linea capitale e il prezzo che intende offrire, oltre le spese.

([1]) *Questo articolo è stato così sostituito dall'art. 2, comma 3, lett. e), n. 33), del D.L. 14 marzo 2005, n. 35, convertito, con modificazioni, nella L. 14 maggio 2005, n. 80.*

A norma dell'art. 2, comma 3 sexies, dello stesso provvedimento, come sostituito dall'art. 1, comma 6, della L. 28 dicembre 2005, n. 263 e successivamente modificato dall'art. 39 quater del D.L. 30 dicembre 2005, n. 273, convertito, con modificazioni, nella L. 23 febbraio 2006, n. 51, questa disposizione entra in vigore il 1° marzo 2006 e si applica anche alle procedure esecutive pendenti a tale data di entrata in vigore. Quando tuttavia è già stata ordinata la vendita, la stessa ha luogo con l'osservanza delle norme precedentemente in vigore. L'intervento dei creditori non muniti di titolo esecutivo conserva efficacia se avvenuto prima del 1° marzo 2006.

([2]) *Le parole: «determinato a norma dell'art. 568» sono state così sostituite dalle attuali: «base stabilito per l'esperimento di vendita per cui è presentata» dall'art. 13, comma 1, lett. z), del D.L. 27 giugno 2015, n. 83, convertito, con modificazioni, nella L. 6 agosto 2015, n. 132. A norma dell'art. 23, comma 9, del medesimo provvedimento, tali disposizioni, si applicano anche ai procedimenti pendenti alla data di entrata in vigore del presente decreto. Quando è già stata disposta la vendita, la stessa ha comunque luogo con l'osservanza delle norme precedentemente in vigore e le disposizioni di cui al presente decreto si applicano quando il giudice o il professionista delegato dispone una nuova vendita.*

590. ([1]) **Provvedimento di assegnazione.** – Se la vendita [all'incanto] ([2]) non ha luogo per mancanza di offerte e vi sono domande di assegnazione, il giudice provveda su di esse fissando il termine entro il quale l'assegnatario deve versare l'eventuale conguaglio.

Avvenuto il versamento, il giudice pronuncia il decreto di trasferimento a norma dell'articolo 586.

([1]) *Questo articolo è stato così sostituito dall'art. 2, comma 3, lett. e), n. 33), del D.L. 14 marzo 2005, n. 35, convertito, con modificazioni, nella L. 14 maggio 2005, n. 80.*

A norma dell'art. 2, comma 3 sexies, dello stesso provvedimento, come sostituito dall'art. 1, comma 6, della L. 28 dicembre 2005, n. 263 e successivamente modificato dall'art. 39 quater del D.L. 30 dicembre 2005, n. 273, convertito, con modificazioni, nella L. 23 febbraio 2006, n. 51, questa disposizione entra in vigore il 1° marzo 2006 e si applica anche alle procedure esecutive pendenti a tale data di entrata in vigore. Quando tuttavia è già stata ordinata la vendita, la stessa ha luogo con l'osservanza delle norme precedentemente in vigore. L'intervento dei creditori non muniti di titolo esecutivo conserva efficacia se avvenuto prima del 1° marzo 2006.

(2) *Le parole fra parentesi quadrate sono state soppresse dall'art. 13, comma 1, lett. aa), del D.L. 27 giugno 2015, n. 83, convertito, con modificazioni, nella L. 6 agosto 2015, n. 132. A norma dell'art. 23, comma 9, del medesimo provvedimento, tali disposizioni, si applicano anche ai procedimenti pendenti alla data di entrata in vigore del presente decreto. Quando è già stata disposta la vendita, la stessa ha comunque luogo con l'osservanza delle norme precedentemente in vigore e le disposizioni di cui al presente decreto si applicano quando il giudice o il professionista delegato dispone una nuova vendita.*

590 *bis*. (1) **Assegnazione a favore di un terzo.** – Il creditore che è rimasto assegnatario a favore di un terzo deve dichiarare in cancelleria, nei cinque giorni dalla pronuncia in udienza del provvedimento di assegnazione ovvero dalla comunicazione, il nome del terzo a favore del quale deve essere trasferito l'immobile, depositando la dichiarazione del terzo di volerne profittare. In mancanza, il trasferimento è fatto a favore del creditore. In ogni caso, gli obblighi derivanti dalla presentazione dell'istanza di assegnazione a norma del presente articolo sono esclusivamente a carico del creditore.

(1) *Questo articolo è stato inserito dall'art. 4, comma 1, lett. g), del D.L. 3 maggio 2016, n. 59, convertito, con modificazioni, nella L. 30 giugno 2016, n. 119. A norma dell'art. 4, comma 6, del medesimo provvedimento, tali disposizioni si applicano alle istanze di assegnazione presentate, nei procedimenti di esecuzione forzata per espropriazione immobiliare, successivamente al decorso del termine di trenta giorni dalla data di entrata in vigore della legge di conversione del presente decreto.*

591. (1) **Provvedimento di amministrazione giudiziaria o di [nuovo] (2) incanto.** – Se non vi sono domande di assegnazione o se decide di non accoglierle, il giudice dell'esecuzione dispone l'amministrazione giudiziaria a norma degli articoli 592 e seguenti, oppure pronuncia nuova ordinanza ai sensi dell'articolo 576 perché si proceda a [nuovo] (3) incanto, sempre che ritenga che la vendita con tale modalità possa aver luogo ad un prezzo superiore della metà rispetto al valore del bene, determinato a norma dell'articolo 568 (4).

Il giudice può altresì stabilire diverse condizioni di vendita e diverse forme di pubblicità, fissando un prezzo base inferiore al precedente fino al limite di un quarto (5) e, dopo il quarto tentativo di vendita andato deserto, fino al limite della metà (6). Il giudice, se stabilisce nuove condizioni di vendita o fissa nuovo prezzo, assegna altresì un nuovo termine non inferiore a sessanta giorni, e non superiore a novanta, entro il quale possono essere proposte offerte d'acquisto ai sensi dell'articolo 571.

Se al secondo tentativo la vendita non ha luogo per mancanza di offerte e vi sono domande di assegnazione, il giudice assegna il bene al creditore o ai creditori richiedenti, fissando il termine entro il quale l'assegnatario deve versare l'eventuale conguaglio. Si applica il secondo comma dell'articolo 590 (7).

(1) *Questo articolo è stato così sostituito dall'art. 2, comma 3, lett. e), n. 33), del D.L. 14 marzo 2005, n. 35, convertito, con modificazioni, nella L. 14 maggio 2005, n. 80, come modificato dall'art. 1, comma 3, lett. r), n. 1, della L. 28 dicembre 2005, n. 263.*

A norma dell'art. 2, comma 3 sexies, dello stesso provvedimento, come sostituito dall'art. 1, comma 6, della L. 28 dicembre 2005, n. 263 e successivamente modificato dall'art. 39 quater del D.L. 30 dicembre 2005, n. 273, convertito, con modificazioni, nella L. 23 febbraio 2006, n. 51, questa disposizione entra in vigore il 1° marzo 2006 e si applica anche alle procedure esecutive pendenti a tale data di entrata in vigore. Quando tuttavia è già stata ordinata la vendita, la stessa ha luogo con l'osservanza delle norme precedentemente in vigore. L'intervento dei creditori non muniti di titolo esecutivo conserva efficacia se avvenuto prima del 1° marzo 2006.

(2) *La parola fra parentesi quadrate è stata soppressa dall'art. 13, comma 1, lett. bb), n. 1), del D.L. 27 giugno 2015, n. 83, convertito, con modificazioni, nella L. 6 agosto 2015, n. 132. A norma dell'art. 23, comma 9, del medesimo provvedimento, tali disposizioni, si applicano anche ai procedimenti pendenti alla data di entrata in vigore del presente decreto. Quando è già stata disposta la vendita, la stessa ha comunque luogo con l'osservanza delle norme precedentemente in vigore e le disposizioni di cui al presente decreto si applicano quando il giudice o il professionista delegato dispone una nuova vendita.*

(3) *La parola fra parentesi quadrate è stata soppressa dall'art. 13, comma 1, lett. bb), n. 2), del D.L. 27 giugno 2015, n. 83, convertito, con modificazioni, nella L. 6 agosto 2015, n. 132. A norma dell'art. 23, comma 9, del medesimo provvedimento, tali disposizioni, si applicano anche ai procedimenti pendenti alla data di entrata in vigore del presente decreto. Quando è già stata disposta la vendita, la stessa ha comunque luogo con l'osservanza delle norme precedentemente in vigore e le disposizioni di cui al presente decreto si applicano quando il giudice o il professionista delegato dispone una nuova vendita.*

(4) *Le parole: «, sempre che ritenga che la vendita con tale modalità possa aver luogo ad un prezzo superiore della metà rispetto al valore del bene, determinato a norma dell'articolo 568» sono state aggiunte dall'art. 13, comma 1, lett. bb), n. 2), del D.L. 27 giugno 2015, n. 83, convertito, con modificazioni, nella L. 6 agosto 2015, n. 132. A norma dell'art. 23, comma 9, del medesimo provvedimento, tali disposizioni, si applicano anche ai procedimenti pendenti alla data di entrata in vigore del presente decreto. Quando è già stata disposta la vendita, la stessa ha comunque luogo con l'osservanza delle norme precedentemente in vigore e le disposizioni di cui al presente decreto si applicano quando il giudice o il professionista delegato dispone una nuova vendita.*

(5) *Le parole: «di un quarto a quello precedente» sono state così sostituite dalle attuali: «al precedente fino al limite di un quarto» dall'art. 13, comma 1, lett. bb), n. 3), del D.L. 27 giugno 2015, n. 83, convertito, con modificazioni, nella L. 6 agosto 2015, n. 132. A norma dell'art. 23, comma 9, del medesimo provvedimento, tali disposizioni, si applicano anche ai procedimenti pendenti alla data di entrata in vigore del presente decreto. Quando è già stata disposta la vendita, la stessa ha comunque luogo con l'osservanza delle norme precedentemente in vigore e le disposizioni di cui al presente decreto si applicano quando il giudice o il professionista delegato dispone una nuova vendita.*

(6) *Le parole: «e, dopo il quarto tentativo di vendita andato deserto, fino al limite della metà» sono state aggiunte dall'art. 4, comma 1, lett. h), del D.L. 3 maggio 2016, n. 59, convertito, con modificazioni, nella L. 30 giugno 2016, n. 119. A norma dell'art. 4, comma 7, del medesimo provvedimento, ai fini dell'applicazione di questa disposizione si tiene conto, per il computo del numero degli esperimenti di vendita anche di quelli svolti prima dell'entrata in vigore del presente decreto.*

(7) *Questo comma è stato così sostituito all'art. 13, comma 1, lett. bb), n. 4), del D.L. 27 giugno 2015, n. 83, convertito, con modificazioni, nella L. 6 agosto 2015, n. 132. A norma dell'art. 23, comma 9, del medesimo provvedimento, tali disposizioni, si applicano anche ai procedimenti pendenti alla data di entrata in vigore del presente decreto. Quando è già stata disposta la vendita, la stessa ha comunque luogo con l'osservanza delle norme precedentemente in vigore e le disposizioni di cui al presente decreto si applicano quando il giudice o il professionista delegato dispone una nuova vendita.*

§. 3 *bis*
Delega delle operazioni di vendita (1)

(1) *Questo paragrafo è stato inserito dall'art. 2, comma 3, lett. e), n. 33), del D.L. 14 marzo 2005, n. 35, convertito, con modificazioni, nella L. 14 maggio 2005, n. 80.*

A norma dell'art. 2, comma 3 sexies, dello stesso provvedimento, come sostituito dall'art. 1, comma 6, della L. 28 dicembre 2005, n. 263 e successivamente modificato dall'art. 39 quater del D.L. 30 dicembre 2005, n. 273, convertito, con modificazioni, nella L. 23 febbraio 2006, n. 51, questa disposizione entra in vigore il 1° marzo 2006 e si applica anche alle procedure esecutive pendenti a tale data di entrata in vigore. Quando tuttavia è già stata ordinata la vendita, la stessa ha luogo con l'osservanza delle norme precedentemente in vigore. L'intervento dei creditori non muniti di titolo esecutivo conserva efficacia se avvenuto prima del 1° marzo 2006.

591 *bis*. (1) Delega delle operazioni di vendita. – Il giudice dell'esecuzione, salvo quanto previsto dal secondo comma, con l'ordinanza con la quale provvede sull'istanza di vendita ai sensi dell'articolo 569, terzo comma, delega ad un notaio avente preferibilmente sede nel circondario o a un avvocato ovvero a un commercialista, iscritti nei relativi elenchi di cui all'articolo 179 *ter* delle disposizioni di attuazione del presente codice, il compimento delle operazioni di vendita secondo le modalità indicate al terzo comma del medesimo articolo 569. Con la medesima ordinanza il giudice fissa il termine finale per il completamento delle operazioni delegate; dispone lo svolgimento, entro il termine di un anno dall'emissione dell'ordinanza, di un numero di esperimenti di vendita non inferiore a tre, secondo i criteri stabiliti dall'articolo 591, secondo comma; stabilisce le modalità di effettuazione della pubblicità, il luogo di presentazione delle offerte d'acquisto e il luogo ove si procede all'esame delle stesse, alla gara tra gli offerenti ed alle operazioni dell'eventuale incanto. Si applica l'articolo 569, quarto comma.

Il giudice non dispone la delega ove, sentiti i creditori, ravvisi l'esigenza di procedere direttamente alle operazioni di vendita a tutela degli interessi delle parti.

Il professionista delegato provvede:

1) alla determinazione del valore dell'immobile a norma dell'articolo 568, primo comma, tenendo anche conto della relazione redatta dall'esperto nominato dal giudice ai sensi dell'articolo 569, primo comma, e delle eventuali note depositate dalle parti ai sensi dell'articolo 173 *bis*, quarto comma, delle disposizioni di attuazione del presente codice;

2) agli adempimenti previsti dall'articolo 570 e, ove occorrenti, dall'articolo 576, secondo comma;

3) alla deliberazione sull'offerta a norma dell'articolo 572 e agli ulteriori adempimenti di cui agli articoli 573 e 574;

4) alle operazioni dell'incanto e all'aggiudicazione dell'immobile a norma dell'articolo 581;

5) a ricevere o autenticare la dichiarazione di nomina di cui all'articolo 583;

6) sulle offerte dopo l'incanto a norma dell'articolo 584 e sul versamento del prezzo nella ipotesi di cui all'articolo 585, secondo comma;

7) sulla istanza di assegnazione di cui agli articoli 590 e 591, terzo comma;

8) alla fissazione del nuovo esperimento di vendita e del termine per la presentazione di nuove offerte d'acquisto ai sensi dell'articolo 591;

9) alla fissazione dell'ulteriore esperimento di vendita nel caso previsto dall'articolo 587;

10) ad autorizzare l'assunzione dei debiti da parte dell'aggiudicatario o dell'assegnatario a norma dell'articolo 508;

11) alla esecuzione delle formalità di registrazione, trascrizione e voltura catastale del decreto di trasferimento, alla comunicazione dello stesso a pubbliche amministrazioni negli stessi casi previsti per le comunicazioni di atti volontari di trasferimento nonché all'espletamento delle formalità di cancellazione delle trascrizioni dei pignoramenti e delle iscrizioni ipotecarie conseguenti al decreto di trasferimento pronunciato dal giudice dell'esecuzione ai sensi dell'articolo 586;

12) alla formazione del progetto di distribuzione ed alla sua trasmissione al giudice dell'esecuzione, nei modi e termini stabiliti dall'articolo 596;

13) ad ordinare alla banca o all'ufficio postale la restituzione delle cauzioni e di ogni altra somma direttamente versata mediante bonifico o deposito intestato alla procedura dagli offerenti non risultati aggiudicatari. La restituzione ha luogo nelle mani del depositante o mediante bonifico a favore degli stessi conti da cui sono pervenute le somme accreditate.

Nell'avviso di cui all'articolo 570 è specificato che tutte le attività, che, a norma degli articoli 571 e seguenti, devono essere compiute in cancelleria o davanti al giudice dell'esecuzione, o dal cancelliere o dal giudice dell'esecuzione, sono eseguite dal professionista delegato presso il suo studio ovvero nel luogo indicato nell'ordinanza di cui al primo comma. All'avviso si applica l'articolo 173 *quater* delle disposizioni di attuazione del presente codice.

Il professionista delegato provvede altresì alla redazione del verbale delle operazioni di vendita, che deve contenere le circostanze di luogo e di tempo nelle quali le stesse si svolgono, le generalità delle persone presenti, la descrizione delle attività svolte, la dichiarazione dell'aggiudicazione provvisoria con l'identificazione dell'aggiudicatario.

Il verbale è sottoscritto esclusivamente dal professionista delegato e allo stesso non deve essere allegata la procura speciale di cui all'articolo 579, secondo comma.

Se il prezzo non è stato versato nel termine, il professionista delegato ne dà tempestivo avviso al giudice, trasmettendogli il fascicolo.

Avvenuto il versamento del prezzo con le modalità stabilite ai sensi degli articoli 574, 585 e 590, secondo comma, e verificato l'assolvimento dell'obbligo posto a carico dell'aggiudicatario dall'articolo 585, quarto comma, il professionista delegato predispone il decreto di trasferimento e trasmette senza indugio al giudice dell'esecuzione il fascicolo. Al decreto, se previsto dalla legge, deve essere allegato il certificato di destinazione urbanistica dell'immobile quale risultante dal fascicolo processuale. Il professionista delegato provvede alla trasmissione del fascicolo al giudice dell'esecuzione nel caso in cui non faccia luogo all'assegnazione o ad ulteriori incanti ai sensi dell'articolo 591. Contro il decreto previsto nel presente comma è proponibile l'opposizione di cui all'articolo 617.

Le somme versate dall'aggiudicatario sono depositate presso una banca o su un conto postale indicati dal giudice.

I provvedimenti di cui all'articolo 586 restano riservati al giudice dell'esecuzione in ogni caso di delega al professionista delle operazioni di vendita.

Il giudice dell'esecuzione vigila sul regolare e tempestivo svolgimento delle attività delegate e sull'operato del professionista delegato, al quale può in ogni momento richiedere informazioni sulle operazioni di vendita. Sentito l'interessato, il giudice dell'esecuzione provvede alla sostituzione del delegato qualora non siano rispettati i termini e le direttive per lo svolgimento delle operazioni di vendita, salvo che il professionista delegato dimostri che il mancato rispetto della delega sia dipeso da causa a lui non imputabile.

Quando il giudice dell'esecuzione provvede a norma dell'articolo 569 *bis*, quarto comma, al professionista sono delegate la riscossione del prezzo e le operazioni di distribuzione del ricavato, nonché le operazioni indicate ai numeri 10), 11) e 12) del terzo comma. Si applicano, in quanto compatibili, i commi dal settimo all'undicesimo.

Quando il giudice dell'esecuzione provvede a norma dell'articolo 569 *bis*, quinto comma, al professionista sono delegate le operazioni di cui alla medesima disposizione, nonché la deliberazione sulle offerte e lo svolgimento della gara, la riscossione del prezzo e le operazioni di distribuzione del ricavato. Al professionista sono, altresì, delegate le operazioni indicate ai numeri 2), 5), 10), 11), 12) e 13) del terzo comma. Si applicano, in quanto compatibili, i commi dal quarto all'undicesimo.

Entro trenta giorni dalla notifica dell'ordinanza di vendita il professionista delegato deposita un rapporto riepilogativo iniziale delle attività svolte. A decorrere dal deposito del rapporto riepilogativo iniziale, il professionista deposita, dopo ciascun esperimento di vendita, un rapporto riepilogativo periodico delle attività svolte. Entro dieci giorni dalla comunicazione dell'approvazione del progetto di distribuzione, il professionista delegato deposita un rapporto riepilogativo finale delle attività svolte successivamente al deposito dell'ultimo rapporto riepilogativo periodico. I rapporti riepilogativi sono redatti in conformità a modelli predisposti dal giudice dell'esecuzione e contengono i dati identificativi dell'esperto che ha effettuato la stima.

(1) *Questo articolo è stato, da ultimo, così sostituito dall'art. 3, comma 42, lett. a), del D.L.vo 10 ottobre 2022, n. 149, a decorrere dal 28 febbraio 2023.*

A norma dell'art. 35, comma 1, del medesimo decreto, le disposizioni si applicano ai procedimenti instaurati successivamente a tale data. Ai procedimenti pendenti alla data del 28 febbraio 2023 si applicano le disposizioni anteriormente vigenti.

Si riporta il testo precedente:

«Art. 591 bis *(*) (Delega delle operazioni di vendita)*

Il giudice dell'esecuzione, salvo quanto previsto al secondo comma (**), con l'ordinanza con la quale provvede sull'istanza di vendita ai sensi dell'articolo 569, terzo comma, delega (***) ad un notaio avente preferibilmente sede nel circondario o a un avvocato ovvero a un commercialista, iscritti nei relativi elenchi di cui all'articolo 179 ter delle disposizioni di attuazione del presente codice, il compimento delle operazioni di vendita secondo le modalità indicate al terzo comma del medesimo articolo 569. Con la medesima ordinanza il giudice stabilisce il termine per lo svolgimento delle operazioni delegate, le modalità della pubblicità, il luogo di presentazione delle offerte ai sensi dell'articolo 571 e il luogo ove si procede all'esame delle offerte, alla gara tra gli offerenti e alle operazioni dell'eventuale incanto. Si applica l'articolo 569, quarto comma (****).

Il giudice non dispone la delega ove, sentiti i creditori, ravvisi l'esigenza di procedere direttamente alle operazioni di vendita a tutela degli interessi delle parti (*****).

Il professionista delegato provvede:

1) alla determinazione del valore dell'immobile a norma dell'articolo 568, primo (******) comma, tenendo anche conto della relazione redatta dall'esperto nominato dal giudice ai sensi dell'articolo 569, primo comma, e delle eventuali note depositate dalle parti ai sensi dell'articolo 173 bis, quarto comma, delle disposizioni di attuazione del presente codice;

2) agli adempimenti previsti dall'articolo 570 e, ove occorrenti, dall'articolo 576, secondo comma;

3) alla deliberazione sull'offerta a norma dell'articolo 572 e agli ulteriori adempimenti di cui agli articoli 573 e 574;

4) alle operazioni dell'incanto e all'aggiudicazione dell'immobile a norma dell'articolo 581;

5) a ricevere o autenticare la dichiarazione di nomina di cui all'articolo 583;

6) sulle offerte dopo l'incanto a norma dell'articolo 584 e sul versamento del prezzo nella ipotesi di cui all'articolo 585, secondo comma;

7) sulla istanza di assegnazione di cui all'articolo 590 e 591, terzo comma (*******);

8) alla fissazione del nuovo incanto e del termine per la presentazione di nuove offerte d'acquisto ai sensi dell'articolo 591;

9) alla fissazione dell'ulteriore incanto nel caso previsto dall'articolo 587;

10) ad autorizzare l'assunzione dei debiti da parte dell'aggiudicatario o dell'assegnatario a norma dell'articolo 508;

11) alla esecuzione delle formalità di registrazione, trascrizione e voltura catastale del decreto di trasferimento, alla comunicazione dello stesso a pubbliche amministrazioni negli stessi casi previsti per le comunicazioni di atti volontari di trasferimento nonché all'espletamento delle formalità di cancellazione delle trascrizioni dei pignoramenti e delle iscrizioni ipotecarie conseguenti al decreto di trasferimento pronunciato dal giudice dell'esecuzione ai sensi dell'articolo 586;

12) alla formazione del progetto di distribuzione ed alla sua trasmissione al giudice dell'esecuzione che, dopo avervi apportato le eventuali variazioni, provvede ai sensi dell'articolo 596;

13) ad ordinare alla banca o all'ufficio postale la restituzione delle cauzioni e di ogni altra somma direttamente versata mediante bonifico o depositato intestato alla procedura degli offerenti non risultati aggiudicatari. La restituzione ha luogo nelle mani del depositante o mediante bonifico a favore degli stessi conti da cui sono pervenute le somme accreditate.

Nell'avviso di cui all'articolo 570 è specificato che tutte le attività, che, a norma degli articoli 571 e seguenti, devono essere compiute in cancelleria o davanti al giudice dell'esecuzione, o dal cancelliere o dal giudice dell'esecuzione, sono eseguite dal professionista delegato presso il suo studio ovvero nel luogo indicato nell'ordinanza di cui al primo comma. All'avviso si applica l'articolo 173 quater delle disposizioni di attuazione del presente codice.

Il professionista delegato provvede altresì alla redazione del verbale delle operazioni di vendita, che deve contenere le circostanze di luogo e di tempo nelle quali le stesse si svolgono, le generalità delle persone presenti, la descrizione delle attività svolte, la dichiarazione dell'aggiudicazione provvisoria con l'identificazione dell'aggiudicatario.

Il verbale è sottoscritto esclusivamente dal professionista delegato ed allo stesso non deve essere allegata la procura speciale di cui all'articolo 579, secondo comma.

Se il prezzo non è stato versato nel termine, il professionista delegato ne dà tempestivo avviso al giudice, trasmettendogli il fascicolo.

Avvenuto il versamento del prezzo con le modalità stabilite ai sensi degli articoli 574, 585 e 590, secon-

do comma, il professionista delegato predispone il decreto di trasferimento e trasmette senza indugio al giudice dell'esecuzione il fascicolo. Al decreto, se previsto dalla legge, deve essere allegato il certificato di destinazione urbanistica dell'immobile quale risultante dal fascicolo processuale. Il professionista delegato provvede alla trasmissione del fascicolo al giudice dell'esecuzione nel caso in cui non faccia luogo all'assegnazione o ad ulteriori incanti ai sensi dell'articolo 591. Contro il decreto previsto nel presente comma è proponibile l'opposizione di cui all'articolo 617.

Le somme versate dall'aggiudicatario sono depositate presso una banca o su un conto postale indicati dal giudice.

I provvedimenti di cui all'articolo 586 restano riservati al giudice dell'esecuzione in ogni caso di delega al professionista delle operazioni di vendita.

Il giudice dell'esecuzione, sentito l'interessato, dispone la revoca della delega delle operazioni di vendita se non vengono rispettati i termini e le direttive per lo svolgimento delle operazioni, salvo che il professionista delegato dimostri che il mancato rispetto dei termini o delle direttive sia dipeso da causa a lui non imputabile (********).».

(*) *Questo articolo è stato così sostituito dall'art. 2, comma 3, lett. e), n. 33), del D.L. 14 marzo 2005, n. 35, convertito, con modificazioni, nella L. 14 maggio 2005, n. 80, come modificato dall'art. 1, comma 3, lett. r), n. 2, della L. 28 dicembre 2005, n. 263.*

(**) *Le parole: «salvo quanto previsto al secondo comma,» sono state inserite dall'art. 13, comma 1, lett. cc), n. 1), del D.L. 27 giugno 2015, n. 83, convertito, con modificazioni, nella L. 6 agosto 2015, n. 132. A norma dell'art. 23, comma 9, del medesimo provvedimento, tali disposizioni, si applicano anche ai procedimenti pendenti alla data di entrata in vigore del presente decreto. Quando è già stata disposta la vendita, la stessa ha comunque luogo con l'osservanza delle norme precedentemente in vigore e le disposizioni di cui al presente decreto si applicano quando il giudice o il professionista delegato dispone una nuova vendita.*

(***) *Le parole: «può, sentiti gli interessati, delegare» sono state così sostituite dall'attuale: «delega» dall'art. 13, comma 1, lett. cc), n. 1), del D.L. 27 giugno 2015, n. 83, convertito, con modificazioni, nella L. 6 agosto 2015, n. 132. A norma dell'art. 23, comma 9, del medesimo provvedimento, tali disposizioni, si applicano anche ai procedimenti pendenti alla data di entrata in vigore del presente decreto. Quando è già stata disposta la vendita, la stessa ha comunque luogo con l'osservanza delle norme precedentemente in vigore e le disposizioni di cui al presente decreto si applicano quando il giudice o il professionista delegato dispone una nuova vendita.*

(****) *Questo periodo è stato aggiunto dall'art. 4, comma 8, lett. d sexies), del D.L. 29 dicembre 2009, n. 193, convertito, con modificazioni, nella L. 22 febbraio 2010, n. 24.*

(*****) *Questo comma è stato inserito dall'art. 13, comma 1, lett. cc), n. 2), del D.L. 27 giugno 2015, n. 83, convertito, con modificazioni, nella L. 6 agosto 2015, n. 132. A norma dell'art. 23, comma 9, del medesimo provvedimento, tali disposizioni, si applicano anche ai procedimenti pendenti alla data di entrata in vigore del presente decreto. Quando è già stata disposta la vendita, la stessa ha comunque luogo con l'osservanza delle norme precedentemente in vigore e le disposizioni di cui al presente decreto si applicano quando il giudice o il professionista delegato dispone una nuova vendita.*

(******) *La parola: «terzo» è stata così sostituita dall'attuale: «primo» dall'art. 13, comma 1, lett. cc), n. 3), punto a), del D.L. 27 giugno 2015, n. 83, convertito, con modificazioni, nella L. 6 agosto 2015, n. 132. A norma dell'art. 23, comma 9, del medesimo provvedimento, tali disposizioni, si applicano anche ai procedimenti pendenti alla data di entrata in vigore del presente decreto. Quando è già stata disposta la vendita, la stessa ha comunque luogo con l'osservanza delle norme precedentemente in vigore e le disposizioni di cui al presente decreto si applicano quando il giudice o il professionista delegato dispone una nuova vendita.*

(*******) *Le parole: «e 591, terzo comma» sono state inserite dall'art. 13, comma 1, lett. cc), n. 3), punto b), del D.L. 27 giugno 2015, n. 83, convertito, con modificazioni, nella L. 6 agosto 2015, n. 132. A norma dell'art. 23, comma 9, del medesimo provvedimento, tali disposizioni, si applicano anche ai procedimenti pendenti alla data di entrata in vigore del presente decreto. Quando è già stata disposta la vendita, la stessa ha comunque luogo con l'osservanza delle norme precedentemente in vigore e le disposizioni di cui al presente decreto si applicano quando il giudice o il professionista delegato dispone una nuova vendita.*

(********) *Questo comma è stato aggiunto dall'art. 13, comma 1, lett. cc), n. 4), del D.L. 27 giugno 2015, n. 83, convertito, con modificazioni, nella L. 6 agosto 2015, n. 132. A norma dell'art. 23, comma 9, del medesimo provvedimento, tali disposizioni, si applicano anche ai procedimenti pendenti alla data di entrata in vigore del presente decreto. Quando è già stata disposta la vendita, la stessa ha comunque luogo con l'osservanza delle norme precedentemente in vigore e le disposizioni di cui al presente decreto si applicano quando il giudice o il professionista delegato dispone una nuova vendita.*

591 *ter*. (1) **Ricorso al giudice dell'esecuzione.** – Quando, nel corso delle operazioni di vendita, insorgono difficoltà, il professionista delegato può rivolgersi al giudice dell'esecuzione, il quale provvede con decreto.

Avverso gli atti del professionista delegato è ammesso reclamo delle parti e degli interessati, da proporre con ricorso al giudice dell'esecuzione nel termine perentorio di venti giorni dal compimento dell'atto o dalla sua conoscenza. Il ricorso non sospende le operazioni di vendita, salvo che il giudice dell'esecuzione, concorrendo gravi motivi, disponga la sospensione.

Sul reclamo di cui al secondo comma, il giudice dell'esecuzione provvede con ordinanza, avverso la quale è ammessa l'opposizione ai sensi dell'articolo 617.

(1) *Questo articolo è stato, da ultimo, così sostituito dall'art. 3, comma 42, lett. b), del D.Lvo 10 ottobre 2022, n. 149, a decorrere dal 28 febbraio 2023.*

A norma dell'art. 35, comma 1, del medesimo decreto, le disposizioni si applicano ai procedimenti instaurati successivamente a tale data. Ai procedimenti pendenti alla data del 28 febbraio 2023 si applicano le disposizioni anteriormente vigenti.

Si riporta il testo precedente:

«Art. 591 ter (*) (Ricorso al giudice dell'esecuzione) *Quando, nel corso delle operazioni di vendita, insorgono difficoltà, il professionista delegato può rivolgersi al giudice dell'esecuzione, il quale provvede con decreto. Le parti e gli interessati possono proporre reclamo avverso il predetto decreto nonché avverso gli atti del professionista delegato con ricorso allo stesso giudice, il quale provvede con ordinanza; il ricorso non sospende le operazioni di vendita salvo che il giudice, concorrendo gravi motivi, disponga la sospensione. Contro il provvedimento del giudice è ammesso il reclamo ai sensi dell'articolo 669 terdecies* (**).*».*

(*) *Questo articolo è stato così sostituito dall'art. 2, comma 3, lett. e), n. 33), del D.L. 14 marzo 2005, n. 35, convertito, con modificazioni, nella L. 14 maggio 2005, n. 80.*

(**) *Questo periodo è stato così sostituito dall'art. 13, comma 1, lett. cc bis), del D.L. 27 giugno 2015, n. 83, convertito, con modificazioni, nella L. 6 agosto 2015, n. 132. A norma dell'art. 23, comma 9, del medesimo provvedimento, tali disposizioni, si applicano anche ai procedimenti pendenti alla data di entrata in vigore del presente decreto. Quando è già stata disposta la vendita, la stessa ha comunque luogo con l'osservanza delle norme precedentemente in vigore e le disposizioni di cui al presente decreto si applicano quando il giudice o il professionista delegato dispone una nuova vendita.*

Sezione IV
Dell'amministrazione giudiziaria

592. Nomina dell'amministratore giudiziario. – L'amministrazione giudiziaria dell'immobile (591) è disposta per un tempo non superiore a tre anni (595) e affidata a uno o più creditori o a un istituto all'uopo autorizzato (159 att.), oppure allo stesso debitore se tutti i creditori vi consentono.

All'amministratore si applica il disposto degli artt. 65 e seguenti.

593. Rendiconto. – L'amministratore, nel termine fissato dal giudice dell'esecuzione (484), e in ogni caso alla fine di ciascun trimestre, deve presentare in cancelleria il conto della sua gestione (560) e depositare le rendite disponibili (594) nei modi stabiliti dal giudice (521[4]).

Al termine della gestione l'amministratore deve presentare il rendiconto finale (178 att.).

I conti parziali e quello finale debbono essere approvati dal giudice. Questi, con ordinanza non impugnabile (487), risolve le contestazioni che sorgono in merito ad essi applicando le disposizioni degli artt. 263 e seguenti (560).

594. Assegnazione delle rendite. – Durante il corso dell'amministrazione giudiziaria, il giudice dell'esecuzione può disporre che le rendite riscosse siano assegnate ai creditori secondo le norme degli artt. 596 e seguenti (178[2] att.).

595. Cessazione dell'amministrazione giudiziaria. – In ogni momento il creditore pignorante o uno dei creditori intervenuti può chiedere che il giudice dell'esecuzione, sentite (485) le altre parti, proceda a nuovo incanto (576 ss., 591) o all'assegnazione (589, 590) dell'immobile. Durante l'amministrazione giudiziaria ognuno può fare offerta d'acquisto a norma degli artt. 571 e seguenti.

L'amministrazione cessa, e deve essere ordinato un nuovo incanto, quando viene a scadere il termine previsto nell'ordinanza di cui all'art. 592, tranne che il giudice, su richiesta di tutte le parti, non ritenga di poter concedere una o più proroghe che non prolunghino complessivamente l'amministrazione oltre i tre anni.

Sezione V
Della distribuzione della somma ricavata

596. (1) **Formazione del progetto di distribuzione.** – Se non si può provvedere a norma dell'articolo 510, primo comma, il professionista delegato a norma dell'articolo 591 *bis*, entro trenta giorni dal versamento del prezzo, provvede, secondo le direttive impartite dal giudice dell'esecuzione, alla formazione di un progetto di distribuzione, anche parziale, contenente la graduazione dei creditori che vi partecipano, e alla sua trasmissione al giudice dell'esecuzione. Il progetto di distribuzione parziale non può superare il novanta per cento delle somme da ripartire.

Entro dieci giorni dal deposito del progetto, il giudice dell'esecuzione esamina il progetto di distribuzione e, apportate le eventuali variazioni, lo deposita nel fascicolo della procedura perché possa essere consultato dai creditori e dal debitore e ne dispone la comunicazione al professionista delegato. Il professionista delegato fissa innanzi a sé entro trenta giorni l'audizione delle parti per la discussione sul progetto di distribuzione. Tra la comunicazione dell'invito e la data della comparizione innanzi al delegato debbono intercorrere almeno dieci giorni.

Il giudice dell'esecuzione può disporre la distribuzione, anche parziale, delle somme ricavate, in favore di creditori aventi diritto all'accantonamento a norma dell'articolo 510, terzo comma, ovvero di creditori i cui crediti costituiscano oggetto di controversia a norma dell'articolo 512, qualora sia presentata una fideiussione autonoma, irrevocabile e a prima richiesta, rilasciata da uno dei soggetti di cui all'articolo 574, primo comma, secondo periodo, idonea a garantire la restituzione alla procedura delle somme che risultino ripartite in eccesso, anche in forza di provvedimenti provvisoriamente esecutivi sopravvenuti, oltre agli interessi, al tasso applicato dalla Banca centrale europea alle sue più recenti operazioni di rifinanziamento principali, a decorrere dal pagamento e sino all'effettiva restituzione. La fideiussione è escussa dal custode o dal professionista delegato su autorizzazione del giudice. Le disposizioni del presente comma si applicano anche ai creditori che avrebbero diritto alla distribuzione delle somme ricavate nel caso in cui risulti insussistente, in tutto o in parte, il credito del soggetto avente diritto all'accantonamento ovvero oggetto di controversia a norma del primo periodo del presente comma.

Nell'ipotesi di cui all'articolo 591 *bis*, secondo comma, il giudice dell'esecuzione provvede alla formazione del progetto di distribuzione, al suo deposito in cancelleria e alla fissazione dell'udienza di audizione delle parti nel rispetto del termine di cui al secondo comma.

(1) *Questo articolo è stato così sostituito dall'art. 3, comma 43, lett. a), del D.L.vo 10 ottobre 2022, n. 149, a decorrere dal 28 febbraio 2023.*

A norma dell'art. 35, comma 1, del medesimo decreto, le disposizioni si applicano ai procedimenti instaurati successivamente a tale data. Ai procedimenti pendenti alla data del 28 febbraio 2023 si applicano le disposizioni anteriormente vigenti.

Si riporta il testo precedente:

«Art. 596 (Formazione del progetto di distribuzione)

Se non si può provvedere a norma dell'art. 510 primo comma, il giudice dell'esecuzione o il professionista delegato a norma dell'articolo 591 bis (*) (484), non più tardi di trenta giorni dal versamento del prezzo (574, 585), provvede (487) a formare un progetto di distribuzione, anche parziale, (**) (509) contenente la graduazione dei creditori che vi partecipano (2741 c.c.) e lo deposita in cancelleria affinché possa essere consultato dai creditori e dal debitore, fissando l'udienza per la loro audizione (485, 620; 179 att.). Il progetto di distribuzione parziale non può superare il novanta per cento delle somme da ripartire (***).

Tra la comunicazione (136) dell'invito e l'udienza debbono intercorrere almeno dieci giorni.

Il giudice dell'esecuzione può disporre la distribuzione, anche parziale, delle somme ricavate, in favore di creditori aventi diritto all'accantonamento a norma dell'articolo 510, terzo comma, ovvero di creditori i cui crediti costituiscano oggetto di controversia a norma dell'articolo 512, qualora sia presentata una fideiussione autonoma, irrevocabile e a prima richiesta, rilasciata da uno dei soggetti di cui all'articolo 574, primo comma, secondo periodo, idonea a garantire la restituzione alla procedura delle somme che risultino ripartite in eccesso, anche in forza di provvedimenti provvisoriamente esecutivi sopravvenuti, oltre agli interessi, al tasso applicato dalla Banca centrale europea alle sue più recenti operazioni di rifinanziamento principali, a decorrere dal pagamento e sino all'effettiva restituzione. La fideiussione è escussa dal custode o dal professionista delegato su autorizzazione del giudice. Le disposizioni del presente comma si applicano anche ai creditori che avrebbero diritto alla distribuzione delle somme ricavate nel caso in cui risulti insussistente, in tutto o in parte, il credito del soggetto avente diritto all'accantonamento ovvero oggetto di controversia a norma del primo periodo del presente comma (****).».

(*) *Le parole: «o il professionista delegato a norma dell'articolo 591 bis» sono state inserite dall'art. 2, comma 3, lett. e), n. 34), del D.L. 14 marzo 2005, n. 35, convertito, con modificazioni, nella L. 14 maggio 2005, n. 80.*

(**) *Le parole: «anche parziale,» sono state aggiunte dall'art. 4, comma 1, lett. i), n. 1), del D.L. 3 maggio 2016, n. 59, convertito, con modificazioni, nella L. 30 giugno 2016, n. 119.*

(***) *Questo periodo è stato aggiunto dall'art. 4, comma 1, lett. i), n. 2), del D.L. 3 maggio 2016, n. 59, convertito, con modificazioni, nella L. 30 giugno 2016, n. 119.*

(****) *Questo comma è stato aggiunto dall'art. 4, comma 1, lett. i bis), del D.L. 3 maggio 2016, n. 59, convertito, con modificazioni, nella L. 30 giugno 2016, n. 119.*

597. (1) **Mancata comparizione.** – La mancata comparizione per la discussione sul progetto di distribuzione innanzi al professionista delegato o all'udienza innanzi al giudice dell'esecuzione nell'ipotesi di cui all'articolo 596, quarto comma, importa approvazione del progetto per gli effetti di cui all'articolo 598.

(1) *Questo articolo è stato così sostituito dall'art. 3, comma 43, lett. b), del D.L.vo 10 ottobre 2022, n. 149, a decorrere dal 28 febbraio 2023.*

A norma dell'art. 35, comma 1, del medesimo decreto, le disposizioni si applicano ai procedimenti instaurati successivamente a tale data. Ai procedimenti pendenti alla data del 28 febbraio 2023 si applicano le disposizioni anteriormente vigenti.

Si riporta il testo precedente:

«Art. 597 (Mancata comparizione)

La mancata comparizione alla prima udienza (596) e in quella fissata a norma dell'art. 485 ultimo comma importa approvazione del progetto per gli effetti di cui all'articolo seguente.».

598. (1) **Approvazione del progetto.** – Se il progetto è approvato o si raggiunge l'accordo tra tutte le parti, se ne dà atto nel processo verbale e il professionista delegato a norma dell'articolo 591 *bis* o il giudice dell'esecuzione nell'ipotesi di cui all'articolo 596, quarto comma, ordina il pagamento agli aventi diritto delle singole quote entro sette giorni.

Se vengono sollevate contestazioni innanzi al professionista delegato, questi ne dà conto nel processo verbale e rimette gli atti al giudice dell'esecuzione, il quale provvede ai sensi dell'articolo 512.

(1) *Questo articolo è stato così sostituito dall'art. 3, comma 43, lett. c), del D.L.vo 10 ottobre 2022, n. 149, a decorrere dal 28 febbraio 2023.*

A norma dell'art. 35, comma 1, del medesimo decreto, le disposizioni si applicano ai procedimenti instaurati successivamente a tale data. Ai procedimenti pendenti alla data del 28 febbraio 2023 si applicano le disposizioni anteriormente vigenti.

Si riporta il testo precedente:

«Art. 598 (Approvazione del progetto)

Se il progetto è approvato o si raggiunge l'accordo tra tutte le parti, se ne dà atto nel processo verbale (126, 130) e il giudice dell'esecuzione o professionista delegato a norma dell'articolo 591 bis (*) (484) ordina il pagamento delle singole quote, altrimenti si applica la disposizione dell'art. 512.».

(*) *Le parole: «o professionista delegato a norma dell'articolo 591 bis» sono state inserite dall'art. 2, comma 3, lett. e), n. 35), del D.L. 14 marzo 2005, n. 35, convertito, con modificazioni, nella L. 14 maggio 2005, n. 80.*

Capo V
Dell'espropriazione di beni indivisi

599. Pignoramento. – Possono essere pignorati i beni indivisi (491 ss.; 1100 c.c.) anche quando non tutti i comproprietari sono obbligati verso il creditore.

In tal caso del pignoramento (492) è notificato avviso (180 att.), a cura del creditore pignorante, anche agli altri comproprietari, ai quali è fatto divieto di lasciare separare dal debitore la sua parte delle cose comuni senza ordine di giudice.

NOTE OPERATIVE:

Avviso: L'avviso dell'avvenuto pignoramento ai comproprietari è atto accessorio e costitutivo della fattispecie complessa di pignoramento di immobili indivisi, la cui funzione è rendere inopponibile al creditore la divisione del bene pignorato compiuta autonomamente dai comproprietari (C.C. 1647/23).

600. Convocazione dei comproprietari. – Il giudice dell'esecuzione (484), su istanza (486) del creditore pignorante o dei comproprietari e sentiti (485) tutti gli interessati, provvede, quando è possibile, alla separazione della quota in natura spettante al debitore (718 ss., 1114 c.c.).

Se la separazione in natura non è chiesta o non è possibile, il giudice dispone che si proceda alla divisione a norma del codice civile, salvo che ritenga probabile la vendita della quota indivisa ad un prezzo pari o superiore al valore della stessa, determinato a norma dell'articolo 568 (1).

(1) *Questo comma è stato così sostituito dall'art. 2, comma 3, lett. e), n. 36), del D.L. 14 marzo 2005, n. 35, convertito, con modificazioni, nella L. 14 maggio 2005, n. 80.*

A norma dell'art. 2, comma 3 sexies, dello stesso provvedimento, come sostituito dall'art. 1, comma 6, della L. 28 dicembre 2005, n. 263 e successivamente modificato dall'art. 39 quater del D.L. 30 dicembre 2005, n. 273, convertito, con modificazioni, nella L. 23 febbraio 2006, n. 51, questa disposizione entra in vigore il 1° marzo 2006 e si applica anche alle procedure esecutive pendenti a tale data di entrata in vigore. Quando tuttavia è già stata ordinata la vendita, la stessa ha luogo con l'osservanza delle norme precedentemente in vigore. L'intervento dei creditori non muniti di titolo esecutivo conserva efficacia se avvenuto prima del 1° marzo 2006.

NOTE OPERATIVE:

Procedimento: Il giudizio di divisione dei beni indivisi pignorati (la cd. divisione endoesecutiva) ha natura di procedimento incidentale di cognizione nel procedimento esecutivo e, pur essendo in collegamento con l'espropriazione forzata e devoluto alla competenza funzionale del giudice dell'esecuzione, costituisce un autonomo processo di scioglimento della comunione e non può essere considerato una fase o un subprocedimento della procedura espropriativa in cui si innesta (C.C. 22210/21).

601. Divisione. – Se si deve procedere alla divisione, l'esecuzione è sospesa (623 ss.) finché sulla divisione stessa non sia intervenuto un accordo fra le parti o pronunciata una sentenza avente i requisiti di cui all'art. 627 (181 att.).

Avvenuta la divisione, la vendita o l'assegnazione dei beni attribuiti al debitore ha luogo secondo le norme contenute nei capi precedenti.

NOTE OPERATIVE:

Caratteristica: La divisione esecutiva, pur non potendo essere considerata come una fase o un subprocedimento della espropriazione immobiliare in cui si innesta, rimane funzionalmente connessa al procedimento esecutivo per cui il giudice, che si identifica non a caso con il giudice della esecuzione, può – anzi deve – utilizzare non soltanto le prove tempestivamente e ritualmente offerte dalle parti nel relativo giudizio, ma – anche e soprattutto – gli atti e di documenti già contenuti nel fascicolo dell'esecuzione (C.C. 4473/22).

Capo VI
Dell'espropriazione
contro il terzo proprietario

602. Modo dell'espropriazione. – Quando oggetto dell'espropriazione è un bene gravato da pegno (2784 c.c.) o da ipoteca (2808 c.c.) per un debito altrui (508; 756, 2784, 2808, 2858 ss. c.c.), oppure un bene la cui alienazione da parte del debitore è stata revocata per frode (2901 ss. c.c.), si applicano le disposizioni contenute nei capi precedenti, in quanto non siano modificate dagli articoli che seguono (2910[2] c.c.).

NOTE OPERATIVE:

Parti: In sede di espropriazione promossa dal creditore contro il terzo proprietario, sono parti tanto il terzo assoggettato all'espropriazione, quanto il debitore, per cui, nel giudizio di opposizione all'esecuzione, promosso contro il creditore procedente dal terzo assoggettato all'esecuzione, il debitore, assieme al creditore, assume la veste di legittimo e necessario contraddittore, quale soggetto nei cui confronti l'accertamento della ricorrenza o meno dell'azione esecutiva contro il terzo è destinato a produrre effetti immediati e diretti (C.C. 9648/23).

603. Notificazione del titolo esecutivo e del precetto. – Il titolo esecutivo (474) e il precetto (480) debbono essere notificati anche al terzo (479).

Nel precetto deve essere fatta espressa menzione del bene del terzo che si intende espropriare.

604. Disposizioni particolari. – Il pignoramento (491 ss.) e in generale gli atti d'espropriazione si compiono nei confronti del terzo (2858 ss. c.c.), al quale si applicano tutte le disposizioni relative al debitore, tranne il divieto di cui all'art. 579 primo comma (2910[2] c.c.).

Ogni volta che a norma dei capi precedenti deve essere sentito il debitore, è sentito anche il terzo (485; 670 c.n.).

Titolo III
Dell'esecuzione
per consegna o rilascio

605. Precetto per consegna o rilascio. – Il precetto per consegna di beni mobili o rilascio di beni immobili (16, 568; 2930 c.c.) deve contenere, oltre le indicazioni di cui all'art. 480, anche la descrizione sommaria dei beni stessi (677).

Se il titolo esecutivo (474) dispone circa il termine della consegna o del rilascio, l'intimazione va fatta con riferimento a tale termine (482).

606. Modo della consegna. – Decorso il termine indicato nel precetto, l'ufficiale giudiziario, munito del titolo esecutivo (474) e del precetto (480, 605), si reca sul luogo in cui le cose si trovano e le ricerca a norma dell'art. 513; quindi ne fa consegna alla parte istante o a persona da lei designata.

607. Cose pignorate. – Se le cose da consegnare sono pignorate (513 ss., 518), la consegna non può avere luogo, e la parte istante deve fare valere le sue ragioni mediante opposizione a norma degli artt. 619 e seguenti.

608. Modo del rilascio. – L'esecuzione inizia con la notifica dell'avviso con il quale l'ufficiale giudiziario comunica almeno dieci giorni prima alla parte, che è tenuta a rilasciare l'immobile, il giorno e l'ora in cui procederà (1).

Nel giorno e nell'ora stabiliti, l'ufficiale giudiziario, munito del titolo esecutivo (474) e del precetto (480, 605), si reca sul luogo dell'esecuzione e, facendo uso, quando occorre, dei poteri a lui consentiti dall'art. 513, immette la parte istante o una persona da lei designata nel possesso dell'immobile, del quale le consegna le chiavi, ingiungendo agli eventuali detentori di riconoscere il nuovo possessore.

(1) *Questo comma è stato così sostituito dall'art. 2, comma 3, lett. e), n. 37), del D.L. 14 marzo 2005, n. 35, convertito, con modificazioni, nella L. 14 maggio 2005, n. 80.*

A norma dell'art. 2, comma 3 sexies, *dello stesso provvedimento, come sostituito dall'art. 1, comma 6, della L. 28 dicembre 2005, n. 263 e successivamente modificato dall'art. 39* quater *del D.L. 30 dicembre 2005, n. 273, convertito, con modificazioni, nella L. 23 febbraio 2006, n. 51, questa disposizione entra in vigore il 1° marzo 2006 e si applica anche alle procedure esecutive pendenti a tale data di entrata in vigore. Quando tuttavia è già stata ordinata la vendita, la stessa ha luogo con l'osservanza delle norme precedentemente in vigore. L'intervento dei creditori non muniti di titolo esecutivo conserva efficacia se avvenuto prima del 1° marzo 2006.*

608 *bis*. (1) Estinzione dell'esecuzione per rinuncia della parte istante. – L'esecuzione di cui all'articolo 605 si estingue se la parte istante, prima della consegna o del rilascio, rinuncia con atto da notificarsi alla parte esecutata e da consegnarsi all'ufficiale giudiziario procedente.

(1) *Questo articolo è stato inserito dall'art. 2, comma 3, lett. e), n. 38), del D.L. 14 marzo 2005, n. 35, convertito, con modificazioni, nella L. 14 maggio 2005, n. 80.*

A norma dell'art. 2, comma 3 sexies, dello stesso provvedimento, come sostituito dall'art. 1, comma 6, della L. 28 dicembre 2005, n. 263 e successivamente modificato dall'art. 39 quater del D.L. 30 dicembre 2005, n. 273, convertito, con modificazioni, nella L. 23 febbraio 2006, n. 51, questa disposizione entra in vigore il 1° marzo 2006 e si applica anche alle procedure esecutive pendenti a tale data di entrata in vigore. Quando tuttavia è già stata ordinata la vendita, la stessa ha luogo con l'osservanza delle norme precedentemente in vigore. L'intervento dei creditori non muniti di titolo esecutivo conserva efficacia se avvenuto prima del 1° marzo 2006.

609. (1) **Provvedimenti circa i mobili estranei all'esecuzione.** – Quando nell'immobile si trovano beni mobili che non debbono essere consegnati, l'ufficiale giudiziario intima alla parte tenuta al rilascio ovvero a colui al quale gli stessi risultano appartenere di asportarli, assegnandogli il relativo termine. Dell'intimazione si dà atto a verbale ovvero, se colui che è tenuto a provvedere all'asporto non è presente, mediante atto notificato a spese della parte istante. Quando entro il termine assegnato l'asporto non è stato eseguito l'ufficiale giudiziario, su richiesta e a spese della parte istante, determina, anche a norma dell'articolo 518, primo comma, il presumibile valore di realizzo dei beni ed indica le prevedibili spese di custodia e di asporto.

Quando può ritenersi che il valore dei beni è superiore alle spese di custodia e di asporto, l'ufficiale giudiziario, a spese della parte istante, nomina un custode e lo incarica di trasportare i beni in altro luogo. Il custode è nominato a norma dell'articolo 559. In difetto di istanza e di pagamento anticipato delle spese i beni, quando non appare evidente l'utilità del tentativo di vendita di cui al quinto comma, sono considerati abbandonati e l'ufficiale giudiziario, salva diversa richiesta della parte istante, ne dispone lo smaltimento o la distruzione.

Se sono rinvenuti documenti inerenti lo svolgimento di attività imprenditoriale o professionale che non sono stati asportati a norma del primo comma, gli stessi sono conservati, per un periodo di due anni, dalla parte istante ovvero, su istanza e previa anticipazione delle spese da parte di quest'ultima, da un custode nominato dall'ufficiale giudiziario. In difetto di istanza e di pagamento anticipato delle spese si applica, in quanto compatibile, quanto previsto dal secondo comma, ultimo periodo. Allo stesso modo si procede alla scadenza del termine biennale di cui al presente comma a cura della parte istante o del custode.

Decorso il termine fissato nell'intimazione di cui al primo comma, colui al quale i beni appartengono può, prima della vendita ovvero dello smaltimento o distruzione dei beni a norma del secondo comma, ultimo periodo, chiederne la consegna al giudice dell'esecuzione per il rilascio. Il giudice provvede con decreto e, quando accoglie l'istanza, dispone la riconsegna previa corresponsione delle spese e compensi per la custodia e per l'asporto.

Il custode provvede alla vendita senza incanto nelle forme previste per la vendita dei beni mobili pignorati, secondo le modalità disposte dal giudice dell'esecuzione per il rilascio. Si applicano, in quanto compatibili, gli articoli 530 e seguenti del codice di procedura civile. La somma ricavata è impiegata per il pagamento delle spese e dei compensi per la custodia, per l'asporto e per la vendita, liquidate dal giudice dell'esecuzione per il rilascio. Salvo che i beni appartengano ad un soggetto diverso da colui che è tenuto al rilascio, l'eventuale eccedenza è utilizzata per il pagamento delle spese di esecuzione liquidate a norma dell'articolo 611.

In caso di infruttuosità della vendita nei termini fissati dal giudice dell'esecuzione, si procede a norma del secondo comma, ultimo periodo.

Se le cose sono pignorate o sequestrate, l'ufficiale giudiziario dà immediatamente notizia dell'avvenuto rilascio al creditore su istanza del quale fu eseguito il pignoramento o il sequestro, e al giudice dell'esecuzione per l'eventuale sostituzione del custode.

(1) *Questo articolo è stato così sostituito dall'art. 19, comma 1, lett.* i), *del D.L. 12 settembre 2014, n. 132, convertito, con modificazioni, nella L. 10 novembre 2014, n. 162. A norma dell'art. 19, comma 6 bis, dello stesso provvedimento, tali disposizioni si applicano ai procedimenti iniziati a decorrere dal trentesimo giorno successivo alla data di entrata in vigore della legge di conversione del presente decreto (Suppl. ord. alla G.U. Serie gen. - n. 261 del 10 novembre 2014).*

610. Provvedimenti temporanei. – Se nel corso dell'esecuzione sorgono difficoltà che non ammettono dilazione, ciascuna parte può chiedere al giudice dell'esecuzione (16), anche verbalmente, i provvedimenti temporanei occorrenti (678^3; 183 att.).

NOTE OPERATIVE:

Finalità: I provvedimenti previsti dalla norma sono esplicazione dei poteri del giudice di direzione del processo esecutivo e sono finalizzati a risolvere non solo difficoltà materiali, ma anche dubbi o divergenze di opinioni in relazione allo svolgimento del processo e ciò anche per il

CODICE PROCEDURA CIVILE

tramite dell'interpretazione dello stesso titolo esecutivo (C.C. 18257/14).

611. Spese dell'esecuzione. – Nel processo verbale (126) l'ufficiale giudiziario specifica tutte le spese anticipate dalla parte istante.

La liquidazione delle spese (65²) è fatta dal giudice dell'esecuzione a norma degli articoli 91 e seguenti (¹) con decreto che costituisce titolo esecutivo (91, 474).

(¹) *Le parole: «a norma degli articoli 91 e seguenti» sono state inserite dall'art. 2, comma 3, lett. e), n. 39), del D.L. 14 marzo 2005, n. 35, convertito, con modificazioni, nella L. 14 maggio 2005, n. 80.*

A norma dell'art. 2, comma 3 sexies, dello stesso provvedimento, come sostituito dall'art. 1, comma 6, della L. 28 dicembre 2005, n. 263 e successivamente modificato dall'art. 39 quater del D.L. 30 dicembre 2005, n. 273, convertito, con modificazioni, nella L. 23 febbraio 2006, n. 51, questa disposizione entra in vigore il 1° marzo 2006 e si applica anche alle procedure esecutive pendenti a tale data di entrata in vigore. Quando tuttavia è già stata ordinata la vendita, la stessa ha luogo con l'osservanza delle norme precedentemente in vigore. L'intervento dei creditori non muniti di titolo esecutivo conserva efficacia se avvenuto prima del 1° marzo 2006.

Titolo IV
Dell'esecuzione forzata di obblighi di fare e di non fare

612. Provvedimento. – Chi intende ottenere l'esecuzione forzata di una sentenza (669 *duodecies*, 691) di condanna per violazione di un obbligo di fare o di non fare (2931, 2933 c.c.), dopo la notificazione del precetto (479), deve chiedere con ricorso al giudice dell'esecuzione (16, 26) che siano determinate le modalità dell'esecuzione.

Il giudice dell'esecuzione provvede sentita la parte obbligata. Nella sua ordinanza (134, 485) designa l'ufficiale giudiziario che deve procedere all'esecuzione e le persone che debbono provvedere al compimento dell'opera non eseguita o alla distruzione di quella compiuta.

613. Difficoltà sorte nel corso dell'esecuzione. – L'ufficiale giudiziario può farsi assistere dalla forza pubblica e deve chiedere al giudice dell'esecuzione le opportune disposizioni per eliminare le difficoltà che sorgono nel corso dell'esecuzione. Il giudice dell'esecuzione provvede con decreto (135).

614. Rimborso delle spese. – Al termine dell'esecuzione o nel corso di essa, la parte istante presenta al giudice dell'esecuzione la nota delle spese anticipate vistata dall'ufficiale giudiziario (90, 91, 95), con domanda di decreto d'ingiunzione (638).

Il giudice dell'esecuzione, quando riconosce giustificate le spese denunciate, provvede con decreto a norma dell'art. 642.

NOTE OPERATIVE:

Caratteristiche: Il procedimento monitorio previsto dalla norma è strumento idoneo a chiedere il rimborso anche delle sole spese di assistenza tecnica e rappresentanza legale sostenute per l'esecuzione di obblighi di fare o di non fare, con l'unica differenza che il decreto così pronunciato non può esser dotato della provvisoria esecutività a meno che non sussistano i presupposti generali previsti dall'art. 642 c.p.c. (C.C. 269/21).

Titolo IV *bis*
Delle misure di coercizione indiretta [1]

[1] *Questo Titolo è stato inserito dall'art. 13, comma 1, lett. cc ter), del D.L. 27 giugno 2015, n. 83, convertito, con modificazioni, nella L. 6 agosto 2015, n. 132, che ha altresì sostituito l'art. 614* bis *c.p.c. A norma dell'art. 23, comma 9, del medesimo provvedimento, tali disposizioni, si applicano anche ai procedimenti pendenti alla data di entrata in vigore del presente decreto. Quando è già stata disposta la vendita, la stessa ha comunque luogo con l'osservanza delle norme precedentemente in vigore e le disposizioni di cui al presente decreto si applicano quando il giudice o il professionista delegato dispone una nuova vendita.*

614 *bis*. [1] **Misure di coercizione indiretta.** – Con il provvedimento di condanna all'adempimento di obblighi diversi dal pagamento di somme di denaro il giudice, salvo che ciò sia manifestamente iniquo, fissa, su richiesta di parte, la somma di denaro dovuta dall'obbligato per ogni violazione o inosservanza successiva ovvero per ogni ritardo nell'esecuzione del provvedimento, determinandone la decorrenza. Il giudice può fissare un termine di durata della misura, tenendo conto della finalità della stessa e di ogni circostanza utile.

Se non è stata richiesta nel processo di cognizione, ovvero il titolo esecutivo è diverso da un provvedimento di condanna, la somma di denaro dovuta dall'obbligato per ogni violazione o inosservanza, o ritardo nell'esecuzione del provvedimento è determinata dal giudice dell'esecuzione, su ricorso dell'avente diritto, dopo la notificazione del precetto. Si applicano in quanto compatibili le disposizioni di cui all'articolo 612.

Il giudice determina l'ammontare della somma tenuto conto del valore della controversia, della natura della prestazione dovuta, del vantaggio per l'obbligato derivante dall'inadempimento, del danno quantificato o prevedibile e di ogni altra circostanza utile.

Il provvedimento costituisce titolo esecutivo per il pagamento delle somme dovute per ogni violazione, inosservanza o ritardo.

Le disposizioni di cui al presente articolo non si applicano alle controversie di lavoro subordinato pubblico o privato e ai rapporti di collaborazione coordinata e continuativa di cui all'articolo 409.

[1] *Questo articolo, aggiunto dall'art. 49, comma 1, della L. 18 giugno 2009, n. 69, è stato, da ultimo, così sostituito dall'art. 3, comma 44, del D.L.vo 10 ottobre 2022, n. 149, a decorrere dal 28 febbraio 2023.*

A norma dell'art. 35, comma 1, del medesimo decreto, le disposizioni si applicano ai procedimenti instaurati successivamente a tale data. Ai procedimenti pendenti alla data del 28 febbraio 2023 si applicano le disposizioni anteriormente vigenti.

Si riporta il testo precedente:

«Art. 614 bis (*) (Misure di coercizione indiretta) *Con il provvedimento di condanna all'adempimento di obblighi diversi dal pagamento di somme di denaro il giudice, salvo che ciò sia manifestamente iniquo, fissa, su richiesta di parte, la somma di denaro dovuta dall'obbligato per ogni violazione o inosservanza successiva ovvero per ogni ritardo nell'esecuzione del provvedimento. Il provvedimento di condanna costituisce titolo esecutivo per il pagamento delle somme dovute per ogni violazione o inosservanza. Le disposizioni di cui al presente comma non si applicano alle controversie di lavoro subordinato pubblico o privato e ai rapporti di collaborazione coordinata e continuativa di cui all'articolo 409.*

Il giudice determina l'ammontare della somma di cui al primo comma tenuto conto del valore della controversia, della natura della prestazione, del danno quantificato o prevedibile e di ogni altra circostanza utile.».

(*) *Questo articolo, aggiunto dall'art. 49, comma 1, della L. 18 giugno 2009, n. 69, a decorrere dal 4 luglio 2009, è stato così sostituito con l'inserimento del Titolo IV* bis, *dall'art. 13, comma 1, lett. cc ter), del D.L. 27 giugno 2015, n. 83, convertito, con modificazioni, nella L. 6 agosto 2015, n. 132. A norma dell'art. 23, comma 9, del medesimo provvedimento, tali disposizioni, si applicano anche ai procedimenti pendenti alla data di entrata in vigore del presente decreto. Quando è già stata disposta la vendita, la stessa ha comunque luogo con l'osservanza delle norme precedentemente in vigore e le disposizioni di cui al presente decreto si applicano quando il giudice o il professionista delegato dispone una nuova vendita.*

Titolo V
Delle opposizioni

Capo I
Delle opposizioni del debitore e del terzo assoggettato all'esecuzione

Sezione I
Delle opposizioni all'esecuzione

615. Forma dell'opposizione. – Quando si contesta il diritto della parte istante a procedere ad esecuzione forzata e questa non è ancora iniziata (491), si può proporre opposizione al precetto (480) con citazione (163) davanti al giudice competente per materia o valore (17) e per territorio a norma dell'art. 27. Il giudice, concorrendo gravi motivi, sospende su istanza di parte l'efficacia esecutiva del titolo [1] (480^3). Se il diritto della parte istante è contestato solo parzialmente, il giudice procede alla sospensione dell'efficacia esecutiva del titolo esclusivamente in relazione alla parte contestata [2].

Quando è iniziata l'esecuzione, l'opposizione di cui al comma precedente e quella che riguarda la pignorabilità dei beni (514 ss.; 545;

823 ss. c.c.) si propongono con ricorso (184 att.) al giudice dell'esecuzione stessa (484). Questi fissa con decreto l'udienza di comparizione delle parti davanti a sé (185 att.) e il termine perentorio (152, 630) per la notificazione del ricorso e del decreto (624). Nell'esecuzione per espropriazione l'opposizione è inammissibile se è proposta dopo che è stata disposta la vendita o l'assegnazione a norma degli articoli 530, 552, 569, salvo che sia fondata su fatti sopravvenuti ovvero l'opponente dimostri di non aver potuto proporla tempestivamente per causa a lui non imputabile ([3]).

([1]) *Questo periodo è stato aggiunto dall'art. 2, comma 3, lett. e), n. 40), del D.L. 14 marzo 2005, n. 35, convertito, con modificazioni, nella L. 14 maggio 2005, n. 80.*

A norma dell'art. 2, comma 3 sexies, dello stesso provvedimento, come sostituito dall'art. 1, comma 6, della L. 28 dicembre 2005, n. 263 e successivamente modificato dall'art. 39 quater del D.L. 30 dicembre 2005, n. 273, convertito, con modificazioni, nella L. 23 febbraio 2006, n. 51, questa disposizione entra in vigore il 1° marzo 2006 e si applica anche alle procedure esecutive pendenti a tale data di entrata in vigore. Quando tuttavia è già stata ordinata la vendita, la stessa ha luogo con l'osservanza delle norme precedentemente in vigore. L'intervento dei creditori non muniti di titolo esecutivo conserva efficacia se avvenuto prima del 1° marzo 2006.

([2]) *Questo periodo è stato aggiunto dall'art. 13, comma 1, lett. dd), del D.L. 27 giugno 2015, n. 83, convertito, con modificazioni, nella L. 6 agosto 2015, n. 132. A norma dell'art. 23, comma 9, del medesimo provvedimento, tali disposizioni, si applicano anche ai procedimenti pendenti alla data di entrata in vigore del presente decreto. Quando è già stata disposta la vendita, la stessa ha comunque luogo con l'osservanza delle norme precedentemente in vigore e le disposizioni di cui al presente decreto si applicano quando il giudice o il professionista delegato dispone una nuova vendita.*

([3]) *Questo periodo è stato aggiunto dall'art. 4, comma 1, lett. l), del D.L. 3 maggio 2016, n. 59, convertito, con modificazioni, nella L. 30 giugno 2016, n. 119. A norma dell'art. 4, comma 3, del medesimo provvedimento, tali disposizioni si applicano ai procedimenti di esecuzione forzata per espropriazione iniziati successivamente all'entrata in vigore della legge di conversione del presente decreto.*

NOTE OPERATIVE:

Integrazione: Nell'opposizione all'esecuzione promossa in base a titolo giudiziale, non è consentita un'integrazione, tanto meno extratestuale, del titolo esecutivo quando è univoca e certa la struttura del suo comando e quando gli ulteriori elementi potevano essere sottoposti, nel giudizio in cui quel titolo si è formato, al giudice della relativa cognizione e, se del caso, con l'idoneo gravame avverso il medesimo (C.C. 14234/23 – Conf. C.C. 1942/23).

616. ([1]) **Provvedimenti sul giudizio di cognizione introdotto dall'opposizione.** – Se competente per la causa è l'ufficio giudiziario al quale appartiene il giudice dell'esecuzione questi fissa un termine perentorio per l'introduzione del giudizio di merito secondo le modalità previste in ragione della materia e del rito, previa iscrizione a ruolo, a cura della parte interessata, osservati i termini a comparire di cui all'articolo 163 *bis*, o altri se previsti, ridotti della metà; altrimenti rimette la causa dinanzi all'ufficio giudiziario competente assegnando un termine perentorio per la riassunzione della causa. [La causa è decisa con sentenza non impugnabile] ([2]).

([1]) *Questo articolo è stato così sostituito a decorrere dal 1° marzo 2006, dall'art. 14 della L. 24 febbraio 2006, n. 52.*

Si riporta l'articolo precedente:

«616. (Provvedimenti del giudice dell'esecuzione). *Se competente per la causa è l'ufficio giudiziario al quale appartiene il giudice dell'esecuzione, questi provvede all'istruzione a norma degli artt. 175 ss.; altrimenti rimette le parti davanti all'ufficio giudiziario competente per valore, assegnando un termine perentorio per la riassunzione della causa*».

([2]) *Questo periodo è stato soppresso dall'art. 49, comma 2, della L. 18 giugno 2009, n. 69, a decorrere dal 4 luglio 2009.*

NOTE OPERATIVE:

Forma: L'introduzione del giudizio di merito nel termine perentorio fissato dal giudice dell'esecuzione deve avvenire con la forma dell'atto introduttivo richiesta in ragione del rito applicabile alla fase di cognizione piena; pertanto, nell'ipotesi in cui sia applicabile il rito ordinario, l'erronea instaurazione del processo con ricorso anziché con citazione è suscettibile di sanatoria a condizione che, nel suddetto termine, l'atto sia stato non solo depositato nella cancelleria del giudice ma anche notificato alla controparte (C.C. 6237/23).

Sezione II
Delle opposizioni agli atti esecutivi

617. Forma dell'opposizione. – Le opposizioni relative alla regolarità formale del titolo esecutivo (474) e del precetto (480, 605) si propongono, prima che sia iniziata l'esecuzione, davanti al giudice indicato nell'art. 480 terzo comma, con atto di citazione (163) da notificarsi nel termine perentorio (152, 630) di venti giorni ([1]) dalla notificazione del titolo esecutivo o del precetto (479).

Le opposizioni di cui al comma precedente che sia stato impossibile proporre prima dell'inizio dell'esecuzione (491) e quelle relative alla notificazione del titolo esecutivo e del precetto (479) e ai singoli atti di esecuzione si propongono con ricorso al giudice della esecuzione (484) nel termine perentorio (153) di venti giorni ([1]) dal primo atto di esecuzione, se riguardano il titolo esecutivo o il precetto, oppure dal giorno in cui i singoli atti furono compiuti (2929 c.c.; 668 c.n.).

(¹) *Le parole: «cinque giorni» sono state così sostituite dalle attuali: «venti giorni» dall'art. 2, comma 3, lett. e), n. 41), del D.L. 14 marzo 2005, n. 35, convertito, con modificazioni, nella L. 14 maggio 2005, n. 80.*

A norma dell'art. 2, comma 3 sexies, dello stesso provvedimento, come sostituito dall'art. 1, comma 6, della L. 28 dicembre 2005, n. 263 e successivamente modificato dall'art. 39 quater del D.L. 30 dicembre 2005, n. 273, convertito, con modificazioni, nella L. 23 febbraio 2006, n. 51, questa disposizione entra in vigore il 1° marzo 2006 e si applica anche alle procedure esecutive pendenti a tale data di entrata in vigore. Quando tuttavia è già stata ordinata la vendita, la stessa ha luogo con l'osservanza delle norme precedentemente in vigore. L'intervento dei creditori non muniti di titolo esecutivo conserva efficacia se avvenuto prima del 1° marzo 2006.

NOTE OPERATIVE:

Ambito di applicazione: Possono costituire oggetto dell'opposizione soltanto gli atti esecutivi – vale a dire gli atti di parte con cui viene dato impulso all'esecuzione forzata – oppure i provvedimenti ordinatori del giudice dell'esecuzione volti all'instaurazione, prosecuzione o definizione della procedura (che si distinguono dagli atti preparatori – privi di autonoma rilevanza come momento dell'azione esecutiva e tesi alla mera direzione del processo o all'interlocuzione con le parti o gli ausiliari – posti in essere nella prospettiva della futura adozione di altri e diversi provvedimenti), a condizione che abbiano incidenza dannosa nella sfera degli interessati, tale che sia configurabile un interesse effettivo ed attuale alla rimozione dei relativi effetti (C.C. 22724/23).

Termine: Il termine di decadenza è applicabile a tutte le contestazioni relative al quomodo dell'esecuzione forzata e non a quelle che investono la debenza del credito o il diritto del creditore di procedere in executivis (C.C. 28889/23)

618. Provvedimenti del giudice dell'esecuzione. – Il giudice dell'esecuzione (484) fissa con decreto (135) l'udienza di comparizione delle parti davanti a sé (185 att.) e il termine perentorio (152, 153) per la notificazione del ricorso e del decreto, e dà, nei casi urgenti, i provvedimenti opportuni.

All'udienza dà con ordinanza i provvedimenti che ritiene indilazionabili ovvero sospende la procedura. In ogni caso fissa un termine perentorio per l'introduzione del giudizio di merito, previa iscrizione a ruolo a cura della parte interessata, osservati i termini a comparire di cui all'articolo 163 *bis*, o altri se previsti, ridotti della metà. La causa è decisa con sentenza non impugnabile (¹).

Sono altresì non impugnabili le sentenze pronunciate a norma dell'articolo precedente primo comma (187 att.; 111² Cost.).

(¹) *Questo comma è stato così sostituito, a decorrere dal 1° marzo 2006, dall'art. 15 della L. 24 febbraio 2006, n. 52.*

Si riporta il comma precedente: «All'udienza dà con ordinanza i provvedimenti che ritiene indilazionabili e provvede a norma degli artt. 175 ss. all'istruzione della causa, che è poi decisa [dal collegio] con sentenza non impugnabile».

NOTE OPERATIVE:

Giudizio di merito: L'introduzione del giudizio di merito nel termine perentorio fissato dal giudice dell'esecuzione, all'esito dell'esaurimento della fase sommaria, deve avvenire, analogamente a quanto previsto dall'art. 616 c.p.c., con la forma dell'atto introduttivo richiesta nel rito con cui l'opposizione deve essere trattata, quanto alla fase di cognizione piena (C.C. 18348/19 – Conf. C.C. 31695/18; C.C. 31694/18).

Sezione III (¹)
Opposizioni in materia di lavoro, di previdenza e di assistenza

(¹) *Sezione aggiunta dall'art. 3 L. 11 agosto 1973, n. 533.*

618 *bis*. Procedimento. – Per le materie trattate nei capi I e II del titolo IV del libro secondo (409-447), le opposizioni all'esecuzione (615) e agli atti esecutivi (617) sono disciplinate dalle norme previste per le controversie individuali di lavoro in quanto applicabili (413 ss.).

Resta ferma la competenza del giudice dell'esecuzione (484) nei casi previsti dal secondo comma dell'art. 615 e dal secondo comma dell'art. 617 nei limiti dei provvedimenti assunti con ordinanza (¹).

(¹) *Le parole: «nei limiti dei provvedimenti assunti con ordinanza» sono state aggiunte, a decorrere dal 1° marzo 2006, dall'art. 16 della L. 24 febbraio 2006, n. 52.*

Capo II
Delle opposizioni di terzi

619. Forma dell'opposizione. – Il terzo che pretende avere la proprietà o altro diritto reale (832 ss., 942 ss. c.c.) sui beni pignorati può proporre opposizione con ricorso (184 att.) al giudice dell'esecuzione (484), prima che sia disposta la vendita o l'assegnazione dei beni (530^{3-5}, 539, 552 ss., 569^{3-4}, 589, 590; 669 c.n.).

Il giudice fissa con decreto (135) l'udienza di comparizione delle parti davanti a sé (183, 185 att.) e il termine perentorio (152, 153) per la notificazione del ricorso e del decreto (624).

Se all'udienza le parti raggiungono un accordo il giudice ne dà atto con ordinanza, adottando ogni altra decisione idonea ad assicurare, se del caso, la prosecuzione del processo esecutivo ovvero ad estinguere il processo, statuendo altresì in questo caso anche sulle spese; altrimenti il giudice provvede ai sensi dell'articolo 616 tenuto conto della competenza per valore (1).

(1) *Questo comma è stato così sostituito, a decorrere dal 1° marzo 2006, dall'art. 17 della L. 24 febbraio 2006, n. 52.*

Si riporta il comma precedente: «Se all'udienza le parti non raggiungono un accordo, il giudice, quando è competente l'ufficio giudiziario al quale appartiene, provvede all'istruzione della causa a norma degli artt. 175 ss.; altrimenti fissa all'opponente un termine perentorio per la riassunzione della causa davanti all'ufficio giudiziario competente per valore».

NOTE OPERATIVE:

Ambito di applicazione: Il terzo che assuma di essere proprietario dei beni pignorati può proporre – prima che venga disposta la vendita o l'assegnazione – l'opposizione di terzo, allo scopo di paralizzare l'azione esecutiva, nonché, dopo la vendita, l'opposizione tardiva, ex art. 620 c.p.c., finalizzata alla ripetizione della somma ricavata (C.C. 13362/23).

Oggetto del giudizio: Il giudizio di opposizione ha per oggetto l'accertamento dell'illegittimità dell'esecuzione in rapporto alla situazione giuridica soggettiva fatta valere dal terzo come prevalente rispetto al diritto del creditore procedente, senza necessariamente involgere l'esercizio di un'azione di rivendicazione o di accertamento della proprietà o di altro diritto reale (C.C. 3846/23).

620. Opposizione tardiva. – Se in seguito all'opposizione il giudice non sospende la vendita dei beni mobili (624) o se l'opposizione è proposta dopo la vendita stessa, i diritti del terzo si fanno valere sulla somma ricavata (509; 2920 ss. c.c.).

NOTE OPERATIVE:

Ambito di applicazione: Lo strumento dell'opposizione tardiva di terzo all'esecuzione non è utilizzabile dal terzo che assuma di essere l'effettivo titolare del credito pignorato, non essendo l'opposizione tardiva all'esecuzione compatibile con la struttura del pignoramento presso terzi in cui con l'adozione della ordinanza di assegnazione la procedura esecutiva è terminata (C.C. 2868/20).

621. Limiti della prova testimoniale. – Il terzo opponente non può provare con testimoni (244 ss.; 2721 ss. c.c.) il suo diritto sui beni mobili pignorati nella casa o nell'azienda del debitore (513[1]), tranne che l'esistenza del diritto stesso sia resa verosimile dalla professione (2222 ss. c.c.) o dal commercio (2802 ss. c.c.) esercitati dal terzo o dal debitore.

NOTE OPERATIVE:

Presunzione: La norma va interpretata in modo rigorosamente conforme al suo dettato letterale. In particolare essa impone un rigoroso regime probatorio al terzo che rivendichi la proprietà (o altro diritto reale) sui beni mobili pignorati nella casa o nell'azienda del debitore, perché di tali beni presume l'appartenenza all'esecutato (ovvero al fallito) in ragione del collegamento spaziale tra i beni e i detti luoghi (C.C. 1460/21).

622. (1) **Opposizione della moglie del debitore.** – L'opposizione non può essere proposta dalla moglie convivente col debitore, relativamente ai beni mobili pignorati nella casa di lui (513[1]), tranne che per i beni dotali (2) o per i beni che essa provi, con atto di data certa (177, 2699 ss., 2704 c.c.), esserle appartenuti prima del matrimonio o esserle pervenuti per donazione (769 ss. c.c.) o successione a causa di morte (459 c.c.).

(1) *La Corte costituzionale, con sentenza 15 dicembre 1967, n. 143, ha dichiarato la illegittimità costituzionale di questo articolo.*

(2) *La L. 19 maggio 1975, n. 151 ha soppresso la dote istituendo i regimi di comunione o separazione dei beni, di costituzione del fondo patrimoniale e di comunione convenzionale. A norma dell'art. 277, legge predetta, le doti costituite prima dell'entrata in vigore di essa continuano ad essere disciplinate dalle norme anteriori.*

Titolo VI
Della sospensione e dell'estinzione del processo

Capo I
Della sospensione del processo

623. Limiti della sospensione. – Salvo che la sospensione sia disposta dalla legge (295, 601) o dal giudice davanti al quale è impugnato il titolo esecutivo, l'esecuzione forzata non può essere sospesa che con provvedimento (296, 487, 624, 625[2]) del giudice dell'esecuzione (484).

NOTE OPERATIVE:

Funzione: La sospensione esterna dell'esecuzione non ha la medesima funzione cautelare, provvisoria e strumentale tipica della sospensione interna ma ha l'effetto, meramente conservativo, di impedire la progressione del procedimento esecutivo e, quindi, di precludere il compimento degli atti strumentali alla liquidazione del bene pignorato (C.C. 8799/23).

624. (1) **Sospensione per opposizione all'esecuzione.** – Se è proposta opposizione all'esecuzione a norma degli articoli 615 e 619, il giudice dell'esecuzione, concorrendo gravi motivi sospende, su istanza di parte, il processo con cauzione o senza.

Contro l'ordinanza che provvede sull'istanza di sospensione è ammesso reclamo ai sensi dell'articolo 669 *terdecies*. La disposizione di cui al periodo precedente si applica anche al provvedimento di cui all'articolo 512, secondo comma.

Nei casi di sospensione del processo disposta ai sensi del primo comma, se l'ordinanza non viene reclamata o viene confermata in sede di reclamo, e il giudizio di merito non è stato introdotto nel termine perentorio assegnato ai sensi dell'articolo 616, il giudice dell'esecuzione dichiara, anche d'ufficio, con ordinanza, l'estinzione del processo e ordina la cancellazione della trascrizione del pignoramento, provvedendo anche sulle spese. L'ordinanza è reclamabile ai sensi dell'articolo 630, terzo comma (2).

La disposizione di cui al terzo comma si applica, in quanto compatibile, anche al caso di sospensione del processo disposta ai sensi dell'articolo 618 (3).

(1) *L'originario articolo 624 è stato dapprima così sostituito dagli attuali articoli 624 e 624* bis *dall'art. 2, comma 3, lett. e), n. 42), del D.L. 14 marzo 2005, n. 35, convertito, con modificazioni, nella L. 14 maggio 2005, n. 80 e successivamente così modificato dall'art. 18 della L. 24 febbraio 2006, n. 52.*

A norma dell'art. 2, comma 3 sexies, *dello stesso D.L. n. 35/2005, come sostituito dall'art. 1, comma 6, della L. 28 dicembre 2005, n. 263 e successivamente modificato dall'art. 39* quater *del D.L. 30 dicembre 2005, n. 273, convertito, con modificazioni, nella L. 23 febbraio 2006, n. 51, questa disposizione entra in vigore il 1° marzo 2006 e si applica anche alle procedure esecutive pendenti a tale data di entrata in vigore. Quando tuttavia è già stata ordinata la vendita, la stessa ha luogo con l'osservanza delle norme precedentemente in vigore. L'intervento dei creditori non muniti di titolo esecutivo conserva efficacia se avvenuto prima del 1° marzo 2006.*

Si riporta l'articolo precedente:

«624. (Sospensione per opposizione all'esecuzione). *Se è proposta opposizione all'esecuzione a norma degli artt. 615 secondo comma e 619, il giudice dell'esecuzione, concorrendo gravi motivi, sospende, su istanza di parte, il processo con cauzione o senza.*

«Il giudice sospende totalmente o parzialmente la distribuzione della somma ricavata quando sorge una delle controversie previste nell'art. 512».

(2) *Questo comma è stato così sostituito dall'art. 49, comma 3, della L. 18 giugno 2009, n. 69, a decorrere dal 4 luglio 2009. Ai sensi dell'art. 58, comma 1, della predetta legge, tale disposizione si applica ai giudizi instaurati dopo la data della sua entrata in vigore.*

Il testo precedente così disponeva: «Nei casi di sospensione del processo disposta ai sensi del primo comma e non reclamata, nonché disposta o confermata in sede di reclamo, il giudice che ha disposto la sospensione dichiara con ordinanza non impugnabile l'estinzione del pignoramento, previa eventuale imposizione di cauzione e con salvezza degli atti compiuti, su istanza dell'opponente alternativa all'instaurazione del giudizio di merito sull'opposizione, fermo restando in tal caso il suo possibile promovimento da parte di ogni altro interessato; l'autorità dell'ordinanza di estinzione pronunciata ai sensi del presente comma non è invocabile in un diverso processo.».

(3) *Questo comma è stato così sostituito dall'art. 49, comma 3, della L. 18 giugno 2009, n. 69, a decorrere dal 4 luglio 2009. Ai sensi dell'art. 58, comma 1, della predetta legge, tale disposizione si applica ai giudizi instaurati dopo la data della sua entrata in vigore.*

Il testo precedente così disponeva: «La disposizione di cui al terzo comma si applica, in quanto compatibile, anche al caso di sospensione del processo disposta ai sensi degli articoli 618 e 618 bis*».*

NOTE OPERATIVE:

Estinzione: L'estinzione non ha lo scopo di evitare l'inutile protrarsi del processo esecutivo oltre ogni ragionevole durata, bensì un'evidente finalità deflattiva, connessa alla natura anticipatoria della sospensione (C.C. 12977/22).

624 *bis*. (1) Sospensione su istanza delle parti. – Il giudice dell'esecuzione, su istanza di tutti i creditori muniti di titolo esecutivo, può, sentito il debitore, sospendere il processo fino a ventiquattro mesi. L'istanza può essere proposta fino a venti giorni prima della scadenza del termine per il deposito delle offerte di acquisto o, nel caso in cui la vendita senza incanto non abbia luogo, fino a quindici giorni prima dell'incanto. Sull'istanza il giudice provvede nei dieci giorni successivi al deposito e, se l'accoglie, dispone, nei casi di cui al secondo comma dell'articolo 490, che, nei cinque giorni successivi al deposito del provvedimento di sospensione, lo stesso sia comunicato al custode e pubblicato sul sito Internet sul quale è pubblicata la relazione di stima. La sospensione è disposta per una sola volta. L'ordinanza è revocabile in qualsiasi momento, anche su richiesta di un solo creditore e sentito comunque il debitore.

Entro dieci giorni dalla scadenza del termine la parte interessata deve presentare istanza per la fissazione dell'udienza in cui il processo deve proseguire.

Nelle espropriazioni mobiliari l'istanza per la sospensione può essere presentata non oltre la fissazione della data di asporto dei beni ovvero fino a dieci giorni prima della data della vendita se questa deve essere espletata nei luoghi in cui essi sono custoditi e, comunque, prima della effettuazione della pubblicità commerciale ove disposta. Nelle espropriazioni presso terzi l'istanza di sospensione non può più essere proposta dopo la dichiarazione del terzo.

(1) *L'originario articolo 624 è stato così sostituito dagli attuali articoli 624 e 624* bis *dall'art. 2, comma 3, lett. e), n. 42), del D.L. 14 marzo 2005, n. 35, convertito, con modificazioni, nella L. 14 maggio 2005, n. 80, come modificato dall'art. 1, comma 3, lett.* s), *della L. 28 di-*

cembre 2005, n. 263 e da ultimo modificato dall'art. 18 della L. 24 febbraio 2006, n. 52.

A norma dell'art. 2, comma 3 sexies, dello stesso D.L. n. 35/2005 come sostituito dall'art. 1, comma 6, della L. 28 dicembre 2005, n. 263 e successivamente modificato dall'art. 39 quater del D.L. 30 dicembre 2005, n. 273, convertito, con modificazioni, nella L. 23 febbraio 2006, n. 51, questa disposizione entra in vigore il 1° marzo 2006 e si applica anche alle procedure esecutive pendenti a tale data di entrata in vigore. Quando tuttavia è già stata ordinata la vendita, la stessa ha luogo con l'osservanza delle norme precedentemente in vigore. L'intervento dei creditori non muniti di titolo esecutivo conserva efficacia se avvenuto prima del 1° marzo 2006.

NOTE OPERATIVE:

Riassunzione: Nell'ipotesi di sospensione dell'esecuzione su accordo delle parti, il termine di dieci giorni previsto per la riassunzione del processo ad opera della parte interessata si configura come un termine ad quem, con la conseguenza che il creditore ben può proporre l'istanza per la fissazione dell'udienza per la prosecuzione anche prima della scadenza del termine della sospensione, diretta pertanto alla riattivazione una volta che tale termine sia spirato (S.U. 7877/22).

625. Procedimento. – Sull'istanza per la sospensione del processo di cui all'articolo precedente, il giudice della esecuzione provvede con ordinanza (487), sentite le parti (485).

Nei casi urgenti, il giudice può disporre la sospensione con decreto (135), nel quale fissa l'udienza di comparizione delle parti. All'udienza provvede con ordinanza.

NOTE OPERATIVE:

Decreto: Il decreto emesso in via di urgenza esaurisce la sua funzione con l'emanazione della successiva ordinanza pronunciata nel contraddittorio delle parti, i cui effetti è volto ad assicurare; conseguentemente, quando la suddetta ordinanza è emanata, viene meno l'interesse all'impugnazione del decreto suddetto (C.C. 2042/10).

626. Effetti della sospensione. – Quando il processo è sospeso, nessun atto esecutivo può essere compiuto (298), salvo diversa disposizione del giudice dell'esecuzione (484).

NOTE OPERATIVE:

Ambito di applicazione: La norma si riferisce ai soli atti volti alla progressione della procedura (vale a dire alla liquidazione dei beni pignorati o alla distribuzione del ricavato), fermi restando gli atti già compiuti, con la conseguenza che il giudice dell'esecuzione, dopo la sospensione, può adottare atti di natura conservativa o di gestione attiva dei beni pignorati, dovendosi in ogni caso escludere che, qualora i cespiti siano stati locati prima del pignoramento, possa ordinarsi – per effetto della mera sospensione – la restituzione al locatore dei canoni comunque riscossi dal custode giudiziario (C.C. 8998/23).

627. (1) **Riassunzione.** – Il processo esecutivo deve essere riassunto con ricorso nel termine perentorio (152, 153, 630) fissato dal giudice dell'esecuzione (484) e, in ogni caso, non più tardi di sei mesi dal passaggio in giudicato (324) della sentenza di primo grado o dalla comunicazione (133) della sentenza di appello che rigetta l'opposizione (481; 648, 1059 c.n.).

(1) *Articolo così sostituito dall'art. 49 della L. 14 luglio 1950, n. 581.*

NOTE OPERATIVE:

Termine: Il termine per la riassunzione del processo esecutivo, sospeso a seguito della proposizione di un'opposizione all'esecuzione, decorre dal passaggio in giudicato della sentenza di rigetto dell'opposizione (C.C. 29188/21).

628. Sospensione del termine d'efficacia del pignoramento. – L'opposizione ai singoli atti esecutivi (617) sospende il decorso del termine previsto nell'art. 497.

Capo II
Dell'estinzione del processo

629. Rinuncia. – Il processo si estingue (306 ss.) se, prima dell'aggiudicazione (537, 581, 583) o dell'assegnazione (503 ss.), il creditore pignorante e quelli intervenuti muniti di titolo esecutivo (500, 526, 530 [5], 564, 566) rinunciano agli atti.

Dopo la vendita (503) il processo si estingue se rinunciano agli atti tutti i creditori concorrenti (499).

In quanto possibile, si applicano le disposizioni dell'art. 306.

NOTE OPERATIVE:

Presupposti: L'estinzione del processo esecutivo si verifica per effetto della sola rinuncia dell'unico creditore, avendo il relativo provvedimento del giudice dell'esecuzione natura meramente dichiarativa, con la conseguenza che, dopo il deposito dell'atto di rinuncia, non è più ammesso l'intervento di altri creditori (C.C. 5921/23).

630. (1) **Inattività delle parti.** – Oltre che nei casi espressamente previsti dalla legge (562, 629, 631), il processo esecutivo si estingue quando le parti non lo proseguono o non lo riassumono nel termine perentorio stabilito dalla legge (497, 627) o dal giudice (512, 547, 548, 549, 616, 619, 627).

L'estinzione opera di diritto ed è dichiarata, anche d'ufficio, con ordinanza del giudice dell'esecuzione, non oltre la prima udienza successiva al verificarsi della stessa. L'ordinanza è comunicata a cura del cancelliere, se è pronunciata fuori dall'udienza (2).

Contro l'ordinanza che dichiara l'estinzione ovvero rigetta l'eccezione relativa è ammesso reclamo da parte del debitore o del creditore pignorante ovvero degli altri creditori intervenuti nel termine perentorio di venti giorni dall'udienza o dalla comunicazione dell'ordinanza e ([3]) con l'osservanza delle forme di cui all'art. 178 terzo, quarto e quinto comma. Il collegio provvede in camera di consiglio con sentenza (130 att.) ([4]) ([5]).

([1]) *Articolo così sostituito dall'art. 12 del D.P.R. 17 ottobre 1950, n. 857.*

([2]) *Questo comma è stato così sostituito dall'art. 49, comma 4, della L. 18 giugno 2009, n. 69, a decorrere dal 4 luglio 2009. Ai sensi dell'art. 58, comma 1, della predetta legge, tale disposizione si applica ai giudizi instaurati dopo la data della sua entrata in vigore.*

Il testo precedente così disponeva: «L'estinzione opera di diritto, ma deve essere eccepita dalla parte interessata prima di ogni altra sua difesa, salvo il disposto dell'articolo successivo. L'estinzione è dichiarata con ordinanza dal giudice dell'esecuzione, la quale è comunicata a cura del cancelliere, se è pronunciata fuori dell'udienza.».

([3]) *Le parole da: «da parte del debitore ...» fino a: «... comunicazione dell'ordinanza e» sono state inserite dall'art. 2, comma 3, lett. e), n. 43), del D.L. 14 marzo 2005, n. 35, convertito, con modificazioni, nella L. 14 maggio 2005, n. 80.*

A norma dell'art. 2, comma 3 sexies, dello stesso provvedimento, come sostituito dall'art. 1, comma 6, della L. 28 dicembre 2005, n. 263 e successivamente modificato dall'art. 39 quater del D.L. 30 dicembre 2005, n. 273, convertito, con modificazioni, nella L. 23 febbraio 2006, n. 51, questa disposizione entra in vigore il 1° marzo 2006 e si applica anche alle procedure esecutive pendenti a tale data di entrata in vigore. Quando tuttavia è già stata ordinata la vendita, la stessa ha luogo con l'osservanza delle norme precedentemente in vigore. L'intervento dei creditori non muniti di titolo esecutivo conserva efficacia se avvenuto prima del 1° marzo 2006.

([4]) *La Corte costituzionale, con sentenza 17 dicembre 1981, n. 195, ha dichiarato l'illegittimità costituzionale dell'ultimo comma, nella parte in cui non estende, in relazione all'art. 629, il reclamo previsto nell'art. 630, ultimo comma stesso, all'ordinanza del giudice dell'esecuzione dichiarativa dell'estinzione del processo esecutivo per rinuncia agli atti.*

([5]) *La Corte costituzionale, con sentenza n. 45 del 17 marzo 2023, ha dichiarato l'illegittimità costituzionale di questo comma, nella parte in cui stabilisce che, contro l'ordinanza che dichiara l'estinzione del processo esecutivo ovvero rigetta la relativa eccezione, è ammesso reclamo al collegio con l'osservanza delle forme di cui all'art. 178, commi quarto e quinto, cod. proc. civ., senza prevedere che del collegio non possa far parte il giudice che ha emanato il provvedimento reclamato.*

NOTE OPERATIVE:

Reclamo: Tutti i provvedimenti del giudice dell'esecuzione in tema di estinzione sono assoggettati esclusivamente al reclamo a prescindere dal fatto che essi abbiano accolto o respinto la relativa istanza proposta dal debitore, ovvero che il giudice abbia omesso di pronunziarsi su di essa (C.C. 10238/22). Il reclamo contro il provvedimento del giudice dell'esecuzione che statuisce sull'estinzione del processo esecutivo introduce un autonomo giudizio di cognizione (C.C. 7877/22).

631. ([1]) **Mancata comparizione all'udienza.** – Se nel corso del processo esecutivo nessuna delle parti si presenta all'udienza, fatta eccezione per quella in cui ha luogo la vendita, ([2]) il giudice dell'esecuzione fissa un'udienza successiva di cui il cancelliere dà comunicazione (136) alle parti.

Se nessuna delle parti si presenta alla nuova udienza, il giudice dichiara con ordinanza l'estinzione del processo esecutivo.

Si applica l'ultimo comma dell'articolo precedente (130 att.).

([1]) *Articolo così sostituito dall'art. 12 del D.P.R. 17 ottobre 1950, n. 857.*

([2]) *Ai sensi dell'art. 2, comma 3, lett. e), n. 43 bis, del D.L. 14 marzo 2005, n. 35, convertito, con modificazioni, nella L. 14 maggio 2005, n. 80, aggiunto dall'art. 1, comma 3, lett. t), della L. 28 dicembre 2005, n. 263, dopo le parole: «all'udienza» sono inserite le seguenti: «, fatta eccezione per quella in cui ha luogo la vendita,».*

A norma dell'art. 2, comma 3 sexies, dello stesso provvedimento, come sostituito dall'art. 1, comma 6, della L. 28 dicembre 2005, n. 263 e successivamente modificato dall'art. 39 quater del D.L. 30 dicembre 2005, n. 273, convertito, con modificazioni, nella L. 23 febbraio 2006, n. 51, questa disposizione entra in vigore il 1° marzo 2006 e si applica anche alle procedure esecutive pendenti a tale data di entrata in vigore. Quando tuttavia è già stata ordinata la vendita, la stessa ha luogo con l'osservanza delle norme precedentemente in vigore. L'intervento dei creditori non muniti di titolo esecutivo conserva efficacia se avvenuto prima del 1° marzo 2006.

631 *bis*. ([1]) **Omessa pubblicità sul portale delle vendite pubbliche.** – Se la pubblicazione sul portale delle vendite pubbliche non è effettuata nel termine stabilito dal giudice per causa imputabile al creditore pignorante o al creditore intervenuto munito di titolo esecutivo, il giudice dichiara con ordinanza l'estinzione del processo esecutivo e si applicano le disposizioni di cui all'articolo 630, secondo e terzo comma. La disposizione di cui al presente articolo non si applica quando la pubblicità sul portale non è stata effettuata perché i sistemi informatici del dominio giustizia non sono funzionanti, a condizione che tale circostanza sia attestata a norma dell'articolo 161 *quater* delle disposizioni per l'attuazione del presente codice.

([1]) *Questo articolo è stato inserito dall'art. 13, comma 1, lett. ee), del D.L. 27 giugno 2015, n. 83, convertito, con modificazioni, nella L. 6 agosto 2015, n. 132.*

CODICE PROCEDURA CIVILE

A norma dell'art. 23, comma 2, del medesimo provvedimento, tali disposizioni, si applicano decorsi trenta giorni dalla pubblicazione in Gazzetta Ufficiale *delle specifiche tecniche previste dall'articolo 161* quater *delle disposizioni per l'attuazione del codice di procedura civile.*

NOTE OPERATIVE:

Presupposto: La estinzione del procedimento esecutivo è conseguenza tipizzata dell'inadempimento, colpevole, dell'onere di dare pubblicità all'avviso entro un termine individuato (C.C. 8113/22).

632. Effetti dell'estinzione del processo. – Con l'ordinanza che pronuncia l'estinzione è disposta sempre la cancellazione della trascrizione del pignoramento. Con la medesima ordinanza il giudice dell'esecuzione provvede alla liquidazione delle spese sostenute dalle parti, se richiesto, e alla liquidazione dei compensi spettanti all'eventuale delegato ai sensi dell'articolo 591 *bis* (1).

Se l'estinzione del processo esecutivo si verifica prima dell'aggiudicazione o dell'assegnazione (503 ss.), essa rende inefficaci gli atti compiuti (172 att.; 2945 c.c.); se avviene dopo l'aggiudicazione o l'assegnazione, la somma ricavata (509) è consegnata al debitore.

Avvenuta l'estinzione del processo, il custode (65 ss., 520, 559) rende al debitore il conto (560), che è discusso e chiuso davanti al giudice dell'esecuzione (593).

Si applica la disposizione dell'art. 310 ultimo comma.

(1) *L'attuale primo comma è stato premesso all'originario primo comma dall'art. 12 della L. 3 agosto 1998, n. 302.*

NOTE OPERATIVE:

Spese: La norma consente la liquidazione in favore del creditore solo se debitore e creditore di comune accordo richiedano, con l'estinzione, l'accollo totale o parziale delle spese a carico del primo, mentre, se l'estinzione è richiesta dal solo creditore, il giudice non può procedere alla liquidazione in suo favore (C.C. 19638/14).

Libro IV
Dei procedimenti speciali

Titolo I
Dei procedimenti sommari

Capo I
Del procedimento d'ingiunzione

633. Condizioni di ammissibilità. – Su domanda (638, 640) di chi è creditore di una somma liquida di danaro o di una determinata quantità di cose fungibili (639), o di chi ha diritto alla consegna di una cosa mobile determinata, il giudice competente (637) pronuncia ingiunzione di pagamento o di consegna:

1) se del diritto fatto valere si dà prova scritta (634, 635; 2699 ss., 2702 ss. c.c.; 63 att. c.c.);

2) se il credito riguarda onorari per prestazioni giudiziali o stragiudiziali o rimborso di spese fatte da avvocati, procuratori (91 ss.), cancellieri (43 att.), ufficiali giudiziari o da chiunque altro ha prestato la sua opera (61, 65, 68, 522; 52, 53 att.) in occasione di un processo (636, 637);

3) se il credito riguarda onorari, diritti o rimborsi spettanti ai notai a norma della loro legge professionale, oppure ad altri esercenti una libera professione o arte, per la quale esiste una tariffa legalmente approvata (636).

L'ingiunzione può essere pronunciata anche se il diritto dipende da una controprestazione o da una condizione, purché il ricorrente offra elementi atti a far presumere l'adempimento della controprestazione o l'avveramento della condizione (1353, 1460 c.c.).

[L'ingiunzione non può essere pronunciata se la notificazione all'intimato di cui all'art. 643 deve avvenire fuori dalla Repubblica o dei territori soggetti alla sovranità italiana] (142) [1].

[1] *Questo comma è stato abrogato dall'art. 9, comma 1, del D.L.vo 9 ottobre 2002, n. 231. A norma dell'art. 11, comma 1, del citato D.L.vo le disposizioni del medesimo decreto non si applicano ai contratti conclusi prima dell'8 agosto 2002.*

NOTE OPERATIVE:

Requisiti: I requisiti di forma e contenuto a rilevanza variabile – ex art. 156, comma 2, c.p.c. – da cui dipende la validità del ricorso per decreto ingiuntivo, sono quelli necessari a dedurre il credito inquadrandolo in una chiara causa petendi che sia riconducibile alle condizioni di ammissibilità fissate dall'art. 633 c.p.c. per il procedimento ingiuntivo, che ha carattere sommario per antonomasia (C.C. 7786/13).

634. Prova scritta. – Sono prove scritte idonee a norma del n. 1 dell'articolo precedente le polizze e promesse unilaterali per scrittura privata (1988, 2702 ss. c.c.) e i telegrammi, anche se mancanti dei requisiti prescritti dal codice civile (2705 c.c.).

Per i crediti relativi a somministrazioni di merci e di danaro nonché per prestazioni di servizi [1] fatte da imprenditori che esercitano un'attività commerciale (2195 c.c.) e da lavoratori autonomi [2], anche a persone che non esercitano tale attività, sono altresì prove scritte idonee gli estratti autentici delle scritture contabili di cui agli artt. 2214 ss. c.c. (2709 ss. c.c.), purché bollate e vidimate nelle forme di legge e regolarmente tenute, nonché gli estratti autentici delle scritture contabili prescritte dalle leggi tributarie, quando siano tenute con l'osservanza delle norme stabilite per tali scritture [3].

[1] *Le parole: «nonché per prestazioni di servizi» sono state inserite dall'art. 8, comma 3, del D.L. 18 ottobre 1995, n. 432, convertito, con modificazioni, nella L. 20 dicembre 1995, n. 534.*

[2] *Le parole: «e da lavoratori autonomi» sono state inserite dall'art. 15, comma 1, lett.* b), *della L. 22 maggio 2017, n. 81.*

[3] *Comma così modificato con R.D. 20 aprile 1942, n. 504.*

NOTE OPERATIVE:

Fattura: La fattura è titolo idoneo per l'emissione di un decreto ingiuntivo, in favore di chi la ha emessa, ma nell'eventuale giudizio di opposizione la stessa non costituisce prova dell'esistenza del credito, che dovrà essere dimostrato con gli ordinari mezzi di prova dall'opposto (C.C. 5071/09).

635. Prova scritta per i crediti dello Stato e degli enti pubblici. – Per i crediti dello Stato, o di enti o istituti soggetti a tutela o vigilanza dello Stato, sono prove idonee anche i libri o registri della pubblica amministrazione, quando un funzionario all'uopo autorizzato o un notaio ne attesta la regolare tenuta a norma delle leggi e dei regolamenti. Restano salve le disposizioni delle leggi sulla riscossione delle entrate patrimoniali dello Stato o degli enti o istituti sopra indicati.

Per i crediti derivanti da omesso versamento agli enti di previdenza e di assistenza dei contributi relativi ai rapporti indicati nell'art. 459, sono altresì prove idonee gli accertamenti eseguiti dall'ispettorato corporativo e dai funzionari degli enti.

636. Parcella delle spese e prestazioni. – Nei casi previsti nei nn. 2 e 3 dell'art. 633, la domanda (638) deve essere accompagnata dalla parcella delle spese e prestazioni, munita della sottoscrizione del ricorrente e corredata dal parere della competente associazione professionale. Il parere non occorre se l'ammontare delle spese e delle prestazioni è determinato in base a tariffe obbligatorie.

Il giudice, se non rigetta il ricorso a norma dell'art. 640, deve attenersi al parere nei limiti della somma domandata, salva la correzione degli errori materiali.

NOTE OPERATIVE:

Tariffe professionali: L'abrogazione del sistema delle tariffe professionali disposta dal D.L. n. 1 del 2012, conv. dalla L. n. 27 del 2012, non ha determinato l'abrogazione della norma, sicché l'avvocato che intenda agire per la richiesta dei compensi per prestazioni professionali può continuare ad avvalersi – anche nel vigore della nuova disciplina – del procedimento per ingiunzione ponendo a base del ricorso la parcella delle spese e prestazioni, sottoscritta e corredata del parere della competente associazione professionale, rilasciato sulla base dei parametri per i compensi professionali di cui alla L. n. 247 del 2012 e relativi decreti ministeriali attuativi (19427/21).

Parere C.d.O.: Il parere del consiglio dell'ordine sulla parcella attesta unicamente la conformità della stessa alla tariffa professionale, ma non prova, in caso di contestazione del debitore, l'effettiva esecuzione delle prestazioni in essa indicate (C.C. 26065/16).

637. (1) Giudice competente. – Per l'ingiunzione è competente il giudice di pace o, in composizione monocratica, il tribunale che sarebbe competente per la domanda proposta in via ordinaria.

Per i crediti previsti nel n. 2 dell'articolo 633 è competente anche l'ufficio giudiziario che ha deciso la causa alla quale il credito si riferisce.

Gli avvocati o i notai possono altresì proporre domanda d'ingiunzione contro i propri clienti al giudice competente per valore del luogo ove ha sede il consiglio dell'ordine al cui albo sono iscritti o il consiglio notarile dal quale dipendono.

(1) *Questo articolo è stato così sostituito dall'art. 100 del D.L.vo 19 febbraio 1998, n. 51, recante l'istituzione del giudice unico, a decorrere dal 2 giugno 1999. Si riporta il testo previgente:*

«637. (Giudice competente). *Per l'ingiunzione è competente il giudice di pace, il pretore o il presidente del tribunale, che sarebbe competente per la domanda proposta in via ordinaria.*

«Per i crediti previsti nel n. 2 dell'art. 633 è competente anche il capo dell'ufficio giudiziario che ha deciso la causa alla quale il credito si riferisce.

«Gli avvocati e procuratori possono altresì proporre domanda d'ingiunzione contro i propri clienti al giudice competente per valore del luogo dove ha sede l'associazione professionale alla quale sono iscritti; e i notai possono proporla, osservate le disposizioni relative alla competenza per valore, al pretore del mandamento in cui si trova il loro ufficio o al presidente del tribunale nella cui circoscrizione ha sede il sindacato dal quale dipendono».

638. Forma della domanda e deposito. – La domanda d'ingiunzione si propone con ricorso contenente, oltre i requisiti indicati nell'art. 125, l'indicazione delle prove che si producono (633). Il ricorso deve contenere altresì l'indicazione del procuratore del ricorrente oppure, quando è ammessa la costituzione di persona (82, 86, 413, 436, 462), la dichiarazione di residenza (43 c.c.) o l'elezione di domicilio (47 c.c.) nel comune dove ha sede il giudice adito (637; 188 att.).

Se manca l'indicazione del procuratore oppure la dichiarazione di residenza o l'elezione di domicilio, le notificazioni al ricorrente possono essere fatte presso la cancelleria (645).

Il ricorso è depositato in cancelleria insieme con i documenti che si allegano; questi non possono essere ritirati fino alla scadenza del termine stabilito nel decreto d'ingiunzione a norma dell'art. 641.

NOTE OPERATIVE:

Mandato: In tema di procedimento per decreto ingiuntivo, sulla validità della notificazione del ricorso, sottoscritto dal difensore munito di mandato di data certa anteriore, non incide la mancata menzione di tale mandato nel ricorso stesso, trattandosi di formalità non prescritta dalla norma (C.C. 23325/17).

639. Ricorso per consegna di cose fungibili. – Quando la domanda riguarda la consegna di una determinata quantità di cose fungibili, il ricorrente deve dichiarare la somma di danaro che è disposto ad accettare in mancanza della prestazione in natura, a definitiva liberazione dell'altra parte. Il giudice, se ritiene la somma dichiarata non proporzionata, prima di pronunciare sulla domanda può invitare il ricorrente a produrre un certificato della Camera di commercio, industria, artigianato e agricoltura.

640. Rigetto della domanda. – Il giudice, se ritiene insufficientemente giustificata la domanda, dispone che il cancelliere ne dia notizia (136) al ricorrente, invitandolo a provvedere alla prova.

Se il ricorrente non risponde all'invito o non ritira il ricorso oppure se la domanda non è accoglibile, il giudice la rigetta con decreto motivato (135).

Tale decreto non pregiudica la riproposizione della domanda, anche in via ordinaria.

NOTE OPERATIVE:

Clausole abusive: Il giudice del giudizio monitorio deve rigettare il ricorso qualora rilevi clausole abusive apposte nel contratto azionato nel decreto ingiuntivo e, a tal fine: a) deve svolgere, d'ufficio, il controllo sull'eventuale carattere abusivo delle clausole del contratto stipulato tra professionista e consumatore in relazione all'oggetto della controversia; b) a tal fine procede in base agli elementi di fatto e di diritto in suo possesso, integrabili, ai sensi dell'art. 640 c.p.c., con il potere istruttorio d'ufficio, da esercitarsi in armonia con la struttura e funzione del procedimento d'ingiunzione (S.U. 9479/23).

641. Accoglimento della domanda. – Se esistono le condizioni previste nell'art. 633, il giudice, con decreto motivato da emettere entro trenta giorni dal deposito del ricorso (1), ingiunge all'altra parte di pagare la somma o di consegnare la cosa o la quantità di cose chieste o invece di queste la somma di cui all'art. 639 nel termine di quaranta giorni (2), con l'espresso avvertimento che nello stesso termine può essere fatta opposizione a norma degli articoli seguenti e che, in mancanza di opposizione, si procederà a esecuzione forzata (483 ss.).

Quando concorrono giusti motivi, il termine può essere ridotto sino a dieci giorni oppure aumentato a sessanta (3) (154). Se l'intimato risiede in uno degli altri Stati dell'Unione europea, il termine è di cinquanta giorni e può essere ridotto fino a venti giorni. Se l'intimato risiede in altri Stati, il termine è di sessanta giorni e, comunque, non può essere inferiore a trenta né superiore a centoventi (4).

Nel decreto, eccetto per quello emesso sulla base di titoli che hanno già efficacia esecutiva secondo le vigenti disposizioni, il giudice liquida le spese e le competenze (91) e ne ingiunge il pagamento (5).

(1) *Le parole: «da emettere entro trenta giorni dal deposito del ricorso» sono state aggiunte dall'art. 9, comma 2, lett. a), del D.L.vo 9 ottobre 2002, n. 231. A norma dell'art. 11, comma 1, del citato D.L.vo le disposizioni del medesimo decreto non si applicano ai contratti conclusi prima dell'8 agosto 2002.*

(2) *Le originarie parole «venti giorni» sono state così sostituite dalle attuali per effetto dell'art. 8, comma 1, del D.L. 18 ottobre 1995, n. 432, convertito, con modificazioni, nella L. 20 dicembre 1995, n. 534.*

(3) *Il primo periodo di questo comma è stato così sostituito dall'art. 8, comma 2, del D.L. 18 ottobre 1995, n. 432, convertito, con modificazioni, nella L. 20 dicembre 1995, n. 534.*

(4) *L'ultimo periodo di questo comma è stato così sostituito dall'art. 9, comma 2, lett. b), del D.L.vo 9 ottobre 2002, n. 231. A norma dell'art. 11, comma 1, del citato D.L.vo le disposizioni del medesimo decreto non si applicano ai contratti conclusi prima dell'8 agosto 2002.*

(5) *Comma così sostituito dall'art. 2 della L. 10 maggio 1976, n. 358.*

La Corte costituzionale, con sentenza n. 303 del 31 dicembre 1986, ha dichiarato l'illegittimità costituzionale del citato art. 2 L. 358/76, relativamente alla frase «eccetto per quello emesso sulla base di titoli che hanno già efficacia esecutiva secondo le vigenti disposizioni».

NOTE OPERATIVE:

Termini: Il potere, attribuito al giudice, di ridurre o aumentare il termine entro il quale il debitore può proporre opposizione al decreto ingiuntivo se concorrono giusti motivi non si sottrae all'obbligo di motivazione imposto per l'emissione del provvedimento di ingiunzione (C.C. 23418/22 – Conf. C.C. 20561/17).

642. Esecuzione provvisoria. – Se il credito è fondato su cambiale, assegno bancario, assegno circolare, certificato di liquidazione di borsa, o su atto ricevuto da notaio o da altro pubblico ufficiale autorizzato (2699 ss. c.c.), il giudice, su istanza del ricorrente, ingiunge al debitore di pagare o consegnare senza dilazione, autorizzando in mancanza l'esecuzione provvisoria del decreto e fissando il termine ai soli effetti dell'opposizione.

L'esecuzione provvisoria può essere concessa anche se vi è pericolo di grave pregiudizio nel ritardo, ovvero se il ricorrente produce documentazione sottoscritta dal debitore, comprovante il diritto fatto valere, [ma] (1) il giudice può imporre al ricorrente una cauzione (119, 478, 648, 649).

In tali casi il giudice può anche autorizzare l'esecuzione senza l'osservanza del termine di cui all'art. 482 (649).

(1) *Ai sensi dell'art. 2, comma 1, lett. s), della L. 28 dicembre 2005, n. 263, dopo le parole: «grave pregiudi-*

zio nel ritardo,», sono inserite le seguenti: «ovvero se il ricorrente produce documentazione sottoscritta dal debitore, comprovante il diritto fatto valere» e la parola: «ma» è soppressa.

Secondo quanto dispone l'art. 2, comma 4, del medesimo provvedimento, come modificato dall'art. 39 quater del D.L. 30 dicembre 2005, n. 273, convertito, con modificazioni, nella L. 23 febbraio 2006, n. 51, questa disposizione entra in vigore il 1° marzo 2006 e si applica ai procedimenti instaurati successivamente a tale data.

NOTE OPERATIVE:

Contenuto: Il decreto ingiuntivo provvisoriamente esecutivo costituisce titolo perfettamente valido per l'esecuzione forzata, essendo sufficiente che l'atto di precetto, successivamente notificato al debitore, contenga gli estremi della notificazione del decreto ingiuntivo stesso (C.C. 8870/22).

643. Notificazione del decreto. – L'originale del ricorso e del decreto rimane depositato in cancelleria.

Il ricorso e il decreto sono notificati per copia autentica a norma degli artt. 137 ss.

La notificazione determina la pendenza della lite (39).

644. Mancata notificazione del decreto. – Il decreto d'ingiunzione diventa inefficace (188 att.) qualora la notificazione (643) non sia eseguita nel termine di sessanta giorni (1) dalla pronuncia, se deve avvenire nel territorio della Repubblica [escluse le province libiche], e di novanta giorni negli altri casi; ma la domanda può essere riproposta.

(1) *Le originarie parole: «quaranta giorni» sono state così sostituite dalle attuali per effetto dell'art. 8, comma 3 bis del D.L. 18 ottobre 1995, n. 432, convertito, con modificazioni, nella L. 20 dicembre 1995, n. 534.*

NOTE OPERATIVE:

Inesistenza: L'inesistenza della notificazione di un decreto ingiuntivo è configurabile, in base ai principi di strumentalità delle forme degli atti processuali e del giusto processo, nel caso in cui la relativa attività sia del tutto mancante ovvero sia priva degli elementi costitutivi essenziali idonei a rendere riconoscibile un atto qualificabile come notificazione (C.C. 14692/23).

645. (1) Opposizione. – L'opposizione si propone davanti all'ufficio giudiziario al quale appartiene il giudice che ha emesso il decreto (637, 641), con atto di citazione (163) notificato al ricorrente nei luoghi di cui all'art. 638. Contemporaneamente l'ufficiale giudiziario deve notificare avviso dell'opposizione al cancelliere affinché ne prenda nota sull'originale del decreto.

In seguito all'opposizione il giudizio si svolge secondo le norme del procedimento ordinario davanti al giudice adito [; ma i termini di comparizione sono ridotti a metà] (2) (163 *bis*, 166, 313, 318, 415, 442). L'anticipazione di cui all'articolo 163 *bis*, terzo comma, deve essere disposta fissando l'udienza per la comparizione delle parti non oltre trenta giorni dalla scadenza del termine minimo a comparire (3).

(1) *Articolo così sostituito dall'art. 13 del D.P.R. 17 ottobre 1950, n. 857.*

(2) *Le parole fra parentesi quadrate sono state soppresse dall'art. 1 della L. 29 dicembre 2011, n. 218.*

(3) *Questo periodo è stato aggiunto dall'art. 78, comma 1, lett. a), del D.L. 21 giugno 2013, n. 69, convertito, con modificazioni, nella L. 9 agosto 2013, n. 98. A norma dell'art. 78, comma 2, del medesimo decreto, tali disposizioni si applicano ai procedimenti instaurati, a norma dell'articolo 643, ultimo comma, del codice di procedura civile, successivamente all'entrata in vigore del predetto decreto.*

NOTE OPERATIVE:

Natura giuridica: L'opposizione non è una actio nullitatis o un'azione di impugnativa nei confronti dell'emessa ingiunzione, ma un ordinario giudizio sulla domanda del creditore che si svolge in prosecuzione del procedimento monitorio, non quale giudizio autonomo, ma come fase ulteriore – anche se eventuale – del procedimento iniziato con il ricorso per ottenere il decreto ingiuntivo (S.U. 927/22).

Domanda: L'opposizione a decreto ingiuntivo instaura un ordinario giudizio di cognizione, nel quale il giudice non deve limitarsi ad esaminare se l'ingiunzione sia stata legittimamente emessa ma deve procedere ad un'autonoma valutazione di tutti gli elementi offerti sia dal creditore, per dimostrare la fondatezza della pretesa fatta valere con il ricorso, sia dell'opponente per contestarla; a tal fine, non è necessario che la parte che chiede l'ingiunzione formuli una specifica ed espressa domanda per ottenere una pronuncia sul merito della propria pretesa creditoria, essendo, invece, sufficiente che resista alla proposta opposizione e chieda la conferma del decreto opposto (C.C. 8954/20).

646. (1) Opposizione ai decreti riguardanti crediti di lavoro. – Quando il decreto è stato pronunciato per crediti dipendenti da rapporti individuali di lavoro (409 ss.), entro cinque giorni dalla notificazione, l'atto di opposizione deve essere denunciato a norma dell'art. 430 all'associazione sindacale legalmente riconosciuta alla quale appartiene l'opponente.

In tale caso il termine per la comparizione in giudizio decorre dalla scadenza del ventesimo giorno successivo a quello della notificazione dell'opposizione (645[2]).

Durante il corso del termine stabilito per il tentativo di conciliazione, l'opponente può chiedere con ricorso al giudice la sospensione dell'esecuzione provvisoria del decreto. Il giudice provvede con decreto, che, in caso di accoglimento dell'istanza, deve essere notificato alla controparte.

(1) *Articolo così sostituito dall'art. 13 del D.P.R. 17 ottobre 1950, n. 857. Con la soppressione dell'ordinamento corporativo questa norma è divenuta inoperante.*

647. Esecutorietà per mancata opposizione o per mancata attività dell'opponente. – Se non è stata fatta opposizione nel termine stabilito, oppure l'opponente non si è costituito, il giudice che ha pronunciato il decreto, su istanza anche verbale del ricorrente, lo dichiara esecutivo (1). Nel primo caso il giudice deve ordinare che sia rinnovata la notificazione, quando risulta o appare probabile che l'intimato non abbia avuto conoscenza del decreto (164).

Quando il decreto è stato dichiarato esecutivo a norma del presente articolo, l'opposizione non può essere più proposta né proseguita, salvo il disposto dell'art. 650 (656), e la cauzione eventualmente prestata (642[2]) è liberata.

(1) *Questo periodo è stato così sostituito dall'art. 102 del D.L.vo 19 febbraio 1998, n. 51, recante l'istituzione del giudice unico, a decorrere dal 2 giugno 1999. Si riporta il testo previgente:*

«Se non è stata fatta opposizione nel termine stabilito, oppure l'opponente non si è costituito, il giudice di pace, il pretore o il presidente, su istanza anche verbale del ricorrente, dichiara esecutivo il decreto».

NOTE OPERATIVE:

Sindacato: La sussistenza delle condizioni che legittimano la dichiarazione di esecutorietà del decreto ingiuntivo, è sindacabile esclusivamente nel giudizio di opposizione ex art. 645 ovvero ex art. 650 c.p.c. ovvero, ancora, in quello di opposizione all'esecuzione intrapresa in base al medesimo decreto ingiuntivo dichiarato esecutivo, non essendo previsto alcun mezzo d'impugnazione avverso il relativo decreto ex art. 647 cit., né essendo proponibile il ricorso per cassazione (C.C. 36196/21).

648. Esecuzione provvisoria in pendenza di opposizione. – Il giudice istruttore, se l'opposizione (645) non è fondata su prova scritta o di pronta soluzione, può concedere, provvedendo in prima udienza, con ordinanza non impugnabile (1) (177), l'esecuzione provvisoria del decreto, qualora non sia già stata concessa a norma dell'art. 642 (655). Il giudice deve concedere (2) l'esecuzione provvisoria parziale del decreto ingiuntivo opposto limitatamente alle somme non contestate, salvo che l'opposizione sia proposta per vizi procedurali (3).

Deve in ogni caso concederla, se la parte che l'ha chiesta offre cauzione (119, 478, 642) per l'ammontare delle eventuali restituzioni, spese e danni (4).

(1) *Le parole: «con ordinanza non impugnabile» sono state così sostituite dalle attuali: «provvedendo in prima udienza, con ordinanza non impugnabile» dall'art. 78, comma 1, lett. b), del D.L. 21 giugno 2013, n. 69, convertito, con modificazioni, nella L. 9 agosto 2013, n. 98. A norma dell'art. 78, comma 2, del medesimo decreto, tali disposizioni si applicano ai procedimenti instaurati, a norma dell'articolo 643, ultimo comma, del codice di procedura civile, successivamente all'entrata in vigore del predetto decreto.*

(2) *La parola: «concede» è stata così sostituita dalle attuali: «deve concedere» dall'art. 4, comma 1, lett. m), del D.L. 3 maggio 2016, n. 59, convertito, con modificazioni, nella L. 30 giugno 2016, n. 119.*

(3) *L'ultimo periodo di questo comma è stato aggiunto dall'art. 9, comma 3, del D.L.vo 9 ottobre 2002, n. 231. A norma dell'art. 11, comma 1, del citato D.L.vo le disposizioni del medesimo decreto non si applicano ai contratti conclusi prima dell'8 agosto 2002.*

(4) *La Corte costituzionale, con sentenza n. 137 del 4 maggio 1984, ha dichiarato l'illegittimità costituzionale di questo comma nella parte in cui dispone che nel giudizio di opposizione il giudice istruttore, se la parte che ha chiesto l'esecuzione provvisoria del decreto d'ingiunzione offre cauzione per l'ammontare delle eventuali restituzioni, spese e danni, debba e non già possa concederla sol dopo aver delibato gli elementi probatori di cui al comma primo, e la corrispondenza della offerta cauzione all'entità degli oggetti indicati in questo comma.*

NOTE OPERATIVE:

Impugnazione: L'ordinanza con la quale sia concessa la provvisoria esecuzione del decreto ingiuntivo opposto, non è impugnabile con ricorso per cassazione ai sensi dell'art. 111 Cost., trattandosi di provvedimento non definitivo e non decisorio (C.C. 711/20 – Conf. C.C. 711/20; C.C. 24658/19).

649. Sospensione dell'esecuzione provvisoria. – Il giudice istruttore, su istanza dell'opponente, quando ricorrono gravi motivi, può, con ordinanza non impugnabile (177), sospendere l'esecuzione provvisoria del decreto concessa a norma dell'art. 642.

NOTE OPERATIVE:

Procedimento: La natura di cautela in senso lato di tale provvedimento di sospensione della provvisoria esecuzione del decreto ingiuntivo consente di applicare la normativa sul cosiddetto procedimento cautelare uniforme (C.C. 3979/12).

650. Opposizione tardiva. – L'intimato può fare opposizione (645) anche dopo scaduto il termine fissato nel decreto (641), se prova di non averne avuta tempestiva conoscenza per irregolarità della notificazione (137 ss.) o per caso fortuito o forza maggiore (1).

In questo caso l'esecutorietà può essere sospesa a norma dell'articolo precedente.

L'opposizione non è più ammessa decorsi dieci giorni dal primo atto di esecuzione (491).

(1) *La Corte costituzionale, con sentenza n. 120 del 20 maggio 1976, ha dichiarato l'illegittimità costituzionale di questo comma nella parte in cui non consente l'opposizione tardiva dell'intimato che, pur avendo avuto conoscenza del decreto ingiuntivo, non abbia potuto, per caso fortuito o forza maggiore, fare opposizione entro il termine fissato nel decreto.*

NOTE OPERATIVE:

Termini: La parte intimata, una volta appresa in qualunque modo l'esistenza del decreto ingiuntivo che assume non essergli stato notificato, ha l'onere di proporre l'opposizione tardiva entro il termine di quaranta giorni dalla conoscenza dell'esistenza del decreto, comunque acquisita; se il debitore intimato omette di promuovere l'opposizione tardiva nel suddetto termine, nessuna opposizione è più possibile, ed ai fini della validità dell'iscrizione ipotecaria diventa irrilevante la circostanza che il decreto sia stato o non sia stato ritualmente notificato (C.C. 23955/22). Il termine ordinario per proporre opposizione tardiva è di quaranta giorni dalla conoscenza, comunque avuta, del decreto da parte dell'ingiunto, fermo restando che, indipendentemente dalla fruizione di tale termine, l'opposizione è comunque inammissibile decorsi dieci giorni dall'inizio dell'esecuzione (C.C. 7560/22).

Clausole abusive: Il giudice dell'opposizione tardiva: a) una volta investito dell'opposizione (solo ed esclusivamente sul profilo di abusività delle clausole contrattuali), avrà il potere di sospendere, ex art. 649 c.p.c., l'esecutorietà del decreto ingiuntivo, in tutto o in parte, a seconda degli effetti che l'accertamento sull'abusività delle clausole potrebbe comportare sul titolo giudiziale; b) procederà, quindi, secondo le forme di rito (S.U. 9479/23).

651. [Deposito per il caso di soccombenza. – (*Omissis*)] (1).

(1) *Articolo abrogato dall'art. 1 della L. 18 ottobre 1977, n. 793, abolizione del deposito per soccombenza nel processo civile.*

652. (1) **Conciliazione.** – Se nel giudizio di opposizione le parti si conciliano (185), il giudice, con ordinanza non impugnabile (177), dichiara o conferma l'esecutorietà del decreto (642, 647, 648), oppure riduce la somma o la quantità a quella stabilita dalle parti. In quest'ultimo caso, rimane ferma la validità degli atti esecutivi compiuti e dell'ipoteca iscritta (655), fino a concorrenza della somma o quantità ridotta. Della riduzione deve effettuarsi apposita annotazione nei registri immobiliari (2874 c.c.).

(1) *Articolo così modificato dall'art. un. del R.D. 20 aprile 1942, n. 504.*

653. Rigetto o accoglimento parziale dell'opposizione. – Se l'opposizione è rigettata con sentenza passata in giudicato (324) o provvisoriamente esecutiva (282, 337), oppure è dichiarata con ordinanza l'estinzione del processo (307), il decreto, che non ne sia già munito (642, 647, 648), acquista efficacia esecutiva (474).

Se l'opposizione è accolta solo in parte, il titolo esecutivo è costituito esclusivamente dalla sentenza, ma gli atti di esecuzione già compiuti in base al decreto conservano i loro effetti (655) nei limiti della somma o della quantità ridotta (652).

Con la sentenza che rigetta totalmente o in parte l'opposizione avverso il decreto ingiuntivo emesso sulla base dei titoli aventi efficacia esecutiva in base alle vigenti disposizioni, il giudice liquida anche le spese e gli onorari del decreto ingiuntivo (1).

(1) *Comma aggiunto dall'art. 3 L. 10 maggio 1976, n. 358 e successivamente dichiarato costituzionalmente illegittimo con sentenza della Corte costituzionale 31 dicembre 1986, n. 303.*

NOTE OPERATIVE:

Effetti: Nel caso di sentenza non definitiva di accoglimento parziale dell'opposizione e di revoca del decreto, con prosecuzione del giudizio ai fini dell'accertamento dell'entità del credito oggetto della domanda contenuta nel ricorso monitorio, resta ferma la conservazione degli atti di esecuzione già compiuti in forza dell'originaria esecutività del decreto, nei limiti della somma o della quantità ridotta, quali risulteranno dalla sentenza definitiva (C.C. 21840/13).

654. Dichiarazione di esecutorietà ed esecuzione. – L'esecutorietà non disposta con la sentenza o con l'ordinanza di cui all'articolo precedente è conferita con decreto del giudice che ha pronunciato l'ingiunzione scritto in calce all'originale del decreto di ingiunzione (641, 643).

Ai fini dell'esecuzione non occorre una nuova notificazione (643^2) del decreto esecutivo (479); ma nel precetto (480) deve farsi menzione del provvedimento che ha disposto l'esecutorietà [e dell'apposizione della formula] (1) (475^3).

(1) *Le parole tra parentesi quadrate sono state soppresse dall'art. 3, comma 45, del D.L.vo 10 ottobre 2022, n. 149, a decorrere dal 28 febbraio 2023.*

A norma dell'art. 35, comma 1, del medesimo decreto, le disposizioni si applicano ai procedimenti instaurati successivamente a tale data. Ai procedimenti pendenti alla data del 28 febbraio 2023 si applicano le disposizioni anteriormente vigenti.

NOTE OPERATIVE:

Notificazione: La previsione secondo cui, se il titolo esecutivo è costituito da un decreto ingiuntivo non è necessaria una nuova notificazione del medesimo, essendo sufficiente che nel precetto si indichino le parti e la data della notifica dell'ingiunzione e si menzioni il provvedimento che ha disposto l'esecutorietà, è volta a semplificare l'inizio del procedimento esecutivo, evitando una inutile duplicazione della notifica del titolo – già avvenuta ai fini della decorrenza del termine per la proposizione dell'opposizione – ed integrandola se il titolo in quel momento non era ancora munito di esecutività (C.C. 8402/15).

655. Iscrizione d'ipoteca. – I decreti dichiarati esecutivi a norma degli artt. 642, 647 e 648, e quelli rispetto ai quali è rigettata l'opposizione (653) costituiscono titolo per l'iscrizione dell'ipoteca giudiziale (652, 653; 2818[2] c.c.).

NOTE OPERATIVE:

Cancellazione: L'iscrizione di ipoteca legale, che sia stata operata sulla base di un decreto ingiuntivo dichiarato provvisoriamente esecutivo costituisce mero atto di esecuzione, per cui ne deve essere ordinata la cancellazione, anche di ufficio, qualora il titolo, per qualsiasi causa, divenga inefficace, con disposizione che va resa nello stesso provvedimento con cui viene accertata la sopravvenuta inefficacia (C.C. 13547/14).

656. Impugnazione. – Il decreto d'ingiunzione, divenuto esecutivo a norma dell'art. 647, può impugnarsi per revocazione nei casi indicati nei nn. 1, 2, 5 e 6 dell'art. 395 e con opposizione di terzo nei casi previsti nell'art. 404 secondo comma.

Capo II
Del procedimento per convalida di sfratto

657. Intimazione di licenza e di sfratto per finita locazione. – Il locatore o il concedente può intimare al conduttore (1571 ss., 1607 ss., 1628 ss. c.c.), al comodatario di beni immobili, all'affittuario di azienda, (1) all'affittuario coltivatore diretto (1647 ss. c.c.), al mezzadro (2141 ss. c.c.) o al colono (2164 ss. c.c.) licenza per finita locazione, prima della scadenza del contratto, con la contestuale citazione per la convalida (163), rispettando i termini prescritti dal contratto, dalla legge o dagli usi locali (1574, 1596, 1616, 1630, 2143, 2165 c.c.) (2).

Può altresì intimare lo sfratto, con la contestuale citazione per la convalida, dopo la scadenza del contratto, se, in virtù del contratto stesso o per effetto di atti o intimazioni precedenti, è esclusa la tacita riconduzione (1596, 1597, 1603, 1630, 2143, 2165, 2923 c.c.).

(1) *Le parole: «al comodatario di beni immobili, all'affittuario di azienda,» sono state inserite dall'art. 3, comma 46, lett. a), del D.L.vo 10 ottobre 2022, n. 149, a decorrere dal 28 febbraio 2023.*

A norma dell'art. 35, comma 1, del medesimo decreto, le disposizioni si applicano ai procedimenti instaurati successivamente a tale data. Ai procedimenti pendenti alla data del 28 febbraio 2023 si applicano le disposizioni anteriormente vigenti.

(2) *Comma così modificato con R.D. 20 aprile 1942, n. 504.*

NOTE OPERATIVE:

Domanda...: Nel procedimento di convalida di sfratto per finita locazione l'opposizione dell'intimato determina la conclusione del procedimento sommario e l'instaurazione di un autonomo processo di cognizione ordinaria, con la conseguenza che il locatore può introdurre a fondamento della domanda una causa petendi diversa da quella originariamente formulata, purché la nuova domanda risulti connessa alla vicenda sostanziale dedotta con l'atto introduttivo del procedimento sommario (C.C. 5955/23) e, per il conduttore, la possibilità di dedurre nuove eccezioni e di spiegare domanda riconvenzionale (C.C. 17955/21).

... riconvenzionale: Nel procedimento per convalida di sfratto, la domanda riconvenzionale può essere proposta dall'intimato in seno alla comparsa di risposta della fase sommaria, senza necessità di chiedere lo spostamento dell'udienza ai sensi dell'art. 418 c.p.c. né, per il giudice, di concedere termini differenziati per le memorie integrative e fissare l'udienza tenendo conto della possibilità del convenuto di proporre una nuova riconvenzionale (C.C. 17772/23).

658. Intimazione di sfratto per morosità. – Il locatore può intimare al conduttore (1571 ss. c.c.) lo sfratto con le modalità stabilite nell'articolo precedente anche in caso di mancato pagamento del canone di affitto alle scadenze (1587 n. 2 c.c.), e chiedere nello stesso atto l'ingiunzione di pagamento (633 ss.) per i canoni scaduti (664, 666, 669) (1).

Se il canone consiste in derrate (1639, 2141, 2164 c.c.), il locatore deve dichiarare a norma dell'art. 639 la somma che è disposto ad accettare in sostituzione.

(1) *Comma così sostituito dall'art. 6, comma secondo, L. 30 luglio 1984, n. 399, in vigore dal 29 novembre 1984, aumento dei limiti di competenza del conciliatore e del pretore.*

659. Rapporto di locazione d'opera. – Se il godimento di un immobile è il corrispettivo anche parziale di una prestazione d'opera (2094, 2222 c.c.), la intimazione di licenza o di sfratto con la contestuale citazione per la convalida, a norma degli articoli precedenti, può essere fatta quando il contratto viene a cessare per qualsiasi causa (667[3]; 2118, 2119 c.c.).

660. Forma dell'intimazione. – Le intimazioni di licenza o di sfratto indicate negli articoli precedenti debbono essere notificate a norma degli artt. 137 ss., esclusa la notificazione al domicilio eletto (141).

Il locatore deve dichiarare nell'atto la propria residenza (43 c.c.) o eleggere domicilio (47 c.c.) nel comune dove ha sede il giudice adito, altrimenti l'opposizione prevista nell'art. 668 e qualsiasi altro atto del giudizio possono essergli notificati presso la cancelleria.

La citazione per la convalida, redatta a norma dell'articolo 125, in luogo dell'invito e dell'avvertimento al convenuto previsti nell'articolo 163, terzo comma, numero 7), deve contenere, con l'invito a comparire nell'udienza indicata, l'avvertimento che se non comparisce o, comparendo, non si oppone, il giudice convalida la licenza o lo sfratto ai sensi dell'articolo 663 (1).

Tra il giorno della notificazione dell'intimazione e quello dell'udienza debbono intercorrere termini liberi non minori di venti giorni. Nelle cause che richiedono pronta spedizione il giudice può, su istanza dell'intimante, con decreto motivato, scritto in calce all'originale e alle copie dell'intimazione, abbreviare fino alla metà i termini di comparizione (1).

Le parti si costituiscono depositando in cancelleria l'intimazione con la relazione di notificazione o la comparsa di risposta, oppure presentando tali atti al giudice in udienza (1).

Ai fini dell'opposizione e del compimento delle attività previste negli articoli da 663 a 666, è sufficiente la comparizione personale dell'intimato (1).

Se l'intimazione non è stata notificata in mani proprie (138), l'ufficiale giudiziario deve spedire avviso all'intimato dell'effettuata notificazione a mezzo di lettera raccomandata (139), e allegare all'originale dell'atto la ricevuta di spedizione.

(1) *Comma inserito dall'art. 8, comma 3 ter, del D.L. 18 ottobre 1995, n. 432, convertito, con modificazioni, nella L. 20 dicembre 1995, n. 534.*

NOTE OPERATIVE:

Adempimenti: In tema di intimazione di licenza o sfratto, l'adempimento secondo il quale, se l'intimazione non è stata notificata a mani proprie, l'ufficiale giudiziario deve spedire avviso all'intimato della effettuata notificazione a mezzo di lettera raccomandata ed allegare all'originale dell'atto la ricevuta di spedizione, è indefettibile e va compiuto anche quando la notificazione sia stata eseguita a mezzo del servizio postale, ancorché il piego risulti consegnato dall'agente postale a "persona abilitata", qualora permanga incertezza sulla conoscenza dell'intimazione da parte del destinatario (C.C. 26539/17).

661. (1) **Giudice competente.** – Quando si intima la licenza o lo sfratto, la citazione a comparire (657) deve farsi inderogabilmente davanti al tribunale del luogo in cui si trova la cosa locata (8, 21, 38, 667).

(1) *Articolo così sostituito dall'art. 6, comma terzo, L. 30 luglio 1984, n. 399, in vigore dal 29 novembre 1984, aumento dei limiti di competenza del conciliatore e del pretore.*

662. Mancata comparizione del locatore. – Gli effetti dell'intimazione cessano, se il locatore non comparisce all'udienza fissata nell'atto di citazione (314, 315).

NOTE OPERATIVE:

Spese: Nel caso di declaratoria di estinzione del procedimento di convalida, per mancata comparizione del locatore intimante all'udienza fissata nell'atto di citazione ed in assenza di istanza del conduttore intimato, comparso a detta udienza, di procedersi all'accertamento negativo del diritto azionato, previo mutamento del rito, il locatore-intimante non può essere condannato al pagamento delle spese di procedimento, che invece vanno poste a carico delle parti che le hanno anticipate (C.C. 19425/16).

663. (1) **Mancata comparizione o mancata opposizione dell'intimato.** – Se l'intimato non compare o comparendo non si oppone, il giudice convalida con ordinanza esecutiva la licenza o lo sfratto. Il giudice ordina che sia rinnovata la citazione, se risulta o appare probabile che l'intimato non abbia avuto conoscenza della citazione stessa o non sia potuto comparire per caso fortuito o forza maggiore.

Se lo sfratto è stato intimato per mancato pagamento del canone, la convalida è subordinata all'attestazione in giudizio del locatore o del suo procuratore che la morosità persiste. In tale caso il giudice può ordinare al locatore di prestare una cauzione.

(1) *Questo articolo è stato così sostituito dall'art. 3, comma 46, lett. b), del D.L.vo 10 ottobre 2022, n. 149, a decorrere dal 28 febbraio 2023.*

A norma dell'art. 35, comma 1, del medesimo decreto, le disposizioni si applicano ai procedimenti instaurati successivamente a tale data. Ai procedimenti pendenti alla data del 28 febbraio 2023 si applicano le disposizioni anteriormente vigenti.

Si riporta il testo precedente:

«Art. 663 (Mancata comparizione o mancata opposizione dell'intimato)

Se l'intimato non comparisce o comparendo non si oppone, il giudice convalida la licenza o lo sfratto e dispone con ordinanza in calce alla citazione (657) l'apposizione su di essa della formula esecutiva (475); ma il giudice deve ordinare che sia rinnovata la citazione (164), se risulta o appare probabile che l'intimato non abbia avuto conoscenza della citazione stessa o non sia potuto comparire per caso fortuito o forza maggiore (668).

[Nel caso che l'intimato non sia comparso, la formula esecutiva ha effetto dopo trenta giorni dalla data della apposizione] (*).

Se lo sfratto è stato intimato per mancato pagamento del canone (658), la convalida è subordinata all'attestazione in giudizio del locatore o del suo procuratore che la morosità persiste. In tal caso il giudice può ordinare al locatore di prestare una cauzione (119, 478, 668[2]).».

(*) *Comma aggiunto dall'art. 5 della L. 22 dicembre 1973, n. 841, successivamente abrogata dall'Allegato A, previsto dall'art. 24, comma 1, del D.L. 25 giugno 2008, n. 112, convertito, con modificazioni, nella L. 6 agosto 2008, n. 133, a far data dal 180° giorno successivo alla data di entrata in vigore del predetto decreto legge (Suppl. ord. alla G.U. Serie gen. - n. 147 del 25 giugno 2008).*

664. Pagamento dei canoni. – Nel caso previsto nell'art. 658, il giudice adito (661) pronuncia separato decreto di ingiunzione (641 ss.) per l'ammontare dei canoni scaduti e da scadere fino all'esecuzione dello sfratto, e per le spese relative all'intimazione.

Il decreto è steso in calce ad una copia dell'atto di intimazione presentata dall'istante, da conservarsi in cancelleria.

Il decreto è immediatamente esecutivo (474), ma contro di esso può essere proposta opposizione a norma del capo precedente (645 ss.). L'opposizione non toglie efficacia all'avvenuta risoluzione del contratto (1453 c.c.).

NOTE OPERATIVE:

Ampliamento domanda: In tema di locazione di immobili urbani, la condanna del conduttore al pagamento dei canoni a scadere sino alla riconsegna dell'immobile locato costituisce un ampliamento della domanda di risoluzione del contratto di locazione per inadempimento del conduttore ed attiene al canone comprensivo delle maggiorazioni per intervenute variazioni degli indici ISTAT, se dovute (C.C. 25599/16 – Conf. C.C. 11603/05).

665. Opposizione, provvedimenti del giudice. – Se l'intimato comparisce e oppone eccezioni non fondate su prova scritta (2699 ss. c.c.), il giudice (661, 667), su istanza del locatore, se non sussistano gravi motivi in contrario, pronuncia ordinanza non impugnabile (134, 177) di rilascio, con riserva delle eccezioni del convenuto.

L'ordinanza è immediatamente esecutiva (474), ma può essere subordinata alla prestazione di una cauzione per i danni e le spese (119, 478).

(*Omissis*) ([1]).

([1]) *Seguiva un terzo comma, soppresso con R.D. 20 aprile 1942, n. 504.*

NOTE OPERATIVE:

Giudizio ordinario: Nel procedimento per convalida di sfratto, l'opposizione dell'intimato determina la conclusione del procedimento a carattere sommario e l'instaurazione di un nuovo e autonomo procedimento con rito ordinario, nel quale le parti possono esercitare tutte le facoltà connesse alle rispettive posizioni, ivi compresa, per il locatore, la possibilità di porre a fondamento della domanda una causa petendi diversa da quella originariamente formulata e, per il conduttore, la possibilità di dedurre nuove eccezioni e di spiegare domanda riconvenzionale (C.C. 12131/23 – Conf. C.C. 17955/21; C.C. 5356/09).

666. Contestazione sull'ammontare dei canoni. – Se è intimato lo sfratto per mancato pagamento del canone (658), e il convenuto nega la propria morosità contestando l'ammontare della somma pretesa, il giudice (661, 667) può disporre con ordinanza (134) il pagamento della somma non controversa e concedere all'uopo al convenuto un termine non superiore a venti giorni.

Se il conduttore non ottempera all'ordine di pagamento, il giudice convalida l'intimazione di sfratto e, nel caso previsto nell'art. 658, pronuncia decreto ingiuntivo (641) per il pagamento dei canoni.

667. ([1]) **Mutamento del rito.** – Pronunciati i provvedimenti previsti dagli artt. 665 e 666, il giudizio prosegue nelle forme del rito speciale, previa ordinanza di mutamento di rito ai sensi dell'art. 426.

([1]) *Articolo così sostituito dall'art. 73 della L. 26 novembre 1990, n. 353, a decorrere dal 30 aprile 1995.*

Il testo precedente, quale risultava dalle modifiche apportate dall'art. 6 L. 30 luglio 1984, n. 399, disponeva: «(Decisione del merito). *Per la pronuncia dei provvedimenti previsti nei due articoli precedenti è sempre competente il pretore adito, davanti al quale il giudizio prosegue per la decisione del merito, se la causa è di sua competenza.*

«Se, anche in dipendenza delle eccezioni opposte dal convenuto, la causa eccede la competenza del pretore adito, questi rimette le parti al giudice competente e fissa un termine perentorio per la riassunzione della causa.

«Nel caso previsto nell'art. 659, se la controversia riguarda uno dei rapporti indicati nei nn. 1, 2 e 3 dell'art. 429, il termine per la riassunzione non può essere inferiore a venti giorni, e la parte interessata deve provvedere alla denuncia all'associazione sindacale [a norma dell'art. 430] entro cinque giorni dall'ordinanza di rimessione».

668. Opposizione dopo la convalida. – Se l'intimazione di licenza o di sfratto è stata convalidata in assenza dell'intimato (663), questi può farvi opposizione (665) provando di non averne avuto tempestiva conoscenza per irregolarità della notificazione o per caso fortuito o forza maggiore ([1]).

Se sono decorsi dieci giorni dall'esecuzione (491, 605 ss.), l'opposizione non è più ammessa, e la cauzione, prestata a norma dell'art. 663 secondo [ora terzo] comma, è liberata.

L'opposizione si propone davanti al tribunale nelle forme prescritte per l'opposizione al decreto d'ingiunzione, in quanto applicabili (645 ss.) ([2]).

L'opposizione non sospende il processo esecutivo, ma il giudice, con ordinanza non impugnabile, può disporne la sospensione per gravi motivi (649), imponendo, quando lo ritiene opportuno, una cauzione all'opponente (119).

([1]) *La Corte costituzionale, con sentenza n. 89 del 18 maggio 1972, ha dichiarato l'illegittimità del primo comma limitatamente alla parte in cui non consente la tardiva opposizione all'intimato che, pur avendo avuto conoscenza della citazione, non sia potuto comparire alla udienza per caso fortuito o forza maggiore.*

([2]) *Comma dapprima sostituito dall'art. 10 della L. 18 ottobre 1977, n. 793 e poi nuovamente sostituito dall'art. 6, comma 5, della L. 30 luglio 1984, n. 399, in vigore dal 29 novembre 1984, aumento dei limiti di competenza del conciliatore e del pretore.*

NOTE OPERATIVE:

Natura giuridica: L'opposizione tardiva alla convalida di sfratto, dopo la fase rescindente, che deve acclarare il suo presupposto di ammissibilità, ovvero la mancata conoscenza del giudizio da parte dell'intimato, dà luogo allo svolgimento di un ordinario giudizio di cognizione (C.C. 13879/23).

669. Giudizio separato per il pagamento di canoni. – Se nel caso previsto nell'art. 658 il locatore non chiede il pagamento dei canoni, la pronunzia sullo sfratto risolve la locazione, ma lascia impregiudicata ogni questione sui canoni stessi.

Capo III
Dei procedimenti cautelari

Sezione I ([1])
Dei procedimenti cautelari in generale

([1]) *Sezione aggiunta dall'art. 74, comma secondo della L. 26 novembre 1990, n. 353, a decorrere dall'1 gennaio 1993.*

A norma dell'art. 4, comma 5, del D.L. 7 ottobre 1994, n. 571, convertito, con modificazioni, nella L. 6 dicembre 1994, n. 673, gli articoli aggiunti si applicano in quanto compatibili ai giudizi pendenti alla data della sua entrata in vigore.

669 *bis*. ([1]) Forma della domanda. – La domanda si propone con ricorso depositato nella cancelleria del giudice competente.

([1]) *Articolo aggiunto dall'art. 74, comma secondo, della L. 26 novembre 1990, n. 353, a decorrere dall'1 gennaio 1993.*

Si veda anche l'art. 4, comma 5, del D.L. 7 ottobre 1994, n. 571, convertito, con modificazioni, nella L. 6 dicembre 1994, n. 673, il quale così dispone: «Gli articoli 74, 75, 76, 77, 85 e 86 della legge 26 novembre 1990, n. 353 e successive modifiche ed integrazioni, si applicano, in quanto compatibili, ai giudizi pendenti alla data di entrata in vigore del presente decreto; tutti i sequestri anteriormente autorizzati perdono la loro efficacia se con sentenza, anche non passata in giudicato, è rigettata l'istanza di convalida ovvero è dichiarato inesistente il diritto a cautela del quale erano stati concessi».

669 *ter*. ([1]) Competenza anteriore alla causa. – Prima dell'inizio della causa di merito (163) la domanda si propone al giudice competente a conoscere del merito.

Se competente per la causa di merito è il giudice di pace, la domanda si propone al tribunale.

Se il giudice italiano non è competente a conoscere la causa di merito, la domanda si propone al giudice, che sarebbe competente per materia o valore, del luogo in cui deve essere eseguito il provvedimento cautelare.

A seguito della presentazione del ricorso il cancelliere forma il fascicolo d'ufficio (168; 72, 73 att.) e lo presenta senza ritardo al presidente del tribunale [o al pretore dirigente] ([2]) il quale designa il magistrato cui è affidata la trattazione del procedimento (168 *bis*).

([1]) *Articolo aggiunto dall'art. 74, comma secondo, della L. 26 novembre 1990, n. 353, a decorrere dall'1 gennaio 1993. Si veda anche l'art. 4, comma 5, del D.L. 7 ottobre 1994, n. 571, convertito, con modificazioni, nella L. 6 dicembre 1994, n. 673.*

([2]) *Le parole: «o al pretore dirigente» sono state soppresse dall'art. 107 del D.L.vo 19 febbraio 1998, n. 51, recante l'istituzione del giudice unico, a decorrere dal 2 giugno 1999.*

669 *quater*. ([1]) Competenza in corso di causa. – Quando vi è causa pendente per il merito la domanda deve essere proposta al giudice della stessa.

Se la causa pende davanti al tribunale la domanda si propone all'istruttore (174 ss.) oppure, se questi non è ancora designato o il giudizio è sospeso (295 ss.) o interrotto (299 ss.), al presidente, il quale provvede ai sensi dell'ultimo comma dell'art. 669 *ter*.

Se la causa pende davanti al giudice di pace, la domanda si propone al tribunale.

In pendenza dei termini per proporre l'impugnazione (325 ss.) la domanda si propone al giudice che ha pronunziato la sentenza.

Se la causa pende davanti al giudice straniero, e il giudice italiano non è competente a conoscere la causa di merito, si applica il terzo comma dell'art. 669 *ter*.

Il terzo comma dell'art. 669 *ter* si applica altresì nel caso in cui l'azione civile è stata esercitata o trasferita nel processo penale (75 c.p.p.), salva l'applicazione del comma secondo dell'art. 316 c.p.p.

(1) *Articolo aggiunto dall'art. 74, comma secondo, della L. 26 novembre 1990, n. 353, a decorrere dall'1 gennaio 1993. Si veda anche l'art. 4, comma 5, del D.L. 7 ottobre 1994, n. 571, convertito, con modificazioni, nella L. 6 dicembre 1994, n. 673.*

NOTE OPERATIVE:

Spese: Le spese del procedimento cautelare in corso di causa vanno liquidate contestualmente alla decisione del merito, atteso che l'esito della fase cautelare endoprocessuale non ha un'autonoma rilevanza ai fini della complessiva regolamentazione delle spese di lite, in quanto il criterio della soccombenza non si fraziona a seconda dell'esito delle varie fasi del giudizio, ma va riferito unitariamente alla decisione finale della lite, senza che rilevi che in qualche grado o fase del giudizio la parte poi definitivamente soccombente abbia conseguito un risultato ad essa favorevole (C.C. 9785/22).

669 *quinquies*. (1) Competenza in caso di clausola compromissoria, di compromesso o di pendenza del giudizio arbitrale. – Se la controversia è oggetto di clausola compromissoria o è compromessa in arbitri anche non rituali (2) (806, 808, 816) o se è pendente il giudizio arbitrale, la domanda si propone al giudice che sarebbe stato competente a conoscere del merito, salvo quanto disposto dall'articolo 818, primo comma (3).

(1) *Articolo aggiunto dall'art. 74, comma secondo, della L. 26 novembre 1990, n. 353, a decorrere dall'1 gennaio 1993. Si veda anche l'art. 4, comma 5, del D.L. 7 ottobre 1994, n. 571, convertito, con modificazioni, nella L. 6 dicembre 1994, n. 673.*

(2) *Le parole: «anche non rituali» sono state inserite dall'art. 2, comma 3, lett.* e bis), *n. 1), del D.L. 14 marzo 2005, n. 35, convertito, con modificazioni, nella L. 14 maggio 2005, n. 80.*

A norma dell'art. 2, comma 3 quinquies, *dello stesso provvedimento, come modificato dall'art. 1, comma 6, della L. 28 dicembre 2005, n. 263 e dall'art. 39* quater *del D.L. 30 dicembre 2005, n. 273, convertito, con modificazioni, nella L. 23 febbraio 2006, n. 51, questa disposizione è entrata in vigore il 1° marzo 2006 e si applica ai procedimenti instaurati successivamente a tale data.*

(3) *Le parole: «, salvo quanto disposto dall'articolo 818, primo comma» sono state aggiunte dall'art. 3, comma 47, lett. a), del D.L.vo 10 ottobre 2022, n. 149, a decorrere dal 28 febbraio 2023.*

A norma dell'art. 35, comma 1, del medesimo decreto, le disposizioni si applicano ai procedimenti instaurati successivamente a tale data. Ai procedimenti pendenti alla data del 28 febbraio 2023 si applicano le disposizioni anteriormente vigenti.

669 *sexies*. (1) Procedimento. – Il giudice, sentite le parti (101), omessa ogni formalità non essenziale al contraddittorio, procede nel modo che ritiene più opportuno agli atti di istruzione indispensabili in relazione ai presupposti e ai fini del provvedimento richiesto, e provvede con ordinanza (134) all'accoglimento o al rigetto della domanda.

Quando la convocazione della controparte potrebbe pregiudicare l'attuazione del provvedimento, provvede con decreto (135) motivato assunte ove occorra sommarie informazioni. In tal caso fissa, con lo stesso decreto, l'udienza di comparizione delle parti davanti a sé entro un termine non superiore a quindici giorni assegnando all'istante un termine perentorio non superiore a otto giorni per la notificazione (137 ss.) del ricorso e del decreto. A tale udienza il giudice, con ordinanza, conferma, modifica o revoca i provvedimenti emanati con decreto.

Nel caso in cui la notificazione debba effettuarsi all'estero, i termini di cui al comma precedente sono triplicati.

(1) *Articolo aggiunto dall'art. 74, comma secondo, della L. 26 novembre 1990, n. 353, a decorrere dall'1 gennaio 1993. Si veda anche l'art. 4, comma 5, del D.L. 7 ottobre 1994, n. 571, convertito, con modificazioni, nella L. 6 dicembre 1994, n. 673.*

NOTE OPERATIVE:

Informatori: Le dichiarazioni rese dagli informatori nella fase a cognizione sommaria del giudizio possessorio sono comunque idonee a fornire, in sede di decisione di merito, elementi indiziari liberamente valutabili dal giudice, cui lo stesso può validamente fare ricorso per la formazione del proprio convincimento (C.C. 12089/19); le deposizioni rese nella fase sommaria del giudizio possessorio sono valutabili alla stregua di una prova testimoniale ove assunte in contraddittorio tra le parti, sotto il vincolo del giuramento (C.C. 107/16).

Documenti: I documenti depositati nel corso di un procedimento cautelare instaurato in pendenza del giudizio di merito sono utilizzabili anche in quest'ultimo processo, purché la relativa produzione sia avvenuta prima che in esso siano maturate le preclusioni istruttorie (C.C. 13631/17).

669 *septies*. (1) Provvedimento negativo. – L'ordinanza (134) di incompetenza non preclude la riproposizione della domanda (669 *bis*). L'ordinanza di rigetto non preclude la riproposizione dell'istanza per il provvedimento cautelare quando si verifichino mutamenti delle circostanze o vengano dedotte nuove ragioni di fatto o di diritto.

Se l'ordinanza di incompetenza o di rigetto è pronunciata prima dell'inizio della causa di merito, con essa il giudice provvede definitivamente sulle spese (91 ss.) del procedimento cautelare.

La condanna alle spese è immediatamente esecutiva (474) ([2]).

([1]) *Articolo aggiunto dall'art. 74, comma secondo, della L. 26 novembre 1990, n. 353, a decorrere dall'1 gennaio 1993. Si veda anche l'art. 4, comma 5, del D.L. 7 ottobre 1994, n. 571, convertito, con modificazioni, nella L. 6 dicembre 1994, n. 673.*

([2]) *Questo comma è stato così sostituito dall'art. 50, comma 1, della L. 18 giugno 2009, n. 69, a decorrere dal 4 luglio 2009. Ai sensi dell'art. 58, comma 1, della predetta legge, tale disposizione si applica ai giudizi instaurati dopo la data della sua entrata in vigore.*

Il testo precedente così disponeva: «La condanna alle spese è immediatamente esecutiva ed è opponibile ai sensi degli artt. 645 ss. in quanto applicabili, nel termine perentorio di venti giorni dalla pronuncia dell'ordinanza se avvenuta in udienza o altrimenti dalla sua comunicazione.».

NOTE OPERATIVE:

Spese: La previsione secondo cui, se l'ordinanza di rigetto o di incompetenza è pronunciata prima dell'inizio della causa di merito, con essa il giudice provvede definitivamente sulle spese del procedimento, trova applicazione anche ai provvedimenti di istruzione preventiva, e la relativa ordinanza, non è impugnabile ai sensi dell'art. 111, comma 7, Cost., in quanto priva dei caratteri della definitività e decisori età (C.C. 23976/19).

669 *octies*. ([1]) Provvedimento di accoglimento. – L'ordinanza (134) di accoglimento, ove la domanda sia stata proposta prima dell'inizio della causa di merito, deve fissare un termine perentorio (152, 153) non superiore a sessanta giorni ([2]) per l'inizio del giudizio di merito (163), salva l'applicazione dell'ultimo comma dell'art. 669 *novies*.

In mancanza di fissazione del termine da parte del giudice, la causa di merito deve essere iniziata entro il termine perentorio di sessanta giorni ([2]).

Il termine decorre dalla pronuncia dell'ordinanza se avvenuta in udienza o altrimenti dalla sua comunicazione (136; 45 att.).

Per le controversie individuali relative ai rapporti di lavoro alle dipendenze delle pubbliche amministrazioni, escluse quelle devolute alla giurisdizione del giudice amministrativo, il termine decorre dal momento in cui la domanda giudiziale è divenuta procedibile o, in caso di mancata presentazione della richiesta di espletamento del tentativo di conciliazione, decorsi trenta giorni ([3]).

Nel caso in cui la controversia sia oggetto di compromesso o di clausola compromissoria, la parte, nei termini di cui ai commi precedenti, deve notificare all'altra un atto (810) nel quale dichiara la propria intenzione di promuovere il procedimento arbitrale, propone la domanda e procede, per quanto le spetta, alla nomina degli arbitri ([4]).

Le disposizioni di cui al presente articolo e al primo comma dell'articolo 669 *novies* non si applicano ai provvedimenti di urgenza emessi ai sensi dell'articolo 700 e agli altri provvedimenti cautelari idonei ad anticipare gli effetti della sentenza di merito, previsti dal codice civile o da leggi speciali, nonché ai provvedimenti emessi a seguito di denunzia di nuova opera o di danno temuto ai sensi dell'articolo 688 e ai provvedimenti di sospensione dell'efficacia delle delibere assembleari adottati ai sensi dell'articolo 1137, quarto comma, del codice civile ([5]), ma ciascuna parte può iniziare il giudizio di merito ([6]).

Il giudice, quando emette uno dei provvedimenti di cui al sesto comma prima dell'inizio della causa di merito, provvede sulle spese del procedimento cautelare ([7]).

L'estinzione del giudizio di merito non determina l'inefficacia dei provvedimenti di cui al sesto comma ([8]), né dei provvedimenti cautelari di sospensione dell'efficacia delle deliberazioni assunte da qualsiasi organo di associazioni, fondazioni o società, ([9]) anche quando la relativa domanda è stata proposta in corso di causa ([6]).

L'autorità del provvedimento cautelare non è invocabile in un diverso processo ([6]).

([1]) *Articolo aggiunto dall'art. 74, comma secondo, della L. 26 novembre 1990, n. 353, a decorrere dall'1 gennaio 1993. Si veda anche l'art. 4, comma 5, del D.L. 7 ottobre 1994, n. 571, convertito, con modificazioni, nella L. 6 dicembre 1994, n. 673.*

([2]) *Le parole: «trenta giorni» sono state così sostituite dalle attuali: «sessanta giorni» dall'art. 2, comma 3, lett. e bis), n. 2), del D.L. 14 marzo 2005, n. 35, convertito, con modificazioni, nella L. 14 maggio 2005, n. 80.*

A norma dell'art. 2, comma 3 quinquies, dello stesso provvedimento, come modificato dall'art. 1, comma 6, della L. 28 dicembre 2005, n. 263 e dall'art. 39 quater del D.L. 30 dicembre 2005, n. 273, convertito, con modificazioni, nella L. 23 febbraio 2006, n. 51, questa disposizione è entrata in vigore il 1° marzo 2006 e si applica ai procedimenti instaurati successivamente a tale data.

([3]) *Questo comma è stato dapprima aggiunto dall'art. 31, comma 2, del D.L.vo 31 marzo 1998, n. 80 e successivamente così modificato dall'art. 19, n. 18, del D.L.vo 29 ottobre 1998, n. 387.*

([4]) *Comma aggiunto dall'art. 1 della L. 5 gennaio 1994, n. 25, a decorrere dal 18 aprile 1994.*

([5]) *Le parole: «e ai provvedimenti di sospensione dell'efficacia delle delibere assembleari adottati ai sensi dell'articolo 1137, quarto comma, del codice civile» sono state inserite dall'art. 3, comma 47, lett. b), n. 1), del D.L.vo 10 ottobre 2022, n. 149, a decorrere dal 28 febbraio 2023.*

A norma dell'art. 35, comma 1, del medesimo decreto, le disposizioni si applicano ai procedimenti instaurati successivamente a tale data. Ai procedimenti pendenti alla data del 28 febbraio 2023 si applicano le disposizioni anteriormente vigenti.

(6) *Questo comma è stato aggiunto dall'art. 2, comma 3, lett. e bis), n. 2.3), del D.L. 14 marzo 2005, n. 35, convertito, con modificazioni, nella L. 14 maggio 2005, n. 80.*

A norma dell'art. 2, comma 3 quinquies, dello stesso provvedimento, come modificato dall'art. 1, comma 6, della L. 28 dicembre 2005, n. 263 e dall'art. 39 quater del D.L. 30 dicembre 2005, n. 273, convertito, con modificazioni, nella L. 23 febbraio 2006, n. 51, questa disposizione è entrata in vigore il 1° marzo 2006 e si applica ai procedimenti instaurati successivamente a tale data.

(7) *Questo comma è stato inserito dall'art. 50, comma 2, lett. a), della L. 18 giugno 2009, n. 69, a decorrere dal 4 luglio 2009. Ai sensi dell'art. 58, comma 1, della predetta legge, tale disposizione si applica ai giudizi instaurati dopo la data della sua entrata in vigore.*

(8) *Le parole: «primo comma» sono state così sostituite dalle attuali: «sesto comma» dall'art. 50, comma 2, lett. b), della L. 18 giugno 2009, n. 69, a decorrere dal 4 luglio 2009. Ai sensi dell'art. 58, comma 1, della predetta legge, tale disposizione si applica ai giudizi instaurati dopo la data della sua entrata in vigore.*

(9) *Le parole: «né dei provvedimenti cautelari di sospensione dell'efficacia delle deliberazioni assunte da qualsiasi organo di associazioni, fondazioni o società,» sono state inserite dall'art. 3, comma 47, lett. b), n. 2), del D.L.vo 10 ottobre 2022, n. 149, a decorrere dal 28 febbraio 2023.*

A norma dell'art. 35, comma 1, del medesimo decreto, le disposizioni si applicano ai procedimenti instaurati successivamente a tale data. Ai procedimenti pendenti alla data del 28 febbraio 2023 si applicano le disposizioni anteriormente vigenti.

NOTE OPERATIVE:

Giudizio di merito: Poiché il giudizio di merito è autonomo rispetto a quello cautelare, non solo nel primo possono essere formulate domande nuove rispetto a quanto dedotto nella fase cautelare, ma nemmeno vi è necessaria coincidenza soggettiva tra le parti del primo e quelle del secondo, con la conseguenza che nella fase di merito ben possono partecipare ulteriori soggetti, sia volontariamente in via adesiva o autonoma, sia a seguito di chiamata in causa, a condizione che le loro pretese siano collegate al rapporto dedotto in giudizio (C.C. 28197/20).

669 *novies*. (1) Inefficacia del provvedimento cautelare. – Se il procedimento di merito non è iniziato nel termine perentorio (152, 153) di cui all'art. 669 *octies*, ovvero se successivamente al suo inizio si estingue (306 ss.), il provvedimento cautelare perde la sua efficacia.

In entrambi i casi, il giudice che ha emesso il provvedimento, su ricorso della parte interessata, convocate le parti con decreto in calce al ricorso, dichiara [, se non c'è contestazione,] (2) con ordinanza (134) avente efficacia esecutiva (474), che il provvedimento è divenuto inefficace e dà le disposizioni necessarie per ripristinare la situazione precedente. [In caso di contestazione l'ufficio giudiziario al quale appartiene il giudice che ha emesso il provvedimento cautelare decide con sentenza provvisoriamente esecutiva, salva la possibilità di emanare in corso di causa i provvedimenti di cui all'art. 669 *decies*] (3).

Il provvedimento cautelare perde altresì efficacia se non è stata versata la cauzione di cui all'art. 669 *undecies* ovvero se con sentenza, anche non passata in giudicato, è dichiarato inesistente il diritto a cautela del quale era stato concesso. In tal caso i provvedimenti di cui al comma precedente sono pronunciati nella stessa sentenza o, in mancanza, con ordinanza a seguito di ricorso al giudice che ha emesso il provvedimento.

Se la causa di merito è devoluta alla giurisdizione di un giudice straniero o ad arbitrato italiano o estero, il provvedimento cautelare, oltre che nei casi previsti nel primo e nel terzo comma, perde altresì efficacia:

1) se la parte che l'aveva richiesto non presenta domanda di esecutorietà in Italia della sentenza straniera o del lodo arbitrale entro i termini eventualmente previsti a pena di decadenza dalla legge o dalle convenzioni internazionali;

2) se sono pronunciati sentenza straniera, anche non passata in giudicato, o lodo arbitrale che dichiarino inesistente il diritto per il quale il provvedimento era stato concesso. Per la dichiarazione di inefficacia del provvedimento cautelare e per le disposizioni di ripristino si applica il secondo comma del presente articolo.

(1) *Articolo aggiunto dall'art. 74, comma secondo, della L. 26 novembre 1990, n. 353, a decorrere dall'1 gennaio 1993. Si veda anche l'art. 4, comma 5, del D.L. 7 ottobre 1994, n. 571, convertito, con modificazioni, nella L. 6 dicembre 1994, n. 673.*

(2) *Le parole tra parentesi quadrate sono state soppresse dall'art. 3, comma 47, lett. c), n. 1), del D.L.vo 10 ottobre 2022, n. 149, a decorrere dal 28 febbraio 2023.*

A norma dell'art. 35, comma 1, del medesimo decreto, le disposizioni si applicano ai procedimenti instaurati successivamente a tale data. Ai procedimenti pendenti alla data del 28 febbraio 2023 si applicano le disposizioni anteriormente vigenti.

(3) *Le parole tra parentesi quadrate sono state soppresse dall'art. 3, comma 47, lett. c), n. 2), del D.L.vo 10 ottobre 2022, n. 149, a decorrere dal 28 febbraio 2023.*

A norma dell'art. 35, comma 1, del medesimo decreto, le disposizioni si applicano ai procedimenti instaurati successivamente a tale data. Ai procedimenti pendenti alla data del 28 febbraio 2023 si applicano le disposizioni anteriormente vigenti.

NOTE OPERATIVE:

Durata: I provvedimenti di natura cautelare o possessoria costituiscono decisioni a carattere strumentale ed interinale, come tali inidonee a conseguire efficacia di giudicato, sia dal punto di vista formale che da quello sostanziale, operanti per il limitato tempo del giudizio di merito e sino all'adozione delle determinazioni definitive all'esito di esso (C.C. 24075/22).

Effetti: La sopravvenuta perdita di efficacia di un provvedimento cautelare non può spiegare alcun effetto preclusivo sulla proposizione – né, tanto meno, sull'accoglimento – di una domanda di merito (C.C. 4184/13).

669 *decies*. (1) Revoca e modifica. – Salvo che sia stato proposto reclamo ai sensi dell'articolo 669 *terdecies*, nel corso dell'istruzione il giudice istruttore della causa di merito può, su istanza di parte, modificare o revocare con ordinanza il provvedimento cautelare, anche se emesso anteriormente alla causa, se si verificano mutamenti nelle circostanze o se si allegano fatti anteriori di cui si è acquisita conoscenza successivamente al provvedimento cautelare. In tale caso, l'istante deve fornire la prova del momento in cui ne è venuto a conoscenza (2).

Quando il giudizio di merito non sia iniziato o sia stato dichiarato estinto, la revoca e la modifica dell'ordinanza di accoglimento, esaurita l'eventuale fase del reclamo proposto ai sensi dell'articolo 669 *terdecies*, possono essere richieste al giudice che ha provveduto sull'istanza cautelare se si verificano mutamenti nelle circostanze o se si allegano fatti anteriori di cui si è acquisita conoscenza successivamente al provvedimento cautelare. In tale caso l'istante deve fornire la prova del momento in cui ne è venuto a conoscenza (2).

Se la causa di merito è devoluta alla giurisdizione di un giudice straniero o ad arbitrato, ovvero se l'azione civile è stata esercitata o trasferita nel processo penale (75 c.p.p.), i provvedimenti previsti dal presente articolo devono essere richiesti al giudice che ha emanato il provvedimento cautelare, salvo quanto disposto dall'articolo 818, primo comma (3).

(1) *Articolo aggiunto dall'art. 74, comma secondo, della L. 26 novembre 1990, n. 353, a decorrere dall'1 gennaio 1993. Si veda anche l'art. 4, comma 5, del D.L. 7 ottobre 1994, n. 571, convertito, con modificazioni, nella L. 6 dicembre 1994, n. 673.*

(2) *Il primo comma di questo articolo è stato così sostituito dagli attuali primo e secondo comma, dall'art. 2, comma 3, lett. e bis), n. 3), del D.L. 14 marzo 2005, n. 35, convertito, con modificazioni, nella L. 14 maggio 2005, n. 80.*

A norma dell'art. 2, comma 3 quinquies, *dello stesso provvedimento, come modificato dall'art. 1, comma 6, della L. 28 dicembre 2005, n. 263 e dall'art. 39* quater *del D.L. 30 dicembre 2005, n. 273, convertito, con modificazioni, nella L. 23 febbraio 2006, n. 51, questa disposizione è entrata in vigore il 1° marzo 2006 e si applica ai procedimenti instaurati successivamente a tale data.*

Si riporta il comma precedente:

«Nel corso dell'istruzione il giudice istruttore della causa di merito può, su istanza di parte, modificare o revocare con ordinanza il provvedimento cautelare anche se emesso anteriormente alla causa se si verificano mutamenti nelle circostanze».

(3) *Le parole: «, salvo quanto disposto dall'articolo 818, primo comma» sono state aggiunte dall'art. 3, comma 47, lett. d), del D.L.vo 10 ottobre 2022, n. 149, a decorrere dal 28 febbraio 2023.*

A norma dell'art. 35, comma 1, del medesimo decreto, le disposizioni si applicano ai procedimenti instaurati successivamente a tale data. Ai procedimenti pendenti alla data del 28 febbraio 2023 si applicano le disposizioni anteriormente vigenti.

669 *undecies*. (1) Cauzione. – Con il provvedimento di accoglimento o di conferma ovvero con il provvedimento di modifica il giudice può imporre all'istante, valutata ogni circostanza, una cauzione (119; 86 att.) per l'eventuale risarcimento dei danni.

(1) *Articolo aggiunto dall'art. 74, comma secondo, della L. 26 novembre 1990, n. 353, a decorrere dall'1 gennaio 1993. Si veda anche l'art. 4, comma 5, del D.L. 7 ottobre 1994, n. 571, convertito, con modificazioni, nella L. 6 dicembre 1994, n. 673.*

669 *duodecies*. (1) Attuazione. – Salvo quanto disposto dagli artt. 677 ss. in ordine ai sequestri, l'attuazione delle misure cautelari aventi ad oggetto somme di denaro avviene nelle forme degli artt. 491 ss. in quanto compatibili, mentre l'attuazione delle misure cautelari aventi ad oggetto obblighi di consegna, rilascio, fare o non fare avviene sotto il controllo del giudice che ha emanato il provvedimento cautelare il quale ne determina anche le modalità di attuazione e, ove sorgano difficoltà o contestazioni, dà con ordinanza (134) i provvedimenti opportuni, sentite le parti. Ogni altra questione va proposta nel giudizio di merito.

(1) *Articolo aggiunto dall'art. 74, comma secondo, della L. 26 novembre 1990, n. 353, a decorrere dall'1 gennaio 1993. Si veda anche l'art. 4, comma 5, del D.L. 7 ottobre 1994, n. 571, convertito, con modificazioni, nella L. 6 dicembre 1994, n. 673.*

NOTE OPERATIVE:

Impugnazione: Il provvedimento emesso dal giudice monocratico per regolare l'attuazione delle misure cautelari è impugnabile mediante reclamo al collegio anche relativamente alla pronuncia sulle spese. Contro tale provvedimento, invece, è inammissibile il ricorso per cassazione, essendo esso privo del carattere della decisorietà e, quindi, non idoneo al giudicato (C.C. 10758/19).

669 *terdecies*. (1) (2) **Reclamo contro i provvedimenti cautelari.** – Contro l'ordinanza con la quale è stato concesso o negato il provvedimento cautelare è ammesso reclamo nel termine perentorio di quindici giorni dalla pronuncia in udienza ovvero dalla comunicazione o dalla notificazione se anteriore (3).

Il reclamo [contro i provvedimenti del pretore si propone al tribunale, quello] (4) contro i provvedimenti del giudice singolo del tribunale si propone al collegio, del quale non può far parte il giudice che ha emanato il provvedimento reclamato. Quando il provvedimento cautelare è stato emesso dalla corte d'appello, il reclamo si propone ad altra sezione della stessa corte o, in mancanza, alla corte d'appello più vicina.

Il procedimento è disciplinato dagli artt. 737 e 738.

Le circostanze e i motivi sopravvenuti al momento della proposizione del reclamo debbono essere proposti, nel rispetto del principio del contraddittorio, nel relativo procedimento. Il tribunale può sempre assumere informazioni e acquisire nuovi documenti. Non è consentita la rimessione al primo giudice (5).

Il collegio, convocate le parti, pronuncia, non oltre venti giorni dal deposito del ricorso, ordinanza non impugnabile (134, 177) con la quale conferma, modifica o revoca il provvedimento cautelare.

Il reclamo non sospende l'esecuzione del provvedimento; tuttavia il presidente del tribunale o della corte investiti del reclamo, quando per motivi sopravvenuti il provvedimento arrechi grave danno, può disporre con ordinanza non impugnabile la sospensione dell'esecuzione o subordinarla alla prestazione di congrua cauzione (119; 86 att.).

(1) *Articolo aggiunto dall'art. 74, comma secondo, della L. 26 novembre 1990, n. 353, a decorrere dall'1 gennaio 1993. Si veda anche l'art. 4, comma 5, del D.L. 7 ottobre 1994, n. 571, convertito, con modificazioni, nella L. 6 dicembre 1994, n. 673.*

(2) *La Corte costituzionale, con sentenza n. 253 del 23 giugno 1994, ha dichiarato l'illegittimità costituzionale di questo articolo, nella parte in cui non ammette il reclamo ivi previsto, anche avverso l'ordinanza con cui sia stata rigettata la domanda di provvedimento cautelare.*

(3) *Questo comma è stato così sostituito dall'art. 2, comma 3, lett. e bis), n. 4.1), del D.L. 14 marzo 2005, n. 35, convertito, con modificazioni, nella L. 14 maggio 2005, n. 80.*

A norma dell'art. 2, comma 3 quinquies, dello stesso provvedimento, come modificato dall'art. 1, comma 6, della L. 28 dicembre 2005, n. 263 e dall'art. 39 quater del D.L. 30 dicembre 2005, n. 273, convertito, con modificazioni, nella L. 23 febbraio 2006, n. 51, questa disposizione è entrata in vigore il 1° marzo 2006 e si applica ai procedimenti instaurati successivamente a tale data.

Si riporta il comma precedente:

«Contro l'ordinanza con la quale, prima dell'inizio o nel corso della causa di merito, sia stato concesso un provvedimento cautelare è ammesso reclamo nei termini previsti dall'art. 739, secondo comma».

(4) *Le parole: «contro i provvedimenti del pretore si propone al tribunale, quello» sono state soppresse dall'art. 108 del D.L.vo 19 febbraio 1998, n. 51, recante l'istituzione del giudice unico, a decorrere dal 2 giugno 1999.*

(5) *Questo comma è stato inserito dall'art. 2, comma 3, lett. e bis), n. 4.2), del D.L. 14 marzo 2005, n. 35, convertito, con modificazioni, nella L. 14 maggio 2005, n. 80.*

A norma dell'art. 2, comma 3 quinquies, dello stesso provvedimento, come modificato dall'art. 1, comma 6, della L. 28 dicembre 2005, n. 263 e dall'art. 39 quater del D.L. 30 dicembre 2005, n. 273, convertito, con modificazioni, nella L. 23 febbraio 2006, n. 51, questa disposizione è entrata in vigore il 1° marzo 2006 e si applica ai procedimenti instaurati successivamente a tale data.

NOTE OPERATIVE:

Impugnazione: L'ordinanza di rigetto del reclamo cautelare non è ricorribile per cassazione, neppure in ordine alle sole spese, perché è un provvedimento inidoneo a divenire cosa giudicata, formale e sostanziale, conservando i caratteri della provvisorietà e non decisorietà (C.C. 6180/19).

669 *quaterdecies*. (1) (2) (3) (4) **Ambito di applicazione.** – Le disposizioni della presente sezione si applicano ai provvedimenti previsti nelle sezioni II, III e V di questo capo, nonché, in quanto compatibili, agli altri provvedimenti cautelari previsti dal codice civile e dalle leggi speciali. L'art. 669 *septies* si applica altresì ai provvedimenti di istruzione preventiva previsti dalla sezione IV di questo capo.

(1) *Articolo aggiunto dall'art. 74, comma secondo, della L. 26 novembre 1990, n. 353, a decorrere dall'1 gennaio 1993. Si veda anche l'art. 4, comma 5, del D.L. 7 ottobre 1994, n. 571, convertito, con modificazioni, nella L. 6 dicembre 1994, n. 673.*

(2) *La Corte costituzionale, con sentenza n. 144 del 16 maggio 2008, ha dichiarato l'illegittimità costituzionale di questo articolo e dell'art. 695 c.p.c., nella parte in cui non prevedono la reclamabilità del provvedimento di rigetto dell'istanza per l'assunzione preventiva dei mezzi di prova di cui agli articoli 692 e 696 dello stesso codice.*

(3) *La Corte costituzionale, con sentenza n. 26 del 28 gennaio 2010, ha dichiarato l'illegittimità costituzionale di questo articolo nella parte in cui, escludendo l'applicazione dell'articolo 669 quinquies dello stesso codice ai provvedimenti di cui all'art. 696 c.p.c., impe-*

disce, in caso di clausola compromissoria, di compromesso o di pendenza di giudizio arbitrale, la proposizione della domanda di accertamento tecnico preventivo al giudice che sarebbe competente a conoscere del merito.

([4]) *La Corte costituzionale, con sentenza n. 202 del 10 novembre 2023, ha dichiarato l'illegittimità costituzionale degli artt. 669* quaterdecies *e 695 del codice di procedura civile, nella parte in cui non consentono di proporre il reclamo, previsto dall'art. 669* terdecies *cod. proc. civ., avverso il provvedimento che rigetta il ricorso per la nomina del consulente tecnico preventivo ai fini della composizione della lite, di cui all'art. 696* bis *del medesimo codice.*

Sezione II ([1])
Del sequestro

([1]) *Numerazione così modificata dall'art. 74, comma primo, della L. 26 novembre 1990, n. 353, a decorrere dall'1 gennaio 1993.*

670. Sequestro giudiziario. – Il giudice (669 *ter*, 669 *quater*, 818) può autorizzare il sequestro giudiziario:

1) di beni mobili o immobili (812 c.c.), aziende (2555 c.c.) o altre universalità di beni (816 c.c.), quando ne è controversa la proprietà (832 c.c.) o il possesso (704; 1140 c.c.), ed è opportuno provvedere alla loro custodia o alla loro gestione temporanea (65 ss.);

2) di libri, registri (2214 ss. c.c.), documenti (2699 ss. c.c.), modelli, campioni e di ogni altra cosa da cui si pretende desumere elementi di prova, quando è controverso il diritto alla esibizione o alla comunicazione (210; 2711 c.c.) ed è opportuno provvedere alla loro custodia temporanea (65, 687).

NOTE OPERATIVE:

Ambito di applicazione: Il sequestro giudiziario può essere concesso anche quando il bene sul quale è destinata a ricadere la misura cautelare sia oggetto di diritto di godimento da parte di un terzo, in virtù di un titolo detentivo, trasmessogli da una delle parti contendenti, purché vi sia un conflitto relativo alla proprietà o al possesso (C.C. 9692/08).

671. Sequestro conservativo. – Il giudice (146[3], 151[6] l. fall.), su istanza del creditore che ha fondato timore di perdere la garanzia del proprio credito (2740, 2769 c.c.), può autorizzare il sequestro conservativo (2793, 2905 ss. c.c.) di beni mobili o immobili del debitore o delle somme e cose a lui dovute (687), nei limiti in cui la legge ne permette il pignoramento (513 ss., 545, 558).

NOTE OPERATIVE:

Impugnazione: L'ordinanza che autorizza il sequestro conservativo non può essere impugnata con ricorso per cassazione ex art. 111 Cost. (C.C. 5582/13).

672 - 674. (*Omissis*) ([1]).

([1]) *Articoli abrogati dall'art. 89, comma primo, della L. 26 novembre 1990, n. 353, a decorrere dall'1 gennaio 1993.*

675. Termine d'efficacia del provvedimento. – Il provvedimento che autorizza il sequestro perde efficacia, se non è eseguito entro il termine di trenta giorni dalla pronuncia (669 *novies*).

NOTE OPERATIVE:

Primo atto esecutivo: Ai fini dell'osservanza del termine perentorio entro il quale deve essere iniziata l'esecuzione del sequestro giudiziario di bene immobile, non può ritenersi primo atto esecutivo la notificazione dell'avviso di rilascio, essendo tale formalità espressamente omessa, ai sensi dell'art. 677, comma 1, c.p.c., quando il custode non sia persona diversa dal detentore (C.C. 13775/07).

676. Custodia nel caso di sequestro giudiziario. – Nel disporre il sequestro giudiziario, il giudice nomina il custode (65 ss.), stabilisce i criteri e i limiti dell'amministrazione delle cose sequestrate e le particolari cautele idonee a rendere più sicura la custodia e a impedire la divulgazione dei segreti.

Il giudice può nominare custode quello dei contendenti che offre maggiori garanzie e dà cauzione (119; 86 att.).

Il custode della cosa sequestrata ha gli obblighi e i diritti previsti negli artt. 521, 522 e 560.

NOTE OPERATIVE:

Legittimazione processuale: Il custode dei beni oggetto di sequestro giudiziario può stare in giudizio come attore o convenuto nelle controversie concernenti l'amministrazione dei beni, ma non in quelle che attengono alla proprietà od altro diritto reale degli stessi (C.C. 5709/20).

677. ([1]) **Esecuzione del sequestro giudiziario.** – Il sequestro giudiziario si esegue a norma degli artt. 605 ss., in quanto applicabili, omessa la notificazione del precetto per consegna o rilascio nonché la comunicazione di cui all'art. 608, primo comma.

L'art. 608, primo comma, è applicabile se il custode sia persona diversa dal detentore ([2]).

Il giudice, col provvedimento di autorizzazione del sequestro o successivamente, può ordinare al terzo detentore del bene sequestrato di esibirlo o di consentire l'immediata immissione in possesso del custode (513[4]).

Al terzo si applica la disposizione dell'art. 211.

([1]) *Articolo così sostituito dall'art. 50 della L. 14 luglio 1950, n. 581.*

(2) *Comma così modificato dall'art. un. L. 23 maggio 1951, n. 400.*

678. (1) **Esecuzione del sequestro conservativo sui mobili.** – Il sequestro conservativo sui mobili e sui crediti si esegue secondo le norme stabilite per il pignoramento presso il debitore (513 ss.) o presso terzi (543 ss.). In quest'ultimo caso il sequestrante deve, con l'atto di sequestro, citare il terzo a comparire davanti al tribunale del luogo di residenza del terzo stesso per rendere la dichiarazione di cui all'art. 547. Il giudizio sulle controversie relative all'accertamento dell'obbligo del terzo (549) è sospeso fino all'esito di quello sul merito, a meno che il terzo non chieda l'immediato accertamento dei propri obblighi (2).

Se il credito è munito di privilegio (2751 ss., 2769 c.c.) sugli oggetti da sequestrare, il giudice può provvedere, nei confronti del terzo detentore, a norma del secondo comma dell'articolo precedente.

Si applica l'art. 610 se nel corso dell'esecuzione del sequestro sorgono difficoltà che non ammettono dilazione.

(1) *Articolo così sostituito dall'art. 50 della L. 14 luglio 1950, n. 581.*

(2) *Comma così sostituito dall'art. 75 della L. 26 novembre 1990, n. 353, a decorrere dall'1 gennaio 1993. Si veda anche l'art. 4, comma 5, del D.L. 7 ottobre 1994, n. 571, convertito, con modificazioni, nella L. 6 dicembre 1994, n. 673.*

NOTE OPERATIVE:

Disciplina: Il sequestro conservativo si esegue secondo le norme stabilite per il pignoramento dei beni che ne sono oggetto (C.C. 13903/14).

679. Esecuzione del sequestro conservativo sugli immobili. – Il sequestro conservativo sugli immobili si esegue con la trascrizione (2672, 2693 c.c.) del provvedimento presso l'ufficio del conservatore dei registri immobiliari del luogo in cui i beni sono situati (156^2 att.; 2663 c.c.) (1).

Per la custodia dell'immobile si applica la disposizione dell'art. 559.

(1) *Comma così modificato con R.D. 20 aprile 1942, n. 504.*

680 - 683. (*Omissis*) (1).

(1) *Articoli abrogati dall'art. 89, comma primo, della L. 26 novembre 1990, n. 353, a decorrere dall'1 gennaio 1993.*

684. Revoca del sequestro. – Il debitore può ottenere dal giudice istruttore, con ordinanza non impugnabile (177), la revoca del sequestro conservativo (671) prestando idonea cauzione (119; 84 att.) per l'ammontare del credito che ha dato causa al sequestro e per le spese, in ragione del valore delle cose sequestrate.

685. Vendita delle cose deteriorabili. – In caso di pericolo di deteriorazione delle cose che formano oggetto del sequestro, il giudice, con lo stesso provvedimento di concessione (669 *octies*) o con altro successivo, può ordinarne la vendita nei modi stabiliti per le cose pignorate (529 ss.).

Il prezzo ricavato dalla vendita rimane sequestrato in luogo delle cose vendute.

686. Conversione del sequestro conservativo in pignoramento. – Il sequestro conservativo si converte in pignoramento (492 ss.) al momento in cui il creditore sequestrante ottiene sentenza di condanna esecutiva (282, 337; 156 att.).

Se i beni sequestrati sono stati oggetto di esecuzione da parte di altri creditori, il sequestrante partecipa con essi alla distribuzione della somma ricavata (509 ss.).

NOTE OPERATIVE:

Efficacia: Il pignoramento derivante dalla conversione di un sequestro conservativo non retroagisce, quanto ai suoi effetti, al momento della concessione della misura cautelare (C.C. 54/16).

687. Casi speciali di sequestro. – Il giudice può ordinare il sequestro (670) delle somme o delle cose che il debitore ha offerto o messo comunque a disposizione del creditore per la sua liberazione, quando è controverso l'obbligo o il modo del pagamento o della consegna, o l'idoneità della cosa offerta (1206 ss. c.c.).

NOTE OPERATIVE:

Funzione: La funzione del sequestro liberatorio è quella di consentire al debitore di evitare la mora debendi, in attesa che la controversia nel merito venga risolta all'esito del giudizio, e non quella di garanzia tipica del sequestro conservativo, o quella, tipica del sequestro giudiziario, di determinare un temporaneo vincolo del bene oggetto di controversia (C.C. 12727/19).

Presupposti: Il sequestro liberatorio può essere disposto dal giudice solo su richiesta del debitore, anche nel caso in cui egli abbia dubbi sulla individuazione della persona del creditore, ma voglia evitare di subire gli effetti della mora (C.C. 19157/14).

Sezione III ([1])
Dei procedimenti di denuncia
di nuova opera e di danno temuto

([1]) *Numerazione così modificata dall'art. 74, comma primo, della L. 26 novembre 1990, n. 353, a decorrere dall'1 gennaio 1993.*

688. Forma dell'istanza. – La denuncia di nuova opera (1171 c.c.) o di danno temuto (1172 c.c.) si propone con ricorso (125) al giudice competente (8 n. 1, 311 ss.) a norma dell'art. 21.

Quando vi è causa pendente per il merito, la denuncia si propone a norma dell'art. 669 *quater* ([1]).

([1]) *Comma così sostituito dall'art. 76 della L. 26 novembre 1990, n. 353, a decorrere dall'1 gennaio 1993. Si veda anche l'art. 4, comma 5, del D.L. 7 ottobre 1994, n. 571, convertito, con modificazioni, nella L. 6 dicembre 1994, n. 673.*

NOTE OPERATIVE:

Domanda: Il procedimento cautelare termina con l'ordinanza di accoglimento o rigetto del giudice monocratico o del collegio in caso di reclamo, mentre il successivo processo di cognizione richiede un'autonoma domanda di merito (C.C. 21491/18).

Legittimato passivo: Nell'azione di danno temuto è legittimato passivo, non solo, il titolare del diritto reale, ma anche il possessore e colui che, in ogni caso, abbia la disponibilità del bene da cui si assume che derivi la situazione di pericolo di danno grave, in quanto l'obbligo di custodia e manutenzione sussiste in ragione dell'effettivo potere fisico sulla cosa (C.C. 5336/16 – Conf. C.C. 7260/15).

689 - 690. (*Omissis*) ([1]).

([1]) *Articoli abrogati dall'art. 89, comma primo, della L. 26 novembre 1990, n. 353, a decorrere dall'1 gennaio 1993.*

691. Contravvenzione al divieto del giudice. – Se la parte alla quale è fatto divieto di compiere l'atto dannoso (1172 c.c.) o di mutare lo stato di fatto (1171 c.c.) contravviene all'ordine, il giudice, su ricorso della parte interessata, può disporre con ordinanza (134) che le cose siano rimesse al pristino stato a spese del contravventore (612; 382 c.p.).

Sezione IV ([1])
Dei procedimenti
di istruzione preventiva

([1]) *Numerazione così modificata dall'art. 74, comma primo, della L. 26 novembre 1990, n. 353, a decorrere dall'1 gennaio 1993.*

692. Assunzione di testimoni. – Chi ha fondato motivo di temere che siano per mancare uno o più testimoni (244 ss.; 2721 ss. c.c.) le cui deposizioni possono essere necessarie in una causa da proporre (699), può chiedere che ne sia ordinata l'audizione a futura memoria (698).

NOTE OPERATIVE:

Natura giuridica: Il provvedimento emesso dal giudice a chiusura del procedimento d'istruzione preventiva – di natura cautelare seppure avente ad oggetto non già, come le altre misure cautelari, un diritto soggettivo leso o sottoposto a lesione bensì l'assunzione di una prova – che, travalicando i limiti posti dalla legge, contenga statuizioni di merito ovvero definisca in qualche modo la lite assume valore di sentenza di primo grado ed è impugnabile con l'appello (C.C. 16578/02).

693. Istanza. – L'istanza si propone con ricorso (125) al giudice che sarebbe competente per la causa di merito (7 ss., 18 ss.).

In caso d'eccezionale urgenza, l'istanza può anche proporsi al tribunale del luogo in cui la prova deve essere assunta.

Il ricorso deve contenere l'indicazione dei motivi dell'urgenza e dei fatti sui quali debbono essere interrogati i testimoni (244), e l'esposizione sommaria delle domande o eccezioni alle quali la prova è preordinata.

NOTE OPERATIVE:

Eccezionale urgenza: L'eccezionale urgenza è una connotazione particolare e più accentuata del requisito dell'urgenza, presupposto necessario per instaurare il procedimento di istruttoria preventiva (C.C. 8309/96).

694. Ordine di comparizione. – Il presidente del tribunale [, il pretore] ([1]) o il giudice di pace fissa, con decreto (135), l'udienza di comparizione e stabilisce il termine perentorio (152, 153) per la notificazione (137 ss.) del decreto.

([1]) *Le parole: «, il pretore» sono state soppresse dall'art. 104 del D.L.vo 19 febbraio 1998, n. 51, recante l'istituzione del giudice unico, a decorrere dal 2 giugno 1999.*

695. ([1]) ([2]) **Ammissione del mezzo di prova.** – Il presidente del tribunale [, il pretore] ([3]) o il giudice di pace, assunte, quando occorre, sommarie informazioni, provvede con ordinanza non impugnabile (134, 177) e, se ammette l'esame testimoniale, fissa l'udienza per l'assunzione e designa il giudice che deve procedervi (696, 697, 698).

([1]) *La Corte costituzionale, con sentenza n. 144 del 16 maggio 2008, ha dichiarato l'illegittimità costituzionale dell'art. 669* quaterdecies *c.p.c. e di questo articolo, nella parte in cui non prevedono la reclamabilità del provvedimento di rigetto dell'istanza per l'assunzione preventiva dei mezzi di prova di cui agli articoli 692 e 696 dello stesso codice.*

(²) *La Corte costituzionale, con sentenza n. 202 del 10 novembre 2023, ha dichiarato l'illegittimità costituzionale degli artt. 669 quaterdecies e 695 del codice di procedura civile, nella parte in cui non consentono di proporre il reclamo, previsto dall'art. 669 terdecies cod. proc. civ., avverso il provvedimento che rigetta il ricorso per la nomina del consulente tecnico preventivo ai fini della composizione della lite, di cui all'art. 696 bis del medesimo codice.*

(³) *Le parole: «, il pretore» sono state soppresse dall'art. 104 del D.L.vo 19 febbraio 1998, n. 51, recante l'istituzione del giudice unico, a decorrere dal 2 giugno 1999.*

696. Accertamento tecnico e ispezione giudiziale. – Chi ha urgenza di far verificare, prima del giudizio, lo stato di luoghi o la qualità o la condizione di cose può chiedere, a norma degli artt. 692 ss., che sia disposto un accertamento tecnico (61, 191 ss.) o un'ispezione giudiziale (118, 258 ss.; 1513, 1697 c.c.) (¹) (²). L'accertamento tecnico e l'ispezione giudiziale, se ne ricorre l'urgenza, possono essere disposti anche sulla persona dell'istante e, se questa vi consente, sulla persona nei cui confronti l'istanza è proposta (³).

L'accertamento tecnico di cui al primo comma può comprendere anche valutazioni in ordine alle cause e ai danni relativi all'oggetto della verifica (³) (⁴).

Il presidente del tribunale [, il pretore] (⁵) o il giudice di pace provvede nelle forme stabilite negli artt. 694 e 695, in quanto applicabili, nomina il consulente tecnico e fissa la data dell'inizio delle operazioni (191 ss., 258 ss.).

(¹) *La Corte costituzionale, con sentenza n. 471 del 22 ottobre 1990, ha dichiarato l'illegittimità costituzionale di questo comma, nella parte in cui non consente di disporre accertamento tecnico o ispezione giudiziale sulla persona dell'istante.*

(²) *La Corte costituzionale, con sentenza n. 257 del 19 luglio 1996, ha dichiarato l'illegittimità costituzionale di questo comma, nella parte in cui non prevede che il giudice possa disporre accertamento tecnico o ispezione giudiziale anche sulla persona nei cui confronti l'istanza è proposta, dopo averne acquisito il consenso.*

(³) *Questo periodo è stato aggiunto dall'art. 2, comma 3, lett. e bis), n. 5.1), del D.L. 14 marzo 2005, n. 35, convertito, con modificazioni, nella L. 14 maggio 2005, n. 80.*

A norma dell'art. 2, comma 3 quinquies, dello stesso provvedimento, come modificato dall'art. 1, comma 6, della L. 28 dicembre 2005, n. 263 e dall'art. 39 quater del D.L. 30 dicembre 2005, n. 273, convertito, con modificazioni, nella L. 23 febbraio 2006, n. 51, questa disposizione entra in vigore il 1° marzo 2006 e si applica ai procedimenti instaurati successivamente a tale data.

(⁴) *Questo comma è stato inserito dall'art. 2, comma 3, lett. e bis), n. 5.2), del D.L. 14 marzo 2005, n. 35, convertito, con modificazioni, nella L. 14 maggio 2005, n. 80.*

A norma dell'art. 2, comma 3 quinquies, dello stesso provvedimento, come modificato dall'art. 1, comma 6, della L. 28 dicembre 2005, n. 263 e dall'art. 39 quater del D.L. 30 dicembre 2005, n. 273, convertito, con modificazioni, nella L. 23 febbraio 2006, n. 51, questa disposizione entra in vigore il 1° marzo 2006 e si applica ai procedimenti instaurati successivamente a tale data.

(⁵) *Le parole: «, il pretore» sono state soppresse dall'art. 104 del D.L.vo 19 febbraio 1998, n. 51, recante l'istituzione del giudice unico, a decorrere dal 2 giugno 1999.*

NOTE OPERATIVE:

Effetti: L'accertamento tecnico preventivo, disposto nei confronti di cui, non essendo stato chiamato in causa, non ne è parte, non è a questi opponibile (C.C. 24981/20).

Spese: Il procedimento di accertamento tecnico preventivo si conclude con il deposito della relazione di consulenza tecnica, cui segue la liquidazione del compenso al consulente nominato dal giudice, senza che possa essere adottato alcun altro provvedimento relativo al regolamento delle spese tra le parti, stante la mancanza dei presupposti sui quali il giudice deve necessariamente basare la propria statuizione in ordine alle spese ai sensi degli artt. 91 e 92 c.p.c. (C.C. 19498/15).

696 *bis*. (¹) Consulenza tecnica preventiva ai fini della composizione della lite. – L'espletamento di una consulenza tecnica, in via preventiva, può essere richiesto anche al di fuori delle condizioni di cui al primo comma dell'articolo 696, ai fini dell'accertamento e della relativa determinazione dei crediti derivanti dalla mancata o inesatta esecuzione di obbligazioni contrattuali o da fatto illecito. Il giudice procede a norma del terzo comma del medesimo articolo 696. Il consulente, prima di provvedere al deposito della relazione, tenta, ove possibile, la conciliazione delle parti.

Se le parti si sono conciliate si forma processo verbale della conciliazione.

Il giudice attribuisce con decreto efficacia di titolo esecutivo al processo verbale, ai fini dell'espropriazione e dell'esecuzione in forma specifica e per l'iscrizione di ipoteca giudiziale.

Il processo verbale è esente dall'imposta di registro.

Se la conciliazione non riesce, ciascuna parte può chiedere che la relazione depositata dal consulente sia acquisita agli atti del successivo giudizio di merito.

Si applicano gli articoli da 191 a 197, in quanto compatibili.

(¹) *Questo articolo è stato inserito dall'art. 2, comma 3, lett. e bis), n. 6), del D.L. 14 marzo 2005, n. 35, convertito, con modificazioni, nella L. 14 maggio 2005, n. 80.*

A norma dell'art. 2, comma 3 quinquies, dello stesso provvedimento, come modificato dall'art. 1, comma 6, della L. 28 dicembre 2005, n. 263 e dall'art. 39 quater del D.L. 30 dicembre 2005, n. 273, convertito, con modi-

ficazioni, nella L. 23 febbraio 2006, n. 51, questa disposizione entra in vigore il 1° marzo 2006 e si applica ai procedimenti instaurati successivamente a tale data.

697. Provvedimenti in caso di eccezionale urgenza. – In caso di eccezionale urgenza, il presidente del tribunale [, il pretore] ([1]) o il giudice di pace può pronunciare i provvedimenti indicati negli artt. 694 e 695 con decreto (135), dispensando il ricorrente dalla notificazione (137) alle altre parti; in tal caso può nominare un procuratore, che intervenga per le parti non presenti all'assunzione della prova.

Non oltre il giorno successivo, a cura del cancelliere, deve essere fatta notificazione immediata del decreto alle parti non presenti all'assunzione.

([1]) *Le parole*: «, *il pretore*» *sono state soppresse dall'art. 104 del D.L.vo 19 febbraio 1998, n. 51, recante l'istituzione del giudice unico, a decorrere dal 2 giugno 1999.*

698. Assunzione ed efficacia delle prove preventive. – Nell'assunzione preventiva dei mezzi di prova si applicano, in quanto possibile, gli artt. 191 ss.

L'assunzione preventiva dei mezzi di prova non pregiudica le questioni relative alla loro ammissibilità e rilevanza (177, 184), né impedisce la loro rinnovazione nel giudizio di merito.

I processi verbali (126, 130) delle prove non possono essere prodotti, né richiamati, né riprodotti in copia nel giudizio di merito, prima che i mezzi di prova siano stati dichiarati ammissibili nel giudizio stesso.

NOTE OPERATIVE:

Acquisizione: L'acquisizione della relazione di accertamento tecnico preventivo tra le fonti che il giudice di merito utilizza per l'accertamento dei fatti di causa non deve necessariamente avvenire a mezzo di un provvedimento formale, bastando anche la sua materiale acquisizione (C.C. 6591/16).

699. Istruzione preventiva in corso di causa. – L'istanza di istruzione preventiva (693) può anche essere proposta in corso di causa e durante l'interruzione (299 ss.) o la sospensione (295 ss.) del giudizio.

Il giudice provvede con ordinanza (134, 177).

NOTE OPERATIVE:

Competenza: L'istanza di istruzione preventiva, quando già penda la causa di merito, va proposta al giudice investito della causa stessa, anche in caso di eccezionale urgenza, stante la stretta connessione dei provvedimenti cautelari con il giudizio di merito, il cui risultato definitivo essi tendono a salvaguardare (C.C. 8943/94).

Sezione V ([1])
Dei provvedimenti d'urgenza

([1]) *Numerazione così modificata dall'art. 74, comma primo, della L. 26 novembre 1990, n. 353, a decorrere dall'1 gennaio 1993.*

700. Condizioni per la concessione. – Fuori dei casi regolati nelle precedenti sezioni di questo capo, chi ha fondato motivo di temere che durante il tempo occorrente per far valere il suo diritto in via ordinaria, questo sia minacciato da un pregiudizio imminente e irreparabile, può chiedere con ricorso (125) al giudice (669 *ter*, 669 *quater*, 669 *quinquies*) i provvedimenti d'urgenza, che appaiono, secondo le circostanze, più idonei ad assicurare provvisoriamente gli effetti della decisione sul merito.

NOTE OPERATIVE:

Caratteristiche: Il provvedimento di urgenza, in quanto privo di carattere decisorio ed esclusivamente diretto ad evitare, in via provvisoria e cautelare, un irreparabile pregiudizio durante il tempo occorrente a far valere il diritto in via ordinaria, non configura decisione nel merito (S.U. 3466/94; S.U. 6065/93).

Impugnazione: Il provvedimento reso in via d'urgenza, avendo natura strumentale, provvisoria e non definitiva, in quanto destinato a essere sostituito dalla decisione di merito, ovvero a decadere per effetto di essa o della mancata instaurazione del relativo giudizio, non è autonomamente impugnabile, neppure con ricorso per cassazione ex art. 111 Cost. (CC. 6360/19).

701 - 702. (*Omissis*) ([1]).

([1]) *Articoli abrogati dall'art. 89, comma primo, della L. 26 novembre 1990, n. 353, a decorrere dall'1 gennaio 1993.*

[Capo III *bis*]
[Del procedimento sommario di cognizione] ([1])

([1]) *Questo Capo, comprendente gli articoli da 702* bis *a 702* quater, *inserito dall'art. 51, comma 1, della L. 18 giugno 2009, n. 69, a decorrere dal 4 luglio 2009, è stato abrogato dall'art. 3, comma 48, del D.L.vo 10 ottobre 2022, n. 149, a decorrere dal 28 febbraio 2023.*

A norma dell'art. 35, comma 1, del medesimo decreto, le disposizioni si applicano ai procedimenti instaurati successivamente a tale data. Ai procedimenti pendenti alla data del 28 febbraio 2023 si applicano le disposizioni anteriormente vigenti.

702 *bis*. [Forma della domanda. Costituzione delle parti. – Nelle cause in cui il tribunale giudica in composizione monocratica, la domanda può essere proposta con ricorso al tribunale competente. Il ricorso, sottoscritto a norma dell'articolo 125, deve contenere le indicazioni di cui ai numeri 1), 2), 3), 4), 5) e 6) e l'avvertimento di cui al numero 7) del terzo comma dell'articolo 163.

A seguito della presentazione del ricorso il cancelliere forma il fascicolo d'ufficio e lo presenta senza ritardo al presidente del tribunale, il quale designa il magistrato cui è affidata la trattazione del procedimento.

Il giudice designato fissa con decreto l'udienza di comparizione delle parti, assegnando il termine per la costituzione del convenuto, che deve avvenire non oltre dieci giorni prima dell'udienza; il ricorso, unitamente al decreto di fissazione dell'udienza, deve essere notificato al convenuto almeno trenta giorni prima della data fissata per la sua costituzione.

Il convenuto deve costituirsi mediante deposito in cancelleria della comparsa di risposta, nella quale deve proporre le sue difese e prendere posizione sui fatti posti dal ricorrente a fondamento della domanda, indicare i mezzi di prova di cui intende avvalersi e i documenti che offre in comunicazione, nonché formulare le conclusioni. A pena di decadenza deve proporre le eventuali domande riconvenzionali e le eccezioni processuali e di merito che non sono rilevabili d'ufficio.

Se il convenuto intende chiamare un terzo in garanzia deve, a pena di decadenza, farne dichiarazione nella comparsa di costituzione e chiedere al giudice designato lo spostamento dell'udienza. Il giudice, con decreto comunicato dal cancelliere alle parti costituite, provvede a fissare la data della nuova udienza assegnando un termine perentorio per la citazione del terzo. La costituzione del terzo in giudizio avviene a norma del quarto comma].

702 *ter*. [**Procedimento.** – Il giudice, se ritiene di essere incompetente, lo dichiara con ordinanza.

Se rileva che la domanda non rientra tra quelle indicate nell'articolo 702 *bis*, il giudice, con ordinanza non impugnabile, la dichiara inammissibile. Nello stesso modo provvede sulla domanda riconvenzionale (1).

Se ritiene che le difese svolte dalle parti richiedono un'istruzione non sommaria, il giudice, con ordinanza non impugnabile, fissa l'udienza di cui all'articolo 183. In tal caso si applicano le disposizioni del libro II.

Quando la causa relativa alla domanda riconvenzionale richiede un'istruzione non sommaria, il giudice ne dispone la separazione.

Se non provvede ai sensi dei commi precedenti, alla prima udienza il giudice, sentite le parti, omessa ogni formalità non essenziale al contraddittorio, procede nel modo che ritiene più opportuno agli atti di istruzione rilevanti in relazione all'oggetto del provvedimento richiesto e provvede con ordinanza all'accoglimento o al rigetto delle domande.

L'ordinanza è provvisoriamente esecutiva e costituisce titolo per l'iscrizione di ipoteca giudiziale e per la trascrizione.

Il giudice provvede in ogni caso sulle spese del procedimento ai sensi degli articoli 91 e seguenti].

(1) *La Corte costituzionale, con sentenza n. 253 del 26 novembre 2020, ha dichiarato l'illegittimità costituzionale di questo periodo, nella parte in cui non prevede che, qualora con la domanda riconvenzionale sia proposta una causa pregiudiziale a quella oggetto del ricorso principale e la stessa rientri tra quelle in cui il tribunale giudica in composizione collegiale, il giudice adito possa disporre il mutamento del rito fissando l'udienza di cui all'art. 183 c.p.c.*

702 *quater*. [**Appello.** – L'ordinanza emessa ai sensi del sesto comma dell'articolo 702 *ter* produce gli effetti di cui all'articolo 2909 del codice civile se non è appellata entro trenta giorni dalla sua comunicazione o notificazione. Sono ammessi nuovi mezzi di prova e nuovi documenti quando il collegio li ritiene indispensabili (1) ai fini della decisione, ovvero la parte dimostra di non aver potuto proporli nel corso del procedimento sommario per causa ad essa non imputabile. Il presidente del collegio può delegare l'assunzione dei mezzi istruttori ad uno dei componenti del collegio].

(1) *La parola: «rilevanti» è stata così sostituita dall'attuale: «indispensabili» dall'art. 54, comma 1 bis, del D.L. 22 giugno 2012, n. 83, convertito, con modificazioni, nella L. 7 agosto 2012, n. 134.*

Capo IV
Dei procedimenti possessori

703. Domande di reintegrazione e di manutenzione nel possesso. – Le domande di reintegrazione (1168 ss. c.c.) e di manutenzione (1170 ss. c.c.) nel possesso (1140 c.c.) si propongono con ricorso (125) al giudice competente (8 n. 1) a norma dell'art. 21 (28; 374 n. 5 c.c.).

Il giudice provvede ai sensi degli articoli 669 *bis* e seguenti, in quanto compatibili (1).

L'ordinanza che accoglie o respinge la domanda è reclamabile ai sensi dell'articolo 669 *terdecies* (2).

Se richiesto da una delle parti, entro il termine perentorio di sessanta giorni decorrente dalla comunicazione del provvedimento

CODICE PROCEDURA CIVILE

che ha deciso sul reclamo ovvero, in difetto, del provvedimento di cui al terzo comma, il giudice fissa dinanzi a sé l'udienza per la prosecuzione del giudizio di merito. Si applica l'articolo 669 *novies*, terzo comma ([2]).

([1]) *Questo comma è stato così sostituito dall'art. 2, comma 3, lett.* e bis), *n. 7.1), del D.L. 14 marzo 2005, n. 35, convertito, con modificazioni, nella L. 14 maggio 2005, n. 80.*

A norma dell'art. 2, comma 3 quinquies, *dello stesso provvedimento, come modificato dall'art. 1, comma 6, della L. 28 dicembre 2005, n. 263 e dall'art. 39* quater *del D.L. 30 dicembre 2005, n. 273, convertito, con modificazioni, nella L. 23 febbraio 2006, n. 51, questa disposizione entra in vigore il 1° marzo 2006 e si applica ai procedimenti instaurati successivamente a tale data.*

([2]) *Questo comma è stato aggiunto dall'art. 2, comma 3, lett.* e bis), *n. 7.2), del D.L. 14 marzo 2005, n. 35, convertito, con modificazioni, nella L. 14 maggio 2005, n. 80.*

A norma dell'art. 2, comma 3 quinquies, *dello stesso provvedimento, come modificato dall'art. 1, comma 6, della L. 28 dicembre 2005, n. 263 e dall'art. 39* quater *del D.L. 30 dicembre 2005, n. 273, convertito, con modificazioni, nella L. 23 febbraio 2006, n. 51, questa disposizione entra in vigore il 1° marzo 2006 e si applica ai procedimenti instaurati successivamente a tale data.*

NOTE OPERATIVE:

Istruttoria: Nel giudizio possessorio – articolato in due fasi, l'una, necessaria, di natura sommaria, e l'altra, eventuale, a cognizione piena, quale prosecuzione della prima ed avente ad oggetto il merito della pretesa possessoria – è inammissibile la richiesta di assunzione di prove testimoniali effettuata nella seconda fase, ove sia stata omessa l'indicazione dei nominativi dei testi, in quanto il giudizio di merito possessorio, quanto ad oggetto ed istruttoria, deve svolgersi con le garanzie e nel rispetto delle norme del processo ordinario di cognizione (C.C. 23860/23).

Risarcimento: La proposizione della domanda risarcitoria connessa alla lesione del possesso è riservata alla fase del merito possessorio, sicché detta azione non è tardiva ove sia spiegata nel corso della fase sommaria e fino al momento della prosecuzione del procedimento possessorio nella fase a cognizione piena (C.C. 10869/23).

704. Domande di provvedimento possessorio nel corso di giudizio petitorio. – Ogni domanda relativa al possesso (1140 ss. c.c.), per fatti che avvengono durante la pendenza del giudizio petitorio, deve essere proposta davanti al giudice di quest'ultimo.

La reintegrazione nel possesso può essere tuttavia domandata al giudice competente a norma dell'articolo 703, il quale dà i provvedimenti temporanei indispensabili; ciascuna delle parti può proseguire il giudizio dinanzi al giudice del petitorio, ai sensi dell'articolo 703 ([1]).

([1]) *Questo comma è stato così sostituito dall'art. 2, comma 3, lett.* e bis), *n. 8), del D.L. 14 marzo 2005, n. 35, convertito, con modificazioni, nella L. 14 maggio 2005, n. 80.*

A norma dell'art. 2, comma 3 quinquies, *dello stesso provvedimento, come modificato dall'art. 1, comma 6, della L. 28 dicembre 2005, n. 263 e dall'art. 39* quater *del D.L. 30 dicembre 2005, n. 273, convertito, con modificazioni, nella L. 23 febbraio 2006, n. 51, questa disposizione entra in vigore il 1° marzo 2006 e si applica ai procedimenti instaurati successivamente a tale data.*

Si riporta il comma precedente:

«La reintegrazione del possesso può essere tuttavia domandata al giudice competente a norma dell'articolo 703, il quale dà i provvedimenti temporanei indispensabili e rimette le parti davanti al giudice del petitorio».

NOTE OPERATIVE:

Ambito di applicazione: La norma, devolvendo la competenza per la domanda possessoria al giudice del giudizio petitorio, deroga alla regola generale della competenza in materia possessoria e non è applicabile, quindi, oltre i casi in esso considerati (C.C. 810/14).

705. Divieto di proporre giudizio petitorio. – Il convenuto nel giudizio possessorio non può proporre giudizio petitorio, finché il primo giudizio non sia definito e la decisione non sia stata eseguita ([1]).

Il convenuto può tuttavia proporre il giudizio petitorio quando dimostra che l'esecuzione del provvedimento possessorio non può compiersi per fatto dell'attore.

([1]) *La Corte costituzionale, con sentenza n. 25 del 3 febbraio 1992, ha dichiarato l'illegittimità costituzionale di questo comma, nella parte in cui subordina la proposizione del giudizio petitorio alla definizione della controversia possessoria e alla esecuzione della decisione nel caso che ne derivi o possa derivarne un pregiudizio irreparabile al convenuto.*

NOTE OPERATIVE:

Ambito di applicazione: Il divieto di proporre giudizio petitorio riguarda il solo convenuto nel giudizio possessorio, trovando la propria ratio nell'esigenza di evitare che la tutela possessoria chiesta dall'attore possa essere paralizzata, prima della sua completa attuazione, dall'opposizione diretta ad accertare l'inesistenza dello ius possidendi; diversamente, l'attore in possessorio può proporre azione petitoria, anche in pendenza del medesimo giudizio possessorio, dovendosi interpretare tale proposizione come finalizzata ad un rafforzamento della tutela giuridica, e non già come rinuncia all'azione possessoria (C.C. 24236/22).

Titolo II
Dei procedimenti in camera di consiglio (1)

(1) *La precedente rubrica:* «Dei procedimenti in materia di famiglia e di stato delle persone» *è stata così sostituita dalla attuale:* «Dei procedimenti in camera di consiglio» *dall'art. 3, comma 49, lett.* b), *del D.L.vo 10 ottobre 2022, n. 149, a decorrere dal 28 febbraio 2023.*

A norma dell'art. 35, comma 1, del medesimo decreto, le disposizioni si applicano ai procedimenti instaurati successivamente a tale data. Ai procedimenti pendenti alla data del 28 febbraio 2023 si applicano le disposizioni anteriormente vigenti.

[Capo I]
[Della separazione personale dei coniugi] (1)

(1) *Questo Capo (con gli artt. 706, 707, 708, 709, 709* bis, *709* ter, *710 e 711) è stato abrogato dall'art. 3, comma 49, lett.* a), *del D.L.vo 10 ottobre 2022, n. 149, a decorrere dal 28 febbraio 2023.*

A norma dell'art. 35, comma 1, del medesimo decreto, le disposizioni si applicano ai procedimenti instaurati successivamente a tale data. Ai procedimenti pendenti alla data del 28 febbraio 2023 si applicano le disposizioni anteriormente vigenti.

706. (1) **[Forma della domanda.** – La domanda di separazione personale si propone al tribunale del luogo dell'ultima residenza comune dei coniugi ovvero, in mancanza, del luogo in cui il coniuge convenuto ha residenza o domicilio, con ricorso che deve contenere l'esposizione dei fatti sui quali la domanda è fondata.

Qualora il coniuge convenuto sia residente all'estero, o risulti irreperibile, la domanda si propone al tribunale del luogo di residenza o di domicilio del ricorrente, e, se anche questi è residente all'estero, a qualunque tribunale della Repubblica.

Il presidente, nei cinque giorni successivi al deposito in cancelleria, fissa con decreto la data dell'udienza di comparizione dei coniugi davanti a sé, che deve essere tenuta entro novanta giorni dal deposito del ricorso, il termine per la notificazione del ricorso e del decreto, ed il termine entro cui il coniuge convenuto può depositare memoria difensiva e documenti. Al ricorso e alla memoria difensiva sono allegate le ultime dichiarazioni dei redditi presentate.

Nel ricorso deve essere indicata l'esistenza di figli di entrambi i coniugi] (2).

(1) *Gli articoli da 706 a 709 sono stati così sostituiti dagli attuali articoli da 706 a 709* bis, *dall'art. 2, comma 3, lett.* e ter), *del D.L. 14 marzo 2005, n. 35, convertito, con modificazioni, nella L. 14 maggio 2005, n. 80.*

A norma dell'art. 2, comma 3 quinquies, *dello stesso provvedimento, come modificato dall'art. 1, comma 6, della L. 28 dicembre 2005, n. 263 e dall'art. 39* quater *del D.L. 30 dicembre 2005, n. 273, convertito, con modificazioni, nella L. 23 febbraio 2006, n. 51, questa disposizione entra in vigore il 1° marzo 2006 e si applica ai procedimenti instaurati successivamente a tale data.*

Si riporta l'articolo precedente:

«706. (Forma della domanda). *La domanda di separazione personale si propone al tribunale del luogo in cui il coniuge convenuto ha residenza o domicilio, con ricorso contenente l'esposizione dei fatti sui quali la domanda è fondata.*

«Il presidente fissa con decreto il giorno della comparizione dei coniugi davanti a sé e il termine per la notificazione del ricorso e del decreto».

(2) *Questo comma è stato così sostituito dall'art. 95, comma 1, lett.* a), *del D.L.vo 28 dicembre 2013, n. 154, a decorrere dal trentesimo giorno successivo a quello della sua pubblicazione nella* Gazzetta Ufficiale (G.U. *n. 5 dell'8 gennaio 2014).*

707. (1) **[Comparizione personale delle parti.** – I coniugi debbono comparire personalmente davanti al presidente con l'assistenza del difensore.

Se il ricorrente non si presenta o rinuncia, la domanda non ha effetto.

Se non si presenta il coniuge convenuto, il presidente può fissare un nuovo giorno per la comparizione, ordinando che la notificazione del ricorso e del decreto gli sia rinnovata].

(1) *Gli articoli da 706 a 709 sono stati così sostituiti dagli attuali articoli da 706 a 709* bis, *dall'art. 2, comma 3, lett.* e ter), *del D.L. 14 marzo 2005, n. 35, convertito, con modificazioni, nella L. 14 maggio 2005, n. 80.*

A norma dell'art. 2, comma 3 quinquies, *dello stesso provvedimento, come modificato dall'art. 1, comma 6, della L. 28 dicembre 2005, n. 263 e dall'art. 39* quater *del D.L. 30 dicembre 2005, n. 273, convertito, con modificazioni, nella L. 23 febbraio 2006, n. 51, questa disposizione entra in vigore il 1° marzo 2006 e si applica ai procedimenti instaurati successivamente a tale data.*

Si riporta l'articolo precedente:

«707. (Comparizione personale delle parti). *I coniugi debbono comparire personalmente davanti al presidente senza assistenza di difensore.*

«Se il ricorrente non si presenta, la domanda non ha effetto.

«Se non si presenta il coniuge convenuto, il presidente può fissare un nuovo giorno per la comparizione, ordinando che la notificazione del ricorso e del decreto gli sia rinnovata».

708. (1) **[Tentativo di conciliazione e provvedimenti del presidente.** – All'udienza di comparizione il presidente deve sentire i coniugi prima separatamente e poi congiuntamente, tentandone la conciliazione.

Se i coniugi si conciliano, il presidente fa redigere il processo verbale della conciliazione.

Se la conciliazione non riesce, il presidente, anche d'ufficio, sentiti i coniugi ed i rispettivi difensori, dà con ordinanza i provvedimenti temporanei e urgenti che reputa opportuni nell'interesse della prole e dei coniugi, nomina il giudice istruttore e fissa udienza di comparizione e trattazione davanti a questi. Nello stesso modo il presidente provvede, se il coniuge convenuto non compare, sentito il ricorrente ed il suo difensore.

Contro i provvedimenti di cui al terzo comma si può proporre reclamo con ricorso alla Corte d'appello che si pronuncia in camera di consiglio. Il reclamo deve essere proposto nel termine perentorio di dieci giorni dalla notificazione del provvedimento] (2).

(1) *Gli articoli da 706 a 709 sono stati così sostituiti dagli attuali articoli da 706 a 709* bis, *dall'art. 2, comma 3, lett.* e ter), *del D.L. 14 marzo 2005, n. 35, convertito, con modificazioni, nella L. 14 maggio 2005, n. 80.*

A norma dell'art. 2, comma 3 quinquies, *dello stesso provvedimento, come modificato dall'art. 1, comma 6, della L. 28 dicembre 2005, n. 263* e *dall'art. 39* quater *del D.L. 30 dicembre 2005, n. 273, convertito, con modificazioni, nella L. 23 febbraio 2006, n. 51, questa disposizione entra in vigore il 1° marzo 2006 e si applica ai procedimenti instaurati successivamente a tale data.*

Si riporta l'articolo precedente:

«708. (Tentativo di conciliazione, provvedimenti del presidente). *Il presidente deve sentire i coniugi prima separatamente e poi congiuntamente, procurando di conciliarli.*

«*Se i coniugi si conciliano, il presidente fa redigere processo verbale della conciliazione.*

«*Se il coniuge convenuto non comparisce o la conciliazione non riesce, il presidente, anche d'ufficio, dà con ordinanza i provvedimenti temporanei e urgenti che reputa opportuni nell'interesse dei coniugi e della prole, nomina il giudice istruttore e fissa l'udienza di comparizione delle parti davanti a questo.*

«*Se si verificano mutamenti nelle circostanze, l'ordinanza del presidente può essere revocata o modificata dal giudice istruttore a norma dell'art. 177*».

(2) *Questo comma è stato aggiunto dall'art. 2, comma 1, della L. 8 febbraio 2006, n. 54.*

709. (1) **[Notificazione dell'ordinanza e fissazione dell'udienza.** – L'ordinanza con la quale il presidente fissa l'udienza di comparizione davanti al giudice istruttore è notificata a cura dell'attore al convenuto non comparso, nel termine perentorio stabilito nell'ordinanza stessa, ed è comunicata al pubblico ministero.

Tra la data dell'ordinanza, ovvero tra la data entro cui la stessa deve essere notificata al convenuto non comparso, e quella dell'udienza di comparizione e trattazione devono intercorrere i termini di cui all'articolo 163 *bis* ridotti a metà.

Con l'ordinanza il presidente assegna altresì termine al ricorrente per il deposito in cancelleria di memoria integrativa, che deve avere il contenuto di cui all'articolo 163, terzo comma, numeri 2), 3), 4), 5) e 6), e termine al convenuto per la costituzione in giudizio ai sensi degli articoli 166 e 167, primo e secondo comma, nonché per la proposizione delle eccezioni processuali e di merito che non siano rilevabili d'ufficio. L'ordinanza deve contenere l'avvertimento al convenuto che la costituzione oltre il suddetto termine implica le decadenze di cui all'articolo 167 e che oltre il termine stesso non potranno più essere proposte le eccezioni processuali e di merito non rilevabili d'ufficio.

I provvedimenti temporanei ed urgenti assunti dal presidente con l'ordinanza di cui al terzo comma dell'articolo 708 possono essere revocati o modificati dal giudice istruttore].

(1) *Gli articoli da 706 a 709 sono stati così sostituiti dagli attuali articoli da 706 a 709* bis, *dall'art. 2, comma 3, lett.* e ter), *del D.L. 14 marzo 2005, n. 35, convertito, con modificazioni, nella L. 14 maggio 2005, n. 80.*

A norma dell'art. 2, comma 3 quinquies, *dello stesso provvedimento, come modificato dall'art. 1, comma 6, della L. 28 dicembre 2005, n. 263* e *dall'art. 39* quater *del D.L. 30 dicembre 2005, n. 273, convertito, con modificazioni, nella L. 23 febbraio 2006, n. 51, questa disposizione entra in vigore il 1° marzo 2006 e si applica ai procedimenti instaurati successivamente a tale data.*

709 *bis*. (1) **[Udienza di comparizione e trattazione davanti al giudice istruttore.** – All'udienza davanti al giudice istruttore si applicano le disposizioni di cui agli articoli 180 e 183, commi primo, secondo e dal quarto al decimo. Si applica altresì l'articolo 184. Nel caso in cui il processo debba continuare per la richiesta di addebito, per l'affidamento dei figli o per le questioni economiche, il tribunale emette sentenza non definitiva relativa alla separazione. Avverso tale sentenza è ammesso soltanto appello immediato che è deciso in camera di consiglio].

(1) *Gli articoli da 706 a 709 sono stati così sostituiti dagli attuali articoli da 706 a 709* bis, *dall'art. 2, comma 3, lett.* e ter), *del D.L. 14 marzo 2005, n. 35, convertito, con modificazioni, nella L. 14 maggio 2005, n. 80, come modificato dall'art. 1, comma 4, della L. 28 dicembre 2005, n. 263.*

A norma dell'art. 2, comma 3 quinquies, *dello stesso provvedimento, come modificato dall'art. 1, comma 6, della L. 28 dicembre 2005, n. 263* e *dall'art. 39* quater *del D.L. 30 dicembre 2005, n. 273, convertito, con modificazioni, nella L. 23 febbraio 2006, n. 51, questa disposizione entra in vigore il 1° marzo 2006 e si applica ai procedimenti instaurati successivamente a tale data.*

709 *ter*. (1) (2) **[Soluzione delle controversie e provvedimenti in caso di inadempienze o violazioni.** – Per la soluzione delle controversie insorte tra i genitori in ordine all'esercizio della responsabilità (3) genitoriale o delle modalità dell'affidamento è competente il giudice del procedimento in corso. Per i procedimenti di cui all'articolo 710 è competente il tribunale del luogo di residenza del minore.

A seguito del ricorso, il giudice convoca le parti e adotta i provvedimenti opportuni. In caso di gravi inadempienze o di atti che comunque arrechino pregiudizio al minore od ostacolino il corretto svolgimento delle modalità dell'affidamento, può modificare i provvedimenti in vigore e può, anche congiuntamente:

1) ammonire il genitore inadempiente;

2) disporre il risarcimento dei danni, a carico di uno dei genitori, nei confronti del minore;

3) disporre il risarcimento dei danni a carico di uno dei genitori nei confronti dell'altro anche individuando la somma giornaliera dovuta per ciascun giorno di violazione o di inosservanza dei provvedimenti assunti dal giudice. Il provvedimento del giudice costituisce titolo esecutivo per il pagamento delle somme dovute per ogni violazione o inosservanza ai sensi dell'articolo 614 *bis* (4);

4) condannare il genitore inadempiente al pagamento di una sanzione amministrativa pecuniaria, da un minimo di 75 euro a un massimo di 5.000 euro a favore della Cassa delle ammende.

I provvedimenti assunti dal giudice del procedimento sono impugnabili nei modi ordinari].

(1) *Questo articolo è stato inserito dall'art. 2, comma 2, della L. 8 febbraio 2006, n. 54.*

(2) *Ai sensi dell'art. 3 della L. 8 febbraio 2006, n. 54, in caso di violazione degli obblighi di natura economica, si applica l'art. 12* sexies *della L. n. 898 del 1970.*

(3) *La parola: «potestà» è stata così sostituita dall'attuale: «responsabilità» dall'art. 95, comma 1, lett.* b), *del D.L.vo 28 dicembre 2013, n. 154, a decorrere dal trentesimo giorno successivo a quello della sua pubblicazione nella* Gazzetta Ufficiale *(G.U. n. 5 dell'8 gennaio 2014).*

(4) *Questo numero è stato così sostituito dall'art. 1, comma 33, della L. 26 novembre 2021, n. 206, a decorrere dal centottantesimo giorno successivo alla data di entrata in vigore della presente legge.*

Si riporta il testo previgente:

«3) disporre il risarcimento dei danni, a carico di uno dei genitori, nei confronti dell'altro;».

710. (1) (2) **[Modificabilità dei provvedimenti relativi alla separazione dei coniugi.** – Le parti possono sempre chiedere, con le forme del procedimento in camera di consiglio (737 ss.), la modificazione dei provvedimenti riguardanti i coniugi e la prole conseguenti la separazione (155 ss. c.c.).

Il tribunale, sentite le parti, provvede alla eventuale ammissione di mezzi istruttori e può delegare per l'assunzione uno dei suoi componenti.

Ove il procedimento non possa essere immediatamente definito, il tribunale può adottare provvedimenti provvisori e può ulteriormente modificarne il contenuto nel corso del procedimento].

(1) *Articolo modificato dal R.D. 20 aprile 1942, n. 504, e poi così sostituito dall'art. un. L. 29 luglio 1988, n. 331.*

(2) *La Corte costituzionale, con sentenza n. 416 del 9 novembre 1992, ha dichiarato l'illegittimità costituzionale di questo articolo, così come sostituito dall'art. 1 della L. 29 luglio 1988, n. 331, nella parte in cui non prevede la partecipazione del pubblico ministero per la modifica dei provvedimenti riguardanti la prole.*

711. [Separazione consensuale. – Nel caso di separazione consensuale previsto nell'art. 158 c.c., il presidente, su ricorso di entrambi i coniugi, deve sentirli (707) nel giorno da lui stabilito e curare di conciliarli nel modo indicato nell'art. 708 (1).

Se il ricorso è presentato da uno solo dei coniugi, si applica l'art. 706 ultimo comma.

Se la conciliazione non riesce, si dà atto nel processo verbale (57, 126) del consenso dei coniugi alla separazione e delle condizioni riguardanti i coniugi stessi e la prole.

La separazione consensuale acquista efficacia con l'omologazione del tribunale, il quale provvede (135, 137) in camera di consiglio su relazione del presidente.

Le condizioni della separazione consensuale sono modificabili a norma dell'articolo precedente].

(1) *Comma così modificato dal R.D. 20 aprile 1942, n. 504.*

[Capo II]
[Dell'interdizione, dell'inabilitazione e dell'amministrazione di sostegno] (¹) (²)

(¹) *Le originarie parole: «e dell'inabilitazione» sono state sostituite dalle attuali: «, dell'inabilitazione e dell'amministrazione di sostegno», dall'art. 17, comma 1, della L. 9 gennaio 2004, n. 6, a decorrere dal sessantesimo giorno dalla pubblicazione sulla* Gazzetta Ufficiale, *avvenuta il 19 gennaio 2004.*

(²) *Questo Capo (con gli artt. 712, 713, 714, 715, 716, 717, 718, 719, 720 e 720* bis*) è stato abrogato dall'art. 3, comma 49, lett. a), del D.L.vo 10 ottobre 2022, n. 149, a decorrere dal 28 febbraio 2023.*

A norma dell'art. 35, comma 1, del medesimo decreto, le disposizioni si applicano ai procedimenti instaurati successivamente a tale data. Ai procedimenti pendenti alla data del 28 febbraio 2023 si applicano le disposizioni anteriormente vigenti.

712. [**Forma della domanda.** – La domanda per interdizione (414 c.c.) o inabilitazione (415 ss. c.c.) si propone (417 c.c.) con ricorso (125) diretto al tribunale (9; 40 att. c.c.) del luogo (18) dove la persona nei confronti della quale è proposta ha residenza o domicilio (43 c.c.).

Nel ricorso debbono essere esposti i fatti sui quali la domanda è fondata e debbono essere indicati il nome e cognome e la residenza del coniuge o del convivente di fatto (¹), dei parenti entro il quarto grado (74, 76 c.c.), degli affini entro il secondo grado (78 c.c.) e, se vi sono, del tutore o curatore dell'interdicendo o dell'inabilitando (732, 754; 417 ss., 424 c.c.)].

(¹) *Le parole: «o del convivente di fatto» sono state inserite dall'art. 1, comma 47, della L. 20 maggio 2016, n. 76.*

713. [**Provvedimenti del presidente.** – Il presidente ordina la comunicazione (136) del ricorso al pubblico ministero (70 n. 3, 71, 158). Quando questi gliene fa richiesta, può con decreto rigettare senz'altro la domanda (¹); altrimenti nomina il giudice istruttore (168 *bis*) e fissa l'udienza di comparizione davanti a lui del ricorrente, dell'interdicendo o dell'inabilitando (419 c.c.) e delle altre persone indicate nel ricorso, le cui informazioni ritenga utili.

Il ricorso e il decreto sono notificati (137 ss.) a cura del ricorrente, entro il termine fissato nel decreto stesso, alle persone indicate nel comma precedente; il decreto è comunicato al pubblico ministero] (740).

(¹) *La Corte costituzionale, con sentenza 5 luglio 1968, n. 87, ha dichiarato l'illegittimità costituzionale del primo comma, secondo periodo, nella parte in cui permette al tribunale di rigettare senz'altro, e cioè senza istituire contraddittorio con la parte istante, la domanda di interdizione o di inabilitazione ove il pubblico ministero ne faccia richiesta.*

714. (¹) [**Istruzione preliminare.** – All'udienza, il giudice istruttore, con l'intervento del pubblico ministero, procede all'esame (419 c.c.) dell'interdicendo o dell'inabilitando, sente il parere delle altre persone citate, interrogandole sulle circostanze che ritiene rilevanti ai fini della decisione e può disporre anche d'ufficio l'assunzione di ulteriori informazioni, esercitando tutti i poteri istruttori previsti nell'art. 419 c.c].

(¹) *Articolo così modificato dal R.D. 20 aprile 1942, n. 504.*

715. [**Impedimento a comparire dell'interdicendo o dell'inabilitando.** – Se per legittimo impedimento l'interdicendo o l'inabilitando non può presentarsi davanti al giudice istruttore, questi, con l'intervento del pubblico ministero, si reca per sentirlo nel luogo dove si trova] (202).

716. (¹) [**Capacità processuale dell'interdicendo e dell'inabilitando.** – L'interdicendo o l'inabilitando possono stare in giudizio e compiere da soli tutti gli atti del procedimento, comprese le impugnazioni (75, 718), anche quando è stato nominato il tutore o il curatore provvisorio previsto negli artt. 419 e 420 c.c.] (717).

(¹) *Articolo così modificato dal R.D. 20 aprile 1942, n. 504.*

717. [**Nomina del tutore e del curatore provvisorio.** – Il tutore o il curatore provvisorio di cui all'articolo precedente è nominato, anche d'ufficio, con decreto (135) del giudice istruttore (168 *bis*; 419, 422, 423 c.c.; 42 att. c.c.).

Finché non sia pronunciata la sentenza sulla domanda d'interdizione o d'inabilitazione, lo stesso giudice istruttore può revocare la nomina, anche d'ufficio].

718. [**Legittimazione all'impugnazione.** – La sentenza che provvede sulla domanda d'interdizione o d'inabilitazione può essere impugnata (323 ss., 719) da tutti coloro che avrebbero avuto diritto di proporre la domanda (417 c.c.), anche se non parteciparono al giudizio, e dal tutore o curatore nominato con la stessa sentenza (423, 424 c.c.)].

719. [**Termine per l'impugnazione.** – Il termine per l'impugnazione (325 ss.) decorre per tutte le persone indicate nell'articolo precedente dalla notificazione della sentenza, fatta nelle forme ordinarie (285, 286) a tutti coloro che parteciparono al giudizio.

Se è stato nominato un tutore o curatore provvisorio (717; 419[3] c.c.), l'atto di impugnazione deve essere notificato anche a lui].

720. [Revoca dell'interdizione o dell'inabilitazione. – Per la revoca dell'interdizione o dell'inabilitazione (429, 430 c.c.) si osservano le norme stabilite per la pronuncia di esse (712 ss.).

Coloro che avevano diritto di promuovere l'interdizione e l'inabilitazione (417 c.c.) possono intervenire nel giudizio di revoca per opporsi alla domanda, e possono altresì impugnare la sentenza pronunciata nel giudizio di revoca, anche se non parteciparono al giudizio].

720 *bis*. (¹) **[Norme applicabili ai procedimenti in materia di amministrazione di sostegno.** – Ai procedimenti in materia di amministrazione di sostegno si applicano, in quanto compatibili, le disposizioni degli articoli 712, 713, 716, 719 e 720.

Contro il decreto del giudice tutelare è ammesso reclamo alla corte d'appello a norma dell'articolo 739.

Contro il decreto della corte d'appello pronunciato ai sensi del secondo comma può essere proposto ricorso per cassazione].

(¹) *Questo articolo è stato inserito dell'art. 17, comma 2, della L. 9 gennaio 2004, n. 6, a decorrere dal sessantesimo giorno dalla pubblicazione sulla* Gazzetta Ufficiale, *avvenuta il 19 gennaio 2004.*

[Capo III]
[Disposizioni relative all'assenza e alla dichiarazione di morte presunta] (¹)

(¹) *Questo Capo (con gli artt. 721, 722, 723, 724, 725, 726, 727, 728, 729, 730 e 731) è stato abrogato dall'art. 3, comma 49, lett. a), del D.L.vo 10 ottobre 2022, n. 149, a decorrere dal 28 febbraio 2023.*

A norma dell'art. 35, comma 1, del medesimo decreto, le disposizioni si applicano ai procedimenti instaurati successivamente a tale data. Ai procedimenti pendenti alla data del 28 febbraio 2023 si applicano le disposizioni anteriormente vigenti.

721. (¹) **[Provvedimenti conservativi nell'interesse dello scomparso.** – I provvedimenti indicati nell'art. 48 c.c. sono pronunciati dal tribunale in camera di consiglio (737 ss.), su ricorso degli interessati, sentito il pubblico ministero (70 n. 3, 158, 740)].

(¹) *Articolo così modificato dal R.D. 20 aprile 1942, n. 504.*

722. [Domanda per dichiarazione di assenza. – La domanda per dichiarazione d'assenza (48, 49 c.c.) si propone con ricorso (125; 190 att.), nel quale debbono essere indicati il nome e il cognome e la residenza (43 c. c.) dei presunti successori legittimi dello scomparso (565 c.c.) e, se esistono, del suo procuratore (1387 ss. c.c.) o rappresentante legale (48[2], 320, 357)].

723. [Fissazione dell'udienza di comparizione. – Il presidente del tribunale (48 c.c.) fissa con decreto (135) l'udienza per la comparizione davanti a sé o ad un giudice da lui designato del ricorrente e di tutte le persone indicate nel ricorso a norma dell'articolo precedente, e stabilisce il termine entro il quale la notificazione (137 ss.) deve essere fatta a cura del ricorrente. Può anche ordinare che il decreto sia pubblicato in uno o più giornali.

Il decreto è comunicato (136) al pubblico ministero (70 n. 3, 71, 158, 740)].

724. [Procedimento. – Il giudice interroga le persone comparse sulle circostanze che ritiene rilevanti, assume, quando occorre, ulteriori informazioni e quindi riferisce in camera di consiglio per i provvedimenti del tribunale, che questo pronuncia con sentenza (730, 737; 50 ss. c.c.)].

725. [Immissione in possesso temporaneo. – Il tribunale provvede in camera di consiglio (737 ss.) sulle domande per apertura di atti di ultima volontà e per immissione nel possesso temporaneo dei beni dell'assente (50 c.c.), quando sono proposte da coloro che sarebbero eredi legittimi (49, 565 c.c.).

Se la domanda è proposta da altri interessati (49 c.c.), il giudizio si svolge nelle forme ordinarie (163 ss.) in contraddittorio di coloro che sarebbero eredi legittimi.

Con lo stesso provvedimento col quale viene ordinata l'immissione nel possesso temporaneo, sono determinate la cauzione o le altre cautele previste nell'art. 50 ultimo comma c.c., e sono date le disposizioni opportune per la conservazione delle rendite riservate all'assente a norma dell'art. 53 dello stesso codice] (¹).

(¹) *Comma così modificato dal R.D. 20 aprile 1942, n. 504.*

726. [Domanda per dichiarazione di morte presunta. – La domanda per dichiarazione di morte presunta (58, 60 c.c.) si propone con ricorso (125; 190 att.), nel quale debbo-

CODICE PROCEDURA CIVILE

no essere indicati il nome, cognome e domicilio (43 c.c.) dei presunti successori legittimi dello scomparso (565 c.c.) e, se esistono, del suo procuratore (1378 ss. c.c.) o rappresentante legale (48^2, 320, 357 c.c.) e di tutte le altre persone, che, a notizia del ricorrente, perderebbero diritti o sarebbero gravate da obbligazioni, per effetto della morte dello scomparso].

727. [**Pubblicazione della domanda.** – Il presidente del tribunale (58 c.c.) nomina un giudice a norma dell'art. 723 e ordina che a cura del ricorrente la domanda, entro il termine che egli stesso fissa, sia inserita per estratto, due volte consecutive a distanza di dieci giorni, nella *Gazzetta Ufficiale* della Repubblica e in due giornali, con invito a chiunque abbia notizia dello scomparso di farle pervenire al tribunale entro sei mesi dall'ultima pubblicazione.

Se tutte le inserzioni non vengono eseguite entro il termine fissato, la domanda si intende abbandonata.

Il presidente del tribunale può anche disporre altre mezzi di pubblicità].

728. [**Comparizione.** – Decorsi sei mesi dalla data dell'ultima pubblicazione il giudice, su istanza del ricorrente, fissa con decreto (135) l'udienza di comparizione davanti a sé del ricorrente e delle persone indicate nel ricorso a norma dell'art. 726 e il termine per la notificazione (137 ss.) del ricorso e del decreto a cura del ricorrente.

Il decreto è comunicato (136) al pubblico ministero (70 n. 3, 71, 158, 740).

Il giudice interroga le persone comparse sulle circostanze che ritiene rilevanti; può disporre che siano assunte ulteriori informazioni, e quindi riferisce in camera di consiglio (738) per i provvedimenti del tribunale, che questo pronuncia con sentenza (279, 737)].

729. [**Pubblicazione della sentenza.** – La sentenza che dichiara l'assenza o la morte presunta (49, 58 c.c.) deve essere inserita per estratto nella *Gazzetta Ufficiale* della Repubblica e pubblicata nel sito internet del Ministero della giustizia (1). Il tribunale può anche disporre altri mezzi di pubblicità.

Le inserzioni possono essere eseguite a cura di qualsiasi interessato e valgono come notificazione. Copia della sentenza (2) e dei giornali nei quali è stato pubblicato l'estratto deve essere depositata nella cancelleria del giudice che ha pronunciato la sentenza per l'annotazione sull'originale].

(1) *Le parole: «e in due giornali indicati nella sentenza stessa» sono state così sostituite dalle parole: «e pubblicata nel sito internet del Ministero della giustizia» dall'art. 37, comma 18, lett.* b)*, del D.L. 6 luglio 2011, n. 98, convertito, con modificazioni, nella L. 15 luglio 2011, n. 111.*

(2) Rectius «*Gazzetta*».

730. [**Esecuzione.** – La sentenza che dichiara l'assenza (49 c. c.) o la morte presunta (58 c.c.) non può essere eseguita (63 c.c.) prima che sia passata in giudicato (324) e che sia compiuta l'annotazione di cui all'articolo precedente].

731. [**Comunicazione all'ufficio di stato civile.** – Il cancelliere dà notizia, a norma dell'art. 133 secondo comma, all'ufficio dello stato civile competente della sentenza di dichiarazione di morte presunta] (58).

[Capo IV]

[Disposizioni relative ai minori, agli interdetti e agli inabilitati] (1)

(1) *Questo Capo (con gli artt. 732, 733 e 734) è stato abrogato dall'art. 3, comma 49, lett. a), del D.L.vo 10 ottobre 2022, n. 149, a decorrere dal 28 febbraio 2023.*

A norma dell'art. 35, comma 1, del medesimo decreto, le disposizioni si applicano ai procedimenti instaurati successivamente a tale data. Ai procedimenti pendenti alla data del 28 febbraio 2023 si applicano le disposizioni anteriormente vigenti.

732. [**Provvedimenti su parere del giudice tutelare.** – I provvedimenti relativi ai minori (2, 316 ss., 343, 344 c.c.), agli interdetti (712 ss.; 414 c.c.) e agli inabilitati (415 c.c.) sono pronunciati dal tribunale in camera di consiglio (737 ss.), salvo che la legge disponga altrimenti.

Quando il tribunale deve pronunciare un provvedimento nell'interesse di minori, interdetti o inabilitati sentito il parere del giudice tutelare (320 ss., 344 ss. c.c.), il parere stesso deve essere prodotto dal ricorrente insieme col ricorso (125).

Qualora non sia prodotto, il presidente provvede a richiederlo d'ufficio].

733. [**Vendita di beni.** – Se, nell'autorizzare (375 c.c.) la vendita di beni di minori, interdetti o inabilitati, il tribunale stabilisce che essa deve farsi ai pubblici incanti (376 c.c.), designa per procedervi un ufficiale giudiziario (59) del tribunale (1) del luogo in cui si trovano i beni mobili (812 c.c.) oppure un cancelliere (58) dello stesso tribunale (1) o un notaio (68[2]) del luogo in cui si trovano i beni immobili.

L'ufficiale designato per la vendita procede all'incanto con l'osservanza delle norme degli artt. 534 ss., in quanto applicabili (191 att.), e premesse le forme di pubblicità ordinate dal tribunale].

(1) *Le parole: «della pretura» e: «della stessa pretura» sono state rispettivamente sostituite dalle parole: «del tribunale» e: «dello stesso tribunale» dall'art. 110 del D.L.vo 19 febbraio 1998, n. 51, recante l'istituzione del giudice unico, a decorrere dal 2 giugno 1999.*

734. [**Esito negativo dell'incanto.** – Se al primo incanto non è fatta offerta superiore o uguale al prezzo fissato dal tribunale a norma dell'art. 376 primo comma c.c., l'ufficiale designato ne dà atto nel processo verbale (126) e trasmette copia di questo al tribunale che ha autorizzato la vendita (1).

Il tribunale, se non crede di revocare l'autorizzazione o disporre una nuova vendita su prezzo base inferiore, autorizza la vendita a trattative private (191 att.)].

(1) *Comma così modificato dal R.D. 20 aprile 1942, n. 504, norme per il coordinamento del codice di procedura civile con il codice civile.*

[Capo V]
[Dei rapporti patrimoniali tra i coniugi] (1)

(1) *Questo Capo (con gli artt. 735 e 736) è stato abrogato dall'art. 3, comma 49, lett. a), del D.L.vo 10 ottobre 2022, n. 149, a decorrere dal 28 febbraio 2023.*

A norma dell'art. 35, comma 1, del medesimo decreto, le disposizioni si applicano ai procedimenti instaurati successivamente a tale data. Ai procedimenti pendenti alla data del 28 febbraio 2023 si applicano le disposizioni anteriormente vigenti.

735. (1) (2) [**Sostituzione dell'amministratore del patrimonio familiare.** – La sostituzione dell'amministratore del patrimonio familiare può essere chiesta, nel caso previsto nell'art. 174 c.c., dall'altro coniuge o da uno dei prossimo congiunti (77 c.c.) o dal pubblico ministero (69), e, nel caso previsto nell'art. 176, da uno dei figli maggiorenni (2 c.c.) o emancipati (390 ss. c.c.), da un prossimo congiunto o dal pubblico ministero].

(1) *Articolo così modificato dall'art. un. del R.D. 20 aprile 1942, n. 504, norme per il coordinamento del codice di procedura civile con il codice civile.*

(2) *L'istituto del patrimonio familiare è stato soppresso e gli artt. 174 e 176 c.c. che lo disciplinavano sono stati abrogati dalla L. 19 maggio 1975, n. 151, di riforma del diritto di famiglia. Questa legge ha disposto che le doti e i patrimoni familiari costituiti prima della sua entrata in vigore continuano ad essere disciplinati dalle norme anteriori.*

736. [**Procedimento.** – La domanda per i provvedimenti previsti nell'articolo precedente si propone con ricorso (125).

Il presidente del tribunale fissa con decreto (135) un giorno per la comparizione degli interessati davanti a sé o a un giudice da lui designato e stabilisce il termine per la notificazione (137) del ricorso e del decreto.

Dopo l'audizione delle parti, il presidente o il giudice designato assume le informazioni che crede opportune e quindi riferisce sulla domanda al tribunale, che decide in camera di consiglio (737) con ordinanza non impugnabile].

[Capo V *bis*]
[Degli ordini di protezione contro gli abusi familiari] (1)

(1) *Questo Capo (art. 736* bis*) inserito dall'art. 3 della L. 4 aprile 2001, n. 154, è stato abrogato dall'art. 3, comma 49, lett. a), del D.L.vo 10 ottobre 2022, n. 149, a decorrere dal 28 febbraio 2023.*

A norma dell'art. 35, comma 1, del medesimo decreto, le disposizioni si applicano ai procedimenti instaurati successivamente a tale data. Ai procedimenti pendenti alla data del 28 febbraio 2023 si applicano le disposizioni anteriormente vigenti.

736 *bis*. [**Provvedimenti di adozione degli ordini di protezione contro gli abusi familiari.** – Nei casi di cui all'articolo 342 *bis* del codice civile, l'istanza si propone, anche dalla parte personalmente, con ricorso al tribunale del luogo di residenza o di domicilio dell'istante, che provvede in camera di consiglio in composizione monocratica.

Il presidente del tribunale designa il giudice a cui è affidata la trattazione del ricorso. Il giudice, sentite le parti, procede nel modo che ritiene più opportuno agli atti di istruzione necessari, disponendo, ove occorra, anche per mezzo della polizia tributaria, indagini sui redditi, sul tenore di vita, e sul patrimonio personale e comune delle parti, e provvede con decreto motivato immediatamente esecutivo.

Nel caso di urgenza, il giudice, assunte ove occorra sommarie informazioni, può adottare immediatamente l'ordine di protezione fissando l'udienza di comparizione delle parti davanti a sé entro un termine non superiore a quindici giorni ed assegnando all'istante un termine non superiore a otto giorni per la notificazione del ricorso e del decreto. All'udienza il giudice conferma, modifica o revoca l'ordine di protezione.

Contro il decreto con cui il giudice adotta l'ordine di protezione o rigetta il ricorso, ai sensi del secondo comma, ovvero conferma, modifica o revoca l'ordine di protezione precedentemente adottato nel caso di cui al terzo comma, è ammesso reclamo al tribunale entro i termini previsti dal secondo comma dell'articolo 739. Il reclamo non sospende l'esecutività dell'ordine di protezione. Il tribunale provvede in camera di consiglio, in composizione collegiale, sentite le parti, con decreto motivato non impugnabile. Del collegio non fa parte il giudice che ha emesso il provvedimento impugnato.

Per quanto non previsto dal presente articolo, si applicano al procedimento, in quanto compatibili, gli articoli 737 e seguenti].

Capo VI
Disposizioni comuni ai procedimenti in camera di consiglio

737. Forma della domanda e del provvedimento. – I provvedimenti, che debbono essere pronunciati in camera di consiglio, si chiedono con ricorso (125) al giudice competente e hanno forma di decreto motivato (135), salvo che la legge disponga altrimenti.

738. Procedimento. – Il presidente nomina tra i componenti del collegio un relatore, che riferisce in camera di consiglio.

Se deve essere sentito il pubblico ministero (70, 158), gli atti sono a lui previamente comunicati (71) ed egli stende le sue conclusioni (72²) in calce al provvedimento del presidente.

Il giudice può assumere informazioni.

NOTE OPERATIVE:

Informazioni: Il giudice, senza che sia necessario il ricorso alle fonti di prova disciplinate dal codice di rito, risulta di fatto svincolato dalle iniziative istruttorie delle parti e procede con i più ampi poteri inquisitori, i quali si estrinsecano attraverso l'assunzione di informazioni che, espressamente consentita dalla menzionata disposizione, non resta subordinata all'istanza di parte. Tale potere consiste in una facoltà e non in un obbligo, nel senso che il suo mancato esercizio non integra un vizio del contraddittorio, ove il quadro degli elementi istruttori sia raccolto aliunde (C.C. 5255/18).

739. (1) **Reclami delle parti.** – Contro i decreti del giudice tutelare si può proporre reclamo al tribunale, che pronuncia in camera di consiglio in composizione monocratica quando il provvedimento ha contenuto patrimoniale o gestorio, e in composizione collegiale in tutti gli altri casi. Del collegio non può fare parte il giudice che ha emesso il provvedimento reclamato. Contro i decreti pronunciati dal tribunale in camera di consiglio in primo grado si può proporre reclamo con ricorso alla Corte di appello, che pronuncia anch'essa in camera di consiglio (2).

Il reclamo deve essere proposto nel termine perentorio (152, 153) di dieci giorni dalla comunicazione (136) del decreto (741) se è dato in confronto di una sola parte, o dalla notificazione (137 ss.) se è dato in confronto di più parti.

Salvo che la legge disponga altrimenti (288³ c.c.), non è ammesso reclamo contro i decreti della corte di appello e contro quelli del tribunale pronunciati in sede di reclamo (3).

(1) *Articolo così sostituito dall'art. 51 della L. 14 luglio 1950, n. 581.*

(2) *Questo comma è stato così sostituito dall'art. 3, comma 50, del D.L.vo 10 ottobre 2022, n. 149, a decorrere dal 28 febbraio 2023.*
A norma dell'art. 35, comma 1, del medesimo decreto, le disposizioni si applicano ai procedimenti instaurati successivamente a tale data. Ai procedimenti pendenti alla data del 28 febbraio 2023 si applicano le disposizioni anteriormente vigenti.
Si riporta il testo precedente:
«Contro i decreti del giudice tutelare (344 ss. c.c.; 43 att. c.c.) si può proporre reclamo con ricorso al tribunale (45 att. c.c.), che pronuncia in camera di consiglio. Contro i decreti pronunciati dal tribunale in camera di consiglio in primo grado si può proporre reclamo con ricorso alla corte d'appello, che pronuncia anch'essa in camera di consiglio.».

(3) *La Corte costituzionale, con sentenza 27 giugno 1986, n. 156: a) ha dichiarato l'illegittimità costituzionale degli artt. 26 e 23, primo comma, R.D. 267/42, in relazione all'art. 188 stesso decreto, nella parte in cui assoggettano al reclamo al tribunale nel termine di tre giorni decorrente dalla data del decreto del giudice delegato anziché dalla data di comunicazione dello stesso debitamente eseguita i decreti, adottati dal giudice delegato, di determinazione dei compensi ad incaricati per opera prestata nell'interesse della procedura di amministrazione controllata; b) ha dichiarato l'illegittimità costituzionale degli artt. 739 e 741 del c.p.c. nella parte in cui, disciplinando il reclamo avverso i decreti del giudice delegato di cui sub a), fanno decorrere il termine per reclamo dal deposito del decreto in cancelleria, anziché dalla comunicazione eseguita con il rispetto delle vigenti disposizioni procedurali.*

740. Reclami del pubblico ministero. – Il pubblico ministero, entro dieci giorni dalla comunicazione (71), può proporre reclamo (45 att. c.c.) contro i decreti del giudice tutelare e contro quelli del tribunale per i quali è necessario il suo parere.

741. Efficacia dei provvedimenti. – I decreti acquistano efficacia quando sono decorsi i termini di cui agli articoli precedenti senza che sia stato proposto reclamo.

Se vi sono ragioni d'urgenza, il giudice può tuttavia disporre che il decreto abbia efficacia immediata (1).

(1) *La Corte costituzionale, con sentenza 27 giugno 1986, n. 156:* a) *ha dichiarato l'illegittimità costituzionale degli artt. 26 e 23, primo comma, R.D. 267/42, in relazione all'art. 188 stesso decreto, nella parte in cui assoggettano al reclamo al tribunale nel termine di tre giorni decorrente dalla data del decreto del giudice delegato anziché dalla data di comunicazione dello stesso debitamente eseguita i decreti, adottati dal giudice delegato, di determinazione dei compensi ad incaricati per opera prestata nell'interesse della procedura di amministrazione controllata;* b) *ha dichiarato l'illegittimità costituzionale degli artt. 739 e 741 del c.p.c. nella parte in cui, disciplinando il reclamo avverso i decreti del giudice delegato di cui* sub a), *fanno decorrere il termine per reclamo dal deposito del decreto in cancelleria, anziché dalla comunicazione eseguita con il rispetto delle vigenti disposizioni procedurali.*

742. Revocabilità dei provvedimenti. – I decreti possono essere in ogni tempo modificati o revocati, ma restano salvi i diritti acquistati in buona fede dai terzi in forza di convenzioni anteriori alla modificazione o alla revoca (741).

742 *bis*. (1) **Ambito di applicazione degli articoli precedenti.** – Le disposizioni del presente capo si applicano a tutti i procedimenti in camera di consiglio, ancorché non regolati dai capi precedenti o che non riguardino materia di famiglia o di stato delle persone.

(1) *Articolo aggiunto dall'art. 51 della L. 14 luglio 1950, n. 581, modificazioni e aggiunte al codice di procedura civile.*

Titolo III
Della copia e della collazione di atti pubblici

743. Copie degli atti. – Qualunque depositario pubblico, autorizzato a spedire copia degli atti che detiene, deve rilasciarne copia autentica (2714 c.c.), ancorché l'istante o i suoi autori non siano stati parte nell'atto, sotto pena dei danni e delle spese, salve le disposizioni speciali della legge sulle tasse di registro e bollo (57, 58).

La copia d'un testamento pubblico (603 c.c.) non può essere spedita durante la vita del testatore, tranne che a sua istanza, della quale si fa menzione nella copia.

NOTE OPERATIVE:

Giurisdizione: Le controversie aventi ad oggetto il diritto ad ottenere il rilascio di copie di atti detenuti da pubblici depositari a disposizione del pubblico appartengono alla giurisdizione del g.o. (S.U. 1629/10).

744. Copie o estratti da pubblici registri. – I cancellieri (57) e i depositari di pubblici registri sono tenuti, eccettuati i casi determinati dalla legge (476, 698[3]; 100 att.; 165 c.p.p.), a spedire a chiunque ne faccia istanza le copie (76 att.) e gli estratti degli atti giudiziari da essi detenuti, sotto pena dei danni e delle spese (60).

745. Rifiuto o ritardo nel rilascio. – Nel caso di rifiuto o di ritardo da parte dei cancellieri o dei depositari di cui all'articolo precedente, l'istante può ricorrere al giudice di pace, [al pretore o] (1) al presidente del tribunale o della corte presso cui il cancelliere o depositario esercita le sue funzioni.

Nel caso di rifiuto o di ritardo da parte dei pubblici depositari di cui all'art. 743, l'istante può ricorrere al presidente del tribunale nella cui circoscrizione il depositario esercita le sue funzioni.

Il presidente [, il pretore] (1) o il giudice di pace provvede con decreto (135), sentito il pubblico ufficiale.

(1) *Le parole: «, il pretore» e: «al pretore o» sono state soppresse dall'art. 104 del D.L.vo 19 febbraio 1998, n. 51, recante l'istituzione del giudice unico, a decorrere dal 2 giugno 1999.*

NOTE OPERATIVE:

Procedimento: Il procedimento avverso il rifiuto del Conservatore dei registri immobiliari (oggi direttore dell'Agenzia del territorio) di eseguire una trascrizione, ha natura di volontaria giurisdizione non contenziosa, avendo esso ad oggetto non la risoluzione di un conflitto di interessi, ma il regolamento, secondo la legge, dell'interesse pubblico alla pubblicità immobiliare, cosicché in esso non è ravvisabile una parte vittoriosa o soccombente (C.C. 9742/22).

746. Collazione di copie. – Chi ha ottenuto la copia di un atto pubblico a norma dell'art. 743 ha diritto di collazionarla con l'originale in presenza del depositario. Se questi si rifiuta, può ricorrere al tribunale nella cui circoscrizione (1) il depositario esercita le sue funzioni. Il giudice, sentito il depositario, dà con decreto (135) le disposizioni opportune per la collazione e può eseguirla egli stesso recandosi nell'ufficio del depositario.

(1) *Le parole: «al pretore del mandamento nel quale» sono state sostituite dalle attuali: «al tribunale nella cui circoscrizione» dall'art. 111, comma 1, lett.* a), *del D.L.vo 19 febbraio 1998, n. 51, recante l'istituzione del giudice unico, a decorrere dal 2 giugno 1999.*

Titolo IV
Dei procedimenti relativi all'apertura delle successioni

Capo I
Disposizioni generali

747. Autorizzazione alla vendita dei beni ereditari. – L'autorizzazione a vendere beni ereditari (460[2], 486, 493, 529, 531, 694, 703[4], 719, 783 c.c.) si chiede con ricorso (125) diretto [per i mobili al pretore e per gli immobili] (¹) al tribunale del luogo in cui si è aperta la successione (456 c.c.).

Nel caso in cui i beni appartengano a incapaci deve essere sentito il giudice tutelare (320, 344 c.c.).

Il giudice provvede sul ricorso con decreto (135), contro il quale è ammesso reclamo a norma dell'art. 739.

Se l'istanza di autorizzazione a vendere riguarda l'oggetto d'un legato di specie (649 ss. c.c.), il ricorso deve essere notificato al legatario.

(¹) *Le parole: «per i mobili al pretore e per gli immobili» sono state soppresse dall'art. 112 del D.L.vo 19 febbraio 1998, n. 51, recante l'istituzione del giudice unico, a decorrere dal 2 giugno 1999.*

748. Forma della vendita. – La vendita dei beni ereditari (460[2] c.c.) deve compiersi nelle forme previste per la vendita dei beni dei minori (733, 734).

Il giudice, quando occorre, fissa le modalità per la conservazione e il reimpiego del prezzo ricavato.

749. Procedimento per la fissazione dei termini. – L'istanza per fissazione di un termine entro il quale una persona deve emettere una dichiarazione o compiere un determinato atto, se non è proposta nel corso di un giudizio, si propone con ricorso (125) al tribunale (¹) del luogo in cui si è aperta la successione (456, 496 c.c.).

Il giudice fissa con decreto (135) l'udienza di comparizione del ricorrente e della persona alla quale il termine deve essere imposto e stabilisce il termine (152) entro il quale il ricorso e il decreto debbono essere notificati (137 ss.), a cura del ricorrente, alla persona stessa.

Il giudice provvede con ordinanza, contro la quale è ammesso reclamo al tribunale in composizione collegiale a norma dell'articolo 739. Il collegio, del quale non può far parte il giudice che ha emesso il provvedimento reclamato, provvede con ordinanza non impugnabile in camera di consiglio, previa audizione degli interessati a norma del comma precedente (²).

Le stesse forme si osservano per chiedere la proroga di un termine stabilito dalla legge (485, 488 c.c.). La proroga (154) del termine stabilito dal giudice si chiede al giudice stesso.

(¹) *La parola: «pretore» è stata sostituita dalla parola: «tribunale» dall'art. 113, comma 1, lett. a), del D.L.vo 19 febbraio 1998, n. 51, recante l'istituzione del giudice unico, a decorrere dal 2 giugno 1999.*

(²) *Questo comma è stato così sostituito dall'art. 113, comma 1, lett. c), del D.L.vo 19 febbraio 1998, n. 51, recante l'istituzione del giudice unico, a decorrere dal 2 giugno 1999. Si riporta il testo previgente:*

«Il pretore provvede con ordinanza, contro la quale è ammesso reclamo a norma dell'art. 739. Il tribunale provvede con ordinanza non impugnabile in camera di consiglio, previa audizione degli interessati a norma del comma precedente».

750. Provvedimenti del presidente del tribunale relativi alle cauzioni e agli esecutori testamentari. – L'istanza per l'imposizione di una cauzione (119; 86 att.) a carico dell'erede o del legatario, nei casi previsti dalla legge (492, 515, 639, 640, 647 c.c.), è proposta, quando non vi è giudizio pendente, con ricorso al presidente del tribunale del luogo in cui si è aperta la successione (456 c.c.).

Il presidente fissa con decreto (135) l'udienza di comparizione del ricorrente e dell'erede o legatario davanti a sé e stabilisce il termine entro il quale il ricorso e il decreto debbono essere loro notificati (137 ss.).

Il presidente stabilisce le modalità e l'ammontare della cauzione (119; 86 att.) con ordinanza (134), contro la quale è ammesso reclamo al presidente della corte d'appello a norma dell'art. 739. Il presidente della corte d'appello provvede con ordinanza (134) non impugnabile, previa audizione degli interessati a norma del comma precedente.

Le stesse forme si osservano nei casi previsti negli artt. 708 e 710 c.c. relativamente agli esecutori testamentari (¹).

(¹) *Comma così modificato con R.D. 20 aprile 1942, n. 504.*

751. Scelta dell'onerato. – L'istanza per la scelta prevista nell'art. 631 ultimo comma c.c. è proposta con ricorso (125), che deve essere notificato (137 ss.) a colui al quale spettava il diritto di scelta e all'onerato (¹).

La scelta è fatta dal presidente del tribunale con decreto (135).

(¹) *Comma così modificato con R.D. 20 aprile 1942, n. 504.*

Capo II
Dell'apposizione e della rimozione dei sigilli

Sezione I
Dell'apposizione dei sigilli

752. Giudice competente. – All'apposizione dei sigilli (770 n. 2) procede il tribunale.

Nei comuni in cui non ha sede il tribunale, i sigilli possono essere apposti, in caso d'urgenza, dal giudice di pace. Il processo verbale (126) è trasmesso immediatamente al tribunale.

753. Persone che possono chiedere l'apposizione. – Possono chiedere l'apposizione dei sigilli:

1) l'esecutore testamentario (700 ss. c.c.);

2) coloro che possono avere diritto alla successione (565 c.c.);

3) le persone che coabitavano col defunto, o che al momento della morte erano addette al suo servizio, se il coniuge, gli eredi o alcuno di essi sono assenti dal luogo;

4) i creditori (763).

L'istanza si propone mediante ricorso (125), nel quale il proponente deve dichiarare la residenza (43 c.c.) o eleggere domicilio (47 c.c.) nel comune in cui ha sede il tribunale (1).

(1) *Le parole: «la pretura» sono state sostituite dalle parole: «il tribunale» dall'art. 110 del D.L.vo 19 febbraio 1998, n. 51, recante l'istituzione del giudice unico, a decorrere dal 2 giugno 1999.*

754. Apposizione d'ufficio. – L'apposizione dei sigilli è disposta d'ufficio o su richiesta del pubblico ministero (69) nei casi seguenti:

1) se il coniuge o alcuno degli eredi è assente dal luogo (721 ss.; 48 ss. c.c.);

2) se tra gli eredi vi sono minori (2 c.c.) o interdetti (712 ss.; 414 ss. c.c.) e manca il tutore o il curatore;

3) se il defunto è stato depositario pubblico (2714 c.c.), oppure ha rivestito cariche o funzioni per effetto delle quali si ritiene che possano trovarsi presso di lui atti della pubblica amministrazione o comunque di carattere riservato (763[2]).

La disposizione di questo articolo non si applica nei casi indicati nei nn. 1 e 2, se il defunto ha disposto altrimenti con testamento (587 c.c.).

Nel caso indicato nel n. 3 i sigilli si appongono soltanto sugli oggetti depositati, o ai locali o mobili nei quali possono trovarsi gli atti ivi enunciati (763).

755. Poteri del giudice. – Se le porte sono chiuse, o si incontrano ostacoli all'apposizione dei sigilli, o sorgono altre difficoltà, tanto prima quanto durante l'apposizione, il giudice può ordinare l'apertura delle porte e dare gli altri provvedimenti opportuni (68[3]).

756. Custodia delle chiavi. – Le chiavi delle serrature, sulle quali sono stati apposti i sigilli, finché non sia ordinata la rimozione di questi (762 ss.) debbono essere custodite dal cancelliere (58, 770).

757. Conservazione di testamenti e di carte. – Se nel procedere all'apposizione dei sigilli si trovano testamenti o altre carte importanti, il giudice provvede alla conservazione di essi.

Se non può provvedervi nello stesso giorno, nel processo verbale (126) descrive la forma esterna delle carte, e le chiude in un involto da lui sigillato e sottoscritto, in presenza delle parti, fissando il giorno e l'ora in cui emetterà i provvedimenti ulteriori.

758. Cose su cui non si possono apporre sigilli e cose deteriorabili. – Se vi sono oggetti sui quali non è possibile apporre i sigilli, o che sono necessari all'uso personale di coloro che abitano nella casa, se ne fa descrizione nel processo verbale (126).

Delle cose che possono deteriorarsi, il giudice può ordinare con decreto la vendita immediata (501), incaricando un commissionario (1731 ss. c.c.) a norma degli artt. 532 ss.

759. Informazioni e nomina del custode. – Durante le operazioni di apposizione dei sigilli, il giudice assume le informazioni che ritiene opportune allo scopo di accertare che nessuna cosa sia stata asportata (64 ss.; 349 ss. c.p.).

Per la conservazione delle cose sigillate nomina un custode.

760. Apposizione dei sigilli durante e dopo l'inventario. – L'apposizione dei sigilli che viene chiesta durante l'inventario (769 ss.) può aver luogo soltanto per gli oggetti non inventariati.

Esaurito l'inventario, non si fa luogo all'apposizione dei sigilli, salvo che l'inventario sia impugnato.

761. Accesso nei luoghi sigillati. – Il giudice o il cancelliere non possono entrare nei luoghi chiusi con l'apposizione dei sigilli, finché non ne sia stata ordinata la rimozione a norma dell'art. 762, salvo che il giudice disponga con decreto motivato (135) l'accesso per urgenti motivi.

Sezione II
Della rimozione dei sigilli

762. Termine. – I sigilli non possono essere rimossi e l'inventario (769) non può essere eseguito se non dopo tre giorni dall'apposizione (752), salvo che il giudice per cause urgenti stabilisca altrimenti con decreto motivato (135).

Se alcuno degli eredi è minore non emancipato (2, 390 ss. c.c.), non si può procedere alla rimozione dei sigilli finché non gli sia stato nominato un tutore o un curatore speciale (78 ss.; 346 c.c.).

763. Provvedimento di rimozione. – La rimozione dei sigilli è ordinata con decreto dal giudice su istanza di alcuna delle persone indicate nell'art. 753 nn. 1, 2 e 4.

Nei casi previsti nell'art. 754 può essere ordinata anche d'ufficio e, se ricorrano le ipotesi di cui ai nn. 2 e 3, la rimozione deve essere seguita dall'inventario (769).

L'istanza e il decreto sono stesi di seguito al processo verbale (126) di apposizione (766).

764. Opposizione. – Chiunque vi ha interesse può fare opposizione alla rimozione dei sigilli (763) con dichiarazione inserita nel processo verbale (126) di apposizione (763[3]) o con ricorso al giudice.

Il giudice fissa con decreto (135) un'udienza per la comparizione delle parti e stabilisce il termine perentorio (152, 153) entro il quale il decreto stesso deve essere notificato (137 ss.) a cura dell'opponente.

Il giudice provvede con ordinanza non impugnabile (177) e, se ordina la rimozione, può disporre che essa sia seguita dall'inventario (769) e può dare le opportune cautele per la conservazione delle cose che sono oggetto di contestazione.

765. Ufficiale procedente. – La rimozione dei sigilli è eseguita dall'ufficiale che può procedere all'inventario a norma dell'art. 769.

Se non occorre l'inventario, la rimozione è eseguita dal cancelliere del tribunale ([1]). Nei comuni in cui non ha sede il tribunale ([1]) la rimozione può essere eseguita dal cancelliere del giudice di pace (59).

([1]) *Le parole: «della pretura» e «la pretura» sono state sostituite dalle parole: «del tribunale» e «il tribunale» dall'art. 110 del D.L.vo 19 febbraio 1998, n. 51, recante l'istituzione del giudice unico, a decorrere dal 2 giugno 1999.*

766. Avviso alle persone interessate. – Non si può procedere alla rimozione dei sigilli senza che ne sia dato avviso, nelle forme stabilite nell'art. 772, alle persone indicate nell'art. 771.

767. Alterazioni nello stato dei sigilli. – L'ufficiale che procede alla rimozione dei sigilli deve innanzi tutto riconoscerne lo stato.

Se trova in essi qualche alterazione, deve sospendere ogni operazione ulteriore, facendone immediatamente rapporto al giudice, il quale si trasferisce sul luogo per le verificazioni occorrenti e per i provvedimenti necessari anche per la prosecuzione dell'inventario (774).

768. Disposizione generale. – Le disposizioni di questo capo si osservano in ogni altro caso in cui si debba procedere ad apposizione o rimozione di sigilli, salvo che la legge stabilisca altrimenti (84, 85 l. fall.).

Capo III
Dell'inventario

769. Istanza. – L'inventario (760, 762, 764, 765; 362, 484, 529, 705 c.c.) può essere chiesto al tribunale dalle persone che hanno diritto di ottenere la rimozione dei sigilli (763) ed è eseguito dal cancelliere del tribunale (58) o da un notaio (68) designato dal defunto con testamento o nominato dal tribunale.

L'istanza si propone con ricorso (125), nel quale il richiedente deve dichiarare la residenza (43 c.c.) o eleggere domicilio (47 c.c.) nel comune in cui ha sede il tribunale.

Il tribunale provvede con decreto (135, 772).

Quando non sono stati apposti i sigilli, l'inventario può essere chiesto dalla parte che ne assume l'iniziativa direttamente al notaio designato dal defunto nel testamento ovvero, in assenza di designazione, al notaio scelto dalla stessa parte ([1]).

([1]) *Questo comma è stato aggiunto dall'art. 13, comma 1, lett.* b bis), *del D.L. 22 dicembre 2011, n. 212, convertito, con modificazioni, nella L. 17 febbraio 2012, n. 10.*

NOTE OPERATIVE:

Decreto: Il decreto che autorizza la formazione dell'inventario e quello che concede la proroga del termine per la redazione del medesimo sono provvedimenti emessi all'esito di un procedimento di cui è parte il solo istante e nel quale il giudice si limita ad accertare la riconducibilità del medesimo alle categorie di persone aventi diritto alla rimozione dei sigilli (C.C. 5460/10; C.C. 922/10).

770. Inventario da eseguirsi dal notaio. – Quando all'inventario deve procedere un notaio, il cancelliere (58) gli consegna, ritirandone ricevuta:

1) le chiavi da lui custodite a norma dell'art. 756;

2) copia del processo verbale di apposizione dei sigilli (752 ss.), dell'istanza e del decreto di rimozione (763);

3) una nota delle opposizioni (764) che sono state proposte con indicazione del nome, cognome degli opponenti e della loro residenza (43 c.c.) o del domicilio da essi eletto (47 c.c.).

La copia indicata nel n. 2 e la nota indicata nel n. 3 sono unite all'inventario.

771. Persone che hanno diritto di assistere all'inventario. – Hanno diritto di assistere alla formazione dell'inventario:

1) il coniuge superstite;

2) gli eredi legittimi presunti (565 c.c.);

3) l'esecutore testamentario (700 ss. c.c.), gli eredi istituiti e i legatari (588 c.c.);

4) i creditori che hanno fatto opposizione alla rimozione dei sigilli (764, 766, 770).

772. Avviso dell'inizio dell'inventario. – L'ufficiale che procede all'inventario deve dare avviso, almeno tre giorni prima, alle persone indicate nell'articolo precedente del luogo, giorno e ora in cui darà inizio alle operazioni.

L'avviso non è necessario per le persone che non hanno residenza (43 c.c.) o non hanno eletto domicilio (47 c.c.) nella circoscrizione del tribunale, nella quale si procede all'inventario; ma in loro vece deve essere avvertito il notaio che, su istanza di chi ha chiesto l'inventario (769), è nominato con decreto del giudice per rappresentarli.

773. Nomina di stimatore. – L'ufficiale che procede all'inventario nomina, quando occorre, uno o più stimatori (68; 52 att.) per la valutazione degli oggetti mobili (161 att.).

774. Rinvio delle operazioni. – Quando l'inventario non può essere ultimato nel giorno del suo inizio, l'ufficiale che vi procede ne rinvia la continuazione a un giorno prossimo, avvertendone verbalmente le parti presenti (771).

775. Processo verbale d'inventario. – Il processo verbale (126) d'inventario contiene:

1) la descrizione degli immobili (812 c.c.), mediante l'indicazione della loro natura, della loro situazione, dei loro confini, e dei numeri del catasto e delle mappe censuarie;

2) la descrizione e la stima (773) dei mobili, con la specificazione del peso e del marchio per gli oggetti d'oro e d'argento;

3) l'indicazione della quantità e specie delle monete per il danaro contante;

4) l'indicazione delle altre attività e passività;

5) la descrizione delle carte, scritture e note relative allo stato attivo e passivo, le quali debbono essere firmate in principio e in fine dall'ufficiale procedente. Lo stesso ufficiale deve accertare sommariamente lo stato dei libri e dei registri di commercio (2214 ss. c.c.), firmarne i fogli, e lineare gli intervalli.

Se alcuno degli interessati contesta l'opportunità d'inventariare qualche oggetto, l'ufficiale lo descrive nel processo verbale (126) facendo menzione delle osservazioni e istanze delle parti (192 att.).

NOTE OPERATIVE:

Decreto: Il verbale di inventario redatto dal notaio, in quanto atto rogato nell'esercizio delle funzioni, è assistito da pubblica fede e rappresenta, fino a prova contraria, fonte privilegiata di convincimento circa la ricostruzione e l'ammontare dell'asse ereditario al momento di apertura della successione, della cui reale consistenza il notaio incaricato è personalmente tenuto ad accertarsi, potendo logicamente procedere all'interpello degli eredi presenti solo dopo una personale ricognizione dei beni da inventariare (C.C. 6551/18).

776. Consegna delle cose mobili inventariate. – Le cose mobili e le carte inventariate sono consegnate alla persona indicata dalle parti interessate, o, in mancanza, nominata con decreto dal giudice, su istanza di una delle parti, sentite le altre (65 ss.).

777. Applicabilità delle norme agli altri casi d'inventario. – Le disposizioni contenute in questa sezione [1] si applicano a ogni inventario ordinato dalla legge (52, 64, 72, 1002 c.c.), salve le formalità speciali stabilite dal codice civile per l'inventario dei beni dei minori (362 ss. c.c.; 46 att. c.c.).

[1] Rectius «*capo*».

Capo IV
Del beneficio d'inventario

778. Reclami contro lo stato di graduazione. – I reclami contro lo stato di graduazione previsti nell'articolo 501 del codice civile sono proposti al giudice competente per valore del luogo dell'aperta successione (¹).

Il valore della causa è determinato da quello dell'attivo ereditario calcolato sulla stima di inventario dei mobili (775 n. 2) e a norma dell'art. 15 per gli immobili.

I reclami si propongono con citazione (163) da notificarsi (137 ss.) all'erede e a coloro i cui diritti sono contestati, e sono decisi in unico giudizio.

(¹) *Comma dapprima modificato dall'art. un. del R.D. 20 aprile 1942, n. 504, e poi così sostituito dall'art. 114 del D.L.vo 19 febbraio 1998, n. 51, recante l'istituzione del giudice unico, a decorrere dal 2 giugno 1999.*

779. (¹) **Istanza di liquidazione proposta dai creditori e legatari.** – L'istanza dei creditori e legatari prevista nell'art. 509 c.c. si propone con ricorso (125).

Il giudice fissa con decreto (135) l'udienza di comparizione dell'erede e di coloro che hanno presentato le dichiarazioni di credito (498² c.c.). Il decreto è comunicato alle parti dal cancelliere (136).

[Il pretore provvede sull'istanza con ordinanza (134), contro la quale è ammesso reclamo a norma dell'art. 739] (²). Il tribunale provvede con ordinanza non impugnabile (177³) in camera di consiglio (737 ss.), previa audizione degli interessati a norma del comma precedente.

L'istanza di nomina non può essere accolta e la nomina avvenuta deve essere revocata in sede di reclamo, se alcuno dei creditori si oppone e dichiara di voler far valere la decadenza dell'erede dal beneficio d'inventario (505 c.c.).

Se l'erede contesta l'esistenza delle condizioni previste nell'articolo 509 del codice civile il giudice provvede all'istruzione della causa, a norma del libro secondo, disponendo gli opportuni mezzi conservativi, compresa eventualmente la nomina del curatore (³).

(¹) *Articolo come modificato dall'art. un. del R.D. 20 aprile 1942, n. 504 e così integralmente sostituito dall'art. 9 del D.P.R. 17 ottobre 1950, n. 857.*

(²) *Il primo periodo di questo comma è stato soppresso dall'art. 115, comma 1, lett.* b), *del D.L.vo 19 febbraio 1998, n. 51, recante l'istituzione del giudice unico, a decorrere dal 2 giugno 1999.*

(³) *Questo comma è stato così sostituito dall'art. 115, comma 1, lett.* c), *del D.L.vo 19 febbraio 1998, n. 51, recante l'istituzione del giudice unico, a decorrere dal 2 giugno 1999. Si riporta il testo previgente:*

«Se l'erede contesta l'esistenza delle condizioni previste nell'art. 509 c.c., il pretore rimette le parti davanti al giudice competente, fissando un termine perentorio per la riassunzione e disponendo gli opportuni mezzi conservativi, compresa eventualmente la nomina del curatore».

780. Domanda dell'erede contro l'eredità. – Le domande dell'erede con beneficio d'inventario contro l'eredità (490, 2941 n. 5 c.c.) sono proposte contro gli altri eredi. Se non vi sono eredi o se tutti propongono la stessa domanda, il giudice nomina un curatore in rappresentanza della eredità (78).

Capo V
Del curatore dell'eredità giacente

781. Notificazione del decreto di nomina. – Il decreto di nomina del curatore dell'eredità giacente (528 ss., 531 c.c.) è notificato (137 ss.) alla persona nominata a cura del cancelliere (58; 52³ att. c.c.), nel termine stabilito nello stesso decreto (193 att.).

782. Vigilanza del giudice. – L'amministrazione del curatore (529 ss. c.c.) si svolge sotto la vigilanza del giudice (193 att.). Questi, quando lo crede opportuno, può prefiggere, con decreto, termini per la presentazione dei conti della gestione, e può in ogni tempo revocare o sostituire il curatore.

Gli atti del curatore che eccedono l'ordinaria amministrazione debbono essere autorizzati dal giudice (530 c.c.).

783. Vendita di beni ereditari. – La vendita dei beni mobili (812 c.c.) deve essere promossa dal curatore nei trenta giorni successivi alla formazione dell'inventario (747, 769; 529 ss. c.c.) salvo che il giudice, con decreto motivato (135), non disponga altrimenti.

La vendita dei beni immobili (529 c.c.) può essere autorizzata dal tribunale con decreto (135) in camera di consiglio (737 ss.) soltanto nei casi di necessità o utilità evidente.

Titolo V
Dello scioglimento di comunioni

784. Litisconsorzio necessario. - Le domande di divisione ereditaria (713 ss. c.c.) o di scioglimento di qualsiasi altra comunione (1111 ss. c.c.) debbono proporsi (12[2], 22, 23; 375 n. 3 c.c.) in confronto di tutti gli eredi o condomini e dei creditori opponenti se vi sono (102; 1113, 2646[2] c.c.).

NOTE OPERATIVE:

Decreto: Il giudizio di divisione deve svolgersi, a pena di nullità, con la partecipazione di tutti i condividenti, la cui qualità di litisconsorti necessari permane in ogni stato e grado del processo, indipendentemente dall'attività e dal comportamento processuale di ciascuna parte, ed anche se oggetto del giudizio di impugnazione siano esclusivamente i conguagli (C.C. 23511/23).

785. Pronuncia sulla domanda di divisione. - Se non sorgono contestazioni sul diritto alla divisione, essa è disposta con ordinanza del giudice istruttore (176); altrimenti questi provvede a norma dell'art. 187.

NOTE OPERATIVE:

Fasi: Il giudizio di divisione si compone di una fase dichiarativa, avente ad oggetto l'accertamento della comunione e del relativo diritto potestativo di chiederne lo scioglimento, e di una esecutiva, volta a trasformare in porzioni fisicamente individuate le quote ideali di comproprietà sul bene comune (C.C. 2951/18).

786. Direzione delle operazioni. - Le operazioni di divisione sono dirette dal giudice istruttore (168 *bis*, 175) il quale, anche nel corso di esse, può delegarne la direzione a un notaio (68, 790; 194 att.; 730 c.c.).

NOTE OPERATIVE:

Notaio: Il notaio delegato dal giudice alla direzione di operazioni di divisione è responsabile, quale ausiliario del giudice e titolare di un munus publicum, dei danni cagionati a una delle parti (C.C. 4007/18).

787. (1) **Vendita di mobili.** - Quando occorre procedere alla vendita di mobili, censi o rendite (1861, 1872 c.c.), il giudice istruttore o il professionista delegato (2) (786) procede a norma degli artt. 534 ss., se non sorge controversia sulla necessità della vendita.

Se sorge controversia, la vendita non può essere disposta se non con sentenza del collegio.

(1) *Articolo così modificato dall'art. un. del R.D. 20 aprile 1942, n. 504.*

(2) *Le originarie parole: «il notaio delegato» sono state così sostituite dall'art. 2, comma 1, lett. t), della L. 28 dicembre 2005, n. 263.*

Ai sensi dell'art. 2, comma 4, del medesimo provvedimento, come modificato dall'art. 39 quater *del D.L. 30 dicembre 2005, n. 273, convertito, con modificazioni, nella L. 23 febbraio 2006, n. 51, questa disposizione entra in vigore il 1° marzo 2006 e si applica ai procedimenti instaurati successivamente a tale data.*

788. (1) **Vendita di immobili.** - Quando occorre procedere alla vendita di immobili, il giudice istruttore provvede con ordinanza a norma dell'articolo 569, terzo comma, se non sorge controversia sulla necessità della vendita.

Se sorge controversia, la vendita non può essere disposta se non con sentenza del collegio.

La vendita si svolge davanti al giudice istruttore. Si applicano gli articoli 570 e seguenti.

Quando le operazioni sono affidate a un professionista (786, 790 ss.), questi provvede direttamente alla vendita, a norma delle disposizioni del presente articolo.

(1) *Questo articolo è stato così modificato dall'art. 2, comma 1, lett. u), nn. 1, 2 e 3, della L. 28 dicembre 2005, n. 263.*

Ai sensi dell'art. 2, comma 4, del medesimo provvedimento, come modificato dall'art. 39 quater *del D.L. 30 dicembre 2005, n. 273, convertito, con modificazioni, nella L. 23 febbraio 2006, n. 51, questa disposizione entra in vigore il 1° marzo 2006 e si applica ai procedimenti instaurati successivamente a tale data.*

NOTE OPERATIVE:

Incidenti cognitivi: In tema di giudizio di scioglimento della comunione, il giudice, nel risolvere con sentenza gli incidenti cognitivi tipici (quali le contestazioni sul diritto alla divisione, le controversie sulla necessità della vendita e le contestazioni sul progetto di divisione), ben può regolarne anche le spese di lite, trattandosi di provvedimenti potenzialmente definitivi perché, diversamente da quanto accade nel processo dichiarativo, quello di scioglimento della comunione non è fisiologicamente destinato a chiudersi con una decisione di merito (C.C. 1665/17).

789. Progetto di divisione e contestazioni su di esso. - Il giudice istruttore predispone un progetto di divisione (194 att.) che deposita in cancelleria e fissa con decreto (135) l'udienza di discussione del progetto, ordinando la comparizione dei condividenti e dei creditori intervenuti (784).

Il decreto è comunicato (136) alle parti.

Se non sorgono contestazioni, il giudice istruttore, con ordinanza non impugnabile (177[3]), dichiara esecutivo il progetto, altrimenti provvede a norma dell'art. 187.

In ogni caso il giudice istruttore dà con ordinanza (134, 176) le disposizioni necessarie per l'estrazione a sorte dei lotti (194, 195 att.).

NOTE OPERATIVE:

Provvedimento: L'ordinanza con cui il giudice istruttore dichiara esecutivo il progetto di divisione, pur in presenza di contestazioni, ha natura di sentenza ed è quindi impugnabile con l'appello (C.C. 14223/16).

790. Operazioni davanti al notaio. – Se a dirigere le operazioni di divisione è stato delegato un notaio (786), questi dà avviso, almeno cinque giorni prima, ai condividenti e ai creditori intervenuti (784; 2825 c.c.) del luogo, giorno e ora in cui le operazioni avranno inizio.

Le operazioni si svolgono alla presenza delle parti, assistite, se lo richiedono e a loro spese, dai propri procuratori (82 ss.).

Se nel corso delle operazioni sorgono contestazioni in ordine alle stesse, il notaio redige apposito processo verbale che trasmette al giudice istruttore.

Questi fissa con decreto (135) un'udienza per la comparizione delle parti, alle quali il decreto stesso è comunicato (136) dal cancelliere.

Sulle contestazioni il giudice provvede con ordinanza (134, 176, 177).

NOTE OPERATIVE:

Natura giuridica: Qualora a dirigere le operazioni di divisione sia stato delegato un notaio, l'attività da questo svolta ha natura amministrativa, onde non trovano applicazione i principi che disciplinano le notifiche e le comunicazioni eseguite ad istanza del giudice, come confermato dal fatto che l'organo amministrativo (cioè il notaio) si avvale per le comunicazioni di uno strumento particolare quale l'avviso (C.C. 869/00).

791. Progetto di divisione formato dal notaio. – Il notaio redige unico processo verbale delle operazioni effettuate.

Formato il progetto delle quote e dei lotti, se le parti non si accordano su di esso, il notaio trasmette il processo verbale al giudice istruttore, entro cinque giorni dalla sottoscrizione.

Il giudice provvede come al penultimo comma dell'articolo precedente per la fissazione dell'udienza di comparizione delle parti e quindi emette i provvedimenti di sua competenza a norma dell'art. 187.

L'estrazione dei lotti non può avvenire se non in base a ordinanza del giudice, emessa a norma dell'art. 789 ultimo comma o a sentenza passata in giudicato (324; 195 att.; 2646 c.c.).

791 *bis*. (1) Divisione a domanda congiunta. – 1. Quando non sussiste controversia sul diritto alla divisione né sulle quote o altre questioni pregiudiziali gli eredi o condomini e gli eventuali creditori e aventi causa che hanno notificato o trascritto l'opposizione alla divisione possono, con ricorso congiunto al tribunale competente per territorio, domandare la nomina di un notaio ovvero di un avvocato aventi sede nel circondario al quale demandare le operazioni di divisione. Le sottoscrizioni apposte in calce al ricorso possono essere autenticate, quando le parti lo richiedono, da un notaio o da un avvocato. Se riguarda beni immobili, il ricorso deve essere trascritto a norma dell'articolo 2646 del codice civile. Si procede a norma degli articoli 737 e seguenti del presente codice. Il giudice, con decreto, nomina il professionista incaricato eventualmente indicato dalle parti e, su richiesta di quest'ultimo, nomina un esperto estimatore.

2. Quando risulta che una delle parti di cui al primo comma non ha sottoscritto il ricorso, il professionista incaricato rimette gli atti al giudice che, con decreto, dichiara inammissibile la domanda e ordina la cancellazione della relativa trascrizione. Il decreto è reclamabile a norma dell'articolo 739.

3. Il professionista incaricato designato, sentite le parti e gli eventuali creditori iscritti o aventi causa da uno dei partecipanti che hanno acquistato diritti sull'immobile a norma dell'articolo 1113 del codice civile, nel termine assegnato nel decreto di nomina predispone il progetto di divisione o dispone la vendita dei beni non comodamente divisibili e dà avviso alle parti e agli altri interessati del progetto o della vendita. Alla vendita dei beni si applicano, in quanto compatibili, le disposizioni relative al professionista delegato di cui al Libro terzo, Titolo II, Capo IV, Sezione III, § 3 *bis*. Entro trenta giorni dal versamento del prezzo il professionista incaricato predispone il progetto di divisione e ne dà avviso alle parti e agli altri interessati.

4. Ciascuna delle parti o degli altri interessati può ricorrere al Tribunale nel termine perentorio di trenta giorni dalla ricezione dell'avviso per opporsi alla vendita di beni o contestare il progetto di divisione. Sull'opposizione il giudice procede secondo le disposizioni di cui al Libro quarto, Titolo I, Capo III *bis*; non si applicano quelle di cui ai commi secondo e terzo dell'articolo 702 *ter*. Se l'opposizione è accolta il giudice dà le disposizioni necessarie per la prosecuzione delle ope-

razioni divisionali e rimette le parti avanti al professionista incaricato.

5. Decorso il termine di cui al quarto comma senza che sia stata proposta opposizione, il professionista incaricato deposita in cancelleria il progetto con la prova degli avvisi effettuati. Il giudice dichiara esecutivo il progetto con decreto e rimette gli atti al professionista incaricato per gli adempimenti successivi.

(1) *Questo articolo è stato aggiunto dall'art. 76 del D.L. 21 giugno 2013, n. 69, convertito, con modificazioni, nella L. 9 agosto 2013, n. 98.*

Titolo VI
Del processo di liberazione degli immobili dalle ipoteche

792. Deposito del prezzo. – L'acquirente che ha dichiarato al precedente proprietario e ai creditori iscritti di volere liberare l'immobile acquistato dalle ipoteche (2889 c.c.) deve chiedere, con ricorso (125) al presidente del tribunale competente per la espropriazione (26), la determinazione dei modi per il deposito del prezzo offerto (2890, 2893, 2894 c.c.). Il presidente provvede con decreto (135).

Se non sono state fatte richieste di espropriazione nei 40 giorni successivi alla notificazione della dichiarazione al precedente proprietario e ai creditori iscritti (2891 c.c.), l'acquirente, nel termine perentorio (152) di sessanta giorni dalla notificazione (137 ss.), deve depositare nei modi prescritti dal presidente del tribunale il prezzo offerto e presentare nella cancelleria il certificato del deposito, il titolo d'acquisto col certificato di trascrizione (2664 c.c.), un estratto autentico dello stato ipotecario e l'originale dell'atto notificato al precedente proprietario e ai creditori iscritti (673 ss. c.n.).

793. Convocazione dei creditori. – Su presentazione da parte del cancelliere dei documenti indicati nell'articolo precedente, il presidente designa con decreto un giudice per il procedimento e fissa l'udienza di comparizione dell'acquirente, del precedente proprietario e dei creditori iscritti (2827 ss., 2890, 2899 c.c.) e stabilisce il termine perentorio (152, 153) entro il quale il decreto deve essere notificato (137 ss.) alle altre parti, a cura dell'acquirente.

794. Provvedimenti del giudice. – All'udienza il giudice, accertata la regolarità del deposito (792) e degli atti del procedimento (2890 c.c.), dispone con ordinanza la cancellazione (2884 c.c.) delle ipoteche (2886 c.c.) iscritte anteriormente alla trascrizione del titolo (2664 c.c.) dell'acquirente che ha chiesto la liberazione (792), e quindi provvede alla distribuzione del prezzo a norma degli artt. 596 ss. (2893 c.c.).

NOTE OPERATIVE:

Natura giuridica: Il provvedimento emesso a conclusione del giudizio di liberazione degli immobili dalle ipoteche, allorquando vi sia contrasto fra le parti, tanto se di accoglimento, quanto se di rigetto dell'istanza di liberazione, pur essendo decisorio, in quanto derivante da un procedimento contenzioso a carattere sommario su diritti, non può considerarsi definitivo, e, quindi, equiparabile a una sentenza in senso sostanziale, essendo possibile rivalutare, in sede di cognizione piena, mediante domanda di accertamento, positivo o negativo, le condizioni della cancellazione, con la conseguenza che è inammissibile nei suoi confronti la proposizione del ricorso per cassazione ai sensi dell'art. 111, comma 7, Cost. (C.C. 20396/18 – Conf. C.C. 7525/12).

795. Espropriazione. – Se è fatta istanza di espropriazione, il giudice, verificate le condizioni stabilite dalla legge per l'ammissibilità di essa (2891 c.c.), dispone con decreto che si proceda a norma degli artt. 567 ss.

La vendita non può essere fatta che all'incanto a norma degli artt. 576 ss.

L'incanto si apre sul prezzo offerto dal creditore istante (2891 n. 2 c.c.).

Alla distribuzione della somma ricavata (596 ss.) partecipano, oltre ai creditori privilegiati e ipotecari, i creditori dell'acquirente.

Quest'ultimo ha diritto di essere collocato nella graduazione con privilegio per le spese sopportate per la dichiarazione di liberazione (2770 c.c.).

NOTE OPERATIVE:

Processo esecutivo: In tema di purgazione dalle ipoteche, qualora uno dei creditori eserciti il diritto, previsto dall'art. 2891 c.c., di far vendere il bene ipotecato richiedendone l'espropriazione, il procedimento di volontaria giurisdizione attivato dall'acquirente evolve in processo esecutivo, tanto è vero che il giudice al quale l'istanza è proposta, verificate le condizioni stabilite dalla legge per l'ammissibilità della richiesta, deve disporre con decreto che si proceda a norma degli artt. 567 e ss. c.p.c..

Titolo VII
Dell'efficacia delle sentenze straniere e della esecuzione di altri atti di autorità straniere ([1])

([1]) *Gli artt. da 796 a 805 sono stati abrogati dall'art. 73 della L. 31 maggio 1995, n. 218, con decorrenza dal 31 dicembre 1996. L'art. 800, peraltro, era già stato abrogato dall'art. 24, comma 2, della legge 5 gennaio 1994, n. 25, con effetto dal 18 aprile 1994. Si vedano ora gli artt. da 64 a 71 della citata L. n. 218/1995.*

796. [Giudice competente. – Chi vuol far valere nella Repubblica una sentenza straniera (2820 c.c.) deve proporre domanda mediante citazione (163) davanti alla corte d'appello del luogo in cui la sentenza deve avere attuazione.

La dichiarazione di efficacia può essere chiesta in via diplomatica, quando ciò è consentito dalle convenzioni internazionali oppure dalla reciprocità. In questo caso, se la parte interessata non ha costituito un procuratore (82), il presidente della corte d'appello, su richiesta del pubblico ministero, nomina un curatore speciale per proporre la domanda (79).

L'intervento del pubblico ministero è sempre necessario (70, 72)].

797. [Condizioni per la dichiarazione di efficacia. – La corte d'appello dichiara con sentenza (132, 279) l'efficacia nella Repubblica della sentenza straniera quando accerta:

1) che il giudice dello Stato nel quale la sentenza è stata pronunciata poteva conoscere della causa secondo i principi sulla competenza giurisdizionale vigenti nell'ordinamento italiano;

2) che la citazione è stata notificata in conformità alla legge del luogo dove si è svolto il giudizio ed è stato in essa assegnato un congruo termine a comparire;

3) che le parti si sono costituite in giudizio secondo la legge del luogo o la contumacia è stata accertata e dichiarata validamente in conformità della stessa legge;

4) che la sentenza è passata in giudicato secondo la legge del luogo in cui è stata pronunciata;

5) che essa non è contraria ad altra sentenza pronunciata da un giudice italiano;

6) che non è pendente davanti ad un giudice italiano un giudizio per il medesimo oggetto e tra le stesse parti, istituito prima del passaggio in giudicato della sentenza straniera;

7) che la sentenza non contiene disposizioni contrarie all'ordine pubblico italiano.

Ai fini dell'attuazione il titolo è costituito dalla sentenza straniera e da quella della corte d'appello che ne dichiara l'efficacia (2820 c.c.)].

798. [Riesame del merito. – Su domanda del convenuto la corte d'appello procede al riesame del merito della causa, quando la sentenza è stata pronunciata in contumacia, o quando ricorre alcuno dei casi indicati nei nn. 1, 2, 3, 4 e 6 dell'art. 395.

In questi casi la corte, secondo i risultati dell'istruzione e della discussione, decide sul merito (277), oppure dichiara l'efficacia della sentenza straniera].

799. [Dichiarazione di efficacia in giudizio pendente. – La sentenza straniera può essere fatta valere anche in corso di giudizio, quando il giudice di questo accerta che ricorrono le condizioni indicate nell'art. 797. Tale accertamento produce effetti soltanto nel giudizio in cui la sentenza straniera è fatta valere. Ma, se vi procede la corte d'appello competente a norma dell'art. 796, l'efficacia della sentenza può essere, su istanza di parte, espressamente dichiarata a tutti gli effetti.

Se la parte contro la quale è fatta valere la sentenza domanda il riesame del merito a norma dell'articolo precedente, il giudice sospende il procedimento (295) e fissa un termine perentorio (152, 153) per proporre la domanda di riesame davanti alla corte d'appello competente].

800. [Sentenze arbitrali straniere. – (*Omissis*)] ([1]).

([1]) *Articolo già abrogato dall'art. 24, comma 2, della L. 5 gennaio 1994, n. 25, a decorrere dal 18 aprile 1994 e poi ricompreso anche fra quelli abrogati dall'art. 73 della L. 31 maggio 1995, n. 218.*

801. [Provvedimenti stranieri di volontaria giurisdizione. – Agli atti di giudici stranieri in materia di volontaria giurisdizione, quando si vuole farli valere in Italia, è attribuita efficacia nel territorio della Repubblica a norma degli artt. 796 e 797 in quanto applicabili].

802. [Assunzione di mezzi di prova disposti da giudici stranieri. – Le sentenze e i provvedimenti di giudici stranieri riguardanti esami di testimoni, accertamenti tecnici, giuramenti, interrogatori o altri mezzi di prova da assumersi nella Repubblica sono resi esecutivi con decreto della corte d'appello del luogo in cui si deve procedere a tali atti, sentito il pubblico ministero (70).

Se l'assunzione dei mezzi di prova è chiesta dalla parte interessata, l'istanza è proposta alla corte mediante ricorso (125), al quale deve essere unita copia autentica della sentenza o del provvedimento che ha ordinato gli atti chiesti.

Se l'assunzione è domandata dallo stesso giudice, la richiesta deve essere trasmessa in via diplomatica (204).

La corte delibera in camera di consiglio (737 ss.) e, qualora autorizzi l'assunzione, rimette gli atti al giudice competente].

803. [**Esecuzione richiesta in via diplomatica.** – Se la richiesta per l'assunzione di mezzi di prova di atti di istruzione (191 ss., 204) è fatta in via diplomatica e la parte interessata non ha costituito un procuratore (82) che ne promuova l'assunzione, i provvedimenti necessari per questa sono pronunciati d'ufficio dal giudice procedente, e le notificazioni (137) sono fatte a cura del cancelliere.

Quando i mezzi richiesti lo esigono, lo stesso giudice può nominare d'ufficio un procuratore che rappresenti la parte interessata].

804. [**Atti pubblici ricevuti all'estero.** – L'efficacia esecutiva nella Repubblica (474) degli atti contrattuali ricevuti da pubblico ufficiale (2699 ss. c.c.) in Paese estero è dichiarata con sentenza della corte d'appello del luogo in cui l'atto deve eseguirsi, previo accertamento che l'atto ha forza esecutiva nel Paese estero nel quale è stato ricevuto e che non contiene disposizioni contrarie all'ordine pubblico italiano].

805. [**Notificazione di atti giudiziari di autorità straniere.** – La notificazione di citazione a comparire davanti ad autorità straniere o di altri atti provenienti da uno Stato estero è autorizzata dal pubblico ministero presso il tribunale, nella cui giurisdizione la notificazione si deve eseguire.

La notificazione richiesta in via diplomatica è eseguita, a cura del pubblico ministero, da un ufficiale giudiziario da lui richiesto (70, 137)].

Titolo VIII
Dell'arbitrato

Capo I
Della convenzione d'arbitrato (1)

(1) *Questo capo è stato così sostituito dall'art. 20 del D.L.vo 2 febbraio 2006, n. 40.*

A norma dell'art. 27, comma 3, del citato decreto legislativo le disposizioni di questo capo si applicano alle convenzioni di arbitrato stipulate dopo l'entrata in vigore del medesimo decreto.

Si riporta il testo del precedente capo I: «CAPO I. DEL COMPROMESSO E DELLA CLAUSOLA COMPROMISSORIA».

«806. (Compromesso). *Le parti possono far decidere da arbitri le controversie tra di loro insorte, tranne quelle previste negli artt. 429 e 459, quelle che riguardano questioni di stato e di separazione personale tra coniugi e le altre che non possono formare oggetto di transazione.».*

«807. (Forma del compromesso). *Il compromesso deve, a pena di nullità, essere fatto per iscritto e determinare l'oggetto della controversia.*

«La forma scritta s'intende rispettata anche quando la volontà delle parti è espressa per telegrafo o telescrivente.

«Al compromesso si applicano le disposizioni che regolano la validità dei contratti eccedenti l'ordinaria amministrazione.».

«808. (Clausola compromissoria). *Le parti, nel contratto che stipulano o in un atto separato, possono stabilire che le controversie nascenti dal contratto medesimo siano decise da arbitri, purché si tratti di controversie che possono formare oggetto di compromesso. La clausola compromissoria deve risultare da atto avente la forma richiesta per il compromesso ai sensi dell'art. 807, commi primo e secondo.*

«Le controversie di cui all'art. 409 possono essere decise da arbitri solo se ciò sia previsto nei contratti e accordi collettivi di lavoro purché ciò avvenga, a pena di nullità, senza pregiudizio della facoltà delle parti di adire l'autorità giudiziaria. La clausola compromissoria contenuta in contratti o accordi collettivi o in contratti individuali di lavoro è nulla ove autorizzi gli arbitri a pronunciare secondo equità ovvero dichiari il lodo non impugnabile.

La validità della clausola compromissoria deve essere valutata in modo autonomo rispetto al contratto al quale si riferisce; tuttavia, il potere di stipulare il contratto comprende il potere di convenire la clausola compromissoria.».

«809. (Numero e modo di nomina degli arbitri). *Gli arbitri possono essere uno o più, purché in numero dispari.*

«Il compromesso o la clausola compromissoria deve contenere la nomina degli arbitri oppure stabilire il numero di essi e il modo di nominarli.

«In caso di indicazione di un numero pari di arbitri, l'ulteriore arbitro, se le parti non hanno diversamente convenuto, è nominato dal presidente del tribunale nei modi previsti dall'art. 810. Qualora manchi l'indicazione del numero degli arbitri e le parti non si accordino al riguardo, gli arbitri sono tre e, in mancanza di nomina, se le parti non hanno diversamente convenuto, provvede il presidente del tribunale nei modi previsti dall'art. 810.».

806. Controversie arbitrabili. – Le parti possono far decidere da arbitri le controversie tra di loro insorte che non abbiano per oggetto diritti indisponibili, salvo espresso divieto di legge.

Le controversie di cui all'articolo 409 possono essere decise da arbitri solo se previsto dalla legge o nei contratti o accordi collettivi di lavoro.

NOTE OPERATIVE:

Ambito di applicazione: La disposizione dell'art. 806 c.p.c., alla quale il successivo art. 808 rimanda per la delimitazione dell'ambito di validità della clausola compromissoria, pone la regola della generale arbitrabilità di ogni controversia, espressamente derogato a questo principio solo per le controversie previste dagli art. 409 e 442 c.p.c., per le questioni di stato e di separazione personale tra coniugi e per quelle che non possono formare oggetto di transazione, perché relative a diritti indisponibili. I predetti casi di esclusione hanno carattere eccezionale e, pertanto, non possono essere ampliati per analogia, ancorché non si esclude che a essi possano aggiungersi quelli che dipendono dalla stessa struttura del giudizio arbitrale, che deve avere per oggetto una decisione alternativa a quella giurisdizionale in un ordinario giudizio di cognizione. Premesso quanto sopra, deve escludersi che non siano suscettibili di essere oggetto di arbitrato le controversie riservate alla competenza inderogabile per territorio (C.C. 3989/06).

807. Compromesso. – Il compromesso deve, a pena di nullità, essere fatto per iscritto e determinare l'oggetto della controversia.

La forma scritta s'intende rispettata anche quando la volontà delle parti è espressa per telegrafo, telescrivente, telefacsimile o messaggio telematico nel rispetto della normativa, anche regolamentare, concernente la trasmissione e la ricezione dei documenti teletrasmessi.

NOTE OPERATIVE:

Forma: Ai fini della validità della clausola compromissoria in generale è richiesta la forma scritta ad substantiam. Siffatto requisito non postula che la volontà negoziale sia indefettibilmente espressa in un unico documento recante la contestuale sottoscrizione di entrambe le parti, potendo realizzarsi anche con lo scambio delle lettere contenenti rispettivamente la proposta e l'accettazione del deferimento della controversia ad arbitri, dovendosi interpretare la richiesta di costituzione di un collegio arbitrale e la relativa accettazione come concorde volontà di compromettere la lite in arbitri (C.C. 20504/10).

808. Clausola compromissoria. – Le parti, nel contratto che stipulano o in un atto separato, possono stabilire che le controversie nascenti dal contratto medesimo siano decise da arbitri, purché si tratti di controversie che possono formare oggetto di convenzione d'arbitrato. La clausola compromissoria deve risultare da atto avente la forma richiesta per il compromesso dall'articolo 807.

La validità della clausola compromissoria deve essere valutata in modo autonomo rispetto al contratto al quale si riferisce; tuttavia, il potere di stipulare il contratto comprende il potere di convenire la clausola compromissoria.

NOTE OPERATIVE:

Forma: Il requisito della forma scritta ad substantiam richiesto dalla norma è soddisfatto anche quando la volontà negoziale di compromettere la causa sia contenuta in atti separati e in documenti prodotti in copia da ciascuna delle parti e non disconosciuti (C.C. 20504/10).

808 *bis*. Convenzione di arbitrato in materia non contrattuale. – Le parti possono stabilire, con apposita convenzione, che siano decise da arbitri le controversie future relative a uno o più rapporti non contrattuali determinati. La convenzione deve risultare da atto avente la forma richiesta per il compromesso dall'articolo 807.

808 *ter*. Arbitrato irrituale. – Le parti possono, con disposizione espressa per iscritto, stabilire che, in deroga a quanto disposto dall'articolo 824 *bis*, la controversia sia definita dagli arbitri mediante determinazione contrattuale. Altrimenti si applicano le disposizioni del presente titolo.

Il lodo contrattuale è annullabile dal giudice competente secondo le disposizioni del libro I:

1) se la convenzione dell'arbitrato è invalida, o gli arbitri hanno pronunciato su conclusioni che esorbitano dai suoi limiti e la relativa eccezione è stata sollevata nel procedimento arbitrale;

2) se gli arbitri non sono stati nominati con le forme e nei modi stabiliti dalla convenzione arbitrale;

3) se il lodo è stato pronunciato da chi non poteva essere nominato arbitro a norma dell'articolo 812;

4) se gli arbitri non si sono attenuti alle regole imposte dalle parti come condizione di validità del lodo;

5) se non è stato osservato nel procedimento arbitrale il principio del contraddittorio.

Al lodo contrattuale non si applica l'articolo 825.

NOTE OPERATIVE:

Caratteristiche: Nell'arbitrato irrituale, procedura deformalizzata e la determinazione dei cui caratteri è rimessa alla scelta delle parti, la regola fondamentale del contraddittorio non deve essere rispettata tramite la osservanza di una schema prestabilito, ma nella sua essenza, implicante la possibilità di rappresentare la propria posizione e di conoscere compiutamente quella altrui, ancorché al di fuori del rigore di fasi progressive, con la possibilità di esercitare su un piano di eguaglianza le facoltà processuali loro attribuite, e quindi da assicurare l'osservanza della regola audiatur et altera pars (C.C. 18601/23).

808 *quater*. Interpretazione della convenzione d'arbitrato. – Nel dubbio, la convenzione d'arbitrato si interpreta nel senso che la competenza arbitrale si estende a tutte le controversie che derivano dal contratto o dal rapporto cui la convenzione si riferisce.

NOTE OPERATIVE:

Competenza: La clausola compromissoria, in mancanza di espressa volontà contraria, deve essere interpretata nel senso di ascrivere alla competenza arbitrale tutte le controversie che si riferiscono a pretese aventi la causa petendi nel contratto cui detta clausola è annessa (C.C. 31350/22).

808 *quinquies*. Efficacia della convenzione d'arbitrato. – La conclusione del procedimento arbitrale senza pronuncia sul merito, non toglie efficacia alla convenzione d'arbitrato.

Capo II
Degli arbitri (1)

(1) *Questo capo è stato così sostituito dall'art. 21 del D.L.vo 2 febbraio 2006, n. 40.*

A norma dell'art. 27, comma 4, del citato decreto legislativo le disposizioni di questo capo si applicano ai procedimenti arbitrali, nei quali la domanda di arbitrato è stata proposta successivamente alla data di entrata in vigore del medesimo decreto.

Si riporta il testo del precedente capo II: «CAPO II. DEGLI ARBITRI».

«810. (Nomina degli arbitri). *Quando a norma del compromesso o della clausola compromissoria gli arbitri debbono essere nominati dalle parti, ciascuna di esse, con atto notificato a mezzo di ufficiale giudiziario, può rendere noto all'altra l'arbitro o gli arbitri che essa nomina, con invito a procedere alla designazione dei propri. La parte, alla quale è rivolto l'invito, deve notificare, nei venti giorni successivi, le generalità dell'arbitro o degli arbitri da essa nominati.*

«In mancanza, la parte che ha fatto l'invito può chiedere, mediante ricorso, che la nomina sia fatta dal presidente del tribunale nella cui circoscrizione è la sede dell'arbitrato. Se le parti non hanno ancora determinato tale sede, il ricorso è presentato al presidente del tribunale del luogo in cui è stato stipulato il compromesso o il contratto al quale si riferisce la clausola compromissoria oppure, se tale luogo è all'estero, al presidente del tribunale di Roma. Il presidente, sentita, quando occorre, l'altra parte, provvede con ordinanza non impugnabile.

«La stessa disposizione si applica se la nomina di uno o più arbitri sia dal compromesso o dalla clausola compromissoria demandata all'autorità giudiziaria o se, essendo demandata a un terzo, questi non vi abbia provveduto.».

«811. (Sostituzione di arbitri). *Quando per qualsiasi motivo vengano a mancare tutti o alcuni degli arbitri nominati, si provvede alla loro sostituzione secondo quanto è stabilito per la loro nomina nel compromesso o nella clausola compromissoria. Se la parte a cui spetta o il terzo non vi provvede o se il compromesso o la clausola compromissoria nulla dispongono al riguardo, si applicano le disposizioni dell'articolo precedente.».*

«812. (Capacità ad essere arbitro). *Gli arbitri possono essere sia cittadini italiani sia stranieri.*

«Non possono essere arbitri i minori, gli interdetti, gli inabilitati, i falliti, e coloro che sono sottoposti a interdizione dai pubblici uffici.».

«813. (Accettazione e obblighi degli arbitri). *L'accettazione degli arbitri deve essere data per iscritto e può risultare dalla sottoscrizione del compromesso.*

«Gli arbitri debbono pronunciare il lodo entro il termine stabilito dalle parti o dalla legge; in mancanza, nel caso di annullamento del lodo per questo motivo, sono tenuti al risarcimento dei danni. Sono ugualmente tenuti al risarcimento dei danni se dopo l'accettazione rinunciano all'incarico senza giustificato motivo.

«Se le parti non hanno diversamente convenuto, l'arbitro che omette o ritarda di compiere un atto relativo alle sue funzioni, può essere sostituito d'accordo tra le parti o dal terzo a ciò incaricato dal compromesso o dalla clausola compromissoria. In mancanza, decorso il termine di quindici giorni da apposita diffida comunicata per mezzo di lettera raccomandata all'arbitro per ottenere l'atto, ciascuna delle parti può proporre ricorso al presidente del tribunale nella cui circoscrizione è la sede dell'arbitrato. Il presidente, sentite le parti, provvede con ordinanza non impugnabile e, ove accerti l'omissione o il ritardo, dichiara la decadenza dell'arbitro e provvede alla sua sostituzione.».

«814. (Diritti degli arbitri). *Gli arbitri hanno diritto al rimborso delle spese e all'onorario per l'opera prestata, salvo che vi abbiano rinunciato al momento dell'accettazione o con atto scritto successivo. Le parti sono tenute solidalmente al pagamento, salvo rivalsa tra loro.*

«Quando gli arbitri provvedono direttamente alla liquidazione delle spese e dell'onorario, tale liquidazione non è vincolante per le parti se esse non l'accettano. In tal caso l'ammontare delle spese e dell'onorario è determinato con ordinanza non impugnabile dal presidente del tribunale indicato nell'art. 810 secondo comma, su ricorso degli arbitri e sentite le parti.

«L'ordinanza è titolo esecutivo contro le parti.».

«815. (Ricusazione degli arbitri). *La parte può ricusare l'arbitro, che essa non ha nominato, per i motivi indicati nell'art. 51.*

«La ricusazione è proposta mediante ricorso al presidente del tribunale indicato nell'art. 810, secondo comma, entro il termine perentorio di dieci giorni dalla notificazione della nomina o dalla sopravvenuta conoscenza della causa di ricusazione. Il presidente pronunzia con ordinanza non impugnabile sentito l'arbitro ricusato e assunte, quando occorre, sommarie informazioni.».

809. Numero degli arbitri. – Gli arbitri possono essere uno o più, purché in numero dispari.

La convenzione d'arbitrato deve contenere la nomina degli arbitri oppure stabilire il numero di essi e il modo di nominarli.

In caso d'indicazione di un numero pari di arbitri, un ulteriore arbitro, se le parti non hanno diversamente convenuto, è nominato dal presidente del tribunale nei modi previsti dall'articolo 810. Se manca l'indicazione del numero degli arbitri e le parti non si accordano al riguardo, gli arbitri sono tre e, in mancanza di nomina, se le parti non hanno diversamente convenuto, provvede il presidente del tribunale nei modi previsti dall'articolo 810.

810. Nomina degli arbitri. – Quando a norma della convenzione d'arbitrato gli arbitri devono essere nominati dalle parti, ciascuna di esse, con atto notificato per iscritto, rende noto all'altra l'arbitro o gli arbitri che essa nomina, con invito a procedere alla designazione dei propri. La parte, alla quale è rivolto l'invito, deve notificare per iscritto, nei venti giorni successivi, le generalità dell'arbitro o degli arbitri da essa nominati.

In mancanza, la parte che ha fatto l'invito può chiedere, mediante ricorso, che la nomina sia fatta dal presidente del tribunale nel cui circondario è la sede dell'arbitrato. Se le parti non hanno ancora determinato la sede, il ricorso è presentato al presidente del tribunale del luogo in cui è stata stipulata la convenzione di arbitrato oppure, se tale luogo è all'estero, al presidente del tribunale di Roma.

Il presidente del tribunale competente provvede alla nomina richiestagli, se la convenzione d'arbitrato non è manifestamente inesistente o non prevede manifestamente un arbitrato estero. La nomina avviene nel rispetto di criteri che assicurano trasparenza, rotazione ed efficienza e, a tal fine, della nomina viene data notizia sul sito dell'ufficio giudiziario (1).

Le stesse disposizioni si applicano se la nomina di uno o più arbitri è demandata dalla convenzione d'arbitrato all'autorità giudiziaria o se, essendo demandata a un terzo, questi non vi ha provveduto.

(1) *Questo periodo è stato aggiunto dall'art. 3, comma 51, lett. a), del D.L.vo 10 ottobre 2022, n. 149, a decorrere dal 28 febbraio 2023.*

A norma dell'art. 35, comma 1, del medesimo decreto, le disposizioni si applicano ai procedimenti instaurati successivamente a tale data. Ai procedimenti pendenti alla data del 28 febbraio 2023 si applicano le disposizioni anteriormente vigenti.

NOTE OPERATIVE:

Competenza: La nomina dell'arbitro in violazione della regola che attribuisce tale competenza, funzionale ed inderogabile, al presidente del tribunale nel cui circondario è la sede dell'arbitrato, determina la nullità del lodo ove disposta da giudice territorialmente non competente, nei limiti in cui la questione venga dedotta nel giudizio arbitrale ma non l'invalidità della convenzione arbitrale (C.C. 14476/19).

811. Sostituzione di arbitri. – Quando per qualsiasi motivo vengono a mancare tutti o alcuni degli arbitri nominati, si provvede alla loro sostituzione secondo quanto è stabilito per la loro nomina nella convenzione d'arbitrato. Se la parte a cui spetta o il terzo non vi provvede, o se la convenzione d'arbitrato nulla dispone al riguardo, si applicano le disposizioni dell'articolo precedente.

NOTE OPERATIVE:

Criteri: Il presidente del tribunale, nel designare l'arbitro, non tempestivamente nominato dalle parti, non è vincolato al rispetto delle categorie professionali previste nella convenzione arbitrale (C.C. 7450/12).

812. Incapacità di essere arbitro. – Non può essere arbitro chi è privo, in tutto o in parte, della capacità legale di agire.

813. Accettazione degli arbitri. – L'accettazione degli arbitri è data per iscritto, anche mediante sottoscrizione del compromesso o del verbale della prima riunione, ed è accompagnata, a pena di nullità, da una dichiarazione nella quale è indicata ogni circostanza rilevante ai sensi dell'articolo 815, primo comma, ovvero la relativa insussistenza. L'arbitro deve rinnovare la dichiarazione in presenza di circostanze sopravvenute. In caso di omessa dichiarazione o di omessa indicazione di circostanze che legittimano la ricusazione, la parte può richiedere, entro dieci giorni dalla accettazione o dalla scoperta delle circostanze, la decadenza dell'arbitro nei modi e con le forme di cui all'articolo 813 *bis* (1).

Agli arbitri non compete la qualifica di pubblico ufficiale o di incaricato di un pubblico servizio.

(1) *Questo comma è stato così sostituito dall'art. 3, comma 51, lett. b), del D.L.vo 10 ottobre 2022, n. 149, a decorrere dal 28 febbraio 2023.*

A norma dell'art. 35, comma 1, del medesimo decreto, le disposizioni si applicano ai procedimenti instaurati successivamente a tale data. Ai procedimenti pendenti alla data del 28 febbraio 2023 si applicano le disposizioni anteriormente vigenti.

Si riporta il testo precedente:

«L'accettazione degli arbitri deve essere data per iscritto e può risultare dalla sottoscrizione del compromesso o del verbale della prima riunione.».

NOTE OPERATIVE:

Modalità: L'arbitrato irrituale è riconducibile alla figura del mandato la cui accettazione non richiede formule sacramentali, ma deve pur sempre consistere in una manifestazione di una volontà che deve apparire all'esterno e come tale essere percepita (C.C: 18601/23).

813 *bis*. Decadenza degli arbitri. – Se le parti non hanno diversamente convenuto, l'arbitro che omette o ritarda di compiere un atto relativo alle sue funzioni, può essere sostituito d'accordo tra le parti o dal terzo a ciò incaricato dalla convenzione d'arbitrato. In mancanza, decorso il termine di quindici giorni da apposita diffida comunicata per mezzo di lettera raccomandata all'arbitro per ottenere l'atto, ciascuna delle parti può proporre ricorso al presidente del tribunale a norma dell'articolo 810, secondo comma. Il presidente, sentiti gli arbitri e le parti, provvede con ordinanza non impugnabile e, se accerta l'omissione o il ritardo, dichiara la decadenza dell'arbitro e provvede alla sua sostituzione.

813 *ter*. Responsabilità degli arbitri. – Risponde dei danni cagionati alle parti l'arbitro che:

1) con dolo o colpa grave ha omesso o ritardato atti dovuti ed è stato perciò dichiarato decaduto, ovvero ha rinunciato all'incarico senza giustificato motivo;

2) con dolo o colpa grave ha omesso o impedito la pronuncia del lodo entro il termine fissato a norma degli articoli 820 o 826.

Fuori dai precedenti casi, gli arbitri rispondono esclusivamente per dolo o colpa grave entro i limiti previsti dall'articolo 2, commi 2 e 3, della legge 13 aprile 1988, n. 117.

L'azione di responsabilità può essere proposta in pendenza del giudizio arbitrale soltanto nel caso previsto dal primo comma, n. 1).

Se è stato pronunciato il lodo, l'azione di responsabilità può essere proposta soltanto dopo l'accoglimento dell'impugnazione con sentenza passata in giudicato e per i motivi per cui l'impugnazione è stata accolta.

Se la responsabilità non dipende da dolo dell'arbitro, la misura del risarcimento non può superare una somma pari al triplo del compenso convenuto o, in mancanza di determinazione convenzionale, pari al triplo del compenso previsto dalla tariffa applicabile.

Nei casi di responsabilità dell'arbitro il corrispettivo e il rimborso delle spese non gli sono dovuti o, nel caso di nullità parziale del lodo, sono soggetti a riduzione.

Ciascun arbitro risponde solo del fatto proprio.

814. Diritti degli arbitri. – Gli arbitri hanno diritto al rimborso delle spese e all'onorario per l'opera prestata, se non vi hanno rinunciato al momento dell'accettazione o con atto scritto successivo. Le parti sono tenute solidalmente al pagamento, salvo rivalsa tra loro.

Quando gli arbitri provvedono direttamente alla liquidazione delle spese e dell'onorario, tale liquidazione non è vincolante per le parti se esse non l'accettano. In tal caso l'ammontare delle spese e dell'onorario è determinato con ordinanza dal presidente del tribunale indicato nell'articolo 810, secondo comma, su ricorso degli arbitri e sentite le parti.

L'ordinanza è titolo esecutivo contro le parti ed è soggetta a reclamo a norma dell'articolo 825, quarto comma. Si applica l'articolo 830, quarto comma.

NOTE OPERATIVE:

Compenso: Il diritto dell'arbitro di ricevere il pagamento dell'onorario sorge per il fatto di avere effettivamente espletato l'incarico (C.C. 21058/19). L'obbligazione di pagamento del compenso e delle spese in favore degli arbitri è posta in capo alle parti in via solidale (C.C. 11962/22). Gli arbitri non sono equiparabili, ai fini del compenso loro spettante, agli esercenti la professione forense, posto che diversa è, nelle due ipotesi, l'attività rispettivamente svolta e l'abilitazione all'esercizio della professione forense non opera come criterio di unificazione e di automatica trasposizione agli arbitri dei compensi spettanti ai menzionati professionisti (C.C. 11962/22).

815. Ricusazione degli arbitri. – Un arbitro può essere ricusato:

1) se non ha le qualifiche espressamente convenute dalle parti;

2) se egli stesso, o un ente, associazione o società di cui sia amministratore, ha interesse nella causa;

3) se egli stesso o il coniuge è parente fino al quarto grado o è convivente o commensale abituale di una delle parti, di un rappresentante legale di una delle parti, o di alcuno dei difensori;

4) se egli stesso o il coniuge ha causa pendente o grave inimicizia con una delle parti, con un suo rappresentante legale, o con alcuno dei suoi difensori;

5) se è legato ad una delle parti, a una società da questa controllata, al soggetto che la controlla, o a società sottoposta a comune controllo, da un rapporto di lavoro subordinato o da un rapporto continuativo di consulenza o di prestazione d'opera retribuita, ovvero da altri rapporti di natura patrimoniale o associativa che ne compromettono l'indi-

pendenza; inoltre, se è tutore o curatore di una delle parti;

6) se ha prestato consulenza, assistenza o difesa ad una delle parti in una precedente fase della vicenda o vi ha deposto come testimone; ([1])

6 *bis*) se sussistono altre gravi ragioni di convenienza, tali da incidere sull'indipendenza o sull'imparzialità dell'arbitro ([2]).

Una parte non può ricusare l'arbitro che essa ha nominato o contribuito a nominare se non per motivi conosciuti dopo la nomina.

La ricusazione è proposta mediante ricorso al presidente del tribunale indicato nell'articolo 810, secondo comma, entro il termine perentorio di dieci giorni dalla notificazione della nomina o dalla sopravvenuta conoscenza della causa di ricusazione. Il presidente pronuncia con ordinanza non impugnabile, sentito l'arbitro ricusato e le parti e assunte, quando occorre, sommarie informazioni.

Con ordinanza il presidente provvede sulle spese. Nel caso di manifesta inammissibilità o manifesta infondatezza dell'istanza di ricusazione condanna la parte che l'ha proposta al pagamento, in favore dell'altra parte, di una somma equitativamente determinata non superiore al triplo del massimo del compenso spettante all'arbitro singolo in base alla tariffa forense.

La proposizione dell'istanza di ricusazione non sospende il procedimento arbitrale, salvo diversa determinazione degli arbitri. Tuttavia, se l'istanza è accolta, l'attività compiuta dall'arbitro ricusato o con il suo concorso è inefficace.

([1]) *Il segno di interpunzione: «.» è stato così sostituito dall'attuale: «;» dall'art. 3, comma 51, lett. c), del D.L.vo 10 ottobre 2022, n. 149, a decorrere dal 28 febbraio 2023.*

A norma dell'art. 35, comma 1, del medesimo decreto, le disposizioni si applicano ai procedimenti instaurati successivamente a tale data. Ai procedimenti pendenti alla data del 28 febbraio 2023 si applicano le disposizioni anteriormente vigenti.

([2]) *Questo punto è stato aggiunto dall'art. 3, comma 51, lett. c), del D.L.vo 10 ottobre 2022, n. 149, a decorrere dal 28 febbraio 2023.*

A norma dell'art. 35, comma 1, del medesimo decreto, le disposizioni si applicano ai procedimenti instaurati successivamente a tale data. Ai procedimenti pendenti alla data del 28 febbraio 2023 si applicano le disposizioni anteriormente vigenti.

NOTE OPERATIVE:

Presupposti: L'istanza di ricusazione dell'arbitro, rimedio esperibile qualora sussistano in concreto situazioni che possano comportare il difetto di obiettività o di imparzialità dello stesso, deve essere presentata nei termini perentori previsti dalla norma (C.C. 15227/02).

Impugnazione: Deve escludersi che l'arbitro ricusato sia legittimato ad impugnare il l'ordinanza presidenziale, giacché questi non assume la qualità di parte processuale (C.C. 20615/17).

Capo III
Del procedimento ([1])

([1]) *Questo capo è stato così sostituito dall'art. 22 del D.L.vo 2 febbraio 2006, n. 40.*

A norma dell'art. 27, comma 4, del citato decreto legislativo le disposizioni di questo capo si applicano ai procedimenti arbitrali, nei quali la domanda di arbitrato è stata proposta successivamente alla data di entrata in vigore del medesimo decreto.

Si riporta il testo del precedente capo III: «CAPO III. DEL PROCEDIMENTO».

«816. (Svolgimento del procedimento). *Le parti determinano la sede dell'arbitrato nel territorio della Repubblica; altrimenti provvedono gli arbitri nella loro prima riunione.*

«Le parti possono stabilire nel compromesso, nella clausola compromissoria o con atto scritto separato, purché anteriore all'inizio del giudizio arbitrale, le norme che gli arbitri debbono osservare nel procedimento.

«In mancanza di tali norme gli arbitri hanno facoltà di regolare lo svolgimento del giudizio nel modo che ritengono più opportuno.

«Essi debbono in ogni caso assegnare alle parti i termini per presentare documenti e memorie, e per esporre le loro repliche.

«Gli atti di istruzione possono essere delegati dagli arbitri a uno di essi.

«Su tutte le questioni che si presentano nel corso del procedimento gli arbitri provvedono con ordinanza non soggetta a deposito e revocabile tranne che nel caso previsto nell'art. 819.

«817. (Eccezione d'incompetenza). *La parte, che non eccepisce nel corso del procedimento arbitrale che le conclusioni delle altre parti esorbitano dai limiti del compromesso o della clausola compromissoria, non può, per questo motivo, impugnare di nullità il lodo.».*

«818. (Provvedimenti cautelari). *Gli arbitri non possono concedere sequestri, né altri provvedimenti cautelari.*

[Il giudice, che ha concesso un sequestro relativamente a una controversia compromessa in arbitri, pronuncia anche sulla convalida di esso, senza pregiudizio della causa di merito. Lo stesso giudice, quando è intervenuta la pronuncia degli arbitri, provvede all'eventuale revoca del sequestro].

«819. (Questioni incidentali). *Se nel corso del procedimento sorge una questione che per legge non può costituire oggetto di giudizio arbitrale, gli arbitri, qualora ritengano che il giudizio ad essi affidato dipende dalla definizione di tale questione, sospendono il procedimento.*

«Fuori di tali ipotesi gli arbitri decidono tutte le questioni insorte nel giudizio arbitrale.

«Nel caso previsto dal primo comma il termine stabilito nell'art. 820 resta sospeso fino al giorno in cui una delle parti notifichi agli arbitri la sentenza passata in giudicato che ha deciso la causa incidentale; ma se il termine che resta a decorrere ha una durata inferiore

a sessanta giorni, è prorogato di diritto fino a raggiungere i sessanta giorni.».

«819 bis. (Connessione). *La competenza degli arbitri non è esclusa dalla connessione tra la controversia ad essi deferita ed una causa pendente dinanzi al giudice.».*

«819 ter. (Assunzione delle testimonianze). *Gli arbitri possono assumere direttamente presso di sé la testimonianza, ovvero deliberare di assumere la deposizione del testimone, ove questi vi consenta, nella sua abitazione o nel suo ufficio. Possono altresì deliberare di assumere la deposizione richiedendo al testimone di fornire per iscritto risposte a quesiti nel termine che essi stessi stabiliscono.».*

816. Sede dell'arbitrato. – Le parti determinano la sede dell'arbitrato nel territorio della Repubblica; altrimenti provvedono gli arbitri.

Se le parti e gli arbitri non hanno determinato la sede dell'arbitrato, questa è nel luogo in cui è stata stipulata la convenzione di arbitrato. Se tale luogo non si trova nel territorio nazionale, la sede è a Roma.

Se la convenzione d'arbitrato non dispone diversamente, gli arbitri possono tenere udienza, compiere atti istruttori, deliberare ed apporre le loro sottoscrizioni al lodo anche in luoghi diversi dalla sede dell'arbitrato ed anche all'estero.

816 *bis*. Svolgimento del procedimento. – Le parti possono stabilire nella convenzione d'arbitrato, o con atto scritto separato, purché anteriore all'inizio del giudizio arbitrale, le norme che gli arbitri debbono osservare nel procedimento e la lingua dell'arbitrato. In mancanza di tali norme gli arbitri hanno facoltà di regolare lo svolgimento del giudizio e determinare la lingua dell'arbitrato nel modo che ritengono più opportuno. Essi debbono in ogni caso attuare il principio del contraddittorio, concedendo alle parti ragionevoli ed equivalenti possibilità di difesa. Le parti possono stare in arbitrato per mezzo di difensori. In mancanza di espressa limitazione, la procura al difensore si estende a qualsiasi atto processuale, ivi compresa la rinuncia agli atti e la determinazione o proroga del termine per la pronuncia del lodo. In ogni caso, il difensore può essere destinatario della comunicazione della notificazione del lodo e della notificazione della sua impugnazione.

Le parti o gli altri arbitri possono autorizzare il presidente del collegio arbitrale a deliberare le ordinanze circa lo svolgimento del procedimento.

Su tutte le questioni che si presentano nel corso del procedimento gli arbitri, se non ritengono di provvedere con lodo non definitivo, provvedono con ordinanza revocabile non soggetta a deposito.

NOTE OPERATIVE:

Forma: Il procedimento arbitrale è improntato al principio di libertà delle forme, sicché, ove nulla sia stato previsto nella convenzione di arbitrato, spetta all'arbitro regolare lo svolgimento del giudizio, anche assegnando termini perentori per la produzione di mezzi di prova, purché ne abbia dato avviso alle parti, salvaguardando così il loro diritto di difesa (C.C. 18772/23).

816 *bis*.1. (1) **Domanda di arbitrato.** – La domanda di arbitrato produce gli effetti sostanziali della domanda giudiziale e li mantiene nei casi previsti dall'articolo 819 *quater*.

(1) *Questo articolo è stato inserito dall'art. 3, comma 52, lett. a), del D.L.vo 10 ottobre 2022, n. 149, a decorrere dal 28 febbraio 2023.*

A norma dell'art. 35, comma 1, del medesimo decreto, le disposizioni si applicano ai procedimenti instaurati successivamente a tale data. Ai procedimenti pendenti alla data del 28 febbraio 2023 si applicano le disposizioni anteriormente vigenti.

816 *ter*. Istruzione probatoria. – L'istruttoria o singoli atti di istruzione possono essere delegati dagli arbitri ad uno di essi.

Gli arbitri possono assumere direttamente presso di sé la testimonianza, ovvero deliberare di assumere la deposizione del testimone, ove questi vi consenta, nella sua abitazione o nel suo ufficio. Possono altresì deliberare di assumere la deposizione richiedendo al testimone di fornire per iscritto risposte a quesiti nel termine che essi stessi stabiliscono.

Se un testimone rifiuta di comparire davanti agli arbitri, questi, quando lo ritengono opportuno secondo le circostanze, possono richiedere al presidente del tribunale della sede dell'arbitrato, che ne ordini la comparizione davanti a loro.

Nell'ipotesi prevista dal precedente comma il termine per la pronuncia del lodo è sospeso dalla data dell'ordinanza alla data dell'udienza fissata per l'assunzione della testimonianza.

Gli arbitri possono farsi assistere da uno o più consulenti tecnici. Possono essere nominati consulenti tecnici sia persone fisiche, sia enti.

Gli arbitri possono chiedere alla pubblica amministrazione le informazioni scritte relative ad atti e documenti dell'amministrazione stessa, che è necessario acquisire al giudizio.

816 *quater*. Pluralità di parti. – Qualora più di due parti siano vincolate dalla stessa convenzione d'arbitrato, ciascuna parte può convenire tutte o alcune delle altre nel medesimo procedimento arbitrale se la convenzione d'arbitrato devolve a un terzo la nomina degli arbitri, se gli arbitri sono nominati con l'accordo di tutte le parti, ovvero se le altre parti, dopo che la prima ha nominato l'arbitro o gli arbitri, nominano d'accordo un ugual numero di arbitri o ne affidano a un terzo la nomina.

Fuori dei casi previsti nel precedente comma il procedimento iniziato da una parte nei confronti di altre si scinde in tanti procedimenti quante sono queste ultime.

Se non si verifica l'ipotesi prevista nel primo comma e si versa in caso di litisconsorzio necessario, l'arbitrato è improcedibile.

816 *quinquies*. Intervento di terzi e successione nel diritto controverso. – L'intervento volontario o la chiamata in arbitrato di un terzo sono ammessi solo con l'accordo del terzo e delle parti e con il consenso degli arbitri.

Sono sempre ammessi l'intervento previsto dal secondo comma dell'articolo 105 e l'intervento del litisconsorte necessario.

Si applica l'articolo 111.

816 *sexies*. Morte, estinzione o perdita di capacità della parte. – Se la parte viene meno per morte o altra causa, ovvero perde la capacità legale, gli arbitri assumono le misure idonee a garantire l'applicazione del contraddittorio ai fini della prosecuzione del giudizio. Essi possono sospendere il procedimento.

Se nessuna delle parti ottempera alle disposizioni degli arbitri per la prosecuzione del giudizio, gli arbitri possono rinunciare all'incarico.

816 *septies*. Anticipazione delle spese. – Gli arbitri possono subordinare la prosecuzione del procedimento al versamento anticipato delle spese prevedibili. Salvo diverso accordo delle parti, gli arbitri determinano la misura dell'anticipazione a carico di ciascuna parte.

Se una delle parti non presta l'anticipazione richiestale, l'altra può anticipare la totalità delle spese. Se le parti non provvedono all'anticipazione nel termine fissato dagli arbitri, non sono più vincolate alla convenzione di arbitrato con riguardo alla controversia che ha dato origine al procedimento arbitrale.

NOTE OPERATIVE:

Mancato versamento: In tema di arbitrato rituale, nel caso di subordinazione, da parte degli arbitri, della prosecuzione del procedimento al versamento anticipato delle spese prevedibili, il mancato versamento del fondo spese nel termine fissato determina ipso iure, lo scioglimento del vincolo derivante dalla convenzione di arbitrato, limitatamente alla controversia che ha dato origine al procedimento arbitrale, non necessitando alcuna dichiarazione in tal senso degli arbitri (C.C. 3259/22).

817. Eccezione d'incompetenza. – Se la validità, il contenuto o l'ampiezza della convenzione d'arbitrato o la regolare costituzione degli arbitri sono contestate nel corso dell'arbitrato, gli arbitri decidono sulla propria competenza.

Questa disposizione si applica anche se i poteri degli arbitri sono contestati in qualsiasi sede per qualsiasi ragione sopravvenuta nel corso del procedimento. La parte che non eccepisce nella prima difesa successiva all'accettazione degli arbitri l'incompetenza di questi per inesistenza, invalidità o inefficacia della convenzione d'arbitrato, non può per questo motivo impugnare il lodo, salvo il caso di controversia non arbitrabile.

La parte, che non eccepisce nel corso dell'arbitrato che le conclusioni delle altre parti esorbitano dai limiti della convenzione arbitrale, non può, per questo motivo, impugnare il lodo.

NOTE OPERATIVE:

Adesione: L'adesione all'eccezione di incompetenza arbitrale proposta dalla controparte determina l'immediata e definitiva caducazione del potere di giudizio in capo agli arbitri, i quali, conseguentemente, non possono più statuire sulla propria competenza, neppure nel caso in cui, prima della loro pronuncia, l'eccezione suddetta sia stata rinunciata (C.C. 24689/22).

817 *bis*. Compensazione. – Gli arbitri sono competenti a conoscere dell'eccezione di compensazione, nei limiti del valore della domanda, anche se il controcredito non è compreso nell'ambito della convenzione di arbitrato.

818. (1) **Provvedimenti cautelari.** – Le parti, anche mediante rinvio a regolamenti arbitrali, possono attribuire agli arbitri il potere di concedere misure cautelari con la convenzione di arbitrato o con atto scritto anteriore all'instaurazione del giudizio arbitrale. La competenza cautelare attribuita agli arbitri è esclusiva.

Prima dell'accettazione dell'arbitro unico o della costituzione del collegio arbitrale, la domanda cautelare si propone al giudice competente ai sensi dell'articolo 669 *quinquies*.

(1) *Questo articolo è stato così sostituito dall'art. 3, comma 52, lett. b), del D.L.vo 10 ottobre 2022, n. 149, a decorrere dal 28 febbraio 2023.*

A norma dell'art. 35, comma 1, del medesimo decreto, le disposizioni si applicano ai procedimenti instaurati successivamente a tale data. Ai procedimenti pendenti alla data del 28 febbraio 2023 si applicano le disposizioni anteriormente vigenti.

Si riporta il testo precedente:

«Art. 818 (Provvedimenti cautelari)

Gli arbitri non possono concedere sequestri, né altri provvedimenti cautelari, salva diversa disposizione di legge.».

818 *bis*. (1) Reclamo. – Contro il provvedimento degli arbitri che concede o nega una misura cautelare è ammesso reclamo a norma dell'articolo 669 *terdecies* davanti alla Corte di appello, nel cui distretto è la sede dell'arbitrato, per i motivi di cui all'articolo 829, primo comma, in quanto compatibili, e per contrarietà all'ordine pubblico.

(1) *Questo articolo è stato inserito dall'art. 3, comma 52, lett. c), del D.L.vo 10 ottobre 2022, n. 149, a decorrere dal 28 febbraio 2023.*

A norma dell'art. 35, comma 1, del medesimo decreto, le disposizioni si applicano ai procedimenti instaurati successivamente a tale data. Ai procedimenti pendenti alla data del 28 febbraio 2023 si applicano le disposizioni anteriormente vigenti.

818 *ter*. (1) Attuazione. – L'attuazione delle misure cautelari concesse dagli arbitri è disciplinata dall'articolo 669 *duodecies* e si svolge sotto il controllo del tribunale nel cui circondario è la sede dell'arbitrato o, se la sede dell'arbitrato non è in Italia, il tribunale del luogo in cui la misura cautelare deve essere attuata.

Resta salvo il disposto degli articoli 677 e seguenti in ordine all'esecuzione dei sequestri concessi dagli arbitri. Competente è il tribunale previsto dal primo comma.

(1) *Questo articolo è stato inserito dall'art. 3, comma 52, lett. c), del D.L.vo 10 ottobre 2022, n. 149, a decorrere dal 28 febbraio 2023.*

A norma dell'art. 35, comma 1, del medesimo decreto, le disposizioni si applicano ai procedimenti instaurati successivamente a tale data. Ai procedimenti pendenti alla data del 28 febbraio 2023 si applicano le disposizioni anteriormente vigenti.

819. Questioni pregiudiziali di merito. – Gli arbitri risolvono senza autorità di giudicato tutte le questioni rilevanti per la decisione della controversia, anche se vertono su materie che non possono essere oggetto di convenzione di arbitrato, salvo che debbano essere decise con efficacia di giudicato per legge.

Su domanda di parte, le questioni pregiudiziali sono decise con efficacia di giudicato se vertono su materie che possono essere oggetto di convenzione di arbitrato. Se tali questioni non sono comprese nella convenzione di arbitrato, la decisione con efficacia di giudicato è subordinata alla richiesta di tutte le parti.

819 *bis*. Sospensione del procedimento arbitrale. – Ferma l'applicazione dell'articolo 816 *sexies*, gli arbitri sospendono il procedimento arbitrale con ordinanza motivata nei seguenti casi:

1) quando il processo dovrebbe essere sospeso a norma del comma terzo dell'articolo 75 del codice di procedura penale, se la controversia fosse pendente davanti all'autorità giudiziaria;

2) se sorge questione pregiudiziale su materia che non può essere oggetto di convenzione d'arbitrato e per legge deve essere decisa con autorità di giudicato;

3) quando rimettono alla Corte costituzionale una questione di legittimità costituzionale ai sensi dell'articolo 23 della legge 11 marzo 1953, n. 87.

Se nel procedimento arbitrale è invocata l'autorità di una sentenza e questa è impugnata, si applica il secondo comma dell'articolo 337.

Una volta disposta la sospensione, il procedimento si estingue se nessuna parte deposita presso gli arbitri istanza di prosecuzione entro il termine fissato dagli arbitri stessi o, in difetto, entro un anno dalla cessazione della causa di sospensione. Nel caso previsto dal primo comma, numero 2), il procedimento si estingue altresì se entro novanta giorni dall'ordinanza di sospensione nessuna parte deposita presso gli arbitri copia autentica dell'atto con il quale la controversia sulla questione pregiudiziale è proposta davanti all'autorità giudiziaria.

819 *ter*. Rapporti tra arbitri e autorità giudiziaria. – La competenza degli arbitri non è esclusa dalla pendenza della stessa causa davanti al giudice, né dalla connessione tra la controversia ad essi deferita ed una causa pendente davanti al giudice. La sentenza o l'ordinanza (1), con la quale il giudice afferma o nega la propria competenza in relazione a una convenzione d'arbitrato, è impugnabile a norma degli articoli 42 e 43. L'eccezione di incompetenza del giudice in ragione della convenzione di arbitrato deve essere proposta, a pena di decadenza, nella comparsa di risposta. La mancata proposizione dell'eccezione esclude la competenza arbitrale limitatamente alla controversia decisa in quel giudizio.

Nei rapporti tra arbitrato e processo non si applicano regole corrispondenti agli articoli 44, 45, 48, 50 e 295 (2).

In pendenza del procedimento arbitrale non possono essere proposte domande giudiziali aventi ad oggetto l'invalidità o inefficacia della convenzione di arbitrato.

(1) *Le parole: «o l'ordinanza» sono state inserite dall'art. 3, comma 52, lett. d), del D.L.vo 10 ottobre 2022, n. 149, a decorrere dal 28 febbraio 2023.*

A norma dell'art. 35, comma 1, del medesimo decreto, le disposizioni si applicano ai procedimenti instaurati successivamente a tale data. Ai procedimenti pendenti alla data del 28 febbraio 2023 si applicano le disposizioni anteriormente vigenti.

(2) *La Corte costituzionale, con sentenza n. 223 del 19 luglio 2013, ha dichiarato l'illegittimità costituzionale di questo comma, nella parte in cui esclude l'applicabilità, ai rapporti tra arbitrato e processo, di regole corrispondenti all'articolo 50 del codice di procedura civile.*

NOTE OPERATIVE:

Giudizio penale: In assenza di una diversa disposizione, la pendenza di un giudizio penale con costituzione di parte civile deve essere considerato, nei rapporti tra arbitro e autorità giudiziaria, alla stregua della pendenza di un giudizio pendente davanti al giudice civile (C.C. 23984/23).

819 *quater*. (1) Riassunzione della causa. – Il processo instaurato davanti al giudice continua davanti agli arbitri se una delle parti procede a norma dell'articolo 810 entro tre mesi dal passaggio in giudicato della sentenza con cui è negata la competenza in ragione di una convenzione di arbitrato o dell'ordinanza di regolamento.

Il processo instaurato davanti agli arbitri continua davanti al giudice competente se la riassunzione della causa ai sensi dell'articolo 125 delle disposizioni di attuazione del presente codice avviene entro tre mesi dal passaggio in giudicato del lodo che declina la competenza arbitrale sulla lite o dalla pubblicazione della sentenza o dell'ordinanza che definisce la sua impugnazione.

Le prove raccolte nel processo davanti al giudice o all'arbitro dichiarati non competenti possono essere valutate come argomenti di prova nel processo riassunto ai sensi del presente articolo.

L'inosservanza dei termini fissati per la riassunzione ai sensi del presente articolo comporta l'estinzione del processo. Si applicano gli articoli 307, quarto comma, e 310.

(1) *Questo articolo è stato aggiunto dall'art. 3, comma 52, lett. e), del D.L.vo 10 ottobre 2022, n. 149, a decorrere dal 28 febbraio 2023.*

A norma dell'art. 35, comma 1, del medesimo decreto, le disposizioni si applicano ai procedimenti instaurati successivamente a tale data. Ai procedimenti pendenti alla data del 28 febbraio 2023 si applicano le disposizioni anteriormente vigenti.

Capo IV
Del lodo (1)

(1) *Questo capo è stato così sostituito dall'art. 23 del D.L.vo 2 febbraio 2006, n. 40.*

A norma dell'art. 27, comma 4, del citato decreto legislativo le disposizioni di questo capo si applicano ai procedimenti arbitrali, nei quali la domanda di arbitrato è stata proposta successivamente alla data di entrata in vigore del presente decreto.

Si riporta il testo del precedente capo IV: «CAPO IV. DEL LODO».

«820. (Termini per la decisione). *Se le parti non hanno disposto altrimenti, gli arbitri debbono pronunciare il lodo nel termine di centottanta giorni dall'accettazione della nomina. Se gli arbitri sono più e l'accettazione non è avvenuta contemporaneamente da parte di tutti, il termine decorre dall'ultima accettazione. Il termine è sospeso quando è proposta istanza di ricusazione e fino alla pronuncia su di essa, ed è interrotto quando occorre procedere alla sostituzione degli arbitri.*

«Quando debbono essere assunti mezzi di prova o sia stato pronunciato lodo non definitivo, gli arbitri possono prorogare per una sola volta il termine e per non più di centottanta giorni.

«Nel caso di morte di una delle parti il termine è prorogato di trenta giorni.

«Le parti, d'accordo, possono consentire con atto scritto la proroga del termine.».

«821. (Rilevanza del decorso del termine). *Il decorso del termine indicato nell'articolo precedente non può essere fatto valere come causa di nullità del lodo se la parte, prima della deliberazione del lodo risultante dal dispositivo sottoscritto dalla maggioranza degli arbitri, non abbia notificato alle altre parti e agli arbitri che intende far valere la loro decadenza.».*

«822. (Norme per la deliberazione). *Gli arbitri decidono secondo le norme di diritto, salvo che le parti li abbiano autorizzati con qualsiasi espressione a pronunciare secondo equità.».*

«823. (Deliberazione e requisiti del lodo). *Il lodo è deliberato a maggioranza di voti dagli arbitri riuniti in conferenza personale ed è quindi redatto per iscritto.*

«Esso deve contenere:

1) l'indicazione delle parti;

2) l'indicazione dell'atto di compromesso o della clausola compromissoria e dei quesiti relativi;

3) l'esposizione sommaria dei motivi;

4) il dispositivo;

5) l'indicazione della sede dell'arbitrato e del luogo o del modo in cui è stato deliberato;

6) la sottoscrizione di tutti gli arbitri, con l'indicazione del giorno, mese ed anno in cui è apposta; la sottoscrizione può avvenire anche in luogo diverso da quello della deliberazione ed anche all'estero; se gli arbitri sono più di uno, le varie sottoscrizioni, senza necessità di ulteriore conferenza personale, possono avvenire in luoghi diversi.

«Tuttavia è valido il lodo sottoscritto dalla maggioranza degli arbitri, purché si dia atto che esso è sta-

to deliberato in conferenza personale di tutti, con l'espressa dichiarazione che gli altri non hanno voluto o non hanno potuto sottoscriverlo.

«*Il lodo ha efficacia vincolante tra le parti dalla data della sua ultima sottoscrizione*».

«824. [(Luogo di pronuncia). *Il lodo deve essere pronunciato nella Repubblica.*]».

«825. (Deposito del lodo). *Gli arbitri redigono il lodo in tanti originali quante sono le parti e ne danno comunicazione a ciascuna parte mediante consegna di un originale, anche con spedizione in plico raccomandato, entro dieci giorni dalla data dell'ultima sottoscrizione.*

«*La parte che intende far eseguire il lodo nel territorio della Repubblica è tenuta a depositarlo in originale o in copia conforme, insieme con l'atto di compromesso o con l'atto contenente la clausola compromissoria o con documento equipollente, in originale o in copia conforme, nella cancelleria del tribunale nella cui circoscrizione è la sede dell'arbitrato.*

«*Il tribunale, accertata la regolarità formale del lodo, lo dichiara esecutivo con decreto. Il lodo reso esecutivo è soggetto a trascrizione, in tutti i casi nei quali sarebbe soggetta a trascrizione la sentenza avente il medesimo contenuto.*

«*Del deposito e del provvedimento del tribunale è data notizia dalla cancelleria alle parti nei modi stabiliti nell'art. 133, secondo comma.*

«*Contro il decreto che nega l'esecutorietà del lodo è ammesso reclamo, entro trenta giorni dalla comunicazione, mediante ricorso al tribunale in composizione collegiale, del quale non può far parte il giudice che ha emesso il provvedimento reclamato; il collegio, sentite le parti, provvede in camera di consiglio con ordinanza non impugnabile*».

«826. (Correzione del lodo). *Il lodo può essere corretto, su istanza di parte, dagli stessi arbitri che lo hanno pronunziato, qualora questi siano incorsi in omissioni o in errori materiali o di calcolo.*

«*Gli arbitri, sentite le parti, provvedono entro venti giorni. Del provvedimento è data comunicazione alle parti, anche con spedizione in plico raccomandato, entro dieci giorni dalla data dell'ultima sottoscrizione.*

«*Se il lodo è già stato depositato, la correzione è richiesta al tribunale del luogo in cui lo stesso è depositato. Si applicano le disposizioni dell'art. 288 in quanto compatibili.*».

820. Termine per la decisione. – Le parti possono, con la convenzione di arbitrato o con accordo anteriore all'accettazione degli arbitri, fissare un termine per la pronuncia del lodo.

Se non è stato fissato un termine per la pronuncia del lodo, gli arbitri debbono pronunciare il lodo nel termine di duecentoquaranta giorni dall'accettazione della nomina.

In ogni caso il termine può essere prorogato:

a) mediante dichiarazioni scritte di tutte le parti indirizzate agli arbitri;

b) dal presidente del tribunale indicato nell'articolo 810, secondo comma, su istanza motivata di una delle parti o degli arbitri sentite le altre parti; il termine può essere prorogato solo prima della sua scadenza.

Se le parti non hanno disposto diversamente, il termine è prorogato di centottanta giorni nei casi seguenti e per non più di una volta nell'ambito di ciascuno di essi:

a) se debbono essere assunti mezzi di prova;

b) se è disposta consulenza tecnica d'ufficio;

c) se è pronunciato un lodo non definitivo o un lodo parziale;

d) se è modificata la composizione del collegio arbitrale o è sostituito l'arbitro unico. Il termine per la pronuncia del lodo è sospeso durante la sospensione del procedimento. In ogni caso, dopo la ripresa del procedimento, il termine residuo, se inferiore, è esteso a novanta giorni.

821. Rilevanza del decorso del termine. – Il decorso del termine indicato nell'articolo precedente non può essere fatto valere come causa di nullità del lodo se la parte, prima della deliberazione del lodo risultante dal dispositivo sottoscritto dalla maggioranza degli arbitri, non abbia notificato alle altre parti e agli arbitri che intende far valere la loro decadenza.

Se la parte fa valere la decadenza degli arbitri, questi, verificato il decorso del termine, dichiarano estinto il procedimento.

NOTE OPERATIVE:

Notifica: L'atto con cui la parte intenda far valere il decorso del termine come causa di nullità del lodo, deve essere notificato alle controparti e agli arbitri, a pena di inefficacia, con le forme della notificazione degli atti processuali civili (C.C. 10444/23).

822. Norme per la deliberazione. – Gli arbitri decidono secondo le norme di diritto, salvo che le parti abbiano disposto con qualsiasi espressione che gli arbitri pronunciano secondo equità.

Quando gli arbitri sono chiamati a decidere secondo le norme di diritto, le parti, nella convenzione di arbitrato o con atto scritto anteriore all'instaurazione del giudizio arbitrale, possono indicare le norme o la legge straniera quale legge applicabile al merito della controversia. In mancanza, gli arbitri applicano le norme o la legge individuate ai sensi dei criteri di conflitto ritenuti applicabili (1).

(1) *Questo comma è stato aggiunto dall'art. 3, comma 53, del D.L.vo 10 ottobre 2022, n. 149, a decorrere dal 28 febbraio 2023.*

A norma dell'art. 35, comma 1, del medesimo decreto, le disposizioni si applicano ai procedimenti instaurati successivamente a tale data. Ai procedimenti pendenti alla data del 28 febbraio 2023 si applicano le disposizioni anteriormente vigenti.

823. Deliberazione e requisiti del lodo. – Il lodo è deliberato a maggioranza di voti con la partecipazione di tutti gli arbitri ed è quindi redatto per iscritto. Ciascun arbitro può chiedere che il lodo, o una parte di esso, sia deliberato dagli arbitri riuniti in conferenza personale.

Il lodo deve contenere:

1) il nome degli arbitri;

2) l'indicazione della sede dell'arbitrato;

3) l'indicazione delle parti;

4) l'indicazione della convenzione di arbitrato e delle conclusioni delle parti;

5) l'esposizione sommaria dei motivi;

6) il dispositivo;

7) la sottoscrizione degli arbitri. La sottoscrizione della maggioranza degli arbitri è sufficiente, se accompagnata dalla dichiarazione che esso è stato deliberato con la partecipazione di tutti e che gli altri non hanno voluto o non hanno potuto sottoscriverlo;

8) la data delle sottoscrizioni.

824. Originali e copie del lodo. – Gli arbitri redigono il lodo in uno o più originali. Gli arbitri danno comunicazione del lodo a ciascuna parte mediante consegna di un originale, o di una copia attestata conforme dagli stessi arbitri, anche con spedizione in plico raccomandato, entro dieci giorni dalla sottoscrizione del lodo.

824 *bis*. Efficacia del lodo. – Salvo quanto disposto dall'articolo 825, il lodo ha dalla data della sua ultima sottoscrizione gli effetti della sentenza pronunciata dall'autorità giudiziaria.

825. Deposito del lodo. – La parte che intende fare eseguire il lodo nel territorio della Repubblica ne propone istanza depositando il lodo in originale, o in copia conforme, insieme con l'atto contenente la convenzione di arbitrato, in originale o in copia conforme, nella cancelleria del tribunale nel cui circondario è la sede dell'arbitrato. Il tribunale, accertata la regolarità formale del lodo, lo dichiara esecutivo con decreto. Il lodo reso esecutivo è soggetto a trascrizione o annotazione, in tutti i casi nei quali sarebbe soggetta a trascrizione o annotazione la sentenza avente il medesimo contenuto.

Del deposito e del provvedimento del tribunale è data notizia dalla cancelleria alle parti nei modi stabiliti dall'articolo 133, secondo comma.

Contro il decreto che nega o concede l'esecutorietà del lodo, è ammesso reclamo mediante ricorso alla corte d'appello, entro trenta giorni dalla comunicazione; la corte, sentite le parti, provvede in camera di consiglio con ordinanza.

826. Correzione del lodo. – Ciascuna parte può chiedere agli arbitri entro un anno dalla comunicazione del lodo:

a) di correggere nel testo del lodo omissioni o errori materiali o di calcolo, anche se hanno determinato una divergenza fra i diversi originali del lodo pure se relativa alla sottoscrizione degli arbitri;

b) di integrare il lodo con uno degli elementi indicati nell'articolo 823, numeri 1), 2), 3), 4).

Gli arbitri, sentite le parti, provvedono entro il termine di sessanta giorni. Della correzione è data comunicazione alle parti a norma dell'articolo 824.

Se gli arbitri non provvedono, l'istanza di correzione è proposta al tribunale nel cui circondario ha sede l'arbitrato.

Se il lodo è stato depositato, la correzione è richiesta al tribunale del luogo in cui è stato depositato. Si applicano le disposizioni dell'articolo 288, in quanto compatibili. Alla correzione può provvedere anche il giudice di fronte al quale il lodo è stato impugnato o fatto valere.

Capo V
Delle impugnazioni (1)

(1) *Questo capo è stato così sostituito dall'art. 24 del D.L.vo 2 febbraio 2006, n. 40.*

A norma dell'art. 27, comma 4, del citato decreto legislativo le disposizioni di questo capo si applicano ai procedimenti arbitrali, nei quali la domanda di arbitrato è stata proposta successivamente alla data di entrata in vigore del medesimo decreto.

Si riporta il testo del precedente capo V: «CAPO V. DELLE IMPUGNAZIONI».

«827. (Mezzi di impugnazione). *Il lodo è soggetto soltanto all'impugnazione per nullità, per revocazione o per opposizione di terzo.*

«I mezzi di impugnazione possono essere proposti indipendentemente dal deposito del lodo.

«Il lodo che decide parzialmente il merito della controversia è immediatamente impugnabile, ma il lodo che risolve alcune delle questioni insorte senza definire il giudizio arbitrale è impugnabile solo unitamente al lodo definitivo.».

«828. (Impugnazione per nullità). *L'impugnazione per nullità si propone, nel termine di novanta giorni dalla notificazione del lodo, davanti alla corte d'appello nella cui circoscrizione è la sede dell'arbitrato.*

«L'impugnazione non è più proponibile decorso un anno dalla data dell'ultima sottoscrizione.

«L'istanza per la correzione del lodo non sospende il termine per l'impugnazione; tuttavia il lodo può essere impugnato relativamente alle parti corrette nei termini ordinari, a decorrere dalla notificazione della pronuncia di correzione.».

«829. (Casi di nullità). *L'impugnazione per nullità è ammessa, nonostante qualunque rinuncia, nei casi seguenti:*

1) se il compromesso è nullo;

2) se gli arbitri non sono stati nominati con le forme e nei modi prescritti nei capi I e II del presente titolo, purché la nullità sia stata dedotta nel giudizio arbitrale;

3) se il lodo è stato pronunciato da chi non poteva essere nominato arbitro a norma dell'art. 812;

4) se il lodo ha pronunciato fuori dei limiti del compromesso o non ha pronunciato su alcuno degli oggetti del compromesso o contiene disposizioni contraddittorie, salva la disposizione dell'art. 817;

5) se il lodo non contiene i requisiti indicati nei numeri 3), 4), 5) e 6) del secondo comma dell'art. 823, salvo il disposto del terzo comma di detto articolo;

6) se il lodo è stato pronunciato dopo la scadenza del termine indicato nell'art. 820, salvo il disposto dell'art. 821;

7) se nel procedimento non sono state osservate le forme prescritte per i giudizi sotto pena di nullità, quando le parti ne avevano stabilita l'osservanza a norma dell'art. 816 e la nullità non è stata sanata;

8) se il lodo è contrario ad altro precedente lodo non più impugnabile o a precedente sentenza passata in giudicato tra le parti, purché la relativa eccezione sia stata dedotta nel giudizio arbitrale;

9) se non è stato osservato nel procedimento arbitrale il principio del contraddittorio.

«L'impugnazione per nullità è altresì ammessa se gli arbitri nel giudicare non hanno osservato le regole di diritto, salvo che le parti li avessero autorizzati a decidere secondo equità o avessero dichiarato il lodo non impugnabile.

«Nel caso previsto nell'art. 808, secondo comma, il lodo è soggetto all'impugnazione anche per violazione e falsa applicazione dei contratti e accordi collettivi.».

«830. (Decisione sull'impugnazione per nullità). *La corte di appello, quando accoglie, l'impugnazione, dichiara con sentenza la nullità del lodo; qualora il vizio incida soltanto su una parte del lodo che sia scindibile dalle altre, dichiara la nullità parziale del lodo.*

«Salvo volontà contraria di tutte le parti, la corte di appello pronuncia anche sul merito, se la causa è in condizione di essere decisa, ovvero rimette con ordinanza la causa all'istruttore, se per la decisione del merito è necessaria una nuova istruzione.

«In pendenza del giudizio, su istanza di parte, la corte d'appello può sospendere con ordinanza l'esecutorietà del lodo.».

«831. (Revocazione ed opposizione di terzo). *Il lodo, nonostante qualsiasi rinuncia, è soggetto a revocazione nei casi indicati nei numeri 1), 2), 3) e 6) dell'art. 395, osservati i termini e le forme stabiliti nel libro secondo.*

«Se i casi di cui al primo comma si verificano durante il corso del processo di impugnazione per nullità, il termine per la proposizione della domanda di revocazione è sospeso fino alla comunicazione della sentenza che abbia pronunciato sulla nullità.

«Il lodo è soggetto ad opposizione di terzo nei casi indicati nell'art. 404.

«Le impugnazioni per revocazione e per opposizione di terzo si propongono davanti alla corte d'appello nella cui circoscrizione è la sede dell'arbitrato.

«La corte d'appello può riunire le impugnazioni per nullità, per revocazione e per opposizione di terzo nello stesso processo, salvo che lo stato della causa preventivamente proposta non consenta l'esauriente trattazione e decisione delle altre cause.».

827. Mezzi di impugnazione. – Il lodo è soggetto all'impugnazione per nullità, per revocazione e per opposizione di terzo.

I mezzi d'impugnazione possono essere proposti indipendentemente dal deposito del lodo.

Il lodo che decide parzialmente il merito della controversia è immediatamente impugnabile, ma il lodo che risolve alcune delle questioni insorte senza definire il giudizio arbitrale è impugnabile solo unitamente al lodo definitivo.

NOTE OPERATIVE:

Lodo parziale: Il lodo parziale è immediatamente impugnabile qualora, decidendo su una o più domande, definisca il giudizio relativamente ad esse, mentre deve essere esclusa l'immediata impugnazione del provvedimento arbitrale che risolva solo questioni istruttorie, premettendo alcune considerazioni a supporto della statuizione adottata, ma senza compromettere la decisione finale della controversia (C.C. 32996/22 – Conf. C.C. 28190/20).

828. Impugnazione per nullità. – L'impugnazione per nullità si propone, nel termine di novanta giorni dalla notificazione del lodo, davanti alla Corte d'appello nel cui distretto è la sede dell'arbitrato.

L'impugnazione non è più proponibile decorsi sei mesi (1) dalla data dell'ultima sottoscrizione.

L'istanza per la correzione del lodo non sospende il termine per l'impugnazione; tuttavia il lodo può essere impugnato relativamente alle parti corrette nei termini ordinari, a decorrere dalla comunicazione dell'atto di correzione.

(1) *Le parole: «decorso un anno» sono state così sostituite dalle attuali: «decorsi sei mesi» dall'art. 3, comma 54, del D.L.vo 10 ottobre 2022, n. 149, a decorrere dal 28 febbraio 2023.*

A norma dell'art. 35, comma 1, del medesimo decreto, le disposizioni si applicano ai procedimenti instaurati successivamente a tale data. Ai procedimenti pendenti alla data del 28 febbraio 2023 si applicano le disposizioni anteriormente vigenti.

NOTE OPERATIVE:

Decorrenza: La norma deve essere interpretata nel senso che il c.d. termine lungo per impugnare per nullità il lodo decorre dalla data dell'ultima sottoscrizione – e non dalla comunicazione del lodo alle parti o dal suo deposito -, in tal senso orientando non solo la lettera ma anche la ratio della norma citata, in coerenza con la logica e la struttura dell'intero sistema dell'arbitrato, atteso che il lodo, salvo quanto disposto dall'art. 825 c.p.c. ai fini dell'esecutività, produce gli effetti della sentenza pronunciata dall'Autorità giudiziaria proprio dalla data della sua ultima sottoscrizione (S.U. 8776/21).

829. Casi di nullità. – L'impugnazione per nullità è ammessa, nonostante qualunque preventiva rinuncia, nei casi seguenti:

1) se la convenzione d'arbitrato è invalida, ferma la disposizione dell'articolo 817, terzo comma;

2) se gli arbitri non sono stati nominati con le forme e nei modi prescritti nei capi II e VI del presente titolo, purché la nullità sia stata dedotta nel giudizio arbitrale;

3) se il lodo è stato pronunciato da chi non poteva essere nominato arbitro a norma dell'articolo 812;

4) se il lodo ha pronunciato fuori dei limiti della convenzione d'arbitrato, ferma la disposizione dell'articolo 817, quarto comma, o ha deciso il merito della controversia in ogni altro caso in cui il merito non poteva essere deciso;

5) se il lodo non ha i requisiti indicati nei numeri 5), 6), 7) dell'articolo 823;

6) se il lodo è stato pronunciato dopo la scadenza del termine stabilito, salvo il disposto dell'articolo 821;

7) se nel procedimento non sono state osservate le forme prescritte dalle parti sotto espressa sanzione di nullità e la nullità non è stata sanata;

8) se il lodo è contrario ad altro precedente lodo non più impugnabile o a precedente sentenza passata in giudicato tra le parti purché tale lodo o tale sentenza sia stata prodotta nel procedimento;

9) se non è stato osservato nel procedimento arbitrale il principio del contraddittorio;

10) se il lodo conclude il procedimento senza decidere il merito della controversia e il merito della controversia doveva essere deciso dagli arbitri;

11) se il lodo contiene disposizioni contraddittorie;

12) se il lodo non ha pronunciato su alcuna delle domande ed eccezioni proposte dalle parti in conformità alla convenzione di arbitrato.

La parte che ha dato causa a un motivo di nullità, o vi ha rinunciato, o che non ha eccepito nella prima istanza o difesa successiva la violazione di una regola che disciplina lo svolgimento del procedimento arbitrale, non può per questo motivo impugnare il lodo.

L'impugnazione per violazione delle regole di diritto relative al merito della controversia è ammessa se espressamente disposta dalle parti o dalla legge. È ammessa in ogni caso l'impugnazione delle decisioni per contrarietà all'ordine pubblico.

L'impugnazione per violazione delle regole di diritto relative al merito della controversia è sempre ammessa:

1) nelle controversie previste dall'articolo 409;

2) se la violazione delle regole di diritto concerne la soluzione di questione pregiudiziale su materia che non può essere oggetto di convenzione di arbitrato.

Nelle controversie previste dall'articolo 409, il lodo è soggetto ad impugnazione anche per violazione dei contratti e accordi collettivi.

830. Decisione sull'impugnazione per nullità. – La corte d'appello decide sull'impugnazione per nullità e, se l'accoglie, dichiara con sentenza la nullità del lodo. Se il vizio incide su una parte del lodo che sia scindibile dalle altre, dichiara la nullità parziale del lodo.

Se il lodo è annullato per i motivi di cui all'articolo 829, commi primo, numeri 5), 6), 7), 8), 9), 11) o 12), terzo, quarto o quinto, la corte d'appello decide la controversia nel merito salvo che le parti non abbiano stabilito diversamente nella convenzione di arbitrato o con accordo successivo. Tuttavia, se una delle parti, alla data della sottoscrizione della convenzione di arbitrato, risiede o ha la propria sede effettiva all'estero, la corte d'appello decide la controversia nel merito solo se le parti hanno così stabilito nella convenzione di arbitrato o ne fanno concorde richiesta.

Quando la corte d'appello non decide nel merito, alla controversia si applica la convenzione di arbitrato, salvo che la nullità dipenda dalla sua invalidità o inefficacia.

Su istanza di parte anche successiva alla proposizione dell'impugnazione, la corte d'appello può sospendere con ordinanza l'efficacia del lodo, quando ricorrono gravi motivi.

831. Revocazione ed opposizione di terzo. – Il lodo, nonostante qualsiasi rinuncia, è soggetto a revocazione nei casi indicati nei numeri 1), 2), 3) e 6) dell'articolo 395, osservati i termini e le forme stabiliti nel libro secondo.

Se i casi di cui al primo comma si verificano durante il corso del processo di impugnazione per nullità, il termine per la proposizione della domanda di revocazione è sospeso fino alla comunicazione della sentenza che abbia pronunciato sulla nullità.

Il lodo è soggetto ad opposizione di terzo nei casi indicati nell'articolo 404. Le impugnazioni per revocazione e per opposizione di terzo si propongono davanti alla corte d'appello nel cui distretto è la sede dell'arbitrato, osservati i termini e le forme stabiliti nel libro secondo.

La corte d'appello può riunire le impugnazioni per nullità, per revocazione e per opposizione di terzo nello stesso processo, se lo stato della causa preventivamente proposta consente l'esauriente trattazione e decisione delle altre cause.

Capo VI
Dell'arbitrato secondo regolamenti precostituiti (1)

(1) *Questo capo è stato così sostituito dall'art. 25 del D.L.vo 2 febbraio 2006, n. 40.*

A norma dell'art. 27, comma 4, del citato decreto legislativo le disposizioni di questo capo si applicano ai procedimenti arbitrali, nei quali la domanda di arbitrato è stata proposta successivamente alla data di entrata in vigore del medesimo decreto.

Si riporta il testo del precedente titolo del capo VI: «DELL'ARBITRATO INTERNAZIONALE» e dell'art. 832 precedente:

«832. (Arbitrato internazionale). *Qualora alla data della sottoscrizione della clausola compromissoria o del compromesso almeno una delle parti risieda o abbia la propria sede effettiva all'estero oppure qualora debba essere eseguita all'estero una parte rilevante delle prestazioni nascenti dal rapporto al quale la controversia si riferisce, le disposizioni dei capi da I a V del presente titolo si applicano all'arbitrato in quanto non derogate dal presente capo.*

«Sono in ogni caso salve le norme stabilite in convenzioni internazionali.».

832. Rinvio a regolamenti arbitrali. – La convenzione d'arbitrato può fare rinvio a un regolamento arbitrale precostituito.

Nel caso di contrasto tra quanto previsto nella convenzione di arbitrato e quanto previsto dal regolamento, prevale la convenzione di arbitrato.

Se le parti non hanno diversamente convenuto, si applica il regolamento in vigore al momento in cui il procedimento arbitrale ha inizio.

Le istituzioni di carattere associativo e quelle costituite per la rappresentanza degli interessi di categorie professionali non possono nominare arbitri nelle controversie che contrappongono i propri associati o appartenenti alla categoria professionale a terzi.

Il regolamento può prevedere ulteriori casi di sostituzione e ricusazione degli arbitri in aggiunta a quelli previsti dalla legge.

Se l'istituzione arbitrale rifiuta di amministrare l'arbitrato, la convenzione d'arbitrato mantiene efficacia e si applicano i precedenti capi di questo titolo.

833. (1) [**Forma della clausola compromissoria.** – La clausola compromissoria contenuta in condizioni generali di contratto oppure in moduli o formulari non è soggetta alla approvazione specifica prevista dagli artt. 1341 e 1342 del codice civile.

È valida la clausola compromissoria contenuta in condizioni generali che siano recepite in un accordo scritto delle parti, purché le parti abbiano avuto conoscenza della clausola o avrebbero dovuto conoscerla usando l'ordinaria diligenza].

(1) *Questo articolo, aggiunto dall'art. 24 della L. 5 gennaio 1994, n. 25, a decorrere dal 18 aprile 1994, è stato abrogato dall'art. 28 del D.L.vo 2 febbraio 2006, n. 40.*

834. (1) [**Norme applicabili al merito.** – Le parti hanno facoltà di stabilire d'accordo tra loro le norme che gli arbitri debbono applicare al merito della controversia oppure di disporre che gli arbitri pronuncino secondo equità. Se le parti non provvedono, si applica la legge con la quale il rapporto è più strettamente collegato.

In entrambi i casi gli arbitri tengono conto delle indicazioni del contratto e degli usi del commercio].

(1) *Questo articolo, aggiunto dall'art. 24 della L. 5 gennaio 1994, n. 25, a decorrere dal 18 aprile 1994, è stato abrogato dall'art. 28 del D.L.vo 2 febbraio 2006, n. 40.*

835. (1) [**Lingua dell'arbitrato.** – Se le parti non hanno diversamente convenuto, la lingua del procedimento è determinata dagli arbitri, tenuto conto delle circostanze].

(1) *Questo articolo, aggiunto dall'art. 24 della L. 5 gennaio 1994, n. 25, a decorrere dal 18 aprile 1994, è stato abrogato dall'art. 28 del D.L.vo 2 febbraio 2006, n. 40.*

836. (1) [**Ricusazione degli arbitri.** – La ricusazione degli arbitri è regolata dall'art. 815, se le parti non hanno diversamente convenuto].

(1) *Questo articolo, aggiunto dall'art. 24 della L. 5 gennaio 1994, n. 25, a decorrere dal 18 aprile 1994, è stato abrogato dall'art. 28 del D.L.vo 2 febbraio 2006, n. 40.*

837. (1) [**Deliberazione del lodo.** – Il lodo è deliberato a maggioranza di voti dagli arbitri riuniti in conferenza personale, anche videotelefonica, salvo che le parti abbiano deliberato diversamente, ed è quindi redatto per iscritto].

(1) *Questo articolo, aggiunto dall'art. 24 della L. 5 gennaio 1994, n. 25, a decorrere dal 18 aprile 1994, è stato abrogato dall'art. 28 del D.L.vo 2 febbraio 2006, n. 40.*

838. (1) [**Impugnazione.** – All'arbitrato internazionale non si applicano le disposizioni dell'art. 829, secondo comma, dell'art. 830, secondo comma, e dell'art. 831 se le parti non hanno diversamente convenuto].

(1) *Questo articolo, aggiunto dall'art. 24 della L. 5 gennaio 1994, n. 25, a decorrere dal 18 aprile 1994, è stato abrogato dall'art. 28 del D.L.vo 2 febbraio 2006, n. 40.*

Capo VI *bis*
Dell'arbitrato societario (1)

(1) *Questo Capo (con gli artt. 838* bis, *838* ter, *838* quater, *838* quinquies) *è stato inserito dall'art. 3, comma 55, del D.L.vo 10 ottobre 2022, n. 149, a decorrere dal 28 febbraio 2023.*

A norma dell'art. 35, comma 1, del medesimo decreto, le disposizioni si applicano ai procedimenti instaurati successivamente a tale data. Ai procedimenti pendenti alla data del 28 febbraio 2023 si applicano le disposizioni anteriormente vigenti.

838 *bis*. Oggetto ed effetti di clausole compromissorie statutarie. – Gli atti costitutivi delle società, ad eccezione di quelle che fanno ricorso al mercato del capitale di rischio a norma dell'articolo 2325 *bis* del codice civile, possono, mediante clausole compromissorie, prevedere la devoluzione ad arbitri di alcune ovvero di tutte le controversie insorgenti tra i soci ovvero tra i soci e la società che abbiano ad oggetto diritti disponibili relativi al rapporto sociale.

La clausola deve prevedere il numero e le modalità di nomina degli arbitri, conferendo in ogni caso, a pena di nullità, il potere di nomina di tutti gli arbitri a soggetto estraneo alla società. Se il soggetto designato non provvede, la nomina è richiesta al presidente del tribunale del luogo in cui la società ha la sede legale.

La clausola è vincolante per la società e per tutti i soci, inclusi coloro la cui qualità di socio è oggetto della controversia.

Gli atti costitutivi possono prevedere che la clausola abbia ad oggetto controversie promosse da amministratori, liquidatori e sindaci ovvero nei loro confronti e, in tal caso, essa, a seguito dell'accettazione dell'incarico, è vincolante per costoro.

Non possono essere oggetto di clausola compromissoria le controversie nelle quali la legge prevede l'intervento obbligatorio del pubblico ministero.

Le modifiche dell'atto costitutivo, introduttive o soppressive di clausole compromissorie, devono essere approvate dai soci che rappresentino almeno i due terzi del capitale sociale. I soci assenti o dissenzienti possono, entro i successivi novanta giorni, esercitare il diritto di recesso.

838 *ter*. Disciplina inderogabile del procedimento arbitrale. – La domanda di arbitrato proposta dalla società o in suo confronto è depositata presso il registro delle imprese ed è accessibile ai soci.

Nel procedimento arbitrale promosso a seguito della clausola compromissoria di cui all'articolo 838 *bis*, l'intervento di terzi a norma dell'articolo 105 nonché l'intervento di altri soci a norma degli articoli 106 e 107 è ammesso fino alla prima udienza di trattazione. Si applica l'articolo 820, quarto comma.

Le statuizioni del lodo sono vincolanti per la società.

Salvo quanto previsto dall'articolo 818, in caso di devoluzione in arbitrato di controversie aventi ad oggetto la validità di delibere assembleari, agli arbitri compete il potere di disporre, con ordinanza reclamabile ai sensi dell'articolo 818 *bis*, la sospensione dell'efficacia della delibera.

I dispositivi dell'ordinanza di sospensione e del lodo che decide sull'impugnazione devono essere iscritti, a cura degli amministratori, nel registro delle imprese.

838 *quater*. Decisione secondo diritto. – Anche se la clausola compromissoria autorizza gli arbitri a decidere secondo equità ovvero con lodo non impugnabile, gli arbitri debbono decidere secondo diritto, con lodo impugnabile anche a norma dell'articolo 829, terzo comma, quando per decidere abbiano conosciuto di questioni non compromettibili ovvero quando l'oggetto del giudizio sia costituito dalla validità di delibere assembleari.

838 *quinquies*. Risoluzione di contrasti sulla gestione di società. – Gli atti costitutivi delle società a responsabilità limitata e delle società di persone possono anche contenere clausole con le quali si deferiscono ad uno o più terzi i contrasti tra coloro che hanno il potere di amministrazione in ordine alle decisioni da adottare nella gestione della società.

Gli atti costitutivi possono prevedere che la decisione sia reclamabile davanti ad un collegio, nei termini e con le modalità dagli stessi stabilite.

Gli atti costitutivi possono altresì prevedere che il soggetto o il collegio chiamato a dirimere i contrasti di cui ai commi 1 e 2 possa dare indicazioni vincolanti anche sulle questioni collegate con quelle espressamente deferitegli.

La decisione resa ai sensi del presente articolo è impugnabile a norma dell'articolo 1349, secondo comma, del codice civile.

Capo VII
Dei lodi stranieri ([1])

([1]) Capo aggiunto dall'art. 24 della L. 5 gennaio 1994, n. 25, a decorrere dal 18 aprile 1994.

A norma dell'art. 27 della L. n. 25/1994, il disposto degli artt. 839 e 840 c.p.c., si applica anche ai lodi pronunciati anteriormente alla data di entrata in vigore della citata legge, purché non ne siano stati ancora richiesti il riconoscimento o l'esecuzione a norma della legislazione previgente.

839. ([1]) **Riconoscimento ed esecuzione dei lodi stranieri.** – Chi vuol far valere nella Repubblica un lodo straniero deve proporre ricorso al presidente della corte d'appello nella cui circoscrizione risiede l'altra parte; se tale parte non risiede in Italia è competente la corte d'appello di Roma.

Il ricorrente deve produrre il lodo in originale o in copia conforme insieme con l'atto di compromesso, o documento equipollente, in originale o in copia conforme.

Qualora i documenti di cui al secondo comma non siano redatti in lingua italiana la parte istante deve altresì produrne una traduzione certificata conforme.

Il presidente della corte d'appello, accertata la regolarità formale del lodo dichiara con decreto l'efficacia immediatamente esecutiva ([2]) del lodo straniero nella Repubblica, salvoché:

1) la controversia non potesse formare oggetto di compromesso secondo la legge italiana;

2) il lodo contenga disposizioni contrarie all'ordine pubblico.

([1]) Articolo aggiunto dall'art. 24 della L. 5 gennaio 1994, n. 25, a decorrere dal 18 aprile 1994.

([2]) Le parole: «immediatamente esecutiva» sono state inserite dall'art. 3, comma 56, lett. a), del D.L.vo 10 ottobre 2022, n. 149, a decorrere dal 28 febbraio 2023.

A norma dell'art. 35, comma 1, del medesimo decreto, le disposizioni si applicano ai procedimenti instaurati successivamente a tale data. Ai procedimenti pendenti alla data del 28 febbraio 2023 si applicano le disposizioni anteriormente vigenti.

840. ([1]) **Opposizione.** – Contro il decreto che accorda o nega l'efficacia del lodo straniero è ammessa opposizione da proporsi con citazione dinanzi alla corte d'appello entro trenta giorni dalla comunicazione, nel caso di decreto che nega l'efficacia, ovvero dalla notificazione nel caso di decreto che l'accorda.

In seguito all'opposizione il giudizio si svolge a norma degli artt. 645 e seguenti in quanto applicabili. Il consigliere istruttore, su istanza dell'opponente, quando ricorrono gravi motivi, può con ordinanza non impugnabile sospendere l'efficacia esecutiva o l'esecuzione del lodo ([2]). La corte d'appello pronuncia con sentenza impugnabile per cassazione.

Il riconoscimento o l'esecuzione del lodo straniero sono rifiutati dalla corte d'appello se nel giudizio di opposizione la parte contro la quale il lodo è invocato prova l'esistenza di una delle seguenti circostanze:

1) le parti della convenzione arbitrale erano incapaci in base alla legge ad esse applicabile oppure la convenzione arbitrale non era valida secondo la legge alla quale le parti l'hanno sottoposta o, in mancanza di indicazione a tale proposito, secondo la legge dello Stato in cui il lodo è stato pronunciato;

2) la parte nei cui confronti il lodo è invocato non è stata informata della designazione dell'arbitro o del procedimento arbitrale o comunque è stata nell'impossibilità di far valere la propria difesa nel procedimento stesso;

3) il lodo ha pronunciato su una controversia non contemplata nel compromesso o nella clausola compromissoria, oppure fuori dei limiti del compromesso o della clausola compromissoria; tuttavia, se le statuizioni del lodo che concernono questioni sottoposte ad arbitrato possono essere separate da quelle che riguardano questioni non sottoposte ad arbitrato, le prime possono essere riconosciute e dichiarate esecutive;

4) la costituzione del collegio arbitrale o il procedimento arbitrale non sono stati conformi all'accordo delle parti o, in mancanza di tale accordo, alla legge del luogo di svolgimento dell'arbitrato;

5) il lodo non è ancora divenuto vincolante per le parti o è stato annullato o sospeso da un'autorità competente dello Stato nel quale, o secondo la legge del quale, è stato reso.

Allorché l'annullamento o la sospensione dell'efficacia del lodo straniero siano stati richiesti all'autorità competente indicata nel numero 5) del terzo comma, la corte d'appello può sospendere il procedimento per il riconoscimento o l'esecuzione del lodo; su istanza della parte interessata (3) può, in caso di sospensione, ordinare che l'altra parte presti idonea garanzia.

Il riconoscimento o l'esecuzione del lodo straniero sono altresì rifiutati allorché la corte d'appello accerta che:

1) la controversia non potesse formare oggetto di compromesso secondo la legge italiana;

2) il lodo contenga disposizioni contrarie all'ordine pubblico.

Sono in ogni caso salve le norme stabilite in convenzioni internazionali.

(1) *Articolo aggiunto dall'art. 24 della L. 5 gennaio 1994, n. 25, a decorrere dal 18 aprile 1994.*

(2) *Questo periodo è stato inserito dall'art. 3, comma 56, lett.* b), *n.* 1), *del D.L.vo 10 ottobre 2022, n. 149, a decorrere dal 28 febbraio 2023.*

A norma dell'art. 35, comma 1, del medesimo decreto, le disposizioni si applicano ai procedimenti instaurati successivamente a tale data. Ai procedimenti pendenti alla data del 28 febbraio 2023 si applicano le disposizioni anteriormente vigenti.

(3) *Le parole: «che ha richiesto l'esecuzione» sono state così sostituite dalla attuale: «interessata» dall'art. 3, comma 56, lett.* b), *n.* 2), *del D.L.vo 10 ottobre 2022, n. 149, a decorrere dal 28 febbraio 2023.*

A norma dell'art. 35, comma 9, del medesimo decreto, le disposizioni si applicano ai procedimenti arbitrali instaurati dopo il 30 giugno 2023.

Titolo VIII *bis*
Dei procedimenti collettivi (1)

(1) *Questo titolo, con gli articoli da 840* bis *a 840* sexiesdecies, *è stato aggiunto dall'art. 1, comma 1, della L. 12 aprile 2019, n. 31. A norma dell'art. 7, comma 1, della medesima legge, così come da ultimo modificato dall'art. 31 ter del D.L. 28 ottobre 2020, n. 137, convertito, con modificazioni, nella L. 18 dicembre 2020, n. 176, tali disposizioni entrano in vigore decorsi venticinque mesi dalla pubblicazione sulla* Gazzetta Ufficiale (G.U. *Serie gen. - n. 92 del 18 aprile 2019). A norma dell'art. 7, comma 2, della medesima legge, tali disposizioni si applicano alle condotte illecite poste in essere successivamente alla data della sua entrata in vigore. Alle condotte illecite poste in essere precedentemente continuano ad applicarsi le disposizioni vigenti prima della medesima data di entrata in vigore.*

840 *bis*. Ambito di applicazione. – I diritti individuali omogenei sono tutelabili anche attraverso l'azione di classe, secondo le disposizioni del presente titolo.

A tale fine, un'organizzazione o un'associazione senza scopo di lucro i cui obiettivi statutari comprendano la tutela dei predetti diritti o ciascun componente della classe può agire nei confronti dell'autore della condotta lesiva per l'accertamento della responsabilità e per la condanna al risarcimento del danno e alle restituzioni. Ai fini di cui al periodo precedente, ferma la legittimazione di ciascun componente della classe, possono proporre l'azione di cui al presente articolo esclusivamente le organizzazioni e le associazioni iscritte in un elenco pubblico istituito presso il Ministero della giustizia.

L'azione di classe può essere esperita nei confronti di imprese ovvero nei confronti di enti gestori di servizi pubblici o di pubblica utilità, relativamente ad atti e comportamenti posti in essere nello svolgimento delle loro rispettive attività. Sono fatte salve le disposizioni in materia di ricorso per l'efficienza delle amministrazioni e dei concessionari di servizi pubblici.

In ogni caso, resta fermo il diritto all'azione individuale, salvo quanto previsto all'articolo 840 *undecies*, nono comma.

Non è ammesso l'intervento dei terzi ai sensi dell'articolo 105.

Nel caso in cui, a seguito di accordi transattivi o conciliativi intercorsi tra le parti, vengano a mancare in tutto le parti ricorrenti, il tribunale assegna agli aderenti un termine, non inferiore a sessanta giorni e non superiore a novanta giorni, per la prosecuzione della causa, che deve avvenire con la costituzione in giudizio di almeno uno degli aderenti mediante il ministero di un difensore. Nel caso in cui, decorso inutilmente il termine di cui al primo periodo, non avvenga la prosecuzione del procedimento, il tribunale ne dichiara l'estinzione. A seguito dell'estinzione, resta comunque salvo il diritto all'azione individuale dei soggetti aderenti oppure all'avvio di una nuova azione di classe.

840 *ter*. Forma e ammissibilità della domanda. – La domanda per l'azione di classe si propone con ricorso esclusivamente davanti alla sezione specializzata in materia di impresa competente per il luogo ove ha sede la parte resistente.

Il ricorso, unitamente al decreto di fissazione dell'udienza, è pubblicato, a cura della cancelleria ed entro dieci giorni dal deposito del decreto, nell'area pubblica del portale dei servizi telematici gestito dal Ministero della giustizia, in modo da assicurare l'agevole reperibilità delle informazioni in esso contenute.

Il procedimento è regolato dal rito sommario di cognizione di cui agli articoli 702 *bis* e seguenti ed è definito con sentenza, resa nel termine di trenta giorni successivi alla discussione orale della causa. Non può essere disposto il mutamento del rito. Entro il termine di trenta giorni dalla prima udienza il tribunale decide con ordinanza sull'ammissibilità della domanda, ma può sospendere il giudizio quando sui fatti rilevanti ai fini del decidere è in corso un'istruttoria davanti a un'autorità indipendente ovvero un giudizio davanti al giudice amministrativo. Restano ferme le disposizioni del decreto legislativo 19 gennaio 2017, n. 3.

La domanda è dichiarata inammissibile:

a) quando è manifestamente infondata;

b) quando il tribunale non ravvisa omogeneità dei diritti individuali tutelabili ai sensi dell'articolo 840 *bis*;

c) quando il ricorrente versa in stato di conflitto di interessi nei confronti del resistente;

d) quando il ricorrente non appare in grado di curare adeguatamente i diritti individuali omogenei fatti valere in giudizio.

L'ordinanza che decide sull'ammissibilità è pubblicata, a cura della cancelleria, nell'area pubblica del portale dei servizi telematici di cui al secondo comma, entro quindici giorni dalla pronuncia.

Quando l'inammissibilità è dichiarata a norma del quarto comma, lettera *a*), il ricorrente può riproporre l'azione di classe quando si siano verificati mutamenti delle circostanze o vengano dedotte nuove ragioni di fatto o di diritto.

L'ordinanza che decide sull'ammissibilità dell'azione di classe è reclamabile dalle parti davanti alla corte di appello nel termine di trenta giorni dalla sua comunicazione o dalla sua notificazione, se anteriore. Sul reclamo la corte di appello decide, in camera di consiglio, con ordinanza entro trenta giorni dal deposito del ricorso introduttivo del reclamo. In caso di accertamento dell'ammissibilità della domanda, la corte di appello trasmette gli atti al tribunale adito per la prosecuzione della causa. Il reclamo avverso le ordinanze ammissive non sospende il procedimento davanti al tribunale.

Con l'ordinanza di inammissibilità e con quella che, in sede di reclamo, conferma l'ordinanza di inammissibilità, il giudice regola le spese.

840 *quater*. Pluralità delle azioni di classe. – Decorsi sessanta giorni dalla data di pubblicazione del ricorso nell'area pubblica del portale dei servizi telematici di cui all'articolo 840 *ter*, secondo comma, non possono essere proposte ulteriori azioni di classe sulla base dei medesimi fatti e nei confronti del medesimo resistente e quelle proposte sono cancellate dal ruolo. Le azioni di classe proposte tra la data di deposito del ricorso e il termine di cui al primo periodo sono riunite all'azione principale.

Il divieto di cui al primo comma, primo periodo, non opera quando l'azione di classe introdotta con il ricorso di cui al predetto comma è dichiarata inammissibile con ordinanza definitiva né quando la medesima causa è cancellata dal ruolo ovvero è definita con provvedimento che non decide nel merito. Ai fini di cui al presente comma, i provvedimenti di cui al primo periodo sono pubblicati immediatamente nell'area pubblica del portale dei servizi telematici a cura della cancelleria.

Quando una nuova azione di classe è proposta fuori dei casi di cui al secondo comma, la causa è cancellata dal ruolo e non è ammessa la riassunzione.

È fatta salva la proponibilità delle azioni di classe a tutela dei diritti che non potevano essere fatti valere entro la scadenza di cui al primo comma.

840 *quinquies*. Procedimento. – Con l'ordinanza con cui ammette l'azione di classe, il tribunale fissa un termine perentorio non inferiore a sessanta giorni e non superiore a centocinquanta giorni dalla data di pubblicazione dell'ordinanza nel portale dei servizi telematici di cui all'articolo 840 *ter*, secondo comma, per l'adesione all'azione medesima da parte dei soggetti portatori di diritti individuali omogenei e provvede secondo quanto previsto dall'articolo 840 *sexies*, primo comma, lettera c). Si applica in quanto compatibile l'articolo 840 *septies*. L'aderente non assume la qualità di parte e ha diritto ad accedere al fascicolo informatico e a ricevere tutte le comunicazioni a cura della cancelleria. I diritti di coloro che aderiscono a norma del presente comma sono accertati secondo le disposizioni di cui all'articolo 840 *octies*, successivamente alla pronuncia della sentenza che accoglie l'azione di classe.

Il tribunale, omessa ogni formalità non essenziale al contraddittorio, procede nel modo che ritiene più opportuno agli atti di istruzione rilevanti in relazione all'oggetto del giudizio.

Quando è nominato un consulente tecnico d'ufficio, l'obbligo di anticipare le spese e l'acconto sul compenso a quest'ultimo spettanti sono posti, salvo che sussistano specifici motivi, a carico del resistente; l'inottemperanza all'obbligo di anticipare l'acconto sul compenso a norma del presente comma non costituisce motivo di rinuncia all'incarico.

Ai fini dell'accertamento della responsabilità del resistente il tribunale può avvalersi di dati statistici e di presunzioni semplici.

Su istanza motivata del ricorrente, contenente l'indicazione di fatti e prove ragionevolmente disponibili dalla controparte, sufficienti a sostenere la plausibilità della domanda, il giudice può ordinare al resistente l'esibizione delle prove rilevanti che rientrano nella sua disponibilità.

Il giudice dispone a norma del quinto comma individuando specificamente e in modo circoscritto gli elementi di prova o le rilevanti categorie di prove oggetto della richiesta o dell'ordine di esibizione. La categoria di prove è individuata mediante il riferimento a caratteristiche comuni dei suoi elementi costitutivi come la natura, il periodo durante il quale sono stati formati, l'oggetto o il contenuto degli elementi di prova di cui è richiesta l'esibizione e che rientrano nella stessa categoria.

Il giudice ordina l'esibizione, nei limiti di quanto è proporzionato alla decisione e, in particolare:

a) esamina in quale misura la domanda è sostenuta da fatti e prove disponibili che giustificano l'ordine di esibizione;

b) esamina la portata e i costi dell'esibizione;

c) valuta se le prove di cui è richiesta l'esibizione contengono informazioni riservate, specialmente se riguardanti terzi.

Quando la richiesta o l'ordine di esibizione hanno per oggetto informazioni riservate, il giudice dispone specifiche misure di tutela tra le quali l'obbligo del segreto, la possibilità di non rendere visibili le parti riservate di un documento, la conduzione di audizioni a porte chiuse, la limitazione del numero di persone autorizzate a prendere visione delle prove, il conferimento ad esperti dell'incarico di redigere sintesi delle informazioni in forma aggregata o in altra forma non riservata. Si considerano informazioni riservate i documenti che contengono informazioni riservate di carattere personale, commerciale, industriale e finanziario relative a persone ed imprese, nonché i segreti commerciali.

La parte nei cui confronti è rivolta l'istanza di esibizione ha diritto di essere sentita prima che il giudice provveda.

Resta ferma la riservatezza delle comunicazioni tra gli avvocati incaricati di assistere la parte e il cliente stesso.

Alla parte che rifiuta senza giustificato motivo di rispettare l'ordine di esibizione del giudice o non adempie allo stesso il giudice applica una sanzione amministrativa pecuniaria da euro 10.000 a euro 100.000 che è devoluta a favore della Cassa delle ammende.

Salvo che il fatto costituisca reato, alla parte o al terzo che distrugge prove rilevanti ai fini del giudizio il giudice applica una sanzione amministrativa pecuniaria da euro 10.000 a euro 100.000 che è devoluta a favore della Cassa delle ammende.

Ferma restando l'applicazione delle sanzioni amministrative pecuniarie di cui ai commi undicesimo e dodicesimo, se la parte rifiuta senza giustificato motivo di rispettare l'ordine di esibizione del giudice o non adempie allo stesso, ovvero distrugge prove rilevanti ai fini del giudizio di risarcimento, il giudice, valutato ogni elemento di prova, può ritenere provato il fatto al quale la prova si riferisce.

Il tribunale accoglie o rigetta nel merito la domanda con sentenza che deve essere pubblicata nell'area pubblica del portale dei servizi telematici di cui all'articolo 840 *ter*, secondo comma, entro quindici giorni dal deposito.

840 *sexies*. Sentenza di accoglimento. – Con la sentenza che accoglie l'azione di classe, il tribunale:

a) provvede in ordine alle domande risarcitorie o restitutorie proposte dal ricorrente, quando l'azione è stata proposta da un soggetto diverso da un'organizzazione o da un'associazione inserita nell'elenco di cui all'articolo 840 *bis*, secondo comma;

b) accerta che il resistente, con la condotta addebitatagli dal ricorrente, ha leso diritti individuali omogenei;

c) definisce i caratteri dei diritti individuali omogenei di cui alla lettera *b*), specificando gli elementi necessari per l'inclusione nella classe dei soggetti di cui alla lettera *e*);

d) stabilisce la documentazione che deve essere eventualmente prodotta per fornire prova della titolarità dei diritti individuali omogenei di cui alla lettera *b*);

e) dichiara aperta la procedura di adesione e fissa il termine perentorio, non inferiore a sessanta giorni e non superiore a centocinquanta giorni, per l'adesione all'azione di classe da parte dei soggetti portatori di diritti individuali omogenei di cui alla lettera *b*) nonché per l'eventuale integrazione degli atti e per il compimento delle attività da parte di coloro che hanno aderito a norma dell'articolo 840 *quinquies*, primo comma; il termine decorre dalla data di pubblicazione della sentenza nell'area pubblica del portale dei servizi telematici di cui all'articolo 840 *ter*, secondo comma;

f) nomina il giudice delegato per la procedura di adesione;

g) nomina il rappresentante comune degli aderenti tra i soggetti aventi i requisiti per la nomina a curatore fallimentare;

h) determina, ove necessario, l'importo da versare a cura di ciascun aderente, ivi compresi coloro che hanno aderito a norma dell'articolo 840 *quinquies*, primo comma, a titolo di fondo spese e stabilisce le modalità di versamento.

Il rappresentante comune degli aderenti è pubblico ufficiale. Il giudice delegato può, dopo averlo sentito, revocare il rappresentante comune in ogni tempo con decreto.

Il giudice delegato può in ogni tempo disporre l'integrazione delle somme da versare a cura di ciascun aderente a titolo di fondo spese. Il mancato versamento delle somme rende inefficace l'adesione; l'inefficacia opera di diritto ed è rilevabile d'ufficio.

840 *septies*. Modalità di adesione all'azione di classe. – L'adesione all'azione di classe si propone mediante inserimento della relativa domanda nel fascicolo informatico, avvalendosi di un'area del portale dei servizi telematici di cui all'articolo 840 *ter*, secondo comma.

La domanda di cui al primo comma, a pena di inammissibilità, deve contenere:

a) l'indicazione del tribunale e i dati relativi all'azione di classe a cui il soggetto chiede di aderire;

b) i dati identificativi dell'aderente;

c) l'indirizzo di posta elettronica certificata ovvero il servizio elettronico di recapito certificato qualificato dell'aderente o del suo difensore;

d) la determinazione dell'oggetto della domanda;

e) l'esposizione dei fatti costituenti le ragioni della domanda di adesione;

f) l'indice dei documenti probatori eventualmente prodotti;

g) la seguente attestazione: «Consapevole della responsabilità penale prevista dalle disposizioni in materia di dichiarazioni sostitutive, attesto che i dati e i fatti esposti nella domanda e nei documenti prodotti sono veritieri»;

h) il conferimento al rappresentante comune degli aderenti, già nominato o che sarà nominato dal giudice, del potere di rappresentare l'aderente e di compiere nel suo interesse tutti gli atti, di natura sia sostanziale sia processuale, relativi al diritto individuale omogeneo esposto nella domanda di adesione;

i) i dati necessari per l'accredito delle somme che verranno eventualmente riconosciute in favore dell'aderente;

l) la dichiarazione di aver provveduto al versamento del fondo spese di cui all'articolo 840 *sexies*, primo comma, lettera *h*).

L'aderente può produrre, con le modalità di cui al secondo comma, dichiarazioni di terzi, capaci di testimoniare, rilasciate ad un avvocato che attesta l'identità del dichiarante secondo le disposizioni dell'articolo 252; l'avvocato che procede a norma del presente comma è considerato pubblico ufficiale ad ogni effetto. Le dichiarazioni di cui al presente comma sono valutate dal giudice secondo il suo prudente apprezzamento.

La domanda è presentata su un modulo conforme al modello approvato con decreto del Ministro della giustizia, che stabilisce anche le istruzioni per la sua compilazione, ed è presentata a norma dell'articolo 65, comma 1, lettere *b*) e *c bis*), (1) del codice dell'amministrazione digitale, di cui al decreto legislativo 7 marzo 2005, n. 82.

I documenti probatori sono prodotti mediante inserimento nel fascicolo informatico.

La domanda di adesione produce gli effetti della domanda giudiziale e può essere presentata anche senza il ministero di un difensore.

L'adesione diventa inefficace in caso di revoca del potere di rappresentanza conferito al rappresentante comune a norma del secondo comma, lettera *h*). L'inefficacia opera di diritto ed è rilevabile d'ufficio. La revoca è opponibile all'impresa o all'ente gestore di servizi pubblici o di pubblica utilità da quando è inserita nel fascicolo informatico.

Quando l'azione di classe è stata proposta a norma dell'articolo 840 *quater*, l'aderente deve dimostrare di non aver potuto far valere i propri diritti entro i termini ivi previsti.

(1) *Le parole: «, comma 1, lettere* b) e c bis)*,» sono state inserite dall'art. 8, comma 5, del D.L. 30 dicembre 2019, n. 162, convertito, con modificazioni, nella L. 28 febbraio 2020, n. 8.*

840 *octies*. Progetto dei diritti individuali omogenei degli aderenti. – Entro il termine perentorio di centoventi giorni dalla scadenza del termine di cui all'articolo 840 *sexies*, primo comma, lettera *e*), il resistente deposita una memoria contenente le sue difese, prendendo posizione sui fatti posti dagli aderenti a fondamento della domanda ed eccependo i fatti estintivi, modificativi o impeditivi dei diritti fatti valere dagli aderenti. I fatti dedotti dagli aderenti e non specificatamente contestati dal resistente nel termine di cui al presente comma si considerano ammessi.

Il rappresentante comune degli aderenti, entro novanta giorni dalla scadenza del termine di cui al primo comma, predispone il progetto dei diritti individuali omogenei degli aderenti, rassegnando per ciascuno le sue motivate conclusioni, e lo deposita; il progetto è comunicato agli aderenti e al resistente. Il rappresentante comune può chiedere al tribunale di nominare uno o più esperti di particolare competenza tecnica che lo assistano per la valutazione dei fatti posti dagli aderenti a fondamento delle domande.

Il resistente e gli aderenti, entro trenta giorni dalla comunicazione di cui al secondo comma, possono depositare osservazioni scritte e documenti integrativi. Nella procedura di adesione non sono ammessi mezzi di prova diversi dalla prova documentale.

Il rappresentante comune, entro sessanta giorni dalla scadenza del termine di cui al terzo comma, apporta le eventuali variazioni al progetto dei diritti individuali omogenei e lo deposita nel fascicolo informatico.

Il giudice delegato, con decreto motivato, quando accoglie in tutto o in parte la domanda di adesione, condanna il resistente al pagamento delle somme o delle cose dovute a ciascun aderente a titolo di risarcimento o di restituzione. Il provvedimento costituisce titolo esecutivo ed è comunicato al resistente, agli aderenti, al rappresentante comune e ai difensori di cui all'articolo 840 *novies*, sesto e settimo comma.

A favore del difensore di cui l'aderente si sia avvalso è dovuto un compenso determinato con decreto del Ministro della giustizia, adottato a norma dell'articolo 13, comma 6, della legge 31 dicembre 2012, n. 247.

840 *novies*. Spese del procedimento. – Con il decreto di cui all'articolo 840 *octies*, quinto comma, il giudice delegato condanna altresì il resistente a corrispondere direttamente al rappresentante comune degli aderenti, a titolo di compenso, un importo stabilito in considerazione del numero dei componenti la classe in misura progressiva:

a) da 1 a 500, in misura non superiore al 9 per cento;

b) da 501 a 1.000, in misura non superiore al 6 per cento;

c) da 1.001 a 10.000, in misura non superiore al 3 per cento;

d) da 10.001 a 100.000, in misura non superiore al 2,5 per cento;

e) da 100.001 a 500.000, in misura non superiore all'1,5 per cento;

f) da 500.001 a 1.000.000, in misura non superiore all'1 per cento;

g) oltre 1.000.000, in misura non superiore allo 0,5 per cento.

Le percentuali di cui al primo comma sono calcolate sull'importo complessivo dovuto a tutti gli aderenti. Le percentuali di cui al primo comma possono essere modificate con decreto del Ministro della giustizia.

È altresì dovuto il rimborso delle spese sostenute e documentate.

L'autorità giudiziaria può aumentare o ridurre l'ammontare del compenso liquidato a norma del primo comma in misura non superiore al 50 per cento, sulla base dei seguenti criteri:

a) complessità dell'incarico;

b) ricorso all'opera di coadiutori;

c) qualità dell'opera prestata;

d) sollecitudine con cui sono state condotte le attività;

e) numero degli aderenti.

Per quanto non previsto dal primo e dal secondo comma, si applicano le disposizioni in materia di spese di giustizia.

Con il medesimo decreto di cui al primo comma, il giudice delegato condanna altresì il resistente a corrispondere direttamente all'avvocato che ha difeso il ricorrente fino alla pronuncia della sentenza di cui all'articolo 840 *sexies* un importo ulteriore rispetto alle somme dovute a ciascun aderente a titolo di risarcimento e di restituzione. Il predetto importo, riconosciuto a titolo di compenso premiale, è liquidato a norma del primo comma. Tale compenso premiale può essere ridotto in misura non superiore al 50 per cento, sulla base dei criteri stabiliti al quarto comma.

Le disposizioni del sesto comma si applicano anche ai difensori che hanno difeso i ricorrenti delle cause riunite risultati vittoriosi.

840 *decies*. Impugnazione della sentenza. – Gli atti di impugnazione della sentenza di cui all'articolo 840 *sexies* e i provvedimenti che definiscono i giudizi di impugnazione sono pubblicati nell'area pubblica del portale dei servizi telematici di cui all'articolo 840 *ter*, secondo comma.

Ai fini dell'impugnazione della sentenza non si applica l'articolo 325. La sentenza può essere impugnata dagli aderenti per revocazione, quando ricorrono i presupposti previsti dall'articolo 395 o quando la sentenza medesima è l'effetto della collusione tra le parti. In quest'ultimo caso il termine per proporre revocazione decorre dalla scoperta della collusione.

840 *undecies*. Impugnazione del decreto. – Contro il decreto di cui all'articolo 840 *octies*, quinto comma, può essere proposta opposizione con ricorso depositato presso la cancelleria del tribunale.

Il ricorso può essere proposto dal resistente, dal rappresentante comune degli aderenti e dagli avvocati di cui all'articolo 840 *novies*, sesto e settimo comma, nel termine perentorio di trenta giorni dalla comunicazione del provvedimento. Gli avvocati di cui al periodo precedente possono proporre motivi di opposizione relativi esclusivamente ai compensi e alle spese liquidati con il decreto impugnato.

Il ricorso non sospende l'esecuzione del decreto, fatta salva la facoltà del tribunale di disporre diversamente su istanza di parte in presenza di gravi e fondati motivi. Esso deve contenere:

a) l'indicazione del tribunale competente;

b) le generalità del ricorrente e l'elezione del domicilio nel comune in cui ha sede il giudice adito;

c) l'esposizione dei fatti e degli elementi di diritto su cui si basa l'opposizione, con le relative conclusioni.

Il presidente del tribunale, nei cinque giorni successivi al deposito del ricorso, designa il relatore e fissa con decreto l'udienza di comparizione entro quaranta giorni dal deposito. Il giudice delegato non può far parte del collegio.

Il ricorso, unitamente al decreto di fissazione dell'udienza, deve essere comunicato ai controinteressati entro cinque giorni dal deposito del decreto. Il resistente deve costituirsi almeno cinque giorni prima dell'udienza, depositando una memoria contenente l'esposizione delle difese in fatto e in diritto.

L'intervento di qualunque interessato non può avere luogo oltre il termine stabilito per la costituzione della parte resistente, con le modalità per questa previste.

Non sono ammessi nuovi mezzi di prova e non possono essere prodotti nuovi documenti, salvo che la parte dimostri di non aver potuto indicarli o produrli prima, per causa ad essa non imputabile.

Entro trenta giorni dall'udienza di comparizione delle parti, il tribunale provvede con decreto motivato, con il quale conferma, modifica o revoca il provvedimento impugnato.

L'aderente può proporre azione individuale a condizione che la domanda di adesione sia stata revocata prima che il decreto sia divenuto definitivo nei suoi confronti.

840 *duodecies*. Adempimento spontaneo. – Quando il debitore provvede spontaneamente al pagamento delle somme stabilite con il decreto di cui all'articolo 840 *octies*, quinto comma, le somme sono versate su un conto corrente bancario o postale intestato alla procedura aperta con la sentenza di cui all'articolo 840 *sexies* e vincolato all'ordine del giudice. Il rappresentante comune degli aderenti deposita con la massima sollecitudine il piano di riparto e il giudice delegato ordina il pagamento delle somme spettanti a ciascun aderente.

Il rappresentante comune, il debitore e gli avvocati di cui all'articolo 840 *novies*, sesto e settimo comma, possono proporre opposizione a norma dell'articolo 840 *undecies*.

Il rappresentante comune deposita la documentazione comprovante i pagamenti effettuati.

Per il compimento dell'attività di cui al presente articolo, al rappresentante comune non spetta alcun ulteriore compenso.

840 *terdecies*. Esecuzione forzata collettiva. – L'esecuzione forzata del decreto di cui all'articolo 840 *octies*, quinto comma, è promossa dal rappresentante comune degli aderenti, che compie tutti gli atti nell'interesse degli aderenti, ivi compresi quelli relativi agli eventuali giudizi di opposizione. Non è mai ammessa l'esecuzione forzata di tale decreto su iniziativa di soggetti diversi dal rappresentante comune.

Devono essere trattenute e depositate nei modi stabiliti dal giudice dell'esecuzione le somme ricavate per effetto di provvedimenti provvisoriamente esecutivi e non ancora divenuti definitivi.

Le disposizioni dei commi precedenti non si applicano relativamente ai crediti riconosciuti, con il decreto di cui all'articolo 840 *octies*, quinto comma, in favore del rappresentante comune e degli avvocati di cui all'articolo 840 *novies*, sesto e settimo comma.

Il compenso dovuto al rappresentante comune è liquidato dal giudice in misura non superiore a un decimo della somma ricavata, tenuto conto dei criteri di cui all'articolo 840 *novies*, quarto comma. Il credito del rappresentante comune liquidato a norma del presente articolo nonché quello liquidato a norma dell'articolo 840 *novies*, commi primo e secondo, hanno privilegio, nella misura del 75 per cento, sui beni oggetto dell'esecuzione.

Il rappresentante comune non può stare in giudizio senza l'autorizzazione del giudice delegato, salvo che per i procedimenti promossi per impugnare atti del giudice delegato o del tribunale.

840 *quaterdecies*. Accordi di natura transattiva. – Il tribunale, fino alla discussione orale della causa, formula ove possibile, avuto riguardo al valore della controversia e all'esistenza di questioni di facile e pronta soluzione di diritto, una proposta transattiva o conciliativa. La proposta del giudice è inserita nell'area pubblica del portale dei servizi telematici di cui all'articolo 840 *ter*, secondo comma, ed è comunicata all'indirizzo di posta elettronica certificata ovvero al servizio elettronico di recapito certificato qualificato indicato da ciascun aderente. L'accordo transattivo o conciliativo concluso tra le parti è inserito nell'area pubblica ed è comunicato all'indirizzo di posta elettronica certificata ovvero al servizio elettronico di recapito certificato qualificato indicato da ciascun aderente, il quale può dichiarare di voler accedere all'accordo medesimo mediante dichiarazione inserita nel fascicolo informatico nel termine indicato dal giudice.

Dopo la pronuncia della sentenza di cui all'articolo 840 *sexies*, il rappresentante comune, nell'interesse degli aderenti, può predisporre con l'impresa o con l'ente gestore di servizi pubblici o di pubblica utilità uno schema di accordo di natura transattiva.

Lo schema è inserito nell'area pubblica del portale dei servizi telematici di cui all'articolo 840 *ter*, secondo comma, ed è comunicato all'indirizzo di posta elettronica certificata ovvero al servizio elettronico di recapito certificato qualificato indicato da ciascun aderente.

Entro quindici giorni dalla comunicazione di cui al terzo comma, ciascun aderente può inserire nel fascicolo informatico le proprie motivate contestazioni allo schema di accordo. Nei confronti degli aderenti che non formulano contestazioni a norma del presente comma, lo schema di accordo si considera non contestato.

Entro trenta giorni dalla scadenza del termine di cui al quarto comma, il giudice delegato, avuto riguardo agli interessi degli aderenti, può autorizzare il rappresentante comune a stipulare l'accordo transattivo.

Il provvedimento del giudice delegato è inserito nell'area pubblica del portale dei servizi telematici di cui all'articolo 840 *ter*, secondo comma, ed è comunicato all'indirizzo di posta elettronica certificata ovvero al servizio elettronico di recapito certificato qualificato indicato da ciascun aderente nonché al ricorrente.

Entro quindici giorni dalla comunicazione di cui al sesto comma, l'aderente che ha formulato le contestazioni di cui al quarto comma può privare il rappresentante comune della facoltà di stipulare l'accordo transattivo a cui le medesime contestazioni si riferiscono.

L'accordo transattivo autorizzato dal giudice delegato e stipulato dal rappresentante comune costituisce titolo esecutivo e per l'iscrizione di ipoteca giudiziale e deve essere integralmente trascritto nel precetto ai sensi dell'articolo 480, secondo comma. Il rappresentante comune certifica l'autografia delle sottoscrizioni apposte all'accordo transattivo.

Il ricorrente può aderire all'accordo transattivo entro il termine di cui al settimo comma; in tal caso, l'accordo transattivo costituisce titolo esecutivo e per l'iscrizione di ipoteca giudiziale anche in suo favore.

Le disposizioni del presente articolo si applicano, in quanto compatibili, anche quando l'azione è promossa da un'organizzazione o un'associazione inserita nell'elenco di cui all'articolo 840 *bis*, secondo comma, e l'accordo può avere riguardo anche al risarcimento del danno o alle restituzioni in favore degli aderenti che abbiano accettato o non si siano opposti all'accordo medesimo.

840 *quinquiesdecies*. Chiusura della procedura di adesione. – La procedura di adesione si chiude:

a) quando le ripartizioni agli aderenti, effettuate dal rappresentante comune, raggiungono l'intero ammontare dei crediti dei medesimi aderenti;

b) quando nel corso della procedura risulta che non è possibile conseguire un ragionevole soddisfacimento delle pretese degli aderenti, anche tenuto conto dei costi che è necessario sostenere.

La chiusura della procedura di adesione è dichiarata con decreto motivato del giudice delegato, reclamabile a norma dell'articolo 840 *undecies*.

Gli aderenti riacquistano il libero esercizio delle azioni verso il debitore per la parte non soddisfatta dei loro crediti per capitale e interessi.

840 *sexiesdecies*. Azione inibitoria collettiva. - Chiunque abbia interesse alla pronuncia di una inibitoria di atti e comportamenti, posti in essere in pregiudizio di una pluralità di individui o enti, può agire per ottenere l'ordine di cessazione o il divieto di reiterazione della condotta omissiva o commissiva. Le organizzazioni o le associazioni senza scopo di lucro i cui obiettivi statutari comprendano la tutela degli interessi pregiudicati dalla condotta di cui al primo periodo sono legittimate a proporre l'azione qualora iscritte nell'elenco di cui all'articolo 840 *bis*, secondo comma.

L'azione può essere esperita nei confronti di imprese o di enti gestori di servizi pubblici o di pubblica utilità relativamente ad atti e comportamenti posti in essere nello svolgimento delle loro rispettive attività.

La domanda si propone con le forme del procedimento camerale, regolato dagli articoli 737 e seguenti, in quanto compatibili, esclusivamente dinanzi alla sezione specializzata in materia di impresa competente per il luogo dove ha sede la parte resistente. Il ricorso è notificato al pubblico ministero.

Si applica l'articolo 840 *quinquies* in quanto compatibile.

Il tribunale può avvalersi di dati statistici e di presunzioni semplici.

Con la condanna alla cessazione della condotta omissiva o commissiva, il tribunale può, su istanza di parte, adottare i provvedimenti di cui all'articolo 614 *bis*, anche fuori dei casi ivi previsti.

Con la condanna alla cessazione della condotta omissiva o commissiva, il tribunale può, su richiesta del pubblico ministero o delle parti, ordinare che la parte soccombente adotti le misure idonee ad eliminare o ridurre gli effetti delle violazioni accertate.

Il giudice, su istanza di parte, condanna la parte soccombente a dare diffusione del provvedimento, nei modi e nei tempi definiti nello stesso, mediante utilizzo dei mezzi di comunicazione ritenuti più appropriati.

Quando l'azione inibitoria collettiva è proposta congiuntamente all'azione di classe, il giudice dispone la separazione delle cause.

Sono fatte salve le disposizioni previste in materia dalle leggi speciali.

DISPOSIZIONI PER L'ATTUAZIONE DEL CODICE DI PROCEDURA CIVILE E DISPOSIZIONI TRANSITORIE

R.D. 18 dicembre 1941, n. 1368. Disposizioni per l'attuazione del Codice di Procedura Civile e disposizioni transitorie (Pubblicato nel supplemento ordinario della *Gazzetta Ufficiale* n. 302 del 24 dicembre 1941) (1).

(1) *A norma dell'art. 2, comma 4, del D.L. 1° marzo 2021, n. 22, convertito, con modificazioni, nella L. 22 aprile 2021, n. 55, con riguardo alle funzioni di cui all'articolo 35, comma 2, lettera b), del decreto legislativo n. 300 del 1999, come modificato dal medesimo decreto, la denominazione «Ministro della transizione ecologica» sostituisce, ad ogni effetto e ovunque presente, la denominazione: «Ministro dello sviluppo economico».*

Titolo I
Del pubblico ministero

1. Richiesta di comunicazione degli atti. – In ogni stato e grado del processo il pubblico ministero può richiedere al giudice la comunicazione degli atti per l'esercizio dei poteri a lui attribuiti dalla legge (69 ss. c.p.c.).

2. (1) **Intervento davanti all'istruttore.** – L'intervento del pubblico ministero (70 c.p.c.) davanti all'istruttore avviene nei modi previsti nell'art. 267 del codice.

(1) *Articolo così sostituito dall'art. 15 del D.P.R. 17 ottobre 1950, n. 857.*

3. Intervento davanti al collegio. – Il pubblico ministero può spiegare il suo intervento anche quando la causa si trova davanti al collegio (267, 268, 275 c.p.c.), mediante comparsa (125 c.p.c.) da depositarsi in cancelleria o all'udienza (1).

Il pubblico ministero che interviene all'udienza prende oralmente le sue conclusioni, che sono inserite nel ruolo di udienza (30 nn. 7, 8, 117).

Se il pubblico ministero che interviene davanti al collegio non si limita ad aderire alle conclusioni di una delle parti, ma prende proprie conclusioni, produce documenti o deduce prove, il presidente, d'ufficio o su istanza di parte, può rimettere con ordinanza (134, 280 c.p.c.) la causa al giudice istruttore per l'integrazione dell'istruzione.

(1) *A sensi degli artt. 48 R.D. 30 gennaio 1941, n. 12, ordinamento giudiziario, 190 bis e 275 c.p.c., come sostituiti con L. 26 novembre 1990, n. 353 a decorrere dal 30 aprile 1995, l'udienza di discussione è soltanto eventuale e, in ogni caso, si svolge dinanzi al collegio soltanto nelle controversie la cui decisione è riservata al giudice collegiale.*

Titolo II
Degli esperti e degli ausiliari del giudice

Capo I
Degli esperti della magistratura del lavoro (1)

(1) *Tranne quelle di cui all'art. 5, le disposizioni di questo capo sono abrogate a seguito della soppressione dell'ordinamento corporativo disposta con D.L.vo Lgt. 23 novembre 1944, n. 369.*

4. Albo degli esperti. – (*Omissis*).

5. Formazione dell'albo. – L'albo è tenuto dal [primo] (1) presidente della corte d'appello ed è formato da un comitato da lui presieduto e composto dal procuratore generale della Repubblica e dal presidente della sezione della corte funzionante come magistratura del lavoro (15).

Le funzioni di segretario del comitato sono esercitate dal cancelliere della corte.

(1) *Denominazione venuta meno per effetto del D.L.vo C.P.S. 2 agosto 1946, n. 72, norme sulla denominazione dei capi degli uffici del P.M., ratificato con L. 10 febbraio 1953, n. 73.*

6 - 12. (*Omissis*).

Capo I *bis*
Dei mediatori familiari ([1])

([1]) *Questo Capo (con gli artt. 12* bis, *12* ter, *12* quater, *12* quinquies, *12* sexies*) è stato inserito dall'art. 4, comma 1, del D.L.vo 10 ottobre 2022, n. 149.*

A norma dell'art. 35, comma 9, del medesimo decreto, così come modificato dall'art. 1, comma 380, lett. a*), della L. 29 dicembre 2020, n. 197, tali disposizioni si applicano a decorrere dal 30 giugno 2023.*

12 *bis*. Dei mediatori familiari. – Presso ogni tribunale è istituito un elenco di mediatori familiari.

12 *ter*. Formazione e revisione dell'elenco. – L'elenco è tenuto dal presidente del tribunale ed è formato da un comitato da lui presieduto e composto dal procuratore della Repubblica e da un mediatore familiare, designato dalle associazioni professionali di mediatori familiari inserite nell'elenco tenuto presso il Ministero dello sviluppo economico, che esercita la propria attività nel circondario del tribunale.

Le funzioni di segretario del comitato sono esercitate dal cancelliere del tribunale.

L'elenco è permanente. Ogni quattro anni il comitato provvede alla sua revisione per eliminare coloro per i quali è venuto meno alcuno dei requisiti previsti nell'articolo 12 *quater* o è sorto un impedimento a esercitare l'ufficio.

Si applicano gli articoli 19, 20 e 21, in quanto compatibili.

12 *quater*. Iscrizione nell'elenco. – Possono chiedere l'iscrizione nell'elenco coloro che sono iscritti da almeno cinque anni a una delle associazioni professionali di mediatori familiari inserite nell'elenco tenuto presso il Ministero dello sviluppo economico, sono forniti di adeguata formazione e di specifica competenza nella disciplina giuridica della famiglia nonché in materia di tutela dei minori e di violenza domestica e di genere e sono di condotta morale specchiata.

Sulle domande di iscrizione decide il comitato previsto dall'articolo 12 *ter*. Contro il provvedimento del comitato è ammesso reclamo, entro quindici giorni dalla notificazione, al comitato previsto nell'articolo 5.

12 *quinquies*. Domande di iscrizione. – Coloro che aspirano all'iscrizione nell'elenco devono presentare domanda al presidente del tribunale, corredata dai seguenti documenti:

1) estratto dell'atto di nascita;

2) certificato generale del casellario giudiziario di data non anteriore a tre mesi dalla presentazione;

3) certificato di residenza nella circoscrizione del tribunale;

4) attestazione rilasciata dall'associazione professionale ai sensi dell'articolo 7 della legge 14 gennaio 2013, n. 4;

5) i titoli e i documenti che l'aspirante intende allegare per dimostrare la sua formazione e specifica competenza.

Il presidente procede ai sensi dell'articolo 17.

12 *sexies*. Disciplina dell'attività di mediatore. – L'attività professionale del mediatore familiare, la sua formazione, le regole deontologiche e le tariffe applicabili sono regolate con decreto del Ministro dello sviluppo economico, di concerto con il Ministro della giustizia e con il Ministro dell'economia e delle finanze, nel rispetto delle disposizioni di cui alla legge 14 gennaio 2013, n. 4.

Capo II
Dei consulenti tecnici del giudice

Sezione I
Dei consulenti tecnici nei procedimenti ordinari

13. Albo dei consulenti tecnici ([1]). – Presso ogni tribunale è istituito un albo dei consulenti tecnici (61 ss. c.p.c.).

L'albo è diviso in categorie.

Debbono essere sempre comprese nell'albo le categorie: 1) medico-chirurgica; 2) industriale; 3) commerciale; 4) agricola; 5) bancaria; 6) assicurativa; 7) della neuropsichiatria infantile, della psicologia dell'età evolutiva e della psicologia giuridica o forense ([2]).

Con decreto del Ministro della giustizia, adottato di concerto con i Ministri dell'economia e delle finanze e dello sviluppo economico, sono stabilite le ulteriori categorie dell'albo e i settori di specializzazione di ciascuna categoria. Con lo stesso decreto sono indicati i requisiti per l'iscrizione all'albo nonché i contenuti e le modalità della comunicazione ai fini della formazione, della tenuta e dell'aggiornamento dell'elenco nazionale di cui all'articolo 24 *bis* ([3]).

([1]) *Per le controversie di lavoro si veda l'art. 146.*

([2]) *Le parole: «; 7) della neuropsichiatria infantile, della psicologia dell'età evolutiva e della psicologia giuridica o forense» sono state aggiunte dall'art. 1, comma 34, lett.* a*), della L. 26 novembre 2021, n. 206, a decorrere dal centottantesimo giorno successivo alla data di entrata in vigore della presente legge.*

(3) *Questo comma è stato inserito dall'art. 4, comma 2, lett. a), del D.L.vo 10 ottobre 2022, n. 149, a decorrere dal 28 febbraio 2023.*

A norma dell'art. 35, comma 10, del medesimo decreto, così come modificato dall'art. 1, comma 380, lett. a), della L. 29 dicembre 2022, n. 197, fino all'adozione del decreto ministeriale previsto dal questo comma, continuano ad applicarsi gli articoli 15 e 16 att. c.p.c., nel testo vigente prima della data di entrata in vigore del presente decreto

14. (1) **Formazione dell'albo.** – L'albo è tenuto dal presidente del tribunale ed è formato da un comitato da lui presieduto e composto dal procuratore della Repubblica e da un professionista, iscritto nell'albo professionale, designato dal consiglio dell'ordine o del collegio della categoria a cui appartiene il richiedente la iscrizione nell'albo dei consulenti tecnici (15, 18, 19).

Il consiglio predetto ha facoltà di designare, quando lo ritenga opportuno, un professionista iscritto nell'albo di altro ordine o collegio, previa comunicazione al consiglio che tiene l'albo a cui appartiene il professionista.

Quando trattasi di domande presentate da periti estimatori, la designazione è fatta dalla Camera di commercio, industria e agricoltura.

Le funzioni di segretario del comitato sono esercitate dal cancelliere del tribunale (58 c.p.c.).

(1) *Così sostituito dall'art. un. del D.L.vo Lgt. 12 ottobre 1945, n. 700.*

15. Iscrizione e permanenza nell'albo (1). – Possono ottenere l'iscrizione nell'albo coloro che rispettano i requisiti determinati con il decreto di cui all'articolo 13, quarto comma (2), sono di condotta morale [e politica] (3) specchiata e sono iscritti nelle rispettive associazioni professionali.

Con riferimento alla categoria di cui all'articolo 13, terzo comma, numero 7), la speciale competenza tecnica sussiste qualora ricorrano, alternativamente o congiuntamente, i seguenti requisiti:

1) comprovata esperienza professionale in materia di violenza domestica e nei confronti di minori;

2) possesso di adeguati titoli di specializzazione o approfondimento post-universitari in psichiatria, psicoterapia, psicologia dell'età evolutiva o psicologia giuridica o forense, purché iscritti da almeno cinque anni nei rispettivi albi professionali;

3) aver svolto per almeno cinque anni attività clinica con minori presso strutture pubbliche o private (4).

Nessuno può essere iscritto in più di un albo.

Sulle domande di iscrizione decide il comitato indicato nell'articolo precedente.

Contro il provvedimento del comitato è ammesso reclamo, entro quindici giorni dalla notificazione, al comitato previsto nell'art. 5.

Con il decreto di cui all'articolo 13, comma quarto, sono stabiliti, per ciascuna categoria, i requisiti per l'iscrizione, gli obblighi di formazione continua e gli altri obblighi da assolvere per il mantenimento dell'iscrizione, nonché le modalità per la verifica del loro assolvimento (5).

Con lo stesso decreto sono stabiliti altresì i casi di sospensione volontaria dall'albo (5).

(1) *La precedente rubrica: «Iscrizione nell'albo» è stata così sostituita dalla attuale dall'art. 4, comma 2, lett. b), n. 2), del D.L.vo 10 ottobre 2022, n. 149, a decorrere dal 28 febbraio 2023.*

(2) *Le parole: «sono forniti di speciale competenza tecnica in una determinata materia» sono state così sostituite dalle attuali: «rispettano i requisiti determinati con il decreto di cui all'articolo 13, quarto comma» dall'art. 4, comma 2, lett. b), n. 1), del D.L.vo 10 ottobre 2022, n. 149, a decorrere dal 28 febbraio 2023.*

A norma dell'art. 35, comma 10, del medesimo decreto, così come modificato dall'art. 1, comma 380, lett. a), della L. 29 dicembre 2022, n. 197, fino all'adozione del decreto ministeriale previsto dall'art. 13, quarto comma, att. c.p.c., continuano ad applicarsi gli articoli 15 e 16 att. c.p.c., nel testo vigente prima della data di entrata in vigore del presente decreto.

(3) *Si veda l'art. 3 della Costituzione.*

(4) *Questo comma è stato inserito dall'art. 1, comma 34, lett. b), della L. 26 novembre 2021, n. 206, a decorrere dal centottantesimo giorno successivo alla data di entrata in vigore della presente legge.*

(5) *Questo comma è stato aggiunto dall'art. 4, comma 1, lett. b), n. 3), del D.L.vo 10 ottobre 2022, n. 149, a decorrere dal 28 febbraio 2023.*

A norma dell'art. 35, comma 10, del medesimo decreto, così come modificato dall'art. 1, comma 380, lett. a), della L. 29 dicembre 2022, n. 197, fino all'adozione del decreto ministeriale previsto dall'art. 13, quarto comma, att. c.p.c., continuano ad applicarsi gli articoli 15 e 16 att. c.p.c., nel testo vigente prima della data di entrata in vigore del presente decreto.

16. Domande d'iscrizione. – Coloro che aspirano all'iscrizione nell'albo debbono farne domanda al presidente del tribunale.

La domanda deve essere corredata dai seguenti documenti:

1) estratto dell'atto di nascita;

2) certificato generale del casellario giudiziario di data non anteriore a tre mesi dalla presentazione;

3) certificato di residenza nella circoscrizione del tribunale;

4) certificato di iscrizione all'associazione professionale;

5) i titoli e i documenti che l'aspirante crede di esibire per dimostrare la sua speciale capacità tecnica (1);

5 *bis*) gli ulteriori documenti richiesti ai sensi del decreto ministeriale di cui all'articolo 13, quarto comma (2).

La domanda contiene altresì il consenso dell'interessato al trattamento dei dati comunicati al momento della presentazione dell'istanza di iscrizione, prestato in conformità alla normativa dettata in materia di protezione dei dati personali, anche ai fini della pubblicazione di cui agli articoli 23, secondo comma, e 24 *bis* (3).

(1) *Il segno: «.» è stato così sostituito dall'attuale segno: «;» dall'art. 4, comma 2, lett.* c)*, n. 1), del D.L.vo 10 ottobre 2022, n. 149, a decorrere dal 28 febbraio 2023.*

A norma dell'art. 35, comma 10, del medesimo decreto, così come modificato dall'art. 1, comma 380, lett. a)*, della L. 29 dicembre 2022, n. 197, fino all'adozione del decreto ministeriale previsto dall'art. 13, quarto comma, att. c.p.c., continuano ad applicarsi gli articoli 15 e 16 att. c.p.c., nel testo vigente prima della data di entrata in vigore del presente decreto.*

(2) *Questo numero è stato inserito dall'art. 4, comma 2, lett.* c)*, n. 1), del D.L.vo 10 ottobre 2022, n. 149, a decorrere dal 28 febbraio 2023.*

A norma dell'art. 35, comma 10, del medesimo decreto, così come modificato dall'art. 1, comma 380, lett. a)*, della L. 29 dicembre 2022, n. 197, fino all'adozione del decreto ministeriale previsto dall'art. 13, quarto comma, att. c.p.c., continuano ad applicarsi gli articoli 15 e 16 att. c.p.c., nel testo vigente prima della data di entrata in vigore del presente decreto.*

(3) *Questo comma è stato aggiunto dall'art. 4, comma 2, lett.* c)*, n. 2), del D.L.vo 10 ottobre 2022, n. 149, a decorrere dal 28 febbraio 2023.*

A norma dell'art. 35, comma 10, del medesimo decreto, così come modificato dall'art. 1, comma 380, lett. a)*, della L. 29 dicembre 2022, n. 197, fino all'adozione del decreto ministeriale previsto dall'art. 13, quarto comma, att. c.p.c., continuano ad applicarsi gli articoli 15 e 16 att. c.p.c., nel testo vigente prima della data di entrata in vigore del presente decreto.*

17. Informazioni. – A cura del presidente del tribunale debbono essere assunte presso le autorità [politiche e] (1) di polizia specifiche informazioni sulla condotta pubblica e privata dell'aspirante.

(1) *Si veda l'art. 3 della Costituzione.*

18. Revisione dell'albo. – L'albo è permanente. Ogni due anni (1) il comitato di cui all'art. 14 deve provvedere alla revisione dell'albo per eliminare i consulenti per i quali è venuto meno alcuno dei requisiti previsti nell'art. 15 o è sorto un impedimento a esercitare l'ufficio.

Contro il provvedimento di esclusione adottato dal comitato è ammesso reclamo, entro quindici giorni dalla notificazione, al comitato previsto dall'articolo 5 (2).

(1) *Le parole: «quattro anni» sono state così sostituite dalle attuali: «due anni» dall'art. 4, comma 2, lett.* d)*, n. 1), del D.L.vo 10 ottobre 2022, n. 149, a decorrere dal 28 febbraio 2023.*

(2) *Questo comma è stato aggiunto dall'art. 4, comma 2, lett.* d)*, n. 2), del D.L.vo 10 ottobre 2022, n. 149, a decorrere dal 28 febbraio 2023.*

19. Disciplina. – La vigilanza sui consulenti tecnici è esercitata dal presidente del tribunale, il quale, d'ufficio o su istanza del procuratore della Repubblica o del presidente dell'associazione professionale, può promuovere procedimento disciplinare (20, 21) contro i consulenti che non hanno tenuto una condotta morale [e politica] (1) specchiata o non hanno ottemperato agli obblighi derivanti dagli incarichi ricevuti.

Per il giudizio disciplinare è competente il comitato indicato nell'art. 14.

(1) *Si veda l'art. 3 della Costituzione.*

20. Sanzioni disciplinari. – Ai consulenti che non hanno osservato i doveri indicati nell'articolo precedente possono essere inflitte le seguenti sanzioni disciplinari:

1) l'avvertimento;

2) la sospensione dall'albo per un tempo non superiore ad un anno;

3) la cancellazione dall'albo.

21. Procedimento disciplinare. – Prima di promuovere il procedimento disciplinare (19), il presidente del tribunale contesta l'addebito al consulente e ne raccoglie la risposta scritta.

Il presidente, se dopo la contestazione ritiene di dovere continuare il procedimento, fa invitare il consulente, con biglietto di cancelleria, davanti al comitato disciplinare.

Il comitato decide sentito il consulente. Contro il provvedimento è ammesso reclamo a norma dell'art. 15 ultimo comma.

22. Distribuzione degli incarichi. – Tutti i giudici che hanno sede nella circoscrizione del tribunale debbono affidare normalmente le funzioni di consulente tecnico agli iscritti nell'albo del tribunale medesimo (23). I giudici presso le sezioni specializzate dei tribunali con competenza distrettuale possono conferire l'incarico ai consulenti iscritti negli albi dei tribunali del distretto (1).

Il giudice può conferire, con provvedimento motivato, un incarico a un consulente iscritto in albo di altro tribunale o a persona non iscritta in alcun albo. Il provvedimento è comunicato al presidente del tribunale (2).

Le funzioni di consulente presso la corte d'appello sono normalmente affidate agli iscritti negli albi dei tribunali del distretto. L'incarico ad iscritti in altri albi o a persone non iscritte in alcun albo è conferito con provvedimento motivato da comunicare al presidente della Corte di appello (3).

(1) *Questo periodo è stato aggiunto dall'art. 4, comma 2, lett. e), n. 1), del D.L.vo 10 ottobre 2022, n. 149, a decorrere dal 28 febbraio 2023.*

(2) *Questo comma è stato così sostituito dall'art. 4, comma 2, lett. e), n. 2), del D.L.vo 10 ottobre 2022, n. 149, a decorrere dal 28 febbraio 2023.*

Si riporta il testo precedente:

«Il giudice istruttore che conferisce un incarico ad un consulente tecnico iscritto in albo di altro tribunale o a persona non iscritta in alcun albo, deve sentire il presidente e indicare nel provvedimento i motivi della scelta».

(3) *Questo periodo è stato così sostituito dall'art. 4, comma 2, lett. e), n. 3), del D.L.vo 10 ottobre 2022, n. 149, a decorrere dal 28 febbraio 2023.*

Si riporta il testo precedente:

«Se l'incarico è conferito ad iscritti in altri albi o a persone non iscritte in alcun albo, deve essere sentito il primo presidente e debbono essere indicati nel provvedimento i motivi della scelta».

23. (1) **Vigilanza sulla distribuzione degli incarichi.** – Il presidente del tribunale e il presidente della Corte di appello vigilano affinché, senza danno per l'amministrazione della giustizia, gli incarichi siano equamente distribuiti tra gli iscritti nell'albo in modo tale che a nessuno dei consulenti iscritti possano essere conferiti incarichi in misura superiore al 10 per cento di quelli affidati dal rispettivo ufficio, e garantiscono che sia assicurata l'adeguata trasparenza del conferimento degli incarichi anche a mezzo di strumenti informatici.

Per l'attuazione di tale vigilanza gli incarichi affidati e i compensi liquidati dal giudice agli iscritti nell'albo sono annotati nei sistemi informatici regolamentati secondo le regole tecniche per l'adozione nel processo civile delle tecnologie dell'informazione e della comunicazione. Gli incarichi e i compensi sono altresì pubblicati sul sito dell'ufficio giudiziario.

(1) *Questo articolo è stato così sostituito dall'art. 4, comma 2, lett. f), del D.L.vo 10 ottobre 2022, n. 149, a decorrere dal 28 febbraio 2023.*

Si riporta il testo precedente:

«Art. 23 - Vigilanza sulla distribuzione degli incarichi

Il presidente del tribunale vigila affinché, senza danno per l'amministrazione della giustizia, gli incarichi siano equamente distribuiti tra gli iscritti nell'albo (22) in modo tale che a nessuno dei consulenti iscritti possano essere conferiti incarichi in misura superiore al 10 per cento di quelli affidati dall'ufficio, e garantisce che sia assicurata l'adeguata trasparenza del conferimento degli incarichi anche a mezzo di strumenti informatici (*).

Per l'attuazione di tale vigilanza il presidente fa tenere dal cancelliere un registro in cui debbono essere annotati tutti gli incarichi che i consulenti iscritti ricevono e i compensi liquidati da ciascun giudice (30 n. 19).

Questi deve dare notizia degli incarichi dati e dei compensi liquidati al presidente del tribunale presso il quale il consulente è iscritto.

Il primo presidente della corte di appello esercita la vigilanza prevista nel primo comma per gli incarichi che vengono affidati dalla corte.».

(*) *Le parole da: «in modo tale che...» fino alla fine di questo comma sono state aggiunte dall'art. 52, comma 1, della L. 18 giugno 2009, n. 69, a decorrere dal 4 luglio 2009. Ai sensi dell'art. 58, comma 1, della predetta legge, tale disposizione si applica ai giudizi instaurati dopo la data della sua entrata in vigore.*

24. Liquidazione dei compensi. – (*Omissis*) (1).

(1) *Abrogato dall'art. 13 L. 8 luglio 1980, n. 319, sui nuovi compensi ai periti, consulenti tecnici, interpreti e traduttori. Tale abrogazione è stata confermata dall'art. 298 del D.P.R. 30 maggio 2002, n. 115.*

24 *bis*. (1) **Elenco nazionale dei consulenti tecnici.** – Presso il Ministero della giustizia è istituito un elenco nazionale dei consulenti tecnici, suddiviso per categorie e contenente l'indicazione dei settori di specializzazione di ciascuna categoria, nel quale, tramite i sistemi informatici di cui all'articolo 23, secondo comma, confluiscono le annotazioni dei provvedimenti di nomina.

L'elenco è tenuto con modalità informatiche ed è accessibile al pubblico attraverso il portale dei servizi telematici del Ministero della giustizia.

(1) *Questo articolo è stato inserito dall'art. 4, comma 2, lett. g), del D.L.vo 10 ottobre 2022, n. 149, a decorrere dal 28 febbraio 2023.*

A norma dell'art. 39, comma 1, del medesimo decreto, la formazione, la tenuta e l'aggiornamento dell'elenco di cui a questo articolo, sono disciplinate con provvedimento del direttore generale dei sistemi informativi automatizzati del Ministero della giustizia.

Sezione II
Dei consulenti tecnici nei procedimenti corporativi

25 - 27. (*Omissis*) ([1]).

([1]) *Articoli da ritenersi abrogati dalla soppressione dell'ordinamento corporativo, disposto con D.L.vo Lgt. 23 novembre 1944, n. 369. Si vedano, ora, l'art. 424 c.p.c. e l'art. 146 att.*

Capo III
Dei registri di cancelleria e degli atti del cancelliere ([1])

([1]) *Si veda il D.M. 27 marzo 2000, n. 264, recante norme per la tenuta dei registri presso gli uffici giudiziari (G.U. n. 225 del 26 settembre 2000).*

28. ([1]) **Registri di cancelleria.** – 1. Con decreto del Ministro di grazia e giustizia, ovvero con decreto del Ministro delle finanze, nei casi di sua competenza, di concerto con il Ministro di grazia e giustizia, sono stabiliti i registri che devono essere tenuti, a cura delle cancellerie, presso gli uffici giudiziari.

([1]) *Articolo così sostituito dall'art. 1 della L. 2 dicembre 1991, n. 399.*

29 - 32. (*Omissis*) ([1]).

([1]) *Articoli abrogati dall'art. 7, comma 1, della L. 2 dicembre 1991, n. 399.*

L'art. 7, comma 2, della L. n. 399/1991, stabilisce che fino alla data di entrata in vigore dei decreti di cui agli artt. 1, 2 e 3 della legge citata, continuano comunque ad applicarsi le disposizioni anteriormente vigenti.

33. Divisione dei registri in più volumi. – Negli uffici giudiziari aventi un numero rilevante di affari, ogni capo di ufficio, su proposta del dirigente la cancelleria, può autorizzare la divisione per materia del ruolo generale e della rubrica alfabetica generale corrispondente.

Il capo dell'ufficio può autorizzare inoltre la divisione del registro cronologico in due volumi contenenti uno i numeri pari e l'altro i numeri dispari o anche in volumi distinti per materia.

34. ([1]) **[Contenuto del registro cronologico.** – Nel registro cronologico debbono essere iscritti, appena formati, gli atti originali compilati dal cancelliere o compiuti col suo intervento. In margine a ciascun atto deve essere riportato il numero sotto il quale l'atto stesso è iscritto nel registro cronologico].

([1]) *Articolo abrogato dall'art. 7, comma 1, della L. 2 dicembre 1991, n. 399.*

L'art. 7, comma 2, della L. n. 399/1991, stabilisce che fino alla data di entrata in vigore dei decreti di cui agli artt. 1, 2 e 3 della legge citata, continuano comunque ad applicarsi le disposizioni anteriormente vigenti.

35. Volumi dei provvedimenti originali. – Il cancelliere deve riunire annualmente in volumi separati gli originali delle sentenze, dei decreti d'ingiunzione e dei processi verbali di conciliazione, nonché le copie dei verbali contenenti le sentenze pronunciate a norma dell'articolo 281 *sexies* (68; 132, 199, 322, 430, 641 c.p.c.) ([1]).

([1]) *Le parole: «, nonché le copie dei verbali contenenti le sentenze pronunciate a norma dell'articolo 281 sexies» sono state aggiunte alla fine di questo comma dall'art. 117 del D.L.vo 19 febbraio 1998, n. 51, recante l'istituzione del giudice unico, a decorrere dal 2 giugno 1999.*

36. Fascicoli di cancelleria. – Il cancelliere deve formare un fascicolo per ogni affare del proprio ufficio, anche quando la formazione di esso non è prevista espressamente dalla legge (168, 488 c.p.c.).

Ogni fascicolo riceve la numerazione del ruolo generale sotto la quale è iscritto l'affare.

Ogni fascicolo contiene l'indicazione dell'ufficio, della sezione alla quale appartiene il giudice incaricato dell'affare e del giudice stesso, delle parti, dei rispettivi difensori muniti di procura e dell'oggetto e l'indice degli atti inseriti nel fascicolo con l'indicazione della natura e della data di ciascuno di essi. Gli atti sono inseriti nel fascicolo in ordine cronologico ([1]).

[Nella facciata interna della copertina è contenuto l'indice degli atti inseriti nel fascicolo con l'indicazione della natura e della data di ciascuno di essi] ([2]).

[Gli atti sono inseriti nel fascicolo in ordine cronologico e muniti di un numero progressivo corrispondente a quello risultante dall'indice] ([2]).

La tenuta e conservazione del fascicolo informatico equivale alla tenuta e conservazione del fascicolo d'ufficio su supporto cartaceo, fermi restando gli obblighi di conservazione dei documenti originali unici su supporto cartaceo previsti dal codice dell'amministrazione digitale di cui al decreto legislativo 7 marzo 2005, n. 82, e dalla disciplina processuale vigente ([3]).

([1]) *Questo comma è stato così sostituito dall'art. 4, comma 3, lett. a), n. 1), del D.L.vo 10 ottobre 2022, n. 149, a decorrere dal 28 febbraio 2023.*

Si riporta il testo precedente:

«Sulla copertina di ogni fascicolo sono indicati l'ufficio, la sezione alla quale appartiene il giudice incari-

cato dell'affare e il giudice stesso, le parti, i rispettivi difensori muniti di procura e l'oggetto.».

(2) *Questo comma è stato abrogato dall'art. 4, comma 3, lett. a), n. 2), del D.L.vo 10 ottobre 2022, n. 149, a decorrere dal 28 febbraio 2023.*

(3) *Questo comma è stato aggiunto dall'art. 4, comma 3, lett. a), n. 3), del D.L.vo 10 ottobre 2022, n. 149, a decorrere dal 28 febbraio 2023.*

37. (1) [**Modo di tenuta dei registri.** – I registri di cancelleria debbono essere tenuti ordinatamente, secondo i modelli stabiliti con decreto ministeriale; non debbono presentare spazi vuoti tra le indicazioni successive degli atti né contenere alterazioni o abrasioni.

Le cancellazioni si fanno con annotazione alla fine di ogni iscrizione].

(1) *Articolo abrogato dall'art. 7, comma 1, della L. 2 dicembre 1991, n. 399.*

L'art. 7, comma 2, della L. n. 399/1991, stabilisce che fino alla data di entrata in vigore dei decreti di cui agli artt. 1, 2 e 3 della legge citata, continuano comunque ad applicarsi le disposizioni anteriormente vigenti.

38. (1) [**Deposito di cancelleria della parte che si costituisce.** – La parte che per prima si costituisce in giudizio, che deposita in cancelleria il ricorso o il controricorso, o che fa istanza per l'assegnazione o la vendita dei beni pignorati, oltre i depositi specificamente previsti dalla legge, deve consegnare al cancelliere la carta bollata per lo svolgimento del procedimento e una somma per spese di cancelleria che il capo di ciascun ufficio giudiziario fissa con disposizione generale o con provvedimento speciale.

Il cancelliere deve rifiutare di ricevere gli atti che non sono accompagnati dai depositi di cui al comma precedente.

Quando nel corso del procedimento ne ravvisa la necessità, il cancelliere può chiedere alla parte o al difensore di essa l'integrazione dei depositi.

La parte e il suo difensore sono tenuti in solido a soddisfare la richiesta del cancelliere. In mancanza il capo dell'ufficio giudiziario ordina il deposito con decreto che costituisce titolo esecutivo contro la parte e il suo difensore].

(1) *Questo articolo è stato abrogato, a decorrere dal 1° luglio 2002, dall'art. 299 del D.P.R. 30 maggio 2002, n. 115.*

39. (1) [**Deposito in cancelleria.** – La parte interessata al compimento di un atto deve consegnare al cancelliere la carta bollata e, quando occorre, anche la somma reputata necessaria per le spese relative (90 c.p.c.). Sul disaccordo, l'ammontare del deposito è fissato dal capo dell'ufficio. Si applicano gli ultimi due commi dell'articolo precedente].

(1) *Questo articolo è stato abrogato, a decorrere dal 1° luglio 2002, dall'art. 299 del D.P.R. 30 maggio 2002, n. 115.*

40. (1) [**Nota dei depositi e delle spese di cancelleria.** – In ogni fascicolo d'ufficio il cancelliere deve inserire un foglio diviso in due parti, in una delle quali sono da lui annotati i depositi di carta bollata e l'uso dei singoli fogli e nell'altra i depositi per spese di cancelleria e le erogazioni fatte].

(1) *Questo articolo è stato abrogato, a decorrere dal 1° luglio 2002, dall'art. 299 del D.P.R. 30 maggio 2002, n. 115.*

41. (1) [**Deposito delle somme ricevute dal cancelliere.** – Per provvedere alle spese e ai rimborsi il cancelliere può trattenere presso di sé non più di un quarto della somma complessiva risultante dai depositi eseguiti dalle parti a norma dell'art. 38, detratte le erogazioni fatte; gli altri tre quarti debbono essere da lui depositati in un unico conto corrente postale intestato alla cancelleria].

(1) *Questo articolo è stato abrogato, a decorrere dal 1° luglio 2002, dall'art. 299 del D.P.R. 30 maggio 2002, n. 115.*

42. (1) [**Prelievi della somma depositata.** – Quando è necessario, il cancelliere può eseguire, mediante assegni di pagamento a lui intestati, prelievi dal conto corrente per le spese e i rimborsi, purché le somme che preleva, unite a quelle esistenti presso di lui, non eccedano il quarto della somma complessiva dei depositi eseguiti dalle parti a norma dell'art. 38, detratte le erogazioni fatte.

I rimborsi dei residui delle somme depositate sono fatti direttamente dal cancelliere a chi ha eseguito il deposito nei cinque giorni successivi al provvedimento che chiude il procedimento, anche mediante assegno postale.

Tutti gli assegni postali debbono essere firmati dal capo della cancelleria e dal capo dell'ufficio giudiziario.

Il cancelliere deve tenere costantemente aggiornato un elenco dei depositi totalmente o parzialmente in vita].

(1) *Questo articolo è stato abrogato, a decorrere dal 1° luglio 2002, dall'art. 299 del D.P.R. 30 maggio 2002, n. 115.*

43. (1) [**Ingiunzione di pagamento di spese diritti ed onorari.** – Le spese, tasse, diritti ed onorari relativi agli affari civili concernenti persone o enti giuridici ammessi alla prenotazione a debito sono esatti mediante nota compilata dal cancelliere sulle risultanze del registro relativo.

A richiesta del cancelliere la nota è resa esecutiva dal capo dell'ufficio giudiziario al quale egli appartiene, con decreto a cui si applicano le disposizioni dell'art. 642 del codice.

La nota ed il decreto di esecutorietà sono notificati all'obbligato a norma dell'art. 643 del codice. Contro di essi è ammessa, entro il termine perentorio di cinque giorni dalla notificazione, opposizione a norma degli artt. 645 e seguenti del codice].

(1) *Questo articolo è stato abrogato, a decorrere dal 1° luglio 2002, dall'art. 299 del D.P.R. 30 maggio 2002, n. 115.*

44. Compilazione dei processi verbali. – Oltre che nei casi specificatamente indicati dalla legge (57 c.p.c.), il cancelliere deve compilare processo verbale (126 c.p.c.) di tutti gli atti che compie con l'intervento di terzi interessati. Nel processo verbale fa risultare le attività da lui compiute, quelle delle persone intervenute nell'atto e le dichiarazioni da esse rese (130 c.p.c.).

45. (1) **Forma delle comunicazioni del cancelliere.** – Quando viene redatto su supporto cartaceo (2) il biglietto, col quale il cancelliere esegue le comunicazioni a norma dell'art. 136 del codice, si compone di due parti uguali, una delle quali deve essere consegnata al destinatario e l'altra deve essere conservata nel fascicolo d'ufficio (168, 488 c.p.c.).

Il biglietto contiene (3) in ogni caso l'indicazione dell'ufficio giudiziario, della sezione alla quale la causa è assegnata, dell'istruttore se è nominato, del numero del ruolo generale sotto il quale l'affare è iscritto e del ruolo dell'istruttore il nome delle parti ed il testo integrale del provvedimento comunicato (4).

Nella parte che viene inserita nel fascicolo d'ufficio deve essere stesa la relazione di notificazione dell'ufficiale giudiziario o scritta la ricevuta del destinatario. Se il biglietto è stato spedito per posta, il cancelliere conserva nel fascicolo anche la ricevuta della raccomandata (5).

Quando viene trasmesso a mezzo posta elettronica certificata il biglietto di cancelleria è costituito dal messaggio di posta elettronica certificata, formato ed inviato nel rispetto della normativa, anche regolamentare, concernente la trasmissione e la ricezione dei documenti informatici (6).

(1) *A norma dell'art. 16, comma 4, del D.L. 18 ottobre 2012, n. 179, convertito, con modificazioni, nella L. 17 dicembre 2012, n. 221, nei procedimenti civili le comunicazioni e le notificazioni a cura della cancelleria sono effettuate esclusivamente per via telematica all'indirizzo di posta elettronica certificata risultante da pubblici elenchi o comunque accessibili alle pubbliche amministrazioni, secondo la normativa, anche regolamentare, concernente la sottoscrizione, la trasmissione e la ricezione dei documenti informatici. La relazione di notificazione è redatta in forma automatica dai sistemi informatici in dotazione alla cancelleria. Per l'entrata in vigore si veda l'art. 16, comma 9 del medesimo decreto.*

(2) *Le parole: «Quando viene redatto su supporto cartaceo» sono state premesse dall'art. 16, comma 3, lett.* a), *del D.L. 18 ottobre 2012, n. 179, convertito, con modificazioni, nella L. 17 dicembre 2012, n. 221.*

(3) *Le parole: «Esse contengono» sono state così sostituite dalle attuali: «Il biglietto contiene» dall'art. 16, comma 3, lett.* b), *del D.L. 18 ottobre 2012, n. 179, convertito, con modificazioni, nella L. 17 dicembre 2012, n. 221.*

(4) *Le parole: «ed il nome delle parti» sono state così sostituite dalle attuali: «il nome delle parti ed il testo integrale del provvedimento comunicato» dall'art. 16, comma 3, lett.* c), *del D.L. 18 ottobre 2012, n. 179, convertito, con modificazioni, nella L. 17 dicembre 2012, n. 221.*

(5) *Comma così sostituito dall'art. 8 L. 7 febbraio 1979, n. 59.*

(6) *Questo comma è stato aggiunto dall'art. 16, comma 3, lett.* d), *del D.L. 18 ottobre 2012, n. 179, convertito, con modificazioni, nella L. 17 dicembre 2012, n. 221.*

46. Forma e criteri di redazione (1) **degli atti giudiziari.** – I processi verbali (126 c.p.c.) e gli altri atti giudiziari (57 c.p.c.) debbono essere scritti in carattere chiaro e facilmente leggibile [, in continuazione, senza spazi in bianco e senza alterazioni o abrasioni] (2).

[Le aggiunte, soppressioni o modificazioni eventuali debbono essere fatte in calce all'atto, con nota di richiamo senza cancellare la parte soppressa o modificata] (3).

Quando sono redatti in forma di documento informatico, rispettano la normativa, anche regolamentare, concernente la redazione, la sottoscrizione, la trasmissione e la ricezione dei documenti informatici (4).

Negli altri casi debbono essere scritti in continuazione, senza spazi in bianco e senza alterazioni o abrasioni. Le aggiunte, soppressioni o modificazioni eventuali debbono essere fatte in calce all'atto, con nota di richiamo senza cancellare la parte soppressa o modificata (4).

Il Ministro della giustizia, sentiti il Consiglio superiore della magistratura e il Consiglio nazionale forense, definisce con decreto gli schemi informatici degli atti giudiziari con la strutturazione dei campi necessari per l'inserimento delle informazioni nei registri del processo. Con il medesimo decreto sono stabiliti i limiti degli atti processuali, tenendo conto della tipologia, del valore, della complessità della controversia, del numero delle parti e della natura degli interessi coinvolti. Nella determinazione dei limiti non si tiene conto dell'intestazione e delle altre indicazioni formali dell'atto, fra le quali si intendono compresi un indice e una breve sintesi del contenuto dell'atto stesso. Il decreto è aggiornato con cadenza almeno biennale (4).

Il mancato rispetto delle specifiche tecniche sulla forma e sullo schema informatico e dei criteri e limiti di redazione dell'atto non comporta invalidità, ma può essere valutato dal giudice ai fini della decisione sulle spese del processo (4).

Il giudice redige gli atti e i provvedimenti nel rispetto dei criteri di cui al presente articolo (4).

(1) *Le parole: «e criteri di redazione» sono state inserite dall'art. 4, comma 3, lett. b), n. 4), del D.L.vo 10 ottobre 2022, n. 149, a decorrere dal 28 febbraio 2023.*

(2) *Le parole tra parentesi quadrate sono state soppresse dall'art. 4, comma 3, lett. b), n. 1), del D.L.vo 10 ottobre 2022, n. 149, a decorrere dal 28 febbraio 2023.*

(3) *Questo comma è stato abrogato dall'art. 4, comma 3, lett. b), n. 2), del D.L.vo 10 ottobre 2022, n. 149, a decorrere dal 28 febbraio 2023.*

(4) *Questo comma è stato aggiunto dall'art. 4, comma 3, lett. b), n. 3), del D.L.vo 10 ottobre 2022, n. 149, a decorrere dal 28 febbraio 2023.*

Capo IV
Degli atti dell'ufficiale giudiziario

47. Ora della notificazione. – Nella relazione di notificazione di cui all'art. 148 del codice, se la parte interessata lo chiede, deve essere inserita l'indicazione dell'ora nella quale la notificazione è stata eseguita (59, 147 c.p.c.).

48. Avviso al destinatario della notificazione. – L'avviso prescritto nell'art. 140 del codice deve contenere:

1) il nome della persona che ha chiesto la notificazione e del destinatario;

2) l'indicazione della natura dell'atto notificato;

3) l'indicazione del giudice che ha pronunciato il provvedimento notificato o davanti al quale si deve comparire con la data o il termine di comparizione;

4) la data e la firma dell'ufficiale giudiziario.

49. Nota da consegnarsi al pubblico ministero. – L'ufficiale, che esegue la notificazione a norma degli artt. 142, 143 e 146 del codice, deve consegnare al pubblico ministero, insieme con la copia dell'atto, un nota contenente:

1) l'indicazione del nome e della qualità della persona che ha chiesto la notificazione;

2) il nome, la residenza o la dimora del destinatario;

3) la natura dell'atto notificato;

4) il giudice che ha pronunciato il provvedimento notificato o davanti al quale si deve comparire;

5) la data e la firma dell'ufficiale giudiziario.

La nota è trasmessa dal pubblico ministero insieme con l'atto al ministero degli affari esteri o al comando militare posto nella circoscrizione del tribunale, i quali provvedono d'urgenza alla consegna.

50. Istanza di autorizzazione alla notificazione per pubblici proclami. – L'istanza di autorizzazione a procedere alla notificazione per pubblici proclami a norma dell'art. 150 del codice è fatta con ricorso (125 c.p.c.) steso in calce all'atto.

Il pubblico ministero stende il suo parere di seguito al ricorso.

51. Destinazione della copia dell'atto notificato depositata in cancelleria. – La copia che l'ufficiale giudiziario deposita in cancelleria a norma dell'art. 150 quarto comma del codice è custodita dal cancelliere per essere inserita nel fascicolo d'ufficio (168 c.p.c.).

Nella copia depositata e in quella da consegnare alla parte che ha chiesto la notificazione, l'ufficiale giudiziario deve certificare la data dell'avvenuto deposito in cancelleria.

Capo V
Delle persone che possono assistere il giudice

52. Liquidazione del compenso. – Il compenso agli ausiliari di cui all'art. 68 del codice è liquidato con decreto (135 c.p.c.) dal giudice che li ha nominati o dal capo dell'ufficio giudiziario al quale appartiene il cancelliere o l'ufficiale giudiziario che li ha chiamati, tenuto conto dell'attività svolta.

53. Contenuto ed efficacia dei provvedimenti che liquidano compensi. – I decreti (135 c.p.c.) con i quali il giudice liquida a favore del custode (65 c.p.c.) e degli altri ausiliari (68 c.p.c.) i compensi loro dovuti debbono indicare la parte che è tenuta a corrisponderli.

Tali decreti costituiscono titolo esecutivo (474 c.p.c.) contro la parte stessa.

Titolo III
Del processo di cognizione

Capo I
Del procedimento davanti al giudice di pace (1)

(1) *Questa rubrica è stata così sostituita dall'art. 118 del D.L.vo 19 febbraio 1998, n. 51, recante l'istituzione del giudice unico, a decorrere dal 2 giugno 1999. La precedente rubrica disponeva: «Del procedimento davanti al pretore e al giudice di pace». Lo stesso articolo ha inoltre stabilito che in questo capo la ripartizione interna in sezioni è soppressa.*

Sezione I
Disposizioni comuni (1)

(1) *Vedi nota (1) sub capo I.*

54. (1) **Determinazione dei giorni d'udienza.** – Le udienze di istruzione e di discussione delle cause sono tenute nei giorni e nelle ore che il capo dell'ufficio del giudice di pace stabilisce annualmente con decreto approvato dal presidente del tribunale d'intesa col procuratore della Repubblica. Il decreto deve rimanere affisso per tutto l'anno in ciascuna sala di udienza dell'ufficio del giudice di pace.

(1) *Questo articolo è stato così sostituito dall'art. 119 del D.L.vo 19 febbraio 1998, n. 51, recante l'istituzione del giudice unico, a decorrere dal 2 giugno 1999.*

55. Distribuzione delle udienze tra i magistrati. – Il capo dell'ufficio [di pretura o] (1) del giudice di pace distribuisce con decreto al principio di ogni trimestre le udienze di istruzione o di discussione tra i magistrati addetti all'ufficio.

(1) *Le parole: «di pretura o» sono state soppresse dall'art. 120 del D.L.vo 19 febbraio 1998, n. 51, recante l'istituzione del giudice unico, a decorrere dal 2 giugno 1999.*

56. Designazione del giudice per ciascuna causa. – Dopo il deposito in cancelleria dell'atto introduttivo del giudizio a norma dell'articolo 319 del codice o, in mancanza, il giorno stesso dell'udienza fissata a norma dell'articolo 316 del codice, su presentazione da parte del cancelliere dell'atto, il capo dell'ufficio del giudice di pace designa il magistrato che viene incaricato dell'istruzione della causa (1).

Se nel giorno fissato per la comparizione l'udienza è tenuta da un magistrato diverso da quello designato, la causa, dopo la costituzione delle parti, è rinviata d'ufficio alla prima udienza del magistrato designato.

(1) *Questo comma è stato così sostituito dall'art. 121 del D.L.vo 19 febbraio 1998, n. 51, recante l'istituzione del giudice unico, a decorrere dal 2 giugno 1999.*

57. Rinvio dell'udienza di comparizione. – Se non vi è udienza nel giorno fissato nell'atto di citazione o nel processo verbale indicato nell'art. 316 (1) secondo comma del codice, la comparizione s'intende rimandata all'udienza immediatamente successiva tenuta dal giudice designato (318[3] c.p.c.).

Se nell'udienza di comparizione non possono essere sentite le parti, [il pretore o] (2) il giudice di pace dà atto nel processo verbale della loro comparizione e rimanda la causa all'udienza immediatamente successiva.

(1) *Le parole: «nell'art. 312» sono state sostituite dalle parole: «nell'art. 316» dall'art. 122 del D.L.vo 19 febbraio 1998, n. 51, recante l'istituzione del giudice unico, a decorrere dal 2 giugno 1999.*

(2) *Le parole: «il pretore o» sono state soppresse dall'art. 122 del D.L.vo 19 febbraio 1998, n. 51, recante l'istituzione del giudice unico, a decorrere dal 2 giugno 1999.*

58. Mancanza di dichiarazione di residenza o di elezione di domicilio. – Alla parte, che non ha fatto dichiarazione di residenza o elezione di domicilio a norma dell'art. 319 (1) del codice, le notificazioni e le comunicazioni durante il procedimento possono essere fatte presso la cancelleria, salvo contrarie disposizioni di legge.

(1) *Le parole: «a norma dell'art. 314» sono state sostituite dalle attuali: «a norma dell'art. 319» dall'art. 123 del D.L.vo 19 febbraio 1998, n. 51, recante l'istituzione del giudice unico, a decorrere dal 2 giugno 1999.*

59. Dichiarazione di contumacia. – La dichiarazione di contumacia della parte non costituita è fatta [dal pretore o] (1) dal giudice di pace a norma dell'art. 171 ultimo comma del codice, quando è decorsa almeno un'ora dall'apertura dell'udienza.

(1) *Le parole: «dal pretore o» sono state soppresse dall'art. 124 del D.L.vo 19 febbraio 1998, n. 51, recante l'istituzione del giudice unico, a decorrere dal 2 giugno 1999.*

60. Tempo degli atti di istruzione. – Gli atti di istruzione debbono essere assunti [dal pretore o] (1) dal giudice di pace non oltre la terza udienza successiva a quella in cui sono stati ammessi o alla comunicazione dell'ordinanza di ammissione, se questa non è stata pronunziata in udienza (312 c.p.c.).

(1) *Le parole: «dal pretore o» sono state soppresse dall'art. 124 del D.L.vo 19 febbraio 1998, n. 51, recante l'istituzione del giudice unico, a decorrere dal 2 giugno 1999.*

61. (1) **Ordine di trattazione e discussione delle cause.** – Nella trattazione e nella discussione il giudice di pace deve dare la precedenza alle cause per le quali sono stati abbreviati i termini a norma dell'articolo 163 *bis* del codice.

(1) *Questo articolo è stato così sostituito dall'art. 125 del D.L.vo 19 febbraio 1998, n. 51, recante l'istituzione del giudice unico, a decorrere dal 2 giugno 1999.*

62. Udienza di discussione. – [Il pretore o] (1) il giudice di pace, quando dichiara chiusa l'istruzione, invita le parti a formulare nella stessa udienza o in una udienza successiva le conclusioni che, a norma dell'art. 189 del codice, intendono sottoporre alla sua decisione e a procedere alla discussione della causa.

L'udienza di discussione può essere rinviata soltanto una volta, per grave impedimento dell'ufficio o delle parti da specificarsi nel provvedimento di rinvio.

(1) *Le parole: «il pretore o» sono state soppresse dall'art. 126 del D.L.vo 19 febbraio 1998, n. 51, recante l'istituzione del giudice unico, a decorrere dal 2 giugno 1999.*

63. Giudice decidente. – La causa deve essere decisa [dal pretore o] (1) dal giudice di pace che ha proceduto all'istruzione, salvo che sia stato sostituito a norma dell'art. 174 del codice.

(1) *Le parole: «dal pretore o» sono state soppresse dall'art. 124 del D.L.vo 19 febbraio 1998, n. 51, recante l'istituzione del giudice unico, a decorrere dal 2 giugno 1999.*

64. (1) **[Pubblicazione della sentenza.** – La sentenza è depositata in cancelleria (133 c.p.c.) entro quindici giorni dalla discussione].

(1) *Questo articolo è stato abrogato dall'art. 127 del D.L.vo 19 febbraio 1998, n. 51, recante l'istituzione del giudice unico, a decorrere dal 2 giugno 1999.*

65. Querela di falso. – [Il pretore o] (1) il giudice di pace, quando rimette le parti davanti al tribunale per il processo di falso (221 ss., 313 c.p.c.), stabilisce un termine perentorio (152, 153 c.p.c.) entro il quale le parti stesse debbono riassumere la causa davanti al tribunale.

(1) *Le parole: «il pretore o» sono state soppresse dall'art. 126 del D.L.vo 19 febbraio 1998, n. 51, recante l'istituzione del giudice unico, a decorrere dal 2 giugno 1999.*

Sezione II
Disposizioni speciali per il procedimento davanti al giudice di pace (1)

(1) *Vedi nota (1) sub capo I.*

66. [Tempo degli atti dei conciliatori. – I conciliatori possono esercitare le funzioni e compiere gli atti di loro competenza anche nei giorni festivi] (1).

(1) *Articolo abrogato dall'art. 47 della L. 21 novembre 1991, n. 374, recante l'istituzione del giudice di pace, a decorrere dal 1° maggio 1995.*

67. [Luogo delle udienze. – I conciliatori tengono le udienze nella casa comunale o in altra destinata dal comune.

Il conciliatore in caso di urgenza può sentire le parti e provvedere sulle loro istanze nella propria abitazione, ma non vi può tenere l'udienza di discussione] (1).

(1) *Articolo abrogato dall'art. 47 della L. 21 novembre 1991, n. 374, recante l'istituzione del giudice di pace, a decorrere dal 1° maggio 1995.*

68. Istanza di conciliazione. – L'istanza di conciliazione in sede non contenziosa (322 ss. c.p.c.) può essere proposta al giudice di pace con ricorso (125 c.p.c.) o verbalmente.

Se l'istanza è proposta con ricorso, il giudice di pace fa invitare (136 c.p.c.) dal cancelliere le parti a comparire davanti a lui in un giorno e in un'ora determinati per cercare di conciliarle (320 c.p.c.).

Se è proposta verbalmente, il giudice di pace redige di essa processo verbale (322 c.p.c.) e dà la disposizione di cui al comma precedente.

69. Mancata comparizione della parte invitata. – Se la parte invitata non si presenta, il giudice di pace ne dà atto nel processo verbale; di questo la parte istante può ottenere copia.

Capo II
Del procedimento davanti al tribunale

Sezione I
Dell'introduzione della causa

69 *bis*. (1) **Determinazione delle udienze di prima comparizione.** – Il decreto del presidente del tribunale, che stabilisce, a norma del secondo comma dell'art. 163 del codice, i giorni della settimana e le ore delle udienze destinate esclusivamente alla prima comparizione delle parti, deve essere affisso in tutte le sale d'udienza del tribunale entro il 30 novembre di ogni anno e rimanervi durante il successivo anno giudiziario cui si riferisce.

(1) *Articolo aggiunto dall'art. 18 del D.P.R. 17 ottobre 1950, n. 857 e poi così sostituito dall'art. 78 della L. 26 novembre 1990, n. 353, a decorrere dal 30 aprile 1995.*

70. ([1]) **Istanza di abbreviazione dei termini di comparizione.** – L'istanza di abbreviazione dei termini di comparizione, prevista nell'art. 163 *bis* ultimo comma del codice, è proposta con ricorso (125 c.p.c.) diretto al presidente del tribunale, ovvero, se la causa è stata già assegnata ad una sezione, al presidente di questa.

Il decreto del presidente, scritto in calce al ricorso, fissa l'udienza di prima comparizione e deve essere comunicato (136 c.p.c.), insieme col ricorso stesso, ai procuratori delle parti costituite almeno cinque giorni liberi prima dell'udienza fissata dal presidente. Alle parti non costituite il decreto e il ricorso debbono essere notificati (137 ss. c.p.c.) personalmente in un congruo termine stabilito dal presidente.

Se all'udienza fissata dal presidente non compariscono tutte le parti alle quali deve essere fatta la comunicazione o la notificazione, il giudice istruttore verifica la regolarità della comunicazione o della notificazione, e ne ordina, quando occorre, la rinnovazione, fissando una nuova udienza di prima comparizione. In tal caso deve essere osservato per la comunicazione lo stesso termine stabilito nel comma precedente; per la notificazione alle parti non costituite il giudice istruttore stabilisce un nuovo termine congruo.

([1]) *Articolo così sostituito dall'art. 19 del D.P.R. 17 ottobre 1950, n. 857.*

70 *bis*. ([1]) **Computo dei termini di comparizione.** – I termini di comparizione, stabiliti nell'art. 163 *bis* del codice, debbono essere osservati in relazione all'udienza fissata nell'atto di citazione, anche se la causa è rinviata ad altra udienza a norma dell'art. 168 *bis* quarto comma dello stesso codice.

([1]) *Articolo aggiunto dall'art. 20 del D.P.R. 17 ottobre 1950, n. 857.*

70 *ter*. ([1]) **Notificazione della comparsa di risposta.** – La citazione può anche contenere, oltre a quanto previsto dall'articolo 163, terzo comma, numero 7, del codice, l'invito al convenuto o ai convenuti, in caso di pluralità degli stessi, a notificare al difensore dell'attore la comparsa di risposta ai sensi dell'articolo 4 del decreto legislativo 17 gennaio 2003, n. 5, entro un termine non inferiore a sessanta giorni dalla notificazione della citazione, ma inferiore di almeno dieci giorni al termine indicato ai sensi del primo comma dell'articolo 163 *bis* del codice.

Se tutti i convenuti notificano la comparsa di risposta ai sensi del precedente comma, il processo prosegue nelle forme e secondo le modalità previste dal decreto legislativo 17 gennaio 2003, n. 5.

([1]) *Questo articolo è stato inserito dall'art. 2, comma 3 ter, lett. a), del D.L. 14 marzo 2005, n. 35, convertito, con modificazioni, nella L. 14 maggio 2005, n. 80.*

A norma dell'art. 2, comma 3 quinquies, dello stesso provvedimento, come modificato dall'art. 1, comma 6, della L. 28 dicembre 2005, n. 263 e dall'art. 39 quater del D.L. 30 dicembre 2005, n. 273, convertito, con modificazioni, nella L. 23 febbraio 2006, n. 51, questa disposizione entra in vigore il 1° marzo 2006 e si applica ai procedimenti instaurati successivamente a tale data.

71. ([1]) **Nota d'iscrizione a ruolo.** – La nota d'iscrizione della causa nel ruolo generale (165, 168, 347 c.p.c.) deve contenere l'indicazione delle parti, nonché le generalità ed il codice fiscale ove attribuito della parte che iscrive la causa a ruolo ([2]) del procuratore che si costituisce, dell'oggetto della domanda, della data di notificazione della citazione, e dell'udienza fissata per la prima comparizione delle parti (163 n. 7 c.p.c.).

([1]) *Articolo così sostituito dall'art. 21 del D.P.R. 17 ottobre 1950, n. 857. Si veda anche la L. 7 febbraio 1979, n. 59 che apporta modifiche ai servizi di cancelleria.*

([2]) *Le parole: «l'indicazione delle parti,» sono state così sostituite dalle attuali da: «l'indicazione della parti, ...» fino a: «... la causa a ruolo» dall'art. 3 del D.L. 11 marzo 2002, n. 28, convertito, con modificazioni, nella L. 10 maggio 2002, n. 91.*

72. Deposito del fascicolo di parte e iscrizione a ruolo. – Insieme con la nota d'iscrizione a ruolo la parte deve consegnare al cancelliere il proprio fascicolo (165, 166, 168 c.p.c.). Esso è custodito in unica cartella col fascicolo d'ufficio che il cancelliere forma a norma dell'art. 168 secondo comma del codice.

Nella stessa cartella sono custoditi i fascicoli delle parti che si costituiscono successivamente.

73. Copia degli atti di parte. – Le parti debbono consegnare al cancelliere insieme col proprio fascicolo le copie degli atti di parte, che a norma dell'art. 168 secondo comma del codice debbono essere inserite nel fascicolo d'ufficio.

Il cancelliere deve rifiutare di ricevere il fascicolo di parte che non contenga le copie degli atti indicate nel comma precedente.

74. Contenuto del fascicolo di parte. – Gli atti e i documenti di causa sono inseriti in sezioni separate del fascicolo di parte (165, 166, 267, 271 c.p.c.).

Gli atti sono costituiti dagli originali o dalle copie notificate della citazione, della comparsa di risposta o d'intervento, delle memorie, delle comparse conclusionali e delle sentenze.

Sulla copertina del fascicolo debbono essere iscritte le indicazioni richieste per il fascicolo d'ufficio (168 c.p.c.).

Il cancelliere, dopo aver controllato la regolarità anche fiscale degli atti e dei documenti, sottoscrive l'indice del fascicolo ogni volta che viene inserito in esso un atto o documento.

75. Nota delle spese. – Il difensore al momento del passaggio in decisione della causa (190, 275 c.p.c.) deve unire al fascicolo di parte la nota delle spese (90, 91 c.p.c.), indicando in modo distinto e specifico gli onorari e le spese, con riferimento all'articolo della tariffa dal quale si desume ciascuna partita.

76. Potere delle parti sui fascicoli. – Le parti o i loro difensori muniti di procura (1) possono esaminare gli atti e i documenti inseriti nel fascicolo d'ufficio (168 c.p.c.) e in quelli delle altre parti (165, 166, 271, 274 c.p.c.) e farsene rilasciare copia dal cancelliere, osservate le leggi sul bollo.

(1) *Le originarie parole «regolarmente costituiti» sono state sostituite dalle attuali, dall'art. 7 del D.L. 7 ottobre 1994, n. 571, convertito, con modificazioni, nella L. 6 dicembre 1994, n. 673.*

77. Ritiro del fascicolo di parte. – Per ritirare il proprio fascicolo a norma dell'art. 169 del codice, la parte deve fare istanza con ricorso al giudice istruttore. Il ricorso e il decreto di autorizzazione sono inseriti dal cancelliere nel fascicolo d'ufficio (168 c.p.c.).

In calce al decreto il cancelliere fa scrivere la dichiarazione di ritiro del fascicolo e annota la restituzione di esso.

Sezione II
Dell'istruzione della causa

78. Astensione del giudice istruttore. – Il giudice istruttore, che riconosce l'esistenza di un motivo di astensione a norma dell'art. 51 del codice, deve farne espressa dichiarazione oppure istanza scritta al presidente del tribunale appena ricevuto il decreto di nomina.

Se il motivo d'astensione sorge dopo che l'istruzione è iniziata, il giudice istruttore ne dà subito notizia al capo dell'ufficio giudiziario competente e dichiara o chiede di astenersi.

79. Sostituzione del giudice istruttore. – La sostituzione del giudice istruttore nei casi previsti nell'art. 174 del codice è disposta d'ufficio o su istanza di parte.

L'istanza è proposta con ricorso (125 c.p.c.) al presidente del tribunale, il quale provvede con decreto (135) designando altro giudice della stessa sezione.

L'istanza e il decreto sono inseriti nel fascicolo d'ufficio (168 c. p.c.).

80. (1) **Determinazione delle udienze dei giudici istruttori.** – Il presidente del tribunale stabilisce con decreto, al principio e alla metà dell'anno giudiziario, i giorni della settimana e le ore in cui egli stesso, i presidenti di sezione e ciascun giudice istruttore debbono tenere le udienze destinate esclusivamente alla prima comparizione delle parti (163², 183 c.p.c.), e le udienze d'istruzione (69 *bis*). Il decreto deve rimanere affisso in tutte le sale d'udienza del tribunale durante il periodo al quale si riferisce. Se nel corso dell'anno uno o più giudici istruttori cessano di fare parte del tribunale, o della sezione, debbono di volta in volta essere apportate al decreto le necessarie modificazioni (168 *bis* c.p.c.).

(1) *Articolo così sostituito dall'art. 22 del D.P.R. 17 ottobre 1950, n. 857.*

80 *bis*. (1) **Rinvio al collegio nell'udienza di prima comparizione.** – La rimessione al collegio, a norma dell'art. 187 del codice, può essere disposta dal giudice istruttore anche nell'udienza destinata esclusivamente alla prima comparizione delle parti (183 c.p.c.).

(1) *Articolo aggiunto dall'art. 23 del D.P.R. 17 ottobre 1950, n. 857.*

81. (1) **Fissazione delle udienze d' istruzione.** – Le udienze di istruzione per ogni causa sono fissate di volta in volta dal giudice istruttore (175, 202 c.p.c.).

Nello stesso processo l'intervallo tra l'udienza destinata esclusivamente alla prima comparizione delle parti e la prima udienza d'istruzione, e quello tra le successive udienze di istruzione, non può essere superiore a quindici giorni salvo che, per speciali circostanze, delle quali dovrà farsi menzione nel provvedimento, sia necessario un intervallo maggiore.

(1) *Articolo così sostituito dall'art. 24 del D.P.R. 17 ottobre 1950, n. 857.*

81 *bis*. (1) **Calendario del processo.** – [Il giudice, quando provvede sulle richieste istruttorie, sentite le parti e tenuto conto della natura, dell'urgenza e della complessità della causa, fissa, nel rispetto del principio di ragionevole durata del processo, il calendario delle udienze successive, indicando gli incombenti che verranno in ciascuna di esse espletati, compresi quelli di cui all'articolo 189, primo comma] (2). I termini fissati nel calendario possono essere prorogati, anche d'ufficio, quando sussistono gravi motivi sopravvenuti. La proroga deve essere richiesta dalle parti prima della scadenza dei termini (3).

Il mancato rispetto dei termini fissati nel calendario [di cui al comma precedente] (4) da parte del giudice, del difensore o del consulente tecnico d'ufficio può costituire violazione disciplinare, e può essere considerato ai fini della valutazione di professionalità e della nomina o conferma agli uffici direttivi e semidirettivi (5). Il rispetto del termine di cui all'articolo 473 *bis*.14, terzo comma, del codice è tenuto in considerazione nella formulazione dei rapporti per le valutazioni di professionalità (6).

Quando il difensore documenta il proprio stato di gravidanza, il giudice, ai fini della fissazione del calendario del processo ovvero della proroga dei termini in esso previsti, tiene conto del periodo compreso tra i due mesi precedenti la data presunta del parto e i tre mesi successivi. La disposizione del primo periodo si applica anche nei casi di adozione nazionale e internazionale nonché di affidamento del minore avendo riguardo ai periodi previsti dall'articolo 26 del testo unico delle disposizioni legislative in materia di tutela e sostegno della maternità e della paternità, di cui al decreto legislativo 26 marzo 2001, n. 151. Dall'applicazione del presente comma non può derivare grave pregiudizio alle parti nelle cause per le quali è richiesta un'urgente trattazione (7).

(1) *Questo articolo è stato inserito dall'art. 52, comma 2, della L. 18 giugno 2009, n. 69, a decorrere dal 4 luglio 2009. Ai sensi dell'art. 58, comma 1, della predetta legge, tale disposizione si applica ai giudizi instaurati dopo la data della sua entrata in vigore.*

(2) *Questo periodo è stato soppresso dall'art. 4, comma 4, lett. a), n. 1), del D.L.vo 10 ottobre 2022, n. 149, a decorrere dal 28 febbraio 2023.*

(3) *Questo comma è stato così sostituito dall'art. 1 ter, comma 1, lett. a), del D.L. 13 agosto 2011, n. 138, convertito, con modificazioni, nella L. 14 settembre 2011, n. 148. A norma dell'art. 1 ter, comma 2, dello stesso decreto legge, tale disposizione si applica alle controversie instaurate successivamente alla data di entrata in vigore della legge di conversione.*

(4) *Le parole tra parentesi quadrate sono state soppresse dall'art. 4, comma 4, lett. a), n. 2), del D.L.vo 10 ottobre 2022, n. 149, a decorrere dal 28 febbraio 2023.*

(5) *Questo comma è stato inserito dall'art. 1 ter, comma 1, lett. b), del D.L. 13 agosto 2011, n. 138, convertito, con modificazioni, nella L. 14 settembre 2011, n. 148. A norma dell'art. 1 ter, comma 2, dello stesso decreto legge, tale disposizione si applica alle controversie instaurate successivamente alla data di entrata in vigore della legge di conversione.*

(6) *Questo periodo è stato aggiunto dall'art. 4, comma 4, lett. a), n. 2), del D.L.vo 10 ottobre 2022, n. 149, a decorrere dal 28 febbraio 2023.*

(7) *Questo comma è stato aggiunto dall'art. 1, comma 465, della L. 27 dicembre 2017, n. 205, a decorrere dal 1° gennaio 2018.*

82. (1) **Rinvio delle udienze di prima comparizione e d'istruzione.** – Qualora il giudice istruttore designato (168 *bis* c.p.c.) non tenga udienza nel giorno fissato per la prima comparizione delle parti, questa si intende rinviata d'ufficio alla udienza di prima comparizione immediatamente successiva, assegnata allo stesso giudice (2).

La stessa disposizione si applica anche nel caso che il presidente abbia designato un giudice diverso da quelli che tengono udienze di prima comparizione nel giorno fissato dall'attore (163) (2).

Se nel giorno fissato non si tiene udienza d'istruzione per festività sopravvenuta o impedimento del giudice istruttore, ovvero per qualsiasi altro motivo, la causa s'intende rinviata d'ufficio alla prima udienza d'istruzione immediatamente successiva.

Il giudice istruttore può, su istanza di parte o d'ufficio, fissare altra udienza d'istruzione (175 c.p.c.), ferme le disposizioni dell'articolo precedente. Il decreto è comunicato (136 c.p.c.) dal cancelliere alle parti non presenti alla pronuncia del provvedimento.

Se le parti alle quali deve essere fatta la comunicazione prevista nel primo e nel terzo comma precedenti, o alcuna di esse, non compariscono nella nuova udienza, il giudice istruttore verifica la regolarità della comunicazione e ne ordina, quando occorre, la rinnovazione, rinviando la causa, secondo i casi, all'udienza di prima comparizione immediatamente successiva, ovvero ad altra udienza d'istruzione (115).

(1) *Articolo così sostituito dall'art. 24 del D.P.R. 17 ottobre 1950, n. 857.*

(2) *Il primo e il secondo comma così sostituiscono l'originario comma primo a norma dell'art. 79 della L. 26 novembre 1990, n. 353, a decorrere dal 30 aprile 1995.*

83. Ordine di trattazione delle cause. – Il giudice istruttore fissa l'ordine di trattazione delle cause, dando la precedenza a quelle per le quali sono stato abbreviati i termini

(163 *bis* c.p.c.) e a quelle rinviate a norma degli articoli precedenti.

83 *bis*. (1) Trattazione scritta della causa. – Il giudice istruttore, quando autorizza la trattazione scritta della causa, a norma dell'art. 180 primo comma del codice, può stabilire quale delle parti deve comunicare per prima la propria comparsa, ed il termine entro il quale l'altra parte deve rispondere.

(1) *Articolo aggiunto dall'art. 26 del D.P.R. 17 ottobre 1950, n. 857. Questa disposizione va coordinata con le modifiche apportate dalla L. 26 novembre 1990, n. 353, a decorrere dal 30 aprile 1995 (nuovo testo degli artt. 183, 190* bis*, 275) e con le modifiche apportate dal D.L. 14 marzo 2005, n. 35, convertito, con modificazioni, nella L. 14 maggio 2005, n. 80, che hanno, tra l'altro, soppresso l'udienza di cui all'art. 180 c.p.c.*

83 *ter*. (1) Inosservanza delle disposizioni sulle attribuzioni delle sezioni distaccate del tribunale. – L'inosservanza delle disposizioni di ordinamento giudiziario relative alla ripartizione tra sede principale e sezioni distaccate, o tra diverse sezioni distaccate, delle cause nelle quali il tribunale giudica in composizione monocratica è rilevata non oltre l'udienza di prima comparizione.

Il giudice, se ravvisa l'inosservanza o ritiene comunque non manifestamente infondata la relativa questione, dispone la trasmissione del fascicolo d'ufficio al presidente del tribunale, che provvede con decreto non impugnabile.

(1) *Questo articolo è stato inserito dall'art. 128 del D.L.vo 19 febbraio 1998, n. 51, recante l'istituzione del giudice unico, a decorrere dal 2 giugno 1999.*

84. Svolgimento delle udienze. – Le udienze del giudice istruttore non sono pubbliche (128 c.p.c.).

Per ciascuna causa sono ammessi davanti al giudice i difensori delle parti e le parti stesse. Queste debbono assistere all'udienza in silenzio, salvo che non ottengano dal giudice, a mezzo del proprio difensore, l'autorizzazione ad interloquire (127, 129 c.p.c.).

Le parti e i loro difensori non possono dettare le loro deduzioni nel processo verbale (126, 130 c.p.c.) se non ne sono autorizzati dal giudice.

85. Istanza per imposizione di cauzione. – L'istanza del convenuto per l'imposizione di una cauzione all'attore, a norma dell'art. 98 del codice (1), deve essere proposta nella prima udienza di trattazione della causa.

L'istanza può essere proposta successivamente quando è giustificata da fatti sopravvenuti o non conosciuti al tempo della prima udienza.

(1) *L'art. 98 c.p.c. è stato dichiarato illegittimo dalla Corte costituzionale con sentenza 29 novembre 1960, n. 67.*

86. Forma della cauzione. – Salvo che sia diversamente disposto dal giudice a norma dell'art. 119 del codice, la cauzione deve essere prestata in danaro o in titoli del debito pubblico nei modi stabiliti per i depositi giudiziari.

Il documento contenente la prova del versamento è inserito nel fascicolo d'ufficio (168 c.p.c.).

87. (1) Produzione dei documenti. – I documenti offerti in comunicazione dalle parti dopo la costituzione sono prodotti mediante deposito ai sensi dell'articolo 196 *quater* e il relativo elenco deve essere comunicato alle altre parti nelle forme stabilite dall'articolo 170, quarto comma, del codice. Se nel corso dell'udienza emerge la necessità di produrre documenti, il giudice, su istanza di parte, può assegnare termine per il deposito degli stessi nel fascicolo informatico.

(1) *Questo articolo è stato da ultimo così sostituito dall'art. 4, comma 4, lett.* b)*, del D.L.vo 10 ottobre 2022, n. 149, a decorrere dal 28 febbraio 2023.*
Si riporta il testo precedente:
«Art. 87 - Produzione dei documenti
I documenti offerti in comunicazione dalle parti dopo la costituzione sono prodotti mediante deposito in cancelleria, ed il relativo elenco deve essere comunicato alle altre parti nelle forme stabilite dall'art. 170 ultimo comma del codice. Possono anche essere prodotti all'udienza; in questo caso dei documenti prodotti si fa menzione nel verbale (126, 130, 183, 184 c.p.c.).».

88. Processo verbale di avvenuta conciliazione. – La convenzione conclusa tra le parti per effetto della conciliazione davanti al giudice istruttore è raccolta in separato processo verbale, sottoscritto dalle parti stesse, dal giudice e dal cancelliere (185[3] c.p.c.).

Quando il verbale di udienza, contenente gli accordi di cui al primo comma ovvero un verbale di conciliazione ai sensi degli articoli 185 e 420 del codice, è redatto con strumenti informatici, della sottoscrizione delle parti, del cancelliere e dei difensori tiene luogo apposita dichiarazione del giudice che tali soggetti, resi pienamente edotti del contenuto degli accordi, li hanno accettati. Il verbale di conciliazione recante tale dichiarazione ha valore di titolo esecutivo e gli stessi effetti della conciliazione sottoscritta in udienza (1).

Se la conciliazione avviene tra i procuratori non autorizzati a conciliare, il giudice ne prende atto nel processo verbale d'udienza e fissa un'udienza per la comparizione delle parti e per la formazione del processo verbale indicato nel comma precedente.

Se le parti non risiedono nella circoscrizione del giudice, questi può autorizzarle a ratificare la convenzione conclusa dai procuratori con dichiarazione ricevuta dal cancelliere della pretura della loro residenza (43 c.c.) o, se il luogo di residenza non è sede di pretura, da notaio, fissando all'uopo un termine. La dichiarazione di ratifica è unita al processo verbale d'udienza contenente la convenzione.

(1) *Questo comma è stato inserito dall'art. 3, comma 1 bis, del D.L. 30 aprile 2020, n. 28, convertito, con modificazioni, nella L. 25 giugno 2020, n. 70.*

89. Ordinanza sull'astensione o ricusazione del consulente tecnico. – L'ordinanza sull'astensione o sulla ricusazione del consulente tecnico prevista nell'art. 192 del codice è scritta in calce al ricorso del consulente o della parte (63 c.p.c.).

Il ricorso e l'ordinanza sono inseriti nel fascicolo d'ufficio (168 c.p.c.).

90. Indagini del consulente senza la presenza del giudice. – Il consulente tecnico che, a norma dell'art. 194 del codice, è autorizzato a compiere indagini senza che sia presente il giudice, deve dare comunicazione alle parti del giorno, ora e luogo di inizio delle operazioni, con dichiarazione inserita nel processo verbale d'udienza o con biglietto (136 c.p.c.) a mezzo del cancelliere.

Il consulente non può ricevere altri scritti difensionali oltre quelli contenenti le osservazioni e le istanze di parte consentite dall'art. 194 del codice.

In ogni caso deve essere comunicata alle parti avverse copia degli scritti defensionali.

91. Comunicazioni a consulenti di parte. – Nella dichiarazione di cui all'art. 201 primo comma del codice deve essere indicato il domicilio (43 c.c.) o il recapito del consulente della parte.

Il cancelliere deve dare comunicazione (136 c.p.c.) al consulente tecnico di parte, regolarmente nominato, delle indagini predisposte dal consulente d'ufficio, perché vi possa assistere a norma degli artt. 194 e 201 del codice.

92. Questioni sorte durante le indagini del consulente. – Se, durante le indagini che il consulente tecnico compie da sé solo (194¹, 195² c.p.c.), sorgono questioni sui suoi poteri o sui limiti dell'incarico conferitogli, il consulente deve informarne il giudice, salvo che la parte interessata vi provveda con ricorso (195 c.p.c.).

Il ricorso della parte non sospende le indagini del consulente.

Il giudice, sentite le parti, dà i provvedimenti opportuni.

93. Assistenza alla persona sottoposta all'ispezione. – Chi è sottoposto ad ispezione corporale (260 c.p.c.) può farsi assistere da persona di sua fiducia che sia riconosciuta idonea dal giudice (118, 258, 260, 696 c.p.c.).

94. Istanza di esibizione. – L'istanza di esibizione di un documento o di una cosa in possesso di una parte o di un terzo (210 c.p.c.) deve contenere la specifica indicazione del documento o della cosa e, quando è necessario, l'offerta della prova che la parte o il terzo li possiede (118 c.p.c.).

95. Notificazione dell'ordinanza di esibizione. – Il giudice, nell'ordinanza con la quale dispone l'esibizione di un documento o di una cosa in possesso di una parte contumace o di un terzo, fissa il termine entro il quale l'ordinanza deve essere notificata e indica la parte che deve provvedere alla notificazione (118, 210², 211 c.p.c.).

96. Informazioni della pubblica amministrazione. – La nota contenente le informazioni, che la pubblica amministrazione fornisce su richiesta del giudice a norma dell'art. 213 del codice, è inserita nel fascicolo d'ufficio.

97. Divieto di private informazioni. – Il giudice non può ricevere private informazioni sulle cause pendenti davanti a sé, né può ricevere memorie se non per mezzo della cancelleria (115 c.p.c.).

98. Deposito di documenti fatto da pubblico depositario. – Il pubblico depositario, al quale è stato ordinato dal giudice istruttore il deposito in cancelleria delle scritture di comparazione a norma dell'art. 218 del codice, deve farne copia.

Le copie sono verificate dal cancelliere che della verificazione redige processo verbale. Questo è conservato in cancelleria unitamente alle scritture originali e una copia di esso è consegnata al depositario.

Il pubblico depositario può rilasciare copia della scrittura in base a quella da lui fatta, facendo menzione del processo verbale di verificazione di cui al comma precedente (224 c.p.c.).

99. Proposizione della querela di falso. – La querela di falso (221 c.p.c.) proposta con atto di citazione deve essere confermata nella prima udienza davanti al giudice istruttore dalla parte personalmente o dal difensore munito di procura speciale.

Se la parte che propone personalmente in udienza la querela di falso è analfabeta, la dichiarazione è raccolta dal cancelliere in apposito processo verbale (126, 130 c.p.c.) che tiene luogo della dichiarazione scritta.

100. Copie del documento impugnato. – Il cancelliere non può rilasciare copia del documento impugnato di falso che si trova depositato in cancelleria (223 c.p.c.) senza l'autorizzazione del giudice istruttore.

L'autorizzazione è data con decreto (135 c.p.c.).

101. Rinvio. – Nel procedimento di falso (221 ss. c.p.c.) si osservano, in quanto applicabili, le disposizioni del codice relative alla verificazione di scrittura privata (214 ss. c.p.c.).

102. Ammissione d'interrogatorio o di prova. – Nell'ordinanza che ammette l'interrogatorio (230 c.p.c.) o la prova testimoniale (244 ss. c.p.c.) non è necessario che siano ripetuti i capitoli relativi, se il giudice fa richiamo a quelli contenuti nell'atto di citazione e nella comparsa di risposta o nei processi verbali di causa.

103. Termine per l'intimazione al testimone. – L'intimazione di cui all'art. 250 del codice deve essere fatta ai testimoni almeno sette giorni (1) prima dell'udienza in cui sono chiamati a comparire.

Con l'autorizzazione del giudice il termine può essere ridotto nei casi di urgenza.

L'intimazione a cura del difensore contiene:

1) l'indicazione della parte richiedente e della controparte, nonché gli estremi dell'ordinanza con la quale è stata ammessa la prova testimoniale;

2) il nome, il cognome e il domicilio della persona da citare;

3) il giorno, l'ora e il luogo della comparizione, nonché il giudice davanti al quale la persona deve presentarsi;

4) l'avvertimento che, in caso di mancata comparizione senza giustificato motivo, la persona citata potrà essere condannata al pagamento di una pena pecuniaria non inferiore a 100 euro e non superiore a 1.000 euro (1).

(1) *Questo articolo è stato così modificato dall'art. 2, comma 2, della L. 28 dicembre 2005, n. 263.*

Ai sensi dell'art. 2, comma 4, del medesimo provvedimento, come modificato dall'art. 39 quater *del D.L. 30 dicembre 2005, n. 273, convertito, con modificazioni, nella L. 23 febbraio 2006, n. 51, questa disposizione entra in vigore il 1° marzo 2006 e si applica ai procedimenti instaurati successivamente a tale data.*

Si riporta l'articolo precedente:

«103. (Termine per l'intimazione al testimone). *L'intimazione di cui all'art. 250 del codice deve essere fatta ai testimoni almeno tre giorni prima dell'udienza in cui sono chiamati a comparire.*

«Con l'autorizzazione del giudice il termine può essere ridotto nei casi di urgenza».

103 *bis*. (1) (2) Modello di testimonianza. – La testimonianza scritta è resa su di un modulo conforme al modello approvato con decreto del Ministro della giustizia, che individua anche le istruzioni per la sua compilazione, da notificare unitamente al modello. Il modello, sottoscritto in ogni suo foglio dalla parte che ne ha curato la compilazione, deve contenere, oltre all'indicazione del procedimento e dell'ordinanza di ammissione da parte del giudice procedente, idonei spazi per l'inserimento delle complete generalità del testimone, dell'indicazione della sua residenza, del suo domicilio e, ove possibile, di un suo recapito telefonico. Deve altresì contenere l'ammonimento del testimone ai sensi dell'articolo 251 del codice e la formula del giuramento di cui al medesimo articolo, oltre all'avviso in ordine alla facoltà di astenersi ai sensi degli articoli 200, 201 e 202 del codice di procedura penale, con lo spazio per la sottoscrizione obbligatoria del testimone, nonché le richieste di cui all'articolo 252, primo comma, del codice, ivi compresa l'indicazione di eventuali rapporti personali con le parti, e la trascrizione dei quesiti ammessi, con l'avvertenza che il testimone deve rendere risposte specifiche e pertinenti a ciascuna domanda e deve altresì precisare se ha avuto conoscenza dei fatti oggetto della testimonianza in modo diretto o indiretto.

Al termine di ogni risposta è apposta, di seguito e senza lasciare spazi vuoti, la sottoscrizione da parte del testimone.

Le sottoscrizioni devono essere autenticate da un segretario comunale o dal cancelliere di un ufficio giudiziario. L'autentica delle sottoscrizioni è in ogni caso gratuita nonché esente dall'imposta di bollo e da ogni diritto.

(1) *Questo articolo è stato inserito dall'art. 52, comma 3, della L. 18 giugno 2009, n. 69, a decorrere dal 4 luglio 2009. Ai sensi dell'art. 58, comma 1, della predetta legge, tale disposizione si applica ai giudizi instaurati dopo la data della sua entrata in vigore.*

(2) *Si veda il D.M. 17 febbraio 2010, pubblicato nella* Gazzetta Ufficiale - Serie *gen. n. 49 del 1 marzo 2010, recante il modello di testimonianza scritta e le relative istruzioni per la sua compilazione.*

104. Mancata intimazione ai testimoni. – Se la parte senza giusto motivo non fa chiamare i testimoni davanti al giudice, questi la dichiara, anche d'ufficio, decaduta dalla prova, salvo che l'altra parte dichiari di avere interesse all'audizione (1).

Se il giudice riconosce giustificata l'omissione, fissa una nuova udienza per l'assunzione della prova.

(1) *Questo comma è stato così sostituito dall'art. 52, comma 4, della L. 18 giugno 2009, n. 69, a decorrere dal 4 luglio 2009. Ai sensi dell'art. 58, comma 1, della predetta legge, tale disposizione si applica ai giudizi instaurati dopo la data della sua entrata in vigore.*

Il testo precedente così disponeva: «Se la parte senza giusto motivo non fa chiamare i testimoni davanti al giudice, questi la dichiara decaduta dalla prova.».

105. Forma speciale di esame testimoniale. – La disposizione dell'art. 255 secondo comma del codice, relativa all'esenzione della comparizione dei testimoni davanti al giudice, si applica in ogni caso [ai Principi Reali], ai Cardinali che svolgono una funzione di rilievo particolare presso la Santa Sede (1) e ai Grandi Ufficiali dello Stato.

Rivestono funzioni di rilievo particolare presso la Santa Sede il cardinale decano del Sacro Collegio, i cardinali prefetti dei dicasteri della Curia romana aventi la qualifica di congregazione, il cardinale prefetto del Supremo tribunale della Segnatura apostolica ed il cardinale che presiede la Penitenzieria apostolica (2).

(1) *Le parole: «che svolgono una funzione di rilievo particolare presso la Santa Sede» sono state inserite dall'art. 5, comma 2, lett.* a), *della L. 22 aprile 2021, n. 70.*

(2) *Questo comma è stato aggiunto dall'art. 5, comma 2, lett.* b), *della L. 22 aprile 2021, n. 70.*

106. Disposizioni relative al testimone non comparso. – Il giudice istruttore può pronunciare i provvedimenti di cui all'art. 255 primo comma del codice contro il testimone non comparso dopo che è decorsa un'ora da quella indicata per la comparizione.

Il provvedimento di condanna costituisce titolo esecutivo (474 c.p.c.) contro il testimone.

107. (1) **[Liquidazione delle indennità ai testimoni.** – Il giudice, con provvedimento stesso in margine al processo verbale (126, 130, 207), liquida a norma di legge una indennità al testimone che ha reso la deposizione, quando esso non dichiara di rinunciarvi.

Il provvedimento costituisce titolo esecutivo (474 c.p.c.)].

(1) *Questo articolo è stato abrogato, a decorrere dal 1° luglio 2002, dall'art. 299 del D.P.R. 30 maggio 2002, n. 115.*

108. Procuratore autorizzato ad assistere alle prove delegate. – Il difensore munito di mandato alla lite può assistere all'assunzione delle prove che si eseguono fuori della circoscrizione del tribunale a norma dell'art. 203 del codice.

Il difensore stesso può anche incaricare un procuratore del luogo mediante delega scritta, che deve essere unita al processo verbale di assunzione della prova.

109. Ordinanza di pagamento durante il rendiconto. – L'ordinanza prevista nell'art. 264 ultimo comma del codice costituisce titolo esecutivo (474 c.p.c.).

110. (1) **[Fissazione dell'udienza di trattazione.** – Dichiarata chiusa l'assunzione della prova per esaurimento di essa o per decadenza delle parti, il giudice istruttore fissa una nuova udienza di trattazione (188 c.p.c.)].

(1) *Articolo abrogato dall'art. 89, comma secondo, della L. 26 novembre 1990, n. 353, a decorrere dal 30 aprile 1995.*

111. (1) **Produzione delle comparse.** – Le comparse debbono essere inserite nel fascicolo di parte quattro giorni prima dell'udienza che il giudice istruttore ha fissato per la discussione (190, 275 c.p.c.).

Il cancelliere non deve consentire che s'inseriscano nei fascicoli di parte (165, 166, 267, 271 c.p.c.) comparse che non risultano comunicate alle altre parti e di cui non gli sono contemporaneamente consegnate le copie in carta libera per il fascicolo d'ufficio e per gli altri componenti il collegio (114). Quando le comparse sono depositate con modalità telematiche, il presente comma non si applica (2).

L'inserzione tardiva delle comparse può essere autorizzata dal presidente del tribunale per gravi ragioni fino a due giorni prima dell'udienza.

Le comparse debbono essere scritte in carattere chiaro e facilmente leggibile, altrimenti la parte può rifiutarsi di riceverle e il cancelliere può non consentire che s'inseriscano nel fascicolo.

(1) *Le disposizioni contenute in questo articolo restano in vigore per quanto compatibili con gli artt. 190, 190 bis e 275, nel testo risultante dalle modifiche apportate con L. 26 novembre 1990, n. 353, a decorrere dal 30 aprile 1995.*

(2) *Questo periodo è stato aggiunto dall'art. 45, comma 1 bis, lett. a), del D.L. 24 giugno 2014, n. 90, convertito, con modificazioni, nella L. 11 agosto 2014, n. 114.*

112. Istanza di decisione secondo equità. – L'istanza per il giudizio di equità, consentita alle parti dall'art. 114 del codice, deve essere espressa in ogni caso nelle conclusioni prese a norma dell'art. 189 del codice.

112 *bis*. (1) **[Rimessione della causa al collegio in pendenza di reclamo.** – Fino a quando non siano decorsi i termini stabiliti dall'art. 178 quinto comma del codice, il giudice istruttore, davanti al quale è stato proposto il reclamo, può, d'ufficio, rimettere le parti al collegio a norma dell'art. 187 secondo e terzo comma dello stesso codice. In questo caso il giudice invita le parti a precisare le conclusioni a norma dell'art. 189 del codice].

(1) *Articolo aggiunto dall'art. 28 del D.P.R. 17 ottobre 1950, n. 857, ed ora abrogato dall'art. 89, comma secondo, della L. 26 novembre 1990, n. 353, a decorrere dal 30 aprile 1995.*

Sezione III
Della decisione della causa

113. (1) **Determinazione dei giorni delle camere di consiglio e composizione dei collegi.** – Al principio di ogni trimestre il presidente del tribunale o della sezione determina con decreto i giorni in cui si tengono le camere di consiglio e la composizione dei relativi collegi giudicanti.

Se alla camera di consiglio sono chiamati giudici in numero superiore a quello stabilito, il collegio, per ciascuna causa, è formato dal presidente, dal relatore e dal giudice più anziano.

(1) *Articolo così sostituito dall'art. 80 della L. 26 novembre 1990, n. 353, a decorrere dal 30 aprile 1995.*

114. (1) **Determinazione dei giorni d'udienza e composizione dei collegi.** – All'inizio di ciascun anno giudiziario, il presidente del tribunale stabilisce, con decreto approvato dal primo presidente della corte d'appello, i giorni della settimana e le ore in cui il tribunale o le sezioni tengono le udienze di discussione di cui ai commi terzo e quarto dell'art. 275 del codice.

Il decreto del presidente deve restare affisso per tutto l'anno in ciascuna sala di udienza del tribunale.

Al principio di ogni trimestre il presidente del tribunale determina con decreto la composizione del collegio giudicante per ogni udienza di discussione di cui ai commi terzo e quarto dell'art. 275 del codice.

Se all'udienza sono chiamati giudici in numero superiore a quello stabilito, il collegio, per ciascuna causa, è formato dal presidente, dal relatore e dal giudice più anziano.

(1) *Articolo così sostituito dall'art. 80 della L. 26 novembre 1990, n. 353, a decorrere dal 30 aprile 1995.*

115. Rinvio della discussione. – Si applica alle udienze del collegio la disposizione dell'art. 82.

Il collegio può inoltre rinviare la discussione (275 c.p.c.) della causa per non più di una volta soltanto per grave impedimento del tribunale o delle parti e non oltre la seconda udienza successiva a quella fissata dal giudice istruttore a norma dell'art. 190 del codice.

116. Ordine di discussione delle cause. – L'ordine di discussione (190 *bis*, 275 c.p.c.) delle cause per ciascuna udienza è fissato dal presidente ed è affisso il giorno precedente l'udienza alla porta della sala a questa destinata.

Le cause sono chiamate dall'ufficiale giudiziario di servizio secondo l'ordine stabilito, salvo che il presidente disponga altrimenti per ragioni di opportunità.

117. Svolgimento della discussione. – I difensori debbono leggere davanti al collegio le loro conclusioni e possono svolgere sobriamente le ragioni che le sorreggono (190 *bis*, 275 c.p.c.).

Essi debbono chiedere al presidente la facoltà di parlare e debbono dirigere la parola soltanto al tribunale. Il pubblico ministero ha la parola per ultimo.

Il presidente può consentire una sola replica. Non sono ammesse note di udienza dopo la discussione; ma il presidente può consentirle quando il pubblico ministero prende proprie conclusioni, produce documenti e deduce prove a norma dell'art. 3 ultimo comma e la causa non è rimessa al giudice istruttore (279 nn. 4 e 5 c.p.c.).

118. ([1]) **Motivazione della sentenza.** – La motivazione della sentenza di cui all'articolo 132, secondo comma, numero 4), del codice consiste nella succinta esposizione dei fatti rilevanti della causa e delle ragioni giuridiche della decisione, anche con riferimento a precedenti conformi ([2]).

Debbono essere esposte concisamente e in ordine le questioni discusse e decise dal collegio ed indicati le norme di legge e i principi di diritto applicati. Nel caso previsto nell'art. 114 del codice debbono essere esposte le ragioni di equità sulle quali è fondata la decisione.

In ogni caso deve essere omessa ogni citazione di autori giuridici.

La scelta dell'estensore della sentenza prevista nell'art. 276 ultimo comma del codice è fatta dal presidente tra i componenti il collegio che hanno espresso voto conforme alla decisione (131[3], 276 c.p.c.).

([1]) *Si veda l'art. 58, comma 2, della L. 18 giugno 2009, n. 69 che così dispone: «2. Ai giudizi pendenti in primo grado alla data di entrata in vigore della presente legge si applicano gli articoli 132, 345 e 616 del codice di procedura civile e l'articolo 118 delle disposizioni per l'attuazione del codice di procedura civile, come modificati dalla presente legge.».*

([2]) *Questo comma è stato così sostituito dall'art. 52, comma 5, della L. 18 giugno 2009, n. 69, a decorrere dal 4 luglio 2009.*

119. Redazione della sentenza. – L'estensore (276[5] c.p.c.) deve consegnare la minuta della sentenza da lui redatta al presidente del tribunale o della sezione. Il presidente, datane lettura, quando lo ritiene opportuno, al collegio, la sottoscrive insieme con l'estensore e la consegna al cancelliere, il quale scrive il testo originale o ne affida la scritturazione al dattilografo di ruolo, sotto la sua direzione, a norma dell'art. 132 del codice ([1]).

Il presidente e il relatore, verificata la corrispondenza dell'originale alla minuta consegnata al cancelliere, sottoscrivono la sentenza e la fanno sottoscrivere all'altro giudice (161 c.p.c.).

Il giudice che ha esteso la motivazione aggiunge la qualifica di estensore alla sua sottoscrizione (276 c.p.c.).

Quando la sentenza è pronunziata secondo equità (113 ss. c.p.c.) se ne deve dare atto nel dispositivo.

([1]) *Comma così modificato dall'art. 4 della L. 28 luglio 1960, n. 777.*

120. ([1]) [**Pubblicazione delle sentenze.** – Le sentenze debbono essere depositate, a norma dell'art. 133 del codice, non oltre il trentesimo giorno da quello della discussione della causa].

([1]) *Questo articolo è stato abrogato dall'art. 129 del D.L.vo 19 febbraio 1998, n. 51, recante l'istituzione del giudice unico, a decorrere dal 2 giugno 1999.*

121. Ordinanza di correzione delle sentenze. – L'ordinanza di correzione delle sentenze (288 c.p.c.) è notificata alle parti (137, 288[3] c.p.c.) a cura del cancelliere.

122. Forma dell'istanza per integrazione dei provvedimenti istruttori. – L'istanza per l'integrazione di un provvedimento istruttorio a norma dell'art. 289 del codice è fatta con ricorso diretto al giudice istruttore o, in mancanza, al presidente del collegio.

123. Avviso d'impugnazione alla cancelleria. – L'ufficiale giudiziario che ha notificato un atto d'impugnazione deve darne immediatamente avviso scritto al cancelliere del giudice che ha pronunciato la sentenza impugnata.

Il cancelliere deve fare annotazione dell'impugnazione sull'originale della sentenza.

123 *bis*. ([1]) **Trasmissione del fascicolo di ufficio al giudice superiore.** – Se l'impugnazione è proposta contro una sentenza non definitiva, non si applicano le disposizioni dell'articolo ([2]) 347 ultimo comma [e 369 ultimo comma] ([3]) del codice e dell'articolo 137 *bis* ([4]). Tuttavia il giudice dell'impugnazione può, se lo ritiene necessario, richiedere la trasmissione del fascicolo d'ufficio, ovvero ordinare alla parte interessata di produrre copia di determinati atti.

([1]) *Articolo aggiunto dall'art. 29 del D.P.R. 17 ottobre 1950, n. 857.*

([2]) *Le parole: «degli articoli» sono state così sostituite dalle attuali: «dell'articolo» dall'art. 4, comma 5, del D.L.vo 10 ottobre 2022, n. 149, a decorrere dal 28 febbraio 2023.*

([3]) *Le parole tra parentesi quadrate sono state soppresse dall'art. 4, comma 5, del D.L.vo 10 ottobre 2022, n. 149, a decorrere dal 28 febbraio 2023.*

([4]) *Le parole: «e dell'articolo 137 bis» sono state inserite dall'art. 4, comma 5, del D.L.vo 10 ottobre 2022, n. 149, a decorrere dal 28 febbraio 2023.*

124. Certificato di passaggio in giudicato della sentenza. – A prova del passaggio in giudicato della sentenza (324 c.p.c.) il cancelliere certifica, in calce alla copia contenente la relazione di notifica, che non è stato proposto nei termini di legge appello (339 c.p.c.) o ricorso per cassazione (360 c.p.c.), né istanza di revocazione per i motivi di cui ai nn. 4 e 5 dell'art. 395 del codice.

Ugualmente il cancelliere certifica in calce alla copia della sentenza che non è stata proposta impugnazione nel termine previsto dall'art. 327 del codice.

125. (1) **Riassunzione della causa.** – Salvo che dalla legge sia disposto altrimenti (303, 392 ss., 627 c.p.c.), la riassunzione della causa (125 *bis*, 129 *bis*, 133 *bis*; 39², 40, 50, 54, 307, 353, 355, 367 c.p.c.) è fatta con comparsa, che deve contenere:

1) l'indicazione del giudice davanti al quale si deve comparire;

2) il nome delle parti e dei loro difensori con procura;

3) il richiamo dell'atto introduttivo del giudizio;

4) l'indicazione dell'udienza in cui le parti debbono comparire, osservati i termini stabiliti dall'art. 163 *bis* del codice;

5) l'invito a costituirsi nei termini stabiliti dall'art. 166 del codice;

6) l'indicazione del provvedimento del giudice in base al quale è fatta la riassunzione, e, nel caso dell'art. 307 primo comma del codice, l'indicazione della data della notificazione della citazione non seguita dalla costituzione delle parti, ovvero del provvedimento che ha ordinato la cancellazione della causa dal ruolo.

Se, prima della riassunzione, il giudice istruttore abbia tenuto l'udienza di prima comparizione, e la causa debba essere riassunta davanti allo stesso giudice, le parti debbono essere citate a comparire in una udienza d'istruzione. Se il giudice istruttore già destinato non fa più parte del tribunale o della sezione, la parte che provvede alla riassunzione deve preliminarmente chiedere la sostituzione con ricorso al presidente del tribunale o della sezione.

La comparsa è notificata a norma dell'art. 170 del codice, ed alle parti non costituite deve essere notificata personalmente (138 c.p.c.).

(1) *Articolo così sostituito dall'art. 30 del D.P.R. 17 ottobre 1950, n. 857.*

125 *bis*. (1) **Riassunzione delle cause sospese durante l'istruzione.** – Se il giudice istruttore ha sospeso l'esecuzione o la prosecuzione dell'ulteriore istruzione a norma dell'art. 279 quarto comma del codice, le parti debbono riassumere la causa davanti a lui nelle forme stabilite dall'articolo che precede, entro il termine perentorio (152, 153 c.p.c.) di sei mesi dalla comunicazione della sentenza che definisce il giudizio sull'appello immediato che ha dato luogo alla sospensione (356, 392 c.p.c.).

(1) *Articolo aggiunto dall'art. 31 del D.P.R. 17 ottobre 1950, n. 857.*

126. Fascicolo della causa riassunta. – Il cancelliere del giudice davanti al quale la causa è riassunta deve immediatamente richiedere il fascicolo d'ufficio al cancelliere del giudice che ha precedentemente conosciuto della causa (186).

127. Riscossione della pena pecuniaria a carico dell'opponente. – La riscossione della pena pecuniaria, alla quale sia stato condannato il terzo opponente a norma dell'art. 408 del codice, è fatta dal cancelliere.

Capo III
Del procedimento d'appello

128. (1) **Determinazione dei giorni d'udienza.** – Il decreto del primo presidente della corte d'appello, che stabilisce, a norma dell'art. 163 secondo comma del codice, i giorni della settimana e le ore delle udienze destinate esclusivamente alla prima comparizione delle parti, deve essere affisso in tutte le sale d'udienza della corte d'appello entro il 30 novembre di ogni anno, e rimanervi durante il successivo anno giudiziario cui si riferisce.

Il primo presidente della corte d'appello stabilisce con decreto, al principio e alla metà dell'anno giudiziario, i giorni della settimana e le ore in cui debbono tenersi le udienze destinate esclusivamente alla prima comparizione delle parti, e le udienze d'istruzione. Il decreto deve rimanere affisso in tutte le sale di udienza della corte d'appello durante il periodo al quale si riferisce (2).

(1) *Articolo così sostituito dall'art. 32 del D.P.R. 17 ottobre 1950, n. 857.*

(2) *Comma così sostituito dall'art. 81 della L. 26 novembre 1990, n. 353, a decorrere dal 30 aprile 1995.*

129. (1) **Riserva d'appello. Estinzione del processo.** – La riserva d'appello contro le sentenze previste nell'art. 278 e nel n. 4 del secondo comma dell'art. 279 del codice, può essere fatta nell'udienza del giudice istruttore con dichiarazione orale da inserirsi nel processo verbale (130 c.p.c.), o con dichiarazione scritta su foglio a parte da allegare ad esso.

La riserva può essere fatta anche con atto notificato ai procuratori delle altre parti costituite, a norma dell'art. 170 primo e terzo comma del codice, o personalmente alla parte, se questa non è costituita (133; 340 c.p.c.).

Se il processo si estingue in primo grado, la sentenza di merito contro la quale fu fatta la riserva acquista efficacia di sentenza definitiva dal giorno in cui diventa irrevocabile l'ordinanza, o passa in giudicato la sentenza, che pronuncia l'estinzione del processo (307[4], 310 c.p.c.). Da questa data decorrono i termini stabiliti dall'art. 325 del codice per impugnare la sentenza già notificata, e, se questa non è stata notificata, decorre il termine di decadenza stabilito dall'art. 327 del codice stesso.

(1) *Articolo così sostituito dall'art. 33 del D.P.R. 17 ottobre 1950, n. 857.*

129 *bis*. (1) Sospensione dell'istruzione nel caso di riforma di sentenza non definitiva. – Se sia stato proposto ricorso per cassazione contro sentenza d'appello che abbia riformato alcuna delle sentenze previste nel n. 4 del secondo comma dell'art. 279 del codice, il giudice istruttore, su istanza della parte interessata, qualora ritenga che i provvedimenti dati con l'ordinanza collegiale (280 c.p.c.) per l'ulteriore istruzione della causa siano dipendenti da quelli contenuti nella sentenza riformata, può disporre con ordinanza non impugnabile (177 c.p.c.) che la esecuzione o la prosecuzione dell'ulteriore istruzione rimanga sospesa fino alla definizione del giudizio di cassazione.

Se la sentenza è cassata, la causa deve essere riassunta davanti al giudice istruttore nelle forme stabilite dall'art. 125, entro il termine perentorio (152 c.p.c.) di sei mesi dalla comunicazione della sentenza che accoglie il ricorso.

(1) *Articolo aggiunto dall'art. 34 del D.P.R. 17 ottobre 1950, n. 857.*

130. (1) Appello contro la sentenza di estinzione del processo. – Nel giudizio d'appello contro la sentenza che ha dichiarato l'estinzione del processo a norma dell'art. 308 del codice o che ha provveduto sul reclamo previsto nell'art. 630 del codice stesso, il collegio, quando è necessario, autorizza le parti a presentare memorie, fissando i rispettivi termini, e provvede in camera di consiglio con sentenza.

(1) *Articolo sostituito dall'art. 35 del D.P.R. 17 ottobre 1950, n. 857 e poi così nuovamente sostituito dall'art. 82 della L. 26 novembre 1990, n. 353, a decorrere dal 30 aprile 1995.*

131. Deliberazione dei provvedimenti. – Nel deliberare i provvedimenti la corte d'appello applica le disposizioni dell'art. 276 del codice.

Il relatore vota per primo, quindi votano i consiglieri in ordine inverso di anzianità e per ultimo il presidente.

La scelta dell'estensore della sentenza è fatta dal presidente tra i componenti il collegio che hanno espresso voto conforme alla decisione (118[4], 141).

131 *bis*. (1) Sospensione dell'esecuzione delle sentenze impugnate per cassazione. – Sull'istanza di sospensione dell'esecuzione della sentenza prevista dall'art. 373 del codice, il giudice non può decidere se la parte istante non ha dimostrato di avere depositato il ricorso per cassazione contro la sentenza medesima.

(1) *Articolo aggiunto dall'art. 36 del D.P.R. 17 ottobre 1950, n. 857.*

132. Rinvio. – Nei procedimenti d'appello si osservano, in quanto applicabili, le norme dettate nel capo secondo (70-127), se non sono incompatibili con quelle contenute nel presente capo (359 c.p.c.).

Capo IV
Del procedimento davanti alla Corte Suprema di cassazione (1)

(1) *A norma dell'art. 35, comma 5, del D.L.vo 10 ottobre 2022, n. 149, come modificato dall'art. 1, comma 380, lett. a), della L. 29 dicembre 2022, n. 197, salvo quanto previsto dal comma 6 del medesimo articolo, le norme di cui a questo Capo, come modificate dal citato D.L.vo n. 149/2022, si applicano ai giudizi introdotti con ricorso notificato dal 1° gennaio 2023.*

133. (1) Riserva di ricorso. Estinzione del processo. – La riserva di ricorso per cassazione prevista nell'art. 361 del codice deve essere fatta nei modi stabiliti dall'art. 129 primo e secondo comma.

Si applicano al ricorso per cassazione le disposizioni dell'art. 129 terzo comma.

L'articolo 129, terzo comma, si applica altresì se il processo si estingue dopo la pronuncia delle sentenze previste dall'articolo 360, terzo comma, del codice (2).

(1) *Articolo così sostituito dall'art. 37 del D.P.R. 17 ottobre 1950, n. 857.*

(2) *Questo comma è stato aggiunto dall'art. 19, comma 1, lett. a) del D.L.vo 2 febbraio 2006, n. 40.*

A norma dell'art. 27, comma 2, del citato decreto legislativo, tale disposizione si applica ai ricorsi per cassazione proposti avverso le sentenze e gli altri provvedimenti pubblicati a decorrere dalla data di entrata in vigore del medesimo decreto.

133 *bis*. (1) **Sospensione dell'istruzione in pendenza di ricorso per cassazione.** - Se sia stato proposto ricorso immediato per cassazione contro alcuna delle sentenze previste nel n. 4 del secondo comma dell'art. 279 del codice, l'istruttore, su istanza concorde delle parti, qualora ritenga che i provvedimenti dati con l'ordinanza collegiale per l'ulteriore istruzione della causa siano dipendenti da quelli contenuti nella sentenza impugnata, può disporre con ordinanza non impugnabile (177 c.p.c.) che l'esecuzione o la prosecuzione dell'ulteriore istruzione rimanga sospesa fino alla definizione del giudizio di cassazione.

Se il ricorso è rigettato o dichiarato inammissibile la causa deve essere riassunta davanti all'istruttore nelle forme stabilite dall'art. 125, entro il termine perentorio (152 c.p.c.) di sei mesi dalla comunicazione della sentenza di rigetto.

(1) *Articolo aggiunto dall'art. 38 del D.P.R. 17 ottobre 1950, n. 857.*

134. (1) **[Deposito del ricorso e del controricorso a mezzo della posta.** - Gli avvocati che hanno sottoscritto il ricorso o il controricorso possono provvedere al deposito degli stessi e degli atti indicati negli artt. 369 e 370 del codice mediante l'invio per posta, in plico raccomandato, al cancelliere della Corte di cassazione.

Agli atti devono essere uniti:

1) le marche [o le ricevute dei versamenti sui conti correnti postali dovuti per imposte di bollo, per tassa d'iscrizione a ruolo, per diritti di cancelleria e] (2) per [diritto di chiamata di causa] (2), diritti, indennità di trasferta e spese postali per la notificazione dei biglietti di cancelleria e degli altri atti del procedimento eseguita su richiesta del cancelliere;

2) le marche a favore della Cassa nazionale di previdenza e di assistenza per gli avvocati e procuratori, applicate sul ricorso o sul controricorso;

3) le copie in carta semplice del ricorso o del controricorso e della sentenza o della decisione impugnata di cui all'art. 137;

4) un doppio elenco in carta semplice di tutte le carte e marche [o ricevute di versamenti sui conti correnti postali] (3) inviate, sottoscritto dall'avvocato.

All'atto del ricevimento del plico, il cancelliere controlla l'esattezza dell'elenco e ne restituisce, mediante raccomandata con avviso di ricevimento e con tassa a carico del destinatario, una copia al mittente nella quale attesta la data di arrivo del piego in cancelleria e gli eventuali inadempimenti degli oneri di cui ai nn. 1, 2 e 3 del secondo comma.

Nel termine per la presentazione del ricorso o del controricorso, ovvero, successivamente, fino al trentacinquesimo giorno dal ricevimento della raccomandata con la quale l'elenco è stato restituito, il difensore può provvedere all'invio in cancelleria delle marche [o ricevute di versamenti su conti correnti postali] (4) e delle copie mancanti.

Il deposito e le varie integrazioni di cui al comma precedente si hanno per avvenuti a tutti gli effetti, alla data di spedizione dei plichi con la posta raccomandata.

Nel fascicolo d'ufficio il cancelliere allega la busta utilizzata per l'invio del ricorso o del controricorso ed, eventualmente, quella utilizzata per l'invio delle suddette marche o ricevute di versamenti su conti correnti postali e copie.

L'inosservanza delle prescrizioni di cui al secondo comma, n. 1, e del termine stabilito dal quarto comma, comporta la sanzione del raddoppio delle imposte, delle tasse, dei diritti, delle indennità e delle spese ivi previste. In tale caso il dirigente della cancelleria ingiunge alla parte ed al difensore di pagare, in solido, l'importo dovuto nelle forme indicate dall'art. 137] (5).

(1) *Questo articolo, così sostituito dall'art. 3 della L. 7 febbraio 1979, n. 59, è stato abrogato dall'art. 4, comma 6, lett. a), del D.L.vo 10 ottobre 2022, n. 149, a decorrere dal 1° gennaio 2023.*

A norma dell'art. 35, comma 5, del medesimo decreto, come modificato dall'art. 1, comma 380, lett. a), della L. 29 dicembre 2022, n. 197, tali disposizioni si applicano ai giudizi introdotti con ricorso notificato a decorrere da tale data.

(2) *Le parole poste fra parentesi quadrate sono state abrogate, a decorrere dal 1° luglio 2002, dall'art. 299 del D.P.R. 30 maggio 2002, n. 115.*

(3) *Le parole poste fra parentesi quadrate sono state abrogate, a decorrere dal 1° luglio 2002, dall'art. 299 del D.P.R. 30 maggio 2002, n. 115.*

(4) *Le parole poste fra parentesi quadrate sono state abrogate, a decorrere dal 1° luglio 2002, dall'art. 299 del D.P.R. 30 maggio 2002, n. 115.*

(5) *Questo comma è stato abrogato, a decorrere dal 1° luglio 2002, dall'art. 299 del D.P.R. 30 maggio 2002, n. 115.*

134 *bis*. (1) **[Residenza o sede delle parti.** - All'atto del deposito di ricorso, controricorso o memoria, i difensori dichiarano il luogo di residenza o la sede della parte].

(1) *Questo articolo, inserito dall'art. 19, comma 1, lett. b) del D.L.vo 2 febbraio 2006, n. 40, è stato abrogato dall'art. 4, comma 6, lett. a), del D.L.vo 10 ottobre 2022, n. 149, a decorrere dal 1° gennaio 2023.*

A norma dell'art. 35, comma 5, del medesimo decreto, come modificato dall'art. 1, comma 380, lett. a), della L. 29 dicembre 2022, n. 197, tali disposizioni si applicano ai giudizi introdotti con ricorso notificato a decorrere da tale data.

135. (1) [**Invio di copie alle parti.** – Agli avvocati non residenti in Roma, i quali ne abbiano fatto richiesta all'atto del deposito del ricorso o del controricorso, sono inviati in copia, mediante lettera raccomandata con tassa a carico del destinatario, l'avviso dell'udienza di discussione e il dispositivo della sentenza della Corte].

(1) *Questo articolo, così sostituito dall'art. 4 della L. 7 febbraio 1979, n. 59, è stato abrogato dall'art. 4, comma 6, lett. a), del D.L.vo 10 ottobre 2022, n. 149, a decorrere dal 1° gennaio 2023.*

A norma dell'art. 35, comma 5, del medesimo decreto, come modificato dall'art. 1, comma 380, lett. a), della L. 29 dicembre 2022, n. 197, tali disposizioni si applicano ai giudizi introdotti con ricorso notificato a decorrere da tale data.

136. [**Ricorso per regolamento di competenza.** – (*Omissis*)] (1).

(1) *Articolo abrogato dall'art. 2 della L. 18 ottobre 1977, n. 793.*

137. (1) [**Copie del ricorso e del controricorso.** – Le parti debbono depositare insieme col ricorso o col controricorso almeno tre copie in carta libera di questi atti e della sentenza o decisione impugnata (369, 370 c. p.c.). Quando il ricorso o il controricorso sono depositati con modalità telematiche, il presente comma non si applica (2).

Se non sono depositate le copie di cui al comma precedente, il cancelliere della Corte provvede a farle fare a spese della parte, [la quale è tenuta in solido con il suo difensore a pagare il relativo importo. In caso di inadempienza il dirigente la cancelleria ingiunge alla parte ed al suo difensore di pagare entro trenta giorni, sotto pena degli atti esecutivi, la somma dovuta] (3).

Si applicano, in quanto compatibili, gli articoli da 2 a 28 del testo unico delle norme per la riscossione delle entrate patrimoniali dello Stato, approvato con R.D. 14 aprile 1910, n. 639 (4).

I diritti di scritturazione per le copie stesse sono triplicate. (4)

Una copia del ricorso o del controricorso e della sentenza impugnata deve essere subito trasmessa dal cancelliere al pubblico ministero.

Le copie dei ricorsi, dei controricorsi e delle memorie debbono essere scritte in carattere chiaro e facilmente leggibile; in difetto il cancelliere può farle rifare a spese della parte a norma del secondo e terzo comma.] (4)

(1) *Questo articolo è stato abrogato dall'art. 4, comma 6, lett. a), del D.L.vo 10 ottobre 2022, n. 149, a decorrere dal 1° gennaio 2023.*

A norma dell'art. 35, comma 5, del medesimo decreto, come modificato dall'art. 1, comma 380, lett. a), della L. 29 dicembre 2022, n. 197, tali disposizioni si applicano ai giudizi introdotti con ricorso notificato a decorrere da tale data.

(2) *Questo periodo è stato aggiunto dall'art. 45, comma 1 bis, lett. b), del D.L. 24 giugno 2014, n. 90, convertito, con modificazioni, nella L. 11 agosto 2014, n. 114.*

(3) *Le parole poste fra parentesi quadrate sono state abrogate, a decorrere dal 1° luglio 2002, dall'art. 299 del D.P.R. 30 maggio 2002, n. 115.*

(4) *Questo comma è stato abrogato, a decorrere dal 1° luglio 2002, dall'art. 299 del D.P.R. 30 maggio 2002, n. 115.*

137 *bis*. (1) **Fascicolo d'ufficio.** – Il cancelliere della corte, entro sessanta giorni dal deposito del ricorso, acquisisce il fascicolo d'ufficio dalla cancelleria del giudice che ha pronunciato il provvedimento impugnato.

Nello stesso modo procede nei casi previsti dagli articoli 41, 47, 362 e 363 *bis* del codice.

(1) *Questo articolo è stato inserito dall'art. 4, comma 6, lett. b), del D.L.vo 10 ottobre 2022, n. 149, a decorrere dal 1° gennaio 2023.*

A norma dell'art. 35, comma 5, del medesimo decreto, come modificato dall'art. 1, comma 380, lett. a), della L. 29 dicembre 2022, n. 197, tali disposizioni si applicano ai giudizi introdotti con ricorso notificato a decorrere da tale data.

137 *ter*. (1) **Pubblicità degli atti dei procedimenti pendenti.** – Fermo quanto previsto dall'articolo 51 del decreto legislativo 30 giugno 2003, n. 196, sono pubblicati nel sito istituzionale della Corte, a cura del centro elettronico di documentazione:

1) i provvedimenti che dispongono il rinvio pregiudiziale di cui all'articolo 363 *bis* del codice e i decreti del primo presidente ad esso relativi;

2) i ricorsi proposti dal procuratore generale della Corte di cassazione nell'interesse della legge e le sue conclusioni scritte, quando formulate.

(1) *Questo articolo è stato inserito dall'art. 4, comma 6, lett. b), del D.L.vo 10 ottobre 2022, n. 149, a decorrere dal 1° gennaio 2023.*

A norma dell'art. 35, comma 5, del medesimo decreto, come modificato dall'art. 1, comma 380, lett. a), della L. 29 dicembre 2022, n. 197, tali disposizioni si applicano ai giudizi introdotti con ricorso notificato a decorrere da tale data.

138. (1) [**Procedimento in camera di consiglio.** – Il primo presidente della Corte Suprema di Cassazione, nei casi d'inammissibilità e d'improcedibilità del ricorso e negli altri casi previsti nell'art. 375 del codice, dispone l'invio al pubblico ministero dei ricorsi che debbono essere decisi in camera di consiglio e di quelli dei quali il pubblico ministero stesso ha fatto richiesta.

Il pubblico ministero, se ritiene che i ricorsi debbano essere trattati in camera di consiglio, stende per iscritto le sue requisitorie in calce ai ricorsi stessi e restituisce gli atti alla cancelleria della Corte.

Il cancelliere provvede alla notificazione delle requisitorie ai difensori delle parti a norma dell'art. 375, quarto comma, del codice].

(1) *Questo articolo è stato abrogato dall'art. 19, comma 1, lett. c), del D.L.vo 2 febbraio 2006, n. 40.*

A norma dell'art. 27, comma 2, del citato decreto legislativo, tale disposizione si applica ai ricorsi per cassazione proposti avverso le sentenze e gli altri provvedimenti pubblicati a decorrere dalla data di entrata in vigore del medesimo decreto.

139. Istanza di rimessione alle sezioni unite. – L'istanza prevista nell'art. 376 del codice si propone con ricorso diretto al primo presidente, contenente l'indicazione del ricorso di cui si chiede la rimessione alle sezioni unite e le ragioni per le quali si ritiene che sia di competenza di queste.

Il ricorso è depositato [in cancelleria] (1) nel termine previsto nell'art. 376 secondo comma del codice [ed è inserito nel fascicolo d'ufficio] (1).

(1) *Le parole tra parentesi quadrate sono state soppresse dall'art. 4, comma 6, lett. c), del D.L.vo 10 ottobre 2022, n. 149, a decorrere dal 1°gennaio 2023.*

A norma dell'art. 35, comma 5, del medesimo decreto, come modificato dall'art. 1, comma 380, lett. a), della L. 29 dicembre 2022, n. 197, tali disposizioni si applicano ai giudizi introdotti con ricorso notificato a decorrere da tale data.

140. (1) **[Deposito delle memorie di parte.** – Le parti che depositano memorie a norma dell'art. 378 del codice debbono unire almeno tre copie in carta libera, oltre le copie per ciascuna delle altre parti.

Il cancelliere non può ricevere le memorie che non siano accompagnate dalle tre copie in carta libera].

(1) *Questo articolo è stato abrogato dall'art. 4, comma 6, lett. d), del D.L.vo 10 ottobre 2022, n. 149, a decorrere dal 1° gennaio 2023.*

A norma dell'art. 35, comma 5, del medesimo decreto, come modificato dall'art. 1, comma 380, lett. a), della L. 29 dicembre 2022, n. 197, tali disposizioni si applicano ai giudizi introdotti con ricorso notificato a decorrere da tale data.

140 *bis*. (1) **Svolgimento della camera di consiglio.** – La camera di consiglio si svolge in presenza. Il presidente del collegio, con proprio decreto, può disporre lo svolgimento della camera di consiglio mediante collegamento audiovisivo a distanza, per esigenze di tipo organizzativo.

(1) *Questo articolo è stato inserito dall'art. 4, comma 6, lett. e), del D.L.vo 10 ottobre 2022, n. 149, a decorrere dal 28 febbraio 2023.*

A norma dell'art. 35, comma 5, del medesimo decreto, le norme di cui a questo comma, si applicano alle impugnazioni proposte avverso le sentenze depositate successivamente al 30 giugno 2023.

141. Deliberazione del provvedimento. – Nel deliberare i provvedimenti la Corte applica le disposizioni dell'art. 276 del codice (380 c.p.c.).

Il relatore vota per primo, quindi votano i consiglieri in ordine inverso di anzianità e per ultimo il presidente.

La scelta dell'estensore della sentenza è fatta dal presidente tra i componenti il collegio che hanno espresso voto conforme alla decisione (118⁴, 131).

142. (1) **Ricorso di competenza delle sezioni unite e delle sezioni semplici.** – Se nel ricorso sono contenuti motivi di competenza delle sezioni semplici insieme con motivi di competenza delle sezioni unite, queste, se non ritengono opportuno decidere l'intero ricorso, dopo aver deciso i motivi di propria competenza, rimettono, con ordinanza, alla sezione semplice la causa per la decisione, con separata sentenza, degli ulteriori motivi.

Le sezioni unite possono disporre ai sensi del primo comma anche nel caso di rimessione ai sensi dell'articolo 374, terzo comma, del codice.

(1) *Questo articolo è stato così sostituito dall'art. 19, comma 1, lett. d), del D.L.vo 2 febbraio 2006, n. 40.*

A norma dell'art. 27, comma 2, del citato decreto legislativo, tale disposizione si applica ai ricorsi per cassazione proposti avverso le sentenze e gli altri provvedimenti pubblicati a decorrere dalla data di entrata in vigore del medesimo decreto.

Si riporta l'articolo precedente:

«142. (Ricorso di competenza delle sezioni unite e delle sezioni semplici). *Se nel ricorso sono contenuti insieme con motivi di competenza delle sezioni unite motivi di competenza delle sezioni semplici, queste pronunciano con separata sentenza dopo la pronuncia delle sezioni unite*».

143. Formulazione del principio di diritto affermato dalla Corte. – La Corte enuncia specificamente, a norma (1) dell'art. 384 del

CODICE PROCEDURA CIVILE

codice, il principio di diritto al quale il giudice di rinvio deve uniformarsi.

([1]) *Le parole: «La Corte enuncia specificamente nella sentenza di accoglimento, pronunciata a norma» sono state così sostituite dalle attuali: «La Corte enuncia specificamente, a norma» dall'art. 4, comma 6, lett. f), del D.L.vo 10 ottobre 2022, n. 149, a decorrere dal 1° gennaio 2023.*

A norma dell'art. 35, comma 5, del medesimo decreto, come modificato dall'art. 1, comma 380, lett. a), della L. 29 dicembre 2022, n. 197, tali disposizioni si applicano ai giudizi introdotti con ricorso notificato a decorrere da tale data.

144. Forma della domanda di restituzione o di riduzione in pristino. – Le domande conseguenti alla cassazione della sentenza previste nell'art. 389 del codice debbono essere proposte con citazione (163 c.p.c.) da notificarsi personalmente alla parte a norma degli artt. 137 e seguenti del codice.

144 *bis*. ([1]) Attestazione del cancelliere in caso di mancata integrazione del contraddittorio. – Qualora non sia stato osservato il disposto di cui all'art. 371 *bis* del codice, il cancelliere lo attesta con apposita dichiarazione, da allegare al fascicolo d'ufficio, per gli adempimenti di cui all'art. 138.

([1]) *Aggiunto dall'art. 84 della L. 26 novembre 1990, n. 353 a decorrere dall'1 gennaio 1993.*

144 *bis*.1. ([1]) Restituzione del fascicolo d'ufficio e dei fascicoli di parte. – Dopo la definizione del giudizio, il fascicolo d'ufficio trasmesso ai sensi dell'articolo 137 *bis* e gli atti e i documenti depositati dalle parti e già prodotti nei precedenti gradi del processo sono restituiti, decorsi novanta giorni dal deposito della decisione, alla cancelleria del giudice che ha pronunciato la sentenza impugnata.

([1]) *Questo articolo è stato inserito dall'art. 4, comma 6, lett. g), del D.L.vo 10 ottobre 2022, n. 149, a decorrere dal 1° gennaio 2023.*

A norma dell'art. 35, comma 5, del medesimo decreto, come modificato dall'art. 1, comma 380, lett. a), della L. 29 dicembre 2022, n. 197, tali disposizioni si applicano ai giudizi introdotti con ricorso notificato a decorrere da tale data.

Capo V ([1])
Disposizioni relative alle controversie di lavoro ed a quelle di previdenza e di assistenza

([1]) *Capo interamente sostituito dall'art. 9 della L. 11 agosto 1973, n. 533, disciplina delle controversie individuali di lavoro e delle controversie in materia di previdenza e assistenza obbligatorie*

144 *ter*. ([1]) Controversie individuali di lavoro. – Tra le controversie previste dall'articolo 409 del codice non si considerano in ogni caso comprese quelle di cui all'articolo 50 *bis*, primo comma, n. 5), seconda parte, del codice.

([1]) *Questo articolo è stato inserito dall'art. 130 del D.L.vo 19 febbraio 1998, n. 51, recante l'istituzione del giudice unico, a decorrere dal 2 giugno 1999.*

144 *quater*. ([1]) [Restituzione del fascicolo d'ufficio e dei fascicoli di parte. – Dopo la definizione del giudizio, il fascicolo d'ufficio trasmesso ai sensi dell'art. 369 del codice e gli atti ed i documenti depositati dalle parti e già prodotti nei precedenti gradi del processo sono restituiti, decorsi novanta giorni dal deposito della decisione, alla cancelleria del giudice che ha pronunciato la sentenza impugnata].

([1]) *Questo articolo, inserito dall'art. 19, comma 1, lett. g), del D.L.vo 2 febbraio 2006, n. 40, è stato abrogato dall'art. 4, comma 7, lett. a), del D.L.vo 10 ottobre 2022, n. 149, a decorrere dal 28 febbraio 2023.*

144 *quinquies*. ([1]) Controversie in materia di licenziamento. – Il presidente di sezione e il dirigente dell'ufficio giudiziario favoriscono e verificano la trattazione prioritaria dei procedimenti di cui al capo I *bis* del titolo IV del libro secondo del codice. In ciascun ufficio giudiziario sono effettuate estrazioni statistiche trimestrali che consentono di valutare la durata media dei processi di cui all'articolo 441 *bis* del codice, in confronto con la durata degli altri processi in materia di lavoro.

([1]) *Questo articolo è stato inserito dall'art. 4, comma 7, lett. b), del D.L.vo 10 ottobre 2022, n. 149, a decorrere dal 28 febbraio 2023.*

145. Termine per la nomina del consulente tecnico. – Per le controversie di lavoro (409 c.p.c.) e per quelle in materia di previdenza e di assistenza (442 c.p.c.) il termine previsto dall'art. 201 del codice non deve superare i giorni sei.

146. Albo dei consulenti tecnici. – Nell'albo dei consulenti tecnici istituiti presso ogni tribunale (13, 14) debbono essere inclusi, per i processi relativi a domande di prestazioni previdenziali e assistenziali, i medici legali e delle assicurazioni e i medici del lavoro.

146 *bis*. ([1]) Accertamento pregiudiziale sull'efficacia, validità ed interpretazione dei contratti e accordi collettivi. – Nel caso di cui all'articolo 420 *bis* del codice si applica, in quanto compatibile, l'articolo 64, commi 4, 6, 7 e 8, del decreto legislativo 30 marzo 2001, n. 165.

(1) *Questo articolo è stato inserito dall'art. 19, comma 1, lett. e), del D.L.vo 2 febbraio 2006, n. 40.*

A norma dell'art. 27, comma 2, del citato decreto legislativo, tale disposizione si applica ai ricorsi per cassazione proposti avverso le sentenze e gli altri provvedimenti pubblicati a decorrere dalla data di entrata in vigore del medesimo decreto.

147. Conciliazione, arbitrati e collegiali mediche nelle controversie in materia di previdenza e di assistenza obbligatorie. - Nelle controversie in materia di previdenza e di assistenza obbligatorie (442 c.p.c.) sono privi di qualsiasi efficacia vincolante, sostanziale e processuale, gli arbitrati rituali (806 ss. c.p.c.), gli arbitrati irrituali, le collegiali mediche, quale ne sia la natura giuridica, e le conciliazioni stragiudiziali intervenute anteriormente o posteriormente alla proposizione dell'azione giudiziaria.

Nelle controversie di cui al comma precedente i ricorsi amministrativi hanno effetto sospensivo di ogni provvedimento che implichi l'annullamento del rapporto assicurativo.

148. Abrogazione delle disposizioni di leggi speciali circa la proponibilità della domanda in materia di previdenza e di assistenza obbligatorie. - Sono abrogate tutte le disposizioni contenute nelle leggi speciali in materia di previdenza e di assistenza obbligatorie che, in difformità di quanto stabilito dall'art. 443 del codice, condizionano la proponibilità della domanda giudiziaria al preventivo esperimento dei procedimenti amministrativi contenziosi.

149. Controversie in materia di invalidità pensionabile. - Nelle controversie in materia di invalidità pensionabile deve essere valutato dal giudice anche l'aggravamento della malattia, nonché tutte le infermità comunque incidenti sul complesso invalidante che si siano verificate nel corso tanto del procedimento amministrativo (445 c.p.c.) che di quello giudiziario.

150. Calcolo della svalutazione monetaria. - Ai fini del calcolo di cui all'art. 429, ultimo comma, del codice, il giudice applicherà l'indice dei prezzi calcolato dall'Istat per la scala mobile per i lavoratori dell'industria.

151. Riunione di procedimenti. - La riunione, ai sensi dell'articolo 274 del codice, dei procedimenti relativi a controversie in materia di lavoro e di previdenza e di assistenza e a controversie dinanzi al giudice di pace, connesse anche soltanto per identità delle questioni dalla cui risoluzione dipende, totalmente o parzialmente, la loro decisione, deve essere sempre disposta dal giudice, tranne nelle ipotesi che essa renda troppo gravoso o comunque ritardi eccessivamente il processo. In queste ipotesi la riunione, salvo gravi e motivate ragioni, è, comunque, disposta tra le controversie che si trovano nella stessa fase processuale. Analogamente si provvede nel giudizio di appello (1).

Le competenze e gli onorari saranno ridotti in considerazione dell'unitaria trattazione delle controversie riunite.

(1) *Questo comma è stato così sostituito dall'art. 19, comma 1, lett. f), del D.L.vo 2 febbraio 2006, n. 40.*

A norma dell'art. 27, comma 1, del citato decreto legislativo, tale disposizione si applica ai giudizi pendenti alla data di entrata in vigore del medesimo decreto. Tuttavia, ai provvedimenti del giudice di pace pubblicati entro la data di entrata in vigore del suddetto decreto si applica la disciplina previgente.

Si riporta il comma precedente:

«La riunione ai sensi dell'art. 274 del codice, dei procedimenti relativi a controversie in materia di lavoro e di previdenza e di assistenza connesse anche soltanto per identità delle questioni dalla cui risoluzione dipende, totalmente o parzialmente, la loro decisione dev'essere sempre disposta dal giudice, salvo nelle ipotesi che essa renda troppo gravoso o comunque ritardi eccessivamente il processo.».

152. (1) Esenzione dal pagamento di spese, competenze e onorari nei giudizi per prestazioni previdenziali. - Nei giudizi promossi per ottenere prestazioni previdenziali o assistenziali la parte soccombente, salvo comunque quanto previsto dall'articolo 96, primo comma, del codice di procedura civile, non può essere condannata al pagamento delle spese, competenze ed onorari quando risulti titolare, nell'anno precedente a quello della pronuncia, di un reddito imponibile ai fini IRPEF, risultante dall'ultima dichiarazione, pari o inferiore a due volte l'importo del reddito stabilito ai sensi degli articoli 76, commi da 1 a 3, e 77 del testo unico delle disposizioni legislative e regolamentari in materia di spese di giustizia di cui al decreto del Presidente della Repubblica 30 maggio 2002, n. 115. L'interessato che, con riferimento all'anno precedente a quello di instaurazione del giudizio, si trova nelle condizioni indicate nel presente articolo formula apposita dichiarazione sostitutiva di certificazione nelle conclusioni dell'atto introduttivo e si impegna a comunicare, fino a che il processo non sia definito, le variazioni rilevanti dei limiti di reddito verificatesi nell'anno precedente. Si applicano i commi 2 e 3 dell'articolo 79 e l'articolo 88 del citato del testo unico delle disposizioni legislative e regolamentari in materia di spese di giustizia di cui al decreto del Presidente della Repubblica 30 maggio 2002, n. 115. Le spese, competenze ed onorari liquidati dal giudice nei giudizi per prestazioni previdenziali non possono superare il valore della prestazione dedotta in giudizio (2). A tale fine la parte ricorrente, a pena di inammissibilità di ricorso, formula apposita dichiarazione del valore della prestazione dedotta in giudizio, quantificandone l'importo nelle conclusioni dell'atto introduttivo (3) (4).

(1) *Questo articolo è stato così sostituito dall'art. 42 del D.L. 30 settembre 2003, n. 269, convertito, con modificazioni, nella L. 24 novembre 2003, n. 326.*

(2) *Questo periodo è stato aggiunto dall'art. 52, comma 6, della L. 18 giugno 2009, n. 69, a decorrere dal 4 luglio 2009. Ai sensi dell'art. 58, comma 1, della predetta legge, tale disposizione si applica ai giudizi instaurati dopo la data della sua entrata in vigore.*

(3) *Questo periodo è stato aggiunto dall'art. 38, comma 1, lett. b), n. 2), del D.L. 6 luglio 2011, n. 98, convertito, con modificazioni, nella L. 15 luglio 2011, n. 111. A norma dell'art. 38, comma 3, del medesimo decreto legge, in sede di prima applicazione delle disposizioni di cui al comma 1, lettera b), numero 2), e per i giudizi pendenti alla data di entrata in vigore dello stesso decreto, la dichiarazione relativa al valore della lite deve essere formulata nel corso del giudizio.*

(4) *La Corte costituzionale, con sentenza n. 241 del 20 novembre 2017, ha dichiarato l'illegittimità costituzionale di questo periodo.*

152 *bis*. (1) Liquidazione di spese processuali. – 1. Nelle liquidazioni delle spese di cui all'articolo 91 del codice di procedura civile a favore delle pubbliche amministrazioni di cui all'articolo 1, comma 2, del decreto legislativo 30 marzo 2001, n. 165, e successive modificazioni, se assistite da propri dipendenti ai sensi dell'articolo 417 *bis* del codice di procedura civile, si applica il decreto adottato ai sensi dell'articolo 9, comma 2, del decreto legge 24 gennaio 2012, n. 1, convertito, con modificazioni, dalla legge 24 marzo 2012, n. 27, per la liquidazione del compenso spettante agli avvocati, con la riduzione del venti per cento dell'importo complessivo ivi previsto (2). La riscossione avviene mediante iscrizione al ruolo ai sensi del decreto del Presidente della Repubblica 29 settembre 1973, n. 600.

(1) *Questo articolo è stato inserito dall'art. 4, comma 42, della L. 12 novembre 2011, n. 183. Tale disposizione si applica alle controversie insorte successivamente alla data di entrata in vigore della presente legge (1° gennaio 2012).*

(2) *Le parole: «si applica la tariffa vigente per gli avvocati, con la riduzione del 20 per cento degli onorari di avvocato ivi previsti» sono state così sostituite dalle attuali: «si applica il decreto adottato ai sensi dell'articolo 9, comma 2, del decreto legge 24 gennaio 2012, n. 1, convertito, con modificazioni, dalla legge 24 marzo 2012, n. 27, per la liquidazione del compenso spettante agli avvocati, con la riduzione del venti per cento dell'importo complessivo ivi previsto.» dall'art. 1, comma 31, della L. 24 dicembre 2012, n. 228.*

Capo V *bis*
Disposizioni relative al procedimento in materia di stato delle persone, minorenni e famiglie (1)

(1) *Questo capo – con gli articoli da 152* ter *a 152* octies *– è stato inserito dall'art. 4, comma 8, del D.L.vo 10 ottobre 2022, n. 149, a decorrere dal 28 febbraio 2023.*

152 *ter*. Procedimenti in camera di consiglio. – I provvedimenti previsti negli articoli 145 e 316 del codice sono di competenza del tribunale del circondario del luogo in cui è stabilita la residenza familiare o, se questa manchi, del tribunale del luogo del domicilio di uno dei coniugi. Il tribunale provvede in camera di consiglio in composizione monocratica con decreto immediatamente esecutivo.

152 *quater*. Ascolto del minore. – Quando la salvaguardia del minore è assicurata con idonei mezzi tecnici, quali l'uso di un vetro specchio unitamente ad impianto citofonico, i difensori delle parti, il curatore speciale del minore, se già nominato, ed il pubblico ministero possono seguire l'ascolto del minore, in luogo diverso da quello in cui egli si trova, senza chiedere l'autorizzazione del giudice prevista dall'articolo 473 *bis*.5, terzo comma, del codice.

152 *quinquies*. Registrazione audiovisiva dell'ascolto. – Con provvedimento del Direttore generale dei sistemi informativi e automatizzati del Ministero della giustizia sono stabilite le regole tecniche per la registrazione audiovisiva, la sua conservazione e il suo inserimento nel fascicolo informatico.

152 *sexies*. Indagini del consulente. – Fermo quanto previsto dall'articolo 90, il consulente tecnico nominato ai sensi degli articoli 473 *bis*.25 e 473 *bis*.44 del codice fissa il calendario delle operazioni peritali e lo comunica ai difensori e ai consulenti tecnici di parte se nominati.

Il consulente può chiedere al giudice la proroga del termine per il deposito della relazione, con istanza motivata, su concorde richiesta delle parti o in caso di particolare complessità delle indagini.

Unitamente alla relazione di cui all'articolo 195 del codice, il consulente deposita la documentazione utilizzata e i supporti contenenti le registrazioni audiovisive delle operazioni relative al minore.

152 *septies*. Scioglimento o cessazione degli effetti civili del matrimonio. – Del ricorso per lo scioglimento o la cessazione degli effetti civili del matrimonio il cancelliere dà comunicazione all'ufficiale dello stato civile del luogo dove il matrimonio fu trascritto per l'annotazione in calce all'atto.

La sentenza che pronuncia lo scioglimento o la cessazione degli effetti civili del matrimonio, quando sia passata in giudicato, deve essere trasmessa in copia autentica, a cura del cancelliere del tribunale o della Corte che l'ha emessa, all'ufficiale dello stato civile del comune in cui il matrimonio fu trascritto, per le annotazioni e le ulteriori incombenze di cui al decreto del Presidente della Repubblica 3 novembre 2000, n. 396.

152 *octies*. Esame da remoto dell'interdicendo o inabilitando. – Le modalità del collegamento da remoto previsto dall'articolo 473 *bis*.54, terzo comma, del codice sono individuate e regolate con provvedimento del Direttore generale dei sistemi informativi e automatizzati del Ministero della giustizia.

Titolo IV
Del processo di esecuzione

Capo I
Del titolo esecutivo e dell'espropriazione forzata in generale

153. (1) **Copia degli atti ricevuti da notaio o da altro pubblico ufficiale.** – La copia degli atti ricevuti da notaio o da altro pubblico ufficiale deve essere munita del sigillo del notaio o dell'ufficio al quale appartiene l'ufficiale pubblico.

(1) *Questo articolo è stato così sostituito dall'art. 4, comma 9, lett.* a), *del D.L.vo 10 ottobre 2022, n. 149, a decorrere dal 28 febbraio 2023.*
Si riporta il testo precedente:
«Art. 153 – Rilascio del titolo esecutivo
Il cancelliere rilascia la copia in forma esecutiva a norma dell'art. 475 del codice quando la sentenza o il provvedimento del giudice è formalmente perfetto (131-135 c.p.c.). La copia deve essere munita del sigillo della cancelleria.
La copia in forma esecutiva degli atti ricevuti dal notaio o da altro pubblico ufficiale deve essere munita del sigillo del notaio o dell'ufficio al quale appartiene l'ufficiale pubblico.».

154. (1) **[Procedimento per indebito rilascio di copie esecutive.** – Il capo dell'ufficio giudiziario competente, a norma dell'art. 476 del codice, a conoscere delle contravvenzioni per rilascio indebito di copie in forma esecutiva, contesta all'incolpato l'addebito, a mezzo di atto notificato (137 ss. c.p.c.) a cura del cancelliere, e lo invita a presentare per iscritto le sue difese nel termine di cinque giorni. Negli uffici in cui vi è un solo cancelliere l'atto contenente l'addebito è comunicato a lui direttamente dal capo dell'ufficio.

Il decreto di condanna di cui all'art. 476 ultimo comma del codice costituisce titolo esecutivo (474 c.p.c.) per la riscossione della pena pecuniaria a cura del cancelliere].

(1) *Questo articolo è stato abrogato dall'art. 4, comma 9, lett.* b), *del D.L.vo 10 ottobre 2022, n. 149, a decorrere dal 28 febbraio 2023.*

155. Certificato di prestata cauzione. – Il certificato di prestata cauzione indicato nell'art. 478 del codice è rilasciato dal cancelliere del giudice che ha pronunciato il provvedimento costituente titolo esecutivo (474 c.p.c.).

155 *bis*. (1) **Archivio dei rapporti finanziari.** – Per archivio dei rapporti finanziari di cui all'articolo 492 *bis*, quarto (2) comma, del codice si intende la sezione di cui all'articolo 7, sesto comma, del decreto del Presidente della Repubblica 29 settembre 1973, n. 605.

(1) *Questo articolo è stato inserito dall'art. 19, comma 2, lett.* a), *del D.L. 12 settembre 2014, n. 132, convertito, con modificazioni, nella L. 10 novembre 2014, n. 162. A norma dell'art. 19, comma 6 bis, del medesimo provvedimento, tali disposizioni si applicano ai procedimenti iniziati a decorrere dal trentesimo giorno successivo alla data di entrata in vigore della legge di conversione del presente decreto (Suppl. ord. alla G.U. Serie gen. - n. 261 del 10 novembre 2014).*

(2) *La parola: «secondo» è stata così sostituita dalla attuale: «quarto» dall'art. 4, comma 9, lett.* c), *del D.L.vo 10 ottobre 2022, n. 149, a decorrere dal 28 febbraio 2023.*

155 *ter*. (1) **Partecipazione del creditore alla ricerca dei beni da pignorare con modalità telematiche.** – La partecipazione del creditore alla ricerca dei beni da pignorare di cui all'articolo 492 *bis* del codice ha luogo a norma dell'articolo 165 di queste disposizioni.

Nei casi di cui all'articolo 492 *bis*, ottavo e nono (2), l'ufficiale giudiziario, terminate le operazioni di ricerca dei beni con modalità telematiche, comunica al creditore le banche dati interrogate e le informazioni dalle stesse risultanti a mezzo telefax o posta elettronica anche non certificata, dandone atto a verbale. Il creditore entro dieci giorni dalla comunicazione indica all'ufficiale giudiziario i beni da sottoporre ad esecuzione; in mancanza la richiesta di pignoramento perde efficacia.

(1) *Questo articolo è stato inserito dall'art. 19, comma 2, lett. a), del D.L. 12 settembre 2014, n. 132, convertito, con modificazioni, nella L. 10 novembre 2014, n. 162. A norma dell'art. 19, comma 6* bis, *del medesimo provvedimento, tali disposizioni si applicano ai procedimenti iniziati a decorrere dal trentesimo giorno successivo alla data di entrata in vigore della legge di conversione del presente decreto (Suppl. ord. alla G.U. Serie gen. - n. 261 del 10 novembre 2014).*

(2) *Le parole: «sesto e settimo» sono state così sostituite dalle attuali: «ottavo e nono» dall'art. 4, comma 9, lett. d), del D.L.vo 10 ottobre 2022, n. 149, a decorrere dal 28 febbraio 2023.*

155 *quater*. (1) Modalità di accesso alle banche dati. – Le pubbliche amministrazioni che gestiscono banche dati contenenti informazioni utili ai fini della ricerca di cui all'articolo 492 *bis* del codice mettono a disposizione degli ufficiali giudiziari gli accessi, con le modalità di cui all'articolo 58 del codice di cui al decreto legislativo 7 marzo 2005, n. 82, e successive modificazioni, su richiesta del Ministero della giustizia. Sino a quando non sono definiti dall'Agenzia per l'Italia digitale gli standard di comunicazione e le regole tecniche di cui al comma 2 del predetto articolo 58 e, in ogni caso, quando l'amministrazione che gestisce la banca dati o il Ministero della giustizia non dispongono dei sistemi informatici per la cooperazione applicativa di cui all'articolo 72, comma 1, lettera *e*), del medesimo codice di cui al decreto legislativo n. 82 del 2005, l'accesso è consentito previa stipulazione, senza nuovi o maggiori oneri per la finanza pubblica, di una convenzione finalizzata alla fruibilità informatica dei dati, sentito il Garante per la protezione dei dati personali. Il Ministero della giustizia pubblica sul portale dei servizi telematici l'elenco delle banche dati per le quali è operativo l'accesso da parte dell'ufficiale giudiziario per le finalità di cui all'articolo 492 *bis* del codice (2).

Il Ministro della giustizia può procedere al trattamento dei dati acquisiti senza provvedere all'informativa di cui all'articolo 13 del decreto legislativo 30 giugno 2003, n. 196.

È istituito, presso ogni ufficio notifiche, esecuzioni e protesti, il registro cronologico denominato "Modello ricerca beni", conforme al modello adottato con il decreto del Ministro della giustizia di cui al primo comma.

L'accesso da parte dell'ufficiale giudiziario alle banche dati di cui all'articolo 492 *bis* del codice e a quelle individuate con il decreto di cui al primo comma è gratuito. La disposizione di cui al periodo precedente si applica anche all'accesso effettuato a norma dell'articolo 155 *quinquies* di queste disposizioni.

(1) *Questo articolo è stato inserito dall'art. 19, comma 2, lett. a), del D.L. 12 settembre 2014, n. 132, convertito, con modificazioni, nella L. 10 novembre 2014, n. 162. A norma dell'art. 19, comma 6* bis, *del medesimo provvedimento, tali disposizioni si applicano ai procedimenti iniziati a decorrere dal trentesimo giorno successivo alla data di entrata in vigore della legge di conversione del presente decreto (Suppl. ord. alla G.U. Serie gen. - n. 261 del 10 novembre 2014).*

(2) *Questo comma è stato così sostituito dall'art. 14, comma 1, lett. 0a), del D.L. 27 giugno 2015, n. 83, convertito, con modificazioni, nella L. 6 agosto 2015, n. 132.*

155 *quinquies*. (1) Accesso alle banche dati tramite i gestori. – Se è proposta istanza ai sensi dell'articolo 492 *bis* del codice, quando le strutture tecnologiche, necessarie a consentire l'accesso diretto da parte dell'ufficiale giudiziario alle banche dati di cui al quarto comma del medesimo articolo e a quelle individuate con il decreto di cui all'articolo 155 *quater*, primo comma, non sono funzionanti, l'ufficiale giudiziario attesta che l'accesso diretto alle suddette banche dati non è attuabile.

L'istante con l'attestazione di cui al primo comma o con l'autorizzazione del presidente del tribunale ai sensi dell'articolo 492 *bis*, secondo comma, del codice, ove necessaria, può ottenere dai gestori delle banche dati previste dal predetto articolo e dall'articolo 155 *quater* le informazioni nelle stesse contenute.

Dal rilascio dell'attestazione di cui al primo comma, o dal provvedimento di autorizzazione del presidente del tribunale, se il precetto è notificato anteriormente, il termine di cui all'articolo 481, primo comma, del codice rimane sospeso per ulteriori novanta giorni. Se il precetto è notificato dopo il provvedimento di autorizzazione del presidente del tribunale, tale termine rimane sospeso sino al decorso di novanta giorni da tale provvedimento.

Si applicano per quanto compatibili l'ottavo comma dell'articolo 492 e il decimo comma dell'articolo 492 *bis* del codice.

La disposizione di cui al primo comma si applica, limitatamente a ciascuna delle banche dati comprese nell'anagrafe tributaria, ivi incluso l'archivio dei rapporti finanziari, nonché a quelle degli enti previdenziali, sino all'inserimento di ognuna di esse nell'elenco di cui all'articolo 155 *quater*, primo comma.

(1) *Questo articolo, inserito dall'art. 19, comma 2, lett. a), del D.L. 12 settembre 2014, n. 132, convertito, con modificazioni, nella L. 10 novembre 2014, n. 162 è stato così sostituito dall'art. 4, comma 9, lett. e), del D.L.vo 10 ottobre 2022, n. 149, a decorrere dal 28 febbraio 2023.*

Si riporta il testo precedente:

«*Art. 155* quinquies - Accesso alle banche dati tramite i gestori

Quando le strutture tecnologiche, necessarie a consentire l'accesso diretto da parte dell'ufficiale giudiziario alle banche dati di cui all'articolo 492 bis *del codice e a quelle individuate con il decreto di cui all'articolo 155* quater*, primo comma, non sono funzionanti, il creditore [procedente] (*), previa autorizzazione a norma dell'articolo 492 bis, primo comma, del codice, può ottenere dai gestori delle banche dati previste dal predetto articolo e dall'articolo 155* quater *di queste disposizioni le informazioni nelle stesse contenute.*

La disposizione di cui al primo comma si applica, limitatamente a ciascuna delle banche dati comprese nell'anagrafe tributaria, ivi incluso l'archivio dei rapporti finanziari, nonché a quelle degli enti previdenziali, sino all'inserimento di ognuna di esse nell'elenco di cui all'articolo 155 quater*, primo comma (**)».*

(*) *La parola fra parentesi quadrate è stata soppressa dall'art. 14, comma 1, lett. a), n. 1), del D.L. 27 giugno 2015, n. 83, convertito, con modificazioni, nella L. 6 agosto 2015, n. 132.*

(**) *Questo comma è stato aggiunto dall'art. 14, comma 1, lett. a), n. 2), del D.L. 27 giugno 2015, n. 83, convertito, con modificazioni, nella L. 6 agosto 2015, n. 132.*

155 *sexies*. (1) Ulteriori casi di applicazione delle disposizioni per la ricerca con modalità telematiche dei beni da pignorare. – Le disposizioni in materia di ricerca con modalità telematiche dei beni da pignorare si applicano anche per l'esecuzione del sequestro conservativo e per la ricostruzione dell'attivo e del passivo nell'ambito di procedure concorsuali di procedimenti in materia di famiglia e di quelli relativi alla gestione di patrimoni altrui. Ai fini del recupero o della cessione dei crediti, il curatore, il commissario e il liquidatore giudiziale possono avvalersi delle medesime disposizioni anche per accedere ai dati relativi ai soggetti nei cui confronti la procedura ha ragioni di credito, anche in mancanza di titolo esecutivo nei loro confronti (2). Quando di tali disposizioni ci si avvale nell'ambito di procedure concorsuali e di procedimenti in materia di famiglia, l'autorizzazione spetta al giudice del procedimento (2).

(1) *Questo articolo è stato inserito dall'art. 19, comma 2, lett. a), del D.L. 12 settembre 2014, n. 132, convertito, con modificazioni, nella L. 10 novembre 2014, n. 162.*

(2) *Questo periodo è stato aggiunto dall'art. 5 del D.L. 3 maggio 2016, n. 59, convertito, con modificazioni, nella L. 30 giugno 2016, n. 119.*

156. Esecuzione sui beni sequestrati. – Il sequestrante che ha ottenuto la sentenza di condanna esecutiva prevista nell'art. 686 del codice deve depositarne copia nella cancelleria del giudice competente per l'esecuzione nel termine perentorio di sessanta giorni dalla comunicazione, e deve quindi procedere alle notificazioni previste nell'art. 498 del codice (1).

Se oggetto del sequestro sono beni immobili, il sequestrante deve inoltre chiedere, nel termine perentorio di cui al comma precedente, l'annotazione della sentenza di condanna esecutiva in margine alla trascrizione prevista nell'art. 679 del codice (2656 c.c.).

(1) *Comma così sostituito dall'art. 85 della L. 26 novembre 1990, n. 353, a decorrere dall'1 gennaio 1993. Si veda anche l'art. 4, comma 5, del D.L. 7 ottobre 1994, n. 571, convertito, con modificazioni, nella L. 6 dicembre 1994, n. 673.*

156 *bis*. (1) Esecuzione sui beni sequestrati in forza di sentenza straniera o di lodo arbitrale. – Se la causa di merito è devoluta alla giurisdizione di un giudice straniero o è compromessa in arbitri, il sequestrante deve, a pena di perdita di efficacia del sequestro conservativo ottenuto, proporre domanda di esecutorietà in Italia della sentenza straniera o del lodo entro il termine perentorio di sessanta giorni, decorrente dal momento in cui la domanda di esecutorietà è proponibile.

La dichiarazione di esecutorietà produce gli effetti di cui all'art. 686 del codice e diventa applicabile il precedente articolo 156.

(1) *Articolo aggiunto dall'art. 86 della L. 26 novembre 1990, n. 353, a decorrere dall'1 gennaio 1993. Si veda anche l'art. 4, comma 5, del D.L. 7 ottobre 1994, n. 571, convertito, con modificazioni, nella L. 6 dicembre 1994, n. 673.*

157. (1) Processo verbale di pagamento nelle mani dell'ufficiale giudiziario. – L'ufficiale giudiziario redige processo verbale del versamento eseguito dal debitore delle somme che debbono essere consegnate al creditore a norma dell'art. 494 primo comma del codice. Nello stesso processo verbale inserisce l'eventuale riserva di ripetizione della somma versata, prevista nel secondo comma dello stesso articolo.

Il processo verbale è depositato immediatamente in cancelleria insieme con la prova del versamento al creditore della somma consegnata dal debitore. Del processo verbale si

CODICE PROCEDURA CIVILE

prende nota nel ruolo generale delle esecuzioni (29 n. 6, 30 n. 11).

Alla registrazione del processo verbale provvede il cancelliere.

(1) *Articolo così sostituito dall'art. 39 del D.P.R. 17 ottobre 1950, n. 857.*

158. Avviso al sequestrante. – Quando dall'atto di pignoramento o dai pubblici registri risulta l'esistenza di un sequestro conservativo (671 c.p.c.) sui beni pignorati, il creditore pignorante deve far notificare al sequestrante avviso del pignoramento a norma dell'art. 498 del codice.

159. Istituti autorizzati all'incanto e all'amministrazione dei beni (1). – Gli istituti ai quali possono essere affidate la vendita all'incanto dei beni mobili a norma dell'art. 534 del codice o l'amministrazione giudiziaria dei beni immobili a norma dell'art. 592 del codice sono autorizzati con decreto del Ministro di grazia e giustizia.

Agli istituti autorizzati alle vendite all'incanto dei mobili pignorati può essere affidata anche la custodia e la vendita dei mobili stessi previste negli artt. 520 secondo comma e 532 del codice; ad essi può essere inoltre affidata qualsiasi altra vendita mobiliare disposta dall'autorità giudiziaria.

Il Ministro di grazia e giustizia stabilisce le modalità e i controlli per l'esecuzione degli incarichi indicati nei commi precedenti, nonché la misura dei compensi dovuti agli istituti (2).

(1) *Si veda ora il D.M. 11 febbraio 1997, n. 109.*
(2) *Comma così sostituito dall'art. 87 della L. 26 novembre 1990, n. 353, a decorrere dall'1 gennaio 1993.*

159 *bis*. (1) Nota d'iscrizione a ruolo del processo esecutivo per espropriazione. – 1. La nota d'iscrizione a ruolo del processo esecutivo per espropriazione deve in ogni caso contenere l'indicazione delle parti, nonché le generalità e il codice fiscale, ove attribuito, della parte che iscrive la causa a ruolo, del difensore, della cosa o del bene oggetto di pignoramento. Il Ministro della giustizia, con proprio decreto avente natura non regolamentare, può indicare ulteriori dati da inserire nella nota di iscrizione a ruolo (2).

(1) *Questo articolo è stato inserito dall'art. 18, comma 2, del D.L. 12 settembre 2014, n. 132, convertito, con modificazioni, nella L. 10 novembre 2014, n. 162. A norma dell'art. 18, comma 3, dello stesso provvedimento tali disposizioni si applicano ai procedimenti esecutivi iniziati a decorrere dal trentesimo giorno successivo all'entrata in vigore della legge di conversione del presente decreto legge (Suppl. ord. alla G.U. Serie gen. - n. 261 del 10 novembre 2014).*

(2) *Si veda il D.M. 19 marzo 2015 (G.U. Serie gen. - n. 68 del 23 marzo 2015).*

159 *ter*. (1) (2) Iscrizione a ruolo del processo esecutivo per espropriazione a cura di soggetto diverso dal creditore. – Colui che, prima che il creditore abbia depositato la nota di iscrizione a ruolo prevista dagli articoli 518, 521 *bis*, 543 e 557 del codice, deposita per primo un atto o un'istanza deve depositare la nota di iscrizione a ruolo e una copia dell'atto di pignoramento. Quando al deposito della nota di iscrizione a ruolo procede uno dei soggetti di cui all'articolo 16 *bis*, comma 1, del decreto legge 18 ottobre 2012, n. 179, convertito, con modificazioni, dalla legge 17 dicembre 2012, n. 221, e successive modificazioni, diverso dal creditore, il deposito può aver luogo con modalità non telematiche e la copia dell'atto di pignoramento può essere priva dell'attestazione di conformità. Quando l'istanza proviene dall'ufficiale giudiziario, anche nel caso di cui all'articolo 520, primo comma, del codice, all'iscrizione a ruolo provvede d'ufficio il cancelliere. Quando l'iscrizione a ruolo ha luogo a norma del presente articolo, il creditore, nei termini di cui agli articoli 518, 521 *bis*, 543 e 557 del codice, provvede, a pena di inefficacia del pignoramento, al deposito delle copie conformi degli atti previsti dalle predette disposizioni e si applica l'articolo 164 *ter* delle presenti disposizioni.

(1) *Questo articolo è stato inserito dall'art. 14, comma 1, lett. a bis), del D.L. 27 giugno 2015, n. 83, convertito, con modificazioni, nella L. 6 agosto 2015, n. 132.*
(2) *A norma dell'art. 23, comma 11 bis, del D.L. 27 giugno 2015, n. 83, convertito, con modificazioni, nella L. 6 agosto 2015, n. 132, il deposito telematico delle note di iscrizione a ruolo, ai sensi di questo articolo, può essere effettuato dai soggetti di cui all'articolo 16 bis, comma 1, del decreto legge 18 ottobre 2012, n. 179, convertito, con modificazioni, dalla legge 17 dicembre 2012, n. 221, e successive modificazioni, diversi dal creditore, a decorrere dal 2 gennaio 2016.*

160. Forma degli avvisi. – Gli avvisi che la legge prescrive siano fatti ai creditori e agli altri intervenuti nel procedimento esecutivo debbono essere sottoscritti dal creditore procedente o dal cancelliere a cura del quale sono notificati (498, 524 c.p.c.).

161. Giuramento dell'esperto e dello stimatore. – L'esperto nominato dal giudice a norma dell'art. 568 ultimo comma (193 c.p.c.) del codice presta giuramento di bene e fedelmente procedere alle operazioni affidategli.

L'ufficiale giudiziario che per la stima delle cose da pignorare si avvale dell'opera di uno stimatore, prima che questi incominci le sue operazioni, deve raccoglierne il giuramento di bene e fedelmente procedere alla stima (68, 518[1] c.p.c.).

Il compenso dell'esperto o dello stimatore nominato dal giudice o dall'ufficiale giudiziario è calcolato sulla base del prezzo ricavato dalla vendita. Prima della vendita non possono essere liquidati acconti in misura superiore al cinquanta per cento del compenso calcolato sulla base del valore di stima (1).

(1) *Questo comma è stato aggiunto dall'art. 14, comma 1, lett.* a ter), *del D.L. 27 giugno 2015, n. 83, convertito, con modificazioni, nella L. 6 agosto 2015, n. 132.*

161 *bis*. (1) Rinvio della vendita dopo la prestazione della cauzione. – Il rinvio della vendita può essere disposto solo con il consenso dei creditori e degli offerenti che abbiano prestato cauzione ai sensi degli articoli 571 e 580 del codice.

(1) *Questo articolo è stato inserito dall'art. 2, comma 3* ter, *lett.* a bis), *del D.L. 14 marzo 2005, n. 35, convertito, con modificazioni, nella L. 14 maggio 2005, n. 80, inserita dall'art. 1, comma 5, lett.* a), *della L. 28 dicembre 2005, n. 263.*
A norma dell'art. 2, comma 3 sexies, *dello stesso provvedimento, come sostituito dall'art. 1, comma 6, della L. 28 dicembre 2005, n. 263 e successivamente modificato dall'art. 39* quater *del D.L. 30 dicembre 2005, n. 273, convertito, con modificazioni, nella L. 23 febbraio 2006, n. 51, questa disposizione entra in vigore il 1° marzo 2006 e si applica anche alle procedure esecutive pendenti a tale data di entrata in vigore. Quando tuttavia è già stata ordinata la vendita, la stessa ha luogo con l'osservanza delle norme precedentemente in vigore. L'intervento dei creditori non muniti di titolo esecutivo conserva efficacia se avvenuto prima del 1° marzo 2006.*

161 *ter*. (1) Vendite con modalità telematiche. – Il Ministro della giustizia stabilisce con proprio decreto le regole tecnico-operative per lo svolgimento della vendita di beni mobili e immobili mediante gara telematica nei casi previsti dal codice, nel rispetto dei principi di competitività, trasparenza, semplificazione, efficacia, sicurezza, esattezza e regolarità delle procedure telematiche (2).

Con successivi decreti le regole tecnico-operative di cui al primo comma sono adeguate all'evoluzione scientifica e tecnologica. Se occorre, le medesime regole tecnico-operative sono integrate al fine di assicurare un agevole collegamento tra il portale delle vendite pubbliche e i portali dei gestori delle vendite telematiche (3).

(1) *Questo articolo è stato inserito dall'art. 4, comma 8* bis, *lett.* a), *del D.L. 29 dicembre 2009, n. 193, convertito, con modificazioni, nella L. 22 febbraio 2010, n. 24.*
(2) *Si veda il D.M. 26 febbraio 2015, n. 32.*
(3) *Questo periodo è stato aggiunto dall'art. 14, comma 1, lett.* b), *del D.L. 27 giugno 2015, n. 83, convertito, con modificazioni, nella L. 6 agosto 2015, n. 132. A norma dell'art. 23, comma 2, del medesimo provvedimento, tali disposizioni si applicano decorsi trenta giorni dalla pubblicazione in* Gazzetta Ufficiale *delle specifiche tecniche previste dall'articolo 161* quater (*Suppl. ord. alla* G.U. *Serie gen. - n. 192 del 20 agosto 2015*).

161 *quater*. (1) Modalità di pubblicazione sul portale delle vendite pubbliche. – La pubblicazione sul portale delle vendite pubbliche è effettuata a cura del professionista delegato per le operazioni di vendita o del commissionario o, in mancanza, del creditore pignorante o del creditore intervenuto munito di titolo esecutivo ed in conformità alle specifiche tecniche, che possono determinare anche i dati e i documenti da inserire. Le specifiche tecniche sono stabilite dal responsabile per i sistemi informativi automatizzati del Ministero della giustizia entro sei mesi dalla data di entrata in vigore della presente disposizione (2) e sono rese disponibili mediante pubblicazione nel portale delle vendite pubbliche. Quando la pubblicità riguarda beni immobili o beni mobili registrati, la pubblicazione non può essere effettuata in mancanza della prova dell'avvenuto pagamento del contributo per la pubblicazione, previsto dall'articolo 18 *bis* del decreto del Presidente della Repubblica 30 maggio 2002, n. 115.

Il portale delle vendite pubbliche deve inviare all'indirizzo di posta elettronica ordinaria o certificata, ad ogni interessato che ne ha fatto richiesta e si è registrato mediante un'apposita procedura disciplinata dalle specifiche tecniche di cui al primo comma, un avviso contenente le informazioni relative alle vendite di cui è stata effettuata la pubblicità.

Il portale delle vendite pubbliche provvede all'archiviazione e alla gestione dei dati relativi alle vendite in esso pubblicate.

Il mancato funzionamento dei sistemi informatici è attestato dal responsabile dei sistemi informativi automatizzati del Ministero della giustizia.

(1) *Questo articolo è stato inserito dall'art. 14, comma 1, lett.* c), *del D.L. 27 giugno 2015, n. 83, convertito, con modificazioni, nella L. 6 agosto 2015, n. 132. A norma dell'art. 23, comma 2, del medesimo provvedimento, tali disposizioni si applicano decorsi trenta giorni dalla pubblicazione in* Gazzetta Ufficiale *delle specifiche tecniche previste dal comma 1* (*Suppl. ord. alla* G.U. *Serie gen. - n. 192 del 20 agosto 2015*).
(2) *A norma dell'art. 2* bis, *comma 1, del D.L. 30 dicembre 2015, n. 210, convertito, con modificazioni, nel-*

la L. 25 febbraio 2016, n. 21, tale termine è prorogato fino al 31 dicembre 2016.

162. Deposito del prezzo di assegnazione. – La parte del valore della cosa assegnata che eccede il credito dell'assegnatario deve essere depositata nelle forme dei depositi giudiziari (506 ss., 539 c.p.c.).

163. Ordine di cessazione della vendita forzata. – La cessazione della vendita forzata prevista dall'art. 504 del codice è disposta dal giudice dell'esecuzione (484 c.p.c.) se questi presiede alla vendita, o altrimenti dall'ufficiale incaricato della stessa, che ne riferisce immediatamente al giudice che lo ha nominato. In questo caso il giudice, sentite le parti, pronuncia definitivamente sulla cessazione.

164. Atti di trasferimento del bene espropriato. – Il giudice dell'esecuzione, in seguito all'alienazione (503 c.p.c.) del bene espropriato, compie in luogo del debitore tutti gli atti necessari al trasferimento del bene dell'acquirente (574, 586 c.p.c.).

164 *bis*. (1) Infruttuosità dell'espropriazione forzata. – Quando risulta che non è più possibile conseguire un ragionevole soddisfacimento delle pretese dei creditori, anche tenuto conto dei costi necessari per la prosecuzione della procedura, delle probabilità di liquidazione del bene e del presumibile valore di realizzo, è disposta la chiusura anticipata del processo esecutivo.

(1) *Questo articolo è stato aggiunto dall'art. 19, comma 2, lett.* b), *del D.L. 12 settembre 2014, n. 132, convertito, con modificazioni, nella L. 10 novembre 2014, n. 162.*

164 *ter*. (1) Inefficacia del pignoramento per mancato deposito della nota di iscrizione a ruolo. – Quando il pignoramento è divenuto inefficace per mancato deposito della nota di iscrizione a ruolo nel termine stabilito, il creditore entro cinque giorni dalla scadenza del termine ne fa dichiarazione al debitore e all'eventuale terzo, mediante atto notificato. In ogni caso ogni obbligo del debitore e del terzo cessa quando la nota di iscrizione a ruolo non è stata depositata nei termini di legge.

La cancellazione della trascrizione del pignoramento si esegue quando è ordinata giudizialmente ovvero quando il creditore pignorante dichiara, nelle forme richieste dalla legge, che il pignoramento è divenuto inefficace per mancato deposito della nota di iscrizione a ruolo nel termine stabilito.

(1) *Questo articolo è stato inserito dall'art. 18, comma 2 bis, del D.L. 12 settembre 2014, n. 132, convertito, con modificazioni, nella L. 10 novembre 2014, n. 162. A norma dell'art. 18, comma 3, dello stesso provvedimento tali disposizioni si applicano ai procedimenti esecutivi iniziati a decorrere dal trentesimo giorno successivo all'entrata in vigore della legge di conversione del presente decreto legge (Suppl. ord. alla G.U. Serie gen. - n. 261 del 10 novembre 2014).*

Capo II
Dell'espropriazione mobiliare

165. (1) Partecipazione del creditore al pignoramento. – All'atto della richiesta del pignoramento il creditore può dichiarare che intende partecipare personalmente alle operazioni.

Nel caso di cui al primo comma l'ufficiale giudiziario deve comunicare la data e l'ora dell'accesso, da effettuare entro quindici giorni, con un preavviso di tre giorni, riducibile nei casi di urgenza.

Il creditore, a sue spese, può partecipare alle operazioni di pignoramento eseguite a norma degli articoli 513 e 518 del codice, con l'assistenza o a mezzo di difensore e di esperto o di uno di essi.

(1) *Questo articolo è stato così sostituito, a decorrere dal 1° marzo 2006, dall'art. 20 della L. 24 febbraio 2006, n. 52.*

Si riporta l'articolo precedente:

«165. (Assistenza del creditore al pignoramento). *Il creditore istante può assistere a sue spese alle operazioni di pignoramento eseguite a norma degli artt. 513 e 518 del codice*».

166. Modalità della custodia. – Il giudice dell'esecuzione (1) dà con decreto le disposizioni circa i modi di custodire i titoli di credito e gli oggetti preziosi pignorati (520 ss. c.p.c.).

(1) *La parola*: «*pretore*» *è stata sostituita dalle parole*: «*giudice dell'esecuzione*» *dall'art. 131 del D.L.vo 19 febbraio 1998, n. 51, recante l'istituzione del giudice unico, a decorrere dal 2 giugno 1999.*

167. Processo verbale di consegna al commissionario. – Il cancelliere redige processo verbale della consegna delle cose pignorate al commissionario per la vendita (532 ss. c.p.c.). In esso debbono essere descritte le cose consegnate. La descrizione può farsi con riferimento a quella contenuta nell'atto di pignoramento, del quale il commissionario deve dichiarare di avere presa esatta cognizione.

168. ([1]) **Reclamo contro l'operato dell'ufficiale incaricato della vendita.** – I reclami contro l'operato dell'ufficiale incaricato della vendita (533, 534 c.p.c.) sono proposti dalle parti e dagli interessati con ricorso al giudice dell'esecuzione nel termine perentorio di venti giorni dal compimento dell'atto o dalla sua conoscenza.

Il ricorso non sospende le operazioni di vendita, salvo che il giudice dell'esecuzione, concorrendo gravi motivi, disponga la sospensione (623 c.p.c.).

Sul ricorso il giudice dell'esecuzione, previa applicazione dell'articolo 485 del codice, provvede con ordinanza opponibile ai sensi dell'articolo 617 del codice.

([1]) *Questo articolo è stato così sostituito dall'art. 4, comma 10, lett. a), del D.L.vo 10 ottobre 2022, n. 149, a decorrere dal 28 febbraio 2023.*

Si riporta il testo precedente:

«168. Reclamo contro l'operato dell'ufficiale incaricato della vendita – *I reclami contro l'operato dell'ufficiale incaricato della vendita sono proposti dagli interessati con ricorso al giudice dell'esecuzione* (*).

Il ricorso non sospende le operazioni di vendita, salvo che il giudice dell'esecuzione (*) *con decreto disponga la sospensione.*

Sul ricorso il giudice dell'esecuzione (*) *pronuncia senza indugio con ordinanza non impugnabile, sentiti il ricorrente e le parti.*».

(*) *La parola: «pretore» è stata sostituita dalle parole: «giudice dell'esecuzione» dall'art. 131 del D.L.vo 19 febbraio 1998, n. 51, recante l'istituzione del giudice unico, a decorrere dal 2 giugno 1999.*

169. Registrazione del processo verbale di vendita. – Il cancelliere del tribunale ([1]) presso il quale è depositato il processo verbale di vendita, a norma dell'art. 537 ultimo comma del codice, cura la registrazione di esso.

([1]) *La parola: «pretura» è stata sostituita dalla parola: «tribunale» dall'art. 131 del D.L.vo 19 febbraio 1998, n. 51, recante l'istituzione del giudice unico, a decorrere dal 2 giugno 1999.*

169 *bis*. ([1]) **Determinazione dei compensi per le operazioni delegate dal giudice dell'esecuzione.** – Con il decreto di cui all'articolo 179 *bis* è stabilita la misura dei compensi dovuti ai notai, agli avvocati e ai commercialisti per le operazioni di vendita dei beni mobili iscritti nei pubblici registri.

([1]) *Questo articolo è stato inserito dall'art. 8 della L. 3 agosto 1998, n. 302 e poi così sostituito dall'art. 2, comma 3 ter, lett. b), del D.L. 14 marzo 2005, n. 35, convertito, con modificazioni, nella L. 14 maggio 2005, n. 80, modificato dall'art. 1, comma 5, lett. b), della L. 28 dicembre 2005, n. 263.*

A norma dell'art. 2, comma 3 sexies, dello stesso provvedimento, come sostituito dall'art. 1, comma 6, della L. 28 dicembre 2005, n. 263 e successivamente modificato dall'art. 39 quater del D.L. 30 dicembre 2005, n. 273, convertito, con modificazioni, nella L. 23 febbraio 2006, n. 51, questa disposizione entra in vigore il 1° marzo 2006 e si applica anche alle procedure esecutive pendenti a tale data di entrata in vigore. Quando tuttavia è già stata ordinata la vendita, la stessa ha luogo con l'osservanza delle norme precedentemente in vigore. L'intervento dei creditori non muniti di titolo esecutivo conserva efficacia se avvenuto prima del 1° marzo 2006.

Si riporta l'articolo precedente:

«169 bis. (Determinazione dei compensi per le operazioni delegate dal giudice dell'esecuzione). *Con il decreto di cui all'articolo 179* bis *è stabilita la misura dei compensi dovuti ai notai per le operazioni di vendita con incanto dei beni mobili iscritti nei pubblici registri*».

169 *ter*. ([1]) **Elenco dei professionisti che provvedono alle operazioni di vendita.** – Nelle comunicazioni previste dall'articolo 179 *ter* sono indicati anche gli elenchi dei notai, degli avvocati e dei commercialisti disponibili a provvedere alle operazioni di vendita di beni mobili iscritti nei pubblici registri.

([1]) *Questo articolo è stato inserito dall'art. 10 della L. 3 agosto 1998, n. 302 e poi così sostituito dall'art. 2, comma 3 ter, lett. c), del D.L. 14 marzo 2005, n. 35, convertito, con modificazioni, nella L. 14 maggio 2005, n. 80, modificato dall'art. 1, comma 5, lett. c), della L. 28 dicembre 2005, n. 263.*

A norma dell'art. 2, comma 3 sexies, dello stesso provvedimento, come sostituito dall'art. 1, comma 6, della L. 28 dicembre 2005, n. 263 e successivamente modificato dall'art. 39 quater del D.L. 30 dicembre 2005, n. 273, convertito, con modificazioni, nella L. 23 febbraio 2006, n. 51, questa disposizione entra in vigore il 1° marzo 2006 e si applica anche alle procedure esecutive pendenti a tale data di entrata in vigore. Quando tuttavia è già stata ordinata la vendita, la stessa ha luogo con l'osservanza delle norme precedentemente in vigore. L'intervento dei creditori non muniti di titolo esecutivo conserva efficacia se avvenuto prima del 1° marzo 2006.

Si riporta l'articolo precedente:

«169 ter. (Elenco dei notai che provvedono alle operazioni di vendita con incanto). *Nella comunicazione prevista dall'articolo 179* ter *sono indicati anche gli elenchi dei notai disponibili a provvedere alle operazioni di vendita con incanto di beni mobili iscritti nei pubblici registri*».

169 *quater*. ([1]) **Ulteriori modalità del pagamento del prezzo di acquisto.** – Il prezzo di acquisto può essere versato con sistemi telematici di pagamento ovvero con carte di debito, di credito o prepagate o con altri mezzi di pagamento con moneta elettronica disponibili nei circuiti bancario e postale.

([1]) *Questo articolo è stato aggiunto dall'art. 4, comma 8 bis, lett. b), del D.L. 29 dicembre 2009, n. 193, convertito, con modificazioni, nella L. 22 febbraio 2010, n. 24.*

169 *quinquies*. (1) **Prospetto riepilogativo delle stime e delle vendite.** – I soggetti nominati commissionari a norma dell'articolo 532 del codice, o ai quali sono affidate le vendite con incanto a norma dell'articolo 534 del medesimo codice, al termine di ciascun semestre trasmettono al giudice dell'esecuzione, al presidente del tribunale e all'ufficiale giudiziario dirigente un prospetto informativo, redatto su supporto informatico, riepilogativo di tutte le vendite effettuate nel periodo con indicazione, per ciascuna procedura esecutiva, della tipologia dei beni pignorati, del valore ad essi attribuito ai sensi dell'articolo 518 del codice, della stima effettuata dall'esperto nominato e del prezzo di vendita. Il prospetto riepilogativo contiene i dati identificativi dello stimatore e dell'ufficiale giudiziario che ha attribuito il valore ai beni pignorati a norma dell'articolo 518 del codice (2).

(1) *Questo articolo è stato aggiunto dall'art. 4, comma 8 bis, lett.* b), *del D.L. 29 dicembre 2009, n. 193, convertito, con modificazioni, nella L. 22 febbraio 2010, n. 24.*

(2) *Questo periodo è stato aggiunto dall'art. 4, comma 10, lett.* b), *del D.L.vo 10 ottobre 2022, n. 149, a decorrere dal 28 febbraio 2023.*

169 *sexies*. (1) **Elenco dei soggetti specializzati per la custodia e la vendita dei mobili pignorati.** – Presso ogni tribunale è istituito un elenco dei soggetti specializzati di cui all'articolo 532 del codice per la custodia e la vendita dei beni mobili pignorati. Alle domande di iscrizione all'elenco è allegata la documentazione comprovante le competenze maturate, anche relativamente a specifiche categorie di beni. L'elenco è formato dal presidente del tribunale, che provvede sentito il procuratore della Repubblica. Si applicano gli articoli 13 e seguenti in quanto compatibili.

(1) *Questo articolo è stato aggiunto dall'art. 14, comma 1, lett.* d), *del D.L. 27 giugno 2015, n. 83, convertito, con modificazioni, nella L. 6 agosto 2015, n. 132.*

Capo III
Dell'espropriazione immobiliare

170. Atto di pignoramento immobiliare. – L'atto di pignoramento di beni immobili previsto nell'art. 555 del codice deve essere sottoscritto, prima della relazione di notificazione, dal creditore pignorante a norma dell'art. 125 del codice.

171. Procedimento per le autorizzazioni al debitore e al custode. – Le autorizzazioni al debitore e al custode previste nell'art. 560 del codice sono date dal giudice dell'esecuzione (484 c.p.c.), sentite le parti e gli altri interessati (485 c.p.c.).

172. Cancellazione della trascrizione del pignoramento. – Il giudice dell'esecuzione deve sentire le parti (485 c.p.c.) prima di disporre la cancellazione della trascrizione del pignoramento a norma dell'art. 562 del codice e in ogni altro caso in cui deve dichiarare l'inefficacia del pignoramento per estinzione del processo (632 c.p.c.).

173. (1) [**Pubblicità dell'istanza di assegnazione o di vendita.** – Dell'istanza di assegnazione (589 c.p.c.) o di vendita (567 c.p.c.) deve essere data pubblica notizia a cura del cancelliere a norma dell'art. 490 del codice almeno dieci giorni prima dell'udienza fissata per pronunciare sull'istanza stessa (569, 590 c.p.c.)].

(1) *Questo articolo è stato abrogato dall'art. 2, comma 3 ter, lett.* c bis), *del D.L. 14 marzo 2005, n. 35, convertito, con modificazioni, nella L. 14 maggio 2005, n. 80, inserito dall'art. 1, comma 5, lett.* d), *della L. 28 dicembre 2005, n. 263.*

A norma dell'art. 2, comma 3 sexies, *dello stesso provvedimento, come sostituito dall'art. 1, comma 6, della L. 28 dicembre 2005, n. 263 e successivamente modificato dall'art. 39* quater *del D.L. 30 dicembre 2005, n. 273, convertito, con modificazioni, nella L. 23 febbraio 2006, n. 51, questa disposizione entra in vigore il 1° marzo 2006 e si applica anche alle procedure esecutive pendenti a tale data di entrata in vigore. Quando tuttavia è già stata ordinata la vendita, la stessa ha luogo con l'osservanza delle norme precedentemente in vigore. L'intervento dei creditori non muniti di titolo esecutivo conserva efficacia se avvenuto prima del 1° marzo 2006.*

173 *bis*. (1) **Contenuto della relazione di stima e compiti dell'esperto.** – L'esperto provvede alla redazione della relazione di stima dalla quale devono risultare:

1) l'identificazione del bene, comprensiva dei confini e dei dati catastali;

2) una sommaria descrizione del bene;

3) lo stato di possesso del bene, con l'indicazione, se occupato da terzi, del titolo in base al quale è occupato, con particolare riferimento alla esistenza di contratti registrati in data antecedente al pignoramento;

4) l'esistenza di formalità, vincoli o oneri, anche di natura condominiale, gravanti sul bene che resteranno a carico dell'acquirente, ivi compresi i vincoli derivanti da contratti incidenti sulla attitudine edificatoria dello stesso o i vincoli connessi con il suo carattere storico-artistico;

5) l'esistenza di formalità, vincoli e oneri, anche di natura condominiale, che saranno cancellati o che comunque risulteranno non opponibili all'acquirente;

6) la verifica della regolarità edilizia e urbanistica del bene nonché l'esistenza della dichiarazione di agibilità dello stesso previa acquisizione o aggiornamento del certificato di destinazione urbanistica previsto dalla vigente normativa;

7) in caso di opere abusive, il controllo della possibilità di sanatoria ai sensi dell'articolo 36 del decreto del Presidente della Repubblica 6 giugno 2001, n. 380 e gli eventuali costi della stessa; altrimenti, la verifica sull'eventuale presentazione di istanze di condono, indicando il soggetto istante e la normativa in forza della quale l'istanza sia stata presentata, lo stato del procedimento, i costi per il conseguimento del titolo in sanatoria e le eventuali oblazioni già corrisposte o da corrispondere; in ogni altro caso, la verifica, ai fini della istanza di condono che l'aggiudicatario possa eventualmente presentare, che gli immobili pignorati si trovino nelle condizioni previste dall'articolo 40, sesto comma, della legge 28 febbraio 1985, n. 47 ovvero dall'articolo 46, comma 5 del decreto del Presidente della Repubblica 6 giugno 2001, n. 380, specificando il costo per il conseguimento del titolo in sanatoria (2);

8) la verifica che i beni pignorati siano gravati da censo, livello o uso civico e se vi sia stata affrancazione da tali pesi, ovvero che il diritto sul bene del debitore pignorato sia di proprietà ovvero derivante da alcuno dei suddetti titoli (2);

9) l'informazione sull'importo annuo delle spese fisse di gestione o di manutenzione, su eventuali spese straordinarie già deliberate anche se il relativo debito non sia ancora scaduto, su eventuali spese condominiali non pagate negli ultimi due anni anteriori alla data della perizia, sul corso di eventuali procedimenti giudiziari relativi al bene pignorato (2).

L'esperto, prima di ogni attività, controlla la completezza dei documenti di cui all'articolo 567, secondo comma, del codice, segnalando immediatamente al giudice quelli mancanti o inidonei.

L'esperto, terminata la relazione, ne invia copia ai creditori procedenti o intervenuti e al debitore, anche se non costituito, almeno trenta (3) giorni prima dell'udienza fissata ai sensi dell'articolo 569 del codice, a mezzo posta elettronica certificata ovvero, quando ciò non è possibile, [a mezzo telefax o] (4) a mezzo posta ordinaria (5).

Le parti possono depositare all'udienza note alla relazione purché abbiano provveduto, almeno quindici giorni prima, ad inviare le predette note al perito, secondo le modalità fissate al terzo comma; in tale caso l'esperto interviene all'udienza per rendere i chiarimenti.

La relazione di stima è redatta in conformità a modelli predisposti dal giudice dell'esecuzione (6).

(1) *Questo articolo è stato inserito dall'art. 2, comma 3 ter, lett. d), del D.L. 14 marzo 2005, n. 35, convertito, con modificazioni, nella L. 14 maggio 2005, n. 80, come modificato dall'art. 1, comma 5, lett. e), n. 1, della L. 28 dicembre 2005, n. 263.*

A norma dell'art. 2, comma 3 sexies, dello stesso provvedimento, come sostituito dall'art. 1, comma 6, della L. 28 dicembre 2005, n. 263 e successivamente modificato dall'art. 39 quater del D.L. 30 dicembre 2005, n. 273, convertito, con modificazioni, nella L. 23 febbraio 2006, n. 51, questa disposizione entra in vigore il 1° marzo 2006 e si applica anche alle procedure esecutive pendenti a tale data di entrata in vigore. Quando tuttavia è già stata ordinata la vendita, la stessa ha luogo con l'osservanza delle norme precedentemente in vigore. L'intervento dei creditori non muniti di titolo esecutivo conserva efficacia se avvenuto prima del 1° marzo 2006.

(2) *Questo numero è stato inserito dall'art. 14, comma 1, lett. e), n. 1), del D.L. 27 giugno 2015, n. 83, convertito, con modificazioni, nella L. 6 agosto 2015, n. 132.*

(3) *La parola: «quarantacinque» è stata così sostituita dall'attuale: «trenta» dall'art. 14, comma 1, lett. e), n. 2), del D.L. 27 giugno 2015, n. 83, convertito, con modificazioni, nella L. 6 agosto 2015, n. 132.*

(4) *Le parole tra parentesi quadrate sono state soppresse dall'art. 4, comma 11, lett. a), n. 1), del D.L.vo 10 ottobre 2022, n. 149, a decorrere dal 28 febbraio 2023.*

(5) *Le parole: «a mezzo di posta ordinaria o posta elettronica, nel rispetto della normativa, anche regolamentare, concernente la sottoscrizione, la trasmissione e la ricezione dei documenti informatici e teletrasmessi» sono state così sostituite dalle attuali: «a mezzo posta elettronica certificata ovvero, quando ciò non è possibile, a mezzo telefax o a mezzo posta ordinaria» dall'art. 25, comma 2, lett. a), della L. 12 novembre 2011, n. 183. A norma dell'art. 25, comma 5, della stessa legge, tali disposizioni si applicano decorsi 30 giorni dalla data di entrata in vigore della medesima legge (Suppl. ord. alla G.U. Serie gen. - n. 265 del 14 novembre 2011).*

(6) *Questo comma è stato aggiunto dall'art. 4, comma 11, lett. a), n. 2), del D.L.vo 10 ottobre 2022, n. 149, a decorrere dal 28 febbraio 2023.*

173 *ter*. (1) **Pubblicità degli avvisi tramite internet.** – Il Ministro della giustizia stabilisce con proprio decreto i siti internet destinati all'inserimento degli avvisi di cui all'articolo 490 del codice e i criteri e le modalità con cui gli stessi sono formati e resi disponibili.

(1) *Questo articolo è stato inserito dall'art. 2, comma 3 ter, lett. d), del D.L. 14 marzo 2005, n. 35, convertito, con modificazioni, nella L. 14 maggio 2005, n. 80.*

A norma dell'art. 2, comma 3 sexies, dello stesso provvedimento, come sostituito dall'art. 1, comma 6, della L. 28 dicembre 2005, n. 263 e successivamente modificato dall'art. 39 quater del D.L. 30 dicembre 2005, n. 273, convertito, con modificazioni, nella L. 23 febbraio 2006, n. 51, questa disposizione entra in vigore il 1° marzo 2006 e si applica anche alle procedure esecutive pendenti a tale data di entrata in vigore. Quando tuttavia è già stata ordinata la vendita, la stessa ha luogo con l'osservanza delle norme precedentemente in vigore. L'intervento dei creditori non muniti di titolo esecutivo conserva efficacia se avvenuto prima del 1° marzo 2006.

173 *quater*. (1) Avviso delle operazioni di vendita da parte del professionista delegato. – L'avviso di cui al quarto comma dell'articolo 591 *bis* del codice (2) deve contenere l'indicazione della destinazione urbanistica del terreno risultante dal certificato di destinazione urbanistica di cui all'articolo 30 del testo unico di cui al decreto del Presidente della Repubblica 6 giugno 2001, n. 380, nonché le notizie di cui all'articolo 46 del citato testo unico e di cui all'articolo 40 della legge 28 febbraio 1985, n. 47, e successive modificazioni; in caso di insufficienza di tali notizie, tale da determinare le nullità di cui all'articolo 46, comma 1, del citato testo unico, ovvero di cui all'articolo 40, secondo comma, della citata legge 28 febbraio 1985, n. 47, ne va fatta menzione nell'avviso con avvertenza che l'aggiudicatario potrà, ricorrendone i presupposti, avvalersi delle disposizioni di cui all'articolo 46, comma 5 del citato testo unico e di cui all'articolo 40, sesto comma, della citata legge 28 febbraio 1985, n. 47.

L'avviso è redatto in conformità a modelli predisposti dal giudice dell'esecuzione (3).

(1) *Questo articolo è stato inserito dall'art. 2, comma 3 ter, lett. d), del D.L. 14 marzo 2005, n. 35, convertito, con modificazioni, nella L. 14 maggio 2005, n. 80, come modificato dall'art. 1, comma 5, lett. e), n. 2, della L. 28 dicembre 2005, n. 263.*

A norma dell'art. 2, comma 3 sexies, dello stesso provvedimento, come sostituito dall'art. 1, comma 6, della L. 28 dicembre 2005, n. 263 e successivamente modificato dall'art. 39 quater del D.L. 30 dicembre 2005, n. 273, convertito, con modificazioni, nella L. 23 febbraio 2006, n. 51, questa disposizione entra in vigore il 1° marzo 2006 e si applica anche alle procedure esecutive pendenti a tale data di entrata in vigore. Quando tuttavia è già stata ordinata la vendita, la stessa ha luogo con l'osservanza delle norme precedentemente in vigore. L'intervento dei creditori non muniti di titolo esecutivo conserva efficacia se avvenuto prima del 1° marzo 2006.

(2) *Le parole: «terzo comma dell'articolo 591 bis del codice» sono state così sostituite dalle attuali: «quarto comma dell'articolo 591 bis del codice» dall'art. 4, comma 11, lett. b), del D.L.vo 10 ottobre 2022, n. 149, a decorrere dal 28 febbraio 2023.*

(3) *Questo comma è stato aggiunto dall'art. 4, comma 11, lett. b), del D.L.vo 10 ottobre 2022, n. 149, a decorrere dal 28 febbraio 2023.*

173 *quinquies*. (1) Ulteriori modalità di presentazione delle offerte d'acquisto, di prestazione della cauzione e di versamento del prezzo. – Il giudice, con l'ordinanza di vendita di cui all'articolo 569, terzo comma, del codice, può disporre che la presentazione dell'offerta d'acquisto e la prestazione della cauzione ai sensi degli articoli 571, 579, 580 e 584 del medesimo codice possano avvenire con sistemi telematici di pagamento ovvero con carte di debito, di credito o prepagate o con altri mezzi di pagamento disponibili nei circuiti bancario e postale. È consentita la prestazione della cauzione anche mediante fideiussione autonoma, irrevocabile e a prima richiesta, rilasciata da banche, società assicuratrici o intermediari finanziari che svolgono in via esclusiva o prevalente attività di rilascio di garanzie e che sono sottoposti a revisione contabile da parte di una società di revisione. Il giudice dell'esecuzione, con l'ordinanza di vendita, individua la categoria professionale alla quale deve appartenere il soggetto che può rilasciare la fideiussione a norma del periodo precedente. La fideiussione è rilasciata in favore della procedura esecutiva ed è escussa dal custode o dal professionista delegato su autorizzazione del giudice. In ogni caso, è stabilito che l'offerente comunichi, a mezzo posta elettronica certificata, la dichiarazione contenente le indicazioni prescritte dall'articolo 571 (2).

Il versamento del prezzo può essere effettuato con le stesse modalità di cui al primo comma.

(1) *Questo articolo è stato inserito dall'art. 2, comma 3 ter, lett. d), del D.L. 14 marzo 2005, n. 35, convertito, con modificazioni, nella L. 14 maggio 2005, n. 80, come modificato dall'art. 1, comma 5, lett. e), n. 3, della L. 28 dicembre 2005, n. 263 e successivamente così sostituito dall'art. 4, comma 8 bis, lett. c), del D.L. 29 dicembre 2009, n. 193, convertito, con modificazioni, nella L. 22 febbraio 2010, n. 24.*

(2) *Questo comma è stato così sostituito dall'art. 14, comma 1, lett. f), del D.L. 27 giugno 2015, n. 83, convertito, con modificazioni, nella L. 6 agosto 2015, n. 132.*

174. Dichiarazione di residenza dell'offerente. – Chi offre un prezzo per l'acquisto senza incanto dell'immobile pignorato deve dichiarare la residenza (43 c.c.) o eleggere il domicilio (47 c.c.) nel comune nel quale ha sede il tribunale. In mancanza le comunicazioni gli sono fatte presso la cancelleria.

175. Convocazione delle parti per l'incanto. – Il giudice dell'esecuzione, prima di ordinare l'incanto a norma dell'art. 575 del codice, dispone l'audizione delle parti e dei creditori (485 c.p.c.) a norma dell'art. 569 del codice.

176. Comunicazione del decreto di decadenza. – Il decreto col quale il giudice dell'esecuzione dichiara la decadenza dell'aggiudicatario a norma dell'art. 587 del codice è comunicato (136 c.p.c.) dal cancelliere al creditore che ha chiesto la vendita e all'aggiudicatario.

Con lo stesso decreto il giudice dell'esecuzione fissa un'udienza per l'audizione delle parti (485 c.p.c.) a norma dell'art. 569 del codice.

177. Dichiarazione di responsabilità dell'aggiudicatario. – L'aggiudicatario inadempiente è condannato, con decreto (135) del giudice dell'esecuzione, al pagamento della differenza tra il prezzo da lui offerto e quello minore per il quale è avvenuta la vendita.

Il decreto del giudice costituisce titolo esecutivo (474 c.p.c.) a favore dei creditori ai quali nella distribuzione (596 ss. c.p.c.) della somma ricavata è stato attribuito il credito da esso portato (587 c.p.c.).

178. Procedimento di rendiconto. – Quando l'amministratore dell'immobile pignorato ha depositato il conto a norma dell'art. 593 del codice, il giudice dell'esecuzione (484 c.p.c.) sentite le parti (485 c.p.c.), provvede all'approvazione del conto.

Le disposizioni per l'assegnazione delle rendite riscosse a norma dell'art. 594 del codice sono date dal giudice dell'esecuzione con ordinanza non impugnabile (177 c.p.c.).

179. Graduazione e liquidazione. – Quando lo ritiene opportuno, il giudice dell'esecuzione può limitare il progetto di distribuzione della somma ricavata di cui all'art. 596 del codice alla sola graduazione dei creditori partecipanti all'esecuzione, salva la liquidazione delle quote spettanti a ciascuno di essi dopo che sia approvata la graduazione.

Il giudice che ha disposto a norma del comma precedente forma il progetto di liquidazione delle quote entro trenta giorni dall'approvazione della graduazione.

Al progetto di liquidazione si applicano le disposizioni degli artt. 596 e seguenti del codice.

179 *bis*. (1) Determinazione e liquidazione dei compensi per le operazioni delegate dal giudice dell'esecuzione. – Con decreto del Ministro della giustizia, di concerto con il Ministro dell'economia e delle finanze, sentiti il Consiglio nazionale del notariato, il Consiglio nazionale dell'ordine degli avvocati e il Consiglio nazionale dell'ordine dei dottori commercialisti e degli esperti contabili, è stabilita ogni triennio la misura dei compensi dovuti a notai, avvocati e commercialisti per le operazioni di vendita di beni immobili.

Il compenso dovuto al professionista è liquidato dal giudice dell'esecuzione con specifica determinazione della parte riguardante le operazioni di vendita e le successive che sono poste a carico dell'aggiudicatario. Il provvedimento di liquidazione del compenso costituisce titolo esecutivo.

(1) *Questo articolo è stato inserito dall'art. 7 della L. 3 agosto 1998, n. 302 e poi così sostituito dall'art. 2, comma 3* ter, *lett.* e), *del D.L. 14 marzo 2005, n. 35, convertito, con modificazioni, nella L. 14 maggio 2005, n. 80, come modificato dall'art. 1, comma 5, lett.* f), *n. 1, della L. 28 dicembre 2005, n. 263.*

A norma dell'art. 2, comma 3 sexies, *dello stesso provvedimento, come sostituito dall'art. 1, comma 6, della L. 28 dicembre 2005, n. 263 e successivamente modificato dall'art. 39* quater *del D.L. 30 dicembre 2005, n. 273, convertito, con modificazioni, nella L. 23 febbraio 2006, n. 51, questa disposizione entra in vigore il 1° marzo 2006 e si applica anche alle procedure esecutive pendenti a tale data di entrata in vigore. Quando tuttavia è già stata ordinata la vendita, la stessa ha luogo con l'osservanza delle norme precedentemente in vigore. L'intervento dei creditori non muniti di titolo esecutivo conserva efficacia se avvenuto prima del 1° marzo 2006.*

Si riporta l'articolo precedente:

«179 bis. (Determinazione e liquidazione dei compensi per le operazioni delegate dal giudice dell'esecuzione). *Con decreto del Ministro di grazia e giustizia, di concerto con il Ministro del tesoro, del bilancio e della programmazione economica, sentito il Consiglio nazionale del notariato, è stabilita, ogni triennio, la misura dei compensi dovuti ai notai per le operazioni di vendita con incanto dei beni immobili.*

«Il compenso dovuto al notaio è liquidato dal giudice dell'esecuzione con specifica determinazione della parte riguardante le operazioni di incanto e le successive, che sono poste a carico dell'aggiudicatario. Il provvedimento di liquidazione del compenso costituisce titolo esecutivo».

179 *ter*. (1) Elenco dei professionisti che provvedono alle operazioni di vendita. – Presso ogni tribunale è istituito l'elenco dei professionisti che provvedono alle operazioni di vendita ai sensi degli articoli 534 *bis* e 591 *bis* del codice.

L'elenco è tenuto dal presidente del tribunale ed è formato da un comitato presieduto da questi o da un suo delegato e composto da un giudice addetto alle esecuzioni immobiliari e da un professionista iscritto nell'albo professionale, designato dal consiglio dell'ordine, a cui appartiene il richiedente l'iscrizione nell'elenco. Le funzioni di segretario del comitato sono esercitate dal cancelliere del tribunale.

Possono ottenere l'iscrizione nell'elenco gli avvocati, i commercialisti e i notai che hanno una specifica competenza tecnica nella materia dell'esecuzione forzata, sono di condotta morale specchiata e sono iscritti ai rispettivi ordini professionali.

Coloro che aspirano all'iscrizione nell'elenco debbono farne domanda al presidente del tribunale. La domanda deve essere corredata dai seguenti documenti:

1) certificato generale del casellario giudiziario di data non anteriore a tre mesi dalla presentazione;

2) certificato o dichiarazione sostitutiva di certificazione di nascita;

3) certificato o dichiarazione sostitutiva di certificazione di residenza nel circondario del tribunale;

4) certificato o dichiarazione sostitutiva di certificazione di iscrizione all'ordine professionale;

5) titoli e documenti idonei a dimostrare la specifica competenza tecnica del richiedente ai sensi del quinto comma.

I requisiti per la dimostrazione della specifica competenza tecnica ai fini della prima iscrizione nell'elenco sono, anche alternativamente, i seguenti:

a) avere svolto nel quinquennio precedente non meno di dieci incarichi di professionista delegato alle operazioni di vendita, senza che alcuna delega sia stata revocata in conseguenza del mancato rispetto dei termini o delle direttive stabilite dal giudice dell'esecuzione;

b) essere in possesso del titolo di avvocato specialista in diritto dell'esecuzione forzata ai sensi del decreto del Ministro della giustizia 12 agosto 2015, n. 144;

c) avere partecipato in modo proficuo e continuativo a scuole o corsi di alta formazione, organizzati, anche delegando gli Ordini locali, dal Consiglio nazionale forense o dal Consiglio nazionale dei dottori commercialisti e degli esperti contabili o dal Consiglio nazionale del notariato ovvero organizzati dalle associazioni forensi specialistiche maggiormente rappresentative di cui all'articolo 35, comma 1, lettera s), della legge 31 dicembre 2012, n. 247, nello specifico settore della delega delle operazioni di vendita nelle esecuzioni forzate e aver superato con profitto la prova finale di esame al termine della scuola o del corso. La specifica formazione di cui alla presente lettera può essere acquisita anche mediante la partecipazione ad analoghi corsi per i quali sia previsto il superamento con profitto di una prova finale di esame, organizzati da università pubbliche o private.

I professionisti che aspirano alla conferma dell'iscrizione nell'elenco debbono farne domanda al presidente del tribunale ogni tre anni; la domanda deve essere corredata dai seguenti documenti:

1) certificato generale del casellario giudiziario di data non anteriore a tre mesi dalla presentazione;

2) certificato o dichiarazione sostitutiva di certificazione di iscrizione all'ordine professionale;

3) titoli e documenti idonei a dimostrare il mantenimento della specifica competenza tecnica del professionista ai sensi del settimo comma.

Ai fini della conferma dell'iscrizione nell'elenco, devono ricorrere, anche alternativamente, i seguenti requisiti:

a) essere in possesso del titolo di avvocato specialista in diritto dell'esecuzione forzata ai sensi del decreto del Ministro della giustizia 12 agosto 2015, n. 144;

b) avere partecipato in modo proficuo e continuativo a scuole o corsi di alta formazione, organizzati, anche delegando gli Ordini locali, dal Consiglio nazionale forense o dal Consiglio nazionale dei dottori commercialisti e degli esperti contabili o dal Consiglio nazionale del notariato ovvero organizzati dalle associazioni forensi specialistiche maggiormente rappresentative di cui all'articolo 35, comma 1, lettera s), della legge 31 dicembre 2012, n. 247, nello specifico settore della delega delle operazioni di vendita nelle esecuzioni forzate conseguendo un numero di crediti non inferiore a 60 nel triennio di riferimento e, comunque, a 15 per ciascun anno. La specifica formazione di cui alla presente lettera può essere acquisita anche mediante la partecipazione ad analoghi corsi da università pubbliche o private.

La Scuola superiore della magistratura elabora con cadenza triennale le linee guida generali per la definizione dei programmi dei corsi di formazione e di aggiornamento, sentiti il Consiglio nazionale forense, il Consiglio nazionale dei dottori commercialisti e degli esperti contabili e il Consiglio nazionale notarile.

Sulle domande di iscrizione e di conferma della stessa decide il comitato di cui al secondo comma. Ogni tre anni il comitato deve provvedere alla revisione dell'elenco per eliminare i professionisti per i quali è venuto meno o non è stato dimostrato uno dei requisiti previsti per il mantenimento dell'iscrizione o è sorto un impedimento a esercitare l'ufficio.

Al termine di ciascun semestre, previa audizione dell'interessato, il comitato dispone la sospensione fino a un anno e, in caso di gravi o reiterati inadempimenti, la cancellazione dall'elenco dei professionisti ai quali in una o più procedure esecutive sia stata revocata la delega in conseguenza del mancato rispetto dei termini per le attività delegate, delle direttive stabilite dal giudice dell'esecuzione o degli obblighi derivanti dagli incarichi ricevuti. I professionisti cancellati dall'elenco a seguito di revoca della delega non possono essere reinseriti nel triennio in corso e nel triennio successivo.

Nessuno può essere iscritto in più di un elenco.

Il giudice dell'esecuzione che conferisce la delega delle operazioni di vendita ad un professionista iscritto nell'elenco di un altro circondario deve indicare analiticamente nel provvedimento i motivi della scelta.

Il giudice dell'esecuzione sostituisce senza ritardo il professionista delegato che sia stato sospeso o cancellato dall'elenco.

(1) *Questo articolo, stato inserito dall'art. 9 della L. 3 agosto 1998, n. 302, è stato così da ultimo, sostituito dall'art. 4, comma 11, lett. c), del D.L.vo 10 ottobre 2022, n. 149, a decorrere dal 28 febbraio 2023.*

Si riporta il testo precedente:

«Art. 179 ter - (*) Elenco dei professionisti che provvedono alle operazioni di vendita

Presso ogni tribunale è istituito un elenco dei professionisti che provvedono alle operazioni di vendita. Possono ottenere l'iscrizione nell'elenco i professionisti di cui agli articoli 534 bis e 591 bis, primo comma, del codice, che dimostrano di aver assolto gli obblighi di prima formazione, stabiliti con decreto avente natura non regolamentare del Ministro della giustizia. Con il medesimo decreto sono stabiliti gli obblighi di formazione periodica da assolvere ai fini della conferma dell'iscrizione, sono fissate le modalità per la verifica dell'effettivo assolvimento degli obblighi formativi e sono individuati il contenuto e le modalità di presentazione delle domande.

È istituita presso ciascuna corte di appello una commissione, la cui composizione è disciplinata dal decreto di cui al primo comma. Con il medesimo decreto sono disciplinate le modalità di funzionamento della commissione. L'incarico di componente della commissione ha durata triennale, può essere rinnovato una sola volta e non comporta alcuna indennità o retribuzione a carico dello Stato, né alcun tipo di rimborso spese.

La commissione provvede alla tenuta dell'elenco, all'esercizio della vigilanza sugli iscritti, alla valutazione delle domande di iscrizione e all'adozione dei provvedimenti di cancellazione dall'elenco.

La Scuola superiore della magistratura elabora le linee guida generali per la definizione dei programmi dei corsi di formazione e di aggiornamento, sentiti il Consiglio nazionale forense, il Consiglio nazionale dei dottori commercialisti e degli esperti contabili e il Consiglio nazionale notarile.

La commissione esercita le funzioni di cui al terzo comma, anche tenendo conto delle risultanze dei rapporti riepilogativi di cui all'articolo 16 bis, commi 9 sexies e 9 septies, del decreto legge 18 ottobre 2012, n. 179, convertito, con modificazioni, dalla legge 17 dicembre 2012, n. 221. Valuta altresì i motivi per i quali sia stato revocato l'incarico in una o più procedure esecutive.

Quando ricorrono speciali ragioni, l'incarico può essere conferito a persona non iscritta in alcun elenco; nel provvedimento di conferimento dell'incarico devono essere analiticamente indicati i motivi della scelta. Per quanto non disposto diversamente dal presente articolo, si applicano le disposizioni di cui agli articoli 13 e seguenti in quanto compatibili. I professionisti cancellati dall'elenco non possono essere reinseriti nel triennio in corso e nel triennio successivo.»

(*) *Questo articolo è stato inserito dall'art. 9 della L. 3 agosto 1998, n. 302 e poi così, da ultimo, sostituito dall'art. 5 bis, del D.L. 3 maggio 2016, n. 59, convertito, con modificazioni, nella L. 30 giugno 2016, n. 119.*

179 *quater*. (1) Distribuzione degli incarichi. – Il presidente del tribunale vigila affinché, senza danno per l'amministrazione della giustizia, le deleghe siano assegnate tra gli iscritti nell'elenco di cui all'articolo 179 *ter* in modo tale che a nessuno dei professionisti iscritti possano essere conferiti incarichi in misura superiore al 10 per cento di quelli affidati dall'ufficio e dal singolo giudice e garantisce che sia assicurata l'adeguata trasparenza del conferimento degli incarichi anche a mezzo di strumenti informatici (2).

Per l'attuazione di tale vigilanza debbono essere annotate dal cancelliere in apposito registro tutte le deleghe che gli iscritti ricevono e i relativi compensi liquidati.

Il registro è pubblico e liberamente consultabile e dello stesso possono essere rilasciate copie o estratti.

(1) *Questo articolo è stato inserito dall'art. 11 della L. 3 agosto 1998, n. 302.*

(2) *Questo comma è stato così sostituito dall'art. 4, comma 11, lett. d), del D.L.vo 10 ottobre 2022, n. 149, a decorrere dal 28 febbraio 2023.*

Si riporta il testo precedente:

«Il presidente del tribunale vigila affinché, senza danno per l'amministrazione della giustizia, le deleghe siano equamente distribuite tra gli iscritti nell'elenco di cui all'articolo 179 ter».

Capo IV
Disposizioni comuni

180. Avviso di pignoramento ai comproprietari del bene pignorato. – L'avviso ai comproprietari dei beni indivisi nel caso previsto dall'art. 599 secondo comma del codice deve contenere l'indicazione del creditore pignorante, del bene pignorato, della data dell'atto di pignoramento e della trascrizione di esso. L'avviso è sottoscritto dal creditore pignorante.

Con lo stesso avviso o con altro separato gli interessati debbono essere invitati a comparire davanti al giudice dell'esecuzione (484 c.p.c.) per sentire dare i provvedimenti indicati nell'art. 600 del codice.

181. (1) **Disposizioni sulla divisione.** – Il giudice dell'esecuzione, quando dispone che si proceda a divisione del bene indiviso, provvede all'istruzione della causa a norma degli articoli 175 e seguenti del codice, se gli interessati sono tutti presenti.

Se gli interessati non sono tutti presenti, il giudice dell'esecuzione, con l'ordinanza di cui all'articolo 600, secondo comma, del codice, fissa l'udienza davanti a sé per la comparizione delle parti, concedendo termine alla parte più diligente fino a sessanta giorni prima per l'integrazione del contraddittorio mediante la notifica dell'ordinanza.

(1) *Questo articolo è stato così sostituito dall'art. 2, comma 3 ter, lett. f), del D.L. 14 marzo 2005, n. 35, convertito, con modificazioni, nella L. 14 maggio 2005, n. 80.*

A norma dell'art. 2, comma 3 sexies, dello stesso provvedimento, come sostituito dall'art. 1, comma 6, della L. 28 dicembre 2005, n. 263 e successivamente modificato dall'art. 39 quater del D.L. 30 dicembre 2005, n. 273, convertito, con modificazioni, nella L. 23 febbraio 2006, n. 51, questa disposizione entra in vigore il 1° marzo 2006 e si applica anche alle procedure esecutive pendenti a tale data di entrata in vigore. Quando tuttavia è già stata ordinata la vendita, la stessa ha luogo con l'osservanza delle norme precedentemente in vigore. L'intervento dei creditori non muniti di titolo esecutivo conserva efficacia se avvenuto prima del 1° marzo 2006.

Si riporta l'articolo precedente:

«181. (Disposizioni sulla divisione). *Il giudice dell'esecuzione, quando dispone che si proceda a divisione del bene indiviso, provvede all'istruzione della causa a norma degli artt. 175 e seguenti del codice, se gli interessati sono tutti presenti e l'ufficio al quale egli appartiene è competente per la divisione.*

«Se tutti gli interessati non sono presenti o per la divisione è competente altro giudice, il giudice dell'esecuzione fissa il termine perentorio entro il quale, a cura della parte più diligente, deve essere proposta domanda di divisione nelle forme ordinarie».

182. Intimazione al detentore del pegno. – Il creditore pignorante deve fare l'intimazione di cui all'art. 544 del codice con l'atto di pignoramento, se il pegno è detenuto dal debitore, o con atto separato, notificato a norma degli artt. 137 e seguenti del codice, se il pegno è detenuto da altri.

183. Provvedimenti temporanei nell'esecuzione per consegna o rilascio. – I provvedimenti temporanei di cui all'art. 610 del codice sono dati dal giudice dell'esecuzione (1) con decreto.

(1) *La parola: «pretore» è stata sostituita dalle parole: «giudice dell'esecuzione» dall'art. 131 del D.L.vo 19 febbraio 1998, n. 51, recante l'istituzione del giudice unico, a decorrere dal 2 giugno 1999.*

184. Contenuto dei ricorsi d'opposizione all'esecuzione. – I ricorsi previsti negli artt. 615 secondo comma e 619 del codice, oltre le indicazioni volute dall'art. 125 del codice, debbono contenere quelle di cui ai nn. 4 e 5 dell'art. 163 del codice.

185. (1) **Udienza di comparizione davanti al giudice dell'esecuzione.** – All'udienza di comparizione davanti al giudice dell'esecuzione fissata sulle opposizioni all'esecuzione, di terzo ed agli atti esecutivi si applicano le norme del procedimento camerale di cui agli articoli 737 e seguenti del codice.

(1) *Questo articolo è stato così sostituito a decorrere dal 1° marzo 2006, dall'art. 13 della L. 24 febbraio 2006, n. 52.*

Si riporta l'articolo precedente:

«185. (Udienza di comparizione davanti al giudice dell'esecuzione). *All'udienza di comparizione davanti al giudice dell'esecuzione fissata a norma degli artt. 615, 618 e 619 del codice si applica la disposizione dell'art. 183 del codice».*

186. Fascicolo della causa di opposizione all'esecuzione. – Se per la causa di opposizione all'esecuzione è competente un giudice diverso da quello dell'esecuzione (484 c.p.c.), il cancelliere del giudice davanti al quale la causa è riassunta (125) deve immediatamente richiedere al cancelliere del giudice dell'esecuzione la trasmissione del ricorso di opposizione, di copia del processo verbale dell'udienza di comparizione di cui agli artt. 615 e 619 del codice e dei documenti allegati relativi alla causa di opposizione (126).

186 *bis*. (1) **Trattazione delle opposizioni in materia esecutiva.** – I giudizi di merito di cui all'articolo 618, secondo comma, del codice sono trattati da un magistrato diverso da quello che ha conosciuto degli atti avverso i quali è proposta opposizione.

([1]) *Questo articolo è stato inserito dall'art. 52, comma 7, della L. 18 giugno 2009, n. 69, a decorrere dal 4 luglio 2009. Ai sensi dell'art. 58, comma 1, della predetta legge, tale disposizione si applica ai giudizi instaurati dopo la data della sua entrata in vigore.*

187. Regolamento di competenza delle sentenze in materia esecutiva. – Le sentenze dichiarate non impugnabili che il giudice pronuncia sulle opposizioni agli atti esecutivi (618 c.p.c.) sono sempre soggette a regolamento di competenza a norma degli artt. 42 e seguenti del codice.

187 *bis*. ([1]) Intangibilità nei confronti dei terzi degli effetti degli atti esecutivi compiuti. – In ogni caso di estinzione o di chiusura anticipata del processo esecutivo avvenuta dopo l'aggiudicazione, anche provvisoria, o l'assegnazione, restano fermi nei confronti dei terzi aggiudicatari o assegnatari, in forza dell'articolo 632, secondo comma, del codice, gli effetti di tali atti. Dopo il compimento degli stessi atti, l'istanza di cui all'articolo 495 del codice non è più procedibile.

([1]) *Questo articolo è stato inserito dall'art. 2, comma 4 novies, lett. b), del D.L. 14 marzo 2005, n. 35, convertito, con modificazioni, nella L. 14 maggio 2005, n. 80.*

Titolo V
Dei procedimenti speciali

188. Dichiarazione d'inefficacia del decreto d'ingiunzione. – La parte alla quale non è stato notificato il decreto d'ingiunzione nei termini di cui all'art. 644 del codice può chiedere con ricorso al giudice, che ha pronunciato il decreto, che ne dichiari l'inefficacia.

Il giudice fissa con decreto (135) un'udienza per la comparizione delle parti davanti a sé e il termine entro il quale il ricorso e il decreto debbono essere notificati alla controparte. La notificazione è fatta nel domicilio di cui all'art. 638 del codice se avviene entro l'anno dalla pronuncia e personalmente alla parte a norma degli artt. 137 e seguenti del codice se è fatta posteriormente.

Il giudice, sentite le parti, dichiara con ordinanza non impugnabile (177 c.p.c.) l'inefficacia del decreto ingiuntivo a tutti gli effetti.

Il rigetto dell'istanza non impedisce alla parte di proporre domanda di dichiarazione d'inefficacia nei modi ordinari (163 ss. c.p.c.).

189. Provvedimenti relativi alla separazione personale dei coniugi. – L'ordinanza con la quale il presidente del tribunale o il giudice istruttore dà i provvedimenti di cui all'art. 708 del codice costituisce titolo esecutivo (474 c.p.c.). Essa conserva la sua efficacia anche dopo l'estinzione del processo (306 ss. c.p.c.) finché non sia sostituita con altro provvedimento emesso dal presidente o dal giudice istruttore a seguito di nuova presentazione del ricorso per separazione personale dei coniugi ([1]).

([1]) *Secondo periodo aggiunto con R.D. 20 aprile 1942, n. 504.*

190. Documentazione dell'istanza di dichiarazione di assenza o di morte presunta. – Ai ricorsi indicati negli artt. 722 e 726 del codice debbono essere allegati i documenti comprovanti lo stato di famiglia, il fatto e il tempo della scomparsa.

191. Efficacia del processo verbale di vendita di beni immobili appartenenti a minori. – Il processo verbale di vendita (733, 734 c.p.c.) dei beni immobili appartenenti a minori costituisce titolo esecutivo (474 c. p.c.) per il rilascio.

192. Modalità di chiusura dell'inventario. – L'ufficiale che procede all'inventario (769 ss. c.p.c.) deve, prima di chiuderlo, interrogare coloro che avevano la custodia dei mobili o abitavano la casa in cui questi erano posti, se siano a conoscenza che esistano altri oggetti da comprendere nell'inventario (775 c.p.c.).

193. Giuramento del curatore dell'eredità giacente. – Il curatore dell'eredità giacente (781 c.p.c.) prima d'iniziare l'esercizio delle sue funzioni, deve prestare giuramento davanti al pretore ([1]) di custodire e amministrare fedelmente i beni dell'eredità (782 c.p.c.).

([1]) *Ai sensi del D.L.vo 19 febbraio 1998, n. 51, l'ufficio del pretore è soppresso a decorrere dal 2 giugno 1999, fatta salva l'attività necessaria per l'esaurimento degli affari pendenti. Le relative competenze sono trasferite al tribunale ordinario, fuori dei casi in cui è diversamente disposto dal predetto provvedimento.*

194. Nomina dell'esperto nel giudizio di divisione. – Quando per la formazione della massa da dividersi e delle quote (786 ss. c.p.c.) è necessaria l'opera di un esperto, questi è nominato, d'ufficio o su istanza del notaio o di uno degli interessati, dal giudice istruttore, che ne riceve il giuramento a norma dell'art. 193 del codice (68, 789, 790 c.p.c.).

195. Decreto di approvazione dell'attribuzione delle quote nel giudizio di divisione. – Il processo verbale dal quale risulta l'attribuzione delle quote nelle operazioni di divisione (791 c.p.c.) è approvato con decreto (135) del giudice istruttore se non sorgono contestazioni o con la sentenza che decide sulle contestazioni sorte.

Il decreto del giudice istruttore costituisce titolo esecutivo (474, 789, 791 c.p.c.).

196. (1) [**Reclamo contro il decreto che nega l'esecutorietà del lodo.** – Le parti debbono proporre il reclamo previsto negli artt. 825 ultimo comma e 456 ultimo comma del codice nel termine perentorio (152 c.p.c.) di giorni quindici dalla comunicazione del decreto che nega l'esecutorietà].

(1) *Articolo abrogato dall'art. 17, comma 2, della L. 5 gennaio 1994, n. 25, a decorrere dal 18 aprile 1994.*

Per effetto dell'art. 27 della citata legge, qualora il decreto che nega l'esecutorietà del lodo sia stato emesso anteriormente all'entrata in vigore della L. n. 25/1994, e il termine previsto da questo articolo sia ancora in corso, il termine stesso è prorogato sino al trentesimo giorno.

Titolo V *bis*
Dei procedimenti collettivi (1)

(1) *Questo titolo è stato inserito dall'art. 2, comma 1, della L. 12 aprile 2019, n. 31. A norma dell'art. 7, comma 1, della medesima legge, così come da ultimo modificato dall'art. 31 ter del D.L. 28 ottobre 2020, n. 137, convertito, con modificazioni, nella L. 18 dicembre 2020, n. 176, tali disposizioni entrano in vigore decorsi venticinque mesi dalla pubblicazione sulla* Gazzetta Ufficiale (G.U. *Serie gen. - n. 92 del 18 aprile 2019). A norma dell'art. 7, comma 2, della medesima legge, tali disposizioni, si applicano alle condotte illecite poste in essere successivamente alla data della sua entrata in vigore. Alle condotte illecite poste in essere precedentemente continuano ad applicarsi le disposizioni vigenti prima della medesima data di entrata in vigore.*

196 *bis*. Comunicazioni a cura della cancelleria e avvisi in materia di azione di classe. – Tutte le comunicazioni a cura della cancelleria previste dalle disposizioni contenute nel titolo VIII *bis* del libro quarto del codice sono eseguite con modalità telematiche all'indirizzo di posta elettronica certificata ovvero al servizio elettronico di recapito certificato qualificato dichiarato dall'aderente. Si applicano le disposizioni in materia di comunicazioni telematiche.

Il portale dei servizi telematici gestito dal Ministero della giustizia deve inviare all'indirizzo di posta elettronica ordinaria o certificata ovvero al servizio elettronico di recapito certificato qualificato, ad ogni interessato che ne ha fatto richiesta e si è registrato mediante un'apposita procedura, un avviso contenente le informazioni relative agli atti per i quali le disposizioni del titolo VIII *bis* del libro quarto del codice prevedono la pubblicazione. La richiesta può essere limitata alle azioni di classe relative a specifiche imprese o enti gestori di servizi pubblici o di pubblica utilità, anche prima della loro proposizione.

196 *ter*. Elenco delle organizzazioni e associazioni legittimate all'azione di classe. – Con decreto del Ministro della giustizia, di concerto con il Ministro dello sviluppo economico, previo parere delle Commissioni parlamentari competenti, sono stabiliti i requisiti per l'iscrizione nell'elenco di cui all'articolo 840 *bis*, secondo comma, del codice, i criteri per la sospensione e la cancellazione delle organizzazioni e associazioni iscritte, nonché il contributo dovuto ai fini dell'iscrizione e del mantenimento della stessa. Il contributo di cui al presente comma è fissato in misura tale da consentire comunque di far fronte alle spese di istituzione, di sviluppo e di aggiornamento dell'elenco. I requisiti per l'iscrizione comprendono la verifica delle finalità programmatiche, dell'adeguatezza a rappresentare e tutelare i diritti omogenei azionati e della stabilità e continuità delle associazioni e delle organizzazioni stesse, nonché la verifica delle fonti di finanziamento utilizzate. Con il medesimo decreto sono stabilite le modalità di aggiornamento dell'elenco.

Titolo V ter
Disposizioni relative alla giustizia digitale (1)

(1) *Questo titolo è stato inserito - con gli artt. da 196 quater a 196 duodecies - dall'art. 4, comma 12, del D.L.vo 10 ottobre 2022, n. 149.*

Capo I
Degli atti e dei provvedimenti (1)

(1) *A norma dell'art. 35, comma 2, del D.L.vo 10 ottobre 2022, n. 149, come modificato dall'art. 1, comma 380, lett. a), della L. 29 dicembre 2022, n. 197, le disposizioni di cui a questo capo, si applicano a decorrere dal 1° gennaio 2023 anche ai procedimenti civili pendenti davanti al tribunale, alla corte di appello e alla Corte di cassazione.*

196 *quater*. (1) Obbligatorietà del deposito telematico di atti e di provvedimenti. – Il (2) deposito degli atti processuali e dei documenti, ivi compresa la nota di iscrizione a ruolo, da parte del pubblico ministero, (3) dei difensori e dei soggetti nominati o delegati dall'autorità giudiziaria ha luogo esclusivamente con modalità telematiche. Con le stesse modalità le parti depositano gli atti e i documenti provenienti dai soggetti da esse nominati. Il giudice può ordinare il deposito di copia cartacea di singoli atti e documenti per ragioni specifiche.

Il deposito dei provvedimenti del giudice e dei verbali di udienza ha luogo con modalità telematiche (4).

Il deposito con modalità telematiche è effettuato nel rispetto della normativa anche regolamentare concernente la sottoscrizione, la trasmissione e la ricezione dei documenti informatici.

Il capo dell'ufficio autorizza il deposito con modalità non telematiche quando i sistemi informatici del dominio giustizia non sono funzionanti e sussiste una situazione di urgenza, dandone comunicazione attraverso il sito istituzionale dell'ufficio. Con la medesima forma di pubblicità provvede a comunicare l'avvenuta riattivazione del sistema.

(1) *A norma dell'art. 35, comma 2, del D.L.vo 10 ottobre 2022, n. 149, come modificato dall'art. 1, comma 380, lett. a), della L. 29 dicembre 2022, n. 197, le disposizioni di cui a questo articolo, hanno effetto a decorrere dal 1 gennaio 2023 e da tale data si applicano ai procedimenti civili pendenti davanti al tribunale, alla corte di appello e alla Corte di cassazione.*

Le disposizioni di cui a questo articolo si applicano ai dipendenti di cui si avvalgono le pubbliche amministrazioni per stare in giudizio personalmente dal 28 febbraio 2023.

A norma dell'art. 35, comma 3, del citato decreto, davanti al giudice di pace, al tribunale per i minorenni, al commissario per la liquidazione degli usi civici e al tribunale superiore delle acque pubbliche, tali disposizioni, si applicano a decorrere dal 30 giugno 2023 anche ai procedimenti pendenti a tale data. Con uno o più decreti non aventi natura regolamentare il Ministro della giustizia, accertata la funzionalità dei relativi servizi di comunicazione, può individuare gli uffici nei quali viene anticipato, anche limitatamente a specifiche categorie di procedimenti, il termine di cui al secondo periodo.

(2) *Le parole: «Nei procedimenti davanti al giudice di pace, al tribunale, alla corte di appello e alla Corte di cassazione il» sono state così sostituite dalla seguente: «Il» dall'art. 35, comma 3, lett. a), del D.L. 24 febbraio 2023, n. 13, convertito, con modificazioni, nella L. 21 aprile 2023, n. 41.*

A norma dell'art. 35, comma 4, del D.L. 24 febbraio 2023, n. 13, convertito, con modificazioni, nella L. 21 aprile 2023, n. 41, salvo quanto previsto dall'articolo 35, comma 3, secondo periodo, del decreto legislativo 10 ottobre 2022, n. 149, le disposizioni queste disposizioni hanno effetto a decorrere dal 1° marzo 2023 e si applicano anche ai procedimenti già pendenti a quella data.

(3) *Le parole: «del pubblico ministero,» sono state inserite dall'art. 35, comma 3, lett. a), del D.L. 24 febbraio 2023, n. 13, convertito, con modificazioni, nella L. 21 aprile 2023, n. 41.*

A norma dell'art. 35, comma 4, del D.L. 24 febbraio 2023, n. 13, convertito, con modificazioni, nella L. 21 aprile 2023, n. 41, salvo quanto previsto dall'articolo 35, comma 3, secondo periodo, del decreto legislativo 10 ottobre 2022, n. 149, le disposizioni queste disposizioni hanno effetto a decorrere dal 1° marzo 2023 e si applicano anche ai procedimenti già pendenti a quella data.

(4) *Questo comma è stato così sostituito dall'art. 35, comma 3, lett. b), del D.L. 24 febbraio 2023, n. 13, convertito, con modificazioni, nella L. 21 aprile 2023, n. 41.*

A norma dell'art. 35, comma 4, del D.L. 24 febbraio 2023, n. 13, convertito, con modificazioni, nella L. 21 aprile 2023, n. 41, salvo quanto previsto dall'articolo 35, comma 3, secondo periodo, del decreto legislativo 10 ottobre 2022, n. 149, le disposizioni queste disposizioni hanno effetto a decorrere dal 1° marzo 2023 e si applicano anche ai procedimenti già pendenti a quella data.

196 *quinquies*. (1) Dell'atto del processo redatto in formato elettronico. – L'atto del processo redatto in formato elettronico dal magistrato o dal personale degli uffici giudiziari e degli uffici notificazioni, esecuzioni e protesti è depositato telematicamente nel fascicolo informatico.

In caso di atto formato da organo collegiale l'originale del provvedimento è sottoscritto con firma digitale anche dal presidente.

Quando l'atto è redatto dal cancelliere o dal segretario dell'ufficio giudiziario questi vi appone la propria firma digitale e ne effettua il deposito nel fascicolo informatico.

Se il provvedimento del magistrato è in formato cartaceo, il cancelliere o il segretario dell'ufficio giudiziario ne estrae copia informatica secondo quanto previsto dalla normativa anche regolamentare e provvede a depositarlo nel fascicolo informatico.

Se il provvedimento di correzione di cui all'articolo 288 del codice è redatto in formato elettronico, il cancelliere forma un documento informatico contenente la copia del provvedimento corretto e del provvedimento di correzione, lo sottoscrive digitalmente e lo inserisce nel fascicolo informatico.

(1) *A norma dell'art. 35, comma 2, del D.L.vo 10 ottobre 2022, n. 149, come modificato dall'art. 1, comma 380, lett.* a)*, della L. 29 dicembre 2022, n. 197, le disposizioni di cui a questo articolo, hanno effetto a decorrere dal 1 gennaio 2023 e da tale data si applicano ai procedimenti civili pendenti davanti al tribunale, alla corte di appello e alla Corte di cassazione.*

A norma dell'art. 35, comma 3, del citato decreto, davanti al giudice di pace, al tribunale per i minorenni, al commissario per la liquidazione degli usi civici e al tribunale superiore delle acque pubbliche, tali disposizioni, si applicano a decorrere dal 30 giugno 2023 anche ai procedimenti pendenti a tale data. Con uno o più decreti non aventi natura regolamentare il Ministro della giustizia, accertata la funzionalità dei relativi servizi di comunicazione, può individuare gli uffici nei quali viene anticipato, anche limitatamente a specifiche categorie di procedimenti, il termine di cui al secondo periodo.

196 *sexies*. (1) Perfezionamento del deposito con modalità telematiche. – Il deposito con modalità telematiche si ha per avvenuto nel momento in cui è generata la conferma del completamento della trasmissione secondo quanto previsto dalla normativa anche regolamentare concernente la trasmissione e la ricezione dei documenti informatici ed è tempestivamente eseguito quando la conferma è generata entro la fine del giorno di scadenza. Si applicano le disposizioni di cui all'articolo 155, quarto e quinto comma, del codice. Se gli atti o i documenti da depositarsi eccedono la dimensione massima stabilita nelle specifiche tecniche del direttore generale per i sistemi informativi automatizzati del Ministero della giustizia, il deposito può essere eseguito mediante più trasmissioni.

(1) *A norma dell'art. 35, comma 2, del D.L.vo 10 ottobre 2022, n. 149, come modificato dall'art. 1, comma 380, lett.* a)*, della L. 29 dicembre 2022, n. 197, le disposizioni di cui a questo articolo, hanno effetto a decorrere dal 1 gennaio 2023 e da tale data si applicano ai procedimenti civili pendenti davanti al tribunale, alla corte di appello e alla Corte di cassazione.*

Le disposizioni di cui a questo articolo si applicano ai dipendenti di cui si avvalgono le pubbliche amministrazioni per stare in giudizio personalmente dal 28 febbraio 2023.

A norma dell'art. 35, comma 3, del citato decreto, davanti al giudice di pace, al tribunale per i minorenni, al commissario per la liquidazione degli usi civici e al tribunale superiore delle acque pubbliche, tali disposizioni, si applicano a decorrere dal 30 giugno 2023 anche ai procedimenti pendenti a tale data. Con uno o più decreti non aventi natura regolamentare il Ministro della giustizia, accertata la funzionalità dei relativi servizi di comunicazione, può individuare gli uffici nei quali viene anticipato, anche limitatamente a specifiche categorie di procedimenti, il termine di cui al secondo periodo.

196 *septies*. (1) (2) Copia cartacea di atti depositati telematicamente. – Con decreto del Ministro della giustizia sono stabilite misure organizzative per l'acquisizione di copia cartacea e per la riproduzione su supporto analogico degli atti depositati con modalità telematiche nonché per la gestione e la conservazione delle copie cartacee.

Con il decreto di cui al primo comma sono altresì stabilite le misure organizzative per la gestione e la conservazione degli atti depositati su supporto cartaceo a norma dell'articolo 196 *quater*, primo comma, terzo periodo, e quarto comma.

(1) *A norma dell'art. 35, comma 2, del D.L.vo 10 ottobre 2022, n. 149, come modificato dall'art. 1, comma 380, lett.* a)*, della L. 29 dicembre 2022, n. 197, le disposizioni di cui a questo articolo, hanno effetto a decorrere dal 1 gennaio 2023 e da tale data si applicano ai procedimenti civili pendenti davanti al tribunale, alla corte di appello e alla Corte di cassazione.*

A norma dell'art. 35, comma 3, del citato decreto, davanti al giudice di pace, al tribunale per i minorenni, al commissario per la liquidazione degli usi civici e al tribunale superiore delle acque pubbliche, tali disposizioni, si applicano a decorrere dal 30 giugno 2023 anche ai procedimenti pendenti a tale data. Con uno o più decreti non aventi natura regolamentare il Ministro della giustizia, accertata la funzionalità dei relativi servizi di comunicazione, può individuare gli uffici nei quali viene anticipato, anche limitatamente a specifiche categorie di procedimenti, il termine di cui al secondo periodo.

(2) *Si veda il D.M. 3 maggio 2023, recante disposizioni relative alle misure organizzative per l'acquisizione, gestione e conservazione delle copie ai sensi dell'articolo 196 septies delle disposizioni di attuazione al codice di procedura civile (G.U. Serie gen. - n. 109 del 11 maggio 2023).*

Capo II
Della conformità delle copie agli originali [1]

[1] *A norma dell'art. 35, comma 1, del D.L.vo 10 ottobre 2022, n. 149, come modificato dall'art. 1, comma 380, lett. a), della L. 29 dicembre 2022, n. 197, le disposizioni di questo capo hanno effetto a decorrere dal 28 febbraio 2023 e si applicano ai procedimenti instaurati successivamente a tale data. Ai procedimenti pendenti alla data del 28 febbraio 2023 si applicano le disposizioni anteriormente vigenti.*

196 *octies*. Potere di certificazione di conformità delle copie degli atti e dei provvedimenti contenuti nel fascicolo informatico o allegati alle comunicazioni e notificazioni di cancelleria. – Le copie informatiche, anche per immagine, di atti processuali di parte e degli ausiliari del giudice nonché dei provvedimenti di quest'ultimo, presenti nei fascicoli informatici o trasmessi in allegato alle comunicazioni telematiche, equivalgono all'originale anche se prive della firma digitale del cancelliere di attestazione di conformità all'originale.

Il difensore, il dipendente di cui si avvale la pubblica amministrazione per stare in giudizio personalmente, il consulente tecnico, il professionista delegato, il curatore, il commissario giudiziale e il liquidatore giudiziale possono estrarre con modalità telematiche duplicati, copie analogiche o informatiche degli atti e dei provvedimenti di cui al primo comma e attestare la conformità delle copie estratte ai corrispondenti atti contenuti nel fascicolo informatico ovvero allegati alle comunicazioni telematiche. Le copie analogiche e informatiche, anche per immagine, estratte dal fascicolo informatico o dall'allegato alla comunicazione telematica e munite dell'attestazione di conformità hanno la stessa efficacia probatoria dell'atto che riproducono. Il duplicato informatico di un documento informatico deve essere prodotto mediante processi e strumenti che assicurino che il documento informatico ottenuto sullo stesso sistema di memorizzazione o su un sistema diverso contenga la stessa sequenza di bit del documento informatico di origine.

Le disposizioni di cui al presente articolo non si applicano agli atti processuali che contengono provvedimenti giudiziali che autorizzano il prelievo di somme di denaro vincolate all'ordine del giudice.

196 *novies*. Potere di certificazione di conformità di copie di atti e di provvedimenti. – Il difensore, il dipendente di cui si avvale la pubblica amministrazione per stare in giudizio personalmente, il consulente tecnico, il professionista delegato, il curatore, il commissario giudiziale e il liquidatore giudiziale, quando depositano con modalità telematiche la copia informatica, anche per immagine, di un atto processuale di parte o di un provvedimento del giudice formato su supporto analogico e detenuto in originale o in copia conforme, attestano la conformità della copia al predetto atto. La copia munita dell'attestazione di conformità equivale all'originale o alla copia conforme dell'atto o del provvedimento.

Il difensore, quando deposita nei procedimenti di espropriazione forzata la nota di iscrizione a ruolo e le copie informatiche degli atti indicati dagli articoli 518, sesto comma, 543, quarto comma, e 557, secondo comma, del codice, attesta la conformità delle copie agli originali.

196 *decies*. Potere di certificazione di conformità delle copie trasmesse con modalità telematiche all'ufficiale giudiziario. – Il difensore, il dipendente di cui si avvale la pubblica amministrazione per stare in giudizio personalmente, il consulente tecnico, il professionista delegato, il curatore, il commissario giudiziale e il liquidatore giudiziale, quando trasmettono all'ufficiale giudiziario con modalità telematiche la copia informatica, anche per immagine, di un atto, di un provvedimento o di un documento formato su supporto analogico e detenuto in originale o in copia conforme, attestano la conformità della copia all'atto detenuto. La copia munita dell'attestazione di conformità equivale all'originale o alla copia conforme dell'atto, del provvedimento o del documento.

196 *undecies*. Modalità dell'attestazione di conformità. – L'attestazione di conformità della copia analogica, prevista dalle disposizioni del presente capo, dal codice e dalla legge 21 gennaio 1994, n. 53, è apposta in calce o a margine della copia o su foglio separato, congiunto materialmente alla medesima.

L'attestazione di conformità di una copia informatica è apposta nel medesimo documento informatico.

Nel caso previsto dal secondo comma, l'attestazione di conformità può alternativamente essere apposta su un documento informatico separato e l'individuazione della copia cui si riferisce ha luogo esclusivamente secondo le modalità stabilite nelle specifiche tecniche del direttore generale per i sistemi informativi automatizzati del Ministero della giustizia. Se la copia informatica è destinata alla notifica, l'attestazione di conformità è inserita nella relazione di notificazione.

I soggetti che compiono le attestazioni di conformità previste dagli articoli 196 *octies*, 196 *novies* e 196 decies, dal codice e dalla legge 21 gennaio 1994, n. 53, sono considerati pubblici ufficiali ad ogni effetto.

Capo III
Dell'udienza con collegamenti audiovisivi a distanza

196 *duodecies*. (1) **Udienza con collegamenti audiovisivi a distanza.** – L'udienza di cui all'articolo 127 *bis* del codice è tenuta con modalità idonee a salvaguardare il contraddittorio e ad assicurare l'effettiva partecipazione delle parti e, se l'udienza non è pubblica, la sua riservatezza. Si applica l'articolo 84.

Nel verbale si dà atto della dichiarazione di identità dei presenti, i quali assicurano che non sono in atto collegamenti con soggetti non legittimati e che non sono presenti soggetti non legittimati nei luoghi da cui sono in collegamento.

I presenti mantengono attiva la funzione video per tutta la durata dell'udienza. Agli stessi è vietata la registrazione dell'udienza.

Il luogo dal quale il giudice si collega è considerato aula d'udienza a tutti gli effetti e l'udienza si considera tenuta nell'ufficio giudiziario davanti al quale è pendente il procedimento.

Con provvedimenti del direttore generale dei sistemi informativi e automatizzati del Ministero della giustizia sono individuati e regolati i collegamenti audiovisivi a distanza per lo svolgimento dell'udienza e le modalità attraverso le quali è garantita la pubblicità dell'udienza in cui si discute la causa (2).

(1) *A norma dell'art. 35, comma 2, del D.L.vo 10 ottobre 2022, n. 149, come modificato dall'art. 1, comma 380, lett.* a), *della L. 29 dicembre 2022, n. 197, le disposizioni di cui a questo articolo, hanno effetto a decorrere dal 1 gennaio 2023 e da tale data si applicano ai procedimenti civili pendenti davanti al tribunale, alla corte di appello e alla Corte di cassazione.*

A norma dell'art. 35, comma 3, del medesimo decreto, davanti al giudice di pace, al tribunale per i minorenni, al commissario per la liquidazione degli usi civici e al tribunale superiore delle acque pubbliche le disposizioni di cui a questo articolo, hanno effetto a decorrere dal 1° gennaio 2023, anche per i procedimenti pendenti a tale data.

(2) *A norma dell'art. 35, comma 11, del D.L.vo 10 ottobre 2022, n. 149, come modificato dall'art. 1, comma 380, lett.* a), *della L. 29 dicembre 2022, n. 197, fino all'adozione dei provvedimenti previsti da questo comma i collegamenti da remoto per lo svolgimento delle udienze civili continuano a essere regolati dal provvedimento del direttore generale per i sistemi informativi e automatizzati del Ministero della giustizia 2 novembre 2020.*

Titolo VI
Disposizioni transitorie

197 - 231. (*Omissis*) (1).

(1) *Articoli omessi perché non più influenti.*

LEGGI COMPLEMENTARI

1.

L. 4 maggio 1983, n. 184. Diritto del minore ad una famiglia (1) (Suppl. ord. alla *Gazzetta Ufficiale* n. 133 del 17 maggio 1983).

(1) *L'epigrafe di questa legge è stata così sostituita dall'art. 1, comma 1, della L. 28 marzo 2001, n. 149.*

(*Estratto*)

Titolo I
Principi generali (1)

(1) *Questa rubrica è stata così sostituita dall'art. 1, comma 2, della L. 28 marzo 2001, n. 149.*

1. (1) 1. Il minore ha diritto di crescere ed essere educato nell'ambito della propria famiglia.

2. Le condizioni di indigenza dei genitori o del genitore esercente la responsabilità (2) genitoriale non possono essere di ostacolo all'esercizio del diritto del minore alla propria famiglia. A tale fine a favore della famiglia sono disposti interventi di sostegno e di aiuto.

3. Lo Stato, le regioni e gli enti locali, nell'ambito delle proprie competenze, sostengono con idonei interventi, nel rispetto della loro autonomia e dei limiti delle risorse finanziarie disponibili, i nuclei familiari a rischio, al fine di prevenire l'abbandono e di consentire al minore di essere educato nell'ambito della propria famiglia. Essi promuovono altresì iniziative di formazione dell'opinione pubblica sull'affidamento e l'adozione e di sostegno all'attività delle comunità di tipo familiare, organizzano corsi di preparazione ed aggiornamento professionale degli operatori sociali nonché incontri di formazione e preparazione per le famiglie e le persone che intendono avere in affidamento o in adozione minori. I medesimi enti possono stipulare convenzioni con enti o associazioni senza fini di lucro che operano nel campo della tutela dei minori e delle famiglie per la realizzazione delle attività di cui al presente comma.

4. Quando la famiglia non è in grado di provvedere alla crescita e all'educazione del minore, si applicano gli istituti di cui alla presente legge.

5. Il diritto del minore a vivere, crescere ed essere educato nell'ambito di una famiglia è assicurato senza distinzione di sesso, di etnia, di età, di lingua, di religione e nel rispetto della identità culturale del minore e comunque non in contrasto con i principi fondamentali dell'ordinamento.

(1) *Questo articolo è stato così sostituito dall'art. 1, comma 3, della L. 28 marzo 2001, n. 149.*

(2) *La parola: «potestà» è stata così sostituita dalla seguente: «responsabilità» dall'art. 100, comma 1, lett. a), del D.L.vo 28 dicembre 2013, n. 154, a decorrere dal trentesimo giorno successivo a quello della sua pubblicazione nella* Gazzetta Ufficiale *(G.U. n. 5 dell'8 gennaio 2014).*

Titolo I *bis*
Dell'affidamento del minore (1)

(1) *Questa rubrica è stata introdotta dall'art. 2, comma 1, della L. 28 marzo 2001, n. 149.*

2. (1) 1. Il minore temporaneamente privo di un ambiente familiare idoneo, nonostante gli interventi di sostegno e aiuto disposti ai sensi dell'articolo 1, è affidato ad una famiglia, preferibilmente con figli minori, o ad una persona singola, in grado di assicurargli il mantenimento, l'educazione, l'istruzione e le relazioni affettive di cui egli ha bisogno.

1.1. Il minore non può essere affidato a parenti o affini entro il quarto grado di chi ha composto il collegio che ha adottato il provvedimento, del consulente tecnico d'ufficio e di coloro che hanno svolto le funzioni di assistente sociale nel medesimo procedimento (2).

1 *bis*. Gli enti locali possono promuovere la sensibilizzazione e la formazione di affidatari per favorire l'affidamento familiare dei minori stranieri non accompagnati, in via prioritaria rispetto al ricovero in una struttura di accoglienza (3).

1 *ter*. Dall'attuazione delle disposizioni di cui al comma 1 *bis* non devono derivare nuovi o maggiori oneri per la finanza pubblica; gli enti locali provvedono nei limiti delle risorse disponibili nei propri bilanci (3).

2. Ove non sia possibile l'affidamento nei termini di cui al comma 1, è consentito l'inserimento del minore in una comunità di tipo familiare o, in mancanza, in un istituto di assistenza pubblico o privato, che abbia sede preferibilmente nel luogo più vicino a quello in cui stabilmente risiede il nucleo familiare di provenienza. Per i minori di età inferiore a sei anni l'inserimento può avvenire solo presso una comunità di tipo familiare.

2 *bis*. Il minore non può essere inserito presso strutture o comunità pubbliche o private nelle quali rivestono cariche rappresentative, o partecipano alla gestione delle medesime strutture, o prestano a favore di esse attività professionale, anche a titolo gratuito, o fanno parte degli organi di società che le gestiscono, persone che sono parenti o affini entro il quarto grado, convivente, parte dell'unione civile o coniuge di chi ha composto il collegio che ha adottato il provvedimento, del consulente tecnico d'ufficio o di coloro che hanno svolto le funzioni di assistente sociale nel medesimo procedimento ([4]).

3. In caso di necessità e urgenza l'affidamento può essere disposto anche senza porre in essere gli interventi di cui all'articolo 1, commi 2 e 3.

3 *bis*. I provvedimenti adottati ai sensi dei commi 2 e 3 devono indicare espressamente le ragioni per le quali non si ritiene possibile la permanenza nel nucleo familiare originario e le ragioni per le quali non sia possibile procedere ad un affidamento ad una famiglia, fermo restando quanto disposto dall'articolo 4, comma 3 ([5]).

4. Il ricovero in istituto deve essere superato entro il 31 dicembre 2006 mediante affidamento ad una famiglia e, ove ciò non sia possibile, mediante inserimento in comunità di tipo familiare caratterizzate da organizzazione e da rapporti interpersonali analoghi a quelli di una famiglia.

5. Le regioni, nell'ambito delle proprie competenze sulla base di criteri stabiliti dalla Conferenza permanente per i rapporti tra lo Stato, le regioni e le province autonome di Trento e di Bolzano, definiscono gli standard minimi dei servizi e dell'assistenza che devono essere forniti dalle comunità di tipo familiare e dagli istituti e verificano periodicamente il rispetto dei medesimi.

([1]) *Questo articolo è stato così sostituito dall'art. 2, comma 2, della L. 28 marzo 2001, n. 149.*

([2]) *Questo comma è stato inserito dall'art. 28, comma 1, lett. a), n. 1), del D.L.vo 10 ottobre 2022, n. 149, a decorrere dal 28 febbraio 2023.*

([3]) *Questo comma è stato inserito dall'art. 7, comma 1, della L. 7 aprile 2017, n. 47.*

([4]) *Questo comma è stato inserito dall'art. 28, comma 1, lett. a), n. 2), del D.L.vo 10 ottobre 2022, n. 149, a decorrere dal 28 febbraio 2023.*

([5]) *Questo comma è stato inserito dall'art. 9, comma 1, della L. 29 luglio 2020, n. 107.*

3. ([1]) 1. I legali rappresentanti delle comunità di tipo familiare e degli istituti di assistenza pubblici o privati esercitano i poteri tutelari sul minore affidato, secondo le norme del capo I del titolo X del libro primo del codice civile, fino a quando non si provveda alla nomina di un tutore in tutti i casi nei quali l'esercizio della responsabilità genitoriale ([2]) o della tutela sia impedito.

2. Nei casi previsti dal comma 1, entro trenta giorni dall'accoglienza del minore, i legali rappresentanti devono proporre istanza per la nomina del tutore. Gli stessi e coloro che prestano anche gratuitamente la propria attività a favore delle comunità di tipo familiare e degli istituti di assistenza pubblici o privati non possono essere chiamati a tale incarico.

3. Nel caso in cui i genitori riprendano l'esercizio della responsabilità genitoriale ([3]), le comunità di tipo familiare e gli istituti di assistenza pubblici o privati chiedono al giudice tutelare di fissare eventuali limiti o condizioni a tale esercizio.

([1]) *Questo articolo è stato così sostituito dall'art. 3 della L. 28 marzo 2001, n. 149.*

([2]) *Le parole: «potestà dei genitori» sono state così sostituite dalle seguenti: «responsabilità genitoriale» dall'art. 100, comma 1, lett. b), del D.L.vo 28 dicembre 2013, n. 154, a decorrere dal trentesimo giorno successivo a quello della sua pubblicazione nella* Gazzetta Ufficiale *(G.U. n. 5 dell'8 gennaio 2014).*

([3]) *La parola: «potestà» è stata così sostituita dalle seguenti: «responsabilità genitoriale» dall'art. 100, comma 1, lett. b), del D.L.vo 28 dicembre 2013, n. 154, a decorrere dal trentesimo giorno successivo a quello della sua pubblicazione nella* Gazzetta Ufficiale *(G.U. n. 5 dell'8 gennaio 2014).*

4. ([1]) 1. L'affidamento familiare è disposto dal servizio sociale locale, previo consenso manifestato dai genitori o dal genitore esercente in via esclusiva ([2]) la responsabilità genitoriale ([3]), ovvero dal tutore, sentito il minore che ha compiuto gli anni dodici e anche il minore di età inferiore, in considerazione della sua capacità di discernimento. Il giudice tutelare del luogo ove si trova il minore rende esecutivo il provvedimento con decreto.

2. Ove manchi l'assenso dei genitori esercenti la responsabilità genitoriale ([3]) o del

tutore, provvede il tribunale per i minorenni. Si applicano l'articolo 5 *bis* e ([4]) gli articoli 330 e seguenti del codice civile.

3. Nel provvedimento di affidamento familiare devono essere indicate specificamente le motivazioni di esso, nonché i tempi e i modi dell'esercizio dei poteri riconosciuti all'affidatario, e le modalità attraverso le quali i genitori e gli altri componenti il nucleo familiare possono mantenere i rapporti con il minore. Deve altresì essere indicato il servizio sociale locale cui è attribuita la responsabilità del programma di assistenza, nonché la vigilanza durante l'affidamento con l'obbligo di tenere costantemente informati il giudice tutelare o il tribunale per i minorenni, a seconda che si tratti di provvedimento emesso ai sensi dei commi 1 o 2. Il servizio sociale locale cui è attribuita la responsabilità del programma di assistenza, nonché la vigilanza durante l'affidamento, deve riferire senza indugio al giudice tutelare o al tribunale per i minorenni del luogo in cui il minore si trova, a seconda che si tratti di provvedimento emesso ai sensi dei commi 1 e 2, ogni evento di particolare rilevanza ed è tenuto a presentare una relazione semestrale sull'andamento del programma di assistenza, sulla sua presumibile ulteriore durata e sull'evoluzione delle condizioni di difficoltà del nucleo familiare di provenienza.

4. Nel provvedimento di cui al comma 3, deve inoltre essere indicato il periodo di presumibile durata dell'affidamento che deve essere rapportabile al complesso di interventi volti al recupero della famiglia d'origine. Tale periodo non può superare la durata di ventiquattro mesi ed è prorogabile, dal tribunale per i minorenni, su richiesta del pubblico ministero e nel contraddittorio delle parti, qualora la sospensione dell'affidamento rechi grave pregiudizio al minore. A tal fine, prima del decorso del termine di durata dell'affidamento il servizio sociale segnala al pubblico ministero l'opportunità di richiederne la proroga ([5]).

5. L'affidamento familiare cessa con il decorso del termine di cui al comma 4 o ([6]) con provvedimento della stessa autorità che lo ha disposto, valutato l'interesse del minore, quando sia venuta meno la situazione di difficoltà temporanea della famiglia d'origine che lo ha determinato, ovvero nel caso in cui la prosecuzione di esso rechi pregiudizio al minore.

5 *bis*. Qualora, durante un prolungato periodo di affidamento, il minore sia dichiarato adottabile ai sensi delle disposizioni del capo II del titolo II e qualora, sussistendo i requisiti previsti dall'articolo 6, la famiglia affidataria chieda di poterlo adottare, il tribunale per i minorenni, nel decidere sull'adozione, tiene conto dei legami affettivi significativi e del rapporto stabile e duraturo consolidatosi tra il minore e la famiglia affidataria ([7]).

5 *ter*. Qualora, a seguito di un periodo di affidamento, il minore faccia ritorno nella famiglia di origine o sia dato in affidamento ad altra famiglia o sia adottato da altra famiglia, è comunque tutelata, se rispondente all'interesse del minore, la continuità delle positive relazioni socio-affettive consolidatesi durante l'affidamento ([7]).

5 *quater*. Il giudice, ai fini delle decisioni di cui ai commi 4, 5 *bis* e 5 *ter* ([8]), tiene conto anche delle valutazioni documentate dei servizi sociali, ascoltato il minore che ha compiuto gli anni dodici o anche di età inferiore se capace di discernimento ([7]).

5 *quinquies*. Nel caso di minore rimasto privo di un ambiente familiare idoneo a causa della morte del genitore, cagionata volontariamente dal coniuge, anche legalmente separato o divorziato, dall'altra parte dell'unione civile, anche se l'unione civile è cessata, dal convivente o da persona legata al genitore stesso, anche in passato, da relazione affettiva, il tribunale competente, eseguiti i necessari accertamenti, provvede privilegiando la continuità delle relazioni affettive consolidatesi tra il minore stesso e i parenti fino al terzo grado. Nel caso in cui vi siano fratelli o sorelle, il tribunale provvede assicurando, per quanto possibile, la continuità affettiva tra gli stessi ([9]).

5 *sexies*. Su segnalazione del tribunale competente, i servizi sociali assicurano ai minori di cui al comma 5 *quinquies* un adeguato sostegno psicologico e l'accesso alle misure di sostegno volte a garantire il diritto allo studio e l'inserimento nell'attività lavorativa ([9]).

6. Il giudice tutelare, trascorso il periodo di durata previsto, ovvero intervenute le circostanze di cui al comma 5, sentiti il servizio sociale locale interessato ed il minore che ha compiuto gli anni dodici e anche il minore di età inferiore, in considerazione della sua capacità di discernimento, richiede, se necessario, al competente tribunale per i minorenni l'adozione di ulteriori provvedimenti nell'interesse del minore.

7. Le disposizioni del presente articolo si applicano, in quanto compatibili, anche nel caso di minori inseriti presso una comunità di tipo familiare o un istituto di assi-

stenza pubblico o privato, ma decorsi dodici mesi il giudice verifica nel contraddittorio delle parti l'andamento del programma di assistenza, l'evoluzione delle condizioni di difficoltà del nucleo familiare di provenienza e l'opportunità della prosecuzione dell'inserimento ([10]).

([1]) *Questo articolo è stato così sostituito dall'art. 4 della L. 28 marzo 2001, n. 149.*

([2]) *Le parole: «in via esclusiva» sono state inserite dall'art. 28, comma 1, lett.* b)*, n. 1), del D.L.vo 10 ottobre 2022, n. 149, a decorrere dal 28 febbraio 2023.*

([3]) *La parola: «potestà» è stata così sostituita dalle seguenti: «responsabilità genitoriale» dall'art. 100, comma 1, lett.* c)*, del D.L.vo 28 dicembre 2013, n. 154, a decorrere dal trentesimo giorno successivo a quello della sua pubblicazione nella* Gazzetta Ufficiale *(G.U. n. 5 dell'8 gennaio 2014).*

([4]) *Le parole: «l'articolo 5 bis e» sono state inserite dall'art. 28, comma 1, lett.* b)*, n. 2), del D.L.vo 10 ottobre 2022, n. 149, a decorrere dal 28 febbraio 2023.*

([5]) *Questo comma è stato così sostituito dall'art. 28, comma 1, lett.* b)*, n. 3), del D.L.vo 10 ottobre 2022, n. 149, a decorrere dal 28 febbraio 2023.*

Si riporta il testo precedente:

«4. Nel provvedimento di cui al comma 3, deve inoltre essere indicato il periodo di presumibile durata dell'affidamento che deve essere rapportabile al complesso di interventi volti al recupero della famiglia d'origine. Tale periodo non può superare la durata di ventiquattro mesi ed è prorogabile, dal tribunale per i minorenni, qualora la sospensione dell'affidamento rechi pregiudizio al minore.».

([6]) *Le parole: «con il decorso del termine di cui al comma 4 o» sono state inserite dall'art. 28, comma 1, lett.* b)*, n. 4), del D.L.vo 10 ottobre 2022, n. 149, a decorrere dal 28 febbraio 2023.*

([7]) *Questo comma è stato inserito dall'art. 1 della L. 19 ottobre 2015, n. 173.*

([8]) *Le parole: «ai commi 5 bis e 5 ter» sono state così sostituite dalle attuali: «ai commi 4, 5 bis e 5 ter» dall'art. 28, comma 1, lett.* b)*, n. 5), del D.L.vo 10 ottobre 2022, n. 149, a decorrere dal 28 febbraio 2023.*

([9]) *Questo comma è stato inserito dall'art. 10, comma 1, della L. 11 gennaio 2018, n. 4.*

([10]) *Le parole: «, ma decorsi dodici mesi il giudice verifica nel contraddittorio delle parti l'andamento del programma di assistenza, l'evoluzione delle condizioni di difficoltà del nucleo familiare di provenienza e l'opportunità della prosecuzione dell'inserimento» sono state inserite dall'art. 28, comma 1, lett.* b)*, n. 6), del D.L.vo 10 ottobre 2022, n. 149, a decorrere dal 28 febbraio 2023.*

5. ([1]) 1. L'affidatario deve accogliere presso di sé il minore e provvedere al suo mantenimento e alla sua educazione e istruzione, tenendo conto delle indicazioni dei genitori per i quali non vi sia stata pronuncia ai sensi degli articoli 330 e 333 del codice civile, ovvero del tutore o curatore ([2]), ed osservando le prescrizioni stabilite dall'autorità affidante. Si applicano, in quanto compatibili, le disposizioni dell'articolo 316 del codice civile. In ogni caso l'affidatario esercita i poteri connessi con la responsabilità genitoriale ([3]) in relazione agli ordinari rapporti con la istituzione scolastica e con le autorità sanitarie. L'affidatario o l'eventuale famiglia collocataria devono essere convocati, a pena di nullità, nei procedimenti civili in materia di responsabilità genitoriale, di affidamento e di adottabilità relativi al minore affidato ed hanno facoltà di presentare memorie scritte nell'interesse del minore ([4]).

2. Il servizio sociale, nell'ambito delle proprie competenze, su disposizione del giudice ovvero secondo le necessità del caso, svolge opera di sostegno educativo e psicologico, agevola i rapporti con la famiglia di provenienza ed il rientro nella stessa del minore secondo le modalità più idonee, avvalendosi anche delle competenze professionali delle altre strutture del territorio e dell'opera delle associazioni familiari eventualmente indicate dagli affidatari.

3. Le norme di cui ai commi 1 e 2 si applicano, in quanto compatibili, nel caso di minori ospitati presso una comunità di tipo familiare o che si trovino presso un istituto di assistenza pubblico o privato.

4. Lo Stato, le regioni e gli enti locali, nell'ambito delle proprie competenze, e nei limiti delle disponibilità finanziarie dei rispettivi bilanci, intervengono con misure di sostegno e di aiuto economico in favore della famiglia affidataria.

([1]) *Questo articolo è stato così sostituito dall'art. 5 della L. 28 marzo 2001, n. 149.*

([2]) *Le parole: «o del tutore» sono state così sostituite dalle attuali: «ovvero del tutore o curatore» dall'art. 28, comma 1, lett.* c)*, del D.L.vo 10 ottobre 2022, n. 149, a decorrere dal 28 febbraio 2023.*

([3]) *Le parole: «potestà parentale» sono state così sostituite dalle seguenti: «responsabilità genitoriale» dall'art. 100, comma 1, lett.* d)*, del D.L.vo 28 dicembre 2013, n. 154, a decorrere dal trentesimo giorno successivo a quello della sua pubblicazione nella* Gazzetta Ufficiale *(G.U. n. 5 dell'8 gennaio 2014).*

([4]) *Questo periodo è stato così sostituito dall'art. 2 della L. 19 ottobre 2015, n. 173.*

5 *bis*. ([1]) 1. Il minore può essere affidato al servizio sociale del luogo di residenza abituale, quando si trova nella condizione prevista dall'articolo 333 del codice civile e gli interventi di cui all'articolo 1, commi 2 e 3, si sono rivelati inefficaci o i genitori non hanno collaborato alla loro attuazione, fatto salvo quanto previsto all'articolo 2, comma 3.

2. Con il provvedimento con cui dispone la limitazione della responsabilità genitoriale

e affida il minore al servizio sociale, il tribunale indica:

a) il soggetto presso il quale il minore è collocato;

b) gli atti che devono essere compiuti direttamente dal servizio sociale dell'ente locale, anche in collaborazione con il servizio sanitario, in base agli interventi previsti dall'articolo 4, comma 3;

c) gli atti che possono essere compiuti dal soggetto collocatario del minore;

d) gli atti che possono essere compiuti dai genitori;

e) gli atti che possono essere compiuti dal curatore nominato ai sensi dell'articolo 333, secondo comma, del codice civile;

f) i compiti affidati al servizio sociale ai sensi dell'articolo 5, comma 2;

g) la durata dell'affidamento, non superiore a ventiquattro mesi;

h) la periodicità, non superiore a sei mesi, con la quale il servizio sociale riferisce all'autorità giudiziaria che procede ovvero, in mancanza, al giudice tutelare, sull'andamento degli interventi, sui rapporti mantenuti dal minore con i genitori, sull'attuazione del progetto predisposto dal tribunale.

3. Il servizio sociale, nello svolgimento dei compiti a lui affidati e nell'adozione delle scelte a lui demandate, tiene conto delle indicazioni dei genitori che non siano stati dichiarati decaduti dalla responsabilità genitoriale e del minore nonché, ove vi siano, del curatore e del curatore speciale.

4. Entro quindici giorni dalla notifica del provvedimento il servizio sociale comunica il nominativo del responsabile dell'affidamento al tribunale, ai genitori, agli esercenti la responsabilità genitoriale, al curatore se nominato e al soggetto collocatario.

5. Se l'affidamento al servizio sociale è disposto con il provvedimento che definisce il giudizio, la decisione è comunicata al giudice tutelare del luogo di residenza abituale del minore, per la vigilanza sulla sua attuazione.

6. Il giudice competente per l'attuazione, su istanza del servizio sociale, adotta i provvedimenti opportuni nell'interesse del minore.

7. Si applicano le disposizioni in materia di inefficacia e di proroga dell'affidamento di cui all'articolo 4, commi 4, 5 e 5 *quater*.

(1) *Questo articolo è stato inserito dall'art. 28, comma 1, lett.* d), *del D.L.vo 10 ottobre 2022, n. 149, a decorrere dal 28 febbraio 2023.*

Titolo II
Dell'adozione

Capo I
Disposizioni generali

6. (1) 1. L'adozione è consentita a coniugi uniti in matrimonio da almeno tre anni. Tra i coniugi non deve sussistere e non deve avere avuto luogo negli ultimi tre anni separazione personale neppure di fatto.

2. I coniugi devono essere affettivamente idonei e capaci di educare, istruire e mantenere i minori che intendano adottare.

3. L'età degli adottanti deve superare di almeno diciotto e di non più di quarantacinque anni l'età dell'adottando.

4. Il requisito della stabilità del rapporto di cui al comma 1 può ritenersi realizzato anche quando i coniugi abbiano convissuto in modo stabile e continuativo prima del matrimonio per un periodo di tre anni, nel caso in cui il tribunale per i minorenni accerti la continuità e la stabilità della convivenza, avuto riguardo a tutte le circostanze del caso concreto.

5. I limiti di cui al comma 3 possono essere derogati, qualora il tribunale per i minorenni accerti che dalla mancata adozione derivi un danno grave e non altrimenti evitabile per il minore.

6. Non è preclusa l'adozione quando il limite massimo di età degli adottanti sia superato da uno solo di essi in misura non superiore a 10 anni, ovvero quando essi siano genitori di figli anche (2) adottivi dei quali almeno uno sia in età minore, ovvero quando l'adozione riguardi un fratello o una sorella del minore già dagli stessi adottato.

7. Ai medesimi coniugi sono consentite più adozioni anche con atti successivi e costituisce criterio preferenziale ai fini dell'adozione l'aver già adottato un fratello dell'adottando o il far richiesta di adottare più fratelli, ovvero la disponibilità dichiarata all'adozione di minori che si trovino nelle condizioni indicate dall'articolo 3, comma 1, della legge 5 febbraio 1992, n. 104, concernente l'assistenza, l'integrazione sociale e i diritti delle persone handicappate.

8. Nel caso di adozione dei minori di età superiore a dodici anni o con handicap accertato ai sensi dell'articolo 4 della legge 5 febbraio 1992, n. 104, lo Stato, le regioni e gli enti locali possono intervenire, nell'ambito delle proprie competenze e nei limiti delle disponibilità finanziarie dei rispettivi bilanci, con specifiche misure di carattere economi-

co, eventualmente anche mediante misure di sostegno alla formazione e all'inserimento sociale, fino all'età di diciotto anni degli adottati.

([1]) *Questo articolo è stato così sostituito dall'art. 6 della L. 28 marzo 2001, n. 149.*

([2]) *Le parole: «naturali o» sono state così sostituite dalla seguente: «anche» dall'art. 100, comma 1, lett. e), del D.L.vo 28 dicembre 2013, n. 154, a decorrere dal trentesimo giorno successivo a quello della sua pubblicazione nella* Gazzetta Ufficiale *(G.U. n. 5 dell'8 gennaio 2014).*

7. ([1]) 1. L'adozione è consentita a favore dei minori dichiarati in stato di adottabilità ai sensi degli articoli seguenti.

2. Il minore, il quale ha compiuto gli anni quattordici, non può essere adottato se non presta personalmente il proprio consenso, che deve essere manifestato anche quando il minore compia l'età predetta nel corso del procedimento. Il consenso dato può comunque essere revocato sino alla pronuncia definitiva dell'adozione.

3. Se l'adottando ha compiuto gli anni dodici deve essere personalmente sentito; se ha un'età inferiore, deve essere sentito, in considerazione della sua capacità di discernimento.

([1]) *Questo articolo è stato così sostituito dall'art. 7 della L. 28 marzo 2001, n. 149.*

Capo II
Della dichiarazione di adottabilità ([1])

([1]) *Si veda l'art. 1 del D.L. 1° luglio 2002, n. 126, convertito, con modificazioni, nella L. 2 agosto 2002, n. 175, che così dispone:*

«1. In via transitoria, fino alla emanazione di una specifica disciplina sulla difesa d'ufficio e sul patrocinio a spese dello Stato nei procedimenti disciplinati dalla legge 4 maggio 1983, n. 184, e successive modificazioni, e comunque non oltre il 30 giugno 2003 (*), ai predetti procedimenti e ai relativi giudizi di opposizione continuano ad applicarsi le disposizioni processuali vigenti anteriormente alla data di entrata in vigore del decreto legge 24 aprile 2001, n. 150, convertito, con modificazioni, dalla legge 23 giugno 2001, n. 240.

«2. In via transitoria e fino alla emanazione di nuove disposizioni che regolano i procedimenti di cui all'articolo 336 del codice civile, e comunque non oltre il 30 giugno 2003 (*), ai medesimi procedimenti continuano ad applicarsi le disposizioni processuali vigenti anteriormente alla data di entrata in vigore del decreto legge 24 aprile 2001, n. 150, convertito, con modificazioni, dalla legge 23 giugno 2001, n. 240».

(*) *Le disposizioni previste dal D.L. 1° luglio 2002, n. 126, convertito, con modificazioni, nella L. 2 agosto 2002, n. 175, già prorogate al 30 giugno 2004 dall'art. 15 del D.L. 24 giugno 2003, n. 147, convertito, con modificazioni, nella L. 1° agosto 2003, n. 200, sono state ulteriormente prorogate dapprima al 30 giugno 2005 per effetto dell'art. 2 del D.L. 24 giugno 2004, n. 158, convertito, con modificazioni, nella L. 27 luglio 2004, n. 188; al 30 giugno 2006, ai sensi dell'art. 8, comma 2, del D.L. 30 giugno 2005, n. 115, convertito, con modificazioni, nella L. 17 agosto 2005, n. 168, e da ultimo al 30 giugno 2007 dall'art. 1, comma 2, della L. 12 luglio 2006, n. 228.*

8. ([1]) 1. Sono dichiarati in stato di adottabilità dal tribunale per i minorenni del distretto nel quale si trovano, i minori di cui sia accertata la situazione di abbandono perché privi di assistenza morale e materiale da parte dei genitori o dei parenti tenuti a provvedervi, purché la mancanza di assistenza non sia dovuta a causa di forza maggiore di carattere transitorio.

2. La situazione di abbandono sussiste, sempre che ricorrano le condizioni di cui al comma 1, anche quando i minori si trovino presso istituti di assistenza pubblici o privati o comunità di tipo familiare ovvero siano in affidamento familiare.

3. Non sussiste causa di forza maggiore quando i soggetti di cui al comma 1 rifiutano le misure di sostegno offerte dai servizi sociali locali, anche all'esito della segnalazione di cui all'articolo 79 *bis*, ([2]) e tale rifiuto viene ritenuto ingiustificato dal giudice.

4. Il procedimento di adottabilità deve svolgersi fin dall'inizio con l'assistenza legale del minore e dei genitori o degli altri parenti, di cui al comma 2 dell'articolo 10.

([1]) *Questo articolo è stato così sostituito dall'art. 8 della L. 28 marzo 2001, n. 149.*

([2]) *Le parole: «, anche all'esito della segnalazione di cui all'articolo 79* bis,*» sono state inserite dall'art. 100, comma 1, lett. f), del D.L.vo 28 dicembre 2013, n. 154, a decorrere dal trentesimo giorno successivo a quello della sua pubblicazione nella* Gazzetta Ufficiale *(G.U. n. 5 dell'8 gennaio 2014).*

9. ([1]) 1. Chiunque ha facoltà di segnalare all'autorità pubblica situazioni di abbandono di minori di età. I pubblici ufficiali, gli incaricati di un pubblico servizio, gli esercenti un servizio di pubblica necessità debbono riferire al più presto al procuratore della Repubblica presso il tribunale per i minorenni del luogo in cui il minore si trova sulle condizioni di ogni minore in situazione di abbandono di cui vengano a conoscenza in ragione del proprio ufficio.

2. Gli istituti di assistenza pubblici o privati e le comunità di tipo familiare devono trasmettere semestralmente al procuratore della Repubblica presso il tribunale per i minorenni del luogo ove hanno sede l'elenco di tutti i minori collocati presso di loro con l'indicazione specifica, per ciascuno di essi, della località di residenza dei genitori, dei

rapporti con la famiglia e delle condizioni psicofisiche del minore stesso. Il procuratore della Repubblica presso il tribunale per i minorenni, assunte le necessarie informazioni, chiede al tribunale, con ricorso, di dichiarare l'adottabilità di quelli tra i minori segnalati o collocati presso le comunità di tipo familiare o gli istituti di assistenza pubblici o privati o presso una famiglia affidataria che risultino in situazioni di abbandono, specificandone i motivi.

3. Il procuratore della Repubblica presso il tribunale per i minorenni, che trasmette gli atti al medesimo tribunale con relazione informativa, ogni sei mesi, effettua o dispone ispezioni negli istituti di assistenza pubblici o privati ai fini di cui al comma 2. Può procedere a ispezioni straordinarie in ogni tempo.

4. Chiunque, non essendo parente entro il quarto grado, accoglie stabilmente nella propria abitazione un minore, qualora l'accoglienza si protragga per un periodo superiore a sei mesi, deve, trascorso tale periodo, darne segnalazione al procuratore della Repubblica presso il tribunale per i minorenni. L'omissione della segnalazione può comportare l'inidoneità ad ottenere affidamenti familiari o adottivi e l'incapacità all'ufficio tutelare.

5. Nello stesso termine di cui al comma 4, uguale segnalazione deve essere effettuata dal genitore che affidi stabilmente a chi non sia parente entro il quarto grado il figlio minore per un periodo non inferiore a sei mesi. L'omissione della segnalazione può comportare la decadenza dalla responsabilità genitoriale (2) sul figlio a norma dell'articolo 330 del codice civile e l'apertura della procedura di adottabilità.

(1) *Questo articolo è stato così sostituito dall'art. 9 della L. 28 marzo 2001, n. 149.*

(2) *La parola: «potestà» è stata così sostituita dalle seguenti: «responsabilità genitoriale» dall'art. 100, comma 1, lett. g), del D.L.vo 28 dicembre 2013, n. 154, a decorrere dal trentesimo giorno successivo a quello della sua pubblicazione nella* Gazzetta Ufficiale *(G.U. n. 5 dell'8 gennaio 2014).*

10. (1) 1. Il presidente del tribunale per i minorenni o un giudice da lui delegato, ricevuto il ricorso di cui all'articolo 9, comma 2, provvede all'immediata apertura di un procedimento relativo allo stato di abbandono del minore. Dispone immediatamente, all'occorrenza, tramite i servizi sociali locali o gli organi di pubblica sicurezza, più approfonditi accertamenti sulle condizioni giuridiche e di fatto del minore, sull'ambiente in cui ha vissuto e vive ai fini di verificare se sussiste lo stato di abbandono.

2. All'atto dell'apertura del procedimento, sono avvertiti i genitori o, in mancanza, i parenti entro il quarto grado che abbiano rapporti significativi con il minore. Con lo stesso atto il presidente del tribunale per i minorenni li invita a nominare un difensore e li informa della nomina di un difensore di ufficio per il caso che essi non vi provvedano. Tali soggetti, assistiti dal difensore, possono partecipare a tutti gli accertamenti disposti dal tribunale, possono presentare istanze anche istruttorie e prendere visione ed estrarre copia degli atti contenuti nel fascicolo previa autorizzazione del giudice.

3. Il tribunale può disporre in ogni momento e fino all'affidamento preadottivo ogni opportuno provvedimento provvisorio nell'interesse del minore, ivi compresi il collocamento temporaneo presso una famiglia o una comunità di tipo familiare, la sospensione della responsabilità genitoriale (2) dei genitori sul minore, la sospensione dell'esercizio delle funzioni del tutore e la nomina di un tutore provvisorio.

4. In caso di urgente necessità, i provvedimenti di cui al comma 3 possono essere adottati dal presidente del tribunale per i minorenni o da un giudice da lui delegato.

5. Il tribunale, entro trenta giorni, deve confermare, modificare o revocare i provvedimenti urgenti assunti ai sensi del comma 4. Il tribunale provvede in camera di consiglio con l'intervento del pubblico ministero, sentite tutte le parti interessate ed assunta ogni necessaria informazione. Deve inoltre essere sentito il minore che ha compiuto gli anni dodici e anche il minore di età inferiore, in considerazione della sua capacità di discernimento. I provvedimenti adottati debbono essere comunicati al pubblico ministero ed ai genitori. Si applicano le norme di cui agli articoli 330 e seguenti del codice civile.

(1) *Questo articolo è stato così sostituito dall'art. 10 della L. 28 marzo 2001, n. 149.*

(2) *La parola: «potestà» è stata così sostituita dalle seguenti: «responsabilità genitoriale» dall'art. 100, comma 1, lett. h), del D.L.vo 28 dicembre 2013, n. 154, a decorrere dal trentesimo giorno successivo a quello della sua pubblicazione nella* Gazzetta Ufficiale *(G.U. n. 5 dell'8 gennaio 2014).*

11. Quando dalle indagini previste nell'articolo precedente risultano deceduti i genitori del minore e non risultano esistenti parenti entro il quarto grado che abbiano rapporti significativi con il minore (1), il tribunale per i minorenni provvede a dichiarare lo stato di adottabilità, salvo che esistano istanze di adozione ai sensi dell'articolo 44. In tal caso il tribunale per i minorenni decide nell'esclusivo interesse del minore.

Nel caso in cui non risulti l'esistenza di genitori [naturali] (²) che abbiano riconosciuto il minore o la cui paternità o maternità sia stata dichiarata giudizialmente, il tribunale per i minorenni, senza eseguire ulteriori accertamenti, provvede immediatamente alla dichiarazione dello stato di adottabilità a meno che non vi sia richiesta di sospensione della procedura da parte di chi, affermando di essere uno dei genitori [naturali] (²), chiede termine per provvedere al riconoscimento. La sospensione può essere disposta dal tribunale per un periodo massimo di due mesi sempreché nel frattempo il minore sia assistito dal genitore [naturale] (²) o dai parenti fino al quarto grado o in altro modo conveniente, permanendo comunque un rapporto con il genitore [naturale] (²).

Nel caso di non riconoscibilità per difetto di età del genitore, la procedura è rinviata anche d'ufficio sino al compimento del sedicesimo anno di età del genitore [naturale] (²), purché sussistano le condizioni menzionate nel comma precedente. Al compimento del sedicesimo anno, il genitore può richiedere ulteriore sospensione per altri due mesi. Il genitore autorizzato al riconoscimento prima del compimento del sedicesimo anno ai sensi dell'articolo 250, quinto comma, del codice civile, può chiedere ulteriore sospensione per altri due mesi dopo l'autorizzazione (³).

Ove il tribunale sospenda o rinvii la procedura ai sensi dei commi precedenti, nomina al minore, se necessario, un tutore provvisorio.

Se entro detti termini viene effettuato il riconoscimento, deve dichiararsi chiusa la procedura, ove non sussista abbandono morale e materiale. Se trascorrono i termini senza che sia stato effettuato il riconoscimento, si provvede senza altra formalità di procedura alla pronuncia dello stato di adottabilità.

Il tribunale, in ogni caso, anche a mezzo dei servizi locali, informa entrambi i presunti genitori, se possibile, o comunque quello reperibile, che si possono avvalere delle facoltà di cui al secondo e al terzo comma.

Intervenuta la dichiarazione di adottabilità e l'affidamento preadottivo, il riconoscimento è privo di efficacia. Il giudizio per la dichiarazione giudiziale di paternità o maternità è sospeso di diritto e si estingue ove segua la pronuncia di adozione divenuta definitiva.

(¹) *Le parole*: «*che abbiano rapporti significativi con il minore*», *sono state inserite dall'art. 11 della L. 28 marzo 2001, n. 149.*

(²) *La parola tra parentesi quadrate è stata soppressa dall'art. 100, comma 1, lett. i), del D.L.vo 28 dicembre 2013, n. 154, a decorrere dal trentesimo giorno successivo a quello della sua pubblicazione nella* Gazzetta Ufficiale (G.U. *n. 5 dell'8 gennaio 2014*).

(³) *Questo periodo è stato aggiunto dall'art. 100, comma 1, lett. i), del D.L.vo 28 dicembre 2013, n. 154, a decorrere dal trentesimo giorno successivo a quello della sua pubblicazione nella* Gazzetta Ufficiale (G.U. *n. 5 dell'8 gennaio 2014*).

12. Quando attraverso le indagini effettuate consta l'esistenza dei genitori o di parenti entro il quarto grado indicati nell'articolo precedente, che abbiano mantenuto rapporti significativi con il minore, e ne è nota la residenza, il presidente del tribunale per i minorenni con decreto motivato fissa la loro comparizione, entro un congruo termine, dinanzi a sé o ad un giudice da lui delegato.

Nel caso in cui i genitori o i parenti risiedano fuori dalla circoscrizione del tribunale per i minorenni che procede, la loro audizione può essere delegata al tribunale per i minorenni del luogo della loro residenza.

In caso di residenza all'estero è delegata l'autorità consolare competente.

Udite le dichiarazioni dei genitori o dei parenti, il presidente del tribunale per i minorenni o il giudice delegato, ove ne ravvisi l'opportunità, impartisce con decreto motivato ai genitori o ai parenti prescrizioni idonee a garantire l'assistenza morale, il mantenimento, l'istruzione e l'educazione del minore, stabilendo al tempo stesso periodici accertamenti da eseguirsi direttamente o avvalendosi del giudice tutelare o dei servizi locali, ai quali può essere affidato l'incarico di operare al fine di più validi rapporti tra il minore e la famiglia.

Il presidente o il giudice delegato può, altresì, chiedere al pubblico ministero di promuovere l'azione per la corresponsione degli alimenti a carico di chi vi è tenuto per legge e, al tempo stesso, dispone, ove d'uopo, provvedimenti temporanei ai sensi del comma 3 dell'articolo 10 (¹).

(¹) *Le parole*: «*ai sensi del secondo comma dell'art. 10*» *sono state sostituite dalle seguenti*: «*ai sensi del comma 3 dell'articolo 10*», *dall'art. 12 della L. 28 marzo 2001, n. 149.*

13. Nel caso in cui i genitori ed i parenti di cui all'articolo precedente risultino irreperibili ovvero non ne sia conosciuta la residenza, la dimora o il domicilio, il tribunale per i minorenni provvede alla loro convocazione ai sensi degli articoli 140 e 143 del codice di procedura civile, previe nuove ricerche tramite gli organi di pubblica sicurezza.

14. (¹) 1. Il tribunale per i minorenni può disporre, prima della dichiarazione di adottabilità, la sospensione del procedimento, quando da particolari circostanze emerse dalle indagini effettuate risulta che la sospensione può riuscire utile nell'interesse del minore. In tal caso la sospensione è disposta con ordinanza motivata per un periodo non superiore a un anno.

2. La sospensione è comunicata ai servizi sociali locali competenti perché adottino le iniziative opportune.

(¹) *Questo articolo è stato così sostituito dall'art. 13 della L. 28 marzo 2001, n. 149.*

15. (¹) 1. A conclusione delle indagini e degli accertamenti previsti dagli articoli precedenti, ove risulti la situazione di abbandono di cui all'articolo 8, lo stato di adottabilità del minore è dichiarato dal tribunale per i minorenni quando:

a) i genitori ed i parenti convocati ai sensi degli articoli 12 e 13 non si sono presentati senza giustificato motivo;

b) l'audizione dei soggetti di cui alla lettera a) ha dimostrato il persistere della mancanza di assistenza morale e materiale e la non disponibilità ad ovviarvi;

c) le prescrizioni impartite ai sensi dell'articolo 12 sono rimaste inadempiute per responsabilità dei genitori ovvero è provata l'irrecuperabilità delle capacità genitoriali dei genitori in un tempo ragionevole (²).

2. La dichiarazione dello stato di adottabilità del minore è disposta dal tribunale per i minorenni in camera di consiglio con sentenza, sentito il pubblico ministero, nonché il rappresentante dell'istituto di assistenza pubblico o privato o della comunità di tipo familiare presso cui il minore è collocato o la persona cui egli è affidato. Devono essere, parimenti, sentiti il tutore, ove esista, ed il minore che abbia compiuto gli anni dodici e anche il minore di età inferiore, in considerazione della sua capacità di discernimento.

3. La sentenza è notificata per esteso al pubblico ministero, ai genitori, ai parenti indicati nel primo comma dell'articolo 12, al tutore, nonché al curatore speciale ove esistano, con contestuale avviso agli stessi del loro diritto di proporre impugnazione nelle forme e nei termini di cui all'articolo 17.

(¹) *Questo articolo è stato così sostituito dall'art. 15 della L. 28 marzo 2001, n. 149.*

(²) *Questa lettera è stata così sostituita dall'art. 100, comma 1, lett. l), del D.L.vo 28 dicembre 2013, n. 154, a decorrere dal trentesimo giorno successivo a quello della sua pubblicazione nella* Gazzetta Ufficiale (G.U. *n. 5 dell'8 gennaio 2014*).

16. (¹) 1. Il tribunale per i minorenni, esaurita la procedura prevista nei precedenti articoli e qualora ritenga che non sussistano i presupposti per la pronuncia per lo stato di adottabilità dichiara che non vi è luogo a provvedere.

2. La sentenza è notificata per esteso al pubblico ministero, ai genitori, ai parenti indicati nel primo comma dell'articolo 12, nonché al tutore e al curatore speciale ove esistano. Il tribunale per i minorenni adotta i provvedimenti opportuni nell'interesse del minore.

3. Si applicano gli articoli 330 e seguenti del codice civile.

(¹) *Questo articolo è stato così sostituito dall'art. 16 della L. 28 marzo 2001, n. 149.*

17. (¹) 1. Avverso la sentenza il pubblico ministero e le altre parti possono proporre impugnazione avanti la Corte d'appello sezione per i minorenni entro trenta giorni dalla notificazione. La Corte, sentite le parti e il pubblico ministero ed effettuato ogni altro opportuno accertamento, pronuncia sentenza in camera di consiglio e provvede al deposito della stessa in cancelleria, entro quindici giorni dalla pronuncia. La sentenza è notificata d'ufficio al pubblico ministero e alle altre parti.

2. Avverso la sentenza della Corte d'appello è ammesso ricorso per Cassazione, entro trenta giorni dalla notificazione, per i motivi di cui ai numeri 3, 4 e 5 del primo comma dell'articolo 360 del codice di procedura civile. Si applica altresì il secondo comma dello stesso articolo.

3. L'udienza di discussione dell'appello e del ricorso deve essere fissata entro sessanta giorni dal deposito dei rispettivi atti introduttivi.

(¹) *Questo articolo è stato così sostituito dall'art. 16 della L. 28 marzo 2001, n. 149.*

18. (¹) 1. La sentenza definitiva che dichiara lo stato di adottabilità è trascritta, a cura del cancelliere del tribunale per i minorenni, su apposito registro conservato presso la cancelleria del tribunale stesso. La trascrizione deve essere effettuata entro il decimo giorno successivo a quello della comunicazione che la sentenza di adottabilità è divenuta definitiva. A questo effetto, il cancelliere del giudice dell'impugnazione deve inviare immediatamente apposita comunicazione al cancelliere del tribunale per i minorenni.

([1]) *Questo articolo è stato così sostituito dall'art. 17 della L. 28 marzo 2001, n. 149.*

19. Durante lo stato di adottabilità è sospeso l'esercizio della responsabilità genitoriale ([1]).

Il tribunale per i minorenni nomina un tutore, ove già non esista, e adotta gli ulteriori provvedimenti nell'interesse del minore.

([1]) *Le parole: «potestà dei genitori» sono state così sostituite dalle seguenti: «responsabilità genitoriale» dall'art. 100, comma 1, lett.* m)*, del D.L.vo 28 dicembre 2013, n. 154, a decorrere dal trentesimo giorno successivo a quello della sua pubblicazione nella* Gazzetta Ufficiale *(G.U. n. 5 dell'8 gennaio 2014).*

20. Lo stato di adottabilità cessa per adozione o per il raggiungimento della maggiore età da parte dell'adottando.

21. ([1]) 1. Lo stato di adottabilità cessa altresì per revoca, nell'interesse del minore, in quanto siano venute meno le condizioni di cui all'articolo 8, comma 1, successivamente alla sentenza di cui al comma 2 dell'articolo 15.

2. La revoca è pronunciata dal tribunale per i minorenni d'ufficio o su istanza del pubblico ministero, dei genitori, del tutore.

3. Il tribunale provvede in camera di consiglio, sentito il pubblico ministero.

4. Nel caso in cui sia in atto l'affidamento preadottivo, lo stato di adottabilità non può essere revocato.

([1]) *Questo articolo è stato così sostituito dall'art. 18 della L. 28 marzo 2001, n. 149.*

Capo III
Dell'affidamento preadottivo

22. ([1]) 1. Coloro che intendono adottare devono presentare domanda al tribunale per i minorenni, specificando l'eventuale disponibilità ad adottare più fratelli ovvero minori che si trovino nelle condizioni indicate dall'articolo 3, comma 1, della legge 5 febbraio 1992, n. 104, concernente l'assistenza, l'integrazione sociale e i diritti delle persone handicappate. È ammissibile la presentazione di più domande anche successive a più tribunali per i minorenni, purché in ogni caso se ne dia comunicazione a tutti i tribunali precedentemente aditi. I tribunali cui la domanda è presentata possono richiedere copia degli atti di parte ed istruttori, relativi ai medesimi coniugi, agli altri tribunali; gli atti possono altresì essere comunicati d'ufficio. La domanda decade dopo tre anni dalla presentazione e può essere rinnovata.

2. In ogni momento a coloro che intendono adottare devono essere fornite, se richieste, notizie sullo stato del procedimento.

3. Il tribunale per i minorenni, accertati previamente i requisiti di cui all'articolo 6, dispone l'esecuzione delle adeguate indagini di cui al comma 4, ricorrendo ai servizi socio-assistenziali degli enti locali singoli o associati, nonché avvalendosi delle competenti professionalità delle aziende sanitarie locali ed ospedaliere, dando precedenza nella istruttoria alle domande dirette all'adozione di minori di età superiore a cinque anni o con handicap accertato ai sensi dell'articolo 4 della legge 5 febbraio 1992, n. 104.

4. Le indagini, che devono essere tempestivamente avviate e concludersi entro 120 giorni, riguardano in particolare la capacità di educare il minore, la situazione personale ed economica, la salute, l'ambiente familiare dei richiedenti, i motivi per i quali questi ultimi desiderano adottare il minore. Con provvedimento motivato, il termine entro il quale devono concludersi le indagini può essere prorogato una sola volta e per non più di 120 giorni.

5. Il tribunale per i minorenni, in base alle indagini effettuate, sceglie tra le coppie che hanno presentato domanda quella maggiormente in grado di corrispondere alle esigenze del minore.

6. Il tribunale per i minorenni, in camera di consiglio, sentiti il pubblico ministero, gli ascendenti dei richiedenti ove esistano, il minore che abbia compiuto gli anni dodici e anche il minore di età inferiore, in considerazione della sua capacità di discernimento, omessa ogni altra formalità di procedura, dispone, senza indugio, l'affidamento preadottivo, determinandone le modalità con ordinanza. Il minore che abbia compiuto gli anni quattordici deve manifestare espresso consenso all'affidamento alla coppia prescelta.

7. Il tribunale per i minorenni deve in ogni caso informare i richiedenti sui fatti rilevanti, relativi al minore, emersi dalle indagini. Non può essere disposto l'affidamento di uno solo di più fratelli, tutti in stato di adottabilità, salvo che non sussistano gravi ragioni. L'ordinanza è comunicata al pubblico ministero, ai richiedenti ed al tutore. Il provvedimento di affidamento preadottivo è immediatamente, e comunque non oltre dieci giorni, annotato a cura del cancelliere a margine della trascrizione di cui all'articolo 18.

8. Il tribunale per i minorenni vigila sul buon andamento dell'affidamento preadottivo avvalendosi anche del giudice tutelare e dei servizi locali sociali e consultoriali. In caso di accertate difficoltà, convoca, anche separatamente, gli affidatari e il minore, alla presenza, se del caso, di uno psicologo, al fine di valutare le cause all'origine delle difficoltà. Ove necessario, dispone interventi di sostegno psicologico e sociale.

(1) *Questo articolo è stato così sostituito dall'art. 19 della L. 28 marzo 2001, n. 149.*

23. (1) 1. L'affidamento preadottivo è revocato dal tribunale per i minorenni d'ufficio o su istanza del pubblico ministero o del tutore o di coloro che esercitano la vigilanza di cui all'articolo 22, comma 8, quando vengano accertate difficoltà di idonea convivenza ritenute non superabili. Il provvedimento relativo alla revoca è adottato dal tribunale per i minorenni, in camera di consiglio, con decreto motivato. Debbono essere sentiti, oltre al pubblico ministero ed al presentatore dell'istanza di revoca, il minore che abbia compiuto gli anni dodici e anche il minore di età inferiore, in considerazione della sua capacità di discernimento, gli affidatari, il tutore e coloro che abbiano svolto attività di vigilanza o di sostegno.

2. Il decreto è comunicato al pubblico ministero, al presentatore dell'istanza di revoca, agli affidatari ed al tutore. Il decreto che dispone la revoca dell'affidamento preadottivo è annotato a cura del cancelliere entro dieci giorni a margine della trascrizione di cui all'articolo 18.

3. In caso di revoca, il tribunale per i minorenni adotta gli opportuni provvedimenti temporanei in favore del minore ai sensi dell'articolo 10, comma 3. Si applicano gli articoli 330 e seguenti del codice civile.

(1) *Questo articolo è stato così sostituito dall'art. 20 della L. 28 marzo 2001, n. 149.*

24. Il pubblico ministero e il tutore possono impugnare il decreto del tribunale relativo all'affidamento preadottivo o alla sua revoca, entro dieci giorni dalla comunicazione, con reclamo alla sezione per i minorenni della corte d'appello.

La corte d'appello, sentiti il ricorrente, il pubblico ministero e, ove occorra, le persone indicate nell'articolo 23 ed effettuati ogni altro accertamento ed indagine opportuni, decide in camera di consiglio con decreto motivato.

Capo IV
Della dichiarazione di adozione

25. (1) 1. Il tribunale per i minorenni che ha dichiarato lo stato di adottabilità, decorso un anno dall'affidamento, sentiti i coniugi adottanti, il minore che abbia compiuto gli anni dodici e il minore di età inferiore, in considerazione della sua capacità di discernimento, il pubblico ministero, il tutore e coloro che abbiano svolto attività di vigilanza o di sostegno, verifica che ricorrano tutte le condizioni previste dal presente capo e, senza altra formalità di procedura, provvede sull'adozione con sentenza in camera di consiglio, decidendo di far luogo o di non fare luogo all'adozione. Il minore che abbia compiuto gli anni quattordici deve manifestare espresso consenso all'adozione nei confronti della coppia prescelta.

1 *bis*. Le disposizioni di cui al comma 1 si applicano anche nell'ipotesi di prolungato periodo di affidamento ai sensi dell'articolo 4, comma 5 *bis* (2).

2. Qualora la domanda di adozione venga proposta da coniugi che hanno discendenti [legittimi o legittimati] (3), questi, se maggiori degli anni dodici (4), debbono essere sentiti.

3. Nell'interesse del minore il termine di cui al comma 1 può essere prorogato di un anno, d'ufficio o su domanda dei coniugi affidatari, con ordinanza motivata.

4. Se uno dei coniugi muore o diviene incapace durante l'affidamento preadottivo, l'adozione, nell'interesse del minore, può essere ugualmente disposta ad istanza dell'altro coniuge, nei confronti di entrambi, con effetto, per il coniuge deceduto, dalla data della morte.

5. Se nel corso dell'affidamento preadottivo interviene separazione tra i coniugi affidatari, l'adozione può essere disposta nei confronti di uno solo o di entrambi, nell'esclusivo interesse del minore, qualora il coniuge o i coniugi ne facciano richiesta.

6. La sentenza che decide sull'adozione è comunicata al pubblico ministero, ai coniugi adottanti ed al tutore.

7. Nel caso di provvedimento negativo viene meno l'affidamento preadottivo ed il tribunale per i minorenni assume gli opportuni provvedimenti temporanei in favore del minore ai sensi dell'articolo 10, comma 3. Si applicano gli articoli 330 e seguenti del codice civile.

(1) *Questo articolo è stato così sostituito dall'art. 21 della L. 28 marzo 2001, n. 149.*

(2) *Questo comma è stato inserito dall'art. 3 della L. 19 ottobre 2015, n. 173.*

([3]) *Le parole tra parentesi quadrate sono state soppresse dall'art. 100, comma 1, lett.* n), *del D.L.vo 28 dicembre 2013, n. 154, a decorrere dal trentesimo giorno successivo a quello della sua pubblicazione nella* Gazzetta Ufficiale (*G.U. n. 5 dell'8 gennaio 2014*).

([4]) *La parola: «quattordici» è stata così sostituita dalla seguente: «dodici» dall'art. 100, comma 1, lett.* n), *del D.L.vo 28 dicembre 2013, n. 154, a decorrere dal trentesimo giorno successivo a quello della sua pubblicazione nella* Gazzetta Ufficiale (*G.U. n. 5 dell'8 gennaio 2014*).

26. ([1]) 1. Avverso la sentenza che dichiara se fare luogo o non fare luogo all'adozione, entro trenta giorni dalla notifica, può essere proposta impugnazione davanti alla sezione per i minorenni della Corte d'appello da parte del pubblico ministero, dagli adottanti e dal tutore del minore. La Corte d'appello, sentite le parti ed esperito ogni accertamento ritenuto opportuno, pronuncia sentenza. La sentenza è notificata d'ufficio alle parti per esteso.

2. Avverso la sentenza della Corte d'appello è ammesso ricorso per Cassazione, che deve essere proposto entro trenta giorni dalla notifica della stessa, solo per i motivi di cui al primo comma, numero 3, dell'articolo 360 del codice di procedura civile.

3. L'udienza di discussione dell'appello e del ricorso per Cassazione deve essere fissata entro sessanta giorni dal deposito dei rispettivi atti introduttivi.

4. La sentenza che pronuncia l'adozione, divenuta definitiva, è immediatamente trascritta nel registro di cui all'articolo 18 e comunicata all'ufficiale dello stato civile che la annota a margine dell'atto di nascita dell'adottato. A questo effetto, il cancelliere del giudice dell'impugnazione deve immediatamente dare comunicazione della definitività della sentenza al cancelliere del tribunale per i minorenni.

5. Gli effetti dell'adozione si producono dal momento della definitività della sentenza.

([1]) *Questo articolo è stato così sostituito dall'art. 22 della L. 28 marzo 2001, n. 149.*

27. Per effetto dell'adozione l'adottato acquista lo stato di figlio nato nel matrimonio ([1]) degli adottanti, dei quali assume e trasmette il cognome ([2]) ([3]).

Se l'adozione è disposta nei confronti della moglie separata, ai sensi dell'articolo 25, comma 5, l'adottato assume il cognome della famiglia di lei.

Con l'adozione cessano i rapporti dell'adottato verso la famiglia d'origine, salvi i divieti matrimoniali.

([1]) *La parola: «legittimo» è stata così sostituita dalle seguenti: «nato nel matrimonio» dall'art. 100, comma 1, lett.* o), *del D.L.vo 28 dicembre 2013, n. 154, a decorrere dal trentesimo giorno successivo a quello della sua pubblicazione nella* Gazzetta Ufficiale (*G.U. n. 5 dell'8 gennaio 2014*).

([2]) *La Corte costituzionale, con sentenza n. 131 del 31 maggio 2022, ha dichiarato l'illegittimità costituzionale della norma desumibile dagli artt. 262, primo comma, e 299, terzo comma, c c., 27, comma 1, della legge 4 maggio 1983, n. 184 e 34 del D.P.R. 3 novembre 2000, n. 396, nella parte in cui prevede che il figlio nato nel matrimonio assume il cognome del padre, anziché prevedere che il figlio assume i cognomi dei genitori, nell'ordine dai medesimi concordato, fatto salvo l'accordo, alla nascita, per attribuire il cognome di uno di loro soltanto.*

([3]) *La Corte costituzionale, con sentenza, n. 131 del 31 maggio 2022, ha dichiarato l'illegittimità costituzionale di questo comma, nella parte in cui prevede che l'adottato assume il cognome degli adottanti, anziché prevedere che l'adottato assume i cognomi degli adottanti, nell'ordine dai medesimi concordato, fatto salvo l'accordo, raggiunto nel procedimento di adozione, per attribuire il cognome di uno di loro soltanto.*

28. ([1]) 1. Il minore adottato è informato di tale sua condizione ed i genitori adottivi vi provvedono nei modi e termini che essi ritengono più opportuni.

2. Qualunque attestazione di stato civile riferita all'adottato deve essere rilasciata con la sola indicazione del nuovo cognome e con l'esclusione di qualsiasi riferimento alla paternità e alla maternità del minore e dell'annotazione di cui all'articolo 26, comma 4.

3. L'ufficiale di stato civile, l'ufficiale di anagrafe e qualsiasi altro ente pubblico o privato, autorità o pubblico ufficio debbono rifiutarsi di fornire notizie, informazioni, certificazioni, estratti o copie dai quali possa comunque risultare il rapporto di adozione, salvo autorizzazione espressa dell'autorità giudiziaria. Non è necessaria l'autorizzazione qualora la richiesta provenga dall'ufficiale di stato civile, per verificare se sussistano impedimenti matrimoniali.

4. Le informazioni concernenti l'identità dei genitori biologici possono essere fornite ai genitori adottivi, quali esercenti la responsabilità genitoriale ([2]), su autorizzazione del tribunale per i minorenni, solo se sussistono gravi e comprovati motivi. Il tribunale accerta che l'informazione sia preceduta e accompagnata da adeguata preparazione e assistenza del minore. Le informazioni possono essere fornite anche al responsabile di una struttura ospedaliera o di un presidio sanitario, ove ricorrano i presupposti della necessità e della urgenza e vi sia grave pericolo per la salute del minore.

5. L'adottato, raggiunta l'età di venticinque anni, può accedere a informazioni che riguardano la sua origine e l'identità dei propri ge-

nitori biologici. Può farlo anche raggiunta la maggiore età, se sussistono gravi e comprovati motivi attinenti alla sua salute psico-fisica. L'istanza deve essere presentata al tribunale per i minorenni del luogo di residenza.

6. Il tribunale per i minorenni procede all'audizione delle persone di cui ritenga opportuno l'ascolto; assume tutte le informazioni di carattere sociale e psicologico, al fine di valutare che l'accesso alle notizie di cui al comma 5 non comporti grave turbamento all'equilibrio psico-fisico del richiedente. Definita l'istruttoria, il tribunale per i minorenni autorizza con decreto l'accesso alle notizie richieste.

7. L'accesso alle informazioni non è consentito nei confronti della madre che abbia dichiarato alla nascita di non volere essere nominata ai sensi dell'articolo 30, comma 1, del decreto del Presidente della Repubblica 3 novembre 2000, n. 396 ([3]).

8. Fatto salvo quanto previsto dai commi precedenti, l'autorizzazione non è richiesta per l'adottato maggiore di età quando i genitori adottivi sono deceduti o divenuti irreperibili.

([1]) *Questo articolo è stato così sostituito dall'art. 24 della L. 28 marzo 2001, n. 149.*

([2]) *Le parole: «potestà dei genitori» sono state così sostituite dalle seguenti: «responsabilità genitoriale» dall'art. 100, comma 1, lett. p), del D.L.vo 28 dicembre 2013, n. 154, a decorrere dal trentesimo giorno successivo a quello della sua pubblicazione nella* Gazzetta Ufficiale *(G.U. n. 5 dell'8 gennaio 2014).*

([3]) *Questo comma è stato così sostituito dall'art. 177, comma 2, del D.L.vo 30 giugno 2003, n. 196, a decorrere dal 1° gennaio 2004. La Corte costituzionale, con sentenza n. 278 del 22 novembre 2013, ha dichiarato l'illegittimità costituzionale di questo comma, nella parte in cui non prevede - attraverso un procedimento, stabilito dalla legge, che assicuri la massima riservatezza - la possibilità per il giudice di interpellare la madre - che abbia dichiarato di non voler essere nominata ai sensi dell'art. 30, comma 1, del D.P.R. 3 novembre 2000, n. 396 - su richiesta del figlio, ai fini di una eventuale revoca di tale dichiarazione. L'art. 177 del D.L.vo n. 196/2003 è stato poi abrogato dall'art. 27, comma 1, lett. c), n. 3), del D.L.vo 10 agosto 2018, n. 101.*

Titolo III ([1])
Dell'adozione internazionale

([1]) *Si veda l'art. 1, comma 152, della L. 30 dicembre 2004, n. 311, di cui si riporta il testo:*

«152. È istituito, presso la Presidenza del Consiglio dei ministri, il "Fondo per il sostegno delle adozioni internazionali" finalizzato al rimborso delle spese sostenute dai genitori adottivi per l'espletamento della procedura di adozione disciplinata dalle disposizioni contenute nel capo I del titolo III della legge 4 maggio 1983, n. 184. Con decreto di natura non regolamentare adottato, entro sessanta giorni dalla data di entrata in vigore della presente legge, dal Presidente del Consiglio dei ministri, di concerto con il Ministro dell'economia e delle finanze, vengono determinati l'entità e i criteri del rimborso, nonché le modalità di presentazione delle istanze. In ogni caso, i rimborsi non potranno superare l'ammontare massimo di 10 milioni di euro per l'anno 2005. A favore del Fondo di cui al presente comma è autorizzata la spesa di 10 milioni di euro per l'anno 2005».

Capo I ([1])
Dell'adozione di minori stranieri

([1]) *L'originario capo I del presente titolo è stato sostituito dall'attuale dall'art. 3 della L. 31 dicembre 1998, n. 476.*

29. 1. L'adozione di minori stranieri ha luogo conformemente ai principi e secondo le direttive della Convenzione per la tutela dei minori e la cooperazione in materia di adozione internazionale, fatta a l'Aja il 29 maggio 1993, di seguito denominata «Convenzione», a norma delle disposizioni contenute nella presente legge.

29 *bis*. 1. Le persone residenti in Italia, che si trovano nelle condizioni prescritte dall'articolo 6 e che intendono adottare un minore straniero residente all'estero, presentano dichiarazione di disponibilità al tribunale per i minorenni del distretto in cui hanno la residenza e chiedono che lo stesso dichiari la loro idoneità all'adozione.

2. Nel caso di cittadini italiani residenti in uno Stato straniero, fatto salvo quanto stabilito nell'articolo 36, comma 4, è competente il tribunale per i minorenni del distretto in cui si trova il luogo della loro ultima residenza; in mancanza, è competente il tribunale per i minorenni di Roma.

3. Il tribunale per i minorenni, se non ritiene di dover pronunciare immediatamente decreto di inidoneità per manifesta carenza dei requisiti, trasmette, entro quindici giorni dalla presentazione, copia della dichiarazione di disponibilità ai servizi degli enti locali.

4. I servizi socio-assistenziali degli enti locali singoli o associati, anche avvalendosi per quanto di competenza delle aziende sanitarie locali e ospedaliere, svolgono le seguenti attività:

a) informazione sull'adozione internazionale e sulle relative procedure, sugli enti autorizzati e sulle altre forme di solidarietà nei confronti dei minori in difficoltà, anche in collaborazione con gli enti autorizzati di cui all'articolo 39 *ter*;

b) preparazione degli aspiranti all'adozione, anche in collaborazione con i predetti enti;

c) acquisizione di elementi sulla situazione personale, familiare e sanitaria degli aspiranti genitori adottivi, sul loro ambiente sociale, sulle motivazioni che li determinano, sulla loro attitudine a farsi carico di un'adozione internazionale, sulla loro capacità di rispondere in modo adeguato alle esigenze di più minori o di uno solo, sulle eventuali caratteristiche particolari dei minori che essi sarebbero in grado di accogliere, nonché acquisizione di ogni altro elemento utile per la valutazione da parte del tribunale per i minorenni della loro idoneità all'adozione.

5. I servizi trasmettono al tribunale per i minorenni, in esito all'attività svolta, una relazione completa di tutti gli elementi indicati al comma 4, entro i quattro mesi successivi alla trasmissione della dichiarazione di disponibilità.

30. 1. Il tribunale per i minorenni, ricevuta la relazione di cui all'articolo 29 *bis*, comma 5, sente gli aspiranti all'adozione, anche a mezzo di un giudice delegato, dispone se necessario gli opportuni approfondimenti e pronuncia, entro i due mesi successivi, decreto motivato attestante la sussistenza ovvero l'insussistenza dei requisiti per adottare.

2. Il decreto di idoneità ad adottare ha efficacia per tutta la durata della procedura, che deve essere promossa dagli interessati entro un anno dalla comunicazione del provvedimento. Il decreto contiene anche indicazioni per favorire il migliore incontro tra gli aspiranti all'adozione ed il minore da adottare.

3. Il decreto è trasmesso immediatamente, con copia della relazione e della documentazione esistente negli atti, alla Commissione di cui all'articolo 38 e, se già indicato dagli aspiranti all'adozione, all'ente autorizzato di cui all'articolo 39 *ter*.

4. Qualora il decreto di idoneità, previo ascolto degli interessati, sia revocato per cause sopravvenute che incidano in modo rilevante sul giudizio di idoneità, il tribunale per i minorenni comunica immediatamente il relativo provvedimento alla Commissione ed all'ente autorizzato di cui al comma 3.

5. Il decreto di idoneità ovvero di inidoneità e quello di revoca sono reclamabili davanti alla corte d'appello, a termini degli articoli 739 e 740 del codice di procedura civile, da parte del pubblico ministero e degli interessati.

31. 1. Gli aspiranti all'adozione, che abbiano ottenuto il decreto di idoneità, devono conferire incarico a curare la procedura di adozione ad uno degli enti autorizzati di cui all'articolo 39 *ter*.

2. Nelle situazioni considerate dall'articolo 44, primo comma, lettera *a*), il tribunale per i minorenni può autorizzare gli aspiranti adottanti, valutate le loro personalità, ad effettuare direttamente le attività previste alle lettere *b*), *d*), *e*), *f*) ed *h*) del comma 3 del presente articolo.

3. L'ente autorizzato che ha ricevuto l'incarico di curare la procedura di adozione:

a) informa gli aspiranti sulle procedure che inizierà e sulle concrete prospettive di adozione;

b) svolge le pratiche di adozione presso le competenti autorità del Paese indicato dagli aspiranti all'adozione tra quelli con cui esso intrattiene rapporti, trasmettendo alle stesse la domanda di adozione, unitamente al decreto di idoneità ed alla relazione ad esso allegata, affinché le autorità straniere formulino le proposte di incontro tra gli aspiranti all'adozione ed il minore da adottare;

c) raccoglie dall'autorità straniera la proposta di incontro tra gli aspiranti all'adozione ed il minore da adottare, curando che sia accompagnata da tutte le informazioni di carattere sanitario riguardanti il minore, dalle notizie riguardanti la sua famiglia di origine e le sue esperienze di vita;

d) trasferisce tutte le informazioni e tutte le notizie riguardanti il minore agli aspiranti genitori adottivi, informandoli della proposta di incontro tra gli aspiranti all'adozione ed il minore da adottare e assistendoli in tutte le attività da svolgere nel paese straniero;

e) riceve il consenso scritto all'incontro tra gli aspiranti all'adozione ed il minore da adottare, proposto dall'autorità straniera, da parte degli aspiranti all'adozione, ne autentica le firme e trasmette l'atto di consenso all'autorità straniera, svolgendo tutte le altre attività dalla stessa richieste; l'autenticazione delle firme degli aspiranti adottanti può essere effettuata anche dall'impiegato comunale delegato all'autentica o da un notaio o da un segretario di qualsiasi ufficio giudiziario;

f) riceve dall'autorità straniera attestazione della sussistenza delle condizioni di cui all'articolo 4 della Convenzione e concorda con la stessa, qualora ne sussistano i requisiti, l'opportunità di procedere all'adozione ovvero, in caso contrario, prende atto del mancato accordo e ne dà immediata informazione alla Commissione di cui all'articolo 38 comunicandone le ragioni; ove sia richiesto dallo Stato di origine, approva la decisione di affidare il minore o i minori ai futuri genitori adottivi;

g) informa immediatamente la Commissione, il tribunale per i minorenni e i servizi dell'ente locale della decisione di affidamento dell'autorità straniera e richiede alla Commissione, trasmettendo la documentazione necessaria, l'autorizzazione all'ingresso e alla residenza permanente del minore o dei minori in Italia;

h) certifica la data di inserimento del minore presso i coniugi affidatari o i genitori adottivi;

i) riceve dall'autorità straniera copia degli atti e della documentazione relativi al minore e li trasmette immediatamente al tribunale per i minorenni e alla Commissione;

l) vigila sulle modalità di trasferimento in Italia e si adopera affinché questo avvenga in compagnia degli adottanti o dei futuri adottanti;

m) svolge in collaborazione con i servizi dell'ente locale attività di sostegno del nucleo adottivo fin dall'ingresso del minore in Italia su richiesta degli adottanti;

[*n*) certifica la durata delle necessarie assenze dal lavoro, ai sensi delle lettere *a*) e *b*) del comma 1 dell'articolo 39 *quater*, nel caso in cui le stesse non siano determinate da ragioni di salute del bambino, nonché la durata del periodo di permanenza all'estero nel caso di congedo non retribuito ai sensi della lettera *c*) del medesimo comma 1 dell'articolo 39 *quater*] (1);

o) certifica, nell'ammontare complessivo agli effetti di quanto previsto dall'articolo 10, comma 1, lettera *l bis*), del testo unico delle imposte sui redditi, approvato con decreto del Presidente della Repubblica 22 dicembre 1986, n. 917, le spese sostenute dai genitori adottivi per l'espletamento della procedura di adozione.

(1) *Questa lettera è stata abrogata dall'art. 86 del D.L.vo 26 marzo 2001, n. 151.*

32. 1. La Commissione di cui all'articolo 38, ricevuti gli atti di cui all'articolo 31 e valutate le conclusioni dell'ente incaricato, dichiara che l'adozione risponde al superiore interesse del minore e ne autorizza l'ingresso e la residenza permanente in Italia.

2. La dichiarazione di cui al comma 1 non è ammessa:

a) quando dalla documentazione trasmessa dall'autorità del Paese straniero non emerge la situazione di abbandono del minore e la constatazione dell'impossibilità di affidamento o di adozione nello Stato di origine;

b) qualora nel Paese straniero l'adozione non determini per l'adottato l'acquisizione dello stato di figlio nato nel matrimonio (1) e la cessazione dei rapporti giuridici fra il minore e la famiglia di origine, a meno che i genitori biologici (2) abbiano espressamente consentito al prodursi di tali effetti.

3. Anche quando l'adozione pronunciata nello Stato straniero non produce la cessazione dei rapporti giuridici con la famiglia d'origine, la stessa può essere convertita in una adozione che produca tale effetto, se il tribunale per i minorenni la riconosce conforme alla Convenzione. Solo in caso di riconoscimento di tale conformità, è ordinata la trascrizione.

4. Gli uffici consolari italiani all'estero collaborano, per quanto di competenza, con l'ente autorizzato per il buon esito della procedura di adozione. Essi, dopo aver ricevuto formale comunicazione da parte della Commissione ai sensi dell'articolo 39, comma 1, lettera *h*), rilasciano il visto di ingresso per adozione a beneficio del minore adottando.

(1) *La parola: «legittimo» è stata così sostituita dalle seguenti: «nato nel matrimonio» dall'art. 100, comma 1, lett.* q), *del D.L.vo 28 dicembre 2013, n. 154, a decorrere dal trentesimo giorno successivo a quello della sua pubblicazione nella* Gazzetta Ufficiale *(G.U. n. 5 dell'8 gennaio 2014).*

(2) *La parola: «naturali» è stata così sostituita dalla seguente: «biologici» dall'art. 100, comma 1, lett.* q), *del D.L.vo 28 dicembre 2013, n. 154, a decorrere dal trentesimo giorno successivo a quello della sua pubblicazione nella* Gazzetta Ufficiale *(G.U. n. 5 dell'8 gennaio 2014).*

33. 1. Ai minori che non sono muniti di visto di ingresso rilasciato ai sensi dell'articolo 32 della presente legge e che non sono accompagnati da almeno un genitore o da parenti entro il quarto grado si applicano le disposizioni dell'articolo 19, comma 1 bis, del testo unico di cui al decreto legislativo 25 luglio 1998, n. 286. (1)

2. È fatto divieto alle autorità consolari italiane di concedere a minori stranieri il visto di ingresso nel territorio dello Stato a scopo di adozione, al di fuori delle ipotesi previste dal presente Capo e senza la previa autorizzazione della Commissione di cui all'articolo 38.

3. Coloro che hanno accompagnato alla frontiera un minore al quale non viene consentito l'ingresso in Italia provvedono a proprie spese al suo rimpatrio immediato nel Paese d'origine. Gli uffici di frontiera segnalano immediatamente il caso alla Commissione affinché prenda contatto con il Paese di origine del minore per assicurarne la migliore collocazione nel suo superiore interesse.

4. Il divieto di cui al comma 1 non opera nel caso in cui, per eventi bellici, calamità na-

turali o eventi eccezionali secondo quanto previsto dall'articolo 18 della legge 6 marzo 1998, n. 40, o per altro grave impedimento di carattere oggettivo, non sia possibile l'espletamento delle procedure di cui al presente Capo e sempre che sussistano motivi di esclusivo interesse del minore all'ingresso nello Stato. In questi casi gli uffici di frontiera segnalano l'ingresso del minore alla Commissione ed al tribunale per i minorenni competente in relazione al luogo di residenza di coloro che lo accompagnano.

5. Qualora sia comunque avvenuto l'ingresso di un minore nel territorio dello Stato al di fuori delle situazioni consentite, il pubblico ufficiale o l'ente autorizzato che ne ha notizia lo segnala al tribunale per i minorenni competente in relazione al luogo in cui il minore si trova. Il tribunale, adottato ogni opportuno provvedimento temporaneo nell'interesse del minore, provvede ai sensi dell'articolo 37 *bis*, qualora ne sussistano i presupposti, ovvero segnala la situazione alla Commissione affinché prenda contatto con il Paese di origine del minore e si proceda ai sensi dell'articolo 34.

(1) *Questo comma è stato così sostituito dall'art. 3, comma 2, della L. 7 aprile 2017, n. 47.*

34. 1. Il minore che ha fatto ingresso nel territorio dello Stato sulla base di un provvedimento straniero di adozione o di affidamento a scopo di adozione gode, dal momento dell'ingresso, di tutti i diritti attribuiti al minore italiano in affidamento familiare.

2. Dal momento dell'ingresso in Italia e per almeno un anno, ai fini di una corretta integrazione familiare e sociale, i servizi socio-assistenziali degli enti locali e gli enti autorizzati, su richiesta degli interessati, assistono gli affidatari, i genitori adottivi e il minore. Essi in ogni caso riferiscono al tribunale per i minorenni sull'andamento dell'inserimento, segnalando le eventuali difficoltà per gli opportuni interventi.

3. Il minore adottato acquista la cittadinanza italiana per effetto della trascrizione del provvedimento di adozione nei registri dello stato civile.

35. 1. L'adozione pronunciata all'estero produce nell'ordinamento italiano gli effetti di cui all'articolo 27.

2. Qualora l'adozione sia stata pronunciata nello Stato estero prima dell'arrivo del minore in Italia, il tribunale verifica che nel provvedimento dell'autorità che ha pronunciato l'adozione risulti la sussistenza delle condizioni delle adozioni internazionali previste dall'articolo 4 della Convenzione.

3. Il tribunale accerta inoltre che l'adozione non sia contraria ai principi fondamentali che regolano nello Stato il diritto di famiglia e dei minori, valutati in relazione al superiore interesse del minore, e se sussistono la certificazione di conformità alla Convenzione di cui alla lettera *i*) e l'autorizzazione prevista dalla lettera *h*) del comma 1 dell'articolo 39, ordina la trascrizione del provvedimento di adozione nei registri dello stato civile.

4. Qualora l'adozione debba perfezionarsi dopo l'arrivo del minore in Italia, il tribunale per i minorenni riconosce il provvedimento dell'autorità straniera come affidamento preadottivo, se non contrario ai principi fondamentali che regolano nello Stato il diritto di famiglia e dei minori, valutati in relazione al superiore interesse del minore, e stabilisce la durata del predetto affidamento in un anno che decorre dall'inserimento del minore nella nuova famiglia. Decorso tale periodo, se ritiene che la sua permanenza nella famiglia che lo ha accolto è tuttora conforme all'interesse del minore, il tribunale per i minorenni pronuncia l'adozione e ne dispone la trascrizione nei registri dello stato civile. In caso contrario, anche prima che sia decorso il periodo di affidamento preadottivo, lo revoca e adotta i provvedimenti di cui all'articolo 21 della Convenzione. In tal caso il minore che abbia compiuto gli anni 14 deve sempre esprimere il consenso circa i provvedimenti da assumere; se ha raggiunto gli anni 12 deve essere personalmente sentito; se di età inferiore deve essere sentito (1) ove ciò non alteri il suo equilibrio psico-emotivo, tenuto conto della valutazione dello psicologo nominato dal tribunale.

5. Competente per la pronuncia dei provvedimenti è il tribunale per i minorenni del distretto in cui gli aspiranti all'adozione hanno la residenza nel momento dell'ingresso del minore in Italia.

6. Fatto salvo quanto previsto nell'articolo 36, non può comunque essere ordinata la trascrizione nei casi in cui:

a) il provvedimento di adozione riguarda adottanti non in possesso dei requisiti previsti dalla legge italiana sull'adozione;

b) non sono state rispettate le indicazioni contenute nella dichiarazione di idoneità;

c) non è possibile la conversione in adozione produttiva degli effetti di cui all'articolo 27;

d) l'adozione o l'affidamento stranieri non si sono realizzati tramite le autorità centrali e un ente autorizzato;

e) l'inserimento del minore nella famiglia adottiva si è manifestato contrario al suo interesse.

([1]) *Le originarie parole: «può essere sentito ove sia opportuno e» sono state sostituite dalle seguenti: «deve essere sentito», dall'art. 32, comma 1, della L. 28 marzo 2001, n. 149.*

36. 1. L'adozione internazionale dei minori provenienti da Stati che hanno ratificato la Convenzione, o che nello spirito della Convenzione abbiano stipulato accordi bilaterali, può avvenire solo con le procedure e gli effetti previsti dalla presente legge.

2. L'adozione o l'affidamento a scopo adottivo, pronunciati in un Paese non aderente alla Convenzione né firmatario di accordi bilaterali, possono essere dichiarati efficaci in Italia a condizione che:

a) sia accertata la condizione di abbandono del minore straniero o il consenso dei genitori biologici ([1]) ad una adozione che determini per il minore adottato l'acquisizione dello stato di figlio nato nel matrimonio ([2]) degli adottanti e la cessazione dei rapporti giuridici fra il minore e la famiglia d'origine;

b) gli adottanti abbiano ottenuto il decreto di idoneità previsto dall'articolo 30 e le procedure adottive siano state effettuate con l'intervento della Commissione di cui all'articolo 38 e di un ente autorizzato;

c) siano state rispettate le indicazioni contenute nel decreto di idoneità;

d) sia stata concessa l'autorizzazione prevista dall'articolo 39, comma 1, lettera *h*).

3. Il relativo provvedimento è assunto dal tribunale per i minorenni che ha emesso il decreto di idoneità all'adozione. Di tale provvedimento è data comunicazione alla Commissione, che provvede a quanto disposto dall'articolo 39, comma 1, lettera *e*).

4. L'adozione pronunciata dalla competente autorità di un Paese straniero a istanza di cittadini italiani, che dimostrino al momento della pronuncia di aver soggiornato continuativamente nello stesso e di avervi avuto la residenza da almeno due anni, viene riconosciuta ad ogni effetto in Italia con provvedimento del tribunale per i minorenni, purché conforme ai principi della Convenzione.

([1]) *La parola: «naturali» è stata così sostituita dalla seguente: «biologici» dall'art. 100, comma 1, lett.* r), *del D.L.vo 28 dicembre 2013, n. 154, a decorrere dal trentesimo giorno successivo a quello della sua pubblicazione nella* Gazzetta Ufficiale (G.U. *n. 5 dell'8 gennaio 2014*).

([2]) *La parola: «legittimo» è stata così sostituita dalle seguenti: «nato nel matrimonio» dall'art. 100, comma 1, lett.* r), *del D.L.vo 28 dicembre 2013, n. 154, a decorrere dal trentesimo giorno successivo a quello della sua pubblicazione nella* Gazzetta Ufficiale (G.U. *n. 5 dell'8 gennaio 2014*).

37. 1. Successivamente all'adozione, la Commissione di cui all'articolo 38 può comunicare ai genitori adottivi, eventualmente tramite il tribunale per i minorenni, solo le informazioni che hanno rilevanza per lo stato di salute dell'adottato.

2. Il tribunale per i minorenni che ha emesso i provvedimenti indicati dagli articoli 35 e 36 e la Commissione conservano le informazioni acquisite sull'origine del minore, sull'identità dei suoi genitori biologici ([1]) e sull'anamnesi sanitaria del minore e della sua famiglia di origine.

3. Per quanto concerne l'accesso alle altre informazioni valgono le disposizioni vigenti in tema di adozione di minori italiani.

([1]) *La parola: «naturali» è stata così sostituita dalla seguente: «biologici» dall'art. 100, comma 1, lett.* s), *del D.L.vo 28 dicembre 2013, n. 154, a decorrere dal trentesimo giorno successivo a quello della sua pubblicazione nella* Gazzetta Ufficiale (G.U. *n. 5 dell'8 gennaio 2014*).

37 *bis*. 1. Al minore straniero che si trova nello Stato in situazione di abbandono si applica la legge italiana in materia di adozione, di affidamento e di provvedimenti necessari in caso di urgenza.

38. ([1]) ([2]) 1. Ai fini indicati dall'articolo 6 della Convenzione è costituita presso la Presidenza del Consiglio dei ministri la Commissione per le adozioni internazionali.

2. La Commissione è composta da:

a) un presidente nominato dal Presidente del Consiglio dei ministri nella persona di un magistrato avente esperienza nel settore minorile ovvero di un dirigente dello Stato avente analoga specifica esperienza;

b) due rappresentanti della Presidenza del Consiglio dei ministri;

c) un rappresentante del Ministero del lavoro e delle politiche sociali;

d) un rappresentante del Ministero degli affari esteri;

e) un rappresentante del Ministero dell'interno;

f) due rappresentanti del Ministero della giustizia;

g) un rappresentante del Ministero della salute;

h) un rappresentante del Ministero dell'economia e delle finanze;

i) un rappresentante del Ministero dell'istruzione, dell'università e della ricerca;

l) tre rappresentanti della Conferenza unificata di cui all'articolo 8 del decreto legislativo 28 agosto 1997, n. 281;

m) tre rappresentanti designati, sulla base di apposito decreto del Presidente del Consiglio dei ministri, da associazioni familiari a carattere nazionale, almeno uno dei quali designato dal Forum delle associazioni familiari (3).

3. Il presidente dura in carica quattro (4) anni e l'incarico può essere rinnovato una sola volta.

4. I componenti della Commissione rimangono in carica quattro anni. [Con regolamento adottato dalla Commissione è assicurato l'avvicendamento graduale dei componenti della Commissione stessa allo scadere del termine di permanenza in carica. A tal fine il regolamento può prorogare la durata in carica dei componenti della Commissione per periodi non superiori ad un anno] (5).

5. La Commissione si avvale di personale dei ruoli della Presidenza del Consiglio dei ministri e di altre amministrazioni pubbliche.

(1) *Si veda l'art. 1, comma 19* quinquies, *del D.L. 18 maggio 2006, n. 181, convertito, con modificazioni, nella L. 17 luglio 2006, n. 233, che si riporta:*

«19 quinquies. *Con regolamento adottato ai sensi dell'art. 17, comma 2, della legge 23 agosto 1988, n. 400, sono ridefiniti, senza nuovi o maggiori oneri per il bilancio dello Stato, la composizione e i compiti della Commissione di cui all'articolo 38 della legge 4 maggio 1983, n. 184, e successive modificazioni, nonché la durata in carica dei suoi componenti sulla base delle norme generali contenute nella medesima legge. A decorrere dalla data di entrata in vigore del regolamento sono abrogati l'articolo 38 commi 2, 3 e 4, e l'articolo 39 della citata legge n. 184 del 1983».*

(2) *Si veda il D.P.R. 8 giugno 2007, n. 108, recante regolamento sul riordino della commissione internazionale.*

(3) *Questo comma è stato così sostituito dall'art. 2, comma 1, lett.* a), *della L. 16 gennaio 2003, n. 3.*

(4) *L'originaria parola: «due» è stata così sostituita dalla attuale: «quattro» dall'art. 39* duodetricies *del D.L. 30 dicembre 2005, n. 273, convertito, con modificazioni, nella L. 23 febbraio 2006, n. 51.*

(5) *I periodi posti fra parentesi quadrate sono stati soppressi dall'art. 2, comma 1, lett.* b), *della L. 16 gennaio 2003, n. 3.*

39. (1) 1. La Commissione per le adozioni internazionali:

a) collabora con le autorità centrali per le adozioni internazionali degli altri Stati, anche raccogliendo le informazioni necessarie, ai fini dell'attuazione delle convenzioni internazionali in materia di adozione;

b) propone la stipulazione di accordi bilaterali in materia di adozione internazionale;

c) autorizza l'attività degli enti di cui all'articolo 39 *ter*, cura la tenuta del relativo albo, vigila sul loro operato, lo verifica almeno ogni tre anni, revoca l'autorizzazione concessa nei casi di gravi inadempienze, insufficienze o violazione delle norme della presente legge. Le medesime funzioni sono svolte dalla Commissione con riferimento all'attività svolta dai servizi per l'adozione internazionale, di cui all'articolo 39 *bis*;

d) agisce al fine di assicurare l'omogenea diffusione degli enti autorizzati sul territorio nazionale e delle relative rappresentanze nei Paesi stranieri;

e) conserva tutti gli atti e le informazioni relativi alle procedure di adozione internazionale;

f) promuove la cooperazione fra i soggetti che operano che nel campo dell'adozione internazionale e della protezione dei minori;

g) promuove iniziative di formazione per quanti operino o intendano operare nel campo dell'adozione;

h) autorizza l'ingresso e il soggiorno permanente del minore straniero adottato o affidato a scopo di adozione;

i) certifica la conformità dell'adozione alle disposizioni della Convenzione, come previsto dall'articolo 23, comma 1, della Convenzione stessa;

l) per le attività di informazione e formazione, collabora anche con enti diversi da quelli di cui all'articolo 39 *ter*.

2. La decisione dell'ente autorizzato di non concordare con l'autorità straniera l'opportunità di procedere all'adozione è sottoposta ad esame della Commissione, su istanza dei coniugi interessati; ove non confermi il precedente diniego, la Commissione può procedere direttamente, o delegando altro ente o ufficio, agli incombenti di cui all'articolo 31.

3. La Commissione attua incontri periodici con i rappresentanti degli enti autorizzati al fine di esaminare le problematiche emergenti e coordinare la programmazione degli interventi attuativi dei principi della Convenzione.

4. La Commissione presenta al Presidente del Consiglio dei ministri, che la trasmette al Parlamento, una relazione biennale sullo stato delle adozioni internazionali, sullo stato della attuazione della Convenzione e sulla stipulazione di accordi bilaterali anche con Paesi non aderenti alla stessa.

(1) *Si veda l'art. 1, comma 19* quinquies, *del D.L. 18 maggio 2006, n. 181, convertito, con modificazioni, nella L. 17 luglio 2006, n. 233, che si riporta:*

«19 quinquies. *Con regolamento adottato ai sensi dell'art. 17, comma 2, della legge 23 agosto 1988, n. 400, sono ridefiniti, senza nuovi o maggiori oneri per il bilancio dello Stato, la composizione e i compiti della Commissione di cui all'articolo 38 della legge 4 mag-*

gio 1983, n. 184, e successive modificazioni, nonché la durata in carica dei suoi componenti sulla base delle norme generali contenute nella medesima legge. A decorrere dalla data di entrata in vigore del regolamento sono abrogati l'articolo 38 commi 2, 3 e 4, e l'articolo 39 della citata legge n. 184 del 1983».

39 *bis*. 1. Le regioni e le province autonome di Trento e di Bolzano nell'ambito delle loro competenze:

a) concorrono a sviluppare una rete di servizi in grado di svolgere i compiti previsti dalla presente legge;

b) vigilano sul funzionamento delle strutture e dei servizi che operano nel territorio per l'adozione internazionale, al fine di garantire livelli adeguati di intervento;

c) promuovono la definizione di protocolli operativi e convenzioni fra enti autorizzati e servizi, nonché forme stabili di collegamento fra gli stessi e gli organi giudiziari minorili.

2. Le regioni e le province autonome di Trento e di Bolzano possono istituire un servizio per l'adozione internazionale che sia in possesso dei requisiti di cui all'articolo 39 *ter* e svolga per le coppie che lo richiedano al momento della presentazione della domanda di adozione internazionale le attività di cui all'articolo 31, comma 3.

3. I servizi per l'adozione internazionale di cui al comma 2 sono istituiti e disciplinati con legge regionale o provinciale in attuazione dei principi di cui alla presente legge. Alle regioni e alle province autonome di Trento e di Bolzano sono delegate le funzioni amministrative relative ai servizi per l'adozione internazionale.

39 *ter*. 1. Al fine di ottenere l'autorizzazione prevista dall'articolo 39, comma 1, lettera *c*), e per conservarla, gli enti debbono essere in possesso dei seguenti requisiti:

a) essere diretti e composti da persone con adeguata formazione e competenza nel campo dell'adozione internazionale, e con idonee qualità morali;

b) avvalersi dell'apporto di professionisti in campo sociale, giuridico e psicologico, iscritti al relativo albo professionale, che abbiano la capacità di sostenere i coniugi prima, durante e dopo l'adozione;

c) disporre di un'adeguata struttura organizzativa in almeno una regione o in una provincia autonoma in Italia e delle necessarie strutture personali per operare nei Paesi stranieri in cui intendono agire;

d) non avere fini di lucro, assicurare una gestione contabile assolutamente trasparente, anche sui costi necessari per l'espletamento della procedura, ed una metodologia operativa corretta e verificabile;

e) non avere e non operare pregiudiziali discriminazioni nei confronti delle persone che aspirano all'adozione, ivi comprese le discriminazioni di tipo ideologico e religioso;

f) impegnarsi a partecipare ad attività di promozione dei diritti dell'infanzia, preferibilmente attraverso azioni di cooperazione allo sviluppo, anche in collaborazione con le organizzazioni non governative, e di attuazione del principio di sussidiarietà dell'adozione internazionale nei Paesi di provenienza dei minori;

g) avere sede legale nel territorio nazionale.

39 *quater*. [1] [1. Fermo restando quanto previsto in altre disposizioni di legge, i genitori adottivi e coloro che hanno un minore in affidamento preadottivo hanno diritto a fruire dei seguenti benefici:

a) l'astensione dal lavoro, quale regolata dall'articolo 6, primo comma, della legge 9 dicembre 1977, n. 903, anche se il minore adottato ha superato i sei anni di età;

b) l'assenza dal lavoro, quale regolata dall'articolo 6, secondo comma, e dall'articolo 7 della predetta legge n. 903 del 1977, sino a che il minore adottato non abbia raggiunto i sei anni di età;

c) congedo di durata corrispondente al periodo di permanenza nello Stato straniero richiesto per l'adozione].

[1] *Questo articolo è stato abrogato dall'art. 86, comma 2, lett.* c), *del D.L.vo 26 marzo 2001, n. 151.*

Capo II
Dell'espatrio di minori
a scopo di adozione

40. I residenti all'estero, stranieri o cittadini italiani, che intendono adottare un cittadino italiano minore di età, devono presentare domanda al console italiano competente per territorio, che la inoltra al tribunale per i minorenni del distretto dove si trova il luogo di dimora del minore, ovvero il luogo del suo ultimo domicilio; in mancanza di dimora o di precedente domicilio nello Stato, è competente il tribunale per i minorenni di Roma.

Agli stranieri stabilmente residenti in Paesi che hanno ratificato la Convenzione, in luogo della procedura disciplinata dal primo comma si applicano le procedure stabilite nella Convenzione per quanto riguarda l'intervento ed i compiti delle autorità centrali e degli enti autorizzati. Per il resto si applicano le disposizioni della presente legge (1).

(1) *Questo comma è stato aggiunto dall'art. 5, comma 1, della L. 31 dicembre 1998, n. 476.*

41. Il console del luogo ove risiedono gli adottanti vigila sul buon andamento dell'affidamento preadottivo avvalendosi, ove lo ritenga opportuno, dell'ausilio di idonee organizzazioni assistenziali italiane o straniere.

Qualora insorgano difficoltà di ambientamento del minore nella famiglia dei coniugi affidatari o si verifichino, comunque, fatti incompatibili con l'affidamento preadottivo, il console deve immediatamente darne notizia scritta al tribunale per i minorenni che ha pronunciato l'affidamento.

Il console del luogo ove risiede il minore vigila per quanto di propria competenza perché i provvedimenti dell'autorità italiana relativi al minore abbiano esecuzione e se del caso provvede al rimpatrio del minore.

Nel caso di adozione di minore stabilmente residente in Italia da parte di cittadini stranieri residenti stabilmente in Paesi che hanno ratificato la Convenzione, le funzioni attribuite al console dal presente articolo sono svolte dall'autorità centrale straniera e dall'ente autorizzato (1).

(1) *Questo comma è stato aggiunto dall'art. 5, comma 2, della L. 31 dicembre 1998, n. 476.*

42. Qualora sia in corso nel territorio dello Stato un procedimento di adozione di un minore affidato a stranieri, o a cittadini italiani residenti all'estero, non può essere reso esecutivo un provvedimento di adozione dello stesso minore pronunciato da autorità straniera.

43. Le disposizioni di cui ai commi 4 e 5 dell'articolo 9 (1) si applicano anche ai cittadini italiani residenti all'estero.

Per quanto riguarda lo svolgimento delle funzioni consolari, si applicano, in quanto compatibili, gli articoli 34, 35 e 36 del decreto del Presidente della Repubblica 5 gennaio 1967, n. 200 (2).

Competente ad accertare la situazione di abbandono del cittadino minore di età che si trovi all'estero e a disporre i conseguenti provvedimenti temporanei nel suo interesse ai sensi dell'articolo 10, compreso se del caso il rimpatrio, è il tribunale per i minorenni del distretto ove si trova il luogo di ultimo domicilio del minore; in mancanza di precedente domicilio nello Stato è competente il tribunale per i minorenni di Roma.

(1) *Le parole: «di cui al sesto, settimo e ottavo comma dell'articolo 9» sono state sostituite dalle seguenti: «di cui ai commi 4 e 5 dell'articolo 9» dall'art. 33 della L. 28 marzo 2001, n. 149.*

(2) *Che reca disposizioni sulle funzioni e sui poteri consolari.*

Titolo IV
Dell'adozione in casi particolari

Capo I
Dell'adozione in casi particolari e dei suoi effetti

44. (1) 1. I minori possono essere adottati anche quando non ricorrono le condizioni di cui al comma 1 dell'articolo 7:

a) da persone unite al minore da vincolo di parentela fino al sesto grado o da preesistente rapporto stabile e duraturo anche maturato nell'ambito di un prolungato periodo di affidamento (2), quando il minore sia orfano di padre e di madre;

b) dal coniuge nel caso in cui il minore sia figlio anche adottivo dell'altro coniuge;

c) quando il minore si trovi nelle condizioni indicate dall'articolo 3, comma 1, della legge 5 febbraio 1992, n. 104, e sia orfano di padre e di madre;

d) quando vi sia la constatata impossibilità di affidamento preadottivo.

2. L'adozione, nei casi indicati nel comma 1, è consentita anche in presenza di figli [legittimi] (3).

3. Nei casi di cui alle lettere *a*), *c*) e *d*) del comma 1 l'adozione è consentita, oltre che ai coniugi, anche a chi non è coniugato. Se l'adottante è persona coniugata e non separata, l'adozione può essere tuttavia disposta solo a seguito di richiesta da parte di entrambi i coniugi.

4. Nei casi di cui alle lettere *a*) e *d*) del comma 1 l'età dell'adottante deve superare di almeno diciotto anni quella di coloro che egli intende adottare.

(1) *Questo articolo è stato così sostituito dall'art. 25 della L. 28 marzo 2001, n. 149.*

(2) *Le parole: «anche maturato nell'ambito di un prolungato periodo di affidamento,» sono state inserite dall'art. 4 della L. 19 ottobre 2015, n. 173.*

(3) *La parola tra parentesi quadrate è stata soppressa dall'art. 100, comma 1, lett. t), del D.L.vo 28 dicembre 2013, n. 154, a decorrere dal trentesimo giorno successivo a quello della sua pubblicazione nella* Gazzetta Ufficiale *(G.U. n. 5 dell'8 gennaio 2014).*

NOTE OPERATIVE:

Maternità surrogata: Il minore nato all'estero mediante il ricorso alla surrogazione di maternità ha un diritto fondamentale al riconoscimento, anche giuridico, del legame sorto in forza del rapporto affettivo instaurato e vissuto con il genitore d'intenzione (C.C. 26967/23). Non viola il diritto al rispetto della vita privata e familiare, ex art. 8 Cedu, il rifiuto delle autorità italiane di indicare, nell'atto di nascita di un bambino nato in Italia, ma concepito all'estero a mezzo pratiche di procreazione medicalmente assistita (p.m.a.) con donatore anonimo, oltre la madre biologica, la madre intenzionale, atteso che la conservazione del legame instauratosi tra quest'ultima e il minore è assicurata dalla possibilità di ricorrere all'adozione in casi particolari, di cui all'art. 44, comma 1, lett. d), l. n. 184/1983 (CEDU 59054/23). Il minore nato all'estero mediante il ricorso alla surrogazione di maternità ha un diritto fondamentale al riconoscimento, anche giuridico, del legame sorto in forza del rapporto affettivo instaurato e vissuto con il genitore d'intenzione; tale esigenza è garantita attraverso l'istituto dell'adozione in casi particolari, ai sensi dell'art. 44, comma 1, lett. d) della l. n. 184 del 1983 che, allo stato dell'evoluzione dell'ordinamento, rappresenta lo strumento che consente, da un lato, di conseguire lo status di figlio e, dall'altro, di riconoscere giuridicamente il legame di fatto con il partner del genitore genetico che ne ha condiviso il disegno procreativo concorrendo alla cura del bambino sin dal momento della nascita (S.U. 38162/22).

45. (1) 1. Nel procedimento di adozione nei casi previsti dall'articolo 44 si richiede il consenso dell'adottante e dell'adottando che abbia compiuto il quattordicesimo anno di età.

2. Se l'adottando ha compiuto gli anni dodici deve essere personalmente sentito; se ha una età inferiore, deve essere sentito, in considerazione della sua capacità di discernimento.

3. In ogni caso, se l'adottando non ha compiuto gli anni quattordici, l'adozione deve essere disposta dopo che sia stato sentito il suo legale rappresentante.

4. Quando l'adozione deve essere disposta nel caso previsto dall'articolo 44, comma 1, lettera c), deve essere sentito il legale rappresentante dell'adottando in luogo di questi, se lo stesso non può esserlo o non può prestare il proprio consenso ai sensi del presente articolo a causa delle sue condizioni di minorazione.

(1) *Questo articolo è stato così sostituito dall'art. 26 della L. 28 marzo 2001, n. 149.*

46. Per l'adozione è necessario l'assenso dei genitori e del coniuge dell'adottando.

Quando è negato l'assenso previsto dal primo comma, il tribunale, sentiti gli interessati, su istanza dell'adottante, può, ove ritenga il rifiuto ingiustificato o contrario all'interesse dell'adottando, pronunciare ugualmente l'adozione, salvo che l'assenso sia stato rifiutato dai genitori esercenti la responsabilità genitoriale (1) o dal coniuge, se convivente, dell'adottando. Parimenti il tribunale può pronunciare l'adozione quando è impossibile ottenere l'assenso per incapacità o irreperibilità delle persone chiamate ad esprimerlo.

(1) *La parola: «potestà» è stata così sostituita dalle seguenti: «responsabilità genitoriale» dall'art. 100, comma 1, lett. u), del D.L.vo 28 dicembre 2013, n. 154, a decorrere dal trentesimo giorno successivo a quello della sua pubblicazione nella* Gazzetta Ufficiale *(G.U. n. 5 dell'8 gennaio 2014).*

47. (1) 1. L'adozione produce i suoi effetti dalla data della sentenza che la pronuncia. Finché la sentenza non è emanata, tanto l'adottante quanto l'adottando possono revocare il loro consenso.

2. Se uno dei coniugi muore dopo la prestazione del consenso e prima della emanazione della sentenza, si può procedere, su istanza dell'altro coniuge, al compimento degli atti necessari per l'adozione.

3. Se l'adozione è ammessa, essa produce i suoi effetti dal momento della morte dell'adottante.

(1) *Questo articolo è stato così sostituito dall'art. 27 della L. 28 marzo 2001, n. 149.*

48. Se il minore è adottato da due coniugi, o dal coniuge di uno dei genitori, la responsabilità genitoriale (1) sull'adottato ed il relativo esercizio spettano ad entrambi.

L'adottante ha l'obbligo di mantenere l'adottato, di istruirlo ed educarlo conformemente a quanto prescritto dall'articolo 147 del codice civile.

Se l'adottato ha beni propri, l'amministrazione di essi, durante la minore età dell'adottato stesso, spetta all'adottante, il quale non ne ha l'usufrutto legale, ma può impiegarne le rendite per le spese di mantenimento, istruzione ed educazione del minore con l'obbligo di investirne l'eccedenza in modo fruttifero. Si applicano le disposizioni dell'articolo 382 del codice civile.

(1) *La parola: «potestà» è stata così sostituita dalle seguenti: «responsabilità genitoriale» dall'art. 100, comma 1, lett. v), del D.L.vo 28 dicembre 2013, n. 154, a decorrere dal trentesimo giorno successivo a quello della sua pubblicazione nella* Gazzetta Ufficiale *(G.U. n. 5 dell'8 gennaio 2014).*

49. (1) 1. L'adottante deve fare l'inventario dei beni dell'adottato e trasmetterlo al giudice tutelare entro trenta giorni dalla data della comunicazione della sentenza di adozione. Si osservano, in quanto applicabili, le disposizioni contenute nella sezione III del capo I del titolo X del libro primo del codice civile.

2. L'adottante che omette di fare l'inventario nel termine stabilito o fa un inventario infedele può essere privato dell'amministrazione dei beni dal giudice tutelare, salvo l'obbligo del risarcimento dei danni.

(1) *Questo articolo è stato così sostituito dall'art. 28 della L. 28 marzo 2001, n. 149.*

50. Se cessa l'esercizio da parte dell'adottante o degli adottanti della responsabilità genitoriale (1), il tribunale per i minorenni su istanza dell'adottato, dei suoi parenti o affini o del pubblico ministero, o anche d'ufficio, può emettere i provvedimenti opportuni circa la cura della persona dell'adottato, la sua rappresentanza e l'amministrazione dei suoi beni, anche se ritiene conveniente che l'esercizio della responsabilità genitoriale (1) sia ripreso dai genitori. Si applicano le norme di cui agli articoli 330 e seguenti del codice civile.

(1) *La parola: «potestà» è stata così sostituita dalle seguenti: «responsabilità genitoriale» dall'art. 100, comma 1, lett. z), del D.L.vo 28 dicembre 2013, n. 154, a decorrere dal trentesimo giorno successivo a quello della sua pubblicazione nella* Gazzetta Ufficiale *(G.U. n. 5 dell'8 gennaio 2014).*

51. La revoca dell'adozione può essere pronunciata dal tribunale su domanda dell'adottante, quando l'adottato maggiore di quattordici anni abbia attentato alla vita di lui o del suo coniuge, dei suoi discendenti o ascendenti, ovvero si sia reso colpevole verso di loro di delitto punibile con pena restrittiva della libertà personale non inferiore nel minimo a tre anni.

Se l'adottante muore in conseguenza dell'attentato, la revoca dell'adozione può essere chiesta da coloro ai quali si devolverebbe l'eredità in mancanza dell'adottato e dei suoi discendenti.

Il tribunale, assunte informazioni ed effettuato ogni opportuno accertamento e indagine, sentiti il pubblico ministero, l'adottante e l'adottato, pronuncia la sentenza.

Il tribunale, sentito il pubblico ministero ed il minore, può emettere altresì i provvedimenti opportuni con decreto in camera di consiglio circa la cura della persona minore, la rappresentanza e l'amministrazione dei beni.

Si applicano gli articoli 330 e seguenti del codice civile.

Nei casi in cui siano adottati i provvedimenti di cui al quarto comma, il tribunale li segnala al giudice tutelare ai fini della nomina di un tutore.

52. Quando i fatti previsti nell'articolo precedente sono stati compiuti dall'adottante contro l'adottato, oppure contro il coniuge o i discendenti o gli ascendenti di lui, la revoca può essere pronunciata su domanda dell'adottato o su istanza del pubblico ministero.

Il tribunale, assunte informazioni ed effettuato ogni opportuno accertamento e indagine, sentiti il pubblico ministero, l'adottante e l'adottato che abbia compiuto gli anni dodici e anche di età inferiore, in considerazione della sua capacità di disconoscimento (1), pronuncia la sentenza.

Inoltre il tribunale, sentiti il pubblico ministero ed il minore che abbia compiuto gli anni dodici e, se opportuno, anche di età inferiore, può dare provvedimenti opportuni con decreto in camera di consiglio circa la cura della persona del minore, la sua rappresentanza e l'amministrazione dei beni, anche se ritiene conveniente che l'esercizio della responsabilità genitoriale (2) sia ripreso dai genitori.

Si applicano gli articoli 330 e seguenti del codice civile.

Nei casi in cui siano adottati i provvedimenti di cui al terzo comma il tribunale li segnala al giudice tutelare al fine della nomina di un tutore.

(1) *Le originarie parole: «e, se opportuno, anche di età inferiore» sono state sostituite dalle seguenti: «e anche di età inferiore, in considerazione della sua capacità di disconoscimento» dall'art. 32, comma 2, della L. 28 marzo 2001, n. 149.*

(2) *La parola: «potestà» è stata così sostituita dalle seguenti: «responsabilità genitoriale» dall'art. 100, comma 1, lett. aa), del D.L.vo 28 dicembre 2013, n. 154, a decorrere dal trentesimo giorno successivo a quello della sua pubblicazione nella* Gazzetta Ufficiale *(G.U. n. 5 dell'8 gennaio 2014).*

53. La revoca dell'adozione può essere promossa dal pubblico ministero in conseguenza della violazione dei doveri incombenti sugli adottanti.

Si applicano le disposizioni di cui ai precedenti articoli.

54. Gli effetti dell'adozione cessano quando passa in giudicato la sentenza di revoca.

Se tuttavia la revoca è pronunciata dopo la morte dell'adottante per fatto imputabile all'adottato, l'adottato e i suoi discendenti sono esclusi dalla successione dell'adottante.

55. ([1]) Si applicano al presente capo le disposizioni degli articoli 293, 294, 295, 299, 300 e 304 del codice civile.

([1]) *La Corte costituzionale, con sentenza n. 79 del 28 marzo 2022, ha dichiarato l'illegittimità costituzionale di questo articolo, nella parte in cui, mediante rinvio all'art. 300, secondo comma, del codice civile, prevede che l'adozione in casi particolari non induce alcun rapporto civile tra l'adottato e i parenti dell'adottante.*

Capo II
Delle forme dell'adozione in casi particolari

56. Competente a pronunciarsi sull'adozione è il tribunale per i minorenni del distretto dove si trova il minore.

Il consenso dell'adottante e dell'adottando che ha compiuto i quattordici anni e del legale rappresentante dell'adottando deve essere manifestato personalmente al presidente del tribunale o ad un giudice da lui delegato ([1]).

L'assenso delle persone indicate nell'articolo 46 può essere dato da persona munita di procura speciale rilasciata per atto pubblico o per scrittura privata autenticata.

Si applicano gli articoli 313 e 314 del codice civile, ferma restando la competenza del tribunale per i minorenni e della sezione per i minorenni della corte di appello.

([1]) *La Corte costituzionale, con sentenza n. 182 del 18 febbraio 1988, ha dichiarato l'illegittimità costituzionale dell'art. 45, secondo comma, e di questo comma, nella parte in cui è previsto il consenso anziché l'audizione del legale rappresentante del minore.*

57. Il tribunale verifica:

1) se ricorrono le circostanze di cui all'articolo 44;

2) se l'adozione realizza il preminente interesse del minore.

A tal fine il tribunale per i minorenni, sentiti i genitori dell'adottando, dispone l'esecuzione di adeguate indagini da effettuarsi, tramite i servizi locali e gli organi di pubblica sicurezza, sull'adottante, sul minore e sulla di lui famiglia.

L'indagine dovrà riguardare in particolare:

a) l'idoneità affettiva e la capacità di educare e istruire il minore, la situazione personale ed economica, la salute, l'ambiente familiare degli adottanti ([1]);

b) i motivi per i quali l'adottante desidera adottare il minore;

c) la personalità del minore;

d) la possibilità di idonea convivenza, tenendo conto della personalità dell'adottante e del minore.

([1]) *Questa lettera è stata così sostituita dall'art. 29 della L. 28 marzo 2001, n. 149.*

Titolo VI
Norme finali, penali e transitorie

69. In aggiunta a quanto disposto nell'articolo 51 delle disposizioni di attuazione del codice civile, nel registro delle tutele devono essere annotati i provvedimenti emanati dal tribunale per i minorenni ai sensi dell'articolo 10 della presente legge.

70. ([1]) 1. I pubblici ufficiali o gli incaricati di un pubblico servizio che omettono di riferire alla procura della Repubblica presso il tribunale per i minorenni sulle condizioni di ogni minore in situazione di abbandono di cui vengano a conoscenza in ragione del proprio ufficio, sono puniti ai sensi dell'articolo 328 del codice penale. Gli esercenti un servizio di pubblica necessità sono puniti con la pena della reclusione fino ad un anno o con la multa da € 258 a € 1.291.

2. I rappresentanti degli istituti di assistenza pubblici o privati che omettono di trasmettere semestralmente alla procura della Repubblica presso il tribunale per i minorenni l'elenco di tutti i minori ricoverati o assistiti, ovvero forniscono informazioni inesatte circa i rapporti familiari concernenti i medesimi, sono puniti con la pena della reclusione fino ad un anno o con la multa da € 258 a € 2.582.

([1]) *Questo articolo è stato così sostituito dall'art. 34 della L. 28 marzo 2001, n. 149.*

71. 1. Chiunque, in violazione delle norme di legge in materia di adozione, affida a terzi con carattere definitivo un minore, ovvero lo avvia all'estero perché sia definitivamente affidato, è punito con la reclusione da uno a tre anni ([1]).

Se il fatto è commesso dal tutore ovvero da altra persona cui il minore è affidato per ragioni di educazione, di istruzione, di vigilanza e di cutodia, la pena è aumentata della metà.

Se il fatto è commesso dal genitore la condanna comporta la perdita della relativa responsabilità genitoriale ([2]) e l'apertura della procedura di adottabilità; se è commesso dal tutore consegue la rimozione dall'ufficio; se è commesso dalla persona cui il minore è affidato consegue la inidoneità ad ottenere affidamenti familiari o adottivi e l'incapacità all'ufficio tutelare.

Se il fatto è commesso da pubblici ufficiali, da incaricati di un pubblico servizio, da esercenti la professione sanitaria o forense, da appartenenti ad istituti di assistenza pubblici o privati nei casi di cui all'art. 61, nn. 9 e 11, del codice penale, la pena è raddoppiata.

La pena stabilita nel primo comma del presente articolo si applica anche a coloro che, consegnando o promettendo denaro od altra utilità a terzi, accolgono minori in illecito affidamento con carattere di definitività. La condanna comporta la inidoneità ad ottenere affidamenti familiari o adottivi e l'incapacità all'ufficio tutelare.

6. Chiunque svolga opera di mediazione al fine di realizzare l'affidamento di cui al primo comma è punito con la reclusione fino ad un anno o con la multa da € 258 a € 2.582 (3).

(1) *Questo comma è stato così sostituito dall'art. 35, comma 1, della L. 28 marzo 2001, n. 149.*

(2) *La parola: «potestà» è stata così sostituita dalle seguenti: «responsabilità genitoriale» dall'art. 100, comma 1, lett. bb), del D.L.vo 28 dicembre 2013, n. 154, a decorrere dal trentesimo giorno successivo a quello della sua pubblicazione nella* Gazzetta Ufficiale *(G.U. n. 5 dell'8 gennaio 2014).*

(3) *Questo comma è stato così sostituito dall'art. 35, comma 2, della L. 28 marzo 2001, n. 149.*

72. Chiunque, per procurarsi danaro o altra utilità, in violazione delle disposizioni della presente legge, introduce nello Stato uno straniero minore di età perché sia definitivamente affidato a cittadini italiani è punito con la reclusione da uno a tre anni.

La pena stabilita nel precedente comma si applica anche a coloro che, consegnando o promettendo danaro o altra utilità a terzi, accolgono stranieri minori di età in illecito affidamento con carattere di definitività. La condanna comporta l'inidoneità a ottenere affidamenti familiari o adottivi e l'incapacità all'ufficio tutelare.

72 *bis*. (1) 1. Chiunque svolga per conto di terzi pratiche inerenti all'adozione di minori stranieri senza avere previamente ottenuto l'autorizzazione prevista dall'articolo 39, comma 1, lettera c), è punito con la pena della reclusione fino a un anno o con la multa da € 516 a € 5.164.

2. La pena è della reclusione da sei mesi a tre anni e della multa da € 1.032 a € 3.098 per i legali rappresentanti ed i responsabili di associazioni o di agenzie che trattano le pratiche di cui al comma 1.

3. Fatti salvi i casi previsti dall'articolo 36, comma 4, coloro che, per l'adozione di minori stranieri, si avvalgono dell'opera di associazioni, organizzazioni, enti o persone non autorizzati nelle forme di legge sono puniti con le pene di cui al comma 1 diminuite di un terzo.

(1) *Questo articolo è stato aggiunto dall'art. 6 della L. 31 dicembre 1998, n. 476.*

73. Chiunque essendone a conoscenza in ragione del proprio ufficio fornisce qualsiasi notizia atta a rintracciare un minore nei cui confronti sia stata pronunciata adozione o rivela in qualsiasi modo notizie circa lo stato di figlio adottivo (1) è punito con la reclusione fino a sei mesi o con la multa da € 103 a € 1.032 (2).

Se il fatto è commesso da un pubblico ufficiale o da un incaricato di pubblico servizio, si applica la pena della reclusione da sei mesi a tre anni.

Le disposizioni di cui ai commi precedenti si applicano anche a chi fornisce tali notizie successivamente all'affidamento preadottivo e senza l'autorizzazione del tribunale per i minorenni.

(1) *Le parole: «legittimo per adozione» sono state così sostituite dalla seguente: «adottivo» dall'art. 100, comma 1, lett. cc), del D.L.vo 28 dicembre 2013, n. 154, a decorrere dal trentesimo giorno successivo a quello della sua pubblicazione nella* Gazzetta Ufficiale *(G.U. n. 5 dell'8 gennaio 2014).*

(2) *Questo comma è stato così sostituito dall'art. 36 della L. 28 marzo 2001, n. 149.*

74. Gli ufficiali di stato civile trasmettono immediatamente al competente tribunale per i minorenni comunicazione, sottoscritta dal dichiarante, dell'avvenuto riconoscimento da parte di persona coniugata di un figlio nato fuori del matrimonio (1) non riconosciuto dall'altro genitore. Il tribunale dispone l'esecuzione di opportune indagini per accertare la veridicità del riconoscimento.

Nel caso in cui vi siano fondati motivi per ritenere che ricorrano gli estremi dell'impugnazione del riconoscimento il tribunale per i minorenni assume, anche d'ufficio, i provvedimenti di cui all'articolo 264, secondo comma, del codice civile.

(1) *La parola: «naturale» è stata così sostituita dalle seguenti: «nato fuori del matrimonio» dall'art. 100, comma 1, lett. dd), del D.L.vo 28 dicembre 2013, n. 154, a decorrere dal trentesimo giorno successivo a quello della sua pubblicazione nella* Gazzetta Ufficiale *(G.U. n. 5 dell'8 gennaio 2014).*

75. (1) [L'ammissione al patrocinio a spese dello Stato comporta l'assistenza legale alle procedure previste ai sensi della presente legge.

La liquidazione delle spese, delle competenze e degli onorari viene effettuata dal giudice con apposita ordinanza, a richiesta del difensore, allorché l'attività di assistenza di quest'ultimo è da ritenersi cessata.

Si applica la disposizione di cui all'articolo 14, secondo comma, della legge 11 agosto 1973, n. 533].

(1) *Questo articolo è stato abrogato dall'art. 299 del D.P.R. 30 maggio 2002, n. 115.*

76. Alle procedure relative all'adozione di minori stranieri in corso o già definite al momento di entrata in vigore della presente legge continuano ad applicarsi le disposizioni vigenti alla data medesima (1).

(1) *La Corte costituzionale, con sentenza n. 199 del 18 luglio 1986, ha dichiarato l'illegittimità costituzionale di questo articolo, nella parte in cui preclude l'applicazione dell'art. 37 alle procedure già iniziate nei confronti di minore straniero in stato di abbandono in Italia.*

77. Gli articoli da 404 a 413 del codice civile sono abrogati. Per le affiliazioni già pronunciate alla data in entrata in vigore della presente legge si applicano i divieti e le autorizzazioni di cui all'articolo 87 del codice civile.

78. (*Omissis*) (1).

(1) *Questo articolo reca modifiche all'art. 87 del Codice civile.*

79. Entro tre anni dall'entrata in vigore della presente legge i coniugi che risultino forniti dei requisiti di cui all'articolo 6 possono chiedere al tribunale per i minorenni di dichiarare, sempreché il provvedimento risponda agli interessi dell'adottato e dell'affiliato, con decreto motivato, l'estensione degli effetti della adozione nei confronti degli affiliati o adottati ai sensi dell'articolo 291 del codice civile, precedentemente in vigore, se minorenni all'epoca del relativo provvedimento (1) (2).

Il tribunale dispone l'esecuzione delle opportune indagini di cui all'articolo 57, sugli adottanti e sull'adottato o affiliato.

Gli adottati o affiliati che abbiano compiuto gli anni dodici e, in considerazione della loro capacità di discernimento, (3) anche i minori di età inferiore devono essere sentiti; se hanno compiuto gli anni quattordici devono prestare il consenso.

Il coniuge dell'adottato o affiliato, se convivente e non legalmente separato, deve prestare l'assenso.

I discendenti degli adottanti o affilianti che hanno superato gli anni quattordici devono essere sentiti.

Se gli adottati o affiliati sono figli nati nel matrimonio (4) o riconosciuti è necessario l'assenso dei genitori. Nel caso di irreperibilità o di rifiuto non motivato, su ricorso degli adottanti o affilianti, sentiti il pubblico ministero, i genitori dell'adottato o affiliato e quest'ultimo, se ha compiuto gli anni dodici, decide il tribunale con sentenza che, in caso di accoglimento della domanda, tiene luogo dell'assenso mancante.

Al decreto relativo all'estensione degli effetti dell'adozione si applicano le disposizioni di cui agli articoli 25, 27 e 28, in quanto compatibili.

Il decreto del tribunale per i minorenni che nega l'estensione degli effetti dell'adozione può essere impugnato anche dall'adottato o affiliato se maggiorenne.

(1) *La Corte costituzionale, con sentenza n. 198 del 18 luglio 1986, ha dichiarato l'illegittimità costituzionale di questo comma, nella parte in cui, nella ipotesi di coniugi non più uniti in matrimonio alla data della presentazione della domanda di estensione degli effetti dell'adozione, non consente di pronunziare l'estensione stessa nei confronti degli adottati ai sensi dell'art. 291 del codice civile, precedentemente in vigore.*

(2) *La Corte costituzionale, con sentenza n. 183 del 18 febbraio 1988, ha dichiarato l'illegittimità costituzionale di questo comma, nella parte in cui non consente l'estensione degli effetti dell'adozione legittimante nei confronti dei minori adottati con adozione ordinaria quando la differenza di età tra adottanti ed adottato superi i 40 anni.*

(3) *Le originarie parole: «se opportuno,» sono state sostituite dalle seguenti: «, in considerazione della loro capacità di discernimento,» dall'art. 32, comma 3, della L. 28 marzo 2001, n. 149.*

(4) *Le parole: «figli legittimi» sono state così sostituite dalle seguenti: «figli nati nel matrimonio» dall'art. 105, comma 2, del D.L.vo 28 dicembre 2013, n. 154, a decorrere dal trentesimo giorno successivo a quello della sua pubblicazione nella* Gazzetta Ufficiale *(G.U. n. 5 dell'8 gennaio 2014).*

79 *bis*. (1) 1. Il giudice segnala ai comuni le situazioni di indigenza di nuclei familiari che richiedono interventi di sostegno per consentire al minore di essere educato nell'ambito della propria famiglia.

(1) *Questo articolo è stato inserito dall'art. 100, comma 1, lett. ee), del D.L.vo 28 dicembre 2013, n. 154, a decorrere dal trentesimo giorno successivo a quello della sua pubblicazione nella* Gazzetta Ufficiale *(G.U. n. 5 dell'8 gennaio 2014).*

80. ([1]) 1. Il giudice, se del caso ed anche in relazione alla durata dell'affidamento, può disporre che gli assegni familiari e le prestazioni previdenziali relative al minore siano erogati temporaneamente in favore dell'affidatario.

2. Le disposizioni di cui all'articolo 12 del testo unico delle imposte sui redditi, approvato con decreto del Presidente della Repubblica 22 dicembre 1986, n. 917, e successive modificazioni, all'articolo 6 della legge 8 marzo 2000, n. 53, e alla legge 9 dicembre 1977, n. 903 ([2]), si applicano anche agli affidatari di cui al comma 1.

3. Alle persone affidatarie si estendono tutti i benefici in tema di astensione obbligatoria e facoltativa dal lavoro, di permessi per malattia, di riposi giornalieri, previsti per i genitori biologici.

4. Le regioni determinano le condizioni e modalità di sostegno alle famiglie, persone e comunità di tipo familiare che hanno minori in affidamento, affinché tale affidamento si possa fondare sulla disponibilità e l'idoneità all'accoglienza indipendentemente dalle condizioni economiche.

([1]) *Questo articolo è stato così sostituito dall'art. 38 della L. 28 marzo 2001, n. 149.*

([2]) *Il D.L.vo 26 marzo 2001, n. 151, ha abrogato gli articoli 6-6 ter e 8 della L. 9 dicembre 1977, n. 903, nonché ricompreso l'art. 3, comma 2, della medesima legge, nel proprio art. 86.*

81. (*Omissis*) ([1]).

([1]) *Questo articolo reca modifiche all'art. 244 del Codice civile.*

82. Gli atti, i documenti ed i provvedimenti relativi alle procedure previste dalla presente legge nei riguardi di persone minori di età, sono esenti dalle imposte di bollo e di registro e da ogni spesa, tassa e diritto dovuti ai pubblici uffici.

Sono ugualmente esenti gli atti ed i documenti relativi all'esecuzione dei provvedimenti pronunciati dal giudice nei procedimenti su indicati.

Agli oneri derivanti dall'attuazione della presente legge, valutati in annue lire cento milioni, si provvede mediante corrispondente riduzione del capitolo 1589 dello stato di previsione del Ministero di grazia e giustizia per l'anno finanziario 1983 e corrispondenti capitoli degli esercizi successivi.

Il Ministro del tesoro è autorizzato ad apportare con propri decreti le occorrenti variazioni di bilancio.

1.

D.L.vo 7 settembre 2005, n. 209. Codice delle assicurazioni private (Suppl. ord. alla *Gazzetta Ufficiale* Serie gen. - n. 239 del 13 ottobre 2005) e avviso di rettifica in *Gazzetta Ufficiale* Serie gen. - n. 152 del 2 luglio 2010 (1) (2) (3) (4).

(1) *A norma dell'art. 1, comma 213, del D.L.vo 12 maggio 2015, n. 74, le parole: «ISVAP», «Ministro delle attività produttive» e «Ministero delle attività produttive», ovunque presenti e non diversamente previsto dal presente articolo, sono sostituite, rispettivamente, da: «IVASS» fatta eccezione per la lettera* dd) *del comma 1 dell'articolo 1, del D.L.vo n. 209/2015 «Ministro dello sviluppo economico» e «Ministero dello sviluppo economico».*

(2) *A norma dell'art. 2, comma 4, del D.L. 1° marzo 2021, n. 22, convertito, con modificazioni, nella L. 22 aprile 2021, n. 55, con riguardo alle funzioni di cui all'articolo 35, comma 2, lettera* b)*, del decreto legislativo n. 300 del 1999, come modificato dal medesimo decreto, la denominazione «Ministro della transizione ecologica» sostituisce, ad ogni effetto e ovunque presente, la denominazione: «Ministro dello sviluppo economico».*

(3) *A norma dell'art. 5, comma 2, del D.L. 1° marzo 2021, n. 22, convertito, con modificazioni, nella L. 22 aprile 2021, n. 55, le denominazioni: «Ministro delle infrastrutture e dei trasporti» e «Ministero delle infrastrutture e dei trasporti» sono state così sostituite, a ogni effetto e ovunque presenti, dalle attuali: «Ministro delle infrastrutture e della mobilità sostenibili» e «Ministero delle infrastrutture e della mobilità sostenibili».*

(4) *A norma dell'art. 2, comma 4, del D.L. 1° marzo 2021, n. 22, convertito, con modificazioni, nella L. 22 aprile 2021, n. 55, con riguardo alle funzioni di cui all'articolo 35, comma 2, lettera* b)*, del decreto legislativo n. 300 del 1999, come modificato dal medesimo decreto, la denominazione «Ministero della transizione ecologica» sostituisce, ad ogni effetto e ovunque presente, la denominazione: «Ministero dello sviluppo economico».*

(*Estratto*)

Titolo I
Disposizioni generali

Capo I
Definizioni
e classificazioni generali

1. Definizioni. – 1. Agli effetti del codice delle assicurazioni private si intendono per:

a) assicurazione contro i danni: le assicurazioni indicate all'articolo 2, comma 3;

b) assicurazione sulla vita: le assicurazioni e le operazioni indicate all'articolo 2, comma 1;

c) attività assicurativa: l'assunzione e la gestione dei rischi effettuata da un'impresa di assicurazione;

d) attività riassicurativa:

1) l'assunzione e la gestione dei rischi ceduti da un'impresa di assicurazione, anche di uno Stato terzo o retrocessi da un'impresa di riassicurazione;

2) la copertura fornita da un'impresa di riassicurazione ad un fondo pensione istituito in uno Stato membro dell'Unione europea, autorizzato dall'Autorità competente dello Stato membro di origine e che rientri nell'ambito di applicazione della direttiva (UE) 2016/2341 (1);

e) attività in regime di libertà di prestazione di servizi o rischio assunto in regime di libertà di prestazione di servizi: l'attività che un'impresa esercita da uno stabilimento situato nel territorio di uno Stato membro assumendo obbligazioni con contraenti aventi il domicilio, ovvero, se persone giuridiche, la sede in un altro Stato membro o il rischio che un'impresa assume da uno stabilimento situato nel territorio di uno Stato membro diverso da quello in cui è ubicato il rischio;

f) attività in regime di stabilimento o rischio assunto in regime di stabilimento: l'attività che un'impresa esercita da uno stabilimento situato nel territorio di uno Stato membro assumendo obbligazioni con contraenti aventi il domicilio, ovvero, se persone giuridiche, la sede nello stesso Stato o il rischio che un'impresa assume da uno stabilimento situato nel territorio dello Stato membro in cui è ubicato il rischio;

g) autorità di vigilanza: l'autorità nazionale incaricata della vigilanza sulle imprese e sugli intermediari e gli altri operatori del settore assicurativo;

g bis) "SEVIF": il Sistema europeo di vigilanza finanziaria composto dalle seguenti parti:

1) "AEAP" o EIOPA (2): Autorità europea delle assicurazioni e delle pensioni aziendali

li e professionali, istituita con regolamento (UE) n. 1094/2010;

2) "ABE" o EBA ([3]): Autorità bancaria europea, istituita con regolamento (UE) n. 1093/2010;

3) "AESFEM" o ESMA ([4]): Autorità europea degli strumenti finanziari e dei mercati, istituita con regolamento (UE) n. 1095/2010;

4) "Comitato congiunto": il Comitato congiunto delle Autorità europee di vigilanza, previsto dall'articolo 54 del regolamento (UE) n. 1093/2010, del regolamento (UE) n. 1094/2010, del regolamento (UE) n. 1095/2010;

5) "CERS": Comitato europeo per il rischio sistemico, istituito dal regolamento (UE) n. 1092/2010;

6) "Autorità di vigilanza degli Stati membri": le autorità competenti o di vigilanza degli Stati membri specificate negli atti dell'Unione di cui all'articolo 1, paragrafo 2, del regolamento (UE) n. 1093/2010, del regolamento (UE) n. 1094/2010 e del regolamento (UE) n. 1095/2010 ([5]);

g ter) autorità di vigilanza sul gruppo: l'autorità di vigilanza di gruppo determinata ai sensi dell'articolo 207 *sexies* ([6]);

h) carta verde: certificato internazionale di assicurazione emesso da un ufficio nazionale secondo la raccomandazione n. 5 adottata il 25 gennaio 1949 dal sottocomitato dei trasporti stradali del comitato dei trasporti interni della Commissione economica per l'Europa dell'Organizzazione delle Nazioni Unite;

i) codice della strada: il decreto legislativo 30 aprile 1992, n. 285, e successive modificazioni;

l) codice in materia di protezione dei dati personali: il decreto legislativo 30 giugno 2003, n. 196;

l bis) collegio delle autorità di vigilanza: una struttura permanente ma flessibile per la cooperazione, il coordinamento e l'agevolazione del processo decisionale nell'ambito della vigilanza del gruppo ([7]);

l bis1) compenso: qualsiasi commissione, onorario, spesa, o altro pagamento, inclusi altri benefici economici di qualsiasi tipo o qualunque altro vantaggio o incentivo finanziario o non finanziario, offerti o forniti in relazione ad attività di distribuzione assicurativa ([8]);

l ter) concentrazione dei rischi: tutte le esposizioni al rischio che comportano perdite potenziali sufficientemente ampie da mettere a repentaglio la solvibilità o la posizione finanziaria dell'impresa di assicurazione o di riassicurazione ([7]);

m) CONSAP: la Concessionaria servizi assicurativi pubblici S.p.A.;

m bis) controparte centrale autorizzata: una controparte centrale che ha ottenuto un'autorizzazione conformemente all'articolo 14 del regolamento (UE) n. 648/2012 o che è stata riconosciuta in base all'articolo 25 dello stesso Regolamento ([9]);

m ter) consulenza: l'attività consistente nel fornire raccomandazioni personalizzate ad un cliente, su richiesta dello stesso o su iniziativa del distributore, in relazione ad uno o più contratti di assicurazione ([10]);

n) credito di assicurazione: ogni importo dovuto da un'impresa di assicurazione ad assicurati, contraenti, beneficiari o altre parti lese aventi diritto ad agire direttamente contro l'impresa di assicurazione e derivante da un contratto di assicurazione o da operazioni di cui all'articolo 2, commi 1 e 3, nell'ambito di attività di assicurazione diretta, compresi gli importi detenuti in riserva per la copertura a favore dei medesimi aventi diritto allorquando alcuni elementi del debito non sono ancora conosciuti. Sono parimenti considerati crediti di assicurazione i premi detenuti da un'impresa di assicurazione, prima dell'avvio delle procedure di liquidazione dell'impresa stessa, in seguito alla mancata stipulazione o alla risoluzione dei medesimi contratti ed operazioni, in virtù della legge applicabile a tali contratti e operazioni;

n. 1) distributore di prodotti assicurativi: qualsiasi intermediario assicurativo, intermediario assicurativo a titolo accessorio o impresa di assicurazione ([11]);

n bis) distribuzione di probabilità prevista: funzione matematica che assegna ad un elenco esaustivo di eventi futuri mutualmente esclusivi una probabilità di realizzazione ([12]);

n ter) «ECAI» o «agenzia esterna di valutazione del merito di credito»: un'agenzia di rating creditizio registrata o certificata in conformità del regolamento (CE) n. 1060/2009 del Parlamento europeo o del Consiglio o una banca centrale che emette rating creditizi esenti dall'applicazione di tale regolamento ([12]);

n quater) effetti di diversificazione: la riduzione dell'esposizione al rischio dell'impresa di assicurazione o di riassicurazione o del gruppo dovuta alla diversificazione della loro attività, derivante dal fatto che il risultato sfavorevole di un rischio può essere compensato dal risultato più favorevole di un altro, quando tali rischi non siano pienamente correlati ([12]);

n quinquies) esternalizzazione: l'accordo concluso tra un'impresa di assicurazione o di riassicurazione e un fornitore di servizi, anche se non autorizzato all'esercizio dell'attività assicurativa o riassicurativa, in base al quale il fornitore di servizi esegue una procedura, un servizio o un'attività, direttamente o tramite sub esternalizzazione, che sarebbero altrimenti realizzati dall'impresa di assicurazione o di riassicurazione stessa ([12]);

o) fondo di garanzia: un organismo creato da uno Stato membro che ha almeno il compito di rimborsare, entro i limiti dell'obbligo di assicurazione, i danni alle cose o alle persone causati da un veicolo non identificato o per il quale non vi è stato adempimento dell'obbligo di assicurazione;

p) Fondo di garanzia delle vittime della caccia: il fondo costituito presso la CONSAP e previsto dall'articolo 303;

q) Fondo di garanzia delle vittime della strada: il fondo costituito presso la CONSAP e previsto dall'articolo 285;

q bis) funzione: in un sistema di governo societario, la capacità interna all'impresa di assicurazione o di riassicurazione di svolgere compiti concreti; un sistema di governo societario comprende la funzione di gestione del rischio, la funzione di verifica della conformità, la revisione interna e la funzione attuariale ([13]);

r) grandi rischi: si intendono per grandi rischi quelli rientranti nei rami di cui all'articolo 2, comma 3, qui di seguito indicati:

1) 4 (corpi di veicoli ferroviari), 5 (corpi di veicoli aerei), 6 (corpi di veicoli marittimi, lacustri e fluviali), 7 (merci trasportate), 11 (r.c. aeromobili) e 12 (r.c. veicoli marittimi, lacustri e fluviali) salvo quanto previsto al numero 3);

2) 14 (credito) e 15 (cauzione), qualora l'assicurato eserciti professionalmente un'attività industriale, commerciale o intellettuale e il rischio riguardi questa attività;

3) 3 (corpi di veicoli terrestri, esclusi quelli ferroviari), 8 (incendio ed elementi naturali), 9 (altri danni ai beni), 10 (r.c. autoveicoli terrestri), 12 (r.c. veicoli marittimi, lacustri e fluviali) per quanto riguarda i natanti soggetti all'assicurazione obbligatoria ai sensi dell'articolo 123, 13 (r.c. generale) e 16 (perdite pecuniarie), purché l'assicurato superi i limiti di almeno due dei tre criteri seguenti:1) il totale dell'attivo dello stato patrimoniale risulti superiore ai seimilioniduecentomila euro; 2) l'importo del volume d'affari risulti superiore ai dodicimilioniottocentomila euro; 3) il numero dei dipendenti occupati in media durante l'esercizio risulti superiore alle duecentocinquanta unità. Qualora l'assicurato sia un'impresa facente parte di un gruppo tenuto a redigere un bilancio consolidato, le condizioni di cui sopra si riferiscono al bilancio consolidato del gruppo;

r bis) gruppo: un gruppo

1) composto da una società partecipante o controllante, dalle sue società controllate o da altre entità in cui la società partecipante o controllante o le sue società controllate detengono una partecipazione, nonché da società legate da direzione unitaria ai sensi dell'articolo 96; ovvero

2) basato sull'instaurazione, contrattuale o di altro tipo, di rapporti finanziari solidi e sostenibili tra tali imprese che può includere anche mutue assicuratrici o altre società di tipo mutualistico, a condizione che:

2.1) una delle imprese eserciti effettivamente, tramite un coordinamento centralizzato, un'influenza dominante sulle decisioni, incluse le decisioni finanziarie, di tutte le imprese che fanno parte del gruppo; e

2.2) la costituzione e lo scioglimento di tali relazioni ai fini del titolo XV siano soggetti all'approvazione preventiva dell'autorità di vigilanza del gruppo; laddove l'impresa che esegue il coordinamento centralizzato è considerata l'impresa controllante o partecipante e le altre imprese sono considerate le imprese controllate o partecipate ([14]);

s) impresa: la società di assicurazione o di riassicurazione autorizzata;

t) impresa di assicurazione: la società autorizzata secondo quanto previsto nelle direttive comunitarie sull'assicurazione diretta;

u) impresa di assicurazione autorizzata in Italia ovvero impresa di assicurazione italiana: la società avente sede legale in Italia e la sede secondaria in Italia di impresa di assicurazione avente sede legale in uno Stato terzo, autorizzata all'esercizio delle assicurazioni o delle operazioni di cui all'articolo 2;

u bis) impresa di assicurazione captive: un'impresa di assicurazione controllata da un'impresa finanziaria, diversa da un'impresa di assicurazione o di riassicurazione o da un gruppo di imprese di assicurazione o di riassicurazione a cui si applica la direttiva 2009/138/CE oppure controllata da un'impresa non finanziaria, il cui scopo è fornire copertura assicurativa esclusivamente per i rischi dell'impresa o delle imprese che la controllano o di una o più imprese del gruppo di cui fa parte l'impresa di assicurazione captive ([15]);

v) impresa di assicurazione comunitaria: la società avente sede legale e amministrazione - centrale in uno Stato membro dell'Unione europea diverso dall'Italia o in uno Stato aderente allo Spazio economico europeo, autorizzata secondo quanto previsto nelle direttive comunitarie sull'assicurazione diretta;

z) impresa di assicurazione extracomunitaria: la società di assicurazione avente sede legale e amministrazione centrale in uno Stato non appartenente all'Unione europea o non aderente allo Spazio economico europeo, autorizzata per l'esercizio delle assicurazioni o delle operazioni di cui all'articolo 2;

aa) impresa di partecipazione assicurativa: una società controllante il cui unico o principale oggetto consiste nell'assunzione di partecipazioni di controllo, nonché nella gestione e valorizzazione di tali partecipazioni, se le imprese controllate sono esclusivamente o principalmente imprese di assicurazione, imprese di riassicurazione, imprese di assicurazione o di riassicurazione extracomunitarie, sempre che almeno una di esse sia un'impresa di assicurazione o un'impresa di riassicurazione avente sede legale nel territorio della Repubblica e che non sia una impresa di partecipazione finanziaria mista ai sensi dell'articolo 1, comma 1, lettera *bb bis*) ([16]) [secondo le rilevanti disposizioni dell'ordinamento comunitario sulla vigilanza supplementare delle imprese appartenenti ad un conglomerato finanziario] ([17]) ([18]);

bb) impresa di partecipazione assicurativa mista: una società controllante diversa da un'impresa di assicurazione, da un'impresa di assicurazione extracomunitaria, da un'impresa di riassicurazione, da un'impresa di riassicurazione extracomunitaria, da un'impresa di partecipazione assicurativa o da una impresa di partecipazione finanziaria mista ai sensi dell'articolo 1, comma 1, lettera *bb bis*) ([19]) [secondo le rilevanti disposizioni dell'ordinamento comunitario della vigilanza supplementare delle imprese appartenenti ad un conglomerato finanziario] ([20]), sempreché almeno una delle sue imprese controllate sia un'impresa di assicurazione o un'impresa di riassicurazione avente sede legale nel territorio della Repubblica ([21]);

bb bis) impresa di partecipazione finanziaria mista: un'impresa di cui all'articolo 1, comma 1, lettera *v*), del decreto legislativo 30 maggio 2005, n. 142 ([22]);

cc) impresa di riassicurazione: la società autorizzata all'esercizio della sola riassicurazione, diversa da una impresa di assicurazione o da una impresa di assicurazione extracomunitaria, la cui attività principale consiste nell'accettare rischi ceduti da una impresa di assicurazione, da una impresa di assicurazione avente sede legale in uno Stato terzo, o da altre imprese di riassicurazione;

cc bis) impresa di riassicurazione captive: un'impresa di riassicurazione controllata da un'impresa finanziaria diversa da un'impresa di assicurazione o di riassicurazione o da un gruppo di imprese di assicurazione o riassicurazione a cui si applica la direttiva 2009/138/CE oppure controllata da un'impresa non finanziaria il cui scopo è di fornire copertura riassicurativa esclusivamente per i rischi dell'impresa o delle imprese che la controllano o di una o più imprese del gruppo di cui fa parte l'impresa di riassicurazione captive ([23]);

cc ter) impresa di riassicurazione extracomunitaria: la società avente sede legale e amministrazione centrale in uno Stato non appartenente all'Unione europea o non aderente allo Spazio economico europeo, autorizzata per l'esercizio dell'attività riassicurativa ([23]);

cc quater) impresa finanziaria: un'impresa costituita da uno dei seguenti soggetti:

1) un ente creditizio, un ente finanziario o una società strumentale di cui all'articolo 4, n. 18), del regolamento (UE) 575/2013 ([24]);

2) un'impresa di assicurazione, un'impresa di riassicurazione o un'impresa di partecipazione assicurativa ai sensi dell'articolo 1, comma 1, lettere *t*), *aa*) e *cc*);

3) un'impresa di investimento [o un ente finanziario] ([25]) ai sensi dell'articolo 4, n. 2), del regolamento del Parlamento europeo e del Consiglio n. 575 del 26 giugno 2013 ([26]);

4) un'impresa di partecipazione finanziaria mista ai sensi dell'articolo 1, comma 1, lettera *bb bis*) ([27]) ([23]);

cc quinquies) intermediario assicurativo: qualsiasi persona fisica o giuridica, diversa da un'impresa di assicurazione o riassicurazione o da un dipendente della stessa e diversa da un intermediario assicurativo a titolo accessorio, che avvii o svolga a titolo oneroso l'attività di distribuzione assicurativa ([28]);

cc sexies) intermediario riassicurativo: qualsiasi persona fisica o giuridica, diversa da un'impresa di assicurazione o di riassicurazione o da un dipendente di essa, che avvii o svolga a titolo oneroso l'attività di distribuzione riassicurativa ([28]);

cc septies) intermediario assicurativo a titolo accessorio: qualsiasi persona fisica o giuridica, diversa da uno dei soggetti di cui alla lettera *d*), comma 2, dell'articolo 109, che avvii o svolga a titolo oneroso l'attività di distribuzione assicurativa a titolo accessorio, nel rispetto delle seguenti condizioni:

1) l'attività professionale principale di tale persona fisica o giuridica è diversa dalla distribuzione assicurativa;

2) la persona fisica o giuridica distribuisce soltanto determinati prodotti assicurativi, complementari rispetto ad un bene o servizio;

3) i prodotti assicurativi in questione non coprono il ramo vita o la responsabilità civile, a meno che tale copertura non integri il bene o il servizio che l'intermediario fornisce nell'ambito della sua attività professionale principale ([28]);

dd) ISVAP o IVASS: l'Istituto per la vigilanza sulle assicurazioni private e di interesse collettivo a cui è succeduto l'IVASS, Istituto per la vigilanza sulle assicurazioni, ai sensi dell'articolo 13 del decreto legge 6 luglio 2012, n. 95, convertito, con modificazioni, dalla legge 7 agosto 2012 n. 135 ([29]);

ee) legge fallimentare: il regio decreto 16 marzo 1942, n. 267, e successive modificazioni;

ff) localizzazione: la presenza di attività mobiliari ed immobiliari all'interno del territorio di un determinato Stato. I crediti sono considerati come localizzati nello Stato nel quale gli stessi sono esigibili;

[*gg*) margine di solvibilità disponibile: il patrimonio dell'impresa, libero da qualsiasi impegno prevedibile ed al netto degli elementi immateriali] ([30]);

[*hh*) margine di solvibilità richiesto: ammontare minimo del patrimonio netto del quale l'impresa dispone costantemente, secondo quanto previsto nelle direttive comunitarie sull'assicurazione diretta] ([31]);

ii) mercato regolamentato: un mercato finanziario autorizzato o riconosciuto ai sensi della parte III, titolo I, del testo unico dell'intermediazione finanziaria, nonché i mercati di Stati appartenenti all'OCSE che sono istituiti, organizzati e disciplinati da disposizioni adottate o approvate dalle competenti autorità nazionali e che soddisfano requisiti analoghi a quelli dei mercati regolamentati di cui al testo unico dell'intermediazione finanziaria;

ii bis) misura del rischio: la funzione matematica che assegna un importo monetario ad una data distribuzione di probabilità prevista e cresce monotonicamente con il livello di esposizione al rischio sottostante a tale distribuzione ([32]);

ll) natante: qualsiasi unità che è destinata alla navigazione marittima, fluviale o lacustre e che è azionata da propulsione meccanica;

ll bis) operazione infragruppo: un'operazione in cui un'impresa di assicurazione o di riassicurazione si affida, direttamente o indirettamente, ad un'altra impresa nell'ambito dello stesso gruppo o ad una persona fisica o giuridica strettamente legata alle imprese nell'ambito di tale gruppo per ottemperare ad un obbligo, contrattuale o meno, e a fini o meno di pagamento ([33]);

mm) Organismo di indennizzo italiano: l'organismo istituito presso la CONSAP e previsto dall'articolo 296;

mm bis) partecipazione: la detenzione, diretta o tramite un rapporto di controllo, del 20 per cento o più dei diritti di voto o del capitale di una società, anche per il tramite di società controllate, fiduciarie o per interposta persona o comunque di una percentuale che consente l'esercizio di una influenza notevole sulla gestione di tale società ([34]);

mm ter) partecipazione qualificata: la detenzione, diretta o indiretta, di almeno il 10 per cento dei diritti di voto o del capitale di un'impresa di assicurazione o di riassicurazione o comunque la partecipazione che consente l'esercizio di un'influenza notevole sulla gestione di tale impresa ([34]);

nn) partecipazioni: le azioni, le quote e gli altri strumenti finanziari che attribuiscono diritti amministrativi o comunque i diritti previsti dall'articolo 2351, ultimo comma, del codice civile;

oo) [partecipazioni rilevanti: le partecipazioni che comportano il controllo della società e le partecipazioni individuate dall'ISVAP, in conformità ai principi stabiliti nel regolamento adottato dal Ministro delle attività produttive, con riguardo alle diverse fattispecie disciplinate, tenendo conto dei diritti di voto e degli altri diritti che consentono di influire sulla società] ([35]);

pp) portafoglio del lavoro diretto italiano: tutti i contratti stipulati da imprese di assicurazione italiane, ad eccezione di quelli stipulati da loro sedi secondarie situate in Stati terzi;

qq) portafoglio del lavoro indiretto italiano: i contratti, ovunque stipulati, da imprese italiane o da stabilimenti in Italia di imprese aventi la sede legale in altro Stato, se l'impresa cedente è essa stessa impresa italiana o stabilimento in Italia di imprese aventi la sede legale in altro Stato. Si considerano facenti parte del portafoglio estero i contratti, ovunque stipulati, nel caso in cui l'impresa cedente sia un'impresa avente la sede legale in altro Stato [. I contratti stipulati da imprese italiane attraverso uno stabilimento costituito in altro Stato si considerano facenti parte del portafoglio estero] ([36]);

rr) principi contabili internazionali: i principi contabili internazionali e le relative interpretazioni adottati secondo la procedura di cui all'articolo 6 del regolamento (CE) n. 1606/2002, del Parlamento europeo e del Consiglio, del 19 luglio 2002;

ss) prodotti assicurativi: tutti i contratti emessi da imprese di assicurazione nell'esercizio delle attività rientranti nei rami vita o nei rami danni come definiti all'articolo 2;

ss bis) prodotto di investimento assicurativo: un prodotto ai sensi dell'articolo 4, paragrafo 1, numero 2), del regolamento (UE) n. 1286/2014. Tale definizione non include:

1) i prodotti assicurativi non vita elencati all'allegato I della direttiva 2009/138/CE (Rami dell'assicurazione non vita);

2) i contratti assicurativi vita, qualora le prestazioni previste dal contratto siano dovute soltanto in caso di decesso o per incapacità dovuta a lesione, malattia o disabilità;

3) i prodotti pensionistici che, ai sensi del diritto nazionale, sono riconosciuti come aventi lo scopo precipuo di offrire all'investitore un reddito durante la pensione e che consentono all'investitore di godere di determinati vantaggi;

4) i regimi pensionistici aziendali o professionali ufficialmente riconosciuti che rientrano nell'ambito di applicazione della direttiva 2003/41/CE o della direttiva 2009/138/CE;

5) i singoli prodotti pensionistici per i quali il diritto nazionale richiede un contributo finanziario del datore di lavoro e nei quali il lavoratore o il datore di lavoro non può scegliere il fornitore o il prodotto pensionistico ([37]);

tt) ramo di assicurazione: la classificazione secondo un insieme omogeneo di rischi od operazioni che descrive l'attività che l'impresa può esercitare al rilascio dell'autorizzazione;

uu) retrocessione: cessione dei rischi assunti in riassicurazione;

vv) sede secondaria o succursale: una sede che costituisce parte, sprovvista di personalità giuridica, di un'impresa di assicurazione o di riassicurazione e che effettua direttamente, in tutto o in parte, l'attività assicurativa o riassicurativa; con riferimento all'intermediazione, per succursale si intende una agenzia o una succursale situata in uno Stato membro diverso dallo Stato membro di origine, inclusa l'organizzazione di un semplice ufficio gestito da personale dipendente dell'intermediario ovvero da una persona indipendente, ma incaricata ad agire in modo permanente per conto dell'intermediario stesso ([38]);

vv bis) riassicurazione finite: una riassicurazione in base alla quale la potenziale perdita massima esplicita, espressa in termini di rischio economico massimo trasferito, risultante da un significativo trasferimento sia del rischio di sottoscrizione che del rischio di timing, eccede, per un importo limitato ma significativo, il premio per l'intera durata del contratto, unitamente ad almeno una delle seguenti caratteristiche:

1) considerazione esplicita e materiale del valore del denaro in rapporto al tempo;

2) disposizioni contrattuali intese a limitare il risultato economico del contratto tra le parti nel tempo, al fine di raggiungere il trasferimento del rischio previsto ([39]);

vv bis1) rischio di credito: il rischio di perdita o di variazione sfavorevole della situazione finanziaria derivante da oscillazioni del merito di credito di emittenti di titoli, controparti e debitori nei confronti dei quali l'impresa di assicurazione o di riassicurazione è esposta in forma di rischio di inadempimento della controparte, di rischio di spread o di concentrazione del rischio di mercato ([40]);

vv bis2) rischio di liquidità: il rischio che l'impresa di assicurazione o di riassicurazione non sia in grado di liquidare investimenti ed altre attività per regolare i propri impegni finanziari al momento della relativa scadenza ([40]);

vv bis3) rischio di mercato: il rischio di perdita o di variazione sfavorevole della situazione finanziaria derivante, direttamente o indirettamente, da oscillazioni del livello e della volatilità dei prezzi di mercato delle attività, delle passività e degli strumenti finanziari ([40]);

vv bis4) rischio di sottoscrizione: il rischio di perdita o di variazione sfavorevole del valore delle passività assicurative dovuto ad ipotesi inadeguate in materia di fissazione di prezzi e di costituzione delle riserve tecniche ([40]);

vv bis5) rischio operativo: il rischio di perdite derivanti dall'inadeguatezza o dalla disfunzione di procedure interne, risorse umane o sistemi oppure da eventi esogeni ([40]);

vv bis6) sistemi di garanzia: sistemi per lo svolgimento, in Italia o all'estero, delle funzioni di salvaguardia della stabilità finanziaria delle imprese, in particolare per la gestione e la risoluzione di situazioni di crisi ([40]);

vv bis7) società controllante: una società che esercita il controllo ai sensi dell'articolo 72, anche per il tramite di società controllate, fiduciarie o per interposta persona ([40]);

vv bis8) società controllata: una società sulla quale è esercitato il controllo ai sensi dell'articolo 72, anche per il tramite di società controllate, fiduciarie o per interposta persona ([40]);

vv bis9) società partecipante: la società che detiene una partecipazione ([40]);

vv bis10) società partecipata: la società in cui è detenuta una partecipazione ([40]);

vv ter) società veicolo: qualsiasi impresa, con o senza personalità giuridica, diversa da un'impresa di assicurazione o di riassicurazione, che assume i rischi ceduti da imprese di assicurazione o riassicurazione e che finanzia integralmente la sua esposizione a tali rischi mediante l'emissione di titoli o altri strumenti finanziari per i quali i diritti di rimborso dei detentori sono subordinati agli obblighi di riassicurazione della società veicolo ([39]);

vv quater) supporto durevole: qualsiasi strumento che:

1) permetta al contraente di memorizzare informazioni a lui personalmente dirette, in modo che siano accessibili per la futura consultazione durante un periodo di tempo adeguato ai fini cui sono destinate le informazioni stesse; e

2) consenta la riproduzione inalterata delle informazioni memorizzate ([41]);

zz) stabilimento: la sede legale od una sede secondaria di un'impresa di assicurazione o di riassicurazione;

aaa) Stato aderente allo Spazio economico europeo; uno Stato aderente all'accordo di estensione della normativa dell'Unione europea in materia, fra l'altro, di circolazione delle merci, dei servizi e dei capitali agli Stati appartenenti all'Associazione europea di libero scambio firmato ad Oporto il 2 maggio 1992 e ratificato con legge 28 luglio 1993, n. 300;

bbb) Stato membro: uno Stato membro dell'Unione europea o uno Stato aderente allo Spazio economico europeo, come tale equiparato allo Stato membro dell'Unione europea;

ccc) Stato membro dell'obbligazione: lo Stato di cui alla lettera *bbb*) nel quale il contraente ha il domicilio, ovvero, se il contraente è una persona giuridica, lo Stato di cui alla lettera *bbb*) sede della stessa cui si riferisce il contratto;

ddd) Stato membro di prestazione di servizi: lo Stato di cui alla lettera *bbb*) dell'obbligazione o in cui è ubicato il rischio, quando l'obbligazione o il rischio è assunto da uno stabilimento situato in un altro Stato di cui alla lettera *bbb*);

eee) Stato membro di stabilimento: lo Stato di cui alla lettera *bbb*) in cui è situato lo stabilimento dal quale l'impresa opera;

fff) Stato membro di ubicazione del rischio:

1) lo Stato di cui alla lettera *bbb*) in cui si trovano i beni, quando l'assicurazione riguardi beni immobili, ovvero beni immobili e beni mobili in essi contenuti, sempre che entrambi siano coperti dallo stesso contratto di assicurazione;

2) lo Stato di cui alla lettera *bbb*) di immatricolazione, quando l'assicurazione riguardi veicoli di ogni tipo soggetti ad immatricolazione sia che si tratti di un veicolo con targa definitiva o targa temporanea ([42]);

3) lo Stato di cui alla lettera *bbb*) in cui l'assicurato ha sottoscritto il contratto, quando abbia durata inferiore o pari a quattro mesi e sia relativo a rischi inerenti ad un viaggio o ad una vacanza;

4) lo Stato di cui alla lettera *bbb*) in cui l'assicurato ha il domicilio, ovvero, se l'assicurato è una persona giuridica, lo Stato della sede della stessa alla quale si riferisce il contratto, in tutti i casi non esplicitamente previsti dai numeri da 1 a 3;

4 *bis*) lo Stato di cui alla lettera *bbb*) di destinazione nel caso in cui un veicolo viene spedito da uno Stato membro in un altro, a decorrere dall'accettazione della consegna da parte dell'acquirente e per un periodo di trenta giorni, anche se il veicolo non è stato formalmente immatricolato nello Stato membro di destinazione ([43]);

4 *ter*) lo Stato di cui alla lettera *bbb*) in cui si è verificato il sinistro qualora il veicolo sia privo di targa o rechi una targa che non corrisponde più allo stesso veicolo ([43]);

ggg) Stato membro d'origine: lo Stato membro dell'Unione europea o lo Stato aderente allo Spazio economico europeo in cui è situata la sede legale dell'impresa di assicurazione che assume l'obbligazione o il rischio o dell'impresa di riassicurazione; con riferimento all'intermediazione, se l'intermediario è una persona fisica, per Stato membro di origine, si intende lo Stato di residenza dell'intermediario; se è una persona giuridica, si intende lo Stato membro in cui è situata la sede legale, o se assente, la sede principale, da intendersi come il luogo a partire dal quale è gestita l'attività principale ([44]) ([45]);

ggg bis) Stato membro ospitante: lo Stato membro diverso dallo Stato membro di origine in cui un'impresa di assicurazione o di riassicurazione ha una sede secondaria o presta servizi; con riferimento all'intermediazione si intende lo Stato membro, diverso dallo Stato membro d'origine, in cui l'intermediario ha una presenza permanente o una stabile organizzazione o in cui presta servizi ([46]) ([47]);

hhh) Stato terzo: uno Stato che non è membro dell'Unione europea o non è aderente allo Spazio economico europeo;

iii) stretti legami: il rapporto fra due o più persone fisiche o giuridiche nei casi in cui sussiste:

1) un legame di controllo ai sensi dell'articolo 72;

2) una partecipazione, detenuta direttamente o per il tramite di società controllate, società fiduciarie o per interposta persona, almeno pari al dieci per cento del capitale o dei diritti di voto, ovvero una partecipazione che, pur restando al di sotto del limite sopra indicato, dà comunque la possibilità di esercitare un'influenza notevole ancorché non dominante;

3) un legame in base al quale le stesse persone sono sottoposte al controllo del medesimo soggetto, o comunque sono sottoposte a direzione unitaria in virtù di un contratto o di una clausola statutaria, oppure quando gli organi di amministrazione sono composti in maggioranza dalle medesime persone, oppure quando esistono legami importanti e durevoli di riassicurazione;

4) un rapporto di carattere tecnico, organizzativo, finanziario, giuridico e familiare che possa influire in misura rilevante sulla gestione dell'impresa. L'IVASS, con regolamento, può ulteriormente qualificare la definizione di stretti legami, al fine di evitare situazioni di ostacolo all'effettivo esercizio delle funzioni di vigilanza;

iii.1) vendita a distanza: qualunque modalità di vendita che, senza la presenza fisica e simultanea del distributore e del contraente, possa essere impiegata per il collocamento a distanza di contratti assicurativi e riassicurativi ([48]);

iii bis) tecniche di mitigazione del rischio: le tecniche che consentono all'impresa di assicurazione o di riassicurazione di trasferire una parte o la totalità dei rischi ad un terzo ([49]);

lll) testo unico bancario: il decreto legislativo 1° settembre 1993, n. 385, e successive modificazioni;

mmm) testo unico dell'intermediazione finanziaria: il decreto legislativo 24 febbraio 1998, n. 58, e successive modificazioni;

nnn) testo unico in materia di assicurazioni sugli infortuni sul lavoro e le malattie professionali: il decreto legislativo 23 febbraio 2000, n. 38, e successive modificazioni;

ooo) Ufficio centrale italiano: l'ente costituito dalle imprese di assicurazione autorizzate ad esercitare il ramo responsabilità civile autoveicoli che è stato abilitato all'esercizio delle funzioni di Ufficio nazionale di assicurazione nel territorio della Repubblica ed allo svolgimento degli altri compiti previsti dall'ordinamento comunitario e italiano;

ppp) Ufficio nazionale di assicurazione: l'organizzazione professionale che è costituita, conformemente alla raccomandazione n. 5 adottata il 25 gennaio 1949 dal sottocomitato dei trasporti stradali del comitato dei trasporti interni della Commissione economica per l'Europa dell'Organizzazione delle Nazioni Unite, e che raggruppa imprese di assicurazione che hanno ottenuto in uno Stato l'autorizzazione ad esercitare il ramo responsabilità civile autoveicoli;

qqq) unità da diporto: il natante definito all'articolo 1, comma 3, del decreto legislativo 18 luglio 2005, n. 171, recante il codice della nautica da diporto;

rrr) veicolo: qualsiasi autoveicolo destinato a circolare sul suolo e che può essere azionato da una forza meccanica, senza essere vincolato ad una strada ferrata, nonché i rimorchi, anche se non agganciati ad una motrice.

([1]) *Questa lettera è stata da ultimo così sostituita dall'art. 2, comma 1, del D.L.vo 13 dicembre 2018, n. 147.*

([2]) *Le parole: «o EIOPA» sono state inserite dall'art. 1, comma 1, lett. b), del D.L.vo 12 maggio 2015, n. 74.*

([3]) *Le parole: «o EBA» sono state inserite dall'art. 1, comma 1, lett. c), del D.L.vo 12 maggio 2015, n. 74.*

([4]) *Le parole: «o ESMA» sono state inserite dall'art. 1, comma 1, lett. d), del D.L.vo 12 maggio 2015, n. 74.*

([5]) *Questa lettera è stata aggiunta dall'art. 5, comma 1, del D.L.vo 30 luglio 2012, n. 130.*

([6]) *Questa lettera è stata inserita dall'art. 1, comma 1, lett. e), del D.L.vo 12 maggio 2015, n. 74.*

([7]) *Questa lettera è stata inserita dall'art. 1, comma 1, lett. f), del D.L.vo 12 maggio 2015, n. 74.*

([8]) *Questa lettera è stata inserita dall'art. 1, comma 1, lett. d), del D.L.vo 21 maggio 2018, n. 68.*

A norma dell'art. 4, comma 7, del medesimo decreto 68/2018, le disposizioni di cui a questa lettera, trovano applicazione dal 1° ottobre 2018, conformemente a quanto previsto dalla direttiva (UE) 2018/411 del Parlamento europeo e del Consiglio, che modifica la diretti-

va (UE) 2016/97 per quanto riguarda la data di applicazione delle misure di recepimento degli Stati membri.

([9]) Questa lettera è stata inserita dall'art. 1, comma 1, lett. g), del D.L.vo 12 maggio 2015, n. 74.

([10]) Questa lettera è stata inserita dall'art. 1, comma 1, lett. a), del D.L.vo 21 maggio 2018, n. 68.

A norma dell'art. 4, comma 7, del medesimo decreto 68/2018, le disposizioni di cui a questa lettera, trovano applicazione dal 1° ottobre 2018, conformemente a quanto previsto dalla direttiva (UE) 2018/411 del Parlamento europeo e del Consiglio, che modifica la direttiva (UE) 2016/97 per quanto riguarda la data di applicazione delle misure di recepimento degli Stati membri.

([11]) Questa lettera è stata inserita dall'art. 1, comma 1, lett. c), del D.L.vo 21 maggio 2018, n. 68.

A norma dell'art. 4, comma 7, del medesimo decreto 68/2018, le disposizioni di cui a questa lettera, trovano applicazione dal 1° ottobre 2018, conformemente a quanto previsto dalla direttiva (UE) 2018/411 del Parlamento europeo e del Consiglio, che modifica la direttiva (UE) 2016/97 per quanto riguarda la data di applicazione delle misure di recepimento degli Stati membri.

([12]) Questa lettera è stata inserita dall'art. 1, comma 1, lett. h), del D.L.vo 12 maggio 2015, n. 74.

([13]) Questa lettera è stata inserita dall'art. 1, comma 1, lett. l), del D.L.vo 12 maggio 2015, n. 74.

([14]) Questa lettera è stata inserita dall'art. 1, comma 1, lett. m), del D.L.vo 12 maggio 2015, n. 74.

([15]) Questa lettera è stata inserita dall'art. 1, comma 1, lett. n), del D.l.vo 12 maggio 2015, n. 74.

([16]) Le parole: «ai sensi dell'articolo 1, comma 1, lettera bb bis)» sono state inserite dall'art. 3, comma 2, lett. b), del D.L.vo 4 marzo 2014, n. 43.

([17]) Le parole tra parentesi quadrate sono state soppresse dall'art. 3, comma 2, lett. a), del D.L.vo 4 marzo 2014, n. 53.

([18]) Questa lettera è stata così sostituita dall'art. 1, comma 1, lett. b), del D.L.vo 29 febbraio 2008, n. 56.

([19]) Le parole: «ai sensi dell'articolo 1, comma 1, lettera bb bis)» sono state inserite dall'art. 3, comma 2, lett. c), del D.L.vo 4 marzo 2014, n. 43.

([20]) Le parole tra parentesi quadrate sono state soppresse dall'art. 3, comma 2, lett. d), del D.L.vo 4 marzo 2014, n. 53.

([21]) Questa lettera è stata così sostituita dall'art. 1, comma 1, lett. c), del D.L.vo 29 febbraio 2008, n. 56.

([22]) Questa lettera è stata aggiunta dall'art. 3, comma 2, lett. e), del D.L.vo 4 marzo 2014, n. 53.

([23]) Questa lettera, inserita dall'art. 1, comma 1, lett. d), del D.L.vo 29 febbraio 2008, n. 56, è stata così sostituita dall'art. 1, comma 1, lett. o), del D.L.vo 12 maggio 2015, n. 74.

([24]) Questo numero è stato così sostituito dall'art. 1, comma 1, lett. p), del D.L.vo 12 maggio 2015, n. 74.

([25]) Le parole tra parentesi quadrate sono state soppresse dall'art. 3, comma 2, lett. f), del D.L.vo 4 marzo 2014, n. 53.

([26]) Le parole: «4, paragrafo 1, punto 1), della direttiva 2004/39/CE» sono state così sostituite dalle seguenti: «4, n. 2), del regolamento del Parlamento europeo e del Consiglio n. 575 del 26 giugno 2013» dall'art. 3, comma 2, lett. g), del D.L.vo 4 marzo 2014, n. 53.

([27]) Le parole: «ai sensi dell'articolo 2, punto 15), della direttiva 2002/87/CE» sono state così sostituite dalle seguenti: «ai sensi dell'articolo 1, comma 1, lettera bb bis)» dall'art. 3, comma 2, lett. h), del D.L.vo 4 marzo 2014, n. 53.

([28]) Questa lettera è stata inserita dall'art. 1, comma 1, lett. b), del D.L.vo 21 maggio 2018, n. 68.

A norma dell'art. 4, comma 7, del medesimo decreto 68/2018, le disposizioni di cui a questa lettera, trovano applicazione dal 1° ottobre 2018, conformemente a quanto previsto dalla direttiva (UE) 2018/411 del Parlamento europeo e del Consiglio, che modifica la direttiva (UE) 2016/97 per quanto riguarda la data di applicazione delle misure di recepimento degli Stati membri.

([29]) Questa lettera è stata così sostituita dall'art. 3, comma 2, lett. i), del D.L.vo 4 marzo 2014, n. 53. A norma dell'art. 1, comma 213, del D.L.vo 12 maggio 2015, n. 74, in questa lettera non viene operata la sostituzione di «ISVAP» con «IVASS».

([30]) Questa lettera è stata abrogata dall'art. 1, comma 1, lett. q), del D.L.vo 12 maggio 2015, n. 74.

([31]) Questa lettera è stata abrogata dall'art. 1, comma 1, lett. r), del D.L.vo 12 maggio 2015, n. 74.

([32]) Questa lettera è stata inserita dall'art. 1, comma 1, lett. s), del D.L.vo 12 maggio 2015, n. 74.

([33]) Questa lettera è stata inserita dall'art. 1, comma 1, lett. t), del D.L.vo 12 maggio 2015, n. 74.

([34]) Questa lettera è stata inserita dall'art. 1, comma 1, lett. u), del D.L.vo 12 maggio 2015, n. 74.

([35]) Questa lettera è stata abrogata dall'art. 4, comma 1, lett. a), del D.L.vo 27 gennaio 2010, n. 21.

([36]) Le parole fra parentesi quadrate sono state soppresse dall'art. 1, comma 1, lett. e), del D.L.vo 29 febbraio 2008, n. 56.

([37]) Questa lettera è stata inserita dall'art. 1, comma 1, lett. h), del D.L.vo 21 maggio 2018, n. 68.

A norma dell'art. 4, comma 7, del medesimo decreto 68/2018, le disposizioni di cui a questa lettera, trovano applicazione dal 1° ottobre 2018, conformemente a quanto previsto dalla direttiva (UE) 2018/411 del Parlamento europeo e del Consiglio, che modifica la direttiva (UE) 2016/97 per quanto riguarda la data di applicazione delle misure di recepimento degli Stati membri.

([38]) Le parole: «con riferimento all'intermediazione, per succursale si intende una agenzia o una succursale situata in uno Stato membro diverso dallo Stato membro di origine, inclusa l'organizzazione di un semplice ufficio gestito da personale dipendente dell'intermediario ovvero da una persona indipendente, ma incaricata ad agire in modo permanente per conto dell'intermediario stesso;» sono state aggiunte dall'art. 1, comma 1, lett. i), del D.L.vo 21 maggio 2018, n. 68.

A norma dell'art. 4, comma 7, del medesimo decreto 68/2018, tali disposizioni trovano applicazione dal 1° ottobre 2018, conformemente a quanto previsto dalla direttiva (UE) 2018/411 del Parlamento europeo e del Consiglio, che modifica la direttiva (UE) 2016/97 per quanto riguarda la data di applicazione delle misure di recepimento degli Stati membri.

([39]) Questa lettera è stata inserita dall'art. 1, comma 1, lett. f), del D.L.vo 29 febbraio 2008, n. 56.

([40]) Questa lettera è stata inserita dall'art. 1, comma 1, lett. v), del D.L.vo 12 maggio 2015, n. 74.

([41]) Questa lettera è stata inserita dall'art. 1, comma 1, lett. l), del D.L.vo 21 maggio 2018, n. 68.

A norma dell'art. 4, comma 7, del medesimo decreto 68/2018, le disposizioni di cui a questa lettera, trovano applicazione dal 1° ottobre 2018, conformemente a quanto previsto dalla direttiva (UE) 2018/411 del Parla-

mento europeo e del Consiglio, che modifica la direttiva (UE) 2016/97 per quanto riguarda la data di applicazione delle misure di recepimento degli Stati membri.

([42]) *Le parole: «sia che si tratti di un veicolo con targa definitiva o targa temporanea», sono state aggiunte dall'art. 1, comma 1, lett. a), del D.L.vo 6 novembre 2007, n. 198.*

([43]) *Questo numero è stato aggiunto dall'art. 1, comma 1, lett. b), del D.L.vo 6 novembre 2007, n. 198.*

([44]) *Le parole: «con riferimento all'intermediazione, se l'intermediario è una persona fisica, per Stato membro di origine, si intende lo Stato di residenza dell'intermediario; se è una persona giuridica, si intende lo Stato membro in cui è situata la sede legale, o se assente, la sede principale, da intendersi come il luogo a partire dal quale è gestita l'attività principale;» sono state aggiunte dall'art. 1, comma 1, lett. e), del D.L.vo 21 maggio 2018, n. 68.*

A norma dell'art. 4, comma 7, del medesimo decreto 68/2018, tali disposizioni trovano applicazione dal 1° ottobre 2018, conformemente a quanto previsto dalla direttiva (UE) 2018/411 del Parlamento europeo e del Consiglio, che modifica la direttiva (UE) 2016/97 per quanto riguarda la data di applicazione delle misure di recepimento degli Stati membri.

([45]) *Le parole: «dell'impresa che assume l'obbligazione o il rischio» sono state così sostituite dalle attuali: «dell'impresa di assicurazione che assume l'obbligazione o il rischio o dell'impresa di riassicurazione» dall'art. 1, comma 1, lett. g), del D.L.vo 29 febbraio 2008, n. 56.*

([46]) *Le parole: «con riferimento all'intermediazione si intende lo Stato membro, diverso dallo Stato membro d'origine, in cui l'intermediario ha una presenza permanente o una stabile organizzazione o in cui presta servizi» sono state aggiunte dall'art. 1, comma 1, lett. f), del D.L.vo 21 maggio 2018, n. 68.*

A norma dell'art. 4, comma 7, del medesimo decreto 68/2018, tali disposizioni trovano applicazione dal 1° ottobre 2018, conformemente a quanto previsto dalla direttiva (UE) 2018/411 del Parlamento europeo e del Consiglio, che modifica la direttiva (UE) 2016/97 per quanto riguarda la data di applicazione delle misure di recepimento degli Stati membri.

([47]) *Questa lettera è stata inserita dall'art. 1, comma 1, lett. z), del D.L.vo 12 maggio 2015, n. 74.*

([48]) *Questa lettera è stata inserita dall'art. 1, comma 1, lett. g), del D.L.vo 21 maggio 2018, n. 68.*

A norma dell'art. 4, comma 7, del medesimo decreto 68/2018, le disposizioni di cui a questa lettera, trovano applicazione dal 1° ottobre 2018, conformemente a quanto previsto dalla direttiva (UE) 2018/411 del Parlamento europeo e del Consiglio, che modifica la direttiva (UE) 2016/97 per quanto riguarda la data di applicazione delle misure di recepimento degli Stati membri.

([49]) *Questa lettera è stata inserita dall'art. 1, comma 1, lett. aa), del D.L.vo 12 maggio 2015, n. 74.*

2. Classificazione per ramo. – 1. Nei rami vita la classificazione per ramo è la seguente:

I. le assicurazioni sulla durata della vita umana;

II. le assicurazioni di nuzialità e di natalità;

III. le assicurazioni, di cui ai rami I e II, le cui prestazioni principali sono direttamente collegate al valore di quote di organismi di investimento collettivo del risparmio o di fondi interni ovvero a indici o ad altri valori di riferimento;

IV. l'assicurazione malattia e l'assicurazione contro il rischio di non autosufficienza che siano garantite mediante contratti di lunga durata, non rescindibili, per il rischio di invalidità grave dovuta a malattia o a infortunio o a longevità;

V. le operazioni di capitalizzazione;

VI. le operazioni di gestione di fondi collettivi costituiti per l'erogazione di prestazioni in caso di morte, in caso di vita o in caso di cessazione o riduzione dell'attività lavorativa.

2. L'impresa che ha ottenuto l'autorizzazione all'esercizio delle assicurazioni di cui ai rami I, II o III del comma 1, ovvero quella di cui al ramo V del comma 1 se è stata autorizzata ad esercitare anche un altro ramo vita con assunzione di un rischio demografico, con i relativi contratti può garantire in via complementare i rischi di danni alla persona, comprese l'incapacità al lavoro professionale, la morte in seguito ad infortunio, l'invalidità a seguito di infortunio o di malattia. L'impresa che ha ottenuto l'autorizzazione all'esercizio delle operazioni di cui al ramo VI del comma 1, in via complementare ai relativi contratti, può garantire prestazioni di invalidità e di premorienza secondo quanto previsto nella normativa sulle forme pensionistiche complementari.

3. Nei rami danni la classificazione dei rischi è la seguente:

1. Infortuni (compresi gli infortuni sul lavoro e le malattie professionali); prestazioni forfettarie; indennità temporanee; forme miste; persone trasportate;

2. Malattia: prestazioni forfettarie; indennità temporanee; forme miste;

3. Corpi di veicoli terrestri (esclusi quelli ferroviari): ogni danno subito da: veicoli terrestri automotori; veicoli terrestri non automotori;

4. Corpi di veicoli ferroviari: ogni danno subito da veicoli ferroviari;

5. Corpi di veicoli aerei: ogni danno subito da veicoli aerei;

6. Corpi di veicoli marittimi, lacustri e fluviali: ogni danno subito da: veicoli fluviali; veicoli lacustri; veicoli marittimi;

7. Merci trasportate (compresi merci, bagagli e ogni altro bene): ogni danno subito dalle merci trasportate o dai bagagli, indipendentemente dalla natura del mezzo di trasporto;

8. Incendio ed elementi naturali: ogni danno subito dai beni (diversi dai beni compresi nei rami 3, 4, 5, 6 e 7) causato da: incendio; esplosione; tempesta; elementi naturali diversi dalla tempesta; energia nucleare; cedimento del terreno;

9. Altri danni ai beni: ogni danno subito dai beni (diversi dai beni compresi nei rami 3, 4, 5, 6 e 7) causato dalla grandine o dal gelo, nonché da qualsiasi altro evento, quale il furto, diverso da quelli compresi al n. 8;

10. Responsabilità civile autoveicoli terrestri: ogni responsabilità risultante dall'uso di autoveicoli terrestri (compresa la responsabilità del vettore);

11. Responsabilità civile aeromobili: ogni responsabilità risultante dall'uso di veicoli aerei (compresa la responsabilità del vettore);

12. Responsabilità civile veicoli marittimi, lacustri e fluviali: ogni responsabilità risultante dall'uso di veicoli fluviali, lacustri e marittimi (compresa la responsabilità del vettore);

13. Responsabilità civile generale: ogni responsabilità diversa da quelle menzionate ai numeri 10, 11 e 12;

14. Credito: perdite patrimoniali derivanti da insolvenze; credito all'esportazione; vendita a rate; credito ipotecario; credito agricolo;

15. Cauzione: cauzione diretta; cauzione indiretta;

16. Perdite pecuniarie di vario genere: rischi relativi all'occupazione; insufficienza di entrate (generale); intemperie; perdite di utili; persistenza di spese generali; spese commerciali impreviste; perdita di valore venale; perdita di fitti o di redditi; perdite commerciali indirette diverse da quelle menzionate precedentemente; perdite pecuniarie non commerciali; altre perdite pecuniarie;

17. Tutela legale: tutela legale;

18. Assistenza: assistenza alle persone in situazione di difficoltà.

4. Nei rami danni l'autorizzazione rilasciata cumulativamente per più rami è così denominata:

a) per i rami di cui ai numeri 1 e 2, «Infortuni e malattia»;

b) per i rami di cui ai numeri 1, persone trasportate, 3, 7 e 10, «Assicurazioni auto»;

c) per i rami di cui ai numeri 1, persone trasportate, 4, 6, 7 e 12, «Assicurazioni marittime e trasporti»;

d) per i rami di cui al numero 1, rischio persone trasportate, 5, 7 e 11, «Assicurazioni aeronautiche»;

e) per i rami di cui ai numeri 8 e 9, «Incendio ed altri danni ai beni»;

f) per i rami di cui ai numeri 10, 11, 12 e 13, «Responsabilità civile»;

g) per i rami di cui ai numeri 14 e 15, «Credito e cauzione»;

h) per tutti i rami, «Tutti i rami danni».

5. Nei rami danni l'impresa che ha ottenuto l'autorizzazione per un rischio principale, appartenente ad un ramo o ad un gruppo di rami, può garantire i rischi compresi in un altro ramo, senza necessità di un'ulteriore autorizzazione quando i medesimi rischi:

a) sono connessi con il rischio principale;

b) riguardano l'oggetto coperto contro il rischio principale;

c) sono garantiti dallo stesso contratto che copre il rischio principale. I rischi compresi nei rami 14, 15 e 17 di cui al comma 3 non possono essere considerati accessori di altri rami; tuttavia, fermo il rispetto delle condizioni di cui alle lettere *a*), *b*) e *c*), i rischi compresi nel ramo 17 possono essere considerati come rischi accessori del ramo 18 quando il rischio principale riguardi solo l'assistenza da fornire alle persone in difficoltà durante trasferimenti o assenze dal domicilio o dal luogo di residenza o quando riguardino controversie relative all'utilizzazione di navi o comunque connesse a tale utilizzazione.

6. L'IVASS adotta, con regolamento, le istruzioni applicative sulla classificazione dei rischi all'interno dei rami nel rispetto del principio di equivalenza dell'autorizzazione nel territorio comunitario.

Capo II
Vigilanza sull'attività assicurativa e riassicurativa

3. ([1]) **Finalità della vigilanza.** - 1. Scopo principale della vigilanza è l'adeguata protezione degli assicurati e degli aventi diritto alle prestazioni assicurative. A tal fine l'IVASS persegue la sana e prudente gestione delle imprese di assicurazione e riassicurazione, nonché, unitamente alla Consob, ciascuna secondo le rispettive competenze, la loro trasparenza e correttezza nei confronti della clientela. Altro obiettivo della vigilanza, ma subordinato al precedente, è la stabilità del sistema e dei mercati finanziari.

([1]) *Questo articolo è stato così sostituito dall'art. 1, comma 2, del D.L.vo 12 maggio 2015, n. 74.*

3 *bis*. ([1]) **Principi generali della vigilanza.** - 1. La vigilanza è basata su un metodo prospettico fondato sul rischio ed include la verifica continua del corretto esercizio dell'attività di assicurazione o di riassicurazione e dell'osservanza delle disposizioni di vigilanza da parte delle imprese di assicurazione o di riassicurazione.

2. La vigilanza sulle imprese di assicurazione e di riassicurazione comprende un'opportuna combinazione di attività cartolari e ispezioni in loco.

3. I requisiti stabiliti nel presente codice sono applicati in modo proporzionato alla natura, alla portata e alla complessità dei rischi inerenti all'attività di un'impresa di assicurazione o di riassicurazione.

4. L'IVASS, nell'esercizio delle sue funzioni, tiene conto della convergenza degli strumenti di vigilanza e delle pratiche di vigilanza dell'Unione europea.

5. Ai fini del comma 4 l'IVASS partecipa alle attività dell'AEAP e si conforma ai suoi orientamenti e raccomandazioni, fornendo adeguata motivazione ove ritenga di non conformarsi.

([1]) *Questo articolo è stato inserito dall'art. 1, comma 3, del D.L.vo 12 maggio 2015, n. 74.*

4. Ministro dello sviluppo economico. - 1. Il Ministro dello sviluppo economico adotta i provvedimenti previsti nel presente codice nell'ambito delle linee di politica assicurativa determinate dal Governo.

5. Autorità di vigilanza. - 1. L'IVASS svolge le funzioni di vigilanza sul settore assicurativo mediante l'esercizio dei poteri di natura autorizzativa, prescrittiva, accertativa, cautelare e repressiva previsti dalle disposizioni del presente codice.

1 *bis*. L'IVASS, nell'esercizio delle funzioni di vigilanza, è parte del SEVIF e partecipa alle attività che esso svolge, tenendo conto della convergenza degli strumenti e delle prassi di vigilanza in ambito europeo ([1]).

1 *ter*. Fatto salvo quanto previsto dall'articolo 3, comma 1, l'IVASS, nell'espletamento delle sue funzioni, prende in considerazione il potenziale impatto delle sue decisioni sulla stabilità dei sistemi finanziari dell'Unione europea, soprattutto in situazioni di emergenza, tenendo conto delle informazioni disponibili al momento, anche avvalendosi degli opportuni scambi di informazioni con l'AEAP, il Comitato congiunto, il CERS e le autorità di vigilanza degli altri Stati membri. In periodi di turbolenze eccezionali sui mercati finanziari, l'IVASS tiene conto dei potenziali effetti prociclici derivanti dai suoi interventi ([2]).

2. L'IVASS adotta ogni regolamento necessario per la sana e prudente gestione delle imprese o per la trasparenza e la correttezza dei comportamenti dei soggetti vigilati ed allo stesso fine rende nota ogni utile raccomandazione o interpretazione.

3. L'IVASS effettua le attività necessarie per promuovere un appropriato grado di protezione del consumatore e per sviluppare la conoscenza del mercato assicurativo, comprese le indagini statistiche ed economiche e la raccolta di elementi per l'elaborazione delle linee di politica assicurativa.

[4. L'ISVAP promuove le forme di collaborazione con le autorità degli altri Stati membri al fine di rendere organica, efficace ed omogenea la vigilanza sull'attività assicurativa e riassicurativa in conformità alle procedure stabilite dall'ordinamento comunitario] ([3]).

5. L'ordinamento dell'IVASS è disciplinato dalla legge 12 agosto 1982, n. 576, e successive modificazioni, e dall'articolo 13 del decreto legge 6 luglio 2012, n. 95, convertito, con modificazioni, dalla legge 7 agosto 2012, n. 135, nel rispetto dei principi di autonomia organizzativa, finanziaria e contabile necessari ai fini dell'esercizio imparziale ed efficace delle funzioni di vigilanza sul settore assicurativo ([4]).

5 *bis*. L'IVASS, nell'ambito della propria autonomia, garantisce comunque il rispetto dei principi di contenimento dei costi di cui al Capo I del Titolo I del decreto legge 31 maggio 2010, n. 78, convertito, con modificazioni, dalla legge 30 luglio 2010, n. 122 ([5]).

([1]) *Questo comma è stato inserito dall'art. 5, comma 2, lett.* a), *del D.L.vo 30 luglio 2012, n. 130.*

(2) *Questo comma, inserito dall'art. 5, comma 2, lett. a), del D.L.vo 30 luglio 2012, n. 130, è stato così sostituito dall'art. 1, comma 4, lett. a), del D.L.vo 12 maggio 2015, n. 74.*

(3) *Questo comma è stato abrogato dall'art. 5, comma 2, lett. b), del D.L.vo 30 luglio 2012, n. 130.*

(4) *Questo comma è stato così sostituito dall'art. 1, comma 4, lett. b), del D.L.vo 12 maggio 2015, n. 74.*

(5) *Questo comma è stato aggiunto dall'art. 1, comma 4, lett. c), del D.L.vo 12 maggio 2015, n. 74.*

6. Destinatari della vigilanza. - 1. L'IVASS esercita le funzioni di vigilanza nei confronti:

a) delle imprese, comunque denominate e costituite, che esercitano nel territorio della Repubblica attività di assicurazione o di riassicurazione in qualsiasi ramo e in qualsiasi forma, ovvero operazioni di capitalizzazione e di gestione di fondi collettivi costituiti per l'erogazione di prestazioni in caso di morte, in caso di vita o in caso di cessazione o riduzione dell'attività lavorativa;

b) dei gruppi assicurativi e dei conglomerati finanziari nei quali sono incluse imprese di assicurazione e di riassicurazione in conformità alla specifica normativa ad essi applicabile;

c) dei soggetti, enti e organizzazioni che in qualunque forma svolgono funzioni parzialmente comprese nel ciclo operativo delle imprese di assicurazione o di riassicurazione limitatamente ai profili assicurativi e riassicurativi, fermi restando i poteri nei confronti delle imprese di assicurazione o di riassicurazione per le attività esternalizzate (1);

d) degli intermediari di assicurazione e di riassicurazione [, dei periti di assicurazione] (2) e di ogni altro operatore del mercato assicurativo.

(1) *Le parole: «, fermi restando i poteri nei confronti delle imprese di assicurazione o di riassicurazione per le attività esternalizzate;» sono state aggiunte dall'art. 1, comma 5, lett. a), del D.L.vo 12 maggio 2015, n. 74.*

(2) *Le parole fra parentesi quadrate sono state soppresse dall'art. 1, comma 1, lett. b), del D.L.vo 12 maggio 2015, n. 74.*

7. (1) **Reclami.** - 1. Le persone fisiche e giuridiche, nonché le associazioni riconosciute per la rappresentanza degli interessi dei consumatori hanno facoltà di proporre reclamo all'IVASS, per l'accertamento dell'osservanza delle disposizioni previste nel presente codice, nei confronti delle imprese di assicurazione e di riassicurazione e degli intermediari secondo la procedura prevista con regolamento.

(1) *Questo articolo è stato così sostituito dall'art. 1, comma 6, del D.L.vo 12 maggio 2015, n. 74.*

8. (1) **Rapporti con il diritto dell'Unione europea e integrazione nel SEVIF.** - 1. Il Ministero dello sviluppo economico (2) e l'IVASS esercitano i poteri attribuiti in armonia con le disposizioni dell'Unione europea (3), si conformano ai regolamenti e alle decisioni dell'Unione europea e provvedono in merito alle raccomandazioni concernenti le materie disciplinate dal presente codice.

(1) *La precedente rubrica: «Disposizioni comunitarie» è stata così sostituita dalla attuale dall'art. 5, comma 3, lett. a), del D.L.vo 30 luglio 2012, n. 130.*

(2) *Le parole: «Ministero delle attività produttive» sono state così sostituite dalle parole: «Ministero dello sviluppo economico» dall'art. 5, comma 3, lett. b), del D.L.vo 30 luglio 2012, n. 130.*

(3) *Le parole: «le disposizioni comunitarie» sono state così sostituite dalle parole: «le disposizioni dell'Unione europea» dall'art. 5, comma 3, lett. b), del D.L.vo 30 luglio 2012, n. 130.*

9. Regolamenti e altri provvedimenti. - 1. I regolamenti ministeriali sono adottati ai sensi dell'articolo 17, comma 3, della legge 23 agosto 1988, n. 400.

2. I regolamenti adottati dall'IVASS ai sensi del presente codice sono emanati [dal presidente dell'Istituto] (1) nel rispetto della procedura prevista dall'articolo 191, commi 4 e 5.

3. L'IVASS stabilisce, con regolamento, i termini e le procedure per l'adozione degli atti e dei provvedimenti di competenza. L'IVASS disciplina, in particolare, i procedimenti relativi all'accertamento delle violazioni ed all'irrogazione delle sanzioni nel rispetto dei principi della facoltà di denuncia di parte, della piena conoscenza degli atti istruttori, del contraddittorio, della verbalizzazione nonché della distinzione tra le funzioni istruttorie e quelle decisorie. Si applicano, in quanto compatibili, i principi sull'individuazione e sulle funzioni del responsabile del procedimento, sulla partecipazione al procedimento e sull'accesso agli atti amministrativi previsti dalla legge 7 agosto 1990, n. 241. L'IVASS determina i casi di necessità ed urgenza o i motivi di riservatezza per cui è consentito derogare ai principi sanciti nel presente comma.

4. Le disposizioni del presente codice che prevedono un'autorizzazione dell'IVASS possono essere applicate dall'Istituto anche mediante il rilascio di autorizzazioni relative a determinate categorie di atti o di soggetti. Le autorizzazioni rilasciate dall'IVASS in via generale sono rese pubbliche secondo le modalità previste per i regolamenti.

5. I regolamenti ministeriali, i regolamenti, le raccomandazioni di carattere generale adottati dall'IVASS sono pubblicati nella *Gazzetta Ufficiale*. I medesimi atti, nonché ogni altro provvedimento rilevante relativo ai soggetti sottoposti a vigilanza, sono pubblicati dall'IVASS nel suo bollettino entro il mese successivo a quello della loro adozione e sono altresì resi prontamente disponibili sul suo sito Internet.

6. Entro il 31 gennaio di ogni anno, tutti i regolamenti e i provvedimenti di carattere generale emanati ai sensi del presente codice sono pubblicati, a cura del Ministero dello sviluppo economico, in un'unica raccolta, anche in forma elettronica, se nel corso dell'anno precedente ne siano stati emanati di nuovi o siano intervenute modifiche di quelli già emanati.

(1) *Le parole fra parentesi quadrate sono state soppresse dall'art. 1, comma 7, del D.L.vo 12 maggio 2015, n. 74.*

9 *bis*. (1) **Trasparenza e responsabilità dell'attività di vigilanza.** – 1. L'IVASS svolge la propria attività in modo trasparente e responsabile. Nel perseguimento di tali principi, fatto salvo il rispetto della riservatezza, pubblica sul sito internet ed aggiorna periodicamente le seguenti informazioni:

a) il testo delle disposizioni legislative, regolamentari e amministrative, delle raccomandazioni e degli orientamenti generali in materia assicurativa e riassicurativa, ed ogni altro provvedimento rilevante di carattere generale relativo ai soggetti sottoposti a vigilanza;

b) i criteri generali e i metodi di vigilanza, inclusi gli strumenti utilizzati nell'ambito del processo di controllo prudenziale di cui all'articolo 47 *quinquies*;

c) i dati statistici aggregati sugli aspetti principali relativi all'applicazione della regolamentazione prudenziale;

d) le modalità di esercizio delle opzioni previste dalla direttiva n. 2009/138/CE;

e) gli obiettivi della vigilanza e le principali funzioni e attività svolte dall'IVASS.

2. Le informazioni di cui al comma 1 sono pubblicate in modo tale da consentire un raffronto dei metodi di vigilanza adottati dalle autorità di vigilanza degli Stati membri, anche mediante l'utilizzo di un formato comune definito a livello comunitario.

(1) *Questo articolo è stato inserito dall'art. 1, comma 8, del D.L.vo 12 maggio 2015, n. 74.*

Capo III
Segreto d'ufficio e collaborazioni con altre autorità e altri soggetti (1)

(1) *Questo Capo è stato inserito dopo l'art. 9* bis*, dall'art. 1, comma 201, del D.L.vo 12 maggio 2015, n. 74.*

10. Segreto d'ufficio (1). – 1. Tutte le notizie, le informazioni e i dati in possesso dell'IVASS in ragione della sua attività di vigilanza sono coperti dal segreto d'ufficio anche nei confronti delle pubbliche amministrazioni. Sono fatti salvi i casi previsti dalla legge per le indagini su violazioni sanzionate penalmente.

2. I dipendenti dell'IVASS, nell'esercizio delle funzioni di vigilanza, sono pubblici ufficiali e hanno l'obbligo di riferire esclusivamente al presidente dell'IVASS tutte le irregolarità constatate, anche se costituenti reato perseguibile d'ufficio.

3. I dipendenti dell'IVASS, i consulenti, i revisori e gli esperti dei quali l'Istituto si avvale sono vincolati dal segreto d'ufficio, anche dopo la cessazione del rapporto di lavoro o la conclusione dell'incarico. Tutte le notizie, informazioni, dati ricevuti da questi soggetti nell'esercizio delle loro funzioni non possono essere divulgati ad alcuna persona o autorità se non in forma sommaria o aggregata in modo che non si possano individuare le singole imprese di assicurazione o di riassicurazione (2).

4. La disposizione di cui al comma 3 non osta a che l'IVASS collabori, anche mediante scambio di informazioni, con la Banca d'Italia, la Commissione nazionale per le società e la borsa (CONSOB), l'Autorità garante della concorrenza e del mercato, la Commissione di vigilanza sui fondi pensione (COVIP), e ciascuna delle suddette istituzioni collabora con l'IVASS al fine di agevolare l'esercizio delle rispettive funzioni. Non può essere reciprocamente opposto il segreto di ufficio (3).

5. Il segreto di ufficio non può essere altresì opposto nei confronti del Ministro dello sviluppo economico e nei confronti dei due rami del Parlamento che acquisiscono i dati, le notizie e le informazioni secondo le competenze e le modalità stabilite nei rispettivi regolamenti.

6. Le pubbliche amministrazioni e gli enti pubblici forniscono dati, notizie e documenti e ogni ulteriore collaborazione richiesta dall'IVASS, in conformità alle leggi disciplinanti i rispettivi ordinamenti.

7. L'IVASS, secondo le modalità e alle condizioni previste dalle disposizioni dell'Unione europea, collabora, anche mediante scam-

bio di informazioni, con l'AEAP e le altre autorità di vigilanza europee, con il Comitato congiunto, con il CERS, con le istituzioni dell'Unione europea e le autorità di vigilanza dei singoli Stati membri, al fine di agevolare l'esercizio delle rispettive funzioni. L'IVASS adempie nei confronti di tali soggetti agli obblighi di comunicazione stabiliti dalle disposizioni dell'Unione europea. Le informazioni ricevute dall'IVASS provenienti da Autorità di vigilanza di altri Stati membri possono essere trasmesse ad altre autorità italiane o a terzi solo con il consenso dell'autorità che le ha fornite e unicamente per i fini per cui il consenso è stato accordato (4) (5).

7 *bis*. Nei casi e nei modi previsti dalle disposizioni dell'Unione europea, l'IVASS può concludere con l'AEAP e con le autorità di vigilanza degli altri Stati membri accordi che possono prevedere anche la delega di compiti; può, inoltre, ricorrere all'AEAP per la risoluzione delle controversie con le autorità di vigilanza degli altri Stati membri in situazioni transfrontaliere (6).

8. Nell'ambito di accordi di cooperazione e a condizione di reciprocità e di equivalenti obblighi di riservatezza, l'IVASS può scambiare informazioni con le autorità competenti degli Stati terzi rispetto all'Unione europea.

9. L'IVASS può scambiare informazioni con le autorità amministrative o giudiziarie o gli altri organi che intervengono (7) nell'ambito di procedimenti di liquidazione o concorsuali, in Italia o all'estero, relativi ai soggetti vigilati. Nei rapporti con le autorità di Stati terzi lo scambio di informazioni avviene con le modalità di cui al comma 7.

(1) *La precedente rubrica:* «Segreto d'ufficio e collaborazione tra autorità» *è stata così sostituita dall'attuale dall'art. 1, comma 9, lett.* a), *del D.L.vo 12 maggio 2015, n. 74.*

(2) *Questo comma è stato così sostituito dall'art. 1, comma 9, lett.* b), *del D.L.vo 12 maggio 2015, n. 74.*

(3) *Questo comma è stato così sostituito dall'art. 1, comma 9, lett.* c), *del D.L.vo 12 maggio 2015, n. 74.*

(4) *L'ultimo periodo di questo comma è stato così sostituito dall'attuale dall'art. 1, comma 9, lett.* d), *del D.L.vo 12 maggio 2015, n. 74.*

(5) *Questo comma è stato così sostituito dall'art. 5, comma 4, lett.* a), *del D.L.vo 30 luglio 2012, n. 130.*

(6) *Questo comma è stato inserito dall'art. 5, comma 4, lett.* b), *del D.L.vo 30 luglio 2012, n. 130.*

(7) *Le parole:* «o gli altri organi che intervengono» *sono state inserite dall'art. 1, comma 9, lett.* e), *del D.L.vo 12 maggio 2015, n. 74.*

10 *bis*. (1) Utilizzo delle informazioni riservate. – 1. L'IVASS può utilizzare le informazioni coperte dal segreto d'ufficio, ai sensi dell'articolo 10, esclusivamente nell'esercizio delle funzioni di vigilanza e per le seguenti finalità:

a) verifica della sussistenza delle condizioni di accesso e di esercizio all'attività assicurativa e riassicurativa, con particolare riguardo all'osservanza delle disposizioni relative alle riserve tecniche, al Requisito Patrimoniale di Solvibilità, al Requisito Patrimoniale Minimo e al sistema di governo societario;

b) irrogazione delle sanzioni;

c) difesa nell'ambito dei procedimenti giurisdizionali e dei ricorsi amministrativi avverso provvedimenti dell'IVASS.

(1) *Questo articolo è stato inserito dall'art. 1, comma 10, del D.L.vo 12 maggio 2015, n. 74.*

10 *ter*. (1) Scambio di informazioni con altre Autorità dell'Unione europea. – 1. L'IVASS, secondo le modalità e alle condizioni previste dalle disposizioni dell'Unione europea collabora anche mediante scambio di informazioni con:

a) le banche centrali del Sistema europeo di banche centrali (SEBC), compresa la Banca centrale europea (BCE) e altri organismi con responsabilità analoghe in quanto autorità monetarie, quando queste informazioni siano attinenti all'esercizio dei rispettivi compiti statutari, ivi incluse la gestione della politica monetaria e la relativa concessione di liquidità, la sorveglianza dei sistemi di pagamento, di compensazione e di regolamento titoli e la tutela della stabilità del sistema finanziario;

b) all'occorrenza, altre autorità pubbliche nazionali incaricate della vigilanza sui sistemi di pagamento.

2. Nelle situazioni di emergenza, ivi incluse quelle di cui all'articolo 18 del regolamento (UE) n. 1094/2010, l'IVASS comunica immediatamente informazioni alle banche centrali del SEBC, inclusa la BCE, quando le informazioni siano attinenti all'esercizio dei rispettivi compiti statutari, ivi incluse la gestione della politica monetaria e la relativa concessione di liquidità, la sorveglianza dei sistemi di pagamento, di compensazione e di regolamento titoli e la tutela della stabilità del sistema finanziario, e al CERS, quando le informazioni siano attinenti all'esercizio dei suoi compiti.

3. Le informazioni ricevute dall'IVASS ai sensi dei commi 1 e 2 sono soggette alle disposizioni relative al segreto d'ufficio stabilite dal presente Capo.

(1) *Questo articolo è stato inserito dall'art. 1, comma 10, del D.L.vo 12 maggio 2015, n. 74.*

Capo III *bis*
Sistemi interni
di segnalazione delle violazioni
e procedura di segnalazione (1)

(1) *Questo Capo è stato inserito dall'art. 1, comma 2, del D.L.vo 21 maggio 2018, n. 68.*
A norma dell'art. 4, comma 7, del medesimo decreto 68/2018, le disposizioni di cui a questo Capo, trovano applicazione dal 1° ottobre 2018, conformemente a quanto previsto dalla direttiva (UE) 2018/411 del Parlamento europeo e del Consiglio, che modifica la direttiva (UE) 2016/97 per quanto riguarda la data di applicazione delle misure di recepimento degli Stati membri.

10 *quater*. Sistemi interni di segnalazione delle violazioni. – 1. Le imprese di assicurazione o di riassicurazione e le ultime società controllanti di cui all'articolo 210, comma 2 (1), gli intermediari assicurativi e riassicurativi, inclusi gli intermediari assicurativi a titolo accessorio, adottano procedure specifiche per la segnalazione al proprio interno, da parte del personale, di atti o fatti che possano costituire violazioni delle norme disciplinanti l'attività assicurativa e distributiva svolta (2).

2. Le procedure previste al comma 1 sono idonee a garantire:

a) la riservatezza dei dati personali del segnalante e del presunto responsabile della violazione, ferme restando le regole che disciplinano le indagini o i procedimenti avviati dall'autorità amministrativa o giudiziaria in relazione ai fatti oggetto della segnalazione;

b) la protezione adeguata del personale (3) dei soggetti di cui al comma 1 e, ove possibile, di altre persone che riferiscono di violazioni commesse all'interno degli stessi almeno contro ritorsioni, discriminazioni e altri tipi di trattamento iniquo;

c) un canale specifico, indipendente ed autonomo per la segnalazione.

3. Fuori dei casi di responsabilità a titolo di calunnia o diffamazione, ovvero per lo stesso titolo ai sensi dell'articolo 2043 del codice civile, la presentazione di una segnalazione nell'ambito della procedura di cui al comma 1 non costituisce violazione degli obblighi derivanti dal rapporto di lavoro.

4. La disposizione di cui all'articolo 7, comma 2, del decreto legislativo 30 giugno 2003, n. 196, non trova applicazione avuto riguardo all'età del segnalante, che può essere rivelata solo con il suo consenso quando la conoscenza sia indispensabile per la difesa del segnalato. Le imprese di assicurazione o di riassicurazione, gli intermediari assicurativi e riassicurativi, inclusi gli intermediari assicurativi a titolo accessorio osservano le disposizioni di attuazione del presente articolo emanate dall'IVASS.

(1) *Le parole: «e le ultime società controllanti di cui all'articolo 210, comma 2» sono state inserite dall'art. 1, comma 1, lett. a), del D.L.vo 30 dicembre 2020, n. 187.*

(2) *Le parole: «l'attività svolta, di cui al presente codice» sono state così sostituite dalle attuali: «l'attività assicurativa e distributiva svolta» dall'art. 1, comma 1, lett. a), del D.L.vo 30 dicembre 2020, n. 187.*

(3) *Le parole: «dei dipendenti» sono state così sostituite dalle attuali: «del personale» dall'art. 1, comma 1, lett. b), del D.L.vo 30 dicembre 2020, n. 187.*

10 *quinquies*. Procedura di segnalazione di violazioni. – 1. L'IVASS:

a) riceve segnalazioni da parte del personale (1) dei soggetti di cui all'articolo 10 *quater*, comma 1, riguardanti violazioni delle norme del presente codice, nonché di disposizioni dell'Unione europea direttamente applicabili;

b) stabilisce condizioni, limiti e procedure per la ricezione delle segnalazioni;

c) si avvale delle informazioni contenute nelle segnalazioni, ove rilevanti, esclusivamente nell'esercizio delle funzioni di vigilanza.

2. Gli atti relativi alle segnalazioni di cui al comma 1 sono sottratti all'accesso previsto dagli articoli 22 e seguenti della legge 7 agosto 1990, n. 241, e successive modificazioni.

(1) *Le parole: «dei dipendenti» sono state così sostituite dalle attuali: «del personale» dall'art. 1, comma 2, del D.L.vo 30 dicembre 2020, n. 187.*

Titolo X
Assicurazione obbligatoria
per i veicoli a motore e i natanti

Capo I
Obbligo di assicurazione

122. Veicoli a motore. – 1. I veicoli a motore senza guida di rotaie, compresi i filoveicoli e i rimorchi, non possono essere posti in circolazione su strade di uso pubblico o su aree a queste equiparate se non siano coperti dall'assicurazione per la responsabilità civile verso i terzi prevista dall'articolo 2054 del codice civile e dall'articolo 91, comma 2, del codice della strada. Il regolamento, adottato dal Ministro dello sviluppo economico, su proposta dell'IVASS, individua la tipologia di veicoli esclusi dall'obbligo di assicurazione e le aree equiparate a quelle di uso pubblico.

2. L'assicurazione comprende la responsabilità per i danni alla persona causati ai trasportati, qualunque sia il titolo in base al quale è effettuato il trasporto.

3. L'assicurazione non ha effetto nel caso di circolazione avvenuta contro la volontà del proprietario, dell'usufruttuario, dell'acquirente con patto di riservato dominio o del locatario in caso di locazione finanziaria, fermo quanto disposto dall'articolo 283, comma 1, lettera *d*), a partire dal giorno successivo alla denuncia presentata all'autorità di pubblica sicurezza. In deroga all'articolo 1896, primo comma, secondo periodo, del codice civile l'assicurato ha diritto al rimborso del rateo di premio, relativo al residuo periodo di assicurazione, al netto dell'imposta pagata e del contributo previsto dall'articolo 334.

4. L'assicurazione copre anche la responsabilità per i danni causati nel territorio degli altri Stati membri, secondo le condizioni ed entro i limiti stabiliti dalle legislazioni nazionali di ciascuno di tali Stati, concernenti l'assicurazione obbligatoria della responsabilità civile derivante dalla circolazione dei veicoli a motore, ferme le maggiori garanzie eventualmente previste dal contratto o dalla legislazione dello Stato in cui stazionano abitualmente.

NOTE OPERATIVE:

Ambito di applicazione: Ai fini dell'operatività della garanzia per R.C.A., la norma va interpretata conformemente al diritto dell'Unione europea e alla giurisprudenza eurounitaria nel senso che per circolazione su aree equiparate alle strade va intesa quella effettuata su ogni spazio ove il veicolo possa essere utilizzato in modo conforme alla sua funzione abituale (S.U. 21983/21).

123. Natanti. – 1. Le unità da diporto, con esclusione delle unità non dotate di motore, non possono essere poste in navigazione in acque ad uso pubblico o su aree a queste equiparate se non siano coperte dall'assicurazione della responsabilità civile verso terzi prevista dall'articolo 2054 del codice civile, compresa quella dell'acquirente con patto di riservato dominio e quella del locatario in caso di locazione finanziaria, per danni alla persona. Il regolamento, adottato dal Ministro dello sviluppo economico su proposta dell'IVASS, individua la tipologia dei natanti esclusi dall'obbligo di assicurazione e le acque equiparate a quelle di uso pubblico.

2. Sono altresì soggetti all'obbligo assicurativo i natanti di stazza lorda non superiore a venticinque tonnellate che siano muniti di motore inamovibile di potenza superiore a tre cavalli fiscali e adibiti ad uso privato, diverso dal diporto, o al servizio pubblico di trasporto di persone.

3. L'obbligo assicurativo è esteso ai motori amovibili, di qualsiasi potenza, indipendentemente dall'unità alla quale vengono applicati, risultando in tal caso assicurato il natante sul quale è di volta in volta collocato il motore.

4. Alle unità da diporto, ai natanti e ai motori amovibili si applicano, in quanto compatibili, le norme previste per l'assicurazione obbligatoria della responsabilità civile derivante dalla circolazione dei veicoli a motore.

124. Gare e competizioni sportive. – 1. Le gare e le competizioni sportive di qualsiasi genere di veicoli a motore e le relative prove non possono essere autorizzate, anche se in circuiti chiusi, se l'organizzatore non abbia provveduto a contrarre assicurazione per la responsabilità civile.

2. L'assicurazione copre la responsabilità dell'organizzatore e degli altri obbligati per i danni arrecati alle persone, agli animali e alle cose, esclusi i danni prodotti ai partecipanti stessi e ai veicoli da essi adoperati.

125. Veicoli e natanti immatricolati o registrati in Stati esteri. – 1. Per i veicoli e i natanti soggetti all'obbligo di assicurazione ed immatricolati o registrati in Stati esteri nonché per i motori amovibili di cui all'articolo 123, comma 3, muniti di certificato di uso straniero o di altro documento equivalente emesso all'estero, che circolino temporaneamente nel territorio o nelle acque territoriali della Repubblica, deve essere assolto, per la durata della permanenza in Italia, l'obbligo di assicurazione.

2. Per i natanti l'obbligo di assicurazione si considera assolto:

a) con la stipula di un contratto di assicurazione secondo quanto previsto con regolamento adottato dal Ministro dello sviluppo economico, su proposta dell'IVASS, ovvero

b) quando il conducente sia in possesso di certificato internazionale di assicurazione emesso dall'Ufficio nazionale di assicurazione estero ed accettato dall'Ufficio centrale italiano.

3. Per i veicoli a motore muniti di targa di immatricolazione rilasciata da uno Stato terzo l'obbligo di assicurazione:

a) è assolto mediante contratto di assicurazione «frontiera», come disciplinato dal regolamento previsto all'articolo 126, comma 2, lettera *a*), concernente la responsabilità civile derivante dalla circolazione del veicolo nel territorio della Repubblica e degli altri Stati membri, alle condizioni e fino ai limiti di somma stabiliti dalla legislazione in vigore in ciascuno di essi;

b) si considera assolto quando l'Ufficio centrale italiano si sia reso garante per il risarcimento dei danni cagionati in Italia dalla circolazione dei medesimi veicoli e quando con atto dell'Unione europea sia stato rimosso l'obbligo negli Stati membri di controllare l'assicurazione di responsabilità civile per i veicoli muniti di targa di immatricolazione rilasciata dallo Stato terzo;

c) si considera assolto, quando il conducente sia in possesso di una carta verde emessa dall'Ufficio nazionale di assicurazione estero ed accettata dall'Ufficio centrale italiano.

4. Per i veicoli a motore muniti di targa di immatricolazione rilasciata da uno Stato membro diverso dalla Repubblica italiana, l'obbligo di assicurazione si considera assolto quando l'Ufficio centrale italiano si sia reso garante per il risarcimento dei danni cagionati dalla circolazione in Italia di detti veicoli, sulla base di accordi stipulati con i corrispondenti uffici nazionali di assicurazione e l'Unione europea abbia riconosciuto tali accordi.

5. Nell'ipotesi di cui al comma 3, lettera *c*), l'Ufficio centrale italiano provvede alla liquidazione dei danni, garantendone il pagamento agli aventi diritto, nei limiti dei massimali minimi di legge o, se maggiori, di quelli eventualmente previsti dalla polizza di assicurazione alla quale si riferisce la carta verde. Nelle ipotesi di cui al comma 3, lettera *b*), ed in quelle di cui al comma 4, l'Ufficio centrale italiano provvede alla liquidazione dei danni cagionati in Italia, garantendone il pagamento agli aventi diritto nei limiti dei massimali minimi di legge o, se maggiori, di quelli eventualmente previsti dalla polizza di assicurazione.

5 *bis*. L'Ufficio centrale italiano, entro tre mesi dalla ricezione della richiesta di risarcimento comunica agli aventi diritto un'offerta di risarcimento motivata ovvero indica i motivi per i quali non ritiene di fare offerta ([1]).

6. Le disposizioni di cui ai commi 3 e 4 si applicano anche ai veicoli a motore di proprietà di agenti diplomatici e consolari o di funzionari internazionali, o di proprietà di Stati esteri o di organizzazioni internazionali.

7. Le disposizioni di cui al comma 3, lettera *b*), ed al comma 4 non si applicano per l'assicurazione della responsabilità civile per danni cagionati dalla circolazione dei veicoli aventi targa di immatricolazione rilasciata da uno Stato estero e individuati nel regolamento adottato, su proposta dell'IVASS, dal Ministro dello sviluppo economico.

([1]) *Questo comma è stato inserito dall'art. 1, comma 3, del D.L.vo 6 novembre 2007, n. 198.*

126. Ufficio centrale italiano. – 1. L'Ufficio centrale italiano è abilitato all'esercizio delle funzioni di Ufficio nazionale di assicurazione e allo svolgimento degli altri compiti stabiliti dall'ordinamento comunitario e dal presente codice a seguito di riconoscimento del Ministro dello sviluppo economico ([1]).

2. L'Ufficio centrale italiano, oltre ai compiti di cui all'articolo 125, svolge le seguenti attività:

a) stipula e gestisce, in nome e per conto delle imprese aderenti, l'assicurazione frontiera disciplinata nel regolamento adottato, su proposta dell'IVASS, dal Ministro dello sviluppo economico e provvede alla liquidazione e al pagamento degli indennizzi dovuti;

b) assume, nelle ipotesi di cui al comma 2, lettera *b*), comma 3, lettere *b*) e *c*), ed al comma 4 dell'articolo 125, ai fini del risarcimento dei danni cagionati dalla circolazione in Italia dei veicoli a motore e natanti, la qualità di domiciliatario dell'assicurato, del responsabile civile e della loro impresa di assicurazione;

c) è legittimato a stare in giudizio, nelle ipotesi di cui al comma 2, lettera *b*), al comma 3 ed al comma 4 dell'articolo 125, in nome e per conto delle imprese aderenti, nelle azioni di risarcimento che i danneggiati dalla circolazione in Italia di veicoli a motore e natanti immatricolati o registrati all'estero possono esercitare direttamente nei suoi confronti secondo quanto previsto agli articoli 145, comma 1, 146 e 147. Si applicano anche nei confronti dell'Ufficio centrale italiano le disposizioni che regolano l'azione diretta contro l'impresa di assicurazione del responsabile civile secondo quanto previsto dall'articolo 144.

3. Ai fini della proposizione dell'azione diretta di risarcimento nei confronti dell'Ufficio centrale italiano i termini di cui all'articolo 163 *bis*, primo comma, e 318, secondo comma, del codice di procedura civile sono aumentati del doppio, risultando perciò stabiliti in centottanta giorni per il giudizio di fronte al tribunale e in novanta giorni per il giudizio di fronte al giudice di pace. I termini di cui all'articolo 163 *bis*, secondo comma, del codice di procedura civile non possono essere comunque inferiori a sessanta giorni.

4. L'Ufficio centrale italiano è abilitato ad emettere le carte verdi richieste per la circolazione all'estero di veicoli a motore immatricolati in Italia, garantendo nei confronti dei corrispondenti uffici nazionali di assicurazione le obbligazioni che il rilascio di tali certificati comporta.

5. Per i rimborsi effettuati agli uffici nazionali di assicurazione esteri, che in base agli accordi con esso stipulati abbiano dovuto intervenire per risarcire danni causati nel territorio del loro Stato da veicoli a motore immatricolati in Italia non coperti da assicurazione, l'Ufficio centrale italiano ha diritto di rivalsa nei confronti del proprietario o del conducente del veicolo per le somme pagate e le relative spese.

6. In caso di incidente cagionato nel territorio della Repubblica dalla circolazione di veicoli a motore o natanti immatricolati o registrati all'estero, l'Ufficio centrale italiano può richiedere ai competenti organi di polizia le informazioni acquisite relativamente alle modalità dell'incidente, alla residenza e al domicilio delle parti e alla targa di immatricolazione o altro analogo segno distintivo.

(1) *Questo comma è stato così sostituito dall'art. 1, comma 212, del D.L.vo 12 maggio 2015, n. 74.*

127. Certificato di assicurazione e contrassegno. – 1. L'adempimento dell'obbligo di assicurazione dei veicoli a motore è comprovato da apposito certificato rilasciato dall'impresa di assicurazione o dalla delegataria in caso di coassicurazione, da cui risulti il periodo di assicurazione per il quale sono stati pagati il premio o la rata di premio.

2. L'impresa di assicurazione è obbligata nei confronti dei terzi danneggiati per il periodo di tempo indicato nel certificato, salvo quanto disposto dall'articolo 1901, secondo comma, del codice civile e dall'articolo 122, comma 3, primo periodo.

3. All'atto del rilascio del certificato di assicurazione l'impresa di assicurazione consegna un contrassegno recante il numero della targa di riconoscimento del veicolo e l'indicazione dell'anno, mese e giorno di scadenza del periodo di assicurazione per cui è valido il certificato. Il contrassegno è esposto sul veicolo al quale si riferisce l'assicurazione entro cinque giorni dal pagamento del premio o della rata di premio.

4. L'IVASS, con regolamento, stabilisce le modalità per il rilascio, nonché le caratteristiche del certificato di assicurazione, del contrassegno e di eventuali documenti provvisoriamente equipollenti e le modalità per l'emissione di duplicati in caso di sottrazione, smarrimento o distruzione.

128. (1) **Massimali di garanzia.** – 1. Per l'adempimento dell'obbligo di assicurazione per la responsabilità civile derivante dalla circolazione dei veicoli a motore e dei natanti, il contratto è stipulato per somme non inferiori ai seguenti importi:

a) nel caso di danni alle persone un importo minimo di copertura pari ad euro 6.450.000,00 (2) per sinistro, indipendentemente dal numero delle vittime;

b) nel caso di danni alle cose un importo minimo di copertura pari ad euro 1.300.000 (3) per sinistro, indipendentemente dal numero delle vittime;

b bis) per i veicoli a motore adibiti al trasporto di persone classificati nelle categorie M2 e M3 ai sensi dell'articolo 47 del codice della strada, di cui al decreto legislativo 30 aprile 1992, n. 285, e successive modificazioni, un importo minimo di copertura pari a euro 15.000.000 per sinistro per i danni alle persone, indipendentemente dal numero delle vittime, e a euro 1.000.000 per sinistro per i danni alle cose, indipendentemente dal numero dei danneggiati (4) (5);

2. I contratti dell'assicurazione obbligatoria della responsabilità civile derivante dalla circolazione dei veicoli a motore e dei natanti devono essere adeguati agli importi minimi di copertura obbligatoria per i danni alle cose e per i danni alle persone di cui al comma 1 entro l'11 giugno 2012.

3. Ogni cinque anni dalla data dell'11 giugno 2012 di cui al comma 2 gli importi di cui al comma 1 sono indicizzati automaticamente secondo la variazione percentuale indicata dall'indice europeo dei prezzi al consumo (IPC E), previsto dal regolamento (CE) n. 2494/95 del Consiglio, del 23 ottobre 1995, relativo agli indici dei prezzi al consumo armonizzati. L'aumento effettuato è arrotondato ad un multiplo di euro 10.000.

4. Con provvedimento del Ministro dello sviluppo economico, da pubblicare nella *Gazzetta Ufficiale* della Repubblica italiana, è stabilito l'adeguamento di cui al comma 3.

5. Alla data dell'11 dicembre 2009 gli importi minimi di copertura devono essere pari ad almeno la metà degli ammontari di cui al comma 1.

(1) *Questo articolo è stato così sostituito dall'art. 1, comma 4, del D.L.vo 6 novembre 2007, n. 198.*

(2) *Il precedente importo: «euro 6.070.000» è stato così, da ultimo, aggiornato al seguente valore: «euro 6.450.000,00» dall'art. 1, comma 1, del D.M. 31 maggio 2022, a decorrere dall'11 giugno 2022* (G.U. *Serie gen. - n. 148 del 27 giugno 2022*).

(3) *Il precedente importo: «euro 1.220.000» è stato così, da ultimo, aggiornato al seguente valore: «euro 1.300.000» dall'art. 1, comma 1, del D.M. 31 maggio 2022, a decorrere dall'11 giugno 2022* (G.U. *Serie gen. - n. 148 del 27 giugno 2022*)..

([4]) *A norma dell'art. 1, comma 29, della L. 4 agosto 2017, n. 124, i massimali di cui a questa lettera si applicano a decorrere dalla data di entrata in vigore della predetta legge e sono raddoppiati a decorrere dal 1° gennaio dell'anno successivo a quello di entrata in vigore della medesima legge.*

([5]) *Questa lettera è stata aggiunta dall'art. 1, comma 28, lett. a), della L. 4 agosto 2017, n. 124.*

129. Soggetti esclusi dall'assicurazione. – 1. Non è considerato terzo e non ha diritto ai benefici derivanti dal contratto di assicurazione obbligatoria il solo conducente del veicolo responsabile del sinistro.

2. Ferme restando la disposizione di cui all'articolo 122, comma 2, e quella di cui al comma 1 del presente articolo, non sono inoltre considerati terzi e non hanno diritto ai benefici derivanti dai contratti di assicurazione obbligatoria, limitatamente ai danni alle cose:

a) i soggetti di cui all'articolo 2054, terzo comma, del codice civile ed all'articolo 91, comma 2, del codice della strada;

b) il coniuge non legalmente separato, il convivente more uxorio, gli ascendenti e i discendenti legittimi, naturali o adottivi del soggetto di cui al comma 1 e di quelli di cui alla lettera *a*), nonché gli affiliati e gli altri parenti e affini fino al terzo grado di tutti i predetti soggetti, quando convivano con questi o siano a loro carico in quanto l'assicurato provvede abitualmente al loro mantenimento;

c) ove l'assicurato sia una società, i soci a responsabilità illimitata e le persone che si trovano con questi in uno dei rapporti indicati alla lettera *b*).

Capo II
Esercizio dell'assicurazione

130. Imprese autorizzate. – 1. L'assicurazione può essere stipulata con qualsiasi impresa autorizzata ad esercitare nel territorio della Repubblica, anche in regime di stabilimento e di libertà di prestazione di servizi, l'assicurazione della responsabilità civile per i danni causati dalla circolazione dei veicoli e dei natanti.

2. Le imprese di assicurazione aventi la sede legale nel territorio della Repubblica e le imprese di assicurazione aventi la sede legale in uno Stato terzo autorizzate ad esercitare l'assicurazione obbligatoria della responsabilità civile derivante dalla circolazione dei veicoli a motore e dei natanti, esclusa la responsabilità del vettore, designano in ogni Stato membro un mandatario incaricato della gestione e della liquidazione dei sinistri nei casi di cui all'articolo 151.

3. Nel caso in cui l'impresa di assicurazione, che opera in regime di libertà di prestazione di servizi, non abbia nominato il rappresentante per la gestione dei sinistri di cui all'articolo 25, il mandatario nominato ai sensi del comma 2 ne assume la funzione.

131. Trasparenza dei premi e delle condizioni di contratto. – 1. Al fine di garantire la trasparenza e la concorrenzialità delle offerte dei servizi assicurativi, nonché un'adeguata informazione ai soggetti che devono adempiere all'obbligo di assicurazione dei veicoli e dei natanti, le imprese mettono a disposizione del pubblico, presso ogni punto di vendita e nei siti internet, il documento informativo ([1]) e le condizioni di contratto praticate nel territorio della Repubblica.

2. La pubblicità dei premi è attuata mediante preventivi personalizzati rilasciati presso ogni punto di vendita dell'impresa di assicurazione, nonché mediante siti internet che permettono di ricevere il medesimo preventivo per i veicoli e per i natanti individuati nel regolamento di attuazione.

2 *bis*. Per l'offerta di contratti relativi all'assicurazione r.c. auto, l'intermediario rilascia preventiva informazione al consumatore sulle provvigioni riconosciutegli dall'impresa o, distintamente, dalle imprese per conto di cui opera. L'informazione è affissa nei locali in cui l'intermediario opera e risulta nella documentazione rilasciata al contraente ([2]).

2 *ter*. I preventivi e le polizze indicano, in modo evidenziato, il premio di tariffa, la provvigione dell'intermediario, nonché lo sconto complessivamente riconosciuto al sottoscrittore del contratto ([2]).

3. L'IVASS determina, con regolamento, gli obblighi a carico delle imprese e degli intermediari.

([1]) *Le parole: «la nota informativa» sono state così sostituite dalle attuali: «il documento informativo» dall'art. 1, comma 15, del D.L.vo 30 dicembre 2020, n. 187.*

([2]) *Questo comma è stato inserito dall'art. 8, comma 3 bis, del D.L. 4 luglio 2006, n. 223, convertito, con modificazioni, nella L. 4 agosto 2006, n. 248.*

132. Obbligo a contrarre. – 1. Le imprese di assicurazione stabiliscono preventivamente le condizioni di polizza e le tariffe relative all'assicurazione obbligatoria, comprensive di ogni rischio derivante dalla circolazione dei veicoli a motore e dei natanti ([1]).

1 *bis*. Le imprese di assicurazione sono tenute ad accettare le proposte che sono loro

presentate secondo le condizioni e le tariffe di cui al comma 1, fatta salva la necessaria verifica della correttezza dei dati risultanti dall'attestato di rischio, nonché dell'identità del contraente e dell'intestatario del veicolo, se persona diversa (1).

1 *ter*. Qualora dalla verifica, effettuata anche mediante consultazione delle banche di dati di settore e dell'archivio informatico integrato istituito presso l'IVASS di cui all'articolo 21 del decreto legge 18 ottobre 2012, n. 179, convertito, con modificazioni, dalla legge 17 dicembre 2012, n. 221, e successive modificazioni, risulti che le informazioni fornite dal contraente non siano corrette o veritiere, le imprese di assicurazione non sono tenute ad accettare le proposte loro presentate. Le imprese di assicurazione, in caso di mancata accettazione della proposta, ricalcolano il premio e inviano un nuovo preventivo al potenziale contraente (1).

2. Le imprese di assicurazione possono richiedere che l'autorizzazione sia limitata, ai fini dell'assolvimento agli obblighi derivanti dal comma 1, ai rischi derivanti dalla circolazione di flotte di veicoli a motore o di natanti.

3. Al fine di facilitare le verifiche propedeutiche all'osservanza dell'obbligo a contrarre di cui al comma 1, le imprese di assicurazione hanno diritto di accedere in via telematica al pubblico registro automobilistico ed all'archivio nazionale dei veicoli previsto dal codice della strada secondo condizioni economiche e tecniche strettamente correlate ai costi del servizio erogato in ragione dell'esigenza di consultazioni anche sistematiche nell'ambito delle attività di prevenzione e contrasto delle frodi nell'assicurazione obbligatoria. Con decreto del Ministro dello sviluppo economico, di concerto con il Ministro delle infrastrutture e dei trasporti, sono adottate le disposizioni di attuazione.

3 *bis*. In caso di segnalazione di violazione o elusione dell'obbligo a contrarre, incluso il rinnovo, i termini regolamentari di gestione dei reclami da parte dell'IVASS sono dimezzati. Decorso inutilmente il termine, l'IVASS provvede a irrogare le sanzioni di cui all'articolo 314 (2).

(1) *L'originario comma 1 è stato così sostituito dagli attuali commi 1,* 1 bis *e* 1 ter, *dall'art. 1, comma 2, della L. 4 agosto 2017, n. 124.*

(2) *Questo comma è stato aggiunto dall'art. 1, comma 3, della L. 4 agosto 2017, n. 124.*

132 *bis*. (1) Obblighi informativi degli intermediari. – 1. Gli intermediari, prima della sottoscrizione di un contratto di assicurazione obbligatoria per i veicoli a motore, sono tenuti a informare il consumatore in modo corretto, trasparente ed esaustivo sui premi offerti da tutte le imprese di assicurazione di cui sono mandatari relativamente al contratto base previsto dall'articolo 22 del decreto legge 18 ottobre 2012, n. 179, convertito, con modificazioni, dalla legge 17 dicembre 2012, n. 221, e successive modificazioni.

2. Al fine di cui al comma 1, gli intermediari forniscono l'indicazione dei premi offerti dalle imprese di assicurazione mediante collegamento telematico al preventivatore consultabile nei siti internet dell'IVASS e del Ministero dello sviluppo economico e senza obbligo di rilascio di supporti cartacei.

3. L'IVASS adotta disposizioni attuative in modo da garantire l'accesso e la risposta per via telematica, sia ai consumatori che agli intermediari, esclusivamente per i premi applicati dalle imprese di assicurazione per il contratto base relativo ad autovetture e motoveicoli. Con le stesse disposizioni sono definite le modalità attraverso le quali, ottenuti i preventivi sulla base delle informazioni inserite nel servizio informativo di cui all'articolo 136, comma 3 *bis*, è consentita la conclusione del contratto, a condizioni non peggiorative rispetto a quanto indicato nel preventivo stesso, o presso un'agenzia della compagnia ovvero, per le imprese che lo prevedano, attraverso un collegamento diretto al sito internet di ciascuna compagnia di assicurazione.

4. Il contratto stipulato senza la dichiarazione del cliente di aver ricevuto, ove prescritte, le informazioni di cui al comma 1 è affetto da nullità rilevabile solo a favore del cliente.

(1) *Questo articolo è stato inserito dall'art. 1, comma 6, della L. 4 agosto 2017, n. 124.*

132 *ter*. (1) Sconti obbligatori. – 1. In presenza di almeno una delle seguenti condizioni, da verificare in precedenza o contestualmente alla stipulazione del contratto o dei suoi rinnovi, le imprese di assicurazione praticano uno sconto determinato dall'impresa nei limiti stabiliti dal comma 2:

a) nel caso in cui, su proposta dell'impresa di assicurazione, i soggetti che presentano proposte per l'assicurazione obbligatoria accettano di sottoporre il veicolo a ispezione da eseguire a spese dell'impresa di assicurazione;

b) nel caso in cui vengono installati, su proposta dell'impresa di assicurazione, o sono già presenti e portabili meccanismi elettro-

LEGGI COMPLEMENTARI

nici che registrano l'attività del veicolo, denominati "scatola nera" o equivalenti, ovvero ulteriori dispositivi, individuati, per i soli requisiti funzionali minimi necessari a garantire l'utilizzo dei dati raccolti, in particolare, ai fini tariffari e della determinazione della responsabilità in occasione dei sinistri, con decreto del Ministro delle infrastrutture e dei trasporti, di concerto con il Ministro dello sviluppo economico, da adottare entro novanta giorni dalla data di entrata in vigore della presente disposizione;

c) nel caso in cui vengono installati, su proposta dell'impresa di assicurazione, o sono già presenti, meccanismi elettronici che impediscono l'avvio del motore qualora sia riscontrato nel guidatore un tasso alcolemico superiore ai limiti stabiliti dalla legge per la conduzione di veicoli a motore.

2. L'IVASS, con proprio regolamento, definisce criteri e modalità nell'ambito dei processi di costruzione della tariffa e di ricalcolo del premio, per la determinazione da parte delle imprese di assicurazione dello sconto di cui al comma 1. Le imprese di assicurazione, in attuazione dei criteri stabiliti dall'IVASS, definiscono uno sconto significativo da applicare alla clientela a fronte della riduzione del rischio connesso al ricorrere di una o più delle condizioni di cui al comma 1 ed evidenziano in sede di preventivo e nel contratto, in caso di accettazione da parte del contraente, lo sconto praticato per ciascuna delle condizioni di cui al comma 1, in valore assoluto e in percentuale, rispetto al prezzo della polizza altrimenti applicato ([2]).

3. L'IVASS identifica, sulla scorta di dati in proprio possesso e di indagini statistiche, la lista delle province a maggiore tasso di sinistrosità e con premio medio più elevato. Tale lista è aggiornata con cadenza almeno biennale ([3]).

4. Con il regolamento di cui al comma 2, l'IVASS, tenuto conto dei premi più elevati applicati nelle province individuate ai sensi del comma 3 e di quelli praticati nelle altre province a più bassa sinistrosità ad assicurati con le medesime caratteristiche soggettive e collocati nella medesima classe di merito, definisce altresì i criteri e le modalità finalizzati alla determinazione da parte delle imprese di assicurazione di uno sconto, aggiuntivo e significativo rispetto a quello praticato ai sensi del comma 2, da applicare ai soggetti residenti nelle province di cui al comma 3, che non abbiano provocato sinistri con responsabilità esclusiva o principale o paritaria negli ultimi quattro anni sulla base dell'evidenza dell'attestato di rischio, e che abbiano installato o installino, a seguito della stipula del contratto, il dispositivo di cui al comma 1, lettera *b*).

5. In particolare, il regolamento di cui al comma 2:

a) definisce i parametri oggettivi, tra cui la frequenza dei sinistri e il relativo costo medio, per il calcolo dello sconto aggiuntivo di cui al comma 4;

b) prevede, nell'ambito delle modalità di cui al comma 4, che non possano sussistere differenziali di premio che non siano giustificati da specifiche evidenze sui differenziali di rischio.

6. Le attività di cui ai commi precedenti sono svolte nell'ambito delle risorse umane e strumentali disponibili a legislazione vigente e comunque senza nuovi o maggiori oneri per la finanza pubblica.

7. Le imprese di assicurazione, in attuazione dei criteri stabiliti dall'IVASS, a decorrere dalla data di entrata in vigore della presente disposizione, applicano lo sconto nei confronti dei soggetti che si trovino nelle condizioni previste dal comma 4, di importo significativo e aggiuntivo rispetto a quello praticato ai sensi del comma 2, ed evidenziano in sede di preventivo e nel contratto, in caso di accettazione da parte del contraente, lo sconto praticato, in valore assoluto e in percentuale, rispetto al prezzo della polizza altrimenti applicato. Lo sconto di cui al presente comma si applica ai nuovi contratti o in occasione del rinnovo di quelli in essere.

8. Resta fermo, nei casi di cui ai commi 2 e 4, l'obbligo di rispettare i parametri stabiliti dal contratto di assicurazione. Al fine del conseguimento della massima trasparenza, l'impresa di assicurazione pubblica nel proprio sito internet l'entità degli sconti effettuati in attuazione delle disposizioni di cui ai commi 1, 2, 4 e 7, secondo forme di pubblicità che ne rendano efficace e chiara l'applicazione.

9. L'IVASS, attraverso periodiche verifiche a campione, anche in via ispettiva ovvero a seguito di circostanziata segnalazione da parte di terzi, accerta che le imprese assicurative tengano effettivamente conto, ai fini dell'applicazione delle disposizioni di cui ai commi 1, 2, 4 e 7, nel processo di costruzione della tariffa e di ricalcolo del premio, dei criteri definiti dal regolamento di cui al comma 2 e del rispetto dei criteri e delle modalità finalizzati alla determinazione dello sconto di cui al comma 4.

10. L'IVASS verifica, inoltre, che lo sconto aggiuntivo di cui al comma 4 garantisca la progressiva riduzione delle differenze dei premi applicati sul territorio nazionale nei confronti di assicurati con le medesime caratteristiche soggettive e collocati nella medesima classe di merito.

[11. Il mancato rispetto da parte dell'impresa di assicurazione dei criteri e delle modalità per la determinazione dello sconto di cui ai commi 2 e 4 e dell'obbligo di riduzione del premio nei casi previsti dalle disposizioni di cui ai commi 1 e 7 comporta l'applicazione alla medesima impresa, da parte dell'IVASS, di una sanzione amministrativa pecuniaria da euro 10.000 a euro 80.000 e la riduzione automatica del premio di assicurazione relativo al contratto in essere] (4).

12. Nei casi di cui al comma 1, lettere *b*) e *c*), i costi di installazione, disinstallazione, funzionamento, sostituzione e portabilità sono a carico dell'impresa. La titolarità delle dotazioni di cui alle citate lettere *b*) e *c*) spetta all'assicurato. La riduzione di premio praticata dall'impresa di assicurazione di cui al comma 1 si applica, altresì, in caso di contratto stipulato con un nuovo assicurato e in caso di scadenza di un contratto o di stipulazione di un nuovo contratto di assicurazione fra le stesse parti. Resta fermo l'obbligo di rispettare i parametri stabiliti dal contratto di assicurazione.

(1) *Questo articolo è stato inserito dall'art. 1, comma 6, della L. 4 agosto 2017, n. 124.*

(2) *A norma dell'art. 1, comma 7, della L. 4 agosto 2017, n. 124, il regolamento di cui a questo comma è adottato dall'Istituto per la vigilanza sulle assicurazioni (IVASS) entro novanta giorni dalla data di entrata in vigore della presente legge.*

(3) *A norma dell'art. 1, comma 8, della L. 4 agosto 2017, n. 124, L'IVASS identifica, in sede di prima attuazione, la lista delle province a maggiore tasso di sinistrosità, di cui a questo comma entro novanta giorni dalla data di entrata in vigore della presente legge.*

(4) *Questo comma è stato abrogato dall'art. 1, comma 25, del D.L.vo 21 maggio 2018, n. 68.*

A norma dell'art. 4, comma 7, del medesimo decreto 68/2018, le disposizioni di cui a questo comma, trovano applicazione dal 1° ottobre 2018, conformemente a quanto previsto dalla direttiva (UE) 2018/411 del Parlamento europeo e del Consiglio, che modifica la direttiva (UE) 2016/97 per quanto riguarda la data di applicazione delle misure di recepimento degli Stati membri.

133. Formule tariffarie. – 1. Per i ciclomotori, i motocicli, le autovetture e per altre categorie di veicoli a motore che possono essere individuate dall'IVASS, con regolamento, i contratti di assicurazione debbono essere stipulati in base a condizioni di polizza che prevedano ad ogni scadenza annuale la variazione in aumento od in diminuzione del premio applicato all'atto della stipulazione o del rinnovo, in relazione al verificarsi o meno di sinistri nel corso di un certo periodo di tempo, oppure in base a clausole di franchigia che prevedano un contributo dell'assicurato al risarcimento del danno o in base a formule miste fra le due tipologie. L'individuazione delle categorie di veicoli è effettuata tenendo conto delle esigenze di prevenzione. La predetta variazione del premio, in aumento o in diminuzione, da indicare, in valore assoluto e in percentuale rispetto alla tariffa in vigore applicata dall'impresa, all'atto dell'offerta di preventivo della stipulazione o di rinnovo, (1) si applica automaticamente, fatte salve le migliori condizioni, nella misura preventivamente quantificata in rapporto alla classe di appartenenza attribuita alla polizza ed esplicitamente indicata nel contratto (2). [Il mancato rispetto della disposizione di cui al presente comma comporta l'applicazione, da parte dell'IVASS, di una sanzione amministrativa da 1.000 euro a 50.000 euro] (3).

1 *bis*. È fatto divieto alle imprese di assicurazione di differenziare la progressione e l'attribuzione delle classi di merito interne in funzione della durata del rapporto contrattuale tra l'assicurato e la medesima impresa, ovvero in base a parametri che ostacolino la mobilità tra diverse imprese di assicurazione. In particolare, le imprese di assicurazione devono garantire al soggetto che stipula il nuovo contratto, nell'ambito della classe di merito, le condizioni di premio assegnate agli assicurati aventi identiche caratteristiche di rischio (4).

2. Le imprese di assicurazione hanno diritto di accesso telematico all'anagrafe nazionale delle persone abilitate alla guida prevista dal codice della strada presso il Ministero delle infrastrutture e dei trasporti a scopo di verifica e aggiornamento delle informazioni relative all'abilitazione alla guida secondo condizioni economiche e tecniche strettamente correlate ai costi del servizio erogato. Con decreto del Ministro dello sviluppo economico, di concerto con il Ministro delle infrastrutture e dei trasporti, sentito il Garante per la protezione dei dati personali, sono adottate le disposizioni di attuazione.

(1) *Le parole: «La predetta variazione in diminuzione del premio» sono state così sostituite dalle seguenti: «La predetta variazione del premio, in aumento o in diminuzione, da indicare, in valore assoluto e in percentuale rispetto alla tariffa in vigore applicata dall'im-*

presa, all'atto dell'offerta di preventivo della stipulazione o di rinnovo,» dall'art. 1, comma 12, della L. 4 agosto 2017, n. 124.

(²) *Questo periodo è stato aggiunto dall'art. 34 bis del D.L. 24 gennaio 2012, n. 1, convertito, con modificazioni, nella L. 24 marzo 2012, n. 27.*

(³) *Questo periodo, aggiunto dall'art. 34 bis del D.L. 24 gennaio 2012, n. 1, convertito, con modificazioni, nella L. 24 marzo 2012, n. 27, è stato soppresso dall'art. 1, comma 26, del D.L.vo 21 maggio 2018, n. 68.*

A norma dell'art. 4, comma 7, del medesimo decreto 68/2018, tali disposizioni trovano applicazione dal 1° ottobre 2018, conformemente a quanto previsto dalla direttiva (UE) 2018/411 del Parlamento europeo e del Consiglio, che modifica la direttiva (UE) 2016/97 per quanto riguarda la data di applicazione delle misure di recepimento degli Stati membri.

(⁴) *Questo comma è stato inserito dall'art. 1, comma 13, della L. 4 agosto 2017, n. 124.*

134. Attestazione sullo stato del rischio. – 1. L'IVASS, con regolamento, determina le indicazioni relative all'attestazione sullo stato del rischio che, in occasione di ciascuna scadenza annuale dei contratti di assicurazione obbligatoria relativi ai veicoli a motore, l'impresa deve consegnare al contraente o, se persona diversa, al proprietario ovvero all'usufruttuario, all'acquirente con patto di riservato dominio o al locatario in caso di locazione finanziaria. Le indicazioni contenute nell'attestazione sullo stato del rischio devono comprendere la specificazione della tipologia del danno liquidato (¹).

1 *bis*. I soggetti di cui al comma 1 hanno diritto di esigere in qualunque momento, entro quindici giorni dalla richiesta, l'attestazione sullo stato del rischio relativo agli ultimi cinque anni del contratto di assicurazione obbligatoria relativo ai veicoli a motore secondo le modalità stabilite dall'IVASS con il regolamento di cui al comma 1 (²).

1 *ter*. La consegna dell'attestazione sullo stato del rischio, ai sensi dei commi 1 e 1 *bis*, nonché ai sensi del regolamento dell'IVASS di cui al comma 1, è effettuata per via telematica, attraverso l'utilizzo delle banche dati elettroniche di cui al comma 2 del presente articolo o di cui all'articolo 135 (³).

2. Il regolamento prevede (⁴) l'obbligo, a carico delle imprese di assicurazione, di inserimento delle informazioni riportate sull'attestato di rischio in una banca dati elettronica detenuta da enti pubblici ovvero, qualora già esistente, da enti privati, al fine di consentire adeguati controlli nell'assunzione dei contratti di assicurazione di cui all'articolo 122, comma 1. In ogni caso l'IVASS ha accesso gratuito alla banca dati contenente le informazioni sull'attestazione.

3. La classe di merito indicata sull'attestato di rischio si riferisce al proprietario del veicolo. Il regolamento stabilisce la validità, comunque non inferiore a dodici mesi, ed individua i termini relativi alla decorrenza ed alla durata del periodo di osservazione. In caso di cessazione del rischio assicurato o in caso di sospensione o di mancato rinnovo del contratto di assicurazione per mancato utilizzo del veicolo, l'ultimo attestato di rischio conseguito conserva validità per un periodo di cinque anni (⁵) (⁶).

4. L'attestazione sullo stato del rischio, all'atto della stipulazione di un contratto per il medesimo veicolo al quale si riferisce l'attestato, è acquisita direttamente dall'impresa assicuratrice in via telematica attraverso le banche dati di cui al comma 2 del presente articolo e di cui all'articolo 135 (⁷).

4 *bis*. L'impresa di assicurazione, in tutti i casi di stipulazione di un nuovo contratto e in tutti i casi di rinnovo di contratti già stipulati, purché in assenza di sinistri con responsabilità esclusiva o principale o paritaria negli ultimi cinque anni, sulla base delle risultanze dell'attestato di rischio, relativi (⁸) a un ulteriore veicolo, anche di diversa tipologia (⁹), acquistato dalla persona fisica già titolare di polizza assicurativa o da un componente stabilmente convivente del suo nucleo familiare, non può assegnare al contratto una classe di merito più sfavorevole rispetto a quella risultante dall'ultimo attestato di rischio conseguito sul veicolo già assicurato e non può discriminare in funzione della durata del rapporto garantendo, nell'ambito della classe di merito, le condizioni di premio assegnate agli assicurati aventi le stesse caratteristiche di rischio del soggetto che stipula il nuovo contratto (¹⁰) (¹¹) (⁶).

4 *ter*. Conseguentemente al verificarsi di un sinistro, le imprese di assicurazione non possono applicare alcuna variazione di classe di merito prima di aver accertato l'effettiva responsabilità del contraente, che è individuata nel responsabile principale del sinistro, secondo la liquidazione effettuata in relazione al danno e fatto salvo un diverso accertamento in sede giudiziale. Ove non sia possibile accertare la responsabilità principale, ovvero, in via provvisoria, salvo conguaglio, in caso di liquidazione parziale, la responsabilità si computa pro quota in relazione al numero dei conducenti coinvolti, ai fini della eventuale variazione di classe a seguito di più sinistri. In ogni caso, le variazioni peggiorative apportate alla classe di merito e i conseguenti incrementi del premio per

gli assicurati che hanno esercitato la facoltà di cui all'articolo 132 *ter*, comma 1, lettera *b*), devono essere inferiori a quelli altrimenti applicati (12) (11) (6).

4 *ter*.1. Conseguentemente al verificarsi di un sinistro, qualora l'assicurato accetti l'installazione di uno dei dispositivi di cui all'articolo 132 *ter*, le variazioni peggiorative apportate alla classe di merito e i conseguenti incrementi del premio devono essere inferiori a quelli altrimenti applicati (13).

4 *ter*.2. Al verificarsi di un sinistro di cui si sia reso responsabile in via esclusiva o principale un conducente collocato nella classe di merito più favorevole per il veicolo di diversa tipologia ai sensi delle disposizioni del comma 4 *bis* e che abbia comportato il pagamento di un indennizzo complessivamente superiore a euro 5.000, le imprese di assicurazione, alla prima scadenza successiva del contratto, possono assegnare, per il solo veicolo di diversa tipologia coinvolto nel sinistro, una classe di merito superiore fino a cinque unità rispetto ai criteri indicati dall'IVASS ai sensi del presente articolo. Le disposizioni del presente comma si applicano unicamente ai soggetti beneficiari dell'assegnazione della classe di merito più favorevole per il solo veicolo di diversa tipologia ai sensi delle disposizioni del comma 4 *bis* nel testo in vigore successivamente alle modifiche introdotte dall'articolo 55 *bis*, comma 1, lettera *a*), del decreto legge 26 ottobre 2019, n. 124, convertito, con modificazioni, dalla legge 19 dicembre 2019, n. 157 (14).

4 *quater*. È fatto comunque obbligo alle imprese di assicurazione di comunicare tempestivamente al contraente le variazioni peggiorative apportate alla classe di merito (11) (6).

(1) *Questo periodo è stato aggiunto dall'art. 32, comma 2, lett. a), del D.L. 24 gennaio 2012, n. 1, convertito, con modificazioni, nella L. 24 marzo 2012, n. 27.*

(2) *Questo comma è stato inserito dall'art. 1, comma 5, del D.L.vo 6 novembre 2007, n. 198.*

(3) *Questo comma è stato inserito dall'art. 32, comma 2, lett. b), del D.L. 24 gennaio 2012, n. 1, convertito, con modificazioni, nella L. 24 marzo 2012, n. 27.*

(4) *Le parole: «può prevedere» sono state così sostituite dalle parole: «prevede» dall'art. 32, comma 2, lett. c), del D.L. 24 gennaio 2012, n. 1, convertito, con modificazioni, nella L. 24 marzo 2012, n. 27.*

(5) *Questo periodo è stato aggiunto dall'art. 5, comma 1 bis, del D.L. 31 gennaio 2007, n. 7, convertito, con modificazioni, nella L. 2 aprile 2007, n. 40.*

(6) *Ai sensi dell'art. 5, comma 5, del D.L. 31 gennaio 2007, n. 7, convertito, con modificazioni, nella L. 2 aprile 2007, n. 40, le clausole in contrasto con tale disposizione sono nulle e non comportano la nullità del contratto, fatta salva la facoltà degli operatori di adeguare le clausole vigenti alla data di entrata in vigore del presente decreto entro i successivi sessanta giorni.*

(7) *Questo comma è stato così sostituito dall'art. 32, comma 2, lett. d), del D.L. 24 gennaio 2012, n. 1, convertito, con modificazioni, nella L. 24 marzo 2012, n. 27.*

(8) *La parola: «, relativo» è stata così sostituita dalle seguenti: «e in tutti i casi di rinnovo di contratti già stipulati, purché in assenza di sinistri con responsabilità esclusiva o principale o paritaria negli ultimi cinque anni, sulla base delle risultanze dell'attestato di rischio, relativi» dall'art. 55 bis, comma 1, lett. a), del D.L. 26 ottobre 2019, n. 124, convertito, con modificazioni, nella L. 19 dicembre 2019, n. 157.*

A norma dell'art. 55 bis, comma 2, del medesimo decreto, per i contratti stipulati anteriormente alla data di entrata in vigore della legge di conversione del presente decreto, tali disposizioni si applicano in sede di rinnovo dei medesimi contratti.

(9) *Le parole: «della medesima tipologia» sono state così sostituite dalle seguenti: «, anche di diversa tipologia» dall'art. 55 bis, comma 1, lett. b), del D.L. 26 ottobre 2019, n. 124, convertito, con modificazioni, nella L. 19 dicembre 2019, n. 157.*

(10) *Le parole: «e non può discriminare in funzione della durata del rapporto garantendo, nell'ambito della classe di merito, le condizioni di premio assegnate agli assicurati aventi le stesse caratteristiche di rischio del soggetto che stipula il nuovo contratto» sono state aggiunte dall'art. 1, comma 14, lett. a), della L. 4 agosto 2017, n. 124.*

(11) *Questo comma è stato aggiunto dall'art. 5, comma 2, del D.L. 31 gennaio 2007, n. 7, convertito, con modificazioni, nella L. 2 aprile 2007, n. 40.*

(12) *Questo periodo è stato aggiunto dall'art. 1, comma 14, lett. b), della L. 4 agosto 2017, n. 124.*

(13) *Questo comma è stato inserito dall'art. 1, comma 14, lett. c), della L. 4 agosto 2017, n. 124.*

(14) *Questo comma è stato inserito dall'art. 12, comma 4 ter, del D.L. 30 dicembre 2019, n. 162, convertito, con modificazioni, nella L. 28 febbraio 2020, n. 8.*

A norma dell'art. 12, comma 4 quater, del medesimo D.L. n. 162/2019, convertito con modificazioni, nella L. n. 8/2020, entro il 30 ottobre 2020 l'Istituto per la vigilanza sulle assicurazioni trasmette una relazione sull'attuazione e sugli effetti della disposizione di cui al citato comma 4 ter al Ministero dello sviluppo economico, al Ministero dell'economia e delle finanze e alle Camere.

135. (1) **Banca dati sinistri e banche dati anagrafe testimoni e anagrafe danneggiati** (2). – 1. Allo scopo di rendere più efficace la prevenzione e il contrasto di comportamenti fraudolenti nel settore delle assicurazioni obbligatorie per i veicoli a motore immatricolati in Italia, sono istituite (3) presso l'IVASS una banca dati dei sinistri ad essi relativi e due banche dati denominate "anagrafe testimoni" e "anagrafe danneggiati" (4).

2. Le imprese di assicurazione autorizzate in Italia all'esercizio dell'assicurazione obbligatoria della responsabilità civile derivante dalla circolazione dei veicoli a motore sono tenute a comunicare i dati riguardanti

i sinistri gestiti, compresi i sinistri gestiti in qualità di impresa designata ai sensi dell'articolo 286, nonché i sinistri gestiti dall'Ufficio centrale italiano ai sensi dell'articolo 125, comma 5, e dell'articolo 296, secondo le modalità stabilite con regolamento adottato dall'IVASS. Al medesimo adempimento sono tenute le imprese aventi sede legale in uno Stato membro dell'Unione europea ammesse a operare in Italia in regime di libera prestazione dei servizi o in regime di stabilimento e abilitate all'esercizio dell'assicurazione obbligatoria della responsabilità civile derivante dalla circolazione dei veicoli a motore nel territorio della Repubblica (5).

3. Le procedure di organizzazione e di funzionamento, le modalità e le condizioni di accesso alle banche dati di cui al comma 1, da parte delle pubbliche amministrazioni, dell'autorità giudiziaria, delle forze di polizia, delle imprese di assicurazione e di soggetti terzi, nonché gli obblighi di consultazione delle banche dati da parte delle imprese di assicurazione in fase di liquidazione dei sinistri, sono stabiliti dall'IVASS, con regolamento, sentiti il Ministero dello sviluppo economico e il Ministero dell'interno, e, per i profili di tutela della riservatezza, il Garante per la protezione dei dati personali (6).

3 *bis*. In caso di sinistri con soli danni a cose, l'identificazione di eventuali testimoni sul luogo di accadimento dell'incidente deve risultare dalla denuncia di sinistro o comunque dal primo atto formale del danneggiato nei confronti dell'impresa di assicurazione o, in mancanza, deve essere richiesta dall'impresa di assicurazione con espresso avviso all'assicurato delle conseguenze processuali della mancata risposta. In quest'ultimo caso, l'impresa di assicurazione deve effettuare la richiesta di indicazione dei testimoni con raccomandata con avviso di ricevimento entro il termine di sessanta giorni dalla denuncia del sinistro e la parte che riceve tale richiesta effettua la comunicazione dei testimoni, a mezzo di raccomandata con avviso di ricevimento, entro il termine di sessanta giorni dalla ricezione della richiesta. L'impresa di assicurazione deve procedere a sua volta all'individuazione e alla comunicazione di eventuali ulteriori testimoni entro il termine di sessanta giorni. Fatte salve le risultanze contenute in verbali delle autorità di polizia intervenute sul luogo dell'incidente, l'identificazione dei testimoni avvenuta in un momento successivo comporta l'inammissibilità della prova testimoniale addotta (7).

3 *ter*. In caso di giudizio, il giudice, sulla base della documentazione prodotta, non ammette le testimonianze che non risultino acquisite secondo le modalità previste dal comma 3 *bis*. Il giudice dispone l'audizione dei testimoni che non sono stati indicati nel rispetto del citato comma 3 *bis* nei soli casi in cui risulti comprovata l'oggettiva impossibilità della loro tempestiva identificazione (7).

3 *quater*. Nelle controversie civili promosse per l'accertamento della responsabilità e per la quantificazione dei danni, il giudice, anche su documentata segnalazione delle parti che, a tale fine, possono richiedere i dati all'IVASS, trasmette un'informativa alla procura della Repubblica, per quanto di competenza, in relazione alla ricorrenza dei medesimi nominativi di testimoni presenti in più di tre sinistri negli ultimi cinque anni registrati nella banca dati dei sinistri di cui al comma 1. Il presente comma non si applica agli ufficiali e agli agenti delle autorità di polizia che sono chiamati a testimoniare (7).

(1) *A norma dell'art. 1, comma 16, della L. 4 agosto 2017, n. 124, L'IVASS provvede alla verifica trimestrale dei dati relativi ai sinistri che le imprese di assicurazione sono tenute a inserire nella banca dati dei sinistri, di cui a questo articolo, al fine di assicurare l'omogenea e oggettiva definizione dei criteri di trattamento dei dati medesimi. All'esito delle verifiche periodiche, l'IVASS redige apposita relazione le cui risultanze sono considerate anche al fine della definizione della significatività degli sconti di cui all'articolo 132* ter*, comma 1, dello stesso decreto legislativo n. 209 del 2005.*

(2) *Le parole: «e banche dati anagrafe testimoni e anagrafe danneggiati» sono state aggiunte dall'art. 32, comma 3* bis*, lett. a), del D.L. 24 gennaio 2012, n. 1, convertito, con modificazioni, nella L. 24 marzo 2012, n. 27.*

(3) *Le parole: «è istituita» sono state così sostituite dalle parole: «sono istituite» dall'art. 32, comma 3* bis*, lett. b), del D.L. 24 gennaio 2012, n. 1, convertito, con modificazioni, nella L. 24 marzo 2012, n. 27.*

(4) *Le parole: «e due banche dati denominate "anagrafe testimoni" e "anagrafe danneggiati"» sono state aggiunte dall'art. 32, comma 3* bis*, lett. b), del D.L. 24 gennaio 2012, n. 1, convertito, con modificazioni, nella L. 24 marzo 2012, n. 27.*

(5) *Questo comma è stato così sostituito dall'art. 1, comma 28, lett. b), della L. 4 agosto 2017, n. 124.*

(6) *Questo comma è stato così sostituito dall'art. 32, comma 3* bis*, lett. c), del D.L. 24 gennaio 2012, n. 1, convertito, con modificazioni, nella L. 24 marzo 2012, n. 27.*

(7) *Questo comma è stato aggiunto dall'art. 1, comma 15, della L. 4 agosto 2017, n. 124.*

136. Funzioni del Ministero dello sviluppo economico. – 1. Al fine di consentire lo svolgimento delle funzioni del Ministero dello sviluppo economico, l'IVASS è tenuto a comunicare al Ministero dati, informazioni e notizie relativi alle tariffe dell'assicurazione obbligatoria della responsabilità civile derivante dalla circolazione dei veicoli a motore e dei natanti.

2. Per le finalità di cui al comma 1, è istituito presso il Ministero dello sviluppo economico un comitato di esperti in materia di assicurazione obbligatoria della responsabilità civile derivante dalla circolazione dei veicoli a motore e dei natanti, con il compito di osservare l'andamento degli incrementi tariffari praticati dalle imprese di assicurazione operanti nel territorio della Repubblica, valutando in particolare le differenze tariffarie applicate sul territorio della Repubblica italiana e anche in quale misura si sia tenuto conto del comportamento degli assicurati che nel corso dell'anno non abbiano denunciato incidenti. Con decreto del Ministro dello sviluppo economico, è disciplinata la costituzione e il funzionamento del comitato di esperti, fermo restando che ai predetti esperti non può essere attribuita alcuna indennità o emolumento comunque denominato.

3. Al fine della diffusione di un'adeguata informazione agli utenti e della realizzazione di un sistema di monitoraggio permanente sui premi relativi all'assicurazione obbligatoria della responsabilità civile derivante dalla circolazione dei veicoli a motore, il Consiglio nazionale dei consumatori e degli utenti è autorizzato a stipulare apposita convenzione con l'Istituto nazionale di statistica e a co-finanziare, secondo modalità e criteri stabiliti con decreto del Ministro dello sviluppo economico, programmi di informazione e orientamento rivolti agli utenti dei servizi assicurativi promossi dalle associazioni dei consumatori e degli utenti, a valere sulle disponibilità finanziarie assegnate al Consiglio stesso dalla legge istitutiva.

3 *bis*. Il Ministero dello sviluppo economico utilizza il sistema tariffario completo in tutte le sue estensioni organizzato dall'IVASS, sulla base dei dati forniti dalle imprese di assicurazione, per realizzare un servizio informativo, anche tramite il proprio sito internet, che consente al consumatore di comparare le tariffe applicate dalle diverse imprese di assicurazione relativamente al proprio profilo individuale ([1]).

([1]) *Questo comma è stato aggiunto dall'art. 5, comma 3, del D.L. 31 gennaio 2007, n. 7, convertito, con modificazioni, nella L. 2 aprile 2007, n. 40. Ai sensi dell'art. 5, comma 5, dello stesso decreto, le clausole in contrasto con tale disposizione sono nulle e non comportano la nullità del contratto, fatta salva la facoltà degli operatori di adeguare le clausole vigenti alla data di entrata in vigore del presente decreto entro i successivi sessanta giorni.*

Capo III
Risarcimento del danno

137. Danno patrimoniale. – 1. Nel caso di danno alla persona, quando agli effetti del risarcimento si debba considerare l'incidenza dell'inabilità temporanea o dell'invalidità permanente su un reddito di lavoro comunque qualificabile, tale reddito si determina, per il lavoro dipendente, sulla base del reddito di lavoro, maggiorato dei redditi esenti e al lordo delle detrazioni e delle ritenute di legge, che risulta il più elevato tra quelli degli ultimi tre anni e, per il lavoro autonomo, sulla base del reddito netto che risulta il più elevato tra quelli dichiarati dal danneggiato ai fini dell'imposta sul reddito delle persone fisiche negli ultimi tre anni ovvero, nei casi previsti dalla legge, dall'apposita certificazione rilasciata dal datore di lavoro ai sensi delle norme di legge.

2. È in ogni caso ammessa la prova contraria, ma, quando dalla stessa risulti che il reddito sia superiore di oltre un quinto rispetto a quello risultante dagli atti indicati nel comma 1, il giudice ne fa segnalazione al competente ufficio dell'Agenzia delle entrate.

3. In tutti gli altri casi il reddito che occorre considerare ai fini del risarcimento non può essere inferiore a tre volte l'ammontare annuo della pensione sociale.

138. ([1]) **Danno non patrimoniale per lesioni di non lieve entità.** – 1. Al fine di garantire il diritto delle vittime dei sinistri a un pieno risarcimento del danno non patrimoniale effettivamente subito e di razionalizzare i costi gravanti sul sistema assicurativo e sui consumatori, con due distinti decreti ([2]) del Presidente della Repubblica, da adottare entro il 1° maggio 2022 ([3]), previa deliberazione del Consiglio dei ministri, il primo, di cui alla lettera *a*), su proposta del Ministro della salute, di concerto con il Ministro dello sviluppo economico, con il Ministro del lavoro e delle politiche sociali e con il Ministro della giustizia, e il secondo, di cui alla lettera *b*), su proposta del Ministro dello sviluppo economico, di concerto con il Ministro della giustizia, sentito l'IVASS ([4]), si provvede alla predisposizione di specifiche tabelle uniche per ([5]) tutto il territorio della Repubblica:

a) delle menomazioni all'integrità psico-fisica comprese tra dieci e cento punti;

b) del valore pecuniario da attribuire a ogni singolo punto di invalidità comprensivo dei coefficienti di variazione corrispondenti all'età del soggetto leso ([6]).

2. Le tabelle uniche nazionali di cui al comma 1 sono redatte ([7]), tenuto conto dei criteri di valutazione del danno non patrimoniale ritenuti congrui dalla consolidata giurisprudenza di legittimità, secondo i seguenti principi e criteri:

a) agli effetti delle tabelle ([8]), per danno biologico si intende la lesione temporanea o permanente all'integrità psico-fisica della persona, suscettibile di accertamento medico-legale, che esplica un'incidenza negativa sulle attività quotidiane e sugli aspetti dinamico-relazionali della vita del danneggiato, indipendentemente da eventuali ripercussioni sulla sua capacità di produrre reddito;

b) la tabella dei valori economici si fonda sul sistema a punto variabile in funzione dell'età e del grado di invalidità;

c) il valore economico del punto è funzione crescente della percentuale di invalidità e l'incidenza della menomazione sugli aspetti dinamico-relazionali della vita del danneggiato cresce in modo più che proporzionale rispetto all'aumento percentuale assegnato ai postumi;

d) il valore economico del punto è funzione decrescente dell'età del soggetto, sulla base delle tavole di mortalità elaborate dall'ISTAT, al tasso di rivalutazione pari all'interesse legale;

e) al fine di considerare la componente del danno morale da lesione all'integrità fisica, la quota corrispondente al danno biologico stabilita in applicazione dei criteri di cui alle lettere da *a*) a *d*) è incrementata in via percentuale e progressiva per punto, individuando la percentuale di aumento di tali valori per la personalizzazione complessiva della liquidazione;

f) il danno biologico temporaneo inferiore al 100 per cento è determinato in misura corrispondente alla percentuale di inabilità riconosciuta per ciascun giorno.

3. Qualora la menomazione accertata incida in maniera rilevante su specifici aspetti dinamico-relazionali personali documentati e obiettivamente accertati, l'ammontare del risarcimento del danno, calcolato secondo quanto previsto dalla tabella unica nazionale di cui al comma 1, lettera *b*) ([9]), può essere aumentato dal giudice, con equo e motivato apprezzamento delle condizioni soggettive del danneggiato, fino al 30 per cento.

4. L'ammontare complessivo del risarcimento riconosciuto ai sensi del presente articolo è esaustivo del risarcimento del danno conseguente alle lesioni fisiche.

5. Gli importi stabiliti nella tabella unica nazionale di cui al comma 1, lettera *b*), ([10]) sono aggiornati annualmente, con decreto del Ministro dello sviluppo economico, in misura corrispondente alla variazione dell'indice nazionale dei prezzi al consumo per le famiglie di operai e impiegati accertata dall'ISTAT.

([1]) *Questo articolo è stato così sostituito dall'art. 1, comma 17, della L. 4 agosto 2017, n. 124.*

([2]) *Le parole: «con decreto» sono state così sostituite dalle seguenti: «con due distinti decreti» dall'art. 3 ter, comma 1, lett. a), del D.L. 30 dicembre 2021, n. 228, convertito, con modificazioni, nella L. 25 febbraio 2022, n. 15.*

([3]) *Le parole: «entro centoventi giorni dalla data di entrata in vigore della presente disposizione» sono state così sostituite dalle seguenti: «entro il 1° maggio 2022» dall'art. 3 ter, comma 1, lett. a), del D.L. 30 dicembre 2021, n. 228, convertito, con modificazioni, nella L. 25 febbraio 2022, n. 15.*

([4]) *Le parole da: «su proposta del Ministro dello sviluppo economico» fino a: «Ministro della giustizia» sono state così sostituite dalle seguenti: «il primo, di cui alla lettera a), su proposta del Ministro della salute, di concerto con il Ministro dello sviluppo economico, con il Ministro del lavoro e delle politiche sociali e con il Ministro della giustizia, e il secondo, di cui alla lettera b), su proposta del Ministro dello sviluppo economico, di concerto con il Ministro della giustizia, sentito l'IVASS» dall'art. 3 ter, comma 1, lett. a), del D.L. 30 dicembre 2021, n. 228, convertito, con modificazioni, nella L. 25 febbraio 2022, n. 15.*

([5]) *Le parole: «una specifica tabella unica su» sono state così sostituite dalle seguenti: «specifiche tabelle uniche per» dall'art. 3 ter, comma 1, lett. a), del D.L. 30 dicembre 2021, n. 228, convertito, con modificazioni, nella L. 25 febbraio 2022, n. 15.*

([6]) *A norma dell'art. 1, comma 18, della L. 4 agosto 2017, n. 124, la tabella unica nazionale predisposta con il decreto del Presidente della Repubblica di cui a questo comma, si applica ai sinistri e agli eventi verificatisi successivamente alla data di entrata in vigore del medesimo decreto del Presidente della Repubblica.*

([7]) *Le parole: «La tabella unica nazionale è redatta» sono state così sostituite dalle seguenti: «Le tabelle uniche nazionali di cui al comma 1 sono redatte» dall'art. 3 ter, comma 1, lett. b), n. 1), del D.L. 30 dicembre 2021, n. 228, convertito, con modificazioni, nella L. 25 febbraio 2022, n. 15.*

([8]) *Le parole: «della tabella» sono state così sostituite dalle seguenti: «delle tabelle» dall'art. 3 ter, comma 1, lett. b), n. 2), del D.L. 30 dicembre 2021, n. 228, convertito, con modificazioni, nella L. 25 febbraio 2022, n. 15.*

([9]) *Le parole: «dalla tabella unica nazionale di cui al comma 2» sono state così sostituite dalle seguenti: «dalla tabella unica nazionale di cui al comma 1, lettera b)» dall'art. 3 ter, comma 1, lett. c), del D.L. 30 dicembre 2021, n. 228, convertito, con modificazioni, nella L. 25 febbraio 2022, n. 15.*

([10]) *Le parole: «di cui al comma 1, lettera b),» sono state inserite dall'art. 3 ter, comma 1, lett. d), del D.L. 30 dicembre 2021, n. 228, convertito, con modificazioni, nella L. 25 febbraio 2022, n. 15.*

139. ([1]) **Danno non patrimoniale per lesioni di lieve entità.** – 1. Il risarcimento del danno biologico per lesioni di lieve entità, derivanti da sinistri conseguenti alla circolazione di veicoli a motore e di natanti, è effettuato secondo i criteri e le misure seguenti:

a) a titolo di danno biologico permanente, è liquidato per i postumi da lesioni pari o inferiori al 9 per cento un importo crescente in misura più che proporzionale in relazione a ogni punto percentuale di invalidità; tale importo è calcolato in base all'applicazione a ciascun punto percentuale di invalidità del relativo coefficiente secondo la correlazione stabilita dal comma 6. L'importo così determinato si riduce con il crescere dell'età del soggetto in ragione dello 0,5 per cento per ogni anno di età a partire dall'undicesimo anno di età. Il valore del primo punto è pari a novecentotrentanove euro e settantotto centesimi ([2]);

b) a titolo di danno biologico temporaneo, è liquidato un importo di cinquantaquattro euro e ottanta centesimi ([3]) per ogni giorno di inabilità assoluta; in caso di inabilità temporanea inferiore al 100 per cento, la liquidazione avviene in misura corrispondente alla percentuale di inabilità riconosciuta per ciascun giorno.

2. Ai fini di cui al comma 1, per danno biologico si intende la lesione temporanea o permanente all'integrità psico-fisica della persona, suscettibile di accertamento medico-legale, che esplica un'incidenza negativa sulle attività quotidiane e sugli aspetti dinamico-relazionali della vita del danneggiato, indipendentemente da eventuali ripercussioni sulla sua capacità di produrre reddito. In ogni caso, le lesioni di lieve entità, che non siano suscettibili di accertamento clinico strumentale obiettivo, ovvero visivo, con riferimento alle lesioni, quali le cicatrici, oggettivamente riscontrabili senza l'ausilio di strumentazioni, non possono dar luogo a risarcimento per danno biologico permanente.

3. Qualora la menomazione accertata incida in maniera rilevante su specifici aspetti dinamico-relazionali personali documentati e obiettivamente accertati ovvero causi o abbia causato una sofferenza psico-fisica di particolare intensità, l'ammontare del risarcimento del danno, calcolato secondo quanto previsto dalla tabella di cui al comma 4, può essere aumentato dal giudice, con equo e motivato apprezzamento delle condizioni soggettive del danneggiato, fino al 20 per cento. L'ammontare complessivo del risarcimento riconosciuto ai sensi del presente articolo è esaustivo del risarcimento del danno non patrimoniale conseguente a lesioni fisiche.

4. Con decreto del Presidente della Repubblica, previa deliberazione del Consiglio dei ministri, su proposta del Ministro della salute, di concerto con il Ministro del lavoro e delle politiche sociali, con il Ministro della giustizia e con il Ministro dello sviluppo economico, si provvede alla predisposizione di una specifica tabella delle menomazioni dell'integrità psico-fisica comprese tra 1 e 9 punti di invalidità.

5. Gli importi indicati nel comma 1 sono aggiornati annualmente con decreto del Ministro dello sviluppo economico, in misura corrispondente alla variazione dell'indice nazionale dei prezzi al consumo per le famiglie di operai e impiegati accertata dall'ISTAT.

6. Ai fini del calcolo dell'importo di cui al comma 1, lettera *a*), per un punto percentuale di invalidità pari a 1 si applica un coefficiente moltiplicatore pari a 1, per un punto percentuale di invalidità pari a 2 si applica un coefficiente moltiplicatore pari a 1,1, per un punto percentuale di invalidità pari a 3 si applica un coefficiente moltiplicatore pari a 1,2, per un punto percentuale di invalidità pari a 4 si applica un coefficiente moltiplicatore pari a 1,3, per un punto percentuale di invalidità pari a 5 si applica un coefficiente moltiplicatore pari a 1,5, per un punto percentuale di invalidità pari a 6 si applica un coefficiente moltiplicatore pari a 1,7, per un punto percentuale di invalidità pari a 7 si applica un coefficiente moltiplicatore pari a 1,9, per un punto percentuale di invalidità pari a 8 si applica un coefficiente moltiplicatore pari a 2,1 e per un punto percentuale di invalidità pari a 9 si applica un coefficiente moltiplicatore pari a 2,3.

([1]) *Questo articolo è stato così sostituito dall'art. 1, comma 19, della L. 4 agosto 2017, n. 124, a decorrere dal 29 agosto 2017.*

Si riporta il testo precedente:

«Art. 139. - Danno biologico per lesioni di lieve entità - *1. Il risarcimento del danno biologico per lesioni di lieve entità, derivanti da sinistri conseguenti alla circolazione dei veicoli a motore e dei natanti, è effettuato secondo i criteri e le misure seguenti:*

a) *a titolo di danno biologico permanente, è liquidato per i postumi da lesioni pari o inferiori al nove per cento un importo crescente in misura più che proporzionale in relazione ad ogni punto percentuale di invalidità; tale importo è calcolato in base all'applicazione a ciascun punto percentuale di invalidità del relativo coefficiente secondo la correlazione esposta nel comma 6. L'importo così determinato si riduce con il crescere dell'età del soggetto in ragione dello zero virgola cinque per cento per ogni anno di età a partire dall'un-*

LEGGI COMPLEMENTARI

dicesimo anno di età. Il valore del primo punto è pari ad euro seicentosettantaquattro virgola settantotto (*);

b) a titolo di danno biologico temporaneo, è liquidato un importo di euro trentanove virgola trentasette per ogni giorno di inabilità assoluta; in caso di inabilità temporanea inferiore al cento per cento, la liquidazione avviene in misura corrispondente alla percentuale di inabilità riconosciuta per ciascun giorno (*).

2. Agli effetti di cui al comma 1 per danno biologico si intende la lesione temporanea o permanente all'integrità psico-fisica della persona suscettibile di accertamento medico-legale che esplica un'incidenza negativa sulle attività quotidiane e sugli aspetti dinamico-relazionali della vita del danneggiato, indipendentemente da eventuali ripercussioni sulla sua capacità di produrre reddito. In ogni caso, le lesioni di lieve entità, che non siano suscettibili di accertamento clinico strumentale obiettivo, non potranno dar luogo a risarcimento per danno biologico permanente.

3. L'ammontare del danno biologico liquidato ai sensi del comma 1 può essere aumentato dal giudice in misura non superiore ad un quinto, con equo e motivato apprezzamento delle condizioni soggettive del danneggiato.

4. Con decreto del Presidente della Repubblica, previa deliberazione del Consiglio dei Ministri, su proposta del Ministro della salute, di concerto con il Ministro del lavoro e delle politiche sociali, con il Ministro della giustizia e con il Ministro dello sviluppo economico, si provvede alla predisposizione di una specifica tabella delle menomazioni alla integrità psicofisica comprese tra uno e nove punti di invalidità.

5. Gli importi indicati nel comma 1 sono aggiornati annualmente con decreto del Ministro dello sviluppo economico, in misura corrispondente alla variazione dell'indice nazionale dei prezzi al consumo per le famiglie di operai ed impiegati accertata dall'ISTAT.

6. Ai fini del calcolo dell'importo di cui al comma 1, lettera a), per un punto percentuale di invalidità pari a 1 si applica un coefficiente moltiplicatore pari a 1,0, per un punto percentuale di invalidità pari a 2 si applica un coefficiente moltiplicatore pari a 1,1, per un punto percentuale di invalidità pari a 3 si applica un coefficiente moltiplicatore pari a 1,2, per un punto percentuale di invalidità pari a 4 si applica un coefficiente moltiplicatore pari a 1,3, per un punto percentuale di invalidità pari a 5 si applica un coefficiente moltiplicatore pari a 1,5, per un punto percentuale di invalidità pari a 6 si applica un coefficiente moltiplicatore pari a 1,7, per un punto percentuale di invalidità pari a 7 si applica un coefficiente moltiplicatore pari a 1,9, per un punto percentuale di invalidità pari a 8 si applica un coefficiente moltiplicatore pari a 2,1, per un punto percentuale di invalidità pari a 9 si applica un coefficiente moltiplicatore pari a 2,3.».

(*) A norma dell'art. 1, comma 1, del D.M. 22 luglio 2019 (G.U. Serie gen. - n. 189 del 13 agosto 2019), a decorrere dal mese di aprile 2019, gli importi indicati in questo comma e rideterminati da ultimo, con il decreto ministeriale 9 gennaio 2019, sono aggiornati nelle seguenti misure:

– ottocentoquattordici euro e ventisette centesimi, per quanto riguarda l'importo relativo al valore del primo punto di invalidità, di cui alla lettera a);

– quarantasette euro e quarantanove centesimi, per quanto riguarda l'importo relativo ad ogni giorno di inabilità assoluta, di cui alla lettera b).

([2]) A norma dell'art. 1, comma 1, del D.M. 22 luglio 2019 (G.U. Serie gen. - n. 189 del 13 agosto 2019), a decorrere dal mese di aprile 2019, l'importo indicato in questo comma, è stato aggiornato a ottocentoquattordici euro e ventisette centesimi, per quanto riguarda l'importo relativo al valore del primo punto di invalidità, di cui a questa lettera.

A norma dell'art. 1, comma 1, del D.M. 8 giugno 2022 (G.U. Serie gen. - n. 144 del 22 giugno 2022), a decorrere dal mese di aprile 2022, l'importo indicato in questo comma, è stato aggiornato a ottocentosettanta euro e novantasette centesimi, per quanto riguarda l'importo relativo al valore del primo punto di invalidità, di cui a questa lettera.

A norma dell'art. 1, comma 1, del D.M. 16 ottobre 2023 (G.U. Serie gen. - n. 247 del 21 ottobre 2023), a decorrere dal mese di aprile 2023, l'importo indicato in questo comma, è stato aggiornato a novecentotrentanove euro e settantotto centesimi, per quanto riguarda l'importo relativo al valore del primo punto di invalidità, di cui a questa lettera.

([3]) A norma dell'art. 1, comma 1, del D.M. 22 luglio 2019 (G.U. Serie gen. - n. 189 del 13 agosto 2019), a decorrere dal mese di aprile 2019, l'importo indicato in questo comma, è stato aggiornato a quarantasette euro e quarantanove centesimi, per quanto riguarda l'importo relativo ad ogni giorno di inabilità assoluta, di cui a questa lettera.

A norma dell'art. 1, comma 1, del D.M. 8 giugno 2022 (G.U. Serie gen. - n. 144 del 22 giugno 2022), a decorrere dal mese di aprile 2022, l'importo indicato in questo comma, è stato aggiornato a cinquanta euro e settantanove centesimi, per quanto riguarda l'importo relativo ad ogni giorno di inabilità assoluta, di cui a questa lettera.

A norma dell'art. 1, comma 1, del D.M. 16 ottobre 2023 (G.U. Serie gen. - n. 247 del 21 ottobre 2023), a decorrere dal mese di aprile 2023, l'importo indicato in questo comma, è stato aggiornato a cinquantaquattro euro e ottanta centesimi, per quanto riguarda l'importo relativo ad ogni giorno di inabilità assoluta, di cui a questa lettera.

NOTE OPERATIVE:

Criteri: I criteri di liquidazione del danno biologico previsti per il caso di danni derivanti da sinistri stradali, costituiscono oggetto di una previsione eccezionale, come tale insuscettibile di applicazione analogica al di fuori dei casi espressamente previsti da detta norma (C.C. 25922/23). I criteri scientifici di accertamento e di valutazione del danno biologico tipici della medicina legale (visivo, clinico e strumentale) non sono tra loro gerarchicamente ordinati, ma vanno utilizzati dal medico legale nella prospettiva di una obiettività dell'accertamento (C.C. 26985/23).

140. Pluralità di danneggiati e supero del massimale. – 1. Qualora vi siano più persone danneggiate nello stesso sinistro e il risarcimento dovuto dal responsabile superi le somme assicurate, i diritti delle persone danneggiate nei confronti dell'impresa di assicurazione sono proporzionalmente ridotti fino alla concorrenza delle somme assicurate.

2. L'impresa di assicurazione che, decorsi trenta giorni dall'incidente e ignorando l'esistenza di altre persone danneggiate, pur avendone ricercata l'identificazione con la normale diligenza, ha pagato ad alcuna di esse una somma superiore alla quota spettante, risponde verso le altre persone danneggiate nei limiti dell'eccedenza della somma assicurata rispetto alla somma versata.

3. Nel caso di cui al comma 2, le altre persone danneggiate, il cui credito rimanesse insoddisfatto, hanno diritto di ripetere, da chi abbia ricevuto il risarcimento dall'impresa di assicurazione, quanto sarebbe loro spettato in applicazione del comma 1.

4. Nei giudizi promossi fra l'impresa di assicurazione e le persone danneggiate sussiste litisconsorzio necessario, applicandosi l'articolo 102 del codice di procedura civile. L'impresa di assicurazione può effettuare il deposito di una somma, nei limiti del massimale, con effetto liberatorio nei confronti di tutte le persone aventi diritto al risarcimento, se il deposito è irrevocabile e vincolato a favore di tutti i danneggiati.

141. Risarcimento del terzo trasportato. – 1. Salva l'ipotesi di sinistro cagionato da caso fortuito, il danno subito dal terzo trasportato è risarcito dall'impresa di assicurazione del veicolo sul quale era a bordo al momento del sinistro entro il massimale minimo di legge, fermo restando quanto previsto all'articolo 140, a prescindere dall'accertamento della responsabilità dei conducenti dei veicoli coinvolti nel sinistro, fermo il diritto al risarcimento dell'eventuale maggior danno nei confronti dell'impresa di assicurazione del responsabile civile, se il veicolo di quest'ultimo è coperto per un massimale superiore a quello minimo.

2. Per ottenere il risarcimento il terzo trasportato promuove nei confronti dell'impresa di assicurazione del veicolo sul quale era a bordo al momento del sinistro la procedura di risarcimento prevista dall'articolo 148.

3. L'azione diretta avente ad oggetto il risarcimento è esercitata nei confronti dell'impresa di assicurazione del veicolo sul quale il danneggiato era a bordo al momento del sinistro nei termini di cui all'articolo 145. L'impresa di assicurazione del responsabile civile può intervenire nel giudizio e può estromettere l'impresa di assicurazione del veicolo, riconoscendo la responsabilità del proprio assicurato. Si applicano, in quanto compatibili, le disposizioni del capo IV.

4. L'impresa di assicurazione che ha effettuato il pagamento ha diritto di rivalsa nei confronti dell'impresa di assicurazione del responsabile civile nei limiti ed alle condizioni previste dall'articolo 150.

NOTE OPERATIVE:

Ambito di applicazione: La tutela rafforzata riconosciuta al trasportato danneggiato presuppone che nel sinistro siano rimasti coinvolti almeno due veicoli, pur non essendo necessario che si sia verificato uno scontro materiale fra gli stessi, e si realizza mediante l'anticipazione del risarcimento da parte dell'assicuratore del vettore e la possibilità di successiva rivalsa di quest'ultimo nei confronti dell'impresa assicuratrice del responsabile civile (S.U. 35318/22).

142. Diritto di surroga dell'assicuratore sociale. – 1. Qualora il danneggiato sia assistito da assicurazione sociale, l'ente gestore dell'assicurazione sociale ha diritto di ottenere direttamente dall'impresa di assicurazione il rimborso delle spese sostenute per le prestazioni erogate al danneggiato ai sensi delle leggi e dei regolamenti che disciplinano detta assicurazione, sempreché non sia già stato pagato il risarcimento al danneggiato, con l'osservanza degli adempimenti prescritti nei commi 2 e 3.

2. Prima di provvedere alla liquidazione del danno, l'impresa di assicurazione è tenuta a richiedere al danneggiato una dichiarazione attestante che lo stesso non ha diritto ad alcuna prestazione da parte di istituti che gestiscono assicurazioni sociali obbligatorie. Ove il danneggiato dichiari di avere diritto a tali prestazioni, l'impresa di assicurazione è tenuta a darne comunicazione al competente ente di assicurazione sociale e potrà procedere alla liquidazione del danno solo previo accantonamento di una somma [a valere sul complessivo risarcimento dovuto] (1) idonea a coprire il credito dell'ente per le prestazioni erogate o da erogare [a qualsiasi titolo] (2).

3. Trascorsi quarantacinque giorni dalla comunicazione di cui al comma 2 senza che l'ente di assicurazione sociale abbia dichiarato di volersi surrogare nei diritti del danneggiato, l'impresa di assicurazione potrà disporre la liquidazione definitiva in favore del danneggiato. L'ente di assicurazione sociale ha diritto di ripetere dal danneggiato le somme corrispondenti agli oneri sostenuti se il comportamento del danneggiato abbia pregiudicato l'azione di surrogazione.

4. In ogni caso l'ente gestore dell'assicurazione sociale non può esercitare l'azione sur-

rogatoria con pregiudizio del diritto dell'assistito al risarcimento dei danni alla persona non altrimenti risarciti.

([1]) *Le parole: «a valere sul complessivo risarcimento dovuto» erano state inserite dall'art. 1, comma 1126, lett. f), della L. 30 dicembre 2018, n. 145, a decorrere dal 1° gennaio 2019. A norma dell'art. 3 sexies, comma 1, del D.L. 30 aprile 2019, n. 34, convertito, con modificazioni, nella L. 28 giugno 2019, n. 58, a decorrere dal 30 giugno 2019, l'art. 1, comma 1126, lett. f), della L. 30 dicembre 2018, n. 145, è stato abrogato e le disposizioni ivi indicate riacquistano efficacia nel testo vigente prima della data di entrata in vigore della medesima legge n. 145 del 2018.*

([2]) *Le parole: «a qualsiasi titolo» erano state aggiunte dall'art. 1, comma 1126, lett. f), della L. 30 dicembre 2018, n. 145, a decorrere dal 1° gennaio 2019. A norma dell'art. 3 sexies, comma 1, del D.L. 30 aprile 2019, n. 34, convertito, con modificazioni, nella L. 28 giugno 2019, n. 58, a decorrere dal 30 giugno 2019, l'art. 1, comma 1126, lett. f), della L. 30 dicembre 2018, n. 145, è stato abrogato e le disposizioni ivi indicate riacquistano efficacia nel testo vigente prima della data di entrata in vigore della medesima legge n. 145 del 2018.*

142 *bis*. ([1]) Informazioni sulla copertura assicurativa. – 1. Il danneggiato ha diritto di ottenere dal Centro di informazione di cui all'articolo 154 le informazioni riguardanti la copertura assicurativa dei veicolo che ha causato il sinistro, il numero di polizza e la data di scadenza della stessa.

([1]) *Questo articolo è stato inserito dall'art. 1, comma 6, del D.L.vo 6 novembre 2007, n. 198.*

142 *ter*. ([1]) Utenti della strada non motorizzati. – 1. L'assicurazione obbligatoria per i veicoli a motore e i natanti copre i danni alle persone e i danni alle cose subiti da pedoni, ciclisti e altri utenti non motorizzati della strada i quali, in conseguenza di un incidente nel quale sia stato coinvolto un veicolo, hanno diritto alla riparazione del danno, nei limiti in cui sussista la responsabilità civile dei conducenti.

([1]) *Questo articolo è stato inserito dall'art. 1, comma 6, del D.L.vo 6 novembre 2007, n. 198.*

Capo IV
Procedure liquidative

143. Denuncia di sinistro. – 1. Nel caso di sinistro avvenuto tra veicoli a motore per i quali vi sia obbligo di assicurazione, i conducenti dei veicoli coinvolti o, se persone diverse, i rispettivi proprietari sono tenuti a denunciare il sinistro alla propria impresa di assicurazione, avvalendosi del modulo fornito dalla medesima, il cui modello è approvato dall'IVASS. In caso di mancata presentazione della denuncia di sinistro si applica l'articolo 1915 del codice civile per l'omesso avviso di sinistro.

2. Quando il modulo sia firmato congiuntamente da entrambi i conducenti coinvolti nel sinistro si presume, salvo prova contraria da parte dell'impresa di assicurazione, che il sinistro si sia verificato nelle circostanze, con le modalità e con le conseguenze risultanti dal modulo stesso.

144. Azione diretta del danneggiato. – 1. Il danneggiato per sinistro causato dalla circolazione di un veicolo o di un natante, per i quali vi è obbligo di assicurazione, ha azione diretta per il risarcimento del danno nei confronti dell'impresa di assicurazione del responsabile civile, entro i limiti delle somme per le quali è stata stipulata l'assicurazione.

2. Per l'intero massimale di polizza l'impresa di assicurazione non può opporre al danneggiato eccezioni derivanti dal contratto, né clausole che prevedano l'eventuale contributo dell'assicurato al risarcimento del danno. L'impresa di assicurazione ha tuttavia diritto di rivalsa verso l'assicurato nella misura in cui avrebbe avuto contrattualmente diritto di rifiutare o ridurre la propria prestazione.

3. Nel giudizio promosso contro l'impresa di assicurazione è chiamato anche il responsabile del danno.

4. L'azione diretta che spetta al danneggiato nei confronti dell'impresa di assicurazione è soggetta al termine di prescrizione cui sarebbe soggetta l'azione verso il responsabile.

145. Proponibilità dell'azione di risarcimento. – 1. Nel caso si applichi la procedura di cui all'articolo 148, l'azione per il risarcimento dei danni causati dalla circolazione dei veicoli e dei natanti, per i quali vi è obbligo di assicurazione, può essere proposta solo dopo che siano decorsi sessanta giorni, ovvero novanta in caso di danno alla persona, decorrenti da quello in cui il danneggiato abbia chiesto all'impresa di assicurazione il risarcimento del danno, a mezzo lettera raccomandata con avviso di ricevimento, anche se inviata per conoscenza, avendo osservato le modalità ed i contenuti previsti all'articolo 148.

2. Nel caso in cui si applichi la procedura di cui all'articolo 149 l'azione per il risarcimento dei danni causati dalla circolazione dei veicoli e dei natanti, per i quali vi è obbligo di assicurazione, può essere proposta solo dopo che siano decorsi sessanta giorni, ovve-

ro novanta in caso di danno alla persona, decorrenti da quello in cui il danneggiato abbia chiesto alla propria impresa di assicurazione il risarcimento del danno, a mezzo lettera raccomandata con avviso di ricevimento, inviata per conoscenza all'impresa di assicurazione dell'altro veicolo coinvolto, avendo osservato le modalità ed i contenuti previsti dagli articoli 149 e 150.

145 *bis*. (1) **Valore probatorio delle cosiddette «scatole nere» e di altri dispositivi elettronici.** – 1. Quando uno dei veicoli coinvolti in un incidente risulta dotato di un dispositivo elettronico che presenta le caratteristiche tecniche e funzionali stabilite ai sensi dell'articolo 132 *ter*, comma 1, lettere *b*) e *c*), e fatti salvi, in quanto equiparabili, i dispositivi elettronici già in uso alla data di entrata in vigore delle citate disposizioni, le risultanze del dispositivo formano piena prova, nei procedimenti civili, dei fatti a cui esse si riferiscono, salvo che la parte contro la quale sono state prodotte dimostri il mancato funzionamento o la manomissione del predetto dispositivo. Le medesime risultanze sono rese fruibili alle parti.

2. L'interoperabilità e la portabilità dei meccanismi elettronici che registrano l'attività del veicolo di cui all'articolo 132 *ter*, comma 1, lettera *b*), anche nei casi di sottoscrizione da parte dell'assicurato di un contratto di assicurazione con un'impresa assicuratrice diversa da quella che ha provveduto a installare i meccanismi elettronici, sono garantite da operatori, di seguito denominati «provider di telematica assicurativa», i cui dati identificativi sono comunicati all'IVASS da parte delle imprese di assicurazione che ne utilizzano i servizi. I dati sull'attività del veicolo sono gestiti in sicurezza dagli operatori del settore sulla base dello standard tecnologico comune indicato nell'articolo 32, comma 1 *ter*, del decreto legge 24 gennaio 2012, n. 1, convertito, con modificazioni, dalla legge 24 marzo 2012, n. 27, e successive modificazioni, e sono successivamente inviati alle rispettive imprese di assicurazione.

3. Le modalità per assicurare l'interoperabilità dei meccanismi elettronici nonché delle apparecchiature di telecomunicazione a essi connesse e dei relativi sistemi di gestione dei dati, in caso di sottoscrizione da parte dell'assicurato di un contratto di assicurazione con un'impresa diversa da quella che ha provveduto a installare tale meccanismo, o di portabilità tra diversi provider di telematica assicurativa, sono determinate dal regolamento previsto dall'articolo 32, comma 1 *bis*, del decreto legge 24 gennaio 2012, n. 1, convertito, con modificazioni, dalla legge 24 marzo 2012, n. 27, e successive modificazioni. Gli operatori rispondono del funzionamento ai fini dell'interoperabilità.

[4. Il mancato adeguamento, da parte dell'impresa di assicurazione o del provider di telematica assicurativa, alle condizioni stabilite dal regolamento previsto dall'articolo 32, comma 1 *bis*, del decreto legge 24 gennaio 2012, n. 1, convertito, con modificazioni, dalla legge 24 marzo 2012, n. 27, e successive modificazioni, comporta l'applicazione da parte dell'IVASS di una sanzione amministrativa pecuniaria di euro 3.000 per ogni giorno di ritardo] (2).

5. I dati sono trattati dall'impresa di assicurazione nel rispetto delle disposizioni del codice in materia di protezione dei dati personali, di cui al decreto legislativo 30 giugno 2003, n. 196. L'impresa di assicurazione è titolare del trattamento dei dati ai sensi dell'articolo 28 del citato codice di cui al decreto legislativo n. 196 del 2003. Salvo consenso espresso dell'assicurato in relazione alla disponibilità di ulteriori servizi connessi con la mobilità del veicolo, è fatto divieto all'impresa di assicurazione, nonché ai soggetti a essa collegati, di utilizzare i dispositivi di cui al presente articolo al fine di raccogliere dati ulteriori rispetto a quelli destinati alla finalità di determinazione delle responsabilità in occasione dei sinistri e ai fini tariffari, o di rilevare la posizione e le condizioni del veicolo in maniera continuativa o comunque sproporzionata rispetto alla medesima finalità.

6. È fatto divieto all'assicurato di disinstallare, manomettere o comunque rendere non funzionante il dispositivo installato. In caso di violazione del divieto di cui al periodo precedente da parte dell'assicurato, la riduzione del premio di cui all'articolo 132 *ter* non è applicata per la durata residua del contratto. L'assicurato che abbia goduto della riduzione di premio è tenuto alla restituzione dell'importo corrispondente alla riduzione accordata, fatte salve le eventuali sanzioni penali.

(1) *Questo articolo è stato inserito dall'art. 1, comma 20, della L. 4 agosto 2017, n. 124.*

(2) *Questo comma è stato abrogato dall'art. 1, comma 27, del D.L.vo 21 maggio 2018, n. 68.*

A norma dell'art. 4, comma 7, del medesimo decreto 68/2018, le disposizioni di cui a questo comma, trovano applicazione dal 1° ottobre 2018, conformemente a quanto previsto dalla direttiva (UE) 2018/411 del Parlamento europeo e del Consiglio, che modifica la direttiva (UE) 2016/97 per quanto riguarda la data di applicazione delle misure di recepimento degli Stati membri.

146. Diritto di accesso agli atti. – 1. Fermo restando quanto previsto per l'accesso ai singoli dati personali dal codice in materia di protezione dei dati personali, le imprese di assicurazione esercenti l'assicurazione obbligatoria della responsabilità civile derivante dalla circolazione dei veicoli a motore e dei natanti sono tenute a consentire ai contraenti ed ai danneggiati il diritto di accesso agli atti a conclusione dei procedimenti di valutazione, constatazione e liquidazione dei danni che li riguardano.

2. L'esercizio del diritto di accesso non è consentito quando abbia ad oggetto atti relativi ad accertamenti che evidenziano indizi o prove di comportamenti fraudolenti. È invece sospeso in pendenza di controversia giudiziaria tra l'impresa e il richiedente, fermi restando i poteri attribuiti dalla legge all'autorità giudiziaria.

3. Se, entro sessanta giorni dalla richiesta scritta, l'assicurato o il danneggiato non è messo in condizione di prendere visione degli atti richiesti ed estrarne copia a sue spese, può inoltrare reclamo all'IVASS anche al fine di veder garantito il proprio diritto.

4. Il Ministro dello sviluppo economico, di concerto con il Ministro della giustizia, con regolamento adottato su proposta dell'IVASS, individua la tipologia degli atti soggetti e di quelli esclusi dall'accesso e determina gli obblighi delle imprese, gli oneri a carico dei richiedenti, nonché i termini e le altre condizioni per l'esercizio del diritto di cui al comma 1.

147. Stato di bisogno del danneggiato. – 1. Nel corso del giudizio di primo grado, gli aventi diritto al risarcimento che, a causa del sinistro, vengano a trovarsi in stato di bisogno, possono chiedere che sia loro assegnata una somma da imputarsi nella liquidazione definitiva del danno.

2. Il giudice civile o penale, sentite le parti, qualora da un sommario accertamento risultino gravi elementi di responsabilità a carico del conducente, con ordinanza immediatamente esecutiva provvede all'assegnazione della somma ai sensi del comma 1, nei limiti dei quattro quinti della presumibile entità del risarcimento che sarà liquidato con la sentenza. Se la causa civile è sospesa ai sensi dell'articolo 75, comma 3, del codice di procedura penale, l'istanza è proposta al presidente del tribunale dinanzi al quale è pendente la causa.

3. L'istanza può essere riproposta nel corso del giudizio.

4. L'ordinanza è irrevocabile fino alla decisione del merito.

148. Procedura di risarcimento. – 1. Per i sinistri con soli danni a cose, la richiesta di risarcimento deve recare l'indicazione degli aventi diritto al risarcimento e del luogo, dei giorni e delle ore in cui le cose danneggiate sono disponibili, per non meno di cinque (1) giorni non festivi, per l'ispezione diretta ad accertare l'entità del danno. Entro sessanta giorni dalla ricezione di tale documentazione, l'impresa di assicurazione formula al danneggiato congrua e motivata offerta per il risarcimento, ovvero comunica specificatamente i motivi per i quali non ritiene di fare offerta. Il termine di sessanta giorni è ridotto a trenta quando il modulo di denuncia sia stato sottoscritto dai conducenti coinvolti nel sinistro. Il danneggiato può procedere alla riparazione delle cose danneggiate solo dopo lo spirare del termine indicato al periodo precedente, entro il quale devono essere comunque completate le operazioni di accertamento del danno da parte dell'assicuratore, ovvero dopo il completamento delle medesime operazioni, nel caso in cui esse si siano concluse prima della scadenza del predetto termine. Qualora le cose danneggiate non siano state messe a disposizione per l'ispezione nei termini previsti dal presente articolo, ovvero siano state riparate prima dell'ispezione stessa, l'impresa, ai fini dell'offerta risarcitoria, effettuerà le proprie valutazioni sull'entità del danno solo previa presentazione di fattura che attesti gli interventi riparativi effettuati. Resta comunque fermo il diritto dell'assicurato al risarcimento anche qualora ritenga di non procedere alla riparazione (2) (3).

2. L'obbligo di proporre al danneggiato congrua e motivata (4) offerta per il risarcimento del danno, ovvero di comunicare i motivi per cui non si ritiene di fare offerta, sussiste anche per i sinistri che abbiano causato lesioni personali o il decesso. La richiesta di risarcimento deve essere presentata dal danneggiato o dagli aventi diritto con le modalità indicate al comma 1. La richiesta deve contenere l'indicazione del codice fiscale degli aventi diritto al risarcimento e la descrizione delle circostanze nelle quali si è verificato il sinistro ed essere accompagnata, ai fini dell'accertamento e della valutazione del danno da parte dell'impresa, dai dati relativi all'età, all'attività del danneggiato, al suo reddito, all'entità delle lesioni subite, da attestazione medica comprovante l'avvenuta

guarigione con o senza postumi permanenti, nonché dalla dichiarazione ai sensi dell'articolo 142, comma 2, o, in caso di decesso, dallo stato di famiglia della vittima. L'impresa di assicurazione è tenuta a provvedere all'adempimento del predetto obbligo entro novanta giorni dalla ricezione di tale documentazione ([3]).

2 *bis*. Ai fini di prevenzione e contrasto dei fenomeni fraudolenti, l'impresa di assicurazione provvede alla consultazione dell'archivio informatico integrato di cui all'articolo 21 del decreto legge 18 ottobre 2012, n. 179, convertito, con modificazioni, dalla legge 17 dicembre 2012, n. 221, e successive modificazioni, e, qualora dal risultato della consultazione, avuto riguardo al codice fiscale dei soggetti coinvolti ovvero ai veicoli danneggiati, emergano gli indici di anomalia definiti dall'IVASS con apposito provvedimento, o qualora altri indicatori di frode siano segnalati dai dispositivi elettronici di cui all'articolo 132 *ter*, comma 1, del presente codice o siano emersi in sede di perizia da cui risulti documentata l'incongruenza del danno dichiarato dal richiedente, l'impresa può decidere, entro i termini di cui ai commi 1 e 2 del presente articolo, di non fare offerta di risarcimento, motivando tale decisione con la necessità di condurre ulteriori approfondimenti in relazione al sinistro ([5]). La relativa comunicazione è trasmessa dall'impresa al danneggiato e all'IVASS, al quale è anche trasmessa la documentazione relativa alle analisi condotte sul sinistro. Entro trenta giorni dalla comunicazione della predetta decisione, l'impresa deve comunicare al danneggiato le sue determinazioni conclusive in merito alla richiesta di risarcimento. All'esito degli approfondimenti condotti ai sensi del primo periodo, l'impresa può non formulare offerta di risarcimento, qualora, entro il termine di cui al terzo periodo, presenti querela, nelle ipotesi in cui è prevista, informandone contestualmente l'assicurato nella comunicazione concernente le determinazioni conclusive in merito alla richiesta di risarcimento di cui al medesimo terzo periodo; in tal caso i termini di cui ai commi 1 e 2 sono sospesi e il termine per la presentazione della querela, di cui all'articolo 124, primo comma, del codice penale, decorre dallo spirare del termine di trenta giorni entro il quale l'impresa comunica al danneggiato le sue determinazioni conclusive. Nei predetti casi, l'azione in giudizio prevista dall'articolo 145 è proponibile solo dopo la ricezione delle determinazioni conclusive dell'impresa o, in sua mancanza, allo spirare del termine di sessanta giorni di sospensione della procedura ([6]). Rimane salvo il diritto del danneggiato di ottenere l'accesso agli atti nei termini previsti dall'articolo 146, salvo il caso di presentazione di querela o denuncia ([6]) ([7]).

3. Il danneggiato, in pendenza dei termini di cui ai commi 1 e 2 e fatto salvo quanto stabilito dal comma 5, non può rifiutare gli accertamenti strettamente necessari alla valutazione del danno alle cose, nei termini di cui al comma 1, o del danno alla persona, da parte dell'impresa. Qualora ciò accada, i termini per l'offerta risarcitoria o per la comunicazione dei motivi per i quali l'impresa non ritiene di fare offerta sono sospesi ([8]).

4. L'impresa di assicurazione può richiedere ai competenti organi di polizia le informazioni acquisite relativamente alle modalità dell'incidente, alla residenza e al domicilio delle parti e alla targa di immatricolazione o altro analogo segno distintivo, ma è tenuta al rispetto dei termini stabiliti dai commi 1 e 2 anche in caso di sinistro che abbia determinato sia danni a cose che lesioni personali o il decesso.

5. In caso di richiesta incompleta l'impresa di assicurazione richiede al danneggiato entro trenta giorni dalla ricezione della stessa le necessarie integrazioni; in tal caso i termini di cui ai commi 1 e 2 decorrono nuovamente dalla data di ricezione dei dati o dei documenti integrativi.

6. Se il danneggiato dichiara di accettare la somma offertagli, l'impresa provvede al pagamento entro quindici giorni dalla ricezione della comunicazione.

7. Entro ugual termine l'impresa corrisponde la somma offerta al danneggiato che abbia comunicato di non accettare l'offerta. La somma in tal modo corrisposta è imputata nella liquidazione definitiva del danno.

8. Decorsi trenta giorni dalla comunicazione senza che l'interessato abbia fatto pervenire alcuna risposta, l'impresa corrisponde al danneggiato la somma offerta con le stesse modalità, tempi ed effetti di cui al comma 7.

9. Agli effetti dell'applicazione delle disposizioni di cui al presente articolo, l'impresa di assicurazione non può opporre al danneggiato l'eventuale inadempimento da parte dell'assicurato dell'obbligo di avviso del sinistro di cui all'articolo 1913 del codice civile.

10. In caso di sentenza a favore del danneggiato, quando la somma offerta ai sensi dei commi 1 o 2 sia inferiore alla metà di quella liquidata, al netto di eventuale rivalutazione ed interessi, il giudice trasmette, contestual-

mente al deposito in cancelleria, copia della sentenza all'IVASS per gli accertamenti relativi all'osservanza delle disposizioni del presente capo.

11. L'impresa, quando corrisponde compensi professionali per l'eventuale assistenza prestata da professionisti, è tenuta a richiedere la documentazione probatoria relativa alla prestazione stessa e ad indicarne il corrispettivo separatamente rispetto alle voci di danno nella quietanza di liquidazione. L'impresa, che abbia provveduto direttamente al pagamento dei compensi dovuti al professionista, ne dà comunicazione al danneggiato, indicando l'importo corrisposto.

11 *bis*. Resta ferma per l'assicurato la facoltà di ottenere l'integrale risarcimento per la riparazione a regola d'arte del veicolo danneggiato avvalendosi di imprese di autoriparazione di propria fiducia abilitate ai sensi della legge 5 febbraio 1992, n. 122. A tal fine, l'impresa di autoriparazione fornisce la documentazione fiscale e un'idonea garanzia sulle riparazioni effettuate, con una validità non inferiore a due anni per tutte le parti non soggette a usura ordinaria (9) (10).

(1) *La parola: «due» è stata così sostituita dall'attuale: «cinque» dall'art. 21, comma 7 bis, del D.L. 18 ottobre 2012, n. 179, convertito, con modificazioni, nella L. 17 dicembre 2012, n. 221.*

(2) *Questo comma è stato così sostituito dall'art. 32, comma 3, lett. a), del D.L. 24 gennaio 2012, n. 1, convertito, con modificazioni, nella L. 24 marzo 2012, n. 27.*

(3) *A norma dell'art. 125, comma 3, del D.L. 17 marzo 2020, n. 18, convertito, con modificazioni, nella L. 24 aprile 2020, n. 27, fino al 31 luglio 2020, i termini di cui a questo comma, per la formulazione dell'offerta o della motivata contestazione, nei casi di necessario intervento di un perito o del medico legale ai fini della valutazione del danno alle cose o alle persone, sono stati prorogati di ulteriori 60 giorni.*

(4) *Le parole: «e motivata» sono state inserite dall'art. 1, comma 7, del D.L.vo 6 novembre 2007, n. 198.*

(5) *Questo periodo è stato così sostituito dall'art. 1, comma 21, della L. 4 agosto 2017, n. 124.*

(6) *L'originario quinto periodo è stato così sostituito dagli attuali quinto e sesto periodo, dall'art. 1, comma 22, della L. 4 agosto 2017, n. 124.*

(7) *Questo comma è stato inserito dall'art. 32, comma 3, lett. b), del D.L. 24 gennaio 2012, n. 1, convertito, con modificazioni, nella L. 24 marzo 2012, n. 27.*

(8) *Questo comma è stato così sostituito dall'art. 32, comma 3, lett. c), del D.L. 24 gennaio 2012, n. 1, convertito, con modificazioni, nella L. 24 marzo 2012, n. 27.*

(9) *Questo comma è stato aggiunto dall'art. 1, comma 9, della L. 4 agosto 2017, n. 124.*

(10) *A norma dell'art. 1, comma 10, della L. 4 agosto 2017, n. 124, al fine di garantire le condizioni di sicurezza e funzionalità dei veicoli, le associazioni nazionali maggiormente rappresentative del settore dell'autoriparazione, l'Associazione nazionale fra le imprese assicuratrici e le associazioni dei consumatori iscritte nell'elenco istituito ai sensi dell'articolo 137 del codice del consumo, di cui al decreto legislativo 6 settembre 2005, n. 206, e successive modificazioni, definiscono d'intesa tra loro apposite linee guida finalizzate a determinare gli strumenti, le procedure, le soluzioni realizzative e gli ulteriori parametri tecnici per l'effettuazione delle riparazioni a regola d'arte di cui a questo comma, sulla base di criteri oggettivi e facilmente riscontrabili. Le predette linee guida sono comunicate al Ministero dello sviluppo economico che ne assicura le necessarie forme di pubblicità.*

149. Procedura di risarcimento diretto. – 1. In caso di sinistro tra due veicoli a motore identificati ed assicurati per la responsabilità civile obbligatoria, dal quale siano derivati danni ai veicoli coinvolti o ai loro conducenti, i danneggiati devono rivolgere la richiesta di risarcimento all'impresa di assicurazione che ha stipulato il contratto relativo al veicolo utilizzato.

2. La procedura di risarcimento diretto riguarda i danni al veicolo nonché i danni alle cose trasportate di proprietà dell'assicurato o del conducente. Essa si applica anche al danno alla persona subito dal conducente non responsabile se risulta contenuto nel limite previsto dall'articolo 139. La procedura non si applica ai sinistri che coinvolgono veicoli immatricolati all'estero ed al risarcimento del danno subito dal terzo trasportato come disciplinato dall'articolo 141.

3. L'impresa, a seguito della presentazione della richiesta di risarcimento diretto, è obbligata a provvedere alla liquidazione dei danni per conto dell'impresa di assicurazione del veicolo responsabile, ferma la successiva regolazione dei rapporti fra le imprese medesime.

4. Se il danneggiato dichiara di accettare la somma offerta, l'impresa di assicurazione provvede al pagamento entro quindici giorni dalla ricezione della comunicazione e il danneggiato è tenuto a rilasciare quietanza liberatoria valida anche nei confronti del responsabile del sinistro e della sua impresa di assicurazione.

5. L'impresa di assicurazione, entro quindici giorni, corrisponde la somma offerta al danneggiato che abbia comunicato di non accettare l'offerta o che non abbia fatto pervenire alcuna risposta. La somma in tale modo corrisposta è imputata all'eventuale liquidazione definitiva del danno.

6. In caso di comunicazione dei motivi che impediscono il risarcimento diretto ovvero nel caso di mancata comunicazione di offerta o di diniego di offerta entro i termini previsti dall'articolo 148 o di mancato accordo,

il danneggiato può proporre l'azione diretta di cui all'articolo 145, comma 2, nei soli confronti della propria impresa di assicurazione. L'impresa di assicurazione del veicolo del responsabile può chiedere di intervenire nel giudizio e può estromettere l'altra impresa, riconoscendo la responsabilità del proprio assicurato ferma restando, in ogni caso, la successiva regolazione dei rapporti tra le imprese medesime secondo quanto previsto nell'ambito del sistema di risarcimento diretto.

149 *bis*. (¹) Trasparenza delle procedure di risarcimento. – 1. In caso di cessione del credito derivante dal diritto al risarcimento dei danni causati dalla circolazione dei veicoli a motore e dei natanti, la somma da corrispondere a titolo di rimborso delle spese di riparazione dei veicoli danneggiati è versata previa presentazione della fattura emessa dall'impresa di autoriparazione abilitata ai sensi della legge 5 febbraio 1992, n. 122, che ha eseguito le riparazioni.

(1) *Questo articolo è stato inserito dall'art. 1, comma 24, della L. 4 agosto 2017, n. 124.*

150. Disciplina del sistema di risarcimento diretto. – 1. Con decreto del Presidente della Repubblica, su proposta del Ministro dello sviluppo economico (1), da emanarsi entro novanta giorni dalla data di entrata in vigore del presente codice sono stabiliti:

a) i criteri di determinazione del grado di responsabilità delle parti anche per la definizione dei rapporti interni tra le imprese di assicurazione;

b) il contenuto e le modalità di presentazione della denuncia di sinistro e gli adempimenti necessari per il risarcimento del danno;

c) le modalità, le condizioni e gli adempimenti dell'impresa di assicurazione per il risarcimento del danno;

d) i limiti e le condizioni di risarcibilità dei danni accessori;

e) i principi per la cooperazione tra le imprese di assicurazione, ivi compresi i benefici derivanti agli assicurati dal sistema di risarcimento diretto.

2. Le disposizioni relative alla procedura prevista dall'articolo 149 si applicano anche alle imprese di assicurazione con sede legale in altri Stati membri che operano nel territorio della Repubblica ai sensi degli articoli 23 e 24 (2).

3. L'IVASS vigila sul sistema di risarcimento diretto e sui principi adottati dalle imprese per assicurare la tutela dei danneggiati, il corretto svolgimento delle operazioni di liquidazione e la stabilità delle imprese.

(1) *Si veda il D.P.R. 18 luglio 2006, n. 254 (pubblicato in G.U. Serie gen. - n. 199 del 28 agosto 2006).*

(2) *Questo comma è stato così sostituito dall'art. 31, comma 1, della L. 5 agosto 2022, n. 118.*

A norma dell'art. 31, comma 2, della medesima legge, tali disposizioni entrano in vigore il 1° gennaio 2023 e si applicano per i sinistri con accadimento da tale data.

Si riporta il testo precedente:

«2. Le disposizioni relative alla procedura prevista dall'articolo 149 non si applicano alle imprese di assicurazione con sede legale in altri Stati membri che operano nel territorio della Repubblica ai sensi degli articoli 23 e 24, salvo che le medesime abbiano aderito al sistema di risarcimento diretto».

150 *bis*. (¹) Certificato di chiusa inchiesta. – 1. È fatto obbligo alla compagnia di assicurazione di risarcire il danno derivante da furto o incendio di autoveicolo, indipendentemente dalla richiesta del rilascio del certificato di chiusa inchiesta, fatto salvo quanto disposto dal comma 2.

2. Nei procedimenti giudiziari nei quali si procede per il reato di cui all'articolo 642 del codice penale, limitatamente all'ipotesi che il bene assicurato sia un autoveicolo, il risarcimento del danno derivante da furto o incendio dell'autoveicolo stesso è effettuato previo rilascio del certificato di chiusa inchiesta.

(1) *Questo articolo è stato inserito dall'art. 34 ter del D.L. 24 gennaio 2012, n. 1, convertito, con modificazioni, nella L. 24 marzo 2012, n. 27.*

Capo V
Risarcimento del danno derivante da sinistri avvenuti all'estero

151. Procedura. – 1. Il presente capo stabilisce disposizioni specifiche relative agli aventi diritto al risarcimento per danni a cose o a persone derivanti da sinistri avvenuti in uno Stato membro diverso da quello di residenza degli stessi, provocati dall'uso di veicoli che sono assicurati e stazionano abitualmente in uno Stato membro.

2. Fatte salve la legislazione di Stati terzi in materia di responsabilità civile e le norme di diritto internazionale privato, le disposizioni del presente capo si applicano anche ai residenti in uno Stato membro aventi diritto al risarcimento per danni a cose o a persone derivanti da sinistri avvenuti in Stati terzi i cui uffici nazionali di assicurazione hanno aderito al sistema della carta verde, ogniqualvolta tali sinistri siano provocati dall'uso di

veicoli che sono assicurati e stazionano abitualmente in uno Stato membro.

3. Gli articoli 152, 296, 297, 298 e 299 si applicano soltanto nel caso di incidenti causati dalla circolazione di un veicolo assicurato tramite uno stabilimento situato in uno Stato membro diverso da quello di residenza della persona avente diritto al risarcimento e stazionante abitualmente in uno Stato membro diverso da quello di residenza della persona avente diritto al risarcimento.

4. Gli articoli 300 e 301 si applicano anche agli incidenti provocati dai veicoli di Stati terzi ammessi alla circolazione nel territorio comunitario ed assicurati nel rispetto delle disposizioni di cui all'articolo 125.

5. Nelle ipotesi di cui al presente articolo gli aventi diritto al risarcimento possono agire direttamente contro l'impresa di assicurazione che copre la responsabilità civile del responsabile.

152. Mandatario per la liquidazione dei sinistri. – 1. L'impresa di assicurazione comunica tempestivamente ai centri di informazione di tutti gli Stati membri il nome e l'indirizzo del proprio mandatario per la liquidazione dei sinistri designato in ciascuno Stato membro.

2. Il mandatario risiede o è stabilito nel territorio dello Stato membro per il quale è designato e si rivolge agli aventi diritto al risarcimento nella o nelle lingue ufficiali dello Stato membro di residenza degli stessi.

3. Il mandatario, che può operare per conto di una o più imprese di assicurazione, acquisisce tutte le informazioni necessarie ai fini della liquidazione dei sinistri e adotta tutte le misure necessarie per gestire la liquidazione stessa.

4. La nomina del mandatario non esclude la facoltà per il danneggiato di rivolgere la richiesta di risarcimento direttamente al responsabile del sinistro ovvero anche all'impresa di assicurazione con la quale è assicurato il veicolo il cui uso ha provocato il sinistro.

5. L'impresa di assicurazione del responsabile del sinistro o il suo mandatario, entro tre mesi dalla ricezione della richiesta di risarcimento, comunica agli aventi diritto un'offerta di risarcimento motivata ovvero indica i motivi per i quali non ritiene di fare offerta.

153. Danneggiati residenti nel territorio della Repubblica. – 1. I soggetti residenti nel territorio della Repubblica, che sono danneggiati da sinistri della circolazione stradale provocati da veicoli stazionanti abitualmente e assicurati in un altro Stato membro e accaduti in uno degli Stati aderenti al sistema della carta verde, hanno diritto di richiedere il risarcimento del danno oltre che al responsabile del sinistro anche all'impresa di assicurazione con la quale è assicurato il veicolo che ha causato il sinistro ovvero anche al suo mandatario designato nel territorio della Repubblica.

2. In caso di mancata designazione del mandatario da parte dell'impresa di assicurazione con la quale è assicurato il veicolo che ha causato il sinistro e nei casi di inadempimento a quanto disposto dall'articolo 152, comma 5, il danneggiato può rivolgersi all'Organismo di indennizzo italiano secondo quanto previsto all'articolo 298.

154. Centro di informazione italiano (1). – 1. È istituito presso Il CONSAP (2) il Centro di informazione italiano per consentire agli aventi diritto di chiedere il risarcimento a seguito di un sinistro derivante dalla circolazione dei veicoli a motore nei casi previsti dall'articolo 151. A tale fine l'IVASS può stipulare apposite convenzioni a titolo gratuito con enti pubblici o privati che già detengano e gestiscano le informazioni di cui al comma 2, per l'organizzazione e il funzionamento del Centro di informazione italiano.

2. Il Centro di informazione italiano è incaricato di tenere un registro da cui risulta:

a) la targa di immatricolazione di ogni veicolo che staziona abitualmente nel territorio della Repubblica;

b) i numeri e la data di scadenza delle polizze di assicurazione che coprono la responsabilità civile derivante dalla circolazione di detti veicoli per i rischi di cui al ramo 10 di cui all'articolo 2, comma 3, diversi dalla responsabilità del vettore;

c) le imprese di assicurazione che coprono la responsabilità civile derivante dalla circolazione di tali veicoli per i rischi di cui al ramo 10 di cui all'articolo 2, comma 3, diversi dalla responsabilità del vettore, e i mandatari per la liquidazione dei sinistri designati da tali imprese di assicurazione conformemente all'articolo 152.

3. Il Centro di informazione italiano assiste gli aventi diritto al risarcimento nell'accesso alle informazioni di cui al comma 2, lettere *a*), *b*) e *c*).

4. Le imprese di assicurazione che coprono la responsabilità civile derivante dalla circolazione dei veicoli, che stazionano abitualmente nel territorio della Repubblica, sono

tenute a comunicare in via sistematica i dati relativi ai numeri di targa dei veicoli assicurati, ai numeri di polizza, alla data di cessazione della copertura assicurativa, ai nominativi dei mandatari per la liquidazione dei sinistri nominati in ciascuno Stato membro e, a richiesta, tempestivamente i dati relativi al nome ed indirizzo del proprietario o dell'usufruttuario o dell'acquirente con patto di riservato dominio o del locatario in caso di locazione finanziaria.

5. Le procedure, i tempi e le modalità di invio dei dati da parte delle imprese di assicurazione, le modalità del relativo trattamento dei dati e di gestione del Centro di informazione italiano, anche nei confronti degli interessati e degli aventi diritto alle informazioni, nonché le modalità di accesso alle informazioni per le imprese di assicurazione ed i mandatari per la liquidazione dei sinistri, sono definite con regolamento adottato dal CONSAP ([2]), sentito il Garante per la protezione dei dati personali. Con lo stesso regolamento sono individuati i dati contenuti nella banca dati sinistri, di cui all'articolo 135, che sono oggetto di trattamento anche da parte del Centro di informazione italiano, con esclusione dei dati sensibili.

6. Per le esigenze di funzionamento del Centro di informazione italiano, la CONSAP è autorizzata, ai sensi del codice in materia di protezione dei dati personali, ad avvalersi dei dati trattati dall'IVASS per le finalità della banca dati sinistri. L'IVASS, con regolamento, organizza la banca dati sinistri al fine di coordinare il trattamento dei dati con le esigenze del Centro di informazione italiano ([3]).

7. Il trattamento e la comunicazione dei dati personali sono consentiti, con esclusione dei dati personali sensibili ai sensi del codice in materia di protezione dei dati personali, nei limiti stabiliti dal presente capo. Le informazioni di cui al comma 2 sono conservate per un periodo di sette anni dalla data di cessazione dell'immatricolazione del veicolo o di scadenza del contratto di assicurazione.

8. Il Centro di informazione coopera con i centri di informazione istituiti dagli altri Stati membri per l'attuazione delle disposizioni previste dall'ordinamento comunitario.

([1]) *A norma dell'art. 13, comma 36, del D.L. 6 luglio 2012, n. 95, convertito, con modificazioni, nella L. 7 agosto 2012, n. 135, alla data di subentro dell'IVASS nelle funzioni precedentemente attribuite all'ISVAP, è trasferita alla Consap Spa la gestione del Centro di informazione previsto dal presente articolo.*

([2]) *A norma dell'art. 1, comma 111, del D.L.vo 12 maggio 2015, n. 74, la parola: «ISVAP» è stata così sostituita dall'attuale: «CONSAP».*

([3]) *Questo comma è stato così sostituito dall'art. 1, comma 214, del D.L.vo 12 maggio 2015, n. 74.*

155. Accesso al Centro di informazione italiano ([1]). – 1. I danneggiati, a seguito dei sinistri previsti all'articolo 151, hanno diritto di richiedere al Centro di informazione italiano entro sette anni dalla data del sinistro:

a) nome ed indirizzo dell'impresa di assicurazione;

b) numero della polizza di assicurazione e data di scadenza della stessa;

c) nome ed indirizzo del mandatario per la liquidazione dei sinistri dell'impresa di assicurazione nello Stato membro di residenza degli aventi diritto al risarcimento, nei casi in cui:

1) gli stessi risiedono nel territorio della Repubblica;

2) il veicolo che ha causato il sinistro stazioni abitualmente nel territorio della Repubblica;

3) il sinistro sia avvenuto nel territorio della Repubblica.

2. Nel caso in cui gli aventi diritto al risarcimento richiedano al Centro di informazione italiano il nome e l'indirizzo del proprietario o dell'usufruttuario o dell'acquirente con patto di riservato dominio o del locatario in caso di locazione finanziaria del veicolo che ha causato il sinistro, il Centro stesso, se gli aventi diritto hanno un interesse giuridicamente tutelato ad ottenere tali informazioni, si rivolge in particolare:

a) all'impresa di assicurazione;

b) all'ente di immatricolazione del veicolo.

3. Fermi restando i poteri dell'autorità giudiziaria, le forze di polizia nonché gli organi di polizia stradale di cui all'articolo 12 del codice della strada e le pubbliche amministrazioni competenti in materia di prevenzione e contrasto di comportamenti fraudolenti nel settore delle assicurazioni obbligatorie hanno accesso gratuito ai dati del Centro di informazione italiano. Le imprese di assicurazione, l'Ufficio centrale italiano e l'Organismo di indennizzo italiano possono richiedere al Centro di informazione italiano i dati per i quali hanno interesse motivato.

4. L'IVASS e la CONSAP hanno accesso gratuito ([2]) ai dati relativi ai veicoli ed ai nomi dei proprietari dei veicoli contenuti nei pubblici registri e ai dati dell'archivio nazionale dei veicoli di cui agli articoli 225, comma 1, lettera *b*), e 226, commi 5 e seguenti, del codice della strada.

5. Il Centro di informazione italiano coopera con i centri di informazione istituiti dagli altri Stati membri per l'attuazione delle disposizioni previste dall'ordinamento comunitario.

5 *bis*. A richiesta delle parti interessate, i dati forniti dal Centro di informazione italiano devono essere disponibili in formato elettronico ([3]).

([1]) *A norma dell'art. 13, comma 36, del D.L. 6 luglio 2012, n. 95, convertito, con modificazioni, nella L. 7 agosto 2012, n. 135, alla data di subentro dell'IVASS nelle funzioni precedentemente attribuite all'ISVAP, è trasferita alla Consap Spa la gestione del Centro di informazione previsto dal presente articolo.*

([2]) *Le parole: «L'ISVAP ha accesso gratuito» sono state così sostituite dalle attuali: «L'IVASS e la CONSAP hanno accesso gratuito» dall'art. 1, comma 218, del D.L.vo 12 maggio 2015, n. 74.*

([3]) *Questo comma è stato aggiunto dall'art. 1, comma 8, del D.L.vo 6 novembre 2007, n. 198.*

Capo VI
Disciplina dell'attività peritale

156. Attività peritale. – 1. L'attività professionale di perito assicurativo per l'accertamento e la stima dei danni alle cose derivanti dalla circolazione, dal furto e dall'incendio dei veicoli a motore e dei natanti soggetti alla disciplina del presente titolo non può essere esercitata da chi non sia iscritto nel ruolo di cui all'articolo 157.

2. Le imprese di assicurazione possono effettuare direttamente l'accertamento e la stima dei danni alle cose derivanti dalla circolazione, dal furto e dall'incendio dei veicoli a motore e dei natanti.

3. Nell'esecuzione dell'incarico i periti devono comportarsi con diligenza, correttezza e trasparenza.

157. Ruolo dei periti assicurativi. – 1. Il CONSAP ([1]) cura l'istituzione e il funzionamento del ruolo e determina, con regolamento, da pubblicarsi nella *Gazzetta Ufficiale* e sul suo sito internet, ([2]) gli obblighi di comunicazione, la procedura di iscrizione e di cancellazione e le forme di pubblicità più idonee ad assicurare l'accesso pubblico al ruolo.

2. Nel ruolo sono iscritti i periti assicurativi che esercitano l'attività in proprio e che sono in possesso dei requisiti di cui all'articolo 158.

([1]) *A norma dell'art. 1, comma 111, del D.L.vo 12 maggio 2015, n. 74, la parola: «ISVAP» è stata così sostituita dall'attuale: «CONSAP».*

([2]) *Le parole: «da pubblicarsi nella* Gazzetta Ufficiale e sul suo sito internet,» *sono state inserite dall'art. 1, comma 215, del D.L.vo 12 maggio 2015, n. 74.*

158. Requisiti per l'iscrizione. – 1. Per ottenere l'iscrizione nel ruolo la persona fisica deve essere in possesso dei seguenti requisiti:

a) godere dei diritti civili;

b) non aver riportato condanna irrevocabile, o sentenza irrevocabile di applicazione della pena di cui all'articolo 444, comma 2, del codice di procedura penale, per un delitto contro la pubblica amministrazione, contro l'amministrazione della giustizia, contro la fede pubblica, contro l'economia pubblica, l'industria e il commercio, contro il patrimonio per il quale la legge commini la pena della reclusione non inferiore nel minimo ad un anno o nel massimo a tre anni, o per altro delitto non colposo per il quale sia comminata la pena della reclusione non inferiore nel minimo a due anni o nel massimo a cinque anni, o per il reato di omesso versamento dei contributi previdenziali e assistenziali obbligatori, ovvero condanna irrevocabile comportante l'applicazione della pena accessoria dell'interdizione dai pubblici uffici perpetua o di durata superiore a tre anni, salvo che non sia intervenuta la riabilitazione;

c) non essere stata dichiarata fallita, salvo che sia intervenuta la riabilitazione, né essere stato presidente, amministratore con delega di poteri, direttore generale, sindaco di società od enti che siano stati assoggettati a procedure di fallimento, concordato preventivo o liquidazione coatta amministrativa, almeno per i tre esercizi precedenti all'adozione dei relativi provvedimenti, fermo restando che l'impedimento ha durata fino ai cinque anni successivi all'adozione dei provvedimenti stessi;

d) non versare nelle situazioni di decadenza, divieto o sospensione previste dall'articolo 10 della legge 31 maggio 1965, n. 575 ([1]), e successive modificazioni;

e) aver conseguito un diploma di scuola media secondaria superiore o di laurea triennale;

f) aver svolto tirocinio di durata biennale presso un perito abilitato;

g) aver superato una prova di idoneità secondo quanto previsto dal comma 3.

2. Fermo il disposto dell'articolo 156, non possono esercitare l'attività di perito assicurativo né essere iscritti nel ruolo gli intermediari di assicurazione e di riassicurazione, i riparatori di veicoli e di natanti e i pubblici dipendenti con rapporto lavorativo a tempo pieno ovvero a tempo parziale, quando superi la metà dell'orario lavorativo a tempo pieno.

3. Ai fini dell'iscrizione, il perito deve possedere adeguate cognizioni e capacità professionali, che sono accertate dall'IVASS tramite una prova di idoneità, consistente in un esame su materie tecniche, giuridiche ed economiche rilevanti nell'esercizio dell'attività. Il CONSAP (2) determina, con regolamento, i titoli di ammissione e le modalità di svolgimento della prova valutativa, provvedendo alla relativa organizzazione e gestione.

(1) *A norma dell'art. 116, comma 2, del D.L.vo 6 settembre 2011, n. 159, i richiami alle disposizioni contenute nella L. 31 maggio 1965, n. 575, ovunque presenti, si intendono riferiti alle corrispondenti disposizioni contenute nel D.L.vo n. 159/2011.*

(2) *A norma dell'art. 1, comma 111, del D.L.vo 12 maggio 2015, n. 74, la parola: «ISVAP» è stata così sostituita dall'attuale: «CONSAP».*

159. Cancellazione dal ruolo. – 1. La cancellazione dal ruolo è disposta dal CONSAP (1), con provvedimento motivato, in caso di:

a) rinuncia all'iscrizione;

b) perdita di uno dei requisiti di cui all'articolo 158, comma 1, lettere *a*), *b*), *c*) e *d*);

c) sopravvenuta incompatibilità ai sensi dell'articolo 158, comma 2;

d) radiazione;

e) mancato versamento del contributo di gestione (2) di cui all'articolo 337, nonostante apposita diffida disposta dal CONSAP (1).

2. Non si procede alla cancellazione dal ruolo, anche se richiesta dal perito, fino a quando sia in corso un procedimento disciplinare ovvero siano in corso accertamenti istruttori propedeutici all'avvio del medesimo.

(1) *A norma dell'art. 1, comma 111, del D.L.vo 12 maggio 2015, n. 74, la parola: «ISVAP» è stata così sostituita dall'attuale: «CONSAP».*

(2) *Le parole: «di vigilanza» sono state così sostituite dalle attuali: «di gestione» dall'art. 1, comma 216, del D.L.vo 12 maggio 2015, n. 74.*

160. Reiscrizione. – 1. Il perito, che sia stato cancellato dal ruolo a seguito del provvedimento di radiazione, può richiedere di esservi iscritto nuovamente, purché siano decorsi almeno cinque anni dalla cancellazione e sussistano i requisiti di cui all'articolo 158, commi 1 e 2.

2. In caso di cancellazione derivante da condanna irrevocabile o da fallimento, il perito può essere nuovamente iscritto al ruolo soltanto se ne sia intervenuta la riabilitazione.

3. Il perito, la cui iscrizione sia stata cancellata per mancato versamento del contributo di gestione (1), può essere iscritto nuovamente purché abbia provveduto al pagamento di quanto non corrisposto sino alla cancellazione.

4. Se il perito, intervenuta la cancellazione dal ruolo, chiede una nuova iscrizione, essa viene disposta previa verifica della sussistenza dei requisiti di cui all'articolo 158, commi 1 e 2, rimanendo valida l'idoneità già conseguita.

(1) *Le parole: «di vigilanza» sono state così sostituite dalle attuali: «di gestione» dall'art. 1, comma 216, del D.L.vo 12 maggio 2015, n. 74.*

Titolo XI
Disposizioni relative a particolari operazioni assicurative

Capo I
Coassicurazione comunitaria

161. Coassicurazione comunitaria. – 1. Le assicurazioni contro i danni stipulate per la copertura di rischi situati nel territorio della Repubblica possono essere ripartite in coassicurazione comunitaria, per quote determinate, tra imprese che hanno la sede legale in altri Stati membri o in Stati aderenti allo Spazio economico europeo, a condizione che almeno una delle imprese sia stabilita in uno Stato membro diverso da quello del coassicuratore delegatario e i rischi da coprire siano quelli rientranti tra i grandi rischi di cui all'articolo 1, comma 1, lettera *r*).

162. Determinazione dell'oggetto della delega. – 1. Le assicurazioni sono stipulate con contratto unico, sottoscritto da tutti i coassicuratori, per una stessa durata e con premio globale.

2. La delega è attribuita ad uno dei coassicuratori affinché curi la gestione del contratto per conto e nell'interesse di tutti.

3. Il coassicuratore delegatario esercita tutte le attribuzioni previste con la delega e quelle spettanti secondo gli usi.

4. Il coassicuratore delegatario determina le condizioni di assicurazione ed il tasso del premio da applicare al contratto.

162 *bis*. (1) Riserve tecniche. – 1. L'impresa avente sede nel territorio della Repubblica, che partecipa a un contratto di coassicurazione comunitaria, determina le riserve tecniche in conformità alle disposizioni del Titolo III.

2. In ogni caso, l'ammontare delle riserve tecniche di cui al comma 1 è almeno uguale a quello identificato e comunicato dal coassicuratore delegatario secondo le norme del suo Stato membro di origine.

3. Se l'impresa di cui al comma 1 riveste la qualifica di delegataria, la stessa deve tener conto dei rischi per l'intero contratto.

(1) *Questo articolo è stato inserito dall'art. 1, comma 112, del D.L.vo 12 maggio 2015, n. 74.*

162 *ter*. (1) Dati statistici. - 1. L'impresa con sede legale nel territorio della Repubblica che opera in coassicurazione comunitaria mantiene dati statistici che mettano in evidenza l'entità delle operazioni di coassicurazione comunitaria alle quali partecipa e gli Stati membri interessati.

(1) *Questo articolo è stato inserito dall'art. 1, comma 112, del D.L.vo 12 maggio 2015, n. 74.*

Capo II
Assicurazione di tutela legale

163. Requisiti particolari. - 1. L'impresa che esercita l'assicurazione di tutela legale osserva nei rapporti con gli assicurati le disposizioni previste agli articoli 173 e 174 e rispetta i requisiti per la gestione dei sinistri di cui all'articolo 164.

2. La disciplina di cui al presente capo non si applica alle assicurazioni di tutela legale che concernono controversie derivanti dall'utilizzazione di navi marittime o connesse comunque a tale utilizzazione ed all'attività esercitata dall'impresa di assicurazione della responsabilità civile per resistere all'azione dei danneggiati ai sensi dell'articolo 1917 del codice civile.

164. Modalità per la gestione dei sinistri. - 1. L'impresa che esercita l'attività assicurativa nel ramo tutela legale adotta, per la gestione dei sinistri e per la relativa attività di consulenza, una delle modalità, di cui deve essere data preventiva comunicazione all'IVASS, previste dal comma 2.

2. L'impresa può:

a) svolgere direttamente l'attività di gestione dei sinistri e quella di consulenza;

b) affidarla ad un'impresa distinta;

c) prevedere nel contratto il diritto per l'assicurato di affidare la tutela dei suoi interessi in caso di sinistro, non appena abbia il diritto di esigere l'intervento dell'impresa di assicurazione, a un avvocato o ad altro professionista abilitato dalla legge da lui scelto.

3. Qualora l'impresa si avvalga della facoltà di cui al comma 2, lettera *a*), devono ricorrere congiuntamente le seguenti condizioni:

a) se l'impresa è multiramo, il personale di cui si avvale non deve svolgere, per conto della stessa, attività di gestione dei sinistri o di consulenza in un altro ramo esercitato dall'impresa;

b) indipendentemente dal fatto che l'impresa sia multiramo o specializzata, il personale non deve svolgere, per conto di altra impresa autorizzata all'esercizio delle assicurazioni contro i danni che abbia con la prima legami finanziari, commerciali o amministrativi, attività di gestione dei sinistri o di consulenza in altri rami esercitati dall'impresa con la quale intercorrono i predetti legami.

4. L'impresa deve dichiarare nel contratto se intende avvalersi della facoltà di cui al comma 2, lettera *b*), indicando la denominazione sociale dell'impresa alla quale affida la gestione dei sinistri. Quando l'impresa ha legami con un'altra impresa che esercita le assicurazioni contro i danni, il personale incaricato della gestione dei sinistri o della relativa consulenza non può esercitare la stessa o analoga attività in altri rami esercitati da quest'ultima impresa. L'impresa cui sia affidata la gestione dei sinistri è soggetta alla vigilanza dell'IVASS.

5. L'impresa può adottare una diversa modalità operativa previa comunicazione all'IVASS e con effetto solo per i contratti stipulati successivamente alla comunicazione medesima.

Titolo XII
Norme relative ai contratti di assicurazione

Capo I
Disposizioni generali

165. Raccordo con le disposizioni del codice civile. - 1. Fermo restando quanto diversamente disposto dal presente codice, i contratti di assicurazione, coassicurazione e riassicurazione rimangono disciplinati dalle norme del codice civile.

166. Criteri di redazione. - 1. Il contratto e ogni altro documento consegnato dall'impresa al contraente va redatto in modo chiaro ed esauriente.

2. Le clausole che indicano decadenze, nullità o limitazione delle garanzie ovvero oneri a carico del contraente o dell'assicurato sono riportate mediante caratteri di particolare evidenza.

167. Nullità dei contratti conclusi con imprese non autorizzate. - 1. È nullo il contratto di assicurazione stipulato con un'impresa non autorizzata o con un'impresa alla quale sia fatto divieto di assumere nuovi affari.

2. La nullità può essere fatta valere solo dal contraente o dall'assicurato. La pronuncia di nullità obbliga alla restituzione dei premi pagati. In ogni caso non sono ripetibili gli indennizzi e le somme eventualmente corrisposte o dovute dall'impresa agli assicurati ed agli altri aventi diritto a prestazioni assicurative.

168. Effetti del trasferimento di portafoglio, della fusione e della scissione. – 1. Ad integrazione di quanto previsto dall'articolo 1902, primo comma, del codice civile, il trasferimento di portafoglio, che sia autorizzato in conformità a quanto previsto dagli articoli 198 e 200, non è causa di risoluzione dei contratti, ma i contraenti che hanno il domicilio o, se persone giuridiche, la sede legale nel territorio della Repubblica possono recedere entro il termine di sessanta giorni dalla pubblicazione del provvedimento di autorizzazione, se il trasferimento avviene a favore di un'impresa di assicurazione che ha la sede legale all'estero oppure a favore di una sede secondaria all'estero di un'impresa che ha la sede legale nel territorio della Repubblica.

2. Nei casi previsti dal comma 1, se il trasferimento riguarda contratti per l'assicurazione obbligatoria della responsabilità civile derivante dalla circolazione dei veicoli a motore e dei natanti, i soggetti che hanno diritto ad un risarcimento possono agire direttamente, entro i limiti delle somme per le quali è stata stipulata l'assicurazione, nei confronti dell'impresa italiana cedente sino alla pubblicazione del provvedimento di autorizzazione rilasciato dall'IVASS.

3. Ad integrazione di quanto previsto dall'articolo 1902, primo comma, del codice civile, il trasferimento del portafoglio di imprese di assicurazione di altri Stati membri, che sia stato autorizzato dall'autorità di vigilanza dello Stato membro di origine dell'impresa cedente ed effettuato con l'assenso dell'IVASS, non è causa di risoluzione dei contratti trasferiti, ma i contraenti che hanno il domicilio o, se persone giuridiche, la sede legale nel territorio della Repubblica possono recedere dai rispettivi contratti entro il termine di sessanta giorni dalla pubblicazione dell'avviso di cui all'articolo 199, comma 6.

4. Ad integrazione di quanto previsto dall'articolo 1902, primo comma, del codice civile, le disposizioni di cui al presente articolo si applicano anche ai trasferimenti di portafoglio conseguenti ad una fusione o ad una scissione.

169. Effetti della liquidazione coatta di imprese di assicurazione. – 1. Ad integrazione di quanto previsto dall'articolo 1902, secondo comma, del codice civile, i contratti di assicurazione in corso di esecuzione alla data di pubblicazione nella *Gazzetta Ufficiale* del provvedimento di liquidazione continuano a coprire i rischi fino al sessantesimo giorno successivo.

2. Gli assicurati hanno facoltà di recesso, dopo la pubblicazione del provvedimento di liquidazione, mediante raccomandata con avviso di ricevimento. Il recesso ha effetto dal giorno successivo a quello di ricevimento della comunicazione da parte della liquidazione.

3. In deroga al comma 1, i contratti di assicurazione obbligatoria della responsabilità civile per i danni causati dalla circolazione dei veicoli a motore e dei natanti, in corso di esecuzione alla data di pubblicazione del provvedimento di liquidazione, continuano, nei limiti delle somme minime per cui è obbligatoria l'assicurazione, a coprire i rischi fino alla scadenza del contratto o del periodo di tempo per il quale è stato pagato il premio.

Capo II
Assicurazione obbligatoria della responsabilità civile derivante dalla circolazione dei veicoli a motore e dei natanti

170. Divieto di abbinamento. – 1. Ai fini dell'adempimento dell'obbligo di assicurazione dei veicoli a motore, le imprese non possono subordinare la conclusione di un contratto per l'assicurazione obbligatoria della responsabilità civile alla conclusione di ulteriori contratti assicurativi, bancari o finanziari.

2. In deroga al comma 1, al fine di garantire il recupero della franchigia eventualmente prevista a carico del contraente, le imprese possono pattuire idonee forme di garanzia, se le stesse non determinano spese aggiuntive e se il premio risulta inferiore a quello che sarebbe stato altrimenti applicato in assenza di franchigia con recupero garantito.

3. In deroga al comma 1, le imprese possono proporre polizze per l'assicurazione obbligatoria della responsabilità civile derivante dalla circolazione dei veicoli in abbinamento ad altri contratti assicurativi, bancari o fi-

nanziari a condizione che tali proposte non costituiscano l'unica offerta dell'impresa e siano osservate le disposizioni previste dal testo unico bancario e dal testo unico dell'intermediazione finanziaria per l'offerta dei contratti dai medesimi disciplinati.

4. I contratti conclusi ai sensi dei commi 2 e 3, compresi quelli bancari e finanziari, possono essere contestualmente risolti dal contraente nel caso previsto dall'articolo 172.

170 *bis*. ([1]) **Durata del contratto.** – 1. Il contratto di assicurazione obbligatoria della responsabilità civile derivante dalla circolazione dei veicoli a motore e dei natanti ha durata annuale o, su richiesta dell'assicurato, di anno più frazione, si risolve automaticamente alla sua scadenza naturale e non può essere tacitamente rinnovato, in deroga all'articolo 1899, primo e secondo comma, del codice civile. L'impresa di assicurazione è tenuta ad avvisare il contraente della scadenza del contratto con preavviso di almeno trenta giorni e a mantenere operante, non oltre il quindicesimo giorno successivo alla scadenza del contratto, la garanzia prestata con il precedente contratto assicurativo fino all'effetto della nuova polizza ([2]).

1 *bis*. La risoluzione di cui al comma 1 si applica anche alle assicurazioni dei rischi accessori al rischio principale della responsabilità civile derivante dalla circolazione dei veicoli, qualora lo stesso contratto, ovvero un altro contratto stipulato contestualmente, garantisca simultaneamente sia il rischio principale sia i rischi accessori ([3]).

([1]) *Questo articolo è stato inserito dall'art. 22, comma 1, del D.L. 18 ottobre 2012, n. 179, convertito, con modificazioni, nella L. 17 dicembre 2012, n. 221. Si vedano inoltre i commi 2 e 3 del medesimo articolo 22 di cui si riporta il testo:*

«2. Per le clausole di tacito rinnovo eventualmente previste nei contratti stipulati precedentemente alla data di entrata in vigore del presente decreto, le previsioni di cui al comma 3 dell'articolo 170 bis del decreto legislativo 7 settembre 2005, n. 209 (Codice delle assicurazioni private), si applicano a fare data dal 1° gennaio 2013.

3. Nelle ipotesi di contratti in corso di validità alla data di entrata in vigore del presente decreto con clausola di tacito rinnovo, è fatto obbligo alle imprese di assicurazione di comunicare per iscritto ai contraenti la perdita di efficacia delle clausole di tacito rinnovo con congruo anticipo rispetto alla scadenza del termine originariamente pattuito nelle medesime clausole per l'esercizio della facoltà di disdetta del contratto.»

([2]) *A norma dell'art. 125, comma 2, del D.L. 17 marzo 2020, n. 18, convertito, con modificazioni, nella L. 24 aprile 2020, n. 27, per i contratti scaduti e non ancora rinnovati e per i contratti che scadono nel periodo compreso tra il 21 febbraio 2020 e il 31 luglio 2020, il termine di cui a questo comma, entro cui l'impresa di assicurazione è tenuta a mantenere operante la garanzia prestata con il contratto assicurativo fino all'effetto della nuova polizza, è stato prorogato di ulteriori quindici giorni.*

([3]) *Questo comma è stato aggiunto dall'art. 1, comma 25, della L. 4 agosto 2017, n. 124.*

171. Trasferimento di proprietà del veicolo o del natante. – 1. Il trasferimento di proprietà del veicolo o del natante determina, a scelta irrevocabile dell'alienante, uno dei seguenti effetti:

a) la risoluzione del contratto a far data dal perfezionamento del trasferimento di proprietà, con diritto al rimborso del rateo di premio relativo al residuo periodo di assicurazione al netto dell'imposta pagata e del contributo obbligatorio di cui all'articolo 334;

b) la cessione del contratto di assicurazione all'acquirente;

c) la sostituzione del contratto per l'assicurazione di altro veicolo o, rispettivamente, di un altro natante di sua proprietà, previo l'eventuale conguaglio del premio.

2. Eseguito il trasferimento di proprietà, l'alienante informa contestualmente l'impresa di assicurazione e l'acquirente se, insieme al veicolo, viene ceduto il contratto di assicurazione.

3. La garanzia è valida per il nuovo veicolo o natante dalla data del rilascio del nuovo certificato e, ove occorra, del nuovo contrassegno relativo al veicolo o al natante secondo le modalità previste dal regolamento adottato, su proposta dell'IVASS, dal Ministro dello sviluppo economico.

172. Diritto di recesso. – 1. In caso di variazioni tariffarie, escluse quelle connesse all'applicazione di regole evolutive nelle varie formule tariffarie, superiori al tasso programmato di inflazione, il contraente può recedere dall'assicurazione mediante comunicazione da effettuarsi con raccomandata con avviso di ricevimento o consegnata a mano, ovvero a mezzo telefax, inviati alla sede dell'impresa o all'intermediario presso il quale è stata stipulata la polizza entro il giorno di scadenza del contratto. In tal caso non si applica a favore del contraente il termine di tolleranza previsto dall'articolo 1901, secondo comma, del codice civile.

2. Fatto salvo quanto previsto dal comma 1, la disdetta del contratto è inviata a mezzo telefax o raccomandata almeno quindici giorni prima della data di scadenza indicata nella polizza.

3. Le disposizioni del presente articolo sono derogabili esclusivamente in senso più favorevole al contraente.

Capo III
Assicurazione di tutela legale
e assicurazione di assistenza

173. Assicurazione di tutela legale. – 1. L'assicurazione di tutela legale è il contratto con il quale l'impresa di assicurazione, verso pagamento di un premio, si obbliga a prendere a carico le spese legali peritali o a fornire prestazioni di altra natura, occorrenti all'assicurato per la difesa dei suoi interessi in sede giudiziale, in ogni tipo di procedimento, o in sede extragiudiziale, soprattutto allo scopo di conseguire il risarcimento di danni subiti o per difendersi contro una domanda di risarcimento avanzata nei suoi confronti, purché non proposta dall'impresa che presta la copertura assicurativa di tutela legale.

2. Qualora l'assicurazione di tutela legale sia prestata cumulativamente con altre assicurazioni, con un unico contratto, il suo contenuto, le condizioni contrattuali ad essa applicabili ed il relativo premio debbono essere indicati in un'apposita distinta sezione del contratto.

174. Diritti dell'assicurato nell'assicurazione di tutela legale. – 1. Il contratto di assicurazione di tutela legale deve espressamente prevedere in funzione di tutela dell'assicurato che il medesimo, qualora necessiti dell'assistenza di un professionista per la difesa o la rappresentanza dei propri interessi in un procedimento giudiziario o amministrativo oppure nel caso di conflitto di interessi con l'impresa stessa, abbia la facoltà di scelta del professionista, purché quest'ultimo sia abilitato secondo la normativa applicabile.

2. In caso di disaccordo tra l'assicurato e l'impresa sulla gestione del sinistro, le parti possono adire l'autorità giudiziaria o demandare la decisione sul comportamento da tenere ad un arbitro che provvede secondo equità. Tale seconda facoltà deve essere esplicitamente prevista nel contratto.

3. Fermo restando il diritto dell'assicurato di avvalersi della facoltà di cui al comma 1, non è necessario che le condizioni di contratto prevedano espressamente la medesima facoltà quando sono cumulativamente soddisfatte le seguenti condizioni:

a) l'assicurazione di tutela legale è limitata a controversie derivanti dall'utilizzazione di veicoli stradali nel territorio della Repubblica;

b) la medesima è collegata ad un contratto di assicurazione di assistenza da prestare in caso di incidente o guasto relativamente allo stesso veicolo;

c) né l'impresa di assicurazione della tutela legale né l'impresa di assicurazione dell'assistenza esercitano il ramo della responsabilità civile.

4. Nell'ipotesi di cui al comma 3, qualora l'impresa assicuri per la tutela legale entrambe le parti della controversia, queste devono essere assistite e rappresentate da avvocati, o altri soggetti abilitati dalla legislazione vigente, indipendenti dall'impresa di assicurazione.

5. Ogni qualvolta sorga un conflitto di interessi tra l'assicurato e l'impresa di assicurazione o esista disaccordo in merito alla gestione dei sinistri, l'impresa richiama per iscritto l'attenzione dell'assicurato sulla possibilità di avvalersi dei diritti di cui al presente articolo ovvero sulla possibilità di avvalersi dell'arbitrato di cui al comma 2.

175. Assicurazione di assistenza. – 1. L'assicurazione di assistenza è il contratto con il quale l'impresa di assicurazione, verso il pagamento di un premio, si impegna a fornire all'assicurato una prestazione di immediato aiuto entro i limiti convenuti nel contratto, nel caso in cui l'assicurato stesso si trovi in una situazione di difficoltà al seguito del verificarsi di un evento fortuito.

2. L'aiuto può essere in denaro o in natura. Le prestazioni in natura possono essere fornite anche utilizzando personale e attrezzature di terzi.

Capo IV
Assicurazione sulla vita

176. Revocabilità della proposta. – 1. La proposta relativa ad un contratto individuale di assicurazione sulla vita di cui ai rami I, II, III e V dell'articolo 2, comma 1, è revocabile.

2. Le somme eventualmente pagate dal contraente devono essere restituite dall'impresa di assicurazione entro trenta giorni dal momento in cui ha ricevuto comunicazione della revoca.

3. Le disposizioni del presente articolo non si applicano ai contratti di durata pari od inferiore a sei mesi.

177. Diritto di recesso. – 1. Il contraente può recedere da un contratto individuale di assicurazione sulla vita entro trenta giorni dal momento in cui ha ricevuto comunicazione che il contratto è concluso.

2. L'impresa di assicurazione deve informare il contraente del diritto di recesso di cui al comma 1. I termini e le modalità per l'eserci-

zio dello stesso devono essere espressamente evidenziati nella proposta e nel contratto di assicurazione.

3. L'impresa di assicurazione, entro trenta giorni dal ricevimento della comunicazione relativa al recesso, rimborsa al contraente il premio eventualmente corrisposto, al netto della parte relativa al periodo per il quale il contratto ha avuto effetto. L'impresa di assicurazione ha diritto al rimborso delle spese effettivamente sostenute per l'emissione del contratto, a condizione che siano individuate e quantificate nella proposta e nel contratto.

4. Le disposizioni di cui al presente articolo non si applicano ai contratti di durata pari od inferiore a sei mesi.

178. Inversione dell'onere della prova nei giudizi risarcitori. – 1. Nei giudizi di risarcimento dei danni cagionati al contraente di un contratto di assicurazione sulla vita di cui ai rami III e V dell'articolo 2, comma 1, spetta all'impresa l'onere della prova di aver agito con la specifica diligenza richiesta.

Capo V
Capitalizzazione

179. Nozione. – 1. La capitalizzazione è il contratto mediante il quale l'impresa di assicurazione si impegna, senza convenzione relativa alla durata della vita umana, a pagare somme determinate al decorso di un termine prestabilito in corrispettivo di premi, unici o periodici, che sono effettuati in denaro o mediante altre attività.

2. Quando i contratti prevedono il periodico sorteggio ai fini dell'anticipato pagamento del capitale convenuto, nei successivi sorteggi deve essere estratto un numero uguale o crescente di contratti, non superiore, nell'anno, a cinque per ogni cento contratti emessi. I sorteggi devono essere effettuati ad intervalli non inferiori al semestre.

3. I contratti di capitalizzazione non possono avere durata inferiore a cinque anni. Nel caso di contratti con premi periodici, i versamenti possono essere stabiliti sia in misura costante sia in misura variabile, purché quest'ultima modalità sia prevista contrattualmente.

4. Il contraente può recedere dal contratto nei termini e con le modalità di cui all'articolo 177. Il riscatto è consentito a partire dal secondo anno ed a condizione che il contraente abbia corrisposto il premio per un'intera annualità.

Capo VI
Legge applicabile

180. Contratti di assicurazione contro i danni. – 1. I contratti di assicurazione contro i danni sono regolati dalla legge italiana, ferme le norme di diritto internazionale privato, quando lo Stato membro di ubicazione del rischio è la Repubblica italiana.

2. Le parti possono convenire di assoggettare il contratto alla legislazione di un altro Stato, salvo i limiti derivanti dall'applicazione di norme imperative.

3. Le disposizioni specifiche relative ad una assicurazione obbligatoria, previste dallo Stato che impone l'obbligo, prevalgono su quelle della legge applicabile al contratto; quando quest'ultimo preveda una garanzia destinata ad operare in più Stati, prevalgono le disposizioni specifiche dello Stato interessato.

4. I contratti di assicurazione contro i danni relativi a rischi ubicati in un altro Stato membro sono regolati dalla legislazione del medesimo Stato.

5. Qualora il rischio sia ubicato in uno Stato terzo, si applicano le disposizioni della Convenzione di Roma del 19 giugno 1980, sulla legge applicabile alle obbligazioni contrattuali, resa esecutiva con legge 18 dicembre 1984, n. 975.

181. Contratti di assicurazioni sulla vita. – 1. I contratti di assicurazione sulla vita sono regolati dalla legge italiana, ferme le norme di diritto internazionale privato, quando lo Stato membro dell'obbligazione è la Repubblica italiana.

2. Le parti possono tuttavia convenire di assoggettare il contratto alla legislazione di un altro Stato, salvo i limiti derivanti dall'applicazione di norme imperative.

3. I contratti di assicurazione sulla vita nei quali lo Stato membro dell'obbligazione è diverso dalla Repubblica italiana sono regolati dalla legislazione dello Stato membro dell'obbligazione.

4. Qualora il rischio sia ubicato in uno Stato terzo, si applicano le disposizioni della Convenzione di Roma del 19 giugno 1980, sulla legge applicabile alle obbligazioni contrattuali, resa esecutiva con legge 18 dicembre 1984, n. 975.

Titolo XIII
Trasparenza delle operazioni e protezione dell'assicurato

Capo I
Disposizioni generali

182. Pubblicità dei prodotti assicurativi. – 1. La pubblicità utilizzata per i prodotti delle imprese di assicurazione è effettuata avendo riguardo alla correttezza dell'informazione ed alla conformità rispetto al contenuto della documentazione (1) informativa e delle condizioni di contratto cui i prodotti stessi si riferiscono.

2. I medesimi principi sono rispettati anche quando la pubblicità sia autonomamente effettuata dagli intermediari.

[3. L'IVASS può richiedere, in via non sistematica, la trasmissione del materiale pubblicitario, nelle sue diverse forme, che è utilizzato dalle imprese e dagli intermediari] (2).

4. L'IVASS sospende in via cautelare, per un periodo non superiore a novanta giorni, la diffusione della pubblicità in caso di fondato sospetto di violazione delle disposizioni in materia di trasparenza e correttezza.

5. L'IVASS vieta la diffusione della pubblicità in caso di accertata violazione delle disposizioni in materia di trasparenza e correttezza.

6. L'IVASS vieta la commercializzazione dei prodotti in caso di mancata ottemperanza ai provvedimenti di cui ai commi 4 e 5 secondo quanto previsto all'articolo 184, comma 2.

7. L'IVASS, con regolamento, stabilisce i criteri di riconoscibilità della pubblicità e di chiarezza e correttezza dell'informazione.

(1) *La parola: «nota» è stata così sostituita dalla attuale: «documentazione» dall'art. 1, comma 28, lett.* a), *del D.L.vo 21 maggio 2018, n. 68.*

A norma dell'art. 4, comma 7, del medesimo decreto 68/2018, tali disposizioni trovano applicazione dal 1° ottobre 2018, conformemente a quanto previsto dalla direttiva (UE) 2018/411 del Parlamento europeo e del Consiglio, che modifica la direttiva (UE) 2016/97 per quanto riguarda la data di applicazione delle misure di recepimento degli Stati membri.

(2) *Questo comma è stato abrogato dall'art. 1, comma 16, del D.L.vo 30 dicembre 2020, n. 187.*

183. (1) **Regole di comportamento.** – 1. Nell'offerta e nell'esecuzione dei contratti le imprese devono (2):

a) comportarsi con diligenza, correttezza e trasparenza nei confronti dei contraenti e degli assicurati;

[*b*) acquisire dai contraenti le informazioni necessarie a valutare le esigenze assicurative o previdenziali ed operare in modo che siano sempre adeguatamente informati] (3);

c) organizzarsi in modo tale da identificare ed evitare conflitti di interesse ove ciò sia ragionevolmente possibile e, in situazioni di conflitto, agire in modo da consentire agli assicurati la necessaria trasparenza sui possibili effetti sfavorevoli e comunque gestire i conflitti di interesse in modo da escludere che rechino loro pregiudizio;

d) realizzare una gestione finanziaria indipendente, sana e prudente e adottare misure idonee a salvaguardare i diritti dei contraenti e degli assicurati.

2. L'IVASS adotta, con regolamento, specifiche disposizioni relative alla determinazione delle regole di comportamento da osservare nei rapporti con i contraenti, in modo che l'attività si svolga con correttezza e con adeguatezza rispetto alle specifiche esigenze dei singoli.

3. L'IVASS tiene conto, nel regolamento, delle differenti esigenze di protezione dei contraenti e degli assicurati, nonché della natura dei rischi e delle obbligazioni assunte dall'impresa, individua le categorie di soggetti che non necessitano in tutto o in parte della protezione riservata alla clientela non qualificata e determina modalità, limiti e condizioni di applicazione delle medesime disposizioni nell'offerta e nell'esecuzione dei contratti di assicurazione dei rami danni, tenendo in considerazione le particolari caratteristiche delle varie tipologie di rischio.

(1) *Si veda il provvedimento ISVAP 16 novembre 2006 (pubblicato in G.U. Serie gen. n. 281 del 2 dicembre 2006).*

(2) *Le parole: «Nell'esecuzione dei contratti le imprese devono» sono state così sostituite dalle attuali: «Nell'offerta e nell'esecuzione dei contratti le imprese devono» dall'art. 1, comma 17, del D.L.vo 30 dicembre 2020, n. 187.*

(3) *Questa lettera è stata abrogata dall'art. 1, comma 29, lett.* b), *del D.L.vo 21 maggio 2018, n. 68.*

A norma dell'art. 4, comma 7, del medesimo decreto 68/2018, tali disposizioni trovano applicazione dal 1° ottobre 2018, conformemente a quanto previsto dalla direttiva (UE) 2018/411 del Parlamento europeo e del Consiglio, che modifica la direttiva (UE) 2016/97 per quanto riguarda la data di applicazione delle misure di recepimento degli Stati membri.

184. Misure cautelari ed interdittive. – 1. Avuto riguardo all'obiettivo di protezione degli assicurati, l'IVASS sospende in via cautelare, per un periodo non superiore a novanta giorni, la commercializzazione del prodotto in caso di fondato sospetto di violazione delle disposizioni del presente titolo o delle relative norme di attuazione, nonché delle disposizioni in materia di requisiti di Governo e controllo del prodotto di cui agli articoli 30 *decies*, 121 *bis* e 121 *ter* (1).

2. L'IVASS vieta la commercializzazione in caso di accertata violazione delle disposizioni indicate al comma 1 e dispone, a cura e spese dell'impresa o del distributore (2) interessato, la diffusione al pubblico, mediante le forme più utili alla generale conoscibilità, dei provvedimenti adottati.

(1) *Questo comma è stato così sostituito dall'art. 1, comma 30, lett. a), del D.L.vo 21 maggio 2018, n. 68.*

A norma dell'art. 4, comma 7, del medesimo decreto 68/2018, le disposizioni di cui a questo comma, trovano applicazione dal 1° ottobre 2018, conformemente a quanto previsto dalla direttiva (UE) 2018/411 del Parlamento europeo e del Consiglio, che modifica la direttiva (UE) 2016/97 per quanto riguarda la data di applicazione delle misure di recepimento degli Stati membri.

(2) *Le parole: «dell'intermediario» sono state così sostituite dalle attuali: «del distributore» dall'art. 1, comma 30, lett. b), del D.L.vo 21 maggio 2018, n. 68.*

A norma dell'art. 4, comma 7, del medesimo decreto 68/2018, tali disposizioni trovano applicazione dal 1° ottobre 2018, conformemente a quanto previsto dalla direttiva (UE) 2018/411 del Parlamento europeo e del Consiglio, che modifica la direttiva (UE) 2016/97 per quanto riguarda la data di applicazione delle misure di recepimento degli Stati membri.

Capo II
Obblighi di informazione

185. (1) **Documentazione informativa.** – 1. Le imprese di assicurazione e gli intermediari che realizzano prodotti assicurativi da vendere ai clienti redigono i seguenti documenti:

a) il documento informativo precontrattuale per i prodotti assicurativi danni di cui all'articolo 185 *bis*, redatto in conformità a quanto stabilito dal regolamento di esecuzione (UE) 2017/1469 dell'11 agosto 2017 (DIP);

b) il documento informativo precontrattuale per i prodotti assicurativi vita di cui all'articolo 185 *ter*, diversi da quelli indicati alla lettera c) (DIP - Vita);

c) il documento informativo per i prodotti di investimento redatto in conformità a quanto stabilito dal regolamento (UE) n. 1286/2014 del 26 novembre 2014 e relative norme di attuazione (KID).

2. Le imprese di assicurazione e gli intermediari che realizzano prodotti assicurativi redigono altresì il documento informativo precontrattuale aggiuntivo.

3. Fatto salvo quanto previsto dal testo unico dell'intermediazione finanziaria e dalle relative disposizioni di attuazione in materia di informativa precontrattuale, il documento informativo precontrattuale aggiuntivo di cui al comma 2 contiene le informazioni, diverse da quelle pubblicitarie o promozionali, integrative e complementari rispetto a quelle contenute nei documenti di cui al comma 1 che, tenendo conto della complessità e delle caratteristiche del prodotto, del tipo del cliente e delle caratteristiche dell'impresa di assicurazione, sono necessarie affinché il cliente possa pervenire ad una decisione informata su diritti e obblighi contrattuali e, ove opportuno, sulla situazione patrimoniale dell'impresa. Il documento informativo precontrattuale aggiuntivo contiene il riferimento alla relazione sulla solvibilità e sulla condizione finanziaria dell'impresa di cui all'articolo 47 *septies*. Il documento informativo precontrattuale aggiuntivo indica la procedura da seguire in caso di reclamo, l'organismo o l'autorità eventualmente competente e la legge applicabile.

4. L'IVASS, con regolamento, disciplina il contenuto, lo schema e le istruzioni di compilazione del documento informativo precontrattuale aggiuntivo.

5. L'IVASS determina con regolamento le informazioni che devono essere comunicate al contraente di un'assicurazione sulla vita per tutto il periodo di durata del contratto.

(1) *L'originario articolo 185 è stato così sostituito dagli attuali articoli 185, 185* bis *e 185* ter*, dall'art. 1, comma 31, del D.L.vo 21 maggio 2018, n. 68.*

A norma dell'art. 4, comma 7, del medesimo decreto 68/2018, le disposizioni di cui a questo articolo, trovano applicazione dal 1° ottobre 2018, conformemente a quanto previsto dalla direttiva (UE) 2018/411 del Parlamento europeo e del Consiglio, che modifica la direttiva (UE) 2016/97 per quanto riguarda la data di applicazione delle misure di recepimento degli Stati membri.

185 *bis*. (1) **Documento informativo precontrattuale per i prodotti assicurativi danni.** – 1. Il documento informativo standardizzato per i prodotti assicurativi danni di cui all'articolo 185, comma 1, lettera a), ha le seguenti caratteristiche:

a) è un documento sintetico e autonomo;

b) è presentato e strutturato in modo tale da essere chiaro e di facile lettura e ha caratteri di dimensione leggibile;

c) non è meno comprensibile nel caso in cui, prodotto originariamente a colori, sia stampato o fotocopiato in bianco e nero;

d) è redatto in lingua italiana o in altra lingua concordata dalle parti;

e) è preciso e non fuorviante;

f) contiene il titolo «documento informativo relativo al prodotto assicurativo» nella parte in alto della prima pagina;

g) contiene la dichiarazione in base alla quale le informazioni precontrattuali e contrattuali complete sono fornite in altri documenti.

2. Il documento informativo standardizzato di cui al comma 1 contiene:

a) le informazioni sul tipo di assicurazione;

b) una sintesi della copertura assicurativa, compresi i principali rischi assicurati, la somma assicurata e, ove del caso, l'ambito geografico e una sintesi dei rischi esclusi;

c) le modalità e la durata di pagamento dei premi;

d) le principali esclusioni per le quali non è possibile presentare una richiesta di risarcimento;

e) gli obblighi all'inizio del contratto;

f) gli obblighi nel corso della durata del contratto;

g) gli obblighi in caso di presentazione di una richiesta di risarcimento;

h) le condizioni del contratto, inclusa la data di inizio e di fine del periodo di copertura;

i) le modalità di risoluzione del contratto.

([1]) *L'originario articolo 185 è stato così sostituito dagli attuali articoli 185, 185* bis *e 185* ter*, dall'art. 1, comma 31, del D.L.vo 21 maggio 2018, n. 68.*

A norma dell'art. 4, comma 7, del medesimo decreto 68/2018, le disposizioni di cui a questo articolo, trovano applicazione dal 1° ottobre 2018, conformemente a quanto previsto dalla direttiva (UE) 2018/411 del Parlamento europeo e del Consiglio, che modifica la direttiva (UE) 2016/97 per quanto riguarda la data di applicazione delle misure di recepimento degli Stati membri.

185 *ter*. ([1]) Documento informativo precontrattuale per i prodotti assicurativi vita. – 1. Il documento informativo precontrattuale per i prodotti assicurativi vita di cui all'articolo 185, comma 1, lettera *b*), ha le seguenti caratteristiche:

a) è un documento sintetico e autonomo;

b) è presentato e strutturato in modo da contenere informazioni accurate, corrette, chiare, non fuorvianti e coerenti con la documentazione del prodotto assicurativo cui si riferisce;

c) non è meno comprensibile nel caso in cui, prodotto originariamente a colori, sia stampato o fotocopiato in bianco e nero;

d) è redatto in lingua italiana o in altra lingua concordata dalle parti;

e) contiene il titolo «documento informativo relativo al prodotto assicurativo» nella parte in alto della prima pagina;

f) contiene la dichiarazione in base alla quale le informazioni precontrattuali e contrattuali complete sono fornite in altri documenti.

2. Il documento informativo standardizzato di cui al comma 1 contiene:

a) le informazioni sul tipo di assicurazione;

b) una sintesi della copertura assicurativa, compresi i rischi assicurati, la somma assicurata e gli eventuali rischi esclusi;

c) le modalità e la durata di pagamento dei premi;

d) i casi di esclusione della garanzia, ove presenti, per i quali non è possibile presentare una richiesta di risarcimento;

e) gli obblighi all'inizio del contratto;

f) gli obblighi nel corso della durata del contratto;

g) la documentazione da presentare nel caso di sinistro;

h) le condizioni del contratto, inclusa la data di inizio e di fine del periodo di copertura;

i) le modalità di risoluzione del contratto.

3. Il documento informativo di cui al comma 1 è redatto secondo il formato standardizzato come definito dall'IVASS con regolamento.

4. L'IVASS, con regolamento può stabilire le modalità specifiche di redazione del documento di cui al comma 1 nel caso di contratti di assicurazione con garanzie multirischio che, nel rispetto delle disposizioni dell'Unione europea direttamente applicabili, garantiscano che il cliente possa pervenire ad una decisione informata.

([1]) *L'originario articolo 185 è stato così sostituito dagli attuali articoli 185, 185* bis *e 185* ter*, dall'art. 1, comma 31, del D.L.vo 21 maggio 2018, n. 68.*

A norma dell'art. 4, comma 7, del medesimo decreto 68/2018, le disposizioni di cui a questo articolo, trovano applicazione dal 1° ottobre 2018, conformemente a quanto previsto dalla direttiva (UE) 2018/411 del Parlamento europeo e del Consiglio, che modifica la direttiva (UE) 2016/97 per quanto riguarda la data di applicazione delle misure di recepimento degli Stati membri.

186. ([1]) Interpello sul documento informativo precontrattuale aggiuntivo. – 1. Fatto salvo quanto previsto dal Testo Unico dell'intermediazione finanziaria e dalle relative disposizioni di attuazione in materia di informativa precontrattuale, l'impresa può trasmettere preventivamente all'IVASS il documento informativo precontrattuale aggiuntivo, unitamente alle condizioni di contratto, allo scopo di richiedere un accertamento sulla corretta applicazione degli obblighi di informazione previsti dalle disposizioni del presente capo, fermo restando che la valutazione dell'IVASS non può essere utilizzata, a fini promozionali, nei rapporti con gli assicurati.

2. L'IVASS provvede a rendere nota all'impresa la sua valutazione entro sessanta giorni dal ricevimento della documentazione, esauriente e completa, relativa al contratto. Decorso tale termine senza che l'IVASS si sia pronunciato con un giudizio negativo o con un giudizio con rilievi ai sensi del comma 3, il documento informativo precontrattuale aggiuntivo si intende conforme agli obblighi di informazione. L'IVASS può disporre la revoca, previa notifica all'impresa interessata, qualora vengano meno i presupposti dell'accertamento ovvero se l'impresa abusa del provvedimento richiesto. L'IVASS indica all'impresa le eventuali integrazioni al documento informativo precontrattuale aggiuntivo.

3. Nel periodo occorrente all'istruttoria e sino al provvedimento dell'IVASS l'impresa non procede alla commercializzazione del prodotto.

4. L'IVASS stabilisce, con regolamento, le disposizioni per la comunicazione del documento informativo precontrattuale aggiuntivo, le modalità da osservare, prima della pubblicazione del documento stesso, per diffondere notizie o per svolgere indagini di mercato o per raccogliere intenzioni di sottoscrizione del contratto e per lo svolgimento della commercializzazione.

(1) *Questo articolo è stato così sostituito dall'art. 1, comma 32, del D.L.vo 21 maggio 2018, n. 68.*

A norma dell'art. 4, comma 7, del medesimo decreto 68/2018, le disposizioni di cui a questo articolo, trovano applicazione dal 1° ottobre 2018, conformemente a quanto previsto dalla direttiva (UE) 2018/411 del Parlamento europeo e del Consiglio, che modifica la direttiva (UE) 2016/97 per quanto riguarda la data di applicazione delle misure di recepimento degli Stati membri.

187. (1) **Integrazione del documento informativo precontrattuale aggiuntivo.** – 1. Fatto salvo quanto previsto dal Testo Unico della Finanza e dalle relative disposizioni di attuazione in materia di informativa precontrattuale, l'IVASS, ferme restando le disposizioni del presente capo, può chiedere all'impresa di apportare modifiche al documento informativo precontrattuale aggiuntivo utilizzato, quando occorre fornire informazioni ulteriori e necessarie per la protezione degli assicurati.

(1) *Questo articolo è stato così sostituito dall'art. 1, comma 33, del D.L.vo 21 maggio 2018, n. 68.*

A norma dell'art. 4, comma 7, del medesimo decreto 68/2018, le disposizioni di cui a questo articolo, trovano applicazione dal 1° ottobre 2018, conformemente a quanto previsto dalla direttiva (UE) 2018/411 del Parlamento europeo e del Consiglio, che modifica la direttiva (UE) 2016/97 per quanto riguarda la data di applicazione delle misure di recepimento degli Stati membri.

Capo II *bis*
Controversie (1) (2)

(1) *Questo Capo è stato inserito dall'art. 1, comma 34, del D.L.vo 21 maggio 2018, n. 68.*

A norma dell'art. 4, comma 7, del medesimo decreto 68/2018, le disposizioni di cui a questo Capo, trovano applicazione dal 1° ottobre 2018, conformemente a quanto previsto dalla direttiva (UE) 2018/411 del Parlamento europeo e del Consiglio, che modifica la direttiva (UE) 2016/97 per quanto riguarda la data di applicazione delle misure di recepimento degli Stati membri.

(2) *Questo Capo, inserito dall'art. 1, comma 34, del D.L.vo 21 maggio 2018, n. 68, è stato eliminato dopo l'art. 187 bis e posizionato dopo l'art. 187, dall'art. 1, comma 18, del D.L.vo 30 dicembre 2020, n. 187.*

187.1. (1) **Sistemi di risoluzione stragiudiziale delle controversie.** – 1. Fermo restando quanto previsto dall'articolo 32 *ter* del decreto legislativo 24 febbraio 1998, n. 58, i soggetti di cui all'articolo 6, commi 1, lettere *a*) e *d*), nonché gli intermediari assicurativi a titolo accessorio, aderiscono ai sistemi di risoluzione stragiudiziale delle controversie con la clientela relative alle prestazioni e ai servizi assicurativi derivanti da tutti i contratti di assicurazione, senza alcuna esclusione.

2. Con decreto del Ministro dello sviluppo economico, di concerto con il Ministro della giustizia, su proposta dell'IVASS, sono determinati, nel rispetto dei principi, delle procedure e dei requisiti di cui alla parte V, titolo 2 *bis*, del decreto legislativo 6 settembre 2005, n. 206, i criteri di svolgimento delle procedure di risoluzione delle controversie di cui al comma 1, i criteri di composizione dell'organo decidente, in modo che risulti assicurata l'imparzialità dello stesso e la rappresentatività dei soggetti interessati, nonché la natura delle controversie, relative alle prestazioni e ai servizi assicurativi derivanti da un contratto di assicurazione, trattate dai sistemi di cui al presente articolo. Le procedure devono in ogni caso assicurare la rapidità, l'economicità e l'effettività della tutela.

3. Per le controversie definite dal decreto di cui al comma 2, il ricorso al sistema di risoluzione delle controversie di cui al comma 1 è alternativo all'esperimento delle procedure di mediazione e di negoziazione assistita previste, rispettivamente, dal decreto legislativo 4 marzo 2010, n. 28, e dal decreto legge 12 settembre 2014, n. 132, convertito, con modificazioni, dalla legge 10 novembre 2014, n. 162, e non pregiudica il ricorso ad ogni altro strumento di tutela previsto dall'ordinamento.

4. Alla copertura delle spese di funzionamento dei sistemi di cui al presente articolo,

si provvede, senza nuovi o maggiori oneri per la finanza pubblica, con le risorse di cui agli articoli 335 e 336.

([1]) *Questo articolo è stato inserito dall'art. 1, comma 18, lett.* b), *del D.L.vo 30 dicembre 2020, n. 187.*

Titolo XIV
Vigilanza sulle imprese e sugli intermediari ([1])

([1]) *Questo titolo è stato eliminato dopo l'art. 187* ter *e posizionato dopo l'art. 187.1 e prima l'art. 187* bis, *dall'art. 1, comma 19, del D.L.vo 30 dicembre 2020, n. 187.*

Capo I
Disposizioni generali

187 *bis*. ([1]) **Modalità di esercizio dei poteri di vigilanza.** – 1. I poteri di vigilanza sono esercitati in modo tempestivo e proporzionato.

([1]) *Questo articolo è stato inserito dall'art. 1, comma 114, del D.L.vo 12 maggio 2015, n. 74.*

187 *ter*. ([1]) ([2]) **[Sistemi di risoluzione stragiudiziale delle controversie.** – 1. Fermo restando quanto previsto dall'articolo 32 *ter* del decreto legislativo 24 febbraio 1998, n. 58, i soggetti di cui all'articolo 6, commi 1, lettere *a*) e *d*) nonché gli intermediari assicurativi a titolo accessorio, aderiscono ai sistemi di risoluzione stragiudiziale delle controversie con la clientela relative alle prestazioni e ai servizi assicurativi derivanti da tutti i contratti di assicurazione, senza alcuna esclusione.

2. Con decreto del Ministro dello sviluppo economico, di concerto con il Ministro della giustizia, su proposta dell'IVASS, sono determinati, nel rispetto dei principi, delle procedure e dei requisiti di cui alla parte V, titolo 2 *bis* del decreto legislativo 6 settembre 2005, n. 206, i criteri di svolgimento delle procedure di risoluzione delle controversie di cui al comma 1, i criteri di composizione dell'organo decidente, in modo che risulti assicurata l'imparzialità dello stesso e la rappresentatività dei soggetti interessati, nonché la natura delle controversie, relative alle prestazioni e ai servizi assicurativi derivanti da un contratto di assicurazione, trattate dai sistemi di cui al presente articolo. Le procedure devono in ogni caso assicurare la rapidità, l'economicità e l'effettività della tutela.

3. Fermo restando quanto previsto dall'articolo 5, comma 1 *bis*, del decreto legislativo 4 marzo 2010, n. 28, le disposizioni di cui ai commi da 1 a 3 non pregiudicano il ricorso ad ogni altro strumento di tutela previsto dall'ordinamento.

4. Alla copertura delle relative spese di funzionamento, si provvede, senza nuovi o maggiori oneri per la finanza pubblica, con le risorse di cui agli articoli 335 e 336 del presente Codice].

([1]) *A norma dell'art. 4, comma 4, del D.L.vo 21 maggio 2018, n. 68, con decreto del Ministro dello sviluppo economico, su proposta dell'IVASS, sono determinate, in modo da gravare il minimo possibile sugli utenti, le modalità di contribuzione da parte degli stessi, al costo dei sistemi di risoluzione stragiudiziale delle controversie di cui a questo articolo.*

([2]) *Questo articolo è stato abrogato dall'art. 1, comma 20, lett.* b), *del D.L.vo 30 dicembre 2020, n. 187.*

Titolo XVII
Sistemi di indennizzo

Capo I
Disposizioni generali sul sistema di indennizzo dei danni derivanti dalla circolazione dei veicoli a motore e dei natanti

283. Sinistri verificatisi nel territorio della Repubblica. – 1. Il Fondo di garanzia per le vittime della strada, costituito presso la CONSAP, risarcisce i danni causati dalla circolazione dei veicoli e dei natanti, per i quali vi è obbligo di assicurazione, nei casi in cui:

a) il sinistro sia stato cagionato da veicolo o natante non identificato;

b) il veicolo o natante non risulti coperto da assicurazione;

c) il veicolo o natante risulti assicurato presso una impresa operante nel territorio della Repubblica, in regime di stabilimento o di libertà di prestazione di servizi, e che al momento del sinistro si trovi in stato di liquidazione coatta o vi venga posta successivamente;

d) il veicolo sia posto in circolazione contro la volontà del proprietario, dell'usufruttuario, dell'acquirente con patto di riservato dominio o del locatario in caso di locazione finanziaria;

d bis) il veicolo sia stato spedito nel territorio della Repubblica italiana da uno Stato di cui all'articolo 1, comma 1, lettera bbb), e nel periodo indicato all'articolo 1, comma 1, lettera *fff*), numero 4 *bis*), lo stesso risulti coinvolto in un sinistro e sia privo di assicurazione ([1]);

d ter) il sinistro sia cagionato da un veicolo estero con targa non corrispondente o non più corrispondente allo stesso veicolo ([1]).

LEGGI COMPLEMENTARI

2. Nel caso di cui al comma 1, lettera *a*), il risarcimento è dovuto solo per i danni alla persona ([2]). In caso di danni gravi alla persona, il risarcimento è dovuto anche per i danni alle cose, il cui ammontare sia superiore all'importo di euro 500, per la parte eccedente tale ammontare ([2]). Nei casi di cui al comma 1, lettere *b*), *d bis*) e *d ter*) il risarcimento è dovuto per i danni alla persona, nonché per i danni alle cose ([2]). Nel caso di cui al comma 1, lettera *c*), il risarcimento è dovuto per i danni alla persona, nonché per i danni alle cose. Nel caso di cui al comma 1, lettera *d*), il risarcimento è dovuto, limitatamente ai terzi non trasportati e a coloro che sono trasportati contro la propria volontà ovvero che sono inconsapevoli della circolazione illegale, sia per i danni alla persona sia per i danni a cose.

3. Nel caso previsto dal comma 1, lettera *a*), il danno è risarcito nei limiti dei minimi di garanzia previsti, per ogni persona danneggiata e per ogni sinistro, nel regolamento di cui all'articolo 128 relativamente alle autovetture ad uso privato. La percentuale di inabilità permanente, la qualifica di convivente a carico e la percentuale di reddito del danneggiato da calcolare a favore di ciascuno dei conviventi a carico sono determinate in base alle norme del testo unico delle disposizioni per l'assicurazione obbligatoria contro gli infortuni sul lavoro e le malattie professionali.

4. Nei casi previsti dal comma 1, lettere *b*), *c*), *d*), *d bis*) e *d ter*), ([3]) il danno è risarcito nei limiti dei massimali indicati nel regolamento di cui all'articolo 128 per i veicoli o i natanti della categoria cui appartiene il mezzo che ha causato il danno.

5. Il Fondo di garanzia per le vittime della strada è surrogato, per l'importo pagato, nei diritti dell'assicurato, del danneggiato verso l'impresa posta in liquidazione coatta, beneficiando dello stesso trattamento previsto per i crediti di assicurazione indicati all'articolo 258, comma 4, lettera *a*). L'impresa di assicurazione che ha provveduto alla liquidazione del danno, ai sensi dell'articolo 150, ha diritto di regresso nei confronti del Fondo di garanzia per le vittime della strada in caso di liquidazione coatta dell'impresa di assicurazione del veicolo responsabile.

([1]) *Questa lettera è stata aggiunta dall'art. 1, comma 9, lett.* a), *del D.L.vo 6 novembre 2007, n. 198.*

([2]) *Questo periodo è stato così sostituito dall'art. 1, comma 9, lett.* b), *del D.L.vo 6 novembre 2007, n. 198.*

([3]) *Le parole:* «e d)», *sono state così sostituite dalle attuali:* «, d), d bis) e d ter)», *dall'art. 1, comma 9, lett.* c), *del D.L.vo 6 novembre 2007, n. 198.*

NOTE OPERATIVE:

Onere della prova: Al fine di garantire il risarcimento dei danni causati dalla circolazione dei veicoli soggetti ad obbligo assicurativo nei casi di sinistro cagionato da veicolo non identificato, spetta comunque al danneggiato, per regola generale, l'onere di provare il fatto generatore del danno (che il sinistro è stato cagionato dal veicolo inidentificato) e, cioè, dimostrare le modalità del sinistro stesso e la sua attribuibilità alla condotta dolosa o colposa, esclusiva o concorrente, del conducente dell'altro mezzo e, inoltre, che tale veicolo è rimasto sconosciuto (C.C. 10540/23).

284. Sinistri verificatisi in altro Stato membro. – 1. Il Fondo di garanzia per le vittime della strada è tenuto altresì a risarcire i sinistri causati sul territorio di un altro Stato membro da veicoli ivi immatricolati che siano assicurati presso un'impresa con sede legale in Italia operante in tale altro Stato in regime di stabilimento o di libertà di prestazione di servizi, che al momento del sinistro si trovi in stato di liquidazione coatta o vi venga posta successivamente. Si applica l'articolo 283, comma 5.

2. Il Ministro dello sviluppo economico autorizza, con decreto da pubblicare nella *Gazzetta Ufficiale*, la CONSAP a sottoscrivere le convenzioni con i fondi di garanzia degli altri Stati membri concernenti il risarcimento dei sinistri di cui al comma 1.

285. Fondo di garanzia per le vittime della strada. – 1. Il Fondo di garanzia per le vittime della strada è amministrato, sotto la vigilanza del Ministero dello sviluppo economico, dalla CONSAP con l'assistenza di un apposito comitato.

2. Il Ministro dello sviluppo economico disciplina, con regolamento, le condizioni e le modalità di amministrazione, di intervento e di rendiconto del Fondo di garanzia per le vittime della strada, nonché la composizione del comitato di cui al comma 1.

3. Le imprese autorizzate all'esercizio delle assicurazioni per la responsabilità civile per i danni causati dalla circolazione dei veicoli a motore e dei natanti sono tenute a versare annualmente alla CONSAP, gestione autonoma del Fondo di garanzia per le vittime della strada, un contributo commisurato al premio incassato per ciascun contratto stipulato in adempimento dell'obbligo di assicurazione.

4. Il regolamento di cui al comma 2 determina le modalità di fissazione annuale della misura del contributo ([1]), nel limite massimo del quattro per cento del premio imponibile, tenuto conto dei risultati della liquidazione

dei danni che sono determinati nel rendiconto annualmente predisposto dal comitato di gestione del fondo.

4 *bis*. La CONSAP ha il potere di negoziare e di concludere, entro il 23 dicembre 2023, un accordo con gli organismi omologhi al Fondo di garanzia per le vittime della strada degli altri Stati membri dell'Unione europea, al fine di dare attuazione alle procedure di rimborso e di rivalsa previste dall'articolo 10 bis, paragrafo 13, della direttiva 2009/103/CE del Parlamento europeo e del Consiglio del 16 settembre 2009. L'accordo è notificato immediatamente alla Commissione europea (2).

(1) *Le parole: «la misura del contributo» sono state così sostituite dalle attuali: «le modalità di fissazione annuale della misura del contributo» dall'art. 1, comma 209, del D.L.vo 12 maggio 2015, n. 74.*

(2) *Questo comma è stato aggiunto dall'art. 1, comma 1, lett.* a), *del D.L.vo 15 maggio 2023, n. 70.*

Capo II
Liquidazione dei danni a cura dell'impresa designata

286. Liquidazione dei danni a cura dell'impresa designata. – 1. La liquidazione dei danni per i sinistri di cui all'articolo 283, comma 1, lettere *a*), *b*), *c*), *d*), d *bis*) e d *ter*), (1) è effettuata a cura di un'impresa designata dall'IVASS secondo quanto previsto nel regolamento adottato dal Ministro dello sviluppo economico. L'impresa provvede alla liquidazione dei danni anche per i sinistri verificatisi oltre la scadenza del periodo assegnato e fino alla data indicata nel provvedimento che designi altra impresa.

2. Le somme anticipate dalle imprese designate, comprese le spese ed al netto delle somme recuperate ai sensi dell'articolo 292, sono rimborsate dalla CONSAP - Fondo di garanzia per le vittime della strada, secondo le convenzioni, stipulate fra le imprese e il Fondo di garanzia per le vittime della strada, soggette all'approvazione del Ministero dello sviluppo economico (2) su proposta dell'IVASS.

3. Le imprese designate sono sottoposte, per l'attività oggetto delle convenzioni, alle direttive per il regolare svolgimento delle operazioni di liquidazione dei danni emanate in via generale o particolare dalla CONSAP.

(1) *Le parole: «e d)», sono state così sostituite dalle attuali: «, d), d bis) e d ter)», dall'art. 1, comma 10, del D.L.vo 6 novembre 2007, n. 198.*

(2) *Le parole: «Ministro delle attività produttive» sono state così sostituite dalle attuali: «Ministero dello sviluppo economico» dall'art. 1, comma 211, del D.L.vo 12 maggio 2015, n. 74.*

287. Esercizio dell'azione di risarcimento. – 1. Nelle ipotesi previste dall'articolo 283, comma 1, lettere *a*), *b*), *d*), d *bis*) e d *ter*), (1) l'azione per il risarcimento dei danni causati dalla circolazione dei veicoli e dei natanti, per i quali vi è obbligo di assicurazione, può essere proposta solo dopo che siano decorsi sessanta giorni da quello in cui il danneggiato abbia chiesto il risarcimento del danno, a mezzo raccomandata, all'impresa designata inviandone copia contestuale alla CONSAP (2) - Fondo di garanzia per le vittime della strada. Nell'ipotesi prevista dall'articolo 283, comma 1, lettera *c*), l'azione per il risarcimento dei danni può essere proposta solo dopo che siano decorsi sei mesi dal giorno in cui il danneggiato ha richiesto il risarcimento del danno.

2. Il danneggiato che, nell'ipotesi prevista dall'articolo 283, comma 1, lettera *a*), abbia fatto richiesta all'impresa designata inviandone copia contestuale alla CONSAP (2) - Fondo di garanzia per le vittime della strada, non è tenuto a rinnovare la domanda qualora successivamente venga identificata l'impresa di assicurazione del responsabile.

3. L'azione per il risarcimento del danno deve essere esercitata esclusivamente nei confronti dell'impresa designata. La CONSAP - Fondo di garanzia per le vittime della strada può tuttavia intervenire nel processo, anche in grado di appello.

4. Nei casi previsti dall'art. 283, comma 1, lettere *b*), d *bis*) e d *ter*), deve essere convenuto in giudizio anche il responsabile del danno (3).

5. Nel giudizio promosso ai sensi dell'articolo 283, comma 1, lettera *c*), deve essere convenuto in giudizio anche il commissario liquidatore dell'impresa di assicurazione.

(1) *Le parole: «e d)», sono state così sostituite dalle attuali: «, d), d bis) e d ter)», dall'art. 1, comma 11, lett.* a), *del D.L.vo 6 novembre 2007, n. 198.*

(2) *Le parole: «all'impresa designata ed alla CONSAP» sono state così sostituite dalle attuali: «all'impresa designata, inviandone copia contestuale alla CONSAP» dall'art. 1, comma 210, del D.L.vo 12 maggio 2015, n. 74.*

(3) *Questo comma è stato così sostituito dall'art. 1, comma 11, lett.* b), *del D.L.vo 6 novembre 2007, n. 198.*

288. Diritti degli assicurati nei confronti del Fondo di garanzia per le vittime della strada. – 1. Gli assicurati con imprese che esercitano i rami di responsabilità civile dei veicoli a motore e dei natanti e che siano poste in liquidazione coatta possono far valere, nei limiti delle somme indicate dall'articolo 283, comma 4, i diritti derivanti dal contratto nei confronti della CONSAP - Fondo di garanzia per le vittime della strada, agendo nei confronti dell'impresa designata per il territorio in cui è avvenuto il sinistro.

289. Effetti della liquidazione coatta sulle sentenze passate in giudicato e sui giudizi pendenti. - 1. Le sentenze ottenute dal danneggiato nei confronti dell'impresa di assicurazione sono opponibili, se passate in giudicato prima che sia stato pubblicato il decreto di liquidazione coatta, all'impresa designata per il risarcimento dei danni entro i limiti fissati dall'articolo 283, comma 4.

2. Se il decreto di liquidazione coatta interviene prima della formazione del giudicato, il processo prosegue, nei confronti del commissario liquidatore e dell'impresa designata, decorsi sei mesi dalla pubblicazione del decreto di liquidazione coatta. In ogni caso le pronunce sono opponibili, entro i limiti di risarcibilità fissati dall'articolo 283, comma 4, nei confronti dell'impresa designata.

3. La disposizione di cui al comma 1 si applica anche per le ordinanze ottenute dal danneggiato che versi in stato di bisogno.

290. Prescrizione dell'azione. - 1. L'azione diretta che spetta al danneggiato nei confronti dell'impresa designata, nei casi previsti dall'articolo 283, comma 1, lettere *a*), *b*), *d*), d *bis*) e d *ter*), (1) è soggetta al termine di prescrizione cui sarebbe soggetta l'azione verso il responsabile.

2. L'azione che spetta al danneggiato nei confronti dell'impresa designata, nel caso previsto dall'articolo 283, comma 1, lettera *c*), è proponibile fino a che non sia prescritta l'azione nei confronti dell'impresa posta in liquidazione coatta.

(1) *Le parole:* «e d)», *sono state così sostituite dalle attuali:* «, d), d bis) e d ter)», *dall'art. 1, comma 12, del D.L.vo 6 novembre 2007, n. 198.*

291. Pluralità di danneggiati e supero del massimale. - 1. Qualora vi siano più persone danneggiate nello stesso sinistro ed il risarcimento dovuto dal responsabile superi le somme assicurate, i diritti delle persone danneggiate nei confronti dell'impresa designata sono proporzionalmente ridotti fino alla concorrenza del limite di risarcibilità rispettivamente indicato dai commi 3 o 4 dell'articolo 283.

2. L'impresa designata che, decorsi trenta giorni dall'incidente e ignorando l'esistenza di altre persone danneggiate, pur avendone ricercata l'identificazione con la normale diligenza, ha pagato ad alcuna di esse una somma superiore alla quota spettante, risponde verso le altre persone danneggiate nei limiti dell'eccedenza della somma assicurata rispetto alla somma versata.

3. Nel caso di cui al comma 2, le altre persone danneggiate, il cui credito rimanesse insoddisfatto, hanno diritto di ripetere, da chi abbia ricevuto il risarcimento dall'impresa di assicurazione, quanto sarebbe loro spettato in applicazione del comma 1.

4. Nei giudizi promossi fra l'impresa di assicurazione designata e le persone danneggiate sussiste litisconsorzio necessario, applicandosi l'articolo 102 del codice di procedura civile. L'impresa di assicurazione designata può effettuare il deposito di una somma, nei limiti del massimale, con effetto liberatorio nei confronti di tutte le persone aventi diritto al risarcimento, se il deposito è irrevocabile e vincolato a favore di tutti i danneggiati.

292. Diritto di regresso e di surroga dell'impresa designata. - 1. L'impresa designata che, anche in via di transazione, ha risarcito il danno nei casi previsti dall'articolo 283, comma 1, lettere *a*), *b*), *d*), d *bis*) e d *ter*), (1) ha azione di regresso nei confronti dei responsabili del sinistro per il recupero dell'indennizzo pagato nonché degli interessi e delle spese.

2. Nel caso previsto dall'articolo 283, comma 1, lettera *c*), l'impresa designata che, anche in via di transazione, ha risarcito il danno è surrogata, per l'importo pagato, nei diritti dell'assicurato e del danneggiato verso l'impresa posta in liquidazione coatta con gli stessi privilegi stabiliti dalla legge a favore dei medesimi.

(1) *Le parole:* «e d)», *sono state così sostituite dalle attuali:* «, d), d bis) e d ter)», *dall'art. 1, comma 13, del D.L.vo 6 novembre 2007, n. 198.*

Capo III
Liquidazione dei danni
a cura del commissario
dell'impresa in liquidazione coatta

293. Liquidazione dei danni a cura del commissario dell'impresa in liquidazione coatta. – 1. Il commissario dell'impresa in liquidazione può essere autorizzato, nel decreto che dispone la liquidazione coatta, a procedere, anche per conto del Fondo di garanzia per le vittime della strada ed in deroga all'articolo 286, comma 1, alla liquidazione dei danni causati dalla circolazione dei veicoli e dei natanti verificatisi anteriormente alla pubblicazione del decreto di liquidazione, nonché di quelli verificatisi successivamente e fino alla scadenza dei contratti di assicurazione in corso o del periodo di tempo per il quale è stato pagato il premio.

2. La CONSAP – Fondo di garanzia per le vittime della strada anticipa al commissario le somme occorrenti per le spese del procedimento di liquidazione dei danni nei limiti di quanto previsto nel regolamento di cui all'articolo 285, comma 2. In caso di insufficienza dell'attivo le somme erogate restano definitivamente a carico della CONSAP – Fondo di garanzia per le vittime della strada.

3. Per l'assolvimento del compito di cui al comma 1 il commissario provvede a riassumere il personale già dipendente dall'impresa posta in liquidazione coatta. Il personale è retribuito con i minimi previsti nei contratti collettivi di categoria in relazione alle mansioni espletate.

294. Esercizio dell'azione di risarcimento. – 1. Gli aventi diritto al risarcimento dei danni presentano al commissario la domanda di risarcimento, a mezzo raccomandata, anche se sia stata precedentemente inviata all'impresa posta in liquidazione coatta.

2. Nessuna azione per il risarcimento può essere proposta nei confronti della procedura prima che siano decorsi sei mesi dalla richiesta. Le sentenze e gli altri provvedimenti che decidono sul risarcimento sono opponibili al Fondo di garanzia delle vittime della strada. La CONSAP – Fondo di garanzia delle vittime della strada può intervenire nel processo, anche in grado di appello.

3. Se il decreto di liquidazione coatta è pubblicato prima della formazione del giudicato, si applica l'articolo 289, comma 1.

295. Diritti degli assicurati nei confronti del Fondo di garanzia per le vittime della strada. – 1. Gli assicurati con imprese che esercitano l'assicurazione della responsabilità civile per i danni causati dalla circolazione dei veicoli a motore e dei natanti che siano poste in liquidazione coatta possono far valere, nei limiti delle somme indicate nell'articolo 283, comma 4, i diritti derivanti dal contratto nei confronti della CONSAP – Fondo di garanzia per le vittime della strada, agendo nei confronti del commissario.

Capo IV
Liquidazione dei danni
a cura dell'organismo
di indennizzo italiano

296. Organismo di indennizzo italiano. – 1. Alla CONSAP, quale gestore del Fondo di garanzia per le vittime della strada, è riconosciuta la funzione di Organismo di indennizzo italiano.

2. L'Organismo di indennizzo italiano nello svolgimento delle sue funzioni può avvalersi dell'Ufficio centrale italiano secondo le modalità stabilite con apposita convenzione.

2 *bis*. La CONSAP ha il potere di negoziare e di concludere, entro il 23 dicembre 2023, un accordo con gli omologhi organismi degli altri Stati membri dell'Unione europea, al fine di dare attuazione alle procedure di rimborso e di rivalsa previste dall'articolo 25 *bis*, paragrafo 13, della direttiva 2009/103/CE del Parlamento europeo e del Consiglio del 16 settembre 2009. L'accordo è notificato immediatamente alla Commissione europea (1).

(1) *Questo comma è stato aggiunto dall'art. 1, comma 1, lett.* b), *del D.L.vo 15 maggio 2023, n. 70.*

297. Ambito di intervento dell'Organismo di indennizzo italiano. – 1. L'Organismo di indennizzo italiano è incaricato di risarcire gli aventi diritto che abbiano residenza nel territorio della Repubblica, per danni a cose o a persone derivanti da sinistri avvenuti in un altro Stato membro e provocati dall'uso di:

a) un veicolo assicurato tramite uno stabilimento situato in altro Stato membro e stazionante in un altro Stato membro;

b) un veicolo di cui risulti impossibile l'identificazione;

c) un veicolo di cui risulti impossibile, entro due mesi dal sinistro, identificare l'impresa di assicurazione.

2. Nel caso di cui al comma 1, lettera *a*), l'Organismo di indennizzo italiano interviene anche qualora il sinistro sia avvenuto in uno Stato terzo il cui Ufficio nazionale per l'assi-

curazione abbia aderito al sistema della carta verde.

298. Sinistri causati da veicoli regolarmente assicurati. – 1. Nei casi previsti dall'articolo 297, commi 1, lettera *a*), e 2, gli aventi diritto possono presentare all'Organismo di indennizzo italiano richiesta di risarcimento:

a) qualora l'impresa di assicurazione o il suo mandatario per la liquidazione dei sinistri nel territorio della Repubblica non abbiano fornito una risposta motivata sugli elementi dedotti nella richiesta di risarcimento entro tre mesi dalla data in cui gli aventi diritto hanno presentato la propria richiesta di risarcimento all'impresa di assicurazione del veicolo, il cui uso ha provocato il sinistro o al mandatario per la liquidazione dei sinistri;

b) nel caso in cui l'impresa di assicurazione non abbia designato un mandatario per la liquidazione dei sinistri nel territorio della Repubblica; in tale caso gli aventi diritto non possono presentare all'Organismo di indennizzo italiano una richiesta di risarcimento, se hanno presentato una analoga richiesta direttamente all'impresa di assicurazione del veicolo il cui uso ha provocato il sinistro e hanno ricevuto una risposta motivata entro tre mesi dalla presentazione della richiesta.

2. L'Organismo di indennizzo italiano si astiene o cessa di intervenire a favore degli aventi diritto al risarcimento che hanno intrapreso o intraprendano un'azione legale direttamente contro l'impresa di assicurazione ovvero contro il responsabile del sinistro.

3. L'intervento dell'Organismo di indennizzo italiano è sussidiario rispetto alla richiesta nei confronti della persona o delle persone che hanno causato il sinistro ovvero nei confronti dell'impresa di assicurazione o del suo mandatario. L'Organismo di indennizzo italiano non può subordinare il risarcimento alla dimostrazione che il responsabile del danno sia insolvente o rifiuti di pagare.

4. Gli aventi diritto presentano all'Organismo di indennizzo italiano la propria richiesta di risarcimento nelle forme previste dal regolamento, adottato dal Ministro dello sviluppo economico, che dà attuazione al presente titolo.

5. L'Organismo di indennizzo italiano interviene entro due mesi dalla data in cui gli aventi diritto presentano ad esso la richiesta di risarcimento, ma pone fine al suo intervento in caso di successiva risposta motivata dell'impresa di assicurazione o del suo mandatario per la liquidazione dei sinistri alla richiesta degli aventi diritto al risarcimento, a condizione che tale risposta sia inviata entro il termine di due mesi dalla presentazione della richiesta all'organismo di indennizzo.

6. L'Organismo di indennizzo italiano informa immediatamente di aver ricevuto una richiesta di risarcimento dagli aventi diritto e che interverrà entro due mesi a decorrere dalla presentazione di detta richiesta, i seguenti soggetti:

a) l'impresa di assicurazione con la quale è assicurato il veicolo che ha causato il sinistro o il mandatario per la liquidazione dei sinistri;

b) l'organismo di indennizzo dello Stato membro dello stabilimento dell'impresa di assicurazione che ha stipulato il contratto;

c) la persona che ha causato il sinistro, se nota;

d) l'ufficio nazionale per l'assicurazione dello Stato ove è avvenuto il sinistro, se il sinistro è stato causato da un veicolo stazionante in un altro Stato rispetto a quello in cui è accaduto il sinistro.

7. L'organismo di indennizzo italiano cui è stata presentata la richiesta di risarcimento è tenuto a rispettare, per la determinazione della responsabilità e la quantificazione del danno, le norme di diritto positivo applicabili nello Stato ove è avvenuto il sinistro.

299. Rimborsi tra organismi di indennizzo. – 1. L'Organismo di indennizzo italiano, qualora abbia risarcito gli aventi diritto secondo quanto stabilito dall'articolo 298, acquisisce un credito, nei confronti dell'Organismo di indennizzo dello Stato membro ove ha sede lo stabilimento dell'impresa di assicurazione che ha stipulato il contratto di assicurazione del veicolo che ha causato il sinistro, per quanto anticipato a titolo di risarcimento e per quanto sostenuto a titolo di spese dirette e indirette relative alla liquidazione del danno, nella misura e con le modalità stabilite dall'accordo fra gli organismi di indennizzo e fra gli organismi di indennizzo e i fondi di garanzia.

2. Nel caso di sinistri avvenuti in uno Stato membro diverso dallo Stato di residenza degli aventi diritto al risarcimento o nel caso di sinistri avvenuti in uno Stato terzo aderente al sistema della carta verde e causati dalla circolazione dei veicoli assicurati con imprese stabilite nel territorio della Repubblica, l'Organismo di indennizzo italiano è tenuto al rimborso della somma eventualmente pagata dall'organismo di indennizzo dello Stato di residenza degli aventi diritto al risarcimento per danni subiti da questi ultimi.

3. L'Organismo di indennizzo italiano è surrogato nei diritti degli aventi diritto al risarcimento nei confronti dell'impresa di assicurazione o del responsabile del sinistro nella misura in cui l'organismo di indennizzo dello Stato membro di residenza degli aventi diritto ha risarcito questi ultimi per il danno subito. L'impresa è tenuta a rimborsare entro trenta giorni l'Organismo di indennizzo italiano di quanto da quest'ultimo corrisposto a titolo di risarcimento e di quanto dal medesimo corrisposto a titolo di spese dirette ed indirette di cui al comma 1, a semplice richiesta corredata della prova dell'avvenuto pagamento. L'importo da rimborsare può costituire oggetto di contestazione da parte dell'impresa esclusivamente nel caso in cui l'organismo di indennizzo estero abbia omesso di informare l'impresa di assicurazione italiana di aver ricevuto una richiesta di risarcimento da parte degli aventi diritto.

300. Sinistri causati da veicoli non identificati o non assicurati. – 1. Nei casi previsti dall'articolo 297, comma 1, lettere *b*) e *c*), l'Organismo di indennizzo italiano, ricevuta la richiesta di risarcimento, ne informa immediatamente:

a) il fondo di garanzia dello Stato membro in cui il veicolo che ha causato il sinistro staziona abitualmente, nel caso si tratti di un veicolo non assicurato, nonché il Fondo di garanzia dello Stato membro in cui è accaduto il sinistro se diverso da quello ove staziona abitualmente il veicolo;

b) il fondo di garanzia dello Stato membro in cui si è verificato il sinistro, nel caso in cui lo stesso sia stato causato da un veicolo non identificato ovvero da un veicolo non assicurato di uno Stato terzo.

2. L'Organismo di indennizzo italiano, ricevuta la richiesta di risarcimento, è tenuto a rispettare, per la determinazione della responsabilità e la quantificazione del danno, le norme del diritto positivo vigenti nello Stato ove è avvenuto il sinistro.

3. L'Organismo di indennizzo italiano, qualora abbia risarcito gli aventi diritto, secondo quanto previsto nel comma 1, ha diritto di richiedere il rimborso di quanto corrisposto a titolo di risarcimento e di quanto sostenuto a titolo di spese dirette e indirette nella misura e secondo le modalità stabilite dall'accordo fra gli organismi di indennizzo e fra gli organismi di indennizzo e i fondi di garanzia:

a) al Fondo di garanzia dello Stato membro in cui il veicolo staziona abitualmente, nel caso in cui non possa essere identificata l'impresa di assicurazione;

b) al Fondo di garanzia dello Stato membro ove si è verificato il sinistro, nel caso di veicolo non identificato;

c) al Fondo di garanzia dello Stato membro ove si è verificato il sinistro, nel caso di veicoli non assicurati di uno Stato terzo.

301. Rimborsi a carico del Fondo di garanzia per le vittime della strada. – 1. Il Fondo di garanzia per le vittime della strada rimborsa l'organismo di indennizzo dello Stato membro nel quale gli aventi diritto al risarcimento risiedono della somma con la quale il predetto organismo ha risarcito tali aventi diritto, nonché delle spese dirette e indirette di cui all'articolo 300, comma 3, nei seguenti casi:

a) sinistri avvenuti in uno Stato membro diverso da quello di residenza degli aventi diritto al risarcimento e causati da un veicolo stazionante abitualmente nel territorio della Repubblica per il quale non è possibile identificare l'impresa di assicurazione;

b) sinistri avvenuti nel territorio della Repubblica e causati da un veicolo non identificato o da un veicolo non assicurato di uno Stato terzo.

2. Il Fondo di garanzia per le vittime della strada, dopo aver rimborsato l'organismo di indennizzo, ha diritto di esercitare l'azione di regresso prevista dall'articolo 292.

Capo V
Sistema di indennizzo
dei danni derivanti
dall'esercizio dell'attività venatoria

302. Ambito di intervento. – 1. Il Fondo di garanzia per le vittime della caccia, costituito presso la CONSAP, risarcisce i danni causati nell'esercizio dell'attività venatoria per i quali vi è obbligo di assicurazione nei casi in cui:

a) l'esercente l'attività venatoria non sia identificato;

b) l'esercente l'attività venatoria responsabile dei danni non risulti coperto dall'assicurazione obbligatoria per la responsabilità civile;

c) l'esercente l'attività venatoria sia assicurato presso un'impresa operante nel territorio della Repubblica in regime di stabilimento o di prestazione di servizi e che, al momento del sinistro, si trovi in stato di liquidazione coatta o vi sia posta successivamente.

2. Nel caso di cui alla lettera *a*), il risarcimento è dovuto solo per i danni alla persona che abbiano comportato la morte od un'invalidità permanente superiore al venti per cento. Nel caso di cui alla lettera *b*), il risarcimento è dovuto per i danni alla persona nonché per i danni alle cose il cui ammontare sia superiore all'importo stabilito nel regolamento di attuazione del presente Capo. Nel caso di cui alla lettera *c*), il risarcimento è dovuto per i danni alla persona nonché per i danni alle cose il cui ammontare sia superiore all'importo di euro cinquecento. La percentuale di inabilità permanente, la qualifica di convivente a carico e la percentuale di reddito del danneggiato da calcolare a favore di ciascuno dei conviventi a carico sono determinate in base alle norme del testo unico delle disposizioni per l'assicurazione obbligatoria contro gli infortuni sul lavoro e le malattie professionali.

3. In tutti i casi previsti dal comma 1, il danno è risarcito nei limiti dei minimi di garanzia previsti nella legge che disciplina l'esercizio dell'attività venatoria.

303. Fondo di garanzia per le vittime della caccia. – 1. Il Fondo di garanzia per le vittime della caccia è amministrato, sotto la vigilanza del Ministero dello sviluppo economico, dalla CONSAP con l'assistenza di un apposito comitato.

2. Il Ministro dello sviluppo economico disciplina, con regolamento, le condizioni e le modalità di amministrazione, di intervento e di rendiconto del Fondo di garanzia per le vittime della caccia, nonché la composizione del comitato di cui al comma 1.

3. Le imprese autorizzate all'esercizio delle assicurazioni per la responsabilità venatoria sono tenute a versare annualmente alla CONSAP, gestione autonoma del Fondo di garanzia per le vittime della caccia, un contributo commisurato al premio incassato per ciascun contratto stipulato in adempimento dell'obbligo di assicurazione.

4. Il regolamento di cui al comma 2 determina le modalità di fissazione annuale della misura del contributo, nel limite massimo del quindici per cento del premio imponibile [1], tenuto conto dei risultati della liquidazione dei danni che sono determinati nel rendiconto annualmente predisposto dal comitato di gestione del fondo.

[1] *Le parole:* «*la misura del contributo, nel limite massimo del cinque per cento del premio imponibile*» *sono state così sostituite dalle seguenti:* «*le modalità di fissazione annuale della misura del contributo, nel limite massimo del quindici per cento del premio imponibile*» *dall'art. 1, comma 28, lett. c), della L. 4 agosto 2017, n. 124.*

304. Diritto di regresso e di surroga. – 1. Il Fondo di garanzia per le vittime della caccia che, anche in via di transazione, ha risarcito il danno nei casi previsti all'articolo 302, comma 1, lettere *a*) e *b*), ha azione di regresso nei confronti del responsabile del danno per il recupero dell'indennizzo pagato, nonché degli interessi e delle spese.

2. Nel caso previsto all'articolo 302, comma 1, lettera *c*), il Fondo di garanzia per le vittime della caccia che ha risarcito il danno è surrogato, per l'importo pagato, nei diritti dell'assicurato e del danneggiato verso l'impresa posta in liquidazione coatta, beneficiando dello stesso trattamento previsto per i crediti di assicurazione indicati all'articolo 258, comma 4, lettera *a*).

Titolo XVIII
Sanzioni e procedimenti sanzionatori

Capo I
Abusivismo e impedimento all'esercizio delle funzioni di vigilanza [1]

[1] *La precedente rubrica:* «Abusivismo» *è stata così sostituita dalla attuale:* «Abusivismo e impedimento all'esercizio delle funzioni di vigilanza» *dall'art. 1, comma 39, del D.L.vo 21 maggio 2018, n. 68.*

305. Attività abusivamente esercitata. – 1. Chiunque svolge attività assicurativa o riassicurativa in difetto di autorizzazione è punito con la reclusione da due a quattro anni e con la multa da euro ventimila ad euro duecentomila.

2. Chiunque esercita l'attività di intermediazione assicurativa o riassicurativa in difetto di iscrizione al registro di cui all'articolo 109 è punito con la reclusione da sei mesi a due anni e con la multa da euro diecimila a euro centomila.

3. Se vi è fondato sospetto che una società svolga attività assicurativa o riassicurativa in violazione del comma 1 o di intermediazione assicurativa o riassicurativa in violazione del comma 2, l'IVASS richiede al tribunale l'adozione dei provvedimenti previsti dall'articolo 2409 del codice civile ovvero allo stesso fine denunzia i fatti al pubblico ministero.

[4. Le imprese di assicurazione o riassicurazione che si avvalgono di intermediari non iscritti alle sezioni del registro di cui all'articolo 109, comma 2, sono punite con la sanzione amministrativa pecuniaria da un minimo di euro diecimila ad un massimo di euro centomila] ([1]).

5. L'esercizio dell'attività di perito di assicurazione in difetto di iscrizione al ruolo previsto dall'articolo 156 è punito a norma dell'articolo 348 del codice penale.

([1]) *Questo comma è stato abrogato dall'art. 1, comma 40, del D.L.vo 21 maggio 2018, n. 68.*

306. Impedimenti all'esercizio delle funzioni di vigilanza. – 1. Fuori dai casi previsti dall'articolo 2638 del codice civile, chiunque ostacola le funzioni di vigilanza con il rifiuto dell'accesso ai locali o con il diniego all'ordine di esibizione della documentazione concernente l'attività assicurativa o riassicurativa o di intermediazione assicurativa o riassicurativa, che viene opposto ai funzionari dell'IVASS incaricati di accertare i fatti che possono configurare una violazione dell'articolo 305, è punito con la reclusione fino a due anni e la multa da euro diecimila ad euro centomila.

[2. Fuori dai casi previsti al comma 1 ed all'articolo 2638 del codice civile, chiunque non ottempera nei termini alle richieste dell'IVASS ovvero ritarda l'esercizio delle sue funzioni è punito con la sanzione amministrativa pecuniaria da euro diecimila ad euro centomila] ([1]).

([1]) *Questo comma è stato abrogato dall'art. 1, comma 41, del D.L.vo 21 maggio 2018, n. 68.*

A norma dell'art. 4, comma 3, del medesimo decreto 68/2018, le modifiche apportate al Titolo XVIII del decreto legislativo 7 settembre 2005, n. 209, si applicano alle violazioni commesse dopo l'entrata in vigore delle disposizioni adottate dall'IVASS ai sensi dell'art. 331 bis del medesimo decreto legislativo. Alle violazioni commesse prima della data di entrata in vigore delle disposizioni adottate dall'IVASS continuano ad applicarsi le norme del Titolo XVIII del decreto legislativo 7 settembre 2005, n. 209, vigenti prima della data di entrata in vigore del presente decreto (G.U. Serie gen. - n. 138 del 16 giugno 2018). Si segnala che a norma dell'art. 4, comma 7, del medesimo D.L.vo le modifiche apportate dagli artt. 1 e 2 del citato D.L.vo n. 68/2018, trovano applicazione dal 1° ottobre 2018.

307. Collaborazione con la Guardia di finanza. – 1. Nell'esercizio delle funzioni di vigilanza, l'IVASS può avvalersi della Guardia di finanza, che esegue le verifiche e gli accertamenti richiesti agendo con i poteri di indagine ad essa attribuiti ai fini dell'accertamento dell'imposta sul valore aggiunto e delle imposte sui redditi.

2. Tutte le notizie, le informazioni e i dati acquisiti dalla Guardia di finanza nell'assolvimento dei compiti previsti dal comma 1 sono comunicati all'IVASS.

308. Abuso di denominazione assicurativa. – 1. L'uso, nella denominazione sociale o in qualsiasi comunicazione al pubblico, delle parole assicurazione, riassicurazione, impresa o ([1]) compagnia di assicurazione, impresa o ([1]) compagnia di riassicurazione, mutua assicuratrice ovvero di altre parole o locuzioni, anche in lingua estera, idonee a trarre in inganno sulla legittimazione allo svolgimento dell'attività assicurativa o riassicurativa è vietato ai soggetti diversi, rispettivamente, da quelli autorizzati all'esercizio dell'attività di assicurazione o di riassicurazione.

2. L'uso nella ragione o nella denominazione sociale o in qualsiasi comunicazione al pubblico, delle parole intermediario di assicurazione, intermediario di riassicurazione, produttore di assicurazione, agente di assicurazione, broker, mediatore di assicurazione, mediatore di riassicurazione, produttore diretto di assicurazione, intermediario di assicurazione a titolo accessorio, ([2]) perito di assicurazione ovvero di altre parole o locuzioni, anche in lingua estera, idonee a trarre in inganno sulla legittimazione allo svolgimento di attività di intermediazione assicurativa, riassicurativa o di attività peritale è vietato a soggetti diversi da quelli iscritti nel registro degli intermediari di assicurazione e di riassicurazione di cui all'articolo 109 o nel ruolo dei periti di assicurazione di cui all'articolo 156.

3. L'IVASS determina, con regolamento, le ipotesi in cui, per l'esistenza di controlli amministrativi o in base ad elementi di fatto, le parole o le locuzioni indicate nei commi 1 e 2 possono essere utilizzate da soggetti diversi dalle imprese o dagli intermediari.

4. Chiunque contravviene al disposto del comma 1 è punito, se persona fisica, con la sanzione amministrativa pecuniaria da euro cinquemila a euro cinque milioni e, se persona giuridica, con la sanzione amministrativa pecuniaria da euro trentamila al dieci per cento del fatturato. La misura della sanzione può essere aumentata secondo quanto previsto all'articolo 310, comma 2 ([3]).

4 *bis*. Chiunque contravviene al disposto del comma 2 è punito, se persona fisica, con la sanzione amministrativa pecuniaria da euro mille ad euro settecentomila e, se persona giuridica, con la sanzione amministrativa pecuniaria da euro cinquemila ad euro cinque milioni oppure, se superiore, al cinque per cento del fatturato. La misura della sanzione può essere aumentata secondo quanto previsto all'articolo 310, comma 2 ([3]).

([1]) *Le parole: «impresa o» sono state inserite dall'art. 1, comma 42, lett. a), del D.L.vo 21 maggio 2018, n. 68.*

LEGGI COMPLEMENTARI

A norma dell'art. 4, comma 3, del medesimo decreto 68/2018, le modifiche apportate al Titolo XVIII del decreto legislativo 7 settembre 2005, n. 209, si applicano alle violazioni commesse dopo l'entrata in vigore delle disposizioni adottate dall'IVASS ai sensi dell'art. 331 bis del medesimo decreto legislativo. Alle violazioni commesse prima della data di entrata in vigore delle disposizioni adottate dall'IVASS continuano ad applicarsi le norme del Titolo XVIII del decreto legislativo 7 settembre 2005, n. 209, vigenti prima della data di entrata in vigore del presente decreto (G.U. Serie gen. - n. 138 del 16 giugno 2018). Si segnala che a norma dell'art. 4, comma 7, del medesimo D.L.vo le modifiche apportate dagli artt. 1 e 2 del citato D.L.vo n. 68/2018, trovano applicazione dal 1° ottobre 2018.

(2) *Le parole: «*intermediario di assicurazione a titolo accessorio,*» sono state inserite dall'art. 1, comma 42, lett. b), del D.L.vo 21 maggio 2018, n. 68.*

A norma dell'art. 4, comma 3, del medesimo decreto 68/2018, le modifiche apportate al Titolo XVIII del decreto legislativo 7 settembre 2005, n. 209, si applicano alle violazioni commesse dopo l'entrata in vigore delle disposizioni adottate dall'IVASS ai sensi dell'art. 331 bis del medesimo decreto legislativo. Alle violazioni commesse prima della data di entrata in vigore delle disposizioni adottate dall'IVASS continuano ad applicarsi le norme del Titolo XVIII del decreto legislativo 7 settembre 2005, n. 209, vigenti prima della data di entrata in vigore del presente decreto (G.U. Serie gen. - n. 138 del 16 giugno 2018). Si segnala che a norma dell'art. 4, comma 7, del medesimo D.L.vo le modifiche apportate dagli artt. 1 e 2 del citato D.L.vo n. 68/2018, trovano applicazione dal 1° ottobre 2018.

(3) *L'originario comma 4 e stato così sostituito dagli attuali commi 4 e 4 bis, dall'art. 1, comma 42, lett. c), del D.L.vo 21 maggio 2018, n. 68.*

A norma dell'art. 4, comma 3, del medesimo decreto 68/2018, le modifiche apportate al Titolo XVIII del decreto legislativo 7 settembre 2005, n. 209, si applicano alle violazioni commesse dopo l'entrata in vigore delle disposizioni adottate dall'IVASS ai sensi dell'art. 331 bis del medesimo decreto legislativo. Alle violazioni commesse prima della data di entrata in vigore delle disposizioni adottate dall'IVASS continuano ad applicarsi le norme del Titolo XVIII del decreto legislativo 7 settembre 2005, n. 209, vigenti prima della data di entrata in vigore del presente decreto (G.U. Serie gen. - n. 138 del 16 giugno 2018). Si segnala che a norma dell'art. 4, comma 7, del medesimo D.L.vo le modifiche apportate dagli artt. 1 e 2 del citato D.L.vo n. 68/2018, trovano applicazione dal 1° ottobre 2018.

Si riporta il testo precedente:

«4. Chiunque contravviene al disposto dei commi 1 o 2 è punito con la sanzione amministrativa pecuniaria da euro duemila a euro ventimila».

308 *bis*. (1) **Inottemperanza alle richieste dell'IVASS o ritardo dell'esercizio delle funzioni di vigilanza.** – 1. Fuori dai casi previsti dall'articolo 306 e dall'articolo 2638 del codice civile, chiunque non ottempera nei termini alle richieste dell'IVASS ovvero ritarda l'esercizio delle sue funzioni è punito, se persona fisica, con la sanzione amministrativa pecuniaria da euro cinquemila ad euro cinque milioni e, se persona giuridica, con la sanzione amministrativa pecuniaria da euro trentamila al dieci per cento del fatturato. La misura della sanzione può essere aumentata secondo quanto previsto all'articolo 310, comma 2.

(1) *Questo articolo è stato inserito dall'art. 1, comma 43, del D.L.vo 21 maggio 2018, n. 68.*

A norma dell'art. 4, comma 3, del medesimo decreto 68/2018, le modifiche apportate al Titolo XVIII del decreto legislativo 7 settembre 2005, n. 209, si applicano alle violazioni commesse dopo l'entrata in vigore delle disposizioni adottate dall'IVASS ai sensi dell'art. 331 bis del medesimo decreto legislativo. Alle violazioni commesse prima della data di entrata in vigore delle disposizioni adottate dall'IVASS continuano ad applicarsi le norme del Titolo XVIII del decreto legislativo 7 settembre 2005, n. 209, vigenti prima della data di entrata in vigore del presente decreto (G.U. Serie gen. - n. 138 del 16 giugno 2018). Si segnala che a norma dell'art. 4, comma 7, del medesimo D.L.vo le modifiche apportate dagli artt. 1 e 2 del citato D.L.vo n. 68/2018, trovano applicazione dal 1° ottobre 2018.

Capo II
Sanzioni amministrative pecuniarie ed altre misure per violazioni non riguardanti la distribuzione assicurativa (1)

(1) *La precedente rubrica: «*Imprese di assicurazione e di riassicurazione*» è stata così sostituita dalla attuale: «*Sanzioni amministrative pecuniarie ed altre misure per violazioni non riguardanti la distribuzione assicurativa*» dall'art. 1, comma 44, del D.L.vo 21 maggio 2018, n. 68.*

A norma dell'art. 4, comma 3, del medesimo decreto 68/2018, le modifiche apportate al Titolo XVIII del decreto legislativo 7 settembre 2005, n. 209, si applicano alle violazioni commesse dopo l'entrata in vigore delle disposizioni adottate dall'IVASS ai sensi dell'art. 331 bis del medesimo decreto legislativo. Alle violazioni commesse prima della data di entrata in vigore delle disposizioni adottate dall'IVASS continuano ad applicarsi le norme del Titolo XVIII del decreto legislativo 7 settembre 2005, n. 209, vigenti prima della data di entrata in vigore del presente decreto (G.U. Serie gen. - n. 138 del 16 giugno 2018). Si segnala che a norma dell'art. 4, comma 7, del medesimo D.L.vo le modifiche apportate dagli artt. 1 e 2 del citato D.L.vo n. 68/2018, trovano applicazione dal 1° ottobre 2018.

309. (1) **[Attività oltre i limiti consentiti.** – 1. Le imprese che hanno sede legale nel territorio della Repubblica o in Stati terzi e che esercitano l'attività assicurativa oltre i limiti dell'autorizzazione in violazione degli articoli 11, 12, 13, 15, 16, 18, 21, 22, 28 e 29, sono punite con la sanzione amministrativa pecuniaria da euro diecimila ad euro centomila. Le imprese che hanno sede legale nel territorio della Repubblica o in Stati terzi e che esercitano l'attività riassicurativa oltre i limiti dell'autorizzazione in violazione degli articoli 57, 57 *bis*, 58, 59 *bis*, 59 *ter*, 59 *quater*, 59 *quinquies* e 60 *bis*, sono punite con la sanzione amministrativa pecuniaria da euro diecimila ad euro centomila (2).

1 *bis*. Le imprese locali di cui al Titolo IV, Capo I, che esercitano l'attività assicurativa oltre i limiti di cui all'articolo 51 *ter*, comma 1, in violazione dell'articolo 51 *quater*, sono punite con la sanzione amministrativa pecuniaria da euro diecimila ad euro centomila (3).

2. Le particolari mutue assicuratrici (4) di cui all'articolo 52 che esercitano l'attività assicurativa oltre i limiti dell'autorizzazione in violazione degli articoli 53 e 55 sono punite con la sanzione amministrativa pecuniaria da euro cinquemila ad euro cinquantamila.

3. Alla sanzione amministrativa pecuniaria da euro cinquemila ad euro cinquantamila sono soggetti gli intermediari che, in proprio oppure attraverso collaboratori o altri ausiliari, operano per conto o a beneficio delle imprese di cui ai commi 1, 1 *bis* (5) e 2].

(1) *Questo articolo è stato abrogato dall'art. 1, comma 45, del D.L.vo 21 maggio 2018, n. 68.*

A norma dell'art. 4, comma 3, del medesimo decreto 68/2018, le modifiche apportate al Titolo XVIII del decreto legislativo 7 settembre 2005, n. 209, si applicano alle violazioni commesse dopo l'entrata in vigore delle disposizioni adottate dall'IVASS ai sensi dell'art. 331 bis del medesimo decreto legislativo. Alle violazioni commesse prima della data di entrata in vigore delle disposizioni adottate dall'IVASS continuano ad applicarsi le norme del Titolo XVIII del decreto legislativo 7 settembre 2005, n. 209, vigenti prima della data di entrata in vigore del presente decreto (G.U. Serie gen. - n. 138 del 16 giugno 2018). Si segnala che a norma dell'art. 4, comma 7, del medesimo D.L.vo le modifiche apportate dagli artt. 1 e 2 del citato D.L.vo n. 68/2018, trovano applicazione dal 1° ottobre 2018.

(2) *Questo comma è stato così sostituito dall'art. 22, comma 1, del D.L.vo 29 febbraio 2008, n. 56.*

(3) *Questo comma è stato aggiunto dall'art. 1, comma 184, lett. a), del D.L.vo 12 maggio 2015, n. 74.*

(4) *Le parole: «Le mutue assicuratrici» sono state così sostituite dalle attuali: «Le particolari mutue assicuratrici» dall'art. 1, comma 184, lett. b), del D.L.vo 12 maggio 2015, n. 74.*

(5) *Le parole: «, 1 bis» sono state inserite dall'art. 1, comma 184, lett. c), del D.L.vo 12 maggio 2015, n. 74.*

310. (1) **Sanzioni amministrative pecuniarie.** - 1. Si applica la sanzione amministrativa pecuniaria da euro trentamila al dieci percento del fatturato per le seguenti violazioni:

a) inosservanza degli articoli 11, 12, 13, 15, 16, 18, 21, 22, 28, 29, 30, 30 *bis*, 30 *ter*, 30 *quater*, 30 *quinquies*, 30 *sexies*, 30 *septies*, 30 *octies*, 30 *novies*, 32, 33, 35 *bis*, 35 *ter*, 35 *quater*, 36 *bis*, 36 *ter*, 36 *quater*, 36 *quinquies*, 36 *sexies*, 36 *septies*, 36 *octies*, 36 *novies*, 36 *decies*, 36 *undecies*, 36 *duodecies*, 36 *terdecies*, 37 *bis*, 37 *ter*, 38, 41, 42, 42 *bis*, 43, 44 *ter*, 44 *quater*, 44 *quinquies*, 44 *sexies*, 44 *septies*, 44 *octies*, 44 *novies*, 44 *decies*, 47 *quater*, comma 1, 47 *septies*, 47 *octies*, 47 *novies*, 47 *decies*, 48, 48 *bis*, 49, 51 *quater*, 53, 55, 56, 57, 57 *bis*, 58, 59 *bis*, 59 *ter*, 59 *quater*, 59 *quinquies*, 60 *bis*, 62, 63, 64, 65, 65 *bis*, 66 *sexies*.1, 66 *septies*, 67, 73, 75, comma 1, 76, comma 2, 77, commi 1, 3 e 4, 88, 89, 90, 92, 93, 94, 95, 96, 98, 99, 100, 101, 188, 189, comma 1, 190, commi 1, 1 *bis*, 1 *ter* e 5 *bis*, 190 *bis*, comma 1, 191, 196, comma 2, 197, 210, 210 *ter*, comma 8, 213, 214 *bis*, 215 *bis*, 216, commi 1 e 2, 216 *ter*, 216 *sexies*, 216 *octies*, 216 *novies*, 220 *novies*, comma 1, 348 e 349, comma 1, o delle relative norme di attuazione;

b) inosservanza degli articoli 10 *quater*, 132 *ter*, 133, o delle relative norme di attuazione (2);

c) inosservanza degli articoli 125, comma 5 *bis*, 127, comma 3, limitatamente all'obbligo di rilascio del certificato di assicurazione, 134 ad eccezione del comma 2, 146, 148, 149, 150, 152, comma 5, e 183, o delle relative norme di attuazione e delle disposizioni di cui all'articolo 8 della legge 8 marzo 2017, n. 24 (3).

2. Se il vantaggio ottenuto dall'autore delle violazioni di cui al comma 1, lettere *a*) e *b*), come conseguenza delle violazioni stesse è superiore al massimo edittale indicato nel presente articolo, la sanzione amministrativa pecuniaria è elevata fino al doppio dell'ammontare del vantaggio ottenuto, purché tale ammontare sia determinabile.

(1) *Questo articolo è stato da ultimo così sostituito dall'art. 1, comma 46, del D.L.vo 21 maggio 2018, n. 68.*

A norma dell'art. 4, comma 3, del medesimo decreto 68/2018, le modifiche apportate al Titolo XVIII del decreto legislativo 7 settembre 2005, n. 209, si applicano alle violazioni commesse dopo l'entrata in vigore delle disposizioni adottate dall'IVASS ai sensi dell'art. 331 bis del medesimo decreto legislativo. Alle violazioni commesse prima della data di entrata in vigore delle disposizioni adottate dall'IVASS continuano ad applicarsi le norme del Titolo XVIII del decreto legislativo 7 settembre 2005, n. 209, vigenti prima della data di entrata in vigore del presente decreto (G.U. Serie gen. - n. 138 del 16 giugno 2018). Si segnala che a norma dell'art. 4, comma 7, del medesimo D.L.vo le modifiche apportate dagli artt. 1 e 2 del citato D.L.vo n. 68/2018, trovano applicazione dal 1° ottobre 2018.

Si riporta il testo precedente:

«Art. 310 (Condizioni di esercizio) *- 1. L'inosservanza delle disposizioni di cui agli articoli 30, 30 bis, 30 ter, 30 quater, 30 quinquies, 30 sexies, 30 septies, 30 octies, 30 novies, 32, 33, 35 bis, 35 ter, 35 quater, 36 bis, 36 ter, 36 quater, 36 quinquies, 36 sexies, 36 septies, 36 octies, 36 novies, 36 decies, 36 undecies, 36 duodecies,*

36 terdecies, 37 bis, 37 ter, 38, 41, 42, 42 bis, 43, 44 ter, 44 quater, 44 quinquies, 44 sexies, 44 septies, 44 octies, 44 novies, 44 decies, 47 quater, comma 1, 47 septies, 47 octies, 47 novies, 47 decies, 48, 49, 56, 57 bis, 62, 63, 64, 65, 65 bis, 66 sexies.1, 66 septies, 67, 76, comma 2, 90, comma 1, lettere c) e d), 119, comma 2, ultimo periodo, 188, 189, comma 1, 190, commi 1, 1 bis, 1 ter e 5 bis, 190 bis, comma 1, 191, 196, comma 2, 197, 210, 210 ter, comma 8, 214 bis, 215 bis, 216 ter, e 216 sexies, 216 octies, 216 novies, 220 novies, comma 1, 348 e 349, comma 1, o delle relative norme di attuazione è punita con la sanzione amministrativa pecuniaria da euro cinquemila ad euro cinquantamila.

2. L'inosservanza delle disposizioni di cui agli articoli 48 bis, 67, comma 1, 88, 89, 90, comma 1, lettere a) e b), commi 2, 3 e 4, 92, 93, 94, 95, 96, 98, 99, 100 e 101 o delle relative norme di attuazione è punita con la sanzione amministrativa pecuniaria da euro duemila ad euro ventimila.

3. In caso di violazione degli obblighi di cui al Titolo XV, le sanzioni amministrative di cui al presente Titolo sono adottate nei confronti dell'ultima società controllante italiana come determinata dall'articolo 210, comma 2.»

(2) Questa lettera è stata così sostituita dall'art. 1, comma 22, lett. a), del D.L.vo 30 dicembre 2020, n. 187.

(3) Le parole: «e delle disposizioni di cui all'articolo 8 della legge 8 marzo 2017, n. 24» sono state aggiunte dall'art. 1, comma 22, lett. b), del D.L.vo 30 dicembre 2020, n. 187.

310 *bis*. (1) Rifiuto ed elusione dell'obbligo a contrarre. – 1. L'inosservanza dell'articolo 132, commi 1, 1 *bis* e 1 *ter*, è punita con la sanzione amministrativa pecuniaria da euro duemilacinquecento ad euro quindicimila.

2. La violazione di cui al comma 1 è punita con la sanzione amministrativa pecuniaria da euro un milione ad euro cinque milioni qualora attuata con riferimento a determinate zone territoriali o a singole categorie di assicurati.

(1) Questo articolo è stato inserito dall'art. 1, comma 47, del D.L.vo 21 maggio 2018, n. 68.

A norma dell'art. 4, comma 3, del medesimo decreto 68/2018, le modifiche apportate al Titolo XVIII del decreto legislativo 7 settembre 2005, n. 209, si applicano alle violazioni commesse dopo l'entrata in vigore delle disposizioni adottate dall'IVASS ai sensi dell'art. 331 bis del medesimo decreto legislativo. Alle violazioni commesse prima della data di entrata in vigore delle disposizioni adottate dall'IVASS continuano ad applicarsi le norme del Titolo XVIII del decreto legislativo 7 settembre 2005, n. 209, vigenti prima della data di entrata in vigore del presente decreto (G.U. Serie gen. - n. 138 del 16 giugno 2018). Si segnala che a norma dell'art. 4, comma 7, del medesimo D.L.vo le modifiche apportate dagli artt. 1 e 2 del citato D.L.vo n. 68/2018, trovano applicazione dal 1° ottobre 2018.

310 *ter*. (1) Scatole nere e altri dispositivi elettronici. – 1. Il mancato adeguamento, da parte dell'impresa di assicurazione o del provider di telematica assicurativa, alle condizioni stabilite dal regolamento previsto all'articolo 32, comma 1 *bis*, del decreto legge 24 gennaio 2012, n. 1, convertito, con modificazioni, dalla legge 24 marzo 2012, n. 27, e successive modificazioni, è punito con la sanzione amministrativa pecuniaria di tremila euro per ogni giorno di ritardo.

(1) Questo articolo è stato inserito dall'art. 1, comma 47, del D.L.vo 21 maggio 2018, n. 68.

A norma dell'art. 4, comma 3, del medesimo decreto 68/2018, le modifiche apportate al Titolo XVIII del decreto legislativo 7 settembre 2005, n. 209, si applicano alle violazioni commesse dopo l'entrata in vigore delle disposizioni adottate dall'IVASS ai sensi dell'art. 331 bis del medesimo decreto legislativo. Alle violazioni commesse prima della data di entrata in vigore delle disposizioni adottate dall'IVASS continuano ad applicarsi le norme del Titolo XVIII del decreto legislativo 7 settembre 2005, n. 209, vigenti prima della data di entrata in vigore del presente decreto (G.U. Serie gen. - n. 138 del 16 giugno 2018). Si segnala che a norma dell'art. 4, comma 7, del medesimo D.L.vo le modifiche apportate dagli artt. 1 e 2 del citato D.L.vo n. 68/2018, trovano applicazione dal 1° ottobre 2018.

310 *quater*. (1) Obblighi di comunicazione alle banche dati. – 1. L'omissione, l'incompletezza, l'erroneità o la tardività delle comunicazioni di cui all'articolo 134, comma 2, o all'articolo 135, comma 2, o all'articolo 154, commi 4 e 5, o alle relative norme di attuazione, accertata semestralmente e contestata con unico atto da notificare entro il termine di cui all'articolo 311 *septies*, comma 1, decorrente dal sessantesimo giorno successivo alla scadenza del semestre di riferimento, è punita con un'unica sanzione amministrativa pecuniaria da diecimila euro a centomila euro.

(1) Questo articolo è stato inserito dall'art. 1, comma 47, del D.L.vo 21 maggio 2018, n. 68.

A norma dell'art. 4, comma 3, del medesimo decreto 68/2018, le modifiche apportate al Titolo XVIII del decreto legislativo 7 settembre 2005, n. 209, si applicano alle violazioni commesse dopo l'entrata in vigore delle disposizioni adottate dall'IVASS ai sensi dell'art. 331 bis del medesimo decreto legislativo. Alle violazioni commesse prima della data di entrata in vigore delle disposizioni adottate dall'IVASS continuano ad applicarsi le norme del Titolo XVIII del decreto legislativo 7 settembre 2005, n. 209, vigenti prima della data di entrata in vigore del presente decreto (G.U. Serie gen. - n. 138 del 16 giugno 2018). Si segnala che a norma dell'art. 4, comma 7, del medesimo D.L.vo le modifiche apportate dagli artt. 1 e 2 del citato D.L.vo n. 68/2018, trovano applicazione dal 1° ottobre 2018.

310 *quinquies*. (1) Inosservanza dei provvedimenti cautelari e interdittivi. – 1. La violazione dei provvedimenti interdittivi e cautelari adottati ai sensi degli articoli 182 e 184 è punita con la sanzione amministrativa pecuniaria da trentamila euro al dieci per cento del fatturato. La misura della sanzione può essere aumentata secondo quanto previsto all'articolo 310, comma 2.

(1) *Questo articolo è stato inserito dall'art. 1, comma 47, del D.L.vo 21 maggio 2018, n. 68.*

A norma dell'art. 4, comma 3, del medesimo decreto 68/2018, le modifiche apportate al Titolo XVIII del decreto legislativo 7 settembre 2005, n. 209, si applicano alle violazioni commesse dopo l'entrata in vigore delle disposizioni adottate dall'IVASS ai sensi dell'art. 331 bis del medesimo decreto legislativo. Alle violazioni commesse prima della data di entrata in vigore delle disposizioni adottate dall'IVASS continuano ad applicarsi le norme del Titolo XVIII del decreto legislativo 7 settembre 2005, n. 209, vigenti prima della data di entrata in vigore del presente decreto (G.U. Serie gen. - n. 138 del 16 giugno 2018). Si segnala che a norma dell'art. 4, comma 7, del medesimo D.L.vo le modifiche apportate dagli artt. 1 e 2 del citato D.L.vo n. 68/2018, trovano applicazione dal 1° ottobre 2018.

311. (1) **Assetti proprietari.** – 1. L'omissione, l'incompletezza o l'erroneità delle comunicazioni prescritte dagli articoli 69, 70, comma 1, 71, 74, comma 1 e 79, compresa anche l'intenzione di assumere la partecipazione di controllo, o dalle relative norme di attuazione è punita, se commessa da una persona fisica, con la sanzione amministrativa pecuniaria da cinquemila euro a cinque milioni di euro e, se commessa da una persona giuridica, con la sanzione amministrativa pecuniaria da trentamila euro al dieci per cento del fatturato. La misura della sanzione può essere aumentata secondo quanto previsto all'articolo 310, comma 2.

(1) *Questo articolo è stato così sostituito dall'art. 1, comma 48, del D.L.vo 21 maggio 2018, n. 68.*

A norma dell'art. 4, comma 3, del medesimo decreto 68/2018, le modifiche apportate al Titolo XVIII del decreto legislativo 7 settembre 2005, n. 209, si applicano alle violazioni commesse dopo l'entrata in vigore delle disposizioni adottate dall'IVASS ai sensi dell'art. 331 bis del medesimo decreto legislativo. Alle violazioni commesse prima della data di entrata in vigore delle disposizioni adottate dall'IVASS continuano ad applicarsi le norme del Titolo XVIII del decreto legislativo 7 settembre 2005, n. 209, vigenti prima della data di entrata in vigore del presente decreto (G.U. Serie gen. - n. 138 del 16 giugno 2018). Si segnala che a norma dell'art. 4, comma 7, del medesimo D.L.vo le modifiche apportate dagli artt. 1 e 2 del citato D.L.vo n. 68/2018, trovano applicazione dal 1° ottobre 2018.

Si riporta il testo precedente:

«Art. 311 (Assetti proprietari) - 1. L'omissione delle comunicazioni prescritte dagli articoli 69, 71 e 79, compresa anche l'intenzione di assumere la partecipazione di controllo, o delle relative norme di attuazione è punita con la sanzione amministrativa pecuniaria da euro diecimila ad euro centomila.

2. L'incompletezza o l'erroneità delle comunicazioni sono punite con la sanzione amministrativa pecuniaria da euro cinquemila ad euro cinquantamila.

3. La sanzione di cui al comma 1 si applica nel caso di violazione dell'obbligo di comunicazione di cui all'articolo 70, comma 1, e nel caso di violazione delle disposizioni previste dagli articoli 74, comma 1, 75, comma 1, e 77, commi 1 e 3.

4. Se le comunicazioni sono dovute da una persona fisica, in caso di violazione la sanzione si applica nei confronti di quest'ultima.».

311 *bis*. (1) **Principio della rilevanza della violazione.** – 1. Le sanzioni previste dall'articolo 310, comma 1, 310 *bis*, comma 1, e dall'articolo 310 *quater* si applicano quando le infrazioni rivestono carattere rilevante, secondo i criteri definiti dall'IVASS con regolamento tenendo conto dell'incidenza delle condotte sulla tutela degli assicurati e degli aventi diritto alle prestazioni assicurative, sulla complessiva organizzazione e sui profili di rischio aziendale nonché sull'esercizio delle funzioni di vigilanza.

(1) *Questo articolo è stato inserito dall'art. 1, comma 49, del D.L.vo 21 maggio 2018, n. 68.*

A norma dell'art. 4, comma 3, del medesimo decreto 68/2018, le modifiche apportate al Titolo XVIII del decreto legislativo 7 settembre 2005, n. 209, si applicano alle violazioni commesse dopo l'entrata in vigore delle disposizioni adottate dall'IVASS ai sensi dell'art. 331 bis del medesimo decreto legislativo. Alle violazioni commesse prima della data di entrata in vigore delle disposizioni adottate dall'IVASS continuano ad applicarsi le norme del Titolo XVIII del decreto legislativo 7 settembre 2005, n. 209, vigenti prima della data di entrata in vigore del presente decreto (G.U. Serie gen. - n. 138 del 16 giugno 2018). Si segnala che a norma dell'art. 4, comma 7, del medesimo D.L.vo le modifiche apportate dagli artt. 1 e 2 del citato D.L.vo n. 68/2018, trovano applicazione dal 1° ottobre 2018.

311 *ter*. (1) **Ordine di porre termine alle violazioni.** – 1. Per le violazioni previste dall'articolo 310, comma 1, lettera *a*) e per quelle di cui alla lettera *c*), limitatamente all'articolo 183 (2), [quando esse siano connotate da scarsa offensività o pericolosità] (3), l'IVASS può, in alternativa all'applicazione delle sanzioni amministrative pecuniarie, applicare nei confronti dell'impresa una sanzione consistente nell'ordine di eliminare le infrazioni, anche indicando le misure da adottare e il termine per l'adempimento.

2. Per l'inosservanza dell'ordine entro il termine stabilito, l'IVASS applica le sanzioni amministrative pecuniarie previste dall'articolo 310, comma 1, secondo i criteri di cui all'articolo 311 *quinquies*; l'importo delle sanzioni così determinato è aumentato sino a un terzo rispetto a quello previsto per la viola-

zione originaria, fermi restando i massimali stabiliti dall'articolo 310.

(1) *Questo articolo è stato inserito dall'art. 1, comma 49, del D.L.vo 21 maggio 2018, n. 68.*
A norma dell'art. 4, comma 3, del medesimo decreto 68/2018, le modifiche apportate al Titolo XVIII del decreto legislativo 7 settembre 2005, n. 209, si applicano alle violazioni commesse dopo l'entrata in vigore delle disposizioni adottate dall'IVASS ai sensi dell'art. 331 bis del medesimo decreto legislativo. Alle violazioni commesse prima della data di entrata in vigore delle disposizioni adottate dall'IVASS continuano ad applicarsi le norme del Titolo XVIII del decreto legislativo 7 settembre 2005, n. 209, vigenti prima della data di entrata in vigore del presente decreto (G.U. Serie gen. - n. 138 del 16 giugno 2018). Si segnala che a norma dell'art. 4, comma 7, del medesimo D.L.vo le modifiche apportate dagli artt. 1 e 2 del citato D.L.vo n. 68/2018, trovano applicazione dal 1° ottobre 2018.

(2) *Le parole: «e per quelle di cui alla lettera c), limitatamente all'articolo 183» sono state inserite dall'art. 1, comma 23, del D.L.vo 30 dicembre 2020, n. 187.*

(3) *Le parole tra parentesi quadrate sono state soppresse dall'art. 1, comma 23, del D.L.vo 30 dicembre 2020, n. 187.*

311 *quater*. (1) Accertamento unitario per violazioni della stessa indole. – 1. Per l'inosservanza degli articoli 125, comma 5 *bis*, 127, comma 3, limitatamente al certificato di assicurazione, 134, ad eccezione del comma 2, 146, 148, 149, 150, 152, comma 5, e 183, o delle relative norme di attuazione, l'IVASS provvede all'accertamento unitario delle violazioni della stessa indole, come definite all'articolo 8 *bis*, della legge n. 689 del 1981, effettuato con riferimento ad un determinato arco temporale, e alla contestazione degli addebiti con un unico atto da notificare entro il termine di cui all'articolo 311 *septies*. Nel caso di verifiche a distanza l'arco temporale di riferimento e il termine entro il quale si considera concluso l'accertamento delle violazioni rilevate non possono eccedere i dodici mesi. Con regolamento dell'IVASS è stabilito il termine entro il quale si considera concluso l'accertamento delle violazioni rilevate in sede di verifiche ispettive.

2. L'IVASS, qualora l'impresa in sede difensiva fornisca adeguata dimostrazione del fatto che le violazioni contestate ai sensi del comma 1 sono dipese dalla medesima disfunzione della propria organizzazione, comunica alla stessa il termine perentorio, non superiore a centottanta giorni, entro il quale effettuare gli interventi necessari per eliminare la disfunzione. L'IVASS, ricevuta la comunicazione relativa all'adozione delle misure correttive, verifica che siano state adottate le misure stesse e ne comunica gli esiti all'impresa.

3. Nel caso in cui le misure correttive adottate ai sensi del comma 2 siano risultate idonee ad eliminare la disfunzione, la misura della sanzione amministrativa pecuniaria prevista dall'articolo 310, comma 1, determinata secondo i criteri di cui all'articolo 311 *quinquies*, è ridotta da un terzo a due terzi, fatto salvo il minimo edittale. Eventuali rilievi formulati dall'IVASS sulle misure correttive adottate non precludono l'applicazione della riduzione, ma sono valutati in sede di determinazione della sanzione.

4. L'impresa può presentare osservazioni in ordine agli eventuali rilievi dell'IVASS sulle misure correttive adottate nel termine di sessanta giorni dal ricevimento della relativa comunicazione.

5. La riduzione di cui al comma 3 non è applicata:

a) nel caso in cui l'impresa non abbia adottato gli interventi correttivi;

b) nel caso in cui gli interventi adottati siano risultati inidonei ad eliminare la disfunzione;

c) nel caso in cui l'impresa ne abbia già usufruito per violazioni della stessa indole sulla base di provvedimento esecutivo emesso nei tre anni precedenti.

(1) *Questo articolo è stato inserito dall'art. 1, comma 49, del D.L.vo 21 maggio 2018, n. 68.*
A norma dell'art. 4, comma 3, del medesimo decreto 68/2018, le modifiche apportate al Titolo XVIII del decreto legislativo 7 settembre 2005, n. 209, si applicano alle violazioni commesse dopo l'entrata in vigore delle disposizioni adottate dall'IVASS ai sensi dell'art. 331 bis del medesimo decreto legislativo. Alle violazioni commesse prima della data di entrata in vigore delle disposizioni adottate dall'IVASS continuano ad applicarsi le norme del Titolo XVIII del decreto legislativo 7 settembre 2005, n. 209, vigenti prima della data di entrata in vigore del presente decreto (G.U. Serie gen. - n. 138 del 16 giugno 2018). Si segnala che a norma dell'art. 4, comma 7, del medesimo D.L.vo le modifiche apportate dagli artt. 1 e 2 del citato D.L.vo n. 68/2018, trovano applicazione dal 1° ottobre 2018.

311 *quinquies*. (1) Criteri per la determinazione delle sanzioni. – 1. Nella determinazione dell'ammontare delle sanzioni amministrative pecuniarie o della durata delle sanzioni accessorie previste per le violazioni non riguardanti la distribuzione assicurativa l'IVASS considera ogni circostanza rilevante e, in particolare, tenuto conto del fatto che il destinatario della sanzione sia persona fisica o giuridica, le seguenti, ove pertinenti:

a) la gravità e la durata della violazione;

b) il grado di responsabilità;

c) la capacità finanziaria del responsabile della violazione;

d) l'entità del vantaggio ottenuto o delle perdite evitate attraverso la violazione, nella misura in cui essa sia determinabile;

e) i pregiudizi cagionati a terzi attraverso la violazione, nella misura in cui il loro ammontare sia determinabile;

f) il livello di cooperazione del responsabile della violazione con l'IVASS;

g) le precedenti violazioni in materia assicurativa commesse dal medesimo soggetto;

h) le misure adottate successivamente alla violazione al fine di evitare in futuro il suo ripetersi;

i) nell'ipotesi di accertamento unitario di una pluralità di violazioni della stessa indole ai sensi dell'articolo 311 *quater*, anche il numero e la tipologia delle infrazioni e l'importo della prestazione assicurativa liquidata.

(1) *Questo articolo è stato inserito dall'art. 1, comma 49, del D.L.vo 21 maggio 2018, n. 68.*

A norma dell'art. 4, comma 3, del medesimo decreto 68/2018, le modifiche apportate al Titolo XVIII del decreto legislativo 7 settembre 2005, n. 209, si applicano alle violazioni commesse dopo l'entrata in vigore delle disposizioni adottate dall'IVASS ai sensi dell'art. 331 bis *del medesimo decreto legislativo. Alle violazioni commesse prima della data di entrata in vigore delle disposizioni adottate dall'IVASS continuano ad applicarsi le norme del Titolo XVIII del decreto legislativo 7 settembre 2005, n. 209, vigenti prima della data di entrata in vigore del presente decreto (G.U. Serie gen. - n. 138 del 16 giugno 2018). Si segnala che a norma dell'art. 4, comma 7, del medesimo D.L.vo le modifiche apportate dagli artt. 1 e 2 del citato D.L.vo n. 68/2018, trovano applicazione dal 1° ottobre 2018.*

311 *sexies*. (1) Sanzioni amministrative agli esponenti aziendali o al personale. – 1. Fermo restando quanto previsto all'articolo 325, comma 1 circa la responsabilità delle imprese nei confronti delle quali sono accertate le violazioni, per l'inosservanza delle norme richiamate nell'articolo 310, comma 1, lettera *a*) si applica, salvo che il fatto costituisca reato, la sanzione amministrativa pecuniaria da cinquemila euro a cinque milioni di euro nei confronti dei soggetti che svolgono le funzioni di amministrazione, di direzione, di controllo, nonché dei dipendenti o di coloro che operano sulla base di rapporti che ne determinano l'inserimento nell'organizzazione dell'impresa anche in forma diversa dal rapporto di lavoro subordinato quando l'inosservanza è conseguenza della violazione di doveri propri o dell'organo di appartenenza e ricorrono una o più delle seguenti condizioni:

a) la condotta ha inciso in modo rilevante sulla complessiva organizzazione o sui profili di rischio aziendali;

b) la condotta ha contribuito a determinare la mancata ottemperanza dell'impresa a provvedimenti specifici adottati ai sensi degli articoli 188, comma 3 *bis*, lettere *a*), *b*) e *c*) e 214 *bis*, comma 1;

c) le violazioni riguardano obblighi imposti ai sensi dell'articolo 76 o dell'articolo 79, comma 3, o dell'articolo 191, comma 1, lettera *g*) ovvero obblighi in materia di remunerazione e incentivazione, quando l'esponente o il personale è la parte interessata (2).

2. Nel caso in cui la condotta dei soggetti di cui al comma 1 abbia contribuito a determinare l'inosservanza dell'ordine previsto nell'articolo 311 *ter* da parte dell'impresa, si applica nei confronti dei soggetti stessi la sanzione amministrativa pecuniaria da cinquemila euro a cinque milioni di euro.

3. Con il provvedimento di applicazione della sanzione, tenuto conto dei criteri stabiliti dall'articolo 311 *quinquies*, l'IVASS può applicare la sanzione amministrativa accessoria dell'interdizione dallo svolgimento di funzioni di amministrazione, direzione e controllo presso imprese di assicurazione e di riassicurazione, per un periodo non inferiore a sei mesi e non superiore a tre anni.

4. La misura della sanzione amministrativa pecuniaria può essere aumentata secondo quanto previsto all'articolo 310, comma 2.

(1) *Questo articolo è stato inserito dall'art. 1, comma 49, del D.L.vo 21 maggio 2018, n. 68.*

A norma dell'art. 4, comma 3, del medesimo decreto 68/2018, le modifiche apportate al Titolo XVIII del decreto legislativo 7 settembre 2005, n. 209, si applicano alle violazioni commesse dopo l'entrata in vigore delle disposizioni adottate dall'IVASS ai sensi dell'art. 331 bis *del medesimo decreto legislativo. Alle violazioni commesse prima della data di entrata in vigore delle disposizioni adottate dall'IVASS continuano ad applicarsi le norme del Titolo XVIII del decreto legislativo 7 settembre 2005, n. 209, vigenti prima della data di entrata in vigore del presente decreto (G.U. Serie gen. - n. 138 del 16 giugno 2018). Si segnala che a norma dell'art. 4, comma 7, del medesimo D.L.vo le modifiche apportate dagli artt. 1 e 2 del citato D.L.vo n. 68/2018, trovano applicazione dal 1° ottobre 2018.*

(2) *Le parole: «ovvero obblighi in materia di remunerazione e incentivazione, quando l'esponente o il personale è la parte interessata» sono state inserite dall'art. 3, comma 4, del D.L.vo 14 luglio 2020, n. 84.*

311 *septies*. (1) Procedura di applicazione delle sanzioni amministrative alle imprese e agli esponenti aziendali o al personale. – 1. L'IVASS, fermo restando quanto previsto dagli articoli 310 *quater*, 311 *bis* e 311 *quater*, nel termine di centoventi giorni dall'accertamento dell'infrazione, ovvero nel termine di centottanta giorni per i soggetti residenti

LEGGI COMPLEMENTARI

all'estero, provvede alla contestazione degli addebiti nei confronti dei possibili responsabili della violazione.

2. Entro il termine di sessanta giorni dalla notifica della contestazione di cui al comma 1, il destinatario può presentare all'IVASS deduzioni difensive e istanza di audizione, cui può partecipare anche con l'assistenza di un avvocato.

3. L'IVASS, tenuto conto degli elementi istruttori acquisiti agli atti, applica le sanzioni o dispone l'archiviazione del procedimento con provvedimento motivato.

4. Il procedimento sanzionatorio è retto dai principi del contraddittorio, della conoscenza degli atti istruttori, della verbalizzazione nonché della distinzione tra funzioni istruttorie e funzioni decisorie.

5. La tutela giurisdizionale davanti al giudice amministrativo è disciplinata dal codice del processo amministrativo. I ricorsi sono notificati all'IVASS che provvede alla difesa in giudizio con propri legali. L'opposizione non sospende l'esecuzione del provvedimento.

(1) *Questo articolo è stato inserito dall'art. 1, comma 49, del D.L.vo 21 maggio 2018, n. 68.*

A norma dell'art. 4, comma 3, del medesimo decreto 68/2018, le modifiche apportate al Titolo XVIII del decreto legislativo 7 settembre 2005, n. 209, si applicano alle violazioni commesse dopo l'entrata in vigore delle disposizioni adottate dall'IVASS ai sensi dell'art. 331 bis del medesimo decreto legislativo. Alle violazioni commesse prima della data di entrata in vigore delle disposizioni adottate dall'IVASS continuano ad applicarsi le norme del Titolo XVIII del decreto legislativo 7 settembre 2005, n. 209, vigenti prima della data di entrata in vigore del presente decreto (G.U. Serie gen. - n. 138 del 16 giugno 2018). Si segnala che a norma dell'art. 4, comma 7, del medesimo D.L.vo le modifiche apportate dagli artt. 1 e 2 del citato D.L.vo n. 68/2018, trovano applicazione dal 1° ottobre 2018.

312. (1) (2) **[Comunicazioni per la vigilanza di gruppo.** – 1. L'omissione delle comunicazioni di cui all'articolo 213 o delle relative norme di attuazione è punita con la sanzione amministrativa pecuniaria da euro cinquemila ad euro cinquantamila. L'incompletezza o l'erroneità della comunicazione sono punite con la sanzione amministrativa pecuniaria da euro duemila ad euro ventimila.

2. L'omissione delle comunicazioni di cui all'articolo 216, comma 2, o delle relative norme di attuazione è punita con la sanzione amministrativa pecuniaria da euro duemila ad euro ventimila. Se l'omissione riguarda un'operazione da cui può derivare pregiudizio per gli interessi degli assicurati si applica la sanzione amministrativa pecuniaria da euro cinquemila ad euro cinquantamila. L'incompletezza o l'erroneità della comunicazione preventiva sono punite con la sanzione amministrativa pecuniaria da euro mille ad euro diecimila.

3. L'omissione della comunicazione periodica di cui all'articolo 216, comma 1, o delle relative norme di attuazione è punita con la sanzione amministrativa pecuniaria da euro millecinquecento ad euro quindicimila. L'incompletezza o l'erroneità delle comunicazioni periodiche successive sono punite con la sanzione amministrativa pecuniaria da euro cinquecento ad euro cinquemila].

(1) *Questo articolo è stato così sostituito dall'art. 1, comma 187, del D.L.vo 12 maggio 2015, n. 74.*

(2) *Questo articolo è stato abrogato dall'art. 1, comma 50, del D.L.vo 21 maggio 2018, n. 68.*

A norma dell'art. 4, comma 3, del medesimo decreto 68/2018, le modifiche apportate al Titolo XVIII del decreto legislativo 7 settembre 2005, n. 209, si applicano alle violazioni commesse dopo l'entrata in vigore delle disposizioni adottate dall'IVASS ai sensi dell'art. 331 bis del medesimo decreto legislativo. Alle violazioni commesse prima della data di entrata in vigore delle disposizioni adottate dall'IVASS continuano ad applicarsi le norme del Titolo XVIII del decreto legislativo 7 settembre 2005, n. 209, vigenti prima della data di entrata in vigore del presente decreto (G.U. Serie gen. - n. 138 del 16 giugno 2018). Si segnala che a norma dell'art. 4, comma 7, del medesimo D.L.vo le modifiche apportate dagli artt. 1 e 2 del citato D.L.vo n. 68/2018, trovano applicazione dal 1° ottobre 2018.

Capo III
Assicurazione obbligatoria
per i veicoli a motore e i natanti (1)

(1) *Questo Capo è stato abrogato dall'art. 1, comma 50, del D.L.vo 21 maggio 2018, n. 68.*
A norma dell'art. 4, comma 3, del medesimo decreto 68/2018, le modifiche apportate al Titolo XVIII del decreto legislativo 7 settembre 2005, n. 209, si applicano alle violazioni commesse dopo l'entrata in vigore delle disposizioni adottate dall'IVASS ai sensi dell'art. 331 bis del medesimo decreto legislativo. Alle violazioni commesse prima della data di entrata in vigore delle disposizioni adottate dall'IVASS continuano ad applicarsi le norme del Titolo XVIII del decreto legislativo 7 settembre 2005, n. 209, vigenti prima della data di entrata in vigore del presente decreto (G.U. Serie gen. - n. 138 del 16 giugno 2018). Si segnala che a norma dell'art. 4, comma 7, del medesimo D.L.vo le modifiche apportate dagli artt. 1 e 2 del citato D.L.vo n. 68/2018, trovano applicazione dal 1° ottobre 2018.

313. [**Trasparenza delle condizioni di premio e di contratto.** - 1. L'inosservanza degli obblighi di cui all'articolo 131 è punita con la sanzione amministrativa pecuniaria da euro mille ad euro diecimila].

314. [**Rifiuto ed elusione dell'obbligo a contrarre e divieto di abbinamento.** - 1. Il rifiuto o l'elusione dell'obbligo a contrarre di cui all'articolo 132, comma 1, è punito con la sanzione amministrativa pecuniaria da euro duemilacinquecento ad euro quindicimila (1).

2. La violazione o l'elusione dell'obbligo a contrarre di cui all'articolo 132, comma 1, che sia attuata con riferimento a determinate zone territoriali o a singole categorie di assicurati è punita con una sanzione amministrativa pecuniaria da euro unmilione ad euro cinquemilioni.

3. La violazione del divieto di abbinamento di cui all'articolo 170 è punita con la sanzione amministrativa pecuniaria da euro mille ad euro tremila].

(1) *Le parole: «euro millecinquecento ad euro quattromilacinquecento» sono state così sostituite dalle seguenti: «euro duemilacinquecento ad euro quindicimila» dall'art. 1, comma 4, della L. 4 agosto 2017, n. 124.*

315. [**Procedure liquidative.** - 1. Nei casi previsti dagli articoli 148, 149 e 150 o dalle disposizioni di attuazione la formulazione dell'offerta o la corresponsione della somma che siano effettuate fino a centoventi giorni dalla scadenza del termine utile ovvero la mancata comunicazione del diniego dell'offerta nel medesimo termine è punita:

a) in caso di ritardo fino a trenta giorni, con la sanzione da euro trecento ad euro novecento;

b) in caso di ritardo fino a sessanta giorni, con la sanzione da euro novecento ad euro duemilasettecento;

c) in caso di ritardo fino a novanta giorni, con la sanzione da euro duemilasettecento ad euro cinquemilaquattrocento;

d) in caso di ritardo fino a centoventi giorni, con la sanzione da euro cinquemilaquattrocento ad euro diecimilaottocento.

2. Qualora, oltre i centoventi giorni dal termine utile, siano omesse la formulazione dell'offerta, la comunicazione dei motivi del diniego o il pagamento della somma, l'inosservanza degli obblighi previsti dagli articoli 148, 149 e 150 o delle disposizioni di attuazione è punita con la sanzione da euro diecimilaottocento ad euro trentamila in relazione a danni a cose e con la sanzione da euro ventimila ad euro sessantamila in relazione a danni a persone o per il caso morte.

3. Qualora l'impresa formuli l'offerta in ritardo rispetto al termine utile e contestualmente provveda al pagamento della somma, l'inosservanza degli obblighi previsti dagli articoli 148, 149 e 150 o delle disposizioni di attuazione è punita con le sanzioni rispettivamente previste ai commi 1 e 2, diminuite del trenta per cento].

316. (1) [**Obblighi di comunicazione.** - 1. L'omissione, l'incompletezza, l'erroneità o la tardività delle comunicazioni di cui all'articolo 135, comma 2, accertata semestralmente e contestata con unico atto da notificare entro il termine di cui all'articolo 326, comma 1, decorrente dal sessantesimo giorno successivo alla scadenza del semestre di riferimento, è punita con un'unica sanzione amministrativa pecuniaria da euro cinquemila a euro cinquantamila.

2. L'omissione, l'incompletezza, l'erroneità o la tardività delle comunicazioni di cui all'articolo 154, commi 4 e 5, accertata semestralmente e contestata con unico atto da notificare entro il termine di cui all'articolo 326, comma 1, decorrente dal sessantesimo giorno successivo alla scadenza del semestre di riferimento, è punita con un'unica sanzione amministrativa pecuniaria da euro diecimila a euro centomila].

(1) *Questo articolo è stato così sostituito dall'art. 1, comma 28, lett. d), della L. 4 agosto 2017, n. 124.*

317. [**Altre violazioni.** - 1. L'inosservanza degli articoli 133, 134, commi 2 e 3, 146 e 148, comma 11, o delle relative norme di attuazione, è punita, con la sanzione amministrativa pecuniaria da euro duemilacinquecento a euro settemilacinquecento.

2. L'inosservanza dell'obbligo di consegna del contrassegno o del certificato di assicurazione o dell'attestazione sullo stato del rischio è punita con la sanzione amministrativa pecuniaria da euro millecinquecento a euro quattromilacinquecento.

3. L'inosservanza degli articoli 125, comma 5 *bis*, e 152, comma 5, è punita con la sanzione amministrativa pecuniaria da euro 2.000 ad euro 6.000] (1).

(1) *Questo comma è stato così sostituito dall'art. 1, comma 14, del D.L.vo 6 novembre 2007, n. 198.*

Capo IV
Trasparenza delle operazioni e protezione dell'assicurato (1)

(1) *Questo Capo è stato abrogato dall'art. 1, comma 50, del D.L.vo 21 maggio 2018, n. 68.*

A norma dell'art. 4, comma 3, del medesimo decreto 68/2018, le modifiche apportate al Titolo XVIII del decreto legislativo 7 settembre 2005, n. 209, si applicano alle violazioni commesse dopo l'entrata in vigore delle disposizioni adottate dall'IVASS ai sensi dell'art. 331 bis del medesimo decreto legislativo. Alle violazioni commesse prima della data di entrata in vigore delle disposizioni adottate dall'IVASS continuano ad applicarsi le norme del Titolo XVIII del decreto legislativo 7 settembre 2005, n. 209, vigenti prima della data di entrata in vigore del presente decreto (G.U. Serie gen. - n. 138 del 16 giugno 2018). Si segnala che a norma dell'art. 4, comma 7, del medesimo D.L.vo le modifiche apportate dagli artt. 1 e 2 del citato D.L.vo n. 68/2018, trovano applicazione dal 1° ottobre 2018.

318. [**Pubblicità di prodotti assicurativi.** – 1. L'inosservanza delle disposizioni di cui all'articolo 182, commi 1 e 3, o delle relative norme di attuazione è punita con la sanzione amministrativa pecuniaria da euro duemila ad euro ventimila.

2. La diffusione di annunci pubblicitari effettuata in violazione dei provvedimenti cautelari e interdittivi adottati ai sensi dell'articolo 182, commi 4 e 5, è punita con la sanzione amministrativa pecuniaria da euro cinquemila ad euro cinquantamila e si applica a chi effettua annunci pubblicitari in violazione dei provvedimenti interdittivi adottati ai sensi dell'articolo 182, commi 4 e 5].

319. [**Regole di comportamento.** – 1. L'inosservanza delle disposizioni di cui all'articolo 183 o delle relative norme di attuazione quando la commercializzazione riguarda prodotti assicurativi di cui all'articolo 2, comma 1, ad eccezione del ramo VI, o all'articolo 2, comma 3, è punita con la sanzione amministrativa pecuniaria da euro duemila ad euro ventimila.

2. La violazione dei provvedimenti interdittivi e cautelari adottati ai sensi degli articoli 182, comma 6, e 184, comma 1, è punita con la sanzione amministrativa pecuniaria da euro diecimila ad euro centomila].

320. [**Nota informativa.** – 1. Chiunque ometta la consegna della nota informativa di cui all'articolo 185 prima della conclusione del contratto è punito con la sanzione amministrativa pecuniaria da euro duemilacinquecento ad euro venticinquemila].

Capo V
Doveri nei confronti dell'autorità di vigilanza

321. Doveri degli organi di controllo. – 1. Alle persone che compongono gli (1) organi di controllo di un'impresa di assicurazione o di riassicurazione le quali (2) omettono le comunicazioni previste dall'articolo 190, commi 1 e 3, si applica la sanzione amministrativa pecuniaria da euro cinquemila ad cinque milioni di euro (3).

2. La medesima sanzione si applica alle persone che compongono i (4) corrispondenti organi delle società, ivi incluse le società di partecipazione assicurativa e di partecipazione finanziaria mista, (5) che controllano un'impresa di assicurazione o di riassicurazione o che sono da queste controllate le quali omettono (6) le comunicazioni previste dall'articolo 190, commi 1 e 3.

[3. L'IVASS informa il Ministero dell'economia e delle finanze e la Consob dei provvedimenti sanzionatori adottati nei confronti dei revisori legali e delle società di revisione legale. Il Ministero dell'economia e delle finanze e la Consob informano l'IVASS dei provvedimenti adottati] (7).

[4. Il Ministero della giustizia informa l'ISVAP dei provvedimenti adottati] (8).

(1) *Le parole: «Ai componenti degli» sono state così sostituite dalle attuali: «Alle persone che compongono gli» dall'art. 1, comma 51, lett.* a), *del D.L.vo 21 maggio 2018, n. 68.*

A norma dell'art. 4, comma 3, del medesimo decreto 68/2018, le modifiche apportate al Titolo XVIII del decreto legislativo 7 settembre 2005, n. 209, si applicano alle violazioni commesse dopo l'entrata in vigore delle disposizioni adottate dall'IVASS ai sensi dell'art. 331 bis del medesimo decreto legislativo. Alle violazioni commesse prima della data di entrata in vigore delle disposizioni adottate dall'IVASS continuano ad applicarsi le norme del Titolo XVIII del decreto legislativo 7 settembre 2005, n. 209, vigenti prima della data di entrata in vigore del presente decreto (G.U. Serie gen.

– n. 138 del 16 giugno 2018). Si segnala che a norma dell'art. 4, comma 7, del medesimo D.L.vo le modifiche apportate dagli artt. 1 e 2 del citato D.L.vo n. 68/2018, trovano applicazione dal 1° ottobre 2018.

(2) Le parole: «o di riassicurazione che» sono state così sostituite dalle attuali: «o di riassicurazione le quali» dall'art. 1, comma 51, lett. a), del D.L.vo 21 maggio 2018, n. 68.

A norma dell'art. 4, comma 3, del medesimo decreto 68/2018, le modifiche apportate al Titolo XVIII del decreto legislativo 7 settembre 2005, n. 209, si applicano alle violazioni commesse dopo l'entrata in vigore delle disposizioni adottate dall'IVASS ai sensi dell'art. 331 bis del medesimo decreto legislativo. Alle violazioni commesse prima della data di entrata in vigore delle disposizioni adottate dall'IVASS continuano ad applicarsi le norme del Titolo XVIII del decreto legislativo 7 settembre 2005, n. 209, vigenti prima della data di entrata in vigore del presente decreto (G.U. Serie gen. – n. 138 del 16 giugno 2018). Si segnala che a norma dell'art. 4, comma 7, del medesimo D.L.vo le modifiche apportate dagli artt. 1 e 2 del citato D.L.vo n. 68/2018, trovano applicazione dal 1° ottobre 2018.

(3) Le parole: «euro cinquantamila» sono state così sostituite dalle attuali: «cinque milioni di euro» dall'art. 1, comma 51, lett. a), del D.L.vo 21 maggio 2018, n. 68.

A norma dell'art. 4, comma 3, del medesimo decreto 68/2018, le modifiche apportate al Titolo XVIII del decreto legislativo 7 settembre 2005, n. 209, si applicano alle violazioni commesse dopo l'entrata in vigore delle disposizioni adottate dall'IVASS ai sensi dell'art. 331 bis del medesimo decreto legislativo. Alle violazioni commesse prima della data di entrata in vigore delle disposizioni adottate dall'IVASS continuano ad applicarsi le norme del Titolo XVIII del decreto legislativo 7 settembre 2005, n. 209, vigenti prima della data di entrata in vigore del presente decreto (G.U. Serie gen. – n. 138 del 16 giugno 2018). Si segnala che a norma dell'art. 4, comma 7, del medesimo D.L.vo le modifiche apportate dagli artt. 1 e 2 del citato D.L.vo n. 68/2018, trovano applicazione dal 1° ottobre 2018.

(4) Le parole: «ai componenti dei» sono state così sostituite dalle attuali: «alle persone che compongono i» dall'art. 1, comma 51, lett. b), del D.L.vo 21 maggio 2018, n. 68.

A norma dell'art. 4, comma 3, del medesimo decreto 68/2018, le modifiche apportate al Titolo XVIII del decreto legislativo 7 settembre 2005, n. 209, si applicano alle violazioni commesse dopo l'entrata in vigore delle disposizioni adottate dall'IVASS ai sensi dell'art. 331 bis del medesimo decreto legislativo. Alle violazioni commesse prima della data di entrata in vigore delle disposizioni adottate dall'IVASS continuano ad applicarsi le norme del Titolo XVIII del decreto legislativo 7 settembre 2005, n. 209, vigenti prima della data di entrata in vigore del presente decreto (G.U. Serie gen. – n. 138 del 16 giugno 2018). Si segnala che a norma dell'art. 4, comma 7, del medesimo D.L.vo le modifiche apportate dagli artt. 1 e 2 del citato D.L.vo n. 68/2018, trovano applicazione dal 1° ottobre 2018.

(5) Le parole: «, ivi incluse le società di partecipazione assicurativa e di partecipazione finanziaria mista,» sono state inserite dall'art. 1, comma 51, lett. b), del D.L.vo 21 maggio 2018, n. 68.

A norma dell'art. 4, comma 3, del medesimo decreto 68/2018, le modifiche apportate al Titolo XVIII del decreto legislativo 7 settembre 2005, n. 209, si applicano alle violazioni commesse dopo l'entrata in vigore delle disposizioni adottate dall'IVASS ai sensi dell'art. 331 bis del medesimo decreto legislativo. Alle violazioni commesse prima della data di entrata in vigore delle disposizioni adottate dall'IVASS continuano ad applicarsi le norme del Titolo XVIII del decreto legislativo 7 settembre 2005, n. 209, vigenti prima della data di entrata in vigore del presente decreto (G.U. Serie gen. – n. 138 del 16 giugno 2018). Si segnala che a norma dell'art. 4, comma 7, del medesimo D.L.vo le modifiche apportate dagli artt. 1 e 2 del citato D.L.vo n. 68/2018, trovano applicazione dal 1° ottobre 2018.

(6) Le parole: «i quali omettono» sono state così sostituite dalle attuali: «le quali omettono» dall'art. 1, comma 51, lett. b), del D.L.vo 21 maggio 2018, n. 68.

A norma dell'art. 4, comma 3, del medesimo decreto 68/2018, le modifiche apportate al Titolo XVIII del decreto legislativo 7 settembre 2005, n. 209, si applicano alle violazioni commesse dopo l'entrata in vigore delle disposizioni adottate dall'IVASS ai sensi dell'art. 331 bis del medesimo decreto legislativo. Alle violazioni commesse prima della data di entrata in vigore delle disposizioni adottate dall'IVASS continuano ad applicarsi le norme del Titolo XVIII del decreto legislativo 7 settembre 2005, n. 209, vigenti prima della data di entrata in vigore del presente decreto (G.U. Serie gen. – n. 138 del 16 giugno 2018). Si segnala che a norma dell'art. 4, comma 7, del medesimo D.L.vo le modifiche apportate dagli artt. 1 e 2 del citato D.L.vo n. 68/2018, trovano applicazione dal 1° ottobre 2018.

(7) Questo comma è stato abrogato dall'art. 1, comma 51, lett. c), del D.L.vo 21 maggio 2018, n. 68.

A norma dell'art. 4, comma 3, del medesimo decreto 68/2018, le modifiche apportate al Titolo XVIII del decreto legislativo 7 settembre 2005, n. 209, si applicano alle violazioni commesse dopo l'entrata in vigore delle disposizioni adottate dall'IVASS ai sensi dell'art. 331 bis del medesimo decreto legislativo. Alle violazioni commesse prima della data di entrata in vigore delle disposizioni adottate dall'IVASS continuano ad applicarsi le norme del Titolo XVIII del decreto legislativo 7 settembre 2005, n. 209, vigenti prima della data di entrata in vigore del presente decreto (G.U. Serie gen. – n. 138 del 16 giugno 2018). Si segnala che a norma dell'art. 4, comma 7, del medesimo D.L.vo le modifiche apportate dagli artt. 1 e 2 del citato D.L.vo n. 68/2018, trovano applicazione dal 1° ottobre 2018.

(8) Questo comma è stato abrogato dall'art. 41, comma 8, lett. b), del D.L.vo 27 gennaio 2010, n. 39.

322. Doveri del revisore legale e della società di revisione legale (1). – 1. Il revisore legale e i legali rappresentanti della società di revisione legale (2) di un'impresa di assicurazione o di riassicurazione che omettono le comunicazioni previste dall'articolo 190, commi 1, 2 e 4, sono segnalati dall'IVASS alla CONSOB ai fini dell'adozione dei provvedimenti di competenza (3).

2. La medesima segnalazione è disposta nei confronti del revisore legale e dei legali rappresentanti della società di revisione legale

(4) che sono incaricate dalle società che controllano un'impresa di assicurazione o di riassicurazione o che sono da queste controllate i quali omettono le comunicazioni previste dall'articolo 190, commi 1, 2, 4 e 5.

3. La CONSOB informa l'IVASS dei provvedimenti adottati.

(1) *L'originaria rubrica:* «Doveri della società di revisione» *è stata così sostituita dall'attuale, dall'art. 41, comma 9, del D.L.vo 27 gennaio 2010, n. 39.*

(2) *Le originarie parole: «I legali rappresentanti della società di revisione» sono state così sostituite dalle attuali: «il revisore legale e i legali rappresentanti della società di revisione legale» dall'art. 41, comma 10, del D.L.vo 27 gennaio 2010, n. 39.*

(3) *Le parole: «di cui all'articolo 163 del testo unico dell'intermediazione finanziaria» sono state così sostituite dalle attuali: «di competenza» dall'art. 1, comma 52, del D.L.vo 21 maggio 2018, n. 68.*

A norma dell'art. 4, comma 3, del medesimo decreto 68/2018, le modifiche apportate al Titolo XVIII del decreto legislativo 7 settembre 2005, n. 209, si applicano alle violazioni commesse dopo l'entrata in vigore delle disposizioni adottate dall'IVASS ai sensi dell'art. 331 bis del medesimo decreto legislativo. Alle violazioni commesse prima della data di entrata in vigore delle disposizioni adottate dall'IVASS continuano ad applicarsi le norme del Titolo XVIII del decreto legislativo 7 settembre 2005, n. 209, vigenti prima della data di entrata in vigore del presente decreto (G.U. Serie gen. - n. 138 del 16 giugno 2018). Si segnala che a norma dell'art. 4, comma 7, del medesimo D.L.vo le modifiche apportate dagli artt. 1 e 2 del citato D.L.vo n. 68/2018, trovano applicazione dal 1° ottobre 2018.

(4) *Le originarie parole: «dei legali rappresentanti della società di revisione» sono state così sostituite dalle attuali: «del revisore legale e dei legali rappresentanti della società di revisione legale» dall'art. 41, comma 11, del D.L.vo 27 gennaio 2010, n. 39.*

323. (1) [**Doveri dell'attuario revisore e dell'attuario incaricato.** - 1. All'attuario incaricato dalla società di revisione di un'impresa di assicurazione o di riassicurazione che omette le comunicazioni previste dall'articolo 190, commi 1, 2 e 4, si applica la sanzione amministrativa pecuniaria da euro cinquemila ad euro cinquantamila. All'attuario incaricato dal revisore legale o dalla società di revisione legale di un'impresa di assicurazione o di riassicurazione che viola l'articolo 103, comma 3, si applica la sanzione amministrativa pecuniaria da euro centomila a euro cinquecentomila. Si applicano, altresì, le sanzioni penali per il reato di corruzione del revisore.

2. All'attuario incaricato da un'impresa di assicurazione che omette le comunicazioni previste dall'articolo 31 o dall'articolo 34 si applica la sanzione amministrativa pecuniaria da euro duemila a euro ventimila.

3. L'Ordine degli attuari informa l'ISVAP dei provvedimenti adottati a seguito della comunicazione della sanzione irrogata ai sensi dei commi 1 e 2.

4. Nei casi previsti dai commi 1 e 2 che presentino particolare gravità l'ISVAP può disporre la revoca dell'incarico].

(1) *Questo articolo è stato abrogato dall'art. 1, comma 188, del D.L.vo 12 maggio 2015, n. 74.*

Capo VI
Sanzioni amministrative pecuniarie ed altre misure per violazioni riguardanti la distribuzione assicurativa (1)

(1) *La precedente rubrica:* «Intermediari di assicurazione» *è stata così sostituita dalla attuale:* «Sanzioni amministrative pecuniarie ed altre misure per violazioni riguardanti la distribuzione assicurativa» *dall'art. 1, comma 53, del D.L.vo 21 maggio 2018, n. 68.*

A norma dell'art. 4, comma 3, del medesimo decreto 68/2018, le modifiche apportate al Titolo XVIII del decreto legislativo 7 settembre 2005, n. 209, si applicano alle violazioni commesse dopo l'entrata in vigore delle disposizioni adottate dall'IVASS ai sensi dell'art. 331 bis del medesimo decreto legislativo. Alle violazioni commesse prima della data di entrata in vigore delle disposizioni adottate dall'IVASS continuano ad applicarsi le norme del Titolo XVIII del decreto legislativo 7 settembre 2005, n. 209, vigenti prima della data di entrata in vigore del presente decreto (G.U. Serie gen. - n. 138 del 16 giugno 2018). Si segnala che a norma dell'art. 4, comma 7, del medesimo D.L.vo le modifiche apportate dagli artt. 1 e 2 del citato D.L.vo n. 68/2018, trovano applicazione dal 1° ottobre 2018.

324. (1) **Sanzioni relative alle violazioni delle disposizioni in materia di realizzazione e di distribuzione dei prodotti assicurativi, inclusi i prodotti di investimento assicurativo, commesse dagli intermediari** (2). - 1. Gli intermediari assicurativi e riassicurativi, ivi inclusi quelli a titolo accessorio che nell'ambito delle attività di realizzazione e di distribuzione (3) di prodotti assicurativi e di investimento assicurativi violano gli articoli 10 *quater*, 30 *decies*, 107, comma 5, 109, commi 2, ultimo periodo, 3, 4, 4 *bis*, 4 *sexies*, 4 *septies* e 6, 109 *bis*, 110, commi 2 e 3, 111, commi 4 e 5, 112, commi 2, 3 e 5, 113, comma 2, 117, 118, 119, comma 2, ultimo periodo, 119 *bis*, 119 *ter*, 120, 120 *bis*, commi 1, 2, 3 e 6, 120 *ter*, 120 *quater*, 120 *quinquies*, 121, 121 *bis*, 121 *ter*, 131, 170, 185, 185 *bis*, 185 *ter*, 187.1, in caso di mancata adesione a detti sistemi, (4) 191 o le relative norme di attuazione, sono puniti secondo i criteri di cui all'articolo 324 *sexies* con una delle seguenti sanzioni:

a) richiamo;

b) censura;

c) sanzione amministrativa pecuniaria:

1) per le società, da cinquemila euro a cinque milioni di euro oppure, se superiore, pari al cinque per cento del fatturato complessivo annuo risultante dall'ultimo bilancio disponibile approvato dall'organo di amministrazione;

2) per le persone fisiche, da mille euro a settecentomila euro;

d) radiazione o, in caso di società di intermediazione, cancellazione.

2. Il richiamo, consistente in una dichiarazione scritta di biasimo motivato, è disposto per fatti di lieve manchevolezza. La censura è disposta per fatti di particolare gravità. La radiazione o la cancellazione della società di intermediazione è disposta per fatti di eccezionale gravità. La radiazione determina l'immediata risoluzione dei rapporti di intermediazione e, nel caso di esercizio dell'attività in forma societaria, comporta altresì la cancellazione della società nei casi di particolare gravità o di sistematica reiterazione dell'illecito.

3. La violazione dei provvedimenti interdittivi e cautelari adottati ai sensi dell'articolo 184 è punita con una delle sanzioni di cui al comma 1.

4. Gli intermediari che, in proprio oppure attraverso collaboratori o altri ausiliari, operano per conto o a beneficio di imprese di assicurazione e riassicurazione che hanno sede legale nel territorio della Repubblica o in Stati terzi, di imprese locali di cui al Titolo IV, Capo I e di particolari mutue assicuratrici di cui all'articolo 52, le quali esercitano l'attività assicurativa o riassicurativa oltre i limiti dell'autorizzazione, sono puniti con una delle sanzioni di cui al comma 1.

5. Quando le violazioni degli articoli, 119 *bis*, 119 *ter*, 120, 120 *bis*, 120 *ter*, 120 *quater*, 120 *quinquies*, 121, riguardano un prodotto di investimento assicurativo, l'IVASS applica le sanzioni di cui al comma 1 nei soli confronti degli intermediari di cui all'articolo 109, comma 2, lettere *a*) e *b*), e relativi collaboratori di cui alla lettera *e*), e degli intermediari di cui alla lettera *c*). In tal caso, la misura massima della sanzione pecuniaria può essere determinata, in alternativa rispetto a quanto previsto al comma 1, lettera *c*), fino al doppio dell'ammontare dei profitti ricavati o delle perdite evitate grazie alla violazione, se possono essere determinati. L'IVASS, oltre alle sanzioni di cui al comma 1, può adottare una dichiarazione pubblica indicante la persona fisica o giuridica responsabile e la natura della violazione. Le medesime sanzioni di cui al presente comma si applicano nel caso di violazione degli articoli 121 *quinquies*, 121 *sexies* e 121 *septies*.

6. Quando la violazione degli articoli 30 *decies* e 121 *bis* riguarda un prodotto di investimento assicurativo, l'IVASS applica le sanzioni di cui al comma 1 nei confronti di tutti gli intermediari di cui al medesimo comma. La misura massima della sanzione pecuniaria può essere determinata, in alternativa rispetto a quanto previsto al comma 1, lettera *c*), fino al doppio dell'ammontare dei profitti ricavati o delle perdite evitate grazie alla violazione, se possono essere determinati. L'IVASS, oltre alle sanzioni di cui al comma 1, può adottare una dichiarazione pubblica indicante la persona fisica o giuridica responsabile e la natura della violazione.

7. Alle violazioni delle disposizioni richiamate all'articolo 24, paragrafo 1, del regolamento (UE) n. 1286/2014 diverse da quelle del presente articolo commesse dai soggetti di cui al comma 5 si applica l'articolo 193 *quinquies* del testo unico dell'intermediazione finanziaria. La nozione di fatturato è definita ai sensi dell'articolo 325 *bis* del presente codice.

7 *bis*. La disposizione di cui al comma 1 si applica anche agli intermediari iscritti al momento della commissione dell'illecito, anche se cancellati dal Registro (5).

(1) *Questo articolo è stato così sostituito dall'art. 1, comma 54, del D.L.vo 21 maggio 2018, n. 68.*

A norma dell'art. 4, comma 3, del medesimo decreto 68/2018, le modifiche apportate al Titolo XVIII del decreto legislativo 7 settembre 2005, n. 209, si applicano alle violazioni commesse dopo l'entrata in vigore delle disposizioni adottate dall'IVASS ai sensi dell'art. 331 bis del medesimo decreto legislativo. Alle violazioni commesse prima della data di entrata in vigore delle disposizioni adottate dall'IVASS continuano ad applicarsi le norme del Titolo XVIII del decreto legislativo 7 settembre 2005, n. 209, vigenti prima della data di entrata in vigore del presente decreto (G.U. Serie gen. - n. 138 del 16 giugno 2018). Si segnala che a norma dell'art. 4, comma 7, del medesimo D.L.vo le modifiche apportate dagli artt. 1 e 2 del citato D.L.vo n. 68/2018, trovano applicazione dal 1° ottobre 2018.

Si riporta il testo precedente:

«Art. 324 (Sanzioni amministrative pecuniarie relative agli intermediari) *- 1. L'inosservanza delle disposizioni di cui agli articoli 109, commi 4 e 6, 117, comma 1, 119, comma 2, ultimo periodo, 120, 121, 131, 170, 182, commi 2 e 3, 183, 185, comma 1 e 191, o delle relative norme di attuazione da parte degli intermediari iscritti al registro di cui all'articolo 109 è punita con la sanzione amministrativa pecuniaria da euro mille ad euro diecimila, anche se commessa da propri dipendenti o altri ausiliari.*

2. Nei casi di particolare gravità o di ripetizione dell'illecito i limiti minimo e massimo della sanzione di cui al comma 1 sono raddoppiati.»

([2]) *L'originaria rubrica: «Sanzioni relative alla violazione degli obblighi di distribuzione dei prodotti assicurativi inclusi i prodotti di investimento assicurativo distribuiti da intermediari» è stata così sostituita dalla attuale, dall'art. 1, comma 24, del D.L.vo 30 dicembre 2020, n. 187.*

([3]) *Le parole: «della distribuzione» sono state così sostituite dalle attuali: «delle attività di realizzazione e di distribuzione» dall'art. 1, comma 24, lett.* b), *del D.L.vo 30 dicembre 2020, n. 187.*

([4]) *Le parole: «187.1, in caso di mancata adesione a detti sistemi,» sono state inserite dall'art. 1, comma 24, lett.* b), *del D.L.vo 30 dicembre 2020, n. 187.*

([5]) *Questo comma è stato aggiunto dall'art. 1, comma 24, lett.* c), *del D.L.vo 30 dicembre 2020, n. 187.*

324 *bis*. ([1]) **Sanzioni relative alle violazioni delle disposizioni in materia di realizzazione e di distribuzione dei prodotti assicurativi, inclusi i prodotti di investimento assicurativo, commesse dalle imprese** ([2]). – 1. Le imprese di assicurazione o di riassicurazione che nell'ambito delle attività di realizzazione e di distribuzione ([3]) di prodotti assicurativi o di investimento assicurativi, violano gli articoli 10 *quater*, 30 *decies*, 107, comma 5, 109, comma 1 *bis*, e commi 4, ultimo periodo, nonché 4 *ter* e 6 ([4]), 111, commi 1 e 2, 114 *bis*, 119, comma 2, ultimo periodo, 119 *bis*, 119 *ter*, 120, commi 2 e 3, 120 *bis*, commi 4 e 5, 120 *quater*, 120 *quinquies*, 121, 121 *bis*, 121 *ter*, 131, 170, 185, 185 *bis*, 185 *ter*, 186, 187, 187.1, in caso di mancata adesione a detti sistemi, ([5]) 191 o le relative norme di attuazione, sono puniti secondo i criteri di cui all'articolo 324 *sexies* con la sanzione amministrativa pecuniaria da cinquemila euro a cinque milioni di euro oppure, se superiore, pari al cinque per cento del fatturato complessivo annuo risultante dall'ultimo bilancio disponibile approvato dall'organo di amministrazione.

2. La violazione dei provvedimenti interdittivi e cautelari adottati ai sensi dell'articolo 184 è punita con la sanzione di cui al comma 1.

3. Le imprese di assicurazione o di riassicurazione che si avvalgono di intermediari non iscritti alle Sezioni del registro di cui all'articolo 109, comma 2, sono punite con la sanzione amministrativa pecuniaria da cinquemila euro a cinque milioni di euro oppure, se superiore, pari al cinque per cento del fatturato complessivo annuo risultante dall'ultimo bilancio disponibile approvato dall'organo di amministrazione.

4. Quando le violazioni degli articoli 30 *decies*, 119 *bis*, 119 *ter*, 120, 120 *bis*, 120 *quater*, 120 *quinquies*, 121, 121 *bis*, riguardano un prodotto di investimento assicurativo, la misura massima della sanzione pecuniaria può essere determinata, in alternativa rispetto a quanto previsto al comma 1, fino al doppio dell'ammontare dei profitti ricavati o delle perdite evitate grazie alla violazione, se possono essere determinati. L'IVASS, oltre alle sanzioni di cui al comma 1, può adottare una dichiarazione pubblica indicante la persona giuridica o la persona fisica all'interno dell'organizzazione responsabile e la natura della violazione. Le medesime sanzioni di cui al presente comma si applicano nel caso di violazione degli articoli 121 *quinquies*, 121 *sexies* e 121 *septies*.

5. Alle violazioni delle disposizioni richiamate all'articolo 24, paragrafo 1, del regolamento (UE) n. 1286/2014 diverse da quelle del presente articolo si applica l'articolo 193 *quinquies* del testo unico dell'intermediazione finanziaria. La nozione di fatturato è definita ai sensi dell'articolo 325 *bis* del presente codice.

([1]) *Questo articolo è stato inserito dall'art. 1, comma 55, del D.L.vo 21 maggio 2018, n. 68.*

A norma dell'art. 4, comma 3, del medesimo decreto 68/2018, le modifiche apportate al Titolo XVIII del decreto legislativo 7 settembre 2005, n. 209, si applicano alle violazioni commesse dopo l'entrata in vigore delle disposizioni adottate dall'IVASS ai sensi dell'art. 331 bis *del medesimo decreto legislativo. Alle violazioni commesse prima della data di entrata in vigore delle disposizioni adottate dall'IVASS continuano ad applicarsi le norme del Titolo XVIII del decreto legislativo 7 settembre 2005, n. 209, vigenti prima della data di entrata in vigore del presente decreto (G.U. Serie gen. – n. 138 del 16 giugno 2018). Si segnala che a norma dell'art. 4, comma 7, del medesimo D.L.vo le modifiche apportate dagli artt. 1 e 2 del citato D.L.vo n. 68/2018, trovano applicazione dal 1° ottobre 2018.*

([2]) *La precedente rubrica:* «Sanzioni relative alla violazione degli obblighi di distribuzione dei prodotti assicurativi e di investimento assicurativo distribuiti da imprese» *è stata così sostituita dalla attuale, dall'art. 1, comma 25, lett.* a), *del D.L.vo 30 dicembre 2020, n. 187.*

([3]) *Le parole: «della distribuzione» sono state così sostituite dalle attuali: «delle attività di realizzazione e di distribuzione» dall'art. 1, comma 25, lett.* b), *del D.L.vo 30 dicembre 2020, n. 187.*

([4]) *Le parole: «109, commi 4, ultimo periodo, e 4* ter*» sono state così sostituite dalle attuali: «109, comma 1* bis*, e commi 4, ultimo periodo, nonché 4* ter *e 6» dall'art. 1, comma 25, lett.* b), *del D.L.vo 30 dicembre 2020, n. 187.*

([5]) *Le parole: «187.1, in caso di mancata adesione a detti sistemi,» sono state inserite dall'art. 1, comma 25, lett.* b), *del D.L.vo 30 dicembre 2020, n. 187.*

324 *ter*. ([1]) **Principio della rilevanza della violazione.** – 1. Le sanzioni previste dagli articoli 324 e 324 *bis* si applicano quando le infrazioni rivestono carattere rilevante, secondo i criteri definiti dall'IVASS con regolamento tenendo conto dell'incidenza delle condotte sulla tutela degli assicurati e degli aventi diritto alle prestazioni assicurative e sull'esercizio delle funzioni di vigilanza.

2. La disposizione di cui al comma 1 non si applica alle violazioni degli articoli 324, comma 3, e 324 *bis*, comma 2.

(1) *Questo articolo è stato inserito dall'art. 1, comma 55, del D.L.vo 21 maggio 2018, n. 68.*

A norma dell'art. 4, comma 3, del medesimo decreto 68/2018, le modifiche apportate al Titolo XVIII del decreto legislativo 7 settembre 2005, n. 209, si applicano alle violazioni commesse dopo l'entrata in vigore delle disposizioni adottate dall'IVASS ai sensi dell'art. 331 bis del medesimo decreto legislativo. Alle violazioni commesse prima della data di entrata in vigore delle disposizioni adottate dall'IVASS continuano ad applicarsi le norme del Titolo XVIII del decreto legislativo 7 settembre 2005, n. 209, vigenti prima della data di entrata in vigore del presente decreto (G.U. Serie gen. - n. 138 del 16 giugno 2018). Si segnala che a norma dell'art. 4, comma 7, del medesimo D.L.vo le modifiche apportate dagli artt. 1 e 2 del citato D.L.vo n. 68/2018, trovano applicazione dal 1° ottobre 2018.

324 *quater*. (1) **Ordine di porre termine alle violazioni.** – 1. Fermo restando quanto previsto all'articolo 324 *ter*, per le violazioni previste dagli articoli 324 e 324 *bis*, l'IVASS in relazione alla tipologia e modalità della violazione può, in alternativa all'applicazione delle sanzioni amministrative ivi previste, applicare nei confronti dell'impresa o dell'intermediario una sanzione consistente nell'ordine di eliminare le infrazioni, anche indicando le misure da adottare e il termine per l'adempimento.

2. Per l'inosservanza dell'ordine entro il termine stabilito, l'IVASS applica alle imprese le sanzioni amministrative pecuniarie previste dall'articolo 324 *bis*, comma 1 secondo i criteri di cui all'articolo 324 *sexies* e l'importo delle sanzioni così determinato è aumentato sino a un terzo rispetto a quello previsto per la violazione originaria, fermi restando i massimali stabiliti dall'articolo 324 *bis*, comma 1. Nei confronti degli intermediari l'IVASS applica le sanzioni amministrative previste dall'articolo 324, comma 1, secondo i criteri di cui all'articolo 324 *sexies* e, nel caso di sanzione pecuniaria, l'aumento sino a un terzo rispetto a quello previsto per la violazione originaria.

(1) *Questo articolo è stato inserito dall'art. 1, comma 55, del D.L.vo 21 maggio 2018, n. 68.*

A norma dell'art. 4, comma 3, del medesimo decreto 68/2018, le modifiche apportate al Titolo XVIII del decreto legislativo 7 settembre 2005, n. 209, si applicano alle violazioni commesse dopo l'entrata in vigore delle disposizioni adottate dall'IVASS ai sensi dell'art. 331 bis del medesimo decreto legislativo. Alle violazioni commesse prima della data di entrata in vigore delle disposizioni adottate dall'IVASS continuano ad applicarsi le norme del Titolo XVIII del decreto legislativo 7 settembre 2005, n. 209, vigenti prima della data di entrata in vigore del presente decreto (G.U. Serie gen. - n. 138 del 16 giugno 2018). Si segnala che a norma dell'art. 4, comma 7, del medesimo D.L.vo le modifiche apportate dagli artt. 1 e 2 del citato D.L.vo n. 68/2018, trovano applicazione dal 1° ottobre 2018.

324 *quinquies*. (1) **Accertamento unitario delle violazioni della stessa indole.** – 1. Per l'inosservanza degli articoli, 119 *bis*, comma 1, 119 *ter*, 120, 120 *bis*, 120 *quater*, 121, 131, 170, 185, 185 *bis* e 185 *ter*, o delle relative norme di attuazione, da parte delle imprese di assicurazione e riassicurazione, l'IVASS provvede all'accertamento unitario delle violazioni della stessa indole, come definita dall'articolo 8 *bis* della legge 24 novembre 1981, n. 689 (2) effettuato con riferimento ad un determinato arco temporale, e alla contestazione degli addebiti con un unico atto da notificare entro il termine di cui all'articolo 311 *septies*. Nel caso di verifiche a distanza l'arco temporale di riferimento e il termine entro il quale si considera concluso l'accertamento delle violazioni rilevate non possono eccedere i dodici mesi. Con regolamento dell'IVASS è stabilito il termine entro il quale si considera concluso l'accertamento delle violazioni rilevate in sede di verifiche ispettive.

2. L'IVASS, qualora l'impresa in sede difensiva fornisca adeguata dimostrazione del fatto che le violazioni contestate ai sensi del comma 1 sono dipese dalla medesima disfunzione della propria organizzazione, comunica alla stessa il termine perentorio, non superiore a centottanta giorni, entro il quale effettuare gli interventi necessari per eliminare la disfunzione. L'IVASS, ricevuta la comunicazione relativa all'adozione delle misure correttive, verifica che siano state adottate le misure stesse e ne comunica gli esiti all'impresa.

3. Nel caso in cui le misure correttive adottate ai sensi del comma 2 siano risultate idonee ad eliminare la disfunzione, la misura della sanzione amministrativa pecuniaria prevista dall'articolo 324 *bis*, comma 1 applicabile secondo i criteri di cui all'articolo 324 *sexies*, è ridotta da un terzo a due terzi, fatto salvo il minimo edittale. Eventuali rilievi formulati dall'IVASS sulle misure correttive adottate non precludono l'applicazione della

riduzione, ma sono valutati in sede di determinazione della sanzione.

4. L'impresa può presentare osservazioni in ordine agli eventuali rilievi dell'IVASS sulle misure correttive adottate nel termine di sessanta giorni dal ricevimento della relativa comunicazione.

5. La riduzione di cui al comma 3 non è applicata:

a) nel caso in cui l'impresa non abbia adottato gli interventi correttivi;

b) nel caso in cui gli interventi adottati siano risultati inidonei ad eliminare la disfunzione;

c) nel caso in cui l'impresa ne abbia già usufruito per violazioni della stessa indole sulla base di provvedimento esecutivo emesso nei tre anni precedenti.

6. Le disposizioni di cui ai commi 1, 2, 3, 4 e 5, si applicano anche nei confronti degli intermediari in caso di violazione degli articoli, 109, 117, 119 *bis*, comma 1, 119 *ter*, 120, 120 *bis*, 120 *ter*, 120 *quater*, 121, 131, 170, 185, 185 *bis* e 185 *ter*, per l'ipotesi in cui l'IVASS, tenuto conto dei criteri indicati all'articolo 324 *sexies*, intenda applicare la sanzione pecuniaria di cui all'articolo 324, comma 1, lettera c) soggetta all'applicazione di una delle sanzioni di cui all'articolo 324, comma 1 (3).

(1) *Questo articolo è stato inserito dall'art. 1, comma 55, del D.L.vo 21 maggio 2018, n. 68.*

A norma dell'art. 4, comma 3, del medesimo decreto 68/2018, le modifiche apportate al Titolo XVIII del decreto legislativo 7 settembre 2005, n. 209, si applicano alle violazioni commesse dopo l'entrata in vigore delle disposizioni adottate dall'IVASS ai sensi dell'art. 331 bis *del medesimo decreto legislativo. Alle violazioni commesse prima della data di entrata in vigore delle disposizioni adottate dall'IVASS continuano ad applicarsi le norme del Titolo XVIII del decreto legislativo 7 settembre 2005, n. 209, vigenti prima della data di entrata in vigore del presente decreto (G.U. Serie gen. - n. 138 del 16 giugno 2018). Si segnala che a norma dell'art. 4, comma 7, del medesimo D.L.vo le modifiche apportate dagli artt. 1 e 2 del citato D.L.vo n. 68/2018, trovano applicazione dal 1° ottobre 2018.*

(2) *Le parole: «come definita dall'articolo 8* bis *della legge 24 novembre 1981, n. 689» sono state inserite dall'art. 1, comma 26, lett.* a)*, del D.L.vo 30 dicembre 2020, n. 187.*

(3) *Le parole: «per l'ipotesi in cui l'IVASS, tenuto conto dei criteri indicati all'articolo 324* sexies*, intenda applicare la sanzione pecuniaria di cui all'articolo 324, comma 1, lettera c)» sono state così sostituite dalle attuali: «soggetta all'applicazione di una delle sanzioni di cui all'articolo 324, comma 1» dall'art. 1, comma 26, lett.* b)*, del D.L.vo 30 dicembre 2020, n. 187.*

324 *sexies*. (1) Criteri per la determinazione delle sanzioni. – 1. Nella determinazione del tipo e dell'ammontare delle sanzioni amministrative o della durata delle sanzioni accessorie previste per le violazioni in materia di distribuzione assicurativa, l'IVASS considera ogni circostanza rilevante e, in particolare, tenuto conto del fatto che il destinatario della sanzione sia persona fisica o giuridica, le seguenti, ove pertinenti:

a) la gravità e la durata della violazione;

b) il grado di responsabilità;

c) la capacità finanziaria del responsabile della violazione;

d) l'entità del vantaggio ottenuto o delle perdite evitate attraverso la violazione, nella misura in cui essa sia determinabile;

e) i pregiudizi cagionati a terzi attraverso la violazione, nella misura in cui il loro ammontare sia determinabile;

f) il livello di cooperazione del responsabile della violazione con l'IVASS;

g) le precedenti violazioni in materia assicurativa commesse dal medesimo soggetto;

h) le misure adottate successivamente alla violazione al fine di evitare in futuro il suo ripetersi;

i) nell'ipotesi di accertamento unitario di una pluralità di violazioni della stessa indole ai sensi dell'articolo 324 *quinquies*, anche il numero e la tipologia delle infrazioni e l'importo della prestazione assicurativa eventualmente liquidata.

(1) *Questo articolo è stato inserito dall'art. 1, comma 55, del D.L.vo 21 maggio 2018, n. 68.*

A norma dell'art. 4, comma 3, del medesimo decreto 68/2018, le modifiche apportate al Titolo XVIII del decreto legislativo 7 settembre 2005, n. 209, si applicano alle violazioni commesse dopo l'entrata in vigore delle disposizioni adottate dall'IVASS ai sensi dell'art. 331 bis *del medesimo decreto legislativo. Alle violazioni commesse prima della data di entrata in vigore delle disposizioni adottate dall'IVASS continuano ad applicarsi le norme del Titolo XVIII del decreto legislativo 7 settembre 2005, n. 209, vigenti prima della data di entrata in vigore del presente decreto (G.U. Serie gen. - n. 138 del 16 giugno 2018). Si segnala che a norma dell'art. 4, comma 7, del medesimo D.L.vo le modifiche apportate dagli artt. 1 e 2 del citato D.L.vo n. 68/2018, trovano applicazione dal 1° ottobre 2018.*

324 *septies*. (1) Sanzioni amministrative agli esponenti aziendali o al personale delle imprese e delle società di intermediazione assicurativa o riassicurativa. – 1. Fermo restando quanto previsto all'articolo 325, comma 1 circa la responsabilità delle imprese nei confronti delle quali sono accertate le violazioni, per l'inosservanza delle norme richiamate nell'articolo 324 *bis*, comma 1, si applica, salvo che il fatto costituisca reato, la sanzione amministrativa pecuniaria da euro mille a euro settecentomila nei confronti dei soggetti che svolgono le funzioni di amministrazione, di direzione, di controllo, nonché dei dipendenti o di coloro che operano sulla base di rapporti che ne determinano l'inserimento nell'organizzazione dell'impresa anche in forma diversa dal rapporto di lavoro subordinato, quando l'inosservanza è conseguenza della violazione di doveri propri o dell'organo di appartenenza e la condotta ha inciso in modo rilevante sul bene giuridico tutelato.

2. Nel caso in cui la condotta dei soggetti di cui al comma 1 abbia contribuito a determinare l'inosservanza dell'ordine previsto nell'articolo 324 *quater* da parte dell'impresa, si applica nei confronti dei soggetti stessi la sanzione amministrativa pecuniaria da mille euro a settecentomila euro.

3. Con il provvedimento di applicazione della sanzione, tenuto conto dei criteri stabiliti dall'articolo 324 *sexies*, l'IVASS può applicare la sanzione amministrativa accessoria dell'interdizione dallo svolgimento di funzioni di amministrazione, direzione e controllo presso imprese di assicurazione e di riassicurazione, per un periodo non inferiore a sei mesi e non superiore a tre anni.

4. La misura della sanzione amministrativa pecuniaria può essere aumentata secondo quanto previsto all'articolo 310, comma 2.

5. Quando le ipotesi di cui ai commi 1 e 2 riguardano l'inosservanza delle norme richiamate all'articolo 324, comma 1, da parte di società di intermediazione assicurativa o riassicurativa, si applica la sanzione amministrativa dell'interdizione temporanea dall'esercizio di funzioni di gestione dei componenti dell'organo di amministrazione considerati responsabili, per il periodo di cui al comma 3.

(1) *Questo articolo è stato inserito dall'art. 1, comma 55, del D.L.vo 21 maggio 2018, n. 68.*

A norma dell'art. 4, comma 3, del medesimo decreto 68/2018, le modifiche apportate al Titolo XVIII del decreto legislativo 7 settembre 2005, n. 209, si applicano alle violazioni commesse dopo l'entrata in vigore delle disposizioni adottate dall'IVASS ai sensi dell'art. 331 bis del medesimo decreto legislativo. Alle violazioni commesse prima della data di entrata in vigore delle disposizioni adottate dall'IVASS continuano ad applicarsi le norme del Titolo XVIII del decreto legislativo 7 settembre 2005, n. 209, vigenti prima della data di entrata in vigore del presente decreto (G.U. Serie gen. - n. 138 del 16 giugno 2018). Si segnala che a norma dell'art. 4, comma 7, del medesimo D.L.vo le modifiche apportate dagli artt. 1 e 2 del citato D.L.vo n. 68/2018, trovano applicazione dal 1° ottobre 2018.

324 *octies*. (1) Procedura di applicazione delle sanzioni amministrative nei confronti degli intermediari e degli esponenti aziendali o del personale della società di intermediazione assicurativa o riassicurativa. – 1. L'IVASS, fermo restando quanto previsto dagli articoli 324 *ter* e 324 *quinquies*, ai fini dell'irrogazione delle sanzioni amministrative di cui agli articoli 324, 324 *quater* nei confronti degli intermediari e 324 *septies*, comma 5, (2) nel termine di centoventi giorni dall'accertamento dell'infrazione, ovvero nel termine di centottanta giorni per i soggetti residenti all'estero, provvede alla contestazione degli addebiti nei confronti dei soggetti iscritti nel registro degli intermediari, i collaboratori e gli altri soggetti ausiliari dell'intermediario di assicurazione o di riassicurazione, possibili responsabili della violazione e trasmette i relativi atti al Collegio di garanzia.

2. I destinatari di cui al comma 1 possono presentare, nel termine di sessanta giorni dalla notifica della contestazione, deduzioni difensive e chiedere l'audizione dinnanzi al Collegio di garanzia, cui possono partecipare con l'assistenza di un avvocato.

3. Il Collegio di garanzia è istituito presso l'IVASS ed è composto da un magistrato con qualifica non inferiore a consigliere della Corte di cassazione o equiparato, anche a riposo, con funzioni di presidente ovvero da un docente universitario di ruolo, e da due componenti esperti in materia assicurativa, di cui uno designato sentite le associazioni maggiormente rappresentative. Il mandato ha durata quadriennale ed è rinnovabile una sola volta. Il Collegio di garanzia può essere costituito in più sezioni, con corrispondente incremento del numero dei suoi componenti, qualora l'IVASS lo ritenga necessario per garantire condizioni di efficienza e tempestività nella definizione dei procedimenti sanzionatori. L'IVASS nomina il Collegio di garanzia, stabilisce le norme sulla procedura dinnanzi al Collegio nel rispetto dei principi del giusto procedimento e determina il regime delle incompatibilità ed il compenso dei componenti, che è posto a carico dell'Istituto.

4. A seguito dell'esercizio delle facoltà difensive di cui al comma 2 ovvero decorso inutilmente il relativo termine, il Collegio di garanzia, acquisiti i documenti in atti (3), esamina gli scritti difensivi e dispone l'audizione, alla quale le parti possono partecipare anche con l'assistenza di avvocati ed esperti di fiducia. Se non ritiene provata la violazione, il Collegio di garanzia può proporre l'archiviazione della contestazione o chiedere

all'IVASS di disporre l'integrazione delle risultanze istruttorie. Se, invece, ritiene provata la violazione, trasmette per competenza all'IVASS la proposta motivata di determinazione della sanzione.

5. L'IVASS, ricevuta la proposta formulata dal Collegio di garanzia, decide la sanzione con provvedimento motivato, che viene successivamente comunicato alle parti del procedimento.

6. Il procedimento sanzionatorio è retto dai principi del contraddittorio, della conoscenza degli atti istruttori, della verbalizzazione nonché della distinzione tra funzioni istruttorie e funzioni decisorie.

7. Le controversie relative ai ricorsi avverso i provvedimenti che applicano la sanzione sono devolute alla giurisdizione esclusiva del giudice amministrativo. L'IVASS provvede alla difesa in giudizio con propri legali. L'opposizione non sospende l'esecuzione del provvedimento.

8. La procedura di cui al presente articolo si applica anche nel caso di violazioni commesse da esponenti aziendali o dal personale delle società di intermediazione assicurativa o riassicurativa.

(1) *Questo articolo è stato inserito dall'art. 1, comma 55, del D.L.vo 21 maggio 2018, n. 68.*

A norma dell'art. 4, comma 3, del medesimo decreto 68/2018, le modifiche apportate al Titolo XVIII del decreto legislativo 7 settembre 2005, n. 209, si applicano alle violazioni commesse dopo l'entrata in vigore delle disposizioni adottate dall'IVASS ai sensi dell'art. 331 bis *del medesimo decreto legislativo. Alle violazioni commesse prima della data di entrata in vigore delle disposizioni adottate dall'IVASS continuano ad applicarsi le norme del Titolo XVIII del decreto legislativo 7 settembre 2005, n. 209, vigenti prima della data di entrata in vigore del presente decreto (G.U. Serie gen. - n. 138 del 16 giugno 2018). Si segnala che a norma dell'art. 4, comma 7, del medesimo D.L.vo le modifiche apportate dagli artt. 1 e 2 del citato D.L.vo n. 68/2018, trovano applicazione dal 1° ottobre 2018.*

(2) *Le parole: «all'articolo 324» sono state così sostituite dalle attuali: «agli articoli 324, 324* quater *nei confronti degli intermediari e 324* septies*, comma 5,» dall'art. 1, comma 27, lett.* a)*, del D.L.vo 30 dicembre 2020, n. 187.*

(3) *Le parole: «acquisisce le risultanze istruttorie» sono state così sostituite dalle attuali: «, acquisiti i documenti in atti» dall'art. 1, comma 27, lett.* b)*, del D.L.vo 30 dicembre 2020, n. 187.*

324 *novies*. (1) Procedura di applicazione delle sanzioni amministrative nei confronti delle imprese e degli esponenti aziendali e del personale. – 1. Fermo restando quanto previsto dagli articoli 324 *ter* e 324 *quinquies*, ai fini dell'irrogazione alle imprese delle sanzioni amministrative di cui agli articoli 324 *bis*, 324 *quater* nei confronti delle imprese e 324 *septies*, commi 1, 2, 3 e 4, (2) si applica la disciplina di cui all'articolo 311 *septies*.

(1) *Questo articolo è stato inserito dall'art. 1, comma 55, del D.L.vo 21 maggio 2018, n. 68.*

A norma dell'art. 4, comma 3, del medesimo decreto 68/2018, le modifiche apportate al Titolo XVIII del decreto legislativo 7 settembre 2005, n. 209, si applicano alle violazioni commesse dopo l'entrata in vigore delle disposizioni adottate dall'IVASS ai sensi dell'art. 331 bis *del medesimo decreto legislativo. Alle violazioni commesse prima della data di entrata in vigore delle disposizioni adottate dall'IVASS continuano ad applicarsi le norme del Titolo XVIII del decreto legislativo 7 settembre 2005, n. 209, vigenti prima della data di entrata in vigore del presente decreto (G.U. Serie gen. - n. 138 del 16 giugno 2018). Si segnala che a norma dell'art. 4, comma 7, del medesimo D.L.vo le modifiche apportate dagli artt. 1 e 2 del citato D.L.vo n. 68/2018, trovano applicazione dal 1° ottobre 2018.*

(2) *Le parole: «all'articolo 324* bis *e all'articolo 324* septies*, commi 1, 2, 3 e 4» sono state così sostituite dalle attuali: «agli articoli 324* bis*, 324* quater *nei confronti delle imprese e 324* septies*, commi 1, 2, 3 e 4,» dall'art. 1, comma 28, del D.L.vo 30 dicembre 2020, n. 187.*

Capo VII
Disposizioni generali in materia di sanzioni amministrative (1)

(1) *La precedente rubrica: «Destinatari delle sanzioni amministrative pecuniarie e procedimento» è stata così sostituita dalla attuale: «Disposizioni generali in materia di sanzioni amministrative» dall'art. 1, comma 56, del D.L.vo 21 maggio 2018, n. 68.*

A norma dell'art. 4, comma 3, del medesimo decreto 68/2018, le modifiche apportate al Titolo XVIII del decreto legislativo 7 settembre 2005, n. 209, si applicano alle violazioni commesse dopo l'entrata in vigore delle disposizioni adottate dall'IVASS ai sensi dell'art. 331 bis *del medesimo decreto legislativo. Alle violazioni commesse prima della data di entrata in vigore delle disposizioni adottate dall'IVASS continuano ad applicarsi le norme del Titolo XVIII del decreto legislativo 7 settembre 2005, n. 209, vigenti prima della data di entrata in vigore del presente decreto (G.U. Serie gen. - n. 138 del 16 giugno 2018). Si segnala che a norma dell'art. 4, comma 7, del medesimo D.L.vo le modifiche apportate dagli artt. 1 e 2 del citato D.L.vo n. 68/2018, trovano applicazione dal 1° ottobre 2018.*

325. Destinatari delle sanzioni amministrative pecuniarie. – 1. Ad eccezione delle sanzioni di cui al Capo V e fatto salvo quanto previsto dall'articolo 311, le sanzioni amministrative sono applicate nei confronti delle imprese di assicurazione o di riassicurazione, delle imprese locali e delle particolari mutue assicuratrici di cui al Titolo IV, dell'ultima società controllante italiana come determinata dall'articolo 210, comma 2, per la violazione degli obblighi di cui al Titolo XV, delle società di partecipazione assicurativa e di partecipazione finanziaria mista, degli intermediari e degli altri soggetti destinatari degli obblighi di cui al presente codice o delle relative norme di attuazione, responsabili della violazione (1).

[2. Qualora i soggetti di cui al comma 1 dimostrino che la violazione è stata commessa da propri dipendenti o collaboratori, con abuso dei doveri di ufficio e per trarne personale vantaggio, la sanzione è comminata al dipendente o al collaboratore alla cui azione o omissione è imputabile l'infrazione. L'impresa e l'intermediario ne rispondono come responsabili civili, salvo rivalsa] (2).

3. Le sanzioni per le violazioni commesse dai soggetti ai quali siano state affidate funzioni parzialmente comprese nel ciclo operativo delle imprese di assicurazione e di riassicurazione sono applicate nei confronti delle imprese stesse (3).

(1) *Questo comma è stato così sostituito dall'art. 1, comma 57, lett. a), del D.L.vo 21 maggio 2018, n. 68.*

A norma dell'art. 4, comma 3, del medesimo decreto 68/2018, le modifiche apportate al Titolo XVIII del decreto legislativo 7 settembre 2005, n. 209, si applicano alle violazioni commesse dopo l'entrata in vigore delle disposizioni adottate dall'IVASS ai sensi dell'art. 331 bis del medesimo decreto legislativo. Alle violazioni commesse prima della data di entrata in vigore delle disposizioni adottate dall'IVASS continuano ad applicarsi le norme del Titolo XVIII del decreto legislativo 7 settembre 2005, n. 209, vigenti prima della data di entrata in vigore del presente decreto (G.U. Serie gen. - n. 138 del 16 giugno 2018). Si segnala che a norma dell'art. 4, comma 7, del medesimo D.L.vo le modifiche apportate dagli artt. 1 e 2 del citato D.L.vo n. 68/2018, trovano applicazione dal 1° ottobre 2018.

Si riporta il testo precedente:

«1. Ad eccezione delle sanzioni di cui al capo V, irrogate nei confronti delle persone fisiche responsabili della violazione, le sanzioni pecuniarie sono applicate nei confronti delle imprese e degli intermediari responsabili della violazione.».

(2) *Questo comma è stato abrogato dall'art. 1, comma 57, lett. b), del D.L.vo 21 maggio 2018, n. 68.*

A norma dell'art. 4, comma 3, del medesimo decreto 68/2018, le modifiche apportate al Titolo XVIII del decreto legislativo 7 settembre 2005, n. 209, si applicano alle violazioni commesse dopo l'entrata in vigore delle disposizioni adottate dall'IVASS ai sensi dell'art. 331 bis del medesimo decreto legislativo. Alle violazioni commesse prima della data di entrata in vigore delle disposizioni adottate dall'IVASS continuano ad applicarsi le norme del Titolo XVIII del decreto legislativo 7 settembre 2005, n. 209, vigenti prima della data di entrata in vigore del presente decreto (G.U. Serie gen. - n. 138 del 16 giugno 2018). Si segnala che a norma dell'art. 4, comma 7, del medesimo D.L.vo le modifiche apportate dagli artt. 1 e 2 del citato D.L.vo n. 68/2018, trovano applicazione dal 1° ottobre 2018.

(3) *Questo comma è stato così sostituito dall'art. 1, comma 57, lett. c), del D.L.vo 21 maggio 2018, n. 68.*

A norma dell'art. 4, comma 3, del medesimo decreto 68/2018, le modifiche apportate al Titolo XVIII del decreto legislativo 7 settembre 2005, n. 209, si applicano alle violazioni commesse dopo l'entrata in vigore delle disposizioni adottate dall'IVASS ai sensi dell'art. 331 bis del medesimo decreto legislativo. Alle violazioni commesse prima della data di entrata in vigore delle disposizioni adottate dall'IVASS continuano ad applicarsi le norme del Titolo XVIII del decreto legislativo 7 settembre 2005, n. 209, vigenti prima della data di entrata in vigore del presente decreto (G.U. Serie gen. - n. 138 del 16 giugno 2018). Si segnala che a norma dell'art. 4, comma 7, del medesimo D.L.vo le modifiche apportate dagli artt. 1 e 2 del citato D.L.vo n. 68/2018, trovano applicazione dal 1° ottobre 2018.

Si riporta il testo precedente:

«3. Le imprese rispondono in solido con l'autore della violazione nel caso in cui l'inosservanza sia stata posta in essere da soggetti ai quali siano state affidate funzioni parzialmente comprese nel ciclo operativo delle imprese di assicurazione e di riassicurazione»

325 *bis*. (1) Nozione di fatturato. – 1. Ai fini dell'applicazione delle sanzioni amministrative pecuniarie previste dal presente Codice, per fatturato si intende il fatturato totale annuo risultante dall'ultimo bilancio disponibile, approvato dall'organo competente, così come definito dalle disposizioni attuative dettate dall'IVASS. Ove il fatturato non sia, per qualsiasi motivo, determinabile, la sanzione applicabile è compresa tra un minimo di euro 5.000,00 e un massimo di euro 5 milioni (2).

(1) *Questo articolo è stato inserito dall'art. 1, comma 58, del D.L.vo 21 maggio 2018, n. 68.*

A norma dell'art. 4, comma 3, del medesimo decreto 68/2018, le modifiche apportate al Titolo XVIII del decreto legislativo 7 settembre 2005, n. 209, si applicano alle violazioni commesse dopo l'entrata in vigore delle disposizioni adottate dall'IVASS ai sensi dell'art. 331 bis del medesimo decreto legislativo. Alle violazioni commesse prima della data di entrata in vigore delle disposizioni adottate dall'IVASS continuano ad applicarsi le norme del Titolo XVIII del decreto legislativo 7 settembre 2005, n. 209, vigenti prima della data di entrata in vigore del presente decreto (G.U. Serie gen. - n. 138 del 16 giugno 2018). Si segnala che a norma dell'art. 4, comma 7, del medesimo D.L.vo le modifiche apportate dagli artt. 1 e 2 del citato D.L.vo n. 68/2018, trovano applicazione dal 1° ottobre 2018.

(2) *Questo periodo è stato aggiunto dall'art. 1, comma 29, del D.L.vo 30 dicembre 2020, n. 187.*

325 *ter*. (1) Pubblicazione delle sanzioni. – 1. I provvedimenti di applicazione delle sanzioni, le sentenze dei giudici amministrativi che decidono i ricorsi e i decreti che decidono i ricorsi straordinari al Presidente della Repubblica sono pubblicati per estratto nel Bollettino e sul sito internet dell'IVASS. L'IVASS, tenuto conto della violazione e degli interessi coinvolti, può stabilire modalità ulteriori per dare pubblicità al provvedimento, ponendo le relative spese a carico dell'autore della violazione.

2. L'IVASS può disporre la pubblicazione in forma anonima del provvedimento sanzionatorio quando quella ordinaria:

a) abbia ad oggetto dati personali ai sensi del decreto legislativo 30 giugno 2003, n. 196, la cui pubblicazione appaia sproporzionata rispetto alla violazione sanzionata;

b) possa comportare rischi per la stabilità dei mercati finanziari o pregiudicare lo svolgimento di una indagine penale in corso;

c) possa causare un danno sproporzionato ai soggetti coinvolti, purché tale danno sia determinabile.

3. Se le situazioni descritte al comma 2 hanno carattere temporaneo, la pubblicazione può essere rimandata ed effettuata quando dette esigenze sono venute meno.

4. L'IVASS [, fatto salvo quanto previsto al comma 1,] (2) può escludere la pubblicazione del provvedimento sanzionatorio nel caso in cui le opzioni stabilite dai commi 2 e 3 siano ritenute insufficienti ad assicurare:

a) che la stabilità dei mercati finanziari non (3) sia messa a rischio;

b) la proporzionalità della pubblicazione delle decisioni rispetto all'irrogazione delle sanzioni previste.

(1) *Questo articolo è stato inserito dall'art. 1, comma 58, del D.L.vo 21 maggio 2018, n. 68.*

A norma dell'art. 4, comma 3, del medesimo decreto 68/2018, le modifiche apportate al Titolo XVIII del decreto legislativo 7 settembre 2005, n. 209, si applicano alle violazioni commesse dopo l'entrata in vigore delle disposizioni adottate dall'IVASS ai sensi dell'art. 331 bis del medesimo decreto legislativo. Alle violazioni commesse prima della data di entrata in vigore delle disposizioni adottate dall'IVASS continuano ad applicarsi le norme del Titolo XVIII del decreto legislativo 7 settembre 2005, n. 209, vigenti prima della data di entrata in vigore del presente decreto (G.U. Serie gen. - n. 138 del 16 giugno 2018). Si segnala che a norma dell'art. 4, comma 7, del medesimo D.L.vo le modifiche apportate dagli artt. 1 e 2 del citato D.L.vo n. 68/2018, trovano applicazione dal 1° ottobre 2018.

(2) *Le parole tra parentesi quadrate sono state soppresse dall'art. 1, comma 30, del D.L.vo 30 dicembre 2020, n. 187.*

(3) *La parola: «non» è stata inserita dall'art. 1, comma 30, del D.L.vo 30 dicembre 2020, n. 187.*

325 *quater*. (1) Comunicazione all'AEAP delle sanzioni applicate per le violazioni delle disposizioni in materia di realizzazione e di distribuzione dei prodotti assicurativi, inclusi i prodotti di investimento assicurativo (2). – 1. L'IVASS comunica all'AEAP le sanzioni applicate per le violazioni alle disposizioni relative alle attività di realizzazione e di distribuzione di prodotti assicurativi, inclusi i prodotti di investimento assicurativi, ivi comprese le sanzioni pubblicate in forma anonima, o la cui pubblicazione sia stata rimandata o esclusa, nonché comunica le informazioni sulle impugnazioni dei provvedimenti e sull'esito delle stesse (3).

2. L'IVASS trasmette all'AEAP con cadenza annuale informazioni aggregate relative a tutte le sanzioni amministrative e alle altre misure applicate in conformità del Capo VI del presente Titolo (4).

(1) *Questo articolo è stato inserito dall'art. 1, comma 58, del D.L.vo 21 maggio 2018, n. 68.*

A norma dell'art. 4, comma 3, del medesimo decreto 68/2018, le modifiche apportate al Titolo XVIII del decreto legislativo 7 settembre 2005, n. 209, si applicano alle violazioni commesse dopo l'entrata in vigore delle disposizioni adottate dall'IVASS ai sensi dell'art. 331 bis del medesimo decreto legislativo. Alle violazioni commesse prima della data di entrata in vigore delle disposizioni adottate dall'IVASS continuano ad applicarsi le norme del Titolo XVIII del decreto legislativo 7 settembre 2005, n. 209, vigenti prima della data di entrata in vigore del presente decreto (G.U. Serie gen. - n. 138 del 16 giugno 2018). Si segnala che a norma dell'art. 4, comma 7, del medesimo D.L.vo le modifiche apportate dagli artt. 1 e 2 del citato D.L.vo n. 68/2018, trovano applicazione dal 1° ottobre 2018.

(2) *La precedente rubrica:* «Comunicazione all'AEAP delle sanzioni applicate per le violazioni relative alla distribuzione assicurativa» *è stata così sostituita dalla attuale, dall'art. 1, comma 31, lett.* a), *del D.L.vo 30 dicembre 2020, n. 187.*

(3) *Questo comma è stato così sostituito dall'art. 1, comma 31, lett.* b), *del D.L.vo 30 dicembre 2020, n. 187.*

(4) *Le parole: «presente Capo» sono state così sostituite dalle attuali: «Capo VI del presente Titolo» dall'art. 1, comma 31, lett.* c), *del D.L.vo 30 dicembre 2020, n. 187.*

326. (1) [Procedura di applicazione delle sanzioni amministrative pecuniarie. – 1. L'IVASS, ad eccezione dei casi di assoluta mancanza di pregiudizio per il tempestivo esercizio delle funzioni di vigilanza o per gli interessi degli assicurati e degli altri aventi diritto a prestazioni assicurative, nel termine di centoventi giorni dall'accertamento dell'infrazione, ovvero nel termine di centottanta per i soggetti residenti all'estero, provvede alla contestazione degli addebiti nei confronti dei possibili responsabili della violazione. Limitatamente alle violazioni di cui agli articoli 148 e 149 e fermo quanto previsto ai commi 2 e 3, la procedura può essere sospesa dall'IVASS fino a novanta giorni qualora l'impresa dimostri che sono in corso accertamenti dovuti ad un fondato sospetto di frode. Alla scadenza del periodo di sospensione senza che l'impresa abbia proposto querela o denuncia, riprende a decorrere il termine di cui ai commi 2 e 3. La proposizione della querela o della denuncia sospende la procedura. La sentenza o il diverso provvedimento del giudice che decide il procedimento penale estingue la violazione.

2. Al di fuori dei casi previsti dall'articolo 328, comma 1, entro i successivi sessanta giorni le parti del procedimento possono provvedere al pagamento nella misura più favorevole fra la terza parte del massimo ed il doppio del minimo della pena edittale. Il pagamento estingue la violazione.

3. Quando le parti non effettuino il pagamento in misura ridotta o nei casi in cui tale facoltà non è prevista, possono proporre, nel termine di cui al comma 2, reclamo avverso la contestazione degli addebiti e chiedere l'audizione dinnanzi alla Commissione consultiva sui procedimenti sanzionatori.

4. La Commissione consultiva, nominata dal Ministro dello sviluppo economico, è composta da un magistrato, anche in pensione, con qualifica non inferiore a consigliere della Corte di cassazione o qualifiche equivalenti ovvero da un docente universitario di ruolo, anche a riposo, che la presiede, e da un dirigente del Ministero dello sviluppo economico ed un dirigente dell'IVASS. Il mandato ha durata quadriennale ed è rinnovabile per una sola volta. È stabilita con regolamento del Ministro dello sviluppo economico, nel rispetto dei principi del giusto procedimento, la procedura dinanzi alla Commissione consultiva e il regime di incompatibilità dei componenti. La Commissione consultiva opera presso l'IVASS, che provvede alle spese per il suo funzionamento ed al compenso dei componenti.

5. A seguito dell'esercizio della facoltà di reclamo di cui al comma 3, la Commissione consultiva acquisisce le risultanze istruttorie, esamina gli scritti difensivi e dispone l'audizione, alla quale le parti possono partecipare anche con l'assistenza di avvocati ed esperti di fiducia. Se non ritiene provata la violazione, la Commissione consultiva può disporre l'archiviazione della contestazione o chiedere l'integrazione delle risultanze istruttorie. Se, invece, ritiene provata la violazione, trasmette al Ministro dello sviluppo economico la proposta motivata di determinazione della sanzione amministrativa pecuniaria, avuto riguardo anche all'eventuale attenuazione o eliminazione delle conseguenze dannose ed all'adozione di misure idonee a prevenire la ripetizione della violazione. Si applicano, inoltre, gli articoli 8, 8 *bis* e 11 della legge 24 novembre 1981, n. 689.

6. Il Ministero dello sviluppo economico, sulle risultanze della proposta della Commissione consultiva o ad istanza dell'IVASS in assenza di reclamo, decide la sanzione con decreto dirigenziale, che viene successivamente comunicato dall'IVASS alle parti del procedimento.

7. La tutela giurisdizionale davanti al giudice amministrativo è disciplinata dal codice del processo amministrativo. I ricorsi sono notificati anche all'IVASS, che provvede alla difesa in giudizio con propri legali (2).

8. I provvedimenti dell'IVASS, che infliggono le sanzioni pecuniarie, e le sentenze dei giudici amministrativi che decidono i ricorsi sono pubblicati nel Bollettino dell'IVASS. Il Ministero dello sviluppo economico, su richiesta dell'IVASS, tenuto conto della violazione e degli interessi coinvolti, può stabilire modalità ulteriori per dare pubblicità al provvedimento, ponendo le relative spese a carico dell'autore della violazione] (3).

(1) *Questo articolo è stato abrogato dall'art. 1, comma 59, del D.L.vo 21 maggio 2018, n. 68.*

A norma dell'art. 4, comma 3, del medesimo decreto 68/2018, le modifiche apportate al Titolo XVIII del decreto legislativo 7 settembre 2005, n. 209, si applicano alle violazioni commesse dopo l'entrata in vigore delle disposizioni adottate dall'IVASS ai sensi dell'art. 331 bis del medesimo decreto legislativo. Alle violazioni commesse prima della data di entrata in vigore delle disposizioni adottate dall'IVASS continuano ad applicarsi le norme del Titolo XVIII del decreto legislativo 7 settembre 2005, n. 209, vigenti prima della data di entrata in vigore del presente decreto (G.U. Serie gen. - n. 138 del 16 giugno 2018). Si segnala che a norma dell'art. 4, comma 7, del medesimo D.L.vo le modifiche apportate dagli artt. 1 e 2 del citato D.L.vo n. 68/2018, trovano applicazione dal 1° ottobre 2018.

(2) *Questo comma è stato così sostituito dall'art. 3, comma 18, dell'Allegato 4 del D.L.vo 2 luglio 2010, n. 104, a decorrere dal 16 settembre 2010.*

(3) *Questo comma è stato così sostituito dall'art. 1, comma 189, del D.L.vo 12 maggio 2015, n. 74.*

327. (1) [**Pluralità di violazioni e misure correttive.** – 1. Qualora vengano accertate più violazioni della stessa disposizione del presente codice, o delle norme di attuazione, per le quali sia prevista l'applicazione di sanzioni amministrative pecuniarie, attraverso una pluralità di azioni od omissioni la cui reiterazione sia dipesa dalla medesima disfunzione dell'organizzazione dell'impresa o dell'intermediario, l'IVASS provvede alla contestazione degli addebiti secondo quanto previsto all'articolo 326, comma 1, primo periodo, e con lo stesso provvedimento fissa un termine perentorio, non superiore a centottanta giorni entro il quale la parte deve effettuare gli interventi necessari per eliminare la disfunzione riscontrata, nel caso ritenga di avvalersi di tale facoltà.

2. La parte, che intenda effettuare gli interventi di cui al comma 1, deve darne comunicazione all'IVASS, entro sessanta giorni dal provvedimento di contestazione degli addebiti, indicandone modalità, caratteristiche ed effetti attesi. La comunicazione preclude l'esercizio della facoltà di estinguere le violazioni con il pagamento in misura ridotta ai sensi dell'articolo 326, comma 2, nei casi in cui ciò sia consentito dall'articolo 328.

3. Se la parte comunica che non intende effettuare gli interventi richiesti, ovvero omette di pronunciarsi entro sessanta giorni dal provvedimento di contestazione degli addebiti, inizia a decorrere il termine per il pagamento in misura ridotta ai sensi dell'articolo 326, comma 2, ove consentito, o per presentare il reclamo previsto dall'articolo 326, comma 3, rimanendo preclusa l'applicazione della sanzione sostitutiva alle violazioni accertate. La procedura prosegue secondo quanto previsto all'articolo 326, commi 5 e 6.

4. Nel caso in cui la parte si sia avvalsa della facoltà prevista dal comma 2, l'IVASS, entro trenta giorni dalla scadenza del termine assegnato per eliminare la disfunzione riscontrata, verifica che siano state adottate le misure correttive e ne comunica gli esiti alla parte del procedimento. L'adozione delle misure correttive secondo le modalità e le caratteristiche indicate nella comunicazione all'IVASS rende applicabile un'unica sanzione amministrativa pecuniaria, sostitutiva di quelle derivanti dalle violazioni della medesima disposizione, che sarà determinata in misura non inferiore ad euro cinquantamila e non superiore ad euro cinquecentomila. Eventuali rilievi formulati dall'IVASS non precludono l'applicazione della sanzione sostitutiva, ma sono valutati in sede di determinazione della sanzione stessa.

5. Entro sessanta giorni dalla comunicazione dell'esito delle verifiche effettuate dall'IVASS, la parte può presentare osservazioni in ordine agli eventuali rilievi dell'IVASS sulle misure correttive adottate. In ogni caso l'IVASS trasmette alla Commissione consultiva sui procedimenti sanzionatori una relazione sullo stato delle misure adottate ai fini della proposta di determinazione della sanzione sostitutiva].

(1) *Questo articolo è stato abrogato dall'art. 1, comma 59, del D.L.vo 21 maggio 2018, n. 68.*

A norma dell'art. 4, comma 3, del medesimo decreto 68/2018, le modifiche apportate al Titolo XVIII del decreto legislativo 7 settembre 2005, n. 209, si applicano alle violazioni commesse dopo l'entrata in vigore delle disposizioni adottate dall'IVASS ai sensi dell'art. 331 bis del medesimo decreto legislativo. Alle violazioni commesse prima della data di entrata in vigore delle disposizioni adottate dall'IVASS continuano ad applicarsi le norme del Titolo XVIII del decreto legislativo 7 settembre 2005, n. 209, vigenti prima della data di entrata in vigore del presente decreto (G.U. Serie gen. - n. 138 del 16 giugno 2018). Si segnala che a norma dell'art. 4, comma 7, del medesimo D.L.vo le modifiche apportate dagli artt. 1 e 2 del citato D.L.vo n. 68/2018, trovano applicazione dal 1° ottobre 2018.

328. Norme sul pagamento delle sanzioni amministrative pecuniarie. – [1. Alle sanzioni pecuniarie previste dagli articoli 305, comma 4, 308, comma 4, 309, 310, 311, 312 e 319 non si applica la facoltà di estinguere la violazione con il pagamento in misura ridotta] (1).

[2. Nei casi in cui è consentita la facoltà di estinguere il procedimento con il pagamento in misura ridotta e la parte rinunci espressamente al reclamo prima della fissazione della seduta di trattazione dinnanzi alla Commissione consultiva, il procedimento si estingue con il contestuale pagamento di una sanzione pari all'importo dell'oblazione, maggiorato del dieci per cento] (2).

3. L'IVASS, con regolamento, determina le modalità e i termini di pagamento delle sanzioni amministrative pecuniarie. Alla riscossione coattiva delle sanzioni amministrative pecuniarie si provvede mediante ruolo secondo i termini e le modalità previsti dal decreto del Presidente della Repubblica 29 settembre 1973, n. 602 (3).

4. Sono versati alla CONSAP Spa - Gestione autonoma del Fondo di garanzia per le vittime della strada i proventi derivanti dalle sanzioni amministrative pecuniarie irrogate in applicazione dei seguenti articoli:

a) 310, comma 1, lettera *b*), ad eccezione di quelli derivanti dalle sanzioni irrogate per violazione dell'articolo 10 *quater* (4);

b) 310, comma 1, lettera *c*), ad eccezione di quelli derivanti dalle sanzioni irrogate per violazione dell'articolo 183;

c) 310 *bis*;

d) 310 *ter*;

e) 310 *quater* (5).

4 *bis*. Alle sanzioni amministrative pecuniarie previste dal presente Titolo non si applicano le disposizioni contenute negli articoli 6, 10, 11, 14, commi 1, 2 e 5 per la parte relativa alla facoltà di pagamento della sanzione in misura ridotta, 16 e 22 della legge

24 novembre 1981, n. 689 ([5]). Per la notifica delle sanzioni amministrative, anche di natura non pecuniaria, irrogate dall'IVASS, si applica l'articolo 14, comma 4, della legge 24 novembre 1981, n. 689 ([6]).

([1]) *Questo comma è stato abrogato dall'art. 1, comma 60, lett. a), del D.L.vo 21 maggio 2018, n. 68.*

A norma dell'art. 4, comma 3, del medesimo decreto 68/2018, le modifiche apportate al Titolo XVIII del decreto legislativo 7 settembre 2005, n. 209, si applicano alle violazioni commesse dopo l'entrata in vigore delle disposizioni adottate dall'IVASS ai sensi dell'art. 331 bis del medesimo decreto legislativo. Alle violazioni commesse prima della data di entrata in vigore delle disposizioni adottate dall'IVASS continuano ad applicarsi le norme del Titolo XVIII del decreto legislativo 7 settembre 2005, n. 209, vigenti prima della data di entrata in vigore del presente decreto (G.U. Serie gen. - n. 138 del 16 giugno 2018). Si segnala che a norma dell'art. 4, comma 7, del medesimo D.L.vo le modifiche apportate dagli artt. 1 e 2 del citato D.L.vo n. 68/2018, trovano applicazione dal 1° ottobre 2018.

([2]) *Questo comma è stato abrogato dall'art. 1, comma 60, lett. b), del D.L.vo 21 maggio 2018, n. 68.*

A norma dell'art. 4, comma 3, del medesimo decreto 68/2018, le modifiche apportate al Titolo XVIII del decreto legislativo 7 settembre 2005, n. 209, si applicano alle violazioni commesse dopo l'entrata in vigore delle disposizioni adottate dall'IVASS ai sensi dell'art. 331 bis del medesimo decreto legislativo. Alle violazioni commesse prima della data di entrata in vigore delle disposizioni adottate dall'IVASS continuano ad applicarsi le norme del Titolo XVIII del decreto legislativo 7 settembre 2005, n. 209, vigenti prima della data di entrata in vigore del presente decreto (G.U. Serie gen. - n. 138 del 16 giugno 2018). Si segnala che a norma dell'art. 4, comma 7, del medesimo D.L.vo le modifiche apportate dagli artt. 1 e 2 del citato D.L.vo n. 68/2018, trovano applicazione dal 1° ottobre 2018.

([3]) *Questo comma è stato così sostituito dall'art. 1, comma 60, lett. c), del D.L.vo 21 maggio 2018, n. 68.*

A norma dell'art. 4, comma 3, del medesimo decreto 68/2018, le modifiche apportate al Titolo XVIII del decreto legislativo 7 settembre 2005, n. 209, si applicano alle violazioni commesse dopo l'entrata in vigore delle disposizioni adottate dall'IVASS ai sensi dell'art. 331 bis del medesimo decreto legislativo. Alle violazioni commesse prima della data di entrata in vigore delle disposizioni adottate dall'IVASS continuano ad applicarsi le norme del Titolo XVIII del decreto legislativo 7 settembre 2005, n. 209, vigenti prima della data di entrata in vigore del presente decreto (G.U. Serie gen. - n. 138 del 16 giugno 2018). Si segnala che a norma dell'art. 4, comma 7, del medesimo D.L.vo le modifiche apportate dagli artt. 1 e 2 del citato D.L.vo n. 68/2018, trovano applicazione dal 1° ottobre 2018.

Si rirporta il testo precedente:

«3. Il Ministro dello sviluppo economico, di concerto con il Ministro dell'economia e delle finanze, determina con regolamento le modalità, i termini di pagamento e le misure per la riscossione coattiva delle sanzioni pecuniarie previste dal presente codice.».

([4]) *Questa lettera è stata così sostituita dall'art. 1, comma 32, lett. a), del D.L.vo 30 dicembre 2020, n. 187.*

([5]) *L'originario comma 4 è stato così sostituito dagli attuali commi 4 e 4 bis, dall'art. 1, comma 60, lett. d), del D.L.vo 21 maggio 2018, n. 68.*

A norma dell'art. 4, comma 3, del medesimo decreto 68/2018, le modifiche apportate al Titolo XVIII del decreto legislativo 7 settembre 2005, n. 209, si applicano alle violazioni commesse dopo l'entrata in vigore delle disposizioni adottate dall'IVASS ai sensi dell'art. 331 bis del medesimo decreto legislativo. Alle violazioni commesse prima della data di entrata in vigore delle disposizioni adottate dall'IVASS continuano ad applicarsi le norme del Titolo XVIII del decreto legislativo 7 settembre 2005, n. 209, vigenti prima della data di entrata in vigore del presente decreto (G.U. Serie gen. - n. 138 del 16 giugno 2018). Si segnala che a norma dell'art. 4, comma 7, del medesimo D.L.vo le modifiche apportate dagli artt. 1 e 2 del citato D.L.vo n. 68/2018, trovano applicazione dal 1° ottobre 2018.

Si riporta il testo precedente:

«4. I proventi derivanti dalle sanzioni inflitte in applicazione dell'articolo 145 bis e del capo III del presente titolo sono versati alla CONSAP Spa -- Gestione autonoma del Fondo di garanzia per le vittime della strada.».

([6]) *Questo periodo è stato aggiunto dall'art. 1, comma 32, lett. b), del D.L.vo 30 dicembre 2020, n. 187.*

Capo VIII
Disposizioni in materia disciplinare per i periti assicurativi ([1]) ([2])

([1]) *La precedente rubrica:* «Destinatari delle sanzioni disciplinari e procedimento» *è stata così sostituita dalla attuale:* «Disposizioni in materia disciplinare per i periti assicurativi» *dall'art. 1, comma 61, del D.L.vo 21 maggio 2018, n. 68.*

A norma dell'art. 4, comma 3, del medesimo decreto 68/2018, le modifiche apportate al Titolo XVIII del decreto legislativo 7 settembre 2005, n. 209, si applicano alle violazioni commesse dopo l'entrata in vigore delle disposizioni adottate dall'IVASS ai sensi dell'art. 331 bis del medesimo decreto legislativo. Alle violazioni commesse prima della data di entrata in vigore delle disposizioni adottate dall'IVASS continuano ad applicarsi le norme del Titolo XVIII del decreto legislativo 7 settembre 2005, n. 209, vigenti prima della data di entrata in vigore del presente decreto (G.U. Serie gen. - n. 138 del 16 giugno 2018). Si segnala che a norma dell'art. 4, comma 7, del medesimo D.L.vo le modifiche apportate dagli artt. 1 e 2 del citato D.L.vo n. 68/2018, trovano applicazione dal 1° ottobre 2018.

([2]) *Si veda il Reg. ISVAP 20 ottobre 2006.*

329. Sanzioni disciplinari applicabili ai periti assicurativi ([1]). – 1. I periti assicurativi che nell'esercizio della loro attività violino le norme del presente codice o le relative norme di attuazione, sono puniti, in base alla gravità dell'infrazione e tenuto conto dell'eventuale recidiva, con una delle seguenti sanzioni:

a) richiamo;

b) censura;

c) radiazione ([2]).

2. Il richiamo, consistente in una dichiarazione scritta di biasimo motivato, è disposto

per fatti di lieve manchevolezza. La censura è disposta per fatti di particolare gravità. La radiazione è disposta per fatti di eccezionale gravità e determina l'immediata risoluzione dei rapporti di intermediazione e, nel caso di esercizio dell'attività in forma societaria, comporta altresì la cancellazione della società nei casi di particolare gravità o di sistematica reiterazione dell'illecito ([3]).

3. I provvedimenti disciplinari sono notificati all'interessato mediante lettera raccomandata e sono comunicati alle imprese con le quali il medesimo ha incarichi in corso di esecuzione.

([1]) *La precedente rubrica:* «Intermediari e periti assicurativi» *è stata così sostituita dalla attuale:* «Sanzioni disciplinari applicabili ai periti assicurativi» *dall'art. 1, comma 62, lett. a), del D.L.vo 21 maggio 2018, n. 68.*

A norma dell'art. 4, comma 3, del medesimo decreto 68/2018, le modifiche apportate al Titolo XVIII del decreto legislativo 7 settembre 2005, n. 209, si applicano alle violazioni commesse dopo l'entrata in vigore delle disposizioni adottate dall'IVASS ai sensi dell'art. 331 bis del medesimo decreto legislativo. Alle violazioni commesse prima della data di entrata in vigore delle disposizioni adottate dall'IVASS continuano ad applicarsi le norme del Titolo XVIII del decreto legislativo 7 settembre 2005, n. 209, vigenti prima della data di entrata in vigore del presente decreto (G.U. Serie gen. - n. 138 del 16 giugno 2018). Si segnala che a norma dell'art. 4, comma 7, del medesimo D.L.vo le modifiche apportate dagli artt. 1 e 2 del citato D.L.vo n. 68/2018, trovano applicazione dal 1° ottobre 2018.

([2]) *Questo comma è stato così sostituito dall'art. 1, comma 62, lett. b), del D.L.vo 21 maggio 2018, n. 68.*

A norma dell'art. 4, comma 3, del medesimo decreto 68/2018, le modifiche apportate al Titolo XVIII del decreto legislativo 7 settembre 2005, n. 209, si applicano alle violazioni commesse dopo l'entrata in vigore delle disposizioni adottate dall'IVASS ai sensi dell'art. 331 bis del medesimo decreto legislativo. Alle violazioni commesse prima della data di entrata in vigore delle disposizioni adottate dall'IVASS continuano ad applicarsi le norme del Titolo XVIII del decreto legislativo 7 settembre 2005, n. 209, vigenti prima della data di entrata in vigore del presente decreto (G.U. Serie gen. - n. 138 del 16 giugno 2018). Si segnala che a norma dell'art. 4, comma 7, del medesimo D.L.vo le modifiche apportate dagli artt. 1 e 2 del citato D.L.vo n. 68/2018, trovano applicazione dal 1° ottobre 2018.

Si riporta il testo precedente:

«1. Gli intermediari di assicurazione o riassicurazione, compresi i produttori diretti, i collaboratori e gli altri soggetti ausiliari dell'intermediario di assicurazione o di riassicurazione, ed i periti assicurativi che nell'esercizio della loro attività, anche nei casi puniti ai sensi dell'articolo 324, violino le norme del presente codice o le relative norme di attuazione, sono puniti, in base alla gravità dell'infrazione e tenuto conto dell'eventuale recidiva, con una delle seguenti sanzioni:

a) richiamo;

b) censura;

c) radiazione.».

([3]) *Questo comma è stato così sostituito dall'art. 1, comma 62, lett. c), del D.L.vo 21 maggio 2018, n. 68.*

A norma dell'art. 4, comma 3, del medesimo decreto 68/2018, le modifiche apportate al Titolo XVIII del decreto legislativo 7 settembre 2005, n. 209, si applicano alle violazioni commesse dopo l'entrata in vigore delle disposizioni adottate dall'IVASS ai sensi dell'art. 331 bis del medesimo decreto legislativo. Alle violazioni commesse prima della data di entrata in vigore delle disposizioni adottate dall'IVASS continuano ad applicarsi le norme del Titolo XVIII del decreto legislativo 7 settembre 2005, n. 209, vigenti prima della data di entrata in vigore del presente decreto (G.U. Serie gen. - n. 138 del 16 giugno 2018). Si segnala che a norma dell'art. 4, comma 7, del medesimo D.L.vo le modifiche apportate dagli artt. 1 e 2 del citato D.L.vo n. 68/2018, trovano applicazione dal 1° ottobre 2018.

Si riporta il testo precedente:

«2. Il richiamo, consistente in una dichiarazione scritta di biasimo motivato, è disposto per fatti di lieve manchevolezza. La censura è disposta per fatti di particolare gravità. La radiazione è disposta per fatti di eccezionale gravità e determina l'immediata risoluzione dei rapporti di intermediazione.».

330. ([1]) **Competenza ad adottare i provvedimenti disciplinari nei confronti dei periti assicurativi.** – 1. Le sanzioni disciplinari di cui all'articolo 329 sono applicate dalla CONSAP ai sensi dell'articolo 331, nei confronti delle persone fisiche iscritte nel ruolo dei periti di assicurazione responsabili della violazione.

([1]) *Questo articolo è stato così sostituito dall'art. 1, comma 63, del D.L.vo 21 maggio 2018, n. 68.*

A norma dell'art. 4, comma 3, del medesimo decreto 68/2018, le modifiche apportate al Titolo XVIII del decreto legislativo 7 settembre 2005, n. 209, si applicano alle violazioni commesse dopo l'entrata in vigore delle disposizioni adottate dall'IVASS ai sensi dell'art. 331 bis del medesimo decreto legislativo. Alle violazioni commesse prima della data di entrata in vigore delle disposizioni adottate dall'IVASS continuano ad applicarsi le norme del Titolo XVIII del decreto legislativo 7 settembre 2005, n. 209, vigenti prima della data di entrata in vigore del presente decreto (G.U. Serie gen. - n. 138 del 16 giugno 2018). Si segnala che a norma dell'art. 4, comma 7, del medesimo D.L.vo le modifiche apportate dagli artt. 1 e 2 del citato D.L.vo n. 68/2018, trovano applicazione dal 1° ottobre 2018.

Si riporta il testo precedente:

«Art. 330 (Destinatari delle sanzioni disciplinari) *- 1. Le sanzioni disciplinari sono applicate nei confronti delle persone fisiche iscritte nel registro degli intermediari, compresi i collaboratori e gli altri soggetti ausiliari dell'intermediario di assicurazione o di riassicurazione, o nel ruolo dei periti di assicurazione responsabili della violazione.*

2. Nel caso di esercizio dell'attività in forma societaria la radiazione comporta altresì la cancellazione della società nei casi di particolare gravità o di sistematica reiterazione dell'illecito disciplinare.».

331. [1] **Procedura di applicazione delle sanzioni disciplinari nei confronti dei periti.** - 1. Ai fini dell'irrogazione delle sanzioni disciplinari di cui all'articolo 329, la CONSAP, nel termine di centoventi giorni dall'accertamento dell'infrazione, ovvero nel termine di centottanta per i soggetti residenti all'estero, provvede alla contestazione degli addebiti nei confronti dei periti di assicurazione, eventuali responsabili della violazione.

2. I destinatari di cui al comma 1 possono presentare, nel termine di sessanta giorni, scritti difensivi avverso la contestazione degli addebiti e chiedere l'audizione dinnanzi al Collegio di garanzia di cui all'articolo 324 *octies*, cui può partecipare con l'assistenza di un avvocato.

3. A seguito dell'esercizio delle facoltà difensive di cui al comma 2 ovvero decorso inutilmente il relativo termine, il Collegio di garanzia acquisisce le risultanze istruttorie, esamina gli scritti difensivi e dispone l'audizione, alla quale le parti possono partecipare anche con l'assistenza di avvocati ed esperti di fiducia. Se non ritiene provata la violazione, il Collegio di garanzia può proporre l'archiviazione della contestazione o chiedere alla CONSAP di disporre l'integrazione delle risultanze istruttorie. Se, invece, ritiene provata la violazione, trasmette per competenza alla CONSAP la proposta motivata di determinazione della sanzione.

4. La CONSAP, ricevuta la proposta formulata dal Collegio di garanzia, decide la sanzione con provvedimento motivato, che viene successivamente comunicato alle parti del procedimento.

5. Le controversie relative ai ricorsi avverso i provvedimenti che applicano la sanzione sono devolute alla giurisdizione esclusiva del giudice amministrativo. La CONSAP provvede alla difesa in giudizio con propri legali. L'opposizione non sospende l'esecuzione del provvedimento.

6. I provvedimenti che infliggono la sanzione disciplinare della radiazione, le sentenze dei giudici amministrativi che decidono i ricorsi e i decreti che decidono i ricorsi straordinari al Presidente della Repubblica sono pubblicati da CONSAP nel suo sito internet.

[1] *Questo articolo è stato da ultimo così sostituito dall'art. 1, comma 64, del D.L.vo 21 maggio 2018, n. 68.*

A norma dell'art. 4, comma 3, del medesimo decreto 68/2018, le modifiche apportate al Titolo XVIII del decreto legislativo 7 settembre 2005, n. 209, si applicano alle violazioni commesse dopo l'entrata in vigore delle disposizioni adottate dall'IVASS ai sensi dell'art. 331 bis del medesimo decreto legislativo. Alle violazioni commesse prima della data di entrata in vigore delle disposizioni adottate dall'IVASS continuano ad applicarsi le norme del Titolo XVIII del decreto legislativo 7 settembre 2005, n. 209, vigenti prima della data di entrata in vigore del presente decreto (G.U. Serie gen. - n. 138 del 16 giugno 2018). Si segnala che a norma dell'art. 4, comma 7, del medesimo D.L.vo le modifiche apportate dagli artt. 1 e 2 del citato D.L.vo n. 68/2018, trovano applicazione dal 1° ottobre 2018.

Si riporta il testo precedente:

«*Art. 331* (Procedura di applicazione delle sanzioni disciplinari) - *1. Ai fini dell'irrogazione delle sanzioni disciplinari di cui all'articolo 330, l'IVASS, nel termine di centoventi giorni dall'accertamento dell'infrazione, ovvero nel termine di centottanta per i soggetti residenti all'estero, provvede alla contestazione degli addebiti nei confronti dei soggetti iscritti nel registro degli intermediari, compresi i collaboratori e gli altri soggetti ausiliari dell'intermediario di assicurazione o di riassicurazione, possibili responsabili della violazione e trasmette i relativi atti al Collegio di garanzia sui procedimenti disciplinari.*

1 bis. Ai fini dell'irrogazione delle sanzioni disciplinari di cui all'articolo 330, la CONSAP, nel termine di centoventi giorni dall'accertamento dell'infrazione, ovvero nel termine di centottanta per i soggetti residenti all'estero, provvede alla contestazione degli addebiti nei confronti dei periti di assicurazione, possibili responsabili della violazione.

2. I destinatari di cui ai commi 1 e 1 bis possono proporre, nel termine di sessanta giorni, reclamo avverso la contestazione degli addebiti e chiedere l'audizione dinnanzi al Collegio di garanzia sui procedimenti disciplinari.

3. Il Collegio di garanzia è istituito presso l'IVASS ed è composto da un magistrato con qualifica non inferiore a consigliere della Corte di cassazione o equiparato, anche a riposo, con funzioni di presidente ovvero da un docente universitario di ruolo, e da due componenti esperti in materia assicurativa, questi ultimi designati sentite le associazioni maggiormente rappresentative. Il mandato ha durata quadriennale ed è rinnovabile una sola volta. Il Collegio di garanzia può essere costituito in più sezioni, con corrispondente incremento del numero dei suoi componenti, qualora l'IVASS lo ritenga necessario per garantire condizioni di efficienza e tempestività nella definizione dei procedimenti disciplinari. L'IVASS nomina il Collegio di garanzia, stabilisce le norme sulla procedura dinnanzi al Collegio nel rispetto dei principi del giusto procedimento e determina il regime delle incompatibilità ed il compenso dei componenti, che è posto a carico dell'Istituto.

4. A seguito dell'esercizio della facoltà di reclamo di cui al comma 2 ovvero decorso inutilmente il relativo termine, il Collegio di garanzia acquisisce le risultanze istruttorie, esamina gli scritti difensivi e dispone l'audizione, alla quale le parti possono partecipare anche con l'assistenza di avvocati ed esperti di fiducia. Se non ritiene provata la violazione, il Collegio di garanzia può disporre l'archiviazione della contestazione o chiedere l'integrazione delle risultanze istruttorie. Se, invece, ritiene provata la violazione, trasmette per competenza all'IVASS o alla CONSAP la proposta motivata di determinazione della sanzione disciplinare.

5. L'IVASS o la CONSAP, ricevuta la proposta formulata dal Collegio di garanzia, decide la sanzione discipli-

nare con decreto, che viene successivamente comunicato alle parti del procedimento.

6. Le controversie relative ai ricorsi avverso i provvedimenti che applicano la sanzione disciplinare sono devolute alla giurisdizione esclusiva del giudice amministrativo. L'IVASS o la CONSAP provvede alla difesa in giudizio con propri legali.

7. I provvedimenti che infliggono la sanzione disciplinare della radiazione, le sentenze dei giudici amministrativi che decidono i ricorsi e i decreti che decidono i ricorsi straordinari al Presidente della Repubblica sono pubblicati nel Bollettino dell'IVASS o da CONSAP nel suo sito internet.»

331 *bis*. (1) Disposizioni di attuazione. – 1. L'IVASS emana disposizioni di attuazione del presente Titolo.

(1) *Questo articolo è stato inserito dall'art. 1, comma 65, del D.L.vo 21 maggio 2018, n. 68.*

A norma dell'art. 4, comma 3, del medesimo decreto 68/2018, le modifiche apportate al Titolo XVIII del decreto legislativo 7 settembre 2005, n. 209, si applicano alle violazioni commesse dopo l'entrata in vigore delle disposizioni adottate dall'IVASS ai sensi dell'art. 331 bis del medesimo decreto legislativo. Alle violazioni commesse prima della data di entrata in vigore delle disposizioni adottate dall'IVASS continuano ad applicarsi le norme del Titolo XVIII del decreto legislativo 7 settembre 2005, n. 209, vigenti prima della data di entrata in vigore del presente decreto (G.U. Serie gen. - n. 138 del 16 giugno 2018). Si segnala che a norma dell'art. 4, comma 7, del medesimo D.L.vo le modifiche apportate dagli artt. 1 e 2 del citato D.L.vo n. 68/2018, trovano applicazione dal 1° ottobre 2018.

Titolo XIX
Disposizioni tributarie transitorie e finali

Capo V
Abrogazioni

355. Entrata in vigore. – 1. Il presente codice entra in vigore il 1° gennaio 2006.

2. In sede di prima applicazione le disposizioni di attuazione sono emanate entro ventiquattro mesi dal termine di cui al comma 1.

2.

D.L.vo 30 aprile 1992, n. 285. Nuovo codice della strada (Suppl. ord. alla *Gazzetta Ufficiale* Serie gen. - n. 114 del 18 maggio 1992), avviso di rettifica in *Gazzetta Ufficiale* Serie gen. - n. 32 del 9 febbraio 1993 ed *errata corrige* in *Gazzetta Ufficiale* Serie gen. - n. 36 del 13 febbraio 1993 (1) (2) (3) (4).

(1) *Con le modifiche e le integrazioni apportate dal D.L.vo 10 settembre 1993, n. 360, pubblicato sul Suppl. ord. alla Gazzetta Ufficiale Serie gen. - n. 217 del 15 settembre 1993, in vigore dall'1 ottobre 1993 e con le correzioni apportate dall'avviso di rettifica, relativo allo stesso provvedimento, pubblicato sulla Gazzetta Ufficiale Serie gen. - n. 51 del 3 marzo 1994.*

Gli importi delle sanzioni amministrative sono stati aggiornati sulla base del D.M. 31 dicembre 2020, pubblicato sulla Gazzetta Ufficiale Serie gen. - n. 323 del 31 dicembre 2020, a decorrere dal 1° gennaio 2021.

A norma dell'art. 1, comma 497, della L. 29 dicembre 2022, n. 197, in considerazione dell'eccezionale situazione economica, a decorrere dal 1° gennaio 2023, per gli anni 2023 e 2024 è sospeso l'aggiornamento biennale delle sanzioni amministrative pecuniarie in misura pari all'intera variazione, accertata dall'ISTAT, dell'indice dei prezzi al consumo per le famiglie di operai e impiegati (media nazionale) verificatasi nei due anni precedenti, prevista all'articolo 195, comma 3, di questo provvedimento.

(2) *Sono state, altresì, inserite le rettifiche apportate, in seguito alla ripubblicazione del testo del codice sul Suppl. ord. alla Gazzetta Ufficiale Serie gen. - n. 67 del 22 marzo 1994.*

(3) *Le denominazioni di uffici e strutture ministeriali, contenute in questo provvedimento, sono state modificate a norma dell'art. 17 del D.L.vo 15 gennaio 2002, n. 9.*

(4) *A norma dell'art. 5, comma 2, del D.L. 1 marzo 2021, n. 22, convertito, con modificazioni, nella L. 22 aprile 2021, n. 55, le denominazioni: «Ministro delle infrastrutture e dei trasporti» e «Ministero delle infrastrutture e dei trasporti» sono state così sostituite, a ogni effetto e ovunque presenti, dalle attuali: «Ministro delle infrastrutture e della mobilità sostenibili» e «Ministero delle infrastrutture e della mobilità sostenibili».*IL PRESIDENTE DELLA REPUBBLICA Visti gli articoli 76 e 87 della Costituzione; Vista la L. 13 giugno 1991, n. 190; Vista la prima approvazione dello schema del testo unico denominato «Codice della strada» in data 9 luglio 1991 e la successiva riapprovazione dello stesso da parte del Consiglio dei Ministri in data 30 settembre 1991 a seguito dell'acquisizione del concerto degli altri Ministri interessati; Uditi i pareri resi, a norma dell'art. 4, comma 2, della L. 13 giugno 1991, n. 190, dalla competente commissione permanente del Senato della Repubblica in data 19 dicembre 1991 e da quella della Camera dei deputati in data 20 dicembre 1991; Vista la deliberazione del Consiglio dei Ministri adottata nella riunione del 27 gennaio 1992, nella quale si sono recepite alcune delle osservazioni al testo contenute nei pareri resi; Uditi i pareri definitivi resi, a norma dell'art. 4, comma 3, della L. 13 giugno 1991, n. 190, dalla competente commissione permanente del Senato della Repubblica in data 30 gennaio e da quella della Camera dei deputati in data 1° febbraio 1992; Viste le deliberazioni conclusive del Consiglio dei Ministri, adottate nelle riunioni del 27 febbraio e del 25 marzo 1992; Sulla proposta dei Ministri dei lavori pubblici e dei trasporti, di concerto con i Ministri dell'interno, di grazia e giustizia, della difesa, delle finanze, del tesoro, della pubblica istruzione, dell'agricoltura e delle foreste, dell'ambiente e per i problemi delle aree urbane; EMANA il seguente decreto legislativo

(*Estratto*)

Titolo V
Norme di comportamento

188 *bis*. ([1]) Sosta dei veicoli al servizio delle donne in stato di gravidanza o di genitori con un bambino di età non superiore a due anni. – 1. Per la sosta dei veicoli al servizio delle donne in stato di gravidanza o di genitori con un bambino di età non superiore a due anni gli enti proprietari della strada possono allestire spazi per la sosta, mediante la segnaletica necessaria, per consentire ed agevolare la mobilità di tali soggetti secondo le modalità stabilite nel regolamento.

2. Per usufruire delle strutture di cui al comma 1, le donne in stato di gravidanza o i genitori con un bambino di età non superiore a due anni sono autorizzati dal comune di residenza, nei casi e con le modalità, relativi al rilascio del permesso rosa, stabiliti dal regolamento.

3. Chiunque usufruisce delle strutture di cui al comma 1, senza avere l'autorizzazione prescritta dal comma 2, o ne fa uso improprio è soggetto alla sanzione amministrativa del pagamento di una somma da euro 87 a euro 344.

4. Chiunque, pur avendone diritto, usa delle strutture di cui al comma 1 non osservando le condizioni ed i limiti indicati nell'autorizzazione prescritta dal comma 2, è soggetto alla sanzione amministrativa del pagamento di una somma da euro 42 a euro 173.

([1]) *Questo articolo è stato inserito dall'art. 1, comma 1, lett. g), del D.L. 10 settembre 2021, n. 121, convertito, con modificazioni, nella L. 9 novembre 2021, n. 156.*

193. Obbligo dell'assicurazione di responsabilità civile. – 1. I veicoli a motore (47) senza guida di rotaie, compreso i filoveicoli (55) e i rimorchi (56), non possono essere posti in circolazione sulla strada senza la copertura assicurativa (181) a norma delle vigenti disposizioni di legge sulla responsabilità civile verso terzi ([1]) ([2]).

2. Chiunque circola senza la copertura dell'assicurazione è soggetto alla sanzione amministrativa del pagamento di una somma da € 866 a € 3.464. Nei casi indicati dal comma 2 *bis*, la sanzione amministrativa pecuniaria è raddoppiata ([3]).

2 *bis*. Quando lo stesso soggetto sia incorso, in un periodo di due anni, in una delle violazioni di cui al comma 2 per almeno due volte, all'ultima infrazione consegue altresì la sanzione amministrativa accessoria della sospensione della patente da uno a due mesi, ai sensi del titolo VI, capo I, sezione II. In tali casi, in deroga a quanto previsto dal comma 4, quando è stato effettuato il pagamento della sanzione in misura ridotta ai sensi dell'articolo 202 e corrisposto il premio di assicurazione per almeno sei mesi, il veicolo con il quale è stata commessa la violazione non è immediatamente restituito ma è sottoposto alla sanzione amministrativa accessoria del fermo amministrativo per quarantacinque giorni, secondo le disposizioni del titolo VI, capo I, sezione II, decorrenti dal giorno del pagamento della sanzione prevista. La restituzione del veicolo è in ogni caso subordinata al pagamento delle spese di prelievo, trasporto e custodia sostenute per il sequestro del veicolo e per il successivo fermo, se ricorrenti, limitatamente al caso in cui il conducente coincide con il proprietario del veicolo ([4]).

3. La sanzione amministrativa di cui al comma 2 è ridotta alla metà ([5]) quando l'assicurazione del veicolo per la responsabilità verso i terzi sia comunque resa operante nei quindici giorni successivi al termine di cui all'art. 1901, secondo comma, del codice civile. La sanzione amministrativa di cui al comma 2 è altresì ridotta alla metà ([5]) quando l'interessato entro trenta giorni dalla contestazione della violazione, previa autorizzazione dell'organo accertatore, esprime la volontà e provvede alla demolizione e alle formalità di radiazione del veicolo ([6]). In tale caso l'interessato ha la disponibilità del veicolo e dei documenti relativi esclusivamente per le operazioni di demolizione e di radiazione del veicolo previo versamento presso l'organo accertatore di una cauzione pari all'importo della sanzione minima edittale previsto dal comma 2 ([6]). Ad avvenuta demolizione certificata a norma di legge, l'organo accertatore restituisce la cauzione, decurtata dell'importo previsto a titolo di sanzione amministrativa pecuniaria ([6]).

4. Si applica l'articolo 13, terzo comma, della legge 24 novembre 1981, n. 689. L'organo accertatore ordina che la circolazione sulla strada del veicolo sia fatta immediatamente cessare e che il veicolo stesso sia in ogni caso prelevato, trasportato e depositato in luogo non soggetto a pubblico passaggio, individuato in via ordinaria dall'organo accertatore o, in caso di particolari condizioni, concordato con il trasgressore. Quando l'interessato effettua il pagamento della sanzione in misura ridotta ai sensi dell'articolo 202, corrisponde il premio di assicurazione per almeno sei mesi e garantisce il pagamento delle spese di prelievo, trasporto e custodia del veicolo sottoposto a sequestro, l'organo di polizia che ha accertato la violazione dispone la restituzio-

LEGGI COMPLEMENTARI

ne del veicolo all'avente diritto, dandone comunicazione al prefetto. Quando nei termini previsti non è stato proposto ricorso e non è avvenuto il pagamento in misura ridotta, l'ufficio o comando da cui dipende l'organo accertatore invia il verbale al prefetto. Il verbale stesso costituisce titolo esecutivo ai sensi dell'articolo 203, comma 3, e il veicolo è confiscato ai sensi dell'articolo 213 ([7]).

4 *bis*. Salvo che debba essere disposta confisca ai sensi dell'articolo 240 del codice penale, è sempre disposta la confisca amministrativa del veicolo intestato al conducente sprovvisto di copertura assicurativa quando sia fatto circolare con documenti assicurativi falsi o contraffatti. Nei confronti di colui che abbia falsificato o contraffatto i documenti assicurativi di cui al precedente periodo è sempre disposta la sanzione amministrativa accessoria della sospensione della patente di guida per un anno. Si applicano le disposizioni dell'articolo 213 del presente codice ([8]).

4 *ter*. L'accertamento della mancanza di copertura assicurativa obbligatoria del veicolo può essere effettuato anche mediante il raffronto dei dati relativi alle polizze emesse dalle imprese assicuratrici con quelli provenienti dai dispositivi o apparecchiature di cui alle lettere *e*), *f*) e *g*) del comma 1 *bis* dell'articolo 201, omologati ovvero approvati per il funzionamento in modo completamente automatico e gestiti direttamente dagli organi di polizia stradale di cui all'articolo 12, comma 1 ([9]).

4 *quater*. Qualora, in base alle risultanze del raffronto dei dati di cui al comma 4 *ter*, risulti che al momento del rilevamento un veicolo munito di targa di immatricolazione fosse sprovvisto della copertura assicurativa obbligatoria, l'organo di polizia procedente invita il proprietario o altro soggetto obbligato in solido a produrre il certificato di assicurazione obbligatoria, ai sensi e per gli effetti dell'articolo 180, comma 8 ([9]).

4 *quinquies*. La documentazione fotografica prodotta dai dispositivi o apparecchiature di cui al comma 4 *ter*, costituisce atto di accertamento, ai sensi e per gli effetti dell'articolo 13 della legge 24 novembre 1981, n. 689, in ordine alla circostanza che al momento del rilevamento un determinato veicolo, munito di targa di immatricolazione, stava circolando sulla strada ([9]).

([1]) *A norma dell'art. 237, comma 1, di questo codice, per i ciclomotori e le macchine agricole l'obbligo di assicurazione sulla responsabilità civile decorre dall'1 ottobre 1993.*

([2]) *A norma degli artt. 589* bis, *sesto comma e 590* bis, *sesto comma, codice penale, inseriti dall'art. 1 della L. 23 marzo 2016, n. 41, nel caso di conducente di un veicolo a motore che cagioni la morte di una o più persone, o lesioni colpose gravi o gravissime, la pena è aumentata se il veicolo è di proprietà dell'autore del fatto ed è sprovvisto di assicurazione obbligatoria.*

([3]) *Questo periodo è stato aggiunto dall'art. 23* bis, *comma 1, lett. a), del D.L. 23 ottobre 2018, n. 119, convertito, con modificazioni, nella L. 17 dicembre 2018, n. 136.*

([4]) *Questo comma è stato inserito dall'art. 23* bis, *comma 1, lett. b), del D.L. 23 ottobre 2018, n. 119, convertito, con modificazioni, nella L. 17 dicembre 2018, n. 136.*

([5]) *Le parole: "ad un quarto" sono state così sostituite dalle seguenti: "alla metà" dall'art. 23* bis, *comma 1, lett. c), del D.L. 23 ottobre 2018, n. 119, convertito, con modificazioni, nella L. 17 dicembre 2018, n. 136.*

([6]) *Questo periodo è stato aggiunto dall'art. 3, comma 19, lett. a), del D.L. 27 giugno 2003, n. 151, convertito, con modificazioni, nella L. 1 agosto 2003, n. 214.*

([7]) *Questo comma è stato così sostituito dall'art. 3, comma 19, lett. b), del D.L. 27 giugno 2003, n. 151, convertito, con modificazioni, nella L. 1 agosto 2003, n. 214.*

([8]) *Questo comma è stato aggiunto dall'art. 3, comma 47, della L. 15 luglio 2009, n. 94.*

([9]) *Questo comma è stato aggiunto dall'art. 13, comma 5, della L. 12 novembre 2011, n. 183, a decorrere dal 1° gennaio 2012.*

Titolo VI
Degli illeciti previsti dal presente codice e delle relative sanzioni

Capo I
Degli illeciti amministrativi e delle relative sanzioni

Sezione I
Degli illeciti amministrativi importanti sanzioni amministrative pecuniarie ed applicazione di queste ultime

198 *bis*. ([1]) Disposizioni in materia di illeciti reiterati e relative sanzioni. – 1. La violazione, anche in tempi diversi, della medesima norma relativa alla circolazione di un veicolo non avente i requisiti tecnici o amministrativi richiesti dalla legge è considerata, ove ricorrano le condizioni di cui ai commi 2 e 3 e ai fini dell'applicazione della sanzione prevista dal comma 4, come un'unica infrazione. Resta fermo che le condotte commesse successivamente alla prima notificazione ovvero alla contestazione immediata costituiscono nuove violazioni.

2. Nel caso di accertamento di più violazioni senza contestazione immediata ai sensi dell'articolo 201, l'illecito amministrativo oggetto della prima notifica assorbe quelli

accertati nei novanta giorni antecedenti alla medesima notifica e non ancora notificati.

3. Fuori dei casi di cui al comma 2, l'illecito amministrativo oggetto di contestazione immediata assorbe le violazioni accertate, in assenza di contestazione ai sensi dell'articolo 201, nei novanta giorni antecedenti alla predetta contestazione e non ancora notificate. Nel rispetto delle condizioni di sicurezza della circolazione e fatti salvi i divieti posti da altre disposizioni, l'organo accertatore può autorizzare il trasgressore a completare il viaggio o a raggiungere il luogo di destinazione per la via più breve e nel più breve tempo possibile.

4. Nei casi di cui ai commi 2 e 3, fermo restando il pagamento delle spese di accertamento e notificazione relative a ciascuna violazione, ove ricorrano le condizioni per il pagamento in misura ridotta ai sensi dell'articolo 202, si applica la sanzione del pagamento di una somma pari al triplo del minimo edittale previsto per la disposizione violata, se più favorevole.

5. In deroga all'articolo 202, il pagamento della somma di cui al comma 4 può essere effettuato entro cento giorni dalla prima notificazione o dalla contestazione immediata di cui al comma 6. Qualora, nei termini indicati dall'articolo 202, sia stato già effettuato il pagamento in misura ridotta previsto per la specifica violazione, entro il suddetto termine di cento giorni può essere effettuata l'integrazione del pagamento da corrispondere all'organo di polizia stradale che ha effettuato la prima notificazione o la contestazione immediata, secondo le modalità indicate dallo stesso.

6. Il pagamento della somma prevista al comma 4, effettuato all'organo di polizia stradale che ha curato la prima notificazione o la contestazione immediata, con contestuale pagamento delle spese di accertamento e notificazione per la violazione da esso accertata, costituisce il presupposto per l'istanza di archiviazione, di cui al comma 7, delle violazioni assorbite ai sensi dei commi 2 e 3.

7. L'istanza di archiviazione deve essere presentata dall'interessato all'ufficio o comando da cui dipende chi ha accertato ciascuna violazione assorbita ai sensi del comma 6, a pena di decadenza, entro centoventi giorni dalla data della prima notificazione o della contestazione immediata. L'istanza è corredata da copia dell'attestazione del pagamento di cui al comma 6 e dall'attestazione del pagamento delle spese di accertamento e notificazione relativa alla violazione o alle violazioni accertate dall'ufficio o al comando cui la stessa è presentata. L'archiviazione è disposta dal responsabile dell'ufficio o del comando da cui dipende chi ha accertato la violazione.

(1) *Questo articolo è stato inserito dall'art. 7, comma 1, lett. i bis), del D.L. 16 giugno 2022, n. 68, convertito, con modificazioni, nella L. 5 agosto 2022, n. 108.*

3.

D.P.R. 18 luglio 2006, n. 254. Regolamento recante disciplina del risarcimento diretto dei danni derivanti dalla circolazione stradale, a norma dell'articolo 150 del decreto legislativo 7 settembre 2005, n. 209 - Codice delle assicurazioni private (*Gazzetta Ufficiale* Serie gen. - n. 199 del 28 agosto 2006) (1) (2).

(1) *A norma dell'art. 2, comma 4, del D.L. 1° marzo 2021, n. 22, convertito, con modificazioni, nella L. 22 aprile 2021, n. 55, con riguardo alle funzioni di cui all'articolo 35, comma 2, lettera* b), *del decreto legislativo n. 300 del 1999, come modificato dal medesimo decreto, la denominazione «Ministro della transizione ecologica» sostituisce, ad ogni effetto e ovunque presente, la denominazione: «Ministro dello sviluppo economico».*

(2) *A norma dell'art. 2, comma 4, del D.L. 1° marzo 2021, n. 22, convertito, con modificazioni, nella L. 22 aprile 2021, n. 55, con riguardo alle funzioni di cui all'articolo 35, comma 2, lettera* b), *del decreto legislativo n. 300 del 1999, come modificato dal medesimo decreto, la denominazione «Ministero della transizione ecologica» sostituisce, ad ogni effetto e ovunque presente, la denominazione: «Ministero dello sviluppo economico».*

1. Definizioni. – 1. Ai fini del presente regolamento si intende per:

a) «codice»: il codice delle assicurazioni private di cui al decreto legislativo 7 settembre 2005, n. 209;

b) «Isvap»: l'Istituto per la vigilanza sulle assicurazioni private e di interesse collettivo;

c) «impresa»: la società autorizzata ad esercitare nel territorio della Repubblica l'assicurazione obbligatoria per la responsabilità civile autoveicoli;

d) «sinistro»: la collisione avvenuta nel territorio della Repubblica tra due veicoli a motore identificati e assicurati per la responsabilità civile obbligatoria dalla quale siano derivati danni ai veicoli o lesioni di lieve entità ai loro conducenti, senza coinvolgimento di altri veicoli responsabili;

e) «danneggiato»: il proprietario o il conducente del veicolo che abbia subito danni a seguito del sinistro;

f) «lesioni»: le lesioni di lieve entità definite all'articolo 139 del codice.

2. Restano ferme, inoltre, le definizioni contenute nell'articolo 1 del codice.

2. Oggetto del regolamento. - 1. Il presente regolamento disciplina le modalità attuative del sistema del risarcimento diretto, nell'ambito dell'assicurazione obbligatoria della responsabilità civile per i danni derivanti dalla circolazione stradale, in attuazione dell'articolo 150 del codice.

3. Ambito di applicazione. - 1. La disciplina del risarcimento diretto si applica in tutte le ipotesi di danni al veicolo e di lesioni di lieve entità al conducente, anche quando nel sinistro siano coinvolti terzi trasportati.

2. Qualora i terzi trasportati subiscano lesioni, la relativa richiesta del risarcimento del danno resta soggetta alla specifica procedura prevista dall'articolo 141 del codice.

4. Veicoli immatricolati all'estero. - 1. La disciplina del risarcimento diretto si applica ai sinistri che coinvolgono:

a) veicoli immatricolati in Italia;

b) veicoli immatricolati nella Repubblica di San Marino e nello Stato Città del Vaticano, se assicurati con imprese con sede legale nello Stato italiano o con imprese che esercitino l'assicurazione obbligatoria responsabilità civile auto ai sensi degli articoli 23 e 24 del codice e che abbiano aderito al sistema del risarcimento diretto.

5. Modalità della richiesta di risarcimento. - 1. Il danneggiato che si ritiene non responsabile, in tutto o in parte, del sinistro rivolge la richiesta di risarcimento all'impresa che ha stipulato il contratto relativo al veicolo utilizzato.

2. La richiesta è presentata mediante lettera raccomandata con avviso di ricevimento o con consegna a mano o a mezzo telegramma o telefax o in via telematica, salvo che nel contratto sia esplicitamente esclusa tale ultima forma di presentazione della richiesta di risarcimento.

3. L'impresa che ha ricevuto la richiesta ne dà immediata comunicazione all'impresa dell'assicurato ritenuto in tutto o in parte responsabile del sinistro, fornendo le sole informazioni necessarie per la verifica della copertura assicurativa e per l'accertamento delle modalità di accadimento del sinistro.

6. Contenuto della richiesta. - 1. Nell'ipotesi di danni al veicolo e alle cose, la richiesta di risarcimento contiene i seguenti elementi:

a) i nomi degli assicurati;

b) le targhe dei due veicoli coinvolti;

c) la denominazione delle rispettive imprese;

d) la descrizione delle circostanze e delle modalità del sinistro;

e) le generalità di eventuali testimoni;

f) l'indicazione dell'eventuale intervento degli Organi di polizia;

g) il luogo, i giorni e le ore in cui le cose danneggiate sono disponibili per la perizia diretta ad accertare l'entità del danno.

2. Nell'ipotesi di lesioni subite dai conducenti, la richiesta indica, inoltre:

a) l'età, l'attività e il reddito del danneggiato;

b) l'entità delle lesioni subite;

c) la dichiarazione di cui all'articolo 142 del codice circa la spettanza o meno di prestazioni da parte di istituti che gestiscono assicurazioni sociali obbligatorie;

d) l'attestazione medica comprovante l'avvenuta guarigione, con o senza postumi permanenti;

e) l'eventuale consulenza medico-legale di parte, corredata dall'indicazione del compenso spettante al professionista.

7. Integrazione e regolarizzazione della richiesta. - 1. In caso di richiesta incompleta, l'impresa, entro trenta giorni dalla ricezione, offrendo l'assistenza tecnica e informativa prevista dall'articolo 9, invita il danneggiato a fornire le integrazioni e i chiarimenti necessari per la regolarizzazione della richiesta.

2. Nell'ipotesi di cui al comma 1, i termini per la formulazione dell'offerta o per la comunicazione della mancata offerta sono sospesi fino alla data di ricezione delle integrazioni e dei chiarimenti richiesti.

8. Determinazioni dell'impresa. - 1. Con apposita comunicazione inviata al danneggiato, l'impresa indica, alternativamente:

a) una congrua offerta di risarcimento del danno, eventualmente in forma specifica, se previsto dal contratto;

b) gli specifici motivi che impediscono di formulare l'offerta di risarcimento del danno.

2. La comunicazione di cui al comma 1 è inviata entro i seguenti termini:

a) novanta giorni, nel caso di lesioni;

b) sessanta giorni, nel caso di danni riguardanti solo i veicoli o le cose;

c) trenta giorni, nel caso di danni ai veicoli o alle cose, qualora il modulo di denuncia del sinistro sia sottoscritto da entrambi i conducenti coinvolti nel sinistro.

9. Assistenza tecnica e informativa ai danneggiati. - 1. L'impresa, nell'adempimento degli obblighi contrattuali di correttezza e buona fede, fornisce al danneggiato ogni assistenza informativa e tecnica utile per consentire la migliore prestazione del servizio e la piena realizzazione del diritto al risarcimento del danno. Tali obblighi comprendono, in particolare, oltre a quanto stabilito espressamente dal contratto, il supporto tecnico nella compilazione della richiesta di risarcimento, anche ai fini della quantificazione dei danni alle cose e ai veicoli, il suo controllo e l'eventuale integrazione, l'illustrazione e la precisazione dei criteri di responsabilità di cui all'allegato A.

2. Nel caso in cui la somma offerta dall'impresa di assicurazione sia accettata dal danneggiato, sugli importi corrisposti non sono dovuti compensi per la consulenza o assistenza professionale di cui si sia avvalso il danneggiato diversa da quella medico-legale per i danni alla persona.

10. Accesso telematico. - 1. Ai fini della liquidazione dei danni derivanti dal sinistro, l'impresa ha diritto di accedere in via telematica agli archivi previsti dall'articolo 132, comma 3, del codice, per la verifica dei dati tecnici e del proprietario dell'altro veicolo.

11. Sinistri esclusi dal sistema di risarcimento diretto. - 1. Nel caso in cui il sinistro non rientra nell'ambito di applicazione previsto dall'articolo 3, l'impresa ne informa il danneggiato a mezzo raccomandata con avviso di ricevimento, entro trenta giorni decorrenti dalla ricezione della richiesta di risarcimento.

2. Entro il termine di cui al comma 1, l'impresa è tenuta a trasmettere la richiesta, corredata della documentazione acquisita per ogni ulteriore valutazione, all'impresa del responsabile qualora quest'ultima sia nota in base agli elementi in suo possesso.

3. I termini previsti dagli articoli 145 e 148 del codice iniziano a decorrere dal momento in cui l'impresa del responsabile del sinistro riceve la comunicazione di cui al comma 2.

12. Criteri di determinazione del grado di responsabilità delle parti. - 1. L'impresa adotta le proprie determinazioni in ordine alla richiesta del danneggiato, applicando i criteri di accertamento della responsabilità dei sinistri stabiliti nella tabella di cui all'allegato A, in conformità alla disciplina legislativa e regolamentare in materia di circolazione stradale.

2. Qualora il sinistro non rientri in alcuna delle ipotesi previste dalla tabella di cui al comma 1, l'accertamento della responsabilità è compiuto con riferimento alla fattispecie concreta, nel rispetto dei principi generali in tema di responsabilità derivante dalla circolazione dei veicoli.

13. Organizzazione e gestione del sistema di risarcimento diretto. - 1. Le imprese di assicurazione stipulano fra loro una convenzione ai fini della regolazione dei rapporti organizzativi ed economici per la gestione del risarcimento diretto.

2. Per la regolazione contabile dei rapporti economici, la convenzione deve prevedere una stanza di compensazione dei risarcimenti effettuati. Le compensazioni avvengono sulla base di costi medi che possono essere differenziati per grandi tipologie di veicoli assicurati e per danni a cose e danni alle persone, nonché, limitatamente ai danni a cose, per macroaree territorialmente omogenee in numero non superiore a tre. I predetti criteri di differenziazione, applicati alternativamente o congiuntamente, non devono determinare una eccessiva frammentazione dei costi medi da prendere a base per le compensazioni. Le compensazioni possono avvenire anche sulla base di meccanismi che prevedano l'applicazione di franchigie a carico dell'impresa che ha risarcito il danno, secondo le regole definite dalla convenzione (1) (2).

2 *bis*. Le differenziazioni delle compensazioni da applicare ai sensi del comma 2 sono stabilite e possono essere modificate con decreto del Ministro dello sviluppo economico, sentiti l'ISVAP e il Comitato tecnico di cui al comma 4, sulla base dell'andamento effettivo dei costi e dell'esperienza maturata sul sistema, senza tuttavia determinare mutamenti frequenti e in nessun caso per periodi di applicazione inferiori ad una annualità (1).

3. L'attività della stanza di compensazione deve svolgersi in regime di completa autonomia rispetto alle imprese di assicurazione ed ai loro organismi associativi.

4. I valori dei costi medi e delle eventuali franchigie di cui al comma 2 vengono calcolati annualmente sulla base dei risarcimenti effettivamente corrisposti nell'esercizio precedente per i sinistri rientranti nell'ambito di applicazione del sistema di risarcimento diretto. Per il calcolo annuale dei valori da assumere ai fini delle compensazioni, sulla base dei dati forniti dalla stanza di

compensazione di cui al comma 2, è istituito presso il Ministero dello sviluppo economico un Comitato tecnico composto dai seguenti componenti: *a*) un rappresentante del Ministero dello sviluppo economico, con funzioni di Presidente; *b*) un rappresentante dell'ISVAP; *c*) un rappresentante dell'Associazione nazionale fra le imprese assicuratrici; *d*) un esperto in scienze statistiche ed attuariali; *e*) due rappresentanti del Consiglio nazionale dei consumatori e degli utenti. L'esperto di cui alla lettera *d*) non deve avere svolto, nei due anni precedenti la nomina, incarichi presso imprese di assicurazione.

5. Per il primo anno di applicazione del sistema di risarcimento diretto, il Comitato tecnico calcola i valori di cui al comma 4 sulla base di statistiche di mercato.

6. I componenti il Comitato sono nominati con decreto del Ministro dello sviluppo economico per la durata di un triennio e possono essere riconfermati una sola volta. Il Comitato delibera a maggioranza e, in caso di parità, prevale il voto del Presidente.

7. Il costo relativo al funzionamento della convenzione è posto a carico delle imprese che aderiscono al sistema di risarcimento diretto.

8. Le imprese con sede legale in altri Stati membri dell'Unione europea che operano nel territorio della Repubblica, ai sensi degli articoli 23 e 24 del codice, hanno facoltà di aderire al sistema di risarcimento diretto mediante sottoscrizione della convenzione di cui al comma 1.

9. Non costituiscono prestazioni di servizi ai fini dell'imposta sul valore aggiunto le regolazioni dei rapporti tra imprese nell'ambito della procedura di risarcimento diretto.

10. Le informazioni, acquisite nell'ambito dei rapporti organizzativi ed economici per la gestione del risarcimento diretto, possono essere utilizzati, esclusivamente, per le finalità della stessa stanza di compensazione.

(1) *L'originario comma 2 è stato così sostituito dagli attuali commi 2 e 2 bis dall'art. 1, comma 1, del D.P.R. 18 febbraio 2009, n. 28.*

(2) *Si veda il D.M. 11 dicembre 2009, recante differenziazione dei costi medi forfettari delle compensazioni tra imprese di assicurazione.*

14. Benefici derivanti agli assicurati. – 1. Il sistema del risarcimento diretto dovrà consentire effettivi benefici per gli assicurati, attraverso l'ottimizzazione della gestione, il controllo dei costi e l'innovazione dei contratti che potranno contemplare l'impiego di clausole che prevedano il risarcimento del danno in forma specifica con contestuale riduzione del premio per l'assicurato.

2. In presenza di clausole che prevedono il risarcimento del danno in forma specifica, nel contratto deve essere espressamente indicata la percentuale di sconto applicata.

15. (1) **Entrata in vigore.** – 1. Il presente regolamento entra in vigore il 1° gennaio 2007 e si applica ai sinistri verificatisi a partire dal 1° febbraio 2007.

2. Per i sinistri che coinvolgono ciclomotori, il presente regolamento si applica a condizione che i ciclomotori stessi siano muniti di targa ai sensi del decreto del Presidente della Repubblica 6 marzo 2006, n. 153.

(1) *A norma dell'art. 42, comma 2 ter, del D.L. 1 ottobre 2007, n. 159, convertito, con modificazioni, nella L. 29 novembre 2007, n. 222, la disciplina del risarcimento diretto, prevista dal regolamento di cui al decreto del Presidente della Repubblica 18 luglio 2006, n. 254, non si applica ai sinistri che coinvolgono le macchine agricole, come definite dall'art. 57 del codice della strada.*

(*Si omettono gli allegati*)

4.

D.M. 29 ottobre 2008, n. 191. Regolamento concernente: «Disciplina del diritto di accesso dei contraenti e dei danneggiati agli atti delle imprese di assicurazione esercenti l'assicurazione obbligatoria della responsabilità civile derivante dalla circolazione dei veicoli a motore e dei natanti, di cui all'articolo 146 del decreto legislativo 7 settembre 2005, n. 209 - Codice delle assicurazioni private» (*Gazzetta Ufficiale* Serie gen. - n. 287 del 9 dicembre 2008).

1. Definizioni. - 1. Ai fini del presente regolamento si intende per:

a) «assicurazione obbligatoria della responsabilità civile derivante dalla circolazione dei veicoli a motore e dei natanti»: l'assicurazione obbligatoria della responsabilità civile derivante dalla circolazione dei veicoli a motore per i rischi del ramo 10, diversi dalla responsabilità del vettore, e per i rischi del ramo 12 di cui all'articolo 2, comma 3, del decreto legislativo 7 settembre 2005, n. 209;

b) «contraente»: la persona fisica o giuridica che stipula il contratto di assicurazione obbligatoria della responsabilità civile derivante dalla circolazione dei veicoli a motore e dei natanti;

c) «Codice»: il decreto legislativo 7 settembre 2005, n. 209, recante il Codice delle assicurazioni private;

d) «impresa gestionaria»: l'impresa tenuta alla gestione del danno ai sensi delle norme e delle convenzioni che regolano il sistema dì risarcimento diretto;

e) «impresa debitrice»: l'impresa che, assicurando il veicolo responsabile in tutto o in parte del sinistro, è tenuta al rimborso del risarcimento effettuato dall'impresa gestionaria;

f) «imprese» o «imprese esercenti l'assicurazione obbligatoria della responsabilità civile derivante dalla circolazione dei veicoli a motore e dei natanti»: le imprese di assicurazione con sede legale in Italia o in uno Stato terzo, autorizzate all'esercizio sul territorio della Repubblica dei rami 10 (esclusa la responsabilità del vettore) e 12 di cui all'articolo 2, comma 3, del decreto legislativo 7 settembre 2005, n. 209, nonché le imprese di assicurazione aventi sede legale in un altro Stato membro dello Spazio economico europeo abilitate in Italia, in regime di stabilimento o di libera prestazione di servizi, all'esercizio dei predetti rami;

g) «punto vendita»: il locale ovvero la sede o la dipendenza dell'intermediario o della compagnia, accessibile al pubblico o adibito al ricevimento del pubblico ove sia possibile sottoscrivere il contratto o ritirare la documentazione attestante la copertura assicurativa obbligatoria.

2. Ambito di applicazione. - 1. I contraenti, gli assicurati ed i danneggiati hanno diritto di accesso agli atti nei confronti delle imprese di assicurazione esercenti l'assicurazione obbligatoria della responsabilità civile derivante dalla circolazione dei veicoli a motore e dei natanti, relativamente ai procedimenti di valutazione, constatazione e liquidazione dei danni che li riguardano.

2. Sono soggette all'accesso tutte le tipologie di atti, inerenti i procedimenti di cui al comma 1, contenuti nel fascicolo di sinistro, ivi compresi:

a) le denunce di sinistro dei soggetti coinvolti;

b) le richieste di risarcimento dei soggetti coinvolti;

c) il rapporto delle Autorità intervenute sul luogo del sinistro;

d) le dichiarazioni testimoniali sulle modalità del sinistro con esclusione dei riferimenti anagrafici dei testimoni;

e) le perizie dei danni materiali;

f) le perizie medico-legali relative al richiedente;

g) i preventivi e le fatture riguardanti i veicoli e/o le cose danneggiate;

h) le quietanze di liquidazione.

3. Sono escluse dall'accesso le perizie medico-legali relative a persone diverse dal richiedente, salvo che nei limiti in cui sia strettamente indispensabile e solo laddove la situazione giuridicamente rilevante, che si intende tutelare con la richiesta, sia di rango almeno pari ai diritti dell'interessato ovvero consista in un diritto della personalità o in altro diritto o libertà fondamentale e inviolabile.

4. Fatto salvo quanto disposto per l'accesso agli atti contenenti dati di carattere non oggettivo dall'articolo 8, comma 4, del decreto legislativo 30 giugno 2003, n. 196, il diritto di accesso agli atti, di cui al presente articolo, può essere esercitato con riferimento alle parti del documento contenenti notizie o informazioni relative alla parte istante ed è escluso con riferimento alle parti del documento contenenti notizie o informazioni relative a terzi, salva la possibilità di prendere visione di tali parti dei documenti, qualora la

loro conoscenza sia necessaria per curare o difendere interessi giuridici del medesimo richiedente. Per le parti di documenti contenenti dati sensibili o giudiziari riguardanti persone diverse dal richiedente tale possibilità è concessa nei limiti in cui essa sia strettamente indispensabile e, in caso di dati idonei a rivelare lo stato di salute e la vita sessuale, solo nei limiti di cui al comma 3.

5. Per l'accesso agli atti riguardanti persone decedute si osservano le disposizioni di cui all'articolo 9, comma 3, del decreto legislativo 30 giugno 2003, n. 196.

3. Esercizio del diritto di accesso. - 1. Il diritto di accesso agli atti può essere esercitato dai contraenti, dagli assicurati e dai danneggiati quando siano conclusi i procedimenti di cui all'articolo 2, comma 1, ed in particolare:

a) dal momento in cui l'avente diritto riceve comunicazione della misura della somma offerta per il risarcimento o dei motivi per i quali non si ritiene di fare offerta, ovvero, in caso di mancata offerta o di mancata comunicazione del diniego dell'offerta:

1) decorsi trenta giorni dalla data di ricezione della richiesta di risarcimento, se si tratta di danni a cose e se il modulo di denuncia è stato sottoscritto dai conducenti dei veicoli;

2) decorsi sessanta giorni dalla data di ricezione della richiesta di risarcimento, se si tratta di danni a cose;

3) decorsi novanta giorni dalla data di ricezione della richiesta di risarcimento, se il sinistro ha causato lesioni personali o il decesso;

b) decorsi centoventi giorni dalla data di accadimento del sinistro.

2. Qualora l'impresa, avendo ricevuto una richiesta di risarcimento incompleta, abbia richiesto le necessarie integrazioni entro trenta giorni dalla ricezione della stessa, ai sensi dell'articolo 148, comma 5, del Codice, i termini di cui al comma 1, lettera *a*), numeri 1), 2) e 3), decorrono dalla data di ricezione da parte dell'impresa dei dati e dei documenti integrativi richiesti.

4. Procedimento di accesso agli atti. - 1. Il diritto di accesso agli atti si esercita mediante richiesta scritta all'impresa di assicurazione che ha effettuato i procedimenti di constatazione, valutazione e liquidazione dei danni in relazione ai quali si chiede l'accesso.

2. La richiesta di accesso è indirizzata alla sede legale o alla direzione generale dell'impresa di assicurazione indicata al comma 1, ovvero all'ufficio incaricato della liquidazione del sinistro nel luogo di domicilio del danneggiato, ovvero al punto vendita presso il quale è stato concluso il contratto o al quale quest'ultimo è stato assegnato, a mezzo raccomandata con avviso di ricevimento o a mezzo telefax, con rilascio del relativo rapporto di trasmissione, o mediante consegna a mano. In caso di consegna a mano, il ricevente è tenuto a rilasciare apposita ricevuta.

3. La richiesta di accesso presentata ad un ufficio dell'impresa diverso da quelli indicati al comma 2 è trasmessa immediatamente all'ufficio competente. Di tale trasmissione è data comunicazione all'interessato.

4. Nella richiesta di accesso sono indicati gli estremi dell'atto oggetto della richiesta stessa ovvero gli elementi che ne consentano l'individuazione, facendo riferimento all'interesse personale e concreto del soggetto interessato. In mancanza di tali elementi, il richiedente è comunque tenuto a specificare i dati e le informazioni oggetto della richiesta in modo da consentire all'impresa l'individuazione degli atti in cui siano eventualmente contenuti.

5. Il richiedente allega alla richiesta di accesso copia di un documento di riconoscimento e, qualora agisca in rappresentanza di altro soggetto, copia della delega sottoscritta dall'interessato e copia di un documento di riconoscimento di quest'ultimo. Se l'interessato è una persona giuridica, un ente o un'associazione, la richiesta è avanzata dalla persona fisica a ciò legittimata in base ai rispettivi statuti o ordinamenti.

6. L'impresa di assicurazione, entro quindici giorni dalla data di ricezione, comunica al richiedente l'eventuale irregolarità o incompletezza della richiesta di accesso, indicando gli elementi non corretti o mancanti, mediante raccomandata con avviso di ricevimento o a mezzo telefax, con rilascio del relativo rapporto di trasmissione. In tal caso il termine per la conclusione del procedimento è sospeso e ricomincia a decorrere dalla data di ricezione della richiesta corretta.

5. Accoglimento della richiesta di accesso. - 1. L'atto di accoglimento della richiesta di accesso, salvo il caso di cui all'articolo 4, comma 6, è comunicato per iscritto al richiedente entro quindici giorni dalla data di ricezione della richiesta e contiene l'indicazione del responsabile dell'ufficio cui è stata assegnata la trattazione del sinistro, l'indicazione del luogo in cui è possibile effettuare l'accesso, nonché del periodo di tempo, non inferiore a quindici giorni, per prendere visione degli atti richiesti ed estrarne copia. Nel caso di cui all'articolo 4, comma 3, l'atto di accoglimento è comunicato entro venti giorni.

2. L'esame degli atti è effettuato dal richiedente o da persona da lui delegata; nel caso in cui i predetti soggetti si avvalgano dell'assistenza di altra persona, per quest'ultima devono essere specificate le generalità.

3. L'interessato può prendere appunti e trascrivere in tutto o in parte gli atti presi in visione ovvero ottenerne copia, subordinatamente al pagamento dell'importo corrispondente al costo di mercato delle fotocopie effettuate.

4. Il procedimento di accesso si conclude nel termine di sessanta giorni, decorrenti dalla data di ricezione della richiesta di accesso.

6. Rifiuto o limitazione dell'accesso. - 1. Il rifiuto o la limitazione dell'accesso sono comunicati per iscritto al richiedente entro quindici giorni dalla data di ricezione della richiesta, con indicazione della motivazione per la quale l'accesso non può essere in tutto o in parte esercitato. Nel caso di cui all'articolo 4, comma 3, il rifiuto o la limitazione sono comunicati entro venti giorni.

2. In caso di rifiuto o limitazione dell'accesso o qualora, entro sessanta giorni dalla richiesta, il richiedente non sia messo in condizione di prendere visione degli atti richiesti ed estrarne copia a sue spese, nei successivi sessanta giorni può inoltrare reclamo all'ISVAP anche al fine di vedere garantito il proprio diritto. Sul reclamo l'ISVAP provvede nel termine di trenta giorni dalla ricezione.

7. Accesso agli atti nell'ambito della procedura di risarcimento diretto. - 1. Nell'ambito della procedura di risarcimento diretto di cui all'articolo 149 del Codice, l'impresa debitrice che riceve una richiesta di accesso agli atti da parte del contraente o dell'assicurato inoltra la richiesta medesima all'impresa gestionaria, dandone contestuale informazione al richiedente.

2. II procedimento di accesso si conclude nel termine di sessanta giorni, decorrenti dalla ricezione da parte dell'impresa gestionaria della richiesta di accesso.

3. Nei confronti dell'impresa gestionaria si applicano le disposizioni di cui al presente regolamento.

8. Abrogazioni. - 1. Dalla data di entrata in vigore del presente regolamento è abrogato il decreto del Ministro delle attività produttive del 20 febbraio 2004, n. 74.

1.

L. 31 dicembre 2012, n. 247. Nuova disciplina dell'ordinamento della professione forense (*Gazzetta Ufficiale* Serie gen. - n. 15 del 18 gennaio 2013).

Titolo I
Disposizioni generali

1. Disciplina dell'ordinamento forense. - 1. La presente legge, nel rispetto dei principi costituzionali, della normativa comunitaria e dei trattati internazionali, disciplina la professione di avvocato.

2. L'ordinamento forense, stante la specificità della funzione difensiva e in considerazione della primaria rilevanza giuridica e sociale dei diritti alla cui tutela essa è preposta:

a) regolamenta l'organizzazione e l'esercizio della professione di avvocato e, nell'interesse pubblico, assicura la idoneità professionale degli iscritti onde garantire la tutela degli interessi individuali e collettivi sui quali essa incide;

b) garantisce l'indipendenza e l'autonomia degli avvocati, indispensabili condizioni dell'effettività della difesa e della tutela dei diritti;

c) tutela l'affidamento della collettività e della clientela, prescrivendo l'obbligo della correttezza dei comportamenti e la cura della qualità ed efficacia della prestazione professionale;

d) favorisce l'ingresso alla professione di avvocato e l'accesso alla stessa, in particolare alle giovani generazioni, con criteri di valorizzazione del merito.

3. All'attuazione della presente legge si provvede mediante regolamenti adottati con decreto del Ministro della giustizia, ai sensi dell'articolo 17, comma 3, della legge 23 agosto 1988, n. 400, entro due anni dalla data della sua entrata in vigore, previo parere del Consiglio nazionale forense (CNF) e, per le sole materie di interesse di questa, della Cassa nazionale di previdenza e assistenza forense. Il CNF esprime i suddetti pareri entro novanta giorni dalla richiesta, sentiti i consigli dell'ordine territoriali e le associazioni forensi che siano costituite da almeno cinque anni e che siano state individuate come maggiormente rappresentative dal CNF. Gli schemi dei regolamenti sono trasmessi alle Camere, ciascuno corredato di relazione tecnica, che evidenzi gli effetti delle disposizioni recate, e dei pareri di cui al primo periodo, ove gli stessi risultino essere stati tempestivamente comunicati, perché su di essi sia espresso, nel termine di sessanta giorni dalla richiesta, il parere delle Commissioni parlamentari competenti.

4. Decorsi i termini per l'espressione dei pareri da parte delle Commissioni parlamentari, i regolamenti possono essere comunque adottati.

5. Dall'attuazione dei regolamenti di cui al comma 3 non devono derivare nuovi o maggiori oneri a carico della finanza pubblica.

6. Entro quattro anni dalla data di entrata in vigore dell'ultimo dei regolamenti di cui al comma 3 possono essere adottate, con la medesima procedura di cui ai commi 3 e 4, le necessarie disposizioni integrative e correttive.

2. Disciplina della professione di avvocato. - 1. L'avvocato è un libero professionista che, in libertà, autonomia e indipendenza, svolge le attività di cui ai commi 5 e 6.

2. L'avvocato ha la funzione di garantire al cittadino l'effettività della tutela dei diritti.

3. L'iscrizione ad un albo circondariale è condizione per l'esercizio della professione di avvocato. Possono essere iscritti coloro che, in possesso del diploma di laurea in giurisprudenza conseguito a seguito di corso universitario di durata non inferiore a quattro anni, hanno superato l'esame di Stato di cui all'articolo 46, ovvero l'esame di abilitazione all'esercizio della professione di avvocato prima della data di entrata in vigore della presente legge. Possono essere altresì iscritti:

a) coloro che hanno svolto le funzioni di magistrato ordinario, di magistrato militare, di magistrato amministrativo o contabile, o di avvocato dello Stato, e che abbiano cessato le dette funzioni senza essere incorsi nel provvedimento disciplinare della censura o in provvedimenti disciplinari più gravi. L'iscritto, nei successivi due anni, non può esercitare la professione nei circondari nei quali ha svolto le proprie funzioni negli ultimi quattro anni antecedenti alla cessazione;

b) i professori universitari di ruolo, dopo cinque anni di insegnamento di materie giuridiche. L'avvocato può esercitare l'attività di difesa davanti a tutti gli organi giurisdizionali della Repubblica. Per esercitarla davanti alle giurisdizioni superiori deve essere iscritto all'albo speciale regolato dall'articolo 22. Restano iscritti agli albi circondariali coloro che, senza aver sostenuto l'esame di Stato, risultino iscritti alla data di entrata in vigore della presente legge.

4. L'avvocato, nell'esercizio della sua attività, è soggetto alla legge e alle regole deontologiche.

5. Sono attività esclusive dell'avvocato, fatti salvi i casi espressamente previsti dalla legge, l'assistenza, la rappresentanza e la difesa nei giudizi davanti a tutti gli organi giurisdizionali e nelle procedure arbitrali rituali.

6. Fuori dei casi in cui ricorrono competenze espressamente individuate relative a specifici settori del diritto e che sono previste dalla legge per gli esercenti altre professioni regolamentate, l'attività professionale di consulenza legale e di assistenza legale stragiudiziale, ove connessa all'attività giurisdizionale, se svolta in modo continuativo, sistematico e organizzato, è di competenza degli avvocati. È comunque consentita l'instaurazione di rapporti di lavoro subordinato ovvero la stipulazione di contratti di prestazione di opera continuativa e coordinata, aventi ad oggetto la consulenza e l'assistenza legale stragiudiziale, nell'esclusivo interesse del datore di lavoro o del soggetto in favore del quale l'opera viene prestata. Se il destinatario delle predette attività è costituito in forma di società, tali attività possono essere altresì svolte in favore dell'eventuale società controllante, controllata o collegata, ai sensi dell'articolo 2359 del codice civile. Se il destinatario è un'associazione o un ente esponenziale nelle diverse articolazioni, purché portatore di un interesse di rilievo sociale e riferibile ad un gruppo non occasionale, tali attività possono essere svolte esclusivamente nell'ambito delle rispettive competenze istituzionali e limitatamente all'interesse dei propri associati ed iscritti.

7. L'uso del titolo di avvocato spetta esclusivamente a coloro che siano o siano stati iscritti ad un albo circondariale, nonché agli avvocati dello Stato.

8. L'uso del titolo è vietato a chi sia stato radiato.

3. Doveri e deontologia. – 1. L'esercizio dell'attività di avvocato deve essere fondato sull'autonomia e sulla indipendenza dell'azione professionale e del giudizio intellettuale. L'avvocato ha obbligo, se chiamato, di prestare la difesa d'ufficio, in quanto iscritto nell'apposito elenco, e di assicurare il patrocinio in favore dei non abbienti.

2. La professione forense deve essere esercitata con indipendenza, lealtà, probità, dignità, decoro, diligenza e competenza, tenendo conto del rilievo sociale della difesa e rispettando i principi della corretta e leale concorrenza.

3. L'avvocato esercita la professione uniformandosi ai principi contenuti nel codice deontologico emanato dal CNF ai sensi degli articoli 35, comma 1, lettera *d*), e 65, comma 5. Il codice deontologico stabilisce le norme di comportamento che l'avvocato è tenuto ad osservare in via generale e, specificamente, nei suoi rapporti con il cliente, con la controparte, con altri avvocati e con altri professionisti. Il codice deontologico espressamente individua fra le norme in esso contenute quelle che, rispondendo alla tutela di un pubblico interesse al corretto esercizio della professione, hanno rilevanza disciplinare. Tali norme, per quanto possibile, devono essere caratterizzate dall'osservanza del principio della tipizzazione della condotta e devono contenere l'espressa indicazione della sanzione applicabile.

4. Il codice deontologico di cui al comma 3 e i suoi aggiornamenti sono pubblicati e resi accessibili a chiunque secondo disposizioni stabilite con decreto del Ministro della giustizia, adottato ai sensi dell'articolo 17, comma 3, della legge 23 agosto 1988, n. 400. Il codice deontologico entra in vigore decorsi sessanta giorni dalla data di pubblicazione nella *Gazzetta Ufficiale*.

4. Associazioni tra avvocati e multidisciplinari. – 1. La professione forense può essere esercitata individualmente o con la partecipazione ad associazioni tra avvocati. L'incarico professionale è tuttavia sempre conferito all'avvocato in via personale.

La partecipazione ad un'associazione tra avvocati non può pregiudicare l'autonomia, la libertà e l'indipendenza intellettuale o di giudizio dell'avvocato nello svolgimento dell'incarico che gli è conferito. È nullo ogni patto contrario.

2. Allo scopo di assicurare al cliente prestazioni anche a carattere multidisciplinare, possono partecipare alle associazioni di cui al comma 1, oltre agli iscritti all'albo forense, anche altri liberi professionisti appartenenti alle categorie individuate con regolamento del Ministro della giustizia ai sensi dell'articolo 1, commi 3 e seguenti. La professione forense può essere altresì esercitata da un avvocato che partecipa ad associazioni costituite fra altri liberi professionisti.

3. Possono essere soci delle associazioni tra avvocati solo coloro che sono iscritti al relativo albo. Le associazioni tra avvocati sono iscritte in un elenco tenuto presso il consiglio dell'ordine nel cui circondario hanno sede, ai sensi dell'articolo 15, comma 1, lettera *l*). La sede dell'associazione è fissata nel circondario ove si trova il centro principale degli affari. [Gli associati hanno domicilio professionale nella sede della associazione] (1). L'attività professionale svolta dagli associati dà luogo agli obblighi e ai diritti previsti dalle disposizioni in materia previdenziale.

[4. L'avvocato può essere associato ad una sola associazione] (2).

5. Le associazioni tra professionisti possono indicare l'esercizio di attività proprie della professione forense fra quelle previste nel proprio oggetto sociale, oltre che in qualsiasi comunicazione a terzi, solo se tra gli associati vi è almeno un avvocato iscritto all'albo.

6. La violazione di quanto previsto al comma 5 (3) costituisce illecito disciplinare.

7. I redditi delle associazioni tra avvocati sono determinati secondo i criteri di cassa, come per i professionisti che esercitano la professione in modo individuale.

8. Gli avvocati e le associazioni di cui al presente articolo possono stipulare fra loro contratti di associazione in partecipazione ai sensi degli articoli 2549 e seguenti del codice civile.

9. L'associato è escluso se cancellato o sospeso dall'albo per un periodo non inferiore ad un anno con provvedimento disciplinare definitivo. Può essere escluso per effetto di quanto previsto dall'articolo 2286 del codice civile.

10. Le associazioni che hanno ad oggetto esclusivamente lo svolgimento di attività professionale non sono assoggettate alle procedure fallimentari e concorsuali.

(1) *Questo periodo è stato soppresso dall'art. 1, comma 141, lett. a), n. 1), della L. 4 agosto 2017, n. 124.*

(2) *Questo comma è stato abrogato dall'art. 1, comma 141, lett. a), n. 2), della L. 4 agosto 2017, n. 124.*

(3) *Le parole: «ai commi 4 e 5» sono state così sostituite dalle attuali: «al comma 5» dall'art. 1, comma 141, lett. a), n. 3), della L. 4 agosto 2017, n. 124.*

4 *bis*. (1) Esercizio della professione forense in forma societaria. – 1. L'esercizio della professione forense in forma societaria è consentito a società di persone, a società di capitali o a società cooperative iscritte in un'apposita sezione speciale dell'albo tenuto dall'ordine territoriale nella cui circoscrizione ha sede la stessa società; presso tale sezione speciale è resa disponibile la documentazione analitica, per l'anno di riferimento, relativa alla compagine sociale. È vietata la partecipazione societaria tramite società fiduciarie, trust o per interposta persona. La violazione di tale previsione comporta di diritto l'esclusione del socio.

2. Nelle società di cui al comma 1:

a) i soci, per almeno due terzi del capitale sociale e dei diritti di voto, devono essere avvocati iscritti all'albo, ovvero avvocati iscritti all'albo e professionisti iscritti in albi di altre professioni; il venire meno di tale condizione costituisce causa di scioglimento della società e il consiglio dell'ordine presso il quale è iscritta la società procede alla cancellazione della stessa dall'albo, salvo che la società non abbia provveduto a ristabilire la prevalenza dei soci professionisti nel termine perentorio di sei mesi;

b) la maggioranza dei membri dell'organo di gestione deve essere composta da soci avvocati;

c) i componenti dell'organo di gestione non possono essere estranei alla compagine sociale; i soci professionisti possono rivestire la carica di amministratori.

3. Anche nel caso di esercizio della professione forense in forma societaria resta fermo il principio della personalità della prestazione professionale. L'incarico può essere svolto soltanto da soci professionisti in possesso dei requisiti necessari per lo svolgimento della specifica prestazione professionale richiesta dal cliente, i quali assicurano per tutta la durata dell'incarico la piena indipendenza e imparzialità, dichiarando possibili conflitti di interesse o incompatibilità, iniziali o sopravvenuti.

4. La responsabilità della società e quella dei soci non esclude la responsabilità del

professionista che ha eseguito la specifica prestazione.

5. La sospensione, cancellazione o radiazione del socio dall'albo nel quale è iscritto costituisce causa di esclusione dalla società di cui al comma 1.

6. Le società di cui al comma 1 sono in ogni caso tenute al rispetto del codice deontologico forense e sono soggette alla competenza disciplinare dell'ordine di appartenenza.

6 *bis*. Le società di cui al comma 1, in qualunque forma costituite, sono tenute a prevedere e inserire nella loro denominazione sociale l'indicazione "società tra avvocati" nonché ad applicare la maggiorazione percentuale, relativa al contributo integrativo di cui all'articolo 11 della legge 20 settembre 1980, n. 576, su tutti i corrispettivi rientranti nel volume di affari ai fini dell'IVA; tale importo è riversato annualmente alla Cassa nazionale di previdenza e assistenza forense (2).

6 *ter*. La Cassa nazionale di previdenza e assistenza forense, con proprio regolamento da emanare entro un anno dalla data di entrata in vigore della presente disposizione, provvede a definire termini, modalità dichiarative e di riscossione, nonché eventuali sanzioni applicabili per garantire l'applicazione delle disposizioni del comma 6 *bis*. Il regolamento di cui al primo periodo è sottoposto ad approvazione ai sensi dell'articolo 3, comma 2, lettera *a*), del decreto legislativo 30 giugno 1994, n. 509 (2).

(1) *Questo articolo è stato inserito dall'art. 1, comma 141, lett.* b), *della L. 4 agosto 2017, n. 124.*

(2) *Questo comma è stato aggiunto dall'art. 1, comma 443, della L. 27 dicembre 2017, n. 205, a decorrere dal 1° gennaio 2018.*

5. (1) **[Delega al Governo per la disciplina dell'esercizio della professione forense in forma societaria.** – 1. Il Governo è delegato ad adottare, entro sei mesi dalla data di entrata in vigore della presente legge, un decreto legislativo per disciplinare, tenuto conto di quanto previsto dall'articolo 10 della legge 12 novembre 2011, n. 183, e in considerazione della rilevanza costituzionale del diritto di difesa, le società tra avvocati. Il decreto legislativo è adottato su proposta del Ministro della giustizia, sentito il CNF, e successivamente trasmesso alle Camere perché sia espresso il parere da parte delle Commissioni competenti per materia e per le conseguenze di carattere finanziario. Il parere è reso entro il termine di trenta giorni dalla data di trasmissione, decorso il quale il decreto è emanato anche in mancanza del parere. Qualora detto termine venga a scadere nei trenta giorni antecedenti allo spirare del termine previsto per l'emanazione del decreto legislativo, o successivamente, la scadenza di quest'ultimo è prorogata di trenta giorni. Entro un anno dalla data di entrata in vigore del decreto legislativo, il Governo può emanare disposizioni correttive e integrative, con lo stesso procedimento e in base ai medesimi principi e criteri direttivi previsti per l'emanazione dell'originario decreto.

2. Nell'esercizio della delega di cui al comma 1 il Governo si attiene ai seguenti principi e criteri direttivi:

a) prevedere che l'esercizio della professione forense in forma societaria sia consentito esclusivamente a società di persone, società di capitali o società cooperative, i cui soci siano avvocati iscritti all'albo;

b) prevedere che ciascun avvocato possa far parte di una sola società di cui alla lettera a);

c) prevedere che la denominazione o ragione sociale contenga l'indicazione: «società tra avvocati»;

d) disciplinare l'organo di gestione della società tra avvocati prevedendo che i suoi componenti non possano essere estranei alla compagine sociale;

e) stabilire che l'incarico professionale, conferito alla società ed eseguito secondo il principio della personalità della prestazione professionale, possa essere svolto soltanto da soci professionisti in possesso dei requisiti necessari per lo svolgimento della specifica prestazione professionale richiesta dal cliente;

f) prevedere che la responsabilità della società e quella dei soci non escludano la responsabilità del professionista che ha eseguito la prestazione;

g) prevedere che la società tra avvocati sia iscritta in una apposita sezione speciale dell'albo tenuto dall'ordine territoriale nella cui circoscrizione ha sede la stessa società;

h) regolare la responsabilità disciplinare della società tra avvocati, stabilendo che essa è tenuta al rispetto del codice deontologico forense ed è soggetta alla competenza disciplinare dell'ordine di appartenenza;

i) stabilire che la sospensione, cancellazione o radiazione del socio dall'albo nel quale è iscritto costituisce causa di esclusione dalla società;

l) qualificare i redditi prodotti dalla società tra avvocati quali redditi di lavoro autonomo anche ai fini previdenziali, ai sensi del capo V del titolo I del testo unico delle imposte sui redditi, di cui al decreto del Presidente della Repubblica 22 dicembre 1986, n. 917, e successive modificazioni;

m) stabilire che l'esercizio della professione forense in forma societaria non costituisce attività d'impresa e che, conseguentemente, la società tra avvocati non è soggetta al fallimento e alle procedure concorsuali diverse da quelle di composizione delle crisi da sovraindebitamento;

n) prevedere che alla società tra avvocati si applichino, in quanto compatibili, le disposizioni sull'esercizio della professione di avvocato in forma societaria di cui al decreto legislativo 2 febbraio 2001, n. 96.

3. Dall'esercizio della delega di cui al comma 1 non devono derivare nuovi o maggiori oneri a carico della finanza pubblica].

(1) *Questo articolo è stato abrogato dall'art. 1, comma 141, lett. c), della L. 4 agosto 2017, n. 124.*

6. Segreto professionale. – 1. L'avvocato è tenuto verso terzi, nell'interesse della parte assistita, alla rigorosa osservanza del segreto professionale e del massimo riserbo sui fatti e sulle circostanze apprese nell'attività di rappresentanza e assistenza in giudizio, nonché nello svolgimento dell'attività di consulenza legale e di assistenza stragiudiziale.

2. Le disposizioni di cui al comma 1 si applicano anche nei confronti dei dipendenti e dei collaboratori anche occasionali dell'avvocato, oltre che di coloro che svolgono il tirocinio presso lo stesso, in relazione ai fatti e alle circostanze da loro apprese nella loro qualità o per effetto dell'attività svolta. L'avvocato è tenuto ad adoperarsi affinché anche da tali soggetti siano osservati gli obblighi di segretezza e di riserbo sopra previsti.

3. L'avvocato, i suoi collaboratori e i dipendenti non possono essere obbligati a deporre nei procedimenti e nei giudizi di qualunque specie su ciò di cui siano venuti a conoscenza nell'esercizio della professione o dell'attività di collaborazione o in virtù del rapporto di dipendenza, salvi i casi previsti dalla legge.

4. La violazione degli obblighi di cui al comma 1 costituisce illecito disciplinare. La violazione degli obblighi di cui al comma 2 costituisce giusta causa per l'immediato scioglimento del rapporto di collaborazione o di dipendenza.

7. Prescrizioni per il domicilio. – 1. L'avvocato deve iscriversi nell'albo del circondario del tribunale ove ha domicilio professionale, di regola coincidente con il luogo in cui svolge la professione in modo prevalente, come da attestazione scritta da inserire nel fascicolo personale e da cui deve anche risultare se sussistano rapporti di parentela, coniugio, affinità e convivenza con magistrati, rilevanti in relazione a quanto previsto dall'articolo 18 dell'ordinamento giudiziario, di cui al regio decreto 30 gennaio 1941, n. 12, e successive modificazioni. Ogni variazione deve essere tempestivamente comunicata dall'iscritto all'ordine, che ne rilascia apposita attestazione. In mancanza, ogni comunicazione del consiglio dell'ordine di appartenenza si intende validamente effettuata presso l'ultimo domicilio comunicato.

2. Gli ordini professionali presso cui i singoli avvocati sono iscritti pubblicano in apposito elenco, consultabile dalle pubbliche amministrazioni, gli indirizzi di posta elettronica comunicati dagli iscritti ai sensi dell'articolo 16, comma 7, del decreto legge 29 novembre 2008, n. 185, convertito, con modificazioni, dalla legge 28 gennaio 2009, n. 2, anche al fine di consentire notifiche di atti e comunicazioni per via telematica da parte degli uffici giudiziari.

3. L'avvocato che stabilisca uffici al di fuori del circondario del tribunale ove ha domicilio professionale ne dà immediata comunicazione scritta sia all'ordine di iscrizione, sia all'ordine del luogo ove si trova l'ufficio.

4. Presso ogni ordine è tenuto un elenco degli avvocati iscritti in altri albi che abbiano ufficio nel circondario ove ha sede l'ordine.

5. Gli avvocati italiani, che esercitano la professione all'estero e che ivi hanno la loro residenza, mantengono l'iscrizione nell'albo del circondario del tribunale ove avevano l'ultimo domicilio in Italia. Resta fermo per gli avvocati di cui al presente comma l'obbligo del contributo annuale per l'iscrizione all'albo.

6. La violazione degli obblighi di cui ai commi 1 e 3 costituisce illecito disciplinare.

8. Impegno solenne. – 1. Per poter esercitare la professione, l'avvocato assume dinanzi al consiglio dell'ordine in pubblica seduta l'impegno di osservare i relativi doveri, secondo la formula: «Consapevole della dignità della professione forense e della sua funzione sociale, mi impegno ad osservare con lealtà, onore e diligenza i doveri della professione di avvocato per i fini della giustizia ed a tutela dell'assistito nelle forme e secondo i principi del nostro ordinamento».

9. Specializzazioni. – 1. È riconosciuta agli avvocati la possibilità di ottenere e indicare il titolo di specialista secondo modalità che sono stabilite, nel rispetto delle previsioni del presente articolo, con regolamento adottato dal Ministro della giustizia previo parere del CNF, ai sensi dell'articolo 1.

2. Il titolo di specialista si può conseguire all'esito positivo di percorsi formativi almeno biennali o per comprovata esperienza nel settore di specializzazione.

3. I percorsi formativi, le cui modalità di svolgimento sono stabilite dal regolamento di cui al comma 1, sono organizzati presso le facoltà di giurisprudenza, con le quali il CNF e i consigli degli ordini territoriali possono stipulare convenzioni per corsi di alta formazione per il conseguimento del titolo di specialista. All'attuazione del presente comma le università provvedono nell'ambito delle risorse disponibili a legislazione vigente e, comunque, senza nuovi o maggiori oneri per la finanza pubblica.

4. Il conseguimento del titolo di specialista per comprovata esperienza professionale maturata nel settore oggetto di specializzazione è riservato agli avvocati che abbiano maturato un'anzianità di iscrizione all'albo degli avvocati, ininterrottamente e senza sospensioni, di almeno otto anni e che dimostrino di avere esercitato in modo assiduo, prevalente e continuativo attività professionale in uno dei settori di specializzazione negli ultimi cinque anni.

5. L'attribuzione del titolo di specialista sulla base della valutazione della partecipazione ai corsi relativi ai percorsi formativi nonché dei titoli ai fini della valutazione della comprovata esperienza professionale spetta in via esclusiva al CNF. Il regolamento di cui al comma 1 stabilisce i parametri e i criteri sulla base dei quali valutare l'esercizio assiduo, prevalente e continuativo di attività professionale in uno dei settori di specializzazione.

6. Il titolo di specialista può essere revocato esclusivamente dal CNF nei casi previsti dal regolamento di cui al comma 1.

7. Il conseguimento del titolo di specialista non comporta riserva di attività professionale.

8. Gli avvocati docenti universitari di ruolo in materie giuridiche e coloro che, alla data di entrata in vigore della presente legge, abbiano conseguito titoli specialistici universitari possono indicare il relativo titolo con le opportune specificazioni.

10. Informazioni sull'esercizio della professione. – 1. È consentita all'avvocato la pubblicità informativa sulla propria attività professionale, sull'organizzazione e struttura dello studio e sulle eventuali specializzazioni e titoli scientifici e professionali posseduti.

2. La pubblicità e tutte le informazioni diffuse pubblicamente con qualunque mezzo, anche informatico, debbono essere trasparenti, veritiere, corrette e non devono essere comparative con altri professionisti, equivoche, ingannevoli, denigratorie o suggestive.

3. In ogni caso le informazioni offerte devono fare riferimento alla natura e ai limiti dell'obbligazione professionale.

4. L'inosservanza delle disposizioni del presente articolo costituisce illecito disciplinare.

11. Formazione continua. – 1. L'avvocato ha l'obbligo di curare il continuo e costante aggiornamento della propria competenza professionale al fine di assicurare la qualità delle prestazioni professionali e di contribuire al migliore esercizio della professione nell'interesse dei clienti e dell'amministrazione della giustizia.

2. Sono esentati dall'obbligo di cui al comma 1: gli avvocati sospesi dall'esercizio professionale, ai sensi dell'articolo 20, comma 1, per il periodo del loro mandato; gli avvocati dopo venticinque anni di iscrizione all'albo o dopo il compimento del sessantesimo anno di età; i componenti di organi con funzioni legislative e i componenti del Parlamento europeo; i docenti e i ricercatori confermati delle università in materie giuridiche.

3. Il CNF stabilisce le modalità e le condizioni per l'assolvimento dell'obbligo di aggiornamento da parte degli iscritti e per la gestione e l'organizzazione dell'attività di aggiornamento a cura degli ordini territoriali, delle associazioni forensi e di terzi, superando l'attuale sistema dei crediti formativi.

4. L'attività di formazione svolta dagli ordini territoriali, anche in cooperazione o convenzione con altri soggetti, non costituisce attività commerciale e non può avere fini di lucro.

5. Le regioni, nell'ambito delle potestà ad esse attribuite dall'articolo 117 della Costituzione, possono disciplinare l'attribuzione di fondi per l'organizzazione di scuole, corsi ed eventi di formazione professionale per avvocati.

12. Assicurazione per la responsabilità civile e assicurazione contro gli infortuni. –

1. L'avvocato, l'associazione o la società fra professionisti devono stipulare, autonomamente o anche per il tramite di convenzioni sottoscritte dal CNF, da ordini territoriali, associazioni ed enti previdenziali forensi, polizza assicurativa a copertura della responsabilità civile derivante dall'esercizio della professione, compresa quella per la custodia di documenti, somme di denaro, titoli e valori ricevuti in deposito dai clienti. L'avvocato rende noti al cliente gli estremi della propria polizza assicurativa.

2. All'avvocato, all'associazione o alla società tra professionisti è fatto obbligo di stipulare, anche per il tramite delle associazioni e degli enti previdenziali forensi, apposita polizza a copertura degli infortuni derivanti [a sé e] (1) ai propri collaboratori, dipendenti e praticanti in conseguenza dell'attività svolta nell'esercizio della professione anche fuori dei locali dello studio legale, anche in qualità di sostituto o di collaboratore esterno occasionale.

3. Degli estremi delle polizze assicurative e di ogni loro successiva variazione è data comunicazione al consiglio dell'ordine.

4. La mancata osservanza delle disposizioni previste nel presente articolo costituisce illecito disciplinare.

5. Le condizioni essenziali e i massimali minimi delle polizze sono stabiliti e aggiornati ogni cinque anni dal Ministro della giustizia, sentito il CNF.

(1) *Le parole fra parentesi quadrate sono state soppresse dall'art. 19* novies *del D.L. 16 ottobre 2017, n. 148, convertito, con modificazioni, nella L. 4 dicembre 2017, n. 172.*

13. Conferimento dell'incarico e compenso. - 1. L'avvocato può esercitare l'incarico professionale anche a proprio favore. L'incarico può essere svolto a titolo gratuito.

2. Il compenso spettante al professionista è pattuito di regola per iscritto all'atto del conferimento dell'incarico professionale.

3. La pattuizione dei compensi è libera: è ammessa la pattuizione a tempo, in misura forfetaria, per convenzione avente ad oggetto uno o più affari, in base all'assolvimento e ai tempi di erogazione della prestazione, per singole fasi o prestazioni o per l'intera attività, a percentuale sul valore dell'affare o su quanto si prevede possa giovarsene, non soltanto a livello strettamente patrimoniale, il destinatario della prestazione.

4. Sono vietati i patti con i quali l'avvocato percepisca come compenso in tutto o in parte una quota del bene oggetto della prestazione o della ragione litigiosa.

5. Il professionista è tenuto, nel rispetto del principio di trasparenza, a rendere noto al cliente il livello della complessità dell'incarico, fornendo tutte le informazioni utili circa gli oneri ipotizzabili dal momento del conferimento alla conclusione dell'incarico; [a richiesta] (1) è altresì tenuto a comunicare in forma scritta a colui che conferisce l'incarico professionale la prevedibile misura del costo della prestazione, distinguendo fra oneri, spese, anche forfetarie, e compenso professionale.

6. I parametri indicati nel decreto emanato dal Ministro della giustizia, su proposta del CNF, ogni due anni, ai sensi dell'articolo 1, comma 3, si applicano quando all'atto dell'incarico o successivamente il compenso non sia stato determinato in forma scritta, in ogni caso di mancata determinazione consensuale, in caso di liquidazione giudiziale dei compensi e nei casi in cui la prestazione professionale è resa nell'interesse di terzi o per prestazioni officiose previste dalla legge.

7. I parametri sono formulati in modo da favorire la trasparenza nella determinazione dei compensi dovuti per le prestazioni professionali e l'unitarietà e la semplicità nella determinazione dei compensi.

8. Quando una controversia oggetto di procedimento giudiziale o arbitrale viene definita mediante accordi presi in qualsiasi forma, le parti sono solidalmente tenute al pagamento dei compensi e dei rimborsi delle spese a tutti gli avvocati costituiti che hanno prestato la loro attività professionale negli ultimi tre anni e che risultino ancora creditori, salvo espressa rinuncia al beneficio della solidarietà.

9. In mancanza di accordo tra avvocato e cliente, ciascuno di essi può rivolgersi al consiglio dell'ordine affinché esperisca un tentativo di conciliazione. In mancanza di accordo il consiglio, su richiesta dell'iscritto, può rilasciare un parere sulla congruità della pretesa dell'avvocato in relazione all'opera prestata.

10. Oltre al compenso per la prestazione professionale, all'avvocato è dovuta, sia dal cliente in caso di determinazione contrattuale, sia in sede di liquidazione giudiziale, oltre al rimborso delle spese effettivamente sostenute e di tutti gli oneri e contributi eventualmente anticipati nell'interesse del cliente, una somma per il rimborso delle spese forfetarie, la cui misura massima è determinata dal decreto di cui al comma 6,

unitamente ai criteri di determinazione e documentazione delle spese vive.

(1) *Le parole fra parentesi quadrate sono state soppresse dall'art. 1, comma 141, lett.* d), *della L. 4 agosto 2017, n. 124.*

13 *bis*. (1) (2) [**Equo compenso e clausole vessatorie.** – 1. Il compenso degli avvocati iscritti all'albo, nei rapporti professionali regolati da convenzioni aventi ad oggetto lo svolgimento, anche in forma associata o societaria, delle attività di cui all'articolo 2, commi 5 e 6, primo periodo, in favore di imprese bancarie e assicurative, nonché di imprese non rientranti nelle categorie delle microimprese o delle piccole o medie imprese, come definite nella raccomandazione 2003/361CE della Commissione, del 6 maggio 2003, è disciplinato dalle disposizioni del presente articolo, con riferimento ai casi in cui le convenzioni sono unilateralmente predisposte dalle predette imprese.

2. Ai fini del presente articolo, si considera equo il compenso determinato nelle convenzioni di cui al comma 1 quando risulta proporzionato alla quantità e alla qualità del lavoro svolto, nonché al contenuto e alle caratteristiche della prestazione legale, e conforme ai (3) parametri previsti dal regolamento di cui al decreto del Ministro della giustizia adottato ai sensi dell'articolo 13, comma 6.

3. Le convenzioni di cui al comma 1 si presumono unilateralmente predisposte dalle imprese di cui al medesimo comma salva prova contraria.

4. Ai fini del presente articolo si considerano vessatorie le clausole contenute nelle convenzioni di cui al comma 1 che determinano, anche in ragione della non equità del compenso pattuito, un significativo squilibrio contrattuale a carico dell'avvocato.

5. In particolare si considerano vessatorie [, salvo che siano state oggetto di specifica trattativa e approvazione,] (4) le clausole che consistono:

a) nella riserva al cliente della facoltà di modificare unilateralmente le condizioni del contratto;

b) nell'attribuzione al cliente della facoltà di rifiutare la stipulazione in forma scritta degli elementi essenziali del contratto;

c) nell'attribuzione al cliente della facoltà di pretendere prestazioni aggiuntive che l'avvocato deve eseguire a titolo gratuito;

d) nell'anticipazione delle spese della controversia a carico dell'avvocato;

e) nella previsione di clausole che impongono all'avvocato la rinuncia al rimborso delle spese direttamente connesse alla prestazione dell'attività professionale oggetto della convenzione;

f) nella previsione di termini di pagamento superiori a sessanta giorni dalla data di ricevimento da parte del cliente della fattura o di una richiesta di pagamento di contenuto equivalente;

g) nella previsione che, in ipotesi di liquidazione delle spese di lite in favore del cliente, all'avvocato sia riconosciuto solo il minore importo previsto nella convenzione, anche nel caso in cui le spese liquidate siano state interamente o parzialmente corrisposte o recuperate dalla parte;

h) nella previsione che, in ipotesi di nuova convenzione sostitutiva di altra precedentemente stipulata con il medesimo cliente, la nuova disciplina sui compensi si applichi, se comporta compensi inferiori a quelli previsti nella precedente convenzione, anche agli incarichi pendenti o, comunque, non ancora definiti o fatturati;

i) nella previsione che il compenso pattuito per l'assistenza e la consulenza in materia contrattuale spetti soltanto in caso di sottoscrizione del contratto.

6. Le clausole di cui al comma 5, lettere *a*), *b*), *c*), *d*), *e*), *g*), *h*) e *i*) (5), si considerano vessatorie [anche qualora siano state oggetto di trattativa e approvazione] (6).

7. Non costituiscono prova della specifica trattativa ed approvazione di cui al comma 5 le dichiarazioni contenute nelle convenzioni che attestano genericamente l'avvenuto svolgimento delle trattative senza specifica indicazione delle modalità con le quali le medesime sono state svolte.

8. Le clausole considerate vessatorie ai sensi dei commi 4, 5 e 6 sono nulle, mentre il contratto rimane valido per il resto. La nullità opera soltanto a vantaggio dell'avvocato.

9. L'azione diretta alla dichiarazione della nullità di una o più clausole delle convenzioni di cui al comma 1 è proposta, a pena di decadenza, entro ventiquattro mesi dalla data di sottoscrizione delle convenzioni medesime (7).

10. Il giudice, accertate la non equità del compenso e la vessatorietà di una clausola a norma dei commi 4, 5 e 6 del presente articolo, dichiara la nullità della clausola e determina il compenso dell'avvocato tenendo conto dei parametri previsti dal regolamento di cui al decreto del Ministro della giustizia adottato ai sensi dell'articolo 13, comma 6.

11. Per quanto non previsto dal presente articolo, alle convenzioni di cui al comma 1 si applicano le disposizioni del codice civile].

(1) *Questo articolo è stato inserito dall'art. 19 quaterdecies del D.L. 16 ottobre 2017, n. 148, convertito, con modificazioni, nella L. 4 dicembre 2017, n. 172. A norma dell'art. 19 quaterdecies, comma 2, del medesimo decreto, tali disposizioni si applicano, in quanto compatibili, anche alle prestazioni rese dai professionisti di cui all'articolo 1 della legge 22 maggio 2017, n. 81, anche iscritti agli ordini e collegi, i cui parametri ai fini di cui al comma 10 del predetto articolo 13 bis sono definiti dai decreti ministeriali adottati ai sensi dell'articolo 9 del decreto legge 24 gennaio 2012, n. 1, convertito, con modificazioni, dalla legge 24 marzo 2012, n. 27.*

(2) *Questo articolo è stato abrogato dall'art. 12, comma 1, della L. 21 aprile 2023, n. 49.*

(3) *Le parole: «tenuto conto dei» sono state così sostituite dalle attuali: «e conforme ai» dall'art. 1, comma 487, lett.* a), *della L. 27 dicembre 2017, n. 205, a decorrere dal 1° gennaio 2018.*

(4) *Le parole fra parentesi quadrate sono state soppresse dall'art. 1, comma 487, lett.* b), *della L. 27 dicembre 2017, n. 205, a decorrere dal 1° gennaio 2018.*

(5) *Le parole: «lettere* a) *e* c)*» sono state così sostituite dalle attuali: «lettere* a), b), c), d), e), g), h) *e* i)*» dall'art. 1, comma 487, lett.* c), *n. 1), della L. 27 dicembre 2017, n. 205, a decorrere dal 1° gennaio 2018.*

(6) *Le parole fra parentesi quadrate sono state soppresse dall'art. 1, comma 487, lett.* c), *n. 2), della L. 27 dicembre 2017, n. 205, a decorrere dal 1° gennaio 2018.*

(7) *Questo comma è stato abrogato dall'art. 1, comma 487, lett.* d), *della L. 27 dicembre 2017, n. 205, a decorrere dal 1° gennaio 2018.*

14. Mandato professionale. Sostituzioni e collaborazioni. – 1. Salvo quanto stabilito per le difese d'ufficio ed il patrocinio dei meno abbienti, l'avvocato ha piena libertà di accettare o meno ogni incarico. Il mandato professionale si perfeziona con l'accettazione. L'avvocato ha inoltre sempre la facoltà di recedere dal mandato, con le cautele necessarie per evitare pregiudizi al cliente.

2. L'incarico per lo svolgimento di attività professionale è personale anche nell'ipotesi in cui sia conferito all'avvocato componente di un'associazione o società professionale. Con l'accettazione dell'incarico l'avvocato ne assume la responsabilità personale illimitata, solidalmente con l'associazione o la società. Gli avvocati possono farsi sostituire da altro avvocato, con incarico anche verbale, o da un praticante abilitato, con delega scritta.

3. L'avvocato che si fa sostituire o coadiuvare da altri avvocati o praticanti rimane personalmente responsabile verso i clienti.

4. L'avvocato può nominare stabilmente uno o più sostituti presso ogni ufficio giudiziario, depositando la nomina presso l'ordine di appartenenza.

Titolo II
Albi, elenchi e registri

15. Albi, elenchi e registri. – 1. Presso ciascun consiglio dell'ordine sono istituiti e tenuti aggiornati:

a) l'albo ordinario degli esercenti la libera professione. Per coloro che esercitano la professione in forma collettiva sono indicate le associazioni o le società di appartenenza;

b) gli elenchi speciali degli avvocati dipendenti da enti pubblici;

c) gli elenchi degli avvocati specialisti;

d) l'elenco speciale dei docenti e ricercatori, universitari e di istituzioni ed enti di ricerca e sperimentazione pubblici, a tempo pieno;

e) l'elenco degli avvocati sospesi dall'esercizio professionale per qualsiasi causa, che deve essere indicata, ed inoltre degli avvocati cancellati per mancanza dell'esercizio effettivo, continuativo, abituale e prevalente della professione;

f) l'elenco degli avvocati che hanno subito provvedimento disciplinare non più impugnabile, comportante la radiazione;

g) il registro dei praticanti;

h) l'elenco dei praticanti abilitati al patrocinio sostitutivo, allegato al registro di cui alla lettera g);

i) la sezione speciale dell'albo degli avvocati stabiliti, di cui all'articolo 6 del decreto legislativo 2 febbraio 2001, n. 96, che abbiano la residenza o il domicilio professionale nel circondario;

l) l'elenco delle associazioni e delle società comprendenti avvocati tra i soci, con l'indicazione di tutti i partecipanti, anche se non avvocati;

m) l'elenco degli avvocati domiciliati nel circondario ai sensi del comma 3 dell'articolo 7;

n) ogni altro albo, registro o elenco previsto dalla legge o da regolamento.

2. La tenuta e l'aggiornamento dell'albo, degli elenchi e dei registri, le modalità di iscrizione e di trasferimento, i casi di cancellazione e le relative impugnazioni dei provvedimenti adottati in materia dai consigli dell'ordine sono disciplinati con un regolamento emanato dal Ministro della giustizia, sentito il CNF.

3. L'albo, gli elenchi ed i registri sono a disposizione del pubblico e sono pubblicati nel sito internet dell'ordine. Almeno ogni due anni, essi sono pubblicati a stampa ed una copia è inviata al Ministro della giustizia, ai presidenti di tutte le corti di appello, ai presidenti

dei tribunali del distretto, ai procuratori della Repubblica presso i tribunali e ai procuratori generali della Repubblica presso le corti di appello, al CNF, agli altri consigli degli ordini forensi del distretto, alla Cassa nazionale di previdenza e assistenza forense.

4. Entro il mese di marzo di ogni anno il consiglio dell'ordine trasmette per via telematica al CNF gli albi e gli elenchi di cui è custode, aggiornati al 31 dicembre dell'anno precedente.

5. Entro il mese di giugno di ogni anno il CNF redige, sulla base dei dati ricevuti dai consigli dell'ordine, l'elenco nazionale degli avvocati, aggiornato al 31 dicembre dell'anno precedente.

6. Le modalità di trasmissione degli albi e degli elenchi, nonché le modalità di redazione e pubblicazione dell'elenco nazionale degli avvocati sono determinate dal CNF.

16. Delega al Governo per il riordino della disciplina della difesa d'ufficio. – 1. Il Governo è delegato ad adottare, entro ventiquattro mesi dalla data di entrata in vigore della presente legge, sentito il CNF, un decreto legislativo recante il riordino della materia relativa alla difesa d'ufficio, in base ai seguenti principi e criteri direttivi:

a) previsione dei criteri e delle modalità di accesso ad una lista unica, mediante indicazione dei requisiti che assicurino la stabilità e la competenza della difesa tecnica d'ufficio;

b) abrogazione delle norme vigenti incompatibili.

2. Lo schema del decreto legislativo di cui al comma 1 è trasmesso alle Camere per l'acquisizione del parere delle competenti Commissioni parlamentari, che si esprimono entro trenta giorni dall'assegnazione.

17. Iscrizione e cancellazione. – 1. Costituiscono requisiti per l'iscrizione all'albo:

a) essere cittadino italiano o di Stato appartenente all'Unione europea, salvo quanto previsto dal comma 2 per gli stranieri cittadini di uno Stato non appartenente all'Unione europea;

b) avere superato l'esame di abilitazione;

c) avere il domicilio professionale nel circondario del tribunale ove ha sede il consiglio dell'ordine;

d) godere del pieno esercizio dei diritti civili;

e) non trovarsi in una delle condizioni di incompatibilità di cui all'articolo 18;

f) non essere sottoposto ad esecuzione di pene detentive, di misure cautelari o interdittive;

g) non avere riportato condanne per i reati di cui all'articolo 51, comma 3 *bis*, del codice di procedura penale e per quelli previsti dagli articoli 372, 373, 374, 374 *bis*, 377, 377 *bis*, 380 e 381 del codice penale;

h) essere di condotta irreprensibile secondo i canoni previsti dal codice deontologico forense.

2. L'iscrizione all'albo per gli stranieri privi della cittadinanza italiana o della cittadinanza di altro Stato appartenente all'Unione europea è consentita esclusivamente nelle seguenti ipotesi:

a) allo straniero che ha conseguito il diploma di laurea in giurisprudenza presso un'università italiana e ha superato l'esame di Stato, o che ha conseguito il titolo di avvocato in uno Stato membro dell'Unione europea ai sensi della direttiva 98/5/CE del Parlamento europeo e del Consiglio, del 16 febbraio 1998, previa documentazione al consiglio dell'ordine degli specifici visti di ingresso e permessi di soggiorno di cui all'articolo 47 del regolamento di cui al decreto del Presidente della Repubblica 31 agosto 1999, n. 394;

b) allo straniero regolarmente soggiornante in possesso di un titolo abilitante conseguito in uno Stato non appartenente all'Unione europea, nei limiti delle quote definite a norma dell'articolo 3, comma 4, del testo unico di cui al decreto legislativo 25 luglio 1998, n. 286, previa documentazione del riconoscimento del titolo abilitativo rilasciato dal Ministero della giustizia e del certificato del CNF di attestazione di superamento della prova attitudinale.

3. L'accertamento dei requisiti è compiuto dal consiglio dell'ordine, osservate le norme dei procedimenti disciplinari, in quanto applicabili.

4. Per l'iscrizione nel registro dei praticanti occorre il possesso dei requisiti di cui alle lettere *a*), *c*), *d*), *e*), *f*), *g*) e *h*) del comma 1.

5. È consentita l'iscrizione ad un solo albo circondariale salva la possibilità di trasferimento.

6. La domanda di iscrizione è rivolta al consiglio dell'ordine del circondario nel quale il richiedente intende stabilire il proprio domicilio professionale e deve essere corredata dai documenti comprovanti il possesso di tutti i requisiti richiesti.

7. Il consiglio, accertata la sussistenza dei requisiti e delle condizioni prescritti, provvede alla iscrizione entro il termine di trenta giorni dalla presentazione della domanda. Il rigetto della domanda può essere deliberato solo dopo aver sentito il richiedente nei modi

e nei termini di cui al comma 12. La deliberazione deve essere motivata ed è notificata in copia integrale entro quindici giorni all'interessato. Costui può presentare entro venti giorni dalla notificazione ricorso al CNF. Qualora il consiglio non abbia provveduto sulla domanda nel termine di trenta giorni di cui al primo periodo, l'interessato può entro dieci giorni dalla scadenza di tale termine presentare ricorso al CNF, che decide sul merito dell'iscrizione. Il provvedimento del CNF è immediatamente esecutivo.

8. Gli iscritti ad albi, elenchi e registri devono comunicare al consiglio dell'ordine ogni variazione dei dati di iscrizione con la massima sollecitudine.

9. La cancellazione dagli albi, elenchi e registri è pronunciata dal consiglio dell'ordine a richiesta dell'iscritto, quando questi rinunci all'iscrizione, ovvero d'ufficio o su richiesta del procuratore generale:

a) quando viene meno uno dei requisiti indicati nel presente articolo;

b) quando l'iscritto non abbia prestato l'impegno solenne di cui all'articolo 8 senza giustificato motivo entro sessanta giorni dalla notificazione del provvedimento di iscrizione;

c) quando viene accertata la mancanza del requisito dell'esercizio effettivo, continuativo, abituale e prevalente della professione ai sensi dell'articolo 21;

d) per gli avvocati dipendenti di enti pubblici, di cui all'articolo 23, quando sia cessata l'appartenenza all'ufficio legale dell'ente, salva la possibilità di iscrizione all'albo ordinario, sulla base di apposita richiesta.

10. La cancellazione dal registro dei praticanti e dall'elenco allegato dei praticanti abilitati al patrocinio sostitutivo è deliberata, osservata la procedura prevista nei commi 12, 13 e 14, nei casi seguenti:

a) se il tirocinio è stato interrotto senza giustificato motivo per oltre sei mesi. L'interruzione è in ogni caso giustificata per accertati motivi di salute e quando ricorrono le condizioni per l'applicazione delle disposizioni in materia di maternità e di paternità oltre che di adozione;

b) dopo il rilascio del certificato di compiuta pratica, che non può essere richiesto trascorsi sei anni dall'inizio, per la prima volta, della pratica. L'iscrizione può tuttavia permanere per tutto il tempo per cui è stata chiesta o poteva essere chiesta l'abilitazione al patrocinio sostitutivo;

c) nei casi previsti per la cancellazione dall'albo ordinario, in quanto compatibili.

11. Gli effetti della cancellazione dal registro si hanno:

a) dalla data della delibera, per i casi di cui al comma 10;

b) automaticamente, alla scadenza del termine per l'abilitazione al patrocinio sostitutivo.

12. Nei casi in cui sia rilevata la mancanza di uno dei requisiti necessari per l'iscrizione, il consiglio, prima di deliberare la cancellazione, con lettera raccomandata con avviso di ricevimento invita l'iscritto a presentare eventuali osservazioni entro un termine non inferiore a trenta giorni dal ricevimento di tale raccomandata. L'iscritto può chiedere di essere ascoltato personalmente.

13. Le deliberazioni del consiglio dell'ordine in materia di cancellazione sono notificate, entro quindici giorni, all'interessato.

14. L'interessato può presentare ricorso al CNF nel termine di sessanta giorni dalla notificazione. Il ricorso proposto dall'interessato ha effetto sospensivo.

15. L'avvocato cancellato dall'albo ai sensi del presente articolo ha il diritto di esservi nuovamente iscritto qualora dimostri la cessazione dei fatti che hanno determinato la cancellazione e l'effettiva sussistenza dei titoli in base ai quali fu originariamente iscritto e sia in possesso dei requisiti di cui alle lettere da *b*) a *g*) del comma 1. Per le reiscrizioni sono applicabili le disposizioni dei commi da 1 a 7.

16. Non si può pronunciare la cancellazione quando sia in corso un procedimento disciplinare, salvo quanto previsto dall'articolo 58.

17. L'avvocato riammesso nell'albo ai termini del comma 15 è anche reiscritto nell'albo speciale di cui all'articolo 22 se ne sia stato cancellato in seguito alla cancellazione dall'albo ordinario.

18. Qualora il consiglio abbia rigettato la domanda oppure abbia disposto per qualsiasi motivo la cancellazione, l'interessato può proporre ricorso al CNF ai sensi dell'articolo 61. Il ricorso contro la cancellazione ha effetto sospensivo e il CNF può provvedere in via sostitutiva.

19. Divenuta esecutiva la pronuncia, il consiglio dell'ordine comunica immediatamente al CNF e a tutti i consigli degli ordini territoriali la cancellazione.

18. Incompatibilità. – 1. La professione di avvocato è incompatibile:

a) con qualsiasi altra attività di lavoro autonomo svolta continuativamente o professionalmente, escluse quelle di carattere scientifico, letterario, artistico e culturale, e con l'esercizio dell'attività di notaio. È consentita l'iscrizione nell'albo dei dottori commercialisti e degli esperti contabili, nell'elenco dei pubblicisti e nel registro dei revisori contabili o nell'albo dei consulenti del lavoro;

b) con l'esercizio di qualsiasi attività di impresa commerciale svolta in nome proprio o in nome o per conto altrui. È fatta salva la possibilità di assumere incarichi di gestione e vigilanza nelle procedure concorsuali o in altre procedure relative a crisi di impresa;

c) con la qualità di socio illimitatamente responsabile o di amministratore di società di persone, aventi quale finalità l'esercizio di attività di impresa commerciale, in qualunque forma costituite, nonché con la qualità di amministratore unico o consigliere delegato di società di capitali, anche in forma cooperativa, nonché con la qualità di presidente di consiglio di amministrazione con poteri individuali di gestione. L'incompatibilità non sussiste se l'oggetto della attività della società è limitato esclusivamente all'amministrazione di beni, personali o familiari, nonché per gli enti e consorzi pubblici e per le società a capitale interamente pubblico;

d) con qualsiasi attività di lavoro subordinato anche se con orario di lavoro limitato.

19. Eccezioni alle norme sulla incompatibilità. – 1. In deroga a quanto stabilito nell'articolo 18, l'esercizio della professione di avvocato è compatibile con l'insegnamento o la ricerca in materie giuridiche nell'università, nelle scuole secondarie pubbliche o private parificate e nelle istituzioni ed enti di ricerca e sperimentazione pubblici.

2. I docenti e i ricercatori universitari a tempo pieno possono esercitare l'attività professionale nei limiti consentiti dall'ordinamento universitario. Per questo limitato esercizio professionale essi devono essere iscritti nell'elenco speciale, annesso all'albo ordinario.

3. È fatta salva l'iscrizione nell'elenco speciale per gli avvocati che esercitano attività legale per conto degli enti pubblici con le limitate facoltà disciplinate dall'articolo 23.

20. Sospensione dall'esercizio professionale. – 1. Sono sospesi dall'esercizio professionale durante il periodo della carica: l'avvocato eletto Presidente della Repubblica, Presidente del Senato della Repubblica, Presidente della Camera dei deputati; l'avvocato nominato Presidente del Consiglio dei Ministri, Ministro, Viceministro o Sottosegretario di Stato; l'avvocato eletto presidente di giunta regionale e presidente delle province autonome di Trento e di Bolzano; l'avvocato membro della Corte costituzionale o del Consiglio superiore della magistratura; l'avvocato eletto presidente di provincia con più di un milione di abitanti e sindaco di comune con più di 500.000 abitanti.

2. L'avvocato iscritto all'albo può sempre chiedere la sospensione dall'esercizio professionale.

3. Della sospensione, prevista dai commi 1 e 2, è fatta annotazione nell'albo.

21. Esercizio professionale effettivo, continuativo, abituale e prevalente e revisione degli albi, degli elenchi e dei registri; obbligo di iscrizione alla previdenza forense. – 1. La permanenza dell'iscrizione all'albo è subordinata all'esercizio della professione in modo effettivo, continuativo, abituale e prevalente, salve le eccezioni previste anche in riferimento ai primi anni di esercizio professionale. Le modalità di accertamento dell'esercizio effettivo, continuativo, abituale e prevalente della professione, le eccezioni consentite e le modalità per la reiscrizione sono disciplinate con regolamento adottato ai sensi dell'articolo 1 e con le modalità nello stesso stabilite, con esclusione di ogni riferimento al reddito professionale.

2. Il consiglio dell'ordine, con regolarità ogni tre anni, compie le verifiche necessarie anche mediante richiesta di informazione all'ente previdenziale.

3. Con la stessa periodicità, il consiglio dell'ordine esegue la revisione degli albi, degli elenchi e dei registri, per verificare se permangano i requisiti per la iscrizione, e provvede di conseguenza. Della revisione e dei suoi risultati è data notizia al CNF.

4. La mancanza della effettività, continuatività, abitualità e prevalenza dell'esercizio professionale comporta, se non sussistono giustificati motivi, la cancellazione dall'albo. La procedura deve prevedere il contraddittorio con l'interessato, che dovrà essere invitato a presentare osservazioni scritte e, se necessario o richiesto, anche l'audizione del medesimo in applicazione dei criteri di cui all'articolo 17, comma 12.

5. Qualora il consiglio dell'ordine non provveda alla verifica periodica dell'esercizio effettivo, continuativo, abituale e prevalente o compia la revisione con numerose e gravi omissioni, il CNF nomina uno o più commissari, scelti tra gli avvocati con più di venti

anni di anzianità anche iscritti presso altri ordini, affinché provvedano in sostituzione. Ai commissari spetta il rimborso delle spese di viaggio e di soggiorno e una indennità giornaliera determinata dal CNF. Spese e indennità sono a carico del consiglio dell'ordine inadempiente.

6. La prova dell'effettività, continuità, abitualità e prevalenza non è richiesta, durante il periodo della carica, per gli avvocati componenti di organi con funzioni legislative o componenti del Parlamento europeo.

7. La prova dell'effettività, continuità, abitualità e prevalenza non è, in ogni caso, richiesta:

a) alle donne avvocato in maternità e nei primi due anni di vita del bambino o, in caso di adozione, nei successivi due anni dal momento dell'adozione stessa. L'esenzione si applica, altresì, agli avvocati vedovi o separati affidatari della prole in modo esclusivo;

b) agli avvocati che dimostrino di essere affetti o di essere stati affetti da malattia che ne ha ridotto grandemente la possibilità di lavoro;

c) agli avvocati che svolgano comprovata attività di assistenza continuativa di prossimi congiunti o del coniuge affetti da malattia qualora sia stato accertato che da essa deriva totale mancanza di autosufficienza.

8. L'iscrizione agli Albi comporta la contestuale iscrizione alla Cassa nazionale di previdenza e assistenza forense.

9. La Cassa nazionale di previdenza e assistenza forense, con proprio regolamento, determina, entro un anno dalla data di entrata in vigore della presente legge, i minimi contributivi dovuti nel caso di soggetti iscritti senza il raggiungimento di parametri reddituali, eventuali condizioni temporanee di esenzione o di diminuzione dei contributi per soggetti in particolari condizioni e l'eventuale applicazione del regime contributivo.

10. Non è ammessa l'iscrizione ad alcuna altra forma di previdenza se non su base volontaria e non alternativa alla Cassa nazionale di previdenza e assistenza forense.

22. Albo speciale per il patrocinio davanti alle giurisdizioni superiori. – 1. L'iscrizione nell'albo speciale per il patrocinio davanti alle giurisdizioni superiori può essere richiesta al CNF da chi sia iscritto in un albo ordinario circondariale da almeno cinque anni e abbia superato l'esame disciplinato dalla legge 28 maggio 1936, n. 1003, e dal regio decreto 9 luglio 1936, n. 1482, al quale sono ammessi gli avvocati iscritti all'albo.

2. L'iscrizione può essere richiesta anche da chi, avendo maturato una anzianità di iscrizione all'albo di otto anni, successivamente abbia lodevolmente e proficuamente frequentato la Scuola superiore dell'avvocatura, istituita e disciplinata con regolamento dal CNF. Il regolamento può prevedere specifici criteri e modalità di selezione per l'accesso e per la verifica finale di idoneità. La verifica finale di idoneità è eseguita da una commissione d'esame designata dal CNF e composta da suoi membri, avvocati, professori universitari e magistrati addetti alla Corte di cassazione.

3. Coloro che alla data di entrata in vigore della presente legge sono iscritti nell'albo dei patrocinanti davanti alle giurisdizioni superiori conservano l'iscrizione. Allo stesso modo possono chiedere l'iscrizione coloro che alla data di entrata in vigore della presente legge abbiano maturato i requisiti per detta iscrizione secondo la previgente normativa.

4. Possono altresì chiedere l'iscrizione coloro che maturino i requisiti secondo la previgente normativa entro undici anni ([1]) dalla data di entrata in vigore della presente legge.

5. All'articolo 4 della legge 28 maggio 1936, n. 1003, il quinto comma è sostituito dal seguente:

«Sono dichiarati idonei i candidati che conseguano una media di sette decimi nelle prove scritte e in quella orale avendo riportato non meno di sei decimi in ciascuna di esse».

([1]) *Le parole: «otto anni» sono state così sostituite dalle attuali: «nove anni» dall'art. 8, comma 5 bis, del D.L. 31 dicembre 2020, n. 183, convertito, con modificazioni, nella L. 26 febbraio 2021, n. 21.*

Le parole: «nove anni» sono state così sostituite dalle seguenti: «dieci anni» dall'art. 8, comma 4 ter, del D.L. 30 dicembre 2021, n. 228, convertito, con modificazioni, nella L. 25 febbraio 2022, n. 15.

Le parole: «dieci anni» sono state così sostituite dalle attuali: «undici anni» dall'art. 8, comma 4 ter, lett. a), *del D.L. 29 dicembre 2022, n. 198, convertito, con modificazioni, nella L. 24 febbraio 2023, n. 14.*

23. Avvocati degli enti pubblici. – 1. Fatti salvi i diritti acquisiti alla data di entrata in vigore della presente legge, gli avvocati degli uffici legali specificamente istituiti presso gli enti pubblici, anche se trasformati in persone giuridiche di diritto privato, sino a quando siano partecipati prevalentemente da enti pubblici, ai quali venga assicurata la piena indipendenza ed autonomia nella trattazione esclusiva e stabile degli affari legali dell'ente ed un trattamento economico adeguato alla funzione professionale svolta, sono iscritti in un elenco speciale annesso all'albo. L'iscrizione nell'elenco è obbligatoria per compiere le prestazioni indicate nell'articolo 2. Nel contratto di lavoro è garantita l'autonomia e l'indipendenza di giudizio intellettuale e tecnica dell'avvocato.

2. Per l'iscrizione nell'elenco gli interessati presentano la deliberazione dell'ente dalla quale risulti la stabile costituzione di un ufficio legale con specifica attribuzione della trattazione degli affari legali dell'ente stesso e l'appartenenza a tale ufficio del professionista incaricato in forma esclusiva di tali funzioni; la responsabilità dell'ufficio è affidata ad un avvocato iscritto nell'elenco speciale che esercita i suoi poteri in conformità con i principi della legge professionale.

3. Gli avvocati iscritti nell'elenco sono sottoposti al potere disciplinare del consiglio dell'ordine.

Titolo III
Organi e funzioni degli ordini forensi

Capo I
L'Ordine Forense

24. L'ordine forense. – 1. Gli iscritti negli albi degli avvocati costituiscono l'ordine forense.

2. L'ordine forense si articola negli ordini circondariali e nel CNF.

3. Il CNF e gli ordini circondariali sono enti pubblici non economici a carattere associativo istituiti per garantire il rispetto dei principi previsti dalla presente legge e delle regole deontologiche, nonché con finalità di tutela della utenza e degli interessi pubblici connessi all'esercizio della professione e al corretto svolgimento della funzione giurisdizionale. Essi sono dotati di autonomia patrimoniale e finanziaria, sono finanziati esclusivamente con i contributi degli iscritti, determinano la propria organizzazione con appositi regolamenti, nel rispetto delle disposizioni di legge, e sono soggetti esclusivamente alla vigilanza del Ministro della giustizia.

Capo II
Ordine Circondariale

25. L'ordine circondariale forense. – 1. Presso ciascun tribunale è costituito l'ordine degli avvocati, al quale sono iscritti tutti gli avvocati aventi il principale domicilio professionale nel circondario. L'ordine circondariale ha in via esclusiva la rappresentanza istituzionale dell'avvocatura a livello locale e promuove i rapporti con le istituzioni e le pubbliche amministrazioni.

2. Gli iscritti aventi titolo eleggono i componenti del consiglio dell'ordine, con le modalità stabilite dall'articolo 28 e in base a regolamento adottato ai sensi dell'articolo 1.

3. Presso ogni consiglio dell'ordine è costituito il collegio dei revisori dei conti, nominato dal presidente del tribunale.

4. Presso ogni consiglio dell'ordine è costituito il comitato pari opportunità degli avvocati, eletto con le modalità stabilite con regolamento approvato dal consiglio dell'ordine.

26. Organi dell'ordine circondariale e degli ordini del distretto. – 1. Sono organi dell'ordine circondariale:

a) l'assemblea degli iscritti;
b) il consiglio;
c) il presidente;
d) il segretario;
e) il tesoriere;
f) il collegio dei revisori.

2. Il presidente rappresenta l'ordine circondariale.

27. L'assemblea. – 1. L'assemblea è costituita dagli avvocati iscritti all'albo ed agli elenchi speciali. Essa elegge i componenti del consiglio; approva il bilancio consuntivo e quello preventivo; esprime il parere sugli argomenti sottoposti ad essa dal consiglio; esercita ogni altra funzione attribuita dall'ordinamento professionale.

2. L'assemblea, previa delibera del consiglio, è convocata dal presidente o, in caso di suo impedimento, dal vicepresidente o dal consigliere più anziano per iscrizione.

3. Le regole per il funzionamento dell'assemblea e per la sua convocazione, nonché per l'assunzione delle relative delibere, sono stabilite da apposito regolamento adottato ai sensi dell'articolo 1 e con le modalità nello stesso stabilite.

4. L'assemblea ordinaria è convocata almeno una volta l'anno per l'approvazione dei bilanci consuntivo e preventivo. L'assemblea per la elezione del consiglio si svolge, per il rinnovo normale, entro il mese di gennaio successivo alla scadenza ([1]).

5. Il consiglio delibera altresì la convocazione dell'assemblea ogniqualvolta lo ritenga necessario o qualora ne faccia richiesta almeno un terzo dei suoi componenti o almeno un decimo degli iscritti nell'albo.

([1]) *A norma dell'art.* 11 quinquies, *comma 2, del D.L. 14 dicembre 2018, n. 135, convertito, con modificazioni, nella L. 11 febbraio 2019, n. 12, per il rinnovo dei con-*

sigli degli ordini circondariali degli avvocati scaduti il 31 dicembre 2018, l'assemblea di cui al presente comma si svolge entro il mese di luglio 2019.

28. Il consiglio dell'ordine. – 1. Il consiglio ha sede presso il tribunale ed è composto:

a) da cinque membri, qualora l'ordine conti fino a cento iscritti;

b) da sette membri, qualora l'ordine conti fino a duecento iscritti;

c) da nove membri, qualora l'ordine conti fino a cinquecento iscritti;

d) da undici membri, qualora l'ordine conti fino a mille iscritti;

e) da quindici membri, qualora l'ordine conti fino a duemila iscritti;

f) da ventuno membri, qualora l'ordine conti fino a cinquemila iscritti;

g) da venticinque membri, qualora l'ordine conti oltre cinquemila iscritti.

[2. I componenti del consiglio sono eletti dagli iscritti con voto segreto in base a regolamento adottato ai sensi dell'articolo 1 e con le modalità nello stesso stabilite. Il regolamento deve prevedere, in ossequio all'articolo 51 della Costituzione, che il riparto dei consiglieri da eleggere sia effettuato in base a un criterio che assicuri l'equilibrio tra i generi. Il genere meno rappresentato deve ottenere almeno un terzo dei consiglieri eletti. La disciplina del voto di preferenza deve prevedere la possibilità di esprimere un numero maggiore di preferenze se destinate ai due generi. Il regolamento provvede a disciplinare le modalità di formazione delle liste ed i casi di sostituzione in corso di mandato al fine di garantire il rispetto del criterio di riparto previsto dal presente comma. Hanno diritto al voto tutti coloro che risultano iscritti negli albi e negli elenchi dei dipendenti degli enti pubblici e dei docenti e ricercatori universitari a tempo pieno e nella sezione speciale degli avvocati stabiliti, il giorno antecedente l'inizio delle operazioni elettorali. Sono esclusi dal diritto di voto gli avvocati per qualunque ragione sospesi dall'esercizio della professione] ([1]).

[3. Ciascun elettore può esprimere un numero di voti non superiore ai due terzi dei consiglieri da eleggere, arrotondati per difetto] ([1]).

[4. Sono eleggibili gli iscritti che hanno diritto di voto, che non abbiano riportato, nei cinque anni precedenti, una sanzione disciplinare esecutiva più grave dell'avvertimento] ([1]).

[5. Risultano eletti coloro che hanno riportato il maggior numero di voti. In caso di parità di voti risulta eletto il più anziano per iscrizione e, tra coloro che abbiano uguale anzianità di iscrizione, il maggiore di età. I consiglieri non possono essere eletti per più di due mandati. La ricandidatura è possibile quando sia trascorso un numero di anni uguale agli anni nei quali si è svolto il precedente mandato] ([1]).

[6. In caso di morte, dimissioni, decadenza, impedimento permanente per qualsiasi causa di uno o più consiglieri, subentra il primo dei non eletti, nel rispetto e mantenimento dell'equilibrio dei generi. In caso di parità di voti, subentra il più anziano per iscrizione e, tra coloro che abbiano uguale anzianità di iscrizione, il maggiore di età. Il consiglio, preso atto, provvede all'integrazione improrogabilmente nei trenta giorni successivi al verificarsi dell'evento] ([1]).

7. Il consiglio dura in carica un quadriennio e scade il 31 dicembre del quarto anno. Il consiglio uscente resta in carica per il disbrigo degli affari correnti fino all'insediamento del consiglio neoeletto.

8. L'intero consiglio decade se cessa dalla carica oltre la metà dei suoi componenti.

9. Il consiglio elegge il presidente, il segretario e il tesoriere. Nei consigli con almeno quindici componenti, il consiglio può eleggere un vicepresidente. A ciascuna carica è eletto il consigliere che ha ricevuto il maggior numero di voti. In caso di parità di voti è eletto presidente o vicepresidente, segretario o tesoriere il più anziano per iscrizione all'albo o, in caso di pari anzianità di iscrizione, il più anziano per età.

10. La carica di consigliere è incompatibile con quella di consigliere nazionale, di componente del consiglio di amministrazione e del comitato dei delegati della Cassa nazionale di previdenza e assistenza forense, nonché di membro di un consiglio distrettuale di disciplina. L'eletto che viene a trovarsi in condizione di incompatibilità deve optare per uno degli incarichi entro trenta giorni dalla proclamazione. Nel caso in cui non vi provveda, decade automaticamente dall'incarico assunto in precedenza. Ai componenti del consiglio, per il tempo in cui durano in carica, non possono essere conferiti incarichi giudiziari da parte dei magistrati del circondario.

11. Per la validità delle riunioni del consiglio è necessaria la partecipazione della maggioranza dei membri. Per la validità delle deliberazioni è richiesta la maggioranza assoluta di voti dei presenti.

12. Contro i risultati delle elezioni per il rinnovo del consiglio dell'ordine ciascun avvocato iscritto nell'albo può proporre reclamo al CNF entro dieci giorni dalla proclamazione. La presentazione del reclamo non sospende l'insediamento del nuovo consiglio.

(1) *Questo comma è stato abrogato dall'art. 18 della L. 12 luglio 2017, n. 113.*

29. Compiti e prerogative del consiglio. – 1. Il consiglio:

a) provvede alla tenuta degli albi, degli elenchi e dei registri;

b) approva i regolamenti interni, i regolamenti in materie non disciplinate dal CNF e quelli previsti come integrazione ad essi;

c) sovraintende al corretto ed efficace esercizio del tirocinio forense. A tal fine, secondo modalità previste da regolamento del CNF, istituisce ed organizza scuole forensi, promuove e favorisce le iniziative atte a rendere proficuo il tirocinio, cura la tenuta del registro dei praticanti, annotando l'abilitazione al patrocinio sostitutivo, rilascia il certificato di compiuta pratica;

d) organizza e promuove l'organizzazione di eventi formativi ai fini dell'adempimento dell'obbligo di formazione continua in capo agli iscritti;

e) organizza e promuove l'organizzazione di corsi e scuole di specializzazione e promuove, ai sensi dell'articolo 9, comma 3, l'organizzazione di corsi per l'acquisizione del titolo di specialista, d'intesa con le associazioni specialistiche di cui all'articolo 35, comma 1, lettera s);

f) vigila sulla condotta degli iscritti e deve trasmettere al consiglio distrettuale di disciplina gli atti relativi ad ogni violazione di norme deontologiche di cui sia venuto a conoscenza, secondo quanto previsto dall'articolo 50, comma 4; elegge i componenti del consiglio distrettuale di disciplina in conformità a quanto stabilito dall'articolo 50;

g) esegue il controllo della continuità, effettività, abitualità e prevalenza dell'esercizio professionale;

h) tutela l'indipendenza e il decoro professionale e promuove iniziative atte ad elevare la cultura e la professionalità degli iscritti e a renderli più consapevoli dei loro doveri;

i) svolge i compiti indicati nell'articolo 11 per controllare la formazione continua degli avvocati;

l) dà pareri sulla liquidazione dei compensi spettanti agli iscritti;

m) nel caso di morte o di perdurante impedimento di un iscritto, a richiesta e a spese di chi vi ha interesse, adotta i provvedimenti opportuni per la consegna degli atti e dei documenti;

n) può costituire camere arbitrali, di conciliazione ed organismi di risoluzione alternativa delle controversie, in conformità a regolamento adottato ai sensi dell'articolo 1 e con le modalità nello stesso stabilite;

o) interviene, su richiesta anche di una sola delle parti, nelle contestazioni insorte tra gli iscritti o tra costoro ed i clienti in dipendenza dell'esercizio professionale, adoperandosi per comporle; degli accordi sui compensi è redatto verbale che, depositato presso la cancelleria del tribunale che ne rilascia copia, ha valore di titolo esecutivo [con l'apposizione della prescritta formula] (1);

p) può costituire o aderire ad unioni regionali o interregionali tra ordini, nel rispetto dell'autonomia e delle competenze istituzionali dei singoli consigli. Le unioni possono avere, se previsto nello statuto, funzioni di interlocuzione con le regioni, con gli enti locali e con le università, provvedono alla consultazione fra i consigli che ne fanno parte, possono assumere deliberazioni nelle materie di comune interesse e promuovere o partecipare ad attività di formazione professionale. Ciascuna unione approva il proprio statuto e lo comunica al CNF;

q) può costituire o aderire ad associazioni, anche sovranazionali, e fondazioni purché abbiano come oggetto attività connesse alla professione o alla tutela dei diritti;

r) garantisce l'attuazione, nella professione forense, dell'articolo 51 della Costituzione;

s) svolge tutte le altre funzioni ad esso attribuite dalla legge e dai regolamenti;

t) vigila sulla corretta applicazione, nel circondario, delle norme dell'ordinamento giudiziario segnalando violazioni ed incompatibilità agli organi competenti.

2. La gestione finanziaria e l'amministrazione dei beni dell'ordine spettano al consiglio, che provvede annualmente a sottoporre all'assemblea ordinaria il conto consuntivo e il bilancio preventivo.

3. Per provvedere alle spese di gestione e a tutte le attività indicate nel presente articolo e ad ogni altra attività ritenuta necessaria per il conseguimento dei fini istituzionali, per la tutela del ruolo dell'avvocatura nonché per l'organizzazione di servizi per l'utenza e per il miglior esercizio delle attività professionali il consiglio è autorizzato:

a) a fissare e riscuotere un contributo annuale o contributi straordinari da tutti gli iscritti a ciascun albo, elenco o registro;

b) a fissare contributi per l'iscrizione negli albi, negli elenchi, nei registri, per il rilascio di certificati, copie e tessere e per i pareri sui compensi.

4. L'entità dei contributi di cui al comma 3 è fissata in misura tale da garantire il pareggio di bilancio del consiglio.

5. Il consiglio provvede alla riscossione dei contributi di cui alla lettera a) del comma 3 e di quelli dovuti al CNF, anche ai sensi del testo unico delle leggi sui servizi della riscossione delle imposte dirette, di cui al decreto del Presidente della Repubblica 15 maggio 1963, n. 858, mediante iscrizione a ruolo dei contributi dovuti per l'anno di competenza.

6. Coloro che non versano nei termini stabiliti il contributo annuale sono sospesi, previa contestazione dell'addebito e loro personale convocazione, dal consiglio dell'ordine, con provvedimento non avente natura disciplinare. La sospensione è revocata allorquando si sia provveduto al pagamento.

(1) *Le parole fra parentesi quadrate sono state soppresse dall'art. 26, comma 3, del D.L.vo 10 ottobre 2022, n. 149, a decorrere dal 28 febbraio 2023.*

A norma dell'art. 26, comma 5, dello stesso provvedimento, ai fini dell'esecuzione forzata degli atti e dei provvedimenti, anche di autorità di altri Paesi, aventi efficacia di titolo esecutivo, non è necessaria l'apposizione della formula esecutiva né la spedizione in forma esecutiva. Sono abrogate tutte le disposizioni incompatibili con il principio affermato dal periodo precedente nella parte in cui prevedono l'apposizione della formula esecutiva o la spedizione in forma esecutiva.

30. Sportello per il cittadino. – 1. Ciascun consiglio istituisce lo sportello per il cittadino, di seguito denominato «sportello», volto a fornire informazioni e orientamento ai cittadini per la fruizione delle prestazioni professionali degli avvocati e per l'accesso alla giustizia.

2. L'accesso allo sportello è gratuito.

3. Il CNF determina con proprio regolamento le modalità per l'accesso allo sportello.

4. Gli oneri derivanti dall'espletamento delle attività di sportello di cui al presente articolo sono posti a carico degli iscritti a ciascun albo, elenco o registro, nella misura e secondo le modalità fissate da ciascun consiglio dell'ordine ai sensi dell'articolo 29, comma 3.

31. Il collegio dei revisori. – 1. Il collegio dei revisori è composto da tre membri effettivi ed un supplente nominati dal presidente del tribunale e scelti tra gli avvocati iscritti al registro dei revisori contabili.

2. Per gli ordini con meno di tremilacinquecento iscritti la funzione è svolta da un revisore unico.

3. I revisori durano in carica quattro anni e possono essere confermati per non più di due volte consecutive.

4. Il collegio, che è presieduto dal più anziano per iscrizione, verifica la regolarità della gestione patrimoniale riferendo annualmente in sede di approvazione del bilancio.

32. Funzionamento dei consigli dell'ordine per commissioni. – 1. I consigli dell'ordine composti da nove o più membri possono svolgere la propria attività mediante commissioni di lavoro composte da almeno tre membri, che devono essere tutti presenti ad ogni riunione per la validità delle deliberazioni.

2. Il funzionamento delle commissioni è disciplinato con regolamento interno ai sensi dell'articolo 29, comma 1, lettera b). Il regolamento può prevedere che i componenti delle commissioni possano essere scelti, eccettuate le materie deontologiche o che trattino dati riservati, anche tra gli avvocati iscritti all'albo, anche se non consiglieri dell'ordine.

33. Scioglimento del consiglio. – 1. Il consiglio è sciolto:

a) se non è in grado di funzionare regolarmente;

b) se non adempie agli obblighi prescritti dalla legge;

c) se ricorrono altri gravi motivi di rilevante interesse pubblico.

2. Lo scioglimento del consiglio e la nomina del commissario di cui al comma 3 sono disposti con decreto del Ministro della giustizia, su proposta del CNF, previa diffida.

3. In caso di scioglimento, le funzioni del consiglio sono esercitate da un commissario straordinario, nominato dal CNF e scelto tra gli avvocati con oltre venti anni di anzianità, il quale, improrogabilmente entro centoventi giorni dalla data di scioglimento, convoca l'assemblea per le elezioni in sostituzione.

4. Il commissario, per essere coadiuvato nell'esercizio delle sue funzioni, può nominare un comitato di non più di sei componenti, scelti tra gli iscritti all'albo, di cui uno con funzioni di segretario.

Capo III
Consiglio Nazionale Forense

34. Durata e composizione. – 1. Il CNF, previsto e disciplinato dagli articoli 52 e seguenti del regio decreto-legge 27 novembre 1933, n. 1578, convertito, con modificazioni, dalla legge 22 gennaio 1934, n. 36, e dagli articoli 59 e seguenti del regio decreto 22 gennaio 1934, n. 37, ha sede presso il Ministero della giustizia e dura in carica quattro anni. I suoi componenti non possono essere eletti consecutivamente più di due volte nel rispetto dell'equilibrio tra i generi. Il Consiglio uscente resta in carica per il disbrigo degli affari correnti fino all'insediamento del Consiglio neoeletto.

2. Le elezioni per la nomina dei componenti del CNF non sono valide se non risultano rappresentati entrambi i generi.

3. Il CNF è composto da avvocati aventi i requisiti di cui all'articolo 38. Ciascun distretto di corte d'appello in cui il numero complessivo degli iscritti agli albi è inferiore a diecimila elegge un componente. Risulta eletto chi abbia riportato il maggior numero di voti. Non può appartenere per più di due mandati consecutivi allo stesso ordine circondariale il componente eletto in tali distretti. Ciascun distretto di corte di appello in cui il numero complessivo degli iscritti agli albi è pari o superiore a diecimila elegge due componenti; in tali distretti risulta primo eletto chi abbia riportato il maggior numero di voti, secondo eletto chi abbia riportato il maggior numero di voti, garantendo la rappresentanza tra i generi, tra gli iscritti ad un ordine circondariale diverso da quello al quale appartiene il primo eletto. In tutti i distretti, il voto è comunque espresso per un solo candidato. In ogni caso, a parità di voti, è eletto il candidato più anziano di iscrizione. Le elezioni per la nomina dei componenti del CNF devono svolgersi nei quindici giorni prima della scadenza del Consiglio in carica. La proclamazione dei risultati è fatta dal Consiglio in carica, il quale cessa dalle sue funzioni alla prima riunione del nuovo Consiglio convocato dal presidente in carica.

4. A ciascun consiglio spetta un voto per ogni cento iscritti o frazione di cento, fino a duecento iscritti; un voto per ogni successivi trecento iscritti, da duecentouno fino ad ottocento iscritti; un voto per ogni successivi seicento iscritti, da ottocentouno fino a duemila iscritti; un voto per ogni successivi mille iscritti, da duemilauno a diecimila iscritti; un voto per ogni successivi tremila iscritti, al di sopra dei diecimila.

5. Il CNF elegge il presidente, due vicepresidenti, il segretario ed il tesoriere, che formano il consiglio di presidenza. Nomina inoltre i componenti delle commissioni e degli altri organi previsti dal regolamento.

6. Si applicano le disposizioni di cui al decreto legislativo luogotenenziale 23 novembre 1944, n. 382, per quanto non espressamente previsto.

35. Compiti e prerogative. – 1. Il CNF:

a) ha in via esclusiva la rappresentanza istituzionale dell'avvocatura a livello nazionale e promuove i rapporti con le istituzioni e le pubbliche amministrazioni competenti;

b) adotta i regolamenti interni per il proprio funzionamento e, ove occorra, per quello degli ordini circondariali;

c) esercita la funzione giurisdizionale secondo le previsioni di cui agli articoli da 59 a 65 del regio decreto 22 gennaio 1934, n. 37;

d) emana e aggiorna periodicamente il codice deontologico, curandone la pubblicazione e la diffusione in modo da favorirne la più ampia conoscenza, sentiti i consigli dell'ordine circondariali, anche mediante una propria commissione consultiva presieduta dal suo presidente o da altro consigliere da lui delegato e formata da componenti del CNF e da consiglieri designati dagli ordini in base al regolamento interno del CNF;

e) cura la tenuta e l'aggiornamento dell'albo speciale per il patrocinio davanti alle giurisdizioni superiori e redige l'elenco nazionale degli avvocati ai sensi dell'articolo 15, comma 5;

f) promuove attività di coordinamento e di indirizzo dei consigli dell'ordine circondariali al fine di rendere omogenee le condizioni di esercizio della professione e di accesso alla stessa;

g) propone ogni due anni al Ministro della giustizia i parametri di cui all'articolo 13;

h) collabora con i consigli dell'ordine circondariali alla conservazione e alla tutela dell'indipendenza e del decoro professionale;

i) provvede agli adempimenti previsti dall'articolo 40 per i rapporti con le università e dall'articolo 43 per quanto attiene ai corsi di formazione di indirizzo professionale;

l) consulta le associazioni specialistiche di cui alla lettera s), al fine di rendere il parere di cui all'articolo 9, comma 1;

m) esprime pareri in merito alla previdenza forense;

n) approva i conti consuntivi e i bilanci preventivi delle proprie gestioni;

o) propone al Ministro della giustizia di sciogliere i consigli dell'ordine circondariali quando sussistano le condizioni previste nell'articolo 33;

p) cura, mediante pubblicazioni, l'informazione sulla propria attività e sugli argomenti d'interesse dell'avvocatura;

q) esprime, su richiesta del Ministro della giustizia, pareri su proposte e disegni di legge che, anche indirettamente, interessino la professione forense e l'amministrazione della giustizia;

r) istituisce e disciplina, con apposito regolamento, l'osservatorio permanente sull'esercizio della giurisdizione, che raccoglie dati ed elabora studi e proposte diretti a favorire una più efficiente amministrazione delle funzioni giurisdizionali;

s) istituisce e disciplina con apposito regolamento l'elenco delle associazioni specialistiche maggiormente rappresentative, nel rispetto della diffusione territoriale, dell'ordinamento democratico delle stesse nonché dell'offerta formativa sulla materia di competenza, assicurandone la gratuità;

t) designa rappresentanti di categoria presso commissioni ed organi nazionali o internazionali;

u) svolge ogni altra funzione ad esso attribuita dalla legge e dai regolamenti.

2. Nei limiti necessari per coprire le spese della sua gestione, e al fine di garantire quantomeno il pareggio di bilancio, il CNF è autorizzato:

a) a determinare la misura del contributo annuale dovuto dagli avvocati iscritti negli albi ed elenchi;

b) a stabilire diritti per il rilascio di certificati e copie;

c) a stabilire la misura della tassa di iscrizione e del contributo annuale dovuto dall'iscritto nell'albo dei patrocinanti davanti alle giurisdizioni superiori.

3. La riscossione del contributo annuale è compiuta dagli ordini circondariali, secondo quanto previsto da apposito regolamento adottato dal CNF.

36. Competenza giurisdizionale. – 1. Il CNF pronuncia sui reclami avverso i provvedimenti disciplinari nonché in materia di albi, elenchi e registri e rilascio di certificato di compiuta pratica; pronuncia sui ricorsi relativi alle elezioni dei consigli dell'ordine; risolve i conflitti di competenza tra ordini circondariali; esercita le funzioni disciplinari nei confronti dei propri componenti, quando il consiglio distrettuale di disciplina competente abbia deliberato l'apertura del procedimento disciplinare. La funzione giurisdizionale si svolge secondo le previsioni di cui agli articoli da 59 a 65 del regio decreto 22 gennaio 1934, n. 37.

2. Le udienze del CNF sono pubbliche. Ad esse partecipa, con funzioni di pubblico ministero, un magistrato, con grado non inferiore a consigliere di cassazione, delegato dal procuratore generale presso la Corte di cassazione.

3. Per la partecipazione alle procedure in materia disciplinare del CNF, ai magistrati non sono riconosciuti compensi, indennità o gettoni di presenza.

4. Le decisioni del CNF sono notificate, entro trenta giorni, all'interessato e al pubblico ministero presso la corte d'appello e il tribunale della circoscrizione alla quale l'interessato appartiene. Nello stesso termine sono comunicate al consiglio dell'ordine della circoscrizione stessa.

5. Nei casi di cui al comma 1 la notificazione è fatta agli interessati e al pubblico ministero presso la Corte di cassazione.

6. Gli interessati e il pubblico ministero possono proporre ricorso avverso le decisioni del CNF alle sezioni unite della Corte di cassazione, entro trenta giorni dalla notificazione, per incompetenza, eccesso di potere e violazione di legge.

7. Il ricorso non ha effetto sospensivo. Tuttavia l'esecuzione può essere sospesa dalle sezioni unite della Corte di cassazione in camera di consiglio su istanza del ricorrente.

8. Nel caso di annullamento con rinvio, il rinvio è fatto al CNF, il quale deve conformarsi alla decisione della Corte di cassazione circa il punto di diritto sul quale essa ha pronunciato.

37. Funzionamento. – 1. Il CNF pronuncia sui ricorsi indicati nell'articolo 36 secondo le previsioni di cui agli articoli da 59 a 65 del regio decreto 22 gennaio 1934, n. 37, applicando, se necessario, le norme ed i principi del codice di procedura civile.

2. Nei procedimenti giurisdizionali si applicano le norme del codice di procedura civile sulla astensione e ricusazione dei giudici. I provvedimenti del CNF su impugnazione di delibere dei consigli distrettuali di disciplina hanno natura di sentenza.

3. Il controllo contabile e della gestione è svolto da un collegio di tre revisori dei conti nominato dal primo presidente della Corte di

cassazione, che li sceglie tra gli iscritti al registro dei revisori, nominando anche due revisori supplenti. Il collegio è presieduto dal componente più anziano per iscrizione.

4. Il CNF può svolgere la propria attività non giurisdizionale istituendo commissioni di lavoro, anche eventualmente con la partecipazione di membri esterni al Consiglio.

38. Eleggibilità e incompatibilità. – 1. Sono eleggibili al CNF gli iscritti all'albo speciale per il patrocinio davanti alle giurisdizioni superiori. Risultano eletti coloro che hanno riportato il maggior numero di voti. In caso di parità di voti risulta eletto il più anziano per iscrizione e, tra coloro che abbiano uguale anzianità di iscrizione, il maggiore di età.

2. Non possono essere eletti coloro che abbiano riportato, nei cinque anni precedenti, condanna esecutiva anche non definitiva ad una sanzione disciplinare più grave dell'avvertimento.

3. La carica di consigliere nazionale è incompatibile con quella di consigliere dell'ordine e di componente del consiglio di amministrazione e del comitato dei delegati della Cassa nazionale di previdenza e assistenza forense, nonché di membro di un consiglio distrettuale di disciplina.

4. L'eletto che viene a trovarsi in condizione di incompatibilità deve optare per uno degli incarichi entro trenta giorni dalla proclamazione. Nel caso in cui non vi provveda, decade automaticamente dall'incarico assunto in precedenza.

Capo IV
Congresso nazionale forense

39. Congresso nazionale forense. – 1. Il CNF convoca il congresso nazionale forense almeno ogni tre anni.

2. Il congresso nazionale forense è la massima assise dell'avvocatura italiana nel rispetto dell'identità e dell'autonomia di ciascuna delle sue componenti associative. Tratta e formula proposte sui temi della giustizia e della tutela dei diritti fondamentali dei cittadini, nonché le questioni che riguardano la professione forense.

3. Il congresso nazionale forense delibera autonomamente le proprie norme regolamentari e statutarie, ed elegge l'organismo chiamato a dare attuazione ai suoi deliberati.

Titolo IV
Accesso alla professione forense

Capo I
Tirocinio professionale

40. Accordi tra università e ordini forensi. – 1. I consigli dell'ordine degli avvocati possono stipulare convenzioni, senza nuovi o maggiori oneri per la finanza pubblica, con le università per la disciplina dei rapporti reciproci.

2. Il CNF e la Conferenza dei presidi delle facoltà di giurisprudenza promuovono, anche mediante la stipulazione di apposita convenzione, senza nuovi o maggiori oneri per la finanza pubblica, la piena collaborazione tra le facoltà di giurisprudenza e gli ordini forensi, per il perseguimento dei fini di cui al presente capo.

41. Contenuti e modalità di svolgimento del tirocinio. – 1. Il tirocinio professionale consiste nell'addestramento, a contenuto teorico e pratico, del praticante avvocato finalizzato a fargli conseguire le capacità necessarie per l'esercizio della professione di avvocato e per la gestione di uno studio legale nonché a fargli apprendere e rispettare i principi etici e le regole deontologiche.

2. Presso il consiglio dell'ordine è tenuto il registro dei praticanti avvocati, l'iscrizione al quale è condizione per lo svolgimento del tirocinio professionale.

3. Per l'iscrizione nel registro dei praticanti avvocati e la cancellazione dallo stesso si applicano, in quanto compatibili, le disposizioni previste dall'articolo 17.

4. Il tirocinio può essere svolto contestualmente ad attività di lavoro subordinato pubblico e privato, purché con modalità e orari idonei a consentirne l'effettivo e puntuale svolgimento e in assenza di specifiche ragioni di conflitto di interesse.

5. Il tirocinio è svolto in forma continuativa per diciotto mesi. La sua interruzione per oltre sei mesi, senza alcun giustificato motivo, anche di carattere personale, comporta la cancellazione dal registro dei praticanti, salva la facoltà di chiedere nuovamente l'iscrizione nel registro, che può essere deliberata previa nuova verifica da parte del consiglio dell'ordine della sussistenza dei requisiti stabiliti dalla presente legge.

6. Il tirocinio può essere svolto:

a) presso un avvocato, con anzianità di iscrizione all'albo non inferiore a cinque anni;

b) presso l'Avvocatura dello Stato o presso l'ufficio legale di un ente pubblico o presso un ufficio giudiziario per non più di dodici mesi;

c) per non più di sei mesi, in altro Paese dell'Unione europea presso professionisti legali, con titolo equivalente a quello di avvocato, abilitati all'esercizio della professione;

d) per non più di sei mesi, in concomitanza con il corso di studio per il conseguimento della laurea, dagli studenti regolarmente iscritti all'ultimo anno del corso di studio per il conseguimento del diploma di laurea in giurisprudenza nel caso previsto dall'articolo 40.

7. In ogni caso il tirocinio deve essere svolto per almeno sei mesi presso un avvocato iscritto all'ordine o presso l'Avvocatura dello Stato.

8. Il tirocinio può essere svolto anche presso due avvocati contemporaneamente, previa richiesta del praticante e previa autorizzazione del competente consiglio dell'ordine, nel caso si possa presumere che la mole di lavoro di uno di essi non sia tale da permettere al praticante una sufficiente offerta formativa.

9. Fermo restando quanto previsto dal comma 6, il diploma conseguito presso le scuole di specializzazione per le professioni legali, di cui all'articolo 16 del decreto legislativo 17 novembre 1997, n. 398, e successive modificazioni, è valutato ai fini del compimento del tirocinio per l'accesso alla professione di avvocato per il periodo di un anno.

10. L'avvocato è tenuto ad assicurare che il tirocinio si svolga in modo proficuo e dignitoso per la finalità di cui al comma 1 e non può assumere la funzione per più di tre praticanti contemporaneamente, salva l'autorizzazione rilasciata dal competente consiglio dell'ordine previa valutazione dell'attività professionale del richiedente e dell'organizzazione del suo studio.

11. Il tirocinio professionale non determina di diritto l'instaurazione di rapporto di lavoro subordinato anche occasionale. Negli studi legali privati, al praticante avvocato è sempre dovuto il rimborso delle spese sostenute per conto dello studio presso il quale svolge il tirocinio. Ad eccezione che negli enti pubblici e presso l'Avvocatura dello Stato, decorso il primo semestre, possono essere riconosciuti con apposito contratto al praticante avvocato un'indennità o un compenso per l'attività svolta per conto dello studio, commisurati all'effettivo apporto professionale dato nell'esercizio delle prestazioni e tenuto altresì conto dell'utilizzo dei servizi e delle strutture dello studio da parte del praticante avvocato. Gli enti pubblici e l'Avvocatura dello Stato riconoscono al praticante avvocato un rimborso per l'attività svolta, ove previsto dai rispettivi ordinamenti e comunque nei limiti delle risorse disponibili a legislazione vigente.

12. Nel periodo di svolgimento del tirocinio il praticante avvocato, decorsi sei mesi dall'iscrizione nel registro dei praticanti, purché in possesso del diploma di laurea in giurisprudenza, può esercitare attività professionale in sostituzione dell'avvocato presso il quale svolge la pratica e comunque sotto il controllo e la responsabilità dello stesso anche se si tratta di affari non trattati direttamente dal medesimo, in ambito civile di fronte al tribunale e al giudice di pace, e in ambito penale nei procedimenti di competenza del giudice di pace, in quelli per reati contravvenzionali e in quelli che, in base alle norme vigenti anteriormente alla data di entrata in vigore del decreto legislativo 19 febbraio 1998, n. 51, rientravano nella competenza del pretore. L'abilitazione decorre dalla delibera di iscrizione nell'apposito registro. Essa può durare al massimo cinque anni, salvo il caso di sospensione dall'esercizio professionale non determinata da giudizio disciplinare, alla condizione che permangano tutti i requisiti per l'iscrizione nel registro.

13. Il Ministro della giustizia con proprio decreto adotta, sentito il CNF, il regolamento che disciplina:

a) le modalità di svolgimento del tirocinio e le relative procedure di controllo da parte del competente consiglio dell'ordine;

b) le ipotesi che giustificano l'interruzione del tirocinio, tenuto conto di situazioni riferibili all'età, alla salute, alla maternità e paternità del praticante avvocato, e le relative procedure di accertamento;

c) i requisiti di validità dello svolgimento del tirocinio, in altro Paese dell'Unione europea.

14. Il praticante può, per giustificato motivo, trasferire la propria iscrizione presso l'ordine del luogo ove intenda proseguire il tirocinio. Il consiglio dell'ordine autorizza il trasferimento, valutati i motivi che lo giustificano, e rilascia al praticante un certificato attestante il periodo di tirocinio che risulta regolarmente compiuto.

42. Norme disciplinari per i praticanti. – 1. I praticanti osservano gli stessi doveri e norme deontologiche degli avvocati e sono soggetti al potere disciplinare del consiglio dell'ordine.

43. Corsi di formazione per l'accesso alla professione di avvocato. – 1. Il tirocinio, oltre che nella pratica svolta presso uno studio professionale, consiste altresì nella frequenza obbligatoria e con profitto, per un periodo non inferiore a diciotto mesi, di corsi di formazione di indirizzo professionale tenuti da ordini e associazioni forensi, nonché dagli altri soggetti previsti dalla legge.

2. Il Ministro della giustizia, sentito il CNF, disciplina con regolamento:

a) le modalità e le condizioni per l'istituzione dei corsi di formazione di cui al comma 1 da parte degli ordini e delle associazioni forensi giudicate idonee, in maniera da garantire la libertà ed il pluralismo dell'offerta formativa e della relativa scelta individuale;

b) i contenuti formativi dei corsi di formazione in modo da ricomprendervi, in quanto essenziali, l'insegnamento del linguaggio giuridico, la redazione degli atti giudiziari, la tecnica impugnatoria dei provvedimenti giurisdizionali e degli atti amministrativi, la tecnica di redazione del parere stragiudiziale e la tecnica di ricerca;

c) la durata minima dei corsi di formazione, prevedendo un carico didattico non inferiore a centosessanta ore per l'intero periodo;

d) le modalità e le condizioni per la frequenza dei corsi di formazione da parte del praticante avvocato nonché quelle per le verifiche intermedie e finale del profitto, che sono affidate ad una commissione composta da avvocati, magistrati e docenti universitari, in modo da garantire omogeneità di giudizio su tutto il territorio nazionale. Ai componenti della commissione non sono riconosciuti compensi, indennità o gettoni di presenza.

44. Frequenza di uffici giudiziari. – 1. L'attività di praticantato presso gli uffici giudiziari è disciplinata da apposito regolamento da emanare, entro un anno dalla data di entrata in vigore della presente legge, dal Ministro della giustizia, sentiti il Consiglio superiore della magistratura e il CNF.

45. Certificato di compiuto tirocinio. – 1. Il consiglio dell'ordine presso il quale è compiuto il periodo di tirocinio rilascia il relativo certificato.

2. In caso di domanda di trasferimento del praticante avvocato presso il registro tenuto da altro consiglio dell'ordine, quello di provenienza certifica la durata del tirocinio svolto fino alla data di presentazione della domanda e, ove il prescritto periodo di tirocinio risulti completato, rilascia il certificato di compiuto tirocinio.

3. Il praticante avvocato è ammesso a sostenere l'esame di Stato nella sede di corte di appello nel cui distretto ha svolto il maggior periodo di tirocinio. Nell'ipotesi in cui il tirocinio sia stato svolto per uguali periodi sotto la vigilanza di più consigli dell'ordine aventi sede in distretti diversi, la sede di esame è determinata in base al luogo di svolgimento del primo periodo di tirocinio.

Capo II
Esame di Stato per l'abilitazione all'esercizio della professione di avvocato

46. Esame di Stato. – 1. L'esame di Stato si articola in tre prove scritte ed in una prova orale.

2. Le prove scritte sono svolte sui temi formulati dal Ministro della giustizia ed hanno per oggetto:

a) la redazione di un parere motivato, da scegliere tra due questioni in materia regolata dal codice civile;

b) la redazione di un parere motivato, da scegliere tra due questioni in materia regolata dal codice penale;

c) la redazione di un atto giudiziario che postuli conoscenze di diritto sostanziale e di diritto processuale, su un quesito proposto, in materia scelta dal candidato tra il diritto privato, il diritto penale ed il diritto amministrativo.

3. Nella prova orale il candidato illustra la prova scritta e dimostra la conoscenza delle seguenti materie: ordinamento e deontologia forensi, diritto civile, diritto penale, diritto processuale civile, diritto processuale penale; nonché di altre due materie, scelte preventivamente dal candidato, tra le seguenti: diritto costituzionale, diritto amministrativo, diritto del lavoro, diritto commerciale, diritto dell'Unione europea, diritto internazionale privato (1), diritto tributario, diritto ecclesiastico, ordinamento giudiziario e penitenziario.

4. Per la valutazione di ciascuna prova scritta, ogni componente della commissione d'esame dispone di dieci punti di merito; alla prova orale sono ammessi i candidati che abbiano conseguito, nelle tre prove scritte, un punteggio complessivo di almeno 90 punti e un punteggio non inferiore a 30 punti in ciascuna prova.

5. La commissione annota le osservazioni positive o negative nei vari punti di ciascun

elaborato, le quali costituiscono motivazione del voto che viene espresso con un numero pari alla somma dei voti espressi dai singoli componenti. Il Ministro della giustizia determina, mediante sorteggio, gli abbinamenti per la correzione delle prove scritte tra i candidati e le sedi di corte di appello ove ha luogo la correzione degli elaborati scritti. La prova orale ha luogo nella medesima sede della prova scritta.

6. Il Ministro della giustizia, sentito il CNF, disciplina con regolamento le modalità e le procedure di svolgimento dell'esame di Stato e quelle di valutazione delle prove scritte ed orali da effettuare sulla base dei seguenti criteri:

a) chiarezza, logicità e rigore metodologico dell'esposizione;

b) dimostrazione della concreta capacità di soluzione di specifici problemi giuridici;

c) dimostrazione della conoscenza dei fondamenti teorici degli istituti giuridici trattati;

d) dimostrazione della capacità di cogliere eventuali profili di interdisciplinarietà;

e) dimostrazione della conoscenza delle tecniche di persuasione e argomentazione.

7. Le prove scritte si svolgono con il solo ausilio dei testi di legge senza commenti e citazioni giurisprudenziali. Esse devono iniziare in tutte le sedi alla stessa ora, fissata dal Ministro della giustizia con il provvedimento con il quale vengono indetti gli esami. A tal fine, i testi di legge portati dai candidati per la prova devono essere controllati e vistati nei giorni anteriori all'inizio della prova stessa e collocati sul banco su cui il candidato sostiene la prova. L'appello dei candidati deve svolgersi per tempo in modo che le prove scritte inizino all'ora fissata dal Ministro della giustizia.

8. I candidati non possono portare con sé testi o scritti, anche informatici, né ogni sorta di strumenti di telecomunicazione, pena la immediata esclusione dall'esame, con provvedimento del presidente della commissione, sentiti almeno due commissari.

9. Qualora siano fatti pervenire nell'aula, ove si svolgono le prove dell'esame, scritti od appunti di qualunque genere, con qualsiasi mezzo, il candidato che li riceve e non ne fa immediata denuncia alla commissione è escluso immediatamente dall'esame, ai sensi del comma 8.

10. Chiunque faccia pervenire in qualsiasi modo ad uno o più candidati, prima o durante la prova d'esame, testi relativi al tema proposto è punito, salvo che il fatto costituisca più grave reato, con la pena della reclusione fino a tre anni. Per i fatti indicati nel presente comma e nel comma 9, i candidati sono denunciati al consiglio distrettuale di disciplina del distretto competente per il luogo di iscrizione al registro dei praticanti, per i provvedimenti di sua competenza.

11. Per la prova orale, ogni componente della commissione dispone di dieci punti di merito per ciascuna delle materie di esame.

12. Sono giudicati idonei i candidati che ottengono un punteggio non inferiore a trenta punti per ciascuna materia.

13. Agli oneri per l'espletamento delle procedure dell'esame di Stato di cui al presente articolo si provvede nell'ambito delle risorse disponibili a legislazione vigente, e, comunque, senza nuovi o maggiori oneri per la finanza pubblica. Resta ferma la corresponsione all'Erario della tassa di cui all'articolo 1, primo comma, lettera *b*), del decreto legislativo del Capo provvisorio dello Stato 13 settembre 1946, n. 261, come rideterminata dall'articolo 2, comma 1, lettera *b*), del decreto del Presidente del Consiglio dei Ministri 21 dicembre 1990, pubblicato nella *Gazzetta Ufficiale* n. 303 del 31 dicembre 1990.

13 *bis*. Le spese per la sessione d'esame sono poste a carico del candidato nella misura forfetaria di euro 50, da corrispondere al momento della presentazione della domanda ([2]).

13 *ter*. Le modalità di versamento del contributo di cui al comma 13 *bis* sono stabilite con decreto, avente natura non regolamentare, del Ministro della giustizia, di concerto con il Ministro dell'economia e delle finanze. Analogamente, il contributo è aggiornato ogni tre anni secondo l'indice dei prezzi al consumo per le famiglie di operai e impiegati ([2]).

([1]) *Le parole: «diritto comunitario ed internazionale privato» sono state così sostituite dalle seguenti: «diritto dell'Unione europea, diritto internazionale privato» dall'art. 1, comma 1149, della L. 27 dicembre 2017, n. 205, a decorrere dal 1° gennaio 2018.*

([2]) *Questo comma è stato aggiunto dall'art. 1, comma 600, della L. 27 dicembre 2013, n. 147. Il contributo è dovuto per le sessioni di esame tenute successivamente all'entrata in vigore del decreto che ne determina le modalità di versamento, a norma dell'art. 1, comma 604, della medesima legge.*

47. Commissioni di esame. – 1. La commissione di esame è nominata, con decreto, dal Ministro della giustizia ed è composta da cinque membri effettivi e cinque supplenti, dei quali: tre effettivi e tre supplenti sono avvocati designati dal CNF tra gli iscritti all'albo speciale per il patrocinio davanti alle giurisdizioni superiori, uno dei quali la presiede;

un effettivo e un supplente sono di regola prioritariamente magistrati in pensione, e solo in seconda istanza magistrati in servizio (1); un effettivo e un supplente sono professori universitari o ricercatori confermati in materie giuridiche, anche in pensione (2).

2. Con il medesimo decreto, presso ogni sede di corte d'appello, è nominata una sottocommissione avente composizione identica alla commissione di cui al comma 1.

3. Presso ogni corte d'appello, ove il numero dei candidati lo richieda, possono essere formate con lo stesso criterio ulteriori sottocommissioni per gruppi sino a trecento candidati.

4. Esercitano le funzioni di segretario uno o più funzionari distaccati dal Ministero della giustizia.

5. Non possono essere designati nelle commissioni di esame avvocati che siano membri dei consigli dell'ordine o di un consiglio distrettuale di disciplina ovvero componenti del consiglio di amministrazione o del comitato dei delegati della Cassa nazionale di previdenza ed assistenza forense e del CNF.

6. Gli avvocati componenti della commissione non possono essere eletti quali componenti del consiglio dell'ordine, di un consiglio distrettuale di disciplina, del consiglio di amministrazione o del comitato dei delegati della Cassa nazionale di previdenza ed assistenza forense e del CNF nelle elezioni immediatamente successive alla data di cessazione dell'incarico ricoperto.

7. L'avvio delle procedure per l'esame di abilitazione deve essere tempestivamente pubblicizzato secondo modalità contenute nel regolamento di attuazione emanato dal Ministro della giustizia entro un anno dalla data di entrata in vigore della presente legge.

8. Il Ministro della giustizia, anche su richiesta del CNF, può nominare ispettori per il controllo del regolare svolgimento delle prove d'esame scritte ed orali. Gli ispettori possono partecipare in ogni momento agli esami e ai lavori delle commissioni di uno o più distretti indicati nell'atto di nomina ed esaminare tutti gli atti.

9. Dopo la conclusione dell'esame di abilitazione con risultato positivo, la commissione rilascia il certificato per l'iscrizione nell'albo degli avvocati. Il certificato conserva efficacia ai fini dell'iscrizione negli albi.

(1) *Le parole: «magistrati in pensione» sono state così sostituite dalle attuali: «di regola prioritariamente magistrati in pensione, e solo in seconda istanza magistrati in servizio» dall'art. 83 del D.L. 21 giugno 2013, n. 69, convertito, con modificazioni, nella L. 9 agosto 2013, n. 98.*

(2) *Le parole: «, anche in pensione» sono state aggiunte dall'art. 254, comma 6, del D.L. 19 maggio 2020, n. 34, convertito, con modificazioni, nella L. 17 luglio 2020, n. 77.*

48. Disciplina transitoria per la pratica professionale. – 1. Fino al secondo anno successivo alla data di entrata in vigore della presente legge, l'accesso all'esame di abilitazione all'esercizio della professione di avvocato resta disciplinato dalle disposizioni vigenti alla data di entrata in vigore della presente legge, fatta salva la riduzione a diciotto mesi del periodo di tirocinio.

2. All'articolo 1, comma 1, del regolamento di cui al decreto del Ministro della giustizia 11 dicembre 2001, n. 475, le parole: «alle professioni di avvocato e» sono sostituite dalle seguenti: «alla professione di».

49. Disciplina transitoria per l'esame. – 1. Per i primi undici anni (1) anni dalla data di entrata in vigore della presente legge l'esame di abilitazione all'esercizio della professione di avvocato si effettua, sia per quanto riguarda le prove scritte e le prove orali, sia per quanto riguarda le modalità di esame, secondo le norme previgenti.

(1) *La parola: «sette» è stata così sostituita dalla attuale: «nove» dall'art. 8, comma 6* quinquies, *del D.L. 30 dicembre 2019, n. 162, convertito, con modificazioni, nella L. 28 febbraio 2020, n. 8.*

Le parole: «nove anni» sono state così sostituite dalle seguenti: «dieci anni» dall'art. 8, comma 4 quater, del D.L. 30 dicembre 2021, n. 228, convertito, con modificazioni, nella L. 25 febbraio 2022, n. 15.

Le parole: «dieci anni» sono state così sostituite dalle attuali: «undici anni» dall'art. 8, comma 4 ter, lett. b), del D.L. 29 dicembre 2022, n. 198, convertito, con modificazioni, nella L. 24 febbraio 2023, n. 14.

Titolo V
Il procedimento disciplinare

Capo I
Norme Generali

50. Consigli distrettuali di disciplina. - 1. Il potere disciplinare appartiene ai consigli distrettuali di disciplina forense.

2. Il consiglio distrettuale di disciplina è composto da membri eletti su base capitaria e democratica, con il rispetto della rappresentanza di genere di cui all'articolo 51 della Costituzione, secondo il regolamento approvato dal CNF. Il numero complessivo dei componenti del consiglio distrettuale è pari ad un terzo della somma dei componenti dei consigli dell'Ordine del distretto, se necessario approssimata per difetto all'unità.

3. Il consiglio distrettuale di disciplina svolge la propria opera con sezioni composte da cinque titolari e da tre supplenti. Non possono fare parte delle sezioni giudicanti membri appartenenti all'ordine a cui è iscritto il professionista nei confronti del quale si deve procedere.

4. Quando è presentato un esposto o una denuncia a un consiglio dell'ordine, o vi è comunque una notizia di illecito disciplinare, il consiglio dell'ordine deve darne notizia all'iscritto, invitandolo a presentare sue deduzioni entro il termine di venti giorni, e quindi trasmettere immediatamente gli atti al consiglio distrettuale di disciplina, che è competente, in via esclusiva, per ogni ulteriore atto procedimentale.

5. Il regolamento per il procedimento è approvato dal CNF, sentiti gli organi circondariali.

51. Procedimento disciplinare e notizia del fatto. - 1. Le infrazioni ai doveri e alle regole di condotta dettati dalla legge o dalla deontologia sono sottoposte al giudizio dei consigli distrettuali di disciplina.

2. È competente il consiglio distrettuale di disciplina del distretto in cui è iscritto l'avvocato o il praticante oppure del distretto nel cui territorio è stato compiuto il fatto oggetto di indagine o di giudizio disciplinare. In ogni caso, si applica il principio della prevenzione, relativamente al momento dell'iscrizione della notizia nell'apposito registro, ai sensi dell'articolo 58.

3. La notizia dei fatti suscettibili di valutazione disciplinare è comunque acquisita. L'autorità giudiziaria è tenuta a dare immediata notizia al consiglio dell'ordine competente quando nei confronti di un iscritto:

a) è esercitata l'azione penale;

b) è disposta l'applicazione di misure cautelari o di sicurezza;

c) sono effettuati perquisizioni o sequestri;

d) sono emesse sentenze che definiscono il grado di giudizio.

52. Contenuto della decisione. - 1. Con la decisione che definisce il procedimento disciplinare possono essere deliberati:

a) il proscioglimento, con la formula: «non esservi luogo a provvedimento disciplinare»;

b) il richiamo verbale, non avente carattere di sanzione disciplinare, nei casi di infrazioni lievi e scusabili;

c) l'irrogazione di una delle seguenti sanzioni disciplinari: avvertimento, censura, sospensione dall'esercizio della professione da due mesi a cinque anni, radiazione.

53. Sanzioni. - 1. L'avvertimento può essere deliberato quando il fatto contestato non è grave e vi è motivo di ritenere che l'incolpato non commetta altre infrazioni. L'avvertimento consiste nell'informare l'incolpato che la sua condotta non è stata conforme alle norme deontologiche e di legge, con invito ad astenersi dal compiere altre infrazioni.

2. La censura consiste nel biasimo formale e si applica quando la gravità dell'infrazione, il grado di responsabilità, i precedenti dell'incolpato e il suo comportamento successivo al fatto inducono a ritenere che egli non incorrerà in un'altra infrazione.

3. La sospensione consiste nell'esclusione temporanea dall'esercizio della professione o dal praticantato e si applica per infrazioni consistenti in comportamenti e in responsabilità gravi o quando non sussistono le condizioni per irrogare la sola sanzione della censura.

4. La radiazione consiste nell'esclusione definitiva dall'albo, elenco o registro e impedisce l'iscrizione a qualsiasi altro albo, elenco o registro, fatto salvo quanto stabilito nell'articolo 62. La radiazione è inflitta per violazioni molto gravi che rendono incompatibile la permanenza dell'incolpato nell'albo.

54. Rapporto con il processo penale. - 1. Il procedimento disciplinare si svolge ed è definito con procedura e con valutazioni autonome rispetto al processo penale avente per oggetto i medesimi fatti.

2. Se, agli effetti della decisione, è indispensabile acquisire atti e notizie appartenenti al

processo penale, il procedimento disciplinare può essere a tale scopo sospeso a tempo determinato. La durata della sospensione non può superare complessivamente i due anni; durante il suo decorso è sospeso il termine di prescrizione.

3. Se dai fatti oggetto del procedimento disciplinare emergono estremi di un reato procedibile d'ufficio, l'organo procedente ne informa l'autorità giudiziaria.

4. La durata della pena accessoria dell'interdizione dall'esercizio della professione inflitta dall'autorità giudiziaria all'avvocato è computata in quella della corrispondente sanzione disciplinare della sospensione dall'esercizio della professione.

55. Riapertura del procedimento. - 1. Il procedimento disciplinare, concluso con provvedimento definitivo, è riaperto:

a) se è stata inflitta una sanzione disciplinare e, per gli stessi fatti, l'autorità giudiziaria ha emesso sentenza di assoluzione perché il fatto non sussiste o perché l'incolpato non lo ha commesso. In tale caso il procedimento è riaperto e deve essere pronunciato il proscioglimento anche in sede disciplinare;

b) se è stato pronunciato il proscioglimento e l'autorità giudiziaria ha emesso sentenza di condanna per reato non colposo fondata su fatti rilevanti per l'accertamento della responsabilità disciplinare, che non sono stati valutati dal consiglio distrettuale di disciplina. In tale caso i nuovi fatti sono liberamente valutati nel procedimento disciplinare riaperto.

2. La riapertura del procedimento disciplinare avviene a richiesta dell'interessato o d'ufficio con le forme del procedimento ordinario.

3. Per la riapertura del procedimento e per i provvedimenti conseguenti è competente il consiglio distrettuale di disciplina che ha emesso la decisione, anche se sono state emesse sentenze su ricorso. Il giudizio è affidato a una sezione diversa da quella che ha deciso.

56. Prescrizione dell'azione disciplinare. - 1. L'azione disciplinare si prescrive nel termine di sei anni dal fatto.

2. Nel caso di condanna penale per reato non colposo, la prescrizione per la riapertura del giudizio disciplinare, ai sensi dell'articolo 55, è di due anni dal passaggio in giudicato della sentenza penale di condanna.

3. Il termine della prescrizione è interrotto con la comunicazione all'iscritto della notizia dell'illecito. Il termine è interrotto anche dalla notifica della decisione del consiglio distrettuale di disciplina e della sentenza pronunciata dal CNF su ricorso. Da ogni interruzione decorre un nuovo termine della durata di cinque anni. Se gli atti interruttivi sono più di uno, la prescrizione decorre dall'ultimo di essi, ma in nessun caso il termine stabilito nel comma 1 può essere prolungato di oltre un quarto. Non si computa il tempo delle eventuali sospensioni.

57. Divieto di cancellazione. - 1. Durante lo svolgimento del procedimento, dal giorno dell'invio degli atti al consiglio distrettuale di disciplina non può essere deliberata la cancellazione dall'albo.

58. Notizia di illecito disciplinare e fase istruttoria pre-procedimentale. - 1. Ricevuti gli atti di cui all'articolo 50, comma 4, il presidente del consiglio distrettuale di disciplina provvede senza ritardo a iscrivere in un apposito registro riservato il ricevimento degli atti relativi a un possibile procedimento disciplinare, indicando il nome dell'iscritto a cui gli stessi si riferiscono. Nel caso di manifesta infondatezza ne richiede al consiglio l'archiviazione senza formalità.

2. Qualora il consiglio distrettuale di disciplina non ritenga di disporre l'archiviazione, e in ogni altro caso, il presidente designa la commissione che deve giudicare e nomina il consigliere istruttore, scelto tra i consiglieri iscritti a un ordine diverso da quello dell'incolpato. Il consigliere istruttore diviene responsabile della fase istruttoria pre-procedimentale; egli comunica senza ritardo all'iscritto l'avvio di tale fase, a mezzo di raccomandata con avviso di ricevimento, fornendogli ogni elemento utile e invitandolo a formulare per iscritto le proprie osservazioni entro trenta giorni dal ricevimento della comunicazione, e provvede a ogni accertamento di natura istruttoria nel termine di sei mesi dall'iscrizione della notizia di illecito disciplinare nel registro di cui al comma 1.

3. Conclusa la fase istruttoria, il consigliere istruttore propone al consiglio distrettuale di disciplina richiesta motivata di archiviazione o di approvazione del capo di incolpazione, depositando il fascicolo in segreteria. Il consiglio distrettuale delibera senza la presenza del consigliere istruttore, il quale non può fare parte del collegio giudicante.

4. Il provvedimento di archiviazione è comunicato al consiglio dell'ordine presso il quale l'avvocato è iscritto, all'iscritto e al soggetto dal quale è pervenuta la notizia di illecito.

Capo II
Procedimento

59. Procedimento disciplinare. - 1. Il procedimento disciplinare è regolato dai seguenti principi fondamentali:

a) qualora il consiglio distrettuale di disciplina approvi il capo d'incolpazione, ne dà comunicazione all'incolpato e al pubblico ministero a mezzo di lettera raccomandata con avviso di ricevimento;

b) la comunicazione diretta all'incolpato contiene:

1) il capo d'incolpazione con l'enunciazione:

1.1) delle generalità dell'incolpato e del numero cronologico attribuito al procedimento;

1.2) dell'addebito, con l'indicazione delle norme violate; se gli addebiti sono più di uno gli stessi sono contraddistinti da lettere o da numeri;

1.3) della data della delibera di approvazione del capo d'incolpazione;

2) l'avviso che l'incolpato, nel termine di venti giorni dal ricevimento della stessa, ha diritto di accedere ai documenti contenuti nel fascicolo, prendendone visione ed estraendone copia integrale; ha facoltà di depositare memorie, documenti e di comparire avanti al consigliere istruttore, con l'assistenza del difensore eventualmente nominato, per essere sentito ed esporre le proprie difese. La data per l'interrogatorio è fissata subito dopo la scadenza del termine concesso per il compimento degli atti difensivi ed è indicata nella comunicazione;

c) decorso il termine concesso per il compimento degli atti difensivi, il consigliere istruttore, qualora, per il contenuto delle difese, non ritenga di proporre l'archiviazione, chiede al consiglio distrettuale di disciplina di disporre la citazione a giudizio dell'incolpato;

d) la citazione a giudizio deve essere notificata, a mezzo dell'ufficiale giudiziario, almeno trenta giorni liberi prima della data di comparizione all'incolpato e al pubblico ministero, il quale ha facoltà di presenziare all'udienza dibattimentale. La citazione contiene:

1) le generalità dell'incolpato;

2) l'enunciazione in forma chiara e precisa degli addebiti, con le indicazioni delle norme violate; se gli addebiti sono più di uno essi sono contraddistinti da lettere o da numeri;

3) l'indicazione del luogo, del giorno e dell'ora della comparizione avanti il consiglio distrettuale di disciplina per il dibattimento, con l'avvertimento che l'incolpato può essere assistito da un difensore e che, in caso di mancata comparizione, non dovuta a legittimo impedimento o assoluta impossibilità a comparire, si procederà in sua assenza;

4) l'avviso che l'incolpato ha diritto di produrre documenti e di indicare testimoni, con l'enunciazione sommaria delle circostanze sulle quali essi dovranno essere sentiti. Questi atti devono essere compiuti entro il termine di sette giorni prima della data fissata per il dibattimento;

5) l'elenco dei testimoni che il consiglio distrettuale di disciplina intende ascoltare;

6) la data e la sottoscrizione del presidente e del segretario;

e) nel corso del dibattimento l'incolpato ha diritto di produrre documenti, di interrogare o far interrogare testimoni, di rendere dichiarazioni e, ove lo chieda o vi acconsenta, di sottoporsi all'esame del consiglio distrettuale di disciplina; l'incolpato ha diritto ad avere la parola per ultimo;

f) nel dibattimento il consiglio distrettuale di disciplina acquisisce i documenti prodotti dall'incolpato; provvede all'esame dei testimoni e, subito dopo, all'esame dell'incolpato che ne ha fatto richiesta o che vi ha acconsentito; procede, d'ufficio o su istanza di parte, all'ammissione e all'acquisizione di ogni eventuale ulteriore prova necessaria o utile per l'accertamento dei fatti;

g) le dichiarazioni e i documenti provenienti dall'incolpato, gli atti formati e i documenti acquisiti nel corso della fase istruttoria e del dibattimento sono utilizzabili per la decisione. Gli esposti e le segnalazioni inerenti alla notizia di illecito disciplinare e i verbali di dichiarazioni testimoniali redatti nel corso dell'istruttoria, che non sono stati confermati per qualsiasi motivo in dibattimento, sono utilizzabili per la decisione, ove la persona dalla quale provengono sia stata citata per il dibattimento;

h) terminato il dibattimento, il presidente ne dichiara la chiusura e dà la parola al pubblico ministero, se presente, all'incolpato e al suo difensore, per la discussione, che si svolge nell'ordine di cui alla presente lettera; l'incolpato e il suo difensore hanno in ogni caso la parola per ultimi;

i) conclusa la discussione, il consiglio distrettuale di disciplina delibera il provvedimento a maggioranza, senza la presenza del pubblico ministero, dell'incolpato e del suo difensore, procedendo alla votazione sui temi indicati dal presidente; in caso di parità, prevale il voto di quest'ultimo;

l) è data immediata lettura alle parti del dispositivo del provvedimento. Il dispositivo contiene anche l'indicazione del termine per l'impugnazione;

m) la motivazione del provvedimento deve essere depositata entro il termine di trenta giorni, decorrente dalla lettura del dispositivo; copia integrale del provvedimento è notificata all'incolpato, al consiglio dell'ordine presso il quale l'incolpato è iscritto, al pubblico ministero e al procuratore generale della Repubblica presso la corte d'appello del distretto ove ha sede il consiglio distrettuale di disciplina che ha emesso il provvedimento. Nel caso di decisioni complesse, il termine per il deposito della motivazione può essere aumentato fino al doppio, con provvedimento inserito nel dispositivo della decisione;

n) per quanto non specificatamente disciplinato dal presente comma, si applicano le norme del codice di procedura penale, se compatibili.

60. Sospensione cautelare. - 1. La sospensione cautelare dall'esercizio della professione o dal tirocinio può essere deliberata dal consiglio distrettuale di disciplina competente per il procedimento, previa audizione, nei seguenti casi: applicazione di misura cautelare detentiva o interdittiva irrogata in sede penale e non impugnata o confermata in sede di riesame o di appello; pena accessoria di cui all'articolo 35 del codice penale, anche se è stata disposta la sospensione condizionale della pena, irrogata con la sentenza penale di primo grado; applicazione di misura di sicurezza detentiva; condanna in primo grado per i reati previsti negli articoli 372, 374, 377, 378, 381, 640 e 646 del codice penale, se commessi nell'ambito dell'esercizio della professione o del tirocinio, 244, 648 *bis* e 648 *ter* del medesimo codice; condanna a pena detentiva non inferiore a tre anni.

2. La sospensione cautelare può essere irrogata per un periodo non superiore ad un anno ed è esecutiva dalla data della notifica all'interessato.

3. La sospensione cautelare perde efficacia qualora, nel termine di sei mesi dalla sua irrogazione, il consiglio distrettuale di disciplina non deliberi il provvedimento sanzionatorio.

4. La sospensione cautelare perde altresì efficacia se il consiglio distrettuale di disciplina delibera non esservi luogo a provvedimento disciplinare, ovvero dispone l'irrogazione dell'avvertimento o della censura.

5. La sospensione cautelare può essere revocata o modificata nella sua durata, d'ufficio o su istanza di parte, qualora, anche per circostanze sopravvenute, non appaia adeguata ai fatti commessi.

6. Contro la sospensione cautelare l'interessato può proporre ricorso avanti il CNF nel termine di venti giorni dall'avvenuta notifica nei modi previsti per l'impugnazione dei provvedimenti disciplinari.

7. Il consiglio distrettuale di disciplina dà immediata notizia del provvedimento al consiglio dell'ordine presso il quale è iscritto l'avvocato affinché vi dia esecuzione.

61. Impugnazioni. - 1. Avverso le decisioni del consiglio distrettuale di disciplina è ammesso ricorso, entro trenta giorni dal deposito della sentenza, avanti ad apposita sezione disciplinare del CNF da parte dell'incolpato, nel caso di affermazione di responsabilità, e, per ogni decisione, da parte del consiglio dell'ordine presso cui l'incolpato è iscritto, del procuratore della Repubblica e del procuratore generale del distretto della corte d'appello ove ha sede il consiglio distrettuale di disciplina che ha emesso la decisione.

2. Il ricorso è notificato al pubblico ministero e al procuratore generale presso la corte d'appello, che possono proporre impugnazione incidentale entro venti giorni dalla notifica.

3. La proposizione del ricorso sospende l'esecuzione del provvedimento.

62. Esecuzione. - 1. La decisione emessa dal consiglio distrettuale di disciplina non impugnata è immediatamente esecutiva.

2. Le sospensioni e le radiazioni decorrono dalla scadenza del termine dell'impugnazione, per le decisioni del consiglio distrettuale di disciplina, o dal giorno successivo alla notifica della sentenza all'incolpato. L'incolpato è tenuto ad astenersi dall'esercizio della professione o dal tirocinio senza necessità di alcun ulteriore avviso.

3. Per l'esecuzione della sanzione è competente il consiglio dell'ordine al cui albo o registro è iscritto l'incolpato.

4. Il presidente del consiglio dell'ordine, avuta notizia dell'esecutività della sanzione, verifica senza indugio la data della notifica all'incolpato della decisione del consiglio distrettuale di disciplina e gli invia, a mezzo di raccomandata con avviso di ricevimento, una comunicazione nella quale indica la decorrenza finale dell'esecuzione della sanzione.

5. Nel caso in cui sia inflitta la sospensione, la radiazione o la sospensione cautelare, di esse è data comunicazione senza indugio

ai capi degli uffici giudiziari del distretto ove ha sede il consiglio dell'ordine competente per l'esecuzione, ai presidenti dei consigli dell'ordine del relativo distretto e a tutti gli iscritti agli albi e registri tenuti dal consiglio dell'ordine stesso.

6. Copia della comunicazione è affissa presso gli uffici del consiglio dell'ordine competente per l'esecuzione.

7. Quando la decisione che irroga una sanzione disciplinare ovvero che pronuncia il proscioglimento è divenuta definitiva e riguarda un iscritto di un altro ordine, il consigliere segretario ne dà comunicazione all'ordine di appartenenza, trasmettendo copia della decisione.

8. Qualora sia stata irrogata la sanzione della sospensione a carico di un iscritto, al quale per il medesimo fatto è stata applicata la sospensione cautelare, il consiglio dell'ordine determina d'ufficio senza ritardo la durata della sospensione, detraendo il periodo di sospensione cautelare già scontato.

9. Nei casi previsti dai commi 7 e 8, l'estratto della delibera contenente il termine finale della sanzione è immediatamente notificato all'interessato e comunicato ai soggetti di cui al comma 5.

10. Il professionista radiato può chiedere di essere nuovamente iscritto decorsi cinque anni dall'esecutività del provvedimento sanzionatorio, ma non oltre un anno successivamente alla scadenza di tale termine.

63. Poteri ispettivi del CNF. – 1. Il CNF può richiedere ai consigli distrettuali di disciplina notizie relative all'attività disciplinare svolta; può inoltre nominare, scegliendoli tra gli avvocati iscritti nell'albo speciale per il patrocinio davanti alle magistrature superiori, ispettori per il controllo del regolare funzionamento dei consigli distrettuali di disciplina quanto all'esercizio delle loro funzioni in materia disciplinare. Gli ispettori possono esaminare tutti gli atti, compresi quelli riguardanti i procedimenti archiviati. Gli ispettori redigono e inviano al CNF la relazione di quanto riscontrato, formulando osservazioni e proposte. Il CNF può disporre la decadenza dei componenti dei consigli distrettuali di disciplina. Al componente decaduto subentra il primo dei non eletti.

2. Analoghi poteri ispettivi possono essere esercitati per quanto riguarda i procedimenti in corso presso i consigli dell'ordine di appartenenza per la previsione transitoria di cui all'articolo 49.

Titolo VI
Delega al governo e disposizioni transitorie e finali

64. Delega al Governo per il testo unico. – 1. Il Governo è delegato ad adottare, entro ventiquattro mesi dalla data di entrata in vigore della presente legge, sentito il CNF, uno o più decreti legislativi contenenti un testo unico di riordino delle disposizioni vigenti in materia di professione forense, attenendosi ai seguenti principi e criteri direttivi:

a) accertare la vigenza attuale delle singole norme, indicare quelle abrogate, anche implicitamente, per incompatibilità con successive disposizioni, e quelle che, pur non inserite nel testo unico, restano in vigore; allegare al testo unico l'elenco delle disposizioni, benché non richiamate, che sono comunque abrogate;

b) procedere al coordinamento del testo delle disposizioni vigenti apportando, nei limiti di tale coordinamento, le modificazioni necessarie per garantire la coerenza logica e sistematica della disciplina, anche al fine di adeguare e semplificare il linguaggio normativo.

2. Al fine di consentire una contestuale compilazione delle disposizioni legislative e regolamentari riguardanti la professione di avvocato, il Governo è autorizzato, nella adozione del testo unico, ad inserire in esso, con adeguata evidenziazione, le norme sia legislative sia regolamentari vigenti.

3. Dalle disposizioni del presente articolo non devono derivare nuovi o maggiori oneri a carico della finanza pubblica.

65. Disposizioni transitorie. – 1. Fino alla data di entrata in vigore dei regolamenti previsti nella presente legge, si applicano se necessario e in quanto compatibili le disposizioni vigenti non abrogate, anche se non richiamate.

2. Il CNF ed i consigli circondariali in carica alla data di entrata in vigore della presente legge sono prorogati fino al 31 dicembre dell'anno successivo alla medesima data.

3. L'articolo 19 non si applica agli avvocati già iscritti agli albi alla data di entrata in vigore della presente legge, per i quali restano ferme le disposizioni dell'articolo 3, quarto comma, del regio decreto legge 27 novembre 1933, n. 1578, convertito, con modificazioni, dalla legge 22 gennaio 1934, n. 36, e successive modificazioni.

4. L'incompatibilità di cui all'articolo 28, comma 10, tra la carica di consigliere dell'or-

dine e quella di componente del comitato dei delegati della Cassa nazionale di previdenza e assistenza forense deve essere rimossa comunque non oltre sessanta giorni dalla data di entrata in vigore della presente legge.

5. Il codice deontologico è emanato entro il termine massimo di un anno dalla data di entrata in vigore della presente legge. Il CNF vi provvede sentiti gli ordini forensi circondariali e la Cassa nazionale di previdenza e assistenza forense in relazione alle materie di interesse di questa. L'entrata in vigore del codice deontologico determina la cessazione di efficacia delle norme previgenti anche se non specificamente abrogate. Le norme contenute nel codice deontologico si applicano anche ai procedimenti disciplinari in corso al momento della sua entrata in vigore, se più favorevoli per l'incolpato.

66. Disposizione finale. – 1. La disciplina in materia di prescrizione dei contributi previdenziali di cui all'articolo 3 della legge 8 agosto 1995, n. 335, non si applica alle contribuzioni dovute alla Cassa nazionale di previdenza e assistenza forense.

67. Clausola di invarianza finanziaria. – 1. Dalle disposizioni recate dalla presente legge non devono derivare nuovi o maggiori oneri a carico della finanza pubblica.

2.

L. 21 aprile 2023, n. 49. Disposizioni in materia di equo compenso delle prestazioni professionali (*Gazzetta Ufficiale* Serie gen. - n. 104 del 5 maggio 2023).

1. Definizione. – 1. Ai fini della presente legge, per equo compenso si intende la corresponsione di un compenso proporzionato alla quantità e alla qualità del lavoro svolto, al contenuto e alle caratteristiche della prestazione professionale, nonché conforme ai compensi previsti rispettivamente:

a) per gli avvocati, dal decreto del Ministro della giustizia emanato ai sensi dell'articolo 13, comma 6, della legge 31 dicembre 2012, n. 247;

b) per i professionisti iscritti agli ordini e collegi, dai decreti ministeriali adottati ai sensi dell'articolo 9 del decreto legge 24 gennaio 2012, n. 1, convertito, con modificazioni, dalla legge 24 marzo 2012, n. 27;

c) per i professionisti di cui al comma 2 dell'articolo 1 della legge 14 gennaio 2013, n. 4, dal decreto del Ministro delle imprese e del made in Italy da adottare entro sessanta giorni dalla data di entrata in vigore della presente legge e, successivamente, con cadenza biennale, sentite le associazioni iscritte nell'elenco di cui al comma 7 dell'articolo 2 della medesima legge n. 4 del 2013.

2. Ambito di applicazione. – 1. La presente legge si applica ai rapporti professionali aventi ad oggetto la prestazione d'opera intellettuale di cui all'articolo 2230 del codice civile regolati da convenzioni aventi ad oggetto lo svolgimento, anche in forma associata o societaria, delle attività professionali svolte in favore di imprese bancarie e assicurative nonché delle loro società controllate, delle loro mandatarie e delle imprese che nell'anno precedente al conferimento dell'incarico hanno occupato alle proprie dipendenze più di cinquanta lavoratori o hanno presentato ricavi annui superiori a 10 milioni di euro, fermo restando quanto previsto al secondo periodo del comma 3.

2. Le disposizioni della presente legge si applicano a ogni tipo di accordo preparatorio o definitivo, purché vincolante per il professionista, le cui clausole sono comunque utilizzate dalle imprese di cui al comma 1.

3. Le disposizioni della presente legge si applicano altresì alle prestazioni rese dai professionisti in favore della pubblica amministrazione e delle società disciplinate dal testo unico in materia di società a partecipazione pubblica, di cui al decreto legislativo 19 agosto 2016, n. 175. Esse non si applicano, in ogni caso, alle prestazioni rese dai professionisti in favore di società veicolo di cartolarizzazione né a quelle rese in favore degli agenti della riscossione. Gli agenti della riscossione garantiscono comunque, all'atto del conferimento dell'incarico professionale, la pattuizione di compensi adeguati all'importanza dell'opera, tenendo conto, in ogni caso, dell'eventuale ripetitività della prestazione richiesta.

3. Nullità delle clausole che prevedono un compenso non equo. – 1. Sono nulle le clausole che non prevedono un compenso equo e proporzionato all'opera prestata, tenendo conto a tale fine anche dei costi sostenuti dal prestatore d'opera; sono tali le pattuizioni di un compenso inferiore agli importi stabiliti dai parametri per la liquidazione dei compensi dei professionisti iscritti agli ordini o ai collegi professionali, fissati con decreto ministeriale, o ai parametri determinati con decreto del Ministro della giustizia ai sensi dell'articolo 13, comma 6, della legge

31 dicembre 2012, n. 247, per la professione forense, o ai parametri fissati con il decreto del Ministro delle imprese e del made in Italy di cui all'articolo 1, comma 1, lettera *c*), della presente legge.

2. Sono, altresì, nulle le pattuizioni che vietino al professionista di pretendere acconti nel corso della prestazione o che impongano l'anticipazione di spese o che, comunque, attribuiscano al committente vantaggi sproporzionati rispetto alla quantità e alla qualità del lavoro svolto o del servizio reso, nonché le clausole e le pattuizioni, anche se contenute in documenti contrattuali distinti dalla convenzione, dall'incarico o dall'affidamento tra il cliente e il professionista, che consistano:

a) nella riserva al cliente della facoltà di modificare unilateralmente le condizioni del contratto;

b) nell'attribuzione al cliente della facoltà di rifiutare la stipulazione in forma scritta degli elementi essenziali del contratto;

c) nell'attribuzione al cliente della facoltà di pretendere prestazioni aggiuntive che il professionista deve eseguire a titolo gratuito;

d) nell'anticipazione delle spese a carico del professionista;

e) nella previsione di clausole che impongono al professionista la rinuncia al rimborso delle spese connesse alla prestazione dell'attività professionale oggetto della convenzione;

f) nella previsione di termini di pagamento superiori a sessanta giorni dalla data di ricevimento da parte del cliente della fattura o di una richiesta di pagamento di contenuto equivalente;

g) nel caso di un incarico conferito a un avvocato, nella previsione che, in caso di liquidazione delle spese di lite in favore del cliente, all'avvocato sia riconosciuto solo il minore importo previsto nella convenzione, anche nel caso in cui le spese liquidate siano state interamente o parzialmente corrisposte o recuperate dalla parte, ovvero solo il minore importo liquidato, nel caso in cui l'importo previsto nella convenzione sia maggiore;

h) nella previsione che, in caso di un nuovo accordo sostitutivo di un altro precedentemente stipulato con il medesimo cliente, la nuova disciplina in materia di compensi si applichi, se comporta compensi inferiori a quelli previsti nel precedente accordo, anche agli incarichi pendenti o, comunque, non ancora definiti o fatturati;

i) nella previsione che il compenso pattuito per l'assistenza e la consulenza in materia contrattuale spetti solo in caso di sottoscrizione del contratto;

l) nell'obbligo per il professionista di corrispondere al cliente o a soggetti terzi compensi, corrispettivi o rimborsi connessi all'utilizzo di software, banche di dati, sistemi gestionali, servizi di assistenza tecnica, servizi di formazione e di qualsiasi bene o servizio la cui utilizzazione o fruizione nello svolgimento dell'incarico sia richiesta dal cliente.

3. Non sono nulle le clausole che riproducono disposizioni di legge ovvero che riproducono disposizioni o attuano principi contenuti in convenzioni internazionali delle quali siano parti contraenti tutti gli Stati membri dell'Unione europea o l'Unione europea.

4. La nullità delle singole clausole non comporta la nullità del contratto, che rimane valido ed efficace per il resto. La nullità opera solo a vantaggio del professionista ed è rilevabile d'ufficio.

5. La convenzione, il contratto, l'esito della gara, l'affidamento, la predisposizione di un elenco di fiduciari o comunque qualsiasi accordo che preveda un compenso inferiore ai valori determinati ai sensi del comma 1 possono essere impugnati dal professionista innanzi al tribunale competente per il luogo ove egli ha la residenza o il domicilio, al fine di far valere la nullità della pattuizione e di chiedere la rideterminazione giudiziale del compenso per l'attività professionale prestata.

6. Il tribunale procede alla rideterminazione secondo i parametri previsti dai decreti ministeriali di cui al comma 1 relativi alle attività svolte dal professionista, tenendo conto dell'opera effettivamente prestata e chiedendo, se necessario, al professionista di acquisire dall'ordine o dal collegio a cui è iscritto il parere sulla congruità del compenso o degli onorari, che costituisce elemento di prova sulle caratteristiche, sull'urgenza e sul pregio dell'attività prestata, sull'importanza, sulla natura, sulla difficoltà e sul valore dell'affare, sulle condizioni soggettive del cliente, sui risultati conseguiti, sul numero e sulla complessità delle questioni giuridiche e di fatto trattate. In tale procedimento il giudice può avvalersi della consulenza tecnica, ove sia indispensabile ai fini del giudizio.

4. Indennizzo in favore del professionista. – 1. Il giudice che accerta il carattere non equo del compenso pattuito ai sensi della presente legge ridetermina il compenso dovuto al professionista e condanna il cliente al pagamento della differenza tra l'equo compenso così determinato e quanto già versato al professionista. Il giudice può altresì condannare il cliente al pagamento di un indennizzo in favore del professionista fino al doppio della differenza di cui al primo periodo, fatto salvo il risarcimento dell'eventuale maggiore danno.

5. Disciplina dell'equo compenso. – 1. Gli accordi preparatori o definitivi, purché vincolanti per il professionista, conclusi tra i professionisti e le imprese di cui all'articolo 2 si presumono unilateralmente predisposti dalle imprese stesse, salva prova contraria.

2. La prescrizione del diritto del professionista al pagamento dell'onorario decorre dal momento in cui, per qualsiasi causa, cessa il rapporto con l'impresa di cui all'articolo 2 della presente legge. In caso di una pluralità di prestazioni rese a seguito di un unico incarico, convenzione, contratto, esito di gara, predisposizione di un elenco di fiduciari o affidamento e non aventi carattere periodico, la prescrizione decorre dal giorno del compimento dell'ultima prestazione. Per quanto non previsto dal presente articolo, alle convenzioni di cui all'articolo 2 si applicano le disposizioni del codice civile.

3. I parametri di riferimento delle prestazioni professionali sono aggiornati ogni due anni su proposta dei Consigli nazionali degli ordini o collegi professionali.

4. I Consigli nazionali degli ordini o collegi professionali sono legittimati ad adire l'autorità giudiziaria competente qualora ravvisino violazioni delle disposizioni vigenti in materia di equo compenso.

5. Gli ordini e i collegi professionali adottano disposizioni deontologiche volte a sanzionare la violazione, da parte del professionista, dell'obbligo di convenire o di preventivare un compenso che sia giusto, equo e proporzionato alla prestazione professionale richiesta e determinato in applicazione dei parametri previsti dai pertinenti decreti ministeriali, nonché a sanzionare la violazione dell'obbligo di avvertire il cliente, nei soli rapporti in cui la convenzione, il contratto o comunque qualsiasi accordo con il cliente siano predisposti esclusivamente dal professionista, che il compenso per la prestazione professionale deve rispettare in ogni caso, pena la nullità della pattuizione, i criteri stabiliti dalle disposizioni della presente legge.

6. Presunzione di equità. – 1. È facoltà delle imprese di cui all'articolo 2, comma 1, adottare modelli standard di convenzione, concordati con i Consigli nazionali degli ordini o collegi professionali.

2. I compensi previsti nei modelli standard di cui al comma 1 si presumono equi fino a prova contraria.

7. Parere di congruità con efficacia di titolo esecutivo. – 1. In alternativa alle procedure di cui agli articoli 633 e seguenti del codice di procedura civile e di cui all'articolo 14 del decreto legislativo 1° settembre 2011, n. 150, il parere di congruità emesso dall'ordine o dal collegio professionale sul compenso o sugli onorari richiesti dal professionista costituisce titolo esecutivo, anche per tutte le spese sostenute e documentate, se rilasciato nel rispetto della procedura di cui alla legge 7 agosto 1990, n. 241, e se il debitore non propone opposizione innanzi all'autorità giudiziaria, ai sensi dell'articolo 281 *undecies* del codice di procedura civile, entro quaranta giorni dalla notificazione del parere stesso a cura del professionista.

2. Il giudizio di opposizione si svolge davanti al giudice competente per materia e per valore del luogo nel cui circondario ha sede l'ordine o il collegio professionale che ha emesso il parere di cui al comma 1 del presente articolo e, in quanto compatibile, nelle forme di cui all'articolo 14 del decreto legislativo 1° settembre 2011, n. 150.

8. Prescrizione per l'esercizio dell'azione di responsabilità professionale. – 1. Il termine di prescrizione per l'esercizio dell'azione di responsabilità professionale decorre dal giorno del compimento della prestazione da parte del professionista.

9. Azione di classe. – 1. I diritti individuali omogenei dei professionisti possono essere tutelati anche attraverso l'azione di classe ai sensi del titolo VIII *bis* del libro quarto del codice di procedura civile. Ai fini di cui al primo periodo, ferma restando la legittimazione di ciascun professionista, l'azione di classe può essere proposta dal Consiglio nazionale dell'ordine al quale sono iscritti i professionisti interessati o dalle associazioni maggiormente rappresentative.

10. Osservatorio nazionale sull'equo compenso. – 1. Al fine di vigilare sull'osservanza delle disposizioni di cui alla presente legge in materia di equo compenso è istituito, presso il Ministero della giustizia, l'Osservatorio nazionale sull'equo compenso, di seguito denominato «Osservatorio».

2. L'Osservatorio è composto da un rappresentante nominato dal Ministero del lavoro e delle politiche sociali, da un rappresentante per ciascuno dei Consigli nazionali degli ordini professionali, da cinque rappresentanti, individuati dal Ministero delle imprese e del made in Italy, per le associazioni di professionisti non iscritti a ordini e collegi, di cui al comma 7 dell'articolo 2 della legge 14 gennaio 2013, n. 4, ed è presieduto dal Ministro della giustizia o da un suo delegato.

3. È compito dell'Osservatorio:

a) esprimere pareri, ove richiesto, sugli schemi di atti normativi che riguardano i criteri di determinazione dell'equo compenso e la disciplina delle convenzioni di cui all'articolo 2;

b) formulare proposte nelle materie di cui alla lettera *a*);

c) segnalare al Ministro della giustizia eventuali condotte o prassi applicative o interpretative in contrasto con le disposizioni in materia di equo compenso e di tutela dei professionisti dalle clausole vessatorie.

4. L'Osservatorio è nominato con decreto del Ministro della giustizia e dura in carica tre anni.

5. Ai componenti dell'Osservatorio non spetta alcun compenso, gettone di presenza, rimborso di spese o altro emolumento comunque denominato e a qualsiasi titolo dovuto.

6. L'Osservatorio presenta alle Camere, entro il 30 settembre di ogni anno, una relazione sulla propria attività di vigilanza.

11. Disposizioni transitorie. – 1. Le disposizioni della presente legge non si applicano alle convenzioni in corso, sottoscritte prima della data di entrata in vigore della medesima legge.

12. Abrogazioni. – 1. A decorrere dalla data di entrata in vigore della presente legge, l'articolo 13 *bis* della legge 31 dicembre 2012, n. 247, l'articolo 1 9 *quaterdecies* del decreto legge 16 ottobre 2017, n. 148, convertito, con modificazioni, dalla legge 4 dicembre 2017, n. 172, e la lettera *a*) del comma 1 dell'articolo 2 del decreto legge 4 luglio 2006, n. 223, convertito, con modificazioni, dalla legge 4 agosto 2006, n. 248, sono abrogati.

13. Clausola di invarianza finanziaria. – 1. Dall'attuazione della presente legge non devono derivare nuovi o maggiori oneri per la finanza pubblica. Le amministrazioni interessate provvedono ai relativi adempimenti nell'ambito delle risorse umane, strumentali e finanziarie disponibili a legislazione vigente.

1.

L. 5 febbraio 1992, n. 91. Nuove norme sulla cittadinanza (*Gazzetta Ufficiale* Serie gen. - n. 38 del 15 febbraio 1992).

1. 1. È cittadino per nascita:

a) il figlio di padre o di madre cittadini;

b) chi è nato nel territorio della Repubblica se entrambi i genitori sono ignoti o apolidi, ovvero se il figlio non segue la cittadinanza dei genitori secondo la legge dello Stato al quale questi appartengono.

2. È considerato cittadino per nascita il figlio di ignoti trovato nel territorio della Repubblica, se non venga provato il possesso di altra cittadinanza.

2. 1. Il riconoscimento o la dichiarazione giudiziale della filiazione durante la minore età del figlio ne determina la cittadinanza secondo le norme della presente legge.

2. Se il figlio riconosciuto o dichiarato è maggiorenne conserva il proprio stato di cittadinanza, ma può dichiarare, entro un anno dal riconoscimento o dalla dichiarazione giudiziale, ovvero dalla dichiarazione di efficacia del provvedimento straniero, di eleggere la cittadinanza determinata dalla filiazione.

3. Le disposizioni del presente articolo si applicano anche ai figli per i quali la paternità o maternità non può essere dichiarata, purché sia stato riconosciuto giudizialmente il loro diritto al mantenimento o agli alimenti.

3. 1. Il minore straniero adottato da cittadino italiano acquista la cittadinanza.

2. La disposizione del comma 1 si applica anche nei confronti degli adottati prima della data di entrata in vigore della presente legge.

3. Qualora l'adozione sia revocata per fatto dell'adottato, questi perde la cittadinanza italiana, sempre che sia in possesso di altra cittadinanza o la riacquisti.

4. Negli altri casi di revoca, l'adottato conserva la cittadinanza italiana. Tuttavia, qualora la revoca intervenga durante la maggiore età dell'adottato, lo stesso, se in possesso di altra cittadinanza o se la riacquisti, potrà comunque rinunciare alla cittadinanza italiana entro un anno dalla revoca stessa.

4. 1. Lo straniero o l'apolide, del quale il padre o la madre o uno degli ascendenti in linea retta di secondo grado sono stati cittadini per nascita, diviene cittadino:

a) se presta effettivo servizio militare per lo Stato italiano e dichiara preventivamente di voler acquistare la cittadinanza italiana;

b) se assume pubblico impiego alle dipendenze dello Stato, anche all'estero, e dichiara di voler acquistare la cittadinanza italiana;

c) se, al raggiungimento della maggiore età, risiede legalmente da almeno due anni nel territorio della Repubblica e dichiara, entro un anno dal raggiungimento, di voler acquistare la cittadinanza italiana.

2. Lo straniero nato in Italia, che vi abbia risieduto legalmente senza interruzione fino al raggiungimento della maggiore età, diviene cittadino se dichiara di voler acquistare la cittadinanza italiana entro un anno dalla suddetta data (1).

(1) *A norma dell'art. 33 del D.L. 21 giugno 2013, n. 69, convertito, con modificazioni, nella L. 9 agosto 2013, n. 98, ai fini di questo comma all'interessato non sono imputabili eventuali inadempimenti riconducibili ai genitori o agli uffici della Pubblica Amministrazione, ed egli può dimostrare il possesso dei requisiti con ogni idonea documentazione.*

Gli ufficiali di stato civile sono tenuti, nel corso dei sei mesi precedenti il compimento del diciottesimo anno di età, a comunicare all'interessato, nella sede di residenza quale risulta all'ufficio, la possibilità di esercitare il diritto di cui al comma 2 del citato articolo 4 della legge n. 91 del 1992 entro il compimento del diciannovesimo anno di età. In mancanza, il diritto può essere esercitato anche oltre tale data.

Entro tre mesi dalla data di entrata in vigore della legge di conversione del presente decreto, gli uffici pubblici coinvolti nei procedimenti di rilascio della cittadinanza acquisiscono e trasmettono dati e documenti attraverso gli strumenti informatici.

5. (1) (2) 1. Il coniuge, straniero o apolide, di cittadino italiano può acquistare la cittadinanza italiana quando, dopo il matrimonio, risieda legalmente da almeno due anni nel territorio della Repubblica, oppure dopo tre anni dalla data del matrimonio se residente all'estero, qualora, al momento dell'adozione del decreto di cui all'articolo 7, comma 1, non sia intervenuto lo scioglimento, l'annullamento o la cessazione degli effetti civili del matrimonio e non sussista la separazione personale dei coniugi.

2. I termini di cui al comma 1 sono ridotti della metà in presenza di figli nati o adottati dai coniugi.

(1) *Questo articolo è stato così sostituito dall'art. 1, comma 11, della L. 15 luglio 2009, n. 94.*

(2) *La Corte costituzionale, con sentenza n. 195 del 26 luglio 2022, ha dichiarato l'illegittimità costituzionale di questo articolo, nella parte in cui non esclude, dal novero delle cause ostative al riconoscimento del diritto di cittadinanza, la morte del coniuge del richiedente, sopravvenuta in pendenza dei termini previsti per la conclusione del procedimento di cui al successivo art. 7, comma 1.*

6. 1. Precludono l'acquisto della cittadinanza ai sensi dell'articolo 5:

a) la condanna per uno dei delitti previsti nel libro secondo, titolo I, capi I, II e III, del codice penale;

b) la condanna per un delitto non colposo per il quale la legge preveda una pena edittale non inferiore nel massimo a tre anni di reclusione; ovvero la condanna per un reato non politico ad una pena detentiva superiore ad un anno da parte di una autorità giudiziaria straniera, quando la sentenza sia stata riconosciuta in Italia;

c) la sussistenza, nel caso specifico, di comprovati motivi inerenti alla sicurezza della Repubblica.

2. Il riconoscimento della sentenza straniera è richiesto dal procuratore generale del distretto dove ha sede l'ufficio dello stato civile in cui è iscritto o trascritto il matrimonio, anche ai soli fini ed effetti di cui al comma 1, lettera *b*).

3. La riabilitazione fa cessare gli effetti preclusivi della condanna.

4. L'acquisto della cittadinanza è sospeso fino a comunicazione della sentenza definitiva, se sia stata promossa azione penale per uno dei delitti di cui al comma 1, lettera *a*) e lettera *b*), primo periodo, nonché per il tempo in cui è pendente il procedimento di riconoscimento della sentenza straniera, di cui al medesimo comma 1, lettera *b*), secondo periodo.

7. [1. Ai sensi dell'articolo 5, la cittadinanza si acquista con decreto del Ministro dell'interno, a istanza dell'interessato, presentata al sindaco del comune di residenza o alla competente autorità consolare] (1).

2. Si applicano le disposizioni di cui all'articolo 3 della L. 12 gennaio 1991, n. 13.

(1) *Questo comma è stato abrogato dall'art. 8 del D.P.R. 18 aprile 1994, n. 362, regolamento recante disciplina dei procedimenti di acquisto della cittadinanza italiana, a decorrere dal 10 dicembre 1994.*

8. 1. Con decreto motivato, il Ministro dell'interno respinge l'istanza di cui all'articolo 7 ove sussistano le cause ostative previste nell'articolo 6. Ove si tratti di ragioni inerenti alla sicurezza della Repubblica, il decreto è emanato su conforme parere del Consiglio di Stato. L'istanza respinta può essere riproposta dopo cinque anni dall'emanazione del provvedimento.

[2. L'emanazione del decreto di rigetto dell'istanza è preclusa quando dalla data di presentazione dell'istanza stessa, corredata dalla prescritta documentazione, sia decorso il termine di due anni] (1).

(1) *Questo comma è stato abrogato dell'art. 14, comma 1, lett. a), del D.L. 4 ottobre 2018, n. 113, convertito, con modificazioni, nella L. 1 dicembre 2018, n. 132.*

9. 1. La cittadinanza italiana può essere concessa con decreto del Presidente della Repubblica, sentito il Consiglio di Stato, su proposta del Ministro dell'interno:

a) allo straniero del quale il padre o la madre o uno degli ascendenti in linea retta di secondo grado sono stati cittadini per nascita, o che è nato nel territorio della Repubblica e, in entrambi i casi, vi risiede legalmente da almeno tre anni, comunque fatto salvo quanto previsto dall'articolo 4, comma 1, lettera *c*);

b) allo straniero maggiorenne adottato da cittadino italiano che risiede legalmente nel territorio della Repubblica da almeno cinque anni successivamente all'adozione;

c) allo straniero che ha prestato servizio, anche all'estero, per almeno cinque anni alle dipendenze dello Stato;

d) al cittadino di uno Stato membro delle Comunità europee se risiede legalmente da almeno quattro anni nel territorio della Repubblica;

e) all'apolide che risiede legalmente da almeno cinque anni nel territorio della Repubblica;

f) allo straniero che risiede legalmente da almeno dieci anni nel territorio della Repubblica.

2. Con decreto del Presidente della Repubblica, sentito il Consiglio di Stato e previa

deliberazione del Consiglio dei Ministri, su proposta del Ministro dell'interno, di concerto con il Ministro degli affari esteri, la cittadinanza può essere concessa allo straniero quando questi abbia reso eminenti servizi all'Italia, ovvero quando ricorra un eccezionale interesse dello Stato.

NOTE OPERATIVE:

Natura giuridica: Il provvedimento di concessione della cittadinanza è atto squisitamente discrezionale di alta amministrazione, condizionato all'esistenza di un interesse pubblico che con lo stesso atto si intende raggiungere e da uno status illesae dignitatis (morale e civile) di colui che lo richiede; si tratta di provvedimento fondato su determinazioni che rappresentano un'esplicazione del potere sovrano dello Stato di ampliare il numero dei propri cittadini (C.S. 7484/23 – Conf. C.C. 2992/23).

9.1. (¹) 1. La concessione della cittadinanza italiana ai sensi degli articoli 5 e 9 è subordinata al possesso, da parte dell'interessato, di un'adeguata conoscenza della lingua italiana, non inferiore al livello B1 del Quadro comune europeo di riferimento per la conoscenza delle lingue (QCER). A tal fine, i richiedenti, che non abbiano sottoscritto l'accordo di integrazione di cui all'articolo 4 *bis* del testo unico di cui al decreto legislativo 25 luglio 1998, n. 286, o che non siano titolari di permesso di soggiorno UE per soggiornanti di lungo periodo di cui all'articolo 9 del medesimo testo unico, sono tenuti, all'atto della presentazione dell'istanza, ad attestare il possesso di un titolo di studio rilasciato da un istituto di istruzione pubblico o paritario riconosciuto dal Ministero dell'istruzione, dell'università e della ricerca e dal Ministero degli affari esteri e della cooperazione internazionale o dal Ministero dell'istruzione, dell'università e della ricerca, ovvero a produrre apposita certificazione rilasciata da un ente certificatore riconosciuto dal Ministero dell'istruzione, dell'università e della ricerca e dal Ministero degli affari esteri e della cooperazione internazionale o dal Ministero dell'istruzione, dell'università e della ricerca.

(¹) *Questo articolo è stato inserito dell'art. 14, comma 1, lett.* a bis), *del D.L. 4 ottobre 2018, n. 113, convertito, con modificazioni, nella L. 1 dicembre 2018, n. 132.*

9 *bis*. (¹) 1. Ai fini dell'elezione, acquisto, riacquisto, rinuncia o concessione della cittadinanza, all'istanza o dichiarazione dell'interessato deve essere comunque allegata la certificazione comprovante il possesso dei requisiti richiesti per legge.

2. Le istanze o dichiarazioni di elezione, acquisto, riacquisto, rinuncia o concessione della cittadinanza sono soggette al pagamento di un contributo di importo pari a 250 (²) euro.

3. Il gettito derivante dal contributo di cui al comma 2 è versato all'entrata del bilancio dello Stato per essere riassegnato allo stato di previsione del Ministero dell'interno che lo destina, per la metà, al finanziamento di progetti del Dipartimento per le libertà civili e l'immigrazione diretti alla collaborazione internazionale e alla cooperazione e assistenza ai Paesi terzi in materia di immigrazione anche attraverso la partecipazione a programmi finanziati dall'Unione europea e, per l'altra metà, alla copertura degli oneri connessi alle attività istruttorie inerenti ai procedimenti di competenza del medesimo Dipartimento in materia di immigrazione, asilo e cittadinanza.

(¹) *Questo articolo è stato inserito dall'art. 1, comma 12, della L. 15 luglio 2009, n. 94.*

(²) *Le parole: «di importo pari a 200» sono state così sostituite dalle attuali: «di importo pari a 250» dell'art. 14, comma 1, lett.* b), *del D.L. 4 ottobre 2018, n. 113, convertito, con modificazioni, nella L. 1 dicembre 2018, n. 132.*

9 *ter*. (¹) 1. Il termine di definizione dei procedimenti di cui agli articoli 5 e 9 è fissato in ventiquattro mesi prorogabili fino al massimo di trentasei mesi dalla data di presentazione della domanda.

(¹) *Questo articolo, inserito dell'art. 14, comma 1, lett.* c), *del D.L. 4 ottobre 2018, n. 113, convertito, con modificazioni, nella L. 1 dicembre 2018, n. 132, è stato così sostituito dall'art. 4, comma 5, del D.L. 21 ottobre 2020, n. 130, convertito, con modificazioni, nella L. 18 dicembre 2020, n. 173. A norma dell'art. 4, comma 6 del medesimo provvedimento il termine di cui a questo articolo, trova applicazione per le domande di cittadinanza presentate dalla data di entrata in vigore della legge di conversione del presente decreto.*

10. 1. Il decreto di concessione della cittadinanza non ha effetto se la persona a cui si riferisce non presta, entro sei mesi dalla notifica del decreto medesimo, giuramento di essere fedele alla Repubblica e di osservare la Costituzione e le leggi dello Stato (¹).

(¹) *La Corte costituzionale, con sentenza n. 258 del 7 dicembre 2017, ha dichiarato l'illegittimità costituzionale di questo articolo, nella parte in cui non prevede che sia esonerata dal giuramento la persona incapace di soddisfare tale adempimento in ragione di grave e accertata condizione di disabilità.*

10 *bis*. (¹) 1. La cittadinanza italiana acquisita ai sensi degli articoli 4, comma 2, 5 e 9, è revocata in caso di condanna definitiva per i reati previsti dall'articolo 407, comma 2, lettera a), n. 4), del codice di procedura penale, nonché per i reati di cui agli articoli 270 *ter* e 270 *quinquies* 2, del codice penale. La revoca della cittadinanza è adottata, entro tre anni dal passaggio in giudicato della sentenza di condanna per i reati di cui al primo periodo, con decreto del Presidente della Repubblica, su proposta del Ministro dell'interno.

(1) *Questo articolo è stato inserito dell'art. 14, comma 1, lett.* d), *del D.L. 4 ottobre 2018, n. 113, convertito, con modificazioni, nella L. 1 dicembre 2018, n. 132.*

11. 1. Il cittadino che possiede, acquista o riacquista una cittadinanza straniera conserva quella italiana, ma può ad essa rinunciare qualora risieda o stabilisca la residenza all'estero.

12. 1. Il cittadino italiano perde la cittadinanza se, avendo accettato un impiego pubblico od una carica pubblica da uno Stato o ente pubblico estero o da un ente internazionale cui non partecipi l'Italia, ovvero prestando servizio militare per uno Stato estero, non ottempera, nel termine fissato, all'intimazione che il Governo italiano può rivolgergli di abbandonare l'impiego, la carica o il servizio militare.

2. Il cittadino italiano che, durante lo stato di guerra con uno Stato estero, abbia accettato o non abbia abbandonato un impiego pubblico od una carica pubblica, od abbia prestato servizio militare per tale Stato senza esservi obbligato, ovvero ne abbia acquistato volontariamente la cittadinanza, perde la cittadinanza italiana al momento della cessazione dello stato di guerra.

13. 1. Chi ha perduto la cittadinanza la riacquista:

a) se presta effettivo servizio militare per lo Stato italiano e dichiara previamente di volerla riacquistare;

b) se, assumendo o avendo assunto un pubblico impiego alle dipendenze dello Stato, anche all'estero, dichiara di volerla riacquistare;

c) se dichiara di volerla riacquistare ed ha stabilito o stabilisce, entro un anno dalla dichiarazione, la residenza nel territorio della Repubblica;

d) dopo un anno dalla data in cui ha stabilito la residenza nel territorio della Repubblica, salvo espressa rinuncia entro lo stesso termine;

e) se, avendola perduta per non aver ottemperato all'intimazione di abbandonare l'impiego o la carica accettati da uno Stato, da un ente pubblico estero o da un ente internazionale, ovvero il servizio militare per uno Stato estero, dichiara di volerla riacquistare, sempre che abbia stabilito la residenza da almeno due anni nel territorio della Repubblica e provi di aver abbandonato l'impiego o la carica o il servizio militare, assunti o prestati nonostante l'intimazione di cui all'articolo 12, comma 1.

2. Non è ammesso il riacquisto della cittadinanza a favore di chi l'abbia perduta in applicazione dell'articolo 3, comma 3, nonché dell'articolo 12, comma 2.

3. Nei casi indicati al comma 1, lett. *c*), *d*) ed *e*), il riacquisto della cittadinanza non ha effetto se viene inibito con decreto del Ministro dell'interno, per gravi e comprovati motivi e su conforme parere del Consiglio di Stato. Tale inibizione può intervenire entro il termine di un anno dal verificarsi delle condizioni stabilite.

14. 1. I figli minori di chi acquista o riacquista la cittadinanza italiana, se convivono con esso, acquistano la cittadinanza italiana, ma, divenuti maggiorenni, possono rinunciarvi, se in possesso di altra cittadinanza.

15. 1. L'acquisto o il riacquisto della cittadinanza ha effetto, salvo quanto stabilito dall'articolo 13, comma 3, dal giorno successivo a quello in cui sono adempiute le condizioni e le formalità richieste.

16. 1. L'apolide che risiede legalmente nel territorio della Repubblica è soggetto alla legge italiana per quanto si riferisce all'esercizio dei diritti civili ed agli obblighi del servizio militare.

2. Lo straniero riconosciuto rifugiato dallo Stato italiano secondo le condizioni stabilite dalla legge o dalle convenzioni internazionali è equiparato all'apolide ai fini dell'applicazione della presente legge, con esclusione degli obblighi inerenti al servizio militare.

17. 1. Chi ha perduto la cittadinanza in applicazione degli artt. 8 e 12 della L. 13 giugno 1912, n. 555, o per non aver reso l'opzione prevista dall'art. 5 della L. 21 aprile 1983, n. 123, la riacquista se effettua una dichiarazione in tal senso entro due anni (1) dalla data di entrata in vigore della presente legge.

2. Resta fermo quanto disposto dall'art. 219 della L. 19 maggio 1975, n. 151.

(1) *Il termine è stato da ultimo prorogato al 31 dicembre 1997, dall'art. 2, comma 195, della L. 23 dicembre 1996, n. 662.*

17 *bis*. (1) 1. Il diritto alla cittadinanza italiana è riconosciuto:

a) ai soggetti che siano stati cittadini italiani, già residenti nei territori facenti parte dello Stato italiano successivamente ceduti alla Repubblica jugoslava in forza del Trattato di pace firmato a Parigi il 10 febbraio 1947, reso esecutivo dal decreto legislativo del Capo provvisorio dello Stato 28 novembre 1947, n. 1430, ratificato dalla legge 25 novembre 1952, n. 3054, ovvero in forza del Trattato di Osimo del 10 novembre 1975, reso esecutivo dalla legge 14 marzo 1977, n. 73, alle condizioni previste e in possesso dei requisiti per il diritto di opzione di cui all'articolo 19 del Trattato di pace di Parigi e all'articolo 3 del Trattato di Osimo;

b) alle persone di lingua e cultura italiane che siano figli o discendenti in linea retta dei soggetti di cui alla lettera a).

(1) *Questo articolo è stato inserito dall'art. 1 della L. 8 marzo 2006, n. 124.*

17 *ter*. (1) 1. Il diritto al riconoscimento della cittadinanza italiana di cui all'articolo 17 *bis* è esercitato dagli interessati mediante la presentazione di una istanza all'autorità comunale italiana competente per territorio in relazione alla residenza dell'istante, ovvero, qualora ne ricorrano i presupposti, all'autorità consolare, previa produzione da parte dell'istante di idonea documentazione, ai sensi di quanto disposto con circolare del Ministero dell'interno, emanata di intesa con il Ministero degli affari esteri.

2. Al fine di attestare la sussistenza dei requisiti di cui alla lettera a) del comma 1 dell'articolo 17 *bis*, all'istanza deve essere comunque allegata la certificazione comprovante il possesso, all'epoca, della cittadinanza italiana e della residenza nei territori facenti parte dello Stato italiano e successivamente ceduti alla Repubblica jugoslava in forza dei Trattati di cui al medesimo comma 1 dell'articolo 17 *bis*.

3. Al fine di attestare la sussistenza dei requisiti di cui alla lettera b) del comma 1 dell'articolo 17 *bis*, all'istanza deve essere comunque allegata la seguente documentazione:

a) i certificati di nascita attestanti il rapporto di discendenza diretta tra l'istante e il genitore o l'ascendente;

b) la certificazione storica, prevista per l'esercizio del diritto di opzione di cui alla lettera a) del comma 1 dell'articolo 17 *bis*, attestante la cittadinanza italiana del genitore dell'istante o del suo ascendente in linea retta e la residenza degli stessi nei territori facenti parte dello Stato italiano e successivamente ceduti alla Repubblica jugoslava in forza dei Trattati di cui al medesimo comma 1 dell'articolo 17 *bis*;

c) la documentazione atta a dimostrare il requisito della lingua e della cultura italiane dell'istante.

(1) *Questo articolo è stato inserito dall'art. 1 della L. 8 marzo 2006, n. 124.*

18. (1) [1. Le persone già residenti nei territori che sono appartenuti alla monarchia austro-ungarica ed emigrate all'estero prima del 16 luglio 1920 ed i loro discendenti in linea retta sono equiparati, ai fini e per gli effetti dell'articolo 9, comma 1, lett. a), agli stranieri di origine italiana o nati nel territorio della Repubblica].

(1) *Questo articolo è stato abrogato dall'art. 1, comma 3, della L. 14 dicembre 2000, n. 379. Per il riconoscimento della cittadinanza italiana alle persone nate e già residenti nei territori appartenenti all'Impero austro-ungarico e ai loro discendenti si veda la L. 14 dicembre 2000, n. 379.*

19. 1. Restano salve le disposizioni della L. 9 gennaio 1956, n. 27, sulla trascrizione nei registri dello stato civile dei provvedimenti di riconoscimento delle opzioni per la cittadinanza italiana, effettuate ai sensi dell'articolo 19 del Trattato di pace tra le potenze alleate ed associate e l'Italia, firmato a Parigi il 10 febbraio 1947.

20. 1. Salvo che sia espressamente previsto, lo stato di cittadinanza acquisito anteriormente alla presente legge non si modifica se non per fatti posteriori alla data di entrata in vigore della stessa.

21. 1. Ai sensi e con le modalità di cui all'articolo 9, la cittadinanza italiana può essere concessa allo straniero che sia stato affiliato da un cittadino italiano prima della data di entrata in vigore della L. 4 maggio 1983, n. 184, e che risieda legalmente nel territorio della Repubblica da almeno sette anni dopo l'affiliazione.

22. 1. Per coloro i quali, alla data di entrata in vigore della presente legge, abbiano già perduto la cittadinanza italiana ai sensi dell'art. 8 della L. 13 giugno 1912, n. 555, cessa ogni obbligo militare.

23. 1. Le dichiarazioni per l'acquisto, la conservazione, il riacquisto e la rinunzia alla cittadinanza e la prestazione del giuramento previste dalla presente legge sono rese all'ufficiale dello stato civile del comune dove il dichiarante risiede o intende stabilire la propria residenza, ovvero, in caso di residenza all'estero, davanti all'autorità diplomatica o consolare del luogo di residenza.

2. Le dichiarazioni di cui al comma 1, nonché gli atti o i provvedimenti attinenti alla perdita, alla conservazione e al riacquisto della cittadinanza italiana vengono trascritti nei registri di cittadinanza e di essi viene effettuata annotazione a margine dell'atto di nascita.

24. (1) [1. Il cittadino italiano, in caso di acquisto o riacquisto di cittadinanza straniera o di opzione per essa, deve darne, entro tre mesi dall'acquisto, riacquisto o opzione, o dal raggiungimento della maggiore età, se successivo, comunicazione mediante dichiarazione all'ufficiale dello stato civile del luogo di residenza, ovvero se residente all'estero, all'autorità consolare competente.

2. Le dichiarazioni di cui al comma 1 sono soggette alla medesima disciplina delle dichiarazioni di cui all'articolo 23.

3. Chiunque non adempia agli obblighi indicati nel comma 1 è assoggettato alla sanzione amministrativa pecuniaria da lire duecentomila a lire duemilioni. Competente all'applicazione della sanzione amministrativa è il prefetto].

(1) *Questo articolo è stato abrogato dall'art. 110, comma 5, del D.P.R. 3 novembre 2000, n. 396, a decorrere dal 30 marzo 2001.*

25. 1. Le disposizioni necessarie per l'esecuzione della presente legge sono emanate, entro un anno dalla sua entrata in vigore, con decreto del Presidente della Repubblica, udito il parere del Consiglio di Stato e previa deliberazione del Consiglio dei Ministri, su proposta dei Ministri degli affari esteri e dell'interno, di concerto con il Ministro di grazia e giustizia (1).

(1) *Si veda il D.P.R. 12 ottobre 1993, n. 572, recante regolamento di esecuzione a questa legge.*

26. 1. Sono abrogati la L. 13 giugno 1912, n. 555, la L. 31 gennaio 1926, n. 108, il R.D.L. 1 dicembre 1934, n. 1997, convertito nella L. 4 aprile 1935, n. 517, l'art. 143 *ter* del codice civile, la L. 21 aprile 1983, n. 123, l'art. 39 della L. 4 maggio 1983, n. 184, la L. 15 maggio 1986, n. 180, e ogni altra disposizione incompatibile con la presente legge.

2. È soppresso l'obbligo dell'opzione di cui all'art. 5, comma secondo, della L. 21 aprile 1983, n. 123, e all'art. 1, comma 1, della L. 15 maggio 1986, n. 180.

3. Restano salve le diverse disposizioni previste da accordi internazionali.

27. 1. La presente legge entra in vigore sei mesi dopo la sua pubblicazione nella *Gazzetta Ufficiale*.

2.

D.L. 21 giugno 2013, n. 69. Disposizioni urgenti per il rilancio dell'economia (Suppl. ord. alla *Gazzetta Ufficiale* Serie gen. - n. 144 del 21 giugno 2013), convertito, con modificazioni, nella L. 9 agosto 2013, n. **98** (Suppl. ord. alla *Gazzetta Ufficiale* Serie gen. - n. 194 del 20 agosto 2013).

(*Estratto*)

Titolo II
Semplificazioni

Capo I
Misure per la semplificazione amministrativa

33. Semplificazione del procedimento per l'acquisto della cittadinanza per lo straniero nato in Italia. - 1. Ai fini di cui all'articolo 4, comma 2, della legge 5 febbraio 1992, n. 91, all'interessato non sono imputabili eventuali inadempimenti riconducibili ai genitori o agli uffici della Pubblica Amministrazione, ed egli può dimostrare il possesso dei requisiti con ogni idonea documentazione.

2. Gli ufficiali di stato civile sono tenuti, nel corso dei sei mesi precedenti il compimento del diciottesimo anno di età, a comunicare all'interessato, nella sede di residenza quale risulta all'ufficio, la possibilità di esercitare il diritto di cui al comma 2 del citato articolo 4 della legge n. 91 del 1992 entro il compimento del diciannovesimo anno di età. In mancanza, il diritto può essere esercitato anche oltre tale data.

2 *bis*. Entro tre mesi dalla data di entrata in vigore della legge di conversione del presente decreto, gli uffici pubblici coinvolti nei procedimenti di rilascio della cittadinanza acquisiscono e trasmettono dati e documenti attraverso gli strumenti informatici.

1.

D.L.vo 6 settembre 2005, n. 206. Codice del consumo, a norma dell'articolo 7 della legge 29 luglio 2003, n. 229 (Suppl. ord. alla *Gazzetta Ufficiale* Serie gen. - n. 235 dell'8 ottobre 2005) *ed errata corrige in Gazzetta Ufficiale Serie gen. - n. 2 del 3 gennaio 2006* (1).

(1) *A norma dell'art. 2, comma 4, del D.L. 1° marzo 2021, n. 22, convertito, con modificazioni, nella L. 22 aprile 2021, n. 55, con riguardo alle funzioni di cui all'articolo 35, comma 2, lettera* b), *del decreto legislativo n. 300 del 1999, come modificato dal medesimo decreto, la denominazione «Ministro della transizione ecologica» sostituisce, ad ogni effetto e ovunque presente, la denominazione: «Ministro dello sviluppo economico» e la denominazione «Ministero della transizione ecologica» sostituisce, ad ogni effetto e ovunque presente, la denominazione: «Ministero dello sviluppo economico».*

Parte I
Disposizioni generali

Titolo I
Disposizioni generali e finalità

1. Finalità ed oggetto. – 1. Nel rispetto della Costituzione ed in conformità ai principi contenuti nei trattati istitutivi delle Comunità europee, nel trattato dell'Unione europea, nella normativa comunitaria con particolare riguardo all'articolo 153 del Trattato istitutivo della Comunità economica europea, nonché nei trattati internazionali, il presente codice armonizza e riordina le normative concernenti i processi di acquisto e consumo, al fine di assicurare un elevato livello di tutela dei consumatori e degli utenti.

2. Diritti dei consumatori. – 1. Sono riconosciuti e garantiti i diritti e gli interessi individuali e collettivi dei consumatori e degli utenti, ne è promossa la tutela in sede nazionale e locale, anche in forma collettiva e associativa, sono favorite le iniziative rivolte a perseguire tali finalità, anche attraverso la disciplina dei rapporti tra le associazioni dei consumatori e degli utenti e le pubbliche amministrazioni.

2. Ai consumatori ed agli utenti sono riconosciuti come fondamentali i diritti:

a) alla tutela della salute;

b) alla sicurezza e alla qualità dei prodotti e dei servizi;

c) ad una adeguata informazione e ad una corretta pubblicità;

c bis) all'esercizio delle pratiche commerciali secondo principi di buona fede, correttezza e lealtà (1);

d) all'educazione al consumo;

e) alla correttezza, alla trasparenza ed all'equità nei rapporti contrattuali;

f) alla promozione e allo sviluppo dell'associazionismo libero, volontario e democratico tra i consumatori e gli utenti;

g) all'erogazione di servizi pubblici secondo standard di qualità e di efficienza.

(1) *Questa lettera è stata inserita dall'art. 2, comma 1, del D.L.vo 23 ottobre 2007, n. 221.*

3. Definizioni. – 1. Ai fini del presente codice ove non diversamente previsto, (1) si intende per:

a) consumatore o utente: la persona fisica che agisce per scopi estranei all'attività imprenditoriale, commerciale, artigianale (2) o professionale eventualmente svolta;

b) associazioni dei consumatori e degli utenti: le formazioni sociali che abbiano per scopo statutario esclusivo la tutela dei diritti e degli interessi dei consumatori o degli utenti;

c) professionista: la persona fisica o giuridica che agisce nell'esercizio della propria attività imprenditoriale, commerciale, artigianale (3) o professionale, ovvero un suo intermediario;

d) produttore: fatto salvo quanto stabilito nell'articolo 103, comma 1, lettera *d*), nell'articolo 115, comma 2 *bis* e nell'articolo 128, comma 2, lettera *d*), (4) il fabbricante del bene o il fornitore del servizio, o un suo intermediario, nonché l'importatore del bene o del servizio nel territorio dell'Unione europea o qualsiasi altra persona fisica o giuridica che si presenta come produttore identificando il bene o il servizio con il proprio nome, marchio o altro segno distintivo;

e) prodotto: fatto salvo quanto stabilito nell'articolo 18, comma 1, lettera *c*), e (5) nell'articolo 115, comma 1, qualsiasi prodotto destinato al consumatore, anche nel quadro di una prestazione di servizi, o suscettibile, in condizioni ragionevolmente prevedibili, di essere utilizzato dal consumatore, anche se non a lui destinato, fornito o reso disponibile a titolo oneroso o gratuito nell'ambito di un'attività commerciale, indipendentemente dal fatto che sia nuovo, usato o rimesso a nuovo; tale definizione non si applica ai prodotti usati, forniti come pezzi d'antiquariato, o come prodotti da riparare o da rimettere a nuovo prima dell'utilizzazione, purché il fornitore ne informi per iscritto la persona cui fornisce il prodotto;

f) codice: il presente decreto legislativo di riassetto delle disposizioni vigenti in materia di tutela dei consumatori.

(1) *Le parole: «ove non diversamente previsto,» sono state inserite dall'art. 3, comma 1, del D.L.vo 23 ottobre 2007, n. 221.*

(2) *Le parole: «, commerciale, artigianale» sono state inserite dall'art. 3, comma 2, del D.L.vo 23 ottobre 2007, n. 221.*

(3) *Le parole: «, commerciale, artigianale» sono state inserite dall'art. 3, comma 3, del D.L.vo 23 ottobre 2007, n. 221.*

(4) *Le parole: «e nell'articolo 115, comma 2 bis,» sono state, da ultimo, così sostituite dalle attuali: «nell'articolo 115, comma 2* bis *e nell'articolo 128, comma 2, lettera* d)*,» dall'art. 1, comma 2, del D.L.vo 4 novembre 2021, n. 170, a decorrere dal 1° gennaio 2022. Tale modifica si applica ai contratti conclusi successivamente a tale data.*

(5) *Le parole: «nell'articolo 18, comma 1, lettera* c)*, e» sono state inserite dall'art. 3, comma 5, del D.L.vo 23 ottobre 2007, n. 221.*

Parte II
Educazione, informazione, pratiche commerciali, pubblicità (1)

(1) *La precedente rubrica: «EDUCAZIONE, INFORMAZIONE, PUBBLICITÀ» è stata così sostituita dalla attuale dall'art. 1, comma 3, del D.L.vo 2 agosto 2007, n. 146.*

Titolo I
Educazione del consumatore

4. Educazione del consumatore. – 1. L'educazione dei consumatori e degli utenti è orientata a favorire la consapevolezza dei loro diritti e interessi, lo sviluppo dei rapporti associativi, la partecipazione ai procedimenti amministrativi, nonché la rappresentanza negli organismi esponenziali.

2. Le attività destinate all'educazione dei consumatori, svolte da soggetti pubblici o privati, non hanno finalità promozionale, sono dirette ad esplicitare le caratteristiche di beni e servizi e a rendere chiaramente percepibili benefici e costi conseguenti alla loro scelta; prendono, inoltre, in particolare considerazione le categorie di consumatori maggiormente vulnerabili.

Titolo II
Informazioni ai consumatori

Capo I
Disposizioni generali

5. Obblighi generali. – 1. Fatto salvo quanto disposto dall'articolo 3, comma 1, lettera *a*), ai fini del presente titolo, si intende per consumatore o utente anche la persona fisica alla quale sono dirette le informazioni commerciali.

2. Sicurezza, composizione e qualità dei prodotti e dei servizi costituiscono contenuto essenziale degli obblighi informativi.

3. Le informazioni al consumatore, da chiunque provengano, devono essere adeguate alla tecnica di comunicazione impiegata ed espresse in modo chiaro e comprensibile, tenuto anche conto delle modalità di conclusione del contratto o delle caratteristiche del settore, tali da assicurare la consapevolezza del consumatore.

Capo II
Indicazione dei prodotti

6. Contenuto minimo delle informazioni. – 1. I prodotti o le confezioni dei prodotti destinati al consumatore, commercializzati sul territorio nazionale, riportano, chiaramente visibili e leggibili, almeno le indicazioni relative:

a) alla denominazione legale o merceologica del prodotto;

b) al nome o ragione sociale o marchio e alla sede legale del produttore o di un importatore stabilito nell'Unione europea;

c) al Paese di origine se situato fuori dell'Unione europea (1);

d) all'eventuale presenza di materiali o sostanze che possono arrecare danno all'uomo, alle cose o all'ambiente;

e) ai materiali impiegati ed ai metodi di lavorazione ove questi siano determinanti per la qualità o le caratteristiche merceologiche del prodotto;

f) alle istruzioni, alle eventuali precauzioni e alla destinazione d'uso, ove utili ai fini di fruizione e sicurezza del prodotto.

(¹) *A norma dell'art. 31 bis del D.L. 30 dicembre 2005, n. 273, convertito, con modificazioni, nella L. 23 febbraio 2006, n. 51, l'efficacia di questa disposizione decorre dal 1° gennaio 2007 e, comunque, a partire dall'entrata in vigore del decreto di cui all'articolo 10 di questo codice.*

7. Modalità di indicazione. – 1. Le indicazioni di cui all'articolo 6 devono figurare sulle confezioni o sulle etichette dei prodotti nel momento in cui sono posti in vendita al consumatore. Le indicazioni di cui al comma 1, lettera *f*), dell'articolo 6 possono essere riportate, anziché sulle confezioni o sulle etichette dei prodotti, su altra documentazione illustrativa, anche in formato digitale, (¹) che viene fornita in accompagnamento dei prodotti stessi.

(¹) *Le parole: «, anche in formato digitale,» sono state inserite dall'art. 15, comma 3 bis, del D.L. 16 luglio 2020, n. 76, convertito, con modificazioni, nella L. 11 settembre 2020, n. 120.*

8. Ambito di applicazione. – 1. Sono esclusi dall'applicazione del presente capo i prodotti oggetto di specifiche disposizioni contenute in direttive o in altre disposizioni comunitarie e nelle relative norme nazionali di recepimento.

2. Per i prodotti oggetto di disposizioni nazionali in materia di informazione del consumatore, le norme del presente capo si applicano per gli aspetti non disciplinati.

9. Indicazioni in lingua italiana. – 1. Tutte le informazioni destinate ai consumatori e agli utenti devono essere rese almeno in lingua italiana.

2. Qualora le indicazioni di cui al presente titolo siano apposte in più lingue, le medesime sono apposte anche in lingua italiana e con caratteri di visibilità e leggibilità non inferiori a quelli usati per le altre lingue.

3. Sono consentite indicazioni che utilizzino espressioni non in lingua italiana divenute di uso comune.

10. Attuazione. – 1. Con decreto del Ministro dello sviluppo economico (¹), di concerto con il Ministro per le politiche comunitarie e con il Ministro della giustizia, sentito il parere della Conferenza unificata di cui all'articolo 8 del decreto legislativo 28 agosto 1997, n. 281, sono adottate le norme di attuazione dell'articolo 6, al fine di assicurare, per i prodotti provenienti da Paesi dell'Unione europea, una applicazione compatibile con i principi del diritto comunitario, precisando le categorie di prodotti o le modalità di presentazione per le quali non è obbligatorio riportare le indicazioni di cui al comma 1, lettere *a*) e *b*), dell'articolo 6. Tali disposizioni di attuazione disciplinano inoltre i casi in cui sarà consentito riportare in lingua originaria alcuni dati contenuti nelle indicazioni di cui all'articolo 6.

2. Fino alla data di entrata in vigore del decreto di cui al comma 1, restano in vigore le disposizioni di cui al decreto del Ministro dell'industria, del commercio e dell'artigianato 8 febbraio 1997, n. 101.

(¹) *Le parole: «delle attività produttive» sono state così sostituite dalle attuali: «dello sviluppo economico» dall'art. 1, comma 5, del D.L.vo 6 agosto 2015, n. 130.*

11. Divieti di commercializzazione. – 1. È vietato il commercio sul territorio nazionale di qualsiasi prodotto o confezione di prodotto che non riporti, in forme chiaramente visibili e leggibili, le indicazioni di cui agli articoli 6, 7 e 9 del presente capo.

12. Sanzioni. – 1. Fatto salvo quanto previsto nella parte IV, titolo II, e salvo che il fatto costituisca reato, per quanto attiene alle responsabilità del produttore, ai contravventori al divieto di cui all'articolo 11 si applica una sanzione amministrativa da 516 euro a 25.823 euro. La misura della sanzione è determinata, in ogni singolo caso, facendo riferimento al prezzo di listino di ciascun prodotto ed al numero delle unità poste in vendita.

2. Le sanzioni sono applicate ai sensi della legge 24 novembre 1981, n. 689. Fermo restando quanto previsto in ordine ai poteri di accertamento degli ufficiali e degli agenti di polizia giudiziaria dall'articolo 13 della predetta legge 24 novembre 1981, n. 689, all'accertamento delle violazioni provvedono d'ufficio o su denunzia, gli organi di polizia amministrativa. Il rapporto previsto dall'articolo 17 della legge 24 novembre 1981, n. 689, è presentato all'ufficio della camera di commercio, industria, artigianato e agricoltura della provincia in cui vi è la residenza o la sede legale del professionista.

Capo III
Particolari modalità di informazione

Sezione I
Indicazione dei prezzi ([1])

([1]) *La precedente rubrica:* «Indicazione dei prezzi per unità di misura» *è stata così sostituita dalla attuale* «Indicazione dei prezzi» *dall'art. 1, comma 1, del D.L.vo 7 marzo 2023, n. 26.*

13. Definizioni. – 1. Ai fini del presente capo si intende per:

a) prezzo di vendita: il prezzo finale, valido per una unità di prodotto o per una determinata quantità del prodotto, comprensivo dell'IVA e di ogni altra imposta;

b) prezzo per unità di misura: il prezzo finale, comprensivo dell'IVA e di ogni altra imposta, valido per una quantità di un chilogrammo, di un litro, di un metro, di un metro quadrato o di un metro cubo del prodotto o per una singola unità di quantità diversa, se essa è impiegata generalmente e abitualmente per la commercializzazione di prodotti specifici;

c) prodotto commercializzato sfuso: un prodotto che non costituisce oggetto di alcuna confezione preliminare ed è misurato alla presenza del consumatore;

d) prodotto venduto al pezzo: un prodotto che non può essere frazionato senza subire una modifica della sua natura o delle sue proprietà;

e) prodotto venduto a collo: insieme di pezzi omogenei contenuti in un imballaggio;

f) prodotto preconfezionato: l'unità di vendita destinata ad essere presentata come tale al consumatore ed alle collettività, costituita da un prodotto e dall'imballaggio in cui è stato immesso prima di essere posto in vendita, avvolta interamente o in parte in tale imballaggio ma comunque in modo che il contenuto non possa essere modificato senza che la confezione sia aperta o alterata.

14. Campo di applicazione. – 1. Al fine di migliorare l'informazione del consumatore e di agevolare il raffronto dei prezzi, i prodotti offerti dai commercianti ai consumatori recano, oltre alla indicazione del prezzo di vendita, secondo le disposizioni vigenti, l'indicazione del prezzo per unità di misura, fatto salvo quanto previsto all'articolo 16.

2. Il prezzo per unità di misura non deve essere indicato quando è identico al prezzo di vendita.

3. Per i prodotti commercializzati sfusi è indicato soltanto il prezzo per unità di misura.

4. La pubblicità in tutte le sue forme ed i cataloghi recano l'indicazione del prezzo per unità di misura quando è indicato il prezzo di vendita, fatti salvi i casi di esenzione di cui all'articolo 16.

5. La presente sezione non si applica:

a) ai prodotti forniti in occasione di una prestazione di servizi, ivi compresa la somministrazione di alimenti e bevande;

b) ai prodotti offerti nelle vendite all'asta;

c) agli oggetti d'arte e d'antiquariato.

15. Modalità di indicazione del prezzo per unità di misura. – 1. Il prezzo per unità di misura si riferisce ad una quantità dichiarata conformemente alle disposizioni in vigore.

2. Per le modalità di indicazione del prezzo per unità di misura si applica quanto stabilito dall'articolo 14 del decreto legislativo 31 marzo 1998, n. 114, recante riforma della disciplina relativa al settore del commercio.

3. Per i prodotti alimentari preconfezionati immersi in un liquido di governo, anche congelati o surgelati, il prezzo per unità di misura si riferisce al peso netto del prodotto sgocciolato.

4. È ammessa l'indicazione del prezzo per unità di misura di multipli o sottomultipli, decimali delle unità di misura, nei casi in cui taluni prodotti sono generalmente ed abitualmente commercializzati in dette quantità.

5. I prezzi dei prodotti petroliferi per uso di autotrazione, esposti e pubblicizzati presso gli impianti automatici di distribuzione dei carburanti, devono essere esclusivamente quelli effettivamente praticati ai consumatori. È fatto obbligo di esporre in modo visibile dalla carreggiata stradale i prezzi praticati al consumo.

16. Esenzioni. – 1. Sono esenti dall'obbligo dell'indicazione del prezzo per unità di misura i prodotti per i quali tale indicazione non risulti utile a motivo della loro natura o della loro destinazione, o sia di natura tale da dare luogo a confusione. Sono da considerarsi tali i seguenti prodotti:

a) prodotti commercializzati sfusi che, in conformità alle disposizioni di esecuzione della legge 5 agosto 1981, n. 441, e successive modificazioni, recante disposizioni sulla vendita a peso netto delle merci, possono essere venduti a pezzo o a collo;

b) prodotti di diversa natura posti in una stessa confezione;

c) prodotti commercializzati nei distributori automatici;

d) prodotti destinati ad essere mescolati per una preparazione e contenuti in un unico imballaggio;

e) prodotti preconfezionati che siano esentati dall'obbligo di indicazione della quantità netta secondo quanto previsto dall'articolo 9 del decreto legislativo 27 gennaio 1992, n. 109, e successive modificazioni, concernenti l'attuazione delle direttive comunitarie in materia di etichettatura dei prodotti alimentari;

f) alimenti precucinati o preparati o da preparare, costituiti da due o più elementi separati, contenuti in un unico imballaggio, che necessitano di lavorazione da parte del consumatore per ottenere l'alimento finito;

g) prodotti di fantasia;

h) gelati monodose;

i) prodotti non alimentari che possono essere venduti unicamente al pezzo o a collo.

2. Il Ministro dello sviluppo economico ([1]), con proprio decreto, può aggiornare l'elenco delle esenzioni di cui al comma 1, nonché indicare espressamente prodotti o categorie di prodotti non alimentari ai quali non si applicano le predette esenzioni.

([1]) *Le parole: «delle attività produttive» sono state così sostituite dalle attuali: «dello sviluppo economico» dall'art. 1, comma 5, del D.L.vo 6 agosto 2015, n. 130.*

17. Sanzioni. – 1. Fatto salvo quanto previsto dalla disciplina di settore per la violazione dell'articolo 15, comma 5, chiunque omette di indicare il prezzo per unità di misura ([1]) o non lo indica secondo quanto previsto dalla presente sezione è soggetto alla sanzione di cui all'articolo 22, comma 3, del decreto legislativo 31 marzo 1998, n. 114, da irrogare con le modalità ivi previste.

([1]) *Le parole: «Chiunque omette di indicare il prezzo per unità di misura» sono state così sostituite dalle attuali: «Fatto salvo quanto previsto dalla disciplina di settore per la violazione dell'articolo 15, comma 5, chiunque omette di indicare il prezzo per unità di misura» dall'art. 1, comma 6, del D.L. 14 gennaio 2023, n. 5, convertito, con modificazioni, nella L. 10 marzo 2023, n. 23.*

17 *bis*. ([1]) Annunci di riduzione di prezzo. – 1. Ogni annuncio di riduzione di prezzo indica il prezzo precedente applicato dal professionista per un determinato periodo di tempo prima dell'applicazione di tale riduzione.

2. Per prezzo precedente si intende il prezzo più basso applicato dal professionista alla generalità dei consumatori nei trenta giorni precedenti all'applicazione della riduzione del prezzo.

3. La disposizione di cui al comma 2 non si applica ai prodotti agricoli e alimentari deperibili di cui all'articolo 2, comma 1, lettera *m*), e all'articolo 4, comma 5 *bis*, del decreto legislativo 8 novembre 2021, n. 198.

4. Per i prodotti che sono stati immessi sul mercato da meno di trenta giorni, il professionista è tenuto ad indicare il periodo di tempo a cui il prezzo precedente fa riferimento. Fanno eccezione i "prezzi di lancio", caratterizzati da successivi annunci di incremento di prezzo, non soggetti alla disciplina del presente articolo.

5. Nel caso in cui la riduzione di prezzo sia progressivamente aumentata, durante una medesima campagna di vendita senza interruzioni, il comma 2 si applica alla prima riduzione di prezzo e, per le riduzioni successive, il prezzo precedente è il prezzo senza la riduzione anteriore alla prima applicazione della riduzione di prezzo.

6. Il presente articolo si applica anche ai fini dell'individuazione del prezzo normale di vendita da esporre in occasione delle vendite straordinarie ai sensi dell'articolo 15, comma 5, del decreto legislativo 31 marzo 1998, n. 114. Il presente articolo non si applica alle vendite sottocosto di cui all'articolo 15, comma 7, del citato decreto legislativo n. 114 del 1998 e il prezzo di vendita al pubblico sottocosto non rileva ai fini della individuazione del prezzo precedente di cui al comma 2.

7. Chiunque violi le disposizioni del presente articolo è soggetto alla sanzione amministrativa pecuniaria di cui all'articolo 22, comma 3, del citato decreto legislativo n. 114 del 1998, da irrogare con le modalità ivi previste e tenuto conto dei seguenti criteri:

a) natura, gravità, entità e durata della violazione;

b) eventuali azioni intraprese dal professionista per attenuare il danno subito dai consumatori o per porvi rimedio;

c) eventuali violazioni commesse in precedenza dal professionista;

d) i benefici finanziari conseguiti o le perdite evitate dal professionista in conseguenza della violazione, se i relativi dati sono disponibili;

e) sanzioni irrogate al professionista per la stessa violazione in altri Stati membri in casi transfrontalieri in cui informazioni relative a tali sanzioni sono disponibili attraverso il meccanismo istituito dal regolamento (UE) 2017/2394 del Parlamento europeo e del Consiglio, del 12 dicembre 2017;

f) eventuali altri fattori aggravanti o attenuanti applicabili alle circostanze del caso.

(1) *Questo articolo è stato inserito dall'art. 1, comma 2, del D.L.vo 7 marzo 2023, n. 26.*

A norma dell'art. 2, comma 1, del D.L.vo 7 marzo 2023, n. 26, le disposizioni di cui a questo articolo, si applicano alle campagne promozionali a decorrere dal novantesimo giorno successivo alla data di entrata in vigore del presente decreto.

Titolo III
Pratiche commerciali, pubblicità e altre comunicazioni commerciali (1)

(1) *Le parole: «PRATICHE COMMERCIALI,» sono state anteposte dall'art. 4, comma 1, del D.L.vo 23 ottobre 2007, n. 221.*

Capo I
Disposizioni generali

18. (1) **Definizioni.** – 1. Ai fini del presente titolo, si intende per:

a) «consumatore»: qualsiasi persona fisica che, nelle pratiche commerciali oggetto del presente titolo, agisce per fini che non rientrano nel quadro della sua attività commerciale, industriale, artigianale o professionale;

b) «professionista»: qualsiasi persona fisica o giuridica che, nelle pratiche commerciali oggetto del presente titolo, agisce nel quadro della sua attività commerciale, industriale, artigianale o professionale e chiunque agisce in nome o per conto di un professionista;

c) «prodotto»: qualsiasi bene o servizio, compresi i beni immobili, i servizi digitali e il contenuto digitale, nonché i diritti e gli obblighi (2);

d) «pratiche commerciali tra professionisti e consumatori» (di seguito denominate: «pratiche commerciali»): qualsiasi azione, omissione, condotta o dichiarazione, comunicazione commerciale ivi compresa la pubblicità e la commercializzazione del prodotto, posta in essere da un professionista, in relazione alla promozione, vendita o fornitura di un prodotto ai consumatori;

d bis) «microimprese»: entità, società o associazioni che, a prescindere dalla forma giuridica, esercitano un'attività economica, anche a titolo individuale o familiare, occupando meno di dieci persone e realizzando un fatturato annuo oppure un totale di bilancio annuo non superiori a due milioni di euro, ai sensi dell'articolo 2, paragrafo 3, dell'allegato alla raccomandazione n. 2003/361/CE della Commissione, del 6 maggio 2003 (3);

e) «falsare in misura rilevante il comportamento economico dei consumatori»: l'impiego di una pratica commerciale idonea ad alterare sensibilmente la capacità del consumatore di prendere una decisione consapevole, inducendolo pertanto ad assumere una decisione di natura commerciale che non avrebbe altrimenti preso;

f) «codice di condotta»: un accordo o una normativa che non è imposta dalle disposizioni legislative, regolamentari o amministrative di uno Stato membro e che definisce il comportamento dei professionisti che si impegnano a rispettare tale codice in relazione a una o più pratiche commerciali o ad uno o più settori imprenditoriali specifici;

g) «responsabile del codice»: qualsiasi soggetto, compresi un professionista o un gruppo di professionisti, responsabile della formulazione e revisione di un codice di condotta ovvero del controllo del rispetto del codice da parte di coloro che si sono impegnati a rispettarlo;

h) «diligenza professionale»: il normale grado della specifica competenza ed attenzione che ragionevolmente i consumatori attendono da un professionista nei loro confronti rispetto ai principi generali di correttezza e di buona fede nel settore di attività del professionista;

i) «invito all'acquisto»: una comunicazione commerciale indicante le caratteristiche e il prezzo del prodotto in forme appropriate rispetto al mezzo impiegato per la comunicazione commerciale e pertanto tale da consentire al consumatore di effettuare un acquisto;

l) «indebito condizionamento»: lo sfruttamento di una posizione di potere rispetto al consumatore per esercitare una pressione, anche senza il ricorso alla forza fisica o la minaccia di tale ricorso, in modo da limitare notevolmente la capacità del consumatore di prendere una decisione consapevole;

m) «decisione di natura commerciale»: la decisione presa da un consumatore relativa a se acquistare o meno un prodotto, in che modo farlo e a quali condizioni, se pagare integralmente o parzialmente, se tenere un prodotto o disfarsene o se esercitare un diritto contrattuale in relazione al prodotto; tale decisione può portare il consumatore a compiere un'azione o all'astenersi dal compierla;

n) «professione regolamentata»: attività professionale, o insieme di attività professionali, l'accesso alle quali e il cui esercizio, o una delle cui modalità di esercizio, è subordinata direttamente o indirettamente, in base a disposizioni legislative, regolamentari o amministrative, al possesso di determinate qualifiche professionali.

n bis) «classificazione»: rilevanza relativa attribuita ai prodotti, come illustrato, organizzato o comunicato dal professionista, a prescindere dai mezzi tecnologici usati per tale presentazione, organizzazione o comunicazione (4);

n ter) «mercato online»: un servizio che utilizza un software, compresi siti web, parte di siti web o un'applicazione, gestito da o per conto del professionista, che permette ai consumatori di concludere contratti a distanza con altri professionisti o consumatori (4).

(1) *Questo articolo è stato così sostituito dall'art. 1, comma 1, del D.L.vo 2 agosto 2007, n. 146.*

(2) *Questa lettera è stata così sostituita dall'art. 1, comma 3, lett.* a), *del D.L.vo 7 marzo 2023, n. 26.*

(3) *Questa lettera è stata inserita dall'art. 7, comma 1, del D.L. 24 gennaio 2012, n. 1, convertito, con modificazioni, nella L. 24 marzo 2012, n. 27.*

(4) *Questa lettera è stata aggiunta dall'art. 1, comma 3, lett.* b), *del D.L.vo 7 marzo 2023, n. 26.*

19. (1) **Ambito di applicazione.** – 1. Il presente titolo si applica alle pratiche commerciali scorrette tra professionisti e consumatori poste in essere prima, durante e dopo un'operazione commerciale relativa a un prodotto, nonché alle pratiche commerciali scorrette tra professionisti e microimprese. Per le microimprese la tutela in materia di pubblicità ingannevole e di pubblicità comparativa illecita è assicurata in via esclusiva dal decreto legislativo 2 agosto 2007, n. 145 (2).

2. Il presente titolo non pregiudica:

a) l'applicazione delle disposizioni normative in materia contrattuale, in particolare delle norme sulla formazione, validità od efficacia del contratto;

b) l'applicazione delle disposizioni normative, comunitarie o nazionali, in materia di salute e sicurezza dei prodotti;

c) l'applicazione delle disposizioni normative che determinano la competenza giurisdizionale;

d) l'applicazione delle disposizioni normative relative allo stabilimento, o ai regimi di autorizzazione, o i codici deontologici o altre norme specifiche che disciplinano le professioni regolamentate, per garantire livelli elevati di correttezza professionale.

3. In caso di contrasto, le disposizioni contenute in direttive o in altre disposizioni comunitarie e nelle relative norme nazionali di recepimento che disciplinano aspetti specifici delle pratiche commerciali scorrette prevalgono sulle disposizioni del presente titolo e si applicano a tali aspetti specifici.

4. Il presente titolo non è applicabile in materia di certificazione e di indicazioni concernenti il titolo degli articoli in metalli preziosi.

(1) *Questo articolo è stato così sostituito dall'art. 1, comma 1, del D.L.vo 2 agosto 2007, n. 146.*

(2) *Le parole: «, nonché alle pratiche commerciali scorrette tra professionisti e microimprese. Per le microimprese la tutela in materia di pubblicità ingannevole e di pubblicità comparativa illecita è assicurata in via esclusiva dal decreto legislativo 2 agosto 2007, n. 145.» sono state aggiunte dall'art. 7, comma 2, del D.L. 24 gennaio 2012, n. 1, convertito, con modificazioni, nella L. 24 marzo 2012, n. 27.*

Capo II
Pratiche commerciali scorrette (1)

(1) *L'attuale partizione sostituisce la precedente: «Capo II CARATTERI DELLA PUBBLICITÀ - Sezione I PUBBLICITÀ INGANNEVOLE E COMPARATIVA» originariamente posizionata prima dell'art. 19, a norma dell'art. 1, comma 1, del D.L.vo 2 agosto 2007, n. 146.*

20. (1) **Divieto delle pratiche commerciali scorrette.** – 1. Le pratiche commerciali scorrette sono vietate.

2. Una pratica commerciale è scorretta se è contraria alla diligenza professionale, ed è falsa o idonea a falsare in misura apprezzabile il comportamento economico, in relazione al prodotto, del consumatore medio che essa raggiunge o al quale è diretta o del membro medio di un gruppo qualora la pratica commerciale sia diretta a un determinato gruppo di consumatori.

3. Le pratiche commerciali che, pur raggiungendo gruppi più ampi di consumatori, sono idonee a falsare in misura apprezzabile il comportamento economico solo di un gruppo di consumatori chiaramente individuabile, particolarmente vulnerabili alla pratica o al prodotto cui essa si riferisce a motivo della loro infermità mentale o fisica, della loro età o ingenuità, in un modo che il professionista poteva ragionevolmente prevedere, sono valutate nell'ottica del membro medio di tale gruppo. È fatta salva la pratica pubblicitaria comune e legittima consistente in dichiarazioni esagerate o in dichiarazioni che non sono destinate ad essere prese alla lettera.

4. In particolare, sono scorrette le pratiche commerciali:

a) ingannevoli di cui agli articoli 21, 22 e 23 o

b) aggressive di cui agli articoli 24, 25 e 26.

5. Gli articoli 23 e 26 riportano l'elenco delle pratiche commerciali, rispettivamente ingannevoli e aggressive, considerate in ogni caso scorrette.

(1) *Questo articolo è stato così sostituito dall'art. 1, comma 1, del D.L.vo 2 agosto 2007, n. 146.*

Sezione I
Pratiche commerciali ingannevoli (1)

(1) *L'attuale partizione sostituisce la precedente: «*Capo *II CARATTERI DELLA PUBBLICITÀ - Sezione I PUBBLICITÀ INGANNEVOLE E COMPARATIVA» originariamente posizionata prima dell'art. 19, a norma dell'art. 1, comma 1, del D.L.vo 2 agosto 2007, n. 146.*

21. (1) **Azioni ingannevoli.** - 1. È considerata ingannevole una pratica commerciale che contiene informazioni non rispondenti al vero o, seppure di fatto corretta, in qualsiasi modo, anche nella sua presentazione complessiva, induce o è idonea ad indurre in errore il consumatore medio riguardo ad uno o più dei seguenti elementi e, in ogni caso, lo induce o è idonea a indurlo ad assumere una decisione di natura commerciale che non avrebbe altrimenti preso:

a) l'esistenza o la natura del prodotto;

b) le caratteristiche principali del prodotto, quali la sua disponibilità, i vantaggi, i rischi, l'esecuzione, la composizione, gli accessori, l'assistenza post-vendita al consumatore e il trattamento dei reclami, il metodo e la data di fabbricazione o della prestazione, la consegna, l'idoneità allo scopo, gli usi, la quantità, la descrizione, l'origine geografica o commerciale o i risultati che si possono attendere dal suo uso, o i risultati e le caratteristiche fondamentali di prove e controlli effettuati sul prodotto;

c) la portata degli impegni del professionista, i motivi della pratica commerciale e la natura del processo di vendita, qualsiasi dichiarazione o simbolo relativi alla sponsorizzazione o all'approvazione dirette o indirette del professionista o del prodotto;

d) il prezzo o il modo in cui questo è calcolato o l'esistenza di uno specifico vantaggio quanto al prezzo;

e) la necessità di una manutenzione, ricambio, sostituzione o riparazione;

f) la natura, le qualifiche e i diritti del professionista o del suo agente, quali l'identità, il patrimonio, le capacità, lo status, il riconoscimento, l'affiliazione o i collegamenti e i diritti di proprietà industriale, commerciale o intellettuale o i premi e i riconoscimenti;

g) i diritti del consumatore, incluso il diritto di sostituzione o di rimborso ai sensi dell'articolo 130 del presente Codice.

2. È altresì considerata ingannevole una pratica commerciale che, nella fattispecie concreta, tenuto conto di tutte le caratteristiche e circostanze del caso, induce o è idonea ad indurre il consumatore medio ad assumere una decisione di natura commerciale che non avrebbe altrimenti preso e comporti:

a) una qualsivoglia attività di commercializzazione del prodotto che ingenera confusione con i prodotti, i marchi, la denominazione sociale e altri segni distintivi di un concorrente, ivi compresa la pubblicità comparativa illecita;

b) il mancato rispetto da parte del professionista degli impegni contenuti nei codici di condotta che il medesimo si è impegnato a rispettare, ove si tratti di un impegno fermo e verificabile, e il professionista indichi in una pratica commerciale che è vincolato dal codice.

b bis) una qualsivoglia attività di marketing che promuova un bene, in uno Stato membro dell'Unione europea, come identico a un bene commercializzato in altri Stati membri, mentre questo bene ha una composizione o caratteristiche significativamente diverse, salvo laddove ciò sia giustificato da fattori legittimi e oggettivi (2).

3. È considerata scorretta la pratica commerciale che, riguardando prodotti suscettibili di porre in pericolo la salute e la sicurezza dei consumatori, omette di darne notizia in modo da indurre i consumatori a trascurare le normali regole di prudenza e vigilanza.

3 *bis*. È considerata scorretta la pratica commerciale di una banca, di un istituto di credito o di un intermediario finanziario che, ai fini della stipula di un contratto di mutuo, obbliga il cliente alla sottoscrizione di una polizza assicurativa erogata dalla medesima banca, istituto o intermediario ovvero all'apertura di un conto corrente presso la medesima banca, istituto o intermediario (3) (4).

4. È considerata, altresì, scorretta la pratica commerciale che, in quanto suscettibile di raggiungere bambini ed adolescenti, può, anche indirettamente, minacciare la loro sicurezza.

4 *bis*. È considerata, altresì, scorretta la pratica commerciale che richieda un sovrapprezzo dei costi per il completamento di una transazione elettronica con un fornitore di beni o servizi (5).

(1) *Questo articolo è stato così sostituito dall'art. 1, comma 1, del D.L.vo 2 agosto 2007, n. 146.*

(2) *Questa lettera è stata aggiunta dall'art. 1, comma 4, del D.L.vo 7 marzo 2023, n. 26.*

(3) *Le parole: «ovvero all'apertura di un conto corrente presso la medesima banca, istituto o intermediario» sono state aggiunte dall'art. 28, comma 3, del D.L. 24 gennaio 2012, n. 1, convertito, con modificazioni, nella L. 24 marzo 2012, n. 27.*

([4]) *Questo comma è stato inserito dall'art. 36* bis *del D.L. 6 dicembre 2011, n. 201, convertito, con modificazioni, nella L. 22 dicembre 2011, n. 214.*

([5]) *Questo comma è stato aggiunto dall'art. 15, comma 5* quater, *del D.L. 18 ottobre 2012, n. 179, convertito, con modificazioni, nella L. 17 dicembre 2012, n. 221.*

22. ([1]) **Omissioni ingannevoli.** – 1. È considerata ingannevole una pratica commerciale che nella fattispecie concreta, tenuto conto di tutte le caratteristiche e circostanze del caso, nonché dei limiti del mezzo di comunicazione impiegato, omette informazioni rilevanti di cui il consumatore medio ha bisogno in tale contesto per prendere una decisione consapevole di natura commerciale e induce o è idonea ad indurre in tal modo il consumatore medio ad assumere una decisione di natura commerciale che non avrebbe altrimenti preso ([2]).

2. Una pratica commerciale è altresì considerata un'omissione ingannevole quando un professionista occulta o presenta in modo oscuro, incomprensibile, ambiguo o intempestivo le informazioni rilevanti di cui al comma 1, tenendo conto degli aspetti di cui al detto comma, o non indica l'intento commerciale della pratica stessa qualora questi non risultino già evidente dal contesto nonché quando, nell'uno o nell'altro caso, ciò induce o è idoneo a indurre il consumatore medio ad assumere una decisione di natura commerciale che non avrebbe altrimenti preso.

3. Qualora il mezzo di comunicazione impiegato per la pratica commerciale imponga restrizioni in termini di spazio o di tempo, nel decidere se vi sia stata un'omissione di informazioni, si tiene conto di dette restrizioni e di qualunque misura adottata dal professionista per rendere disponibili le informazioni ai consumatori con altri mezzi.

4. Nel caso di un invito all'acquisto sono considerate rilevanti, ai sensi del comma 1, le informazioni seguenti, qualora non risultino già evidenti dal contesto:

a) le caratteristiche principali del prodotto in misura adeguata al mezzo di comunicazione e al prodotto stesso;

b) l'indirizzo geografico e l'identità del professionista, come la sua denominazione sociale e, ove questa informazione sia pertinente, l'indirizzo geografico e l'identità del professionista per conto del quale egli agisce;

c) il prezzo comprensivo delle imposte o, se la natura del prodotto comporta l'impossibilità di calcolare ragionevolmente il prezzo in anticipo, le modalità di calcolo del prezzo e, se del caso, tutte le spese aggiuntive di spedizione, consegna o postali oppure, qualora tali spese non possano ragionevolmente essere calcolate in anticipo, l'indicazione che tali spese potranno essere addebitate al consumatore;

d) le modalità di pagamento, consegna ed esecuzione qualora esse siano difformi dagli obblighi imposti dalla diligenza professionale ([3]);

e) l'esistenza di un diritto di recesso o scioglimento del contratto per i prodotti e le operazioni commerciali che comportino tale diritto.

e bis) per i prodotti offerti su mercati online, se il terzo che offre i prodotti è un professionista o meno, sulla base della dichiarazione del terzo stesso al fornitore del mercato online ([4]).

4 *bis*. Nel caso in cui sia fornita ai consumatori la possibilità di cercare prodotti offerti da professionisti diversi o da consumatori sulla base di una ricerca sotto forma di parola chiave, frase o altri dati, indipendentemente dal luogo in cui le operazioni siano poi effettivamente concluse, sono considerate rilevanti le informazioni generali, rese disponibili in un'apposita sezione dell'interfaccia online che sia direttamente e facilmente accessibile dalla pagina in cui sono presentati i risultati della ricerca, in merito ai parametri principali che determinano la classificazione dei prodotti presentati al consumatore come risultato della sua ricerca e all'importanza relativa di tali parametri rispetto ad altri parametri. Il presente comma non si applica ai fornitori di motori di ricerca online definiti ai sensi dell'articolo 2, punto 6, del regolamento (UE) 2019/1150 del Parlamento europeo e del Consiglio ([5]).

5. Sono considerati rilevanti, ai sensi del comma 1, gli obblighi di informazione, previsti dal diritto comunitario, connessi alle comunicazioni commerciali, compresa la pubblicità o la commercializzazione del prodotto.

5 *bis*. Se un professionista fornisce l'accesso alle recensioni dei consumatori sui prodotti, sono considerate rilevanti le informazioni che indicano se e in che modo il professionista garantisce che le recensioni pubblicate provengano da consumatori che hanno effettivamente acquistato o utilizzato il prodotto ([6]).

([1]) *Questo articolo è stato così sostituito dall'art. 1, comma 1, del D.L.vo 2 agosto 2007, n. 146.*

([2]) *Per pratica commerciale ingannevole in materia di prodotti alimentari, si veda l'art. 5 della L. 3 febbraio 2011, n. 4.*

([3]) *Questa lettera è stata così sostituita dall'art. 1, comma 5, lett.* a), *del D.L.vo 7 marzo 2023, n. 26.*

LEGGI COMPLEMENTARI

(4) *Questa lettera è stata aggiunta dall'art. 1, comma 5, lett. b), del D.L.vo 7 marzo 2023, n. 26.*

(5) *Questo comma è stato inserito dall'art. 1, comma 5, lett. c), del D.L.vo 7 marzo 2023, n. 26.*

(6) *Questo comma è stato aggiunto dall'art. 1, comma 5, lett. d), del D.L.vo 7 marzo 2023, n. 26.*

22 *bis*. (1) Pubblicità ingannevole delle tariffe marittime. – 1. È considerata ingannevole la pubblicità che, riguardando le tariffe praticate da compagnie marittime che operano sul territorio italiano direttamente o in code-sharing, reclamizzi il prezzo del biglietto dovuto alla compagnia marittima separatamente dagli oneri accessori, dalle tasse portuali e da tutti gli oneri comunque destinati a gravare sul consumatore, dovendo la compagnia marittima pubblicizzare un unico prezzo che includa tutte queste voci.

(1) *Questo articolo è stato inserito dall'art. 22 della L. 23 luglio 2009, n. 99.*

23. (1) Pratiche commerciali considerate in ogni caso ingannevoli. – 1. Sono considerate in ogni caso ingannevoli le seguenti pratiche commerciali:

a) affermazione non rispondente al vero, da parte di un professionista, di essere firmatario di un codice di condotta;

b) esibire un marchio di fiducia, un marchio di qualità o un marchio equivalente senza aver ottenuto la necessaria autorizzazione;

c) asserire, contrariamente al vero, che un codice di condotta ha l'approvazione di un organismo pubblico o di altra natura;

d) asserire, contrariamente al vero, che un professionista, le sue pratiche commerciali o un suo prodotto sono stati autorizzati, accettati o approvati, da un organismo pubblico o privato o che sono state rispettate le condizioni dell'autorizzazione, dell'accettazione o dell'approvazione ricevuta;

e) invitare all'acquisto di prodotti ad un determinato prezzo senza rivelare l'esistenza di ragionevoli motivi che il professionista può avere per ritenere che non sarà in grado di fornire o di far fornire da un altro professionista quei prodotti o prodotti equivalenti a quel prezzo entro un periodo e in quantità ragionevoli in rapporto al prodotto, all'entità della pubblicità fatta del prodotto e al prezzo offerti;

f) invitare all'acquisto di prodotti ad un determinato prezzo e successivamente:

1) rifiutare di mostrare l'articolo pubblicizzato ai consumatori, oppure

2) rifiutare di accettare ordini per l'articolo o di consegnarlo entro un periodo di tempo ragionevole, oppure

3) fare la dimostrazione dell'articolo con un campione difettoso, con l'intenzione di promuovere un altro prodotto;

g) dichiarare, contrariamente al vero, che il prodotto sarà disponibile solo per un periodo molto limitato o che sarà disponibile solo a condizioni particolari per un periodo di tempo molto limitato, in modo da ottenere una decisione immediata e privare i consumatori della possibilità o del tempo sufficiente per prendere una decisione consapevole;

h) impegnarsi a fornire l'assistenza post-vendita a consumatori con i quali il professionista ha comunicato prima dell'operazione commerciale in una lingua diversa dalla lingua ufficiale dello Stato membro in cui il professionista è stabilito e poi offrire concretamente tale servizio soltanto in un'altra lingua, senza che questo sia chiaramente comunicato al consumatore prima del suo impegno a concludere l'operazione;

i) affermare, contrariamente al vero, o generare comunque l'impressione che la vendita del prodotto è lecita;

l) presentare i diritti conferiti ai consumatori dalla legge come una caratteristica propria dell'offerta fatta dal professionista;

m) salvo quanto previsto dal decreto legislativo 31 luglio 2005, n. 177, e successive modificazioni, impiegare contenuti redazionali nei mezzi di comunicazione per promuovere un prodotto, qualora i costi di tale promozione siano stati sostenuti dal professionista senza che ciò emerga dai contenuti o da immagini o suoni chiaramente individuabili per il consumatore;

m bis) fornire risultati di ricerca in risposta a una ricerca online del consumatore senza che sia chiaramente indicato ogni eventuale annuncio pubblicitario a pagamento o pagamento specifico per ottenere una classificazione migliore dei prodotti all'interno di tali risultati (2);

n) formulare affermazioni di fatto inesatte per quanto riguarda la natura e la portata dei rischi per la sicurezza personale del consumatore o della sua famiglia se egli non acquistasse il prodotto;

o) promuovere un prodotto simile a quello fabbricato da un altro produttore in modo tale da fuorviare deliberatamente il consumatore inducendolo a ritenere, contrariamente al vero, che il prodotto è fabbricato dallo stesso produttore;

p) avviare, gestire o promuovere un sistema di promozione a carattere piramidale nel quale il consumatore fornisce un contributo in cambio della possibilità di ricevere un corrispettivo derivante principalmente dall'entrata di altri consumatori nel sistema piuttosto che dalla vendita o dal consumo di prodotti;

q) affermare, contrariamente al vero, che il professionista è in procinto di cessare l'attività o traslocare;

r) affermare che alcuni prodotti possono facilitare la vincita in giochi basati sulla sorte;

s) affermare, contrariamente al vero, che un prodotto ha la capacità di curare malattie, disfunzioni o malformazioni;

t) comunicare informazioni inesatte sulle condizioni di mercato o sulla possibilità di ottenere il prodotto allo scopo d'indurre il consumatore all'acquisto a condizioni meno favorevoli di quelle normali di mercato;

u) affermare in una pratica commerciale che si organizzano concorsi o promozioni a premi senza attribuire i premi descritti o un equivalente ragionevole;

v) descrivere un prodotto come gratuito o senza alcun onere, se il consumatore deve pagare un supplemento di prezzo rispetto al normale costo necessario per rispondere alla pratica commerciale e ritirare o farsi recapitare il prodotto;

z) includere nel materiale promozionale una fattura o analoga richiesta di pagamento che lasci intendere, contrariamente al vero, al consumatore di aver già ordinato il prodotto;

aa) dichiarare o lasciare intendere, contrariamente al vero, che il professionista non agisce nel quadro della sua attività commerciale, industriale, artigianale o professionale, o presentarsi, contrariamente al vero, come consumatore;

bb) lasciare intendere, contrariamente al vero, che i servizi post-vendita relativi a un prodotto siano disponibili in uno Stato membro diverso da quello in cui è venduto il prodotto.

bb bis) rivendere ai consumatori biglietti per eventi, se il professionista ha acquistato tali biglietti utilizzando strumenti automatizzati per eludere qualsiasi limite imposto riguardo al numero di biglietti che una persona può acquistare o qualsiasi altra norma applicabile all'acquisto di biglietti (3);

bb ter) indicare che le recensioni di un prodotto sono inviate da consumatori che hanno effettivamente utilizzato o acquistato il prodotto senza adottare misure ragionevoli e proporzionate per verificare che le recensioni provengano da tali consumatori (3);

bb quater) inviare, o incaricare un'altra persona giuridica o fisica di inviare, recensioni di consumatori false o falsi apprezzamenti o di fornire false informazioni in merito a recensioni di consumatori o ad apprezzamenti sui media sociali, al fine di promuovere prodotti (3).

(1) *Questo articolo è stato così sostituito dall'art. 1, comma 1, del D.L.vo 2 agosto 2007, n. 146.*

(2) *Questa lettera è stata inserita dall'art. 1, comma 6, lett.* a)*, del D.L.vo 7 marzo 2023, n. 26.*

(3) *Questa lettera è stata aggiunta dall'art. 1, comma 6, lett.* b)*, del D.L.vo 7 marzo 2023, n. 26.*

Sezione II
Pratiche commerciali aggressive (1)

(1) *L'attuale partizione sostituisce la precedente: «*CAPO *II CARATTERI DELLA PUBBLICITÀ - Sezione I PUBBLICITÀ INGANNEVOLE E COMPARATIVA» originariamente posizionata prima dell'art. 19, a norma dell'art. 1, comma 1, del D.L.vo 2 agosto 2007, n. 146.*

24. (1) **Pratiche commerciali aggressive.** - 1. È considerata aggressiva una pratica commerciale che, nella fattispecie concreta, tenuto conto di tutte le caratteristiche e circostanze del caso, mediante molestie, coercizione, compreso il ricorso alla forza fisica o indebito condizionamento, limita o è idonea a limitare considerevolmente la libertà di scelta o di comportamento del consumatore medio in relazione al prodotto e, pertanto, lo induce o è idonea ad indurlo ad assumere una decisione di natura commerciale che non avrebbe altrimenti preso.

(1) *Questo articolo è stato così sostituito dall'art. 1, comma 1, del D.L.vo 2 agosto 2007, n. 146.*

25. (1) **Ricorso a molestie, coercizione o indebito condizionamento.** - 1. Nel determinare se una pratica commerciale comporta, ai fini del presente capo, molestie, coercizione, compreso il ricorso alla forza fisica, o indebito condizionamento, sono presi in considerazione i seguenti elementi:

a) i tempi, il luogo, la natura o la persistenza;

b) il ricorso alla minaccia fisica o verbale;

c) lo sfruttamento da parte del professionista di qualsivoglia evento tragico o circostanza specifica di gravità tale da alterare la capacità di valutazione del consumatore, al fine di influenzarne la decisione relativa al prodotto;

d) qualsiasi ostacolo non contrattuale, oneroso o sproporzionato, imposto dal professionista qualora un consumatore intenda esercitare diritti contrattuali, compresi il diritto di risolvere un contratto o quello di cambiare prodotto o rivolgersi ad un altro professionista;

e) qualsiasi minaccia di promuovere un'azione legale ove tale azione sia manifestamente temeraria o infondata.

(1) *Questo articolo è stato così sostituito dall'art. 1, comma 1, del D.L.vo 2 agosto 2007, n. 146.*

26. (1) **Pratiche commerciali considerate in ogni caso aggressive.** – 1. Sono considerate in ogni caso aggressive le seguenti pratiche commerciali:

a) creare l'impressione che il consumatore non possa lasciare i locali commerciali fino alla conclusione del contratto;

b) effettuare visite presso l'abitazione del consumatore, ignorando gli inviti del consumatore a lasciare la sua residenza o a non ritornarvi, fuorché nelle circostanze e nella misura in cui siano giustificate dalla legge nazionale ai fini dell'esecuzione di un'obbligazione contrattuale;

c) effettuare ripetute e non richieste sollecitazioni commerciali per telefono, via fax, per posta elettronica o mediante altro mezzo di comunicazione a distanza, fuorché nelle circostanze e nella misura in cui siano giustificate dalla legge nazionale ai fini dell'esecuzione di un'obbligazione contrattuale, fatti salvi l'articolo 58 e l'articolo 130 del decreto legislativo 30 giugno 2003, n. 196;

d) imporre al consumatore che intenda presentare una richiesta di risarcimento del danno in virtù di una polizza di assicurazione di esibire documenti che non possono ragionevolmente essere considerati pertinenti per stabilire la fondatezza della richiesta, o omettere sistematicamente di rispondere alla relativa corrispondenza, al fine di dissuadere un consumatore dall'esercizio dei suoi diritti contrattuali;

e) salvo quanto previsto dal decreto legislativo 31 luglio 2005, n. 177, e successive modificazioni, includere in un messaggio pubblicitario un'esortazione diretta ai bambini affinché acquistino o convincano i genitori o altri adulti ad acquistare loro i prodotti reclamizzati;

f) esigere il pagamento immediato o differito o la restituzione o la custodia di prodotti che il professionista ha fornito, ma che il consumatore non ha richiesto, salvo quanto previsto dall'articolo 66 *sexies*, comma 2 (2);

g) informare esplicitamente il consumatore che, se non acquista il prodotto o il servizio saranno in pericolo il lavoro o la sussistenza del professionista;

h) lasciare intendere, contrariamente al vero, che il consumatore abbia già vinto, vincerà o potrà vincere compiendo una determinata azione un premio o una vincita equivalente, mentre in effetti non esiste alcun premio né vincita equivalente oppure che qualsiasi azione volta a reclamare il premio o altra vincita equivalente è subordinata al versamento di denaro o al sostenimento di costi da parte del consumatore.

(1) *Questo articolo è stato così sostituito dall'art. 1, comma 1, del D.L.vo 2 agosto 2007, n. 146.*

(2) *Le parole: «salvo quanto previsto dall'articolo 54, comma 2, secondo periodo» sono state così sostituite dalle attuali: «salvo quanto previsto dall'articolo 66* sexies*, comma 2» dall'art. 1, comma 3, del D.L.vo 21 febbraio 2014, n. 21. A norma dell'art. 2, comma 1, del medesimo decreto, tali disposizioni entrano in vigore dal 13 giugno 2014 e si applicano ai contratti conclusi dopo tale data.*

Capo III
Applicazione (1)

(1) *Questa partizione è stata introdotta dall'art. 1, comma 1, del D.L.vo 2 agosto 2007, n. 146.*

27. (1) **Tutela amministrativa e giurisdizionale.** – 1. L'Autorità garante della concorrenza e del mercato, di seguito denominata «Autorità», esercita le attribuzioni disciplinate dal presente articolo anche quale autorità competente per l'applicazione del regolamento (UE) 2017/2394 del Parlamento europeo e del Consiglio, del 12 dicembre 2017, sulla cooperazione tra le autorità nazionali responsabili dell'esecuzione della normativa che tutela i consumatori e che abroga il regolamento (CE) n. 2006/2004 (2), nei limiti delle disposizioni di legge.

1 *bis*. Anche nei settori regolati, ai sensi dell'articolo 19, comma 3, la competenza ad intervenire nei confronti delle condotte dei professionisti che integrano una pratica commerciale scorretta, fermo restando il rispetto della regolazione vigente, spetta, in via esclusiva, all'Autorità garante della concorrenza e del mercato, che la esercita in base ai poteri di cui al presente articolo, acquisito il parere dell'Autorità di regolazione competente. Resta ferma la competenza delle Autorità di regolazione ad esercitare i propri poteri nelle ipotesi di violazione della regolazione che non integrino gli estremi di una pratica commerciale scorretta. Le Autorità possono disciplinare con protocolli di intesa gli aspetti applicativi e procedimentali della reciproca collaborazione, nel quadro delle rispettive competenze (3) (4).

2. L'Autorità, d'ufficio o su istanza di ogni soggetto o organizzazione che ne abbia interesse, inibisce la continuazione delle pratiche commerciali scorrette e ne elimina gli effetti. A tale fine, l'Autorità si avvale dei poteri investigativi ed esecutivi di cui al citato regolamento (UE) 2017/2394 ([5]) anche in relazione alle infrazioni non transfrontaliere. Per lo svolgimento dei compiti di cui al comma 1 l'Autorità può avvalersi della Guardia di finanza che agisce con i poteri ad essa attribuiti per l'accertamento dell'imposta sul valore aggiunto e dell'imposta sui redditi. L'intervento dell'Autorità è indipendente dalla circostanza che i consumatori interessati si trovino nel territorio dello Stato membro in cui è stabilito il professionista o in un altro Stato membro.

3. L'Autorità può disporre, con provvedimento motivato, la sospensione provvisoria delle pratiche commerciali scorrette, laddove sussiste particolare urgenza. In ogni caso, comunica l'apertura dell'istruttoria al professionista e, se il committente non è conosciuto, può richiedere al proprietario del mezzo che ha diffuso la pratica commerciale ogni informazione idonea ad identificarlo. L'Autorità può, altresì, richiedere a imprese, enti o persone che ne siano in possesso le informazioni ed i documenti rilevanti al fine dell'accertamento dell'infrazione. Si applicano le disposizioni previste dall'articolo 14, commi 2, 3 e 4, della legge 10 ottobre 1990, n. 287.

3 *bis*. L'Autorità garante della concorrenza e del mercato, in conformità a quanto disposto dall'articolo 9 del regolamento (UE) 2017/2394 del Parlamento europeo e del Consiglio, del 12 dicembre 2017, può ordinare, anche in via cautelare, ai fornitori di servizi di connettività alle reti internet, ai gestori di altre reti telematiche o di telecomunicazione nonché agli operatori che in relazione ad esse forniscono servizi telematici o di telecomunicazione la rimozione di iniziative o attività destinate ai consumatori italiani e diffuse attraverso le reti telematiche o di tele-comunicazione che integrano gli estremi di una pratica commerciale scorretta. I destinatari dei predetti ordini, disposti ai sensi del primo periodo, hanno l'obbligo di inibire l'utilizzazione delle reti delle quali sono gestori o in relazione alle quali forniscono servizi, al fine di evitare la protrazione di attività pregiudizievoli per i consumatori e poste in essere in violazione del presente codice. In caso di inottemperanza, senza giustificato motivo, a quanto disposto dall'Autorità garante della concorrenza e del mercato ai sensi del primo periodo del presente comma, l'Autorità stessa può applicare una sanzione amministrativa fino a 5.000.000 di euro ([6]).

4. In caso di inottemperanza, senza giustificato motivo, a quanto disposto dall'Autorità ai sensi dell'articolo 14, comma 2, della legge 10 ottobre 1990, n. 287, l'Autorità applica una sanzione amministrativa pecuniaria da 2.000,00 euro a 20.000,00 euro. Qualora le informazioni o la documentazione fornite non siano veritiere, l'Autorità applica una sanzione amministrativa pecuniaria da 4.000,00 euro a 40.000,00 euro.

5. L'Autorità può disporre che il professionista fornisca prove sull'esattezza dei dati di fatto connessi alla pratica commerciale se, tenuto conto dei diritti o degli interessi legittimi del professionista e di qualsiasi altra parte nel procedimento, tale esigenza risulti giustificata, date le circostanze del caso specifico. Se tale prova è omessa o viene ritenuta insufficiente, i dati di fatto sono considerati inesatti. Incombe, in ogni caso, al professionista l'onere di provare, con allegazioni fattuali, che egli non poteva ragionevolmente prevedere l'impatto della pratica commerciale sui consumatori, ai sensi dell'articolo 20, comma 3.

6. Quando la pratica commerciale è stata o deve essere diffusa attraverso la stampa periodica o quotidiana ovvero per via radiofonica o televisiva o altro mezzo di telecomunicazione, l'Autorità, prima di provvedere, richiede il parere dell'Autorità per le garanzie nelle comunicazioni.

7. Ad eccezione dei casi di manifesta scorrettezza e gravità della pratica commerciale, l'Autorità può ottenere dal professionista responsabile l'assunzione dell'impegno di porre fine all'infrazione, cessando la diffusione della stessa o modificandola in modo da eliminare i profili di illegittimità. L'Autorità può disporre la pubblicazione della dichiarazione dell'impegno in questione a cura e spese del professionista. In tali ipotesi, l'Autorità, valutata l'idoneità di tali impegni, può renderli obbligatori per il professionista e definire il procedimento senza procedere all'accertamento dell'infrazione.

8. L'Autorità, se ritiene la pratica commerciale scorretta, vieta la diffusione, qualora non ancora portata a conoscenza del pubblico, o la continuazione, qualora la pratica sia già iniziata. Con il medesimo provvedimento può essere disposta, a cura e spese del professionista, la pubblicazione della delibera, anche per estratto, ovvero di un'apposita dichiarazione rettificativa, in modo da impedi-

re che le pratiche commerciali scorrette continuino a produrre effetti.

9. Con il provvedimento che vieta la pratica commerciale scorretta, l'Autorità dispone inoltre l'applicazione di una sanzione amministrativa pecuniaria da 5.000 euro a 10.000.000 euro, tenuto conto della gravità e della durata della violazione ed anche delle condizioni economiche e patrimoniali del professionista. Nel caso di pratiche commerciali scorrette ai sensi dell'articolo 21, commi 3 e 4, la sanzione non può essere inferiore a 50.000 euro ([7]).

9 *bis*. In caso di sanzioni inflitte a norma dell'articolo 21 del regolamento (UE) 2017/2394 del Parlamento europeo e del Consiglio, del 12 dicembre 2017, l'importo massimo della sanzione irrogata dall'Autorità è pari al 4 per cento del fatturato annuo del professionista realizzato in Italia ovvero negli Stati membri dell'Unione europea interessati dalla relativa violazione. Qualora le informazioni sul fatturato annuo non siano disponibili, l'importo massimo della sanzione irrogata dall'Autorità è pari a 2.000.000 di euro ([8]).

9 *ter*. Ai fini dell'irrogazione delle sanzioni di cui ai commi 9 e 9 *bis*, l'Autorità tiene conto, ove appropriato, dei seguenti criteri non esaustivi:

a) la natura, gravità, entità e durata della violazione;

b) le eventuali azioni intraprese dal professionista per attenuare il danno subito dai consumatori o per porvi rimedio;

c) eventuali violazioni commesse in precedenza dal professionista;

d) i benefici finanziari conseguiti o le perdite evitate dal professionista in conseguenza della violazione, se i relativi dati sono disponibili;

e) le sanzioni inflitte al professionista per la medesima violazione in altri Stati membri in casi transfrontalieri, in cui informazioni relative a tali sanzioni sono disponibili attraverso il meccanismo istituito dal regolamento (UE) 2017/2394 del Parlamento europeo e del Consiglio, del 12 dicembre 2017;

f) eventuali altri fattori aggravanti o attenuanti applicabili alle circostanze del caso ([8]).

10. Nei casi riguardanti comunicazioni commerciali inserite sulle confezioni di prodotti, l'Autorità, nell'adottare i provvedimenti indicati nei commi 3 e 8, assegna per la loro esecuzione un termine che tenga conto dei tempi tecnici necessari per l'adeguamento.

11. L'Autorità garante della concorrenza e del mercato, con proprio regolamento, disciplina la procedura istruttoria, in modo da garantire il contraddittorio, la piena cognizione degli atti e la verbalizzazione.

12. In caso di inottemperanza ai provvedimenti d'urgenza e a quelli inibitori o di rimozione degli effetti di cui ai commi 3, 8 e 10 ed in caso di mancato rispetto degli impegni assunti ai sensi del comma 7, l'Autorità applica una sanzione amministrativa pecuniaria da 10.000 a 10.000.000 euro, anche tenuto conto delle condizioni economiche e patrimoniali del professionista. Nei casi di reiterata inottemperanza l'Autorità può disporre la sospensione dell'attività d'impresa per un periodo non superiore a trenta giorni ([9]).

13. [I ricorsi avverso le decisioni adottate dall'Autorità sono soggetti alla giurisdizione esclusiva del giudice amministrativo] ([10]). Per le sanzioni amministrative pecuniarie conseguenti alle violazioni del presente decreto si osservano, in quanto applicabili, le disposizioni contenute nel capo I, sezione I, e negli articoli 26, 27, 28 e 29 della legge 24 novembre 1981, n. 689, e successive modificazioni. Il pagamento delle sanzioni amministrative di cui al presente articolo deve essere effettuato entro trenta giorni dalla notifica del provvedimento dell'Autorità.

14. Ove la pratica commerciale sia stata assentita con provvedimento amministrativo, preordinato anche alla verifica del carattere non scorretto della stessa, la tutela dei soggetti e delle organizzazioni che vi abbiano interesse, è esperibile in via giurisdizionale con ricorso al giudice amministrativo avverso il predetto provvedimento.

15. È comunque fatta salva la giurisdizione del giudice ordinario in materia di atti di concorrenza sleale, a norma dell'articolo 2598 del codice civile, nonché, per quanto concerne la pubblicità comparativa, in materia di atti compiuti in violazione della disciplina sul diritto d'autore protetto dalla legge 22 aprile 1941, n. 633, e successive modificazioni, e dei marchi d'impresa protetto a norma del decreto legislativo 10 febbraio 2005, n. 30, e successive modificazioni, nonché delle denominazioni di origine riconosciute e protette in Italia e di altri segni distintivi di imprese, beni e servizi concorrenti.

15 *bis*. I consumatori lesi da pratiche commerciali sleali possono altresì adire il giudice ordinario al fine di ottenere rimedi proporzionati ed effettivi, compresi il risarcimento del danno subito e, ove applicabile, la riduzione del prezzo o la risoluzione del

contratto, tenuto conto, se del caso, della gravità e della natura della pratica commerciale sleale, del danno subito e di altre circostanze pertinenti. Sono fatti salvi ulteriori rimedi a disposizione dei consumatori ([11]).

([1]) *Questo articolo è stato così sostituito dall'art. 1, comma 1, del D.L.vo 2 agosto 2007, n. 146.*

([2]) *Le parole: «regolamento 2006/2004/CE del Parlamento europeo e del Consiglio, del 27 ottobre 2004, sulla cooperazione tra le autorità nazionali responsabili dell'esecuzione della normativa che tutela i consumatori» sono state così sostituite dalle attuali: «regolamento (UE) 2017/2394 del Parlamento europeo e del Consiglio, del 12 dicembre 2017, sulla cooperazione tra le autorità nazionali responsabili dell'esecuzione della normativa che tutela i consumatori e che abroga il regolamento (CE) n. 2006/2004» dall'art. 37, comma 1, lett. a), n. 1, della L. 23 dicembre 2021, n. 238.*

([3]) *Questo comma è stato inserito dall'art. 1, comma 6, lett. a), del D.L.vo 21 febbraio 2014, n. 21.*

([4]) *A norma dell'art. 1, comma 516, della L. 30 dicembre 2020, n. 178, resta fermo quanto previsto da questo comma, a decorrere dal 1° gennaio 2021.*

([5]) *Le parole: «regolamento 2006/2004/CE» sono state così sostituite dalle attuali: «regolamento (UE) 2017/2394» dall'art. 37, comma 1, lett. a), n. 2, della L. 23 dicembre 2021, n. 238.*

([6]) *Questo comma è stato inserito dall'art. 263* bis, *comma 1, del D.L. 19 maggio 2020, n. 34, convertito, con modificazioni, nella L. 17 luglio 2020, n. 77.*

([7]) *Questo comma è stato così sostituito dall'art. 1, comma 7, lett. a), del D.L.vo 7 marzo 2023, n. 26.*

([8]) *Questo comma è stato inserito dall'art. 1, comma 7, lett. b), del D.L.vo 7 marzo 2023, n. 26.*

([9]) *Questo comma è stato così sostituito dall'art. 1, comma 7, lett. c), del D.L.vo 7 marzo 2023, n. 26.*

([10]) *Questo periodo è stato abrogato dall'art. 4, comma 1, dell'Allegato 4 del D.L.vo 2 luglio 2010, n. 104, a decorrere dal 16 settembre 2010.*

([11]) *Questo comma è stato aggiunto dall'art. 1, comma 7, lett. d), del D.L.vo 7 marzo 2023, n. 26.*

27 *bis*. ([1]) Codici di condotta. – 1. Le associazioni o le organizzazioni imprenditoriali e professionali possono adottare, in relazione a una o più pratiche commerciali o ad uno o più settori imprenditoriali specifici, appositi codici di condotta che definiscono il comportamento dei professionisti che si impegnano a rispettare tali codici con l'indicazione del soggetto responsabile o dell'organismo incaricato del controllo della loro applicazione.

2. Il codice di condotta è redatto in lingua italiana e inglese ed è reso accessibile dal soggetto o organismo responsabile al consumatore, anche per via telematica.

3. Nella redazione di codici di condotta deve essere garantita almeno la protezione dei minori e salvaguardata la dignità umana.

4. I codici di condotta di cui al comma 1 sono comunicati, per la relativa adesione, agli operatori dei rispettivi settori e conservati ed aggiornati a cura del responsabile del codice, con l'indicazione degli aderenti.

5. Dell'esistenza del codice di condotta, dei suoi contenuti e dell'adesione il professionista deve preventivamente informare i consumatori.

([1]) *Questo articolo è stato inserito dall'art. 1, comma 2, del D.L.vo 2 agosto 2007, n. 146.*

27 *ter*. ([1]) Autodisciplina. – 1. I consumatori, i concorrenti, anche tramite le loro associazioni o organizzazioni, prima di avviare la procedura di cui all'articolo 27, possono convenire con il professionista di adire preventivamente, il soggetto responsabile o l'organismo incaricato del controllo del codice di condotta relativo ad uno specifico settore la risoluzione concordata della controversia volta a vietare o a far cessare la continuazione della pratica commerciale scorretta.

2. In ogni caso il ricorso ai sensi del presente articolo, qualunque sia l'esito della procedura, non pregiudica il diritto del consumatore di adire l'Autorità, ai sensi dell'articolo 27, o il giudice competente.

3. Iniziata la procedura davanti ad un organismo di autodisciplina, le parti possono convenire di astenersi dall'adire l'Autorità fino alla pronuncia definitiva, ovvero possono chiedere la sospensione del procedimento innanzi all'Autorità, ove lo stesso sia stato attivato anche da altro soggetto legittimato, in attesa della pronuncia dell'organismo di autodisciplina. L'Autorità, valutate tutte le circostanze, può disporre la sospensione del procedimento per un periodo non superiore a trenta giorni.

([1]) *Questo articolo è stato inserito dall'art. 1, comma 2, del D.L.vo 2 agosto 2007, n. 146.*

27 *quater*. ([1]) Oneri di informazione. – 1. L'Autorità garante della concorrenza e del mercato e le associazioni o le organizzazioni imprenditoriali e professionali di cui all'articolo 27 *bis*, comunicano periodicamente al Ministero dello sviluppo economico le decisioni adottate ai sensi del presente titolo.

2. Il Ministero dello sviluppo economico provvederà affinché sul proprio sito siano disponibili:

a) le informazioni generali sulle procedure relative ai meccanismi di reclamo e ricorso disponibili in caso di controversie, nonché sui codici di condotta adottati ai sensi dell'articolo 27 *bis*;

b) gli estremi delle autorità, organizzazioni o associazioni presso le quali si possono ottenere ulteriori informazioni o assistenza;

c) gli estremi e la sintesi delle decisioni significative riguardo a controversie, comprese quelle adottate dagli organi di composizione extragiudiziale.

([1]) *Questo articolo è stato inserito dall'art. 1, comma 2, del D.L.vo 2 agosto 2007, n. 146.*

Titolo IV
Particolari modalità
della comunicazione
pubblicitaria ([1])

([1]) *La precedente denominazione: «Capo III» è stata così sostituita dalla attuale denominazione: «Titolo IV» dall'art. 1, comma 4, del D.L.vo 2 agosto 2007, n. 146.*

Capo I
Rafforzamento della tutela
del consumatore
in materia di televendite ([1])

([1]) *La precedente denominazione: «Sezione I» è stata così sostituita dalla attuale denominazione: «Capo I» dall'art. 1, comma 4, del D.L.vo 2 agosto 2007, n. 146.*

28. Ambito di applicazione. - 1. Le disposizioni del presente capo ([1]) si applicano alle televendite, come definite nel regolamento in materia di pubblicità radiotelevisiva e televendite, adottato dall'Autorità per le garanzie nelle comunicazioni con delibera n. 538/01/CSP del 26 luglio 2001, comprese quelle di astrologia, di cartomanzia ed assimilabili e di servizi relativi a concorsi o giochi comportanti ovvero strutturati in guisa di pronostici. Le medesime disposizioni si applicano altresì agli spot di televendita.

([1]) *La precedente parola: «sezione» è stata così sostituita dalla parola: «capo» dall'art. 1, comma 5, del D.L.vo 2 agosto 2007, n. 146.*

29. Prescrizioni. - 1. Le televendite devono evitare ogni forma di sfruttamento della superstizione, della credulità o della paura, non devono contenere scene di violenza fisica o morale o tali da offendere il gusto e la sensibilità dei consumatori per indecenza, volgarità o ripugnanza.

30. Divieti. - 1. È vietata la televendita che offenda la dignità umana, comporti discriminazioni di razza, sesso o nazionalità, offenda convinzioni religiose e politiche, induca a comportamenti pregiudizievoli per la salute o la sicurezza o la protezione dell'ambiente. È vietata la televendita di sigarette o di altri prodotti a base di tabacco.

2. Le televendite non devono contenere dichiarazioni o rappresentazioni che possono indurre in errore gli utenti o i consumatori, anche per mezzo di omissioni, ambiguità o esagerazioni, in particolare per ciò che riguarda le caratteristiche e gli effetti del servizio, il prezzo, le condizioni di vendita o di pagamento, le modalità della fornitura, gli eventuali premi, l'identità delle persone rappresentate.

31. Tutela dei minori. - 1. La televendita non deve esortare i minorenni a stipulare contratti di compravendita o di locazione di prodotti e di servizi. La televendita non deve arrecare pregiudizio morale o fisico ai minorenni e deve rispettare i seguenti criteri a loro tutela:

a) non esortare i minorenni ad acquistare un prodotto o un servizio, sfruttandone l'inesperienza o la credulità;

b) non esortare i minorenni a persuadere genitori o altri ad acquistare tali prodotti o servizi;

c) non sfruttare la particolare fiducia che i minorenni ripongono nei genitori, negli insegnanti o in altri;

d) non mostrare minorenni in situazioni pericolose.

32. Sanzioni. - 1. Salvo che il fatto costituisca reato, e fatte salve le disposizioni ed il regime sanzionatorio stabiliti per i contratti a distanza, così come disciplinati alla parte III, titolo III, capo I, sezione II, dall'articolo 50 all'articolo 61, del codice, nonché le ulteriori disposizioni stabilite in materia di pubblicità, alle televendite sono applicabili altresì le sanzioni di cui all'articolo 2, comma 20, lettera c), della legge 14 novembre 1995, n. 481, e di cui all'articolo 1, comma 31, della legge 31 luglio 1997, n. 249.

Parte III
Il rapporto di consumo

Titolo I
Dei contratti del consumatore in generale

33. Clausole vessatorie nel contratto tra professionista e consumatore. - 1. Nel contratto concluso tra il consumatore ed il professionista si considerano vessatorie le clausole che, malgrado la buona fede, determinano a carico del consumatore un significativo squilibrio dei diritti e degli obblighi derivanti dal contratto.

2. Si presumono vessatorie fino a prova contraria le clausole che hanno per oggetto, o per effetto, di:

a) escludere o limitare la responsabilità del professionista in caso di morte o danno (1) alla persona del consumatore, risultante da un fatto o da un'omissione del professionista;

b) escludere o limitare le azioni o i diritti del consumatore nei confronti del professionista o di un'altra parte in caso di inadempimento totale o parziale o di adempimento inesatto da parte del professionista;

c) escludere o limitare l'opportunità da parte del consumatore della compensazione di un debito nei confronti del professionista con un credito vantato nei confronti di quest'ultimo;

d) prevedere un impegno definitivo del consumatore mentre l'esecuzione della prestazione del professionista è subordinata ad una condizione il cui adempimento dipende unicamente dalla sua volontà;

e) consentire al professionista di trattenere una somma di denaro versata dal consumatore se quest'ultimo non conclude il contratto o recede da esso, senza prevedere il diritto del consumatore di esigere dal professionista il doppio della somma corrisposta se è quest'ultimo a non concludere il contratto oppure a recedere;

f) imporre al consumatore, in caso di inadempimento o di ritardo nell'adempimento, il pagamento di una somma di denaro a titolo di risarcimento, clausola penale o altro titolo equivalente d'importo manifestamente eccessivo;

g) riconoscere al solo professionista e non anche al consumatore la facoltà di recedere dal contratto, nonché consentire al professionista di trattenere anche solo in parte la somma versata dal consumatore a titolo di corrispettivo per prestazioni non ancora adempiute, quando sia il professionista a recedere dal contratto;

h) consentire al professionista di recedere da contratti a tempo indeterminato senza un ragionevole preavviso, tranne nel caso di giusta causa;

i) stabilire un termine eccessivamente anticipato rispetto alla scadenza del contratto per comunicare la disdetta al fine di evitare la tacita proroga o rinnovazione;

l) prevedere l'estensione dell'adesione del consumatore a clausole che non ha avuto la possibilità di conoscere prima della conclusione del contratto;

m) consentire al professionista di modificare unilateralmente le clausole del contratto, ovvero le caratteristiche del prodotto o del servizio da fornire, senza un giustificato motivo indicato nel contratto stesso;

n) stabilire che il prezzo dei beni o dei servizi sia determinato al momento della consegna o della prestazione;

o) consentire al professionista di aumentare il prezzo del bene o del servizio senza che il consumatore possa recedere se il prezzo finale è eccessivamente elevato rispetto a quello originariamente convenuto;

p) riservare al professionista il potere di accertare la conformità del bene venduto o del servizio prestato a quello previsto nel contratto o conferirgli il diritto esclusivo d'interpretare una clausola qualsiasi del contratto;

q) limitare la responsabilità del professionista rispetto alle obbligazioni derivanti dai contratti stipulati in suo nome dai mandatari o subordinare l'adempimento delle suddette obbligazioni al rispetto di particolari formalità;

r) limitare o escludere l'opponibilità dell'eccezione d'inadempimento da parte del consumatore;

s) consentire al professionista di sostituire a sé un terzo nei rapporti derivanti dal contratto, anche nel caso di preventivo consenso del consumatore, qualora risulti diminuita la tutela dei diritti di quest'ultimo;

t) sancire a carico del consumatore decadenze, limitazioni della facoltà di opporre eccezioni, deroghe alla competenza dell'autorità giudiziaria, limitazioni all'adduzione di prove, inversioni o modificazioni dell'onere della prova, restrizioni alla libertà contrattuale nei rapporti con i terzi;

u) stabilire come sede del foro competente sulle controversie località diversa da quella di residenza o domicilio elettivo del consumatore;

v) prevedere l'alienazione di un diritto o l'assunzione di un obbligo come subordinati ad una condizione sospensiva dipendente dalla mera volontà del professionista a fronte di un'obbligazione immediatamente efficace del consumatore. È fatto salvo il disposto dell'articolo 1355 del codice civile;

v bis) imporre al consumatore che voglia accedere ad una procedura di risoluzione extragiudiziale delle controversie prevista dal titolo II *bis* della parte V, di rivolgersi esclusivamente ad un'unica tipologia di organismi ADR o ad un unico organismo ADR (²);

v ter) rendere eccessivamente difficile per il consumatore l'esperimento della procedura di risoluzione extragiudiziale delle controversie prevista dal titolo II *bis* della parte V (²).

3. Se il contratto ha ad oggetto la prestazione di servizi finanziari a tempo indeterminato il professionista può, in deroga alle lettere *h*) e *m*) del comma 2:

a) recedere, qualora vi sia un giustificato motivo, senza preavviso, dandone immediata comunicazione al consumatore;

b) modificare, qualora sussista un giustificato motivo, le condizioni del contratto, preavvisando entro un congruo termine il consumatore, che ha diritto di recedere dal contratto.

4. Se il contratto ha ad oggetto la prestazione di servizi finanziari il professionista può modificare, senza preavviso, sempreché vi sia un giustificato motivo in deroga alle lettere *n*) e *o*) del comma 2, il tasso di interesse o l'importo di qualunque altro onere relativo alla prestazione finanziaria originariamente convenuti, dandone immediata comunicazione al consumatore che ha diritto di recedere dal contratto.

5. Le lettere *h*), *m*), *n*) e *o*) del comma 2 non si applicano ai contratti aventi ad oggetto valori mobiliari, strumenti finanziari ed altri prodotti o servizi il cui prezzo è collegato alle fluttuazioni di un corso e di un indice di borsa o di un tasso di mercato finanziario non controllato dal professionista, nonché la compravendita di valuta estera, di assegni di viaggio o di vaglia postali internazionali emessi in valuta estera.

6. Le lettere *n*) e *o*) del comma 2 non si applicano alle clausole di indicizzazione dei prezzi, ove consentite dalla legge, a condizione che le modalità di variazione siano espressamente descritte.

(¹) *Nella stesura originaria di questo comma, la parola: «danno» era stata pubblicata come: «dando». In fase di verifica del testo, la redazione aveva individuato l'errore materiale e l'articolo 5, comma 1, del D.L.vo 23 ottobre 2007, n. 221, ha ora definitivamente corretto il termine: «dando» con: «danno».*

(²) *Questa lettera è stata aggiunta dall'art. 1, comma 9, del D.L.vo 6 agosto 2015, n. 130.*

A norma dell'art. 2, comma 1, dello stesso provvedimento le disposizioni concernenti l'attuazione del regolamento (UE) n. 524/2013 del Parlamento europeo e del Consiglio, del 21 maggio 2013, relativo alla risoluzione delle controversie online dei consumatori, si applicano a decorrere dal 9 gennaio 2016.

NOTE OPERATIVE:

Ambito di applicazione: Gli artt. 33 e ss. del codice del consumo sono applicabili anche ad un contratto preliminare di compravendita di bene immobile, allorquando venga concluso tra un professionista, che stipuli nell'esercizio dell'attività imprenditoriale, o di un professionista intellettuale, ed altro soggetto, che contragga per esigenze estranee all'esercizio della propria attività imprenditoriale o professionale, non risultando decisivo, in senso contrario, che le parti abbiano espressamente richiamato in contratto la disciplina del D.L.vo n. 122 del 2005 in tema di tutela degli acquirenti di immobili da costruire, atteso che quest'ultima concorre, in presenza dei relativi presupposti applicativi, con le disposizioni a tutela del consumatore, almeno in difetto di un rapporto di reciproca incompatibilità o esclusione (C.C. 4971/21).

Aumento del prezzo: L'incremento eccessivo e non giustificato del prezzo rispetto a quello iniziale, in quanto non suppone necessariamente che, nell'economia complessiva del rapporto, ne risulti per forza alterato l'aspetto funzionale dell'adeguatezza delle rispettive prestazioni, non incide sulla causa del contratto e non determina lo squilibrio tra le rispettive prestazioni ma assume la diversa qualificazione di presupposto di legittimazione dell'azione di recesso, per cui gli aumenti del prezzo, autorizzati ad iniziativa unilaterale del professionista, possono essere praticati ad libitum sino alla soglia dell'eccesso, la quale, se non è stata definita in anticipo dalle parti, deve essere verificata dal giudice in sede di contestazione dell'efficacia della clausola (C.C. 21128/23).

34. Accertamento della vessatorietà delle clausole. – 1. La vessatorietà di una clausola è valutata tenendo conto della natura del bene o del servizio oggetto del contratto e facendo riferimento alle circostanze esistenti al momento della sua conclusione ed alle altre clausole del contratto medesimo o di un altro collegato o da cui dipende.

2. La valutazione del carattere vessatorio della clausola non attiene alla determinazione dell'oggetto del contratto, né all'adeguatezza del corrispettivo dei beni e dei servizi, purché tali elementi siano individuati in modo chiaro e comprensibile.

3. Non sono vessatorie le clausole che riproducono disposizioni di legge ovvero che siano riproduttive di disposizioni o attuative di principi contenuti in convenzioni inter-

nazionali delle quali siano parti contraenti tutti gli Stati membri dell'Unione europea o l'Unione europea.

4. Non sono vessatorie le clausole o gli elementi di clausola che siano stati oggetto di trattativa individuale.

5. Nel contratto concluso mediante sottoscrizione di moduli o formulari predisposti per disciplinare in maniera uniforme determinati rapporti contrattuali, incombe sul professionista l'onere di provare che le clausole, o gli elementi di clausola, malgrado siano dal medesimo unilateralmente predisposti, siano stati oggetto di specifica trattativa con il consumatore.

35. Forma e interpretazione. – 1. Nel caso di contratti di cui tutte le clausole o talune clausole siano proposte al consumatore per iscritto, tali clausole devono sempre essere redatte in modo chiaro e comprensibile.

2. In caso di dubbio sul senso di una clausola, prevale l'interpretazione più favorevole al consumatore.

3. La disposizione di cui al comma 2 non si applica nei casi di cui all'articolo 37.

36. Nullità di protezione. – 1. Le clausole considerate vessatorie ai sensi degli articoli 33 e 34 sono nulle mentre il contratto rimane valido per il resto.

2. Sono nulle le clausole che, quantunque oggetto di trattativa, abbiano per oggetto o per effetto di:

a) escludere o limitare la responsabilità del professionista in caso di morte o danno alla persona del consumatore, risultante da un fatto o da un'omissione del professionista;

b) escludere o limitare le azioni del consumatore nei confronti del professionista o di un'altra parte in caso di inadempimento totale o parziale o di adempimento inesatto da parte del professionista;

c) prevedere l'adesione del consumatore come estesa a clausole che non ha avuto, di fatto, la possibilità di conoscere prima della conclusione del contratto.

3. La nullità opera soltanto a vantaggio del consumatore e può essere rilevata d'ufficio dal giudice.

4. Il venditore ha diritto di regresso nei confronti del fornitore per i danni che ha subito in conseguenza della declaratoria di nullità delle clausole dichiarate abusive.

5. È nulla ogni clausola contrattuale che, prevedendo l'applicabilità al contratto di una legislazione di un Paese extracomunitario, abbia l'effetto di privare il consumatore della protezione assicurata dal presente titolo, laddove il contratto presenti un collegamento più stretto con il territorio di uno Stato membro dell'Unione europea.

NOTE OPERATIVE:

Ambito di applicazione: Deve considerarsi come non apposta per nullità parziale di protezione, la clausola contenuta in un contratto di mediazione che preveda la maturazione del diritto alla provvigione in una fase non corrispondente alla conclusione dell'affare, nell'interpretazione datane dalla giurisprudenza di legittimità, poiché determina un significativo squilibrio normativo così stravolgendo il fondamento causale dell'operazione economica posta in essere dalle parti (C.C. 9612/23).

37. Azione inibitoria. – 1. Le associazioni rappresentative dei consumatori, di cui all'articolo 137, le associazioni rappresentative dei professionisti [e le camere di commercio, industria, artigianato e agricoltura] (1), possono convenire in giudizio il professionista o l'associazione di professionisti che utilizzano, o che raccomandano l'utilizzo di condizioni generali di contratto e richiedere al giudice competente che inibisca l'uso delle condizioni di cui sia accertata l'abusività ai sensi del presente titolo.

2. L'inibitoria può essere concessa, quando ricorrono giusti motivi di urgenza, ai sensi degli articoli 669 *bis* e seguenti del codice di procedura civile.

3. Il giudice può ordinare che il provvedimento sia pubblicato in uno o più giornali, di cui uno almeno a diffusione nazionale.

4. Per quanto non previsto dal presente articolo, alle azioni inibitorie esercitate dalle associazioni dei consumatori di cui al comma 1, si applicano le disposizioni dell'articolo 140.

(1) *Le parole tra parentesi quadrate sono state soppresse dall'art. 5, comma 4, lett.* a), *del D.L.vo 25 novembre 2016, n. 219.*

37 *bis*. (1) Tutela amministrativa contro le clausole vessatorie. – 1. L'Autorità garante della concorrenza e del mercato è designata, ai sensi dell'articolo 5, paragrafo 1, del regolamento (UE) 2017/2394, quale autorità competente responsabile dell'applicazione della direttiva 93/13/CEE del Consiglio, del 5 aprile 1993, concernente le clausole abusive nei contratti stipulati con i consumatori. In materia di accertamento e di sanzione delle violazioni della citata direttiva 93/13/CEE, si applica l'articolo 27 del presente codice. L'Autorità (2), sentite le associazioni di categoria rappresentative a livello nazionale [e le camere di commercio interessate o loro

LEGGI COMPLEMENTARI

unioni,] ([3]) d'ufficio o su denuncia, ai soli fini di cui ai commi successivi, dichiara la vessatorietà delle clausole inserite nei contratti tra professionisti e consumatori che si concludono mediante adesione a condizioni generali di contratto o con la sottoscrizione di moduli, modelli o formulari. Si applicano le disposizioni previste dall'articolo 14, commi 2, 3 e 4, della legge 10 ottobre 1990, n. 287, secondo le modalità previste dal regolamento di cui al comma 5. In caso di inottemperanza, a quanto disposto dall'Autorità ai sensi dell'articolo 14, comma 2, della legge 10 ottobre 1990, n. 287, l'Autorità applica una sanzione amministrativa pecuniaria da 2.000 euro a 20.000 euro. Qualora le informazioni o la documentazione fornite non siano veritiere, l'Autorità applica una sanzione amministrativa pecuniaria da 4.000 euro a 40.000 euro.

2. Il provvedimento che accerta la vessatorietà della clausola è diffuso anche per estratto mediante pubblicazione su apposita sezione del sito internet istituzionale dell'Autorità, sul sito dell'operatore che adotta la clausola ritenuta vessatoria e mediante ogni altro mezzo ritenuto opportuno in relazione all'esigenza di informare compiutamente i consumatori a cura e spese dell'operatore. In caso di inottemperanza alle disposizioni di cui al presente comma, l'Autorità applica una sanzione amministrativa pecuniaria da 5.000 euro a 50.000 euro.

2 *bis*. Qualora l'Autorità accerti, in alcuno dei contratti di cui al comma 1, l'utilizzo di clausole vessatorie come definite all'articolo 33, comma 1, applica una sanzione amministrativa pecuniaria nella misura prevista dall'articolo 27, comma 9, primo periodo. In caso di sanzioni inflitte a norma dell'articolo 21 del regolamento (UE) 2017/2394 del Parlamento europeo e del Consiglio, del 12 dicembre 2017, l'importo massimo della sanzione irrogata dall'Autorità è pari al 4 per cento del fatturato annuo del professionista realizzato in Italia ovvero negli Stati membri dell'Unione europea interessati dalla relativa violazione ([4]).

2 *ter*. Ai fini dell'irrogazione delle sanzioni di cui al comma 2 *bis*, l'Autorità tiene conto, ove appropriato, dei seguenti criteri non esaustivi:

a) la natura, gravità, entità e durata della violazione;

b) le eventuali azioni intraprese dal professionista per attenuare il danno subito dai consumatori o per porvi rimedio;

c) eventuali violazioni commesse in precedenza dal professionista;

d) i benefici finanziari conseguiti o le perdite evitate dal professionista in conseguenza della violazione, se i relativi dati sono disponibili;

e) le sanzioni inflitte al professionista per la medesima violazione in altri Stati membri in casi transfrontalieri, in cui informazioni relative a tali sanzioni sono disponibili attraverso il meccanismo istituito dal citato regolamento (UE) 2017/2394;

f) eventuali altri fattori aggravanti o attenuanti applicabili alle circostanze del caso ([4]).

2 *quater*. Per le sanzioni amministrative pecuniarie inflitte ai sensi del presente articolo si osservano, in quanto applicabili, le disposizioni contenute nel capo I, sezione I e negli articoli 26, 27, 28 e 29 della legge 24 novembre 1981, n. 689. Il pagamento delle sanzioni amministrative di cui al presente articolo è effettuato entro trenta giorni dalla notifica del provvedimento dell'Autorità ([4]).

3. Le imprese interessate hanno facoltà di interpellare preventivamente l'Autorità in merito alla vessatorietà delle clausole che intendono utilizzare nei rapporti commerciali con i consumatori secondo le modalità previste dal regolamento di cui al comma 5. L'Autorità si pronuncia sull'interpello entro il termine di centoventi giorni dalla richiesta, salvo che le informazioni fornite risultino gravemente inesatte, incomplete o non veritiere. Le clausole non ritenute vessatorie a seguito di interpello non possono essere successivamente valutate dall'Autorità per gli effetti di cui al comma 2. Resta in ogni caso ferma la responsabilità dei professionisti nei confronti dei consumatori.

4. In materia di tutela giurisdizionale, contro gli atti dell'Autorità, adottati in applicazione del presente articolo, è competente il giudice amministrativo. È fatta salva la giurisdizione del giudice ordinario sulla validità delle clausole vessatorie e sul risarcimento del danno.

5. L'Autorità, con proprio regolamento, disciplina la procedura istruttoria in modo da garantire il contraddittorio e l'accesso agli atti, nel rispetto dei legittimi motivi di riservatezza. Con lo stesso regolamento l'Autorità disciplina le modalità di consultazione con le associazioni di categoria rappresentative a livello nazionale [e con le camere di commercio interessate o loro unioni] ([5]) attraverso l'apposita sezione del sito internet di cui al comma 2 nonché la procedura di interpello. Nell'esercizio delle competenze di cui al presente articolo, l'Autorità può sentire le autorità di regolazione o vigilanza dei settori

in cui i professionisti interessati operano [, nonché le camere di commercio interessate o le loro unioni] (6).

6. Le attività di cui al presente articolo sono svolte con le risorse umane, strumentali e finanziarie già disponibili a legislazione vigente.

(1) *Questo articolo è stato inserito dall'art. 5 del D.L. 24 gennaio 2012, n. 1, convertito, con modificazioni, nella L. 24 marzo 2012, n. 27.*

(2) *Le parole: «è designata, ai sensi dell'articolo 5, paragrafo 1, del regolamento (UE) 2017/2394, quale autorità competente responsabile dell'applicazione della direttiva 93/13/CEE del Consiglio, del 5 aprile 1993, concernente le clausole abusive nei contratti stipulati con i consumatori. In materia di accertamento e di sanzione delle violazioni della citata direttiva 93/13/CEE, si applica l'articolo 27 del presente codice. L'Autorità» sono state inserite dall'art. 37, comma 1, lett.* b)*, della L. 23 dicembre 2021, n. 238.*

(3) *Le parole tra parentesi quadrate sono state soppresse dall'art. 5, comma 4, lett.* b)*, del D.L.vo 25 novembre 2016, n. 219.*

(4) *Questo comma è stato inserito dall'art. 1, comma 8, del D.L.vo 7 marzo 2023, n. 26.*

(5) *Le parole tra parentesi quadrate sono state soppresse dall'art. 5, comma 4, lett.* c)*, del D.L.vo 25 novembre 2016, n. 219.*

(6) *Le parole tra parentesi quadrate sono state soppresse dall'art. 5, comma 4, lett.* d)*, del D.L.vo 25 novembre 2016, n. 219.*

38. Rinvio. – 1. Per quanto non previsto dal presente (1) codice, ai contratti conclusi tra il consumatore ed il professionista si applicano le disposizioni del codice civile.

(1) *La parola: «presente» è stata inserita dall'art. 6, comma 1, del D.L.vo 23 ottobre 2007, n. 221.*

Titolo II
Esercizio dell'attività commerciale

Capo I
Disposizioni generali

39. Regole nelle attività commerciali. – 1. Le attività commerciali sono improntate al rispetto dei principi di buona fede, di correttezza e di lealtà, valutati anche alla stregua delle esigenze di protezione delle categorie di consumatori.

Capo II
Promozione delle vendite

Sezione I
Credito al consumo

40. (1) **[Credito al consumo.** – 1. Il Comitato interministeriale per il credito e il risparmio (CICR) provvede ad adeguare la normativa nazionale alla direttiva 98/7/CE del Parlamento europeo e del Consiglio, del 16 febbraio 1998, che modifica la direttiva 87/102/CEE, relativa al ravvicinamento delle disposizioni legislative, regolamentari e amministrative degli Stati membri in materia di credito al consumo, con particolare riguardo alla previsione di indicare il Tasso annuo effettivo globale (TAEG) mediante un esempio tipico].

(1) *Questo articolo è stato abrogato dall'art. 3, comma 1, lett.* a)*, del D.L.vo 13 agosto 2010, n. 141.*

41. (1) **[Tasso annuo effettivo globale e pubblicità.** – 1. Ai fini di cui all'articolo 40, il CICR, apporta, ai sensi degli articoli 122, comma 2, e 123, comma 2, del testo unico della legge in materia bancaria e creditizia, di cui al decreto legislativo 1° settembre 1993, n. 385, e successive modificazioni, le necessarie modifiche alla disciplina recata dal decreto del Ministro del tesoro in data 8 luglio 1992, pubblicato nella *Gazzetta Ufficiale* della Repubblica italiana n. 169 del 20 luglio 1992].

(1) *Questo articolo è stato abrogato dall'art. 3, comma 1, lett.* a)*, del D.L.vo 13 agosto 2010, n. 141.*

42. (1) **[Inadempimento del fornitore.** – 1. Nei casi di inadempimento del fornitore di beni e servizi, il consumatore che abbia effettuato inutilmente la costituzione in mora ha diritto di agire contro il finanziatore nei limiti del credito concesso, a condizione che vi sia un accordo che attribuisce al finanziatore l'esclusiva per la concessione di credito ai clienti del fornitore. La responsabilità si estende anche al terzo, al quale il finanziatore abbia ceduto i diritti derivanti dal contratto di concessione del credito].

(1) *Questo articolo è stato abrogato dall'art. 3, comma 1, lett.* a)*, del D.L.vo 13 agosto 2010, n. 141.*

43. Rinvio al testo unico bancario. – Per la [restante] (1) disciplina del credito al consumo si fa rinvio ai capi II e III del titolo VI del citato decreto legislativo n. 385 del 1993, e successive modificazioni, nonché agli articoli 144 e 145 del medesimo testo unico per l'applicazione delle relative sanzioni.

(1) *La parola tra parentesi quadrate è stata soppressa dall'art. 3, comma 1, lett.* a)*, del D.L.vo 13 agosto 2010, n. 141.*

Titolo III
Modalità contrattuali

44. Contratti negoziati nei locali commerciali. Rinvio. – 1. Ove non diversamente disciplinato dal presente codice, per la disciplina del settore del commercio si fa rinvio al decreto legislativo 31 marzo 1998, n. 114, recante riforma della disciplina relativa al settore del commercio, a norma dell'articolo 4, comma 4, della legge 15 marzo 1997, n. 59.

Capo I
Dei diritti dei consumatori nei contratti (1)

(1) *Questo Capo, limitatamente agli articoli da 45 a 67, è stato così sostituito, dall'art. 1 del D.L.vo 21 febbraio 2014, n. 21. A norma dell'art. 2, comma 1, del medesimo provvedimento, tali modifiche entrano in vigore dal 13 giugno 2014 e si applicano ai contratti conclusi dopo tale data.*

45. Definizioni. – 1. Ai fini delle Sezioni da I a IV del presente capo, si intende per:

a) «consumatore»: la persona fisica, di cui all'articolo 3, comma 1, lettera *a*);

b) «professionista»: il soggetto, di cui all'articolo 3, comma 1, lettera *c*);

c) «beni»:

1) qualsiasi bene mobile materiale anche da assemblare, l'acqua, il gas e l'energia elettrica quando sono confezionati per la vendita in un volume delimitato o in quantità determinata;

2) qualsiasi bene mobile materiale che incorpora, o è interconnesso con, un contenuto digitale o un servizio digitale in modo tale che la mancanza di detto contenuto digitale o servizio digitale impedirebbe lo svolgimento delle funzioni proprie del bene, anche denominati "beni con elementi digitali");

3) gli animali vivi (1);

d) «beni prodotti secondo le indicazioni del consumatore»: qualsiasi bene non prefabbricato prodotto in base a una scelta o decisione individuale del consumatore;

d bis) «dato personale»: dato personale quale definito dall'articolo 4, punto 1), del regolamento (UE) 2016/679 del Parlamento europeo e del Consiglio, del 27 aprile 2016 (2);

e) «contratto di vendita»: qualsiasi contratto in base al quale il professionista trasferisce o si impegna a trasferire la proprietà di beni al consumatore, inclusi i contratti che hanno come oggetto sia beni che servizi (3);

f) «contratto di servizi»: qualsiasi contratto diverso da un contratto di vendita in base al quale il professionista fornisce o si impegna a fornire un servizio, compreso un servizio digitale, al consumatore (4);

g) «contratto a distanza»: qualsiasi contratto concluso tra il professionista e il consumatore nel quadro di un regime organizzato di vendita o di prestazione di servizi a distanza senza la presenza fisica e simultanea del professionista e del consumatore, mediante l'uso esclusivo di uno o più mezzi di comunicazione a distanza fino alla conclusione del contratto, compresa la conclusione del contratto stesso;

h) «contratto negoziato fuori dei locali commerciali»: qualsiasi contratto tra il professionista e il consumatore:

1) concluso alla presenza fisica e simultanea del professionista e del consumatore, in un luogo diverso dai locali del professionista;

2) per cui è stata fatta un'offerta da parte del consumatore, nelle stesse circostanze di cui al numero 1;

3) concluso nei locali del professionista o mediante qualsiasi mezzo di comunicazione a distanza immediatamente dopo che il consumatore è stato avvicinato personalmente e singolarmente in un luogo diverso dai locali del professionista, alla presenza fisica e simultanea del professionista e del consumatore; oppure;

4) concluso durante un viaggio promozionale organizzato dal professionista e avente lo scopo o l'effetto di promuovere e vendere beni o servizi al consumatore;

i) «locali commerciali»:

1) qualsiasi locale immobile adibito alla vendita al dettaglio in cui il professionista esercita la sua attività su base permanente; oppure;

2) qualsiasi locale mobile adibito alla vendita al dettaglio in cui il professionista esercita la propria attività a carattere abituale;

l) «supporto durevole»: ogni strumento che permetta al consumatore o al professionista di conservare le informazioni che gli sono personalmente indirizzate in modo da potervi accedere in futuro per un periodo di tempo adeguato alle finalità cui esse sono destinate e che permetta la riproduzione identica delle informazioni memorizzate;

m) «contenuto digitale»: i dati prodotti e forniti in formato digitale;

n) «servizio finanziario»: qualsiasi servizio di natura bancaria, creditizia, assicurativa, servizi pensionistici individuali, di investimento o di pagamento;

o) «asta pubblica»: metodo di vendita in cui beni o servizi sono offerti dal professionista ai consumatori che partecipano o cui è data la possibilità di partecipare all'asta di persona, mediante una trasparente procedura competitiva di offerte gestita da una casa d'aste e in cui l'aggiudicatario è vincolato all'acquisto dei beni o servizi;

p) «garanzia»: qualsiasi impegno di un professionista o di un produttore (il «garante»), assunto nei confronti del consumatore, in aggiunta agli obblighi di legge in merito alla garanzia di conformità, di rimborsare il prezzo pagato, sostituire, riparare, o intervenire altrimenti sul bene, qualora esso non corrisponda alle caratteristiche, o a qualsiasi altro requisito non relativo alla conformità, enunciati nella dichiarazione di garanzia o nella relativa pubblicità disponibile al momento o prima della conclusione del contratto;

q) «contratto accessorio»: un contratto mediante il quale il consumatore acquista beni o servizi connessi a un contratto a distanza o negoziato fuori dei locali commerciali e in cui tali beni o servizi sono forniti dal professionista o da un terzo in base ad un accordo tra il terzo e il professionista.

q bis) «servizio digitale»:

1) un servizio che consente al consumatore di creare, trasformare, archiviare i dati o di accedervi in formato digitale; oppure

2) un servizio che consente la condivisione di dati in formato digitale, caricati o creati dal consumatore e da altri utenti di tale servizio, o qualsiasi altra interazione con tali dati (5);

q ter) «mercato online»: un servizio che utilizza un software, compresi siti web, parte di siti web o un'applicazione, gestito da o per conto del professionista, che permette ai consumatori di concludere contratti a distanza con altri professionisti o consumatori (5);

q quater) «fornitore di mercato online»: qualsiasi professionista che fornisce un mercato online ai consumatori (5);

q quinquies) «compatibilità»: la capacità del contenuto digitale o del servizio digitale di funzionare con hardware o software con cui sono normalmente utilizzati contenuti digitali o servizi digitali dello stesso tipo, senza che sia necessario convertire il contenuto digitale o il servizio digitale (5);

q sexies) «funzionalità»: la capacità del contenuto digitale o del servizio digitale di svolgere tutte le sue funzioni in considerazione del suo scopo (5);

q septies) «interoperabilità»: la capacità del contenuto digitale o del servizio digitale di funzionare con hardware o software diversi da quelli con cui sono normalmente utilizzati i contenuti digitali o i servizi digitali dello stesso tipo (5).

(1) *Questa lettera è stata così sostituita dall'art. 1, comma 9, lett.* a), *del D.L.vo 7 marzo 2023, n. 26.*

(2) *Questa lettera è stata inserita dall'art. 1, comma 9, lett.* b), *del D.L.vo 7 marzo 2023, n. 26.*

(3) *Questa lettera è stata così sostituita dall'art. 1, comma 9, lett.* c), *del D.L.vo 7 marzo 2023, n. 26.*

(4) *Questa lettera è stata così sostituita dall'art. 1, comma 9, lett.* d), *del D.L.vo 7 marzo 2023, n. 26.*

(5) *Questa lettera è stata aggiunta dall'art. 1, comma 9, lett.* e), *del D.L.vo 7 marzo 2023, n. 26.*

46. Ambito di applicazione. – 1. Le disposizioni delle sezioni da I a IV del presente capo si applicano, alle condizioni e nella misura stabilita in tali disposizioni, a qualsiasi contratto concluso tra un professionista e un consumatore di cui quest'ultimo paga o si impegna a pagare il prezzo. Si applicano ai contratti per la fornitura di acqua, gas, elettricità o teleriscaldamento, anche da parte di prestatori pubblici, nella misura in cui detti prodotti di base sono forniti su base contrattuale (1).

1 *bis*. Ferma la disciplina dettata dal regolamento (UE) 2016/679 del Parlamento europeo e del Consiglio, del 27 aprile 2016, e dal decreto legislativo 30 giugno 2003, n. 196, le disposizioni delle sezioni da I a IV del presente capo si applicano anche se il professionista fornisce o si impegna a fornire un contenuto digitale mediante un supporto non materiale o un servizio digitale al consumatore e il consumatore fornisce o si impegna a fornire dati personali al professionista, tranne i casi in cui i dati personali forniti dal consumatore siano trattati dal professionista esclusivamente ai fini della fornitura del contenuto digitale su supporto non materiale o del servizio digitale a norma delle predette disposizioni o per consentire l'assolvimento degli obblighi di legge cui il professionista è soggetto, e questi non tratti tali dati per nessun altro scopo (2).

2. In caso di conflitto tra le disposizioni delle Sezioni da I a IV del presente Capo e una disposizione di un atto dell'Unione europea che disciplina settori specifici, quest'ultima e le relative norme nazionali di recepimento prevalgono e si applicano a tali settori specifici.

3. Le disposizioni delle Sezioni da I a IV del presente Capo non impediscono ai professionisti di offrire ai consumatori condizioni

contrattuali più favorevoli rispetto alla tutela prevista da tali disposizioni.

([1]) *Questo comma è stato così sostituito dall'art. 1, comma 10, lett. a), del D.L.vo 7 marzo 2023, n. 26.*

([2]) *Questo comma è stato inserito dall'art. 1, comma 10, lett. b), del D.L.vo 7 marzo 2023, n. 26.*

47. Esclusioni. – 1. Le disposizioni delle Sezioni da I a IV del presente Capo non si applicano ai contratti:

a) per i servizi sociali, compresi gli alloggi popolari, l'assistenza all'infanzia e il sostegno alle famiglie e alle persone temporaneamente o permanentemente in stato di bisogno, ivi compresa l'assistenza a lungo termine;

b) di assistenza sanitaria, per i servizi prestati da professionisti sanitari a pazienti, al fine di valutare, mantenere o ristabilire il loro stato di salute, ivi compresa la prescrizione, la somministrazione e la fornitura di medicinali e dispositivi medici, sia essa fornita o meno attraverso le strutture di assistenza sanitaria;

c) di attività di azzardo che implicano una posta di valore pecuniario in giochi di fortuna, comprese le lotterie, i giochi d'azzardo nei casinò e le scommesse;

d) di servizi finanziari;

e) aventi ad oggetto la creazione di beni immobili o la costituzione o il trasferimento di diritti su beni immobili;

f) per la costruzione di nuovi edifici, la trasformazione sostanziale di edifici esistenti e per la locazione di alloggi a scopo residenziale;

g) che rientrano nell'ambito di applicazione della disciplina concernente i contratti del turismo organizzato, di cui al Capo I del Titolo VI dell'Allegato 1 al decreto legislativo 23 maggio 2011, n. 79 ([1]) ([2]);

h) che rientrano nell'ambito di applicazione della disciplina concernente la tutela dei consumatori per quanto riguarda taluni aspetti dei contratti di multiproprietà, dei contratti relativi ai prodotti per le vacanze di lungo termine e dei contratti di rivendita e di scambio, di cui agli articoli da 69 a 81 *bis* del presente Codice;

i) stipulati con l'intervento di un pubblico ufficiale, tenuto per legge all'indipendenza e all'imparzialità, il quale deve garantire, fornendo un'informazione giuridica completa, che il consumatore concluda il contratto soltanto sulla base di una decisione giuridica ponderata e con conoscenza della sua rilevanza giuridica;

l) di fornitura di alimenti, bevande o altri beni destinati al consumo corrente nella famiglia e fisicamente forniti da un professionista in giri frequenti e regolari al domicilio, alla residenza o al posto di lavoro del consumatore;

m) di servizi di trasporto passeggeri, fatti salvi l'articolo 51, comma 2, e gli articoli 62, 64 e 65 ([3]);

n) conclusi tramite distributori automatici o locali commerciali automatizzati;

o) conclusi con operatori delle telecomunicazioni impiegando telefoni pubblici a pagamento per il loro utilizzo o conclusi per l'utilizzo di un solo collegamento tramite telefono, Internet o fax, stabilito dal consumatore.

o bis) relativi ai beni oggetto di vendita forzata o comunque venduti secondo altre modalità dalle autorità giudiziarie ([4]).

2. Le disposizioni delle Sezioni da I a IV del presente Capo non si applicano ai contratti negoziati fuori dei locali commerciali in base ai quali il corrispettivo che il consumatore deve pagare non è superiore a 50 euro. Tuttavia, si applicano le disposizioni del presente Capo nel caso di più contratti stipulati contestualmente tra le medesime parti, qualora l'entità del corrispettivo globale che il consumatore deve pagare, indipendentemente dall'importo dei singoli contratti, superi l'importo di 50 euro.

([1]) *Questa lettera è stata così sostituita dall'art. 2, comma 1, del D.L.vo 21 maggio 2018, n. 62.*

([2]) *A norma dell'art. 3, comma 1, del D.L.vo 21 maggio 2018, n. 62, le disposizioni di cui al citato decreto entrano in vigore il 1° luglio 2018 e si applicano ai contratti conclusi a decorrere da tale data.*

([3]) *Questa lettera è stata così sostituita dall'art. 1, comma 11, lett. a), del D.L.vo 7 marzo 2023, n. 26.*

([4]) *Questa lettera è stata aggiunta dall'art. 1, comma 11, lett. b), del D.L.vo 7 marzo 2023, n. 26.*

Sezione I
Informazioni precontrattuali per i consumatori nei contratti diversi dai contratti a distanza o negoziati fuori dei locali commerciali

48. Obblighi d'informazione nei contratti diversi dai contratti a distanza o negoziati fuori dei locali commerciali. – 1. Prima che il consumatore sia vincolato da un contratto diverso da un contratto a distanza o negoziato fuori dei locali commerciali o da una corrispondente offerta, il professionista fornisce al consumatore le seguenti informazioni in modo chiaro e comprensibile, qualora esse non siano già apparenti dal contesto:

a) le caratteristiche principali dei beni o servizi, nella misura adeguata al supporto e ai beni o servizi;

b) l'identità del professionista, l'indirizzo geografico in cui è stabilito e il numero di telefono e, ove questa informazione sia pertinente, l'indirizzo geografico e l'identità del professionista per conto del quale egli agisce;

c) il prezzo totale dei beni o servizi comprensivo delle imposte o, se la natura dei beni o dei servizi comporta l'impossibilità di calcolare ragionevolmente il prezzo in anticipo, le modalità di calcolo del prezzo e, se applicabili, tutte le spese aggiuntive di spedizione, consegna o postali oppure, qualora tali spese non possano ragionevolmente essere calcolate in anticipo, l'indicazione che tali spese potranno essere addebitate al consumatore;

d) se applicabili, le modalità di pagamento, consegna ed esecuzione, la data entro la quale il professionista si impegna a consegnare i beni o a prestare il servizio e il trattamento dei reclami da parte del professionista;

e) oltre a un richiamo dell'esistenza della garanzia legale di conformità per i beni, il contenuto digitale e i servizi digitali, l'esistenza e le condizioni del servizio postvendita e delle garanzie convenzionali, se applicabili (1);

f) la durata del contratto, se applicabile, o, se il contratto è a tempo indeterminato o è un contratto a rinnovo automatico, le condizioni di risoluzione del contratto;

g) se applicabile, la funzionalità dei beni con elementi digitali, del contenuto digitale e dei servizi digitali, comprese le misure applicabili di protezione tecnica (2);

h) qualsiasi compatibilità e interoperabilità pertinente dei beni con elementi digitali, del contenuto digitale e dei servizi digitali, di cui il professionista sia a conoscenza o di cui ci si può ragionevolmente attendere che sia venuto a conoscenza, se applicabili (3).

2. Gli obblighi di informazione precontrattuali, di cui al comma 1, si applicano anche ai contratti per la fornitura di acqua, gas o elettricità, quando non sono messi in vendita in un volume limitato o in quantità determinata, di teleriscaldamento o di contenuto digitale non fornito su un supporto materiale.

3. Gli obblighi di informazione precontrattuali, di cui al comma 1, non si applicano ai contratti che implicano transazioni quotidiane e che sono eseguiti immediatamente al momento della loro conclusione.

4. È fatta salva la possibilità di prevedere o mantenere obblighi aggiuntivi di informazione precontrattuale per i contratti ai quali si applica il presente articolo.

5. Sono fatte salve le disposizioni di cui agli articoli da 6 a 12 del presente Codice.

(1) *Questa lettera è stata così sostituita dall'art. 1, comma 12, lett. a), del D.L.vo 7 marzo 2023, n. 26.*

(2) *Questa lettera è stata così sostituita dall'art. 1, comma 12, lett. b), del D.L.vo 7 marzo 2023, n. 26.*

(3) *Questa lettera è stata così sostituita dall'art. 1, comma 12, lett. c), del D.L.vo 7 marzo 2023, n. 26.*

Sezione II
Informazioni precontrattuali per il consumatore e diritto di recesso nei contratti a distanza e nei contratti negoziati fuori dei locali commerciali

49. Obblighi di informazione nei contratti a distanza e nei contratti negoziati fuori dei locali commerciali. – 1. Prima che il consumatore sia vincolato da un contratto a distanza o negoziato fuori dei locali commerciali o da una corrispondente offerta, il professionista fornisce al consumatore le informazioni seguenti, in maniera chiara e comprensibile:

a) le caratteristiche principali dei beni o servizi, nella misura adeguata al supporto e ai beni o servizi;

b) l'identità del professionista;

c) l'indirizzo geografico dove il professionista è stabilito, il suo numero di telefono e il suo indirizzo elettronico. Inoltre, se il professionista fornisce qualsiasi altro mezzo di comunicazione elettronica che garantisca al consumatore di poter intrattenere con lui una corrispondenza scritta, che rechi la data e l'orario dei relativi messaggi, su un supporto durevole, il professionista deve fornire anche le informazioni relative a tale altro mezzo. Tutti questi mezzi di comunicazione forniti dal professionista devono consentire al consumatore di contattarlo rapidamente e di comunicare efficacemente con lui. Ove applicabile, il professionista fornisce anche l'indirizzo geografico e l'identità del professionista per conto del quale agisce (1);

d) se diverso dall'indirizzo fornito in conformità della lettera *c*), l'indirizzo geografico della sede del professionista a cui il consumatore può indirizzare eventuali reclami e, se applicabile, quello del professionista per conto del quale agisce;

e) il prezzo totale dei beni o dei servizi comprensivo delle imposte o, se la natura dei beni o servizi comporta l'impossibilità di calcolare ragionevolmente il prezzo in anticipo, le modalità di calcolo del prezzo e, se del caso, tutte le spese aggiuntive di spedizione, consegna o postali e ogni altro costo oppure, qualora tali spese non possano ragionevolmente essere calcolate in anticipo, l'indicazione che tali spese potranno essere addebitate al consumatore; nel caso di un contratto a tempo indeterminato o di un contratto comprendente un abbonamento, il prezzo totale include i costi totali per periodo di fatturazione; quando tali contratti prevedono l'addebitamento di una tariffa fissa, il prezzo totale equivale anche ai costi mensili totali; se i costi totali non possono essere ragionevolmente calcolati in anticipo, devono essere fornite le modalità di calcolo del prezzo;

e bis) se applicabile, l'informazione che il prezzo è stato personalizzato sulla base di un processo decisionale automatizzato, ferme le garanzie di cui all'articolo 22 del regolamento (UE) 2016/679 del Parlamento europeo e del Consiglio, del 27 aprile 2016 ([2]);

f) il costo dell'utilizzo del mezzo di comunicazione a distanza per la conclusione del contratto quando tale costo è calcolato su una base diversa dalla tariffa di base;

g) le modalità di pagamento, consegna ed esecuzione, la data entro la quale il professionista si impegna a consegnare i beni o a prestare i servizi e, se del caso, il trattamento dei reclami da parte del professionista;

h) in caso di sussistenza di un diritto di recesso, le condizioni, i termini e le procedure per esercitare tale diritto conformemente all'articolo 54, comma 1, nonché il modulo tipo di recesso di cui all'allegato I, parte B;

i) se applicabile, l'informazione che il consumatore dovrà sostenere il costo della restituzione dei beni in caso di recesso e in caso di contratti a distanza qualora i beni per loro natura non possano essere normalmente restituiti a mezzo posta;

l) che, se il consumatore esercita il diritto di recesso dopo aver presentato una richiesta ai sensi dell'articolo 50, comma 3, o dell'articolo 51, comma 8, egli è responsabile del pagamento al professionista di costi ragionevoli, ai sensi dell'articolo 57, comma 3;

m) se non è previsto un diritto di recesso ai sensi dell'articolo 59, l'informazione che il consumatore non beneficerà di un diritto di recesso o, se del caso, le circostanze in cui il consumatore perde il diritto di recesso;

n) un promemoria dell'esistenza della garanzia legale di conformità per i beni, il contenuto digitale e i servizi digitali ([3]);

o) se applicabili, l'esistenza e le condizioni dell'assistenza postvendita al consumatore, dei servizi postvendita e delle garanzie commerciali;

p) l'esistenza di codici di condotta pertinenti, come definiti all'articolo 18, comma 1, lettera *f*), del presente Codice, e come possa esserne ottenuta copia, se del caso;

q) la durata del contratto, se applicabile, o, se il contratto è a tempo indeterminato o è un contratto a rinnovo automatico, le condizioni per recedere dal contratto;

r) se applicabile, la durata minima degli obblighi del consumatore a norma del contratto;

s) se applicabili, l'esistenza e le condizioni di depositi o altre garanzie finanziarie che il consumatore è tenuto a pagare o fornire su richiesta del professionista;

t) se applicabile, la funzionalità dei beni con elementi digitali, del contenuto digitale e dei servizi digitali, comprese le misure applicabili di protezione tecnica ([4]);

u) qualsiasi compatibilità e interoperabilità pertinente dei beni con elementi digitali, del contenuto digitale e dei servizi digitali, di cui il professionista sia a conoscenza o di cui ci si può ragionevolmente attendere che sia venuto a conoscenza, se applicabile ([5]);

v) se applicabile, la possibilità di servirsi di un meccanismo extra-giudiziale di reclamo e ricorso cui il professionista è soggetto e le condizioni per avervi accesso.

2. Gli obblighi di informazione precontrattuali, di cui al comma 1, si applicano anche ai contratti per la fornitura di acqua, gas o elettricità, quando non sono messi in vendita in un volume limitato o in quantità determinata, di teleriscaldamento o di contenuto digitale non fornito su un supporto materiale.

3. Nel caso di un'asta pubblica, le informazioni di cui al comma 1, lettere *b*), *c*) e *d*), possono essere sostituite dai corrispondenti dati della casa d'aste.

4. Le informazioni di cui al comma 1, lettere *h*), *i*) e *l*), possono essere fornite mediante le istruzioni tipo sul recesso di cui all'allegato I, parte A. Il professionista ha adempiuto agli obblighi di informazione di cui al comma 1, lettere *h*), *i*) e *l*), se ha presentato dette istruzioni al consumatore, debitamente compilate. I riferimenti al periodo di recesso di quattordici giorni nelle istruzioni tipo sul recesso di cui all'allegato I, parte A, sono sostituiti da riferimenti a un periodo di recesso di trenta giorni nei casi di cui all'articolo 52, comma 1 *bis* ([6]).

5. Le informazioni di cui al comma 1 formano parte integrante del contratto a distanza o del contratto negoziato fuori dei locali commerciali e non possono essere modificate se non con accordo espresso delle parti.

6. Se il professionista non adempie agli obblighi di informazione sulle spese aggiuntive o gli altri costi di cui al comma 1, lettera *e*), o sui costi della restituzione dei beni di cui al comma 1, lettera *i*), il consumatore non deve sostenere tali spese o costi aggiuntivi.

7. Nel caso di utilizzazione di tecniche che consentono una comunicazione individuale, le informazioni di cui al comma 1 sono fornite, ove il consumatore lo richieda, in lingua italiana.

8. Gli obblighi di informazione stabiliti nella presente sezione si aggiungono agli obblighi di informazione contenuti nel decreto legislativo 26 marzo 2010, n. 59, e successive modificazioni, e nel decreto legislativo 9 aprile 2003, n. 70, e successive modificazioni, e non ostano ad obblighi di informazione aggiuntivi previsti in conformità a tali disposizioni.

9. Fatto salvo quanto previsto dal comma 8, in caso di conflitto tra una disposizione del decreto legislativo 26 marzo 2010, n. 59, e successive modificazioni, e del decreto legislativo 9 aprile 2003, n. 70, e successive modificazioni, sul contenuto e le modalità di rilascio delle informazioni e una disposizione della presente sezione, prevale quest'ultima.

10. L'onere della prova relativo all'adempimento degli obblighi di informazione di cui alla presente sezione incombe sul professionista.

(1) *Questa lettera è stata così sostituita dall'art. 1, comma 13, lett.* a), *n. 1), del D.L.vo 7 marzo 2023, n. 26.*

(2) *Questa lettera è stata inserita dall'art. 1, comma 13, lett.* a), *n. 2), del D.L.vo 7 marzo 2023, n. 26.*

(3) *Questa lettera è stata così sostituita dall'art. 1, comma 13, lett.* a), *n. 3), del D.L.vo 7 marzo 2023, n. 26.*

(4) *Questa lettera è stata così sostituita dall'art. 1, comma 13, lett.* a), *n. 4), del D.L.vo 7 marzo 2023, n. 26.*

(5) *Questa lettera è stata così sostituita dall'art. 1, comma 13, lett.* a), *n. 5), del D.L.vo 7 marzo 2023, n. 26.*

(6) *Questo periodo è stato aggiunto dall'art. 1, comma 13, lett.* b), *del D.L.vo 7 marzo 2023, n. 26.*

49 *bis*. Obblighi di informazione supplementari specifici per i contratti conclusi su mercati online. – 1. Prima che un consumatore sia vincolato da un contratto a distanza, o da una corrispondente offerta, su un mercato online, il fornitore del mercato online, fermo restando quanto previsto dalla parte II, Titolo III, indica altresì al consumatore, in maniera chiara e comprensibile e in modo appropriato al mezzo di comunicazione a distanza:

a) informazioni generali, rese disponibili in un'apposita sezione dell'interfaccia online che sia direttamente e facilmente accessibile dalla pagina in cui sono presentate le offerte, in merito ai principali parametri che determinano la classificazione, quale definita all'articolo 18, comma 1, lettera n *bis*), delle offerte presentate al consumatore come un risultato della sua ricerca e all'importanza relativa di tali parametri rispetto ad altri parametri;

b) se il terzo che offre beni, servizi o contenuto digitale è un professionista o meno, sulla base della dichiarazione del terzo stesso al fornitore del mercato online;

c) nel caso in cui il terzo che offre i beni, i servizi o il contenuto digitale non sia un professionista, che al contratto non si applicano i diritti dei consumatori derivanti dal diritto dell'Unione europea sulla tutela dei consumatori;

d) se del caso, il modo in cui gli obblighi relativi al contratto sono ripartiti tra il terzo che offre i beni, i servizi o il contenuto digitale e il fornitore del mercato online. Tali informazioni lasciano impregiudicata la responsabilità che il fornitore del mercato online o il professionista terzo ha in relazione al contratto in base ad altre norme di diritto europeo o nazionale.

2. Le presenti disposizioni lasciano impregiudicata l'applicazione, per quanto di competenza, delle norme contenute nel decreto legislativo 9 aprile 2003, n. 70, in materia di obblighi di informazione per i fornitori dei mercati online.

50. Requisiti formali per i contratti negoziati fuori dei locali commerciali. – 1. Per quanto riguarda i contratti negoziati fuori dei locali commerciali il professionista fornisce al consumatore le informazioni di cui all'articolo 49, comma 1, su supporto cartaceo o, se il consumatore è d'accordo, su un altro mezzo durevole. Dette informazioni devono essere leggibili e presentate in un linguaggio semplice e comprensibile.

2. Il professionista fornisce al consumatore una copia del contratto firmato o la conferma del contratto su supporto cartaceo o, se il consumatore è d'accordo, su un altro mezzo durevole, compresa, se del caso, la conferma del previo consenso espresso e dell'accettazione del consumatore in conformità all'articolo 59, comma 1, lettera *o*).

3. Se un consumatore vuole che la prestazione dei servizi ovvero la fornitura di acqua, gas o elettricità, quando non sono messi in vendita in un volume limitato o in quantità determinata, o di teleriscaldamento inizi durante il periodo di recesso previsto all'ar-

ticolo 52, comma 2, e il contratto impone al consumatore l'obbligo di pagare, il professionista esige che il consumatore ne faccia esplicita richiesta su un supporto durevole e chiede inoltre al consumatore di riconoscere che, una volta che il contratto sarà stato interamente eseguito dal professionista, il consumatore non avrà più il diritto di recesso ([1]).

4. Per i contratti negoziati fuori dei locali commerciali in cui il consumatore ha chiesto espressamente i servizi del professionista ai fini dell'effettuazione di lavori di riparazione o manutenzione e in virtù dei quali il professionista e il consumatore adempiono immediatamente ai propri obblighi contrattuali e l'importo a carico del consumatore non supera i 200 euro:

a) il professionista fornisce al consumatore, prima che questi sia vincolato dal contratto, le informazioni di cui all'articolo 49, comma 1, lettere *b*) e *c*), e le informazioni concernenti il prezzo o le modalità di calcolo del prezzo, accompagnate da una stima del prezzo totale, su supporto cartaceo o, se il consumatore è d'accordo, su un altro mezzo durevole. Il professionista fornisce le informazioni di cui all'articolo 49, comma 1, lettere *a*), *h*) ed *m*), ma può scegliere di non fornirle su formato cartaceo o su un altro mezzo durevole se il consumatore ha espressamente acconsentito;

b) la conferma del contratto fornita conformemente al comma 2 del presente articolo contiene tutte le informazioni di cui all'articolo 49, comma 1.

([1]) *Questo comma è stato così sostituito dall'art. 1, comma 15, del D.L.vo 7 marzo 2023, n. 26.*

51. Requisiti formali per i contratti a distanza. – 1. Per quanto riguarda i contratti a distanza il professionista fornisce o mette a disposizione del consumatore le informazioni di cui all'articolo 49, comma 1, in modo appropriato al mezzo di comunicazione a distanza impiegato in un linguaggio semplice e comprensibile. Nella misura in cui dette informazioni sono presentate su un supporto durevole, esse devono essere leggibili.

2. Se un contratto a distanza che deve essere concluso con mezzi elettronici impone al consumatore l'obbligo di pagare, il professionista gli comunica in modo chiaro ed evidente le informazioni di cui all'articolo 49, comma 1, lettere *a*), *e*), *q*) ed *r*), direttamente prima che il consumatore inoltri l'ordine. Il professionista garantisce che, al momento di inoltrare l'ordine, il consumatore riconosca espressamente che l'ordine implica l'obbligo di pagare. Se l'inoltro dell'ordine implica di azionare un pulsante o una funzione analoga, il pulsante o la funzione analoga riportano in modo facilmente leggibile soltanto le parole "ordine con obbligo di pagare" o una formulazione corrispondente inequivocabile indicante che l'inoltro dell'ordine implica l'obbligo di pagare il professionista. Se il professionista non osserva il presente comma, il consumatore non è vincolato dal contratto o dall'ordine.

3. I siti di commercio elettronico indicano in modo chiaro e leggibile, al più tardi all'inizio del processo di ordinazione, se si applicano restrizioni relative alla consegna e quali mezzi di pagamento sono accettati.

4. Se il contratto è concluso mediante un mezzo di comunicazione a distanza che consente uno spazio o un tempo limitato per comunicare le informazioni, il professionista fornisce, su o mediante quello specifico mezzo e prima della conclusione del contratto, almeno le informazioni precontrattuali riguardanti le caratteristiche principali dei beni o servizi, l'identità del professionista, il prezzo totale, il diritto di recesso, la durata del contratto e, nel caso di contratti a tempo indeterminato, le condizioni di risoluzione del contratto, come indicato rispettivamente all'articolo 49, comma 1, lettere *a*), *b*), *e*), *h*) e *q*), eccetto il modulo di recesso tipo figurante all'allegato I, parte B, di cui alla lettera *h*). Le altre informazioni di cui all'articolo 49, comma 1, compreso il modello del modulo di recesso, sono fornite dal professionista in un modo appropriato conformemente al comma 1 del presente articolo ([1]).

5. Fatto salvo il comma 4, se il professionista telefona al consumatore al fine di concludere un contratto a distanza, all'inizio della conversazione con il consumatore egli deve rivelare la sua identità e, ove applicabile, l'identità della persona per conto della quale effettua la telefonata, nonché lo scopo commerciale della chiamata e l'informativa di cui all'articolo 10 del decreto del Presidente della Repubblica 7 settembre 2010, n. 178.

6. Quando un contratto a distanza deve essere concluso per telefono, il professionista deve confermare l'offerta al consumatore, il quale è vincolato solo dopo aver firmato l'offerta o dopo averla accettata per iscritto; in tali casi il documento informatico può essere sottoscritto con firma elettronica ai sensi dell'articolo 21 del decreto legislativo 7 marzo 2005, n. 82, e successive modificazioni. Dette conferme possono essere effettuate, se

il consumatore acconsente, anche su un supporto durevole.

7. Il professionista fornisce al consumatore la conferma del contratto concluso su un mezzo durevole, entro un termine ragionevole dopo la conclusione del contratto a distanza e al più tardi al momento della consegna dei beni oppure prima che l'esecuzione del servizio abbia inizio. Tale conferma comprende:

a) tutte le informazioni di cui all'articolo 49, comma 1, a meno che il professionista non abbia già fornito l'informazione al consumatore su un mezzo durevole prima della conclusione del contratto a distanza; e

b) se del caso, la conferma del previo consenso espresso e dell'accettazione del consumatore conformemente all'articolo 59, lettera *o*).

8. Se un consumatore vuole che la prestazione dei servizi ovvero la fornitura di acqua, gas o elettricità, quando non sono messi in vendita in un volume limitato o in quantità determinata, o di teleriscaldamento inizi durante il periodo di recesso previsto all'articolo 52, comma 2, e il contratto impone al consumatore l'obbligo di pagare, il professionista esige che il consumatore ne faccia richiesta esplicita e chiede inoltre al consumatore di riconoscere che, una volta che il contratto sarà stato interamente eseguito dal professionista, il consumatore non avrà più il diritto di recesso (2).

9. Il presente articolo lascia impregiudicate le disposizioni relative alla conclusione di contratti elettronici e all'inoltro di ordini per via elettronica conformemente agli articoli 12, commi 2 e 3, e 13 del decreto legislativo 9 aprile 2003, n. 70, e successive modificazioni.

(1) *Questo comma è stato così sostituito dall'art. 1, comma 16, lett.* a), *del D.L.vo 7 marzo 2023, n. 26.*

(2) *Questo comma è stato così sostituito dall'art. 1, comma 16, lett.* b), *del D.L.vo 7 marzo 2023, n. 26.*

52. Diritto di recesso. – 1. Fatte salve le eccezioni di cui all'articolo 59, il consumatore dispone di un periodo di quattordici giorni per recedere da un contratto a distanza o negoziato fuori dei locali commerciali senza dover fornire alcuna motivazione e senza dover sostenere costi diversi da quelli previsti all'articolo 56, comma 2, e all'articolo 57.

1 *bis*. Il periodo di recesso di quattordici giorni di cui al comma 1 è prolungato a trenta giorni, per i contratti conclusi nel contesto di visite non richieste di un professionista presso l'abitazione di un consumatore oppure di escursioni organizzate da un professionista con lo scopo o con l'effetto di promuovere o vendere prodotti ai consumatori. La disposizione di cui al presente comma non si applica ai contratti conclusi nel contesto di visite domiciliari da parte di un professionista, richieste da un consumatore e non organizzate dal medesimo in forma collettiva (1).

2. Fatto salvo l'articolo 53, il periodo di recesso di cui al comma 1 del presente articolo termina dopo quattrodici giorni, o, nei casi di cui al comma 1 *bis*, dopo trenta giorni a decorrere (2):

a) nel caso dei contratti di servizi, dal giorno della conclusione del contratto;

b) nel caso di contratti di vendita, dal giorno in cui il consumatore o un terzo, diverso dal vettore e designato dal consumatore, acquisisce il possesso fisico dei beni o:

1) nel caso di beni multipli ordinati dal consumatore mediante un solo ordine e consegnati separatamente, dal giorno in cui il consumatore o un terzo, diverso dal vettore e designato dal consumatore, acquisisce il possesso fisico dell'ultimo bene;

2) nel caso di consegna di un bene costituito da lotti o pezzi multipli, dal giorno in cui il consumatore o un terzo, diverso dal vettore e designato dal consumatore, acquisisce il possesso fisico dell'ultimo lotto o pezzo;

3) nel caso di contratti per la consegna periodica di beni durante un determinato periodo di tempo, dal giorno in cui il consumatore o un terzo, diverso dal vettore e designato dal consumatore, acquisisce il possesso fisico del primo bene;

c) nel caso di contratti per la fornitura di acqua, gas o elettricità, quando non sono messi in vendita in un volume limitato o in quantità determinata, di teleriscaldamento o di contenuto digitale non fornito su un supporto materiale, dal giorno della conclusione del contratto.

3. Le parti del contratto possono adempiere ai loro obblighi contrattuali durante il periodo di recesso. Tuttavia, nel caso di contratti negoziati fuori dei locali commerciali, il professionista non può accettare, a titolo di corrispettivo, effetti cambiari che abbiano una scadenza inferiore a quindici giorni dalla conclusione del contratto per i contratti di servizi o dall'acquisizione del possesso fisico dei beni per i contratti di vendita e non può presentarli allo sconto prima di tale termine.

3 *bis*. Nel caso di cui al comma 1 *bis*, il professionista non può accettare, a titolo di corrispettivo, effetti cambiari che abbiano una scadenza inferiore a trentuno giorni dalla

conclusione del contratto per i contratti di servizi o all'acquisizione del possesso fisico dei beni per i contratti di vendita e non può presentarli allo sconto prima di tale termine ([3]).

([1]) *Questo comma è stato inserito dall'art. 1, comma 17, lett. a), del D.L.vo 7 marzo 2023, n. 26.*

([2]) *L'alinea è stato così sostituito dall'art. 1, comma 17, lett. b), del D.L.vo 7 marzo 2023, n. 26.*

([3]) *Questo comma è stato aggiunto dall'art. 1, comma 17, lett. c), del D.L.vo 7 marzo 2023, n. 26.*

53. Non adempimento dell'obbligo d'informazione sul diritto di recesso. – 1. Se in violazione dell'articolo 49, comma 1, lettera *h*), il professionista non fornisce al consumatore le informazioni sul diritto di recesso, il periodo di recesso termina dodici mesi dopo la fine del periodo di recesso iniziale, come determinato a norma dell'articolo 52, comma 2.

2. Se il professionista fornisce al consumatore le informazioni di cui al comma 1 del presente articolo entro dodici mesi dalla data di cui all'articolo 52, comma 2, il periodo di recesso termina quattordici giorni dopo il giorno in cui il consumatore riceve le informazioni. Nel caso di contratti conclusi nel contesto di visite non richieste di un professionista presso l'abitazione di un consumatore oppure di escursioni organizzate da un professionista con lo scopo o con l'effetto di promuovere o vendere prodotti ai consumatori di cui all'articolo 52, comma 1 *bis*, tale periodo termina trenta giorni dopo il giorno in cui il consumatore riceve le informazioni ([1]).

([1]) *Questo comma è stato così sostituito dall'art. 1, comma 18, del D.L.vo 7 marzo 2023, n. 26.*

54. Esercizio del diritto di recesso. – 1. Prima della scadenza del periodo di recesso, il consumatore informa il professionista della sua decisione di esercitare il diritto di recesso dal contratto. A tal fine il consumatore può:

a) utilizzare il modulo tipo di recesso di cui all'allegato I, parte B; oppure

b) presentare una qualsiasi altra dichiarazione esplicita della sua decisione di recedere dal contratto.

2. Il consumatore ha esercitato il proprio diritto di recesso entro il periodo di recesso di cui all'articolo 52, comma 2, e all'articolo 53 se la comunicazione relativa all'esercizio del diritto di recesso è inviata dal consumatore prima della scadenza del periodo di recesso.

3. Il professionista, oltre alle possibilità di cui al comma 1, può offrire al consumatore l'opzione di compilare e inviare elettronicamente il modulo di recesso tipo riportato all'allegato I, parte B, o una qualsiasi altra dichiarazione esplicita sul sito web del professionista. In tali casi il professionista comunica senza indugio al consumatore una conferma di ricevimento, su un supporto durevole, del recesso esercitato.

4. L'onere della prova relativa all'esercizio del diritto di recesso conformemente al presente articolo incombe sul consumatore.

55. Effetti del recesso. – 1. L'esercizio del diritto di recesso pone termine agli obblighi delle parti:

a) di eseguire il contratto a distanza o negoziato fuori dei locali commerciali; oppure

b) di concludere un contratto a distanza o negoziato fuori dei locali commerciali nei casi in cui un'offerta sia stata fatta dal consumatore.

56. Obblighi del professionista nel caso di recesso. – 1. Il professionista rimborsa tutti i pagamenti ricevuti dal consumatore, eventualmente comprensivi delle spese di consegna, senza indebito ritardo e comunque entro quattordici giorni dal giorno in cui è informato della decisione del consumatore di recedere dal contratto ai sensi dell'articolo 54. Il professionista esegue il rimborso di cui al primo periodo utilizzando lo stesso mezzo di pagamento usato dal consumatore per la transazione iniziale, salvo che il consumatore abbia espressamente convenuto altrimenti e a condizione che questi non debba sostenere alcun costo quale conseguenza del rimborso. Nell'ipotesi in cui il pagamento sia stato effettuato per mezzo di effetti cambiari, qualora questi non siano stati ancora presentati all'incasso, deve procedersi alla loro restituzione. È nulla qualsiasi clausola che preveda limitazioni al rimborso nei confronti del consumatore delle somme versate in conseguenza dell'esercizio del diritto di recesso.

2. Fatto salvo il comma 1, il professionista non è tenuto a rimborsare i costi supplementari, qualora il consumatore abbia scelto espressamente un tipo di consegna diversa dal tipo meno costoso di consegna offerto dal professionista.

3. Salvo che il professionista abbia offerto di ritirare egli stesso i beni, con riguardo ai contratti di vendita, il professionista può trattenere il rimborso finché non abbia ricevuto i beni oppure finché il consumatore non abbia dimostrato di aver rispedito i be-

ni, a seconda di quale situazione si verifichi per prima.

3 *bis*. Per quanto riguarda i dati personali del consumatore, il professionista rispetta gli obblighi applicabili a norma del regolamento (UE) 2016/679 del Parlamento europeo e del Consiglio, del 27 aprile 2016 ([1]).

3 *ter*. Il professionista si astiene dall'utilizzare qualsiasi contenuto, diverso dai dati personali, che è stato fornito o creato dal consumatore durante l'utilizzo del contenuto digitale o del servizio digitale fornito dal professionista, salvo quando tale contenuto:

a) è privo di utilità al di fuori del contesto del contenuto digitale o del servizio digitale fornito dal professionista;

b) riguarda unicamente l'attività del consumatore durante l'utilizzo del contenuto digitale o del servizio digitale fornito dal professionista;

c) è stato aggregato dal professionista ad altri dati e non può essere disaggregato o può esserlo soltanto con sforzi sproporzionati;

d) è stato generato congiuntamente dal consumatore e da altre persone, e se altri consumatori possono continuare a farne uso ([1]).

3 *quater*. Fatta eccezione per le situazioni di cui al comma 3 *ter*, lettera *a*), *b*) o *c*), il professionista, su richiesta del consumatore, mette a disposizione di questi qualsiasi contenuto, diverso dai dati personali, fornito o creato dal consumatore durante l'utilizzo del contenuto digitale o del servizio digitale fornito dal professionista ([1]).

3 *quinquies*. Il consumatore ha il diritto di recuperare dal professionista tali contenuti digitali gratuitamente e senza impedimenti, entro un lasso di tempo ragionevole e in un formato di uso comune e leggibile da dispositivo automatico ([1]).

3 *sexies*. In caso di recesso dal contratto, il professionista può impedire qualsiasi ulteriore utilizzo del contenuto digitale o del servizio digitale da parte del consumatore, in particolare rendendogli inaccessibile tale contenuto o servizio digitale o disattivando il suo account utente, fatto salvo quanto previsto al comma 3 *quater* ([1]).

([1]) *Questo comma è stato aggiunto dall'art. 1, comma 19, del D.L.vo 7 marzo 2023, n. 26.*

57. Obblighi del consumatore nel caso di recesso. – 1. A meno che il professionista abbia offerto di ritirare egli stesso i beni, il consumatore restituisce i beni o li consegna al professionista o a un terzo autorizzato dal professionista a ricevere i beni, senza indebito ritardo e in ogni caso entro quattordici giorni dalla data in cui ha comunicato al professionista la sua decisione di recedere dal contratto ai sensi dell'articolo 54. Il termine è rispettato se il consumatore rispedisce i beni prima della scadenza del periodo di quattordici giorni. Il consumatore sostiene solo il costo diretto della restituzione dei beni, purché il professionista non abbia concordato di sostenerlo o abbia omesso di informare il consumatore che tale costo è a carico del consumatore. Nel caso di contratti negoziati fuori dei locali commerciali in cui i beni sono stati consegnati al domicilio del consumatore al momento della conclusione del contratto, il professionista ritira i beni a sue spese qualora i beni, per loro natura, non possano essere normalmente restituiti a mezzo posta.

2. Il consumatore è responsabile unicamente della diminuzione del valore dei beni risultante da una manipolazione dei beni diversa da quella necessaria per stabilire la natura, le caratteristiche e il funzionamento dei beni. Il consumatore non è in alcun caso responsabile per la diminuzione del valore dei beni se il professionista ha omesso di informare il consumatore del suo diritto di recesso a norma dell'articolo 49, comma 1, lettera *h*).

2 *bis*. In caso di recesso dal contratto, il consumatore si astiene dall'utilizzare il contenuto digitale o il servizio digitale e dal metterlo a disposizione di terzi ([1]).

3. Qualora un consumatore eserciti il diritto di recesso dopo aver presentato una richiesta in conformità dell'articolo 50, comma 3, o dell'articolo 51, comma 8, il consumatore versa al professionista un importo proporzionale a quanto è stato fornito fino al momento in cui il consumatore ha informato il professionista dell'esercizio del diritto di recesso, rispetto a tutte le prestazioni previste dal contratto. L'importo proporzionale che il consumatore deve pagare al professionista è calcolato sulla base del prezzo totale concordato nel contratto. Se detto prezzo totale è eccessivo, l'importo proporzionale è calcolato sulla base del valore di mercato di quanto è stato fornito.

4. Il consumatore non sostiene alcun costo per:

a) la prestazione di servizi o la fornitura di acqua, gas o elettricità, quando non sono messi in vendita in un volume limitato o in quantità determinata, o di teleriscaldamento, in tutto o in parte, durante il periodo di recesso quando:

1) il professionista ha omesso di fornire informazioni in conformità all'articolo 49, comma 1, lettere *h*) ed *l*); oppure

2) il consumatore non ha espressamente chiesto che la prestazione iniziasse durante il periodo di recesso in conformità all'articolo 50, comma 3, e dell'articolo 51, comma 8; oppure

b) la fornitura, in tutto o in parte, del contenuto digitale che non è fornito su un supporto materiale quando:

1) il consumatore non ha dato il suo previo consenso espresso circa l'inizio della prestazione prima della fine del periodo di quattordici o trenta giorni di cui all'articolo 52 ([2]);

2) il consumatore non ha riconosciuto di perdere il diritto di recesso quando ha espresso il suo consenso; oppure

3) il professionista ha omesso di fornire la conferma conformemente all'articolo 50, comma 2, o all'articolo 51, comma 7.

5. Fatto salvo quanto previsto nell'articolo 56, comma 2, e nel presente articolo, l'esercizio del diritto di recesso non comporta alcuna responsabilità per il consumatore.

([1]) *Questo comma è stato inserito dall'art. 1, comma 20, lett.* a), *del D.L.vo 7 marzo 2023, n. 26.*

([2]) *Questo numero è stato così sostituito dall'art. 1, comma 20, lett.* b), *del D.L.vo 7 marzo 2023, n. 26.*

58. Effetti dell'esercizio del diritto di recesso sui contratti accessori. – 1. Fatto salvo quanto previsto dal decreto legislativo 13 agosto 2010, n. 141, e successive modificazioni, in materia di contratti di credito ai consumatori, se il consumatore esercita il suo diritto di recesso da un contratto a distanza o concluso fuori dei locali commerciali a norma degli articoli da 52 a 57, eventuali contratti accessori sono risolti di diritto, senza costi per il consumatore, ad eccezione di quelli previsti dall'articolo 56, comma 2, e dall'articolo 57.

59. Eccezioni al diritto di recesso. – 1. Il diritto di recesso di cui agli articoli da 52 a 58 per i contratti a distanza e i contratti negoziati fuori dei locali commerciali è escluso relativamente a:

a) i contratti di servizi dopo la completa prestazione del servizio ma, se il contratto impone al consumatore l'obbligo di pagare, solo se l'esecuzione è iniziata con il previo consenso espresso del consumatore e l'accettazione del fatto che perderà il proprio diritto di recesso a seguito della completa esecuzione del contratto da parte del professionista ([1]);

b) la fornitura di beni o servizi il cui prezzo è legato a fluttuazioni nel mercato finanziario che il professionista non è in grado di controllare e che possono verificarsi durante il periodo di recesso;

c) la fornitura di beni confezionati su misura o chiaramente personalizzati;

d) la fornitura di beni che rischiano di deteriorarsi o scadere rapidamente;

e) la fornitura di beni sigillati che non si prestano ad essere restituiti per motivi igienici o connessi alla protezione della salute e sono stati aperti dopo la consegna;

f) la fornitura di beni che, dopo la consegna, risultano, per loro natura, inscindibilmente mescolati con altri beni;

g) la fornitura di bevande alcoliche, il cui prezzo sia stato concordato al momento della conclusione del contratto di vendita, la cui consegna possa avvenire solo dopo trenta giorni e il cui valore effettivo dipenda da fluttuazioni sul mercato che non possono essere controllate dal professionista;

h) i contratti in cui il consumatore ha specificamente richiesto una visita da parte del professionista ai fini dell'effettuazione di lavori urgenti di riparazione o manutenzione. Se, in occasione di tale visita, il professionista fornisce servizi oltre a quelli specificamente richiesti dal consumatore o beni diversi dai pezzi di ricambio necessari per effettuare la manutenzione o le riparazioni, il diritto di recesso si applica a tali servizi o beni supplementari;

i) la fornitura di registrazioni audio o video sigillate o di *software* informatici sigillati che sono stati aperti dopo la consegna;

l) la fornitura di giornali, periodici e riviste ad eccezione dei contratti di abbonamento per la fornitura di tali pubblicazioni;

m) i contratti conclusi in occasione di un'asta pubblica;

n) la fornitura di alloggi per fini non residenziali, il trasporto di beni, i servizi di noleggio di autovetture, i servizi di *catering* o i servizi riguardanti le attività del tempo libero qualora il contratto preveda una data o un periodo di esecuzione specifici;

o) i contratti per la fornitura di contenuto digitale mediante un supporto non materiale se l'esecuzione è iniziata e, se il contratto impone al consumatore l'obbligo di pagare, qualora:

1) il consumatore abbia dato il suo previo consenso espresso a iniziare la prestazione durante il periodo di diritto di recesso;

2) il consumatore abbia riconosciuto di perdere così il proprio diritto di recesso;

3) il professionista abbia fornito la conferma conformemente all'articolo 50, comma 2, o all'articolo 51, comma 7 ([2]).

1 *bis*. Le eccezioni al diritto di recesso di cui al comma 1, lettere *a*), *b*), *c*) ed *e*), non si applicano ai contratti conclusi nel contesto di visite non richieste di un professionista presso l'abitazione di un consumatore oppure di escursioni organizzate da un professionista con lo scopo o con l'effetto di promuovere o vendere prodotti ai consumatori (3).

1 *ter*. Nei contratti di servizio che impongono al consumatore l'obbligo di pagare quando il consumatore abbia specificamente richiesto una visita da parte del professionista ai fini dell'effettuazione di lavori di riparazione, il consumatore perde il diritto di recesso dopo che il servizio è stato interamente prestato, purché l'esecuzione abbia avuto inizio con il previo consenso espresso del consumatore medesimo (3).

(1) *Questa lettera è stata così sostituita dall'art. 1, comma 21, lett.* a), *n. 1), del D.L.vo 7 marzo 2023, n. 26.*

(2) *Questa lettera è stata così sostituita dall'art. 1, comma 21, lett.* a), *n. 2), del D.L.vo 7 marzo 2023, n. 26.*

(3) *Questo comma è stato aggiunto dall'art. 1, comma 21, lett.* b), *del D.L.vo 7 marzo 2023, n. 26.*

Sezione III
Altri diritti del consumatore

60. Ambito di applicazione. – 1. Gli articoli 61 e 63 si applicano ai contratti di vendita. Detti articoli non si applicano ai contratti per la fornitura di acqua, gas o elettricità, quando non sono messi in vendita in un volume limitato o in quantità determinata, di teleriscaldamento o di contenuto digitale non fornito su un supporto materiale.

2. Gli articoli 62, 64 e 65 si applicano ai contratti di vendita, ai contratti di servizio e ai contratti di fornitura di acqua, gas, elettricità, teleriscaldamento o contenuto digitale.

61. Consegna. – 1. Salva diversa pattuizione delle parti del contratto di vendita, il professionista è obbligato a consegnare i beni al consumatore senza ritardo ingiustificato e al più tardi entro trenta giorni dalla data di conclusione del contratto.

2. L'obbligazione di consegna è adempiuta mediante il trasferimento della disponibilità materiale o comunque del controllo dei beni al consumatore.

3. Se il professionista non adempie all'obbligo di consegna dei beni entro il termine pattuito ovvero entro il termine di cui al comma 1, il consumatore lo invita ad effettuare la consegna entro un termine supplementare appropriato alle circostanze. Se il termine supplementare così concesso scade senza che i beni gli siano stati consegnati, il consumatore è legittimato a risolvere il contratto, salvo il diritto al risarcimento dei danni.

4. Il consumatore non è gravato dall'onere di concedere al professionista il termine supplementare di cui al comma 3 se:

a) il professionista si è espressamente rifiutato di consegnare i beni, ovvero;

b) se il rispetto del termine pattuito dalle parti per la consegna del bene deve considerarsi essenziale, tenuto conto di tutte le circostanze che hanno accompagnato la conclusione del contratto, ovvero;

c) se il consumatore ha informato il professionista, prima della conclusione del contratto, che la consegna entro o ad una data determinata è essenziale.

5. Nei casi previsti dal comma 4, se non riceve in consegna il bene entro il termine pattuito con il professionista ovvero entro il termine di cui al comma 1, il consumatore è legittimato a risolvere immediatamente il contratto, salvo il diritto al risarcimento dei danni.

6. Nel caso di risoluzione posta in essere dal consumatore a norma dei commi 3 e 5, il professionista è tenuto a rimborsargli senza indebito ritardo tutte le somme versate in esecuzione del contratto.

7. È fatta salva la possibilità per il consumatore di far valere i diritti di cui al Capo XIV del Titolo II del Libro IV del codice civile.

62. Tariffe per l'utilizzo di mezzi di pagamento. – 1. Ai sensi dell'articolo 3, comma 4, del decreto legislativo 27 gennaio 2010, n. 11, i professionisti non possono imporre ai consumatori, in relazione all'uso di determinati strumenti di pagamento, spese per l'uso di detti strumenti, ovvero nei casi espressamente stabiliti, tariffe che superino quelle sostenute dal professionista.

2. L'istituto di emissione della carta di pagamento riaccredita al consumatore i pagamenti in caso di addebitamento eccedente rispetto al prezzo pattuito ovvero in caso di uso fraudolento della propria carta di pagamento da parte del professionista o di un terzo. L'istituto di emissione della carta di pagamento ha diritto di addebitare al professionista le somme riaccreditate al consumatore.

63. Passaggio del rischio. – 1. Nei contratti che pongono a carico del professionista l'obbligo di provvedere alla spedizione dei beni il rischio della perdita o del danneggiamento dei beni, per causa non imputabile al venditore, si trasferisce al consumatore soltanto nel momento in cui quest'ultimo, o un terzo da lui designato e diverso dal vettore, entra materialmente in possesso dei beni.

2. Tuttavia, il rischio si trasferisce al consumatore già nel momento della consegna del bene al vettore qualora quest'ultimo sia stato scelto dal consumatore e tale scelta non sia stata proposta dal professionista, fatti salvi i diritti del consumatore nei confronti del vettore.

64. Comunicazione telefonica. – 1. Qualora il professionista utilizza una linea telefonica allo scopo di essere contattato dal consumatore per telefono in merito al contratto concluso, il consumatore non è tenuto a pagare più della tariffa di base quando contatta il professionista, fermo restando il diritto dei fornitori dei servizi di comunicazione elettronica di applicare una tariffa per dette telefonate.

65. Pagamenti supplementari. – 1. Prima che il consumatore sia vincolato dal contratto o dall'offerta, il professionista chiede il consenso espresso del consumatore per qualsiasi pagamento supplementare oltre alla remunerazione concordata per l'obbligo contrattuale principale del professionista. Se il professionista non ottiene il consenso espresso del consumatore ma l'ha dedotto utilizzando opzioni prestabilite che il consumatore deve rifiutare per evitare il pagamento supplementare, il consumatore ha diritto al rimborso di tale pagamento.

Sezione IV
Disposizioni generali

66. Tutela amministrativa e giurisdizionale. – 1. Al fine di garantire il rispetto delle disposizioni contenute nelle Sezioni da I a IV del presente Capo da parte degli operatori, trovano applicazione le disposizioni di cui agli articoli 27, 139, 140, 140 *bis*, 141 e 144 del presente Codice.

2. L'Autorità Garante della Concorrenza e del Mercato, d'ufficio o su istanza di ogni soggetto o organizzazione che ne abbia interesse, accerta le violazioni delle norme di cui alle Sezioni da I a IV del presente Capo nonché dell'articolo 141 *sexies*, commi 1, 2 e 3 (1), ne inibisce la continuazione e ne elimina gli effetti.

3. In materia di accertamento e sanzione delle violazioni, si applica l'articolo 27, commi da 2 a 15, del presente Codice.

4. L'Autorità Garante della Concorrenza e del Mercato svolge le funzioni di autorità competente ai sensi dell'articolo 3, numero 6), del regolamento (UE) 2017/2394 del Parlamento europeo e del Consiglio, del 12 dicembre 2017 (2), nelle materie di cui alle Sezioni da I a IV del presente Capo.

5. È comunque fatta salva la giurisdizione del giudice ordinario. È altresì fatta salva la possibilità di promuovere la risoluzione extragiudiziale delle controversie inerenti al rapporto di consumo, nelle materie di cui alle sezioni da I a IV del presente capo, mediante il ricorso alle procedure di cui alla parte V, titolo II *bis*, del presente codice (3).

(1) *Le parole: «nonché dell'articolo 141* sexies, *commi 1, 2 e 3» sono state inserite dall'art. 1, comma 6, del D.L.vo 6 agosto 2015, n. 130. A norma dell'art. 2, comma 1, dello stesso provvedimento le disposizioni concernenti l'attuazione del regolamento (UE) n. 524/2013 del Parlamento europeo e del Consiglio, del 21 maggio 2013, relativo alla risoluzione delle controversie online dei consumatori, si applicano a decorrere dal 9 gennaio 2016.*

(2) *Le parole: «ai sensi dell'articolo 3, numero 6), del regolamento (UE) 2017/2394 del Parlamento europeo e del Consiglio, del 12 dicembre 2017» sono state inserite dall'art. 37, comma 1, lett. c), della L. 23 dicembre 2021, n. 238.*

(3) *Questo comma è stato così sostituito dall'art. 1, comma 7, del D.L.vo 6 agosto 2015, n. 130. A norma dell'art. 2, comma 1, dello stesso provvedimento le disposizioni concernenti l'attuazione del regolamento (UE) n. 524/2013 del Parlamento europeo e del Consiglio, del 21 maggio 2013, relativo alla risoluzione delle controversie online dei consumatori, si applicano a decorrere dal 9 gennaio 2016.*

66 *bis*. Foro competente. – 1. Per le controversie civili inerenti all'applicazione delle Sezioni da I a IV del presente capo la competenza territoriale inderogabile è del giudice del luogo di residenza o di domicilio del consumatore, se ubicati nel territorio dello Stato.

66 *ter*. Carattere imperativo. – 1. Se il diritto applicabile al contratto è quello di uno Stato membro dell'Unione europea, i consumatori residenti in Italia non possono rinunciare ai diritti conferiti loro dalle disposizioni delle Sezioni da I a IV del presente Capo.

2. Eventuali clausole contrattuali che escludano o limitino, direttamente o indirettamente, i diritti derivanti dalle disposizioni delle Sezioni da I a IV del presente Capo, non vincolano il consumatore.

66 *quater*. Informazione e ricorso extragiudiziale. – 1. Le comunicazioni e i documenti relativi ai contratti negoziati fuori dai locali commerciali e ai contratti a distanza, ivi compresi i moduli, i formulari, le note d'ordine, la pubblicità o le comunicazioni sui siti Internet, devono contenere un riferimento al presente Capo.

2. L'operatore può adottare appositi codici di condotta, secondo le modalità di cui all'articolo 27 *bis*.

3. Per la risoluzione delle controversie sorte dall'esatta applicazione dei contratti disciplinati dalle disposizioni delle sezioni da I a IV del presente capo è possibile ricorrere alle procedure di risoluzione extragiudiziale delle controversie, di cui alla parte V, titolo II *bis*, del presente codice ([1]).

([1]) *Questo comma è stato così sostituito dall'art. 1, comma 8, del D.L.vo 6 agosto 2015, n. 130. A norma dell'art. 2, comma 1, dello stesso provvedimento le disposizioni concernenti l'attuazione del regolamento (UE) n. 524/2013 del Parlamento europeo e del Consiglio, del 21 maggio 2013, relativo alla risoluzione delle controversie online dei consumatori, si applicano a decorrere dal 9 gennaio 2016.*

66 *quinquies*. Fornitura non richiesta. – 1. Il consumatore è esonerato dall'obbligo di fornire qualsiasi prestazione corrispettiva in caso di fornitura non richiesta di beni, acqua, gas, elettricità, teleriscaldamento o contenuto digitale o di prestazione non richiesta di servizi, vietate dall'articolo 20, comma 5, e dall'articolo 26, comma 1, lettera *f*), del presente Codice. In tali casi, l'assenza di una risposta da parte del consumatore in seguito a tale fornitura non richiesta non costituisce consenso.

2. Salvo consenso del consumatore, da esprimersi prima o al momento della conclusione del contratto, il professionista non può adempiere eseguendo una fornitura diversa da quella pattuita, anche se di valore e qualità equivalenti o superiori.

67. Tutela in base ad altre disposizioni. – 1. Le disposizioni delle Sezioni da I a IV del presente Capo non escludono né limitano i diritti che sono attribuiti al consumatore da altre norme dell'ordinamento giuridico di fonte comunitaria o adottate in conformità a norme comunitarie.

2. Per quanto non previsto dalle Sezioni da I a IV del presente Capo, si applicano le disposizioni del codice civile in tema di validità, formazione o efficacia dei contratti.

3. Ai contratti di cui alla sezione III del presente Capo si applicano altresì le disposizioni di cui agli articoli 18, 19 e 20 del decreto legislativo 31 marzo 1998, n. 114, e successive modificazioni, recante riforma della disciplina relativa al settore del commercio, a norma dell'articolo 4, comma 4, della legge 15 marzo 1997, n 59.

Sezione IV *bis*
Commercializzazione a distanza di servizi finanziari ai consumatori ([1])

([1]) *Questa Sezione è stata inserita dall'art. 9, comma 1, del D.L.vo 23 ottobre 2007, n. 221.*

67 *bis*. Oggetto e campo di applicazione. – 1. Le disposizioni della presente sezione si applicano alla commercializzazione a distanza di servizi finanziari ai consumatori, anche quando una delle fasi della commercializzazione comporta la partecipazione, indipendentemente dalla sua natura giuridica, di un soggetto diverso dal fornitore.

2. Per i contratti riguardanti servizi finanziari costituiti da un accordo iniziale di servizio seguito da operazioni successive o da una serie di operazioni distinte della stessa natura scaglionate nel tempo, le disposizioni della presente sezione si applicano esclusivamente all'accordo iniziale. Se non vi è accordo iniziale di servizio, ma le operazioni successive o distinte della stessa natura scaglionate nel tempo sono eseguite tra le stesse parti contrattuali, gli articoli 67 *quater*, 67 *quinquies*, 67 *sexies*, 67 *septies*, 67 *octies*, 67 *novies* e 67 *decies* si applicano solo quando è eseguita la prima operazione. Tuttavia, se nessuna operazione della stessa natura è eseguita entro un periodo di un anno, l'operazione successiva è considerata come la prima di una nuova serie di operazioni e, di conseguenza, si applicano le disposizioni degli articoli 67 *quater*, 67 *quinquies*, 67 *sexies*, 67 *septies*, 67 *octies*, 67 *novies* e 67 *decies*.

3. Ferme restando le disposizioni che stabiliscono regimi di autorizzazione per la commercializzazione dei servizi finanziari in Italia, sono fatte salve, ove non espressamente derogate, le disposizioni in materia bancaria, finanziaria, assicurativa, dei sistemi di pagamento e di previdenza individuale, nonché le competenze delle autorità indipendenti di settore.

67 *ter*. Definizioni. – 1. Ai fini della presente sezione si intende per:

a) contratto a distanza: qualunque contratto avente per oggetto servizi finanziari, concluso tra un fornitore e un consumatore ai sensi dell'articolo 50, comma 1, lettera *a*);

b) servizio finanziario: qualsiasi servizio di natura bancaria, creditizia, di pagamento, di investimento, di assicurazione o di previdenza individuale;

c) fornitore: qualunque persona fisica o giuridica, soggetto pubblico o privato, che, nell'ambito delle proprie attività commerciali o professionali, è il fornitore contrattuale dei servizi finanziari oggetto di contratti a distanza;

d) consumatore: qualunque soggetto di cui all'articolo 3, comma 1, lettera *a*) del presente codice;

e) tecnica di comunicazione a distanza: qualunque mezzo che, ai sensi dell'articolo 50, comma 1, lettera *b*), del presente codice, possa impiegarsi per la commercializzazione a distanza di un servizio finanziario tra le parti;

f) supporto durevole: qualsiasi strumento che permetta al consumatore di memorizzare informazioni a lui personalmente dirette in modo che possano essere agevolmente recuperate durante un periodo di tempo adeguato ai fini cui sono destinate le informazioni stesse, e che consenta la riproduzione immutata delle informazioni memorizzate;

g) operatore o fornitore di tecnica di comunicazione a distanza: qualunque persona fisica o giuridica, pubblica o privata, la cui attività commerciale o professionale consista nel mettere a disposizione dei fornitori una o più tecniche di comunicazione a distanza;

h) reclamo del consumatore: una dichiarazione, sostenuta da validi elementi di prova, secondo cui un fornitore ha commesso o potrebbe commettere un'infrazione alla normativa sulla protezione degli interessi dei consumatori;

i) interessi collettivi dei consumatori: gli interessi di un numero di consumatori che sono stati o potrebbero essere danneggiati da un'infrazione.

67 *quater*. Informazione del consumatore prima della conclusione del contratto a distanza. – 1. Nella fase delle trattative e comunque prima che il consumatore sia vincolato da un contratto a distanza o da un'offerta, gli sono fornite le informazioni riguardanti:

a) il fornitore;

b) il servizio finanziario;

c) il contratto a distanza;

d) il ricorso.

2. Le informazioni di cui al comma 1, il cui fine commerciale deve risultare in maniera inequivocabile, sono fornite in modo chiaro e comprensibile con qualunque mezzo adeguato alla tecnica di comunicazione a distanza utilizzata, tenendo debitamente conto in particolare dei doveri di correttezza e buona fede nella fase precontrattuale e dei principi che disciplinano la protezione degli incapaci di agire e dei minori.

3. Le informazioni relative agli obblighi contrattuali, da comunicare al consumatore nella fase precontrattuale, devono essere conformi agli obblighi contrattuali imposti dalla legge applicabile al contratto a distanza anche qualora la tecnica di comunicazione impiegata sia quella elettronica.

4. Se il fornitore ha sede in uno Stato non appartenente all'Unione europea, le informazioni di cui al comma 3 devono essere conformi agli obblighi contrattuali imposti dalla legge italiana qualora il contratto sia concluso.

67 *quinquies*. Informazioni relative al fornitore. – 1. Le informazioni relative al fornitore riguardano:

a) l'identità del fornitore e la sua attività principale, l'indirizzo geografico al quale il fornitore è stabilito e qualsiasi altro indirizzo geografico rilevante nei rapporti tra consumatore e fornitore;

b) l'identità del rappresentante del fornitore stabilito nello Stato membro di residenza del consumatore e l'indirizzo geografico rilevante nei rapporti tra consumatore e rappresentante, quando tale rappresentante esista ([1]);

c) se il consumatore ha relazioni commerciali con un professionista diverso dal fornitore, l'identità del professionista, la veste in cui agisce nei confronti del consumatore, nonché l'indirizzo geografico rilevante nei rapporti tra consumatore e professionista;

d) se il fornitore è iscritto in un registro commerciale o in un pubblico registro analogo, il registro di commercio in cui il fornitore è iscritto e il numero di registrazione o un elemento equivalente per identificarlo nel registro;

e) qualora l'attività del fornitore sia soggetta ad autorizzazione, gli estremi della competente autorità di controllo.

([1]) *Questa lettera è stata così sostituita dall'art. 5, comma 1, lett.* a), *della L. 15 dicembre 2011, n. 217.*

67 *sexies*. Informazioni relative al servizio finanziario. – 1. Le informazioni relative al servizio finanziario riguardano:

a) una descrizione delle principali caratteristiche del servizio finanziario;

b) il prezzo totale che il consumatore dovrà corrispondere al fornitore per il servizio finanziario, compresi tutti i relativi oneri, commissioni e spese e tutte le imposte versate tramite il fornitore o, se non è possibile indicare il prezzo esatto, la base di calcolo del prezzo, che consenta al consumatore di verificare quest'ultimo;

c) se del caso, un avviso indicante che il servizio finanziario è in rapporto con strumenti che implicano particolari rischi dovuti a loro specifiche caratteristiche o alle operazioni da effettuare, o il cui prezzo dipenda dalle fluttuazioni dei mercati finanziari su cui il fornitore non esercita alcuna influenza, e che i risultati ottenuti in passato non costituiscono elementi indicativi riguardo ai risultati futuri;

d) l'indicazione dell'eventuale esistenza di altre imposte e costi non versati tramite il fornitore o non fatturati da quest'ultimo;

e) qualsiasi limite del periodo durante il quale sono valide le informazioni fornite;

f) le modalità di pagamento e di esecuzione, nonché le caratteristiche essenziali delle condizioni di sicurezza delle operazioni di pagamento da effettuarsi nell'ambito dei contratti a distanza;

g) qualsiasi costo specifico aggiuntivo per il consumatore relativo all'utilizzazione della tecnica di comunicazione a distanza, se addebitato;

h) l'indicazione dell'esistenza di collegamenti o connessioni con altri servizi finanziari, con la illustrazione degli eventuali effetti complessivi derivanti dalla combinazione.

67 *septies*. Informazioni relative al contratto a distanza. - 1. Le informazioni relative al contratto a distanza riguardano:

a) l'esistenza o la mancanza del diritto di recesso conformemente all'articolo 67 *duodecies* e, se tale diritto esiste, la durata e le modalità d'esercizio, comprese le informazioni relative all'importo che il consumatore può essere tenuto a versare ai sensi dell'articolo 67 *ter decies*, comma 1, nonché alle conseguenze derivanti dal mancato esercizio di detto diritto;

b) la durata minima del contratto a distanza, in caso di prestazione permanente o periodica di servizi finanziari;

c) le informazioni relative agli eventuali diritti delle parti, secondo i termini del contratto a distanza, di mettere fine allo stesso prima della scadenza o unilateralmente, comprese le penali eventualmente stabilite dal contratto in tali casi;

d) le istruzioni pratiche per l'esercizio del diritto di recesso, comprendenti tra l'altro il mezzo, inclusa in ogni caso la lettera raccomandata con avviso di ricevimento, e l'indirizzo a cui deve essere inviata la comunicazione di recesso;

e) lo Stato membro o gli Stati membri sulla cui legislazione il fornitore si basa per instaurare rapporti con il consumatore prima della conclusione del contratto a distanza;

f) qualsiasi clausola contrattuale sulla legislazione applicabile al contratto a distanza e sul foro competente;

g) la lingua o le lingue in cui sono comunicate le condizioni contrattuali e le informazioni preliminari di cui al presente articolo, nonché la lingua o le lingue in cui il fornitore, con l'accordo del consumatore, si impegna a comunicare per la durata del contratto a distanza.

67 *octies*. Informazioni relative al ricorso. - 1. Le informazioni relative al ricorso riguardano:

a) l'esistenza o la mancanza di procedure extragiudiziali di reclamo e di ricorso accessibili al consumatore che è parte del contratto a distanza e, ove tali procedure esistono, le modalità che consentono al Consumatore di avvalersene;

b) l'esistenza di fondi di garanzia o di altri dispositivi di indennizzo.

67 *novies*. Comunicazioni mediante telefonia vocale. - 1. In caso di comunicazioni mediante telefonia vocale:

a) l'identità del fornitore e il fine commerciale della chiamata avviata dal fornitore sono dichiarati in maniera inequivoca all'inizio di qualsiasi conversazione con il consumatore;

b) devono essere fornite, previo consenso del consumatore, solo le informazioni seguenti:

1) l'identità della persona in contatto con il consumatore e il suo rapporto con il fornitore;

2) una descrizione delle principali caratteristiche del servizio finanziario;

3) il prezzo totale che il consumatore dovrà corrispondere al fornitore per il servizio finanziario, comprese tutte le imposte versate tramite il fornitore o, se non è possibile indicare il prezzo esatto, la base di calcolo del prezzo, che consenta al consumatore di verificare quest'ultimo;

4) l'indicazione dell'eventuale esistenza di altre imposte e/o costi non versati tramite il fornitore o non fatturati da quest'ultimo;

5) l'esistenza o la mancanza del diritto di recesso conformemente all'articolo 67 *duodecies* e, se tale diritto esiste, la durata e le modalità d'esercizio, comprese le informazioni relative all'importo che il consumatore può essere tenuto a versare ai sensi dell'articolo 67 *ter decies*, comma 1.

2. Il fornitore comunica al consumatore che altre informazioni sono disponibili su richiesta e ne precisa la natura. Il fornitore comunica in ogni caso le informazioni complete quando adempie ai propri obblighi ai sensi dell'articolo 67 *undecies*.

67 *decies*. Requisiti aggiuntivi in materia di informazioni. – 1. Oltre alle informazioni di cui agli articoli 67 *quater*, 67 *quinquies*, 67 *sexies*, 67 *septies* e 67 *octies* sono applicabili le disposizioni più rigorose previste dalla normativa di settore che disciplina l'offerta del servizio o del prodotto interessato.

2. Il Ministero dello sviluppo economico comunica alla Commissione europea le disposizioni nazionali sui requisiti di informazione preliminare che sono aggiuntive rispetto a quelle di cui all'articolo 3, paragrafo 1, della direttiva 2002/65/CE.

3. Le autorità di vigilanza del settore bancario, assicurativo, finanziario e della previdenza complementare comunicano al Ministero dello sviluppo economico le disposizioni di cui al comma 2, per le materie di rispettiva competenza.

4. Le informazioni di cui al comma 2 sono messe a disposizione dei consumatori e dei fornitori, anche mediante l'utilizzo di sistemi telematici, a cura del Ministero dello sviluppo economico.

67 *undecies*. Comunicazione delle condizioni contrattuali e delle informazioni preliminari. – 1. Il fornitore comunica al consumatore tutte le condizioni contrattuali, nonché le informazioni di cui agli articoli 67 *quater*, 67 *quinquies*, 67 *sexies*, 67 *septies*, 67 *octies*, 67 *novies* e 67 *decies*, su supporto cartaceo o su un altro supporto durevole, disponibile e accessibile per il consumatore in tempo utile, prima che lo stesso sia vincolato da un contratto a distanza o da un'offerta.

2. Il fornitore ottempera all'obbligo di cui al comma 1 subito dopo la conclusione del contratto a distanza, se quest'ultimo è stato concluso su richiesta del consumatore utilizzando una tecnica di comunicazione a distanza che non consente di trasmettere le condizioni contrattuali né le informazioni ai sensi del comma 1.

3. In qualsiasi momento del rapporto contrattuale il consumatore, se lo richiede, ha il diritto di ricevere le condizioni contrattuali su supporto cartaceo. Inoltre lo stesso ha il diritto di cambiare la tecnica di comunicazione a distanza utilizzata, a meno che ciò non sia incompatibile con il contratto concluso o con la natura del servizio finanziario prestato.

67 *duodecies*. Diritto di recesso. – 1. Il consumatore dispone di un termine di quattordici giorni per recedere dal contratto senza penali e senza dover indicare il motivo.

2. Il predetto termine è esteso a trenta giorni per i contratti a distanza aventi per oggetto le assicurazioni sulla vita di cui al decreto legislativo 7 settembre 2005, n. 209, recante Codice delle assicurazioni private, e le operazioni aventi ad oggetto gli schemi pensionistici individuali.

3. Il termine durante il quale può essere esercitato il diritto di recesso decorre alternativamente:

a) dalla data della conclusione del contratto, tranne nel caso delle assicurazioni sulla vita, per le quali il termine comincia a decorrere dal momento in cui al consumatore è comunicato che il contratto è stato concluso;

b) dalla data in cui il consumatore riceve le condizioni contrattuali e le informazioni di cui all'articolo 67 *undecies*, se tale data è successiva a quella di cui alla lettera *a*).

4. L'efficacia dei contratti relativi ai servizi di investimento è sospesa durante la decorrenza del termine previsto per l'esercizio del diritto di recesso.

5. Il diritto di recesso non si applica:

a) ai servizi finanziari, diversi dal servizio di gestione su base individuale di portafogli di investimento se gli investimenti non sono stati già avviati, il cui prezzo dipende da fluttuazioni del mercato finanziario che il fornitore non è in grado di controllare e che possono aver luogo durante il periodo di recesso, quali ad esempio i servizi riguardanti:

1) operazioni di cambio;

2) strumenti del mercato monetario;

3) valori mobiliari;

4) quote di un organismo di investimento collettivo;

5) contratti a termine fermo (*futures*) su strumenti finanziari, compresi gli strumenti equivalenti che si regolano in contanti;

6) contratti a termine su tassi di interesse (FRA);

7) contratti *swaps* su tassi d'interesse, su valute o contratti di scambio connessi ad azioni o a indici azionari (*equity swaps*);

8) opzioni per acquistare o vendere qualsiasi strumento previsto dalla presente lettera, compresi gli strumenti equivalenti che si regolano in contanti. Sono comprese in particolare in questa categoria le opzioni su valute e su tassi d'interesse;

b) alle polizze di assicurazione viaggio e bagagli o alle analoghe polizze assicurative a breve termine di durata inferiore a un mese;

c) ai contratti interamente eseguiti da entrambe le parti su esplicita richiesta scritta del consumatore prima che quest'ultimo eserciti il suo diritto di recesso, [nonché ai contratti di assicurazione obbligatoria della responsabilità civile per i danni derivanti dalla circolazione dei veicoli a motore e dei natanti, per i quali si sia verificato l'evento assicurato] (1);

d) alle dichiarazioni dei consumatori rilasciate dinanzi ad un pubblico ufficiale a condizione che il pubblico ufficiale confermi che al consumatore sono garantiti i diritti di cui all'articolo 67 *undecies*, comma 1.

6. Se esercita il diritto di recesso, il consumatore invia, prima dello scadere del termine e secondo le istruzioni che gli sono state date ai sensi dell'articolo 67 *septies*, comma 1, lettera *d*), una comunicazione scritta al fornitore, mediante lettera raccomandata con avviso di ricevimento o altro mezzo indicato ai sensi dell'articolo 67 *septies*, comma 1, lettera *d*).

7. Il presente articolo non si applica alla risoluzione dei contratti di credito disciplinata dagli articoli 67, comma 6, e 77.

8. Se ad un contratto a distanza relativo ad un determinato servizio finanziario è aggiunto un altro contratto a distanza riguardante servizi finanziari prestati da un fornitore o da un terzo sulla base di un accordo tra il terzo e il fornitore, questo contratto aggiuntivo è risolto, senza alcuna penale, qualora il consumatore eserciti il suo diritto di recesso secondo le modalità fissate dal presente articolo.

(1) *Le parole fra parentesi quadrate sono state soppresse dall'art. 5, comma 1, lett.* b), *della L. 15 dicembre 2011, n. 217.*

67 *ter decies*. Pagamento del servizio fornito prima del recesso. – 1. Il consumatore che esercita il diritto di recesso previsto dall'articolo 67 *duodecies*, comma 1, è tenuto a pagare solo l'importo del servizio finanziario effettivamente prestato dal fornitore conformemente al contratto a distanza. L'esecuzione del contratto può iniziare solo previa richiesta del consumatore. Nei contratti di assicurazione l'impresa trattiene la frazione di premio relativa al periodo in cui il contratto ha avuto effetto.

2. L'importo di cui al comma 1 non può:

a) eccedere un importo proporzionale all'importanza del servizio già fornito in rapporto a tutte le prestazioni previste dal contratto a distanza;

b) essere di entità tale da poter costituire una penale.

3. Il fornitore non può esigere dal consumatore il pagamento di un importo in base al comma 1 se non è in grado di provare che il consumatore è stato debitamente informato dell'importo dovuto, in conformità all'articolo 67 *septies*, comma 1, lettera *a*). Egli non può tuttavia in alcun caso esigere tale pagamento se ha dato inizio all'esecuzione del contratto prima della scadenza del periodo di esercizio del diritto di recesso di cui all'articolo 67 *duodecies*, comma 1, senza che vi fosse una preventiva richiesta del consumatore.

4. Il fornitore è tenuto a rimborsare al consumatore, entro e non oltre trenta giorni (1), tutti gli importi da questo versatigli in conformità del contratto a distanza, ad eccezione dell'importo di cui al comma 1. Il periodo decorre dal giorno in cui il fornitore riceve la comunicazione di recesso. L'impresa di assicurazione deve adempiere alle obbligazioni derivanti dal contratto, concernenti il periodo in cui il contratto medesimo ha avuto effetto.

5. Il consumatore paga al fornitore il corrispettivo di cui al comma 1 e gli restituisce qualsiasi bene o importo che abbia ricevuto da quest'ultimo entro e non oltre trenta giorni (2) dall'invio della comunicazione di recesso. Non sono ripetibili gli indennizzi e le somme eventualmente corrisposte dall'impresa agli assicurati e agli altri aventi diritto a prestazioni assicurative.

6. Per i finanziamenti diretti principalmente a permettere di acquistare o mantenere diritti di proprietà su terreni o edifici esistenti o progettati, o di rinnovare o ristrutturare edifici, l'efficacia del recesso è subordinata alla restituzione di cui al comma 5.

(1) *Le parole: «entro quindici giorni» sono state così sostituite dalle attuali: «entro e non oltre trenta giorni» dall'art. 5, comma 1, lett.* c), *della L. 15 dicembre 2011, n. 217.*

(2) *Le parole: «entro quindici giorni» sono state così sostituite dalle attuali: «entro e non oltre trenta giorni» dall'art. 5, comma 1, lett.* d), *della L. 15 dicembre 2011, n. 217.*

67 *quater decies*. Pagamento dei servizi finanziari offerti a distanza. – 1. Il consumatore può effettuare il pagamento con carte di credito, debito o con altri strumenti di Pagamento, ove ciò sia previsto tra le modalità di pagamento, che gli sono comunicate ai sensi dell'articolo 67 *sexies*, comma 1, lettera *f*).

2. Fatta salva l'applicazione dell'articolo 12 del decreto legge 3 maggio 1991, n. 143, con-

vertito, con modificazioni, dalla legge 5 luglio 1991, n. 197, l'ente che emette o fornisce lo strumento di pagamento riaccredita al consumatore i pagamenti non autorizzati o dei quali questi dimostri l'eccedenza rispetto al prezzo pattuito ovvero l'effettuazione mediante l'uso fraudolento della propria carta di pagamento da parte del fornitore o di un terzo. L'ente che emette o fornisce lo strumento di pagamento ha diritto di addebitare al fornitore le somme riaccreditate al consumatore.

3. Fermo restando quanto previsto dal decreto legislativo 7 marzo 2005, n. 82, e successive modifiche ed integrazioni, sul valore probatorio della firma elettronica e dei documenti elettronici, è in capo all'ente che emette o fornisce lo strumento di pagamento, l'onere di provare che la transazione di pagamento è stata autorizzata, accuratamente registrata e contabilizzata e che la medesima non è stata alterata da guasto tecnico o da altra carenza. L'uso dello strumento di pagamento non comporta necessariamente che il pagamento sia stato autorizzato.

4. Relativamente alle operazioni di pagamento da effettuarsi nell'ambito di contratti a distanza, il fornitore adotta condizioni di sicurezza conformi a quanto disposto ai sensi dell'articolo 146 del testo unico delle leggi in materia bancaria e creditizia, di cui al decreto legislativo 1° settembre 1993, n. 385, avendo riguardo, in particolare, alle esigenze di integrità, di autenticità e di tracciabilità delle operazioni medesime.

67 *quinquies decies*. Servizi non richiesti. – 1. Il consumatore non è tenuto ad alcuna prestazione corrispettiva in caso di fornitura non richiesta. In ogni caso, l'assenza di risposta non implica consenso del consumatore.

2. Salve le sanzioni previste dall'articolo 67 *septies decies*, ogni servizio non richiesto di cui al presente articolo costituisce pratica commerciale scorretta ai sensi degli articoli 21, 22, 23, 24, 25 e 26.

67 *sexies decies*. Comunicazioni non richieste. – 1. L'utilizzazione da parte di un fornitore delle seguenti tecniche di comunicazione a distanza richiede il previo consenso del consumatore:

a) sistemi di chiamata senza intervento di un operatore mediante dispositivo automatico;

b) telefax.

2. Le tecniche di comunicazione a distanza diverse da quelle indicate al comma 1, quando consentono una comunicazione individuale, non sono autorizzate se non è stato ottenuto il consenso del consumatore interessato.

3. Le misure di cui ai commi 1 e 2 non comportano costi per i consumatori.

3 *bis*. È fatta salva la disciplina prevista dall'articolo 130, comma 3 *bis*, del codice in materia di protezione dei dati personali, di cui al decreto legislativo 30 giugno 2003, n. 196, e successive modificazioni, per i trattamenti dei dati inclusi negli elenchi di abbonati a disposizione del pubblico (1).

(1) *Questo comma è stato aggiunto dall'art. 6, comma 2, lett.* a bis), *del D.L. 13 maggio 2011, n. 70, convertito, con modificazioni, nella L. 12 luglio 2011, n. 106.*

67 *septies decies*. Sanzioni. – 1. Salvo che il fatto costituisca reato, il fornitore che contravviene alle norme di cui alla presente sezione, ovvero che ostacola l'esercizio del diritto di recesso da parte del consumatore ovvero non rimborsa al consumatore le somme da questi eventualmente pagate, è punito con la sanzione amministrativa pecuniaria, per ciascuna violazione, da euro cinquemila a euro cinquantamila.

2. Nei casi di particolare gravità o di recidiva, nonché nell'ipotesi della violazione dell'articolo 67 *novies decies*, comma 3, i limiti minimo e massimo della sanzione indicata al comma 1 sono raddoppiati.

3. Le autorità di vigilanza dei settori bancario, assicurativo, finanziario e della previdenza complementare e, ciascuna nel proprio ambito di competenza, accertano le violazioni alle disposizioni di cui alla presente sezione e le relative sanzioni sono irrogate secondo le procedure rispettivamente applicabili in ciascun settore.

4. Il contratto è nullo, nel caso in cui il fornitore ostacola l'esercizio del diritto di recesso da parte del contraente ovvero non rimborsa le somme da questi eventualmente pagate, ovvero viola gli obblighi di informativa precontrattuale in modo da alterare in modo significativo la rappresentazione delle sue caratteristiche.

5. La nullità può essere fatta valere solo dal consumatore e obbliga le parti alla restituzione di quanto ricevuto. Nei contratti di assicurazione l'impresa è tenuta alla restituzione dei premi pagati e deve adempiere alle obbligazioni concernenti il periodo in cui il contratto ha avuto esecuzione. Non sono ripetibili gli indennizzi e le somme eventualmente corrisposte dall'impresa agli assicurati e agli altri aventi diritto a prestazioni assicu-

rative. È fatto salvo il diritto del Consumatore ad agire per il risarcimento dei danni.

6. Sono fatte salve le sanzioni previste nel decreto legislativo 30 giugno 2003, n. 196.

67 *octies decies*. Irrinunciabilità dei diritti. - 1. I diritti attribuiti al consumatore dalla presente sezione sono irrinunciabili. È nulla ogni pattuizione che abbia l'effetto di privare il consumatore della protezione assicurata dalle disposizioni della presente sezione. La nullità può essere fatta valere solo dal consumatore e può essere rilevata d'ufficio dal giudice.

2. Ove le parti abbiano scelto di applicare al contratto una legislazione diversa da quella italiana, al consumatore devono comunque essere riconosciute le condizioni di tutela previste dalla presente sezione.

67 *novies decies*. Ricorso giurisdizionale o amministrativo. - 1. Le associazioni dei consumatori iscritte all'elenco di cui all'articolo 137, sono legittimate a proporre alle competenti autorità di vigilanza, nell'ambito delle rispettive attribuzioni, al fine di tutelare gli interessi collettivi dei consumatori, reclamo per l'accertamento di violazioni delle disposizioni della presente sezione.

2. Le associazioni dei consumatori iscritte all'elenco di cui all'articolo 137, sono legittimate a proporre all'autorità giudiziaria l'azione inibitoria per far cessare le violazioni delle disposizioni della presente sezione nei confronti delle imprese o degli intermediari ai sensi dell'articolo 140.

3. Le autorità di vigilanza nei settori bancario, assicurativo, finanziario e della previdenza complementare, nell'esercizio dei rispettivi poteri, anche al di fuori dell'ipotesi di cui al comma 1, ordinano ai soggetti vigilati la cessazione o vietano l'inizio di pratiche non conformi alle disposizioni della presente sezione.

4. Sono fatte salve, ove non espressamente derogate, le disposizioni in materia bancaria, finanziaria, assicurativa e dei sistemi di pagamento, ivi comprese le attribuzioni delle rispettive autorità di vigilanza di settore.

67 *vicies*. Composizione extragiudiziale delle controversie. - 1. Il Ministero dell'economia e delle finanze, il Ministero dello sviluppo economico ed il Ministero della giustizia, sentite le autorità di vigilanza di settore, possono promuovere, nell'ambito degli ordinari stanziamenti di bilancio, l'istituzione di adeguate ed efficaci procedure extragiudiziali di reclamo e di ricorso per la composizione di controversie riguardanti i consumatori, conformi ai principi previsti dall'ordinamento comunitario e da quello nazionale e che operano nell'ambito della rete europea relativa ai servizi finanziari (FIN NET).

2. Gli organi di composizione extragiudiziale delle controversie comunicano ai Ministeri di cui al comma 1 le decisioni significative che adottano sulla commercializzazione a distanza dei servizi finanziari.

67 *vicies semel*. Onere della prova. - 1. Sul fornitore grava l'onere della prova riguardante:

a) l'adempimento agli obblighi di informazione del consumatore;

b) la prestazione del consenso del consumatore alla conclusione del contratto;

c) l'esecuzione del contratto;

d) la responsabilità per l'inadempimento delle obbligazioni derivanti dal contratto.

2. Le clausole che hanno per effetto l'inversione o la modifica dell'onere della prova di cui al comma 1 si presumono vessatorie ai sensi dell'articolo 33, comma 2, lettera *t*).

67 *vicies bis*. Misure transitorie. - 1. Le disposizioni della presente sezione si applicano anche nei confronti dei fornitori stabiliti in un altro Stato membro che non ha ancora recepito la direttiva 2002/65/CE e in cui non vigono obblighi corrispondenti a quelli in essa previsti.

Capo II
Commercio elettronico

68. Rinvio. - 1. Alle offerte di servizi della società dell'informazione, effettuate ai consumatori per via elettronica, si applicano, per gli aspetti non disciplinati dal presente codice, le disposizioni di cui al decreto legislativo 9 aprile 2003, n. 70, recante attuazione della direttiva 2000/31/CE del Parlamento europeo e del Consiglio, dell'8 giugno 2000, relativa a taluni aspetti giuridici dei servizi della società dell'informazione, in particolare il commercio elettronico, nel mercato interno.

Titolo IV
Disposizioni relative ai singoli contratti

Capo I
Contratti di multiproprietà, contratti relativi ai prodotti per le vacanze di lungo termine, contratti di rivendita e di scambio (1)

(1) *Questo capo è stato così sostituito dall'art. 2, comma 1, del D.L.vo 23 maggio 2011, n. 79.*

69. Definizioni. - 1. Ai fini del presente capo si intende per:

a) "contratto di multiproprietà": un contratto di durata superiore a un anno tramite il quale un consumatore acquisisce a titolo oneroso il diritto di godimento su uno o più alloggi per il pernottamento per più di un periodo di occupazione;

b) "contratto relativo a un prodotto per le vacanze di lungo termine": un contratto di durata superiore a un anno ai sensi del quale un consumatore acquisisce a titolo oneroso essenzialmente il diritto di ottenere sconti o altri vantaggi relativamente ad un alloggio, separatamente o unitamente al viaggio o ad altri servizi;

c) "contratto di rivendita": un contratto ai sensi del quale un operatore assiste a titolo oneroso un consumatore nella vendita o nell'acquisto di una multiproprietà o di un prodotto per le vacanze di lungo termine;

d) "contratto di scambio": un contratto ai sensi del quale un consumatore partecipa a titolo oneroso a un sistema di scambio che gli consente l'accesso all'alloggio per il pernottamento o ad altri servizi in cambio della concessione ad altri dell'accesso temporaneo ai vantaggi che risultano dai diritti derivanti dal suo contratto di multiproprietà;

e) "operatore": il "professionista", di cui all'articolo 3, comma 1, lettera *c*);

f) "consumatore": la persona fisica, di cui all'articolo 3, comma 1, lettera *a*);

g) "contratto accessorio": un contratto ai sensi del quale il consumatore acquista servizi connessi a un contratto di multiproprietà o a un contratto relativo a un prodotto per le vacanze di lungo termine e forniti dall'operatore o da un terzo sulla base di un accordo tra il terzo e l'operatore;

h) "supporto durevole": qualsiasi strumento che permetta al consumatore o all'operatore di memorizzare informazioni a lui personalmente dirette in modo che possano essere utilizzate per riferimento futuro per un periodo di tempo adeguato ai fini cui sono destinate le informazioni e che consenta la riproduzione immutata delle informazioni memorizzate;

i) "codice di condotta": un accordo o un insieme di regole che definisce il comportamento degli operatori che si impegnano a rispettare tale codice in relazione a una o più pratiche commerciali o ad uno o più settori d'attività specifici;

l) "responsabile del codice": qualsiasi soggetto, compresi un operatore o un gruppo di operatori responsabile dell'elaborazione e della revisione di un codice di condotta o del controllo dell'osservanza del codice da parte di coloro che si sono impegnati a rispettarlo.

2. Nel calcolo della durata di un contratto di multiproprietà o di un contratto relativo a un prodotto per le vacanze di lungo termine, quale definito al comma 1, rispettivamente alle lettere *a*) e *b*), si tiene conto di qualunque disposizione del contratto che ne consenta il rinnovo tacito o la proroga.

70. Pubblicità. - 1. Se un contratto di multiproprietà, un contratto relativo a un prodotto per le vacanze di lungo termine o un contratto di rivendita o di scambio viene offerto al consumatore in persona nell'ambito di una promozione o di un'iniziativa di vendita, l'operatore indica chiaramente nell'invito lo scopo commerciale e la natura dell'evento. Le informazioni di cui all'articolo 71, comma 1, sono a disposizione del consumatore in qualsiasi momento durante l'evento.

2. È fatto obbligo all'operatore di specificare in ogni pubblicità la possibilità di ottenere le informazioni di cui all'articolo 71, comma 1, e di indicare le modalità sul come ottenerle.

3. Una multiproprietà o un prodotto per le vacanze di lungo termine non sono commercializzati o venduti come investimenti.

71. Informazioni precontrattuali. - 1. In tempo utile prima che il consumatore sia vincolato da un contratto o da un'offerta, l'operatore fornisce al consumatore, in maniera chiara e comprensibile, informazioni accurate e sufficienti, secondo le seguenti modalità:

a) nel caso di un contratto di multiproprietà, tramite il formulario informativo di cui all'allegato II *bis* e le informazioni elencate nella parte 3 di detto formulario;

b) nel caso di un contratto relativo a un prodotto per le vacanze di lungo termine, tramite il formulario informativo di cui all'allegato II *ter* e le informazioni elencate nella parte 3 di detto formulario;

c) nel caso di un contratto di rivendita, tramite il formulario informativo di cui all'allegato II *quater* e le informazioni elencate nella parte 3 di detto formulario;

d) nel caso di un contratto di scambio, tramite il formulario informativo di cui all'allegato II *quinquies* e le informazioni elencate nella parte 3 di detto formulario.

2. Le informazioni di cui al comma 1 sono fornite a titolo gratuito dall'operatore su carta o altro supporto durevole facilmente accessibile al consumatore.

3. Le informazioni di cui al comma 1, sono redatte nella lingua italiana e in una delle lingue dello Stato dell'Unione europea in cui il consumatore risiede oppure di cui è cittadino, a scelta di quest'ultimo, purché si tratti di una lingua ufficiale della Unione europea.

72. Requisiti del contratto. - 1. Il contratto deve essere redatto per iscritto, a pena di nullità, su carta o altro supporto durevole, nella lingua italiana e in una delle lingue dello Stato dell'Unione europea in cui il consumatore risiede oppure di cui è cittadino, a sua scelta, purché si tratti di una lingua ufficiale della Unione europea.

2. Nel caso di un contratto di multiproprietà relativo a un bene immobile specifico, è fatto obbligo all'operatore di fornire al consumatore anche una traduzione conforme del contratto nella lingua dello Stato dell'Unione europea in cui è situato l'immobile.

3. In ogni caso, per qualsiasi tipo di contratto disciplinato dal presente Capo, all'operatore che svolge la propria attività di vendita nel territorio nazionale è fatto obbligo di fornire al consumatore il relativo contratto anche nella lingua italiana.

4. Le informazioni di cui all'articolo 71, comma 1, costituiscono parte integrante e sostanziale del contratto e non possono essere modificate salvo qualora vi sia l'accordo esplicito delle parti oppure qualora le modifiche siano causate da circostanze eccezionali e imprevedibili, indipendenti dalla volontà dell'operatore, le cui conseguenze non avrebbero potuto essere evitate neanche con la dovuta diligenza. Tali modifiche, indicate espressamente nel contratto, sono comunicate al consumatore su carta o altro supporto durevole a lui facilmente accessibile, prima della conclusione del contratto.

5. Il contratto contiene, oltre alle informazioni di cui all'articolo 71, comma 1, i seguenti ulteriori elementi:

a) l'identità, il luogo di residenza e la firma di ciascuna delle parti;

b) la data e il luogo di conclusione del contratto.

6. Prima della conclusione del contratto l'operatore informa il consumatore sulle clausole contrattuali concernenti l'esistenza del diritto di recesso, la durata del periodo di recesso di cui all'articolo 73 e il divieto di versare acconti durante il periodo di recesso di cui all'articolo 76, le quali devono essere sottoscritte separatamente dal consumatore. Il contratto include un formulario separato di recesso, come riportato nell'allegato II *sexies*, inteso ad agevolare l'esercizio del diritto di recesso in conformità all'articolo 73.

7. Il consumatore riceve una copia o più copie del contratto all'atto della sua conclusione.

72 *bis*. Obbligo di fideiussione per i contratti di multiproprietà. - 1. L'operatore non avente la forma giuridica di società di capitali ovvero con un capitale sociale versato inferiore a 5.500.000 euro e non avente sede legale e sedi secondarie nel territorio dello Stato è obbligato a prestare idonea fideiussione bancaria o assicurativa a garanzia della corretta esecuzione del contratto.

2. L'operatore è in ogni caso obbligato a prestare fideiussione bancaria o assicurativa allorquando l'alloggio oggetto del contratto di multiproprietà sia in corso di costruzione, a garanzia dell'ultimazione dei lavori.

3. Delle fideiussioni deve farsi espressa menzione nel contratto di multiproprietà a pena di nullità.

4. Le garanzie di cui ai commi 1 e 2 non possono imporre al consumatore la preventiva esclusione dell'operatore.

73. Diritto di recesso. - 1. Al consumatore è concesso un periodo di quattordici giorni, naturali e consecutivi, per recedere, senza specificare il motivo, dal contratto di multiproprietà, dal contratto relativo a prodotti per le vacanze di lungo termine, dal contratto di rivendita e di scambio.

2. Il periodo di recesso si calcola:

a) dal giorno della conclusione del contratto definitivo o del contratto preliminare;

b) dal giorno in cui il consumatore riceve il contratto definitivo o il contratto preliminare, se posteriore alla data di cui alla lettera *a*).

3. Il periodo di recesso scade:

a) dopo un anno e quattordici giorni a decorrere dalla data di cui al comma 2 del presente articolo se il formulario di recesso separato previsto all'articolo 72, comma 4, non è stato compilato dall'operatore e consegnato al consumatore per iscritto, su carta o altro supporto durevole;

b) dopo tre mesi e quattordici giorni a partire dalla data di cui al comma 2 del presente articolo se le informazioni di cui all'articolo 71, comma 1, incluso il formulario informativo applicabile di cui agli allegati da III a VI, non sono state fornite al consumatore per iscritto, su carta o altro supporto durevole.

4. Se il formulario separato di recesso previsto all'articolo 72, comma 4, è stato compilato dall'operatore e consegnato al consumatore per iscritto, su carta o altro supporto durevole, entro un anno dalla data di cui al comma 2 del presente articolo, il periodo di recesso inizia a decorrere dal giorno in cui il consumatore riceve tale formulario. Analogamente, se le informazioni di cui all'articolo 71, comma 1, incluso il formulario informativo applicabile di cui agli allegati da III a VI, sono state fornite al consumatore per iscritto, su carta o altro supporto durevole, entro tre mesi dal giorno di cui al comma 2 del presente articolo, il periodo di recesso inizia a decorrere dal giorno in cui il consumatore riceve tali informazioni.

5. Nel caso in cui il contratto di scambio sia offerto al consumatore contestualmente al contratto di multiproprietà, ai due contratti si applica un unico periodo di recesso conformemente al comma 1. Il periodo di recesso per i due contratti è calcolato secondo le disposizioni del comma 2.

74. Modalità di esercizio ed effetti del diritto di recesso. – 1. Il diritto di recesso da parte del consumatore si esercita dandone comunicazione scritta, su carta o altro supporto durevole che assicuri la prova della spedizione anteriore alla scadenza del periodo di recesso, alla persona indicata nel contratto o, in mancanza, all'operatore.

2. All'uopo, il consumatore può utilizzare il formulario di recesso di cui all'allegato VII fornito dall'operatore a norma dell'articolo 72, comma 4.

3. L'esercizio del diritto di recesso da parte del consumatore, nei modi indicati al comma 1, pone fine all'obbligo delle parti di eseguire il contratto.

4. Il consumatore che esercita il diritto di recesso, non sostiene alcuna spesa, non è tenuto a pagare alcuna penalità, né è debitore del valore corrispondente all'eventuale servizio reso prima del recesso.

75. Acconti. – 1. Per i contratti di multiproprietà, relativi a prodotti per le vacanze di lungo termine e di scambio è vietato qualunque versamento di danaro a titolo di acconto, prestazione di garanzie, l'accantonamento di denaro sotto forma di deposito bancario, il riconoscimento esplicito di debito od ogni altro onere da parte di un consumatore a favore dell'operatore o di un terzo prima della fine del periodo di recesso in conformità dell'articolo 73.

2. Per i contratti di rivendita è vietata qualunque forma di versamento di denaro a titolo di acconto, prestazione di garanzie, l'accantonamento di denaro sotto forma di deposito bancario, il riconoscimento esplicito del debito od ogni altro onere da parte di un consumatore a favore dell'operatore o di un terzo prima che la vendita abbia effettivamente luogo o che sia posta fine in altro modo al contratto di rivendita.

76. Disposizioni specifiche concernenti i contratti relativi a prodotti per le vacanze di lungo termine. – 1. Per i contratti relativi a prodotti per le vacanze di lungo termine, il pagamento è effettuato secondo scadenze periodiche. È vietato qualsiasi pagamento del prezzo specificato nel contratto che non sia conforme al piano di pagamento periodico concordato. I pagamenti, comprese le quote di affiliazione, sono ripartiti in rate annuali, ciascuna di pari valore, fermo restando gli adeguamenti riferiti ai sistemi di indicizzazione previsti dalla legge. L'operatore invia una richiesta scritta di pagamento, su carta o altro supporto durevole, almeno quattordici giorni, naturali e consecutivi, prima di ciascuna data di esigibilità.

2. Fatto salvo quanto previsto dall'articolo 73, a partire dal secondo pagamento rateale, il consumatore può porre fine al contratto senza incorrere in penali dando preavviso all'operatore entro quattordici giorni, naturali e consecutivi, dalla ricezione della richiesta di pagamento per ciascuna rata.

77. Risoluzione dei contratti accessori. – 1. L'esercizio da parte del consumatore del diritto di recesso dal contratto di multiproprietà o dal contratto relativo a un prodotto per le vacanze di lungo termine comporta automaticamente e senza alcuna spesa per il consumatore la risoluzione di tutti i contratti di scambio ad esso accessori e di qualsiasi altro contratto accessorio.

2. Fatto salvo quanto previsto dagli articoli 125 *ter* e 125 *quinquies* del decreto legislativo 1° settembre 1993, n. 385, in materia di contratti di credito ai consumatori, se il prezzo

è interamente o parzialmente coperto da un credito concesso al consumatore dall'operatore o da un terzo in base a un accordo fra il terzo e l'operatore, il contratto di credito è risolto senza costi per il consumatore qualora il consumatore eserciti il diritto di recesso dal contratto di multiproprietà, dal contratto relativo a prodotti per le vacanze di lungo termine, o dal contratto di rivendita o di scambio.

78. Carattere imperativo delle disposizioni e applicazione in casi internazionali. - 1. Sono nulle le clausole contrattuali o i patti aggiunti di rinuncia del consumatore ai diritti previsti dal presente capo o di limitazione delle responsabilità previste a carico dell'operatore.

2. Per le controversie derivanti dall'applicazione del presente capo, la competenza territoriale inderogabile è del giudice del luogo di residenza o di domicilio del consumatore, se ubicati nel territorio dello Stato.

3. Ove le parti abbiano scelto di applicare ai contratti di cui al presente capo, una legislazione diversa da quella italiana, al consumatore devono comunque essere riconosciute le condizioni di tutela previste dal presente capo.

4. Ove la legge applicabile sia quella di un paese extracomunitario, i consumatori non possono essere privati della tutela garantita dal presente codice, nel caso di:

a) uno qualsiasi dei beni immobili interessati è situato sul territorio nazionale o di uno Stato dell'Unione europea;

b) nel caso di un contratto non direttamente collegato a beni immobili, l'operatore svolga attività commerciali o professionali in Italia o in uno Stato dell'Unione europea o diriga tali attività, con qualsiasi mezzo, verso l'Italia o uno Stato dell'Unione europea e il contratto rientri nell'ambito di dette attività.

79. Tutela amministrativa e giurisdizionale. - 1. Al fine di garantire il rispetto delle disposizioni contenute nel presente capo da parte degli operatori, i consumatori possono utilizzare gli strumenti specifici di cui agli articoli 27, 139, 140 e 140 *bis* del presente Codice.

2. È comunque fatta salva la giurisdizione del giudice ordinario.

80. Informazioni per i consumatori e ricorso extragiudiziale. - 1. L'operatore può adottare appositi codici di condotta, secondo le modalità di cui all'articolo 27 *bis*.

2. Per la risoluzione delle controversie sorte dall'esatta applicazione dei contratti disciplinati dal presente capo è possibile ricorrere alle procedure di mediazione, di cui al decreto legislativo 4 marzo 2010, n. 28. È fatta salva la possibilità di utilizzare le procedure di negoziazione volontaria e paritetica previste dall'articolo 2, comma 2, dello stesso decreto legislativo 4 marzo 2010, n. 28.

81. Sanzioni. - 1. Salvo che il fatto costituisca reato, l'operatore che contravviene alle norme di cui agli articoli 70, commi 1 e 2, 71, 72, 72 *bis*, 75, 76 e 77, è punito, per ogni singola violazione, con la sanzione amministrativa pecuniaria da 1.000 euro a 5.000 euro.

2. Si applica la sanzione amministrativa accessoria della sospensione dall'esercizio dell'attività da 30 giorni a sei mesi all'operatore che abbia commesso una ripetuta violazione delle disposizioni di cui al comma 1.

3. Ai fini dell'accertamento dell'infrazione e dell'applicazione della sanzione, si applica l'articolo 66 (1).

(1) *Le parole: «l'articolo 62, comma 3» sono state così sostituite dalle attuali: «l'articolo 66» dall'art. 1, comma 4, del D.L.vo 21 febbraio 2014, n. 21. A norma dell'art. 2, comma 1, del medesimo decreto, tali disposizioni entrano in vigore dal 13 giugno 2014 e si applicano ai contratti conclusi dopo tale data.*

81 *bis*. Tutela in base ad altre disposizioni. - 1. Le disposizioni del presente capo non escludono, né limitano i diritti che sono attribuiti al consumatore da altre norme dell'ordinamento giuridico.

2. Per quanto non previsto dal presente capo, si applicano le disposizioni del codice civile in tema di contratti.

Capo II

Servizi turistici

82. [Ambito di applicazione. - (*Omissis*).] (1)

(1) *Questi articoli sono stati abrogati dall'art. 3, comma 1, lett.* m), *del D.L.vo 23 maggio 2011, n. 79.*

83. [Definizioni. - (*Omissis*)].

84. [Pacchetti turistici. - (*Omissis*)].

85. [Forma del contratto di vendita di pacchetti turistici. - (*Omissis*)].

86. [Elementi del contratto di vendita di pacchetti turistici. - (*Omissis*)].

87. [**Informazione del consumatore.** - (*Omissis*)].

88. [**Opuscolo informativo.** - (*Omissis*)].

89. [**Cessione del contratto.** - (*Omissis*)].

90. [**Revisione del prezzo.** - (*Omissis*)].

91. [**Modifiche delle condizioni contrattuali.** - (*Omissis*)].

92. [**Diritti del consumatore in caso di recesso o annullamento del servizio.** - (*Omissis*)].

93. [**Mancato o inesatto adempimento.** - (*Omissis*)].

94. [**Responsabilità per danni alla persona.** - (*Omissis*)].

95. [**Responsabilità per danni diversi da quelli alla persona.** - (*Omissis*)].

96. [**Esonero di responsabilità.** - (*Omissis*)].

97. [**Diritto di surrogazione.** - (*Omissis*)].

98. [**Reclamo.** - (*Omissis*)].

99. [**Assicurazione.** - (*Omissis*)].

100. [**Fondo di garanzia.** - (*Omissis*)].

Titolo V
Erogazione di servizi pubblici

Capo I
Servizi pubblici

101. Norma di rinvio. - 1. Lo Stato e le regioni, nell'ambito delle rispettive competenze, garantiscono i diritti degli utenti dei servizi pubblici attraverso la concreta e corretta attuazione dei principi e dei criteri previsti della normativa vigente in materia.

2. Il rapporto di utenza deve svolgersi nel rispetto di standard di qualità predeterminati e adeguatamente resi pubblici.

3. Agli utenti è garantita, attraverso forme rappresentative, la partecipazione alle procedure di definizione e di valutazione degli standard di qualità previsti dalle leggi.

4. La legge stabilisce per determinati enti erogatori di servizi pubblici l'obbligo di adottare, attraverso specifici meccanismi di attuazione diversificati in relazione ai settori, apposite carte dei servizi.

Parte IV
Sicurezza e qualità

Titolo I
Sicurezza dei prodotti

102. Finalità e campo di applicazione. - 1. Il presente titolo intende garantire che i prodotti immessi sul mercato ovvero in libera pratica siano sicuri.

2. Le disposizioni del presente titolo si applicano a tutti i prodotti definiti all'articolo 103, comma 1, lettera *a*). Ciascuna delle sue disposizioni si applica laddove non esistono, nell'ambito della normativa vigente, disposizioni specifiche aventi come obiettivo la sicurezza dei prodotti.

3. Se taluni prodotti sono soggetti a requisiti di sicurezza prescritti da normativa comunitaria, le disposizioni del presente titolo si applicano unicamente per gli aspetti ed i rischi o le categorie di rischio non soggetti a tali requisiti.

4. Ai prodotti di cui al comma 3 non si applicano l'articolo 103, comma 1, lettere *b*) e *c*), e gli articoli 104 e 105.

5. Ai prodotti di cui al comma 3 si applicano gli articoli da 104 a 108 se sugli aspetti disciplinati da tali articoli non esistono disposizioni specifiche riguardanti lo stesso obiettivo.

6. Le disposizioni del presente titolo non si applicano ai prodotti alimentari di cui al regolamento (CE) n. 178/2002, del Parlamento europeo e del Consiglio, del 28 gennaio 2002.

103. Definizioni. - 1. Ai fini del presente titolo si intende per:

a) prodotto sicuro: qualsiasi prodotto, come definito all'articolo 3, comma 1, lettera *e*), che, in condizioni di uso normali o ragionevolmente prevedibili, compresa la durata e, se del caso, la messa in servizio, l'installazione e la manutenzione, non presenti alcun rischio oppure presenti unicamente rischi minimi, compatibili con l'impiego del prodotto e considerati accettabili nell'osservanza di un livello elevato di tutela della salute e della sicurezza delle persone in funzione, in particolare, dei seguenti elementi:

1) delle caratteristiche del prodotto, in particolare la sua composizione, il suo imballaggio, le modalità del suo assemblaggio e, se del caso, della sua installazione e manutenzione;

2) dell'effetto del prodotto su altri prodotti, qualora sia ragionevolmente prevedibile l'utilizzazione del primo con i secondi;

3) della presentazione del prodotto, della sua etichettatura, delle eventuali avvertenze e istruzioni per il suo uso e la sua eliminazione, nonché di qualsiasi altra indicazione o informazione relativa al prodotto;

4) delle categorie di consumatori che si trovano in condizione di rischio nell'utilizzazione del prodotto, in particolare dei minori e degli anziani;

b) prodotto pericoloso: qualsiasi prodotto che non risponda alla definizione di prodotto sicuro di cui alla lettera *a*);

c) rischio grave: qualsiasi rischio grave compreso quello i cui effetti non sono immediati, che richiede un intervento rapido delle autorità pubbliche;

d) produttore: il fabbricante del prodotto stabilito nella Comunità e qualsiasi altra persona che si presenti come fabbricante apponendo sul prodotto il proprio nome, il proprio marchio o un altro segno distintivo, o colui che rimette a nuovo il prodotto; il rappresentante del fabbricante se quest'ultimo non è stabilito nella Comunità o, qualora non vi sia un rappresentante stabilito nella Comunità, l'importatore del prodotto; gli altri operatori professionali della catena di commercializzazione nella misura in cui la loro attività possa incidere sulle caratteristiche di sicurezza dei prodotti;

e) distributore: qualsiasi operatore professionale della catena di commercializzazione, la cui attività non incide sulle caratteristiche di sicurezza dei prodotti;

f) richiamo: le misure volte ad ottenere la restituzione di un prodotto pericoloso che il fabbricante o il distributore ha già fornito o reso disponibile ai consumatori;

g) ritiro: qualsiasi misura volta a impedire la distribuzione e l'esposizione di un prodotto pericoloso, nonché la sua offerta al consumatore.

2. La possibilità di raggiungere un livello di sicurezza superiore o di procurarsi altri prodotti che presentano un rischio minore non costituisce un motivo sufficiente per considerare un prodotto come non sicuro o pericoloso.

104. Obblighi del produttore e del distributore. – 1. Il produttore immette sul mercato solo prodotti sicuri.

2. Il produttore fornisce al consumatore tutte le informazioni utili alla valutazione e alla prevenzione dei rischi derivanti dall'uso normale o ragionevolmente prevedibile del prodotto, se non sono immediatamente percettibili senza adeguate avvertenze, e alla prevenzione contro detti rischi. La presenza di tali avvertenze non esenta, comunque, dal rispetto degli altri obblighi previsti nel presente titolo.

3. Il produttore adotta misure proporzionate in funzione delle caratteristiche del prodotto fornito per consentire al consumatore di essere informato sui rischi connessi al suo uso e per intraprendere le iniziative opportune per evitare tali rischi, compresi il ritiro del prodotto dal mercato, il richiamo e l'informazione appropriata ed efficace dei consumatori.

4. Le misure di cui al comma 3 comprendono:

a) l'indicazione in base al prodotto o al suo imballaggio, dell'identità e degli estremi del produttore; il riferimento al tipo di prodotto o, eventualmente, alla partita di prodotti di cui fa parte, salva l'omissione di tale indicazione nei casi in cui sia giustificata;

b) i controlli a campione sui prodotti commercializzati, l'esame dei reclami e, se del caso, la tenuta di un registro degli stessi, nonché l'informazione ai distributori in merito a tale sorveglianza.

5. Le misure di ritiro, di richiamo e di informazione al consumatore, previste al comma 3, hanno luogo su base volontaria o su richiesta delle competenti autorità a norma dell'articolo 107. Il richiamo interviene quando altre azioni non siano sufficienti a prevenire i rischi del caso, ovvero quando i produttori lo ritengano necessario o vi siano tenuti in seguito a provvedimenti dell'autorità competente.

6. Il distributore deve agire con diligenza nell'esercizio della sua attività per contribuire a garantire l'immissione sul mercato di prodotti sicuri; in particolare è tenuto:

a) a non fornire prodotti di cui conosce o avrebbe dovuto conoscere la pericolosità in base alle informazioni in suo possesso e nella sua qualità di operatore professionale;

b) a partecipare al controllo di sicurezza del prodotto immesso sul mercato, trasmettendo le informazioni concernenti i rischi del prodotto al produttore e alle autorità competenti per le azioni di rispettiva competenza;

c) a collaborare alle azioni intraprese di cui alla lettera *b*), conservando e fornendo la documentazione idonea a rintracciare l'origine dei prodotti per un periodo di dieci anni dalla data di cessione al consumatore finale.

7. Qualora i produttori e i distributori sappiano o debbano sapere, sulla base delle informazioni in loro possesso e in quanto operatori

professionali, che un prodotto da loro immesso sul mercato o altrimenti fornito al consumatore presenta per il consumatore stesso rischi incompatibili con l'obbligo generale di sicurezza, informano immediatamente le amministrazioni competenti, di cui all'articolo 106, comma 1, precisando le azioni intraprese per prevenire i rischi per i consumatori.

8. In caso di rischio grave, le informazioni da fornire comprendono almeno:

a) elementi specifici che consentano una precisa identificazione del prodotto o del lotto di prodotti in questione;

b) una descrizione completa del rischio presentato dai prodotti interessati;

c) tutte le informazioni disponibili che consentono di rintracciare il prodotto;

d) una descrizione dei provvedimenti adottati per prevenire i rischi per i consumatori.

9. Nei limiti delle rispettive attività, produttori e distributori collaborano con le Autorità competenti, ove richiesto dalle medesime, in ordine alle azioni intraprese per evitare i rischi presentati dai prodotti che essi forniscono o hanno fornito.

105. Presunzione e valutazione di sicurezza. – 1. In mancanza di specifiche disposizioni comunitarie che disciplinano gli aspetti di sicurezza, un prodotto si presume sicuro quando è conforme alla legislazione vigente nello Stato membro in cui il prodotto stesso è commercializzato e con riferimento ai requisiti cui deve rispondere sul piano sanitario e della sicurezza.

2. Si presume che un prodotto sia sicuro, per quanto concerne i rischi e le categorie di rischi disciplinati dalla normativa nazionale, quando è conforme alle norme nazionali non cogenti che recepiscono le norme europee i cui riferimenti sono stati pubblicati dalla Commissione europea nella *Gazzetta Ufficiale* delle Comunità europee a norma dell'articolo 4 della direttiva 2001/95/CE, del Parlamento europeo e del Consiglio, del 3 dicembre 2001.

3. In assenza delle norme di cui ai commi 1 e 2, la sicurezza del prodotto è valutata in base alle norme nazionali non cogenti che recepiscono norme europee, alle norme in vigore nello Stato membro in cui il prodotto è commercializzato, alle raccomandazioni della Commissione europea relative ad orientamenti sulla valutazione della sicurezza dei prodotti, ai codici di buona condotta in materia di sicurezza vigenti nel settore interessato, agli ultimi ritrovati della tecnica, al livello di sicurezza che i consumatori possono ragionevolmente attendersi.

4. Fatte salve le disposizioni di cui ai commi 1, 2 e 3, le Autorità competenti adottano le misure necessarie per limitare o impedire l'immissione sul mercato o chiedere il ritiro o il richiamo dal mercato del prodotto, se questo si rivela, nonostante la conformità, pericoloso per la salute e la sicurezza del consumatore.

106. Procedure di consultazione e coordinamento. – 1. I Ministeri dello sviluppo economico (1), della salute, del lavoro e delle politiche sociali, dell'interno, dell'economia e delle finanze, delle infrastrutture e trasporti, nonché le altre amministrazioni pubbliche di volta in volta competenti per materia alla effettuazione dei controlli di cui all'articolo 107, provvedono, nell'ambito delle ordinarie disponibilità di bilancio e secondo le rispettive competenze, alla realizzazione di un sistema di scambio rapido di informazioni mediante un adeguato supporto informativo operante in via telematica, anche attraverso il Sistema pubblico di connettività, in conformità alle prescrizioni stabilite in sede comunitaria che consenta anche l'archiviazione e la diffusione delle informazioni.

2. I criteri per il coordinamento dei controlli previsti dall'articolo 107 sono stabiliti in una apposita conferenza di servizi fra i competenti uffici dei Ministeri e delle amministrazioni di cui al comma 1, convocata almeno due volte l'anno dal Ministro dello sviluppo economico (1); alla conferenza partecipano anche il Ministro della giustizia e le altre amministrazioni di cui al comma 1 di volta in volta competenti per materia.

3. La conferenza di cui al comma 2, tiene conto anche dei dati raccolti ed elaborati nell'ambito del sistema comunitario di informazione sugli incidenti domestici e del tempo libero.

4. Alla conferenza di cui al comma 2, possono presentare osservazioni gli organismi di categoria della produzione e della distribuzione, nonché le associazioni di tutela degli interessi dei consumatori e degli utenti iscritte all'elenco di cui all'articolo 137, secondo modalità definite dalla conferenza medesima.

(1) *Le parole: «delle attività produttive» sono state così sostituite dalle attuali: «dello sviluppo economico» dall'art. 1, comma 5, del D.L.vo 6 agosto 2015, n. 130.*

107. Controlli. – 1. Le amministrazioni di cui all'articolo 106, comma 1, controllano che i prodotti immessi sul mercato siano sicuri. Il Ministero dello sviluppo economico (1) comunica alla Commissione europea l'elenco delle amministrazioni di cui al periodo che precede, nonché degli uffici e degli organi di cui esse si avvalgono, aggiornato annualmente su indicazione delle amministrazioni stesse.

2. Le amministrazioni di cui all'articolo 106 possono adottare tra l'altro le misure seguenti:

a) per qualsiasi prodotto:

1) disporre, anche dopo che un prodotto è stato immesso sul mercato come prodotto sicuro, adeguate verifiche delle sue caratteristiche di sicurezza fino allo stadio dell'utilizzo o del consumo, anche procedendo ad ispezioni presso gli stabilimenti di produzione e di confezionamento, presso i magazzini di stoccaggio e presso i magazzini di vendita;

2) esigere tutte le informazioni necessarie dalle parti interessate;

3) prelevare campioni di prodotti per sottoporli a prove ed analisi volte ad accertare la sicurezza, redigendone processo verbale di cui deve essere rilasciata copia agli interessati;

b) per qualsiasi prodotto che possa presentare rischi in determinate condizioni:

1) richiedere l'apposizione sul prodotto, in lingua italiana, di adeguate avvertenze sui rischi che esso può presentare, redatte in modo chiaro e facilmente comprensibile;

2) sottoporne l'immissione sul mercato a condizioni preventive, in modo da renderlo sicuro;

c) per qualsiasi prodotto che possa presentare rischi per determinati soggetti:

1) disporre che tali soggetti siano avvertiti tempestivamente ed in una forma adeguata di tale rischio, anche mediante la pubblicazione di avvisi specifici;

d) per qualsiasi prodotto che può essere pericoloso:

1) vietare, per il tempo necessario allo svolgimento dei controlli, delle verifiche o degli accertamenti sulla sicurezza del prodotto, di fornirlo, di proporne la fornitura o di esporlo;

2) disporre, entro un termine perentorio, l'adeguamento del prodotto o di un lotto di prodotti già commercializzati agli obblighi di sicurezza previsti dal presente titolo, qualora non vi sia un rischio imminente per la salute e l'incolumità pubblica;

e) per qualsiasi prodotto pericoloso:

1) vietarne l'immissione sul mercato e adottare le misure necessarie a garantire l'osservanza del divieto;

f) per qualsiasi prodotto pericoloso già immesso sul mercato rispetto al quale l'azione già intrapresa dai produttori e dai distributori sia insoddisfacente o insufficiente:

1) ordinare o organizzare il suo ritiro effettivo e immediato e l'informazione dei consumatori circa i rischi da esso presentati. I costi relativi sono posti a carico del produttore e, ove ciò non sia in tutto o in parte possibile, a carico del distributore;

2) ordinare o coordinare o, se del caso, organizzare con i produttori e i distributori, il suo richiamo anche dai consumatori e la sua distruzione in condizioni opportune. I costi relativi sono posti a carico dei produttori e dei distributori.

3. Nel caso di prodotti che presentano un rischio grave le amministrazioni di cui all'articolo 106 intraprendono le azioni necessarie per applicare, con la dovuta celerità, opportune misure analoghe a quelle previste al comma 2, lettere da *b*) a *f*), tenendo conto delle linee-guida che riguardano la gestione del RAPEX di cui all'allegato II.

4. Le amministrazioni competenti quando adottano misure analoghe a quelle di cui al comma 2 ed in particolare a quelle di cui alle lettere *d*), *e*) e *f*), tenendo conto del principio di precauzione, agiscono nel rispetto del Trattato istitutivo della Comunità europea, in particolare degli articoli 28 e 30, per attuarle in modo proporzionato alla gravità del rischio.

5. Le amministrazioni competenti, nell'ambito delle misure adottate sulla base del principio di precauzione e, senza maggiori oneri per la finanza pubblica, incoraggiano e favoriscono l'azione volontaria dei produttori e dei distributori di adeguamento agli obblighi imposti dal presente titolo, anche mediante l'eventuale elaborazione di codici di buona condotta ed accordi con le categorie di settore.

6. Per le finalità di cui al presente titolo e senza oneri aggiuntivi per la finanza pubblica, le amministrazioni di cui all'articolo 106, comma 1, si avvalgono della collaborazione dell'Agenzia delle dogane e della Guardia di finanza, le quali hanno accesso al sistema di scambio rapido delle informazioni gestite dal sistema RAPEX, di cui all'allegato II, ed agiscono secondo le norme e le facoltà ad esse attribuite dall'ordinamento.

7. Le misure di cui al presente articolo possono riguardare, rispettivamente:

a) il produttore;

b) il distributore, e, in particolare, il responsabile della prima immissione in commercio;

c) qualsiasi altro detentore del prodotto, qualora ciò sia necessario al fine di collaborare alle azioni intraprese per evitare i rischi derivanti dal prodotto stesso.

8. Per armonizzare l'attività di controllo derivante dal presente titolo con quella attuata per i prodotti per i quali gli obblighi di sicurezza sono disciplinati dalla normativa antincendio, il Ministero dell'interno si avvale, per gli aspetti di coordinamento, del proprio Dipartimento dei vigili del fuoco, del soccorso pubblico e della difesa civile-direzione centrale per la prevenzione e la sicurezza tecnica del Corpo nazionale dei vigili del fuoco, nonché degli organi periferici del Corpo nazionale dei vigili del fuoco per gli interventi sul territorio, nell'ambito delle dotazioni organiche esistenti e, comunque, senza oneri aggiuntivi a carico del bilancio dello Stato.

9. Il Ministero della salute, ai fini degli adempimenti comunitari derivanti dalle norme sulla sicurezza dei prodotti e dal presente titolo, si avvale anche dei propri uffici di sanità marittima, aerea e di frontiera nell'ambito delle dotazioni organiche esistenti e, comunque, senza oneri aggiuntivi a carico del bilancio dello Stato.

10. Fatti salvi gli obblighi previsti dalla normativa vigente, i soggetti di cui al comma 1 sono tenuti a non divulgare le informazioni acquisite che, per loro natura, sono coperte dal segreto professionale, a meno che la loro divulgazione sia necessaria alla tutela della salute o della pubblica o privata incolumità.

(1) *Le parole: «delle attività produttive» sono state così sostituite dalle attuali: «dello sviluppo economico» dall'art. 1, comma 5, del D.L.vo 6 agosto 2015, n. 130.*

108. Disposizioni procedurali. – 1. Il provvedimento adottato ai sensi dell'articolo 107 che limita l'immissione sul mercato di un prodotto o ne dispone il ritiro o il richiamo, deve essere adeguatamente motivato, con l'indicazione dei termini e delle Autorità competenti cui è possibile ricorrere e deve essere notificato entro sette giorni dall'adozione.

2. Fatti salvi i casi di grave o immediato pericolo per la salute o per la pubblica o privata incolumità, prima dell'adozione delle misure di cui all'articolo 107, commi 2 e 3, agli interessati deve essere consentito di partecipare alla fase del procedimento amministrativo e di presenziare agli accertamenti riguardanti i propri prodotti, in base agli articoli 7 e seguenti della legge 7 agosto 1990, n. 241; in particolare, gli interessati possono presentare all'Autorità competente osservazioni scritte e documenti.

3. Gli interessati possono presentare osservazioni scritte anche in seguito all'emanazione del provvedimento, anche quando, a causa dell'urgenza della misura da adottare, non hanno potuto partecipare al procedimento.

3 *bis*. La procedura istruttoria per l'adozione dei provvedimenti emanati ai sensi dell'articolo 107, è stabilita con regolamento emanato ai sensi dell'articolo 17, comma 1, della legge 23 agosto 1988, n. 400, su proposta dell'Amministrazione competente, in modo da garantire il contraddittorio, la piena cognizione degli atti e la verbalizzazione (1).

(1) *Questo comma è stato aggiunto dall'art. 13, comma 1, del D.L.vo 23 ottobre 2007, n. 221.*

109. Sorveglianza del mercato. – 1. Per esercitare un'efficace sorveglianza del mercato, volta a garantire un elevato livello di protezione della salute e della sicurezza dei consumatori, le amministrazioni di cui all'articolo 106, anche indipendentemente dalla conferenza di servizi, assicurano:

a) l'istituzione, l'aggiornamento periodico e l'esecuzione di programmi settoriali di sorveglianza per categorie di prodotti o di rischi, nonché il monitoraggio delle attività di sorveglianza, delle osservazioni e dei risultati;

b) l'aggiornamento delle conoscenze scientifiche e tecniche relative alla sicurezza dei prodotti;

c) esami e valutazioni periodiche del funzionamento delle attività di controllo e della loro efficacia, come pure, se del caso, la revisione dei metodi dell'organizzazione della sorveglianza messa in opera.

2. Le Amministrazioni di cui all'articolo 106 assicurano, altresì, la gestione dei reclami presentati dai consumatori e dagli altri interessati con riguardo alla sicurezza dei prodotti e alle attività di controllo e sorveglianza. Le modalità operative di cui al presente comma vengono concordate in sede di conferenza di servizi.

3. Le strutture amministrative competenti a svolgere l'attività di cui al comma 2 vanno rese note in sede di conferenza di servizi convocata dopo la data di entrata in vigore del codice. In quella sede sono definite le modalità per informare i consumatori e le altre parti interessate delle procedure di reclamo.

4. Dall'attuazione del presente articolo non devono derivare nuovi o maggiori oneri per la finanza pubblica.

110. Notificazione e scambio di informazioni. – 1. Il Ministero dello sviluppo economico ([1]) notifica alla Commissione europea, precisando le ragioni che li hanno motivati, i provvedimenti di cui all'articolo 107, commi 2, lettere *b*), *c*), *d*), *e*) e *f*), e 3, nonché eventuali modifiche e revoche, fatta salva l'eventuale normativa comunitaria specifica vigente sulla procedura di notifica.

2. I provvedimenti, anche concordati con produttori e distributori, adottati per limitare o sottoporre a particolari condizioni la commercializzazione o l'uso di prodotti che presentano un rischio grave per i consumatori, vanno notificati alla Commissione europea secondo le prescrizioni del sistema RAPEX, tenendo conto dell'allegato II della direttiva 2001/95/CE, di cui all'allegato II.

3. Se il provvedimento adottato riguarda un rischio che si ritiene limitato al territorio nazionale, il Ministero dello sviluppo economico ([1]) procede, anche su richiesta delle altre amministrazioni competenti, alla notifica alla Commissione europea qualora il provvedimento contenga informazioni suscettibili di presentare un interesse, quanto alla sicurezza dei prodotti, per gli altri Stati membri, in particolare se tale provvedimento risponde ad un rischio nuovo, non ancora segnalato in altre notifiche.

4. Ai fini degli adempimenti di cui al comma 1, i provvedimenti adottati dalle amministrazioni competenti di cui all'articolo 106 devono essere comunicati tempestivamente al Ministero dello sviluppo economico ([1]); analoga comunicazione deve essere data a cura delle cancellerie ovvero delle segreterie degli organi giurisdizionali, relativamente ai provvedimenti, sia a carattere provvisorio, sia a carattere definitivo, emanati dagli stessi nell'ambito degli interventi di competenza.

5. Il Ministero dello sviluppo economico ([1]) comunica all'amministrazione competente le decisioni eventualmente adottate dalla Commissione europea relativamente a prodotti che presentano un rischio grave per la salute e la sicurezza dei consumatori in diversi Stati membri e che quindi necessitano, entro un termine di venti giorni, dell'adozione di provvedimenti idonei. È fatto salvo il rispetto del termine eventualmente inferiore previsto nella decisione della Commissione europea.

6. Le Autorità competenti assicurano alle parti interessate la possibilità di esprimere entro un mese dall'adozione della decisione di cui al comma 5, pareri ed osservazioni per il successivo inoltro alla Commissione.

7. Sono vietate le esportazioni al di fuori dell'Unione europea di prodotti pericolosi oggetto di una decisione di cui al comma 5, a meno che la decisione non disponga diversamente.

([1]) *Le parole: «delle attività produttive» sono state così sostituite dalle attuali: «dello sviluppo economico» dall'art. 1, comma 5, del D.L.vo 6 agosto 2015, n. 130.*

111. Responsabilità del produttore. – 1. Sono fatte salve le disposizioni di cui al titolo secondo in materia di responsabilità per danno da prodotti difettosi.

112. Sanzioni. – 1. Salvo che il fatto costituisca più grave reato, il produttore o il distributore che immette sul mercato prodotti pericolosi in violazione del divieto di cui all'articolo 107, comma 2, lettera *e*), è punito con l'arresto da sei mesi ad un anno e con l'ammenda da 10.000 euro a 50.000 euro.

2. Salvo che il fatto costituisca più grave reato, il produttore che immette sul mercato prodotti pericolosi, è punito con l'arresto fino ad un anno e con l'ammenda da 10.000 euro a 50.000 euro.

3. Salvo che il fatto costituisca più grave reato, il produttore o il distributore che non ottempera ai provvedimenti emanati a norma dell'articolo 107, comma 2, lettere *b*), numeri 1) e 2), *c*) e *d*), numeri 1) e 2), è punito con l'ammenda da 10.000 euro a 25.000 euro ([1]).

4. Il produttore o il distributore che non assicura la dovuta collaborazione ai fini dello svolgimento delle attività di cui all'articolo 107, comma 2, lettera *a*), è soggetto alla sanzione amministrativa da 2.500 euro a 40.000 euro.

5. Salvo che il fatto costituisca reato, il produttore che violi le disposizioni di cui all'articolo 104, commi 2, 3, 5, 7, 8 e 9, ed il distributore che violi le disposizioni di cui al medesimo art. 104, commi 6, 7, 8 e 9, sono soggetti ad una sanzione amministrativa compresa fra 1.500 euro e 30.000 euro.

([1]) *Questo reato è stato depenalizzato a norma dell'art. 1, comma 1, del D.L.vo 15 gennaio 2016, n. 8 (G.U. Serie gen. n. 17 del 22 gennaio 2016).*

A norma del medesimo art. 1, comma 5, la sanzione amministrativa pecuniaria è ora così determinata nella somma da euro 10.000 ad euro 50.000.

Ai sensi dell'art. 8, del medesimo provvedimento, le disposizioni che sostituiscono sanzioni penali con sanzioni amministrative si applicano anche alle violazioni commesse anteriormente alla data di entrata in vigore del decreto stesso, sempre che il procedimento penale non sia stato definito con sentenza o con decreto dive-

LEGGI COMPLEMENTARI

nuti irrevocabili. Se i procedimenti penali per i reati depenalizzati dal presente decreto sono stati definiti, prima della sua entrata in vigore, con sentenza di condanna o decreto irrevocabili, il giudice dell'esecuzione revoca la sentenza o il decreto, dichiarando che il fatto non è previsto dalla legge come reato e adotta i provvedimenti conseguenti. Il giudice dell'esecuzione provvede con l'osservanza delle disposizioni dell'articolo 667, comma 4, del codice di procedura penale. Ai fatti commessi prima della data di entrata in vigore del presente decreto non può essere applicata una sanzione amministrativa pecuniaria per un importo superiore al massimo della pena originariamente inflitta per il reato, tenuto conto del criterio di ragguaglio di cui all'articolo 135 del codice penale. A tali fatti non si applicano le sanzioni amministrative accessorie introdotte dal presente decreto, salvo che le stesse sostituiscano corrispondenti pene accessorie.

113. Rinvio. – 1. Sono fatte salve le specifiche norme di settore che, con riferimento a particolari categorie merceologiche, obbligano a specifici standard di sicurezza.

2. Sono fatte salve le disposizioni regionali che disciplinano i controlli di competenza.

Titolo II
Responsabilità per danno da prodotti difettosi

114. Responsabilità del produttore. – 1. Il produttore è responsabile del danno cagionato da difetti del suo prodotto.

115. Prodotto e produttore ([1]). – 1. Prodotto, ai fini del presente titolo, è ogni bene mobile, anche se incorporato in altro bene mobile o immobile.

2. Si considera prodotto anche l'elettricità.

2 *bis*. Produttore, ai fini del presente titolo, è il fabbricante del prodotto finito o di una sua componente, il produttore della materia prima, nonché, per i prodotti agricoli del suolo e per quelli dell'allevamento, della pesca e della caccia, rispettivamente l'agricoltore, l'allevatore, il pescatore ed il cacciatore ([2]).

([1]) *Questa rubrica è stata così sostituita dall'art. 14, comma 1, del D.L.vo 23 ottobre 2007, n. 221.*

([2]) *Questo comma è stato aggiunto dall'art. 14, comma 2, del D.L.vo 23 ottobre 2007, n. 221.*

116. Responsabilità del fornitore. – 1. Quando il produttore non sia individuato, è sottoposto alla stessa responsabilità il fornitore che abbia distribuito il prodotto nell'esercizio di un'attività commerciale, se ha omesso di comunicare al danneggiato, entro il termine di tre mesi dalla richiesta, l'identità e il domicilio del produttore o della persona che gli ha fornito il prodotto.

2. La richiesta deve essere fatta per iscritto e deve indicare il prodotto che ha cagionato il danno, il luogo e, con ragionevole approssimazione, la data dell'acquisto; deve inoltre contenere l'offerta in visione del prodotto, se ancora esistente.

3. Se la notificazione dell'atto introduttivo del giudizio non è stata preceduta dalla richiesta prevista dal comma 2, il convenuto può effettuare la comunicazione entro i tre mesi successivi.

4. In ogni caso, su istanza del fornitore presentata alla prima udienza del giudizio di primo grado, il giudice, se le circostanze lo giustificano, può fissare un ulteriore termine non superiore a tre mesi per la comunicazione prevista dal comma 1.

5. Il terzo indicato come produttore o precedente fornitore può essere chiamato nel processo a norma dell'articolo 106 del codice di procedura civile e il fornitore convenuto può essere estromesso, se la persona indicata comparisce e non contesta l'indicazione. Nell'ipotesi prevista dal comma 3, il convenuto può chiedere la condanna dell'attore al rimborso delle spese cagionategli dalla chiamata in giudizio.

6. Le disposizioni del presente articolo si applicano al prodotto importato nella Unione europea, quando non sia individuato l'importatore, anche se sia noto il produttore.

NOTE OPERATIVE:

Ambito di applicazione: Al ricorrere di certi presupposti la norma equipara, ai fini della responsabilità, la posizione del fornitore a quella del produttore, allo scopo di consentire al danneggiato di individuare più facilmente il soggetto contro il quale proporre l'azione risarcitoria. La responsabilità del fornitore è la stessa alla quale è sottoposto il produttore, ma non è con essa solidale: essa, infatti, si configura come responsabilità indiretta, in quanto, al ricorrere di determinati presupposti, è chiamato a rispondere un soggetto diverso dal produttore, cioè da colui che è il responsabile del danno (C.C. 26135/23).

117. Prodotto difettoso. – 1. Un prodotto è difettoso quando non offre la sicurezza che ci si può legittimamente attendere tenuto conto di tutte le circostanze, tra cui:

a) il modo in cui il prodotto è stato messo in circolazione, la sua presentazione, le sue caratteristiche palesi, le istruzioni e le avvertenze fornite;

b) l'uso al quale il prodotto può essere ragionevolmente destinato e i comportamenti che, in relazione ad esso, si possono ragionevolmente prevedere;

c) il tempo in cui il prodotto è stato messo in circolazione.

2. Un prodotto non può essere considerato difettoso per il solo fatto che un prodotto più perfezionato sia stato in qualunque tempo messo in commercio.

3. Un prodotto è difettoso se non offre la sicurezza offerta normalmente dagli altri esemplari della medesima serie.

118. Esclusione della responsabilità. – 1. La responsabilità è esclusa:

a) se il produttore non ha messo il prodotto in circolazione;

b) se il difetto che ha cagionato il danno non esisteva quando il produttore ha messo il prodotto in circolazione;

c) se il produttore non ha fabbricato il prodotto per la vendita o per qualsiasi altra forma di distribuzione a titolo oneroso, né lo ha fabbricato o distribuito nell'esercizio della sua attività professionale;

d) se il difetto è dovuto alla conformità del prodotto a una norma giuridica imperativa o a un provvedimento vincolante;

e) se lo stato delle conoscenze scientifiche e tecniche, al momento in cui il produttore ha messo in circolazione il prodotto, non permetteva ancora di considerare il prodotto come difettoso;

f) nel caso del produttore o fornitore di una parte componente o di una materia prima, se il difetto è interamente dovuto alla concezione del prodotto in cui è stata incorporata la parte o materia prima o alla conformità di questa alle istruzioni date dal produttore che la ha utilizzata.

119. Messa in circolazione del prodotto. – 1. Il prodotto è messo in circolazione quando sia consegnato all'acquirente, all'utilizzatore, o a un ausiliario di questi, anche in visione o in prova.

2. La messa in circolazione avviene anche mediante la consegna al vettore o allo spedizioniere per l'invio all'acquirente o all'utilizzatore.

3. La responsabilità non è esclusa se la messa in circolazione dipende da vendita forzata, salvo che il debitore abbia segnalato specificamente il difetto con dichiarazione resa all'ufficiale giudiziario all'atto del pignoramento o con atto notificato al creditore procedente e depositato presso la cancelleria del giudice dell'esecuzione entro quindici giorni dal pignoramento stesso.

120. Prova. – 1. Il danneggiato deve provare il difetto, il danno, e la connessione causale tra difetto e danno.

2. Il produttore deve provare i fatti che possono escludere la responsabilità secondo le disposizioni dell'articolo 118. Ai fini dell'esclusione da responsabilità prevista nell'articolo 118, comma 1, lettera *b*), è sufficiente dimostrare che, tenuto conto delle circostanze, è probabile che il difetto non esistesse ancora nel momento in cui il prodotto è stato messo in circolazione.

3. Se è verosimile che il danno sia stato causato da un difetto del prodotto, il giudice può ordinare che le spese della consulenza tecnica siano anticipate dal produttore.

121. Pluralità di responsabili. – 1. Se più persone sono responsabili del medesimo danno, tutte sono obbligate in solido al risarcimento.

2. Colui che ha risarcito il danno ha regresso contro gli altri nella misura determinata dalle dimensioni del rischio riferibile a ciascuno, dalla gravità delle eventuali colpe e dalla entità delle conseguenze che ne sono derivate. Nel dubbio la ripartizione avviene in parti uguali.

122. Colpa del danneggiato. – 1. Nelle ipotesi di concorso del fatto colposo del danneggiato il risarcimento si valuta secondo le disposizioni dell'articolo 1227 del codice civile.

2. Il risarcimento non è dovuto quando il danneggiato sia stato consapevole del difetto del prodotto e del pericolo che ne derivava e nondimeno vi si sia volontariamente esposto.

3. Nell'ipotesi di danno a cosa, la colpa del detentore di questa è parificata alla colpa del danneggiato.

123. Danno risarcibile. – 1. È risarcibile in base alle disposizioni del presente titolo:

a) il danno cagionato dalla morte o da lesioni personali;

b) la distruzione o il deterioramento di una cosa diversa dal prodotto difettoso, purché di tipo normalmente destinato all'uso o consumo privato e così principalmente utilizzata dal danneggiato.

2. Il danno a cose è risarcibile solo nella misura che ecceda la somma di euro trecentottantasette.

124. Clausole di esonero da responsabilità. – 1. È nullo qualsiasi patto che escluda o limiti preventivamente, nei confronti del danneggiato, la responsabilità prevista dal presente titolo.

125. Prescrizione. – 1. Il diritto al risarcimento si prescrive in tre anni dal giorno in cui il danneggiato ha avuto o avrebbe dovuto avere conoscenza del danno, del difetto e dell'identità del responsabile.

2. Nel caso di aggravamento del danno, la prescrizione non comincia a decorrere prima del giorno in cui il danneggiato ha avuto o avrebbe dovuto avere conoscenza di un danno di gravità sufficiente a giustificare l'esercizio di un'azione giudiziaria.

126. Decadenza. – 1. Il diritto al risarcimento si estingue alla scadenza di dieci anni dal giorno in cui il produttore o l'importatore nella Unione europea ha messo in circolazione il prodotto che ha cagionato il danno.

2. La decadenza è impedita solo dalla domanda giudiziale, salvo che il processo si estingua, dalla domanda di ammissione del credito in una procedura concorsuale o dal riconoscimento del diritto da parte del responsabile.

3. L'atto che impedisce la decadenza nei confronti di uno dei responsabili non ha effetto riguardo agli altri.

127. Responsabilità secondo altre disposizioni di legge. – 1. Le disposizioni del presente titolo non escludono né limitano i diritti attribuiti al danneggiato da altre leggi.

2. Le disposizioni del presente titolo non si applicano ai danni cagionati dagli incidenti nucleari previsti dalla legge 31 dicembre 1962, n. 1860, e successive modificazioni.

3. Le disposizioni del presente titolo non si applicano ai prodotti messi in circolazione prima del 30 luglio 1988.

Titolo III
Garanzia legale di conformità
e garanzie commerciali
per i beni di consumo

Capo I
Della vendita di beni (1)

(1) *Questo Capo è stato così sostituito dall'art. 1, comma 1, del D.L.vo 4 novembre 2021, n. 170, a decorrere dal 1° gennaio 2022. Il capo comprende ora gli articoli da 128 a 135 septies. Tale modifica si applica ai contratti conclusi successivamente a tale data.*

Si riporta il testo previgente:«Capo I

Della vendita dei beni di consumo

Art. 128 (Ambito di applicazione e definizioni)

1. Il presente capo disciplina taluni aspetti dei contratti di vendita e delle garanzie concernenti i beni di consumo. A tali fini ai contratti di vendita sono equiparati i contratti di permuta e di somministrazione nonché quelli di appalto, di opera e tutti gli altri contratti comunque finalizzati alla fornitura di beni di consumo da fabbricare o produrre.

2. Ai fini del presente capo si intende per:

a) beni di consumo: qualsiasi bene mobile, anche da assemblare, tranne:

1) i beni oggetto di vendita forzata o comunque venduti secondo altre modalità dalle autorità giudiziarie, anche mediante delega ai notai;

2) l'acqua e il gas, quando non confezionati per la vendita in un volume delimitato o in quantità determinata;

3) l'energia elettrica;

b) venditore: qualsiasi persona fisica o giuridica pubblica o privata che, nell'esercizio della propria attività imprenditoriale o professionale, utilizza i contratti di cui al comma 1;

c) garanzia convenzionale ulteriore: qualsiasi impegno di un venditore o di un produttore, assunto nei confronti del consumatore senza costi supplementari, di rimborsare il prezzo pagato, sostituire, riparare, o intervenire altrimenti sul bene di consumo, qualora esso non corrisponda alle condizioni enunciate nella dichiarazione di garanzia o nella relativa pubblicità;

d) riparazione: nel caso di difetto di conformità, il ripristino del bene di consumo per renderlo conforme al contratto di vendita.

3. Le disposizioni del presente capo si applicano alla vendita di beni di consumo usati, tenuto conto del tempo del pregresso utilizzo, limitatamente ai difetti non derivanti dall'uso normale della cosa.

Art. 129. (Conformità al contratto)

1. Il venditore ha l'obbligo di consegnare al consumatore beni conformi al contratto di vendita.

2. Si presume che i beni di consumo siano conformi al contratto se, ove pertinenti, coesistono le seguenti circostanze:

a) sono idonei all'uso al quale servono abitualmente beni dello stesso tipo;

b) sono conformi alla descrizione fatta dal venditore e possiedono le qualità del bene che il venditore ha presentato al consumatore come campione o modello;

c) presentano la qualità e le prestazioni abituali di un bene dello stesso tipo, che il consumatore può ragionevolmente aspettarsi, tenuto conto della natura del bene e, se del caso, delle dichiarazioni pubbliche sulle caratteristiche specifiche dei beni fatte al riguardo dal venditore, dal produttore o dal suo agente o rappresentante, in particolare nella pubblicità o sull'etichettatura;

d) sono altresì idonei all'uso particolare voluto dal consumatore e che sia stato da questi portato a conoscenza del venditore al momento della conclusione del contratto e che il venditore abbia accettato anche per fatti concludenti.

3. Non vi è difetto di conformità se, al momento della conclusione del contratto, il consumatore era a conoscenza del difetto non poteva ignorarlo con l'ordinaria diligenza o se il difetto di conformità deriva da istruzioni o materiali forniti dal consumatore.

4. Il venditore non è vincolato dalle dichiarazioni pubbliche di cui al comma 2, lettera c), quando, in via anche alternativa, dimostra che:

a) non era a conoscenza della dichiarazione e non poteva conoscerla con l'ordinaria diligenza;

b) la dichiarazione è stata adeguatamente corretta entro il momento della conclusione del contratto in modo da essere conoscibile al consumatore;

c) *la decisione di acquistare il bene di consumo non è stata influenzata dalla dichiarazione.*

5. *Il difetto di conformità che deriva dall'imperfetta installazione del bene di consumo è equiparato al difetto di conformità del bene quando l'installazione è compresa nel contratto di vendita ed è stata effettuata dal venditore o sotto la sua responsabilità. Tale equiparazione si applica anche nel caso in cui il prodotto, concepito per essere installato dal consumatore, sia da questo installato in modo non corretto a causa di una carenza delle istruzioni di installazione.*

Art. *130* (Diritti del consumatore)

1. *Il venditore è responsabile nei confronti del consumatore per qualsiasi difetto di conformità esistente al momento della consegna del bene.*

2. *In caso di difetto di conformità, il consumatore ha diritto al ripristino, senza spese, della conformità del bene mediante riparazione o sostituzione, a norma dei commi 3, 4, 5 e 6, ovvero ad una riduzione adeguata del prezzo o alla risoluzione del contratto, conformemente ai commi 7, 8 e 9.*

3. *Il consumatore può chiedere, a sua scelta, al venditore di riparare il bene o di sostituirlo, senza spese in entrambi i casi, salvo che il rimedio richiesto sia oggettivamente impossibile o eccessivamente oneroso rispetto all'altro.*

4. *Ai fini di cui al comma 3 è da considerare eccessivamente oneroso uno dei due rimedi se impone al venditore spese irragionevoli in confronto all'altro, tenendo conto:*

a) *del valore che il bene avrebbe se non vi fosse difetto di conformità;*

b) *dell'entità del difetto di conformità;*

c) *dell'eventualità che il rimedio alternativo possa essere esperito senza notevoli inconvenienti per il consumatore.*

5. *Le riparazioni o le sostituzioni devono essere effettuate entro un congruo termine dalla richiesta e non devono arrecare notevoli inconvenienti al consumatore, tenendo conto della natura del bene e dello scopo per il quale il consumatore ha acquistato il bene.*

6. *Le spese di cui ai commi 2 e 3 si riferiscono ai costi indispensabili per rendere conformi i beni, in particolare modo con riferimento alle spese effettuate per la spedizione, per la mano d'opera e per i materiali.*

7. *Il consumatore può richiedere, a sua scelta, una congrua riduzione del prezzo o la risoluzione del contratto ove ricorra una delle seguenti situazioni:*

a) *la riparazione e la sostituzione sono impossibili o eccessivamente onerose;*

b) *il venditore non ha provveduto alla riparazione o alla sostituzione del bene entro il termine congruo di cui al comma 5;*

c) *la sostituzione o la riparazione precedentemente effettuata ha arrecato notevoli inconvenienti al consumatore.*

8. *Nel determinare l'importo della riduzione o la somma da restituire si tiene conto dell'uso del bene.*

9. *Dopo la denuncia del difetto di conformità, il venditore può offrire al consumatore qualsiasi altro rimedio disponibile, con i seguenti effetti:*

a) *qualora il consumatore abbia già richiesto uno specifico rimedio, il venditore resta obbligato ad attuarlo, con le necessarie conseguenze in ordine alla decorrenza del termine congruo di cui al comma 5, salvo accettazione da parte del consumatore del rimedio alternativo proposto;*

b) *qualora il consumatore non abbia già richiesto uno specifico rimedio, il consumatore deve accettare la proposta o respingerla scegliendo un altro rimedio ai sensi del presente articolo.*

10. *Un difetto di conformità di lieve entità per il quale non è stato possibile o è eccessivamente oneroso esperire i rimedi della riparazione o della sostituzione, non dà diritto alla risoluzione del contratto.*

Art. *131* (Diritto di regresso)

1. *Il venditore finale, quando è responsabile nei confronti del consumatore a causa di un difetto di conformità imputabile ad un'azione o ad un'omissione del produttore, di un precedente venditore della medesima catena contrattuale distributiva o di qualsiasi altro intermediario, ha diritto di regresso, salvo patto contrario o rinuncia, nei confronti del soggetto o dei soggetti responsabili facenti parte della suddetta catena distributiva.*

2. *Il venditore finale che abbia ottemperato ai rimedi esperiti dal consumatore, può agire, entro un anno dall'esecuzione della prestazione, in regresso nei confronti del soggetto o dei soggetti responsabili per ottenere la reintegrazione di quanto prestato.*

Art. *132* (Termini)

1. *Il venditore è responsabile, a norma dell'articolo 130, quando il difetto di conformità si manifesta entro il termine di due anni dalla consegna del bene.*

2. *Il consumatore decade dai diritti previsti dall'articolo 130, comma 2, se non denuncia al venditore il difetto di conformità entro il termine di due mesi dalla data in cui ha scoperto il difetto. La denuncia non è necessaria se il venditore ha riconosciuto l'esistenza del difetto o lo ha occultato.*

3. *Salvo prova contraria, si presume che i difetti di conformità che si manifestano entro sei mesi dalla consegna del bene esistessero già a tale data, a meno che tale ipotesi sia incompatibile con la natura del bene o con la natura del difetto di conformità.*

4. *L'azione diretta a far valere i difetti non dolosamente occultati dal venditore si prescrive, in ogni caso, nel termine di ventisei mesi dalla consegna del bene; il consumatore, che sia convenuto per l'esecuzione del contratto, può tuttavia far valere sempre i diritti di cui all'articolo 130, comma 2, purché il difetto di conformità sia stato denunciato entro due mesi dalla scoperta e prima della scadenza del termine di cui al periodo precedente.*

Art. *133* (Garanzia convenzionale)

1. *La garanzia convenzionale vincola chi la offre secondo le modalità indicate nella dichiarazione di garanzia medesima o nella relativa pubblicità.*

2. *La garanzia deve, a cura di chi la offre, almeno indicare:*

a) *la specificazione che il consumatore è titolare dei diritti previsti dal presente paragrafo e che la garanzia medesima lascia impregiudicati tali diritti;*

b) *in modo chiaro e comprensibile l'oggetto della garanzia e gli elementi essenziali necessari per farla valere, compresi la durata e l'estensione territoriale della garanzia, nonché il nome o la ditta e il domicilio o la sede di chi la offre.*

3. *A richiesta del consumatore, la garanzia deve essere disponibile per iscritto o su altro supporto duraturo a lui accessibile.*

4. La garanzia deve essere redatta in lingua italiana con caratteri non meno evidenti di quelli di eventuali altre lingue.

5. Una garanzia non rispondente ai requisiti di cui ai commi 2, 3 e 4, rimane comunque valida e il consumatore può continuare ad avvalersene ed esigerne l'applicazione.

Art. 134 (Carattere imperativo delle disposizioni)

1. È nullo ogni patto, anteriore alla comunicazione al venditore del difetto di conformità, volto ad escludere o limitare, anche in modo indiretto, i diritti riconosciuti dal presente paragrafo. La nullità può essere fatta valere solo dal consumatore e può essere rilevata d'ufficio dal giudice.

2. Nel caso di beni usati, le parti possono limitare la durata della responsabilità di cui all'articolo 132, comma primo, ad un periodo di tempo in ogni caso non inferiore ad un anno.

3. È nulla ogni clausola contrattuale che, prevedendo l'applicabilità al contratto di una legislazione di un Paese extracomunitario, abbia l'effetto di privare il consumatore della protezione assicurata dal presente paragrafo, laddove il contratto presenti uno stretto collegamento con il territorio di uno Stato membro dell'Unione europea.

Art. 135 (Tutela in base ad altre disposizioni)

1. Le disposizioni del presente capo non escludono né limitano i diritti che sono attribuiti al consumatore da altre norme dell'ordinamento giuridico.

2. Per quanto non previsto dal presente titolo, si applicano le disposizioni del codice civile in tema di contratto di vendita.».

128. (1) **Ambito di applicazione e definizioni.** – 1. Il presente capo disciplina taluni aspetti dei contratti di vendita conclusi tra consumatore e venditore fra i quali la conformità dei beni al contratto, i rimedi in caso di difetto di conformità, le modalità di esercizio di tali rimedi e le garanzie convenzionali. A tali fini, ai contratti di vendita sono equiparati i contratti di permuta e di somministrazione nonché quelli di appalto, d'opera e tutti gli altri contratti comunque finalizzati alla fornitura di beni da fabbricare o produrre.

2. Ai fini del presente capo si intende per:

a) contratto di vendita: qualsiasi contratto in base al quale il venditore trasferisce o si impegna a trasferire la proprietà di beni al consumatore e il consumatore ne paga o si impegna a pagare il prezzo;

b) consumatore: la persona fisica di cui all'articolo 3, comma 1, lettera *a*);

c) venditore: qualsiasi persona fisica o giuridica, pubblica o privata, che nell'esercizio della propria attività imprenditoriale o professionale, anche tramite altra persona che agisca in suo nome o per suo conto, utilizza i contratti di cui al comma 1, primo periodo, ivi compreso il fornitore di piattaforme se agisce per finalità che rientrano nel quadro della sua attività e quale controparte contrattuale del consumatore per la fornitura di contenuto digitale o di servizi digitali;

d) produttore: il fabbricante di un bene, l'importatore di un bene nel territorio dell'Unione o qualsiasi altra persona che si presenta come produttore apponendo sul bene il suo nome, marchio o altro segno distintivo;

e) bene:

1) qualsiasi bene mobile materiale anche da assemblare; l'acqua, il gas e l'energia elettrica quando sono confezionati per la vendita in un volume delimitato o in quantità determinata;

2) qualsiasi bene mobile materiale che incorpora, o è interconnesso con, un contenuto digitale o un servizio digitale in modo tale che la mancanza di detto contenuto digitale o servizio digitale impedirebbe lo svolgimento delle funzioni proprie del bene ("beni con elementi digitali");

3) gli animali vivi;

f) contenuto digitale: i dati prodotti e forniti in formato digitale;

g) servizio digitale:

1) un servizio che consente al consumatore di creare, trasformare, memorizzare i dati o di accedervi in formato digitale; oppure

2) un servizio che consente la condivisione di dati in formato digitale caricati o creati dal consumatore o da altri utenti di tale servizio o qualsiasi altra interazione con tali dati;

h) compatibilità: la capacità del bene di funzionare con hardware o software con cui sono normalmente utilizzati i beni del medesimo tipo, senza che sia necessario convertire i beni, l'hardware o il software;

i) funzionalità: la capacità del bene di svolgere tutte le sue funzioni in considerazione del suo scopo;

l) interoperabilità: la capacità del bene di funzionare con hardware o software diversi da quelli con cui sono normalmente utilizzati i beni dello stesso tipo;

m) supporto durevole: ogni strumento che permetta al consumatore o al venditore di conservare le informazioni che gli sono personalmente indirizzate, in modo da potervi accedere in futuro per un periodo di tempo adeguato alle finalità cui esse sono destinate e che permetta la riproduzione identica delle informazioni memorizzate;

n) garanzia convenzionale: qualsiasi impegno di un venditore o di un produttore (il "garante"), assunto nei confronti del consumatore, in aggiunta agli obblighi di legge in merito alla garanzia di conformità, di rimborsare il prezzo pagato, sostituire, riparare, o intervenire altrimenti sul bene, qualora esso non corrisponda alle caratteristiche, o a qualsiasi altro requisito non relativo alla conformità, enunciati nella dichiarazione di garanzia o nella relativa pubblicità disponibile al momento o prima della conclusione del contratto;

o) durabilità: la capacità dei beni di mantenere le loro specifiche funzioni e prestazioni attraverso un uso normale;

p) senza spese: senza i costi necessari per rendere conformi i beni, con particolare riferimento alle spese di spedizione, di trasporto, di mano d'opera e di materiali;

q) asta pubblica: metodo di vendita in cui i beni o servizi sono offerti dal venditore ai consumatori che partecipano, o ai quali è data la possibilità di partecipare personalmente all'asta, la quale si svolge mediante una trasparente procedura competitiva gestita da una casa d'aste e in cui l'aggiudicatario è tenuto all'acquisto dei beni o servizi.

3. Le disposizioni del presente capo non si applicano ai contratti di fornitura di un contenuto digitale o di un servizio digitale, i quali rientrano nel campo di applicazione delle disposizioni di attuazione della direttiva (UE) 2019/770 del Parlamento europeo e del Consiglio, del 20 maggio 2019, relativa a determinati aspetti dei contratti di fornitura di contenuti digitali o servizi digitali. Esse si applicano ai contenuti digitali o ai servizi digitali incorporati o interconnessi con beni, ai sensi del comma 2, lettera *e*), numero *2*), i quali sono forniti con il bene in forza del contratto di vendita, indipendentemente dal fatto che i predetti contenuti digitali o servizi digitali siano forniti dal venditore o da terzi. Quando è dubbio se la fornitura di un contenuto o di un servizio digitale incorporato o interconnesso faccia parte del contratto di vendita, si presume che tale fornitura rientri nel contratto di vendita.

4. Le disposizioni del presente capo non si applicano inoltre:

a) al supporto materiale che funge esclusivamente da vettore del contenuto digitale;

b) ai beni oggetto di vendita forzata o comunque venduti dalle autorità giudiziarie, anche mediante delega ai notai, o secondo altre modalità previste dalla legge.

5. Le disposizioni del presente capo si applicano alla vendita di beni usati, tenuto conto del tempo del pregresso utilizzo, limitatamente ai difetti non derivanti dall'uso normale della cosa, anche nel caso in cui siano venduti in aste pubbliche qualora non siano state messe a disposizione dei consumatori informazioni chiare e complete circa l'inapplicabilità delle disposizioni del presente capo.

(1) *Si veda la nota al Capo I - Della* vendita dei beni.

129. (1) **Conformità dei beni al contratto.** - 1. Il venditore fornisce al consumatore beni che soddisfano i requisiti di cui ai commi 2 e 3, nonché le previsioni degli articoli 130 e 131 in quanto compatibili, fatto salvo quanto previsto dall'articolo 132.

2. Per essere conforme al contratto di vendita, il bene deve possedere i seguenti requisiti soggettivi, ove pertinenti:

a) corrispondere alla descrizione, al tipo, alla quantità e alla qualità contrattuali e possedere la funzionalità, la compatibilità, l'interoperabilità e le altre caratteristiche come previste dal contratto di vendita;

b) essere idoneo ad ogni utilizzo particolare voluto dal consumatore, che sia stato da questi portato a conoscenza del venditore al più tardi al momento della conclusione del contratto di vendita e che il venditore abbia accettato;

c) essere fornito assieme a tutti gli accessori, alle istruzioni, anche inerenti all'installazione, previsti dal contratto di vendita; e

d) essere fornito con gli aggiornamenti come previsto dal contratto di vendita.

3. Oltre a rispettare i requisiti soggettivi di conformità, per essere conforme al contratto di vendita il bene deve possedere i seguenti requisiti oggettivi, ove pertinenti:

a) essere idoneo agli scopi per i quali si impiegano di norma beni dello stesso tipo, tenendo eventualmente conto di altre disposizioni dell'ordinamento nazionale e del diritto dell'Unione, delle norme tecniche o, in mancanza di tali norme tecniche, dei codici di condotta dell'industria applicabili allo specifico settore;

b) ove pertinente, possedere la qualità e corrispondere alla descrizione di un campione o modello che il venditore ha messo a disposizione del consumatore prima della conclusione del contratto;

c) ove pertinente essere consegnato assieme agli accessori, compresi imballaggio, istruzioni per l'installazione o altre istruzioni, che il consumatore può ragionevolmente aspettarsi di ricevere; e,

d) essere della quantità e possedere le qualità e altre caratteristiche, anche in termini di durabilità, funzionalità, compatibilità e sicurezza, ordinariamente presenti in un bene del medesimo tipo e che il consumatore può ragionevolmente aspettarsi, tenuto conto della natura del bene e delle dichiarazioni pubbliche fatte dal o per conto del venditore, o da altre persone nell'ambito dei precedenti passaggi della catena di transazioni commerciali, compreso il produttore, in particolare nella pubblicità o nell'etichetta.

([1]) *Si veda la nota al Capo I - Della* vendita dei beni.

130. ([1]) **Obblighi del venditore e condotta del consumatore.** - 1. Il venditore non è vincolato dalle dichiarazioni pubbliche di cui all'articolo 129, comma 3, lettera *d*), quando, anche alternativamente, dimostra che:

a) non era a conoscenza della dichiarazione pubblica in questione e non poteva conoscerla con l'ordinaria diligenza;

b) la dichiarazione pubblica è stata adeguatamente corretta entro il momento della conclusione del contratto con le stesse modalità, o con modalità simili a quelle con le quali è stata resa;

c) la decisione di acquistare il bene non è stata influenzata dalla dichiarazione pubblica.

2. Nel caso di beni con elementi digitali, il venditore è obbligato a tenere informato il consumatore sugli aggiornamenti disponibili, anche di sicurezza, necessari al fine di mantenere la conformità di tali beni, e a fornirglieli, nel periodo di tempo:

a) che il consumatore può ragionevolmente aspettarsi, date la tipologia e la finalità dei beni e degli elementi digitali, e tenendo conto delle circostanze e della natura del contratto, se il contratto di vendita prevede un unico atto di fornitura del contenuto digitale o del servizio digitale; oppure

b) indicato all'articolo 133, commi 2 o 3, a seconda dei casi, se il contratto di vendita prevede una fornitura continuativa del contenuto digitale o del servizio digitale nell'arco di un periodo di tempo.

3. Se il consumatore non installa entro un congruo termine gli aggiornamenti forniti a norma del comma 2, il venditore non è responsabile per qualsiasi difetto di conformità derivante unicamente dalla mancanza dell'aggiornamento pertinente, a condizione che:

a) il venditore abbia informato il consumatore della disponibilità dell'aggiornamento e delle conseguenze della mancata installazione dello stesso da parte del consumatore; e

b) la mancata, o errata, installazione dell'aggiornamento da parte del consumatore non sia dovuta a carenze delle istruzioni di installazione fornite dal venditore al consumatore.

4. Non vi è difetto di conformità ai sensi dell'articolo 129, comma 3, e dell'articolo 130, comma 2, se, al momento della conclusione del contratto di vendita, il consumatore era stato specificamente informato del fatto che una caratteristica particolare del bene si discostava dai requisiti oggettivi di conformità previsti da tali norme e il consumatore ha espressamente e separatamente accettato tale scostamento al momento della conclusione del contratto di vendita.

([1]) *Si veda la nota al Capo I - Della* vendita dei beni.

131. ([1]) **Errata installazione dei beni.** - 1. L'eventuale difetto di conformità che deriva dall'errata installazione del bene è considerato difetto di conformità del bene se:

a) l'installazione è prevista dal contratto di vendita ed è stata eseguita dal venditore o sotto la sua responsabilità; oppure

b) l'installazione, da eseguirsi a carico del consumatore, è stata effettuata dal consumatore e l'errata installazione dipende da carenze nelle istruzioni di installazione fornite dal venditore o, per i beni con elementi digitali, fornite dal venditore o dal fornitore del contenuto digitale o del servizio digitale.

([1]) *Si veda la nota al Capo I - Della* vendita dei beni.

132. ([1]) **Diritti dei terzi.** - 1. I rimedi di cui all'articolo 135 *bis* si estendono ai casi di impedimento o limitazione d'uso del bene venduto in conformità a quanto previsto dagli articoli 129 e 130, conseguenti ad una restrizione derivante dalla violazione di diritti dei terzi, in particolare di diritti di proprietà intellettuale, fatte salve altre disposizioni previste dall'ordinamento giuridico in tema di nullità, annullamento o altre ipotesi di scioglimento del contratto.

([1]) *Si veda la nota al Capo I - Della* vendita dei beni.

133. ([1]) **Responsabilità del venditore.** - 1. Il venditore è responsabile nei confronti del consumatore di qualsiasi difetto di conformità esistente al momento della consegna del bene eseguita ai sensi dell'articolo 61 e che si manifesta entro due anni da tale momento. Fermo quanto previsto dall'articolo 130, comma 2, il presente comma si applica anche ai beni con elementi digitali.

2. Nel caso di beni con elementi digitali, quando il contratto di vendita prevede la fornitura continuativa del contenuto digitale o del servizio digitale per un periodo di tempo, il venditore è responsabile anche per qualsiasi difetto di conformità del contenuto digitale o del servizio digitale che si verifica o

si manifesta entro due anni dal momento della consegna dei beni con elementi digitali. Se il contratto prevede una fornitura continuativa per più di due anni, il venditore risponde di qualsiasi difetto di conformità del contenuto digitale o del servizio digitale che si verifica o si manifesta nel periodo di tempo durante il quale il contenuto digitale o il servizio digitale deve essere fornito a norma del contratto di vendita.

3. L'azione diretta a far valere i difetti non dolosamente occultati dal venditore si prescrive, in ogni caso, nel termine di ventisei mesi dalla consegna del bene; il consumatore, che sia convenuto per l'esecuzione del contratto, può tuttavia far valere sempre i diritti di cui all'articolo 135 *bis*.

4. Nel caso di beni usati le parti possono limitare la durata della responsabilità di cui ai commi 1 e 2 e il termine di prescrizione di cui al comma 3 ad un periodo di tempo non inferiore ad un anno.

(1) *Si veda la nota al Capo I - Della* vendita dei beni.

134. (1) **Diritto di regresso.** - 1. Il venditore finale, quando è responsabile nei confronti del consumatore a causa di un difetto di conformità imputabile ad un'azione o ad un'omissione di una persona nell'ambito dei passaggi precedenti della medesima catena contrattuale distributiva, inclusa l'omissione di fornire gli aggiornamenti per i beni con elementi digitali a norma dell'articolo 130, comma 2, ha diritto di regresso nei confronti della persona o delle persone responsabili nella catena di transazioni commerciali.

2. Il venditore finale che abbia ottemperato ai rimedi esperiti dal consumatore può agire in regresso, entro un anno dall'esecuzione della prestazione, nei confronti del soggetto o dei soggetti responsabili per ottenere la reintegrazione di quanto prestato.

(1) *Si veda la nota al Capo I - Della* vendita dei beni.

135. (1) **Onere della prova.** - 1. Salvo prova contraria, si presume che qualsiasi difetto di conformità che si manifesta entro un anno dal momento in cui il bene è stato consegnato esistesse già a tale data, a meno che tale ipotesi sia incompatibile con la natura del bene o con la natura del difetto di conformità. Il presente comma si applica anche ai beni con elementi digitali.

2. Per i beni con elementi digitali per i quali il contratto di vendita prevede la fornitura continuativa del contenuto digitale o del servizio digitale per un periodo di tempo, l'onere della prova riguardo al fatto che il contenuto digitale o il servizio digitale era conforme entro il periodo di tempo di cui all'articolo 133, comma 2, spetta al venditore per qualsiasi difetto di conformità che si manifesta entro il termine indicato da tale articolo.

(1) *Si veda la nota al Capo I - Della* vendita dei beni.

135 *bis*. (1) **Rimedi.** - 1. In caso di difetto di conformità del bene, il consumatore ha diritto al ripristino della conformità, o a ricevere una riduzione proporzionale del prezzo, o alla risoluzione del contratto sulla base delle condizioni stabilite nei seguenti commi.

2. Ai fini del ripristino della conformità del bene, il consumatore può scegliere tra riparazione e sostituzione, purché il rimedio prescelto non sia impossibile o, rispetto al rimedio alternativo, non imponga al venditore costi sproporzionati, tenuto conto di tutte le circostanze e, in particolare, delle seguenti:

a) il valore che il bene avrebbe in assenza del difetto di conformità;

b) l'entità del difetto di conformità; e

c) la possibilità di esperire il rimedio alternativo senza notevoli inconvenienti per il consumatore.

3. Il venditore può rifiutarsi di rendere conformi i beni se la riparazione e la sostituzione sono impossibili o se i costi che il venditore dovrebbe sostenere sono sproporzionati, tenuto conto di tutte le circostanze, comprese quelle di cui al comma 2, lettere *a*) e *b*).

4. Il consumatore ha diritto ad una riduzione proporzionale del prezzo o alla risoluzione del contratto di vendita ai sensi dell'articolo 135 *quater* nel caso in cui:

a) il venditore non ha effettuato la riparazione o la sostituzione oppure non ha effettuato la riparazione o la sostituzione, ove possibile, ai sensi dell'articolo 135 *ter*, commi 1, 2 e 3, oppure ha rifiutato di rendere conformi i beni ai sensi del comma 3;

b) si manifesta un difetto di conformità, nonostante il tentativo del venditore di ripristinare la conformità del bene;

c) il difetto di conformità è talmente grave da giustificare l'immediata riduzione del prezzo o la risoluzione del contratto di vendita; oppure

d) il venditore ha dichiarato o risulta chiaramente dalle circostanze, che non procederà al ripristino della conformità del bene entro un periodo ragionevole o senza notevoli inconvenienti per il consumatore.

5. Il consumatore non ha il diritto di risolvere il contratto se il difetto di conformità è solo di lieve entità. L'onere della prova della lieve entità del difetto è a carico del venditore.

6. Il consumatore può rifiutarsi di eseguire il pagamento di qualsiasi parte di prezzo fino a quando il venditore non abbia adempiuto agli obblighi previsti dal presente capo. Restano ferme le disposizioni del codice civile che disciplinano l'eccezione di inadempimento e il concorso del fatto del consumatore.

(1) *Si veda la nota al Capo I - Della* vendita dei beni.

135 *ter*. (1) Riparazione o sostituzione. – 1. La riparazione o la sostituzione sono effettuate:

a) senza spese;

b) entro un congruo periodo di tempo dal momento in cui il venditore è stato informato dal consumatore del difetto di conformità; e

c) senza notevoli inconvenienti per il consumatore, tenuto conto della natura del bene e dello scopo per il quale il consumatore ha voluto il bene.

2. Qualora si debba rimediare al difetto di conformità mediante riparazione o sostituzione dei beni, il consumatore deve metterli a disposizione del venditore. Il venditore riprende i beni sostituiti a proprie spese.

3. Qualora la riparazione richieda la rimozione del bene installato in modo conforme alla natura e allo scopo dello stesso prima che si manifesti il difetto di conformità, o qualora si riveli necessario sostituire il bene, l'obbligo di riparare o sostituire il bene comprende la rimozione del bene non conforme e l'installazione del bene sostitutivo o riparato, oppure l'obbligo di sostenere le spese di rimozione o installazione.

4. Il consumatore non è tenuto a pagare per il normale uso del bene sostituito nel periodo precedente la sostituzione.

(1) *Si veda la nota al Capo I - Della* vendita dei beni.

135 *quater*. (1) Riduzione del prezzo e risoluzione del contratto. – 1. La riduzione del prezzo è proporzionale alla diminuzione di valore del bene ricevuto dal consumatore rispetto al valore che avrebbe avuto se fosse stato conforme.

2. Il consumatore esercita il diritto alla risoluzione del contratto di vendita mediante una dichiarazione diretta al venditore contenente la manifestazione di volontà di risolvere il contratto di vendita.

3. Se il difetto di conformità riguarda solo alcuni dei beni consegnati a norma del contratto di vendita e sussiste una causa di risoluzione del contratto di vendita ai sensi dell'articolo 135 *bis*, il consumatore può risolvere il contratto limitatamente ai beni non conformi e a quelli acquistati insieme ai beni non conformi, qualora non sia ragionevolmente presumibile la sussistenza di un interesse del consumatore a mantenere nella propria disponibilità i beni non affetti da vizi.

4. Se il consumatore risolve interamente il contratto di vendita o, conformemente al comma 3, limitatamente ad alcuni dei beni consegnati in forza del contratto di vendita:

a) il consumatore restituisce il bene al venditore, a spese di quest'ultimo, e

b) il venditore rimborsa al consumatore il prezzo pagato per il bene al ricevimento del bene o delle prove fornite dal consumatore in ordine al fatto di aver restituito o spedito il bene.

(1) *Si veda la nota al Capo I - Della* vendita dei beni.

135 *quinquies*. (1) Garanzie convenzionali. – 1. La garanzia convenzionale vincola chi la offre secondo le modalità indicate nella dichiarazione di garanzia medesima e nella relativa pubblicità disponibile al momento o prima della conclusione del contratto. Secondo le condizioni stabilite nel presente articolo e fatte salve eventuali altre disposizioni applicabili del diritto dell'Unione o nazionale, quando un produttore offre al consumatore una garanzia convenzionale concernente la durabilità di determinati beni nell'arco di un determinato periodo di tempo, il produttore è direttamente responsabile nei confronti del consumatore durante l'intero periodo di durata della garanzia per la riparazione o la sostituzione dei beni in conformità dell'articolo 135 *ter*. Nella dichiarazione di garanzia convenzionale di durabilità il produttore può offrire al consumatore condizioni più favorevoli. Se le condizioni stabilite nella dichiarazione di garanzia convenzionale sono meno vantaggiose per il consumatore rispetto alle condizioni stabilite nella relativa pubblicità, la garanzia convenzionale vincola secondo le condizioni stabilite nella pubblicità relativa alla garanzia convenzionale, a meno che la pubblicità associata sia stata corretta prima della conclusione del contratto secondo le stesse modalità, o con modalità simili a quelle in cui è stata resa.

2. La dichiarazione di garanzia convenzionale è fornita al consumatore su supporto durevole al più tardi al momento della consegna dei beni. La dichiarazione di garanzia convenzionale è redatta in un linguaggio semplice e comprensibile. Essa comprende i seguenti elementi:

a) una dichiarazione chiara che il consumatore dispone per legge, a titolo gratuito, di rimedi per i difetti di conformità nei confronti del venditore e che tali rimedi non sono pregiudicati dalla garanzia convenzionale;

b) nome e indirizzo del garante;

c) la procedura che il consumatore deve seguire per far valere la garanzia convenzionale;

d) la designazione dei beni cui si applica la garanzia convenzionale; e

e) le condizioni della garanzia convenzionale.

3. La garanzia deve essere redatta in lingua italiana con caratteri non meno evidenti di quelli di eventuali altre lingue.

4. Il mancato rispetto di quanto previsto dal comma 2 non pregiudica l'efficacia vincolante della garanzia convenzionale per il garante.

[1] *Si veda la nota al Capo I - Della* vendita dei beni.

135 *sexies*. [1] Carattere imperativo delle disposizioni. - 1. Salvo quanto altrimenti disposto dal presente capo, è nullo ogni patto, anteriore alla comunicazione al venditore del difetto di conformità, volto ad escludere o limitare a danno del consumatore, anche in modo indiretto, i diritti riconosciuti dal presente capo. La nullità può essere fatta valere solo dal consumatore e può essere rilevata d'ufficio dal giudice.

2. Il venditore può sempre offrire al consumatore condizioni contrattuali di maggior tutela rispetto a quanto previsto dalle disposizioni del presente capo.

3. È nulla ogni clausola contrattuale che, prevedendo l'applicabilità al contratto di una legislazione di uno Stato non appartenente all'Unione europea, abbia l'effetto di privare il consumatore della protezione assicurata dal presente capo, laddove il contratto presenti uno stretto collegamento con il territorio di uno Stato membro dell'Unione europea.

[1] *Si veda la nota al Capo I - Della* vendita dei beni.

135 *septies*. [1] Tutela in base ad altre disposizioni. - 1. Per quanto non previsto dal presente capo, si applicano le disposizioni del codice civile in tema di formazione, validità ed efficacia dei contratti, comprese le conseguenze della risoluzione del contratto e il diritto al risarcimento del danno.

2. Per gli aspetti disciplinati dal presente capo non si applicano altre disposizioni aventi l'effetto di garantire al consumatore un diverso livello di tutela.

[1] *Si veda la nota al Capo I - Della* vendita dei beni.

Capo I *bis*
Dei contratti di fornitura di contenuto digitale e di servizi digitali [1]

[1] *Questo Capo è stato inserito dall'art. 1, comma 1, del D.L.vo 4 novembre 2021, n. 173, a decorrere dal 1° gennaio 2022. Il capo comprende gli articoli da 135* octies a *135* vicies ter.

A norma dell'art. 2, comma 1, del medesimo decreto le modifiche si applicano alle forniture di contenuto digitale o di servizi digitali che avvengono a decorrere da tale data, fatta eccezione per gli articoli 135 quindecies *e 135* vicies semel *che si applicano ai contratti conclusi a decorrere da tale data.*

135 *octies*. [1] Ambito di applicazione e definizioni. - 1. Il presente capo disciplina taluni aspetti dei contratti di fornitura di contenuto digitale o di servizi digitali conclusi tra consumatore e professionista, fra i quali la conformità del contenuto digitale o del servizio digitale al contratto, i rimedi in caso di difetto di conformità al contratto o di mancata fornitura, le modalità di esercizio degli stessi, nonché la modifica del contenuto digitale o del servizio digitale.

2. Ai fini del presente capo si intende per:

a) contenuto digitale: i dati prodotti e forniti in formato digitale;

b) servizio digitale:

1) un servizio che consente al consumatore di creare, trasformare, archiviare i dati o di accedervi in formato digitale; oppure

2) un servizio che consente la condivisione di dati in formato digitale, caricati o creati dal consumatore e da altri utenti di tale servizio, o qualsiasi altra interazione con tali dati;

c) beni con elementi digitali: qualsiasi bene mobile materiale che incorpora o è interconnesso con un contenuto digitale o un servizio digitale in modo tale che la mancanza di detto contenuto digitale o servizio digitale impedirebbe lo svolgimento delle funzioni del bene;

d) integrazione: il collegamento del contenuto o del servizio digitale con le componenti dell'ambiente digitale del consumatore e l'incorporazione in dette componenti affinché il contenuto digitale o il servizio digitale sia utilizzato nel rispetto dei requisiti di conformità previsti dal presente capo;

e) professionista: qualsiasi persona fisica o giuridica, indipendentemente dal fatto che si tratti di un soggetto pubblico o privato, ovvero un suo intermediario, che agisca per finalità che rientrano nel quadro della sua attività commerciale, industriale, artigianale o professionale, in relazione ai contratti oggetto dal presente capo, ivi compreso il fornitore di piattaforme se agisce per finalità che rientrano nel quadro della sua attività e in quanto controparte contrattuale del consumatore per la fornitura di contenuto digitale o di servizi digitali;

f) consumatore: la persona fisica di cui all'articolo 3, comma 1, lettera *a*);

g) prezzo: la somma di denaro o una rappresentazione digitale del valore dovuto come corrispettivo per la fornitura di contenuto digitale o di servizio digitale;

h) dati personali: i dati personali quali definiti all'articolo 4, punto 1), del regolamento (UE) 2016/679;

i) ambiente digitale: l'hardware, il software e le connessioni di rete di cui il consumatore si serve per accedere al contenuto digitale o al servizio digitale o per usarlo;

l) compatibilità: la capacità del contenuto digitale o del servizio digitale di funzionare con hardware o software con cui sono normalmente utilizzati contenuti digitali o servizi digitali dello stesso tipo, senza che sia necessario convertire il contenuto digitale o il servizio digitale;

m) funzionalità: la capacità del contenuto digitale o del servizio digitale di svolgere tutte le sue funzioni in considerazione del suo scopo;

n) interoperabilità: la capacità del contenuto digitale o del servizio digitale di funzionare con hardware o software diversi da quelli con cui sono normalmente utilizzati i contenuti digitali o i servizi digitali dello stesso tipo;

o) supporto durevole: ogni strumento che permetta al consumatore o al professionista di archiviare le informazioni che gli sono personalmente indirizzate, in modo da potervi accedere in futuro per un periodo di tempo adeguato alle finalità cui esse sono destinate e che permetta la riproduzione identica delle informazioni archiviate.

3. Le disposizioni del presente capo si applicano a qualsiasi contratto in cui il professionista fornisce, o si obbliga a fornire, un contenuto digitale o un servizio digitale al consumatore e il consumatore corrisponde un prezzo o si obbliga a corrispondere un prezzo.

4. Le disposizioni del presente capo si applicano altresì nel caso in cui il professionista fornisce o si obbliga a fornire un contenuto digitale o un servizio digitale al consumatore e il consumatore fornisce o si obbliga a fornire dati personali al professionista, fatto salvo il caso in cui i dati personali forniti dal consumatore siano trattati esclusivamente dal professionista ai fini della fornitura del contenuto digitale o del servizio digitale a norma del presente capo o per consentire l'assolvimento degli obblighi di legge cui è soggetto il professionista e quest'ultimo non tratti tali dati per scopi diversi da quelli previsti.

5. Le disposizioni del presente capo si applicano anche se il contenuto digitale o il servizio digitale è sviluppato secondo le specifiche indicazioni del consumatore.

6. Fatti salvi gli articoli 135 *decies*, commi 1 e 2, e 135 *septiesdecies*, le disposizioni del presente capo si applicano anche al supporto materiale che funge esclusivamente da vettore di contenuto digitale.

(1) *Si veda la nota al Capo I* bis - Dei contratti di fornitura di contenuto digitale e di servizi digitali.

135 *novies*. (1) Esclusioni. - 1. Le disposizioni del presente capo non si applicano ai contenuti digitali o ai servizi digitali incorporati o interconnessi con beni di cui all'articolo 135 *octies*, comma 2, lettera *c*), e che sono forniti con il bene ai sensi di un contratto di vendita relativo a tali beni, indipendentemente dal fatto che detti contenuti digitali o servizi digitali siano forniti dal venditore o da un terzo. Quando è dubbio che la fornitura del contenuto digitale incorporato o interconnesso o servizio digitale incorporato o interconnesso faccia parte del contratto di vendita, si presume che il contenuto digitale o il servizio digitale incorporato o interconnesso rientri nel contratto di vendita del bene.

2. Le disposizioni del presente capo non si applicano ai contratti concernenti:

a) la fornitura di servizi diversi dai servizi digitali, indipendentemente dal fatto che il professionista ricorra o meno a forme o mezzi digitali per ottenere il risultato del servizio o consegnarlo o trasmetterlo al consumatore;

b) servizi di comunicazioni elettroniche ai sensi dell'articolo 2, punto 4), della direttiva (UE) 2018/1972 ad eccezione dei servizi di comunicazioni interpersonale senza numero di cui all'articolo 2, punto 7), di tale direttiva;

c) servizi di assistenza sanitaria, per i servizi prestati da professionisti sanitari a pazienti, al fine di valutare, mantenere o ristabilire il loro stato di salute, ivi compresa la prescrizione, la somministrazione e la fornitura di medicinali e dispositivi medici, sia essa fornita o meno attraverso le strutture di assistenza sanitaria;

d) servizi di gioco d'azzardo, vale a dire servizi che implicano una posta di valore pecuniario in giochi di fortuna, compresi quelli con un elemento di abilità, come le lotterie, i giochi d'azzardo nei casinò, il poker e le scommesse, che vengano forniti mediante strumenti elettronici o qualsiasi altra tecnologia che facilita le comunicazioni e su richiesta individuale di un destinatario di tali servizi;

e) servizi finanziari, vale a dire qualsiasi servizio di natura bancaria, creditizia, assicurativa, servizi pensionistici individuali, di investimento o di pagamento;

f) software offerto dal professionista sulla base di una licenza libera e aperta, in cui il consumatore non corrisponde un prezzo e i dati personali forniti dal consumatore stesso sono trattati esclusivamente dal professionista al fine di migliorare la sicurezza, la compatibilità o l'interoperabilità del software specifico;

g) la fornitura di contenuto digitale se il contenuto digitale è messo a disposizione del pubblico con mezzi diversi dalla trasmissione di segnale quale parte di uno spettacolo o di un evento, come le proiezioni cinematografiche digitali;

h) contenuto digitale fornito da enti pubblici, a norma della direttiva 2019/1024 del Parlamento europeo e del Consiglio relativa al riutilizzo dell'informazione del settore pubblico.

3. Fatto salvo quanto previsto dal comma 1, qualora un singolo contratto tra professionista e consumatore comprenda in un unico pacchetto elementi di fornitura di contenuto digitale o di un servizio digitale ed elementi relativi alla fornitura di altri beni o servizi, le disposizioni del presente capo si applicano unicamente agli elementi del contratto che riguardano il contenuto digitale o il servizio digitale. L'articolo 135 *vicies* semel non si applica se un pacchetto di servizi o di servizi e apparecchiature disciplinato dal codice europeo delle comunicazioni elettroniche include elementi:

a) di un servizio di comunicazione elettronica a disposizione del pubblico che fornisce accesso a Internet, ovvero connettività a praticamente tutti i punti finali di Internet, a prescindere dalla tecnologia di rete e dalle apparecchiature terminali utilizzate;

b) o di un servizio di comunicazioni interpersonale che si connette a risorse di numerazione assegnate pubblicamente – ossia uno o più numeri che figurano in un piano di numerazione nazionale o internazionale – o consente la comunicazione con uno o più numeri che figurano in un piano di numerazione nazionale o internazionale.

4. Se il consumatore ha il diritto di risolvere qualsiasi elemento del pacchetto di cui al comma 3 prima della scadenza contrattuale concordata per ragioni di mancata conformità al contratto o di mancata fornitura, ha diritto di risolvere il contratto in relazione a tutti gli elementi del pacchetto.

5. In caso di conflitto tra le disposizioni del presente capo e una disposizione di un altro atto dell'Unione che disciplina uno specifico settore o oggetto, la disposizione di tale altro atto dell'Unione e quelle nazionali di recepimento prevalgono su quelle del presente capo.

6. Le disposizioni nazionali e quelle del diritto dell'Unione in materia di protezione dei dati personali, in particolare quanto previsto dal regolamento (UE) 2016/679, nonché dal decreto legislativo 10 agosto 2018, n. 101 e dal decreto legislativo 30 giugno 2003, n. 196, si applicano a qualsiasi dato personale trattato in relazione ai contratti di cui all'articolo 135 *octies*, comma 3. In caso di conflitto tra le disposizioni del presente capo e quelle del diritto dell'Unione in materia di protezione dei dati personali, prevalgono queste ultime.

7. Le disposizioni del presente capo non pregiudicano il diritto dell'Unione e nazionale sul diritto d'autore e sui diritti connessi.

(1) *Si veda la nota al Capo I* bis – Dei contratti di fornitura di contenuto digitale e di servizi digitali.

135 *decies*. (1) Fornitura di contenuto digitale o servizio digitale e conformità al contratto. – 1. Il professionista fornisce il contenuto digitale o il servizio digitale al consumatore. Salvo diverso accordo tra le parti, il professionista fornisce il contenuto digitale o il servizio digitale al consumatore senza ritardo ingiustificato dopo la conclusione del contratto.

2. Il professionista ha adempiuto l'obbligo di fornitura quando:

a) il contenuto digitale o qualunque mezzo idoneo per accedere al contenuto digitale o per scaricarlo è reso disponibile o accessibile al consumatore, o all'impianto fisico o virtuale scelto a tal fine dal consumatore;

b) il servizio digitale è reso accessibile al consumatore o a un impianto fisico o virtuale scelto all'uopo dal consumatore.

3. Il professionista fornisce al consumatore beni che soddisfano i requisiti di cui ai commi 4 e 5, nonché quelli di cui agli articoli 135 *undecies* e 135 *duodecies* in quanto compati-

bili, fatto salvo quanto previsto dall'articolo 135 *terdecies*.

4. Per essere conforme al contratto il contenuto digitale o il servizio digitale deve possedere i seguenti requisiti soggettivi, ove pertinenti:

a) corrispondere alla descrizione, alla quantità e alla qualità previste dal contratto e presentare funzionalità, compatibilità, interoperabilità e le altre caratteristiche previste dal contratto;

b) essere idoneo ad ogni uso particolare voluto dal consumatore e che è stato da questi portato a conoscenza del professionista al più tardi al momento della conclusione del contratto e che il professionista ha accettato;

c) essere fornito con tutti gli accessori, le istruzioni, anche in merito all'installazione e l'assistenza ai clienti, come previsti dal contratto; e

d) essere aggiornato come previsto dal contratto.

5. Oltre a rispettare i requisiti soggettivi di conformità, il bene per essere conforme al contratto di vendita deve possedere i seguenti requisiti oggettivi, ove pertinenti:

a) essere adeguato agli scopi per cui sarebbe abitualmente utilizzato un contenuto digitale o un servizio digitale del medesimo tipo, tenendo conto, se del caso, dell'eventuale diritto dell'Unione e nazionale e delle norme tecniche esistenti, oppure, in mancanza di tali norme tecniche, dei codici di condotta dell'industria specifici del settore applicabili;

b) essere della quantità e presentare la qualità e le caratteristiche di prestazione, anche in materia di funzionalità, compatibilità, accessibilità, continuità e sicurezza, che si ritrovano abitualmente nei contenuti digitali o nei servizi digitali dello stesso tipo e che il consumatore può ragionevolmente aspettarsi, tenuto conto della natura del contenuto digitale o del servizio digitale, tenendo conto di eventuali dichiarazioni pubbliche rese da o per conto dell'operatore economico o di altri soggetti nell'ambito dei precedenti passaggi della catena contrattuale distributiva, soprattutto nei messaggi pubblicitari e nell'etichettatura, a meno che il professionista non dimostri, anche alternativamente, che:

1) non era a conoscenza e non poteva ragionevolmente essere a conoscenza della dichiarazione pubblica in questione;

2) al momento della conclusione del contratto, la dichiarazione pubblica era stata rettificata nello stesso modo, o in modo paragonabile, a quello in cui era stata resa; oppure

3) la decisione di acquistare il contenuto digitale o il servizio digitale non poteva essere influenzata dalla dichiarazione pubblica;

c) ove pertinente, essere fornito assieme agli eventuali accessori e istruzioni che il consumatore può ragionevolmente aspettarsi di ricevere; e

d) essere conforme all'eventuale versione di prova o anteprima del contenuto digitale o del servizio digitale messa a disposizione dal professionista prima della conclusione del contratto.

(1) *Si veda la nota al Capo I* bis - Dei contratti di fornitura di contenuto digitale e di servizi digitali.

135 *undecies*. (1) Obblighi del professionista e condotta del consumatore. – 1. Il professionista è obbligato a tenere informato il consumatore sugli aggiornamenti disponibili, anche di sicurezza, necessari al fine di mantenere la conformità del contenuto digitale o del servizio digitale, e a fornirglieli, nel periodo di tempo:

a) durante il quale il contenuto digitale o il servizio digitale deve essere fornito a norma del contratto, se questo prevede una fornitura continua per un determinato periodo di tempo; oppure

b) che il consumatore può ragionevolmente aspettarsi, date la tipologia e la finalità del contenuto digitale o del servizio digitale e tenendo conto delle circostanze e della natura del contratto, se questo prevede un unico atto di fornitura o una serie di singoli atti di fornitura.

2. Se il consumatore non installa entro un congruo termine gli aggiornamenti forniti dal professionista ai sensi del comma 1, il professionista non è responsabile per qualsiasi difetto di conformità derivante unicamente dalla mancanza dell'aggiornamento pertinente, a condizione che:

a) il professionista abbia informato il consumatore della disponibilità dell'aggiornamento e delle conseguenze della mancata installazione dello stesso da parte del consumatore; e

b) la mancata installazione o l'installazione errata dell'aggiornamento da parte del consumatore non è dovuta a carenze delle istruzioni di installazione fornite dal professionista.

3. Se il contratto prevede che il contenuto digitale o il servizio digitale sia fornito in modo continuativo per un determinato periodo di tempo, l'obbligo di assicurare la conformità del contenuto digitale o il servizio digitale permane per l'intera durata di tale periodo.

4. Non vi è difetto di conformità ai sensi del comma 1 o dell'articolo 135 *decies*, comma 5, se, al momento della conclusione del contratto, il consumatore era stato specificamente informato del fatto che una caratteristica particolare del contenuto digitale o del servizio digitale si discostava dai requisiti oggettivi di conformità previsti da tali disposizioni e il consumatore ha espressamente e separatamente accettato tale scostamento al momento della conclusione del contratto.

5. Salvo diverso accordo tra le parti, il contenuto digitale o il servizio digitale è fornito nella versione più recente disponibile al momento della conclusione del contratto.

(1) *Si veda la nota al Capo I* bis - Dei contratti di fornitura di contenuto digitale e di servizi digitali.

135 *duodecies*. (1) Errata integrazione del contenuto digitale o del servizio digitale. - 1. L'eventuale difetto di conformità che deriva da un'errata integrazione del contenuto digitale o del servizio digitale nell'ambiente digitale del consumatore deve essere considerato difetto di conformità del contenuto digitale o del servizio digitale se:

a) il contenuto digitale o servizio digitale è stato integrato dal professionista o sotto la sua responsabilità; oppure

b) il contenuto digitale o il servizio digitale richiedeva integrazione da parte del consumatore e l'errata integrazione è dovuta a una carenza delle istruzioni di integrazione fornite dal professionista.

(1) *Si veda la nota al Capo I* bis - Dei contratti di fornitura di contenuto digitale e di servizi digitali.

135 *terdecies*. (1) Diritti dei terzi. - 1. I rimedi di cui all'articolo 135 *octiesdecies* si estendono ai casi di impedimento o limitazione d'uso del contenuto o del servizio digitale in conformità a quanto previsto dall'articolo 135 *decies*, commi 4 e 5, conseguenti ad una restrizione derivante dalla violazione di diritti dei terzi, in particolare di diritti di proprietà intellettuale, fatte salve altre disposizioni previste dall'ordinamento giuridico in tema di nullità, annullamento o altre ipotesi di scioglimento del contratto.

(1) *Si veda la nota al Capo I* bis - Dei contratti di fornitura di contenuto digitale e di servizi digitali.

135 *quaterdecies*. (1) Responsabilità del professionista. - 1. Il professionista è responsabile per la mancata fornitura del contenuto digitale o del servizio digitale conformemente all'articolo 135 *decies*, commi 1 e 2.

2. Qualora un contratto preveda un unico atto di fornitura o una serie di singoli atti di fornitura, il professionista è responsabile per qualsiasi difetto di conformità a norma degli articoli 135 *decies*, commi 4 e 5, 135 *undecies*, 135 *duodecies* e 135 *quindecies*, esistente al momento della fornitura, fatto salvo quanto previsto dall'articolo 135 *undecies*, comma 1, lettera *b*).

3. Il professionista è responsabile solamente per i difetti di conformità che si manifestano entro due anni a decorrere dal momento della fornitura, fatto salvo l'articolo 135 *undecies*, comma 1, lettera *b*).

4. L'azione diretta a far valere i difetti sussistenti al momento della fornitura e non dolosamente occultati dal professionista si prescrive, in ogni caso, nel termine di ventisei mesi da tale momento, ove risultino evidenti entro tale termine.

5. Se il contratto prevede la fornitura continuativa per un periodo di tempo, il professionista risponde di un difetto di conformità, a norma degli articoli 135 *decies*, commi 4 e 5, 135 *undecies* e 135 *duodecies* se il difetto si manifesta o risulta evidente nel periodo di tempo durante il quale il contenuto digitale o il servizio digitale deve essere fornito a norma del contratto.

6. L'azione diretta a far valere i difetti emersi nel corso della fornitura e non dolosamente occultati dal professionista si prescrive, in ogni caso, nel termine di ventisei mesi dall'ultimo atto di fornitura.

(1) *Si veda la nota al Capo I* bis - Dei contratti di fornitura di contenuto digitale e di servizi digitali.

135 *quinquiesdecies*. (1) Diritto di regresso. - 1. Il professionista, quando è responsabile nei confronti del consumatore a causa della mancata fornitura di un contenuto digitale o di un servizio digitale o per l'esistenza di un difetto di conformità imputabile ad un'azione o ad un'omissione di una persona nell'ambito dei passaggi precedenti della medesima catena contrattuale distributiva ha diritto di regresso nei confronti del soggetto o dei soggetti responsabili facenti parte della suddetta catena distributiva.

2. Il professionista che abbia ottemperato ai rimedi esperiti dal consumatore può agire, entro un anno dall'esecuzione della prestazione, in regresso nei confronti del soggetto o dei soggetti responsabili per ottenere la reintegrazione di quanto prestato.

(1) *Si veda la nota al Capo I* bis - Dei contratti di fornitura di contenuto digitale e di servizi digitali.

135 *sexiesdecies*. (1) **Onere della prova.** – 1. L'onere della prova riguardo al fatto se il contenuto digitale o il servizio digitale sia stato fornito in conformità dell'articolo 135 *decies*, commi 1 e 2, è a carico del professionista.

2. Nei casi di cui all'articolo 135 *quaterdecies*, comma 2, l'onere della prova della conformità al contratto del contenuto digitale o del servizio digitale al momento della fornitura è a carico del professionista per un difetto di conformità che risulti evidente entro il termine di un anno dal momento in cui il contenuto digitale o il servizio digitale è stato fornito.

3. Nei casi di cui all'articolo 135 *quaterdecies*, comma 5, l'onere della prova della conformità al contratto del contenuto digitale o il servizio digitale durante il periodo di tempo in cui avviene la fornitura è a carico del professionista per un difetto di conformità che si manifesta entro tale periodo.

4. I commi 2 e 3 non si applicano se il professionista dimostra che l'ambiente digitale del consumatore non è compatibile con i requisiti tecnici del contenuto digitale o del servizio digitale e se ha informato il consumatore di tali requisiti in modo chiaro e comprensibile prima della conclusione del contratto.

5. Il consumatore collabora con il professionista per quanto ragionevolmente possibile e necessario al fine di accertare se la causa del difetto di conformità del contenuto digitale o del servizio digitale al momento specificato dall'articolo 135 *quaterdecies*, commi 2 o 5, a seconda dei casi, risieda nell'ambiente digitale del consumatore. L'obbligo di collaborazione è limitato ai mezzi tecnicamente disponibili che siano meno intrusivi per il consumatore. Se il consumatore non collabora e se il professionista ha informato il consumatore dei requisiti inerenti il necessario ambiente digitale in modo chiaro e comprensibile prima della conclusione del contratto, l'onere della prova riguardo all'esistenza del difetto di conformità al momento di cui all'articolo 135 *quaterdecies*, commi 2 e 5 è a carico del consumatore.

(1) *Si veda la nota al Capo I* bis – Dei contratti di fornitura di contenuto digitale e di servizi digitali.

135 *septiesdecies*. (1) **Rimedio per la mancata fornitura.** – 1. Se il professionista ha omesso di fornire il contenuto digitale o il servizio digitale conformemente all'articolo 135 *decies*, commi 1 e 2, il consumatore invita il professionista a fornire il contenuto digitale o il servizio digitale. Se il professionista omette nuovamente di fornire il contenuto digitale o il servizio digitale entro un termine congruo oppure entro un ulteriore termine espressamente concordato dalle parti, il consumatore ha il diritto di risolvere il contratto.

2. Il comma 1 non trova applicazione e il consumatore ha il diritto di risolvere immediatamente il contratto se:

a) il professionista ha dichiarato, o risulta altrettanto chiaramente dalle circostanze, che non fornirà il contenuto digitale o il servizio digitale;

b) il consumatore e il professionista hanno convenuto, o risulta evidente dalle circostanze che accompagnano la conclusione del contratto, che un tempo specifico per la fornitura è essenziale per il consumatore e il professionista omette di fornire il contenuto digitale o il servizio digitale entro o in tale momento.

3. Se il consumatore risolve il contratto a norma dei commi 1 e 2, si applicano le disposizioni previste dagli articoli da 135 *noviesdecies* a 135 *vicies*.

(1) *Si veda la nota al Capo I* bis – Dei contratti di fornitura di contenuto digitale e di servizi digitali.

135 *octiesdecies*. (1) **Rimedi per difetti di conformità.** – 1. In caso di difetto di conformità del bene, il consumatore ha diritto al ripristino della conformità, o a ricevere una congrua riduzione del prezzo, o alla risoluzione del contratto sulla base delle condizioni stabilite nel presente articolo.

2. Il consumatore ha diritto al ripristino della conformità del contenuto digitale o del servizio digitale, a meno che ciò non sia impossibile o imponga al professionista costi che sarebbero sproporzionati, tenuto conto di tutte le circostanze del caso e, in particolare, delle seguenti:

a) il valore che il contenuto digitale o servizio digitale avrebbe in assenza di difetto di conformità; e

b) l'entità del difetto di conformità.

3. Il professionista rende il contenuto digitale o il servizio digitale conforme ai sensi del comma 2, entro un congruo termine a partire dal momento in cui è stato informato dal consumatore in merito al difetto di conformità, senza spese e senza notevoli inconvenienti per il consumatore, tenuto conto della natura del contenuto digitale o del servizio digitale e dell'uso che il consumatore intendeva farne.

4. Il consumatore ha diritto a una riduzione proporzionale del prezzo a norma del comma

5 se il contenuto digitale o il servizio digitale è fornito in cambio del pagamento di un prezzo, o alla risoluzione del contratto conformemente al comma 6, in uno dei casi seguenti:

a) il rimedio del ripristino della conformità del contenuto digitale o del servizio digitale è impossibile o sproporzionato ai sensi del comma 2;

b) il professionista non ha ripristinato la conformità del contenuto digitale o del servizio digitale ai sensi del comma 3;

c) si manifesta un difetto di conformità, nonostante il tentativo del professionista di ripristinare la conformità del contenuto digitale o servizio digitale;

d) il difetto di conformità è talmente grave da giustificare un'immediata riduzione del prezzo o risoluzione del contratto; oppure

e) il professionista ha dichiarato, o risulta altrettanto chiaramente dalle circostanze, che non procederà al ripristino della conformità del contenuto digitale o del servizio digitale entro un congruo termine o senza notevoli inconvenienti per il consumatore.

5. La riduzione del prezzo è proporzionale alla diminuzione di valore del contenuto digitale o del servizio digitale fornito al consumatore rispetto al valore che avrebbe se fosse stato conforme. Se il contratto stabilisce che il contenuto digitale o il servizio digitale deve essere fornito per un determinato periodo di tempo in cambio del pagamento di un prezzo, la riduzione di prezzo si applica al periodo di tempo in cui il contenuto digitale o il servizio digitale non è stato conforme.

6. Se il contenuto digitale o il servizio digitale è stato fornito in cambio del pagamento di un prezzo, il consumatore non ha diritto di risolvere il contratto se il difetto di conformità è di lieve entità. L'onere della prova riguardo al fatto che il difetto di conformità è di lieve entità è a carico del professionista.

([1]) *Si veda la nota al Capo I* bis – Dei contratti di fornitura di contenuto digitale e di servizi digitali.

135 *noviesdecies*. ([1]) **Risoluzione del contratto.** – 1. Il consumatore esercita il diritto alla risoluzione del contratto mediante una dichiarazione al venditore in cui manifesta la volontà di risolvere il contratto.

2. In caso di risoluzione del contratto il professionista rimborsa al consumatore tutti gli importi versati in esecuzione del contratto. Tuttavia, se il contratto prevede la fornitura del contenuto digitale o del servizio digitale in cambio del pagamento di un prezzo e per un periodo di tempo, e il contenuto digitale o il servizio digitale è stato conforme per un periodo di tempo prima della risoluzione del contratto, il professionista rimborsa al consumatore solo la parte dell'importo pagato corrispondente al periodo in cui il contenuto digitale o il servizio digitale non è stato conforme e qualsiasi parte del prezzo pagato in anticipo dal consumatore relativa al periodo di durata del contratto rimanente se il contratto non fosse stato risolto.

3. Per quanto riguarda i dati personali del consumatore, il professionista è tenuto a rispettare gli obblighi derivanti dal regolamento (UE) 2016/679 nonché dal decreto legislativo n. 101 del 2018.

4. Il professionista si astiene dall'utilizzare qualsiasi contenuto diverso dai dati personali che sia stato fornito o creato dal consumatore nell'ambito dell'utilizzo del contenuto digitale o del servizio digitale fornito dal professionista, fatto salvo il caso in cui tale contenuto:

a) sia privo di utilità al di fuori del contesto del contenuto digitale o del servizio digitale fornito dal professionista;

b) si riferisca solamente all'attività del consumatore nell'utilizzo del contenuto digitale o del servizio digitale fornito dal professionista;

c) sia stato aggregato dal professionista ad altri dati e non possa essere disaggregato o comunque non senza uno sforzo sproporzionato; o

d) sia stato generato congiuntamente dal consumatore e altre persone, e altri consumatori possano continuare a utilizzare il contenuto.

5. Ad eccezione delle situazioni di cui al comma 4, lettere *a*), *b*) o *c*), il professionista mette a disposizione del consumatore, su richiesta dello stesso, contenuti diversi dai dati personali, che sono stati forniti o creati dal consumatore durante l'utilizzo del contenuto digitale o del servizio digitale fornito dal professionista. Il consumatore ha il diritto di recuperare dal professionista tali contenuti digitali gratuitamente e senza impedimenti, entro un congruo lasso di tempo e in un formato di uso comune e leggibile da dispositivo automatico.

6. Il professionista può impedire qualsiasi ulteriore utilizzo del contenuto digitale o del servizio digitale da parte del consumatore, in particolare rendendogli il contenuto digitale o il servizio digitale inaccessibile o disattivando il suo account utente, fatto salvo quanto previsto al comma 5.

7. In seguito alla risoluzione del contratto, il consumatore si astiene dall'utilizzare il

contenuto digitale o il servizio digitale e dal metterlo a disposizione di terzi.

8. Se il contenuto digitale è stato fornito su un supporto materiale, il consumatore lo restituisce al professionista, su richiesta e a spese di quest'ultimo, senza indebito ritardo. Se il professionista decide di chiedere la restituzione del supporto materiale, è tenuto a presentare la richiesta entro quattordici giorni a decorrere dal giorno in cui il professionista è stato informato della decisione del consumatore di risolvere il contratto.

9. Il consumatore non è tenuto a pagare per l'uso del contenuto digitale o del servizio digitale nel periodo precedente la risoluzione del contratto durante il quale il contenuto digitale o il servizio digitale non è stato conforme.

(1) *Si veda la nota al Capo I* bis – Dei contratti di fornitura di contenuto digitale e di servizi digitali.

135 *vicies*. (1) Rimborso al consumatore. – 1. Eventuali rimborsi dovuti al consumatore dal professionista a norma dell'articolo 135 *octiesdecies*, commi 4 e 5, o dell'articolo 135 *noviesdecies*, comma 2, dovuti alla riduzione del prezzo o alla risoluzione del contratto sono effettuati senza ritardo ingiustificato e, in ogni caso, entro quattordici giorni dal giorno in cui il professionista è informato della decisione del consumatore di esercitare il diritto del consumatore a una riduzione di prezzo o il suo diritto alla risoluzione dal contratto.

2. Il professionista effettua il rimborso utilizzando lo stesso mezzo di pagamento usato dal consumatore per pagare il contenuto digitale o il servizio digitale, salvo che il consumatore consenta espressamente all'uso di un altro mezzo e non debba sostenere alcuna spesa relativa al rimborso.

3. Il professionista non impone al consumatore alcuna commissione in relazione al rimborso.

(1) *Si veda la nota al Capo I* bis – Dei contratti di fornitura di contenuto digitale e di servizi digitali.

135 *vicies semel*. (1) Modifica del contenuto digitale o del servizio digitale. – 1. Se il contratto prevede che il contenuto digitale o il servizio digitale sia fornito o reso accessibile al consumatore per un certo periodo di tempo, il professionista può modificare il contenuto digitale o il servizio digitale oltre a quanto è necessario per mantenere la conformità del contenuto digitale o del servizio digitale a norma degli articoli 135 *decies*, commi 4 e 5, e 135 *undecies*, se sono soddisfatte le condizioni seguenti:

a) il contratto consente tale modifica e ne fornisce una motivazione valida;

b) tale modifica è realizzata senza costi aggiuntivi per il consumatore;

c) il consumatore è informato in modo chiaro e comprensibile della modifica; e

d) nei casi di cui al comma 2, il consumatore è informato, con un anticipo ragionevole su un supporto durevole, sulle modalità e il momento in cui viene effettuata la modifica, nonché circa il suo diritto di recedere dal contratto conformemente al comma 2 o circa la possibilità di mantenere il contenuto digitale o il servizio digitale senza tale modifica secondo quanto previsto al comma 4.

2. Il consumatore ha il diritto di recedere dal contratto qualora tale modifica incida negativamente sull'utilizzo del contenuto digitale o del servizio digitale o sull'accesso allo stesso da parte del consumatore, a meno che tali conseguenze negative siano trascurabili. In tal caso, il consumatore ha diritto a recedere dal contratto gratuitamente entro un termine di trenta giorni dalla data di ricevimento dell'informazione o, se successivo, dal momento in cui il contenuto digitale o il servizio digitale è stato modificato dal professionista.

3. Se il consumatore recede dal contratto conformemente al comma 2 del presente articolo, si applicano gli articoli 135 *noviesdecies* e 135 *vicies*.

4. I commi 2 e 3 del presente articolo non si applicano se il professionista ha consentito che, senza costi aggiuntivi, il consumatore mantenga il contenuto digitale o il servizio digitale senza modifica e se è preservata la conformità del contenuto digitale o del servizio digitale.

(1) *Si veda la nota al Capo I* bis – Dei contratti di fornitura di contenuto digitale e di servizi digitali.

135 *vicies bis*. (1) Carattere imperativo delle disposizioni. – 1. Salvo quanto altrimenti disposto dal presente capo, è nullo ogni patto, anteriore alla comunicazione al professionista del difetto di conformità, o dell'informazione del consumatore da parte del professionista circa la modifica del contenuto digitale o del servizio digitale, volto ad escludere o limitare a danno del consumatore, anche in modo indiretto, i diritti riconosciuti dal presente capo. La nullità può essere fatta valere solo dal consumatore e può essere rilevata d'ufficio dal giudice.

2. Il professionista può sempre offrire al consumatore condizioni contrattuali di maggior tutela rispetto a quanto previsto dalle disposizioni del presente capo.

3. È nulla ogni clausola contrattuale che, prevedendo l'applicabilità al contratto di una legislazione di uno Stato non appartenente all'Unione europea, abbia l'effetto di privare il consumatore della protezione assicurata dal presente capo, laddove il contratto presenti uno stretto collegamento con il territorio di uno Stato membro dell'Unione europea.

(1) *Si veda la nota al Capo I* bis - Dei contratti di fornitura di contenuto digitale e di servizi digitali.

135 *vicies ter*. (1) Tutela in base ad altre disposizioni. - 1. Per quanto non previsto dal presente capo, si applicano le disposizioni del codice civile in tema di formazione, validità ed efficacia dei contratti, comprese le conseguenze della risoluzione del contratto e il diritto al risarcimento del danno.

2. Per gli aspetti disciplinati dal presente capo non si applicano altre disposizioni aventi l'effetto di garantire al consumatore un livello di tutela diverso.

(1) *Si veda la nota al Capo I* bis - Dei contratti di fornitura di contenuto digitale e di servizi digitali.

Parte V
Associazioni dei consumatori e accesso alla giustizia

Titolo I
Le associazioni rappresentative a livello nazionale

136. Consiglio nazionale dei consumatori e degli utenti. - 1. È istituito presso il Ministero dello sviluppo economico (1) il Consiglio nazionale dei consumatori e degli utenti, di seguito denominato: «Consiglio».

2. Il Consiglio, che si avvale, per le proprie iniziative, della struttura e del personale del Ministero dello sviluppo economico (1), è composto dai rappresentanti delle associazioni dei consumatori e degli utenti inserite nell'elenco di cui all'articolo 137 e da un rappresentante designato dalla Conferenza di cui all'articolo 8 del decreto legislativo 28 agosto 1997, n. 281 ed è presieduto dal Ministro dello sviluppo economico (1) o da un suo delegato. Il Consiglio è nominato con decreto del Presidente del Consiglio dei Ministri, su proposta del Ministro delle attività produttive, e dura in carica tre anni.

3. Il Consiglio invita alle proprie riunioni rappresentanti delle associazioni di tutela ambientale riconosciute e delle associazioni nazionali delle cooperative dei consumatori. Possono altresì essere invitati i rappresentanti di enti ed organismi che svolgono funzioni di regolamentazione o di normazione del mercato, delle categorie economiche e sociali interessate, delle pubbliche amministrazioni competenti, nonché esperti delle materie trattate.

4. È compito del Consiglio:

a) esprimere pareri, ove richiesto, sugli schemi di atti normativi che riguardino i diritti e gli interessi dei consumatori e degli utenti;

b) formulare proposte in materia di tutela dei consumatori e degli utenti, anche in riferimento ai programmi e alle politiche comunitarie;

c) promuovere studi, ricerche e conferenze sui problemi del consumo e sui diritti dei consumatori e degli utenti, ed il controllo della qualità e della sicurezza dei prodotti e dei servizi;

d) elaborare programmi per la diffusione delle informazioni presso i consumatori e gli utenti;

e) favorire iniziative volte a promuovere il potenziamento dell'accesso dei consumatori e degli utenti ai mezzi di giustizia previsti per la soluzione delle controversie;

f) favorire ogni forma di raccordo e coordinamento tra le politiche nazionali e regionali in materia di tutela dei consumatori e degli utenti, assumendo anche iniziative dirette a promuovere la più ampia rappresentanza degli interessi dei consumatori e degli utenti nell'ambito delle autonomie locali. A tale fine il presidente convoca una volta all'anno una sessione a carattere programmatico cui partecipano di diritto i presidenti degli organismi rappresentativi dei consumatori e degli utenti previsti dagli ordinamenti regionali e delle province autonome di Trento e di Bolzano;

g) stabilire rapporti con analoghi organismi pubblici o privati di altri Paesi e dell'Unione europea;

h) segnalare alla Presidenza del Consiglio dei Ministri - Dipartimento della funzione pubblica, eventuali difficoltà, impedimenti od ostacoli, relativi all'attuazione delle disposizioni in materia di semplificazione procedimentale e documentale nelle pubbliche amministrazioni. Le segnalazioni sono verificate dal predetto Dipartimento anche mediante l'Ispettorato della funzione pubblica e l'Ufficio per l'attività normativa e amministrativa di semplificazione delle norme e delle procedure.

[1] *Le parole: «delle attività produttive» sono state così sostituite dalle attuali: «dello sviluppo economico» dall'art. 1, comma 5, del D.L.vo 6 agosto 2015, n. 130.*

137. [1] **Elenco delle associazioni dei consumatori e degli utenti rappresentative a livello nazionale.** – 1. Presso il Ministero dello sviluppo economico [2] è istituito l'elenco delle associazioni dei consumatori e degli utenti rappresentative a livello nazionale.

2. L'iscrizione nell'elenco è subordinata al possesso, da comprovare con la presentazione di documentazione conforme alle prescrizioni e alle procedure stabilite con decreto del Ministro dello sviluppo economico [2], dei seguenti requisiti:

a) avvenuta costituzione, per atto pubblico o per scrittura privata autenticata, da almeno tre anni e possesso di uno statuto che sancisca un ordinamento a base democratica e preveda come scopo esclusivo la tutela dei consumatori e degli utenti, senza fine di lucro;

b) tenuta di un elenco degli iscritti, aggiornato annualmente con l'indicazione delle quote versate direttamente all'associazione per gli scopi statutari;

c) numero di iscritti non inferiore allo 0,5 per mille della popolazione nazionale e presenza sul territorio di almeno cinque regioni o province autonome, con un numero di iscritti non inferiore allo 0,2 per mille degli abitanti di ciascuna di esse, da certificare con dichiarazione sostitutiva dell'atto di notorietà resa dal legale rappresentante dell'associazione con le modalità di cui agli articoli 46 e seguenti del testo unico delle disposizioni legislative e regolamentari in materia di documentazione amministrativa, di cui al decreto del Presidente della Repubblica 28 dicembre 2000, n. 445;

d) elaborazione di un bilancio annuale delle entrate e delle uscite con indicazione delle quote versate dagli associati e tenuta dei libri contabili, conformemente alle norme vigenti in materia di contabilità delle associazioni non riconosciute;

e) svolgimento di un'attività continuativa nei tre anni precedenti;

f) non avere i suoi rappresentanti legali subito alcuna condanna, passata in giudicato, in relazione all'attività dell'associazione medesima, e non rivestire i medesimi rappresentanti la qualifica di imprenditori o di amministratori di imprese di produzione e servizi in qualsiasi forma costituite, per gli stessi settori in cui opera l'associazione.

3. Alle associazioni dei consumatori e degli utenti è preclusa ogni attività di promozione o pubblicità commerciale avente per oggetto beni o servizi prodotti da terzi ed ogni connessione di interessi con imprese di produzione o di distribuzione.

4. Il Ministero dello sviluppo economico [2] provvede annualmente all'aggiornamento dell'elenco.

5. All'elenco di cui al presente articolo possono iscriversi anche le associazioni dei consumatori e degli utenti operanti esclusivamente nei territori ove risiedono minoranze linguistiche costituzionalmente riconosciute, in possesso dei requisiti di cui al comma 2, lettere *a*), *b*), *d*), *e*) e *f*), nonché con un numero di iscritti non inferiore allo 0,5 per mille degli abitanti della regione o provincia autonoma di riferimento, da certificare con dichiarazione sostitutiva dell'atto di notorietà resa dal legale rappresentante dell'associazione con le modalità di cui agli articoli 46 e seguenti del citato testo unico, di cui al decreto del Presidente della Repubblica n. 445 del 2000.

6. Il Ministero dello sviluppo economico [2] comunica alla Commissione europea l'elenco di cui al comma 1, comprensivo anche degli enti di cui all'articolo 139, comma 2, nonché i relativi aggiornamenti al fine dell'iscrizione nell'elenco degli enti legittimati a proporre azioni inibitorie a tutela degli interessi collettivi dei consumatori istituito presso la stessa Commissione europea.

[1] *A norma dell'art. 1, comma 125, della L. 4 agosto 2017, n. 124, a decorrere dall'anno 2018, i soggetti di cui a questo articolo, nonché le associazioni, le Onlus e le fondazioni che intrattengono rapporti economici con le pubbliche amministrazioni e con i soggetti di cui all'articolo 2 bis del decreto legislativo 14 marzo 2013, n. 33, nonché con società controllate di diritto o di fatto direttamente o indirettamente da pubbliche amministrazioni, ivi comprese quelle che emettono azioni quotate in mercati regolamentati e le società da loro partecipate, e con società in partecipazione pubblica, ivi comprese quelle che emettono azioni quotate in mercati regolamentati e le società da loro partecipate, pubblicano entro il 28 febbraio di ogni anno, nei propri siti o portali digitali, le informazioni relative a sovvenzioni, contributi, incarichi retribuiti e comunque a vantaggi economici di qualunque genere ricevuti dalle medesime pubbliche amministrazioni e dai medesimi soggetti nell'anno precedente. Le imprese che ricevono sovvenzioni, contributi, incarichi retribuiti e comunque vantaggi economici di qualunque genere dalle pubbliche amministrazioni e dai soggetti di cui al primo periodo sono tenute a pubblicare tali importi nella nota integrativa del bilancio di esercizio e nella nota integrativa dell'eventuale bilancio consolidato. L'inosservanza di tale obbligo comporta la restituzione delle*

somme ai soggetti eroganti entro tre mesi dalla data di cui al periodo precedente. Qualora i soggetti eroganti appartengano alle amministrazioni centrali dello Stato ed abbiano adempiuto agli obblighi di pubblicazione previsti dall'articolo 26 del decreto legislativo 14 marzo 2013, n. 33, le somme di cui al terzo periodo sono versate ad apposito capitolo dell'entrata del bilancio dello Stato per essere riassegnate ai pertinenti capitoli degli stati di previsione delle amministrazioni originariamente competenti per materia. Nel caso in cui i soggetti eroganti non abbiano adempiuto ai prescritti obblighi di pubblicazione di cui all'articolo 26 del decreto legislativo 14 marzo 2013, n. 33, le somme di cui al terzo periodo sono versate all'entrata del bilancio dello Stato per essere riassegnate al fondo per la lotta alla povertà e all'esclusione sociale, di cui all'articolo 1, comma 386, della legge 28 dicembre 2015, n. 208.

(2) *Le parole: «delle attività produttive» sono state così sostituite dalle attuali: «dello sviluppo economico» dall'art. 1, comma 5, del D.L.vo 6 agosto 2015, n. 130.*

138. (1) [**Agevolazioni e contributi.** - 1. Le agevolazioni e i contributi previsti dalla legge 5 agosto 1981, n. 416, e successive modificazioni, in materia di disciplina delle imprese editrici e provvidenze per l'editoria, sono estesi, con le modalità ed i criteri di graduazione definiti con apposito decreto del Presidente del Consiglio dei Ministri, alle attività editoriali delle associazioni iscritte nell'elenco di cui all'articolo 137].

(1) *Questo articolo è stato abrogato dall'art. 32, comma 1, lett.* m), *del D.L.vo 15 maggio 2017, n. 70, a decorrere dal 1° gennaio 2019.*

Titolo II
Accesso alla giustizia (1)

(1) *La rubrica: «LE AZIONI INIBITORIE E L'ACCESSO ALLA GIUSTIZIA» è stata così sostituita dalla rubrica: «ACCESSO ALLA GIUSTIZIA» dall'art. 2, comma 449, della L. 24 dicembre 2007, n. 244. Ai sensi dell'art. 2, comma 447, della predetta legge, così come modificato dall'art. 19 del D.L. 30 dicembre 2008, n. 207, convertito, con modificazioni, nella L. 27 febbraio 2009, n. 14, le disposizioni di cui a questo articolo entrano in vigore decorsi diciotto mesi dopo l'entrata in vigore della legge n. 244/2007, avvenuta il 1° gennaio 2008.*

139. (1) [**Legittimazione ad agire.** - 1. Le associazioni dei consumatori e degli utenti inserite nell'elenco di cui all'articolo 137 sono legittimate ad agire, ai sensi dell'articolo 140, (2) a tutela degli interessi collettivi dei consumatori e degli utenti. Oltre a quanto disposto dall'articolo 2, le dette associazioni sono legittimate ad agire nelle ipotesi di violazione degli interessi collettivi dei consumatori contemplati nelle materie disciplinate dal presente codice, nonché dalle seguenti disposizioni legislative:

a) legge 6 agosto 1990, n. 223, e successive modificazioni, ivi comprese quelle di cui al testo unico della radiotelevisione, di cui al decreto legislativo 31 luglio 2005, n. 177, (3) e legge 30 aprile 1998, n. 122, concernenti l'esercizio delle attività televisive;

b) decreto legislativo 30 dicembre 1992, n. 541, come modificato dal decreto legislativo 18 febbraio 1997, n. 44, e legge 14 ottobre 1999, n. 362, concernente la pubblicità dei medicinali per uso umano;

b bis) decreto legislativo 26 marzo 2010, n. 59, recante attuazione della direttiva 2006/123/CE relativa ai servizi nel mercato interno (4);

b ter) regolamento (UE) n. 524/2013 del Parlamento europeo e del Consiglio, del 21 maggio 2013, sulla risoluzione delle controversie online per i consumatori (regolamento sull'ODR per i consumatori) (5).

b quater) regolamento (UE) 2018/302 del Parlamento europeo e del Consiglio, del 28 febbraio 2018, recante misure volte a impedire i blocchi geografici ingiustificati e altre forme di discriminazione basate sulla nazionalità, sul luogo di residenza o sul luogo di stabilimento dei clienti nell'ambito del mercato interno (6).

2. Gli organismi pubblici indipendenti nazionali e le organizzazioni riconosciuti in altro Stato dell'Unione europea ed inseriti nell'elenco degli enti legittimati a proporre azioni inibitorie a tutela degli interessi collettivi dei consumatori, pubblicato nella *Gazzetta Ufficiale* delle Comunità europee, possono agire, ai sensi del presente articolo e secondo le modalità di cui all'articolo 140, nei confronti di atti o comportamenti lesivi per i consumatori del proprio Paese, posti in essere in tutto o in parte sul territorio dello Stato].

(1) *Questo articolo è stato abrogato dall'art. 5, comma 1, della L. 12 aprile 2019, n. 31. A norma dell'art. 7, comma 1, della medesima legge, così come da ultimo modificato dall'art. 31 ter del D.L. 28 ottobre 2020, n. 137, convertito, con modificazioni, nella L. 18 dicembre 2020, n. 176, tali disposizioni entrano in vigore decorsi venticinque mesi dalla pubblicazione sulla* Gazzetta Ufficiale *(G.U. Serie gen. - n. 92 del 18 aprile 2019). A norma dell'art. 7, comma 2, della medesima legge, tali disposizioni, si applicano alle condotte illecite poste in essere successivamente alla data della sua entrata in vigore. Alle condotte illecite poste in essere precedentemente continuano ad applicarsi le disposizioni vigenti prima della medesima data di entrata in vigore.*

(2) *Le parole: «, ai sensi dell'articolo 140,» sono state inserite dall'art. 16, comma 1, del D.L.vo 23 ottobre 2007, n. 221.*

(3) *Le parole: «, e successive modificazioni, ivi comprese quelle di cui al testo unico della radiotelevisione, di cui al decreto legislativo 31 luglio 2005, n. 177,» sono*

LEGGI COMPLEMENTARI

state inserite dall'art. 16, comma 1, del D.L.vo 23 ottobre 2007, n. 221.

(4) *Questa lettera è stata aggiunta dall'art. 85, comma 5 bis, del D.L.vo 26 marzo 2010, n. 59, come inserito dall'art. 20, comma 1, lett. e), del D.L.vo 6 agosto 2012, n. 147.*

(5) *Questa lettera è stata aggiunta dall'art. 1, comma 4, del D.L.vo 6 agosto 2015, n. 130. A norma dell'art. 2, comma 1, dello stesso provvedimento le disposizioni concernenti l'attuazione del regolamento (UE) n. 524/2013 del Parlamento europeo e del Consiglio, del 21 maggio 2013, relativo alla risoluzione delle controversie online dei consumatori, si applicano a decorrere dal 9 gennaio 2016.*

(6) *Questa lettera è stata aggiunta dall'art. 6, comma 1, lett. a), della L. 3 maggio 2019, n. 37.*

140. (1) [**Procedura.** - 1. I soggetti di cui all'articolo 139 sono legittimati nei casi ivi previsti (2) ad agire a tutela degli interessi collettivi dei consumatori e degli utenti richiedendo al tribunale:

a) di inibire gli atti e i comportamenti lesivi degli interessi dei consumatori e degli utenti;

b) di adottare le misure idonee a correggere o eliminare gli effetti dannosi delle violazioni accertate;

c) di ordinare la pubblicazione del provvedimento su uno o più quotidiani a diffusione nazionale oppure locale nei casi in cui la pubblicità del provvedimento può contribuire a correggere o eliminare gli effetti delle violazioni accertate.

2. Le associazioni di cui al comma 1, nonché i soggetti di cui all'articolo 139, comma 2, possono attivare, prima del ricorso al giudice, la procedura di conciliazione dinanzi alla camera di commercio, industria, artigianato e agricoltura competente per territorio, a norma dell'articolo 2, comma 4, lettera *a*), della legge 29 dicembre 1993, n. 580, nonché agli altri organismi di composizione extragiudiziale per la composizione delle controversie in materia di consumo a norma dell'articolo 141. La procedura è, in ogni caso, definita entro sessanta giorni.

3. Il processo verbale di conciliazione, sottoscritto dalle parti e dal rappresentante dell'organismo di composizione extragiudiziale adito, è depositato per l'omologazione nella cancelleria del tribunale del luogo nel quale si è svolto il procedimento di conciliazione.

4. Il tribunale, in composizione monocratica, accertata la regolarità formale del processo verbale, lo dichiara esecutivo con decreto. Il verbale di conciliazione omologato costituisce titolo esecutivo.

5. In ogni caso l'azione di cui al comma 1 può essere proposta solo dopo che siano decorsi quindici giorni dalla data in cui le associazioni abbiano richiesto al soggetto da esse ritenuto responsabile, a mezzo lettera raccomandata con avviso di ricevimento, la cessazione del comportamento lesivo degli interessi dei consumatori e degli utenti.

6. Il soggetto al quale viene chiesta la cessazione del comportamento lesivo ai sensi del comma 5, o che sia stato chiamato in giudizio ai sensi del comma 1, può attivare la procedura di conciliazione di cui al comma 2 senza alcun pregiudizio per l'azione giudiziale da avviarsi o già avviata. La favorevole conclusione, anche nella fase esecutiva, del procedimento di conciliazione viene valutata ai fini della cessazione della materia del contendere.

7. Con il provvedimento che definisce il giudizio di cui al comma 1 il giudice fissa un termine per l'adempimento degli obblighi stabiliti e, anche su domanda della parte che ha agito in giudizio, dispone, in caso di inadempimento, il pagamento di una somma di denaro da 516 euro a 1.032 euro, per ogni inadempimento ovvero giorno di ritardo rapportati alla gravità del fatto. In caso di inadempimento degli obblighi risultanti dal verbale di conciliazione di cui al comma 3 le parti possono adire il tribunale con procedimento in camera di consiglio affinché, accertato l'inadempimento, disponga il pagamento delle dette somme di denaro. Tali somme di denaro sono versate all'entrata del bilancio dello Stato per essere riassegnate con decreto del Ministro dell'economia e delle finanze al fondo da istituire nell'ambito di apposita unità previsionale di base dello stato di previsione del Ministero dello sviluppo economico (3), per finanziare iniziative a vantaggio dei consumatori.

8. Nei casi in cui ricorrano giusti motivi di urgenza, l'azione inibitoria si svolge a norma degli articoli da 669 *bis* a 669 *quaterdecies* del codice di procedura civile.

9. Fatte salve le norme sulla litispendenza, sulla continenza, sulla connessione e sulla riunione dei procedimenti, le disposizioni di cui al presente articolo non precludono il diritto ad azioni individuali dei consumatori che siano danneggiati dalle medesime violazioni.

10. Per le associazioni di cui all'articolo 139 l'azione inibitoria prevista dall'articolo 37 in materia di clausole vessatorie nei contratti stipulati con i consumatori, si esercita ai sensi del presente articolo.

11. Resta ferma la giurisdizione esclusiva del giudice amministrativo in materia di servizi pubblici ai sensi dell'articolo 133, comma 1, lettera *c*) del codice del processo amministrativo ([4]).

12. Restano salve le procedure conciliative di competenza dell'Autorità per le garanzie nelle comunicazioni di cui all'articolo 1, comma 11, della legge 31 luglio 1997, n. 249].

([1]) *Questo articolo è stato abrogato dall'art. 5, comma 1, della L. 12 aprile 2019, n. 31. A norma dell'art. 7, comma 1, della medesima legge, così come da ultimo modificato dall'art.* 31 ter *del D.L. 28 ottobre 2020, n. 137, convertito, con modificazioni, nella L. 18 dicembre 2020, n. 176, tali disposizioni entrano in vigore decorsi venticinque mesi dalla pubblicazione sulla* Gazzetta Ufficiale *(G.U. Serie gen. - n. 92 del 18 aprile 2019). A norma dell'art. 7, comma 2, della medesima legge, tali disposizioni, si applicano alle condotte illecite poste in essere successivamente alla data della sua entrata in vigore. Alle condotte illecite poste in essere precedentemente continuano ad applicarsi le disposizioni vigenti prima della medesima data di entrata in vigore.*

([2]) *Le parole: «nei casi ivi previsti» sono state inserite dall'art. 17, comma 1, del D.L.vo 23 ottobre 2007, n. 221.*

([3]) *Le parole: «delle attività produttive» sono state così sostituite dalle attuali: «dello sviluppo economico» dall'art. 1, comma 5, del D.L.vo 6 agosto 2015, n. 130.*

([4]) *Questo comma è stato così sostituito dall'art. 3, comma 17* bis, *dell'Allegato 4 al D.L.vo 2 luglio 2011, n. 104, così come inserito dall'art. 1, comma 3, lett.* a), *n. 3), del D.L.vo 15 novembre 2011, n. 195.*

140 *bis*. ([1]) [**Azione di classe.** – 1. I diritti individuali omogenei dei consumatori e degli utenti di cui al comma 2 nonché gli interessi collettivi ([2]) sono tutelabili anche attraverso l'azione di classe, secondo le previsioni del presente articolo. A tal fine ciascun componente della classe, anche mediante associazioni cui dà mandato o comitati cui partecipa, può agire per l'accertamento della responsabilità e per la condanna al risarcimento del danno e alle restituzioni.

2. L'azione di classe ha per oggetto l'accertamento della responsabilità e la condanna al risarcimento del danno e alle restituzioni in favore degli utenti consumatori ([3]). L'azione tutela:

a) i diritti contrattuali di una pluralità di consumatori e utenti che versano nei confronti di una stessa impresa in situazione omogenea ([4]), inclusi i diritti relativi a contratti stipulati ai sensi degli articoli 1341 e 1342 del codice civile;

b) i diritti omogenei ([5]) spettanti ai consumatori finali di un determinato prodotto o servizio ([6]) nei confronti del relativo produttore, anche a prescindere da un diretto rapporto contrattuale;

c) i diritti omogenei ([7]) al ristoro del pregiudizio derivante agli stessi consumatori e utenti da pratiche commerciali scorrette o da comportamenti anticoncorrenziali.

3. I consumatori e utenti che intendono avvalersi della tutela di cui al presente articolo aderiscono all'azione di classe, senza ministero di difensore anche tramite posta elettronica certificata e fax ([8]). L'adesione comporta rinuncia a ogni azione restitutoria o risarcitoria individuale fondata sul medesimo titolo, salvo quanto previsto dal comma 15. L'atto di adesione, contenente, oltre all'elezione di domicilio, l'indicazione degli elementi costitutivi del diritto fatto valere con la relativa documentazione probatoria, è depositato in cancelleria, anche tramite l'attore, nel termine di cui al comma 9, lettera *b*). Gli effetti sulla prescrizione ai sensi degli articoli 2943 e 2945 del codice civile decorrono dalla notificazione della domanda e, per coloro che hanno aderito successivamente, dal deposito dell'atto di adesione.

4. La domanda è proposta al tribunale ordinario avente sede nel capoluogo della regione in cui ha sede l'impresa, ma per la Valle d'Aosta è competente il tribunale di Torino, per il Trentino-Alto Adige e il Friuli-Venezia Giulia è competente il tribunale di Venezia, per le Marche, l'Umbria, l'Abruzzo e il Molise è competente il tribunale di Roma e per la Basilicata e la Calabria è competente il tribunale di Napoli. Il tribunale tratta la causa in composizione collegiale.

5. La domanda si propone con atto di citazione notificato anche all'ufficio del pubblico ministero presso il tribunale adìto, il quale può intervenire limitatamente al giudizio di ammissibilità.

6. All'esito della prima udienza il tribunale decide con ordinanza sull'ammissibilità della domanda, ma può sospendere il giudizio quando sui fatti rilevanti ai fini del decidere è in corso un'istruttoria davanti a un'autorità indipendente ovvero un giudizio davanti al giudice amministrativo. La domanda è dichiarata inammissibile quando è manifestamente infondata, quando sussiste un conflitto di interessi ovvero quando il giudice non ravvisa l'omogeneità dei diritti individuali ([9]) tutelabili ai sensi del comma 2, nonché quando il proponente non appare in grado di curare adeguatamente l'interesse della classe.

7. L'ordinanza che decide sulla ammissibilità è reclamabile davanti alla corte d'appello nel termine perentorio di trenta giorni dalla sua comunicazione o notificazione se anteriore. Sul reclamo la corte d'appello decide

con ordinanza in camera di consiglio non oltre quaranta giorni dal deposito del ricorso. Il reclamo dell'ordinanza ammissiva non sospende il procedimento davanti al tribunale.

8. Con l'ordinanza di inammissibilità, il giudice regola le spese, anche ai sensi dell'articolo 96 del codice di procedura civile, e ordina la più opportuna pubblicità a cura e spese del soccombente.

9. Con l'ordinanza con cui ammette l'azione il tribunale fissa termini e modalità della più opportuna pubblicità, ai fini della tempestiva adesione degli appartenenti alla classe. L'esecuzione della pubblicità è condizione di procedibilità della domanda. Con la stessa ordinanza il tribunale:

a) definisce i caratteri dei diritti individuali oggetto del giudizio, specificando i criteri in base ai quali i soggetti che chiedono di aderire sono inclusi nella classe o devono ritenersi esclusi dall'azione;

b) fissa un termine perentorio, non superiore a centoventi giorni dalla scadenza di quello per l'esecuzione della pubblicità, entro il quale gli atti di adesione, anche a mezzo dell'attore, sono depositati in cancelleria. Copia dell'ordinanza è trasmessa, a cura della cancelleria, al Ministero dello sviluppo economico che ne cura ulteriori forme di pubblicità, anche mediante la pubblicazione sul relativo sito internet.

10. È escluso l'intervento di terzi ai sensi dell'articolo 105 del codice di procedura civile.

11. Con l'ordinanza con cui ammette l'azione il tribunale determina altresì il corso della procedura assicurando, nel rispetto del contraddittorio, l'equa, efficace e sollecita gestione del processo. Con la stessa o con successiva ordinanza, modificabile o revocabile in ogni tempo, il tribunale prescrive le misure atte a evitare indebite ripetizioni o complicazioni nella presentazione di prove o argomenti; onera le parti della pubblicità ritenuta necessaria a tutela degli aderenti; regola nel modo che ritiene più opportuno l'istruzione probatoria e disciplina ogni altra questione di rito, omessa ogni formalità non essenziale al contraddittorio.

12. Se accoglie la domanda, il tribunale pronuncia sentenza di condanna con cui liquida, ai sensi dell'articolo 1226 del codice civile, le somme definitive dovute a coloro che hanno aderito all'azione o stabilisce il criterio omogeneo di calcolo per la liquidazione di dette somme. In questo ultimo caso il giudice assegna alle parti un termine, non superiore a novanta giorni, per addivenire ad un accordo sulla liquidazione del danno ([10]). Il processo verbale dell'accordo, sottoscritto dalle parti e dal giudice, costituisce titolo esecutivo ([10]). Scaduto il termine senza che l'accordo sia stato raggiunto, il giudice, su istanza di almeno una delle parti, liquida le somme dovute ai singoli aderenti ([10]). In caso di accoglimento di un'azione di classe proposta nei confronti di gestori di servizi pubblici o di pubblica utilità, il tribunale tiene conto di quanto riconosciuto in favore degli utenti e dei consumatori danneggiati nelle relative carte dei servizi eventualmente emanate. La sentenza diviene esecutiva decorsi centottanta giorni dalla pubblicazione. I pagamenti delle somme dovute effettuati durante tale periodo sono esenti da ogni diritto e incremento, anche per gli accessori di legge maturati dopo la pubblicazione della sentenza.

13. La corte d'appello, richiesta dei provvedimenti di cui all'articolo 283 del codice di procedura civile, tiene altresì conto dell'entità complessiva della somma gravante sul debitore, del numero dei creditori, nonché delle connesse difficoltà di ripetizione in caso di accoglimento del gravame. La corte può comunque disporre che, fino al passaggio in giudicato della sentenza, la somma complessivamente dovuta dal debitore sia depositata e resti vincolata nelle forme ritenute più opportune.

14. La sentenza che definisce il giudizio fa stato anche nei confronti degli aderenti. È fatta salva l'azione individuale dei soggetti che non aderiscono all'azione collettiva. Non sono proponibili ulteriori azioni di classe per i medesimi fatti e nei confronti della stessa impresa dopo la scadenza del termine per l'adesione assegnato dal giudice ai sensi del comma 9. Quelle proposte entro detto termine sono riunite d'ufficio se pendenti davanti allo stesso tribunale; altrimenti il giudice successivamente adìto ordina la cancellazione della causa dal ruolo, assegnando un termine perentorio non superiore a sessanta giorni per la riassunzione davanti al primo giudice.

15. Le rinunce e le transazioni intervenute tra le parti non pregiudicano i diritti degli aderenti che non vi hanno espressamente consentito. Gli stessi diritti sono fatti salvi anche nei casi di estinzione del giudizio o di chiusura anticipata del processo].

(1) *Questo articolo, inserito dall'art. 2, comma 446, della L. 24 dicembre 2007, n. 244, sostituito dall'art. 49 della L. 23 luglio 2009, n. 99, è stato abrogato dall'art. 5, comma 1, della L. 12 aprile 2019, n. 31. A norma dell'art. 7, comma 1, della medesima legge, così come da ultimo modificato dall'art. 31 ter del D.L. 28 ottobre 2020, n. 137, convertito, con modificazioni, nella L. 18 dicembre 2020, n. 176, tali disposizioni entrano in vigore decorsi venticinque mesi dalla pubblicazione sulla* Gazzetta

Ufficiale (G.U. Serie gen. - n. 92 del 18 aprile 2019). A norma dell'art. 7, comma 2, della medesima legge, tali disposizioni, si applicano alle condotte illecite poste in essere successivamente alla data della sua entrata in vigore. Alle condotte illecite poste in essere precedentemente continuano ad applicarsi le disposizioni vigenti prima della medesima data di entrata in vigore.

([2]) *Le parole: «nonché gli interessi collettivi» sono state inserite dall'art. 6, comma 1, lett. a), del D.L. 24 gennaio 2012, n. 1, convertito, con modificazioni, nella L. 24 marzo 2012, n. 27.*

([3]) *Questo periodo è stato premesso dall'art. 6, comma 1, lett. b), del D.L. 24 gennaio 2012, n. 1, convertito, con modificazioni, nella L. 24 marzo 2012, n. 27.*

([4]) *La parola: «identica» è stata così sostituita dalla parola: «omogenea» dall'art. 6, comma 1, lett. c), del D.L. 24 gennaio 2012, n. 1, convertito, con modificazioni, nella L. 24 marzo 2012, n. 27.*

([5]) *La parola: «identici» è stata così sostituita dalla parola: «omogenei» dall'art. 6, comma 1, lett. d), del D.L. 24 gennaio 2012, n. 1, convertito, con modificazioni, nella L. 24 marzo 2012, n. 27.*

([6]) *Le parole: «o servizio» sono state inserite dall'art. 6, comma 1, lett. d), del D.L. 24 gennaio 2012, n. 1, convertito, con modificazioni, nella L. 24 marzo 2012, n. 27.*

([7]) *La parola: «identici» è stata così sostituita dalla parola: «omogenei» dall'art. 6, comma 1, lett. e), del D.L. 24 gennaio 2012, n. 1, convertito, con modificazioni, nella L. 24 marzo 2012, n. 27.*

([8]) *Le parole: «anche tramite posta elettronica certificata e fax» sono state inserite dall'art. 6, comma 1, lett. f), del D.L. 24 gennaio 2012, n. 1, convertito, con modificazioni, nella L. 24 marzo 2012, n. 27.*

([9]) *Le parole: «l'identità dei diritti individuali» sono state così sostituite dalle parole: «l'omogeneità dei diritti individuali» dall'art. 6, comma 1, lett. g), del D.L. 24 gennaio 2012, n. 1, convertito, con modificazioni, nella L. 24 marzo 2012, n. 27*

([10]) *Questo periodo è stato inserito dall'art. 6, comma 1, lett. h), del D.L. 24 gennaio 2012, n. 1, convertito, con modificazioni, nella L. 24 marzo 2012, n. 27.*

Titolo II.1
Azioni rappresentative a tutela degli interessi collettivi dei consumatori ([1])

([1]) *Questo Titolo (artt. 140* ter *- 140* quaterdecies*) è stato inserito dall'art. 1, comma 1, del D.L.vo 10 marzo 2023, n. 28, a decorrere dal 25 giugno 2023.*

140 *ter*. Disposizioni generali: definizioni ed ambito di applicazione. – 1. Ai fini del presente titolo, si intende per:

a) consumatore: la persona fisica, di cui all'articolo 3, comma 1, lettera *a*);

b) professionista: qualsiasi persona fisica o giuridica che, indipendentemente dal fatto che si tratti di un soggetto pubblico o privato, agisce, anche tramite un altro soggetto che opera in suo nome o per suo conto, per fini relativi alla propria attività commerciale, imprenditoriale, artigianale o professionale;

c) interessi collettivi dei consumatori: gli interessi di un numero di consumatori che sono stati o potrebbero essere danneggiati da una violazione delle disposizioni di cui all'allegato II *septies*;

d) ente legittimato: gli enti disciplinati dall'articolo 140 *quater*, nonché gli enti iscritti nell'elenco elaborato e pubblicato dalla Commissione europea ai sensi dell'articolo 5,paragrafo 1, comma 2, della direttiva (UE) 2020/1828 del Parlamento europeo e del Consiglio del 25 novembre 2020;

e) azione rappresentativa: un'azione per la tutela degli interessi collettivi dei consumatori promossa, nelle materie di cui all'allegato II *septies*, da un ente legittimato in quanto parte ricorrente per conto dei consumatori e finalizzata a ottenere un provvedimento inibitorio o un provvedimento compensativo;

f) azione rappresentativa nazionale: un'azione rappresentativa promossa, nelle materie di cui all'allegato II *septies*, innanzi al giudice italiano da un'associazione dei consumatori e degli utenti inserita nell'elenco di cui all'articolo 137 ovvero da organismi pubblici indipendenti nazionali;

g) azione rappresentativa transfrontaliera: un'azione rappresentativa promossa, nelle materie di cui all'allegato II *septies*, innanzi al giudice italiano da uno o più enti legittimati di altri Stati membri ed inseriti nell'elenco di cui all'articolo 5, paragrafo 1, comma 2, della direttiva (UE) 2020/1828 del Parlamento europeo e del Consiglio del 25 novembre 2020, ovvero un'azione rappresentativa intentata in un altro Stato membro da un ente legittimato ai sensi dell'articolo 140 *quinquies*, anche unitamente ad altri enti legittimati di diversi Stati membri;

h) provvedimento compensativo: una misura rivolta a rimediare al pregiudizio subito dal consumatore, anche attraverso il pagamento di una somma di denaro, la riparazione, la sostituzione, la riduzione del prezzo, la risoluzione del contratto o il rimborso del prezzo pagato, secondo quanto previsto dalle disposizioni di cui all'allegato II *septies*;

i) provvedimento inibitorio: un provvedimento con il quale il giudice ordina la cessazione o il divieto di reiterazione della condotta omissiva o commissiva posta in essere in violazione delle disposizioni di cui all'allegato II *septies* e ordina la pubblicazione del provvedimento, integralmente o per estratto, su uno o più quotidiani a diffusione nazionale o locale ovvero la pubblicazione di una rettifica.

2. Le disposizioni di cui al presente titolo si applicano alle azioni rappresentative promosse nei confronti di professionisti per violazioni delle disposizioni di cui all'allegato II

LEGGI COMPLEMENTARI

septies, che ledono o possono ledere interessi collettivi dei consumatori. Nel caso previsto dal primo periodo, gli enti legittimati non possono agire con l'azione di classe prevista dal titolo VIII *bis* del libro IV del codice di procedura civile. Restano fermi i rimedi contrattuali ed extracontrattuali comunque previsti a favore dei consumatori.

3. L'azione rappresentativa può essere promossa anche se le violazioni sono cessate. 4. La cessazione delle violazioni intervenuta prima della conclusione dell'azione rappresentativa non determina la cessazione della materia del contendere.

140 *quater*. Legittimazione ad agire. – 1. Le associazioni dei consumatori e degli utenti inserite nell'elenco di cui all'articolo 137, gli organismi pubblici indipendenti nazionali di cui all'articolo 3, numero 6), del regolamento (UE) 2017/2394 del Parlamento europeo e del Consiglio del 12 dicembre 2017, che facciano richiesta di essere legittimati e gli enti designati in un altro Stato membro e iscritti nell'elenco elaborato e pubblicato dalla Commissione europea ai sensi dell'articolo 5, paragrafo 1, comma 2, della direttiva (UE) 2020/1828 del Parlamento europeo e del Consiglio del 25 novembre 2020, sono legittimati a proporre le azioni rappresentative previste dall'articolo 140 *ter*, comma 2, primo periodo, innanzi al giudice italiano.

2. Gli enti previsti dall'articolo 140 *quinquies*, compresi quelli che rappresentano consumatori di più di uno Stato membro, sono legittimati a proporre le azioni rappresentative previste dall'articolo 140 *ter*, comma 2, primo periodo, negli altri Stati membri.

140 *quinquies*. Enti legittimati a proporre azioni rappresentative transfrontaliere. – 1. Nell'elenco previsto dall'articolo 137 è istituita una sezione speciale, nella quale sono iscritti gli enti e le associazioni dei consumatori e degli utenti legittimati a proporre azioni rappresentative transfrontaliere.

2. Possono essere iscritti nella sezione speciale di cui al comma 1 gli enti che ne fanno richiesta e le associazioni iscritte nell'elenco previsto dall'articolo 137 che lo richiedono, purché in possesso dei seguenti requisiti:

a) avvenuta costituzione, per atto pubblico o per scrittura privata autenticata, e dimostrazione di attività pubblica effettiva a tutela degli interessi dei consumatori nei dodici mesi precedenti la richiesta di iscrizione;

b) possesso di uno statuto che preveda come scopo la tutela dei consumatori, nelle materie di cui all'allegato II *septies*, e l'assenza di fine di lucro;

c) non essere assoggettati a procedure per la regolazione dell'insolvenza;

d) previsione nello statuto di regole, anche riferite alle cause di incompatibilità relative ai rappresentanti legali, idonee ad assicurare l'indipendenza dell'associazione e l'assenza di influenza da parte di persone diverse dai consumatori e in particolare da parte di professionisti che hanno un interesse economico a intentare azioni rappresentative, nonché misure idonee a prevenire e a risolvere conflitti di interesse che potrebbero insorgere tra l'associazione, i suoi finanziatori e gli interessi dei consumatori;

e) previsione della nomina di un organo di controllo, che vigila sul rispetto dei principi di indipendenza e delle misure di prevenzione e risoluzione dei conflitti di interessi e al quale si applica l'articolo 30, commi 5, 6, 7 e 8, del decreto legislativo 3 luglio 2017, n. 117, in quanto compatibile;

f) rendere pubblico sul proprio sito internet e con eventuali altri mezzi appropriati lo statuto e una sintetica descrizione dell'attività svolta, redatta in un linguaggio semplice e comprensibile, comprensiva delle informazioni relative alla propria costituzione, all'oggetto sociale, all'attività effettivamente svolta a tutela degli interessi dei consumatori, all'iscrizione nella sezione speciale dell'elenco di cui all'articolo 137, all'inesistenza di procedure per la regolazione dell'insolvenza aperte nei propri confronti, alla propria indipendenza, nonché di informazioni sulle proprie fonti di finanziamento.

3. Possono essere designati come enti legittimati a proporre azioni rappresentative transfrontaliere anche gli organismi pubblici indipendenti nazionali di cui all'articolo 3, numero 6), del regolamento (UE) 2017/2394 del Parlamento europeo e del Consiglio del 12 dicembre 2017, che facciano richiesta di essere legittimati.

4. Con decreto del Ministro delle imprese e del made in Italy sono stabilite le modalità con le quali la sezione speciale di cui al comma 1 è resa pubblica, nonché le procedure per la presentazione della richiesta di iscrizione e della documentazione idonea ad attestare il possesso, in capo agli enti e alle associazioni richiedenti, dei requisiti di cui al comma 2.

140 *sexies*. Comunicazione degli enti legittimati e monitoraggio. – 1. Entro il 26 dicembre 2023 il Ministero delle imprese e del made in Italy comunica alla Commissione europea l'elenco degli enti legittimati ad esperire le azioni rappresentative nazionali e transfrontaliere, comprensivo della denominazione e, ove applicabile, dell'oggetto sociale. Il Ministero delle imprese e del made in Italy rende pubblico l'elenco tramite il proprio sito istituzionale, il cui indirizzo internet è reso noto alla Commissione europea. Il Ministero delle imprese e del made in Italy comunica le modifiche intervenute successivamente.

2. Il Ministero delle imprese e del made in Italy verifica almeno ogni cinque anni la permanenza, in capo agli enti di cui alla sezione speciale prevista dall'articolo 140 *quinquies*, comma 1, dei requisiti di cui all'articolo 140 *quinquies*, comma 2, disponendo la cancellazione dell'ente che non risulta in possesso di uno o più di tali requisiti.

3. Se uno Stato membro o la Commissione europea solleva riserve in ordine al possesso dei requisiti previsti dall'articolo 140 *quinquies*, commi 1 e 2, da parte di un ente legittimato all'esperimento di azioni rappresentative transfrontaliere, il Ministero delle imprese e del made in Italy ne verifica la sussistenza. Il Ministero delle imprese e del made in Italy dispone la cancellazione dalla sezione speciale dell'articolo 137 dell'ente che non risulta in possesso di uno o più di tali requisiti. Il procedimento è disciplinato dal decreto del Ministero delle imprese e del made in Italy previsto dall'articolo 140 *quinquies*, comma 4.

4. Il Ministero delle imprese e del made in Italy è individuato quale punto di contatto con la Commissione europea ai fini di cui al comma 3.

140 *septies*. Azioni rappresentative. - 1. Le azioni rappresentative previste dal presente titolo possono essere promosse dagli enti legittimati, senza bisogno di mandato da parte dei consumatori interessati, al fine di richiedere, anche cumulativamente, l'adozione dei provvedimenti inibitori previsti dall'articolo 140 *octies* oppure dei provvedimenti compensativi previsti dall'articolo 140 *novies*, in caso di violazione delle disposizioni di cui all'allegato II *septies*.

2. Restano ferme le norme in materia di diritto internazionale privato, in particolare relative alla giurisdizione nonché al riconoscimento e all'esecuzione delle decisioni in materia civile e commerciale e alla legge applicabile alle obbligazioni contrattuali ed extra-contrattuali.

3. Se la violazione delle disposizioni di cui all'allegato II *septies* lede o può ledere consumatori di diversi Stati membri, l'azione rappresentativa può essere proposta congiuntamente da più enti legittimati di diversi Stati membri, iscritti nell'elenco elaborato e pubblicato dalla Commissione europea ai sensi dell'articolo 5, paragrafo 1, comma 2, della direttiva (UE) 2020/1828 del Parlamento europeo e del Consiglio del 25 novembre 2020.

4. La domanda si propone con ricorso inderogabilmente davanti alla sezione specializzata in materia di impresa competente per il luogo ove ha sede la parte resistente. Se è convenuta una persona fisica, è competente il giudice del luogo in cui la stessa ha la residenza o il domicilio e, se questi sono sconosciuti, quello del luogo in cui ha la dimora. Se anche la dimora è sconosciuta, è competente il giudice del luogo in cui ha sede l'ente ricorrente.

5. Nel ricorso l'ente legittimato indica gli elementi necessari a determinare il gruppo dei consumatori interessati dall'azione rappresentativa, la sussistenza della giurisdizione e il diritto applicabile, nonché i finanziamenti dell'azione promossa, ricevuti o promessi da parte di terzi.

6. Il ricorso, unitamente al decreto di fissazione dell'udienza, è pubblicato ai sensi dell'articolo 840 *ter*, secondo comma, del codice di procedura civile.

7. Il procedimento è regolato dal rito semplificato di cui allibro secondo, titolo I, capo III *quater*, del codice di procedura civile, in quanto compatibile. Non si applica il primo comma dell'articolo 281 *duodecies* del codice di procedura civile. In ogni caso, resta fermo il diritto all'azione individuale, salvo quanto previsto all'articolo 840 *undecies*, nono comma, del codice di procedura civile. Non è ammesso l'intervento dei terzi ai sensi dell'articolo 105 del codice di procedura civile. Entro il termine di trenta giorni dalla prima udienza, il tribunale decide con ordinanza sull'ammissibilità della domanda, ma può sospendere il giudizio quando sui fatti rilevanti ai fini del decidere è in corso un'istruttoria davanti a un'autorità indipendente ovvero un giudizio davanti al giudice amministrativo. Restano ferme le disposizioni del decreto legislativo 19 gennaio 2017, n. 3.

8. La domanda è inammissibile:

a) quando è manifestamente infondata;

b) se è priva degli elementi necessari ad individuare il gruppo dei consumatori interessati dall'azione rappresentativa;

c) se il tribunale non ravvisa l'omogeneità dei diritti individuali per cui è richiesta l'adozione dei provvedimenti compensativi previsti dall'articolo 140 *novies*;

d) se, anche a seguito di contestazione del convenuto, risulta che l'ente ricorrente è privo dei requisiti necessari per la legittimazione all'azione;

e) quando l'azione è promossa in conflitto di interessi, in particolare se risulta che il soggetto che ha finanziato l'azione è concorrente del convenuto o dipende da quest'ultimo. In questo caso il giudice solleva anche di ufficio la questione ed assegna all'ente ricorrente un termine entro cui rifiutare o modificare il finanziamento;

f) se l'oggetto sociale dell'ente legittimato che ha proposto la domanda non giustifica l'esercizio dell'azione.

9. L'ordinanza che decide sull'ammissibilità è pubblicata, a cura della cancelleria, nell'area pubblica del portale dei servizi telematici di cui all'articolo 840 *ter*, secondo comma, del codice di procedura civile, entro quindici giorni dalla pronuncia.

10. Quando l'inammissibilità è dichiarata a norma del comma 8, lettera *a*), il ricorrente può riproporre l'azione rappresentativa quando si siano verificati mutamenti delle circostanze o vengano dedotte nuove ragioni di fatto o di diritto.

11. Si applica l'articolo 840 *ter*, settimo e ottavo comma, del codice di procedura civile.

140 *octies*. Provvedimenti inibitori. – 1. Gli enti legittimati possono proporre azioni rappresentative a tutela degli interessi collettivi dei consumatori per ottenere l'adozione di provvedimenti inibitori.

2. Il ricorso è notificato al pubblico ministero.

3. Si applicano i commi dal quarto al quattordicesimo dell'articolo 840 *quinquies* del codice di procedura civile.

4. L'ente legittimato non è onerato di provare la colpa o il dolo del professionista, né le perdite o i danni effettivi subiti dai singoli consumatori interessati.

5. Quando ricorrono giusti motivi di urgenza, gli enti legittimati di cui al comma 1 possono chiedere in corso di causa un provvedimento provvisorio teso a far cessare una condotta omissiva o commissiva o a inibire la reiterazione di una condotta che appaia costituire una violazione delle disposizioni di cui all'articolo 140 *ter*, comma 2. Si applicano gli articoli 669 *quater*, primo, secondo e quarto comma, 669 *sexies*, 669 *octies*, ottavo e nono comma, 669 *decies*, primo comma, 669 *duodecies* e 669 *terdecies* del codice di procedura civile.

6. Il provvedimento provvisorio perde efficacia se la domanda di provvedimento inibitorio è dichiarata inammissibile, anche se avverso l'ordinanza è stato proposto reclamo, ovvero rigettata nel merito con sentenza anche non passata in giudicato.

7. Si applicano il settimo e l'ottavo comma dell'articolo 840 *sexiesdecies* del codice di procedura civile.

8. In ogni caso l'azione di cui al presente articolo può essere proposta solo dopo che siano decorsi quindici giorni dalla data in cui gli enti legittimati abbiano richiesto al professionista, a mezzo lettera raccomandata con avviso di ricevimento ovvero a mezzo posta elettronica certificata o altro servizio elettronico di recapito certificato qualificato, la cessazione del comportamento lesivo degli interessi dei consumatori e degli utenti.

140 *novies*. Provvedimenti compensativi. – 1. Gli enti legittimati possono proporre azioni rappresentative a tutela degli interessi collettivi dei consumatori danneggiati da una violazione delle disposizioni di cui all'allegato II *septies*, al fine di ottenere l'adozione di provvedimenti compensativi.

2. Fermo quanto previsto dall'articolo 140 *septies*, si applicano gli articoli da 840 *quater* a 840 *terdecies* e l'articolo 840 *quinquiesdecies* del codice di procedura civile, in quanto compatibili. Il giudice determina un contributo di modesta entità ai sensi dell'articolo 840 *sexies*, primo comma, lettera *h*), del codice di procedura civile. È esclusa l'applicazione del terzo comma del medesimo articolo 840 *sexies*.

3. In caso di soccombenza, il consumatore è condannato al rimborso delle spese a favore del resistente nel solo caso di mala fede o colpa grave.

140 *decies*. Accordi di natura transattiva e conciliativa. – 1. Fino alla discussione orale della causa, l'ente legittimato e il professionista possono depositare congiuntamente al tribunale una proposta transattiva o conciliativa concernente la domanda proposta ai sensi dell'articolo 140 *novies*.

2. Entro il medesimo termine di cui al comma 1 il tribunale, sentiti l'ente legittimato e il professionista, può invitarli a raggiungere una transazione concernente la domanda proposta ai sensi dell'articolo 140 *novies* entro un termine ragionevole.

3. Il tribunale verifica che la proposta transattiva o conciliativa non contrasti con norme imperative e non contenga clausole o obbligazioni non eseguibili tenuto conto dei diritti e

degli interessi di tutte le parti e, in particolare, di quelli dei consumatori interessati.

4. Si applica l'articolo 185, terzo comma, del codice di procedura civile. 5. Si applica, altresì, l'articolo 840 *quaterdecies* del Codice di procedura civile in quanto compatibile.

140 *undecies*. Informazioni sulle azioni rappresentative. - 1. Gli enti legittimati a esperire le azioni rappresentative indicano sul proprio sito web le azioni rappresentative che hanno deciso di intentare, lo stato di avanzamento di quelle intentate e i relativi esiti, provvedendo a comunicare le medesime informazioni al Ministero delle imprese e del made in Italy che le pubblica sul proprio sito istituzionale.

140 *duodecies*. Interruzione della prescrizione e impedimento della decadenza. - 1. La prescrizione dei diritti dei consumatori tutelabili ai sensi dell'articolo 140 *novies* è interrotta, ai sensi degli articoli 2943 e 2945 del codice civile, dal deposito del ricorso introduttivo dei procedimenti previsti dagli articoli 140 *octies* e 140 *novies*, sempre che il ricorso stesso sia notificato al resistente nel termine assegnato dal giudice. Dalla data del deposito dell'atto introduttivo sono altresì impedite le decadenze previste a carico dei consumatori.

140 *terdecies*. Misure di coercizione indiretta. - 1. Con il provvedimento che definisce il giudizio di cui all'articolo 140 *octies*, nonché con il provvedimento previsto dal comma 5 del medesimo articolo 140 *octies*, il giudice fissa un termine per l'adempimento degli obblighi stabiliti e, anche su domanda della parte che ha agito in giudizio, dispone, in caso di inadempimento, il pagamento di una somma di denaro da 1.000 euro a 5.000 euro, per ogni inadempimento ovvero giorno di ritardo rapportati alla gravità del fatto tenuto conto della gravità e della durata della violazione. Tali somme sono versate ad apposito capitolo dell'entrata del bilancio dello Stato per essere riassegnate nella misura del 50 per cento al Ministero della giustizia per il potenziamento degli uffici e degli altri servizi istituzionali e per la restante quota del 50 per cento al Ministero delle imprese e del made in Italy per il miglioramento delle attività di tenuta della sezione istituita dall'articolo 140 *quinquies*.

140 *quaterdecies*. Spese del procedimento. - 1. Il contributo unificato è dovuto nella misura di cui all'articolo 13, comma 1, del decreto del Presidente della Repubblica 30 maggio 2002, n. 115, ridotta alla metà. Non si applica l'articolo 13, comma 1 *ter*, del medesimo decreto del Presidente della Repubblica n. 115 del 2002.

Titolo II *bis*
Risoluzione extragiudiziale delle controversie (1)

(1) *Questo Titolo è stato inserito dall'art. 1, comma 1, del D.L.vo 6 agosto 2015, n. 130. A norma dell'art. 2, comma 1, dello stesso provvedimento le disposizioni concernenti l'attuazione del regolamento (UE) n. 524/2013 del Parlamento europeo e del Consiglio, del 21 maggio 2013, relativo alla risoluzione delle controversie online dei consumatori, si applicano a decorrere dal 9 gennaio 2016.*

141. (1) (2) **Disposizioni generali: definizioni ed ambito di applicazione.** - 1. Ai fini del presente titolo, si intende per:

a) «consumatore»: la persona fisica, di cui all'articolo 3, comma 1, lettera *a*);

b) «professionista»: il soggetto, di cui all'articolo 3, comma 1, lettera *c*);

c) «contratto di vendita»: il contratto di cui all'articolo 45, comma 1, lettera *e*);

d) «contratto di servizi»: il contratto di cui all'articolo 45, comma 1, lettera *f*);

e) «controversia nazionale»: una controversia relativa ad obbligazioni contrattuali derivanti da un contratto di vendita o di servizi, nell'ambito della quale il consumatore, quando ordina i beni o i servizi, risiede nello stesso Stato membro dell'Unione europea in cui è stabilito il professionista;

f) «controversia transfrontaliera»: una controversia relativa ad obbligazioni contrattuali derivanti da un contratto di vendita o di servizi, nell'ambito della quale il consumatore, quando ordina i beni o i servizi, risiede in uno Stato membro dell'Unione europea diverso da quello in cui è stabilito il professionista;

g) «procedura ADR»: una procedura di risoluzione extragiudiziale delle controversie conforme ai requisiti di cui al presente titolo ed eseguita da un organismo ADR-Alternative Dispute Resolution;

h) «organismo ADR»: qualsiasi organismo, a prescindere dalla sua denominazione, istituito su base permanente, che offre la risoluzione di una controversia attraverso una procedura ADR ed è iscritto nell'elenco di cui all'articolo 141 *decies*;

i) «autorità competente»: le autorità indicate dall'articolo 141 *octies*;

l) «domanda»: la domanda presentata all'organismo per avviare la procedura ADR;

m) «servizi non economici di interesse generale»: i servizi di interesse generale che non sono prestati a fini economici, a prescindere dalla forma giuridica sotto la quale tali servizi sono prestati, e, in particolare i servizi prestati, senza corrispettivo economico, da pubbliche amministrazioni o per conto delle stesse.

2. Ai fini del presente titolo il professionista si considera stabilito:

a) se si tratta di una persona fisica, presso la sua sede di attività;

b) se si tratta di una società o di un'altra persona giuridica o di un'associazione di persone fisiche o giuridiche, presso la sua sede legale, la sua amministrazione centrale o la sua sede di attività, comprese le filiali, le agenzie o qualsiasi altra sede.

3. Ai fini del presente titolo, l'organismo ADR si considera stabilito:

a) se è gestito da una persona fisica, nel luogo in cui svolge le attività ADR;

b) se è gestito da una persona giuridica o da un'associazione di persone fisiche o di persone giuridiche, nel luogo in cui tale persona giuridica o associazione di persone fisiche o giuridiche svolge le attività ADR o ha la sua sede legale;

c) se è gestito da un'autorità o da un altro ente pubblico, nel luogo in cui tale autorità o altro ente pubblico ha la propria sede.

4. Le disposizioni di cui al presente titolo, si applicano alle procedure volontarie di composizione extragiudiziale per la risoluzione, anche in via telematica, delle controversie nazionali e transfrontaliere, tra consumatori e professionisti residenti e stabiliti nell'Unione europea, nell'ambito delle quali l'organismo ADR propone una soluzione o riunisce le parti al fine di agevolare una soluzione amichevole e, in particolare, agli organismi di mediazione per la trattazione degli affari in materia di consumo iscritti nella sezione speciale di cui all'articolo 16, commi 2 e 4, del decreto legislativo 4 marzo 2010, n. 28, e agli altri organismi ADR istituiti o iscritti presso gli elenchi tenuti e vigilati dalle autorità di cui al comma 1, lettera *i*), previa la verifica della sussistenza dei requisiti e della conformità della propria organizzazione e delle proprie procedure alle prescrizioni del presente titolo. Le disposizioni di cui al presente titolo si applicano, altresì, alle eventuali procedure, previste ai sensi del comma 7, in cui l'organismo ADR adotta una decisione.

5. Le disposizioni di cui al presente titolo si applicano altresì alle procedure di conciliazione paritetica di cui all'articolo 141 *ter*.

6. Sono fatte salve le seguenti disposizioni che prevedono l'obbligatorietà delle procedure di risoluzione extragiudiziale delle controversie:

a) articolo 5, comma 1, del decreto legislativo 4 marzo 2010, n. 28 ([3]), che disciplina i casi di condizione di procedibilità con riferimento alla mediazione finalizzata alla conciliazione delle controversie civili e commerciali;

b) articolo 1, comma 11, della legge 31 luglio 1997, n. 249, che prevede il tentativo obbligatorio di conciliazione nel settore delle comunicazioni elettroniche;

c) articolo 2, comma 24, lettera *b*), della legge 14 novembre 1995, n. 481, che prevede il tentativo obbligatorio di conciliazione nelle materie di competenza dell'Autorità di regolazione per energia, reti e ambiente, e le cui modalità di svolgimento sono regolamentate dall'Autorità di regolazione per energia, reti e ambiente con propri provvedimenti.

7. Le procedure svolte nei settori di competenza dell'Autorità per l'energia elettrica, il gas ed il sistema idrico, della Banca d'Italia, dell'Istituto per la vigilanza sulle assicurazioni, ([4]) della Commissione nazionale per la società e la borsa e dell'Autorità per le garanzie nelle comunicazioni, ivi comprese quelle che prevedono la partecipazione obbligatoria del professionista, sono considerate procedure ADR ai sensi del presente Codice, se rispettano i principi, le procedure e i requisiti delle disposizioni di cui al presente titolo.

8. Le disposizioni di cui al presente titolo non si applicano:

a) alle procedure presso sistemi di trattamento dei reclami dei consumatori gestiti dal professionista;

b) ai servizi non economici d'interesse generale;

c) alle controversie fra professionisti;

d) alla negoziazione diretta tra consumatore e professionista;

e) ai tentativi di conciliazione giudiziale per la composizione della controversia nel corso di un procedimento giudiziario riguardante la controversia stessa;

f) alle procedure avviate da un professionista nei confronti di un consumatore;

g) ai servizi di assistenza sanitaria, prestati da professionisti sanitari a pazienti, al fine di valutare, mantenere o ristabilire il loro stato di salute, compresa la prescrizione, la somministrazione e la fornitura di medicinali e dispositivi medici;

h) agli organismi pubblici di istruzione superiore o di formazione continua.

9. Le disposizioni di cui al presente titolo non precludono il funzionamento di eventuali organismi ADR istituiti nell'ambito del-

le norme e provvedimenti, di cui ai commi 7 e 8, ed in cui i funzionari pubblici sono incaricati delle controversie e considerati rappresentanti sia degli interessi dei consumatori e sia degli interessi dei professionisti.

10. Il consumatore non può essere privato in nessun caso del diritto di adire il giudice competente qualunque sia l'esito della procedura di composizione extragiudiziale.

(1) *Questo articolo è stato così sostituito dall'art. 1, comma 2, del D.L.vo 6 agosto 2015, n. 130 ed inserito sub titolo* II bis *dopo la modifica apportata dall'art. 1, comma 1, dello stesso provvedimento. A norma dell'art. 2, comma 1, del medesimo provvedimento le disposizioni concernenti l'attuazione del regolamento (UE) n. 524/2013 del Parlamento europeo e del Consiglio, del 21 maggio 2013, relativo alla risoluzione delle controversie online dei consumatori, si applicano a decorrere dal 9 gennaio 2016.*

(2) *La denominazione: «Autorità per l'energia elettrica, il gas e il sistema idrico» ovunque ricorre è stata così sostituita dalla attuale: «Autorità di regolazione per energia, reti e ambiente» dall'art. 1, comma 528, della L. 27 dicembre 2017, n. 205, a decorrere dal 1° gennaio 2018.*

(3) *A norma dell'art. 44 del D.L.vo 10 ottobre 2022, n. 149, le parole: «articolo 5, comma 1 bis, del decreto legislativo 4 marzo 2010, n. 28» ovunque presenti, in tutta la legislazione vigente, sono sostituite, dal 30 giugno 2023, dalle parole «articolo 5, comma 1, del decreto legislativo 4 marzo 2010, n. 28».*

(4) *Le parole: «dell'Istituto per la vigilanza sulle assicurazioni,» sono state aggiunte dall'art. 4, comma 6, lett. a), del D.L.vo 21 maggio 2018, n. 68.*

141 *bis*. (1) Obblighi, facoltà e requisiti degli organismi ADR. – 1. È fatto obbligo agli organismi ADR di:

a) mantenere un sito web aggiornato che fornisca alle parti un facile accesso alle informazioni concernenti il funzionamento della procedura ADR e che consenta ai consumatori di presentare la domanda e la documentazione di supporto necessaria in via telematica;

b) mettere a disposizione delle parti, su richiesta delle stesse, le informazioni di cui alla lettera *a*), su un supporto durevole, così come definito dall'articolo 45, comma 1, lettera *l*);

c) consentire al consumatore la possibilità, ove applicabile, di presentare la domanda anche in modalità diverse da quella telematica;

d) consentire lo scambio di informazioni tra le parti per via elettronica o, se applicabile, attraverso i servizi postali;

e) accettare sia le controversie nazionali sia quelle transfrontaliere, comprese le controversie oggetto del regolamento (UE) n. 524/2013, anche attraverso il ricorso a reti di organismi ADR;

f) adottare i provvedimenti necessari a garantire che il trattamento dei dati personali avvenga nel rispetto delle regole di cui al decreto legislativo 30 giugno 2003, n. 196, e successive modificazioni.

2. Gli organismi ADR possono, salve le diverse prescrizioni contenute in altre norme applicabili ovvero nelle deliberazioni delle autorità di regolazione di settore, mantenere e introdurre norme procedurali che consentano loro di rifiutare il trattamento di una determinata controversia per i seguenti motivi:

a) il consumatore non ha tentato di contattare il professionista interessato per discutere il proprio reclamo né cercato, come primo passo, di risolvere la questione direttamente con il professionista;

b) la controversia è futile o temeraria;

c) la controversia è in corso di esame o è già stata esaminata da un altro organismo ADR o da un organo giurisdizionale;

d) il valore della controversia è inferiore o superiore a una soglia monetaria prestabilita a un livello tale da non nuocere in modo significativo all'accesso del consumatore al trattamento dei reclami;

e) il consumatore non ha presentato la domanda all'organismo ADR entro un limite di tempo prestabilito, che non deve essere inferiore a un anno dalla data in cui il consumatore ha presentato il reclamo al professionista;

f) il trattamento di questo tipo di controversia rischierebbe di nuocere significativamente all'efficace funzionamento dell'organismo ADR.

3. Qualora, conformemente alle proprie norme procedurali, un organismo ADR non è in grado di prendere in considerazione una controversia che gli è stata presentata, tale organismo ADR fornisce a entrambe le parti una spiegazione motivata delle ragioni della sua decisione di non prendere in considerazione la controversia entro ventuno giorni dal ricevimento del fascicolo della domanda. Tali norme procedurali non devono nuocere in modo significativo all'accesso da parte dei consumatori alle procedure ADR, compreso in caso di controversie transfrontaliere.

4. È fatto obbligo agli organismi ADR di prevedere e garantire che le persone fisiche da essi incaricate della risoluzione delle controversie siano:

a) in possesso delle conoscenze e delle competenze in materia di risoluzione alternativa o giudiziale delle controversie dei consumatori, inclusa una comprensione generale del diritto provvedendo, se del caso, alla loro formazione;

b) nominate per un incarico di durata sufficiente a garantire l'indipendenza dell'attività da svolgere, non potendo essere sostituito o revocato nell'incarico senza una giusta causa;

c) non soggette ad istruzioni dell'una o dell'altra delle parti o dei loro rappresentanti;

d) retribuite indipendentemente dall'esito della procedura.

5. È fatto altresì obbligo alle persone fisiche incaricate della risoluzione delle controversie, di comunicare tempestivamente all'organismo ADR tutte le circostanze, emerse durante l'intera procedura ADR, idonee ad incidere sulla loro indipendenza e imparzialità o capaci di generare conflitti di interessi con l'una o l'altra delle parti della controversia che sono chiamate a risolvere. In tale ipotesi, se le parti non sono soddisfatte delle prestazioni o del funzionamento della procedura medesima, l'organismo ADR deve:

a) sostituire la persona fisica interessata, affidando la conduzione della procedura ADR ad altra persona fisica; o in mancanza

b) garantire che la persona fisica interessata si astenga dal condurre la procedura ADR e, se possibile, proporre alle parti di presentare la controversia ad un altro organismo ADR competente a trattare la controversia; o in mancanza

c) consentire alla persona fisica interessata di continuare a condurre la procedura solo se le parti, dopo essere state informate delle circostanze e del loro diritto di opporsi, non hanno sollevato obiezioni.

6. Resta fermo il diritto delle parti di ritirarsi in qualsiasi momento dalla procedura ADR, salvo quanto previsto dall'articolo 141 *quater*, comma 5, lettera *a*).

7. Nell'ipotesi prevista dal comma 5, qualora l'organismo ADR sia costituito da una sola persona fisica, si applicano unicamente le lettere *b*) e *c*) del medesimo comma.

8. Qualora le persone fisiche incaricate della procedura ADR siano assunte o retribuite esclusivamente da un'organizzazione professionale o da un'associazione di imprese di cui il professionista è membro, è assicurato che, oltre ai requisiti del presente titolo e quelli generali di cui ai commi 4 e 9, esse abbiano a loro disposizione risorse di bilancio distinte e apposite che siano sufficienti ad assolvere i loro compiti. Il presente comma non si applica qualora le persone fisiche interessate facciano parte di un organismo collegiale composto da un numero uguale di rappresentanti dell'organizzazione professionale e dell'associazione di imprese da cui sono assunte o retribuite e di una o più associazioni dei consumatori e degli utenti di cui all'articolo 137.

9. È fatto obbligo agli organismi ADR in cui le persone fisiche incaricate della risoluzione delle controversie fanno parte di un organismo collegiale, disporre che il collegio sia composto da un numero uguale di rappresentanti degli interessi dei consumatori e di rappresentanti degli interessi dei professionisti.

10. Se gli organismi ADR, ai fini del comma 4, lettera a), del presente articolo, provvedono alla formazione delle persone fisiche incaricate della risoluzione extragiudiziale delle controversie, le autorità competenti provvedono a monitorare i programmi di formazione istituiti dagli organismi ADR in base alle informazioni comunicate loro ai sensi dell'articolo 141 *nonies*, comma 4, lettera *g*). I programmi di formazione possono essere promossi ed eseguiti dalle stesse autorità competenti, di cui all'articolo 141 *octies*. Restano ferme le disposizioni in materia di formazione dei mediatori di cui ai commi 4 *bis*, 5 e 6 dell'articolo 16 del decreto legislativo 4 marzo 2010, n. 28.

(1) *Questo articolo è stato inserito dall'art. 1, comma 3, del D.L.vo 6 agosto 2015, n. 130. A norma dell'art. 2, comma 1, dello stesso provvedimento le disposizioni concernenti l'attuazione del regolamento (UE) n. 524/2013 del Parlamento europeo e del Consiglio, del 21 maggio 2013, relativo alla risoluzione delle controversie online dei consumatori, si applicano a decorrere dal 9 gennaio 2016.*

141 *ter*. (1) Negoziazioni paritetiche. – 1. Le procedure svolte dinanzi agli organismi ADR in cui parte delle persone fisiche incaricate della risoluzione delle controversie sono assunte o retribuite esclusivamente dal professionista o da un'organizzazione professionale o da un'associazione di imprese di cui il professionista è membro, sono considerate procedure ADR, ai sensi del presente Codice, se, oltre all'osservanza delle disposizioni di cui al presente titolo, rispettano i seguenti ulteriori requisiti specifici di indipendenza e trasparenza:

a) le persone fisiche incaricate della risoluzione delle controversie devono far parte di una commissione paritetica composta da un numero uguale di rappresentanti delle associazioni dei consumatori e degli utenti, di cui all'articolo 137, e di rappresentanti del professionista, e sono nominate a seguito di una procedura trasparente;

b) le persone fisiche incaricate della risoluzione delle controversie devono ricevere un incarico di almeno tre anni per garantire l'indipendenza della loro azione;

c) è fatto obbligo al rappresentante delle associazioni dei consumatori e degli utenti, di cui all'articolo 137, di non avere alcun rapporto lavorativo con il professionista, con un'organizzazione professionale o un'associazione di imprese di cui il professionista sia membro, per l'intera durata dell'incarico e per un periodo di tre anni decorrenti dalla cessazione del proprio incarico nell'organismo ADR, né di avere contributi finanziari diretti da parte degli stessi; gli eventuali contributi erogati dal professionista o dall'organizzazione professionale o dall'associazione di imprese di cui il professionista fa parte, quale parziale rimborso all'associazione dei consumatori per gli oneri sostenuti per prestare assistenza gratuita al consumatore nella procedura ADR, devono essere erogati in modo trasparente, informandone l'autorità competente o secondo le procedure dalla stessa stabilite;

d) è fatto, altresì, obbligo al rappresentante del professionista, se tale rapporto lavorativo non era già in corso al momento di conferimento dell'incarico, di non avere alcun rapporto lavorativo con il professionista, con un'organizzazione professionale o un'associazione di imprese di cui il professionista sia membro, per un periodo di tre anni decorrenti dalla cessazione del proprio incarico nell'organismo ADR;

e) l'organismo di risoluzione delle controversie, ove non abbia distinta soggettività giuridica rispetto al professionista o all'organizzazione professionale o all'associazione di imprese di cui il professionista fa parte, deve essere dotato di sufficiente autonomia e di un organo paritetico di garanzia privo di collegamenti gerarchici o funzionali con il professionista, deve essere chiaramente separato dagli organismi operativi del professionista ed avere a sua disposizione risorse finanziarie sufficienti, distinte dal bilancio generale del professionista, per lo svolgimento dei suoi compiti.

2. Rientrano nelle procedure di cui al comma 1 esclusivamente le negoziazioni paritetiche disciplinate da protocolli di intesa stipulati tra i professionisti o loro associazioni e un numero non inferiore a un terzo delle associazioni dei consumatori e degli utenti, di cui all'articolo 137, nonché quelle disciplinate da protocolli di intesa stipulati nel settore dei servizi pubblici locali secondo i criteri a tal fine indicati nell'accordo sancito in sede di Conferenza unificata Stato-regioni e Stato-città ed autonomie locali del 26 settembre 2013, pubblicato nella *Gazzetta Ufficiale* n. 254 del 29 ottobre 2013.

(1) *Questo articolo è stato inserito dall'art. 1, comma 3, del D.L.vo 6 agosto 2015, n. 130. A norma dell'art. 2, comma 1, dello stesso provvedimento le disposizioni concernenti l'attuazione del regolamento (UE) n. 524/2013 del Parlamento europeo e del Consiglio, del 21 maggio 2013, relativo alla risoluzione delle controversie online dei consumatori, si applicano a decorrere dal 9 gennaio 2016.*

141 *quater*. (1) Trasparenza, efficacia, equità e libertà. – 1. È fatto obbligo agli organismi ADR, di rendere disponibili al pubblico sui loro siti web, su supporto durevole su richiesta e in qualsiasi altra modalità funzionale al perseguimento delle finalità di trasparenza, efficacia, equità e libertà, informazioni chiare e facilmente comprensibili riguardanti:

a) le modalità di contatto, l'indirizzo postale e quello di posta elettronica;

b) il proprio inserimento nell'elenco di cui all'articolo 141 *decies*, secondo comma;

c) le persone fisiche incaricate della procedura ADR, i criteri seguiti per il conferimento dell'incarico nonché per la loro successiva designazione e la durata del loro incarico;

d) la competenza, l'imparzialità e l'indipendenza delle persone fisiche incaricate della procedura ADR qualora siano assunte o retribuite esclusivamente dal professionista;

e) l'eventuale appartenenza a reti di organismi ADR che agevolano la risoluzione delle controversie transfrontaliere;

f) il settore di competenza specifica, incluso, eventualmente, il limite di valore di competenza;

g) le norme che disciplinano la procedura di risoluzione stragiudiziale della controversia per la quale l'organismo di ADR è stato iscritto e i motivi per cui l'organismo ADR può rifiutare di trattare una determinata controversia ai sensi dell'articolo 141 *bis*, comma 2;

h) le lingue nelle quali possono essere presentati i reclami all'organismo ADR e secondo le quali si svolge la procedura ADR;

i) se l'organismo ADR risolve le controversie in base a disposizioni giuridiche, considerazioni di equità, codici di condotta o altri tipi di regole;

l) eventuali attività che le parti sono tenute a rispettare prima di avviare la procedura ADR, incluso il tentativo di risoluzione della controversia mediante negoziazione diretta con il professionista;

m) la possibilità o meno per le parti di ritirarsi dalla procedura;

n) gli eventuali costi che le parti dovranno sostenere, comprese le norme sulla ripartizione delle spese al termine della procedura;

o) la durata media della procedura ADR;

p) l'effetto giuridico dell'esito della procedura ADR;

q) l'esecutività della decisione ADR, nei casi eventualmente previsti dalle norme vigenti.

2. È fatto obbligo agli organismi ADR di rendere disponibili al pubblico sui loro siti web, su un supporto durevole su richiesta e in altra modalità funzionale al perseguimento delle finalità di trasparenza, le relazioni annuali d'attività. Tali relazioni, con riferimento alle controversie sia nazionali che transfrontaliere, devono comprendere le seguenti informazioni:

a) numero di reclami ricevuti e tipologie di controversie cui si riferiscono;

b) eventuali cause sistematiche o significative generatrici delle controversie tra consumatori e professionisti; tali informazioni possono essere accompagnate, se del caso, da raccomandazioni idonee ad evitare o risolvere problematiche analoghe in futuro, a migliorare le norme dei professionisti e ad agevolare lo scambio di informazioni e di migliori prassi;

c) la percentuale di controversie che l'organismo ADR ha rifiutato di trattare e la quota in percentuale dei tipi di motivo per i rifiuti di cui all'articolo 141 *bis*, comma 2;

d) nel caso di procedure di cui dell'articolo 141 *ter*, le quote percentuali di soluzioni proposte a favore del consumatore e a favore del professionista, e di controversie risolte con una composizione amichevole;

e) la quota percentuale delle procedure ADR interrotte e, se noti, i motivi della loro interruzione;

f) il tempo medio necessario per la risoluzione delle controversie;

g) la percentuale di rispetto, se nota, degli esiti delle procedure ADR;

h) l'eventuale cooperazione con organismi ADR all'interno di reti di organismi ADR che agevolano la risoluzione delle controversie transfrontaliere.

3. Le procedure ADR devono rispettare le seguenti prescrizioni:

a) essere disponibili e facilmente accessibili online e offline per entrambe le parti, a prescindere dalla loro ubicazione;

b) consentire la partecipazione alle parti senza obbligo di assistenza legale; è fatto sempre salvo il diritto delle parti di ricorrere al parere di un soggetto indipendente o di essere rappresentate o assistite da terzi in qualsiasi fase della procedura;

c) essere gratuite o disponibili a costi minimi per i consumatori;

d) l'organismo ADR che ha ricevuto una domanda dà alle parti comunicazione dell'avvio della procedura relativa alla controversia non appena riceve il fascicolo completo della domanda;

e) concludersi entro il termine di novanta giorni dalla data di ricevimento del fascicolo completo della domanda da parte dell'organismo ADR; in caso di controversie particolarmente complesse, l'organismo ADR può, a sua discrezione, prorogare il termine fino a un massimo di novanta giorni; le parti devono essere informate di tale proroga e del nuovo termine di conclusione della procedura.

4. Nell'ambito delle procedure ADR deve essere garantito altresì che:

a) le parti abbiano la possibilità, entro un periodo di tempo ragionevole di esprimere la loro opinione, di ottenere dall'organismo ADR le argomentazioni, le prove, i documenti e i fatti presentati dall'altra parte, salvo che la parte non abbia espressamente richiesto che gli stessi debbano restare riservati, le eventuali dichiarazioni rilasciate e opinioni espresse da esperti e di poter esprimere osservazioni in merito;

b) le parti siano informate del fatto che non sono obbligate a ricorrere a un avvocato o consulente legale, ma possono chiedere un parere indipendente o essere rappresentate o assistite da terzi in qualsiasi fase della procedura;

c) alle parti sia notificato l'esito della procedura ADR per iscritto o su un supporto durevole, e sia data comunicazione dei motivi sui quali è fondato.

5. Nell'ipotesi di procedure ADR volte a risolvere la controversia proponendo una soluzione, gli organismi ADR garantiscono che:

a) le parti abbiano la possibilità di ritirarsi dalla procedura in qualsiasi momento. Le parti sono informate di tale diritto prima dell'avvio della procedura. Nel caso in cui è previsto l'obbligo del professionista di aderire alle procedure ADR, la facoltà di ritirarsi dalla procedura spetta esclusivamente al consumatore;

b) le parti, prima di accettare o meno o di dare seguito a una soluzione proposta, siano informate del fatto che:

1) hanno la scelta se accettare o seguire la soluzione proposta o meno;

2) la partecipazione alla procedura non preclude la possibilità di chiedere un risarci-

mento attraverso un normale procedimento giudiziario;

3) la soluzione proposta potrebbe essere diversa dal risultato che potrebbe essere ottenuto con la decisione di un organo giurisdizionale che applichi norme giuridiche;

c) le parti, prima di accettare o meno o di dare seguito a una soluzione proposta, siano informate dell'effetto giuridico che da ciò consegue;

d) le parti, prima di accogliere una soluzione proposta o acconsentire a una soluzione amichevole, dispongano di un periodo di riflessione ragionevole.

(1) *Questo articolo è stato inserito dall'art. 1, comma 3, del D.L.vo 6 agosto 2015, n. 130. A norma dell'art. 2, comma 1, dello stesso provvedimento le disposizioni concernenti l'attuazione del regolamento (UE) n. 524/2013 del Parlamento europeo e del Consiglio, del 21 maggio 2013, relativo alla risoluzione delle controversie online dei consumatori, si applicano a decorrere dal 9 gennaio 2016.*

141 *quinquies*. (1) **Effetti della procedura ADR sui termini di prescrizione e decadenza.** – 1. Dalla data di ricevimento da parte dell'organismo ADR, la relativa domanda produce sulla prescrizione gli effetti della domanda giudiziale. Dalla stessa data, la domanda impedisce altresì la decadenza per una sola volta.

2. Se la procedura ADR fallisce, i relativi termini di prescrizione e decadenza iniziano a decorrere nuovamente dalla data della comunicazione alle parti della mancata definizione della controversia con modalità che abbiano valore di conoscenza legale.

3. Sono fatte salve le disposizioni relative alla prescrizione e alla decadenza contenute negli accordi internazionali di cui l'Italia è parte.

(1) *Questo articolo è stato inserito dall'art. 1, comma 3, del D.L.vo 6 agosto 2015, n. 130. A norma dell'art. 2, comma 1, dello stesso provvedimento le disposizioni concernenti l'attuazione del regolamento (UE) n. 524/2013 del Parlamento europeo e del Consiglio, del 21 maggio 2013, relativo alla risoluzione delle controversie online dei consumatori, si applicano a decorrere dal 9 gennaio 2016.*

141 *sexies*. (1) **Informazioni e assistenza ai consumatori.** – 1. I professionisti stabiliti in Italia che si sono impegnati a ricorrere ad uno o più organismi ADR per risolvere le controversie sorte con i consumatori, sono obbligati ad informare questi ultimi in merito all'organismo o agli organismi competenti per risolvere le controversie sorte con i consumatori. Tali informazioni includono l'indirizzo del sito web dell'organismo ADR pertinente o degli organismi ADR pertinenti.

2. Le informazioni di cui al comma 1 devono essere fornite in modo chiaro, comprensibile e facilmente accessibile sul sito web del professionista, ove esista, e nelle condizioni generali applicabili al contratto di vendita o di servizi stipulato tra il professionista ed il consumatore.

3. Nel caso in cui non sia possibile risolvere una controversia tra un consumatore e un professionista stabilito nel rispettivo territorio in seguito a un reclamo presentato direttamente dal consumatore al professionista, quest'ultimo fornisce al consumatore le informazioni di cui al comma 1, precisando se intenda avvalersi dei pertinenti organismi ADR per risolvere la controversia stessa. Tali informazioni sono fornite su supporto cartaceo o su altro supporto durevole.

4. È fatta salva l'applicazione delle disposizioni relative all'informazione dei consumatori sulle procedure di ricorso extragiudiziale contenute in altri provvedimenti normativi.

5. Con riferimento all'accesso dei consumatori alle controversie transfrontaliere, salvo quanto previsto dalla normativa di settore, gli stessi possono rivolgersi al Centro nazionale della rete europea per i consumatori (ECC-NET) per essere assistiti nell'accesso all'organismo ADR che opera in un altro Stato membro ed è competente a trattare la loro controversia transfrontaliera. Il medesimo Centro nazionale è designato anche come punto di contatto ODR ai sensi dell'articolo 7, paragrafo 1, del regolamento (UE) n. 524/2013 del Parlamento europeo e del Consiglio del 21 maggio 2013, relativo alla risoluzione delle controversie online dei consumatori.

6. È fatto obbligo agli organismi ADR e al Centro nazionale della rete europea per i consumatori (ECC-NET) di rendere disponibile al pubblico sui propri siti web, fornendo un link al sito della Commissione europea, e laddove possibile su supporto durevole nei propri locali, l'elenco degli organismi ADR elaborato e pubblicato dalla Commissione ai sensi dell'articolo 20, paragrafo 4, della direttiva 2013/11/UE del Parlamento europeo e del Consiglio del 21 maggio 2013, sulla risoluzione alternativa delle controversie dei consumatori.

7. L'elenco degli organismi ADR di cui al comma 6 è posto a disposizione delle associazioni di consumatori e delle associazioni di categoria di professionisti che possono renderlo disponibile al pubblico sui loro siti web o in qualsiasi altro modo esse ritengano appropriato.

8. Sul sito istituzionale di ciascuna autorità competente è assicurata la pubblicazione delle informazioni sulle modalità di accesso dei consumatori alle procedure ADR per risolvere le controversie contemplate dal presente titolo.

9. Le autorità competenti incoraggiano le associazioni dei consumatori e degli utenti, di cui all'articolo 137, e le organizzazioni professionali, a diffondere la conoscenza degli organismi e delle procedure ADR e a promuovere l'adozione dell'ADR da parte di professionisti e consumatori. Detti organismi sono altresì incoraggiati a fornire ai consumatori le informazioni relative agli organismi ADR competenti quando ricevono i reclami dai consumatori.

(¹) *Questo articolo è stato inserito dall'art. 1, comma 3, del D.L.vo 6 agosto 2015, n. 130. A norma dell'art. 2, comma 1, dello stesso provvedimento le disposizioni concernenti l'attuazione del regolamento (UE) n. 524/2013 del Parlamento europeo e del Consiglio, del 21 maggio 2013, relativo alla risoluzione delle controversie online dei consumatori, si applicano a decorrere dal 9 gennaio 2016.*

141 *septies*. (¹) Cooperazione. – 1. Le autorità competenti assicurano la cooperazione tra gli organismi ADR nella risoluzione delle controversie transfrontaliere e i regolari scambi con gli altri Stati membri dell'Unione europea delle migliori prassi per quanto concerne la risoluzione delle controversie transfrontaliere e nazionali.

2. Se esiste una rete europea di organismi ADR che agevola la risoluzione delle controversie transfrontaliere in un determinato settore, le autorità competenti incoraggiano ad associarsi a detta rete gli organismi ADR che trattano le controversie di tale settore.

3. Le autorità competenti incoraggiano la cooperazione tra organismi ADR e autorità nazionali preposte all'attuazione degli atti giuridici dell'Unione sulla tutela dei consumatori. Tale cooperazione comprende, in particolare, lo scambio di informazioni sulle prassi vigenti in settori commerciali specifici nei confronti delle quali i consumatori hanno ripetutamente presentato reclami. È incluso anche lo scambio di valutazioni tecniche e informazioni, se già disponibili, da parte delle autorità nazionali agli organismi ADR che ne necessitano per il trattamento di singole controversie.

4. La cooperazione e lo scambio di informazioni di cui ai commi 1, 2 e 3 devono avvenire nel rispetto delle norme sulla protezione dei dati personali di cui al decreto legislativo 30 giugno 2003, n. 196.

5. Sono fatte salve le disposizioni in materia di segreto professionale e commerciale applicabili alle autorità nazionali di cui al comma 3. Gli organismi ADR sono sottoposti al segreto d'ufficio e agli altri vincoli equivalenti di riservatezza previsti dalla normativa vigente.

(¹) *Questo articolo è stato inserito dall'art. 1, comma 3, del D.L.vo 6 agosto 2015, n. 130. A norma dell'art. 2, comma 1, dello stesso provvedimento le disposizioni concernenti l'attuazione del regolamento (UE) n. 524/2013 del Parlamento europeo e del Consiglio, del 21 maggio 2013, relativo alla risoluzione delle controversie online dei consumatori, si applicano a decorrere dal 9 gennaio 2016.*

141 *octies*. (¹) (²) Autorità competenti e punto di contatto unico. – 1. Per lo svolgimento delle funzioni di cui agli articoli 141 *nonies* e 141 *decies*, sono designate le seguenti autorità competenti:

a) Ministero della giustizia unitamente al Ministero dello sviluppo economico, con riferimento al registro degli organismi di mediazione relativo alla materia del consumo, di cui all'articolo 16, commi 2 e 4, del decreto legislativo 4 marzo 2010, n. 28;

b) Commissione nazionale per le società e la borsa (CONSOB), di cui all'articolo 1 della legge 7 giugno 1974, n. 216, con riferimento ai sistemi di risoluzione stragiudiziale delle controversie disciplinati ai sensi dell'articolo 2 del decreto legislativo 8 ottobre 2007, n. 179, e dei regolamenti attuativi, e con oneri a carico delle risorse di cui all'articolo 40, comma 3, della legge 23 dicembre 1994, n. 724, e successive modificazioni, nonché dei soggetti che si avvalgono delle procedure medesime;

b bis) l'Istituto per la vigilanza sulle assicurazioni (IVASS) di cui all'art. 13 del decreto legge 6 luglio 2012, n. 95, convertito, con modificazioni, dalla legge 7 agosto 2012, n. 135, con riferimento ai sistemi di risoluzione stragiudiziale delle controversie disciplinati ai sensi dell'art. 187 *ter* del decreto legislativo 7 settembre 2005, n. 209, e dei regolamenti attuativi, e con oneri a carico delle risorse di cui agli articoli 335 e 336 dello stesso decreto legislativo 7 settembre 2005 n. 209 (³);

c) Autorità di regolazione per energia, reti e ambiente (AEEGSI), di cui all'articolo 2 della legge 14 novembre 1995, n. 481, per il settore di competenza;

d) Autorità per le garanzie nelle comunicazioni (AGCOM), di cui all'articolo 1 della legge 31 luglio 1997, n. 249, per il settore di competenza;

e) Banca d'Italia, con riferimento ai sistemi di risoluzione stragiudiziale delle controversie disciplinati ai sensi dell'articolo 128 *bis* del decreto legislativo 1° settembre 1993, n. 385;

f) altre autorità amministrative indipendenti, di regolazione di specifici settori, ove disciplinino specifiche procedure ADR secondo le proprie competenze;

g) Ministero dello sviluppo economico, con riferimento alle negoziazioni paritetiche di cui all'articolo 141 *ter* relative ai settori non regolamentati o per i quali le relative autorità indipendenti di regolazione non applicano o non adottano specifiche disposizioni, nonché con riferimento agli organismi di conciliazione istituiti ai sensi dell'articolo 2, comma 2, lettera *g*) e comma 4, della legge 29 dicembre 1993, n. 580, limitatamente alle controversie tra consumatori e professionisti, non rientranti nell'elenco di cui alla lettera *a*).

2. Il Ministero dello sviluppo economico è designato punto di contatto unico con la Commissione europea.

3. Al fine di definire uniformità di indirizzo nel compimento delle funzioni delle autorità competenti di cui al comma 1 è istituito presso il Ministero dello sviluppo economico un tavolo di coordinamento e di indirizzo. Lo stesso è composto da un rappresentante per ciascuna autorità competente. Al Ministero dello sviluppo economico è attribuito il compito di convocazione e di raccordo. Al tavolo sono assegnati compiti di definizione degli indirizzi relativi all'attività di iscrizione e di vigilanza delle autorità competenti, nonché ai criteri generali di trasparenza e imparzialità, e alla misura dell'indennità dovuta per il servizio prestato dagli organismi ADR. Ai componenti del predetto tavolo di coordinamento ed indirizzo non spetta alcun compenso, gettone di presenza o altro emolumento comunque denominato e a qualsiasi titolo dovuto.

(1) *Questo articolo è stato inserito dall'art. 1, comma 3, del D.L.vo 6 agosto 2015, n. 130. A norma dell'art. 2, comma 1, dello stesso provvedimento le disposizioni concernenti l'attuazione del regolamento (UE) n. 524/2013 del Parlamento europeo e del Consiglio, del 21 maggio 2013, relativo alla risoluzione delle controversie online dei consumatori, si applicano a decorrere dal 9 gennaio 2016.*

(2) *La denominazione: «Autorità per l'energia elettrica, il gas e il sistema idrico» ovunque ricorre è stata così sostituita dalla attuale: «Autorità di regolazione per energia, reti e ambiente» dall'art. 1, comma 528, della L. 27 dicembre 2017, n. 205, a decorrere dal 1° gennaio 2018.*

(3) *Questa lettera è stata aggiunta dall'art. 4, comma 6, lett.* b), *del D.L.vo 21 maggio 2018, n. 68.*

141 *novies*. (1) Informazioni da trasmettere alle autorità competenti da parte degli organismi di risoluzione delle controversie. – 1. Gli organismi di risoluzione delle controversie che intendono essere considerati organismi ADR ai sensi del presente titolo e inseriti in elenco conformemente all'articolo 141 *decies*, comma 2, devono presentare domanda di iscrizione alla rispettiva autorità competente, indicando:

a) il loro nome o denominazione, le informazioni di contatto e l'indirizzo del sito web;

b) informazioni sulla loro struttura e sul loro finanziamento, comprese le informazioni sulle persone fisiche incaricate della risoluzione delle controversie, sulla loro retribuzione, sul loro mandato e sul loro datore di lavoro;

c) le proprie norme procedurali;

d) le loro tariffe, se del caso;

e) la durata media delle procedure di risoluzione delle controversie;

f) la lingua o le lingue in cui possono essere presentati i reclami e in cui viene svolta la procedura di risoluzione delle controversie;

g) una dichiarazione sui tipi di controversie trattati mediante la procedura di risoluzione delle controversie;

h) i motivi per cui un organismo di risoluzione delle controversie può rifiutare il trattamento di una determinata controversia a norma dell'articolo 141 *bis*, comma 2;

i) una dichiarazione motivata dell'organismo di possedere o meno i requisiti di un organismo ADR che rientra nell'ambito d'applicazione della presente direttiva, e di rispettare o meno i requisiti di qualità di cui al presente titolo.

2. Qualora le informazioni di cui alle lettere da *a*) ad *h*) del comma 1 vengano modificate, gli organismi ADR informano senza indugio l'autorità competente in merito a tali modifiche.

3. Gli organismi di risoluzione delle controversie dinanzi ai quali si svolgono le procedure di cui all'articolo 141 *ter*, oltre a comunicare ai requisiti di cui al comma 1, devono altresì trasmettere le informazioni necessarie a valutare la loro conformità ai requisiti specifici aggiuntivi di indipendenza e di trasparenza di cui al comma 1 dell'articolo 141 *ter*.

4. A far data dal secondo anno di iscrizione al relativo elenco, con cadenza biennale, ogni organismo ADR trasmette alla rispettiva autorità competente informazioni concernenti:

a) il numero di reclami ricevuti ed i tipi di controversie alle quali si riferiscono;

b) la quota percentuale delle procedure ADR interrotte prima di raggiungere il risultato;

c) il tempo medio necessario per la risoluzione delle controversie ricevute;

d) la percentuale di rispetto, se nota, degli esiti delle procedure ADR;

e) eventuali problematiche sistematiche o significative che si verificano di frequente e causano controversie tra consumatori e professionisti. Le informazioni comunicate al riguardo possono essere accompagnate da raccomandazioni sul modo di evitare o risolvere problematiche analoghe in futuro;

f) se del caso, una valutazione dell'efficacia della loro cooperazione all'interno di reti di organismi ADR che agevolano la risoluzione delle controversie transfrontaliere;

g) se prevista, la formazione fornita alle persone fisiche incaricate delle risoluzioni delle controversie di cui all'articolo 141 *bis*, comma 4, lettera *a*);

h) la valutazione dell'efficacia della procedura ADR offerta dall'organismo e di eventuali modi per migliorarla.

(1) *Questo articolo è stato inserito dall'art. 1, comma 3, del D.L.vo 6 agosto 2015, n. 130. A norma dell'art. 2, comma 1, dello stesso provvedimento le disposizioni concernenti l'attuazione del regolamento (UE) n. 524/2013 del Parlamento europeo e del Consiglio, del 21 maggio 2013, relativo alla risoluzione delle controversie online dei consumatori, si applicano a decorrere dal 9 gennaio 2016.*

141 *decies*. (1) **Ruolo delle autorità competenti.** – 1. Presso ciascuna autorità competente è istituito, rispettivamente con decreto ministeriale o con provvedimenti interni, l'elenco degli organismi ADR deputati a gestire le controversie nazionali e transfrontaliere che rientrano nell'ambito di applicazione del presente titolo e che rispettano i requisiti previsti. Ciascuna autorità competente definisce il procedimento per l'iscrizione e verifica il rispetto dei requisiti di stabilità, efficienza, imparzialità, nonché il rispetto del principio di tendenziale non onerosità, per il consumatore, del servizio.

2. Ogni autorità competente provvede all'iscrizione, alla sospensione e alla cancellazione degli iscritti e vigila sull'elenco nonché sui singoli organismi ADR.

3. Ciascuna autorità competente sulla base di propri provvedimenti, tiene l'elenco e disciplina le modalità di iscrizione degli organismi ADR. Tale elenco comprende:

a) il nome, le informazioni di contatto e i siti internet degli organismi ADR di cui al comma 1;

b) le loro tariffe, se del caso;

c) la lingua o le lingue in cui possono essere presentati i reclami e in cui è svolta la procedura ADR;

d) i tipi di controversie contemplati dalla procedura ADR;

e) i settori e le categorie di controversie trattati da ciascun organismo ADR;

f) se del caso, l'esigenza della presenza fisica delle parti o dei loro rappresentanti, compresa una dichiarazione dell'organismo ADR relativa alla possibilità di svolgere la procedura ADR in forma orale o scritta;

g) i motivi per cui un organismo ADR può rifiutare il trattamento di una determinata controversia a norma dell'articolo 141 *bis*, comma 2.

4. Se un organismo ADR non soddisfa più i requisiti di cui al comma 1, l'autorità competente interessata lo contatta per segnalargli tale non conformità, invitandolo a ovviarvi immediatamente. Se allo scadere di un termine di tre mesi l'organismo ADR continua a non soddisfare i requisiti di cui al comma 1, l'autorità competente cancella l'organismo dall'elenco di cui al comma 2. Detto elenco è aggiornato senza indugio e le informazioni pertinenti sono trasmesse al Ministero dello sviluppo economico quale punto di contatto unico con la Commissione europea.

5. Ogni autorità competente notifica senza indugio l'elenco di cui ai commi 1 e 3, e ogni suo successivo aggiornamento, al Ministero dello sviluppo economico quale punto di contatto unico con la Commissione europea.

6. L'elenco e gli aggiornamenti di cui ai commi 2, 3 e 4 relativi agli organismi ADR stabiliti nel territorio della Repubblica italiana sono trasmessi alla Commissione europea dal Ministero dello sviluppo economico quale punto di contatto unico.

7. Ogni autorità competente mette a disposizione del pubblico l'elenco consolidato degli organismi ADR, elaborato dalla Commissione europea e notificato al Ministero dello sviluppo economico quale punto di contatto unico, fornendo sul proprio sito internet un link al pertinente sito internet della Commissione europea. Inoltre, ogni autorità competente mette a disposizione del pubblico tale elenco consolidato su un supporto durevole.

8. Entro il 9 luglio 2018 e successivamente ogni quattro anni, il Ministero dello sviluppo economico, quale punto di contatto unico, con il contributo delle altre autorità competenti, pubblica e trasmette alla Commissione europea una relazione sullo sviluppo e sul funzionamento di tutti gli organismi ADR stabiliti sul territorio della Repubblica Italiana. In particolare, tale relazione:

a) identifica le migliori prassi degli organismi ADR;

b) sottolinea le insufficienze, comprovate da statistiche, che ostacolano il funzionamento degli organismi ADR per le controversie sia nazionali che transfrontaliere, se del caso;

c) elabora raccomandazioni su come migliorare l'efficacia e l'efficienza del funzionamento degli organismi ADR, se del caso.

(1) *Questo articolo è stato inserito dall'art. 1, comma 3, del D.L.vo 6 agosto 2015, n. 130. A norma dell'art. 2, comma 1, dello stesso provvedimento le disposizioni concernenti l'attuazione del regolamento (UE) n. 524/2013 del Parlamento europeo e del Consiglio, del 21 maggio 2013, relativo alla risoluzione delle controversie online dei consumatori, si applicano a decorrere dal 9 gennaio 2016.*

Parte VI
Disposizioni finali

142. Modifiche al codice civile. – 1. Gli articoli 1469 *bis*, 1469 *ter*, 1469 *quater*, 1469 *quinquies* e 1469 *sexies* del codice civile sono sostituiti dal seguente:

«Art. 1469 *bis*. *Contratti del consumatore*. Le disposizioni del presente titolo si applicano ai contratti del consumatore, ove non derogate dal codice del consumo o da altre disposizioni più favorevoli per il consumatore.».

143. Irrinunciabilità dei diritti. – 1. I diritti attribuiti al consumatore dal codice sono irrinunciabili. È nulla ogni pattuizione in contrasto con le disposizioni del codice.

2. Ove le parti abbiano scelto di applicare al contratto una legislazione diversa da quella italiana, al consumatore devono comunque essere riconosciute le condizioni minime di tutela previste dal codice.

144. Aggiornamenti. – 1. Ogni intervento normativo incidente sul codice, o sulle materie dallo stesso disciplinate, va attuato mediante esplicita modifica, integrazione, deroga o sospensione delle specifiche disposizioni in esso contenute.

144 *bis*. (1) Cooperazione tra le autorità nazionali per la tutela dei consumatori. – 1. Il Ministero dello sviluppo economico, salve le disposizioni in materia bancaria, finanziaria, assicurativa e di sistemi di pagamento e le competenze delle autorità indipendenti di settore, che continuano a svolgere le funzioni di autorità competente ai sensi dell'articolo 3, numero 6), del regolamento (UE) 2017/2394 del Parlamento europeo e del Consiglio, del 12 dicembre 2017, nonché le disposizioni vigenti nelle ulteriori materie per le quali è prevista la competenza di altre autorità nazionali, svolge le funzioni di autorità competente, ai sensi del medesimo articolo 3, numero 6), del regolamento (UE) 2017/2394 (2), in materia di:

[*a*) servizi turistici, di cui alla parte III, titolo IV, capo II] (3);

[*b*) clausole abusive nei contratti stipulati con i consumatori, di cui alla parte III, titolo I] (3);

c) garanzia nella vendita dei beni di consumo, di cui alla parte IV, titolo III, capo I;

d) credito al consumo, di cui alla parte III, titolo II, capo II, sezione I;

e) commercio elettronico, di cui alla parte III, titolo III, capo II;

[*f*) contratti negoziati fuori dai locali commerciali, di cui alla parte III, titolo III, capo I, sezione I] (3);

[*g*) contratti a distanza, di cui alla parte III, titolo III, capo I, sezione II] (3);

h) contratti di multiproprietà, contratti relativi ai prodotti per le vacanze di lungo termine, contratti di rivendita e di scambio, di cui alla parte III, titolo IV, capo I (4).

2. Il Ministero dello sviluppo economico e le altre autorità competenti ai sensi dell'articolo 3, numero 6), del regolamento (UE) 2017/2394, che dispongono di tutti i poteri minimi di cui all'articolo 9 dello stesso regolamento e li esercitano conformemente all'articolo 10 del medesimo regolamento, conservano gli ulteriori e più ampi poteri loro attribuiti dalla normativa vigente. Con riferimento alle infrazioni lesive degli interessi collettivi dei consumatori in ambito nazionale, escluse dall'applicazione del citato regolamento (UE) 2017/2394, le autorità di cui al primo periodo del presente comma, fermi restando gli ulteriori e più ampi poteri loro attribuiti dalla normativa vigente, esercitano i medesimi poteri di indagine e di esecuzione di cui all'articolo 9 del citato regolamento, in conformità all'articolo 10 del medesimo regolamento, con facoltà di avvalersi anche di soggetti appositamente incaricati, che acquisiscono i dati, le notizie e le informazioni secondo le competenze e le modalità stabilite dai rispettivi regolamenti (5).

3. Per lo svolgimento dei compiti di cui ai commi 1 e 2, il Ministero dello sviluppo economico può avvalersi delle camere di commercio, industria, artigianato e agricoltura, nonché del Corpo della Guardia di finanza che agisce con i poteri ad esso attribuiti per l'accertamento dell'imposta sul valore aggiunto e delle imposte sui redditi. Può inoltre definire forme di collaborazione con altre pubbliche amministrazioni. Limitatamente

ai poteri di cui all'articolo 139, può avvalersi delle associazioni dei consumatori e degli utenti di cui all'articolo 137.

4. Ferme restando la disciplina sanzionatoria in materia di indicazione dei prezzi di cui all'articolo 17 del presente codice e le disposizioni di cui all'articolo 22, comma 3, del decreto legislativo 31 marzo 1998, n. 114, ai fini dell'applicazione del regolamento (UE) 2017/2394 (6) il Ministero dello sviluppo economico, per lo svolgimento delle funzioni di cui al comma 1, può avvalersi, in particolare, dei comuni.

5. Le procedure istruttorie relative ai poteri di cui al comma 2, nonché relativamente all'applicazione delle sanzioni di cui ai commi 6 e 7, sono stabilite con regolamento emanato ai sensi dell'articolo 17, comma 1, lettera d), della legge 23 agosto 1988, n. 400, in modo da garantire il contraddittorio, la piena cognizione degli atti e la verbalizzazione.

6. Nei casi di rifiuto, omissione o ritardo, senza giustificato motivo, di esibire i documenti o di fornire le informazioni richieste, nell'ambito delle proprie competenze, dal Ministero dello sviluppo economico, riguardanti fattispecie di infrazioni nazionali o intracomunitarie, nonché nel caso in cui siano esibiti documenti o fornite informazioni non veritiere, si applicano le sanzioni di cui all'articolo 27, comma 4.

7. Nei casi di inottemperanza ad impegni assunti nei confronti del Ministero dello sviluppo economico dai soggetti interessati, per porre fine a infrazioni nazionali o intracomunitarie, si applicano le sanzioni di cui all'articolo 27, comma 12.

8. Ai sensi degli articoli 3, numero 6), 5, 9 e 10 del regolamento (UE) 2017/2394 (7), in materia di pratiche commerciali scorrette di cui alla parte II, titolo III, si applicano le disposizioni di cui all'articolo 27, commi 1 e 2, in relazione alle funzioni di autorità competente attribuite all'Autorità garante della concorrenza e del mercato. Per i profili sanzionatori, nell'ambito delle proprie competenze, l'Autorità garante della concorrenza e del mercato provvede ai sensi dell'articolo 27.

9. Il Ministero dello sviluppo economico designa l'ufficio unico di collegamento responsabile dell'applicazione del citato regolamento (UE) 2017/2394 (6).

9 *bis*. L'Autorità garante della concorrenza e del mercato è designata quale organismo responsabile ai sensi dell'articolo 7,paragrafo 1, del regolamento (UE) 2018/302. In relazione al regolamento (UE) 2018/302, l'Autorità garante della concorrenza e del mercato è designata autorità competente ai sensi dell'articolo 5, paragrafo 1, del regolamento (UE) 2017/2394 (8). In materia di accertamento e sanzione delle violazioni del medesimo regolamento (UE) 2018/302, si applica l'articolo 27, commi da 2 a 15, del presente codice (9).

9 *ter*. Il Centro nazionale della rete europea per i consumatori (ECC-NET) è designato quale organismo competente a fornire assistenza ai consumatori in caso di controversia tra un consumatore e un professionista ai sensi dell'articolo 8 del regolamento (UE) 2018/302. Per le finalità di cui al primo periodo si applica la procedura di cui all'articolo 30, comma 1 *bis*, del decreto legislativo 26 marzo 2010, n. 59 (9).

(1) *Questo articolo inserito dall'art. 19 della L. 6 febbraio 2007, n. 13 è stato da ultimo così sostituito dall'art. 22, comma 1, lett.* b) *della L. 7 luglio 2009, n. 88.*

(2) *Le parole: «dell'articolo 3, lettera c), del regolamento (CE) n. 2006/2004 del Parlamento europeo e del Consiglio, del 27 ottobre 2004, nonché le disposizioni vigenti nelle ulteriori materie per le quali è prevista la competenza di altre autorità nazionali, svolge le funzioni di autorità competente, ai sensi del medesimo articolo 3, lettera c), del citato regolamento (CE) n. 2006/2004» sono state così sostituite dalle attuali: «dell'articolo 3, numero 6), del regolamento (UE) 2017/2394 del Parlamento europeo e del Consiglio, del 12 dicembre 2017, nonché le disposizioni vigenti nelle ulteriori materie per le quali è prevista la competenza di altre autorità nazionali, svolge le funzioni di autorità competente, ai sensi del medesimo articolo 3, numero 6), del regolamento (UE) 2017/2394» dall'art. 37, comma 1, lett.* d), *n. 1, della L. 23 dicembre 2021, n. 238.*

(3) *Questa lettera è stata soppressa dall'art. 1, comma 5, del D.L.vo 21 febbraio 2014, n. 21. A norma dell'art. 2, comma 1, del medesimo decreto, tali disposizioni entrano in vigore dal 13 giugno 2014 e si applicano ai contratti conclusi dopo tale data.*

(4) *Le parole: «contratti relativi all'acquisizione di un diritto di godimento ripartito di beni immobili, di cui alla parte III, titolo IV, capo I» sono state così sostituite dalle attuali: «contratti di multiproprietà, contratti relativi ai prodotti per le vacanze di lungo termine, contratti di rivendita e di scambio, di cui alla parte III, titolo IV, capo I» dall'art. 1, comma 5, del D.L.vo 21 febbraio 2014, n. 21. A norma dell'art. 2, comma 1, del medesimo decreto, tali disposizioni entrano in vigore dal 13 giugno 2014 e si applicano ai contratti conclusi dopo tale data.*

(5) *Questo comma è stato così sostituito dall'art. 39, comma 1, lett.* d), *n. 2, della L. 23 dicembre 2021, n. 238.*

(6) *Le parole: «regolamento (CE) n. 2006/2004» sono state così sostituite dalle attuali: «regolamento (UE) 2017/2394» dall'art. 37, comma 1, lett.* d), *n. 3, della L. 23 dicembre 2021, n. 238.*

(7) *Le parole: «degli articoli 3, lettera c), e 4, del citato regolamento (CE) n. 2006/2004» sono state così sostituite dalle attuali: «degli articoli 3, numero 6), 5, 9 e 10 del regolamento (UE) 2017/2394» dall'art. 37, comma 1, lett.* d), *n. 4, della L. 23 dicembre 2021, n. 238.*

(8) *Le parole: «svolge le funzioni di autorità competente ai sensi dell'articolo 3, lettera c), del regolamento*

(CE) n. 2006/2004 del Parlamento europeo e del Consiglio, del 27 ottobre 2004, sulla cooperazione tra le autorità nazionali responsabili dell'esecuzione della normativa che tutela i consumatori» sono state così sostituite dalle attuali: «è designata autorità competente ai sensi dell'articolo 5, paragrafo 1, del regolamento (UE) 2017/2394» dall'art. 37, comma 1, lett. d), *n. 5, della L. 23 dicembre 2021, n. 238.*

([9]) Questo comma è stato aggiunto dall'art. 6, comma 1, lett. b), *della L. 3 maggio 2019, n. 37.*

145. Competenze delle regioni e delle province autonome. – 1. Sono fatte salve le disposizioni adottate dalle regioni e dalle province autonome di Trento e di Bolzano nell'esercizio delle proprie competenze legislative in materia di educazione e informazione del consumatore.

146. Abrogazioni. – 1. Dalla data di entrata in vigore del presente codice sono abrogati:

a) il decreto del Presidente della Repubblica 24 maggio 1988, n. 224, così come modificato dal decreto legislativo 2 febbraio 2001, n. 25, recante attuazione della direttiva 85/374/CEE, relativa al ravvicinamento delle disposizioni legislative, regolamentari e amministrative degli Stati membri in materia di responsabilità per danno da prodotti difettosi, ai sensi dell'articolo 15 della legge 16 aprile 1987, n. 183;

b) la legge 10 aprile 1991, n. 126, così come modificata dalla legge 22 febbraio 1994, n. 146, recante norme per l'informazione del consumatore;

c) il decreto legislativo 15 gennaio 1992, n. 50, recante attuazione della direttiva 85/577/CEE, in materia di contratti negoziati fuori dei locali commerciali;

d) decreto legislativo 25 gennaio 1992, n. 74, così come modificato dal decreto legislativo 25 febbraio 2000, n. 67, recante attuazione della direttiva 84/450/CEE, in materia di pubblicità ingannevole e comparativa;

e) decreto legislativo 17 marzo 1995, n. 111, così come modificato dalla legge 5 marzo 2001, n. 57, recante attuazione della direttiva 90/314/CEE, concernente i viaggi, le vacanze ed i circuiti «tutto compreso»;

f) la legge 30 luglio 1998, n. 281, recante disciplina dei diritti dei consumatori e degli utenti, così come modificata dalla legge 24 novembre 2000, n. 340, dal decreto legislativo 23 aprile 2001, n. 224, e dall'articolo 11 della legge 1° marzo 2002, n. 39, recante disposizioni per l'adempimento di obblighi derivanti dall'appartenenza dell'Italia alle Comunità europee – legge comunitaria 2001, sono fatte salve le disposizioni di cui all'articolo 7, con riferimento alle attività promozionali del Consiglio nazionale dei consumatori e degli utenti di cui all'articolo 136 e alle agevolazioni di cui all'articolo 138;

g) il decreto legislativo 9 novembre 1998, n 427, recante attuazione della direttiva 94/47/CE, concernente la tutela dell'acquirente per taluni aspetti dei contratti relativi all'acquisizione di un diritto di godimento a tempo parziale di beni immobili;

h) il decreto legislativo 22 maggio 1999, n 185, recante attuazione della direttiva 97/7/CE, relativa alla protezione dei consumatori in materia di contratti a distanza;

i) il decreto legislativo 25 febbraio 2000, n 63, recante attuazione della direttiva 98/7/CE, che modifica la direttiva 87/102/CEE, in materia di credito al consumo;

l) il decreto legislativo 25 febbraio 2000, n. 67, recante attuazione della direttiva 97/55/CE, che modifica la direttiva 84/450/CEE, in materia di pubblicità ingannevole e comparativa;

m) il decreto legislativo 25 febbraio 2000, n. 84, recante attuazione della direttiva 98/6/CE, relativa alla protezione dei consumatori in materia di indicazione dei prezzi offerti ai medesimi;

n) il decreto legislativo 23 aprile 2001, n. 224, recante attuazione della direttiva 98/27/CE, relativa a provvedimenti inibitori a tutela degli interessi dei consumatori;

o) il decreto legislativo 21 maggio 2004, n. 172, recante attuazione della direttiva 2001/95/CE, relativa alla sicurezza generale dei prodotti;

p) il comma 7 dell'articolo 18 del decreto legislativo 31 marzo 1998, n. 114, recante riforma della disciplina relativa al settore del commercio, a norma dell'articolo 4, comma 4, della legge 15 marzo 1997, n. 59;

q) il comma 9 dell'articolo 19 del decreto legislativo 31 marzo 1998, n. 114, recante riforma della disciplina relativa al settore del commercio, a norma dell'articolo 4, comma 4, della legge 15 marzo 1997, n. 59;

r) commi 4 e 5 dell'articolo 125 del testo unico delle leggi in materia bancaria e creditizia, di cui al decreto legislativo 1° settembre 1993, n. 385, e successive modificazioni;

s) gli articoli 1519 *bis*, 1519 *ter*, 1519 *quater*, 1519 *quinquies*, 1519 *sexies*, 1519 *septies*, 1519 *octies* e 1519 *nonies* del codice civile;

t) la legge 6 aprile 2005, n. 49, recante modifiche all'articolo 7 del decreto legislativo 25 gennaio 1992, n. 74, in materia di messaggi pubblicitari ingannevoli diffusi attraverso mezzi di comunicazione.

2. Dalla data di entrata in vigore del presente codice restano abrogati:

a) il decreto del Presidente della Repubblica 23 agosto 1982, n. 903, recante attuazione della direttiva 79/581/CEE, relativa alla indicazione dei prezzi dei prodotti alimentari ai fini della protezione dei consumatori;

b) il decreto legislativo 25 gennaio 1992, n. 76, recante attuazione della direttiva 88/315/CEE, concernente l'indicazione dei prezzi dei prodotti alimentari ai fini della protezione dei consumatori;

c) il decreto legislativo 27 gennaio 1992, n. 78, recante attuazione della direttiva 88/314/CEE, concernente l'indicazione dei prezzi dei prodotti non alimentari ai fini della protezione dei consumatori;

d) il decreto legislativo 17 marzo 1995, n. 115, recante attuazione della direttiva 92/59/CEE, relativa alla sicurezza generale dei prodotti.

(*Si omettono gli allegati*)

2.

D.L.vo 20 dicembre 2009, n. 198. Attuazione dell'articolo 4 della legge 4 marzo 2009, n. 15, in materia di ricorso per l'efficienza delle amministrazioni e dei concessionari di servizi pubblici (*Gazzetta Ufficiale* Serie gen. - n. 303 del 31 dicembre 2009).

1. Presupposti dell'azione e legittimazione ad agire. – 1. Al fine di ripristinare il corretto svolgimento della funzione o la corretta erogazione di un servizio, i titolari di interessi giuridicamente rilevanti ed omogenei per una pluralità di utenti e consumatori possono agire in giudizio, con le modalità stabilite nel presente decreto, nei confronti delle amministrazioni pubbliche e dei concessionari di servizi pubblici, se derivi una lesione diretta, concreta ed attuale dei propri interessi, dalla violazione di termini o dalla mancata emanazione di atti amministrativi generali obbligatori e non aventi contenuto normativo da emanarsi obbligatoriamente entro e non oltre un termine fissato da una legge o da un regolamento, dalla violazione degli obblighi contenuti nelle carte di servizi ovvero dalla violazione di standard qualitativi ed economici stabiliti, per i concessionari di servizi pubblici, dalle autorità preposte alla regolazione ed al controllo del settore e, per le pubbliche amministrazioni, definiti dalle stesse in conformità alle disposizioni in materia di performance contenute nel decreto legislativo 27 ottobre 2009, n. 150, coerentemente con le linee guida definite dalla Commissione per la valutazione, la trasparenza e l'integrità delle amministrazioni pubbliche di cui all'articolo 13 del medesimo decreto e secondo le scadenze temporali definite dal decreto legislativo 27 ottobre 2009, n. 150.

1 *bis*. Nel giudizio di sussistenza della lesione di cui al comma 1 il giudice tiene conto delle risorse strumentali, finanziarie, e umane concretamente a disposizione delle parti intimate.

1 *ter*. Sono escluse dall'applicazione del presente decreto le autorità amministrative indipendenti, gli organi giurisdizionali, le assemblee legislative e gli altri organi costituzionali nonché la Presidenza del Consiglio dei Ministri.

2. Del ricorso è data immediatamente notizia sul sito istituzionale dell'amministrazione o del concessionario intimati; il ricorso è altresì comunicato al Ministro per la pubblica amministrazione e l'innovazione.

3. I soggetti che si trovano nella medesima situazione giuridica del ricorrente possono intervenire nel termine di venti giorni liberi prima dell'udienza di discussione del ricorso che viene fissata d'ufficio, in una data compresa tra il novantesimo ed il centoventesimo giorno dal deposito del ricorso.

4. Ricorrendo i presupposti di cui al comma 1, il ricorso può essere proposto anche da associazioni o comitati a tutela degli interessi dei propri associati, appartenenti alla pluralità di utenti e consumatori di cui al comma 1.

5. Il ricorso è proposto nei confronti degli enti i cui organi sono competenti a esercitare le funzioni o a gestire i servizi cui sono riferite le violazioni e le omissioni di cui al comma 1. Gli enti intimati informano immediatamente della proposizione del ricorso il dirigente responsabile di ciascun ufficio coinvolto, il quale può intervenire nel giudizio. Il giudice, nella prima udienza, se ritiene che le violazioni o le omissioni sono ascrivibili ad enti ulteriori o diversi da quelli intimati, ordina l'integrazione del contraddittorio.

6. Il ricorso non consente di ottenere il risarcimento del danno cagionato dagli atti e dai comportamenti di cui al comma 1; a tal fine, restano fermi i rimedi ordinari.

7. Il ricorso è devoluto alla giurisdizione esclusiva del giudice amministrativo e le questioni di competenza sono rilevabili anche d'ufficio.

2. Rapporti con le competenze di regolazione e controllo e con i giudizi instaurati ai sensi degli articoli 139, 140 e 140 *bis* del co-

dice del consumo, di cui al decreto legislativo 6 settembre 2005, n. 206. – 1. Il ricorso di cui all'articolo 1 non può essere proposto se un organismo con funzione di regolazione e di controllo istituito con legge statale o regionale e preposto al settore interessato ha instaurato e non ancora definito un procedimento volto ad accertare le medesime condotte oggetto dell'azione di cui all'articolo 1, né se, in relazione alle medesime condotte, sia stato instaurato un giudizio ai sensi degli articoli 139, 140 e 140 *bis* del codice del consumo, di cui al decreto legislativo 6 settembre 2005, n. 206.

2. Nell'ipotesi in cui il procedimento di cui al comma 1 o un giudizio instaurato ai sensi degli articoli 139 e 140 del codice del consumo, di cui al decreto legislativo 6 settembre 2005, n. 206, sono iniziati dopo la proposizione del ricorso di cui all'articolo 1, il giudice di quest'ultimo ne dispone la sospensione fino alla definizione dei predetti procedimenti o giudizi. A seguito del passaggio in giudicato della sentenza che definisce nel merito il giudizio instaurato ai sensi dei citati articoli 139 e 140, il ricorso di cui all'articolo 1 diviene improcedibile. In ogni altro caso, quest'ultimo deve essere riassunto entro centoventi giorni dalla definizione del procedimento di cui al comma 1, ovvero dalla definizione con pronuncia non di merito sui giudizi instaurati ai sensi degli stessi articoli 139 e 140, altrimenti è perento.

3. Il soggetto contro cui è stato proposto il ricorso giurisdizionale di cui all'articolo 1 comunica immediatamente al giudice l'eventuale pendenza o la successiva instaurazione del procedimento di cui ai commi 1 e 2, ovvero di alcuno dei giudizi ivi indicati, per l'adozione dei conseguenti provvedimenti rispettivamente previsti dagli stessi commi 1 e 2.

3. Procedimento. – 1. Il ricorrente notifica preventivamente, anche con le modalità di cui all'articolo 48 del decreto legislativo 7 marzo 2005, n. 82 (1) una diffida all'amministrazione o al concessionario ad effettuare, entro il termine di novanta giorni, gli interventi utili alla soddisfazione degli interessati. La diffida è notificata all'organo di vertice dell'amministrazione o del concessionario, che assume senza ritardo le iniziative ritenute opportune, individua il settore in cui si è verificata la violazione, l'omissione o il mancato adempimento di cui all'articolo 1, comma 1, e cura che il dirigente competente provveda a rimuoverne le cause. Tutte le iniziative assunte sono comunicate all'autore della diffida. Le pubbliche amministrazioni determinano, per ciascun settore di propria competenza, il procedimento da seguire a seguito di una diffida notificata ai sensi del presente comma. L'amministrazione o il concessionario destinatari della diffida, se ritengono che la violazione, l'omissione o il mancato adempimento sono imputabili altresì ad altre amministrazioni o concessionari, invitano il privato a notificare la diffida anche a questi ultimi. La diffida è altresì comunicata dall'amministrazione pubblica o dal concessionario di servizi pubblici interessati al Ministro per la pubblica amministrazione e l'innovazione (2).

2. Il ricorso è proponibile se, decorso il termine di cui al primo periodo del comma 1, l'amministrazione o il concessionario non ha provveduto, o ha provveduto in modo parziale, ad eliminare la situazione denunciata. Il ricorso può essere proposto entro il termine perentorio di un anno dalla scadenza del termine di cui al primo periodo del comma 1. Il ricorrente ha l'onere di comprovare la notifica della diffida di cui al comma 1 e la scadenza del termine assegnato per provvedere, nonché di dichiarare nel ricorso la persistenza, totale o parziale, della situazione denunciata.

3. In luogo della diffida di cui al comma 1, il ricorrente, se ne ricorrono i presupposti, può promuovere la risoluzione non giurisdizionale della controversia ai sensi dell'articolo 30 della legge 18 giugno 2009, n. 69; in tal caso, se non si raggiunge la conciliazione delle parti, il ricorso è proponibile entro un anno dall'esito di tali procedure.

(1) *Le parole: «, anche con le modalità di cui all'articolo 48 del decreto legislativo 7 marzo 2005, n. 82» sono state inserite dall'art. 33, comma 2, lett.* a), *del D.L.vo 30 dicembre 2010, n. 235.*

(2) *Questo periodo è stato aggiunto dall'art. 33, comma 2, lett.* b), *del D.L.vo 30 dicembre 2010, n. 235.*

4. Sentenza. – 1. Il giudice accoglie la domanda se accerta la violazione, l'omissione o l'inadempimento di cui all'articolo 1, comma 1, ordinando alla pubblica amministrazione o al concessionario di porvi rimedio entro un congruo termine, nei limiti delle risorse strumentali, finanziarie ed umane già assegnate in via ordinaria e senza nuovi o maggiori oneri per la finanza pubblica.

2. Della sentenza che definisce il giudizio è data notizia con le stesse modalità previste per il ricorso dall'articolo 1, comma 2.

3. La sentenza che accoglie la domanda nei confronti di una pubblica amministrazione è comunicata, dopo il passaggio in giudicato, agli organismi con funzione di regolazione e di controllo preposti al settore interessato, alla Commissione e all'Organismo di cui agli

articoli 13 e 14 del decreto legislativo 27 ottobre 2009, n. 150, alla procura regionale della Corte dei conti per i casi in cui emergono profili di responsabilità erariale, nonché agli organi preposti all'avvio del giudizio disciplinare e a quelli deputati alla valutazione dei dirigenti coinvolti, per l'eventuale adozione dei provvedimenti di rispettiva competenza.

4. La sentenza che accoglie la domanda nei confronti di un concessionario di pubblici servizi è comunicata all'amministrazione vigilante per le valutazioni di competenza in ordine all'esatto adempimento degli obblighi scaturenti dalla concessione e dalla convenzione che la disciplina.

5. L'amministrazione individua i soggetti che hanno concorso a cagionare le situazioni di cui all'articolo 1, comma 1, e adotta i conseguenti provvedimenti di propria competenza.

6. Le misure adottate in ottemperanza alla sentenza sono pubblicate sul sito istituzionale del Ministro per la pubblica amministrazione e l'innovazione e sul sito istituzionale dell'amministrazione o del concessionario soccombente in giudizio.

5. Ottemperanza. – 1. Nei casi di perdurante inottemperanza di una pubblica amministrazione si applicano le disposizioni di cui all'articolo 27, comma 1, n. 4, del regio decreto 26 giugno 1924, n. 1054.

2. La sentenza di accoglimento del ricorso di cui al comma 1 è comunicata alla Commissione e all'Organismo di cui agli articoli 13 e 14 del decreto legislativo 27 ottobre 2009, n. 150, nonché alla procura regionale della Corte dei conti per i casi in cui emergono profili di responsabilità erariale.

6. Monitoraggio. – 1. La Presidenza del Consiglio dei Ministri provvede al monitoraggio dell'attuazione delle disposizioni di cui al presente decreto, anche ai fini degli eventuali interventi correttivi di cui all'articolo 2, comma 3, della legge 4 marzo 2009, n. 15.

7. Norma transitoria. – 1. In ragione della necessità di definire in via preventiva gli obblighi contenuti nelle carte di servizi e gli standard qualitativi ed economici di cui all'articolo 1, comma 1, e di valutare l'impatto finanziario e amministrativo degli stessi nei rispettivi settori, la concreta applicazione del presente decreto alle amministrazioni ed ai concessionari di servizi pubblici è determinata, fatto salvo quanto stabilito dal comma 2, anche progressivamente, con uno o più decreti del Presidente del Consiglio dei Ministri, su proposta del Ministro per la pubblica amministrazione e l'innovazione, di concerto con il Ministro dell'economia e delle finanze e di concerto, per quanto di competenza, con gli altri Ministri interessati.

2. In ragione della necessità di definire in via preventiva gli obblighi contenuti nelle carte di servizi e gli standard qualitativi ed economici di cui all'articolo 1, comma 1, e di valutare l'impatto finanziario e amministrativo degli stessi nei rispettivi settori, la concreta applicazione del presente decreto alle regioni ed agli enti locali è determinata, anche progressivamente, con uno o più decreti del Presidente del Consiglio dei Ministri, su proposta del Ministro per la pubblica amministrazione e l'innovazione, di concerto con il Ministro dell'economia e delle finanze, su conforme parere della Conferenza unificata di cui all'articolo 8 del decreto legislativo 28 agosto 1997, n. 281.

8. Invarianza finanziaria. – 1. Dall'attuazione del presente provvedimento non devono derivare nuovi o maggiori oneri a carico della finanza pubblica.

3.

D.L.vo 23 maggio 2011, n. 79. Codice della normativa statale in tema di ordinamento e mercato del turismo, a norma dell'articolo 14 della legge 28 novembre 2005, n. 246, nonché attuazione della direttiva 2008/122/CE, relativa ai contratti di multiproprietà, contratti relativi ai prodotti per le vacanze di lungo termine, contratti di rivendita e di scambio (Suppl. ord. alla *Gazzetta Ufficiale* Serie gen. - n. 129 del 6 giugno 2011) (1) (2) (3) (4).

(1) *La denominazione: «Ministero per i beni e le attività culturali e per il turismo» sostituisce, ad ogni effetto e ovunque presente in provvedimenti legislativi e regolamentari, la denominazione: «Ministero per i beni e le attività culturali», a norma dell'art. 1, comma 16, del D.L. 21 settembre 2019, n. 104, convertito, con modificazioni, nella L. 18 novembre 2019, n. 132.*

(2) *A norma dell'art. 2, comma 3, del D.L. 1 marzo 2021, n. 22, convertito, con modificazioni, nella L. 22 aprile 2021, n. 55, la denominazione: «Ministro dell'ambiente e della tutela del territorio e del mare» è stata così sostituita, a ogni effetto e ovunque presente, dalla attuale: «Ministro della transizione ecologica».*

(3) *A norma dell'art. 5, comma 2, del D.L. 1° marzo 2021, n. 22, convertito, con modificazioni, nella L. 22 aprile 2021, n. 55, la denominazione: «Ministro delle infrastrutture e dei trasporti» è stata così sostituita, a ogni effetto e ovunque presente, dalla attuale: «Ministro delle infrastrutture e della mobilità sostenibili».*

(4) *A norma dell'art. 6, comma 3, del D.L. 1° marzo 2021, n. 22, convertito, con modificazioni, nella L. 22 aprile 2021, n. 55, la denominazione: «Ministero per i*

beni e le attività culturali e per il turismo» è stata così sostituita, ad ogni effetto e ovunque presente, dalla attuale: «Ministero della cultura».

Con riguardo alle funzioni in materia di turismo, la denominazione «Ministero del turismo» sostituisce, ad ogni effetto e ovunque presente, la denominazione «Ministero per i beni e le attività culturali e per il turismo».

(*Estratto*)

1. Approvazione del codice della normativa statale in tema di ordinamento e mercato del turismo. - 1. È approvato il codice della normativa statale in tema di ordinamento e mercato del turismo, di cui all'allegato 1.

ALLEGATO 1
(*previsto dall'articolo 1*)

CODICE DELLA NORMATIVA STATALE IN TEMA DI ORDINAMENTO E MERCATO DEL TURISMO

Titolo I
Disposizioni generali

Capo I
Dei principi generali

1. Ambito di applicazione. - 1. Il presente codice reca, nei limiti consentiti dalla competenza statale, norme necessarie all'esercizio unitario delle funzioni amministrative in materia di turismo ed altre nome in materia riportabili alle competenze dello Stato, provvedendo al riordino, al coordinamento e all'integrazione delle disposizioni legislative statali vigenti, nel rispetto dell'ordinamento dell'Unione europea e delle attribuzioni delle regioni e degli enti locali (1).

(1) *La Corte costituzionale, con sentenza n. 80 del 2 aprile 2012, ha dichiarato l'illegittimità costituzionale di questo comma, nella parte in cui dispone l'approvazione dell'art. 1, limitatamente alle parole: «necessarie all'esercizio unitario delle funzioni amministrative» e «ed altre norme in materia»*

2. (1) **Principi sulla produzione del diritto in materia turistica.** - 1. L'intervento legislativo dello Stato nella materia del turismo è consentito quando il suo oggetto principale costituisce esercizio di una autonoma competenza legislativa statale esclusiva o concorrente.

2. L'intervento legislativo dello Stato in materia di turismo è, altresì, consentito quando sussistono le seguenti esigenze di carattere unitario:

a) valorizzazione, sviluppo e competitività, a livello interno ed internazionale, del settore turistico quale fondamentale risorsa del Paese;

b) riordino e unitarietà dell'offerta turistica italiana.

3. Le funzioni amministrative, esercitate dallo Stato di cui ai commi 1 e 2, sono attribuite al Presidente del Consiglio dei Ministri o al Ministro delegato.

(1) *La Corte costituzionale, con sentenza n. 80 del 2 aprile 2012, ha dichiarato l'illegittimità costituzionale di questo articolo.*

NOTE OPERATIVE:

Responsabilità: L'istituto della multiproprietà immobiliare, che si caratterizza per il diritto di godimento turnario di un medesimo bene da parte di una pluralità di soggetti, richiede che sia in concreto individuata la quota di ciascun comproprietario, come effettiva entità della partecipazione al godimento dell'alloggio (C.C. 6750/18).

3. (1) **Principi in tema di turismo accessibile.** - 1. In attuazione dell'articolo 30 della Convenzione delle Nazioni Unite sui diritti delle persone con disabilità, fatta a New York il 13 dicembre 2006, ratificata e resa esecutiva con la legge 3 marzo 2009, n. 18, lo Stato assicura che le persone con disabilità motorie, sensoriali e intellettive possano fruire dell'offerta turistica in modo completo e in autonomia, ricevendo servizi al medesimo livello di qualità degli altri fruitori senza aggravi del prezzo. Tali garanzie sono estese agli ospiti delle strutture ricettive che soffrono di temporanea mobilità ridotta.

2. Ai fini di cui al comma 1, lo Stato promuove la fattiva collaborazione tra le autonomie locali, gli enti pubblici, gli operatori turistici, le associazioni delle persone con disabilità e le organizzazioni del turismo sociale.

3. È considerato atto discriminatorio impedire alle persone con disabilità motorie, sensoriali e intellettive, di fruire, in modo completo ed in autonomia, dell'offerta turistica, esclusivamente per motivi comunque connessi o riferibili alla loro disabilità.

(1) *La Corte costituzionale, con sentenza n. 80 del 2 aprile 2012, ha dichiarato l'illegittimità costituzionale di questo articolo.*

Titolo VI
Contratti

Capo I
Contratti del turismo organizzato [1] [2]

[1] *Questo Capo è stato così sostituito dall'art. 1, comma 1, del D.L.vo 21 maggio 2018, n. 62.*
[2] *A norma dell'art. 3, comma 1, del D.L.vo 21 maggio 2018, n. 62, le disposizioni di cui al citato decreto entrano in vigore il 1° luglio 2018 e si applicano ai contratti conclusi a decorrere da tale data.*

Sezione I
Pacchetti turistici
e servizi turistici collegati

32. Ambito di applicazione. - 1. Le disposizioni del presente Capo si applicano ai pacchetti offerti in vendita o venduti da professionisti a viaggiatori e ai servizi turistici collegati la cui offerta o vendita a viaggiatori è agevolata da professionisti.

2. Le disposizioni del presente Capo non si applicano a:

a) pacchetti e servizi turistici collegati la cui durata sia inferiore alle 24 ore, salvo che sia incluso un pernottamento;

b) pacchetti e servizi turistici collegati la cui offerta o vendita a viaggiatori è agevolata dalle associazioni di cui all'articolo 5, laddove agiscano occasionalmente, comunque non più di due volte l'anno, senza fini di lucro e soltanto a un gruppo limitato di viaggiatori, senza offerta al pubblico; le predette associazioni sono comunque tenute a fornire a professionisti e viaggiatori informazioni adeguate sul fatto che tali pacchetti o servizi turistici collegati non sono soggetti alla presente disciplina;

c) pacchetti e servizi turistici collegati acquistati nell'ambito di un accordo generale per l'organizzazione di viaggi di natura professionale concluso tra un professionista e un'altra persona fisica o giuridica che agisce nell'ambito della propria attività commerciale, imprenditoriale, artigianale o professionale.

3. Per quanto non previsto dal presente Capo, si applicano le disposizioni del codice del consumo di cui al decreto legislativo 6 settembre 2005, n. 206.

33. Definizioni. - 1. Ai fini del presente Capo s'intende per:

a) "servizio turistico":

1) il trasporto di passeggeri;

2) l'alloggio che non costituisce parte integrante del trasporto di passeggeri e non è destinato a fini residenziali, o per corsi di lingua di lungo periodo;

3) il noleggio di auto, di altri veicoli a motore ai sensi del decreto del Ministro delle infrastrutture e dei trasporti 28 aprile 2008, pubblicato nella *Gazzetta Ufficiale* della Repubblica italiana n. 162 del 12 luglio 2008, o di motocicli che richiedono una patente di guida di categoria A, a norma del decreto legislativo 16 gennaio 2013, n. 2;

4) qualunque altro servizio turistico che non costituisce parte integrante di uno dei servizi turistici di cui ai numeri 1), 2) o 3), e non sia un servizio finanziario o assicurativo;

b) "servizio turistico integrativo": servizi accessori quali, tra gli altri, il trasporto del bagaglio fornito nell'ambito del trasporto dei passeggeri; l'uso di parcheggi a pagamento nell'ambito delle stazioni o degli aeroporti; il trasporto passeggeri su brevi distanze in occasione di visite guidate o i trasferimenti tra una struttura ricettiva e una stazione di viaggio con altri mezzi; l'organizzazione di attività di intrattenimento o sportive; la fornitura di pasti, di bevande e la pulizia forniti nell'ambito dell'alloggio; la fruizione di biciclette, sci e altre dotazioni della struttura ricettiva ovvero l'accesso a strutture in loco, quali piscine, spiagge, palestre, saune, centri benessere o termali, incluso per i clienti dell'albergo; qualunque altro servizio integrativo tipico anche secondo la prassi locale;

c) "pacchetto": la combinazione di almeno due tipi diversi di servizi turistici ai fini dello stesso viaggio o della stessa vacanza, se si verifica almeno una delle seguenti condizioni:

1) tali servizi sono combinati da un unico professionista, anche su richiesta del viaggiatore o conformemente a una sua selezione, prima che sia concluso un contratto unico per tutti i servizi;

2) tali servizi, anche se conclusi con contratti distinti con singoli fornitori di servizi turistici, sono:

2.1) acquistati presso un unico punto vendita e selezionati prima che il viaggiatore acconsenta al pagamento;

2.2) offerti, venduti o fatturati a un prezzo forfettario o globale;

2.3) pubblicizzati o venduti sotto la denominazione "pacchetto" o denominazione analoga;

2.4) combinati dopo la conclusione di un contratto con cui il professionista consente al viaggiatore di scegliere tra una selezione di tipi diversi di servizi turistici, oppure acquistati presso professionisti distinti attraverso processi collegati di prenotazione per via telematica ove il nome del viaggiatore, gli estremi del pagamento e l'indirizzo di posta elettronica siano trasmessi dal professionista con cui è concluso il primo contratto a uno o più professionisti e il contratto con quest'ultimo o questi ultimi professionisti sia concluso al più tardi 24 ore dopo la conferma della prenotazione del primo servizio turistico (1) (2);

d) "contratto di pacchetto turistico": il contratto relativo all'intero pacchetto oppure, se il pacchetto è fornito in base a contratti distinti, l'insieme dei contratti riguardanti i servizi turistici inclusi nel pacchetto;

e) "inizio del pacchetto": l'inizio dell'esecuzione dei servizi turistici inclusi nel pacchetto;

f) "servizio turistico collegato": almeno due tipi diversi di servizi turistici acquistati ai fini dello stesso viaggio o della stessa vacanza, che non costituiscono un pacchetto, e che comportano la conclusione di contratti distinti con i singoli fornitori di servizi turistici, se un professionista agevola, alternativamente:

1) al momento di un'unica visita o un unico contatto con il proprio punto vendita, la selezione distinta e il pagamento distinto di ogni servizio turistico da parte dei viaggiatori;

2) l'acquisto mirato di almeno un servizio turistico aggiuntivo presso un altro professionista quando tale acquisto è concluso entro le 24 ore dalla conferma della prenotazione del primo servizio turistico;

g) "viaggiatore": chiunque intende concludere un contratto, stipula un contratto o è autorizzato a viaggiare in base a un contratto concluso, nell'ambito di applicazione del presente Capo (3) (2);

h) "professionista": qualsiasi persona fisica o giuridica pubblica o privata che, nell'ambito della sua attività commerciale, industriale, artigianale o professionale agisce, nei contratti oggetto del presente Capo, anche tramite altra persona che opera in suo nome o per suo conto, in veste di organizzatore, venditore, professionista che agevola servizi turistici collegati o di fornitore di servizi turistici, ai sensi della normativa vigente;

i) "organizzatore": un professionista che combina pacchetti e li vende o li offre in vendita direttamente o tramite o unitamente a un altro professionista, oppure il professionista che trasmette i dati relativi al viaggiatore a un altro professionista conformemente alla lettera c), numero 2.4);

l) "venditore": il professionista diverso dall'organizzatore che vende o offre in vendita pacchetti combinati da un organizzatore;

m) "stabilimento": lo stabilimento definito dall'articolo 8, comma 1, lettera e), del decreto legislativo 26 marzo 2010, n. 59;

n) "supporto durevole": ogni strumento che permette al viaggiatore o al professionista di conservare le informazioni che gli sono personalmente indirizzate in modo da potervi accedere in futuro per un periodo di tempo adeguato alle finalità cui esse sono destinate e che consente la riproduzione identica delle informazioni memorizzate;

o) "circostanze inevitabili e straordinarie": una situazione fuori dal controllo della parte che invoca una tale situazione e le cui conseguenze non sarebbero state evitate nemmeno adottando tutte le ragionevoli misure;

p) "difetto di conformità": un inadempimento dei servizi turistici inclusi in un pacchetto;

q) "minore": persona di età inferiore ai 18 anni;

r) "punto vendita": qualsiasi locale, mobile o immobile, adibito alla vendita al dettaglio o sito web di vendita al dettaglio o analogo strumento di vendita online, anche nel caso in cui siti web di vendita al dettaglio o strumenti di vendita online sono presentati ai viaggiatori come un unico strumento, compreso il servizio telefonico;

s) "rientro": il ritorno del viaggiatore al luogo di partenza o ad altro luogo concordato dalle parti contraenti.

2. Non è un pacchetto turistico una combinazione di servizi turistici in cui sono presenti uno dei tipi di servizi turistici di cui al comma 1, lettera a), numeri 1), 2) o 3), combinati con uno o più dei servizi turistici di cui al comma 1, lettera a), numero 4), se tali ultimi servizi non rappresentano una parte pari o superiore al 25 per cento del valore della combinazione e non sono pubblicizzati, né rappresentano altrimenti un elemento essenziale della combinazione, oppure sono selezionati e acquistati solo dopo l'inizio dell'esecuzione di un servizio turistico di cui al comma 1, lettera a), numeri 1), 2) o 3).

3. La fatturazione separata degli elementi di uno stesso pacchetto di cui al comma 1, lettera b), non sottrae l'organizzatore o il venditore agli obblighi del presente Capo.

4. Non costituisce un servizio turistico collegato l'acquisto di uno dei tipi di servizi turistici di cui al comma 1, lettera a), numeri 1), 2) o 3), con uno o più dei servizi turistici di cui al comma 1, lettera a), numero 4), se

questi ultimi servizi non rappresentano una porzione significativa pari o superiore al 25 per cento del valore combinato dei servizi e non sono pubblicizzati come un elemento essenziale del viaggio o della vacanza e non ne costituiscono, comunque, un elemento essenziale.

(1) *A norma dell'art. 2, comma 2, del D.L.vo 21 maggio 2018, n. 62, ai pacchetti di cui a questa lettera si applicano gli articoli 49, comma 7, 51, commi 2 e 6, 62, 64 e 65 del decreto legislativo 6 settembre 2005, n. 206, fatto salvo quanto previsto dall'articolo 47, comma 1, lettera g), del medesimo decreto, come modificato ai sensi del comma 1.*

(2) *A norma dell'art. 3, comma 1, del D.L.vo 21 maggio 2018, n. 62, le disposizioni di cui al citato decreto entrano in vigore il 1° luglio 2018 e si applicano ai contratti conclusi a decorrere da tale data.*

(3) *A norma dell'art. 2, comma 2, del D.L.vo 21 maggio 2018, n. 62, ai viaggiatori di cui a questa lettera si applicano gli articoli 49, comma 7, 51, commi 2 e 6, 62, 64 e 65 del decreto legislativo 6 settembre 2005, n. 206, fatto salvo quanto previsto dall'articolo 47, comma 1, lettera g), del medesimo decreto, come modificato ai sensi del comma 1.*

Sezione II
Obblighi di informazione e contenuto del contratto di pacchetto turistico

34. Informazioni precontrattuali. - 1. Prima della conclusione del contratto di pacchetto turistico o di un'offerta corrispondente, l'organizzatore e, nel caso in cui il pacchetto sia venduto tramite un venditore, anche quest'ultimo, forniscono al viaggiatore il pertinente modulo informativo standard di cui all'allegato A, parte I o parte II, al presente codice, nonché le seguenti informazioni:

a) le caratteristiche principali dei servizi turistici, quali:

1) la destinazione o le destinazioni del viaggio, l'itinerario e i periodi di soggiorno con relative date e, se è incluso l'alloggio, il numero di notti comprese;

2) i mezzi, le caratteristiche e le categorie di trasporto, i luoghi, le date e gli orari di partenza e ritorno, la durata e la località di sosta intermedia e le coincidenze; nel caso in cui l'orario esatto non sia ancora stabilito, l'organizzatore e, se del caso, il venditore, informano il viaggiatore dell'orario approssimativo di partenza e ritorno;

3) l'ubicazione, le caratteristiche principali e, ove prevista, la categoria turistica dell'alloggio ai sensi della regolamentazione del paese di destinazione;

4) i pasti forniti;

5) le visite, le escursioni o altri servizi inclusi nel prezzo totale pattuito del pacchetto;

6) i servizi turistici prestati al viaggiatore in quanto membro di un gruppo e, in tal caso, le dimensioni approssimative del gruppo;

7) la lingua in cui sono prestati i servizi;

8) se il viaggio o la vacanza sono idonei a persone a mobilità ridotta e, su richiesta del viaggiatore, informazioni precise sull'idoneità del viaggio o della vacanza che tenga conto delle esigenze del viaggiatore;

b) la denominazione commerciale e l'indirizzo geografico dell'organizzatore e, ove presente, del venditore, i loro recapiti telefonici e indirizzi di posta elettronica;

c) il prezzo totale del pacchetto comprensivo di tasse e tutti i diritti, imposte e altri costi aggiuntivi, ivi comprese le eventuali spese amministrative e di gestione delle pratiche, oppure, ove questi non siano ragionevolmente calcolabili prima della conclusione del contratto, un'indicazione del tipo di costi aggiuntivi che il viaggiatore potrebbe dover ancora sostenere;

d) le modalità di pagamento, compresi l'eventuale importo o percentuale del prezzo da versare a titolo di acconto e il calendario per il versamento del saldo, o le garanzie finanziarie che il viaggiatore è tenuto a pagare o fornire;

e) il numero minimo di persone richiesto per il pacchetto e il termine di cui all'articolo 41, comma 5, lettera *a*), prima dell'inizio del pacchetto per l'eventuale risoluzione del contratto in caso di mancato raggiungimento del numero;

f) le informazioni di carattere generale concernenti le condizioni in materia di passaporto e visti, compresi i tempi approssimativi per l'ottenimento dei visti e le formalità sanitarie del paese di destinazione;

g) le informazioni sulla facoltà per il viaggiatore di recedere dal contratto in qualunque momento prima dell'inizio del pacchetto dietro pagamento di adeguate spese di recesso, o, se previste, delle spese di recesso standard richieste dall'organizzatore ai sensi dell'articolo 41, comma 1;

h) le informazioni sulla sottoscrizione facoltativa o obbligatoria di un'assicurazione che copra le spese di recesso unilaterale dal contratto da parte del viaggiatore o le spese di assistenza, compreso il rientro, in caso di infortunio, malattia o decesso;

i) gli estremi della copertura di cui all'articolo 47, commi 1, 2 e 3.

2. Per i contratti di pacchetto turistico di cui all'articolo 33, comma 1, lettera d), stipu-

lati per telefono, l'organizzatore o il professionista fornisce al viaggiatore le informazioni standard di cui all'allegato A, parte II, al presente decreto, e le informazioni di cui al comma 1.

3. Con riferimento ai pacchetti acquistati presso professionisti distinti di cui all'articolo 33, comma 1, lettera *c*), numero 2.4), l'organizzatore e il professionista a cui sono trasmessi i dati garantiscono che ciascuno di essi fornisca, prima che il viaggiatore sia vincolato da un contratto o da un'offerta corrispondente, le informazioni elencate al comma 1, nella misura in cui esse sono pertinenti ai rispettivi servizi turistici offerti. Contemporaneamente, l'organizzatore fornisce inoltre le informazioni standard del modulo di cui all'allegato A, parte III, al presente codice.

4. Le informazioni di cui ai commi 1, 2 e 3 sono fornite in modo chiaro e preciso e, ove sono fornite per iscritto, devono essere leggibili.

35. Carattere vincolante delle informazioni precontrattuali e conclusione del contratto di pacchetto turistico. – 1. Le informazioni fornite al viaggiatore ai sensi dell'articolo 34, comma 1, lettere *a*), *c*), *d*), *e*) e *g*), formano parte integrante del contratto di pacchetto turistico e non possono essere modificate salvo accordo esplicito delle parti contraenti.

2. L'organizzatore e il venditore comunicano al viaggiatore tutte le modifiche delle informazioni precontrattuali in modo chiaro ed evidente prima della conclusione del contratto di pacchetto turistico.

3. Se l'organizzatore e il venditore non hanno ottemperato agli obblighi in materia di informazione sulle imposte, sui diritti o su altri costi aggiuntivi di cui all'articolo 34, comma 1, lettera c), prima della conclusione del contratto di pacchetto turistico, il viaggiatore non è tenuto al pagamento di tali costi.

36. Contenuto del contratto di pacchetto turistico e documenti da fornire prima dell'inizio del pacchetto. – 1. I contratti di pacchetto turistico sono formulati in un linguaggio semplice e chiaro e, ove in forma scritta, leggibile.

2. Al momento della conclusione del contratto di pacchetto turistico o, comunque, appena possibile, l'organizzatore o il venditore, fornisce al viaggiatore una copia o una conferma del contratto su un supporto durevole.

3. Il viaggiatore ha diritto a una copia cartacea qualora il contratto di pacchetto turistico sia stato stipulato alla contemporanea presenza fisica delle parti.

4. Per quanto riguarda i contratti negoziati fuori dei locali commerciali, definiti all'articolo 45, comma 1, lettera *h*), del decreto legislativo 6 settembre 2005, n. 206, una copia o la conferma del contratto di pacchetto turistico è fornita al viaggiatore su carta o, se il viaggiatore acconsente, su un altro supporto durevole.

5. Il contratto di pacchetto turistico o la sua conferma riportano l'intero contenuto dell'accordo che contiene tutte le informazioni di cui all'articolo 34, comma 1, nonché le seguenti:

a) le richieste specifiche del viaggiatore accettate dall'organizzatore;

b) una dichiarazione attestante che l'organizzatore è responsabile dell'esatta esecuzione di tutti i servizi turistici inclusi nel contratto ai sensi dell'articolo 42 ed è tenuto a prestare assistenza qualora il viaggiatore si trovi in difficoltà ai sensi dell'articolo 45;

c) il nome e i recapiti, compreso l'indirizzo geografico, del soggetto incaricato della protezione in caso d'insolvenza;

d) il nome, l'indirizzo, il numero di telefono, l'indirizzo di posta elettronica e, se presente, il numero di fax del rappresentante locale dell'organizzatore, di un punto di contatto o di un altro servizio che consenta al viaggiatore di comunicare rapidamente ed efficacemente con l'organizzatore per chiedere assistenza o per rivolgere eventuali reclami relativi a difetti di conformità riscontrati durante l'esecuzione del pacchetto;

e) il fatto che il viaggiatore sia tenuto a comunicare, senza ritardo, eventuali difetti di conformità rilevati durante l'esecuzione del pacchetto ai sensi dell'articolo 42, comma 2;

f) nel caso di minori, non accompagnati da un genitore o altra persona autorizzata, che viaggiano in base a un contratto di pacchetto turistico che include l'alloggio, le informazioni che consentono di stabilire un contatto diretto con il minore o il responsabile del minore nel suo luogo di soggiorno;

g) informazioni riguardo alle esistenti procedure di trattamento dei reclami e ai meccanismi di risoluzione alternativa delle controversie (ADR – Alternative Dispute Resolution), ai sensi del decreto legislativo 6 settembre 2005, n. 206 e, se presente, all'organismo ADR da cui il professionista è disciplinato e alla piattaforma di risoluzione delle controversie online ai sensi del regolamento (UE) n. 524/2013;

h) informazioni sul diritto del viaggiatore di cedere il contratto a un altro viaggiatore ai sensi dell'articolo 38.

6. Con riferimento ai pacchetti acquistati presso professionisti distinti di cui all'articolo 33, comma 1, lettera *b*), numero 2.4), il professionista a cui i dati sono trasmessi informa l'organizzatore della conclusione del contratto che porterà alla creazione di un pacchetto e fornisce all'organizzatore le informazioni necessarie ad adempiere ai suoi obblighi. L'organizzatore fornisce tempestivamente al viaggiatore le informazioni di cui al comma 5 su un supporto durevole.

7. Le informazioni di cui ai commi 5 e 6 sono presentate in modo chiaro e preciso.

8. In tempo utile prima dell'inizio del pacchetto, l'organizzatore fornisce al viaggiatore le ricevute, i buoni e i biglietti necessari, le informazioni sull'orario della partenza previsto e il termine ultimo per l'accettazione, nonché gli orari delle soste intermedie, delle coincidenze e dell'arrivo.

37. Onere della prova e divieto di fornire informazioni ingannevoli. – 1. L'onere della prova relativo all'adempimento degli obblighi di informazione di cui alla presente sezione è a carico del professionista.

2. È fatto comunque divieto di fornire informazioni ingannevoli sulle modalità del servizio offerto, sul prezzo e sugli altri elementi del contratto qualunque sia il mezzo mediante il quale dette informazioni vengono comunicate al viaggiatore.

Sezione III
Modifiche al contratto
di pacchetto turistico
prima dell'inizio del pacchetto

38. Cessione del contratto di pacchetto turistico a un altro viaggiatore. – 1. Il viaggiatore, previo preavviso dato all'organizzatore su un supporto durevole entro e non oltre sette giorni prima dell'inizio del pacchetto, può cedere il contratto di pacchetto turistico a una persona che soddisfa tutte le condizioni per la fruizione del servizio.

2. Il cedente e il cessionario del contratto di pacchetto turistico sono solidalmente responsabili per il pagamento del saldo del prezzo e degli eventuali diritti, imposte e altri costi aggiuntivi, ivi comprese le eventuali spese amministrative e di gestione delle pratiche, risultanti da tale cessione.

3. L'organizzatore informa il cedente dei costi effettivi della cessione, che non possono essere irragionevoli e non eccedono le spese realmente sostenute dall'organizzatore in conseguenza della cessione del contratto di pacchetto turistico, e fornisce al cedente la prova relativa ai diritti, alle imposte o agli altri costi aggiuntivi risultanti dalla cessione del contratto.

39. Revisione del prezzo. – 1. Dopo la conclusione del contratto di pacchetto turistico, i prezzi possono essere aumentati soltanto se il contratto lo prevede espressamente e precisa che il viaggiatore ha diritto a una riduzione del prezzo, nonché le modalità di calcolo della revisione del prezzo. In tal caso, il viaggiatore ha diritto ad una riduzione del prezzo corrispondente alla diminuzione dei costi di cui al comma 2, lettere a), b) e c), che si verifichi dopo la conclusione del contratto e prima dell'inizio del pacchetto.

2. Gli aumenti di prezzo sono possibili esclusivamente in conseguenza di modifiche riguardanti:

a) il prezzo del trasporto di passeggeri in funzione del costo del carburante o di altre fonti di energia;

b) il livello di tasse o diritti sui servizi turistici inclusi nel contratto imposti da terzi non direttamente coinvolti nell'esecuzione del pacchetto, comprese le tasse di atterraggio, di sbarco e d'imbarco nei porti e negli aeroporti;

c) i tassi di cambio pertinenti al pacchetto.

3. Se l'aumento di prezzo di cui al presente articolo eccede l'8 per cento del prezzo complessivo del pacchetto, si applica l'articolo 40, commi 2, 3, 4 e 5.

4. Un aumento di prezzo, indipendentemente dalla sua entità, è possibile solo previa comunicazione chiara e precisa su supporto durevole da parte dell'organizzatore al viaggiatore, unitamente alla giustificazione di tale aumento e alle modalità di calcolo, almeno venti giorni prima dell'inizio del pacchetto.

5. In caso di diminuzione del prezzo, l'organizzatore ha diritto a detrarre le spese amministrative e di gestione delle pratiche effettive dal rimborso dovuto al viaggiatore, delle quali è tenuto a fornire la prova su richiesta del viaggiatore.

40. Modifica di altre condizioni del contratto di pacchetto turistico. – 1. Prima dell'inizio del pacchetto, l'organizzatore non può unilateralmente modificare le condizioni del contratto diverse dal prezzo ai sensi dell'articolo 39, salvo che si sia riservato tale diritto nel contratto e la modifica sia di scarsa importanza. L'organizzatore comunica la modifica al viaggiatore in modo chiaro e preciso su un supporto durevole.

2. Se, prima dell'inizio del pacchetto, l'organizzatore è costretto a modificare in modo significativo una o più caratteristiche principali dei servizi turistici di cui all'articolo 34, comma 1, lettera a), o non può soddisfare le richieste specifiche di cui all'articolo 36, comma 5, lettera a), oppure propone di aumentare il prezzo del pacchetto di oltre l'8 per cento ai sensi dell'articolo 39, comma 3, il viaggiatore, entro un periodo ragionevole specificato dall'organizzatore, può accettare la modifica proposta oppure recedere dal contratto senza corrispondere spese di recesso. In caso di recesso, l'organizzatore può offrire al viaggiatore un pacchetto sostitutivo di qualità equivalente o superiore.

3. L'organizzatore informa, senza ingiustificato ritardo, il viaggiatore in modo chiaro e preciso su un supporto durevole:

a) delle modifiche proposte di cui al comma 2 e della loro incidenza sul prezzo del pacchetto ai sensi del comma 4;

b) di un periodo ragionevole entro il quale il viaggiatore è tenuto a informare l'organizzatore della sua decisione ai sensi del comma 2;

c) delle conseguenze della mancata risposta del viaggiatore entro il periodo di cui alla lettera b) e dell'eventuale pacchetto sostitutivo offerto e del relativo prezzo.

4. Se le modifiche del contratto di pacchetto turistico o del pacchetto sostitutivo di cui al comma 2 comportano un pacchetto di qualità o costo inferiore, il viaggiatore ha diritto a un'adeguata riduzione del prezzo.

5. In caso di recesso dal contratto di pacchetto turistico ai sensi del comma 2, se il viaggiatore non accetta un pacchetto sostitutivo, l'organizzatore rimborsa senza ingiustificato ritardo e in ogni caso entro quattordici giorni dal recesso dal contratto tutti i pagamenti effettuati da o per conto del viaggiatore e si applicano le disposizioni di cui all'articolo 43, commi 2, 3, 4, 5, 6, 7, 8.

41. Diritto di recesso prima dell'inizio del pacchetto. – 1. Il viaggiatore può recedere dal contratto di pacchetto turistico in ogni momento prima dell'inizio del pacchetto, dietro rimborso all'organizzatore delle spese sostenute, adeguate e giustificabili, del cui ammontare quest'ultimo fornisce motivazione al viaggiatore che ne faccia richiesta.

2. Il contratto di pacchetto turistico può prevedere spese standard per il recesso ragionevoli, calcolate in base al momento di recesso dal contratto e ai risparmi di costo attesi e agli introiti previsti che derivano dalla riallocazione dei servizi turistici.

3. In assenza di specificazione delle spese standard di recesso, l'importo delle spese di recesso corrisponde al prezzo del pacchetto diminuito dei risparmi di costo e degli introiti che derivano dalla riallocazione dei servizi turistici.

4. In caso di circostanze inevitabili e straordinarie verificatesi nel luogo di destinazione o nelle sue immediate vicinanze e che hanno un'incidenza sostanziale sull'esecuzione del pacchetto o sul trasporto di passeggeri verso la destinazione, il viaggiatore ha diritto di recedere dal contratto, prima dell'inizio del pacchetto, senza corrispondere spese di recesso, ed al rimborso integrale dei pagamenti effettuati per il pacchetto, ma non ha diritto a un indennizzo supplementare.

5. L'organizzatore può recedere dal contratto di pacchetto turistico e offrire al viaggiatore il rimborso integrale dei pagamenti effettuati per il pacchetto, ma non è tenuto a versare un indennizzo supplementare se:

a) il numero di persone iscritte al pacchetto è inferiore al minimo previsto dal contratto e l'organizzatore comunica il recesso dal contratto al viaggiatore entro il termine fissato nel contratto e in ogni caso non più tardi di venti giorni prima dell'inizio del pacchetto in caso di viaggi che durano più di sei giorni, di sette giorni prima dell'inizio del pacchetto in caso di viaggi che durano tra due e sei giorni, di quarantotto ore prima dell'inizio del pacchetto nel caso di viaggi che durano meno di due giorni;

b) l'organizzatore non è in grado di eseguire il contratto a causa di circostanze inevitabili e straordinarie e comunica il recesso dal medesimo al viaggiatore senza ingiustificato ritardo prima dell'inizio del pacchetto.

6. L'organizzatore procede a tutti i rimborsi prescritti a norma dei commi 4 e 5 oppure, con riguardo a quanto previsto ai commi 1, 2 e 3, rimborsa qualunque pagamento effettuato da o per conto del viaggiatore per il pacchetto dopo aver detratto le adeguate spese, senza ingiustificato ritardo e in ogni caso entro quattordici giorni dal recesso. Nei casi di cui ai commi 4 e 5, si determina la risoluzione dei contratti funzionalmente collegati stipulati con terzi.

7. In caso di contratti negoziati fuori dei locali commerciali, il viaggiatore ha diritto di

recedere dal contratto di pacchetto turistico entro un periodo di cinque giorni dalla data della conclusione del contratto o dalla data in cui riceve le condizioni contrattuali e le informazioni preliminari se successiva, senza penali e senza fornire alcuna motivazione. Nei casi di offerte con tariffe sensibilmente diminuite rispetto alle offerte correnti, il diritto di recesso è escluso. In tale ultimo caso, l'organizzatore documenta la variazione di prezzo evidenziando adeguatamente l'esclusione del diritto di recesso.

Sezione IV
Esecuzione del pacchetto

42. Responsabilità dell'organizzatore per l'inesatta esecuzione del pacchetto e per la sopravvenuta impossibilità in corso d'esecuzione del pacchetto. – 1. L'organizzatore è responsabile dell'esecuzione dei servizi turistici previsti dal contratto di pacchetto turistico, indipendentemente dal fatto che tali servizi turistici devono essere prestati dall'organizzatore stesso, dai suoi ausiliari o preposti quando agiscono nell'esercizio delle loro funzioni, dai terzi della cui opera si avvale o da altri fornitori di servizi turistici, ai sensi dell'articolo 1228 del codice civile.

2. Il viaggiatore, ai sensi degli articoli 1175 e 1375 del codice civile, informa l'organizzatore, direttamente o tramite il venditore, tempestivamente, tenuto conto delle circostanze del caso, di eventuali difetti di conformità rilevati durante l'esecuzione di un servizio turistico previsto dal contratto di pacchetto turistico.

3. Se uno dei servizi turistici non è eseguito secondo quanto pattuito nel contratto di pacchetto turistico, l'organizzatore pone rimedio al difetto di conformità, a meno che ciò risulti impossibile oppure risulti eccessivamente oneroso, tenendo conto dell'entità del difetto di conformità e del valore dei servizi turistici interessati dal difetto. Se l'organizzatore non pone rimedio al difetto, si applica l'articolo 43.

4. Fatte salve le eccezioni di cui al comma 3, se l'organizzatore non pone rimedio al difetto di conformità entro un periodo ragionevole fissato dal viaggiatore in relazione alla durata e alle caratteristiche del pacchetto, con la contestazione effettuata ai sensi del comma 2, il viaggiatore può ovviare personalmente al difetto e chiedere il rimborso delle spese necessarie, ragionevoli e documentate; se l'organizzatore rifiuta di porre rimedio al difetto di conformità o se è necessario ovviarvi immediatamente non occorre che il viaggiatore specifichi un termine.

5. Se un difetto di conformità, ai sensi dell'articolo 1455 del codice civile, costituisce un inadempimento di non scarsa importanza dei servizi turistici inclusi in un pacchetto e l'organizzatore non vi ha posto rimedio entro un periodo ragionevole stabilito dal viaggiatore in relazione alla durata e alle caratteristiche del pacchetto, con la contestazione effettuata ai sensi del comma 2, il viaggiatore può, senza spese, risolvere di diritto e con effetto immediato il contratto di pacchetto turistico o, se del caso, chiedere, ai sensi dell'articolo 43, una riduzione del prezzo, salvo comunque l'eventuale risarcimento dei danni. In caso di risoluzione del contratto, se il pacchetto comprendeva il trasporto dei passeggeri, l'organizzatore provvede anche al rientro del viaggiatore con un trasporto equivalente senza ingiustificato ritardo e senza costi aggiuntivi per il viaggiatore.

6. Laddove è impossibile assicurare il rientro del viaggiatore, l'organizzatore sostiene i costi dell'alloggio necessario, ove possibile di categoria equivalente a quanto era previsto dal contratto, per un periodo non superiore a tre notti per viaggiatore o per il periodo più lungo eventualmente previsto dalla normativa dell'Unione europea relativa ai diritti dei passeggeri, applicabile ai pertinenti mezzi di trasporto.

7. La limitazione dei costi di cui al comma 6 non si applica alle persone a mobilità ridotta, definite dall'articolo 2, paragrafo 1, lettera *a*), del regolamento (CE) n. 1107/2006, e ai loro accompagnatori, alle donne in stato di gravidanza, ai minori non accompagnati e alle persone bisognose di assistenza medica specifica, purché l'organizzatore abbia ricevuto comunicazione delle loro particolari esigenze almeno quarantotto ore prima dell'inizio del pacchetto. L'organizzatore non può invocare circostanze inevitabili e straordinarie per limitare la responsabilità di cui al presente comma qualora il fornitore del servizio di trasporto non possa far valere le stesse circostanze ai sensi della normativa dell'Unione europea applicabile.

8. Se per circostanze sopravvenute non imputabili all'organizzatore è impossibile fornire, in corso d'esecuzione, una parte sostanziale, per valore o qualità, della combinazione dei servizi turistici pattuiti nel contratto di pacchetto turistico, l'organizzatore offre, senza supplemento di prezzo a carico del viaggiatore, soluzioni alternative adeguate di qualità, ove possibile equivalente o

superiore, rispetto a quelle specificate nel contratto, affinché l'esecuzione del pacchetto possa continuare, inclusa l'eventualità che il ritorno del viaggiatore al luogo di partenza non sia fornito come concordato. Se le soluzioni alternative proposte comportano un pacchetto di qualità inferiore rispetto a quella specificata nel contratto di pacchetto turistico, l'organizzatore concede al viaggiatore un'adeguata riduzione del prezzo.

9. Il viaggiatore può respingere le soluzioni alternative proposte solo se non sono comparabili a quanto convenuto nel contratto di pacchetto turistico o se la riduzione del prezzo concessa è inadeguata.

10. Se è impossibile predisporre soluzioni alternative o il viaggiatore respinge le soluzioni alternative proposte, conformi a quanto indicato dal comma 8, al viaggiatore è riconosciuta una riduzione del prezzo. In caso di inadempimento dell'obbligo di offerta di cui al comma 8 si applica il comma 5.

11. Laddove, a causa di circostanze sopravvenute non imputabili all'organizzatore, è impossibile assicurare il rientro del viaggiatore come pattuito nel contratto di pacchetto turistico, si applicano i commi 6 e 7.

43. Riduzione del prezzo e risarcimento dei danni. – 1. Il viaggiatore ha diritto a un'adeguata riduzione del prezzo per il periodo durante il quale vi sia stato difetto di conformità, a meno che l'organizzatore dimostri che tale difetto è imputabile al viaggiatore.

2. Il viaggiatore ha diritto di ricevere dall'organizzatore, senza ingiustificato ritardo, il risarcimento adeguato per qualunque danno che può aver subito in conseguenza di un difetto di conformità.

3. Al viaggiatore non è riconosciuto il risarcimento dei danni se l'organizzatore dimostra che il difetto di conformità è imputabile al viaggiatore o a un terzo estraneo alla fornitura dei servizi turistici inclusi nel contratto di pacchetto turistico ed è imprevedibile o inevitabile oppure è dovuto a circostanze inevitabili e straordinarie.

4. All'organizzatore si applicano le limitazioni previste dalle convenzioni internazionali in vigore che vincolano l'Italia o l'Unione europea, relative alla misura del risarcimento o alle condizioni a cui è dovuto da parte di un fornitore che presta un servizio turistico incluso in un pacchetto.

5. Il contratto di pacchetto turistico può prevedere la limitazione del risarcimento dovuto dall'organizzatore, salvo che per i danni alla persona o quelli causati intenzionalmente o per colpa, purché tale limitazione non sia inferiore al triplo del prezzo totale del pacchetto.

6. Qualunque diritto al risarcimento o alla riduzione del prezzo ai sensi del presente Capo non pregiudica i diritti dei viaggiatori previsti dal regolamento (CE) n. 261/2004, dal regolamento (CE) n. 1371/2007, dal regolamento (CE) n. 392/2009, dal regolamento (UE) n. 1177/2010 e dal regolamento (UE) n. 181/2011 del Parlamento europeo e del Consiglio, nonché dalle convenzioni internazionali, fermo restando che il risarcimento o la riduzione del prezzo concessi ai sensi del presente Capo e il risarcimento o la riduzione del prezzo concessi ai sensi di detti regolamenti e convenzioni internazionali sono detratti gli uni dagli altri.

7. Il diritto alla riduzione del prezzo o al risarcimento dei danni previsti dal presente articolo si prescrive in due anni, a decorrere dalla data del rientro del viaggiatore nel luogo di partenza, fatto salvo quanto previsto al comma 8.

8. Il diritto al risarcimento dei danni alla persona si prescrive in tre anni a decorrere dalla data del rientro del viaggiatore nel luogo di partenza o nel più lungo periodo previsto per il risarcimento del danno alla persona dalle disposizioni che regolano i servizi compresi nel pacchetto.

NOTE OPERATIVE:

Responsabilità: L'obbligazione propria del tour operator si distingue da quella dell'intermediario, radicandosi questa seconda nella obbligazione di scegliere con oculatezza l'organizzatore, nel trasmettere tempestivamente le prenotazioni, incassare il prezzo e restituirlo in caso di annullamento (C.C. 13511/22).

44. Possibilità di contattare l'organizzatore tramite il venditore. – 1. Il viaggiatore può indirizzare messaggi, richieste o reclami relativi all'esecuzione del pacchetto direttamente al venditore tramite il quale l'ha acquistato, il quale, a propria volta, inoltra tempestivamente tali messaggi, richieste o reclami all'organizzatore.

2. Ai fini del rispetto dei termini o dei periodi di prescrizione, la data in cui il venditore riceve messaggi, richieste o reclami di cui al comma 1 è considerata la data di ricezione anche per l'organizzatore.

NOTE OPERATIVE:

Ambito di applicazione: La norma deve essere interpretata nel senso che l'espressione "danni alla persona" comprende tutti i danni di carattere non patrimoniale di cui all'art. 2059 c.c., ivi inclusi i danni morali da vacanza rovinata (C.C. 5271/23).

45. Obbligo di prestare assistenza. – 1. L'organizzatore presta adeguata assistenza senza ritardo al viaggiatore che si trova in difficoltà anche nelle circostanze di cui all'articolo 42, comma 7, in particolare fornendo le opportune informazioni riguardo ai servizi sanitari, alle autorità locali e all'assistenza consolare e assistendo il viaggiatore nell'effettuare comunicazioni a distanza e aiutandolo a trovare servizi turistici alternativi.

2. L'organizzatore può pretendere il pagamento di un costo ragionevole per tale assistenza qualora il problema sia causato intenzionalmente dal viaggiatore o per sua colpa, nei limiti delle spese effettivamente sostenute.

46. Risarcimento del danno da vacanza rovinata. – 1. Nel caso in cui l'inadempimento delle prestazioni che formano oggetto del pacchetto non è di scarsa importanza ai sensi dell'articolo 1455 del codice civile, il viaggiatore può chiedere all'organizzatore o al venditore, secondo la responsabilità derivante dalla violazione dei rispettivi obblighi assunti con i rispettivi contratti, oltre ed indipendentemente dalla risoluzione del contratto, un risarcimento del danno correlato al tempo di vacanza inutilmente trascorso ed all'irripetibilità dell'occasione perduta.

2. Il diritto al risarcimento si prescrive in tre anni, ovvero nel più lungo periodo per il risarcimento del danno alla persona previsto dalle disposizioni che regolano i servizi compresi nel pacchetto, a decorrere dalla data del rientro del viaggiatore nel luogo di partenza.

NOTE OPERATIVE:

Presupposti: Il danno non patrimoniale da vacanza rovinata, secondo quanto espressamente previsto in attuazione della direttiva n. 90/314/CEE/UE), costituisce uno dei casi previsti dalla legge ai sensi dell'art. 2059 c.c., ed è, pertanto, risarcibile all'esito del riscontro della gravità della lesione e della serietà del danno, da apprezzarsi alla stregua del bilanciamento del principio di tolleranza delle lesioni minime e della condizione concreta delle parti (C.C. 26142/23).

Sezione V
Protezione in caso d'insolvenza o fallimento

47. Efficacia e portata della protezione in caso d'insolvenza o fallimento. – 1. L'organizzatore e il venditore stabiliti sul territorio nazionale sono coperti da contratto di assicurazione per la responsabilità civile a favore del viaggiatore per il risarcimento dei danni derivanti dalla violazione dei rispettivi obblighi assunti con i rispettivi contratti.

2. I contratti di organizzazione di pacchetto turistico sono assistiti da polizze assicurative o garanzie bancarie che, per i viaggi all'estero e i viaggi che si svolgono all'interno di un singolo Paese, ivi compresi i viaggi in Italia, nei casi di insolvenza o fallimento dell'organizzatore o del venditore garantiscono, senza ritardo su richiesta del viaggiatore, il rimborso del prezzo versato per l'acquisto del pacchetto e il rientro immediato del viaggiatore nel caso in cui il pacchetto include il trasporto del viaggiatore, nonché, se necessario, il pagamento del vitto e dell'alloggio prima del rientro.

3. Gli organizzatori e gli intermediari possono costituirsi in consorzi o altre forme associative idonee a provvedere collettivamente, anche mediante la costituzione di un apposito fondo, per la copertura dei rischi di cui al comma 2. Le finalità del presente comma possono essere perseguite anche mediante il coinvolgimento diretto nei consorzi e nelle altre forme associative di imprese e associazioni di categoria del settore assicurativo, anche prevedendo forme di riassicurazione.

4. La garanzia di cui al comma 2 è effettiva, adeguata al volume di affari e copre i costi ragionevolmente prevedibili, gli importi dei pagamenti effettuati da o per conto dei viaggiatori in relazione a pacchetti, tenendo conto della durata del periodo compreso tra gli acconti e il saldo finale e del completamento dei pacchetti, nonché del costo stimato per i rimpatri in caso di insolvenza o fallimento dell'organizzatore o del venditore.

5. I viaggiatori beneficiano della protezione in caso d'insolvenza o fallimento dell'organizzatore o del venditore indipendentemente dal loro luogo di residenza, dal luogo di partenza o dal luogo di vendita del pacchetto e indipendentemente dallo Stato membro in cui è stabilito il soggetto incaricato di fornire protezione in caso di insolvenza o fallimento.

6. Nei casi previsti dal comma 2, in alternativa al rimborso del prezzo o al rientro immediato, può essere offerta al viaggiatore la continuazione del pacchetto con le modalità di cui agli articoli 40 e 42.

7. L'obbligo di cui al comma 1, non sussiste per l'organizzatore e il venditore di uno Stato membro dell'Unione europea che si stabilisce sul territorio nazionale se sussistono le

condizioni di cui all'articolo 33 del decreto legislativo 26 marzo 2010, n. 59.

8. Gli organizzatori e i venditori non stabiliti in uno Stato membro che vendono o offrono in vendita pacchetti in Italia o in un altro Stato membro o che, con qualsiasi mezzo, dirigono tali attività verso l'Italia o un altro Stato membro sono obbligati a fornire una garanzia equivalente a quella prevista dal comma 2.

9. In ogni caso, il Ministero degli affari esteri e della cooperazione internazionale può chiedere agli interessati il rimborso, totale o parziale, delle spese sostenute per il soccorso e il rimpatrio delle persone che, all'estero, si siano esposte deliberatamente, salvi giustificati motivi correlati all'esercizio di attività professionali, a rischi che avrebbero potuto conoscere con l'uso della normale diligenza.

10. È fatta salva la facoltà di stipulare anche altre polizze assicurative di assistenza al viaggiatore.

48. Riconoscimento reciproco della protezione in caso d'insolvenza e cooperazione amministrativa. - 1. È riconosciuta conforme alla disciplina di cui all'articolo 47 qualunque protezione in caso d'insolvenza o fallimento che un organizzatore e un venditore forniscono conformemente alle corrispondenti misure previste dallo Stato membro in cui è stabilito.

2. Quale punto di contatto centrale per agevolare la cooperazione amministrativa e il controllo degli organizzatori e dei venditori operanti in Stati membri diversi è designato il Ministero dei beni e delle attività culturali e del turismo - Direzione generale Turismo, il cui recapito è comunicato a tutti gli altri Stati membri e alla Commissione.

3. Il punto di contatto centrale mette a disposizione dei propri omologhi tutte le informazioni necessarie riguardo ai rispettivi obblighi nazionali in materia di protezione in caso d'insolvenza o fallimento e ai soggetti incaricati di fornire tale protezione per gli specifici organizzatori o venditori stabiliti sul proprio territorio, autorizzando a condizioni di reciprocità l'accesso a qualunque registro disponibile, reso accessibile al pubblico anche online, in cui sono elencati gli organizzatori e i venditori che si conformano all'obbligo di protezione in caso d'insolvenza o fallimento.

4. Se uno Stato membro dubita delle misure di protezione in caso di insolvenza di un organizzatore, chiede chiarimenti al punto di contatto di cui al comma 2. Il punto di contatto risponde alle richieste degli altri Stati membri il più rapidamente possibile, tenendo in considerazione l'urgenza e la complessità della questione, ed in ogni caso fornendo una prima risposta entro quindici giorni lavorativi dal ricevimento della richiesta.

Sezione VI
Servizi turistici collegati

49. Obblighi di protezione in caso d'insolvenza o fallimento e d'informazione in relazione ai servizi turistici collegati. - 1. Ai professionisti che agevolano servizi turistici collegati si applicano, per il rimborso di tutti i pagamenti che ricevono dai viaggiatori, le disposizioni degli articoli 47 e 48 nella misura in cui un servizio turistico che fa parte di un servizio turistico collegato non sia effettuato a causa dello stato di insolvenza o fallimento dei professionisti.

2. Prima che il viaggiatore sia vincolato da un contratto che porti alla creazione di un servizio turistico collegato o di una corrispondente offerta, il professionista che agevola servizi turistici collegati, anche nei casi in cui egli non è stabilito in uno Stato membro ma, con qualsiasi mezzo, dirige tali attività verso uno Stato membro, dichiara in modo chiaro, e preciso che il viaggiatore:

a) non potrà invocare nessuno dei diritti che si applicano esclusivamente ai pacchetti ai sensi del presente Capo e che ciascun fornitore di servizi sarà il solo responsabile dell'esatta esecuzione contrattuale del suo servizio;

b) potrà invocare la protezione in caso d'insolvenza o fallimento ai sensi del comma 1.

3. Il professionista fornisce al viaggiatore tali informazioni mediante il modulo informativo standard pertinente di cui all'allegato B al presente codice oppure, qualora lo specifico tipo di servizi turistici collegati non sia contemplato da nessuno dei moduli previsti in tale allegato, fornendo le informazioni ivi contenute.

4. Qualora il professionista che agevola servizi turistici collegati non abbia rispettato gli obblighi di cui ai commi 1 e 2, si applicano i diritti e gli obblighi previsti dagli articoli 38 e 41 e dalla sezione IV in relazione ai servizi turistici inclusi nel servizio turistico collegato.

5. Se un servizio turistico collegato è il risultato della stipula di un contratto tra un viaggiatore e un professionista che non agevola il servizio turistico collegato, tale professionista informa il professionista che agevola il servizio turistico collegato della stipula del pertinente contratto.

Sezione VII
Responsabilità del venditore

50. Responsabilità del venditore. – 1. Il venditore è responsabile dell'esecuzione del mandato conferitogli dal viaggiatore con il contratto di intermediazione di viaggio, indipendentemente dal fatto che la prestazione sia resa dal venditore stesso, dai suoi ausiliari o preposti quando agiscono nell'esercizio delle loro funzioni o dai terzi della cui opera si avvalga, dovendo l'adempimento delle obbligazioni assunte essere valutato con riguardo alla diligenza richiesta per l'esercizio della corrispondente attività professionale.

51. Responsabilità in caso di errore di prenotazione. – 1. Il professionista è responsabile degli errori dovuti a difetti tecnici nel sistema di prenotazione che gli siano imputabili e, qualora abbia accettato di organizzare la prenotazione di un pacchetto o di servizi turistici che rientrano in servizi turistici collegati, degli errori commessi durante il processo di prenotazione.

2. Il professionista non è responsabile degli errori di prenotazione imputabili al viaggiatore o dovuti a circostanze inevitabili e straordinarie.

51 *bis*. Obbligo del venditore di indicare la propria qualità. – 1. Il venditore è considerato come organizzatore se, in relazione ad un contratto di pacchetto turistico, omette di fornire al viaggiatore, a norma dell'articolo 34, il pertinente modulo informativo standard di cui all'allegato A, parte II o parte III al presente codice, e le informazioni relative alla denominazione commerciale, l'indirizzo geografico, il recapito telefonico e l'indirizzo di posta elettronica dell'organizzatore, ovvero omette di informare il viaggiatore che egli agisce in qualità di venditore.

51 *ter*. Obblighi specifici del venditore quando l'organizzatore è stabilito fuori dallo Spazio economico europeo. – 1. Se l'organizzatore è stabilito al di fuori dello Spazio economico europeo, il venditore stabilito in uno Stato membro è soggetto agli obblighi previsti per gli organizzatori alle Sezioni IV e V, salvo che fornisca la prova che l'organizzatore si conforma alle norme contenute in tali Sezioni.

51 *quater*. Prescrizione del diritto al risarcimento del danno. – 1. Fatto salvo quanto stabilito dall'articolo 46 e gli effetti degli articoli 51 *bis* e 51 *ter*, il diritto del viaggiatore al risarcimento dei danni previsti dalla presente Sezione si prescrive in due anni a decorrere dalla data del rientro del viaggiatore nel luogo di partenza.

Sezione VIII
Disposizioni generali

51 *quinquies*. Diritto ad azioni di regresso e diritto di surrogazione. – 1. L'organizzatore o il venditore che ha concesso un indennizzo o una riduzione di prezzo, ovvero corrisposto un risarcimento del danno o è stato costretto ad ottemperare ad altri obblighi secondo le disposizioni del presente Capo, ha il diritto di regresso nei confronti dei soggetti che abbiano contribuito al verificarsi delle circostanze o dell'evento da cui sono derivati l'indennizzo, la riduzione del prezzo, il risarcimento del danno o gli altri obblighi in questione, nonché dei soggetti tenuti a fornire servizi di assistenza ed alloggio in forza di altre disposizioni, nel caso in cui il viaggiatore non possa rientrare nel luogo di partenza.

2. L'organizzatore o il venditore che hanno risarcito il viaggiatore sono surrogati, nei limiti del risarcimento corrisposto, in tutti i diritti e le azioni di quest'ultimo verso i terzi responsabili; il viaggiatore fornisce all'organizzatore o al venditore tutti i documenti, le informazioni e gli elementi in suo possesso utili per l'esercizio del diritto di surroga.

51 *sexies*. Inderogabilità della disciplina relativa ai diritti del viaggiatore. – 1. La dichiarazione che un organizzatore di un pacchetto o un professionista che agevola un servizio turistico collegato agisce esclusivamente in qualità di fornitore di un servizio turistico, d'intermediario o a qualunque altro titolo, o che un pacchetto o un servizio turistico collegato non costituisce un pacchetto o un servizio turistico collegato, non esonera gli organizzatori o i professionisti dagli obblighi imposti loro dal presente Capo.

2. I viaggiatori non possono rinunciare ai diritti conferiti loro dalle disposizioni di cui al presente Capo.

3. Fatto salvo quanto diversamente stabilito da specifiche disposizioni di legge, eventuali clausole contrattuali o dichiarazioni del viaggiatore che escludano o limitino, direttamente o indirettamente, i diritti derivanti dal presente Capo o il cui scopo sia eludere l'applicazione delle disposizioni di cui al presente Capo, non vincolano il viaggiatore.

Sezione IX
Tutela amministrativa
e giurisdizionale

51 *septies*. Sanzioni amministrative. – 1. Salvo che il fatto non costituisca reato o configuri una fattispecie di illecito amministrativo sanzionato con legge delle regioni e delle province autonome di Trento e di Bolzano, ovvero una pratica commerciale scorretta sanzionata dal decreto legislativo 6 settembre 2005, n. 206, il professionista, l'organizzatore o il venditore che contravviene:

a) alle disposizioni di cui agli articoli 34, 35, comma 2, 36, 38, comma 3, 39, comma 4, 40, comma 4, 41, comma 7, terzo periodo, e 49, commi 2 e 3, del presente Capo, è punito, per ogni singola violazione, con la sanzione amministrativa pecuniaria da 1.000 euro a 5.000 euro;

b) alle disposizioni di cui agli articoli 37, comma 2, 42, commi 7 e 8, e 45, comma 1, del presente Capo, è punito, per ogni singola violazione, con la sanzione amministrativa pecuniaria da 2.000 a euro 10.000 euro;

c) alle disposizioni di cui all'articolo 47, commi da 1 a 5 e commi 7 e 8, del presente Capo, è punito, per ogni singola violazione, con la sanzione amministrativa pecuniaria da 4.000 euro a 20.000 euro.

2. Fatto salvo quanto previsto al comma 1, il professionista, l'organizzatore o il venditore che omette di fornire l'informazione al viaggiatore, ovvero ostacola l'esercizio del diritto di recesso o di risoluzione ovvero fornisce informazione incompleta o errata o comunque non conforme sul diritto di recesso previsto dagli articoli 40, 41 e sul diritto di risoluzione previsto dall'articolo 42 del presente Capo, ovvero non rimborsa al consumatore le somme da questi eventualmente corrisposte, è punito con la sanzione amministrativa pecuniaria da 1.000 euro a 5.000 euro.

3. In caso di reiterazione, le sanzioni amministrative pecuniarie previste dai commi 1 e 2 sono aumentate di un terzo, laddove la reiterazione si verifica qualora sia stata commessa la stessa violazione per due volte in un anno, anche se si è proceduto al pagamento della sanzione mediante oblazione.

4. In caso di ulteriore reiterazione, le sanzioni amministrative pecuniarie previste dai commi 1 e 2 sono raddoppiate.

5. In caso di violazione degli obblighi di assicurazione previsti dagli articoli 47 e 48, al professionista, all'organizzatore o al venditore si applica la sanzione amministrativa accessoria della sospensione dall'esercizio dell'attività da quindici giorni a tre mesi e, in caso di reiterazione, l'autorità competente dispone la cessazione dell'attività.

6. Per le sanzioni amministrative pecuniarie conseguenti alle violazioni del presente decreto si osservano, in quanto applicabili, le disposizioni contenute nel Capo I, Sezione I, e negli articoli 26, 27, 28 e 29 della legge 24 novembre 1981, n. 689, e successive modificazioni.

7. Fatto salvo quanto previsto dall'articolo 51 *novies*, il pagamento delle sanzioni amministrative pecuniarie di cui al presente articolo è effettuato entro trenta giorni dalla notifica del provvedimento.

8. All'articolo 148 della legge 23 dicembre 2000, n. 388, sono apportate le seguenti modificazioni:

a) al comma 1, sono aggiunte infine le seguenti parole: ", salvo quanto previsto al secondo periodo del comma 2";

b) al comma 2, sono aggiunte infine il seguente periodo: "Le entrate derivanti dalle sanzioni amministrative di cui all'articolo 51 *septies*, Sezione IX, Capo I, Titolo VI dell'Allegato 1 al decreto legislativo 23 maggio 2011, n. 79, sono destinate a iniziative a vantaggio dei viaggiatori. Tali entrate affluiscono ad apposito capitolo/articolo di entrata del bilancio dello Stato di nuova istituzione e possono essere riassegnate con decreto del Ministro dell'economia e delle finanze a un apposito fondo iscritto nello stato di previsione del Ministero dei beni e delle attività culturali e del turismo per essere destinate alle iniziative di cui al primo periodo, individuate di volta in volta con decreto del Ministro dei beni e delle attività culturali e del turismo, sentite le commissioni parlamentari.".

51 *octies*. Applicazione delle sanzioni amministrative. – 1. Fermo restando quanto previsto agli articoli 51 *septies*, comma 1, e 51 *novies*, l'Autorità garante della concorrenza e del mercato, d'ufficio o su istanza di ogni soggetto o organizzazione che ne abbia interesse, accerta le violazioni delle disposizioni di cui all'articolo 51 *septies*, ne inibisce la continuazione e ne elimina gli effetti, avvalendosi a tal fine degli strumenti, anche sanzionatori, previsti dal decreto legislativo 6 settembre 2005, n. 206.

1 *bis*. L'Autorità garante della concorrenza e del mercato è designata, ai sensi dell'articolo 5, paragrafo 1, del regolamento (UE) 2017/2394 del Parlamento europeo e del Con-

siglio, del 12 dicembre 2017, quale autorità competente responsabile dell'applicazione della direttiva (UE) 2015/2302 del Parlamento europeo e del Consiglio, del 25 novembre 2015, relativa ai pacchetti turistici e ai servizi turistici collegati, che modifica il regolamento (CE) n. 2006/2004 e la direttiva 2011/83/UE del Parlamento europeo e del Consiglio e che abroga la direttiva 90/314/CEE del Consiglio. In materia di accertamento e di sanzione delle violazioni della citata direttiva (UE) 2015/2302, si applica l'articolo 27 del codice del consumo, di cui al decreto legislativo 6 settembre 2005, n. 206 (1).

(1) *Questo comma è stato aggiunto dall'art. 37, comma 2, della L. 23 dicembre 2021, n. 238.*

51 *novies*. Sanzioni amministrative previste con legge delle regioni e delle province autonome di Trento e di Bolzano. – 1. Le regioni e le province autonome di Trento e di Bolzano prevedono sanzioni amministrative effettive, proporzionate e dissuasive per le violazioni delle disposizioni di cui al presente Capo che rientrano nell'ambito delle competenze loro riservate ai sensi degli articoli 117 e 118 della Costituzione.

Capo II
Delle locazioni turistiche

52. Locazioni di interesse turistico e alberghiere. – 1. All'articolo 27 della legge 27 luglio 1978, n. 392, il primo comma è sostituito dal seguente:

«La durata delle locazioni e sublocazioni di immobili urbani non può essere inferiore a sei anni se gli immobili sono adibiti ad una delle attività appresso indicate industriali, commerciali e artigianali di interesse turistico, quali agenzie di viaggio e turismo, impianti sportivi e ricreativi, aziende di soggiorno ed altri organismi di promozione turistica e simili.».

2. All'articolo 27 della legge 27 luglio 1978, n. 392, il terzo comma è sostituito dal seguente:

«La durata della locazione non può essere inferiore a nove anni se l'immobile urbano, anche se ammobiliato, è adibito ad attività alberghiere, all'esercizio di imprese assimilate ai sensi dell'articolo 1786 del codice civile o all'esercizio di attività teatrali.».

53. Locazioni ad uso abitativo per finalità turistiche. – 1. Gli alloggi locati esclusivamente per finalità turistiche, in qualsiasi luogo ubicati, sono regolati dalle disposizioni del codice civile in tema di locazione.

1.

L. 24 marzo 2001, n. 89. Previsione di equa riparazione in caso di violazione del termine ragionevole del processo e modifica dell'articolo 375 del codice di procedura civile (*Gazzetta Ufficiale* Serie gen. - n. 78 del 3 aprile 2001).

(*Estratto*)

Capo I
Definizione immediata del processo civile

1. Pronuncia in camera di consiglio. – 1. L'articolo 375 del codice di procedura civile è sostituito dal seguente:

"Art. 375. - (Pronuncia in camera di consiglio). - La Corte, sia a sezioni unite che a sezione semplice, pronuncia con ordinanza in camera di consiglio quando riconosce di dovere:

1) dichiarare l'inammissibilità del ricorso principale e di quello incidentale eventualmente proposto;

2) ordinare l'integrazione del contraddittorio o disporre che sia eseguita la notificazione dell'impugnazione a norma dell'articolo 332;

3) dichiarare l'estinzione del processo per avvenuta rinuncia a norma dell'articolo 390;

4) pronunciare in ordine all'estinzione del processo in ogni altro caso;

5) pronunciare sulle istanze di regolamento di competenza e di giurisdizione.

La Corte, sia a sezioni unite che a sezione semplice, pronuncia sentenza in camera di consiglio quando il ricorso principale e quello incidentale eventualmente proposto sono manifestamente fondati e vanno, pertanto, accolti entrambi, o quando riconosce di dover pronunciare il rigetto di entrambi per mancanza dei motivi previsti nell'articolo 360 o per manifesta infondatezza degli stessi, nonché quando un ricorso va accolto per essere manifestamente fondato e l'altro va rigettato per mancanza dei motivi previsti nell'articolo 360 o per manifesta infondatezza degli stessi.

La Corte, se ritiene che non ricorrano le ipotesi di cui al primo e al secondo comma, rinvia la causa alla pubblica udienza.

Le conclusioni del pubblico ministero, almeno venti giorni prima dell'adunanza della Corte in camera di consiglio, sono notificate agli avvocati delle parti, che hanno facoltà di presentare memorie entro il termine di cui all'articolo 378 e di essere sentiti, se compaiono, nei casi previsti al primo comma, numeri 1), 4) e 5), limitatamente al regolamento di giurisdizione, e al secondo comma".

NOTE OPERATIVE:

Ambito di applicazione: La normativa in tema di equa riparazione per irragionevole durata del processo si applica ai procedimenti de potestate – che attengono alla compressione della titolarità della responsabilità genitoriale, ovvero i provvedimenti di decadenza limitativi di cui agli artt. 330 e 333 c.c. – atteso che essi hanno l'attitudine al giudicato rebus sic stantibus, in quanto non revocabili o modificabili salva la sopravvenienza di fatti nuovi (C.C. 18569/23).

Capo II
Equa riparazione

1 *bis*. [1] **Rimedi all'irragionevole durata del processo.** – 1. La parte di un processo ha diritto a esperire rimedi preventivi alla violazione della Convenzione per la salvaguardia dei diritti dell'uomo e delle libertà fondamentali, ratificata ai sensi della legge 4 agosto 1955, n. 848, sotto il profilo del mancato rispetto del termine ragionevole di cui all'articolo 6, paragrafo 1, della Convenzione stessa.

2. Chi, pur avendo esperito i rimedi preventivi di cui all'articolo 1 *ter*, ha subito un danno patrimoniale o non patrimoniale a causa dell'irragionevole durata del processo ha diritto ad una equa riparazione.

([1]) *Questo articolo è stato premesso dall'art. 1, comma 777, lett.* a), *della L. 28 dicembre 2015, n. 208.*

1 *ter*. [1] **Rimedi preventivi.** – 1. Ai fini della presente legge, nei processi civili costituisce rimedio preventivo a norma dell'articolo 1 *bis*, comma 1, l'introduzione del giudizio nelle forme del procedimento semplificato di cognizione di cui agli articoli 281 *decies* e seguenti del codice di procedura civile. Costituisce altresì rimedio preventivo formulare richiesta di passaggio dal rito ordinario al rito semplificato a norma dell'articolo 183 *bis* del codice di procedura civile, entro l'udienza di trattazione e comunque almeno sei mesi prima che siano trascorsi i termini di cui all'articolo 2, comma 2 *bis*. Nelle cause in cui non si applica il rito semplificato di cognizione, ivi comprese quelle in grado di appello, costituisce rimedio preventivo proporre istanza di decisione a seguito di trattazione orale a norma degli articoli 275, commi secondo, terzo e quarto, 281 *sexies* e 350 *bis* del codice di procedura civile, almeno sei mesi prima che siano trascorsi i termini di cui all'articolo 2, comma 2 *bis*. Nelle cause in cui il tribunale giudica in composizione collegiale, il giudice istruttore quando ritiene che la causa può essere decisa a seguito di trattazione orale, rimette la causa al collegio a norma dell'articolo 275 *bis* del codice di procedura civile ([2]).

2. L'imputato e le altre parti del processo penale hanno diritto di depositare, personalmente o a mezzo di procuratore speciale, un'istanza di accelerazione almeno sei mesi prima che siano trascorsi i termini di cui all'articolo 2, comma 2 *bis*.

3. Nei giudizi dinanzi al giudice amministrativo costituisce rimedio preventivo la presentazione dell'istanza di prelievo di cui all'articolo 71, comma 2, del codice del processo amministrativo, di cui al decreto legislativo 2 luglio 2010, n. 104, almeno sei mesi prima che siano trascorsi i termini di cui all'articolo 2, comma 2 *bis*.

4. Nel procedimento contabile davanti alla Corte dei conti il presunto responsabile ha diritto di depositare, personalmente o a mezzo di procuratore speciale, un'istanza di accelerazione, almeno sei mesi prima che siano trascorsi i termini di cui all'articolo 2, comma 2 *bis*.

5. La parte dei giudizi di natura pensionistica dinanzi alla Corte dei conti ha diritto di depositare, personalmente o a mezzo di procuratore speciale, un'istanza di accelerazione, almeno sei mesi prima che siano trascorsi i termini di cui all'articolo 2, comma 2 *bis*.

6. Nei giudizi davanti alla Corte di cassazione la parte ha diritto a depositare un'istanza di accelerazione almeno due mesi prima che siano trascorsi i termini di cui all'articolo 2, comma 2 *bis*.

7. Restano ferme le disposizioni che determinano l'ordine di priorità nella trattazione dei procedimenti.

([1]) *Questo articolo è stato premesso dall'art. 1, comma 777, lett.* a), *della L. 28 dicembre 2015, n. 208.*

([2]) *Questo comma è stato così sostituito dall'art. 15, comma 1, del D.L.vo 10 ottobre 2022, n. 149, a decorrere dal 28 febbraio 2023.*

Si riporta il testo precedente:

«1. Ai fini della presente legge, nei processi civili costituisce rimedio preventivo a norma dell'articolo 1 bis, *comma 1, l'introduzione del giudizio nelle forme del procedimento sommario di cognizione di cui agli articoli 702* bis *e seguenti del codice di procedura civile. Costituisce altresì rimedio preventivo formulare richiesta di passaggio dal rito ordinario al rito sommario a norma dell'articolo 183* bis *del codice di procedura civile, entro l'udienza di trattazione e comunque almeno sei mesi prima che siano trascorsi i termini di cui all'articolo 2, comma 2* bis. *Nelle cause in cui non si applica il rito sommario di cognizione, ivi comprese quelle in grado di appello, costituisce rimedio preventivo proporre istanza di decisione a seguito di trattazione orale a norma dell'articolo 281* sexies *del codice di procedura civile, almeno sei mesi prima che siano trascorsi i termini di cui all'articolo 2, comma 2* bis. *Nelle cause in cui il tribunale giudica in composizione collegiale, il giudice istruttore quando ritiene che la causa può essere decisa a seguito di trattazione orale, a norma dell'articolo 281* sexies *del codice di procedura civile, rimette la causa al collegio fissando l'udienza collegiale per la precisazione delle conclusioni e per la discussione orale.».*

2. ([1]) **Diritto all'equa riparazione.** – 1. È inammissibile la domanda di equa riparazione proposta dal soggetto che non ha esperito i rimedi preventivi all'irragionevole durata del processo di cui all'articolo 1 *ter* ([2]) ([3]).

2. Nell'accertare la violazione il giudice valuta la complessità del caso, l'oggetto del procedimento, il comportamento delle parti e del giudice durante il procedimento, nonché quello di ogni altro soggetto chiamato a concorrervi o a contribuire alla sua definizione ([4]).

2 *bis*. Si considera rispettato il termine ragionevole di cui al comma 1 se il processo non eccede la durata di tre anni in primo grado, di due anni in secondo grado, di un anno nel giudizio di legittimità. Ai fini del computo della durata il processo si considera iniziato con il deposito del ricorso introduttivo del giudizio ovvero con la notificazione dell'atto di citazione. Si considera rispettato il termine ragionevole se il procedimento di esecuzione forzata si è concluso in tre anni, e se la procedura concorsuale si è conclusa in sei anni. Il processo penale si considera iniziato con l'assunzione della qualità di imputato, di

parte civile o di responsabile civile, ovvero quando l'indagato ha avuto legale conoscenza della chiusura delle indagini preliminari (5) (6) (7).

2 *ter*. Si considera comunque rispettato il termine ragionevole se il giudizio viene definito in modo irrevocabile in un tempo non superiore a sei anni (7).

2 *quater*. Ai fini del computo non si tiene conto del tempo in cui il processo è sospeso e di quello intercorso tra il giorno in cui inizia a decorrere il termine per proporre l'impugnazione e la proposizione della stessa (7).

2 *quinquies*. Non è riconosciuto alcun indennizzo:

a) in favore della parte che ha agito o resistito in giudizio consapevole della infondatezza originaria o sopravvenuta delle proprie domande o difese, anche fuori dai casi di cui all'articolo 96 del codice di procedura civile;

b) nel caso di cui all'articolo 91, primo comma, secondo periodo, del codice di procedura civile;

c) nel caso di cui all'articolo 13, comma 1, primo periodo, del decreto legislativo 4 marzo 2010, n. 28;

d) in ogni altro caso di abuso dei poteri processuali che abbia determinato una ingiustificata dilazione dei tempi del procedimento (8).

2 *sexies*. Si presume insussistente il pregiudizio da irragionevole durata del processo, salvo prova contraria, nel caso di:

a) dichiarazione di intervenuta prescrizione del reato, limitatamente all'imputato;

b) contumacia della parte;

c) estinzione del processo per rinuncia o inattività delle parti ai sensi degli articoli 306 e 307 del codice di procedura civile e dell'articolo 84 del codice del processo amministrativo, di cui al decreto legislativo 2 luglio 2010, n. 104;

d) perenzione del ricorso ai sensi degli articoli 81 e 82 del codice del processo amministrativo, di cui al decreto legislativo 2 luglio 2010, n. 104;

e) mancata presentazione della domanda di riunione nel giudizio amministrativo presupposto, in pendenza di giudizi dalla stessa parte introdotti e ricorrendo le condizioni di cui all'articolo 70 del codice del processo amministrativo, di cui al decreto legislativo 2 luglio 2010, n. 104;

f) introduzione di domande nuove, connesse con altre già proposte, con ricorso separato, pur ricorrendo i presupposti per i motivi aggiunti di cui all'articolo 43 del codice del processo amministrativo, di cui al decreto legislativo 2 luglio 2010, n. 104, salvo che il giudice amministrativo disponga la separazione dei processi;

g) irrisorietà della pretesa o del valore della causa, valutata anche in relazione alle condizioni personali della parte (9).

2 *septies*. Si presume parimenti insussistente il danno quando la parte ha conseguito, per effetto della irragionevole durata del processo, vantaggi patrimoniali eguali o maggiori rispetto alla misura dell'indennizzo altrimenti dovuto (9).

[3. Il giudice determina la riparazione a norma dell'articolo 2056 del codice civile, osservando le disposizioni seguenti:

a) rileva solamente il danno riferibile al periodo eccedente il termine ragionevole di cui al comma 1;

b) il danno non patrimoniale è riparato, oltre che con il pagamento di una somma di denaro, anche attraverso adeguate forme di pubblicità della dichiarazione dell'avvenuta violazione] (10).

(1) *Ai fini del computo di cui a questo articolo, nei procedimenti nei quali le udienze sono rinviate a norma del presente articolo non si tiene conto del periodo compreso tra l'8 marzo 2020 e il 30 giugno 2020, a norma dell'art. 85, comma 7, del D.L. 17 marzo 2020, n. 18, convertito, con modificazioni, nella L. 24 aprile 2020, n. 27.*

(2) *Questo comma è stato così sostituito dall'art. 1, comma 777, lett.* b), *della L. 28 dicembre 2015, n. 208.*

La Corte costituzionale, con sentenza n. 175 del 30 luglio 2021, ha dichiarato l'illegittimità costituzionale di questo comma, in relazione all'art. 1 ter, *comma 2, di questo provvedimento, nel testo risultante dalle modifiche apportate dall'art. 1, comma 777, lettere* a) *e* b), *della legge 28 dicembre 2015, n. 208.*

(3) *La Corte costituzionale, con sentenza n. 142 del 13 luglio 2023, ha dichiarato l'illegittimità costituzionale di questo comma, nella parte in cui prevede l'inammissibilità della domanda di equa riparazione nel caso di mancato esperimento del rimedio preventivo di cui all'art. 1* ter, *comma 6, della medesima legge.*

(4) *Questo comma è stato così sostituito dall'art. 55, comma 1, lett.* a), *n.* 1), *del D.L. 22 giugno 2012, n. 83, convertito, con modificazioni, nella L. 7 agosto 2012, n. 134. Ai sensi dell'art. 55, comma 2, del predetto provvedimento, le disposizioni di cui al comma 1, si applicano ai ricorsi depositati a decorrere dal trentesimo giorno successivo a quello di entrata in vigore della legge di conversione del medesimo decreto legge n. 83/2012.*

(5) *La Corte costituzionale, con sentenza n. 184 del 23 luglio 2015, ha dichiarato l'illegittimità costituzionale di questo comma, nella parte in cui prevede che il processo penale si considera iniziato con l'assunzione della qualità di imputato, ovvero quando l'indagato ha avuto legale conoscenza della chiusura delle indagini preliminari, anziché quando l'indagato, in seguito a un atto dell'autorità giudiziaria, ha avuto conoscenza del procedimento penale a suo carico.*

LEGGI COMPLEMENTARI

([6]) *La Corte costituzionale, con sentenza n. 36 del 19 febbraio 2016, ha dichiarato l'illegittimità costituzionale di questo comma, nella parte in cui si applica alla durata del processo di primo grado previsto dalla legge n. 89 del 2001.*

([7]) *Questo comma è stato aggiunto dall'art. 55, comma 1, lett. a), n. 2), del D.L. 22 giugno 2012, n. 83, convertito, con modificazioni, nella L. 7 agosto 2012, n. 134.*

([8]) *Questo comma, aggiunto dall'art. 55, comma 1, lett. a), n. 2), del D.L. 22 giugno 2012, n. 83, convertito, con modificazioni, nella L. 7 agosto 2012, n. 134, è stato, così da ultimo, sostituito dall'art. 1, comma 777, lett. c), della L. 28 dicembre 2015, n. 208.*

Si riporta il testo precedente:

«2 quinquies. *Non è riconosciuto alcun indennizzo:*

a) in favore della parte soccombente condannata a norma dell'articolo 96 del codice di procedura civile;

b) nel caso di cui all'articolo 91, primo comma, secondo periodo, del codice di procedura civile;

c) nel caso di cui all'articolo 13, primo comma, primo periodo, del decreto legislativo 4 marzo 2010, n. 28;

d) nel caso di estinzione del reato per intervenuta prescrizione connessa a condotte dilatorie della parte;

e) quando l'imputato non ha depositato istanza di accelerazione del processo penale nei trenta giorni successivi al superamento dei termini cui all'articolo 2 bis *(*);*

f) in ogni altro caso di abuso dei poteri processuali che abbia determinato una ingiustificata dilazione dei tempi del procedimento.».

(*) *La Corte costituzionale, con sentenza, n. 169 del 10 luglio 2019, ha dichiarato l'illegittimità costituzionale di questa lettera.*

([9]) *Questo comma è stato aggiunto dall'art. 1, comma 777, lett. d), della L. 28 dicembre 2015, n. 208.*

([10]) *Questo comma è stato abrogato dall'art. 55, comma 1, lett. a), n. 3), del D.L. 22 giugno 2012, n. 83, convertito, con modificazioni, nella L. 7 agosto 2012, n. 134. Ai sensi dell'art. 55, comma 2, del predetto provvedimento, le disposizioni di cui al comma 1, si applicano ai ricorsi depositati a decorrere dal trentesimo giorno successivo a quello di entrata in vigore della legge di conversione del medesimo decreto legge n. 83/2012.*

2 *bis*. ([1]) Misura dell'indennizzo. – 1. Il giudice liquida a titolo di equa riparazione, di regola, una somma di denaro non inferiore a euro 400 e non superiore a euro 800 per ciascun anno, o frazione di anno superiore a sei mesi, che eccede il termine ragionevole di durata del processo. La somma liquidata può essere incrementata fino al 20 per cento per gli anni successivi al terzo e fino al 40 per cento per gli anni successivi al settimo ([2]).

1 *bis*. La somma può essere diminuita fino al 20 per cento quando le parti del processo presupposto sono più di dieci e fino al 40 per cento quando le parti del processo sono più di cinquanta ([3]).

1 *ter*. La somma può essere diminuita fino a un terzo in caso di integrale rigetto delle richieste della parte ricorrente nel procedimento cui la domanda di equa riparazione si riferisce ([3]).

1 *quater*. L'indennizzo è riconosciuto una sola volta in caso di riunione di più giudizi presupposti che coinvolgono la stessa parte. La somma liquidata può essere incrementata fino al 20 per cento per ciascun ricorso riunito, quando la riunione è disposta su istanza di parte ([3]).

2. L'indennizzo è determinato a norma dell'articolo 2056 del codice civile, tenendo conto:

a) dell'esito del processo nel quale si è verificata la violazione di cui al comma 1 dell'articolo 2;

b) del comportamento del giudice e delle parti;

c) della natura degli interessi coinvolti;

d) del valore e della rilevanza della causa, valutati anche in relazione alle condizioni personali della parte.

3. La misura dell'indennizzo, anche in deroga al comma 1, non può in ogni caso essere superiore al valore della causa o, se inferiore, a quello del diritto accertato dal giudice.

([1]) *Questo articolo è stato aggiunto dall'art. 55, comma 1, lett. b), del D.L. 22 giugno 2012, n. 83, convertito, con modificazioni, nella L. 7 agosto 2012, n. 134. Ai sensi dell'art. 55, comma 2, del predetto provvedimento, le disposizioni di cui al comma 1, si applicano ai ricorsi depositati a decorrere dal trentesimo giorno successivo a quello di entrata in vigore della legge di conversione del medesimo decreto legge n. 83/2012.*

([2]) *Questo comma è stato così sostituito dall'art. 1, comma 777, lett. e), della L. 28 dicembre 2015, n. 208.*

([3]) *Questo comma è stato così inserito dall'art. 1, comma 777, lett. f), della L. 28 dicembre 2015, n. 208.*

3. ([1]) Procedimento. – 1. La domanda di equa riparazione si propone con ricorso al presidente della corte d'appello del distretto in cui ha sede il giudice innanzi al quale si è svolto il primo grado del processo presupposto. Si applica l'articolo 125 del codice di procedura civile ([2]).

2. Il ricorso è proposto nei confronti del Ministro della giustizia quando si tratta di procedimenti del giudice ordinario, del Ministro della difesa quando si tratta di procedimenti del giudice militare. Negli altri casi è proposto nei confronti del Ministro dell'economia e delle finanze.

3. Unitamente al ricorso deve essere depositata copia autentica dei seguenti atti:

a) l'atto di citazione, il ricorso, le comparse e le memorie relativi al procedimento nel cui ambito la violazione si assume verificata;

b) i verbali di causa e i provvedimenti del giudice;

c) il provvedimento che ha definito il giudizio, ove questo si sia concluso con sentenza od ordinanza irrevocabili.

4. Il presidente della corte d'appello, o un magistrato della corte a tal fine designato, provvede sulla domanda di equa riparazione con decreto motivato da emettere entro trenta giorni dal deposito del ricorso. Non può essere designato il giudice del processo presupposto ([3]). Si applicano i primi due commi dell'articolo 640 del codice di procedura civile.

5. Se accoglie il ricorso, il giudice ingiunge all'amministrazione contro cui è stata proposta la domanda di pagare senza dilazione la somma liquidata a titolo di equa riparazione, autorizzando in mancanza la provvisoria esecuzione. Nel decreto il giudice liquida le spese del procedimento e ne ingiunge il pagamento.

6. Se il ricorso è in tutto o in parte respinto la domanda non può essere riproposta, ma la parte può fare opposizione a norma dell'articolo 5 *ter*.

7. L'erogazione degli indennizzi agli aventi diritto avviene nei limiti delle risorse disponibili nel relativo capitolo, fatto salvo il ricorso al conto sospeso ([4]).

([1]) *Questo articolo è stato così sostituito dall'art. 55, comma 1, lett. c), del D.L. 22 giugno 2012, n. 83, convertito, con modificazioni, nella L. 7 agosto 2012, n. 134. Ai sensi dell'art. 55, comma 2, del predetto provvedimento, le disposizioni di cui al comma 1, si applicano ai ricorsi depositati a decorrere dal trentesimo giorno successivo a quello di entrata in vigore della legge di conversione del medesimo decreto legge n. 83/2012.*

([2]) *Questo comma è stato così sostituito dall'art. 1, comma 777, lett. g), della L. 28 dicembre 2015, n. 208.*

([3]) *Questo periodo è stato inserito dall'art. 1, comma 777, lett. h), della L. 28 dicembre 2015, n. 208.*

([4]) *Le parole: «nel relativo capitolo, fatto salvo il ricorso al conto sospeso» sono state aggiunte dall'art. 1, comma 777, lett. i), della L. 28 dicembre 2015, n. 208.*

4. ([1]) ([2]) **Termine di proponibilità.** – 1. La domanda di riparazione può essere proposta, a pena di decadenza, entro sei mesi dal momento in cui la decisione che conclude il procedimento è divenuta definitiva.

([1]) *Questo articolo è stato così sostituito dall'art. 55, comma 1, lett. d), del D.L. 22 giugno 2012, n. 83, convertito, con modificazioni, nella L. 7 agosto 2012, n. 134. Ai sensi dell'art. 55, comma 2, del predetto provvedimento, le disposizioni di cui al comma 1, si applicano ai ricorsi depositati a decorrere dal trentesimo giorno successivo a quello di entrata in vigore della legge di conversione del medesimo decreto legge n. 83/2012.*

([2]) *La Corte costituzionale, con sentenza n. 88 del 26 aprile 2018, ha dichiarato l'illegittimità costituzionale di questo articolo, nella parte in cui non prevede che la domanda di equa riparazione possa essere proposta in pendenza del procedimento presupposto.*

NOTE OPERATIVE:

Decisione definitiva: L'espressione decisione definitiva di cui all'art. 4 della l. n. 89 del 2001 è rivolta a comprendere tutte le tipologie di processo e si intende riferita a qualsiasi provvedimento in conseguenza del quale il processo deve ritenersi concluso e non più pendente, sicché, ove si tratti di una sentenza di merito in grado di appello resa in un processo con pluralità di parti, la definitività della decisione si identifica con il suo passaggio in giudicato formale, per essere la sentenza non più impugnabile coi rimedi ordinari elencati nell'art. 324 c.p.c. da nessuna delle parti (C.C. 27401/23).

5. ([1]) **Notificazioni e comunicazioni.** – 1. Il ricorso, unitamente al decreto che accoglie la domanda di equa riparazione, è notificato per copia autentica al soggetto nei cui confronti la domanda è proposta.

2. Il decreto diventa inefficace qualora la notificazione non sia eseguita nel termine di trenta giorni dal deposito in cancelleria del provvedimento e la domanda di equa riparazione non può essere più proposta.

3. La notificazione ai sensi del comma 1 rende improponibile l'opposizione e comporta acquiescenza al decreto da parte del ricorrente.

4. Il decreto che accoglie la domanda è altresì comunicato al procuratore generale della Corte dei conti, ai fini dell'eventuale avvio del procedimento di responsabilità, nonché ai titolari dell'azione disciplinare dei dipendenti pubblici comunque interessati dal procedimento.

([1]) *Questo articolo è stato così sostituito dall'art. 55, comma 1, lett. e), del D.L. 22 giugno 2012, n. 83, convertito, con modificazioni, nella L. 7 agosto 2012, n. 134. Ai sensi dell'art. 55, comma 2, del predetto provvedimento, le disposizioni di cui al comma 1, si applicano ai ricorsi depositati a decorrere dal trentesimo giorno successivo a quello di entrata in vigore della legge di conversione del medesimo decreto legge n. 83/2012.*

5 *bis*. ([1]) **[Gratuità del procedimento.** – 1. Il procedimento di cui all'articolo 3 è esente dal pagamento del contributo unificato di cui all'articolo 9 della legge 23 dicembre 1999, n. 488. Il procedimento iscritto prima del 13 marzo 2002 è esente dall'imposta di bollo, dai diritti di cancelleria e dai diritti di chiamata di causa dell'ufficiale giudiziario].

([1]) *Questo articolo è stato inserito dall'art. 2 del D.L. 11 marzo 2002, n. 28, convertito, con modificazioni, nella L. 10 maggio 2002, n. 91, e poi abrogato dall'art. 299 del D.P.R. 30 maggio 2002, n. 115. Si noti che l'art. 10 dello stesso D.P.R. n. 115/2002, ha disposto che non sia soggetto al contributo unificato, tra gli altri, anche il processo di cui all'art. 3 della L. 24 marzo 2001, n. 89.*

5 *ter*. ([1]) **Opposizione.** – 1. Contro il decreto che ha deciso sulla domanda di equa riparazione può essere proposta opposizione nel termine perentorio di trenta giorni dalla comunicazione del provvedimento ovvero dalla sua notificazione.

2. L'opposizione si propone con ricorso davanti all'ufficio giudiziario al quale appartiene il giudice che ha emesso il decreto. Si applica l'articolo 125 del codice di procedura civile.

3. La corte d'appello provvede ai sensi degli articoli 737 e seguenti del codice di procedura civile. Del collegio non può far parte il giudice che ha emanato il provvedimento impugnato.

4. L'opposizione non sospende l'esecuzione del provvedimento. Il collegio, tuttavia, quando ricorrono gravi motivi, può, con ordinanza non impugnabile, sospendere l'efficacia esecutiva del decreto opposto.

5. La corte pronuncia, entro quattro mesi dal deposito del ricorso, decreto impugnabile per cassazione. Il decreto è immediatamente esecutivo.

([1]) *Questo articolo è stato inserito dall'art. 55, comma 1, lett. f), del D.L. 22 giugno 2012, n. 83, convertito, con modificazioni, nella L. 7 agosto 2012, n. 134. Ai sensi dell'art. 55, comma 2, del predetto provvedimento, le disposizioni di cui al comma 1, si applicano ai ricorsi depositati a decorrere dal trentesimo giorno successivo a quello di entrata in vigore della legge di conversione del medesimo decreto legge n. 83/2012.*

5 *quater*. ([1]) **Sanzioni processuali.** – 1. Con il decreto di cui all'articolo 3, comma 4, ovvero con il provvedimento che definisce il giudizio di opposizione, il giudice, quando la domanda per equa riparazione è dichiarata inammissibile ovvero manifestamente infondata, può condannare il ricorrente al pagamento in favore della cassa delle ammende di una somma di denaro non inferiore ad euro 1.000 e non superiore ad euro 10.000.

([1]) *Questo articolo è stato inserito dall'art. 55, comma 1, lett. f), del D.L. 22 giugno 2012, n. 83, convertito, con modificazioni, nella L. 7 agosto 2012, n. 134. Ai sensi dell'art. 55, comma 2, del predetto provvedimento, le disposizioni di cui al comma 1, si applicano ai ricorsi depositati a decorrere dal trentesimo giorno successivo a quello di entrata in vigore della legge di conversione del medesimo decreto legge n. 83/2012.*

5 *quinquies*. ([1]) **Esecuzione forzata.** – 1. Al fine di assicurare un'ordinata programmazione dei pagamenti dei creditori di somme liquidate a norma della presente legge, non sono ammessi, a pena di nullità rilevabile d'ufficio, atti di sequestro o di pignoramento presso la Tesoreria centrale e presso le Tesorerie provinciali dello Stato per la riscossione coattiva di somme liquidate a norma della presente legge.

2. Ferma restando l'impignorabilità prevista dall'articolo 1, commi 294 *bis* e 294 *ter*, della legge 23 dicembre 2005, n. 266, e successive modificazioni, anche relativamente ai fondi, alle aperture di credito e alle contabilità speciali destinati al pagamento di somme liquidate a norma della presente legge, i creditori di dette somme, a pena di nullità rilevabile d'ufficio, eseguono i pignoramenti e i sequestri esclusivamente secondo le disposizioni del libro III, titolo II, capo II del codice di procedura civile, con atto notificato ai Ministeri di cui all'articolo 3, comma 2, ovvero al funzionario delegato del distretto in cui è stato emesso il provvedimento giurisdizionale posto in esecuzione, con l'effetto di sospendere ogni emissione di ordinativi di pagamento relativamente alle somme pignorate. L'ufficio competente presso i Ministeri di cui all'articolo 3, comma 2, a cui sia stato notificato atto di pignoramento o di sequestro, ovvero il funzionario delegato sono tenuti a vincolare l'ammontare per cui si procede, sempreché esistano in contabilità fondi soggetti ad esecuzione forzata; la notifica rimane priva di effetti riguardo agli ordini di pagamento che risultino già emessi.

3. Gli atti di pignoramento o di sequestro devono indicare a pena di nullità rilevabile d'ufficio il provvedimento giurisdizionale posto in esecuzione.

4. Gli atti di sequestro o di pignoramento eventualmente notificati alla Tesoreria centrale e alle Tesorerie provinciali dello Stato non determinano obblighi di accantonamento da parte delle Tesorerie medesime, né sospendono l'accreditamento di somme a favore delle Amministrazioni interessate. Le Tesorerie in tali casi rendono dichiarazione negativa, richiamando gli estremi della presente disposizione di legge.

5. L'articolo 1 del decreto legge 25 maggio 1994, n. 313, convertito, con modificazioni, dalla legge 22 luglio 1994, n. 460, si applica anche ai fondi destinati al pagamento di somme liquidate a norma della presente legge, ivi compresi quelli accreditati mediante aperture di credito in favore dei funzionari delegati degli uffici centrali e periferici delle amministrazioni interessate.

([1]) *Questo articolo è stato inserito dall'art. 6, comma 6, del D.L. 8 aprile 2013, n. 35, convertito, con modificazioni, nella L. 6 giugno 2013, n. 64.*

5 *sexies*. ([1]) **Modalità di pagamento.** – 1. Al fine di ricevere il pagamento delle somme liquidate a norma della presente legge, il creditore rilascia all'amministrazione debitrice una dichiarazione, ai sensi degli articoli 46 e 47 del testo unico di cui al decreto del Presidente della Repubblica 28 dicembre 2000, n. 445, attestante la mancata riscossione di somme per il medesimo titolo, l'esercizio di azioni giudiziarie per lo stesso credito, l'ammontare degli importi che l'amministrazione è ancora tenuta a corrispondere, la modalità di riscossione prescelta ai sensi del comma 9 del presente articolo, nonché a trasmettere la documentazione necessaria a norma dei decreti di cui al comma 3.

2. La dichiarazione di cui al comma 1 ha validità semestrale e deve essere rinnovata a richiesta della pubblica amministrazione.

3. Con decreti del Ministero dell'economia e delle finanze e del Ministero della giustizia, da emanare entro il 30 ottobre 2016, sono approvati i modelli di dichiarazione di cui al comma 1 ed è individuata la documentazione da trasmettere all'amministrazione debitrice ai sensi del predetto comma 1. Le amministrazioni pubblicano nei propri siti istituzionali la modulistica di cui al periodo precedente.

3 *bis*. Con decreti dirigenziali del Ministero dell'economia e delle finanze e del Ministero della giustizia, da adottarsi entro il 31 dicembre 2021, sono indicate le modalità di presentazione telematica dei modelli di cui al comma 3, anche a mezzo di soggetti incaricati, ai sensi del codice dell'amministrazione digitale, di cui al decreto legislativo 7 marzo 2005, n. 82 ([2]).

4. Nel caso di mancata, incompleta o irregolare trasmissione della dichiarazione o della documentazione di cui ai commi precedenti, l'ordine di pagamento non può essere emesso.

5. L'amministrazione effettua il pagamento entro sei mesi dalla data in cui sono integralmente assolti gli obblighi previsti ai commi precedenti. Il termine di cui al periodo precedente non inizia a decorrere in caso di mancata, incompleta o irregolare trasmissione della dichiarazione ovvero della documentazione di cui ai commi precedenti.

6. L'amministrazione esegue, ove possibile, i provvedimenti per intero. L'erogazione degli indennizzi agli aventi diritto avviene nei limiti delle risorse disponibili sui pertinenti capitoli di bilancio, fatto salvo il ricorso ad anticipazioni di tesoreria mediante pagamento in conto sospeso, la cui regolarizzazione avviene a carico del fondo di riserva per le spese obbligatorie, di cui all'articolo 26 della legge 31 dicembre 2009, n. 196.

7. Prima che sia decorso il termine di cui al comma 5, i creditori non possono procedere all'esecuzione forzata, alla notifica dell'atto di precetto, né proporre ricorso per l'ottemperanza del provvedimento.

8. Qualora i creditori di somme liquidate a norma della presente legge propongano l'azione di ottemperanza di cui al titolo I del libro quarto del codice del processo amministrativo, di cui al decreto legislativo 2 luglio 2010, n. 104, il giudice amministrativo nomina, ove occorra, commissario *ad acta* un dirigente dell'amministrazione soccombente, con esclusione dei titolari di incarichi di Governo, dei capi dipartimento e di coloro che ricoprono incarichi dirigenziali generali. I compensi riconosciuti al commissario *ad acta* rientrano nell'onnicomprensività della retribuzione dei dirigenti.

9. Le operazioni di pagamento delle somme dovute a norma della presente legge si effettuano mediante accreditamento sui conti correnti o di pagamento dei creditori. I pagamenti per cassa o per vaglia cambiario non trasferibile sono possibili solo se di importo non superiore a 1.000 euro.

10. Nei casi di riscossione per cassa o tramite vaglia cambiario il creditore può delegare all'incasso un legale rappresentante con il rilascio di procura speciale.

11. Nel processo di esecuzione forzata, anche in corso, non può essere disposto il pagamento di somme o l'assegnazione di crediti in favore dei creditori di somme liquidate a norma della presente legge in caso di mancato, incompleto o irregolare adempimento degli obblighi di comunicazione. La disposizione di cui al presente comma si applica anche al pagamento compiuto dal commissario *ad acta*.

12. I creditori di provvedimenti notificati anteriormente all'emanazione dei decreti di cui al comma 3 trasmettono la dichiarazione e la documentazione di cui ai commi precedenti avvalendosi della modulistica presente nei siti istituzionali delle amministrazioni. Le dichiarazioni complete e regolari, già trasmesse alla data di entrata in vigore del presente articolo, conservano validità anche in deroga al disposto dei commi 9 e 10.

([1]) *Questo articolo è stato inserito dall'art. 1, comma 777, lett. l), della L. 28 dicembre 2015, n. 208.*

([2]) *Questo comma è stato inserito dall'art. 25, comma 1, del D.L. 24 agosto 2021, n. 118, convertito, con modificazioni, nella L. 21 ottobre 2021, n. 147.*

6. Norma transitoria. – 1. Nel termine di sei mesi (1) dalla data di entrata in vigore della presente legge, coloro i quali abbiano già tempestivamente presentato ricorso alla Corte europea dei diritti dell'uomo, sotto il profilo del mancato rispetto del termine ragionevole di cui all'articolo 6, paragrafo 1, della Convenzione per la salvaguardia dei diritti dell'uomo e delle libertà fondamentali, ratificata ai sensi della legge 4 agosto 1955, n. 848, possono presentare la domanda di cui all'articolo 3 della presente legge qualora non sia intervenuta una decisione sulla ricevibilità da parte della predetta Corte europea. In tal caso, il ricorso alla corte d'appello deve contenere l'indicazione della data di presentazione del ricorso alla predetta Corte europea.

2. La cancelleria del giudice adito informa senza ritardo il Ministero degli affari esteri di tutte le domande presentate ai sensi dell'articolo 3 nel termine di cui al comma 1 del presente articolo.

2 *bis*. Nei processi la cui durata al 31 ottobre 2016 ecceda i termini ragionevoli di cui all'articolo 2, comma 2 *bis*, e in quelli assunti in decisione alla stessa data non si applica il comma 1 dell'articolo 2 (2).

2 *ter*. Il comma 2 dell'articolo 54 del decreto legge 25 giugno 2008, n. 112, convertito, con modificazioni, dalla legge 6 agosto 2008, n. 133, come modificato dall'articolo 3, comma 23, dell'allegato 4 al decreto legislativo 2 luglio 2010, n. 104, si applica solo nei processi amministrativi la cui durata al 31 ottobre 2016 ecceda i termini di cui all'articolo 2, comma 2 *bis* (2).

(1) *Ai sensi dell'art. 1 del D.L. 12 ottobre 2001, n. 370, convertito, senza modificazioni, nella L. 14 dicembre 2001, n. 432, questo termine è stato prorogato sino al 18 aprile 2002.*

(2) *Questo comma è stato aggiunto dall'art. 1, comma 777, lett.* m), *della L. 28 dicembre 2015, n. 208.*

1.

L. 21 novembre 1991, n. 374. Istituzione del giudice di pace (Suppl. ord. alla *Gazzetta Ufficiale* Serie gen. - n. 278 del 27 novembre 1991).

(*Estratto*)

Capo I
Del giudice di pace

1. Istituzione e funzioni del giudice di pace. – 1. È istituito il giudice di pace, il quale esercita la giurisdizione in materia civile e penale e la funzione conciliativa in materia civile secondo le norme della presente legge.

2. L'ufficio del giudice di pace è ricoperto da un magistrato onorario appartenente all'ordine giudiziario.

2. (1) **Sede e circondario degli uffici del giudice di pace.** – 1. Gli uffici del giudice di pace hanno sede nei comuni di cui alla tabella A allegata alla presente legge, con competenza territoriale sul circondario ivi rispettivamente indicato.

2. Con decreto del Presidente della Repubblica, su proposta del Ministro della giustizia, sentiti il consiglio giudiziario e i comuni interessati, possono essere istituite sedi distaccate. Con le medesime modalità possono essere costituiti in un unico ufficio due o più uffici contigui. Nel decreto è designato il comune in cui ha sede l'ufficio del giudice di pace.

(1) *Questo articolo è stato così sostituito dall'art. 2, comma 1, lett. a), del D.L.vo 7 settembre 2012, n. 156. A norma dell'art. 5, comma 1, del medesimo decreto, le disposizioni di cui all'articolo 2 acquistano efficacia successivamente all'emanazione del decreto di cui all'articolo 3, comma 3, del medesimo decreto, ovvero, nel caso in cui il Ministro non vi abbia provveduto, decorso il termine di cui alla medesima disposizione, cui si rimanda. Fino alla medesima data continuano a trovare applicazione le disposizioni previgenti.*

8. (1) **[Incompatibilità.** – 1. Non possono esercitare le funzioni di giudice di pace:

a) i membri del Parlamento, i consiglieri regionali, provinciali, comunali e circoscrizionali i componenti dei comitati di controllo sugli atti degli enti locali e delle loro sezioni;

b) gli ecclesiastici e i ministri di qualunque confessione religiosa;

c) coloro che ricoprono o abbiano ricoperto nei tre anni precedenti (2) alla nomina incarichi direttivi o esecutivi nei partiti politici;

c bis) coloro che svolgono attività professionale per imprese di assicurazione o banche oppure hanno il coniuge, convivente, parenti fino al secondo grado o affini entro il primo grado che svolgono abitualmente tale attività (3) (4).

1 *bis*. Gli avvocati non possono esercitare le funzioni di giudice di pace nel circondario del tribunale nel quale esercitano la professione forense ovvero nel quale esercitano la professione forense i loro associati di studio, il coniuge, i conviventi, i parenti fino al secondo grado o gli affini entro il primo grado (5).

1 *ter*. Gli avvocati che svolgono le funzioni di giudice di pace non possono esercitare la professione forense dinanzi all'ufficio del giudice di pace al quale appartengono e non possono rappresentare, assistere o difendere le parti di procedimenti svolti dinanzi al medesimo ufficio, nei successivi gradi di giudizio. Il divieto si applica anche agli associati di studio al coniuge, ai conviventi, ai parenti entro il secondo grado e agli affini entro il primo grado (5).

2. Gli avvocati e i procuratori legali non possono esercitare le funzioni di giudice di pace nel distretto di corte d'appello nel quale esercitano la professione forense] (6).

(1) *Questo articolo è stato abrogato dall'art. 33, comma 1, lett. b), del D.L.vo 13 luglio 2017, n. 116.*

(2) *Le originarie parole: «nell'anno precedente» sono state così sostituite dalle attuali: «nei tre anni precedenti» dall'art. 6, comma 1, della L. 24 novembre 1999, n. 468.*

(3) *Questa lettera è stata aggiunta dall'art. 6, comma 2, della L. 24 novembre 1999, n. 468.*

(4) *La Corte costituzionale, con sentenza n. 60 del 16 febbraio 2006, ha dichiarato l'illegittimità costituzionale di questa lettera nella parte in cui stabilisce l'incompatibilità all'esercizio delle funzioni di giudice di pace – per il caso in cui «il coniuge, convivente, parenti fino al secondo grado o affini entro il primo grado» dell'interessato svolgano abitualmente attività pro-*

fessionale per imprese di assicurazione – con riguardo all'intero territorio nazionale, anziché limitarla al circondario del tribunale nel quale è esercitata detta attività professionale.

(5) *Questo comma è stato aggiunto dall'art. 6, comma 3, della L. 24 novembre 1999, n. 468.*

(6) *Questo comma è stato abrogato dall'art. 11, comma 1, del D.L. 7 ottobre 1994, n. 571, convertito, con modificazioni, nella L. 6 dicembre 1994, n. 673.*

8 *bis*. [Limiti all'esercizio della professione forense. – (*Omissis*)] (1).

(1) *Questo articolo è stato abrogato dall'art. 6, comma 4, della L. 24 novembre 1999, n. 468.*

10. (1) [**Doveri del giudice di pace.** – 1. Il giudice di pace è tenuto all'osservanza dei doveri previsti per i magistrati ordinari. Ha inoltre l'obbligo di astenersi, oltre che nei casi di cui all'articolo 51 del Codice di procedura civile, in ogni caso in cui abbia avuto o abbia rapporti di lavoro autonomo o di collaborazione con una delle parti].

(1) *Questo articolo, così sostituito dall'art. 8 della L. 24 novembre 1999, n. 468, è stato abrogato dall'art. 33, comma 1, lett. b), del D.L.vo 13 luglio 2017, n. 116.*

10 *bis*. (1) [**Divieto di applicazione o supplenza.** – 1. Fatto salvo quanto previsto dall'articolo 3, comma 2, i giudici di pace non possono essere destinati, in applicazione o supplenza, ad altri uffici giudicanti].

(1) *Questo articolo, inserito dall'art. 9 della L. 24 novembre 1999, n. 468, è stato abrogato dall'art. 33, comma 1, lett. b), del D.L.vo 13 luglio 2017, n. 116.*

13. Notificazione degli atti. – 1. Alla notificazione di tutti gli atti relativi ai procedimenti di competenza del giudice di pace, ivi comprese le decisioni in forma esecutiva e i relativi atti di precetto, provvedono gli ufficiali giudiziari, gli aiutanti ufficiali giudiziari e i messi di conciliazione in servizio presso i comuni compresi nella circoscrizione del giudice di pace, fino a esaurimento del loro ruolo di appartenenza.

2. Ai messi di conciliazione, che assumono la nuova denominazione di messi del giudice di pace, si applicano, limitatamente al servizio di notificazione, le norme dell'ordinamento approvato con decreto del Presidente della Repubblica 15 dicembre 1959, n. 1229, e successive modificazioni.

16. Sorveglianza. – 1. La sorveglianza sugli uffici del giudice di pace è esercitata dal Consiglio superiore della magistratura con possibilità di delega al presidente del tribunale territorialmente competente.

Capo IV
Norme di coordinamento, transitorie e finali

39. Coordinamento. – 1. In tutte le disposizioni di legge in cui vengono usate le espressioni «conciliatore», «giudice conciliatore» e «vice conciliatore» ovvero «ufficio di conciliazione», queste debbono intendersi sostituite rispettivamente con le espressioni «giudice di pace» e «ufficio del giudice di pace».

40. Norme per le regioni Trentino-Alto Adige e Valle d'Aosta. – 1. Alla nomina, alla decadenza, alla dispensa, all'ammonimento, alla censura e alla revoca (1) dall'ufficio dei magistrati onorari investiti delle funzioni di giudice di pace nelle regioni Trentino-Alto Adige e Valle d'Aosta si provvede con decreto del Presidente della Repubblica, previa deliberazione del Consiglio superiore della magistratura, su proposta dei presidenti delle rispettive giunte regionali, osservate le altre norme in materia stabilite dall'ordinamento giudiziario e nel rispetto delle procedure previste dalla presente legge.

2. I presidenti delle giunte regionali di cui al comma 1 rilasciano l'autorizzazione all'esercizio delle funzioni del personale amministrativo presso gli uffici del giudice di pace; detto personale sarà inquadrato in ruoli locali secondo le modalità che saranno stabilite con legge della regione; i presidenti delle medesime giunte regionali provvedono anche alla revoca e alla sospensione temporanea dell'autorizzazione nei casi previsti dall'ordinamento giudiziario.

3. Le spese che le regioni incontrano in conseguenza di quanto disposto dal presente articolo vengono rimborsate dallo Stato agli enti stessi.

4. Per quanto non specificamente previsto dal presente articolo, si provvede con le norme di coordinamento e di attuazione ai sensi dell'art. 42, sentiti gli enti interessati.

(1) *Le originarie parole: «e alla dispensa» sono state così sostituite dalle attuali: «alla dispensa, all'ammonimento, alla censura e alla revoca» dall'art. 13 della L. 24 novembre 1999, n. 468.*

41. Conoscenza delle lingue italiana, tedesca e francese. – 1. Nel territorio della provincia di Bolzano, per la nomina dei giudici di pace e degli ausiliari addetti agli uffici del giudice di pace, è richiesta la piena conoscenza delle lingue italiana e tedesca, da accertare secondo le norme vigenti ed osservate le disposizioni del D.P.R. 31 luglio 1978, n. 571.

2. Nel territorio della regione Valle d'Aosta, per la nomina dei giudici di pace nonché dei cancellieri, degli uscieri e degli altri addetti agli uffici del giudice di pace, è richiesta la conoscenza della lingua francese, ai sensi dell'art. 38 dello Statuto speciale, adottato con legge costituzionale 26 febbraio 1948, n. 4, e degli artt. 51, 52, 53 e 54 della L. 16 maggio 1978, n. 196.

3. Nei comuni della Valle d'Aosta e nelle relative borgate o frazioni possono essere istituiti uffici distinti del giudice di pace.

42. Norme di coordinamento e di attuazione. - 1. Entro centottanta giorni dalla data di pubblicazione nella *Gazzetta Ufficiale* della presente legge, con regolamento adottato ai sensi dell'art. 17 della L. 23 agosto 1988, n. 400, sono emanate le norme di coordinamento e di attuazione rese necessarie dalla presente legge.

43. Cause pendenti. - 1. Sono decise dal conciliatore, dal pretore (1) o dal tribunale secondo le norme anteriormente vigenti le cause pendenti dinanzi agli stessi organi anche se attribuite dalla presente legge alla competenza del giudice di pace. Tuttavia, i giudizi dinanzi al pretore (1) sono da quest'ultimo decisi qualora rientrino nella sua competenza ai sensi della nuova formulazione dell'art. 8 del codice di procedura civile, ancorché il pretore (1) fosse incompetente a deciderli ai sensi della legge anteriore.

(1) *Ai sensi del D.L.vo 19 febbraio 1998, n. 51, l'ufficio del pretore è soppresso a decorrere dal 2 giugno 1999, fatta salva l'attività necessaria per l'esaurimento degli affari pendenti. Le relative competenze sono trasferite al tribunale ordinario, fuori dei casi in cui è diversamente disposto dal predetto provvedimento.*

44. [Soppressione degli uffici dei giudici conciliatori. - (*Omissis*)] (1).

(1) *Questo articolo è stato abrogato dall'art. 3, comma 1, della L. 16 dicembre 1999, n. 479.*

46. Regime fiscale. - 1. Le cause e le attività conciliative in sede non contenziosa il cui valore non eccede la somma di euro 1.033,00 e gli atti e i provvedimenti ad esse relativi sono soggetti soltanto al pagamento del contributo unificato, secondo gli importi previsti dall'articolo 13 del testo unico di cui al decreto del Presidente della Repubblica 30 maggio 2002, n. 115, e successive modificazioni (1).

1 *bis*. Per le notificazioni richieste agli ufficiali giudiziari, i diritti e le indennità di trasferta o le spese di spedizione sono dovuti dal notificante ai sensi delle disposizioni vigenti. Le risorse derivanti dall'attuazione del presente comma restano nella disponibilità del Ministero della giustizia al fine di assicurare la piena funzionalità degli uffici di esecuzione penale esterna. Il Ministro dell'economia e delle finanze è autorizzato ad apportare, con propri decreti, su proposta del Ministro della giustizia, le occorrenti variazioni di bilancio (2).

[2. Gli atti e i provvedimenti relativi alle cause e alle attività conciliative in sede non contenziosa il cui valore superi la somma di due milioni di lire sono assoggettati al pagamento di imposte, tasse, diritti e spese secondo quanto disposto per i giudizi di cognizione innanzi al pretore dalle tabelle allegate alla L. 7 febbraio 1979, n. 59, come modificata dalla L. 6 aprile 1984, n. 57, e dalla L. 21 febbraio 1989, n. 99] (3).

(1) *Questo comma è stato così sostituito dall'art. 1, comma 308, della L. 30 dicembre 2004, n. 311.*

(2) *Questo comma è stato aggiunto dall'art. 1, comma 97, della L. 23 dicembre 2014, n. 190.*

(3) *Questo comma è stato abrogato dall'art. 243 del D.L.vo 19 febbraio 1998, n. 51, recante l'istituzione del giudice unico, a decorrere dal 2 giugno 1999.*

47. Abrogazioni. - 1. Sono abrogate tutte le norme incompatibili con la presente legge ed in particolare l'art. 8, secondo comma, nn. 2) e 4), del codice di procedura civile, nonché gli artt. 66 e 67 delle disposizioni di attuazione dello stesso codice.

2. È abrogato il capo I del titolo II dell'ordinamento giudiziario, approvato con R.D. 30 gennaio 1941, n. 12, salvo quanto disposto dall'art. 44 della presente legge.

49. (1) Efficacia di singole disposizioni. - 1. Le disposizioni di cui agli artt. 3, commi 2 e 3; 7; 9; 10; 11; 13; da 15 a 34; da 39 a 41 e da 43 a 47 hanno efficacia a partire dal 1° maggio 1995.

(1) *Questo articolo, sostituito dall'art. 1 della L. 4 dicembre 1992, n. 477, è stato da ultimo così sostituito dall'art. 13 del D.L. 7 ottobre 1994, n. 571, convertito, con modificazioni, nella L. 6 dicembre 1994, n. 673.*

50. Entrata in vigore della legge 26 novembre 1990, n. 353. - 1. L'art. 92 della L. 26 novembre 1990, n. 353, è sostituito dal seguente: (*omissis*).

51. [Disciplina transitoria per l'attività di notificazione degli atti. - (*Omissis*).] (1)

(1) *Questo articolo è stato abrogato dall'art. 11* bis, *comma 2, del D.L. 7 ottobre 1994, n. 571, convertito, con modificazioni, nella L. 6 dicembre 1994, n. 673.*

2.

L. 16 dicembre 1999, n. 479. Modifiche alle disposizioni sul procedimento davanti al tribunale in composizione monocratica e altre modifiche al codice di procedura penale. Modifiche al codice penale e all'ordinamento giudiziario. Disposizioni in materia di contenzioso civile pendente, di indennità spettanti al giudice di pace e di esercizio della professione forense (*Gazzetta Ufficiale* Serie gen. - n. 296 del 18 dicembre 1999).

(*Estratto*)

Titolo I
Disposizioni in materia di contenzioso civile pendente, di indennità spettanti al giudice di pace e di esercizio della professione forense

1. 1. I giudizi civili pendenti davanti al pretore alla data del 30 aprile 1995, rientranti, in base alla normativa vigente alla data di entrata in vigore della presente legge, nella competenza del giudice di pace, sono attribuiti al giudice di pace competente per territorio, con esclusione:

a) di quelli già trattenuti per la decisione alla data di entrata in vigore della presente legge e che non siano successivamente rimessi in istruttoria;

b) di quelli devoluti alla competenza del pretore in base al criterio della materia.

2. Sono altresì attribuiti al giudice di pace, esclusi quelli già trattenuti per la decisione alla data di entrata in vigore della presente legge e che non siano successivamente rimessi in istruttoria, i giudizi, pendenti alla data del 30 aprile 1995, relativi all'azione di apposizione di termini ed all'azione di osservanza delle distanze stabilite dal codice civile, dai regolamenti o dagli usi riguardo al piantamento degli alberi e delle siepi, nonché quelli relativi alla misura e alle modalità d'uso dei servizi di condominio di case e quelli relativi a rapporti tra proprietari o detentori di immobili adibiti a civile abitazione in materia di immissioni di fumo o di calore, esalazioni, rumori, scuotimenti e simili propagazioni che superino la normale tollerabilità.

2. 1. Per le cause attribuite al giudice di pace a norma dell'articolo 1 è competente per territorio il giudice di pace del luogo in cui ha sede l'ufficio giudiziario o la sezione distaccata dinanzi a cui il giudizio è pendente alla data di entrata in vigore della presente legge. Restano salve le questioni relative alla competenza del giudice originariamente adito.

2. I fascicoli d'ufficio dei giudizi indicati nell'articolo 1 sono trasmessi a cura del giudice presso cui sono pendenti al giudice di pace competente per territorio ai sensi del comma 1, non oltre novanta giorni dalla data di entrata in vigore della presente legge. La cancelleria dell'ufficio giudiziario a cui il fascicolo è trasmesso provvede d'ufficio all'iscrizione della causa a ruolo e comunica alle parti costituite la data dell'udienza di prosecuzione fissata dal giudice con provvedimento da adottare entro il termine di trenta giorni. La data dell'udienza di prosecuzione del giudizio non può essere successiva al sessantesimo giorno da quella in cui il fascicolo è ricevuto.

3. Dinanzi al giudice di pace le cause proseguono con il rito alle stesse applicabile ai sensi dell'articolo 90 della legge 26 novembre 1990, n. 353, come modificato dalla legge 20 dicembre 1995, n. 534. Le questioni relative alla competenza del giudice di pace devono essere rilevate nella prima udienza dinanzi a questo, che procede a norma del terzo comma dell'articolo 38 del codice di procedura civile.

4. Alla prima udienza il giudice tenta la conciliazione delle parti, a norma dell'articolo 185 del codice di procedura civile.

3. 1. Gli uffici di conciliazione sono soppressi fatta salva l'attività conseguente all'applicazione del comma 2. È abrogato l'articolo 44 della legge 21 novembre 1991, n. 374.

2. I giudizi pendenti davanti al conciliatore alla data di entrata in vigore della presente legge devono essere proseguiti dinanzi al giudice di pace territorialmente competente, fatta eccezione per le cause già trattenute per la decisione e che non siano successivamente rimesse in istruttoria. Si osservano al riguardo le disposizioni dell'articolo 2.

4. 1. Dalla data di entrata in vigore della presente legge, sono attribuiti alle sezioni stralcio costituite a norma della legge 22 luglio 1997, n. 276, i giudizi civili in corso già pendenti alla data del 30 aprile 1995 davanti al pretore in base al criterio della materia, con esclusione dei giudizi in materia di lavoro e previdenza e dei giudizi attribuiti al giudice di pace, ai sensi dell'articolo 1, nonché dei giudizi già trattenuti per la decisione alla data di entrata in vigore della presente legge e che non siano successivamente rimessi in istruttoria.

2. Entro quindici giorni dalla data di entrata in vigore della presente legge, il presidente del tribunale o un giudice da lui delegato procede alla ricognizione dei giudizi di cui al comma 1 e trasmette i relativi fascicoli al presidente della sezione stralcio, il quale assegna i procedimenti a un giudice onorario aggregato a norma del comma 4 dell'articolo 11 della legge 22 luglio 1997, n. 276.

1.

D.L.vo 20 giugno 2005, n. 122. Disposizioni per la tutela dei diritti patrimoniali degli acquirenti di immobili da costruire, a norma della legge 2 agosto 2004, n. 210 (*Gazzetta Ufficiale* Serie gen. - n. 155 del 6 luglio 2005) [1].

[1] *A norma dell'art. 2, comma 4, del D.L. 1° marzo 2021, n. 22, convertito, con modificazioni, nella L. 22 aprile 2021, n. 55, la denominazione «Ministro della transizione ecologica» sostituisce, ad ogni effetto e ovunque presente, la denominazione: «Ministro dello sviluppo economico».*

1. Definizioni. – 1. Ai fini del presente decreto devono intendersi:

a) per «acquirente»: la persona fisica che sia promissaria acquirente o che acquisti un immobile da costruire, ovvero che abbia stipulato ogni altro contratto, compreso quello di leasing, che abbia o possa avere per effetto l'acquisto o comunque il trasferimento non immediato, a sé o ad un proprio parente in primo grado, della proprietà o della titolarità di un diritto reale di godimento su di un immobile da costruire, ovvero colui il quale, ancorché non socio di una cooperativa edilizia, abbia assunto obbligazioni con la cooperativa medesima per ottenere l'assegnazione in proprietà o l'acquisto della titolarità di un diritto reale di godimento su di un immobile da costruire per iniziativa della stessa;

b) per «costruttore»: l'imprenditore o la cooperativa edilizia che promettano in vendita o che vendano un immobile da costruire, ovvero che abbiano stipulato ogni altro contratto, compreso quello di leasing, che abbia o possa avere per effetto la cessione o il trasferimento non immediato in favore di un acquirente della proprietà o della titolarità di un diritto reale di godimento su di un immobile da costruire, sia nel caso in cui lo stesso venga edificato direttamente dai medesimi, sia nel caso in cui la realizzazione della costruzione sia data in appalto o comunque eseguita da terzi;

c) per «situazione di crisi»: la situazione che ricorre nei casi in cui il costruttore sia sottoposto o sia stato sottoposto ad esecuzione immobiliare, in relazione all'immobile oggetto del contratto, ovvero a fallimento, amministrazione straordinaria, concordato preventivo, liquidazione coatta amministrativa;

d) per «immobili da costruire»: gli immobili per i quali sia stato richiesto il permesso di costruire e che siano ancora da edificare o la cui costruzione non risulti essere stata ultimata versando in stadio tale da non consentire ancora il rilascio del certificato di agibilità [1].

[1] *La Corte costituzionale, con sentenza n. 43 del 24 febbraio 2022, ha dichiarato l'illegittimità costituzionale del combinato disposto degli artt. 1, comma 1, della legge 2 agosto 2004, n. 210; 1, comma 1, lettera* d) *e 9, comma 1, di questo provvedimento, nella parte in cui non riconoscono il diritto di prelazione anche alle persone fisiche che abbiano acquistato prima che sia stato richiesto il permesso di costruire.*

2. Garanzia fideiussoria. – 1. All'atto della stipula di un contratto che abbia come finalità il trasferimento non immediato della proprietà o di altro diritto reale di godimento su un immobile da costruire o di un atto avente le medesime finalità, ovvero in un momento precedente, il costruttore è obbligato, a pena di nullità del contratto che può essere fatta valere unicamente dall'acquirente, a procurare il rilascio ed a consegnare all'acquirente una fideiussione, anche secondo quanto previsto dall'articolo 1938 del codice civile, di importo corrispondente alle somme e al valore di ogni altro eventuale corrispettivo che il costruttore ha riscosso e, secondo i termini e le modalità stabilite nel contratto, deve ancora riscuotere dall'acquirente prima del trasferimento della proprietà o di altro diritto reale di godimento. Restano comunque esclusi le somme per le quali è pattuito che debbano essere erogate da un soggetto mutuante, nonché i contributi pubblici già assistiti da autonoma garanzia.

2. Per le società cooperative, l'atto equipollente a quello indicato al comma 1 consiste in quello con il quale siano state versate somme o assunte obbligazioni con la cooperati-

va medesima per ottenere l'assegnazione in proprietà o l'acquisto della titolarità di un diritto reale di godimento su di un immobile da costruire per iniziativa della stessa.

NOTE OPERATIVE:

Nullità: La domanda di nullità del contratto preliminare di vendita di immobili da costruire, per mancato rilascio della garanzia fideiussoria, non può essere accolta, per violazione della clausola di buona fede oggettiva e per carenza di interesse ad agire, allorché essa sia proposta dopo l'ultimazione dei lavori e senza che nelle more si sia manifestata l'insolvenza del promittente venditore o senza che risulti altrimenti pregiudicato l'interesse del promissario acquirente, alla cui tutela è preposta la nullità di protezione prevista dalla norma in esame (C.C. 3817/23). La proposizione della domanda di nullità del contratto per la violazione della norma non integra un abuso del diritto nel caso in cui, a fronte del rilascio della richiesta garanzia fideiussoria in data successiva alla stipula di un contratto preliminare di compravendita avente ad oggetto un immobile in corso di costruzione, si sia, nelle more, manifestata l'insolvenza del promittente venditore ovvero risulti altrimenti pregiudicato l'interesse del promissario acquirente (C.C. 21966/22).

3. Rilascio, contenuto e modalità di escussione della fideiussione. – 1. La fideiussione è rilasciata da una banca o da un'impresa esercente le assicurazioni; essa deve garantire, nel caso in cui il costruttore incorra in una situazione di crisi di cui al comma 2 o, nel caso di inadempimento all'obbligo assicurativo di cui all'articolo 4, la restituzione delle somme e del valore di ogni altro eventuale corrispettivo effettivamente riscossi e dei relativi interessi legali maturati fino al momento in cui la predetta situazione si è verificata (1).

2. La situazione di crisi si intende verificata in una delle seguenti date:

a) di trascrizione del pignoramento relativo all'immobile oggetto del contratto;

b) di pubblicazione della sentenza dichiarativa del fallimento o del provvedimento di liquidazione coatta amministrativa;

c) di presentazione della domanda di ammissione alla procedura di concordato preventivo;

d) di pubblicazione della sentenza che dichiara lo stato di insolvenza o, se anteriore, del decreto che dispone la liquidazione coatta amministrativa o l'amministrazione straordinaria.

3. La fideiussione può essere escussa:

a) a decorrere dalla data in cui si è verificata la situazione di crisi di cui al comma 2 a condizione che, per l'ipotesi di cui alla lettera *a*) del medesimo comma, l'acquirente abbia comunicato al costruttore la propria volontà di recedere dal contratto e, per le ipotesi di cui alle lettere *b*), *c*) e *d*) del comma 2, il competente organo della procedura concorsuale non abbia comunicato la volontà di subentrare nel contratto preliminare;

b) a decorrere dalla data dell'attestazione del notaio di non aver ricevuto per la data dell'atto di trasferimento della proprietà la polizza assicurativa conforme al decreto ministeriale di cui all'articolo 4, quando l'acquirente ha comunicato al costruttore la propria volontà di recedere dal contratto di cui all'articolo 6 (2).

4. La fideiussione deve prevedere la rinuncia al beneficio della preventiva escussione del debitore principale di cui all'articolo 1944, secondo comma, del codice civile e deve essere escutibile, verificatesi le condizioni di cui al comma 3, a richiesta scritta dell'acquirente, corredata da idonea documentazione comprovante l'ammontare delle somme e il valore di ogni altro eventuale corrispettivo che complessivamente il costruttore ha riscosso, da inviarsi al domicilio indicato dal fideiussore a mezzo di lettera raccomandata con avviso di ricevimento.

5. Il mancato pagamento del premio o della commissione non è opponibile all'acquirente.

6. Il fideiussore è tenuto a pagare l'importo dovuto entro il termine di trenta giorni dalla data di ricevimento della richiesta di cui al comma 4. Qualora la restituzione degli importi oggetto di fideiussione non sia eseguita entro il suddetto termine, il fideiussore è tenuto a rimborsare all'acquirente le spese da quest'ultimo effettivamente sostenute e strettamente necessarie per conseguire la detta restituzione, oltre i relativi interessi.

7. L'efficacia della fideiussione cessa nel momento in cui il fideiussore riceve dal costruttore o da un altro dei contraenti copia dell'atto di trasferimento della proprietà o di altro diritto reale di godimento sull'immobile o dell'atto definitivo di assegnazione il quale contenga la menzione di cui all'articolo 4, comma 1 *quater* (3).

7 *bis*. Con decreto del Ministro della giustizia, di concerto con il Ministro dell'economia e delle finanze, da adottarsi entro novanta giorni dal 1° settembre 2021 (4), è determinato il modello standard della fideiussione (5).

(1) *Questo comma è stato così sostituito dall'art. 385, comma 1, lett.* a), *del D.L.vo 12 gennaio 2019, n. 14.*

A norma dell'art. 389, comma 2, del medesimo provvedimento, tali disposizioni entreranno in vigore il trentesimo giorno successivo alla data di pubblicazio-

ne in Gazzetta Ufficiale del suddetto decreto (Suppl. ord. alla G.U. n. 38 del 14 febbraio 2019).

A norma dell'art. 389, comma 3, del medesimo provvedimento, tali disposizioni si applicano anche nelle more dell'adozione dei decreti di cui agli articoli 3, comma 7 bis, e 4, comma 1 bis, del predetto decreto legislativo e il contenuto della fideiussione e della polizza assicurativa è determinato dalle parti nel rispetto di quanto previsto dalle richiamate disposizioni.

(²) *Questo comma è stato così sostituito dall'art. 385, comma 1, lett.* b), *del D.L.vo 12 gennaio 2019, n. 14.*

A norma dell'art. 389, comma 2, del medesimo provvedimento, tali disposizioni entreranno in vigore il trentesimo giorno successivo alla data di pubblicazione in Gazzetta Ufficiale del suddetto decreto (Suppl. ord. alla G.U. n. 38 del 14 febbraio 2019).

A norma dell'art. 389, comma 3, del medesimo provvedimento, tali disposizioni si applicano anche nelle more dell'adozione dei decreti di cui agli articoli 3, comma 7 bis, e 4, comma 1 bis, del predetto decreto legislativo e il contenuto della fideiussione e della polizza assicurativa è determinato dalle parti nel rispetto di quanto previsto dalle richiamate disposizioni.

(³) *Questo comma è stato così sostituito dall'art. 385, comma 1, lett.* c), *del D.L.vo 12 gennaio 2019, n. 14.*

A norma dell'art. 389, comma 2, del medesimo provvedimento, tali disposizioni entreranno in vigore il trentesimo giorno successivo alla data di pubblicazione in Gazzetta Ufficiale del suddetto decreto (Suppl. ord. alla G.U. n. 38 del 14 febbraio 2019).

A norma dell'art. 389, comma 3, del medesimo provvedimento, tali disposizioni si applicano anche nelle more dell'adozione dei decreti di cui agli articoli 3, comma 7 bis, e 4, comma 1 bis, del predetto decreto legislativo e il contenuto della fideiussione e della polizza assicurativa è determinato dalle parti nel rispetto di quanto previsto dalle richiamate disposizioni.

(⁴) *Le parole: «dalla data di entrata in vigore della presente disposizione» sono state così sostituite dalle seguenti: «dal 1° settembre 2021» dall'art. 12, comma 9 quater, lett.* a), *del D.L. 31 dicembre 2020, n. 183, convertito, con modificazioni, nella L. 26 febbraio 2021, n. 21.*

(⁵) *Questo comma è stato aggiunto dall'art. 385, comma 1, lett.* d), *del D.L.vo 12 gennaio 2019, n. 14.*

A norma dell'art. 389, comma 2, del medesimo provvedimento, tali disposizioni entreranno in vigore il trentesimo giorno successivo alla data di pubblicazione in Gazzetta Ufficiale del suddetto decreto (Suppl. ord. alla G.U. n. 38 del 14 febbraio 2019).

A norma dell'art. 389, comma 3, del medesimo provvedimento, tali disposizioni si applicano anche nelle more dell'adozione dei decreti di cui agli articoli 3, comma 7 bis, e 4, comma 1 bis, del predetto decreto legislativo e il contenuto della fideiussione e della polizza assicurativa è determinato dalle parti nel rispetto di quanto previsto dalle richiamate disposizioni.

4. Assicurazione dell'immobile. – 1. Il costruttore è obbligato a contrarre ed a consegnare all'acquirente all'atto del trasferimento della proprietà a pena di nullità del contratto che può essere fatta valere solo dall'acquirente, (¹) una polizza assicurativa indennitaria decennale a beneficio dell'acquirente e con effetto dalla data di ultimazione dei lavori a copertura dei danni materiali e diretti all'immobile, compresi i danni ai terzi, cui sia tenuto ai sensi dell'articolo 1669 del codice civile, derivanti da rovina totale o parziale oppure da gravi difetti costruttivi delle opere, per vizio del suolo o per difetto della costruzione, e comunque manifestatisi successivamente alla stipula del contratto definitivo di compravendita o di assegnazione.

1 *bis*. Con decreto del Ministro dello sviluppo economico, di concerto con il Ministro della giustizia e con il Ministro dell'economia e delle finanze, da adottarsi entro novanta giorni dal 1° settembre 2021 (²), sono determinati il contenuto e le caratteristiche della polizza di assicurazione e il relativo modello standard (³).

1 *ter*. In caso di inadempimento all'obbligo previsto dal comma 1, l'acquirente che abbia comunicato al costruttore la propria volontà di recedere dal contratto di cui all'articolo 6 ha diritto di escutere la fideiussione ai sensi dell'articolo 3, comma 3, lettera *b*) (³).

1 *quater*. L'atto di trasferimento deve contenere la menzione degli estremi identificativi della polizza assicurativa e della sua conformità al decreto previsto dal comma 1 *bis* (³).

(¹) *Le parole: «a pena di nullità del contratto che può essere fatta valere solo dall'acquirente,» sono state inserite dall'art. 386, comma 1, lett.* a), *del D.L.vo 12 gennaio 2019, n. 14.*

A norma dell'art. 389, comma 2, del medesimo provvedimento, tali disposizioni entreranno in vigore il trentesimo giorno successivo alla data di pubblicazione in Gazzetta Ufficiale del suddetto decreto (Suppl. ord. alla G.U. n. 38 del 14 febbraio 2019). A norma dell'art. 389, comma 3, del medesimo provvedimento, tali disposizioni si applicano anche nelle more dell'adozione dei decreti di cui agli articoli 3, comma 7 bis, e 4, comma 1 bis, del predetto decreto legislativo e il contenuto della fideiussione e della polizza assicurativa è determinato dalle parti nel rispetto di quanto previsto dalle richiamate disposizioni.

(²) *Le parole: «dalla data di entrata in vigore della presente disposizione» sono state così sostituite dalle seguenti: «dal 1° settembre 2021».dall'art. 12, comma 9 quater, lett.* b), *del D.L. 31 dicembre 2020, n. 183, convertito, con modificazioni, nella L. 26 febbraio 2021, n. 21.*

(³) *Questo comma è stato inserito dall'art. 386, comma 1, lett.* b), *del D.L.vo 12 gennaio 2019, n. 14.*

A norma dell'art. 389, comma 2, del medesimo provvedimento, tali disposizioni entreranno in vigore il trentesimo giorno successivo alla data di pubblicazione in Gazzetta Ufficiale del suddetto decreto (Suppl. ord. alla G.U. n. 38 del 14 febbraio 2019). A norma dell'art. 389, comma 3, del medesimo provvedimento, tali disposizioni si applicano anche nelle more dell'adozione dei decreti di cui agli articoli 3, comma 7 bis, e 4, comma 1 bis, del predetto decreto legislativo e il contenuto della fideiussione e della polizza assicurativa è determinato dalle parti nel rispetto di quanto previsto dalle richiamate disposizioni.

NOTE OPERATIVE:

Nullità: In tema di tutela dei diritti patrimoniali degli acquirenti di immobili da costruire, l'obbligo di rilascio della polizza assicurativa, sussiste in relazione ai contratti – quale il preliminare – aventi ad oggetto il trasferimento non immediato della proprietà o di altro diritto reale di godimento su immobili per i quali sia stato richiesto il permesso di costruire (o altra denuncia o provvedimento abilitativo) successivamente alla data di entrata in vigore del decreto n. 122/05 (C.C. 28859/21).

5. Applicabilità della disciplina. – 1. La disciplina prevista dagli articoli 2, 3 e 4 si applica ai contratti aventi ad oggetto il trasferimento non immediato della proprietà o di altro diritto reale di godimento di immobili per i quali il permesso di costruire o altra denuncia o provvedimento abilitativo sia stato richiesto successivamente alla data di entrata in vigore del presente decreto.

1 *bis*. L'acquirente non può rinunciare alle tutele previste dal presente decreto; ogni clausola contraria è nulla e deve intendersi come non apposta (¹).

1 *ter*. Le modifiche apportate dal decreto legislativo di attuazione dell'articolo 12 della legge 19 ottobre 2017, n. 155 si applicano ai contratti aventi ad oggetto immobili da costruire per i quali il titolo abilitativo edilizio sia stato richiesto o presentato successivamente alla data di entrata in vigore del decreto stesso (²).

(¹) *Questo comma è stato aggiunto dall'art. 10* quater, *lett.* a), *del D.L. 28 marzo 2014, n. 47, convertito, con modificazioni, nella L. 23 maggio 2014, n. 80.*

(²) *Questo comma è stato inserito dall'art. 387, comma 1, del D.L.vo 12 gennaio 2019, n. 14.*

A norma dell'art. 389, comma 2, del medesimo provvedimento, tali disposizioni entreranno in vigore il trentesimo giorno successivo alla data di pubblicazione in Gazzetta Ufficiale *del suddetto decreto (Suppl. ord. alla G.U. n. 38 del 14 febbraio 2019).*

6. Contenuto del contratto preliminare. – 1. Il contratto preliminare ed ogni altro contratto che ai sensi dell'articolo 2 sia comunque diretto al successivo acquisto in capo ad una persona fisica della proprietà o di altro diritto reale su un immobile oggetto del presente decreto devono essere stipulati per atto pubblico o per scrittura privata autenticata (¹) devono contenere:

a) le indicazioni previste agli articoli 2659, primo comma, n. 1), e 2826 del codice civile;

b) la descrizione dell'immobile e di tutte le sue pertinenze di uso esclusivo oggetto del contratto;

c) gli estremi di eventuali atti d'obbligo e convenzioni urbanistiche stipulati per l'ottenimento dei titoli abilitativi alla costruzione e l'elencazione dei vincoli previsti;

d) le caratteristiche tecniche della costruzione, con particolare riferimento alla struttura portante, alle fondazioni, alle tamponature, ai solai, alla copertura, agli infissi ed agli impianti;

e) i termini massimi di esecuzione della costruzione, anche eventualmente correlati alle varie fasi di lavorazione;

f) l'indicazione del prezzo complessivo da corrispondersi in danaro o il valore di ogni altro eventuale corrispettivo, i termini e le modalità per il suo pagamento, la specificazione dell'importo di eventuali somme a titolo di caparra; le modalità di corresponsione del prezzo devono essere rappresentate da bonifici bancari o versamenti diretti su conti correnti bancari o postali indicati dalla parte venditrice ed alla stessa intestati o da altre forme che siano comunque in grado di assicurare la prova certa dell'avvenuto pagamento;

g) gli estremi della fideiussione di cui all'articolo 2 e l'attestazione della sua conformità al modello contenuto nel decreto di cui all'articolo 3, comma 7 *bis* (²);

h) l'eventuale esistenza di ipoteche o trascrizioni pregiudizievoli di qualsiasi tipo sull'immobile con la specificazione del relativo ammontare, del soggetto a cui favore risultano e del titolo dal quale derivano, nonché la pattuizione espressa degli obblighi del costruttore ad esse connessi e, in particolare, se tali obblighi debbano essere adempiuti prima o dopo la stipula del contratto definitivo di vendita;

i) gli estremi del permesso di costruire o della sua richiesta se non ancora rilasciato, nonché di ogni altro titolo, denuncia o provvedimento abilitativo alla costruzione;

l) l'eventuale indicazione dell'esistenza di imprese appaltatrici, con la specificazione dei relativi dati identificativi.

2. Agli stessi contratti devono essere allegati:

a) il capitolato contenente le caratteristiche dei materiali da utilizzarsi, individuati anche solo per tipologie, caratteristiche e valori omogenei, nonché l'elenco delle rifiniture e degli accessori convenuti fra le parti;

b) gli elaborati del progetto in base al quale è stato richiesto o rilasciato il permesso di costruire o l'ultima variazione al progetto originario, limitatamente alla rappresentazione grafica degli immobili oggetto del contratto, delle relative pertinenze esclusive e delle parti condominiali.

3. Sono fatte salve le disposizioni di cui al regio decreto 28 marzo 1929, n. 499.

(1) *Le parole: «devono essere stipulati per atto pubblico o per scrittura privata autenticata» sono state inserite dall'art. 388, comma 1, lett.* a), *del D.L.vo 12 gennaio 2019, n. 14. A norma dell'art. 389, comma 2, del medesimo provvedimento, tali disposizioni entreranno in vigore il trentesimo giorno successivo alla data di pubblicazione in* Gazzetta Ufficiale *del suddetto decreto (Suppl. ord. alla G.U. n. 38 del 14 febbraio 2019).*

(2) *Questa lettera è stata così sostituita dall'art. 388, comma 1, lett.* b), *del D.L.vo 12 gennaio 2019, n. 14. A norma dell'art. 389, comma 2, del medesimo provvedimento, tali disposizioni entreranno in vigore il trentesimo giorno successivo alla data di pubblicazione in* Gazzetta Ufficiale *del suddetto decreto (Suppl. ord. alla G.U. n. 38 del 14 febbraio 2019).*

7. Modificazioni all'articolo 39 del decreto legislativo 1° settembre 1993, n. 385. - (*Omissis*).

8. Obbligo di cancellazione o frazionamento dell'ipoteca antecedente alla compravendita. - 1. Il notaio non può procedere alla stipula dell'atto di compravendita se, anteriormente o contestualmente alla stipula, non si sia proceduto alla suddivisione del finanziamento in quote o al perfezionamento di un titolo per la cancellazione o frazionamento dell'ipoteca a garanzia o del pignoramento gravante sull'immobile.

9. Diritto di prelazione. - 1. Qualora l'immobile sia stato consegnato all'acquirente e da questi adibito ad abitazione principale per sé o per il proprio coniuge (1) o per un proprio parente in primo grado, all'acquirente medesimo, anche nel caso in cui abbia escusso la fideiussione, è riconosciuto il diritto di prelazione nell'acquisto dell'immobile al prezzo definitivo raggiunto nell'incanto anche in esito alle eventuali offerte ai sensi dell'articolo 584 del codice di procedura civile (2).

2. Ai fini dell'esercizio del diritto di prelazione, l'autorità che procede alla vendita dell'immobile provvede a dare immediata comunicazione all'acquirente, con atto notificato a mezzo ufficiale giudiziario, della definitiva determinazione del prezzo entro dieci giorni dall'adozione del relativo provvedimento, con indicazione di tutte le condizioni alle quali la vendita dovrà essere conclusa e l'invito ad esercitare la prelazione.

3. Il diritto di prelazione è esercitato dall'acquirente, a pena di decadenza, entro il termine di dieci giorni dalla data di ricezione della comunicazione di cui al comma 2 offrendo, con atto notificato a mezzo ufficiale giudiziario all'autorità che procede alla vendita dell'immobile, condizioni uguali a quelle comunicategli.

4. Qualora l'acquirente abbia acquistato l'immobile, per effetto dell'esercizio del diritto di prelazione, ad un prezzo inferiore alle somme riscosse in sede di escussione della fideiussione, la differenza deve essere restituita al fideiussore, qualora l'immobile acquistato abbia consistenza e caratteristiche tipologiche e di finitura corrispondenti a quelle previste nel contratto stipulato con il costruttore. Ove non ricorra tale condizione, l'eventuale eccedenza da restituire al fideiussore deve risultare da apposita stima.

5. È escluso, in ogni caso, il diritto di riscatto nei confronti dell'aggiudicatario.

(1) *Le parole: «o per il proprio coniuge» sono state inserite dall'art. 10* quater, *lett.* b), *del D.L. 28 marzo 2014, n. 47, convertito, con modificazioni, nella L. 23 maggio 2014, n. 80.*

(2) *La Corte costituzionale, con sentenza n. 43 del 24 febbraio 2022, ha dichiarato l'illegittimità costituzionale del combinato disposto degli artt. 1, comma 1, della legge 2 agosto 2004, n. 210; 1, comma 1, lettera* d) *e 9, comma 1, di questo provvedimento, nella parte in cui non riconoscono il diritto di prelazione anche alle persone fisiche che abbiano acquistato prima che sia stato richiesto il permesso di costruire.*

10. Esenzioni e limiti alla esperibilità dell'azione revocatoria fallimentare. - 1. Gli atti a titolo oneroso che hanno come effetto il trasferimento della proprietà o di altro diritto reale di godimento di immobili da costruire, nei quali l'acquirente si impegni a stabilire, entro dodici mesi dalla data di acquisto o di ultimazione degli stessi, la residenza propria o del proprio coniuge (1) o di suoi parenti o affini entro il terzo grado, se posti in essere al giusto prezzo da valutarsi alla data della stipula del preliminare, non sono soggetti all'azione revocatoria prevista dall'articolo 67 del regio decreto 16 marzo 1942, n. 267, e successive modificazioni.

2. Non sono, altresì, soggetti alla medesima azione revocatoria i pagamenti dei premi e commissioni relativi ai contratti di fideiussione e di assicurazione di cui agli articoli 3 e 4, qualora effettuati nell'esercizio dell'attività d'impresa nei termini d'uso.

(1) *Le parole: «o del proprio coniuge» sono state inserite dall'art. 10* quater, *lett.* c), *del D.L. 28 marzo 2014, n. 47, convertito, con modificazioni, nella L. 23 maggio 2014, n. 80*

11. Introduzione dell'articolo 72 *bis* del regio decreto 16 marzo 1942, n. 267. - (*Omissis*).

12. Istituzione e finalità del Fondo di solidarietà per gli acquirenti di beni immobili

da costruire. – 1. È istituito presso il Ministero dell'economia e delle finanze il Fondo di solidarietà per gli acquirenti di beni immobili da costruire, di seguito denominato: «Fondo», al fine di assicurare un indennizzo, nell'ambito delle risorse del medesimo Fondo, agli acquirenti che, a seguito dell'assoggettamento del costruttore a procedure implicanti una situazione di crisi, hanno subito la perdita di somme di denaro o di altri beni e non hanno conseguito il diritto di proprietà o altro diritto reale di godimento su immobili oggetto di accordo negoziale con il costruttore ovvero l'assegnazione in proprietà o l'acquisto della titolarità di un diritto reale di godimento su immobili da costruire per iniziativa di una cooperativa.

2. Ai fini dell'accesso alle prestazioni del Fondo, devono risultare nei confronti del costruttore procedure implicanti una situazione di crisi non concluse in epoca antecedente al 31 dicembre 1993 né aperte in data successiva all'applicabilità della disciplina in tema di garanzia fideiussoria, prevista dall'articolo 5 del presente decreto ([1]).

3. L'accesso alle prestazioni del Fondo è consentito nei casi in cui per il bene immobile risulti richiesto il permesso di costruire.

([1]) *Questo comma è stato così sostituito dall'art. 18* bis, *comma 1, lett.* a), *del D.L. 31 dicembre 2007, n. 248, convertito, con modificazioni, nella L. 28 febbraio 2008, n. 31.*

13. Requisiti per l'accesso alle prestazioni del Fondo. – 1. Per l'accesso alle prestazioni del Fondo devono ricorrere congiuntamente i seguenti requisiti oggettivi:

a) aver subito, a seguito dell'insorgenza di una situazione di crisi per effetto dell'insolvenza del costruttore, perdite di somme di denaro versate o di altri beni trasferiti dall'acquirente al costruttore medesimo come corrispettivo per l'acquisto o l'assegnazione dell'immobile da costruire;

b) non aver acquistato la proprietà o altro diritto reale di godimento sull'immobile da costruire ovvero non averne conseguito l'assegnazione.

2. Il requisito di cui al comma 1, lettera *b*), non viene meno per effetto dell'acquisto della proprietà o del conseguimento dell'assegnazione in virtù di accordi negoziali con gli organi della procedura concorsuale ovvero di aggiudicazione di asta nell'ambito della medesima procedura ovvero, infine, da terzi aggiudicatari.

3. Nei casi di cui al comma 2 l'indennizzo spetta solo qualora l'importo complessivo delle somme versate e del valore dei beni corrisposti al costruttore e delle somme versate per l'effettivo acquisto del bene sia superiore al prezzo originariamente convenuto con il costruttore ed è determinato in misura pari alla differenza tra il predetto importo complessivo ed il prezzo originario, fino comunque a concorrenza delle somme versate e dei beni corrisposti al costruttore.

3 *bis*. L'accesso alle prestazioni del Fondo è inoltre consentito nei casi in cui l'acquirente, a seguito dell'insorgenza di una situazione di crisi per effetto dell'insolvenza del costruttore, abbia dovuto versare, in aggiunta al prezzo originariamente convenuto, somme ulteriori per ottenere, dopo la stipula dell'atto di compravendita o di assegnazione, la rinuncia da parte degli organi della procedura concorsuale a promuovere o coltivare l'azione revocatoria fallimentare promossa ai sensi dell'articolo 67, secondo comma, del regio decreto 16 marzo 1942, n. 267, e successive modificazioni, o la liberazione dell'immobile dall'ipoteca iscritta a garanzia del finanziamento concesso al costruttore di cui l'acquirente non si sia reso accollante, ovvero da altro vincolo pregiudizievole iscritto o trascritto in danno del costruttore. In tali casi l'indennizzo è determinato nella misura pari alle predette somme ulteriori, fino a concorrenza delle somme versate e del valore dei beni corrisposti al costruttore ([1]).

4. Danno luogo alle prestazioni del Fondo le situazioni di perdita della proprietà del bene per effetto del successivo positivo esperimento dell'azione revocatoria, soltanto nel caso in cui essa sia stata promossa ai sensi dell'articolo 67, secondo comma, del regio decreto 16 marzo 1942, n. 267.

([1]) *Questo comma è stato inserito dall'art. 18* bis, *comma 1, lett.* b), *del D.L. 31 dicembre 2007, n. 248, convertito, con modificazioni, nella L. 28 febbraio 2008, n. 31.*

13 *bis*. ([1]) Disposizione interpretativa dell'articolo 13, comma 2. – 1. Il comma 2 dell'articolo 13 si interpreta nel senso che il requisito di cui al comma 1, lettera *b*), del medesimo articolo 13, e conseguentemente la tutela prevista nel citato comma 2, non viene meno anche nei casi di acquisto della proprietà o di conseguimento dell'assegnazione in virtù di accordi negoziali o di aggiudicazione di asta, avvenuti in qualunque procedura esecutiva.

([1]) *Questo articolo è stato inserito dall'art. 20, comma 4* bis, *del D.L. 12 settembre 2014, n. 133, convertito, con modificazioni, nella L. 11 novembre 2014, n. 164.*

14. Struttura e funzionamento del Fondo. – 1. Il Fondo si articola in sezioni autonome corrispondenti ad aree territoriali interregionali individuate con il decreto di cui all'articolo 16, sulla base della quantità e della provenienza territoriale delle richieste di indennizzo presentate entro il termine di decadenza stabilito nell'articolo 18, comma 1, in modo da assicurare una gestione equilibrata delle sezioni. L'articolazione in sezioni non comporta un decentramento territoriale del Fondo.

2. Per ciascuna sezione autonoma è tenuta dal Fondo una distinta contabilità, anche ai fini della rendicontazione periodica.

3. Gli oneri di gestione del Fondo sono contabilmente ripartiti fra le sezioni autonome, in proporzione dell'ammontare delle risorse di cui ciascuna di esse dispone in virtù dei contributi che le sono imputati ai sensi dell'articolo 17, comma 5.

4. Le risorse di ciascuna sezione, al netto degli oneri di gestione, sono destinate alla soddisfazione delle richieste di indennizzo dei soggetti aventi diritto in relazione agli immobili ubicati nel territorio di competenza della sezione medesima. A tale fine il gestore del Fondo, entro sei mesi dalla data di scadenza del termine di presentazione delle richieste di indennizzo da parte degli aventi diritto, salve le risultanze della successiva attività istruttoria, determina per ciascuna sezione l'ammontare massimo complessivo delle somme da erogare a titolo di indennizzo e, quindi, sulla base delle risorse globalmente imputate a ciascuna sezione per effetto del versamento della prima annualità del contributo obbligatorio di cui all'articolo 17, la prima quota annuale di indennizzo da erogare.

5. Le ulteriori quote annuali di indennizzo sono determinate in funzione delle variazioni della misura annua del contributo, stabilita con il decreto di cui all'articolo 17, comma 4, e del suo gettito effettivo, oltre che del decrescente ammontare residuo degli indennizzi da corrispondere.

6. In caso di integrale soddisfazione delle richieste degli aventi diritto, anche prima della scadenza del termine massimo di operatività del Fondo, le eventuali somme residue di una sezione sono attribuite alle altre sezioni, che non abbiano risorse sufficienti, proporzionalmente all'ammontare residuo degli indennizzi da corrispondersi da parte di ciascuna di queste.

7. Il Fondo ha azione di regresso nei confronti del costruttore per il recupero dell'indennizzo corrisposto all'acquirente. A tale fine il Fondo si surroga nei diritti dell'acquirente nell'ambito della procedura implicante la situazione di crisi aperta nei confronti del costruttore, progressivamente in ragione e nei limiti delle somme corrisposte a titolo di indennizzo, nonché dei relativi interessi e spese. L'indennizzato ha facoltà di agire nell'ambito della procedura per l'eventuale residua parte del credito non soddisfatta dall'indennizzo ricevuto dal Fondo.

8. Le somme recuperate dal Fondo ai sensi del comma 7 sono imputate alla sezione autonoma del Fondo che ha erogato l'indennizzo.

15. Gestione del Fondo. – 1. La gestione del Fondo è attribuita alla CONSAP – Concessionaria di servizi assicurativi pubblici s.p.a., che vi provvede per conto del Ministero dell'economia e delle finanze sulla base di apposita concessione, approvata con decreto del medesimo Ministero.

2. La concessione si conforma al principio di affidare alla CONSAP, quale concessionaria, la gestione di cassa e patrimoniale del Fondo, la conservazione della sua integrità, la liquidazione delle relative spese, nonché al principio di garantire la verifica periodica, da parte dell'amministrazione concedente, della corrispondenza della gestione del Fondo alle finalità indicate dal presente decreto. Ai relativi oneri e alle spese di gestione si provvede nell'ambito delle risorse finanziarie del Fondo, senza nuovi o maggiori oneri per la finanza pubblica.

3. Ai fini di cui al comma 2, la concessione definisce, tra l'altro, le modalità di esercizio concernenti:

a) iniziative informative da assumersi ad opera del Fondo, con oneri a suo carico, al fine di garantire l'effettiva fruizione dei benefici previsti dal presente decreto da parte dei destinatari;

b) la rilevazione dei dati necessari per la definizione delle aree territoriali e delle corrispondenti sezioni autonome del Fondo, ai sensi dell'articolo 14, comma 1, nonché per la determinazione annua della misura del contributo obbligatorio, di cui all'articolo 17, comma 4;

c) l'istruttoria delle richieste di indennizzo;

d) la liquidazione degli indennizzi e la loro erogazione, anche tramite apposite convenzioni con le banche;

e) la ripetizione delle somme già erogate, nei casi di revoca o riforma dell'attribuzione, nonché l'esercizio del diritto di surroga previsto dall'articolo 14, comma 7;

f) la previsione dell'ammontare complessivo delle somme da destinare all'erogazione degli indennizzi, nonché al sostenimento degli oneri di gestione;

g) la destinazione ad investimenti a redditività certa ed adeguata delle somme disponibili, compatibilmente con le esigenze di liquidità del Fondo;

h) la presentazione al Ministero dell'economia e delle finanze, per il successivo inoltro alla Corte dei conti, del rendiconto annuale, approvato dal Consiglio di amministrazione della concessionaria, accompagnato dalla situazione patrimoniale del Fondo e da una relazione sull'attività svolta.

4. La concessione stabilisce, altresì, le modalità di accreditamento alla CONSAP delle somme che affluiscono al Fondo.

16. Ulteriore disciplina per la gestione del Fondo. - 1. Con decreto di natura non regolamentare del Ministro della giustizia, di concerto con il Ministro dell'economia e delle finanze, sono definite le aree territoriali e le corrispondenti sezioni autonome del Fondo, tenuto conto dei dati raccolti ed elaborati dal gestore del Fondo medesimo.

2. Possono altresì essere stabiliti ulteriori criteri e modalità per la concreta gestione del Fondo, con particolare riferimento all'attuazione di quanto previsto dall'articolo 14.

17. Contributo obbligatorio. - 1. Per reperire le risorse destinate al Fondo, è istituito un contributo obbligatorio a carico dei costruttori tenuti all'obbligo di procurare il rilascio e di provvedere alla consegna della fideiussione di cui all'articolo 2; il contributo è versato direttamente dal soggetto che rilascia la fideiussione.

2. Il contributo obbligatorio è dovuto per un periodo massimo di venticinque anni (1) a decorrere dalla data di entrata in vigore del presente decreto ovvero, se antecedente, sino alla data nella quale risultino acquisite al Fondo risorse sufficienti ad assicurare il soddisfacimento delle richieste di indennizzo presentate dagli aventi diritto. L'eventuale ricorrenza della predetta condizione per l'anticipata cessazione della debenza del contributo è accertata con decreto del Ministero dell'economia e delle finanze.

3. Per la prima annualità la misura del contributo è fissata nel quattro per mille dell'importo complessivo di ciascuna fideiussione ed il versamento è effettuato, entro il mese successivo a quello di rilascio della fideiussione, con le modalità stabilite e rese pubbliche dal soggetto gestore del Fondo.

4. Per le annualità successive, la misura del contributo è stabilita con decreto del Ministro della giustizia, di concerto con il Ministro dell'economia e delle finanze, entro il limite massimo del cinque per mille dell'importo complessivo di ciascuna fideiussione; con il medesimo decreto possono essere stabilite, altresì, modalità per il versamento diverse o ulteriori rispetto a quelle fissate nel comma 3 (2).

5. Le somme versate a titolo di contributo obbligatorio sono imputate alla sezione autonoma del Fondo nel cui ambito territoriale è ubicato l'immobile oggetto di fideiussione.

6. Qualora il versamento del contributo obbligatorio non avvenga entro il termine di cui al comma 3, sono dovuti interessi di mora calcolati, a decorrere dal giorno della scadenza del termine fino a comprendere quello dell'effettivo versamento, al saggio di interesse legale.

7. I soggetti che rilasciano fideiussioni ai sensi dell'articolo 2 sono tenuti a trasmettere entro il 31 dicembre di ogni anno al soggetto gestore del Fondo una dichiarazione sostitutiva di atto di notorietà, ai sensi dell'articolo 47 del testo unico delle disposizioni legislative e regolamentari in materia di documentazione amministrativa, di cui al decreto del Presidente della Repubblica 28 dicembre 2000, n. 445, recante attestazione delle fideiussioni rilasciate, con indicazione dei dati dei soggetti interessati, degli importi e degli estremi identificativi degli atti fideiussori.

(1) *Le parole: «quindici anni» sono state così sostituite dalle seguenti: «venticinque anni» dall'art. 13, comma 6 sexiesdecies, del D.L. 30 dicembre 2016, n. 244, convertito, con modificazioni, nella L. 27 febbraio 2017, n. 19.*

(2) *A norma del D.M. 31 ottobre 2006* (G.U. *Serie gen. - n. 18 del 23 gennaio 2007*)*, dal 24 gennaio 2007, la misura del contributo obbligatorio previsto da questo comma, è stabilito nella misura del cinque per mille dell'importo complessivo di ciascuna fideiussione.*

18. Accesso alle prestazioni del Fondo ed istruttoria sulle domande. - 1. La domanda di accesso alle prestazioni del Fondo deve essere presentata dagli aventi diritto, a pena di decadenza, entro il termine di sei mesi dalla data di pubblicazione del decreto di cui al comma 6 (1).

2. Ciascun soggetto può ottenere dal Fondo l'indennizzo una sola volta, anche nel caso in cui abbia subito più perdite in relazione a diverse e distinte situazioni di crisi. Gli impor-

ti delle perdite indennizzabili sono rivalutati, in base alle variazioni dell'indice ISTAT dei prezzi al consumo per le famiglie di operai e impiegati, alla data di entrata in vigore del presente decreto.

3. Il richiedente deve fornire la prova della sussistenza e dell'entità della perdita. A tale fine costituisce prova anche il provvedimento che ha definitivamente accertato il credito in sede concorsuale.

4. Nello svolgimento dell'attività istruttoria il gestore del Fondo, al fine di determinare criteri di valutazione uniformi in merito a situazioni e documentazioni ricorrenti, può acquisire il parere di un apposito comitato, costituito con il decreto di cui al comma 6 e composto da rappresentanti del Ministero della giustizia, del Ministero dell'economia e delle finanze, del Ministero delle attività produttive e delle categorie interessate.

5. Il gestore del Fondo, all'esito dell'istruttoria, nei termini stabiliti in sede di concessione, delibera il riconoscimento dell'indennità e la relativa liquidazione ovvero la reiezione della richiesta.

6. Con decreto del Ministero della giustizia, di concerto con il Ministro dell'economia e delle finanze, sono dettate disposizioni relative alle modalità, anche telematiche, di presentazione della domanda ed al contenuto della documentazione da allegare a questa, nonché in merito allo svolgimento dell'attività istruttoria di cui al presente articolo.

(1) *L'art. 18* bis, *comma 2, del D.L. 31 dicembre 2007, n. 248, convertito, con modificazioni, nella L. 28 febbraio 2008, n. 31, così dispone:*

«2. Il termine di cui al comma 1 dell'articolo 18 del decreto legislativo 20 giugno 2005, n. 122, è differito al 30 giugno 2008».

1.

R.D. 16 marzo 1942, n. 267. Disciplina del fallimento, del concordato preventivo, [dell'amministrazione controllata] e della liquidazione coatta amministrativa (*Gazzetta Ufficiale* n. 81 del 6 aprile 1942) (1) (2) (3).

(1) *A norma dell'art. 147, comma 2, del D.L.vo 9 gennaio 2006, n. 5, a decorrere dal 16 luglio 2006 sono soppressi tutti i riferimenti all'amministrazione controllata contenuti in questo provvedimento. Per la disciplina transitoria, si veda l'art. 150 del D.L.vo 9 gennaio 2006, n. 5, di cui si riporta il testo:*

«150. (Disciplina transitoria). 1. I ricorsi per dichiarazione di fallimento e le domande di concordato fallimentare depositate prima dell'entrata in vigore del presente decreto, nonché le procedure di fallimento e di concordato fallimentare pendenti alla stessa data, sono definiti secondo la legge anteriore».

Si veda inoltre l'art. 22 del D.L.vo 12 settembre 2007, n. 169, di cui si riporta il testo:

«1. Il presente decreto entra in vigore il 1° gennaio 2008.

«2. Le disposizioni del presente decreto si applicano ai procedimenti per dichiarazione di fallimento pendenti alla data della sua entrata in vigore, nonché alle procedure concorsuali e di concordato fallimentare aperte successivamente alla sua entrata in vigore.

«3. Gli articoli 7, comma 6, 18, comma 5, e 20 si applicano anche alle procedure concorsuali pendenti.

«4. L'articolo 19 si applica alle procedure di fallimento pendenti alla data di entrata in vigore del decreto legislativo 9 gennaio 2006, n. 5, pendenti o chiuse alla data di entrata in vigore del presente decreto».

(2) *A norma dell'art. 60 bis, comma 7, del D.L. 14 agosto 2020, n. 104, convertito, con modificazioni, nella L. 13 ottobre 2020, n. 126, restano escluse dai benefici di cui al predetto articolo le società che, alla data di entrata in vigore della legge di conversione del presente decreto, si trovino in una delle condizioni previste da questo provvedimento.*

(3) *Si ricorda che con D.L.vo 12 gennaio 2019, n. 14 è stato approvato il Codice della crisi d'impresa e dell'insolvenza in attuazione della legge 19 ottobre 2017, n. 155 la cui entrata in vigore è stata stabilita per il 15 luglio 2022 dall'art. 389 (comma 1), come da ultimo modificato dall'art. 42, comma 1, lett. a), del D.L. 30 aprile 2022, n. 36, convertito, con modificazioni, nella L. 29 giugno 2022, n. 79, salvo quanto previsto dal comma 2 del medesimo art. 389 che anticipa l'entrata in vigore di talune norme del Codice a decorrere dal trentesimo giorno successivo alla sua pubblicazione in Gazzetta Ufficiale (avvenuta il 14 febbraio 2019).*

Titolo I
Disposizioni generali

1. (1) **Imprese soggette al fallimento e al concordato preventivo.** – Sono soggetti alle disposizioni sul fallimento e sul concordato preventivo gli imprenditori che esercitano una attività commerciale, esclusi gli enti pubblici.

Non sono soggetti alle disposizioni sul fallimento e sul concordato preventivo gli imprenditori di cui al primo comma, i quali dimostrino il possesso congiunto dei seguenti requisiti:

a) aver avuto, nei tre esercizi antecedenti la data di deposito della istanza di fallimento o dall'inizio dell'attività se di durata inferiore, un attivo patrimoniale di ammontare complessivo annuo non superiore ad euro trecentomila;

b) aver realizzato, in qualunque modo risulti, nei tre esercizi antecedenti la data di deposito dell'istanza di fallimento o dall'inizio dell'attività se di durata inferiore, ricavi lordi per un ammontare complessivo annuo non superiore ad euro duecentomila;

c) avere un ammontare di debiti anche non scaduti non superiore ad euro cinquecentomila.

I limiti di cui alle lettere *a*), *b*) e *c*) del secondo comma possono essere aggiornati ogni tre anni con decreto del Ministro della Giustizia, sulla base della media delle variazioni degli indici ISTAT dei prezzi al consumo per le famiglie di operai ed impiegati intervenute nel periodo di riferimento.

(1) *Questo articolo, già sostituito dall'art. 1 del D.L.vo 9 gennaio 2006, n. 5, è stato ora così sostituito dall'art. 1, comma 1, del D.L.vo 12 settembre 2007, n. 169, a decorrere dal 1° gennaio 2008.*

2. Liquidazione coatta amministrativa e fallimento. – La legge determina le imprese soggette a liquidazione coatta amministrativa, i casi per i quali la liquidazione coatta amministrativa può essere disposta e l'autorità competente a disporla.

Le imprese soggette a liquidazione coatta amministrativa non sono soggette al fallimento, salvo che la legge diversamente disponga.

Nel caso in cui la legge ammette la procedura di liquidazione coatta amministrativa e quella di fallimento si osservano le disposizioni dell'art. 196.

3. Liquidazione coatta amministrativa, concordato preventivo [e amministrazione controllata] (1). – Se la legge non dispone diversamente le imprese soggette a liquidazione coatta amministrativa possono essere ammesse alla procedura di concordato preventivo [e di amministrazione controllata] (1), osservate per le imprese escluse dal fallimento le norme del settimo comma dell'art. 195.

[Le imprese esercenti il credito non sono soggette all'amministrazione controllata prevista da questa legge] (2).

(1) *A norma dell'art. 147, comma 2, del D.L.vo 9 gennaio 2006, n. 5, sono soppressi tutti i riferimenti all'amministrazione controllata contenuti in questo provvedimento.*

(2) *Questo comma è stato abrogato dall'art. 2 del D.L.vo 9 gennaio 2006, n. 5, a decorrere dal 16 luglio 2006.*

4. (1) [**Rinvio a leggi speciali.** – L'agente di cambio è soggetto al fallimento nei casi stabiliti dalle leggi speciali.

Sono salve le disposizioni delle leggi speciali circa la dichiarazione di fallimento del contribuente per debito d'imposta].

(1) *Questo articolo è stato abrogato dall'art. 3 del D.L.vo 9 gennaio 2006, n. 5, a decorrere dal 16 luglio 2006.*

Titolo II
Del fallimento

Capo I
Della dichiarazione di fallimento

5. Stato d'insolvenza. – L'imprenditore che si trova in stato d'insolvenza è dichiarato fallito.

Lo stato d'insolvenza si manifesta con inadempimenti od altri fatti esteriori, i quali dimostrino che il debitore non è più in grado di soddisfare regolarmente le proprie obbligazioni.

6. (1) **Iniziativa per la dichiarazione di fallimento.** – Il fallimento è dichiarato su ricorso del debitore, di uno o più creditori o su richiesta del pubblico ministero.

Nel ricorso di cui al primo comma l'istante può indicare il recapito telefax o l'indirizzo di posta elettronica presso cui dichiara di voler ricevere le comunicazioni e gli avvisi previsti dalla presente legge.

(1) *Questo articolo è stato così sostituito dall'art. 4 del D.L.vo 9 gennaio 2006, n. 5, a decorrere dal 16 luglio 2006.*

7. (1) **Iniziativa del pubblico ministero.** – Il pubblico ministero presenta la richiesta di cui al primo comma dell'articolo 6:

1) quando l'insolvenza risulta nel corso di un procedimento penale, ovvero dalla fuga, dalla irreperibilità o dalla latitanza dell'imprenditore, dalla chiusura dei locali dell'impresa, dal trafugamento, dalla sostituzione o dalla diminuzione fraudolenta dell'attivo da parte dell'imprenditore;

2) quando l'insolvenza risulta dalla segnalazione proveniente dal giudice che l'abbia rilevata nel corso di un procedimento civile.

(1) *Questo articolo è stato così sostituito dall'art. 5 del D.L.vo 9 gennaio 2006, n. 5, a decorrere dal 16 luglio 2006.*

8. (1) [**Stato d'insolvenza risultante in giudizio civile.** – Se nel corso di un giudizio civile risulta l'insolvenza di un imprenditore che sia parte nel giudizio il giudice ne riferisce al tribunale competente per la dichiarazione di fallimento].

(1) *Questo articolo è stato abrogato dall'art. 6 del D.L.vo 9 gennaio 2006, n. 5, a decorrere dal 16 luglio 2006.*

9. Competenza. – Il fallimento è dichiarato dal tribunale del luogo dove l'imprenditore ha la sede principale dell'impresa.

Il trasferimento della sede intervenuto nell'anno antecedente all'esercizio dell'iniziativa per la dichiarazione di fallimento non rileva ai fini della competenza (1).

L'imprenditore, che ha all'estero la sede principale dell'impresa, può essere dichiarato fallito nella Repubblica italiana anche se è stata pronunciata dichiarazione di fallimento all'estero (1).

Sono fatte salve le convenzioni internazionali e la normativa dell'Unione europea (1).

Il trasferimento della sede dell'impresa all'estero non esclude la sussistenza della giurisdizione italiana, se è avvenuto dopo il deposito del ricorso di cui all'articolo 6 o la presentazione della richiesta di cui all'articolo 7 (1).

(1) *Gli originari secondo e terzo comma sono stati così sostituiti dagli attuali secondo, terzo, quarto e quinto dall'art. 7 del D.L.vo 9 gennaio 2006, n. 5, a decorrere dal 16 luglio 2006.*

9 *bis*. (¹) Disposizioni in materia di incompetenza. – Il provvedimento che dichiara l'incompetenza è trasmesso (²) in copia al tribunale dichiarato incompetente, il quale dispone con decreto l'immediata trasmissione degli atti a quello competente. Allo stesso modo provvede il tribunale che dichiara la propria incompetenza.

Il tribunale dichiarato competente, entro venti giorni dal ricevimento degli atti, se non richiede d'ufficio il regolamento di competenza ai sensi dell'articolo 45 del codice di procedura civile, dispone la prosecuzione della procedura fallimentare, provvedendo alla nomina del giudice delegato e del curatore.

Restano salvi gli effetti degli atti precedentemente compiuti.

Qualora l'incompetenza sia dichiarata all'esito del giudizio di cui all'articolo 18, l'appello, per le questioni diverse dalla competenza, è riassunto, a norma dell'articolo 50 del codice di procedura civile, dinanzi alla corte di appello competente.

Nei giudizi promossi ai sensi dell'articolo 24 dinanzi al tribunale dichiarato incompetente, il giudice assegna alle parti un termine per la riassunzione della causa davanti al giudice competente ai sensi dell'articolo 50 del codice di procedura civile e ordina la cancellazione della causa dal ruolo.

(¹) *Questo articolo è stato inserito dall'art. 8 del D.L.vo 9 gennaio 2006, n. 5, a decorrere dal 16 luglio 2006.*

(²) *Le parole: «La sentenza che dichiara l'incompetenza è trasmessa» sono state così sostituite dalle attuali: «Il provvedimento che dichiara l'incompetenza è trasmesso» dall'art. 2, comma 1, del D.L.vo 12 settembre 2007, n. 169, a decorrere dal 1° gennaio 2008.*

9 *ter*. (¹) Conflitto positivo di competenza. – Quando il fallimento è stato dichiarato da più tribunali, il procedimento prosegue avanti al tribunale competente che si è pronunciato per primo.

Il tribunale che si è pronunciato successivamente, se non richiede d'ufficio il regolamento di competenza ai sensi dell'articolo 45 del codice di procedura civile, dispone la trasmissione degli atti al tribunale che si è pronunziato per primo. Si applica l'articolo 9 *bis*, in quanto compatibile.

(¹) *Questo articolo è stato inserito dall'art. 8 del D.L.vo 9 gennaio 2006, n. 5, a decorrere dal 16 luglio 2006.*

10. (¹) Fallimento dell'imprenditore che ha cessato l'esercizio dell'impresa. – Gli imprenditori individuali e collettivi possono essere dichiarati falliti entro un anno dalla cancellazione dal registro delle imprese, se l'insolvenza si è manifestata anteriormente alla medesima o entro l'anno successivo.

In caso di impresa individuale o di cancellazione di ufficio degli imprenditori collettivi, è fatta salva la facoltà per il creditore o per il pubblico ministero (²) di dimostrare il momento dell'effettiva cessazione dell'attività da cui decorre il termine del primo comma.

(¹) *Questo articolo è stato così sostituito dall'art. 9 del D.L.vo 9 gennaio 2006, n. 5, a decorrere dal 16 luglio 2006.*

(²) *Le parole: «per il creditore o per il pubblico ministero» sono state aggiunte dall'art. 2, comma 2, del D.L.vo 12 settembre 2007, n. 169, a decorrere dal 1° gennaio 2008.*

11. Fallimento dell'imprenditore defunto. – L'imprenditore defunto può essere dichiarato fallito quando ricorrono le condizioni stabilite nell'articolo precedente.

L'erede può chiedere il fallimento del defunto, purché l'eredità non sia già confusa con il suo patrimonio; l'erede che chiede il fallimento del defunto non è soggetto agli obblighi di deposito di cui agli articoli 14 e 16, secondo comma, numero 3) (¹).

Con la dichiarazione di fallimento cessano di diritto gli effetti della separazione dei beni ottenuta dai creditori del defunto a norma del codice civile.

(¹) *Questo comma è stato così sostituito dall'art. 1 del D.L.vo 9 gennaio 2006, n. 5, a decorrere dal 16 luglio 2006.*

12. Morte del fallito. – Se l'imprenditore muore dopo la dichiarazione di fallimento, la procedura prosegue nei confronti degli eredi, anche se hanno accettato con beneficio d'inventario.

Se ci sono più eredi, la procedura prosegue in confronto di quello che è designato come rappresentante. In mancanza di accordo nella designazione del rappresentante entro quindici giorni dalla morte del fallito, la designazione è fatta dal giudice delegato.

Nel caso previsto dall'art. 528 del codice civile, la procedura prosegue in confronto del curatore dell'eredità giacente e nel caso previsto dall'art. 641 del codice civile nei confronti dell'amministratore nominato a norma dell'art. 642 dello stesso codice.

13. (¹) [Obbligo di trasmissione dell'elenco dei protesti. – I pubblici ufficiali abilitati a levare protesti cambiari devono trasmettere ogni quindici giorni al presidente del tribunale, nella cui giurisdizione esercitano le loro funzioni, un elenco dei protesti per mancato pagamento levati nei quindici giorni precedenti. L'elenco deve indicare la data di ciascun protesto, il cognome, il nome e il domicilio della persona alla quale fu fatto e del richiedente, la scadenza del titolo protestato, la somma dovuta ed i motivi del rifiuto di pagamento.

Eguale obbligo hanno i procuratori del registro per i rifiuti di pagamento fatti in conformità della legge cambiaria].

(¹) *Questo articolo è stato abrogato dall'art. 11 del D.L.vo 9 gennaio 2006, n. 5, a decorrere dal 16 luglio 2006.*

14. (¹) **Obbligo dell'imprenditore che chiede il proprio fallimento.** – L'imprenditore che chiede il proprio fallimento deve depositare presso la cancelleria del tribunale le scritture contabili e fiscali obbligatorie concernenti i tre esercizi precedenti ovvero l'intera esistenza dell'impresa, se questa ha avuto una minore durata. Deve inoltre depositare uno stato particolareggiato ed estimativo delle sue attività, l'elenco nominativo dei creditori e l'indicazione dei rispettivi crediti, l'indicazione dei ricavi lordi per ciascuno degli ultimi tre esercizi (²), l'elenco nominativo di coloro che vantano diritti reali e personali su cose in suo possesso e l'indicazione delle cose stesse e del titolo da cui sorge il diritto.

(¹) *Questo articolo è stato così sostituito dall'art. 12 del D.L.vo 9 gennaio 2006, n. 5, a decorrere dal 16 luglio 2006.*

(²) *Le parole: «tre anni» sono state così sostituite dalle attuali: «tre esercizi» dall'art. 2, comma 3, del D.L.vo 12 settembre 2007, n. 169, a decorrere dal 1° gennaio 2008.*

15. (¹) **Procedimento per la dichiarazione di fallimento.** – Il procedimento per la dichiarazione di fallimento si svolge dinanzi al tribunale in composizione collegiale con le modalità dei procedimenti in camera di consiglio.

Il tribunale convoca, con decreto apposto in calce al ricorso, il debitore ed i creditori istanti per il fallimento; nel procedimento interviene il pubblico ministero che ha assunto l'iniziativa per la dichiarazione di fallimento.

Il decreto di convocazione è sottoscritto dal presidente del tribunale o dal giudice relatore se vi è delega alla trattazione del procedimento ai sensi del sesto comma. Il ricorso e il decreto devono essere notificati, a cura della cancelleria, all'indirizzo di posta elettronica certificata del debitore risultante dal registro delle imprese ovvero dall'Indice nazionale degli indirizzi di posta elettronica certificata delle imprese e dei professionisti. L'esito della comunicazione è trasmesso, con modalità automatica, all'indirizzo di posta elettronica certificata del ricorrente. Quando, per qualsiasi ragione, la notificazione non risulta possibile o non ha esito positivo, la notifica, a cura del ricorrente, del ricorso e del decreto si esegue esclusivamente di persona a norma dell'articolo 107, primo comma, del decreto del Presidente della Repubblica 15 dicembre 1959, n. 1229, presso la sede risultante dal registro delle imprese. Quando la notificazione non può essere compiuta con queste modalità, si esegue con il deposito dell'atto nella casa comunale della sede che risulta iscritta nel registro delle imprese e si perfeziona nel momento del deposito stesso. L'udienza è fissata non oltre quarantacinque giorni dal deposito del ricorso e tra la data della comunicazione o notificazione e quella dell'udienza deve intercorrere un termine non inferiore a quindici giorni (²).

Il decreto contiene l'indicazione che il procedimento è volto all'accertamento dei presupposti per la dichiarazione di fallimento e fissa un termine non inferiore a sette giorni prima dell'udienza per la presentazione di memorie e il deposito di documenti e relazioni tecniche. In ogni caso, il tribunale dispone che l'imprenditore depositi i bilanci relativi agli ultimi tre esercizi, nonché una situazione patrimoniale, economica e finanziaria aggiornata; può richiedere eventuali informazioni urgenti.

I termini di cui al terzo e quarto comma possono essere abbreviati dal presidente del tribunale, con decreto motivato, se ricorrono particolari ragioni di urgenza. In tali casi, il presidente del tribunale può disporre che il ricorso e il decreto di fissazione dell'udienza siano portati a conoscenza delle parti con ogni mezzo idoneo, omessa ogni formalità non indispensabile alla conoscibilità degli stessi.

Il tribunale può delegare al giudice relatore l'audizione delle parti. In tal caso, il giudice delegato provvede all'ammissione ed all'espletamento dei mezzi istruttori richiesti dalle parti o disposti d'ufficio.

Le parti possono nominare consulenti tecnici.

Il tribunale, ad istanza di parte, può emettere i provvedimenti cautelari o conservativi a tutela del patrimonio o dell'impresa oggetto del provvedimento, che hanno efficacia limitata alla durata del procedimento e vengono confermati o revocati dalla sentenza che dichiara il fallimento, ovvero revocati con il decreto che rigetta l'istanza.

Non si fa luogo alla dichiarazione di fallimento se l'ammontare dei debiti scaduti e non pagati risultanti dagli atti dell'istruttoria prefallimentare è complessivamente inferiore a euro trentamila. Tale importo è periodicamente aggiornato con le modalità di cui al terzo comma dell'articolo 1.

(1) *Questo articolo, già sostituito dall'art. 13 del D.L.vo 9 gennaio 2006, n. 5, è stato ora così sostituito dall'art. 2, comma 4, del D.L.vo 12 settembre 2007, n. 169, a decorrere dal 1° gennaio 2008.*

(2) *Questo comma è stato così sostituito dall'art. 17, comma 1, lett. a), del D.L. 18 ottobre 2012, n. 179, convertito, con modificazioni, nella L. 17 dicembre 2012, n. 221. A norma dell'art. 17, comma 3, del medesimo decreto tali disposizioni si applicano ai procedimenti introdotti dopo il 31 dicembre 2013.*

Si riporta il testo precedente: «Il decreto di convocazione è sottoscritto dal presidente del tribunale o dal giudice relatore se vi è delega alla trattazione del procedimento ai sensi del sesto comma. Tra la data della notificazione, a cura di parte, del decreto di convocazione e del ricorso e quella dell'udienza deve intercorrere un termine non inferiore a quindici giorni.».

16. (1) **Sentenza dichiarativa di fallimento.** – Il tribunale dichiara il fallimento con sentenza, con la quale:

1) nomina il giudice delegato per la procedura;

2) nomina il curatore;

3) ordina al fallito il deposito dei bilanci e delle scritture contabili e fiscali obbligatorie, nonché dell'elenco dei creditori, entro tre giorni, se non è stato ancora eseguito a norma dell'articolo 14;

4) stabilisce il luogo, il giorno e l'ora dell'adunanza in cui si procederà all'esame dello stato passivo, entro il termine perentorio di non oltre centoventi giorni dal deposito della sentenza, ovvero centottanta giorni in caso di particolare complessità della procedura;

5) assegna ai creditori e ai terzi, che vantano diritti reali o personali su cose in possesso del fallito, il termine perentorio di trenta giorni prima dell'adunanza di cui al numero 4 per la presentazione in cancelleria delle domande di insinuazione.

La sentenza produce i suoi effetti dalla data della pubblicazione ai sensi dell'articolo 133, primo comma, del codice di procedura civile. Gli effetti nei riguardi dei terzi si producono dalla data di iscrizione della sentenza nel registro delle imprese ai sensi dell'articolo 17, secondo comma.

(1) *Questo articolo è stato così sostituito dall'art. 2, comma 5, del D.L.vo 12 settembre 2007, n. 169, a decorrere dal 1° gennaio 2008.*

17. (1) **Comunicazione e pubblicazione della sentenza dichiarativa di fallimento.** – Entro il giorno successivo al deposito in cancelleria, la sentenza che dichiara il fallimento è notificata, su richiesta del cancelliere, ai sensi dell'articolo 137 del codice di procedura civile, al pubblico ministero, (2) al debitore, eventualmente presso il domicilio eletto nel corso del procedimento previsto dall'articolo 15, ed è comunicata per estratto, ai sensi dell'articolo 136 del codice di procedura civile, al curatore ed al richiedente il fallimento. L'estratto deve contenere il nome del debitore, il nome del curatore, il dispositivo e la data del deposito della sentenza.

La sentenza è altresì annotata presso l'ufficio del registro delle imprese ove l'imprenditore ha la sede legale e, se questa differisce dalla sede effettiva, anche presso quello corrispondente al luogo ove la procedura è stata aperta.

A tal fine, il cancelliere, entro il termine di cui al primo comma, trasmette, anche per via telematica, l'estratto della sentenza all'ufficio del registro delle imprese indicato nel comma precedente.

(1) *Questo articolo è stato così sostituito dall'art. 15 del D.L.vo 9 gennaio 2006, n. 5, a decorrere dal 16 luglio 2006.*

(2) *Le parole: «al pubblico ministero,» sono state aggiunte dall'art. 2, comma 6, del D.L.vo 12 settembre 2007, n. 169, a decorrere dal 1° gennaio 2008.*

18. (1) **Reclamo.** – Contro la sentenza che dichiara il fallimento può essere proposto reclamo dal debitore e da qualunque interessato con ricorso da depositarsi nella cancelleria della corte d'appello nel termine perentorio di trenta giorni.

Il ricorso deve contenere:

1) l'indicazione della corte d'appello competente;

2) le generalità dell'impugnante e l'elezione del domicilio nel comune in cui ha sede la corte d'appello;

3) l'esposizione dei fatti e degli elementi di diritto su cui si basa l'impugnazione, con le relative conclusioni;

4) l'indicazione dei mezzi di prova di cui il ricorrente intende avvalersi e dei documenti prodotti.

Il reclamo non sospende gli effetti della sentenza impugnata, salvo quanto previsto dall'articolo 19, primo comma.

Il termine per il reclamo decorre per il debitore dalla data della notificazione della sentenza a norma dell'articolo 17 e per tutti gli altri interessati dalla data della iscrizione nel registro delle imprese ai sensi del medesimo articolo. In ogni caso, si applica la disposizione di cui all'articolo 327, primo comma, del codice di procedura civile.

Il presidente, nei cinque giorni successivi al deposito del ricorso, designa il relatore, e fissa con decreto l'udienza di comparizione entro sessanta giorni dal deposito del ricorso.

Il ricorso, unitamente al decreto di fissazione dell'udienza, deve essere notificato, a cura del reclamante, al curatore e alle altre parti entro dieci giorni dalla comunicazione del decreto.

Tra la data della notificazione e quella dell'udienza deve intercorrere un termine non minore di trenta giorni. Le parti resistenti devono costituirsi almeno dieci giorni prima della udienza, eleggendo il domicilio nel comune in cui ha sede la corte d'appello.

La costituzione si effettua mediante il deposito in cancelleria di una memoria contenente l'esposizione delle difese in fatto e in diritto, nonché l'indicazione dei mezzi di prova e dei documenti prodotti.

L'intervento di qualunque interessato non può avere luogo oltre il termine stabilito per la costituzione delle parti resistenti con le modalità per queste previste.

All'udienza, il collegio, sentite le parti, assume, anche d'ufficio, nel rispetto del contraddittorio, tutti i mezzi di prova che ritiene necessari, eventualmente delegando un suo componente.

La corte provvede sul ricorso con sentenza.

La sentenza che revoca il fallimento è notificata, a cura della cancelleria, al curatore, al creditore che ha chiesto il fallimento e al debitore, se non reclamante, e deve essere pubblicata a norma dell'articolo 17.

La sentenza che rigetta il reclamo è notificata al reclamante a cura della cancelleria.

Il termine per proporre il ricorso per cassazione è di trenta giorni dalla notificazione.

Se il fallimento è revocato, restano salvi gli effetti degli atti legalmente compiuti dagli organi della procedura.

Le spese della procedura ed il compenso al curatore (2) sono liquidati dal tribunale, su relazione del giudice delegato, con decreto reclamabile ai sensi dell'articolo 26.

(1) *Questo articolo, già sostituito dall'art. 16 del D.L.vo 9 gennaio 2006, n. 5, è stato ora così sostituito dall'art. 2, comma 7, del D.L.vo 12 settembre 2007, n. 169, a decorrere dal 1° gennaio 2008.*

(2) *Si veda il D.M. 28 luglio 1992, n. 570.*

19. (1) **Sospensione della liquidazione dell'attivo.** – Proposto il reclamo (2), la corte d'appello (3), su richiesta di parte, ovvero del curatore, può, quando ricorrono gravi motivi, sospendere, in tutto o in parte, ovvero temporaneamente, la liquidazione dell'attivo (4).

[Se è proposto ricorso per cassazione i provvedimenti di cui al primo comma o la loro revoca sono chiesti alla corte di appello] (5).

L'istanza si propone con ricorso. Il presidente, con decreto in calce al ricorso, ordina la comparizione delle parti dinanzi al collegio in camera di consiglio. Copia del ricorso e del decreto sono notificate alle altre parti ed al curatore.

(1) *Questo articolo è stato così sostituito dall'art. 17 del D.L.vo 9 gennaio 2006, n. 5, a decorrere dal 16 luglio 2006.*

(2) *Le parole: «l'appello» sono state così sostituite dalle attuali: «il reclamo» dall'art. 2, comma 8, lett. a), del D.L.vo 12 settembre 2007, n. 169, a decorrere dal 1° gennaio 2008.*

(3) *Le parole: «il collegio» sono state così sostituite dalle attuali: «la corte d'appello» dall'art. 2, comma 8, lett. a), del D.L.vo 12 settembre 2007, n. 169, a decorrere dal 1° gennaio 2008.*

(4) *Si vedano gli artt. 104* ter *ss. della legge fallimentare.*

(5) *Questo comma è stato abrogato dall'art. 2, comma 8, lett. b), del D.L.vo 12 settembre 2007, n. 169, a decorrere dal 1° gennaio 2008.*

20. (1) [**Morte del fallito durante il giudizio di opposizione.** – Se il fallito muore durante il giudizio di opposizione, il giudizio prosegue in confronto delle persone indicate nell'art. 12, osservate le disposizioni degli artt. 299 e seguenti del codice di procedura civile].

(1) *Questo articolo è stato abrogato dall'art. 2, comma 9, del D.L.vo 12 settembre 2007, n. 169, a decorrere dal 1° gennaio 2008.*

21. (1) [**Revoca della dichiarazione di fallimento.** – Se la sentenza dichiarativa di fallimento è revocata restano salvi gli effetti degli atti legalmente compiuti dagli organi del fallimento.

Le spese della procedura ed il compenso al curatore sono liquidati dal tribunale con decreto non soggetto a reclamo, su relazione del giudice delegato.

Le spese di procedura e il compenso al curatore sono a carico del creditore istante, che è stato condannato ai danni per avere chiesto la dichiarazione di fallimento con colpa. In caso contrario il curatore può ottenere il pagamento, in tutto o in parte, secondo le modalità stabilite dalle speciali norme vigenti per l'attribuzione di compensi ai curatori che non poterono conseguire adeguate retribuzioni].

(1) *Questo articolo è stato abrogato dall'art. 18 del D.L.vo 9 gennaio 2006, n. 5, a decorrere dal 16 luglio 2006.*

22. (1) **Gravami contro il provvedimento che respinge l'istanza di fallimento.** – Il tribunale, che respinge il ricorso per la dichiarazione di fallimento, provvede con decreto motivato, comunicato a cura del cancelliere alle parti.

Entro trenta giorni (2) dalla comunicazione, il creditore ricorrente o il pubblico ministero richiedente possono proporre reclamo contro il decreto alla corte d'appello (3) che, sentite le parti, provvede in camera di consiglio con decreto motivato. Il debitore non può chiedere in separato giudizio la condanna del creditore istante alla rifusione delle spese ovvero al risarcimento del danno per responsabilità aggravata ai sensi dell'articolo 96 del codice di procedura civile.

Il decreto della corte d'appello (3) è comunicato a cura del cancelliere alle parti del procedimento di cui all'articolo 15.

Se la corte d'appello (3) accoglie il reclamo del creditore ricorrente o del pubblico ministero richiedente, rimette d'ufficio gli atti al tribunale, per la dichiarazione di fallimento, salvo che, anche su segnalazione di parte, accerti che sia venuto meno alcuno dei presupposti necessari.

I termini di cui agli articoli 10 e 11 si computano con riferimento al decreto della corte d'appello (3).

(1) *Questo articolo è stato così sostituito dall'art. 19 del D.L.vo 9 gennaio 2006, n. 5, a decorrere dal 16 luglio 2006.*

(2) *Le parole: «quindici giorni» sono state così sostituite dalle attuali: «trenta giorni» dall'art. 2, comma 10, lett. b), del D.L.vo 12 settembre 2007, n. 169, a decorrere dal 1° gennaio 2008.*

(3) *Le parole: «Corte d'appello» sono state così sostituite dalle attuali: «corte d'appello» dall'art. 2, comma 10, lett. a), del D.L.vo 12 settembre 2007, n. 169, a decorrere dal 1° gennaio 2008.*

Capo II
Degli organi preposti al fallimento

Sezione I
Del tribunale fallimentare

23. (1) **Poteri del tribunale fallimentare.** – Il tribunale che ha dichiarato il fallimento è investito dell'intera procedura fallimentare; provvede alla nomina ed alla revoca o sostituzione, per giustificati motivi, degli organi della procedura, quando non è prevista la competenza del giudice delegato; può in ogni tempo sentire in camera di consiglio il curatore, il fallito e il comitato dei creditori; decide le controversie relative alla procedura stessa che non sono di competenza del giudice delegato, nonché i reclami contro i provvedimenti del giudice delegato.

I provvedimenti del tribunale nelle materie previste da questo articolo sono pronunciate con decreto, salvo che non sia diversamente disposto.

(1) *Questo articolo è stato così sostituito dall'art. 20 del D.L.vo 9 gennaio 2006, n. 5, a decorrere dal 16 luglio 2006.*

24. (1) **Competenza del tribunale fallimentare.** – Il tribunale che ha dichiarato il fallimento è competente a conoscere di tutte le azioni che ne derivano, qualunque ne sia il valore.

[Salvo che non sia diversamente previsto, alle controversie di cui al primo comma si applicano le norme previste dagli articoli da 737 a 742 del codice di procedura civile. Non si applica l'articolo 40, terzo comma, del codice di procedura civile] (2).

(1) *Questo articolo è stato così sostituito dall'art. 21 del D.L.vo 9 gennaio 2006, n. 5, a decorrere dal 16 luglio 2006.*

(2) *Questo comma è stato abrogato dall'art. 3, comma 1, del D.L.vo 12 settembre 2007, n. 169, a decorrere dal 1° gennaio 2008.*

Sezione II
Del giudice delegato

25. (1) **Poteri del giudice delegato.** – Il giudice delegato esercita funzioni di vigilanza e di controllo sulla regolarità della procedura e:

1) riferisce al tribunale su ogni affare per il quale è richiesto un provvedimento del collegio;

2) emette o provoca dalle competenti autorità i provvedimenti urgenti per la conservazione del patrimonio, ad esclusione di quelli che incidono su diritti di terzi che rivendichino un proprio diritto incompatibile con l'acquisizione;

3) convoca il curatore e il comitato dei creditori nei casi prescritti dalla legge e ogni qualvolta lo ravvisi opportuno per il corretto e sollecito svolgimento della procedura;

4) su proposta del curatore, liquida i compensi e dispone l'eventuale revoca dell'incarico conferito alle persone la cui opera è stata richiesta dal medesimo curatore nell'interesse del fallimento;

5) provvede, nel termine di quindici giorni, sui reclami proposti contro gli atti del curatore e del comitato dei creditori (2);

6) autorizza per iscritto il curatore a stare in giudizio come attore o come convenuto. L'autorizzazione deve essere sempre data per

atti determinati e per i giudizi deve essere rilasciata per ogni grado di essi. Su proposta del curatore, liquida i compensi e dispone l'eventuale revoca dell'incarico conferito ai difensori (3) nominati dal medesimo curatore;

7) su proposta del curatore, nomina gli arbitri, verificata la sussistenza dei requisiti previsti dalla legge;

8) procede all'accertamento dei crediti e dei diritti reali e personali vantati dai terzi, a norma del Capo V.

Il giudice delegato non può trattare i giudizi che abbia autorizzato, né può far parte del collegio investito del reclamo proposto contro i suoi atti.

I provvedimenti del giudice delegato sono pronunciati con decreto motivato.

(1) *Questo articolo è stato così sostituito dall'art. 22 del D.L.vo 9 gennaio 2006, n. 5, a decorrere dal 16 luglio 2006.*

(2) *Si veda l'art. 36 della legge fallimentare.*

(3) *Le parole: «agli avvocati» sono state così sostituite dalle attuali: «ai difensori» dall'art. 3, comma 2, del D.L.vo 12 settembre 2007, n. 169, a decorrere dal 1° gennaio 2008.*

26. (1) **Reclamo contro i decreti del giudice delegato e del tribunale.** – Salvo che sia diversamente disposto, contro i decreti del giudice delegato e del tribunale, può essere proposto reclamo al tribunale o alla corte di appello, che provvedono in camera di consiglio.

Il reclamo è proposto dal curatore, dal fallito, dal comitato dei creditori e da chiunque vi abbia interesse.

Il reclamo è proposto nel termine perentorio di dieci giorni, decorrente dalla comunicazione o dalla notificazione del provvedimento per il curatore, per il fallito, per il comitato dei creditori e per chi ha chiesto o nei cui confronti è stato chiesto il provvedimento; per gli altri interessati, il termine decorre dall'esecuzione delle formalità pubblicitarie disposte dal giudice delegato o dal tribunale, se quest'ultimo ha emesso il provvedimento. La comunicazione integrale del provvedimento fatta dal curatore mediante lettera raccomandata con avviso di ricevimento, telefax o posta elettronica con garanzia dell'avvenuta ricezione in base al testo unico delle disposizioni legislative e regolamentari in materia di documentazione amministrativa, di cui al decreto del Presidente della Repubblica 28 dicembre 2000, n. 445, equivale a notificazione.

Indipendentemente dalla previsione di cui al terzo comma, il reclamo non può più proporsi decorso il termine perentorio di novanta giorni dal deposito del provvedimento in cancelleria.

Il reclamo non sospende l'esecuzione del provvedimento.

Il reclamo si propone con ricorso che deve contenere:

1) l'indicazione del tribunale o della corte di appello competente, del giudice delegato e della procedura fallimentare;

2) le generalità del ricorrente e l'elezione del domicilio nel comune in cui ha sede il giudice adito;

3) l'esposizione dei fatti e degli elementi di diritto su cui si basa il reclamo, con le relative conclusioni;

4) l'indicazione dei mezzi di prova di cui il ricorrente intende avvalersi e dei documenti prodotti.

Il presidente, nei cinque giorni successivi al deposito del ricorso, designa il relatore, e fissa con decreto l'udienza di comparizione entro quaranta giorni dal deposito del ricorso.

Il ricorso, unitamente al decreto di fissazione dell'udienza, deve essere notificato, a cura del reclamante, al curatore ed ai controinteressati entro cinque giorni dalla comunicazione del decreto.

Tra la data della notificazione e quella dell'udienza deve intercorrere un termine non minore di quindici giorni.

Il resistente deve costituirsi almeno cinque giorni prima dell'udienza, eleggendo il domicilio nel comune in cui ha sede il tribunale o la corte d'appello, e depositando una memoria contenente l'esposizione delle difese in fatto e in diritto, nonché l'indicazione dei mezzi di prova e dei documenti prodotti.

L'intervento di qualunque interessato non può avere luogo oltre il termine stabilito per la costituzione della parte resistente, con le modalità per questa previste.

All'udienza il collegio, sentite le parti, assume anche d'ufficio i mezzi di prova, eventualmente delegando un suo componente.

Entro trenta giorni dall'udienza di comparizione delle parti, il collegio provvede con decreto motivato, con il quale conferma, modifica o revoca il provvedimento reclamato.

(1) *Questo articolo, già sostituito dall'art. 23 del D.L.vo 9 gennaio 2006, n. 5, è stato ora così sostituito dall'art. 3, comma 3, del D.L.vo 12 settembre 2007, n. 169, a decorrere dal 1° gennaio 2008.*

Sezione III
Del curatore

27. (1) **Nomina del curatore.** – Il curatore è nominato con la sentenza di fallimento, o in caso di sostituzione o di revoca, con decreto del tribunale.

(1) *Questo articolo è stato così sostituito dall'art. 24 del D.L.vo 9 gennaio 2006, n. 5, a decorrere dal 16 luglio 2006. Il testo previgente era in tema di ruolo degli amministratori giudiziari, soppresso dal D.L.vo C.P.S. 23 agosto 1946, n. 153.*

28. (1) **Requisiti per la nomina a curatore.** – Possono essere chiamati a svolgere le funzioni di curatore:

a) avvocati, dottori commercialisti, ragionieri e ragionieri commercialisti;

b) studi professionali associati o società tra professionisti, sempre che i soci delle stesse abbiano i requisiti professionali di cui alla lettera a). In tal caso, all'atto dell'accettazione dell'incarico, deve essere designata la persona fisica responsabile della procedura;

c) coloro che abbiano svolto funzioni di amministrazione, direzione e controllo in società per azioni, dando prova di adeguate capacità imprenditoriali e purché non sia intervenuta nei loro confronti dichiarazione di fallimento.

[Nel provvedimento di nomina, il tribunale indica le specifiche caratteristiche e attitudini del curatore] (2).

Non possono essere nominati curatore il coniuge, i parenti e gli affini entro il quarto grado del fallito, i creditori di questo e chi ha concorso al dissesto dell'impresa [durante i due anni anteriori alla dichiarazione di fallimento] (3), nonché chiunque si trovi in conflitto di interessi con il fallimento.

Il curatore è nominato tenuto conto delle risultanze dei rapporti riepilogativi di cui all'articolo 33, quinto comma (4).

È istituito presso il Ministero della giustizia un registro nazionale nel quale confluiscono i provvedimenti di nomina dei curatori, dei commissari giudiziali e dei liquidatori giudiziali (5). Nel registro vengono altresì annotati i provvedimenti di chiusura del fallimento e di omologazione del concordato, nonché l'ammontare dell'attivo e del passivo delle procedure chiuse. Il registro è tenuto con modalità informatiche ed è accessibile al pubblico (6).

Al curatore fallimentare ed al coadiutore nominato a norma dell'articolo 32, secondo comma, si applicano le disposizioni di cui agli articoli 35, comma 4 *bis*, e 35.1 del decreto legislativo 6 settembre 2011, n. 159; si osservano altresì le disposizioni di cui all'articolo 35.2 del predetto decreto (7).

(1) *Questo articolo è stato così sostituito dall'art. 25 del D.L.vo 9 gennaio 2006, n. 5, a decorrere dal 16 luglio 2006.*

(2) *Questo comma è stato abrogato dall'art. 3, comma 4, del D.L.vo 12 settembre 2007, n. 169, a decorrere dal 1° gennaio 2008.*

(3) *Le parole tra parentesi quadrate sono state soppresse dall'art. 5, comma 1, lett. a), del D.L. 27 giugno 2015, n. 83, convertito, con modificazioni, nella L. 6 agosto 2015, n. 132.*

A norma dell'art. 23, comma 3, del medesimo provvedimento, tali disposizioni si applicano ai fallimenti dichiarati successivamente alla data di entrata in vigore del presente decreto.

(4) *Questo comma è stato aggiunto dall'art. 5, comma 1, lett. b), del D.L. 27 giugno 2015, n. 83, convertito, con modificazioni, nella L. 6 agosto 2015, n. 132.*

A norma dell'art. 23, comma 3, del medesimo provvedimento, tali disposizioni si applicano ai fallimenti dichiarati successivamente alla data di entrata in vigore del presente decreto.

(5) *A norma dell'art. 23, comma 3, del D.L. 27 giugno 2015, n. 83, convertito, con modificazioni, nella L. 6 agosto 2015, n. 132, tali disposizioni si applicano ai fallimenti dichiarati successivamente alla data di entrata in vigore del presente decreto.*

(6) *Questo comma è stato aggiunto dall'art. 5, comma 1, lett. b), del D.L. 27 giugno 2015, n. 83, convertito, con modificazioni, nella L. 6 agosto 2015, n. 132.*

A norma dell'art. 23, comma 4, del D.L. 27 giugno 2015, n. 83, convertito, con modificazioni, nella L. 6 agosto 2015, n. 132, tali disposizioni acquistano efficacia decorsi sessanta giorni dalla pubblicazione sul sito internet del Ministero della giustizia delle specifiche tecniche previste dall'articolo 16 bis, comma 9 septies, del decreto legge 18 ottobre 2012, n. 179, convertito, con modificazioni, dalla legge 17 dicembre 2012, n. 221, da adottarsi entro sei mesi dalla data di entrata in vigore del presente decreto.

(7) *Questo comma è stato inserito dall'art. 2 del D.L.vo 18 maggio 2018, n. 54, in vigore a decorrere dal trentesimo giorno successivo a quello della sua pubblicazione nella Gazzetta Ufficiale (G.U. Serie gen. - n. 121 del 26 maggio 2018).*

29. Accettazione del curatore. – Il curatore deve, entro i due giorni successivi alla partecipazione della sua nomina, far pervenire (1) al giudice delegato la propria accettazione.

Se il curatore non osserva questo obbligo, il tribunale, in camera di consiglio, provvede d'urgenza alla nomina di altro curatore.

(1) *La parola: «comunicare» è stata così sostituita dalle attuali: «far pervenire» dall'art. 26 del D.L.vo 9 gennaio 2006, n. 5, a decorrere dal 16 luglio 2006.*

30. Qualità di pubblico ufficiale. – Il curatore, per quanto attiene all'esercizio delle sue funzioni, è pubblico ufficiale.

31. (1) **Gestione della procedura.** – Il curatore ha l'amministrazione del patrimonio fallimentare e compie tutte le operazioni della procedura sotto la vigilanza del giudice delegato e del comitato dei creditori, nell'ambito delle funzioni ad esso attribuite.

Egli non può stare in giudizio senza l'autorizzazione del giudice delegato, salvo che in materia di contestazioni e di tardive dichiarazioni di crediti e di diritti di terzi sui beni acquisiti al fallimento, e salvo che nei procedimenti promossi per impugnare atti del giudice delegato o del tribunale e in ogni altro caso in cui non occorra ministero di difensore.

Il curatore non può assumere la veste di avvocato nei giudizi che riguardano il fallimento.

(1) *Questo articolo è stato così sostituito dall'art. 27 del D.L.vo 9 gennaio 2006, n. 5, a decorrere dal 16 luglio 2006.*

31 *bis*. (1) **Comunicazioni del curatore.** – Le comunicazioni ai creditori e ai titolari di diritti sui beni che la legge o il giudice delegato pone a carico del curatore sono effettuate all'indirizzo di posta elettronica certificata da loro indicato nei casi previsti dalla legge.

Quando è omessa l'indicazione di cui al comma precedente, nonché nei casi di mancata consegna del messaggio di posta elettronica certificata per cause imputabili al destinatario, tutte le comunicazioni sono eseguite esclusivamente mediante deposito in cancelleria.

In pendenza della procedura e per il periodo di due anni dalla chiusura della stessa, il curatore è tenuto a conservare i messaggi di posta elettronica certificata inviati e ricevuti.

(1) *Questo articolo è stato inserito dall'art. 17, comma 1, lett.* b), *del D.L. 18 ottobre 2012, n. 179, convertito, con modificazioni, nella L. 17 dicembre 2012, n. 221. A norma dell'art. 17, commi 4 e 5 del medesimo decreto, tali disposizioni si applicano dalla data di entrata in vigore della legge di conversione del predetto decreto, anche alle procedure di fallimento, di concordato preventivo, di liquidazione coatta amministrativa e di amministrazione straordinaria pendenti, rispetto alle quali, alla stessa data, non è stata effettuata la comunicazione rispettivamente prevista dagli articoli 92, 171, 207 del regio decreto 16 marzo 1942, n. 267 e dall'articolo 22 decreto legislativo 8 luglio 1999, n. 270. Per le procedure in cui, alla data di entrata in vigore della legge di conversione del predetto decreto, sia stata effettuata la comunicazione di cui al comma 4, le disposizioni di cui ai commi 1 e 2 del presente articolo si applicano a decorrere dal 31 ottobre 2013. Il curatore, il commissario giudiziale, il commissario liquidatore e il commissario straordinario entro il 30 giugno 2013 comunicano ai creditori e ai terzi titolari di diritti sui beni il loro indirizzo di posta elettronica certificata e li invitano a comunicare, entro tre mesi, l'indirizzo di posta elettronica certificata al quale ricevere tutte le comunicazioni relative alla procedura, avvertendoli di rendere nota ogni successiva variazione e che in caso di omessa indicazione le comunicazioni sono eseguite esclusivamente mediante deposito in cancelleria.*

32. (1) **Esercizio delle attribuzioni del curatore.** – Il curatore esercita personalmente le funzioni del proprio ufficio e può delegare ad altri specifiche operazioni, previa autorizzazione del comitato dei creditori, con esclusione degli adempimenti di cui agli articoli 89, 92, 95, 97 e 104 *ter* (2). L'onere per il compenso del delegato, liquidato dal giudice, è detratto dal compenso del curatore.

Il curatore può essere autorizzato dal comitato dei creditori, a farsi coadiuvare da tecnici o da altre persone retribuite, compreso il fallito, sotto la sua responsabilità. Del compenso riconosciuto a tali soggetti si tiene conto ai fini della liquidazione del compenso finale del curatore.

(1) *Questo articolo è stato così sostituito dall'art. 28 del D.L.vo 9 gennaio 2006, n. 5, a decorrere dal 16 luglio 2006.*

(2) *Le parole: «giudice delegato» sono state così sostituite dalle attuali: «comitato dei creditori, con esclusione degli adempimenti di cui agli articoli 89, 92, 95, 97 e 104* ter*» dall'art. 3, comma 5, del D.L.vo 12 settembre 2007, n. 169, a decorrere dal 1° gennaio 2008.*

33. Relazione al giudice e rapporti riepilogativi (1). – Il curatore, entro sessanta giorni (2) dalla dichiarazione di fallimento, deve presentare al giudice delegato una relazione particolareggiata sulle cause e circostanze del fallimento, sulla diligenza spiegata dal fallito nell'esercizio dell'impresa, [sul tenore della vita privata di lui e della famiglia] (3), sulla responsabilità del fallito o di altri e su quanto può interessare anche ai fini delle indagini preliminari in sede penale (4).

Il curatore deve inoltre indicare gli atti del fallito già impugnati dai creditori, nonché quelli che egli intende impugnare. Il giudice delegato può chiedere al curatore una relazione sommaria anche prima del termine suddetto (5).

Se si tratta di società, la relazione deve esporre i fatti accertati e le informazioni raccolte sulla responsabilità degli amministratori e degli organi di controllo, dei soci e, eventualmente, di estranei alla società (5).

Il giudice delegato ordina il deposito della relazione in cancelleria, disponendo la segretazione delle parti relative alla responsabilità penale del fallito e di terzi ed alle azioni che il curatore intende proporre qualora possano comportare l'adozione di provvedimenti cautelari, nonché alle circostanze estranee agli interessi della procedura e che investano la sfera personale del fallito. Copia della relazione, nel suo testo integrale, è trasmessa al pubblico ministero (5).

Il curatore, ogni sei mesi successivi alla presentazione della relazione di cui al primo comma, redige altresì un rapporto riepilogativo delle attività svolte, con indicazione di tutte le informazioni raccolte dopo la prima relazione, accompagnato dal conto della sua gestione. Copia del rapporto è trasmessa al comitato dei creditori, unitamente agli estratti conto dei depositi postali o bancari relativi al periodo. Il comitato dei creditori o ciascuno dei suoi componenti possono formulare osservazioni scritte. Altra copia del rapporto è trasmessa, assieme alle eventuali osservazioni, per via telematica all'ufficio del registro delle imprese, nei quindici giorni successivi alla scadenza del termine per il deposito delle osservazioni nella cancelleria del tribunale. Nello stesso termine altra copia del rapporto, assieme alle eventuali osservazioni, è trasmessa a mezzo posta elettronica certificata ai creditori e ai titolari di diritti sui beni (6) (5). Il rapporto contiene i dati identificativi dello stimatore (7).

(1) *Le parole: «e rapporti riepilogativi» sono state aggiunte dall'art. 3, comma 6, lett. a), del D.L.vo 12 settembre 2007, n. 169, a decorrere dal 1° gennaio 2008.*

(2) *Le parole: «entro un mese» sono state così sostituite dalle attuali: «entro sessanta giorni» dall'art. 29, comma 1, lett. a), del D.L.vo 9 gennaio 2006, n. 5, a decorrere dal 16 luglio 2006.*

(3) *Le parole fra parentesi quadrate sono state soppresse dall'art. 29, comma 1, lett. a), del D.L.vo 9 gennaio 2006, n. 5, a decorrere dal 16 luglio 2006.*

(4) *Le parole: «dell'istruttoria penale» sono state così sostituite dalle attuali: «delle indagini preliminari in sede penale» dall'art. 3, comma 6, lett. b), del D.L.vo 12 settembre 2007, n. 169, a decorrere dal 1° gennaio 2008.*

(5) *Gli originari secondo, terzo e quarto comma sono stati così sostituiti dagli attuali secondo, terzo, quarto e quinto comma dall'art. 29, comma 1, lett. b), del D.L.vo 9 gennaio 2006, n. 5, a decorrere dal 16 luglio 2006.*

(6) *Questo periodo è stato aggiunto dall'art. 17, comma 1, lett. c), del D.L. 18 ottobre 2012, n. 179, convertito, con modificazioni, nella L. 17 dicembre 2012, n. 221. A norma dell'art. 17, commi 4 e 5 del medesimo decreto, tali disposizioni si applicano dalla data di entrata in vigore della legge di conversione del predetto decreto, anche alle procedure di fallimento, di concordato preventivo, di liquidazione coatta amministrativa e di amministrazione straordinaria pendenti, rispetto alle quali, alla stessa data, non è stata effettuata la comunicazione rispettivamente prevista dagli articoli 92, 171, 207 del regio decreto 16 marzo 1942, n. 267 e dall'articolo 22 decreto legislativo 8 luglio 1999, n. 270. Per le procedure in cui, alla data di entrata in vigore della legge di conversione del predetto decreto, sia stata effettuata la comunicazione di cui al comma 4, le disposizioni di cui ai commi 1 e 2 del presente articolo si applicano a decorrere dal 31 ottobre 2013. Il curatore, il commissario giudiziale, il commissario liquidatore e il commissario straordinario entro il 30 giugno 2013 comunicano ai creditori e ai terzi titolari di diritti sui beni il loro indirizzo di posta elettronica certificata e li invitano a comunicare, entro tre mesi, l'indirizzo di posta elettronica certificata al quale ricevere tutte le comunicazioni relative alla procedura, avvertendoli di rendere nota ogni successiva variazione e che in caso di omessa indicazione le comunicazioni sono eseguite esclusivamente mediante deposito in cancelleria.*

(7) *Questo periodo è stato aggiunto dall'art. 14, comma 1, lett. a), del D.L.vo 10 ottobre 2022, n. 149, a decorrere dal 28 febbraio 2023.*

34. (1) **Deposito delle somme riscosse.** – Le somme riscosse a qualunque titolo dal curatore sono depositate entro il termine massimo di dieci giorni dalla corresponsione sul conto corrente intestato alla procedura fallimentare aperto presso un ufficio postale o presso una banca scelti dal curatore. [Su proposta del curatore il comitato dei creditori può autorizzare che le somme riscosse vengano in tutto o in parte investite con strumenti diversi dal deposito in conto corrente, purché sia garantita l'integrità del capitale] (2).

La mancata costituzione del deposito nel termine prescritto è valutata dal tribunale ai fini della revoca del curatore.

[Se è prevedibile che le somme disponibili non possano essere immediatamente destinate ai creditori, su richiesta del curatore e previa approvazione del comitato dei creditori, il giudice delegato può ordinare che le disponibilità liquide siano impiegate nell'acquisto di titoli emessi dallo Stato] (3).

Il prelievo delle somme è eseguito su copia conforme del mandato di pagamento del giudice delegato e, nel periodo di intestazione "Fondo unico giustizia" del conto corrente, su disposizione di Equitalia Giustizia SpA (4).

(1) *Questo articolo è stato così sostituito dall'art. 30 del D.L.vo 9 gennaio 2006, n. 5, a decorrere dal 16 luglio 2006.*

(2) *Questo periodo aggiunto dall'art. 3, comma 7, lett. a), del D.L.vo 12 settembre 2007, n. 169, a decorrere dal 1° gennaio 2008, è stato soppresso dall'art. 1, comma 472, lett. a), della L. 27 dicembre 2017, n. 205, a decorrere dalla data di entrata in vigore del decreto di cui all'articolo 2, comma 6 ter, del decreto legge 16 settembre 2008, n. 143, convertito, con modificazioni, dalla legge 13 novembre 2008, n. 181.*

(3) *Questo comma è stato abrogato dall'art. 3, comma 7, lett. b), del D.L.vo 12 settembre 2007, n. 169, a decorrere dal 1° gennaio 2008.*

(4) *Le parole: «e, nel periodo di intestazione "Fondo unico giustizia" del conto corrente, su disposizione di*

Equitalia Giustizia SpA» sono state inserite dall'art. 1, comma 472, lett. b), della L. 27 dicembre 2017, n. 205, a decorrere dalla data di entrata in vigore del decreto di cui all'articolo 2, comma 6 ter, del decreto legge 16 settembre 2008, n. 143, convertito, con modificazioni, dalla legge 13 novembre 2008, n. 181.

35. (1) (2) **Integrazione dei poteri del curatore.** – Le riduzioni di crediti, le transazioni, i compromessi, le rinunzie alle liti, le ricognizioni di diritti di terzi, la cancellazione di ipoteche, la restituzione di pegni, lo svincolo delle cauzioni, l'accettazione di eredità e donazioni e gli atti di straordinaria amministrazione sono effettuate dal curatore, previa autorizzazione del comitato dei creditori.

Nel richiedere l'autorizzazione del comitato dei creditori, il curatore formula le proprie conclusioni anche sulla convenienza della proposta (3).

Se gli atti suddetti sono di valore superiore a cinquantamila euro e in ogni caso per le transazioni, il curatore ne informa previamente il giudice delegato, salvo che gli stessi siano già stati autorizzati dal medesimo ai sensi dell'articolo 104 *ter*, comma ottavo (4).

Il limite di cui al secondo comma può essere adeguato con decreto del Ministro della giustizia.

(1) *Questo articolo è stato così sostituito dall'art. 31 del D.L.vo 9 gennaio 2006, n. 5, a decorrere dal 16 luglio 2006.*

(2) *A norma dell'art. 1, comma 412, della L. 27 dicembre 2013, n. 147, al fine di accelerare la definitiva chiusura della gestione liquidatoria, in deroga alle procedure autorizzative previste dagli articoli 35 e 206 di questo provvedimento, il Commissario liquidatore è autorizzato a stipulare transazioni per debiti iscritti nello stato passivo e per aliquote non inferiori del 5 per cento rispetto all'aliquota di riparto determinata al momento della transazione.*

(3) *Questo comma è stato inserito dall'art. 3, comma 8, lett. a), del D.L.vo 12 settembre 2007, n. 169, a decorrere dal 1° gennaio 2008.*

(4) *Le parole: «approvati dal medesimo ai sensi dell'articolo 104 ter» sono state così sostituite dalle attuali: «autorizzati dal medesimo ai sensi dell'articolo 104 ter, comma ottavo» dall'art. 3, comma 8, lett. b), del D.L.vo 12 settembre 2007, n. 169, a decorrere dal 1° gennaio 2008.*

36. (1) **Reclamo contro gli atti del curatore e del comitato dei creditori.** – Contro gli atti di amministrazione del curatore, contro le autorizzazioni o i dinieghi del comitato dei creditori e i relativi comportamenti omissivi, il fallito e ogni altro interessato possono proporre reclamo al giudice delegato per violazione di legge, entro otto giorni dalla conoscenza dell'atto o, in caso di omissione, dalla scadenza del termine indicato nella diffida a provvedere. Il giudice delegato, sentite le parti, decide con decreto motivato, omessa ogni formalità non indispensabile al contraddittorio.

Contro il decreto del giudice delegato è ammesso ricorso al tribunale entro otto giorni dalla data della comunicazione del decreto medesimo. Il tribunale decide entro trenta giorni, sentito il curatore e il reclamante, omessa ogni formalità non essenziale al contraddittorio, con decreto motivato non soggetto a gravame.

Se è accolto il reclamo concernente un comportamento omissivo del curatore, questi è tenuto a dare esecuzione al provvedimento della autorità giudiziaria. Se è accolto il reclamo concernente un comportamento omissivo del comitato dei creditori, il giudice delegato provvede in sostituzione di quest'ultimo con l'accoglimento del reclamo.

(1) *Questo articolo è stato così sostituito dall'art. 32 del D.L.vo 9 gennaio 2006, n. 5, a decorrere dal 16 luglio 2006.*

36 *bis*. (1) **Termini processuali.** – Tutti i termini processuali previsti negli articoli 26 e 36 non sono soggetti alla sospensione feriale.

(1) *Questo articolo è stato inserito dall'art. 33 del D.L.vo 9 gennaio 2006, n. 5, a decorrere dal 16 luglio 2006.*

37. Revoca del curatore. – Il tribunale può in ogni tempo, su proposta del giudice delegato o su richiesta del comitato dei creditori o d'ufficio, revocare il curatore.

Il tribunale provvede con decreto motivato, sentiti il curatore e il comitato dei creditori (1).

Contro il decreto di revoca o di rigetto dell'istanza di revoca, è ammesso reclamo alla corte di appello ai sensi dell'articolo 26; il reclamo non sospende l'efficacia del decreto (2).

(1) *Questo comma è stato così sostituito dall'art. 34, comma 1, lett. a), del D.L.vo 9 gennaio 2006, n. 5, a decorrere dal 16 luglio 2006. Si riporta il testo precedente:*

«Il tribunale provvede con decreto, sentiti il curatore ed il pubblico ministero».

(2) *Questo comma è stato aggiunto dall'art. 34, comma 1, lett. b), del D.L.vo 9 gennaio 2006, n. 5, a decorrere dal 16 luglio 2006.*

37 *bis*. (1) **Sostituzione del curatore e dei componenti del comitato dei creditori.** – Conclusa l'adunanza per l'esame dello stato passivo e prima della dichiarazione di esecutività dello stesso, i creditori presenti, personalmente o per delega, che rappresentano la maggioranza dei crediti ammessi, possono effettuare nuove designazioni in ordine ai componenti del comitato dei creditori nel rispetto dei criteri di cui all'articolo 40; possono chiedere la sostituzione del curatore indicando al tribunale le ragioni della richiesta e un nuovo nominativo. Il tribunale, valutate le ragioni della richiesta di sostituzione del curatore, provvede alla nomina dei soggetti designati dai creditori salvo che non siano rispettati i criteri di cui agli articoli 28 e 40 ([2]).

Dal computo dei crediti, su istanza di uno o più creditori, sono esclusi quelli che si trovino in conflitto di interessi.

Nella stessa adunanza, i creditori che rappresentano la maggioranza di quelli [allo stato] ([3]) ammessi, indipendentemente dall'entità dei crediti vantati, possono stabilire che ai componenti del comitato dei creditori sia attribuito, oltre al rimborso delle spese di cui all'articolo 41, un compenso per la loro attività, in misura non superiore al dieci per cento di quello liquidato al curatore.

([1]) *Questo articolo è stato inserito dall'art. 35 del D.L.vo 9 gennaio 2006, n. 5, a decorrere dal 16 luglio 2006.*

([2]) *Questo comma è stato così sostituito dall'art. 3, comma 9, lett. a), del D.L.vo 12 settembre 2007, n. 169, a decorrere dal 1° gennaio 2008.*

([3]) *Le parole tra parentesi quadrate sono state soppresse dall'art. 3, comma 9, lett. b), del D.L.vo 12 settembre 2007, n. 169, a decorrere dal 1° gennaio 2008.*

38. Responsabilità del curatore. – Il curatore adempie ai doveri del proprio ufficio, imposti dalla legge o derivanti dal piano di liquidazione approvato, con la diligenza richiesta dalla natura dell'incarico. Egli deve tenere un registro preventivamente vidimato da almeno un componente del comitato dei creditori, e annotarvi giorno per giorno le operazioni relative alla sua amministrazione ([1]).

Durante il fallimento l'azione di responsabilità contro il curatore revocato è proposta dal nuovo curatore, previa autorizzazione del giudice delegato, ovvero del comitato dei creditori ([2]).

Il curatore che cessa dal suo ufficio, anche durante il fallimento, deve rendere il conto della gestione a norma dell'art. 116.

([1]) *Questo comma è stato così sostituito dall'art. 36, comma 1, lett. a), del D.L.vo 9 gennaio 2006, n. 5, a decorrere dal 16 luglio 2006.*

([2]) *Le parole: «, ovvero del comitato dei creditori» sono state aggiunte dall'art. 36, comma 1, lett. b), del D.L.vo 9 gennaio 2006, n. 5, a decorrere dal 16 luglio 2006.*

39. Compenso del curatore. – Il compenso ([1]) e le spese dovuti al curatore, anche se il fallimento si chiude con concordato, sono liquidati ad istanza del curatore con decreto del tribunale non soggetto a reclamo, su relazione del giudice delegato, secondo le norme stabilite con decreto del ministro della giustizia ([2]).

La liquidazione del compenso è fatta dopo l'approvazione del rendiconto e, se del caso, dopo l'esecuzione del concordato. È in facoltà del tribunale di accordare al curatore acconti sul compenso per giustificati motivi.

Se nell'incarico si sono succeduti più curatori, il compenso è stabilito secondo criteri di proporzionalità ed è liquidato, in ogni caso, al termine della procedura, salvi eventuali acconti. Salvo che non ricorrano giustificati motivi, ogni acconto liquidato dal tribunale deve essere preceduto dalla presentazione di un progetto di ripartizione parziale ([3]) ([4]).

Nessun compenso, oltre quello liquidato dal tribunale, può essere preteso dal curatore, nemmeno per rimborso di spese. Le promesse e i pagamenti fatti contro questo divieto sono nulli, ed è sempre ammessa la ripetizione di ciò che è stato pagato indipendentemente dall'esercizio dell'azione penale [, se vi è luogo] ([5]).

([1]) *La misura del compenso spettante al curatore è ora regolata dal D.M. 28 luglio 1992, n. 570.*

([2]) *Le parole: «ministro per la grazia e giustizia» sono state così sostituite dalle attuali: «ministro della giustizia» dall'art. 37, comma 1, lett. a), del D.L.vo 9 gennaio 2006, n. 5, a decorrere dal 16 luglio 2006.*

([3]) *Questo periodo è stato aggiunto dall'art. 7, comma 1, lett. 0a), del D.L. 27 giugno 2015, n. 83, convertito, con modificazioni, nella L. 6 agosto 2015, n. 132.*

A norma dell'art. 23, comma 7, del medesimo provvedimento, tali disposizioni si applicano a decorrere dalla data di entrata in vigore della legge di conversione del presente decreto.

([4]) *Questo comma è stato inserito dall'art. 37 comma 1, lett. b), del D.L.vo 9 gennaio 2006, n. 5, a decorrere dal 16 luglio 2006.*

([5]) *Le parole fra parentesi quadrate sono state soppresse dall'art. 37 comma 1, lett. c), del D.L.vo 9 gennaio 2006, n. 5, a decorrere dal 16 luglio 2006.*

Sezione IV
Del comitato dei creditori

40. ([1]) **Nomina del comitato.** – Il comitato dei creditori è nominato dal giudice delegato entro trenta giorni dalla sentenza di fallimento sulla base delle risultanze documentali, sentiti il curatore e i creditori che, con la domanda di ammissione al passivo o precedentemente, hanno dato la disponibilità ad assumere l'incarico ovvero hanno segnalato altri nominativi aventi i requisiti previsti. Salvo quanto previsto dall'articolo 37 *bis*, la composizione del comitato può essere modificata dal giudice delegato in relazione alle variazioni dello stato passivo o per altro giustificato motivo.

Il comitato è composto di tre o cinque membri scelti tra i creditori, in modo da rappresentare in misura equilibrata quantità e qualità dei crediti ed avuto riguardo alla possibilità di soddisfacimento dei crediti stessi.

Il comitato, entro dieci giorni dalla nomina, provvede, su convocazione del curatore, a nominare a maggioranza il proprio presidente.

La sostituzione dei membri del comitato avviene secondo le modalità stabilite nel secondo comma.

Il comitato dei creditori si considera costituito con l'accettazione, anche per via telematica, della nomina da parte dei suoi componenti, senza necessità di convocazione dinanzi al curatore ed anche prima della elezione del suo presidente (2).

Il componente del comitato che si trova in conflitto di interessi si astiene dalla votazione.

Ciascun componente del comitato dei creditori può delegare in tutto o in parte l'espletamento delle proprie funzioni ad uno dei soggetti aventi i requisiti indicati nell'articolo 28, previa comunicazione al giudice delegato.

(1) *Questo articolo è stato così sostituito dall'art. 38 del D.L.vo 9 gennaio 2006, n. 5, a decorrere dal 16 luglio 2006.*

(2) *Questo comma è stato aggiunto dall'art. 6, comma 1, lett. a), del D.L. 3 maggio 2016, n. 59, convertito, con modificazioni, nella L. 30 giugno 2016, n. 119.*

41. (1) **Funzioni del comitato.** – Il comitato dei creditori vigila sull'operato del curatore, ne autorizza gli atti ed esprime pareri nei casi previsti dalla legge, ovvero su richiesta del tribunale o del giudice delegato, succintamente motivando le proprie deliberazioni.

Il presidente convoca il comitato per le deliberazioni di competenza o quando sia richiesto da un terzo dei suoi componenti.

Le deliberazioni del comitato sono prese a maggioranza dei votanti, nel termine massimo di quindici giorni successivi a quello in cui la richiesta è pervenuta al presidente. Il voto può essere espresso in riunioni collegiali ovvero per mezzo telefax o con altro mezzo elettronico o telematico, purché sia possibile conservare la prova della manifestazione di voto.

In caso di inerzia, di impossibilità di costituzione per insufficienza di numero o indisponibilità dei creditori, o (2) di funzionamento del comitato o di urgenza, provvede il giudice delegato.

Il comitato ed ogni componente possono ispezionare in qualunque tempo le scritture contabili e i documenti della procedura ed hanno diritto di chiedere notizie e chiarimenti al curatore e al fallito.

I componenti del comitato hanno diritto al rimborso delle spese, oltre all'eventuale compenso riconosciuto ai sensi e nelle forme di cui all'articolo 37 *bis*, terzo comma.

Ai componenti del comitato dei creditori si applica, in quanto compatibile, l'articolo 2407, primo e terzo comma, del codice civile (3).

L'azione di responsabilità può essere proposta dal curatore durante lo svolgimento della procedura. Con il decreto di autorizzazione il giudice delegato sostituisce i componenti del comitato dei creditori nei confronti dei quali ha autorizzato l'azione (3).

(1) *Questo articolo è stato così sostituito dall'art. 39 del D.L.vo 9 gennaio 2006, n. 5, a decorrere dal 16 luglio 2006 e corretto con errata corrige pubblicata sulla G.U. Serie gen. - n. 66 del 20 marzo 2006.*

(2) *Le parole: «di costituzione per insufficienza di numero o indisponibilità dei creditori, o» sono state inserite dall'art. 3, comma 10, lett. a), del D.L.vo 12 settembre 2007, n. 169, a decorrere dal 1° gennaio 2008.*

(3) *L'originario settimo comma è stato così sostituito dagli attuali commi settimo e ottavo, dall'art. 3, comma 10, lett. b), del D.L.vo 12 settembre 2007, n. 169, a decorrere dal 1° gennaio 2008. Si riporta il testo dell'originario settimo comma, in vigore dal 16 luglio 2006 al 31 dicembre 2007:*

«Ai componenti del comitato dei creditori si applica, in quanto compatibile, l'articolo 2407 del codice civile. L'azione di responsabilità può essere proposta anche durante lo svolgimento della procedura».

Capo III
Degli effetti del fallimento

Sezione I
Degli effetti del fallimento per il fallito

42. Beni del fallito. – La sentenza che dichiara il fallimento priva dalla sua data il fallito dell'amministrazione e della disponibilità dei suoi beni esistenti alla data di dichiarazione di fallimento.

Sono compresi nel fallimento anche i beni che pervengono al fallito durante il fallimento, dedotte le passività incontrate per l'acquisto e la conservazione dei beni medesimi.

Il curatore, previa autorizzazione del comitato dei creditori, può rinunciare ad acquisire i beni che pervengono al fallito durante la procedura fallimentare qualora i costi da sostenere per il loro acquisto e la loro conservazione risultino superiori al presumibile valore di realizzo dei beni stessi (1).

(1) *Questo comma è stato aggiunto dall'art. 40 del D.L.vo 9 gennaio 2006, n. 5, a decorrere dal 16 luglio 2006.*

43. Rapporti processuali. – Nelle controversie, anche in corso, relative a rapporti di diritto patrimoniale del fallito compresi nel fallimento sta in giudizio il curatore.

Il fallito può intervenire nel giudizio solo per le questioni dalle quali può dipendere un'imputazione di bancarotta a suo carico o se l'intervento è previsto dalla legge.

L'apertura del fallimento determina l'interruzione del processo (1).

Le controversie in cui è parte un fallimento sono trattate con priorità. Il capo dell'ufficio trasmette annualmente al presidente della corte di appello i dati relativi al numero di procedimenti in cui è parte un fallimento e alla loro durata, nonché le disposizioni adottate per la finalità di cui al periodo precedente. Il presidente della corte di appello ne dà atto nella relazione sull'amministrazione della giustizia (2).

(1) *Questo comma è stato aggiunto dall'art. 41 del D.L.vo 9 gennaio 2006, n. 5, a decorrere dal 16 luglio 2006.*

(2) *Questo comma è stato aggiunto dall'art. 7, comma 1, lett. 0b), del D.L. 27 giugno 2015, n. 83, convertito, con modificazioni, nella L. 6 agosto 2015, n. 132.*

A norma dell'art. 23, comma 7, del medesimo provvedimento, tali disposizioni si applicano a decorrere dalla data di entrata in vigore della legge di conversione del presente decreto.

NOTE OPERATIVE:

Contribuente: In materia di rapporto d'imposta nell'ipotesi in cui i presupposti si siano formati prima della dichiarazione di fallimento, il contribuente dichiarato fallito al quale sia stato notificato l'atto impositivo, ai sensi dell'art. 43 L. F., può impugnare l'atto nel caso in cui il curatore se ne astenga (S.U. 11287/23).

44. Atti compiuti dal fallito dopo la dichiarazione di fallimento. – Tutti gli atti compiuti dal fallito e i pagamenti da lui eseguiti dopo la dichiarazione di fallimento sono inefficaci rispetto ai creditori.

Sono egualmente inefficaci i pagamenti ricevuti dal fallito dopo la sentenza dichiarativa di fallimento.

Fermo quanto previsto dall'articolo 42, secondo comma, sono acquisite al fallimento tutte le utilità che il fallito consegue nel corso della procedura per effetto degli atti di cui al primo e secondo comma (1).

(1) *Questo comma è stato aggiunto dall'art. 42 del D.L.vo 9 gennaio 2006, n. 5, a decorrere dal 16 luglio 2006.*

45. Formalità eseguite dopo la dichiarazione di fallimento. – Le formalità necessarie per rendere opponibili gli atti ai terzi, se compiute dopo la data della dichiarazione di fallimento, sono senza effetto rispetto ai creditori.

46. Beni non compresi nel fallimento. – Non sono compresi nel fallimento:

1) i beni e i diritti di natura strettamente personale;

2) gli assegni aventi carattere alimentare, gli stipendi, pensioni, salari e ciò che il fallito guadagna con la sua attività, entro i limiti di quanto occorre per il mantenimento suo e della famiglia;

3) i frutti derivanti dall'usufrutto legale sui beni dei figli, i beni costituiti in fondo patrimoniale e i frutti di essi, salvo quanto è disposto dall'articolo 170 del codice civile (1);

[4) i frutti dei beni costituiti in dote e i crediti dotali, salvo quanto è disposto dall'art. 188 del codice civile] (2);

5) le cose che non possono essere pignorate per disposizione di legge.

I limiti previsti nel primo comma, numero 2), sono fissati con decreto motivato del giudice delegato che deve tener conto della condizione personale del fallito e di quella della sua famiglia (3).

(1) *Questo numero è stato così sostituito dall'art. 43, comma 1, lett. a), del D.L.vo 9 gennaio 2006, n. 5, a decorrere dal 16 luglio 2006.*

(2) *Questo numero è stato soppresso dall'art. 43, comma 1, lett. b), del D.L.vo 9 gennaio 2006, n. 5, a decorrere dal 16 luglio 2006.*

(3) *Questo comma è stato così sostituito dall'art. 43, comma 1, lett. c), del D.L.vo 9 gennaio 2006, n. 5, a decorrere dal 16 luglio 2006. Si riporta il testo precedente: «I limiti previsti nel n. 2 di questo articolo sono fissati con decreto del giudice delegato».*

47. Alimenti al fallito e alla famiglia. – Se al fallito vengono a mancare i mezzi di sussistenza, il giudice delegato, sentiti il curatore e il comitato dei creditori, [se è stato nominato,] (1) può concedergli un sussidio a titolo di alimenti per lui e per la famiglia.

La casa di proprietà del fallito, nei limiti in cui è necessaria all'abitazione di lui e della sua famiglia, non può essere distratta da tale uso fino alla liquidazione delle attività.

(1) *Le parole fra parentesi quadrate sono state soppresse dall'art. 44 del D.L.vo 9 gennaio 2006, n. 5, a decorrere dal 16 luglio 2006.*

48. (1) Corrispondenza diretta al fallito. – Il fallito persona fisica è tenuto (2) a consegnare al curatore la propria corrispondenza di ogni genere, inclusa quella elettronica, riguardante i rapporti compresi nel fallimento.

La corrispondenza diretta al fallito che non sia persona fisica è consegnata al curatore (3).

(1) *Questo articolo è stato così sostituito dall'art. 45 del D.L.vo 9 gennaio 2006, n. 5. A norma dell'art. 153 del medesimo provvedimento, questo articolo entra in vigore il 16 gennaio 2006.*

(2) *Le parole: «L'imprenditore del quale sia stato dichiarato il fallimento, nonché gli amministratori o i liquidatori di società o enti soggetti alla procedura di fallimento sono tenuti» sono state così sostituite dalle attuali: «Il fallito persona fisica è tenuto» dall'art. 4, comma 1, lett. a), del D.L.vo 12 settembre 2007, n. 169, a decorrere dal 1° gennaio 2008.*

(3) *Questo comma è stato aggiunto dall'art. 4, comma 1, lett. b), del D.L.vo 12 settembre 2007, n. 169, a decorrere dal 1° gennaio 2008.*

49. (1) **Obblighi del fallito.** – L'imprenditore del quale sia stato dichiarato il fallimento, nonché gli amministratori o i liquidatori di società o enti soggetti alla procedura di fallimento sono tenuti a comunicare al curatore ogni cambiamento della propria residenza o del proprio domicilio.

Se occorrono informazioni o chiarimenti ai fini della gestione della procedura, i soggetti di cui al primo comma devono presentarsi personalmente al giudice delegato, al curatore o al comitato dei creditori.

In caso di legittimo impedimento o di altro giustificato motivo, il giudice può autorizzare l'imprenditore o il legale rappresentante della società o enti soggetti alla procedura di fallimento a comparire per mezzo di mandatario.

(1) *Questo articolo è stato così sostituito dall'art. 46 del D.L.vo 9 gennaio 2006, n. 5. A norma dell'art. 153 del medesimo provvedimento, questo articolo entra in vigore il 16 gennaio 2006.*

50. (1) (2) [**Pubblico registro dei falliti.** – Nella cancelleria di ciascun tribunale è tenuto un pubblico registro nel quale sono iscritti i nomi di coloro che sono dichiarati falliti dallo stesso tribunale, nonché di quelli dichiarati altrove, se il luogo di nascita del fallito si trova sotto la giurisdizione del tribunale.

Le iscrizioni dei nomi dei falliti sono cancellate dal registro in seguito a sentenza del tribunale.

Finché l'iscrizione non è cancellata, il fallito è soggetto alle incapacità stabilite dalla legge.

Le norme per la tenuta del registro saranno emanate con decreto del ministro per la grazia e giustizia. Fino all'istituzione del registro dei falliti le iscrizioni previste dal presente articolo sono eseguite nell'albo dei falliti attualmente esistente].

(1) *Questo articolo è stato abrogato dall'art. 47 del D.L.vo 9 gennaio 2006, n. 5. A norma dell'art. 153 del medesimo provvedimento, l'abrogazione decorre dal 16 gennaio 2006.*

(2) *La Corte costituzionale, con sentenza n. 39 del 27 febbraio 2008 ha dichiarato l'illegittimità costituzionale di questo articolo e dell'art. 142 del medesimo provvedimento, nel testo anteriore all'entrata in vigore del D.L.vo 9 gennaio 2006, n. 5, in quanto stabiliscono che le incapacità personali derivanti al fallito dalla dichiarazione di fallimento perdurano oltre la chiusura della procedura concorsuale.*

Sezione II
Degli effetti del fallimento per i creditori

51. (1) **Divieto di azioni esecutive e cautelari individuali.** – Salvo diversa disposizione della legge, dal giorno della dichiarazione di fallimento nessuna azione individuale esecutiva o cautelare, anche per crediti maturati durante il fallimento, può essere iniziata o proseguita sui beni compresi nel fallimento.

(1) *Questo articolo è stato così sostituito dall'art. 48 del D.L.vo 9 gennaio 2006, n. 5, a decorrere dal 16 luglio 2006. Si riporta il testo precedente:*

«51. (Divieto di azioni esecutive individuali). *Salvo diversa disposizione della legge, dal giorno della dichiarazione di fallimento nessuna azione individuale esecutiva può essere iniziata o proseguita sui beni compresi nel fallimento*».

52. Concorso dei creditori. – Il fallimento apre il concorso dei creditori sul patrimonio del fallito.

Ogni credito, anche se munito di diritto di prelazione o trattato ai sensi dell'articolo 111, primo comma, n. 1, nonché ogni diritto reale o personale, mobiliare o immobiliare, deve essere accertato secondo le norme stabilite dal Capo V, salvo diverse disposizioni della legge (1).

Le disposizioni del secondo comma si applicano anche ai crediti esentati dal divieto di cui all'articolo 51 (2).

(1) *Questo comma è stato così sostituito dall'art. 49 del D.L.vo 9 gennaio 2006, n. 5, a decorrere dal 16 luglio 2006. Si riporta il testo precedente:*

«Ogni credito, anche se munito di diritto di prelazione, deve essere accertato secondo le norme stabilite dal capo V, salvo diverse disposizioni della legge».

(2) *Questo comma è stato inserito dall'art. 4, comma 2, del D.L.vo 12 settembre 2007, n. 169, a decorrere dal 1° gennaio 2008.*

53. (1) **Creditori muniti di pegno o privilegio su mobili.** – I crediti garantiti da pegno o assistiti da privilegio a norma degli artt. 2756 e 2761 del codice civile possono essere realizzati anche durante il fallimento, dopo che sono stati ammessi al passivo con prelazione.

Per essere autorizzato alla vendita il creditore fa istanza al giudice delegato, il quale, sentiti il curatore e il comitato dei creditori, stabilisce con decreto il tempo della vendita, determinandone le modalità a norma dell'articolo 107 ([2]).

Il giudice delegato, sentito il comitato dei creditori, se è stato nominato, può anche autorizzare il curatore a riprendere le cose sottoposte a pegno o a privilegio, pagando il creditore, o ad eseguire la vendita nei modi stabiliti dal comma precedente.

([1]) *Si veda l'art. 3, comma 2 quater, del D.L. 28 agosto 2008, n. 134, convertito, con modificazioni, nella L. 27 ottobre 2008, n. 166, che così dispone:*

«2 quater. Nella procedura di amministrazione straordinaria, la domanda di ammissione al passivo per conto degli obbligazionisti e dei titolari di strumenti finanziari ammessi alla negoziazione sui mercati regolamentati è presentata dal rappresentante comune delle relative assemblee speciali. I documenti giustificativi sono presentati dai possessori dei titoli di cui al periodo precedente entro il termine indicato dal giudice delegato».

([2]) *Le parole: «disponendo se questa debba essere fatta ad offerte private o all'incanto, e determinando le modalità relative» sono state così sostituite dalle attuali: «determinandone le modalità a norma dell'articolo 107» dall'art. 4, comma 3, del D.L.vo 12 settembre 2007, n. 169, a decorrere dal 1° gennaio 2008.*

54. Diritto dei creditori privilegiati nella ripartizione dell'attivo. – I creditori garantiti da ipoteca, pegno o privilegio fanno valere il loro diritto di prelazione sul prezzo dei beni vincolati per il capitale, gli interessi e le spese; se non sono soddisfatti integralmente, concorrono, per quanto è ancora loro dovuto, con i creditori chirografari nelle ripartizioni del resto dell'attivo.

Essi hanno diritto di concorrere anche nelle ripartizioni che si eseguono prima della distribuzione del prezzo dei beni vincolati a loro garanzia. In tal caso, se ottengono un'utile collocazione definitiva su questo prezzo per la totalità del loro credito, computati in primo luogo gli interessi, l'importo ricevuto nelle ripartizioni anteriori viene detratto dalla somma loro assegnata per essere attribuito ai creditori chirografari. Se la collocazione utile ha luogo per una parte del credito garantito, per il capitale non soddisfatto essi hanno diritto di trattenere solo la percentuale definitiva assegnata ai creditori chirografari.

L'estensione del diritto di prelazione agli interessi è regolata dagli articoli 2749, 2788 e 2855, commi secondo e terzo, del codice civile, intendendosi equiparata la dichiarazione di fallimento all'atto di pignoramento. Per i crediti assistiti da privilegio generale, il decorso degli interessi cessa alla data del deposito del progetto di riparto nel quale il credito è soddisfatto anche se parzialmente ([1]).

([1]) *Questo comma è stato così sostituito dall'art. 50 del D.L.vo 9 gennaio 2006, n. 5, a decorrere dal 16 luglio 2006.*

55. ([1]) **Effetti del fallimento sui debiti pecuniari.** – La dichiarazione di fallimento sospende il corso degli interessi convenzionali o legali, agli effetti del concorso, fino alla chiusura del fallimento, a meno che i crediti non siano garantiti da ipoteca, da pegno o privilegio, salvo quanto è disposto dal terzo comma dell'articolo precedente ([2]) ([3]).

I debiti pecuniari del fallito si considerano scaduti, agli effetti del concorso, alla data di dichiarazione del fallimento.

I crediti condizionali partecipano al concorso, a norma degli articoli 96, 113 e 113 *bis* ([4]). Sono compresi tra i crediti condizionali quelli che non possono farsi valere contro il fallito, se non previa escussione di un obbligato principale.

([1]) *La Corte costituzionale, con sentenza n. 300 del 31 dicembre 1986, ha dichiarato l'illegittimità costituzionale del combinato disposto di questo articolo e dell'articolo 59 richiamato dall'art. 169, nella parte in cui esclude la rivalutazione dei crediti di lavoro per il periodo successivo alla domanda di concordato preventivo.*

([2]) *La Corte costituzionale, con sentenza n. 300 del 31 dicembre 1986, ha dichiarato l'illegittimità costituzionale di questo comma, richiamato dall'art. 169, nella parte in cui non estende il privilegio agli interessi dovuti sui crediti privilegiati di lavoro nella procedura di concordato preventivo del datore di lavoro.*

La Corte costituzionale, con sentenza n. 204 del 20 aprile 1989, ha dichiarato l'illegittimità costituzionale di questo comma, nella parte in cui non estende la prelazione agli interessi dovuti sui crediti privilegiati da lavoro nella procedura di fallimento del datore di lavoro.

([3]) *La Corte costituzionale, con sentenza n. 408 del 18 luglio 1989, ha dichiarato l'illegittimità costituzionale di questo comma nella parte in cui, nelle procedure di fallimento del debitore e di concordato preventivo, non estendono la prelazione agli interessi dovuti sui crediti privilegiati delle società o enti cooperativi di produzione e di lavoro, di cui all'art. 2751* bis*, numero 5 del codice civile, che rispondono ai requisiti prescritti dalla legislazione in tema di cooperazione.*

La Corte costituzionale, con sentenza n. 567 del 22 dicembre 1989, ha dichiarato l'illegittimità costituzionale di questo comma, in relazione all'art. 1 del D.L. n. 26 del 1979, convertito in L. 3 aprile 1979, n. 95, nella parte in cui non estende la prelazione agli interessi dovuti sui crediti privilegiati da lavoro nella procedura di amministrazione straordinaria.

([4]) *Le parole: «a norma degli articoli 95 e 113» sono state così sostituite dalle attuali: «a norma degli articoli 96, 113 e 113* bis*» dall'art. 51 del D.L.vo 9 gennaio 2006, n. 5, a decorrere dal 16 luglio 2006.*

LEGGI COMPLEMENTARI

56. Compensazione in sede di fallimento. – I creditori hanno diritto di compensare coi loro debiti verso il fallito i crediti che essi vantano verso lo stesso, ancorché non scaduti prima della dichiarazione di fallimento ([1]).

Per i crediti non scaduti la compensazione tuttavia non ha luogo se il creditore ha acquistato il credito per atto tra vivi dopo la dichiarazione di fallimento o nell'anno anteriore.

([1]) *Si vedano la Risp. 6 novembre 2020, n. 536 e la Risp. 19 ottobre 2022, n. 521.*

57. Crediti infruttiferi. – I crediti infruttiferi non ancora scaduti alla data della dichiarazione di fallimento sono ammessi al passivo per l'intera somma. Tuttavia ad ogni singola ripartizione saranno detratti gli interessi composti, in ragione del cinque per cento all'anno, per il tempo che resta a decorrere dalla data del mandato di pagamento sino al giorno della scadenza del credito.

58. ([1]) **Obbligazioni e titoli di debito.** – I crediti derivanti da obbligazioni e da altri titoli di debito sono ammessi al passivo per il loro valore nominale detratti i rimborsi già effettuati; se è previsto un premio da estrarre a sorte, il suo valore attualizzato viene distribuito tra tutti i titoli che hanno diritto al sorteggio.

([1]) *Questo articolo è stato così sostituito dall'art. 52 del D.L.vo 9 gennaio 2006, n. 5, a decorrere dal 16 luglio 2006.*

59. Crediti non pecuniari. – I crediti non scaduti, aventi per oggetto una prestazione in danaro determinata con riferimento ad altri valori o aventi per oggetto una prestazione diversa dal danaro, concorrono secondo il loro valore alla data della dichiarazione di fallimento ([1]).

([1]) *La Corte costituzionale, con sentenza n. 300 del 31 dicembre 1986, ha dichiarato l'illegittimità costituzionale del combinato disposto degli artt. 55 e 59 richiamato dall'art. 169, nella parte in cui esclude la rivalutazione dei crediti di lavoro per il periodo successivo alla domanda di concordato preventivo.*

La Corte costituzionale, con sentenza n. 204 del 20 aprile 1989, ha dichiarato l'illegittimità costituzionale di questo articolo, anche in relazione all'art. 429 terzo comma c.p.c. nella parte in cui non prevede la rivalutazione dei crediti da lavoro con riguardo al periodo successivo all'apertura del fallimento fino al momento in cui lo stato passivo diviene definitivo.

La Corte costituzionale, con sentenza n. 567 del 22 dicembre 1989, ha dichiarato l'illegittimità costituzionale di questo articolo, in relazione all'art. 1 del D.L. 30 gennaio 1979, n. 26, convertito in L. 3 aprile 1979, n. 95, nella parte in cui non prevede la rivalutazione dei crediti di lavoro con riguardo al periodo successivo al decreto ministeriale con cui si dispone la procedura di amministrazione straordinaria fino al momento in cui la verifica del passivo diviene definitiva.

60. Rendita perpetua e rendita vitalizia. – Se nel passivo del fallimento sono compresi crediti per rendita perpetua, questa è riscattata a norma dell'art. 1866 del codice civile.

Il creditore di una rendita vitalizia è ammesso al passivo per una somma equivalente al valore capitale della rendita stessa al momento della dichiarazione di fallimento.

61. Creditore di più coobbligati solidali. – Il creditore di più coobbligati in solido concorre nel fallimento di quelli tra essi che sono falliti, per l'intero credito in capitale e accessori, sino al totale pagamento.

Il regresso tra i coobbligati falliti può essere esercitato solo dopo che il creditore sia stato soddisfatto per l'intero credito.

62. Creditore di più coobbligati solidali parzialmente soddisfatto. – Il creditore che, prima della dichiarazione di fallimento, ha ricevuto da un coobbligato in solido col fallito o da un fideiussore una parte del proprio credito ha diritto di concorrere nel fallimento per la parte non riscossa.

Il coobbligato che ha diritto di regresso verso il fallito ha diritto di concorrere nel fallimento di questo per la somma pagata.

Tuttavia il creditore ha diritto di farsi assegnare la quota di riparto spettante al coobbligato fino a concorrenza di quanto ancora dovutogli. Resta impregiudicato il diritto verso il coobbligato se il creditore rimane parzialmente insoddisfatto.

63. Coobbligato o fideiussore del fallito con diritto di garanzia. – Il coobbligato o fideiussore del fallito, che ha un diritto di pegno o d'ipoteca sui beni di lui a garanzia della sua azione di regresso concorre nel fallimento per la somma per la quale ha ipoteca o pegno.

Il ricavato della vendita dei beni ipotecati o delle cose date in pegno spetta al creditore in deduzione della somma dovuta.

Sezione III
Degli effetti del fallimento sugli atti pregiudizievoli ai creditori (1)

(1) *Si veda l'art. 6, comma 1 ter, del D.L. 23 dicembre 2003, n. 347, convertito, con modificazioni, nella L. 18 febbraio 2004, n. 39.*

64. Atti a titolo gratuito. – Sono privi di effetto rispetto ai creditori, se compiuti dal fallito nei due anni anteriori alla dichiarazione di fallimento, gli atti a titolo gratuito, esclusi i regali d'uso e gli atti compiuti in adempimento di un dovere morale o a scopo di pubblica utilità, in quanto la liberalità sia proporzionata al patrimonio del donante.

I beni oggetto degli atti di cui al primo comma sono acquisiti al patrimonio del fallimento mediante trascrizione della sentenza dichiarativa di fallimento. Nel caso di cui al presente articolo ogni interessato può proporre reclamo avverso la trascrizione a norma dell'articolo 36 (1).

(1) *Questo comma è stato aggiunto dall'art. 6, comma 1 bis, del D.L. 27 giugno 2015, n. 83, convertito, con modificazioni, nella L. 6 agosto 2015, n. 132.*

A norma dell'art. 23, comma 3, del medesimo provvedimento, tali disposizioni si applicano ai fallimenti dichiarati successivamente alla data di entrata in vigore del presente decreto.

65. Pagamenti. – Sono privi di effetto rispetto ai creditori i pagamenti di crediti che scadono nel giorno della dichiarazione di fallimento o posteriormente, se tali pagamenti sono stati eseguiti dal fallito nei due anni anteriori alla dichiarazione di fallimento.

66. (1) **Azione revocatoria ordinaria.** – Il curatore può domandare che siano dichiarati inefficaci gli atti compiuti dal debitore in pregiudizio dei creditori secondo le norme del codice civile.

L'azione si propone dinanzi al tribunale fallimentare, sia in confronto del contraente immediato, sia in confronto dei suoi aventi causa nei casi in cui sia proponibile contro costoro.

(1) *A norma dell'art. 12, comma 3, del D.L. 24 agosto 2021, n. 118, convertito, con modificazioni, nella L. 21 ottobre 2021, n. 147, a decorrere dal 15 novembre 2021, gli atti di straordinaria amministrazione e i pagamenti effettuati nel periodo successivo alla accettazione dell'incarico da parte dell'esperto sono in ogni caso soggetti alle azioni di cui a questo articolo, se, in relazione ad essi, l'esperto ha iscritto il proprio dissenso nel registro delle imprese ai sensi dell'articolo 9, comma 4, o se il tribunale ha rigettato la richiesta di autorizzazione presentata ai sensi dell'articolo 10.*

Il predetto art. 12, comma 3, è stato abrogato dall'art. 46 del D.L.vo 17 giugno 2022, n. 83.

67. (1) (2) (3) **Atti a titolo oneroso, pagamenti, garanzie.** – Sono revocati, salvo che l'altra parte provi che non conosceva lo stato d'insolvenza del debitore:

1) gli atti a titolo oneroso compiuti nell'anno anteriore alla dichiarazione di fallimento, in cui le prestazioni eseguite o le obbligazioni assunte dal fallito sorpassano di oltre un quarto ciò che a lui è stato dato o promesso;

2) gli atti estintivi di debiti pecuniari scaduti ed esigibili non effettuati con danaro o con altri mezzi normali di pagamento, se compiuti nell'anno anteriore alla dichiarazione di fallimento;

3) i pegni, le anticresi e le ipoteche volontarie costituiti nell'anno anteriore alla dichiarazione di fallimento per debiti preesistenti non scaduti;

4) i pegni, le anticresi e le ipoteche giudiziali o volontarie costituiti entro sei mesi anteriori alla dichiarazione di fallimento per debiti scaduti.

Sono altresì revocati, se il curatore prova che l'altra parte conosceva lo stato d'insolvenza del debitore, i pagamenti di debiti liquidi ed esigibili, gli atti a titolo oneroso e quelli costitutivi di un diritto di prelazione per debiti, anche di terzi, contestualmente creati, se compiuti entro sei mesi anteriori alla dichiarazione di fallimento (4).

Non sono soggetti all'azione revocatoria:

a) i pagamenti di beni e servizi effettuati nell'esercizio dell'attività d'impresa nei termini d'uso;

b) le rimesse effettuate su un conto corrente bancario, purché non abbiano ridotto in maniera consistente e durevole l'esposizione debitoria del fallito nei confronti della banca;

c) le vendite ed i preliminari di vendita trascritti ai sensi dell'articolo 2645 *bis* del codice civile, i cui effetti non siano cessati ai sensi del comma terzo della suddetta disposizione, conclusi a giusto prezzo ed aventi ad oggetto immobili ad uso abitativo, destinati a costituire l'abitazione principale dell'acquirente o di suoi parenti e affini entro il terzo grado, ovvero immobili ad uso non abitativo destinati a costituire la sede principale dell'attività di impresa dell'acquirente, purché alla data di dichiarazione di fallimento tale attività sia effettivamente esercitata ovvero siano stati compiuti investimenti per darvi inizio (5) (6);

d) gli atti, i pagamenti e le garanzie concesse su beni del debitore purché posti in essere in esecuzione di un piano che appaia idoneo a consentire il risanamento della esposizione debitoria dell'impresa e ad assicurare il riequilibrio della sua situazione finanziaria; un professionista indipendente designato dal debitore, iscritto nel registro dei revisori legali ed in possesso dei requisiti previsti dall'articolo 28, lettere *a*) e *b*) deve attestare la veridicità dei dati aziendali e la fattibilità del piano; il professionista è indipendente quando non è legato all'impresa e a coloro che hanno interesse all'operazione di risanamento da rapporti di natura personale o professionale tali da comprometterne l'indipendenza di giudizio; in ogni caso, il professionista deve essere in possesso dei requisiti previsti dall'articolo 2399 del codice civile e non deve, neanche per il tramite di soggetti con i quali è unito in associazione professionale, avere prestato negli ultimi cinque anni attività di lavoro subordinato o autonomo in favore del debitore ovvero partecipato agli organi di amministrazione o di controllo; il piano può essere pubblicato nel registro delle imprese su richiesta del debitore (7);

e) gli atti, i pagamenti e le garanzie posti in essere in esecuzione del concordato preventivo, [dell'amministrazione controllata] (8), nonché dell'accordo omologato ai sensi dell'articolo 182 *bis*, nonché gli atti, i pagamenti e le garanzie legalmente posti in essere dopo il deposito del ricorso di cui all'articolo 161 (9);

f) i pagamenti dei corrispettivi per prestazioni di lavoro effettuate da dipendenti ed altri collaboratori, anche non subordinati, del fallito;

g) i pagamenti di debiti liquidi ed esigibili eseguiti alla scadenza per ottenere la prestazione di servizi strumentali all'accesso alle procedure concorsuali [di amministrazione controllata] (8) e di concordato preventivo.

Le disposizioni di questo articolo non si applicano all'istituto di emissione, alle operazioni di credito su pegno e di credito fondiario; sono salve le disposizioni delle leggi speciali.

(1) *Questo articolo è stato così sostituito dall'art. 2, comma 1, lett. a), del D.L. 14 marzo 2005, n. 35, convertito, con modificazioni, nella L. 14 maggio 2005, n. 80. A norma dell'art. 2, comma 2, dello stesso D.L., le disposizioni di questo articolo si applicano alle azioni revocatorie proposte nell'ambito di procedure iniziate dopo la data di entrata in vigore del predetto D.L.*

(2) *Si veda l'art. 10 del D.L.vo 20 giugno 2005, n. 122, di cui si riporta il testo:*

«10. (Esenzioni e limiti alla esperibilità dell'azione revocatoria fallimentare). *1. Gli atti a titolo oneroso che hanno come effetto il trasferimento della proprietà o di altro diritto reale di godimento di immobili da costruire, nei quali l'acquirente si impegni a stabilire, entro dodici mesi dalla data di acquisto o di ultimazione degli stessi, la residenza propria o del proprio coniuge (*) o di suoi parenti o affini entro il terzo grado, se posti in essere al giusto prezzo da valutarsi alla data della stipula del preliminare, non sono soggetti all'azione revocatoria prevista dall'articolo 67 del regio decreto 16 marzo 1942, n. 267, e successive modificazioni.*

«2. Non sono, altresì, soggetti alla medesima azione revocatoria i pagamenti dei premi e commissioni relativi ai contratti di fideiussione e di assicurazione di cui agli articoli 3 e 4, qualora effettuati nell'esercizio dell'attività d'impresa nei termini d'uso».

(*) Le parole: «o del proprio coniuge» sono state inserite dall'art. 10 quater, lett. c), del D.L. 28 marzo 2014, n. 47, convertito, con modificazioni, nella L. 23 maggio 2014, n. 80.

(3) *A norma dell'art. 12, comma 3, del D.L. 24 agosto 2021, n. 118, convertito, con modificazioni, nella L. 21 ottobre 2021, n. 147, a decorrere dal 15 novembre 2021, gli atti di straordinaria amministrazione e i pagamenti effettuati nel periodo successivo alla accettazione dell'incarico da parte dell'esperto sono in ogni caso soggetti alle azioni di cui a questo articolo, se, in relazione ad essi, l'esperto ha iscritto il proprio dissenso nel registro delle imprese ai sensi dell'articolo 9, comma 4, o se il tribunale ha rigettato la richiesta di autorizzazione presentata ai sensi dell'articolo 10.*

Il predetto art. 12, comma 3, è stato abrogato dall'art. 46 del D.L.vo 17 giugno 2022, n. 83.

(4) *A norma dell'art. 12, comma 2, del D.L. 24 agosto 2021, n. 118, convertito, con modificazioni, nella L. 21 ottobre 2021, n. 147, a decorrere dal 15 novembre 2021, non sono soggetti all'azione revocatoria di cui a questo comma, gli atti, i pagamenti e le garanzie posti in essere dall'imprenditore nel periodo successivo alla accettazione dell'incarico da parte dell'esperto, purché coerenti con l'andamento e lo stato delle trattative e con le prospettive di risanamento esistenti al momento in cui sono stati compiuti.*

Il predetto art. 12, comma 3, è stato abrogato dall'art. 46 del D.L.vo 17 giugno 2022, n. 83.

(5) *Le parole: «, ovvero immobili ad uso non abitativo destinati a costituire la sede principale dell'attività di impresa dell'acquirente, purché alla data di dichiarazione di fallimento tale attività sia effettivamente esercitata ovvero siano stati compiuti investimenti per darvi inizio» sono state aggiunte dall'art. 33, comma 1, lett. a), n. 01), del D.L. 22 giugno 2012, n. 83, convertito, con modificazioni, nella L. 7 agosto 2012, n. 134. A norma dell'art. 33, comma 3, del medesimo decreto, tali disposizioni si applicano ai procedimenti di concordato preventivo e per l'omologazione di accordi di ristrutturazione dei debiti introdotti dal trentesimo giorno successivo a quello di entrata in vigore della legge di conversione del predetto decreto, nonché ai piani di cui al comma 1, lettera a), n. 1), elaborati successivamente al predetto termine.*

(6) *Questa lettera è stata così sostituita dall'art. 4, comma 4, lett. a), del D.L.vo 12 settembre 2007, n. 169, a decorrere dal 1° gennaio 2008. Si riporta il testo precedente:*

«c) le vendite a giusto prezzo d'immobili ad uso abitativo, destinati a costituire l'abitazione principale dell'acquirente o di suoi parenti e affini entro il terzo grado».

(7) *Questa lettera è stata così sostituita dall'art. 33, comma 1, lett. a), n. 1), del D.L. 22 giugno 2012, n. 83, convertito, con modificazioni, nella L. 7 agosto 2012, n. 134. A norma dell'art. 33, comma 3, del medesimo decreto, tali disposizioni si applicano ai procedimenti di concordato preventivo e per l'omologazione di accordi di ristrutturazione dei debiti introdotti dal trentesimo giorno successivo a quello di entrata in vigore della legge di conversione del presente decreto, nonché ai piani di cui al comma 1, lettera a), n. 1) elaborati successivamente al predetto termine.*

(8) *A norma dell'art. 147, comma 2, del D.L.vo 9 gennaio 2006, n. 5, sono soppressi tutti i riferimenti all'amministrazione controllata contenuti in questo provvedimento.*

(9) *Le parole: «, nonché gli atti, i pagamenti e le garanzie legalmente posti in essere dopo il deposito del ricorso di cui all'articolo 161;» sono state aggiunte dall'art. 33, comma 1, lett. a), n. 2), del D.L. 22 giugno 2012, n. 83, convertito, con modificazioni, nella L. 7 agosto 2012, n. 134. A norma dell'art. 33, comma 3, del medesimo decreto tali disposizioni si applicano ai procedimenti di concordato preventivo e per l'omologazione di accordi di ristrutturazione dei debiti introdotti dal trentesimo giorno successivo a quello di entrata in vigore della legge di conversione del presente decreto, nonché ai piani di cui al comma 1, lettera a), n. 1) elaborati successivamente al predetto termine.*

67 *bis*. (1) Patrimoni destinati ad uno specifico affare. – Gli atti che incidono su un patrimonio destinato ad uno specifico affare previsto dall'articolo 2447 *bis*, primo comma, lettera a) del codice civile, sono revocabili quando pregiudicano il patrimonio della società. Il presupposto soggettivo dell'azione è costituito dalla conoscenza dello stato d'insolvenza della società.

(1) *Questo articolo è stato inserito dall'art. 53 del D.L.vo 9 gennaio 2006, n. 5, a decorrere dal 16 luglio 2006.*

68. Pagamento di cambiale scaduta. – In deroga a quanto disposto dall'art. 67, secondo comma, non può essere revocato il pagamento di una cambiale, se il possessore di questa doveva accettarlo per non perdere l'azione cambiaria di regresso. In tal caso, l'ultimo obbligato in via di regresso, in confronto del quale il curatore provi che conosceva lo stato d'insolvenza del principale obbligato quando ha tratto o girato la cambiale, deve versare la somma riscossa al curatore.

69. (1) Atti compiuti tra i coniugi. – Gli atti previsti dall'articolo 67, compiuti tra coniugi nel tempo in cui il fallito esercitava un'impresa commerciale e quelli a titolo gratuito compiuti tra coniugi più di due anni prima della dichiarazione di fallimento, ma nel tempo in cui il fallito esercitava un'impresa commerciale sono revocati se il coniuge non prova che ignorava lo stato d'insolvenza del coniuge fallito.

(1) *Questo articolo è stato così sostituito dall'art. 54 del D.L.vo 9 gennaio 2006, n. 5, a decorrere dal 16 luglio 2006.*

69 *bis*. (1) Decadenza dall'azione e computo dei termini (2). – Le azioni revocatorie disciplinate nella presente sezione non possono essere promosse decorsi tre anni dalla dichiarazione di fallimento e comunque decorsi cinque anni dal compimento dell'atto.

Nel caso in cui alla domanda di concordato preventivo segua la dichiarazione di fallimento, i termini di cui agli articoli 64, 65, 67, primo e secondo comma, e 69 decorrono dalla data di pubblicazione della domanda di concordato nel registro delle imprese (3).

(1) *Questo articolo è stato inserito dall'art. 55 del D.L.vo 9 gennaio 2006, n. 5, a decorrere dal 16 luglio 2006.*

(2) *La precedente rubrica:* «Decadenza dall'azione» *è stata così sostituita dall'attuale dall'art. 33, comma 1, lett. a bis), n. 1), del D.L. 22 giugno 2012, n. 83, convertito, con modificazioni, nella L. 7 agosto 2012, n. 134.*

A norma dell'art. 33, comma 3, del medesimo decreto tali disposizioni si applicano ai procedimenti di concordato preventivo e per l'omologazione di accordi di ristrutturazione dei debiti introdotti dal trentesimo giorno successivo a quello di entrata in vigore della legge di conversione del presente decreto, nonché ai piani di cui al comma 1, lettera a), n. 1) elaborati successivamente al predetto termine.

(3) *Questo comma è stato aggiunto dall'art. 33, comma 1, lett. a bis), n. 2), del D.L. 22 giugno 2012, n. 83, convertito, con modificazioni, nella L. 7 agosto 2012, n. 134. A norma dell'art. 33, comma 3, del medesimo decreto tali disposizioni si applicano ai procedimenti di concordato preventivo e per l'omologazione di accordi di ristrutturazione dei debiti introdotti dal trentesimo giorno successivo a quello di entrata in vigore della legge di conversione del presente decreto, nonché ai piani di cui al comma 1, lettera a), n. 1) elaborati successivamente al predetto termine.*

70. (1) Effetti della revocazione. – La revocatoria dei pagamenti avvenuti tramite intermediari specializzati, procedure di compensazione multilaterale o dalle società previste dall'articolo 1 della legge 23 novembre 1939, n. 1966, si esercita e produce effetti nei confronti del destinatario della prestazione.

Colui che, per effetto della revoca prevista dalle disposizioni precedenti, ha restituito quanto aveva ricevuto è ammesso al passivo fallimentare per il suo eventuale credito.

Qualora la revoca abbia ad oggetto atti estintivi di posizioni passive derivanti da rapporti di conto corrente bancario o comunque (2) rapporti continuativi o reiterati, il terzo deve restituire una somma pari alla differenza tra l'ammontare massimo raggiunto dalle sue pretese, nel periodo per il quale è provata la conoscenza dello stato d'insolvenza, e l'ammontare residuo delle stesse, alla data in cui si è aperto il concorso. Resta salvo il diritto del convenuto d'insinuare al passivo un credito d'importo corrispondente a quanto restituito.

(1) *Questo articolo è stato così sostituito dall'art. 2, comma 1, lett. b), del D.L. 14 marzo 2005, n. 35, convertito, con modificazioni, nella L. 14 maggio 2005, n. 80. A norma dell'art. 2, comma 2, dello stesso D.L., le disposizioni di questo articolo si applicano alle azioni revocatorie proposte nell'ambito di procedure iniziate dopo la data di entrata in vigore del predetto D.L. Il testo previgente era il seguente:*

«70. (Beni acquistati dal coniuge del fallito). *I beni, che il coniuge del fallito ha acquistato a titolo oneroso nel quinquennio anteriore alla dichiarazione di fallimento, si presumono di fronte ai creditori, salvo prova contraria, acquistati con danaro del fallito e si considerano proprietà di lui. Il curatore è legittimato ad apprenderne il possesso.*

«Se i beni stessi furono nel frattempo alienati o ipotecati, la revocazione a danno del terzo non può aver luogo se questi prova la sua buona fede».

(2) *Le parole: «posizioni passive derivanti da rapporti di conto corrente bancario o comunque» sono state aggiunte dall'art. 4, comma 5, del D.L.vo 12 settembre 2007, n. 169, a decorrere dal 1° gennaio 2008.*

71. (1) [**Effetti della revocazione.** - Colui che per effetto della revoca prevista nelle disposizioni precedenti ha restituito quanto aveva ricevuto è ammesso al passivo fallimentare per il suo eventuale credito].

(1) *Questo articolo è stato abrogato dall'art. 56 del D.L.vo 9 gennaio 2006, n. 5, a decorrere dal 16 luglio 2006.*

Sezione IV
Degli effetti del fallimento sui rapporti giuridici preesistenti

72. (1) **Rapporti pendenti.** - Se un contratto è ancora ineseguito o non compiutamente eseguito da entrambe le parti quando, nei confronti di una di esse, è dichiarato il fallimento, l'esecuzione del contratto, fatte salve le diverse disposizioni della presente Sezione, rimane sospesa fino a quando il curatore, con l'autorizzazione del comitato dei creditori, dichiara di subentrare nel contratto in luogo del fallito, assumendo tutti i relativi obblighi, ovvero di sciogliersi dal medesimo, salvo che, nei contratti ad effetti reali, sia già avvenuto il trasferimento del diritto (2).

Il contraente può mettere in mora il curatore, facendogli assegnare dal giudice delegato un termine non superiore a sessanta giorni, decorso il quale il contratto si intende sciolto.

La disposizione di cui al primo comma si applica anche al contratto preliminare salvo quanto previsto nell'articolo 72 *bis*.

In caso di scioglimento, il contraente ha diritto di far valere nel passivo il credito conseguente al mancato adempimento, senza che gli sia dovuto risarcimento del danno (3).

L'azione di risoluzione del contratto promossa prima del fallimento nei confronti della parte inadempiente spiega i suoi effetti nei confronti del curatore, fatta salva, nei casi previsti, l'efficacia della trascrizione della domanda; se il contraente intende ottenere con la pronuncia di risoluzione la restituzione di una somma o di un bene, ovvero il risarcimento del danno, deve proporre la domanda secondo le disposizioni di cui al Capo V.

Sono inefficaci le clausole negoziali che fanno dipendere la risoluzione del contratto dal fallimento.

In caso di scioglimento del contratto preliminare di vendita immobiliare trascritto ai sensi dell'articolo 2645 *bis* del codice civile, l'acquirente ha diritto di far valere il proprio credito nel passivo, senza che gli sia dovuto il risarcimento del danno e gode del privilegio di cui all'articolo 2775 *bis* del codice civile a condizione che gli effetti della trascrizione del contratto preliminare non siano cessati anteriormente alla data della dichiarazione di fallimento (4).

Le disposizioni di cui al primo comma non si applicano al contratto preliminare di vendita trascritto ai sensi dell'articolo 2645 *bis* del codice civile avente ad oggetto un immobile ad uso abitativo destinato a costituire l'abitazione principale dell'acquirente o di suoi parenti ed affini entro il terzo grado ovvero un immobile ad uso non abitativo destinato a costituire la sede principale dell'attività di impresa dell'acquirente (5) (4).

(1) *Questo articolo è stato così sostituito dall'art. 57 del D.L.vo 9 gennaio 2006, n. 5, a decorrere dal 16 luglio 2006.*

(2) *Le parole: «, salvo che, nei contratti ad effetti reali, sia già avvenuto il trasferimento del diritto» sono state aggiunte dall'art. 4, comma 6, lett. a), del D.L.vo 12 settembre 2007, n. 169, a decorrere dal 1° gennaio 2008.*

(3) *Le parole: «, senza che gli sia dovuto risarcimento del danno» sono state aggiunte dall'art. 4, comma 6, lett. b), del D.L.vo 12 settembre 2007, n. 169, a decorrere dal 1° gennaio 2008.*

(4) *L'originario settimo comma è stato così sostituito dagli attuali commi settimo e ottavo, dall'art. 4, comma 6, lett. c), del D.L.vo 12 settembre 2007, n. 169, a decorrere dal 1° gennaio 2008. Si riporta il testo dell'originario settimo comma, in vigore dal 16 luglio 2006 al 31 dicembre 2007:*

«Qualora l'immobile sia stato oggetto di preliminare di vendita trascritto ai sensi dell'articolo 2645 bis *del*

codice civile e il curatore, ai sensi del precedente comma, scelga lo scioglimento del contratto, l'acquirente ha diritto di far valere il proprio credito nel passivo, senza che gli sia dovuto il risarcimento del danno e gode del privilegio di cui all'articolo 2775 bis *del codice civile a condizione che gli effetti della trascrizione del contratto preliminare non siano cessati anteriormente alla data della dichiarazione di fallimento».*

([5]) *Le parole: «ovvero un immobile ad uso non abitativo destinato a costituire la sede principale dell'attività di impresa dell'acquirente» sono state aggiunte dall'art. 33, comma 1, lett.* a ter), *del D.L. 22 giugno 2012, n. 83, convertito, con modificazioni, nella L. 7 agosto 2012, n. 134. A norma dell'art. 33, comma 3, del medesimo decreto tali disposizioni si applicano ai procedimenti di concordato preventivo e per l'omologazione di accordi di ristrutturazione dei debiti introdotti dal trentesimo giorno successivo a quello di entrata in vigore della legge di conversione del presente decreto, nonché ai piani di cui al comma 1, lettera* a), *n. 1) elaborati successivamente al predetto termine.*

72 *bis*. ([1]) Contratti relativi ad immobili da costruire. – I contratti di cui all'articolo 5 del decreto legislativo 20 giugno 2005, n. 122 ([2]) si sciolgono se, prima che il curatore comunichi la scelta tra esecuzione o scioglimento, l'acquirente abbia escusso la fideiussione a garanzia della restituzione di quanto versato al costruttore, dandone altresì comunicazione al curatore. In ogni caso, la fideiussione non può essere escussa dopo che il curatore ha comunicato di voler dare esecuzione al contratto.

([1]) *Questo articolo, già sostituito dall'art. 58 del D.L.vo 9 gennaio 2006, n. 5, è stato ora così sostituito dall'art. 4, comma 7, del D.L.vo 12 settembre 2007, n. 169, a decorrere dal 1° gennaio 2008.*

([2]) *Si riporta il testo dell'art. 5 del D.L.vo 20 giugno 2005, n. 122:*

«5. (Applicabilità della disciplina). *1. La disciplina prevista dagli articoli 2, 3 e 4 si applica ai contratti aventi ad oggetto il trasferimento non immediato della proprietà o di altro diritto reale di godimento di immobili per i quali il permesso di costruire o altra denuncia o provvedimento abilitativo sia stato richiesto successivamente alla data di entrata in vigore del presente decreto».*

72 *ter*. ([1]) Effetti sui finanziamenti destinati ad uno specifico affare. – Il fallimento della società determina lo scioglimento del contratto di finanziamento di cui all'articolo 2447 *bis*, primo comma, lettera *b*) del codice civile quando impedisce la realizzazione o la continuazione dell'operazione.

In caso contrario, il curatore, sentito il parere del comitato dei creditori, può decidere di subentrare nel contratto in luogo della società assumendone gli oneri relativi.

Ove il curatore non subentri nel contratto, il finanziatore può chiedere al giudice delegato, sentito il comitato dei creditori, di realizzare o di continuare l'operazione, in proprio o affidandola a terzi; in tale ipotesi il finanziatore può trattenere i proventi dell'affare e può insinuarsi al passivo del fallimento in via chirografaria per l'eventuale credito residuo.

Nelle ipotesi previste nel secondo e terzo comma, resta ferma la disciplina prevista dall'articolo 2447 *decies*, terzo, quarto e quinto comma, del codice civile.

Qualora, nel caso di cui al primo comma, non si verifichi alcuna delle ipotesi previste nel secondo e nel terzo comma, si applica l'articolo 2447 *decies*, sesto comma, del codice civile.

([1]) *Questo articolo è stato inserito dall'art. 59 del D.L.vo 9 gennaio 2006, n. 5, a decorrere dal 16 luglio 2006.*

72 *quater*. ([1]) Locazione finanziaria. – Al contratto di locazione finanziaria si applica, in caso di fallimento dell'utilizzatore, l'articolo 72. Se è disposto l'esercizio provvisorio dell'impresa il contratto continua ad avere esecuzione salvo che il curatore dichiari di volersi sciogliere dal contratto.

In caso di scioglimento del contratto, il concedente ha diritto alla restituzione del bene ed è tenuto a versare alla curatela l'eventuale differenza fra la maggiore somma ricavata dalla vendita o da altra collocazione del bene stesso avvenute a valori di mercato ([2]) rispetto al credito residuo in linea capitale; per le somme già riscosse si applica l'articolo 67, terzo comma, lettera *a*).

Il concedente ha diritto ad insinuarsi nello stato passivo per la differenza fra il credito vantato alla data del fallimento e quanto ricavato dalla nuova allocazione del bene.

In caso di fallimento delle società autorizzate alla concessione di finanziamenti sotto forma di locazione finanziaria, il contratto prosegue; l'utilizzatore conserva la facoltà di acquistare, alla scadenza del contratto, la proprietà del bene, previo pagamento dei canoni e del prezzo pattuito.

([1]) *Questo articolo è stato inserito dall'art. 59 del D.L.vo 9 gennaio 2006, n. 5, a decorrere dal 16 luglio 2006.*

([2]) *Le parole: «avvenute a valori di mercato» sono state inserite dall'art. 4, comma 8, del D.L.vo 12 settembre 2007, n. 169, a decorrere dal 1° gennaio 2008.*

73. ([1]) Vendita con riserva di proprietà. – Nella vendita con riserva di proprietà, in caso di fallimento del compratore, se il prezzo deve essere pagato a termine o a rate, il curatore può subentrare nel contratto con l'autorizzazione del comitato dei creditori; il venditore può chiedere cauzione a meno che il curatore paghi immediatamente il prezzo con lo sconto dell'interesse legale. Qualora il curatore si sciolga dal contratto, il venditore deve restituire le rate di prezzo già riscosse, salvo il diritto ad un equo compenso per l'uso della cosa.

Il fallimento del venditore non è causa di scioglimento del contratto.

(1) *Questo articolo è stato così sostituito dall'art. 4, comma 9, del D.L.vo 12 settembre 2007, n. 169, a decorrere dal 1° gennaio 2008.*

74. (1) **Contratti ad esecuzione continuata o periodica.** - Se il curatore subentra in un contratto ad esecuzione continuata o periodica deve pagare integralmente il prezzo anche delle consegne già avvenute o dei servizi già erogati.

(1) *Questo articolo è stato così sostituito dall'art. 4, comma 10, del D.L.vo 12 settembre 2007, n. 169, a decorrere dal 1° gennaio 2008.*

75. Restituzione di cose non pagate. - Se la cosa mobile oggetto della vendita è già stata spedita al compratore prima della dichiarazione di fallimento di questo, ma non è ancora a sua disposizione nel luogo di destinazione, né altri ha acquistato diritti sulla medesima, il venditore può riprenderne il possesso, assumendo a suo carico le spese e restituendo gli acconti ricevuti, sempreché egli non preferisca dar corso al contratto facendo valere nel passivo il credito per il prezzo, o il curatore non intenda farsi consegnare la cosa pagandone il prezzo integrale.

76. Contratto di borsa a termine. - Il contratto di borsa a termine, se il termine scade dopo la dichiarazione di fallimento di uno dei contraenti, si scioglie (1) alla data della dichiarazione di fallimento. La differenza fra il prezzo contrattuale e il valore delle cose o dei titoli alla data di dichiarazione di fallimento è versata nel fallimento se il fallito risulta in credito, o è ammessa al passivo del fallimento nel caso contrario.

(1) *Le parole: «è risolto» sono state così sostituite dalle attuali: «si scioglie» dall'art. 62 del D.L.vo 9 gennaio 2006, n. 5, a decorrere dal 16 luglio 2006.*

77. Associazione in partecipazione. - L'associazione in partecipazione si scioglie per il fallimento dell'associante. L'associato ha diritto di far valere nel passivo il credito per quella parte dei conferimenti, la quale non è assorbita dalle perdite a suo carico.

L'associato (1) è tenuto al versamento della parte ancora dovuta nei limiti delle perdite che sono a suo carico.

Nei suoi confronti è applicata la procedura prevista dall'art. 150.

(1) *La parola: «Egli» è stata così sostituita dalle attuali: «L'associato» dall'art. 63 del D.L.vo 9 gennaio 2006, n. 5, a decorrere dal 16 luglio 2006.*

78. (1) **Conto corrente, mandato, commissione.** - I contratti di conto corrente, anche bancario, e di commissione, si sciolgono per il fallimento di una delle parti.

Il contratto di mandato si scioglie per il fallimento del mandatario.

Se il curatore del fallimento del mandante subentra nel contratto, il credito del mandatario è trattato a norma dell'articolo 111, primo comma, n. 1, per l'attività compiuta dopo il fallimento.

(1) *Questo articolo è stato così sostituito dall'art. 64 del D.L.vo 9 gennaio 2006, n. 5, a decorrere dal 16 luglio 2006.*

79. (1) **Contratto di affitto d'azienda.** - Il fallimento non è causa di scioglimento del contratto di affitto d'azienda, ma entrambe le parti possono recedere entro sessanta giorni, corrispondendo alla controparte un equo indennizzo, che, nel dissenso tra le parti, è determinato dal giudice delegato, sentiti gli interessati. L'indennizzo dovuto dalla curatela è regolato dall'articolo 111, n. 1.

(1) *Questo articolo è stato così sostituito dall'art. 4, comma 11, del D.L.vo 12 settembre 2007, n. 169, a decorrere dal 1° gennaio 2008.*

80. (1) **Contratto di locazione di immobili.** - Il fallimento del locatore non scioglie il contratto di locazione d'immobili e il curatore subentra nel contratto.

Qualora la durata del contratto sia complessivamente superiore a quattro anni dalla dichiarazione di fallimento, il curatore ha, entro un anno dalla dichiarazione di fallimento, la facoltà di recedere dal contratto corrispondendo al conduttore un equo indennizzo per l'anticipato recesso, che nel dissenso fra le parti, è determinato dal giudice delegato, sentiti gli interessati. Il recesso ha effetto decorsi quattro anni dalla dichiarazione di fallimento.

In caso di fallimento del conduttore, il curatore può in qualunque tempo recedere dal contratto, corrispondendo al locatore un equo indennizzo per l'anticipato recesso, che nel dissenso fra le parti, è determinato dal giudice delegato, sentiti gli interessati.

Il credito per l'indennizzo è soddisfatto in prededuzione ai sensi dell'articolo 111, n. 1 con il privilegio dell'articolo 2764 del codice civile.

([1]) *Questo articolo, già sostituito dall'art. 66 del D.L.vo 9 gennaio 2006, n. 5, è stato ora così sostituito dall'art. 4, comma 12, del D.L.vo 12 settembre 2007, n. 169, a decorrere dal 1° gennaio 2008.*

80 *bis*. ([1]) **[Contratto di affitto d'azienda.** - Il fallimento non è causa di scioglimento del contratto di affitto d'azienda, ma entrambe le parti possono recedere entro sessanta giorni, corrispondendo alla controparte un equo indennizzo, che, nel dissenso tra le parti, è determinato dal giudice delegato, sentiti gli interessati. L'indennizzo dovuto dalla curatela è regolato dall'articolo 111, primo comma, n. 1].

([1]) *Questo articolo è stato inserito dall'art. 67 del D.L.vo 9 gennaio 2006, n. 5, a decorrere dal 16 luglio 2006 e successivamente abrogato dall'art. 4, comma 13, del D.L.vo 12 settembre 2007, n. 169, a decorrere dal 1° gennaio 2008.*

81. ([1]) **Contratto di appalto.** - Il contratto di appalto si scioglie per il fallimento di una delle parti, se il curatore, previa autorizzazione del comitato dei creditori non dichiara di voler subentrare nel rapporto dandone comunicazione all'altra parte nel termine di giorni sessanta dalla dichiarazione di fallimento ed offrendo idonee garanzie.

Nel caso di fallimento dell'appaltatore, il rapporto contrattuale si scioglie se la considerazione della qualità soggettiva è stata un motivo determinante del contratto, salvo che il committente non consenta, comunque, la prosecuzione del rapporto. Sono salve le norme relative al contratto di appalto per le opere pubbliche.

([1]) *Questo articolo è stato così sostituito dall'art. 68 del D.L.vo 9 gennaio 2006, n. 5, a decorrere dal 16 luglio 2006.*

82. Contratto di assicurazione. - Il fallimento dell'assicurato non scioglie il contratto di assicurazione contro i danni, salvo patto contrario e salva l'applicazione dell'art. 1898 del codice civile se ne deriva un aggravamento del rischio.

Se il contratto continua, il credito dell'assicuratore per i premi non pagati deve essere soddisfatto integralmente, anche se la scadenza del premio è anteriore alla dichiarazione di fallimento.

83. Contratto di edizione. - Gli effetti del fallimento dell'editore sul contratto di edizione sono regolati dalla legge speciale ([1]).

([1]) *Si vedano gli artt. 132 e 135 della L. 22 aprile 1941, n. 633.*

83 *bis*. ([1]) **Clausola arbitrale.** - Se il contratto in cui è contenuta una clausola compromissoria è sciolto a norma delle disposizioni della presente sezione, il procedimento arbitrale pendente non può essere proseguito.

([1]) *Questo articolo è stato inserito dall'art. 69 del D.L.vo 9 gennaio 2006, n. 5, a decorrere dal 16 luglio 2006.*

Capo IV
Della custodia e dell'amministrazione delle attività fallimentari

84. ([1]) **Dei sigilli.** - Dichiarato il fallimento, il curatore procede, secondo le norme stabilite dal codice di procedura civile, all'apposizione dei sigilli sui beni che si trovano nella sede principale dell'impresa e sugli altri beni del debitore.

Il curatore può richiedere l'assistenza della forza pubblica.

Se i beni o le cose si trovano in più luoghi e non è agevole l'immediato completamento delle operazioni, l'apposizione dei sigilli può essere delegata a uno o più coadiutori designati dal giudice delegato.

Per i beni e le cose sulle quali non è possibile apporre i sigilli si procede a norma dell'articolo 758 del codice di procedura civile.

([1]) *Questo articolo è stato così sostituito dall'art. 70 del D.L.vo 9 gennaio 2006, n. 5, a decorrere dal 16 luglio 2006.*

85. ([1]) **[Apposizione dei sigilli da parte del giudice di pace.** - Anche prima di ricevere la richiesta prevista dal secondo comma dell'articolo precedente, il giudice di pace, che abbia certa notizia della dichiarazione di fallimento, può procedere all'apposizione dei sigilli nei luoghi compresi nella sua giurisdizione].

([1]) *Questo articolo è stato abrogato dall'art. 71 del D.L.vo 9 gennaio 2006, n. 5, a decorrere dal 16 luglio 2006.*

86. ([1]) **Consegna del denaro, titoli, scritture contabili e di altra documentazione.** - Devono essere consegnate al curatore:

a) il denaro contante per essere dal medesimo depositato a norma dell'articolo 34;

b) le cambiali e gli altri titoli compresi quelli scaduti;

c) le scritture contabili e ogni altra documentazione dal medesimo richiesta o acquisita se non ancora depositate in cancelleria.

Il giudice delegato può autorizzarne il deposito in luogo idoneo, anche presso terzi. In ogni caso, il curatore deve esibire le scritture contabili a richiesta del fallito o di chi ne abbia diritto. Nel caso in cui il curatore non ritenga di dover esibire la documentazione richiesta, l'interessato può proporre ricorso al giudice delegato che provvede con decreto motivato.

Può essere richiesto il rilascio di copia, previa autorizzazione del giudice delegato, a cura e spese del richiedente.

(1) *Questo articolo è stato così sostituito dall'art. 72 del D.L.vo 9 gennaio 2006, n. 5, a decorrere dal 16 luglio 2006.*

87. (1) **Inventario.** – Il curatore, rimossi i sigilli, redige l'inventario nel più breve termine possibile secondo le norme stabilite dal codice di procedura civile, presenti o avvisati il fallito e il comitato dei creditori, se nominato, formando, con l'assistenza del cancelliere, processo verbale delle attività compiute. Possono intervenire i creditori.

Il curatore, quando occorre, nomina uno stimatore.

Prima di chiudere l'inventario il curatore invita il fallito o, se si tratta di società, gli amministratori a dichiarare se hanno notizia che esistano altre attività da comprendere nell'inventario, avvertendoli delle pene stabilite dall'articolo 220 in caso di falsa o omessa dichiarazione.

L'inventario è redatto in doppio originale e sottoscritto da tutti gli intervenuti. Uno degli originali deve essere depositato nella cancelleria del tribunale.

(1) *Questo articolo è stato così sostituito dall'art. 73 del D.L.vo 9 gennaio 2006, n. 5, a decorrere dal 16 luglio 2006.*

87 *bis*. (1) **Inventario su altri beni.** – In deroga a quanto previsto dagli articoli 52 e 103, i beni mobili sui quali i terzi vantano diritti reali o personali chiaramente riconoscibili possono essere restituiti con decreto del giudice delegato, su istanza della parte interessata e con il consenso del curatore e del comitato dei creditori, anche provvisoriamente nominato.

I beni di cui al primo comma possono non essere inclusi nell'inventario.

Sono inventariati i beni di proprietà del fallito per i quali il terzo detentore ha diritto di rimanere nel godimento in virtù di un titolo negoziale opponibile al curatore. Tali beni non sono soggetti alla presa in consegna a norma dell'articolo 88.

(1) *Questo articolo è stato inserito dall'art. 74 del D.L.vo 9 gennaio 2006, n. 5, a decorrere dal 16 luglio 2006.*

88. Presa in consegna dei beni del fallito da parte del curatore. – Il curatore prende in consegna i beni di mano in mano che ne fa l'inventario insieme con le scritture contabili e i documenti del fallito.

Se il fallito possiede immobili o altri beni soggetti a pubblica registrazione, il curatore notifica un estratto della sentenza dichiarativa di fallimento ai competenti uffici, perché sia trascritto (1) nei pubblici registri.

(1) *La parola: «annotato» è stata così sostituita dall'attuale: «trascritto» dall'art. 5, comma 1, del D.L.vo 12 settembre 2007, n. 169, a decorrere dal 1° gennaio 2008.*

89. Elenchi dei creditori e dei titolari di diritti reali mobiliari e bilancio. – Il curatore, in base alle scritture contabili del fallito e alle (1) altre notizie che può raccogliere, deve compilare l'elenco dei creditori, con l'indicazione dei rispettivi crediti e diritti di prelazione, nonché l'elenco di tutti coloro che vantano diritti reali e personali, mobiliari e immobiliari, su cose in possesso o nella disponibilità del fallito, con l'indicazione dei titoli relativi. Gli elenchi sono depositati in cancelleria (2).

Il curatore deve inoltre redigere il bilancio dell'ultimo esercizio, se non è stato presentato dal fallito nel termine stabilito, ed apportare le rettifiche necessarie e le eventuali aggiunte ai bilanci e agli elenchi presentati dal fallito a norma dell'art. 14.

(1) *Le parole: «e delle» sono state così sostituite dalle attuali: «e alle» dall'art. 5, comma 2, del D.L.vo 12 settembre 2007, n. 169, a decorrere dal 1° gennaio 2008.*

(2) *Questo comma è stato così sostituito dall'art. 75 del D.L.vo 9 gennaio 2006, n. 5, a decorrere dal 16 luglio 2006.*

90. (1) **Fascicolo della procedura.** – Immediatamente dopo la pubblicazione della sentenza di fallimento, il cancelliere forma un fascicolo, anche in modalità informatica, munito di indice, nel quale devono essere contenuti tutti gli atti, i provvedimenti ed i ricorsi attinenti al procedimento, opportunamente suddivisi in sezioni, esclusi quelli che, per ragioni di riservatezza, debbono essere custoditi separatamente.

Il comitato dei creditori e ciascun suo componente hanno diritto di prendere visione di qualunque atto o documento contenuti nel fascicolo. Analogo diritto, con la sola eccezione della relazione del curatore e degli atti eventualmente riservati su disposizione del giudice delegato, spetta anche al fallito.

Gli altri creditori ed i terzi hanno diritto di prendere visione e di estrarre copia degli atti e dei documenti per i quali sussiste un loro specifico ed attuale interesse, previa autorizzazione del giudice delegato, sentito il curatore.

(1) *Questo articolo è stato così sostituito dall'art. 76 del D.L.vo 9 gennaio 2006, n. 5, a decorrere dal 16 luglio 2006.*

91. (1) **[Anticipazione delle spese dall'erario.** - Se fra i beni compresi nel fallimento non vi è danaro occorrente alle spese giudiziali per gli atti richiesti dalla legge, dalla sentenza dichiarativa di fallimento alla chiusura della procedura, l'erario anticipa tali spese.

L'anticipazione delle spese si esegue quanto alle tasse di bollo e alle imposte di registro mediante prenotazione a debito in forza di decreto del giudice delegato per ogni singolo atto della procedura, e quanto alle altre spese mediante pagamento eseguito direttamente dai ricevitori del registro agli aventi diritto indicati nel decreto del giudice delegato.

Le spese anticipate dall'erario per le procedure fallimentari sono annotate in un registro apposito, che è tenuto dal cancelliere.

Il cancelliere provvede al recupero delle spese anticipate mediante prelevazione dalle somme ricavate dalla liquidazione dell'attivo, anche prima della chiusura della procedura fallimentare appena vi siano disponibilità liquide].

(1) *Questo articolo è stato abrogato dall'art. 299 del D.P.R. 30 maggio 2002, n. 115.*

Capo V
Dell'accertamento del passivo e dei diritti reali mobiliari dei terzi

92. (1) **Avviso ai creditori ed agli altri interessati.** - Il curatore, esaminate le scritture dell'imprenditore ed altre fonti di informazione, comunica senza indugio ai creditori e ai titolari di diritti reali o personali su beni mobili e immobili di proprietà o in possesso del fallito, a mezzo posta elettronica certificata se il relativo indirizzo del destinatario risulta dal registro delle imprese ovvero dall'Indice nazionale degli indirizzi di posta elettronica certificata delle imprese e dei professionisti e, in ogni altro caso, a mezzo lettera raccomandata o telefax presso la sede dell'impresa o la residenza del creditore:

1) che possono partecipare al concorso trasmettendo domanda con le modalità indicate nell'articolo seguente;

2) la data fissata per l'esame dello stato passivo e quella entro cui vanno presentate le domande;

3) ogni utile informazione per agevolare la presentazione della domanda, con l'avvertimento delle conseguenze di cui all'articolo 31 *bis*, secondo comma, nonché della sussistenza dell'onere previsto dall'articolo 93, terzo comma, n. 5);

4) il suo indirizzo di posta elettronica certificata (2).

Se il creditore ha sede o risiede all'estero, la comunicazione può essere effettuata al suo rappresentante in Italia, se esistente.

(1) *Questo articolo è stato così sostituito dall'art. 77 del D.L.vo 9 gennaio 2006, n. 5, a decorrere dal 16 luglio 2006.*

(2) *Questo comma è stato così sostituito dall'art. 17, comma 1, lett. d), del D.L. 18 ottobre 2012, n. 179, convertito, con modificazioni, nella L. 17 dicembre 2012, n. 221. A norma dell'art. 17, commi 4 e 5 del medesimo decreto, tali disposizioni si applicano dalla data di entrata in vigore della legge di conversione del predetto decreto, anche alle procedure di fallimento, di concordato preventivo, di liquidazione coatta amministrativa e di amministrazione straordinaria pendenti, rispetto alle quali, alla stessa data, non è stata effettuata la comunicazione rispettivamente prevista dagli articoli 92, 171, 207 del regio decreto 16 marzo 1942, n. 267 e dall'articolo 22 decreto legislativo 8 luglio 1999, n. 270. Per le procedure in cui, alla data di entrata in vigore della legge di conversione del predetto decreto, sia stata effettuata la comunicazione di cui al comma 4, le disposizioni di cui ai commi 1 e 2 del presente articolo si applicano a decorrere dal 31 ottobre 2013. Il curatore, il commissario giudiziale, il commissario liquidatore e il commissario straordinario entro il 30 giugno 2013 comunicano ai creditori e ai terzi titolari di diritti sui beni il loro indirizzo di posta elettronica certificata e li invitano a comunicare, entro tre mesi, l'indirizzo di posta elettronica certificata al quale ricevere tutte le comunicazioni relative alla procedura, avvertendoli di rendere nota ogni successiva variazione e che in caso di omessa indicazione le comunicazioni sono eseguite esclusivamente mediante deposito in cancelleria.*

93. (1) (2) **Domanda di ammissione al passivo.** - La domanda di ammissione al passivo di un credito, di restituzione o rivendicazione di beni mobili e immobili, si propone con ricorso da trasmettere a norma del comma seguente almeno trenta giorni prima dell'udienza fissata per l'esame dello stato passivo (3).

Il ricorso può essere sottoscritto anche personalmente dalla parte ed è formato ai sensi degli articoli 21, comma 2, ovvero 22, comma 3, del decreto legislativo 7 marzo 2005, n. 82, e successive modificazioni e, nel termine stabilito dal primo comma, è trasmesso all'indirizzo di posta elettronica certificata del curatore indicato nell'avviso di cui all'articolo 92, unitamente ai documenti di cui al successivo sesto comma. L'originale del titolo di credito allegato al ricorso è depositato presso la cancelleria del tribunale ([4]).

Il ricorso contiene:

1) l'indicazione della procedura cui si intende partecipare e le generalità del creditore;

2) la determinazione della somma che si intende insinuare al passivo, ovvero la descrizione del bene di cui si chiede la restituzione o la rivendicazione;

3) la succinta esposizione dei fatti e degli elementi di diritto che costituiscono la ragione della domanda;

4) l'eventuale indicazione di un titolo di prelazione, [anche in relazione alla graduazione del credito,] ([5]) nonché la descrizione del bene sul quale la prelazione si esercita, se questa ha carattere speciale;

5) l'indicazione dell'indirizzo di posta elettronica certificata, al quale ricevere tutte le comunicazioni relative alla procedura, le cui variazioni è onere comunicare al curatore ([6]).

Il ricorso è inammissibile se è omesso o assolutamente incerto uno dei requisiti di cui ai numeri 1, 2 o 3 del precedente comma. Se è omesso o assolutamente incerto il requisito di cui al n. 4, il credito è considerato chirografario.

Se è omessa l'indicazione di cui al terzo comma, n. 5), nonché nei casi di mancata consegna del messaggio di posta elettronica certificata per cause imputabili al destinatario si applica l'articolo 31 *bis*, secondo comma ([7]).

Al ricorso sono allegati i documenti dimostrativi del diritto del creditore ovvero del diritto del terzo che chiede la restituzione o rivendica il bene.

[I documenti non presentati con la domanda devono essere depositati, a pena di decadenza, almeno quindici giorni prima dell'udienza fissata per l'esame dello stato passivo] ([8]).

Con la domanda di restituzione o rivendicazione, il terzo può chiedere la sospensione della liquidazione dei beni oggetto della domanda.

Il ricorso può essere presentato dal rappresentante comune degli obbligazionisti ai sensi dell'articolo 2418, secondo comma, del codice civile, anche per singoli gruppi di creditori.

Il giudice ad istanza della parte può disporre che il cancelliere prenda copia dei titoli al portatore o all'ordine presentati e li restituisca con l'annotazione dell'avvenuta domanda di ammissione al passivo.

([1]) *Questo articolo è stato così sostituito dall'art. 78 del D.L.vo 9 gennaio 2006, n. 5, a decorrere dal 16 luglio 2006.*

([2]) *A norma dell'art. 17, commi 4 e 5 del D.L. 18 ottobre 2012, n. 179, convertito, con modificazioni, nella L. 17 dicembre 2012, n. 221, le disposizioni modificate dal medesimo articolo si applicano dalla data di entrata in vigore della legge di conversione del predetto decreto, anche alle procedure di fallimento, di concordato preventivo, di liquidazione coatta amministrativa e di amministrazione straordinaria pendenti, rispetto alle quali, alla stessa data, non è stata effettuata la comunicazione rispettivamente prevista dagli articoli 92, 171, 207 del regio decreto 16 marzo 1942, n. 267 e dall'articolo 22 decreto legislativo 8 luglio 1999, n. 270. Per le procedure in cui, alla data di entrata in vigore della legge di conversione del predetto decreto, sia stata effettuata la comunicazione di cui al comma 4, le disposizioni di cui ai commi 1 e 2 del presente articolo si applicano a decorrere dal 31 ottobre 2013. Il curatore, il commissario giudiziale, il commissario liquidatore e il commissario straordinario entro il 30 giugno 2013 comunicano ai creditori e ai terzi titolari di diritti sui beni il loro indirizzo di posta elettronica certificata e li invitano a comunicare, entro tre mesi, l'indirizzo di posta elettronica certificata al quale ricevere tutte le comunicazioni relative alla procedura, avvertendoli di rendere nota ogni successiva variazione e che in caso di omessa indicazione le comunicazioni sono eseguite esclusivamente mediante deposito in cancelleria.*

([3]) *Questo comma è stato così sostituito dall'art. 17, comma 1, lett. e), n. 1), del D.L. 18 ottobre 2012, n. 179, convertito, con modificazioni, nella L. 17 dicembre 2012, n. 221.*

([4]) *Questo comma è stato così sostituito dall'art. 17, comma 1, lett. e), n. 2), del D.L. 18 ottobre 2012, n. 179, convertito, con modificazioni, nella L. 17 dicembre 2012, n. 221, così come modificato dall'art. 1, comma 19, n. 3), della L. 24 dicembre 2012, n. 228.*

([5]) *Le parole tra parentesi quadrate sono state soppresse dall'art. 6, comma 1, lett. a), del D.L.vo 12 settembre 2007, n. 169, a decorrere dal 1° gennaio 2008.*

([6]) *Questo numero è stato così sostituito dall'art. 17, comma 1, lett. e), n. 3), del D.L. 18 ottobre 2012, n. 179, convertito, con modificazioni, nella L. 17 dicembre 2012, n. 221.*

([7]) *Questo comma è stato così sostituito dall'art. 17, comma 1, lett. e), n. 4), del D.L. 18 ottobre 2012, n. 179, convertito, con modificazioni, nella L. 17 dicembre 2012, n. 221.*

([8]) *Questo comma è stato abrogato dall'art. 6, comma 1, lett. b), del D.L.vo 12 settembre 2007, n. 169, a decorrere dal 1° gennaio 2008.*

94. ([1]) **Effetti della domanda.** – La domanda di cui all'articolo 93 produce gli effetti della domanda giudiziale per tutto il corso del fallimento.

(1) *Questo articolo è stato così sostituito dall'art. 79 del D.L.vo 9 gennaio 2006, n. 5, a decorrere dal 16 luglio 2006.*

95. (1) **Progetto di stato passivo e udienza di discussione.** – Il curatore esamina le domande di cui all'articolo 93 e predispone elenchi separati dei creditori e dei titolari di diritti su beni mobili e immobili di proprietà o in possesso del fallito, rassegnando per ciascuno le sue motivate conclusioni. Il curatore può eccepire i fatti estintivi, modificativi o impeditivi del diritto fatto valere, nonché l'inefficacia del titolo su cui sono fondati il credito o la prelazione, anche se è prescritta la relativa azione.

Il curatore deposita il progetto di stato passivo corredato dalle relative domande nella cancelleria del tribunale almeno quindici giorni prima dell'udienza fissata per l'esame dello stato passivo e nello stesso termine lo trasmette ai creditori e ai titolari di diritti sui beni all'indirizzo indicato nella domanda di ammissione al passivo. I creditori, i titolari di diritti sui beni ed il fallito possono esaminare il progetto e presentare al curatore, con le modalità indicate dall'articolo 93, secondo comma, osservazioni scritte e documenti integrativi fino a cinque giorni prima dell'udienza (2).

All'udienza fissata per l'esame dello stato passivo, il giudice delegato, anche in assenza delle parti, decide su ciascuna domanda, nei limiti delle conclusioni formulate ed avuto riguardo alle eccezioni del curatore, a quelle rilevabili d'ufficio ed a quelle formulate dagli altri interessati. Il giudice delegato può procedere ad atti di istruzione su richiesta delle parti, compatibilmente con le esigenze di speditezza del procedimento. In relazione al numero dei creditori e alla entità del passivo, il giudice delegato può stabilire che l'udienza sia svolta in via telematica con modalità idonee a salvaguardare il contraddittorio e l'effettiva partecipazione dei creditori, anche utilizzando le strutture informatiche messe a disposizione della procedura da soggetti terzi (3).

Il fallito può chiedere di essere sentito.

Delle operazioni si redige processo verbale.

(1) *Questo articolo è stato così sostituito dall'art. 80 del D.L.vo 9 gennaio 2006, n. 5, a decorrere dal 16 luglio 2006.*

(2) *Questo comma è stato dapprima sostituito dall'art. 6, comma 2, del D.L.vo 12 settembre 2007, n. 169, a decorrere dal 1° gennaio 2008 e poi così sostituito dall'art. 17, comma 1, lett. f), del D.L. 18 ottobre 2012, n. 179, convertito, con modificazioni, nella L. 17 dicembre 2012, n. 221. A norma dell'art. 17, commi 4 e 5 del medesimo decreto, tali disposizioni si applicano dalla data di entrata in vigore della legge di conversione del predetto decreto, anche alle procedure di fallimento, di concordato preventivo, di liquidazione coatta amministrativa e di amministrazione straordinaria pendenti, rispetto alle quali, alla stessa data, non è stata effettuata la comunicazione rispettivamente prevista dagli articoli 92, 171, 207 del regio decreto 16 marzo 1942, n. 267 e dall'articolo 22 decreto legislativo 8 luglio 1999, n. 270. Per le procedure in cui, alla data di entrata in vigore della legge di conversione del presente decreto, sia stata effettuata la comunicazione di cui al comma 4, le disposizioni di cui ai commi 1 e 2 del predetto articolo si applicano a decorrere dal 31 ottobre 2013. Il curatore, il commissario giudiziale, il commissario liquidatore e il commissario straordinario entro il 30 giugno 2013 comunicano ai creditori e ai terzi titolari di diritti sui beni il loro indirizzo di posta elettronica certificata e li invitano a comunicare, entro tre mesi, l'indirizzo di posta elettronica certificata al quale ricevere tutte le comunicazioni relative alla procedura, avvertendoli di rendere nota ogni successiva variazione e che in caso di omessa indicazione le comunicazioni sono eseguite esclusivamente mediante deposito in cancelleria.*

(3) *Questo periodo è stato aggiunto dall'art. 6, comma 1, lett. b), del D.L. 3 maggio 2016, n. 59, convertito, con modificazioni, nella L. 30 giugno 2016, n. 119.*

96. (1) **Formazione ed esecutività dello stato passivo.** – Il giudice delegato, con decreto succintamente motivato (2), accoglie in tutto o in parte ovvero respinge o dichiara inammissibile la domanda proposta ai sensi dell'articolo 93. [Il decreto è succintamente motivato se sussiste contestazione da parte del curatore sulla domanda proposta] (3). La dichiarazione di inammissibilità della domanda non ne preclude la successiva riproposizione.

[Con il provvedimento di accoglimento della domanda, il giudice delegato indica anche il grado dell'eventuale diritto di prelazione] (4).

Oltre che nei casi stabiliti dalla legge, sono ammessi al passivo con riserva:

1) i crediti condizionati e quelli indicati nell'ultimo comma dell'articolo 55;

2) i crediti per i quali la mancata produzione del titolo dipende da fatto non riferibile al creditore, salvo che la produzione avvenga nel termine assegnato dal giudice;

3) i crediti accertati con sentenza del giudice ordinario o speciale non passata in giudicato, pronunziata prima della dichiarazione di fallimento. Il curatore può proporre o proseguire il giudizio di impugnazione.

Se le operazioni non possono esaurirsi in una sola udienza, il giudice ne rinvia la prosecuzione a non più di otto giorni, senza altro avviso per gli intervenuti e per gli assenti.

Terminato l'esame di tutte le domande, il giudice delegato forma lo stato passivo e lo rende esecutivo con decreto depositato in cancelleria.

Il decreto che rende esecutivo lo stato passivo e le decisioni assunte dal tribunale all'esito dei giudizi di cui all'articolo 99, producono effetti soltanto ai fini del concorso.

(1) *Questo articolo è stato così sostituito dall'art. 81 del D.L.vo 9 gennaio 2006, n. 5, a decorrere dal 16 luglio 2006.*

(2) *Le parole: «succintamente motivato» sono state aggiunte dall'art. 6, comma 1, lett. a), n. 1), del D.L.vo 12 settembre 2007, n. 169, a decorrere dal 1° gennaio 2008.*

(3) *Questo periodo è stato soppresso dall'art. 6, comma 1, lett. a), n. 2), del D.L.vo 12 settembre 2007, n. 169, a decorrere dal 1° gennaio 2008.*

(4) *Questo comma è stato abrogato dall'art. 6, comma 1, lett. b), del D.L.vo 12 settembre 2007, n. 169, a decorrere dal 1° gennaio 2008.*

97. (1) **Comunicazione dell'esito del procedimento di accertamento del passivo.** – Il curatore, immediatamente dopo la dichiarazione di esecutività dello stato passivo, ne dà comunicazione trasmettendo una copia a tutti i ricorrenti, informandoli del diritto di proporre opposizione in caso di mancato accoglimento della domanda.

(1) *Questo articolo è stato così da ultimo sostituito dall'art. 17, comma 1, lett. g), del D.L. 18 ottobre 2012, n. 179, convertito, con modificazioni, nella L. 17 dicembre 2012, n. 221. A norma dell'art. 17, commi 4 e 5 del medesimo decreto, tali disposizioni si applicano dalla data di entrata in vigore della legge di conversione del predetto decreto, anche alle procedure di fallimento, di concordato preventivo, di liquidazione coatta amministrativa e di amministrazione straordinaria pendenti, rispetto alle quali, alla stessa data, non è stata effettuata la comunicazione rispettivamente prevista dagli articoli 92, 171, 207 del regio decreto 16 marzo 1942, n. 267 e dall'articolo 22 decreto legislativo 8 luglio 1999, n. 270. Per le procedure in cui, alla data di entrata in vigore della legge di conversione del predetto decreto, sia stata effettuata la comunicazione di cui al comma 4, le disposizioni di cui ai commi 1 e 2 del presente articolo si applicano a decorrere dal 31 ottobre 2013. Il curatore, il commissario giudiziale, il commissario liquidatore e il commissario straordinario entro il 30 giugno 2013 comunicano ai creditori e ai terzi titolari di diritti sui beni il loro indirizzo di posta elettronica certificata e li invitano a comunicare, entro tre mesi, l'indirizzo di posta elettronica certificata al quale ricevere tutte le comunicazioni relative alla procedura, avvertendoli di rendere nota ogni successiva variazione e che in caso di omessa indicazione le comunicazioni sono eseguite esclusivamente mediante deposito in cancelleria.*

98. (1) **Impugnazioni.** – Contro il decreto che rende esecutivo lo stato passivo può essere proposta opposizione, impugnazione dei crediti ammessi o revocazione.

Con l'opposizione il creditore o il titolare di diritti su beni mobili o immobili contestano che la propria domanda sia stata accolta in parte o sia stata respinta; l'opposizione è proposta nei confronti del curatore.

Con l'impugnazione il curatore, il creditore o il titolare di diritti su beni mobili o immobili contestano che la domanda di un creditore o di altro concorrente sia stata accolta; l'impugnazione è rivolta nei confronti del creditore concorrente, la cui domanda è stata accolta. Al procedimento partecipa anche il curatore.

Con la revocazione il curatore, il creditore o il titolare di diritti su beni mobili o immobili, decorsi i termini per la proposizione della opposizione o della impugnazione, possono chiedere che il provvedimento di accoglimento o di rigetto vengano revocati se si scopre che essi sono stati determinati da falsità, dolo, errore essenziale di fatto o dalla mancata conoscenza di documenti decisivi che non sono stati prodotti tempestivamente per causa non imputabile. La revocazione è proposta nei confronti del creditore concorrente, la cui domanda è stata accolta, ovvero nei confronti del curatore quando la domanda è stata respinta. Nel primo caso, al procedimento partecipa il curatore.

Gli errori materiali contenuti nello stato passivo sono corretti con decreto del giudice delegato su istanza del creditore o del curatore, sentito il curatore o la parte interessata.

(1) *Questo articolo è stato così sostituito dall'art. 83 del D.L.vo 9 gennaio 2006, n. 5, a decorrere dal 16 luglio 2006.*

99. (1) **Procedimento.** – Le impugnazioni di cui all'articolo precedente si propongono con ricorso depositato presso la cancelleria del tribunale entro trenta giorni dalla comunicazione di cui all'articolo 97 ovvero in caso di revocazione dalla scoperta del fatto o del documento.

Il ricorso deve contenere:

1) l'indicazione del tribunale, del giudice delegato e del fallimento;

2) le generalità dell'impugnante e l'elezione del domicilio nel comune ove ha sede il tribunale che ha dichiarato il fallimento;

3) l'esposizione dei fatti e degli elementi di diritto su cui si basa l'impugnazione e le relative conclusioni;

4) a pena di decadenza, le eccezioni processuali e di merito non rilevabili d'ufficio, nonché l'indicazione specifica dei mezzi di prova di cui il ricorrente intende avvalersi e dei documenti prodotti.

Il presidente, nei cinque giorni successivi al deposito del ricorso, designa il relatore, al quale può delegare la trattazione del procedimento, e fissa con decreto l'udienza di comparizione entro sessanta giorni dal deposito del ricorso.

Il ricorso, unitamente al decreto di fissazione dell'udienza, deve essere notificato, a cura del ricorrente, al curatore ed all'eventuale controinteressato entro dieci giorni dalla comunicazione del decreto.

Tra la data della notificazione e quella dell'udienza deve intercorrere un termine non minore di trenta giorni.

Le parti resistenti devono costituirsi almeno dieci giorni prima dell'udienza, eleggendo il domicilio nel comune in cui ha sede il tribunale.

La costituzione si effettua mediante il deposito in cancelleria di una memoria difensiva contenente, a pena di decadenza, le eccezioni processuali e di merito non rilevabili d'ufficio, nonché l'indicazione specifica dei mezzi di prova e dei documenti prodotti.

L'intervento di qualunque interessato non può avere luogo oltre il termine stabilito per la costituzione delle parti resistenti con le modalità per queste previste.

Il giudice provvede, anche ai sensi del terzo comma, all'ammissione ed all'espletamento dei mezzi istruttori.

Il giudice delegato al fallimento non può far parte del collegio.

Il collegio provvede in via definitiva sull'opposizione, impugnazione o revocazione con decreto motivato entro sessanta giorni dall'udienza o dalla scadenza del termine eventualmente assegnato per il deposito di memorie.

Il decreto è comunicato dalla cancelleria alle parti che, nei successivi trenta giorni, possono proporre ricorso per cassazione.

(1) *Questo articolo, già sostituito dall'art. 84 del D.L.vo 9 gennaio 2006, n. 5, è stato ora così sostituito dall'art. 6, comma 4, del D.L.vo 12 settembre 2007, n. 169, a decorrere dal 1° gennaio 2008.*

100. (1) **[Impugnazione dei crediti ammessi.** – Entro quindici giorni dal deposito dello stato passivo in cancelleria ciascun creditore può impugnare i crediti ammessi, con ricorso al giudice delegato.

Il giudice fissa con decreto l'udienza in cui le parti e il curatore devono comparire davanti a lui, nonché il termine perentorio per la notificazione del ricorso e del decreto al curatore ed ai creditori i cui crediti vengono impugnati. Le parti si costituiscono a norma dell'art. 98, terzo comma.

Se all'udienza le parti non raggiungono l'accordo, il giudice dispone con ordinanza non impugnabile che in caso di ripartizione siano accantonate le quote spettanti ai creditori contestati.

Per l'istruzione e la decisione delle impugnazioni si applicano le disposizioni dell'articolo precedente e il giudizio deve essere riunito a quello sulle opposizioni].

(1) *Questo articolo è stato abrogato dall'art. 85 del D.L.vo 9 gennaio 2006, n. 5, a decorrere dal 16 luglio 2006.*

101. (1) **Domande tardive di crediti.** – Le domande di ammissione al passivo di un credito, di restituzione o rivendicazione di beni mobili o immobili, trasmesse al curatore (2) oltre il termine di trenta giorni prima dell'udienza fissata per la verifica del passivo e non oltre quello di dodici mesi dal deposito del decreto di esecutività dello stato passivo sono considerate tardive; in caso di particolare complessità della procedura, il tribunale, con la sentenza che dichiara il fallimento, può prorogare quest'ultimo termine fino a diciotto mesi.

Il procedimento di accertamento delle domande tardive si svolge nelle stesse forme di cui all'articolo 95. Il giudice delegato fissa per l'esame delle domande tardive un'udienza ogni quattro mesi, salvo che sussistano motivi d'urgenza (3). Il curatore dà avviso a coloro che hanno presentato la domanda, della data dell'udienza. Si applicano le disposizioni di cui agli articoli da 93 a 99.

Il creditore ha diritto di concorrere sulle somme già distribuite nei limiti di quanto stabilito nell'articolo 112. Il titolare di diritti su beni mobili o immobili, se prova che il ritardo è dipeso da causa non imputabile, può chiedere che siano sospese le attività di liquidazione del bene sino all'accertamento del diritto.

Decorso il termine di cui al primo comma, e comunque fino a quando non siano esaurite tutte le ripartizioni dell'attivo fallimentare, le domande tardive sono ammissibili se l'istante prova che il ritardo è dipeso da causa a lui non imputabile.

(1) *Questo articolo è stato così sostituito dall'art. 86 del D.L.vo 9 gennaio 2006, n. 5, a decorrere dal 16 luglio 2006.*

(2) *Le parole: «depositate in cancelleria» sono state così sostituite dalle attuali: «trasmesse al curatore» dall'art. 17, comma 1, lett. h), del D.L. 18 ottobre 2012, n. 179, convertito, con modificazioni, nella L. 17 dicembre 2012, n. 221. A norma dell'art. 17, commi 4 e 5 del medesimo decreto, tali disposizioni si applicano dalla*

data di entrata in vigore della legge di conversione del predetto decreto, anche alle procedure di fallimento, di concordato preventivo, di liquidazione coatta amministrativa e di amministrazione straordinaria pendenti, rispetto alle quali, alla stessa data, non è stata effettuata la comunicazione rispettivamente prevista dagli articoli 92, 171, 207 del regio decreto 16 marzo 1942, n. 267 e dall'articolo 22 decreto legislativo 8 luglio 1999, n. 270. Per le procedure in cui, alla data di entrata in vigore della legge di conversione del predetto decreto, sia stata effettuata la comunicazione di cui al comma 4, le disposizioni di cui ai commi 1 e 2 del presente articolo si applicano a decorrere dal 31 ottobre 2013. Il curatore, il commissario giudiziale, il commissario liquidatore e il commissario straordinario entro il 30 giugno 2013 comunicano ai creditori e ai terzi titolari di diritti sui beni il loro indirizzo di posta elettronica certificata e li invitano a comunicare, entro tre mesi, l'indirizzo di posta elettronica certificata al quale ricevere tutte le comunicazioni relative alla procedura, avvertendoli di rendere nota ogni successiva variazione e che in caso di omessa indicazione le comunicazioni sono eseguite esclusivamente mediante deposito in cancelleria.

(³) *Questo periodo è stato inserito dall'art. 6, comma 5, del D.L.vo 12 settembre 2007, n. 169, a decorrere dal 1° gennaio 2008.*

102. (¹) **Previsione di insufficiente realizzo.** – Il tribunale, con decreto motivato da adottarsi prima dell'udienza per l'esame dello stato passivo, su istanza del curatore depositata almeno venti giorni prima dell'udienza stessa, corredata da una relazione sulle prospettive della liquidazione, e dal parere del comitato dei creditori, sentito il fallito (²), dispone non farsi luogo al procedimento di accertamento del passivo relativamente ai crediti concorsuali se risulta che non può essere acquisito attivo da distribuire ad alcuno dei creditori che abbiano chiesto l'ammissione al passivo, salva la soddisfazione dei crediti prededucibili e delle spese di procedura.

Le disposizioni di cui al primo comma si applicano, in quanto compatibili, ove la condizione di insufficiente realizzo emerge successivamente alla verifica dello stato passivo (³).

Il curatore comunica il decreto di cui al primo comma trasmettendone copia (⁴) ai creditori che abbiano presentato domanda di ammissione al passivo ai sensi degli articoli 93 e 101, i quali, nei quindici giorni successivi, possono presentare reclamo alla corte di appello, che provvede con decreto in camera di consiglio, sentito il reclamante, il curatore, il comitato dei creditori ed il fallito.

(¹) *Questo articolo è stato così sostituito dall'art. 87 del D.L.vo 9 gennaio 2006, n. 5, a decorrere dal 16 luglio 2006.*

(²) *Le parole: «e sentiti il comitato dei creditori ed il fallito» sono state così sostituite dalle attuali: «e dal parere del comitato dei creditori, sentito il fallito» dall'art. 6, comma 6, lett. a), del D.L.vo 12 settembre 2007, n. 169, a decorrere dal 1° gennaio 2008.*

(³) *Questo comma è stato così sostituito dall'art. 6, comma 6, lett. b), del D.L.vo 12 settembre 2007, n. 169, a decorrere dal 1° gennaio 2008. Si riporta il testo precedente, in vigore dal 16 luglio 2006 al 31 dicembre 2007: «Il tribunale dispone in conformità a quanto previsto nel primo comma anche se la condizione di insufficiente realizzo emerge nel corso delle eventuali udienze successive a quella fissata ai sensi dell'articolo 16».*

(⁴) *Le parole: «trasmettendone copia» sono state inserite dall'art. 17, comma 1, lett. i), del D.L. 18 ottobre 2012, n. 179, convertito, con modificazioni, nella L. 17 dicembre 2012, n. 221. A norma dell'art. 17, commi 4 e 5 del medesimo decreto, tali disposizioni si applicano dalla data di entrata in vigore della legge di conversione del predetto decreto, anche alle procedure di fallimento, di concordato preventivo, di liquidazione coatta amministrativa e di amministrazione straordinaria pendenti, rispetto alle quali, alla stessa data, non è stata effettuata la comunicazione rispettivamente prevista dagli articoli 92, 171, 207 del regio decreto 16 marzo 1942, n. 267 e dall'articolo 22 decreto legislativo 8 luglio 1999, n. 270. Per le procedure in cui, alla data di entrata in vigore della legge di conversione del predetto decreto, sia stata effettuata la comunicazione di cui al comma 4, le disposizioni di cui ai commi 1 e 2 del presente articolo si applicano a decorrere dal 31 ottobre 2013. Il curatore, il commissario giudiziale, il commissario liquidatore e il commissario straordinario entro il 30 giugno 2013 comunicano ai creditori e ai terzi titolari di diritti sui beni il loro indirizzo di posta elettronica certificata e li invitano a comunicare, entro tre mesi, l'indirizzo di posta elettronica certificata al quale ricevere tutte le comunicazioni relative alla procedura, avvertendoli di rendere nota ogni successiva variazione e che in caso di omessa indicazione le comunicazioni sono eseguite esclusivamente mediante deposito in cancelleria.*

103. (¹) **Procedimenti relativi a domande di rivendica e restituzione.** – Ai procedimenti che hanno ad oggetto domande di restituzione o di rivendicazione, si applica il regime probatorio previsto nell'articolo 621 del codice di procedura civile. Se il bene non è stato acquisito all'attivo della procedura, il titolare del diritto, anche nel corso dell'udienza di cui all'articolo 95, può modificare l'originaria domanda e chiedere l'ammissione al passivo del controvalore del bene alla data di apertura del concorso. Se il curatore perde il possesso della cosa dopo averla acquisita, il titolare del diritto può chiedere che il controvalore del bene sia corrisposto in prededuzione.

Sono salve le disposizioni dell'articolo 1706 del codice civile (²).

(¹) *Questo articolo è stato così sostituito dall'art. 88 del D.L.vo 9 gennaio 2006, n. 5, a decorrere dal 16 luglio 2006.*

(²) *Questo comma è stato aggiunto dall'art. 6, comma 7, del D.L.vo 12 settembre 2007, n. 169, a decorrere dal 1° gennaio 2008.*

Capo VI
Dell'esercizio provvisorio
e della liquidazione dell'attivo (1)

(1) *L'originaria rubrica: «DELLA LIQUIDAZIONE DELL'ATTIVO» è stata così sostituita dall'attuale: «DELL'ESERCIZIO PROVVISORIO E DELLA LIQUIDAZIONE DELL'ATTIVO» dall'art. 89 del D.L.vo 9 gennaio 2006, n. 5, a decorrere dal 16 luglio 2006.*

Sezione I
Disposizioni generali

104. (1) **Esercizio provvisorio dell'impresa del fallito.** – Con la sentenza dichiarativa del fallimento, il tribunale può disporre l'esercizio provvisorio dell'impresa, anche limitatamente a specifici rami dell'azienda, se dalla interruzione può derivare un danno grave, purché non arrechi pregiudizio ai creditori.

Successivamente, su proposta del curatore, il giudice delegato, previo parere favorevole del comitato dei creditori, autorizza, con decreto motivato, la continuazione temporanea dell'esercizio dell'impresa, anche limitatamente a specifici rami dell'azienda, fissandone la durata.

Durante il periodo di esercizio provvisorio, il comitato dei creditori è convocato dal curatore, almeno ogni tre mesi, per essere informato sull'andamento della gestione e per pronunciarsi sull'opportunità di continuare l'esercizio.

Se il comitato dei creditori non ravvisa l'opportunità di continuare l'esercizio provvisorio, il giudice delegato ne ordina la cessazione.

Ogni semestre, o comunque alla conclusione del periodo di esercizio provvisorio, il curatore deve presentare un rendiconto dell'attività mediante deposito in cancelleria. In ogni caso il curatore informa senza indugio il giudice delegato e il comitato dei creditori di circostanze sopravvenute che possono influire sulla prosecuzione dell'esercizio provvisorio.

Il tribunale può ordinare la cessazione dell'esercizio provvisorio in qualsiasi momento laddove ne ravvisi l'opportunità, con decreto in camera di consiglio non soggetto a reclamo sentiti il curatore ed il comitato dei creditori.

Durante l'esercizio provvisorio i contratti pendenti proseguono, salvo che il curatore non intenda sospenderne l'esecuzione o scioglierli. È fatto salvo il disposto dell'articolo 110, comma 3, del decreto legislativo 18 aprile 2016, n. 50 (2).

I crediti sorti nel corso dell'esercizio provvisorio sono soddisfatti in prededuzione ai sensi dell'articolo 111, primo comma, n. 1).

Al momento della cessazione dell'esercizio provvisorio si applicano le disposizioni di cui alla sezione IV del capo III del titolo II.

(1) *Questo articolo è stato così sostituito dall'art. 90 del D.L.vo 9 gennaio 2006, n. 5, a decorrere dal 16 luglio 2006.*

(2) *Questo periodo è stato aggiunto dall'art. 2, comma 4, lett. a), del D.L. 18 aprile 2019, n. 32, convertito, con modificazioni, nella L. 14 giugno 2019, n. 55, a decorrere dal 18 giugno 2019.*

104 *bis*. (1) **Affitto dell'azienda o di rami dell'azienda.** – Anche prima della presentazione del programma di liquidazione di cui all'articolo 104 *ter* su proposta del curatore, il giudice delegato, previo parere favorevole del comitato dei creditori, autorizza l'affitto dell'azienda del fallito a terzi anche limitatamente a specifici rami quando appaia utile al fine della più proficua vendita dell'azienda o di parti della stessa.

La scelta dell'affittuario è effettuata dal curatore a norma dell'articolo 107, sulla base di stima, assicurando, con adeguate forme di pubblicità, la massima informazione e partecipazione degli interessati. La scelta dell'affittuario deve tenere conto, oltre che dell'ammontare del canone offerto, delle garanzie prestate e della attendibilità del piano di prosecuzione delle attività imprenditoriali, avuto riguardo alla conservazione dei livelli occupazionali.

Il contratto di affitto stipulato dal curatore nelle forme previste dall'articolo 2556 del codice civile deve prevedere il diritto del curatore di procedere alla ispezione della azienda, la prestazione di idonee garanzie per tutte le obbligazioni dell'affittuario derivanti dal contratto e dalla legge, il diritto di recesso del curatore dal contratto che può essere esercitato, sentito il comitato dei creditori, con la corresponsione all'affittuario di un giusto indennizzo da corrispondere ai sensi dell'articolo 111, primo comma, n. 1).

La durata dell'affitto deve essere compatibile con le esigenze della liquidazione dei beni.

Il diritto di prelazione a favore dell'affittuario può essere concesso convenzionalmente, previa espressa autorizzazione del giudice delegato e previo parere favorevole del comitato dei creditori. In tal caso, esaurito il procedimento di determinazione del prezzo di vendita dell'azienda, o del singolo ramo, il curatore, entro dieci giorni, lo comunica all'affittuario, il quale può esercitare il diritto di prelazione entro cinque giorni dal ricevimento della comunicazione.

La retrocessione al fallimento di aziende, o rami di aziende, non comporta la responsabilità della procedura per i debiti maturati sino alla retrocessione, in deroga a quanto previsto dagli articoli 2112 e 2560 del codice civile. Ai rapporti pendenti al momento della retrocessione si applicano le disposizioni di cui alla sezione IV del capo III del titolo II.

(1) *Questo articolo è stato inserito dall'art. 91 del D.L.vo 9 gennaio 2006, n. 5, a decorrere dal 16 luglio 2006.*

104 *ter*. (1) **Programma di liquidazione.** – Entro sessanta giorni dalla redazione dell'inventario, e in ogni caso non oltre centottanta giorni dalla sentenza dichiarativa di fallimento, (2) il curatore predispone un programma di liquidazione da sottoporre all'approvazione del comitato dei creditori. Il mancato rispetto del termine di centottanta giorni di cui al primo periodo senza giustificato motivo è giusta causa di revoca del curatore (3) (4).

Il programma costituisce l'atto di pianificazione e di indirizzo in ordine alle modalità e ai termini previsti per la realizzazione dell'attivo, e deve specificare:

a) l'opportunità di disporre l'esercizio provvisorio dell'impresa, o di singoli rami di azienda, ai sensi dell'articolo 104, ovvero l'opportunità di autorizzare l'affitto dell'azienda, o di rami, a terzi ai sensi dell'articolo 104 *bis*;

b) la sussistenza di proposte di concordato ed il loro contenuto;

c) le azioni risarcitorie, recuperatorie o revocatorie da esercitare ed il loro possibile esito;

d) le possibilità di cessione unitaria dell'azienda, di singoli rami, di beni o di rapporti giuridici individuabili in blocco;

e) le condizioni della vendita dei singoli cespiti (5);

f) il termine entro il quale sarà completata la liquidazione dell'attivo (6).

Il termine di cui alla lettera *f*) del precedente comma non può eccedere due anni dal deposito della sentenza di fallimento. Nel caso in cui, limitatamente a determinati cespiti dell'attivo, il curatore ritenga necessario un termine maggiore, egli è tenuto a motivare specificamente in ordine alle ragioni che giustificano tale maggior termine (7).

Il curatore, fermo restando quanto disposto dall'articolo 107, (8) può essere autorizzato dal giudice delegato ad affidare ad altri professionisti o società specializzate (9) alcune incombenze della procedura di liquidazione dell'attivo.

Il comitato dei creditori può proporre al curatore modifiche al programma presentato. [L'approvazione del programma di liquidazione tiene luogo delle singole autorizzazioni eventualmente necessarie ai sensi della presente legge per l'adozione di atti o l'effettuazione di operazioni inclusi nel programma] (10).

Per sopravvenute esigenze, il curatore può presentare, con le modalità di cui ai commi primo, secondo e terzo, un supplemento del piano di liquidazione.

Prima della approvazione del programma, il curatore può procedere alla liquidazione di beni, previa autorizzazione del giudice delegato, sentito il comitato dei creditori se già nominato, solo quando dal ritardo può derivare pregiudizio all'interesse dei creditori.

Il curatore, previa autorizzazione del comitato dei creditori, può non acquisire all'attivo o rinunciare a liquidare uno o più beni, se l'attività di liquidazione appaia manifestamente non conveniente. In questo caso, il curatore ne dà comunicazione ai creditori i quali, in deroga a quanto previsto nell'articolo 51, possono iniziare azioni esecutive o cautelari sui beni rimessi nella disponibilità del debitore.

Il programma approvato è comunicato al giudice delegato che autorizza l'esecuzione degli atti a esso conformi (11).

Il mancato rispetto dei termini previsti dal programma di liquidazione senza giustificato motivo è giusta causa di revoca del curatore. È altresì giusta causa di revoca, in presenza di somme disponibili per la ripartizione, il mancato rispetto dell'obbligo di cui all'articolo 110 primo comma (12) (13).

(1) *Questo articolo è stato inserito dall'art. 91 del D.L.vo 9 gennaio 2006, n. 5, a decorrere dal 16 luglio 2006.*

(2) *Le parole: «e in ogni caso non oltre centottanta giorni dalla sentenza dichiarativa di fallimento,» sono state aggiunte dall'art. 6, comma 1, lett. a), del D.L. 27 giugno 2015, n. 83, convertito, con modificazioni, nella L. 6 agosto 2015, n. 132.*

A norma dell'art. 23, comma 3, del medesimo provvedimento, tali disposizioni si applicano ai fallimenti dichiarati successivamente alla data di entrata in vigore del presente decreto.

(3) *Questo periodo è stato aggiunto dall'art. 6, comma 1, lett. a), del D.L. 27 giugno 2015, n. 83, convertito, con modificazioni, nella L. 6 agosto 2015, n. 132.*

A norma dell'art. 23, comma 3, del medesimo provvedimento, tali disposizioni si applicano ai fallimenti dichiarati successivamente alla data di entrata in vigore del presente decreto.

(4) *Questo comma è stato così sostituito dall'art. 7, comma 1, lett. a), del D.L.vo 12 settembre 2007, n. 169, a decorrere dal 1° gennaio 2008.*

(5) *Questo comma è stato così sostituito dall'art. 7, comma 1, lett. a), del D.L.vo 12 settembre 2007, n. 169, a decorrere dal 1° gennaio 2008.*

([6]) *Questa lettera è stata aggiunta dall'art. 6, comma 1, lett. b), del D.L. 27 giugno 2015, n. 83, convertito, con modificazioni, nella L. 6 agosto 2015, n. 132.*
A norma dell'art. 23, comma 3, del medesimo provvedimento, tali disposizioni si applicano ai fallimenti dichiarati successivamente alla data di entrata in vigore del presente decreto.
([7]) *Questo comma è stato aggiunto dall'art. 6, comma 1, lett. c), del D.L. 27 giugno 2015, n. 83, convertito, con modificazioni, nella L. 6 agosto 2015, n. 132.*
A norma dell'art. 23, comma 3, del medesimo provvedimento, tali disposizioni si applicano ai fallimenti dichiarati successivamente alla data di entrata in vigore del presente decreto.
([8]) *Le parole: «, fermo restando quanto disposto dall'articolo 107,» sono state aggiunte dall'art. 6, comma 1, lett. d), del D.L. 27 giugno 2015, n. 83, convertito, con modificazioni, nella L. 6 agosto 2015, n. 132.*
A norma dell'art. 23, comma 3, del medesimo provvedimento, tali disposizioni si applicano ai fallimenti dichiarati successivamente alla data di entrata in vigore del presente decreto.
([9]) *Le parole: «o società specializzate» sono state aggiunte dall'art. 6, comma 1, lett. d), del D.L. 27 giugno 2015, n. 83, convertito, con modificazioni, nella L. 6 agosto 2015, n. 132.*
A norma dell'art. 23, comma 3, del medesimo provvedimento, tali disposizioni si applicano ai fallimenti dichiarati successivamente alla data di entrata in vigore del presente decreto.
([10]) *Questo periodo è stato soppresso dall'art. 7, comma 1, lett. b), del D.L.vo 12 settembre 2007, n. 169, a decorrere dal 1° gennaio 2008.*
([11]) *Questo comma è stato inserito dall'art. 7, comma 1, lett. c), del D.L.vo 12 settembre 2007, n. 169, a decorrere dal 1° gennaio 2008.*
([12]) *Questo periodo è stato inserito dall'art. 6, comma 1, lett. c), del D.L. 3 maggio 2016, n. 59, convertito, con modificazioni, nella L. 30 giugno 2016, n. 119.*
([13]) *Questo comma è stato aggiunto dall'art. 6, comma 1, lett. e), del D.L. 27 giugno 2015, n. 83, convertito, con modificazioni, nella L. 6 agosto 2015, n. 132.*
A norma dell'art. 23, comma 3, del medesimo provvedimento, tali disposizioni si applicano ai fallimenti dichiarati successivamente alla data di entrata in vigore del presente decreto.

Sezione II
Della vendita dei beni ([1])

([1]) *Le parole «Sezione II DELLA VENDITA DEI BENI» sono state inserite dall'art. 7, comma 2, del D.L.vo 12 settembre 2007, n. 169, a decorrere dal 1° gennaio 2008.*

105. ([1]) **Vendita dell'azienda, di rami, di beni e rapporti in blocco.** – La liquidazione dei singoli beni ai sensi degli articoli seguenti del presente capo è disposta quando risulta prevedibile che la vendita dell'intero complesso aziendale, di suoi rami, di beni o rapporti giuridici individuabili in blocco non consenta una maggiore soddisfazione dei creditori.

La vendita del complesso aziendale o di rami dello stesso è effettuata con le modalità di cui all'articolo 107, in conformità a quanto disposto dall'articolo 2556 del codice civile.

Nell'ambito delle consultazioni sindacali relative al trasferimento d'azienda, il curatore, l'acquirente e i rappresentanti dei lavoratori possono convenire il trasferimento solo parziale dei lavoratori alle dipendenze dell'acquirente e le ulteriori modifiche del rapporto di lavoro consentite dalle norme vigenti.

Salva diversa convenzione, è esclusa la responsabilità dell'acquirente per i debiti relativi all'esercizio delle aziende cedute, sorti prima del trasferimento.

Il curatore può procedere altresì alla cessione delle attività e delle passività dell'azienda o dei suoi rami, nonché di beni o rapporti giuridici individuabili in blocco, esclusa comunque la responsabilità dell'alienante prevista dall'articolo 2560 del codice civile.

La cessione dei crediti relativi alle aziende cedute, anche in mancanza di notifica al debitore o di sua accettazione, ha effetto, nei confronti dei terzi, dal momento dell'iscrizione del trasferimento nel registro delle imprese. Tuttavia il debitore ceduto è liberato se paga in buona fede al cedente.

I privilegi e le garanzie di qualsiasi tipo, da chiunque prestate o comunque esistenti a favore del cedente, conservano la loro validità e il loro grado a favore del cessionario.

Il curatore può procedere alla liquidazione anche mediante il conferimento in una o più società, eventualmente di nuova costituzione, dell'azienda o di rami della stessa, ovvero di beni o crediti, con i relativi rapporti contrattuali in corso, esclusa la responsabilità dell'alienante ai sensi dell'articolo 2560 del codice civile ed osservate le disposizioni inderogabili contenute nella presente sezione. Sono salve le diverse disposizioni previste in leggi speciali.

Il pagamento del prezzo può essere effettuato mediante accollo di debiti da parte dell'acquirente solo se non viene alterata la graduazione dei crediti.

([1]) *Questo articolo è stato così sostituito dall'art. 92 del D.L.vo 9 gennaio 2006, n. 5, a decorrere dal 16 luglio 2006.*

[**Sezione II**
Della vendita dei beni mobili] (1)

(1) *Le parole tra parentesi quadrate sono state soppresse dall'art. 7, comma 3, del D.L.vo 12 settembre 2007, n. 169, a decorrere dal 1° gennaio 2008.*

106. (1) **Cessione** (2) **dei crediti, dei diritti e delle quote, delle azioni, mandato a riscuotere.** – Il curatore può cedere i crediti, compresi quelli di natura fiscale o futuri, anche se oggetto di contestazione; può altresì cedere le azioni revocatorie concorsuali, se i relativi giudizi sono già pendenti.

Per la vendita della quota di società a responsabilità limitata si applica l'articolo 2471 del codice civile.

In alternativa alla cessione di cui al primo comma, il curatore può stipulare contratti di mandato per la riscossione dei crediti.

(1) *Questo articolo è stato così sostituito dall'art. 93 del D.L.vo 9 gennaio 2006, n. 5, a decorrere dal 16 luglio 2006.*

(2) *La parola: «Vendita» è stata così sostituita dall'attuale: «Cessione» dall'art. 7, comma 4, del D.L.vo 12 settembre 2007, n. 169, a decorrere dal 1° gennaio 2008.*

[**Sezione III**
Della vendita dei beni immobili] (1)

(1) *Le parole tra parentesi quadrate sono state soppresse dall'art. 7, comma 5, del D.L.vo 12 settembre 2007, n. 169, a decorrere dal 1° gennaio 2008.*

107. (1) (2) **Modalità delle vendite.** – Le vendite e gli altri atti di liquidazione posti in essere in esecuzione del programma di liquidazione sono effettuati dal curatore tramite procedure competitive anche avvalendosi di soggetti specializzati, sulla base di stime effettuate, salvo il caso di beni di modesto valore, da parte di operatori esperti, assicurando, con adeguate forme di pubblicità, la massima informazione e partecipazione degli interessati (3) (4). Le vendite e gli atti di liquidazione possono prevedere che il versamento del prezzo abbia luogo ratealmente; si applicano, in quanto compatibili, le disposizioni di cui agli articoli 569, terzo comma, terzo periodo, 574, primo comma, secondo periodo e 587, primo comma, secondo periodo, del codice di procedura civile (5). In ogni caso, al fine di assicurare la massima informazione e partecipazione degli interessati, il curatore effettua la pubblicità prevista dall'articolo 490, primo comma, del codice di procedura civile, almeno trenta giorni prima dell'inizio della procedura competitiva (6).

Il curatore può prevedere nel programma di liquidazione che le vendite dei beni mobili, immobili e mobili registrati vengano effettuate dal giudice delegato secondo le disposizioni del codice di procedura civile in quanto compatibili (7) (4).

Per i beni immobili e gli altri beni iscritti nei pubblici registri (8) (4), prima del completamento delle operazioni di vendita, è data notizia mediante notificazione da parte del curatore, a ciascuno dei creditori ipotecari o comunque muniti di privilegio.

Il curatore può sospendere la vendita ove pervenga offerta irrevocabile d'acquisto migliorativa per un importo non inferiore al dieci per cento del prezzo offerto.

Degli esiti delle procedure, il curatore informa il giudice delegato ed il comitato dei creditori, depositando in cancelleria la relativa documentazione.

Se alla data di dichiarazione di fallimento sono pendenti procedure esecutive, il curatore può subentrarvi; in tal caso si applicano le disposizioni del codice di procedura civile; altrimenti su istanza del curatore il giudice dell'esecuzione dichiara l'improcedibilità dell'esecuzione, salvi i casi di deroga di cui all'articolo 51.

Con regolamento del Ministro della giustizia da adottare ai sensi dell'articolo 17, comma 3, della legge 23 agosto 1988, n. 400, sono stabiliti requisiti di onorabilità e professionalità dei soggetti specializzati e degli operatori esperti dei quali il curatore può avvalersi ai sensi del primo comma, nonché i mezzi di pubblicità e trasparenza delle operazioni di vendita.

(1) *Questo articolo è stato così sostituito dall'art. 94 del D.L.vo 9 gennaio 2006, n. 5, a decorrere dal 16 luglio 2006.*

(2) *Si veda l'art. 16, commi 1, 2, 2 bis e 3, del D.L. 14 febbraio 2016, n. 18, convertito, con modificazioni, nella L. 8 aprile 2016, n. 49, che si riportano:*

«1. Gli atti e i provvedimenti recanti il trasferimento della proprietà o di diritti reali su beni immobili emessi, a favore di soggetti che svolgono attività d'impresa, nell'ambito di una procedura giudiziaria di espropriazione immobiliare di cui al libro III, titolo II, capo IV, del codice di procedura civile, ovvero di una procedura di vendita di cui all'articolo 107 del regio decreto 16 marzo 1942, n. 267, sono assoggettati alle imposte di registro, ipotecaria e catastale nella misura fissa di 200 euro ciascuna a condizione che l'acquirente dichiari che intende trasferirli entro due anni.

2. Ove non si realizzi la condizione del ritrasferimento entro il biennio, le imposte di registro, ipotecaria e catastale sono dovute nella misura ordinaria e si applica una sanzione amministrativa del 30 per cento oltre agli interessi di mora di cui all'articolo 55, comma 4, del testo unico delle disposizioni concernenti l'imposta di registro, di cui al decreto del Presidente della Repubblica 26 aprile 1986, n. 131. Dalla scadenza del biennio decorre il termine per il recupero delle imposte ordinarie da parte dell'amministrazione finanziaria.

2 bis. Gli atti e i provvedimenti di cui al comma 1 emessi a favore di soggetti che non svolgono attività d'impresa sono assoggettati alle imposte di registro, ipotecaria e catastale nella misura fissa di 200 euro ciascuna sempre che in capo all'acquirente ricorrano le condizioni di cui alla nota II bis) all'articolo 1 della tariffa, parte prima, allegata al testo unico delle disposizioni concernenti l'imposta di registro, di cui al decreto del Presidente della Repubblica 26 aprile 1986, n. 131. In caso di dichiarazione mendace nell'atto di acquisto, ovvero di rivendita nel quinquiennio dalla data dell'atto, si applicano le disposizioni indicate nella predetta nota.

3. Le disposizioni del presente articolo hanno effetto per gli atti emessi dalla data di entrata in vigore del presente decreto fino al 31 dicembre 2016».

(3) Questo comma è stato così sostituito dall'art. 7, comma 6, lett. a), del D.L.vo 12 settembre 2007, n. 169, a decorrere dal 1° gennaio 2008. Si riporta il testo precedente, in vigore dal 16 luglio 2006 al 31 dicembre 2007:

«Le vendite e gli altri atti di liquidazione sono effettuati dal curatore, tramite procedure competitive anche avvalendosi di soggetti specializzati, sulla base di stime effettuate, salvo il caso di beni di modesto valore, da parte di operatori esperti, assicurando, con adeguate forme di pubblicità, la massima informazione e partecipazione degli interessati».

(4) A norma dell'art. 22, comma 3, del D.L.vo 12 settembre 2007, n. 169, queste disposizioni si applicano anche alle procedure concorsuali pendenti al 1° gennaio 2008.

(5) Questo periodo è stato aggiunto dall'art. 11 del D.L. 27 giugno 2015, n. 83, convertito, con modificazioni, nella L. 6 agosto 2015, n. 132.

A norma dell'art. 23, comma 5, del medesimo provvedimento, tali disposizioni si applicano anche ai fallimenti e ai procedimenti di concordato preventivo pendenti alla data di entrata in vigore del presente decreto.

(6) Questo periodo è stato aggiunto dall'art. 11 del D.L. 27 giugno 2015, n. 83, convertito, con modificazioni, nella L. 6 agosto 2015, n. 132.

A norma dell'art. 23, comma 2, del medesimo provvedimento, tali disposizioni si applicano decorsi trenta giorni dalla pubblicazione in Gazzetta Ufficiale delle specifiche tecniche previste dall'articolo 161 quater delle disposizioni per l'attuazione del codice di procedura civile.

A norma dell'art. 23, comma 5, del medesimo provvedimento, tali disposizioni si applicano anche ai fallimenti e ai procedimenti di concordato preventivo pendenti alla data di entrata in vigore del presente decreto.

(7) Questo comma è stato inserito dall'art. 7, comma 6, lett. b), del D.L.vo 12 settembre 2007, n. 169, a decorrere dal 1° gennaio 2008.

(8) Le parole: «e gli altri beni iscritti nei pubblici registri» sono state inserite dall'art. 7, comma 6, lett. c), del D.L.vo 12 settembre 2007, n. 169, a decorrere dal 1° gennaio 2008.

108. (1) **Poteri del giudice delegato.** – Il giudice delegato, su istanza del fallito, del comitato dei creditori o di altri interessati, previo parere dello stesso comitato dei creditori, può sospendere, con decreto motivato, le operazioni di vendita qualora ricorrano gravi e giustificati motivi ovvero, su istanza presentata dagli stessi soggetti entro dieci giorni dal deposito di cui al quarto comma dell'articolo 107, impedire il perfezionamento della vendita quando il prezzo offerto risulti notevolmente inferiore a quello giusto tenuto conto delle condizioni di mercato.

Per i beni immobili e gli altri beni iscritti in pubblici registri, (2) una volta eseguita la vendita e riscosso interamente il prezzo, il giudice delegato ordina, con decreto, la cancellazione delle iscrizioni relative ai diritti di prelazione, nonché delle trascrizioni dei pignoramenti e dei sequestri conservativi e di ogni altro vincolo.

(1) Questo articolo è stato così sostituito dall'art. 95 del D.L.vo 9 gennaio 2006, n. 5, a decorrere dal 16 luglio 2006.

(2) Le parole: «Per i veicoli iscritti nel pubblico registro automobilistico e per i beni immobili,» sono state così sostituite dalle attuali: «Per i beni immobili e gli altri beni iscritti in pubblici registri,» dall'art. 7, comma 7, del D.L.vo 12 settembre 2007, n. 169, a decorrere dal 1° gennaio 2008.

108 *bis*. (1) **[Modalità della vendita di navi, galleggianti ed aeromobili.** – La vendita di navi, galleggianti ed aeromobili iscritti nei registri indicati dal codice della navigazione è eseguita a norma delle disposizioni dello stesso codice, in quanto applicabili].

(1) Questo articolo è stato inserito dall'art. 96 del D.L.vo 9 gennaio 2006, n. 5, a decorrere dal 16 luglio 2006 e successivamente abrogato dall'art. 7, comma 8, del D.L.vo 12 settembre 2007, n. 169, a decorrere dal 1° gennaio 2008.

108 *ter*. (1) **Modalità della vendita di diritti sulle opere dell'ingegno; sulle invenzioni industriali; sui marchi.** – Il trasferimento dei diritti di utilizzazione economica delle opere dell'ingegno, il trasferimento dei diritti nascenti dalle invenzioni industriali, il trasferimento dei marchi e la cessione di banche di dati sono fatte a norma delle rispettive leggi speciali.

(1) Questo articolo è stato inserito dall'art. 96 del D.L.vo 9 gennaio 2006, n. 5, a decorrere dal 16 luglio 2006.

109. Procedimento di distribuzione della somma ricavata. – Il giudice delegato provvede alla distribuzione della somma ricavata dalla vendita secondo le disposizioni del capo seguente.

Il tribunale (1) stabilisce con decreto la somma da attribuire, se del caso, al curatore in conto del compenso finale da liquidarsi a norma dell'art. 39. Tale somma è prelevata sul prezzo insieme alle spese di procedura e di amministrazione.

(1) *Le originarie parole: «Il giudice delegato» sono state così sostituite dalle attuali: «Il tribunale» dall'art. 97 del D.L.vo 9 gennaio 2006, n. 5, a decorrere dal 16 luglio 2006.*

Capo VII
Della ripartizione dell'attivo

110. (1) **Procedimento di ripartizione.** – Il curatore, ogni quattro mesi a partire dalla data del decreto previsto dall'articolo 97 o nel diverso termine stabilito dal giudice delegato, presenta un prospetto delle somme disponibili ed un progetto di ripartizione delle medesime, riservate quelle occorrenti per la procedura. Nel progetto sono collocati anche i crediti per i quali non si applica il divieto di azioni esecutive e cautelari di cui all'articolo 51 (2). Nel caso in cui siano in corso giudizi di cui all'articolo 98, il curatore, nel progetto di ripartizione di cui al presente comma, indica, per ciascun creditore, le somme immediatamente ripartibili nonché le somme ripartibili soltanto previo rilascio in favore della procedura di una fideiussione autonoma, irrevocabile e a prima richiesta, rilasciata da uno dei soggetti di cui all'articolo 574, primo comma, secondo periodo, del codice di procedura civile, idonea a garantire la restituzione alla procedura delle somme che risultino ripartite in eccesso, anche in forza di provvedimenti provvisoriamente esecutivi resi nell'ambito dei giudizi di cui all'articolo 98, oltre agli interessi, al tasso applicato dalla Banca centrale europea alle sue più recenti operazioni di rifinanziamento principali, a decorrere dal pagamento e sino all'effettiva restituzione (3). Le disposizioni del periodo precedente si applicano anche ai creditori che avrebbero diritto alla ripartizione delle somme ricavate nel caso in cui risulti insussistente, in tutto o in parte, il credito avente diritto all'accantonamento ovvero oggetto di controversia a norma dell'articolo 98 (3).

Il giudice ordina il deposito del progetto di ripartizione in cancelleria, disponendo che a tutti i creditori, compresi quelli per i quali è in corso uno dei giudizi di cui all'articolo 98, ne sia data comunicazione mediante l'invio di copia a mezzo posta elettronica certificata (4).

I creditori, entro il termine perentorio di quindici giorni dalla ricezione della comunicazione di cui al secondo comma, possono proporre reclamo al giudice delegato (5) contro il progetto di riparto ai sensi dell'art. 36 (6).

Decorso tale termine, il giudice delegato, su richiesta del curatore, dichiara esecutivo il progetto di ripartizione. Se sono proposti reclami, il progetto di ripartizione è dichiarato esecutivo con accantonamento delle somme corrispondenti ai crediti oggetto di contestazione; non si fa luogo ad accantonamento qualora sia presentata in favore della procedura una fideiussione a norma del terzo periodo del primo comma, idonea a garantire la restituzione di somme che, in forza del provvedimento che decide il reclamo, risultino ripartite in eccesso, oltre agli interessi nella misura prevista dal predetto terzo periodo del primo comma (7). Il provvedimento che decide sul reclamo dispone in ordine alla destinazione delle somme accantonate.

(1) *Questo articolo è stato così sostituito dall'art. 98 del D.L.vo 9 gennaio 2006, n. 5, a decorrere dal 16 luglio 2006.*

(2) *Questo periodo è stato aggiunto dall'art. 8, comma 1, lett. a), del D.L.vo 12 settembre 2007, n. 169, a decorrere dal 1° gennaio 2008.*

(3) *Questo periodo è stato aggiunto dall'art. 6, comma 1, lett. c bis), n. 1), del D.L. 3 maggio 2016, n. 59, convertito, con modificazioni, nella L. 30 giugno 2016, n. 119.*

(4) *Questo comma è stato così sostituito dall'art. 17, comma 1, lett. l), del D.L. 18 ottobre 2012, n. 179, convertito, con modificazioni, nella L. 17 dicembre 2012, n. 221. A norma dell'art. 17, commi 4 e 5 del medesimo decreto, tali disposizioni si applicano dalla data di entrata in vigore della legge di conversione del predetto decreto, anche alle procedure di fallimento, di concordato preventivo, di liquidazione coatta amministrativa e di amministrazione straordinaria pendenti, rispetto alle quali, alla stessa data, non è stata effettuata la comunicazione rispettivamente prevista dagli articoli 92, 171, 207 del regio decreto 16 marzo 1942, n. 267 e dall'articolo 22 decreto legislativo 8 luglio 1999, n. 270. Per le procedure in cui, alla data di entrata in vigore della legge di conversione del predetto decreto, sia stata effettuata la comunicazione di cui al comma 4, le disposizioni di cui ai commi 1 e 2 del presente articolo si applicano a decorrere dal 31 ottobre 2013. Il curatore, il commissario giudiziale, il commissario liquidatore e il commissario straordinario entro il 30 giugno 2013 comunicano ai creditori e ai terzi titolari di diritti sui beni il loro indirizzo di posta elettronica certificata e li invitano a comunicare, entro tre mesi, l'indirizzo di posta elettronica certificata al quale ricevere tutte le comunicazioni relative alla procedura, avvertendoli di rendere nota ogni successiva variazione e che in caso di omessa indicazione le comunicazioni sono eseguite esclusivamente mediante deposito in cancelleria.*

(5) *Le parole: «al giudice delegato» sono state aggiunte dall'art. 8, comma 1, lett. c), del D.L.vo 12 settembre 2007, n. 169, a decorrere dal 1° gennaio 2008.*

(6) *Le parole: «nelle forme di cui all'articolo 26.» sono state così sostituite dalle attuali: «ai sensi dell'art. 36» dall'art. 8, comma 1, lett. c), del D.L.vo 12 settembre 2007, n. 169, a decorrere dal 1° gennaio 2008.*

(7) *Le parole: «; non si fa luogo ad accantonamento qualora sia presentata in favore della procedura una*

fideiussione a norma del terzo periodo del primo comma, idonea a garantire la restituzione di somme che, in forza del provvedimento che decide il reclamo, risultino ripartite in eccesso, oltre agli interessi nella misura prevista dal predetto terzo periodo del primo comma» sono state aggiunte dall'art. 6, comma 1, lett. c bis), n. 2), del D.L. 3 maggio 2016, n. 59, convertito, con modificazioni, nella L. 30 giugno 2016, n. 119.

NOTE OPERATIVE:

Piano di riparto: I creditori titolari di un diritto di ipoteca o di pegno possono proporre reclamo avverso il piano di riparto del curatore che escluda o includa (in tutto o in parte) il diritto del titolare della nuda prelazione alla distribuzione delle dette somme e il reclamo può avere ad oggetto l'esistenza, la validità e l'opponibilità al fallimento della garanzia reale, avendo anche riguardo alla sua revocabilità, oltre che l'an e il quantum del debito garantito (S.U. 8557/23).

111. (1) **Ordine di distribuzione delle somme.** – Le somme ricavate dalla liquidazione dell'attivo sono erogate nel seguente ordine:

1) per il pagamento dei crediti prededucibili (2);

2) per il pagamento dei crediti ammessi con prelazione sulle cose vendute secondo l'ordine assegnato dalla legge;

3) per il pagamento dei creditori chirografari, in proporzione dell'ammontare del credito per cui ciascuno di essi fu ammesso, compresi i creditori indicati al n. 2), qualora non sia stata ancora realizzata la garanzia, ovvero per la parte per cui rimasero non soddisfatti da questa.

Sono considerati crediti (3) prededucibili quelli così qualificati da una specifica disposizione di legge, e quelli sorti in occasione o in funzione delle procedure concorsuali di cui alla presente legge; tali crediti (3) sono soddisfatti con preferenza ai sensi del primo comma n. 1) (4) (5).

(1) *A norma dell'art. 30 della L. 11 dicembre 2012, n. 220, i contributi per le spese di manutenzione ordinaria e straordinaria nonché per le innovazioni sono prededucibili ai sensi di questo articolo (in vigore dal 18 giugno 2013) se divenute esigibili ai sensi dell'articolo 63, primo comma, delle disposizioni per l'attuazione del codice civile e disposizioni transitorie, come sostituito dall'articolo 18 della presente legge, durante le procedure concorsuali.*

(2) *Questo numero è stato così sostituito dall'art. 99, comma 1, lett. a), del D.L.vo 9 gennaio 2006, n. 5, a decorrere dal 16 luglio 2006.*

(3) *La parola: «debiti» è stata così sostituita dalla attuale: «crediti» dall'art. 8, comma 2, del D.L.vo 12 settembre 2007, n. 169, a decorrere dal 1° gennaio 2008.*

(4) *Questo comma è stato così sostituito dall'art. 99, comma 1, lett. b), del D.L.vo 9 gennaio 2006, n. 5, a decorrere dal 16 luglio 2006. Si riporta il testo precedente:*

«I prelevamenti indicati al n. 1) sono determinati con decreto dal giudice delegato».

(5) *A norma dell'art. 11, comma 3 quater, del D.L. 23 dicembre 2013, n. 145, convertito, con modificazioni, nella L. 21 febbraio 2014, n. 9, la disposizione di cui al presente comma si interpreta nel senso che i crediti sorti in occasione o in funzione della procedura di concordato preventivo aperta ai sensi dell'articolo 161, sesto comma, del presente regio decreto n. 267 del 1942, e successive modificazioni, sono prededucibili alla condizione che la proposta, il piano e la documentazione di cui ai commi secondo e terzo del citato articolo 161 siano presentati entro il termine, eventualmente prorogato, fissato dal giudice e che la procedura sia aperta ai sensi dell'articolo 163 del presente regio decreto, e successive modificazioni, senza soluzione di continuità rispetto alla presentazione della domanda ai sensi del citato articolo 161, sesto comma. Si segnala che il predetto art. 11, comma 3 quater è stato abrogato dall'art. 22, comma 7, del D.L. 24 giugno 2014, n. 91, convertito, con modificazioni, nella L. 11 agosto 2014, n. 116.*

111 *bis*. (1) **Disciplina dei crediti prededucibili.** – I crediti prededucibili devono essere accertati con le modalità di cui al capo V, con esclusione di quelli non contestati per collocazione e ammontare, anche se sorti durante l'esercizio provvisorio, e di quelli sorti a seguito di provvedimenti di liquidazione di compensi dei soggetti nominati ai sensi dell'articolo 25; in questo ultimo caso, se contestati, devono essere accertati con il procedimento di cui all'articolo 26.

[Per i crediti prededucibili sorti dopo l'adunanza di verificazione dello stato passivo ovvero dopo l'udienza alla quale essa sia stata differita, si provvede all'accertamento ai sensi del secondo comma dell'articolo 101] (2).

I crediti prededucibili vanno soddisfatti per il capitale, le spese e gli interessi con il ricavato della liquidazione del patrimonio mobiliare e immobiliare, tenuto conto delle rispettive cause di prelazione (3), con esclusione di quanto ricavato dalla liquidazione dei beni oggetto di pegno ed ipoteca per la parte destinata ai creditori garantiti. Il corso degli interessi cessa al momento del pagamento.

I crediti prededucibili sorti nel corso del fallimento che sono liquidi, esigibili e non contestati per collocazione e per ammontare, possono essere soddisfatti al di fuori del procedimento di riparto se l'attivo è presumibilmente sufficiente a soddisfare tutti i titolari di tali crediti. Il pagamento deve essere autorizzato dal comitato dei creditori ovvero dal giudice delegato [se l'importo è superiore a euro 25.000,00; l'importo può essere aggiornato ogni cinque anni con decreto del Ministro della giustizia in base agli indici ISTAT sul costo della vita] (4).

Se l'attivo è insufficiente, la distribuzione deve avvenire secondo i criteri della graduazione e della proporzionalità, conformemente all'ordine assegnato dalla legge.

(1) *Questo articolo è stato inserito dall'art. 100 del D.L.vo 9 gennaio 2006, n. 5, a decorrere dal 16 luglio 2006.*

(2) *Questo comma è stato abrogato dall'art. 8, comma 3, lett. a), del D.L.vo 12 settembre 2007, n. 169, a decorrere dal 1° gennaio 2008.*

(3) *Le parole: «secondo un criterio proporzionale» sono state così sostituite dalle attuali: «tenuto conto delle rispettive cause di prelazione» dall'art. 8, comma 3, lett. b), del D.L.vo 12 settembre 2007, n. 169, a decorrere dal 1° gennaio 2008.*

(4) *Le parole tra parentesi quadrate sono state soppresse dall'art. 8, comma 3, lett. c), del D.L.vo 12 settembre 2007, n. 169, a decorrere dal 1° gennaio 2008.*

111 *ter*. (1) Conti speciali. – La massa liquida attiva immobiliare è costituita dalle somme ricavate dalla liquidazione dei beni immobili, come definiti dall'articolo 812 del codice civile, e dei loro frutti e pertinenze, nonché dalla quota proporzionale di interessi attivi liquidati sui depositi delle relative somme.

La massa liquida attiva mobiliare è costituita da tutte le altre entrate.

Il curatore deve tenere un conto autonomo delle vendite dei singoli beni immobili oggetto di privilegio speciale e di ipoteca e dei singoli beni mobili o gruppo di mobili oggetto di pegno e privilegio speciale, con analitica indicazione delle entrate e delle uscite di carattere specifico e della quota di quelle di carattere generale imputabili a ciascun bene o gruppo di beni secondo un criterio proporzionale.

(1) *Questo articolo è stato inserito dall'art. 100 del D.L.vo 9 gennaio 2006, n. 5, a decorrere dal 16 luglio 2006.*

111 *quater*. (1) Crediti assistiti da prelazione. – I crediti assistiti da privilegio generale hanno diritto di prelazione per il capitale, le spese e gli interessi, nei limiti di cui agli articoli 54 e 55, sul prezzo ricavato dalla liquidazione del patrimonio mobiliare, sul quale concorrono in un'unica graduatoria con i crediti garantiti da privilegio speciale mobiliare, secondo il grado previsto dalla legge.

I crediti garantiti da ipoteca e pegno e quelli assistiti da privilegio speciale hanno diritto di prelazione per il capitale, le spese e gli interessi, nei limiti di cui agli articoli 54 e 55, sul prezzo ricavato dai beni vincolati alla loro garanzia.

(1) *Questo articolo è stato inserito dall'art. 100 del D.L.vo 9 gennaio 2006, n. 5, a decorrere dal 16 luglio 2006.*

112. (1) Partecipazione dei creditori ammessi tardivamente. – I creditori ammessi a norma dell'articolo 101 concorrono soltanto alle ripartizioni posteriori alla loro ammissione in proporzione del rispettivo credito salvo il diritto di prelevare le quote che sarebbero loro spettate nelle precedenti ripartizioni se assistiti da cause di prelazione o se il ritardo è dipeso da cause ad essi non imputabili.

(1) *Questo articolo è stato così sostituito dall'art. 101 del D.L.vo 9 gennaio 2006, n. 5, a decorrere dal 16 luglio 2006.*

113. (1) Ripartizioni parziali. – Nelle ripartizioni parziali, che non possono superare l'ottanta per cento delle somme da ripartire, devono essere trattenute e depositate, nei modi stabiliti dal giudice delegato, le quote assegnate:

1) ai creditori ammessi con riserva;

2) ai creditori opponenti a favore dei quali sono state disposte misure cautelari;

3) ai creditori opponenti la cui domanda è stata accolta ma la sentenza non è passata in giudicato;

4) ai creditori nei cui confronti sono stati proposti i giudizi di impugnazione e di revocazione.

Le somme ritenute necessarie per spese future, per soddisfare il compenso al curatore e ogni altro debito prededucibile devono essere trattenute; in questo caso, l'ammontare della quota da ripartire indicata nel primo comma del presente articolo deve essere ridotta se la misura dell'ottanta per cento appare insufficiente.

Devono essere altresì trattenute e depositate nei modi stabiliti dal giudice delegato le somme ricevute dalla procedura per effetto di provvedimenti provvisoriamente esecutivi e non ancora passati in giudicato.

(1) *Questo articolo è stato così sostituito dall'art. 102 del D.L.vo 9 gennaio 2006, n. 5, a decorrere dal 16 luglio 2006.*

113 *bis*. (1) Scioglimento delle ammissioni con riserva. – Quando si verifica l'evento che ha determinato l'accoglimento di una domanda con riserva, su istanza del curatore o della parte interessata, il giudice delegato modifica lo stato passivo, con decreto, disponendo che la domanda deve intendersi accolta definitivamente.

(1) *Questo articolo è stato inserito dall'art. 103 del D.L.vo 9 gennaio 2006, n. 5, a decorrere dal 16 luglio 2006.*

114. (1) **Restituzione di somme riscosse.** - I pagamenti effettuati in esecuzione dei piani di riparto non possono essere ripetuti, salvo il caso dell'accoglimento di domande di revocazione.

I creditori che hanno percepito pagamenti non dovuti, devono restituire le somme riscosse, oltre agli interessi legali dal momento del pagamento effettuato a loro favore.

(1) *Questo articolo è stato così sostituito dall'art. 104 del D.L.vo 9 gennaio 2006, n. 5, a decorrere dal 16 luglio 2006.*

115. (1) **Pagamento ai creditori.** - Il curatore provvede al pagamento delle somme assegnate ai creditori nel piano di ripartizione nei modi stabiliti dal giudice delegato, purché tali da assicurare la prova del pagamento stesso.

Se prima della ripartizione i crediti ammessi sono stati ceduti, il curatore attribuisce le quote di riparto ai cessionari, qualora la cessione sia stata tempestivamente comunicata, unitamente alla documentazione che attesti, con atto recante le sottoscrizioni autenticate di cedente e cessionario, l'intervenuta cessione. In questo caso, il curatore provvede alla rettifica formale dello stato passivo. Le stesse disposizioni si applicano in caso di surrogazione del creditore (2).

(1) *Questo articolo è stato così sostituito dall'art. 105 del D.L.vo 9 gennaio 2006, n. 5, a decorrere dal 16 luglio 2006.*

(2) *Questo periodo è stato aggiunto dall'art. 8, comma 4, del D.L.vo 12 settembre 2007, n. 169, a decorrere dal 1° gennaio 2008.*

116. (1) **Rendiconto del curatore.** - Compiuta la liquidazione dell'attivo e prima del riparto finale, nonché in ogni caso in cui cessa dalle funzioni, il curatore presenta al giudice delegato l'esposizione analitica delle operazioni contabili e delle attività di gestione della procedura.

Il giudice ordina il deposito del conto in cancelleria e fissa l'udienza che non può essere tenuta prima che siano decorsi quindici giorni dalla comunicazione del rendiconto a tutti i creditori (2).

Dell'avvenuto deposito e della fissazione dell'udienza il curatore dà immediata comunicazione ai creditori ammessi al passivo, a coloro che hanno proposto opposizione, ai creditori in prededuzione non soddisfatti, con posta elettronica certificata, inviando loro copia del rendiconto ed avvisandoli che possono presentare eventuali osservazioni o contestazioni fino a cinque giorni prima dell'udienza con le modalità di cui all'articolo 93, secondo comma. Al fallito, se non è possibile procedere alla comunicazione con modalità telematica, il rendiconto e la data dell'udienza sono comunicati mediante lettera raccomandata con avviso di ricevimento (3).

Se all'udienza stabilita non sorgono contestazioni o su queste viene raggiunto un accordo, il giudice approva il conto con decreto; altrimenti, fissa l'udienza innanzi al collegio che provvede in camera di consiglio.

(1) *Questo articolo è stato così sostituito dall'art. 106 del D.L.vo 9 gennaio 2006, n. 5, a decorrere dal 16 luglio 2006.*

(2) *Questo comma è stato così sostituito dall'art. 17, comma 1, lett. m), n. 1), del D.L. 18 ottobre 2012, n. 179, convertito, con modificazioni, nella L. 17 dicembre 2012, n. 221. A norma dell'art. 17, commi 4 e 5 del medesimo decreto, tali disposizioni si applicano dalla data di entrata in vigore della legge di conversione del predetto decreto, anche alle procedure di fallimento, di concordato preventivo, di liquidazione coatta amministrativa e di amministrazione straordinaria pendenti, rispetto alle quali, alla stessa data, non è stata effettuata la comunicazione rispettivamente prevista dagli articoli 92, 171, 207 del regio decreto 16 marzo 1942, n. 267 e dall'articolo 22 decreto legislativo 8 luglio 1999, n. 270. Per le procedure in cui, alla data di entrata in vigore della legge di conversione del predetto decreto, sia stata effettuata la comunicazione di cui al comma 4, le disposizioni di cui ai commi 1 e 2 del presente articolo si applicano a decorrere dal 31 ottobre 2013. Il curatore, il commissario giudiziale, il commissario liquidatore e il commissario straordinario entro il 30 giugno 2013 comunicano ai creditori e ai terzi titolari di diritti sui beni il loro indirizzo di posta elettronica certificata e li invitano a comunicare, entro tre mesi, l'indirizzo di posta elettronica certificata al quale ricevere tutte le comunicazioni relative alla procedura, avvertendoli di rendere nota ogni successiva variazione e che in caso di omessa indicazione le comunicazioni sono eseguite esclusivamente mediante deposito in cancelleria.*

(3) *Questo comma è stato così sostituito dall'art. 17, comma 1, lett. m), n. 2), del D.L. 18 ottobre 2012, n. 179, convertito, con modificazioni, nella L. 17 dicembre 2012, n. 221. A norma dell'art. 17, commi 4 e 5 del medesimo decreto, tali disposizioni si applicano dalla data di entrata in vigore della legge di conversione del predetto decreto, anche alle procedure di fallimento, di concordato preventivo, di liquidazione coatta amministrativa e di amministrazione straordinaria pendenti, rispetto alle quali, alla stessa data, non è stata effettuata la comunicazione rispettivamente prevista dagli articoli 92, 171, 207 del regio decreto 16 marzo 1942, n. 267 e dall'articolo 22 decreto legislativo 8 luglio 1999, n. 270. Per le procedure in cui, alla data di entrata in vigore della legge di conversione del predetto decreto, sia stata effettuata la comunicazione di cui al comma 4, le disposizioni di cui ai commi 1 e 2 del presente articolo si applicano a decorrere dal 31 ottobre 2013. Il curatore, il commissario giudiziale, il commissario liquidatore e il commissario straordinario entro il 30*

giugno 2013 comunicano ai creditori e ai terzi titolari di diritti sui beni il loro indirizzo di posta elettronica certificata e li invitano a comunicare, entro tre mesi, l'indirizzo di posta elettronica certificata al quale ricevere tutte le comunicazioni relative alla procedura, avvertendoli di rendere nota ogni successiva variazione e che in caso di omessa indicazione le comunicazioni sono eseguite esclusivamente mediante deposito in cancelleria.

117. (1) **Ripartizione finale.** – Approvato il conto e liquidato il compenso del curatore, il giudice delegato, sentite le proposte del curatore, ordina il riparto finale secondo le norme precedenti.

Nel riparto finale vengono distribuiti anche gli accantonamenti precedentemente fatti.

Tuttavia, se la condizione non si è ancora verificata ovvero se il provvedimento non è ancora passato in giudicato, la somma è depositata nei modi stabiliti dal giudice delegato, perché, verificatisi gli eventi indicati, possa essere versata ai creditori cui spetta o fatta oggetto di riparto supplementare fra gli altri creditori. Gli accantonamenti non impediscono la chiusura della procedura.

Il giudice delegato, nel rispetto delle cause di prelazione, può disporre che a singoli creditori che vi consentono siano assegnati, in luogo delle somme agli stessi spettanti, crediti di imposta del fallito non ancora rimborsati.

Per i creditori che non si presentano o sono irreperibili le somme dovute sono nuovamente depositate presso l'ufficio postale o la banca già indicati ai sensi dell'articolo 34. Decorsi cinque anni dal deposito, le somme non riscosse dagli aventi diritto e i relativi interessi, se non richieste da altri creditori, rimasti insoddisfatti, sono versate a cura del depositario all'entrata del bilancio dello Stato per essere riassegnate, con decreti del Ministro dell'economia e delle finanze, ad apposita unità previsionale di base dello stato di previsione del Ministero della giustizia.

Il giudice, anche se è intervenuta l'esdebitazione del fallito, omessa ogni formalità non essenziale al contraddittorio, su ricorso dei creditori rimasti insoddisfatti che abbiano presentato la richiesta di cui al quarto comma, dispone la distribuzione delle somme non riscosse in base all'articolo 111 fra i soli richiedenti.

(1) *Questo articolo è stato così sostituito dall'art. 107 del D.L.vo 9 gennaio 2006, n. 5, a decorrere dal 16 luglio 2006.*

Capo VIII
Della cessazione
della procedura fallimentare

Sezione I
Della chiusura del fallimento

118. Casi di chiusura. – Salvo quanto disposto nella sezione seguente per il caso di concordato, la procedura di fallimento si chiude:

1) se nel termine stabilito (1) nella sentenza dichiarativa di fallimento non sono state proposte domande di ammissione al passivo;

2) quando, anche prima che sia compiuta la ripartizione finale dell'attivo, le ripartizioni ai creditori raggiungono l'intero ammontare dei crediti ammessi, o questi sono in altro modo estinti e sono pagati tutti i debiti e le spese da soddisfare in prededuzione (2);

3) quando è compiuta la ripartizione finale dell'attivo;

4) quando nel corso della procedura si accerta che la sua prosecuzione non consente di soddisfare, neppure in parte, i creditori concorsuali, né i crediti prededucibili e le spese di procedura. Tale circostanza può essere accertata con la relazione o con i successivi rapporti riepilogativi di cui all'articolo 33 (3).

Nei casi di chiusura di cui ai numeri 3) e 4), ove si tratti di fallimento di società il curatore ne chiede la cancellazione dal registro delle imprese (4). La chiusura della procedura di fallimento della società nei casi di cui ai numeri 1) e 2) (5) determina anche la chiusura della procedura estesa ai soci ai sensi dell'articolo 147, salvo che nei confronti del socio non sia stata aperta una procedura di fallimento come imprenditore individuale (6). La chiusura della procedura di fallimento nel caso di cui al n. 3) non è impedita dalla pendenza di giudizi, rispetto ai quali il curatore può mantenere la legittimazione processuale, anche nei successivi stati e gradi del giudizio, ai sensi dell'articolo 43 (7). In deroga all'articolo 35, anche le rinunzie alle liti e le transazioni sono autorizzate dal giudice delegato (7). Le somme necessarie per spese future ed eventuali oneri relativi ai giudizi pendenti, nonché le somme ricevute dal curatore per effetto di provvedimenti provvisoriamente esecutivi e non ancora passati in giudicato, sono trattenute dal curatore secondo quanto previsto dall'articolo 117, comma secondo (7). Dopo la chiusura della procedura di fallimento, le somme ricevute dal curatore per effetto di provvedimenti definitivi e gli eventuali residui degli accantonamenti sono fatti oggetto di riparto supplementare fra i creditori secondo le modalità disposte dal tribunale con il decreto di cui all'articolo 119 (7). In relazione alle eventuali sopravvenienze attive derivanti dai giudizi pendenti non si fa luogo a riapertura del fallimento (7). Qualora alla conclusione dei giudizi pendenti consegua, per effetto di riparti, il venir meno dell'impedimento all'esdebitazione di cui al comma secondo dell'articolo 142, il debitore può chiedere l'esdebitazione nell'anno successivo al riparto che lo ha determinato (7).

(1) *Le parole: «nei termini stabiliti» sono state così sostituite dalle attuali: «nel termine stabilito» dall'art. 108, comma 1, lett. a), del D.L.vo 9 gennaio 2006, n. 5, a decorrere dal 16 luglio 2006.*

(2) *Le parole: «il compenso del curatore e le spese di procedura» sono state così sostituite dalle attuali: «tutti i debiti e le spese da soddisfare in prededuzione» dall'art. 108, comma 1, lett. b), del D.L.vo 9 gennaio 2006, n. 5, a decorrere dal 16 luglio 2006.*

(3) *Questo numero è stato così sostituito dall'art. 108, comma 1, lett. c), del D.L.vo 9 gennaio 2006, n. 5, a decorrere dal 16 luglio 2006. Si riporta il testo precedente:*

«4) quando non possa essere utilmente continuata la procedura per insufficienza di attivo».

(4) *Le parole: «Ove si tratti di fallimento di società il curatore ne chiede la cancellazione dal registro delle imprese» sono state così sostituite dalle attuali da: «Nei casi di chiusura ...» fino a: «... registro delle imprese» dall'art. 9, comma 1, lett. a), del D.L.vo 12 settembre 2007, n. 169, a decorrere dal 1° gennaio 2008.*

(5) *Le parole: «nei casi di cui ai numeri 1) e 2)» sono state inserite dall'art. 9, comma 1, lett. b), del D.L.vo 12 settembre 2007, n. 169, a decorrere dal 1° gennaio 2008.*

(6) *Questo comma è stato aggiunto dall'art. 108, comma 1, lett. d), del D.L.vo 9 gennaio 2006, n. 5, a decorrere dal 16 luglio 2006.*

(7) *Questo periodo è stato aggiunto dall'art. 7, comma 1, lett. a), del D.L. 27 giugno 2015, n. 83, convertito, con modificazioni, nella L. 6 agosto 2015, n. 132.*

A norma dell'art. 23, comma 7, del medesimo provvedimento, tali disposizioni si applicano a decorrere dalla data di entrata in vigore della legge di conversione del presente decreto.

119. Decreto di chiusura. – La chiusura del fallimento è dichiarata con decreto motivato del tribunale su istanza del curatore o del debitore ovvero di ufficio, pubblicato nelle forme prescritte nell'art. 17. Unitamente all'istanza di cui al primo periodo il curatore deposita un rapporto riepilogativo finale redatto in conformità a quanto previsto dall'articolo 33, quinto comma (1).

Quando la chiusura del fallimento è dichiarata ai sensi dell'articolo 118, primo comma, n. 4, prima dell'approvazione del programma di liquidazione, il tribunale decide sentiti il comitato dei creditori ed il fallito (2).

Contro il decreto che dichiara la chiusura e ne respinge la richiesta è ammesso reclamo a norma dell'articolo 26. Contro il decreto della corte d'appello il ricorso per cassazione è proposto nel termine perentorio di trenta giorni, decorrente dalla notificazione o comunicazione del provvedimento per il curatore, per il fallito, per il comitato dei creditori e per chi ha proposto il reclamo o è intervenuto nel procedimento; dal compimento della pubblicità di cui all'articolo 17 per ogni altro interessato (3) (2).

Il decreto di chiusura acquista efficacia quando è decorso il termine per il reclamo, senza che questo sia stato proposto, ovvero quando il reclamo è definitivamente rigettato (4).

Con i decreti emessi ai sensi del primo e del terzo comma del presente articolo, sono impartite le disposizioni esecutive volte ad attuare gli effetti della decisione. Allo stesso modo si provvede a seguito del passaggio in giudicato della sentenza di revoca del fallimento o della definitività del decreto di omologazione del concordato fallimentare (2).

(1) *Questo periodo è stato aggiunto dall'art. 14, comma 1, lett. b), del D.L.vo 10 ottobre 2022, n. 149, a decorrere dal 28 febbraio 2023.*

(2) *L'originario comma secondo è stato così sostituito dagli attuali commi secondo, terzo e quarto dall'art. 110 del D.L.vo 9 gennaio 2006, n. 5, a decorrere dal 16 luglio 2006.*

(3) *Questo periodo è stato aggiunto dall'art. 9, comma 2, lett. a), del D.L.vo 12 settembre 2007, n. 169, a decorrere dal 1° gennaio 2008.*

(4) *Questo comma è stato inserito dall'art. 9, comma 2, lett. b), del D.L.vo 12 settembre 2007, n. 169, a decorrere dal 1° gennaio 2008.*

120. Effetti della chiusura. – Con la chiusura cessano gli effetti del fallimento sul patrimonio del fallito e le conseguenti incapacità personali e decadono gli organi preposti al fallimento (1).

Le azioni esperite dal curatore per l'esercizio di diritti derivanti dal fallimento non possono essere proseguite.

I creditori riacquistano il libero esercizio delle azioni verso il debitore per la parte non soddisfatta dei loro crediti per capitale e interessi, salvo quanto previsto dagli articoli 142 e seguenti.

Il decreto o la sentenza con la quale il credito è stato ammesso al passivo costituisce prova scritta per gli effetti di cui all'articolo 634 del codice di procedura civile.

Nell'ipotesi di chiusura in pendenza di giudizi ai sensi dell'articolo 118, secondo comma, terzo periodo e seguenti, il giudice delegato e il curatore restano in carica ai soli fini di quanto ivi previsto. In nessun caso i creditori possono agire su quanto è oggetto dei giudizi medesimi ([2]).

([1]) *Questo comma è stato così sostituito dall'art. 9, comma 3, del D.L.vo 12 settembre 2007, n. 169, a decorrere dal 1° gennaio 2008.*

([2]) *Questo comma è stato aggiunto dall'art. 7, comma 1, lett. b), del D.L. 27 giugno 2015, n. 83, convertito, con modificazioni, nella L. 6 agosto 2015, n. 132.*

A norma dell'art. 23, comma 7, del medesimo provvedimento, tali disposizioni si applicano a decorrere dalla data di entrata in vigore della legge di conversione del presente decreto.

121. Casi di riapertura del fallimento. – Nei casi preveduti dai numeri 3) e 4) dell'art. 118, il tribunale, entro cinque anni dal decreto di chiusura, su istanza del debitore o di qualunque creditore può ordinare che il fallimento già chiuso sia riaperto, quando risulta che nel patrimonio del fallito esistono attività in misura tale da rendere utile il provvedimento o quando il fallito offre garanzia di pagare almeno il dieci per cento ai creditori vecchi e nuovi.

Il tribunale, con sentenza in camera di consiglio [non soggetta a gravame] ([1]), se accoglie l'istanza:

1) richiama in ufficio il giudice delegato ed il curatore o li nomina di nuovo;

2) stabilisce i termini previsti dai numeri 4 e 5 del secondo comma dell'articolo 16, eventualmente abbreviandoli non oltre la metà; i creditori già ammessi al passivo nel fallimento chiuso possono chiedere la conferma del provvedimento di ammissione salvo che intendano insinuare al passivo ulteriori interessi ([2]).

La sentenza può essere reclamata ([3]) a norma dell'articolo 18 ([4]).

La sentenza è pubblicata a norma dell'art. 17.

Il giudice delegato nomina il comitato dei creditori, tenendo conto nella scelta anche dei nuovi creditori.

Per le altre operazioni si seguono le norme stabilite nei capi precedenti.

([1]) *Le parole fra parentesi quadrate sono state soppresse dall'art. 111, comma 1, lett. a), del D.L.vo 9 gennaio 2006, n. 5, a decorrere dal 16 luglio 2006.*

([2]) *Questo numero è stato così sostituito dall'art. 111, comma 1, lett. b), del D.L.vo 9 gennaio 2006, n. 5, a decorrere dal 16 luglio 2006. Si riporta il testo precedente:*

«2) stabilisce i termini previsti dai numeri 4) e 5) dell'art. 16, abbreviandoli non oltre la metà».

([3]) *La parola: «appellata» è stata così sostituita dalla attuale: «reclamata» dall'art. 9, comma 4, del D.L.vo 12 settembre 2007, n. 169, a decorrere dal 1° gennaio 2008.*

([4]) *Questo comma è stato aggiunto dall'art. 111, comma 1, lett. c), del D.L.vo 9 gennaio 2006, n. 5, a decorrere dal 16 luglio 2006.*

122. Concorso dei vecchi e nuovi creditori. – I creditori concorrono alle nuove ripartizioni per le somme loro dovute al momento della riapertura, dedotto quanto hanno percepito nelle precedenti ripartizioni, salve in ogni caso le cause legittime di prelazione.

Restano ferme le precedenti statuizioni a norma del Capo V ([1]).

([1]) *Questo comma è stato così sostituito dall'art. 112 del D.L.vo 9 gennaio 2006, n. 5, a decorrere dal 16 luglio 2006.*

123. Effetti della riapertura sugli atti pregiudizievoli ai creditori. – In caso di riapertura del fallimento, per le azioni revocatorie relative agli atti del fallito compiuti dopo la chiusura del fallimento, i termini stabiliti dagli artt. 65, 67 e 67 *bis* ([1]) sono computati dalla data della sentenza di riapertura.

Sono privi di effetto nei confronti dei creditori gli atti a titolo gratuito e quelli di cui all'articolo 69, posteriori alla chiusura e anteriori alla riapertura del fallimento ([2]).

([1]) *La parola: «70» è stata così sostituita dalle attuali: «67 bis» dall'art. 113, comma 1, lett. a), del D.L.vo 9 gennaio 2006, n. 5, a decorrere dal 16 luglio 2006.*

([2]) *Questo comma è stato così sostituito dall'art. 113, comma 1, lett. b), del D.L.vo 9 gennaio 2006, n. 5, a decorrere dal 16 luglio 2006.*

Sezione II
Del concordato

124. ([1]) **Proposta di concordato.** – La proposta di concordato può essere presentata da uno o più creditori o da un terzo, anche prima del decreto che rende esecutivo lo stato passivo, purché sia stata tenuta la contabilità ed i dati risultanti da essa e le altre notizie disponibili consentano al curatore di predisporre un elenco provvisorio dei creditori del fallito da sottoporre all'approvazione del giudice delegato. Essa non può essere presentata dal fallito, da società cui egli partecipi o da società sottoposte a comune controllo se non dopo il decorso di un anno dalla dichiarazione di fallimento e purché non siano decorsi due anni dal decreto che rende esecutivo lo stato passivo ([2]).

La proposta può prevedere:

a) la suddivisione dei creditori in classi, secondo posizione giuridica ed interessi economici omogenei;

b) trattamenti differenziati fra creditori appartenenti a classi diverse, indicando le ragioni dei trattamenti differenziati dei medesimi;

c) la ristrutturazione dei debiti e la soddisfazione dei crediti attraverso qualsiasi forma, anche mediante cessione dei beni, accollo o altre operazioni straordinarie, ivi compresa l'attribuzione ai creditori, nonché a società da questi partecipate, di azioni, quote ovvero obbligazioni, anche convertibili in azioni o altri strumenti finanziari e titoli di debito.

La proposta può prevedere che i creditori muniti di privilegio, pegno o ipoteca, non vengano soddisfatti integralmente, purché il piano ne preveda la soddisfazione in misura non inferiore a quella realizzabile, in ragione della collocazione preferenziale, sul ricavato in caso di liquidazione, avuto riguardo al valore di mercato attribuibile ai beni o diritti sui quali sussiste la causa di prelazione indicato nella relazione giurata di un professionista in possesso dei requisiti di cui all'art. 67, terzo comma, lett. *d*) designato dal tribunale. Il trattamento stabilito per ciascuna classe non può avere l'effetto di alterare l'ordine delle cause legittime di prelazione ([3]).

La proposta presentata da uno o più creditori o ([4]) da un terzo può prevedere la cessione, oltre che dei beni compresi nell'attivo fallimentare, anche delle azioni di pertinenza della massa, purché autorizzate dal giudice delegato, con specifica indicazione dell'oggetto e del fondamento della pretesa. Il proponente ([5]) può limitare gli impegni assunti con il concordato ai soli creditori ammessi al passivo, anche provvisoriamente, e a quelli che hanno proposto opposizione allo stato passivo o domanda di ammissione tardiva al tempo della proposta. In tale caso, verso gli altri creditori continua a rispondere il fallito, fermo quanto disposto dagli articoli 142 e seguenti in caso di esdebitazione.

([1]) *Questo articolo è stato così sostituito dall'art. 114 del D.L.vo 9 gennaio 2006, n. 5, a decorrere dal 16 luglio 2006.*

([2]) *Questo comma è stato così sostituito dall'art. 9, comma 5, lett.* a), *del D.L.vo 12 settembre 2007, n. 169, a decorrere dal 1° gennaio 2008.*

([3]) *Questo comma è stato così sostituito dall'art. 9, comma 5, lett.* b), *del D.L.vo 12 settembre 2007, n. 169, a decorrere dal 1° gennaio 2008.*

([4]) *Le parole: «da uno o più creditori o» sono state inserite dall'art. 9, comma 5, lett.* c), *n. 1), del D.L.vo 12 settembre 2007, n. 169, a decorrere dal 1° gennaio 2008.*

([5]) *Le parole: «Il terzo» sono state così sostituite dalle attuali: «Il proponente» dall'art. 9, comma 5, lett.* c), *n. 2), del D.L.vo 12 settembre 2007, n. 169, a decorrere dal 1° gennaio 2008.*

125. ([1]) **Esame della proposta e comunicazione ai creditori.** – La proposta di concordato è presentata con ricorso al giudice delegato, il quale chiede il parere del [comitato dei creditori e] ([2]) del curatore, con specifico riferimento ai presumibili risultati della liquidazione ed alle garanzie offerte ([3]). Quando il ricorso è proposto da un terzo, esso deve contenere l'indicazione dell'indirizzo di posta elettronica certificata al quale ricevere le comunicazioni ([4]). Si applica l'articolo 31 *bis*, secondo comma ([4]) ([5]).

Una volta espletato tale adempimento preliminare il giudice delegato, acquisito il parere favorevole del comitato dei creditori, valutata la ritualità della proposta, ordina che la stessa, unitamente al parere del comitato dei creditori e del curatore, venga comunicata a cura di quest'ultimo ai creditori a mezzo posta elettronica certificata, specificando dove possono essere reperiti i dati per la sua valutazione ed informandoli che la mancata risposta sarà considerata come voto favorevole ([6]) ([5]). Nel medesimo provvedimento il giudice delegato fissa un termine non inferiore a venti giorni né superiore a trenta, entro il quale i creditori devono far pervenire nella cancelleria del tribunale eventuali dichiarazioni di dissenso. In caso di presentazione di più proposte o se comunque ne sopraggiunge una nuova, prima che il giudice delegato ordini la comunicazione, il comitato dei creditori sceglie quella da sottoporre all'approvazione dei creditori; su richiesta del curatore, il giudice delegato può ordinare la comunicazione ai creditori di una o di altre proposte, tra quelle non scelte, ritenute parimenti convenienti. Si applica l'articolo 41, quarto comma ([7]) ([8]).

Qualora la proposta contenga condizioni differenziate per singole classi di creditori essa, prima di essere comunicata ai creditori, deve essere sottoposta, con i pareri di cui al primo e secondo comma, al giudizio del tribunale che verifica il corretto utilizzo dei criteri di cui all'articolo 124, secondo comma, lettere *a*) e *b*) tenendo conto della relazione resa ai sensi dell'articolo 124, terzo comma ([9]).

Se la società fallita ha emesso obbligazioni o strumenti finanziari oggetto della proposta di concordato, la comunicazione è inviata agli organi che hanno il potere di convocare le rispettive assemblee, affinché possano esprimere il loro eventuale dissenso. Il termine previsto dal terzo comma è prolungato per consentire l'espletamento delle predette assemblee.

([1]) *Questo articolo è stato così sostituito dall'art. 115 del D.L.vo 9 gennaio 2006, n. 5, a decorrere dal 16 luglio 2006.*

([2]) *Le parole tra parentesi quadrate sono state soppresse dall'art. 9, comma 6, lett.* a), *del D.L.vo 12 settembre 2007, n. 169, a decorrere dal 1° gennaio 2008.*

([3]) *Le parole: «ed alle garanzie offerte» sono state aggiunte dall'art. 9, comma 6, lett.* a), *del D.L.vo 12 settembre 2007, n. 169, a decorrere dal 1° gennaio 2008.*

([4]) *Questo periodo è stato aggiunto dall'art. 17, comma 1, lett.* n), *n. 1), del D.L. 18 ottobre 2012, n. 179, con-*

LEGGI COMPLEMENTARI

vertito, con modificazioni, nella L. 17 dicembre 2012, n. 221.

(5) *A norma dell'art. 17, commi 4 e 5 del D.L. 18 ottobre 2012, n. 179, convertito, con modificazioni, nella L. 17 dicembre 2012, n. 221, le disposizioni modificate dal comma 1 dell'art. 17, si applicano dalla data di entrata in vigore della legge di conversione del predetto decreto, anche alle procedure di fallimento, di concordato preventivo, di liquidazione coatta amministrativa e di amministrazione straordinaria pendenti, rispetto alle quali, alla stessa data, non è stata effettuata la comunicazione rispettivamente prevista dagli articoli 92, 171, 207 del regio decreto 16 marzo 1942, n. 267 e dall'articolo 22 decreto legislativo 8 luglio 1999, n. 270. Per le procedure in cui, alla data di entrata in vigore della legge di conversione del predetto decreto, sia stata effettuata la comunicazione di cui al comma 4, le disposizioni di cui ai commi 1 e 2 del presente articolo si applicano a decorrere dal 31 ottobre 2013. Il curatore, il commissario giudiziale, il commissario liquidatore e il commissario straordinario entro il 30 giugno 2013 comunicano ai creditori e ai terzi titolari di diritti sui beni il loro indirizzo di posta elettronica certificata e li invitano a comunicare, entro tre mesi, l'indirizzo di posta elettronica certificata al quale ricevere tutte le comunicazioni relative alla procedura, avvertendoli di rendere nota ogni successiva variazione e che in caso di omessa indicazione le comunicazioni sono eseguite esclusivamente mediante deposito in cancelleria.*

(6) *Questo periodo è stato così sostituito dall'art. 17, comma 1, lett. n), n. 2), del D.L. 18 ottobre 2012, n. 179, convertito, con modificazioni, nella L. 17 dicembre 2012, n. 221.*

(7) *Questo comma è stato così sostituito dall'art. 9, comma 6, lett. b), del D.L.vo 12 settembre 2007, n. 169, a decorrere dal 1° gennaio 2008.*

(8) *Gli ultimi due periodi di questo comma sono stati aggiunti dall'art. 61, comma 1, della L. 18 giugno 2009, n. 69.*

(9) *Questo comma è stato così sostituito dall'art. 9, comma 6, lett. b), del D.L.vo 12 settembre 2007, n. 169, a decorrere dal 1° gennaio 2008.*

126. (1) **Concordato nel caso di numerosi creditori.** – Ove le comunicazioni siano dirette ad un rilevante numero di destinatari, il giudice delegato può autorizzare il curatore a dare notizia della proposta di concordato, anziché con comunicazione ai singoli creditori, mediante pubblicazione del testo integrale della medesima su uno o più quotidiani a diffusione nazionale o locale.

(1) *Questo articolo è stato così sostituito dall'art. 116 del D.L.vo 9 gennaio 2006, n. 5, a decorrere dal 16 luglio 2006.*

127. (1) **Voto nel concordato.** – Se la proposta è presentata prima che lo stato passivo venga reso esecutivo, hanno diritto al voto i creditori che risultano dall'elenco provvisorio predisposto dal curatore e approvato dal giudice delegato; altrimenti, gli aventi diritto al voto sono quelli indicati nello stato passivo reso esecutivo ai sensi dell'articolo 97. In quest'ultimo caso, hanno diritto al voto anche i creditori ammessi provvisoriamente e con riserva.

I creditori muniti di privilegio, pegno o ipoteca, ancorché la garanzia sia contestata, dei quali la proposta di concordato prevede l'integrale pagamento, non hanno diritto al voto se non rinunciano al diritto di prelazione, salvo quanto previsto dal terzo comma.

La rinuncia può essere anche parziale, purché non inferiore alla terza parte dell'intero credito fra capitale ed accessori.

Qualora i creditori muniti di privilegio, pegno o ipoteca rinuncino in tutto o in parte alla prelazione, per la parte del credito non coperta dalla garanzia sono assimilati ai creditori chirografari; la rinuncia ha effetto ai soli fini del concordato.

I creditori muniti di diritto di prelazione di cui la proposta di concordato prevede, ai sensi dell'articolo 124, terzo comma, la soddisfazione non integrale, sono considerati chirografari per la parte residua del credito.

Sono esclusi dal voto e dal computo delle maggioranze il coniuge del debitore, i suoi parenti ed affini fino al quarto grado e coloro che sono diventati cessionari o aggiudicatari dei crediti di dette persone da meno di un anno prima della dichiarazione di fallimento.

La stessa disciplina si applica ai crediti delle società controllanti o controllate o sottoposte a comune controllo.

I trasferimenti di crediti avvenuti dopo la dichiarazione di fallimento non attribuiscono diritto di voto, salvo che siano effettuati a favore di banche o altri intermediari finanziari.

(1) *Questo articolo è stato così sostituito dall'art. 117 del D.L.vo 9 gennaio 2006, n. 5, a decorrere dal 16 luglio 2006.*

128. (1) **Approvazione del concordato.** – Il concordato è approvato dai creditori che rappresentano la maggioranza dei crediti ammessi al voto. Ove siano previste diverse classi di creditori, il concordato è approvato se tale maggioranza si verifica inoltre nel maggior numero di classi (2).

I creditori che non fanno pervenire il loro dissenso nel termine fissato dal giudice delegato si ritengono consenzienti.

La variazione del numero dei creditori ammessi o dell'ammontare dei singoli crediti, che avvenga per effetto di un provvedimento emesso (3) successivamente alla scadenza del termine fissato dal giudice delegato per le votazioni, non influisce sul calcolo della maggioranza.

Quando il giudice delegato dispone il voto su più proposte di concordato ai sensi dell'articolo 125, secondo comma, terzo periodo, ultima parte, si considera approvata quella tra esse che ha conseguito il maggior numero di consensi a norma dei commi precedenti e, in caso di parità, la proposta presentata per prima (4).

(1) *Questo articolo è stato così sostituito dall'art. 118 del D.L.vo 9 gennaio 2006, n. 5, a decorrere dal 16 luglio 2006.*

(2) *I commi primo e secondo sono stati così sostituiti dall'attuale comma primo dall'art. 9, comma 7, lett.* a), *del D.L.vo 12 settembre 2007, n. 169, a decorrere dal 1° gennaio 2008.*

(3) *Le parole: «una sentenza emessa» sono state così sostituite dalle attuali: «un provvedimento emesso» dall'art. 9, comma 7, lett.* b), *del D.L.vo 12 settembre 2007, n. 169, a decorrere dal 1° gennaio 2008.*

(4) *Questo comma è stato aggiunto dall'art. 61, comma 2, della L. 18 giugno 2009, n. 69.*

129. (1) **Giudizio di omologazione.** – Decorso il termine stabilito per le votazioni, il curatore presenta al giudice delegato una relazione sul loro esito.

Se la proposta è stata approvata, il giudice delegato dispone che il curatore ne dia immediata comunicazione a mezzo posta elettronica certificata al proponente, affinché richieda l'omologazione del concordato e ai creditori dissenzienti. Al fallito, se non è possibile procedere alla comunicazione con modalità telematica, la notizia dell'approvazione è comunicata mediante lettera raccomandata con avviso di ricevimento. Con decreto da pubblicarsi a norma dell'articolo 17, fissa un termine non inferiore a quindici giorni e non superiore a trenta giorni per la proposizione di eventuali opposizioni, anche da parte di qualsiasi altro interessato, e per il deposito da parte del comitato dei creditori di una relazione motivata col suo parere definitivo. Se il comitato dei creditori non provvede nel termine, la relazione è redatta e depositata dal curatore nei sette giorni successivi (2).

L'opposizione e la richiesta di omologazione si propongono con ricorso a norma dell'articolo 26.

Se nel termine fissato non vengono proposte opposizioni, il tribunale, verificata la regolarità della procedura e l'esito della votazione, omologa il concordato con decreto motivato non soggetto a gravame.

Se sono state proposte opposizioni, il tribunale assume i mezzi istruttori richiesti dalle parti o disposti di ufficio, anche delegando uno dei componenti del collegio. Nell'ipotesi di cui al secondo periodo del primo comma dell'articolo 128, se un creditore appartenente ad una classe dissenziente contesta la convenienza della proposta, il tribunale può omologare il concordato qualora ritenga che il credito possa risultare soddisfatto dal concordato in misura non inferiore rispetto alle alternative concretamente praticabili.

Il tribunale provvede con decreto motivato pubblicato a norma dell'articolo 17.

(1) *Questo articolo, già sostituito dall'art. 119 del D.L.vo 9 gennaio 2006, n. 5, è stato ora così sostituito dall'art. 9, comma 8, del D.L.vo 12 settembre 2007, n. 169, a decorrere dal 1° gennaio 2008.*

(2) *Questo comma è stato così sostituito dall'art. 17, comma 1, lett.* o), *del D.L. 18 ottobre 2012, n. 179, convertito, con modificazioni, nella L. 17 dicembre 2012, n. 221. A norma dell'art. 17, commi 4 e 5 del medesimo decreto, tali disposizioni si applicano dalla data di entrata in vigore della legge di conversione del predetto decreto, anche alle procedure di fallimento, di concordato preventivo, di liquidazione coatta amministrativa e di amministrazione straordinaria pendenti, rispetto alle quali, alla stessa data, non è stata effettuata la comunicazione rispettivamente prevista dagli articoli 92, 171, 207 del regio decreto 16 marzo 1942, n. 267 e dall'articolo 22 decreto legislativo 8 luglio 1999, n. 270. Per le procedure in cui, alla data di entrata in vigore della legge di conversione del predetto decreto, sia stata effettuata la comunicazione di cui al comma 4, le disposizioni di cui ai commi 1 e 2 del presente articolo si applicano a decorrere dal 31 ottobre 2013. Il curatore, il commissario giudiziale, il commissario liquidatore e il commissario straordinario entro il 30 giugno 2013 comunicano ai creditori e ai terzi titolari di diritti sui beni il loro indirizzo di posta elettronica certificata e li invitano a comunicare, entro tre mesi, l'indirizzo di posta elettronica certificata al quale ricevere tutte le comunicazioni relative alla procedura, avvertendoli di rendere nota ogni successiva variazione e che in caso di omessa indicazione le comunicazioni sono eseguite esclusivamente mediante deposito in cancelleria.*

130. (1) **Efficacia del decreto.** – La proposta di concordato diventa efficace dal momento in cui scadono i termini per opporsi all'omologazione, o dal momento in cui si esauriscono le impugnazioni previste dall'articolo 129.

Quando il decreto di omologazione diventa definitivo, il curatore rende conto della gestione ai sensi dell'articolo 116 ed il tribunale dichiara chiuso il fallimento.

(1) *Questo articolo è stato così sostituito dall'art. 120 del D.L.vo 9 gennaio 2006, n. 5, a decorrere dal 16 luglio 2006.*

131. (1) **Reclamo.** – Il decreto del tribunale è reclamabile dinanzi alla corte di appello che pronuncia in camera di consiglio.

Il reclamo è proposto con ricorso da depositarsi nella cancelleria della corte d'appello nel termine perentorio di trenta giorni dalla notificazione del decreto fatta dalla cancelleria del tribunale.

Esso deve contenere i requisiti prescritti dall'articolo 18, secondo comma, numeri 1), 2), 3) e 4).

Il presidente, nei cinque giorni successivi al deposito del ricorso, designa il relatore, e fissa con decreto l'udienza di comparizione entro sessanta giorni dal deposito del ricorso.

Il ricorso, unitamente al decreto di fissazione dell'udienza, deve essere notificato, a cura del reclamante, entro dieci giorni dalla comunicazione del decreto, al curatore e alle altre parti, che si identificano, se non sono reclamanti, nel fallito, nel proponente e negli opponenti.

Tra la data della notificazione e quella dell'udienza deve intercorrere un termine non minore di trenta giorni.

Le parti resistenti devono costituirsi almeno dieci giorni prima della udienza, eleggendo il domicilio nel comune in cui ha sede la corte d'appello.

La costituzione si effettua mediante il deposito in cancelleria di una memoria contenente l'esposizione delle difese in fatto e in diritto, nonché l'indicazione dei mezzi di prova e dei documenti prodotti.

L'intervento di qualunque interessato non può aver luogo oltre il termine stabilito per la costituzione delle parti resistenti, con le modalità per queste previste.

All'udienza, il collegio, sentite le parti, assume, anche d'ufficio, i mezzi di prova, eventualmente delegando un suo componente.

La corte provvede con decreto motivato.

Il decreto è pubblicato a norma dell'articolo 17 e notificato alle parti, a cura della cancelleria, ed è impugnabile con ricorso per cassazione entro trenta giorni dalla notificazione.

(¹) *Questo articolo, già sostituito dall'art. 121 del D.L.vo 9 gennaio 2006, n. 5, è stato ora così sostituito dall'art. 9, comma 9, del D.L.vo 12 settembre 2007, n. 169, a decorrere dal 1° gennaio 2008.*

132. (¹) **[Intervento del pubblico ministero.** – Il pubblico ministero interviene sia nel giudizio di primo grado sia nel giudizio di appello].

(¹) *Questo articolo è stato abrogato dall'art. 122 del D.L.vo 9 gennaio 2006, n. 5, a decorrere dal 16 luglio 2006.*

133. (¹) **[Spese per l'omologazione.** – Alle spese di omologazione si provvede con le somme liquide del fallimento, mediante prelevamenti disposti dal giudice delegato.

Se non vi sono somme liquide, il giudice dispone che si proceda alle spese di omologazione con prenotazione a debito. Per il rimborso delle spese anticipate dall'erario si provvede a norma dell'art. 91].

(¹) *Questo articolo è stato abrogato dall'art. 122 del D.L.vo 9 gennaio 2006, n. 5, a decorrere dal 16 luglio 2006.*

134. (¹) **[Rendiconto del curatore.** – Appena la sentenza di omologazione è passata in giudicato, il curatore deve rendere il conto a norma dell'art. 116].

(¹) *Questo articolo è stato abrogato dall'art. 122 del D.L.vo 9 gennaio 2006, n. 5, a decorrere dal 16 luglio 2006.*

135. Effetti del concordato. – Il concordato omologato è obbligatorio per tutti i creditori anteriori all'apertura del fallimento, compresi quelli che non hanno presentato domanda di ammissione al passivo. A questi però non si estendono le garanzie date nel concordato da terzi.

I creditori conservano la loro azione per l'intero credito contro i coobbligati, i fideiussori del fallito e gli obbligati in via di regresso.

136. Esecuzione del concordato. – Dopo l'omologazione del concordato il giudice delegato, il curatore e il comitato dei creditori ne sorvegliano l'adempimento, secondo le modalità stabilite nel decreto (¹) di omologazione.

Le somme spettanti ai creditori contestati, condizionali o irreperibili sono depositate nei modi stabiliti dal giudice delegato.

Accertata la completa esecuzione del concordato, il giudice delegato ordina lo svincolo delle cauzioni e la cancellazione delle ipoteche iscritte a garanzia e adotta ogni misura idonea per il conseguimento delle finalità del concordato (²).

Il provvedimento è pubblicato ed affisso ai sensi dell'art. 17. Le spese sono a carico del debitore.

(¹) *Le parole: «nella sentenza» sono state così sostituite dalle attuali: «nel decreto» dall'art. 123, comma 1, lett. a), del D.L.vo 9 gennaio 2006, n. 5, a decorrere dal 16 luglio 2006.*

(²) *Questo comma è stato così sostituito dall'art. 123, comma 1, lett. b), del D.L.vo 9 gennaio 2006, n. 5, a decorrere dal 16 luglio 2006.*

137. (¹) **Risoluzione del concordato.** – Se le garanzie promesse non vengono costituite o se il proponente non adempie regolarmente gli obblighi derivanti dal concordato, ciascun creditore può chiederne la risoluzione.

Si applicano le disposizioni dell'articolo 15 in quanto compatibili.

Al procedimento è chiamato a partecipare anche l'eventuale garante.

La sentenza che risolve il concordato riapre la procedura di fallimento ed è provvisoriamente esecutiva.

La sentenza è reclamabile ai sensi dell'articolo 18.

Il ricorso per la risoluzione deve proporsi entro un anno dalla scadenza del termine fissato per l'ultimo adempimento previsto nel concordato.

Le disposizioni di questo articolo non si applicano quando gli obblighi derivanti dal concordato sono stati assunti dal proponente o da uno o più creditori con liberazione immediata del debitore. Non possono proporre istanza di risoluzione i creditori del fallito verso cui il terzo, ai sensi dell'articolo 124, non abbia assunto responsabilità per effetto del concordato.

(1) *Questo articolo, già sostituito dall'art. 124 del D.L.vo 9 gennaio 2006, n. 5, è stato ora così sostituito dall'art. 9, comma 10, del D.L.vo 12 settembre 2007, n. 169, a decorrere dal 1° gennaio 2008.*

138. (1) **Annullamento del concordato.** – Il concordato omologato può essere annullato dal tribunale, su istanza del curatore o di qualunque creditore, in contraddittorio con il debitore, quando si scopre che è stato dolosamente esagerato il passivo, ovvero sottratta o dissimulata una parte rilevante dell'attivo. Non è ammessa alcuna altra azione di nullità. Si procede a norma dell'articolo 137.

La sentenza che annulla il concordato riapre la procedura di fallimento ed è provvisoriamente esecutiva. Essa è reclamabile ai sensi dell'articolo 18.

Il ricorso per l'annullamento deve proporsi nel termine di sei mesi dalla scoperta del dolo e, in ogni caso, non oltre due anni dalla scadenza del termine fissato per l'ultimo adempimento previsto nel concordato.

(1) *Questo articolo è stato così sostituito dall'art. 9, comma 11, del D.L.vo 12 settembre 2007, n. 169, a decorrere dal 1° gennaio 2008.*

139. (1) **Provvedimenti conseguenti alla riapertura.** – La sentenza che riapre la procedura a norma degli articoli 137 e 138 provvede ai sensi dell'articolo 121.

(1) *Questo articolo è stato così sostituito dall'art. 126 del D.L.vo 9 gennaio 2006, n. 5, a decorrere dal 16 luglio 2006.*

140. Effetti della riapertura. – Gli effetti della riapertura sono regolati dagli artt. 122 e 123.

Possono essere riproposte le azioni revocatorie già iniziate e interrotte per effetto del concordato.

I creditori anteriori conservano le garanzie per le somme tuttora ad essi dovute in base al concordato risolto o annullato e non sono tenuti a restituire quanto hanno già riscosso.

Essi concorrono per l'importo del primitivo credito, detratta la parte riscossa in parziale esecuzione del concordato.

141. (1) **Nuova proposta di concordato.** – Reso esecutivo il nuovo stato passivo, il proponente è ammesso a presentare una nuova proposta di concordato. Questo non può tuttavia essere omologato se prima dell'udienza a ciò destinata non sono depositate, nei modi stabiliti dal giudice delegato, le somme occorrenti per il suo integrale adempimento o non sono prestate garanzie equivalenti.

(1) *Questo articolo è stato così sostituito dall'art. 127 del D.L.vo 9 gennaio 2006, n. 5, a decorrere dal 16 luglio 2006.*

Capo IX
Della esdebitazione (1) (2)

(1) *L'originario Capo IX: «DELLA RIABILITAZIONE CIVILE» è stato così sostituito dall'attuale: «DELLA ESDEBITAZIONE» dall'art. 128 del D.L.vo 9 gennaio 2006, n. 5, a decorrere dal 16 luglio 2006.*

(2) *Si veda l'art. 19 del D.L.vo 12 settembre 2007, n. 169, che così dispone:*

«1. Le disposizioni di cui al Capo IX "della esdebitazione" del Titolo II del regio decreto 16 marzo 1942, n. 267 e successive modificazioni, si applicano anche alle procedure di fallimento pendenti alla data di entrata in vigore del decreto legislativo 9 gennaio 2006, n. 5.

«2. Qualora le procedure fallimentari di cui al comma 1 risultino chiuse alla data di entrata in vigore del presente decreto, la domanda di esdebitazione può essere presentata nel termine di un anno dalla medesima data».

142. Esdebitazione. – Il fallito persona fisica è ammesso al beneficio della liberazione dai debiti residui nei confronti dei creditori concorsuali non soddisfatti a condizione che:

1) abbia cooperato con gli organi della procedura, fornendo tutte le informazioni e la documentazione utile all'accertamento del passivo e adoperandosi per il proficuo svolgimento delle operazioni;

2) non abbia in alcun modo ritardato o contribuito a ritardare lo svolgimento della procedura;

3) non abbia violato le disposizioni di cui all'articolo 48;

4) non abbia beneficiato di altra esdebitazione nei dieci anni precedenti la richiesta;

5) non abbia distratto l'attivo o esposto passività insussistenti, cagionato o aggravato il dissesto rendendo gravemente difficoltosa la ricostruzione del patrimonio e del movimento degli affari o fatto ricorso abusivo al credito;

6) non sia stato condannato con sentenza passata in giudicato per bancarotta fraudolenta o per delitti contro l'economia pubblica, l'industria e il commercio, e altri delitti compiuti in connessione con l'esercizio dell'attività d'impresa, salvo che per tali reati sia intervenuta la riabilitazione. Se è in corso il procedimento penale per uno di tali reati, il tribunale sospende il procedimento fino all'esito di quello penale.

L'esdebitazione non può essere concessa qualora non siano stati soddisfatti, neppure in parte, i creditori concorsuali.

Restano esclusi dall'esdebitazione:

a) gli obblighi di mantenimento e alimentari e comunque le obbligazioni derivanti da rapporti estranei all'esercizio dell'impresa (1);

b) i debiti per il risarcimento dei danni da fatto illecito extracontrattuale nonché le sanzioni penali ed amministrative di carattere pecuniario che non siano accessorie a debiti estinti.

Sono salvi i diritti vantati dai creditori nei confronti di coobbligati, dei fideiussori del debitore e degli obbligati in via di regresso.

(1) *Le parole: «non compresi nel fallimento ai sensi dell'articolo 46» sono state così sostituite dalle attuali: «estranei all'esercizio dell'impresa» dall'art. 10, comma 1, del D.L.vo 12 settembre 2007, n. 169, a decorrere dal 1° gennaio 2008.*

143. (1) **Procedimento di esdebitazione.** – Il tribunale, con il decreto di chiusura del fallimento o su ricorso del debitore presentato entro l'anno successivo, verificate le condizioni di cui all'articolo 142 e tenuto altresì conto dei comportamenti collaborativi del medesimo, sentito il curatore ed il comitato dei creditori, dichiara inesigibili nei confronti del debitore già dichiarato fallito i debiti concorsuali non soddisfatti integralmente. Il ricorso e il decreto del tribunale sono comunicati dal curatore ai creditori a mezzo posta elettronica certificata (2).

Contro il decreto che provvede sul ricorso, il debitore, i creditori non integralmente soddisfatti, il pubblico ministero e qualunque interessato possono proporre reclamo a norma dell'articolo 26.

(1) *La Corte costituzionale, con sentenza n. 181 del 30 maggio 2008, ha dichiarato l'illegittimità costituzionale di questo articolo nel testo introdotto a seguito della entrata in vigore del decreto legislativo 9 gennaio 2006, n. 5 (Riforma organica della disciplina delle procedure concorsuali a norma dell'art. 1, comma 5, della legge 14 maggio 2005, n. 80), limitatamente alla parte in cui esso, in caso di procedimento di esdebitazione attivato, ad istanza del debitore già dichiarato fallito, nell'anno successivo al decreto di chiusura del fallimento, non prevede la notificazione, a cura del ricorrente e nelle forme previste dagli artt. 137 e seguenti del codice di procedura civile, ai creditori concorrenti non integralmente soddisfatti, del ricorso col quale il debitore chiede di essere ammesso al beneficio della liberazione dai debiti residui nei confronti dei medesimi creditori, nonché del decreto col quale il giudice fissa l'udienza in camera di consiglio.*

(2) *Questo periodo è stato aggiunto dall'art. 17, comma 1, lett. p), del D.L. 18 ottobre 2012, n. 179, convertito, con modificazioni, nella L. 17 dicembre 2012, n. 221. A norma dell'art. 17, commi 4 e 5 del medesimo decreto tali disposizioni si applicano dalla data di entrata in vigore della legge di conversione del predetto decreto, anche alle procedure di fallimento, di concordato preventivo, di liquidazione coatta amministrativa e di amministrazione straordinaria pendenti, rispetto alle quali, alla stessa data, non è stata effettuata la comunicazione rispettivamente prevista dagli articoli 92, 171, 207 del regio decreto 16 marzo 1942, n. 267 e dall'articolo 22 decreto legislativo 8 luglio 1999, n. 270. Per le procedure in cui, alla data di entrata in vigore della legge di conversione del predetto decreto, sia stata effettuata la comunicazione di cui al comma 4, le disposizioni di cui ai commi 1 e 2 del presente articolo si applicano a decorrere dal 31 ottobre 2013. Il curatore, il commissario giudiziale, il commissario liquidatore e il commissario straordinario entro il 30 giugno 2013 comunicano ai creditori e ai terzi titolari di diritti sui beni il loro indirizzo di posta elettronica certificata e li invitano a comunicare, entro tre mesi, l'indirizzo di posta elettronica certificata al quale ricevere tutte le comunicazioni relative alla procedura, avvertendoli di rendere nota ogni successiva variazione e che in caso di omessa indicazione le comunicazioni sono eseguite esclusivamente mediante deposito in cancelleria.*

144. Esdebitazione per i crediti concorsuali non concorrenti. – Il decreto di accoglimento della domanda di esdebitazione produce effetti anche nei confronti dei creditori anteriori alla apertura della procedura di liquidazione che non hanno presentato la domanda di ammissione al passivo; in tale caso, l'esdebitazione opera per la sola eccedenza alla percentuale attribuita nel concorso ai creditori di pari grado (1).

(1) *Le parole: «rispetto a quanto i creditori avrebbero avuto diritto di percepire nel concorso» sono state così sostituite dalle attuali: «alla percentuale attribuita nel concorso ai creditori di pari grado» dall'art. 10, comma 2, del D.L.vo 12 settembre 2007, n. 169, a decorrere dal 1° gennaio 2008.*

145. (1) **[Condanne penali che ostano alla riabilitazione.** – In nessun caso la riabilitazione può essere concessa se il fallito è stato condannato per bancarotta fraudolenta o per delitti contro il patrimonio, la fede pubblica, l'economia pubblica, l'industria e il commercio, salvo che per tali reati sia intervenuta la riabilitazione prevista dalla legge penale.

Se è in corso il procedimento per uno di tali reati, il tribunale sospende di pronunziare sull'istanza fino all'esito del procedimento].

(1) *Questo articolo è stato abrogato dall'art. 129 del D.L.vo 9 gennaio 2006, n. 5, a decorrere dal 16 luglio 2006.*

Capo X
Del fallimento delle società

146. (1) **Amministratori, direttori generali, componenti degli organi di controllo, liquidatori e soci di società a responsabilità limitata.** – Gli amministratori e i liquidatori della società sono tenuti agli obblighi imposti al fallito dall'articolo 49. Essi devono essere sentiti in tutti i casi in cui la legge richiede che sia sentito il fallito.

Sono esercitate dal curatore previa autorizzazione del giudice delegato, sentito il comitato dei creditori:

a) le azioni di responsabilità contro gli amministratori, i componenti degli organi di controllo, i direttori generali e i liquidatori;

b) l'azione di responsabilità contro i soci della società a responsabilità limitata, nei casi previsti dall'articolo 2476, comma settimo, del codice civile.

(1) *Questo articolo è stato così sostituito dall'art. 130 del D.L.vo 9 gennaio 2006, n. 5, a decorrere dal 16 luglio 2006.*

147. (1) **Società con soci a responsabilità illimitata.** – La sentenza che dichiara il fallimento di una società appartenente ad uno dei tipi regolati nei capi III, IV e VI del titolo V del libro V del codice civile, produce anche il fallimento dei soci, pur se non persone fisiche, illimitatamente responsabili.

Il fallimento dei soci di cui al comma primo non può essere dichiarato decorso un anno dallo scioglimento del rapporto sociale o dalla cessazione della responsabilità illimitata, anche in caso di trasformazione, fusione o scissione, se sono state osservate le formalità per rendere noti ai terzi i fatti indicati. La dichiarazione di fallimento è possibile solo se l'insolvenza della società attenga, in tutto o in parte, a debiti esistenti alla data della cessazione della responsabilità illimitata.

Il tribunale, prima di dichiarare il fallimento dei soci illimitatamente responsabili, deve disporne la convocazione a norma dell'articolo 15.

Se dopo la dichiarazione di fallimento della società risulta l'esistenza di altri soci illimitatamente responsabili, il tribunale, su istanza del curatore, di un creditore, di un socio fallito, dichiara il fallimento dei medesimi.

Allo stesso modo si procede qualora dopo la dichiarazione di fallimento di un imprenditore individuale risulti che l'impresa è riferibile ad una società di cui il fallito è socio illimitatamente responsabile.

Contro la sentenza del tribunale è ammesso reclamo (2) a norma dell'articolo 18.

In caso di rigetto della domanda, contro il decreto del tribunale l'istante può proporre reclamo alla corte d'appello a norma dell'articolo 22.

(1) *Questo articolo è stato così sostituito dall'art. 131 del D.L.vo 9 gennaio 2006, n. 5, a decorrere dal 16 luglio 2006.*

(2) *La parola: «appello» è stata così sostituita dall'attuale: «reclamo» dall'art. 11, comma 1, del D.L.vo 12 settembre 2007, n. 169, a decorrere dal 1° gennaio 2008.*

148. (1) **Fallimento della società e dei soci.** – Nei casi previsti dall'articolo 147, il tribunale nomina, sia per il fallimento della società, sia per quello dei soci un solo giudice delegato e un solo curatore, pur rimanendo distinte le diverse procedure. Possono essere nominati più comitati dei creditori.

Il patrimonio della società e quello dei singoli soci sono tenuti distinti.

Il credito dichiarato dai creditori sociali nel fallimento della società si intende dichiarato per l'intero e con il medesimo eventuale privilegio generale anche nel fallimento dei singoli soci. Il creditore sociale ha diritto di partecipare a tutte le ripartizioni fino all'integrale pagamento, salvo il regresso fra i fallimenti dei soci per la parte pagata in più della quota rispettiva.

I creditori particolari partecipano soltanto al fallimento dei soci loro debitori.

Ciascun creditore può contestare i crediti dei creditori con i quali si trova in concorso.

(1) *Questo articolo è stato così sostituito dall'art. 132 del D.L.vo 9 gennaio 2006, n. 5, a decorrere dal 16 luglio 2006.*

149. Fallimento dei soci. – Il fallimento di uno o più soci illimitatamente responsabili non produce il fallimento della società.

150. Versamenti dei soci a responsabilità limitata. – Nel fallimento delle società con soci a responsabilità limitata il giudice delegato può, su proposta del curatore, ingiungere con decreto ai soci a responsabilità limitata e ai precedenti titolari delle quote o delle azioni di eseguire i versamenti ancora dovuti, quantunque non sia scaduto il termine stabilito per il pagamento.

Contro il decreto emesso a norma del primo comma può essere proposta opposizione ai sensi dell'articolo 645 del codice di procedura civile (1).

(1) *Questo comma è stato aggiunto dall'art. 133, comma 1, del D.L.vo 9 gennaio 2006, n. 5, a decorrere dal 16 luglio 2006.*

151. (1) **Fallimento di società a responsabilità limitata: polizza assicurativa e fideiussione bancaria.** – Nei fallimenti di società a responsabilità limitata il giudice, ricorrendone i presupposti, può autorizzare il curatore ad escutere la polizza assicurativa o la fideiussione bancaria rilasciata ai sensi dell'articolo 2464, quarto e sesto comma, del codice civile.

(1) *Questo articolo è stato così sostituito dall'art. 134 del D.L.vo 9 gennaio 2006, n. 5, a decorrere dal 16 luglio 2006.*

152. Proposta di concordato. – La proposta di concordato per la società fallita è sottoscritta da coloro che ne hanno la rappresentanza sociale.

La proposta e le condizioni del concordato, salva diversa disposizione dell'atto costitutivo o dello statuto:

a) nelle società di persone, sono approvate dai soci che rappresentano la maggioranza assoluta del capitale;

b) nelle società per azioni, in accomandita per azioni e a responsabilità limitata, nonché nelle società cooperative, sono deliberate dagli amministratori (1).

In ogni caso, la decisione o la deliberazione di cui alla lettera *b*), del secondo comma deve risultare da verbale redatto da notaio ed è depositata ed iscritta nel registro delle imprese a norma dell'articolo 2436 del codice civile.

(1) *L'originario secondo comma è stato così sostituito dagli attuali secondo e terzo comma dall'art. 135 del D.L.vo 9 gennaio 2006, n. 5, a decorrere dal 16 luglio 2006.*

153. Effetti del concordato della società. – Salvo patto contrario, il concordato fatto da una società con soci a responsabilità illimitata ha efficacia anche di fronte ai soci e fa cessare il loro fallimento. [Tuttavia i creditori particolari possono apporsi a norma dell'articolo 129, secondo comma, alla chiusura del fallimento del socio loro debitore] (1).

Contro il decreto di chiusura del fallimento del socio è ammesso reclamo a norma dell'articolo 26 (2).

(1) *Le parole fra parentesi quadrate sono state soppresse dall'art. 136, comma 1, lett.* a), *del D.L.vo 9 gennaio 2006, n. 5, a decorrere dal 16 luglio 2006.*

(2) *Questo comma è stato così sostituito dall'art. 136, comma 1, lett.* b), *del D.L.vo 9 gennaio 2006, n. 5, a decorrere dal 16 luglio 2006. Si riporta il testo precedente: «Sull'opposizione decide il tribunale con sentenza in camera di consiglio non soggetta a gravame».*

154. Concordato particolare del socio. – Nel fallimento di una società con soci a responsabilità illimitata, ciascuno dei soci dichiarato fallito può proporre un concordato ai creditori sociali e particolari concorrenti nel proprio fallimento.

Capo XI
Dei patrimoni destinati ad uno specifico affare (1)

(1) *L'originaria rubrica: «DEL PROCEDIMENTO SOMMARIO» è stata così sostituita dall'art. 137 del D.L.vo 9 gennaio 2006, n. 5, a decorrere dal 16 luglio 2006.*

155. (1) **Patrimoni destinati ad uno specifico affare.** – Se è dichiarato il fallimento della società, l'amministrazione del patrimonio destinato previsto dall'articolo 2447 *bis*, primo comma, lettera *a*), del codice civile è attribuita al curatore che vi provvede con gestione separata.

Il curatore provvede a norma dell'articolo 107 alla cessione a terzi del patrimonio, al fine di conservarne la funzione produttiva. Se la cessione non è possibile, il curatore provvede alla liquidazione del patrimonio secondo le regole della liquidazione della società in quanto compatibili.

Il corrispettivo della cessione al netto dei debiti del patrimonio o il residuo attivo della liquidazione sono acquisiti dal curatore nell'attivo fallimentare, detratto quanto spettante ai terzi che vi abbiano effettuato apporti, ai sensi dell'articolo 2447 *ter*, primo comma, lettera *d*), del codice civile.

(1) *Questo articolo è stato così sostituito dall'art. 138 del D.L.vo 9 gennaio 2006, n. 5, a decorrere dal 16 luglio 2006.*

156. (1) **Patrimonio destinato incapiente; violazione delle regole di separatezza.** – Se a seguito del fallimento della società o nel corso della gestione il curatore rileva che il patrimonio destinato è incapiente provvede, previa autorizzazione del giudice delegato, alla sua liquidazione secondo le regole della liquidazione della società in quanto compatibili.

I creditori particolari del patrimonio destinato possono presentare domanda di insinuazione al passivo del fallimento della società nei casi di responsabilità sussidiaria o illimitata previsti dall'articolo 2447 *quinquies*, terzo e quarto comma, del codice civile.

Se risultano violate le regole di separatezza fra uno o più patrimoni destinati costituiti dalla società e il patrimonio della società medesima, il curatore può agire in responsabilità contro gli amministratori e i componenti degli organi di controllo della società ai sensi dell'articolo 146.

(1) *Questo articolo è stato così sostituito dall'art. 139 del D.L.vo 9 gennaio 2006, n. 5, a decorrere dal 16 luglio 2006.*

157. (1) [**Accertamento del passivo.** – Il curatore forma l'elenco dei creditori in base alle scritture contabili, alle dichiarazioni del debitore e alle altre notizie che può assumere.

L'elenco, con i documenti giustificativi, è trasmesso al giudice, il quale procede alla formazione dello stato passivo e lo rende esecutivo con decreto. Lo stato passivo col decreto del giudice è depositato in cancelleria e chiunque può prenderne visione.

Il curatore dà notizia mediante lettera raccomandata a ciascun creditore, entro tre giorni dal deposito, del provvedimento che lo riguarda.

Entro quindici giorni dal deposito dello stato passivo in cancelleria i creditori non ammessi possono proporre reclamo avanti al giudice. Nello stesso termine possono essere proposte le contestazioni dei crediti ammessi da parte di altri creditori.

Il giudice stabilisce l'udienza di discussione delle contestazioni e dei reclami. Egli tenta di definire amichevolmente le questioni e, in caso di risultato negativo, pronuncia unica sentenza].

(1) *Questo articolo è stato abrogato dall'art. 140 del D.L.vo 9 gennaio 2006, n. 5, a decorrere dal 16 luglio 2006.*

158. (1) [**Domande di rivendicazione, restituzione e separazione di cose mobili.** – Le disposizioni dell'articolo precedente si applicano anche alle domande di rivendicazione, restituzione e separazione di cose mobili possedute dal fallito].

(1) *Questo articolo è stato abrogato dall'art. 140 del D.L.vo 9 gennaio 2006, n. 5, a decorrere dal 16 luglio 2006.*

159. (1) [**Concordato.** – La proposta del concordato è approvata se riporta il consenso della maggioranza di numero e di somma dei creditori che hanno diritto al voto.

Il giudice, accertato il concorso delle maggioranze indicate nel comma precedente e qualora ritenga tuttora conveniente il concordato, lo approva con decreto e dispone per la sua esecuzione.

Contro il decreto che approva o respinge il concordato non è ammesso gravame].

(1) *Questo articolo è stato abrogato dall'art. 140 del D.L.vo 9 gennaio 2006, n. 5, a decorrere dal 16 luglio 2006.*

Titolo III
Del concordato preventivo e degli accordi di ristrutturazione (1)

(1) *Le parole: «E DEGLI ACCORDI DI RISTRUTTURAZIONE» sono state aggiunte dall'art. 2, comma 1, lett. c), del D.L. 14 marzo 2005, n. 35, convertito, con modificazioni, nella L. 14 maggio 2005, n. 80.*

Capo I
Dell'ammissione alla procedura di concordato preventivo

160. (1) **Presupposti** (2) **per l'ammissione alla procedura.** – L'imprenditore che si trova in stato di crisi può proporre ai creditori un concordato preventivo sulla base di un piano che può prevedere:

a) la ristrutturazione dei debiti e la soddisfazione dei crediti attraverso qualsiasi forma, anche mediante cessione dei beni, accollo, o altre operazioni straordinarie, ivi compresa l'attribuzione ai creditori, nonché a società da questi partecipate, di azioni, quote, ovvero obbligazioni, anche convertibili in azioni, o altri strumenti finanziari e titoli di debito;

b) l'attribuzione delle attività delle imprese interessate dalla proposta di concordato ad un assuntore; possono costituirsi come assuntori anche i creditori o società da questi partecipate o da costituire nel corso della procedura, le azioni delle quali siano destinate ad essere attribuite ai creditori per effetto del concordato;

c) la suddivisione dei creditori in classi secondo posizione giuridica e interessi economici omogenei;

d) trattamenti differenziati tra creditori appartenenti a classi diverse.

La proposta può prevedere che i creditori muniti di privilegio, pegno o ipoteca, non vengano soddisfatti integralmente, purché il piano ne preveda la soddisfazione in misura non inferiore a quella realizzabile, in ragione della collocazione preferenziale, sul ricavato in caso di liquidazione, avuto riguardo al valore di mercato attribuibile ai beni o diritti sui quali sussiste la causa di prelazione indicato nella relazione giurata di un professionista in possesso dei requisiti di cui all'art. 67, terzo comma, lettera *d*). Il trattamento stabilito per ciascuna classe non può avere l'effetto di alterare l'ordine delle cause legittime di prelazione ([3]).

Ai fini di cui al primo comma per stato di crisi si intende anche lo stato di insolvenza ([4]).

In ogni caso la proposta di concordato deve assicurare il pagamento di almeno il venti per cento dell'ammontare dei crediti chirografari. La disposizione di cui al presente comma non si applica al concordato con continuità aziendale di cui all'articolo 186 *bis* ([5]).

([1]) *Questo articolo è stato così sostituito dall'art. 2, comma 1, lett.* d), *del D.L. 14 marzo 2005, n. 35, convertito, con modificazioni, nella L. 14 maggio 2005, n. 80.*

A norma dell'art. 2, comma 2 bis, *dello stesso provvedimento, queste disposizioni si applicano altresì ai procedimenti di concordato preventivo pendenti e non ancora omologati alla data di entrata in vigore del predetto decreto.*

([2]) *La parola: «Condizioni» è stata così sostituita dall'attuale: «Presupposti» dall'art. 12, comma 1, del D.L.vo 12 settembre 2007, n. 169, a decorrere dal 1° gennaio 2008.*

([3]) *Questo comma è stato inserito dall'art. 12, comma 2, del D.L.vo 12 settembre 2007, n. 169, a decorrere dal 1° gennaio 2008.*

([4]) *Questo comma è stato aggiunto dall'art. 36, del D.L. 30 dicembre 2005, n. 273, convertito, con modificazioni, nella L. 23 febbraio 2006, n. 51.*

([5]) *Questo comma è stato aggiunto dall'art. 4, comma 1, lett.* a), *del D.L. 27 giugno 2015, n. 83, convertito, con modificazioni, nella L. 6 agosto 2015, n. 132.*

A norma dell'art. 23, comma 1, del medesimo provvedimento, queste disposizioni si applicano ai procedimenti di concordato preventivo introdotti successivamente all'entrata in vigore della legge di conversione del presente decreto.

161. ([1]) **Domanda di concordato.** – La domanda per l'ammissione alla procedura di concordato preventivo è proposta con ricorso, sottoscritto dal debitore, al tribunale del luogo in cui l'impresa ha la propria sede principale; il trasferimento della stessa intervenuto nell'anno antecedente al deposito del ricorso non rileva ai fini della individuazione della competenza.

Il debitore deve presentare con il ricorso:

a) una aggiornata relazione sulla situazione patrimoniale, economica e finanziaria dell'impresa;

b) uno stato analitico ed estimativo delle attività e l'elenco nominativo dei creditori, con l'indicazione dei rispettivi crediti e delle cause di prelazione;

c) l'elenco dei titolari dei diritti reali o personali su beni di proprietà o in possesso del debitore;

d) il valore dei beni e i creditori particolari degli eventuali soci illimitatamente responsabili;

e) un piano contenente la descrizione analitica delle modalità e dei tempi di adempimento della proposta; in ogni caso, la proposta deve indicare l'utilità specificamente individuata ed economicamente valutabile che il proponente si obbliga ad assicurare a ciascun creditore ([2]) ([3]).

Il piano e la documentazione di cui ai commi precedenti devono essere accompagnati dalla relazione di un professionista, designato dal debitore, ([4]) in possesso dei requisiti di cui all'art. 67, terzo comma, lett. *d*), che attesti la veridicità dei dati aziendali e la fattibilità del piano medesimo. Analoga relazione deve essere presentata nel caso di modifiche sostanziali della proposta o del piano ([5]) ([6]).

Per la società la domanda deve essere approvata e sottoscritta a norma dell'articolo 152.

La domanda di concordato è comunicata al pubblico ministero ed è pubblicata, a cura del cancelliere, nel registro delle imprese entro il giorno successivo al deposito in cancelleria ([7]). Al pubblico ministero è trasmessa altresì copia degli atti e documenti depositati a norma del secondo e del terzo comma, nonché copia della relazione del commissario giudiziale prevista dall'articolo 172 ([8]) ([9]).

L'imprenditore può depositare il ricorso contenente la domanda di concordato unitamente ai bilanci relativi agli ultimi tre esercizi e all'elenco nominativo dei creditori con l'indicazione dei rispettivi crediti ([10]), riservandosi di presentare la proposta, il piano e la documentazione di cui ai commi secondo e terzo entro un termine fissato dal giudice, compreso fra sessanta e centoventi giorni e prorogabile, in presenza di giustificati motivi, di non oltre sessanta giorni. Nello stesso termine, in alternativa e con conservazione sino all'omologazione degli effetti prodotti dal ricorso, il debitore può depositare domanda ai sensi dell'articolo 182 *bis*, primo comma. In mancanza, si applica l'articolo 162, commi secondo e terzo. Con decreto motivato che fissa il termine di cui al primo periodo il tribunale può nominare il commissario giudiziale di cui all'articolo 163, secondo comma, n. 3; si applica l'articolo 170, secondo comma ([11]). Il commissario giudiziale, quando accerta che il debitore ha posto in essere una delle condotte previste dall'articolo 173, deve riferirne immediatamente al tribunale che, nelle forme del procedimento di cui all'articolo 15 e verificata la sussistenza delle condotte stesse, può, con decreto, dichiarare improcedibile la domanda e, su istanza del creditore o su richiesta del pubblico ministero, accertati i presupposti di cui agli articoli 1 e 5, dichiara il fallimento del debitore con contestuale sentenza reclamabile a norma dell'articolo 18 ([11]) ([12]) ([13]) ([14]).

Dopo il deposito del ricorso e fino al decreto di cui all'articolo 163 il debitore può compiere gli atti urgenti di straordinaria amministrazione previa autorizzazione del tribunale, il quale può assumere sommarie informazioni e deve acquisire il parere del commissario giudiziale, se nominato ([15]). Nello stesso periodo e a decorrere dallo stesso termine il debitore può altresì compiere gli atti di ordinaria amministrazione. I crediti di terzi eventualmente sorti per effetto degli atti legalmente compiuti dal debitore sono prededucibili ai sensi dell'articolo 111 ([12]).

Con il decreto che fissa il termine di cui al sesto comma, primo periodo, il tribunale deve disporre gli obblighi informativi periodici, anche relativi alla gestione finanziaria dell'impresa e all'attività compiuta ai fini della predisposizione della proposta e del piano, che il debitore deve assolvere, con periodicità almeno mensile e sotto la vigilanza del commissario giudiziale se nominato, sino alla scadenza del termine fissato. Il debitore, con periodicità mensile, deposita una situazione finanziaria dell'impresa che, entro il giorno successivo, è pubblicata nel registro delle imprese a cura del cancelliere. In caso di violazione di tali obblighi, si applica l'articolo 162, commi secondo e terzo. Quando risulta che l'attività compiuta dal debitore è manifestamente inidonea alla predisposizione della proposta e del piano, il tribunale, anche d'ufficio, sentito il debitore e il commissario giudiziale se nominato, abbrevia il termine fissato con il decreto di cui al sesto comma, primo periodo. Il tribunale può in ogni momento sentire i creditori ([16]).

La domanda di cui al sesto comma è inammissibile quando il debitore, nei due anni precedenti, ha presentato altra domanda ai sensi del medesimo comma alla quale non abbia fatto seguito l'ammissione alla procedura di concordato preventivo o l'omologazione dell'accordo di ristrutturazione dei debiti ([12]).

Fermo restando quanto disposto dall'articolo 22, primo comma, quando pende il procedimento per la dichiarazione di fallimento il termine di cui al sesto comma del presente articolo è di sessanta giorni, prorogabili, in presenza di giustificati motivi, di non oltre sessanta giorni ([12]).

([1]) *Questo articolo è stato così sostituito dall'art. 2, comma 1, lett. e), del D.L. 14 marzo 2005, n. 35, convertito, con modificazioni, nella L. 14 maggio 2005, n. 80.*

A norma dell'art. 2, comma 2 bis, dello stesso provvedimento, queste disposizioni si applicano altresì ai procedimenti di concordato preventivo pendenti e non ancora omologati alla data di entrata in vigore del predetto decreto.

([2]) *Le parole: «; in ogni caso, la proposta deve indicare l'utilità specificamente individuata ed economicamente valutabile che il proponente si obbliga ad assicurare a ciascun creditore» sono state aggiunte dall'art. 4, comma 1, lett. b), n. 1), del D.L. 27 giugno 2015, n. 83, convertito, con modificazioni, nella L. 6 agosto 2015, n. 132.*

A norma dell'art. 23, comma 1, del medesimo provvedimento, queste disposizioni si applicano ai procedimenti di concordato preventivo introdotti successivamente all'entrata in vigore della legge di conversione del presente decreto.

([3]) *Questa lettera è stata aggiunta dall'art. 33, comma 1, lett. b), n. 1), del D.L. 22 giugno 2012, n. 83, convertito, con modificazioni, nella L. 7 agosto 2012, n. 134. A norma dell'art. 33, comma 3, del medesimo decreto tali disposizioni si applicano ai procedimenti di concordato preventivo e per l'omologazione di accordi di ristrutturazione dei debiti introdotti dal trentesimo giorno successivo a quello di entrata in vigore della legge di conversione del presente decreto, nonché ai piani di cui al comma 1, lettera a), n. 1) elaborati successivamente al predetto termine.*

([4]) *Le parole: «, designato dal debitore,» sono state aggiunte dall'art. 33, comma 1, lett. b), n. 2), punto a), del D.L. 22 giugno 2012, n. 83, convertito, con modificazioni, nella L. 7 agosto 2012, n. 134. A norma dell'art. 33, comma 3, del medesimo decreto tali disposizioni si applicano ai procedimenti di concordato preventivo e per l'omologazione di accordi di ristrutturazione dei debiti introdotti dal trentesimo giorno successivo a quello di entrata in vigore della legge di conversione del presente decreto, nonché ai piani di cui al comma 1, lettera a), n. 1), elaborati successivamente al predetto termine.*

([5]) *Questo periodo è stato aggiunto dall'art. 33, comma 1, lett. b), n. 2), punto b), del D.L. 22 giugno 2012, n. 83, convertito, con modificazioni, nella L. 7 agosto 2012, n. 134. A norma dell'art. 33, comma 3, del medesimo decreto tali disposizioni si applicano ai procedimenti di concordato preventivo e per l'omologazione di accordi di ristrutturazione dei debiti introdotti dal trentesimo giorno successivo a quello di entrata in vigore della legge di conversione del presente decreto, nonché ai piani di cui al comma 1, lettera a), n. 1), elaborati successivamente al predetto termine.*

([6]) *Questo comma è stato così sostituito dall'art. 12, comma 3, lett. a), del D.L.vo 12 settembre 2007, n. 169, a decorrere dal 1° gennaio 2008. Si riporta il testo precedente:*

«Il piano e la documentazione di cui ai commi precedenti devono essere accompagnati dalla relazione di un professionista di cui all'articolo 28 che attesti la veridicità dei dati aziendali e la fattibilità del piano medesimo».

([7]) *Le parole: «ed è pubblicata, a cura del cancelliere, nel registro delle imprese entro il giorno successivo al deposito in cancelleria» sono state aggiunte dall'art.*

33, comma 1, lett. b), n. 3), del D.L. 22 giugno 2012, n. 83, convertito, con modificazioni, nella L. 7 agosto 2012, n. 134. A norma dell'art. 33, comma 3, del medesimo decreto tali disposizioni si applicano ai procedimenti di concordato preventivo e per l'omologazione di accordi di ristrutturazione dei debiti introdotti dal trentesimo giorno successivo a quello di entrata in vigore della legge di conversione del presente decreto, nonché ai piani di cui al comma 1, lettera a), n. 1), elaborati successivamente al predetto termine.

(8) Questo periodo è stato aggiunto dall'art. 4, comma 1, lett. b), n. 2), del D.L. 27 giugno 2015, n. 83, convertito, con modificazioni, nella L. 6 agosto 2015, n. 132.

A norma dell'art. 23, comma 1, del medesimo provvedimento, queste disposizioni si applicano ai procedimenti di concordato preventivo introdotti successivamente all'entrata in vigore della legge di conversione del presente decreto.

(9) Questo comma è stato aggiunto dall'art. 12, comma 3, lett. b), del D.L.vo 12 settembre 2007, n. 169, a decorrere dal 1° gennaio 2008.

(10) Le parole: «e all'elenco nominativo dei creditori con l'indicazione dei rispettivi crediti» sono state aggiunte dall'art. 82, comma 1, lett. a), del D.L. 21 giugno 2013, n. 69, convertito, con modificazioni, nella L. 9 agosto 2013, n. 98.

(11) Questo periodo è stato aggiunto dall'art. 82, comma 1, lett. b), del D.L. 21 giugno 2013, n. 69, convertito, con modificazioni, nella L. 9 agosto 2013, n. 98.

(12) Questo comma è stato aggiunto dall'art. 33, comma 1, lett. b), n. 4), del D.L. 22 giugno 2012, n. 83, convertito, con modificazioni, nella L. 7 agosto 2012, n. 134. A norma dell'art. 33, comma 3, del medesimo decreto tali disposizioni si applicano ai procedimenti di concordato preventivo e per l'omologazione di accordi di ristrutturazione dei debiti introdotti dal trentesimo giorno successivo a quello di entrata in vigore della legge di conversione del presente decreto, nonché ai piani di cui al comma 1, lettera a), n. 1), elaborati successivamente al predetto termine.

(13) A norma dell'art. 22, comma 1, del D.L. 24 agosto 2021, n. 118, convertito, con modificazioni, nella L. 21 ottobre 2021, n. 147, dalla data di entrata in vigore del medesimo decreto e fino alla scadenza del termine previsto dall'articolo 1 del decreto legge 25 marzo 2020, n. 19, convertito, con modificazioni, dalla legge 22 maggio 2020, n. 35, il termine fissato da questo comma è compreso fra sessanta e centoventi giorni anche quando pende il procedimento per la dichiarazione di fallimento ed è prorogabile, in presenza di giustificati motivi, di non oltre sessanta giorni.

(14) A norma dell'art. 23, comma 2, del D.L. 24 agosto 2021, n. 118, convertito, con modificazioni, nella L. 21 ottobre 2021, n. 147, l'istanza di cui all'articolo 2, comma 1, del medesimo decreto (Composizione negoziata per la soluzione della crisi d'impresa), non può essere presentata dall'imprenditore in pendenza del procedimento introdotto con domanda di omologazione di un accordo di ristrutturazione, con ricorso per l'ammissione al concordato preventivo, anche ai sensi di cui a questo comma, con ricorso depositato ai sensi dell'articolo 182 bis, sesto comma, di cui a questo decreto, o con ricorso per l'accesso alle procedure di accordo di ristrutturazione dei debiti o di liquidazione dei beni di cui agli articoli 7 e 14 ter della legge 27 gennaio 2012, n. 3.

Il predetto art. 23, comma 2, è stato abrogato dall'art. 46 del D.L.vo 17 giugno 2022, n. 83.

(15) Le parole: «e deve acquisire il parere del commissario giudiziale, se nominato» sono state inserite dall'art. 82, comma 2, del D.L. 21 giugno 2013, n. 69, convertito, con modificazioni, nella L. 9 agosto 2013, n. 98.

(16) Questo comma aggiunto dall'art. 33, comma 1, lett. b), n. 4), del D.L. 22 giugno 2012, n. 83, convertito, con modificazioni, nella L. 7 agosto 2012, n. 134, è stato così sostituito dall'art. 82, comma 3, del D.L. 21 giugno 2013, n. 69, convertito, con modificazioni, nella L. 9 agosto 2013, n. 98.

162. (1) **Inammissibilità della proposta.** – Il Tribunale può concedere al debitore un termine non superiore a quindici giorni per apportare integrazioni al piano e produrre nuovi documenti.

Il Tribunale, se all'esito del procedimento verifica che non ricorrono i presupposti di cui agli articoli 160, commi primo e secondo, e 161, sentito il debitore in camera di consiglio, con decreto non soggetto a reclamo dichiara inammissibile la proposta di concordato. In tali casi il Tribunale, su istanza del creditore o su richiesta del pubblico ministero, accertati i presupposti di cui agli articoli 1 e 5 dichiara il fallimento del debitore.

Contro la sentenza che dichiara il fallimento è proponibile reclamo a norma dell'articolo 18. Con il reclamo possono farsi valere anche motivi attinenti all'ammissibilità della proposta di concordato.

(1) Questo articolo è stato così sostituito dall'art. 12, comma 4, del D.L.vo 12 settembre 2007, n. 169, a decorrere dal 1° gennaio 2008.

163. (1) (2) **Ammissione alla procedura e proposte concorrenti** (3). – Il tribunale, ove non abbia provveduto a norma dell'articolo 162, commi primo e secondo, (4) con decreto non soggetto a reclamo, dichiara aperta la procedura di concordato preventivo; ove siano previste diverse classi di creditori, il tribunale provvede analogamente previa valutazione della correttezza dei criteri di formazione delle diverse classi.

Con il provvedimento di cui al primo comma, il tribunale:

1) delega un giudice alla procedura di concordato;

2) ordina la convocazione dei creditori non oltre centoventi (5) giorni dalla data del provvedimento e stabilisce il termine per la comunicazione di questo ai creditori;

2 *bis*) in relazione al numero dei creditori e alla entità del passivo, può stabilire che l'adunanza sia svolta in via telematica con modalità idonee a salvaguardare il contraddittorio e l'effettiva partecipazione dei cre-

ditori, anche utilizzando le strutture informatiche messe a disposizione della procedura da soggetti terzi (6);

3) nomina il commissario giudiziale osservate le disposizioni degli articoli 28 e 29;

4) stabilisce il termine non superiore a quindici giorni entro il quale il ricorrente deve depositare nella cancelleria del tribunale la somma pari al 50 per cento delle spese che si presumono necessarie per l'intera procedura, ovvero la diversa minor somma, non inferiore al 20 per cento di tali spese, che sia determinata dal giudice. Su proposta del commissario giudiziale, il giudice delegato può disporre che le somme riscosse vengano investite secondo quanto previsto dall'articolo 34, primo comma (7);

4 *bis*) ordina al ricorrente di consegnare al commissario giudiziale entro sette giorni copia informatica o su supporto analogico delle scritture contabili e fiscali obbligatorie (8).

Qualora non sia eseguito il deposito prescritto, il commissario giudiziale provvede a norma dell'articolo 173, primo comma (9).

Uno o più creditori che, anche per effetto di acquisti successivi alla presentazione della domanda di cui all'articolo 161, rappresentano almeno il dieci per cento dei crediti risultanti dalla situazione patrimoniale depositata ai sensi dell'articolo 161, secondo comma, lettera *a*), possono presentare una proposta concorrente di concordato preventivo e il relativo piano non oltre trenta giorni prima dell'adunanza dei creditori. Ai fini del computo della percentuale del dieci per cento, non si considerano i crediti della società che controlla la società debitrice, delle società da questa controllate e di quelle sottoposte a comune controllo. La relazione di cui al comma terzo dell'articolo 161 può essere limitata alla fattibilità del piano per gli aspetti che non siano già oggetto di verifica da parte del commissario giudiziale, e può essere omessa qualora non ve ne siano (10).

Le proposte di concordato concorrenti non sono ammissibili se nella relazione di cui all'articolo 161, terzo comma, il professionista attesta che la proposta di concordato del debitore assicura il pagamento di almeno il quaranta per cento dell'ammontare dei crediti chirografari o, nel caso di concordato con continuità aziendale di cui all'articolo 186 *bis*, di almeno il trenta per cento dell'ammontare dei crediti chirografari. La proposta può prevedere l'intervento di terzi e, se il debitore ha la forma di società per azioni o a responsabilità limitata, può prevedere un aumento di capitale della società con esclusione o limitazione del diritto d'opzione (10).

I creditori che presentano una proposta di concordato concorrente hanno diritto di voto sulla medesima solo se collocati in una autonoma classe (10).

Qualora la proposta concorrente preveda diverse classi di creditori essa, prima di essere comunicata ai creditori ai sensi del secondo comma dell'articolo 171, deve essere sottoposta al giudizio del tribunale che verifica la correttezza dei criteri di formazione delle diverse classi (10).

(1) *Questo articolo è stato così sostituito dall'art. 2, comma 1, lett.* f), *del D.L. 14 marzo 2005, n. 35, convertito, con modificazioni, nella L. 14 maggio 2005, n. 80.*

A norma dell'art. 2, comma 2 bis, *dello stesso provvedimento, queste disposizioni si applicano altresì ai procedimenti di concordato preventivo pendenti e non ancora omologati alla data di entrata in vigore del predetto decreto.*

(2) *A norma dell'art. 17, comma 2* bis, *del D.L. 18 ottobre 2012, n. 179, convertito, con modificazioni, nella L. 17 dicembre 2012, n. 221, così come modificato dall'art. 1, comma 19, n. 3), della L. 24 dicembre 2012, n. 228, il curatore, il commissario giudiziale nominato a norma di questo articolo, il commissario liquidatore e il commissario giudiziale nominato a norma dell'articolo 8 del decreto legislativo 8 luglio 1999, n. 270, entro dieci giorni dalla nomina, comunicano al registro delle imprese, ai fini dell'iscrizione, il proprio indirizzo di posta elettronica certificata.*

(3) *Le parole: «e proposte concorrenti» sono state aggiunte dall'art. 3, comma 1, lett.* a), *del D.L. 27 giugno 2015, n. 83, convertito, con modificazioni, nella L. 6 agosto 2015, n. 132.*

A norma dell'art. 23, comma 1, del medesimo provvedimento, queste disposizioni si applicano ai procedimenti di concordato preventivo introdotti successivamente all'entrata in vigore della legge di conversione del presente decreto.

(4) *Le parole: «verificata la completezza e la regolarità della documentazione» sono state così sostituite dalle attuali: «ove non abbia provveduto a norma dell'articolo 162, commi primo e secondo,» dall'art. 12, comma 5, lett.* a), *del D.L.vo 12 settembre 2007, n. 169, a decorrere dal 1° gennaio 2008.*

(5) *La parola: «trenta» è stata così sostituita dalla seguente: «centoventi» dall'art. 3, comma 1, lett.* b), *del D.L. 27 giugno 2015, n. 83, convertito, con modificazioni, nella L. 6 agosto 2015, n. 132.*

A norma dell'art. 23, comma 1, del medesimo provvedimento, queste disposizioni si applicano ai procedimenti di concordato preventivo introdotti successivamente all'entrata in vigore della legge di conversione del presente decreto.

(6) *Questo numero è stato aggiunto dall'art. 6, comma 1, lett.* d), *del D.L. 3 maggio 2016, n. 59, convertito, con modificazioni, nella L. 30 giugno 2016, n. 119.*

(7) *Le parole: «che si presume necessaria per l'intera procedura» sono state così sostituite dalle attuali da: «pari al 50 per cento ...» fino alla fine del comma, dall'art. 12, comma 5, lett.* b), *del D.L.vo 12 settembre 2007, n. 169, a decorrere dal 1° gennaio 2008.*

([8]) *Questo numero è stato aggiunto dall'art. 4, comma 1, lett. c), del D.L. 27 giugno 2015, n. 83, convertito, con modificazioni, nella L. 6 agosto 2015, n. 132.*

A norma dell'art. 23, comma 1, del medesimo provvedimento, queste disposizioni si applicano ai procedimenti di concordato preventivo introdotti successivamente all'entrata in vigore della legge di conversione del presente decreto.

([9]) *Le parole: «quarto comma» sono state così sostituite dalle attuali: «primo comma» dall'art. 12, comma 5, lett. c), del D.L.vo 12 settembre 2007, n. 169, a decorrere dal 1° gennaio 2008.*

([10]) *Questo comma è stato aggiunto dall'art. 3, comma 1, lett. c), del D.L. 27 giugno 2015, n. 83, convertito, con modificazioni, nella L. 6 agosto 2015, n. 132.*

A norma dell'art. 23, comma 1, del medesimo provvedimento, queste disposizioni si applicano ai procedimenti di concordato preventivo introdotti successivamente all'entrata in vigore della legge di conversione del presente decreto.

163 *bis*. ([1]) **Offerte concorrenti.** – Quando il piano di concordato di cui all'articolo 161, secondo comma, lettera e), comprende una offerta da parte di un soggetto già individuato avente ad oggetto il trasferimento in suo favore, anche prima dell'omologazione, verso un corrispettivo in denaro o comunque a titolo oneroso dell'azienda o di uno o più rami d'azienda o di specifici beni, il tribunale dispone la ricerca di interessati all'acquisto disponendo l'apertura di un procedimento competitivo a norma delle disposizioni previste dal secondo comma del presente articolo. Le disposizioni del presente articolo si applicano anche quando il debitore ha stipulato un contratto che comunque abbia la finalità del trasferimento non immediato dell'azienda, del ramo d'azienda o di specifici beni.

Il decreto che dispone l'apertura del procedimento competitivo stabilisce le modalità di presentazione di offerte irrevocabili, prevedendo che ne sia assicurata in ogni caso la comparabilità, i requisiti di partecipazione degli offerenti, le forme e i tempi di accesso alle informazioni rilevanti, gli eventuali limiti al loro utilizzo e le modalità con cui il commissario deve fornirle a coloro che ne fanno richiesta, la data dell'udienza per l'esame delle offerte, le modalità di svolgimento della procedura competitiva, le garanzie che devono essere prestate dagli offerenti e le forme di pubblicità del decreto. Con il medesimo decreto è in ogni caso disposta la pubblicità sul portale delle vendite pubbliche di cui all'articolo 490 del codice di procedura civile ed è stabilito l'aumento minimo del corrispettivo di cui al primo comma del presente articolo che le offerte devono prevedere.

L'offerta di cui al primo comma diviene irrevocabile dal momento in cui viene modificata l'offerta in conformità a quanto previsto dal decreto di cui al presente comma e viene prestata la garanzia stabilita con il medesimo decreto. Le offerte, da presentarsi in forma segreta, non sono efficaci se non conformi a quanto previsto dal decreto e, in ogni caso, quando sottoposte a condizione.

Le offerte sono rese pubbliche all'udienza fissata per l'esame delle stesse, alla presenza degli offerenti e di qualunque interessato. Se sono state presentate più offerte migliorative, il giudice dispone la gara tra gli offerenti. La gara può avere luogo alla stessa udienza o ad un'udienza immediatamente successiva e deve concludersi prima dell'adunanza dei creditori, anche quando il piano prevede che la vendita o l'aggiudicazione abbia luogo dopo l'omologazione. In ogni caso, con la vendita o con l'aggiudicazione, se precedente, a soggetto diverso da colui che ha presentato l'offerta di cui al primo comma, quest'ultimo è liberato dalle obbligazioni eventualmente assunte nei confronti del debitore e in suo favore il commissario dispone il rimborso delle spese e dei costi sostenuti per la formulazione dell'offerta entro il limite massimo del tre per cento del prezzo in essa indicato.

Il debitore deve modificare la proposta e il piano di concordato in conformità all'esito della gara.

La disciplina del presente articolo si applica, in quanto compatibile, anche agli atti da autorizzare ai sensi dell'articolo 161, settimo comma, nonché all'affitto di azienda o di uno o più rami di azienda.

([1]) *Questo articolo è stato aggiunto dall'art. 2, comma 1, del D.L. 27 giugno 2015, n. 83, convertito, con modificazioni, nella L. 6 agosto 2015, n. 132.*

A norma dell'art. 23, comma 1, del medesimo provvedimento, tali disposizioni si applicano ai procedimenti di concordato preventivo introdotti successivamente all'entrata in vigore del presente decreto.

164. ([1]) **Decreti del giudice delegato.** – I decreti del giudice delegato sono soggetti a reclamo a norma dell'articolo 26.

([1]) *Questo articolo è stato così sostituito dall'art. 141 del D.L.vo 9 gennaio 2006, n. 5, a decorrere dal 16 luglio 2006.*

165. Commissario giudiziale. – Il commissario giudiziale è, per quanto attiene all'esercizio delle sue funzioni, pubblico ufficiale.

Si applicano al commissario giudiziale gli artt. 36, 37, 38 e 39.

Il commissario giudiziale fornisce ai creditori che ne fanno richiesta, valutata la congruità della richiesta medesima e previa assunzione di opportuni obblighi di riservatezza, le informazioni utili per la presentazione di proposte concorrenti, sulla base delle scritture contabili e fiscali obbligatorie del debitore, nonché ogni altra informazione rilevante in suo possesso. In ogni caso si applica il divieto di cui all'articolo 124, comma primo, ultimo periodo (1).

La disciplina di cui al terzo comma si applica anche in caso di richieste, da parte di creditori o di terzi, di informazioni utili per la presentazione di offerte ai sensi dell'articolo 163 *bis* (1).

Il commissario giudiziale comunica senza ritardo al pubblico ministero i fatti che possono interessare ai fini delle indagini preliminari in sede penale e dei quali viene a conoscenza nello svolgimento delle sue funzioni (2).

(1) *Questo comma è stato aggiunto dall'art. 3, comma 2, del D.L. 27 giugno 2015, n. 83, convertito, con modificazioni, nella L. 6 agosto 2015, n. 132.*

A norma dell'art. 23, comma 1, del medesimo provvedimento, queste disposizioni si applicano ai procedimenti di concordato preventivo introdotti successivamente all'entrata in vigore della legge di conversione del presente decreto.

(2) *Questo comma è stato aggiunto dall'art. 4, comma 1, lett. d), del D.L. 27 giugno 2015, n. 83, convertito, con modificazioni, nella L. 6 agosto 2015, n. 132.*

A norma dell'art. 23, comma 1, del medesimo provvedimento, queste disposizioni si applicano ai procedimenti di concordato preventivo introdotti successivamente all'entrata in vigore della legge di conversione del presente decreto.

166. (1) **Pubblicità del decreto.** – Il decreto è pubblicato, a cura del cancelliere, a norma dell'articolo 17 (2). Il tribunale può, inoltre, disporne la pubblicazione in uno o più giornali, da esso indicati.

Se il debitore possiede beni immobili o altri beni soggetti a pubblica registrazione, si applica la disposizione dell'articolo 88, secondo comma.

(1) *Questo articolo è stato così sostituito dall'art. 142 del D.L.vo 9 gennaio 2006, n. 5, a decorrere dal 16 luglio 2006.*

(2) *Questo periodo è stato così sostituito dall'art. 12, comma 6, del D.L.vo 12 settembre 2007, n. 169, a decorrere dal 1° gennaio 2008. Si riporta il testo precedente, in vigore dal 16 luglio 2006 al 31 dicembre 2007:*

«Il decreto è pubblicato, a cura del cancelliere, mediante affissione all'albo del tribunale e comunicato in via telematica per la iscrizione all'ufficio del registro delle imprese».

Capo II
Degli effetti dell'ammissione al concordato preventivo

167. Amministrazione dei beni durante la procedura. – Durante la procedura di concordato, il debitore conserva l'amministrazione dei suoi beni e l'esercizio dell'impresa, sotto la vigilanza del commissario giudiziale [e la direzione del giudice delegato] (1).

I mutui, anche sotto forma cambiaria, le transazioni, i compromessi, le alienazioni di beni immobili, le concessioni di ipoteche o di pegno, le fideiussioni, le rinunzie alle liti, le ricognizioni di diritti di terzi, le cancellazioni di ipoteche, le restituzioni di pegni, le accettazioni di eredità e di donazioni e in genere gli atti eccedenti l'ordinaria amministrazione, compiuti senza l'autorizzazione scritta del giudice delegato, sono inefficaci rispetto ai creditori anteriori al concordato.

Con il decreto previsto dall'articolo 163 o con successivo decreto, il tribunale può stabilire un limite di valore al di sotto del quale non è dovuta l'autorizzazione di cui al secondo comma (2).

(1) *Le parole fra parentesi quadrate sono state soppresse dall'art. 143, comma 1, lett. a), del D.L.vo 9 gennaio 2006, n. 5, a decorrere dal 16 luglio 2006.*

(2) *Questo comma è stato aggiunto dall'art. 143, comma 1, lett. b), del D.L.vo 9 gennaio 2006, n. 5, a decorrere dal 16 luglio 2006.*

168. Effetti della presentazione del ricorso. – Dalla data della pubblicazione del ricorso nel registro delle imprese (1) e fino al momento in cui il decreto di omologazione del concordato preventivo diventa definitivo (2), i creditori per titolo o causa anteriore [al decreto] (3) non possono, sotto pena di nullità, iniziare o proseguire azioni esecutive e cautelari (4) sul patrimonio del debitore.

Le prescrizioni che sarebbero state interrotte dagli atti predetti rimangono sospese e le decadenze non si verificano.

I creditori non possono acquistare diritti di prelazione con efficacia rispetto ai creditori concorrenti, salvo che vi sia autorizzazione del giudice nei casi previsti dall'articolo precedente. Le ipoteche giudiziali iscritte nei novanta giorni che precedono la data della pubblicazione del ricorso nel registro delle imprese sono inefficaci rispetto ai creditori anteriori al concordato (5).

(1) *Le parole: «presentazione del ricorso» sono state così sostituite dalle attuali: «pubblicazione del ricorso nel registro delle imprese» dall'art. 33, comma 1, lett. c), n. 1), punto a), del D.L. 22 giugno 2012, n. 83, convertito, con modificazioni, nella L. 7 agosto 2012, n. 134. A norma dell'art. 33, comma 3, del medesimo decreto tali disposizioni si applicano ai procedimenti di concordato preventivo e per l'omologazione di accordi di ristrutturazione dei debiti introdotti dal trentesimo giorno successivo a quello di entrata in vigore della legge di conversione del presente decreto, nonché ai piani di cui al comma 1, lettera a), n. 1), elaborati successivamente al predetto termine.*

(2) *Le parole: «fino al passaggio in giudicato della sentenza di omologazione del concordato» sono state così sostituite dalle attuali: «fino al momento in cui il decreto di omologazione del concordato preventivo diventa definitivo» dall'art. 13, comma 1, del D.L.vo 12 settembre 2007, n. 169, a decorrere dal 1° gennaio 2008.*

(3) *Le parole fra parentesi quadrate sono state soppresse dall'art. 33, comma 1, lett.* c), *n. 1), punto* c), *del D.L. 22 giugno 2012, n. 83, convertito, con modificazioni, nella L. 7 agosto 2012, n. 134. A norma dell'art. 33, comma 3, del medesimo decreto tali disposizioni si applicano ai procedimenti di concordato preventivo e per l'omologazione di accordi di ristrutturazione dei debiti introdotti dal trentesimo giorno successivo a quello di entrata in vigore della legge di conversione del presente decreto, nonché ai piani di cui al comma 1, lettera* a), *n.* 1) *elaborati successivamente al predetto termine.*

(4) *Le parole: «e cautelari» sono state aggiunte dall'art. 33, comma 1, lett.* c), *n. 1), punto* b), *del D.L. 22 giugno 2012, n. 83, convertito, con modificazioni, nella L. 7 agosto 2012, n. 134. A norma dell'art. 33, comma 3, del medesimo decreto tali disposizioni si applicano ai procedimenti di concordato preventivo e per l'omologazione di accordi di ristrutturazione dei debiti introdotti dal trentesimo giorno successivo a quello di entrata in vigore della legge di conversione del presente decreto, nonché ai piani di cui al comma 1, lettera* a), *n. 1), elaborati successivamente al predetto termine.*

(5) *Questo periodo è stato aggiunto dall'art. 33, comma 1, lett.* c), *n. 2), del D.L. 22 giugno 2012, n. 83, convertito, con modificazioni, nella L. 7 agosto 2012, n. 134. A norma dell'art. 33, comma 3, del medesimo decreto tali disposizioni si applicano ai procedimenti di concordato preventivo e per l'omologazione di accordi di ristrutturazione dei debiti introdotti dal trentesimo giorno successivo a quello di entrata in vigore della legge di conversione del presente decreto, nonché ai piani di cui al comma 1, lettera* a), *n. 1), elaborati successivamente al predetto termine.*

169. Norme applicabili. – Si applicano, con riferimento alla data di presentazione della domanda di concordato, le disposizioni degli artt. 45, (1) 55 (2), 56, 57, 58, 59, 60, 61, 62, 63.

Si applica l'articolo 43, quarto comma, sostituendo al fallimento l'impresa ammessa al concordato preventivo (3).

(1) *Le parole: «45,» sono state inserite dall'art. 144 del D.L.vo 9 gennaio 2006, n. 5, a decorrere dal 16 luglio 2006.*

(2) *La Corte costituzionale, con sentenza n. 408 del 18 luglio 1989, ha dichiarato l'illegittimità costituzionale degli artt. 54, comma terzo e 55, comma primo, l. fall., nonché di questo articolo là dove richiama l'art. 55, nella parte in cui, nelle procedure di fallimento del debitore e di concordato preventivo, non estendono la prelazione agli interessi dovuti sui crediti privilegiati delle società o enti cooperativi di produzione e di lavoro, di cui all'art. 2751* bis, *numero 5 del codice civile, che rispondono ai requisiti prescritti dalla legislazione in tema di cooperazione.*

Si vedano inoltre le sentenze della Corte costituzionale riportate in nota agli artt. 55 e 59 l. fall.

(3) *Questo comma è stato aggiunto dall'art. 7, comma 1, lett.* b bis), *del D.L. 27 giugno 2015, n. 83, convertito, con modificazioni, nella L. 6 agosto 2015, n. 132.*

A norma dell'art. 23, comma 7, del medesimo provvedimento, tali disposizioni si applicano a decorrere dalla data di entrata in vigore della legge di conversione del presente decreto.

169 *bis*. (1) Contratti pendenti (2). – Il debitore con il ricorso di cui all'articolo 161 o successivamente può chiedere che il Tribunale o, dopo il decreto di ammissione, il giudice delegato con decreto motivato sentito l'altro contraente, assunte, ove occorra, sommarie informazioni, lo autorizzi a sciogliersi dai contratti ancora ineseguiti o non compiutamente eseguiti alla data della presentazione del ricorso. Su richiesta del debitore può essere autorizzata la sospensione del contratto per non più di sessanta giorni, prorogabili una sola volta. Lo scioglimento o la sospensione del contratto hanno effetto dalla comunicazione del provvedimento autorizzativo all'altro contraente (3).

In tali casi, il contraente ha diritto ad un indennizzo equivalente al risarcimento del danno conseguente al mancato adempimento. Tale credito è soddisfatto come credito anteriore al concordato, ferma restando la prededuzione del credito conseguente ad eventuali prestazioni eseguite legalmente e in conformità agli accordi o agli usi negoziali, dopo la pubblicazione della domanda ai sensi dell'articolo 161 (4).

Lo scioglimento del contratto non si estende alla clausola compromissoria in esso contenuta.

Le disposizioni di questo articolo non si applicano ai rapporti di lavoro subordinato nonché ai contratti di cui agli articoli 72, ottavo comma, 72 *ter* e 80 primo comma.

In caso di scioglimento del contratto di locazione finanziaria, il concedente ha diritto alla restituzione del bene ed è tenuto a versare al debitore l'eventuale differenza fra la maggiore somma ricavata dalla vendita o da altra collocazione del bene stesso avvenute a valori di mercato rispetto al credito residuo in linea capitale. La somma versata al debitore a norma del periodo precedente è acquisita alla procedura. Il concedente ha diritto di far valere verso il debitore un credito determinato nella differenza tra il credito vantato alla data del deposito della domanda e quanto ricavato dalla nuova allocazione del bene. Tale credito è soddisfatto come credito anteriore al concordato (5).

(1) *Questo articolo è stato aggiunto dall'art. 33, comma 1, lett.* d), *del D.L. 22 giugno 2012, n. 83, convertito,*

con modificazioni, nella L. 7 agosto 2012, n. 134. A norma dell'art. 33, comma 3, del medesimo decreto tali disposizioni si applicano ai procedimenti di concordato preventivo e per l'omologazione di accordi di ristrutturazione dei debiti introdotti dal trentesimo giorno successivo a quello di entrata in vigore della legge di conversione del presente decreto, nonché ai piani di cui al comma 1, lettera a), n. 1), elaborati successivamente al predetto termine.

(²) *Le parole: «in corso di esecuzione» sono state così sostituite dalla seguente: «pendenti» dall'art. 8, comma 1, lett. a), del D.L. 27 giugno 2015, n. 83, convertito, con modificazioni, nella L. 6 agosto 2015, n. 132.*

A norma dell'art. 23, comma 8, del medesimo provvedimento, tali disposizioni si applicano alle istanze di scioglimento depositate successivamente alla data di entrata in vigore del presente decreto.

(³) *Questo comma è stato così sostituito dall'art. 8, comma 1, lett. b), del D.L. 27 giugno 2015, n. 83, convertito, con modificazioni, nella L. 6 agosto 2015, n. 132.*

A norma dell'art. 23, comma 8, del medesimo provvedimento, tali disposizioni si applicano alle istanze di scioglimento depositate successivamente alla data di entrata in vigore del presente decreto.

(⁴) *Le parole: «, ferma restando la prededuzione del credito conseguente ad eventuali prestazioni eseguite legalmente e in conformità agli accordi o agli usi negoziali, dopo la pubblicazione della domanda ai sensi dell'articolo 161» sono state aggiunte dall'art. 8, comma 1, lett. c), del D.L. 27 giugno 2015, n. 83, convertito, con modificazioni, nella L. 6 agosto 2015, n. 132.*

A norma dell'art. 23, comma 8, del medesimo provvedimento, tali disposizioni si applicano alle istanze di scioglimento depositate successivamente alla data di entrata in vigore del presente decreto.

(⁵) *Questo comma è stato aggiunto dall'art. 8, comma 1, lett. d), del D.L. 27 giugno 2015, n. 83, convertito, con modificazioni, nella L. 6 agosto 2015, n. 132.*

A norma dell'art. 23, comma 8, del medesimo provvedimento, tali disposizioni si applicano alle istanze di scioglimento depositate successivamente alla data di entrata in vigore del presente decreto.

Capo III
Dei provvedimenti immediati

170. Scritture contabili. - Il giudice delegato, immediatamente dopo il decreto di ammissione al concordato, ne fa annotazione sotto l'ultima scrittura dei libri presentati.

I libri sono restituiti al debitore, che deve tenerli a disposizione del giudice delegato e del commissario giudiziale.

171. Convocazione dei creditori. - Il commissario giudiziale deve procedere alla verifica dell'elenco dei creditori e dei debitori con la scorta delle scritture contabili presentate a norma dell'art. 161, apportando le necessarie rettifiche.

Il commissario giudiziale provvede a comunicare ai creditori a mezzo posta elettronica certificata, se il relativo indirizzo del destinatario risulta dal registro delle imprese ovvero dall'Indice nazionale degli indirizzi di posta elettronica certificata delle imprese e dei professionisti e, in ogni altro caso, a mezzo lettera raccomandata o telefax presso la sede dell'impresa o la residenza del creditore, un avviso contenente la data di convocazione dei creditori, la proposta del debitore, il decreto di ammissione, il suo indirizzo di posta elettronica certificata, l'invito ad indicare un indirizzo di posta elettronica certificata, le cui variazioni è onere comunicare al commissario. Nello stesso avviso è contenuto l'avvertimento di cui all'articolo 92, primo comma, n. 3). Tutte le successive comunicazioni ai creditori sono effettuate dal commissario a mezzo posta elettronica certificata. Quando, nel termine di quindici giorni dalla comunicazione dell'avviso, non è comunicato l'indirizzo di cui all'invito previsto dal primo periodo e nei casi di mancata consegna del messaggio di posta elettronica certificata per cause imputabili al destinatario, esse si eseguono esclusivamente mediante deposito in cancelleria. Si applica l'articolo 31 *bis*, terzo comma, sostituendo al curatore il commissario giudiziale (¹).

Quando la comunicazione prevista dal comma precedente è sommamente difficile per il rilevante numero dei creditori o per la difficoltà di identificarli tutti, il tribunale, sentito il commissario giudiziale può dare l'autorizzazione prevista dall'art. 126.

Se vi sono obbligazionisti, il termine previsto dall'art. 163, primo comma n. 2), deve essere raddoppiato.

In ogni caso l'avviso di convocazione per gli obbligazionisti è comunicato al loro rappresentante comune.

Sono salve per le imprese esercenti il credito le disposizioni del regio decreto-legge 8 febbraio 1924, n. 136.

(¹) *Questo comma è stato così sostituito dall'art. 17, comma 1, lett. q), del D.L. 18 ottobre 2012, n. 179, convertito, con modificazioni, nella L. 17 dicembre 2012, n. 221. A norma dell'art. 17, commi 4 e 5 del medesimo decreto tali disposizioni si applicano dalla data di entrata in vigore della legge di conversione del predetto decreto, anche alle procedure di fallimento, di concordato preventivo, di liquidazione coatta amministrativa e di amministrazione straordinaria pendenti, rispetto alle quali, alla stessa data, non è stata effettuata la comunicazione rispettivamente prevista dagli articoli 92, 171, 207 del regio decreto 16 marzo 1942, n. 267 e dall'articolo 22 decreto legislativo 8 luglio 1999, n. 270. Per le procedure in cui, alla data di entrata in vigore della legge di conversione del predetto decreto, sia stata effettuata la comunicazione di cui al comma 4, le disposizioni di cui ai commi 1 e 2 del presente articolo si applicano a decorrere dal 31 ottobre 2013. Il curatore, il commissario giudiziale, il commissario liquidatore e il commissario straordinario entro il 30 giugno 2013 comunicano ai creditori e ai terzi titolari di diritti sui beni il loro indirizzo di posta elettronica certificata e li invitano a comunicare, entro tre mesi, l'indirizzo di posta elettronica certificata al quale ricevere tutte le comunicazioni relative alla procedura, avvertendoli di rendere nota ogni successiva variazione e che in caso di omessa indicazione le comunicazioni sono eseguite esclusivamente mediante deposito in cancelleria.*

172. Operazioni e relazione del commissario. – Il commissario giudiziale redige l'inventario del patrimonio del debitore e una relazione particolareggiata sulle cause del dissesto, sulla condotta del debitore, sulle proposte di concordato e sulle garanzie offerte ai creditori, e la deposita in cancelleria almeno quarantacinque (1) giorni prima dell'adunanza dei creditori. Nella relazione il commissario deve illustrare le utilità che, in caso di fallimento, possono essere apportate dalle azioni risarcitorie, recuperatorie o revocatorie che potrebbero essere promosse nei confronti di terzi (2). Nello stesso termine la comunica a mezzo posta elettronica certificata a norma dell'articolo 171, secondo comma (3).

Qualora nel termine di cui al quarto comma dell'articolo 163 siano depositate proposte concorrenti, il commissario giudiziale riferisce in merito ad esse con relazione integrativa da depositare in cancelleria e comunicare ai creditori, con le modalità di cui all'articolo 171, secondo comma, almeno dieci giorni prima dell'adunanza dei creditori. La relazione integrativa contiene, di regola, una particolareggiata comparazione tra tutte le proposte depositate. Le proposte di concordato, ivi compresa quella presentata dal debitore, possono essere modificate fino a quindici giorni prima dell'adunanza dei creditori. Analoga relazione integrativa viene redatta qualora emergano informazioni che i creditori devono conoscere ai fini dell'espressione del voto (4).

Su richiesta del commissario il giudice può nominare uno stimatore che lo assista nella valutazione dei beni.

(1) *La parola: «dieci» è stata così sostituita dalla seguente: «quarantacinque» dall'art. 3, comma 3, lett. a), del D.L. 27 giugno 2015, n. 83, convertito, con modificazioni, nella L. 6 agosto 2015, n. 132.*

A norma dell'art. 23, comma 1, del medesimo provvedimento, queste disposizioni si applicano ai procedimenti di concordato preventivo introdotti successivamente all'entrata in vigore della legge di conversione del presente decreto.

(2) *Questo periodo è stato inserito dall'art. 4, comma 1, lett. e), del D.L. 27 giugno 2015, n. 83, convertito, con modificazioni, nella L. 6 agosto 2015, n. 132.*

A norma dell'art. 23, comma 1, del medesimo provvedimento, queste disposizioni si applicano ai procedimenti di concordato preventivo introdotti successivamente all'entrata in vigore della legge di conversione del presente decreto.

(3) *Questo comma è stato così sostituito dall'art. 17, comma 1, lett. r), del D.L. 18 ottobre 2012, n. 179, convertito, con modificazioni, nella L. 17 dicembre 2012, n. 221. A norma dell'art. 17, commi 4 e 5 del medesimo decreto tali disposizioni si applicano dalla data di entrata in vigore della legge di conversione del predetto decreto, anche alle procedure di fallimento, di concordato preventivo, di liquidazione coatta amministrativa e di amministrazione straordinaria pendenti, rispetto alle quali, alla stessa data, non è stata effettuata la comunicazione rispettivamente prevista dagli articoli 92, 171, 207 del regio decreto 16 marzo 1942, n. 267 e dall'articolo 22 decreto legislativo 8 luglio 1999, n. 270. Per le procedure in cui, alla data di entrata in vigore della legge di conversione del predetto decreto, sia stata effettuata la comunicazione di cui al comma 4, le disposizioni di cui ai commi 1 e 2 del presente articolo si applicano a decorrere dal 31 ottobre 2013. Il curatore, il commissario giudiziale, il commissario liquidatore e il commissario straordinario entro il 30 giugno 2013 comunicano ai creditori e ai terzi titolari di diritti sui beni il loro indirizzo di posta elettronica certificata e li invitano a comunicare, entro tre mesi, l'indirizzo di posta elettronica certificata al quale ricevere tutte le comunicazioni relative alla procedura, avvertendoli di rendere nota ogni successiva variazione e che in caso di omessa indicazione le comunicazioni sono eseguite esclusivamente mediante deposito in cancelleria.*

(4) *Questo comma è stato aggiunto dall'art. 3, comma 3, lett. b), del D.L. 27 giugno 2015, n. 83, convertito, con modificazioni, nella L. 6 agosto 2015, n. 132.*

A norma dell'art. 23, comma 1, del medesimo provvedimento, queste disposizioni si applicano ai procedimenti di concordato preventivo introdotti successivamente all'entrata in vigore della legge di conversione del presente decreto.

173. (1) **Revoca dell'ammissione al concordato e dichiarazione del fallimento nel corso della procedura.** – Il commissario giudiziale, se accerta che il debitore ha occultato o dissimulato parte dell'attivo, dolosamente omesso di denunciare uno o più crediti, esposto passività insussistenti o commesso altri atti di frode, deve riferirne immediatamente al tribunale, il quale apre d'ufficio il procedimento per la revoca dell'ammissione al concordato, dandone comunicazione al pubblico ministero e ai creditori. La comunicazione ai creditori è eseguita dal commissario giudiziale a mezzo posta elettronica certificata ai sensi dell'articolo 171, secondo comma (2).

All'esito del procedimento, che si svolge nelle forme di cui all'articolo 15, il tribunale provvede con decreto e, su istanza del creditore o su richiesta del pubblico ministero, accertati i presupposti di cui agli articoli 1 e 5, dichiara il fallimento del debitore con contestuale sentenza, reclamabile a norma dell'articolo 18.

Le disposizioni di cui al secondo comma si applicano anche se il debitore durante la procedura di concordato compie atti non autorizzati a norma dell'articolo 167 o comunque diretti a frodare le ragioni dei creditori, o se in qualunque momento risulta che mancano le condizioni prescritte per l'ammissibilità del concordato.

(1) *Questo articolo è stato così sostituito dall'art. 14, comma 1, del D.L.vo 12 settembre 2007, n. 169, a decorrere dal 1° gennaio 2008.*

(2) *Questo periodo è stato aggiunto dall'art. 17, comma 1, lett. s), del D.L. 18 ottobre 2012, n. 179, convertito, con modificazioni, nella L. 17 dicembre 2012, n. 221. A norma dell'art. 17, commi 4 e 5 del medesimo decreto tali disposizioni si applicano dalla data di entrata in vigore della legge di conversione del predetto decreto, anche alle procedure di fallimento, di concordato preventivo, di liquidazione coatta amministrativa e di amministrazione straordinaria pendenti, rispetto alle quali, alla stessa data, non è stata effettuata la comunicazione rispettivamente prevista dagli articoli 92, 171, 207 del regio decreto 16 marzo 1942, n. 267 e dall'articolo 22 decreto legislativo 8 luglio 1999, n. 270. Per le procedure in cui, alla data di entrata in vigore della legge di conversione del predetto decreto, sia stata effettuata la comunicazione di cui al comma 4, le disposizioni di cui ai commi 1 e 2 del presente articolo si applicano a decorrere dal 31 ottobre 2013. Il curatore, il commissario giudiziale, il commissario liquidatore e il commissario straordinario entro il 30 giugno 2013 comunicano ai creditori e ai terzi titolari di diritti sui beni il loro indirizzo di posta elettronica certificata e li invitano a comunicare, entro tre mesi, l'indirizzo di posta elettronica certificata al quale ricevere tutte le comunicazioni relative alla procedura, avvertendoli di rendere nota ogni successiva variazione e che in caso di omessa indicazione le comunicazioni sono eseguite esclusivamente mediante deposito in cancelleria.*

Capo IV
Della deliberazione del concordato preventivo

174. Adunanza dei creditori. – L'adunanza dei creditori è presieduta dal giudice delegato.

Ogni creditore può farsi rappresentare da un mandatario speciale, con procura che può essere scritta senza formalità sull'avviso di convocazione.

Il debitore o chi ne ha la legale rappresentanza deve intervenire personalmente. Solo in caso di assoluto impedimento, accertato dal giudice delegato, può farsi rappresentare da un mandatario speciale.

Possono intervenire anche i coobbligati, i fideiussori del debitore e gli obbligati in via di regresso.

175. Discussione della proposta di concordato. – Nell'adunanza dei creditori il commissario giudiziale illustra la sua relazione e le proposte definitive del debitore e quelle eventualmente presentate dai creditori ai sensi dell'articolo 163, comma quarto (1).

[La proposta di concordato non può più essere modificata dopo l'inizio delle operazioni di voto] (2).

Ciascun creditore può esporre le ragioni per le quali non ritiene ammissibili o convenienti le proposte di concordato e sollevare contestazioni sui crediti concorrenti. Il debitore può esporre le ragioni per le quali non ritiene ammissibili o fattibili le eventuali proposte concorrenti. Quando il tribunale ha disposto che l'adunanza sia svolta in via telematica, la discussione sulla proposta del debitore e sulle eventuali proposte concorrenti è disciplinata con decreto, non soggetto a reclamo, reso dal giudice delegato almeno dieci giorni prima dell'adunanza (3) (4).

Il debitore ha facoltà di rispondere e contestare a sua volta i crediti, e ha il dovere di fornire al giudice gli opportuni chiarimenti.

Sono sottoposte alla votazione dei creditori tutte le proposte presentate dal debitore e dai creditori, seguendo, per queste ultime, l'ordine temporale del loro deposito (5).

(1) *Le parole: «e quelle eventualmente presentate dai creditori ai sensi dell'articolo 163, comma quarto» sono state aggiunte dall'art. 3, comma 4, lett. a), del D.L. 27 giugno 2015, n. 83, convertito, con modificazioni, nella L. 6 agosto 2015, n. 132.*

A norma dell'art. 23, comma 1, del medesimo provvedimento, queste disposizioni si applicano ai procedimenti di concordato preventivo introdotti successivamente all'entrata in vigore della legge di conversione del presente decreto.

(2) *Questo comma, aggiunto dall'art. 15, comma 1, del D.L.vo 12 settembre 2007, n. 169, a decorrere dal 1° gennaio 2008, è stato soppresso dall'art. 3, comma 4, lett. b), del D.L. 27 giugno 2015, n. 83, convertito, con modificazioni, nella L. 6 agosto 2015, n. 132.*

A norma dell'art. 23, comma 1, del medesimo provvedimento, queste disposizioni si applicano ai procedimenti di concordato preventivo introdotti successivamente all'entrata in vigore della legge di conversione del presente decreto.

(3) *Questo periodo è stato inserito dall'art. 6, comma 1, lett. e), del D.L. 3 maggio 2016, n. 59, convertito, con modificazioni, nella L. 30 giugno 2016, n. 119.*

(4) *Questo comma è stato così sostituito dall'art. 3, comma 4, lett. c), del D.L. 27 giugno 2015, n. 83, convertito, con modificazioni, nella L. 6 agosto 2015, n. 132.*

A norma dell'art. 23, comma 1, del medesimo provvedimento, queste disposizioni si applicano ai procedimenti di concordato preventivo introdotti successivamente all'entrata in vigore della legge di conversione del presente decreto.

(5) *Questo comma è stato aggiunto dall'art. 3, comma 4, lett. d), del D.L. 27 giugno 2015, n. 83, convertito, con modificazioni, nella L. 6 agosto 2015, n. 132.*

A norma dell'art. 23, comma 1, del medesimo provvedimento, queste disposizioni si applicano ai procedimenti di concordato preventivo introdotti successivamente all'entrata in vigore della legge di conversione del presente decreto.

176. Ammissione provvisoria dei crediti contestati. – Il giudice delegato può ammettere provvisoriamente in tutto o in parte i crediti contestati ai soli fini del voto e del calcolo delle maggioranze, senza che ciò pregiudichi le pronunzie definitive sulla sussistenza dei crediti stessi.

I creditori esclusi possono opporsi all'esclusione in sede di omologazione del concordato nel caso in cui la loro ammissione avrebbe avuto influenza sulla formazione delle maggioranze.

177. (1) **Maggioranza per l'approvazione del concordato.** – Il concordato è approvato dai creditori che rappresentano la maggioranza dei crediti ammessi al voto. Ove siano previste diverse classi di creditori, il concordato è approvato se tale maggioranza si verifica inoltre nel maggior numero di classi. Quando sono poste al voto più proposte di concordato ai sensi dell'articolo 175, quinto comma, si considera approvata la proposta che ha conseguito la maggioranza più elevata dei crediti ammessi al voto; in caso di parità, prevale quella del debitore o, in caso di parità fra proposte di creditori, quella presentata per prima (2). Quando nessuna delle proposte concorrenti poste al voto sia stata approvata con le maggioranze di cui al primo e secondo periodo del presente comma, il giudice delegato, con decreto da adottare entro trenta giorni dal termine di cui al quarto comma dell'articolo 178, rimette al voto la sola proposta che ha conseguito la maggioranza relativa dei crediti ammessi al voto, fissando il termine per la comunicazione ai creditori e il termine a partire dal quale i creditori, nei venti giorni successivi, possono far pervenire il proprio voto con le modalità previste dal predetto articolo (2). In ogni caso si applicano il primo e secondo periodo del presente comma (2).

I creditori muniti di privilegio, pegno o ipoteca, ancorché la garanzia sia contestata, dei quali la proposta di concordato prevede l'integrale pagamento, non hanno diritto al voto se non rinunciano in tutto od in parte al diritto di prelazione. Qualora i creditori muniti di privilegio, pegno o ipoteca rinuncino in tutto o in parte alla prelazione, per la parte del credito non coperta dalla garanzia sono equiparati ai creditori chirografari; la rinuncia ha effetto ai soli fini del concordato.

I creditori muniti di diritto di prelazione di cui la proposta di concordato prevede, ai sensi dell'articolo 160, la soddisfazione non integrale, sono equiparati ai chirografari per la parte residua del credito.

Sono esclusi dal voto e dal computo delle maggioranze il coniuge del debitore, i suoi parenti e affini fino al quarto grado, la società che controlla la società debitrice, le società da questa controllate e quelle sottoposte a comune controllo, nonché (3), i cessionari o aggiudicatari dei loro crediti da meno di un anno prima della proposta di concordato.

(1) *Questo articolo è stato così sostituito dall'art. 15, comma 2, del D.L.vo 12 settembre 2007, n. 169, a decorrere dal 1° gennaio 2008.*

(2) *Questo periodo è stato aggiunto dall'art. 3, comma 5, lett. a), del D.L. 27 giugno 2015, n. 83, convertito, con modificazioni, nella L. 6 agosto 2015, n. 132.*

A norma dell'art. 23, comma 1, del medesimo provvedimento, queste disposizioni si applicano ai procedimenti di concordato preventivo introdotti successivamente all'entrata in vigore della legge di conversione del presente decreto.

(3) *Le parole: «la società che controlla la società debitrice, le società da questa controllate e quelle sottoposte a comune controllo, nonché» sono state aggiunte dall'art. 3, comma 5, lett. b), del D.L. 27 giugno 2015, n. 83, convertito, con modificazioni, nella L. 6 agosto 2015, n. 132.*

A norma dell'art. 23, comma 1, del medesimo provvedimento, queste disposizioni si applicano ai procedimenti di concordato preventivo introdotti successivamente all'entrata in vigore della legge di conversione del presente decreto.

178. Adesioni alla proposta di concordato. – Nel processo verbale dell'adunanza dei creditori sono inseriti i voti favorevoli e contrari dei creditori con l'indicazione nominativa dei votanti e dell'ammontare dei rispettivi crediti. È altresì inserita l'indicazione nominativa dei creditori che non hanno esercitato il voto e dell'ammontare dei loro crediti (1).

Il processo verbale è sottoscritto dal giudice delegato, dal commissario e dal cancelliere.

Se nel giorno stabilito non è possibile compiere tutte le operazioni, la loro continuazione viene rimessa dal giudice ad un'udienza prossima, non oltre otto giorni, dandone comunicazione (2) agli assenti.

I creditori che non hanno esercitato il voto possono far pervenire lo stesso per telegramma o per lettera o per telefax o per posta elettronica nei venti giorni successivi alla chiusura del verbale. Le manifestazioni di voto sono annotate dal cancelliere in calce al verbale (3).

(1) *Questo periodo è stato aggiunto dall'art. 33, comma 1, lett. d bis), n. 1), del D.L. 22 giugno 2012, n. 83, convertito, con modificazioni, nella L. 7 agosto 2012, n. 134. A norma dell'art. 33, comma 3, del medesimo de-*

creto tali disposizioni si applicano ai procedimenti di concordato preventivo e per l'omologazione di accordi di ristrutturazione dei debiti introdotti dal trentesimo giorno successivo a quello di entrata in vigore della legge di conversione del presente decreto, nonché ai piani di cui al comma 1, lettera a), n. 1), elaborati successivamente al predetto termine.

(2) *Le parole: «senza bisogno di avviso» sono state così sostituite dalle attuali: «dandone comunicazione» dall'art. 33, comma 1, lett.* d bis), *n. 2), del D.L. 22 giugno 2012, n. 83, convertito, con modificazioni, nella L. 7 agosto 2012, n. 134. A norma dell'art. 33, comma 3, del medesimo decreto tali disposizioni si applicano ai procedimenti di concordato preventivo e per l'omologazione di accordi di ristrutturazione dei debiti introdotti dal trentesimo giorno successivo a quello di entrata in vigore della legge di conversione del presente decreto, nonché ai piani di cui al comma 1, lettera a), n. 1), elaborati successivamente al predetto termine.*

(3) *Questo comma è stato da ultimo così sostituito dall'art. 4, lett. f), del D.L. 27 giugno 2015, n. 83, convertito, con modificazioni, nella L. 6 agosto 2015, n. 132.*

A norma dell'art. 23, comma 1, del medesimo provvedimento, queste disposizioni si applicano ai procedimenti di concordato preventivo introdotti successivamente all'entrata in vigore della legge di conversione del presente decreto.

Capo V
Dell'omologazione e dell'esecuzione del concordato preventivo. Degli accordi di ristrutturazione di debiti (1)

(1) *L'originaria rubrica: «DELL'OMOLOGAZIONE DEL CONCORDATO PREVENTIVO» è stata così sostituita dall'attuale dall'art. 145 del D.L.vo 9 gennaio 2006, n. 5, a decorrere dal 16 luglio 2006.*

179. Mancata approvazione del concordato. – Se nei termini stabiliti non si raggiungono le maggioranze richieste dal primo comma dell'articolo 177 (1), il giudice delegato ne riferisce immediatamente al tribunale, che deve provvedere a norma dell'art. 162, secondo comma.

Quando il commissario giudiziario rileva, dopo l'approvazione del concordato, che sono mutate le condizioni di fattibilità del piano, ne dà avviso ai creditori, i quali possono costituirsi nel giudizio di omologazione fino all'udienza di cui all'articolo 180 per modificare il voto (2).

(1) *Le parole: «raggiungono le maggioranze richieste negli articoli 177 e 178» sono state così sostituite dalle attuali: «raggiungono le maggioranze richieste dal primo comma dell'articolo 177» dall'art. 16, comma 1, del D.L.vo 12 settembre 2007, n. 169, a decorrere dal 1° gennaio 2008.*

(2) *Questo comma è stato aggiunto dall'art. 33, comma 1, lett.* d ter), *del D.L. 22 giugno 2012, n. 83, convertito, con modificazioni, nella L. 7 agosto 2012, n. 134. A norma dell'art. 33, comma 3, del medesimo decreto tali disposizioni si applicano ai procedimenti di concordato preventivo e per l'omologazione di accordi di ristrutturazione dei debiti introdotti dal trentesimo giorno successivo a quello di entrata in vigore della legge di conversione del presente decreto, nonché ai piani di cui al comma 1, lettera a), n. 1), elaborati successivamente al predetto termine.*

180. (1) **Giudizio di omologazione.** – Se il concordato è stato approvato a norma del primo comma dell'articolo 177, il giudice delegato riferisce al tribunale il quale fissa un'udienza in camera di consiglio per la comparizione delle parti e del commissario giudiziale, disponendo che il provvedimento venga pubblicato a norma dell'articolo 17 e notificato, a cura del debitore, al commissario giudiziale e agli eventuali creditori dissenzienti.

Il debitore, il commissario giudiziale, gli eventuali creditori dissenzienti e qualsiasi interessato devono costituirsi almeno dieci giorni prima dell'udienza fissata. Nel medesimo termine il commissario giudiziale deve depositare il proprio motivato parere.

Se non sono proposte opposizioni, il tribunale, verificata la regolarità della procedura e l'esito della votazione, omologa il concordato con decreto motivato non soggetto a gravame.

Se sono state proposte opposizioni, il tribunale assume i mezzi istruttori richiesti dalle parti o disposti di ufficio, anche delegando uno dei componenti del collegio. Nell'ipotesi di cui al secondo periodo del primo comma dell'articolo 177 se un creditore appartenente ad una classe dissenziente ovvero, nell'ipotesi di mancata formazione delle classi, i creditori dissenzienti che rappresentano il venti per cento dei crediti ammessi al voto, contestano (2) la convenienza della proposta, il tribunale può omologare il concordato qualora ritenga che il credito possa risultare soddisfatto dal concordato in misura non inferiore rispetto alle alternative concretamente praticabili. Il tribunale omologa il concordato preventivo anche in mancanza di adesione (3) da parte dell'amministrazione finanziaria o degli enti gestori di forme di previdenza o assistenza obbligatorie quando l'adesione è determinante ai fini del raggiungimento delle maggioranze di cui all'articolo 177 e quando, anche sulla base delle risultanze della relazione del professionista di cui all'articolo 161, terzo comma, la proposta di soddisfacimento della predetta amministrazione o degli enti gestori di forme di previdenza o assistenza obbligatorie è conveniente rispetto all'alternativa liquidatoria (4).

Il tribunale provvede con decreto motivato comunicato al debitore e al commissario giudiziale, che provvede a darne notizia ai creditori. Il decreto è pubblicato a norma dell'articolo 17 ed è provvisoriamente esecutivo.

Le somme spettanti ai creditori contestati, condizionali o irreperibili sono depositate nei modi stabiliti dal tribunale, che fissa altresì le condizioni e le modalità per lo svincolo.

Il tribunale, se respinge il concordato, su istanza del creditore o su richiesta del pubblico ministero, accertati i presupposti di cui gli articoli 1 e 5, dichiara il fallimento del debitore, con separata sentenza, emessa contestualmente al decreto.

(1) *Questo articolo è stato così sostituito dall'art. 16, comma 2, del D.L.vo 12 settembre 2007, n. 169, a decorrere dal 1° gennaio 2008.*

(2) *La parola: «contesta» è stata così sostituita dalle parole: «ovvero, nell'ipotesi di mancata formazione delle classi, i creditori dissenzienti che rappresentano il venti per cento dei crediti ammessi al voto, contestano» dall'art. 33, comma 1, lett.* d quater), *del D.L. 22 giugno 2012, n. 83, convertito, con modificazioni, nella L. 7 agosto 2012, n. 134. A norma dell'art. 33, comma 3, del medesimo decreto tali disposizioni si applicano ai procedimenti di concordato preventivo e per l'omologazione di accordi di ristrutturazione dei debiti introdotti dal trentesimo giorno successivo a quello di entrata in vigore della legge di conversione del presente decreto, nonché ai piani di cui al comma 1, lettera* a), *n. 1), elaborati successivamente al predetto termine.*

(3) *Le parole: «Il tribunale omologa il concordato preventivo anche in mancanza di voto» sono state così sostituite dalle attuali: «Il tribunale omologa il concordato preventivo anche in mancanza di adesione» dall'art. 20, comma 1, lett.* a), *del D.L. 24 agosto 2021, n. 118, convertito, con modificazioni, nella L. 21 ottobre 2021, n. 147.*

(4) *Questo periodo è stato aggiunto dall'art. 3, comma 1 bis, lett.* a), *del D.L. 7 ottobre 2020, n. 125, convertito, con modificazioni, nella L. 27 novembre 2020, n. 159.*

181. (1) **Chiusura della procedura.** – La procedura di concordato preventivo si chiude con il decreto di omologazione ai sensi dell'articolo 180. L'omologazione deve intervenire nel termine di nove mesi (2) dalla presentazione del ricorso ai sensi dell'articolo 161; il termine può essere prorogato per una sola volta dal tribunale di sessanta giorni.

(1) *Questo articolo è stato così sostituito dall'art. 2, comma 1, lett.* i), *del D.L. 14 marzo 2005, n. 35, convertito, con modificazioni, nella L. 14 maggio 2005, n. 80.*

A norma dell'art. 2, comma 2 bis, dello stesso provvedimento, queste disposizioni si applicano altresì ai procedimenti di concordato preventivo pendenti e non ancora omologati alla data di entrata in vigore del predetto decreto.

(2) *Le parole: «sei mesi» sono state così sostituite dalle seguenti: «nove mesi» dall'art. 3, comma 5 bis, del D.L. 27 giugno 2015, n. 83, convertito, con modificazioni, nella L. 6 agosto 2015, n. 132.*

A norma dell'art. 23, comma 1, del medesimo provvedimento, queste disposizioni si applicano ai procedimenti di concordato preventivo introdotti successivamente all'entrata in vigore della legge di conversione del presente decreto.

182. Cessioni (1). – Se il concordato consiste nella cessione dei beni e non dispone diversamente, il tribunale nomina nel decreto (2) di omologazione uno o più liquidatori e un comitato di tre o cinque creditori per assistere alla liquidazione e determina le altre modalità della liquidazione. In tal caso, il tribunale dispone che il liquidatore effettui la pubblicità prevista dall'articolo 490, primo comma, del codice di procedura civile e fissa il termine entro cui la stessa deve essere eseguita (3).

Si applicano ai liquidatori gli articoli 28, 29, 37, 38, 39 e 116 in quanto compatibili (4).

Si applicano al comitato dei creditori gli articoli 40 e 41 in quanto compatibili. Alla sostituzione dei membri del comitato provvede in ogni caso il tribunale (4).

Le vendite di aziende e rami di aziende, beni immobili e altri beni iscritti in pubblici registri, nonché le cessioni di attività e passività dell'azienda e di beni o rapporti giuridici individuali in blocco devono essere autorizzate dal comitato dei creditori (4).

Alle vendite, alle cessioni e ai trasferimenti legalmente posti in essere dopo il deposito della domanda di concordato o in esecuzione di questo, si applicano gli articoli da 105 a 108 *ter* in quanto compatibili. La cancellazione delle iscrizioni relative ai diritti di prelazione, nonché delle trascrizioni dei pignoramenti e dei sequestri conservativi e di ogni altro vincolo, sono effettuati su ordine del giudice, salvo diversa disposizione contenuta nel decreto di omologazione per gli atti a questa successivi (4).

Si applica l'articolo 33, quinto comma, primo, secondo e terzo periodo, sostituendo al curatore il liquidatore, che provvede con periodicità semestrale dalla nomina. Conclusa l'esecuzione del concordato preventivo con cessione dei beni, il liquidatore deposita un rapporto riepilogativo finale redatto in conformità a quanto previsto dall'articolo 33, quinto comma. Il liquidatore comunica a mezzo di posta elettronica certificata altra copia dei rapporti al commissario giudiziale, che a sua volta li comunica ai creditori a norma dell'articolo 171, secondo comma (5).

(1) *La precedente rubrica:* «Provvedimenti in caso di cessione dei beni» *è stata così sostituita dall'attuale, dall'art. 2, comma 2, lett.* a), *del D.L. 27 giugno 2015, n. 83, convertito, con modificazioni, nella L. 6 agosto 2015, n. 132.*

A norma dell'art. 23, comma 5, del medesimo provvedimento, tali disposizioni si applicano anche ai falli-

menti e ai procedimenti di concordato preventivo pendenti alla data di entrata in vigore del presente decreto.

(²) *Le parole: «nella sentenza» sono state così sostituite dalle attuali: «nel decreto» dall'art. 16, comma 3, lett. a), del D.L.vo 12 settembre 2007, n. 169, a decorrere dal 1° gennaio 2008.*

(³) *Questo periodo è stato aggiunto dall'art. 2, comma 2, lett. b), del D.L. 27 giugno 2015, n. 83, convertito, con modificazioni, nella L. 6 agosto 2015, n. 132.*

A norma dell'art. 23, comma 2, del medesimo provvedimento, tali disposizioni si applicano decorsi trenta giorni dalla pubblicazione in Gazzetta Ufficiale delle specifiche tecniche previste dall'articolo 161 quater delle disposizioni per l'attuazione del codice di procedura civile.

A norma dell'art. 23, comma 5, del medesimo provvedimento, tali disposizioni si applicano anche ai fallimenti e ai procedimenti di concordato preventivo pendenti alla data di entrata in vigore del presente decreto.

(⁴) *Questo comma, aggiunto dall'art. 16, comma 3, lett. b), del D.L.vo 12 settembre 2007, n. 169, a decorrere dal 1° gennaio 2008, è stato così sostituito dall'attuale, dall'art. 2, comma 2, lett. c), del D.L. 27 giugno 2015, n. 83, convertito, con modificazioni, nella L. 6 agosto 2015, n. 132.*

A norma dell'art. 23, comma 5, del medesimo provvedimento, tali disposizioni si applicano anche ai fallimenti e ai procedimenti di concordato preventivo pendenti alla data di entrata in vigore del presente decreto.

(⁵) *Questo comma, aggiunto dall'art. 17, comma 1, lett. t), del D.L. 18 ottobre 2012, n. 179, convertito, con modificazioni, nella L. 17 dicembre 2012, n. 221, è stato così sostituito dall'art. 14, comma 1, lett. c), del D.L.vo 10 ottobre 2022, n. 149, a decorrere dal 28 febbraio 2023.*

Si riporta il testo precedente:

«Si applica l'articolo 33, quinto comma, primo, secondo e terzo periodo, sostituendo al curatore il liquidatore, che provvede con periodicità semestrale dalla nomina. Quest'ultimo comunica a mezzo di posta elettronica certificata altra copia del rapporto al commissario giudiziale, che a sua volta lo comunica ai creditori a norma dell'articolo 171, secondo comma.».

A norma dell'art. 17, commi 4 e 5 del D.L. 18 ottobre 2012, n. 179, convertito, con modificazioni, nella L. 17 dicembre 2012, n. 221, le disposizioni antecedenti alla sostituzione operata dal D.L.vo n. 149/2022, si applicano dalla data di entrata in vigore della legge di conversione del predetto decreto, anche alle procedure di fallimento, di concordato preventivo, di liquidazione coatta amministrativa e di amministrazione straordinaria pendenti, rispetto alle quali, alla stessa data, non è stata effettuata la comunicazione rispettivamente prevista dagli articoli 92, 171, 207 del regio decreto 16 marzo 1942, n. 267 e dall'articolo 22 decreto legislativo 8 luglio 1999, n. 270. Per le procedure in cui, alla data di entrata in vigore della legge di conversione del predetto decreto, sia stata effettuata la comunicazione di cui al comma 4, le disposizioni di cui ai commi 1 e 2 del presente articolo si applicano a decorrere dal 31 ottobre 2013. Il curatore, il commissario giudiziale, il commissario liquidatore e il commissario straordinario entro il 30 giugno 2013 comunicano ai creditori e ai terzi titolari di diritti sui beni il loro indirizzo di posta elettronica certificata e li invitano a comunicare, entro tre mesi, l'indirizzo di posta elettronica certificata al quale ricevere tutte le comunicazioni relative alla procedura, avvertendoli di rendere nota ogni successiva variazione e che in caso di omessa indicazione le comunicazioni sono eseguite esclusivamente mediante deposito in cancelleria.

182 *bis*. (¹) Accordi di ristrutturazione dei debiti. – L'imprenditore in stato di crisi può domandare, depositando la documentazione di cui all'articolo 161, l'omologazione di un accordo di ristrutturazione dei debiti stipulato con i creditori rappresentanti almeno il sessanta per cento dei crediti, unitamente ad una relazione redatta da un professionista, designato dal debitore, in possesso dei requisiti di cui all'articolo 67, terzo comma, lettera *d*) sulla veridicità dei dati aziendali e sull'attuabilità dell'accordo stesso con particolare riferimento alla sua idoneità ad assicurare l'integrale pagamento dei creditori estranei nel rispetto dei seguenti termini:

a) entro centoventi giorni dall'omologazione, in caso di crediti già scaduti a quella data;

b) entro centoventi giorni dalla scadenza, in caso di crediti non ancora scaduti alla data dell'omologazione (²).

L'accordo è pubblicato nel registro delle imprese e acquista efficacia dal giorno della sua pubblicazione.

Dalla data della pubblicazione e per sessanta giorni i creditori per titolo e causa anteriore a tale data non possono iniziare o proseguire azioni cautelari o esecutive sul patrimonio del debitore, né acquisire titoli di prelazione se non concordati (³). Si applica l'articolo 168 secondo comma.

Entro trenta giorni dalla pubblicazione i creditori e ogni altro interessato possono proporre opposizione. Il tribunale, decise le opposizioni, procede all'omologazione in camera di consiglio con decreto motivato. Il tribunale omologa l'accordo anche in mancanza di adesione da parte dell'amministrazione finanziaria o degli enti gestori di forme di previdenza o assistenza obbligatorie quando l'adesione è decisiva ai fini del raggiungimento della percentuale di cui al primo comma e quando, anche sulla base delle risultanze della relazione del professionista di cui al medesimo comma, la proposta di soddisfacimento della predetta amministrazione o degli enti gestori di forme di previdenza o assistenza obbligatorie è conveniente rispetto all'alternativa liquidatoria (⁴). Ai fini di cui al periodo che precede, l'eventuale adesione deve intervenire entro novanta giorni dal deposito della proposta di soddisfacimento (⁵).

Il decreto del tribunale è reclamabile alla corte di appello ai sensi dell'articolo 183, in quanto applicabile, entro quindici giorni dalla sua pubblicazione nel registro delle imprese.

Il divieto di iniziare o proseguire le azioni cautelari o esecutive di cui al terzo comma può essere richiesto dall'imprenditore anche nel corso delle trattative e prima della formalizzazione dell'accordo di cui al presente articolo, depositando presso il tribunale competente ai sensi dell'articolo 9 la documentazione di cui all'articolo 161, primo e secondo comma lettere *a*), *b*), *c*) e *d*) ([6]), e una proposta di accordo corredata da una dichiarazione dell'imprenditore, avente valore di autocertificazione, attestante che sulla proposta sono in corso trattative con i creditori che rappresentano almeno il sessanta per cento dei crediti e da una dichiarazione del professionista avente i requisiti di cui all'articolo 67, terzo comma, lettera *d*), circa la idoneità della proposta, se accettata, ad assicurare l'integrale ([7]) pagamento dei creditori con i quali non sono in corso trattative o che hanno comunque negato la propria disponibilità a trattare. Il decreto del precedente periodo è reclamabile a norma del quinto comma in quanto applicabile. L'istanza di sospensione di cui al presente comma è pubblicata nel registro delle imprese e produce l'effetto del divieto di inizio o prosecuzione delle azioni esecutive e cautelari, nonché del divieto di acquisire titoli di prelazione, se non concordati, dalla pubblicazione ([8]) ([9]).

Il tribunale, verificata la completezza della documentazione depositata, fissa con decreto l'udienza entro il termine di trenta giorni dal deposito dell'istanza di cui al sesto comma, disponendo la comunicazione ai creditori della documentazione stessa. Nel corso dell'udienza, riscontrata la sussistenza dei presupposti per pervenire a un accordo di ristrutturazione dei debiti con le maggioranze di cui al primo comma e delle condizioni per l'integrale ([10]) pagamento dei creditori con i quali non sono in corso trattative o che hanno comunque negato la propria disponibilità a trattare, dispone con decreto motivato il divieto di iniziare o proseguire le azioni cautelari o esecutive e di acquisire titoli di prelazione se non concordati assegnando il termine di non oltre sessanta giorni per il deposito dell'accordo di ristrutturazione e della relazione redatta dal professionista a norma del primo comma. Il decreto del precedente periodo è reclamabile a norma del quinto comma in quanto applicabile ([8]).

Se prima dell'omologazione intervengono modifiche sostanziali del piano, è rinnovata l'attestazione di cui al primo comma e il debitore chiede il rinnovo delle manifestazioni di consenso ai creditori parti degli accordi. L'attestazione deve essere rinnovata anche in caso di modifiche sostanziali degli accordi. Qualora dopo l'omologazione si rendano necessarie modifiche sostanziali del piano, l'imprenditore vi apporta le modifiche idonee ad assicurare l'esecuzione degli accordi, richiedendo al professionista indicato all'articolo 67, terzo comma, lettera *d*) il rinnovo dell'attestazione. In tal caso, il piano modificato e l'attestazione sono pubblicati nel registro delle imprese e della pubblicazione è dato avviso ai creditori a mezzo di lettera raccomandata o posta elettronica certificata. Entro trenta giorni dalla ricezione dell'avviso è ammessa opposizione avanti al tribunale, nelle forme di cui al quarto comma ([11]).

A seguito del deposito di un accordo di ristrutturazione dei debiti nei termini assegnati dal tribunale trovano applicazione le disposizioni di cui al secondo, terzo, quarto e quinto comma. Se nel medesimo termine è depositata una domanda di concordato preventivo, si conservano gli effetti di cui ai commi sesto e settimo ([12]).

([1]) *Questo articolo è stato inserito dall'art. 2, comma 1, lett. l), del D.L. 14 marzo 2005, n. 35, convertito, con modificazioni, nella L. 14 maggio 2005, n. 80 e poi così sostituito dall'art. 16, comma 4, del D.L.vo 12 settembre 2007, n. 169, a decorrere dal 1° gennaio 2008.*

([2]) *Questo comma è stato così sostituito dall'art. 33, comma 1, lett. e), n. 1), del D.L. 22 giugno 2012, n. 83, convertito, con modificazioni, nella L. 7 agosto 2012, n. 134. A norma dell'art. 33, comma 3, del medesimo decreto tali disposizioni si applicano ai procedimenti di concordato preventivo e per l'omologazione di accordi di ristrutturazione dei debiti introdotti dal trentesimo giorno successivo a quello di entrata in vigore della legge di conversione del presente decreto, nonché ai piani di cui al comma 1, lettera a), n. 1) elaborati successivamente al predetto termine.*

([3]) *Le parole: «, né acquisire titoli di prelazione se non concordati» sono state aggiunte dall'art. 33, comma 1, lett. e), n. 2), del D.L. 22 giugno 2012, n. 83, convertito, con modificazioni, nella L. 7 agosto 2012, n. 134. A norma dell'art. 33, comma 3, del medesimo decreto tali disposizioni si applicano ai procedimenti di concordato preventivo e per l'omologazione di accordi di ristrutturazione dei debiti introdotti dal trentesimo giorno successivo a quello di entrata in vigore della legge di conversione del presente decreto, nonché ai piani di cui al comma 1, lettera a), n. 1), elaborati successivamente al predetto termine.*

([4]) *Questo periodo è stato aggiunto dall'art. 3, comma 1 bis, lett. b), del D.L. 7 ottobre 2020, n. 125, convertito, con modificazioni, nella L. 27 novembre 2020, n. 159.*

([5]) *Questo periodo è stato aggiunto dall'art. 20, comma 1, lett. b), del D.L. 24 agosto 2021, n. 118, convertito, con modificazioni, nella L. 21 ottobre 2021, n. 147.*

([6]) *Le parole: «lettere a), b), c) e d)» sono state aggiunte dall'art. 33, comma 1, lett. e), n. 3), punto a), del*

D.L. 22 giugno 2012, n. 83, convertito, con modificazioni, nella L. 7 agosto 2012, n. 134. A norma dell'art. 33, comma 3, del medesimo decreto tali disposizioni si applicano ai procedimenti di concordato preventivo e per l'omologazione di accordi di ristrutturazione dei debiti introdotti dal trentesimo giorno successivo a quello di entrata in vigore della legge di conversione del presente decreto, nonché ai piani di cui al comma 1, lettera a), n. 1), elaborati successivamente al predetto termine.

(7) *Le parole: «il regolare» sono state così sostituite dalle attuali: «l'integrale» dall'art. 33, comma 1, lett. e), n. 3), punto b), del D.L. 22 giugno 2012, n. 83, convertito, con modificazioni, nella L. 7 agosto 2012, n. 134.*

A norma dell'art. 33, comma 3, del medesimo decreto tali disposizioni si applicano ai procedimenti di concordato preventivo e per l'omologazione di accordi di ristrutturazione dei debiti introdotti dal trentesimo giorno successivo a quello di entrata in vigore della legge di conversione del presente decreto, nonché ai piani di cui al comma 1, lettera a), n. 1) elaborati successivamente al predetto termine.

(8) *Questo comma è stato aggiunto dall'art. 48, comma 2, del D.L. 31 maggio 2010, n. 78, convertito, con modificazioni, nella L. 30 luglio 2010, n. 122.*

(9) *A norma dell'art. 23, comma 2, del D.L. 24 agosto 2021, n. 118, convertito, con modificazioni, nella L. 21 ottobre 2021, n. 147, l'istanza di cui all'articolo 2, comma 1, del medesimo decreto (Composizione negoziata per la soluzione della crisi d'impresa), non può essere presentata dall'imprenditore in pendenza del procedimento introdotto con domanda di omologazione di un accordo di ristrutturazione, con ricorso per l'ammissione al concordato preventivo, anche ai sensi dell'articolo 161, sesto comma, di cui a questo decreto, con ricorso depositato ai sensi di cui a questo comma, o con ricorso per l'accesso alle procedure di accordo di ristrutturazione dei debiti o di liquidazione dei beni di cui agli articoli 7 e 14 ter della legge 27 gennaio 2012, n. 3.*

Il predetto art. 23, comma 2, è stato abrogato dall'art. 46 del D.L.vo 17 giugno 2022, n. 83.

(10) *Le parole: «il regolare» sono state così sostituite dalle attuali: «l'integrale» dall'art. 33, comma 1, lett. e), n. 4), del D.L. 22 giugno 2012, n. 83, convertito, con modificazioni, nella L. 7 agosto 2012, n. 134. A norma dell'art. 33, comma 3, del medesimo decreto tali disposizioni si applicano ai procedimenti di concordato preventivo e per l'omologazione di accordi di ristrutturazione dei debiti introdotti dal trentesimo giorno successivo a quello di entrata in vigore della legge di conversione del presente decreto, nonché ai piani di cui al comma 1, lettera a), n. 1) elaborati successivamente al predetto termine.*

(11) *Questo comma, inserito dall'art. 37 ter, comma 1, del D.L. 22 marzo 2021, n. 41, convertito, con modificazioni, nella L. 21 maggio 2021, n. 69, è stato così sostituito dall'art. 20, comma 1, lett. c), del D.L. 24 agosto 2021, n. 118, convertito, con modificazioni, nella L. 21 ottobre 2021, n. 147.*

(12) *Questo comma, aggiunto dall'art. 48, comma 2, del D.L. 31 maggio 2010, n. 78, convertito, con modificazioni, nella L. 30 luglio 2010, n. 122, è stato così sostituito dall'art. 33, comma 1, lett. e), n. 5), del D.L. 22 giugno 2012, n. 83, convertito, con modificazioni, nella L. 7 agosto 2012, n. 134. A norma dell'art. 33, comma 2, del medesimo decreto tali disposizioni si applicano ai procedimenti di concordato preventivo e per l'omologazione di accordi di ristrutturazione dei debiti introdotti dal trentesimo giorno successivo a quello di entrata in vigore della legge di conversione del presente decreto, nonché ai piani di cui al comma 1, lettera a), n. 1) elaborati successivamente al predetto termine.*

182 *ter*. (1) **Trattamento dei crediti tributari e contributivi.** – 1. Con il piano di cui all'articolo 160 il debitore, esclusivamente mediante proposta presentata ai sensi del presente articolo, può proporre il pagamento, parziale o anche dilazionato, dei tributi e dei relativi accessori amministrati dalle agenzie fiscali, nonché dei contributi amministrati dagli enti gestori di forme di previdenza e assistenza obbligatorie e dei relativi accessori, se il piano ne prevede la soddisfazione in misura non inferiore a quella realizzabile, in ragione della collocazione preferenziale, sul ricavato in caso di liquidazione, avuto riguardo al valore di mercato attribuibile ai beni o ai diritti sui quali sussiste la causa di prelazione, indicato nella relazione di un professionista in possesso dei requisiti di cui all'articolo 67, terzo comma, lettera d). Se il credito tributario o contributivo è assistito da privilegio, la percentuale, i tempi di pagamento e le eventuali garanzie non possono essere inferiori o meno vantaggiosi rispetto a quelli offerti ai creditori che hanno un grado di privilegio inferiore o a quelli che hanno una posizione giuridica e interessi economici omogenei a quelli delle agenzie e degli enti gestori di forme di previdenza e assistenza obbligatorie; se il credito tributario o contributivo ha natura chirografaria anche a seguito di degradazione per incapienza (2), il trattamento non può essere differenziato rispetto a quello degli altri creditori chirografari ovvero, nel caso di suddivisione in classi, dei creditori rispetto ai quali è previsto un trattamento più favorevole. Nel caso in cui sia proposto il pagamento parziale di un credito tributario o contributivo privilegiato, la quota di credito degradata al chirografo deve essere inserita in un'apposita classe.

2. Ai fini della proposta di accordo sui crediti di natura fiscale, copia della domanda e della relativa documentazione, contestualmente al deposito presso il tribunale, deve essere presentata al competente agente della riscossione e all'ufficio competente sulla base dell'ultimo domicilio fiscale del debitore, unitamente alla copia delle dichiarazioni fiscali per le quali non è pervenuto l'esito dei controlli automatici nonché delle dichiarazioni integrative relative al periodo fino alla data di presentazione della domanda. L'agente della riscossione, non oltre trenta

giorni dalla data della presentazione, deve trasmettere al debitore una certificazione attestante l'entità del debito iscritto a ruolo scaduto o sospeso. L'ufficio, nello stesso termine, deve procedere alla liquidazione dei tributi risultanti dalle dichiarazioni e alla notifica dei relativi avvisi di irregolarità, unitamente a una certificazione attestante l'entità del debito derivante da atti di accertamento, ancorché non definitivi, per la parte non iscritta a ruolo, nonché dai ruoli vistati, ma non ancora consegnati all'agente della riscossione. Dopo l'emissione del decreto di cui all'articolo 163, copia dell'avviso di irregolarità e delle certificazioni deve essere trasmessa al commissario giudiziale per gli adempimenti previsti dagli articoli 171, primo comma, e 172. In particolare, per i tributi amministrati dall'Agenzia delle dogane e dei monopoli, l'ufficio competente a ricevere copia della domanda con la relativa documentazione prevista al primo periodo, nonché a rilasciare la certificazione di cui al terzo periodo, si identifica con l'ufficio che ha notificato al debitore gli atti di accertamento.

3. Relativamente al credito tributario complessivo, il voto sulla proposta concordataria è espresso dall'ufficio, previo parere conforme della competente direzione regionale, in sede di adunanza dei creditori, ovvero nei modi previsti dall'articolo 178, quarto comma.

4. Il voto è espresso dall'agente della riscossione limitatamente agli oneri di riscossione di cui all'articolo 17 del decreto legislativo 13 aprile 1999, n. 112.

5. Il debitore può effettuare la proposta di cui al comma 1 anche nell'ambito delle trattative che precedono la stipulazione dell'accordo di ristrutturazione di cui all'articolo 182 bis. In tali casi l'attestazione del professionista, relativamente ai crediti tributari o contributivi, e relativi accessori, ha ad oggetto anche la convenienza del trattamento proposto rispetto alla liquidazione giudiziale; tale punto costituisce oggetto di specifica valutazione da parte del tribunale ([3]). La proposta di transazione fiscale, unitamente alla documentazione di cui all'articolo 161, è depositata presso gli uffici indicati al comma 2 del presente articolo. Ai fini della proposta di accordo su crediti aventi ad oggetto contributi amministrati dagli enti gestori di forme di previdenza ed assistenza obbligatorie, e relativi accessori, copia della proposta e della relativa documentazione, contestualmente al deposito presso il tribunale, deve essere presentata all'ufficio competente sulla base dell'ultimo domicilio fiscale del debitore ([4]). Alla proposta di transazione deve altresì essere allegata la dichiarazione sostitutiva, resa dal debitore o dal suo legale rappresentante ai sensi dell'articolo 47 del testo unico delle disposizioni legislative e regolamentari in materia di documentazione amministrativa, di cui al decreto del Presidente della Repubblica 28 dicembre 2000, n. 445, che la documentazione di cui al periodo precedente rappresenta fedelmente e integralmente la situazione dell'impresa, con particolare riguardo alle poste attive del patrimonio. L'adesione alla proposta è espressa, su parere conforme della competente direzione regionale, con la sottoscrizione dell'atto negoziale da parte del direttore dell'ufficio. L'atto è sottoscritto anche dall'agente della riscossione in ordine al trattamento degli oneri di riscossione di cui all'articolo 17 del decreto legislativo 13 aprile 1999, n. 112. L'assenso così espresso equivale a sottoscrizione dell'accordo di ristrutturazione.

6. La transazione fiscale conclusa nell'ambito dell'accordo di ristrutturazione di cui all'articolo 182-bis è risolta di diritto se il debitore non esegue integralmente, entro novanta giorni dalle scadenze previste, i pagamenti dovuti alle Agenzie fiscali e agli enti gestori di forme di previdenza e assistenza obbligatorie.

([1]) *Questo articolo, inserito dall'art. 146 del D.L.vo 9 gennaio 2006, n. 5, a decorrere dal 16 luglio 2006, è stato così sostituito dall'art. 1, comma 81, della L. 11 dicembre 2016, n. 232.*

([2]) *Le parole: «anche a seguito di degradazione per incapienza» sono state inserite dall'art. 3, comma 1 bis, lett. c), n. 1, del D.L. 7 ottobre 2020, n. 125, convertito, con modificazioni, nella L. 27 novembre 2020, n. 159.*

([3]) *Questo periodo è stato così sostituito dall'art. 3, comma 1 bis, lett. c), n. 2, del D.L. 7 ottobre 2020, n. 125, convertito, con modificazioni, nella L. 27 novembre 2020, n. 159.*

([4]) *Questo periodo è stato inserito dall'art. 3, comma 1 bis, lett. c), n. 3, del D.L. 7 ottobre 2020, n. 125, convertito, con modificazioni, nella L. 27 novembre 2020, n. 159.*

182 *quater*. ([1]) Disposizioni in tema di prededucibilità dei crediti nel concordato preventivo, negli accordi di ristrutturazione dei debiti. – I crediti derivanti da finanziamenti in qualsiasi forma effettuati [da banche e intermediari finanziari iscritti negli elenchi di cui agli articoli 106 e 107 del decreto legislativo 1° settembre 1993, n. 385,] ([2]) in esecuzione di un concordato preventivo di cui agli articoli 160 e seguenti ovvero di un accordo di ristrutturazione dei debiti omologato ai sensi dell'articolo 182 *bis*) sono prededucibili ai sensi e per gli effetti dell'articolo 111.

Sono parificati ai crediti di cui al primo comma i crediti derivanti da finanziamenti erogati in funzione della presentazione della domanda di ammissione alla procedura di concordato preventivo o della domanda di omologazione dell'accordo di ristrutturazione dei debiti, qualora i finanziamenti siano previsti dal piano di cui all'articolo 160 o dall'accordo di ristrutturazione e purché la prededuzione sia espressamente disposta nel provvedimento con cui il tribunale accoglie la domanda di ammissione al concordato preventivo ovvero l'accordo sia omologato ([3]).

In deroga agli articoli 2467 e 2497 *quinquies* del codice civile, il primo e il secondo comma del presente articolo si applicano anche ai finanziamenti effettuati dai soci fino alla concorrenza dell'ottanta per cento del loro ammontare. Si applicano i commi primo e secondo quando il finanziatore ha acquisito la qualità di socio in esecuzione dell'accordo di ristrutturazione dei debiti o del concordato preventivo ([4]).

[Sono altresì prededucibili i compensi spettanti al professionista incaricato di predisporre la relazione di cui agli articoli 161, terzo comma, 182 *bis*, primo comma, purché ciò sia espressamente disposto nel provvedimento con cui il tribunale accoglie la domanda di ammissione al concordato preventivo ovvero l'accordo sia omologato] ([5]).

Con riferimento ai crediti indicati al secondo comma, i creditori, anche se soci, ([6]) sono esclusi dal voto e dal computo delle maggioranze per l'approvazione del concordato ai sensi dell'articolo 177 e dal computo della percentuale dei crediti prevista all'articolo 182 *bis*, primo e sesto comma.

([1]) *Questo articolo è stato inserito dall'art. 48, comma 1, del D.L. 31 maggio 2010, n. 78, convertito, con modificazioni, nella L. 30 luglio 2010, n. 122.*

([2]) *Le parole fra parentesi quadrate sono state soppresse dall'art. 33, comma 1, lett.* e bis), *n. 1), del D.L. 22 giugno 2012, n. 83, convertito, con modificazioni, nella L. 7 agosto 2012, n. 134. A norma dell'art. 33, comma 3, del medesimo decreto tali disposizioni si applicano ai procedimenti di concordato preventivo e per l'omologazione di accordi di ristrutturazione dei debiti introdotti dal trentesimo giorno successivo a quello di entrata in vigore della legge di conversione del presente decreto, nonché ai piani di cui al comma 1, lettera* a), *n. 1) elaborati successivamente al predetto termine.*

([3]) *Questo comma è stato così sostituito dall'art. 33, comma 1, lett.* e bis), *n. 2), del D.L. 22 giugno 2012, n. 83, convertito, con modificazioni, nella L. 7 agosto 2012, n. 134. A norma dell'art. 33, comma 3, del medesimo decreto tali disposizioni si applicano ai procedimenti di concordato preventivo e per l'omologazione di accordi di ristrutturazione dei debiti introdotti dal trentesimo giorno successivo a quello di entrata in vigore della legge di conversione del presente decreto, nonché ai piani di cui al comma 1, lettera* a), *n. 1) elaborati successivamente al predetto termine.*

([4]) *Questo comma è stato così sostituito dall'art. 33, comma 1, lett.* e bis), *n. 3), del D.L. 22 giugno 2012, n. 83, convertito, con modificazioni, nella L. 7 agosto 2012, n. 134. A norma dell'art. 33, comma 3, del medesimo decreto tali disposizioni si applicano ai procedimenti di concordato preventivo e per l'omologazione di accordi di ristrutturazione dei debiti introdotti dal trentesimo giorno successivo a quello di entrata in vigore della legge di conversione del presente decreto, nonché ai piani di cui al comma 1, lettera* a), *n. 1) elaborati successivamente al predetto termine.*

([5]) *Questo comma è stato abrogato dall'art. 33, comma 1, lett.* e bis), *n. 4), del D.L. 22 giugno 2012, n. 83, convertito, con modificazioni, nella L. 7 agosto 2012, n. 134. A norma dell'art. 33, comma 3, del medesimo decreto tali disposizioni si applicano ai procedimenti di concordato preventivo e per l'omologazione di accordi di ristrutturazione dei debiti introdotti dal trentesimo giorno successivo a quello di entrata in vigore della legge di conversione del presente decreto, nonché ai piani di cui al comma 1, lettera* a), *n. 1) elaborati successivamente al predetto termine.*

([6]) *Le parole: «ai commi secondo, terzo e quarto, i creditori» sono state così sostituite dalle attuali: «al secondo comma, i creditori, anche se soci,» dall'art. 33, comma 1, lett.* e bis), *n. 5), del D.L. 22 giugno 2012, n. 83, convertito, con modificazioni, nella L. 7 agosto 2012, n. 134. A norma dell'art. 33, comma 3, del medesimo decreto tali disposizioni si applicano ai procedimenti di concordato preventivo e per l'omologazione di accordi di ristrutturazione dei debiti introdotti dal trentesimo giorno successivo a quello di entrata in vigore della legge di conversione del presente decreto, nonché ai piani di cui al comma 1, lettera* a), *n. 1) elaborati successivamente al predetto termine.*

182 *quinquies*. ([1]) Disposizioni in tema di finanziamento e di continuità aziendale nel concordato preventivo e negli accordi di ristrutturazione dei debiti. – Il debitore che presenta, anche ai sensi dell'articolo 161 sesto comma, una domanda di ammissione al concordato preventivo o una domanda di omologazione di un accordo di ristrutturazione dei debiti ai sensi dell'articolo 182 *bis*, primo comma, o una proposta di accordo ai sensi dell'articolo 182 *bis*, sesto comma, può chiedere al tribunale di essere autorizzato, anche prima del deposito della documentazione di cui all'articolo 161, commi secondo e terzo ([2]), assunte se del caso sommarie informazioni, a contrarre finanziamenti, prededucibili ai sensi dell'articolo 111, se un professionista designato dal debitore in possesso dei requisiti di cui all'articolo 67, terzo comma, lettera *d*), verificato il complessivo fabbisogno finanziario dell'impresa sino all'omologazione, attesta che tali finanziamenti sono funzionali alla migliore soddisfazione dei creditori.

L'autorizzazione di cui al primo comma può riguardare anche finanziamenti individuati soltanto per tipologia ed entità, e non ancora oggetto di trattative.

Il debitore che presenta una domanda di ammissione al concordato preventivo ai sensi dell'articolo 161, sesto comma, anche in assenza del piano di cui all'articolo 161, secondo comma, lettera *e*), o una domanda di omologazione di un accordo di ristrutturazione dei debiti ai sensi dell'articolo 182 *bis*, primo comma, o una proposta di accordo ai sensi dell'articolo 182 *bis*, sesto comma, può chiedere al tribunale di essere autorizzato in via d'urgenza a contrarre finanziamenti, prededucibili ai sensi dell'articolo 111, funzionali a urgenti necessità relative all'esercizio dell'attività aziendale fino alla scadenza del termine fissato dal tribunale ai sensi dell'articolo 161, sesto comma, o all'udienza di omologazione di cui all'articolo 182 *bis*, quarto comma, o alla scadenza del termine di cui all'articolo 182 *bis*, settimo comma. Il ricorso deve specificare la destinazione dei finanziamenti, che il debitore non è in grado di reperire altrimenti tali finanziamenti e che, in assenza di tali finanziamenti, deriverebbe un pregiudizio imminente ed irreparabile all'azienda. Il tribunale, assunte sommarie informazioni sul piano e sulla proposta in corso di elaborazione, sentito il commissario giudiziale se nominato, e, se del caso, sentiti senza formalità i principali creditori, decide in camera di consiglio con decreto motivato, entro dieci giorni dal deposito dell'istanza di autorizzazione. La richiesta può avere ad oggetto anche il mantenimento di linee di credito autoliquidanti in essere al momento del deposito della domanda ([3]).

Il tribunale può autorizzare il debitore a concedere pegno o ipoteca o a cedere crediti ([4]) a garanzia dei medesimi finanziamenti.

Il debitore che presenta domanda di ammissione al concordato preventivo con continuità aziendale, anche ai sensi dell'articolo 161 sesto comma, può chiedere al tribunale di essere autorizzato, assunte se del caso sommarie informazioni, a pagare crediti anteriori per prestazioni di beni o servizi, se un professionista in possesso dei requisiti di cui all'articolo 67, terzo comma, lettera *d*), attesta che tali prestazioni sono essenziali per la prosecuzione della attività di impresa e funzionali ad assicurare la migliore soddisfazione dei creditori. L'attestazione del professionista non è necessaria per pagamenti effettuati fino a concorrenza dell'ammontare di nuove risorse finanziarie che vengano apportate al debitore senza obbligo di restituzione o con obbligo di restituzione postergato alla soddisfazione dei creditori. Il tribunale può autorizzare il pagamento delle retribuzioni dovute per le mensilità antecedenti al deposito del ricorso ai lavoratori addetti all'attività di cui è prevista la continuazione ([5]).

Quando è prevista la continuazione dell'attività aziendale, la disciplina di cui al quinto comma si applica, in deroga al disposto dell'articolo 55, secondo comma, al rimborso, alla scadenza convenuta, delle rate a scadere del contratto di mutuo con garanzia reale gravante su beni strumentali all'esercizio dell'impresa, se il debitore, alla data della presentazione della domanda di ammissione al concordato, ha adempiuto le proprie obbligazioni o se il tribunale lo autorizza al pagamento del debito per capitale ed interessi scaduto a tale data. Il professionista in possesso dei requisiti di cui all'articolo 67, terzo comma, lettera *d*), attesta anche che il credito garantito potrebbe essere soddisfatto integralmente con il ricavato della liquidazione del bene effettuata a valore di mercato e che il rimborso delle rate a scadere non lede i diritti degli altri creditori ([6]).

Il debitore che presenta una domanda di omologazione di un accordo di ristrutturazione dei debiti ai sensi dell'articolo 182 *bis*, primo comma, o una proposta di accordo ai sensi dell'articolo 182 *bis*, sesto comma, può chiedere al Tribunale di essere autorizzato, in presenza dei presupposti di cui al quinto comma del presente articolo ([7]), a pagare crediti anche anteriori per prestazioni di beni o servizi. In tal caso i pagamenti effettuati non sono soggetti all'azione revocatoria di cui all'articolo 67.

([1]) *Questo articolo è stato aggiunto dall'art. 33, comma 1, lett. f), del D.L. 22 giugno 2012, n. 83, convertito, con modificazioni, nella L. 7 agosto 2012, n. 134. A norma dell'art. 33, comma 3, del medesimo decreto tali disposizioni si applicano ai procedimenti di concordato preventivo e per l'omologazione di accordi di ristrutturazione dei debiti introdotti dal trentesimo giorno successivo a quello di entrata in vigore della legge di conversione del presente decreto, nonché ai piani di cui al comma 1, lettera a), n. 1) elaborati successivamente al predetto termine.*

([2]) *Le parole: «, anche prima del deposito della documentazione di cui all'articolo 161, commi secondo e terzo» sono state aggiunte dall'art. 1, comma 1, lett. a), del D.L. 27 giugno 2015, n. 83, convertito, con modificazioni, nella L. 6 agosto 2015, n. 132.*

A norma dell'art. 23, comma 1, del medesimo provvedimento, tali disposizioni si applicano ai procedimenti di concordato preventivo introdotti anche anteriormente alla data di entrata in vigore del presente decreto.

(3) *Questo comma è stato aggiunto dall'art. 1, comma 1, lett. b), del D.L. 27 giugno 2015, n. 83, convertito, con modificazioni, nella L. 6 agosto 2015, n. 132.*

A norma dell'art. 23, comma 1, del medesimo provvedimento, tali disposizioni si applicano ai procedimenti di concordato preventivo introdotti anche anteriormente alla data di entrata in vigore del presente decreto.

(4) *Le parole: «o a cedere crediti» sono state aggiunte dall'art. 1, comma 1, lett. c), del D.L. 27 giugno 2015, n. 83, convertito, con modificazioni, nella L. 6 agosto 2015, n. 132.*

A norma dell'art. 23, comma 1, del medesimo provvedimento, tali disposizioni si applicano ai procedimenti di concordato preventivo introdotti anche anteriormente alla data di entrata in vigore del presente decreto.

(5) *Questo periodo è stato aggiunto dall'art. 20, comma 1, lett. d), n. 1, del D.L. 24 agosto 2021, n. 118, convertito, con modificazioni, nella L. 21 ottobre 2021, n. 147.*

A norma dell'art. 20, comma 2, del medesimo decreto le disposizioni di cui a questo periodo, si applicano ai ricorsi di cui all'articolo 161 del regio decreto 16 marzo 1942, n. 267, e ai procedimenti per l'omologazione di accordi di ristrutturazione dei debiti introdotti successivamente alla data di entrata in vigore del presente decreto, nonché alle comunicazioni di convenzione di moratoria successive alla data di entrata in vigore del medesimo decreto.

(6) *Questo comma è stato inserito dall'art. 20, comma 1, lett. d), n. 2, del D.L. 24 agosto 2021, n. 118, convertito, con modificazioni, nella L. 21 ottobre 2021, n. 147.*

A norma dell'art. 20, comma 2, del medesimo decreto le disposizioni di cui a questo comma, si applicano ai ricorsi di cui all'articolo 161 del regio decreto 16 marzo 1942, n. 267, e ai procedimenti per l'omologazione di accordi di ristrutturazione dei debiti introdotti successivamente alla data di entrata in vigore del presente decreto, nonché alle comunicazioni di convenzione di moratoria successive alla data di entrata in vigore del medesimo decreto.

(7) *Le parole: «quarto comma» sono state così sostituite dalle seguenti: «quinto comma del presente articolo» dall'art. 1, comma 1, lett. c bis), del D.L. 27 giugno 2015, n. 83, convertito, con modificazioni, nella L. 6 agosto 2015, n. 132.*

A norma dell'art. 23, comma 1, del medesimo provvedimento, tali disposizioni si applicano ai procedimenti di concordato preventivo introdotti anche anteriormente alla data di entrata in vigore del presente decreto.

182 *sexies*. (1) **Riduzione o perdita del capitale della società in crisi.** – Dalla data del deposito della domanda per l'ammissione al concordato preventivo, anche a norma dell'articolo 161, sesto comma, della domanda per l'omologazione dell'accordo di ristrutturazione di cui all'articolo 182 *bis* ovvero della proposta di accordo a norma del sesto comma dello stesso articolo e sino all'omologazione non si applicano gli articoli 2446, commi secondo e terzo, 2447, 2482 *bis*, commi quarto, quinto e sesto, e 2482 *ter* del codice civile. Per lo stesso periodo non opera la causa di scioglimento della società per riduzione o perdita del capitale sociale di cui agli articoli 2484, n. 4, e 2545 *duodecies* del codice civile.

Resta ferma, per il periodo anteriore al deposito delle domande e della proposta di cui al primo comma, l'applicazione dell'articolo 2486 del codice civile.

(1) *Questo articolo è stato aggiunto dall'art. 33, comma 1, lett. f), del D.L. 22 giugno 2012, n. 83, convertito, con modificazioni, nella L. 7 agosto 2012, n. 134. A norma dell'art. 33, comma 3, del medesimo decreto tali disposizioni si applicano ai procedimenti di concordato preventivo e per l'omologazione di accordi di ristrutturazione dei debiti introdotti dal trentesimo giorno successivo a quello di entrata in vigore della legge di conversione del presente decreto, nonché ai piani di cui al comma 1, lettera a), n. 1) elaborati successivamente al predetto termine.*

182 *septies*. (1) **Accordi di ristrutturazione ad efficacia estesa.** – La disciplina di cui all'articolo 182 *bis* si applica, in deroga agli articoli 1372 e 1411 del codice civile, al caso in cui gli effetti dell'accordo siano estesi anche ai creditori non aderenti che appartengano alla medesima categoria, individuata tenuto conto dell'omogeneità di posizione giuridica ed interessi economici.

Ai fini di cui al primo comma occorre che:

a) tutti i creditori appartenenti alla categoria siano stati informati dell'avvio delle trattative, siano stati messi in condizione di parteciparvi in buona fede e abbiano ricevuto complete e aggiornate informazioni sulla situazione patrimoniale, economica e finanziaria del debitore nonché sull'accordo e sui suoi effetti;

b) l'accordo preveda la prosecuzione dell'attività d'impresa in via diretta o indiretta;.

c) i crediti dei creditori aderenti appartenenti alla categoria rappresentino il 75 per cento di tutti i creditori appartenenti alla categoria, fermo restando che un creditore può essere titolare di crediti inseriti in più di una categoria;

d) i creditori della medesima categoria non aderenti ai quali sono estesi gli effetti dell'accordo possano risultare soddisfatti in base all'accordo stesso in misura non inferiore rispetto all'alternativa liquidatoria;

e) il debitore abbia notificato l'accordo, la domanda di omologazione e i documenti allegati ai creditori nei confronti dei quali chiede di estendere gli effetti dell'accordo.

Per i creditori della medesima categoria non aderenti ai quali il debitore chiede di estendere gli effetti dell'accordo il termine per proporre opposizione decorre dalla data della notifica di cui al secondo comma.

In nessun caso, per effetto dell'accordo di ristrutturazione, ai creditori ai quali è stato esteso l'accordo possono essere imposti l'esecuzione di nuove prestazioni, la concessione di affidamenti, il mantenimento della possibilità di utilizzare affidamenti esistenti o l'erogazione di nuovi finanziamenti. Non è considerata nuova prestazione la prosecuzione della concessione del godimento di beni oggetto di contratti di locazione finanziaria già stipulati.

Quando un'impresa ha debiti verso banche e intermediari finanziari in misura non inferiore alla metà dell'indebitamento complessivo, l'accordo di ristrutturazione dei debiti può individuare una o più categorie tra tali tipologie di creditori che abbiano fra loro posizione giuridica ed interessi economici omogenei. In tal caso il debitore, con la domanda di cui all'articolo 182 *bis*, può chiedere, anche se non ricorre la condizione prevista dal secondo comma, lettera *b*), del presente articolo, che gli effetti dell'accordo siano estesi anche ai creditori non aderenti appartenenti alla medesima categoria. Restano fermi i diritti dei creditori diversi da banche e intermediari finanziari.

Ai fini dell'accordo non si tiene conto delle ipoteche giudiziali iscritte nei novanta giorni che precedono la data di pubblicazione del ricorso nel registro delle imprese.

(1) *Questo articolo, aggiunto dall'art. 9 del D.L. 27 giugno 2015, n. 83, convertito, con modificazioni, nella L. 6 agosto 2015, n. 132, è stato così sostituito dall'art. 20, comma 1, lett. e), del D.L. 24 agosto 2021, n. 118, convertito, con modificazioni, nella L. 21 ottobre 2021, n. 147.*

A norma dell'art. 20, comma 2, del medesimo decreto le disposizioni di cui a questo articolo, si applicano ai ricorsi di cui all'articolo 161 del regio decreto 16 marzo 1942, n. 267, e ai procedimenti per l'omologazione di accordi di ristrutturazione dei debiti introdotti successivamente alla data di entrata in vigore del presente decreto, nonché alle comunicazioni di convenzione di moratoria successive alla data di entrata in vigore del medesimo decreto.

182 *octies*. (1) Convenzione di moratoria. – La convenzione di moratoria conclusa tra un imprenditore, anche non commerciale, e i suoi creditori, diretta a disciplinare in via provvisoria gli effetti della crisi e avente ad oggetto la dilazione delle scadenze dei crediti, la rinuncia agli atti o la sospensione delle azioni esecutive e conservative e ogni altra misura che non comporti rinuncia al credito, in deroga agli articoli 1372 e 1411 del codice civile, è efficace anche nei confronti dei creditori non aderenti che appartengano alla medesima categoria.

Ai fini di cui al primo comma occorre che:

a) tutti i creditori appartenenti alla categoria siano stati informati dell'avvio delle trattative o siano stati messi in condizione di parteciparvi in buona fede e abbiano ricevuto complete e aggiornate informazioni sulla situazione patrimoniale, economica e finanziaria del debitore nonché sulla convenzione e i suoi effetti;

b) i crediti dei creditori aderenti appartenenti alla categoria rappresentino il settantacinque per cento di tutti i creditori appartenenti alla categoria, fermo restando che un creditore può essere titolare di crediti inseriti in più di una categoria;

c) i creditori della medesima categoria non aderenti, cui vengono estesi gli effetti della convenzione, subiscano un pregiudizio proporzionato e coerente con le ipotesi di soluzione della crisi o dell'insolvenza in concreto perseguite;

d) un professionista in possesso dei requisiti di cui all'articolo 67, terzo comma, lettera *d*), abbia attestato la veridicità dei dati aziendali, l'idoneità della convenzione a disciplinare provvisoriamente gli effetti della crisi, e la ricorrenza delle condizioni di cui alla lettera *c*).

In nessun caso, per effetto della convenzione, ai creditori della medesima categoria non aderenti possono essere imposti l'esecuzione di nuove prestazioni, la concessione di affidamenti, il mantenimento della possibilità di utilizzare affidamenti esistenti o l'erogazione di nuovi finanziamenti. Non è considerata nuova prestazione la prosecuzione della concessione del godimento di beni oggetto di contratti di locazione finanziaria già stipulati.

La convenzione va comunicata, insieme alla relazione del professionista indicato al secondo comma ai creditori non aderenti mediante lettera raccomandata con avviso di ricevimento o presso il domicilio digitale.

Entro trenta giorni dalla comunicazione può essere proposta opposizione avanti al tribunale. Il tribunale decide sulle opposizioni in camera di consiglio, con decreto motivato. Nel termine di quindici giorni dalla comunicazione, il decreto del tribunale è reclamabile alla corte di appello, ai sensi dell'articolo 183.

(1) *Questo articolo è stato inserito dall'art. 20, comma 1, lett. f), del D.L. 24 agosto 2021, n. 118, convertito, con modificazioni, nella L. 21 ottobre 2021, n. 147.*

A norma dell'art. 20, comma 2, del medesimo decreto le disposizioni di cui a questo articolo, si applicano ai ricorsi di cui all'articolo 161 del regio decreto 16 marzo 1942, n. 267, e ai procedimenti per l'omologazione di accordi di ristrutturazione dei debiti introdotti succes-

sivamente alla data di entrata in vigore del presente decreto, nonché alle comunicazioni di convenzione di moratoria successive alla data di entrata in vigore del medesimo decreto.

182 *novies*. (1) Accordi di ristrutturazione agevolati. – La percentuale di cui all'articolo 182 *bis*, primo comma, è ridotta della metà quando il debitore:

a) abbia rinunciato alla moratoria di cui all'articolo 182 *bis*, primo comma, lettere *a*) e *b*);

b) non abbia presentato il ricorso previsto dall'articolo 161, sesto comma, e non abbia richiesto la sospensione prevista dall'articolo 182 *bis*, sesto comma.

(1) *Questo articolo è stato inserito dall'art. 20, comma 1, lett.* f), *del D.L. 24 agosto 2021, n. 118, convertito, con modificazioni, nella L. 21 ottobre 2021, n. 147.*

A norma dell'art. 20, comma 2, del medesimo decreto le disposizioni di cui a questo articolo, si applicano ai ricorsi di cui all'articolo 161 del regio decreto 16 marzo 1942, n. 267, e ai procedimenti per l'omologazione di accordi di ristrutturazione dei debiti introdotti successivamente alla data di entrata in vigore del presente decreto, nonché alle comunicazioni di convenzione di moratoria successive alla data di entrata in vigore del medesimo decreto.

182 *decies*. (1) Coobbligati e soci illimitatamente responsabili. – Ai creditori che hanno concluso gli accordi di ristrutturazione si applica l'articolo 1239 del codice civile.

Nel caso in cui l'efficacia degli accordi sia estesa ai creditori non aderenti, costoro conservano impregiudicati i diritti contro i coobbligati, i fideiussori del debitore e gli obbligati in via di regresso.

Salvo patto contrario, gli accordi di ristrutturazione della società hanno efficacia nei confronti dei soci illimitatamente responsabili, i quali, se hanno prestato garanzia, continuano a rispondere per tale diverso titolo, salvo che non sia diversamente previsto.

(1) *Questo articolo è stato inserito dall'art. 20, comma 1, lett.* f), *del D.L. 24 agosto 2021, n. 118, convertito, con modificazioni, nella L. 21 ottobre 2021, n. 147.*

A norma dell'art. 20, comma 2, del medesimo decreto le disposizioni di cui a questo articolo, si applicano ai ricorsi di cui all'articolo 161 del regio decreto 16 marzo 1942, n. 267, e ai procedimenti per l'omologazione di accordi di ristrutturazione dei debiti introdotti successivamente alla data di entrata in vigore del presente decreto, nonché alle comunicazioni di convenzione di moratoria successive alla data di entrata in vigore del medesimo decreto.

183. (1) Reclamo. – Contro il decreto del tribunale può essere proposto reclamo alla corte di appello, la quale pronuncia in camera di consiglio.

Con lo stesso reclamo è impugnabile la sentenza dichiarativa di fallimento, contestualmente emessa a norma dell'articolo 180, settimo comma.

(1) *Questo articolo è stato così sostituito dall'art. 16, comma 6, del D.L.vo 12 settembre 2007, n. 169, a decorrere dal 1° gennaio 2008.*

184. Effetti del concordato per i creditori. – Il concordato omologato è obbligatorio per tutti i creditori anteriori alla pubblicazione nel registro delle imprese del ricorso di cui all'articolo 161 (1). Tuttavia essi conservano impregiudicati i diritti contro i coobbligati, i fideiussori del debitore e gli obbligati in via di regresso.

Salvo patto contrario, il concordato della società ha efficacia nei confronti dei soci illimitatamente responsabili.

(1) *Le parole: «al decreto di apertura della procedura di concordato» sono state così sostituite dalle attuali: «alla pubblicazione nel registro delle imprese del ricorso di cui all'articolo 161» dall'art. 33, comma 1, lett.* g), *del D.L. 22 giugno 2012, n. 83, convertito, con modificazioni, nella L. 7 agosto 2012, n. 134. A norma dell'art. 33, comma 3, del medesimo decreto tali disposizioni si applicano ai procedimenti di concordato preventivo e per l'omologazione di accordi di ristrutturazione dei debiti introdotti dal trentesimo giorno successivo a quello di entrata in vigore della legge di conversione del presente decreto, nonché ai piani di cui al comma 1, lettera* a), *n.* 1) *elaborati successivamente al predetto termine.*

Capo VI
Dell'esecuzione, della risoluzione e dell'annullamento del concordato preventivo

185. Esecuzione del concordato. – Dopo l'omologazione del concordato, il commissario giudiziale ne sorveglia l'adempimento, secondo le modalità stabilite nella sentenza di omologazione. Egli deve riferire al giudice ogni fatto dal quale possa derivare pregiudizio ai creditori.

Si applica il secondo comma dell'art. 136.

Il debitore è tenuto a compiere ogni atto necessario a dare esecuzione alla proposta di concordato presentata da uno o più creditori, qualora sia stata approvata e omologata (1).

Nel caso in cui il commissario giudiziale rilevi che il debitore non sta provvedendo al compimento degli atti necessari a dare esecuzione alla suddetta proposta o ne sta ritardando il compimento, deve senza indugio riferirne al tribunale. Il tribunale, sentito il debitore, può attribuire al commissario giudiziale i poteri necessari a provvedere in luogo del debitore al compimento degli atti a questo richiesti (1).

Il soggetto che ha presentato la proposta di concordato approvata e omologata dai creditori può denunziare al tribunale i ritardi o le omissioni da parte del debitore, mediante ricorso al tribunale notificato al debitore e al commissario giudiziale, con il quale può chiedere al tribunale di attribuire al commissario giudiziale i poteri necessari a provvedere in luogo del debitore al compimento degli atti a questo richiesti (1).

Fermo restando il disposto dell'articolo 173, il tribunale, sentiti in camera di consiglio il debitore e il commissario giudiziale, può revocare l'organo amministrativo, se si tratta di società, e nominare un amministratore giudiziario stabilendo la durata del suo incarico e attribuendogli il potere di compiere ogni atto necessario a dare esecuzione alla suddetta proposta, ivi inclusi, qualora tale proposta preveda un aumento del capitale sociale del debitore, la convocazione dell'assemblea straordinaria dei soci avente ad oggetto la delibera di tale aumento di capitale e l'esercizio del voto nella stessa. Quando è stato nominato il liquidatore a norma dell'articolo 182, i compiti di amministratore giudiziario possono essere a lui attribuiti (1).

(1) *Questo comma è stato aggiunto dall'art. 3, comma 6, del D.L. 27 giugno 2015, n. 83, convertito, con modificazioni, nella L. 6 agosto 2015, n. 132.*

A norma dell'art. 23, comma 1, del medesimo provvedimento, queste disposizioni si applicano ai procedimenti di concordato preventivo introdotti successivamente all'entrata in vigore della legge di conversione del presente decreto.

186. (1) **Risoluzione e annullamento del concordato.** – Ciascuno dei creditori può richiedere la risoluzione del concordato per inadempimento.

Il concordato non si può risolvere se l'inadempimento ha scarsa importanza.

Il ricorso per la risoluzione deve proporsi entro un anno dalla scadenza del termine fissato per l'ultimo adempimento previsto dal concordato.

Le disposizioni che precedono non si applicano quando gli obblighi derivanti dal concordato sono stati assunti da un terzo con liberazione immediata del debitore.

Si applicano le disposizioni degli articoli 137 e 138, in quanto compatibili, intendendosi sostituito al curatore il commissario giudiziale.

(1) *Questo articolo è stato così sostituito dall'art. 17, comma 1, del D.L.vo 12 settembre 2007, n. 169, a decorrere dal 1° gennaio 2008.*

186 *bis*. (1) (2) **Concordato con continuità aziendale.** – Quando il piano di concordato di cui all'articolo 161, secondo comma, lettera *e*) prevede la prosecuzione dell'attività di impresa da parte del debitore, la cessione dell'azienda in esercizio ovvero il conferimento dell'azienda in esercizio in una o più società, anche di nuova costituzione, si applicano le disposizioni del presente articolo. Il piano può prevedere anche la liquidazione di beni non funzionali all'esercizio dell'impresa.

Nei casi previsti dal presente articolo:

a) il piano di cui all'articolo 161, secondo comma, lettera *e*), deve contenere anche un'analitica indicazione dei costi e dei ricavi attesi dalla prosecuzione dell'attività d'impresa prevista dal piano di concordato, delle risorse finanziarie necessarie e delle relative modalità di copertura;

b) la relazione del professionista di cui all'articolo 161, terzo comma, deve attestare che la prosecuzione dell'attività d'impresa prevista dal piano di concordato è funzionale al miglior soddisfacimento dei creditori;

c) il piano può prevedere, fermo quanto disposto dall'articolo 160, secondo comma, una moratoria fino a due anni (3) dall'omologazione per il pagamento dei creditori muniti di privilegio, pegno o ipoteca, salvo che sia prevista la liquidazione dei beni o diritti sui quali sussiste la causa di prelazione. In tal caso, i creditori muniti di cause di prelazione di cui al periodo precedente non hanno diritto al voto.

Fermo quanto previsto nell'articolo 169 *bis*, i contratti in corso di esecuzione alla data di deposito del ricorso, anche stipulati con pubbliche amministrazioni, non si risolvono per effetto dell'apertura della procedura. Sono inefficaci eventuali patti contrari. L'ammissione al concordato preventivo non impedisce la continuazione di contratti pubblici se il professionista designato dal debitore di cui all'articolo 67 ha attestato la conformità al piano e la ragionevole capacità di adempimento. Di tale continuazione può beneficiare, in presenza dei requisiti di legge, anche la società cessionaria o conferitaria d'azienda o di rami d'azienda cui i contratti siano trasferiti. Il giudice delegato, all'atto della cessione o del conferimento, dispone la cancellazione delle iscrizioni e trascrizioni. Le disposizioni del presente comma si applicano anche nell'ipotesi in cui l'impresa è stata ammessa a concordato che non prevede la continuità aziendale se il predetto professionista attesta che la continuazione è necessaria per la migliore liquidazione dell'azienda in esercizio (4).

Successivamente al deposito della domanda di cui all'articolo 161, la partecipazione a procedure di affidamento di contratti pubblici deve essere autorizzata dal tribunale, e, dopo il decreto di apertura, dal giudice delegato, acquisito il parere del commissario giudiziale ove già nominato (5) (6).

L'ammissione al concordato preventivo non impedisce la partecipazione a procedure di assegnazione di contratti pubblici, quando l'impresa presenta in gara:

a) una relazione di un professionista in possesso dei requisiti di cui all'articolo 67, terzo comma, lettera *d*), che attesta la conformità al piano e la ragionevole capacità di adempimento del contratto;

[*b*) la dichiarazione di altro operatore in possesso dei requisiti di carattere generale, di capacità finanziaria, tecnica, economica nonché di certificazione, richiesti per l'affidamento dell'appalto, il quale si è impegnato nei confronti del concorrente e della stazione appaltante a mettere a disposizione, per la durata del contratto, le risorse necessarie all'esecuzione dell'appalto e a subentrare all'impresa ausiliata nel caso in cui questa fallisca nel corso della gara ovvero dopo la stipulazione del contratto, ovvero non sia per qualsiasi ragione più in grado di dare regolare esecuzione all'appalto. Si applica l'articolo 49 del decreto legislativo 12 aprile 2006, n. 163] (7).

Fermo quanto previsto dal comma precedente, l'impresa in concordato può concorrere anche riunita in raggruppamento temporaneo di imprese, purché non rivesta la qualità di mandataria e sempre che le altre imprese aderenti al raggruppamento non siano assoggettate ad una procedura concorsuale. In tal caso la dichiarazione di cui al quarto comma, lettera *b*), può provenire anche da un operatore facente parte del raggruppamento.

Se nel corso di una procedura iniziata ai sensi del presente articolo l'esercizio dell'attività d'impresa cessa o risulta manifestamente dannoso per i creditori, il tribunale provvede ai sensi dell'articolo 173. Resta salva la facoltà del debitore di modificare la proposta di concordato.

Ogni sei mesi successivi alla presentazione della relazione di cui all'articolo 172, primo comma, il commissario giudiziale redige un rapporto riepilogativo secondo quanto previsto dall'articolo 33, quinto comma, e lo trasmette ai creditori a norma dell'articolo 171, secondo comma. Conclusa l'esecuzione del concordato, deposita un rapporto riepilogativo finale redatto in conformità a quanto previsto dall'articolo 33, quinto comma (8).

(1) *Questo articolo è stato aggiunto dall'art. 33, comma 1, lett. h), del D.L. 22 giugno 2012, n. 83, convertito, con modificazioni, nella L. 7 agosto 2012, n. 134. A norma dell'art. 33, comma 3, del medesimo decreto tali disposizioni si applicano ai procedimenti di concordato preventivo e per l'omologazione di accordi di ristrutturazione dei debiti introdotti dal trentesimo giorno successivo a quello di entrata in vigore della legge di conversione del presente decreto, nonché ai piani di cui al comma 1, lettera a), n. 1) elaborati successivamente al predetto termine.*

(2) *A norma dell'art. 23, comma 1, del D.L. 24 agosto 2021, n. 118, convertito, con modificazioni, nella L. 21 ottobre 2021, n. 147, sono improcedibili fino al 31 dicembre 2021 i ricorsi per la risoluzione del concordato preventivo e i ricorsi per la dichiarazione di fallimento proposti nei confronti di imprenditori che hanno presentato domanda di concordato preventivo ai sensi di cui a questo articolo omologato in data successiva al 1° gennaio 2019.*

(3) *Le parole: «un anno» sono state così sostituite dalle attuali: «due anni» dall'art. 20, comma 1, lett. g), del D.L. 24 agosto 2021, n. 118, convertito, con modificazioni, nella L. 21 ottobre 2021, n. 147.*

A norma dell'art. 20, comma 3, del medesimo decreto le disposizioni di cui a questo comma, si applicano ai piani presentati successivamente alla data di entrata in vigore del medesimo decreto.

(4) *Questo periodo è stato aggiunto dall'art. 2, comma 4, lett. b), n. 1), del D.L. 18 aprile 2019, n. 32, convertito, con modificazioni, nella L. 14 giugno 2019, n. 55, a decorrere dal 18 giugno 2019.*

(5) *Questo comma è stato inserito dall'art. 13, comma 11 bis, del D.L. 23 dicembre 2013, n. 145, convertito, con modificazioni, nella L. 21 febbraio 2014, n. 9.*

(6) *Questo comma è stato così sostituito dall'art. 2, comma 4, lett. b), n. 2), del D.L. 18 aprile 2019, n. 32, convertito, con modificazioni, nella L. 14 giugno 2019, n. 55, a decorrere dal 18 giugno 2019.*

(7) *Questa lettera è stata abrogata dall'art. 2, comma 4, lett. b), n. 2 bis), del D.L. 18 aprile 2019, n. 32, convertito, con modificazioni, nella L. 14 giugno 2019, n. 55, a decorrere dal 18 giugno 2019.*

(8) *Questo comma è stato aggiunto dall'art. 14, comma 1, lett. d), del D.L.vo 10 ottobre 2022, n. 149, a decorrere dal 28 febbraio 2023.*

[Titolo IV
Dell'amministrazione controllata] ([1])

([1]) *Questo Titolo, comprendente gli articoli da 187 a 193, è stato abrogato dall'art. 147 del D.L.vo 9 gennaio 2006, n. 5, a decorrere dal 16 luglio 2006.*

187. [**Domanda di ammissione alla procedura.** – L'imprenditore che si trova in temporanea difficoltà di adempiere le proprie obbligazioni, se ricorrono le condizioni previste dai numeri 1, 2 e 3 del primo comma dell'articolo 160 e vi siano comprovate possibilità di risanare l'impresa, può chiedere al tribunale il controllo della gestione della sua impresa e dell'amministrazione dei suoi beni a tutela degli interessi dei creditori, per un periodo non superiore a due anni.

La domanda si propone nelle forme stabilite dall'art. 161].

188. [**Ammissione alla procedura.** – Il tribunale, se concorrono le condizioni stabilite dalla legge e se ritiene il debitore meritevole del beneficio, ammette il ricorrente alla procedura di amministrazione controllata con decreto non soggetto a reclamo. Con lo stesso provvedimento:

1) delega un giudice alla procedura;

2) ordina la convocazione dei creditori non oltre i trenta giorni dalla data del provvedimento e stabilisce il termine per la comunicazione del provvedimento stesso ai creditori;

3) nomina il commissario giudiziale secondo le disposizioni degli artt. 27, 28 e 29;

4) stabilisce il termine non superiore a otto giorni entro il quale il ricorrente deve depositare nella cancelleria del tribunale la somma che si presume necessaria per l'intera procedura.

Il decreto è pubblicato a norma dell'art. 166 e per la durata della procedura produce gli effetti stabiliti dagli artt. 167 e 168.

Si applicano inoltre le disposizioni degli artt. 164, 165, 170 e 173].

189. [**Adunanza dei creditori.** – Alla deliberazione dei creditori si applicano le disposizioni degli artt. 174, 175, 176, primo comma, 177, quarto comma, 178, primo, secondo e terzo comma.

Si tiene conto a tutti gli effetti dei voti dati per lettera o per telegramma purché pervenuti prima della chiusura delle operazioni.

La proposta del debitore è approvata quando riporta il voto favorevole della maggioranza dei creditori che rappresenti la maggioranza dei crediti, esclusi i creditori aventi diritti di prelazione sui beni del debitore.

Se le maggioranze prescritte non sono raggiunte cessano gli effetti del decreto di ammissione alla procedura].

190. [**Provvedimenti del giudice delegato.** – Se le maggioranze prescritte sono raggiunte, il giudice delegato, tenuto conto del parere dei creditori intervenuti all'adunanza, nomina con decreto un comitato di tre o cinque creditori che assiste il commissario giudiziale.

Contro il decreto del giudice delegato è ammesso reclamo da parte di ogni interessato entro dieci giorni dalla sua data. Il tribunale decide in camera di consiglio con decreto non soggetto a gravame].

191. [**Poteri di gestione del commissario giudiziale.** – Durante la procedura il tribunale, su istanza di ogni interessato o ufficio e sentito il comitato dei creditori, può con decreto non soggetto a reclamo, affidare al commissario giudiziale in tutto o in parte la gestione dell'impresa e l'amministrazione dei beni del debitore, determinandone i poteri.

Il decreto è pubblicato a norma dell'art. 166.

In tal caso il commissario al termine del suo ufficio deve rendere conto della sua amministrazione a norma dell'art. 116].

192. [**Relazioni del commissario giudiziale e revoca dell'amministrazione controllata.** – Il commissario giudiziale riferisce ogni due mesi al giudice delegato sull'andamento dell'impresa.

Il commissario giudiziale e il comitato dei creditori devono inoltre denunciare al giudice delegato i fatti che consigliano la revoca dell'amministrazione controllata, non appena ne vengano a conoscenza.

Se in qualunque momento risulta che l'amministrazione controllata non può utilmente essere continuata, il giudice delegato promuove dal tribunale la dichiarazione di fallimento, salva la facoltà dell'imprenditore di proporre il concordato preventivo secondo le disposizioni del titolo precedente].

193. [**Fine dell'amministrazione controllata.** – Il debitore che dimostra di essere in grado di soddisfare regolarmente le proprie obbligazioni può chiedere al tribunale anche prima del termine stabilito la cessazione della procedura. In tal caso il tribunale provvede con decreto pubblicato a norma dell'art. 17.

Se al termine dell'amministrazione controllata risulta che l'impresa non è in condizioni di adempiere regolarmente le proprie obbligazioni, si applica il terzo comma dell'articolo precedente].

Titolo V
Della liquidazione coatta amministrativa

194. Norme applicabili. - La liquidazione coatta amministrativa è regolata dalle disposizioni del presente titolo, salvo che le leggi speciali dispongano diversamente.

Sono abrogate le disposizioni delle leggi speciali, incompatibili con quelle degli artt. 195, 196, 200, 201, 202, 203, 209, 211 e 213.

195. (1) **Accertamento giudiziario dello stato d'insolvenza anteriore alla liquidazione coatta amministrativa.** - Se un'impresa soggetta a liquidazione coatta amministrativa con esclusione del fallimento si trova in stato di insolvenza, il tribunale del luogo dove l'impresa ha la sede principale, su richiesta di uno o più creditori, ovvero dell'autorità che ha la vigilanza sull'impresa o di questa stessa, dichiara tale stato con sentenza. Il trasferimento della sede principale dell'impresa intervenuto nell'anno antecedente l'apertura del procedimento, non rileva ai fini della competenza.

Con la stessa sentenza o con successivo decreto adotta i provvedimenti conservativi che ritenga opportuni nell'interesse dei creditori fino all'inizio della procedura di liquidazione.

Prima di provvedere il tribunale deve sentire il debitore, con le modalità di cui all'articolo 15, e l'autorità governativa che ha la vigilanza sull'impresa.

La sentenza è comunicata entro tre giorni, a norma dell'articolo 136 del codice di procedura civile, all'autorità competente perché disponga la liquidazione o, se ne ritiene sussistenti i presupposti, l'avvio della risoluzione ai sensi del decreto di recepimento della direttiva 2014/59/UE (2). Essa è inoltre notificata, affissa e resa pubblica nei modi e nei termini stabiliti per la sentenza dichiarativa di fallimento.

Contro la sentenza predetta può essere proposto reclamo (3) da qualunque interessato, a norma degli articoli 18 e 19.

Il tribunale che respinge il ricorso per la dichiarazione d'insolvenza provvede con decreto motivato. Contro il decreto è ammesso reclamo a norma dell'articolo 22.

Il tribunale provvede su istanza del commissario giudiziale alla dichiarazione d'insolvenza a norma di questo articolo quando nel corso della procedura di concordato preventivo di un'impresa soggetta a liquidazione coatta amministrativa, con esclusione del fallimento, si verifica la cessazione della procedura e sussiste lo stato di insolvenza. Si applica in ogni caso il procedimento di cui al terzo comma.

Le disposizioni di questo articolo non si applicano agli enti pubblici.

(1) *Questo articolo è stato così sostituito dall'art. 148 del D.L.vo 9 gennaio 2006, n. 5, a decorrere dal 16 luglio 2006.*

(2) *Le parole: «o, se ne ritiene sussistenti i presupposti, l'avvio della risoluzione ai sensi del decreto di recepimento della direttiva 2014/59/UE» sono state inserite dall'art. 100, comma 1, del D.L.vo 16 novembre 2015, n. 180.*

(3) *La parola: «appello» è stata così sostituita dalla attuale: «reclamo» dall'art. 18, comma 1, del D.L.vo 12 settembre 2007, n. 169, a decorrere dal 1° gennaio 2008.*

196. Concorso fra fallimento e liquidazione coatta amministrativa. - Per le imprese soggette a liquidazione coatta amministrativa, per le quali la legge non esclude la procedura fallimentare, la dichiarazione di fallimento preclude la liquidazione coatta amministrativa, e il provvedimento di liquidazione coatta amministrativa preclude la dichiarazione di fallimento.

197. Provvedimento di liquidazione. - Il provvedimento che ordina la liquidazione, entro dieci giorni dalla sua data, è pubblicato integralmente, a cura dell'autorità che lo ha emanato nella *Gazzetta Ufficiale* della Repubblica ed è comunicato per l'iscrizione all'ufficio del registro delle imprese, salve le altre forme di pubblicità disposte nel provvedimento.

198. (1) **Organi della liquidazione amministrativa.** - Con il provvedimento che ordina la liquidazione o con altro successivo viene nominato un commissario liquidatore. È altresì nominato un comitato di sorveglianza di tre o cinque membri scelti fra persone particolarmente esperte nel ramo di attività esercitato dall'impresa, possibilmente fra i creditori.

Qualora l'importanza dell'impresa lo consigli, possono essere nominati tre commissari liquidatori. In tal caso essi deliberano a mag-

LEGGI COMPLEMENTARI

gioranza, e la rappresentanza è esercitata congiuntamente da due di essi. Nella liquidazione delle cooperative la nomina del comitato di sorveglianza è facoltativa.

(1) *A norma dell'art. 12, comma 75, del D.L. 6 luglio 2012, n. 95, convertito, con modificazioni, nella L. 7 agosto 2012, n. 135, l'incarico di commissario, previsto da questo articolo, è monocratico. Il commissario liquidatore esercita personalmente le funzioni del proprio ufficio; nel caso di delega a terzi di specifiche operazioni, l'onere per il compenso del delegato è detratto dal compenso del commissario.*

199. Responsabilità del commissario liquidatore. – Il commissario liquidatore è, per quanto attiene all'esercizio delle sue funzioni, pubblico ufficiale.

Durante la liquidazione l'azione di responsabilità contro il commissario liquidatore revocato è proposta dal nuovo liquidatore con l'autorizzazione dell'autorità che vigila sulla liquidazione.

Si applicano al commissario liquidatore le disposizioni degli artt. 32, 37 e 38, primo comma, intendendosi sostituiti nei poteri del tribunale e del giudice delegato quelli dell'autorità che vigila sulla liquidazione.

200. Effetti del provvedimento di liquidazione per l'impresa. – Dalla data del provvedimento che ordina la liquidazione si applicano gli artt. 42, 44, 45, 46 e 47 e se l'impresa è una società o una persona giuridica cessano le funzioni delle assemblee e degli organi di amministrazione e di controllo, salvo per il caso previsto dall'art. 214.

Nelle controversie anche in corso, relative a rapporti di diritto patrimoniale dell'impresa, sta in giudizio il commissario liquidatore.

201. Effetti della liquidazione per i creditori e sui rapporti giuridici preesistenti. – Dalla data del provvedimento che ordina la liquidazione si applicano le disposizioni del titolo II, capo III, sezione II e sezione IV e le disposizioni dell'art. 66.

Si intendono sostituiti nei poteri del tribunale e del giudice delegato l'autorità amministrativa che vigila sulla liquidazione, nei poteri del curatore il commissario liquidatore e in quelli del comitato dei creditori il comitato di sorveglianza.

202. Accertamento giudiziario dello stato d'insolvenza. – Se l'impresa, al tempo in cui è stata ordinata la liquidazione, si trovava in stato d'insolvenza e questa non è stata preventivamente dichiarata a norma dell'art. 195, il tribunale del luogo dove l'impresa ha la sede principale, su ricorso del commissario liquidatore o su istanza del pubblico ministero, accerta tale stato con sentenza in camera di consiglio, anche se la liquidazione è stata disposta per insufficienza di attivo.

Si applicano le norme dell'art. 195, commi secondo, terzo, quarto, quinto e sesto.

203. Effetti dell'accertamento giudiziario dello stato d'insolvenza. – Accertato giudizialmente lo stato d'insolvenza a norma degli artt. 195 o 202, sono applicabili con effetto dalla data del provvedimento che ordina la liquidazione le disposizioni del titolo II, capo III, sezione III, anche nei riguardi dei soci a responsabilità illimitata. [Si applicano inoltre nei confronti di questi ultimi, degli amministratori, dei direttori generali, dei liquidatori e dei componenti degli organi di vigilanza le disposizioni degli artt. 216 a 219 e 223 a 225] (1).

L'esercizio delle azioni di revoca degli atti compiuti in frode dei creditori compete al commissario liquidatore.

Il commissario liquidatore presenta al procuratore della Repubblica una relazione in conformità di quanto è disposto dall'art. 33, primo comma.

(1) *Questo periodo è stato abrogato dall'art. 99 del D.L.vo 8 luglio 1999, n. 270.*

204. Commissario liquidatore. – Il commissario liquidatore procede a tutte le operazioni della liquidazione secondo le direttive dell'autorità che vigila sulla liquidazione, e sotto il controllo del comitato di sorveglianza.

Egli prende in consegna i beni compresi nella liquidazione, le scritture contabili e gli altri documenti dell'impresa, richiedendo, ove occorra, l'assistenza di un notaio.

Il commissario liquidatore forma quindi l'inventario, nominando, se necessario, uno o più stimatori per la valutazione dei beni.

205. Relazione del commissario. – L'imprenditore o, se l'impresa è una società o una persona giuridica, gli amministratori devono rendere al commissario liquidatore il conto della gestione relativo al tempo posteriore all'ultimo bilancio.

Il commissario è dispensato dal formare il bilancio annuale, ma deve presentare alla fine di ogni semestre all'autorità che vigila sulla liquidazione una relazione sulla situazione patrimoniale dell'impresa e sull'andamento della gestione accompagnata da un rapporto del comitato di sorveglianza. Nello stesso termine, copia della relazione è trasmessa al comitato di sorveglianza, unitamente agli estratti conto dei depositi postali o bancari relativi al periodo (1). Il comitato di sorveglianza o ciascuno dei suoi componenti possono formulare osservazioni scritte (1). Altra copia della relazione è trasmessa, assieme alle eventuali osservazioni, per via telematica all'ufficio del registro delle imprese ed è trasmessa a mezzo di posta elettronica certificata ai creditori e ai titolari di diritti sui beni (1).

(1) *Questo periodo è stato aggiunto dall'art. 17, comma 1, lett. u), del D.L. 18 ottobre 2012, n. 179, convertito, con modificazioni, nella L. 17 dicembre 2012, n. 221. A norma dell'art. 17, commi 4 e 5 del medesimo decreto tali disposizioni si applicano dalla data di entrata in vigore della legge di conversione del predetto decreto, anche alle procedure di fallimento, di concordato preventivo, di liquidazione coatta amministrativa e di amministrazione straordinaria pendenti, rispetto alle quali, alla stessa data, non è stata effettuata la comunicazione rispettivamente prevista dagli articoli 92, 171, 207 del regio decreto 16 marzo 1942, n. 267 e dall'articolo 22 decreto legislativo 8 luglio 1999, n. 270. Per le procedure in cui, alla data di entrata in vigore della legge di conversione del predetto decreto, sia stata effettuata la comunicazione di cui al comma 4, le disposizioni di cui ai commi 1 e 2 del presente articolo si applicano a decorrere dal 31 ottobre 2013. Il curatore, il commissario giudiziale, il commissario liquidatore e il commissario straordinario entro il 30 giugno 2013 comunicano ai creditori e ai terzi titolari di diritti sui beni il loro indirizzo di posta elettronica certificata e li invitano a comunicare, entro tre mesi, l'indirizzo di posta elettronica certificata al quale ricevere tutte le comunicazioni relative alla procedura, avvertendoli di rendere nota ogni successiva variazione e che in caso di omessa indicazione le comunicazioni sono eseguite esclusivamente mediante deposito in cancelleria.*

206. (1) **Poteri del commissario.** – L'azione di responsabilità contro gli amministratori e i componenti degli organi di controllo dell'impresa in liquidazione, a norma degli artt. 2393 e 2394 del codice civile, è esercitata dal commissario liquidatore, previa autorizzazione dell'autorità che vigila sulla liquidazione.

Per il compimento degli atti previsti dall'art. 35, in quanto siano di valore indeterminato o di valore superiore a € 1.032,91 (2), e per la continuazione dell'esercizio dell'impresa il commissario deve essere autorizzato dall'autorità predetta, la quale provvede sentito il comitato di sorveglianza.

(1) *A norma dell'art. 1, comma 412, della L. 27 dicembre 2013, n. 147, al fine di accelerare la definitiva chiusura della gestione liquidatoria, in deroga alle procedure autorizzative previste dagli articoli 35 e 206 di questo provvedimento, il Commissario liquidatore è autorizzato a stipulare transazioni per debiti iscritti nello stato passivo e per aliquote non inferiori del 5 per cento rispetto all'aliquota di riparto determinata al momento della transazione.*

(2) *Questo limite è stato così elevato dall'art. 4 della L. 17 luglio 1975, n. 400.*

207. Comunicazione ai creditori ed ai terzi. – Entro un mese dalla nomina il commissario comunica a ciascun creditore, a mezzo posta elettronica certificata, se il relativo indirizzo del destinatario risulta dal registro delle imprese ovvero dall'Indice nazionale degli indirizzi di posta elettronica certificata delle imprese e dei professionisti e, in ogni altro caso, a mezzo lettera raccomandata o telefax presso la sede dell'impresa o la residenza del creditore, il suo indirizzo di posta elettronica certificata e le somme risultanti a credito di ciascuno secondo le scritture contabili e i documenti dell'impresa. Contestualmente il commissario invita i creditori ad indicare, entro il termine di cui al terzo comma, il loro indirizzo di posta elettronica certificata, con l'avvertimento sulle conseguenze di cui al quarto comma e relativo all'onere del creditore di comunicarne ogni variazione. La comunicazione s'intende fatta con riserva delle eventuali contestazioni (1) (2).

Analoga comunicazione è fatta a coloro che possono far valere domande di rivendicazione, restituzione e separazione su cose mobili possedute dall'impresa.

Entro quindici giorni dal ricevimento della comunicazione i creditori e le altre persone indicate dal comma precedente possono far pervenire al commissario mediante posta elettronica certificata le loro osservazioni o istanze (2) (3).

Tutte le successive comunicazioni sono effettuate dal commissario all'indirizzo di posta elettronica certificata indicato ai sensi del primo comma. In caso di mancata indicazione dell'indirizzo di posta elettronica certificata o di mancata comunicazione della variazione, ovvero nei casi di mancata consegna per cause imputabili al destinatario, esse si eseguono mediante deposito in cancelleria. Si applica l'articolo 31 *bis*, terzo comma, sostituendo al curatore il commissario liquidatore (2) (4).

(1) *Questo comma è stato così sostituito dall'art. 17, comma 1, lett. v), n. 1), del D.L. 18 ottobre 2012, n. 179, convertito, con modificazioni, nella L. 17 dicembre 2012, n. 221.*

(2) *A norma dell'art. 17, commi 4 e 5 del D.L. 18 ottobre 2012, n. 179, convertito, con modificazioni, nella L. 17 dicembre 2012, n. 221, le disposizioni modificate dall'art. 17, comma 1, si applicano dalla data di entrata in vigore della legge di conversione del predetto decreto, anche alle procedure di fallimento, di concordato preventivo, di liquidazione coatta amministrativa e di amministrazione straordinaria pendenti, rispetto alle quali, alla stessa data, non è stata effettuata la*

comunicazione rispettivamente prevista dagli articoli 92, 171, 207 del regio decreto 16 marzo 1942, n. 267 e dall'articolo 22 decreto legislativo 8 luglio 1999, n. 270. Per le procedure in cui, alla data di entrata in vigore della legge di conversione del predetto decreto, sia stata effettuata la comunicazione di cui al comma 4, le disposizioni di cui ai commi 1 e 2 del presente articolo si applicano a decorrere dal 31 ottobre 2013. Il curatore, il commissario giudiziale, il commissario liquidatore e il commissario straordinario entro il 30 giugno 2013 comunicano ai creditori e ai terzi titolari di diritti sui beni il loro indirizzo di posta elettronica certificata e li invitano a comunicare, entro tre mesi, l'indirizzo di posta elettronica certificata al quale ricevere tutte le comunicazioni relative alla procedura, avvertendoli di rendere nota ogni successiva variazione e che in caso di omessa indicazione le comunicazioni sono eseguite esclusivamente mediante deposito in cancelleria.

(3) *Questo comma è stato così sostituito dall'art. 17, comma 1, lett. v), n. 2), del D.L. 18 ottobre 2012, n. 179, convertito, con modificazioni, nella L. 17 dicembre 2012, n. 221.*

(4) *Questo comma è stato aggiunto dall'art. 17, comma 1, lett. v), n. 3), del D.L. 18 ottobre 2012, n. 179, convertito, con modificazioni, nella L. 17 dicembre 2012, n. 221.*

208. Domande dei creditori e dei terzi. – I creditori e le altre persone indicate nell'articolo precedente che non hanno ricevuto la comunicazione prevista dal predetto articolo possono chiedere mediante raccomandata, entro sessanta giorni dalla pubblicazione nella *Gazzetta Ufficiale* del provvedimento di liquidazione, il riconoscimento dei propri crediti e la restituzione dei loro beni, comunicando l'indirizzo di posta elettronica certificata. Si applica l'articolo 207, quarto comma (1).

(1) *Le parole: «, comunicando l'indirizzo di posta elettronica certificata. Si applica l'articolo 207, quarto comma» sono state aggiunte dall'art. 17, comma 1, lett. z), del D.L. 18 ottobre 2012, n. 179, convertito, con modificazioni, nella L. 17 dicembre 2012, n. 221. A norma dell'art. 17, commi 4 e 5 del medesimo decreto, tali disposizioni si applicano dalla data di entrata in vigore della legge di conversione del predetto decreto, anche alle procedure di fallimento, di concordato preventivo, di liquidazione coatta amministrativa e di amministrazione straordinaria pendenti, rispetto alle quali, alla stessa data, non è stata effettuata la comunicazione rispettivamente prevista dagli articoli 92, 171, 207 del regio decreto 16 marzo 1942, n. 267 e dall'articolo 22 decreto legislativo 8 luglio 1999, n. 270. Per le procedure in cui, alla data di entrata in vigore della legge di conversione del predetto decreto, sia stata effettuata la comunicazione di cui al comma 4, le disposizioni di cui ai commi 1 e 2 del presente articolo si applicano a decorrere dal 31 ottobre 2013. Il curatore, il commissario giudiziale, il commissario liquidatore e il commissario straordinario entro il 30 giugno 2013 comunicano ai creditori e ai terzi titolari di diritti sui beni il loro indirizzo di posta elettronica certificata e li invitano a comunicare, entro tre mesi, l'indirizzo di posta elettronica certificata al quale ricevere tutte le comunicazioni relative alla procedura, avvertendoli di rendere nota ogni successiva variazione e che in caso di omessa indicazione le comunicazioni sono eseguite esclusivamente mediante deposito in cancelleria.*

209. Formazione dello stato passivo. – Salvo che le leggi speciali stabiliscano un maggior termine, entro novanta giorni dalla data del provvedimento di liquidazione, il commissario forma l'elenco dei crediti ammessi o respinti e delle domande indicate nel secondo comma dell'articolo 207 accolte o respinte, e lo deposita nella cancelleria del luogo dove l'impresa ha la sede principale. Il commissario trasmette l'elenco dei crediti ammessi o respinti a coloro la cui pretesa non sia in tutto o in parte ammessa a mezzo posta elettronica certificata ai sensi dell'articolo 207, quarto comma. Col deposito in cancelleria l'elenco diventa esecutivo (1).

Le impugnazioni, le domande tardive di crediti e le domande di rivendica e di restituzione sono disciplinate dagli articoli 98, 99, 101 e 103, sostituiti al giudice delegato il giudice istruttore ed al curatore il commissario liquidatore (2).

Restano salve le disposizioni delle leggi speciali relative all'accertamento dei crediti chirografari nella liquidazione delle imprese che esercitano il credito.

(1) *Questo comma è stato così sostituito dall'art. 17, comma 1, lett. aa), del D.L. 18 ottobre 2012, n. 179, convertito, con modificazioni, nella L. 17 dicembre 2012, n. 221. A norma dell'art. 17, commi 4 e 5 del medesimo decreto, tali disposizioni si applicano dalla data di entrata in vigore della legge di conversione del predetto decreto, anche alle procedure di fallimento, di concordato preventivo, di liquidazione coatta amministrativa e di amministrazione straordinaria pendenti, rispetto alle quali, alla stessa data, non è stata effettuata la comunicazione rispettivamente prevista dagli articoli 92, 171, 207 del regio decreto 16 marzo 1942, n. 267 e dall'articolo 22 decreto legislativo 8 luglio 1999, n. 270. Per le procedure in cui, alla data di entrata in vigore della legge di conversione del predetto decreto, sia stata effettuata la comunicazione di cui al comma 4, le disposizioni di cui ai commi 1 e 2 del presente articolo si applicano a decorrere dal 31 ottobre 2013. Il curatore, il commissario giudiziale, il commissario liquidatore e il commissario straordinario entro il 30 giugno 2013 comunicano ai creditori e ai terzi titolari di diritti sui beni il loro indirizzo di posta elettronica certificata e li invitano a comunicare, entro tre mesi, l'indirizzo di posta elettronica certificata al quale ricevere tutte le comunicazioni relative alla procedura, avvertendoli di rendere nota ogni successiva variazione e che in caso di omessa indicazione le comunicazioni sono eseguite esclusivamente mediante deposito in cancelleria.*

(2) *Gli originari commi secondo e terzo sono stati così sostituiti dall'attuale comma secondo dall'art. 18, comma 2, del D.L.vo 12 settembre 2007, n. 169, a decorrere dal 1° gennaio 2008.*

210. Liquidazione dell'attivo. - Il commissario ha tutti i poteri necessari per la liquidazione dell'attivo, salve le limitazioni stabilite dall'autorità che vigila sulla liquidazione.

In ogni caso per la vendita degli immobili e per la vendita dei mobili in blocco occorrono l'autorizzazione dell'autorità che vigila sulla liquidazione e il parere del comitato di sorveglianza.

Nel caso di società con soci a responsabilità limitata il presidente del tribunale può, su proposta del commissario liquidatore, ingiungere con decreto ai soci a responsabilità limitata e ai precedenti titolari delle quote o delle azioni di eseguire i versamenti ancora dovuti, quantunque non sia scaduto il termine stabilito per il pagamento.

211. (1) [**Società con responsabilità sussidiaria limitata o illimitata dei soci.** - Nella liquidazione di una società con responsabilità sussidiaria limitata o illimitata dei soci, il commissario liquidatore, dopo il deposito nella cancelleria del tribunale dell'elenco previsto dall'art. 209, comma primo, previa autorizzazione dell'autorità che vigila sulla liquidazione, può chiedere ai soci il versamento delle somme che egli ritiene necessarie per l'estinzione delle passività. Si osservano per il rimanente le disposizioni dell'art. 151, sostituiti ai poteri del giudice delegato quelli del presidente del tribunale e al curatore il commissario liquidatore ed escluso il reclamo a norma dell'art. 26].

(1) *Questo articolo è stato abrogato dall'art. 18, comma 3, del D.L.vo 12 settembre 2007, n. 169, a decorrere dal 1° gennaio 2008.*

212. Ripartizione dell'attivo. - Le somme ricavate dalla liquidazione dell'attivo sono distribuite secondo l'ordine stabilito nell'art. 111.

Previo il parere del comitato di sorveglianza, e con l'autorizzazione dell'autorità che vigila sulla liquidazione, il commissario può distribuire acconti parziali, sia a tutti i creditori sia ad alcune categorie di essi, anche prima che siano realizzate tutte le attività e accertate tutte le passività.

Le domande tardive per l'ammissione di crediti o per il riconoscimento di diritti reali non pregiudicano le ripartizioni già avvenute, e possono essere fatte valere sulle somme non ancora distribuite, osservate le disposizioni dell'art. 112.

Alle ripartizioni parziali si applicano le disposizioni dell'art. 113.

213. (1) **Chiusura della liquidazione.** - Prima dell'ultimo riparto ai creditori, il bilancio finale della liquidazione con il conto della gestione e il piano di riparto tra i creditori, accompagnati da una relazione del comitato di sorveglianza, devono essere sottoposti all'autorità, che vigila sulla liquidazione, la quale ne autorizza il deposito presso la cancelleria del tribunale e liquida il compenso al commissario.

Dell'avvenuto deposito, a cura del commissario liquidatore, è data comunicazione ai creditori ammessi al passivo ed ai creditori prededucibili con le modalità di cui all'articolo 207, quarto comma (2), ed è data notizia mediante inserzione nella *Gazzetta Ufficiale* e nei giornali designati dall'autorità che vigila sulla liquidazione.

Gli interessati possono proporre le loro contestazioni con ricorso al tribunale nel termine perentorio di venti giorni, decorrente dalla comunicazione fatta dal commissario a norma del primo comma per i creditori e dalla inserzione nella *Gazzetta Ufficiale* per ogni altro interessato. Le contestazioni sono comunicate, a cura del cancelliere, all'autorità che vigila sulla liquidazione, al commissario liquidatore e al comitato di sorveglianza, che nel termine di venti giorni possono presentare nella cancelleria del tribunale le loro osservazioni. Il tribunale provvede con decreto in camera di consiglio. Si applicano, in quanto compatibili, le disposizioni dell'articolo 26.

Decorso il termine senza che siano proposte contestazioni, il bilancio, il conto di gestione e il piano di riparto si intendono approvati, e il commissario provvede alle ripartizioni finali tra i creditori. Si applicano le norme dell'articolo 117, e se del caso degli articoli 2495 e 2496 del codice civile.

(1) *Questo articolo è stato così sostituito dall'art. 18, comma 4, del D.L.vo 12 settembre 2007, n. 169, a decorrere dal 1° gennaio 2008.*

(2) *Le parole: «nelle forme previste dall'articolo 26, terzo comma» sono state così sostituite dalle attuali: «con le modalità di cui all'articolo 207, quarto comma» dall'art. 17, comma 1, lett. bb), del D.L. 18 ottobre 2012, n. 179, convertito, con modificazioni, nella L. 17 dicembre 2012, n. 221. A norma dell'art. 17, commi 4 e 5 del medesimo decreto, tali disposizioni si applicano dalla data di entrata in vigore della legge di conversione del predetto decreto, anche alle procedure di fallimento, di concordato preventivo, di liquidazione coatta amministrativa e di amministrazione straordinaria pendenti, rispetto alle quali, alla stessa data, non è stata effettuata la comunicazione rispettivamente prevista dagli articoli 92, 171, 207 del regio decreto 16 marzo 1942, n. 267 e dall'articolo 22 decreto legislativo 8 luglio 1999, n. 270. Per le procedure in cui, alla data di entrata in vigore della legge di conversione del predetto decreto,*

sia stata effettuata la comunicazione di cui al comma 4, le disposizioni di cui ai commi 1 e 2 del presente articolo si applicano a decorrere dal 31 ottobre 2013. Il curatore, il commissario giudiziale, il commissario liquidatore e il commissario straordinario entro il 30 giugno 2013 comunicano ai creditori e ai terzi titolari di diritti sui beni il loro indirizzo di posta elettronica certificata e li invitano a comunicare, entro tre mesi, l'indirizzo di posta elettronica certificata al quale ricevere tutte le comunicazioni relative alla procedura, avvertendoli di rendere nota ogni successiva variazione e che in caso di omessa indicazione le comunicazioni sono eseguite esclusivamente mediante deposito in cancelleria.

214. (1) (2) **Concordato.** – L'autorità che vigila sulla liquidazione, su parere del commissario liquidatore, sentito il comitato di sorveglianza, può autorizzare l'impresa in liquidazione, uno o più creditori o un terzo a proporre al tribunale un concordato, a norma dell'articolo 124, osservate le disposizioni dell'articolo 152, se si tratta di società.

La proposta di concordato è depositata nella cancelleria del tribunale col parere del commissario liquidatore e del comitato di sorveglianza, comunicata dal commissario a tutti i creditori ammessi al passivo con le modalità di cui all'articolo 207, quarto comma (3), e pubblicata mediante inserzione nella *Gazzetta Ufficiale* e deposito presso l'ufficio del registro delle imprese.

I creditori e gli altri interessati possono presentare nella cancelleria le loro opposizioni nel termine perentorio di trenta giorni, decorrente dalla comunicazione fatta dal commissario per i creditori e dall'esecuzione delle formalità pubblicitarie di cui al secondo comma per ogni altro interessato.

Il tribunale, sentito il parere dell'autorità che vigila sulla liquidazione, decide sulle opposizioni e sulla proposta di concordato con decreto in camera di consiglio. Si applicano, in quanto compatibili, le disposizioni degli articoli 129, 130 e 131.

Gli effetti del concordato sono regolati dall'articolo 135.

Il commissario liquidatore con l'assistenza del comitato di sorveglianza sorveglia l'esecuzione del concordato.

(1) *Questo articolo è stato così sostituito dall'art. 18, comma 5, del D.L.vo 12 settembre 2007, n. 169, a decorrere dal 1° gennaio 2008.*

(2) *A norma dell'art. 22, comma 3, del D.L.vo 12 settembre 2007, n. 169, tale disposizione si applica anche alle procedure concorsuali pendenti al 1° gennaio 2008.*

(3) *Le parole: «nelle forme previste dall'articolo 26, terzo comma» sono state così sostituite dalle attuali: «con le modalità di cui all'articolo 207, quarto comma» dall'art. 17, comma 1, lett. cc), del D.L. 18 ottobre 2012, n. 179, convertito, con modificazioni, nella L. 17 dicembre 2012, n. 221. A norma dell'art. 17, commi 4 e 5 del medesimo decreto, tali disposizioni si applicano dalla data di entrata in vigore della legge di conversione del predetto decreto, anche alle procedure di fallimento, di concordato preventivo, di liquidazione coatta amministrativa e di amministrazione straordinaria pendenti, rispetto alle quali, alla stessa data, non è stata effettuata la comunicazione rispettivamente prevista dagli articoli 92, 171, 207 del regio decreto 16 marzo 1942, n. 267 e dall'articolo 22 decreto legislativo 8 luglio 1999, n. 270. Per le procedure in cui, alla data di entrata in vigore della legge di conversione del predetto decreto, sia stata effettuata la comunicazione di cui al comma 4, le disposizioni di cui ai commi 1 e 2 del presente articolo si applicano a decorrere dal 31 ottobre 2013. Il curatore, il commissario giudiziale, il commissario liquidatore e il commissario straordinario entro il 30 giugno 2013 comunicano ai creditori e ai terzi titolari di diritti sui beni il loro indirizzo di posta elettronica certificata e li invitano a comunicare, entro tre mesi, l'indirizzo di posta elettronica certificata al quale ricevere tutte le comunicazioni relative alla procedura, avvertendoli di rendere nota ogni successiva variazione e che in caso di omessa indicazione le comunicazioni sono eseguite esclusivamente mediante deposito in cancelleria.*

215. (1) **Risoluzione e annullamento del concordato.** – Se il concordato non è eseguito, il tribunale, su ricorso del commissario liquidatore o di uno o più creditori, pronuncia, con sentenza in camera di consiglio, la risoluzione del concordato. Si applicano le disposizioni dei commi dal secondo al sesto dell'articolo 137.

Su richiesta del commissario o dei creditori il concordato può essere annullato a norma dell'articolo 138.

Risolto o annullato il concordato, si riapre la liquidazione amministrativa e l'autorità che vigila sulla liquidazione adotta i provvedimenti che ritiene necessari.

(1) *Questo articolo è stato così sostituito dall'art. 18, comma 6, del D.L.vo 12 settembre 2007, n. 169, a decorrere dal 1° gennaio 2008.*

Titolo VI
Disposizioni penali

Capo I
Reati commessi dal fallito

216. Bancarotta fraudolenta. - È punito con la reclusione da tre a dieci anni, se è dichiarato fallito, l'imprenditore che:

1) ha distratto, occultato, dissimulato, distrutto o dissipato in tutto o in parte i suoi beni ovvero, allo scopo di recare pregiudizio ai creditori, ha esposto o riconosciuto passività inesistenti;

2) ha sottratto, distrutto o falsificato, in tutto o in parte, con lo scopo di procurare a sé o ad altri un ingiusto profitto o di recare pregiudizio ai creditori, i libri o le altre scritture contabili o li ha tenuti in guisa da non rendere possibile la ricostruzione del patrimonio o del movimento degli affari.

La stessa pena si applica all'imprenditore dichiarato fallito, che, durante la procedura fallimentare, commette alcuno dei fatti preveduti dal n. 1) del comma precedente ovvero sottrae, distrugge o falsifica i libri o le altre scritture contabili.

È punito con la reclusione da uno a cinque anni il fallito, che, prima o durante la procedura fallimentare, a scopo di favorire, a danno dei creditori, taluno di essi, esegue pagamenti o simula titoli di prelazione ([1]).

Salve le altre pene accessorie, di cui al capo III, titolo II, libro I del codice penale, la condanna per uno dei fatti previsti nel presente articolo importa per la durata di dieci anni l'inabilitazione all'esercizio di un'impresa commerciale e l'incapacità per la stessa durata ad esercitare uffici direttivi presso qualsiasi impresa ([2]).

([1]) *A norma dell'art. 12, comma 5, del D.L. 24 agosto 2021, n. 118, convertito, con modificazioni, nella L. 21 ottobre 2021, n. 147, a decorrere dal 15 novembre 2021, le disposizioni di cui a questo comma, non si applicano ai pagamenti e alle operazioni compiuti nel periodo successivo alla accettazione dell'incarico da parte dell'esperto in coerenza con l'andamento delle trattative e nella prospettiva di risanamento dell'impresa valutata dall'esperto ai sensi dell'articolo 5, comma 5, nonché ai pagamenti e alle operazioni autorizzati dal tribunale a norma dell'articolo 10.*

Il predetto art. 12, comma 5, è stato abrogato dall'art. 46 del D.L.vo 17 giugno 2022, n. 83.

([2]) *La Corte Costituzionale, con sentenza n. 222 del 5 dicembre 2018, ha dichiarato l'illegittimità costituzionale di questo comma, nella parte in cui dispone: «la condanna per uno dei fatti previsti dal presente articolo importa per la durata di dieci anni l'inabilitazione all'esercizio di una impresa commerciale e l'incapacità per la stessa durata ad esercitare uffici direttivi presso qualsiasi impresa», anziché: «la condanna per uno dei fatti previsti dal presente articolo importa l'inabilitazione all'esercizio di una impresa commerciale e l'incapacità ad esercitare uffici direttivi presso qualsiasi impresa fino a dieci anni».*

217. ([1]) **Bancarotta semplice.** - È punito con la reclusione da sei mesi a due anni, se è dichiarato fallito, l'imprenditore che, fuori dei casi preveduti nell'articolo precedente:

1) ha fatto spese personali o per la famiglia eccessive rispetto alla sua condizione economica;

2) ha consumato una notevole parte del suo patrimonio in operazioni di pura sorte o manifestamente imprudenti;

3) ha compiuto operazioni di grave imprudenza per ritardare il fallimento;

4) ha aggravato il proprio dissesto, astenendosi dal richiedere la dichiarazione del proprio fallimento o con altra grave colpa;

5) non ha soddisfatto le obbligazioni assunte in un precedente concordato preventivo o fallimentare.

La stessa pena si applica al fallito che, durante i tre anni antecedenti alla dichiarazione di fallimento ovvero dall'inizio dell'impresa, se questa ha avuto una minore durata, non ha tenuto i libri e le altre scritture contabili prescritti dalla legge o li ha tenuti in maniera irregolare o incompleta.

Salve le altre pene accessorie di cui al capo III, titolo II, libro I del codice penale, la condanna importa l'inabilitazione all'esercizio di un'impresa commerciale e l'incapacità ad esercitare uffici direttivi presso qualsiasi impresa fino a due anni.

([1]) *A norma dell'art. 12, comma 5, del D.L. 24 agosto 2021, n. 118, convertito, con modificazioni, nella L. 21 ottobre 2021, n. 147, a decorrere dal 15 novembre 2021, le disposizioni di cui a questo articolo, non si applicano ai pagamenti e alle operazioni compiuti nel periodo successivo alla accettazione dell'incarico da parte dell'esperto in coerenza con l'andamento delle trattative e nella prospettiva di risanamento dell'impresa valutata dall'esperto ai sensi dell'articolo 5, comma 5, nonché ai pagamenti e alle operazioni autorizzati dal tribunale a norma dell'articolo 10.*

Il predetto art. 12, comma 5, è stato abrogato dall'art. 46 del D.L.vo 17 giugno 2022, n. 83.

217 *bis*. ([1]) **Esenzioni dei reati di bancarotta.** - 1. Le disposizioni di cui all'articolo 216, terzo comma, e 217 non si applicano ai pagamenti e alle operazioni compiuti in esecuzione di un concordato preventivo di cui all'articolo 160 o di un accordo di ristrutturazione dei debiti omologato ai sensi dell'articolo 182 *bis* o del piano di cui all'articolo 67, terzo comma, lettera *d*), ovvero di un accordo di composizione della crisi omologato ai sensi dell'articolo 12 della legge 27 gennaio 2012, n. 3 ([2]), nonché ai pagamenti e alle operazioni di finanziamento autorizzati dal giudice a norma dell'articolo 182 *quinquies* ([3]) e alle operazioni di finanziamento effettuate ai sensi dell'articolo 22 *quater*, comma 1, del decreto legge 24 giugno 2014, n. 91, convertito, con modificazioni, dalla legge 11 agosto 2014, n. 116, nonché ai pagamenti ed alle operazioni compiuti, per le finalità di cui alla medesima disposizione, con impiego delle somme provenienti da tali finanziamenti ([4]).

([1]) *Questo articolo è stato inserito dall'art. 48, comma 2 bis, del D.L. 31 maggio 2010, n. 78, convertito, con modificazioni, nella L. 30 luglio 2010, n. 122.*

([2]) *Le parole: «ovvero del piano di cui all'articolo 67, terzo comma, lettera* d)*» sono state così sostituite dalle attuali: «o del piano di cui all'articolo 67, terzo comma, lettera* d)*, ovvero di un accordo di composizione della crisi omologato ai sensi dell'articolo 12 della legge 27 gennaio 2012, n. 3» dall'art. 18, comma 2 bis, del D.L. 18 ottobre 2012, n. 179, convertito, con modificazioni, nella L. 17 dicembre 2012, n. 221.*

([3]) *Le parole: «, nonché ai pagamenti e alle operazioni di finanziamento autorizzati dal giudice a norma dell'articolo 182* quinquies*» sono state aggiunte dall'art. 33, comma 1, lett. l bis), del D.L. 22 giugno 2012, n. 83, convertito, con modificazioni, nella L. 7 agosto 2012, n. 134. A norma dell'art. 33, comma 3, del medesimo decreto tali disposizioni si applicano ai procedimenti di concordato preventivo e per l'omologazione di accordi di ristrutturazione dei debiti introdotti dal trentesimo giorno successivo a quello di entrata in vigore della legge di conversione del presente decreto, nonché ai piani di cui al comma 1, lettera a), n. 1) elaborati successivamente al predetto termine.*

([4]) *Il periodo da: «e alle operazioni di finanziamento...» fino alla fine del comma è stato aggiunto dall'art. 2, comma 7, del D.L. 5 gennaio 2015, n. 1, convertito, con modificazioni, nella L. 4 marzo 2015, n. 20.*

218. ([1]) **Ricorso abusivo al credito.** – 1. Gli amministratori, i direttori generali, i liquidatori e gli imprenditori esercenti un'attività commerciale che ricorrono o continuano a ricorrere al credito, anche al di fuori dei casi di cui agli articoli precedenti, dissimulando il dissesto o lo stato d'insolvenza sono puniti con la reclusione da sei mesi a tre anni.

2. La pena è aumentata nel caso di società soggette alle disposizioni di cui al capo II, titolo III, parte IV, del testo unico delle disposizioni in materia di intermediazione finanziaria, di cui al decreto legislativo 24 febbraio 1998, n. 58, e successive modificazioni.

3. Salve le altre pene accessorie di cui al libro I, titolo II, capo III, del codice penale, la condanna importa l'inabilitazione all'esercizio di un'impresa commerciale e l'incapacità ad esercitare uffici direttivi presso qualsiasi impresa fino a tre anni.

([1]) *Questo articolo è stato così sostituito dall'art. 32, comma 1, della L. 28 dicembre 2005, n. 262.*

219. Circostanze aggravanti e circostanze attenuanti. – Nel caso in cui i fatti previsti negli artt. 216, 217 e 218 hanno cagionato un danno patrimoniale di rilevante gravità, le pene da essi stabilite sono aumentate fino alla metà.

Le pene stabilite negli articoli suddetti sono aumentate:

1) se il colpevole ha commesso più fatti tra quelli previsti in ciascuno degli articoli indicati;

2) se il colpevole per divieto di legge non poteva esercitare un'impresa commerciale.

Nel caso in cui i fatti indicati nel primo comma hanno cagionato un danno patrimoniale di speciale tenuità, le pene sono ridotte fino al terzo.

220. Denuncia di creditori inesistenti e altre inosservanze da parte del fallito. – È punito con la reclusione da sei a diciotto mesi il fallito, il quale, fuori dei casi preveduti all'art. 216, nell'elenco nominativo dei suoi creditori, denuncia creditori inesistenti od omette di dichiarare l'esistenza di altri beni da comprendere nell'inventario, ovvero non osserva gli obblighi imposti dagli artt. 16 n. 3) e 49.

Se il fatto è avvenuto per colpa, si applica la reclusione fino ad un anno.

221. Fallimento con procedimento sommario. – Se al fallimento si applica il procedimento sommario le pene previste in questo capo sono ridotte fino al terzo.

222. Fallimento della società in nome collettivo e in accomandita semplice. – Nel fallimento delle società in nome collettivo e in accomandita semplice le disposizioni del presente capo si applicano ai fatti commessi dai soci illimitatamente responsabili.

Capo II
Reati commessi da persone dal fallito

223. (1) **Fatti di bancarotta fraudolenta.** - Si applicano le pene stabilite nell'art. 216 agli amministratori, ai direttori generali, ai sindaci e ai liquidatori di società dichiarate fallite, i quali hanno commesso alcuno dei fatti preveduti nel suddetto articolo.

Si applica alle persone suddette la pena prevista dal primo comma dell'art. 216, se:

1) hanno cagionato, o concorso a cagionare, il dissesto della società, commettendo alcuno dei fatti previsti dagli articoli 2621, 2622, 2626, 2627, 2628, 2629, 2632, 2633 e 2634 del codice civile (2);

2) hanno cagionato con dolo o per effetto di operazioni dolose il fallimento della società.

Si applica altresì in ogni caso la disposizione dell'ultimo comma dell'art. 216.

(1) *Il reato punito da questo articolo appartiene alla competenza del tribunale in composizione collegiale* (*art. 33* bis *c.p.p.*).

(2) *Questo numero è stato così sostituito dall'art. 4 del D.L.vo 11 aprile 2002, n. 61.*

224. (1) **Fatti di bancarotta semplice.** - Si applicano le pene stabilite nell'art. 217 agli amministratori, ai direttori generali, ai sindaci e ai liquidatori di società dichiarate fallite, i quali:

1) hanno commesso alcuno dei fatti preveduti nel suddetto articolo;

2) hanno concorso a cagionare od aggravare il dissesto della società con inosservanza degli obblighi ad essi imposti dalla legge.

(1) *Il reato punito da questo articolo appartiene alla competenza del tribunale in composizione monocratica* (*art. 33* ter *c.p.p.*).

225. (1) **Ricorso abusivo al credito.** - Si applicano le pene stabilite nell'art. 218 agli amministratori ed ai direttori generali di società dichiarate fallite, i quali hanno commesso il fatto in esso previsto.

(1) *Il reato punito da questo articolo appartiene alla competenza del tribunale in composizione monocratica* (*art. 33* ter *c.p.p.*).

226. (1) **Denuncia di crediti inesistenti.** - Si applicano le pene stabilite nell'art. 220 agli amministratori, ai direttori generali e ai liquidatori di società dichiarate fallite, che hanno commesso i fatti in esso indicati.

(1) *Il reato punito da questo articolo appartiene alla competenza del tribunale in composizione monocratica* (*art. 33* ter *c.p.p.*).

227. (1) **Reati dell'institore.** - All'institore dell'imprenditore, dichiarato fallito, il quale nella gestione affidatagli si è reso colpevole dei fatti preveduti negli artt. 216, 217, 218 e 220 si applicano le pene in questi stabilite.

(1) *Il reato punito da questo articolo appartiene alla competenza del tribunale in composizione monocratica* (*art. 33* ter *c.p.p.*).

228. (1) **Interesse privato del curatore negli atti del fallimento.** - Salvo che al fatto non siano applicabili gli artt. 315, 317, 318, 319, 321, 322 e 323 del codice penale, il curatore che prende interesse privato in qualsiasi atto del fallimento direttamente o per interposta persona o con atti simulati è punito con la reclusione da due a sei anni e con la multa non inferiore a € 206 (2).

La condanna importa l'interdizione dai pubblici uffici.

(1) *Il reato punito da questo articolo appartiene alla competenza del tribunale in composizione collegiale* (*art. 33* bis *c.p.p.*).

(2) *La multa originaria di L. 2.000 è stata così aumentata di quaranta volte ai sensi dell'art. 3 della L. 12 luglio 1961, n. 603 e poi quintuplicata ai sensi dell'art. 113 della L. 24 novembre 1981, n. 689.*

229. (1) **Accettazione di retribuzione non dovuta.** - Il curatore del fallimento che riceve o pattuisce una retribuzione in danaro o in altra forma, in aggiunta di quella liquidata in suo favore dal tribunale o dal giudice delegato, è punito con la reclusione da tre mesi a due anni e con la multa da € 103 a € 516 (2).

Nei casi più gravi alla condanna può aggiungersi l'inabilitazione temporanea all'ufficio di amministratore per la durata non inferiore a due anni.

(1) *Il reato punito da questo articolo appartiene alla competenza del tribunale in composizione monocratica* (*art. 33* ter *c.p.p.*).

(2) *La multa originaria da L. 1.000 a L. 5.000 è stata aumentata di quaranta volte ai sensi dell'art. 3 della L. 12 luglio 1961, n. 603 e poi quintuplicata ai sensi dell'art. 113 della L. 24 novembre 1981, n. 689.*

230. (1) **Omessa consegna o deposito di cose del fallimento.** - Il curatore che non ottempera all'ordine del giudice di consegnare o depositare somme o altra cosa del fallimento, ch'egli detiene a causa del suo ufficio, è punito con la reclusione fino a due anni e con la multa fino a € 1.032 (2).

Se il fatto avviene per colpa, si applica la reclusione fino a sei mesi o la multa fino a € 309 (2).

([1]) *Il reato punito da questo articolo appartiene alla competenza del tribunale in composizione monocratica (art. 33 ter c.p.p.).*

([2]) *Le multe originarie di L. 10.000 e di L. 3.000 sono state aumentate di quaranta volte ai sensi dell'art. 3 della L. 12 luglio 1961, n. 603 e poi quintuplicate ai sensi dell'art. 113 della L. 24 novembre 1981, n. 689.*

231. ([1]) **Coadiutori del curatore.** – Le disposizioni degli artt. 228, 229 e 230 si applicano anche alle persone che coadiuvano il curatore nell'amministrazione del fallimento.

([1]) *Il reato punito da questo articolo appartiene alla competenza del tribunale in composizione monocratica (art. 33 ter c.p.p.).*

232. ([1]) **Domande di ammissione di crediti simulati o distrazioni senza concorso col fallito.** – È punito con la reclusione da uno a cinque anni e con la multa da € 51 a € 516 ([2]) chiunque, fuori dei casi di concorso in bancarotta, anche per interposta persona presenta domanda di ammissione al passivo del fallimento per un credito fraudolentemente simulato.

Se la domanda è ritirata prima della verificazione dello stato passivo, la pena è ridotta alla metà.

È punito con la reclusione da uno a cinque anni chiunque:

1) dopo la dichiarazione di fallimento, fuori dei casi di concorso in bancarotta o di favoreggiamento, sottrae, distrae, ricetta ovvero in pubbliche o private dichiarazioni dissimula beni del fallito;

2) essendo consapevole dello stato di dissesto dell'imprenditore distrae o ricetta merci o altri beni dello stesso o li acquista a prezzo notevolmente inferiore al valore corrente, se il fallimento si verifica.

La pena, nei casi previsti ai numeri 1) e 2) è aumentata se l'acquirente è un imprenditore che esercita un'attività commerciale.

([1]) *Il reato punito da questo articolo appartiene alla competenza del tribunale in composizione monocratica (art. 33 ter c.p.p.).*

([2]) *La multa originaria da L. 500 a L. 5.000 è stata aumentata di quaranta volte ai sensi dell'art. 3 della L. 12 luglio 1961, n. 603 e poi quintuplicata ai sensi dell'art. 113 della L. 24 novembre 1981, n. 689.*

233. ([1]) **Mercato di voto.** – Il creditore che stipula col fallito o con altri nell'interesse del fallito vantaggi a proprio favore per dare il suo voto nel concordato o nelle deliberazioni del comitato dei creditori, è punito con la reclusione da sei mesi a tre anni e con la multa non inferiore a € 103 ([2]).

La somma o le cose ricevute dal creditore sono confiscate.

La stessa pena si applica al fallito e a chi ha contrattato col creditore nell'interesse del fallito.

([1]) *Il reato punito da questo articolo appartiene alla competenza del tribunale in composizione monocratica (art. 33 ter c.p.p.).*

([2]) *La multa originaria di L. 1.000 è stata aumentata di quaranta volte ai sensi dell'art. 3 della L. 12 luglio 1961, n. 603 e poi quintuplicata ai sensi dell'art. 113 della L. 24 novembre 1981, n. 689.*

234. ([1]) **Esercizio abusivo di un'attività commerciale.** – Chiunque esercita un'impresa commerciale, sebbene si trovi in stato d'inabilitazione ad esercitarla per effetto di condanna penale, è punito con la reclusione fino a due anni e con la multa non inferiore a € 103 ([2]).

([1]) *Il reato punito da questo articolo appartiene alla competenza del tribunale in composizione collegiale (art. 33 bis c.p.p.).*

([2]) *La multa originaria di L. 1.000 è stata aumentata di quaranta volte ai sensi dell'art. 3 della L. 12 luglio 1961, n. 603 e poi quintuplicata ai sensi dell'art. 113 della L. 24 novembre 1981, n. 689.*

235. ([1]) ([2]) ([3]) **Omessa trasmissione dell'elenco dei protesti cambiari.** – Il pubblico ufficiale abilitato a levare protesti cambiari che, senza giustificato motivo, omette d'inviare nel termine prescritto al presidente del tribunale gli elenchi dei protesti cambiari per mancato pagamento, o invia elenchi incompleti, è punito con l'ammenda fino a € 258.

La stessa pena si applica al procuratore del registro che nel termine prescritto non trasmette l'elenco delle dichiarazioni di rifiuto di pagamento a norma dell'art. 13, secondo comma, o trasmette un elenco incompleto.

([1]) *Questo articolo è stato così sostituito dall'art. 48 della L. 24 novembre 1981, n. 689.*

([2]) *Questo articolo è stato depenalizzato dall'art. 1, comma 1, lett. c), della L. 28 dicembre 1993, n. 561, recante trasformazione di reati minori in illeciti amministrativi. L'art. 2 della stessa legge prevede che la somma dovuta come sanzione amministrativa per le violazioni indicate da questo articolo sia da L. 500.000 (€ 258) a L. 3.000.000 (€ 1.549). Inoltre l'art. 4 della medesima legge, stabilisce che tali disposizioni si applicano anche alle violazioni commesse anteriormente alla data dell'entrata in vigore della legge citata quando il procedimento penale non sia stato definito con sentenza passata in giudicato o con decreto irrevocabile.*

([3]) *Il reato punito da questo articolo appartiene alla competenza del tribunale in composizione monocratica (art. 33 ter c.p.p.).*

Capo III
Disposizioni applicabili
nel caso di concordato preventivo,
accordi di ristrutturazione dei debiti,
piani attestati e liquidazione
coatta amministrativa (1)

(1) *La precedente rubrica: «Disposizioni applicabili nel caso di concordato preventivo, di amministrazione controllata e di liquidazione coatta amministrativa» è stata così sostituita dall'attuale dall'art. 33, comma 1, lett. i), del D.L. 22 giugno 2012, n. 83, convertito, con modificazioni, nella L. 7 agosto 2012, n. 134.*

236. (1) **Concordato preventivo [e amministrazione controllata] (2) e, accordo di ristrutturazione con intermediari finanziari, e convenzione di moratoria (3).** – È punito con la reclusione da uno a cinque anni l'imprenditore, che, al solo scopo di essere ammesso alla procedura di concordato preventivo [o di amministrazione controllata] o di ottenere l'omologazione di un accordo di ristrutturazione con intermediari finanziari o il consenso degli intermediari finanziari alla sottoscrizione della convenzione di moratoria (4), siasi attribuito attività inesistenti, ovvero, per influire sulla formazione delle maggioranze, abbia simulato crediti in tutto o in parte inesistenti.

Nel caso di concordato preventivo [o di amministrazione controllata] (2), si applicano:

1) le disposizioni degli artt. 223 (5) e 224 agli amministratori, direttori generali, sindaci e liquidatori di società;

2) la disposizione dell'art. 227 agli institori dell'imprenditore;

3) le disposizioni degli artt. 228 (6) e 229 al commissario del concordato preventivo [o dell'amministrazione controllata] (2);

4) le disposizioni degli artt. 232 e 233 ai creditori.

Nel caso di accordi di ristrutturazione ad efficacia estesa o di convenzione di moratoria, nonché nel caso di omologazione di accordi di ristrutturazione ai sensi dell'articolo 182 *bis* quarto comma, terzo e quarto periodo, si applicano le disposizioni previste dal secondo comma, numeri 1), 2) e 4) (7).

(1) *Il reato punito da questo articolo appartiene alla competenza del tribunale in composizione monocratica (art. 33 ter c.p.p.).*

(2) *A norma dell'art. 147, comma 2, del D.L.vo 9 gennaio 2006, n. 5, sono soppressi tutti i riferimenti all'amministrazione controllata contenuti in questo provvedimento.*

(3) *Le parole: «e, accordo di ristrutturazione con intermediari finanziari, e convenzione di moratoria» sono state aggiunte dall'art. 10, comma 1, lett. a), n. 1), del D.L. 27 giugno 2015, n. 83, convertito, con modificazioni, nella L. 6 agosto 2015, n. 132.*

(4) *Le parole: «o di ottenere l'omologazione di un accordo di ristrutturazione con intermediari finanziari o il consenso degli intermediari finanziari alla sottoscrizione della convenzione di moratoria» sono state aggiunte dall'art. 10, comma 1, lett. a), n. 2), del D.L. 27 giugno 2015, n. 83, convertito, con modificazioni, nella L. 6 agosto 2015, n. 132.*

(5) *In deroga a quanto indicato nella nota (1) del presente articolo, le condotte degli organi societari integranti la bancarotta fraudolenta rientrano nella competenza del tribunale in composizione collegiale.*

(6) *In deroga a quanto indicato alla nota (1) del presente articolo, l'interesse privato del commissario del concordato preventivo o dell'amministrazione controllata rientra nella competenza del tribunale in composizione collegiale.*

(7) *Questo comma, aggiunto dall'art. 10, comma 1, lett. a), n. 3), del D.L. 27 giugno 2015, n. 83, convertito, con modificazioni, nella L. 6 agosto 2015, n. 132, è stato così sostituito dall'art. 20, comma 1, lett. h), del D.L. 24 agosto 2021, n. 118, convertito, con modificazioni, nella L. 21 ottobre 2021, n. 147.*

236 *bis*. (1) **Falso in attestazioni e relazioni.** – Il professionista che nelle relazioni o attestazioni di cui agli articoli 67, terzo comma, lettera *d*), 161, terzo comma, 182 *bis*, 182 *quinquies*, 182 *septies* (2) e 186 *bis* espone informazioni false ovvero omette di riferire informazioni rilevanti, è punito con la reclusione da due a cinque anni e con la multa da 50.000 a 100.000 euro.

Se il fatto è commesso al fine di conseguire un ingiusto profitto per sé o per altri, la pena è aumentata.

Se dal fatto consegue un danno per i creditori la pena è aumentata fino alla metà.

(1) *Questo articolo è stato inserito dall'art. 33, comma 1, lett. l), del D.L. 22 giugno 2012, n. 83, convertito, con modificazioni, nella L. 7 agosto 2012, n. 134. A norma dell'art. 33, comma 3, del medesimo decreto tali disposizioni si applicano ai procedimenti di concordato preventivo e per l'omologazione di accordi di ristrutturazione dei debiti introdotti dal trentesimo giorno successivo a quello di entrata in vigore della legge di conversione del presente decreto, nonché ai piani di cui al comma 1, lettera a), n. 1) elaborati successivamente al predetto termine.*

(2) *Le parole: «, 182* septies*» sono state aggiunte dall'art. 10, comma 1, lett. b), del D.L. 27 giugno 2015, n. 83, convertito, con modificazioni, nella L. 6 agosto 2015, n. 132.*

237. (1) **Liquidazione coatta amministrativa.** – L'accertamento giudiziale dello stato di insolvenza a norma degli articoli 195 e 202 è equiparato alla dichiarazione di fallimento ai fini dell'applicazione delle disposizioni del presente titolo.

Nel caso di liquidazione coatta amministrativa, si applicano al commissario liquidatore ed alle persone che lo coadiuvano nell'amministrazione della procedura le disposizioni degli artt. 228, 229 e 230.

Nel caso di risoluzione, si applicano al commissario speciale di cui all'articolo 37 del decreto di recepimento della direttiva 2014/59/UE e alle persone che lo coadiuvano nell'amministrazione della procedura le disposizioni degli articoli 228, 229 e 230 ([2]).

([1]) *Questo articolo è stato così sostituito dall'art. 99 del D.L.vo 8 luglio 1999, n. 270.*

([2]) *Questo comma è stato aggiunto dall'art. 100, comma 2, del D.L.vo 16 novembre 2015, n. 180.*

Capo IV
Disposizioni di procedura

238. Esercizio dell'azione penale per reati in materia di fallimento. – Per i reati previsti negli artt. 216, 217, 223 e 224 l'azione penale è esercitata dopo la comunicazione della sentenza dichiarativa di fallimento di cui all'art. 17.

È iniziata anche prima nel caso previsto dall'art. 7 e in ogni altro in cui concorrano gravi motivi e già esista o sia contemporaneamente presentata domanda per ottenere la dichiarazione suddetta.

239. [Mandato di cattura. – (*Omissis*)] ([1]).

([1]) *Questo articolo è stato abrogato dalla L. 18 novembre 1964, n. 1217.*

240. ([1]) **Costituzione di parte civile.** – 1. Il curatore, il commissario giudiziale, il commissario liquidatore e il commissario speciale di cui all'articolo 37 del decreto di recepimento della direttiva 2014/59/UE possono costituirsi parte civile nel procedimento penale per i reati preveduti nel presente titolo, anche contro il fallito.

2. I creditori possono costituirsi parte civile nel procedimento penale per bancarotta fraudolenta quando manca la costituzione del curatore, del commissario giudiziale, del commissario liquidatore o del commissario speciale di cui all'articolo 37 del decreto di recepimento della direttiva 2014/59/UE o quando intendono far valere un titolo di azione propria personale.

([1]) *Questo articolo è stato così sostituito dall'art. 100, comma 3, del D.L.vo 16 novembre 2015, n. 180.*

241. Riabilitazione. – La riabilitazione civile del fallito estingue il reato di bancarotta semplice. Se vi è condanna, ne fa cessare l'esecuzione e gli effetti.

Titolo VII
Disposizioni transitorie

242. Disposizione generale. – Gli effetti della sentenza dichiarativa di fallimento pronunciata prima dell'entrata in vigore del presente decreto sono regolati dalle leggi anteriori.

Tuttavia le forme del procedimento stabilite dal presente decreto si applicano anche alle procedure di fallimento in corso, salvo quanto disposto dagli articoli seguenti.

Conservano in ogni caso la loro efficacia gli atti anteriormente compiuti, se erano validi secondo le norme anteriori.

243. Rappresentante degli eredi. – Nei fallimenti in corso il rappresentante degli eredi previsto dall'art. 12, comma secondo, deve essere designato entro quindici giorni dall'entrata in vigore del presente decreto.

244. Sentenza dichiarativa di fallimento. – Le opposizioni alla sentenza dichiarativa di fallimento pronunciata prima dell'entrata in vigore del presente decreto sono regolate dalle leggi anteriori.

Il gravame contro il provvedimento che respinge la istanza di fallimento è regolato dalle nuove disposizioni, sempreché la causa relativa non sia stata già assegnata a sentenza.

245. Deposito delle somme riscosse. – Il curatore, entro trenta giorni dalla data dell'entrata in vigore del presente decreto, deve provvedere in conformità alle disposizioni dell'art. 34 per i depositi di somme effettuati anteriormente alla predetta data.

246. Provvedimenti del giudice delegato. – I reclami contro i provvedimenti del giudice delegato sono regolati dalle nuove disposizioni, sempreché le cause relative non siano già state assegnate a sentenza.

247. Delegazione dei creditori. – Nei fallimenti in corso le delegazioni dei creditori già costituite rimangono in carica. Tuttavia ove si debba procedere alla sostituzione di uno o più membri di essi, si applicano le norme dell'art. 40.

248. Esercizio provvisorio. – Le disposizioni dell'art. 90 si applicano anche all'esercizio provvisorio dell'impresa del fallito in corso alla data di entrata in vigore del presente decreto.

249. Giudizi di retrodatazione. – Per i fallimenti dichiarati anteriormente all'entrata in vigore del presente decreto il giudizio per la determinazione della data di cessazione dei pagamenti e le opposizioni contro la sentenza che determina tale data sono regolati dalle leggi anteriori, salva l'osservanza dell'art. 265.

250. Accertamento del passivo. – Il procedimento per l'accertamento del passivo, quando il verbale di verificazione dei crediti è stato chiuso prima dell'entrata in vigore del presente decreto, prosegue secondo le norme anteriori.

Per i fallimenti dichiarati anteriormente alla data di entrata in vigore del presente decreto, alle domande di rivendicazione, di separazione o di restituzione di cose mobili si applicano le disposizioni anteriori.

251. Domande tardive e istanze di revocazione. – Se sono in corso giudizi su domande tardive per l'ammissione dei crediti al passivo o su istanze di revocazione contro crediti ammessi e le cause relative non sono già state assegnate a sentenza, il tribunale con ordinanza rimette le parti davanti al giudice delegato per la prosecuzione del giudizio secondo le disposizioni degli artt. 101 e 102.

252. Liquidazione dell'attivo. – Se prima della entrata in vigore del presente decreto è stata eseguita o autorizzata la vendita di beni compresi nel fallimento il relativo procedimento prosegue secondo le disposizioni anteriori.

253. Ripartizione dell'attivo. – Alla ripartizione dell'attivo fra i creditori si applicano le nuove disposizioni a meno che lo stato di ripartizione non sia stato già reso esecutivo con ordinanza del giudice delegato pronunciata anteriormente alla data di entrata in vigore del presente decreto.

254. Rendiconto del curatore. – Se il curatore ha presentato il conto della gestione, ma questo non è stato ancora approvato a norma delle leggi anteriori prima dell'entrata in vigore del presente decreto, la procedura per l'approvazione del conto prosegue secondo le nuove disposizioni.

255. Concordato. – La proposta di concordato presentata prima dell'entrata in vigore del presente decreto conserva la sua efficacia se era valida secondo le leggi anteriori.

L'approvazione della proposta di concordato in relazione alla quale il giudice delegato ha ordinato la convocazione dei creditori prima dell'entrata in vigore del presente decreto ha luogo secondo le disposizioni anteriori. Ma il giudizio di omologazione è regolato dalle nuove disposizioni.

Se un giudizio di omologazione di concordato è in corso, ma non ancora assegnato a sentenza, alla data di entrata in vigore del presente decreto, il tribunale rimette con ordinanza gli atti al giudice delegato per la prosecuzione del giudizio secondo le nuove disposizioni.

Gli effetti e le modalità di esecuzione del concordato sono regolati dalle nuove disposizioni, a meno che la sentenza di omologazione non sia passata in giudicato prima dell'entrata in vigore del presente decreto.

Tuttavia i termini previsti dagli artt. 137 e 138 per l'esercizio delle azioni di risoluzione e di annullamento si applicano anche ai concordati omologati prima della data di entrata in vigore del presente decreto con decorrenza dalla data medesima, a meno che il tempo ancora utile per proporre l'azione, secondo le disposizioni anteriori, sia più breve.

256. Riabilitazione civile. – Anche per i fallimenti dichiarati anteriormente alla data di entrata in vigore del presente decreto il fallito, che non ha già ottenuto la cancellazione dall'albo dei falliti a norma delle leggi anteriori, può chiedere la riabilitazione civile secondo le norme del presente decreto.

La cancellazione dall'albo dei falliti ottenuta a norma delle leggi anteriori produce gli stessi effetti della riabilitazione civile.

257. Azione di responsabilità contro gli amministratori. – Il giudice può autorizzare le misure cautelari previste dall'art. 146 anche se l'azione di responsabilità contro gli amministratori è stata disposta prima dell'entrata in vigore del presente decreto.

258. Versamenti dei soci. – Nei giudizi promossi contro i soci per i versamenti ancora dovuti, in corso alla data di entrata in vigore del presente decreto, se la causa non è stata ancora assegnata a sentenza, il tribunale rimette le parti con ordinanza davanti al giudice delegato, che provvede a termini dell'articolo 150.

259. Piccoli fallimenti. – Per i piccoli fallimenti in corso alla entrata in vigore del presente decreto si applicano le disposizioni anteriori.

260. Concordato preventivo. – La procedura di concordato preventivo, per la quale prima della entrata in vigore del presente decreto sia intervenuto il decreto previsto dall'art. 4 della legge 24 maggio 1903, n. 197, sul concordato preventivo e sulla procedura dei piccoli fallimenti, prosegue secondo le disposizioni anteriori. Ma il giudizio di omologazione è regolato dalle nuove disposizioni.

Per i giudizi di omologazione in corso e per gli effetti e le modalità di esecuzione del concordato si applicano le disposizioni dell'art. 255, commi secondo, terzo e quarto.

261. Liquidazione coatta amministrativa. – Le liquidazioni coatte amministrative in corso alla data di entrata in vigore del presente decreto proseguono secondo le disposizioni anteriori.

Se per un'impresa soggetta a liquidazione coatta amministrativa è in corso la procedura di fallimento o di concordato, questa procede fino al suo compimento.

262. Iscrizione nel registro delle imprese. – Fino all'attuazione del registro delle imprese non si fa luogo alle iscrizioni che secondo il presente decreto dovrebbero essere eseguite in detto registro.

Tuttavia i provvedimenti relativi alle società, per i quali sia prevista la iscrizione nel registro delle imprese, sono iscritti nei registri di cancelleria presso i tribunali, provvisoriamente mantenuti.

263. Ruolo degli amministratori giudiziari. – Col regio decreto preveduto nell'art. 27, comma terzo, o con altro decreto separato saranno riunite e coordinate le disposizioni in vigore relative al fondo speciale preveduto nella L. 10 luglio 1930, n. 995 (1).

Fino a quando non sarà emanato il regio decreto anzidetto continueranno ad osservarsi le disposizioni del regio decreto 10 novembre 1930, n. 1595, e le altre norme ora in vigore riguardanti la formazione dei ruoli e la nomina e disciplina degli amministratori giudiziari.

Parimenti continueranno ad osservarsi, fino a quando non sarà provveduto ai sensi dell'art. 39, le norme contenute nel decreto ministeriale 30 novembre 1930 sulle determinazioni della misura dei compensi spettanti ai curatori dei fallimenti (2).

(1) *Il ruolo degli amministratori giudiziari è stato soppresso con D.L.vo C.P.S. 23 agosto 1946, n. 153.*

(2) *La misura del compenso spettante ai curatori è ora regolata dal D.M. 28 luglio 1992, n. 570.*

264. (1) **Istituto di credito.** – Quando nel presente decreto si fa riferimento a istituto di credito, in detta espressione s'intendono comprese, oltre l'Istituto di emissione, le imprese autorizzate e controllate a norma delle leggi vigenti dall'Ispettorato per la difesa del risparmio e per l'esercizio del credito.

(1) *Le funzioni dell'Ispettorato sono state devolute alla Banca d'Italia con D.L.vo C.P.S. 17 luglio 1947, n. 691.*

265. Norma di rinvio. – Le disposizioni transitorie per il codice di procedura civile approvate con regio decreto 18 dicembre 1941, n. 1368, si applicano anche ai procedimenti in corso connessi alle procedure di fallimento o di concordato preventivo.

266. Disposizioni abrogate. – Con l'entrata in vigore del presente decreto sono abrogate le disposizioni del codice di commercio approvato con L. 2 aprile 1882, n. 681, relative al fallimento, le disposizioni della L. 24 maggio 1903, n. 197, sul concordato preventivo e sulla procedura dei piccoli fallimenti, della L. 10 luglio 1930, n. 995, sul fallimento, sul concordato preventivo e sui piccoli fallimenti, salvo quanto disposto dall'art. 263, nonché ogni altra disposizione contraria o incompatibile con quelle del decreto medesimo.

2.

D.L.vo 12 gennaio 2019, n. 14. Codice della crisi d'impresa e dell'insolvenza in attuazione della legge 19 ottobre 2017, n. 155 (Suppl. ord. alla *Gazzetta Ufficiale* Serie gen. - n. 38 del 14 febbraio 2019).

Parte Prima
Codice della crisi di impresa e dell'insolvenza

Titolo I
Disposizioni generali

Capo I
Ambito di applicazione e definizioni

1. Ambito di applicazione. – 1. Il presente codice disciplina le situazioni di crisi o insolvenza del debitore, sia esso consumatore o professionista, ovvero imprenditore che eserciti, anche non a fini di lucro, un'attività commerciale, artigiana o agricola, operando quale persona fisica, persona giuridica o altro ente collettivo, gruppo di imprese o società pubblica, con esclusione dello Stato e degli enti pubblici.

2. Sono fatte salve le disposizioni delle leggi speciali in materia di:

a) amministrazione straordinaria delle grandi imprese. Se la crisi o l'insolvenza di dette imprese non sono disciplinate in via esclusiva, restano applicabili anche le procedure ordinarie regolate dal presente codice;

b) liquidazione coatta amministrativa ai sensi dell'articolo 293.

3. Sono fatte salve le disposizioni delle leggi speciali in materia di crisi di impresa delle società pubbliche.

4. Le disposizioni del presente codice in tema di liquidazione coatta amministrativa si applicano nelle regioni a statuto speciale e nelle province autonome di Trento e Bolzano compatibilmente con i rispettivi Statuti e le relative norme di attuazione, anche con riferimento alla legge costituzionale 18 ottobre 2001, n. 3.

2. Definizioni. – 1. Ai fini del presente codice si intende per:

a) «crisi»: lo stato del debitore che rende probabile l'insolvenza e che si manifesta con l'inadeguatezza dei flussi di cassa prospettici a far fronte alle obbligazioni nei successivi dodici mesi ([1]);

b) «insolvenza»: lo stato del debitore che si manifesta con inadempimenti od altri fatti esteriori, i quali dimostrino che il debitore non è più in grado di soddisfare regolarmente le proprie obbligazioni;

c) «sovraindebitamento»: lo stato di crisi o di insolvenza del consumatore, del professionista, dell'imprenditore minore, dell'imprenditore agricolo, delle start-up innovative di cui al decreto legge 18 ottobre 2012, n. 179, convertito, con modificazioni, dalla legge 17 dicembre 2012, n. 221, e di ogni altro debitore non assoggettabile alla liquidazione giudiziale ovvero a liquidazione coatta amministrativa o ad altre procedure liquidatorie previste dal codice civile o da leggi speciali per il caso di crisi o insolvenza;

d) «impresa minore»: l'impresa che presenta congiuntamente i seguenti requisiti:

1) un attivo patrimoniale di ammontare complessivo annuo non superiore ad euro trecentomila nei tre esercizi antecedenti la data di deposito della istanza di apertura della liquidazione giudiziale o dall'inizio dell'attività se di durata inferiore;

2) ricavi, in qualunque modo essi risultino, per un ammontare complessivo annuo non superiore ad euro duecentomila nei tre esercizi antecedenti la data di deposito dell'istanza di apertura della liquidazione giudiziale o dall'inizio dell'attività se di durata inferiore;

3) un ammontare di debiti anche non scaduti non superiore ad euro cinquecentomila; i predetti valori possono essere aggiornati ogni tre anni con decreto del Ministro della giustizia adottato a norma dell'articolo 348;

e) «consumatore»: la persona fisica che agisce per scopi estranei all'attività imprenditoriale, commerciale, artigiana o professionale eventualmente svolta, anche se socia di una delle società appartenenti ad uno dei tipi regolati nei capi III, IV e VI del titolo V del libro quinto del codice civile, per i debiti estranei a quelli sociali;

f) «società pubbliche»: le società a controllo pubblico, le società a partecipazione pubblica e le società in house di cui all'articolo 2, lettere *m*), *n*), *o*), del decreto legislativo 19 agosto 2016, n. 175;

[*g*) «grandi imprese»: le imprese che, ai sensi dell'articolo 3, paragrafo 4, della direttiva 2013/34/UE del Parlamento europeo e del Consiglio del 26 giugno 2013, alla data di chiusura del bilancio superano i limiti numerici di almeno due dei tre criteri seguenti:

a) totale dello stato patrimoniale: venti milioni di euro;

b) ricavi netti delle vendite e delle prestazioni: quaranta milioni di euro;

c) numero medio dei dipendenti occupati durante l'esercizio: duecentocinquanta] ([2]);

h) «gruppo di imprese»: l'insieme delle società, delle imprese e degli enti, esclusi lo Stato e gli enti territoriali, che, ai sensi degli articoli 2497 e 2545 *septies* del codice civile, esercitano o sono sottoposti alla direzione e coordinamento di una società, di un ente o di una persona fisica; a tal fine si presume, salvo prova contraria, che l'attività di direzione e coordinamento delle società del gruppo sia esercitata dalla società o ente tenuto al consolidamento dei loro bilanci oppure dalla società o ente che le controlla, direttamente o indirettamente, anche nei casi di controllo congiunto ([3]);

i) «gruppi di imprese di rilevante dimensione»: i gruppi di imprese composti da un'impresa madre e imprese figlie da includere nel bilancio consolidato, che rispettano i limiti numerici di cui all'articolo 3, paragrafi 6 e 7, della direttiva 2013/34/UE del Parlamento europeo e del Consiglio del 26 giugno 2013;

l) «parti correlate»: [per parti correlate ai fini del presente codice] ([4]) si intendono quelle indicate come tali nel Regolamento della Consob in materia di operazioni con parti correlate;

m) «centro degli interessi principali del debitore» (COMI): il luogo in cui il debitore gestisce i suoi interessi in modo abituale e riconoscibile dai terzi;

m bis) «strumenti di regolazione della crisi e dell'insolvenza»: le misure, gli accordi e le procedure volti al risanamento dell'impresa attraverso la modifica della composizione, dello stato o della struttura delle sue attività e passività o del capitale, oppure volti alla liquidazione del patrimonio o delle attività che, a richiesta del debitore, possono essere preceduti dalla composizione negoziata della crisi ([5]);

n) «albo dei gestori della crisi e insolvenza delle imprese»: l'albo, istituito presso il Ministero della giustizia e disciplinato dall'articolo 356, dei soggetti che su incarico del giudice svolgono, anche in forma associata o societaria, funzioni di gestione, supervisione o controllo nell'ambito degli strumenti di regolazione della crisi e dell'insolvenza e delle procedure di insolvenza previsti ([6]) dal presente codice;

o) «professionista indipendente»: il professionista incaricato dal debitore nell'ambito di uno degli strumenti di regolazione della crisi e dell'insolvenza ([7]) che soddisfi congiuntamente i seguenti requisiti:

1) essere iscritto all'albo dei gestori della crisi e insolvenza delle imprese, nonché nel registro dei revisori legali;

2) essere in possesso dei requisiti previsti dall'articolo 2399 del codice civile;

3) non essere legato all'impresa o ad altre parti interessate all'operazione di regolazione della crisi da rapporti di natura personale o professionale; il professionista ed i soggetti con i quali è eventualmente unito in associazione professionale non devono aver prestato negli ultimi cinque anni attività di lavoro subordinato o autonomo in favore del debitore, né essere stati membri degli organi di amministrazione o controllo dell'impresa, né aver posseduto partecipazioni in essa;

o bis) «esperto»: il soggetto terzo e indipendente, iscritto nell'elenco di cui all'articolo 13, comma 3 e nominato dalla commissione di cui al comma 6 del medesimo articolo 13, che facilita le trattative nell'ambito della composizione negoziata ([8]);

p) «misure protettive»: le misure temporanee richieste dal debitore ([9]) per evitare che determinate azioni dei creditori possano pregiudicare, sin dalla fase delle trattative, il buon esito delle iniziative assunte per la regolazione della crisi o dell'insolvenza, anche prima dell'accesso a uno degli strumenti di regolazione della crisi e dell'insolvenza ([10]);

q) «misure cautelari»: i provvedimenti cautelari emessi dal giudice competente a tutela del patrimonio o dell'impresa del debitore, che appaiano secondo le circostanze più idonei ad assicurare provvisoriamente il buon esito delle trattative e gli effetti degli strumenti di regolazione della crisi e dell'insolvenza e delle procedure di insolvenza ([11]);

r) «classe di creditori»: insieme di creditori che hanno posizione giuridica e interessi economici omogenei;

s) «domicilio digitale»: il domicilio di cui all'articolo 1, comma 1, lettera n *ter*) del decreto legislativo 7 marzo 2005, n. 82;

t) OCC: organismi di composizione delle crisi da sovraindebitamento disciplinati dal decreto del Ministro della giustizia del 24 settembre 2014, n. 202 e successive modificazioni, che svolgono i compiti di composizione assistita della crisi da sovraindebitamento previsti dal presente codice;

[*u*) OCRI: gli organismi di composizione della crisi d'impresa, disciplinati dal capo II del titolo II del presente codice, che hanno il compito di ricevere le segnalazioni di allerta e gestire il procedimento di allerta ([12]) e, per le imprese diverse dalle imprese minori, il procedimento di composizione ([13]) assistita della crisi] ([14]).

([1]) *Questa lettera è stata così sostituita dall'art. 1, comma 1, lett. a), del D.L.vo 17 giugno 2022, n. 83, a decorrere dal 15 luglio 2022.*

([2]) *La lettera g) è stata abrogata dall'art. 1, comma 1, lett. b), del D.L.vo 17 giugno 2022, n. 83, a decorrere dal 15 luglio 2022.*

([3]) *Questa lettera è stata così sostituita dall'art. 1, comma 1, lett. c), del D.L.vo 17 giugno 2022, n. 83, a decorrere dal 15 luglio 2022.*

([4]) *Le parole tra parentesi quadrate sono state soppresse dall'art. 1, comma 1,lett. c), del D.L.vo 26 ottobre 2020, n. 147, a decorrere dal 1° settembre 2021.*

([5]) *Questa lettera è stata inserita dall'art. 1, comma 1, lett. d), del D.L.vo 17 giugno 2022, n. 83, a decorrere dal 15 luglio 2022.*

([6]) *Le parole: «delle procedure di regolazione della crisi o dell'insolvenza previste» sono state così sostituite dalle attuali: «degli strumenti di regolazione della crisi e dell'insolvenza e delle procedure di insolvenza previsti» dall'art. 1, comma 1, lett. e), del D.L.vo 17 giugno 2022, n. 83, a decorrere dal 15 luglio 2022.*

([7]) *Le parole: «una delle procedure di regolazione della crisi di impresa» sono state così sostituite dalle attuali: «uno degli strumenti di regolazione della crisi e dell'insolvenza» dall'art. 1, comma 1, lett. f), del D.L.vo 17 giugno 2022, n. 83, a decorrere dal 15 luglio 2022.*

([8]) *Questa lettera è stata inserita dall'art. 1, comma 1, lett. g), del D.L.vo 17 giugno 2022, n. 83, a decorrere dal 15 luglio 2022.*

([9]) *Le parole: «disposte dal giudice competente» sono state così sostituite dalle attuali: «richieste dal debitore» dall'art. 1, comma 1, lett. d), del D.L.vo 26 ottobre 2020, n. 147, a decorrere dal 1° settembre 2021.*

([10]) *Le parole: «, anche prima dell'accesso a uno degli strumenti di regolazione della crisi e dell'insolvenza» sono state aggiunte dall'art. 1, comma 1, lett. h), del D.L.vo 17 giugno 2022, n. 83, a decorrere dal 15 luglio 2022.*

([11]) *Le parole: «gli effetti delle procedure di regolazione della crisi o dell'insolvenza», sono state così sostituite dalle attuali: «il buon esito delle trattative e gli effetti degli strumenti di regolazione della crisi e dell'insolvenza e delle procedure di insolvenza» dall'art. 1, comma 1, lett. i), del D.L.vo 17 giugno 2022, n. 83, a decorrere dal 15 luglio 2022.*

([12]) *Le parole: «la fase dell'allerta» sono state così sostituite dalle attuali: «il procedimento di allerta» dall'art. 1, comma 1, lett. e), del D.L.vo 26 ottobre 2020, n. 147, a decorrere dal 1° settembre 2021.*

([13]) *Le parole: «la fase della composizione» sono state così sostituite dalle attuali: «il procedimento di composizione» dall'art. 1, comma 1, lett. e), del D.L.vo 26 ottobre 2020, n. 147, a decorrere dal 1° settembre 2021.*

([14]) *Questa lettera è stata abrogata dall'art. 1, comma 1, lett. l), del D.L.vo 17 giugno 2022, n. 83, a decorrere dal 15 luglio 2022.*

Capo II
Principi generali

Sezione I
Obblighi dei soggetti
che partecipano alla regolazione
della crisi o dell'insolvenza

3. ([1]) **Adeguatezza delle misure e degli assetti in funzione della rilevazione tempestiva della crisi d'impresa.** – 1. L'imprenditore individuale deve adottare misure idonee a rilevare tempestivamente lo stato di crisi e assumere senza indugio le iniziative necessarie a farvi fronte.

2. L'imprenditore collettivo deve istituire un assetto organizzativo, amministrativo e contabile adeguato ai sensi dell'articolo 2086 del codice civile, ai fini della tempestiva rilevazione dello stato di crisi e dell'assunzione di idonee iniziative.

3. Al fine di prevedere tempestivamente l'emersione della crisi d'impresa, le misure di cui al comma 1 e gli assetti di cui al comma 2 devono consentire di:

a) rilevare eventuali squilibri di carattere patrimoniale o economico-finanziario, rapportati alle specifiche caratteristiche dell'impresa e dell'attività imprenditoriale svolta dal debitore;

b) verificare la sostenibilità dei debiti e le prospettive di continuità aziendale almeno per i dodici mesi successivi e rilevare i segnali di cui al comma 4;

c) ricavare le informazioni necessarie a utilizzare la lista di controllo particolareggiata e a effettuare il test pratico per la verifica della ragionevole perseguibilità del risanamento di cui all'articolo 13, al comma 2.

4. Costituiscono segnali per la previsione di cui al comma 3:

a) l'esistenza di debiti per retribuzioni scaduti da almeno trenta giorni pari a oltre la metà dell'ammontare complessivo mensile delle retribuzioni;

b) l'esistenza di debiti verso fornitori scaduti da almeno novanta giorni di ammontare superiore a quello dei debiti non scaduti;

c) l'esistenza di esposizioni nei confronti delle banche e degli altri intermediari finanziari che siano scadute da più di sessanta giorni o che abbiano superato da almeno sessanta giorni il limite degli affidamenti ottenuti in qualunque forma purché rappresentino complessivamente almeno il cinque per cento del totale delle esposizioni;

d) l'esistenza di una o più delle esposizioni debitorie previste dall'articolo 25 *novies*, comma 1.

(1) *Questo articolo è stato così sostituito dall'art. 2, comma 1, del D.L.vo 17 giugno 2022, n. 83, a decorrere dal 15 luglio 2022.*

4. (1) **Doveri delle parti.** – 1. Nella composizione negoziata, nel corso delle trattative e dei procedimenti per l'accesso agli strumenti di regolazione della crisi e dell'insolvenza, debitore e creditori devono comportarsi secondo buona fede e correttezza.

2. Il debitore ha il dovere di:

a) illustrare la propria situazione in modo completo, veritiero e trasparente, fornendo tutte le informazioni necessarie e appropriate rispetto alle trattative avviate, anche nella composizione negoziata, e allo strumento di regolazione della crisi e dell'insolvenza prescelto;

b) assumere tempestivamente le iniziative idonee alla individuazione delle soluzioni per il superamento delle condizioni di cui all'articolo 12, comma 1, durante la composizione negoziata, e alla rapida definizione dello strumento di regolazione della crisi e dell'insolvenza prescelto, anche al fine di non pregiudicare i diritti dei creditori;

c) gestire il patrimonio o l'impresa durante i procedimenti nell'interesse prioritario dei creditori. Resta fermo quanto previsto dagli articoli 16, comma 4, e 21.

3. Ove non siano previste, dalla legge o dai contratti collettivi di cui all'articolo 2, comma 1, lettera g), del decreto legislativo 6 febbraio 2007, n. 25, diverse procedure di informazione e consultazione, il datore di lavoro, che occupa complessivamente più di quindici dipendenti, informa con comunicazione scritta, trasmessa anche tramite posta elettronica certificata, i soggetti sindacali di cui all'articolo 47, comma 1, della legge 29 dicembre 1990, n. 428, delle rilevanti determinazioni, assunte nel corso delle trattative della composizione negoziata e nella predisposizione del piano nell'ambito di uno strumento di regolazione della crisi e dell'insolvenza, che incidono sui rapporti di lavoro di una pluralità di lavoratori, anche solo per quanto riguarda l'organizzazione del lavoro o le modalità di svolgimento delle prestazioni. I soggetti sindacali, entro tre giorni dalla ricezione dell'informativa, possono chiedere all'imprenditore un incontro. La conseguente consultazione deve avere inizio entro cinque giorni dal ricevimento dell'istanza e, salvo diverso accordo tra i partecipanti, si intende esaurita decorsi dieci giorni dal suo inizio. La consultazione si svolge con vincolo di riservatezza rispetto alle informazioni qualificate come tali dal datore di lavoro o dai suoi rappresentanti nel legittimo interesse dell'impresa. In occasione della consultazione svolta nell'ambito della composizione negoziata è redatto, ai soli fini della determinazione del compenso dell'esperto di cui all'articolo 25 *ter*, comma 5, un sintetico rapporto sottoscritto dall'imprenditore e dall'esperto.

4. I creditori hanno il dovere di collaborare lealmente con il debitore, con l'esperto nella composizione negoziata e con gli organi nominati dall'autorità giudiziaria e amministrativa e di rispettare l'obbligo di riservatezza sulla situazione del debitore, sulle iniziative da questi assunte e sulle informazioni acquisite. Resta fermo quanto previsto dall'articolo 16, commi 5 e 6.

(1) *Questo articolo è stato così sostituito dall'art. 2, comma 2, del D.L.vo 17 giugno 2022, n. 83, a decorrere dal 15 luglio 2022.*

5. (1) **Trasparenza ed efficienza delle nomine e trattazione prioritaria delle controversie.** – 1. Le nomine dei professionisti effettuate dalle commissioni di cui all'articolo 13, comma 6, dall'autorità giudiziaria o amministrativa e dagli organi da esse nominati devono assicurare il rispetto di criteri di trasparenza, rotazione ed efficienza.

2. Per assicurare il rispetto dei principi di cui al comma 1, il segretario generale della camera di commercio del capoluogo di regione comunica alle autorità che hanno nominato i membri delle commissioni gli incarichi conferiti. La comunicazione di cui al primo periodo è inviata entro il 15 gennaio di ciascun anno e riguarda gli incarichi conferiti dal 1° gennaio al 31 dicembre dell'anno precedente (2).

3. Il presidente del tribunale o, nei tribunali suddivisi in sezioni, il presidente della sezione cui è assegnata la trattazione degli strumenti di regolazione della crisi e dell'insolvenza o delle procedure di insolvenza vigila sull'osservanza dei principi di cui al comma 1 e ne assicura l'attuazione mediante l'adozione di protocolli condivisi con i giudici della sezione.

4. Le controversie in cui è parte un organo nominato dall'autorità giudiziaria o amministrativa nell'ambito degli strumenti di regolazione della crisi e dell'insolvenza o delle procedure di insolvenza o comunque un soggetto nei cui confronti è aperta una procedura prevista dal presente codice sono trattate con priorità. Il capo dell'ufficio trasmette annualmente al

presidente della corte d'appello i dati relativi al numero e alla durata dei suddetti procedimenti, indicando le disposizioni adottate per assicurarne la celere trattazione. Il presidente della corte d'appello ne dà atto nella relazione sull'amministrazione della giustizia.

(1) *Questo articolo è stato così sostituito dall'art. 2, comma 3, del D.L.vo 17 giugno 2022, n. 83, a decorrere dal 15 luglio 2022.*

(2) *A norma dell'art. 50, comma 1, del D.L.vo 17 giugno 2022, n. 83, a decorrere dal 15 luglio 2022, la prima comunicazione inviata ai sensi di questo comma, comprende gli incarichi conferiti, a partire dal 15 novembre 2021, ai sensi dell'articolo 3 del decreto legge 24 agosto 2021, n. 118, convertito, con modificazioni, dalla legge 21 ottobre 2021, n. 147.*

Sezione II
Pubblicazione delle informazioni ed economicità delle procedure (1)

(1) *La precedente rubrica:* «Economicità delle procedure» *è stata così sostituita dall'attuale dall'art. 3, comma 1, del D.L.vo 17 giugno 2022, n. 83, a decorrere dal 15 luglio 2022.*

5 *bis*. (1) **Pubblicazione delle informazioni e lista di controllo.** – 1. Nei siti istituzionali del Ministero della giustizia e del Ministero dello sviluppo economico sono pubblicate informazioni pertinenti e aggiornate sugli strumenti per la anticipata emersione della crisi, sugli strumenti di regolazione della crisi e dell'insolvenza e sulle procedure di esdebitazione previsti dal presente codice e dalle leggi speciali dettate in materia di amministrazione straordinaria delle grandi imprese in crisi e di liquidazione coatta amministrativa. Le informazioni di cui al primo periodo sono inserite in apposita sezione dei siti internet dedicata alla crisi d'impresa, facilmente accessibile e di agevole consultazione.

2. Nei siti istituzionali di cui al comma 1 è altresì disponibile una lista di controllo particolareggiata, adeguata anche alle esigenze delle micro, piccole e medie imprese, che contiene indicazioni operative per la redazione dei piani di risanamento. Il contenuto della lista di controllo è definito con il decreto dirigenziale di cui all'articolo 13.

(1) *Questo articolo è stato anteposto all'articolo 6 dall'art. 3, comma 2, del D.L.vo 17 giugno 2022, n. 83, a decorrere dal 15 luglio 2022.*

6. (1) **Prededucibilità dei crediti.** – 1. Oltre ai crediti così espressamente qualificati dalla legge, sono prededucibili:

a) i crediti relativi a spese e compensi per le prestazioni rese dall'organismo di composizione della crisi da sovraindebitamento;

b) i crediti professionali sorti in funzione della domanda di omologazione degli accordi di ristrutturazione dei debiti o del piano di ristrutturazione soggetto a omologazione e per la richiesta delle misure protettive, nei limiti del 75% del credito accertato e a condizione che gli accordi o il piano siano omologati;

c) i crediti professionali sorti in funzione della presentazione della domanda di concordato preventivo nonché del deposito della relativa proposta e del piano che la correda, nei limiti del 75% del credito accertato e a condizione che la procedura sia aperta ai sensi dell'articolo 47;

d) i crediti legalmente sorti durante le procedure concorsuali per la gestione del patrimonio del debitore e la continuazione dell'esercizio dell'impresa, il compenso degli organi preposti e le prestazioni professionali richieste dagli organi medesimi.

2. La prededucibilità permane anche nell'ambito delle successive procedure esecutive o concorsuali.

(1) *Questo articolo è stato così sostituito dall'art. 3, comma 3, del D.L.vo 17 giugno 2022, n. 83, a decorrere dal 15 luglio 2022.*

Sezione III
Principi di carattere processuale

7. (1) **Trattazione unitaria delle domande di accesso agli strumenti di regolazione della crisi e dell'insolvenza e alle procedure di insolvenza.** – 1. Le domande di accesso agli strumenti di regolazione della crisi e dell'insolvenza e alle procedure di insolvenza sono trattate in un unico procedimento e ogni domanda sopravvenuta è riunita a quella già pendente. Il procedimento si svolge nelle forme di cui agli articoli 40 e 41.

2. Nel caso di proposizione di più domande, il tribunale esamina in via prioritaria quella diretta a regolare la crisi o l'insolvenza con strumenti diversi dalla liquidazione giudiziale o dalla liquidazione controllata, a condizione che:

a) la domanda medesima non sia manifestamente inammissibile;

b) il piano non sia manifestamente inadeguato a raggiungere gli obiettivi prefissati;

c) nella proposta siano espressamente indicate la convenienza per i creditori o, in caso di concordato in continuità aziendale, le ragioni della assenza di pregiudizio per i creditori.

3. Ferme le ipotesi di conversione di cui agli articoli 73 e 83, in tutti i casi in cui la domanda diretta a regolare la crisi o l'insolvenza

con strumenti diversi dalla liquidazione giudiziale non è accolta ed è accertato lo stato di insolvenza, il tribunale procede, su istanza dei soggetti legittimati, all'apertura della liquidazione giudiziale. Allo stesso modo il tribunale procede in tutti i casi in cui la domanda è inammissibile o improcedibile e nei casi previsti dall'articolo 49, comma 2.

(1) *Questo articolo è stato così sostituito dall'art. 4, comma 1, del D.L.vo 17 giugno 2022, n. 83, a decorrere dal 15 luglio 2022.*

8. (1) **Durata massima delle misure protettive.** – 1. La durata complessiva delle misure protettive, fino alla omologazione dello strumento di regolazione della crisi e dell'insolvenza o alla apertura della procedura di insolvenza, non può superare il periodo, anche non continuativo, di dodici mesi, inclusi eventuali rinnovi o proroghe, tenuto conto delle misure protettive di cui all'articolo 18.

(1) *Questo articolo è stato così sostituito dall'art. 4, comma 2, del D.L.vo 17 giugno 2022, n. 83, a decorrere dal 15 luglio 2022.*

9. Sospensione feriale dei termini e patrocinio legale. – 1. La sospensione feriale dei termini di cui all'articolo 1 della legge 7 ottobre 1969, n. 742 non si applica ai procedimenti disciplinati dal presente codice, salvo che esso non disponga diversamente.

2. Salvi i casi in cui non sia previsto altrimenti, nelle procedure disciplinate dal presente codice, il patrocinio del difensore è obbligatorio.

10. Comunicazioni telematiche. – 1. Le comunicazioni poste a carico degli organi di gestione, controllo o assistenza delle procedure disciplinate dal presente codice sono effettuate con modalità telematiche al domicilio digitale risultante dall'Indice nazionale degli indirizzi di posta elettronica certificata (INI-PEC) delle imprese e dei professionisti, quando i destinatari hanno l'obbligo di munirsene.

2. Gli organi di cui al comma 1 attivano, dandone tempestiva comunicazione agli interessati, un domicilio digitale, da utilizzare esclusivamente per le comunicazioni inerenti alla procedura:

a) ai creditori e ai titolari di diritti sui beni che non hanno l'obbligo di munirsene;

b) ai soggetti che hanno sede o che risiedono all'estero;

c) al debitore e al legale rappresentante della società o ente sottoposti a una delle procedure disciplinate dal presente codice.

3. Le comunicazioni ai soggetti per i quali la legge prevede l'obbligo di munirsi di un domicilio digitale e che non hanno provveduto ad istituirlo o comunicarlo sono eseguite esclusivamente mediante deposito in cancelleria. Si procede con le stesse modalità nelle ipotesi di mancata consegna del messaggio elettronico per cause imputabili al destinatario. Le disposizioni di cui al secondo periodo si applicano anche ai soggetti cui è stato assegnato un domicilio digitale ai sensi del comma 2.

4. Per tutta la durata della procedura e per i due anni successivi alla relativa chiusura, gli organi di cui al comma 1 sono tenuti a conservare i messaggi elettronici inviati e ricevuti.

5. Ai fini della validità ed efficacia delle predette comunicazioni, alla posta elettronica certificata è equiparato il servizio di recapito certificato ai sensi dell'articolo 1, comma 1 *ter*, del codice dell'amministrazione digitale di cui al decreto legislativo 7 marzo 2005, n. 82.

6. Le spese per l'attivazione del domicilio digitale previsto dal comma 2 sono a carico della massa.

Sezione IV
Giurisdizione internazionale

11. (1) **Attribuzione della giurisdizione.** – 1. Fatte salve le convenzioni internazionali e la normativa dell'Unione europea, la giurisdizione italiana sulla domanda di accesso a uno strumento di regolazione della crisi e dell'insolvenza o a una procedura di insolvenza disciplinati dalla presente legge sussiste quando il debitore ha in Italia il centro degli interessi principali o una dipendenza.

2. Avverso il provvedimento di accesso a uno strumento di regolazione della crisi e dell'insolvenza o a una procedura di insolvenza è ammessa impugnazione per difetto di giurisdizione da chiunque vi abbia interesse. Si applica il procedimento di cui all'articolo 51. È sempre ammesso il ricorso per cassazione.

3. La giurisdizione italiana di cui al comma 1 sussiste anche per le azioni che derivano direttamente dalla procedura.

(1) *Questo articolo è stato così sostituito dall'art. 5, comma 1, del D.L.vo 17 giugno 2022, n. 83, a decorrere dal 15 luglio 2022.*

Titolo II
Composizione negoziata della crisi, piattaforma unica nazionale, concordato semplificato e segnalazioni per la anticipata emersione della crisi [1]

[1] *Questo titolo è stato così sostituito dall'art. 6, comma 1, del D.L.vo 17 giugno 2022, n. 83, a decorrere dal 15 luglio 2022. Il titolo ora comprende gli artt. da 12 a 25* undecies.

Capo I
Composizione negoziata per la soluzione della crisi d'impresa

12. Composizione negoziata per la soluzione della crisi d'impresa. – 1. L'imprenditore commerciale e agricolo può chiedere la nomina di un esperto al segretario generale della camera di commercio, industria, artigianato e agricoltura nel cui ambito territoriale si trova la sede legale dell'impresa, quando si trova in condizioni di squilibrio patrimoniale o economico-finanziario che ne rendono probabile la crisi o l'insolvenza e risulta ragionevolmente perseguibile il risanamento dell'impresa. La nomina avviene con le modalità di cui all'articolo 13, commi 6, 7 e 8.

2. L'esperto agevola le trattative tra l'imprenditore, i creditori ed eventuali altri soggetti interessati, al fine di individuare una soluzione per il superamento delle condizioni di cui al comma 1, anche mediante il trasferimento dell'azienda o di rami di essa.

3. Alla composizione negoziata non si applica l'articolo 38. Resta ferma l'applicazione dell'articolo 38 nei procedimenti di cui agli articoli 19 e 22.

13. Istituzione della piattaforma telematica nazionale e nomina dell'esperto. – 1. È istituita una piattaforma telematica nazionale accessibile agli imprenditori iscritti nel registro delle imprese attraverso il sito istituzionale di ciascuna camera di commercio, industria, artigianato e agricoltura. La piattaforma è gestita dal sistema delle camere di commercio, per il tramite di Unioncamere, sotto la vigilanza del Ministero della giustizia e del Ministero dello sviluppo economico.

2. Sulla piattaforma sono disponibili una lista di controllo particolareggiata, adeguata anche alle esigenze delle micro, piccole e medie imprese, che contiene indicazioni operative per la redazione del piano di risanamento, un test pratico per la verifica della ragionevole perseguibilità del risanamento e un protocollo di conduzione della composizione negoziata accessibili da parte dell'imprenditore e dei professionisti dallo stesso incaricati. La struttura della piattaforma, il contenuto della lista di controllo particolareggiata, le modalità di esecuzione del test pratico e il contenuto del protocollo sono definiti dal decreto dirigenziale del Ministero della giustizia adottato ai sensi dell'articolo 3 del decreto legge 24 agosto 2021, n. 118, convertito, con modificazioni, dalla legge 21 ottobre 2021, n. 147.

3. Presso la camera di commercio, industria, artigianato e agricoltura di ciascun capoluogo di regione e delle province autonome di Trento e di Bolzano è formato, con le modalità di cui al comma 5, un elenco di esperti nel quale possono essere inseriti: gli iscritti da almeno cinque anni all'albo dei dottori commercialisti e degli esperti contabili e all'albo degli avvocati che documentano di aver maturato precedenti esperienze nel campo della ristrutturazione aziendale e della crisi d'impresa; gli iscritti da almeno cinque anni all'albo dei consulenti del lavoro che documentano di avere concorso, almeno in tre casi, alla conclusione di accordi di ristrutturazione dei debiti omologati o di accordi sottostanti a piani attestati o di avere concorso alla presentazione di concordati con continuità aziendale omologati. Possono inoltre essere inseriti nell'elenco coloro che, pur non iscritti in albi professionali, documentano di avere svolto funzioni di amministrazione, direzione e controllo in imprese interessate da operazioni di ristrutturazione concluse con piani di risanamento attestati, accordi di ristrutturazione dei debiti e concordati preventivi con continuità aziendale omologati, nei confronti delle quali non sia stata successivamente pronunciata sentenza di apertura della liquidazione giudiziale o sentenza di accertamento dello stato di insolvenza.

4. L'iscrizione all'elenco di cui al comma 3 è altresì subordinata al possesso della specifica formazione prevista con il decreto dirigenziale del Ministero della giustizia di cui al comma 2.

5. La domanda di iscrizione all'elenco è presentata agli ordini professionali di appartenenza dei professionisti richiedenti e, per i soggetti di cui al comma 3, secondo periodo, alla camera di commercio del capoluogo di regione e delle province autonome di Trento e di Bolzano competente per il luogo di residenza. La domanda è corredata della documentazione comprovante il possesso dei requisiti di cui ai commi 3 e 4, di un'autocertificazione attestante l'assolvimento degli obblighi formativi e di un curriculum vitae, a sua volta oggetto di autocertificazione ai sensi degli articoli 46 e

47 del testo unico di cui al decreto del Presidente della Repubblica 28 dicembre 2000, n. 445, dal quale risulti ogni altra esperienza formativa in materia, anche nelle tecniche di facilitazione e mediazione, valutabile all'atto della nomina come titolo di preferenza. La domanda contiene il consenso dell'interessato al trattamento dei dati comunicati al momento della presentazione dell'istanza di iscrizione, ai sensi dell'articolo 6 del regolamento (UE) 2016/679 del Parlamento europeo e del Consiglio, del 27 aprile 2016, anche ai fini della pubblicazione di cui al comma 9. Ciascun ordine professionale, valutata la domanda e verificata la completezza della documentazione allegata, comunica alla camera di commercio del capoluogo della regione in cui si trova o alla camera di commercio delle province autonome di Trento e di Bolzano, i nominativi dei professionisti in possesso dei requisiti di cui ai commi 3 e 4, unitamente a una scheda sintetica contenente le informazioni utili alla individuazione del profilo dell'esperto, per l'inserimento nell'elenco previsto dal comma 3. La scheda è compilata sulla base di un modello uniforme definito con il decreto dirigenziale del Ministero della giustizia di cui al comma 2. Gli ordini professionali, con riferimento ai dati dei rispettivi iscritti, e le camere di commercio, con riferimento ai soggetti di cui al comma 3, secondo periodo, designano i responsabili della formazione, della tenuta e dell'aggiornamento dei dati degli iscritti all'elenco unico e del trattamento dei dati medesimi nel rispetto del regolamento (UE) 2016/679 e del codice in materia di protezione dei dati personali, di cui al decreto legislativo 30 giugno 2003, n. 196. I responsabili accertano la veridicità delle dichiarazioni rese dai richiedenti secondo quanto previsto dall'articolo 71 del citato testo unico di cui al decreto del Presidente della Repubblica n. 445 del 2000. La domanda è respinta se non è corredata di quanto previsto dal secondo e terzo periodo e può essere ripresentata. I consigli nazionali degli ordini professionali disciplinano con regolamento le modalità di formazione, tenuta e aggiornamento dei dati raccolti dagli ordini professionali e comunicati alle camere di commercio per la formazione dell'elenco di cui al comma 3. La comunicazione di cui al quarto periodo avviene con cadenza annuale a partire dalla data di entrata in vigore del presente decreto. Gli ordini professionali comunicano tempestivamente alle camere di commercio l'adozione, nei confronti dei propri iscritti, di sanzioni disciplinari più gravi di quella minima prevista dai singoli ordinamenti nonché l'intervenuta cancellazione dei professionisti dagli albi professionali di appartenenza perché vengano cancellati dall'elenco. Le camere di commercio, ricevute le comunicazioni di competenza degli ordini professionali, provvedono senza indugio all'aggiornamento dell'elenco unico; esse curano direttamente l'aggiornamento dei dati dei soggetti di cui al comma 3, secondo periodo, secondo le tempistiche stabilite nel nono periodo e provvedono alla loro tempestiva cancellazione ove sia intervenuta una causa di ineleggibilità ai sensi dell'articolo 2382 del codice civile.

6. La nomina dell'esperto avviene ad opera di una commissione che resta in carica per due anni. La commissione è costituita presso le camere di commercio, industria, artigianato e agricoltura dei capoluoghi di regione e delle province autonome di Trento e di Bolzano, dei cui uffici di segreteria si avvale per lo svolgimento dei suoi compiti, ed è composta da: *a*) due magistrati, uno effettivo e uno supplente, designati dal presidente della sezione specializzata in materia di impresa del tribunale del capoluogo di regione o della provincia autonoma di Trento o di Bolzano nel cui territorio si trova la camera di commercio che ha ricevuto l'istanza di cui all'articolo 17; *b*) due membri, uno effettivo e uno supplente, designati dal presidente della camera di commercio presso la quale è costituita la commissione; *c*) due membri, uno effettivo e uno supplente, designati dal prefetto del capoluogo di regione o della provincia autonoma di Trento o di Bolzano nel cui territorio si trova la camera di commercio che ha ricevuto l'istanza di cui all'articolo 17.

7. Il segretario generale della camera di commercio nel cui ambito territoriale si trova la sede legale dell'impresa, ricevuta l'istanza di cui all'articolo 17, nei successivi due giorni lavorativi, la comunica alla commissione costituita ai sensi del comma 6, unitamente a una nota sintetica contenente l'indicazione del volume d'affari, del numero dei dipendenti e del settore in cui opera l'impresa istante. In caso di incompletezza dell'istanza di nomina o della documentazione, il predetto segretario generale invita l'imprenditore a integrare le informazioni o la documentazione mancante entro un termine di trenta giorni, decorso inutilmente il quale l'istanza non è esaminata e l'imprenditore può riproporla. Entro i cinque giorni lavorativi successivi al ricevimento dell'istanza la commissione nomina l'esperto tra gli iscritti nell'elenco di cui al comma 3 secondo criteri che assicurano la

rotazione e la trasparenza e avendo cura che ciascun esperto non riceva più di due incarichi contemporaneamente. La nomina può avvenire anche al di fuori dell'ambito regionale. La commissione tiene conto della complessiva esperienza formativa risultante dalla scheda sintetica di cui al comma 5, quarto periodo, anche esaminando, ove occorra, il curriculum vitae, e dell'attività prestata come esperto nell'ambito di precedenti composizioni negoziate. Se lo ritiene opportuno, la commissione acquisisce, prima della nomina o prima della comunicazione all'esperto nominato, il parere non vincolante di un'associazione di categoria sul territorio.

8. La commissione, coordinata dal membro più anziano, decide a maggioranza. Ai membri della commissione non spettano compensi, gettoni di presenza, rimborsi di spese o altri emolumenti comunque denominati.

9. Gli incarichi conferiti e il curriculum vitae dell'esperto nominato sono pubblicati senza indugio in apposita sezione del sito istituzionale della camera di commercio del luogo di nomina e del luogo dove è tenuto l'elenco presso il quale l'esperto è iscritto, nel rispetto del regolamento (UE) 2016/679 e del citato codice di cui al decreto legislativo 30 giugno 2003, n. 196, omesso ogni riferimento all'imprenditore richiedente. Sono del pari pubblicati sul sito istituzionale di ciascuna camera di commercio gli elenchi contenenti i nominativi degli esperti, formati presso le camere di commercio dei capoluoghi di regione e delle province autonome di Trento e di Bolzano.

10. Per la realizzazione e il funzionamento della piattaforma telematica nazionale di cui al comma 1 è autorizzata la spesa di euro 700.000 per l'anno 2022 e di euro 200.000 annui a decorrere dall'anno 2023, cui si provvede mediante utilizzo delle risorse rinvenienti dall'abrogazione dell'articolo 3 del decreto legge 24 agosto 2021, n. 118, convertito, con modificazioni, dalla legge 21 ottobre 2021, n. 147, come prevista dalle disposizioni di attuazione della direttiva (UE) 2019/1023 del Parlamento europeo e del Consiglio del 20 giugno 2019.

14. Interoperabilità tra la piattaforma telematica nazionale per la composizione negoziata per la soluzione delle crisi d'impresa e altre banche di dati. – 1. La piattaforma telematica nazionale di cui all'articolo 13 è collegata alle banche dati dell'Agenzia delle entrate, dell'Istituto nazionale della previdenza sociale, dell'Istituto nazionale per l'assicurazione contro gli infortuni sul lavoro e dell'agente della riscossione e consente l'accesso alle informazioni contenute nella Centrale dei rischi della Banca d'Italia nel rispetto di quanto disposto dall'articolo 7 del testo unico bancario di cui al decreto legislativo 1° settembre 1993, n. 385.

2. L'esperto nominato ai sensi dell'articolo 13, comma 6, accede alle banche dati e alle informazioni di cui al comma 1, previo consenso prestato dall'imprenditore ai sensi del regolamento (UE) 2016/679 del Parlamento europeo e del Consiglio, del 27 aprile 2016, e del codice in materia di protezione dei dati personali, di cui al decreto legislativo 30 giugno 2003, n. 196, ed estrae la documentazione e le informazioni necessari per l'avvio o la prosecuzione delle trattative con i creditori e con le parti interessate. Le modalità di accesso alle banche dati sono stabilite dall'Agenzia delle entrate, dall'Istituto nazionale della previdenza sociale, dall'Istituto nazionale per l'assicurazione contro gli infortuni sul lavoro e dall'agente della riscossione e le modalità di accesso alle informazioni contenute nella Centrale dei rischi sono stabilite dalla Banca d'Italia.

3. L'accesso ai dati attraverso la piattaforma telematica di cui al comma 1 non modifica la disciplina relativa alla titolarità del trattamento, ferme restando le specifiche responsabilità ai sensi dell'articolo 28 del citato regolamento (UE) 2016/679 spettanti al soggetto gestore della piattaforma nonché le responsabilità dei soggetti che trattano i dati in qualità di titolari autonomi del trattamento.

15. Scambio di documentazione e di dati contenuti nella piattaforma telematica nazionale per la composizione negoziata per la soluzione delle crisi d'impresa tra l'imprenditore e i creditori. – 1. I creditori possono accedere alla piattaforma telematica nazionale di cui all'articolo 13 e possono inserire al suo interno le informazioni sulla propria posizione creditoria e i dati eventualmente richiesti dall'esperto nominato ai sensi del medesimo articolo 13. Essi accedono ai documenti e alle informazioni inseriti nella piattaforma dall'imprenditore al momento della presentazione dell'istanza di cui all'articolo 17 o nel corso delle trattative. La documentazione e le informazioni inserite nella piattaforma sono accessibili previo consenso prestato, dall'imprenditore e dal singolo creditore, ai sensi del regolamento (UE) 2016/679 del Parlamento europeo e del Consiglio, del 27 aprile 2016, e del codice in materia di protezione dei dati personali, di cui al decreto legislativo 30 giugno 2003, n. 196.

16. Requisiti di indipendenza e doveri dell'esperto e delle parti. – 1. L'esperto deve essere in possesso dei requisiti previsti dall'articolo 2399 del codice civile e non deve essere legato all'impresa o ad altre parti interessate all'operazione di risanamento da rapporti di natura personale o professionale; il professionista ed i soggetti con i quali è eventualmente unito in associazione professionale non devono aver prestato negli ultimi cinque anni attività di lavoro subordinato o autonomo in favore dell'imprenditore né essere stati membri degli organi di amministrazione o controllo dell'impresa né aver posseduto partecipazioni in essa. Chi ha svolto l'incarico di esperto non può intrattenere rapporti professionali con l'imprenditore se non sono decorsi almeno due anni dall'archiviazione della composizione negoziata.

2. L'esperto è terzo rispetto a tutte le parti e opera in modo professionale, riservato, imparziale e indipendente. Non è equiparabile al professionista indipendente di cui all'articolo 2, comma 1, lettera *o*). L'esperto, nell'espletamento dell'incarico di cui all'articolo 12, comma 2, verifica la coerenza complessiva delle informazioni fornite dall'imprenditore chiedendo al medesimo e ai creditori tutte le ulteriori informazioni utili o necessarie. Può avvalersi di soggetti dotati di specifica competenza, anche nel settore economico in cui opera l'imprenditore, e di un revisore legale, non legati all'impresa o ad altre parti interessate all'operazione di risanamento da rapporti di natura personale o professionale.

3. Fatto salvo quanto previsto dall'articolo 19, comma 4, l'esperto non può essere tenuto a deporre sul contenuto delle dichiarazioni rese e delle informazioni acquisite nell'esercizio delle sue funzioni, né davanti all'autorità giudiziaria né davanti ad altra autorità. Si applicano le disposizioni dell'articolo 200 del codice di procedura penale e le garanzie previste per il difensore dalle disposizioni dell'articolo 103 del codice di procedura penale in quanto compatibili.

4. L'imprenditore ha il dovere di rappresentare la propria situazione all'esperto, ai creditori e agli altri soggetti interessati in modo completo e trasparente e di gestire il patrimonio e l'impresa senza pregiudicare ingiustamente gli interessi dei creditori.

5. Le banche e gli intermediari finanziari, i loro mandatari e i cessionari dei loro crediti sono tenuti a partecipare alle trattative in modo attivo e informato. L'accesso alla composizione negoziata della crisi non costituisce di per sé causa di sospensione e di revoca degli affidamenti bancari concessi all'imprenditore. In ogni caso la sospensione o la revoca degli affidamenti possono essere disposte se richiesto dalla disciplina di vigilanza prudenziale, con comunicazione che dà conto delle ragioni della decisione assunta.

6. Tutte le parti coinvolte nelle trattative hanno il dovere di collaborare lealmente e in modo sollecito con l'imprenditore e con l'esperto e rispettano l'obbligo di riservatezza sulla situazione dell'imprenditore, sulle iniziative da questi assunte o programmate e sulle informazioni acquisite nel corso delle trattative. Le medesime parti danno riscontro alle proposte e alle richieste che ricevono durante le trattative con risposta tempestiva e motivata.

17. Accesso alla composizione negoziata e suo funzionamento. – 1. L'istanza di nomina dell'esperto indipendente è presentata tramite la piattaforma telematica di cui all'articolo 13 mediante la compilazione di un modello, ivi disponibile, contenente le informazioni utili ai fini della nomina e dello svolgimento dell'incarico da parte dell'esperto nominato.

2. Il contenuto del modello di cui al comma 1 è definito con il decreto dirigenziale del Ministero della giustizia di cui all'articolo 13, comma 2.

3. L'imprenditore, al momento della presentazione dell'istanza, inserisce nella piattaforma telematica:

a) i bilanci degli ultimi tre esercizi, se non già depositati presso l'ufficio del registro delle imprese, oppure, per gli imprenditori che non sono tenuti al deposito dei bilanci, le dichiarazioni dei redditi e dell'IVA degli ultimi tre periodi di imposta, nonché una situazione patrimoniale e finanziaria aggiornata a non oltre sessanta giorni prima della presentazione dell'istanza;

b) un progetto di piano di risanamento redatto secondo le indicazioni della lista di controllo di cui all'articolo 13, comma 2, e una relazione chiara e sintetica sull'attività in concreto esercitata recante un piano finanziario per i successivi sei mesi e le iniziative che intende adottare;

c) l'elenco dei creditori, con l'indicazione dei rispettivi crediti scaduti e a scadere e dell'esistenza di diritti reali e personali di garanzia;

d) una dichiarazione resa ai sensi dell'articolo 46 del decreto del Presidente della Repubblica n. 445 del 2000 sulla pendenza, nei suoi confronti, di ricorsi per l'apertura della liquidazione giudiziale o per l'accertamento dello stato di insolvenza e una dichiarazione con la quale attesta di non avere depositato ricorsi ai sensi dell'articolo 40, anche nelle ipotesi di cui agli articoli 44, comma 1, lettera *a*), e 54, comma 3;

e) il certificato unico dei debiti tributari di cui all'articolo 364, comma 1;

f) la situazione debitoria complessiva richiesta all'Agenzia delle entrate-Riscossione;

g) il certificato dei debiti contributivi e per premi assicurativi di cui all'articolo 363, comma 1;

h) un estratto delle informazioni presenti nella Centrale dei rischi gestita dalla Banca d'Italia non anteriore di tre mesi rispetto alla presentazione dell'istanza.

4. L'esperto, verificati la propria indipendenza e il possesso delle competenze e della disponibilità di tempo necessarie per lo svolgimento dell'incarico, entro due giorni lavorativi dalla ricezione della nomina, comunica all'imprenditore l'accettazione e contestualmente inserisce nella piattaforma la dichiarazione di accettazione e una dichiarazione resa ai sensi dell'articolo 47 del decreto del Presidente della Repubblica n. 445 del 2000, sul possesso dei requisiti di indipendenza di cui all'articolo 16, comma 1. In caso contrario ne dà comunicazione riservata al soggetto che l'ha nominato perché provveda alla sua sostituzione. L'esperto non può assumere più di due incarichi contemporaneamente.

5. L'esperto, accettato l'incarico, convoca senza indugio l'imprenditore per valutare l'esistenza di una concreta prospettiva di risanamento, anche alla luce delle informazioni assunte dall'organo di controllo e dal revisore legale, ove in carica. L'imprenditore partecipa personalmente e può farsi assistere da consulenti. Se ritiene che le prospettive di risanamento sono concrete l'esperto incontra le altre parti interessate al processo di risanamento e prospetta le possibili strategie di intervento fissando i successivi incontri con cadenza periodica ravvicinata. Se non ravvisa concrete prospettive di risanamento, all'esito della convocazione o in un momento successivo, l'esperto ne dà notizia all'imprenditore e al segretario generale della camera di commercio che dispone l'archiviazione dell'istanza di composizione negoziata entro i successivi cinque giorni lavorativi. Nel corso delle trattative l'esperto può invitare le parti a rideterminare, secondo buona fede, il contenuto dei contratti ad esecuzione continuata o periodica ovvero ad esecuzione differita se la prestazione è divenuta eccessivamente onerosa o se è alterato l'equilibrio del rapporto in ragione di circostanze sopravvenute. Le parti sono tenute a collaborare tra loro per rideterminare il contenuto del contratto o adeguare le prestazioni alle mutate condizioni.

6. Entro tre giorni dalla comunicazione della convocazione le parti possono presentare osservazioni sull'indipendenza dell'esperto al segretario generale della camera di commercio il quale riferisce senza indugio alla commissione perché, valutate le circostanze esposte e sentito l'esperto, se lo ritiene opportuno provveda alla sua sostituzione entro i successivi cinque giorni lavorativi. Allo stesso modo la commissione procede se l'imprenditore e le parti interessate formulano osservazioni sull'operato dell'esperto.

7. L'incarico dell'esperto si considera concluso se, decorsi centottanta giorni dalla accettazione della nomina, le parti non hanno individuato, anche a seguito di sua proposta, una soluzione adeguata per il superamento delle condizioni di cui all'articolo 12, comma 1. L'incarico può proseguire per non oltre centottanta giorni quando tutte le parti lo richiedono e l'esperto vi acconsente, oppure quando la prosecuzione dell'incarico è resa necessaria dal ricorso dell'imprenditore al tribunale ai sensi degli articoli 19 e 22. In caso di sostituzione dell'esperto o nell'ipotesi di cui all'articolo 25, comma 7, il termine di cui al primo periodo decorre dall'accettazione del primo esperto nominato.

8. Al termine dell'incarico l'esperto redige una relazione finale che inserisce nella piattaforma e comunica all'imprenditore e, in caso di concessione delle misure protettive e cautelari di cui agli articoli 18 e 19, al giudice che le ha emesse, che ne dichiara cessati gli effetti. Eseguiti gli adempimenti di cui al primo periodo, l'esperto ne dà comunicazione al segretario generale della camera di commercio per l'archiviazione dell'istanza di composizione negoziata.

9. In caso di archiviazione dell'istanza di cui al comma 1, l'imprenditore non può presentare una nuova istanza prima di un anno dall'archiviazione. Se l'archiviazione è richiesta dall'imprenditore con istanza depositata con le modalità previste nel comma 1 entro due mesi dall'accettazione dell'esperto, il termine di cui al primo periodo è ridotto, per una sola volta, a quattro mesi.

10. Ai costi che gravano sulle camere di commercio per consentire il funzionamen-

to della procedura di composizione negoziata per la soluzione della crisi d'impresa si provvede mediante il versamento, a carico dell'impresa che propone l'istanza, di diritti di segreteria determinati ai sensi dell'articolo 18 della legge 29 dicembre 1993, n. 580.

18. Misure protettive. – 1. L'imprenditore può chiedere, con l'istanza di nomina dell'esperto o con successiva istanza presentata con le modalità di cui all'articolo 17, comma 1, l'applicazione di misure protettive del patrimonio. L'istanza di applicazione delle misure protettive è pubblicata nel registro delle imprese unitamente all'accettazione dell'esperto e, dal giorno della pubblicazione, i creditori interessati non possono acquisire diritti di prelazione se non concordati con l'imprenditore né possono iniziare o proseguire azioni esecutive e cautelari sul suo patrimonio o sui beni e sui diritti con i quali viene esercitata l'attività d'impresa. Non sono inibiti i pagamenti.

2. Con l'istanza di cui al comma 1, l'imprenditore inserisce nella piattaforma telematica una dichiarazione sull'esistenza di misure esecutive o cautelari disposte nei suoi confronti e un aggiornamento sui ricorsi indicati nella dichiarazione resa ai sensi dell'articolo 17, comma 3, lettera *d*).

3. Con l'istanza di cui al comma 1, l'imprenditore può chiedere che l'applicazione delle misure protettive sia limitata a determinate iniziative intraprese dai creditori a tutela dei propri diritti o a determinati creditori o categorie di creditori. Sono esclusi dalle misure protettive i diritti di credito dei lavoratori.

4. Dal giorno della pubblicazione dell'istanza di cui al comma 1 e fino alla conclusione delle trattative o all'archiviazione dell'istanza di composizione negoziata, la sentenza di apertura della liquidazione giudiziale o di accertamento dello stato di insolvenza non può essere pronunciata, salvo che il tribunale disponga la revoca delle misure protettive. Restano fermi i provvedimenti già concessi ai sensi dell'articolo 54, comma 1

5. I creditori nei cui confronti operano le misure protettive non possono, unilateralmente, rifiutare l'adempimento dei contratti pendenti o provocarne la risoluzione, né possono anticiparne la scadenza o modificarli in danno dell'imprenditore per il solo fatto del mancato pagamento di crediti anteriori rispetto alla pubblicazione dell'istanza di cui al comma 1. I medesimi creditori possono sospendere l'adempimento dei contratti pendenti dalla pubblicazione dell'istanza di cui al comma 1 fino alla conferma delle misure richieste.

19. Procedimento relativo alle misure protettive e cautelari. – 1. Quando l'imprenditore formula la richiesta di cui all'articolo 18, comma 1, con ricorso presentato al tribunale competente ai sensi dell'articolo 27, entro il giorno successivo alla pubblicazione dell'istanza e dell'accettazione dell'esperto, chiede la conferma o la modifica delle misure protettive e, ove occorre, l'adozione dei provvedimenti cautelari necessari per condurre a termine le trattative. Entro trenta giorni dalla pubblicazione di cui al medesimo articolo 18, comma 1, l'imprenditore chiede la pubblicazione nel registro delle imprese del numero di ruolo generale del procedimento instaurato. L'omesso o il ritardato deposito del ricorso è causa di inefficacia delle misure previste dall'articolo 18, comma 1, e, decorso inutilmente il termine di cui al secondo periodo, l'iscrizione dell'istanza è cancellata dal registro delle imprese.

2. L'imprenditore, unitamente al ricorso, deposita:

a) i bilanci degli ultimi tre esercizi oppure, quando non è tenuto al deposito dei bilanci, le dichiarazioni dei redditi e dell'IVA degli ultimi tre periodi di imposta;

b) una situazione patrimoniale e finanziaria aggiornata a non oltre sessanta giorni prima del deposito del ricorso;

c) l'elenco dei creditori, individuando i primi dieci per ammontare, con indicazione dei relativi indirizzi di posta elettronica certificata, se disponibili, oppure degli indirizzi di posta elettronica non certificata per i quali sia verificata o verificabile la titolarità della singola casella;

d) un progetto di piano di risanamento redatto secondo le indicazioni della lista di controllo di cui all'articolo 13, comma 2, un piano finanziario per i successivi sei mesi e un prospetto delle iniziative che intende adottare;

e) una dichiarazione avente valore di autocertificazione attestante, sulla base di criteri di ragionevolezza e proporzionalità, che l'impresa può essere risanata;

f) l'accettazione dell'esperto nominato ai sensi dell'articolo 13, commi 6, 7 e 8, con il relativo indirizzo di posta elettronica certificata.

3. Il tribunale, entro dieci giorni dal deposito del ricorso, fissa, con decreto, l'udienza, da tenersi preferibilmente con sistemi di videoconferenza. Il ricorso, unitamente al decreto, è notificato dal ricorrente, anche all'e-

sperto, con le modalità indicate dal tribunale che prescrive, ai sensi dell'articolo 151 del codice di procedura civile, le forme di notificazione opportune per garantire la celerità del procedimento. Il tribunale, se verifica che il ricorso non è stato depositato nel termine previsto dal comma 1, dichiara con decreto motivato l'inefficacia delle misure protettive senza fissare l'udienza prevista dal primo periodo. Gli effetti protettivi prodotti ai sensi dell'articolo 18, comma 1, cessano altresì se, nel termine di cui al primo periodo, il giudice non provvede alla fissazione dell'udienza. Nei casi previsti dal terzo e quarto periodo la domanda può essere riproposta.

4. All'udienza il tribunale, sentite le parti e chiamato l'esperto a esprimere il proprio parere sulla funzionalità delle misure richieste ad assicurare il buon esito delle trattative, omessa ogni formalità non essenziale al contraddittorio, nomina, se occorre, un ausiliario ai sensi dell'articolo 68 del codice di procedura civile e procede agli atti di istruzione indispensabili in relazione ai provvedimenti cautelari richiesti ai sensi del comma 1 e ai provvedimenti di conferma, revoca o modifica delle misure protettive. Il tribunale può assumere informazioni dai creditori indicati nell'elenco di cui al comma 2, lettera *c*). Se le misure protettive o i provvedimenti cautelari richiesti incidono sui diritti dei terzi, devono essere sentiti. Il tribunale provvede con ordinanza con la quale stabilisce la durata, non inferiore a trenta e non superiore a centoventi giorni, delle misure protettive e, se occorre, dei provvedimenti cautelari disposti, tenendo conto delle misure eventualmente già concesse ai sensi dell'articolo 54, comma 1. Sentito l'esperto, il tribunale può limitare le misure a determinate iniziative intraprese dai creditori a tutela dei propri diritti o a determinati creditori o categorie di creditori.

5. Il giudice che ha emesso i provvedimenti di cui al comma 4, su istanza delle parti e acquisito il parere dell'esperto, può prorogare la durata delle misure disposte per il tempo necessario ad assicurare il buon esito delle trattative. La proroga non è concessa se il centro degli interessi principali dell'impresa è stato trasferito da un altro Stato membro nei tre mesi precedenti alla formulazione della richiesta di cui all'articolo 18, comma 1. La durata complessiva delle misure non può superare i duecentoquaranta giorni.

6. Su istanza dell'imprenditore, di uno o più creditori o su segnalazione dell'esperto, il giudice che ha emesso i provvedimenti di cui al comma 4 può, in qualunque momento, sentite le parti interessate, e in ogni caso a seguito dell'archiviazione dell'istanza ai sensi dell'articolo 17, commi 5 e 8, revocare le misure protettive e cautelari, o abbreviarne la durata, quando esse non soddisfano l'obiettivo di assicurare il buon esito delle trattative o appaiono sproporzionate rispetto al pregiudizio arrecato ai creditori istanti.

7. I procedimenti disciplinati dal presente articolo si svolgono nella forma prevista dagli articoli 669 *bis* e seguenti del codice di procedura civile e il tribunale provvede in composizione monocratica con ordinanza comunicata dalla cancelleria al registro delle imprese entro il giorno successivo. Non si applicano l'articolo 669 *octies*, primo, secondo e terzo comma, e l'articolo 669 *novies*, primo comma, del codice di procedura civile. Contro l'ordinanza è ammesso reclamo ai sensi dell'articolo 669 *terdecies* del codice di procedura civile.

8. In caso di revoca o cessazione delle misure protettive, il divieto di acquisire diritti di prelazione se non concordati con l'imprenditore viene meno a far data dalla revoca o dalla cessazione delle misure protettive.

20. Sospensione di obblighi e di cause di scioglimento di cui agli articoli 2446, 2447, 2482 bis, **2482 *ter*, 2484 e 2545** duodecies **del codice civile.** – 1. Con l'istanza di nomina dell'esperto, o con dichiarazione successivamente presentata con le modalità di cui all'articolo 17, comma 1, l'imprenditore può dichiarare che, sino alla conclusione delle trattative o all'archiviazione dell'istanza di composizione negoziata, non si applicano nei suoi confronti gli articoli 2446, secondo e terzo comma, 2447, 2482 *bis*, quarto, quinto e sesto comma, e 2482 *ter* del codice civile e non si verifica la causa di scioglimento della società per riduzione o perdita del capitale sociale di cui agli articoli 2484, primo comma, numero 4), e 2545 *duodecies* del codice civile. A tal fine, l'istanza o la dichiarazione sono pubblicate nel registro delle imprese e gli effetti di cui al primo periodo decorrono dalla pubblicazione.

2. Se l'imprenditore ha chiesto anche l'applicazione di misure protettive del patrimonio ai sensi degli articoli 18 e 19, la sospensione degli obblighi e delle cause di scioglimento prevista nel comma 1 cessa a partire dalla pubblicazione nel registro delle imprese del provvedimento con il quale il tribunale dichiara l'inefficacia delle misure richieste, ai sensi dell'articolo 19, comma 3, o ne dispone la revoca.

21. Gestione dell'impresa in pendenza delle trattative. – 1. Nel corso delle trattative l'imprenditore conserva la gestione ordinaria e straordinaria dell'impresa. L'imprenditore in stato di crisi gestisce l'impresa in modo da evitare pregiudizio alla sostenibilità economico-finanziaria dell'attività. Quando, nel corso della composizione negoziata, risulta che l'imprenditore è insolvente ma esistono concrete prospettive di risanamento, lo stesso gestisce l'impresa nel prevalente interesse dei creditori. Restano ferme le responsabilità dell'imprenditore.

2. L'imprenditore informa preventivamente l'esperto, per iscritto, del compimento di atti di straordinaria amministrazione nonché dell'esecuzione di pagamenti che non sono coerenti rispetto alle trattative o alle prospettive di risanamento.

3. L'esperto, quando ritiene che l'atto può arrecare pregiudizio ai creditori, alle trattative o alle prospettive di risanamento, lo segnala per iscritto all'imprenditore e all'organo di controllo.

4. Se, nonostante la segnalazione, l'atto viene compiuto, l'imprenditore ne informa immediatamente l'esperto il quale, nei successivi dieci giorni, può iscrivere il proprio dissenso nel registro delle imprese. Quando l'atto compiuto pregiudica gli interessi dei creditori, l'iscrizione è obbligatoria.

5. Quando sono state concesse misure protettive o cautelari l'esperto, iscritto il proprio dissenso nel registro delle imprese, procede alla segnalazione di cui all'articolo 19, comma 6.

22. Autorizzazioni del tribunale. – 1. Su richiesta dell'imprenditore il tribunale, verificata la funzionalità degli atti rispetto alla continuità aziendale e alla migliore soddisfazione dei creditori, può: *a*) autorizzare l'imprenditore a contrarre finanziamenti prededucibili ai sensi dell'articolo 6; *b*) autorizzare l'imprenditore a contrarre finanziamenti dai soci prededucibili ai sensi dell'articolo 6; *c*) autorizzare una o più società appartenenti ad un gruppo di imprese di cui all'articolo 25 a contrarre finanziamenti prededucibili ai sensi dell'articolo 6; *d*) autorizzare l'imprenditore a trasferire in qualunque forma l'azienda o uno o più suoi rami senza gli effetti di cui all'articolo 2560, secondo comma, del codice civile, dettando le misure ritenute opportune, tenuto conto delle istanze delle parti interessate al fine di tutelare gli interessi coinvolti; resta fermo l'articolo 2112 del codice civile. Il tribunale verifica altresì il rispetto del principio di competitività nella selezione dell'acquirente.

2. Il procedimento di cui al comma 1 si svolge innanzi al tribunale competente ai sensi dell'articolo 27 che, sentite le parti interessate e assunte le informazioni necessarie, provvedendo, ove occorre, ai sensi dell'articolo 68 del codice di procedura civile, decide in composizione monocratica. Si applicano, in quanto compatibili, gli articoli 737 e seguenti del codice di procedura civile. Il reclamo si propone al tribunale e del collegio non può far parte il giudice che ha pronunciato il provvedimento.

23. Conclusione delle trattative. – 1. Quando è individuata una soluzione idonea al superamento della situazione di cui all'articolo 12, comma 1, le parti possono, alternativamente:

a) concludere un contratto, con uno o più creditori, che produce gli effetti di cui all'articolo 25 *bis*, comma 1, se, secondo la relazione dell'esperto di cui all'articolo 17, comma 8, è idoneo ad assicurare la continuità aziendale per un periodo non inferiore a due anni;

b) concludere la convenzione di moratoria di cui all'articolo 62;

c) concludere un accordo sottoscritto dall'imprenditore, dai creditori e dall'esperto che produce gli effetti di cui agli articoli 166, comma 3, lettera *d*), e 324. Con la sottoscrizione dell'accordo l'esperto dà atto che il piano di risanamento appare coerente con la regolazione della crisi o dell'insolvenza.

2. Se all'esito delle trattative non è individuata una soluzione tra quelle di cui al comma 1, l'imprenditore può, in alternativa:

a) predisporre il piano attestato di risanamento di cui all'articolo 56;

b) domandare l'omologazione di un accordo di ristrutturazione dei debiti ai sensi degli articoli 57, 60 e 61. La percentuale di cui all'articolo 61, comma 2, lettera *c*), è ridotta al 60 per cento se il raggiungimento dell'accordo risulta dalla relazione finale dell'esperto;

c) proporre la domanda di concordato semplificato per la liquidazione del patrimonio di cui all'articolo 25 *sexies*;

d) accedere ad uno degli strumenti di regolazione della crisi e dell'insolvenza disciplinati dal presente codice, dal decreto legislativo 8 luglio 1999, n. 270 o dal decreto legge 23 dicembre 2003, n. 347, convertito, con modificazioni, dalla legge 18 febbraio 2004, n. 39. L'imprenditore agricolo può accedere agli strumenti di cui all'articolo 25 *quater*, comma 4.

24. Conservazione degli effetti. – 1. Gli atti autorizzati dal tribunale ai sensi dell'articolo 22 conservano i propri effetti se successivamente intervengono un accordo di ristrutturazione dei debiti omologato, un concordato preventivo omologato, un piano di ristrutturazione proposto ai sensi dell'articolo 64 *bis* omologato, l'apertura della liquidazione giudiziale, la liquidazione coatta amministrativa, l'amministrazione straordinaria o il concordato semplificato per la liquidazione del patrimonio di cui all'articolo 25 *sexies* omologato.

2. Non sono soggetti all'azione revocatoria di cui all'articolo 166, comma 2, gli atti, i pagamenti e le garanzie posti in essere dall'imprenditore nel periodo successivo alla accettazione dell'incarico da parte dell'esperto, purché coerenti con l'andamento e lo stato delle trattative e con le prospettive di risanamento esistenti al momento in cui sono stati compiuti.

3. Gli atti di straordinaria amministrazione e i pagamenti effettuati nel periodo successivo alla accettazione dell'incarico da parte dell'esperto sono in ogni caso soggetti alle azioni di cui agli articoli 165 e 166 se, in relazione ad essi, l'esperto ha iscritto il proprio dissenso nel registro delle imprese ai sensi dell'articolo 21, comma 4, o se il tribunale ha rigettato la richiesta di autorizzazione presentata ai sensi dell'articolo 22.

4. Nelle ipotesi disciplinate dai commi 1, 2 e 3 resta ferma la responsabilità dell'imprenditore per gli atti compiuti.

5. Le disposizioni di cui agli articoli 322, comma 3, e 323 non si applicano ai pagamenti e alle operazioni compiuti nel periodo successivo alla accettazione dell'incarico da parte dell'esperto in coerenza con l'andamento delle trattative e nella prospettiva di risanamento dell'impresa valutata dall'esperto ai sensi dell'articolo 17, comma 5, purché non siano state effettuate le iscrizioni previste dall'articolo 21, comma 4. Le disposizioni di cui al primo periodo non si applicano inoltre ai pagamenti e alle operazioni autorizzati dal tribunale a norma dell'articolo 22.

25. Conduzione delle trattative in caso di gruppo di imprese. – 1. Più imprese che si trovano nelle condizioni indicate nell'articolo 12, comma 1, appartenenti al medesimo gruppo e che hanno, ciascuna, il proprio centro degli interessi principali nel territorio dello Stato possono chiedere al segretario generale della camera di commercio la nomina dell'esperto indipendente di cui all'articolo 12, comma 2. La nomina avviene con le modalità di cui all'articolo 13.

2. L'istanza è presentata alla camera di commercio ove è iscritta la società o l'ente, avente il proprio centro degli interessi principali nel territorio dello Stato, che, in base alla pubblicità prevista dall'articolo 2497 *bis* del codice civile, esercita l'attività di direzione e coordinamento oppure, in mancanza, l'impresa avente il proprio centro degli interessi principali nel territorio dello Stato che presenta la maggiore esposizione debitoria, costituita dalla voce D del passivo nello stato patrimoniale prevista dall'articolo 2424 del codice civile in base all'ultimo bilancio approvato e inserito nella piattaforma telematica ai sensi del comma 4.

3. L'imprenditore inserisce nella piattaforma telematica di cui all'articolo 13, oltre alla documentazione indicata nell'articolo 17, comma 3, una relazione contenente informazioni analitiche sulla struttura del gruppo e sui vincoli partecipativi o contrattuali, l'indicazione del registro delle imprese o dei registri delle imprese in cui è stata effettuata la pubblicità ai sensi dell'articolo 2497 *bis* del codice civile e il bilancio consolidato di gruppo, ove redatto.

4. Le misure protettive e cautelari di cui agli articoli 18 e 19 sono adottate dal tribunale competente ai sensi dell'articolo 27 rispetto alla società o all'ente che, in base alla pubblicità prevista dall'articolo 2497 *bis* del codice civile, esercita l'attività di direzione e coordinamento oppure, in mancanza, rispetto all'impresa che presenta la maggiore esposizione debitoria come definita nel comma 2.

5. L'esperto assolve ai compiti di cui all'articolo 12, comma 2, in modo unitario per tutte le imprese che hanno presentato l'istanza, salvo che lo svolgimento congiunto non renda eccessivamente gravose le trattative. In tal caso può svolgere le trattative per singole imprese.

6. Le imprese partecipanti al gruppo che non si trovano nelle condizioni indicate nell'articolo 12, comma 1, possono, anche su invito dell'esperto, partecipare alle trattative.

7. Quando le imprese appartenenti ad un medesimo gruppo presentano più istanze ai sensi dell'articolo 12, comma 1, e gli esperti nominati, sentiti i richiedenti e i creditori, propongono che la composizione negoziata si svolga in modo unitario oppure per più imprese appositamente individuate, la composizione prosegue con l'esperto designato di comune accordo fra quelli nominati. In difetto di designazione, la composizione prosegue

con l'esperto nominato a seguito della prima istanza presentata.

8. I finanziamenti eseguiti in favore di società controllate oppure sottoposte a comune controllo, in qualsiasi forma pattuiti dopo la presentazione dell'istanza di cui all'articolo 17, sono esclusi dalla postergazione di cui agli articoli 2467 e 2497 *quinquies* del codice civile, sempre che l'imprenditore abbia informato preventivamente l'esperto ai sensi dell'articolo 21, comma 2, e che l'esperto, dopo avere segnalato che l'operazione può arrecare pregiudizio ai creditori, non abbia iscritto il proprio dissenso nel registro delle imprese, ai sensi dell'articolo 21, comma 4.

9. Al termine delle trattative, le imprese del gruppo possono stipulare, in via unitaria, uno dei contratti, convenzioni o accordi, di cui all'articolo 23, comma 1, ovvero accedere, separatamente o in via unitaria, alle soluzioni di cui all'articolo 23.

25 *bis*. Misure premiali. – 1. Dall'accettazione dell'incarico da parte dell'esperto e sino alla conclusione delle trattative con una delle soluzioni previste dall'articolo 23, commi 1 e 2, lettera *b*), gli interessi che maturano sui debiti tributari dell'imprenditore sono ridotti alla misura legale.

2. Le sanzioni tributarie per le quali è prevista l'applicazione in misura ridotta in caso di pagamento entro un determinato termine dalla comunicazione dell'ufficio che le irroga, sono ridotte alla misura minima se il termine per il pagamento scade dopo la presentazione della istanza di cui all'articolo 17.

3. Le sanzioni e gli interessi sui debiti tributari sorti prima del deposito dell'istanza di cui all'articolo 17 e oggetto della composizione negoziata sono ridotti della metà nelle ipotesi previste dall'articolo 23, comma 2.

4. In caso di pubblicazione nel registro delle imprese del contratto di cui all'articolo 23, comma 1, lettera *a*), e dell'accordo di cui all'articolo 23, comma 1, lettera *c*), l'Agenzia delle entrate concede all'imprenditore che lo richiede, con istanza sottoscritta anche dall'esperto, un piano di rateazione fino ad un massimo di settantadue rate mensili delle somme dovute e non versate a titolo di imposte sul reddito, ritenute alla fonte operate in qualità di sostituto d'imposta, imposta sul valore aggiunto e imposta regionale sulle attività produttive non ancora iscritte a ruolo, e relativi accessori. Si applicano, in quanto compatibili, le disposizioni di cui all'articolo 19 del decreto del Presidente della Repubblica 29 settembre 1973, n. 602. La sottoscrizione dell'esperto costituisce prova dell'esistenza della temporanea situazione di obiettiva difficoltà. L'imprenditore decade automaticamente dal beneficio della rateazione anche in caso di successivo deposito di ricorso ai sensi dell'articolo 40 o in caso di apertura della procedura di liquidazione giudiziale o della liquidazione controllata o di accertamento dello stato di insolvenza oppure in caso di mancato pagamento anche di una sola rata alla sua scadenza.

5. Dalla pubblicazione nel registro delle imprese del contratto e dell'accordo di cui all'articolo 23, comma 1, lettere *a*) e *c*), o degli accordi di cui all'articolo 23, comma 2, lettera *b*), si applicano gli articoli 88, comma 4 *ter*, e 101, comma 5, del testo unico delle imposte sui redditi, di cui al decreto del Presidente della Repubblica 22 dicembre 1986, n. 917.

6. Nel caso di successiva apertura della procedura di liquidazione giudiziale o di liquidazione controllata o nel caso di accertamento dello stato di insolvenza, gli interessi e le sanzioni sono dovuti senza le riduzioni di cui ai commi 1 e 2.

25 *ter*. (1) **Compenso dell'esperto.** – 1. Il compenso dell'esperto è determinato, tenuto conto dell'opera prestata, della sua complessità, del contributo dato nella negoziazione e della sollecitudine con cui sono state condotte le trattative, in percentuale sull'ammontare dell'attivo dell'impresa debitrice secondo i seguenti scaglioni:

a) fino a euro 100.000,00, dal 4,00 al 6,00 per cento;

b) da euro 100.000,01 e fino a euro 500.000,00, dall'1,00 all'1,50 per cento;

c) da euro 500.000,01 e fino a euro 1.000.000,00, dallo 0,50 allo 0,80 per cento;

d) da euro 1.000.000,01 e fino a euro 2.500.000,00, dallo 0,25 allo 0,43 per cento;

e) da euro 2.500.000,01 e fino a euro 50.000.000,00, dallo 0,05 allo 0,10 per cento;

f) da euro 50.000.000,01 e fino a euro 400.000.000,00, dallo 0,010 allo 0,025 per cento;

g) da euro 400.000.000,01 e fino a euro 1.300.000.000,00, dallo 0,002 allo 0,008 per cento;

h) sulle somme eccedenti euro 1.300.000.000,00, dallo 0,005 allo 0,002 per cento.

2. In caso di composizione negoziata condotta ai sensi dell'articolo 25 in modo unitario per tutte o alcune delle imprese che hanno presentato l'istanza di cui all'articolo 17, il compenso dell'esperto designato è determi-

nato esclusivamente tenendo conto della percentuale sull'ammontare dell'attivo di ciascuna impresa istante partecipante al gruppo.

3. Il compenso complessivo non può essere, in ogni caso, inferiore a euro 4.000,00 e superiore a euro 400.000,00.

4. L'importo di cui al comma 1 è rideterminato, fermi i limiti di cui al comma 3, come di seguito indicato:

a) se il numero dei creditori e delle parti interessate che partecipano alle trattative è compreso tra ventuno e cinquanta, il compenso è aumentato del 25 per cento;

b) se il numero dei creditori e delle parti interessate che partecipano alle trattative è superiore a cinquanta, il compenso è aumentato del 35 per cento;

c) se il numero dei creditori e delle parti interessate che partecipano alle trattative non è superiore a cinque, il compenso è ridotto del 40 per cento;

d) in caso di vendita del complesso aziendale o di individuazione di un acquirente da parte dell'esperto, il compenso è aumentato del 10 per cento.

5. I lavoratori e le rappresentanze sindacali non sono considerati nel numero dei creditori e delle altre parti interessate ai fini del riconoscimento degli aumenti di cui al comma 4, lettere *a*) e *b*); all'esperto comunque spetta il compenso di euro 100,00 per ogni ora di presenza risultante dai rapporti redatti ai sensi dell'articolo 4, comma 3, quinto periodo.

6. Il compenso è aumentato del 100 per cento in tutti i casi in cui, anche successivamente alla redazione della relazione finale di cui all'articolo 17, comma 8, si concludono il contratto, la convenzione o gli accordi di cui all'articolo 23, commi 1 e 2, lettera *b*).

7. Se l'esperto sottoscrive l'accordo di cui all'articolo 23, comma 1, lettera *c*), gli spetta un ulteriore incremento del 10 per cento sul compenso determinato ai sensi del comma 6.

8. In deroga a quanto previsto dal comma 3, il compenso è liquidato in euro 500,00 quando l'imprenditore non compare davanti all'esperto oppure quando è disposta l'archiviazione subito dopo il primo incontro.

9. Le percentuali di cui al comma 1 sono calcolate sulla media dell'attivo risultante dagli ultimi tre bilanci o, in mancanza, sull'attivo risultante dalla situazione patrimoniale e finanziaria depositata ai sensi dell'articolo 17, comma 3, lettera *a*). Se l'attività è iniziata da meno di tre anni, la media è calcolata sui bilanci depositati dal suo inizio.

10. All'esperto è dovuto il rimborso delle spese necessarie per l'adempimento dell'incarico, purché accompagnate dalla corrispondente documentazione. Non sono rimborsati gli esborsi sostenuti per la remunerazione dei soggetti dei quali l'esperto si è avvalso ai sensi dell'articolo 16, comma 2.

11. In mancanza di accordo tra le parti, il compenso è liquidato dalla commissione di cui all'articolo 13, comma 6, ed è a carico dell'imprenditore. Il provvedimento costituisce prova scritta idonea a norma dell'articolo 633, primo comma, numero 1), del codice di procedura civile nonché titolo per la concessione dell'esecuzione provvisoria ai sensi dell'articolo 642 del codice di procedura civile.

12. Il compenso dell'esperto è prededucibile ai sensi dell'articolo 6.

13. Dopo almeno sessanta giorni dall'accettazione dell'incarico, su richiesta dell'esperto, può essere disposto in suo favore un acconto in misura non superiore ad un terzo del presumibile compenso finale, tenendo conto dei risultati ottenuti e dell'attività prestata.

(1) *A norma dell'art. 50, comma 2, del D.L.vo 17 giugno 2022, n. 83, le disposizioni di questo articolo si applicano alle liquidazioni disposte successivamente all'entrata in vigore del presente decreto, anche relative all'attività svolta dall'esperto nell'ambito della composizione negoziata prevista dal decreto legge 24 agosto 2021, n. 118, convertito, con modificazioni, dalla legge 21 ottobre 2021, n. 147.*

25 *quater*. Imprese sotto soglia. – 1. L'imprenditore commerciale e agricolo, che presenta congiuntamente i requisiti di cui all'articolo 2, comma 1, lettera *d*) e che si trova in condizioni di squilibrio patrimoniale o economico-finanziario che ne rendono probabile la crisi o l'insolvenza, può chiedere la nomina dell'esperto indipendente quando risulta ragionevolmente perseguibile il risanamento dell'impresa.

2. L'istanza è presentata al segretario generale della camera di commercio nel cui ambito territoriale si trova la sede legale dell'impresa unitamente ai documenti di cui all'articolo 17, comma 3, lettere *a*), *c*), *d*), *e*), *f*), *g*) e *h*), e nelle forme previste dall'articolo 17, comma 1. La dichiarazione di cui all'articolo 17, comma 3, lettera *d*), riguarda la pendenza di una procedura di liquidazione controllata e contiene l'attestazione di non avere depositato ricorso ai sensi dell'articolo 74 e, per le imprese agricole, anche ai sensi dell'articolo 57. La nomina dell'esperto avviene ad opera del segretario generale al quale è presentata l'istanza.

3. Se all'esito delle trattative è individuata una soluzione idonea al superamento della situazione di cui al comma 1, le parti possono, alternativamente:

a) concludere un contratto privo di effetti nei confronti dei terzi e idoneo ad assicurare la continuità aziendale;

b) concludere un accordo avente il contenuto dell'articolo 62;

c) concludere un accordo sottoscritto dall'imprenditore, dai creditori e dall'esperto, idoneo a produrre gli effetti di cui all'articolo 25 *bis*, comma 5. Con la sottoscrizione dell'accordo l'esperto dà atto che il piano di risanamento appare coerente con la regolazione della crisi o dell'insolvenza.

4. Se all'esito delle trattative non è possibile raggiungere l'accordo, l'imprenditore può:

a) proporre la domanda di concordato minore di cui all'articolo 74;

b) chiedere la liquidazione controllata dei beni ai sensi dell'articolo 268;

c) proporre la domanda di concordato semplificato per la liquidazione del patrimonio di cui all'articolo 25 *sexies*;

d) per la sola impresa agricola, domandare l'omologazione di un accordo di ristrutturazione dei debiti ai sensi degli articoli 57, 60 e 61.

5. Si applicano, per quanto non specificamente previsto dalle disposizioni del presente articolo, gli articoli 12, 13, commi 1,2, 3, 4, 5 e 9, 14, 15, 16, 17, commi 1, 2, 4, 5, 6, 7, 8, 9 e 10, 18, 19, 20, 21, 22, 24, commi 3 e 4, 25, 25 *bis*, 25 *ter*, 25 *quinquies*, 25 *sexies*, 25 *septies* e 25 *octies*, in quanto compatibili.

6. Gli atti autorizzati dal tribunale ai sensi dell'articolo 22 conservano i propri effetti se successivamente intervengono un accordo di ristrutturazione dei debiti omologato, un concordato minore omologato, l'apertura della liquidazione controllata o il concordato semplificato per la liquidazione del patrimonio di cui all'articolo 25 *sexies* omologato.

7. Il compenso dell'esperto è liquidato, ai sensi dell'articolo 25 *ter*, dal responsabile dell'organismo di composizione della crisi o dal segretario generale della camera di commercio che lo ha nominato.

25 *quinquies*. Limiti di accesso alla composizione negoziata. – 1. L'istanza di cui all'articolo 17, non può essere presentata dall'imprenditore in pendenza del procedimento introdotto con ricorso depositato ai sensi dell'articolo 40, anche nelle ipotesi di cui agli articoli 44, comma 1, lettera *a*), 54, comma 3, e 74. L'istanza non può essere altresì presentata nel caso in cui l'imprenditore, nei quattro mesi precedenti l'istanza medesima, abbia rinunciato alle domande indicate nel primo periodo ([1]).

([1]) *A norma dell'art. 50, comma 3, del D.L.vo 17 giugno 2022, n. 83, la disposizione di questo periodo non si applica nel caso in cui la rinuncia alle domande di cui al primo periodo del medesimo comma 1 sia intervenuta prima dell'entrata in vigore del presente decreto.*

Capo II
Concordato semplificato per la liquidazione del patrimonio all'esito della composizione negoziata

25 *sexies*. Concordato semplificato per la liquidazione del patrimonio. – 1. Quando l'esperto nella relazione finale dichiara che le trattative si sono svolte secondo correttezza e buona fede, che non hanno avuto esito positivo e che le soluzioni individuate ai sensi dell'articolo 23, commi 1 e 2, lettera *b*) non sono praticabili, l'imprenditore può presentare, nei sessanta giorni successivi alla comunicazione di cui all'articolo 17, comma 8, una proposta di concordato per cessione dei beni unitamente al piano di liquidazione e ai documenti indicati nell'articolo 39. La proposta può prevedere la suddivisione dei creditori in classi.

2. L'imprenditore chiede l'omologazione del concordato con ricorso presentato al tribunale del luogo in cui l'impresa ha il proprio centro degli interessi principali. Il ricorso è comunicato al pubblico ministero e pubblicato, a cura del cancelliere, nel registro delle imprese entro il giorno successivo alla data del deposito in cancelleria. Dalla data della pubblicazione del ricorso si producono gli effetti di cui agli articoli 6, 46, 94 e 96.

3. Il tribunale, valutata la ritualità della proposta, acquisiti la relazione finale di cui al comma 1 e il parere dell'esperto con specifico riferimento ai presumibili risultati della liquidazione e alle garanzie offerte, nomina un ausiliario ai sensi dell'articolo 68 del codice di procedura civile, assegnando allo stesso un termine per il deposito del parere di cui al comma 4. L'ausiliario fa pervenire l'accettazione dell'incarico entro tre giorni dalla comunicazione. All'ausiliario si applicano le disposizioni di cui agli articoli 35, comma 4 *bis*, e 35.1 del codice delle leggi antimafia e delle misure di prevenzione, di cui al decreto legislativo 6 settembre 2011, n. 159. Si osservano altresì le disposizioni di cui all'articolo 35.2 del citato decreto legislativo n. 159 del 2011.

4. Con il medesimo decreto il tribunale ordina che la proposta, unitamente al parere dell'ausiliario e alla relazione finale e al parere dell'esperto, sia comunicata a cura del debitore ai creditori risultanti dall'elenco depositato ai sensi dell'articolo 39, comma 1, ove possibile a mezzo posta elettronica certificata o, in mancanza, a mezzo di raccomandata con avviso di ricevimento, specificando dove possono essere reperiti i dati per la sua valutazione e fissa l'udienza per l'omologazione. Tra la scadenza del termine concesso all'ausiliario ai sensi del comma 3 e l'udienza di omologazione devono decorrere non meno di quarantacinque giorni. I creditori e qualsiasi interessato possono proporre opposizione all'omologazione costituendosi nel termine perentorio di dieci giorni prima dell'udienza fissata.

5. Il tribunale, assunti i mezzi istruttori richiesti dalle parti o disposti d'ufficio, omologa il concordato quando, verificata la regolarità del contraddittorio e del procedimento, nonché il rispetto dell'ordine delle cause di prelazione e la fattibilità del piano di liquidazione, rileva che la proposta non arreca pregiudizio ai creditori rispetto all'alternativa della liquidazione giudiziale e comunque assicura un'utilità a ciascun creditore.

6. Il tribunale provvede con decreto motivato, immediatamente esecutivo. Il decreto, pubblicato a norma dell'articolo 45 è comunicato dalla cancelleria alle parti che, nei successivi trenta giorni, possono proporre reclamo alla corte di appello ai sensi dell'articolo 247.

7. Contro il decreto della corte d'appello può essere proposto ricorso per cassazione entro trenta giorni dalla comunicazione.

8. Si applicano, in quanto compatibili, le disposizioni di cui agli articoli 106, 117, 118, 119, 324 e 341, sostituita la figura del commissario giudiziale con quella dell'ausiliario. Ai fini di cui all'articolo 106, il decreto di cui al comma 4 equivale all'ammissione al concordato.

NOTE OPERATIVE:

Trasferimento sede: Il concordato semplificato, pur connotato da peculiarità rispetto al concordato preventivo fin dalla fase d'accesso in quanto postula il previo percorso della composizione negoziata, rientra al pari di quest'ultimo nell'alveo delle procedure concorsuali, conseguentemente soggiacendo, ai fini dell'individuazione della competenza per territorio, in applicazione analogica dell'art. 161, comma 1, l. fall., alla regola della irrilevanza del trasferimento della sede sociale nell'anno che precede il deposito del ricorso (C.C. 9730/23).

25 *septies*. Disciplina della liquidazione del patrimonio. – 1. Il tribunale nomina, con il decreto di omologazione, un liquidatore. Si applicano, in quanto compatibili, le disposizioni di cui all'articolo 114.

2. Quando il piano di liquidazione di cui all'articolo 25 *sexies* comprende un'offerta da parte di un soggetto individuato avente ad oggetto il trasferimento in suo favore dell'azienda o di uno o più rami d'azienda o di specifici beni, il liquidatore giudiziale, verificata l'assenza di soluzioni migliori sul mercato, dà esecuzione all'offerta e alla vendita si applicano gli articoli da 2919 a 2929 del codice civile.

3. Quando il piano di liquidazione prevede che il trasferimento debba essere eseguito prima della omologazione, all'offerta dà esecuzione l'ausiliario, verificata l'assenza di soluzioni migliori sul mercato, con le modalità di cui al comma 2, previa autorizzazione del tribunale.

Capo III
Segnalazioni per la anticipata emersione della crisi e programma informatico di verifica della sostenibilità del debito e di elaborazione di piani di rateizzazione

25 *octies*. Segnalazione dell'organo di controllo. – 1. L'organo di controllo societario segnala, per iscritto, all'organo amministrativo la sussistenza dei presupposti per la presentazione dell'istanza di cui all'articolo 17. La segnalazione è motivata, è trasmessa con mezzi che assicurano la prova dell'avvenuta ricezione e contiene la fissazione di un congruo termine, non superiore a trenta giorni, entro il quale l'organo amministrativo deve riferire in ordine alle iniziative intraprese. In pendenza delle trattative, rimane fermo il dovere di vigilanza di cui all'articolo 2403 del codice civile.

2. La tempestiva segnalazione all'organo amministrativo ai sensi del comma 1 e la vigilanza sull'andamento delle trattative sono valutate ai fini della responsabilità prevista dall'articolo 2407 del codice civile.

25 *novies*. Segnalazioni dei creditori pubblici qualificati. – 1. L'Istituto nazionale della previdenza sociale, l'Istituto nazionale per l'assicurazione contro gli infortuni sul lavoro, l'Agenzia delle entrate e l'Agenzia delle entrate-Riscossione segnalano all'imprenditore e, ove esistente, all'organo di controllo, nella persona del presidente del collegio sindacale in caso di organo collegiale, a mezzo di posta elettronica certificata o, in mancanza, mediante raccomandata con avviso di ricevimento inviata all'indirizzo risultante dall'anagrafe tributaria:

a) per l'Istituto nazionale della previdenza sociale, il ritardo di oltre novanta giorni nel versamento di contributi previdenziali di ammontare superiore:

1) per le imprese con lavoratori subordinati e parasubordinati, al 30 per cento di quelli dovuti nell'anno precedente e all'importo di euro 15.000;

2) per le imprese senza lavoratori subordinati e parasubordinati, all'importo di euro 5.000;

b) per l'Istituto nazionale per l'assicurazione contro gli infortuni sul lavoro, l'esistenza di un debito per premi assicurativi scaduto da oltre novanta giorni e non versato superiore all'importo di euro 5.000;

c) per l'Agenzia delle entrate, l'esistenza di un debito scaduto e non versato relativo all'imposta sul valore aggiunto, risultante dalla comunicazione dei dati delle liquidazioni periodiche di cui all'articolo 21 *bis* del decreto legge 31 maggio 2010, n. 78, convertito, con modificazioni, dalla legge 30 luglio 2010, n. 122, di importo superiore a euro 5.000 e, comunque, non inferiore al 10 per cento dell'ammontare del volume d'affari risultante dalla dichiarazione relativa all'anno d'imposta precedente; la segnalazione viene in ogni caso inviata se il debito è superiore all'importo di euro 20.000 ([1]);

d) per l'Agenzia delle entrate-Riscossione, l'esistenza di crediti affidati per la riscossione, autodichiarati o definitivamente accertati e scaduti da oltre novanta giorni, superiori, per le imprese individuali, all'importo di euro 100.000, per le società di persone, all'importo di euro 200.000 e, per le altre società, all'importo di euro 500.000.

2. Le segnalazioni di cui al comma 1 sono inviate:

a) dall'Agenzia delle entrate, contestualmente alla comunicazione di irregolarità di cui all'articolo 54 *bis* del decreto del Presidente della Repubblica 26 ottobre 1972, n. 633, e, comunque, non oltre 150 giorni dal termine di presentazione delle comunicazioni di cui all'articolo 21 *bis* del decreto legge n. 78 del 2010 ([2]);

b) dall'Istituto nazionale della previdenza sociale, dall'Istituto nazionale per l'assicurazione contro gli infortuni sul lavoro e dall'Agenzia delle entrate-Riscossione, entro sessanta giorni decorrenti dal verificarsi delle condizioni o dal superamento degli importi indicati nel medesimo comma 1.

3. Le segnalazioni di cui al comma 1 contengono l'invito alla presentazione dell'istanza di cui all'articolo 17, comma 1, se ne ricorrono i presupposti.

4. Le disposizioni del presente articolo si applicano:

a) con riferimento all'Istituto nazionale della previdenza sociale e all'Istituto nazionale per l'assicurazione contro gli infortuni sul lavoro, in relazione ai debiti accertati a decorrere dal 1° gennaio 2022, per il primo, e ai debiti accertati a decorrere dall'entrata in vigore del presente decreto per il secondo;

b) con riferimento all'Agenzia delle entrate, in relazione ai debiti risultanti dalle comunicazioni di cui all'articolo 21 *bis* del decreto legge n. 78 del 2010 a decorrere da quelle relative al secondo trimestre 2022 ([3]);

c) con riferimento all'Agenzia delle entrate-Riscossione, in relazione ai carichi affidati all'agente della riscossione a decorrere dal 1° luglio 2022.

([1]) *Questa lettera è stata così sostituita dall'art. 37 bis, comma 1, lett. a), del D.L. 21 giugno 2022, n. 73, convertito, con modificazioni, nella L. 4 agosto 2022, n. 122.*

([2]) *Questa lettera è stata così sostituita dall'art. 37 bis, comma 1, lett. b), del D.L. 21 giugno 2022, n. 73, convertito, con modificazioni, nella L. 4 agosto 2022, n. 122.*

([3]) *Questa lettera è stata così sostituita dall'art. 37 bis, comma 1, lett. c), del D.L. 21 giugno 2022, n. 73, convertito, con modificazioni, nella L. 4 agosto 2022, n. 122.*

25 *decies*. Obblighi di comunicazione per banche e intermediari finanziari. – 1. Le banche e gli altri intermediari finanziari di cui all'articolo 106 del testo unico bancario, nel momento in cui comunicano al cliente variazioni, revisioni o revoche degli affidamenti, ne danno notizia anche agli organi di controllo societari, se esistenti.

25 *undecies*. Istituzione di programma informatico di verifica della sostenibilità del debito e per l'elaborazione di piani di rateizzazione automatici. – 1. Sulla piattaforma di cui all'articolo 13 è disponibile un programma informatico gratuito che elabora i dati necessari per accertare la sostenibilità del debito esistente e che consente all'imprenditore di condurre il test pratico di cui all'articolo 13, comma 2, per la verifica della ragionevole perseguibilità del risanamento.

2. Se l'indebitamento complessivo dell'imprenditore non supera i 30.000 euro e, all'e-

sito dell'elaborazione condotta dal programma di cui al comma 1, tale debito risulta sostenibile, il programma elabora un piano di rateizzazione. L'imprenditore comunica la rateizzazione ai creditori interessati avvertendoli che, se non manifestano il proprio dissenso entro il termine di trenta giorni dalla ricezione della comunicazione, il piano si intenderà approvato e verrà eseguito secondo le modalità e i tempi nello stesso indicati. Sono fatte salve le disposizioni in materia di crediti di lavoro e di riscossione dei crediti fiscali e previdenziali. Restano ferme le responsabilità per l'inserimento nel programma di dati o informazioni non veritieri.

3. Le informazioni e i dati da inserire nel programma informatico, le specifiche tecniche per il suo funzionamento e le modalità di calcolo del tasso di interesse applicabile ai crediti rateizzati sono definiti con decreto non regolamentare del Ministro dello sviluppo economico, di concerto con il Ministro della giustizia e con il Ministro delegato per l'innovazione tecnologica e la transizione digitale, da adottare entro sessanta giorni dalla data di entrata in vigore del presente decreto.

Titolo III
Strumenti di regolazione della crisi e dell'insolvenza (1)

(1) *La precedente rubrica: «Procedure di regolazione della crisi e dell'insolvenza» è stata così sostituita dall'attuale dall'art. 7 del D.L.vo 17 giugno 2022, n. 83, a decorrere dal 15 luglio 2022.*

Capo I
Giurisdizione

26. Giurisdizione italiana. – 1. L'imprenditore che ha all'estero il centro degli interessi principali può essere ammesso a uno strumento di regolazione della crisi e dell'insolvenza o assoggettato a una procedura di insolvenza nella Repubblica italiana anche se è stata aperta analoga procedura all'estero, quando ha una dipendenza in Italia (1).

2. Il trasferimento del centro degli interessi principali all'estero non esclude la sussistenza della giurisdizione italiana se è avvenuto nell'anno antecedente il deposito della domanda di accesso a uno strumento di regolazione della crisi e dell'insolvenza o a una procedura di insolvenza (2).

3. Sono fatte salve le convenzioni internazionali e la normativa dell'Unione europea.

4. Il tribunale, quando apre una procedura di insolvenza transfrontaliera ai sensi del regolamento (UE) 2015/848 del Parlamento europeo e del Consiglio del 20 maggio 2015, dichiara se la procedura è principale, secondaria o territoriale.

(1) *Questo comma è stato così sostituito dall'art. 8, comma 1, lett.* a), *del D.L.vo 17 giugno 2022, n. 83, a decorrere dal 15 luglio 2022.*

(2) *Questo comma è stato così sostituito dall'art. 8, comma 1, lett.* b), *del D.L.vo 17 giugno 2022, n. 83, a decorrere dal 15 luglio 2022.*

Capo II
Competenza

27. Competenza per materia e per territorio. – 1. Per i procedimenti di accesso a uno strumento di regolazione della crisi e dell'insolvenza o a una procedura di insolvenza (1) e le controversie che ne derivano relativi alle imprese in amministrazione straordinaria e ai gruppi di imprese di rilevante dimensione è competente il tribunale sede delle sezioni specializzate in materia di imprese di cui all'articolo 1 del decreto legislativo 27 giugno 2003, n. 168. Il tribunale sede della sezione specializzata in materia di imprese è individuato a norma dell'articolo 4 del decreto legislativo 27 giugno 2003, n. 168, avuto riguardo al luogo in cui il debitore ha il centro degli interessi principali.

2. Per i procedimenti accesso a uno strumento di regolazione della crisi e dell'insolvenza o a una procedura di insolvenza (1) diversi da quelli di cui al comma 1 e le controversie che ne derivano è competente il tribunale nel cui circondario il debitore ha il centro degli interessi principali.

3. Il centro degli interessi principali del debitore si presume coincidente:

a) per la persona fisica esercente attività d'impresa (2), con la sede legale risultante dal registro delle imprese o, in mancanza, con la sede effettiva dell'attività abituale;

b) per la persona fisica non esercente attività d'impresa, con la residenza o il domicilio e, se questi sono sconosciuti, con l'ultima dimora nota o, in mancanza, con il luogo di nascita. Se questo non è in Italia, la competenza è del Tribunale di Roma;

c) per la persona giuridica e gli enti, anche non esercenti attività d'impresa, con la sede legale risultante dal registro delle imprese o, in mancanza, con la sede effettiva dell'attività abituale o, se sconosciuta, secondo quanto previsto nella lettera *b*), con riguardo al legale rappresentante.

(1) *Le parole: «di regolazione della crisi o dell'insolvenza» sono state così sostituite dalle attuali: «di accesso a uno strumento di regolazione della crisi e dell'insolvenza o a una procedura di insolvenza» dal-*

l'art. 9, comma 1, del D.L.vo 17 giugno 2022, n. 83, a decorrere dal 15 luglio 2022.

(2) *Le parole: «attività impresa» sono state così sostituite dalle attuali: «attività d'impresa» dall'art. 9, comma 1, lett. c), del D.L.vo 17 giugno 2022, n. 83, a decorrere dal 15 luglio 2022.*

28. (1) **Trasferimento del centro degli interessi principali.** – 1. Il trasferimento del centro degli interessi principali non rileva ai fini della competenza quando è intervenuto nell'anno antecedente al deposito della domanda di accesso a uno strumento di regolazione della crisi e dell'insolvenza o di apertura della liquidazione giudiziale.

(1) *Questo articolo è stato così sostituito dall'art. 9, comma 2, del D.L.vo 17 giugno 2022, n. 83, a decorrere dal 15 luglio 2022.*

29. Incompetenza. – 1. Il tribunale decide con ordinanza quando dichiara l'incompetenza. L'ordinanza è trasmessa in copia al tribunale dichiarato competente, unitamente agli atti del procedimento.

2. Il tribunale dichiarato competente, se non richiede d'ufficio il regolamento di competenza ai sensi dell'articolo 45 del codice di procedura civile, dispone la prosecuzione del procedimento pendente, dandone comunicazione alle parti.

3. Quando l'incompetenza è dichiarata all'esito del giudizio di cui all'articolo 51, il reclamo, per le questioni diverse dalla competenza, è riassunto, a norma dell'articolo 50 del codice di procedura civile, dinanzi alla corte di appello competente.

30. Conflitto positivo di competenza. – 1. Quando un procedimento per l'accesso agli strumenti di regolazione della crisi e dell'insolvenza o a una procedura di insolvenza è stato aperto (1) da più tribunali, il procedimento prosegue avanti al tribunale competente che si è pronunciato per primo.

2. Il tribunale che si è pronunciato successivamente, se non richiede d'ufficio il regolamento di competenza ai sensi dell'articolo 45 del codice di procedura civile, dispone la trasmissione degli atti al tribunale che si è pronunciato per primo. Si applica l'articolo 29, in quanto compatibile.

(1) *Le parole: «Quando una procedura regolatrice della crisi o dell'insolvenza è stata aperta» sono state così sostituite dalle attuali: «Quando un procedimento per l'accesso agli strumenti di regolazione della crisi e dell'insolvenza o a una procedura di insolvenza è stato aperto» dall'art. 9, comma 3, del D.L.vo 17 giugno 2022, n. 83, a decorrere dal 15 luglio 2022.*

31. Salvezza degli effetti. – 1. A seguito del trasferimento del procedimento da un tribunale all'altro restano salvi gli effetti degli atti compiuti nel procedimento davanti al giudice incompetente.

32. Competenza sulle azioni che derivano dall'apertura delle procedure di liquidazione. – 1. Il tribunale che ha aperto le procedure di liquidazione è competente a conoscere di tutte le azioni che ne derivano, qualunque ne sia il valore.

2. Nei giudizi che derivano dall'apertura delle procedure di liquidazione promossi innanzi al tribunale incompetente, il giudice, anche d'ufficio, assegna alle parti un termine di non oltre trenta giorni per la riassunzione della causa davanti al giudice competente ai sensi dell'articolo 50 del codice di procedura civile e ordina la cancellazione della causa dal ruolo.

Capo III
Cessazione dell'attività del debitore

33. Cessazione dell'attività. – 1. La liquidazione giudiziale può essere aperta entro un anno dalla cessazione dell'attività del debitore, se l'insolvenza si è manifestata anteriormente alla medesima o entro l'anno successivo.

2. Per gli imprenditori la cessazione dell'attività coincide con la cancellazione dal registro delle imprese e, se non iscritti, dal momento in cui i terzi hanno conoscenza della cessazione stessa. È obbligo dell'imprenditore mantenere attivo l'indirizzo del servizio elettronico di recapito certificato qualificato, o di posta elettronica certificata comunicato all'INI-PEC, per un anno decorrente dalla cancellazione.

3. In caso di impresa individuale o di cancellazione di ufficio degli imprenditori collettivi, è fatta comunque salva la facoltà per il creditore o per il pubblico ministero di dimostrare il momento dell'effettiva cessazione dell'attività da cui decorre il termine del comma 1.

4. La domanda di accesso alla procedura di concordato minore, di (1) concordato preventivo o di omologazione degli accordi di ristrutturazione dei debiti presentata dall'imprenditore cancellato dal registro delle imprese è inammissibile.

(1) *Le parole: «concordato minore, di» sono state inserite dall'art. 6, comma 1, del D.L.vo 26 ottobre 2020, n. 147, a decorrere dal 1° settembre 2021.*

34. Apertura della liquidazione giudiziale del debitore defunto. – 1. L'apertura della procedura di liquidazione giudiziale nei confronti del debitore defunto può essere dichiarata quando ricorrono le condizioni di cui all'articolo 33.

2. L'erede può chiedere l'apertura della procedura di liquidazione giudiziale nei confronti del debitore defunto, se dimostra di avervi interesse e l'eredità non sia già confusa con il suo patrimonio.

3. L'erede che chiede l'apertura della procedura di liquidazione giudiziale non è soggetto agli obblighi di deposito della documentazione di cui all'articolo 39, salva una relazione sulla situazione economico-patrimoniale aggiornata.

4. Con l'apertura della procedura di liquidazione cessano di diritto gli effetti della separazione dei beni ottenuta dai creditori del defunto a norma del codice civile.

35. Morte del debitore. – 1. Se il debitore muore dopo l'apertura della procedura di liquidazione controllata o giudiziale (1), questa prosegue nei confronti degli eredi, anche se hanno accettato con beneficio d'inventario.

2. Se ci sono più eredi, la procedura prosegue nei confronti di quello che è designato come rappresentante. In mancanza di accordo sulla designazione, entro quindici giorni dalla morte del debitore vi provvede il giudice delegato.

(1) *La parola:* «concorsuale» *è stata così sostituita dalle attuali:* «controllata o giudiziale» *dall'art. 6, comma 2, del D.L.vo 26 ottobre 2020, n. 147, a decorrere dal 1° settembre 2021.*

36. Eredità giacente e istituzione di erede sotto condizione sospensiva. – 1. Nel caso previsto dall'articolo 528 del codice civile, la procedura prosegue nei confronti del curatore dell'eredità giacente e nel caso previsto dall'articolo 641 del codice civile nei confronti dell'amministratore nominato a norma dell'articolo 642 dello stesso codice.

Capo IV
Accesso agli strumenti di regolazione della crisi e dell'insolvenza e alla liquidazione giudiziale (1)

(1) *La precedente rubrica:* «Accesso alle procedure di regolazione della crisi e dell'insolvenza» *è stata così sostituita dall'attuale dall'art. 10 del D.L.vo 17 giugno 2022, n. 83, a decorrere dal 15 luglio 2022.*

Sezione I
Iniziativa per l'accesso agli strumenti di regolazione della crisi e dell'insolvenza e alla liquidazione giudiziale (1)

(1) *La precedente rubrica:* «Iniziativa per l'accesso alle procedure di regolazione della crisi o dell'insolvenza» *è stata così sostituita dall'attuale dall'art. 11, comma 1, del D.L.vo 17 giugno 2022, n. 83, a decorrere dal 15 luglio 2022.*

37. Iniziativa per l'accesso agli strumenti di regolazione della crisi e dell'insolvenza e alla liquidazione giudiziale (1). – 1. La domanda di accesso agli strumenti di regolazione della crisi e dell'insolvenza (2) è proposta con ricorso del debitore.

2. La domanda di apertura della liquidazione giudiziale è proposta con ricorso del debitore, degli organi e delle autorità amministrative che hanno funzioni di controllo e di vigilanza sull'impresa, di uno o più creditori o del pubblico ministero.

(1) *La precedente rubrica:* «Iniziativa per l'accesso alle procedure di regolazione della crisi o dell'insolvenza» *è stata così sostituita dall'attuale dall'art. 11, comma 2, lett.* b)*, del D.L.vo 17 giugno 2022, n. 83, a decorrere dal 15 luglio 2022.*

(2) *Le parole: «a una procedura regolatrice della crisi o dell'insolvenza» sono state così sostituite dalle attuali: «agli strumenti di regolazione della crisi e dell'insolvenza» dall'art. 11, comma 2, lett.* a)*, del D.L.vo 17 giugno 2022, n. 83, a decorrere dal 15 luglio 2022.*

38. (1) Iniziativa del pubblico ministero. – 1. Il pubblico ministero presenta il ricorso per l'apertura della liquidazione giudiziale in ogni caso in cui ha notizia dell'esistenza di uno stato di insolvenza.

2. L'autorità giudiziaria che rileva l'insolvenza nel corso di un procedimento lo segnala al pubblico ministero.

3. Il pubblico ministero può intervenire in tutti i procedimenti per l'accesso agli strumenti di regolazione della crisi e dell'insolvenza o a una procedura di insolvenza (2).

4. Il rappresentante del pubblico ministero intervenuto in uno dei procedimenti di cui al comma 3, instaurato dinanzi al tribunale di cui all'articolo 27, può chiedere di partecipare al successivo grado di giudizio quale sostituto del procuratore generale presso la corte di appello. La partecipazione è disposta dal procuratore generale presso la corte di appello qualora lo ritenga opportuno. Gli avvisi spettano in ogni caso al procuratore generale.

(1) *Questo articolo è stato così sostituito dall'art. 7, comma 1, del D.L.vo 26 ottobre 2020, n. 147, a decorrere dal 1° settembre 2021.*

([2]) *Le parole: «diretti all'apertura di una procedura di regolazione della crisi e dell'insolvenza» sono state così sostituite dalle attuali: «per l'accesso agli strumenti di regolazione della crisi e dell'insolvenza o a una procedura di insolvenza» dall'art. 11, comma 3, del D.L.vo 17 giugno 2022, n. 83, a decorrere dal 15 luglio 2022.*

39. ([1]) **Obblighi del debitore che chiede l'accesso a uno strumento di regolazione della crisi e dell'insolvenza o a una procedura di insolvenza** ([2]). – 1. Il debitore che chiede l'accesso a uno strumento di regolazione della crisi e dell'insolvenza o a una procedura di insolvenza ([3]) deposita presso il tribunale le scritture contabili e fiscali obbligatorie, le dichiarazioni dei redditi concernenti i tre esercizi o anni precedenti ovvero l'intera esistenza dell'impresa o dell'attività economica o professionale, se questa ha avuto una minore durata, le dichiarazioni IRAP e le dichiarazioni annuali IVA relative ai medesimi periodi, i bilanci relativi agli ultimi tre esercizi. Deve inoltre depositare, anche in formato digitale, una relazione sulla situazione economica, patrimoniale e finanziaria aggiornata, uno stato particolareggiato ed estimativo delle sue attività, un'idonea certificazione sui debiti fiscali, contributivi e per premi assicurativi, l'elenco nominativo dei creditori e l'indicazione dei rispettivi crediti e delle cause di prelazione nonché l'elenco nominativo di coloro che vantano diritti reali e personali su cose in suo possesso e l'indicazione delle cose stesse e del titolo da cui sorge il diritto. Tali elenchi devono contenere l'indicazione del domicilio digitale dei creditori e dei titolari di diritti reali e personali che ne sono muniti.

2. Il debitore deve depositare una relazione riepilogativa degli atti di straordinaria amministrazione di cui all'articolo 94, comma 2, compiuti nel quinquennio anteriore, anche in formato digitale.

3. Quando la domanda è presentata ai sensi dell'articolo 44, comma 1, lettera *a*) ([4]), il debitore deposita unitamente alla domanda unicamente i bilanci relativi agli ultimi tre esercizi o, per le imprese non soggette all'obbligo di redazione del bilancio, le dichiarazioni dei redditi e le dichiarazioni IRAP concernenti i tre esercizi precedenti, l'elenco nominativo dei creditori con l'indicazione dei rispettivi crediti e delle cause di prelazione, oltre che con l'indicazione del loro domicilio digitale, se ne sono muniti. L'ulteriore documentazione prevista dai commi 1 e 2 deve essere depositata nel termine assegnato dal tribunale ai sensi dell'articolo 44, comma 1, lettera *a*).

([1]) *Questo articolo è stato così sostituito dall'art. 7, comma 2, del D.L.vo 26 ottobre 2020, n. 147, a decorrere dal 1° settembre 2021.*

([2]) *La precedente rubrica:* «Obblighi del debitore che chiede l'accesso a una procedura regolatrice della crisi o dell'insolvenza» *è stata così sostituita dall'attuale dall'art. 11, comma 4, lett.* c), *del D.L.vo 17 giugno 2022, n. 83, a decorrere dal 15 luglio 2022.*

([3]) *Le parole: «Il debitore che chiede l'accesso a una delle procedure di regolazione della crisi o dell'insolvenza» sono state così sostituite dalle attuali: «Il debitore che chiede l'accesso a uno strumento di regolazione della crisi e dell'insolvenza o a una procedura di insolvenza» dall'art. 11, comma 4, lett.* a), *del D.L.vo 17 giugno 2022, n. 83, a decorrere dal 15 luglio 2022.*

([4]) *Le parole: «Quando la domanda ha ad oggetto l'assegnazione dei termini di cui all'articolo 44, comma 1, lettera a)» sono state così sostituite dalle attuali: «Quando la domanda è presentata ai sensi dell'articolo 44, comma 1, lettera a)» dall'art. 11, comma 4, lett.* b), *del D.L.vo 17 giugno 2022, n. 83, a decorrere dal 15 luglio 2022.*

Sezione II
Procedimento unitario per l'accesso agli strumenti di regolazione della crisi e dell'insolvenza e alla liquidazione giudiziale ([1])

([1]) *La precedente rubrica:* «Procedimento unitario per l'accesso alle procedure di regolazione della crisi o dell'insolvenza» *è stata così sostituita dall'attuale dall'art. 12, comma 1, del D.L.vo 17 giugno 2022, n. 83, a decorrere dal 15 luglio 2022.*

40. ([1]) **Domanda di accesso agli strumenti di regolazione della crisi e dell'insolvenza e alla liquidazione giudiziale.** – 1. Il procedimento per l'accesso agli strumenti di regolazione della crisi e dell'insolvenza e alla liquidazione giudiziale si svolge dinanzi al tribunale in composizione collegiale, con le modalità previste dalla presente sezione.

2. Il ricorso deve indicare l'ufficio giudiziario, l'oggetto, le ragioni della domanda e le conclusioni ed è sottoscritto dal difensore munito di procura. Per le società, la domanda di accesso a uno strumento di regolazione della crisi e dell'insolvenza è approvata e sottoscritta a norma dell'articolo 120 *bis*.

3. La domanda del debitore, entro il giorno successivo al deposito, è comunicata dal cancelliere al registro delle imprese. L'iscrizione è eseguita entro il giorno seguente e quando la domanda contiene la richiesta di misure protettive il conservatore, nell'eseguire l'iscrizione, ne fa espressa menzione. La domanda, unitamente ai documenti allegati, è trasmessa al pubblico ministero.

4. Nel caso di domanda di accesso al giudizio di omologazione di accordi di ristruttura-

zione, gli accordi, contestualmente al deposito, sono pubblicati nel registro delle imprese e acquistano efficacia dal giorno della pubblicazione. Con il decreto di cui all'articolo 48, comma 4, il tribunale può nominare un commissario giudiziale o confermare quello già nominato ai sensi dell'articolo 44, comma 1, lettera *b*); la nomina del commissario giudiziale è disposta in presenza di istanze per la apertura della procedura di liquidazione giudiziale, quando è necessaria per tutelare gli interessi delle parti istanti.

5. Nel procedimento di liquidazione giudiziale il debitore può stare in giudizio personalmente.

6. In caso di domanda proposta da un creditore, da coloro che hanno funzioni di controllo e di vigilanza sull'impresa o dal pubblico ministero, il ricorso e il decreto di convocazione devono essere notificati, a cura dell'ufficio, all'indirizzo del servizio elettronico di recapito certificato qualificato o di posta elettronica certificata del debitore risultante dal registro delle imprese ovvero dall'Indice nazionale degli indirizzi di posta elettronica certificata (INI-PEC) delle imprese e dei professionisti. L'esito della comunicazione è trasmesso con modalità telematica all'indirizzo di posta elettronica certificata del ricorrente.

7. Quando la notificazione a mezzo di posta elettronica certificata di cui al comma 6 non risulta possibile o non ha esito positivo per causa imputabile al destinatario, il ricorso e il decreto sono notificati senza indugio, a cura della cancelleria, mediante il loro inserimento nell'area web riservata ai sensi dell'articolo 359. La notificazione si ha per eseguita nel terzo giorno successivo a quello in cui è compiuto l'inserimento.

8. Quando la notificazione non risulta possibile o non ha esito positivo, per cause non imputabili al destinatario, la notifica, a cura del ricorrente, si esegue esclusivamente di persona a norma dell'articolo 107, primo comma, del decreto del Presidente della Repubblica 15 dicembre 1959, n. 1229, presso la sede risultante dal registro delle imprese o, per i soggetti non iscritti nel registro delle imprese, presso la residenza. Quando la notificazione non può essere compiuta con queste modalità, si esegue con il deposito dell'atto nella casa comunale della sede che risulta iscritta nel registro delle imprese ovvero presso la residenza per i soggetti non iscritti nel registro delle imprese, e si perfeziona nel momento del deposito stesso. Per le persone fisiche non obbligate a munirsi del domicilio digitale, del deposito è data notizia anche mediante affissione dell'avviso in busta chiusa e sigillata alla porta dell'abitazione o dell'ufficio e per raccomandata con avviso di ricevimento.

9. Nel caso di pendenza di un procedimento di accesso a uno strumento di regolazione della crisi e dell'insolvenza, la domanda di apertura della liquidazione giudiziale è proposta nel medesimo procedimento e fino alla rimessione della causa al collegio per la decisione, con ricorso ai sensi dell'articolo 37, comma 1, e nel rispetto degli obblighi di cui all'articolo 39. Se la domanda di apertura della liquidazione giudiziale è proposta separatamente il tribunale la riunisce, anche d'ufficio, al procedimento pendente.

10. Nel caso di pendenza di un procedimento per la apertura della liquidazione giudiziale introdotto da un soggetto diverso dal debitore, la domanda di accesso a uno strumento di regolazione della crisi e dell'insolvenza è proposta, con ricorso ai sensi dell'articolo 37, comma 1 e nel rispetto degli obblighi di cui all'articolo 39, nel medesimo procedimento, a pena di decadenza, entro la prima udienza e se entro il medesimo termine è proposta separatamente è riunita, anche d'ufficio, al procedimento pendente. Successivamente alla prima udienza, la domanda non può essere proposta autonomamente sino alla conclusione del procedimento per la apertura della liquidazione giudiziale. Il termine di cui al primo periodo non si applica se la domanda di accesso a uno strumento di regolazione della crisi e dell'insolvenza è proposta all'esito della composizione negoziata, entro sessanta giorni dalla comunicazione di cui all'articolo 17, comma 8.

(1) *Questo articolo è stato così sostituito dall'art. 12, comma 2, del D.L.vo 17 giugno 2022, n. 83, a decorrere dal 15 luglio 2022.*

41. Procedimento per l'apertura della liquidazione giudiziale. – 1. Il tribunale con decreto convoca le parti non oltre quarantacinque giorni dal deposito del ricorso.

2. Tra la data della notifica e quella dell'udienza deve intercorrere un termine non inferiore a quindici giorni.

3. I termini di cui ai commi 1 e 2 possono essere abbreviati dal presidente del tribunale o dal giudice relatore da lui delegato con decreto motivato, se ricorrono particolari ragioni di urgenza. In tali casi, il presidente del tribunale o il giudice da lui delegato può disporre che il ricorso e il decreto di fissazione dell'udienza siano portati a conoscenza delle parti con ogni mezzo idoneo, omessa ogni formalità non indispensabile alla conoscibilità degli stessi.

4. Il decreto fissa un termine fino a sette giorni prima dell'udienza per la presentazione di memorie o un termine ridotto nel caso di cui al primo periodo del comma 3. Il debitore nel costituirsi, deve depositare i bilanci relativi agli ultimi tre esercizi o, se non è soggetto all'obbligo di redazione del bilancio, le dichiarazioni dei redditi concernenti i tre esercizi precedenti ovvero l'intera esistenza dell'impresa, se questa ha avuto una minore durata (1).

5. L'intervento dei terzi che hanno legittimazione a proporre la domanda e del pubblico ministero può avere luogo sino a che la causa non venga rimessa al collegio per la decisione.

6. Il tribunale può delegare al giudice relatore l'audizione delle parti. In tal caso, il giudice delegato provvede all'ammissione ed all'espletamento dei mezzi istruttori richiesti dalle parti o disposti d'ufficio. Il giudice può disporre la raccolta di informazioni da banche dati pubbliche e da pubblici registri.

(1) *Le parole: «i documenti di cui all'articolo 39» sono state così sostituite dalle attuali: «i bilanci relativi agli ultimi tre esercizi o, se non è soggetto all'obbligo di redazione del bilancio, le dichiarazioni dei redditi concernenti i tre esercizi precedenti ovvero l'intera esistenza dell'impresa, se questa ha avuto una minore durata» dall'art. 7, comma 3, del D.L.vo 26 ottobre 2020, n. 147, a decorrere dal 1° settembre 2021.*

42. Istruttoria sui debiti risultanti dai pubblici registri nei procedimenti per l'apertura della liquidazione giudiziale o del concordato preventivo. – 1. Fermo quanto disposto dall'articolo 39, a seguito della domanda di apertura della liquidazione giudiziale o del concordato preventivo, la cancelleria acquisisce, mediante collegamento telematico diretto alle banche dati dell'Agenzia delle entrate, dell'Istituto nazionale di previdenza sociale e del Registro delle imprese, i dati e i documenti relativi al debitore individuati all'articolo 367 e con le modalità prescritte nel medesimo articolo.

2. Fino al momento in cui l'articolo 367 acquista efficacia, la cancelleria provvede all'acquisizione dei dati e documenti indicati al comma 1 mediante richiesta inoltrata tramite posta elettronica certificata.

43. Rinuncia alla domanda. – 1. In caso di rinuncia alla domanda di cui all'articolo 40 il procedimento si estingue, fatta salva la volontà di proseguirlo manifestata dagli intervenuti o dal pubblico ministero per l'apertura della liquidazione giudiziale. Il pubblico ministero può rinunciare alla domanda di apertura della liquidazione giudiziale (1).

2. Sull'estinzione il tribunale provvede con decreto e, [su istanza di parte,] (2) nel dichiarare l'estinzione, può condannare la parte (3) che vi ha dato causa alle spese. [Il decreto è comunicato al pubblico ministero] (4) (5).

3. Quando la domanda è stata iscritta nel registro delle imprese, il cancelliere comunica immediatamente il decreto di estinzione al medesimo registro per la sua iscrizione da effettuarsi entro il giorno successivo.

(1) *Questo comma è stato così sostituito dall'art. 12, comma 3, lett.* a), *del D.L.vo 17 giugno 2022, n. 83, a decorrere dal 15 luglio 2022.*

(2) *Le parole fra parentesi quadrate sono state soppresse dall'art. 12, comma 3, lett.* b), *n. 1), del D.L.vo 17 giugno 2022, n. 83, a decorrere dal 15 luglio 2022.*

(3) *La parola: «quella» è stata così sostituita dalle attuali: «la parte» dall'art. 12, comma 3, lett.* b), *n, 1), del D.L.vo 17 giugno 2022, n. 83, a decorrere dal 15 luglio 2022.*

(4) *Questo periodo è stato soppresso dall'art. 12, comma 3, lett.* b), *n. 2), del D.L.vo 17 giugno 2022, n. 83, a decorrere dal 15 luglio 2022.*

(5) *Questo comma è stato così sostituito dall'art. 7, comma 4, del D.L.vo 26 ottobre 2020, n. 147, a decorrere dal 1° settembre 2021.*

44. (1) Accesso a uno strumento di regolazione della crisi e dell'insolvenza con riserva di deposito di documentazione. – 1. Il debitore può presentare la domanda di cui all'articolo 40 con la documentazione prevista dall'articolo 39, comma 3, riservandosi di presentare la proposta, il piano e gli accordi. In tale caso il tribunale pronuncia decreto con il quale:

a) fissa un termine compreso tra trenta e sessanta giorni, prorogabile su istanza del debitore in presenza di giustificati motivi e in assenza di domande per l'apertura della liquidazione giudiziale, fino a ulteriori sessanta giorni, entro il quale il debitore deposita la proposta di concordato preventivo con il piano, l'attestazione di veridicità dei dati e di fattibilità e la documentazione di cui all'articolo 39, commi 1 e 2, oppure la domanda di omologazione degli accordi di ristrutturazione dei debiti, con la documentazione di cui all'articolo 39, comma 1, oppure la domanda di omologazione del piano di ristrutturazione di cui all'articolo 64 *bis*, con la documentazione di cui all'articolo 39, commi 1 e 2;;

b) nomina un commissario giudiziale, disponendo che questi riferisca immediatamente al tribunale su ogni atto di frode ai creditori non dichiarato nella domanda ovvero su ogni circostanza o condotta del debitore tali da pregiudicare una soluzione efficace della crisi. Si applica l'articolo 49, comma 3, lettera *f*);

c) dispone gli obblighi informativi periodici, anche relativi alla gestione finanziaria dell'impresa e all'attività compiuta ai fini della predisposizione della proposta e del piano, che il debitore deve assolvere, con periodicità almeno mensile e sotto la vigilanza del commissario giudiziale, sino alla scadenza del termine fissato ai sensi del comma 1, lettera *a*). Con la medesima periodicità, il debitore deposita una relazione sulla situazione patrimoniale, economica e finanziaria che, entro il giorno successivo, è iscritta nel registro delle imprese su richiesta del cancelliere;

d) ordina al debitore il versamento, entro un termine perentorio non superiore a dieci giorni, di una somma per le spese della procedura, nella misura necessaria fino alla scadenza del termine fissato ai sensi del comma 1, lettera *a*).

2. Il tribunale, su segnalazione di un creditore, del commissario giudiziale o del pubblico ministero, con decreto non soggetto a reclamo, sentiti il debitore e i creditori che hanno proposto ricorso per l'apertura della liquidazione giudiziale e omessa ogni formalità non essenziale al contraddittorio, revoca il provvedimento di concessione dei termini adottato ai sensi del comma 1, lettera *a*), quando accerta una delle situazioni di cui al comma 1, lettera *b*) o quando vi è stata grave violazione degli obblighi informativi di cui al comma 1, lettera *c*). Nello stesso modo il tribunale provvede in caso di violazione dell'obbligo di cui al comma 1, lettera *d*)

3. I termini di cui al comma 1, lettere *a*), *c*) e *d*) non sono soggetti a sospensione feriale dei termini.

(¹) *Questo articolo, sostituito dall'art. 7, comma 5, del D.L.vo 26 ottobre 2020, n. 147, a decorrere dal 1° settembre 2021, è stato, da ultimo, così sostituito dall'art. 12, comma 4, del D.L.vo 17 giugno 2022, n. 83, a decorrere dal 15 luglio 2022.*

45. Comunicazione e pubblicazione del decreto di concessione dei termini. – 1. Entro il giorno successivo al deposito in cancelleria, il decreto di concessione dei termini per l'accesso al concordato preventivo oppure per il deposito della domanda di omologazione del piano di ristrutturazione di cui all'articolo 64 *bis* o degli accordi di ristrutturazione di cui all'articolo 44, comma 1, lettera *a*) (¹), è comunicato al debitore, al pubblico ministero e ai richiedenti l'apertura della liquidazione giudiziale.

2. Nello stesso termine il decreto è trasmesso per estratto a cura del cancelliere all'ufficio del registro delle imprese ai fini della sua iscrizione, da effettuarsi entro il giorno successivo. L'estratto contiene il nome del debitore, il nome del commissario (²), il dispositivo e la data del deposito. L'iscrizione è effettuata presso l'ufficio del registro delle imprese ove l'imprenditore ha la sede legale e, se questa differisce dalla sede effettiva, anche presso quello corrispondente al luogo ove la procedura è stata aperta.

(¹) *Le parole: «o per il deposito degli accordi di ristrutturazione di cui all'articolo 44, comma 1, lettera* a)*», sono state così sostituite dalle attuali: «oppure per il deposito della domanda di omologazione del piano di ristrutturazione di cui all'articolo 64* bis *o degli accordi di ristrutturazione di cui all'articolo 44, comma 1, lettera* a)*» dall'art. 12, comma 5, lett.* a)*, del D.L.vo 17 giugno 2022, n. 83, a decorrere dal 15 luglio 2022.*

(²) *Le parole: «il nome dell'eventuale commissario», sono state così sostituite dalle attuali: «il nome del commissario» dall'art. 12, comma 5, lett.* b)*, del D.L.vo 17 giugno 2022, n. 83, a decorrere dal 15 luglio 2022.*

46. Effetti della domanda di accesso al concordato preventivo. – 1. Dopo il deposito della domanda di accesso al concordato preventivo, anche ai sensi dell'articolo 44, (¹) e fino al decreto di apertura di cui all'articolo 47, il debitore può compiere gli atti urgenti di straordinaria amministrazione previa autorizzazione del tribunale. In difetto di autorizzazione gli atti sono inefficaci e il tribunale dispone la revoca del decreto di cui all'articolo 44, comma 1.

2. La domanda di autorizzazione contiene idonee informazioni sul contenuto del piano. Il tribunale può assumere ulteriori informazioni, anche da terzi, (²) e acquisisce il parere del commissario giudiziale, se nominato.

3. Successivamente al decreto di apertura e fino all'omologazione, sull'istanza di autorizzazione provvede il giudice delegato.

4. I crediti di terzi sorti per effetto degli atti legalmente compiuti dal debitore sono prededucibili.

5. I creditori non possono acquisire diritti di prelazione con efficacia rispetto ai creditori concorrenti, salvo che vi sia l'autorizzazione prevista dai commi 1, 2 e 3. Le ipoteche giudiziali iscritte nei novanta giorni che precedono la data della pubblicazione nel registro delle imprese della domanda di accesso sono inefficaci rispetto ai creditori anteriori.

(¹) *Le parole: «al concordato preventivo, anche ai sensi dell'articolo 44,» sono state inserite dall'art. 12, comma 6, lett.* a)*, del D.L.vo 17 giugno 2022, n. 83, a decorrere dal 15 luglio 2022.*

(²) *Le parole: «anche da terzi» sono state così sostituite dalle attuali: «anche da terzi,» dall'art. 12, comma 6, lett.* b)*, del D.L.vo 17 giugno 2022, n. 83, a decorrere dal 15 luglio 2022.*

47. [1] **Apertura del concordato preventivo.** – 1. A seguito del deposito del piano e della proposta di concordato, il tribunale, acquisito il parere del commissario giudiziale, se già nominato, verifica:

a) in caso di concordato liquidatorio, l'ammissibilità della proposta e la fattibilità del piano, intesa come non manifesta inattitudine del medesimo a raggiungere gli obiettivi prefissati;

b) in caso di concordato in continuità aziendale, la ritualità della proposta. La domanda di accesso al concordato in continuità aziendale è comunque inammissibile se il piano è manifestamente inidoneo alla soddisfazione dei creditori, come proposta dal debitore, e alla conservazione dei valori aziendali.

2. Compiute le verifiche di cui al comma 1, il tribunale, con decreto:

a) nomina il giudice delegato;

b) nomina ovvero conferma il commissario giudiziale;

c) stabilisce, in relazione al numero dei creditori, alla entità del passivo e alla necessità di assicurare la tempestività e l'efficacia della procedura, la data iniziale e finale per l'espressione del voto dei creditori, con modalità idonee a salvaguardare il contraddittorio e l'effettiva partecipazione, anche utilizzando le strutture informatiche messe a disposizione da soggetti terzi, e fissa il termine per la comunicazione del provvedimento ai creditori;

d) fissa il termine perentorio, non superiore a quindici giorni, entro il quale il debitore deve depositare nella cancelleria del tribunale la somma, ulteriore rispetto a quella versata ai sensi dell'articolo 44, comma 1, lettera *d*), pari al 50 per cento delle spese che si presumono necessarie per l'intera procedura ovvero la diversa minor somma, non inferiore al 20 per cento di tali spese, che sia determinata dal tribunale.

3. Il decreto è comunicato e pubblicato ai sensi dell'articolo 45.

4. Il tribunale, quando accerta la mancanza delle condizioni di cui al comma 1, sentiti il debitore, i creditori che hanno proposto domanda di apertura della liquidazione giudiziale e il pubblico ministero, con decreto motivato dichiara inammissibile la proposta. Il tribunale può concedere al debitore un termine non superiore a quindici giorni per apportare integrazioni al piano e produrre nuovi documenti. Il tribunale dichiara con sentenza l'apertura della liquidazione giudiziale quando è presentato ricorso da parte di uno dei soggetti legittimati.

5. Il decreto di cui al comma 4 è reclamabile dinanzi alla corte di appello nel termine di trenta giorni dalla comunicazione. La corte di appello, sentite le parti, provvede in camera di consiglio con decreto motivato. Si applicano le disposizioni di cui agli articoli 737 e 738 del codice di procedura civile.

6. La domanda può essere riproposta, decorso il termine per proporre reclamo, quando si verifichino mutamenti delle circostanze.

[1] *Questo articolo è stato così sostituito dall'art. 12, comma 7, del D.L.vo 17 giugno 2022, n. 83, a decorrere dal 15 luglio 2022.*

48. [1] **Procedimento di omologazione.** – 1. Se il concordato è stato approvato dai creditori ai sensi dell'articolo 109, il tribunale fissa l'udienza in camera di consiglio per la comparizione delle parti e del commissario giudiziale, disponendo che il provvedimento sia iscritto presso l'ufficio del registro delle imprese dove l'imprenditore ha la sede legale e, se questa differisce dalla sede effettiva, anche presso l'ufficio del luogo in cui la procedura è stata aperta nonché notificato, a cura del debitore, al commissario giudiziale e agli eventuali creditori che hanno espresso il loro dissenso.

2. Le opposizioni dei creditori dissenzienti e di qualsiasi interessato devono essere proposte con memoria depositata nel termine perentorio di almeno dieci giorni prima dell'udienza. Il commissario giudiziale deve depositare il proprio motivato parere almeno cinque giorni prima dell'udienza. Il debitore può depositare memorie fino a due giorni prima dell'udienza.

3. Il tribunale, assunti i mezzi istruttori richiesti dalle parti o disposti d'ufficio nel rispetto di quanto previsto dall'articolo 112, comma 4, per il concordato in continuità aziendale, anche delegando uno dei componenti del collegio, omologa con sentenza il concordato.

4. Quando è depositata una domanda di omologazione di accordi di ristrutturazione, i creditori e ogni altro interessato possono proporre opposizione con memoria depositata entro trenta giorni dall'iscrizione della domanda nel registro delle imprese. Il tribunale fissa l'udienza in camera di consiglio per la comparizione delle parti e del commissario giudiziale, se nominato, disponendo che il provvedimento sia comunicato, a cura del debitore, al commissario giudiziale, ai creditori e ai terzi che hanno proposto opposizione. Il tribunale, assunti i mezzi istruttori richiesti dalle parti o disposti d'ufficio, anche delegando uno dei componenti del

collegio, e sentito il commissario giudiziale, omologa con sentenza gli accordi.

5. La sentenza che omologa il concordato, il piano di ristrutturazione soggetto a omologazione o gli accordi di ristrutturazione è notificata e iscritta nel registro delle imprese a norma dell'articolo 45 e produce i propri effetti dalla data della pubblicazione ai sensi dell'articolo 133, primo comma, del codice di procedura civile. Gli effetti nei riguardi dei terzi si producono dalla data di iscrizione nel registro delle imprese.

6. Se il tribunale non omologa il concordato preventivo, gli accordi di ristrutturazione o il piano di ristrutturazione soggetto ad omologazione, provvede con sentenza eventualmente dichiarando, su ricorso di uno dei soggetti legittimati, l'apertura della liquidazione giudiziale secondo quanto previsto dall'articolo 49, commi 1 e 2.

(1) *Questo articolo è stato così sostituito dall'art. 12, comma 8, del D.L.vo 17 giugno 2022, n. 83, a decorrere dal 15 luglio 2022.*

49. Dichiarazione di apertura della liquidazione giudiziale. – 1. Il tribunale, definite le domande di accesso a uno strumento di regolazione della crisi e dell'insolvenza (1) eventualmente proposte, su ricorso di uno dei soggetti legittimati e accertati i presupposti dell'articolo 121, dichiara con sentenza l'apertura della liquidazione giudiziale.

2. Allo stesso modo, su ricorso di uno dei soggetti legittimati, il tribunale provvede, osservate le disposizioni di cui all'articolo 44, comma 2, quando è decorso inutilmente o è stato revocato il termine di cui all'articolo 44, comma 1, lettera *a*), quando il debitore non ha depositato le spese di procedura di cui all'articolo 44, comma 1, lettera *d*), ovvero nei casi previsti dall'articolo 47, comma 4 e dall'articolo (2) 106 o in caso di mancata approvazione del concordato preventivo o quando il concordato preventivo o gli accordi di ristrutturazione non sono stati omologati.

3. Con la sentenza di cui ai commi 1 e 2, il tribunale:

a) nomina il giudice delegato per la procedura;

b) nomina il curatore e, se utile, uno o più esperti per l'esecuzione di compiti specifici in luogo del curatore;

c) ordina al debitore il deposito entro tre giorni dei bilanci e delle scritture contabili e fiscali obbligatorie, in formato digitale nei casi in cui la documentazione è tenuta a norma dell'articolo 2215 *bis* del codice civile, dei libri sociali, delle dichiarazioni dei redditi, IRAP e IVA dei tre esercizi precedenti, nonché dell'elenco dei creditori corredato dall'indicazione del loro domicilio digitale, se già non eseguito a norma dell'articolo 39 (3);

d) stabilisce il luogo, il giorno e l'ora dell'udienza in cui si procederà all'esame dello stato passivo, entro il termine perentorio di non oltre centoventi giorni dal deposito della sentenza, ovvero centocinquanta giorni in caso di particolare complessità della procedura;

e) assegna ai creditori e ai terzi, che vantano diritti reali o personali su cose in possesso del debitore, il termine perentorio di trenta giorni prima dell'udienza di cui alla lettera *d*) per la presentazione delle domande di insinuazione;

f) autorizza il curatore, con le modalità di cui agli articoli 155 *quater*, 155 *quinquies* e 155 *sexies* delle disposizioni di attuazione del codice di procedura civile:

1) ad accedere alle banche dati dell'anagrafe tributaria e dell'archivio dei rapporti finanziari;

2) ad accedere alla banca dati degli atti assoggettati a imposta di registro e ad estrarre copia degli stessi;

3) ad acquisire l'elenco dei clienti e l'elenco dei fornitori di cui all'articolo 21 del decreto legge 31 maggio 2010, n. 78, convertito dalla legge 30 luglio 2010, n. 122 e successive modificazioni;

4) ad acquisire la documentazione contabile in possesso delle banche e degli altri intermediari finanziari relativa ai rapporti con l'impresa debitrice, anche se estinti;

5) ad acquisire le schede contabili dei fornitori e dei clienti relative ai rapporti con l'impresa debitrice.

4. La sentenza è comunicata e pubblicata ai sensi dell'articolo 45. La sentenza produce i propri effetti dalla data della pubblicazione ai sensi dell'articolo 133, primo comma, del codice di procedura civile. Gli effetti nei riguardi dei terzi, fermo quanto disposto agli articoli da 163 a 171, si producono dalla data di iscrizione della sentenza nel registro delle imprese.

5. Non si fa luogo all'apertura della liquidazione giudiziale se l'ammontare dei debiti scaduti e non pagati risultanti dagli atti dell'istruttoria è complessivamente inferiore a euro trentamila. Tale importo è periodicamente aggiornato con le modalità di cui all'articolo 2, comma 1, lettera *d*).

(1) *Le parole: «ad una procedura di regolazione concordata della crisi o dell'insolvenza» sono state così sostituite dalle attuali: «a uno strumento di regolazione della crisi e dell'insolvenza» dall'art. 12, comma 9, lett.*

a), del D.L.vo 17 giugno 2022, n. 83, a decorrere dal 15 luglio 2022.

(2) *Le parole: «47, comma 4 e dall'articolo» sono state inserite dall'art. 12, comma 9, lett.* b), *del D.L.vo 17 giugno 2022, n. 83, a decorrere dal 15 luglio 2022.*

(3) *Questa lettera è stata così sostituita dall'art. 7, comma 8, del D.L.vo 26 ottobre 2020, n. 147, a decorrere dal 1° settembre 2021.*

50. Reclamo contro il provvedimento che rigetta la domanda di apertura della liquidazione giudiziale. – 1. Il tribunale, se respinge la domanda di apertura della liquidazione giudiziale, provvede con decreto motivato. Il decreto, a cura del cancelliere, è comunicato alle parti e, quando è stata disposta la pubblicità della domanda, iscritto nel registro delle imprese.

2. Entro trenta giorni dalla comunicazione, il ricorrente o il pubblico ministero possono proporre reclamo contro il decreto alla corte di appello che, sentite le parti, provvede in camera di consiglio con decreto motivato. Si applicano le disposizioni di cui agli articoli 737 e 738 del codice di procedura civile.

3. Il debitore non può chiedere in separato giudizio la condanna del creditore istante alla rifusione delle spese ovvero al risarcimento del danno per responsabilità aggravata ai sensi dell'articolo 96 del codice di procedura civile.

4. Il decreto della corte di appello che rigetta il reclamo non è ricorribile per cassazione, è comunicato dalla cancelleria alle parti del procedimento in via telematica, al debitore, se non costituito, ai sensi dell'articolo 40, commi 6, 7 e 8 (1) ed è iscritto immediatamente nel registro delle imprese nel caso di pubblicità della domanda.

5. In caso di accoglimento del reclamo, la corte di appello dichiara aperta la liquidazione giudiziale con sentenza e rimette gli atti al tribunale, che adotta, con decreto, i provvedimenti di cui all'articolo 49, comma 3. Contro la sentenza può essere proposto ricorso per cassazione [, ma i termini sono ridotti della metà] (2). La sentenza della corte di appello e il decreto del tribunale sono iscritti nel registro delle imprese su richiesta del cancelliere del tribunale.

6. I termini di cui agli articoli 33, 34 e 35 si computano con riferimento alla sentenza della corte di appello.

(1) *Le parole: «articolo 40, commi 5, 6 e 7» sono state così sostituite dalle attuali: «articolo 40, commi 6, 7 e 8» dall'art. 12, comma 10, del D.L.vo 17 giugno 2022, n. 83, a decorrere dal 15 luglio 2022.*

(2) *Le parole tra parentesi quadrate sono state soppresse dall'art. 7, comma 9, del D.L.vo 26 ottobre 2020, n. 147, a decorrere dal 1° settembre 2021.*

51. Impugnazioni. – 1. Contro la sentenza del tribunale che pronuncia sull'omologazione del concordato preventivo, del piano di ristrutturazione soggetto a omologazione (1) o degli accordi di ristrutturazione oppure dispone l'apertura della liquidazione giudiziale le parti possono proporre reclamo. La sentenza che dichiara aperta la liquidazione giudiziale può essere impugnata anche da qualunque interessato. Il reclamo è proposto con ricorso da depositare nella cancelleria della corte di appello nel termine di trenta giorni.

2. Il ricorso deve contenere:

a) l'indicazione della corte di appello competente;

b) le generalità dell'impugnante e del suo procuratore e l'elezione del domicilio nel comune in cui ha sede la corte di appello;

c) l'esposizione dei fatti e degli elementi di diritto su cui si basa l'impugnazione, con le relative conclusioni;

d) l'indicazione dei mezzi di prova di cui il ricorrente intende avvalersi e dei documenti prodotti.

3. Il termine per il reclamo decorre, per le parti, dalla data della notificazione telematica del provvedimento a cura dell'ufficio e, per gli altri interessati, dalla data della iscrizione nel registro delle imprese. Si applica alle parti la disposizione di cui all'articolo 327, primo comma, del codice di procedura civile.

4. Il reclamo non sospende l'efficacia della sentenza, salvo quanto previsto dall'articolo 52. L'accoglimento del reclamo produce gli effetti di cui all'articolo 53.

5. Il presidente, nei cinque giorni successivi al deposito del ricorso, designa il relatore, e fissa con decreto l'udienza di comparizione entro sessanta giorni dal deposito del ricorso.

6. Il ricorso, unitamente al decreto di fissazione dell'udienza, è notificato a cura della cancelleria o in via telematica, al reclamante, al curatore o al commissario giudiziale e alle altre parti entro dieci giorni.

7. Tra la data della notificazione e quella dell'udienza deve intercorrere un termine non minore di trenta giorni.

8. Le parti resistenti devono costituirsi, a pena di decadenza, almeno dieci giorni prima dell'udienza, eleggendo il domicilio nel comune in cui ha sede la corte di appello. La costituzione si effettua mediante il deposito in cancelleria di una memoria contenente l'esposizione delle difese in fatto e in diritto, nonché l'indicazione dei mezzi di prova e dei documenti prodotti.

9. L'intervento di qualunque interessato non può avere luogo oltre il termine stabilito

per la costituzione delle parti resistenti con le modalità per queste previste.

10. All'udienza, il collegio, sentite le parti, assume, anche d'ufficio, nel rispetto del contraddittorio, tutti i mezzi di prova che ritiene necessari, eventualmente delegando un suo componente.

11. La corte, esaurita la trattazione, provvede sul ricorso con sentenza entro il termine di trenta giorni.

12. La sentenza è notificata, a cura della cancelleria e in via telematica, alle parti, e deve essere pubblicata e iscritta al registro delle imprese a norma dell'articolo 45.

13. Il termine per proporre il ricorso per cassazione è di trenta giorni dalla notificazione.

14. Il ricorso per cassazione non sospende l'efficacia della sentenza. Si applica, in quanto compatibile, l'articolo 52 se il ricorso è promosso contro la sentenza con la quale la corte di appello ha rigettato il reclamo (2).

15. Salvo quanto previsto dall'articolo 96 del codice di procedura civile, con la sentenza che decide l'impugnazione, il giudice dichiara se la parte soccombente ha agito o resistito con mala fede o colpa grave e, in tal caso, revoca con efficacia retroattiva l'eventuale provvedimento di ammissione della stessa al patrocinio a spese dello Stato. In caso di società o enti, il giudice dichiara se sussiste mala fede del legale rappresentante che ha conferito la procura e, in caso positivo, lo condanna in solido con la società o l'ente al pagamento delle spese dell'intero processo e al pagamento di una somma pari al doppio del contributo unificato di cui all'articolo 9 del decreto del Presidente della Repubblica 30 maggio 2002, n. 115.

(1) *Le parole: «, del piano di ristrutturazione soggetto a omologazione» sono state inserite dall'art. 12, comma 11, lett. a), del D.L.vo 17 giugno 2022, n. 83, a decorrere dal 15 luglio 2022.*

(2) *Questo comma è stato così sostituito dall'art. 12, comma 11, lett. b), del D.L.vo 17 giugno 2022, n. 83, a decorrere dal 15 luglio 2022.*

52. Sospensione della liquidazione, dell'esecuzione del piano o degli accordi. – 1. Proposto il reclamo, la corte di appello, su richiesta di parte o del curatore, può, quando ricorrono gravi e fondati motivi, sospendere, in tutto o in parte o temporaneamente, la liquidazione dell'attivo, la formazione dello stato passivo e il compimento di altri atti di gestione. Allo stesso modo può provvedere, in caso di reclamo avverso la omologazione del concordato preventivo o del piano di ristrutturazione soggetto ad omologazione (1) o degli accordi di ristrutturazione dei debiti, ordinando l'inibitoria, in tutto o in parte o temporanea, dell'attuazione del piano o dei pagamenti.

2. La corte di appello può disporre le opportune tutele per i creditori e per la continuità aziendale.

3. L'istanza di sospensione si propone per il reclamante con il reclamo e per le altre parti con l'atto di costituzione; il presidente, con decreto, ordina la comparizione delle parti dinanzi al collegio in camera di consiglio e dispone che copia del ricorso e del decreto siano notificate alle altre parti e al curatore o al commissario giudiziale, nonché al pubblico ministero.

4. La corte di appello decide con decreto contro il quale non è ammesso ricorso per cassazione.

(1) *Le parole: «o del piano di ristrutturazione soggetto ad omologazione» sono state inserite dall'art. 12, comma 12, del D.L.vo 17 giugno 2022, n. 83, a decorrere dal 15 luglio 2022.*

53. Effetti della revoca della liquidazione giudiziale, dell'omologazione del concordato e degli accordi di ristrutturazione. – 1. In caso di revoca della liquidazione giudiziale, restano salvi gli effetti degli atti legalmente compiuti dagli organi della procedura. Gli organi della procedura restano in carica, con i compiti previsti dal presente articolo, fino al momento in cui la sentenza che pronuncia sulla revoca passa in giudicato. Salvo quanto previsto dall'articolo 147 del decreto del Presidente della Repubblica 30 maggio 2002, n. 115, le spese della procedura e il compenso al curatore sono liquidati dal tribunale, su relazione del giudice delegato e tenuto conto delle ragioni dell'apertura della procedura e della sua revoca, con decreto reclamabile ai sensi dell'articolo 124.

2. Dalla pubblicazione della sentenza di revoca e fino al momento in cui essa passa in giudicato, l'amministrazione dei beni e l'esercizio dell'impresa spettano al debitore, sotto la vigilanza del curatore. Il tribunale, assunte, se occorre, sommarie informazioni ed acquisito il parere del curatore, può autorizzare il debitore a stipulare mutui, transazioni, patti compromissori, alienazioni e acquisti di beni immobili, rilasciare garanzie, rinunciare alle liti, compiere ricognizioni di diritti di terzi, consentire cancellazioni di ipoteche e restituzioni di pegni, accettare eredità e donazioni ed a compiere gli altri atti di straordinaria amministrazione.

3. Gli atti compiuti senza l'autorizzazione del tribunale sono inefficaci rispetto ai terzi.

I crediti di terzi sorti per effetto degli atti legalmente compiuti dal debitore sono prededucibili ai sensi dell'articolo 98.

4. Con la sentenza che revoca la liquidazione giudiziale, la corte di appello dispone gli obblighi informativi periodici relativi alla gestione economica, patrimoniale e finanziaria dell'impresa, che il debitore deve assolvere sotto la vigilanza del curatore sino al momento in cui la sentenza passa in giudicato. Con la medesima periodicità, stabilita dalla corte di appello, il debitore deposita una relazione sulla situazione patrimoniale, economica e finanziaria dell'impresa. Il tribunale, su istanza del debitore, con decreto non soggetto a reclamo esclude in tutto o in parte la pubblicazione di tale relazione nel registro delle imprese quando la divulgazione dei dati comporta pregiudizio evidente per la continuità aziendale. Entro il giorno successivo al deposito della relazione o della comunicazione al curatore del provvedimento del tribunale che ne dispone la parziale segretazione, la relazione è comunicata dal curatore ai creditori e pubblicata nel registro delle imprese a cura della cancelleria. Il tribunale, a seguito di segnalazione del curatore, del comitato dei creditori o del pubblico ministero, accertata la violazione degli obblighi, con decreto assoggettabile a reclamo ai sensi dell'articolo 124, priva il debitore della possibilità di compiere gli atti di amministrazione ordinaria e straordinaria. Il decreto è trasmesso al registro delle imprese per la pubblicazione.

5. In caso di revoca dell'omologazione del concordato o degli accordi di ristrutturazione dei debiti, su domanda di uno dei soggetti legittimati, la corte d'appello, accertati i presupposti di cui all'articolo 121, dichiara aperta la liquidazione giudiziale e rimette gli atti al tribunale per l'adozione dei provvedimenti di cui all'articolo 49, comma 3. La sentenza che dichiara aperta la liquidazione giudiziale è notificata alle parti a cura della cancelleria della corte d'appello e comunicata al tribunale, nonché iscritta al registro delle imprese. Restano salvi gli effetti degli atti legalmente compiuti dal debitore e dagli organi della procedura prima della revoca.

5 *bis*. In caso di accoglimento del reclamo proposto contro la sentenza di omologazione del concordato preventivo in continuità aziendale, la corte d'appello, su richiesta delle parti, può confermare la sentenza di omologazione se l'interesse generale dei creditori e dei lavoratori prevale rispetto al pregiudizio subito dal reclamante, riconoscendo a quest'ultimo il risarcimento del danno (1).

6. Nel caso previsto dal comma 5, su istanza del debitore il tribunale, ove ricorrano gravi e giustificati motivi, può sospendere i termini per la proposizione delle impugnazioni dello stato passivo e l'attività di liquidazione fino al momento in cui la sentenza che pronuncia sulla revoca passa in giudicato.

(1) *Questo comma è stato inserito dall'art. 12, comma 13, del D.L.vo 17 giugno 2022, n. 83, a decorrere dal 15 luglio 2022.*

Sezione III

Misure cautelari e protettive

54. (1) **Misure cautelari e protettive.** – 1. Nel corso del procedimento per l'apertura della liquidazione giudiziale o della procedura di concordato preventivo o di omologazione degli accordi di ristrutturazione e del piano di ristrutturazione soggetto a omologazione, su istanza di parte, il tribunale può emettere i provvedimenti cautelari, inclusa la nomina di un custode dell'azienda o del patrimonio, che appaiono, secondo le circostanze, più idonei ad assicurare provvisoriamente l'attuazione delle sentenze di omologazione di strumenti di regolazione della crisi e dell'insolvenza e di apertura delle procedure di insolvenza. Le misure cautelari possono essere concesse anche dopo la pubblicazione dell'istanza di cui all'articolo 18, comma 1, tenuto conto dello stato delle trattative e delle misure eventualmente già concesse o confermate ai sensi dell'articolo 19. Non si applicano l'articolo 669 *octies*, primo, secondo e terzo comma, e l'articolo 669 *novies*, primo comma, del codice di procedura civile.

2. Se il debitore ne ha fatto richiesta nella domanda di cui all'articolo 40, dalla data della pubblicazione della medesima domanda nel registro delle imprese, i creditori non possono iniziare o proseguire azioni esecutive e cautelari sul suo patrimonio o sui beni e sui diritti con i quali viene esercitata l'attività d'impresa. Dalla stessa data le prescrizioni rimangono sospese e le decadenze non si verificano e la sentenza di apertura della liquidazione giudiziale o di accertamento dello stato di insolvenza non può essere pronunciata. Il debitore può richiedere al tribunale, con successiva istanza, ulteriori misure temporanee per evitare che determinate azioni di uno o più creditori possano pregiudicare, sin dalla fase delle trattative, il buon esito delle iniziative assunte per la regolazione della crisi o dell'insolvenza.

3. Le misure protettive di cui al comma 2, primo e secondo periodo, possono essere ri-

chieste dall'imprenditore anche nel corso delle trattative e prima del deposito della domanda di omologazione degli accordi di ristrutturazione, allegando la documentazione di cui all'articolo 39, comma 1 e la proposta di accordo corredata da un'attestazione del professionista indipendente che attesta che sulla proposta sono in corso trattative con i creditori che rappresentano almeno il sessanta per cento dei crediti e che la stessa, se accettata, è idonea ad assicurare l'integrale pagamento dei creditori con i quali non sono in corso trattative o che hanno comunque negato la propria disponibilità a trattare. La disposizione si applica anche agli accordi di ristrutturazione ad efficacia estesa di cui all'articolo 61.

4. Prima del deposito della domanda di cui all'articolo 40, le misure protettive di cui al comma 2, primo e secondo periodo, possono essere richieste dall'imprenditore presentando la domanda di cui agli articoli 17, 18 e 44, comma 1.

5. Le misure protettive disposte conservano efficacia anche quando il debitore, prima della scadenza fissata dal giudice ai sensi dell'articolo 44, comma 1, lettera *a*), propone una domanda di accesso a uno strumento di regolazione della crisi e dell'insolvenza diverso da quello indicato nella domanda depositata ai sensi dell'articolo 44.

6. L'amministratore delle procedure di insolvenza nominato dal giudice competente ai sensi dell'articolo 3, paragrafo 1, del regolamento (UE) 2015/848 del Parlamento europeo e del Consiglio del 20 maggio 2015 può chiedere i provvedimenti di cui ai commi 1 e 2 quando nel territorio dello Stato è stata presentata la domanda di cui all'articolo 40 o, se non risulta depositata la domanda, quando nella richiesta sono indicate le condizioni di effettivo ed imminente soddisfacimento non discriminatorio di tutti i creditori secondo la procedura concorsuale aperta.

7. Sono esclusi dalle misure protettive richieste ai sensi del comma 3 i diritti di credito dei lavoratori.

(1) *Questo articolo, sostituito dall'art. 7, comma 11, del D.L.vo 26 ottobre 2020, n. 147, a decorrere dal 1° settembre 2021, è stato da ultimo così sostituito dall'art. 13, comma 1, del D.L.vo 17 giugno 2022, n. 83, a decorrere dal 15 luglio 2022.*

55. (1) **Procedimento.** – 1. Nei casi previsti dall'articolo 54, il presidente del tribunale o della sezione cui è assegnata la trattazione dello strumento di regolazione della crisi e dell'insolvenza o della procedura di liquidazione giudiziale designa il magistrato cui è affidata la trattazione del procedimento. Alla trattazione provvede direttamente il giudice relatore, se già delegato dal tribunale per l'audizione delle parti.

2. Il giudice, nei casi di cui all'articolo 54, commi 1, 2, terzo periodo, e 3, sentite le parti e omessa ogni formalità non essenziale al contraddittorio, procede nel modo che ritiene più opportuno agli atti di istruzione indispensabili in relazione alla misura richiesta e, quando la convocazione delle parti potrebbe pregiudicare l'attuazione del provvedimento, provvede con decreto motivato, assunte, ove occorra, sommarie informazioni. In tal caso fissa, con lo stesso decreto, l'udienza di comparizione delle parti avanti a sé, ove già non disposta ai sensi dell'articolo 41, assegnando all'istante un termine perentorio non superiore a otto giorni per la notifica del ricorso e del decreto alle altre parti. All'udienza il giudice conferma, modifica o revoca i provvedimenti emanati con decreto. L'ordinanza è reclamabile ai sensi dell'articolo 669 *terdecies* del codice di procedura civile. Le misure perdono efficacia al momento della pubblicazione delle sentenze di omologazione degli strumenti di regolazione della crisi e dell'insolvenza e di apertura delle procedure di insolvenza.

3. Nel caso previsto dall'articolo 54, comma 2, primo e secondo periodo, il giudice, assunte, ove necessario, sommarie informazioni, conferma o revoca le misure protettive entro trenta giorni dall'iscrizione della domanda nel registro delle imprese con decreto reclamabile ai sensi dell'articolo 669 *terdecies* del codice di procedura civile. La durata delle misure è fissata al massimo in quattro mesi. Il decreto è trasmesso al registro delle imprese per l'iscrizione. Se il deposito del decreto non interviene nel termine prescritto cessano gli effetti protettivi prodottisi ai sensi dell'articolo 54, comma 2, primo e secondo periodo e la domanda può essere riproposta. Le misure protettive perdono efficacia al momento della pubblicazione delle sentenze di omologazione degli strumenti di regolazione della crisi e dell'insolvenza e di apertura delle procedure di insolvenza.

4. Il tribunale, su istanza del debitore o di un creditore e acquisito il parere del commissario giudiziale, se nominato, può prorogare, in tutto o in parte, la durata delle misure concesse, nel rispetto dei termini di cui all'articolo 8, se sono stati compiuti significativi progressi nelle trattative sul piano di ristrutturazione e se la proroga non arreca ingiusto pregiudizio ai diritti e agli interessi delle parti interessate.

5. Su richiesta del debitore o del commissario giudiziale o, in caso di atti di frode, su istanza dei creditori o del pubblico ministero, il tribunale, sentite le parti e omessa ogni formalità non essenziale al contraddittorio, revoca o modifica le misure protettive. La disposizione di cui al primo periodo si applica anche quando il tribunale accerta che le misure protettive concesse non soddisfano più l'obiettivo di agevolare le trattative.

6. I provvedimenti di cui all'articolo 54, commi 1 e 2 possono essere emessi anche dalla corte di appello nei giudizi di reclamo previsti dagli articoli 47, comma 5, e 50.

7. In caso di revoca o cessazione delle misure protettive, il divieto di acquisire diritti di prelazione, se non concordati con l'imprenditore, viene meno a far data dalla revoca o dalla cessazione delle misure protettive.

(1) *Questo articolo è stato così sostituito dall'art. 13, comma 2, del D.L.vo 17 giugno 2022, n. 83, a decorrere dal 15 luglio 2022.*

Titolo IV
Strumenti di regolazione della crisi

Capo I
Accordi

Sezione I
Piano attestato di risanamento (1)

(1) *La precedente rubrica:* «Strumenti negoziali stragiudiziali» *è stata così sostituita dall'attuale dall'art. 14 del D.L.vo 17 giugno 2022, n. 83, a decorrere dal 15 luglio 2022.*

56. (1) **Accordi in esecuzione di piani attestati di risanamento.** – 1. L'imprenditore in stato di crisi o di insolvenza può predisporre un piano, rivolto ai creditori, che appaia idoneo a consentire il risanamento dell'esposizione debitoria dell'impresa e ad assicurare il riequilibrio della situazione economico finanziaria.

2. Il piano deve avere data certa e deve indicare:

a) la situazione economico-patrimoniale e finanziaria dell'impresa;

b) le principali cause della crisi;

c) le strategie d'intervento e i tempi necessari per assicurare il riequilibrio della situazione finanziaria;

d) i creditori e l'ammontare dei crediti dei quali si propone la rinegoziazione e lo stato delle eventuali trattative, nonché l'elenco dei creditori estranei, con l'indicazione delle risorse destinate all'integrale soddisfacimento dei loro crediti alla data di scadenza;

e) gli apporti di finanza nuova;

f) i tempi delle azioni da compiersi, che consentono di verificarne la realizzazione, nonché gli strumenti da adottare nel caso di scostamento tra gli obiettivi e la situazione in atto;

g) il piano industriale e l'evidenziazione dei suoi effetti sul piano finanziario.

3. Un professionista indipendente deve attestare la veridicità dei dati aziendali e la fattibilità economica del piano.

4. Il piano, l'attestazione di cui al comma 3 e gli accordi conclusi con i creditori possono essere pubblicati nel registro delle imprese su richiesta del debitore.

5. Gli atti unilaterali e i contratti posti in essere in esecuzione del piano devono essere provati per iscritto e devono avere data certa.

(1) *Questo articolo è stato così sostituito dall'art. 8, comma 1, del D.L.vo 26 ottobre 2020, n. 147, a decorrere dal 1° settembre 2021.*

Sezione II
Accordi di ristrutturazione, convenzione di moratoria e accordi su crediti tributari e contributivi (1)

(1) *La precedente rubrica:* «Strumenti negoziali stragiudiziali soggetti ad omologazione» *è stata così sostituita dall'attuale dall'art. 15, comma 1, del D.L.vo 17 giugno 2022, n. 83, a decorrere dal 15 luglio 2022.*

57. Accordi di ristrutturazione dei debiti. – 1. Gli accordi di ristrutturazione dei debiti sono conclusi dall'imprenditore, anche non commerciale e diverso dall'imprenditore minore, in stato di crisi o di insolvenza, con i creditori che rappresentino almeno il sessanta per cento dei crediti e sono soggetti ad omologazione ai sensi dell'articolo 48 (1).

2. Gli accordi devono contenere l'indicazione degli elementi del piano economico-finanziario che ne consentono l'esecuzione. Il piano deve essere redatto secondo le modalità indicate dall'articolo 56. Al piano debbono essere allegati i documenti di cui all'articolo 39, commi 1 e 3 (2).

3. Gli accordi devono essere idonei ad assicurare il pagamento integrale dei creditori estranei nei seguenti termini:

a) entro centoventi giorni dall'omologazione, in caso di crediti già scaduti a quella data;

b) entro centoventi giorni dalla scadenza, in caso di crediti non ancora scaduti alla data dell'omologazione.

4. Un professionista indipendente deve attestare la veridicità dei dati aziendali e la fattibilità [economica] (3) [e giuridica] (4)

del piano. L'attestazione deve specificare l'idoneità dell'accordo e del piano ad assicurare l'integrale pagamento dei creditori estranei nel rispetto dei termini di cui al comma 3.

(1) *Le parole: «dell'art. 44» sono state così sostituite dalle attuali: «dell'art. 48» dall'art. 15, comma 2, lett.* a), *del D.L.vo 17 giugno 2022, n. 83, a decorrere dal 15 luglio 2022.*

(2) *Le parole: «, commi 1 e 3» sono state aggiunte dall'art. 9, comma 1, lett.* a), *del D.L.vo 26 ottobre 2020, n. 147, a decorrere dal 1° settembre 2021.*

(3) *La parola fra parentesi quadrata è stata soppressa dall'art. 15, comma 2, lett.* b), *del D.L.vo 17 giugno 2022, n. 83, a decorrere dal 15 luglio 2022.*

(4) *Le parole tra parentesi quadrate sono state soppresse dall'art. 9, comma 1, lett.* b), *del D.L.vo 26 ottobre 2020, n. 147, a decorrere dal 1° settembre 2021.*

58. Rinegoziazione degli accordi o modifiche del piano. – 1. Se prima dell'omologazione intervengono modifiche sostanziali del piano, è rinnovata l'attestazione di cui all'articolo 57, comma 4, e il debitore chiede il rinnovo delle manifestazioni di consenso ai creditori parti degli accordi. L'attestazione deve essere rinnovata anche in caso di modifiche sostanziali degli accordi.

2. Qualora dopo l'omologazione si rendano necessarie modifiche sostanziali del piano, l'imprenditore vi apporta le modifiche idonee ad assicurare l'esecuzione degli accordi, richiedendo al professionista indicato all'articolo 57, comma 4, il rinnovo dell'attestazione. In tal caso, il piano modificato e l'attestazione sono pubblicati nel registro delle imprese e della pubblicazione è dato avviso ai creditori a mezzo lettera raccomandata o posta elettronica certificata. Entro trenta giorni dalla ricezione dell'avviso è ammessa opposizione avanti al tribunale, nelle forme di cui all'articolo 48.

59. Coobbligati e soci illimitatamente responsabili. – 1. Ai creditori che hanno concluso gli accordi di ristrutturazione si applica l'articolo 1239 del codice civile.

2. Nel caso in cui l'efficacia degli accordi sia estesa ai creditori non aderenti, costoro conservano impregiudicati i diritti contro i coobbligati, i fideiussori del debitore e gli obbligati in via di regresso.

3. Salvo patto contrario, gli accordi di ristrutturazione della società hanno efficacia nei confronti dei soci illimitatamente responsabili, i quali, se hanno prestato garanzia, continuano a rispondere per tale diverso titolo, salvo che non sia diversamente previsto.

60. Accordi di ristrutturazione agevolati. – 1. La percentuale di cui al all'articolo 57, comma 1, è ridotta della metà quando il debitore:

a) non proponga la moratoria dei creditori estranei agli accordi;

b) non abbia richiesto e rinunci a richiedere misure protettive temporanee.

61. Accordi di ristrutturazione ad efficacia estesa. – 1. Le disposizioni di cui alla presente sezione si applicano, in deroga agli articoli 1372 e 1411 del codice civile, al caso in cui gli effetti dell'accordo vengano estesi anche ai creditori non aderenti che appartengano alla medesima categoria, individuata tenuto conto dell'omogeneità di posizione giuridica ed interessi economici.

2. Ai fini di cui al comma 1 occorre che:

a) tutti i creditori appartenenti alla categoria siano stati informati dell'avvio delle trattative, siano stati messi in condizione di parteciparvi in buona fede e abbiano ricevuto complete e aggiornate informazioni sulla situazione patrimoniale, economica e finanziaria del debitore nonché sull'accordo e sui suoi effetti;

b) l'accordo abbia carattere non liquidatorio, prevedendo la prosecuzione dell'attività d'impresa in via diretta o indiretta ai sensi dell'articolo 84 [, comma 2, e che i creditori vengano soddisfatti in misura significativa o prevalente dal ricavato della continuità aziendale] (1);

c) i crediti dei creditori aderenti appartenenti alla categoria rappresentino il settantacinque per cento di tutti i creditori appartenenti alla categoria, fermo restando che un creditore può essere titolare di crediti inseriti in più di una categoria;

d) i creditori della medesima categoria non aderenti cui vengono estesi gli effetti dell'accordo possano risultare soddisfatti in base all'accordo stesso in misura non inferiore rispetto alla liquidazione giudiziale;

e) il debitore abbia notificato l'accordo, la domanda di omologazione e i documenti allegati ai creditori nei confronti dei quali chiede di estendere gli effetti dell'accordo.

3. I creditori della medesima categoria non aderenti ai quali il debitore chiede di estendere gli effetti dell'accordo possono proporre opposizione ai sensi dell'articolo 48, comma 4. Per essi, il termine per proporre opposizione decorre dalla data della comunicazione.

4. In nessun caso, per effetto dell'accordo di ristrutturazione, ai creditori ai quali è stato esteso l'accordo possono essere imposti l'ese-

cuzione di nuove prestazioni, la concessione di affidamenti, il mantenimento della possibilità di utilizzare affidamenti esistenti o l'erogazione di nuovi finanziamenti. Non è considerata nuova prestazione la prosecuzione della concessione del godimento di beni oggetto di contratti di locazione finanziaria già stipulati.

5. Quando un'impresa ha debiti verso banche e intermediari finanziari in misura non inferiore alla metà dell'indebitamento complessivo, l'accordo di ristrutturazione dei debiti può individuare una o più categorie tra tali tipologie di creditori che abbiano fra loro posizione giuridica ed interessi economici omogenei. In tal caso il debitore, con il ricorso di cui all'articolo 40, può chiedere, anche se non ricorre la condizione prevista dal comma 2, lettera *b*), che gli effetti dell'accordo vengano estesi anche ai creditori non aderenti appartenenti alla medesima categoria. Restano fermi i diritti dei creditori diversi da banche e intermediari finanziari.

(1) *Le parole tra parentesi quadrate sono state soppresse dall'art. 9, comma 2, del D.L.vo 26 ottobre 2020, n. 147, a decorrere dal 1° settembre 2021.*

62. Convenzione di moratoria. – 1. La convenzione di moratoria conclusa tra un imprenditore, anche non commerciale, e i suoi creditori, diretta a disciplinare in via provvisoria gli effetti della crisi e avente ad oggetto la dilazione delle scadenze dei crediti, la rinuncia agli atti o la sospensione delle azioni esecutive e conservative e ogni altra misura che non comporti rinuncia al credito, in deroga agli articoli 1372 e 1411 del codice civile, è efficace anche nei confronti dei creditori non aderenti che appartengano alla medesima categoria.

2. Ai fini di cui al comma 1 occorre che:

a) tutti i creditori appartenenti alla categoria siano stati informati dell'avvio delle trattative o siano stati messi in condizione di parteciparvi in buona fede e abbiano ricevuto complete e aggiornate informazioni sulla situazione patrimoniale, economica e finanziaria del debitore nonché sulla convenzione e i suoi effetti;

b) i crediti dei creditori aderenti appartenenti alla categoria rappresentino il settantacinque per cento di tutti i creditori appartenenti alla categoria, fermo restando che un creditore può essere titolare di crediti inseriti in più di una categoria;

c) vi siano concrete prospettive che i creditori della medesima categoria non aderenti, cui vengono estesi gli effetti della convenzione, possano risultare soddisfatti all'esito della stessa in misura non inferiore rispetto alla liquidazione giudiziale;

d) un professionista indipendente, abbia attestato la veridicità dei dati aziendali, l'idoneità della convenzione a disciplinare provvisoriamente gli effetti della crisi, e la ricorrenza delle condizioni di cui alla lettera *c*).

3. In nessun caso, per effetto della convenzione, ai creditori della medesima categoria non aderenti possono essere imposti l'esecuzione di nuove prestazioni, la concessione di affidamenti, il mantenimento della possibilità di utilizzare affidamenti esistenti o l'erogazione di nuovi finanziamenti. Non è considerata nuova prestazione la prosecuzione della concessione del godimento di beni oggetto di contratti di locazione finanziaria già stipulati.

4. La convenzione va comunicata, insieme alla relazione del professionista indicato al comma 2, lettera *d*), ai creditori non aderenti mediante lettera raccomandata con avviso di ricevimento o presso il domicilio digitale.

5. Entro trenta giorni dalla comunicazione può essere proposta opposizione avanti al tribunale.

6. Il tribunale decide sulle opposizioni in camera di consiglio con sentenza.

7. Contro la sentenza che pronuncia sulle opposizioni è ammesso reclamo ai sensi dell'articolo 51.

63. Transazione su crediti tributari e contributivi (1). – 1. Nell'ambito delle trattative che precedono la stipulazione degli accordi di ristrutturazione di cui agli articoli 57, 60 e 61 il debitore può proporre il pagamento, parziale o anche dilazionato, dei tributi e dei relativi accessori amministrati dalle agenzie fiscali, nonché dei contributi amministrati dagli enti gestori di forme di previdenza, assistenza e assicurazione per l'invalidità, la vecchiaia e i superstiti obbligatorie e dei relativi accessori (2). In tali casi l'attestazione del professionista indipendente [in possesso dei requisiti di cui all'art. 2, comma 1, lettera *o*)] (3), relativamente ai crediti fiscali e previdenziali, deve inerire anche alla convenienza del trattamento proposto rispetto alla liquidazione giudiziale; tale circostanza costituisce oggetto di specifica valutazione da parte del tribunale.

2. La proposta di transazione [fiscale] (4), unitamente alla documentazione di cui agli articoli 57, 60 e 61 è depositata presso gli uffici indicati all'articolo 88, comma 3. Alla

proposta di transazione deve essere allegata la dichiarazione sostitutiva, resa dal debitore o dal suo legale rappresentante ai sensi dell'articolo 47 del testo unico delle disposizioni legislative e regolamentari in materia di documentazione amministrativa, di cui al decreto del Presidente della Repubblica 28 dicembre 2000, n. 445, che la documentazione di cui al periodo precedente rappresenta fedelmente e integralmente la situazione dell'impresa, con particolare riguardo alle poste attive del patrimonio. L'adesione alla proposta è espressa, su parere conforme della competente direzione regionale, con la sottoscrizione dell'atto negoziale da parte del direttore dell'ufficio. Per i tributi amministrati dall'Agenzia delle dogane e dei monopoli l'adesione alla proposta è espressa dalla competente direzione interregionale, regionale e interprovinciale con la sottoscrizione dell'atto negoziale. L'atto è sottoscritto anche dall'agente della riscossione in ordine al trattamento degli oneri di riscossione di cui all'articolo 17 del decreto legislativo 13 aprile 1999, n. 112. L'assenso così espresso equivale a sottoscrizione dell'accordo di ristrutturazione. Ai fini del comma 2 *bis* (5), l'eventuale adesione deve intervenire entro novanta (6) giorni dal deposito della proposta di transazione [fiscale] (7) (8).

2 *bis*. Il tribunale omologa gli accordi di ristrutturazione anche in mancanza di adesione da parte dell'amministrazione finanziaria o degli enti gestori di forme di previdenza o assistenza obbligatorie quando l'adesione è determinante ai fini del raggiungimento delle percentuali di cui agli articoli 57, comma 1, e 60, comma 1, e, anche sulla base delle risultanze della relazione del professionista indipendente, la proposta di soddisfacimento della predetta amministrazione o degli enti gestori di forme di previdenza o assistenza obbligatorie è conveniente rispetto all'alternativa liquidatoria (9).

3. La transazione [fiscale] (4) conclusa nell'ambito degli accordi di ristrutturazione è risolta di diritto se il debitore non esegue integralmente, entro sessanta giorni (10) dalle scadenze previste, i pagamenti dovuti alle agenzie fiscali e agli enti gestori di forme di previdenza e assistenza obbligatorie.

(1) *La precedente rubrica: «Transazione [fiscale] e accordi su crediti contributivi» così come modificata dall'art. 9, comma 3, lett.* a), *del D.L.vo 26 ottobre 2020, n. 147, a decorrere dal 1° settembre 2021, è stata così sostituita dall'attuale dall'art. 15, comma 3, lett.* c), *del D.L.vo 17 giugno 2022, n. 83, a decorrere dal 15 luglio 2022.*

(2) *Le parole: «una transazione fiscale» sono state così sostituite dalle attuali: «il pagamento, parziale o anche dilazionato, dei tributi e dei relativi accessori amministrati dalle agenzie fiscali, nonché dei contributi amministrati dagli enti gestori di forme di previdenza, assistenza e assicurazione per l'invalidità, la vecchiaia e i superstiti obbligatorie e dei relativi accessori» dall'art. 9, comma 3, lett.* b), *del D.L.vo 26 ottobre 2020, n. 147, a decorrere dal 1° settembre 2021.*

(3) *Le parole tra parentesi quadrate sono state soppresse dall'art. 9, comma 3, lett.* b), *del D.L.vo 26 ottobre 2020, n. 147, a decorrere dal 1° settembre 2021.*

(4) *La parola tra parentesi quadrate è stata soppressa dall'art. 9, comma 3, lett.* c), *del D.L.vo 26 ottobre 2020, n. 147, a decorrere dal 1° settembre 2021.*

(5) *Le parole: «Ai fini dell'articolo 48, comma 5» sono state così sostituite dalle attuali: «Ai fini del comma 2 bis» dall'art. 15, comma 3, lett.* a), *del D.L.vo 17 giugno 2022, n. 83, a decorrere dal 15 luglio 2022.*

(6) *La parola: «sessanta» è stata così sostituita dalla attuale: «novanta» dall'art. 9, comma 3, lett.* c), *del D.L.vo 26 ottobre 2020, n. 147, a decorrere dal 1° settembre 2021.*

(7) *La parola fra parentesi quadrata è stata soppressa dall'art. 15, comma 3, lett.* a), *del D.L.vo 17 giugno 2022, n. 83, a decorrere dal 15 luglio 2022.*

(8) *A norma dell'art. 1, comma 5, del D.L. 13 giugno 2023, n. 69, convertito, con modificazioni, nella L. 10 agosto 2023, n. 103, l'eventuale adesione di cui a questo comma, deve intervenire entro novanta giorni dal deposito della proposta di transazione.*

(9) *Questo comma è stato inserito dall'art. 15, comma 3, lett.* b), *del D.L.vo 17 giugno 2022, n. 83, a decorrere dal 15 luglio 2022.*

(10) *Le parole: «novanta giorni» sono state così sostituite dalle attuali: «sessanta giorni» dall'art. 9, comma 3, lett.* d), *del D.L.vo 26 ottobre 2020, n. 147, a decorrere dal 1° settembre 2021.*

64. Effetti degli accordi sulla disciplina societaria e sui contratti in caso di concessione di misure protettive (1). – 1. Dalla data del deposito della domanda per l'omologazione degli accordi di ristrutturazione disciplinati dagli articoli 57, 60 e 61 ovvero della richiesta di misure cautelari e protettive ai sensi dell'articolo 54 relative ad una proposta di accordo di ristrutturazione e sino all'omologazione, non si applicano gli articoli 2446, commi secondo e terzo, 2447, 2482 *bis*, commi quarto, quinto e sesto, e 2482 *ter* del codice civile. Per lo stesso periodo non opera la causa di scioglimento della società per riduzione o perdita del capitale sociale di cui agli articoli 2484, numero 4, e 2545 *duodecies* del codice civile.

2. Resta ferma, per il periodo anteriore al deposito delle domande e della richiesta di misure cautelari e protettive di cui al comma 1, l'applicazione dell'articolo 2486 del codice civile.

3. In caso di domanda proposta ai sensi dell'articolo 54, comma 3, o di domanda di con-

cessione delle misure protettive in funzione della omologazione degli accordi di ristrutturazioni, i creditori non possono, unilateralmente, rifiutare l'adempimento dei contratti in corso di esecuzione o provocarne la risoluzione, né possono anticiparne la scadenza o modificarli in danno dell'imprenditore per il solo fatto del deposito delle medesime domande. Sono inefficaci eventuali patti contrari ([2]).

4. Fermo quanto previsto dal comma 3, i creditori interessati dalle misure protettive non possono, unilateralmente, rifiutare l'adempimento dei contratti essenziali in corso di esecuzione o provocarne la risoluzione, né possono anticiparne la scadenza o modificarli in danno dell'imprenditore per il solo fatto di non essere stati pagati dal debitore. Sono essenziali i contratti necessari per la continuazione della gestione corrente dell'impresa, inclusi i contratti relativi alle forniture la cui interruzione impedisce la prosecuzione dell'attività del debitore ([2]).

([1]) *Le parole:* «e sui contratti in caso di concessione di misure protettive» *sono state aggiunte dall'art. 15, comma 4, lett.* b), *del D.L.vo 17 giugno 2022, n. 83, a decorrere dal 15 luglio 2022.*

([2]) *Questo comma è stato aggiunto dall'art. 15, comma 4, lett.* a), *del D.L.vo 17 giugno 2022, n. 83, a decorrere dal 15 luglio 2022.*

Capo I *bis*
Piano di ristrutturazione soggetto a omologazione ([1])

([1]) *Questo capo - con gli articoli da 64* bis *a 64* quater *- è stato inserito dall'art. 16 del D.L.vo 17 giugno 2022, n. 83, a decorrere dal 15 luglio 2022.*

64 *bis*. Piano di ristrutturazione soggetto a omologazione. – 1. Con il piano di ristrutturazione soggetto a omologazione l'imprenditore commerciale che non dimostra il possesso congiunto dei requisiti di cui all'articolo 2, comma 1, lettera *d*) e che si trova in stato di crisi o di insolvenza può prevedere il soddisfacimento dei creditori, previa suddivisione degli stessi in classi secondo posizione giuridica e interessi economici omogenei, distribuendo il valore generato dal piano anche in deroga agli articoli 2740 e 2741 del codice civile e alle disposizioni che regolano la graduazione delle cause legittime di prelazione, purché la proposta sia approvata dall'unanimità delle classi. In ogni caso i crediti assistiti dal privilegio di cui all'articolo 2751 *bis*, n. 1, del codice civile, sono soddisfatti in denaro integralmente entro trenta giorni dall'omologazione.

2. La domanda è presentata nelle forme dell'articolo 40, anche con accesso ai sensi dell'articolo 44, comma 1, lettera *a*). Con il ricorso il debitore deposita la proposta e il piano, con la documentazione di cui all'articolo 39, commi 1 e 2. Alla domanda si applicano i commi 4 e 5 dell'articolo 46.

3. Un professionista indipendente attesta la veridicità dei dati aziendali e la fattibilità del piano.

4. A seguito della presentazione del ricorso, il tribunale pronuncia decreto con il quale:

a) valutata la mera ritualità della proposta e verificata la correttezza dei criteri di formazione delle classi, nomina un giudice delegato al procedimento e nomina oppure conferma il commissario giudiziale;

b) adotta i provvedimenti di cui all'articolo 47, comma 2, lettere *c*) e *d*).

5. Dalla data della presentazione della domanda e fino all'omologazione, l'imprenditore conserva la gestione ordinaria e straordinaria dell'impresa, sotto il controllo del commissario giudiziale secondo quanto previsto nel comma 6. L'imprenditore gestisce l'impresa nel prevalente interesse dei creditori.

6. L'imprenditore informa preventivamente il commissario, per iscritto, del compimento di atti di straordinaria amministrazione nonché dell'esecuzione di pagamenti che non sono coerenti rispetto al piano di ristrutturazione. Il commissario giudiziale, quando ritiene che l'atto può arrecare pregiudizio ai creditori o non è coerente rispetto al piano, lo segnala per iscritto all'imprenditore e all'organo di controllo. Se, nonostante la segnalazione, l'atto viene compiuto, il commissario giudiziale ne informa immediatamente il tribunale ai fini di cui all'articolo 106.

7. Alle operazioni di voto si applicano gli articoli 107, 108, 109, commi 2, 4, 6 e 7, 110 e 111. In ciascuna classe la proposta è approvata se è raggiunta la maggioranza dei crediti ammessi al voto oppure, in mancanza, se hanno votato favorevolmente i due terzi dei crediti dei creditori votanti, purché abbiano votato i creditori titolari di almeno la metà del totale dei crediti della medesima classe. I creditori muniti di diritto di prelazione non votano se soddisfatti in denaro, integralmente, entro centottanta giorni dall'omologazione, e purché la garanzia reale che assiste il credito ipotecario o pignoratizio resti ferma fino alla liquidazione, funzionale al loro pagamento, dei beni e diritti sui quali sussiste la causa di prelazione. Nel caso di crediti assistiti dal privilegio di cui all'articolo 2751 *bis*, n. 1, del codice civile, il termine di cui al periodo

precedente è di trenta giorni. Se non ricorrono le condizioni di cui ai periodi precedenti, i creditori muniti di diritto di prelazione votano e, per la parte incapiente, sono inseriti in una classe distinta.

8. Il tribunale omologa con sentenza il piano di ristrutturazione nel caso di approvazione da parte di tutte le classi. Se con l'opposizione un creditore dissenziente eccepisce il difetto di convenienza della proposta, il tribunale omologa il piano di ristrutturazione quando dalla proposta il credito risulta soddisfatto in misura non inferiore rispetto alla liquidazione giudiziale.

9. Anche ai fini di cui all'articolo 64 *ter*, al piano di ristrutturazione soggetto a omologazione si applicano, in quanto compatibili, gli articoli 48, commi 1, 2 e 3, 84, comma 8, 87, commi 1 e 2, 89, 90, 91, 92, 93, 94 *bis*, 95, 96, 97, 98, 99, 101 e 102, nonché le disposizioni di cui alle sezioni IV e VI, del capo III del titolo IV del presente codice, ad eccezione delle disposizioni di cui agli articoli 112 e 114. Ai giudizi di reclamo e di cassazione si applicano gli articoli 51, 52 e 53.

64 *ter*. Mancata approvazione di tutte le classi. – 1. Se il piano di ristrutturazione non è approvato da tutte le classi, secondo quanto risulta dalla relazione depositata ai sensi dell'articolo 110, il debitore, entro quindici giorni dalla data del deposito della relazione medesima, se ritiene di avere ottenuto l'approvazione di tutte le classi, può chiedere che il tribunale accerti l'esito della votazione e omologhi il piano di ristrutturazione.

2. Decorso il termine di cui al comma 1 senza che il debitore abbia avanzato la richiesta ivi prevista o modificato la domanda ai sensi dell'articolo 64 *quater*, si applica l'articolo 111.

64 *quater*. Conversione del piano di ristrutturazione soggetto ad omologazione in concordato preventivo. – 1. Se il piano di ristrutturazione non è approvato da tutte le classi, secondo quanto risulta dalla relazione depositata ai sensi dell'articolo 110, il debitore, in luogo della richiesta di cui all'articolo 64 *ter* comma 1, può modificare la domanda formulando una proposta di concordato e chiedendo che il tribunale pronunci il decreto previsto dall'articolo 47. Il debitore può procedere allo stesso modo anche se un creditore ha contestato il difetto di convenienza nelle osservazioni formulate ai sensi dell'articolo 107, comma 4.

2. Il debitore può, in ogni momento, modificare la domanda, formulando la proposta di concordato, anche al di fuori delle ipotesi di cui al comma 1.

3. I termini per l'approvazione della proposta sono ridotti alla metà.

4. La memoria contenente la modifica della domanda è pubblicata nel registro delle imprese e dal giorno della pubblicazione si applicano le disposizioni degli articoli 46, commi 1, 2 e 3, e 47, comma 2, lett. *c*), nonché il capo III del titolo IV del presente codice.

5. Il debitore che ha presentato la domanda di concordato preventivo può modificarla chiedendo l'omologazione del piano di ristrutturazione sino a che non sono iniziate le operazioni di voto.

Capo II
Procedure di composizione delle crisi da sovraindebitamento

Sezione I
Disposizioni di carattere generale

65. Ambito di applicazione delle procedure di composizione delle crisi da sovraindebitamento. – 1. I debitori di cui all'articolo 2, comma 1, lettera c) possono proporre soluzioni della crisi da sovraindebitamento secondo le norme del presente capo o del titolo V, capo IX.

2. Si applicano, per quanto non specificamente previsto dalle disposizioni della presente sezione, le disposizioni del titolo III, in quanto compatibili.

3. I compiti del commissario giudiziale o del liquidatore nominati nelle procedure di cui al comma 1 sono svolti dall'OCC. La nomina dell'attestatore è sempre facoltativa.

[4. La procedura produce i suoi effetti anche nei confronti dei soci illimitatamente responsabili] ([1]).

([1]) *Questo comma è stato abrogato dall'art. 10, comma 1, del D.L.vo 26 ottobre 2020, n. 147, a decorrere dal 1° settembre 2021.*

66. Procedure familiari. – 1. I membri della stessa famiglia possono presentare un unico progetto di risoluzione della crisi da sovraindebitamento quando sono conviventi o quando il sovraindebitamento ha un'origine comune. Quando uno dei debitori non è un consumatore, al progetto unitario si applicano le disposizioni della sezione III del presente capo.

2. Ai fini del comma 1, oltre al coniuge, si considerano membri della stessa famiglia i parenti entro il quarto grado e gli affini entro il secondo, nonché le parti dell'unione ci-

vile e i conviventi di fatto di cui alla legge 20 maggio 2016, n. 76.

3. Le masse attive e passive rimangono distinte.

4. Nel caso in cui siano presentate più richieste di risoluzione della crisi da sovraindebitamento riguardanti membri della stessa famiglia, il giudice adotta i necessari provvedimenti per assicurarne il coordinamento. La competenza appartiene al giudice adito per primo.

5. La liquidazione del compenso dovuto all'organismo di composizione della crisi è ripartita tra i membri della famiglia in misura proporzionale all'entità dei debiti di ciascuno.

Sezione II
Ristrutturazione dei debiti del consumatore

67. Procedura di ristrutturazione dei debiti. – 1. Il consumatore sovraindebitato, con l'ausilio dell'OCC, può proporre ai creditori un piano di ristrutturazione dei debiti che indichi in modo specifico tempi e modalità per superare la crisi da sovraindebitamento. La proposta ha contenuto libero e può prevedere il soddisfacimento, anche parziale e differenziato (1), dei crediti in qualsiasi forma.

2. La domanda è corredata dell'elenco:

a) di tutti i creditori, con l'indicazione delle somme dovute e delle cause di prelazione;

b) della consistenza e della composizione del patrimonio;

c) degli atti di straordinaria amministrazione compiuti negli ultimi cinque anni;

d) delle dichiarazioni dei redditi degli ultimi tre anni;

e) degli stipendi, delle pensioni, dei salari e di tutte le altre entrate del debitore e del suo nucleo familiare, con l'indicazione di quanto occorre al mantenimento della sua famiglia.

3. La proposta può prevedere anche la falcidia e la ristrutturazione dei debiti derivanti da contratti di finanziamento con cessione del quinto dello stipendio, del trattamento di fine rapporto o della pensione e dalle operazioni di prestito su pegno, salvo quanto previsto dal comma 4.

4. È possibile prevedere che i crediti muniti di privilegio, pegno o ipoteca possano essere soddisfatti non integralmente, allorché ne sia assicurato il pagamento in misura non inferiore a quella realizzabile, in ragione della collocazione preferenziale sul ricavato in caso di liquidazione, avuto riguardo al valore di mercato attribuibile ai beni o ai diritti oggetto della causa di prelazione, come attestato dall'OCC.

5. È possibile prevedere anche il rimborso, alla scadenza convenuta, delle rate a scadere del contratto di mutuo garantito da ipoteca iscritta sull'abitazione principale del debitore se lo stesso, alla data del deposito della domanda, ha adempiuto le proprie obbligazioni o se il giudice lo autorizza al pagamento del debito per capitale ed interessi scaduto a tale data.

6. Il procedimento si svolge dinanzi al tribunale in composizione monocratica.

(1) *Le parole: «e differenziato» sono state inserite dall'art. 11, comma 1, del D.L.vo 26 ottobre 2020, n. 147, a decorrere dal 1° settembre 2021.*

68. Presentazione della domanda e attività dell'OCC. – 1. La domanda deve essere presentata al giudice tramite un OCC costituito nel circondario del tribunale competente ai sensi dell'articolo 27, comma 2. Se nel circondario del tribunale competente non vi è un OCC, i compiti e le funzioni allo stesso attribuiti sono svolti da un professionista o da una società tra professionisti in possesso dei requisiti di cui all'articolo 358 nominati dal presidente del tribunale competente o da un giudice da lui delegato e individuati, ove possibile, tra gli iscritti all'albo dei gestori della crisi di cui al decreto del Ministro della giustizia 24 settembre 2014, n. 202 (1). Non è necessaria l'assistenza di un difensore.

2. Alla domanda, deve essere allegata una relazione dell'OCC, che deve contenere:

a) l'indicazione delle cause dell'indebitamento e della diligenza impiegata dal debitore nell'assumere le obbligazioni;

b) l'esposizione delle ragioni dell'incapacità del debitore di adempiere le obbligazioni assunte;

c) la valutazione sulla completezza ed attendibilità della documentazione depositata a corredo della domanda;

d) l'indicazione presunta dei costi della procedura.

3. L'OCC, nella sua relazione, deve indicare anche se il soggetto finanziatore, ai fini della concessione del finanziamento, abbia tenuto conto del merito creditizio del debitore, valutato in relazione al suo reddito disponibile, dedotto l'importo necessario a mantenere un dignitoso tenore di vita. A tal fine si ritiene idonea una quantificazione non inferiore all'ammontare dell'assegno sociale moltiplicato per un parametro corrispondente al numero dei componenti il nucleo familiare della scala di equivalenza dell'ISEE di cui al

decreto del Presidente del Consiglio dei ministri del 5 dicembre 2013, n. 159.

4. L'OCC, entro sette giorni dall'avvenuto conferimento dell'incarico da parte del debitore, ne dà notizia all'agente della riscossione e agli uffici fiscali, anche degli enti locali, competenti sulla base dell'ultimo domicilio fiscale dell'istante, i quali entro quindici giorni debbono comunicare il debito tributario accertato e gli eventuali accertamenti pendenti.

5. Il deposito della domanda sospende, ai soli effetti del concorso, il corso degli interessi convenzionali o legali fino alla chiusura della procedura, a meno che i crediti non siano garantiti da ipoteca, da pegno o privilegio, salvo quanto previsto dagli articoli 2749, 2788 e 2855, commi secondo e terzo, del codice civile.

(1) *Le parole: «e individuati, ove possibile, tra gli iscritti all'albo dei gestori della crisi di cui al decreto del Ministro della giustizia 24 settembre 2014, n. 202» sono state inserite dall'art. 11, comma 2, del D.L.vo 26 ottobre 2020, n. 147, a decorrere dal 1° settembre 2021.*

69. Condizioni soggettive ostative. – 1. Il consumatore non può accedere alla procedura disciplinata in questa sezione se è già stato esdebitato nei cinque anni precedenti la domanda o ha già beneficiato dell'esdebitazione per due volte, ovvero ha determinato la situazione di sovraindebitamento con colpa grave, malafede o frode.

2. Il creditore che ha colpevolmente determinato la situazione di indebitamento o il suo aggravamento o che ha violato i principi di cui all'articolo 124 *bis* del decreto legislativo 1° settembre 1993, n. 385, non può presentare opposizione o reclamo in sede di omologa per contestare la convenienza della proposta (1).

(1) *Questo comma è stato così sostituito dall'art. 11, comma 3, del D.L.vo 26 ottobre 2020, n. 147, a decorrere dal 1° settembre 2021.*

70. Omologazione del piano. – 1. Il giudice, se la proposta e il piano sono ammissibili, dispone con decreto che siano pubblicati in apposita area del sito web del tribunale o del Ministero della giustizia e che ne sia data comunicazione entro trenta giorni, a cura dell'OCC, a tutti i creditori.

2. Ricevuta la comunicazione di cui al comma 1, il creditore deve comunicare all'OCC un indirizzo di posta elettronica certificata. In mancanza, le successive comunicazioni sono effettuate mediante deposito in cancelleria.

3. Nei venti giorni successivi alla comunicazione ogni creditore può presentare osservazioni, inviandole all'indirizzo di posta elettronica certificata dell'OCC, indicato nella comunicazione.

4. Con il decreto di cui al comma 1, il giudice, su istanza del debitore, può disporre la sospensione dei procedimenti di esecuzione forzata che potrebbero pregiudicare la fattibilità del piano. Il giudice, su istanza del debitore, può altresì disporre il divieto di azioni esecutive e cautelari sul patrimonio del consumatore nonché le altre misure idonee a conservare l'integrità del patrimonio fino alla conclusione del procedimento, compreso il divieto di compiere atti di straordinaria amministrazione se non preventivamente autorizzati (1).

5. Le misure protettive sono revocabili su istanza dei creditori, o anche d'ufficio, in caso di atti in frode. Il giudice, salvo che l'istanza di revoca non sia palesemente inammissibile o manifestamente infondata, sente le parti, anche mediante scambio di memorie scritte e provvede con decreto.

6. Entro i dieci giorni successivi alla scadenza del termine di cui al comma 3, l'OCC, sentito il debitore, riferisce al giudice e propone le modifiche al piano che ritiene necessarie.

7. Il giudice, verificata l'ammissibilità giuridica e la fattibilità [economica] (2) del piano, risolta ogni contestazione, omologa il piano con sentenza e ne dispone, ove necessario, la trascrizione a cura dell'OCC. Con la stessa sentenza dichiara chiusa la procedura.

8. La sentenza di omologa è comunicata ai creditori ed è pubblicata entro quarantotto ore a norma del comma 1. La sentenza è impugnabile ai sensi dell'articolo 51.

9. Quando uno dei creditori o qualunque altro interessato, con le osservazioni di cui al comma 3, contesta la convenienza della proposta, il giudice omologa il piano se ritiene che comunque il credito dell'opponente possa essere soddisfatto dall'esecuzione del piano in misura non inferiore all'alternativa liquidatoria.

10. In caso di diniego dell'omologazione, il giudice provvede con decreto motivato e dichiara l'inefficacia delle misure protettive accordate. Su istanza del debitore, verificata la sussistenza dei presupposti di legge, dichiara aperta la procedura liquidatoria ai sensi degli articoli 268 e seguenti.

11. Nei casi di frode l'istanza di cui al comma 10, secondo periodo, può essere presentata anche da un creditore o dal pubblico ministero.

12. Contro il decreto di cui al comma 10, è ammesso reclamo ai sensi dell'articolo 50.

(1) *Le parole: «, compreso il divieto di compiere atti di straordinaria amministrazione se non preventivamen-*

LEGGI COMPLEMENTARI

te autorizzati» sono state aggiunte dall'art. 11, comma 4, del D.L.vo 26 ottobre 2020, n. 147, a decorrere dal 1° settembre 2021.

([2]) *La parola fra parentesi quadrata è stata soppressa dall'art. 17 del D.L.vo 17 giugno 2022, n. 83, a decorrere dal 15 luglio 2022.*

71. ([1]) **Esecuzione del piano.** – 1. Il debitore è tenuto a compiere ogni atto necessario a dare esecuzione al piano omologato. L'OCC vigila sull'esatto adempimento del piano, risolve le eventuali difficoltà e le sottopone al giudice, se necessario. Alle vendite e alle cessioni, se previste dal piano, provvede il debitore tramite procedure competitive, anche avvalendosi di soggetti specializzati, sotto il controllo e con la collaborazione dell'OCC, sulla base di stime condivise con il predetto organismo, assicurando, con adeguate forme di pubblicità, la massima informazione e partecipazione degli interessati. Ogni sei mesi, l'OCC riferisce al giudice per iscritto sullo stato dell'esecuzione.

2. Il giudice, sentito l'OCC e verificata la conformità dell'atto dispositivo al piano, autorizza lo svincolo delle somme e ordina la cancellazione delle iscrizioni relative ai diritti di prelazione, della trascrizione dei pignoramenti, dei sequestri conservativi nonché di ogni altro vincolo, ivi compresa la trascrizione della sentenza effettuata ai sensi dell'articolo 70, comma 7.

3. I pagamenti e gli atti dispositivi dei beni posti in essere in violazione del piano sono inefficaci rispetto ai creditori anteriori al momento in cui è stata eseguita la pubblicità di cui all'articolo 70, comma 1.

4. Terminata l'esecuzione, l'OCC, sentito il debitore, presenta al giudice una relazione finale. Il giudice, se il piano è stato integralmente e correttamente eseguito, procede alla liquidazione del compenso all'OCC, tenuto conto di quanto eventualmente convenuto dall'organismo con il debitore, e ne autorizza il pagamento.

5. Quando il piano non è stato integralmente e correttamente eseguito, il giudice indica gli atti necessari per l'esecuzione del piano ed un termine per il loro compimento. Se le prescrizioni non sono adempiute nel termine, anche prorogato, il giudice revoca l'omologazione, osservate, in quanto compatibili, le disposizioni di cui all'articolo 72.

6. Nella liquidazione del compenso il giudice tiene conto della diligenza dell'OCC.

([1]) *Questo articolo è stato così sostituito dall'art. 11, comma 5, del D.L.vo 26 ottobre 2020, n. 147, a decorrere dal 1° settembre 2021.*

72. Revoca dell'omologazione. – 1. Il giudice revoca l'omologazione d'ufficio o su istanza di un creditore, del pubblico ministero o di qualsiasi altro interessato, in contraddittorio con il debitore, quando è stato dolosamente o con colpa grave aumentato o diminuito il passivo, ovvero sottratta o dissimulata una parte rilevante dell'attivo ovvero dolosamente simulate attività inesistenti o se risultano commessi altri atti diretti a frodare le ragioni dei creditori.

2. Il giudice provvede allo stesso modo in caso di inadempimento degli obblighi previsti nel piano o qualora questo sia divenuto inattuabile e non sia possibile modificarlo.

3. L'OCC è tenuto a segnalare al giudice ogni fatto rilevante ai fini della revoca dell'omologazione.

4. La domanda di revoca non può essere proposta e l'iniziativa da parte del tribunale non può essere assunta decorsi sei mesi dalla presentazione della relazione finale ([1]).

5. Sulla richiesta di revoca, il giudice sente le parti, anche mediante scambio di memorie scritte e provvede con sentenza reclamabile ai sensi dell'articolo 51 ([2]).

6. La revoca dell'omologazione non pregiudica i diritti acquistati dai terzi in buona fede.

([1]) *Le parole: «approvazione del rendiconto» sono state così sostituite dalle attuali: «presentazione della relazione finale» dall'art. 11, comma 6, lett. a), del D.L.vo 26 ottobre 2020, n. 147, a decorrere dal 1° settembre 2021.*

([2]) *Questo comma è stato così sostituito dall'art. 11, comma 6, lett. b), del D.L.vo 26 ottobre 2020, n. 147, a decorrere dal 1° settembre 2021.*

Sezione III
Concordato minore

74. Proposta di concordato minore. – 1. I debitori di cui all'articolo 2, comma 1, lettera c), in stato di sovraindebitamento, escluso il consumatore, possono formulare ai creditori una proposta di concordato minore, quando consente di proseguire l'attività imprenditoriale o professionale.

2. Fuori dai casi previsti dal comma 1, il concordato minore può essere proposto esclusivamente quando è previsto l'apporto di risorse esterne che aumentino in misura apprezzabile la soddisfazione dei creditori.

3. La proposta di concordato minore ha contenuto libero, indica in modo specifico tempi e modalità per superare la crisi da sovraindebitamento e può prevedere il soddisfacimento, anche parziale, dei crediti attraverso qualsiasi forma, nonché la eventuale suddivisione dei creditori in classi. La formazione

delle classi è obbligatoria per i creditori titolari di garanzie prestate da terzi (1).

4. Per quanto non previsto dalla presente sezione, si applicano le disposizioni del capo III del presente titolo in quanto compatibili.

(1) *Questo periodo è stato aggiunto dall'art. 12, comma 1, del D.L.vo 26 ottobre 2020, n. 147, a decorrere dal 1° settembre 2021.*

75. Documentazione e trattamento dei crediti privilegiati. – 1. Il debitore deve allegare alla domanda:

a) il piano con i bilanci, le scritture contabili e fiscali obbligatorie, le dichiarazioni dei redditi, le dichiarazioni IRAP e le dichiarazioni annuali IVA concernenti i tre anni anteriori o gli ultimi esercizi precedenti se l'attività ha avuto minor durata;

b) una relazione aggiornata sulla situazione economica, patrimoniale e finanziaria;

c) l'elenco di tutti i creditori, con le rispettive cause di prelazione e l'indicazione delle somme dovute. L'elenco deve contenere l'indicazione del domicilio digitale dei creditori che ne sono muniti;

d) gli atti di straordinaria amministrazione di cui all'articolo 94, comma 2, compiuti negli ultimi cinque anni;

e) la documentazione relativa a stipendi, pensioni, salari e altre entrate proprie e della famiglia, con l'indicazione di quanto occorra al mantenimento della stessa (1).

2. È possibile prevedere che i crediti muniti di privilegio, pegno o ipoteca possano essere soddisfatti non integralmente, allorché ne sia assicurato il pagamento in misura non inferiore a quella realizzabile, in ragione della collocazione preferenziale sul ricavato in caso di liquidazione, avuto riguardo al valore di mercato attribuibile ai beni o ai diritti sui quali insiste la causa di prelazione, come attestato dagli organismi di composizione della crisi.

3. Quando è prevista la continuazione dell'attività aziendale, è possibile prevedere il rimborso, alla scadenza convenuta, delle rate a scadere del contratto di mutuo con garanzia reale gravante su beni strumentali all'esercizio dell'impresa se il debitore, alla data della presentazione della domanda di concordato, ha adempiuto le proprie obbligazioni o se il giudice lo autorizza al pagamento del debito per capitale ed interessi scaduto a tale data. L'OCC attesta anche che il credito garantito potrebbe essere soddisfatto integralmente con il ricavato della liquidazione del bene effettuata a valore di mercato e che il rimborso delle rate a scadere non lede i diritti degli altri creditori.

(1) *Questo comma è stato così sostituito dall'art. 12, comma 2, del D.L.vo 26 ottobre 2020, n. 147, a decorrere dal 1° settembre 2021.*

76. Presentazione della domanda e attività dell'OCC. – 1. La domanda è formulata tramite un OCC costituito nel circondario del tribunale competente ai sensi dell'articolo 27, comma 2. Se nel circondario del tribunale competente non vi è un OCC, i compiti e le funzioni allo stesso attribuiti sono svolti da un professionista o da una società tra professionisti in possesso dei requisiti di cui all'articolo 358, nominati dal presidente del tribunale competente o da un giudice da lui delegato, individuati, ove possibile, tra gli iscritti all'albo dei gestori della crisi di cui al decreto del Ministro della giustizia 24 settembre 2014, n. 202 (1).

2. Alla domanda deve essere allegata una relazione particolareggiata dell'OCC, che comprende:

a) l'indicazione delle cause dell'indebitamento e della diligenza impiegata dal debitore nell'assumere le obbligazioni;

b) l'esposizione delle ragioni dell'incapacità del debitore di adempiere le obbligazioni assunte;

c) l'indicazione della eventuale esistenza di atti del debitore impugnati dai creditori;

d) la valutazione sulla completezza e attendibilità della documentazione depositata a corredo della domanda, nonché sulla convenienza del piano rispetto all'alternativa liquidatoria;

e) l'indicazione presumibile dei costi della procedura;

f) la percentuale, le modalità e i tempi di soddisfacimento dei creditori;

g) l'indicazione dei criteri adottati nella formazione delle classi, ove previste dalla proposta.

3. L'OCC, nella sua relazione, deve indicare anche se il soggetto finanziatore, ai fini della concessione del finanziamento, abbia tenuto conto del merito creditizio del debitore.

4. L'OCC, entro sette giorni dall'avvenuto conferimento dell'incarico da parte del debitore, ne dà notizia all'agente della riscossione e agli uffici fiscali, anche degli enti locali, competenti sulla base dell'ultimo domicilio fiscale dell'istante, i quali entro quindici giorni debbono comunicare il debito tributario accertato e gli eventuali accertamenti pendenti.

5. Il deposito della domanda sospende, ai soli effetti del concorso, il corso degli interessi convenzionali o legali fino alla chiusura della liquidazione, a meno che i crediti non siano garantiti da ipoteca, pegno o privilegio, salvo quanto previsto dagli articoli 2749, 2788 e 2855, commi secondo e terzo, del codice civile.

6. Il procedimento si svolge dinanzi al tribunale in composizione monocratica.

(1) *Questo periodo è stato aggiunto dall'art. 12, comma 3, del D.L.vo 26 ottobre 2020, n. 147, a decorrere dal 1° settembre 2021.*

77. Inammissibilità della domanda di concordato minore. – 1. La domanda di concordato minore è inammissibile se mancano i documenti di cui agli articoli 75 e 76, se il debitore presenta requisiti dimensionali che eccedono i limiti di cui all'articolo 2, comma 1, lettera *d*), numeri 1), 2) e 3), se è già stato esdebitato nei cinque anni precedenti la domanda o ha già beneficiato dell'esdebitazione per due volte o se risultano commessi atti diretti a frodare le ragioni dei creditori.

78. Procedimento. – 1. Il giudice, se la domanda è ammissibile, dichiara aperta la procedura con decreto non soggetto a reclamo (1) e dispone la comunicazione, a cura dell'OCC, a tutti i creditori della proposta e del decreto.

2. Con il decreto di cui al comma 1, il giudice:

a) dispone la pubblicazione del decreto mediante inserimento in apposita area del sito web del tribunale o del Ministero della giustizia e nel registro delle imprese se il debitore svolge attività d'impresa;

b) ordina, ove il piano preveda la cessione o l'affidamento a terzi di beni immobili o beni mobili registrati, la trascrizione del decreto presso gli uffici competenti;

c) assegna ai creditori un termine non superiore a trenta giorni entro il quale devono fare pervenire all'OCC, a mezzo posta elettronica certificata o altro servizio elettronico di recapito certificato qualificato ai sensi dell'articolo 1, comma 1 *ter* del Codice dell'amministrazione digitale di cui al decreto legislativo n. 82 del 2005 (2), la dichiarazione di adesione o di mancata adesione alla proposta di concordato e le eventuali contestazioni;

d) su istanza del debitore, dispone che, sino al momento in cui il provvedimento di omologazione diventa definitivo, non possono, sotto pena di nullità, essere iniziate o proseguite azioni esecutive individuali né disposti sequestri conservativi né acquistati diritti di prelazione sul patrimonio del debitore da parte dei creditori aventi titolo o causa anteriore.

2 *bis*. Con il decreto di cui al comma 1, il giudice nomina il commissario giudiziale perché svolga, a partire da quel momento, le funzioni dell'OCC se: *a*) è stata disposta la sospensione generale delle azioni esecutive individuali e la nomina appare necessaria per tutelare gli interessi delle parti; *b*) è proposta domanda di concordato in continuità aziendale, con omologazione da pronunciarsi ai sensi dell'articolo 112, comma 2; *c*) la nomina è richiesta dal debitore (3).

3. L'OCC cura l'esecuzione del decreto.

4. Nella comunicazione di cui al comma 2, lettera *c*), il creditore deve indicare un indirizzo di posta elettronica certificata o altro servizio elettronico di recapito certificato qualificato, (4) a cui ricevere tutte le comunicazioni. In mancanza, i provvedimenti sono comunicati mediante deposito in cancelleria.

5. Gli atti eccedenti l'ordinaria amministrazione compiuti senza l'autorizzazione del giudice sono inefficaci rispetto ai creditori anteriori al momento in cui è stata eseguita la pubblicità del decreto.

(1) *Le parole: «non soggetto a reclamo» sono state inserite dall'art. 12, comma 4, del D.L.vo 26 ottobre 2020, n. 147, a decorrere dal 1° settembre 2021.*

(2) *Le parole: «o altro servizio elettronico di recapito certificato qualificato ai sensi dell'articolo 1, comma 1 ter del Codice dell'amministrazione digitale di cui al decreto legislativo n. 82 del 2005» sono state aggiunte dall'art. 18, comma 1, lett. a), del D.L.vo 17 giugno 2022, n. 83, a decorrere dal 15 luglio 2022.*

(3) *Questo comma è stato inserito dall'art. 18, comma 1, lett. b), del D.L.vo 17 giugno 2022, n. 83, a decorrere dal 15 luglio 2022.*

(4) *Le parole: «o altro servizio elettronico di recapito certificato qualificato,» sono state inserite dall'art. 18, comma 1, lett. c), del D.L.vo 17 giugno 2022, n. 83, a decorrere dal 15 luglio 2022.*

79. Maggioranza per l'approvazione del concordato minore. – 1. Il concordato minore è approvato dai creditori che rappresentano la maggioranza dei crediti ammessi al voto. Quando un unico creditore è titolare di crediti in misura superiore alla maggioranza dei crediti ammessi al voto, il concordato minore è approvato se, oltre alla maggioranza di cui al periodo precedente, ha riportato la maggioranza per teste dei voti espressi dai creditori ammessi al voto (1). Quando sono previste diverse classi di creditori, il concordato minore è approvato se la maggioranza dei crediti ammessi al voto è raggiunta anche nel maggior numero di classi (1). I creditori muniti di privilegio, pegno o ipoteca, dei quali la proposta prevede l'integrale pagamento, non sono computati ai fini del raggiungimento della maggioranza e non hanno diritto di esprimersi sulla proposta, salvo che non rinuncino in tutto o in parte al diritto di prelazione. I creditori soddisfatti parzialmente ai sensi dell'articolo 74, comma 3, sono equiparati ai chirografari per la parte residua del credito.

2. Non sono ammessi al voto e non sono computati ai fini del raggiungimento delle maggioranze il coniuge, la parte dell'unione civile e il convivente di fatto del debitore di cui alla legge 20 maggio 2016, n. 76, i parenti e gli affini del debitore fino al quarto grado, la società che controlla la società debitrice, le società da questa controllate e quelle sottoposte a comune controllo, nonché i cessionari o aggiudicatari dei loro crediti da meno di un anno prima della domanda. Sono inoltre esclusi dal voto e dal computo delle maggioranze i creditori in conflitto d'interessi (2).

3. In mancanza di comunicazione all'OCC nel termine assegnato, si intende che i creditori abbiano prestato consenso alla proposta nei termini in cui è stata loro trasmessa.

4. Salvo patto contrario, il concordato minore della società produce i suoi effetti anche per i soci illimitatamente responsabili (3).

5. Il concordato minore non pregiudica i diritti dei creditori nei confronti dei coobbligati, fideiussori del debitore e obbligati in via di regresso, salvo che sia diversamente previsto.

(1) *Questo periodo è stato inserito dall'art. 12, comma 5, lett. a), del D.L.vo 26 ottobre 2020, n. 147, a decorrere dal 1° settembre 2021.*

(2) *Questo comma è stato così sostituito dall'art. 12, comma 5, lett. b), del D.L.vo 26 ottobre 2020, n. 147, a decorrere dal 1° settembre 2021.*

(3) *Questo comma è stato così sostituito dall'art. 12, comma 5, lett. c), del D.L.vo 26 ottobre 2020, n. 147, a decorrere dal 1° settembre 2021.*

80. Omologazione del concordato minore. – 1. Il giudice, verificati la ammissibilità giuridica e la fattibilità [economica] (1) del piano e il raggiungimento della percentuale di cui all'articolo 79 in mancanza di contestazioni, omologa il concordato minore con sentenza, disponendo forme adeguate di pubblicità e, se necessario, la sua trascrizione.

2. Con la sentenza di omologazione, il giudice dichiara chiusa la procedura.

3. Quando uno dei creditori o qualunque altro interessato contesta la convenienza della proposta, il giudice, sentiti il debitore e l'OCC, omologa il concordato minore se ritiene che il credito dell'opponente possa essere soddisfatto dall'esecuzione del piano in misura non inferiore all'alternativa liquidatoria. Il giudice omologa altresì il concordato minore anche in mancanza di adesione da parte dell'amministrazione finanziaria o degli enti gestori di forme di previdenza o assistenza obbligatorie quando l'adesione è determinante ai fini del raggiungimento della percentuale di cui all'articolo 79, comma 1 e, anche sulla base delle risultanze, sul punto, della specifica relazione dell'OCC, la proposta di soddisfacimento dell'amministrazione o degli enti gestori di forme di previdenza o assistenza obbligatorie è conveniente rispetto all'alternativa liquidatoria (2).

4. Il creditore, anche dissenziente, che ha colpevolmente determinato la situazione di indebitamento o il suo aggravamento, non può presentare opposizione in sede di omologa per contestare la convenienza della proposta (3).

5. Il giudice, se rigetta la domanda di omologa, dichiara con decreto motivato l'inefficacia delle misure protettive accordate e, su istanza del debitore, dichiara aperta la procedura di liquidazione controllata ai sensi degli articoli 268 e seguenti.

6. In caso di frode, l'istanza di cui al comma 5 può essere proposta anche da un creditore o dal pubblico ministero.

7. Il decreto è reclamabile ai sensi dell'articolo 50.

(1) *La parola fra parentesi quadrata è stata soppressa dall'art. 18, comma 2, del D.L.vo 17 giugno 2022, n. 83, a decorrere dal 15 luglio 2022.*

(2) *Questo comma è stato così sostituito dall'art. 12, comma 6, lett. a), del D.L.vo 26 ottobre 2020, n. 147, a decorrere dal 1° settembre 2021.*

(3) *Questo comma è stato così sostituito dall'art. 12, comma 6, lett. b), del D.L.vo 26 ottobre 2020, n. 147, a decorrere dal 1° settembre 2021.*

81. (1) Esecuzione del concordato minore. – 1. Il debitore è tenuto a compiere ogni atto necessario a dare esecuzione al piano omologato. L'OCC vigila sull'esatto adempimento del concordato minore, risolve le eventuali difficoltà e, se necessario, le sottopone al giudice. Alle vendite e alle cessioni, se previste dal piano, provvede il debitore, tramite procedure competitive, anche avvalendosi di soggetti specializzati, sotto il controllo e con la collaborazione dell'OCC, sulla base di stime effettuate, salvo il caso di beni di modesto valore, da parte di operatori esperti, assicurando, con adeguate forme di pubblicità, la massima informazione e partecipazione degli interessati. Ogni sei mesi, l'OCC riferisce al giudice per iscritto sullo stato dell'esecuzione.

2. Il giudice, sentito l'OCC e verificata la conformità dell'atto dispositivo al piano, autorizza lo svincolo delle somme e ordina la cancellazione delle iscrizioni relative ai diritti di prelazione, della trascrizione dei pignoramenti, dei sequestri conservativi nonché di ogni altro vincolo, ivi compresa la trascrizione del decreto di apertura del concordato minore, effettuata ai sensi dell'articolo 78, comma 2, lettera *b*).

3. I pagamenti e gli atti dispositivi dei beni posti in essere in violazione del piano sono inefficaci rispetto ai creditori anteriori al momento in cui è stata eseguita la pubblicità di cui all'articolo 78, comma 2, lettera *a*).

4. Terminata l'esecuzione, l'OCC, sentito il debitore, presenta al giudice una relazione finale. Il giudice, se il piano è stato integralmente e correttamente eseguito, procede alla liquidazione del compenso all'OCC, tenuto conto di quanto eventualmente convenuto dall'organismo con il debitore, e ne autorizza il pagamento.

5. Quando il piano non è stato integralmente e correttamente eseguito, il giudice indica gli atti necessari per l'esecuzione del piano ed un termine per il loro compimento. Se le prescrizioni non sono adempiute nel termine, anche prorogato su istanza formulata dal debitore tramite l'OCC, il giudice revoca l'omologazione, osservate, in quanto compatibili, le disposizioni di cui all'articolo 82.

6. Nella liquidazione del compenso il giudice tiene conto della diligenza dell'OCC.

(1) *Questo articolo è stato così sostituito dall'art. 12, comma 7, del D.L.vo 26 ottobre 2020, n. 147, a decorrere dal 1° settembre 2021.*

82. (1) **Revoca dell'omologazione.** – 1. Il giudice revoca l'omologazione d'ufficio o su istanza di un creditore, del pubblico ministero o di qualsiasi altro interessato, in contraddittorio con il debitore, quando è stato dolosamente o con colpa grave aumentato o diminuito il passivo, ovvero quando è stata sottratta o dissimulata una parte rilevante dell'attivo ovvero quando sono state dolosamente simulate attività inesistenti o quando risultano commessi altri atti diretti a frodare le ragioni dei creditori.

2. Il giudice provvede allo stesso modo in caso di mancata esecuzione integrale del piano, fermo quanto previsto dall'articolo 81, comma 5, o qualora il piano sia divenuto inattuabile e non sia possibile modificarlo.

3. La domanda di revoca non può essere proposta e l'iniziativa da parte del tribunale non può essere assunta decorsi sei mesi dalla presentazione della relazione finale.

4. L'OCC è tenuto a segnalare al giudice ogni fatto rilevante ai fini della revoca dell'omologazione.

5. Sulla richiesta di revoca, il giudice sente le parti, anche mediante scambio di memorie scritte e provvede con sentenza reclamabile ai sensi dell'articolo 51.

6. La revoca dell'omologazione non pregiudica i diritti acquistati dai terzi in buona fede.

(1) *Questo articolo è stato così sostituito dall'art. 12, comma 8, del D.L.vo 26 ottobre 2020, n. 147, a decorrere dal 1° settembre 2021.*

83. Conversione in procedura liquidatoria. – 1. In ogni caso di revoca [o risoluzione] (1) il giudice, su istanza del debitore, dispone la conversione in liquidazione controllata.

2. Se la revoca [o la risoluzione] (2) consegue ad atti di frode o ad inadempimento, l'istanza di cui al comma 1 può essere proposta anche dai creditori o dal pubblico ministero.

3. In caso di conversione, il giudice concede termine al debitore per l'integrazione della documentazione e provvede ai sensi dell'articolo 270.

(1) *Le parole tra parentesi quadrate sono state soppresse dall'art. 12, comma 9, lett.* a), *del D.L.vo 26 ottobre 2020, n. 147, a decorrere dal 1° settembre 2021.*

(2) *Le parole tra parentesi quadrate sono state soppresse dall'art. 12, comma 9, lett.* b), *del D.L.vo 26 ottobre 2020, n. 147, a decorrere dal 1° settembre 2021.*

Capo III
Concordato preventivo

Sezione I
Finalità e contenuti del concordato preventivo (1)

(1) *La precedente rubrica:* «Presupposti e inizio della procedura» *è stata così sostituita dall'attuale dall'art. 19, comma 1, del D.L.vo 17 giugno 2022, n. 83, a decorrere dal 15 luglio 2022.*

84. (1) **Finalità del concordato preventivo e tipologie di piano.** – 1. L'imprenditore di cui all'articolo 121, che si trova in stato di crisi o di insolvenza, può proporre un concordato che realizzi, sulla base di un piano avente il contenuto di cui all'articolo 87, il soddisfacimento dei creditori in misura non inferiore a quella realizzabile in caso di liquidazione giudiziale mediante la continuità aziendale, la liquidazione del patrimonio, l'attribuzione delle attività ad un assuntore o in qualsiasi altra forma. Possono costituirsi come assuntori anche i creditori o società da questi partecipate. È fatto salvo il disposto dell'articolo 296.

2. La continuità aziendale tutela l'interesse dei creditori e preserva, nella misura possibile, i posti di lavoro. La continuità aziendale può essere diretta, con prosecuzione dell'attività d'impresa da parte dell'imprenditore che ha presentato la domanda di concordato, ovvero indiretta, se è prevista dal piano la gestione dell'azienda in esercizio o la ripresa dell'attività da parte di soggetto diverso dal debitore in forza di cessione, usufrutto, conferimento dell'azienda in una o più società, anche di nuova costituzione, ovvero in forza di affitto, anche stipulato anteriormente, purché in funzione della presentazione del ricorso, o a qualunque altro titolo.

3. Nel concordato in continuità aziendale i creditori vengono soddisfatti in misura anche non prevalente dal ricavato prodotto dalla continuità aziendale diretta o indiretta. La proposta di concordato prevede per ciascun creditore un'utilità specificamente individuata ed economicamente valutabile, che può consistere anche nella prosecuzione o rinnovazione di rapporti contrattuali con il debitore o con il suo avente causa.

4. Nel concordato con liquidazione del patrimonio la proposta prevede un apporto di risorse esterne che incrementi di almeno il 10 per cento l'attivo disponibile al momento della presentazione della domanda e assicuri il soddisfacimento dei creditori chirografari e dei creditori privilegiati degradati per incapienza in misura non inferiore al 20 per cento del loro ammontare complessivo. Le risorse esterne possono essere distribuite in deroga agli articoli 2740 e 2741 del codice civile purché sia rispettato il requisito del 20 per cento. Si considerano esterne le risorse apportate a qualunque titolo dai soci senza obbligo di restituzione o con vincolo di postergazione, di cui il piano prevede la diretta destinazione a vantaggio dei creditori concorsuali.

5. I creditori muniti di privilegio, pegno o ipoteca, possono essere soddisfatti anche non integralmente, purché in misura non inferiore a quella realizzabile in caso di liquidazione dei beni o dei diritti sui quali sussiste la causa di prelazione, al netto del presumibile ammontare delle spese di procedura inerenti al bene o diritto e della quota parte delle spese generali, attestato da professionista indipendente. La quota residua del credito è trattata come credito chirografario.

6. Nel concordato in continuità aziendale il valore di liquidazione è distribuito nel rispetto della graduazione delle cause legittime di prelazione; per il valore eccedente quello di liquidazione è sufficiente che i crediti inseriti in una classe ricevano complessivamente un trattamento almeno pari a quello delle classi dello stesso grado e più favorevole rispetto a quello delle classi di grado inferiore.

7. I crediti assistiti dal privilegio di cui all'articolo 2751 *bis*, n. 1, del codice civile sono soddisfatti, nel concordato in continuità aziendale, nel rispetto della graduazione delle cause legittime di prelazione sul valore di liquidazione e sul valore eccedente il valore di liquidazione. La proposta e il piano assicurano altresì il rispetto di quanto previsto dall'articolo 2116, primo comma, del codice civile.

8. Quando il piano prevede la liquidazione del patrimonio o la cessione dell'azienda e l'offerente non sia già individuato, il tribunale nomina un liquidatore che, anche avvalendosi di soggetti specializzati, compie le operazioni di liquidazione assicurandone l'efficienza e la celerità nel rispetto dei principi di pubblicità e trasparenza. Si applicano gli articoli da 2919 a 2929 del codice civile.

9. Quando il piano prevede l'offerta da parte di un soggetto individuato, avente ad oggetto l'affitto o il trasferimento in suo favore, anche prima dell'omologazione, dell'azienda o di uno o più rami d'azienda, il giudice provvede ai sensi dell'articolo 91, comma 1.

(1) *Questo articolo è stato così sostituito dall'art. 19, comma 2, del D.L.vo 17 giugno 2022, n. 83, a decorrere dal 15 luglio 2022.*

85. (1) **Suddivisione dei creditori in classi.** – 1. Il piano può prevedere la suddivisione dei creditori in classi con trattamenti differenziati tra creditori appartenenti a classi diverse.

2. La suddivisione dei creditori in classi è obbligatoria per i creditori titolari di crediti tributari o previdenziali dei quali non sia previsto l'integrale pagamento, per i creditori titolari di garanzie prestate da terzi, per i creditori che vengono soddisfatti anche in parte con utilità diverse dal denaro e per i creditori proponenti il concordato e per le parti ad essi correlate.

3. Nel concordato in continuità aziendale la suddivisione dei creditori in classi è in ogni caso obbligatoria. I creditori muniti di privilegio, pegno o ipoteca, interessati dalla ristrutturazione perché non ricorrono le condizioni di cui all'articolo 109, comma 5, sono suddivisi in classi e le imprese minori, titola-

ri di crediti chirografari derivanti da rapporti di fornitura di beni e servizi, sono inserite in classi separate.

4. Fermo quanto previsto dall'articolo 84, commi 5, 6 e 7, il trattamento stabilito per ciascuna classe non può avere l'effetto di alterare l'ordine delle cause legittime di prelazione.

(1) *Questo articolo è stato così sostituito dall'art. 19, comma 3, del D.L.vo 17 giugno 2022, n. 83, a decorrere dal 15 luglio 2022.*

86. (1) **Moratoria nel concordato in continuità.** – 1. Fermo quanto previsto nell'articolo 109, il piano può prevedere una moratoria per il pagamento dei creditori muniti di privilegio, pegno o ipoteca, salvo che sia prevista la liquidazione dei beni o diritti sui quali sussiste la causa di prelazione. Per i creditori assistiti dal privilegio previsto dall'articolo 2751 *bis*, n. 1, del codice civile può essere prevista una moratoria per il pagamento fino a sei mesi dall'omologazione.

(1) *Questo articolo è stato così sostituito dall'art. 19, comma 4, del D.L.vo 17 giugno 2022, n. 83, a decorrere dal 15 luglio 2022.*

87. (1) **Contenuto del piano di concordato.** – 1. Il debitore presenta, con la proposta di concordato e unitamente alla documentazione prevista dall'articolo 39, un piano contenente:

a) l'indicazione del debitore e delle eventuali parti correlate, le sue attività e passività al momento della presentazione del piano e la descrizione della situazione economico-finanziaria dell'impresa e della posizione dei lavoratori;

b) una descrizione delle cause e dell'entità dello stato di crisi o di insolvenza in cui si trova e l'indicazione delle strategie d'intervento;

c) il valore di liquidazione del patrimonio, alla data della domanda di concordato, in ipotesi di liquidazione giudiziale;

d) le modalità di ristrutturazione dei debiti e di soddisfazione dei crediti attraverso qualsiasi forma, anche mediante cessione dei beni, accollo, o altre operazioni straordinarie, ivi compresa l'attribuzione ai creditori, nonché a società da questi partecipate, di azioni, quote, ovvero obbligazioni, anche convertibili in azioni, o altri strumenti finanziari e titoli di debito;

e) la descrizione analitica delle modalità e dei tempi di adempimento della proposta nonché, in caso di concordato in continuità, il piano industriale con l'indicazione degli effetti sul piano finanziario e dei tempi necessari per assicurare il riequilibrio della situazione finanziaria;

f) ove sia prevista la prosecuzione dell'attività d'impresa in forma diretta, l'analitica individuazione dei costi e dei ricavi attesi, del fabbisogno finanziario e delle relative modalità di copertura, tenendo conto anche dei costi necessari per assicurare il rispetto della normativa in materia di sicurezza sul lavoro e di tutela dell'ambiente;

g) gli apporti di finanza nuova eventualmente previsti e le ragioni per cui sono necessari per l'attuazione del piano;

h) le azioni risarcitorie e recuperatorie esperibili nonché le azioni eventualmente proponibili solo nel caso di apertura della procedura di liquidazione giudiziale e le prospettive di realizzo;

i) le iniziative da adottare qualora si verifichi uno scostamento dagli obiettivi pianificati;

l) le parti interessate dal piano, indicate individualmente o descritte per categorie di debiti, e l'ammontare dei relativi crediti e interessi, con indicazione dell'ammontare eventualmente contestato;

m) le classi in cui le parti interessate sono state suddivise ai fini del voto, con indicazione dei criteri di formazione utilizzati, del valore dei rispettivi crediti e degli interessi di ciascuna classe;

n) le eventuali parti non interessate dal piano, indicate individualmente o descritte per categorie di debiti, unitamente a una descrizione dei motivi per i quali non sono interessate;

o) le modalità di informazione e consultazione dei rappresentanti dei lavoratori nonché gli effetti della ristrutturazione sui rapporti di lavoro, sulla loro organizzazione o sulle modalità di svolgimento delle prestazioni;

p) l'indicazione del commissario giudiziale ove già nominato.

2. Nella domanda il debitore indica le ragioni per cui la proposta concordataria è preferibile rispetto alla liquidazione giudiziale.

3. Il debitore deposita, con la domanda, la relazione di un professionista indipendente, che attesti la veridicità dei dati aziendali e la fattibilità del piano e, in caso di continuità aziendale, che il piano è atto a impedire o superare l'insolvenza del debitore, a garantire la sostenibilità economica dell'impresa e a riconoscere a ciascun creditore un trattamento non deteriore rispetto a quello che riceverebbe in caso di liquidazione giudiziale.

Analoga relazione deve essere presentata nel caso di modifiche sostanziali della proposta o del piano.

(1) *Questo articolo è stato così sostituito dall'art. 19, comma 5, del D.L.vo 17 giugno 2022, n. 83, a decorrere dal 15 luglio 2022.*

88. Trattamento dei crediti tributari e contributivi. – 1. Fermo restando quanto previsto, per il concordato in continuità aziendale, dall'articolo 112, comma 2, con il piano (1) di concordato il debitore, esclusivamente mediante proposta presentata ai sensi del presente articolo, può proporre il pagamento, parziale o anche dilazionato, dei tributi e dei relativi accessori amministrati dalle agenzie fiscali, nonché dei contributi amministrati dagli enti gestori di forme di previdenza, assistenza e assicurazione per l'invalidità, la vecchiaia e i superstiti obbligatorie e dei relativi accessori, se il piano ne prevede la soddisfazione in misura non inferiore a quella realizzabile, in ragione della collocazione preferenziale, sul ricavato in caso di liquidazione, avuto riguardo al valore di mercato attribuibile ai beni o ai diritti sui quali sussiste la causa di prelazione, indicato nella relazione di un professionista indipendente. Se il credito tributario e contributivo è assistito da privilegio, la percentuale, i tempi di pagamento e le eventuali garanzie non possono essere inferiori o meno vantaggiosi rispetto a quelli offerti ai creditori che hanno un grado di privilegio inferiore o a quelli che hanno una posizione giuridica e interessi economici omogenei a quelli delle agenzie e degli enti gestori di forme di previdenza e assistenza obbligatorie. Se il credito tributario o contributivo ha natura chirografaria, anche a seguito di degradazione per incapienza, il trattamento non può essere differenziato rispetto a quello degli altri crediti chirografari ovvero, nel caso di suddivisione in classi, dei crediti rispetto ai quali è previsto un trattamento più favorevole (2).

2. L'attestazione del professionista indipendente, relativamente ai crediti tributari e contributivi (3), ha ad oggetto anche la convenienza del trattamento proposto rispetto alla liquidazione giudiziale e, nel concordato in continuità aziendale, la sussistenza di un trattamento non deteriore (4).

2 *bis*. Il tribunale omologa il concordato preventivo anche in mancanza di adesione da parte dell'amministrazione finanziaria o degli enti gestori di forme di previdenza o assistenza obbligatorie quando l'adesione è determinante ai fini del raggiungimento delle percentuali di cui all'articolo 109, comma 1, e, anche sulla base delle risultanze della relazione del professionista indipendente, la proposta di soddisfacimento della predetta amministrazione o degli enti gestori di forme di previdenza o assistenza obbligatorie è conveniente o non deteriore rispetto all'alternativa liquidatoria (5).

3. Copia della proposta e della relativa documentazione, contestualmente al deposito presso il tribunale, deve essere presentata al competente agente della riscossione e agli altri uffici competenti (6) sulla base dell'ultimo domicilio fiscale del debitore, unitamente alla copia delle dichiarazioni fiscali per le quali non è pervenuto l'esito dei controlli automatici nonché delle dichiarazioni integrative relative al periodo fino alla data di presentazione della domanda. L'agente della riscossione, non oltre trenta giorni dalla data della presentazione, deve trasmettere al debitore una certificazione attestante l'entità del debito iscritto a ruolo scaduto o sospeso. Gli uffici, nello stesso termine, devono (7) procedere alla liquidazione dei tributi risultanti dalle dichiarazioni e alla notifica dei relativi avvisi di irregolarità, unitamente a una certificazione attestante l'entità del debito derivante da atti di accertamento, ancorché non definitivi, per la parte non iscritta a ruolo, nonché dai ruoli vistati, ma non ancora consegnati all'agente della riscossione. Dopo la nomina del commissario giudiziale copia dell'avviso di irregolarità e delle certificazioni deve essergli trasmessa per gli adempimenti previsti dagli articoli 105, comma 1, e 106. In particolare, per i tributi amministrati dall'Agenzia delle dogane e dei monopoli, l'ufficio competente a ricevere copia della domanda con la relativa documentazione prevista al primo periodo, nonché a rilasciare la certificazione di cui al terzo periodo, si identifica con l'ufficio che ha notificato al debitore gli atti di accertamento.

4. Relativamente al credito tributario chirografario complessivo, il voto sulla proposta concordataria è espresso dall'ufficio, previo parere conforme della competente direzione regionale.

5. Il voto è espresso dall'agente della riscossione limitatamente agli oneri di riscossione di cui all'articolo 17 del decreto legislativo 13 aprile 1999, n. 112.

(1) *Le parole: «Con il piano» sono state così sostituite dalle attuali: «Fermo restando quanto previsto, per il concordato in continuità aziendale, dall'articolo 112, comma 2, con il piano» dall'art. 19, comma 6, lett.* a),

del D.L.vo 17 giugno 2022, n. 83, a decorrere dal 15 luglio 2022.

(2) *Questo comma è stato così sostituito dall'art. 13, comma 4, lett. a), del D.L.vo 26 ottobre 2020, n. 147, a decorrere dal 1° settembre 2021.*

(3) *Le parole: «fiscali e previdenziali» sono state così sostituite dalle attuali: «tributari e contributivi» dall'art. 13, comma 4, lett. b), del D.L.vo 26 ottobre 2020, n. 147, a decorrere dal 1° settembre 2021.*

(4) *Le parole: «e, nel concordato in continuità aziendale, la sussistenza di un trattamento non deteriore» sono state aggiunte dall'art. 19, comma 6, lett. b), del D.L.vo 17 giugno 2022, n. 83, a decorrere dal 15 luglio 2022.*

(5) *Questo comma è stato inserito dall'art. 19, comma 6, lett. c), del D.L.vo 17 giugno 2022, n. 83, a decorrere dal 15 luglio 2022.*

(6) *Le parole: «e all'ufficio competente» sono state così sostituite dalle attuali: «e agli altri uffici competenti» dall'art. 13, comma 4, lett. c), del D.L.vo 26 ottobre 2020, n. 147, a decorrere dal 1° settembre 2021.*

(7) *Le parole: «L'ufficio, nello stesso termine, deve» sono state così sostituite dalle attuali: «Gli uffici, nello stesso termine, devono» dall'art. 13, comma 4, lett. c), del D.L.vo 26 ottobre 2020, n. 147, a decorrere dal 1° settembre 2021.*

89. Riduzione o perdita del capitale della società in crisi. – 1. Dalla data del deposito della domanda e sino all'omologazione non si applicano gli articoli 2446, commi secondo e terzo, 2447, 2482 *bis*, commi quarto, quinto e sesto, e 2482 *ter* del codice civile. Per lo stesso periodo non opera la causa di scioglimento della società per riduzione o perdita del capitale sociale di cui agli articoli 2484, n. 4, e 2545 *duodecies* del codice civile.

2. Resta ferma, per il periodo anteriore al deposito delle domande e della proposta di cui al comma 1, l'applicazione dell'articolo 2486 del codice civile.

90. Proposte concorrenti. – 1. Colui o coloro che, anche per effetto di acquisti successivi alla domanda di concordato, rappresentano almeno il dieci per cento dei crediti risultanti dalla situazione patrimoniale depositata dal debitore, possono presentare una proposta concorrente di concordato preventivo e il relativo piano non oltre trenta giorni prima della data iniziale stabilita per la votazione dei creditori.

2. Ai fini del computo della percentuale del dieci per cento, non si considerano i crediti della società che controlla la società debitrice, delle società da questa controllate e di quelle sottoposte a comune controllo.

3. La proposta concorrente non può essere presentata dal debitore, neppure per interposta persona, dal coniuge, dalla parte di un'unione civile tra persone dello stesso sesso o dal convivente di fatto del debitore, da parenti e affini entro il quarto grado e da parti correlate.

4. La relazione di cui all'articolo 87, comma 3, (1) può essere limitata alla fattibilità del piano per gli aspetti che non siano già oggetto di verifica da parte del commissario giudiziale, e può essere omessa se non ve ne sono.

5. Le proposte di concordato concorrenti non sono ammissibili se nella relazione di cui all'articolo 87, comma 3, (2) il professionista indipendente attesta che la proposta di concordato del debitore assicura il pagamento di almeno il trenta per cento dell'ammontare dei crediti chirografari. Tale percentuale è ridotta al 20 per cento nel caso in cui il debitore abbia utilmente avviato la composizione negoziata ai sensi dell'articolo 13 (3).

6. La proposta può prevedere l'intervento di terzi e, se il debitore ha la forma di società per azioni o a responsabilità limitata, un aumento di capitale della società con esclusione o limitazione del diritto d'opzione.

7. La proposta concorrente prima di essere comunicata ai creditori, deve essere sottoposta al giudizio del tribunale che verifica la correttezza dei criteri di formazione delle classi.

8. Le proposte di concordato, ivi compresa quella presentata dal debitore, possono essere modificate fino a venti giorni prima della votazione dei creditori.

(1) *Le parole: «articolo 87, comma 2» sono state così sostituite dalle attuali: «articolo 87, comma 3,» dall'art. 19, comma 7, lett. a), del D.L.vo 17 giugno 2022, n. 83, a decorrere dal 15 luglio 2022.*

(2) *Le parole: «articolo 87, comma 2,» sono state così sostituite dalle attuali: «articolo 87, comma 3,» dall'art. 19, comma 7, lett. b), del D.L.vo 17 giugno 2022, n. 83, a decorrere dal 15 luglio 2022.*

(3) *Questo periodo è stato così sostituito dall'attuale dall'art. 19, comma 7, lett. b), del D.L.vo 17 giugno 2022, n. 83, a decorrere dal 15 luglio 2022.*

91. Offerte concorrenti. – 1. Il tribunale o il giudice da esso delegato, esclusivamente quando il piano di concordato comprende un'offerta irrevocabile da parte di un soggetto già individuato e avente ad oggetto il trasferimento in suo favore, anche prima dell'omologazione, verso un corrispettivo in denaro o comunque a titolo oneroso, dell'azienda o di uno o più rami d'azienda o di specifici beni, dispone che dell'offerta stessa sia data idonea pubblicità al fine di acquisire offerte concorrenti. La stessa disciplina si applica in caso di affitto d'azienda (1).

2. La medesima disciplina si applica quando, prima dell'apertura della procedura di concordato, il debitore ha stipulato un con-

tratto che comunque abbia la finalità del trasferimento non immediato dell'azienda, del ramo d'azienda o di specifici beni aziendali.

3. Se pervengono manifestazioni di interesse, il tribunale o il giudice da esso delegato, dispone con decreto l'apertura della procedura competitiva.

4. Il decreto di cui al comma 3 stabilisce le modalità di presentazione di offerte irrevocabili, prevedendo che ne sia assicurata in ogni caso la comparabilità, i requisiti di partecipazione degli offerenti, le forme e i tempi di accesso alle informazioni rilevanti, gli eventuali limiti al loro utilizzo e le modalità con cui il commissario deve fornirle a coloro che ne fanno richiesta, le modalità di svolgimento della procedura competitiva, l'aumento minimo del corrispettivo che le offerte devono prevedere, le garanzie che devono essere prestate dagli offerenti, le forme di pubblicità e la data dell'udienza per l'esame delle offerte se la vendita avviene davanti al giudice.

5. La pubblicità è in ogni caso disposta sul portale delle vendite pubbliche di cui all'articolo 490 del codice di procedura civile, nelle forme di pubblicità di cui al predetto articolo per quanto compatibili.

6. Le offerte, da presentarsi in forma segreta, non sono efficaci se non conformi a quanto previsto dal decreto e, in ogni caso, quando sottoposte a condizione.

7. Le offerte sono rese pubbliche nel giorno stabilito per la gara alla presenza degli offerenti e di qualunque interessato. Se sono state presentate più offerte migliorative, si procede alla gara tra gli offerenti. La gara deve concludersi almeno venti giorni prima della data fissata per il voto dei creditori, anche quando il piano prevede che la vendita o l'aggiudicazione abbia luogo dopo l'omologazione.

8. Con la vendita o con l'aggiudicazione, se precedente, a soggetto diverso dall'originario offerente indicato nel piano, questi e il debitore sono liberati dalle obbligazioni reciprocamente assunte. In favore dell'originario offerente il commissario dispone il rimborso delle spese e dei costi sostenuti per la formulazione dell'offerta entro il limite massimo del tre per cento del prezzo in essa indicato.

9. Il debitore modifica la proposta ed il piano in conformità all'esito della gara.

10. Nel caso in cui, indetta la gara, non vengano presentate offerte, l'originario offerente rimane vincolato nei termini di cui all'offerta indicata al comma 1.

11. Il presente articolo si applica, in quanto compatibile, nel caso in cui il debitore abbia chiesto l'assegnazione del termine previsto dall'articolo 44, comma 1, lettera a).

(1) *Questo comma è stato così sostituito dall'art. 13, comma 4, del D.L.vo 26 ottobre 2020, n. 147, a decorrere dal 1° settembre 2021.*

Sezione II
Organi e amministrazione

92. Commissario giudiziale. – 1. Il commissario giudiziale è, per quanto attiene all'esercizio delle sue funzioni, pubblico ufficiale.

2. Si applicano al commissario giudiziale gli articoli 125, (1) 126, 133, 134, 135, 136 e 137 (2), in quanto compatibili, nonché le disposizioni di cui agli articoli 35, comma 4 *bis*, e 35.1 del decreto legislativo 6 settembre 2011, n. 159; si osservano altresì le disposizioni di cui all'articolo 35.2 del predetto decreto.

3. Il commissario giudiziale vigila sull'attività del debitore e fornisce ai creditori che ne fanno richiesta, valutata la congruità della stessa e previa assunzione di opportuni obblighi di riservatezza, le informazioni utili per la presentazione di proposte concorrenti, sulla base delle scritture contabili e fiscali obbligatorie del debitore, nonché ogni altra informazione rilevante in suo possesso. Nel concordato in continuità aziendale, nel termine concesso ai sensi dell'articolo 44, comma 1, lettera *a*), il commissario giudiziale, se richiesto o in caso di concessione delle misure protettive di cui all'articolo 54, comma 2, affianca il debitore e i creditori nella negoziazione del piano formulando, ove occorra, suggerimenti per la sua redazione (3)

4. La disciplina di cui al comma 3 si applica anche in caso di richieste, da parte di creditori o di terzi, di informazioni utili per la presentazione di offerte concorrenti.

5. Il commissario giudiziale comunica senza ritardo al pubblico ministero i fatti che possono interessare ai fini delle indagini preliminari in sede penale e dei quali viene a conoscenza nello svolgimento delle sue funzioni.

(1) *Questo numero e segno di interpunzione sono stati inseriti dall'art. 14, comma 1, del D.L.vo 26 ottobre 2020, n. 147, a decorrere dal 1° settembre 2021.*

(2) *Le parole: «gli articoli 125, 126, 133, 134, 136 e 137» sono state così sostituite dalle attuali: «gli articoli 125, 126, 133, 134, 135, 136 e 137» dall'art. 20, comma 1, lett. a), del D.L.vo 17 giugno 2022, n. 83, a decorrere dal 15 luglio 2022.*

(3) *Questo comma è stato così sostituito dall'art. 20, comma 1, lett. b), del D.L.vo 17 giugno 2022, n. 83, a decorrere dal 15 luglio 2022.*

93. Pubblicità del decreto. – 1. Se il debitore possiede beni immobili o altri beni soggetti a

LEGGI COMPLEMENTARI

pubblica registrazione, il decreto di apertura è trascritto nei pubblici registri a cura del commissario giudiziale.

Sezione III
Effetti della presentazione della domanda di concordato preventivo

94. Effetti della presentazione della domanda di concordato. – 1. Dalla data di presentazione della domanda di accesso al concordato preventivo e fino all'omologazione, il debitore conserva l'amministrazione dei suoi beni e l'esercizio dell'impresa, sotto la vigilanza del commissario giudiziale.

2. Fermo il disposto dell'articolo 46, i mutui, anche sotto forma cambiaria, le transazioni, i compromessi, le alienazioni di beni immobili e di partecipazioni societarie di controllo, le concessioni di ipoteche o di pegno, le fideiussioni, le rinunzie alle liti, le ricognizioni di diritti di terzi, le cancellazioni di ipoteche, le restituzioni di pegni, le accettazioni di eredità e di donazioni e in genere gli atti eccedenti l'ordinaria amministrazione, compiuti senza l'autorizzazione del giudice delegato, sono inefficaci rispetto ai creditori anteriori al concordato.

3. L'autorizzazione può essere concessa prima dell'omologazione, sentito il commissario giudiziale, (1) se l'atto è funzionale al miglior soddisfacimento dei creditori.

4. Con decreto, il tribunale può stabilire un limite di valore al di sotto del quale non è dovuta l'autorizzazione di cui al comma 2.

5. L'alienazione e l'affitto di azienda, di rami di azienda e di specifici beni autorizzati ai sensi del comma 2, sono effettuate tramite procedure competitive, previa stima ed adeguata pubblicità.

6. Il tribunale, in caso di urgenza, sentito il commissario giudiziale, può autorizzare gli atti previsti al comma 5 senza far luogo a pubblicità e alle procedure competitive quando può essere compromesso irreparabilmente l'interesse dei creditori al miglior soddisfacimento. Del provvedimento e del compimento dell'atto deve comunque essere data adeguata pubblicità e comunicazione ai creditori (2).

(1) *Le parole: «, sentito il commissario giudiziale,» sono state inserite dall'art. 15, comma 1, lett.* a), *del D.L.vo 26 ottobre 2020, n. 147, a decorrere dal 1° settembre 2021.*

(2) *Questo comma è stato così sostituito dall'art. 15, comma 1, lett.* b), *del D.L.vo 26 ottobre 2020, n. 147, a decorrere dal 1° settembre 2021.*

94 *bis*. (1) Disposizioni speciali per i contratti pendenti nel concordato in continuità aziendale. – 1. I creditori non possono, unilateralmente, rifiutare l'adempimento dei contratti in corso di esecuzione o provocarne la risoluzione, né possono anticiparne la scadenza o modificarli in danno dell'imprenditore per il solo fatto del deposito della domanda di accesso al concordato in continuità aziendale, dell'emissione del decreto di apertura di cui all'articolo 47 e della concessione delle misure protettive o cautelari. Sono inefficaci eventuali patti contrari.

2. Fermo quanto previsto dal comma 1, i creditori interessati dalle misure protettive concesse ai sensi dell'articolo 54, comma 2, non possono, unilateralmente, rifiutare l'adempimento dei contratti essenziali in corso di esecuzione o provocarne la risoluzione, né possono anticiparne la scadenza o modificarli in danno dell'imprenditore per il solo fatto del mancato pagamento di crediti anteriori rispetto alla presentazione della domanda di accesso al concordato preventivo in continuità aziendale. Sono essenziali i contratti necessari per la continuazione della gestione corrente dell'impresa, inclusi i contratti relativi alle forniture la cui interruzione impedisce la prosecuzione dell'attività del debitore.

(1) *Questo articolo è stato inserito dall'art. 21, comma 1, del D.L.vo 17 giugno 2022, n. 83, a decorrere dal 15 luglio 2022.*

95. Disposizioni speciali per i contratti con le pubbliche amministrazioni. – 1. Fermo quanto previsto nell'articolo 97, i contratti in corso di esecuzione, stipulati con pubbliche amministrazioni, non si risolvono per effetto del deposito della domanda di concordato. Sono inefficaci eventuali patti contrari.

2. Il deposito della domanda di accesso al concordato preventivo non impedisce la continuazione di contratti con le pubbliche amministrazioni, se il professionista indipendente ha attestato la conformità al piano, ove predisposto, e la ragionevole capacità di adempimento. Di tale continuazione può beneficiare, in presenza dei requisiti di legge, anche la società cessionaria o conferitaria d'azienda o di rami d'azienda cui i contratti siano trasferiti, purché in possesso dei requisiti per la partecipazione alla gara e per l'esecuzione del contratto. Il giudice delegato, all'atto della cessione o del conferimento, dispone la cancellazione delle iscrizioni e trascrizioni. Le disposizioni del presente comma si applica-

no anche nell'ipotesi in cui l'impresa sia stata ammessa al concordato liquidatorio quando il professionista indipendente attesta che la continuazione è necessaria per la migliore liquidazione dell'azienda in esercizio.

3. Successivamente al deposito della domanda di cui all'articolo 40, la partecipazione a procedure di affidamento di contratti pubblici deve essere autorizzata dal tribunale, e, dopo il decreto di apertura, dal giudice delegato, acquisito il parere del commissario giudiziale ove già nominato.

4. L'autorizzazione consente la partecipazione alla gara previo deposito di una relazione del professionista indipendente che attesta la conformità al piano, ove predisposto, e la ragionevole capacità di adempimento del contratto.

5. Fermo quanto previsto dal comma 4, l'impresa in concordato può concorrere anche riunita in raggruppamento temporaneo di imprese, [purché non rivesta la qualità di mandataria e] (1) sempre che nessuna delle altre imprese aderenti al raggruppamento sia assoggettata ad una procedura concorsuale.

(1) *Le parole tra parentesi quadrate sono state soppresse dall'art. 224, comma 6, del D.L.vo 31 marzo 2023, n. 36, a decorrere dal 1° gennaio 2024.*

96. Norme applicabili dalla data di deposito della domanda di accesso al concordato preventivo. – 1. Si applicano, con riferimento alla data di presentazione della domanda di accesso al concordato preventivo, le disposizioni degli articoli 145, nonché da 153 a 162.

97. (1) Contratti pendenti. – 1. Salvo quanto previsto dall'articolo 91, comma 2, i contratti ancora ineseguiti o non compiutamente eseguiti nelle prestazioni principali da entrambe le parti alla data del deposito della domanda di accesso al concordato preventivo, proseguono anche durante il concordato. Sono inefficaci eventuali patti contrari. Il debitore può chiedere, con autonoma istanza, l'autorizzazione alla sospensione o allo scioglimento di uno o più contratti, se la prosecuzione non è coerente con le previsioni del piano né funzionale alla sua esecuzione. Il debitore, unitamente all'istanza, deposita la prova della sua avvenuta notificazione alla controparte.

2. L'istanza di sospensione può essere depositata contestualmente o successivamente al deposito della domanda di accesso al concordato; la richiesta di scioglimento può essere depositata solo quando sono presentati anche il piano e la proposta.

3. Salvo quanto previsto al comma 4, con l'istanza il debitore propone anche una quantificazione dell'indennizzo dovuto alla controparte della quale si tiene conto nel piano per la determinazione del fabbisogno concordatario.

4. La controparte può opporsi alla richiesta del debitore depositando una memoria scritta entro sette giorni dall'avvenuta notificazione dell'istanza.

5. Decorso il termine di cui al comma 4, fino al deposito del decreto di apertura previsto dall'articolo 47, provvede sull'istanza, con decreto motivato e reclamabile, il tribunale. Dopo il decreto di apertura, provvede il giudice delegato.

6. La sospensione o lo scioglimento del contratto hanno effetto dalla data della notificazione del provvedimento autorizzativo all'altro contraente effettuata a cura del debitore. Tra la data della notificazione dell'istanza di sospensione o di scioglimento e la data della notificazione del provvedimento autorizzativo la controparte non può esigere dal debitore la prestazione dovuta né invocare la risoluzione di diritto del contratto per il mancato adempimento di obbligazioni con scadenza successiva al deposito della domanda di accesso al concordato preventivo.

7. La sospensione richiesta prima del deposito della proposta e del piano non può essere autorizzata per una durata eccedente il termine concesso dal tribunale ai sensi dell'articolo 44, comma 1, lettera *a*). Quando siano stati presentati proposta e piano, la sospensione può essere autorizzata anche per una durata ulteriore, che comunque non può essere superiore a trenta giorni dalla data del decreto di apertura, non ulteriormente prorogabile.

8. Lo scioglimento del contratto non si estende alla clausola compromissoria in esso contenuta.

9. Nel caso in cui sia autorizzata la sospensione o lo scioglimento, il contraente ha diritto a un indennizzo equivalente al risarcimento del danno conseguente al mancato adempimento.

10. In caso di mancato accordo sulla misura dell'indennizzo la sua determinazione è rimessa al giudice ordinariamente competente. Il giudice delegato provvede alla quantificazione del credito ai soli fini del voto e del calcolo delle maggioranze ai sensi dell'articolo 109.

11. L'indennizzo è soddisfatto come credito chirografario anteriore al concordato, ferma restando la prededuzione del credito conse-

guente a eventuali prestazioni eseguite legalmente e in conformità agli accordi o agli usi negoziali dopo la pubblicazione della domanda di accesso al concordato e prima della notificazione di cui al comma 6.

12. In caso di scioglimento del contatto di locazione finanziaria, il concedente ha diritto alla restituzione del bene ed è tenuto a versare al debitore quanto ricavato dalla vendita o da altra collocazione del bene, effettuata ai valori di mercato, dedotta una somma pari all'ammontare dei canoni scaduti e non pagati fino alla data dello scioglimento, dei canoni a scadere, solo in linea capitale, e del prezzo pattuito per l'esercizio dell'opzione finale di acquisto, nonché le spese anticipate per il recupero del bene, la stima e la sua conservazione per il tempo necessario alla vendita. La somma versata al debitore a norma del primo periodo è acquisita alla procedura. Quando il valore realizzato con la vendita o altra collocazione del bene è inferiore all'ammontare dell'importo dovuto al concedente, questi ha diritto di far valere il diritto di credito per la differenza nei confronti del debitore come credito anteriore al concordato. La vendita o l'allocazione sono effettuate secondo i criteri e le modalità di cui all'articolo 1, comma 139, della legge 4 agosto 2017, n. 124.

13. Le disposizioni del presente articolo non si applicano ai rapporti di lavoro subordinato, nonché ai contratti di cui agli articoli 173, comma 3, 176 e 185, comma 1.

14. Nel contratto di finanziamento bancario costituisce prestazione principale ai sensi del comma 1 anche la riscossione diretta da parte del finanziatore nei confronti dei terzi debitori della parte finanziata. In caso di scioglimento, il finanziatore ha diritto di riscuotere e trattenere le somme corrisposte dai terzi debitori fino al rimborso integrale delle anticipazioni effettuate nel periodo compreso tra i centoventi giorni antecedenti il deposito della domanda di accesso di cui all'articolo 40 e la notificazione di cui al comma 6.

(1) *Questo articolo è stato così sostituito dall'art. 15, comma 2, del D.L.vo 26 ottobre 2020, n. 147, a decorrere dal 1° settembre 2021.*

98. Prededuzione nel concordato preventivo. – 1. I crediti prededucibili sono soddisfatti durante la procedura alla scadenza prevista dalla legge o dal contratto.

99. (1) Finanziamenti prededucibili autorizzati prima dell'omologazione del concordato preventivo o di accordi di ristrutturazione dei debiti. – 1. Il debitore, anche con la domanda di accesso di cui agli articoli 40 e 44 e nei casi previsti dagli articoli 57, 60, 61 e 87, quando è prevista la continuazione dell'attività aziendale, anche se unicamente in funzione della liquidazione, può chiedere con ricorso al tribunale di essere autorizzato, anche prima del deposito della documentazione che deve essere allegata alla domanda, a contrarre finanziamenti in qualsiasi forma, compresa la richiesta di emissione di garanzie, prededucibili, funzionali all'esercizio dell'attività aziendale sino all'omologa del concordato preventivo o degli accordi di ristrutturazione dei debiti ovvero all'apertura e allo svolgimento di tali procedure e in ogni caso funzionali alla miglior soddisfazione dei creditori.

2. Il ricorso deve specificare la destinazione dei finanziamenti, che il debitore non è in grado di reperirli altrimenti e indicare le ragioni per cui l'assenza di tali finanziamenti determinerebbe grave pregiudizio per l'attività aziendale o per il prosieguo della procedura. Il ricorso deve essere accompagnato dalla relazione di un professionista indipendente che attesti la sussistenza dei requisiti di cui al comma 1, nonché che i finanziamenti sono funzionali alla migliore soddisfazione dei creditori. La relazione non è necessaria quando il tribunale ravvisa l'urgenza di provvedere per evitare un danno grave ed irreparabile all'attività aziendale.

3. Il tribunale, assunte sommarie informazioni, sentito il commissario giudiziale e, se lo ritiene opportuno, sentiti senza formalità i principali creditori, decide in camera di consiglio con decreto motivato entro dieci giorni dal deposito dell'istanza di autorizzazione.

4. Il tribunale può autorizzare il debitore a concedere pegno o ipoteca o a cedere crediti a garanzia dei finanziamenti autorizzati.

5. Le disposizioni di cui ai commi da 1 a 4 si applicano anche ai finanziamenti erogati in funzione della presentazione della domanda di ammissione alla procedura di concordato preventivo o della domanda di omologazione di accordi di ristrutturazione dei debiti, quando i finanziamenti sono previsti dal relativo piano e purché la prededuzione sia espressamente disposta nel provvedimento con cui il tribunale accoglie la domanda di ammissione al concordato preventivo ovvero gli accordi di ristrutturazione siano omologati.

6. In caso di successiva apertura della procedura di liquidazione giudiziale, i finanziamen-

ti autorizzati non beneficiano della prededuzione quando risulta congiuntamente che:

a) il ricorso o l'attestazione di cui al comma 2 contengono dati falsi ovvero omettono informazioni rilevanti o comunque quando il debitore ha commesso altri atti in frode ai creditori per ottenere l'autorizzazione;

b) il curatore dimostra che i soggetti che hanno erogato i finanziamenti, alla data dell'erogazione, conoscevano le circostanze di cui alla lettera *a*).

(1) *Questo articolo è stato così sostituito dall'art. 15, comma 3, del D.L.vo 26 ottobre 2020, n. 147, a decorrere dal 1° settembre 2021.*

100. Autorizzazione al pagamento di crediti pregressi. – 1. Il debitore che presenta domanda di concordato ai sensi degli articoli 44 e 87, quando è prevista la continuazione dell'attività aziendale, può chiedere al tribunale di essere autorizzato, assunte se del caso sommarie informazioni, a pagare crediti anteriori per prestazioni di beni o servizi, se un professionista indipendente attesta che tali prestazioni sono essenziali per la prosecuzione dell'attività di impresa e funzionali ad assicurare la migliore soddisfazione dei creditori. L'attestazione del professionista non è necessaria per pagamenti effettuati fino a concorrenza dell'ammontare di nuove risorse finanziarie che vengano apportate al debitore senza obbligo di restituzione o con obbligo di restituzione postergato alla soddisfazione dei creditori. Il tribunale può autorizzare, alle medesime condizioni, il pagamento delle retribuzioni dovute per le mensilità antecedenti (1) il deposito del ricorso ai lavoratori addetti all'attività di cui è prevista la continuazione.

2. Quando è prevista la continuazione dell'attività aziendale, la disciplina di cui al comma 1 si applica, in deroga al disposto dell'articolo 154, comma 2, al rimborso, alla scadenza convenuta, delle rate a scadere del contratto di mutuo con garanzia reale gravante su beni strumentali all'esercizio dell'impresa se il debitore, alla data della presentazione della domanda di concordato, ha adempiuto le proprie obbligazioni o se il tribunale lo autorizza al pagamento del debito per capitale ed interessi scaduto a tale data. Il professionista indipendente attesta anche che il credito garantito potrebbe essere soddisfatto integralmente con il ricavato della liquidazione del bene effettuata a valore di mercato e che il rimborso delle rate a scadere non lede i diritti degli altri creditori.

(1) *Le parole: «della retribuzione dovuta per la mensilità antecedente» sono state così sostituite dalle attuali: «delle retribuzioni dovute per le mensilità antecedenti» dall'art. 21, comma 2, del D.L.vo 17 giugno 2022, n. 83, a decorrere dal 15 luglio 2022.*

101. Finanziamenti prededucibili in esecuzione di un concordato preventivo o di accordi di ristrutturazione dei debiti. – 1. Quando è prevista la continuazione dell'attività aziendale, i crediti derivanti da finanziamenti in qualsiasi forma effettuati, ivi compresa l'emissione di garanzie, in esecuzione di un concordato preventivo ovvero di accordi di ristrutturazione dei debiti omologati ed espressamente previsti nel piano ad essi sottostante sono prededucibili.

2. In caso di successiva ammissione del debitore alla procedura di liquidazione giudiziale, i predetti finanziamenti non beneficiano della prededuzione quando il piano di concordato preventivo o dell'accordo di ristrutturazione dei debiti risulta, sulla base di una valutazione da riferirsi al momento del deposito, basato su dati falsi o sull'omissione di informazioni rilevanti o il debitore ha compiuto atti in frode ai creditori e il curatore dimostra che i soggetti che hanno erogato i finanziamenti, alla data dell'erogazione, conoscevano tali circostanze.

102. Finanziamenti prededucibili dei soci. – 1. In deroga agli articoli 2467 e 2497 *quinquies* del codice civile, il beneficio della prededuzione previsto agli articoli 99 e 101 si applica ai finanziamenti erogati dai soci in qualsiasi forma, inclusa l'emissione di garanzie e controgaranzie, fino all'ottanta per cento del loro ammontare.

2. Il medesimo beneficio opera per l'intero ammontare dei finanziamenti qualora il finanziatore abbia acquisito la qualità di socio in esecuzione del concordato preventivo o degli accordi di ristrutturazione dei debiti.

Sezione IV

Provvedimenti immediati

103. Scritture contabili. – 1. Il commissario giudiziale, immediatamente dopo il decreto di apertura del concordato preventivo, ne fa annotazione sotto l'ultima scrittura dei libri presentati.

2. I libri sono restituiti al debitore, che deve tenerli a disposizione del giudice delegato e del commissario giudiziale.

104. Convocazione dei creditori. – 1. Il commissario giudiziale deve procedere alla verifica dell'elenco dei creditori e dei debitori sulla scorta delle scritture contabili, apportando le necessarie rettifiche.

2. Il commissario giudiziale provvede a comunicare ai creditori a mezzo posta elettronica certificata, se il destinatario ha un indirizzo digitale e, in ogni altro caso, a mezzo lettera raccomandata spedita presso la sede dell'impresa o la residenza del creditore, il piano e (1) un avviso contenente la data iniziale e finale del voto dei creditori, la proposta del debitore, il decreto di apertura, il suo indirizzo di posta elettronica certificata, l'invito ad indicare un indirizzo di posta elettronica certificata oppure un servizio elettronico di recapito certificato qualificato di cui all'articolo 1, comma 1 *ter* del Codice dell'amministrazione digitale di cui al decreto legislativo 7 marzo 2005, n. 82 (2), le cui variazioni è onere comunicare al commissario. Nello stesso avviso è contenuto l'avvertimento di cui all'articolo 200, comma 1, lettera c). Tutte le successive comunicazioni ai creditori sono effettuate dal commissario a mezzo posta elettronica certificata.

3. Quando, nel termine di quindici giorni dalla comunicazione dell'avviso, non è comunicato l'indirizzo di cui all'invito previsto dal comma 2 e nei casi di mancata consegna del messaggio di posta elettronica certificata per cause imputabili al destinatario, le comunicazioni si eseguono esclusivamente mediante deposito in cancelleria. Si applica l'articolo 10, comma 3.

4. Quando la comunicazione prevista dal comma 2 è sommamente difficile per il rilevante numero dei creditori o per la difficoltà di identificarli tutti, il tribunale, sentito il commissario giudiziale, può dare l'autorizzazione prevista dall'articolo 242.

5. Se vi sono obbligazionisti, il termine per la votazione deve essere raddoppiato. La data iniziale e finale stabilita per il voto è in ogni caso comunicata al rappresentante comune degli obbligazionisti.

(1) *Le parole: «il piano e» sono state inserite dall'art. 22, comma 1, del D.L.vo 17 giugno 2022, n. 83, a decorrere dal 15 luglio 2022.*

(2) *Le parole: «oppure un servizio elettronico di recapito certificato qualificato di cui all'articolo 1, comma 1 ter del Codice dell'amministrazione digitale di cui al decreto legislativo 7 marzo 2005, n. 82» sono state inserite dall'art. 22, comma 1, del D.L.vo 17 giugno 2022, n. 83, a decorrere dal 15 luglio 2022.*

105. Operazioni e relazione del commissario. – 1. Il commissario giudiziale redige l'inventario del patrimonio del debitore e una relazione particolareggiata sulle cause del dissesto, precisando se l'impresa si trovi in stato di crisi o di insolvenza, sulla condotta del debitore, sulle proposte di concordato e sulle garanzie offerte ai creditori, e la deposita in cancelleria almeno quarantacinque giorni prima della data iniziale stabilita per il voto dei creditori. Copia della relazione è trasmessa al pubblico ministero (1).

2. Nella relazione il commissario illustra le utilità che, in caso di liquidazione giudiziale, possono essere apportate dalle azioni risarcitorie, recuperatorie o revocatorie che potrebbero essere promosse nei confronti di terzi.

3. Qualora siano depositate proposte concorrenti, il commissario giudiziale riferisce in merito ad esse con relazione integrativa da depositare in cancelleria e comunicare ai creditori, con le modalità di cui all'articolo 104, comma 2, almeno quindici giorni prima della data iniziale stabilita per il voto dei creditori. Copia della relazione integrativa è trasmessa al pubblico ministero (2).

4. La relazione integrativa contiene, la comparazione tra tutte le proposte depositate. Le proposte di concordato, ivi compresa quella presentata dal debitore, possono essere modificate fino a venti giorni prima della data iniziale stabilita per il voto dei creditori.

5. Analoga relazione integrativa viene redatta qualora emergano informazioni che i creditori devono conoscere ai fini dell'espressione del voto. Essa è comunicata ai creditori almeno quindici giorni prima della data iniziale stabilita per il voto ed è trasmessa al pubblico ministero (3).

(1) *Questo periodo è stato aggiunto dall'art. 16, comma 1, lett. a), del D.L.vo 26 ottobre 2020, n. 147, a decorrere dal 1° settembre 2021.*

(2) *Questo periodo è stato aggiunto dall'art. 16, comma 1, lett. b), del D.L.vo 26 ottobre 2020, n. 147, a decorrere dal 1° settembre 2021.*

(3) *Le parole: «ed è trasmessa al pubblico ministero» sono state aggiunte dall'art. 16, comma 1, lett. c), del D.L.vo 26 ottobre 2020, n. 147, a decorrere dal 1° settembre 2021.*

106. Atti di frode e apertura della liquidazione giudiziale nel corso della procedura. – 1. Il commissario giudiziale, se accerta che il debitore ha occultato o dissimulato parte dell'attivo, dolosamente omesso di denunciare uno o più crediti, esposto passività insussistenti o commesso altri atti di frode, deve riferirne immediatamente al tribunale, che provvede ai sensi dell'articolo 44, comma 2 (1), dandone comunicazione al pubblico ministero e ai creditori. La comunicazione ai creditori è eseguita dal commissario giudiziale.

2. Le disposizioni di cui al comma 1 si applicano anche quando il debitore non ha effet-

tuato tempestivamente il deposito previsto dall'articolo 47, comma 2, lettera *d*) ([2]), o ([3]) il debitore compie atti non autorizzati o comunque diretti a frodare le ragioni dei creditori, o se in qualunque momento risulta che mancano le condizioni prescritte per l'apertura del concordato previste agli articoli da 84 a 88.

3. All'esito del procedimento, il tribunale, revocato il decreto di cui all'articolo 47, ([4]) ([5]) su istanza del creditore o su richiesta del pubblico ministero, apre la procedura di liquidazione giudiziale dei beni del debitore.

([1]) *Le parole: «provvede ai sensi dell'articolo 49, comma 2» sono state così sostituite dalle attuali: «provvede ai sensi dell'articolo 44, comma 2» dall'art. 16, comma 2, lett. a), del D.L.vo 26 ottobre 2020, n. 147, a decorrere dal 1° settembre 2021.*

([2]) *Le parole: «anche quando il debitore non ha effettuato tempestivamente il deposito previsto dall'articolo 47, comma 1, lettera d)» sono state così sostituite dalle attuali: «anche quando il debitore non ha effettuato tempestivamente il deposito previsto dall'articolo 47, comma 2, lettera d)» dall'art. 22, comma 2, lett. a), del D.L.vo 17 giugno 2022, n. 83, a decorrere dal 15 luglio 2022.*

([3]) *Le parole: «il debitore non ha effettuato tempestivamente il deposito previsto dall'articolo 47, comma 1, lettera d), o» sono state inserite dall'art. 16, comma 2, lett. b), del D.L.vo 26 ottobre 2020, n. 147, a decorrere dal 1° settembre 2021.*

([4]) *Le parole: «il tribunale revocato il decreto di cui all'articolo 47,,» sono state così sostituite dalle attuali: «il tribunale, revocato il decreto di cui all'articolo 47,» dall'art. 22, comma 2, lett. b), del D.L.vo 17 giugno 2022, n. 83, a decorrere dal 15 luglio 2022.*

([5]) *Le parole: «revocato il decreto di cui all'articolo 47,» sono state inserite dall'art. 16, comma 2, lett. c), del D.L.vo 26 ottobre 2020, n. 147, a decorrere dal 1° settembre 2021.*

Sezione V
Voto nel concordato preventivo

107. Voto dei creditori. – 1. Il voto dei creditori è espresso con modalità telematiche.

2. Sono sottoposte alla votazione dei creditori tutte le proposte presentate dal debitore e dai creditori, seguendo, per queste ultime, l'ordine temporale del loro deposito. Il giudice delegato regola l'ordine e l'orario delle votazioni con proprio decreto.

3. Almeno quindici giorni prima della data iniziale stabilita per il voto il commissario giudiziale illustra la sua relazione e le proposte definitive del debitore e quelle eventualmente presentate dai creditori con comunicazione inviata ai creditori, al debitore e a tutti gli altri interessati e depositata nella cancelleria del giudice delegato. Alla relazione è allegato, ai soli fini della votazione, l'elenco dei creditori legittimati al voto con indicazione dell'ammontare per cui sono ammessi.

4. Almeno dieci giorni prima della data iniziale stabilita per il voto, il debitore, coloro che hanno formulato proposte alternative, i coobbligati, i fideiussori del debitore e gli obbligati in via di regresso, i creditori possono formulare osservazioni e contestazioni a mezzo di posta elettronica certificata indirizzata al commissario giudiziale. Ciascun creditore può esporre le ragioni per le quali non ritiene ammissibili o convenienti le proposte di concordato e sollevare contestazioni sui crediti concorrenti. Il debitore ha facoltà di rispondere e contestare a sua volta i crediti, e ha il dovere di fornire al giudice gli opportuni chiarimenti. Il debitore, inoltre, può esporre le ragioni per le quali ritiene non ammissibili o non fattibili le eventuali proposte concorrenti.

5. Il commissario giudiziale dà comunicazione ai creditori, al debitore e a tutti gli altri interessati delle osservazioni e contestazioni pervenute e ne informa il giudice delegato.

6. Il commissario giudiziale deposita la propria relazione definitiva e la comunica ai creditori, al debitore ed agli altri interessati almeno sette giorni prima ([1]) della data iniziale stabilita per il voto.

7. I provvedimenti del giudice delegato sono comunicati al debitore, ai creditori, al commissario giudiziale e a tutti gli interessati almeno due giorni prima della data iniziale stabilita per il voto ([2]).

8. Il voto è espresso a mezzo posta elettronica certificata inviata al commissario giudiziale, Tutti i dati sono di proprietà del Ministero della Giustizia e debbono essere conservati secondo la disciplina vigente per gli atti giudiziari.

9. I termini previsti dai commi 3, 4 e 6 non sono soggetti alla sospensione feriale dei termini di cui all'articolo 1 della legge 7 ottobre 1969, n. 742.

([1]) *Le parole: «entro cinque giorni prima» sono state così sostituite dalle attuali: «almeno sette giorni prima» dall'art. 17, comma 1, lett. a), del D.L.vo 26 ottobre 2020, n. 147, a decorrere dal 1° settembre 2021.*

([2]) *Le parole: «almeno due giorni prima della data iniziale stabilita per il voto» sono state aggiunte dall'art. 17, comma 1, lett. b), del D.L.vo 26 ottobre 2020, n. 147, a decorrere dal 1° settembre 2021.*

108. Ammissione provvisoria dei crediti contestati. – 1. Il giudice delegato può ammettere provvisoriamente in tutto o in parte i crediti contestati ai soli fini del voto e del calcolo delle maggioranze, senza che ciò pregiudichi le pronunzie definitive sulla sussistenza e sulla collocazione dei crediti stessi. Provvede nello stesso modo in caso di rinuncia al privilegio. La decisione è comunicata ai sensi dell'articolo 107, comma 7. In mancanza, i creditori sono ammessi al voto sulla base dell'elenco dei creditori di cui all'articolo 107, comma 3, fatto salvo il diritto di proporre opposizione all'omologazione (1).

2. I creditori esclusi possono opporsi alla esclusione in sede di omologazione del concordato nel caso in cui la loro ammissione avrebbe avuto influenza sulla formazione delle maggioranze.

(1) *Questo comma è stato così sostituito dall'art. 17, comma 2, del D.L.vo 26 ottobre 2020, n. 147, a decorrere dal 1° settembre 2021.*

109. (1) **Maggioranza per l'approvazione del concordato.** – 1. Salvo quanto previsto, per il concordato in continuità aziendale, dal comma 5, il concordato è approvato dai creditori che rappresentano la maggioranza dei crediti ammessi al voto. Nel caso in cui un unico creditore sia titolare di crediti in misura superiore alla maggioranza dei crediti ammessi al voto, il concordato è approvato se, oltre alla maggioranza di cui al primo periodo, abbia riportato la maggioranza per teste dei voti espressi dai creditori ammessi al voto. Ove siano previste diverse classi di creditori, il concordato è approvato se la maggioranza dei crediti ammessi al voto è raggiunta inoltre nel maggior numero di classi.

2. Quando sono poste al voto più proposte di concordato, si considera approvata la proposta che ha conseguito la maggioranza più elevata dei crediti ammessi al voto; in caso di parità, prevale quella del debitore o, in caso di parità fra proposte di creditori, quella presentata per prima. Quando nessuna delle proposte concorrenti poste al voto sia stata approvata con le maggioranze di cui al primo e secondo periodo del presente comma, il giudice delegato, con decreto da adottare entro trenta giorni dal termine di cui all'articolo 110, comma 2, rimette al voto la sola proposta che ha conseguito la maggioranza relativa dei crediti ammessi al voto, fissando il termine per la comunicazione ai creditori e il termine a partire dal quale i creditori, nei venti giorni successivi, possono far pervenire il proprio voto per posta elettronica certificata. In ogni caso si applicano le disposizioni del comma 1.

3. I creditori muniti di privilegio, pegno o ipoteca, ancorché la garanzia sia contestata, dei quali la proposta di concordato prevede l'integrale pagamento, non hanno diritto al voto se non rinunciano in tutto od in parte al diritto di prelazione. Qualora i creditori muniti di privilegio, pegno o ipoteca rinuncino in tutto o in parte alla prelazione, per la parte del credito non coperta dalla garanzia sono equiparati ai creditori chirografari; la rinuncia ha effetto ai soli fini del concordato.

4. I creditori muniti di diritto di prelazione di cui la proposta di concordato prevede la soddisfazione non integrale, sono equiparati ai chirografari per la parte residua del credito.

5. Il concordato in continuità aziendale è approvato se tutte le classi votano a favore. In ciascuna classe la proposta è approvata se è raggiunta la maggioranza dei crediti ammessi al voto oppure, in mancanza, se hanno votato favorevolmente i due terzi dei crediti dei creditori votanti, purché abbiano votato i creditori titolari di almeno la metà del totale dei crediti della medesima classe. In caso di mancata approvazione si applica l'articolo 112, comma 2. I creditori muniti di diritto di prelazione non votano se soddisfatti in denaro, integralmente, entro centottanta giorni dall'omologazione, e purché la garanzia reale che assiste il credito ipotecario o pignoratizio resti ferma fino alla liquidazione, funzionale al loro pagamento, dei beni e diritti sui quali sussiste la causa di prelazione. Nel caso di crediti assistiti dal privilegio di cui all'articolo 2751 *bis*, n. 1, del codice civile, il termine di cui al quarto periodo è di trenta giorni. Se non ricorrono le condizioni di cui al primo e secondo periodo, i creditori muniti di diritto di prelazione votano e, per la parte incapiente, sono inseriti in una classe distinta.

6. Sono esclusi dal voto e dal computo delle maggioranze il coniuge o il convivente di fatto del debitore, ovvero la parte dell'unione civile con il debitore, i parenti e affini del debitore fino al quarto grado, la società che controlla la società debitrice, le società da questa controllate e quelle sottoposte a comune controllo, nonché i cessionari o aggiudicatari dei loro crediti da meno di un anno prima della domanda di concordato. Sono inoltre esclusi dal voto e dal computo delle maggioranze i creditori in conflitto d'interessi.

7. Il creditore che propone il concordato ovvero le società da questo controllate, le società controllanti o sottoposte a comune controllo, ai sensi dell'articolo 2359, primo comma, del codice civile possono votare soltanto se la proposta ne prevede l'inserimento in apposita classe.

(1) *Questo articolo è stato così sostituito dall'art. 23, comma 1, del D.L.vo 17 giugno 2022, n. 83, a decorrere dal 15 luglio 2022.*

110. Adesioni alla proposta di concordato. – 1. All'esito della votazione è redatta dal commissario giudiziale apposita relazione in cui sono inseriti i voti favorevoli e contrari dei creditori con l'indicazione nominativa dei votanti e dell'ammontare dei rispettivi crediti. È altresì inserita l'indicazione nominativa dei creditori che non hanno esercitato il voto e dell'ammontare dei loro crediti. Alla relazione è allegata, su supporto informatico, la documentazione relativa all'espressione dei voti.

2. La relazione è depositata in cancelleria il giorno successivo alla chiusura delle operazioni di voto.

3. Quando il commissario giudiziale rileva, dopo l'approvazione del concordato, che sono mutate le condizioni di fattibilità del piano, ne dà avviso ai creditori, i quali possono costituirsi nel giudizio di omologazione fino all'udienza di cui all'articolo 48, comma 1, per modificare il voto.

111. Mancata approvazione del concordato. – 1. Se nel termine stabilito non si raggiungono le maggioranze richieste, il giudice delegato ne riferisce immediatamente al tribunale, che provvede a norma dell'articolo 49, comma 1.

Sezione VI
Omologazione
del concordato preventivo

112. ([1]) **Giudizio di omologazione.** – 1. Il tribunale omologa il concordato verificati:

a) la regolarità della procedura;

b) l'esito della votazione;

c) l'ammissibilità della proposta;

d) la corretta formazione delle classi;

e) la parità di trattamento dei creditori all'interno di ciascuna classe;

f) in caso di concordato in continuità aziendale, che tutte le classi abbiano votato favorevolmente, che il piano non sia privo di ragionevoli prospettive di impedire o superare l'insolvenza e che eventuali nuovi finanziamenti siano necessari per l'attuazione del piano e non pregiudichino ingiustamente gli interessi dei creditori;

g) in ogni altro caso, la fattibilità del piano, intesa come non manifesta inattitudine a raggiungere gli obiettivi prefissati.

2. Nel concordato in continuità aziendale, se una o più classi sono dissenzienti, il tribunale, su richiesta del debitore o con il consenso del debitore in caso di proposte concorrenti, omologa altresì se ricorrono congiuntamente le seguenti condizioni:

a) il valore di liquidazione è distribuito nel rispetto della graduazione delle cause legittime di prelazione;

b) il valore eccedente quello di liquidazione è distribuito in modo tale che i crediti inclusi nelle classi dissenzienti ricevano complessivamente un trattamento almeno pari a quello delle classi dello stesso grado e più favorevole rispetto a quello delle classi di grado inferiore, fermo restando quanto previsto dall'articolo 84, comma 7;

c) nessun creditore riceve più dell'importo del proprio credito;

d) la proposta è approvata dalla maggioranza delle classi, purché almeno una sia formata da creditori titolari di diritti di prelazione, oppure, in mancanza, la proposta è approvata da almeno una classe di creditori che sarebbero almeno parzialmente soddisfatti rispettando la graduazione delle cause legittime di prelazione anche sul valore eccedente quello di liquidazione.

3. Nel concordato in continuità aziendale, se con l'opposizione un creditore dissenziente eccepisce il difetto di convenienza della proposta, il tribunale omologa il concordato quando, secondo la proposta e il piano, il credito risulta soddisfatto in misura non inferiore rispetto alla liquidazione giudiziale.

4. In caso di opposizione proposta da un creditore dissenziente, la stima del complesso aziendale del debitore è disposta dal tribunale solo se con l'opposizione è eccepita la violazione della convenienza di cui al comma 3 o il mancato rispetto delle condizioni di ristrutturazione trasversale di cui al comma 2.

5. Nel concordato che prevede la liquidazione del patrimonio oppure l'attribuzione delle attività a un assuntore o in qualsiasi altra forma, se un creditore dissenziente appartenente a una classe dissenziente ovvero, nell'ipotesi di mancata formazione delle classi, i creditori dissenzienti che rappresentano il 20 per cento dei crediti ammessi al voto, contestano la convenienza della proposta, il tribunale può omologare il concordato qualora ritenga che il credito possa risultare soddisfatto dal concordato in misura non inferiore rispetto alla liquidazione giudiziale.

6. Le somme spettanti ai creditori contestati, condizionali o irreperibili sono depositate nei modi stabiliti dal tribunale, che fissa altresì le condizioni e le modalità per lo svincolo.

([1]) *Questo articolo è stato così sostituito dall'art. 24, comma 1, del D.L.vo 17 giugno 2022, n. 83, a decorrere dal 15 luglio 2022.*

113. Chiusura della procedura. – 1. La procedura di concordato preventivo si chiude con la sentenza di omologazione ai sensi dell'articolo 48.

2. L'omologazione deve intervenire nel termine di dodici mesi dalla presentazione della domanda ai sensi dell'articolo 40 (1).

(1) *Questo comma è stato aggiunto dall'art. 24, comma 2, del D.L.vo 17 giugno 2022, n. 83, a decorrere dal 15 luglio 2022.*

114. Cessioni dei beni. – 1. Se il concordato consiste nella cessione dei beni, il tribunale nomina nella sentenza di omologazione uno o più liquidatori e un comitato di tre o cinque creditori per assistere alla liquidazione e determina le altre modalità della liquidazione. In tal caso, il tribunale dispone che il liquidatore effettui la pubblicità prevista dall'articolo 490, primo comma, del codice di procedura civile e fissa il termine entro cui la stessa deve essere eseguita.

2. Si applicano ai liquidatori gli articoli 125, (1) 126, 134, 135, 136, 137 e 231 (2) in quanto compatibili e l'articolo 358. Si applicano altresì al liquidatore le disposizioni di cui agli articoli 35, comma 4 *bis*, e 35.1 del decreto legislativo 6 settembre 2011, n. 159 e si osservano le disposizioni di cui all'articolo 35.2 del predetto decreto.

3. Si applicano al comitato dei creditori gli articoli 138 e 140, in quanto compatibili. Alla sostituzione dei membri del comitato provvede in ogni caso il tribunale.

4. Alle vendite, alle cessioni e ai trasferimenti legalmente posti in essere dopo il deposito della domanda di concordato o in esecuzione di questo, si applicano le disposizioni sulle vendite nella liquidazione giudiziale, in quanto compatibili. La cancellazione delle iscrizioni relative ai diritti di prelazione, nonché delle trascrizioni dei pignoramenti e dei sequestri conservativi e di ogni altro vincolo, sono effettuati su ordine del giudice, salvo diversa disposizione contenuta nella sentenza di omologazione per gli atti a questa successivi.

5. Il liquidatore comunica con periodicità semestrale al commissario giudiziale le informazioni rilevanti relative all'andamento della liquidazione. Il commissario ne dà notizia, con le sue osservazioni, al pubblico ministero e ai creditori e ne deposita copia presso la cancelleria del tribunale.

6. Conclusa l'esecuzione del concordato, il liquidatore comunica al commissario giudiziale un rapporto riepilogativo finale, accompagnato dal conto della sua gestione e dagli estratti del conto bancario o postale. Il commissario ne dà notizia, con le sue osservazioni, al pubblico ministero e ai creditori e ne deposita copia presso la cancelleria del tribunale (3).

(1) *Questo numero e segno di interpunzione sono stati inseriti dall'art. 18, comma 1, del D.L.vo 26 ottobre 2020, n. 147, a decorrere dal 1° settembre 2021.*

(2) *Le parole: «gli articoli 125, 126, 134, 136, 137 e 231» sono state così sostituite dalle attuali: «gli articoli 125, 126, 134, 135, 136, 137 e 231» dall'art. 24, comma 3, lett. a), del D.L.vo 17 giugno 2022, n. 83, a decorrere dal 15 luglio 2022.*

(3) *Questo comma è stato aggiunto dall'art. 24, comma 3, lett. b), del D.L.vo 17 giugno 2022, n. 83, a decorrere dal 15 luglio 2022.*

115. Azioni del liquidatore giudiziale in caso di cessione dei beni. – 1. Il liquidatore giudiziale esercita, o se pendente, prosegue, ogni azione prevista dalla legge finalizzata a conseguire la disponibilità dei beni compresi nel patrimonio del debitore e ogni azione diretta al recupero dei crediti.

2. Il liquidatore esercita oppure, se pendente, prosegue l'azione sociale di responsabilità. Ogni patto contrario o ogni diversa previsione contenuti nella proposta o nel piano sono inopponibili al liquidatore e ai creditori sociali.

3. Resta ferma, in ogni caso, anche in pendenza della procedura e nel corso della sua esecuzione, la legittimazione di ciascun creditore sociale a esercitare o proseguire l'azione di responsabilità prevista dall'articolo 2394 del codice civile.

116. Trasformazione, fusione o scissione. – 1. Se il piano prevede il compimento, durante la procedura oppure dopo la sua omologazione, di operazioni di trasformazione, fusione o scissione della società debitrice, la validità di queste può essere contestata dai creditori solo con l'opposizione all'omologazione.

2. A questo fine, il tribunale, nel provvedimento di fissazione dell'udienza di cui all'articolo 48, dispone che il piano sia pubblicato nel registro delle imprese del luogo ove hanno sede le società interessate dalle operazioni di trasformazione, fusione o scissione. Tra la data della pubblicazione e l'udienza devono intercorrere almeno trenta giorni.

3. Gli effetti delle operazioni di cui al comma 1, in caso di risoluzione o di annullamento del concordato, sono irreversibili, salvo il diritto al risarcimento del danno eventualmente spettante ai soci o ai terzi ai sensi degli articoli 2500 *bis*, comma secondo, 2504

quater, comma secondo, e 2506 *ter*, comma quinto, del codice civile.

4. Trovano applicazione, in quanto compatibili, le disposizioni contenute nel capo X del titolo V del libro V del codice civile.

5. Quando il piano prevede il compimento delle operazioni di cui al comma 1, il diritto di recesso dei soci è sospeso fino all'attuazione del piano (1).

(1) *Questo comma è stato aggiunto dall'art. 24, comma 4, del D.L.vo 17 giugno 2022, n. 83, a decorrere dal 15 luglio 2022.*

117. Effetti del concordato per i creditori. – 1. Il concordato omologato è obbligatorio per tutti i creditori anteriori alla pubblicazione nel registro delle imprese della domanda di accesso. Tuttavia essi conservano impregiudicati i diritti contro i coobbligati, i fideiussori del debitore e gli obbligati in via di regresso.

2. Salvo patto contrario, il concordato della società ha efficacia nei confronti dei soci illimitatamente responsabili.

118. Esecuzione del concordato. – 1. Dopo l'omologazione del concordato, il commissario giudiziale ne sorveglia l'adempimento, secondo le modalità stabilite nella sentenza di omologazione. Egli deve riferire al giudice ogni fatto dal quale possa derivare pregiudizio ai creditori. Ogni sei mesi successivi alla presentazione della relazione di cui all'articolo 105, comma 1, redige un rapporto riepilogativo redatto in conformità a quanto previsto dall'articolo 130, comma 9, e lo trasmette ai creditori (1). Conclusa l'esecuzione del concordato, il commissario giudiziale deposita un rapporto riepilogativo finale redatto in conformità a quanto previsto dal medesimo articolo 130, comma 9 (1).

2. Le somme spettanti ai creditori contestati, condizionali o irreperibili sono depositate nei modi stabiliti dal giudice delegato.

3. Il debitore è tenuto a compiere ogni atto necessario a dare esecuzione alla proposta di concordato anche se presentata da uno o più creditori, qualora sia stata approvata e omologata.

4. Nel caso in cui il commissario giudiziale rilevi che il debitore non sta provvedendo al compimento degli atti necessari a dare esecuzione alla proposta o ne sta ritardando il compimento, deve senza indugio riferirne al tribunale. Il tribunale, sentito il debitore, può attribuire al commissario giudiziale i poteri necessari a provvedere in luogo del debitore al compimento degli atti a questo richiesti.

5. Il soggetto che ha presentato la proposta di concordato approvata e omologata dai creditori può denunciare al tribunale i ritardi e le omissioni del debitore mediante ricorso notificato al debitore e al commissario giudiziale con il quale può chiedere al tribunale di attribuire al commissario i poteri necessari per provvedere ai sensi del comma 4 o di revocare l'organo amministrativo, se si tratta di società, nominando un amministratore giudiziario. Sono in ogni caso fatti salvi i diritti di informazione e di voto dei soci di minoranza.

6. Il tribunale provvede in camera di consiglio, sentito il debitore ed il commissario giudiziale. Quando nomina un amministratore giudiziario, stabilisce la durata dell'incarico e gli attribuisce il potere di compiere gli atti necessari a dare esecuzione alla proposta omologata, ivi inclusi, se la proposta prevede un aumento del capitale sociale della società debitrice o altre deliberazioni di competenza dell'assemblea dei soci, la convocazione dell'assemblea avente ad oggetto tali deliberazioni e l'esercizio del diritto di voto nelle stesse per le azioni o quote facenti capo al socio o ai soci di maggioranza. Al liquidatore, se nominato, possono essere attribuiti i compiti di amministratore giudiziario. Il provvedimento di nomina dell'amministratore giudiziario è comunicato a cura del cancelliere, entro cinque giorni, all'ufficio del registro delle imprese per l'iscrizione (2).

7. In caso di trasferimento di beni, il commissario richiede al tribunale, che provvede in composizione monocratica, l'emissione di decreto di cancellazione delle formalità iscritte, delegando ove opportuno al notaio rogante l'atto di trasferimento.

8. In deroga all'articolo 2560 del codice civile, l'acquirente o cessionario dell'azienda non risponde dei debiti pregressi, salvo diversa previsione del piano di concordato.

(1) *Questo periodo è stato aggiunto dall'art. 24, comma 5, del D.L.vo 17 giugno 2022, n. 83, a decorrere dal 15 luglio 2022.*

(2) *Questo periodo è stato aggiunto dall'art. 18, comma 2, del D.L.vo 26 ottobre 2020, n. 147, a decorrere dal 1° settembre 2021.*

119. (1) **Risoluzione del concordato.** – 1. Ciascuno dei creditori e il commissario giudiziale, su istanza di uno o più creditori, possono richiedere la risoluzione del concordato per inadempimento.

2. Al procedimento è chiamato a partecipare l'eventuale garante.

3. Il concordato non si può risolvere se l'inadempimento ha scarsa importanza.

4. Il ricorso per la risoluzione deve proporsi entro un anno dalla scadenza del termine fissato per l'ultimo adempimento previsto dal concordato.

5. Le disposizioni che precedono non si applicano quando gli obblighi derivanti dal concordato sono stati assunti da un terzo con liberazione immediata del debitore.

6. Il procedimento è regolato ai sensi degli articoli 40 e 41.

7. Il tribunale dichiara aperta la liquidazione giudiziale solo a seguito della risoluzione del concordato, salvo che lo stato di insolvenza consegua a debiti sorti successivamente al deposito della domanda di apertura del concordato preventivo.

(1) *Questo articolo è stato così sostituito dall'art. 18, comma 3, del D.L.vo 26 ottobre 2020, n. 147, a decorrere dal 1° settembre 2021.*

120. Annullamento del concordato. – 1. Il concordato può essere annullato su istanza del commissario o di qualunque creditore, in contraddittorio con il debitore, quando si scopre che è stato dolosamente esagerato il passivo ovvero sottratta o dissimulata una parte rilevante dell'attivo. Non è ammessa altra azione di nullità.

2. Il ricorso per annullamento deve proporsi nel termine di sei mesi dalla scoperta del dolo e, in ogni caso, non oltre due anni dalla scadenza del termine fissato per l'ultimo adempimento previsto nel concordato.

3. Il procedimento è regolato ai sensi degli articoli 40 e 41.

Sezione VI *bis*
Degli strumenti di regolazione
della crisi e dell'insolvenza
delle società (1)

(1) *Questa Sezione, articoli da 120* bis *a 120* quinquies*, è stata inserita dall'art. 25, comma 1, del D.L.vo 17 giugno 2022, n. 83, a decorrere dal 15 luglio 2022.*

120 *bis*. Accesso. – 1. L'accesso a uno strumento di regolazione della crisi e dell'insolvenza è deciso, in via esclusiva, dagli amministratori unitamente al contenuto della proposta e alle condizioni del piano. La decisione deve risultare da verbale redatto da notaio ed è depositata e iscritta nel registro delle imprese. La domanda di accesso è sottoscritta da coloro che hanno la rappresentanza della società.

2. Ai fini del buon esito della ristrutturazione il piano può prevedere qualsiasi modificazione dello statuto della società debitrice, ivi inclusi aumenti e riduzioni di capitale anche con limitazione o esclusione del diritto di opzione e altre modificazioni che incidono direttamente sui diritti di partecipazione dei soci, nonché fusioni, scissioni e trasformazioni.

3. Gli amministratori sono tenuti a informare i soci dell'avvenuta decisione di accedere a uno strumento di regolazione della crisi e dell'insolvenza e a riferire periodicamente del suo andamento.

4. Dalla iscrizione della decisione nel registro delle imprese e fino alla omologazione, la revoca degli amministratori è inefficace se non ricorre una giusta causa. Non costituisce giusta causa la presentazione di una domanda di accesso a uno strumento di regolazione della crisi e dell'insolvenza in presenza delle condizioni di legge. La deliberazione di revoca deve essere approvata con decreto dalla sezione specializzata del tribunale delle imprese competente, sentiti gli interessati.

5. I soci che rappresentano almeno il dieci per cento del capitale sono legittimati alla presentazione di proposte concorrenti ai sensi dell'articolo 90. La domanda è sottoscritta da ciascun socio proponente.

6. Le disposizioni di questo articolo si applicano, in quanto compatibili, agli strumenti di regolazione della crisi e dell'insolvenza presentati dagli imprenditori collettivi diversi dalle società.

120 *ter*. Classamento dei soci e dei titolari di strumenti finanziari. – 1. Lo strumento di regolazione della crisi e dell'insolvenza può prevedere la formazione di una classe di soci o di più classi se esistono soci ai quali lo statuto, anche a seguito delle modifiche previste dal piano, riconosce diritti diversi.

2. La formazione delle classi previste dal comma 1 è obbligatoria se il piano prevede modificazioni che incidono direttamente sui diritti di partecipazione dei soci e, in ogni caso, per le società che fanno ricorso al mercato del capitale di rischio.

3. I soci, inseriti in una o più classi, esprimono il proprio voto nelle forme e nei termini previsti per l'espressione del voto da parte dei creditori. All'interno della classe il socio ha diritto di voto in misura proporzionale alla quota di capitale posseduta anteriormente alla presentazione della domanda. Il socio che non ha espresso il proprio dissenso entro il suddetto termine si ritiene consenziente.

4. Le disposizioni di questo articolo si applicano, in quanto compatibili, ai titolari di strumenti finanziari, a eccezione di quelli che attribuiscono il diritto incondizionato al rimborso anche parziale dell'apporto.

120 *quater*. Condizioni di omologazione del concordato con attribuzioni ai soci. – 1. Fermo quanto previsto dall'articolo 112, se il piano prevede che il valore risultante dalla ristrutturazione sia riservato anche ai soci anteriori alla presentazione della domanda, il concordato, in caso di dissenso di una o più classi di creditori, può essere omologato se il trattamento proposto a ciascuna delle classi dissenzienti sarebbe almeno altrettanto favorevole rispetto a quello proposto alle classi del medesimo rango e più favorevole di quello proposto alle classi di rango inferiore, anche se a tali classi venisse destinato il valore complessivamente riservato ai soci. Se non vi sono classi di creditori di rango pari o inferiore a quella dissenziente, il concordato può essere omologato solo quando il valore destinato al soddisfacimento dei creditori appartenenti alla classe dissenziente è superiore a quello complessivamente riservato ai soci.

2. Per valore riservato ai soci si intende il valore effettivo, conseguente all'omologazione della proposta, delle loro partecipazioni e degli strumenti che attribuiscono il diritto di acquisirle, dedotto il valore da essi eventualmente apportato ai fini della ristrutturazione in forma di conferimenti o di versamenti a fondo perduto oppure, per le imprese minori, anche in altra forma.

3. I soci possono opporsi all'omologazione del concordato al fine di far valere il pregiudizio subito rispetto all'alternativa liquidatoria.

4. Le disposizioni di questo articolo si applicano, in quanto compatibili, all'omologazione del concordato in continuità aziendale presentato dagli imprenditori individuali o collettivi diversi dalle società e dai professionisti.

120 *quinquies*. Esecuzione. – 1. Il provvedimento di omologazione dello strumento di regolazione della crisi e dell'insolvenza determina la riduzione e l'aumento del capitale e le altre modificazioni statutarie nei termini previsti dal piano, demanda agli amministratori l'adozione di ogni atto necessario a darvi esecuzione e li autorizza a porre in essere, nei successivi trenta giorni o nel diverso termine previsto dal piano, le ulteriori modificazioni statutarie programmate dal piano. In mancanza il tribunale, su richiesta di qualsiasi interessato e sentiti gli amministratori, può nominare un amministratore giudiziario, attribuendogli i poteri necessari a provvedere in luogo di costoro agli adempimenti di cui al presente articolo, e disporre la revoca per giusta causa degli amministratori.

2. Se il notaio incaricato ritiene non adempiute le condizioni stabilite dalla legge, ne dà comunicazione tempestivamente, e comunque non oltre il termine di trenta giorni, agli amministratori. Gli amministratori, nei trenta giorni successivi, possono ricorrere, per i provvedimenti necessari, al tribunale che ha omologato lo strumento di regolazione della crisi e dell'insolvenza.

3. Le modificazioni della compagine sociale conseguenti all'esecuzione di uno strumento di regolazione della crisi e dell'insolvenza non costituiscono causa di risoluzione o di modificazione di contratti stipulati dalla società. Sono inefficaci eventuali patti contrari.

Titolo V
Liquidazione giudiziale

Capo I
Imprenditori individuali e società

Sezione I
Presupposti della liquidazione giudiziale e organi preposti

121. Presupposti della liquidazione giudiziale. – 1. Le disposizioni sulla liquidazione giudiziale si applicano agli imprenditori commerciali che non dimostrino il possesso congiunto dei requisiti di cui all'articolo 2, comma 1, lettera *d*), e che siano in stato di insolvenza.

122. Poteri del tribunale concorsuale. – 1. Il tribunale che ha dichiarato aperta la procedura di liquidazione giudiziale è investito dell'intera procedura e:

a) provvede alla nomina, alla revoca o sostituzione per giustificati motivi degli organi della procedura, quando non è prevista la competenza del giudice delegato;

b) può in ogni tempo sentire in camera di consiglio il curatore, il comitato dei creditori e il debitore;

c) decide le controversie relative alla procedura stessa che non sono di competenza del giudice delegato, nonché i reclami contro i provvedimenti del giudice delegato.

2. I provvedimenti del tribunale sono pronunciati con decreto motivato, salvo che la

legge non preveda che il provvedimento sia adottato in forma diversa.

123. Poteri del giudice delegato. – 1. Il giudice delegato esercita funzioni di vigilanza e di controllo sulla regolarità della procedura e:

a) riferisce al tribunale su ogni affare per il quale è richiesto un provvedimento del collegio;

b) emette o provoca dalle competenti autorità i provvedimenti urgenti per la conservazione del patrimonio, ad esclusione di quelli che incidono su diritti di terzi che rivendichino un proprio diritto incompatibile con l'acquisizione;

c) convoca il curatore e il comitato dei creditori nei casi prescritti dalla legge e ogni qualvolta lo ravvisi opportuno per il corretto e sollecito svolgimento della procedura;

d) su proposta del curatore, liquida i compensi e dispone l'eventuale revoca dell'incarico conferito alle persone la cui opera è stata richiesta dal medesimo curatore nell'interesse della procedura;

e) provvede sui reclami proposti contro gli atti del curatore e del comitato dei creditori;

f) fatto salvo quanto previsto dall'articolo 128, comma 2, autorizza il curatore a stare in giudizio come attore o come convenuto, quando è utile per il miglior soddisfacimento dei creditori. L'autorizzazione deve essere sempre data per atti determinati e per i giudizi deve essere rilasciata per ogni grado di essi;

g) nomina gli arbitri, su proposta del curatore;

h) procede all'accertamento dei crediti e dei diritti vantati da terzi sui beni compresi nella procedura, secondo le disposizioni del capo III.

i) quando ne ravvisa l'opportunità, dispone che il curatore presenti relazioni ulteriori rispetto a quelle previste dall'articolo 130, prescrivendone le modalità.

2. Il giudice delegato non può trattare i giudizi che ha autorizzato, né far parte del collegio investito del reclamo proposto contro i suoi atti.

3. I provvedimenti del giudice delegato sono pronunciati con decreto motivato.

124. Reclamo contro i decreti del giudice delegato e del tribunale. – 1. Salvo che sia diversamente disposto, contro i decreti del giudice delegato e del tribunale il curatore, il comitato dei creditori, il debitore e ogni altro interessato possono proporre reclamo, rispettivamente, al tribunale o alla corte di appello nel termine perentorio di dieci giorni dalla comunicazione o dalla notificazione per il curatore, per il debitore, per il comitato dei creditori e per chi ha chiesto o nei cui confronti è stato chiesto il provvedimento. Per gli altri interessati, il termine decorre dall'esecuzione delle formalità pubblicitarie previste dalla legge o disposte dal giudice delegato o dal tribunale, se quest'ultimo ha emesso il provvedimento.

2. In ogni caso il reclamo non può più proporsi decorsi novanta giorni dal deposito del provvedimento nel fascicolo della procedura.

3. Il reclamo si propone con ricorso, che deve contenere:

a) l'indicazione del tribunale o della corte di appello competente, del giudice delegato e della procedura di liquidazione giudiziale;

b) le generalità, il codice fiscale del ricorrente e il nome e il domicilio digitale del difensore;

c) l'esposizione delle ragioni di fatto e di diritto su cui si basa il reclamo, con le relative conclusioni;

d) l'indicazione dei mezzi di prova di cui il ricorrente intende avvalersi e dei documenti prodotti.

4. Il reclamo non sospende l'esecuzione del provvedimento impugnato.

5. Il presidente con decreto designa il relatore e fissa l'udienza di comparizione entro quaranta giorni dal deposito del ricorso.

6. Il ricorso, unitamente al decreto di fissazione dell'udienza, deve essere notificato, a cura del reclamante, al curatore, mediante trasmissione al domicilio digitale della procedura, e ai controinteressati, entro cinque giorni dalla comunicazione del decreto.

7. Tra la data della notificazione e quella dell'udienza deve intercorrere un termine non minore di quindici giorni.

8. Il resistente deve costituirsi almeno cinque giorni prima dell'udienza, depositando memoria contenente l'indicazione delle proprie generalità e del suo codice fiscale, nonché il nome e domicilio digitale del difensore, nonché l'esposizione delle difese in fatto e in diritto, oltre all'indicazione dei mezzi di prova e dei documenti prodotti.

9. Ogni altro interessato può intervenire nel termine e nei modi previsti dal comma 8.

10. I termini di cui ai commi 7 e 8 possono essere abbreviati dal presidente, con decreto motivato, se ricorrono ragioni di urgenza.

11. All'udienza il collegio, sentite le parti, ammette o assume anche d'ufficio i mezzi di prova, se non ritiene di delegarne l'assunzione al relatore.

12. Entro trenta giorni dall'udienza di comparizione, il collegio provvede sul reclamo con decreto motivato.

125. Nomina del curatore. – 1. Il curatore è nominato con la sentenza di apertura della liquidazione giudiziale, osservati gli articoli 356 e 358.

2. Si applicano agli esperti nominati ai sensi dell'articolo 49, comma 3, lettera *b*), le disposizioni del comma 1 e degli articoli 123 e da 126 a 136 in quanto compatibili.

3. Al curatore, agli esperti nominati ai sensi dell'articolo 49, comma 3, lettera *b*), ed al coadiutore nominato a norma dell'articolo 129, comma 2, si applicano le disposizioni di cui agli articoli 35, comma 4 *bis*, e 35.1 del decreto legislativo 6 settembre 2011, n. 159; si osservano altresì le disposizioni di cui all'articolo 35.2 del predetto decreto.

4. I provvedimenti di nomina dei curatori, dei commissari giudiziali e dei liquidatori giudiziali confluiscono nel registro nazionale già (1) istituito presso il Ministero della giustizia. Nel registro vengono altresì annotati i provvedimenti di chiusura della liquidazione giudiziale (2) e di omologazione del concordato, nonché l'ammontare dell'attivo e del passivo delle procedure chiuse e i provvedimenti di liquidazione degli acconti e del compenso finale in favore di ciascuno dei soggetti di cui al primo periodo (3). Il registro è tenuto con modalità informatiche ed è accessibile al pubblico.

(1) *La parola: «già» è stata inserita dall'art. 19, comma 1, lett.* a), *del D.L.vo 26 ottobre 2020, n. 147, a decorrere dal 1° settembre 2021.*

(2) *Le parole: «del fallimento» sono state così sostituite dalle attuali: «della liquidazione giudiziale» dall'art. 19, comma 1, lett.* b), *del D.L.vo 26 ottobre 2020, n. 147, a decorrere dal 1° settembre 2021.*

(3) *Le parole: «e i provvedimenti di liquidazione degli acconti e del compenso finale in favore di ciascuno dei soggetti di cui al primo periodo» sono state inserite dall'art. 19, comma 1, lett.* b), *del D.L.vo 26 ottobre 2020, n. 147, a decorrere dal 1° settembre 2021.*

126. Accettazione del curatore. – 1. Il curatore deve, entro i due giorni successivi alla comunicazione della nomina, far pervenire in cancelleria la propria accettazione. Se il curatore non osserva questo obbligo il tribunale, in camera di consiglio, provvede d'urgenza alla nomina di altro curatore.

2. Intervenuta l'accettazione, l'ufficio comunica telematicamente al curatore le credenziali per l'accesso al domicilio digitale assegnato alla procedura dal Ministero della giustizia.

127. Qualità di pubblico ufficiale. – 1. Il curatore, per quanto attiene all'esercizio delle sue funzioni, è pubblico ufficiale.

128. Gestione della procedura. – 1. Il curatore ha l'amministrazione del patrimonio compreso nella liquidazione giudiziale e compie tutte le operazioni della procedura sotto la vigilanza del giudice delegato e del comitato dei creditori, nell'ambito delle funzioni ad esso attribuite.

2. Egli non può stare in giudizio senza l'autorizzazione del giudice delegato, salvo che in materia di contestazioni e di tardive dichiarazioni di crediti e di diritti di terzi sui beni compresi nella liquidazione giudiziale, e salvo che nei procedimenti promossi per impugnare atti del giudice delegato o del tribunale e in ogni altro caso in cui non occorra ministero di difensore.

3. La nomina dei difensori spetta al curatore (1). Il curatore non può assumere la veste di avvocato nei giudizi che riguardano la liquidazione giudiziale. Il curatore può tuttavia assumere la veste di difensore, se in possesso della necessaria qualifica nei giudizi avanti al giudice tributario quando ciò è funzionale ad un risparmio per la massa.

(1) *Questo periodo è stato anteposto dall'art. 19, comma 2, del D.L.vo 26 ottobre 2020, n. 147, a decorrere dal 1° settembre 2021.*

129. Esercizio delle attribuzioni del curatore. – 1. Il curatore esercita personalmente le funzioni del proprio ufficio e può delegare ad altri specifiche operazioni, previa autorizzazione del comitato dei creditori, con esclusione degli adempimenti di cui agli articoli 198, 200, 203, 205 e 213. L'onere per il compenso del delegato, liquidato dal giudice, è detratto dal compenso del curatore.

2. Il curatore può essere autorizzato dal comitato dei creditori a farsi coadiuvare da tecnici o da altre persone retribuite, compreso il debitore e gli amministratori della società o dell'ente in liquidazione giudiziale, sotto la sua responsabilità. Del compenso riconosciuto a tali soggetti si tiene conto ai fini della liquidazione del compenso del curatore.

130. Relazioni e rapporti riepilogativi del curatore. – 1. Il curatore, entro trenta giorni dalla dichiarazione di apertura della liquidazione giudiziale, presenta al giudice delegato un'informativa sugli accertamenti compiuti e sugli elementi informativi acquisiti relativi alle cause dell'insolvenza e alla responsabilità del debitore ovvero degli amministratori e degli organi di controllo della società.

2. Se il debitore o gli amministratori non ottemperano agli obblighi di deposito di cui all'articolo 49, comma 3, lettera *c*), e se il debitore non ottempera agli obblighi di cui all'articolo 198, comma 2, (¹) il curatore informa senza indugio il pubblico ministero. In tal caso o quando le scritture contabili sono incomplete o comunque risultano inattendibili, il curatore, con riguardo alle operazioni compiute dal debitore nei cinque anni anteriori alla presentazione della domanda cui sia seguita l'apertura della liquidazione giudiziale, oltre alle ricerche effettuate ai sensi dell'articolo 49, comma 3, lettera *f*), può chiedere al giudice delegato di essere autorizzato ad accedere a banche dati, ulteriori rispetto a quelle di cui all'articolo 49 e specificamente indicate nell'istanza di autorizzazione.

3. Il giudice delegato può autorizzare il curatore a richiedere alle pubbliche amministrazioni le informazioni e i documenti in loro possesso.

4. Il curatore, entro sessanta giorni dal deposito del decreto di esecutività dello stato passivo, presenta al giudice delegato una relazione particolareggiata in ordine al tempo e alle cause dell'insorgere della crisi e del manifestarsi dell'insolvenza del debitore, sulla diligenza spiegata dal debitore nell'esercizio dell'impresa, sulla responsabilità del debitore o di altri e su quanto può interessare anche ai fini delle indagini preliminari in sede penale. Il curatore allega alla relazione il bilancio dell'ultimo esercizio formato ai sensi dell'articolo 198, comma 2, nonché il rendiconto di gestione di cui all'articolo 2487 *bis* del codice civile, evidenziando le rettifiche apportate (²).

5. Se il debitore insolvente è una società o altro ente, la relazione espone i fatti accertati e le informazioni raccolte sulla responsabilità degli amministratori e degli organi di controllo, dei soci e, eventualmente, di estranei alla società. Se la società o l'ente fa parte di un gruppo, il curatore deve altresì riferire sulla natura dei rapporti con le altre società o enti e allegare le informazioni raccolte sulle rispettive responsabilità, avuto riguardo agli effetti dei rapporti economici e contrattuali con le altre imprese del gruppo.

6. Quando non si fa luogo all'accertamento del passivo ai sensi dell'articolo 209 la relazione di cui ai commi 4 e 5 è depositata entro il termine di centottanta giorni dalla dichiarazione di apertura della liquidazione giudiziale.

7. Le relazioni di cui ai commi 1, 4 e 5 sono trasmesse in copia integrale entro cinque giorni dal deposito al pubblico ministero.

8. Il giudice delegato dispone la secretazione delle parti relative alla responsabilità penale del debitore e di terzi ed alle azioni che il curatore intende proporre qualora possano comportare l'adozione di provvedimenti cautelari, nonché alle circostanze estranee agli interessi della procedura e che investano la sfera personale del debitore.

9. Il curatore, inoltre, entro quattro mesi dal deposito del decreto di esecutività dello stato passivo e, successivamente, ogni sei mesi, presenta al giudice delegato un rapporto riepilogativo delle attività svolte e delle informazioni raccolte dopo le precedenti relazioni, accompagnato dal conto della sua gestione e dagli estratti del conto bancario o postale della procedura relativi agli stessi periodi. Copia del rapporto e dei documenti allegati è trasmessa al comitato dei creditori. Nel termine di quindici giorni, il comitato dei creditori o ciascuno dei suoi componenti possono formulare osservazioni scritte. Nei successivi quindici giorni copia del rapporto, assieme alle eventuali osservazioni, omesse le parti secretate, è trasmessa per mezzo della posta elettronica certificata al debitore, ai creditori e ai titolari di diritti sui beni.

(¹) *Le parole: «e se il debitore non ottempera agli obblighi di cui all'articolo 198, comma 2,» sono state inserite dall'art. 19, comma 3, lett.* a), *del D.L.vo 26 ottobre 2020, n. 147, a decorrere dal 1° settembre 2021.*

(²) *Questo periodo è stato aggiunto dall'art. 19, comma 3, lett.* b), *del D.L.vo 26 ottobre 2020, n. 147, a decorrere dal 1° settembre 2021.*

131. Deposito delle somme riscosse. – 1. Le somme riscosse a qualunque titolo dal curatore sono depositate entro il termine massimo di dieci giorni sul conto corrente intestato alla procedura di liquidazione aperto presso un ufficio postale o presso una banca scelta dal curatore.

2. Il mancato deposito nel termine è valutato dal tribunale ai fini dell'eventuale revoca del curatore.

3. Il prelievo delle somme è eseguito su copia conforme del mandato di pagamento del giudice delegato e, nel periodo di intestazione «Fondo unico giustizia» del conto corrente, su disposizione di Equitalia Giustizia s.p.a., in conformità a quanto previsto dall'articolo 2 del decreto legge 16 settembre 2008, n. 143, convertito, con modificazioni, dalla legge 13 novembre 2008, n. 181.

4. Il mandato è sottoscritto dal giudice delegato e dal cancelliere con firma digitale ed

è trasmesso telematicamente al depositario nel rispetto delle disposizioni, anche regolamentari, concernenti la sottoscrizione, la trasmissione e la ricezione dei documenti informatici. La trasmissione telematica è oggetto di disciplina con apposito decreto del Ministro della Giustizia, che ne stabilisce modalità, condizioni e limiti. La disposizione acquista efficacia a decorrere dal novantesimo giorno successivo alla pubblicazione nella *Gazzetta Ufficiale* del provvedimento del responsabile dei sistemi informativi automatizzati del Ministero della giustizia, da adottarsi entro un anno dall'entrata in vigore del presente codice, attestante la piena funzionalità dei sistemi di trasmissione telematica.

132. Integrazione dei poteri del curatore. – 1. Le riduzioni di crediti, le transazioni, i compromessi, le rinunzie alle liti, le ricognizioni di diritti di terzi, la cancellazione di ipoteche, la restituzione di pegni, lo svincolo delle cauzioni, l'accettazione di eredità e donazioni e gli altri atti di straordinaria amministrazione sono effettuati dal curatore, previa l'autorizzazione del comitato dei creditori.

2. Nel richiedere l'autorizzazione del comitato dei creditori, il curatore formula le proprie conclusioni anche sulla convenienza della proposta.

3. Se gli atti suddetti sono di valore superiore a cinquantamila euro e in ogni caso per le transazioni, il curatore ne informa previamente il giudice delegato, salvo che gli stessi siano già stati autorizzati dal medesimo ai sensi dell'articolo 213, comma 7.

4. Il limite di cui al comma 3 può essere adeguato con decreto del Ministro della giustizia.

133. Reclamo contro gli atti e le omissioni del curatore. – 1. Contro gli atti di amministrazione e le omissioni del curatore, il comitato dei creditori, il debitore e ogni altro interessato possono proporre reclamo, per violazione di legge, con ricorso al giudice delegato entro otto giorni dalla conoscenza dell'atto o, in caso di omissione, dalla scadenza del termine indicato nella diffida a provvedere. Il giudice delegato, sentite le parti, decide sul reclamo, omessa ogni formalità non indispensabile al contraddittorio.

2. Se il reclamo è accolto, il curatore deve conformarsi alla decisione del giudice delegato.

3. Contro il decreto del giudice delegato può essere proposto il reclamo previsto dall'articolo 124.

134. Revoca del curatore. – 1. Il tribunale può in ogni tempo, su proposta del giudice delegato o su richiesta del comitato dei creditori o d'ufficio, revocare il curatore.

2. Il tribunale provvede con decreto motivato, sentiti il curatore e il comitato dei creditori.

3. Contro il decreto di revoca o di rigetto dell'istanza di revoca del curatore è ammesso il reclamo alla corte di appello previsto dall'articolo 124. Il reclamo non sospende l'efficacia del decreto.

135. Sostituzione del curatore. – 1. Al fine di evitare conflitti di interessi, il debitore e i creditori ammessi possono chiedere la sostituzione del curatore indicandone al tribunale le ragioni. Il tribunale, valutate le ragioni della richiesta e verificata l'assenza di conflitto di interessi in capo ai creditori istanti, provvede alla nomina del nuovo curatore ([1]).

[2. Dal computo dei crediti, su istanza di uno o più creditori, sono esclusi quelli i cui titolari si trovino in conflitto di interessi] ([2]).

([1]) *Questo comma è stato così sostituito dall'art. 26, comma 1, lett. a), del D.L.vo 17 giugno 2022, n. 83, a decorrere dal 15 luglio 2022.*

([2]) *Questo comma è stato abrogato dall'art. 26, comma 1, lett. b), del D.L.vo 17 giugno 2022, n. 83, a decorrere dal 15 luglio 2022.*

136. Responsabilità del curatore. – 1. Il curatore adempie ai doveri del proprio ufficio, imposti dalla legge o derivanti dal programma di liquidazione approvato, con la diligenza richiesta dalla natura dell'incarico. Egli deve tenere un registro informatico, consultabile telematicamente, oltre che dal giudice delegato, da ciascuno dei componenti del comitato dei creditori e in cui deve annotare giorno per giorno le operazioni relative alla sua amministrazione. Mensilmente il curatore firma digitalmente il registro e vi appone la marca temporale, in conformità alle regole tecniche per la formazione, la trasmissione, la conservazione, la copia, la duplicazione, la riproduzione e la validazione dei documenti informatici.

2. Il curatore procede alle operazioni di liquidazione contemporaneamente alle operazioni di accertamento del passivo.

3. Durante la liquidazione giudiziale, l'azione di responsabilità contro il curatore revocato o sostituito è proposta dal nuovo curatore, previa autorizzazione del giudice delegato.

4. Il curatore che cessa dal suo ufficio, anche durante la liquidazione giudiziale, non-

ché al termine dei giudizi e delle altre operazioni di cui all'articolo 233, comma 2, deve rendere il conto della gestione a norma dell'articolo 231, comunicandolo anche al curatore eventualmente nominato in sua vece, il quale può presentare osservazioni e contestazioni.

5. Il responsabile dei sistemi informativi automatizzati del Ministero della giustizia, entro sei mesi dalla data di entrata in vigore del presente codice, stabilisce le specifiche tecniche necessarie per assicurare la compatibilità tra i software utilizzati per la tenuta del registro di cui al comma 1 con i sistemi informativi del Ministero della giustizia.

137. Compenso del curatore. – 1. Il compenso e le spese dovuti al curatore, anche se la liquidazione giudiziale si chiude con concordato, sono liquidati ad istanza del curatore con decreto del tribunale non soggetto a reclamo, su relazione del giudice delegato, secondo le norme stabilite con decreto del Ministro della giustizia.

2. La liquidazione del compenso è fatta dopo l'approvazione del rendiconto e, se del caso, dopo l'esecuzione del concordato. Al curatore è dovuta anche un'integrazione del compenso per l'attività svolta fino al termine dei giudizi e delle altre operazioni di cui all'articolo 233, comma 2. È in facoltà del tribunale accordare al curatore acconti sul compenso. Salvo che non ricorrano giustificati motivi, ogni liquidazione di acconto deve essere preceduta dalla esecuzione di un progetto di ripartizione parziale.

3. Se nell'incarico si sono succeduti più curatori, il compenso è stabilito secondo criteri di proporzionalità ed è liquidato, in ogni caso, al termine della procedura, salvi eventuali acconti.

4. Nessun compenso, oltre quello liquidato dal tribunale, può essere preteso dal curatore, nemmeno per rimborso di spese. Le promesse e i pagamenti fatti contro questo divieto sono nulli ed è sempre ammessa la ripetizione di ciò che è stato pagato, indipendentemente dall'esercizio dell'azione penale.

5. Quando sono nominati esperti ai sensi dell'articolo 49, comma 3, lettera *b*), alla liquidazione del compenso si applica il comma 3.

138. Nomina del comitato dei creditori. – 1. Il comitato dei creditori è nominato dal giudice delegato entro trenta giorni dalla sentenza che ha aperto la liquidazione giudiziale, sulla base delle risultanze documentali, sentito il curatore e tenuto conto della disponibilità ad assumere l'incarico e delle altre indicazioni eventualmente date dai creditori con la domanda di ammissione al passivo o precedentemente. Salvo quanto previsto dall'articolo 139, la composizione del comitato può essere modificata dal giudice delegato in relazione alle variazioni dello stato passivo o per altro giustificato motivo.

2. Il comitato è composto di tre o cinque membri scelti tra i creditori, in modo da rappresentare in misura equilibrata quantità e qualità dei crediti e avuto riguardo alla possibilità di soddisfacimento dei crediti stessi.

3. Il comitato, entro dieci giorni dalla nomina, provvede, su convocazione del curatore, a nominare a maggioranza il proprio presidente.

4. Alla sostituzione dei membri del comitato provvede il giudice delegato secondo i criteri dettati dai commi 1 e 2.

5. Il comitato dei creditori si considera costituito con l'accettazione della nomina da parte dei suoi componenti comunicata al curatore che ne informa immediatamente il giudice delegato.

6. Il componente del comitato che si trova in conflitto di interessi si astiene dalla votazione.

7. Ciascun componente del comitato dei creditori può delegare, a sue spese, a un avvocato o a un dottore commercialista, in tutto o in parte, l'espletamento delle proprie funzioni, dandone comunicazione al giudice delegato.

139. Sostituzione e compenso dei componenti del comitato dei creditori. – 1. I creditori che rappresentano la maggioranza dei crediti ammessi possono effettuare nuove designazioni in ordine ai componenti del comitato dei creditori, nel rispetto dei criteri di cui all'articolo 138. Il giudice delegato provvede alla nomina dei soggetti designati, verificato il rispetto delle condizioni di cui all'articolo 138, commi 1 e 2.

2. Dal computo dei crediti, su istanza di uno o più creditori, sono esclusi quelli che si trovino in conflitto di interessi.

3. Il giudice delegato, su istanza del comitato dei creditori, acquisito il parere del curatore, può stabilire che ai componenti del comitato dei creditori sia attribuito, oltre al rimborso delle spese, un compenso per la loro attività, in misura non superiore al dieci per cento di quello liquidato al curatore.

140. Funzioni e responsabilità del comitato dei creditori e dei suoi componenti. – 1. Il comitato dei creditori vigila sull'operato del curatore, ne autorizza gli atti ed esprime pareri nei casi previsti dalla legge, ovvero su richiesta del tribunale o del giudice delegato, succintamente motivando le proprie deliberazioni.

2. Il presidente convoca il comitato per le deliberazioni di competenza o quando sia richiesto da un terzo dei suoi componenti.

3. Le deliberazioni del comitato sono prese a maggioranza dei votanti, nel termine massimo di quindici giorni successivi a quello in cui la richiesta è pervenuta al presidente. Il voto può essere espresso in riunioni collegiali o mediante consultazioni telematiche, purché sia possibile conservare la prova della manifestazione di voto.

4. In caso di inerzia, di impossibilità di costituzione per insufficienza di numero o indisponibilità dei creditori, o di funzionamento del comitato o di urgenza, provvede il giudice delegato.

5. Il comitato e ogni suo componente possono ispezionare in qualunque tempo le scritture contabili e i documenti della procedura e hanno diritto di chiedere notizie e chiarimenti al curatore e al debitore. Se ricorrono le circostanze di cui al comma 4 gli stessi poteri possono essere esercitati da ciascun creditore, previa l'autorizzazione del giudice delegato.

6. I componenti del comitato hanno diritto al rimborso delle spese, oltre all'eventuale compenso riconosciuto ai sensi e nelle forme di cui all'articolo 139, comma 3.

7. Ai componenti del comitato dei creditori si applica, in quanto compatibile, l'articolo 2407, primo e terzo comma, del codice civile.

8. L'azione di responsabilità può essere proposta dal curatore durante lo svolgimento della procedura. Il giudice delegato provvede all'immediata sostituzione dei componenti del comitato dei creditori nei confronti dei quali ha autorizzato l'azione.

141. Reclamo contro gli atti del comitato dei creditori. – 1. Contro le autorizzazioni o i dinieghi del comitato dei creditori, il curatore, il debitore e ogni altro interessato possono proporre reclamo, per violazione di legge, al giudice delegato entro otto giorni dalla conoscenza dell'atto. Il giudice delegato decide sul reclamo sentite le parti, omessa ogni formalità non indispensabile al contraddittorio.

2. Contro il decreto del giudice delegato può essere proposto il reclamo previsto dall'articolo 124.

Sezione II
Effetti dell'apertura della liquidazione giudiziale per il debitore

142. Beni del debitore. – 1. La sentenza che dichiara aperta la liquidazione giudiziale priva dalla sua data il debitore dell'amministrazione e della disponibilità dei suoi beni esistenti alla data di apertura della liquidazione giudiziale.

2. Sono compresi nella liquidazione giudiziale anche i beni che pervengono al debitore durante la procedura, dedotte le passività incontrate per l'acquisto e la conservazione dei beni medesimi.

3. Il curatore, previa autorizzazione del comitato dei creditori, può rinunziare ad acquisire i beni del debitore, compresi quelli che gli pervengono durante la procedura, qualora i costi da sostenere per il loro acquisto e la loro conservazione risultino superiori al presumibile valore di realizzo dei beni stessi.

143. Rapporti processuali. – 1. Nelle controversie, anche in corso, relative a rapporti di diritto patrimoniale del debitore compresi nella liquidazione giudiziale sta in giudizio il curatore.

2. Il debitore può intervenire nel giudizio solo per le questioni dalle quali può dipendere un'imputazione di bancarotta a suo carico o se l'intervento è previsto dalla legge.

3. L'apertura della liquidazione giudiziale determina l'interruzione del processo. Il termine per la riassunzione del processo interrotto decorre da quando l'interruzione viene dichiarata dal giudice.

144. Atti compiuti dal debitore dopo l'apertura della liquidazione giudiziale. – 1. Gli atti compiuti dal debitore e i pagamenti da lui eseguiti o ricevuti dopo l'apertura della liquidazione giudiziale sono inefficaci rispetto ai creditori.

2. Fermo quanto previsto dall'articolo 142, comma 2, sono acquisite alla liquidazione giudiziale tutte le utilità che il debitore consegue nel corso della procedura per effetto degli atti di cui al comma 1.

145. Formalità eseguite dopo l'apertura della liquidazione giudiziale. – 1. Le formalità necessarie per rendere opponibili gli atti ai terzi, se compiute dopo la data dell'apertura della liquidazione giudiziale, sono senza effetto rispetto ai creditori.

146. Beni non compresi nella liquidazione giudiziale. – 1. Non sono compresi nella liquidazione giudiziale:

a) i beni e i diritti di natura strettamente personale;

b) gli assegni aventi carattere alimentare, gli stipendi, le pensioni, i salari e ciò che il debitore guadagna con la sua attività, entro i limiti di quanto occorre per il mantenimento suo e della sua famiglia;

c) i frutti derivanti dall'usufrutto legale sui beni dei figli, i beni costituiti in fondo patrimoniale e i frutti di essi, salvo quanto è disposto dall'articolo 170 del codice civile;

d) le cose che non possono essere pignorate per disposizione di legge.

2. I limiti previsti al comma 1, lettera *b*), sono fissati con decreto motivato del giudice delegato, sentiti il curatore ed il comitato dei creditori, tenuto conto della condizione personale del debitore e di quella della sua famiglia.

147. Alimenti ed abitazione del debitore. – 1. Se al debitore vengono a mancare i mezzi di sussistenza, il giudice delegato, sentiti il curatore e il comitato dei creditori, può concedergli un sussidio a titolo di alimenti per lui e per la famiglia.

2. La casa della quale il debitore è proprietario o può godere in quanto titolare di altro diritto reale, nei limiti in cui è necessaria all'abitazione di lui e della famiglia, non può essere distratta da tale uso fino alla sua liquidazione.

148. Corrispondenza diretta al debitore. – 1. Il debitore persona fisica, è tenuto a consegnare al curatore la propria corrispondenza di ogni genere, inclusa quella elettronica, riguardante i rapporti compresi nella liquidazione giudiziale.

2. La corrispondenza diretta al debitore che non è una persona fisica è consegnata al curatore.

149. Obblighi del debitore. – 1. Il debitore, se persona fisica, nonché gli amministratori o i liquidatori della società o dell'ente nei cui confronti è aperta la liquidazione giudiziale, sono tenuti a comunicare al curatore la propria residenza ovvero il proprio domicilio e ogni loro cambiamento.

2. Se occorrono informazioni o chiarimenti ai fini della gestione della procedura, i soggetti di cui al comma 1 devono presentarsi personalmente al giudice delegato, al curatore o al comitato dei creditori.

3. In caso di legittimo impedimento o di altro giustificato motivo, i medesimi soggetti possono essere autorizzati dal giudice delegato a comparire per mezzo di un procuratore.

Sezione III
Effetti dell'apertura della liquidazione giudiziale per i creditori

150. Divieto di azioni esecutive e cautelari individuali. – 1. Salvo diversa disposizione della legge, dal giorno della dichiarazione di apertura della liquidazione giudiziale nessuna azione individuale esecutiva o cautelare anche per crediti maturati durante la liquidazione giudiziale, può essere iniziata o proseguita sui beni compresi nella procedura.

151. Concorso dei creditori. – 1. La liquidazione giudiziale apre il concorso dei creditori sul patrimonio del debitore.

2. Ogni credito, anche se munito di diritto di prelazione o prededucibile, nonché ogni diritto reale o personale, mobiliare o immobiliare, deve essere accertato secondo le norme stabilite dal capo III del presente titolo, salvo diverse disposizioni della legge.

3. Le disposizioni del comma 2 si applicano anche ai crediti esentati dal divieto di cui all'articolo 150.

152. Creditori muniti di pegno o privilegio su mobili. – 1. I crediti garantiti da pegno o assistiti da privilegio a norma degli articoli 2756 e 2761 del codice civile possono essere realizzati al di fuori della liquidazione giudiziale anche durante la procedura, dopo che sono stati ammessi al passivo con prelazione.

2. Per essere autorizzato alla vendita il creditore fa istanza al giudice delegato, il quale, sentiti il curatore e il comitato dei creditori, stabilisce con decreto il tempo della vendita, determinandone le modalità a norma dell'articolo 216. Il giudice delegato può assegnare i beni al creditore che ne ha fatto istanza. Il giudice delegato provvede acquisita la valutazione dei beni oggetto del provvedimento di autorizzazione o di assegnazione.

3. Se il ricavato della vendita, al netto delle spese o, in caso di assegnazione, il valore di stima è superiore all'importo del credito ammesso al passivo con prelazione, il creditore ne versa al curatore l'eccedenza.

4. Il giudice delegato, sentito il comitato dei creditori, se è stato nominato, può anche autorizzare il curatore a riprendere le cose sottoposte a pegno o a privilegio, pagando il

creditore, o ad eseguire la vendita nei modi stabiliti dal comma 2.

153. Diritto dei creditori privilegiati nella ripartizione dell'attivo. – 1. I creditori garantiti da ipoteca, pegno o privilegio fanno valere il loro diritto di prelazione sul prezzo dei beni vincolati per il capitale, gli interessi e le spese; se non sono soddisfatti integralmente, concorrono, per quanto è ancora loro dovuto, con i creditori chirografari nelle ripartizioni del resto dell'attivo.

2. Essi hanno diritto di concorrere anche nelle ripartizioni che si eseguono prima della distribuzione del prezzo dei beni vincolati a loro garanzia. In tal caso, se ottengono un'utile collocazione definitiva su questo prezzo per la totalità del loro credito, computati in primo luogo gli interessi, l'importo ricevuto nelle ripartizioni anteriori viene detratto dalla somma loro assegnata per essere attribuito ai creditori chirografari. Se la collocazione utile ha luogo per una parte del credito garantito, per il capitale non soddisfatto essi hanno diritto di trattenere solo la percentuale definitiva assegnata ai creditori chirografari.

3. L'estensione del diritto di prelazione agli interessi è regolata dagli articoli 2749, 2788 e 2855, commi secondo e terzo, del codice civile, intendendosi equiparata la dichiarazione di apertura della liquidazione giudiziale all'atto di pignoramento. Per i crediti assistiti da privilegio generale, il decorso degli interessi cessa alla data del deposito del progetto di riparto nel quale il credito è soddisfatto anche se parzialmente.

4. Se il credito è garantito da ipoteca, la prelazione si estende anche alle spese della costituzione, dell'iscrizione e della rinnovazione dell'ipoteca.

5. Se il credito è garantito da pegno o assistito da privilegio speciale a norma degli articoli 2756 e 2761 del codice civile, la prelazione si estende anche alle spese della costituzione del pegno e, nel caso previsto dall'articolo 152, commi 1 e 2, alle spese di conservazione e vendita del bene costituito in pegno o oggetto del privilegio, nonché alle spese di individuazione e consegna del bene oggetto di pegno non possessorio.

154. Crediti pecuniari. – 1. La dichiarazione di apertura della liquidazione giudiziale sospende il corso degli interessi convenzionali o legali, agli effetti del concorso, fino alla chiusura della procedura ovvero fino all'archiviazione disposta ai sensi dell'articolo 234, comma 7, a meno che i crediti non siano garantiti da ipoteca, da pegno o privilegio, salvo quanto è disposto dall'articolo 153, comma 3.

2. I crediti pecuniari si considerano scaduti, agli effetti del concorso, alla data della dichiarazione di apertura della liquidazione giudiziale.

3. I crediti condizionali partecipano al concorso a norma degli articoli 204, 226 e 227. Sono compresi tra i crediti condizionali quelli che non possono essere fatti valere contro il debitore il cui patrimonio è sottoposto alla liquidazione giudiziale, se non previa escussione di un obbligato principale.

155. Compensazione. – 1. I creditori possono opporre in compensazione dei loro debiti verso il debitore il cui patrimonio è sottoposto alla liquidazione giudiziale i propri crediti verso quest'ultimo, ancorché non scaduti prima dell'apertura della procedura concorsuale.

2. La compensazione non ha luogo se il creditore ha acquistato il credito per atto tra vivi dopo il deposito della domanda cui è seguita l'apertura della liquidazione giudiziale o nell'anno anteriore.

156. Crediti infruttiferi. – 1. I crediti infruttiferi non ancora scaduti alla data dell'apertura della liquidazione giudiziale sono ammessi al passivo per l'intera somma. Tuttavia ad ogni singola ripartizione saranno detratti gli interessi composti, in ragione del saggio stabilito dall'articolo 1284 del codice civile, per il tempo che resta a decorrere dalla data del mandato di pagamento sino al giorno della scadenza del credito.

157. Obbligazioni ed altri titoli di debito. – 1. I crediti derivanti da obbligazioni e da altri titoli di debito sono ammessi al passivo per il loro valore nominale, detratti i rimborsi già effettuati; se è previsto un premio da estrarre a sorte, il suo valore attualizzato viene distribuito tra tutti i titoli che hanno diritto al sorteggio.

158. Crediti non pecuniari. – 1. I crediti non scaduti, aventi per oggetto una prestazione in danaro determinata con riferimento ad altri valori o aventi per oggetto una prestazione diversa dal danaro, concorrono secondo il loro valore alla data di apertura della liquidazione giudiziale.

2. In deroga a quanto previsto dal comma 1, la rivalutazione dei crediti di lavoro è ammessa anche dopo la domanda di accesso agli

strumenti di regolazione della crisi e dell'insolvenza e dopo l'apertura di una procedura di insolvenza. La rivalutazione è ammessa, negli strumenti di regolazione della crisi e dell'insolvenza, fino alla definitività della sentenza di omologazione e, nelle procedure di insolvenza, fino al decreto pronunciato ai sensi dell'articolo 204, comma 4, in relazione alle domande di ammissione al passivo depositate nel termine di cui all'articolo 201, comma 1 ([1]).

([1]) *Questo comma è stato aggiunto dall'art. 27, comma 1, del D.L.vo 17 giugno 2022, n. 83, a decorrere dal 15 luglio 2022.*

159. Rendita perpetua e rendita vitalizia. – 1. Se nel passivo della liquidazione giudiziale sono presenti crediti per rendita perpetua, questa è riscattata a norma dell'articolo 1866 del codice civile.

2. Il creditore di una rendita vitalizia è ammesso al passivo per una somma equivalente al valore capitale della rendita stessa al momento dell'apertura della liquidazione giudiziale.

160. Creditore di più coobbligati solidali. – 1. Il creditore di più coobbligati in solido concorre nella liquidazione giudiziale del patrimonio di quelli che sono sottoposti a tale procedura, per l'intero credito in capitale e accessori, sino al totale pagamento.

2. Il regresso tra i coobbligati può essere esercitato solo dopo che il creditore sia stato soddisfatto per l'intero credito.

161. Creditore di più coobbligati solidali parzialmente soddisfatto. – 1. Il creditore che, prima dell'apertura della liquidazione giudiziale, ha ricevuto da un coobbligato in solido con il debitore il cui patrimonio è sottoposto alla procedura concorsuale, o da un fideiussore, una parte del proprio credito, ha diritto di concorrere nella liquidazione giudiziale per la parte non riscossa.

2. Il coobbligato che ha diritto di regresso verso il debitore ha diritto di concorrere nella liquidazione giudiziale di questo per la somma pagata.

3. Tuttavia il creditore ha diritto di farsi assegnare la quota di riparto spettante al coobbligato fino a concorrenza di quanto ancora dovutogli. Resta impregiudicato il diritto verso il coobbligato se il creditore rimane parzialmente insoddisfatto.

162. Coobbligato o fideiussore con diritto di garanzia. – 1. Il coobbligato o fideiussore del debitore sottoposto a liquidazione giudiziale che ha un diritto di pegno o di ipoteca sui beni di lui a garanzia della sua azione di regresso concorre nella liquidazione giudiziale per la somma per la quale ha ipoteca o pegno.

2. Il ricavato della vendita dei beni ipotecati o delle cose date in pegno spetta al creditore in deduzione della somma dovuta.

Sezione IV
Effetti della liquidazione giudiziale sugli atti pregiudizievoli ai creditori

163. Atti a titolo gratuito. – 1. Sono privi di effetto rispetto ai creditori, se compiuti dal debitore dopo il deposito della domanda cui è seguita l'apertura della liquidazione giudiziale o nei due anni anteriori, gli atti a titolo gratuito, esclusi i regali d'uso e gli atti compiuti in adempimento di un dovere morale o a scopo di pubblica utilità, in quanto la liberalità sia proporzionata al patrimonio del donante.

2. I beni oggetto degli atti di cui al comma 1 sono acquisiti al patrimonio della liquidazione giudiziale mediante trascrizione della sentenza che ha dichiarato l'apertura della procedura concorsuale. Nel caso di cui al presente articolo ogni interessato può proporre reclamo avverso la trascrizione a norma dell'articolo 133.

164. Pagamenti di crediti non scaduti e postergati. – 1. Sono privi di effetto rispetto ai creditori i pagamenti di crediti che scadono nel giorno della dichiarazione di apertura della liquidazione giudiziale o posteriormente, se sono stati eseguiti dal debitore dopo il deposito della domanda cui è seguita l'apertura della procedura concorsuale o nei due anni anteriori.

2. Sono privi di effetto rispetto ai creditori i rimborsi dei finanziamenti dei soci a favore della società se sono stati eseguiti dal debitore dopo il deposito della domanda cui è seguita l'apertura della procedura concorsuale o nell'anno anteriore. Si applica l'articolo 2467, secondo comma, codice civile.

3. La disposizione di cui al comma 2 si applica anche al rimborso dei finanziamenti effettuati a favore della società assoggettata alla liquidazione giudiziale da chi esercita attività di direzione e coordinamento nei suoi confronti o da altri soggetti ad essa sottoposti.

165. Azione revocatoria ordinaria. – 1. Il curatore può domandare che siano dichiarati inefficaci gli atti compiuti dal debitore in pregiudizio dei creditori, secondo le norme del codice civile.

2. L'azione si propone dinanzi al tribunale competente ai sensi dell'articolo 27 sia in confronto del contraente immediato, sia in confronto dei suoi aventi causa nei casi in cui sia proponibile contro costoro.

166. Atti a titolo oneroso, pagamenti, garanzie. – 1. Sono revocati, salvo che l'altra parte provi che non conosceva lo stato d'insolvenza del debitore:

a) gli atti a titolo oneroso in cui le prestazioni eseguite o le obbligazioni assunte dal debitore sorpassano di oltre un quarto ciò che a lui è stato dato o promesso, se compiuti dopo il deposito della domanda cui è seguita l'apertura della liquidazione giudiziale o nell'anno anteriore;

b) gli atti estintivi di debiti pecuniari scaduti ed esigibili non effettuati con danaro o con altri mezzi normali di pagamento, se compiuti dopo il deposito della domanda cui è seguita l'apertura della liquidazione giudiziale o nell'anno anteriore;

c) i pegni, le anticresi e le ipoteche volontarie costituiti dopo il deposito della domanda cui è seguita l'apertura della liquidazione giudiziale o nell'anno anteriore per debiti preesistenti non scaduti;

d) i pegni, le anticresi e le ipoteche giudiziali o volontarie costituiti dopo il deposito della domanda cui è seguita l'apertura della liquidazione giudiziale o nei sei mesi anteriori per debiti scaduti.

2. Sono altresì revocati, se il curatore prova che l'altra parte conosceva lo stato d'insolvenza del debitore, i pagamenti di debiti liquidi ed esigibili, gli atti a titolo oneroso e quelli costitutivi di un diritto di prelazione per debiti, anche di terzi, contestualmente creati, se compiuti dal debitore dopo il deposito della domanda cui è seguita l'apertura della liquidazione giudiziale o nei sei mesi anteriori.

3. Non sono soggetti all'azione revocatoria:

a) i pagamenti di beni e servizi effettuati nell'esercizio dell'attività d'impresa nei termini d'uso;

b) le rimesse effettuate su un conto corrente bancario che non hanno ridotto in maniera [consistente e] (1) durevole l'esposizione del debitore nei confronti della banca;

c) le vendite e i preliminari di vendita trascritti ai sensi dell'articolo 2645 *bis* del codice civile, i cui effetti non siano cessati ai sensi del comma terzo della suddetta disposizione, conclusi a giusto prezzo e aventi ad oggetto immobili ad uso abitativo, destinati a costituire l'abitazione principale dell'acquirente o di suoi parenti e affini entro il terzo grado, ovvero immobili ad uso non abitativo destinati a costituire la sede principale dell'attività d'impresa dell'acquirente, purché alla data dell'apertura della liquidazione giudiziale tale attività sia effettivamente esercitata ovvero siano stati compiuti investimenti per darvi inizio;

d) gli atti, i pagamenti effettuati e le garanzie concesse su beni del debitore posti in essere in esecuzione del piano attestato di cui all'articolo 56 o di cui all'articolo 284 e in esso indicati. L'esclusione non opera in caso di dolo o colpa grave dell'attestatore o di dolo o colpa grave del debitore, quando il creditore ne era a conoscenza al momento del compimento dell'atto, del pagamento o della costituzione della garanzia. L'esclusione opera anche con riguardo all'azione revocatoria ordinaria;

e) gli atti, i pagamenti e le garanzie su beni del debitore posti in essere in esecuzione del concordato preventivo, del piano di ristrutturazione di cui all'articolo 64 *bis* omologato (2) e dell'accordo di ristrutturazione omologato e in essi indicati, nonché gli atti, i pagamenti e le garanzie legalmente posti in essere [e] (3) dal debitore dopo il deposito della domanda di accesso al concordato preventivo o all'accordo di ristrutturazione. L'esclusione opera anche con riguardo all'azione revocatoria ordinaria;

f) i pagamenti eseguiti dal debitore a titolo di corrispettivo di prestazioni di lavoro effettuate da suoi dipendenti o altri suoi collaboratori, anche non subordinati;

g) i pagamenti di debiti liquidi ed esigibili eseguiti dal debitore alla scadenza per ottenere la prestazione di servizi strumentali all'accesso agli strumenti di regolazione della crisi e dell'insolvenza e alle procedure di insolvenza previsti (4) dal presente codice.

4. Le disposizioni di questo articolo non si applicano all'istituto di emissione, alle operazioni di credito su pegno e di credito fondiario; sono salve le disposizioni delle leggi speciali.

(1) *Le parole tra parentesi quadrate sono state soppresse dall'art. 20, comma 1, lett.* a), *del D.L.vo 26 ottobre 2020, n. 147, a decorrere dal 1° settembre 2021.*

(2) *Le parole: «, del piano di ristrutturazione di cui all'articolo 64 bis omologato» sono state inserite dall'art. 28, comma 1, lett.* a), *del D.L.vo 17 giugno 2022, n. 83, a decorrere dal 15 luglio 2022.*

(3) *La parola tra parentesi quadrate è stata soppressa dall'art. 20, comma 1, lett.* b), *del D.L.vo 26 ottobre 2020, n. 147, a decorrere dal 1° settembre 2021.*

(4) *Le parole: «alle procedure di regolazione della crisi e dell'insolvenza previste» sono state così sostituite dalle attuali: «agli strumenti di regolazione della crisi e dell'insolvenza e alle procedure di insolvenza previsti» dall'art. 28, comma 1, lett.* b), *del D.L.vo 17 giugno 2022, n. 83, a decorrere dal 15 luglio 2022.*

167. Patrimoni destinati ad uno specifico affare. – 1. Gli atti che incidono su un patrimonio destinato ad uno specifico affare previsto dall'articolo 2447 *bis*, primo comma, lettera *a*), del codice civile sono revocabili quando pregiudicano il patrimonio della società. Il presupposto soggettivo dell'azione è costituito dalla conoscenza dello stato d'insolvenza della società.

168. Pagamento di cambiale scaduta. – 1. In deroga a quanto disposto dall'articolo 166, comma 2, non può essere revocato il pagamento di una cambiale, se il possessore di questa doveva accettarlo per non perdere l'azione cambiaria di regresso. In tal caso, l'ultimo obbligato in via di regresso, in confronto del quale il curatore provi che conosceva lo stato di insolvenza del principale obbligato quando ha tratto o girato la cambiale, deve versare la somma riscossa al curatore.

169. Atti compiuti tra coniugi, parti di un'unione civile tra persone dello stesso sesso o conviventi di fatto. – 1. Gli atti previsti dall'articolo 166, compiuti tra coniugi, parti di un'unione civile tra persone dello stesso sesso o conviventi di fatto nel tempo in cui il debitore esercitava un'impresa e quelli a titolo gratuito compiuti tra le stesse persone più di due anni prima della data di deposito della domanda cui è seguita l'apertura della liquidazione giudiziale, ma nel tempo in cui il debitore esercitava un'impresa, sono revocati se il coniuge o la parte di un'unione civile tra persone dello stesso sesso o il convivente di fatto non prova che ignorava lo stato d'insolvenza del debitore.

170. (1) **Limiti temporali delle azioni revocatorie e d'inefficacia.** – 1. Le azioni revocatorie e di inefficacia disciplinate nella presente sezione non possono essere promosse dal curatore decorsi tre anni dall'apertura della liquidazione giudiziale e comunque si prescrivono decorsi cinque anni dal compimento dell'atto.

2. Quando alla domanda di accesso a una procedura concorsuale segue l'apertura della liquidazione giudiziale, i termini di cui agli articoli 163, 164, 166, commi 1 e 2, e 169 decorrono dalla data di pubblicazione della predetta domanda di accesso.

(1) *Questo articolo è stato così sostituito dall'art. 20, comma 2, del D.L.vo 26 ottobre 2020, n. 147, a decorrere dal 1° settembre 2021.*

171. Effetti della revocazione. – 1. La revocatoria dei pagamenti avvenuti tramite intermediari specializzati, procedure di compensazione multilaterale o società previste dall'articolo 1 della legge 23 novembre 1939, n. 1966, si esercita e produce effetti nei confronti del destinatario della prestazione.

2. Colui che, per effetto della revoca prevista dalle disposizioni precedenti, ha restituito quanto aveva ricevuto è ammesso al passivo della liquidazione giudiziale per il suo eventuale credito.

3. Qualora la revoca abbia ad oggetto atti estintivi di posizioni passive derivanti da rapporti di conto corrente bancario o comunque rapporti continuativi o reiterati, il terzo deve restituire una somma pari alla differenza tra l'ammontare massimo raggiunto dalle sue pretese, nel periodo per il quale è provata la conoscenza dello stato d'insolvenza, e l'ammontare residuo delle stesse, alla data in cui si è aperto il concorso. Resta salvo il diritto del convenuto d'insinuare al passivo un credito d'importo corrispondente a quanto restituito.

Sezione V
Effetti della liquidazione giudiziale sui rapporti giuridici pendenti

172. Rapporti pendenti. – 1. Se un contratto è ancora ineseguito o non compiutamente eseguito nelle prestazioni principali da entrambe le parti al momento in cui è aperta la procedura di liquidazione giudiziale l'esecuzione del contratto, fatte salve le diverse disposizioni della presente sezione, rimane sospesa fino a quando il curatore, con l'autorizzazione del comitato dei creditori, dichiara di subentrare nel contratto in luogo del debitore, assumendo, a decorrere dalla data del subentro, tutti i relativi obblighi, ovvero di sciogliersi dal medesimo salvo che, nei contratti ad effetti reali, sia già avvenuto il trasferimento del diritto.

2. Il contraente può mettere in mora il curatore, facendogli assegnare dal giudice delegato un termine non superiore a sessanta giorni, decorso il quale il contratto si intende sciolto.

3. In caso di prosecuzione del contratto, sono prededucibili soltanto i crediti maturati nel corso della procedura.

4. In caso di scioglimento del contratto, il contraente ha diritto di far valere nel passivo della liquidazione giudiziale il credito conseguente al mancato adempimento, senza che gli sia dovuto risarcimento del danno.

5. L'azione di risoluzione del contratto promossa prima dell'apertura della liquidazione giudiziale nei confronti della parte inadempiente spiega i suoi effetti nei confronti del curatore, fatta salva, nei casi previsti, l'efficacia della trascrizione della domanda; se il contraente intende ottenere con la pronuncia di risoluzione la restituzione di una somma o di un bene, ovvero il risarcimento del danno, deve proporre la domanda secondo le disposizioni di cui al capo III del presente titolo.

6. Sono inefficaci le clausole negoziali che fanno dipendere la risoluzione del contratto dall'apertura della liquidazione giudiziale.

7. Sono salve le norme speciali in materia di contratti pubblici.

173. Contratti preliminari. – 1. Il curatore può sciogliersi dal contratto preliminare di vendita immobiliare anche quando il promissario acquirente abbia proposto e trascritto prima dell'apertura della liquidazione giudiziale domanda di esecuzione in forma specifica ai sensi dell'articolo 2932 del codice civile, ma lo scioglimento non è opponibile al promissario acquirente se la domanda viene successivamente accolta.

2. In caso di scioglimento del contratto preliminare di vendita immobiliare trascritto ai sensi dell'articolo 2645 *bis* del codice civile, il promissario acquirente ha diritto di far valere il proprio credito nel passivo, senza che gli sia dovuto il risarcimento del danno, e gode del privilegio di cui all'articolo 2775 *bis* del codice civile, a condizione che gli effetti della trascrizione del contratto preliminare non siano cessati anteriormente alla data dell'apertura della liquidazione giudiziale.

3. Fatto salvo quanto previsto dall'articolo 174, il contratto preliminare di vendita trascritto ai sensi dell'articolo 2645 *bis* del codice civile non si scioglie se ha ad oggetto un immobile ad uso abitativo destinato a costituire l'abitazione principale del promissario acquirente o di suoi parenti ed affini entro il terzo grado ovvero un immobile ad uso non abitativo destinato a costituire la sede principale dell'attività di impresa del promissario acquirente, sempre che gli effetti della trascrizione non siano cessati anteriormente alla data dell'apertura della liquidazione giudiziale e il promissario acquirente ne chieda l'esecuzione nel termine e secondo le modalità stabilite per la presentazione delle domande di accertamento dei diritti dei terzi sui beni compresi nella procedura.

4. Nei casi di subentro del curatore nel contratto preliminare di vendita, l'immobile è trasferito e consegnato al promissario acquirente nello stato in cui si trova. Gli acconti corrisposti prima dell'apertura della liquidazione giudiziale sono opponibili alla massa in misura pari alla metà dell'importo che il promissario acquirente dimostra di aver versato. Il giudice delegato, una volta eseguita la vendita e riscosso interamente il prezzo, ordina con decreto la cancellazione delle iscrizioni relative ai diritti di prelazione, nonché delle trascrizioni dei pignoramenti e dei sequestri conservativi e di ogni altro vincolo.

174. Contratti relativi a immobili da costruire. – 1. I contratti di cui all'articolo 5 del decreto legislativo 20 giugno 2005, n. 122, si sciolgono se, prima che il curatore comunichi la scelta tra esecuzione o scioglimento, l'acquirente abbia escusso la fideiussione a garanzia della restituzione di quanto versato al costruttore, dandone altresì comunicazione al curatore. In ogni caso, la fideiussione non può essere escussa dopo che il curatore ha comunicato di voler dare esecuzione al contratto.

175. Contratti di carattere personale. – 1. I contratti di carattere personale si sciolgono per effetto dell'apertura della procedura di liquidazione giudiziale nei confronti di uno dei contraenti, salvo che il curatore, con l'autorizzazione del comitato dei creditori e il consenso dell'altro contraente, manifesti la volontà di subentrarvi, assumendo, a decorrere dalla data del subentro, tutti i relativi obblighi.

2. Ai fini di cui al comma 1, i contratti sono di carattere personale quando la considerazione della qualità soggettiva della parte nei cui confronti è aperta la liquidazione giudiziale è stata motivo determinante del consenso.

176. Effetti sui finanziamenti destinati ad uno specifico affare. – 1. L'apertura della liquidazione giudiziale della società determina lo scioglimento del contratto di finanziamento di cui all'articolo 2447 *bis*, primo comma, lettera *b*), del codice civile quando impedisce la realizzazione o la continuazione dell'operazione. In caso contrario, il curatore, sentito il parere del comitato dei creditori, può decidere di subentrare nel contratto in luogo della società, assumendo, a decorrere dalla data del subentro, tutti i relativi obblighi.

2. Se il curatore non subentra nel contratto, il finanziatore può chiedere al giudice delegato di essere autorizzato, sentito il comitato dei creditori, a realizzare o a continuare l'operazione, in proprio o affidandola a terzi; in tale ipotesi il finanziatore può trattenere i proventi dell'affare e può insinuarsi al passivo della procedura in via chirografaria per l'eventuale credito residuo.

3. Nelle ipotesi ai commi 1, secondo periodo e 2, resta ferma la disciplina prevista dall'articolo 2447 *decies*, terzo, quarto e quinto comma, del codice civile.

4. Qualora, nel caso di cui al comma 1, non si verifichi alcuna delle ipotesi previste ai commi 1, secondo periodo e 2, si applica l'articolo 2447 *decies*, sesto comma, del codice civile.

177. Locazione finanziaria. – 1. In caso di apertura della liquidazione giudiziale del patrimonio dell'utilizzatore, quando il curatore decide di sciogliersi dal contratto di locazione finanziaria a norma dell'articolo 172, il concedente ha diritto alla restituzione del bene ed è tenuto a versare alla curatela l'eventuale differenza fra la maggiore somma ricavata dalla vendita o da altra collocazione del bene a valori di mercato rispetto al credito residuo in linea capitale, determinato ai sensi dell'articolo 97, comma 12, primo periodo; per le somme già riscosse si applica l'articolo 166, comma 3, lettera *a*).

2. Il concedente ha diritto di insinuarsi nello stato passivo per la differenza fra il credito vantato alla data di apertura della liquidazione giudiziale e quanto ricavabile dalla nuova allocazione del bene secondo la stima disposta dal giudice delegato.

3. In caso di apertura della liquidazione giudiziale nei confronti di società autorizzata alla concessione di finanziamenti sotto forma di locazione finanziaria, il contratto prosegue. L'utilizzatore conserva la facoltà di acquistare, alla scadenza del contratto, la proprietà del bene, previo pagamento dei canoni e del prezzo pattuito.

178. Vendita con riserva di proprietà. – 1. Nella vendita con riserva di proprietà, in caso di apertura della liquidazione giudiziale del patrimonio del compratore, se il prezzo deve essere pagato a termine o a rate, il curatore può subentrare nel contratto con l'autorizzazione del comitato dei creditori. Il venditore può chiedere cauzione a meno che il curatore paghi immediatamente il prezzo con lo sconto dell'interesse legale. Qualora il curatore si sciolga dal contratto, il venditore deve restituire le rate di prezzo già riscosse, salvo il diritto ad un equo compenso per l'uso della cosa, che può essere compensato con il credito avente ad oggetto la restituzione delle rate pagate.

2. L'apertura della liquidazione giudiziale nei confronti del venditore non è causa di scioglimento del contratto.

179. Contratti ad esecuzione continuata o periodica. – 1. Se il curatore subentra in un contratto ad esecuzione continuata o periodica deve pagare integralmente il prezzo delle consegne avvenute e dei servizi erogati dopo l'apertura della liquidazione giudiziale.

2. Il creditore può chiedere l'ammissione al passivo del prezzo delle consegne avvenute e dei servizi erogati prima dell'apertura della liquidazione giudiziale.

180. Restituzione di cose non pagate. – 1. Se la cosa mobile oggetto della vendita è già stata spedita al compratore prima che nei suoi confronti sia stata aperta la liquidazione, ma non è ancora a sua disposizione nel luogo di destinazione, né altri ha acquistato diritti sulla medesima, il venditore può riprenderne il possesso, assumendo a suo carico le spese e restituendo gli acconti ricevuti, sempreché egli non preferisca dar corso al contratto facendo valere nel passivo il credito per il prezzo, o il curatore non intenda farsi consegnare la cosa pagandone il prezzo integrale.

181. Contratto di borsa a termine. – 1. Il contratto di borsa a termine, se il termine scade dopo l'apertura della liquidazione giudiziale del patrimonio di uno dei contraenti, si scioglie alla data dell'apertura della procedura.

2. La differenza fra il prezzo contrattuale e il valore delle cose o dei titoli alla data dell'apertura della procedura è versata al curatore, se il contraente il cui patrimonio è sottoposto a liquidazione giudiziale risulta in credito o è ammessa al passivo nel caso contrario.

182. Associazione in partecipazione. – 1. L'associazione in partecipazione si scioglie per effetto dell'apertura della liquidazione giudiziale nei confronti dell'associante.

2. L'associato ha diritto di far valere nel passivo della liquidazione giudiziale il credito per quella parte dei conferimenti che non è assorbita dalle perdite a suo carico.

3. L'associato è tenuto al versamento della parte ancora dovuta nei limiti delle perdite che sono a suo carico. Nei suoi confronti è applicata la procedura prevista dall'articolo 260.

183. Conto corrente, mandato, commissione. – 1. I contratti di conto corrente, anche bancario, e di commissione, si sciolgono per effetto dell'apertura della liquidazione giudiziale nei confronti di una delle parti.

2. Il contratto di mandato si scioglie per effetto dell'apertura della liquidazione giudiziale nei confronti del mandatario.

3. Se il curatore della liquidazione giudiziale del patrimonio del mandante subentra nel contratto, il credito del mandatario per l'attività compiuta dopo l'apertura della procedura è soddisfatto in prededuzione.

184. Contratto di affitto di azienda. – 1. L'apertura della liquidazione giudiziale nei confronti del concedente non scioglie il contratto di affitto d'azienda, ma il curatore, previa autorizzazione del comitato dei creditori, può recedere entro sessanta giorni, corrispondendo alla controparte un equo indennizzo, che, nel dissenso tra le parti, è determinato dal giudice delegato, sentiti gli interessati. L'indennizzo è insinuato al passivo come credito concorsuale.

2. In caso di recesso del curatore e comunque alla scadenza del contratto, si applicano le disposizioni di cui all'articolo 212, comma 6.

3. In caso di apertura della liquidazione giudiziale nei confronti dell'affittuario, il curatore può in qualunque tempo, previa autorizzazione del comitato dei creditori, recedere dal contratto, corrispondendo al concedente un equo indennizzo per l'anticipato recesso, che, nel dissenso fra le parti, è determinato dal giudice delegato, sentiti gli interessati. L'indennizzo è insinuato al passivo come credito concorsuale.

185. Contratto di locazione di immobili. – 1. L'apertura della liquidazione giudiziale nei confronti del locatore non scioglie il contratto di locazione di immobili e il curatore subentra nel contratto.

2. Qualora, alla data dell'apertura della liquidazione giudiziale, la residua durata del contratto sia superiore a quattro anni, il curatore, entro un anno dall'apertura della procedura, può, previa autorizzazione del comitato dei creditori, recedere dal contratto corrispondendo al conduttore un equo indennizzo per l'anticipato recesso, che, nel dissenso fra le parti, è determinato dal giudice delegato, sentiti gli interessati. L'indennizzo è insinuato al passivo come credito concorsuale. Il recesso ha effetto decorsi quattro anni dall'apertura della procedura.

3. In caso di apertura della liquidazione giudiziale nei confronti del conduttore, il curatore può in qualunque tempo, previa autorizzazione del comitato dei creditori, recedere dal contratto, corrispondendo al locatore un equo indennizzo per l'anticipato recesso, che nel dissenso fra le parti, è determinato dal giudice delegato, sentiti gli interessati. L'indennizzo è insinuato al passivo come credito concorsuale.

186. Contratto di appalto. – 1. Il contratto di appalto si scioglie per effetto dell'apertura della liquidazione giudiziale nei confronti di una delle parti, se il curatore, previa autorizzazione del comitato dei creditori, non dichiara di voler subentrare nel rapporto dandone comunicazione all'altra parte nel termine di sessanta giorni dall'apertura della procedura ed offrendo idonee garanzie.

2. Nel caso di apertura della liquidazione giudiziale nei confronti dell'appaltatore, il rapporto contrattuale si scioglie se la considerazione della qualità soggettiva dello stesso appaltatore è stata un motivo determinante del contratto, salvo che il committente non consenta, comunque, la prosecuzione del rapporto.

187. Contratto di assicurazione. – 1. Al contratto di assicurazione contro i danni si applica l'articolo 172, salvo il diritto di recesso dell'assicuratore a norma dell'articolo 1898 del codice civile se la prosecuzione del contratto può determinare un aggravamento del rischio.

2. Se il curatore comunica di voler subentrare nel contratto, il credito dell'assicuratore è soddisfatto in prededuzione per i premi scaduti dopo l'apertura della liquidazione giudiziale.

188. Contratto di edizione. – 1. Gli effetti dell'apertura della liquidazione giudiziale nei confronti dell'editore sul contratto di edizione sono regolati dalla legge speciale.

189. Rapporti di lavoro subordinato. – 1. L'apertura della liquidazione giudiziale nei confronti del datore di lavoro non costituisce motivo di licenziamento. I rapporti di lavoro subordinato in atto alla data della sentenza dichiarativa restano sospesi fino a quando il curatore, con l'autorizzazione del giudice delegato, sentito il comitato dei creditori, comunica ai lavoratori di subentrarvi, assumendo i relativi obblighi, ovvero il recesso.

2. Il recesso del curatore dai rapporti di lavoro subordinato sospesi ai sensi del comma 1 ha effetto dalla data di apertura della liquidazione giudiziale. Il subentro del curatore nei rapporti di lavoro subordinato sospesi decorre dalla comunicazione dal medesimo effettuata ai lavoratori. Il curatore trasmette all'Ispettorato territoriale del lavoro del luogo ove è stata aperta la liquidazione giudiziale, entro trenta giorni dalla nomina, l'elenco dei dipendenti dell'impresa in forza al momento dell'apertura della liquidazione giudiziale stessa. Su istanza del curatore il termine può essere prorogato dal giudice delegato di ulteriori trenta giorni, quando l'impresa occupa più di cinquanta dipendenti.

3. Qualora non sia possibile la continuazione o il trasferimento dell'azienda o di un suo ramo o comunque sussistano manifeste ragioni economiche inerenti l'assetto dell'organizzazione del lavoro, il curatore procede senza indugio al recesso dai relativi rapporti di lavoro subordinato. Il curatore comunica la risoluzione per iscritto. In ogni caso, salvo quanto disposto dal comma 4, decorso il termine di quattro mesi dalla data di apertura della liquidazione giudiziale senza che il curatore abbia comunicato il subentro, i rapporti di lavoro subordinato che non siano già cessati si intendono risolti di diritto con decorrenza dalla data di apertura della liquidazione giudiziale, salvo quanto previsto dai commi 4 e 6.

4. Il curatore o il direttore dell'Ispettorato territoriale del lavoro del luogo ove è stata aperta la liquidazione giudiziale, qualora ritengano sussistenti possibilità di ripresa o trasferimento a terzi dell'azienda o di un suo ramo, possono chiedere al giudice delegato, con istanza da depositarsi presso la cancelleria del tribunale, a pena di inammissibilità, almeno quindici giorni prima della scadenza del termine di cui al comma 3, una proroga del medesimo termine. Analoga istanza può in ogni caso essere presentata, personalmente o a mezzo di difensore munito di procura dallo stesso autenticata, anche dai singoli lavoratori, ma in tal caso la proroga ha effetto solo nei confronti dei lavoratori istanti; l'istanza del lavoratore deve contenere, sempre a pena di inammissibilità, elezione di domicilio o indicazione di indirizzo PEC ove ricevere le comunicazioni. Il giudice delegato, qualora il curatore entro il termine di cui al comma 3 non abbia proceduto al subentro o al recesso, entro trenta giorni dal deposito dell'istanza ovvero, in caso di più istanze, dal deposito dell'ultima di queste, può assegnare al curatore un termine non superiore a otto mesi per assumere le determinazioni di cui al comma 1. Il giudice delegato tiene conto, nello stabilire la misura del termine, delle prospettive di ripresa delle attività o di trasferimento dell'azienda. Il termine così concesso decorre dalla data di deposito in cancelleria del provvedimento del giudice delegato, che è immediatamente comunicato al curatore e agli eventuali altri istanti. Qualora nel termine così prorogato il curatore non procede al subentro o al recesso, i rapporti di lavoro subordinato che non siano già cessati, si intendono risolti di diritto, salvo quanto previsto al comma 6, con decorrenza dalla data di apertura della liquidazione giudiziale. In tale ipotesi, a favore di ciascun lavoratore nei cui confronti è stata disposta la proroga, è riconosciuta un'indennità non assoggettata a contribuzione previdenziale di importo pari a due mensilità dell'ultima retribuzione di riferimento per il calcolo del trattamento di fine rapporto per ogni anno di servizio, in misura comunque non inferiore a due e non superiore a otto mensilità, che è ammessa al passivo come credito successivo all'apertura della liquidazione giudiziale.

5. Salvi i casi di ammissione ai trattamenti di cui al titolo I del decreto legislativo 14 settembre 2015 n. 148, ovvero di accesso alle prestazioni di cui al titolo II del medesimo decreto legislativo o ad altre prestazioni di sostegno al reddito, le eventuali dimissioni del lavoratore nel periodo di sospensione tra la data della sentenza dichiarativa fino alla data della comunicazione di cui al comma 1, si intendono rassegnate per giusta causa ai sensi dell'articolo 2119 del codice civile con effetto dalla data di apertura della liquidazione giudiziale ([1]).

6. Nel caso in cui il curatore intenda procedere a licenziamento collettivo secondo le previsioni di cui agli articoli 4, comma 1 e 24, comma 1, della legge 23 luglio 1991 n. 223, trovano applicazione, in deroga a quanto previsto dall'articolo 4, commi da 2 a 8, della stessa legge, le seguenti disposizioni:

a) il curatore che intende avviare la procedura di licenziamento collettivo è tenuto a darne comunicazione preventiva per iscritto alle rappresentanze sindacali aziendali costituite a norma dell'articolo 19 della legge 20 maggio 1970, n. 300, ovvero alle rappresentanze sindacali unitarie nonché alle rispettive associazioni di categoria. In mancanza delle predette rappresentanze la comunicazione deve essere effettuata alle associazioni di categoria aderenti alle confederazioni maggiormente rappresentative sul piano nazionale; la comunicazione alle associazioni di categoria può essere effettuata per il tramite dell'associazione dei datori di lavoro alla quale l'impresa aderisce o conferisce mandato. La comunicazione è trasmessa altresì all'Ispettorato territoriale del lavoro del luogo ove i lavoratori interessati prestano in prevalenza la propria attività e, comunque, all'Ispettorato territoriale del lavoro del luogo ove è stata aperta la liquidazione giudiziale;

b) la comunicazione di cui alla lettera *a*) deve contenere sintetica indicazione: dei motivi che determinano la situazione di eccedenza; dei motivi tecnici, organizzativi o produttivi, per i quali si ritiene di non poter adottare misure idonee a porre rimedio alla predetta situazione ed evitare, in tutto o in parte, il licenziamento collettivo; del numero, della collocazione aziendale e dei profili professionali del personale eccedente nonché del personale abitualmente impiegato; dei tempi di attuazione del programma di riduzione del personale; delle eventuali misure programmate per fronteggiare le conseguenze sul piano sociale della attuazione del programma medesimo e del metodo di calcolo di tutte le attribuzioni patrimoniali diverse da quelle già previste dalla legislazione vigente e dalla contrattazione collettiva;

c) entro sette giorni dalla data del ricevimento della comunicazione di cui alla lettera *a*), le rappresentanze sindacali aziendali ovvero le rappresentanze sindacali unitarie e le rispettive associazioni formulano per iscritto al curatore istanza per esame congiunto; l'esame congiunto può essere convocato anche dall'Ispettorato territoriale del lavoro, nel solo caso in cui l'avvio della procedura di licenziamento collettivo non sia stato determinato dalla cessazione dell'attività dell'azienda o di un suo ramo. Qualora nel predetto termine di sette giorni non sia pervenuta alcuna istanza di esame congiunto o lo stesso, nei casi in cui è previsto, non sia stato fissato dall'Ispettorato territoriale del lavoro in data compresa entro i quaranta giorni dal ricevimento della comunicazione di cui alla lettera *a*), la procedura si intende esaurita.

d) l'esame congiunto, cui può partecipare il direttore dell'Ispettorato territoriale del lavoro o funzionario da questi delegato, ha lo scopo di esaminare le cause che hanno contribuito a determinare l'eccedenza del personale e le possibilità di utilizzazione diversa di tale personale, o di una sua parte, nell'ambito della stessa impresa, anche mediante contratti di solidarietà e forme flessibili di gestione del tempo di lavoro. Qualora non sia possibile evitare la riduzione di personale, è esaminata la possibilità di ricorrere a misure sociali di accompagnamento intese, in particolare, a facilitare la riqualificazione e la riconversione dei lavoratori licenziati. I rappresentanti sindacali dei lavoratori possono farsi assistere, ove lo ritengano opportuno, da esperti;

e) la procedura disciplinata dal presente comma si applica, ricorrendo le condizioni di cui all'articolo 24, comma 1, legge 23 luglio 1991, n. 223, anche quando si intenda procedere al licenziamento di uno o più dirigenti, in tal caso svolgendosi l'esame congiunto in apposito incontro;

f) la consultazione si intende esaurita qualora, decorsi dieci giorni dal suo inizio, non sia stato raggiunto un accordo sindacale, salvo che il giudice delegato, per giusti motivi ne autorizzi la proroga, prima della sua scadenza, per un termine non superiore a dieci giorni;

g) raggiunto l'accordo sindacale o comunque esaurita la procedura di cui alle lettere precedenti, il curatore provvede ad ogni atto conseguente ai sensi dell'articolo 4, comma 9, della legge 23 luglio 1991, n. 223.

7. In ogni caso, le disposizioni di cui al comma 6 non si applicano nelle procedure di amministrazione straordinaria delle grandi imprese.

8. In caso di recesso del curatore, di licenziamento, dimissioni o risoluzione di diritto secondo le previsioni del presente articolo, spetta al lavoratore con rapporto a tempo indeterminato l'indennità di mancato preavviso che, ai fini dell'ammissione al passivo, è considerata, unitamente al trattamento di fine rapporto, come credito anteriore all'apertura della liquidazione giudiziale. Parimenti, nei casi di cessazione dei rapporti secondo le previsioni del presente articolo, il contributo previsto dall'articolo 2, comma 31, della legge 28 giugno 2012, n. 92, che è dovuto anche in caso di risoluzione di diritto, è ammesso al passivo come credito anteriore all'apertura della liquidazione giudiziale.

9. Durante l'esercizio dell'impresa del debitore in liquidazione giudiziale da parte del curatore i rapporti di lavoro subordinato in

essere proseguono, salvo che il curatore non intenda sospenderli o procedere al licenziamento ai sensi della disciplina lavoristica vigente. In caso di sospensione si applicano i commi da 2 a 6 e 8 in quanto compatibili (²).

(¹) *Questo comma è stato così sostituito dall'art. 21, comma 1, lett. a), del D.L.vo 26 ottobre 2020, n. 147, a decorrere dal 1° settembre 2021.*

(²) *Questo comma è stato così sostituito dall'art. 21, comma 1, lett. b), del D.L.vo 26 ottobre 2020, n. 147, a decorrere dal 1° settembre 2021.*

190. Trattamento NASpI. – 1. La cessazione del rapporto di lavoro ai sensi dell'articolo 189 costituisce perdita involontaria dell'occupazione ai fini di cui all'articolo 3 del decreto legislativo 4 marzo 2015, n. 22 e al lavoratore è riconosciuto il trattamento NASpI a condizione che ricorrano i requisiti di cui al predetto articolo, nel rispetto delle altre disposizioni di cui al decreto legislativo n. 22 del 2015.

191. Effetti del trasferimento di azienda sui rapporti di lavoro. – 1. Al trasferimento di azienda nell'ambito delle procedure di liquidazione giudiziale, concordato preventivo e al trasferimento d'azienda in esecuzione di accordi di ristrutturazione si applicano l'articolo 47 della legge 29 dicembre 1990, n. 428, l'articolo 11 del decreto legge 23 dicembre 2013, n. 145, convertito nella legge 21 febbraio 2014, n. 9 e le altre disposizioni vigenti in materia.

192. Clausola arbitrale. – 1. Se il contratto in cui è contenuta una clausola compromissoria è sciolto a norma delle disposizioni della presente sezione, il procedimento arbitrale pendente non può essere proseguito.

Capo II
Custodia e amministrazione dei beni compresi nella liquidazione giudiziale

193. Sigilli. – 1. Dichiarata aperta la liquidazione giudiziale, il curatore procede all'immediata ricognizione dei beni e, se necessario, all'apposizione dei sigilli sui beni che si trovano nella sede principale dell'impresa e sugli altri beni del debitore secondo le norme stabilite dal codice di procedura civile, quando non è possibile procedere immediatamente al loro inventario.

2. Il curatore può richiedere l'assistenza della forza pubblica.

3. Se i beni o le cose si trovano in più luoghi e non è agevole l'immediato completamento delle operazioni, il giudice delegato può autorizzare il curatore ad avvalersi di uno o più coadiutori.

4. Per i beni e le cose sulle quali non è possibile apporre i sigilli, si procede a norma dell'articolo 758 del codice di procedura civile.

194. Consegna del denaro, titoli, scritture contabili e di altra documentazione. – 1. Devono essere consegnati al curatore:

a) il denaro contante;

b) le cambiali e gli altri titoli, compresi quelli scaduti;

c) le scritture contabili e ogni altra documentazione dal medesimo richiesta, se non ancora depositate in cancelleria.

2. Il denaro è dal curatore depositato sul conto corrente della procedura. I titoli e gli altri documenti sono custoditi personalmente dal curatore o, con autorizzazione del giudice delegato, affidati in custodia a terzi.

3. Ogni interessato, se autorizzato dal curatore, può, a sue spese, esaminare le scritture contabili e gli altri documenti acquisiti dallo stesso curatore, ed estrarne copia.

195. Inventario. – 1. Il curatore, rimossi, se in precedenza apposti, i sigilli, redige l'inventario nel più breve termine possibile secondo le norme stabilite dal codice di procedura civile, presenti o avvisati il debitore e il comitato dei creditori, se nominato, formando processo verbale delle attività compiute, al quale allega la documentazione fotografica dei beni inventariati. Possono intervenire i creditori.

2. Il curatore, quando occorre, nomina uno stimatore.

3. Prima di chiudere l'inventario il curatore invita il debitore o, se si tratta di società, gli amministratori a dichiarare se hanno notizia di altri beni da comprendere nell'inventario, avvertendoli delle pene stabilite dall'articolo 327 in caso di falsa o omessa dichiarazione.

4. L'inventario è redatto in doppio originale e sottoscritto da tutti gli intervenuti. Uno degli originali deve essere depositato nella cancelleria del tribunale.

196. Inventario di altri beni. – 1. In deroga a quanto previsto dagli articoli 151, comma 2, e 210, il giudice delegato, su istanza della parte interessata, può, sentiti il curatore e il comitato dei creditori, se già costituito, disporre che non siano inclusi nell'inventario o siano restituiti agli aventi diritto i beni mobili sui quali terzi vantano diritti reali o personali chiaramente e immediatamente riconoscibili.

2. Sono inventariati anche i beni di proprietà del debitore dei quali il terzo detentore ha diritto di rimanere nel godimento in virtù di un titolo opponibile al curatore.

197. Presa in consegna dei beni del debitore da parte del curatore. – 1. Il curatore prende in consegna i beni, le scritture contabili e i documenti del debitore di mano in mano che ne fa l'inventario, fatta eccezione per i beni di cui all'articolo 196, comma 2.

2. Se il debitore possiede immobili o beni mobili iscritti in pubblici registri, il curatore notifica un estratto della sentenza di apertura della liquidazione giudiziale ([1]) ai competenti uffici, perché sia trascritto nei pubblici registri.

([1]) *Le parole: «sentenza dichiarativa di fallimento» sono state così sostituite dalle attuali: «sentenza di apertura della liquidazione giudiziale» dall'art. 22, comma 1, del D.L.vo 26 ottobre 2020, n. 147, a decorrere dal 1° settembre 2021.*

198. Elenchi dei creditori e dei titolari di diritti immobiliari o mobiliari e bilancio. – 1. Il curatore, in base alle scritture contabili del debitore e alle altre notizie che può raccogliere, compila l'elenco dei creditori, con l'indicazione dei rispettivi crediti e diritti di prelazione, nonché l'elenco di coloro che appaiono titolari di diritti reali e personali, mobiliari e immobiliari, su beni in possesso o nella disponibilità del debitore, con l'indicazione dei titoli relativi. Gli elenchi sono depositati in cancelleria.

2. Il debitore deve presentare il bilancio dell'ultimo esercizio entro trenta giorni dall'apertura della liquidazione giudiziale; in mancanza, alla redazione provvede il curatore. Il curatore inoltre apporta le rettifiche necessarie al bilancio presentato dal debitore e ai bilanci e agli elenchi presentati a norma dell'articolo 39. Fino alla chiusura della liquidazione giudiziale i liquidatori non sono tenuti all'adempimento degli obblighi di cui all'articolo 2490 del codice civile ([1]).

([1]) *Questo comma è stato così sostituito dall'art. 22, comma 2, del D.L.vo 26 ottobre 2020, n. 147, a decorrere dal 1° settembre 2021.*

199. Fascicolo della procedura. – 1. Con la pubblicazione della sentenza di liquidazione giudiziale viene assegnato il domicilio digitale e viene formato il fascicolo informatico della procedura, nel quale devono essere contenuti tutti gli atti, i provvedimenti e i ricorsi attinenti al procedimento, opportunamente suddivisi in sezioni, esclusi quelli che, per ragioni di riservatezza, debbono essere custoditi nel fascicolo riservato.

2. I componenti del comitato dei creditori e il debitore possono prendere visione ed estrarre copia di tutti gli atti, i documenti e i provvedimenti inseriti nel fascicolo, fatta eccezione per quelli di cui il giudice delegato ha ordinato la secretazione.

3. Gli altri creditori ed i terzi hanno diritto di prendere visione e di estrarre copia degli atti e dei documenti per i quali sussiste un loro specifico ed attuale interesse, previa autorizzazione del giudice delegato, sentito il curatore.

4. I creditori possono prendere visione ed estrarre copia, a proprie spese, degli atti, dei documenti e dei provvedimenti del procedimento di accertamento del passivo e dei diritti dei terzi sui beni compresi nella liquidazione giudiziale.

Capo III
Accertamento del passivo e dei diritti dei terzi sui beni compresi nella liquidazione giudiziale

200. Avviso ai creditori e agli altri interessati. – 1. Il curatore comunica senza indugio a coloro che, sulla base della documentazione in suo possesso o delle informazioni raccolte, risultano creditori o titolari di diritti reali o personali su beni mobili e immobili di proprietà o in possesso del debitore compresi nella liquidazione giudiziale, per mezzo della posta elettronica certificata, se l'indirizzo del destinatario risulta dal registro delle imprese ovvero dall'Indice nazionale degli indirizzi di posta elettronica certificata delle imprese e dei professionisti e, in ogni altro caso, mediante lettera raccomandata indirizzata alla sede, alla residenza o al domicilio del destinatario:

che possono partecipare al concorso trasmettendo la domanda con le modalità indicate nell'articolo 201, anche senza l'assistenza di un difensore;

la data, l'ora e il luogo fissati per l'esame dello stato passivo e il termine entro cui vanno presentate le domande;

ogni utile informazione per agevolare la presentazione della domanda e con l'avvertimento delle conseguenze di cui all'articolo 10, comma 3, nonché della sussistenza dell'onere previsto dall'articolo 201, comma 3, lettera *e*);

che possono chiedere l'assegnazione delle somme non riscosse dagli aventi diritto e i relativi interessi ai sensi dell'articolo 232, comma 4;

il domicilio digitale assegnato alla procedura ([1]).

2. Se il creditore ha sede o risiede all'estero, la comunicazione può essere effettuata al suo rappresentante in Italia, se esistente.

(1) *Questo comma è stato così sostituito dall'art. 23, comma 1, del D.L.vo 26 ottobre 2020, n. 147, a decorrere dal 1° settembre 2021.*

201. Domanda di ammissione al passivo. – 1. Le domande di ammissione al passivo di un credito o di restituzione o rivendicazione di beni mobili o immobili compresi nella procedura, nonché le domande di partecipazione al riparto delle somme ricavate dalla liquidazione di beni compresi nella procedura ipotecati a garanzia di debiti altrui, si propongono con ricorso da trasmettere a norma del comma 2, almeno trenta giorni prima dell'udienza fissata per l'esame dello stato passivo.

2. Il ricorso può essere sottoscritto anche personalmente dalla parte ed è formato ai sensi degli articoli 20, comma 1 *bis*, ovvero 22, comma 3, del decreto legislativo 7 marzo 2005, n. 82, e successive modificazioni e, nel termine stabilito dal comma 1, è trasmesso all'indirizzo di posta elettronica certificata del curatore indicato nell'avviso di cui all'articolo 200, insieme ai documenti di cui al comma 6. L'originale del titolo di credito allegato al ricorso è depositato presso la cancelleria del tribunale.

3. Il ricorso contiene:

a) l'indicazione della procedura cui si intende partecipare e le generalità del creditore ed il suo numero di codice fiscale, nonché le coordinate bancarie dell'istante o la dichiarazione di voler essere pagato con modalità, diversa dall'accredito in conto corrente bancario, stabilita dal giudice delegato ai sensi dell'articolo 230, comma 1;

b) la determinazione della somma che si intende insinuare al passivo, ovvero la descrizione del bene di cui si chiede la restituzione o la rivendicazione, ovvero l'ammontare del credito per il quale si intende partecipare al riparto se il debitore nei cui confronti è aperta la liquidazione giudiziale è terzo datore d'ipoteca;

c) la succinta esposizione dei fatti e degli elementi di diritto che costituiscono la ragione della domanda;

d) l'eventuale indicazione di un titolo di prelazione, nonché la descrizione del bene sul quale la prelazione si esercita, se questa ha carattere speciale;

e) l'indicazione dell'indirizzo di posta elettronica certificata, al quale ricevere tutte le comunicazioni relative alla procedura, le cui variazioni è onere comunicare al curatore.

4. Il ricorso è inammissibile se è omesso o assolutamente incerto uno dei requisiti di cui alle lettere *a*), *b*), o *c*) del comma 3. Se è omesso o assolutamente incerto il requisito di cui alla lettera *d*), il credito è considerato chirografario.

5. Se è omessa l'indicazione di cui al comma 3, lettera *e*), nonché nei casi di mancata consegna del messaggio di posta elettronica certificata per cause imputabili al destinatario si applica l'articolo 10, comma 3.

6. Al ricorso sono allegati i documenti dimostrativi del diritto fatto valere.

7. Con la domanda di restituzione o rivendicazione, il terzo può chiedere la sospensione della liquidazione dei beni oggetto della domanda.

8. Il ricorso può essere presentato dal rappresentante comune degli obbligazionisti ai sensi dell'articolo 2418, secondo comma, del codice civile, anche per singoli gruppi di creditori.

9. Il giudice ad istanza della parte può disporre che il cancelliere prenda copia dei titoli al portatore o all'ordine presentati e li restituisca con l'annotazione dell'avvenuta domanda di ammissione al passivo.

10. Il procedimento introdotto dalla domanda di cui al comma 1 è soggetto alla sospensione feriale dei termini di cui all'articolo 1 della legge 7 ottobre 1969, n. 742.

202. Effetti della domanda. – 1. La domanda di cui all'articolo 201 produce gli effetti della domanda giudiziale per tutto il corso della liquidazione giudiziale e fino all'esaurimento dei giudizi e delle operazioni che proseguono dopo il decreto di chiusura a norma dell'articolo 235.

203. Progetto di stato passivo e udienza di discussione. – 1. Il curatore esamina le domande di cui all'articolo 201 e predispone elenchi separati dei creditori e dei titolari di diritti su beni mobili e immobili di proprietà o in possesso del debitore, rassegnando per ciascuno le sue motivate conclusioni. Il curatore può eccepire i fatti estintivi, modificativi o impeditivi del diritto fatto valere, nonché l'inefficacia del titolo su cui sono fondati il credito o la prelazione, anche se è prescritta la relativa azione.

2. Il curatore deposita il progetto di stato passivo corredato dalle relative domande nella cancelleria del tribunale almeno quindici giorni prima dell'udienza fissata per l'esame dello stato passivo e nello stesso termine lo trasmette ai creditori e ai titolari di

diritti sui beni all'indirizzo indicato nella domanda di ammissione al passivo. I creditori, i titolari di diritti sui beni ed il debitore possono esaminare il progetto e presentare al curatore, con le modalità indicate dall'articolo 201, comma 2, osservazioni scritte e documenti integrativi fino a cinque giorni prima dell'udienza.

3. All'udienza fissata per l'esame dello stato passivo, il giudice delegato, anche in assenza delle parti, decide su ciascuna domanda, nei limiti delle conclusioni formulate e avuto riguardo alle eccezioni del curatore, a quelle rilevabili d'ufficio ed a quelle formulate dagli altri interessati. Il giudice delegato può procedere ad atti di istruzione su richiesta delle parti, compatibilmente con le esigenze di speditezza del procedimento. In relazione al numero dei creditori e alla entità del passivo, il giudice delegato può stabilire che l'udienza sia svolta in via telematica con modalità idonee a salvaguardare il contraddittorio e l'effettiva partecipazione dei creditori, anche utilizzando le strutture informatiche messe a disposizione della procedura da soggetti terzi.

4. Il debitore può chiedere di essere sentito.

5. Delle operazioni si redige processo verbale.

204. Formazione ed esecutività dello stato passivo. – 1. Il giudice delegato, con decreto succintamente motivato, accoglie in tutto o in parte ovvero respinge o dichiara inammissibile la domanda proposta ai sensi dell'articolo 201. La dichiarazione di inammissibilità della domanda non ne preclude la successiva riproposizione.

2. Oltre che nei casi stabiliti dalla legge, sono ammessi al passivo con riserva:

a) i crediti condizionati e quelli indicati all'articolo 154, comma 3;

b) i crediti per i quali la mancata produzione del titolo dipende da fatto non riferibile al creditore, a condizione che la produzione avvenga nel termine assegnato dal giudice;

c) i crediti accertati con sentenza del giudice ordinario o speciale non passata in giudicato, pronunziata prima della dichiarazione di apertura della liquidazione giudiziale. Il curatore può proporre o proseguire il giudizio di impugnazione.

3. Se le operazioni non possono esaurirsi in una sola udienza, il giudice ne rinvia la prosecuzione a non più di otto giorni, senza altro avviso per gli intervenuti e per gli assenti.

4. Terminato l'esame di tutte le domande, il giudice delegato forma lo stato passivo e lo rende esecutivo con decreto depositato in cancelleria.

5. Il decreto che rende esecutivo lo stato passivo e le decisioni assunte dal tribunale all'esito dei giudizi di cui all'articolo 206, limitatamente ai crediti accertati ed al diritto di partecipare al riparto quando il debitore ha concesso ipoteca a garanzia di debiti altrui, producono effetti soltanto ai fini del concorso.

205. (1) **Comunicazione dell'esito del procedimento di accertamento del passivo.** – 1. Il curatore, immediatamente dopo la dichiarazione di esecutività dello stato passivo, ne dà comunicazione trasmettendo una copia a tutti i ricorrenti, informandoli del diritto di proporre opposizione in caso di mancato accoglimento della domanda.

2. La comunicazione contiene anche la sintetica esposizione delle concrete prospettive di soddisfacimento dei creditori concorsuali.

(1) *Questo articolo è stato così sostituito dall'art. 23, comma 2, del D.L.vo 26 ottobre 2020, n. 147, a decorrere dal 1° settembre 2021.*

206. Impugnazioni. – 1. Contro il decreto che rende esecutivo lo stato passivo può essere proposta opposizione, impugnazione dei crediti ammessi o revocazione.

2. Con l'opposizione il creditore o il titolare di diritti su beni mobili o immobili contestano che la propria domanda sia stata accolta in parte o sia stata respinta. L'opposizione è proposta nei confronti del curatore.

3. Con l'impugnazione il curatore, il creditore o il titolare di diritti su beni mobili o immobili contestano che la domanda di un creditore o di altro concorrente sia stata accolta. L'impugnazione è rivolta nei confronti del creditore concorrente, la cui domanda è stata accolta. Al procedimento partecipa anche il curatore.

4. Nei casi di cui ai commi 2 e 3, la parte contro cui l'impugnazione è proposta, nei limiti delle conclusioni rassegnate nel procedimento di accertamento del passivo, può proporre impugnazione incidentale anche se è per essa decorso il termine di cui all'articolo 207, comma 1.

5. Con la revocazione il curatore, il creditore o il titolare di diritti su beni mobili o immobili, decorsi i termini per la proposizione della opposizione o della impugnazione, possono chiedere che il provvedimento di accoglimento o di rigetto venga revocato se si scopre che essi sono stati determinati da falsità, dolo, errore essenziale di fatto o dalla man-

cata conoscenza di documenti decisivi che non sono stati prodotti tempestivamente per causa non imputabile all'istante. La revocazione è proposta nei confronti del creditore concorrente, la cui domanda è stata accolta, ovvero nei confronti del curatore quando la domanda è stata respinta. Nel primo caso, al procedimento partecipa il curatore.

6. Gli errori materiali contenuti nello stato passivo sono corretti con decreto del giudice delegato su istanza del creditore o del titolare di diritti sui beni o del curatore, sentito il curatore o la parte interessata.

207. Procedimento. – 1. Le impugnazioni di cui all'articolo 206 si propongono con ricorso entro il termine perentorio di trenta giorni dalla comunicazione di cui all'articolo 205 ovvero, nel caso di revocazione, dalla scoperta della falsità, del dolo, dell'errore o del documento di cui all'articolo 206, comma 5.

2. Il ricorso deve contenere:

a) l'indicazione del tribunale, del giudice delegato e della procedura di liquidazione giudiziale;

b) le generalità dell'impugnante e l'elezione del domicilio nel comune ove ha sede il tribunale che ha aperto la liquidazione giudiziale;

c) l'esposizione dei fatti e degli elementi di diritto su cui si basa l'impugnazione e le relative conclusioni;

d) a pena di decadenza, le eccezioni processuali e di merito non rilevabili d'ufficio, nonché l'indicazione specifica dei mezzi di prova di cui il ricorrente intende avvalersi e dei documenti prodotti.

3. Il presidente, nei cinque giorni successivi al deposito del ricorso, designa il relatore, al quale può delegare la trattazione del procedimento, e fissa con decreto l'udienza di comparizione entro sessanta giorni dal deposito del ricorso.

4. Il ricorso, unitamente al decreto di fissazione dell'udienza, deve essere notificato, a cura del ricorrente, al curatore e all'eventuale controinteressato entro dieci giorni dalla comunicazione del decreto.

5. Tra la data della notificazione e quella dell'udienza deve intercorrere un termine non minore di trenta giorni.

6. Le parti resistenti devono costituirsi almeno dieci giorni prima dell'udienza, eleggendo il domicilio nel comune in cui ha sede il tribunale.

7. La costituzione si effettua mediante deposito di una memoria difensiva contenente, a pena di decadenza, le eccezioni processuali e di merito non rilevabili d'ufficio, nonché l'indicazione specifica dei mezzi di prova e dei documenti contestualmente prodotti. L'impugnazione incidentale tardiva si propone, a pena di decadenza, nella memoria di cui al presente comma.

8. Se è proposta impugnazione incidentale tardiva il tribunale adotta i provvedimenti necessari ad assicurare il contraddittorio.

9. L'intervento di qualunque interessato non può avere luogo oltre il termine stabilito per la costituzione delle parti resistenti con le modalità per queste previste.

10. In caso di mancata comparizione delle parti si applicano gli articoli 181 e 309 del codice di procedura civile. Il curatore, anche se non costituito, partecipa all'udienza di comparizione fissata ai sensi del comma 3, per informare le altre parti ed il giudice in ordine allo stato della procedura e alle concrete prospettive di soddisfacimento dei creditori concorsuali ([1]).

11. Il giudice provvede all'ammissione e all'espletamento dei mezzi istruttori.

12. Il giudice delegato alla liquidazione giudiziale non può far parte del collegio.

13. Il collegio provvede in via definitiva sull'opposizione, impugnazione o revocazione con decreto motivato, entro sessanta giorni dall'udienza o dalla scadenza del termine eventualmente assegnato per il deposito di memorie.

14. Il decreto è comunicato dalla cancelleria alle parti che, nei successivi trenta giorni, possono proporre ricorso per cassazione.

15. Gli errori materiali contenuti nel decreto sono corretti con decreto dal tribunale senza necessità di instaurazione del contraddittorio se tutte le parti concordano nel chiedere la stessa correzione. Se è chiesta da una delle parti, il presidente del collegio, con decreto da notificarsi insieme con il ricorso, fissa l'udienza nella quale le parti debbono comparire davanti al giudice designato come relatore. Sull'istanza il collegio provvede con decreto, che deve essere annotato sull'originale del provvedimento.

16. Le impugnazioni di cui all'articolo 206 sono soggette alla sospensione feriale dei termini di cui all'articolo 1 della legge 7 ottobre 1969, n. 742.

([1]) *Questo comma è stato così sostituito dall'art. 23, comma 3, del D.L.vo 26 ottobre 2020, n. 147, a decorrere dal 1° settembre 2021.*

208. Domande tardive. – 1. Le domande di ammissione al passivo di un credito, di restituzione o rivendicazione di beni mobili e immobili, trasmesse al curatore oltre il termine di trenta giorni prima dell'udienza fissata per la verifica del passivo e non oltre quello di sei mesi dal deposito del decreto di esecutività dello stato passivo sono considerate tardive. In caso di particolare complessità della procedura, il tribunale, con la sentenza che dichiara aperta la liquidazione giudiziale, può prorogare quest'ultimo termine fino a dodici mesi.

2. Il procedimento di accertamento delle domande tardive si svolge nelle stesse forme di cui all'articolo 203. Quando vengono presentate domande tardive, il giudice delegato fissa per l'esame delle stesse un'udienza entro i successivi quattro mesi, salvo che sussistano motivi d'urgenza. Il curatore dà avviso della data dell'udienza a coloro che hanno presentato la domanda e ai creditori già ammessi al passivo. Si applicano le disposizioni di cui agli articoli da 201 a 207.

3. Decorso il termine di cui al comma 1, e comunque fino a quando non siano esaurite tutte le ripartizioni dell'attivo della liquidazione giudiziale, la domanda tardiva è ammissibile solo se l'istante prova che il ritardo è dipeso da causa a lui non imputabile e se trasmette la domanda al curatore non oltre sessanta giorni dal momento in cui è cessata la causa che ne ha impedito il deposito tempestivo. Quando la domanda risulta manifestamente inammissibile perché l'istante non ha indicato le circostanze da cui è dipeso il ritardo o non ne ha offerto prova documentale o non ha indicato i mezzi di prova di cui intende valersi per dimostrarne la non imputabilità, il giudice delegato dichiara con decreto l'inammissibilità della domanda. Il decreto è reclamabile a norma dell'articolo 124.

209. Previsione di insufficiente realizzo. – 1. Il tribunale, con decreto motivato da adottarsi prima dell'udienza per l'esame dello stato passivo, su istanza del curatore depositata almeno venti giorni prima dell'udienza stessa, corredata da una relazione sulle prospettive della liquidazione, e dal parere del comitato dei creditori, sentito il debitore, dispone non farsi luogo al procedimento di accertamento del passivo relativamente ai crediti concorsuali se risulta che non può essere acquisito attivo da distribuire ad alcuno dei creditori che abbiano chiesto l'ammissione al passivo, salva la soddisfazione dei crediti prededucibili e delle spese di procedura.

2. Le disposizioni di cui al comma 1 si applicano, in quanto compatibili, anche quando la condizione di insufficiente realizzo emerge successivamente alla verifica dello stato passivo.

3. Il curatore comunica il decreto di cui al comma 1 trasmettendone copia ai creditori che abbiano presentato domanda di ammissione al passivo ai sensi degli articoli 201 e 208 i quali, nei quindici giorni successivi, possono presentare reclamo, a norma dell'articolo 124, alla corte di appello, che provvede sentiti il reclamante, il curatore, il comitato dei creditori e il debitore.

210. Procedimenti relativi a domande di rivendica e restituzione. – 1. Ai procedimenti che hanno ad oggetto domande di restituzione o di rivendicazione, si applica il regime probatorio previsto nell'articolo 621 del codice di procedura civile. Se il bene non è stato acquisito all'attivo della procedura, il titolare del diritto, anche nel corso dell'udienza di cui all'articolo 207, può modificare l'originaria domanda e chiedere l'ammissione al passivo del controvalore del bene alla data di apertura del concorso. Se il curatore perde il possesso della cosa dopo averla acquisita, il titolare del diritto può chiedere che il controvalore del bene sia corrisposto in prededuzione.

2. Sono salve le disposizioni dell'articolo 1706 del codice civile.

3. Il decreto che accoglie la domanda di rivendica di beni o diritti il cui trasferimento è soggetto a forme di pubblicità legale deve essere reso opponibile ai terzi con le medesime forme.

Capo IV
Esercizio dell'impresa e liquidazione dell'attivo

Sezione I
Disposizioni generali

211. Esercizio dell'impresa del debitore. – 1. L'apertura della liquidazione giudiziale non determina la cessazione dell'attività d'impresa quando ricorrono le condizioni di cui ai commi 2 e 3.

2. Con la sentenza che dichiara aperta la liquidazione giudiziale, il tribunale autorizza il curatore a proseguire l'esercizio dell'impresa, anche limitatamente a specifici rami dell'azienda, [se dall'interruzione può derivare un grave danno,] (1) purché la prosecuzione non arrechi pregiudizio ai creditori.

3. Successivamente, su proposta del curatore, il giudice delegato, previo parere favorevole del comitato dei creditori, autorizza, con decreto motivato, l'esercizio dell'impre-

sa, anche limitatamente a specifici rami dell'azienda, fissandone la durata.

4. Durante il periodo di esercizio, il comitato dei creditori è convocato dal curatore, almeno ogni tre mesi, per essere informato sull'andamento della gestione e per pronunciarsi sull'opportunità di continuare l'esercizio.

5. Se il comitato dei creditori non ravvisa l'opportunità di continuare l'esercizio, il giudice delegato ne ordina la cessazione.

6. Ogni semestre, o comunque alla conclusione del periodo di esercizio, il curatore deve depositare un rendiconto dell'attività. In ogni caso il curatore informa senza indugio il giudice delegato e il comitato dei creditori di circostanze sopravvenute che possono influire sulla prosecuzione dell'esercizio.

7. Il tribunale può ordinare la cessazione dell'esercizio in qualsiasi momento laddove ne ravvisi l'opportunità, con decreto in camera di consiglio non soggetto a reclamo, sentiti il curatore e il comitato dei creditori.

8. Durante l'esercizio i contratti pendenti proseguono, salvo che il curatore non intenda sospenderne l'esecuzione o scioglierli. È fatto salvo il disposto dell'articolo 110, comma 3, del decreto legislativo 18 aprile 2016, n. 50. I crediti sorti nel corso dell'esercizio sono soddisfatti in prededuzione ai sensi dell'articolo 221, comma 1, lettera *a*).

9. Al momento della cessazione dell'esercizio si applicano le disposizioni di cui alla sezione V del capo I del titolo V.

10. Il curatore autorizzato all'esercizio dell'impresa non può partecipare a procedure di affidamento di concessioni e appalti di lavori, forniture e servizi ovvero essere affidatario di subappalto.

(1) *Le parole tra parentesi quadrate sono state soppresse dall'art. 24, comma 1, del D.L.vo 26 ottobre 2020, n. 147, a decorrere dal 1° settembre 2021.*

212. Affitto dell'azienda o di suoi rami. – 1. Anche prima della presentazione del programma di liquidazione di cui all'articolo 213, su proposta del curatore, il giudice delegato, previo parere favorevole del comitato dei creditori, autorizza l'affitto dell'azienda del debitore a terzi, anche limitatamente a specifici rami, quando appaia utile al fine della più proficua vendita dell'azienda o di parti della stessa.

2. La scelta dell'affittuario è effettuata dal curatore a norma dell'articolo 216, sulla base di stima, assicurando, con adeguate forme di pubblicità, la massima informazione e partecipazione degli interessati. La scelta dell'affittuario deve tenere conto, oltre che dell'ammontare del canone offerto, delle garanzie prestate e della attendibilità del piano di prosecuzione delle attività imprenditoriali, avuto riguardo alla conservazione dei livelli occupazionali.

3. Il contratto di affitto stipulato dal curatore nelle forme previste dall'articolo 2556 del codice civile deve prevedere il diritto del curatore di procedere alla ispezione della azienda, la prestazione di idonee garanzie per tutte le obbligazioni dell'affittuario derivanti dal contratto e dalla legge, il diritto di recesso del curatore dal contratto che può essere esercitato, sentito il comitato dei creditori, con la corresponsione all'affittuario di un giusto indennizzo da corrispondere in prededuzione.

4. La durata dell'affitto deve essere compatibile con le esigenze della liquidazione dei beni.

5. Il diritto di prelazione a favore dell'affittuario può essere concesso convenzionalmente, previa autorizzazione del giudice delegato e previo parere favorevole del comitato dei creditori. In tale caso, esaurito il procedimento di determinazione del prezzo di vendita dell'azienda o del singolo ramo, il curatore, entro dieci giorni, lo comunica all'affittuario, il quale può esercitare il diritto di prelazione entro cinque giorni dal ricevimento della comunicazione.

6. La retrocessione alla liquidazione giudiziale di aziende, o rami di aziende, non comporta la responsabilità della procedura per i debiti maturati sino alla retrocessione, in deroga a quanto previsto dagli articoli 2112 e 2560 del codice civile. Ai rapporti pendenti al momento della retrocessione si applicano le disposizioni di cui alla sezione V del capo I del titolo V.

213. Programma di liquidazione. – 1. Entro sessanta giorni dalla redazione dell'inventario e in ogni caso non oltre centocinquanta (1) giorni dalla sentenza dichiarativa dell'apertura della liquidazione giudiziale, il curatore predispone un programma di liquidazione da sottoporre all'approvazione del comitato dei creditori. Il mancato rispetto del termine di centocinquanta (1) giorni di cui al primo periodo senza giustificato motivo è giusta causa di revoca del curatore.

2. Il curatore, previa autorizzazione del comitato dei creditori, può non acquisire all'attivo o rinunciare a liquidare uno o più beni, se l'attività di liquidazione appaia manifestamente non conveniente. In questo caso,

il curatore notifica l'istanza e la relativa autorizzazione ai competenti uffici per l'annotazione nei pubblici registri e ([2]) ne dà comunicazione ai creditori i quali, in deroga a quanto previsto nell'articolo 150, possono iniziare azioni esecutive o cautelari sui beni rimessi nella disponibilità del debitore. Si presume manifestamente non conveniente la prosecuzione dell'attività di liquidazione dopo sei esperimenti di vendita cui non ha fatto seguito l'aggiudicazione, salvo che il giudice delegato non autorizzi il curatore a continuare l'attività liquidatoria, in presenza di giustificati motivi.

3. Il programma è suddiviso in sezioni in cui sono indicati separatamente criteri e modalità della liquidazione dei beni immobili, della liquidazione degli altri beni e della riscossione dei crediti, con indicazione dei costi e dei presumibili tempi di realizzo. Nel programma sono, inoltre, indicati le azioni giudiziali di qualunque natura e il subentro nelle liti pendenti, con i costi per il primo grado di giudizio. Sono, altresì, indicati gli esiti delle liquidazioni già compiute.

4. Il programma indica gli atti necessari per la conservazione del valore dell'impresa, quali l'esercizio dell'impresa del debitore e l'affitto di azienda, ancorché relativi a singoli rami dell'azienda, nonché le modalità di cessione unitaria dell'azienda, di singoli rami, di beni o di rapporti giuridici individuabili in blocco.

5. Nel programma è indicato il termine entro il quale avrà inizio l'attività di liquidazione dell'attivo ed il termine del suo presumibile completamento. Entro otto ([3]) mesi dall'apertura della procedura deve avere luogo il primo esperimento di vendita dei beni e devono iniziare le attività di recupero dei crediti, salvo che il giudice delegato, con decreto motivato, non ne autorizzi il differimento. Il termine per il completamento della liquidazione non può eccedere cinque anni dal deposito della sentenza di apertura della procedura. In casi di eccezionale complessità, questo termine può essere differito a sette anni dal giudice delegato.

6. Per sopravvenute esigenze, il curatore può presentare un supplemento del piano di liquidazione. Prima della approvazione del programma, il curatore può procedere alla liquidazione di beni, previa autorizzazione del giudice delegato e sentito il comitato dei creditori se già nominato, solo quando dal ritardo può derivare pregiudizio all'interesse dei creditori ([4]).

7. Il programma è trasmesso al giudice delegato che ne autorizza la sottoposizione al comitato dei creditori per l'approvazione. Il giudice delegato autorizza i singoli atti liquidatori in quanto conformi al programma approvato.

8. Il mancato rispetto dei termini di cui al comma 5 ([5]) senza giustificato motivo è causa di revoca del curatore.

9. Se il curatore ha rispettato i termini di cui al comma 5, nel calcolo dei termini di cui alla legge 24 marzo 2001, n. 89, non si tiene conto del tempo necessario per il completamento della liquidazione ([6]).

([1]) *La parola: «centottanta» è stata così sostituita dalla attuale: «centocinquanta» dall'art. 29, comma 1, lett.* a)*, del D.L.vo 17 giugno 2022, n. 83, a decorrere dal 15 luglio 2022.*

([2]) *Le parole: «notifica l'istanza e la relativa autorizzazione ai competenti uffici per l'annotazione nei pubblici registri e» sono state inserite dall'art. 29, comma 1, lett.* b)*, del D.L.vo 17 giugno 2022, n. 83, a decorrere dal 15 luglio 2022.*

([3]) *La parola: «dodici» è stata così sostituita dalla attuale: «otto» dall'art. 29, comma 1, lett.* c)*, del D.L.vo 17 giugno 2022, n. 83, a decorrere dal 15 luglio 2022.*

([4]) *Questo periodo è stato aggiunto dall'art. 29, comma 1, lett.* d)*, del D.L.vo 17 giugno 2022, n. 83, a decorrere dal 15 luglio 2022.*

([5]) *Le parole: «previsti dal programma di liquidazione» sono state così sostituite dalle attuali: «di cui al comma 5» dall'art. 29, comma 1, lett.* e)*, del D.L.vo 17 giugno 2022, n. 83, a decorrere dal 15 luglio 2022.*

([6]) *Questo comma è stato aggiunto dall'art. 29, comma 8, lett.* f)*, del D.L.vo 17 giugno 2022, n. 83, a decorrere dal 15 luglio 2022.*

Sezione II
Vendita dei beni

214. Vendita dell'azienda o di suoi rami o di beni o rapporti in blocco. – 1. La liquidazione dei singoli beni ai sensi delle disposizioni del presente capo è disposta quando risulta prevedibile che la vendita dell'intero complesso aziendale, di suoi rami, di beni o rapporti giuridici individuabili in blocco non consenta una maggiore soddisfazione dei creditori.

2. La vendita del complesso aziendale o di rami dello stesso è effettuata con le modalità di cui all'articolo 216, in conformità a quanto disposto dall'articolo 2556 del codice civile.

3. Salva diversa convenzione, è esclusa la responsabilità dell'acquirente per i debiti relativi all'esercizio delle aziende cedute sorti prima del trasferimento.

4. Il curatore può procedere altresì alla cessione delle attività e delle passività dell'azienda o dei suoi rami, nonché di beni o rapporti giuridici individuali in blocco, esclusa

comunque la responsabilità dell'alienante prevista dall'articolo 2560 del codice civile.

5. La cessione dei crediti relativi alle aziende cedute, anche in mancanza di notifica al debitore o di sua accettazione, ha effetto, nei confronti dei terzi, dal momento dell'iscrizione del trasferimento nel registro delle imprese. Tuttavia il debitore ceduto è liberato se paga in buona fede al cedente.

6. I privilegi e le garanzie di qualsiasi tipo, da chiunque prestate o comunque esistenti a favore del cedente, conservano la loro validità e il loro grado a favore del cessionario.

7. Il curatore può procedere alla liquidazione anche mediante il conferimento in una o più società, eventualmente di nuova costituzione, dell'azienda o di rami della stessa, ovvero di beni o crediti, con i relativi rapporti contrattuali in corso, esclusa la responsabilità dell'alienante ai sensi dell'articolo 2560 del codice civile e osservate le disposizioni inderogabili contenute nella presente sezione. Le azioni o quote della società che riceve il conferimento possono essere attribuite, nel rispetto delle cause di prelazione, a singoli creditori che vi consentono. Sono salve le diverse disposizioni previste in leggi speciali.

8. Il pagamento del prezzo può essere effettuato mediante accollo di debiti da parte dell'acquirente solo se non viene alterata la graduazione dei crediti.

215. Cessioni di crediti, azioni revocatorie e partecipazioni e mandato a riscuotere crediti. – 1. Il curatore può cedere i crediti, compresi quelli di natura fiscale o futuri, anche se oggetto di contestazione; può altresì cedere le azioni revocatorie concorsuali, se i relativi giudizi sono già pendenti.

2. Per la vendita delle partecipazioni in società a responsabilità limitata si applica l'articolo 2471 del codice civile.

3. In alternativa alla cessione di cui al comma 1, il curatore può stipulare contratti di mandato per la riscossione dei crediti.

216. Modalità della liquidazione. – 1. I beni acquisiti all'attivo della procedura sono stimati da esperti nominati dal curatore ai sensi dell'articolo 129, comma 2. La relazione di stima deve essere depositata con modalità telematiche nel rispetto della normativa anche regolamentare concernente la sottoscrizione, la trasmissione e la ricezione dei documenti informatici, nonché delle apposite specifiche tecniche del responsabile per i sistemi informativi automatizzati del Ministero della giustizia. I modelli informatici delle relazioni di stima sono pubblicati sul portale delle vendite pubbliche e, quando la stima riguarda un bene immobile, deve contenere le informazioni previste dall'articolo 173 *bis* delle disposizioni per l'attuazione del codice di procedura civile. L'inosservanza della disposizione di cui al secondo periodo costituisce motivo di revoca dell'incarico. La stima può essere omessa per i beni di modesto valore. Il compenso dell'esperto è liquidato a norma dell'articolo 161, terzo comma, delle disposizioni per l'attuazione del codice di procedura civile.

2. Le vendite e gli altri atti di liquidazione posti in essere in esecuzione del programma di liquidazione sono effettuati dal curatore o dal delegato alle vendite tramite procedure competitive, anche avvalendosi di soggetti specializzati, sulla base delle stime effettuate ai sensi del comma 1, assicurando, con adeguate forme di pubblicità, la massima informazione e partecipazione degli interessati (1) [con le modalità stabilite con ordinanza dal giudice delegato] (2). Il curatore informa il giudice delegato dell'andamento delle attività di liquidazione nelle relazioni di cui all'articolo 130, comma 9 (3). Per i beni immobili il curatore pone in essere almeno tre esperimenti di vendita all'anno. Dopo il terzo esperimento andato deserto il prezzo può essere ribassato fino al limite della metà rispetto a quello dell'ultimo esperimento. Fatto salvo quanto previsto dall'articolo 147, comma 2, il giudice delegato ordina la liberazione dei beni immobili occupati dal debitore o da terzi in forza di titolo non opponibile al curatore. Il provvedimento è attuato dal curatore secondo le disposizioni del giudice delegato, senza l'osservanza di formalità diverse da quelle stabilite dal giudice, anche successivamente alla pronuncia del decreto di trasferimento nell'interesse dell'aggiudicatario se questi non lo esenta. Per l'attuazione dell'ordine di liberazione il giudice delegato può avvalersi della forza pubblica e nominare ausiliari ai sensi dell'articolo 68 del codice di procedura civile. Quando nell'immobile si trovano beni mobili che non devono essere consegnati ovvero documenti inerenti lo svolgimento di attività imprenditoriale o professionale, il curatore intima di asportarli alla parte tenuta al rilascio ovvero al soggetto al quale gli stessi risultano appartenere, assegnandogli il relativo termine, non inferiore a trenta giorni, salvi i casi di urgenza. Dell'intimazione si dà atto a verbale ovvero, se il soggetto intimato

non è presente, mediante atto notificato dal curatore. Se l'asporto non è eseguito entro il termine assegnato, i beni o i documenti sono considerati abbandonati e il curatore, salvo diversa disposizione del giudice delegato, ne dispone lo smaltimento o la distruzione. Per i beni immobili e gli altri beni iscritti nei pubblici registri, prima del completamento delle operazioni di vendita, è data notizia mediante notificazione da parte del curatore, a ciascuno dei creditori ipotecari o i cui crediti siano assistiti da privilegio sul bene (4).

3. Il curatore può proporre nel programma di liquidazione che le vendite dei beni mobili, immobili e mobili registrati vengano effettuate dal giudice delegato secondo le disposizioni del codice di procedura civile in quanto compatibili (5).

4. Le vendite di cui ai commi 2 e 3 sono effettuate con modalità telematiche tramite il portale delle vendite pubbliche, salvo che tali modalità siano pregiudizievoli per gli interessi dei creditori o per il sollecito svolgimento della procedura.

5. Il curatore effettua la pubblicità, sul portale delle vendite pubbliche, dell'avviso contenente tutti i dati che possono interessare il pubblico o della ordinanza di vendita e di ogni altro atto o documento ritenuto utile e può ricorrere anche a ulteriori forme di pubblicità idonee ad assicurare la massima informazione e partecipazione degli interessati, da effettuarsi almeno trenta giorni prima della vendita. Il termine può essere ridotto, previa autorizzazione del giudice delegato, esclusivamente nei casi di assoluta urgenza (6).

6. Gli interessati a presentare l'offerta di acquisto formulano tramite il portale delle vendite pubbliche la richiesta di esaminare i beni in vendita. Essi hanno diritto di esaminare i beni in vendita entro quindici giorni dalla richiesta o nel diverso termine stabilito dal giudice delegato (7). La richiesta non può essere resa nota a persona diversa dal curatore o dal delegato alla vendita (7). L'esame dei beni si svolge con modalità idonee a garantire la riservatezza dell'identità degli interessati e ad impedire che essi abbiano contatti tra loro (7).

7. L'offerta non è efficace se perviene oltre il termine stabilito nell'avviso di cui al comma 5 o (8) nell'ordinanza di vendita o se l'offerente non presta cauzione nella misura indicata. Le offerte di acquisto sono efficaci anche se inferiori di non oltre un quarto al prezzo stabilito nell'avviso di cui al comma 5 o (9) nell'ordinanza di vendita e sono presentate tramite il portale delle vendite pubbliche.

8. Le vendite e gli atti di liquidazione possono prevedere che il versamento del prezzo abbia luogo ratealmente; si applicano, in quanto compatibili, le disposizioni di cui agli articoli 569, terzo comma, terzo periodo, 574, primo comma, secondo periodo, 585 e 587, primo comma, secondo periodo, del codice di procedura civile.

9. Il curatore informa il giudice delegato e il comitato dei creditori dell'esito della procedura di vendita o liquidazione di ciascun bene entro cinque giorni dalla sua conclusione (10) mediante deposito nel fascicolo informatico della documentazione relativa alla vendita (11).

10. Se alla data di apertura della liquidazione sono pendenti procedure esecutive, il curatore può subentrarvi; in tale caso si applicano le disposizioni del codice di procedura civile; altrimenti, su istanza del curatore, il giudice dell'esecuzione dichiara l'improcedibilità dell'esecuzione, fermi restando gli effetti conservativi sostanziali del pignoramento in favore dei creditori.

11. I dati delle relazioni di stima di cui al comma 1 sono estratti ed elaborati, a cura del Ministero della giustizia, anche nell'ambito di rilevazioni statistiche nazionali e pubblicati sul portale delle vendite pubbliche.

12. Con regolamento del Ministro della giustizia, da adottare ai sensi dell'articolo 17, comma 3, della legge 23 agosto 1988, n. 400, entro il termine di sei mesi dalla data di entrata in vigore del presente decreto, sono stabiliti requisiti di onorabilità e professionalità dei soggetti specializzati dei quali il curatore può avvalersi ai sensi del comma 2 (12).

(1) *Le parole: «sulla base delle stime effettuate ai sensi del comma 1, assicurando, con adeguate forme di pubblicità, la massima informazione e partecipazione degli interessati» sono state inserite dall'art. 30, comma 1, lett. a), n. 1), del D.L.vo 17 giugno 2022, n. 83, a decorrere dal 15 luglio 2022.*

(2) *Le parole tra parentesi quadrate sono state soppresse dall'art. 30, comma 1, lett. a), n. 1), del D.L.vo 17 giugno 2022, n. 83, a decorrere dal 15 luglio 2022.*

(3) *Questo periodo è stato inserito dall'art. 30, comma 1, lett. a), n. 2), del D.L.vo 17 giugno 2022, n. 83, a decorrere dal 15 luglio 2022.*

(4) *Questo comma è stato così sostituito dall'art. 25, comma 1, lett. a), del D.L.vo 26 ottobre 2020, n. 147, a decorrere dal 1° settembre 2021.*

(5) *Questo comma è stato così sostituito dall'art. 30, comma 1, lett. b), del D.L.vo 17 giugno 2022, n. 83, a decorrere dal 15 luglio 2022.*

(6) *Questo comma è stato così sostituito dall'art. 30, comma 1, lett. c), del D.L.vo 17 giugno 2022, n. 83, a decorrere dal 15 luglio 2022.*

(7) *Questo periodo è stato aggiunto dall'art. 25, comma 1, lett. b), del D.L.vo 26 ottobre 2020, n. 147, a decorrere dal 1° settembre 2021.*

LEGGI COMPLEMENTARI

([8]) *Le parole: «nell'avviso di cui al comma 5 o» sono state inserite dall'art. 30, comma 1, lett. d), n. 1), del D.L.vo 17 giugno 2022, n. 83, a decorrere dal 15 luglio 2022.*

([9]) *Le parole: «nell'avviso di cui al comma 5 o» sono state inserite dall'art. 30, comma 1, lett. d), n. 2), del D.L.vo 17 giugno 2022, n. 83, a decorrere dal 15 luglio 2022.*

([10]) *Le parole: «Entro cinque giorni dal trasferimento di ciascun bene, il curatore ne dà notizia agli organi della procedura» sono state così sostituite dalle attuali: «Il curatore informa il giudice delegato e il comitato dei creditori dell'esito della procedura di vendita o liquidazione di ciascun bene entro cinque giorni dalla sua conclusione» dall'art. 25, comma 1, lett. c), del D.L.vo 26 ottobre 2020, n. 147, a decorrere dal 1° settembre 2021.*

([11]) *Le parole: «della documentazione relativa alla vendita» sono state inserite dall'art. 30, comma 1, lett. e), del D.L.vo 17 giugno 2022, n. 83, a decorrere dal 15 luglio 2022.*

([12]) *Questo comma è stato aggiunto dall'art. 30, comma 1, lett. f), del D.L.vo 17 giugno 2022, n. 83, a decorrere dal 15 luglio 2022.*

217. Poteri del giudice delegato. – 1. Il giudice delegato, su istanza del debitore, del comitato dei creditori o di altri interessati, previo parere dello stesso comitato dei creditori, può sospendere, con decreto motivato, le operazioni di vendita, qualora ricorrano gravi e giustificati motivi ovvero, su istanza presentata dagli stessi soggetti entro dieci giorni dal deposito di cui all'articolo 216, comma 9, impedire il perfezionamento della vendita quando il prezzo offerto risulti notevolmente inferiore a quello ritenuto congruo. Se il prezzo offerto è inferiore, rispetto a quello indicato nell'ordinanza di vendita, in misura non superiore ad un quarto, il giudice delegato può impedire il perfezionamento della vendita in presenza di concreti elementi idonei a dimostrare che un nuovo esperimento di vendita può consentire, con elevato grado di probabilità, il conseguimento di un prezzo perlomeno pari a quello stabilito.

2. Per i beni immobili e gli altri beni iscritti in pubblici registri, una volta eseguita la vendita e riscosso interamente il prezzo, il giudice delegato ordina, con decreto, la cancellazione delle iscrizioni relative ai diritti di prelazione, nonché delle trascrizioni dei pignoramenti e dei sequestri conservativi e di ogni altro vincolo.

218. Vendita dei diritti sulle opere dell'ingegno, sulle invenzioni industriali e sui marchi. – 1. Il trasferimento dei diritti di utilizzazione economica delle opere dell'ingegno, il trasferimento dei diritti nascenti delle invenzioni industriali, il trasferimento dei marchi e la cessione di banche di dati sono fatte a norma delle rispettive leggi speciali.

219. Procedimento di distribuzione della somma ricavata. – 1. Il giudice delegato provvede alla distribuzione della somma ricavata dalla vendita secondo le disposizioni del capo seguente.

2. Il tribunale stabilisce con decreto la somma da attribuire, se del caso, al curatore in conto del compenso finale da liquidarsi a norma dell'articolo 137. Tale somma è prelevata sul prezzo insieme alle spese di procedura e di amministrazione.

Capo V
Ripartizione dell'attivo

220. Procedimento di ripartizione. – 1. Il curatore, ogni quattro mesi a partire dalla data del decreto previsto dall'articolo 204, comma 4, o nel diverso termine stabilito dal giudice delegato, trasmette a tutti i creditori, compresi quelli per i quali è in corso uno dei giudizi di cui all'articolo 206, un prospetto delle somme disponibili, nonché, qualora l'entità del passivo accertato consenta una ripartizione in misura apprezzabile, un progetto di ripartizione delle medesime, riservate quelle occorrenti per la procedura. Nel progetto sono collocati anche i crediti per i quali non si applica il divieto di azioni esecutive e cautelari di cui all'articolo 150.

2. Nel caso in cui siano in corso giudizi di cui all'articolo 206, il curatore, nel progetto di ripartizione di cui al comma 1, indica, per ciascun creditore, le somme immediatamente ripartibili nonché le somme ripartibili soltanto previa consegna di una fideiussione autonoma, irrevocabile e a prima richiesta, rilasciata in favore della procedura da uno dei soggetti di cui all'articolo 574, primo comma, secondo periodo, del codice di procedura civile, idonea a garantire la restituzione alla procedura delle somme che risultino ripartite in eccesso, anche in forza di provvedimenti provvisoriamente esecutivi resi nell'ambito dei giudizi di cui all'articolo 206, oltre agli interessi, al tasso applicato dalla Banca centrale europea alle sue più recenti operazioni di rifinanziamento principali, a decorrere dal pagamento e sino all'effettiva restituzione. Le disposizioni del periodo precedente si applicano anche ai creditori che avrebbero diritto alla ripartizione delle somme ricavate nel caso in cui risulti insussistente, in tutto o in parte, il credito avente

diritto all'accantonamento ovvero oggetto di controversia a norma dell'articolo 206.

3. I creditori, entro il termine perentorio di quindici giorni dalla ricezione della comunicazione di cui al comma 1, possono proporre reclamo al giudice delegato contro il progetto di riparto ai sensi dell'articolo 133.

4. Decorso tale termine, il giudice delegato, su richiesta del curatore, corredata dal progetto di riparto e dai documenti comprovanti l'avvenuta trasmissione, dichiara esecutivo il progetto di ripartizione.

5. Se sono proposti reclami, il progetto di ripartizione è dichiarato esecutivo con accantonamento delle somme corrispondenti ai crediti oggetto di contestazione. Non si fa luogo ad accantonamento qualora sia presentata in favore della procedura una fideiussione a norma del primo periodo del comma 2, idonea a garantire la restituzione di somme che, in forza del provvedimento che decide il reclamo, risultino ripartite in eccesso, oltre agli interessi nella misura prevista dal predetto secondo periodo del comma 2. Il provvedimento che decide sul reclamo dispone in ordine alla destinazione delle somme accantonate.

6. In presenza di somme disponibili per la ripartizione, il mancato rispetto dell'obbligo di cui al comma 1, costituisce giusta causa di revoca del curatore.

221. Ordine di distribuzione delle somme. – 1. Le somme ricavate dalla liquidazione dell'attivo sono erogate nel seguente ordine:

a) per il pagamento dei crediti prededucibili;

b) per il pagamento dei crediti ammessi con prelazione sulle cose vendute secondo l'ordine assegnato dalla legge;

c) per il pagamento dei creditori chirografari, in proporzione dell'ammontare del credito per cui ciascuno di essi sia stato ammesso, compresi i creditori indicati alla lettera *b*), qualora non sia stata ancora realizzata la garanzia, ovvero per la parte per cui essi siano rimasti non soddisfatti dal relativo realizzo;

d) per il pagamento dei crediti postergati.

222. Disciplina dei crediti prededucibili. – 1. I crediti prededucibili devono essere accertati con le modalità di cui al capo III del presente titolo, con esclusione di quelli non contestati per collocazione e ammontare, anche se sorti durante l'esercizio dell'impresa del debitore, e di quelli sorti a seguito di provvedimenti di liquidazione di compensi dei soggetti nominati ai sensi dell'articolo 123; in questo ultimo caso, se contestati, devono essere accertati con il procedimento di cui all'articolo 124.

2. I crediti prededucibili vanno soddisfatti per il capitale, gli interessi e le spese con il ricavato della liquidazione del patrimonio mobiliare e immobiliare, tenuto conto delle rispettive cause di prelazione, con esclusione di quanto ricavato dalla liquidazione dei beni oggetto di pegno ed ipoteca per la parte destinata ai creditori garantiti, salvo il disposto dell'articolo 223. Il corso degli interessi cessa al momento del pagamento.

3. I crediti prededucibili sorti nel corso della procedura di liquidazione giudiziale che sono liquidi, esigibili e non contestati per collocazione e per ammontare, possono essere soddisfatti al di fuori del procedimento di riparto se l'attivo è presumibilmente sufficiente a soddisfare tutti i titolari di tali crediti. Il pagamento deve essere autorizzato dal comitato dei creditori ovvero dal giudice delegato.

4. Se l'attivo è insufficiente, la distribuzione deve avvenire secondo i criteri della graduazione e della proporzionalità, conformemente all'ordine assegnato dalla legge.

223. Conti speciali. – 1. La massa liquida attiva immobiliare è costituita dalle somme ricavate dalla liquidazione dei beni immobili, come definiti dall'articolo 812 del codice civile, e dei loro frutti e pertinenze, nonché dalla quota proporzionale di interessi attivi liquidati sui depositi delle relative somme.

2. La massa liquida attiva mobiliare è costituita da tutte le altre entrate.

3. Il curatore deve tenere un conto autonomo delle vendite dei singoli beni immobili oggetto di privilegio speciale e di ipoteca e dei singoli beni mobili o gruppo di mobili oggetto di pegno e privilegio speciale, con analitica indicazione delle entrate e delle uscite di carattere specifico e della quota di quelle di carattere generale imputabili a ciascun bene o gruppo di beni secondo un criterio proporzionale.

224. Crediti assistiti da prelazione. – 1. I crediti assistiti da privilegio generale hanno diritto di prelazione per il capitale, le spese e gli interessi, nei limiti di cui agli articoli 153 e 154, sul prezzo ricavato dalla liquidazione del patrimonio mobiliare, sul quale concorrono in un'unica graduatoria con i crediti garantiti da privilegio speciale mobiliare, secondo il grado previsto dalla legge.

2. I crediti garantiti da ipoteca e pegno e quelli assistiti da privilegio speciale hanno

diritto di prelazione per il capitale, le spese e gli interessi, nei limiti di cui agli articoli 153 e 154, sul prezzo ricavato dai beni vincolati alla loro garanzia.

225. Partecipazione dei creditori ammessi tardivamente. – 1. I creditori ammessi a norma dell'articolo 208 concorrono soltanto alle ripartizioni posteriori alla loro ammissione in proporzione del rispettivo credito, salvo il diritto di prelevare le quote che sarebbero loro spettate nelle precedenti ripartizioni se assistiti da cause di prelazione o se il ritardo è dipeso da cause ad essi non imputabili.

226. Ripartizioni e diritti in favore del creditore con domanda tardiva. – 1. Il creditore ammesso a norma dell'articolo 208 ha diritto di concorrere sulle somme già distribuite nei limiti di quanto stabilito nell'articolo 225. Il titolare di diritti su beni mobili o immobili, se prova che il ritardo nella presentazione della domanda è dipeso da causa non imputabile, può chiedere che siano sospese le attività di liquidazione del bene sino all'accertamento del diritto. Si applica l'articolo 208, comma 3.

227. Ripartizioni parziali. – 1. Nelle ripartizioni parziali, che non possono superare l'ottanta per cento delle somme da ripartire, devono essere trattenute e depositate, nei modi stabiliti dal giudice delegato, le quote assegnate:

a) ai creditori ammessi con riserva;

b) ai creditori opponenti a favore dei quali sono state disposte misure cautelari;

c) ai creditori opponenti la cui domanda è stata accolta quando la sentenza non è passata in giudicato;

d) ai creditori nei cui confronti sono stati proposti i giudizi di impugnazione e di revocazione.

2. Le somme ritenute necessarie per spese future, per soddisfare il compenso al curatore e ogni altro debito prededucibile devono essere trattenute. In questo caso, l'ammontare della quota da ripartire indicata nel comma 1 deve essere ridotta se la misura dell'ottanta per cento appare insufficiente.

3. Devono essere altresì trattenute e depositate nei modi stabiliti dal giudice delegato le somme ricevute dalla procedura per effetto di provvedimenti provvisoriamente esecutivi e non ancora passati in giudicato.

228. Scioglimento delle ammissioni con riserva. – 1. Quando si verifica l'evento che ha determinato l'accoglimento di una domanda con riserva, su istanza del curatore o della parte interessata, il giudice delegato modifica lo stato passivo, con decreto, disponendo che la domanda deve intendersi accolta definitivamente.

229. Restituzione di somme riscosse. – 1. I pagamenti effettuati in esecuzione dei piani di riparto non possono essere ripetuti, salvo il caso dell'accoglimento di domande di revocazione.

2. I creditori che hanno percepito pagamenti non dovuti, devono restituire le somme riscosse, oltre agli interessi legali dal momento del pagamento effettuato a loro favore.

230. Pagamento ai creditori. – 1. Il curatore provvede al pagamento delle somme assegnate ai creditori nel piano di ripartizione nei modi stabiliti dal giudice delegato, idonei ad assicurare la prova del pagamento stesso.

2. Se prima della ripartizione i crediti ammessi sono stati ceduti, il curatore attribuisce le quote di riparto ai cessionari, qualora la cessione sia stata tempestivamente comunicata, unitamente alla documentazione che attesti, con atto recante le sottoscrizioni autenticate di cedente e cessionario, l'intervenuta cessione. In questo caso, il curatore provvede alla rettifica formale dello stato passivo. Le stesse disposizioni si applicano in caso di surrogazione del creditore.

231. Rendiconto del curatore. – 1. Compiuta la liquidazione dell'attivo e prima del riparto finale, nonché in ogni caso in cui cessa dalle funzioni, il curatore presenta al giudice delegato l'esposizione analitica delle operazioni contabili, dell'attività di gestione della procedura, delle modalità con cui ha attuato il programma di liquidazione e il relativo esito.

2. Il giudice ordina il deposito del conto in cancelleria e fissa l'udienza che non può essere tenuta prima che siano decorsi quindici giorni dalla comunicazione del rendiconto a tutti i creditori.

3. Dell'avvenuto deposito e della fissazione dell'udienza il curatore dà immediata comunicazione al debitore, ai creditori ammessi al passivo, a coloro che hanno proposto opposizione, ai creditori in prededuzione non soddisfatti, inviando loro copia del rendiconto e avvisandoli che possono presentare eventuali osservazioni o contestazioni fino a cinque giorni prima dell'udienza con le modalità di cui all'articolo 201, comma 2.

4. Se all'udienza stabilita non sorgono contestazioni o su queste viene raggiunto un ac-

cordo, il giudice approva il conto con decreto; altrimenti, fissa l'udienza innanzi al collegio che, sentite le parti, provvede in camera di consiglio.

232. Ripartizione finale. – 1. Approvato il conto e liquidato il compenso del curatore, il giudice delegato, sentite le proposte del curatore, ordina il riparto finale secondo le norme precedenti.

2. Nel riparto finale vengono distribuiti anche gli accantonamenti precedentemente fatti. Tuttavia, se la condizione non si è ancora verificata ovvero se il provvedimento non è ancora passato in giudicato, la somma è depositata nei modi stabiliti dal giudice delegato, perché, verificatisi gli eventi indicati, possa essere versata ai creditori cui spetta o fatta oggetto di riparto supplementare fra gli altri creditori. Gli accantonamenti non impediscono la chiusura della procedura.

3. Il giudice delegato, nel rispetto delle cause di prelazione, può disporre che a singoli creditori che vi consentono siano assegnati, in luogo delle somme agli stessi spettanti, crediti di imposta del debitore non ancora rimborsati.

4. Per i creditori che non si presentano o sono irreperibili le somme dovute sono nuovamente depositate presso l'ufficio postale o la banca già indicati ai sensi dell'articolo 131. Decorsi cinque anni dal deposito, le somme non riscosse dagli aventi diritto e i relativi interessi, se non richieste da altri creditori, rimasti insoddisfatti, sono versate a cura del depositario all'entrata del bilancio dello Stato per essere riassegnate, con decreti del Ministro dell'economia e delle finanze, allo stato di previsione del Ministero della giustizia.

5. Il giudice, anche se è intervenuta l'esdebitazione del debitore, omessa ogni formalità non essenziale al contraddittorio, su ricorso dei creditori rimasti insoddisfatti che abbiano presentato la richiesta di cui al comma 4, dispone la distribuzione delle somme non riscosse fra i soli richiedenti e in base all'articolo 221.

Capo VI
Cessazione della procedura di liquidazione giudiziale

233. Casi di chiusura. – 1. Salvo quanto disposto per il caso di concordato, la procedura di liquidazione giudiziale si chiude:

a) se nel termine stabilito nella sentenza con cui è stata dichiarata aperta la procedura non sono state proposte domande di ammissione al passivo;

b) quando, anche prima che sia compiuta la ripartizione finale dell'attivo, le ripartizioni ai creditori raggiungono l'intero ammontare dei crediti ammessi, o questi sono in altro modo estinti e sono pagati tutti i debiti e le spese da soddisfare in prededuzione;

c) quando è compiuta la ripartizione finale dell'attivo;

d) quando nel corso della procedura si accerta che la sua prosecuzione non consente di soddisfare, neppure in parte, i creditori concorsuali, né i crediti prededucibili e le spese di procedura. Tale circostanza può essere accertata con la relazione o con i successivi rapporti riepilogativi di cui all'articolo 130.

2. In caso di chiusura della procedura di liquidazione giudiziale di società di capitali, nei casi di cui al comma 1, lettere *a*) e *b*), il curatore convoca l'assemblea ordinaria dei soci per le deliberazioni necessarie ai fini della ripresa dell'attività o della sua cessazione ovvero per la trattazione di argomenti sollecitati, con richiesta scritta, da un numero di soci che rappresenti il venti per cento del capitale sociale. Nei casi di chiusura di cui al comma 1, lettere *c*) e *d*), ove si tratti di procedura di liquidazione giudiziale di società e fatto salvo quanto previsto dall'articolo 234, comma 6, secondo periodo, il curatore ne chiede la cancellazione dal registro delle imprese.

3. La chiusura della procedura di liquidazione giudiziale della società nei casi di cui alle lettere *a*) e *b*) determina anche la chiusura della procedura estesa ai soci ai sensi dell'articolo 256, salvo che nei confronti del socio non sia stata aperta una procedura di liquidazione giudiziale come imprenditore individuale.

234. Prosecuzione di giudizi e procedimenti esecutivi dopo la chiusura. – 1. La chiusura della procedura nel caso di cui all'articolo 233, comma 1, lettera *c*), non è impedita dalla pendenza di giudizi o procedimenti esecutivi, rispetto ai quali il curatore mantiene la legittimazione processuale, anche nei successivi stati e gradi del giudizio, ai sensi dell'articolo 143. La legittimazione del curatore sussiste altresì per i procedimenti, compresi quelli cautelari e esecutivi, strumentali all'attuazione delle decisioni favorevoli alla liquidazione giudiziale, anche se instaurati dopo la chiusura della procedura.

2. In deroga all'articolo 132, le rinunzie alle liti e le transazioni sono autorizzate dal giudice delegato.

3. Le somme necessarie per spese future ed eventuali oneri relativi ai giudizi pendenti, nonché le somme ricevute dal curatore per effetto di provvedimenti provvisoriamente esecutivi e non ancora passati in giudicato, sono trattenute dal curatore secondo quanto previsto dall'articolo 232, comma 2.

4. Dopo la chiusura della procedura, le somme ricevute dal curatore per effetto di provvedimenti definitivi e gli eventuali residui degli accantonamenti sono fatti oggetto di riparto supplementare fra i creditori secondo le modalità disposte dal tribunale con il decreto di cui all'articolo 235.

5. In relazione alle eventuali sopravvenienze attive derivanti dai giudizi pendenti non si fa luogo a riapertura della procedura.

6. Con il decreto di chiusura il tribunale impartisce le disposizioni necessarie per il deposito del rapporto riepilogativo di cui all'articolo 130, comma 9, di un supplemento di rendiconto, del riparto supplementare e del rapporto riepilogativo finale. La chiusura della procedura a norma del presente comma non comporta la cancellazione della società dal registro delle imprese sino alla conclusione dei giudizi in corso e alla effettuazione dei riparti supplementari, anche all'esito delle ulteriori attività liquidatorie che si siano rese necessarie.

7. Eseguito l'ultimo progetto di ripartizione o comunque definiti i giudizi e procedimenti pendenti, il curatore chiede al tribunale di archiviare la procedura di liquidazione giudiziale. Il tribunale provvede con decreto.

8. Entro dieci giorni dal deposito del decreto di archiviazione, il curatore chiede la cancellazione della società dal registro delle imprese ovvero, quando le ripartizioni ai creditori raggiungono l'intero ammontare dei crediti ammessi, o questi sono in altro modo estinti e sono pagati tutti i debiti e le spese da soddisfare in prededuzione, procede ai sensi dell'articolo 233, comma 2, primo periodo ([1]).

([1]) *Le parole: «ovvero, quando le ripartizioni ai creditori raggiungono l'intero ammontare dei crediti ammessi, o questi sono in altro modo estinti e sono pagati tutti i debiti e le spese da soddisfare in prededuzione, procede ai sensi dell'articolo 233, comma 2, primo periodo» sono state aggiunte dall'art. 26, comma 1, del D.L.vo 26 ottobre 2020, n. 147, a decorrere dal 1° settembre 2021.*

235. Decreto di chiusura. – 1. La chiusura della procedura di liquidazione giudiziale è dichiarata con decreto motivato del tribunale su istanza del curatore o del debitore ovvero di ufficio, pubblicato nelle forme prescritte dall'articolo 45. Unitamente all'istanza di cui al primo periodo il curatore deposita un rapporto riepilogativo finale redatto in conformità a quanto previsto dall'articolo 130, comma 9 ([1]).

2. Quando la chiusura della procedura è dichiarata ai sensi dell'articolo 233, comma 1, lettera *d*), prima dell'approvazione del programma di liquidazione, il tribunale decide sentiti il curatore, il comitato dei creditori e il debitore.

3. Contro il decreto che dichiara la chiusura o ne respinge la richiesta è ammesso reclamo a norma dell'articolo 124. Contro il decreto della corte di appello, il ricorso per cassazione è proposto nel termine perentorio di trenta giorni, decorrente dalla notificazione o comunicazione del provvedimento per il curatore, per il debitore, per il comitato dei creditori e per chi ha proposto il reclamo o è intervenuto nel procedimento; dal compimento della pubblicità di cui all'articolo 45 per ogni altro interessato.

4. Il decreto di chiusura acquista efficacia quando è decorso il termine per il reclamo, senza che questo sia stato proposto, ovvero quando il reclamo è definitivamente rigettato.

5. Con i decreti emessi ai sensi dei commi 1 e 3, sono impartite le disposizioni esecutive volte ad attuare gli effetti della decisione. Allo stesso modo si provvede a seguito del passaggio in giudicato della sentenza di revoca della procedura di liquidazione giudiziale o della definitività del decreto di omologazione del concordato proposto nel corso della procedura stessa.

([1]) *Questo periodo è stato aggiunto dall'art. 31, comma 1, del D.L.vo 17 giugno 2022, n. 83, a decorrere dal 15 luglio 2022.*

236. Effetti della chiusura. – 1. Con la chiusura cessano gli effetti della procedura di liquidazione giudiziale sul patrimonio del debitore e le conseguenti incapacità personali e decadono gli organi preposti alla procedura medesima.

2. Le azioni esperite dal curatore per l'esercizio di diritti derivanti dalla procedura non possono essere proseguite, fatto salvo quanto previsto dall'articolo 234.

3. I creditori riacquistano il libero esercizio delle azioni verso il debitore per la parte non soddisfatta dei loro crediti per capitale e in-

teressi, salvo quanto previsto dagli articoli 278 e seguenti.

4. Il decreto o la sentenza con la quale il credito è stato ammesso al passivo costituisce prova scritta per gli effetti di cui all'articolo 634 del codice di procedura civile.

5. Nell'ipotesi di chiusura in pendenza di giudizi ai sensi dell'articolo 234, il giudice delegato e il curatore restano in carica ai soli fini di quanto ivi previsto. In nessun caso i creditori possono agire su quanto è oggetto dei giudizi medesimi.

237. Casi di riapertura della procedura di liquidazione giudiziale. – 1. Salvo che sia stata pronunciata l'esdebitazione nei casi preveduti dall'articolo 233, comma 1, lettere *c*) e *d*), il tribunale, entro cinque anni dal decreto di chiusura, su istanza del debitore o di qualunque creditore, può ordinare che la liquidazione giudiziale già chiusa sia riaperta, quando risulta che nel patrimonio del debitore esistono attività in misura tale da rendere utile il provvedimento.

2. Il tribunale, con sentenza in camera di consiglio, se accoglie l'istanza:

a) richiama in ufficio il giudice delegato e il curatore o li nomina di nuovo;

b) stabilisce i termini previsti dalle lettere *d*) ed *e*) dell'articolo 49, comma 3, eventualmente abbreviandoli non oltre la metà; i creditori già ammessi al passivo nella procedura chiusa possono chiedere la conferma del provvedimento di ammissione salvo che intendano insinuare al passivo ulteriori interessi.

3. La sentenza può essere reclamata a norma dell'articolo 51.

4. La sentenza è pubblicata a norma dell'articolo 45.

5. Il giudice delegato nomina il comitato dei creditori, tenendo conto nella scelta anche dei nuovi creditori.

6. Per le altre operazioni si seguono le norme stabilite nei capi precedenti.

238. Concorso dei vecchi e nuovi creditori. – 1. I creditori concorrono alle nuove ripartizioni per le somme loro dovute al momento della riapertura, dedotto quanto hanno percepito nelle precedenti ripartizioni, salve in ogni caso le cause legittime di prelazione.

2. Restano ferme le precedenti statuizioni a norma del capo III del presente titolo.

239. Effetti della riapertura sugli atti pregiudizievoli ai creditori. – 1. In caso di riapertura della procedura di liquidazione giudiziale, per le azioni revocatorie relative agli atti del debitore, compiuti dopo la chiusura della procedura, i termini stabiliti dagli articoli 164, 166 e 167, sono computati dalla data della sentenza di riapertura.

2. Sono privi di effetto nei confronti dei creditori gli atti a titolo gratuito e quelli di cui all'articolo 169, posteriori alla chiusura e anteriori alla riapertura della procedura.

Capo VII
Concordato nella liquidazione giudiziale

240. Proposta di concordato nella liquidazione giudiziale. – 1. Dichiarata aperta la liquidazione giudiziale, i creditori o i terzi possono proporre un concordato anche prima del decreto che rende esecutivo lo stato passivo, purché sia stata tenuta dal debitore la contabilità e i dati risultanti da essa e le altre notizie disponibili consentano al curatore di predisporre un elenco provvisorio dei creditori da sottoporre all'approvazione del giudice delegato. La proposta non può essere presentata dal debitore, da società cui egli partecipi o da società sottoposte a comune controllo se non dopo il decorso di un anno dalla sentenza che ha dichiarato l'apertura della procedura di liquidazione giudiziale e purché non siano decorsi due anni dal decreto che rende esecutivo lo stato passivo. La proposta del debitore, di società cui egli partecipi o di società sottoposte a comune controllo (1) è ammissibile solo se prevede l'apporto di risorse che incrementino il valore dell'attivo di almeno il dieci per cento.

2. La proposta inoltre può prevedere:

a) la suddivisione dei creditori in classi, secondo posizione giuridica ed interessi economici omogenei;

b) trattamenti differenziati fra creditori appartenenti a classi diverse, indicando le ragioni dei trattamenti differenziati dei medesimi;

c) la ristrutturazione dei debiti e la soddisfazione dei crediti attraverso qualsiasi forma, anche mediante cessione dei beni, accollo o altre operazioni straordinarie, ivi compresa l'attribuzione ai creditori, nonché a società da questi partecipate, di azioni, quote ovvero obbligazioni, anche convertibili in azioni o altri strumenti finanziari e titoli di debito.

3. Se la società in liquidazione giudiziale ha emesso obbligazioni o strumenti finanziari oggetto della proposta di concordato, i portatori di tali titoli sono costituiti in classe.

4. La proposta può prevedere che i creditori muniti di privilegio, pegno o ipoteca, non vengano soddisfatti integralmente, purché il piano ne preveda la soddisfazione in misura non inferiore a quella realizzabile, in ragione della collocazione preferenziale, sul ricavato in caso di liquidazione, avuto riguardo al valore di mercato attribuibile ai beni o diritti sui quali sussiste la causa di prelazione, al netto del presumibile ammontare delle spese di procedura inerenti al bene o diritto e della quota parte delle spese generali, indicato nella relazione giurata di un professionista indipendente, iscritto nell'albo dei revisori legali, in possesso dei requisiti di cui all'articolo 358 e designato dal tribunale. Il trattamento stabilito per ciascuna classe non può avere l'effetto di alterare l'ordine delle cause legittime di prelazione.

5. La proposta presentata da uno o più creditori o da un terzo può prevedere la cessione, oltre che dei beni compresi nell'attivo della liquidazione giudiziale, anche delle azioni di pertinenza della massa, purché autorizzate dal giudice delegato, con specifica indicazione dell'oggetto e del fondamento della pretesa. Il proponente può limitare gli impegni assunti con il concordato ai soli creditori ammessi al passivo, anche provvisoriamente, e a quelli che hanno proposto opposizione allo stato passivo o domanda di ammissione tardiva al tempo della proposta. In tale caso, verso gli altri creditori continua a rispondere il debitore, fermo quanto disposto dagli articoli 278 e seguenti in caso di esdebitazione.

(1) *Le parole: «, di società cui egli partecipi o di società sottoposte a comune controllo» sono state inserite dall'art. 27, comma 1, del D.L.vo 26 ottobre 2020, n. 147, a decorrere dal 1° settembre 2021.*

241. Esame della proposta e comunicazione ai creditori. – 1. La proposta di concordato è presentata con ricorso al giudice delegato, il quale chiede il parere del curatore, con specifico riferimento ai presumibili risultati della liquidazione e alle garanzie offerte. Quando il ricorso è proposto da un terzo, esso deve contenere l'indicazione dell'indirizzo di posta elettronica certificata al quale ricevere le comunicazioni. Si applica l'articolo 10, comma 3.

2. Una volta espletato tale adempimento preliminare il giudice delegato, acquisito il parere favorevole del comitato dei creditori, valutata la ritualità della proposta, ordina che la stessa, unitamente al parere del comitato dei creditori e del curatore, venga comunicata a cura di quest'ultimo ai creditori a mezzo posta elettronica certificata, specificando dove possono essere reperiti i dati per la sua valutazione e informandoli che la mancata risposta sarà considerata come voto favorevole. Nel medesimo provvedimento il giudice delegato fissa un termine non inferiore a venti giorni e non superiore a trenta, entro il quale i creditori devono far pervenire nella cancelleria del tribunale eventuali dichiarazioni di dissenso. In caso di presentazione di più proposte o se comunque ne sopraggiunge una nuova prima che il giudice delegato ordini la comunicazione, il comitato dei creditori sceglie quella da sottoporre all'approvazione dei creditori. Su richiesta del curatore, il giudice delegato può ordinare la comunicazione ai creditori di una o di altre proposte, tra quelle non scelte, ritenute parimenti convenienti. Si applica l'articolo 140, comma 4.

3. Qualora la proposta contenga condizioni differenziate per singole classi di creditori essa, prima di essere comunicata ai creditori, deve essere sottoposta, con i pareri di cui ai commi 1 e 2, al giudizio del tribunale che verifica il corretto utilizzo dei criteri di cui all'articolo 240, comma 2, lettere *a*) e *b*), tenendo conto della relazione giurata di cui al comma 4, dello stesso articolo.

242. Concordato nel caso di numerosi creditori. – 1. Ove le comunicazioni siano dirette ad un rilevante numero di destinatari, il giudice delegato può autorizzare il curatore a dare notizia della proposta di concordato, anziché con comunicazione ai singoli creditori, mediante pubblicazione del testo integrale della medesima su uno o più quotidiani a diffusione nazionale o locale.

243. Voto nel concordato. – 1. Hanno diritto di voto i creditori indicati nello stato passivo reso esecutivo ai sensi dell'articolo 204, compresi i creditori ammessi provvisoriamente e con riserva. Se la proposta è presentata prima che lo stato passivo venga reso esecutivo, hanno diritto al voto i creditori che risultano dall'elenco provvisorio predisposto dal curatore e approvato dal giudice delegato.

2. I creditori muniti di privilegio, pegno o ipoteca, ancorché la garanzia sia contestata, dei quali la proposta di concordato prevede l'integrale pagamento, non hanno diritto al voto se non rinunciano al diritto di prelazione, salvo quanto previsto dal comma 3. La rinuncia può essere anche parziale, purché

non inferiore alla terza parte dell'intero credito fra capitale ed accessori.

3. Qualora i creditori muniti di privilegio, pegno o ipoteca rinuncino in tutto o in parte alla prelazione, per la parte del credito non coperta dalla garanzia sono assimilati ai creditori chirografari; la rinuncia ha effetto ai soli fini del concordato.

4. I creditori muniti di diritto di prelazione di cui la proposta di concordato prevede, ai sensi dell'articolo 240, comma 4, la soddisfazione non integrale, sono considerati chirografari per la parte residua del credito.

5. Sono esclusi dal voto e dal computo delle maggioranze il coniuge, la parte di un'unione civile tra persone dello stesso sesso, il convivente di fatto del debitore, i suoi parenti e affini fino al quarto grado, la società che controlla la società debitrice, le società da questa controllate e quelle sottoposte a comune controllo, nonché i cessionari o aggiudicatari dei loro crediti da meno di un anno prima della domanda di concordato. Sono inoltre esclusi dal voto e dal computo delle maggioranze i creditori in conflitto d'interessi.

6. Il creditore che propone il concordato ovvero le società da questo controllate, le società controllanti o sottoposte a comune controllo, ai sensi del primo comma dell'articolo 2359 del codice civile possono votare soltanto se la proposta ne prevede l'inserimento in apposita classe.

7. I trasferimenti di crediti avvenuti dopo la sentenza che ha dichiarato l'apertura della procedura di liquidazione giudiziale non attribuiscono diritto di voto, salvo che siano effettuati a favore di banche o altri intermediari finanziari.

244. Approvazione del concordato nella liquidazione giudiziale. – 1. Il concordato è approvato dai creditori che rappresentano la maggioranza dei crediti ammessi al voto. Ove siano previste diverse classi di creditori, il concordato è approvato se tale maggioranza si verifica inoltre nel maggior numero di classi.

2. I creditori che non fanno pervenire il loro dissenso nel termine fissato dal giudice delegato si ritengono consenzienti.

3. La variazione del numero dei creditori ammessi o dell'ammontare dei singoli crediti, che avvenga per effetto di un provvedimento emesso successivamente alla scadenza del termine fissato dal giudice delegato per le votazioni, non influisce sul calcolo della maggioranza.

4. Quando il giudice delegato dispone il voto su più proposte di concordato ai sensi dell'articolo 241, comma 2, quarto periodo, si considera approvata quella tra esse che ha conseguito il maggior numero di consensi a norma dei commi 1, 2 e 3, e, in caso di parità, la proposta presentata per prima.

245. Giudizio di omologazione. – 1. Decorso il termine stabilito per le votazioni, il curatore presenta al giudice delegato una relazione sul loro esito.

2. Se la proposta è stata approvata, il giudice delegato dispone che il curatore ne dia immediata comunicazione a mezzo posta elettronica certificata al proponente, affinché richieda l'omologazione del concordato e ai creditori dissenzienti. Al debitore, se non è possibile procedere alla comunicazione con modalità telematica, la notizia dell'approvazione è comunicata mediante lettera raccomandata con avviso di ricevimento. Con decreto da pubblicarsi a norma dell'articolo 45 fissa un termine non inferiore a quindici giorni e non superiore a trenta giorni per la proposizione di eventuali opposizioni, anche da parte di qualsiasi altro interessato, e per il deposito da parte del comitato dei creditori di una relazione motivata col suo parere definitivo. Se il comitato dei creditori non provvede nel termine, la relazione è redatta e depositata dal curatore nei sette giorni successivi.

3. L'opposizione e la richiesta di omologazione si propongono con ricorso a norma dell'articolo 124.

4. Se nel termine fissato non vengono proposte opposizioni, il tribunale, verificata la regolarità della procedura e l'esito della votazione, omologa il concordato con decreto motivato non soggetto a gravame.

5. Se sono state proposte opposizioni, il tribunale assume i mezzi istruttori richiesti dalle parti o disposti di ufficio, anche delegando uno dei componenti del collegio. Nell'ipotesi di cui all'articolo 244, comma 1, secondo periodo, se un creditore appartenente a una classe dissenziente contesta la convenienza della proposta, il tribunale omologa il concordato se ritiene che il credito può risultare soddisfatto dal concordato in misura non inferiore rispetto alle alternative concretamente praticabili.

6. Il tribunale provvede con decreto motivato pubblicato a norma dell'articolo 45.

246. Efficacia del decreto. – 1. La proposta di concordato diventa efficace dal momento in cui scadono i termini per opporsi all'omologazione o da quello in cui si esauriscono le impugnazioni previste dall'articolo 245 ([1]).

2. Quando il decreto di omologazione diventa definitivo, il curatore rende conto della gestione ai sensi dell'articolo 231 e il tribunale dichiara chiusa la procedura di liquidazione giudiziale.

([1]) *Le parole: «dall'articolo 206» sono state così sostituite dalle attuali: «dall'articolo 245» dall'art. 27, comma 2, del D.L.vo 26 ottobre 2020, n. 147, a decorrere dal 1° settembre 2021.*

247. Reclamo. – 1. Il decreto del tribunale è reclamabile dinanzi alla corte di appello che pronuncia in camera di consiglio.

2. Il reclamo è proposto con ricorso da depositarsi nella cancelleria della corte di appello nel termine perentorio di trenta giorni dalla notificazione del decreto fatta dalla cancelleria del tribunale.

3. Esso deve contenere i requisiti prescritti dall'articolo 51, comma 2.

4. Il presidente, nei cinque giorni successivi al deposito del ricorso, designa il relatore, e fissa con decreto l'udienza di comparizione entro sessanta giorni dal deposito del ricorso.

5. Il ricorso, unitamente al decreto di fissazione dell'udienza, deve essere notificato, a cura del reclamante, entro dieci giorni dalla comunicazione del decreto, al curatore e alle altre parti, che si identificano, se non sono reclamanti, nel debitore, nel proponente e negli opponenti.

6. Tra la data della notificazione e quella dell'udienza deve intercorrere un termine non minore di trenta giorni.

7. Le parti resistenti devono costituirsi almeno dieci giorni prima della udienza, eleggendo il domicilio nel comune in cui ha sede la corte di appello.

8. La costituzione si effettua mediante il deposito in cancelleria di una memoria contenente l'esposizione delle difese in fatto e in diritto, nonché l'indicazione dei mezzi di prova e dei documenti prodotti.

9. L'intervento di qualunque interessato non può aver luogo oltre il termine stabilito per la costituzione delle parti resistenti, con le modalità per queste previste.

10. All'udienza, il collegio, sentite le parti, assume, anche d'ufficio, i mezzi di prova, eventualmente delegando un suo componente.

11. La corte provvede con decreto motivato.

12. Il decreto è pubblicato a norma dell'articolo 45 e notificato alle parti, a cura della cancelleria, ed è impugnabile con ricorso per cassazione entro trenta giorni dalla notificazione.

248. Effetti del concordato nella liquidazione giudiziale. – 1. Il concordato omologato è obbligatorio per tutti i creditori anteriori alla sentenza che dichiara l'apertura della procedura di liquidazione giudiziale, compresi quelli che non hanno presentato domanda di ammissione al passivo. A questi non si estendono le garanzie date nel concordato da terzi.

2. I creditori conservano la loro azione per l'intero credito contro i coobbligati, i fideiussori del debitore e gli obbligati in via di regresso.

249. Esecuzione del concordato nella liquidazione giudiziale. – 1. Dopo la omologazione del concordato il giudice delegato, il curatore e il comitato dei creditori ne sorvegliano l'adempimento, secondo le modalità stabilite nel decreto di omologazione.

2. Le somme spettanti ai creditori contestati, condizionali o irreperibili, sono depositate nei modi stabiliti dal giudice delegato.

3. Accertata la completa esecuzione del concordato, il giudice delegato ordina lo svincolo delle cauzioni e la cancellazione delle ipoteche iscritte a garanzia e adotta ogni misura idonea per il conseguimento delle finalità del concordato.

4. Il provvedimento è pubblicato ed affisso ai sensi dell'articolo 45. Le spese sono a carico del debitore.

250. Risoluzione del concordato nella liquidazione giudiziale. – 1. Se le garanzie promesse non vengono costituite o se il proponente non adempie regolarmente gli obblighi derivanti dal concordato, ciascun creditore può chiederne la risoluzione.

2. Il ricorso per la risoluzione deve essere proposto entro un anno dalla scadenza del termine fissato per l'ultimo adempimento previsto nel concordato.

3. Il procedimento è regolato dall'articolo 41. Ad esso è chiamato a partecipare anche l'eventuale garante.

4. La sentenza che risolve il concordato riapre la procedura di liquidazione giudiziale ed è provvisoriamente esecutiva. Con essa il tribunale adotta i provvedimenti di cui all'articolo 237, comma 2. La sentenza è reclamabile ai sensi dell'articolo 51.

5. Le disposizioni del presente articolo non si applicano quando gli obblighi derivanti dal concordato sono stati assunti dal proponen-

te o da uno o più creditori con liberazione immediata del debitore.

6. Non possono proporre istanza di risoluzione i creditori verso cui il terzo, ai sensi dell'articolo 240, comma 5, non abbia assunto responsabilità per effetto del concordato.

251. Annullamento del concordato nella liquidazione giudiziale. – 1. Il concordato omologato può essere annullato dal tribunale, su istanza del curatore o di qualunque creditore, in contraddittorio con il debitore, quando si scopre che è stato dolosamente esagerato il passivo o che è stata sottratta o dissimulata una parte rilevante dell'attivo.

2. Il ricorso per l'annullamento deve proporsi nel termine di sei mesi dalla scoperta del dolo e, in ogni caso, non oltre due anni dalla scadenza del termine fissato per l'ultimo adempimento previsto nel concordato. Non è ammessa alcuna altra azione di nullità. Si procede a norma dell'articolo 250.

3. La sentenza che annulla il concordato riapre la procedura di liquidazione giudiziale ed è provvisoriamente esecutiva. Con essa il tribunale adotta i provvedimenti di cui all'articolo 237, comma 2. La sentenza è reclamabile ai sensi dell'articolo 51.

252. Effetti della riapertura della liquidazione giudiziale. – 1. Nei casi di risoluzione o annullamento del concordato, gli effetti della riapertura della liquidazione giudiziale sono regolati dagli articoli 238 e 239.

2. Possono essere riproposte le azioni revocatorie già iniziate e interrotte per effetto del concordato.

3. I creditori anteriori conservano le garanzie per le somme ancora ad essi dovute in base al concordato risolto o annullato e non sono tenuti a restituire quanto hanno già riscosso.

4. Essi concorrono per l'importo del primitivo credito, detratta la parte riscossa in parziale esecuzione del concordato.

253. Nuova proposta di concordato. – 1. Reso esecutivo il nuovo stato passivo, il proponente è ammesso a presentare una nuova proposta di concordato. Questo non può tuttavia essere omologato se prima dell'udienza a ciò destinata non sono depositate, nei modi stabiliti dal giudice delegato, le somme occorrenti per il suo integrale adempimento o non sono prestate garanzie equivalenti.

Capo VIII
Liquidazione giudiziale e concordato nella liquidazione giudiziale delle società

254. Doveri degli amministratori e dei liquidatori. – 1. Gli amministratori e i liquidatori della società in liquidazione giudiziale devono essere sentiti in tutti i casi in cui la legge richiede che sia sentito il debitore e sono tenuti a fornire le informazioni o i chiarimenti necessari per la gestione della procedura richiesti dal curatore o dal comitato dei creditori.

255. Azioni di responsabilità. – 1. Il curatore, autorizzato ai sensi dell'articolo 128, comma 2, può promuovere o proseguire [, anche separatamente] (1):

a) l'azione sociale di responsabilità;

b) l'azione dei creditori sociali prevista dall'articolo 2394 e dall'articolo 2476, sesto comma, del codice civile;

c) l'azione prevista dall'articolo 2476, ottavo comma (2), del codice civile;

d) l'azione prevista dall'articolo 2497, quarto comma, del codice civile;

e) tutte le altre azioni di responsabilità che gli sono attribuite da singole disposizioni di legge.

(1) *Le parole tra parentesi quadrate sono state soppresse dall'art. 32, comma 1, del D.L.vo 17 giugno 2022, n. 83, a decorrere dal 15 luglio 2022.*

(2) *Le parole: «settimo comma» sono state così sostituite dalle attuali: «ottavo comma» dall'art. 28, comma 1, del D.L.vo 26 ottobre 2020, n. 147, a decorrere dal 1° settembre 2021.*

256. Società con soci a responsabilità illimitata. – 1. La sentenza che dichiara l'apertura della procedura di liquidazione giudiziale nei confronti di una società appartenente ad uno dei tipi regolati nei capi III, IV e VI del titolo V del libro quinto del codice civile produce l'apertura della procedura di liquidazione giudiziale anche nei confronti dei soci, pur se non persone fisiche, illimitatamente responsabili.

2. La liquidazione giudiziale nei confronti dei soci di cui al comma 1 non può essere disposta decorso un anno dallo scioglimento del rapporto sociale o dalla cessazione della responsabilità illimitata anche in caso di trasformazione, fusione o scissione, se sono state osservate le formalità per renderle note ai terzi. La liquidazione giudiziale è possibile solo se l'insolvenza della società attenga, in tutto o in parte, a debiti esistenti alla data della cessazione della responsabilità illimitata.

3. Il tribunale, prima di disporre la liquidazione giudiziale nei confronti dei soci illimitatamente responsabili, ne ordina la convocazione a norma dell'articolo 41.

4. Se dopo l'apertura della procedura di liquidazione giudiziale della società risulta l'esistenza di altri soci illimitatamente responsabili, il tribunale, su istanza del curatore, di un creditore, di un socio nei confronti del quale la procedura è già stata aperta o del pubblico ministero, dispone l'apertura della procedura di liquidazione giudiziale nei confronti dei medesimi. L'istanza può essere proposta anche dai soci e dai loro creditori personali.

5. Allo stesso modo si procede quando, dopo l'apertura della procedura di liquidazione giudiziale nei confronti di un imprenditore individuale o di una società, risulta che l'impresa è riferibile ad una società di cui l'imprenditore o la società è socio illimitatamente responsabile.

6. Contro la sentenza del tribunale è ammesso reclamo a norma dell'articolo 51. Al giudizio di reclamo deve partecipare il curatore, il creditore, il socio o il pubblico ministero che proposto la domanda di estensione, nonché il creditore che ha proposto il ricorso per l'apertura della procedura di liquidazione giudiziale.

7. In caso di rigetto della domanda, contro il decreto del tribunale l'istante può proporre reclamo alla corte di appello a norma dell'articolo 50.

257. Liquidazione giudiziale della società e dei soci. – 1. Nei casi previsti dall'articolo 256, il tribunale nomina, sia per la liquidazione giudiziale della società, sia per quella nei confronti dei soci, un solo giudice delegato e un solo curatore, pur rimanendo distinte le diverse procedure. Possono essere nominati più comitati dei creditori. Il curatore ha diritto ad un solo compenso.

2. Il patrimonio della società e quello dei singoli soci sono tenuti distinti.

3. Il credito dichiarato dai creditori sociali nella liquidazione giudiziale della società si intende dichiarato per l'intero e con il medesimo eventuale privilegio generale anche nella liquidazione giudiziale aperta nei confronti dei singoli soci. Il creditore sociale ha diritto di partecipare a tutte le ripartizioni fino all'integrale pagamento, salvo il regresso fra le procedure di liquidazione nei confronti dei soci per la parte pagata in più della quota rispettiva.

4. I creditori particolari partecipano soltanto alla liquidazione giudiziale nei confronti dei soci loro debitori.

5. Ciascun creditore può contestare i crediti dei creditori con i quali si trova in concorso.

6. Il curatore della liquidazione giudiziale della società può esercitare l'azione sociale di responsabilità nei confronti del socio amministratore anche se nei suoi confronti non è stata aperta la procedura di liquidazione giudiziale.

258. Effetti sulla società dell'apertura della liquidazione giudiziale nei confronti dei soci. – 1. La liquidazione giudiziale aperta nei confronti di uno o più soci illimitatamente responsabili non determina l'apertura della liquidazione giudiziale nei confronti della società.

259. Liquidazione giudiziale nei confronti di enti ed imprenditori collettivi non societari. – 1. Le disposizioni di cui agli articoli 254, 255, 256, 257 e 258 si applicano, in quanto compatibili, anche agli enti e imprenditori collettivi non societari e ai loro componenti illimitatamente e personalmente responsabili per le obbligazioni dell'ente.

260. Versamenti dei soci a responsabilità limitata. – 1. Nella procedura di liquidazione giudiziale delle società con soci a responsabilità limitata il giudice delegato può, su proposta del curatore, ingiungere con decreto ai soci e ai precedenti titolari delle quote o delle azioni di eseguire i versamenti ancora dovuti, quantunque non sia scaduto il termine stabilito per il pagamento.

2. Contro il decreto emesso a norma del comma 1, può essere proposta opposizione ai sensi dell'articolo 645 del codice di procedura civile.

261. Liquidazione giudiziale di società a responsabilità limitata: polizza assicurativa e fideiussione bancaria. – 1. Nella procedura di liquidazione giudiziale di società a responsabilità limitata il giudice delegato, ricorrendone i presupposti, può autorizzare il curatore ad escutere la polizza assicurativa o la fideiussione bancaria rilasciata ai sensi dell'articolo 2464, quarto e sesto comma, del codice civile.

262. Patrimoni destinati ad uno specifico affare. – 1. Se è aperta la liquidazione giudiziale nei confronti della società, l'amministrazione del patrimonio destinato previsto dall'articolo 2447 *bis*, primo comma, lettera *a*), del codice civile è attribuita al curatore, che vi provvede con gestione separata.

2. Il curatore provvede a norma dell'articolo 216 alla cessione a terzi del patrimonio, al fine di conservarne la funzione produttiva. Se la cessione non è possibile, il curatore provvede alla liquidazione del patrimonio secondo le regole della liquidazione della società in quanto compatibili.

3. Il corrispettivo della cessione al netto dei debiti del patrimonio o il residuo attivo della liquidazione sono acquisiti dal curatore nell'attivo della liquidazione giudiziale (1), detratto quanto spettante ai terzi che vi abbiano effettuato apporti, ai sensi dell'articolo 2447 *ter*, primo comma, lettera *c*), del codice civile.

(1) *Le parole: «attivo fallimentare» sono state così sostituite dalle attuali: «attivo della liquidazione giudiziale» dall'art. 28, comma 2, del D.L.vo 26 ottobre 2020, n. 147, a decorrere dal 1° settembre 2021.*

263. Patrimonio destinato incapiente e violazione delle regole di separatezza. – 1. Se a seguito dell'apertura della liquidazione giudiziale nei confronti della società o nel corso della gestione il curatore rileva che il patrimonio destinato è incapiente provvede, previa autorizzazione del giudice delegato, alla sua liquidazione secondo le regole della liquidazione della società, in quanto compatibili.

2. I creditori particolari del patrimonio destinato possono presentare domanda di insinuazione al passivo della procedura di liquidazione giudiziale aperta nei confronti della società nei casi di responsabilità sussidiaria o illimitata previsti dall'articolo 2447 *quinquies*, terzo e quarto comma, del codice civile.

3. Se risultano violate le regole di separatezza fra uno o più patrimoni destinati costituiti dalla società e il patrimonio della società medesima, il curatore può proporre l'azione sociale di responsabilità e l'azione dei creditori sociali prevista dall'articolo 2394 del codice civile nei confronti degli amministratori e dei componenti degli organi di controllo della società.

264. Attribuzione al curatore dei poteri dell'assemblea. – 1. Il curatore può compiere gli atti e le operazioni riguardanti l'organizzazione e la struttura finanziaria della società previsti nel programma di liquidazione, dandone adeguata e tempestiva informazione ai soci ed ai creditori della società. I soci, i creditori ed i terzi interessati possono proporre reclamo ai sensi dell'articolo 133.

2. Il programma di liquidazione può prevedere l'attribuzione al curatore, per determinati atti od operazioni, dei poteri dell'assemblea dei soci. Le decisioni (1) che non sono prese in conformità della legge o dell'atto costitutivo, possono essere impugnate con reclamo al giudice delegato (2) ai sensi dell'articolo 133. Si applicano, in quanto compatibili, gli articoli da 2377 a 2379 *ter* e l'articolo 2479 *ter* del codice civile.

(1) *La parola: «deliberazioni» è stata così sostituita dalla attuale: «decisioni» dall'art. 28, comma 3, del D.L.vo 26 ottobre 2020, n. 147, a decorrere dal 1° settembre 2021.*

(2) *La parola: «tribunale» è stata così sostituita dalle attuali: «giudice delegato» dall'art. 28, comma 3, del D.L.vo 26 ottobre 2020, n. 147, a decorrere dal 1° settembre 2021.*

265. Proposta di concordato nella liquidazione giudiziale della società. – 1. La proposta di concordato per la società sottoposta a liquidazione giudiziale è sottoscritta da coloro che ne hanno la rappresentanza sociale.

2. La proposta e le condizioni del concordato, salva diversa disposizione dell'atto costitutivo o dello statuto:

a) nelle società di persone, sono approvate dai soci che rappresentano la maggioranza assoluta del capitale;

b) nelle società per azioni, in accomandita per azioni e a responsabilità limitata, nonché nelle società cooperative, sono deliberate dagli amministratori.

3. In ogni caso, la decisione o la deliberazione di cui al comma 2, lettera *b*), deve risultare da verbale redatto da notaio ed è depositata ed iscritta nel registro delle imprese a norma dell'articolo 2436 del codice civile.

266. Effetti del concordato nella liquidazione giudiziale della società. – 1. Salvo patto contrario, il concordato della società ha effetto anche con riguardo ai soci a responsabilità illimitata e fa cessare la procedura di liquidazione giudiziale aperta nei loro confronti.

2. Contro il decreto di chiusura della liquidazione giudiziale aperta nei confronti del socio è ammesso reclamo a norma dell'articolo 124.

267. Concordato del socio. – 1. Nella procedura di liquidazione giudiziale di una società con soci a responsabilità illimitata, ciascuno dei soci può proporre un concordato ai creditori sociali e particolari concorrenti nella procedura di liquidazione giudiziale aperta nei suoi confronti.

Capo IX
Liquidazione controllata del sovraindebitato

268. ([1]) **Liquidazione controllata.** – 1. Il debitore in stato di sovraindebitamento può domandare con ricorso al tribunale competente ai sensi dell'articolo 27, comma 2, l'apertura di una procedura di liquidazione controllata dei suoi beni.

2. Quando il debitore è in stato di insolvenza, la domanda può essere presentata da un creditore anche in pendenza di procedure esecutive individuali [e, se l'insolvenza riguarda un imprenditore, dal pubblico ministero] ([2]). Nei casi di cui al primo periodo non si fa luogo all'apertura della liquidazione controllata se l'ammontare dei debiti scaduti e non pagati risultanti dagli atti dell'istruttoria è inferiore a euro cinquantamila ([3]). Tale importo è periodicamente aggiornato con le modalità di cui all'articolo 2, comma 1, lettera *d*).

3. Quando la domanda è proposta da un creditore nei confronti di un debitore persona fisica non si fa luogo all'apertura della liquidazione controllata se l'OCC, su richiesta del debitore, attesta che non è possibile acquisire attivo da distribuire ai creditori neppure mediante l'esercizio di azioni giudiziarie. All'attestazione sono allegati i documenti di cui all'articolo 283, comma 3.

4. Non sono compresi nella liquidazione:

a) i crediti impignorabili ai sensi dell'articolo 545 del codice di procedura civile;

b) i crediti aventi carattere alimentare e di mantenimento, gli stipendi, le pensioni, i salari e ciò che il debitore guadagna con la sua attività nei limiti, indicati dal giudice, di quanto occorre al mantenimento suo e della sua famiglia;

c) i frutti derivanti dall'usufrutto legale sui beni dei figli, i beni costituiti in fondo patrimoniale e i frutti di essi, salvo quanto disposto dall'articolo 170 del codice civile;

d) le cose che non possono essere pignorate per disposizione di legge.

5. Il deposito della domanda sospende, ai soli effetti del concorso, il corso degli interessi convenzionali o legali fino alla chiusura della liquidazione, a meno che i crediti non siano garantiti da ipoteca, pegno o privilegio e salvo quanto previsto dagli articoli 2749, 2788 e 2855, secondo e terzo comma, del codice civile.

([1]) *Questo articolo è stato così sostituito dall'art. 29, comma 1, del D.L.vo 26 ottobre 2020, n. 147, a decorrere dal 1° settembre 2021.*

([2]) *Le parole tra parentesi quadrate sono state soppresse dall'art. 33, comma 1, lett. a), del D.L.vo 17 giugno 2022, n. 83, a decorrere dal 15 luglio 2022.*

([3]) *La parola: «ventimila» è stata così sostituita dalla attuale: «cinquantamila» dall'art. 33, comma 1, lett. b), del D.L.vo 17 giugno 2022, n. 83, a decorrere dal 15 luglio 2022.*

269. Domanda del debitore. – 1. Il ricorso può essere presentato personalmente dal debitore, con l'assistenza dell'OCC.

2. Al ricorso deve essere allegata una relazione, redatta dall'OCC, che esponga una valutazione sulla completezza e l'attendibilità della documentazione depositata a corredo della domanda e che illustri la situazione economica, patrimoniale e finanziaria del debitore.

3. L'OCC, entro sette giorni dal conferimento dell'incarico da parte del debitore, ne dà notizia all'agente della riscossione e agli uffici fiscali, anche degli enti locali, competenti sulla base dell'ultimo domicilio fiscale dell'istante.

270. Apertura della liquidazione controllata. – 1. Il tribunale, in assenza di domande di accesso alle procedure di cui al titolo IV e verificati i presupposti di cui agli articoli 268 e 269, dichiara con sentenza l'apertura della liquidazione controllata. La sentenza produce i suoi effetti anche nei confronti dei soci illimitatamente responsabili ([1]). Si applica, in quanto compatibile, l'articolo 256 ([1]).

2. Con la sentenza il tribunale:

a) nomina il giudice delegato;

b) nomina il liquidatore, confermando, in caso di domanda presentata dal debitore, ([2]) l'OCC di cui all'articolo 269 o, per giustificati motivi, scegliendolo nell'elenco dei gestori della crisi di cui al decreto del Ministro della giustizia 24 settembre 2014, n. 202. In questo ultimo caso la scelta è effettuata di regola tra i gestori residenti nel circondario del tribunale competente e l'eventuale deroga deve essere espressamente motivata e comunicata al presidente del tribunale;

c) ordina al debitore il deposito entro sette giorni dei bilanci e delle scritture contabili e fiscali obbligatorie, nonché dell'elenco dei creditori;

d) assegna ai terzi che vantano diritti sui beni del debitore e ai creditori risultanti dall'elenco depositato un termine non superiore a sessanta giorni entro il quale, a pena di inammissibilità, devono trasmettere al liquidatore, a mezzo posta elettronica certificata, la domanda di restituzione, di rivendicazione o di ammissione al passivo, predisposta ai sensi dell'articolo 201; si applica l'articolo 10, comma 3;

e) ordina la consegna o il rilascio dei beni facenti parte del patrimonio di liquidazione, salvo che non ritenga, in presenza di gravi e specifiche ragioni, di autorizzare il debitore o il terzo a utilizzare alcuni di essi. Il provvedimento è titolo esecutivo ed è posto in esecuzione a cura del liquidatore;

f) dispone l'inserimento della sentenza nel sito internet del tribunale o del Ministero della giustizia. Nel caso in cui il debitore svolga attività d'impresa, la pubblicazione è altresì effettuata presso il registro delle imprese;

g) ordina, quando vi sono beni immobili o beni mobili registrati, la trascrizione della sentenza presso gli uffici competenti.

3. Al liquidatore nominato dal tribunale ai sensi del comma 2, lettera *b*), seconda parte, si applicano gli articoli 35, comma 4 *bis*, 35.1 e 35.2 del decreto legislativo 6 settembre 2011, n. 159.

4. Gli adempimenti di cui al comma 2, lettere *f*) e *g*), sono eseguiti a cura del liquidatore; la sentenza è notificata al debitore, ai creditori e ai titolari di diritti sui beni oggetto di liquidazione.

5. Si applicano l'articolo 143 in quanto compatibile e gli articoli 150 e 151; per i casi non regolati dal presente capo si applicano altresì, in quanto compatibili, le disposizioni sul procedimento unitario di cui al titolo III.

6. Se un contratto è ancora ineseguito o non compiutamente eseguito nelle prestazioni principali da entrambe le parti al momento in cui è aperta la procedura di liquidazione controllata, l'esecuzione del contratto rimane sospesa fino a quando il liquidatore, sentito il debitore, dichiara di subentrare nel contratto in luogo del predetto debitore, assumendo, a decorrere dalla data del subentro, tutti i relativi obblighi, ovvero di sciogliersi dal medesimo salvo che, nei contratti ad effetti reali, sia già avvenuto il trasferimento del diritto. Il contraente può mettere in mora il liquidatore, facendogli assegnare dal giudice delegato un termine non superiore a sessanta giorni, decorso il quale il contratto si intende sciolto. In caso di prosecuzione del contratto, sono prededucibili soltanto i crediti maturati nel corso della procedura. In caso di scioglimento del contratto, il contraente ha diritto di far valere nel passivo della liquidazione controllata il credito conseguente al mancato adempimento, senza che gli sia dovuto risarcimento del danno.

(1) *Questo periodo è stato aggiunto dall'art. 29, comma 2, lett. a), del D.L.vo 26 ottobre 2020, n. 147, a decorrere dal 1° settembre 2021.*

(2) *Le parole: «, in caso di domanda presentata dal debitore,» sono state inserite dall'art. 29, comma 2, lett. b), del D.L.vo 26 ottobre 2020, n. 147, a decorrere dal 1° settembre 2021.*

271. Concorso di procedure. – 1. Se la domanda di liquidazione controllata è proposta dai creditori o dal pubblico ministero e il debitore chiede l'accesso a una procedura di cui al capo II del titolo IV, il giudice concede un termine per l'integrazione della domanda.

2. Nella pendenza del termine di cui al comma 1, non può essere dichiarata aperta la liquidazione controllata e la relativa domanda è dichiarata improcedibile quando sia aperta una procedura ai sensi del capo III del titolo IV. Alla scadenza del termine di cui al comma 1, senza che il debitore abbia integrato la domanda, ovvero in ogni caso di mancata apertura o cessazione delle procedure di cui al capo III del titolo IV, il giudice provvede ai sensi dell'articolo 270, commi 1 e 2. Si applicano, in quanto compatibili, gli articoli da 51 a 55.

272. Elenco dei creditori, inventario dei beni e programma di liquidazione. – 1. Il liquidatore entro trenta giorni dalla comunicazione della sentenza aggiorna l'elenco dei creditori, ai quali notifica la sentenza ai sensi dell'articolo 270, comma 4. Il termine di cui all'articolo 270, comma 2, lettera *d*), può essere prorogato di trenta giorni.

2. Entro novanta giorni dall'apertura della liquidazione controllata il liquidatore completa l'inventario dei beni del debitore e redige un programma in ordine a tempi e modalità della liquidazione. Si applica l'articolo 213, commi 3 e 4, in quanto compatibile. Il programma è depositato in cancelleria ed approvato dal giudice delegato.

3. Il programma deve assicurare la ragionevole durata della procedura.

273. (1) **Formazione del passivo.** – 1. Scaduti i termini per la proposizione delle domande di cui all'articolo 270, comma 2, lettera *d*), il liquidatore predispone un progetto di stato passivo, comprendente un elenco dei titolari di diritti sui beni mobili e immobili di proprietà o in possesso del debitore, e lo comunica agli interessati all'indirizzo di posta elettronica certificato indicato nella domanda. In mancanza della predetta indicazione, il provvedimento si intende comunicato mediante deposito in cancelleria.

2. Entro quindici giorni possono essere proposte osservazioni, con le stesse modalità della domanda di cui all'articolo 270, comma 2, lettera *d*).

3. In assenza di osservazioni, il liquidatore forma lo stato passivo, lo deposita in cancelleria e ne dispone l'inserimento nel sito web del tribunale o del Ministero della giustizia.

4. Quando sono formulate osservazioni che il liquidatore ritiene fondate, predispone, entro quindici giorni successivi alla scadenza del termine di cui al comma 2, un nuovo progetto di stato passivo che comunica ai sensi del comma 1.

5. In presenza di contestazioni non superabili ai sensi del comma 4, il liquidatore rimette gli atti al giudice delegato, il quale provvede alla definitiva formazione del passivo con decreto motivato, pubblicato ai sensi del comma 3.

6. Contro il decreto può essere proposto reclamo davanti al collegio, di cui non può far parte il giudice delegato. Il procedimento si svolge senza formalità, assicurando il rispetto del contraddittorio.

7. Decorso il termine di cui al comma 1, e comunque fino a quando non siano esaurite tutte le ripartizioni dell'attivo della liquidazione, la domanda tardiva è ammissibile solo se l'istante prova che il ritardo è dipeso da causa a lui non imputabile e se trasmette la domanda al liquidatore non oltre sessanta giorni dal momento in cui è cessata la causa che ne ha impedito il deposito tempestivo. Il procedimento di accertamento delle domande tardive si svolge nelle stesse forme di cui ai commi da 1 a 6. Quando la domanda risulta manifestamente inammissibile perché l'istante non ha indicato le circostanze da cui è dipeso il ritardo o non ne ha offerto prova documentale o non ha indicato i mezzi di prova di cui intende valersi per dimostrarne la non imputabilità, il giudice delegato dichiara con decreto l'inammissibilità della domanda. Il decreto è reclamabile a norma dell'articolo 124.

(1) *Questo articolo è stato così sostituito dall'art. 29, comma 3, del D.L.vo 26 ottobre 2020, n. 147, a decorrere dal 1° settembre 2021.*

274. Azioni del liquidatore. – 1. Il liquidatore, autorizzato dal giudice delegato, esercita o se pendente, prosegue, ogni azione prevista dalla legge finalizzata a conseguire la disponibilità dei beni compresi nel patrimonio del debitore e ogni azione diretta al recupero dei crediti.

2. Il liquidatore, sempre con l'autorizzazione del giudice delegato, esercita o, se pendenti, prosegue le azioni dirette a far dichiarare inefficaci gli atti compiuti dal debitore in pregiudizio dei creditori, secondo le norme del codice civile.

3. Il giudice delegato autorizza il liquidatore ad esercitare o proseguire le azioni di cui ai commi 1 e 2, quando è utile per il miglior soddisfacimento dei creditori.

275. Esecuzione del programma di liquidazione. – 1. Il programma di liquidazione è eseguito dal liquidatore, che ogni sei mesi ne riferisce al giudice delegato. Il mancato deposito delle relazioni semestrali costituisce causa di revoca dell'incarico ed è valutato ai fini della liquidazione del compenso.

2. Il liquidatore ha l'amministrazione dei beni che compongono il patrimonio di liquidazione. Si applicano le disposizioni sulle vendite nella liquidazione giudiziale, in quanto compatibili. Eseguita la vendita e riscosso interamente il prezzo, il giudice ordina la cancellazione delle iscrizioni relative ai diritti di prelazione, delle trascrizioni dei pignoramenti e dei sequestri conservativi nonché di ogni altro vincolo.

3. Terminata l'esecuzione, il liquidatore presenta al giudice il rendiconto. Il giudice verifica la conformità degli atti dispositivi al programma di liquidazione e, se approva il rendiconto, procede alla liquidazione del compenso del liquidatore.

4. Il giudice, se non approva il rendiconto, indica gli atti necessari al completamento della liquidazione ovvero le opportune rettifiche ed integrazioni del rendiconto, nonché un termine per il loro compimento. Se le prescrizioni non sono adempiute nel termine, anche prorogato, il giudice provvede alla sostituzione del liquidatore e nella liquidazione del compenso tiene conto della diligenza prestata, con possibilità di escludere in tutto o in parte il compenso stesso.

5. Il liquidatore provvede alla distribuzione delle somme ricavate dalla liquidazione secondo l'ordine di prelazione risultante dallo stato passivo, previa formazione di un progetto di riparto da comunicare al debitore e ai creditori, con termine non superiore a giorni quindici per osservazioni. In assenza di contestazioni, comunica il progetto di riparto al giudice che senza indugio ne autorizza l'esecuzione.

6. Se sorgono contestazioni sul progetto di riparto, il liquidatore verifica la possibilità di componimento e vi apporta le modifiche che ritiene opportune. Altrimenti rimette gli atti al giudice delegato, il quale provvede con decreto motivato, reclamabile ai sensi dell'articolo 124.

276. Chiusura della procedura. – 1. La procedura si chiude con decreto. Si applica l'articolo 233, in quanto compatibile (1).

2. Con decreto di chiusura, il giudice, su istanza del liquidatore, autorizza il pagamento del compenso liquidato ai sensi dell'articolo 275, comma 3 e lo svincolo delle somme eventualmente accantonate.

(1) *Questo periodo è stato aggiunto dall'art. 29, comma 4, del D.L.vo 26 ottobre 2020, n. 147, a decorrere dal 1° settembre 2021.*

277. Creditori posteriori. – 1. I creditori con causa o titolo posteriore al momento dell'esecuzione della pubblicità di cui all'articolo 270, comma 2, lettera *f*), non possono procedere esecutivamente sui beni oggetto di liquidazione.

2. I crediti sorti in occasione o in funzione della liquidazione sono soddisfatti con preferenza rispetto agli altri, con esclusione di quanto ricavato dalla liquidazione dei beni oggetto di pegno e ipoteca per la parte destinata ai creditori garantiti.

Capo X
Esdebitazione

Sezione I
Condizioni e procedimento della esdebitazione nella liquidazione giudiziale e nella liquidazione controllata

278. Oggetto e ambito di applicazione. – 1. L'esdebitazione consiste nella liberazione dai debiti e comporta la inesigibilità dal debitore dei crediti rimasti insoddisfatti nell'ambito di una procedura di liquidazione giudiziale o di liquidazione controllata (1). Con l'esdebitazione vengono meno le cause di ineleggibilità e di decadenza collegate all'apertura della liquidazione giudiziale (2).

2. Nei confronti dei creditori per fatto o causa anteriori che non hanno partecipato al concorso l'esdebitazione opera per la sola parte eccedente la percentuale attribuita nel concorso ai creditori di pari grado.

3. Possono accedere all'esdebitazione, secondo le norme del presente capo, tutti i debitori di cui all'articolo 1, comma 1.

4. Se il debitore è una società o altro ente, le condizioni stabilite nell'articolo 280 devono sussistere nei confronti dei soci illimitatamente responsabili e dei legali rappresentanti (3).

5. L'esdebitazione della società ha efficacia nei confronti dei soci illimitatamente responsabili.

6. Sono salvi i diritti vantati dai creditori nei confronti dei coobbligati e dei fideiussori del debitore, nonché degli obbligati in via di regresso.

7. Restano esclusi dall'esdebitazione:

a) gli obblighi di mantenimento e alimentari;

b) i debiti per il risarcimento dei danni da fatto illecito extracontrattuale, nonché le sanzioni penali e amministrative di carattere pecuniario che non siano accessorie a debiti estinti.

(1) *Le parole: «concorsuale che prevede la liquidazione dei beni» sono state così sostituite dalle attuali: «di liquidazione giudiziale o di liquidazione controllata» dall'art. 30, comma 1, lett.* a), *del D.L.vo 26 ottobre 2020, n. 147, a decorrere dal 1° settembre 2021.*

(2) *Questo periodo è stato aggiunto dall'art. 34, comma 1, del D.L.vo 17 giugno 2022, n. 83, a decorrere dal 15 luglio 2022.*

(3) *Questo comma è stato così sostituito dall'art. 30, comma 1, lett.* b), *del D.L.vo 26 ottobre 2020, n. 147, a decorrere dal 1° settembre 2021.*

279. Condizioni temporali di accesso. – 1. Salvo il disposto dell'articolo 280, il debitore ha diritto a conseguire l'esdebitazione decorsi tre anni dall'apertura della procedura di liquidazione o al momento della chiusura della procedura, se antecedente.

[2. Il termine di cui al comma 1 è ridotto a due anni quando il debitore ha tempestivamente proposto istanza di composizione assistita della crisi] (1).

(1) *Questo comma è stato abrogato dall'art. 34, comma 2, del D.L.vo 17 giugno 2022, n. 83, a decorrere dal 15 luglio 2022.*

280. Condizioni per l'esdebitazione. – 1. Il debitore è ammesso al beneficio della liberazione dai debiti a condizione che:

a) non sia stato condannato con sentenza passata in giudicato per bancarotta fraudolenta o per delitti contro l'economia pubblica, l'industria e il commercio, o altri delitti compiuti in connessione con l'esercizio dell'attività d'impresa, salvo che per essi sia intervenuta la riabilitazione. Se è in corso il procedimento penale per uno di tali reati o v'è stata applicazione di una delle misure di prevenzione di cui al decreto legislativo 6 settembre 2011, n. 159, il beneficio può essere riconosciuto solo all'esito del relativo procedimento;

b) non abbia distratto l'attivo o esposto passività insussistenti, cagionato o aggravato il dissesto rendendo gravemente difficoltosa la ricostruzione del patrimonio e del movimento degli affari o fatto ricorso abusivo al credito;

c) non abbia ostacolato o rallentato lo svolgimento della procedura e abbia fornito agli organi ad essa preposti tutte le informazioni utili e i documenti necessari per il suo buon andamento;

d) non abbia beneficiato di altra esdebitazione nei cinque anni precedenti la scadenza del termine per l'esdebitazione;

e) non abbia già beneficiato dell'esdebitazione per due volte.

281. Procedimento. – 1. Il tribunale, contestualmente alla pronuncia del decreto di chiusura della procedura, sentiti gli organi della stessa e verificata la sussistenza delle condizioni di cui agli articoli 278, 279 e 280, dichiara inesigibili nei confronti del debitore i debiti concorsuali non soddisfatti.

2. Allo stesso modo il tribunale provvede, su istanza del debitore, quando siano decorsi almeno tre anni dalla data in cui è stata aperta la procedura di liquidazione giudiziale.

3. Ai fini di cui ai commi 1 e 2, il curatore dà atto, nei rapporti riepilogativi di cui all'articolo 130, dei fatti rilevanti per la concessione o il diniego del beneficio.

4. Il decreto del tribunale è comunicato agli organi della procedura, al pubblico ministero, al debitore e ai creditori ammessi al passivo non integralmente soddisfatti, i quali possono proporre reclamo a norma dell'articolo 124; il termine per proporre reclamo è di trenta giorni. Il decreto è iscritto nel registro delle imprese su richiesta del cancelliere (1).

5. L'esdebitazione non ha effetti sui giudizi in corso e sulle operazioni liquidatorie, anche se posteriori alla chiusura della liquidazione giudiziale disposta a norma dell'articolo 234.

6. Quando dall'esito dei predetti giudizi e operazioni deriva un maggior riparto a favore dei creditori, l'esdebitazione ha effetto solo per la parte definitivamente non soddisfatta.

(1) *Questo periodo è stato aggiunto dall'art. 30, comma 2, del D.L.vo 26 ottobre 2020, n. 147, a decorrere dal 1° settembre 2021.*

Sezione II
Disposizioni in materia di esdebitazione del soggetto sovraindebitato (1)

(1) *La precedente rubrica:* «Esdebitazione del sovraindebitato» *è stata così sostituita dalla attuale, dall'art. 31, comma 1, del D.L.vo 26 ottobre 2020, n. 147, a decorrere dal 1° settembre 2021.*

282. Esdebitazione di diritto. – 1. Per le procedure di liquidazione controllata, l'esdebitazione opera di diritto a seguito del provvedimento di chiusura o anteriormente, decorsi tre anni dalla sua apertura, ed è dichiarata con decreto motivato del tribunale, iscritto al registro delle imprese su richiesta del cancelliere. Il decreto che dichiara l'esdebitazione del consumatore o del professionista è pubblicato in apposita area del sito web del tribunale o del Ministero della giustizia (1).

2. L'esdebitazione non opera nelle ipotesi previste dall'articolo 280 nonché nelle ipotesi in cui il debitore ha determinato la situazione di sovraindebitamento con colpa grave, malafede o frode (2).

3. Il provvedimento di cui al comma 1 o il provvedimento con cui il tribunale dichiara la sussistenza delle preclusioni di cui al comma 2 è comunicato al pubblico ministero, ai creditori e al debitore, i quali possono proporre reclamo ai sensi dell'articolo 124; il termine per proporre reclamo è di trenta giorni (3).

(1) *Questo periodo è stato aggiunto dall'art. 31, comma 2, lett.* a), *del D.L.vo 26 ottobre 2020, n. 147, a decorrere dal 1° settembre 2021.*

(2) *Questo comma è stato così sostituito dall'art. 31, comma 2, lett.* b), *del D.L.vo 26 ottobre 2020, n. 147, a decorrere dal 1° settembre 2021.*

(3) *Questo comma è stato così sostituito dall'art. 31, comma 2, lett.* c), *del D.L.vo 26 ottobre 2020, n. 147, a decorrere dal 1° settembre 2021.*

283. Esdebitazione del sovraindebitato incapiente (1). – 1. Il debitore persona fisica meritevole, che non sia in grado di offrire ai creditori alcuna utilità, diretta o indiretta, nemmeno in prospettiva futura, può accedere all'esdebitazione solo per una volta, fatto salvo l'obbligo di pagamento del debito entro quattro anni dal decreto del giudice laddove sopravvengano utilità rilevanti che consentano il soddisfacimento dei creditori in misura non inferiore complessivamente (2) al dieci per cento. Non sono considerate utilità, ai sensi del periodo precedente, i finanziamenti, in qualsiasi forma erogati.

2. La valutazione di rilevanza di cui al comma 1 deve essere condotta su base annua, dedotte le spese di produzione del reddito

e quanto occorrente al mantenimento del debitore e della sua famiglia in misura pari all'assegno sociale aumentato della metà moltiplicato per un parametro corrispondente al numero dei componenti il nucleo familiare della scala di equivalenza dell'ISEE di cui al decreto del Presidente del Consiglio dei ministri del 5 dicembre 2013, n. 159.

3. La domanda di esdebitazione è presentata tramite l'OCC al giudice competente, unitamente alla seguente documentazione:

a) l'elenco di tutti i creditori, con l'indicazione delle somme dovute;

b) l'elenco degli atti di straordinaria amministrazione compiuti negli ultimi cinque anni;

c) la copia delle dichiarazioni dei redditi degli ultimi tre anni;

d) l'indicazione degli stipendi, delle pensioni, dei salari e di tutte le altre entrate del debitore e del suo nucleo familiare.

4. Alla domanda deve essere allegata una relazione particolareggiata dell'OCC, che comprende:

a) l'indicazione delle cause dell'indebitamento e della diligenza impiegata dal debitore nell'assumere le obbligazioni;

b) l'esposizione delle ragioni dell'incapacità del debitore di adempiere le obbligazioni assunte;

c) l'indicazione della eventuale esistenza di atti del debitore impugnati dai creditori;

d) la valutazione sulla completezza ed attendibilità della documentazione depositata a corredo della domanda.

5. L'OCC, nella relazione, deve indicare anche se il soggetto finanziatore, ai fini della concessione del finanziamento, abbia tenuto conto del merito creditizio del debitore, valutato in relazione al suo reddito disponibile, dedotto l'importo necessario a mantenere un dignitoso tenore di vita; a tal fine si ritiene idonea una quantificazione non inferiore a quella indicata al comma 2.

6. I compensi dell'OCC sono ridotti della metà.

7. Il giudice, assunte le informazioni ritenute utili, valutata la meritevolezza del debitore e verificata, a tal fine, l'assenza di atti in frode e la mancanza di dolo o colpa grave nella formazione dell'indebitamento, concede con decreto l'esdebitazione, indicando le modalità e il termine entro il quale il debitore deve presentare, a pena di revoca del beneficio, ove positiva, la dichiarazione annuale relativa alle sopravvenienze rilevanti ai sensi dei commi 1 e 2.

8. Il decreto è comunicato al debitore e ai creditori, i quali possono proporre opposizione nel termine di trenta giorni. Decorsi trenta giorni dall'ultima delle comunicazioni, il giudice, instaurato nelle forme ritenute più opportune il contraddittorio tra i creditori opponenti ed il debitore, conferma o revoca il decreto. La decisione è soggetta a reclamo ai sensi dell'articolo 50.

9. L'OCC, nei quattro anni successivi al deposito del decreto che concede l'esdebitazione, vigila sulla tempestività del deposito della dichiarazione di cui al comma 7 e, se il giudice ne fa richiesta, compie le verifiche necessarie per accertare l'esistenza di sopravvenienze rilevanti ai sensi dei commi 1 e 2.

(1) *La precedente rubrica:* «Debitore incapiente» *è stata così sostituita dalla attuale, dall'art. 31, comma 3, lett.* a), *del D.L.vo 26 ottobre 2020, n. 147, a decorrere dal 1° settembre 2021.*

(2) *La parola: «complessivamente» è stata inserita dall'art. 31, comma 3, lett.* b), *del D.L.vo 26 ottobre 2020, n. 147, a decorrere dal 1° settembre 2021.*

Titolo VI
Disposizioni relative ai gruppi di imprese

Capo I
Regolazione della crisi o insolvenza del gruppo

284. (1) **Concordato, accordi di ristrutturazione e piano attestato di gruppo.** – 1. Più imprese in stato di crisi o di insolvenza appartenenti al medesimo gruppo e aventi ciascuna il centro degli interessi principali nello Stato italiano possono proporre con un unico ricorso la domanda di accesso al concordato preventivo di cui all'articolo 40 con un piano unitario o con piani reciprocamente collegati e interferenti.

2. Parimenti può essere proposta con un unico ricorso, da più imprese appartenenti al medesimo gruppo e aventi tutte il proprio centro degli interessi principali nello Stato italiano, la domanda di accesso alla procedura di omologazione di accordi di ristrutturazione dei debiti, ai sensi degli articoli 57, 60 e 61.

3. Resta ferma l'autonomia delle rispettive masse attive e passive.

4. La domanda proposta ai sensi dei commi 1 e 2 deve contenere l'illustrazione delle ragioni di maggiore convenienza, in funzione del migliore soddisfacimento dei creditori delle singole imprese, della scelta di presentare un piano unitario ovvero piani reciprocamente collegati e interferenti invece di

un piano autonomo per ciascuna impresa. Il piano o i piani di cui al comma 1 quantificano il beneficio stimato per i creditori di ciascuna impresa del gruppo, anche per effetto della sussistenza di vantaggi compensativi, conseguiti o fondatamente prevedibili, derivanti dal collegamento o dall'appartenenza al gruppo. La domanda deve inoltre fornire informazioni analitiche, complete e aggiornate sulla struttura del gruppo e sui vincoli partecipativi o contrattuali esistenti tra le imprese e indicare il registro delle imprese o i registri delle imprese in cui è stata effettuata la pubblicità ai sensi dell'articolo 2497 *bis* del codice civile. Il bilancio consolidato di gruppo, ove redatto, deve essere allegato al ricorso unitamente alla documentazione prevista, rispettivamente, per l'accesso al concordato preventivo o agli accordi di ristrutturazione. Si applica l'articolo 289.

5. Il piano unitario o i piani reciprocamente collegati e interferenti, rivolti ai rispettivi creditori, aventi il contenuto indicato nell'articolo 56, comma 2, devono essere idonei a consentire il risanamento dell'esposizione debitoria di ciascuna impresa e ad assicurare il riequilibrio complessivo della situazione finanziaria di ognuna. Un professionista indipendente attesta:

a) la veridicità dei dati aziendali;

b) la fattibilità del piano o dei piani;

c) le ragioni di maggiore convenienza, in funzione del migliore soddisfacimento dei creditori delle singole imprese, della scelta di presentare un piano unitario ovvero piani reciprocamente collegati e interferenti invece di un piano autonomo per ciascuna impresa;

d) la quantificazione del beneficio stimato per i creditori di ciascuna impresa del gruppo, operata ai sensi del comma 4. L'attestazione contiene anche informazioni analitiche, complete e aggiornate sulla struttura del gruppo e sui vincoli partecipativi o contrattuali esistenti tra le imprese.

6. Su richiesta delle imprese debitrici, il piano o i piani sono pubblicati nel registro delle imprese o nei registri delle imprese in cui è stata effettuata la pubblicità ai sensi dell'articolo 2497 *bis* del codice civile. Si applica l'articolo 289.

(1) *Questo articolo è stato così sostituito dall'art. 32, comma 1, del D.L.vo 26 ottobre 2020, n. 147, a decorrere dal 1° settembre 2021.*

285. Contenuto del piano o dei piani di gruppo e azioni a tutela dei creditori e dei soci. – 1. Il piano [concordatario] (1) o i piani concordatari di gruppo possono prevedere la liquidazione di alcune imprese e la continuazione dell'attività di altre imprese del gruppo. Si applica tuttavia la sola disciplina del concordato in continuità quando, confrontando i flussi complessivi derivanti dalla continuazione dell'attività con i flussi complessivi derivanti dalla liquidazione, risulta che i creditori delle imprese del gruppo sono soddisfatti in misura prevalente dal ricavato prodotto dalla continuità aziendale diretta o indiretta [, ivi compresa la cessione del magazzino] (2).

2. Il piano o i piani concordatari possono altresì prevedere operazioni contrattuali e riorganizzative, inclusi i trasferimenti di risorse infragruppo, purché un professionista indipendente attesti che dette operazioni sono necessarie ai fini della continuità aziendale per le imprese per le quali essa è prevista nel piano e coerenti con l'obiettivo del miglior soddisfacimento dei creditori di tutte le imprese del gruppo tenuto conto dei vantaggi compensativi derivanti alle singole imprese, fermo quanto previsto dagli articoli 47 e 112 (3).

3. Se non ricorre l'ipotesi prevista dal comma 1, secondo periodo, gli effetti pregiudizievoli (4) delle operazioni di cui ai commi 1 e 2 (5) possono essere contestati dai creditori dissenzienti appartenenti a una classe dissenziente o, nel caso di mancata formazione delle classi, dai creditori dissenzienti che rappresentano almeno il venti per cento dei crediti ammessi al voto con riguardo ad una singola impresa (6), attraverso l'opposizione all'omologazione del concordato di gruppo. I creditori non aderenti possono proporre opposizione all'omologazione degli accordi di ristrutturazione.

4. In caso di opposizione proposta ai sensi del comma 3, il tribunale (7) omologa il concordato o gli accordi di ristrutturazione qualora ritenga, sulla base di una valutazione complessiva del piano o dei piani collegati e tenuto conto dei vantaggi compensativi derivanti alle singole imprese del gruppo (8), che i creditori possano essere soddisfatti in misura non inferiore a quanto ricaverebbero dalla liquidazione giudiziale della singola impresa (9).

4 *bis*. Nell'ipotesi di cui al comma 1, secondo periodo, il tribunale omologa il concordato secondo quanto previsto dall'articolo 112, commi 2, 3 e 4 (10).

5. I soci possono far valere il pregiudizio arrecato alla redditività e al valore della partecipazione sociale dalle operazioni di cui ai

commi 1 e 2, esclusivamente attraverso l'opposizione all'omologazione del concordato di gruppo. Il tribunale omologa il concordato se esclude la sussistenza del predetto pregiudizio in considerazione dei vantaggi compensativi derivanti alle singole imprese dal piano di gruppo (11).

(1) *La parola tra parentesi quadrate è stata soppressa dall'art. 32, comma 2, lett. a), del D.L.vo 26 ottobre 2020, n. 147, a decorrere dal 1° settembre 2021.*

(2) *Le parole tra parentesi quadrate sono state soppresse dall'art. 32, comma 2, lett. a), del D.L.vo 26 ottobre 2020, n. 147, a decorrere dal 1° settembre 2021.*

(3) *Le parole: «tenuto conto dei vantaggi compensativi derivanti alle singole imprese, fermo quanto previsto dagli articoli 47 e 112» sono state aggiunte dall'art. 35, comma 1, lett. a), del D.L.vo 17 giugno 2022, n. 83, a decorrere dal 15 luglio 2022.*

(4) *Le parole: «Gli effetti pregiudizievoli» sono state così sostituite dalle attuali: «Se non ricorre l'ipotesi prevista dal comma 1, secondo periodo, gli effetti pregiudizievoli» dall'art. 35, comma 1, lett. b), del D.L.vo 17 giugno 2022, n. 83, a decorrere dal 15 luglio 2022.*

(5) *Le parole: «di cui al comma 1» sono state così sostituite dalle attuali: «di cui ai commi 1 e 2» dall'art. 32, comma 2, lett. b), del D.L.vo 26 ottobre 2020, n. 147, a decorrere dal 1° settembre 2021.*

(6) *La parola: «società» è stata così sostituita dalla attuale: «impresa» dall'art. 32, comma 2, lett. b), del D.L.vo 26 ottobre 2020, n. 147, a decorrere dal 1° settembre 2021.*

(7) *Le parole: «Il tribunale» sono state così sostituite dalle attuali: «In caso di opposizione proposta ai sensi del comma 3, il tribunale» dall'art. 35, comma 1, lett. c), del D.L.vo 17 giugno 2022, n. 83, a decorrere dal 15 luglio 2022.*

(8) *Le parole: «e tenuto conto dei vantaggi compensativi derivanti alle singole imprese del gruppo» sono state inserite dall'art. 35, comma 1, lett. c), del D.L.vo 17 giugno 2022, n. 83, a decorrere dal 15 luglio 2022.*

(9) *La parola: «società» è stata così sostituita dalla attuale: «impresa» dall'art. 32, comma 2, lett. c), del D.L.vo 26 ottobre 2020, n. 147, a decorrere dal 1° settembre 2021.*

(10) *Questo comma è stato inserito dall'art. 35, comma 1, lett. d), del D.L.vo 17 giugno 2022, n. 83, a decorrere dal 15 luglio 2022.*

(11) *Questo comma è stato così sostituito dall'art. 32, comma 2, lett. d), del D.L.vo 26 ottobre 2020, n. 147, a decorrere dal 1° settembre 2021.*

286. (1) **Procedimento di concordato di gruppo.** – 1. Se le diverse imprese del gruppo hanno il proprio centro degli interessi principali in circoscrizioni giudiziarie diverse, è competente il tribunale individuato ai sensi dell'articolo 27 in relazione al centro degli interessi principali della società o ente o persona fisica che, in base alla pubblicità prevista dall'articolo 2497 *bis* del codice civile, esercita l'attività di direzione e coordinamento oppure, in mancanza, dell'impresa che presenta la maggiore esposizione debitoria in base all'ultimo bilancio approvato.

2. Il tribunale, se accoglie il ricorso, nomina un unico giudice delegato e un unico commissario giudiziale per tutte le imprese del gruppo e dispone il deposito di un unico fondo per le spese di giustizia.

3. I costi della procedura sono ripartiti fra le imprese del gruppo in proporzione delle rispettive masse attive.

4. Il commissario giudiziale, con l'autorizzazione del giudice, può richiedere alla Commissione nazionale per le società e la borsa – CONSOB o a qualsiasi altra pubblica autorità informazioni utili ad accertare l'esistenza di collegamenti di gruppo e alle società fiduciarie le generalità degli effettivi titolari di diritti sulle azioni o sulle quote ad esse intestate. Le informazioni sono fornite entro quindici giorni dalla richiesta.

5. I creditori di ciascuna delle imprese che hanno proposto la domanda di accesso al concordato di gruppo, suddivisi per classi qualora tale suddivisione sia prevista dalla legge o dal piano, votano in maniera contestuale e separata sulla proposta presentata dall'impresa loro debitrice. Il concordato di gruppo è approvato quando le proposte delle singole imprese del gruppo sono approvate dalla maggioranza prevista dall'articolo 109.

6. Sono escluse dal voto le imprese del gruppo titolari di crediti nei confronti dell'impresa ammessa alla procedura.

7. Il tribunale, con il decreto di omologazione, nomina un comitato dei creditori per ciascuna impresa del gruppo e, quando il concordato prevede la cessione dei beni, un unico liquidatore giudiziale per tutte le imprese.

8. Il concordato di gruppo omologato non può essere risolto o annullato quando i presupposti per la risoluzione o l'annullamento si verificano soltanto rispetto a una o ad alcune imprese del gruppo, a meno che ne risulti significativamente compromessa l'attuazione del piano anche da parte delle altre imprese.

(1) *Questo articolo è stato così sostituito dall'art. 32, comma 3, del D.L.vo 26 ottobre 2020, n. 147, a decorrere dal 1° settembre 2021.*

Capo II
Procedura unitaria
di liquidazione giudiziale

287. Liquidazione giudiziale di gruppo. – 1. Più imprese in stato di insolvenza, appartenenti al medesimo gruppo e aventi ciascuna il centro degli interessi principali nello Stato italiano, possono essere assoggettate, in accoglimento di un unico ricorso, dinanzi ad un unico tribunale, a una procedura di liquidazione giudiziale unitaria quando risultino opportune forme di coordinamento nella liquidazione degli attivi, in funzione dell'obiettivo del migliore soddisfacimento dei creditori delle diverse imprese del gruppo, ferma restando l'autonomia delle rispettive masse attive e passive. A tal fine il tribunale tiene conto dei preesistenti reciproci collegamenti di natura economica o produttiva, della composizione dei patrimoni delle diverse imprese e della presenza dei medesimi amministratori.

2. In tal caso, il tribunale nomina, salvo che sussistano specifiche ragioni, un unico giudice delegato, un unico curatore, un comitato dei creditori per ciascuna impresa del gruppo.

3. Nel programma di liquidazione il curatore illustra le modalità del coordinamento nella liquidazione degli attivi delle diverse imprese. Le spese generali della procedura sono imputate alle imprese del gruppo in proporzione delle rispettive masse attive.

4. Se le diverse imprese del gruppo hanno il proprio centro degli interessi principali in circoscrizioni giudiziarie diverse, il tribunale competente è quello dinanzi al quale è stata depositata la prima domanda di liquidazione giudiziale. Qualora la domanda di accesso alla procedura sia presentata contemporaneamente da più imprese dello stesso gruppo, è competente il tribunale individuato ai sensi dell'articolo 27, in relazione al centro degli interessi principali della società o ente o persona fisica che, in base alla pubblicità prevista dall'articolo 2497 *bis* del codice civile, esercita l'attività di direzione e coordinamento oppure, in mancanza, dell'impresa che presenta la più elevata esposizione debitoria in base all'ultimo bilancio approvato.

5. Quando ravvisa l'insolvenza di un'impresa del gruppo non ancora assoggettata alla procedura di liquidazione giudiziale, il curatore designato ai sensi del comma 2, segnala tale circostanza agli organi di amministrazione e controllo ovvero promuove direttamente l'accertamento dello stato di insolvenza di detta impresa.

288. Procedure concorsuali autonome di imprese appartenenti allo stesso gruppo. – 1. Nel caso in cui più imprese appartenenti a un medesimo gruppo siano assoggettate a separate procedure di liquidazione giudiziale ovvero a separate procedure di concordato preventivo, eventualmente dinanzi a tribunali diversi, gli organi di gestione delle diverse procedure cooperano per facilitare la gestione efficace di tali procedure.

Capo III
Strumenti di regolazione
della crisi e dell'insolvenza
e procedure di insolvenza
di imprese appartenenti
ad un gruppo (1)

(1) *La precedente rubrica:* «Procedure di regolazione della crisi o dell'insolvenza di imprese appartenenti ad un gruppo» *è stata così sostituita dalla attuale:* «Strumenti di regolazione della crisi e dell'insolvenza e procedure di insolvenza di imprese appartenenti ad un gruppo» *dall'art. 36, comma 1, del D.L.vo 17 giugno 2022, n. 83, a decorrere dal 15 luglio 2022.*

289. Domanda di accesso e obblighi di informazione e collaborazione. – 1. La domanda di accesso a uno strumento di regolazione della crisi e dell'insolvenza o a una procedura di insolvenza (1) presentata da un'impresa appartenente ad un gruppo deve contenere informazioni analitiche sulla struttura del gruppo e sui vincoli partecipativi o contrattuali esistenti tra le società e imprese e indicare il registro delle imprese o i registri delle imprese in cui è stata effettuata la pubblicità ai sensi dell'articolo 2497 *bis* del codice civile. L'impresa deve, inoltre, depositare il bilancio consolidato di gruppo, ove redatto. In ogni caso il tribunale ovvero, successivamente, il curatore o il commissario giudiziale possono, al fine di accertare l'esistenza di collegamenti di gruppo, richiedere alla CONSOB o a qualsiasi altra pubblica autorità e alle società fiduciarie le generalità degli effettivi titolari di diritti sulle azioni o sulle quote ad esse intestate. Le informazioni sono fornite entro quindici giorni dalla richiesta.

(1) *Le parole: «La domanda di accesso a procedure di regolazione della crisi o dell'insolvenza» sono state così sostituite dalle attuali: «La domanda di accesso a uno strumento di regolazione della crisi e dell'insolvenza o a una procedura di insolvenza» dall'art. 36, comma 2, del D.L.vo 17 giugno 2022, n. 83, a decorrere dal 15 luglio 2022.*

Capo IV
Norme comuni

290. Azioni di inefficacia fra imprese del gruppo. – 1. Nei confronti delle imprese appartenenti al medesimo gruppo possono essere promosse dal curatore, sia nel caso di apertura di una procedura unitaria, sia nel caso di apertura di una pluralità di procedure, azioni dirette a conseguire la dichiarazione di inefficacia di atti e contratti posti in essere nei cinque anni antecedenti il deposito dell'istanza di liquidazione giudiziale, che abbiano avuto l'effetto di spostare risorse a favore di un'altra impresa del gruppo con pregiudizio dei creditori, fatto salvo il disposto dell'articolo 2497, primo comma, del codice civile.

2. Spetta alla società beneficiaria provare di non essere stata a conoscenza del carattere pregiudizievole dell'atto o del contratto.

3. Il curatore della procedura di liquidazione giudiziale aperta nei confronti di una società appartenente ad un gruppo può esercitare, nei confronti delle altre società del gruppo, l'azione revocatoria prevista dall'articolo 166 degli atti compiuti dopo il deposito della domanda di apertura della liquidazione giudiziale o, nei casi di cui all'articolo 166, comma 1, lettere *a*) e *b*), nei due anni anteriori al deposito della domanda o nell'anno anteriore, nei casi di cui all'articolo 166, comma 1, lettere *c*) e *d*).

291. Azioni di responsabilità e denuncia di gravi irregolarità di gestione nei confronti di imprese del gruppo. – 1. Il curatore, sia nel caso di apertura di una procedura unitaria, sia nel caso di apertura di una pluralità di procedure, è legittimato ad esercitare le azioni di responsabilità previste dall'articolo 2497 del codice civile.

2. Il curatore è altresì legittimato a proporre, nei confronti di amministratori e sindaci delle società del gruppo non assoggettate alla procedura di liquidazione giudiziale, la denuncia di cui all'articolo 2409 del codice civile.

292. Postergazione del rimborso dei crediti da finanziamenti infragruppo. – 1. I crediti che la società o l'ente o la persona fisica esercente l'attività di direzione e o coordinamento vanta, anche a seguito di escussione di garanzie, nei confronti delle imprese sottoposte a direzione e coordinamento, o che queste ultime vantano nei confronti dei primi sulla base di rapporti di finanziamento contratti dopo il deposito della domanda che ha dato luogo all'apertura della liquidazione giudiziale o nell'anno anteriore, sono postergati rispetto al soddisfacimento degli altri creditori. Se tali crediti sono stati rimborsati nell'anno anteriore alla domanda che ha dato luogo all'apertura della liquidazione giudiziale, si applica l'articolo 164.

2. La disposizione di cui al comma 1, primo periodo, non si applica ai finanziamenti previsti dall'articolo 102.

Titolo VII
Liquidazione coatta amministrativa

Capo I
Natura e norme applicabili

293. Disciplina applicabile e presupposti. – 1. La liquidazione coatta amministrativa è il procedimento concorsuale amministrativo che si applica nei casi espressamente previsti dalla legge.

2. La legge determina le imprese soggette a liquidazione coatta amministrativa, i casi per i quali la liquidazione coatta amministrativa può essere disposta e l'autorità competente a disporla.

294. Rinvio alle norme speciali. – 1. La liquidazione coatta amministrativa è regolata dalle disposizioni del presente titolo, salvo che le leggi speciali dispongano diversamente.

2. I rinvii al regio decreto 16 marzo 1942, n. 267 contenuti in leggi speciali in materia di liquidazione coatta amministrativa si intendono fatti alle disposizioni del presente codice della crisi e dell'insolvenza e secondo le norme di coordinamento.

3. Le disposizioni di questo titolo non si applicano agli enti pubblici.

Capo II
Procedimento

295. Liquidazione coatta amministrativa e liquidazione giudiziale. – 1. Le imprese soggette a liquidazione coatta amministrativa non sono soggette a liquidazione giudiziale, salvo che la legge diversamente disponga.

2. Quando la legge ammette la procedura di liquidazione coatta amministrativa e quella di liquidazione giudiziale, la dichiarazione di apertura della liquidazione giudiziale preclude la liquidazione coatta amministrativa e il provvedimento che ordina la liquidazione coatta amministrativa preclude l'apertura della liquidazione giudiziale.

296. Rapporti tra concordato preventivo e liquidazione coatta amministrativa. – 1. Se la legge non dispone diversamente, le imprese soggette a liquidazione coatta amministrativa possono essere sempre ammesse alla procedura di concordato preventivo, osservato, per le imprese non assoggettabili a liquidazione giudiziale, l'articolo 297, comma 8.

297. Accertamento giudiziario dello stato di insolvenza anteriore alla liquidazione coatta amministrativa. – 1. Salva diversa disposizione delle leggi speciali, se un'impresa soggetta a liquidazione coatta amministrativa con esclusione della liquidazione giudiziale si trova in stato di insolvenza, il tribunale del luogo in cui essa ha il centro degli interessi principali, su ricorso di uno o più creditori o dell'autorità che ha la vigilanza sull'impresa o di questa stessa, dichiara tale stato con sentenza.

2. Il trasferimento del centro degli interessi principali intervenuto nell'anno antecedente il deposito della domanda per la dichiarazione dello stato di insolvenza non rileva ai fini della competenza.

3. Con la stessa sentenza o con successivo decreto, il tribunale adotta i provvedimenti conservativi che ritenga opportuni nell'interesse dei creditori fino all'inizio della procedura di liquidazione.

4. Prima di provvedere il tribunale deve sentire il debitore, con le modalità di cui all'articolo 40 e l'autorità che ha la vigilanza sull'impresa.

5. La sentenza è comunicata entro tre giorni, a norma dell'articolo 136 del codice di procedura civile, all'autorità competente perché disponga la liquidazione o, se ne ritiene sussistenti i presupposti, l'avvio della risoluzione ai sensi del decreto di recepimento della direttiva 2014/59/UE. Essa è inoltre notificata, e resa pubblica a norma dell'articolo 45.

6. Contro la sentenza può essere proposto reclamo da qualunque interessato, a norma dell'articolo 51.

7. Il tribunale che respinge il ricorso per la dichiarazione d'insolvenza provvede con decreto motivato. Contro il decreto è ammesso reclamo a norma dell'articolo 50.

8. Il tribunale provvede su istanza del commissario giudiziale alla dichiarazione d'insolvenza a norma del presente articolo quando nel corso della procedura di concordato preventivo di un'impresa soggetta a liquidazione coatta amministrativa, con esclusione della liquidazione giudiziale, si verifica la cessazione della procedura e sussiste lo stato di insolvenza. Si applica, in ogni caso, il procedimento di cui al comma 4.

9. Le disposizioni di questo articolo non si applicano agli enti pubblici.

298. Accertamento giudiziario dello stato d'insolvenza successivo alla liquidazione coatta amministrativa. – 1. Se l'impresa, al tempo in cui è stata ordinata la liquidazione, si trovava in stato d'insolvenza e questa non è stata preventivamente dichiarata a norma dell'articolo 297, il tribunale del luogo in cui essa ha il centro degli interessi principali, su ricorso del commissario liquidatore o del pubblico ministero, accerta tale stato con sentenza in camera di consiglio, anche se la liquidazione è stata disposta per insufficienza di attivo.

2. Si applicano le norme dell'articolo 297, commi 3, 4, 5, 6 e 7.

3. Restano salve le diverse disposizioni delle leggi speciali relative all'accertamento dello stato di insolvenza successivo all'apertura della liquidazione coatta amministrativa.

299. Effetti dell'accertamento giudiziario dello stato d'insolvenza. – 1. Accertato giudizialmente lo stato d'insolvenza a norma degli articoli 297 e 298, sono applicabili, con effetto dalla data del provvedimento che ha accertato lo stato di insolvenza, le disposizioni del titolo V, capo I, sezione IV, anche nei riguardi dei soci a responsabilità illimitata, sostituito al deposito della domanda di apertura della liquidazione giudiziale il deposito della domanda per l'accertamento dello stato di insolvenza.

2. L'esercizio delle azioni di revoca degli atti compiuti in frode dei creditori compete al commissario liquidatore. Il termine di decadenza di cui all'articolo 170 decorre dalla data del provvedimento di nomina del commissario liquidatore, se successivo al provvedimento che accerta lo stato di insolvenza.

3. Il commissario liquidatore presenta al pubblico ministero la relazione prevista dall'articolo 130.

300. Provvedimento di liquidazione. – 1. Il provvedimento che ordina la liquidazione, entro dieci giorni dalla sua data, è pubblicato integralmente, a cura dell'autorità che lo ha emanato, nella *Gazzetta Ufficiale* della Repubblica italiana ed è comunicato per l'iscrizione all'ufficio del registro delle imprese, salve le altre forme di pubblicità disposte nel provvedimento.

301. Organi della liquidazione coatta amministrativa. – 1. Con il provvedimento che ordina la liquidazione o con altro successivo viene nominato un commissario liquidatore. Si applicano gli articoli 356 e 358 ([1]). È altresì nominato un comitato di sorveglianza di tre membri o cinque membri, scelti fra persone particolarmente esperte nel ramo di attività esercitato dall'impresa, possibilmente fra i creditori.

2. Qualora l'importanza dell'impresa lo consigli, possono essere nominati tre commissari liquidatori. In tal caso essi deliberano a maggioranza, e la rappresentanza è esercitata congiuntamente da due di essi. Nella liquidazione delle cooperative la nomina del comitato di sorveglianza è facoltativa.

([1]) *Questo periodo è stato inserito dall'art. 37, comma 1, del D.L.vo 17 giugno 2022, n. 83, a decorrere dal 15 luglio 2022.*

302. Responsabilità del commissario liquidatore. – 1. Il commissario liquidatore è, per quanto attiene all'esercizio delle sue funzioni, pubblico ufficiale.

2. Durante la liquidazione l'azione di responsabilità contro il commissario liquidatore revocato è proposta dal nuovo liquidatore con l'autorizzazione dell'autorità che vigila sulla liquidazione.

3. Si applicano al commissario liquidatore le disposizioni degli articoli 129, 134, 135 e 136, comma 1, ([1]) intendendosi sostituiti nei poteri del tribunale e del giudice delegato quelli dell'autorità che vigila sulla liquidazione.

([1]) *Le parole: «articoli 129, 134 e 136, comma 1,» sono state così sostituite dalle attuali: «articoli 129, 134, 135 e 136, comma 1,» dall'art. 37, comma 2, del D.L.vo 17 giugno 2022, n. 83, a decorrere dal 15 luglio 2022.*

303. Effetti del provvedimento di liquidazione. – 1. Dalla data del provvedimento che ordina la liquidazione si applicano gli articoli 142, 144, 145, 146 e 147 e se l'impresa è una persona giuridica, cessano le funzioni delle assemblee e degli organi di amministrazione e di controllo, salvo il caso previsto dall'articolo 314.

2. Nelle controversie anche in corso, relative a rapporti di diritto patrimoniale, sta in giudizio il commissario liquidatore.

304. Effetti della liquidazione per i creditori e sui rapporti giuridici preesistenti. – 1. Dalla data del provvedimento che ordina la liquidazione si applicano le disposizioni del titolo V, capo I, sezioni III e V e le disposizioni dell'articolo 165.

2. Si intendono sostituiti nei poteri del tribunale e del giudice delegato l'autorità amministrativa che vigila sulla liquidazione, nei poteri del curatore il commissario liquidatore e, in quelli del comitato dei creditori, il comitato di sorveglianza.

305. Commissario liquidatore. – 1. Il commissario liquidatore procede a tutte le operazioni della liquidazione secondo le direttive dell'autorità che vigila sulla liquidazione e sotto il controllo del comitato di sorveglianza.

2. Il commissario prende in consegna i beni compresi nella liquidazione, le scritture contabili e gli altri documenti dell'impresa o dell'ente richiedendo, ove occorra, l'assistenza di un notaio.

3. Il commissario forma quindi l'inventario, nominando, se necessario, uno o più stimatori per la valutazione dei beni.

306. Relazione del commissario. – 1. L'imprenditore o, se l'impresa è una società o una persona giuridica, gli amministratori devono rendere al commissario liquidatore il conto della gestione relativo al tempo posteriore all'ultimo bilancio.

2. Il commissario è dispensato dal formare il bilancio annuale, ma deve presentare alla fine di ogni semestre all'autorità che vigila sulla liquidazione una relazione sulla situazione patrimoniale dell'impresa e sull'andamento della gestione, precisando la sussistenza di eventuali segnali di cui all'articolo 3 ([1]), accompagnata da un rapporto del comitato di sorveglianza. Nello stesso termine, copia della relazione è trasmessa al comitato di sorveglianza, unitamente agli estratti conto dei depositi postali o bancari relativi al periodo. Il comitato di sorveglianza o ciascuno dei suoi componenti possono formulare osservazioni scritte. Altra copia della relazione è trasmessa, assieme alle eventuali osservazioni, per via telematica all'ufficio del registro delle imprese ed è trasmessa a mezzo di posta elettronica certificata ai creditori e ai titolari di diritti sui beni.

([1]) *Le parole: «indicatori della crisi» sono state così sostituite dalle attuali: «segnali di cui all'articolo 3» dall'art. 37, comma 3, del D.L.vo 17 giugno 2022, n. 83, a decorrere dal 15 luglio 2022.*

307. Poteri del commissario. – 1. L'azione di responsabilità contro gli amministratori e i componenti degli organi di controllo dell'impresa o dell'ente in liquidazione, a norma degli articoli 2393, 2394, 2476, primo, sesto, e ottavo ([1]) comma, 2497 del codice civile, è esercitata dal commissario liquidatore, previa autorizzazione dell'autorità che vigila sulla liquidazione.

2. Per il compimento degli atti previsti dall'articolo 132 di valore indeterminato o superiore a euro 1032,91 e per la continuazione dell'esercizio dell'impresa, il commissario deve essere autorizzato dall'autorità predetta, la quale provvede sentito il comitato di sorveglianza.

(1) *La parola: «settimo» è stata così sostituita dalle attuali: «primo, sesto, e ottavo» dall'art. 33, comma 1, del D.L.vo 26 ottobre 2020, n. 147, a decorrere dal 1° settembre 2021.*

308. Comunicazione ai creditori e ai terzi. – 1. Entro un mese dalla nomina il commissario comunica a ciascun creditore, a mezzo posta elettronica certificata, se il destinatario ha un domicilio digitale e, in ogni altro caso, a mezzo lettera raccomandata presso la sede dell'impresa o la residenza del creditore, il suo indirizzo di posta elettronica certificata e le somme risultanti a credito di ciascuno secondo le scritture contabili e i documenti dell'impresa. Contestualmente il commissario invita i creditori a indicare, entro il termine di cui al comma 3, il loro indirizzo di posta elettronica certificata, con l'avvertimento sulle conseguenze di cui al comma 4 e relativo all'onere del creditore di comunicarne ogni variazione. La comunicazione s'intende fatta con riserva delle eventuali contestazioni.

2. Analoga comunicazione è fatta a coloro che possono far valere domande di rivendicazione, restituzione e separazione su cose mobili e immobili posseduti dall'impresa.

3. Entro quindici giorni dal ricevimento della comunicazione i creditori e le altre persone indicate dal comma 2 possono far pervenire al commissario mediante posta elettronica certificata le loro osservazioni o istanze.

4. Tutte le successive comunicazioni sono effettuate dal commissario all'indirizzo di posta elettronica certificata indicato ai sensi del comma 1. In caso di mancata indicazione dell'indirizzo di posta elettronica certificata o di mancata comunicazione della variazione, o nei casi di mancata consegna per cause imputabili al destinatario, esse si eseguono mediante deposito in cancelleria. Si applica l'articolo 104, commi 2, 3 e 4, in quanto compatibile.

309. Domande dei creditori e dei terzi. – 1. I creditori e le altre persone indicate nell'articolo 308 che non hanno ricevuto la comunicazione prevista dal predetto articolo possono chiedere mediante raccomandata, entro sessanta giorni dalla pubblicazione del provvedimento di liquidazione nella *Gazzetta Ufficiale*, il riconoscimento dei propri crediti e la restituzione dei loro beni, comunicando l'indirizzo di posta elettronica certificata. Si applica l'articolo 308, comma 4.

310. Formazione dello stato passivo. – 1. Salvo che le leggi speciali stabiliscano un maggior termine, entro novanta giorni dalla data del provvedimento di liquidazione, il commissario forma l'elenco dei crediti ammessi o respinti e delle domande indicate all'articolo 308, comma 2, accolte o respinte, e lo deposita nella cancelleria del tribunale dove ha il centro degli interessi principali. Il commissario trasmette l'elenco dei crediti ammessi o respinti a coloro la cui pretesa non sia in tutto o in parte ammessa a mezzo posta elettronica certificata ai sensi dell'articolo 308, comma 4. Con il deposito in cancelleria l'elenco diventa esecutivo.

2. Le impugnazioni, le domande tardive di crediti e le domande di rivendica e di restituzione sono disciplinate dagli articoli 206, 207, 208 e 210, sostituiti al giudice delegato il giudice incaricato per la trattazione di esse dal presidente del tribunale ed al curatore il commissario liquidatore.

3. Restano salve le disposizioni delle leggi speciali relative all'accertamento dei crediti chirografari nella liquidazione delle imprese che esercitano il credito.

311. Liquidazione dell'attivo. – 1. Il commissario ha tutti i poteri necessari per la liquidazione dell'attivo, salve le limitazioni stabilite dall'autorità che vigila sulla liquidazione.

2. In ogni caso per la vendita degli immobili e per la vendita dei mobili in blocco occorrono l'autorizzazione dell'autorità che vigila sulla liquidazione e il parere del comitato di sorveglianza.

3. Nel caso di società con soci a responsabilità limitata il presidente del tribunale può, su proposta del commissario liquidatore, ingiungere con decreto ai soci a responsabilità limitata e ai precedenti titolari delle quote o delle azioni di eseguire i versamenti ancora dovuti, quantunque non sia scaduto il termine stabilito per il pagamento.

312. Ripartizione dell'attivo. – 1. Le somme ricavate dalla liquidazione dell'attivo sono distribuite secondo l'ordine stabilito nell'articolo 221.

2. Previo parere del comitato di sorveglianza, e con l'autorizzazione dell'autorità che vigila sulla liquidazione, il commissario può distribuire acconti parziali a tutti i creditori o ad alcune categorie di essi, anche prima che siano realizzate tutte le attività e accertate tutte le passività.

3. Le domande tardive per l'ammissione di crediti o per il riconoscimento dei diritti reali non pregiudicano le ripartizioni già avvenute, e possono essere fatte valere sulle somme non ancora distribuite, osservate le disposizioni dell'articolo 225.

4. Alle ripartizioni parziali si applicano le disposizioni dell'articolo 227.

313. Chiusura della liquidazione. – 1. Prima dell'ultimo riparto ai creditori, il bilancio finale della liquidazione, con il conto della gestione e il piano di riparto tra i creditori, accompagnati da una relazione del comitato di sorveglianza, devono essere sottoposti all'autorità che vigila sulla liquidazione, la quale ne autorizza il deposito presso la cancelleria del tribunale competente ai sensi dell'articolo 27 e liquida il compenso al commissario.

2. Dell'avvenuto deposito, a cura del commissario liquidatore, è data comunicazione ai creditori ammessi al passivo e ai creditori prededucibili con le modalità di cui all'articolo 308, comma 4 ed è data notizia mediante inserzione nella *Gazzetta Ufficiale* e nei giornali designati dall'autorità che vigila sulla liquidazione.

3. Gli interessati possono proporre le loro contestazioni con ricorso al tribunale nel termine perentorio di venti giorni, decorrente dalla comunicazione fatta dal commissario a norma del comma 1 per i creditori e dall'inserzione nella *Gazzetta Ufficiale* per ogni altro interessato. Le contestazioni sono comunicate, a cura del cancelliere, all'autorità che vigila sulla liquidazione, al commissario liquidatore e al comitato di sorveglianza, che nel termine di venti giorni possono presentare nella cancelleria del tribunale le loro osservazioni. Il tribunale provvede con decreto in camera di consiglio. Si applicano, in quanto compatibili, le disposizioni dell'articolo 124.

4. Decorso il termine senza che siano proposte contestazioni, il bilancio, il conto di gestione e il piano di riparto si intendono approvati, e il commissario provvede alle ripartizioni finali tra i creditori. Si applicano le norme dell'articolo 231 e, se del caso, degli articoli 2495 e 2496 del codice civile.

314. Concordato della liquidazione. – 1. L'autorità che vigila sulla liquidazione, su parere del commissario liquidatore, sentito il comitato di sorveglianza, può autorizzare l'impresa in liquidazione, uno o più creditori o un terzo a proporre al tribunale un concordato, a norma dell'articolo 240, osservate le disposizioni dell'articolo 265, se si tratta di società.

2. La proposta di concordato è depositata nella cancelleria del tribunale competente ai sensi dell'articolo 27 con il parere del commissario liquidatore e del comitato di sorveglianza, comunicata dal commissario a tutti i creditori ammessi al passivo con le modalità di cui all'articolo 308, comma 4, pubblicata mediante inserzione nella *Gazzetta Ufficiale* e deposito presso l'ufficio del registro delle imprese.

3. I creditori e gli altri interessati possono presentare nella cancelleria le loro opposizioni nel termine perentorio di trenta giorni, decorrente dalla comunicazione fatta dal commissario per i creditori e dall'esecuzione delle formalità pubblicitarie di cui al comma 2 per ogni altro interessato.

4. Il tribunale, sentito il parere dell'autorità che vigila sulla liquidazione, decide sulle opposizioni e sulla proposta di concordato con sentenza in camera di consiglio. Si applicano, in quanto compatibili, le disposizioni degli articoli 245, 246 e 247.

5. Gli effetti del concordato sono regolati dall'articolo 248.

6. Il commissario liquidatore con l'assistenza del comitato di sorveglianza sorveglia l'esecuzione del concordato.

315. Risoluzione e annullamento del concordato. – 1. Se il concordato non è eseguito, il tribunale, su ricorso del commissario liquidatore o di uno o più creditori, ne pronuncia la risoluzione con sentenza in camera di consiglio. Si applicano le disposizioni dall'articolo 250, commi 2, 3, 4, 5 e 6.

2. Su richiesta del commissario o dei creditori il concordato può essere annullato a norma dell'articolo 251.

3. Risolto o annullato il concordato, si riapre la liquidazione coatta amministrativa e l'autorità che vigila sulla liquidazione adotta i provvedimenti che ritiene necessari.

Capo III
Funzioni delle autorità amministrative di vigilanza per la crisi e l'insolvenza

316. Funzioni delle autorità amministrative di vigilanza. – 1. Oltre a quanto previsto nei precedenti articoli, le autorità amministrative di vigilanza sono altresì competenti a:

a) ricevere dagli organi interni di controllo dei soggetti vigilati e dai soggetti incaricati della revisione e dell'ispezione la comunicazione dei segnali di cui all'articolo 3 (1);

[*b*) svolgere le funzioni attribuite agli organismi di composizione assistita della crisi, designando i componenti del collegio di cui all'articolo 17, comma 1, lettere *b*) e *c*), a seguito della richiesta di nomina del debitore o richiedendo direttamente la costituzione del collegio al referente, ai sensi dell'articolo 16. Per l'impresa minore è nominato, con i medesimi poteri del collegio, un commissario tra gli iscritti all'albo speciale di cui all'articolo 356. L'apertura della procedura di composizione assistita della crisi non costituisce causa di revoca degli amministratori e dei sindaci] (2);

c) proporre domanda di accertamento dello stato di insolvenza con apertura della liquidazione coatta amministrativa.

(1) *Questa lettera è stata così sostituita dall'art. 38, comma 1, lett.* a), *del D.L.vo 17 giugno 2022, n. 83, a decorrere dal 15 luglio 2022.*

(2) *Questa lettera è stata abrogata dall'art. 38, comma 1, lett.* b), *del D.L.vo 17 giugno 2022, n. 83, a decorrere dal 15 luglio 2022.*

Titolo VIII
Liquidazione giudiziale e misure cautelari penali

317. Principio di prevalenza delle misure cautelari reali e tutela dei terzi. – 1. Le condizioni e i criteri di prevalenza rispetto alla gestione concorsuale delle misure cautelari reali sulle cose indicate dall'articolo 142 sono regolate dalle disposizioni del Libro I, titolo IV del decreto legislativo 6 settembre 2011, n. 159, salvo quanto previsto dagli articoli 318, 319 e 320.

2. Per misure cautelari reali di cui al comma 1 si intendono i sequestri delle cose di cui è consentita la confisca disposti ai sensi dell'articolo 321, comma 2, del codice di procedura penale, la cui attuazione è disciplinata dall'articolo 104 *bis* delle norme di attuazione, di coordinamento e transitorie del codice di procedura penale.

318. Sequestro preventivo. – 1. In pendenza della procedura di liquidazione giudiziale non può essere disposto sequestro preventivo ai sensi dell'articolo 321, comma 1, del codice di procedura penale sulle cose di cui all'articolo 142, sempre che la loro fabbricazione, uso, porto, detenzione e alienazione non costituisca reato e salvo che la fabbricazione, l'uso, il porto, la detenzione e l'alienazione possano essere consentiti mediante autorizzazione amministrativa.

2. Quando, disposto sequestro preventivo ai sensi dell'articolo 321, comma 1, del codice di procedura penale, è dichiarata l'apertura di liquidazione giudiziale sulle medesime cose, il giudice, a richiesta del curatore, revoca il decreto di sequestro e dispone la restituzione delle cose in suo favore.

3. Nel caso di cui al comma 2, il curatore comunica all'autorità giudiziaria che aveva disposto o richiesto il sequestro, la dichiarazione dello stato di insolvenza e di apertura della procedura della liquidazione giudiziale, il provvedimento di revoca o chiusura della liquidazione giudiziale, nonché l'elenco delle cose non liquidate e già sottoposte a sequestro. Il curatore provvede alla cancellazione delle iscrizioni e trascrizioni decorsi novanta giorni dalla comunicazione di cui al primo periodo.

4. Le disposizioni di cui ai commi 1 e 2 non si applicano quando sono sottoposte a sequestro preventivo le cose indicate all'articolo 146 e le cose non suscettibili di liquidazione, per disposizione di legge o per decisione degli organi della procedura.

319. Sequestro conservativo. – 1. In pendenza della procedura di liquidazione giudiziale non può essere disposto sequestro conservativo ai sensi dell'articolo 316 del codice di procedura penale sulle cose di cui all'articolo 142.

2. Quando, disposto sequestro conservativo ai sensi dell'articolo 316 del codice di procedura penale, è dichiarata l'apertura di liquidazione giudiziale sulle medesime cose, si applica l'articolo 150 e il giudice, a richiesta del curatore, revoca il sequestro conservativo e dispone la restituzione delle cose in suo favore.

320. Legittimazione del curatore. – 1. Contro il decreto di sequestro e le ordinanze in materia di sequestro il curatore può proporre richiesta di riesame e appello nei casi, nei termini e con le modalità previsti dal codice di procedura penale. Nei predetti termini e modalità il curatore è legittimato a proporre ricorso per cassazione.

321. Liquidazione coatta amministrativa e misure di prevenzione. – 1. Le disposizioni che precedono si applicano in quanto compatibili alla liquidazione coatta amministrativa.

Titolo IX
Disposizioni penali

Capo I
Reati commessi dall'imprenditore in liquidazione giudiziale

322. Bancarotta fraudolenta. – 1. È punito con la reclusione da tre a dieci anni, se è dichiarato in liquidazione giudiziale, l'imprenditore che:

a) ha distratto, occultato, dissimulato, distrutto o dissipato in tutto o in parte i suoi beni ovvero, allo scopo di recare pregiudizio ai creditori, ha esposto o riconosciuto passività inesistenti;

b) ha sottratto, distrutto o falsificato, in tutto o in parte, con lo scopo di procurare a sé o ad altri un ingiusto profitto o di recare pregiudizi ai creditori, i libri o le altre scritture contabili o li ha tenuti in guisa da non rendere possibile la ricostruzione del patrimonio o del movimento degli affari.

2. La stessa pena si applica all'imprenditore, dichiarato in liquidazione giudiziale, che, durante la procedura, commette alcuno dei fatti preveduti dalla lettera *a*) del comma 1, ovvero sottrae, distrugge o falsifica i libri o le altre scritture contabili.

3. È punito con la reclusione da uno a cinque anni l'imprenditore in liquidazione giudiziale che, prima o durante la procedura, a scopo di favorire, a danno dei creditori, taluno di essi, esegue pagamenti o simula titoli di prelazione.

4. Salve le altre pene accessorie, di cui al capo III, titolo II, libro I del codice penale, la condanna per uno dei fatti previsti nel presente articolo importa l'inabilitazione all'esercizio di una impresa commerciale e l'incapacità ad esercitare uffici direttivi presso qualsiasi impresa fino a dieci anni.

323. Bancarotta semplice. – 1. È punito con la reclusione da sei mesi a due anni, se è dichiarato in liquidazione giudiziale, l'imprenditore che, fuori dai casi preveduti nell'articolo precedente:

a) ha sostenuto spese personali o per la famiglia eccessive rispetto alla sua condizione economica;

b) ha consumato una notevole parte del suo patrimonio in operazioni di pura sorte o manifestamente imprudenti;

c) ha compiuto operazioni di grave imprudenza per ritardare l'apertura della liquidazione giudiziale;

d) ha aggravato il proprio dissesto, astenendosi dal richiedere la dichiarazione di apertura della propria liquidazione giudiziale o con altra grave colpa;

e) non ha soddisfatto le obbligazioni assunte in un precedente concordato preventivo o liquidatorio giudiziale.

2. La stessa pena si applica all'imprenditore in liquidazione giudiziale che, durante i tre anni antecedenti alla dichiarazione di liquidazione giudiziale ovvero dall'inizio dell'impresa, se questa ha avuto una minore durata, non ha tenuto i libri e le altre scritture contabili prescritti dalla legge o li ha tenuti in maniera irregolare o incompleta.

3. Salve le altre pene accessorie di cui al capo III, titolo II, libro I del codice penale, la condanna importa l'inabilitazione all'esercizio di un'impresa commerciale e l'incapacità ad esercitare uffici direttivi presso qualsiasi impresa fino a due anni.

324. Esenzioni dai reati di bancarotta. – 1. Le disposizioni di cui agli articoli 322, comma 3 e 323 non si applicano ai pagamenti e alle operazioni computi in esecuzione di un concordato preventivo o di accordi di ristrutturazione dei debiti omologati o degli accordi in esecuzione del piano attestato ovvero del concordato minore omologato ai sensi dell'articolo 80, nonché ai pagamenti e alle operazioni di finanziamento autorizzati dal giudice a norma degli articoli 99, 100 e 101.

325. Ricorso abusivo al credito. – 1. Gli amministratori, i direttori generali, i liquidatori e gli imprenditori esercenti un'attività commerciale che ricorrono o continuano a ricorrere al credito, anche al di fuori dei casi di cui agli articoli 322 e 323, dissimulando il dissesto o lo stato d'insolvenza sono puniti con la reclusione da sei mesi a tre anni.

2. La pena è aumentata nel caso di società soggette alle disposizioni di cui al capo II, titolo III, parte IV, del testo unico delle disposizioni in materia di intermediazione finanziaria, di cui al decreto legislativo 24 febbraio 1998, n. 58, e successive modificazioni.

3. Salve le altre pene accessorie di cui al libro I, titolo II, capo III, del codice penale, la condanna importa l'inabilitazione all'eserci-

zio di un'impresa commerciale e l'incapacità ad esercitare uffici direttivi presso qualsiasi impresa fino a tre anni.

326. Circostanze aggravanti e circostanza attenuante. – 1. Nel caso in cui i fatti previsti negli articoli 322, 323 e 325 hanno cagionato un danno patrimoniale di rilevante gravità, le pene da essi stabilite sono aumentate fino alla metà.

2. Le pene stabilite negli articoli suddetti sono aumentate:

a) se il colpevole ha commesso più fatti tra quelli previsti in ciascuno degli articoli indicati;

b) se il colpevole per divieto di legge non poteva esercitare un'impresa commerciale.

3. Nel caso in cui i fatti indicati nel comma 1 hanno cagionato un danno patrimoniale di speciale tenuità, le pene sono ridotte fino al terzo.

327. Denuncia di creditori inesistenti e altre inosservanze da parte dell'imprenditore in liquidazione giudiziale. – 1. È punito con la reclusione da sei mesi a un anno e sei mesi l'imprenditore in liquidazione giudiziale, il quale, fuori dei casi preveduti all'articolo 322, nell'elenco nominativo dei suoi creditori denuncia creditori inesistenti od omette di dichiarare l'esistenza di altri beni da comprendere nell'inventario, ovvero non osserva gli obblighi imposti dagli articoli 49, comma 3, lettera *c*) e 149.

2. Se il fatto è avvenuto per colpa, si applica la reclusione fino ad un anno.

328. Liquidazione giudiziale delle società in nome collettivo e in accomandita semplice. – 1. Nella liquidazione giudiziale delle società in nome collettivo e in accomandita semplice le disposizioni del presente capo si applicano ai fatti commessi dai soci illimitatamente responsabili.

Capo II
Reati commessi da persone diverse dall'imprenditore in liquidazione giudiziale

329. Fatti di bancarotta fraudolenta. – 1. Si applicano le pene stabilite nell'articolo 322 agli amministratori, ai direttori generali, ai sindaci e ai liquidatori di società in liquidazione giudiziale, i quali hanno commesso alcuno dei fatti preveduti nel suddetto articolo.

2. Si applica alle persone suddette la pena prevista dall'articolo 322, comma 1, se:

a) hanno cagionato, o concorso a cagionare, il dissesto della società, commettendo alcuno dei fatti previsti dagli articoli 2621, 2622, 2626, 2627, 2628, 2629, 2632, 2633 e 2634 del codice civile.

b) hanno cagionato con dolo o per effetto di operazioni dolose il dissesto della società.

3. Si applica altresì in ogni caso la disposizione dell'articolo 322, comma 4.

330. Fatti di bancarotta semplice. – 1. Si applicano le pene stabilite nell'articolo 323 agli amministratori, ai direttori generali, ai sindaci e ai liquidatori di società dichiarate in liquidazione giudiziale, i quali:

a) hanno commesso alcuno dei fatti preveduti nel suddetto articolo;

b) hanno concorso a cagionare od aggravare il dissesto della società con inosservanza degli obblighi ad essi imposti dalla legge.

331. Ricorso abusivo al credito. – 1. Si applicano le pene stabilite nell'articolo 325 agli amministratori ed ai direttori generali di società sottoposte a liquidazione giudiziale, i quali hanno commesso il fatto in esso previsto.

332. Denuncia di crediti inesistenti. – 1. Si applicano le pene stabilite nell'articolo 327 agli amministratori, ai direttori generali e ai liquidatori di società dichiarate in liquidazione giudiziale, che hanno commesso i fatti in esso indicati.

333. Reati dell'institore. – 1. All'institore dell'imprenditore, dichiarato in liquidazione giudiziale, il quale nella gestione affidatagli si è reso colpevole dei fatti preveduti negli articoli 322, 323, 325 e 327 si applicano le pene in questi stabilite.

334. Interesse privato del curatore negli atti della liquidazione giudiziale. – 1. Salvo che al fatto non siano applicabili gli articoli 315, 317, 318, 319, 321, 322 e 323 del codice penale, il curatore che prende interesse privato in qualsiasi atto della liquidazione giudiziale direttamente o per interposta persona o con atti simulati è punito con la reclusione da due a sei anni e con la multa non inferiore a euro 206.

2. La condanna importa l'interdizione dai pubblici uffici.

335. Accettazione di retribuzione non dovuta. – 1. Il curatore della liquidazione giudiziale che riceve o pattuisce una retribuzione, in danaro o in altra forma, in aggiunta di quella liquidata in suo favore dal tribunale o dal giudice delegato, è punito con la reclusione da tre mesi a due anni e con la multa da euro 103 a euro 516.

2. Nei casi più gravi alla condanna può aggiungersi l'inabilitazione temporanea all'ufficio di amministratore per la durata non inferiore a due anni.

336. Omessa consegna o deposito di cose della liquidazione giudiziale. – 1. Il curatore che non ottempera all'ordine del giudice di consegnare o depositare somme o altra cosa della liquidazione giudiziale, ch'egli detiene a causa del suo ufficio, è punito con la reclusione fino a due anni e con la multa fino a euro 1.032.

2. Se il fatto avviene per colpa, si applica la reclusione fino a sei mesi o la multa fino a euro 309.

337. Coadiutori del curatore. – 1. Le disposizioni degli articoli 333, 334 e 335, si applicano anche alle persone che coadiuvano il curatore nell'amministrazione della liquidazione giudiziale.

338. Domande di ammissione di crediti simulati o distrazioni senza concorso con l'imprenditore in liquidazione giudiziale. – 1. È punito con la reclusione da uno a cinque anni e con la multa da euro 51 a euro 516 chiunque, fuori dei casi di concorso in bancarotta, anche per interposta persona presenta domanda di ammissione al passivo della liquidazione giudiziale per un credito fraudolentemente simulato.

2. Se la domanda è ritirata prima della verificazione dello stato passivo, la pena è ridotta alla metà.

3. È punito con la reclusione da uno a cinque anni chiunque:

a) dopo l'apertura della procedura di liquidazione giudiziale, fuori dei casi di concorso in bancarotta o di favoreggiamento, sottrae, distrae, ricetta ovvero in pubbliche o private dichiarazioni dissimula beni del debitore assoggettato a liquidazione giudiziale;

b) essendo consapevole dello stato di dissesto dell'imprenditore distrae o ricetta merci o altri beni dello stesso o li acquista a prezzo notevolmente inferiore al valore corrente, se la apertura della liquidazione giudiziale si verifica.

4. La pena, nei casi previsti dalle lettere *a*) e *b*) del comma 3, è aumentata se l'acquirente è un imprenditore che esercita un'attività commerciale.

339. Mercato di voto. – 1. Il creditore che stipula con l'imprenditore in liquidazione giudiziale o con altri nell'interesse del predetto vantaggi a proprio favore per dare il suo voto nel concordato o nelle deliberazioni del comitato dei creditori, è punito con la reclusione da sei mesi a tre anni e con la multa non inferiore a euro 103.

2. La somma o le cose ricevute dal creditore sono confiscate.

3. La stessa pena si applica all'imprenditore in liquidazione giudiziale e a chi ha contrattato col creditore nell'interesse dell'imprenditore in liquidazione giudiziale.

340. Esercizio abusivo di attività commerciale. – 1. Chiunque esercita un'impresa commerciale, sebbene si trovi in stato di inabilitazione ad esercitarla per effetto di condanna penale, è punito con la reclusione fino a due anni e con la multa non inferiore a euro 103.

Capo III
Disposizioni applicabili nel caso di concordato preventivo, accordi di ristrutturazione dei debiti, piani attestati e liquidazione coatta amministrativa

341. Concordato preventivo e accordo di ristrutturazione con intermediari finanziari e convenzione di moratoria. – 1. È punito con la reclusione da uno a cinque anni l'imprenditore, che, al solo scopo di ottenere l'apertura della procedura di concordato preventivo o di ottenere l'omologazione di un accordo di ristrutturazione o il consenso alla sottoscrizione della convenzione di moratoria, si sia attribuito attività inesistenti, ovvero, per influire sulla formazione delle maggioranze, abbia simulato crediti in tutto o in parte inesistenti.

2. Nel caso di concordato preventivo si applicano:

a) le disposizioni degli articoli 329 e 330 agli amministratori, direttori generali, sindaci e liquidatori di società;

b) la disposizione dell'articolo 333 agli institori dell'imprenditore;

c) le disposizioni degli articoli 334 e 335 al commissario del concordato preventivo;

d) le disposizioni degli articoli 338 e 339 ai creditori.

3. Nel caso di accordi di ristrutturazione ad efficacia estesa o di convenzione di moratoria, nonché nel caso di omologa di accordi di ristrutturazione ai sensi dell'articolo 63, comma 2 *bis* (1), si applicano le disposizioni previste al comma 2, lettere *a*), *b*) e *d*).

(1) *Le parole: «dell'art. 48, comma 5» sono state così sostituite dalle attuali: «dell'articolo 63, comma 2 bis» dall'art. 39, comma 1, del D.L.vo 17 giugno 2022, n. 83, a decorrere dal 15 luglio 2022.*

342. Falso in attestazioni e relazioni. – 1. Il professionista che nelle relazioni o attestazioni di cui agli articoli 56 comma 4, 57, comma 4, 58 commi 1 e 2, 62, comma 2, lettera *d*), 87, comma 3 (1), 88, commi 1 e 2, 90, comma 5, 100, commi 1 e 2, espone informazioni false ovvero omette di riferire informazioni rilevanti in ordine alla veridicità dei dati contenuti nel piano o nei documenti ad esso allegati, è punito con la reclusione da due a cinque anni e con la multa da 50.000 a 100.000 euro.

2. Se il fatto è commesso al fine di conseguire un ingiusto profitto per sé o per altri, la pena è aumentata.

3. Se dal fatto consegue un danno per i creditori la pena è aumentata fino alla metà.

(1) *Le parole: «87, commi 2 e 3» sono state così sostituite dalle attuali: «87, comma 3» dall'art. 39, comma 2, del D.L.vo 17 giugno 2022, n. 83, a decorrere dal 15 luglio 2022.*

343. (1) **Liquidazione coatta amministrativa.** – 1. L'accertamento giudiziario dello stato di insolvenza a norma degli articoli 297 e 298 è equiparato alla dichiarazione di apertura della liquidazione giudiziale ai fini dell'applicazione delle disposizioni del presente titolo.

2. Nel caso di liquidazione coatta amministrativa si applicano al commissario liquidatore le disposizioni degli articoli 334, 335 e 336.

3. Nel caso di risoluzione, si applicano al commissario speciale di cui all'articolo 37 del decreto legislativo 16 novembre 2015, n. 180, e alle persone che lo coadiuvano nell'amministrazione della procedura le disposizioni degli articoli 334, 335 e 336.

(1) *Questo articolo è stato così sostituito dall'art. 34, comma 1, del D.L.vo 26 ottobre 2020, n. 147, a decorrere dal 1° settembre 2021.*

Capo IV
Reati commessi nelle procedure di composizione delle crisi da sovraindebitamento (1)

(1) *La precedente rubrica:* «Reati commessi nelle procedure di composizione delle crisi da sovraindebitamento e reati commessi nella procedura di composizione della crisi» *è stata così sostituita dalla attuale:* «Reati commessi nelle procedure di composizione delle crisi da sovraindebitamento» *dall'art. 40, comma 1, del D.L.vo 17 giugno 2022, n. 83, a decorrere dal 15 luglio 2022.*

344. Sanzioni per il debitore e per i componenti dell'organismo di composizione della crisi. – 1. Salvo che il fatto costituisca più grave reato, è punito con la reclusione da sei mesi a due anni e con la multa da 1.000 a 50.000 euro il debitore che:

a) al fine di ottenere l'accesso alle procedure di composizione delle crisi da sovraindebitamento di cui alle sezioni II e III del capo II del titolo IV aumenta o diminuisce il passivo ovvero sottrae o dissimula una parte rilevante dell'attivo ovvero dolosamente simula attività inesistenti;

b) al fine di ottenere l'accesso alle procedure di cui alle sezioni II e III del capo II del titolo IV e di quelle di cui al capo IX del titolo V, produce documentazione contraffatta o alterata, ovvero sottrae, occulta o distrugge, in tutto o in parte, la documentazione relativa alla propria situazione debitoria ovvero la propria documentazione contabile;

c) nel corso delle procedure di cui alle sezioni II e III del capo II, effettua pagamenti in violazione del piano di ristrutturazione dei debiti o del concordato minore omologati;

d) dopo il deposito del piano di ristrutturazione dei debiti o della proposta di concordato minore, e per tutta la durata della procedura, aggrava la sua posizione debitoria;

e) intenzionalmente non rispetta i contenuti del piano di ristrutturazione dei debiti o del concordato minore.

2. Le pene previste dal comma 1 si applicano al debitore incapiente che, con la domanda di esdebitazione di cui all'articolo 283, produce documentazione contraffatta o alterata o sottrae, occulta o distrugge, in tutto o in parte, la documentazione relativa alla propria situazione debitoria ovvero la propria documentazione contabile ovvero omette, dopo il decreto di esdebitazione, la dichiarazione di cui al comma 7 del medesimo articolo 283, quando dovuta o in essa attesta falsamente fatti rilevanti.

3. Il componente dell'organismo di composizione della crisi che rende false attestazioni nella relazione di cui agli articoli 68, 76, 269 e 283 in ordine alla veridicità dei dati contenuti nella proposta di cui agli articoli 67 e 75, nell'attestazione di cui all'articolo 268, nella domanda di apertura della liquidazione controllata o nella domanda di esdebitazione di cui all'articolo 283, è punito con

la reclusione da uno a tre anni e con la multa da 1.000 a 50.000 euro ([1]).

4. Le pene di cui al comma 2, si applicano al componente dell'organismo di composizione della crisi che cagiona danno ai creditori omettendo o rifiutando senza giustificato motivo un atto del suo ufficio.

([1]) *Questo comma è stato così sostituito dall'art. 35, comma 1, del D.L.vo 26 ottobre 2020, n. 147, a decorrere dal 1° settembre 2021.*

345. ([1]) [**Falso nelle attestazioni dei componenti dell'OCRI.** – 1. Il componente dell'organismo di composizione della crisi di impresa che nell'attestazione di cui all'articolo 19, comma 3, espone informazioni false ovvero omette di riferire informazioni rilevanti in ordine alla veridicità dei dati contenuti nel piano o nei documenti ad esso allegati, è punito con la reclusione da due a cinque anni e con la multa da 50.000 a 100.000 euro.

2. Se il fatto è commesso al fine di conseguire un ingiusto profitto per sé o per altri, la pena è aumentata.

3. Se dal fatto consegue un danno per i creditori la pena è aumentata fino alla metà].

([1]) *Questo articolo è stato abrogato dall'art. 40, comma 2, del D.L.vo 17 giugno 2022, n. 83, a decorrere dal 15 luglio 2022.*

Capo V
Disposizioni di procedura

346. Esercizio dell'azione penale per reati in materia di liquidazione giudiziale. – 1. Per reati previsti negli articoli 322, 323, 329 e 330, l'azione penale è esercitata dopo la comunicazione della sentenza di apertura della liquidazione giudiziale di cui all'articolo 49.

2. È iniziata anche prima nel caso previsto dall'articolo 38 e in ogni altro in cui concorrano gravi motivi e già esista o sia contemporaneamente presentata domanda per ottenere la dichiarazione suddetta.

347. Costituzione di parte civile. – 1. Il curatore, il liquidatore giudiziale, il commissario liquidatore e il commissario speciale di cui all'articolo 37 del decreto legislativo 16 novembre 2015, n. 180, possono costituirsi parte civile nel procedimento penale per i reati preveduti nel presente titolo, anche contro l'imprenditore in liquidazione giudiziale.

2. I creditori possono costituirsi parte civile nel procedimento penale per bancarotta fraudolenta quando manca la costituzione del curatore, del commissario liquidatore o del commissario speciale di cui all'articolo 37 del decreto legislativo 16 novembre 2015, n. 180, quando non sia stato nominato il liquidatore giudiziale o quando intendono far valere un titolo di azione propria personale.

Titolo X
Disposizioni per l'attuazione del codice della crisi e dell'insolvenza, norme di coordinamento e disciplina transitoria

Capo I
Disposizioni generali ([1])

([1]) *La precedente rubrica:* «Disposizioni generali, strumenti di allerta e composizione assistita della crisi» *è stata così sostituita dall'attuale dall'art. 41, comma 1, del D.L.vo 17 giugno 2022, n. 83, a decorrere dal 15 luglio 2022.*

348. Adeguamento delle soglie dell'impresa minore. – 1. Ogni tre anni il Ministro della giustizia può procedere all'aggiornamento dei valori di cui all'articolo 2, comma 1, lettera *d*), con decreto adottato sulla base della media delle variazioni degli indici ISTAT dei prezzi al consumo per le famiglie di operai ed impiegati intervenute nel periodo di riferimento.

349. Sostituzione dei termini fallimento e fallito. – 1. Nelle disposizioni normative vigenti i termini «fallimento», «procedura fallimentare», «fallito» nonché le espressioni dagli stessi termini derivate devono intendersi sostituite, rispettivamente, con le espressioni «liquidazione giudiziale», «procedura di liquidazione giudiziale» e «debitore assoggettato a liquidazione giudiziale» e loro derivati, con salvezza della continuità delle fattispecie.

350. Modifiche alla disciplina dell'amministrazione straordinaria. – 1. All'articolo 3, comma 1, del decreto legislativo 8 luglio 1999, n. 270, le parole «del luogo in cui essa ha la sede principale» sono sostituite dalle seguenti: «competente ai sensi dell'articolo 27, comma 1, del codice della crisi e dell'insolvenza».

2. All'articolo 2, comma 1, del decreto legge 23 dicembre 2003, n. 347, convertito, con modificazioni, in legge 18 febbraio 2004, n. 39, le parole «del luogo in cui ha la sede principale» sono sostituite dalle seguenti: «competente ai sensi dell'articolo 27, comma 1, del codice della crisi e dell'insolvenza».

351. ([1]) [**Disposizioni sui compensi dell'OCRI.** – 1. Gli importi spettanti all'OCRI per i costi amministrativi e i compensi dei componenti del collegio sono concordati con il debitore o, in difetto, liquidati dal presidente della sezione specializzata in materia di impresa del tribunale di cui all'articolo 17, comma 1, lettera *a*), o da un suo delegato, tenuto conto dell'impegno in concreto richiesto e degli esiti del procedimento, sulla base dei seguenti parametri:

a) in caso di mancata comparizione del debitore, il compenso minimo del curatore ridotto al cinquanta per cento, di cui la metà all'ufficio del referente e la restante metà suddivisa tra i componenti del collegio;

b) per la sola audizione del debitore, il compenso minimo del curatore, di cui un terzo all'ufficio del referente e due terzi da suddividere tra i componenti del collegio;

c) per il procedimento di composizione assistita della crisi, i compensi e i rimborsi delle spese previsti dal decreto del Ministro della giustizia 24 settembre 2014, n. 202, articoli 14, 15 e 16, in quanto compatibili, avuto riguardo all'attivo e al passivo del debitore risultanti dai dati acquisiti dall'organismo.

2. Ai costi fissi che gravano sulle camere di commercio per consentire il funzionamento degli OCRI si provvede mediante il versamento di diritti di segreteria determinati ai sensi dell'articolo 18 della legge n. 580 del 29 dicembre 1993].

(1) *Questo articolo è stato abrogato dall'art. 41, comma 2, del D.L.vo 17 giugno 2022, n. 83, a decorrere dal 15 luglio 2022.*

352. (1) [**Disposizioni transitorie sul funzionamento dell'OCRI.** – 1. Sino alla istituzione presso il Ministero della giustizia dell'albo di cui all'articolo 356, i componenti del collegio di cui all'articolo 17, comma 1, [lettere *a*) e *b*)] (2), sono individuati tra i soggetti iscritti all'albo dei dottori commercialisti e degli esperti contabili o all'albo degli avvocati i quali abbiano svolto funzioni di commissario giudiziale, attestatore o abbiano assistito il debitore nella presentazione della domanda di accesso in almeno tre procedure di concordato preventivo che abbiano superato la fase dell'apertura o tre accordi di ristrutturazione dei debiti che siano stati omologati].

(1) *Questo articolo è stato abrogato dall'art. 41, comma 2, del D.L.vo 17 giugno 2022, n. 83, a decorrere dal 15 luglio 2022.*

(2) *Le parole tra parentesi quadrate sono state soppresse dall'art. 36, comma 1, del D.L.vo 26 ottobre 2020, n. 147, a decorrere dal 1° settembre 2021.*

353. Istituzione di un osservatorio permanente. – 1. Il Ministro della giustizia, con decreto adottato di concerto con il Ministro dell'economia e delle finanze e con il Ministro per lo sviluppo economico entro sei mesi (1) dalla data di entrata in vigore del presente decreto, istituisce, anche ai fini di cui all'articolo 355, un osservatorio permanente sull'efficienza delle misure e degli strumenti previsti dal (2) titolo II e degli strumenti di regolazione della crisi d'impresa (3).

2. Ai componenti dell'osservatorio non sono corrisposti compensi e gettoni di presenza, rimborsi spese ed altri emolumenti comunque denominati.

(1) *Le parole: «un anno» sono state così sostituite dalle attuali: «sei mesi» dall'art. 41, comma 3, lett.* a), *del D.L.vo 17 giugno 2022, n. 83, a decorrere dal 15 luglio 2022.*

(2) *Le parole: «delle misure di allerta, delle procedure di composizione assistita della crisi di impresa di cui al» sono state così sostituite dalle attuali: «delle misure e degli strumenti previsti dal» dall'art. 41, comma 3, lett.* b), *del D.L.vo 17 giugno 2022, n. 83, a decorrere dal 15 luglio 2022.*

(3) *Le parole: «e degli strumenti di regolazione della crisi d'impresa» sono state aggiunte dall'art. 41, comma 3, lett.* c), *del D.L.vo 17 giugno 2022, n. 83, a decorrere dal 15 luglio 2022.*

354. (1) [**Revisione dei parametri.** – 1. Al fine di migliorare la tempestività e l'efficienza delle segnalazioni dirette a favorire l'emersione precoce della crisi di impresa, sulla base dei dati elaborati dall'osservatorio di cui all'articolo 353, con regolamento adottato a norma dell'articolo 17, comma 2, della legge 23 agosto 1988, n. 400, si provvede all'eventuale revisione delle disposizioni contenute nell'articolo 15, con riferimento sia alla tipologia dei debiti sia all'entità degli stessi, nonché dei presupposti della tempestività dell'iniziativa ai sensi dell'articolo 24 ai fini delle misure premiali di natura fiscale di cui all'articolo 25].

(1) *Questo articolo è stato abrogato dall'art. 41, comma 4, del D.L.vo 17 giugno 2022, n. 83, a decorrere dal 15 luglio 2022.*

355. Relazione al Parlamento. – 1. Entro due anni in sede di prima applicazione, e successivamente ogni tre anni, il Ministro della giustizia presenta al Parlamento una relazione dettagliata sull'applicazione del presente codice, tenuto conto dei dati elaborati dall'osservatorio di cui all'articolo 353.

Capo II
Albo degli incaricati
della gestione e del controllo
nelle procedure

356. Albo dei soggetti incaricati dall'autorità giudiziaria delle funzioni di gestione e di controllo nelle procedure di cui al codice della crisi e dell'insolvenza. – 1. È istituito presso il Ministero della giustizia un albo dei soggetti, costituiti anche in forma associata o societaria, destinati a svolgere, su incarico del tribunale, le funzioni di curatore, commissario giudiziale o liquidatore, nelle procedure previste nel codice della crisi e dell'insolvenza. È assicurato il collegamento dati con le informazioni contenute nel registro di cui all'articolo 125, comma 4. Il Ministero della giustizia esercita la vigilanza sull'attività degli iscritti all'albo.

2. Possono ottenere l'iscrizione i soggetti che, in possesso dei requisiti di cui all'articolo 358, comma 1, dimostrano di aver assolto gli obblighi di formazione di cui all'articolo 4, comma 5, lettere *b*), *c*) e *d*), del decreto del Ministro della giustizia 24 settembre 2014, n. 202, e successive modificazioni. Per i professionisti iscritti agli ordini professionali degli avvocati, dei dottori commercialisti e degli esperti contabili, dei consulenti del lavoro la durata dei corsi di cui al predetto articolo 4, comma 5, lettera *b*), è di quaranta ore. Ai fini del primo popolamento dell'albo, possono ottenere l'iscrizione anche i soggetti in possesso dei requisiti di cui all'articolo 358, comma 1, che documentano di essere stati nominati, alla data di entrata in vigore del presente articolo, in almeno due procedure negli ultimi quattro anni, curatori fallimentari, commissari o liquidatori giudiziali [, ovvero, ai fini della nomina quali componenti dell'OCRI, i soggetti di cui all'articolo 352] ([1]). Costituisce condizione per il mantenimento dell'iscrizione l'acquisizione di uno specifico aggiornamento biennale, ai sensi del predetto decreto. La Scuola superiore della magistratura elabora le linee guida generali per la definizione dei programmi dei corsi di formazione e di aggiornamento. I requisiti di cui all'articolo 358, comma 1, lettera *b*), devono essere in possesso della persona fisica responsabile della procedura, nonché del legale rappresentante della società tra professionisti o di tutti i componenti dello studio professionale associato ([2]).

3. Costituisce requisito per l'iscrizione all'albo il possesso dei seguenti requisiti di onorabilità:

a) non versare in una delle condizioni di ineleggibilità o decadenza previste dall'articolo 2382 del codice civile;

b) non essere stati sottoposti a misure di prevenzione disposte dall'autorità giudiziaria ai sensi del decreto legislativo 6 settembre 2011, n. 159;

c) non essere stati condannati con sentenza passata in giudicato, salvi gli effetti della riabilitazione:

1) a pena detentiva per uno dei reati previsti dalle norme che disciplinano l'attività bancaria, finanziaria, mobiliare, assicurativa e dalle norme in materia di mercati e valori mobiliari, di strumenti di pagamento;

2) alla reclusione per uno dei delitti previsti nel titolo XI del libro V del codice civile o nel presente codice;

3) alla reclusione per un tempo non inferiore a un anno per un delitto contro la pubblica amministrazione, contro la fede pubblica, contro il patrimonio, contro l'ordine pubblico, contro l'economia pubblica ovvero per un delitto in materia tributaria;

4) alla reclusione per un tempo superiore a due anni per un qualunque delitto non colposo;

d) non avere riportato negli ultimi cinque anni una sanzione disciplinare più grave di quella minima prevista dai singoli ordinamenti professionali.

([1]) *Le parole tra parentesi quadrate sono state soppresse dall'art. 42, comma 1, del D.L.vo 17 giugno 2022, n. 83, a decorrere dal 15 luglio 2022.*

([2]) *Questo comma è stato così sostituito dall'art. 37, comma 1, del D.L.vo 26 ottobre 2020, n. 147.*

357. Funzionamento dell'albo. – 1. Con decreto del Ministro della giustizia, di concerto con il Ministro dell'economia e delle finanze, da adottare ai sensi dell'articolo 17, comma 3, della legge 23 agosto 1988, n. 400, entro il 30 giugno 2020 ([1]), sono stabilite, in particolare:

a) le modalità di iscrizione all'albo di cui all'articolo 356;

b) le modalità di sospensione e cancellazione, volontaria o disposta dal Ministero della giustizia, dal medesimo albo anche a seguito del mancato versamento del contributo previsto dal comma 2 ([2]);

c) le modalità di esercizio del potere di vigilanza da parte del Ministero della giustizia.

2. Con lo stesso decreto è stabilito l'importo del contributo che deve essere versato per l'i-

scrizione e per il suo mantenimento, tenuto conto delle spese per la realizzazione, lo sviluppo e l'aggiornamento dell'albo. Le somme corrisposte a titolo di contributo sono versate all'entrata del bilancio dello Stato per essere riassegnate allo stato di previsione del Ministero della giustizia.

(1) *Le parole: «1° marzo 2020» sono state così sostituite dalle attuali: «30 giugno 2020» dall'art. 8, comma 4, del D.L. 30 dicembre 2019, n. 162, convertito, con modificazioni, nella L. 28 febbraio 2020, n. 8.*

(2) *Questa lettera è stata così sostituita dall'art. 37, comma 2, del D.L.vo 26 ottobre 2020, n. 147.*

358. Requisiti per la nomina agli incarichi nelle procedure. – 1. Possono essere chiamati a svolgere le funzioni di curatore, commissario giudiziale e liquidatore, nelle procedure di cui al codice della crisi e dell'insolvenza:

a) gli iscritti agli albi degli avvocati, dei dottori commercialisti e degli esperti contabili e dei consulenti del lavoro;

b) gli studi professionali associati o società tra professionisti, sempre che i soci delle stesse siano in possesso dei requisiti professionali di cui alla lettera *a*), e, in tal caso, all'atto dell'accettazione dell'incarico, deve essere designata la persona fisica responsabile della procedura;

c) coloro che abbiano svolto funzioni di amministrazione, direzione e controllo in società di capitali o società cooperative, dando prova di adeguate capacità imprenditoriali e purché non sia intervenuta nei loro confronti dichiarazione di apertura della procedura di liquidazione giudiziale.

2. Non possono essere nominati curatore, commissario giudiziale o liquidatore, il coniuge, la parte di un'unione civile tra persone dello stesso sesso, il convivente di fatto, i parenti e gli affini entro il quarto grado del debitore, i creditori di questo e chi ha concorso al dissesto dell'impresa, nonché chiunque si trovi in conflitto di interessi con la procedura.

3. Il curatore, il commissario giudiziale e il liquidatore sono nominati dall'autorità giudiziaria tenuto conto:

a) delle risultanze dei rapporti riepilogativi [di cui all'articolo 16 *bis*, commi 9 *quater*, 9 *quinquies* e 9 *septies*, del decreto legge 18 ottobre 2012, n. 179, convertito, con modificazioni, dalla legge 24 dicembre 2012, n. 228] (1);

b) degli incarichi in corso, in relazione alla necessità di assicurare l'espletamento diretto, personale, efficiente (2) e tempestivo delle funzioni;

c) delle esigenze di trasparenza e di rotazione (3) nell'assegnazione degli incarichi, anche tenuto conto del numero delle procedure aperte nell'anno precedente, (4) valutata la esperienza richiesta dalla natura e dall'oggetto dello specifico incarico;

d) con riferimento agli iscritti agli albi dei consulenti del lavoro, dell'esistenza di rapporti di lavoro subordinato in atto al momento dell'apertura della liquidazione giudiziale, del deposito del decreto di ammissione al concordato preventivo o al momento della sua omologazione.

e) in caso di procedura che presenta elementi transfrontalieri, delle correlate esperienze e competenze acquisite e, in particolare, della capacità di rispettare gli obblighi di cui al regolamento (UE) 2015/848, di comunicare e cooperare con i professionisti che gestiscono le procedure di insolvenza e con le autorità giudiziarie o amministrative di un altro Stato membro, nonché delle risorse umane e amministrative necessarie per far fronte a casi potenzialmente complessi (5).

(1) *Le parole tra parentesi quadrate sono state soppresse dall'art. 42, comma 2, lett. a), del D.L.vo 17 giugno 2022, n. 83, a decorrere dal 15 luglio 2022.*

(2) *La parola: «, efficiente» è stata inserita dall'art. 37, comma 3, lett. a), del D.L.vo 26 ottobre 2020, n. 147, a decorrere dal 1° settembre 2021.*

(3) *Le parole: «e di turnazione» sono state così sostituite dalle attuali: «e di rotazione» dall'art. 37, comma 3, lett. b), del D.L.vo 26 ottobre 2020, n. 147, a decorrere dal 1° settembre 2021.*

(4) *Le parole: «anche tenuto conto del numero delle procedure aperte nell'anno precedente,» sono state inserite dall'art. 37, comma 3, lett. b), del D.L.vo 26 ottobre 2020, n. 147, a decorrere dal 1° settembre 2021.*

(5) *Questa lettera è stata aggiunta dall'art. 42, comma 2, lett. b), del D.L.vo 17 giugno 2022, n. 83, a decorrere dal 15 luglio 2022.*

Capo III
Disciplina dei procedimenti

359. Area web riservata. – 1. L'area web riservata di cui all'articolo 40, comma 7 (1), è realizzata dal Ministero dello sviluppo economico, sentita l'Agenzia per l'Italia digitale, avvalendosi delle strutture informatiche di cui all'articolo 6 *bis*, comma 4, del decreto legislativo 7 marzo 2005, n. 82 (Codice dell'amministrazione digitale).

2. Il Ministro dello sviluppo economico, di concerto con il Ministro della giustizia e con il Ministro per la pubblica amministrazione, sentito il Garante per la protezione dei dati personali, con decreto da adottarsi entro il 1° marzo 2020, definisce in particolare:

a) la codifica degli eventi che generano avvisi di mancata consegna, distinguendo tra quelli imputabili e quelli non imputabili al destinatario;

b) le modalità di inserimento automatico degli atti nell'area web riservata;

c) le modalità di accesso a ciascuna area da parte dei rispettivi titolari;

d) le modalità di comunicazione al titolare dell'area web riservata del link per accedere agevolmente all'atto oggetto della notifica, escludendo la rilevanza di questa comunicazione ai fini del perfezionamento della notifica, già avvenuta per effetto dell'inserimento di cui alla lettera seguente;

e) il contenuto e le modalità di rilascio alla cancelleria dell'attestazione dell'avvenuto inserimento dell'atto da notificare nell'area web riservata;

f) il contenuto della ricevuta di avvenuta notifica mediante inserimento nell'area web riservata e le modalità di firma elettronica;

g) il periodo di tempo per il quale è assicurata la conservazione dell'atto notificato nell'area web riservata.

h) le misure necessarie ad assicurare la protezione dei dati personali.

(1) *Le parole: «articolo 40, comma 6» sono state così sostituite dalle attuali: «articolo 40, comma 7» dall'art. 43, comma 1, del D.L.vo 17 giugno 2022, n. 83, a decorrere dal 15 luglio 2022.*

360. Disposizioni in materia di obbligatorietà del deposito con modalità telematiche degli atti del procedimento di accertamento dello stato di crisi o di insolvenza. – 1. Dopo l'articolo 16 *bis*, comma 4, del decreto legge 18 ottobre 2012, n. 179, convertito dalla legge 17 dicembre 2012, n. 221 è inserito il seguente comma:

«4 *bis*. Nei procedimenti giudiziali diretti all'apertura delle procedure concorsuali, in ogni grado di giudizio, gli atti dei difensori e degli ausiliari del giudice, nonché i documenti sono depositati esclusivamente con modalità telematiche, nel rispetto della normativa anche regolamentare concernente la sottoscrizione, la trasmissione e la ricezione dei documenti informatici. Si applica il secondo periodo del comma 4. Per il ricorso per cassazione, la disposizione acquista efficacia a decorrere dal sessantesimo giorno successivo alla pubblicazione nella *Gazzetta Ufficiale* del provvedimento del responsabile dei sistemi informativi automatizzati del Ministero della giustizia, da adottarsi entro un anno dall'entrata in vigore del codice della crisi di impresa e dell'insolvenza, adottato in attuazione dell'articolo 1 della legge delega 19 ottobre 2017, n. 155, attestante la piena funzionalità dei servizi di comunicazione.».

361. Norma transitoria sul deposito telematico delle notifiche. – 1. Quando la notificazione telematica di cui all'articolo 40, comma 6 (1), non risulta possibile o non ha esito positivo, per causa imputabile al destinatario e sino all'emanazione del decreto di cui all'articolo 359, si applicano le disposizioni di cui all'articolo 40, comma 8 (2).

(1) *Le parole: «articolo 40, comma 5» sono state così sostituite dalle attuali: «articolo 40, comma 6» dall'art. 43, comma 2, del D.L.vo 17 giugno 2022, n. 83, a decorrere dal 15 luglio 2022.*

(2) *Le parole: «articolo 40, comma 7» sono state così sostituite dalle attuali: «articolo 40, comma 8» dall'art. 43, comma 2, del D.L.vo 17 giugno 2022, n. 83, a decorrere dal 15 luglio 2022.*

362. Trattazione delle controversie concorsuali presso la Corte di cassazione. – 1. Presso la Corte di cassazione, alla sezione incaricata della trattazione delle controversie di cui al presente codice, sono destinati magistrati nel numero richiesto dalle esigenze del servizio, tenuto conto dei procedimenti pendenti e pervenuti e dell'urgenza della definizione.

2. L'assegnazione del personale di magistratura alla sezione di cui al comma 1 ha luogo nei limiti della dotazione organica vigente.

363. Certificazione dei debiti contributivi e per premi assicurativi. – 1. L'Istituto nazionale per la previdenza sociale e l'Istituto nazionale per gli infortuni sul lavoro, su richiesta del debitore o del tribunale, comunicano i crediti dagli stessi vantati nei confronti del debitore a titolo di contributi e premi assicurativi, attraverso il rilascio di un certificato unico.

2. L'INPS e l'INAIL, entro novanta giorni dall'entrata in vigore del presente articolo, definiscono i contenuti della comunicazione ed i tempi per il rilascio del certificato unico di cui al comma 1 con proprio provvedimento, approvato dal Ministero del lavoro e delle politiche sociali, di concerto con il Ministero dell'economia e delle finanze e, per i profili di competenza, con il Dipartimento della funzione pubblica.

364. Certificazione dei debiti tributari. – 1. Gli uffici dell'Amministrazione finanziaria e degli enti preposti all'accertamento dei tributi di loro competenza rilasciano, su richiesta del debitore o del tribunale, un certificato unico sull'esistenza di debiti risultanti dai rispettivi atti, dalle contestazioni in corso e da quelle già definite per le quali i debiti non sono stati soddisfatti.

2. L'Agenzia delle entrate adotta, entro novanta giorni dalla data di entrata in vigore del presente articolo, con proprio provvedimento, modelli per la certificazione dei carichi pendenti, risultanti al sistema informativo dell'anagrafe tributaria e dell'esistenza di contestazioni, nonché per le istruzioni agli uffici locali dell'Agenzia delle entrate competenti al rilascio e definisce un fac-simile di richiesta delle certificazioni medesime da parte dei soggetti interessati, curando la tempestività di rilascio.

365. Informazioni sui debiti fiscali, contributivi e per premi assicurativi. – 1. A seguito della domanda di apertura della liquidazione giudiziale o del concordato preventivo e fino alla emanazione dei provvedimenti di cui agli articoli 363 e 364, la cancelleria acquisisce dagli uffici competenti idonea certificazione sui debiti fiscali, contributivi e per premi assicurativi.

366. Modifica all'articolo 147 del Testo unico in materia di spese di giustizia. – 1. L'articolo 147 del decreto del Presidente della Repubblica 30 maggio 2002, n. 115, è sostituito dal seguente:

«Art. 147 (L) (Recupero delle spese in caso di revoca della dichiarazione di apertura della liquidazione giudiziale). - 1. In caso di revoca della dichiarazione di apertura della liquidazione giudiziale, le spese della procedura e il compenso del curatore sono a carico del creditore istante quando ha chiesto con colpa la dichiarazione di apertura della liquidazione giudiziale; sono a carico del debitore persona fisica, se con il suo comportamento ha dato causa alla dichiarazione di apertura della liquidazione giudiziale. La corte di appello, quando revoca la liquidazione giudiziale, accerta se l'apertura della procedura è imputabile al creditore o al debitore.».

2. Le disposizioni dell'articolo 147 del decreto del Presidente della Repubblica n. 115 del 2002, come sostituito dal comma 1, si applicano anche in caso di revoca dei fallimenti adottati con provvedimento emesso a norma dell'articolo 18 del regio decreto 16 marzo 1942, n. 267.

367. Modalità di accesso alle informazioni sui debiti risultanti da banche dati pubbliche. – 1. Nei procedimenti di cui all'articolo 42, comma 1, le pubbliche amministrazioni che gestiscono le banche dati del Registro delle imprese, dell'Anagrafe tributaria e dell'Istituto nazionale di previdenza sociale trasmettono direttamente e automaticamente alla cancelleria, mediante il sistema di cooperazione applicativa ai sensi del decreto legislativo 7 marzo 2005, n. 82, Codice dell'amministrazione digitale, i dati e i documenti di cui ai commi 2, 3 e 4.

2. Il Registro delle imprese trasmette alla cancelleria i bilanci relativi agli ultimi tre esercizi, la visura storica, gli atti con cui sono state compiute le operazioni straordinarie e in particolare aumento e riduzione di capitale, fusione e scissione, trasferimenti di azienda o di rami di azienda. Ulteriori informazioni e documenti possono essere individuati con decreto non avente natura regolamentare del Ministero della giustizia, di concerto con il Ministero dello sviluppo economico.

3. L'Agenzia delle entrate trasmette alla cancelleria le dichiarazioni dei redditi concernenti i tre esercizi o anni precedenti, l'elenco degli atti sottoposti a imposta di registro e i debiti fiscali, indicando partitamente per questi ultimi interessi, sanzioni e gli anni in cui i debiti sono sorti. Con decreto del direttore generale della giustizia civile d'intesa con il direttore generale dell'Agenzia delle entrate possono essere individuati ulteriori documenti e informazioni.

4. L'Istituto nazionale di previdenza sociale trasmette alla cancelleria le informazioni relative ai debiti contributivi. Con decreto del direttore generale della giustizia civile d'intesa con il presidente del predetto Istituto possono essere individuati ulteriori documenti e informazioni.

5. Sino a quando non sono definiti dall'Agenzia per l'Italia digitale gli standard di comunicazione e le regole tecniche di cui all'articolo 71 del decreto legislativo 7 marzo 2005, n. 82, e, in ogni caso, quando l'amministrazione che gestisce la banca dati o il Ministero della giustizia non dispongono dei sistemi informatici per la cooperazione applicativa di cui al codice dell'amministrazione digitale, i dati, i documenti e le informazioni di cui al presente articolo sono acquisiti previa stipulazione, senza nuovi o maggiori oneri per la finanza pubblica, di una convenzione a titolo gratuito e senza nuovi o maggiori oneri per la finanza pubblica, finalizzata alla fruibilità informatica dei dati, sentito il Garante per la protezione dei dati personali.

6. Con le medesime modalità di cui al comma 1 sono altresì trasmesse alla cancelleria

le ulteriori informazioni relative al debitore e rilevanti per la sussistenza dei requisiti eccedenti quelli di cui all'articolo 2, comma 1, lettera *d*), detenute dalle altre pubbliche amministrazioni individuate dal Ministero della giustizia. Si applica il comma 5.

7. Le disposizioni del presente articolo acquistano efficacia a decorrere dal sessantesimo giorno successivo alla pubblicazione nella *Gazzetta Ufficiale* del provvedimento del responsabile dei sistemi informativi automatizzati del Ministero della giustizia, da adottarsi entro un anno dall'entrata in vigore del presente codice, attestante la piena funzionalità del collegamento telematico, anche a seguito della stipulazione delle convenzioni di cui al comma 5.

Capo IV
Disposizioni in materia
di diritto del lavoro

368. Coordinamento con la disciplina del diritto del lavoro. – 1. All'articolo 5, comma 3, della legge 23 luglio 1991 n. 223, dopo le parole «comma 12» sono aggiunte le seguenti: «nonché di violazione delle procedure di cui all'articolo 189, comma 6, del codice della crisi e dell'insolvenza».

2. All'articolo 10 del decreto legislativo 4 marzo 2015, n. 23, dopo le parole «comma 12» sono aggiunte le seguenti: «nonché di violazione delle procedure di cui all'articolo 189, comma 6, del codice della crisi e dell'insolvenza».

3. All'articolo 24 della legge 23 luglio 1991, n. 223 sono introdotte le seguenti modifiche:

a) al comma 1, dopo il primo periodo, è aggiunto il seguente: «Fermi i requisiti numerici e temporali prescritti dal presente comma, alle imprese in stato di liquidazione giudiziale si applicano le disposizioni di cui all'articolo 189, comma 6, del codice della crisi e dell'insolvenza.»;

b) al comma 1 *bis*, dopo il primo periodo, è aggiunto il seguente: «Ai datori di lavoro non imprenditori in stato di liquidazione giudiziale si applicano le disposizioni di cui all'articolo 189, comma 6, del codice della crisi e dell'insolvenza.»;

c) al comma 1 *quinquies*, dopo le parole: «procedure richiamate dall'articolo 4, comma 12,» sono aggiunte le seguenti: «nonché di violazione delle procedure di cui all'articolo 189, comma 6, del codice della crisi e dell'insolvenza.».

4. All'articolo 47 della legge 29 dicembre 1990, n. 428, sono apportate le seguenti modificazioni e integrazioni:

a) dopo il comma 1 è inserito il seguente:

«1 *bis*. Nei casi di trasferimenti di aziende nell'ambito degli strumenti di regolazione della crisi e dell'insolvenza e delle procedure di insolvenza disciplinati dal decreto legislativo 12 gennaio 2019, n. 14 (1), la comunicazione di cui al comma 1 può essere effettuata anche solo da chi intenda proporre offerta di acquisto dell'azienda o proposta di concordato preventivo concorrente con quella dell'imprenditore; in tale ipotesi l'efficacia degli accordi di cui ai commi 4 *bis* e 5 può essere subordinata alla successiva attribuzione dell'azienda ai terzi offerenti o proponenti.»;

b) il comma 4 *bis* è sostituito dal seguente:

«4 *bis*. Nel caso in cui sia stato raggiunto un accordo, nel corso delle consultazioni di cui ai precedenti commi, con finalità di salvaguardia dell'occupazione, l'articolo 2112 del codice civile, fermo il trasferimento al cessionario dei rapporti di lavoro, trova applicazione, per quanto attiene alle condizioni di lavoro, nei termini e con le limitazioni previste dall'accordo medesimo, da concludersi anche attraverso i contratti collettivi di cui all'articolo 51 del decreto legislativo 15 giugno 2015, n. 81, qualora il trasferimento riguardi aziende:

a) per le quali vi sia stata la dichiarazione di apertura della procedura di concordato preventivo in regime di continuità indiretta, ai sensi dell'articolo 84, comma 2, del codice della crisi e dell'insolvenza, con trasferimento di azienda successivo all'apertura del concordato stesso;

b) per le quali vi sia stata l'omologazione degli accordi di ristrutturazione dei debiti, quando gli accordi non hanno carattere liquidatorio;

c) per le quali è stata disposta l'amministrazione straordinaria, ai sensi del decreto legislativo 8 luglio 1999, n. 270, in caso di continuazione o di mancata cessazione dell'attività»;

c) il comma 5 è sostituito dal seguente:

«5. Qualora il trasferimento riguardi imprese nei confronti delle quali vi sia stata apertura della liquidazione giudiziale o di concordato preventivo liquidatorio, ovvero emanazione del provvedimento di liquidazione coatta amministrativa, nel caso in cui la continuazione dell'attività non sia stata disposta o sia cessata, i rapporti di lavoro continuano con il cessionario. Tuttavia, in tali ipotesi, nel corso delle consultazioni di

LEGGI COMPLEMENTARI

cui ai precedenti commi, possono comunque stipularsi, con finalità di salvaguardia dell'occupazione, contratti collettivi ai sensi dell'articolo 51 del decreto legislativo 15 giugno 2015, n. 81, in deroga all'articolo 2112, commi 1, 3 e 4, del codice civile; resta altresì salva la possibilità di accordi individuali, anche in caso di esodo incentivato dal rapporto di lavoro, da sottoscriversi nelle sedi di cui all'articolo 2113, ultimo comma del codice civile.»;

d) dopo il comma 5 sono aggiunti i seguenti:

«5 *bis*. Nelle ipotesi previste dal comma 5, non si applica l'articolo 2112, comma 2, del codice civile e il trattamento di fine rapporto è immediatamente esigibile nei confronti del cedente dell'azienda. Il Fondo di garanzia, in presenza delle condizioni previste dall'articolo 2 della legge 29 maggio 1982, n. 297, interviene anche a favore dei lavoratori che passano senza soluzione di continuità alle dipendenze dell'acquirente; nei casi predetti, la data del trasferimento tiene luogo di quella della cessazione del rapporto di lavoro, anche ai fini dell'individuazione dei crediti di lavoro diversi dal trattamento di fine rapporto, da corrispondere ai sensi dell'articolo 2, comma 1, del decreto legislativo 27 gennaio 1992, n. 80. I predetti crediti per trattamento di fine rapporto e di cui all'articolo 2, comma 1, del decreto legislativo 27 gennaio 1992, n. 80 sono corrisposti dal Fondo di Garanzia nella loro integrale misura, quale che sia la percentuale di soddisfazione stabilita, nel rispetto dell'articolo 84, comma 5 ([2]), del codice della crisi e dell'insolvenza, in sede di concordato preventivo.

5 *ter*. Qualora il trasferimento riguardi imprese nei confronti delle quali vi sia stata sottoposizione all'amministrazione straordinaria, nel caso in cui la continuazione dell'attività non sia stata disposta o sia cessata e nel corso della consultazione di cui ai precedenti commi sia stato raggiunto un accordo circa il mantenimento anche parziale dell'occupazione, ai lavoratori il cui rapporto di lavoro continua con l'acquirente non trova applicazione l'articolo 2112 del codice civile, salvo che dall'accordo risultino condizioni di miglior favore. Il predetto accordo può altresì prevedere che il trasferimento non riguardi il personale eccedentario e che quest'ultimo continui a rimanere, in tutto o in parte, alle dipendenze dell'alienante.»;

e) al comma 6 dopo le parole «i lavoratori che» è aggiunta la seguente: «comunque»;

f) all'articolo 11, comma 3, del decreto legge 23 dicembre 2013, n. 145, convertito, con modificazioni, dalla legge 21 febbraio 2014, n. 9, le parole «dell'articolo 2, comma 19, della legge 28 giugno 2012, n. 92» sono sostituite dalle seguenti: «dell'articolo 8 del decreto legislativo 4 marzo 2015, n. 22».

([1]) *Le parole: «di procedure di regolazione della crisi e dell'insolvenza di cui al presente codice» sono state così sostituite dalle attuali: «degli strumenti di regolazione della crisi e dell'insolvenza e delle procedure di insolvenza disciplinati dal decreto legislativo 12 gennaio 2019, n. 14» dall'art. 44, comma 1, lett.* a), *del D.L.vo 17 giugno 2022, n. 83, a decorrere dal 15 luglio 2022.*

([2]) *Le parole: «articolo 85, comma 7» sono state così sostituite dalle attuali: «articolo 84, comma 5» dall'art. 44, comma 1, lett.* b), *del D.L.vo 17 giugno 2022, n. 83, a decorrere dal 15 luglio 2022.*

Capo V
Disposizioni di coordinamento in tema di liquidazione coatta amministrativa e in altre materie

369. ([1]) **Norme di coordinamento con le disposizioni del decreto legislativo 1° settembre 1993, n. 385 e del decreto legislativo 16 novembre 2015, n. 180.** – 1. Al decreto legislativo 1° settembre 1993, n. 385, sono apportate le seguenti modificazioni:

a) all'articolo 39, comma 4, le parole: «a revocatoria fallimentare» sono sostituite dalle seguenti «alla revocatoria di cui all'articolo 166 del codice della crisi e dell'insolvenza» e le parole: «L'art. 67 della legge fallimentare» sono sostituite dalle seguenti: «L'articolo 166 del codice della crisi e dell'insolvenza»;

b) all'articolo 69 *septiesdecies*, le parole: «agli articoli 64, 65, 66 e 67, 216, primo comma, n. 1), e terzo comma, e 217 della legge fallimentare» sono sostituite dalle seguenti: «agli articoli 163, 164, 165, 166, 290, 292, 322, comma 1, lettera a), e comma 3, e 323 del codice della crisi e dell'insolvenza»;

c) all'articolo 70, comma 7, le parole: «il titolo IV della legge fallimentare e» sono soppresse;

d) all'articolo 80, comma 6, le parole: «della legge fallimentare» sono sostituite dalle seguenti: «del codice della crisi e dell'insolvenza»;

e) all'articolo 82 sono apportate le seguenti modificazioni:

1) al comma 1, le parole: «in cui essa ha la sede legale» sono sostituite dalle seguenti: «dove essa ha il centro degli interessi principali», le parole «dell'art. 195, commi primo, secondo periodo, terzo, quarto, quinto, sesto e ottavo della legge fallimentare» sono sosti-

tuite dalle seguenti: «dell'articolo 297 (2) del codice della crisi e dell'insolvenza»;

2) al comma 2, le parole «del luogo in cui la banca ha la sede legale» sono sostituite dalle seguenti: «del luogo in cui la banca ha il centro degli interessi principali», le parole «dell'art 195, terzo, quarto, quinto e sesto comma della legge fallimentare» sono sostituite dalle seguenti: «dell'articolo 298 (3) del codice della crisi e dell'insolvenza»;

3) al comma 3, le parole «nell'art. 203 della legge fallimentare» sono sostituite dalle seguenti: «nell'articolo 299 (4) del codice della crisi e dell'insolvenza»;

f) all'articolo 83 sono apportate le seguenti modificazioni:

1) al comma 2, le parole: «dagli articoli 42, 44, 45 e 66, nonché dalle disposizioni del titolo II, capo III, sezione II e sezione IV della legge fallimentare» sono sostituite dalle seguenti: «dagli articoli 142, 144, 145 e 165, nonché dalle disposizioni del titolo V, capo I, sezione III e V del codice della crisi e dell'insolvenza»;

2) al comma 3, le parole «del luogo dove la banca ha la sede legale» sono sostituite dalle seguenti: «del luogo in cui la banca ha il centro degli interessi principali»;

3) al comma 3 *bis*, le parole «all'articolo 56, primo comma, della legge fallimentare» sono sostituite dalle seguenti: «all'articolo 155, comma 1, del codice della crisi e dell'insolvenza»;

g) all'articolo 86 sono apportate le seguenti modificazioni:

1) al comma 3, le parole «del luogo ove la banca ha la sede legale» sono sostituite dalle seguenti: «del luogo in cui la banca ha il centro degli interessi principali» e le parole «Si applica l'articolo 31 *bis*, terzo comma, della legge fallimentare, intendendosi sostituito al curatore il commissario liquidatore» sono sostituite dalle seguenti: «In pendenza della procedura e per il periodo di due anni dalla chiusura della stessa, il commissario liquidatore è tenuto a conservare i messaggi di posta elettronica certificata inviati e ricevuti»;

2) al comma 7, le parole «del luogo ove la banca ha la sede legale» sono sostituite dalle seguenti: «del luogo in cui la banca ha il centro degli interessi principali»;

h) all'articolo 87, al comma 2, le parole «del luogo ove la banca ha la sede legale» sono sostituite dalle seguenti: «del luogo in cui la banca ha il centro degli interessi principali» e le parole «l'articolo 99, commi 2 e seguenti, della legge fallimentare» sono sostituite dalle seguenti: «l'articolo 206, comma 2 e seguenti, del codice della crisi e dell'insolvenza»;

i) all'articolo 91 sono apportate le seguenti modificazioni:

1) al primo periodo del primo comma, le parole «dall'articolo 111 della legge fallimentare» sono sostituite dalle seguenti: «dall'articolo 221 del codice della crisi e dell'insolvenza» e, al secondo periodo, le parole «nell'articolo 111, comma primo, numero 1) della legge fallimentare» sono sostituite dalle seguenti: «nell'articolo 221, comma 1, lettera a), del codice della crisi e dell'insolvenza»;

2) al comma 1 *bis*, le parole «dall'articolo 111 della legge fallimentare» sono sostituite dalle seguenti: «dall'articolo 221 del codice della crisi e dell'insolvenza»;

3) al comma 3, le parole «dell'articolo 111, comma 1, numero 3) della legge fallimentare» sono sostituite dalle seguenti: «dall'articolo 221, comma 1, lettera c) del codice della crisi e dell'insolvenza»;

l) all'articolo 93 sono apportate le seguenti modificazioni:

1) al comma 1, le parole «del luogo dove l'impresa ha la sede legale» sono sostituite dalle seguenti: «del luogo dove l'impresa ha il centro degli interessi principali» e le parole «dell'art. 152, secondo comma, della legge fallimentare» sono sostituite dalle seguenti: «dell'articolo 265, comma 2, del codice della crisi e dell'insolvenza»;

2) al comma 3, ultimo periodo, le parole «dall'articolo 135 della legge fallimentare» sono sostituite dalle seguenti: «dall'articolo 248 del codice della crisi e dell'insolvenza»;

3) al comma 6, le parole «l'articolo 131 della legge fallimentare» sono sostituite dalle seguenti: «l'articolo 247 del codice della crisi e dell'insolvenza»;

m) all'articolo 94, comma 3, le parole «l'articolo 215 della legge fallimentare» sono sostituite dalle seguenti: «l'articolo 315 del codice della crisi e dell'insolvenza»;

n) all'articolo 99, il comma 5 è sostituito dal seguente:

«5 Quando sia accertato giudizialmente lo stato di insolvenza, compete ai commissari l'esperimento dell'azione revocatoria prevista dall'articolo 166 del codice della crisi e dell'insolvenza nei confronti di altre società del gruppo. L'azione può essere esperita per gli atti indicati al comma 1, lettere *a*), *b*) e *c*), dell'articolo 166 del codice della crisi e dell'insolvenza, che siano stati posti in essere nei cinque anni anteriori al provvedimento di liquidazione coatta e per gli atti indicati al comma 1, lettera *d*), e al comma 2, dello stesso articolo che siano stati posti in essere nei tre anni anteriori.»;

o) all'articolo 104, comma 1, le parole «ha sede legale la capogruppo» sono sostituite dalle seguenti: «la capogruppo ha il centro degli interessi principali».

2. La disposizione di cui al comma 1, lettera *a*), si applica alle liquidazioni giudiziali aperte a seguito di domanda depositata o iniziativa comunque esercitata successivamente alla data di entrata in vigore del presente decreto.

3. La disposizione di cui al comma 1, lettera *b*), si applica agli accordi previsti dal capo 02-I del Titolo IV del Testo unico bancario e alle prestazioni di sostegno finanziario in loro esecuzione, approvati successivamente alla data di entrata in vigore del presente decreto.

4. Le disposizioni di cui al comma 1, lettere *d*), *e*), *f*), *g*), *h*), *i*), *l*), *m*), *n*), e *o*), si applicano alle liquidazioni coatte amministrative disposte per effetto di domande depositate o iniziative comunque esercitate successivamente alla data di entrata in vigore del presente decreto.

5. Al decreto legislativo 16 novembre 2015, n. 180, sono apportate le seguenti modificazioni:

a) all'articolo 36:

1) al comma 2, le parole: «Le disposizioni del Titolo VI della legge fallimentare» sono sostituite dalle seguenti: «Le disposizioni del Titolo IX del codice della crisi d'impresa e dell'insolvenza»;

2) al comma 3, il secondo ed il terzo periodo sono sostituiti dai seguenti: «I termini di cui agli articoli 163, 164, comma 1, 166, comma 1, 169 e 170 del codice della crisi d'impresa e dell'insolvenza decorrono dalla data di avvio della risoluzione. Non sono esperibili le azioni previste dall'articolo 166, comma 2, del codice della crisi d'impresa e dell'insolvenza.»;

b) al comma 8 dell'articolo 37, le parole: «prededucibili ai sensi dell'articolo 111 della legge fallimentare» sono sostituite dalle seguenti: «prededucibili ai sensi dell'articolo 6, comma 1, lettera *d*), del codice della crisi d'impresa e dell'insolvenza»;

c) al comma 3 dell'articolo 38, l'ultimo periodo è sostituito dal seguente: «Se è dichiarato lo stato di insolvenza, i termini di cui agli articoli 163, 164, 166, comma 1, e 169 del codice della crisi d'impresa e dell'insolvenza decorrono dalla data determinata dalla Banca d'Italia ai sensi dell'articolo 32, comma 2.».

6. Le disposizioni di cui al comma 5 si applicano alle procedure di risoluzione avviate ai sensi dell'articolo 32 del decreto legislativo 16 novembre 2015, n. 180, successivamente alla data di entrata in vigore del presente decreto.

(1) *Questo articolo è stato così sostituito dall'art. 38, comma 1, del D.L.vo 26 ottobre 2020, n. 147, a decorrere dal 1° settembre 2021.*

(2) *La parola: «296» è stata così sostituita dalla seguente: «297» dall'art. 6, comma 1, lett. a), n. 1), del D.L.vo 8 novembre 2021, n. 193.*

(3) *La parola: «297» è stata così sostituita dalla seguente: «298» dall'art. 6, comma 1, lett. a), n. 2), del D.L.vo 8 novembre 2021, n. 193.*

(4) *La parola: «298» è stata così sostituita dalla seguente: «299» dall'art. 6, comma 1, lett. a), n. 3), del D.L.vo 8 novembre 2021, n. 193.*

370. Norme di coordinamento con le disposizioni del decreto legislativo 7 settembre 2005, n. 209. – 1. Al decreto legislativo 7 settembre 2005, n. 209, sono apportate le seguenti modificazioni:

a) all'articolo 238, le parole «non si applica il titolo III della legge fallimentare» sono sostituite dalle seguenti: «non si applicano le disposizioni dei capi I e III del titolo IV del codice della crisi e dell'insolvenza»;

b) all'articolo 245, comma 7, secondo periodo, le parole «della legge fallimentare» sono sostituite dalle seguenti: «del codice della crisi e dell'insolvenza»;

c) all'articolo 248 sono apportate le seguenti modificazioni:

1) al comma 1, le parole «dove l'impresa ha la sede legale» sono sostituite dalle seguenti: «dove l'impresa ha il centro degli interessi principali», le parole «dell'articolo 195, primo, secondo periodo, terzo, quarto, quinto e sesto comma, della legge fallimentare» sono sostituite dalle seguenti: «dell'articolo 297 del codice della crisi e dell'insolvenza»;

2) al comma 2, le parole «in cui l'impresa ha la sede legale» sono sostituite dalle seguenti: «dove l'impresa ha il centro degli interessi principali», le parole «dell'articolo 195, terzo, quarto, quinto e sesto comma, della legge fallimentare» sono sostituite dalle seguenti: «dell'articolo 297 del codice della crisi e dell'insolvenza»;

3) al comma 3, le parole «nell'articolo 5, secondo comma, della legge fallimentare» sono sostituite dalle seguenti: «nell'articolo 2, comma 1, lettera *b*), del codice della crisi e dell'insolvenza»;

4) al comma 4, le parole «nell'art. 203 della legge fallimentare» sono sostituite dalle seguenti: «nell'articolo 299 del codice della crisi e dell'insolvenza»;

d) all'articolo 249 sono apportate le seguenti modificazioni:

1) al comma 1, le parole «del luogo dove l'impresa ha la sede legale» sono sostituite dalle seguenti: «dove l'impresa ha il centro degli interessi principali»;

2) al comma 2, le parole «titolo II, capo III, sezione II e sezione IV, e dall'articolo 66 della legge fallimentare» sono sostituite dalle seguenti: «titolo V, capo I, sezione III e V del codice della crisi e dell'insolvenza e dall'articolo 165 del medesimo codice»;

e) all'articolo 252 sono apportate le seguenti modificazioni:

1) al comma 2, le parole «del luogo dove ha sede legale l'impresa» sono sostituite dalle seguenti: «dove l'impresa ha il centro degli interessi principali»;

2) al comma 8, le parole «del luogo ove l'impresa ha sede legale» sono sostituite dalle seguenti: «dove l'impresa ha il centro degli interessi principali»;

f) all'articolo 254, comma 2, le parole «dagli articoli 98 e 99 della legge fallimentare» sono sostituite dalle seguenti: «dagli articoli 206 e 207 del codice della crisi e dell'insolvenza»;

g) all'articolo 255, le parole «dalla legge fallimentare» sono sostituite dalle seguenti: «dal codice della crisi e dell'insolvenza»;

h) all'articolo 256, le parole «dagli articoli 98 e 99 della legge fallimentare» sono sostituite dalle seguenti: «dagli articoli 206 e 207 del codice della crisi e dell'insolvenza»;

i) all'articolo 257, comma 1, le parole «dall'articolo 35 della legge fallimentare» sono sostituite dalle seguenti: «dall'articolo 132 del codice della crisi e dell'insolvenza» e le parole «a quanto disposto dall'articolo 206, secondo comma, della medesima» sono sostituite dalle seguenti: «a quanto disposto dall'articolo 307, comma 2, del medesimo codice»;

l) all'articolo 258, comma 6, le parole «all'articolo 111, primo comma, numero 1, della legge fallimentare» sono sostituite dalle seguenti: «all'articolo 221, comma 1, lettera *a*), del codice della crisi e dell'insolvenza»;

m) all'articolo 260, al comma 1, primo periodo, le parole «dall'articolo 111 della legge fallimentare» sono sostituite dalle seguenti: «dall'articolo 221 del codice della crisi e dell'insolvenza» e, al comma 1, secondo periodo, le parole «nell'articolo 111, comma primo, numero 1) della legge fallimentare» sono sostituite dalle seguenti: «nell'articolo 221, comma 1, lettera *a*), del codice della crisi e dell'insolvenza»;

n) all'articolo 262, comma 1, le parole «dell'art. 152, secondo comma, della legge fallimentare» sono sostituite dalle seguenti: «dell'articolo 265, comma 2, del codice della crisi e dell'insolvenza» e le parole «del luogo dove l'impresa ha la sede legale» sono sostituite dalle seguenti: «dove l'impresa ha il centro degli interessi principali»;

o) all'articolo 263, comma 3, le parole «Si applica l'articolo 215 della legge fallimentare» sono sostituite dalle seguenti: «Si applicano gli articoli 250 e 251 del codice della crisi e dell'insolvenza»;

p) all'articolo 265, comma 3, le parole «all'articolo 213, secondo e terzo comma, della legge fallimentare» sono sostituite dalle seguenti: «all'articolo 313 del codice della crisi e dell'insolvenza»;

q) all'articolo 270, comma 1, le parole «dall'articolo 56 della legge fallimentare» sono sostituite dalle seguenti: «all'articolo 155 del codice della crisi e dell'insolvenza»;

r) all'articolo 276, comma 5, prima parte, le parole «67 della legge fallimentare», sono sostituite dalle seguenti: «166 del codice della crisi e dell'insolvenza» e le parole «per gli atti indicati ai numeri 1), 2) e 3) del primo comma dell'articolo 67 della legge fallimentare, che siano stati posti in essere nei cinque anni anteriori al provvedimento di liquidazione coatta, e per gli atti indicati al numero 4) del primo comma e dal secondo comma del medesimo articolo 67, che siano stati posti in essere nei tre anni anteriori» sono sostituite dalle seguenti: «per gli atti indicati all'articolo 166, comma 1, lettere *a*), *b*) e *c*) del codice della crisi e dell'insolvenza che siano stati posti in essere nei cinque anni anteriori al provvedimento di liquidazione coatta, e per gli atti indicati all'articolo 166, comma 1, lettere *a*), *b*) e *c*) e comma 2 del codice della crisi e dell'insolvenza, che siano stati posti in essere nei tre anni anteriori»;

s) all'articolo 281, comma 1, le parole «tribunale nella cui circoscrizione ha sede legale tale società controllante» sono sostituite dalle seguenti: «tribunale dove tale società controllante ha il centro degli interessi principali».

2. Le disposizioni di cui al comma 1, lettere *b*), *c*), *d*), *e*), *f*), *g*), *h*), *i*), *l*), *m*), *n*), *o*), *p*), *q*), *r*) e *s*), si applicano alle liquidazioni coatte amministrative disposte per effetto di domande depositate o iniziative comunque esercita-

te successivamente all'entrata in vigore del presente decreto.

371. Norme di coordinamento con l'articolo 16 delle disposizioni di attuazione del codice civile. - 1. All'articolo 16 delle disposizioni di attuazione del codice civile, le parole «201, 207, 208, 209, 210, 212 e 213 del r.d. 16 marzo 1942, n. 267» sono sostituite dalle seguenti: «304, 308, 309, 310, 311, 312 e 313 del codice della crisi e dell'insolvenza».

2. Il comma 1 si applica alle liquidazioni generali del patrimonio disposte per effetto di domande depositate o iniziative comunque esercitate successivamente all'entrata in vigore del presente decreto.

372. Modifiche al codice dei contratti pubblici di cui al decreto legislativo 18 aprile 2016, n. 50. - 1. Al codice dei contratti pubblici di cui al decreto legislativo 18 aprile 2016, n. 50, sono apportate le seguenti modificazioni:

a) all'articolo 48, al comma 17, le parole «articolo 110, comma 5, in caso di fallimento, liquidazione coatta amministrativa, amministrazione controllata, amministrazione straordinaria, concordato preventivo ovvero procedura di insolvenza concorsuale o di liquidazione del mandatario ovvero, qualora si tratti di imprenditore individuale, in caso di morte, interdizione, inabilitazione o fallimento» sono sostituite dalle seguenti: «articolo 110, comma 6, in caso di liquidazione giudiziale, liquidazione coatta amministrativa, amministrazione straordinaria, concordato preventivo o di liquidazione del mandatario ovvero, qualora si tratti di imprenditore individuale, in caso di morte, interdizione, inabilitazione o liquidazione giudiziale» e, al comma 18, le parole «articolo 110, comma 5, in caso di fallimento, liquidazione coatta amministrativa, amministrazione controllata, amministrazione straordinaria, concordato preventivo ovvero procedura di insolvenza concorsuale o di liquidazione di uno dei mandanti ovvero, qualora si tratti di imprenditore individuale, in caso di morte, interdizione, inabilitazione o fallimento» sono sostituite dalle seguenti: «articolo 110, comma 6, in caso di liquidazione giudiziale, liquidazione coatta amministrativa, amministrazione straordinaria, concordato preventivo o di liquidazione di uno dei mandanti ovvero, qualora si tratti di imprenditore individuale, in caso di morte, interdizione, inabilitazione o liquidazione giudiziale»;

b) all'articolo 80, comma 5, la lettera *b*) è sostituita dalla seguente: «*b*) l'operatore economico sia stato sottoposto a liquidazione giudiziale o si trovi in stato di liquidazione coatta o di concordato preventivo o sia in corso nei suoi confronti un procedimento per la dichiarazione di una di tali situazioni, fermo restando quanto previsto dall'articolo 95 del codice della crisi di impresa e dell'insolvenza adottato in attuazione della delega di cui all'articolo 1 della legge 19 ottobre 2017, n. 155 e dall'articolo 110;»;

c) l'articolo 110 è sostituito dal seguente:

«Art. 110 (Procedure di affidamento in caso di liquidazione giudiziale dell'esecutore o di risoluzione del contratto e misure straordinarie di gestione). - 1. Fatto salvo quanto previsto ai commi 3 e seguenti, le stazioni appaltanti, in caso di liquidazione giudiziale, di liquidazione coatta e concordato preventivo, ovvero di risoluzione del contratto ai sensi dell'articolo 108 ovvero di recesso dal contratto ai sensi dell'articolo 88, comma 4 *ter*, del decreto legislativo 6 settembre 2011, n. 159, ovvero in caso di dichiarazione giudiziale di inefficacia del contratto, interpellano progressivamente i soggetti che hanno partecipato all'originaria procedura di gara, risultanti dalla relativa graduatoria, al fine di stipulare un nuovo contratto per l'affidamento dell'esecuzione o del completamento dei lavori, servizi o forniture.

2. L'affidamento avviene alle medesime condizioni già proposte dall'originario aggiudicatario in sede in offerta.

3. Il curatore della procedura di liquidazione giudiziale, autorizzato all'esercizio dell'impresa, può eseguire i contratti già stipulati dall'impresa assoggettata alla liquidazione giudiziale su autorizzazione del giudice delegato.

4. Alle imprese che hanno depositato la domanda di cui all'articolo 40 del codice della crisi di impresa e dell'insolvenza adottato in attuazione della delega di cui all'articolo 1 della legge 19 ottobre 2017, n. 155, si applica l'articolo 95 del medesimo codice ([1]). Per la partecipazione alle procedure di affidamento di contratti pubblici tra il momento del deposito della domanda di cui al primo periodo ed il momento del deposito del decreto previsto dall'articolo 47 del codice della crisi di impresa e dell'insolvenza è sempre necessario l'avvalimento dei requisiti di un altro soggetto.

5. L'impresa ammessa al concordato preventivo non necessita di avvalimento di requisiti di altro soggetto.

6. L'ANAC può subordinare la partecipazione, l'affidamento di subappalti e la stipulazione dei relativi contratti alla necessità che l'impresa in concordato si avvalga di un altro operatore in possesso dei requisiti di carattere generale, di capacità finanziaria, tecnica, economica, nonché di certificazione, richiesti per l'affidamento dell'appalto, che si impegni nei confronti dell'impresa concorrente e della stazione appaltante a mettere a disposizione, per la durata del contratto, le risorse necessarie all'esecuzione dell'appalto e a subentrare all'impresa ausiliata nel caso in cui questa nel corso della gara, ovvero dopo la stipulazione del contratto, non sia per qualsiasi ragione più in grado di dare regolare esecuzione all'appalto o alla concessione quando l'impresa non è in possesso dei requisiti aggiuntivi che l'ANAC individua con apposite linee guida.

7. Restano ferme le disposizioni previste dall'articolo 32 del decreto legge 24 giugno 2014, n. 90, convertito, con modificazioni, dalla legge 11 agosto 2014, n. 114, in materia di misure straordinarie di gestione di imprese nell'ambito della prevenzione della corruzione»

2. Le disposizioni di cui al comma 1 si applicano alle procedure in cui il bando o l'avviso con cui si indice la gara è pubblicato successivamente alla data di entrata in vigore del presente codice, nonché, per i contratti non preceduti dalla pubblicazione di bandi o avvisi, alle procedure in cui, alla medesima data, non sono ancora stati inviati gli inviti a presentare le offerte.

([1]) *Le parole: «si applica l'art. 95 del medesimo codice» sono state così sostituite dalle attuali: «si applica l'articolo 95 del medesimo codice» dall'art. 38, comma 2, del D.L.vo 25 ottobre 2020, n. 147, a decorrere dal 1° settembre 2021.*

Capo VI
Disposizioni di coordinamento della disciplina penale

373. Coordinamento con le norme di attuazione del codice di procedura penale. – 1. All'articolo 104 *bis* delle norme di attuazione, di coordinamento e transitorie del codice di procedura penale approvate con decreto legislativo 28 luglio 1989, n. 271 sono apportate le seguenti modificazioni:

a) il comma 1 *bis* è sostituito dal seguente:

«1 *bis*. Si applicano le disposizioni di cui al Libro I, titolo III, del codice di cui al decreto legislativo 6 settembre 2011, n. 159, e successive modificazioni nella parte in cui recano la disciplina della nomina e revoca dell'amministratore, dei compiti, degli obblighi dello stesso e della gestione dei beni. Quando il sequestro è disposto ai sensi dell'articolo 321, comma 2, del codice ai fini della tutela dei terzi e nei rapporti con la procedura di liquidazione giudiziaria si applicano, altresì, le disposizioni di cui al titolo IV del Libro I del citato decreto legislativo.»;

b) il comma 1 *quater* è sostituito dal seguente:

«1 *quater*. Ai casi di sequestro e confisca in casi particolari previsti dall'articolo 240 *bis* del codice penale o dalle altre disposizioni di legge che a questo articolo rinviano, nonché agli altri casi di sequestro e confisca di beni adottati nei procedimenti relativi ai delitti di cui all'articolo 51, comma 3 *bis*, del codice, si applicano le disposizioni del titolo IV del Libro I del decreto legislativo 6 settembre 2011, n. 159. Si applicano inoltre le disposizioni previste dal medesimo decreto legislativo in materia di amministrazione e destinazione dei beni sequestrati e confiscati e di esecuzione del sequestro. In tali casi l'Agenzia nazionale per l'amministrazione e la destinazione dei beni sequestrati e confiscati alla criminalità organizzata coadiuva l'autorità giudiziaria nell'amministrazione e nella custodia dei beni sequestrati, fino al provvedimento di confisca emesso dalla corte di appello e, successivamente a tale provvedimento, amministra i beni medesimi secondo le modalità previste dal citato decreto legislativo 6 settembre 2011, n. 159. Restano comunque salvi i diritti della persona offesa dal reato alle restituzioni e al risarcimento del danno.».

Capo VII
Abrogazioni

374. Abrogazioni. – 1. Il comma 43 dell'articolo 23 del decreto legge 6 luglio 2011, n. 98, convertito con modificazioni, dalla legge 15 luglio 2011, n. 111 è abrogato.

Parte Seconda
Modifiche al codice civile

375. Assetti organizzativi dell'impresa. – 1. La rubrica dell'articolo 2086 del codice civile è sostituita dalla seguente: «Gestione dell'impresa».

2. All'articolo 2086 del codice civile, dopo il primo comma è aggiunto il seguente:

"L'imprenditore, che operi in forma societaria o collettiva, ha il dovere di istituire un assetto organizzativo, amministrativo e contabile adeguato alla natura e alle dimensioni dell'impresa, anche in funzione della rilevazione tempestiva della crisi dell'impresa e della perdita della continuità aziendale, nonché di attivarsi senza indugio per l'adozione e l'attuazione di uno degli strumenti previsti dall'ordinamento per il superamento della crisi e il recupero della continuità aziendale".

376. Crisi dell'impresa e rapporti di lavoro. – 1. All'articolo 2119 del codice civile, il secondo comma è sostituito dal seguente: «Non costituisce giusta causa di risoluzione del contratto la liquidazione coatta amministrativa dell'impresa. Gli effetti della liquidazione giudiziale sui rapporti di lavoro sono regolati dal codice della crisi e dell'insolvenza.».

377. Assetti organizzativi societari. – 1. All'articolo 2257 del codice civile, il primo comma è sostituito dal seguente:

«La gestione dell'impresa si svolge nel rispetto della disposizione di cui all'articolo 2086, secondo comma, e spetta esclusivamente agli amministratori, i quali compiono le operazioni necessarie per l'attuazione dell'oggetto sociale. Salvo diversa pattuizione, l'amministrazione della società spetta a ciascuno dei soci disgiuntamente dagli altri.».

2. All'articolo 2380 *bis* del codice civile, il primo comma è sostituito dal seguente:

«La gestione dell'impresa si svolge nel rispetto della disposizione di cui all'articolo 2086, secondo comma, e spetta esclusivamente agli amministratori, i quali compiono le operazioni necessarie per l'attuazione dell'oggetto sociale.».

3. All'articolo 2409 *novies*, primo comma, del codice civile, il primo periodo è sostituito dal seguente: «La gestione dell'impresa si svolge nel rispetto della disposizione di cui all'articolo 2086, secondo comma, e spetta esclusivamente al consiglio di gestione, il quale compie le operazioni necessarie per l'attuazione dell'oggetto sociale.».

4. All'articolo 2475 del codice civile, il primo comma è sostituito dal seguente:

«La gestione dell'impresa si svolge nel rispetto della disposizione di cui all'articolo 2086, secondo comma, e spetta esclusivamente agli amministratori, i quali compiono le operazioni necessarie per l'attuazione dell'oggetto sociale. Salvo diversa disposizione dell'atto costitutivo, l'amministrazione della società è affidata a uno o più soci nominati con decisione dei soci presa ai sensi dell'articolo 2479.».

5. All'articolo 2475 del codice civile, dopo il quinto comma è aggiunto il seguente: «Si applica, in quanto compatibile, l'articolo 2381.».

378. Responsabilità degli amministratori. – 1. All'articolo 2476 del codice civile, dopo il quinto comma è inserito il seguente:

«Gli amministratori rispondono verso i creditori sociali per l'inosservanza degli obblighi inerenti alla conservazione dell'integrità del patrimonio sociale. L'azione può essere proposta dai creditori quando il patrimonio sociale risulta insufficiente al soddisfacimento dei loro crediti. La rinunzia all'azione da parte della società non impedisce l'esercizio dell'azione da parte dei creditori sociali. La transazione può essere impugnata dai creditori sociali soltanto con l'azione revocatoria quando ne ricorrono gli estremi.».

2. All'articolo 2486 del codice civile dopo il secondo comma è aggiunto il seguente:

«Quando è accertata la responsabilità degli amministratori a norma del presente articolo, e salva la prova di un diverso ammontare, il danno risarcibile si presume pari alla differenza tra il patrimonio netto alla data in cui l'amministratore è cessato dalla carica o, in caso di apertura di una procedura concorsuale, alla data di apertura di tale procedura e il patrimonio netto determinato alla data in cui si è verificata una causa di scioglimento di cui all'articolo 2484, detratti i costi sostenuti e da sostenere, secondo un criterio di normalità, dopo il verificarsi della causa di scioglimento e fino al compimento della liquidazione. Se è stata aperta una procedura concorsuale e mancano le scritture contabili o se a causa dell'irregolarità delle stesse o per altre ragioni i netti patrimoniali non possono essere determinati, il danno è liquidato in misura pari alla differenza tra attivo e passivo accertati nella procedura.».

379. Nomina degli organi di controllo. – 1. All'articolo 2477 del codice civile il secondo e il terzo comma sono sostituiti dai seguenti:

"La nomina dell'organo di controllo o del revisore è obbligatoria se la società:

a) è tenuta alla redazione del bilancio consolidato;

b) controlla una società obbligata alla revisione legale dei conti;

c) ha superato per due esercizi consecutivi almeno uno dei seguenti limiti:

1) totale dell'attivo dello stato patrimoniale: 2 milioni di euro;

2) ricavi delle vendite e delle prestazioni: 2 milioni di euro;

3) dipendenti occupati in media durante l'esercizio:10 unità.

L'obbligo di nomina dell'organo di controllo o del revisore di cui alla lettera *c*) del terzo comma cessa quando, per tre esercizi consecutivi, non è superato alcuno dei predetti limiti.".

2. All'articolo 2477, quinto comma, del codice civile, dopo le parole «qualsiasi soggetto interessato» sono aggiunte le seguenti: «o su segnalazione del conservatore del registro delle imprese» e dopo il quinto comma è aggiunto il seguente: «Si applicano le disposizioni dell'articolo 2409 anche se la società è priva di organo di controllo.».

3. Le società a responsabilità limitata e le società cooperative costituite alla data di entrata in vigore del presente articolo, quando ricorrono i requisiti di cui al comma 1, devono provvedere a nominare gli organi di controllo o il revisore e, se necessario, ad uniformare l'atto costitutivo e lo statuto alle disposizioni di cui al predetto comma entro la data di approvazione dei bilanci relativi all'esercizio 2022 (1), stabilita ai sensi dell'articolo 2364, secondo comma, del codice civile (2). Fino alla scadenza del termine, le previgenti disposizioni dell'atto costitutivo e dello statuto conservano la loro efficacia anche se non sono conformi alle inderogabili disposizioni di cui al comma 1. Ai fini della prima applicazione delle disposizioni di cui all'articolo 2477 del codice civile, commi secondo e terzo, come sostituiti dal comma 1, si ha riguardo ai due esercizi antecedenti la scadenza indicata nel primo periodo.

4. All'articolo 92 delle disposizioni per l'attuazione del codice civile e disposizioni transitorie, al primo comma, le parole «capi V e VI» sono sostituite dalle seguenti: «capi V, VI e VII».

(1) *Le parole: «dei bilanci relativi all'esercizio 2021» sono state così sostituite dalle seguenti: «dei bilanci relativi all'esercizio 2022» dall'art. 1 bis, comma 1, del D.L. 24 agosto 2021, n. 118, convertito, con modificazioni, nella L. 21 ottobre 2021, n. 147.*

(2) *Le parole: «entro nove mesi dalla predetta data» sono state così sostituite dalle attuali: «entro la data di approvazione dei bilanci relativi all'esercizio 2019, stabilita ai sensi dell'articolo 2364, secondo comma, del codice civile» dall'art. 8, comma 6 sexies, del D.L. 30 dicembre 2019, n. 162, convertito, con modificazioni, nella L. 28 febbraio 2020, n. 8.*

380. (1) **Cause di scioglimento delle società di capitali.** – 1. All'articolo 2484, primo comma, del codice civile dopo il numero 7) è aggiunto il seguente:

"7 *bis*) per l'apertura della procedura di liquidazione giudiziale e della liquidazione controllata. Si applicano, in quanto compatibili, gli articoli 2487 e 2487 *bis*.".

2. All'articolo 2487 *bis*, terzo comma, del codice civile, è aggiunto, infine, il seguente periodo: "Quando nei confronti della società è stata aperta la procedura di liquidazione giudiziale o di liquidazione controllata, il rendiconto sulla gestione è consegnato anche, rispettivamente, al curatore o al liquidatore della liquidazione controllata.".

(1) *Questo articolo è stato così sostituito dall'art. 39, comma 1, del D.L.vo 26 ottobre 2020, n. 147, a decorrere dal 1° settembre 2021.*

381. Disposizioni in materia di società cooperative ed enti mutualistici. – 1. All'articolo 2545 *terdecies*, primo comma, del codice civile, il secondo periodo è sostituito dal seguente: «Le cooperative che svolgono attività commerciale sono soggette anche a liquidazione giudiziale».

2. All'articolo 2545 *sexiesdecies*, primo comma, del codice civile, il primo periodo è sostituito dal seguente: «Fuori dai casi di cui all'articolo 2545 *septiesdecies*, in caso di irregolare funzionamento della società cooperativa, l'autorità di vigilanza può revocare gli amministratori e i sindaci, affidare la gestione della società a un commissario, determinando i poteri e la durata, al fine di sanare le irregolarità riscontrate e, nel caso di crisi o insolvenza, autorizzarlo a domandare [la nomina del collegio o del commissario per la composizione assistita della crisi stessa o] (1) l'accesso a una delle procedure regolatrici previste nel codice della crisi e dell'insolvenza.».

(1) *Le parole tra parentesi quadrate sono state soppresse dall'art. 45, comma 1, del D.L.vo 17 giugno 2022, n. 83, a decorrere dal 15 luglio 2022.*

382. (1) **Cause di scioglimento delle società di persone.** – 1. All'articolo 2272 del codi-

LEGGI COMPLEMENTARI

ce civile, al primo comma, dopo il numero 5) è aggiunto il seguente: "5 *bis*) per l'apertura della procedura di liquidazione controllata.".

2. All'articolo 2288 del codice civile, il primo comma è sostituito dal seguente: "È escluso di diritto il socio nei confronti del quale è stata aperta o al quale è stata estesa la procedura di liquidazione giudiziale o di liquidazione controllata.".

3. All'articolo 2308 del codice civile, il primo comma è sostituito dal seguente: "La società si scioglie, oltre che per le cause indicate dall'articolo 2272, per provvedimento dell'autorità governativa nei casi stabiliti dalla legge e per l'apertura della procedura di liquidazione giudiziale.".

(1) *Questo articolo è stato così sostituito dall'art. 39, comma 2, del D.L.vo 26 ottobre 2020, n. 147, a decorrere dal 1° settembre 2021.*

383. Finanziamenti dei soci. – 1. All'articolo 2467, primo comma, del codice civile sono soppresse le parole «e, se avvenuto nell'anno precedente la dichiarazione di fallimento della società, deve essere restituito.».

384. Abrogazioni di disposizioni del codice civile. – 1. Dalla data dell'entrata in vigore del presente codice, l'articolo 2221 del codice civile è abrogato.

Parte Terza
Garanzie in favore degli acquirenti di immobili da costruire

385. Modifiche all'articolo 3 del decreto legislativo n. 122 del 2005. – 1. All'articolo 3 del decreto legislativo 20 giugno 2005, n. 122 sono apportate le seguenti modificazioni:

a) il comma 1 è sostituito dal seguente:

«1. La fideiussione è rilasciata da una banca o da un'impresa esercente le assicurazioni; essa deve garantire, nel caso in cui il costruttore incorra in una situazione di crisi di cui al comma 2 o, nel caso di inadempimento all'obbligo assicurativo di cui all'articolo 4, la restituzione delle somme e del valore di ogni altro eventuale corrispettivo effettivamente riscossi e dei relativi interessi legali maturati fino al momento in cui la predetta situazione si è verificata.»;

b) il comma 3 è sostituito dal seguente:

«3. La fideiussione può essere escussa:

a) a decorrere dalla data in cui si è verificata la situazione di crisi di cui al comma 2 a condizione che, per l'ipotesi di cui alla lettera *a*) del medesimo comma, l'acquirente abbia comunicato al costruttore la propria volontà di recedere dal contratto e, per le ipotesi di cui alle lettere *b*), *c*) e *d*) del comma 2, il competente organo della procedura concorsuale non abbia comunicato la volontà di subentrare nel contratto preliminare;

b) a decorrere dalla data dell'attestazione del notaio di non aver ricevuto per la data dell'atto di trasferimento della proprietà la polizza assicurativa conforme al decreto ministeriale di cui all'articolo 4, quando l'acquirente ha comunicato al costruttore la propria volontà di recedere dal contratto di cui all'articolo 6.»;

c) il comma 7 è sostituito dal seguente:

«7. L'efficacia della fideiussione cessa nel momento in cui il fideiussore riceve dal costruttore o da un altro dei contraenti copia dell'atto di trasferimento della proprietà o di altro diritto reale di godimento sull'immobile o dell'atto definitivo di assegnazione il quale contenga la menzione di cui all'articolo 4, comma 1 *quater*.».

d) dopo il comma 7 è aggiunto il seguente:

«7 *bis*. Con decreto del Ministro della giustizia, di concerto con il Ministro dell'economia e delle finanze, da adottarsi entro novanta giorni dalla data di entrata in vigore della presente disposizione, è determinato il modello standard della fideiussione.».

386. Modifiche all'articolo 4 del decreto legislativo n. 122 del 2005. – 1. All'articolo 4 del decreto legislativo 20 giugno 2005, n. 122 sono apportate le seguenti modificazioni:

a) al comma 1, dopo le parole «all'atto del trasferimento della proprietà sono inserite le seguenti: «a pena di nullità del contratto che può essere fatta valere solo dall'acquirente,»;

b) dopo il comma 1 sono aggiunti i seguenti:

«1 *bis*. Con decreto del Ministro dello sviluppo economico, di concerto con il Ministro della giustizia e con il Ministro dell'economia e delle finanze, da adottarsi entro novanta giorni dalla data di entrata in vigore della presente disposizione, sono determinati il contenuto e le caratteristiche della polizza di assicurazione e il relativo modello standard.

1 *ter*. In caso di inadempimento all'obbligo previsto dal comma 1, l'acquirente che abbia comunicato al costruttore la propria volontà di recedere dal contratto di cui all'articolo 6 ha diritto di escutere la fideiussione ai sensi dell'articolo 3, comma 3, lettera *b*).

1 *quater*. L'atto di trasferimento deve contenere la menzione degli estremi identificativi della polizza assicurativa e della sua conformità al decreto previsto dal comma 1 *bis*».

387. Modifiche all'articolo 5 del decreto legislativo n. 122 del 2005. – 1. All'articolo 5 del decreto legislativo 20 giugno 2005, n. 122, dopo il comma 1 *bis*, è aggiunto il seguente:

«1 *ter*. Le modifiche apportate dal decreto legislativo di attuazione dell'articolo 12 della legge 19 ottobre 2017, n. 155 si applicano ai contratti aventi ad oggetto immobili da costruire per i quali il titolo abilitativo edilizio sia stato richiesto o presentato successivamente alla data di entrata in vigore del decreto stesso.».

388. Modifiche all'articolo 6 del decreto legislativo n. 122 del 2005. – 1. All'articolo 6, comma 1, del decreto legislativo 20 giugno 2005, n. 122 sono apportate le seguenti modificazioni:

a) all'alinea, dopo le parole «immobile oggetto del presente decreto», sono aggiunte le seguenti: «devono essere stipulati per atto pubblico o per scrittura privata autenticata»;

b) la lettera *g*) è sostituita dalla seguente:

«*g*) gli estremi della fideiussione di cui all'articolo 2 e l'attestazione della sua conformità al modello contenuto nel decreto di cui all'articolo 3, comma 7 *bis*;».

Parte Quarta
Disposizioni finali e transitorie

389. Entrata in vigore. – 1. Il presente decreto entra in vigore il 15 luglio 2022 ([1]), salvo quanto previsto al comma ([2]) 2 ([3]).

[1 *bis*. Il titolo II della Parte prima entra in vigore il 31 dicembre 2023] ([4]).

2. Gli articoli 27, comma 1, 350, 356, 357, 359, 363, 364, 366, 375, 377, 378, 379, 385, 386, 387 e 388 entrano in vigore il trentesimo giorno successivo alla pubblicazione nella *Gazzetta Ufficiale* del presente decreto.

3. Le disposizioni di cui agli articoli 3 e 4 del decreto legislativo 20 giugno 2005, n. 122, come modificati dagli articoli 385 e 386 del presente codice, si applicano anche nelle more dell'adozione dei decreti di cui agli articoli 3, comma 7 *bis*, e 4, comma 1 *bis*, del predetto decreto legislativo e il contenuto della fideiussione e della polizza assicurativa è determinato dalle parti nel rispetto di quanto previsto dalle richiamate disposizioni. Fermo quanto previsto dal periodo precedente, le disposizioni di cui al decreto adottato ai sensi del predetto articolo 4, comma 1 *bis*, non si applicano agli immobili per i quali il titolo edilizio sia stato rilasciato prima della data di entrata in vigore del medesimo decreto ([5]).

([1]) *Le parole: «16 maggio 2022» sono state così sostituite dalle attuali: «15 luglio 2022» dall'art. 42, comma 1, lett. a), del D.L. 30 aprile 2022, n. 36, convertito, con modificazioni, nella L. 29 giugno 2022, n. 79.*

([2]) *Le parole: «ai commi 1* bis *e» sono state così sostituite dalle attuali: «al comma» dall'art. 42, comma 1, lett. a), del D.L. 30 aprile 2022, n. 36, convertito, con modificazioni, nella L. 29 giugno 2022, n. 79.*

([3]) *Questo comma è stato così, da ultimo, sostituito dall'art. 1, comma 1, lett. a), D.L. 24 agosto 2021, n. 118, convertito, con modificazioni, nella L. 21 ottobre 2021, n. 147. La precedente entrata in vigore era fissata al 1° settembre 2021, poi spostata al 16 maggio 2022 e da ultimo prorogata al 15 luglio 2022.*

([4]) *Questo comma, inserito dall'art. 1, comma 1, lett. b), D.L. 24 agosto 2021, n. 118, convertito, con modificazioni, nella L. 21 ottobre 2021, n. 147, è stato abrogato dall'art. 42, comma 1, lett. b), del D.L. 30 aprile 2022, n. 36, convertito, con modificazioni, nella L. 29 giugno 2022, n. 79.*

([5]) *Questo periodo è stato aggiunto dall'art. 12, comma 6* bis*, del D.L. 29 dicembre 2022, n. 198, convertito, con modificazioni, nella L. 24 febbraio 2023, n. 14.*

390. Disciplina transitoria. – 1. I ricorsi per dichiarazione di fallimento e le proposte di concordato fallimentare, i ricorsi per l'omologazione degli accordi di ristrutturazione, per l'apertura del concordato preventivo, per l'accertamento dello stato di insolvenza delle imprese soggette a liquidazione coatta amministrativa e le domande di accesso alle procedure di composizione della crisi da sovraindebitamento depositati prima dell'entrata in vigore del presente decreto sono definiti secondo le disposizioni del regio decreto 16 marzo 1942, n. 267, nonché della legge 27 gennaio 2012, n. 3.

2. Le procedure di fallimento e le altre procedure di cui al comma 1, pendenti alla data di entrata in vigore del presente decreto, nonché le procedure aperte a seguito della definizione dei ricorsi e delle domande di cui al medesimo comma sono definite secondo le disposizioni del regio decreto 16 marzo 1942, n. 267, nonché della legge 27 gennaio 2012, n. 3.

3. Quando, in relazione alle procedure di cui ai commi 1 e 2, sono commessi i fatti puniti dalle disposizioni penali del titolo sesto del regio decreto 16 marzo 1942, n. 267, nonché della sezione terza del capo II della legge 27

gennaio 2012, n. 3, ai medesimi fatti si applicano le predette disposizioni.

391. Disposizioni finanziarie e finali. – 1. Per l'attuazione delle disposizioni di cui al presente decreto legislativo si provvede nel limite delle risorse finanziarie, umane e strumentali disponibili a legislazione vigente, senza nuovi o maggiori oneri per la finanza pubblica.

2. L'attuazione delle disposizioni di cui all'articolo 27 avviene nei limiti della dotazione organica del personale amministrativo e di magistratura.

1.

L. 15 luglio 1966, n. 604. Norme sui licenziamenti individuali (*Gazzetta Ufficiale* n. 195 del 6 agosto 1966).

1. Nel rapporto di lavoro a tempo indeterminato, intercorrente con datori di lavoro privati o con enti pubblici, ove la stabilità non sia assicurata da norme di legge, di regolamento e di contratto collettivo o individuale, il licenziamento del prestatore di lavoro non può avvenire che per giusta causa ai sensi dell'art. 2119 del codice civile o per giustificato motivo.

2. ([1]) 1. Il datore di lavoro, imprenditore o non imprenditore, deve comunicare per iscritto il licenziamento al prestatore di lavoro.

2. La comunicazione del licenziamento deve contenere la specificazione dei motivi che lo hanno determinato ([2]).

3. Il licenziamento intimato senza l'osservanza delle disposizioni di cui ai commi 1 e 2 è inefficace.

4. Le disposizioni di cui al comma 1 e di cui all'articolo 9 si applicano anche ai dirigenti.

([1]) *Questo articolo è stato così sostituito dall'art. 2, comma 2, della L. 11 maggio 1990, n. 108.*

([2]) *Questo comma è stato così sostituito dall'art. 1, comma 37, della L. 28 giugno 2012, n. 92.*

NOTE OPERATIVE:

Forma: La norma esige che il licenziamento sia comunicato per iscritto al lavoratore e tale onere di forma impone che l'atto con il quale sia stato intimato il recesso sia sottoscritto dal datore di lavoro (CC. 10023/21).

3. ([1]) Il licenziamento per giustificato motivo con preavviso è determinato da un notevole inadempimento degli obblighi contrattuali del prestatore di lavoro ovvero da ragioni inerenti all'attività produttiva, all'organizzazione del lavoro e al regolare funzionamento di essa.

([1]) *Si veda l'art. 46 del D.L. n. 18/2020, convertito, con modificazioni, nella L. n. 27/2020 nel testo modificato e integrato dall'art. 80 del D.L. n. 34/2020 convertito, con modificazioni, nella L. n. 77/2020, che si riporta:*

1. A decorrere dalla data di entrata in vigore del presente decreto l'avvio delle procedure di cui agli articoli 4, 5 e 24, della legge 23 luglio 1991, n. 223 è precluso per cinque mesi e nel medesimo periodo sono sospese le procedure pendenti avviate successivamente alla data del 23 febbraio 2020. Sino alla scadenza del suddetto termine, il datore di lavoro, fatte salve le ipotesi in cui il personale interessato dal recesso, già impiegato nell'appalto, sia riassunto a seguito di subentro di nuovo appaltatore in forza di legge, di contratto collettivo nazionale di lavoro o di clausola del contratto d'appalto, indipendentemente dal numero dei dipendenti, non può recedere dal contratto per giustificato motivo oggettivo ai sensi dell'articolo 3, della legge 15 luglio 1966, n. 604. Sono altresì sospese le procedure di licenziamento per giustificato motivo oggettivo in corso di cui all'articolo 7 della legge 15 luglio 1966, n. 604.

1 bis. Il datore di lavoro che, indipendentemente dal numero dei dipendenti, nel periodo dal 23 febbraio 2020 al 17 marzo 2020 abbia proceduto al recesso dal contratto di lavoro per giustificato motivo oggettivo ai sensi dell'articolo 3 della legge 15 luglio 1966, n. 604, può, in deroga alle previsioni di cui all'articolo 18, comma 10, della legge 20 maggio 1970, n. 300, revocare in ogni tempo il recesso purché contestualmente faccia richiesta del trattamento di cassa integrazione salariale, di cui agli articoli da 19 a 22, a partire dalla data in cui ha efficacia il licenziamento. In tal caso, il rapporto di lavoro si intende ripristinato senza soluzione di continuità, senza oneri né sanzioni per il datore di lavoro.

4. ([1]) Il licenziamento determinato da ragioni di credo politico o fede religiosa, dall'appartenenza a un sindacato, dalla partecipazione ad attività sindacali o conseguente all'esercizio di un diritto ovvero alla segnalazione, alla denuncia all'autorità giudiziaria o contabile o alla divulgazione pubblica effettuate ai sensi del decreto legislativo attuativo della direttiva (UE) 2019/1937 del Parlamento europeo e del Consiglio, del 23 ottobre 2019, è nullo.

([1]) *Questo articolo è stato così sostituito dall'art. 24, comma 3, del D.L.vo 10 marzo 2023, n. 24, a decorrere dal 15 luglio 2023.*

5. L'onere della prova della sussistenza della giusta causa o del giustificato motivo di licenziamento spetta al datore di lavoro.

6. Il licenziamento deve essere impugnato a pena di decadenza entro sessanta giorni dalla ricezione della sua comunicazione in forma scritta, ovvero dalla comunicazione, anch'essa in forma scritta, dei motivi, ove non contestuale, con qualsiasi atto scritto, anche extragiudiziale, idoneo a rendere nota la volontà del lavoratore anche attraverso l'intervento dell'organizzazione sindacale diretto ad impugnare il licenziamento stesso (1) (2).

L'impugnazione è inefficace se non è seguita, entro il successivo termine di centottanta (3) giorni, dal deposito del ricorso nella cancelleria del tribunale in funzione di giudice del lavoro o dalla comunicazione alla controparte della richiesta di tentativo di conciliazione o arbitrato, ferma restando la possibilità di produrre nuovi documenti formatisi dopo il deposito del ricorso. Qualora la conciliazione o l'arbitrato richiesti siano rifiutati o non sia raggiunto l'accordo necessario al relativo espletamento, il ricorso al giudice deve essere depositato a pena di decadenza entro sessanta giorni dal rifiuto o dal mancato accordo (1) (4).

A conoscere delle controversie derivanti dall'applicazione della presente legge è competente il pretore (5).

(1) *Questo comma è stato così sostituito dall'art. 32, comma 1, della L. 4 novembre 2010, n. 183. A norma dell'art. 32, comma 2, della medesima legge, le disposizioni di questo articolo si applicano anche a tutti i casi di invalidità del licenziamento. Si veda altresì il disposto dell'art. 32, commi 2-7 della medesima legge.*

(2) *A norma dell'art. 32, comma 1 bis, della L. 4 novembre 2010, n. 183, in sede di prima applicazione, le disposizioni di questo comma, relative al termine di sessanta giorni per l'impugnazione del licenziamento, acquistano efficacia a decorrere dal 31 dicembre 2011.*

(3) *La parola: «duecentosettanta» è stata così sostituita dalla parola: «centottanta» dall'art. 1, comma 38, della L. 28 giugno 2012, n. 92. A norma del successivo comma 39 dello stesso articolo, il termine di centottanta giorni si applica in relazione ai licenziamenti intimati dopo la data di entrata in vigore della L. 92/2012.*

(4) *La Corte costituzionale, con sentenza n. 212 del 14 ottobre 2020, ha dichiarato l'illegittimità costituzionale di questo comma, nella parte in cui non prevede che l'impugnazione è inefficace se non è seguita, entro il successivo termine di centottanta giorni, oltre che dal deposito del ricorso nella cancelleria del tribunale in funzione di giudice del lavoro o dalla comunicazione alla controparte della richiesta di tentativo di conciliazione o arbitrato, anche dal deposito del ricorso cautelare anteriore alla causa ai sensi degli artt. 669 bis, 669 ter e 700 del codice di procedura civile.*

(5) *Ai sensi del D.L.vo 19 febbraio 1998, n. 51, l'ufficio del pretore è soppresso a decorrere dal 2 giugno 1999, fatta salva l'attività necessaria per l'esaurimento degli affari pendenti. Le relative competenze sono trasferite al tribunale ordinario, fuori dei casi in cui è diversamente disposto dal predetto provvedimento.*

7. (1) (2) 1. Ferma l'applicabilità, per il licenziamento per giusta causa e per giustificato motivo soggettivo, dell'articolo 7 della legge 20 maggio 1970, n. 300, il licenziamento per giustificato motivo oggettivo di cui all'articolo 3, seconda parte, della presente legge, qualora disposto da un datore di lavoro avente i requisiti dimensionali di cui all'articolo 18, ottavo comma, della legge 20 maggio 1970, n. 300, e successive modificazioni, deve essere preceduto da una comunicazione effettuata dal datore di lavoro alla Direzione territoriale del lavoro del luogo dove il lavoratore presta la sua opera, e trasmessa per conoscenza al lavoratore.

2. Nella comunicazione di cui al comma 1, il datore di lavoro deve dichiarare l'intenzione di procedere al licenziamento per motivo oggettivo e indicare i motivi del licenziamento medesimo nonché le eventuali misure di assistenza alla ricollocazione del lavoratore interessato.

3. La Direzione territoriale del lavoro trasmette la convocazione al datore di lavoro e al lavoratore nel termine perentorio di sette giorni dalla ricezione della richiesta: l'incontro si svolge dinanzi alla commissione provinciale di conciliazione di cui all'articolo 410 del codice di procedura civile.

4. La comunicazione contenente l'invito si considera validamente effettuata quando è recapitata al domicilio del lavoratore indicato nel contratto di lavoro o ad altro domicilio formalmente comunicato dal lavoratore al datore di lavoro, ovvero è consegnata al lavoratore che ne sottoscrive copia per ricevuta.

5. Le parti possono essere assistite dalle organizzazioni di rappresentanza cui sono iscritte o conferiscono mandato oppure da un componente della rappresentanza sindacale dei lavoratori, ovvero da un avvocato o un consulente del lavoro.

6. La procedura di cui al presente articolo non trova applicazione in caso di licenziamento per superamento del periodo di comporto di cui all'articolo 2110 del codice civile, nonché per i licenziamenti e le interruzioni del rapporto di lavoro a tempo indeterminato di cui all'articolo 2, comma 34, della legge 28 giugno 2012, n. 92. La stessa procedura, durante la quale le parti, con la partecipazione attiva della commissione di cui al comma 3, procedono ad esaminare anche soluzioni alternative al recesso, si conclude entro venti giorni dal momento in cui la Direzione territoriale del lavoro ha trasmesso la convocazione per l'incontro, fatta salva l'ipotesi in cui le parti, di comune avviso, non ritengano di proseguire la discussione finalizzata al raggiungimento di un accordo. Se fallisce il tentativo di conciliazione e, comunque, de-

corso il termine di cui al comma 3, il datore di lavoro può comunicare il licenziamento al lavoratore. La mancata presentazione di una o entrambe le parti al tentativo di conciliazione è valutata dal giudice ai sensi dell'articolo 116 del codice di procedura civile ([3]).

7. Se la conciliazione ha esito positivo e prevede la risoluzione consensuale del rapporto di lavoro, si applicano le disposizioni in materia di Assicurazione sociale per l'impiego (ASpI) e può essere previsto, al fine di favorirne la ricollocazione professionale, l'affidamento del lavoratore ad un'agenzia di cui all'articolo 4, comma 1, lettere a), c) ed e), del decreto legislativo 10 settembre 2003, n. 276.

8. Il comportamento complessivo delle parti, desumibile anche dal verbale redatto in sede di commissione provinciale di conciliazione e dalla proposta conciliativa avanzata dalla stessa, è valutato dal giudice per la determinazione dell'indennità risarcitoria di cui all'articolo 18, settimo comma, della legge 20 maggio 1970, n. 300, e successive modificazioni, e per l'applicazione degli articoli 91 e 92 del codice di procedura civile.

9. In caso di legittimo e documentato impedimento del lavoratore a presenziare all'incontro di cui al comma 3, la procedura può essere sospesa per un massimo di quindici giorni.

([1]) *Questo articolo è stato così sostituito dall'art. 1, comma 40, della L. 28 giugno 2012, n. 92.*

([2]) *Si veda l'art. 1, comma 41 della L. 28 giugno 2012, n. 92, che si riporta: «41. Il licenziamento intimato all'esito del procedimento disciplinare di cui all'articolo 7 della legge 20 maggio 1970, n. 300, oppure all'esito del procedimento di cui all'articolo 7 della legge 15 luglio 1966, n. 604, come sostituito dal comma 40 del presente articolo, produce effetto dal giorno della comunicazione con cui il procedimento medesimo è stato avviato, salvo l'eventuale diritto del lavoratore al preavviso o alla relativa indennità sostitutiva; è fatto salvo, in ogni caso, l'effetto sospensivo disposto dalle norme del testo unico delle disposizioni legislative in materia di tutela della maternità e della paternità, di cui al decreto legislativo 26 marzo 2001, n. 151. Gli effetti rimangono altresì sospesi in caso di impedimento derivante da infortunio occorso sul lavoro. Il periodo di eventuale lavoro svolto in costanza della procedura si considera come preavviso lavorato.».*

([3]) *Questo comma è stato così sostituito dall'art. 7, comma 4, del D.L. 28 giugno 2013, n. 76, convertito, con modificazioni, nella L. 9 agosto 2013, n. 99.*

8. ([1]) Quando risulti accertato che non ricorrono gli estremi del licenziamento per giusta causa o giustificato motivo, il datore di lavoro è tenuto a riassumere il prestatore di lavoro entro il termine di tre giorni, o in mancanza, a risarcire il danno versandogli un'indennità di importo compreso tra un minimo di 2,5 ed un massimo di 6 mensilità dell'ultima retribuzione globale di fatto, avuto riguardo al numero dei dipendenti occupati, alle dimensioni dell'impresa, all'anzianità di servizio del prestatore di lavoro, al comportamento e alle condizioni delle parti. La misura massima della predetta indennità può essere maggiorata fino a 10 mensilità per il prestatore di lavoro con anzianità superiore ai dieci anni e fino a 14 mensilità per il prestatore di lavoro con anzianità superiore ai venti anni, se dipendenti da datore di lavoro che occupa più di quindici prestatori di lavoro.

([1]) *Questo articolo è stato così sostituito dall'art. 2[3] della L. 11 maggio 1990, n. 108.*

9. L'indennità di anzianità ([1]) è dovuta al prestatore di lavoro in ogni caso di risoluzione del rapporto di lavoro.

([1]) *Ora, trattamento di fine rapporto (art. 2120 c.c., come sostituito dalla L. 29 maggio 1982, n. 297).*

10. ([1]) ([2]) Le norme della presente legge si applicano nei confronti dei prestatori di lavoro che rivestano la qualifica di impiegato e di operaio, ai sensi dell'art. 2095 del codice civile e, per quelli assunti in prova, si applicano dal momento in cui l'assunzione diviene definitiva e, in ogni caso, quando sono decorsi sei mesi dall'inizio del rapporto di lavoro.

([1]) *La Corte costituzionale, con sentenza n. 14 del 29 gennaio 1970, ha dichiarato l'illegittimità costituzionale di questo articolo nella parte in cui non comprende gli apprendisti tra i beneficiari dell'indennità dovuta ai sensi dell'art. 9 della stessa legge.*

La Corte costituzionale, con sentenza n. 169 del 28 novembre 1973, ha dichiarato l'illegittimità costituzionale di questo articolo, nella parte in cui esclude gli apprendisti dall'applicabilità nei loro confronti degli artt. 1, 2, 3, 4, 5, 6, 7, 8 e 11, 12, 13 della medesima legge, nel corso del rapporto di apprendistato.

La Corte costituzionale, con sentenza n. 189 del 16 dicembre 1980, nel dichiarare l'illegittimità dell'art. 2096 codice civile ha, altresì, dichiarato l'illegittimità dell'art. 10, L. 15 luglio 1966, n. 604, nella parte in cui esclude il diritto del prestatore di lavoro, che riveste la qualifica di impiegato o di operaio ai sensi dell'art. 2095 codice civile, di percepire l'indennità di anzianità di cui all'art. 9 stessa legge quando è assunto in prova e sia licenziato durante il periodo di prova medesimo.

La Corte costituzionale, con sentenza n. 96 del 3 aprile 1987, ha dichiarato l'illegittimità costituzionale di questo articolo, nella parte in cui non prevede l'applicabilità della legge stessa al personale marittimo navigante delle imprese di navigazione.

La Corte costituzionale, con sentenza n. 41 del 31 gennaio 1991, ha dichiarato l'illegittimità costituzionale di questo articolo nella parte in cui non prevede l'applicabilità della legge stessa al personale navigante delle imprese di navigazione (aerea).

([2]) *Le norme di questa legge si applicano anche ai quadri: art. 2, L. 13 maggio 1985, n. 190.*

11. (1) [Le disposizioni della presente legge non si applicano ai datori di lavoro che occupano fino a trentacinque dipendenti e nei riguardi dei prestatori di lavoro che siano in possesso dei requisiti di legge per avere diritto alla pensione di vecchiaia o che abbiano comunque superato il sessantacinquesimo anno di età, fatte salve le disposizioni degli artt. 4 e 9] (2).

La materia dei licenziamenti collettivi per riduzione di personale è esclusa dalle disposizioni della presente legge.

(1) *La Corte costituzionale, con sentenza n. 317 dell'11 giugno 1986, ha dichiarato l'illegittimità costituzionale di questo articolo, nonché dell'art. 9, R.D.L. 14 aprile 1939, n. 636 e succ. mod., dell'art. 15 D.L.C.P.S. 16 luglio 1947, n. 708 e dell'art. 16, L. 4 dicembre 1956, n. 1450, nella parte in cui prevedono il conseguimento della pensione di vecchiaia e, quindi, il licenziamento della donna lavoratrice per detto motivo, al compimento del 55° anno di età anziché al compimento del 60° anno come per l'uomo. L'art. 30 del D.L. vo 11 aprile 2006, n. 198, sulla parità di trattamento, ha poi disposto che, in deroga all'art. 11 della L. n. 604/1966, le norme di questa legge si applicano nel caso in cui le lavoratrici in possesso dei requisiti per aver diritto alla pensione di vecchiaia optino per la continuazione della prestazione della loro opera fino agli stessi limiti di età previsti per gli uomini da disposizioni legislative, regolamentari e contrattuali.*

(2) *Questo comma è stato abrogato dall'art. 6 della L. 11 maggio 1990, n. 108.*

12. Sono fatte salve le disposizioni di contratti collettivi e accordi sindacali che contengano, per la materia disciplinata dalla presente legge, condizioni più favorevoli ai prestatori di lavoro.

13. Tutti gli atti e i documenti relativi ai giudizi o alle procedure di conciliazione previsti dalla presente legge sono esenti da bollo, imposta di registro e da ogni altra tassa o spesa.

14. La presente legge entra in vigore il giorno successivo a quello della sua pubblicazione nella *Gazzetta Ufficiale*.

2.

L. 20 maggio 1970, n. 300. Norme sulla tutela della libertà e dignità dei lavoratori, della libertà sindacale e dell'attività sindacale nei luoghi di lavoro e norme sul collocamento (*Gazzetta Ufficiale* n. 131 del 27 maggio 1970) (1).

(1) *L'art. 51 del D.L.vo 30 marzo 2001, n. 165 ha precisato che la legge 20 maggio 1970, n. 300 si applica alle pubbliche amministrazioni a prescindere dal numero dei dipendenti.*

Titolo I
Della libertà e dignità del lavoratore

1. Libertà di opinione. – I lavoratori, senza distinzione di opinioni politiche, sindacali e di fede religiosa, hanno diritto, nei luoghi dove prestano la loro opera, di manifestare liberamente il proprio pensiero, nel rispetto dei principi della Costituzione (1) e delle norme della presente legge.

(1) *V. artt. 3, 19 e 21 della Costituzione.*

2. Guardie giurate. – Il datore di lavoro può impiegare le guardie particolari giurate, di cui agli artt. 133 e seguenti del T.U. approvato con R.D. 18 giugno 1931, n. 773, soltanto per scopi di tutela del patrimonio aziendale.

Le guardie giurate non possono contestare ai lavoratori azioni o fatti diversi da quelli che attengono alla tutela del patrimonio aziendale.

È fatto divieto al datore di lavoro di adibire alla vigilanza sull'attività lavorativa le guardie di cui al primo comma, le quali non possono accedere nei locali dove si svolge tale attività, durante lo svolgimento della stessa, se non eccezionalmente per specifiche e motivate esigenze attinenti ai compiti di cui al primo comma.

In caso di inosservanza da parte di una guardia particolare giurata delle disposizioni di cui al presente articolo, l'Ispettorato del lavoro ne promuove presso il questore la sospensione dal servizio, salvo il provvedimento di revoca della licenza da parte del prefetto nei casi più gravi.

3. Personale di vigilanza. – I nominativi e le mansioni specifiche del personale addetto alla vigilanza dell'attività lavorativa debbono essere comunicati ai lavoratori interessati.

4. (1) (2) **Impianti audiovisivi e altri strumenti di controllo.** – Gli impianti audiovisivi e gli altri strumenti dai quali derivi anche la possibilità di controllo a distanza dell'attività dei lavoratori possono essere impiegati esclusivamente per esigenze organizzative e produttive, per la sicurezza del lavoro e per la tutela del patrimonio aziendale e possono essere installati previo accordo collettivo stipulato dalla rappresentanza sindacale unitaria o dalle rappresentanze sindacali aziendali. In alternativa, nel caso di imprese con unità produttive ubicate in diverse province della stessa regione ovvero in più regioni, tale accordo può essere stipulato dalle associazioni sindacali comparativamente più rappresentative sul piano nazionale. In mancanza di accordo, gli impianti e gli strumenti di cui al primo periodo possono essere installati previa autorizzazione delle sede territoriale dell'Ispettorato nazionale del lavoro o, in alternativa, nel caso di imprese con unità produttive dislocate negli ambiti di competenza di più sedi territoriali, della sede centrale dell'Ispettorato nazionale del lavoro (3). I provvedimenti di cui al terzo periodo sono definitivi (3).

La disposizione di cui al comma 1 non si applica agli strumenti utilizzati dal lavoratore per rendere la prestazione lavorativa e agli strumenti di registrazione degli accessi e delle presenze.

Le informazioni raccolte ai sensi dei commi 1 e 2 sono utilizzabili a tutti i fini connessi al rapporto di lavoro a condizione che sia data al lavoratore adeguata informazione delle modalità d'uso degli strumenti e di effettuazione dei controlli e nel rispetto di quanto disposto dal decreto legislativo 30 giugno 2003, n. 196.

(1) *Questo articolo è stato così sostituito dall'art. 23, comma 1, del D.L.vo 14 settembre 2015, n. 151.*

(2) *Si veda l'art. 171 del D.L.vo 30 giugno 2003, n. 196, così come sostituito dall'art. 23, comma 2, del D.L.vo 14 settembre 2015, n. 151, di cui si riporta il testo:*

«171 (Altre fattispecie). 1. *La violazione delle disposizioni di cui all'articolo 113 e all'articolo 4, primo e secondo comma, della legge 20 maggio 1970, n. 300, è punita con le sanzioni di cui all'articolo 38 della legge n. 300 del 1970.*».

(3) *Questo periodo è stato così sostituito dall'art. 5, comma 2, del D.L.vo 24 settembre 2016, n. 185.*

NOTE OPERATIVE:

Controllo tecnologico: La legittimità dei controlli cd. difensivi in senso stretto presuppone il fondato sospetto del datore di lavoro circa comportamenti illeciti di uno o più lavoratori; ne consegue che spetta al datore l'onere di allegare, prima, e di provare, poi, le specifiche circostanze che l'hanno indotto ad attivare il controllo tecnologico ex post (C.C. 18168/23).

Limiti: In presenza di un sospetto di attività illecita, occorrerà, nell'osservanza della disciplina a tutela della riservatezza del lavoratore, e segnatamente dell'art. 8 della cedu come interpretato dalla giurisprudenza della cedu, assicurare un corretto bilanciamento tra le esigenze di protezione di interessi e beni aziendali, correlate alla libertà di iniziativa economica, rispetto alle imprescindibili tutele della dignità e della riservatezza del lavoratore, con un contemperamento che non può prescindere dalle circostanze del caso concreto (C.C. 18168/23).

Utilizzabilità: Le risultanze derivanti da un controllo automatico a distanza, in quanto non concordate né autorizzate, e finalizzate al controllo della prestazione lavorativa, non sono utilizzabili per il licenziamento del lavoratore (C.C. 25645/23).

5. Accertamenti sanitari. – Sono vietati accertamenti da parte del datore di lavoro sull'idoneità e sull'infermità per malattia o infortunio del lavoratore dipendente.

Il controllo delle assenze per infermità può essere effettuato soltanto attraverso i servizi ispettivi degli istituti previdenziali competenti, i quali sono tenuti a compierlo quando il datore di lavoro lo richieda.

Il datore di lavoro ha facoltà di far controllare l'idoneità fisica del lavoratore da parte di enti pubblici ed istituti specializzati di diritto pubblico (1).

(1) *L'effettuazione di visite fiscali è ora regolata dall'art. 2 del D.L. 30 dicembre 1979, n. 663, convertito, con modificazioni, nella L. 29 febbraio 1980, n. 33, recante norme per il finanziamento del servizio sanitario nazionale, in forza del quale tali visite sono eseguite dai medici dei servizi sanitari indicati dalle regioni.*

Si veda, anche, l'art. 5, comma 12, del D.L. 12 settembre 1983, n. 463, e il D.M. 27 maggio 1987.

L'art. 5 della L. 5 giugno 1990, n. 135 per la prevenzione e la lotta all'Aids, vieta ai datori di lavoro, pubblici e privati, lo svolgimento di indagini volte ad accertare nei dipendenti o in persone prese in considerazione per l'instaurazione di un rapporto di lavoro l'esistenza di uno stato di sieropositività.

6. Visite personali di controllo. – Le visite personali di controllo sul lavoratore sono vietate fuorché nei casi in cui siano indispensabili ai fini della tutela del patrimonio aziendale, in relazione alla qualità degli strumenti di lavoro o delle materie prime o dei prodotti.

In tali casi le visite personali potranno essere effettuate soltanto a condizione che siano eseguite all'uscita dei luoghi di lavoro, che siano salvaguardate la dignità e la riservatezza del lavoratore e che avvengano con l'applicazione di sistemi di selezione automatica riferiti alla collettività o a gruppi di lavoratori.

Le ipotesi nelle quali possono essere disposte le visite personali, nonché, ferme restando le condizioni di cui al secondo comma del presente articolo, le relative modalità debbono essere concordate dal datore di lavoro con le rappresentanze sindacali aziendali oppure, in mancanza di queste, con la commissione interna. In difetto di accordo, su istanza del datore di lavoro, provvede l'Ispettorato del lavoro (1).

Contro i provvedimenti dell'Ispettorato del lavoro di cui al precedente comma, il datore di lavoro, le rappresentanze sindacali aziendali o, in mancanza di queste, la commissione interna, oppure i sindacati dei lavoratori di cui al successivo art. 19 possono ricorrere, entro 30 giorni dalla comunicazione del provvedimenti, al Ministro per il lavoro e la previdenza sociale.

(1) *Nelle forme di cui al D.M. 12 gennaio 1995, n. 227.*

7. (1) **Sanzioni disciplinari** (2). – Le norme disciplinari relative alle sanzioni, alle infrazioni in relazione alle quali ciascuna di esse può essere applicata ed alle procedure di contestazione delle stesse, devono essere portate a conoscenza dei lavoratori mediante affissione in luogo accessibile a tutti. Esse devono applicare quanto in materia è stabilito da accordi e contratti di lavoro ove esistano (3).

Il datore di lavoro non può adottare alcun provvedimento disciplinare nei confronti del lavoratore senza avergli preventivamente contestato l'addebito e senza averlo sentito a sua difesa.

Il lavoratore potrà farsi assistere da un rappresentante dell'associazione sindacale cui aderisce o conferisce mandato.

Fermo restando quanto disposto dalla L. 15 luglio 1966, n. 604, non possono essere disposte sanzioni disciplinari che comportino mutamenti definitivi del rapporto di lavoro; inoltre la multa non può essere disposta per un importo superiore a quattro ore della retribuzione base e la sospensione dal servizio e dalla retribuzione per più di dieci giorni.

In ogni caso, i provvedimenti disciplinari più gravi del rimprovero verbale non possono essere applicati prima che siano trascorsi cinque giorni dalla contestazione per iscritto del fatto che vi ha dato causa (3) (4).

Salvo analoghe procedure previste dai contratti collettivi di lavoro e ferma restando la facoltà di adire l'autorità giudiziaria, il lavoratore al quale sia stata applicata una sanzione disciplinare può promuovere, nei venti giorni successivi, anche per mezzo dell'associazione alla quale sia iscritto ovvero conferisca mandato, la costituzione, tramite l'ufficio provinciale del lavoro e della massima occupazione, di un collegio di conciliazione ed arbitrato composto da un rappresentante di ciascuna delle parti e da un terzo membro scelto di comune accordo o, in difetto di accordo, nominato dal direttore dell'ufficio del lavoro. La sanzione disciplinare resta sospesa fino alla pronuncia da parte del collegio.

Qualora il datore di lavoro non provveda, entro dieci giorni dall'invito rivoltogli dall'ufficio del lavoro, a nominare il proprio rappresentante in seno al collegio di cui al comma precedente, la sanzione disciplinare non ha effetto. Se il datore di lavoro adisce l'autorità giudiziaria, la sanzione disciplinare resta sospesa fino alla definizione del giudizio.

Non può tenersi conto ad alcun effetto delle sanzioni disciplinari decorsi due anni dalla loro applicazione (3).

(1) *A norma dell'art. 26, comma 3, del D.L.vo 28 febbraio 2021, n. 36, questo articolo non si applica alle sanzioni disciplinari irrogate dalle Federazioni Sportive Nazionali, dalle Discipline Sportive Associate, dagli Enti di Promozione Sportiva, a decorrere dal 1° luglio 2022.*

(2) *La Corte costituzionale, con sentenza n. 204 del 30 novembre 1982, ha dichiarato l'illegittimità costituzionale dei primi tre commi, interpretati nel senso che siano inapplicabili ai licenziamenti disciplinari, per i quali detti commi non siano espressamente richiamati dalla normativa legislativa, collettiva o validamente posta dal datore di lavoro.*

La Corte costituzionale, con sentenza n. 427 del 25 luglio 1989, ha dichiarato l'illegittimità costituzionale del secondo e terzo comma, nella parte in cui è esclusa la loro applicabilità al licenziamento per motivi disciplinari irrogato da imprenditore che abbia meno di sedici dipendenti.

(3) *L'art. 55 del D.L.vo 30 marzo 2001, n. 165, sul pubblico impiego, precisa che le norme contenute in questo comma e nell'art. 2106 del codice civile si applicano anche ai dipendenti delle amministrazioni pubbliche.*

(4) *Si veda l'art. 1, comma 41, della L. 28 giugno 2012, n. 92, che si riporta: «41. Il licenziamento intimato all'esito del procedimento disciplinare di cui all'articolo 7 della legge 20 maggio 1970, n. 300, oppure all'esito del procedimento di cui all'articolo 7 della legge 15 luglio 1966, n. 604, come sostituito dal comma 40 del presente articolo, produce effetto dal giorno della comunicazione con cui il procedimento medesimo è stato avviato, salvo l'eventuale diritto del lavoratore al preavviso o alla relativa indennità sostitutiva; è fatto salvo, in ogni caso, l'effetto sospensivo disposto dalle norme del testo unico delle disposizioni legislative in materia di tutela della maternità e della paternità, di cui al decreto legislativo 26 marzo 2001, n. 151. Gli effetti rimangono altresì sospesi in caso di impedimento derivante da infortunio occorso sul lavoro. Il periodo di eventuale lavoro svolto in costanza della procedura si considera come preavviso lavorato.»*

8. Divieto di indagini sulle opinioni. – È fatto divieto al datore di lavoro, ai fini dell'assunzione, come nel corso dello svolgimento del rapporto di lavoro, di effettuare indagini, anche a mezzo di terzi, sulle opinioni politiche, religiose o sindacali del lavoratore, nonché su fatti non rilevanti ai fini della valutazione dell'attitudine professionale del lavoratore.

9. Tutela della salute e dell'integrità fisica. – I lavoratori, mediante loro rappresentanze, hanno diritto di controllare l'applicazione delle norme per la prevenzione degli infortuni e delle malattie professionali e di promuovere la ricerca, l'elaborazione e l'attuazione di tutte le misure idonee a tutelare la loro salute e la loro integrità fisica.

10. Lavoratori studenti (1). – I lavoratori studenti, iscritti e frequentanti corsi regolari di studio in scuole di istruzione primaria, secondaria e di qualificazione professionale, statali, pareggiate o legalmente riconosciute o comunque abilitate al rilascio di titoli di studio legali, hanno diritto a turni di lavoro che agevolino la frequenza ai corsi e la preparazione agli esami e non sono obbligati a prestazioni di lavoro straordinario o durante i riposi settimanali.

I lavoratori studenti, compresi quelli universitari, che devono sostenere prove di esame, hanno diritto a fruire di permessi giornalieri retribuiti.

Il datore di lavoro potrà richiedere la produzione delle certificazioni necessarie all'esercizio dei diritti di cui al primo e secondo comma.

(1) *Le agevolazioni previste da questa norma, come pure la facoltà di differire il servizio militare, sono state estese a tutti i lavoratori che frequentano i corsi di formazione professionale disciplinati dalla L. 21 dicembre 1978, n. 854, legge-quadro in materia di formazione professionale* (art. 13).

11. Attività culturali, ricreative e assistenziali e controlli sul servizio di mensa (1). – Le attività culturali, ricreative ed assistenziali promosse nell'azienda sono gestite da organismi formati a maggioranza dai rappresentanti dei lavoratori.

Le rappresentanze sindacali aziendali, costituite a norma dell'articolo 19, hanno diritto di controllare la qualità del servizio di mensa secondo modalità stabilite dalla contrattazione collettiva (2).

(1) *Le parole: «e controlli sul servizio di mensa» sono state aggiunte dall'art. 6 del D.L. 11 luglio 1992, n. 333, recante misure urgenti per il risanamento della finanza pubblica, convertito, con modificazioni, nella L. 8 agosto 1992, n. 359.*

(2) *Questo comma è stato aggiunto dall'art. 6 del D.L. 11 luglio 1992, n. 333, recante misure urgenti per il risanamento della finanza pubblica, convertito, con modificazioni, nella L. 8 agosto 1992, n. 359.*

12. Istituti di patronato. – Gli istituti di patronato e di assistenza sociale, riconosciuti dal Ministero del lavoro e della previdenza sociale, per l'adempimento dei compiti di cui al decreto legislativo del Capo provvisorio dello Stato 29 luglio 1947, n. 804, hanno diritto di svolgere, su un piano di parità, la loro attività all'interno dell'azienda, secondo le modalità da stabilirsi con accordi aziendali.

13. (1) **Mansioni del lavoratore.** – L'art. 2103 del cod. civ. è sostituito dal seguente:

«Il prestatore di lavoro deve essere adibito alle mansioni per le quali è stato assunto o a quelle corrispondenti alla categoria superiore che abbia successivamente acquisito ovvero a mansioni equivalenti alle ultime effettivamente svolte, senza alcuna diminuzione della retribuzione. Nel caso di assegnazione a mansioni superiori il prestatore ha diritto al trattamento corrispondente all'attività svolta, e l'assegnazione stessa diviene definitiva, ove la medesima non abbia avuto luogo per sostituzione di lavoratore assente con diritto alla conservazione del posto, dopo un periodo fissato dai contratti collettivi, e comunque non superiore a tre mesi. Egli non può essere trasferito da una unità produttiva ad un'altra se non per comprovate ragioni tecniche, organizzative e produttive.

Ogni patto contrario è nullo.».

(1) *Vedi ora l'art. 6, L. 13 maggio 1985, n. 190, riconoscimento giuridico dei quadri intermedi.*

Titolo II
Della libertà sindacale

14. Diritto di associazione e di attività sindacale. – Il diritto di costituire associazioni sindacali, di aderirvi e di svolgere attività sindacale, è garantito a tutti i lavoratori all'interno dei luoghi di lavoro.

15. Atti discriminatori. – È nullo qualsiasi patto od atto diretto a:

a) subordinare l'occupazione di un lavoratore alla condizione che aderisca o non aderisca ad una associazione sindacale ovvero cessi di farne parte;

b) licenziare un lavoratore, discriminarlo nell'assegnazione di qualifiche o mansioni, nei trasferimenti, nei provvedimenti disciplinari, o recargli altrimenti pregiudizio a causa della sua affiliazione o attività sindacale ovvero della sua partecipazione ad uno sciopero.

Le disposizioni di cui al comma precedente si applicano altresì ai patti o atti diretti a fini di discriminazione politica, religiosa, razziale, di lingua o di sesso, di handicap, di età, di nazionalità (1) o basata sull'orientamento sessuale o sulle convinzioni personali (2) (3).

(1) *Le parole: «, di nazionalità» sono state inserite dall'art. 1, comma 2, della L. 23 dicembre 2021, n. 238.*

([2]) *Questo comma è stato così sostituito dall'art. 13 della L. 9 dicembre 1977, n. 903.*

([3]) *Le parole da: «, di handicap,» fino alla fine di questo comma sono state aggiunte dall'art. 4, comma 1, del D.L.vo 9 luglio 2003, n. 216.*

16. Trattamenti economici collettivi discriminatori. – È vietata la concessione di trattamenti economici di maggior favore aventi carattere discriminatorio a mente dell'art. 15.

Il pretore ([1]), su domanda dei lavoratori nei cui confronti è stata attuata la discriminazione di cui al comma precedente o delle associazioni sindacali alle quali questi hanno dato mandato, accertati i fatti, condanna il datore di lavoro al pagamento, a favore del fondo adeguamento pensioni, di una somma pari all'importo dei trattamenti economici di maggior favore illegittimamente corrisposti nel periodo massimo di un anno.

([1]) *Ai sensi del D.L.vo 19 febbraio 1998, n. 51, l'ufficio del pretore è soppresso a decorrere dal 2 giugno 1999, fatta salva l'attività necessaria per l'esaurimento degli affari pendenti. Le relative competenze sono trasferite al tribunale ordinario, fuori dei casi in cui è diversamente disposto dal predetto provvedimento.*

17. Sindacati di comodo. – È fatto divieto ai datori di lavoro e alle associazioni di datori di lavoro di costituire o sostenere, con mezzi finanziari o altrimenti, associazioni sindacali di lavoratori.

18. Tutela del lavoratore in caso di licenziamento illegittimo ([1]). – Il giudice, con la sentenza con la quale dichiara la nullità del licenziamento perché discriminatorio ai sensi dell'articolo 3 della legge 11 maggio 1990, n. 108, ovvero intimato in concomitanza col matrimonio ai sensi dell'articolo 35 del codice delle pari opportunità tra uomo e donna, di cui al decreto legislativo 11 aprile 2006, n. 198, o in violazione dei divieti di licenziamento di cui all'articolo 54, commi 1, 6, 7 e 9, del testo unico delle disposizioni legislative in materia di tutela e sostegno della maternità e della paternità, di cui al decreto legislativo 26 marzo 2001, n. 151, e successive modificazioni, ovvero perché riconducibile ad altri casi di nullità previsti dalla legge o determinato da un motivo illecito determinante ai sensi dell'articolo 1345 del codice civile, ordina al datore di lavoro, imprenditore o non imprenditore, la reintegrazione del lavoratore nel posto di lavoro, indipendentemente dal motivo formalmente addotto e quale che sia il numero dei dipendenti occupati dal datore di lavoro. La presente disposizione si applica anche ai dirigenti. A seguito dell'ordine di reintegrazione, il rapporto di lavoro si intende risolto quando il lavoratore non abbia ripreso servizio entro trenta giorni dall'invito del datore di lavoro, salvo il caso in cui abbia richiesto l'indennità di cui al terzo comma del presente articolo. Il regime di cui al presente articolo si applica anche al licenziamento dichiarato inefficace perché intimato in forma orale ([2]).

Il giudice, con la sentenza di cui al primo comma, condanna altresì il datore di lavoro al risarcimento del danno subito dal lavoratore per il licenziamento di cui sia stata accertata la nullità, stabilendo a tal fine un'indennità commisurata all'ultima retribuzione globale di fatto maturata dal giorno del licenziamento sino a quello dell'effettiva reintegrazione, dedotto quanto percepito, nel periodo di estromissione, per lo svolgimento di altre attività lavorative. In ogni caso la misura del risarcimento non potrà essere inferiore a cinque mensilità della retribuzione globale di fatto. Il datore di lavoro è condannato inoltre, per il medesimo periodo, al versamento dei contributi previdenziali e assistenziali ([2]).

Fermo restando il diritto al risarcimento del danno come previsto al secondo comma, al lavoratore è data la facoltà di chiedere al datore di lavoro, in sostituzione della reintegrazione nel posto di lavoro, un'indennità pari a quindici mensilità dell'ultima retribuzione globale di fatto, la cui richiesta determina la risoluzione del rapporto di lavoro, e che non è assoggettata a contribuzione previdenziale. La richiesta dell'indennità deve essere effettuata entro trenta giorni dalla comunicazione del deposito della sentenza, o dall'invito del datore di lavoro a riprendere servizio, se anteriore alla predetta comunicazione ([2]).

Il giudice, nelle ipotesi in cui accerta che non ricorrono gli estremi del giustificato motivo soggettivo o della giusta causa addotti dal datore di lavoro, per insussistenza del fatto contestato ovvero perché il fatto rientra tra le condotte punibili con una sanzione conservativa sulla base delle previsioni dei contratti collettivi ovvero dei codici disciplinari applicabili, annulla il licenziamento e condanna il datore di lavoro alla reintegrazione nel posto di lavoro di cui al primo comma e al pagamento di un'indennità risarcitoria commisurata all'ultima retribuzione globale di fatto dal giorno del licenziamento sino a quello dell'effettiva reintegrazione, dedotto quanto il lavoratore ha percepito, nel periodo di estromissione, per lo svolgimento di altre attività lavorative, nonché quanto avrebbe potuto percepire dedicandosi con diligenza alla ricerca di una nuova occupazione. In ogni caso la misura dell'indennità risarcitoria non può essere superiore a dodici mensilità della retribuzione globale di fatto. Il datore di lavoro è condannato, altresì, al versamento dei contributi previdenziali e assistenziali dal giorno del licenziamento fino a quello della effettiva reintegrazione, maggiorati degli interessi nella misura legale senza applicazione di sanzioni per omessa o ritardata contribuzione, per un importo pari al differenziale contributivo esistente tra la contribuzione che sarebbe stata maturata nel rapporto di lavoro risolto dall'illegittimo licenziamento e quella accreditata al lavoratore in conseguenza dello svolgimento di altre attività lavorative. In quest'ultimo caso, qualora i contributi afferiscano ad altra gestione previdenziale, essi sono imputati d'ufficio alla gestione corrispondente all'attività lavorativa svolta dal dipendente licenziato, con addebito dei relativi costi al datore di lavoro. A seguito dell'ordine di reintegrazione, il rapporto di lavoro si intende risolto quando il lavoratore non abbia ripreso servizio entro trenta giorni dall'invito del datore di lavoro, salvo il caso in cui abbia richiesto l'indennità sostitutiva della reintegrazione nel posto di lavoro ai sensi del terzo comma ([2]).

Il giudice, nelle altre ipotesi in cui accerta che non ricorrono gli estremi del giustificato motivo soggettivo o della giusta causa addotti dal datore di lavoro, dichiara risolto il rapporto di lavoro con effetto dalla data del licenziamento e condanna il datore di lavoro al pagamento di un'indennità risarcitoria onnicomprensiva determinata tra un minimo di dodici e un massimo di ventiquattro mensilità dell'ultima retribuzione globale di fatto, in relazione all'anzianità del lavoratore e tenuto conto del numero dei dipendenti occupati, delle dimensioni dell'attività economica, del comportamento e delle condizioni delle parti, con onere di specifica motivazione a tale riguardo ([2]).

Nell'ipotesi in cui il licenziamento sia dichiarato inefficace per violazione del requisito di motivazione di cui all'articolo 2, comma 2, della legge 15 luglio 1966, n. 604, e successive modificazioni, della procedura di cui all'articolo 7 della presente legge, o della procedura di cui all'articolo 7 della legge 15 luglio 1966, n. 604, e successive modificazioni, si applica il regime di cui al quinto comma, ma con attribuzione al lavoratore di un'indennità risarcitoria onnicomprensiva determinata, in relazione alla gravità della violazione formale o procedurale commessa dal datore di lavoro, tra un minimo di sei e un massimo di dodici mensilità dell'ultima retribuzione globale di fatto, con onere di specifica motivazione a tale riguardo, a meno che il giudice, sulla base della domanda del lavoratore, accerti che vi è anche un difetto di giustificazione del licenziamento, nel qual caso applica, in luogo di quelle previste dal presente comma, le tutele di cui ai commi quarto, quinto o settimo ([2]).

Il giudice applica la medesima disciplina di cui al quarto comma del presente articolo nell'ipotesi in cui accerti il difetto di giustificazione del licenziamento intimato, anche ai sensi degli articoli 4, comma 4, e 10, comma 3, della legge 12 marzo 1999, n. 68, per motivo oggettivo consistente nell'inidoneità fisica o psichica del lavoratore, ovvero che il licenziamento è stato intimato in violazione dell'articolo 2110, secondo comma, del codice civile. Può altresì applicare la predetta disciplina nell'ipotesi in cui accerti la manifesta insussistenza del fatto posto a base del licenziamento per giustificato motivo oggettivo; nelle altre ipotesi in cui accerta che non ricorrono gli estremi del predetto giustificato motivo, il giudice applica la disciplina di cui al quinto comma ([3]). In tale ultimo caso il giudice, ai fini della determinazione dell'indennità tra il minimo e il massimo previsti, tiene conto, oltre ai criteri di cui al quinto comma, delle iniziative assunte dal lavoratore per la ricerca di una nuova occupazione e del comportamento delle parti nell'ambito della procedura di cui all'articolo 7 della legge 15 luglio 1966, n. 604, e successive modificazioni ([4]). Qualora, nel corso del giudizio, sulla base della domanda formulata dal lavoratore, il licenziamento risulti determinato da ragioni discriminatorie o disciplinari, trovano applicazione le relative tutele previste dal presente articolo ([2]).

Le disposizioni dei commi dal quarto al settimo si applicano al datore di lavoro, imprenditore o non imprenditore, che in ciascuna sede, stabilimento, filiale, ufficio o reparto autonomo nel quale ha avuto luogo il licenziamento occupa alle sue dipendenze più di quindici lavoratori o più di cinque se si tratta di imprenditore agricolo, nonché al datore di lavoro, imprenditore o non imprenditore, che nell'ambito dello stesso comune occupa più di quindici dipendenti e all'impresa agricola che nel medesimo ambito territoriale occupa più di cinque dipendenti, anche se ciascuna unità produttiva, singolarmente considerata, non raggiunge tali limiti, e in ogni caso al datore di lavoro, imprenditore e non imprenditore, che occupa più di sessanta dipendenti (2).

Ai fini del computo del numero dei dipendenti di cui all'ottavo comma si tiene conto dei lavoratori assunti con contratto a tempo indeterminato parziale per la quota di orario effettivamente svolto, tenendo conto, a tale proposito, che il computo delle unità lavorative fa riferimento all'orario previsto dalla contrattazione collettiva del settore. Non si computano il coniuge e i parenti del datore di lavoro entro il secondo grado in linea diretta e in linea collaterale. Il computo dei limiti occupazionali di cui all'ottavo comma non incide su norme o istituti che prevedono agevolazioni finanziarie o creditizie (2).

Nell'ipotesi di revoca del licenziamento, purché effettuata entro il termine di quindici giorni dalla comunicazione al datore di lavoro dell'impugnazione del medesimo, il rapporto di lavoro si intende ripristinato senza soluzione di continuità, con diritto del lavoratore alla retribuzione maturata nel periodo precedente alla revoca, e non trovano applicazione i regimi sanzionatori previsti dal presente articolo (2).

Nell'ipotesi di licenziamento dei lavoratori di cui all'art. 22, su istanza congiunta del lavoratore e del sindacato cui questo aderisce o conferisca mandato, il giudice, in ogni stato e grado del giudizio di merito, può disporre con ordinanza, quando ritenga irrilevanti o insufficienti gli elementi di prova forniti dal datore di lavoro, la reintegrazione del lavoratore nel posto di lavoro.

L'ordinanza di cui al comma precedente può essere impugnata con reclamo immediato al giudice medesimo che l'ha pronunciata. Si applicano le disposizioni dell'art. 178, terzo, quarto, quinto e sesto comma del codice di procedura civile.

L'ordinanza può essere revocata con la sentenza che decide la causa.

Nell'ipotesi di licenziamento dei lavoratori di cui all'art. 22, il datore di lavoro che non ottempera alla sentenza di cui al primo comma ovvero all'ordinanza di cui all'undicesimo comma (5), non impugnata o confermata dal giudice che l'ha pronunciata, è tenuto anche, per ogni giorno di ritardo, al pagamento a favore del Fondo adeguamento pensioni di una somma pari all'importo della retribuzione dovuta al lavoratore.

(1) *La precedente rubrica:* «Reintegrazione nel posto di lavoro» *è stata così sostituita dall'attuale dall'art. 1, comma 42, lett.* a), *della L. 28 giugno 2012, n. 92.*

(2) *Gli attuali commi dal primo al decimo hanno così sostituito i precedenti commi dal primo al sesto ai sensi dell'art. 1, comma 42, lett.* b), *della L. 28 giugno 2012, n. 92.*

(3) *La Corte costituzionale, con sentenza n. 125 del 19 maggio 2022, ha dichiarato l'illegittimità costituzionale di questo periodo, come modificato dall'art. 1, comma 42, lettera* b), *della legge 28 giugno 2012, n. 92, limitatamente alla parola «manifesta».*

(4) *La Corte costituzionale, con sentenza n. 59 del 1° aprile 2021, ha dichiarato l'illegittimità costituzionale di questo periodo, nella parte in cui prevede che il giudice, quando accerti la manifesta insussistenza del fatto posto a base del licenziamento per giustificato motivo oggettivo, «può altresì applicare» – invece che «applica altresì» – la disciplina di cui al medesimo art. 18, quarto comma.*

(5) *Le parole: «al quarto comma» sono state così sostituite dalle attuali: «all'undicesimo comma» dall'art. 1, comma 42, lett.* c), *della L. 28 giugno 2012, n. 92.*

NOTE OPERATIVE:

Licenziamento senza preavviso: La sanzione disciplinare del licenziamento senza preavviso trova applicazione nel caso di condanna passata in giudicato per condotta commessa non in connessione con lo svolgimento del rapporto di lavoro, quando i fatti costituenti reato possano comunque assumere rilievo ai fini della lesione del rapporto fiduciario, e quindi è necessario valutare la gravità del fatto costituente reato per come accertato e valutato in sede penale, e con efficacia di giudicato, senza che a tal fine rilevino altri elementi di contorno esterni, quale ad esempio il tempo trascorso e l'unicità dell'episodio contestato al lavoratore (C.C. 14114/23).

Titolo III
Dell'attività sindacale

19. Costituzione delle rappresentanze sindacali aziendali. – Rappresentanze sindacali aziendali possono essere costituite ad iniziativa dei lavoratori in ogni unità produttiva, nell'ambito:

[*a*) delle associazioni aderenti alle confederazioni maggiormente rappresentative sul piano nazionale] (1);

b) delle associazioni sindacali, [non affiliate alle predette confederazioni] (2), che siano firmatarie di contratti collettivi [nazionali o provinciali] (2) di lavoro applicati nell'unità produttiva (3).

Nell'ambito di aziende con più unità produttive le rappresentanze sindacali possono istituire organi di coordinamento.

(1) *Questa lettera è stata abrogata dall'art. 1 del D.P.R. 28 luglio 1995, n. 312, con decorrenza dal sessantesimo giorno dalla data di pubblicazione sulla G.U. avvenuta il 29 luglio 1995.*

(2) *Le parole poste fra parentesi quadre sono state abrogate dall'art. 1 del D.P.R. 28 luglio 1995, n. 312, con decorrenza dal sessantesimo giorno dalla data di pubblicazione sulla G.U. avvenuta il 29 luglio 1995.*

([3]) *La Corte costituzionale, con sentenza n. 231 del 23 luglio 2013, ha dichiarato l'illegittimità costituzionale di questa lettera, nella parte in cui non prevede che la rappresentanza sindacale aziendale possa essere costituita anche nell'ambito di associazioni sindacali che, pur non firmatarie dei contratti collettivi applicati nell'unità produttiva, abbiano comunque partecipato alla negoziazione relativa agli stessi contratti quali rappresentanti dei lavoratori dell'azienda.*

20. Assemblea. – I lavoratori hanno diritto di riunirsi, nella unità produttiva in cui prestano la loro opera, fuori dell'orario di lavoro, nonché durante l'orario di lavoro, nei limiti di dieci ore annue, per le quali verrà corrisposta la normale retribuzione. Migliori condizioni possono essere stabilite dalla contrattazione collettiva.

Le riunioni – che possono riguardare la generalità dei lavoratori o gruppi di essi – sono indette, singolarmente o congiuntamente, dalle rappresentanze sindacali aziendali nell'unità produttiva, con ordine del giorno su materie di interesse sindacale e del lavoro e secondo l'ordine di precedenza delle convocazioni, comunicate al datore di lavoro.

Alle riunioni possono partecipare, previo preavviso al datore di lavoro, dirigenti esterni del sindacato che ha costituito la rappresentanza sindacale aziendale.

Ulteriori modalità per l'esercizio del diritto di assemblea possono essere stabilite dai contratti di lavoro, anche aziendali.

21. Referendum. – Il datore di lavoro deve consentire nell'ambito aziendale lo svolgimento, fuori dell'orario di lavoro, di referendum, sia generali che per categoria, su materie inerenti all'attività sindacale, indetti da tutte le rappresentanze sindacali aziendali tra i lavoratori, con diritto di partecipazione di tutti i lavoratori appartenenti alla unità produttiva e alla categoria particolarmente interessata.

Ulteriori modalità per lo svolgimento del referendum possono essere stabilite dai contratti collettivi di lavoro anche aziendali.

22. Trasferimento dei dirigenti delle rappresentanze sindacali aziendali. – Il trasferimento dall'unità produttiva dei dirigenti delle rappresentanze sindacali aziendali di cui al precedente art. 19, dei candidati e dei membri di commissione interna può essere disposto solo previo nulla osta delle associazioni sindacali di appartenenza.

Le disposizioni di cui al comma precedente ed ai commi quarto, quinto, sesto e settimo ([1]) dell'art. 18 si applicano sino alla fine del terzo mese successivo a quello in cui è stata eletta la commissione interna per i candidati nelle elezioni della commissione stessa e sino alla fine dell'anno successivo a quello in cui è cessato l'incarico per tutti gli altri.

([1]) *Riferimento da intendersi attualmente ai commi settimo, ottavo, nono e decimo, dopo la sostituzione del testo dell'art. 18 disposta dall'art. 1 della L. 11 maggio 1990, n. 108.*

23. Permessi retribuiti. – I dirigenti delle rappresentanze sindacali aziendali di cui all'art. 19 hanno diritto, per l'espletamento del loro mandato, a permessi retribuiti.

Salvo clausole più favorevoli dei contratti collettivi di lavoro hanno diritto ai permessi di cui al primo comma almeno:

a) un dirigente per ciascuna rappresentanza sindacale aziendale nelle unità produttive che occupano fino a 200 dipendenti della categoria per cui la stessa è organizzata;

b) un dirigente ogni 300 o frazione di 300 dipendenti per ciascuna rappresentanza sindacale aziendale nelle unità produttive che occupano fino a 3.000 dipendenti della categoria per cui la stessa è organizzata;

c) un dirigente ogni 500 o frazione di 500 dipendenti della categoria per cui è organizzata la rappresentanza sindacale aziendale nelle unità produttive di maggiori dimensioni, in aggiunta al numero minimo di cui alla precedente lettera *b*).

I permessi retribuiti di cui al presente articolo non potranno essere inferiori a otto ore mensili nelle aziende di cui alle lettere *b*) e *c*) del comma precedente; nelle aziende di cui alla lettera *a*) i permessi retribuiti non potranno essere inferiori ad un'ora all'anno per ciascun dipendente.

Il lavoratore che intende esercitare il diritto di cui al primo comma deve darne comunicazione scritta al datore di lavoro di regola 24 ore prima, tramite le rappresentanze sindacali aziendali.

24. Permessi non retribuiti. – I dirigenti sindacali aziendali di cui all'art. 23 hanno diritto a permessi non retribuiti per la partecipazione a trattative sindacali o a congressi e convegni di natura sindacale, in misura non inferiore a otto giorni all'anno.

I lavoratori che intendano esercitare il diritto di cui al comma precedente devono darne comunicazione scritta al datore di lavoro di regola tre giorni prima, tramite le rappresentanze sindacali aziendali.

25. Diritto di affissione. – Le rappresentanze sindacali aziendali hanno diritto di affiggere, su appositi spazi, che il datore di lavoro ha l'obbligo di predisporre in luoghi accessibili a tutti i lavoratori all'interno dell'unità produttiva, pubblicazioni, testi e comunicati inerenti a materie di interesse sindacale e del lavoro.

26. Contributi sindacali. – I lavoratori hanno diritto di raccogliere contributi e di svolgere opera di proselitismo per le loro organizzazioni sindacali all'interno dei luoghi di lavoro, senza pregiudizio del normale svolgimento dell'attività aziendale.

[Le associazioni sindacali dei lavoratori hanno diritto di percepire, tramite ritenuta sul salario nonché sulle prestazioni erogate per conto degli enti previdenziali, i contributi sindacali che i lavoratori intendono loro versare, con modalità stabilite dai contratti collettivi di lavoro, che garantiscano la segretezza del versamento effettuato dal lavoratore a ciascuna associazione sindacale] (1).

[Nelle aziende nelle quali il rapporto di lavoro non è regolato da contratti collettivi, il lavoratore ha diritto di chiedere il versamento del contributo sindacale all'associazione da lui indicata] (1).

(1) *Questo comma è stato abrogato dall'art. 1 del D.P.R. 28 luglio 1995, n. 313, con decorrenza dal sessantesimo giorno dalla data di pubblicazione sulla* G.U. *avvenuta il 29 luglio 1995.*

27. Locali delle rappresentanze sindacali aziendali. – Il datore di lavoro nelle unità produttive con almeno 200 dipendenti pone permanentemente a disposizione delle rappresentanze sindacali aziendali, per l'esercizio delle loro funzioni, un idoneo locale comune all'interno dell'unità produttiva o nelle immediate vicinanze di essa.

Nelle unità produttive con un numero inferiore di dipendenti le rappresentanze sindacali aziendali hanno diritto di usufruire, ove ne facciano richiesta, di un locale idoneo per le loro riunioni.

Titolo IV
Disposizioni varie e generali

28. Repressione della condotta antisindacale. – Qualora il datore di lavoro ponga in essere comportamenti diretti ad impedire o limitare l'esercizio della libertà e dell'attività sindacale nonché del diritto di sciopero, su ricorso degli organismi locali delle associazioni sindacali nazionali che vi abbiano interesse, il pretore (1) del luogo ove è posto in essere il comportamento denunziato, nei due giorni successivi, convocate le parti ed assunte sommarie informazioni, qualora ritenga sussistente la violazione di cui al presente comma, ordina al datore di lavoro, con decreto motivato ed immediatamente esecutivo, la cessazione del comportamento illegittimo e la rimozione degli effetti.

L'efficacia esecutiva del decreto non può essere revocata fino alla sentenza con cui il pretore (1) in funzione di giudice del lavoro definisce il giudizio instaurato a norma del comma successivo (2).

Contro il decreto che decide sul ricorso è ammessa, entro 15 giorni dalla comunicazione del decreto alle parti, opposizione davanti al pretore (1) in funzione di giudice del lavoro che decide con sentenza immediatamente esecutiva. Si osservano le disposizioni degli articoli 413 e seguenti del codice di procedura civile (2).

Il datore di lavoro che non ottempera al decreto, di cui al primo comma, o alla sentenza pronunciata nel giudizio di opposizione è punito ai sensi dell'art. 650 del codice penale.

L'autorità giudiziaria ordina la pubblicazione della sentenza penale di condanna nei modi stabiliti dall'art. 36 del codice penale.

[Se il comportamento di cui al primo comma è posto in essere da una amministrazione statale o da un altro ente pubblico non economico, l'azione è proposta con ricorso davanti al pretore competente per territorio] (3).

[Qualora il comportamento antisindacale sia lesivo anche di situazioni soggettive inerenti al rapporto di impiego, le organizzazioni sindacali di cui al primo comma, ove intendano ottenere anche la rimozione dei provvedimenti lesivi delle predette situazioni, propongono il ricorso davanti al tribunale amministrativo regionale competente per territorio, che provvede in via di urgenza con le modalità di cui al primo comma. Contro il decreto che decide sul ricorso è ammessa, entro quindici giorni dalla comunicazione del decreto alle parti, opposizione davanti allo stesso tribunale, che decide con sentenza immediatamente esecutiva] (3).

(1) *Ai sensi del D.L.vo 19 febbraio 1998, n. 51, l'ufficio del pretore è soppresso a decorrere dal 2 giugno 1999, fatta salva l'attività necessaria per l'esaurimento degli affari pendenti. Le relative competenze sono trasferite al tribunale ordinario, fuori dei casi in cui è diversamente disposto dal predetto provvedimento.*

(2) *Questo comma è stato così modificato dalla L. 8 novembre 1977, n. 847.*

(3) *Questo comma è stato aggiunto dall'art. 6 della L. 12 giugno 1990, n. 146, e poi abrogato dall'articolo 4*

della L. 11 aprile 2000, n. 83. Si veda anche l'art. 7 della citata legge 12 giugno 1990, n. 146, che di seguito si riporta, nel testo modificato dall'art. 5 della L. 11 aprile 2000, n. 83:

«La disciplina di cui all'art. 28 della L. 20 maggio 1970, n. 300, si applica anche in caso di violazione di clausole concernenti i diritti e l'attività del sindacato contenute negli accordi di cui al D.L.vo 3 febbraio 1993, n. 29, e successive modificazioni, e nei contratti collettivi di lavoro, che disciplinano il rapporto di lavoro nei servizi di cui alla presente legge».

Si veda, inoltre, l'art. 47 della L. 29 dicembre 1990, n. 428, modif. dall'art. 2 del D.L.vo 2 febbraio 2001, n. 18, secondo cui costituisce condotta antisindacale a sensi dell'art. 28 L. 20 maggio 1970, n. 300, il mancato rispetto, da parte del cedente o del cessionario, degli obblighi di comunicazione alle rappresentanze sindacali del progettato trasferimento d'azienda in cui siano occupati più di quindici lavoratori.

29. Fusione delle rappresentanze sindacali aziendali. – Quando le rappresentanze sindacali aziendali di cui all'art. 19 si siano costituite nell'ambito di due o più delle associazioni di cui alle lettere *a*) e *b*) del primo comma dell'articolo predetto, nonché nell'ipotesi di fusione di più rappresentanze sindacali, i limiti numerici stabiliti dall'art. 23, secondo comma, si intendono riferiti a ciascuna delle associazioni sindacali unitariamente rappresentate nell'unità produttiva.

Quando la formazione di rappresentanze sindacali unitarie consegua alla fusione delle associazioni di cui alle lettere *a*) e *b*) del primo comma dell'art. 19, i limiti numerici della tutela accordata ai dirigenti di rappresentanze sindacali aziendali, stabiliti in applicazione dell'art. 23, secondo comma, ovvero del primo comma del presente articolo restano immutati.

30. Permessi per i dirigenti provinciali e nazionali. – I componenti degli organi direttivi, provinciali e nazionali, delle associazioni di cui all'art. 19 hanno diritto a permessi retribuiti, secondo le norme dei contratti di lavoro, per la partecipazione alle riunioni degli organi suddetti.

31. (1) **Aspettativa dei lavoratori chiamati a funzioni pubbliche elettive o a ricoprire cariche sindacali provinciali e nazionali.** – I lavoratori che siano eletti membri del Parlamento nazionale o del Parlamento europeo o di assemblee regionali ovvero siano chiamati ad altre funzioni pubbliche elettive possono, a richiesta, essere collocati in aspettativa non retribuita, per tutta la durata del loro mandato (2).

La medesima disposizione si applica ai lavoratori chiamati a ricoprire cariche sindacali provinciali e nazionali.

I periodi di aspettativa di cui ai precedenti commi sono considerati utili, a richiesta dell'interessato, ai fini del riconoscimento del diritto e della determinazione della misura della pensione a carico della assicurazione generale obbligatoria di cui al R.D.L. 4 ottobre 1935, n. 1827, e successive modifiche ed integrazioni, nonché a carico di enti, fondi, casse e gestioni per forme obbligatorie di previdenza sostitutive dell'assicurazione predetta, o che ne comportino comunque l'esonero.

Durante i periodi di aspettativa l'interessato, in caso di malattia, conserva il diritto alle prestazioni a carico dei competenti enti preposti all'erogazione delle prestazioni medesime.

Le disposizioni di cui al terzo e al quarto comma non si applicano qualora a favore dei lavoratori siano previste forme previdenziali per il trattamento di pensione e per malattia, in relazione all'attività espletata durante il periodo di aspettativa (3).

(1) *A norma dell'art. 22, comma 39, della L. 23 dicembre 1994, n. 724, le disposizioni previste da questo articolo si interpretano nel senso della loro applicabilità ai dipendenti pubblici eletti nel Parlamento nazionale, nel Parlamento europeo e nei consigli regionali.*

(2) *Questo comma è stato così sostituito dall'art. 2 della L. 13 agosto 1979, n. 384.*

(3) *La L. 9 maggio 1977, n. 210, di interpretazione autentica di questo comma, così dispone: «Le limitazioni previste dall'ultimo comma dell'articolo 31 della legge 20 maggio 1970, n. 300, si applicano ai lavoratori che durante il periodo di aspettativa esplicano attività lavorativa che comporti forme di tutela previdenziale a carico dell'assicurazione generale obbligatoria di cui al R.D.L. 4 ottobre 1935, n. 1827, e successive modificazioni ed integrazioni, ovvero a carico di fondi sostitutivi, esclusivi o esonerativi dell'assicurazione predetta».*

32. Permessi ai lavoratori chiamati a funzioni pubbliche elettive. – I lavoratori eletti alla carica di consigliere comunale o provinciale che non chiedano di essere collocati in aspettativa sono, a loro richiesta, autorizzati ad assentarsi dal servizio per il tempo strettamente necessario all'espletamento del mandato, senza alcuna decurtazione della retribuzione.

I lavoratori eletti alla carica di sindaco o di assessore comunale, ovvero di presidente di giunta provinciale o di assessore provinciale, hanno diritto anche a permessi non retribuiti per un minimo di trenta ore mensili.

Titolo V
Norme sul collocamento

33 - 34. (*Omissis*) ([1]).

([1]) *Questi articoli sono stati abrogati dall'art. 8, comma 1, lett.* d)*, del D.L.vo 19 dicembre 2002, n. 297.*

Titolo VI
Disposizioni finali e penali

35. Campo di applicazione. – Per le imprese industriali e commerciali, le disposizioni del titolo III, ad eccezione del primo comma dell'art. 27, della presente legge si applicano a ciascuna sede, stabilimento, filiale, ufficio o reparto autonomo che occupa più di quindici dipendenti. Le stesse disposizioni si applicano alle imprese agricole che occupano più di cinque dipendenti ([1]).

Le norme suddette si applicano, altresì, alle imprese industriali e commerciali che nell'ambito dello stesso comune occupano più di quindici dipendenti ed alle imprese agricole che nel medesimo ambito territoriale occupano più di cinque dipendenti anche se ciascuna unità produttiva, singolarmente considerata, non raggiunge tali limiti.

Ferme restando le norme di cui agli artt. 1, 8, 9, 14, 15, 16 e 17, i contratti collettivi di lavoro provvedono ad applicare i principi di cui alla presente legge alle imprese di navigazione per il personale navigante ([2]).

([1]) *Comma così modificato dall'art. 6, L. 11 maggio 1990, n. 108, disciplina dei licenziamenti individuali.*

([2]) *La Corte costituzionale, con sentenza n. 96 del 3 aprile 1987, ha dichiarato l'illegittimità costituzionale di questo comma, nella parte in cui non prevede la diretta applicabilità al predetto personale anche dell'art. 18 della stessa legge.*

La Corte costituzionale, con sentenza n. 41 del 31 gennaio 1991, ha dichiarato l'illegittimità costituzionale di questo comma, nella parte in cui non prevede la diretta applicabilità al personale navigante delle imprese di navigazione aerea anche nell'art. 18 di questa legge, come modificato dall'art. 1 della L. 11 maggio 1990, n. 108.

La Corte costituzionale, con sentenza n. 364 del 23 luglio 1991, ha dichiarato l'illegittimità costituzionale di questo comma, nella parte in cui non prevede la diretta applicabilità al personale navigante delle «imprese di navigazione» dei commi 1, 2 e 3 dell'art. 7 di questa legge.

36. ([1]) **Obblighi dei titolari di benefici accordati dallo Stato e degli appaltatori di opere pubbliche.** – Nei provvedimenti di concessione di benefici accordati ai sensi delle vigenti leggi dallo Stato a favore di imprenditori che esercitano professionalmente un'attività economica organizzata e nei capitolati di appalto attinenti all'esecuzione di opere pubbliche, deve essere inserita la clausola esplicita determinante l'obbligo per il beneficiario o appaltatore di applicare o di far applicare nei confronti dei lavoratori dipendenti condizioni non inferiori a quelle risultanti dai contratti collettivi di lavoro della categoria e della zona.

Tale obbligo deve essere osservato sia nella fase di realizzazione degli impianti o delle opere che in quella successiva, per tutto il tempo in cui l'imprenditore beneficia delle agevolazioni finanziarie e creditizie concesse dallo Stato ai sensi delle vigenti disposizioni di legge.

Ogni infrazione al suddetto obbligo che sia accertata dall'Ispettorato del lavoro viene comunicata immediatamente ai Ministri nella cui amministrazione sia stata disposta la concessione del beneficio o dell'appalto. Questi adotteranno le opportune determinazioni, fino alla revoca del beneficio, e nei casi più gravi o nel caso di recidiva potranno decidere l'esclusione del responsabile, per un tempo fino a cinque anni, da qualsiasi ulteriore concessione di agevolazioni finanziarie o creditizie ovvero da qualsiasi appalto.

Le disposizioni di cui ai commi precedenti si applicano anche quando si tratti di agevolazioni finanziarie o creditizie ovvero di appalti concessi da enti pubblici, ai quali l'Ispettorato del lavoro comunica direttamente le infrazioni per l'adozione delle sanzioni.

([1]) *La Corte costituzionale, con sentenza n. 226 del 19 giugno 1998, ha dichiarato l'illegittimità costituzionale di questo articolo nella parte in cui non prevede che, nelle concessioni di pubblico servizio, deve essere inserita la clausola esplicita determinante l'obbligo per il concessionario di applicare o di far applicare nei confronti dei lavoratori dipendenti condizioni non inferiori a quelle risultanti dai contratti collettivi di lavoro della categoria e della zona.*

37. ([1]) **Applicazione ai dipendenti da enti pubblici.** – Le disposizioni della presente legge si applicano anche ai rapporti di lavoro e di impiego dei dipendenti da enti pubblici che svolgono esclusivamente o prevalentemente attività economica. Le disposizioni della presente legge si applicano altresì ai rapporti di impiego dei dipendenti dagli altri enti pubblici, salvo che la materia sia diversamente regolata da norme speciali.

([1]) *Questa norma è da ritenere in gran parte abrogata per incompatibilità con la legislazione successiva. Si veda in particolare il D.L.vo 30 marzo 2001, n. 165.*

38. Disposizioni penali. – Le violazioni degli artt. 2, [4,] ([1]) 5, 6 [, 8] ([1]) e 15, primo comma, lettera a), sono punite, salvo che il fatto non costituisca più grave reato, con l'ammenda da € 154 a € 1.549 ([2]) o con l'arresto da 15 giorni ad un anno.

Nei casi più gravi le pene dell'arresto e dell'ammenda sono applicate congiuntamente.

Quando, per le condizioni economiche del reo, l'ammenda stabilita nel primo comma può presumersi inefficace anche se applicata nel massimo, il giudice ha facoltà di aumentarla fino al quintuplo.

Nei casi previsti dal secondo comma, l'autorità giudiziaria ordina la pubblicazione della sentenza penale di condanna nei modi stabiliti dall'art. 36 del cod. pen.

([1]) *Le parole: «4,» e «, 8» sono state soppresse dall'art. 179, comma 2, del D.L.vo 30 giugno 2003, n. 196, a decorrere dal 1° gennaio 2004. L'art. 179 del D.L.vo n. 196/2003 è stato poi abrogato dall'art. 27, comma 1, lett. c), n. 3), del D.L.vo 10 agosto 2018, n. 101.*

([2]) *L'ammenda originaria da L. 100.000 a un milione è stata triplicata ai sensi dell'art. 113 della L. 24 novembre 1981, n. 689.*

39. Versamento delle ammende al Fondo adeguamento pensioni. – L'importo delle ammende è versato al Fondo adeguamento pensioni dei lavoratori.

40. Abrogazione delle disposizioni contrastanti. – Ogni disposizione in contrasto con le norme contenute nella presente legge è abrogata.

Restano salve le condizioni dei contratti collettivi e degli accordi sindacali più favorevoli ai lavoratori.

41. Esenzioni fiscali. – Tutti gli atti e documenti necessari per l'attuazione della presente legge e per l'esercizio dei diritti connessi, nonché tutti gli atti e documenti relativi ai giudizi nascenti dalla sua applicazione sono esenti da bollo, da imposte di registro o di qualsiasi altra specie e da tasse.

3.

L. 11 maggio 1990, n. 108. Disciplina dei licenziamenti individuali (*Gazzetta Ufficiale* Serie gen. - n. 108 dell'11 maggio 1990).

1. ([1]) **Reintegrazione.** – 1. (*Omissis*)

([1]) *Contiene modifiche all'art. 18, L. 20 maggio 1970, n. 300, statuto dei lavoratori.*

2. Riassunzione o risarcimento del danno. – 1. I datori di lavoro privati, imprenditori non agricoli e non imprenditori, e gli enti pubblici di cui all'art. 1 della L. 15 luglio 1966, n. 604, che occupano alle loro dipendenze fino a quindici lavoratori ed i datori di lavoro imprenditori agricoli che occupano alle loro dipendenze fino a cinque lavoratori computati con il criterio di cui all'art. 18 della L. 20 maggio 1970, n. 300, come modificato dall'art. 1 della presente legge, sono soggetti all'applicazione delle disposizioni di cui alla L. 15 luglio 1966, n. 604, così come modificata dalla presente legge. Sono altresì soggetti all'applicazione di dette disposizioni i datori di lavoro che occupano fino a sessanta dipendenti, qualora non sia applicabile il disposto dell'art. 18 della L. 20 maggio 1970, n. 300, come modificato dall'art. 1 della presente legge.

2.- 3. (*Omissis*) ([1]).

([1]) *Si omettono il secondo e il terzo comma, i quali modificano gli artt. 2 e 8 della L. 15 luglio 1966, n. 604, sulla giusta causa nei licenziamenti individuali.*

3. Licenziamento discriminatorio. – 1. Il licenziamento determinato da ragioni discriminatorie ai sensi dell'art. 4 della L. 15 luglio 1966, n. 604, e dell'art. 15 della L. 20 maggio 1970, n. 300, come modificato dall'art. 13 della L. 9 dicembre 1977, n. 903, è nullo indipendentemente dalla motivazione addotta e comporta, quale che sia il numero dei dipendenti occupati dal datore di lavoro, le conseguenze previste dall'art. 18 della L. 20 maggio 1970, n. 300, come modificato dalla presente legge. Tali disposizioni si applicano anche ai dirigenti.

NOTE OPERATIVE:

Licenziamento ritorsivo: In tema di licenziamento ritorsivo, l'accoglimento della domanda di accertamento della nullità è subordinata alla verifica che l'intento di vendetta abbia avuto efficacia determinativa esclusiva della volontà di risolvere il rapporto di lavoro, anche rispetto ad altri fatti rilevanti ai fini della configurazione di una giusta causa o di un giustificato motivo di recesso, rispetto ai quali va quindi escluso ogni giudizio comparativo (C.C. 6838/23).

4. Area di non applicazione. – 1. Fermo restando quanto previsto dall'art. 3, le disposizioni degli artt. 1 e 2 non trovano applicazione nei rapporti disciplinati dalla L. 2 aprile 1958, n. 339. La disciplina di cui all'art. 18 della L. 20 maggio 1970, n. 300, come modificato dall'art. 1 della presente legge, non trova applicazione nei confronti dei datori di lavoro non imprenditori che svolgono senza fini di lucro attività di natura politica, sindacale, culturale, di istruzione ovvero di religione o di culto.

2. Le disposizioni di cui all'art. 18 della L. 20 maggio 1970, n. 300 come modificato dall'art. 1 della presente legge, e dell'art. 2 non si applicano nei confronti dei prestatori di lavoro

ultrasessantenni, in possesso dei requisiti pensionistici, sempre che non abbiano optato per la prosecuzione del rapporto di lavoro ai sensi dell'art. 6 del D.L. 22 dicembre 1981, n. 791, convertito, con modificazioni, dalla L. 26 febbraio 1982, n. 54. Sono fatte salve le disposizioni dell'art. 3 della presente legge e dell'art. 9 della L. 15 luglio 1966, n. 604.

NOTE OPERATIVE:

Ambito di applicazione: La norma, che esclude la tutela reale per i licenziamenti illegittimi nei confronti dei prestatori di lavoro ultrasessantenni in possesso dei requisiti pensionistici, fa riferimento ai presupposti per l'accesso alla pensione di vecchiaia, solo al verificarsi dei quali il prestatore di lavoro ha l'onere di impedire la cessazione del regime di stabilità, entro un certo termine di decadenza, esercitando l'opzione per la prosecuzione del rapporto di lavoro (C.C. 435/19).

5. Tentativo obbligatorio di conciliazione, arbitrato e spese processuali. – 1. La domanda in giudizio di cui all'art. 2 della presente legge non può essere proposta se non è preceduta dalla richiesta di conciliazione avanzata secondo le procedure previste dai contratti e accordi collettivi di lavoro, ovvero dagli artt. 410 e 411 del codice di procedura civile.

2. L'improcedibilità della domanda è rilevabile anche d'ufficio nella prima udienza di discussione.

3. Ove il giudice rilevi l'improcedibilità della domanda a norma del comma 2 sospende il giudizio e fissa alle parti un termine perentorio non superiore a sessanta giorni per la proposizione della richiesta del tentativo di conciliazione.

4. Il processo deve essere riassunto a cura di una delle parti nel termine perentorio di centottanta giorni, che decorre dalla cessazione della causa di sospensione.

5. La comunicazione al datore di lavoro della richiesta di espletamento della procedura obbligatoria di conciliazione avvenuta nel termine di cui all'art. 6 della legge 15 luglio 1966, n. 604, impedisce la decadenza sancita nella medesima norma.

6. Ove il tentativo di conciliazione fallisca, ciascuna delle parti entro il termine di venti giorni può promuovere, anche attraverso l'associazione sindacale a cui è iscritta o conferisca mandato, il deferimento della controversia al collegio di arbitrato previsto dal contratto collettivo nazionale di lavoro applicabile o, in mancanza, ad un collegio composto da un rappresentante scelto da ciascuna parte e da un presidente scelto di comune accordo o, in difetto, dal direttore dell'ufficio provinciale del lavoro e della massima occupazione. Il collegio si pronuncia entro trenta giorni e la sua decisione acquista efficacia di titolo esecutivo osservate le disposizioni dell'art. 411 del codice di procedura civile.

7. Il comportamento complessivo delle parti viene valutato dal giudice per l'applicazione degli artt. 91, 92, 96 del codice di procedura civile.

6. Abrogazioni. – 1. (*Omissis*)

1.

L. 27 luglio 1978, n. 392. Disciplina delle locazioni di immobili urbani (*Gazzetta Ufficiale* n. 211 del 29 luglio 1978) ([1]).

([1]) *Gli artt. 1, 3, 12 - 26, 54, 60 - 66, 75 - 78, 83 di questa legge sono stati abrogati dall'art. 14, comma 3, della L. 9 dicembre 1998, n. 431.*

(*Estratto*)

Titolo I
Del contratto di locazione

Capo I
Locazione di immobili urbani adibiti ad uso di abitazione

2. Disciplina della sublocazione. – Il conduttore non può sublocare totalmente l'immobile, né può cedere ad altri il contratto senza il consenso del locatore.

Salvo patto contrario il conduttore ha la facoltà di sublocare parzialmente l'immobile, previa comunicazione al locatore con lettera raccomandata che indichi la persona del subconduttore, la durata del contratto ed i vani sublocati.

4. Recesso del conduttore. – È in facoltà delle parti consentire contrattualmente che il conduttore possa recedere in qualsiasi momento dal contratto dandone avviso al locatore, con lettera raccomandata, almeno sei mesi prima della data in cui il recesso deve avere esecuzione.

Indipendentemente dalle previsioni contrattuali il conduttore, qualora ricorrano gravi motivi, può recedere in qualsiasi momento dal contratto con preavviso di almeno sei mesi da comunicarsi con lettera raccomandata.

5. Inadempimento del conduttore. – Salvo quanto previsto dall'art. 55, il mancato pagamento del canone decorsi venti giorni dalla scadenza prevista, ovvero il mancato pagamento, nel termine previsto, degli oneri accessori quando l'importo non pagato superi quello di due mensilità del canone, costituisce motivo di risoluzione, ai sensi dell'art. 1455 del codice civile.

6. ([1]) **Successione nel contratto.** – In caso di morte del conduttore, gli succedono nel contratto il coniuge, gli eredi ed i parenti ed affini con lui abitualmente conviventi.

In caso di separazione giudiziale, di scioglimento del matrimonio o di cessazione degli effetti civili dello stesso, nel contratto di locazione succede al conduttore l'altro coniuge, se il diritto di abitare nella casa familiare sia stato attribuito dal giudice a quest'ultimo.

In caso di separazione consensuale o di nullità matrimoniale al conduttore succede l'altro coniuge se tra i due si sia così convenuto.

([1]) *La Corte costituzionale, con sentenza n. 404 del 7 aprile 1988, ha dichiarato la illegittimità costituzionale di questo articolo, primo comma, nella parte in cui non prevede tra i successibili nella titolarità del contratto di locazione, in caso di morte del conduttore, il convivente more uxorio; del terzo comma, nella parte in cui non prevede che il coniuge separato di fatto succeda al conduttore, se tra i due si sia così convenuto; dell'intero articolo, nella parte in cui non prevede la successione nel contratto di locazione al conduttore che abbia cessato la convivenza, a favore del già convivente quando vi sia prole naturale.*

7. Clausola di scioglimento in caso di alienazione. – È nulla la clausola che prevede la risoluzione del contratto in caso di alienazione della cosa locata.

8. Spese di registrazione. – Le spese di registrazione del contratto di locazione sono a carico del conduttore e del locatore in parti uguali.

9. Oneri accessori. – Sono interamente a carico del conduttore, salvo patto contrario, le spese relative al servizio di pulizia, al funzionamento e all'ordinaria manutenzione dell'ascensore, alla fornitura dell'acqua, dell'energia elettrica, del riscaldamento e del condizionamento dell'aria, allo spurgo dei pozzi neri e delle latrine, nonché alla fornitura di altri servizi comuni.

Le spese per il servizio di portineria sono a carico del conduttore nella misura del 90 per cento, salvo che le parti abbiano convenuto una misura inferiore.

Il pagamento deve avvenire entro due mesi dalla richiesta. Prima di effettuare il pagamento il conduttore ha diritto di ottenere l'indicazione specifica delle spese di cui ai commi precedenti con la menzione dei criteri di ripartizione. Il conduttore ha inoltre diritto di prendere visione dei documenti giustificativi delle spese effettuate.

Gli oneri di cui al primo comma addebitati dal locatore al conduttore devono intendersi corrispettivi di prestazioni accessorie a quella di locazione ai sensi e per gli effetti dell'art. 12 del D.P.R. 26 ottobre 1972, n. 633 ([1]).

La disposizione di cui al quarto comma non si applica ove i servizi accessori al contratto di locazione forniti siano per loro particolare natura e caratteristiche riferibili a specifica attività imprenditoriale del locatore e configurino oggetto di un autonomo contratto di prestazione dei servizi stessi ([1]).

([1]) *Questo comma è stato aggiunto dall'art. 67, comma 11, del D.L. 30 agosto 1993, n. 331, convertito, con modificazioni, nella L. 29 ottobre 1993, n. 427.*

10. Partecipazione del conduttore all'assemblea dei condomini. – Il conduttore ha diritto di voto, in luogo del proprietario dell'appartamento locatogli, nelle delibere dell'assemblea condominiale relative alle spese e alle modalità di gestione dei servizi di riscaldamento e di condizionamento d'aria.

Egli ha inoltre diritto di intervenire, senza diritto di voto, sulle delibere relative alla modificazione degli altri servizi comuni.

La disciplina di cui al primo comma si applica anche qualora si tratti di edificio non in condominio.

In tale ipotesi i conduttori si riuniscono in apposita assemblea convocati dal proprietario dell'edificio o da almeno tre conduttori.

Si osservano, in quanto applicabili, le disposizioni del codice civile sull'assemblea dei condomini.

11. Deposito cauzionale. – Il deposito cauzionale non può essere superiore a tre mensilità del canone. Esso è produttivo di interessi legali che debbono essere corrisposti al conduttore alla fine di ogni anno.

Capo II
Locazione di immobili urbani
adibiti ad uso diverso
da quello di abitazione

27. Durata della locazione. – La durata delle locazioni e sublocazioni di immobili urbani non può essere inferiore a sei anni se gli immobili sono adibiti ad una delle attività appresso indicate industriali, commerciali e artigianali di interesse turistico, quali agenzie di viaggio e turismo, impianti sportivi e ricreativi, aziende di soggiorno ed altri organismi di promozione turistica e simili ([1]).

La disposizione di cui al comma precedente si applica anche ai contratti relativi ad immobili adibiti all'esercizio abituale e professionale di qualsiasi attività di lavoro autonomo.

La durata della locazione non può essere inferiore a nove anni se l'immobile urbano, anche se ammobiliato, è adibito ad attività alberghiere, all'esercizio di imprese assimilate ai sensi dell'articolo 1786 del codice civile o all'esercizio di attività teatrali ([1]).

Se è convenuta una durata inferiore o non è convenuta alcuna durata, la locazione si intende pattuita per la durata rispettivamente prevista nei commi precedenti.

Il contratto di locazione può essere stipulato per un periodo più breve qualora l'attività esercitata o da esercitare nell'immobile abbia, per sua natura, carattere transitorio.

Se la locazione ha carattere stagionale, il locatore è obbligato a locare l'immobile, per la medesima stagione dell'anno successivo, allo stesso conduttore che gliene abbia fatta richiesta con lettera raccomandata prima della scadenza del contratto. L'obbligo del locatore ha la durata massima di sei anni consecutivi o di nove se si tratta di utilizzazione alberghiera.

È in facoltà delle parti consentire contrattualmente che il conduttore possa recedere in qualsiasi momento dal contratto dandone avviso al locatore, mediante lettera raccomandata, almeno sei mesi prima della data in cui il recesso deve avere esecuzione.

Indipendentemente dalle previsioni contrattuali il conduttore, qualora ricorrano gravi motivi, può recedere in qualsiasi momento dal contratto con preavviso di almeno sei mesi da comunicarsi con lettera raccomandata.

([1]) *Questo comma è stato così sostituito dall'art. 52, comma 1, dell'allegato 1 al D.L.vo 23 maggio 2011, n. 79.*

NOTE OPERATIVE:

Presupposti: Qualora, a fondamento del recesso ex art. 27, comma 8, della l. n. 392 del 1978, il conduttore deduca il sopravvenuto andamento favorevole della congiuntura aziendale, la gravosità della persistenza del rapporto locativo deve essere valutata oggettivamente ed in concreto, utilizzando come parametri comparativi, da un lato, la dimensione e le caratteristiche del bene locato e del nuovo locale e, dall'altro, le nuove esigenze di produzione e di commercio dell'azienda, non essendo – di per sé – sufficiente l'incremento del fatturato aziendale o del personale lavorante (C.C. 20503/23).

28. Rinnovazione del contratto. – Per le locazioni di immobili nei quali siano esercitate le attività indicate nei commi primo e secondo dell'art. 27, il contratto si rinnova tacitamente di sei anni in sei anni e, per quelle di immobili adibiti ad attività alberghiere o all'esercizio di attività teatrali ([1]), di nove anni in nove anni; tale rinnovazione non ha luogo se sopravviene disdetta da comunicarsi all'altra parte, a mezzo di lettera raccomandata, rispettivamente almeno 12 o 18 mesi prima della scadenza.

Alla prima scadenza contrattuale, rispettivamente di sei o di nove anni, il locatore può esercitare la facoltà di diniego della rinnovazione soltanto per i motivi di cui all'art. 29 con le modalità e i termini ivi previsti.

([1]) *Le parole: «o all'esercizio di attività teatrali» sono state inserite dall'art. 7, comma 1, lett.* b), *della L. 8 febbraio 2007, n. 9.*

29. Diniego di rinnovazione del contratto alla prima scadenza. – Il diniego della rinnovazione del contratto alla prima scadenza di cui all'articolo precedente è consentito al locatore ove egli intenda:

a) adibire l'immobile ad abitazione propria o del coniuge o dei parenti entro il secondo grado in linea retta;

b) adibire l'immobile all'esercizio, in proprio o da parte del coniuge o dei parenti entro il secondo grado in linea retta, di una delle attività indicate nell'art. 27 o, se si tratta di pubbliche amministrazioni, enti pubblici o di diritto pubblico, all'esercizio di attività tendenti al conseguimento delle loro finalità istituzionali;

c) demolire l'immobile per ricostruirlo, ovvero procedere alla sua integrale ristrutturazione o completo restauro, ovvero eseguire su di esso un intervento sulla base di un programma comunale pluriennale di attuazione ai sensi delle leggi vigenti. Nei casi suddetti il possesso della prescritta licenza o concessione è condizione per l'azione di rilascio; gli effetti del provvedimento di rilascio si risolvono se, prima della sua esecuzione, siano scaduti i termini della licenza o della concessione e quest'ultima non sia stata nuovamente disposta;

d) ristrutturare l'immobile al fine di rendere la superficie dei locali adibiti alla vendita conforme a quanto previsto nell'art. 12 della L. 11 giugno 1971, n. 426, e ai relativi piani comunali, sempre che le opere da effettuarsi rendano incompatibile la permanenza del conduttore nell'immobile. Anche in tal caso il possesso della prescritta licenza o concessione è condizione per l'azione di rilascio; gli effetti del provvedimento di rilascio si risolvono alle condizioni previste nella precedente lettera *c*) ([1]).

Per le locazioni di immobili adibiti all'esercizio di albergo, pensione o locanda, anche se ammobiliati, il locatore può negare la rinnovazione del contratto nelle ipotesi previste dall'art. 7 della L. 2 marzo 1963, n. 191, modificato dall'art. 4 *bis* del D.L. 27 giugno 1967, n. 460, convertito, con modificazioni, nella L. 28 luglio 1967, n. 628, qualora l'immobile sia oggetto di intervento sulla base di un programma comunale pluriennale di attuazione ai sensi delle leggi vigenti. Nei casi suddetti il possesso della prescritta licenza o concessione è condizione per l'azione di rilascio. Gli effetti del provvedimento di rilascio si risolvono alle condizioni previste nella precedente lettera *c*). Il locatore può altresì negare la rinnovazione se intende esercitare personalmente nell'immobile o farvi esercitare dal coniuge o da parenti entro il secondo grado in linea retta la medesima attività del conduttore, osservate le disposizioni di cui all'art. 5 della L. 2 marzo 1963, n. 191, modificato dall'art. 4 *bis* del D.L. 27 giugno 1967, n. 460, convertito, con modificazioni, nella L. 28 luglio 1967, n. 628.

Ai fini di cui ai commi precedenti il locatore, a pena di decadenza, deve dichiarare la propria volontà di conseguire, alla scadenza del contratto, la disponibilità dell'immobile locato; tale dichiarazione deve essere effettuata, con lettera raccomandata, almeno 12 o 18 mesi prima della scadenza, rispettivamente per le attività indicate nei commi primo e secondo dell'art. 27 e per le attività alberghiere.

Nella comunicazione deve essere specificato, a pena di nullità, il motivo, tra quelli tassativamente indicati nei commi precedenti, sul quale la disdetta è fondata.

Se il locatore non adempie alle prescrizioni di cui ai precedenti commi il contratto s'intende rinnovato a norma dell'articolo precedente.

([1]) *La Corte costituzionale, con sentenza n. 348 del 9 ottobre 1998, ha dichiarato l'illegittimità costituzionale di questa lettera, ultima parte, in relazione alla lettera c), ultima parte, di questo articolo, nella parte in cui prevede che la scadenza, nel corso del processo, del termine per l'inizio dei lavori, indicato nella licenza o concessione, impedisce l'emanazione del provvedimento di rilascio.*

30. Procedura per il rilascio. – Avvenuta la comunicazione di cui al terzo comma dell'art. 29 e prima della data per la quale è richiesta la disponibilità ovvero quando tale data sia trascorsa senza che il conduttore abbia rilasciato l'immobile, il locatore può convenire in giudizio il conduttore, osservando le norme previste dall'art. 447 *bis* del codice di procedura civile ([1]).

(*Omissis*) ([2]).

[Competente per territorio è il giudice nella cui circoscrizione è posto l'immobile. Sono nulle le clausole derogative dalla competenza per territorio] ([3]).

Alla prima udienza, se il convenuto compare e non si oppone, il giudice ad istanza del locatore, pronunzia ordinanza di rilascio per la scadenza di cui alla comunicazione prevista dall'art. 29.

L'ordinanza costituisce titolo esecutivo e definisce il giudizio.

Nel caso di opposizione del convenuto il giudice esperisce il tentativo di conciliazione.

Se il tentativo riesce viene redatto verbale che costituisce titolo esecutivo. In caso contrario o nella contumacia del convenuto si procede a norma dell'art. 420 e seguenti del codice di procedura civile.

Il giudice, su istanza del ricorrente, alla prima udienza e comunque in ogni stato del giudizio, valutate le ragioni addotte dalle parti e le prove raccolte, può disporre il rilascio dell'immobile con ordinanza costituente titolo esecutivo.

([1]) *Le originarie parole «osservando le norme previste dall'art. 46» sono state sostituite dalle attuali dall'art. 89 della L. 26 novembre 1990, n. 353, a decorrere dal 30 aprile 1995.*

([2]) *Questo comma è stato abrogato dall'art. 6 della L. 30 luglio 1984, n. 399.*

([3]) *Questo comma è stato abrogato dall'art. 89 della L. 26 novembre 1990, n. 353, recante provvedimenti urgenti per il processo civile, a decorrere dal 30 aprile 1995. Da tale data si applica l'art. 447* bis *c.p.c.*

31. Sanzioni. – Il locatore che abbia ottenuto la disponibilità dell'immobile per uno dei motivi previsti dall'art. 29 e che, nel termine di sei mesi dall'avvenuta consegna, non abbia adibito l'immobile ad abitazione propria, del coniuge o dei parenti entro il secondo grado in linea retta, o non abbia adibito l'immobile ad esercizio in proprio di una delle attività indicate all'art. 27, ovvero non abbia rispettato i termini della concessione o quelli del piano comunale di intervento per quanto attiene l'inizio dei lavori di demolizione, ricostruzione, ristrutturazione o restauro dell'immobile ovvero, in caso di immobili adibiti ad esercizio di albergo, pensione o locanda, non abbia completato i lavori di ricostruzione nel termine stabilito dal Ministero del turismo e dello spettacolo, è tenuto, se il conduttore lo richiede, al ripristino del contratto, salvi i diritti acquistati da terzi in buona fede, e al rimborso delle spese di trasloco e degli altri oneri sopportati, ovvero al risarcimento del danno nei confronti del conduttore in misura non superiore a quarantotto mensilità del canone di locazione percepito prima della risoluzione del contratto, oltre alle indennità previste ai sensi dell'art. 34.

Il giudice, oltre a determinare il ripristino o il risarcimento del danno, ordina al locatore il pagamento di una somma da € 258 a € 1.032 da devolvere al comune nel cui territorio è sito l'immobile, ad integrazione del fondo sociale previsto dal Capo III della presente legge.

32. ([1]) **Aggiornamento del canone.** – Le parti possono convenire che il canone di locazione sia aggiornato annualmente su richiesta del locatore per eventuali variazioni del potere di acquisto della lira.

Le variazioni in aumento del canone, per i contratti stipulati per durata non superiore a quella di cui all'articolo 27, ([2]) non possono essere superiori al 75 per cento di quelle, accertate dall'ISTAT, dell'indice dei prezzi al consumo per le famiglie di operai e di impiegati.

Le disposizioni del presente articolo si applicano anche ai contratti di locazione stagionale ed a quelli in corso al momento dell'entrata in vigore del limite di aggiornamento di cui al secondo comma del presente articolo ([3]).

([1]) *Questo articolo è stato così sostituito dall'art. 1 del D.L. 7 febbraio 1985, n. 12, convertito, con modificazioni, nella L. 5 aprile 1985, n. 118.*

([2]) *Le parole:«, per i contratti stipulati per durata non superiore a quella di cui all'articolo 27,» sono state inserite dall'art. 41, comma 16* duodecies, *lett. a), del D.L. 30 dicembre 2008, n. 207, convertito, con modificazioni, nella L. 27 febbraio 2009, n. 14.*

(3) *Le parole: «ed a quelli in corso al momento dell'entrata in vigore del limite di aggiornamento di cui al secondo comma del presente articolo» sono state aggiunte dall'art. 41, comma 16 duodecies, lett. b), del D.L. 30 dicembre 2008, n. 207, convertito, con modificazioni, nella L. 27 febbraio 2009, n. 14.*

33. Canone delle locazioni stagionali. – Il canone delle locazioni stagionali può essere aggiornato con le modalità di cui all'art. 32.

34. Indennità per la perdita dell'avviamento. – In caso di cessazione del rapporto di locazione relativo agli immobili di cui all'art. 27, che non sia dovuta a risoluzione per inadempimento o disdetta o recesso del conduttore o a una delle procedure previste dal R.D. 16 marzo 1942, n. 267, il conduttore ha diritto, per le attività indicate ai nn. 1) e 2) dell'art. 27, ad una indennità pari a 18 mensilità dell'ultimo canone corrisposto; per le attività alberghiere l'indennità è pari a 21 mensilità (1).

Il conduttore ha diritto ad una ulteriore indennità pari all'importo di quelle rispettivamente sopra previste qualora l'immobile venga, da chiunque, adibito all'esercizio della stessa attività o di attività incluse nella medesima tabella merceologica che siano affini a quella già esercitata dal conduttore uscente ed ove il nuovo esercizio venga iniziato entro un anno dalla cessazione del precedente.

L'esecuzione del provvedimento di rilascio dell'immobile è condizionata dall'avvenuta corresponsione dell'indennità di cui al primo comma. L'indennità di cui al secondo comma deve essere corrisposta all'inizio del nuovo esercizio.

Nel giudizio relativo alla spettanza ed alla determinazione dell'indennità per la perdita dell'avviamento, le parti hanno l'onere di quantificare specificatamente l'entità della somma reclamata o offerta e la corresponsione dell'importo indicato dal conduttore o, in difetto, offerto dal locatore o comunque risultante dalla sentenza di primo grado consente, salvo conguaglio all'esito del giudizio, l'esecuzione del provvedimento di rilascio dell'immobile (2).

(1) *La Corte costituzionale, con sentenza n. 542 del 14 dicembre 1989, ha dichiarato l'illegittimità costituzionale di questo articolo, nella parte in cui non prevede i provvedimenti della Pubblica Amministrazione tra le cause di cessazione del rapporto di locazione che escludono il diritto del conduttore alla indennità per la perdita dell'avviamento.*

(2) *Questo comma è stato aggiunto dall'art. 9 del D.L. 30 dicembre 1988, n. 551, convertito, con modificazioni, nella L. 21 febbraio 1989, n. 61.*

NOTE OPERATIVE:

Ambito di applicazione: Il locatore è tenuto a pagare al conduttore l'indennità per la perdita dell'avviamento anche se il locatario ha svolto nei locali un'attività commerciale, implicante rapporti con terzi, senza il rispetto delle prescrizioni amministrative, fattispecie differente e non sovrapponibile a quella di attività svolta senza alcuna autorizzazione (C.C. 20330/23).

35. Limiti. – Le disposizioni di cui all'articolo precedente non si applicano in caso di cessazione di rapporti di locazione relativi ad immobili utilizzati per lo svolgimento di attività che non comportino contatti diretti con il pubblico degli utenti e dei consumatori nonché destinati all'esercizio di attività professionali, ad attività di carattere transitorio, ed agli immobili complementari o interni a stazioni ferroviarie, porti, aeroporti, aree di servizio stradali o autostradali, alberghi e villaggi turistici.

36. Sublocazione e cessione del contratto di locazione. – Il conduttore può sublocare l'immobile o cedere il contratto di locazione anche senza il consenso del locatore, purché venga insieme ceduta o locata l'azienda, dandone comunicazione al locatore mediante lettera raccomandata con avviso di ricevimento. Il locatore può opporsi, per gravi motivi, entro trenta giorni dal ricevimento della comunicazione. Nel caso di cessione, il locatore, se non ha liberato il cedente, può agire contro il medesimo qualora il cessionario non adempia le obbligazioni assunte.

Le indennità previste dall'art. 34 sono liquidate a favore di colui che risulta conduttore al momento della cessazione effettiva della locazione.

37. Successione nel contratto. – In caso di morte del conduttore, gli succedono nel contratto coloro che, per successione o per precedente rapporto risultante da atto di data certa anteriore alla apertura della successione, hanno diritto a continuarne l'attività.

In caso di separazione legale o consensuale, di scioglimento o di cessazione degli effetti civili del matrimonio, il contratto di locazione si trasferisce al coniuge, anche se non conduttore, che continui nell'immobile la stessa attività già ivi esercitata assieme all'altro coniuge prima della separazione legale o consensuale ovvero prima dello scioglimento o della cessazione degli effetti civili del matrimonio.

Se l'immobile è adibito all'uso di più professionisti, artigiani o commercianti e uno solo di essi è titolare del contratto, in caso di morte gli succedono nel contratto, in concorso con gli aventi diritto di cui ai commi precedenti, gli altri professionisti, artigiani o commercianti.

Nelle ipotesi di recesso del titolare del contratto, succedono nello stesso gli altri professionisti, artigiani o commercianti. In tal caso il locatore può opporsi alla successione nel contratto, per gravi motivi, con le modalità di cui all'articolo precedente.

38. Diritto di prelazione. – Nel caso in cui il locatore intenda trasferire a titolo oneroso l'immobile locato, deve darne comunicazione al conduttore con atto notificato a mezzo di ufficiale giudiziario.

Nella comunicazione devono essere indicati il corrispettivo, da quantificare in ogni caso in denaro, le altre condizioni alle quali la compravendita dovrebbe essere conclusa e l'invito ad esercitare o meno il diritto di prelazione.

Il conduttore deve esercitare il diritto di prelazione entro il termine di sessanta giorni dalla ricezione della comunicazione, con atto notificato al proprietario a mezzo di ufficiale giudiziario, offrendo condizioni uguali a quelle comunicategli.

Ove il diritto di prelazione sia esercitato, il versamento del prezzo di acquisto, salvo diversa condizione indicata nella comunicazione del locatore, deve essere effettuato entro il termine di trenta giorni decorrenti dal sessantesimo giorno successivo a quello dell'avvenuta notificazione della comunicazione da parte del proprietario, contestualmente alla stipulazione del contratto di compravendita o del contratto preliminare.

Nel caso in cui l'immobile risulti locato a più persone, la comunicazione di cui al primo comma deve essere effettuata a ciascuna di esse.

Il diritto di prelazione può essere esercitato congiuntamente da tutti i conduttori, ovvero, qualora taluno vi rinunci, dai rimanenti o dal rimanente conduttore.

L'avente diritto che, entro trenta giorni dalla notificazione di cui al primo comma, non abbia comunicato agli altri aventi diritto la sua intenzione di avvalersi della prelazione, si considera avere rinunciato alla prelazione medesima.

Le norme del presente articolo non si applicano nelle ipotesi previste dall'art. 732 del codice civile, per le quali la prelazione opera a favore dei coeredi, e nell'ipotesi di trasferimento effettuato a favore del coniuge o dei parenti entro il secondo grado.

NOTE OPERATIVE:

Ambito di applicazione: Al conduttore non spettano il diritto di prelazione ed il conseguente diritto di riscatto dell'immobile, secondo la disciplina degli artt. 38 e 39, L. n. 392 del 1978, qualora il locatore intenda alienare a terzi una quota del bene oggetto del rapporto di locazione (C.C. 22063/23).

39. Diritto di riscatto. – Qualora il proprietario non provveda alla notificazione di cui all'articolo precedente, o il corrispettivo indicato sia superiore a quello risultante dall'atto di trasferimento a titolo oneroso dell'immobile, l'avente diritto alla prelazione può, entro sei mesi dalla trascrizione del contratto, riscattare l'immobile dall'acquirente e da ogni altro successivo avente causa.

Ove sia stato esercitato il diritto di riscatto, il versamento del prezzo deve essere effettuato entro il termine di tre mesi che decorrono, quando non vi sia opposizione al riscatto, dalla prima udienza del relativo giudizio, o dalla ricezione dell'atto notificato con cui l'acquirente o successivo avente causa comunichi prima di tale udienza di non opporsi al riscatto.

Se per qualsiasi motivo, l'acquirente o successivo avente causa faccia opposizione al riscatto, il termine di tre mesi decorre dal giorno del passaggio in giudicato della sentenza che definisce il giudizio.

40. Diritto di prelazione in caso di nuova locazione. – Il locatore che intende locare a terzi l'immobile, alla scadenza del contratto rinnovato ai sensi dell'art. 28, deve comunicare le offerte al conduttore, mediante raccomandata con avviso di ricevimento, almeno sessanta giorni prima della scadenza.

Tale obbligo non ricorre quando il conduttore abbia comunicato che non intende rinnovare la locazione e nei casi di cessazione del rapporto di locazione dovuti a risoluzione per inadempimento o recesso del conduttore o ad una delle procedure previste dal R.D. 16 marzo 1942, n. 267, e successive modificazioni, relative al conduttore medesimo.

Il conduttore ha diritto di prelazione se, nelle forme predette ed entro trenta giorni dalla ricezione della comunicazione di cui al primo comma, offra condizioni uguali a quelle comunicategli dal locatore.

Egli conserva tale diritto anche nel caso in cui il contratto tra il locatore e il nuovo conduttore sia sciolto entro un anno, ovvero quando il locatore abbia ottenuto il rilascio dell'immobile non intendendo locarlo a terzi, e, viceversa, lo abbia concesso in locazione entro i sei mesi successivi.

41. Norme applicabili. - Ai contratti previsti nell'art. 27 si applicano le disposizioni degli artt. da 7 a 11.

Le disposizioni di cui agli artt. 38, 39 e 40 non si applicano ai rapporti di locazione di cui all'art. 35.

42. Destinazione degli immobili a particolari attività. - I contratti di locazione e sublocazione di immobili urbani adibiti ad attività ricreative, assistenziali, culturali e scolastiche, nonché a sede di partiti o di sindacati, e quelli stipulati dallo Stato o da altri enti pubblici territoriali in qualità di conduttori, hanno la durata di cui al primo comma dell'art. 27.

A tali contratti si applicano le disposizioni degli artt. 32 e 41, nonché le disposizioni processuali di cui al titolo I, capo III (43 ss.), ed il preavviso per il rilascio di cui all'art. 28.

Capo III
Disposizioni processuali

43. [Improcedibilità della domanda. - (*Omissis*)] (1).

(1) *Questi articoli sono stati abrogati dall'art. 89 della L. 26 novembre 1990, n. 353, a decorrere dal 30 aprile 1995.*

44. [Tentativo obbligatorio di conciliazione. - (*Omissis*)].

45. Ricorso al giudice. - [Se il tentativo di conciliazione non riesce, o comunque decorso il termine di novanta giorni dalla presentazione della domanda di cui all'articolo precedente, le parti possono chiedere al giudice la determinazione del canone] (1).

[La controversia è di competenza del conciliatore qualora il canone di cui si chiede la determinazione, l'aggiornamento o l'adeguamento non sia superiore a lire 50.000 mensili; negli altri casi è di competenza del pretore] (1).

[Le controversie relative alle opere di conservazione dell'immobile di cui all'art. 23, alle indennità di cui all'art. 34 e alla indennità per i miglioramenti di cui agli artt. 1592 del c.c. e 12 del R.D.L. 18 gennaio 1937, n. 975, convertito, con modificazioni, nella L. 30 dicembre 1937, n. 2651, sono di competenza del pretore qualunque ne sia il valore] (1).

[Sono nulle le clausole derogative dalla competenza per territorio] (1).

In primo grado la parte può stare in giudizio personalmente, quando il valore della causa non eccede € 25,82 mensili nelle controversie aventi ad oggetto la determinazione, l'aggiornamento o l'adeguamento del canone, ed € 309,87 nelle controversie previste dal terzo comma (2).

Fino al termine del giudizio il conduttore è obbligato a corrispondere, salvo conguaglio, l'importo non contestato.

(1) *Questo comma è stato abrogato dall'art. 89 della L. 26 novembre 1990, n. 353, a decorrere dal 30 aprile 1995.*

(2) *Questo comma è stato così sostituito dall'art. 6 della L. 30 luglio 1984, n. 399.*

46. [Rinvio alle norme relative al procedimento sulle controversie individuali di lavoro. - (*Omissis*)] (1).

(1) *Questi articoli sono stati abrogati dall'art. 89 della L. 26 novembre 1990, n. 353, a decorrere dal 30 aprile 1995.*

47. [Poteri istruttori del giudice. - (*Omissis*)] (1).

(1) *Questi articoli sono stati abrogati dall'art. 89 della L. 26 novembre 1990, n. 353, a decorrere dal 30 aprile 1995.*

48. [Passaggio dal rito ordinario al rito speciale. - (*Omissis*)] (1).

(1) *Questi articoli sono stati abrogati dall'art. 89 della L. 26 novembre 1990, n. 353, a decorrere dal 30 aprile 1995.*

49. [Passaggio dal rito speciale al rito ordinario. - (*Omissis*)] (1).

(1) *Questi articoli sono stati abrogati dall'art. 89 della L. 26 novembre 1990, n. 353, a decorrere dal 30 aprile 1995.*

50. [Incompetenza del giudice. - (*Omissis*)] (1).

(1) *Questi articoli sono stati abrogati dall'art. 89 della L. 26 novembre 1990, n. 353, a decorrere dal 30 aprile 1995.*

51. [Delle impugnazioni. - (*Omissis*)] (1).

(1) *Questi articoli sono stati abrogati dall'art. 89 della L. 26 novembre 1990, n. 353, a decorrere dal 30 aprile 1995.*

52. [Cambiamento del rito in appello. - (*Omissis*)] (1).

(1) *Questi articoli sono stati abrogati dall'art. 89 della L. 26 novembre 1990, n. 353, a decorrere dal 30 aprile 1995.*

53. [Consulente tecnico in appello. – (*Omissis*)] ([1]).

([1]) *Questi articoli sono stati abrogati dall'art. 89 della L. 26 novembre 1990, n. 353, a decorrere dal 30 aprile 1995.*

55. Termine per il pagamento dei canoni scaduti. – La morosità del conduttore nel pagamento dei canoni o degli oneri di cui all'art. 5 può essere sanata in sede giudiziale per non più di tre volte nel corso di un quadriennio se il conduttore alla prima udienza versa l'importo dovuto per tutti i canoni scaduti e per gli oneri accessori maturati sino a tale data, maggiorato degli interessi legali e delle spese processuali liquidate in tale sede dal giudice.

Ove il pagamento non avvenga in udienza, il giudice, dinanzi a comprovate condizioni di difficoltà del conduttore, può assegnare un termine non superiore a giorni novanta.

In tal caso rinvia l'udienza a non oltre dieci giorni dalla scadenza del termine assegnato.

La morosità può essere sanata, per non più di quattro volte complessivamente nel corso di un quadriennio, ed il termine di cui al secondo comma è di centoventi giorni, se l'inadempienza, protrattasi per non oltre due mesi, è conseguente alle precarie condizioni economiche del conduttore, insorte dopo la stipulazione del contratto e dipendenti da disoccupazione, malattie o gravi, comprovate condizioni di difficoltà.

Il pagamento, nei termini di cui ai commi precedenti, esclude la risoluzione del contratto.

56. ([1]) **Modalità per il rilascio.** – 1. Con il provvedimento che dispone il rilascio, il giudice, previa motivazione che tenga conto anche delle condizioni del conduttore comparate a quelle del locatore nonché delle ragioni per le quali viene disposto il rilascio stesso e, nei casi di finita locazione, del tempo trascorso dalla disdetta, fissa la data dell'esecuzione entro il termine massimo di sei mesi ovvero, in casi eccezionali, di dodici mesi dalla data del provvedimento.

2. Nelle ipotesi di cui all'articolo 55, per il caso in cui il conduttore non provveda al pagamento nel termine assegnato, la data dell'esecuzione non può essere fissata oltre sessanta giorni dalla scadenza del termine concesso per il pagamento.

3. Qualunque forma abbia il provvedimento di rilascio, il locatore e il conduttore possono, in qualsiasi momento e limitatamente alla data fissata per l'esecuzione, proporre al tribunale in composizione collegiale l'opposizione di cui all'articolo 6, comma 4, della legge 9 dicembre 1998, n. 431.

4. Trascorsa inutilmente la data fissata, il locatore promuove l'esecuzione ai sensi degli articoli 605 e seguenti del codice di procedura civile.

([1]) *Questo articolo è stato così sostituito dall'art. 7 bis del D.L. 13 settembre 2004, n. 240, convertito, con modificazioni, nella L. 12 novembre 2004, n. 269.*

57. ([1]) **Esenzioni fiscali ed onorari professionali.** – Gli atti, i documenti ed i provvedimenti relativi alle controversie in materia di locazione il cui valore non eccede gli € 309,87, nonché i provvedimenti di cui all'articolo 44, sono esenti dall'imposta di bollo e di registro; negli stessi casi gli onorari di avvocato e procuratore sono ridotti alla metà.

È abrogata ogni altra disposizione incompatibile con la presente legge.

([1]) *Questo articolo è stato così sostituito dall'art. 6 della L. 30 luglio 1984, n. 399, in vigore dal 29 novembre 1984.*

Titolo II
Disciplina transitoria

Capo I
Contratti di locazione di immobili adibiti ad uso di abitazione

58. ([1]) ([2]) **Durata dei contratti in corso soggetti a proroga.** – I contratti di locazione e sublocazione di immobili urbani adibiti ad uso di abitazione e soggetti a proroga secondo la legislazione vigente si considerano prorogati ed hanno la durata prevista nell'art. 1 con le seguenti decorrenze:

a) dal 1° gennaio 1979, per i contratti stipulati anteriormente al 31 dicembre 1952;

b) dal 1° luglio 1979, per i contratti stipulati fra il 1° gennaio 1953 ed il 7 novembre 1963;

c) dal 1° gennaio 1980, per i contratti stipulati dopo il 7 novembre 1963.

([1]) *La Corte costituzionale, con sentenza n. 22 del 22 febbraio 1980, ha dichiarato l'illegittimità costituzionale del combinato disposto degli artt. 58, 59, n. 1, 65, nella parte in cui esclude il diritto di recesso per necessità del locatore dai contratti in corso alla data del 30 luglio 1978 e non soggetti a proroga.*

([2]) *La Corte costituzionale, con sentenza n. 250 del 15 luglio 1983, ha dichiarato l'illegittimità costituzionale del combinato disposto degli artt. 58, 59 nn. 2, 3, 4, 5, 6, 7 e 8 e 65, nella parte in cui esclude il diritto di recesso del locatore, per i motivi indicati nel citato art. 59 nn. 2, 3, 4, 5, 6, 7 e 8, dai contratti in corso alla data del 30 luglio 1978 e non soggetti a proroga.*

59. Recesso del locatore. – Nei casi di cui all'articolo precedente il locatore può recedere in ogni momento dal contratto dandone comunicazione al conduttore mediante lettera raccomandata e con un preavviso di almeno sei mesi:

1) quando abbia la necessità, verificatasi dopo la costituzione del rapporto locatizio, di destinare l'immobile ad uso abitativo, commerciale, artigianale o professionale proprio, del coniuge o dei parenti in linea retta entro il secondo grado (¹);

2) quando, volendo disporre dell'immobile per abitazione propria, del coniuge o dei propri parenti in linea retta fino al secondo grado oppure quando, trattandosi di ente pubblico o comunque con finalità pubbliche, sociali, mutualistiche, cooperativistiche, assistenziali o di culto che voglia disporre dell'immobile per l'esercizio delle proprie funzioni, offra al conduttore altro immobile idoneo per cui sia dovuto un canone di locazione proporzionato alle condizioni del conduttore medesimo e comunque non superiore del 20 per cento al canone del precedente immobile e assuma a suo carico le spese di trasloco. Quando l'opposizione del conduttore all'azione del locatore risulti infondata, questi potrà essere esonerato dalle spese di trasloco (²);

3) quando l'immobile locato sia compreso in un edificio gravemente danneggiato che debba essere ricostruito o del quale debba essere assicurata la stabilità e la permanenza del conduttore impedisca di compiere gli indispensabili lavori (²);

4) quando il proprietario intenda demolire o trasformare notevolmente l'immobile locato per eseguire nuove costruzioni o, trattandosi di appartamento sito all'ultimo piano, quando intenda eseguire sopraelevazioni a norma di legge, e per eseguirle sia indispensabile per ragioni tecniche lo sgombero dell'appartamento stesso (²);

5) quando l'immobile locato sia di interesse artistico o storico, ai sensi della L. 1° giugno 1939, n. 1089, nel caso in cui la competente sovraintendenza riconosca necessario ed urgente che si proceda a riparazioni o restauri, la cui esecuzione sia resa impossibile dallo stato di occupazione dell'immobile (²);

6) quando il conduttore può disporre di altra abitazione idonea alle proprie esigenze familiari nello stesso comune ovvero in un comune confinante (²);

7) quando il conduttore, avendo sublocato parzialmente l'immobile, non lo occupa nemmeno in parte, con continuità. Si presume l'esistenza della sublocazione quando l'immobile risulta occupato da persone che non sono alle dipendenze del conduttore o che non sono a questo legate da vincoli di parentela o di affinità entro il quarto grado, salvo che si tratti di ospiti transitori. La presunzione non si applica nei confronti delle persone che si sono trasferite nell'immobile assieme al conduttore (²);

8) quando il conduttore non occupa continuativamente l'immobile senza giustificato motivo (²).

Nelle ipotesi di cui ai numeri 4) e 5) del precedente comma, il possesso della licenza o concessione è condizione per l'azione di rilascio. Gli effetti del provvedimento di rilascio si risolvono alle condizioni previste nella lettera c) dell'art. 29.

Alla procedura per il rilascio dell'immobile si applicano le norme di cui ai precedenti artt. 30 e 56.

(¹) *La Corte costituzionale, con sentenza n. 22 del 22 febbraio 1980, ha dichiarato l'illegittimità costituzionale del combinato disposto degli artt. 58, 59, n. 1, 65, nella parte in cui esclude il diritto di recesso per necessità del locatore dai contratti in corso alla data del 30 luglio 1978 e non soggetti a proroga.*

(²) *La Corte costituzionale, con sentenza n. 250 del 15 luglio 1983, ha dichiarato l'illegittimità costituzionale del combinato disposto degli artt. 58, 59 nn. 2, 3, 4, 5, 6, 7 e 8 e 65, nella parte in cui esclude il diritto di recesso del locatore, per i motivi indicati nel citato art. 59 nn. 2, 3, 4, 5, 6, 7 e 8, dai contratti in corso alla data del 30 luglio 1978 e non soggetti a proroga.*

Capo II
Contratti di locazione di immobili adibiti ad uso diverso da quello di abitazione

67. Contratti in corso soggetti a proroga. – I contratti di locazione di cui all'art. 27 in corso al momento dell'entrata in vigore della presente legge e soggetti a proroga secondo la legislazione vigente si considerano prorogati ed hanno la seguente durata:

a) anni 4, i contratti stipulati prima del 31 dicembre 1964;

b) anni 5, i contratti stipulati tra il 1° gennaio 1965 ed il 31 dicembre 1973;

c) anni 6, i contratti stipulati dopo il 31 dicembre 1973.

La durata di cui sopra decorre dal giorno e dal mese, successivi all'entrata in vigore della presente legge, corrispondenti a quelli di scadenza previsti nel contratto di locazione; ove tale determinazione non sia possibile, dallo stesso giorno di entrata in vigore della presente legge.

È in facoltà delle parti di stipulare anche prima della scadenza sopra prevista un nuovo contratto di locazione secondo le disposizioni del capo II, titolo I, della presente legge (27 ss.).

68. Aumenti del canone. – Nei contratti di locazione o sublocazione di cui al precedente articolo il canone corrisposto dal conduttore, calcolato al netto degli oneri accessori, può essere a richiesta del locatore, aumentato a decorrere dal primo giorno del mese successivo a quello di entrata in vigore della presente legge per il restante periodo di durata del contratto, nelle misure seguenti:

1) non superiore al 15 per cento all'anno, per i contratti stipulati anteriormente al 31 dicembre 1964;

2) non superiore al 10 per cento all'anno per i contratti stipulati fra il 1° gennaio 1965 ed il 31 dicembre 1973;

3) non superiore al 5 per cento all'anno per i contratti stipulati dopo il 31 dicembre 1973.

69. (1) (2) **Diritto di prelazione in caso di nuova locazione e indennità per l'avviamento commerciale.** – Nei contratti di locazione di immobili adibiti ad uso diverso da quello di abitazione, di cui agli articoli 67 e 71 della presente legge, il locatore comunica, mediante raccomandata con avviso di ricevimento da inviarsi entro il 28 febbraio 1987, se ed a quali condizioni intende proseguire la locazione ovvero le condizioni offerte da terzi per la locazione dell'immobile.

L'obbligo ricorre anche quando il locatore non intende proseguire nella locazione per i motivi indicati all'articolo 29.

Tale obbligo non ricorre quando il conduttore abbia comunicato al locatore che non intende rinnovare la locazione e nei casi di cessazione del rapporto per inadempimento o recesso del conduttore o qualora sia in corso una delle procedure previste dal R.D. 16 marzo 1942, n. 267, e successive modificazioni, a carico del conduttore medesimo.

Il conduttore deve rendere noto al locatore, entro trenta giorni dalla comunicazione di cui al primo comma, se intende proseguire la locazione alle nuove condizioni.

Il conduttore ha diritto di prelazione se, entro trenta giorni dalla ricezione della comunicazione di cui al primo comma, offre condizioni uguali a quelle comunicategli dal locatore. Egli conserva tale diritto anche nell'ipotesi di cui al quarto comma dell'art. 40.

Il conduttore, se non accetta le condizioni offerte dal locatore ovvero non esercita la prelazione, ha diritto ad un compenso pari a 24 mensilità, ovvero a trenta per le locazioni con destinazione alberghiera, del canone richiesto dal locatore od offerto dal terzo.

Se il locatore non intende proseguire nella locazione il conduttore può, entro trenta giorni dalla comunicazione del locatore o in mancanza di questa, se dovuta, dalla scadenza del termine di cui al primo comma, offrire un nuovo canone, impegnandosi a costituire, all'atto del rinnovo e per la durata del contratto, una polizza assicurativa oppure una fidejussione bancaria per una somma pari a 12 mensilità del canone offerto.

Se il locatore non intende proseguire nella locazione, sulla base delle condizioni offerte, al conduttore è dovuta l'indennità per l'avviamento commerciale nella misura di 24 mensilità, ovvero di 30 per le locazioni con destinazione alberghiera, del canone offerto ai sensi del comma precedente.

In mancanza dell'offerta del nuovo canone da parte del conduttore nonché nei casi di rilascio dell'immobile per i motivi di cui all'art. 29 salvo quelli di cui al primo comma, lettera *a*), è dovuta l'indennità per avviamento commerciale nella misura di 21 mensilità, ovvero di 25 per le locazioni con destinazione alberghiera, del canone corrente di mercato per i locali aventi le stesse caratteristiche. In caso di rilascio dell'immobile per i motivi di cui all'art. 29, primo comma, lettera *a*), la predetta indennità è calcolata con riferimento al canone corrisposto. L'indennità dovuta è complessivamente di 24 mensilità, ovvero di 32 per le locazioni con destinazione alberghiera, nei casi di cui al secondo comma dell'articolo 34.

L'esecuzione del provvedimento di rilascio dell'immobile è condizionata all'avvenuta corresponsione dell'indennità di cui ai precedenti commi sesto, ottavo e nono.

Per i contratti di cui agli artt. 67 e 71 le disposizioni del presente articolo sono sostitutive di quelle degli artt. 34 e 40.

Le disposizioni del presente articolo si applicano anche ai contratti relativi ad immobili utilizzati per lo svolgimento di attività di cui all'art. 27, primo comma, che non comportano contatti diretti con il pubblico degli utenti e dei consumatori, di attività professionali e di attività di cui all'art. 42. In tali casi, il compenso spettante al conduttore ai sensi dei precedenti commi sesto, ottavo e nono, è limitato a dodici mensilità. Il compenso non è dovuto qualora il locatore intenda ottenere la disponibilità dell'immobile per i motivi di cui all'art. 29 (3).

(1) *Questo articolo, già sostituito dall'art. 1 del D.L. 7 febbraio 1985, n. 12, convertito nella L. 5 aprile 1985, n. 118, è stato di nuovo così sostituito dall'art. 1 del D.L. 9 dicembre 1986, n. 832, convertito nella L. 6 febbraio 1987, n. 15.*

(2) *La Corte costituzionale, con sentenza n. 242 del 3 giugno 1992, ha dichiarato la illegittimità costituzionale di questo articolo, nella parte in cui non prevede che l'obbligo del locatore di corrispondere al conduttore la indennità per l'avviamento commerciale non ricorre quando causa di cessazione del rapporto è un provvedimento della pubblica amministrazione che esclude indefinitamente la utilizzazione economica dell'immobile.*

(3) *La Corte costituzionale con sentenza n. 882 del 26 luglio 1988, ha dichiarato l'illegittimità costituzionale di questo comma.*

70. Immobili destinati a particolari attività soggetti a proroga. – Ai contratti di locazione di cui all'art. 42 si applicano le disposizioni degli artt. 67 e 68.

71. Contratti in corso non soggetti a proroga. – Le disposizioni degli artt. 27 e 42, primo comma, si applicano anche ai contratti in corso al momento dell'entrata in vigore della presente legge e non soggetti a proroga legale, detraendosi, per la determinazione della durata prevista in detta disposizione, il periodo di locazione già trascorso dall'inizio della locazione o, in caso di intervenuto rinnovo contrattuale, dalla data di esso.

La durata non può comunque essere inferiore a due anni dalla data di entrata in vigore della presente legge.

Le disposizioni di cui ai commi precedenti si applicano anche ai contratti di cui sopra per i quali, alla data di entrata in vigore della presente legge, è in corso procedimento per convalida di licenza o di sfratto.

Il canone potrà essere aggiornato annualmente su richiesta del locatore dal giorno della scadenza contrattualmente prevista, in base al 75 per cento della variazione, accertata dall'ISTAT, dell'indice dei prezzi al consumo per le famiglie di operai ed impiegati verificatasi nell'anno precedente.

72. Mutamento della destinazione. – I nuovi contratti di locazione di immobili il cui uso venga mutato da quello preesistente di abitazione non possono prevedere, per un periodo di quattro anni dalla data di entrata in vigore della presente legge, un canone superiore a quello di cui agli artt. 12 e 24, tranne che siano intervenute radicali trasformazioni dell'immobile stesso autorizzate ai sensi delle vigenti leggi.

73. (1) (2) (3) **Norme applicabili.** – Per i contratti previsti negli artt. 67, 70 e, ferme restando le scadenze convenzionali, nell'articolo 71 il locatore può recedere in base ai motivi di cui all'articolo 29 e con il preavviso di cui all'art. 59. Nei casi previsti dalle lettere *a*), *b*) e dall'ultimo periodo del secondo comma dell'articolo 29 tale facoltà è riconosciuta soltanto ove ricorra la necessità del locatore o del coniuge o dei parenti entro il secondo grado in linea retta, verificatasi dopo la costituzione del rapporto locatizio. Si applicano le disposizioni degli articoli 30 e 31 e degli articoli da 35 a 39 nonché quelle dell'articolo 69, settimo, ottavo e nono comma (4).

(1) *Questo articolo è stato così modificato dall'art. 1 bis del D.L. 30 gennaio 1979, n. 21, convertito, con modificazioni, nella L. 31 marzo 1979, n. 93.*

(2) *La Corte costituzionale, con sentenza n. 300 del 5 ottobre 1983, ha dichiarato l'illegittimità costituzionale dell'art. 69[7] (nel testo antecedente la novella del 1986) e dell'art. 73 (come modif. dall'art. 1 bis del D.L. n. 21/79) nella parte in cui, relativamente alle ipotesi di recesso del locatore dai contratti disciplinati dall'art. 67 stessa legge 27 luglio 1978, n. 392, motivate con la sopravvenuta necessità di adibire l'immobile ad abitazione propria o del coniuge o dei parenti in linea retta entro il secondo grado, prevede che l'indennità per l'avviamento commerciale dovuta al conduttore sia determinata sulla base del canone corrente di mercato per i locali aventi le stesse caratteristiche, anziché con riferimento all'ultimo canone corrisposto.*

(3) *La Corte costituzionale, con sentenza n. 562 del 18 dicembre 1987, ha dichiarato l'illegittimità costituzionale dell'articolo, nella parte in cui non richiama espressamente l'obbligo di corrispondere l'indennità per la perdita dell'avviamento commerciale di cui all'art. 69, settimo, ottavo e nono comma della legge stessa nel testo originario.*

(4) *Il riferimento ai commi settimo, ottavo e nono deve ora intendersi ai commi nono, decimo ed undicesimo del medesimo articolo, così come sostituito dal D.L. 9 dicembre 1986, n. 832, convertito, con modificazioni, nella L. 6 febbraio 1987, n. 15.*

Capo III
Disposizioni processuali

74. Rinvio. – Le disposizioni degli artt. da 43 a 57 sono applicabili alle locazioni previste nei capi I e II del presente titolo (58 ss.).

Titolo IV
Disposizioni finali

79. (1) **Patti contrari alla legge.** – È nulla ogni pattuizione diretta a limitare la durata legale del contratto o ad attribuire al locatore un canone maggiore rispetto a quello previsto dagli articoli precedenti ovvero ad attribuirgli altro vantaggio in contrasto con le disposizioni della presente legge.

Il conduttore con azione proponibile fino a sei mesi dopo la riconsegna dell'immobile locato, può ripetere le somme sotto qualsiasi forma corrisposte in violazione dei divieti e dei limiti previsti dalla presente legge.

In deroga alle disposizioni del primo comma, nei contratti di locazione di immobili adibiti ad uso diverso da quello di abitazione, anche se adibiti ad attività alberghiera, per i quali sia pattuito un canone annuo superiore ad euro 250.000, e che non siano riferiti a locali qualificati di interesse storico a seguito di provvedimento regionale o comunale, è facoltà delle parti concordare contrattualmente termini e condizioni in deroga alle disposizioni della presente legge. I contratti di cui al periodo precedente devono essere approvati per iscritto (2).

(1) *Questo articolo è stato abrogato, limitatamente alle locazioni abitative, dall'art. 14, comma 4, della L. 9 dicembre 1998, n. 431.*

(2) *Questo comma è stato aggiunto dall'art. 18, comma 1, del D.L. 12 settembre 2014, n. 133, convertito, con modificazioni, nella L. 11 novembre 2014, n. 164. A norma dell'art. 18, comma 2, del medesimo provvedimento le disposizioni di cui al comma 1 non si applicano ai contratti in corso alla data di entrata in vigore della legge di conversione del presente decreto. Ai giudizi in corso alla data di entrata in vigore della legge di conversione del presente decreto continuano ad applicarsi ad ogni effetto le disposizioni previgenti.*

80. Uso diverso da quello pattuito. – Se il conduttore adibisce l'immobile ad un uso diverso da quello pattuito, il locatore può chiedere la risoluzione del contratto entro tre mesi dal momento in cui ne ha avuto conoscenza e comunque entro un anno dal mutamento di destinazione (1).

Decorso tale termine senza che la risoluzione sia stata chiesta, al contratto si applica il regime giuridico corrispondente all'uso effettivo dell'immobile. Qualora la destinazione ad uso diverso da quello pattuito sia parziale, al contratto si applica il regime giuridico corrispondente all'uso prevalente.

(1) *La Corte costituzionale, con sentenza n. 185 del 18 febbraio 1988, ha dichiarato l'illegittimità costituzionale della frase: «e comunque entro un anno dal mutamento di destinazione».*

81. Pubblicazione dei dati ISTAT nella *Gazzetta Ufficiale*. – Le variazioni dell'indice dei prezzi al consumo per le famiglie di operai e impiegati accertate dall'ISTAT sono pubblicate nella *Gazzetta Ufficiale* della Repubblica italiana.

82. Giudizi in corso. – Ai giudizi in corso al momento dell'entrata in vigore della presente legge continuano ad applicarsi ad ogni effetto le leggi precedenti.

84. Abrogazione. – Sono abrogate tutte le disposizioni incompatibili con la presente legge.

85. Entrata in vigore. – La presente legge entra in vigore il giorno successivo alla sua pubblicazione nella *Gazzetta Ufficiale*.

2.

L. 9 dicembre 1998, n. 431. Disciplina delle locazioni e del rilascio degli immobili adibiti ad uso abitativo (Suppl. ord. alla *Gazzetta Ufficiale* Serie gen. - n. 292 del 15 dicembre 1998) (1).

(1) *A norma dell'art. 5, comma 2, del D.L. 1 marzo 2021, n. 22, convertito, con modificazioni, nella L. 22 aprile 2021, n. 55, la denominazione: «Ministro delle infrastrutture e dei trasporti» è stata così sostituita, a ogni effetto e ovunque presente, dalla attuale: «Ministro delle infrastrutture e della mobilità sostenibili».*

Capo I
Locazione di immobili adibiti ad uso abitativo

1. Ambito di applicazione. – 1. I contratti di locazione di immobili adibiti ad uso abitativo, di seguito denominati «contratti di locazione», sono stipulati o rinnovati, successivamente alla data di entrata in vigore della presente legge, ai sensi dei commi 1 e 3 dell'articolo 2.

2. Le disposizioni di cui agli articoli 2, 3, 4, 4 *bis*, (1) 7, 8 e 13 della presente legge non si applicano:

a) ai contratti di locazione relativi agli immobili vincolati ai sensi della legge 1 giugno 1939, n. 1089, o inclusi nelle categorie catastali A/1, A/8 e A/9, che sono sottoposti esclusivamente alla disciplina di cui gli articoli 1571 e seguenti del codice civile qualora non siano stipulati secondo le modalità di cui al comma 3 dell'art. 2 della presente legge;

b) agli alloggi di edilizia residenziale pubblica, ai quali si applica la relativa normativa vigente, statale e regionale;

c) agli alloggi locati esclusivamente per finalità turistiche.

3. Le disposizioni di cui agli articoli 2, 3, 4, 4 *bis* (1), 7 e 13 della presente legge non si applicano ai contratti di locazione stipulati dagli enti locali in qualità di conduttori per soddisfare esigenze abitative di carattere transitorio, ai quali si applicano le disposizioni di cui agli articoli 1571 e seguenti del codice civile. A tali contratti non si applica l'articolo 56 della legge 27 luglio 1978, n. 392.

4. A decorrere dalla data di entrata in vigore della presente legge, per la stipula di validi contratti di locazione è richiesta la forma scritta.

(1) *Le parole: «4 bis,» sono state inserite dall'art. 2, comma 1, lett.* a), *della L. 8 gennaio 2002, n. 2.*

2. Modalità di stipula e di rinnovo dei contratti di locazione. – 1. Le parti possono stipulare contratti di locazione di durata non inferiore a quattro anni, decorsi i quali i contratti sono rinnovati per un periodo di quattro anni, fatti salvi i casi in cui il locatore intenda adibire l'immobile agli usi o effettuare sullo stesso le opere di cui all'articolo 3, ovvero vendere l'immobile alle condizioni e con le modalità di cui al medesimo articolo 3. Alla seconda scadenza del contratto, ciascuna delle parti ha diritto di attivare la procedura per il rinnovo a nuove condizioni o per la rinuncia al rinnovo del contratto, comunicando la propria intenzione con lettera raccomandata da inviare all'altra parte almeno sei mesi prima della scadenza. La parte interpellata deve rispondere a mezzo lettera raccomandata entro sessanta giorni dalla data di ricezione della raccomandata di cui al secondo periodo. In mancanza di risposta o di accordo il contratto si intenderà scaduto alla data di cessazione della locazione. In mancanza della comunicazione di cui al secondo periodo il contratto è rinnovato tacitamente alle medesime condizioni.

2. Per i contratti stipulati o rinnovati ai sensi del comma 1, i contraenti possono avvalersi dell'assistenza delle organizzazioni della proprietà edilizia e dei conduttori.

3. In alternativa a quanto previsto dal comma 1, le parti possono stipulare contratti di locazione, definendo il valore del canone, la durata del contratto, anche in relazione a quanto previsto dall'art. 5, comma 1, nel rispetto comunque di quanto previsto dal comma 5 del presente articolo, ed altre condizioni contrattuali sulla base di quanto stabilito in appositi accordi definiti in sede locale fra le organizzazioni della proprietà edilizia e le organizzazioni dei conduttori maggiormente rappresentative [, che provvedono alla definizione di contratti-tipo] (1). Al fine di promuovere i predetti accordi, i comuni, anche in forma associata, provvedono a convocare le predette organizzazioni entro sessanta giorni dalla emanazione del decreto di cui al comma 2 dell'articolo 4. I medesimi accordi sono depositati, a cura delle organizzazioni firmatarie, presso ogni comune dell'area territoriale interessata (2).

4. Per favorire la realizzazione degli accordi di cui al comma 3, i comuni possono deliberare, nel rispetto dell'equilibrio di bilancio, aliquote dell'imposta comunale sugli immobili (Ici) più favorevoli per i proprietari che concedono in locazione a titolo di abitazione principale immobili alle condizioni definite dagli accordi stessi. I comuni che adottano tali delibere possono derogare al limite minimo stabilito, ai fini della determinazione delle aliquote, dalla normativa vigente al momento in cui le delibere stesse sono assunte. I comuni di cui all'articolo 1 del decreto legge 30 dicembre 1988, n. 551, convertito, con modificazioni, dalla legge 21 febbraio 1989, n. 61, e successive modificazioni, per la stessa finalità di cui al primo periodo possono derogare al limite massimo stabilito dalla normativa vigente in misura non superiore al 2 per mille, limitatamente agli immobili non locati per i quali non risultino essere stati registrati contratti di locazione da almeno due anni (3).

5. I contratti di locazione stipulati ai sensi del comma 3 non possono avere durata inferiore ai tre anni, ad eccezione di quelli di cui all'articolo 5. Alla prima scadenza del contratto, ove le parti non concordino sul rinnovo del medesimo, il contratto è prorogato di diritto per due anni fatta salva la facoltà di disdetta da parte del locatore che intenda adibire l'immobile agli usi o effettuare sullo stesso le opere di cui all'articolo 3, ovvero vendere l'immobile alle condizioni e con le modalità di cui al medesimo articolo 3. Alla scadenza del periodo di proroga biennale ciascuna delle parti ha diritto di attivare la procedura per il rinnovo a nuove condizioni o per la rinuncia al rinnovo del contratto comunicando la propria intenzione con lettera raccomandata da inviare all'altra parte almeno sei mesi prima della scadenza. In mancanza della comunicazione il contratto è rinnovato tacitamente alle medesime condizioni (4).

6. I contratti di locazione stipulati prima della data di entrata in vigore della presente

legge che si rinnovino tacitamente sono disciplinati dal comma 1 del presente articolo.

(1) *Le parole fra parentesi quadre sono state soppresse dall'art. 2, comma 1, lett. b), della L. 8 gennaio 2002, n. 2.*

(2) *A norma dell'art. 1, comma 343, della L. 30 dicembre 2004, n. 311, le disposizioni degli articoli 52 bis del testo unico delle disposizioni concernenti l'imposta di registro, di cui al decreto del Presidente della Repubblica 26 aprile 1986, n. 131, e 41 ter del decreto del Presidente della Repubblica 29 settembre 1973, n. 600, non trovano applicazione nei confronti dei contratti di locazione di immobili ad uso abitativo stipulati o rinnovati a norma degli articoli 2, comma 3, e 4, commi 2 e 3, di questa legge.*

(3) *Si veda l'art. 2, comma 288, della L. 24 dicembre 2007, n. 244, il quale così dispone:*

«L'articolo 2, comma 4, della legge 9 dicembre 1998, n. 431, il quale prevede che i comuni, per favorire la realizzazione degli accordi tra le organizzazioni della proprietà edilizia e quelle dei conduttori, possono deliberare, nel rispetto dell'equilibrio di bilancio, aliquote dell'imposta comunale sugli immobili più favorevoli per i proprietari che concedono in locazione a titolo di abitazione principale immobili alle condizioni definite negli accordi stessi, con possibilità di deroga al limite minimo dell'aliquota, deve essere interpretato nel senso che tali aliquote possono arrivare fino all'esenzione dall'imposta».

(4) *A norma dell'art. 19 bis del D.L. 30 aprile 2019, n. 34, convertito, con modificazioni, nella L. 28 giugno 2019, n. 58, a decorrere dal 30 giugno 2019, questo periodo si interpreta nel senso che, in mancanza della comunicazione ivi prevista, il contratto è rinnovato tacitamente, a ciascuna scadenza, per un ulteriore biennio.*

3. Disdetta del contratto da parte del locatore. – 1. Alla prima scadenza dei contratti stipulati ai sensi del comma 1 dell'articolo 2 e alla prima scadenza dei contratti stipulati ai sensi del comma 3 del medesimo articolo, il locatore può avvalersi della facoltà di diniego del rinnovo del contratto, dandone comunicazione al conduttore con preavviso di almeno sei mesi, per i seguenti motivi:

a) quando il locatore intenda destinare l'immobile ad uso abitativo, commerciale, artigianale o professionale proprio, del coniuge, dei genitori, dei figli o dei parenti entro il secondo grado;

b) quando il locatore, persona giuridica, società o ente pubblico o comunque con finalità pubbliche, sociali, mutualistiche, cooperative, assistenziali, culturali o di culto intenda destinare l'immobile all'esercizio delle attività dirette a perseguire le predette finalità ed offra al conduttore altro immobile idoneo e di cui il locatore abbia la piena disponibilità;

c) quando il conduttore abbia la piena disponibilità di un alloggio libero ed idoneo nello stesso comune;

d) quando l'immobile sia compreso in un edificio gravemente danneggiato che debba essere ricostruito o del quale debba essere assicurata la stabilità e la permanenza del conduttore sia di ostacolo al compimento di indispensabili lavori;

e) quando l'immobile si trovi in uno stabile del quale è prevista l'integrale ristrutturazione, ovvero si intenda operare la demolizione o la radicale trasformazione per realizzare nuove costruzioni, ovvero, trattandosi di immobile sito all'ultimo piano, il proprietario intenda eseguire sopraelevazioni a norma di legge e per eseguirle sia indispensabile per ragioni tecniche lo sgombero dell'immobile stesso;

f) quando, senza che si sia verificata alcuna legittima successione nel contratto, il conduttore non occupi continuativamente l'immobile senza giustificato motivo;

g) quando il locatore intenda vendere l'immobile a terzi e non abbia la proprietà di altri immobili ad uso abitativo oltre a quello eventualmente adibito a propria abitazione. In tal caso al conduttore è riconosciuto il diritto di prelazione, da esercitare con le modalità di cui agli articoli 38 e 39 della legge 27 luglio 1978, n. 392.

2. Nei casi di disdetta del contratto da parte del locatore per i motivi di cui al comma 1, lettere *d*) ed *e*), il possesso, per l'esecuzione dei lavori ivi indicati, della concessione o dell'autorizzazione edilizia è condizione di procedibilità dell'azione di rilascio. I termini di validità della concessione o dell'autorizzazione decorrono dall'effettiva disponibilità a seguito del rilascio dell'immobile. Il conduttore ha diritto di prelazione, da esercitare con le modalità di cui all'articolo 40 della legge 27 luglio 1978, n. 392, se il proprietario, terminati i lavori, concede nuovamente in locazione l'immobile. Nella comunicazione del locatore deve essere specificato, a pena di nullità, il motivo, fra quelli tassativamente indicati al comma 1, sul quale la disdetta è fondata.

3. Qualora il locatore abbia riacquistato la disponibilità dell'alloggio a seguito di illegittimo esercizio della facoltà di disdetta ai sensi del presente articolo, il locatore stesso è tenuto a corrispondere un risarcimento al conduttore da determinare in misura non inferiore a trentasei mensilità dell'ultimo canone di locazione percepito.

4. Per la procedura di diniego di rinnovo si applica l'articolo 30 della legge 27 luglio 1978, n. 392, e successive modificazioni.

5. Nel caso in cui il locatore abbia riacquistato, anche con procedura giudiziaria, la disponibilità dell'alloggio e non lo adibisca nel termine di dodici mesi dalla data in cui ha riacquistato la disponibilità, agli usi per i quali ha esercitato facoltà di disdetta ai sensi del presente articolo, il conduttore ha diritto al ripristino del rapporto di locazione alle medesime condizioni di cui al contratto disdettato o, in alternativa, al risarcimento di cui al comma 3.

6. Il conduttore, qualora ricorrano gravi motivi, può recedere in qualsiasi momento dal contratto, dando comunicazione al locatore con preavviso di sei mesi.

Capo II
Contratti di locazione stipulati in base ad accordi definiti in sede locale

4. Convenzione nazionale. – 1. Al fine di favorire la realizzazione degli accordi di cui al comma 3 dell'articolo 2, il Ministro dei lavori pubblici convoca le organizzazioni della proprietà edilizia e dei conduttori maggiormente rappresentative a livello nazionale entro sessanta giorni dalla data di entrata in vigore della presente legge e, successivamente, ogni tre anni a decorrere dalla medesima data, al fine di promuovere una convenzione, di seguito denominata «convenzione nazionale», che individui i criteri generali per la definizione dei canoni, anche in relazione alla durata dei contratti, alla rendita catastale dell'immobile e ad altri parametri oggettivi, nonché delle modalità per garantire particolari esigenze delle parti. In caso di mancanza di accordo delle parti, i predetti criteri generali sono stabiliti dal Ministro dei lavori pubblici, di concerto con il Ministro delle finanze, con il decreto di cui al comma 2 del presente articolo, sulla base degli orientamenti prevalenti espressi dalle predette organizzazioni. I criteri generali definiti ai sensi del presente comma costituiscono la base per la realizzazione degli accordi locali di cui al comma 3 dell'articolo 2 e il loro rispetto, unitamente all'utilizzazione dei tipi di contratto di cui all'articolo 4 *bis*, (1) costituisce condizione per l'applicazione dei benefici di cui all'articolo 8.

2. I criteri generali di cui al comma 1 sono indicati in apposito decreto del Ministro dei lavori pubblici, di concerto con il Ministro delle finanze, da emanare entro trenta giorni dalla conclusione della convenzione nazionale ovvero dalla constatazione, da parte del Ministro dei lavori pubblici, della mancanza di accordo delle parti, trascorsi novanta giorni dalla loro convocazione. Con il medesimo decreto sono stabilite le modalità di applicazione dei benefici di cui all'articolo 8 per i contratti di locazione stipulati ai sensi del comma 3 dell'articolo 2 in conformità ai criteri generali di cui al comma 1 del presente articolo (2).

3. Entro quattro mesi dalla data di emanazione del decreto di cui al comma 2, il Ministro dei lavori pubblici, di concerto con il Ministro delle finanze, fissa con apposito decreto le condizioni alle quali possono essere stipulati i contratti di cui al comma 3 dell'articolo 2 nonché dell'articolo 5 (3), nel caso in cui non vengano convocate da parte dei comuni le organizzazioni della proprietà edilizia e dei conduttori ovvero non siano definiti gli accordi di cui al medesimo comma 3 dell'articolo 2 (2).

4. Fermo restando quanto stabilito dall'articolo 60, comma 1, lettera *e*), del decreto legislativo 31 marzo 1998, n. 112, con apposito atto di indirizzo e coordinamento, da adottare con decreto del Presidente della Repubblica, previa deliberazione del Consiglio dei ministri, ai sensi dell'articolo 8 della legge 15 marzo 1997, n. 59, sono definiti, in sostituzione di quelli facenti riferimento alla legge 27 luglio 1978, n. 392, e successive modificazioni, criteri in materia di determinazione da parte delle regioni dei canoni di locazione per gli alloggi di edilizia residenziale pubblica. Gli attuali criteri di determinazione dei canoni restano validi fino all'adeguamento da parte delle regioni ai criteri stabiliti ai sensi del presente comma.

(1) *Le parole: «, unitamente all'utilizzazione dei tipi di contratto di cui all'articolo 4* bis,*» sono state aggiunte dall'art. 2, comma 1, lett. c), della L. 8 gennaio 2002, n. 2.*

(2) *A norma dell'art. 1, comma 343, della L. 30 dicembre 2004, n. 311, le disposizioni degli articoli 52* bis *del testo unico delle disposizioni concernenti l'imposta di registro, di cui al decreto del Presidente della Repubblica 26 aprile 1986, n. 131, e 41* ter *del decreto del Presidente della Repubblica 29 settembre 1973, n. 600, non trovano applicazione nei confronti dei contratti di locazione di immobili ad uso abitativo stipulati o rinnovati a norma degli articoli 2, comma 3, e 4, commi 2 e 3, di questa legge.*

(3) *Le parole: «nonché dell'articolo 5» sono state inserite dall'art. 7, comma 1, del D.L. 13 settembre 2004, n. 240, convertito, con modificazioni, nella L. 12 novembre 2004, n. 269.*

4 *bis*. (1) Tipi di contratto. – 1. La convenzione nazionale di cui all'articolo 4, comma 1, approva i tipi di contratto per la stipula dei contratti agevolati di cui all'articolo 2, comma 3, nonché dei contratti di locazione di natura transitoria di cui all'articolo 5, comma 1, e dei contratti di locazione per studenti universitari di cui all'articolo 5, commi 2 e 3.

2. I tipi di contratto possono indicare scelte alternative, da definire negli accordi locali, in relazione a specifici aspetti contrattuali, con particolare riferimento ai criteri per la misurazione delle superfici degli immobili.

3. In caso di mancanza di accordo delle parti, i tipi di contratto sono definiti con il decreto di cui all'articolo 4, comma 2.

(1) *Questo articolo è stato inserito dall'art. 1, comma 1, della L. 8 gennaio 2002, n. 2.*

5. Contratti di locazione di natura transitoria. – 1. Il decreto di cui al comma 2 dell'articolo 4 definisce le condizioni e le modalità per la stipula di contratti di locazione di natura transitoria anche di durata inferiore ai limiti previsti dalla presente legge per soddisfare particolari esigenze delle parti.

2. In alternativa a quanto previsto dal comma 1, possono essere stipulati contratti di locazione per soddisfare le esigenze abitative di studenti universitari sulla base dei tipi di contratto di cui all'art. 4 *bis* (1).

3. È facoltà dei comuni sede di università o di corsi universitari distaccati, eventualmente d'intesa con comuni limitrofi, promuovere specifici accordi locali per la definizione, sulla base dei criteri stabiliti ai sensi del comma 2 dell'articolo 4, dei canoni di (2) locazione di immobili ad uso abitativo per studenti universitari. Agli accordi partecipano, oltre alle organizzazioni di cui al comma 3 dell'articolo 2, le aziende per il diritto allo studio e le associazioni degli studenti nonché cooperative ed enti non lucrativi operanti nel settore.

(1) *Le parole: «dei tipi di contratto di cui all'art. 4 bis» hanno sostituito le precedenti: «di contratti-tipo definiti dagli accordi di cui al comma 3» in virtù di quanto dispone l'art. 2, comma 1, lett.* d), *n. 1, della L. 8 gennaio 2002, n. 2.*

(2) *Le parole: «dei canoni di» hanno sostituito le precedenti: «di contratti-tipo relativi alla» in virtù di quanto dispone l'art. 2, comma 1, lett.* d), *n. 2, della L. 8 gennaio 2002, n. 2.*

Capo III
Esecuzione dei provvedimenti di rilascio degli immobili adibiti ad uso abitativo

6. Rilascio degli immobili. – 1. Nei comuni indicati all'articolo 1 del decreto legge 30 dicembre 1988, n. 551, convertito, con modificazioni, dalla legge 21 febbraio 1989, n. 61, e successive modificazioni, le esecuzioni dei provvedimenti di rilascio di immobili adibiti ad uso abitativo per finita locazione sono sospese per un periodo di centottanta giorni a decorrere dalla data di entrata in vigore della presente legge (1).

2. Il locatore ed il conduttore di immobili adibiti ad uso abitativo, per i quali penda provvedimento esecutivo di rilascio per finita locazione, avviano entro il termine di sospensione di cui al comma 1, a mezzo di lettera raccomandata con avviso di ricevimento, anche tramite le rispettive organizzazioni sindacali, trattative per la stipula di un nuovo contratto di locazione in base alle procedure definite all'articolo 2 della presente legge.

3. Trascorso il termine di cui al comma 1 ed in mancanza di accordo fra le parti per il rinnovo della locazione, i conduttori interessati possono chiedere, entro e non oltre i trenta giorni dalla scadenza del termine fissato dal comma 1, con istanza rivolta al pretore (2) competente ai sensi dell'articolo 26, primo comma, del codice di procedura civile, che sia nuovamente fissato il giorno dell'esecuzione. Si applicano i commi dal secondo al settimo dell'articolo 11 del decreto legge 23 gennaio 1982, n. 9, convertito, con modificazioni, dalla legge 25 marzo 1982, n. 94. Avverso il decreto del pretore (2) è ammessa opposizione al tribunale che giudica con le modalità di cui all'articolo 618 del codice di procedura civile. Il decreto con cui il pretore (2) fissa nuovamente la data dell'esecuzione vale anche come autorizzazione all'ufficiale giudiziario a servirsi dell'assistenza della forza pubblica.

4. Per i provvedimenti esecutivi di rilascio per finita locazione emessi dopo la data di entrata in vigore della presente legge, il conduttore può chiedere una sola volta, con istanza rivolta al pretore (2) competente ai sensi dell'articolo 26, primo comma, del codice di procedura civile, che sia nuovamente fissato il giorno dell'esecuzione entro un termine di sei mesi salvi i casi di cui al comma 5. Si applicano i commi dal secondo al settimo dell'articolo 11 del citato decreto legge n. 9 del 1982, convertito, con modificazioni (2), dalla legge n. 94 del 1982. Avverso il decreto del pretore (2) il locatore ed il conduttore possono proporre opposizione per qualsiasi motivo al tribunale che giudica con le modalità di cui all'articolo 618 del codice di procedura civile.

5. Il differimento del termine delle esecuzioni di cui ai commi 3 e 4 può essere fissato fino a diciotto mesi nei casi in cui il condut-

tore abbia compiuto i 65 anni di età, abbia cinque o più figli a carico, sia iscritto nelle liste di mobilità, percepisca un trattamento di disoccupazione o di integrazione salariale, sia formalmente assegnatario di alloggio di edilizia residenziale pubblica ovvero di ente previdenziale o assicurativo, sia prenotatario di alloggio cooperativo in corso di costruzione, sia acquirente di un alloggio in costruzione, sia proprietario di alloggio per il quale abbia iniziato azione di rilascio. Il medesimo differimento del termine delle esecuzioni può essere fissato nei casi in cui il conduttore o uno dei componenti il nucleo familiare, convivente con il conduttore da almeno sei mesi, sia portatore di *handicap* o malato terminale (3).

6. Durante i periodi di sospensione delle esecuzioni di cui al comma 1 del presente articolo e al comma 4 dell'articolo 11 del citato decreto legge n. 9 del 1982, convertito, con modificazioni, dalla legge n. 94 del 1982, nonché per i periodi di cui all'articolo 3 del citato decreto legge 30 dicembre 1988, n. 551, convertito, con modificazioni, dalla legge n. 61 del 1989, come successivamente prorogati, e comunque fino all'effettivo rilascio, i conduttori sono tenuti a corrispondere, ai sensi dell'articolo 1591 del codice civile, una somma mensile pari all'ammontare del canone dovuto alla cessazione del contratto, al quale si applicano automaticamente ogni anno aggiornamenti in misura pari al settantacinque per cento della variazione, accertata dall'Istituto nazionale di statistica (Istat), dell'indice dei prezzi al consumo per le famiglie di operai e impiegati verificatasi nell'anno precedente; l'importo così determinato è maggiorato del venti per cento. La corresponsione di tale maggiorazione esime il conduttore dall'obbligo di risarcire il maggior danno ai sensi dell'articolo 1591 del codice civile. Durante i predetti periodi di sospensione sono dovuti gli oneri accessori di cui all'articolo 9 della legge 27 luglio 1978, n. 392, e successive modificazioni. In caso di inadempimento, il conduttore decade dal beneficio, comunque concesso, della sospensione dell'esecuzione del provvedimento di rilascio, fatto salvo quanto previsto dall'articolo 55 della citata legge n. 392 del 1978 (4).

7. Fatto salvo quanto previsto dai commi 2 *bis* e 2 *ter* dell'articolo 1 del citato decreto legge n. 551 del 1988, convertito, con modificazioni, dalla legge n. 61 del 1989 nonché quanto previsto dai commi primo, secondo e terzo dell'art. 17 del citato decreto legge n. 9 del 1982, convertito, con modificazioni, dalla legge n. 94 del 1982, è data priorità ai destinatari di provvedimenti di rilascio con data di esecuzione fissata entro il termine di tre mesi.

(1) *Si vedano anche i commi 20, 21 e 22 dell'art. 80 della L. 23 dicembre 2000, n. 388, che di seguito si riportano, con avvertenza che il termine di efficacia della sospensione di cui al comma 22 è stato prorogato dapprima al 31 dicembre 2001 dall'art. 1 del D.L. 2 luglio 2001, n. 247, conv. in L. 4 agosto 2001, n. 332 e, successivamente, al 30 giugno 2002 dall'art. 1 del D.L. 27 dicembre 2001, n. 450, convertito, con modificazioni, in L. 27 febbraio 2002, n. 14 ed al 30 giugno 2003 dall'art. 1, comma 1, del D.L. 20 giugno 2002, n. 122, convertito, con modificazioni, in L. 1 agosto 2002, n. 185.*

(2) *Ai sensi del D.L.vo 19 febbraio 1998, n. 51, l'ufficio del pretore è soppresso a decorrere dal 2 giugno 1999, fatta salva l'attività necessaria per l'esaurimento degli affari pendenti. Le relative competenze sono trasferite al tribunale ordinario, fuori dei casi in cui è diversamente disposto dal predetto provvedimento.*

(3) *A norma dell'art. 1 del D.L. 25 febbraio 2000, n. 32, convertito, con modificazioni, nella L. 20 aprile 2000, n. 97, il termine dilatorio previsto da questo comma non può comunque essere inferiore a nove mesi, fermo restando il limite massimo di diciotto mesi di cui al medesimo articolo 6, comma 5. A norma dell'art. 1, comma 2, del citato D.L., l'esecuzione dei provvedimenti di rilascio già emessi ai sensi di questo comma, è differita di nove mesi a partire dal 1° gennaio 2000.*

(4) *La Corte costituzionale, con sentenza n. 482 del 9 novembre 2000, ha dichiarato l'illegittimità costituzionale di questo comma, nella parte in cui esime il conduttore dall'obbligo di risarcire il maggior danno, ai sensi dell'art. 1591 del codice civile, anche nel periodo successivo alla scadenza del termine di sospensione della esecuzione stabilito* ope legis *o di quello giudizialmente fissato per il rilascio dell'immobile.*

7. (1) **Condizione per la messa in esecuzione del provvedimento di rilascio dell'immobile.** – 1. Condizione per la messa in esecuzione del provvedimento di rilascio dell'immobile locato è la dimostrazione che il contratto di locazione è stato registrato, che l'immobile è stato denunciato ai fini dell'applicazione dell'Ici e che il reddito derivante dall'immobile medesimo è stato dichiarato ai fini dell'applicazione delle imposte sui redditi (2). Ai fini della predetta dimostrazione, nel precetto di cui all'articolo 480 del codice di procedura civile devono essere indicati gli estremi di registrazione del contratto di locazione, gli estremi dell'ultima denuncia dell'unità immobiliare alla quale il contratto si riferisce ai fini dell'applicazione dell'Ici, gli estremi dell'ultima dichiarazione dei redditi nella quale il reddito derivante dal contratto è stato dichiarato nonché gli estremi delle ricevute di versamento dell'Ici relative all'anno precedente a quello di competenza.

(1) *La Corte costituzionale, con sentenza n. 333 del 5 ottobre 2001, ha dichiarato l'illegittimità costituzio-*

nale di questo articolo laddove subordina la messa in esecuzione del provvedimento di rilascio dell'immobile locato ad uso abitativo alla dimostrazione, da parte del locatore, della regolarità della propria posizione fiscale quanto al pagamento dell'imposta di registro sul contratto di locazione, dell'Ici gravante sull'immobile e dell'imposta sui redditi relativi ai canoni.

(2) *A norma dell'art. 1, comma 3, del D.L. 25 febbraio 2000, n. 32, convertito, con modificazioni, nella L. 20 aprile 2000, n. 97, le disposizioni di cui al primo periodo di questo comma si dovevano interpretare nel senso che la dimostrazione dell'esistenza delle condizioni ivi indicate doveva essere effettuata anche con riferimento ai provvedimenti di rilascio emessi in data anteriore a quella di entrata in vigore della medesima legge. Ai fini dell'esecuzione di tali provvedimenti di rilascio, il locatore dell'immobile rendeva, ai sensi dell'articolo 3 della legge 15 maggio 1997, n. 127, apposita dichiarazione in carta libera, contenente gli elementi conoscitivi di cui al predetto articolo 7, che deve essere notificata all'intimato e consegnata all'ufficiale giudiziario, il quale la allegava al precetto.*

Capo IV
Misure di sostegno
al mercato delle locazioni

8. Agevolazioni fiscali. – 1. Nei comuni di cui all'articolo 1 del decreto legge 30 dicembre 1988, n. 551, convertito, con modificazioni, dalla legge 21 febbraio 1989, n. 61, e successive modificazioni, il reddito imponibile derivante al proprietario dai contratti stipulati o rinnovati ai sensi del comma 3 dell'articolo 2 a seguito di accordo definito in sede locale e nel rispetto dei criteri indicati dal decreto di cui al comma 2 dell'articolo 4, ovvero nel rispetto delle condizioni fissate dal decreto di cui al comma 3 del medesimo articolo 4, determinato ai sensi dell'articolo 34 del testo unico delle imposte sui redditi, approvato con decreto del Presidente della Repubblica 22 dicembre 1986, n. 917, e successive modificazioni, è ulteriormente ridotto del 30 per cento. Per i suddetti contratti il corrispettivo annuo ai fini della determinazione della base imponibile per l'applicazione dell'imposta proporzionale di registro è assunto nella misura minima del 70 per cento.

[2. Il locatore, per usufruire dei benefici di cui al comma 1, deve indicare nella dichiarazione dei redditi gli estremi di registrazione del contratto di locazione nonché quelli della denuncia dell'immobile ai fini dell'applicazione dell'Ici] (1).

3. Le agevolazioni di cui al presente articolo non si applicano ai contratti di locazione volti a soddisfare esigenze abitative di natura transitoria, fatta eccezione per i contratti di cui al comma 2 dell'articolo 5 e per i contratti di cui al comma 3 dell'articolo 1.

4. Il Comitato interministeriale per la programmazione economica (Cipe), su proposta del Ministro dei lavori pubblici, di intesa con i Ministri dell'interno e di grazia e giustizia, provvede, ogni ventiquattro mesi, all'aggiornamento dell'elenco dei comuni di cui al comma 1, anche articolando ed ampliando i criteri previsti dall'articolo 1 del decreto legge 29 ottobre 1986, n. 708, convertito, con modificazioni, dalla legge 23 dicembre 1986, n. 899. La proposta del Ministro dei lavori pubblici è formulata avuto riguardo alle risultanze dell'attività dell'Osservatorio della condizione abitativa di cui all'articolo 12. Qualora le determinazioni del Cipe comportino un aumento del numero dei beneficiari dell'agevolazione fiscale prevista dal comma 1, è corrispondentemente aumentata, con decreto del Ministro delle finanze, di concerto con il Ministro del tesoro, del bilancio e della programmazione economica, la percentuale di determinazione della base imponibile prevista dal medesimo comma. Tale aumento non si applica ai contratti stipulati prima della data di entrata in vigore del predetto decreto del Ministro delle finanze.

5. Al comma 1 dell'articolo 23 del testo unico delle imposte sui redditi, approvato con decreto del Presidente della Repubblica 22 dicembre 1986, n. 917, sono aggiunti, in fine, i seguenti periodi: «I redditi derivanti da contratti di locazione di immobili ad uso abitativo, se non percepiti, non concorrono a formare il reddito dal momento della conclusione del procedimento giurisdizionale di convalida di sfratto per morosità del conduttore. Per le imposte versate sui canoni venuti a scadenza e non percepiti come da accertamento avvenuto nell'ambito del procedimento giurisdizionale di convalida di sfratto per morosità è riconosciuto un credito di imposta di pari ammontare».

6. - 7. (*Omissis*).

(1) *A norma dell'art. 13, comma 4 octies, del D.L. 30 dicembre 2016, n. 244, convertito, con modificazioni, nella L. 27 febbraio 2017, n. 19, questo comma è abrogato a decorrere dal periodo d'imposta successivo a quello in corso al 31 dicembre 2016.*

9. (1) **[Disposizioni per i fondi per la previdenza complementare.** – 1. I fondi per la previdenza complementare regolamentati dal decreto legislativo 21 aprile 1993, n. 124, che detengono direttamente beni immobili possono optare per la libera determinazione dei canoni di locazione oppure per l'applicazione dei contratti previsti dall'articolo 2, comma 3, della presente legge. Nel primo caso, tuttavia, i redditi derivanti dalle locazioni dei suddetti immobili sono soggetti all'Irpeg].

(1) *Questo articolo è stato abrogato, a decorrere dal 1° gennaio 2001, dall'art. 7, comma 3, del D.L.vo 18 febbraio 2000, n. 47.*

10. Ulteriori agevolazioni fiscali. - 1. Con provvedimento collegato alla manovra finanziaria per il triennio 2000-2002 è istituito, a decorrere dall'anno 2001, un fondo per la copertura delle minori entrate derivanti dalla concessione, secondo modalità determinate dal medesimo provvedimento collegato, di una detrazione ai fini dell'imposta sul reddito delle persone fisiche in favore dei conduttori, appartenenti a determinate categorie di reddito, di alloggi locati a titolo di abitazione principale, da stabilire anche nell'ambito di una generale revisione dell'imposizione sugli immobili. Per gli esercizi successivi al triennio 2000-2002, alla dotazione del fondo si provvede con stanziamento determinato dalla legge finanziaria, ai sensi dell'articolo 11, comma 3, lettera *d*), della legge 5 agosto 1978, n. 468, e successive modificazioni.

2. Le detrazioni di cui al comma 1 non sono cumulabili con i contributi previsti dal comma 3 dell'articolo 11.

11. (1) **Fondo nazionale.** - 1. Presso il Ministero dei lavori pubblici è istituito il Fondo nazionale per il sostegno all'accesso alle abitazioni in locazione, la cui dotazione annua è determinata dalla legge finanziaria, ai sensi dell'articolo 11, comma 3, lettera *d*), della legge 5 agosto 1978, n. 468, e successive modificazioni.

2. Per ottenere i contributi di cui al comma 3 i conduttori devono dichiarare sotto la propria responsabilità che il contratto di locazione è stato registrato.

3. Le somme assegnate al Fondo di cui al comma 1 sono utilizzate per la concessione ai conduttori aventi i requisiti minimi individuati con le modalità di cui al comma 4 di contributi integrativi per il pagamento dei canoni di locazione dovuti ai proprietari degli immobili, di proprietà sia pubblica sia privata, e, tenendo conto anche delle disponibilità del Fondo, per sostenere le iniziative intraprese dai Comuni e dalle regioni anche attraverso la costituzione di agenzie o istituti per la locazione o fondi di garanzia o attraverso attività di promozione in convenzione con imprese di costruzione ed altri soggetti imprenditoriali, cooperative edilizie per la locazione, tese a favorire la mobilità nel settore della locazione, attraverso il reperimento di alloggi da concedere in locazione a canoni concordati, ovvero attraverso la rinegoziazione delle locazioni esistenti per consentire alle parti, con il supporto delle organizzazioni di rappresentanza dei proprietari e degli inquilini, la stipula di un nuovo contratto a canone inferiore. Le procedure previste per gli sfratti per morosità si applicano alle locazioni di cui al presente comma, anche se per finita locazione (2). I comuni possono, con delibera della propria giunta, prevedere che i contributi integrativi destinati ai conduttori vengano, in caso di morosità, erogati al locatore interessato a sanatoria della morosità medesima, anche tramite l'associazione della proprietà edilizia dallo stesso locatore per iscritto designata, che attesta l'avvenuta sanatoria con dichiarazione sottoscritta anche dal locatore (3) (4).

4. Il Ministro dei lavori pubblici, entro novanta giorni dalla data di entrata in vigore della presente legge, previa intesa in sede di Conferenza permanente per i rapporti fra lo Stato, le regioni e le province autonome di Trento e di Bolzano, definisce, con proprio decreto, i requisiti minimi necessari per beneficiare dei contributi integrativi di cui al comma 3 e i criteri per la determinazione dell'entità dei contributi stessi in relazione al reddito familiare e all'incidenza sul reddito medesimo del canone di locazione.

5. Le risorse assegnate al Fondo di cui al comma 1 sono ripartite, entro il 31 marzo di ogni anno, tra le regioni e le province autonome di Trento e di Bolzano. A decorrere dall'anno 2005 la ripartizione è effettuata dal Ministro delle infrastrutture e dei trasporti, previa intesa con la Conferenza permanente per i rapporti tra lo Stato, le regioni e le province autonome di Trento e di Bolzano, sulla base dei criteri fissati con apposito decreto del Ministro delle infrastrutture e dei trasporti, previa medesima intesa ed in rapporto alla quota di risorse messe a disposizione dalle singole regioni e province autonome, ai sensi del comma 6 (5).

6. Le regioni e le province autonome di Trento e di Bolzano possono concorrere al finanziamento degli interventi di cui al comma 3 con proprie risorse iscritte nei rispettivi bilanci e definire, sentiti i comuni, la finalità di utilizzo del Fondo ottimizzandone l'efficienza, anche in forma coordinata con il Fondo per gli inquilini morosi incolpevoli istituito dall'articolo 6, comma 5, del decreto legge 31 agosto 2013, n. 102, convertito con modificazioni dalla legge 28 ottobre 2013, n. 124 (6).

7. Le regioni e le province autonome di Trento e di Bolzano provvedono alla ripartizio-

ne fra i comuni delle risorse di cui al comma 6 nonché di quelle destinate al Fondo ad esse attribuite ai sensi del comma 5; le risorse destinate dalle regioni e dalle province autonome di Trento e di Bolzano alla costituzione di agenzie o istituti per la locazione o fondi di garanzia o alle attività di promozione in convenzione con imprese di costruzione ed altri soggetti imprenditoriali, cooperative edilizie per la locazione sono assegnate dalle stesse ai comuni sulla base di parametri che premino sia il numero di abbinamenti tra alloggi a canone concordato e nuclei familiari provenienti da alloggi di edilizia residenziale pubblica sovvenzionata o sottoposti a procedure di sfratto esecutivo, sia il numero di contratti di locazione a canone concordato complessivamente intermediati nel biennio precedente (7).

8. I comuni definiscono l'entità e le modalità di erogazione dei contributi di cui al comma 3, individuando con appositi bandi pubblici i requisiti dei conduttori che possono beneficiarne, nel rispetto dei criteri e dei requisiti minimi di cui al comma 4. I bandi per la concessione dei contributi integrativi devono essere emessi entro il 30 settembre di ogni anno con riferimento alle risorse assegnate, per l'anno di emissione del bando, dalla Legge finanziaria (8).

9. Per gli anni 1999, 2000 e 2001, ai fini della concessione dei contributi integrativi di cui al comma 3, è assegnata al Fondo una quota, pari a lire 600 miliardi per ciascuno degli anni 1999, 2000 e 2001, delle risorse di cui alla legge 14 febbraio 1963, n. 60, relative alle annualità 1996, 1997 e 1998. Tali disponibilità sono versate all'entrata del bilancio dello Stato per essere riassegnate, con decreti del Ministro del tesoro, del bilancio e della programmazione economica, ad apposita unità previsionale di base dello stato di previsione del Ministero dei lavori pubblici. Le predette risorse, accantonate dalla deliberazione del Cipe del 6 maggio 1998, non sono trasferite ai sensi dell'articolo 61 del decreto legislativo 31 marzo 1998, n. 112, e restano nella disponibilità della Sezione autonoma della Cassa depositi e prestiti per il predetto versamento.

10. Il Ministero dei lavori pubblici provvederà, a valere sulle risorse del Fondo di cui al comma 1, ad effettuare il versamento all'entrata del bilancio dello Stato nell'anno 2003 delle somme occorrenti per la copertura delle ulteriori minori entrate derivanti, in tale esercizio, dall'applicazione dell'articolo 8, commi da 1 a 4, pari a lire 67,5 miliardi, intendendosi ridotta per un importo corrispondente l'autorizzazione di spesa per l'anno medesimo determinata ai sensi del comma 1 del presente articolo.

11. Le disponibilità del Fondo sociale, istituito ai sensi dell'articolo 75 della legge 27 luglio 1978, n. 392, sono versate all'entrata del bilancio dello Stato per essere riassegnate con decreto del Ministro del tesoro, del bilancio e della programmazione economica al Fondo di cui al comma 1.

(1) *Si veda l'art. 6, comma 4, del D.L. 31 agosto 2013, n. 102, convertito, con modificazioni, nella L. 28 ottobre 2013, n. 124, che così dispone:*

«4. Al Fondo nazionale per il sostegno all'accesso alle abitazioni in locazione, istituito dalla legge 9 dicembre 1998, n. 431 è assegnata una dotazione di 100 milioni di euro per ciascuno degli anni 2014 e 2015» (*).

(*) *Questo comma è stato così sostituito dall'art. 1, comma 1, del D.L. 28 marzo 2014, n. 47, convertito, con modificazioni, nella L. 23 maggio 2014, n. 80.*

(2) *Le parole: «nonché, qualora le disponibilità del Fondo lo consentano, per sostenere le iniziative intraprese dai comuni anche attraverso la costituzione di agenzie o istituti per la locazione o attraverso attività di promozione in convenzione con cooperative edilizie per la locazione, tese a favorire la mobilità nel settore della locazione attraverso il reperimento di alloggi da concedere in locazione per periodi determinati» sono state così sostituite dalle seguenti: «e, tenendo conto anche delle disponibilità del Fondo, per sostenere le iniziative intraprese dai Comuni e dalle regioni anche attraverso la costituzione di agenzie o istituti per la locazione o fondi di garanzia o attraverso attività di promozione in convenzione con imprese di costruzione ed altri soggetti imprenditoriali, cooperative edilizie per la locazione, tese a favorire la mobilità nel settore della locazione, attraverso il reperimento di alloggi da concedere in locazione a canoni concordati, ovvero attraverso la rinegoziazione delle locazioni esistenti per consentire alle parti, con il supporto delle organizzazioni di rappresentanza dei proprietari e degli inquilini, la stipula di un nuovo contratto a canone inferiore. Le procedure previste per gli sfratti per morosità si applicano alle locazioni di cui al presente comma, anche se per finita locazione» dall'art. 2, comma 1, lett. a), del D.L. 28 marzo 2014, n. 47, convertito, con modificazioni, nella L. 23 maggio 2014, n. 80.*

(3) *L'ultimo periodo di questo comma è stato aggiunto dall'art. 7, comma 2 bis, del D.L. 13 settembre 2004, n. 240, convertito, con modificazioni, nella L. 12 novembre 2004, n. 269.*

(4) *A norma dell'art. 2, comma 1 bis), del D.L. 28 marzo 2014, n. 47, convertito, con modificazioni, nella L. 23 maggio 2014, n. 80, l'applicazione da parte dei comuni, al fine di contrastare l'emergenza abitativa, delle disposizioni di cui al presente comma, costituisce titolo di preferenza nell'assegnazione di contributi pubblici per qualsiasi tipo di edilizia economica e popolare.*

(5) *Questo comma è stato così da ultimo sostituito dall'art. 7, comma 2, del D.L. 13 settembre 2004, n. 240, convertito, con modificazioni, nella L. 12 novembre 2004, n. 269.*

(6) *Le parole: «e definire, sentiti i comuni, la finalità di utilizzo del Fondo ottimizzandone l'efficienza, anche in forma coordinata con il Fondo per gli inquilini morosi incolpevoli istituito dall'articolo 6, comma 5, del decreto legge 31 agosto 2013, n. 102, convertito con*

modificazioni dalla legge 28 ottobre 2013, n. 124» sono state aggiunte dall'art. 2, comma 1, lett. b), del D.L. 28 marzo 2014, n. 47, convertito, con modificazioni, nella L. 23 maggio 2014, n. 80.

(7) *Questo comma è stato così sostituito dall'art. 2, comma 1, lett. c), del D.L. 28 marzo 2014, n. 47, convertito, con modificazioni, nella L. 23 maggio 2014, n. 80.*

(8) *Questo periodo è stato aggiunto dall'art. 1, comma 1 bis, del D.L. 20 ottobre 2008, n. 158, convertito, con modificazioni, nella L. 18 dicembre 2008, n. 199.*

Capo V
Disposizioni finali

12. Osservatorio della condizione abitativa. – 1. L'Osservatorio della condizione abitativa, istituito dall'articolo 59 del decreto legislativo 31 marzo 1998, n. 112, è costituito presso il Ministero dei lavori pubblici ed effettua la raccolta dei dati nonché il monitoraggio permanente della situazione abitativa. Il Ministro dei lavori pubblici con proprio decreto da emanare entro sessanta giorni dalla data di entrata in vigore della presente legge, definisce l'organizzazione e le funzioni dell'Osservatorio, anche ai fini del collegamento con gli osservatori istituiti dalle regioni con propri provvedimenti.

13. (1) **Patti contrari alla legge.** – 1. È nulla ogni pattuizione volta a determinare un importo del canone di locazione superiore a quello risultante dal contratto scritto e registrato. È fatto carico al locatore di provvedere alla registrazione nel termine perentorio di trenta giorni, dandone documentata comunicazione, nei successivi sessanta giorni, al conduttore ed all'amministratore del condominio, anche ai fini dell'ottemperanza agli obblighi di tenuta dell'anagrafe condominiale di cui all'articolo 1130, numero 6), del codice civile.

2. Nei casi di nullità di cui al comma 1 il conduttore, con azione proponibile nel termine di sei mesi dalla riconsegna dell'immobile locato, può chiedere la restituzione delle somme corrisposte in misura superiore al canone risultante dal contratto scritto e registrato.

3. È nulla ogni pattuizione volta a derogare ai limiti di durata del contratto stabiliti dalla presente legge.

4. Per i contratti di cui al comma 3 dell'articolo 2 è nulla ogni pattuizione volta ad attribuire al locatore un canone superiore a quello massimo definito dagli accordi conclusi in sede locale per immobili aventi le medesime caratteristiche e appartenenti alle medesime tipologie. Per i contratti stipulati in base al comma 1 dell'articolo 2, è nulla, ove in contrasto con le disposizioni della presente legge, qualsiasi pattuizione diretta ad attribuire al locatore un canone superiore a quello contrattualmente stabilito.

5. Per i conduttori che, per gli effetti della disciplina di cui all'articolo 3, commi 8 e 9, del decreto legislativo 14 marzo 2011, n. 23, prorogati dall'articolo 5, comma 1 *ter*, del decreto legge 28 marzo 2014, n. 47, convertito, con modificazioni, dalla legge 23 maggio 2014, n. 80, hanno versato, nel periodo intercorso dalla data di entrata in vigore del decreto legislativo n. 23 del 2011 al giorno 16 luglio 2015, il canone annuo di locazione nella misura stabilita dalla disposizione di cui al citato articolo 3, comma 8, del decreto legislativo n. 23 del 2011, l'importo del canone di locazione dovuto ovvero dell'indennità di occupazione maturata, su base annua, è pari al triplo della rendita catastale dell'immobile, nel periodo considerato.

6. Nei casi di nullità di cui al comma 4 il conduttore, con azione proponibile nel termine di sei mesi dalla riconsegna dell'immobile locato, può richiedere la restituzione delle somme indebitamente versate. Nei medesimi casi il conduttore può altresì richiedere, con azione proponibile dinanzi all'autorità giudiziaria, che la locazione venga ricondotta a condizioni conformi a quanto previsto dal comma 1 dell'articolo 2 ovvero dal comma 3 dell'articolo 2. Tale azione è, altresì, consentita nei casi in cui il locatore non abbia provveduto alla prescritta registrazione del contratto nel termine di cui al comma 1 del presente articolo. Nel giudizio che accerta l'esistenza del contratto di locazione il giudice determina il canone dovuto, che non può eccedere quello del valore minimo definito ai sensi dell'articolo 2 ovvero quello definito ai sensi dell'articolo 5, commi 2 e 3, nel caso di conduttore che abiti stabilmente l'alloggio per i motivi ivi regolati. L'autorità giudiziaria stabilisce la restituzione delle somme eventualmente eccedenti.

7. Le disposizioni di cui al comma 6 devono ritenersi applicabili a tutte le ipotesi ivi previste insorte sin dall'entrata in vigore della presente legge.

8. I riferimenti alla registrazione del contratto di cui alla presente legge non producono effetti se non vi è obbligo di registrazione del contratto stesso.

(1) *Questo articolo è stato così sostituito dall'art. 1, comma 59, della L. 28 dicembre 2015, n. 208.*

14. Disposizioni transitorie e abrogazione di norme. – 1. In sede di prima applicazione dell'articolo 4 della presente legge, non trova applicazione il termine di novanta giorni di cui al comma 2 del medesimo articolo 4.

2. Con l'attuazione del decreto legislativo 19 febbraio 1998, n. 51, nell'articolo 6 e nell'articolo 13, comma 5, della presente legge al pretore si intende sostituito il tribunale in composizione monocratica e al tribunale il tribunale in composizione collegiale.

3. Sono abrogati l'articolo 11 del decreto legge 11 luglio 1992, n. 333, convertito, con modificazioni, dalla legge 8 agosto 1992, n. 359, nonché gli articoli 1 *bis*, 2, 3, 4, 5 e 8 del decreto legge 30 dicembre 1988, n. 551, convertito, con modificazioni, dalla legge 21 febbraio 1989, n. 61.

4. Sono altresì abrogati gli articoli 1, 3, 12, 13, 14, 15, 16, 17, 18, 19, 20, 21, 22, 23, 24, 25, 26, 54, 60, 61, 62, 63, 64, 65, 66, 75, 76, 77, 78, 79, limitatamente alle locazioni abitative, e 83 della legge 27 luglio 1978, n. 392, e successive modificazioni.

5. Ai contratti per la loro intera durata ed ai giudizi in corso alla data di entrata in vigore della presente legge continuano ad applicarsi ad ogni effetto le disposizioni normative in materia di locazioni vigenti prima di tale data.

15. Copertura finanziaria. – 1. All'onere derivante dall'attuazione dei commi da 1 a 5 dell'articolo 8, valutato in lire 4 miliardi per l'anno 1999 e in lire 420 miliardi a decorrere dall'anno 2000, si provvede mediante utilizzo delle proiezioni per i medesimi anni degli stanziamenti iscritti, ai fini del bilancio triennale 1998-2000, nell'ambito dell'unità previsionale di base di parte corrente «Fondo speciale» dello stato di previsione del Ministero del tesoro, del bilancio e della programmazione economica per l'anno finanziario 1998, allo scopo parzialmente utilizzando, quanto a lire 4 miliardi per l'anno 1999 e quanto a lire 299 miliardi per l'anno 2000, l'accantonamento relativo al Ministero dei lavori pubblici, nonché, quanto a lire 107 miliardi per l'anno 2000, l'accantonamento relativo alla Presidenza del Consiglio dei ministri e, quanto a lire 14 miliardi per l'anno 2000, l'accantonamento relativo al Ministero di grazia e giustizia.

2. Il Ministro del tesoro, del bilancio e della programmazione economica è autorizzato ad apportare, con propri decreti, le occorrenti variazioni di bilancio.

3.

L. 8 febbraio 2007, n. 9. Interventi per la riduzione del disagio abitativo per particolari categorie sociali (*Gazzetta Ufficiale* Serie gen. - n. 37 del 14 febbraio 2007) (1).

(1) *A norma dell'art. 5, comma 2, del D.L. 1° marzo 2021, n. 22, convertito, con modificazioni, nella L. 22 aprile 2021, n. 55, la denominazione: «Ministro delle infrastrutture e dei trasporti» è stata così sostituita, a ogni effetto e ovunque presente, dalla attuale: «Ministro delle infrastrutture e della mobilità sostenibili».*

1. Sospensione delle procedure esecutive di rilascio. – 1. Al fine di contenere il disagio abitativo e di favorire il passaggio da casa a casa per particolari categorie sociali, soggette a procedure esecutive di rilascio per finita locazione degli immobili adibiti ad uso di abitazioni e residenti nei comuni capoluoghi di provincia, nei comuni con essi confinanti con popolazione superiore a 10.000 abitanti e nei comuni ad alta tensione abitativa di cui alla delibera CIPE n. 87/03 del 13 novembre 2003, pubblicata nella *Gazzetta Ufficiale* n. 40 del 18 febbraio 2004, sono sospese, a decorrere dalla data di entrata in vigore della presente legge per un periodo di otto mesi, le esecuzioni dei provvedimenti di rilascio per finita locazione degli immobili adibiti ad uso di abitazioni, nei confronti di conduttori con reddito annuo lordo complessivo familiare inferiore a 27.000 euro, che siano o abbiano nel proprio nucleo familiare persone ultrasessantacinquenni, malati terminali o portatori di handicap con invalidità superiore al 66 per cento, purché non siano in possesso di altra abitazione adeguata al nucleo familiare nella regione di residenza. La sospensione si applica, alle stesse condizioni, anche ai conduttori che abbiano, nel proprio nucleo familiare, figli fiscalmente a carico.

2. La sussistenza dei requisiti per la sospensione della procedura esecutiva di rilascio di cui ai commi 1 e 3 del presente articolo è autocertificata dai soggetti interessati con dichiarazione resa nelle forme di cui all'articolo 21 del testo unico di cui al decreto del Presidente della Repubblica 28 dicembre 2000, n. 445, e comunicata al locatore ai sensi dell'articolo 4, comma 5, del decreto legge 27 maggio 2005, n. 86 (1), convertito, con modificazioni, dalla legge 26 luglio 2005, n. 148. La sussistenza di tali requisiti può essere contestata dal locatore nelle forme di cui all'articolo 1, comma 2, del decreto legge 20 giugno 2002, n. 122, convertito, con modificazioni, dalla legge 1° agosto 2002, n. 185.

3. Per i conduttori di immobili ad uso abitativo concessi in locazione dai soggetti indicati all'articolo 1, comma 1, del decreto legislativo 16 febbraio 1996, n. 104, e all'articolo 3, comma 109, della legge 23 dicembre 1996, n. 662, come da ultimo modificato dall'articolo 43, comma 18, della legge 23 dicembre 2000, n. 388, da casse professionali e previdenziali, da compagnie di assicurazione, da istituti bancari, da società possedute dai soggetti citati, ovvero che, per conto dei medesimi, anche indirettamente, svolgono l'attività di gestione dei relativi patrimoni immobiliari, il termine di sospensione di cui al comma 1 del presente articolo è fissato in diciotto mesi a decorrere dalla data di entrata in vigore della presente legge.

4. Per tutto il periodo di sospensione dell'esecuzione ai sensi dei commi 1 e 3 del presente articolo il conduttore corrisponde al locatore la maggiorazione prevista dall'articolo 6, comma 6, della legge 9 dicembre 1998, n. 431.

5. Il conduttore decade dal beneficio della sospensione dell'esecuzione se non provvede al pagamento del canone nei limiti indicati dall'articolo 5 della legge 27 luglio 1978, n. 392, salva l'applicazione dell'articolo 55 della medesima legge.

6. La sospensione non opera in danno del locatore che dimostri, nelle forme di cui al comma 2, secondo periodo, di trovarsi nelle stesse condizioni richieste per ottenere la sospensione medesima o nelle condizioni di necessità sopraggiunta dell'abitazione. A tutte le procedure esecutive per finita locazione attivate in relazione a contratti stipulati ai sensi della legge 9 dicembre 1998, n. 431, e successive modificazioni, con i conduttori di cui ai commi 1 e 3 del presente articolo si applica quanto previsto dall'articolo 6, comma 4, della medesima legge n. 431 del 1998.

(1) *Si veda l'art. 4, comma 5, del D.L. 27 maggio 2005, n. 86, convertito, con modificazioni, nella L. 26 luglio 2005, n. 148 che si riporta: «5. La cancelleria del giudice procedente, ovvero l'ufficiale giudiziario, danno immediata comunicazione al locatore della dichiarazione irrevocabile e del conseguente differimento degli atti della procedura».*

2. Benefici fiscali. – 1. Per i proprietari degli immobili locati ai conduttori individuati nell'articolo 1, commi 1 e 3, della presente legge, si applicano, per il periodo di sospensione della procedura esecutiva, i benefici fiscali di cui all'articolo 2, comma 1, del decreto legge 1° febbraio 2006, n. 23, convertito, con modificazioni, dalla legge 3 marzo 2006, n. 86. A favore dei medesimi proprietari i comuni possono prevedere esenzioni o riduzioni dell'imposta comunale sugli immobili.

3. Interventi dei comuni per l'edilizia sovvenzionata e agevolata e per la graduazione degli sfratti. – 1. Entro tre mesi dalla data di entrata in vigore della presente legge, le regioni e le province autonome di Trento e di Bolzano predispongono, su proposta dei comuni individuati nell'articolo 1, sulla base del fabbisogno di edilizia residenziale pubblica, con particolare riferimento a quello espresso dalle categorie di cui al medesimo articolo 1 già presenti nelle graduatorie per l'assegnazione degli alloggi di edilizia residenziale pubblica e indicate dagli stessi comuni, un piano straordinario articolato in tre annualità da inviare ai Ministeri delle infrastrutture e della solidarietà sociale e al Ministro delle politiche per la famiglia.

2. A decorrere dalla data di entrata in vigore della presente legge, nei comuni individuati nell'articolo 1, comma 1, possono essere istituite apposite commissioni, con durata di diciotto mesi, per l'eventuale graduazione, fatte salve le competenze dell'autorità giudiziaria ordinaria, delle azioni di rilascio, finalizzate a favorire il passaggio da casa a casa per i soggetti di cui al medesimo articolo 1, nonché per le famiglie collocate utilmente nelle graduatorie comunali per l'accesso agli alloggi di edilizia residenziale pubblica (1).

3. Le prefetture - uffici territoriali del Governo convocano le commissioni di cui al comma 2 e ne definiscono il funzionamento e la composizione, garantendo la presenza, oltre che del sindaco del comune interessato all'esecuzione di rilascio e del questore, o di loro delegati, dei rappresentanti delle organizzazioni sindacali degli inquilini e dei rappresentanti delle associazioni della proprietà edilizia maggiormente rappresentative, individuate ai sensi dell'articolo 4, comma 1, della legge 9 dicembre 1998, n. 431, e successive modificazioni, e della convenzione nazionale, sottoscritta ai sensi del medesimo articolo 4, comma 1, in data 8 febbraio 1999, e successive modificazioni, nonché di un rappresentante dell'Istituto autonomo case popolari, comunque denominato, competente per territorio.

(1) *La Corte costituzionale, con sentenza n. 166 del 23 maggio 2008, ha dichiarato l'illegittimità costituzionale di questo comma.*

4. Concertazione istituzionale per la programmazione in materia di edilizia residenziale pubblica. – 1. Entro due mesi dalla

LEGGI COMPLEMENTARI

data di entrata in vigore della presente legge, il Ministero delle infrastrutture convoca un tavolo di concertazione generale sulle politiche abitative, che conclude i lavori entro un mese, a cui partecipano rappresentanti dei Ministeri della solidarietà sociale e dell'economia e delle finanze, dei Ministri per le politiche giovanili e le attività sportive e delle politiche per la famiglia, delle regioni, dell'Associazione nazionale dei comuni italiani (ANCI), della FEDERCASA-Federazione italiana per la casa, delle organizzazioni sindacali dei lavoratori e degli inquilini, delle associazioni della proprietà edilizia e delle associazioni dei costruttori edili e delle cooperative di abitazione.

2. In relazione alle indicazioni emerse dal tavolo di concertazione di cui al comma 1, il Ministro delle infrastrutture, di concerto con i Ministri della solidarietà sociale, dell'economia e delle finanze, per le politiche giovanili e le attività sportive e delle politiche per la famiglia, d'intesa con la Conferenza unificata di cui all'articolo 8 del decreto legislativo 28 agosto 1997, n. 281, ai sensi dell'articolo 8, comma 6, della legge 5 giugno 2003, n. 131, predispone, entro due mesi dalla conclusione dei lavori del medesimo tavolo di concertazione, un programma nazionale contenente:

a) gli obiettivi e gli indirizzi di carattere generale per la programmazione regionale di edilizia residenziale pubblica riferita alla realizzazione, anche mediante l'acquisizione e il recupero di edifici esistenti, di alloggi in locazione a canone sociale sulla base dei criteri stabiliti dalle leggi regionali e a canone definito sulla base dei criteri stabiliti dall'articolo 2, comma 3, della legge 9 dicembre 1998, n. 431, e successive modificazioni, nonché alla riqualificazione di quartieri degradati;

b) proposte normative in materia fiscale e per la normalizzazione del mercato immobiliare, con particolare riferimento alla riforma della disciplina della vendita e della locazione di immobili di proprietà dei soggetti di cui all'articolo 1, comma 3;

c) l'individuazione delle possibili misure, anche di natura organizzativa, dirette a favorire la continuità nella cooperazione tra Stato, regioni ed enti locali prioritariamente per la riduzione del disagio abitativo per particolari categorie sociali;

d) la stima delle risorse finanziarie necessarie per l'attuazione del programma nell'ambito degli stanziamenti già disponibili a legislazione vigente e senza nuovi o maggiori oneri per la finanza pubblica.

3. Il programma nazionale di cui al comma 2 è trasmesso alle Camere per l'espressione del parere da parte delle competenti Commissioni parlamentari, da rendere entro un mese dalla data di assegnazione.

5. Definizione di alloggio sociale. – 1. Al fine di ottemperare a quanto previsto in materia di aiuti di Stato a favore degli alloggi sociali dalla decisione 2005/842/CE, della Commissione europea, del 28 novembre 2005, il Ministro delle infrastrutture, entro sessanta giorni dalla data di entrata in vigore della presente legge, definisce con proprio decreto, di concerto con i Ministri della solidarietà sociale, delle politiche per la famiglia, per le politiche giovanili e le attività sportive e d'intesa con la Conferenza unificata di cui all'articolo 8 del decreto legislativo 28 agosto 1997, n. 281, ai sensi dell'articolo 8, comma 6, della legge 5 giugno 2003, n. 131, le caratteristiche e i requisiti degli alloggi sociali esenti dall'obbligo di notifica degli aiuti di Stato, ai sensi degli articoli 87 e 88 del Trattato istitutivo della Comunità europea.

6. Proroga dei termini di inizio dei lavori degli alloggi di edilizia residenziale in locazione. – 1. Il termine di inizio dei lavori degli alloggi di edilizia residenziale in locazione finanziati ai sensi dell'articolo 145, comma 33, della legge 23 dicembre 2000, n. 388, e ricompresi nei Piani operativi regionali, predisposti in attuazione del programma «20.000 alloggi in affitto», di cui all'articolo 7 del decreto del Ministro delle infrastrutture e dei trasporti 27 dicembre 2001, pubblicato nel supplemento ordinario alla *Gazzetta Ufficiale* n. 162 del 12 luglio 2002, è prorogato al 31 maggio 2007.

7. Modifiche agli articoli 27 e 28 della legge 27 luglio 1978, n. 392. – 1. (*Omissis*).

8. Clausola di salvaguardia. – 1. Le disposizioni della presente legge sono applicabili nelle regioni a statuto speciale e nelle province autonome di Trento e di Bolzano compatibilmente con le norme dei rispettivi statuti e delle relative norme di attuazione.

9. Copertura finanziaria. – 1. All'onere derivante dall'attuazione dell'articolo 2, valutato in 63 milioni di euro nell'anno 2008, si provvede ai sensi del comma 2 del presente articolo.

2. A valere sull'autorizzazione di spesa di cui all'articolo 2, comma 4, del decreto legge

17 giugno 2005, n. 106, convertito, con modificazioni, dalla legge 31 luglio 2005, n. 156, l'importo di 63 milioni di euro relativo all'anno 2006 è conservato nel conto dei residui e versato ad apposita contabilità speciale di tesoreria per essere riversato all'entrata del bilancio dello Stato nell'anno 2008.

3. Il Ministro dell'economia e delle finanze provvede al monitoraggio degli oneri di cui alla presente legge, anche ai fini dell'adozione dei provvedimenti correttivi di cui all'articolo 11 *ter*, comma 7, della legge 5 agosto 1978, n. 468, e successive modificazioni, ovvero delle misure correttive da assumere, ai sensi dell'articolo 11, comma 3, lettera i *quater*), della medesima legge. Gli eventuali decreti emanati ai sensi dell'articolo 7, secondo comma, numero 2), della legge 5 agosto 1978, n. 468, prima della data di entrata in vigore dei provvedimenti o delle misure di cui al presente comma, sono tempestivamente trasmessi alle Camere, corredati da apposite relazioni illustrative.

4. Il Ministro dell'economia e delle finanze è autorizzato ad apportare, con propri decreti, le occorrenti variazioni di bilancio.

10. Entrata in vigore. - 1. La presente legge entra in vigore il giorno successivo a quello della sua pubblicazione nella *Gazzetta Ufficiale*.

4.

D.L.vo 14 marzo 2011, n. 23. Disposizioni in materia di Federalismo fiscale municipale (*Gazzetta Ufficiale* Serie gen. - n. 67 del 23 marzo 2011) (1).

(1) A norma dell'art. 6, comma 3, del D.L. 1° marzo 2021, n. 22, convertito, con modificazioni, nella L. 22 aprile 2021, n. 55, la denominazione: «Ministro per i beni e le attività culturali e per il turismo» è stata così sostituita, ad ogni effetto e ovunque presente, dalla attuale: «Ministro della cultura».

Con riguardo alle funzioni in materia di turismo, la denominazione «Ministro del turismo» sostituisce, ad ogni effetto e ovunque presente, la denominazione «Ministro per i beni e le attività culturali e per il turismo».

(*Estratto*)

3. (1) **Cedolare secca sugli affitti.** - 1. In alternativa facoltativa rispetto al regime ordinario vigente per la tassazione del reddito fondiario ai fini dell'imposta sul reddito delle persone fisiche, il proprietario o il titolare di diritto reale di godimento di unità immobiliari abitative locate ad uso abitativo può optare per il seguente regime.

2. A decorrere dall'anno 2011, il canone di locazione relativo ai contratti aventi ad oggetto immobili ad uso abitativo e le relative pertinenze locate congiuntamente all'abitazione, può essere assoggettato, in base alla decisione del locatore, ad un'imposta, operata nella forma della cedolare secca, sostitutiva dell'imposta sul reddito delle persone fisiche e delle relative addizionali, nonché delle imposte di registro e di bollo sul contratto di locazione; la cedolare secca sostituisce anche le imposte di registro e di bollo sulla risoluzione e sulle proroghe del contratto di locazione. Sul canone di locazione annuo stabilito dalle parti la cedolare secca si applica in ragione di un'aliquota del 21 per cento. La cedolare secca può essere applicata anche ai contratti di locazione per i quali non sussiste l'obbligo di registrazione. Per i contratti stipulati secondo le disposizioni di cui agli articoli 2, comma 3, e 8 della legge 9 dicembre 1998, n. 431, relativi ad abitazioni ubicate nei comuni di cui all'articolo 1, comma 1, lettere *a*) e *b*), del decreto legge 30 dicembre 1988, n. 551, convertito, con modificazioni, dalla legge 21 febbraio 1989, n. 61, e negli altri comuni ad alta tensione abitativa individuati dal Comitato interministeriale per la programmazione economica, l'aliquota della cedolare secca calcolata sul canone pattuito dalle parti è ridotta al 10 per cento (2) (3) (4). Sui contratti di locazione aventi a oggetto immobili ad uso abitativo, qualora assoggettati alla cedolare secca di cui al presente comma, alla fideiussione prestata per il conduttore non si applicano le maggiori imposte di registro e di bollo (5).

3. Nei casi di omessa richiesta di registrazione del contratto di locazione si applica l'articolo 69 del testo unico delle disposizioni concernenti l'imposta di registro, di cui al decreto del Presidente della Repubblica 26 aprile 1986, n. 131. La mancata presentazione della comunicazione relativa alla proroga del contratto non comporta la revoca dell'opzione esercitata in sede di registrazione del contratto di locazione qualora il contribuente abbia mantenuto un comportamento coerente con la volontà di optare per il regime della cedolare secca, effettuando i relativi versamenti e dichiarando i redditi da cedolare secca nel relativo quadro della dichiarazione dei redditi. [In caso di mancata presentazione della comunicazione relativa alla proroga, anche tacita, o alla risoluzione del contratto di locazione per il quale è stata esercitata l'opzione per l'applicazione della cedolare secca, entro trenta giorni dal

verificarsi dell'evento, si applica la sanzione nella misura fissa pari a euro 100, ridotta a euro 50 se la comunicazione è presentata con ritardo non superiore a trenta giorni] (6) (7).

4. La cedolare secca è versata entro il termine stabilito per il versamento dell'imposta sul reddito delle persone fisiche. Non si fa luogo al rimborso delle imposte di bollo e di registro eventualmente già pagate. Per la liquidazione, l'accertamento, la riscossione, i rimborsi, le sanzioni, gli interessi ed il contenzioso ad essa relativi si applicano le disposizioni previste per le imposte sui redditi. Con provvedimento del Direttore dell'Agenzia delle entrate, da emanare entro novanta giorni dalla data di entrata in vigore del presente provvedimento, sono stabilite le modalità di esercizio dell'opzione di cui al comma 1, nonché di versamento in acconto della cedolare secca dovuta, nella misura dell'85 per cento per l'anno 2011, del 95 per cento dal 2012 al 2020 e del 100 per cento dal 2021 (8), e del versamento a saldo della medesima cedolare, nonché ogni altra disposizione utile, anche dichiarativa, ai fini dell'attuazione del presente articolo.

[5. Se nella dichiarazione dei redditi il canone derivante dalla locazione di immobili ad uso abitativo non è indicato o è indicato in misura inferiore a quella effettiva, si applicano in misura raddoppiata, rispettivamente, le sanzioni amministrative previste dall'articolo 1, commi 1 e 2, del decreto legislativo 18 dicembre 1997, n. 471. In deroga a quanto previsto dal decreto legislativo 19 giugno 1997, n. 218, per i redditi derivanti dalla locazione di immobili ad uso abitativo, nel caso di definizione dell'accertamento con adesione del contribuente ovvero di rinuncia del contribuente all'impugnazione dell'accertamento, si applicano, senza riduzione, le sanzioni amministrative previste dall'articolo 1, commi 1 e 2, e dall'articolo 13, comma 1, del citato decreto legislativo n. 471 del 1997] (9).

6. Le disposizioni ai commi da 1, 2, 4 e 5 (10) del presente articolo non si applicano alle locazioni di unità immobiliari ad uso abitativo effettuate nell'esercizio di una attività d'impresa, o di arti e professioni. Il reddito derivante dai contratti di cui al presente articolo non può essere, comunque, inferiore al reddito determinato ai sensi dell'articolo 37, comma 1, del testo unico delle imposte sui redditi di cui al decreto del Presidente della Repubblica 22 dicembre 1986, n. 917.

6 *bis*. L'opzione di cui al comma 1 può essere esercitata anche per le unità immobiliari abitative locate nei confronti di cooperative edilizie per la locazione o enti senza scopo di lucro di cui al libro I, titolo II del codice civile, purché sublocate a studenti universitari e date a disposizione dei comuni con rinuncia all'aggiornamento del canone di locazione o assegnazione (11).

7. Quando le vigenti disposizioni fanno riferimento, per il riconoscimento della spettanza o per la determinazione di deduzioni, detrazioni o benefici di qualsiasi titolo, anche di natura non tributaria, al possesso di requisiti reddituali, si tiene comunque conto anche del reddito assoggettato alla cedolare secca. Il predetto reddito rileva anche ai fini dell'indicatore della situazione economica equivalente (I.S.E.E.) di cui al decreto legislativo 31 marzo 1998, n. 109.

8. Ai contratti di locazione degli immobili ad uso abitativo, comunque stipulati, che, ricorrendone i presupposti, non sono registrati entro il termine stabilito dalla legge, si applica la seguente disciplina:

a) la durata della locazione è stabilita in quattro anni a decorrere dalla data della registrazione, volontaria o d'ufficio;

b) al rinnovo si applica la disciplina di cui all'articolo 2, comma 1, della citata legge n. 431 del 1998;

c) a decorrere dalla registrazione il canone annuo di locazione è fissato in misura pari al triplo della rendita catastale, oltre l'adeguamento, dal secondo anno, in base al 75 per cento dell'aumento degli indici ISTAT dei prezzi al consumo per le famiglie degli impiegati ed operai. Se il contratto prevede un canone inferiore, si applica comunque il canone stabilito dalle parti (12).

9. Le disposizioni di cui all'articolo 1, comma 346, della legge 30 dicembre 2004, n. 311, ed al comma 8 del presente articolo si applicano anche ai casi in cui:

a) nel contratto di locazione registrato sia stato indicato un importo inferiore a quello effettivo;

b) sia stato registrato un contratto di comodato fittizio (12).

10. La disciplina di cui ai commi 8 e 9 non si applica ove la registrazione sia effettuata entro sessanta giorni dalla data di entrata in vigore del presente decreto.

10 *bis*. Per assicurare il contrasto dell'evasione fiscale nel settore delle locazioni abitative e l'attuazione di quanto disposto dai commi 8 e 9 sono attribuite ai comuni, in relazione ai contratti di locazione, funzioni di monitoraggio anche previo utilizzo di quanto previsto dall'articolo 1130, primo comma, numero 6), del codice civile in materia di regi-

stro di anagrafe condominiale e conseguenti annotazioni delle locazioni esistenti in ambito di edifici condominiali ([13]).

11. Nel caso in cui il locatore opti per l'applicazione della cedolare secca è sospesa, per un periodo corrispondente alla durata dell'opzione, la facoltà di chiedere l'aggiornamento del canone, anche se prevista nel contratto a qualsiasi titolo, inclusa la variazione accertata dall'ISTAT dell'indice nazionale dei prezzi al consumo per le famiglie di operai e impiegati verificatasi nell'anno precedente. L'opzione non ha effetto se di essa il locatore non ha dato preventiva comunicazione al conduttore con lettera raccomandata, con la quale rinuncia ad esercitare la facoltà di chiedere l'aggiornamento del canone a qualsiasi titolo. Le disposizioni di cui al presente comma sono inderogabili.

([1]) *A norma dell'art. 1, comma 59, della L. 30 dicembre 2018, n. 145, il canone di locazione relativo ai contratti stipulati nell'anno 2019, aventi ad oggetto unità immobiliari classificate nella categoria catastale C/1, di superficie fino a 600 metri quadrati, escluse le pertinenze, e le relative pertinenze locate congiuntamente, può, in alternativa rispetto al regime ordinario vigente per la tassazione del reddito fondiario ai fini dell'imposta sul reddito delle persone fisiche, essere assoggettato al regime della cedolare secca, di cui a questo articolo con l'aliquota del 21 per cento. Tale regime non è applicabile ai contratti stipulati nell'anno 2019, qualora alla data del 15 ottobre 2018 risulti in corso un contratto non scaduto, tra i medesimi soggetti e per lo stesso immobile, interrotto anticipatamente rispetto alla scadenza naturale, a decorrere dal 1° gennaio 2019.*

([2]) *Le parole: «è ridotta al 19 per cento» sono state sostituite dalle seguenti: «è ridotta al 15 per cento» dall'art. 4 del D.L. 31 agosto 2013, n. 102, convertito, con modificazioni, nella L. 28 ottobre 2013, n. 124, a decorrere dal periodo di imposta in corso al 31 dicembre 2013. Le parole: «al 15 per cento» sono state così sostituite dalle attuali: «al 10 per cento» dall'art. 1, comma 6, della L. 27 dicembre 2019, n. 160, a decorrere dal 1° gennaio 2020.*

A norma dell'art. 9, comma 1, del D.L. 28 marzo 2014, n. 47, convertito, con modificazioni, nella L. 23 maggio 2014, n. 80, per il quadriennio 2014-2017, questa aliquota è ridotta al 10 per cento. A norma dell'art. 9, comma 2 bis, del medesimo decreto, così come sostituito dall'art. 4, comma 3 novies, del D.L. 30 dicembre 2019, n. 162, convertito, con modificazioni, nella L. 28 febbraio 2020, n. 8, la disposizione di cui al comma 1 si applica anche ai contratti di locazione stipulati nei comuni per i quali sia stato deliberato, negli ultimi cinque anni precedenti la data di entrata in vigore della legge di conversione del presente decreto, lo stato di emergenza a seguito del verificarsi degli eventi calamitosi di cui all'articolo 2, comma 1, lettera c), della legge 24 febbraio 1992, n. 225. Per l'anno 2020 l'agevolazione si applica esclusivamente ai contratti di locazione stipulati nei comuni di cui al periodo precedente con popolazione fino a 10.000 abitanti.

([3]) *A norma dell'art. 9, comma 2 bis, del D.L. 28 marzo 2014, n. 47, convertito, con modificazioni, nella L. 23 maggio 2014, n. 80, così come sostituito dall'art. 4, comma 3 novies, del D.L. 30 dicembre 2019, n. 162, convertito, con modificazioni, nella L. 28 febbraio 2020, n. 8, l'aliquota prevista da questo periodo, si applica anche ai contratti di locazione stipulati nei comuni per i quali sia stato deliberato, nei cinque anni precedenti la data di entrata in vigore della legge di conversione del presente decreto, lo stato di emergenza a seguito del verificarsi degli eventi calamitosi previsti dall'articolo 2, comma 1, lettera c), della L. 24 febbraio 1992, n. 225. Per l'anno 2020 l'agevolazione si applica esclusivamente ai contratti di locazione stipulati nei comuni di cui al periodo precedente con popolazione fino a 10.000 abitanti.*

([4]) *A norma dell'art. 9, comma 2 bis1, del D.L. 28 marzo 2014, n. 47, convertito, con modificazioni, nella L. 23 maggio 2014, n. 80, così come inserito dall'art. 4, comma 3 novies, del D.L. 30 dicembre 2019, n. 162, convertito, con modificazioni, nella L. 28 febbraio 2020, n. 8, l'aliquota prevista da questo periodo si applica anche ai contratti di locazione stipulati nei comuni di cui all'art. 1, comma 1, del D.L. 17 ottobre 2016, n. 189, convertito, con modificazioni, nella L. 15 dicembre 2016, n. 229, in cui sia stata individuata da un'ordinanza sindacale una "zona rossa"».*

([5]) *Questo periodo è stato aggiunto dall'art. 4, comma 1 bis, del D.L. 2 marzo 2012, n. 16, convertito, con modificazioni, nella L. 26 aprile 2012, n. 44.*

([6]) *Questo periodo è stato soppresso dall'art. 3 bis, comma 1, del D.L. 30 aprile 2019, n. 34, convertito, con modificazioni, nella L. 28 giugno 2019, n. 58, a decorrere dal 30 giugno 2019.*

([7]) *Questo comma è stato così sostituito dall'art. 7 quater, comma 24, del D.L. 22 ottobre 2016, n. 193, convertito, con modificazioni, nella L. 1 dicembre 2016, n. 225.*

([8]) *Le parole: «e del 95 per cento dal 2012» sono state così sostituite dalle attuali: «, del 95 per cento dal 2012 al 2020 e del 100 per cento dal 2021» dall'art. 1, comma 1127, della L. 30 dicembre 2018, n. 145, a decorrere dal 1° gennaio 2019.*

([9]) *Questo comma è stato abrogato dall'art. 32, comma 2, lett. d), del D.L.vo 24 settembre 2015, n. 158, a decorrere dal 1° gennaio 2016.*

([10]) *Le parole: «di cui ai commi da 1 a 5» sono state così sostituite dalle parole: «ai commi 1, 2, 4 e 5» dall'art. 2, comma 5, del D.L. 20 giugno 2012, n. 79, convertito, con modificazioni, nella L. 7 agosto 2012, n. 131.*

([11]) *Questo comma è stato inserito dall'art. 9, comma 2, del D.L. 28 marzo 2014, n. 47, convertito, con modificazioni, nella L. 23 maggio 2014, n. 80.*

([12]) *La Corte costituzionale, con sentenza n. 50 del 14 marzo 2014, ha dichiarato l'illegittimità costituzionale di questo comma.*

([13]) *Questo comma è stato inserito dall'art. 1, comma 49, della L. 27 dicembre 2013, n. 147.*

1.

L. 13 aprile 1988, n. 117. Risarcimento dei danni cagionati nell'esercizio delle funzioni giudiziarie e responsabilità civile dei magistrati (*Gazzetta Ufficiale* Serie gen. - n. 88 del 15 aprile 1988).

1. Ambito di applicazione. – 1. Le disposizioni della presente legge si applicano a tutti gli appartenenti alle magistrature ordinaria, amministrativa, contabile, militare e speciali, che esercitano l'attività giudiziaria, indipendentemente dalla natura delle funzioni, nonché agli estranei che partecipano all'esercizio della funzione giudiziaria.

2. Le disposizioni di cui al comma 1 si applicano anche ai magistrati che esercitano le proprie funzioni in organi collegiali.

3. Nelle disposizioni che seguono il termine «magistrato» comprende tutti i soggetti indicati nei commi 1 e 2.

2. Responsabilità per dolo o colpa grave. – 1. Chi ha subito un danno ingiusto per effetto di un comportamento, di un atto o di un provvedimento giudiziario posto in essere dal magistrato con dolo o colpa grave nell'esercizio delle sue funzioni ovvero per diniego di giustizia può agire contro lo Stato per ottenere il risarcimento dei danni patrimoniali e anche di quelli non patrimoniali [che derivino da privazione della libertà personale] (1).

2. Fatti salvi i commi 3 e 3 *bis* ed i casi di dolo, nell'esercizio delle funzioni giudiziarie non può dar luogo a responsabilità l'attività di interpretazione di norme di diritto né quella di valutazione del fatto e delle prove (2).

3. Costituisce colpa grave la violazione manifesta della legge nonché del diritto dell'Unione europea, il travisamento del fatto o delle prove, ovvero l'affermazione di un fatto la cui esistenza è incontrastabilmente esclusa dagli atti del procedimento o la negazione di un fatto la cui esistenza risulta incontrastabilmente dagli atti del procedimento, ovvero l'emissione di un provvedimento cautelare personale o reale fuori dai casi consentiti dalla legge oppure senza motivazione (3).

3 *bis*. Fermo restando il giudizio di responsabilità contabile di cui al decreto legge 23 ottobre 1996, n. 543, convertito, con modificazioni, dalla legge 20 dicembre 1996, n. 639, ai fini della determinazione dei casi in cui sussiste la violazione manifesta della legge nonché del diritto dell'Unione europea si tiene conto, in particolare, del grado di chiarezza e precisione delle norme violate nonché dell'inescusabilità e della gravità dell'inosservanza. In caso di violazione manifesta del diritto dell'Unione europea si deve tener conto anche della mancata osservanza dell'obbligo di rinvio pregiudiziale ai sensi dell'articolo 267, terzo paragrafo, del Trattato sul funzionamento dell'Unione europea, nonché del contrasto dell'atto o del provvedimento con l'interpretazione espressa dalla Corte di giustizia dell'Unione europea (3).

(1) *Le parole fra parentesi quadrate sono state soppresse dall'art. 2, comma 1, lett.* a), *della L. 27 febbraio 2015, n. 18.*

La Corte costituzionale, con sentenza n. 205 del 15 settembre 2022, ha dichiarato l'illegittimità costituzionale di questo comma, nel testo antecedente alla modifica apportata dall'art. 2, comma 1, lettera a), *della legge 27 febbraio 2015, n. 18, nella parte in cui non prevede il risarcimento dei danni non patrimoniali da lesione dei diritti inviolabili della persona anche diversi dalla libertà personale.*

(2) *Questo comma è stato così sostituito dall'art. 2, comma 1, lett.* b), *della L. 27 febbraio 2015, n. 18.*

(3) *L'originario comma 3 è stato così sostituito dagli attuali commi 3 e 3* bis, *dall'art. 2, comma 1, lett.* c), *della L. 27 febbraio 2015, n. 18.*

3. Diniego di giustizia. – 1. Costituisce diniego di giustizia il rifiuto, l'omissione o il ritardo del magistrato nel compimento di atti del suo ufficio quando, trascorso il termine di legge per il compimento dell'atto, la parte ha presentato istanza per ottenere il provvedimento e sono decorsi inutilmente, senza giustificato motivo, trenta giorni dalla data di deposito in cancelleria. Se il termine non è previsto, debbono in ogni caso decorrere inutilmente trenta giorni dalla data del deposito in cancelleria dell'istanza volta ad ottenere il provvedimento (1).

2. Il termine di trenta giorni può essere prorogato, prima della sua scadenza, dal dirigente dell'ufficio con decreto motivato non oltre i tre mesi dalla data di deposito dell'istanza. Per la redazione di sentenze di particolare complessità, il dirigente dell'ufficio, con ulteriore decreto motivato adottato prima della scadenza, può aumentare fino ad altri tre mesi il termine di cui sopra.

3. Quando l'omissione o il ritardo senza giustificato motivo concernono la libertà personale dell'imputato, il termine di cui al comma 1 è ridotto a cinque giorni, improrogabili, a decorrere dal deposito dell'istanza o coincide con il giorno in cui si è verificata una situazione o è decorso un termine che rendano incompatibile la permanenza della misura restrittiva della libertà personale.

(1) *Si veda l'art. 328, comma 2, c.p.*

4. Competenza e termini. – 1. L'azione di risarcimento del danno contro lo Stato deve essere esercitata nei confronti del Presidente del Consiglio dei Ministri. Competente è il tribunale del capoluogo del distretto della corte d'appello, da determinarsi a norma dell'articolo 11 del codice di procedura penale e dell'articolo 1 delle norme di attuazione, di coordinamento e transitorie del codice di procedura penale, approvate con decreto legislativo 28 luglio 1989, n. 271 (1).

2. L'azione di risarcimento del danno contro lo Stato può essere esercitata soltanto quando siano stati esperiti i mezzi ordinari di impugnazione o gli altri rimedi previsti avverso i provvedimenti cautelari e sommari, e comunque quando non siano più possibili la modifica o la revoca del provvedimento ovvero, se tali rimedi non sono previsti, quando sia esaurito il grado del procedimento nell'ambito del quale si è verificato il fatto che ha cagionato il danno. La domanda deve essere proposta a pena di decadenza entro tre anni (2) che decorrono dal momento in cui l'azione è esperibile.

3. L'azione può essere esercitata decorsi tre anni dalla data del fatto che ha cagionato il danno se in tal termine non si è concluso il grado del procedimento nell'ambito del quale il fatto stesso si è verificato.

4. Nei casi previsti dall'articolo 3 l'azione deve essere promossa entro tre anni (3) dalla scadenza del termine entro il quale il magistrato avrebbe dovuto provvedere sull'istanza.

5. In nessun caso il termine decorre nei confronti della parte che, a causa del segreto istruttorio, non abbia avuto conoscenza del fatto.

(1) *Questo comma è stato così sostituito dall'art. 3 della L. 2 dicembre 1998, n. 420. Ai sensi dell'art. 8 della predetta legge, il disposto di cui a questo articolo si applica ai giudizi iniziati successivamente alla pubblicazione della L. n. 420 del 1998 nella* Gazzetta Ufficiale, *avvenuta il 7 dicembre 1998.*

(2) *Le parole: «due anni» sono state così sostituite dalle attuali: «tre anni» dall'art. 3, comma 1, lett.* a), *della L. 27 febbraio 2015, n. 18.*

(3) *Le parole: «due anni» sono state così sostituite dalle attuali: «tre anni» dall'art. 3, comma 1, lett.* b), *della L. 27 febbraio 2015, n. 18.*

5. (1) [**Ammissibilità della domanda.** – 1. Il tribunale, sentite le parti, delibera in camera di consiglio sull'ammissibilità della domanda di cui all'articolo 2.

2. A tale fine il giudice istruttore, alla prima udienza, rimette le parti dinanzi al collegio che è tenuto a provvedere entro quaranta giorni dal provvedimento di rimessione del giudice istruttore.

3. La domanda è inammissibile quando non sono rispettati i termini o i presupposti di cui agli articoli 2, 3 e 4 ovvero quando è manifestamente infondata.

4. L'inammissibilità è dichiarata con decreto motivato, impugnabile con i modi e le forme di cui all'articolo 739 del codice di procedura civile, innanzi alla corte d'appello che pronuncia anch'essa in camera di consiglio con decreto motivato entro quaranta giorni dalla proposizione del reclamo. Contro il decreto di inammissibilità della corte d'appello può essere proposto ricorso per cassazione, che deve essere notificato all'altra parte entro trenta giorni dalla notificazione del decreto da effettuarsi senza indugio a cura della cancelleria e comunque non oltre dieci giorni. Il ricorso è depositato nella cancelleria della stessa corte d'appello nei successivi dieci giorni e l'altra parte deve costituirsi nei dieci giorni successivi depositando memoria e fascicolo presso la cancelleria. La corte, dopo la costituzione delle parti o dopo la scadenza dei termini per il deposito, trasmette gli atti senza indugio e comunque non oltre dieci giorni alla Corte di cassazione che decide entro sessanta giorni dal ricevimento degli atti stessi. La Corte di cassazione, ove annulli il provvedimento di inammissibilità della corte d'appello, dichiara ammissibile la domanda. Scaduto il quarantesimo giorno la parte può presentare, rispettivamente al tribunale o alla corte d'appello o, scaduto il sessantesimo giorno, alla Corte di cassazione,

secondo le rispettive competenze, l'istanza di cui all'articolo 3.

5. Il tribunale che dichiara ammissibile la domanda dispone la prosecuzione del processo. La corte d'appello o la Corte di cassazione che in sede di impugnazione dichiarano ammissibile la domanda rimettono per la prosecuzione del processo gli atti ad altra sezione del tribunale e, ove questa non sia costituita, al tribunale che decide in composizione intieramente diversa. Nell'eventuale giudizio di appello non possono far parte della corte i magistrati che abbiano fatto parte del collegio che ha pronunziato l'inammissibilità. Se la domanda è dichiarata ammissibile, il tribunale ordina la trasmissione di copia degli atti ai titolari dell'azione disciplinare; per gli estranei che partecipano all'esercizio di funzioni giudiziarie la copia degli atti è trasmessa agli organi ai quali compete l'eventuale sospensione o revoca della loro nomina].

(1) *Questo articolo è stato abrogato dall'art. 3, comma 2, della L. 27 febbraio 2015, n. 18.*

6. Intervento del magistrato nel giudizio. – 1. Il magistrato il cui comportamento, atto o provvedimento rileva in giudizio non può essere chiamato in causa ma può intervenire in ogni fase e grado del procedimento, ai sensi di quanto disposto dal secondo comma dell'articolo 105 del codice di procedura civile. Al fine di consentire l'eventuale intervento del magistrato, il presidente del tribunale deve dargli comunicazione del procedimento almeno quindici giorni prima della data fissata per la prima udienza.

2. La decisione pronunciata nel giudizio promosso contro lo Stato non fa stato nel giudizio di rivalsa se il magistrato non è intervenuto volontariamente in giudizio. Non fa stato nel procedimento disciplinare.

3. Il magistrato cui viene addebitato il provvedimento non può essere assunto come teste né nel giudizio di ammissibilità, né nel giudizio contro lo Stato.

7. (1) **Azione di rivalsa.** – 1. Il Presidente del Consiglio dei ministri, entro due anni dal risarcimento avvenuto sulla base di titolo giudiziale o di titolo stragiudiziale, ha l'obbligo di esercitare l'azione di rivalsa nei confronti del magistrato nel caso di diniego di giustizia, ovvero nei casi in cui la violazione manifesta della legge nonché del diritto dell'Unione europea ovvero il travisamento del fatto o delle prove, di cui all'articolo 2, commi 2, 3 e 3 *bis*, sono stati determinati da dolo o negligenza inescusabile.

2. In nessun caso la transazione è opponibile al magistrato nel giudizio di rivalsa o nel giudizio disciplinare.

3. I giudici popolari rispondono soltanto in caso di dolo. I cittadini estranei alla magistratura che concorrono a formare o formano organi giudiziari collegiali rispondono in caso di dolo o negligenza inescusabile per travisamento del fatto o delle prove.

(1) *Questo articolo è stato così sostituito dall'art. 4 della L. 27 febbraio 2015, n. 18.*

8. Competenza per l'azione di rivalsa e misura della rivalsa. – 1. L'azione di rivalsa deve essere promossa dal Presidente del Consiglio dei Ministri.

2. L'azione di rivalsa deve essere proposta davanti al tribunale del capoluogo del distretto della corte d'appello, da determinarsi a norma dell'articolo 11 del codice di procedura penale e dell'articolo 1 delle norme di attuazione, di coordinamento e transitorie del codice di procedura penale, approvate con decreto legislativo 28 luglio 1989, n. 271 (1).

3. La misura della rivalsa non può superare una somma pari alla metà di una annualità dello stipendio, al netto delle trattenute fiscali, percepito dal magistrato al tempo in cui l'azione di risarcimento è proposta, anche se dal fatto è derivato danno a più persone e queste hanno agito con distinte azioni di responsabilità. Tale limite non si applica al fatto commesso con dolo. L'esecuzione della rivalsa, quando viene effettuata mediante trattenuta sullo stipendio, non può comportare complessivamente il pagamento per rate mensili in misura superiore ad un terzo dello stipendio netto (2).

4. Le disposizioni del comma 3 si applicano anche agli estranei che partecipano all'esercizio delle funzioni giudiziarie. Per essi la misura della rivalsa è calcolata in rapporto allo stipendio iniziale annuo, al netto delle trattenute fiscali, che compete al magistrato di tribunale; se l'estraneo che partecipa all'esercizio delle funzioni giudiziarie percepisce uno stipendio annuo netto o reddito di lavoro autonomo netto inferiore allo stipendio iniziale del magistrato di tribunale, la misura della rivalsa è calcolata in rapporto a tale stipendio o reddito al tempo in cui l'azione di risarcimento è proposta.

(1) *Questo comma è stato così sostituito dall'art. 4 della L. 2 dicembre 1998, n. 420. Ai sensi dell'art. 8 della predetta legge, il disposto di cui a questo articolo si applica ai giudizi iniziati successivamente alla pubblicazione della L. n. 420 del 1998 nella* Gazzetta Ufficiale, *avvenuta il 7 dicembre 1998.*

(2) *Questo comma è stato così sostituito dall'art. 5 della L. 27 febbraio 2015, n. 18.*

9. Azione disciplinare. - 1. Il procuratore generale presso la Corte di cassazione per i magistrati ordinari o il titolare dell'azione disciplinare negli altri casi devono esercitare l'azione disciplinare nei confronti del magistrato per i fatti che hanno dato causa all'azione di risarcimento, salvo che non sia stata già proposta [, entro due mesi dalla comunicazione di cui al comma 5 dell'articolo 5] (1). Resta ferma la facoltà del Ministro di grazia e giustizia di cui al secondo comma dell'articolo 107 della Costituzione.

2. Gli atti del giudizio disciplinare possono essere acquisiti, su istanza di parte o d'ufficio, nel giudizio di rivalsa.

3. La disposizione di cui all'articolo 2, che circoscrive la rilevanza della colpa ai casi di colpa grave ivi previsti, non si applica nel giudizio disciplinare.

(1) *Le parole fra parentesi quadrate sono state soppresse dall'art. 6 della L. 27 febbraio 2015, n. 18.*

10. Consiglio di presidenza della Corte dei conti. - 1. Fino all'entrata in vigore della legge di riforma della Corte dei conti, la competenza per i giudizi disciplinari e per i provvedimenti attinenti e conseguenti che riguardano le funzioni dei magistrati della Corte dei conti è affidata al consiglio di presidenza.

2. Il consiglio di presidenza è composto:

a) dal presidente della Corte dei conti, che lo presiede;

b) dal procuratore generale della Corte dei conti;

c) dal presidente aggiunto della Corte dei conti o, in sua assenza, dal presidente di sezione più anziano (1);

d) da quattro cittadini scelti di intesa tra i Presidenti delle due Camere tra i professori universitari ordinari di materie giuridiche o gli avvocati con quindici anni di esercizio professionale;

e) da dieci magistrati ripartiti tra le qualifiche di presidente di sezione, consigliere o vice procuratore, primo referendario e referendario in proporzione alla rispettiva effettiva consistenza numerica quale risulta dal ruolo alla data del 1° gennaio dell'anno di costituzione dell'organo.

2 *bis*. I componenti elettivi del Consiglio di presidenza durano in carica 4 anni e non sono nuovamente eleggibili per i successivi otto anni dalla scadenza dell'incarico (2).

3. Alle adunanze del consiglio di presidenza partecipa il segretario generale senza diritto di voto.

4. Il consiglio di presidenza ha il compito di decidere in ordine alle questioni disciplinari. Alle adunanze che hanno tale oggetto non partecipa il segretario generale ed il procuratore generale è chiamato a svolgervi, anche per mezzo dei suoi sostituti, esclusivamente le funzioni inerenti alla promozione dell'azione disciplinare e le relative richieste.

5. I cittadini di cui alla lettera *d*) del comma 2 non possono esercitare alcuna attività suscettibile di interferire con le funzioni della Corte dei conti.

6. Alla elezione dei componenti di cui alla lettera *e*) del comma 2 partecipano, in unica tornata, tutti i magistrati con voto personale e segreto.

7. Ciascun elettore ha facoltà di esprimere soltanto una preferenza. Sono nulli i voti espressi oltre tale numero.

8. Per l'elezione è istituito presso la Corte dei conti l'ufficio elettorale nominato dal presidente della Corte dei conti e composto da un presidente di sezione, che lo presiede, e da due consiglieri più anziani di qualifica in servizio presso la Corte dei conti.

9. Il procedimento disciplinare è promosso dal procuratore generale della Corte dei conti. Nella materia si applicano gli articoli 32, 33, commi secondo e terzo, e 34 della legge 27 aprile 1982, n. 186 (3) (4).

10. Fino all'entrata in vigore della legge di riforma della Corte dei conti si applicano in quanto compatibili le norme di cui agli articoli 7, primo, quarto, quinto e settimo comma, 8, 9, quarto e quinto comma, 10, 11, 12, 13, primo comma, numeri 1), 2), 3), e secondo comma, numeri 1), 2), 3), 4), 8), 9), della legge 27 aprile 1982, n. 186 (3).

(1) *Questa lettera è stata così sostituita dall'art. 1, comma 1, lett.* a), *del D.L.vo 7 febbraio 2006, n. 62, a decorrere dal novantesimo giorno successivo a quello della sua pubblicazione nella* Gazzetta Ufficiale (G.U. *Serie gen. - n. 52 del 3 marzo 2006*).

(2) *Questo comma è stata inserito dall'art. 1, comma 1, lett.* b), *del D.L.vo 7 febbraio 2006, n. 62, a decorrere dal novantesimo giorno successivo a quello della sua pubblicazione nella* Gazzetta Ufficiale (G.U. *Serie gen. - n. 52 del 3 marzo 2006*).

(3) *Trattasi dell'ordinamento della giurisdizione amministrativa e del personale di segreteria ed ausiliario del Consiglio di Stato e dei tribunali amministrativi regionali.*

(4) *La Corte costituzionale, con sentenza n. 87 del 27 marzo 2009, ha dichiarato l'illegittimità costituzionale di questo comma e dell'art. 34, secondo comma, della L. 27 aprile 1982, n. 186, nella parte in cui escludono che il magistrato amministrativo o contabile, sottopo-*

sto a procedimento disciplinare, possa farsi assistere da un avvocato.

11. Disposizioni concernenti i referendari e primi referendari della Corte dei conti. – 1. È abolito il rapporto informativo di cui agli articoli 29 del regio decreto 12 ottobre 1933, n. 1364, e 4 della legge 13 ottobre 1969, n. 691.

2. Si applicano ai referendari e primi referendari della Corte dei conti gli articoli 17, 18, 50, settimo comma, e 51, primo comma, della legge 27 aprile 1982, n. 186, con decorrenza dall'entrata in vigore della presente legge ([1]).

3. Al relativo onere si provvede mediante l'indisponibilità per tre anni di cinque posti di quelli cumulativamente previsti per le qualifiche di consigliere, vice procuratore generale, primo referendario e referendario dalla tabella *B* annessa alla legge 20 dicembre 1961, n. 1345, integrata ai sensi dell'articolo 13 del decreto legge 22 dicembre 1981, n. 786, convertito, con modificazioni, dalla legge 26 febbraio 1982, n. 51, e dell'articolo 7 della legge 8 ottobre 1984, n. 658.

([1]) *Si veda l'art. 3, primo comma, della L. 8 agosto 1991, n. 265, recante disposizioni in materia di trattamento economico e di quiescenza del personale di magistratura di cui si riporta il testo:*

«1. La disposizione transitoria di cui all'art. 11, comma 2, della L. 13 aprile 1988, n. 117, trova applicazione nei confronti del personale di cui alla legge 27 aprile 1982, n. 186, limitatamente al biennio successivo alla data di entrata in vigore della stessa legge 13 aprile 1988, n. 117, e non modifica l'ordine di anzianità del medesimo personale».

12. Stato giuridico ed economico dei componenti non magistrati del consiglio di presidenza della Corte dei conti. – 1. Per lo stato giuridico dei componenti non magistrati del consiglio di presidenza della Corte dei conti si osservano in quanto applicabili le disposizioni di cui alla legge 24 marzo 1958, n. 195, e successive modificazioni. Il trattamento economico di tali componenti è stabilito con decreto del Presidente del Consiglio dei Ministri, avuto riguardo alle incompatibilità, ai carichi di lavoro ed all'indennità dei componenti del Consiglio superiore della magistratura eletti dal Parlamento.

13. Responsabilità civile per fatti costituenti reato. – 1. Chi ha subito un danno in conseguenza di un fatto costituente reato commesso dal magistrato nell'esercizio delle sue funzioni ha diritto al risarcimento nei confronti del magistrato e dello Stato. In tal caso l'azione civile per il risarcimento del danno ed il suo esercizio anche nei confronti dello Stato come responsabile civile sono regolati dalle norme ordinarie.

2. All'azione di regresso dello Stato che sia tenuto al risarcimento nei confronti del danneggiato si procede altresì secondo le norme ordinarie relative alla responsabilità dei pubblici dipendenti.

2 *bis*. Il mancato esercizio dell'azione di regresso, di cui al comma 2, comporta responsabilità contabile. Ai fini dell'accertamento di tale responsabilità, entro il 31 gennaio di ogni anno la Corte dei conti acquisisce informazioni dal Presidente del Consiglio dei ministri e dal Ministro della giustizia sulle condanne al risarcimento dei danni per fatti costituenti reato commessi dal magistrato nell'esercizio delle sue funzioni, emesse nel corso dell'anno precedente e sull'esercizio della relativa azione di regresso ([1]).

([1]) *Questo comma è stato aggiunto dall'art. 7 della L. 27 febbraio 2015, n. 18.*

14. Riparazione per errori giudiziari. – 1. Le disposizioni della presente legge non pregiudicano il diritto alla riparazione a favore delle vittime di errori giudiziari e di ingiusta detenzione.

15. Esenzioni ([1]). – [1. Chi ha un reddito imponibile risultante dall'ultima dichiarazione dei redditi presentata inferiore a lire dieci milioni, ovvero non è tenuto alla presentazione della dichiarazione dei redditi, ha diritto alla gratuità del giudizio e al patrocinio a spese dello Stato per l'esercizio dell'azione civile ai sensi della presente legge] ([2]).

2. Si osserva, in quanto applicabile, l'articolo unico, della legge 2 aprile 1958, n. 319, come sostituito dall'articolo 10, della legge 11 agosto 1973, n. 533 ([3]).

[3. Il Ministro di grazia e giustizia, con proprio decreto, aggiorna entro il 30 aprile di ciascun anno l'importo di cui al comma 1 sulla base dell'indice di svalutazione monetaria rilevato dall'Istat per l'anno precedente] ([2]).

([1]) *L'originaria rubrica:* «Patrocinio gratuito per i meno abbienti» *è stata così sostituita dall'attuale dall'art. 300, comma 6, del D.P.R. 30 maggio 2002, n. 115.*

([2]) *Questo comma è stato abrogato dall'art. 299 del D.P.R. 30 maggio 2002, n. 115.*

([3]) *Questo comma è stato così sostituito dall'art. 300, comma 6, del D.P.R. 30 maggio 2002, n. 115.*

16. Responsabilità dei componenti gli organi giudiziari collegiali. – 1. - 2. (*Omissis*).

3. Le disposizioni di cui al comma 1 si applicano anche ai provvedimenti di altri giudici collegiali aventi giurisdizione in materia penale e di prevenzione; le disposizioni di

cui al comma 2 si applicano anche ai provvedimenti dei giudici collegiali aventi giurisdizione in ogni altra materia. Il verbale delle deliberazioni è redatto dal meno anziano dei componenti del collegio o, per i collegi a composizione mista, dal meno anziano dei componenti togati, ed è sottoscritto da tutti i componenti del collegio stesso.

4. Nei casi previsti dall'articolo 3, il magistrato componente l'organo giudiziario collegiale risponde, altresì, in sede di rivalsa, quando il danno ingiusto, che ha dato luogo al risarcimento, è derivato dall'inosservanza di obblighi di sua specifica competenza.

5. Il tribunale innanzi al quale è proposta l'azione di rivalsa ai sensi dell'articolo 8 chiede la trasmissione del plico sigillato contenente la verbalizzazione della decisione alla quale si riferisce la dedotta responsabilità e ne ordina l'acquisizione agli atti del giudizio.

6. Con decreto del Ministro di grazia e giustizia vengono definiti i modelli dei verbali di cui ai commi 1, 2 e 3 e determinate le modalità di conservazione dei plichi sigillati nonché della loro distruzione quando sono decorsi i termini previsti dall'articolo 4.

17. Modifica dell'art. 328 del codice penale. - (*Omissis*).

18. Misure finanziarie. - (*Omissis*).

19. Entrata in vigore. - 1. La presente legge entra in vigore il giorno successivo a quello della sua pubblicazione nella *Gazzetta Ufficiale* della Repubblica italiana.

2. La presente legge non si applica ai fatti illeciti posti in essere dal magistrato, nei casi previsti dagli articoli 2 e 3, anteriormente alla sua entrata in vigore ([1]).

([1]) *La Corte costituzionale, con sentenza n. 468 del 9 ottobre 1990, ha dichiarato l'illegittimità costituzionale di questo comma, «nella parte in cui, quanto ai giudizi di responsabilità civile dei magistrati, relativamente a fatti anteriori al 16 aprile 1988, e proposti successivamente al 7 aprile 1988, non prevede che il Tribunale competente verifichi con rito camerale la non manifesta infondatezza della domanda ai fini della sua ammissibilità».*

1.

L. 1 dicembre 1970, n. 898. Disciplina dei casi di scioglimento del matrimonio (*Gazzetta Ufficiale* n. 306 del 3 dicembre 1970).

1. Il giudice pronuncia lo scioglimento del matrimonio contratto a norma del codice civile, quando, esperito inutilmente il tentativo di conciliazione di cui al successivo articolo 4, accerta che la comunione spirituale e materiale tra i coniugi non può essere mantenuta o ricostituita per l'esistenza di una delle cause previste dall'articolo 3.

2. Nei casi in cui il matrimonio sia stato celebrato con rito religioso regolarmente trascritto, il giudice, quando, esperito inutilmente il tentativo di conciliazione di cui al successivo articolo 4, accerta che la comunione spirituale e materiale tra i coniugi non può essere mantenuta o ricostituita per l'esistenza di una delle cause previste dall'articolo 3, pronuncia la cessazione degli effetti civili conseguenti alla trascrizione del matrimonio.

3. ([1]) Lo scioglimento o la cessazione degli effetti civili del matrimonio può essere domandato da uno dei coniugi:

1) quando, dopo la celebrazione del matrimonio, l'altro coniuge è stato condannato, con sentenza passata in giudicato, anche per fatti commessi in precedenza:

a) all'ergastolo ovvero ad una pena superiore ad anni quindici, anche con più sentenze, per uno o più delitti non colposi, esclusi reati politici e quelli commessi per motivi di particolare valore morale e sociale;

b) a qualsiasi pena detentiva per il delitto di cui all'articolo 564 del codice penale e per uno dei delitti di cui agli articoli 519, 521, 523 e 524 del codice penale, ovvero per induzione, costrizione, sfruttamento o favoreggiamento della prostituzione;

c) a qualsiasi pena per omicidio volontario di un figlio ovvero per tentato omicidio a danno del coniuge o di un figlio;

d) a qualsiasi pena detentiva, con due o più condanne, per i delitti di cui all'articolo 582, quando ricorra la circostanza aggravante di cui al secondo comma dell'articolo 583, e agli articoli 570, 572 e 643 del codice penale, in danno del coniuge o di un figlio.

Nelle ipotesi previste alla lettera *d*), il giudice competente a pronunciare lo scioglimento o la cessazione degli effetti civili del matrimonio accerta, anche in considerazione del comportamento successivo del convenuto, la di lui inidoneità a mantenere o ricostituire la convivenza familiare. Per tutte le ipotesi previste dal numero 1) del presente articolo la domanda non è proponibile dal coniuge che sia stato condannato per concorso nel reato ovvero quando la convivenza coniugale è ripresa;

2) nei casi in cui:

a) l'altro coniuge è stato assolto per vizio totale di mente da uno dei delitti previsti nelle lettere *b*) e *c*) del numero 1) del presente articolo, quando il giudice competente a pronunciare lo scioglimento o la cessazione degli effetti civili del matrimonio accerta l'inidoneità del convenuto a mantenere o ricostituire la convivenza familiare;

b) è stata pronunciata con sentenza passata in giudicato la separazione giudiziale fra i coniugi, ovvero è stata omologata la separazione consensuale ovvero è intervenuta separazione di fatto quando la separazione di fatto stessa è iniziata almeno due anni prima del 18 dicembre 1970.

In tutti i predetti casi, per la proposizione della domanda di scioglimento o di cessazione degli effetti civili del matrimonio, le separazioni devono essersi protratte ininterrottamente da almeno dodici mesi dalla data dell'udienza di comparizione dei coniugi nella procedura di separazione personale e da sei mesi nel caso di separazione consensuale, anche quando il giudizio contenzioso si sia trasformato in consensuale, ovvero dalla data certificata nell'accordo di separazione raggiunto a seguito di convenzione di negoziazione assistita da un avvocato ovvero dalla data dell'atto contenente l'accordo di separazione concluso innanzi all'ufficiale dello stato civile ([2]). Nei casi in cui la legge consente di proporre congiuntamente la domanda di separazione personale e quella di scioglimento o cessazione degli effetti civili del matrimonio, quest'ultima è procedibile una volta decorsi i termini sopra indicati ([2]). L'eventuale interruzione della separazione deve essere eccepita dalla parte convenuta;

c) il procedimento penale promosso per i delitti previsti dalle lettere *b*) e *c*) del numero 1) del presente articolo si è concluso con sentenza di non doversi procedere per estinzione del reato, quando il giudice competente a pronunciare lo scioglimento o la cessazione degli effetti civili del matrimonio ritiene che nei fatti commessi sussistano gli elementi costitutivi e le condizioni di punibilità dei delitti stessi;

d) il procedimento penale per incesto si è concluso con sentenza di proscioglimento o di assoluzione che dichiari non punibile il fatto per mancanza di pubblico scandalo;

e) l'altro coniuge, cittadino straniero, ha ottenuto all'estero l'annullamento o lo scioglimento del matrimonio o ha contratto all'estero nuovo matrimonio;

f) il matrimonio non è stato consumato;

g) è passata in giudicato sentenza di rettificazione di attribuzione di sesso a norma della legge 14 aprile 1982, n. 164 ([3]).

([1]) *Questo articolo è stato così modificato dalla L. 6 marzo 1987, n. 74.*

([2]) *Il precedente periodo è stato così sostituito dagli attuali dall'art. 27, comma 1, lett.* a), *del D.L.vo 10 ottobre 2022, n. 149, a decorrere dal 28 febbraio 2023.*

Si riporta il testo precedente:

«In tutti i predetti casi, per la proposizione della domanda di scioglimento o di cessazione degli effetti civili del matrimonio, le separazioni devono essersi protratte ininterrottamente da almeno dodici mesi dall'avvenuta comparizione dei coniugi innanzi al presidente del tribunale nella procedura di separazione personale e da sei mesi nel caso di separazione consensuale, anche quando il giudizio contenzioso si sia trasformato in consensuale (*), *ovvero dalla data certificata nell'accordo di separazione raggiunto a seguito di convenzione di negoziazione assistita da un avvocato ovvero dalla data dell'atto contenente l'accordo di separazione concluso innanzi all'ufficiale dello stato civile* (**).*».*

(*) *Le parole «tre anni a far tempo dalla avvenuta comparizione dei coniugi innanzi al presidente del tribunale nella procedura di separazione personale anche quando il giudizio contenzioso si sia trasformato in consensuale» sono state così sostituite dalle attuali: «dodici mesi dall'avvenuta comparizione dei coniugi innanzi al presidente del tribunale nella procedura di separazione personale e da sei mesi nel caso di separazione consensuale, anche quando il giudizio contenzioso si sia trasformato in consensuale» dall'art. 1 della L. 6 maggio 2015, n. 55. A norma dell'art. 3 della medesima legge tali disposizioni si applicano ai procedimenti in corso alla data di entrata in vigore della presente legge* (G.U. *Serie gen. - n. 107 dell'11 maggio 2015*), *anche nei casi in cui il procedimento di separazione che ne costituisce il presupposto risulti ancora pendente alla medesima data.*

(**) *Le parole: «, ovvero dalla data certificata nell'accordo di separazione raggiunto a seguito di convenzione di negoziazione assistita da un avvocato ovvero dalla data dell'atto contenente l'accordo di separazione concluso innanzi all'ufficiale dello stato civile.» sono state aggiunte dall'art. 12, comma 4, del D.L. 12 settembre 2014, n. 132, convertito, con modificazioni, nella L. 10 novembre 2014, n. 162, a decorrere dal trentesimo giorno successivo all'entrata in vigore della legge di conversione del presente decreto* (*Suppl. ord. alla* G.U. *Serie gen. - n. 261 del 10 novembre 2014*).

([3]) *La Corte costituzionale, con sentenza n. 170 dell'11 giugno 2014, ha dichiarato l'illegittimità costituzionale degli artt. 2 e 4 della L. 14 aprile 1982, n. 164, nella parte in cui non prevedono che la sentenza di rettificazione dell'attribuzione di sesso di uno dei coniugi, che provoca lo scioglimento del matrimonio o la cessazione degli effetti civili conseguenti alla trascrizione del matrimonio, consenta, comunque, ove entrambi lo richiedano, di mantenere in vita un rapporto di coppia giuridicamente regolato con altra forma di convivenza registrata, che tuteli adeguatamente i diritti ed obblighi della coppia medesima, con le modalità da statuirsi dal legislatore. L'art. 1, comma 27, della L. 20 maggio 2016, n. 76, ha poi stabilito che alla rettificazione anagrafica di sesso, ove i coniugi abbiano manifestato la volontà di non sciogliere il matrimonio o di non cessarne gli effetti civili, consegue l'automatica instaurazione dell'unione civile tra persone dello stesso sesso.*

4. ([1]) [1. La domanda per ottenere lo scioglimento o la cessazione degli effetti civili del matrimonio si propone al tribunale del luogo dell'ultima residenza comune dei coniugi ovvero, in mancanza, del luogo in cui il coniuge convenuto ha residenza o domicilio. Qualora il coniuge convenuto sia residente all'estero o risulti irreperibile, la domanda si propone al tribunale del luogo di residenza o di domicilio del ricorrente e, se anche questi è residente all'estero, a qualunque tribunale della Repubblica. La domanda congiunta può essere proposta al tribunale del luogo di residenza o di domicilio dell'uno o dell'altro coniuge ([2]).

2. La domanda si propone con ricorso, che deve contenere l'esposizione dei fatti e degli elementi di diritto sui quali la domanda di scioglimento del matrimonio o di cessazione degli effetti civili dello stesso è fondata.

3. Del ricorso il cancelliere dà comunicazione all'ufficiale dello stato civile del luogo dove il matrimonio fu trascritto per l'annotazione in calce all'atto.

4. Nel ricorso deve essere indicata l'esistenza di figli di entrambi i coniugi ([3]).

5. Il presidente del tribunale, nei cinque giorni successivi al deposito in cancelleria, fissa con decreto la data di comparizione dei coniugi davanti a sé, che deve avvenire entro novanta giorni dal deposito del ricorso, il termine per la notificazione del ricorso e del decreto ed il termine entro cui il coniuge convenuto può depositare memoria difensiva e documenti. Il presidente nomina un curatore speciale quando il convenuto è malato di mente o legalmente incapace.

6. Al ricorso e alla prima memoria difensiva sono allegate le ultime dichiarazioni dei redditi rispettivamente presentate.

7. I coniugi devono comparire davanti al presidente del tribunale personalmente, salvo gravi e comprovati motivi, e con l'assistenza di un difensore. Se il ricorrente non si presenta o rinuncia, la domanda non ha effetto. Se non si presenta il coniuge convenuto, il presidente può fissare un nuovo giorno per la comparizione, ordinando che la notificazione del ricorso e del decreto gli sia rinnovata. All'udienza di comparizione, il presidente deve sentire i coniugi prima separatamente poi congiuntamente, tentando di conciliarli. Se i coniugi si conciliano, il presidente fa redigere processo verbale della conciliazione.

8. Se la conciliazione non riesce, il presidente, sentiti i coniugi e i rispettivi difensori nonché, disposto l'ascolto del figlio minore che abbia compiuto gli anni dodici e anche di età inferiore ove capace di discernimento ([4]), dà, anche d'ufficio, con ordinanza i provvedimenti temporanei e urgenti che reputa opportuni nell'interesse dei coniugi e della prole, nomina il giudice istruttore e fissa l'udienza di comparizione e trattazione dinanzi a questo. Nello stesso modo il presidente provvede, se il coniuge convenuto non compare, sentito il ricorrente e il suo difensore. L'ordinanza del presidente può essere revocata o modificata dal giudice istruttore. Si applica l'articolo 189 delle disposizioni di attuazione del codice di procedura civile.

9. Tra la data dell'ordinanza, ovvero tra la data entro cui la stessa deve essere notificata al convenuto non comparso, e quella dell'udienza di comparizione e trattazione devono intercorrere i termini di cui all'articolo 163 *bis* del codice di procedura civile ridotti a metà.

10. Con l'ordinanza di cui al comma 8, il presidente assegna altresì termine al ricorrente per il deposito in cancelleria di memoria integrativa, che deve avere il contenuto di cui all'articolo 163, terzo comma, numeri 2), 3), 4), 5) e 6), del codice di procedura civile e termine al convenuto per la costituzione in giudizio ai sensi degli articoli 166 e 167, primo e secondo comma, dello stesso codice nonché per la proposizione delle eccezioni processuali e di merito che non siano rilevabili d'ufficio. L'ordinanza deve contenere l'avvertimento al convenuto che la costituzione oltre il suddetto termine implica le decadenze di cui all'articolo 167 del codice di procedura civile e che oltre il termine stesso non potranno più essere proposte le eccezioni processuali e di merito non rilevabili d'ufficio.

11. All'udienza davanti al giudice istruttore si applicano le disposizioni di cui agli articoli 180 e 183, commi primo, secondo, quarto, quinto, sesto e settimo, del codice di procedura civile. Si applica altresì l'articolo 184 del medesimo codice.

12. Nel caso in cui il processo debba continuare per la determinazione dell'assegno, il tribunale emette sentenza non definitiva relativa allo scioglimento o alla cessazione degli effetti civili del matrimonio. Avverso tale sentenza è ammesso solo appello immediato. Appena formatosi il giudicato, si applica la previsione di cui all'articolo 10.

13. Quando vi sia stata la sentenza non definitiva, il tribunale, emettendo la sentenza che dispone l'obbligo della somministrazione dell'assegno, può disporre che tale obbligo produca effetti fin dal momento della domanda.

14. Per la parte relativa ai provvedimenti di natura economica la sentenza di primo grado è provvisoriamente esecutiva.

15. L'appello è deciso in camera di consiglio.

16. La domanda congiunta dei coniugi di scioglimento o di cessazione degli effetti civili del matrimonio che indichi anche compiutamente le condizioni inerenti alla prole e ai rapporti economici, è proposta con ricorso al tribunale in camera di consiglio. Il tribunale, sentiti i coniugi, verificata l'esistenza dei presupposti di legge e valutata la rispondenza delle condizioni all'interesse dei figli, decide con sentenza. Qualora il tribunale ravvisi che le condizioni relative ai figli sono in contrasto con gli interessi degli stessi, si applica la procedura di cui al comma 8].

([1]) *Questo articolo, così sostituito dall'art. 2, comma 3 bis, del D.L. 14 marzo 2005, n. 35, convertito, con modificazioni, nella L. 14 maggio 2005, n. 80, è stato abrogato dall'art. 27, comma 1, lett.* b), *del D.L.vo 10 ottobre 2022, n. 149, a decorrere dal 28 febbraio 2023.*

Si riporta il testo previgente:

«4. La domanda per ottenere lo scioglimento o la cessazione degli effetti civili del matrimonio si propone al tribunale del luogo in cui il coniuge convenuto ha resi-

denza o domicilio oppure, nel caso di irreperibilità o di residenza all'estero, al tribunale del luogo di residenza o di domicilio del ricorrente e, nel caso di residenza all'estero di entrambi i coniugi, a qualunque tribunale della Repubblica. La domanda congiunta può essere proposta al tribunale del luogo di residenza o di domicilio dell'uno o dell'altro coniuge.

«La domanda si propone con ricorso, il quale deve contenere:

a) l'indicazione del giudice;

b) il nome e il cognome, nonché la residenza o il domicilio del ricorrente nel comune in cui ha sede il giudice adito, il nome e il cognome e la residenza o il domicilio o la dimora del coniuge convenuto;

c) l'oggetto della domanda;

d) l'esposizione dei fatti e degli elementi di diritto sui quali si fonda la domanda di scioglimento del matrimonio o di cessazione degli effetti civili dello stesso, con le relative conclusioni;

e) l'indicazione specifica dei mezzi di prova di cui il ricorrente intende avvalersi.

«Del ricorso il cancelliere da comunicazione all'ufficio dello stato civile del luogo dove il matrimonio fu trascritto per l'annotazione in calce all'atto.

«Nel ricorso deve essere indicata l'esistenza dei figli legittimi, legittimati o adottati da entrambi i coniugi durante il matrimonio.

«Il presidente del tribunale fissa con decreto in calce al ricorso, nei cinque giorni successivi al deposito in cancelleria, la data dell'udienza di comparizione dei coniugi innanzi a sé e il termine per la notificazione del ricorso e del decreto. Nomina un curatore speciale quando il convenuto è malato di mente o legalmente incapace.

«Tra la data della notificazione del ricorso e del decreto e quella dell'udienza di comparizione devono intercorrere i termini di cui all'articolo 163 bis del codice di procedura civile ridotti alla metà.

«I coniugi devono comparire davanti al presidente del tribunale personalmente, salvo gravi e comprovati motivi. Il presidente deve sentire i coniugi prima separatamente poi congiuntamente, tentando di conciliarli. Se i coniugi si conciliano o, comunque, se il coniuge istante dichiara di non voler proseguire nella domanda, il presidente fa redigere processo verbale della conciliazione o della dichiarazione di rinuncia all'azione.

«Se il coniuge convenuto non compare o se la conciliazione non riesce, il presidente, sentiti, qualora lo ritenga strettamente necessario anche in considerazione della loro età, i figli minori, da, anche d'ufficio con ordinanza i provvedimenti temporanei e urgenti che reputa opportuni nell'interesse dei coniugi e della prole, nomina il giudice istruttore e fissa l'udienza di comparizione delle parti dinanzi a questo. L'ordinanza del presidente può essere revocata o modificata dal giudice istruttore a norma dell'articolo 177 del codice di procedura civile. Si applica l'articolo 189 delle disposizioni di attuazione del codice di procedura civile.

«Nel caso in cui il processo debba continuare per la determinazione dell'assegno, il tribunale emette sentenza non definitiva relativa allo scioglimento o alla cessazione degli effetti civili del matrimonio. Avverso tale sentenza è ammesso solo appello immediato. Appena formatosi il giudicato, si applica la previsione di cui all'articolo 10.

«Quando vi sia stata la sentenza non definitiva, il tribunale, emettendo la sentenza che dispone l'obbligo della somministrazione dell'assegno, può disporre che tale obbligo produca effetti fin dal momento della domanda.

«Per la parte relativa ai provvedimenti di natura economica la sentenza di primo grado è provvisoriamente esecutiva.

«L'appello è deciso in camera di consiglio.

«La domanda congiunta dei coniugi di scioglimento o di cessazione degli effetti civili del matrimonio che indichi anche compiutamente le condizioni inerenti alla prole e ai rapporti economici, è proposta con ricorso al tribunale in camera di consiglio. Il tribunale, sentiti i coniugi, verificata l'esistenza dei presupposti di legge e valutata la rispondenza delle condizioni all'interesse dei figli, decide con sentenza. Qualora il tribunale ravvisi che le condizioni relative ai figli siano in contrasto con gli interessi degli stessi, si applica la procedura di cui al comma 8 del presente articolo».

(2) *La Corte costituzionale, con sentenza n. 169 del 23 maggio 2008, ha dichiarato l'illegittimità costituzionale di questo comma, limitatamente alle parole: «del luogo dell'ultima residenza comune dei coniugi ovvero, in mancanza,».*

(3) *Questo comma è stato così sostituito dall'art. 98, comma 1, lett. a), del D.L.vo 28 dicembre 2013, n. 154, a decorrere dal trentesimo giorno successivo a quello della sua pubblicazione nella Gazzetta Ufficiale (G.U. n. 5 dell'8 gennaio 2014).*

(4) *Le parole: «qualora lo ritenga strettamente necessario anche in considerazione della loro età, i figli minori» sono state così sostituite dalle seguenti: «disposto l'ascolto del figlio minore che abbia compiuto gli anni dodici e anche di età inferiore ove capace di discernimento» dall'art. 98, comma 1, lett. a), del D.L.vo 28 dicembre 2013, n. 154, a decorrere dal trentesimo giorno successivo a quello della sua pubblicazione nella Gazzetta Ufficiale (G.U. n. 5 dell'8 gennaio 2014).*

5. (1) Il tribunale adito, in contraddittorio delle parti e con l'intervento obbligatorio del pubblico ministero, accertata la sussistenza di uno dei casi di cui all'articolo 3, pronuncia con sentenza lo scioglimento o la cessazione degli effetti civili del matrimonio ed ordina all'ufficiale dello stato civile del luogo ove venne trascritto il matrimonio di procedere all'annotazione della sentenza.

La donna perde il cognome che aveva aggiunto al proprio a seguito del matrimonio.

Il tribunale, con la sentenza con cui pronuncia lo scioglimento o la cessazione degli effetti civili del matrimonio, può autorizzare la donna che ne faccia richiesta a conservare il cognome del marito aggiunto al proprio quando sussista un interesse suo o dei figli meritevole di tutela.

La decisione di cui al comma precedente può essere modificata con successiva sentenza, per motivi di particolare gravità, su istanza di una delle parti.

La sentenza è impugnabile da ciascuna delle parti. Il pubblico ministero può, ai sensi dell'articolo 72 del codice di procedura civile, proporre impugnazione limitatamente agli interessi patrimoniali dei figli minori o legalmente incapaci.

Con la sentenza che pronuncia lo scioglimento o la cessazione degli effetti civili del matrimonio, il tribunale, tenuto conto delle condizioni dei coniugi, delle ragioni della decisione, del contributo personale ed economico dato da ciascuno alla conduzione familiare ed alla formazione del patrimonio di ciascuno o di quello comune, del reddito di entrambi, e valutati tutti i suddetti elementi anche in rapporto alla durata del matrimonio, dispone l'obbligo per un coniuge di somministrare periodicamente a favore dell'altro un assegno quando quest'ultimo non ha mezzi adeguati o comunque non può procurarseli per ragioni oggettive.

La sentenza deve stabilire anche un criterio di adeguamento automatico dell'assegno, almeno con riferimento agli indici di svalutazione monetaria. Il tribunale può, in caso di palese iniquità, escludere la previsione con motivata decisione.

Su accordo delle parti la corresponsione può avvenire in unica soluzione ove questa sia ritenuta equa dal tribunale. In tal caso non può essere proposta alcuna successiva domanda di contenuto economico.

[I coniugi devono presentare all'udienza di comparizione avanti al presidente del tribunale la dichiarazione personale dei redditi e ogni documentazione relativa ai loro redditi e al loro patrimonio personale e comune. In caso di contestazioni il tribunale dispone indagini sui redditi, sui patrimoni e sull'effettivo tenore di vita, valendosi, se del caso, anche della polizia tributaria] (2).

L'obbligo di corresponsione dell'assegno cessa se il coniuge, al quale deve essere corrisposto, passa a nuove nozze.

Il coniuge, al quale non spetti l'assistenza sanitaria per nessun altro titolo, conserva il diritto nei confronti dell'ente mutualistico da cui sia assistito l'altro coniuge. Il diritto si estingue se egli passa a nuove nozze.

(1) *Questo articolo, come modificato dalla L. 1 agosto 1978, n. 436, è stato modificato dalla L. 6 marzo 1987, n. 74.*

(2) *Questo comma è stato abrogato dall'art. 27, comma 1, lett. c), del D.L.vo 10 ottobre 2022, n. 149, a decorrere dal 28 febbraio 2023.*

NOTE OPERATIVE:

Criteri: Ai fini del riconoscimento e della determinazione dell'assegno divorzile, l'elemento della durata del matrimonio deve essere inteso facendo riferimento all'intera durata del vincolo che si esaurisce con la pronuncia del divorzio e non con la separazione personale (S.U. 9004/21).

Convivenza: L'instaurazione da parte dell'ex coniuge di una stabile convivenza di fatto, giudizialmente accertata, incide sul diritto al riconoscimento di un assegno di divorzio o alla sua revisione nonché sulla quantificazione del suo ammontare, in virtù del progetto di vita intrapreso con il terzo e dei reciproci doveri di assistenza morale e materiale che ne derivano, ma non determina, necessariamente, la perdita automatica ed integrale del diritto all'assegno (S.U. 32198/21).

Condictio indebiti: In tema di assegno di mantenimento separativo e divorzile, ove si accerti nel corso del giudizio – nella sentenza di primo o secondo grado – l'insussistenza ab origine, in capo all'avente diritto, dei presupposti per il versamento del contributo, ancorché riconosciuto in sede presidenziale o dal giudice istruttore in sede di conferma o modifica, opera la regola generale della condictio indebiti che può essere derogata, con conseguente applicazione del principio di irripetibilità, esclusivamente nelle seguenti due ipotesi: ove si escluda la debenza del contributo, in virtù di una diversa valutazione con effetto ex tunc delle sole condizioni economiche dell'obbligato già esistenti al tempo della pronuncia, ed ove si proceda soltanto ad una rimodulazione al ribasso, di una misura originaria idonea a soddisfare esclusivamente i bisogni essenziali del richiedente, sempre che la modifica avvenga nell'ambito di somme modeste, che si presume siano destinate ragionevolmente al consumo da un coniuge, od ex coniuge, in condizioni di debolezza economica (S.U. 32914/22).

Indagini tributarie: La norma non impone in alcun modo al giudice l'obbligo di disporre indagini tramite la polizia tributaria, ma dispone più semplicemente che in caso di contestazioni il tribunale dispone indagini sui redditi, sui patrimoni e sull'effettivo tenore di vita, valendosi, se del caso, anche della polizia tributaria (C.C. 24995/23).

6. (1) L'obbligo, ai sensi degli articoli 315 *bis* e 316 *bis* (2) del codice civile, di mantenere, educare ed istruire i figli nati o adottati durante il matrimonio di cui sia stato pronunciato lo scioglimento o la cessazione degli effetti civili, permane anche nel caso di passaggio a nuove nozze di uno o di entrambi i genitori.

Il Tribunale che pronuncia lo scioglimento o la cessazione degli effetti civili del matrimonio applica, riguardo ai figli, le disposizioni contenute nel capo II, del titolo IX, del libro primo, del codice civile (3).

[In particolare il tribunale stabilisce la misura ed il modo con cui il genitore non affidatario deve contribuire al mantenimento, all'istruzione e all'educazione dei figli, nonché le modalità di esercizio dei suoi diritti nei rapporti con essi] (4).

[Il genitore cui sono affidati i figli, salva diversa disposizione del tribunale, ha l'esercizio esclusivo della potestà su di essi; egli deve attenersi alle condizioni determinate dal tribunale. Salvo che non sia diversamente stabilito, le decisioni di maggiore interesse per i figli sono adottate da entrambi i genitori. Il genitore cui i figli non siano affidati ha il diritto ed il dovere di vigilare sulla loro istruzione ed educazione e può ricorrere al tribunale quando ritenga che siano state assunte decisioni pregiudizievoli al loro interesse] (4).

[Qualora il genitore affidatario non si attenga alle condizioni dettate, il tribunale valuterà detto comportamento al fine del cambio di affidamento] (4).

L'abitazione nella casa familiare spetta di preferenza al genitore cui vengono affidati i figli o con il quale i figli convivono oltre la maggiore età. In ogni caso ai fini dell'assegnazione il giudice dovrà valutare le condizioni economiche dei coniugi e le ragioni della decisione e favorire il coniuge più debole. L'assegnazione, in quanto trascritta, è opponibile al terzo acquirente ai sensi dell'articolo 1599 del codice civile.

Il tribunale dà inoltre disposizioni circa l'amministrazione dei beni dei figli e, nell'ipotesi in cui l'esercizio della responsabilità genitoriale (5) sia affidato ad entrambi i genitori, circa il concorso degli stessi al godimento dell'usufrutto legale.

[In caso di temporanea impossibilità di affidare il minore ad uno dei genitori, il tribunale procede all'affidamento familiare di cui all'articolo 2 della legge 4 maggio 1983, n. 184] (4).

[Nell'emanare i provvedimenti relativi all'affidamento dei figli e al contributo per il loro mantenimento, il giudice deve tener conto dell'accordo fra le parti: i provvedimenti possono essere diversi rispetto alle domande delle parti o al loro accordo, ed emessi dopo l'assunzione di mezzi di prova dedotti dalle parti o disposti d'ufficio dal giudice, ivi compresa, qualora sia strettamente necessario anche in considerazione della loro età, l'audizione dei figli minori] (4).

[All'attuazione dei provvedimenti relativi all'affidamento della prole provvede il giudice del merito, e, nel caso previsto dal comma 8, anche d'ufficio. A tal fine copia del provvedimento di affidamento è trasmessa, a cura del pubblico ministero, al giudice tutelare] (4).

[Nel fissare la misura dell'assegno di mantenimento relativo ai figli il tribunale determina anche un criterio di adeguamento automatico dello stesso, almeno con riferimento agli indici di svalutazione monetaria] (4).

[In presenza di figli minori, ciascuno dei genitori è obbligato a comunicare all'altro, entro il termine perentorio di trenta giorni, l'avvenuto cambiamento di residenza o di domicilio. La mancata comunicazione obbliga al risarcimento del danno eventualmente verificatosi a carico del coniuge o dei figli per la difficoltà di reperire il soggetto] (4).

(1) *Questo articolo è stato così sostituito dall'art. 11 della L. 6 marzo 1987, n. 74.*

(2) *Le parole: «147 e 148» sono state così sostituite dalle seguenti: «315 bis e 316 bis» dall'art. 98, comma 1, lett. b), del D.L.vo 28 dicembre 2013, n. 154, a decorrere dal trentesimo giorno successivo a quello della sua pubblicazione nella* Gazzetta Ufficiale *(G.U. n. 5 dell'8 gennaio 2014).*

(3) *Questo comma è stato così sostituito dall'art. 98, comma 1, lett. b), del D.L.vo 28 dicembre 2013, n. 154, a decorrere dal trentesimo giorno successivo a quello della sua pubblicazione nella* Gazzetta Ufficiale *(G.U. n. 5 dell'8 gennaio 2014).*

(4) *Questo comma è stato abrogato dall'art. 98, comma 1, lett. b), del D.L.vo 28 dicembre 2013, n. 154, a decorrere dal trentesimo giorno successivo a quello della sua pubblicazione nella* Gazzetta Ufficiale *(G.U. n. 5 dell'8 gennaio 2014).*

(5) *La parola: «potestà» è stata così sostituita dalle seguenti: «responsabilità genitoriale» dall'art. 98, comma 1, lett. b), del D.L.vo 28 dicembre 2013, n. 154, a decorrere dal trentesimo giorno successivo a quello della sua pubblicazione nella* Gazzetta Ufficiale *(G.U. n. 5 dell'8 gennaio 2014).*

NOTE OPERATIVE:

Divisione: Il provvedimento di assegnazione della casa familiare non incide sul valore di mercato del cespite allorché l'immobile, in sede di divisione, venga attribuito in proprietà al coniuge affidatario della prole, atteso che la finalità perseguita con l'attribuzione di tale diritto atipico di godimento è esclusivamente la tutela dei figli minori o, comunque, non autosufficienti, rispetto alla conservazione del loro habitat familiare (S.U. 18641/22).

7. (*Omissis*) (1).

(1) *Questo articolo risulta abrogato a seguito della L. 19 maggio 1975, n. 151.*

8. (1) [Il tribunale che pronuncia lo scioglimento o la cessazione degli effetti civili del matrimonio può imporre all'obbligato di prestare idonea garanzia reale o personale se esiste il pericolo che egli possa sottrarsi all'adempimento degli obblighi di cui agli articoli 5 e 6.

La sentenza costituisce titolo per l'iscrizione dell'ipoteca giudiziale ai sensi dell'articolo 2818 del codice civile.

Il coniuge cui spetta la corresponsione periodica dell'assegno, dopo la costituzione in mora a mezzo raccomandata con avviso di ricevimento del coniuge obbligato e inadempiente per un periodo di almeno trenta giorni, può notificare il provvedimento in cui è stabilita la misura dell'assegno ai terzi tenuti a corrispondere periodicamente somme di denaro al coniuge obbligato con l'invito a versargli direttamente le somme dovute, dandone comunicazione al coniuge inadempiente.

Ove il terzo cui sia stato notificato il provvedimento non adempia, il coniuge creditore ha azione diretta esecutiva nei suoi confronti per il pagamento delle somme dovutegli quale assegno di mantenimento ai sensi degli articoli 5 e 6.

Qualora il credito del coniuge obbligato nei confronti dei suddetti terzi sia stato già pignorato al momento della notificazione, all'assegnazione e alla ripartizione delle somme fra il coniuge cui spetta la corresponsione periodica dell'assegno, il creditore procedente e i creditori intervenuti nell'esecuzione, provvede il giudice dell'esecuzione.

Lo Stato e gli altri enti indicati nell'articolo 1 del testo unico delle leggi concernenti il sequestro, il pignoramento e la cessione degli stipendi, salari e pensioni dei dipendenti delle pubbliche amministrazioni, approvato con decreto del Presidente della Repubblica 5 gennaio 1950, n. 180, nonché gli altri enti datori di lavoro cui sia stato notificato il provvedimento in cui è stabilita la misura dell'assegno e l'invito a pagare direttamente al coniuge cui spetta la corresponsione periodica, non possono versare a quest'ultimo oltre la metà delle somme dovute al coniuge obbligato, comprensive anche degli assegni e degli emolumenti accessori.

Per assicurare che siano soddisfatte o conservate le ragioni del creditore in ordine all'adempimento degli obblighi di cui agli articoli 5 e 6, su richiesta dell'avente diritto, il giudice può disporre il sequestro dei beni del coniuge obbligato a somministrare l'assegno. Le somme spettanti al coniuge obbligato alla corresponsione dell'assegno di cui al precedente comma sono soggette a sequestro e pignoramento fino alla concorrenza della metà per il soddisfacimento dell'assegno periodico di cui agli articoli 5 e 6].

(1) *Questo articolo, così modificato dall'art. 12 della L. 6 marzo 1987, n. 74, è stato abrogato dall'art. 27, comma 1, lett.* d), *del D.L.vo 10 ottobre 2022, n. 149, a decorrere dal 28 febbraio 2023.*

9. (1) (2) [Qualora sopravvengano giustificati motivi dopo la sentenza che pronuncia lo scioglimento o la cessazione degli effetti civili del matrimonio, il tribunale, in camera di consiglio e, per i provvedimenti relativi ai figli, con la partecipazione del pubblico ministero, può, su istanza di parte, disporre la revisione delle disposizioni concernenti l'affidamento dei figli e di quelle relative alla misura e alle modalità dei contributi da corrispondersi ai sensi degli articoli 5 e 6] (3).

In caso di morte dell'*ex* coniuge e in assenza di un coniuge superstite avente i requisiti per la pensione di reversibilità, il coniuge rispetto al quale è stata pronunciata sentenza di scioglimento o di cessazione degli effetti civili del matrimonio ha diritto, se non passato a nuove nozze e sempre che sia titolare di assegno ai sensi dell'articolo 5, alla pensione di reversibilità, sempre che il rapporto da cui trae origine il trattamento pensionistico sia anteriore alla sentenza (4).

Qualora esista un coniuge superstite avente i requisiti per la pensione di reversibilità, una quota della pensione e degli altri assegni a questi spettanti è attribuita dal tribunale, tenendo conto della durata del rapporto, al coniuge rispetto al quale è stata pronunciata la sentenza di scioglimento o di cessazione degli effetti civili del matrimonio e che sia titolare dell'assegno di cui all'articolo 5. Se in tale condizione si trovano più persone, il tribunale provvede a ripartire fra tutti la pensione e gli altri assegni, nonché a ripartire tra i restanti le quote attribuite a chi sia successivamente morto o passato a nuove nozze (4).

Restano fermi, nei limiti stabiliti dalla legislazione vigente, i diritti spettanti a figli, genitori o collaterali in merito al trattamento di reversibilità.

Alle domande giudiziali dirette al conseguimento della pensione di reversibilità o di parte di essa deve essere allegato un atto notorio, ai sensi della L. 4 gennaio 1968, n. 15, dal quale risultino tutti gli aventi diritto. In ogni caso, la sentenza che accoglie la domanda non pregiudica la tutela, nei confronti dei beneficiari, degli aventi diritto pretermessi, salva comunque l'applicabilità delle sanzioni penali per le dichiarazioni mendaci.

(1) *Questo articolo, già sostituito dall'art. 2 della L. 1 agosto 1978, n. 436, è stato poi così nuovamente sostituito dall'art. 13 della L. 6 marzo 1987, n. 74.*

(2) *Si veda l'art. 4 della L. 8 febbraio 2006, n. 54 che così dispone:*

«4. (Disposizioni finali). *1. Nei casi in cui il decreto di omologa dei patti di separazione consensuale, la sentenza di separazione giudiziale, di scioglimento, di annullamento o di cessazione degli effetti civili del matrimonio sia già stata emessa alla data di entrata in vigore della presente legge, ciascuno dei genitori può richiedere, nei modi previsti dall'articolo 710 del codice di procedura civile o dall'articolo 9 della legge 1°*

LEGGI COMPLEMENTARI

dicembre 1970, n. 898, e successive modificazioni, l'applicazione delle disposizioni della presente legge.

«2. Le disposizioni della presente legge si applicano anche in caso di scioglimento, di cessazione degli effetti civili o di nullità del matrimonio, nonché ai procedimenti relativi ai figli di genitori non coniugati».

(3) *Questo comma è stato abrogato dall'art. 27, comma 1, lett. e), del D.L.vo 10 ottobre 2022, n. 149, a decorrere dal 28 febbraio 2023.*

(4) *Ai sensi dell'art. 5, comma 1, della L. 28 dicembre 2005, n. 263, questo comma si interpreta nel senso che per titolarità dell'assegno ai sensi dell'articolo 5 deve intendersi l'avvenuto riconoscimento dell'assegno medesimo da parte del tribunale ai sensi del predetto articolo 5 della citata legge n. 898 del 1970.*

NOTE OPERATIVE:

Morte: Il venir meno del coniuge ricorrente nel corso del medesimo non comporta la declaratoria di improseguibilità dello stesso, ma gli eredi subentrano nella posizione del coniuge richiedente la revisione, al fine dell'accertamento della non debenza dell'assegno a decorrere dalla domanda sino al decesso, subentrando altresì essi nell'azione di ripetizione dell'indebito ai sensi dell'art. 2033 c.c. per la restituzione delle somme non dovute (S.U. 20495/22).

Reversibilità: Ai fini del riconoscimento della pensione di reversibilità in favore del coniuge nei cui confronti è stato dichiarato lo scioglimento o la cessazione degli effetti civili del matrimonio, la titolarità dell'assegno divorzile, deve intendersi come titolarità attuale e concretamente fruibile dell'assegno periodico divorzile al momento della morte dell'ex coniuge e non già come titolarità astratta del diritto all'assegno divorzile già definitivamente soddisfatto con la corresponsione in unica soluzione. In quest'ultimo caso (S.U. 22434/18).

9 *bis*. (1) A colui al quale è stato riconosciuto il diritto alla corresponsione periodica di somme di denaro a norma dell'art. 5, qualora versi in stato di bisogno, il tribunale, dopo il decesso dell'obbligato, può attribuire un assegno periodico a carico dell'eredità tenendo conto dell'importo di quelle somme, della entità del bisogno, dell'eventuale pensione di reversibilità, delle sostanze ereditarie, del numero e della qualità degli eredi e delle loro condizioni economiche. L'assegno non spetta se gli obblighi patrimoniali previsti dall'articolo 5 sono stati soddisfatti in unica soluzione.

Su accordo delle parti la corresponsione dell'assegno può avvenire in unica soluzione. Il diritto all'assegno si estingue se il beneficiario passa a nuove nozze o viene meno il suo stato di bisogno. Qualora risorga lo stato di bisogno l'assegno può essere nuovamente attribuito.

(1) *Questo articolo è stato aggiunto dall'art. 3 della L. 1° agosto 1978, n. 436.*

10. [La sentenza che pronuncia lo scioglimento o la cessazione degli effetti civili del matrimonio, quando sia passata in giudicato, deve essere trasmessa in copia autentica, a cura del cancelliere del tribunale o della Corte che l'ha emessa, all'ufficiale dello stato civile del Comune in cui il matrimonio fu trascritto, per le annotazioni e le ulteriori incombenze di cui al regio decreto 9 luglio 1939, n. 1238] (1) (2).

Lo scioglimento e la cessazione degli effetti civili del matrimonio, pronunciati nei casi rispettivamente previsti dagli articoli 1 e 2 della presente legge, hanno efficacia, a tutti gli effetti civili, dal giorno dell'annotazione della sentenza.

(1) *Si veda ora il D.P.R. 3 novembre 2000, n. 396.*

(2) *Questo comma è stato abrogato dall'art. 27, comma 1, lett. f), del D.L.vo 10 ottobre 2022, n. 149, a decorrere dal 28 febbraio 2023.*

11. (*Omissis*) (1).

(1) *Questo articolo è stato abrogato dall'art. 14 della L. 6 marzo 1987, n. 74.*

12. (1) Le disposizioni del codice civile in tema di riconoscimento del figlio nato fuori del matrimonio (2) si applicano, per quanto di ragione, anche nel caso di scioglimento o di cessazione degli effetti civili del matrimonio.

(1) *Questo articolo è stato così sostituito dall'art. 15 della L. 6 marzo 1987, n. 74.*

(2) *La parola: «naturale» è stata così sostituita dalle seguenti: «nato fuori del matrimonio» dall'art. 98, comma 1, lett. c), del D.L.vo 28 dicembre 2013, n. 154, a decorrere dal trentesimo giorno successivo a quello della sua pubblicazione nella* Gazzetta Ufficiale *(G.U. n. 5 dell'8 gennaio 2014).*

12 *bis*. (1) Il coniuge nei cui confronti sia stata pronunciata sentenza di scioglimento o di cessazione degli effetti civili del matrimonio ha diritto, se non passato a nuove nozze e in quanto sia titolare di assegno ai sensi dell'articolo 5, ad una percentuale dell'indennità di fine rapporto percepita dall'altro coniuge all'atto della cessazione del rapporto di lavoro anche se l'indennità viene a maturare dopo la sentenza.

Tale percentuale è pari al quaranta per cento dell'indennità totale riferibile agli anni in cui il rapporto di lavoro è coinciso con il matrimonio.

(1) *Questo articolo è stato aggiunto dall'art. 16 della L. 6 marzo 1987, n. 74.*

12 *ter*. (1) In caso di genitori rispetto ai quali sia stata pronunciata sentenza di scioglimento o di cessazione degli effetti civili del matrimonio, la pensione di reversibilità spettante ad essi per la morte di un figlio deceduto per fatti di servizio è attribuita automaticamente dall'ente erogante in parti uguali a ciascun genitore.

Alla morte di uno dei genitori, la quota-parte di pensione si consolida automaticamente in favore dell'altro.

Analogamente si provvede, in presenza della predetta sentenza, per la pensione di reversibilità spettante al genitore del dante causa secondo le disposizioni di cui agli articoli 83 e 87 del decreto del Presidente della Repubblica 29 dicembre 1973, n. 1092.

(1) *Questo articolo è stato aggiunto dall'art. 17 della L. 6 marzo 1987, n. 74.*

12 *quater*. (1) Per le cause relative ai diritti di obbligazione di cui alla presente legge è competente anche il giudice del luogo in cui deve essere eseguita l'obbligazione dedotta in giudizio.

(1) *Questo articolo è stato aggiunto dall'art. 18 della L. 6 marzo 1987, n. 74.*

12 *quinquies*. (1) Allo straniero, coniuge di cittadina italiana, la legge nazionale del quale non disciplina lo scioglimento o la cessazione degli effetti civili del matrimonio, si applicano le disposizioni di cui alla presente legge.

(1) *Questo articolo è stato aggiunto dall'art. 20 della L. 6 marzo 1987, n. 74.*

12 *sexies*. (1) [Al coniuge che si sottrae all'obbligo di corresponsione dell'assegno dovuto a norma degli articoli 5 e 6 della presente legge si applicano le pene previste dall'articolo 570 del codice penale].

(1) *Questo articolo è stato abrogato dall'art. 7, comma 1, lett.* b)*, del D.L.vo 1 marzo 2018, n. 21.*
Il reato è ora previsto e punito dall'art. 570 bis *c.p.*

2.

L. 10 giugno 1985, n. 301. Adesione alla convenzione sul riconoscimento dei divorzi e delle separazioni personali, adottata a l'Aja l'1 giugno 1970 (Suppl. ord. alla *Gazzetta Ufficiale* n. 149 del 26 giugno 1985).

1. La presente Convenzione si applica al riconoscimento in uno Stato contraente, dei divorzi e delle separazioni personali ottenute in un altro Stato contraente a seguito di una procedura giudiziaria o altra procedura ufficialmente riconosciuta in detto Stato e che vi abbiano effetto giuridico.

La Convenzione non concerne le disposizioni relative alle colpe, né le misure o condanne accessorie contenute nella decisione di divorzio o di separazione personale, segnatamente le condanne pecuniarie o le disposizioni relative all'affidamento dei figli.

2. Tali divorzi e separazioni personali sono riconosciuti in tutti gli altri Stati contraenti, fatte salve le altre disposizioni della presente Convenzione se, alla data della richiesta nello Stato (qui di seguito denominato «Stato di origine») del divorzio e della separazione personale:

1) il convenuto vi aveva la sua residenza abituale; o

2) il richiedente vi aveva la sua residenza abituale ed era inoltre soddisfatta una delle condizioni seguenti:

a) tale residenza abituale era durata per almeno un anno immediatamente prima della data della domanda;

b) i coniugi vi avevano ultimamente risieduto abitualmente insieme; o

3) i due coniugi erano cittadini di tale Stato; o

4) il richiedente era un cittadino di detto Stato ed una delle seguenti condizioni era inoltre soddisfatta:

a) il richiedente vi aveva la sua residenza abituale; o

b) vi aveva risieduto abitualmente per un periodo continuativo di un anno compreso, almeno parzialmente, nei due anni precedenti la data della domanda; o

5) il richiedente di divorzio era cittadino di questo Stato ed erano inoltre soddisfatte le seguenti due condizioni:

a) il richiedente era presente in detto Stato alla data della domanda;

b) i coniugi avevano ultimamente risieduto abitualmente insieme in uno stato la cui legge non prevedeva il divorzio alla data della richiesta.

3. Qualora la competenza in materia di divorzio o di separazione personale si basi, nello Stato di origine, sul concetto di «domicilio», l'espressione «residenza abituale» nell'articolo 2 dovrà comprendere il domicilio secondo il senso attribuito a detto termine in questo Stato.

Tuttavia, il comma precedente non si applica al domicilio della moglie, quando questo è giuridicamente ricollegato al domicilio del coniuge.

4. Se è stata proposta una domanda di riconciliazione, il divorzio o la separazione personale intervenuti sulla domanda principale o sulla domanda riconvenzionale saranno riconosciuti se l'uno o l'altra soddisfano le condizioni di cui agli articoli 2 e 3.

5. Qualora una separazione personale, che sia conforme alle disposizioni della presente Convenzione, sia stata tramutata in divorzio nello Stato di origine, il riconoscimento del divorzio non potrà essere rifiutato per il motivo che le condizioni previste agli articoli 2 o 3 non erano più soddisfatte al momento della domanda di divorzio.

6. Qualora il convenuto sia comparso nella procedura, le autorità dello Stato nel quale è richiesto il riconoscimento di un divorzio o di una separazione personale saranno vincolate dalle constatazioni di fatto sulle quali si è basata la competenza.

Il riconoscimento del divorzio o della separazione personale non potrà essere rifiutato:

a) sia che la legge interna dello Stato nel quale tale riconoscimento è richiesto non permetta il divorzio o secondo i casi la separazione personale per i medesimi fatti;

b) sia che sia stata applicata una legge diversa da quella applicabile secondo i principi di diritto internazionale privato di questo Stato.

Fatto salvo quanto eventualmente necessario per l'applicazione di altre disposizioni della presente Convenzione, le autorità dello Stato nel quale è richiesto il riconoscimento di un divorzio o di una separazione personale, non possono procedere ad alcun esame di merito della decisione.

7. Ciascuno Stato contraente può rifiutare il riconoscimento di un divorzio tra due coniugi che, al momento in cui è stato ottenuto, erano cittadini solo di Stati la cui legislazione non prevede il divorzio.

8. Se, tenuto conto dell'insieme delle circostanze, non è stato effettuato quanto necessario per portare a conoscenza del convenuto la domanda di divorzio o di separazione personale, o se al convenuto non è stata data la possibilità di far valere i suoi diritti, il riconoscimento del divorzio o della separazione personale potrà essere negato.

9. Ciascuno Stato contraente può rifiutare il riconoscimento di un divorzio o di una separazione personale se ciò è incompatibile con una precedente decisione relativa allo stato matrimoniale dei coniugi pronunciata nello Stato in cui il riconoscimento è richiesto o da esso riconosciuta o che soddisfi le condizioni del riconoscimento in tale Stato.

10. Ciascuno Stato contraente può rifiutare il riconoscimento di un divorzio o di una separazione personale se è manifestamente incompatibile con il suo ordine pubblico.

11. Uno Stato tenuto a riconoscere un divorzio ai sensi della presente Convenzione non può vietare ad uno o all'altro coniuge di risposarsi, adducendo il motivo che la legge di un altro Stato non riconosce tale divorzio.

12. In ciascuno Stato contraente qualsiasi procedura di divorzio o di separazione personale potrà essere sospesa, qualora lo stato matrimoniale dell'uno o dell'altro coniuge sia oggetto di una causa pendente in un altro Stato contraente.

13. Per quanto riguarda i divorzi o le separazioni ottenuti o richiesti in Stati contraenti che prevedono in tali materie due o più ordinamenti giuridici applicabili in unità territoriali diverse:

1) ogni riferimento alla legge dello Stato d'origine s'intende come relativo alla legge del territorio nel quale è stato ottenuto il divorzio o la separazione personale;

2) ogni riferimento alla legge dello Stato di riconoscimento s'intende come relativo alla legge del foro;

3) ogni riferimento al domicilio o alla residenza nello Stato di origine indica il domicilio o la residenza nel territorio nel quale è stato ottenuto il divorzio o la separazione personale.

14. Per quanto riguarda l'applicazione degli articoli 2 e 3, quando lo Stato d'origine ha in materia di divorzio o di separazione personale due o più ordinamenti giuridici applicabili in unità territoriali diverse:

1) l'articolo 2, paragrafo 3, si applica quando i due coniugi erano cittadini dello Stato di cui l'unità territoriale - nella quale il divorzio o una separazione personale sono stati ottenuti - fa parte, e ciò a prescindere dalla residenza abituale dei coniugi;

2) l'articolo 2, paragrafi 4 e 5, si applica quando il richiedente sia cittadino dello Stato di cui l'unità territoriale nella quale il divorzio o la separazione personale sono stati ottenuti fa parte.

15. Per quanto concerne uno Stato contraente che ha, in materia di divorzio o di separazione personale, due o più ordinamenti giuridici applicabili a diverse categorie di persone, ogni riferimento alla legge di questo Stato indica l'ordinamento giuridico specificato dalla legge di detto Stato.

16. Qualora, ai fini dell'applicazione della presente Convenzione, si debba prendere in considerazione la legge di uno Stato, sia o no contraente, diverso dallo Stato di origine o di riconoscimento, che abbia, in materia di divorzio o di separazione personale, due o più ordinamenti giuridici di applicazione territoriale o personale, si farà riferimento all'ordinamento specificato dalla legge di detto Stato.

17. La presente Convenzione non ostacola l'applicazione, in uno Stato contraente, di norme giuridiche più favorevoli al riconoscimento di divorzi o di separazioni personali ottenuti all'estero.

18. La presente Convenzione non pregiudica l'applicazione di altre Convenzioni delle quali uno o più Stati contraenti sono o saranno parti e che contengano disposizioni sulle materie regolate dalla presente Convenzioni.

Gli Stati contraenti tuttavia dovranno astenersi dal concludere altre convenzioni in materia, incompatibili con le disposizioni della presente Convenzione, tranne che per ragioni particolari derivanti da vincoli regionali o altri; quali che siano le disposizioni di dette Convenzioni, gli Stati contraenti si impegnino a riconoscere, in virtù della presente Convenzione, i divorzi e le separazioni personali ottenuti in Stati contraenti che non siano parti di tali convenzioni.

19. Ciascuno Stato contraente potrà, al più tardi al momento della ratifica o dell'adesione, riservarsi il diritto:

1) di non riconoscere un divorzio o una separazione personale fra due coniugi che, nel momento in cui è stato ottenuto, erano solo suoi cittadini, qualora sia stata applicata una legge diversa da quella prevista dal suo diritto internazionale privato, a meno che detta applicazione non abbia portato allo stesso risultato che se si fossero osservate le norme di quest'ultimo;

2) di non riconoscere un divorzio fra due coniugi se, nel momento in cui fu ottenuto, entrambi avevano la loro residenza abituale in Stati che non prevedevano il divorzio. Uno Stato che fa uso della riserva prevista nel presente paragrafo non potrà rifiutare il riconoscimento per applicazione dell'art. 7.

20. Ciascuno Stato contraente la cui legge non preveda il divorzio potrà, al più tardi al momento della ratifica o dell'adesione, riservarsi il diritto di non riconoscere un divorzio se, nel momento in cui questo fu ottenuto, uno dei coniugi era cittadino di uno Stato contraente la cui legge non prevedeva il divorzio.

Detta riserva avrà effetto solo fino a che la legge dello Stato che ne fa uso non riconoscerà il divorzio.

21. Ciascuno Stato contraente la cui legge non preveda la separazione personale, potrà al più tardi al momento della ratifica o dell'adesione riservarsi il diritto di non riconoscere una separazione personale se, nel momento in cui questa fu ottenuto, uno dei coniugi era cittadino di uno Stato contraente la cui legge non prevedeva la separazione personale.

22. Ciascuno Stato contraente potrà dichiarare in ogni momento che determinate categorie di persone che hanno la sua nazionalità potranno non essere considerate come suoi cittadini ai fini dell'applicazione della presente Convenzione.

23. Ciascuno Stato contraente che abbia, in materia di divorzio o di separazione personale, due o più ordinamenti giuridici potrà, al momento della firma, della ratifica o dell'adesione, dichiarare che la presente Convenzione si estende a tutti questi ordinamenti giuridici o solo a uno o più di essi, e potrà in ogni momento modificare questa dichiarazione facendo una nuova dichiarazione.

Tali dichiarazioni saranno notificate al Ministero degli affari esteri dei Paesi Bassi, e indicheranno espressamente gli ordinamenti giuridici ai quali la Convenzione si applica.

Gli Stati contraenti possono rifiutare di riconoscere un divorzio o una separazione personale se, alla data in cui il riconoscimento è richiesto, la Convenzione non sia applicabile all'ordinamento giuridico secondo le cui norme questi sono stati ottenuti.

24. La presente Convenzione è applicabile a prescindere dalla data nella quale il divorzio o la separazione personale è stata ottenuta.

Tuttavia, uno Stato contraente potrà, al più tardi al momento della ratifica o dell'adesione, riservarsi il diritto di non applicare la presente Convenzione ad un divorzio o ad una separazione personale ottenuta prima della data della sua entrata in vigore in questo Stato.

25. Ciascuno Stato potrà, al più tardi al momento della ratifica o dell'adesione, formulare una o più riserve come previsto agli articoli 19, 20, 21 e 24 della presente Convenzione. Nessun'altra riserva sarà ammessa.

Ciascuno Stato contraente potrà anche, notificando una estensione della Convenzione in conformità all'articolo 29, formulare una o più di queste riserve con effetto limitato ai territori o ad alcuni dei territori indicati nella notifica di estensione.

Ciascuno Stato contraente potrà, in qualsiasi momento, ritirare una riserva precedentemente formulata. Tale ritiro sarà notificato al Ministero degli affari esteri dei Paesi Bassi.

L'effetto della riserva cesserà il sessantesimo giorno dopo la notifica di cui al comma precedente.

26. La presente Convenzione è aperta alla firma degli Stati rappresentati alla Undicesima sessione della Conferenza di diritto internazionale privato de L'Aja.

Essa sarà ratificata e gli strumenti di ratifica saranno depositati presso il Ministero degli affari esteri dei Paesi Bassi.

27. La presente Convenzione entrerà in vigore il sessantesimo giorno dopo il deposito del terzo strumento di ratifica di cui all'articolo 26, comma 2.

La Convenzione entrerà in vigore per ciascuno Stato firmatario che la ratifichi successivamente, il sessantesimo giorno dopo il deposito del suo strumento di ratifica.

28. Ciascuno Stato non rappresentato alla Undicesima sessione della Conferenza de l'Aja di diritto internazionale privato, che sia membro di tale conferenza o dell'Organizzazione delle Nazioni Unite o di un'Agenzia specializzata nell'ambito di tale Organizzazione, o sia parte dello Statuto della Corte internazionale di Giustizia, potrà aderire alla presente Convenzione dopo la sua entrata in vigore in conformità all'art. 27, comma primo.

Lo strumento di adesione sarà depositato presso il Ministero degli affari esteri dei Paesi Bassi.

La Convenzione entrerà in vigore, per lo Stato aderente, il sessantesimo giorno dopo il deposito del suo strumento di adesione.

L'adesione avrà effetto solo fra lo Stato aderente e gli Stati contraenti che avranno dichiarato di accettare tale adesione. Tale dichiarazione sarà depositata presso il Ministero degli affari esteri dei Paesi Bassi; quest'ultima ne invierà, per via diplomatica, copia certificata conforme a ciascuno stato contraente.

La Convenzione entrerà in vigore, fra lo Stato aderente e lo Stato che abbia dichiarato di accettare tale adesione, sessanta giorni dopo il deposito della dichiarazione di accettazione.

29. Qualsiasi Stato, al momento della firma, della ratifica o dell'adesione, potrà dichiarare che la presente Convenzione si estenderà all'insieme dei territori che rappresenta sul piano internazionale, o a uno o più di essi. Tale dichiarazione avrà effetto al momento dell'entrata in vigore della Convenzione per il suddetto Stato.

In seguito, ogni estensione di questo tipo sarà notificata al Ministero degli affari esteri dei Paesi Bassi.

L'estensione avrà effetto solo per gli Stati contraenti che avranno dichiarato di accettare tale estensione. Tale dichiarazione sarà depositata presso il Ministero degli affari esteri dei Paesi Bassi; detto Ministero ne farà pervenire, per via diplomatica, una copia certificata conforme a ciascuno Stato contraente.

L'estensione produrrà i suoi effetti in ogni caso sessanta giorni dopo il deposito della dichiarazione di accettazione.

30. La presente Convenzione avrà una durata di cinque anni a partire dalla data della sua entrata in vigore in conformità all'articolo 27, comma primo, anche per gli Stati che l'avranno ratificata o vi avranno successivamente aderito.

La Convenzione sarà tacitamente rinnovata allo scadere di ogni quinquennio, salvo denuncia.

La denuncia sarà, almeno sei mesi prima della scadenza termine di cinque anni, notificata al Ministero degli affari esteri dei Paesi Bassi.

Potrà essere limitata ad alcuni dei territori cui si applica la Convenzione.

La denuncia avrà effetto solo per quanto riguarda lo Stato che l'ha notificata.

La Convenzione rimarrà in vigore per gli altri Stati contraenti.

31. Il Ministero degli affari esteri dei Paesi Bassi notificherà agli Stati di cui all'articolo 26, ed agli Stati che vi avranno aderito in conformità alle disposizioni dell'articolo 28, quanto segue:

a) le firme e ratifiche indicate all'articolo 26;

b) la data in cui la presente Convenzione entrerà in vigore conformemente alle disposizioni dell'articolo 27, comma primo;

c) le adesioni previste all'articolo 28 e la data in cui entreranno in vigore;

d) le estensioni previste all'articolo 29 e la data in cui entreranno in vigore;

e) le denunce previste all'art. 30;

f) le riserve e i ritiri di riserva di cui agli artt. 19, 20, 21, 24 e 25;

g) le dichiarazioni di cui agli artt. 22, 23, 28 e 29.

3.

L. 6 marzo 1987, n. 74. Nuove norme sulla disciplina dei casi di scioglimento di matrimonio (*Gazzetta Ufficiale* Serie gen. - n. 58 dell'11 marzo 1987).

(*Estratto*)

19. (1) (2) 1. Tutti gli atti, i documenti ed i provvedimenti relativi al procedimento di scioglimento del matrimonio o di cessazione degli effetti civili del matrimonio nonché ai procedimenti anche esecutivi e cautelari diretti ad ottenere la corresponsione o la revisione degli assegni di cui agli artt. 5 e 6 della legge 1 dicembre 1970, n. 898, sono esenti dall'imposta di bollo, di registro e da ogni altra tassa.

(1) *La Corte costituzionale, con sentenza n. 176 del 15 aprile 1992, ha dichiarato l'illegittimità costituzionale di questo articolo, in relazione agli artt. 4 D.P.R. 26 ottobre 1972, n. 635 (Disciplina delle imposte ipotecarie e catastali) e 1 Tariffa allegata, nella parte in cui non comprende nell'esenzione dal tributo anche le iscrizioni di ipoteca effettuate a garanzia delle obbligazioni assunte dal coniuge nel giudizio di separazione.*

(2) *La Corte costituzionale, con sentenza n. 154 del 10 maggio 1999, ha dichiarato l'illegittimità costituzionale di questo articolo, nella parte in cui non estende l'esenzione in esso prevista a tutti gli atti, i documenti ed i provvedimenti relativi al procedimento di separazione personale dei coniugi.*

4.

D.L. 12 settembre 2014, n. 132. Misure urgenti di degiurisdizionalizzazione ed altri interventi per la definizione dell'arretrato in materia di processo civile (*Gazzetta Ufficiale* Serie gen. - n. 212 del 12 settembre 2014), convertito, con modificazioni, nella L. 10 novembre 2014, n. **162** (Suppl. ord. alla *Gazzetta Ufficiale* Serie gen. - n. 261 del 10 novembre 2014) (1) (2).

(1) *A norma dell'art. 2, comma 3, del D.L. 1 marzo 2021, n. 22, convertito, con modificazioni, nella L. 22 aprile 2021, n. 55, la denominazione: «Ministero dell'ambiente e della tutela del territorio e del mare» è stata così sostituita, a ogni effetto e ovunque presente, dalla attuale: «Ministero della transizione ecologica».*

(2) *A norma dell'art. 2, comma 4, del D.L. 1° marzo 2021, n. 22, convertito, con modificazioni, nella L. 22 aprile 2021, n. 55, con riguardo alle funzioni di cui all'articolo 35, comma 2, lettera b), del decreto legislativo n. 300 del 1999, come modificato dal medesimo decreto, la denominazione «Ministero della transizione ecologica» sostituisce, ad ogni effetto e ovunque presente, la denominazione: «Ministero dello sviluppo economico».*

(*Estratto*)

Capo III
Ulteriori disposizioni
per la semplificazione dei procedimenti
di separazione personale e di divorzio

12. Separazione consensuale, richiesta congiunta di scioglimento o di cessazione degli effetti civili del matrimonio e modifica delle condizioni di separazione o di divorzio innanzi all'ufficiale dello stato civile. – 1. I coniugi possono concludere, innanzi al sindaco, quale ufficiale dello stato civile a norma dell'articolo 1 del decreto del Presidente della Repubblica 3 novembre 2000, n. 396, del comune di residenza di uno di loro o del comune presso cui è iscritto o trascritto l'atto di matrimonio, con l'assistenza facoltativa di un avvocato, un accordo di separazione personale ovvero, nei casi di cui all'articolo 3, primo comma, numero 2), lettera *b*), della legge 1° dicembre 1970, n. 898, di scioglimento o di cessazione degli effetti civili del matrimonio, nonché di modifica delle condizioni di separazione o di divorzio.

2. Le disposizioni di cui al presente articolo non si applicano in presenza di figli minori, di figli maggiorenni incapaci o portatori di handicap grave ai sensi dell'articolo 3, comma 3, della legge 5 febbraio 1992, n. 104, ovvero economicamente non autosufficienti.

3. L'ufficiale dello stato civile riceve da ciascuna delle parti personalmente, con l'assistenza facoltativa di un avvocato, la dichiarazione che esse vogliono separarsi ovvero far cessare gli effetti civili del matrimonio o ottenerne lo scioglimento secondo condizioni tra di esse concordate. Allo stesso modo si procede per la modifica delle condizioni di separazione o di divorzio. L'accordo non può contenere patti di trasferimento patrimoniale. L'atto contenente l'accordo è compilato e sottoscritto immediatamente dopo il ricevimento delle dichiarazioni di cui al presente comma. L'accordo tiene luogo dei provvedimenti giudiziali che definiscono, nei casi di cui al comma 1, i procedimenti di

separazione personale, di cessazione degli effetti civili del matrimonio, di scioglimento del matrimonio e di modifica delle condizioni di separazione o di divorzio. Nei soli casi di separazione personale, ovvero di cessazione degli effetti civili del matrimonio o di scioglimento del matrimonio secondo condizioni concordate, l'ufficiale dello stato civile, quando riceve le dichiarazioni dei coniugi, li invita a comparire di fronte a sé non prima di trenta giorni dalla ricezione per la conferma dell'accordo anche ai fini degli adempimenti di cui al comma 5. La mancata comparizione equivale a mancata conferma dell'accordo.

4. All'articolo 3, al secondo capoverso della lettera *b*) del numero 2 del primo comma della legge 1° dicembre 1970, n. 898, dopo le parole «trasformato in consensuale» sono aggiunte le seguenti: «, ovvero dalla data certificata nell'accordo di separazione raggiunto a seguito di convenzione di negoziazione assistita da un avvocato ovvero dalla data dell'atto contenente l'accordo di separazione concluso innanzi all'ufficiale dello stato civile.».

5. Al decreto del Presidente della Repubblica 3 novembre 2000, n. 396 sono apportate le seguenti modificazioni:

a) all'articolo 49, comma 1, dopo la lettera *g bis*), è aggiunta la seguente lettera: «*g ter*) gli accordi di scioglimento o di cessazione degli effetti civili del matrimonio ricevuti dall'ufficiale dello stato civile;»;

b) all'articolo 63, comma 1, dopo la lettera *g*), è aggiunta la seguente lettera: «*g ter*) gli accordi di separazione personale, di scioglimento o di cessazione degli effetti civili del matrimonio ricevuti dall'ufficiale dello stato civile, nonché di modifica delle condizioni di separazione o di divorzio;»;

c) all'articolo 69, comma 1, dopo la lettera *d bis*), è aggiunta la seguente lettera: «*d ter*) degli accordi di separazione personale, di scioglimento o di cessazione degli effetti civili del matrimonio ricevuti dall'ufficiale dello stato civile;».

6. Alla Tabella *D*), allegata alla legge 8 giugno 1962, n. 604, dopo il punto 11 delle norme speciali inserire il seguente punto:

«11 *bis*) Il diritto fisso da esigere da parte dei comuni all'atto della conclusione dell'accordo di separazione personale, ovvero di scioglimento o di cessazione degli effetti civili del matrimonio, nonché di modifica delle condizioni di separazione o di divorzio, ricevuto dall'ufficiale di stato civile del comune non può essere stabilito in misura superiore all'imposta fissa di bollo prevista per le pubblicazioni di matrimonio dall'articolo 4 della tabella allegato *A*) al decreto del Presidente della Repubblica 26 ottobre 1972, n. 642.».

7. Le disposizioni del presente articolo si applicano a decorrere dal trentesimo giorno successivo all'entrata in vigore della legge di conversione del presente decreto.

1.

D.L.vo 4 marzo 2010, n. 28. Attuazione dell'articolo 60 della legge 18 giugno 2009, n. 69, in materia di mediazione finalizzata alla conciliazione delle controversie civili e commerciali (*Gazzetta Ufficiale* Serie gen. - n. 53 del 5 marzo 2010).

Capo I
Disposizioni generali

1. Definizioni. – 1. Ai fini del presente decreto legislativo, si intende per:

a) mediazione: l'attività, comunque denominata, svolta da un terzo imparziale e finalizzata ad assistere due o più soggetti nella ricerca di un accordo amichevole per la composizione di una controversia, anche con formulazione di una proposta per la risoluzione della stessa (1);

b) mediatore: la persona o le persone fisiche che, individualmente o collegialmente, svolgono la mediazione rimanendo prive, in ogni caso, del potere di rendere giudizi o decisioni vincolanti per i destinatari del servizio medesimo;

c) conciliazione: la composizione di una controversia a seguito dello svolgimento della mediazione;

d) organismo: l'ente pubblico o privato, presso il quale può svolgersi il procedimento di mediazione ai sensi del presente decreto;

e) registro: il registro degli organismi istituito con decreto del Ministro della giustizia ai sensi dell'articolo 16 del presente decreto, nonché, sino all'emanazione di tale decreto, il registro degli organismi istituito con il decreto del Ministro della giustizia 23 luglio 2004, n. 222.

(1) *Questa lettera è stata così sostituita dall'art. 84, comma 1, lett. 0a), del D.L. 21 giugno 2013, n. 69, convertito, con modificazioni, nella L. 9 agosto 2013, n. 98. A norma dell'art. 84, comma 2, dello stesso provvedimento tali disposizioni si applicano decorsi trenta giorni dall'entrata in vigore della legge di conversione del predetto decreto.*

2. Controversie oggetto di mediazione. – 1. Chiunque può accedere alla mediazione per la conciliazione di una controversia civile e commerciale vertente su diritti disponibili, secondo le disposizioni del presente decreto.

2. Il presente decreto non preclude le negoziazioni volontarie e paritetiche relative alle controversie civili e commerciali, né le procedure di reclamo e di conciliazione (1) previste dalle carte dei servizi.

(1) *Le parole: «e di conciliazione» sono state inserite dall'art. 7, comma 1, lett. a), del D.L.vo 10 ottobre 2022, n. 149, a decorrere dal 28 febbraio 2023.*

Capo II
Del procedimento di mediazione

3. Disciplina applicabile e forma degli atti. – 1. Al procedimento di mediazione si applica il regolamento dell'organismo scelto dalle parti, nel rispetto di quanto previsto dall'articolo 8 (1).

2. Il regolamento deve in ogni caso garantire la riservatezza del procedimento ai sensi dell'articolo 9, nonché modalità di nomina del mediatore che ne assicurano l'imparzialità, l'indipendenza (2) e l'idoneità al corretto e sollecito espletamento dell'incarico.

3. Gli atti del procedimento di mediazione non sono soggetti a formalità.

4. La mediazione può svolgersi secondo modalità telematiche previste dal regolamento dell'organismo, nel rispetto dell'articolo 8 *bis* (3).

(1) *Le parole: «, nel rispetto di quanto previsto dall'articolo 8» sono state aggiunte dall'art. 7, comma 1, lett.* b), *n. 1), del D.L.vo 10 ottobre 2022, n. 149, a decorrere dal 28 febbraio 2023.*

(2) *Le parole: «, l'indipendenza» sono state inserite dall'art. 7, comma 1, lett.* b), *n. 2), del D.L.vo 10 ottobre 2022, n. 149, a decorrere dal 28 febbraio 2023.*

(3) *Le parole: «, nel rispetto dell'articolo 8* bis*» sono state aggiunte dall'art. 7, comma 1, lett.* b), *n. 3), del D.L.vo 10 ottobre 2022, n. 149, a decorrere dal 28 febbraio 2023.*

4. Accesso alla mediazione. – 1. La domanda di mediazione relativa alle controversie di cui all'articolo 2 è depositata da una delle parti presso un organismo nel luogo del giudice territorialmente competente per la controversia. In caso di più domande relative alla stessa controversia, la mediazione si svolge davanti all'organismo territorialmente competente presso il quale è stata presentata la prima domanda. La competenza dell'organismo è derogabile su accordo delle parti. Per determinare il tempo della domanda si ha riguardo alla data del deposito (1).

2. La domanda di mediazione (2) deve indicare l'organismo, le parti, l'oggetto e le ragioni della pretesa.

3. All'atto del conferimento dell'incarico, l'avvocato è tenuto a informare l'assistito della possibilità di avvalersi del procedimento di mediazione disciplinato dal presente decreto e delle agevolazioni fiscali di cui agli articoli 17 e 20. L'avvocato informa altresì l'assistito dei casi in cui l'esperimento del procedimento di mediazione è condizione di procedibilità della domanda giudiziale. L'informazione deve essere fornita chiaramente e per iscritto. In caso di violazione degli obblighi di informazione, il contratto tra l'avvocato e l'assistito è annullabile. Il documento che contiene l'informazione è sottoscritto dall'assistito e deve essere allegato all'atto introduttivo dell'eventuale giudizio. Il giudice che verifica la mancata allegazione del documento, se non provvede ai sensi dell'articolo 5, comma 2 (3), informa la parte della facoltà di chiedere la mediazione (4).

(1) *Questo comma è stato, da ultimo, così sostituito dall'art. 7, comma 1, lett.* c), *n. 1), del D.L.vo 10 ottobre 2022, n. 149, a decorrere dal 28 febbraio 2023.*

Si riporta il testo precedente:

«1. La domanda di mediazione relativa alle controversie di cui all'articolo 2 è presentata mediante deposito di un'istanza presso un organismo nel luogo del giudice territorialmente competente per la controversia. In caso di più domande relative alla stessa controversia, la mediazione si svolge davanti all'organismo territorialmente competente presso il quale è stata presentata la prima domanda. Per determinare il tempo della domanda si ha riguardo alla data del deposito dell'istanza (*).».

(*) *Questo comma è stato così sostituito dall'art. 84, comma 1, lett.* 0b), *del D.L. 21 giugno 2013, n. 69, convertito, con modificazioni, nella L. 9 agosto 2013, n. 98..*

(2) *Le parole: «L'istanza» sono state così sostituite dalle attuali: «La domanda di mediazione» dall'art. 7, comma 1, lett.* c), *n. 2), del D.L.vo 10 ottobre 2022, n. 149, a decorrere dal 28 febbraio 2023.*

(3) *Le parole: «articolo 5, comma 1* bis*» sono state così sostituite dalle attuali: «articolo 5, comma 2» dall'art. 7, comma 1, lett.* c), *n. 3), del D.L.vo 10 ottobre 2022, n. 149, a decorrere dal 30 giugno 2023.*

(4) *Questo comma è stato così sostituito dall'art. 84, comma 1, lett.* a), *del D.L. 21 giugno 2013, n. 69, convertito, con modificazioni, nella L. 9 agosto 2013, n. 98. A norma dell'art. 84, comma 2, dello stesso provvedimento, tali disposizioni si applicano decorsi trenta giorni dall'entrata in vigore della legge di conversione del predetto decreto.*

5. (1) **Condizione di procedibilità e rapporti con il processo.** – 1. Chi intende esercitare in giudizio un'azione relativa a una controversia in materia di condominio, diritti reali, divisione, successioni ereditarie, patti di famiglia, locazione, comodato, affitto di aziende, risarcimento del danno derivante da responsabilità medica e sanitaria e da diffamazione con il mezzo della stampa o con altro mezzo di pubblicità, contratti assicurativi, bancari e finanziari, associazione in partecipazione, consorzio, franchising, opera, rete, somministrazione, società di persone e subfornitura, è tenuto preliminarmente a esperire il procedimento di mediazione ai sensi del presente capo (2).

2. Nelle controversie di cui al comma 1 l'esperimento del procedimento di mediazione è condizione di procedibilità della domanda giudiziale. L'improcedibilità è eccepita dal convenuto, a pena di decadenza, o rilevata d'ufficio dal giudice non oltre la prima udienza. Il giudice, quando rileva che la mediazione non è stata esperita o è già iniziata, ma non si è conclusa, fissa la successiva udienza dopo la scadenza del termine di cui all'articolo 6. A tale udienza, il giudice accerta se la condizione di procedibilità è stata soddisfatta e, in mancanza, dichiara l'improcedibilità della domanda giudiziale.

3. Per assolvere alla condizione di procedibilità le parti possono anche esperire, per le materie e nei limiti ivi regolamentati, le procedure previste:

a) dall'articolo 128 *bis* del decreto legislativo 1° settembre 1993, n. 385;

b) dall'articolo 32 *ter* del decreto legislativo 24 febbraio 1998, n. 58;

c) dall'articolo 187.1 del decreto legislativo 7 settembre 2005, n. 209;

d) dall'articolo 2, comma 24, lettera *b*), della legge 14 novembre 1995, n. 481.

4. Quando l'esperimento del procedimento di mediazione è condizione di procedibilità della domanda giudiziale, la condizione si considera avverata se il primo incontro dinanzi al mediatore si conclude senza l'accordo di conciliazione.

5. Lo svolgimento della mediazione non preclude in ogni caso la concessione dei provvedimenti urgenti e cautelari, né la trascrizione della domanda giudiziale.

6. Il comma 1 e l'articolo 5 *quater* non si applicano:

a) nei procedimenti per ingiunzione, inclusa l'opposizione, fino alla pronuncia sulle istanze di concessione e sospensione della provvisoria esecuzione, secondo quanto previsto dall'articolo 5 *bis*;

b) nei procedimenti per convalida di licenza o sfratto, fino al mutamento del rito di cui all'articolo 667 del codice di procedura civile;

c) nei procedimenti di consulenza tecnica preventiva ai fini della composizione della lite, di cui all'articolo 696 *bis* del codice di procedura civile;

d) nei procedimenti possessori, fino alla pronuncia dei provvedimenti di cui all'articolo 703, terzo comma, del codice di procedura civile;

e) nei procedimenti di opposizione o incidentali di cognizione relativi all'esecuzione forzata;

f) nei procedimenti in camera di consiglio;

g) nell'azione civile esercitata nel processo penale;

h) nell'azione inibitoria di cui agli articoli 37 e 140 *octies* (3) del codice del consumo, di cui al decreto legislativo 6 settembre 2005, n. 206.

(1) *Questo articolo è stato così sostituito dall'art. 7, comma 1, lett.* d), *del D.L.vo 10 ottobre 2022, n. 149, a decorrere dal 30 giugno 2023.*

Si riporta il testo precedente:

«Art. 5. Condizione di procedibilità e rapporti con il processo

1. Chi intende esercitare in giudizio un'azione relativa ad una controversia in materia di condominio, diritti reali, divisione, successioni ereditarie, patti di famiglia, locazione, comodato, affitto di aziende, risarcimento del danno derivante dalla circolazione di veicoli e natanti, da responsabilità medica e da diffamazione con il mezzo della stampa o con altro mezzo di pubblicità, contratti assicurativi, bancari e finanziari, è tenuto preliminarmente a esperire il procedimento di mediazione ai sensi del presente decreto ovvero il procedimento di conciliazione previsto dal decreto legislativo 8 ottobre 2007, n. 179, ovvero il procedimento istituito in attuazione dell'articolo 128 bis del testo unico delle leggi in materia bancaria e creditizia di cui al decreto legislativo 1° settembre 1993, n. 385, e successive modificazioni, per le materie ivi regolate. L'esperimento del procedimento di mediazione è condizione di procedibilità della domanda giudiziale. L'improcedibilità deve essere eccepita dal convenuto, a pena di decadenza, o rilevata d'ufficio dal giudice, non oltre la prima udienza. Il giudice ove rilevi che la mediazione è già iniziata, ma non si è conclusa, fissa la successiva udienza dopo la scadenza del termine di cui all'articolo 6. Allo stesso modo provvede quando la mediazione non è stata esperita, assegnando contestualmente alle parti il termine di quindici giorni per la presentazione della domanda di mediazione. Il presente comma non si applica alle azioni previste dagli articoli 37, 140 e 140 bis del codice del consumo di cui al decreto legislativo 6 settembre 2005, n. 206, e successive modificazioni (*).

1 bis. Chi intende esercitare in giudizio un'azione relativa a una controversia in materia di condominio, diritti reali, divisione, successioni ereditarie, patti di famiglia, locazione, comodato, affitto di aziende, risarcimento del danno derivante da responsabilità medica e sanitaria e da diffamazione con mezzo della stampa o con altro mezzo di pubblicità, contratti assicurativi, bancari e finanziari, è tenuto, assistito dall'avvocato, preliminarmente a esperire il procedimento di mediazione ai sensi del presente decreto ovvero i procedimenti previsti (**) dal decreto legislativo 8 ottobre 2007, n. 179, e dai rispettivi regolamenti di attuazione (***) ovvero il procedimento istituito in attuazione dell'articolo 128 bis del testo unico delle leggi in materia bancaria e creditizia di cui al decreto legislativo 1° settembre 1993, n. 385, e successive modificazioni, ovvero il procedimento istituito in attuazione dell'articolo 187 ter del Codice delle assicurazioni private di cui al decreto legislativo 7 settembre 2005, n. 209, (****) per le materie ivi regolate. L'esperimento del procedimento di mediazione è condizione di procedibilità della domanda giudiziale. A decorrere dall'anno 2018, il Ministro della giustizia riferisce annualmente alle Camere sugli effetti prodotti e sui risultati conseguiti dall'applicazione delle disposizioni del presente comma (*****). L'improcedibilità deve essere eccepita dal convenuto, a pena di decadenza, o rilevata d'ufficio dal giudice, non oltre la prima udienza. Il giudice ove rilevi che la mediazione è già iniziata, ma non si è conclusa, fissa la successiva udienza dopo la scadenza del termine di cui all'articolo 6. Allo stesso modo provvede quando la mediazione non è stata esperita, assegnando contestualmente alle parti il termine di quindici giorni per la presentazione della domanda di mediazione. Il presente comma non si applica alle azioni previste dagli articoli 37, 140 e 140 bis del codice del consumo di cui al decreto legislativo 6 settembre 2005, n. 206, e successive modificazioni (******).

2. Fermo quanto previsto dal comma 1 bis e salvo quanto disposto dai commi 3 e 4, il giudice, anche in sede di giudizio di appello, valutata la natura della causa, lo stato dell'istruzione e il comportamento delle parti, può disporre l'esperimento del procedimento di mediazione; in tal caso l'esperimento del procedimento di mediazione è condizione di procedibilità della domanda giudiziale anche in sede di appello. Il provvedimento di cui al periodo precedente è adottato prima dell'udienza di precisazione delle conclusioni ovvero, quando tale udienza non è prevista, prima della discussione della causa. Il giudice fissa la successiva udienza dopo la scadenza del termine di cui all'articolo 6 e, quando la mediazione non è già stata avviata, assegna contestualmente alle parti il termine di quindici giorni per la presentazione della domanda di mediazione (*******).

2 bis. Quando l'esperimento del procedimento di mediazione è condizione di procedibilità della domanda giudiziale la condizione si considera avverata se il primo incontro dinanzi al mediatore si conclude senza l'accordo (********).

3. Lo svolgimento della mediazione non preclude in ogni caso la concessione dei provvedimenti urgenti e cautelari, né la trascrizione della domanda giudiziale.

4. I commi 1 bis e 2 non si applicano:

a) nei procedimenti per ingiunzione, inclusa l'opposizione, fino alla pronuncia sulle istanze di concessione e sospensione della provvisoria esecuzione;

b) nei procedimenti per convalida di licenza o sfratto, fino al mutamento del rito di cui all'articolo 667 del codice di procedura civile;

c) nei procedimenti di consulenza tecnica preventiva ai fini della composizione della lite, di cui all'articolo 696 bis del codice di procedura civile;

d) nei procedimenti possessori, fino alla pronuncia dei provvedimenti di cui all'articolo 703, terzo comma, del codice di procedura civile;

e) nei procedimenti di opposizione o incidentali di cognizione relativi all'esecuzione forzata;

f) nei procedimenti in camera di consiglio;

g) nell'azione civile esercitata nel processo penale (*********).

5. Fermo quanto previsto dal comma 1 bis e salvo quanto disposto dai commi 3 e 4, se il contratto, lo statuto ovvero l'atto costitutivo dell'ente prevedono una clausola di mediazione o conciliazione e il tentativo non risulta esperito, il giudice o l'arbitro, su eccezione di parte, proposta nella prima difesa, assegna alle parti il termine di quindici giorni per la presentazione della domanda di mediazione e fissa la successiva udienza dopo la scadenza del termine di cui all'articolo 6. Allo stesso modo il giudice o l'arbitro fissa la successiva udienza quando la mediazione o il tentativo di conciliazione sono iniziati, ma non conclusi. La domanda è presentata davanti all'organismo indicato dalla clausola, se iscritto nel registro, ovvero, in mancanza, davanti ad un altro organismo iscritto, fermo il rispetto del criterio di cui all'articolo 4, comma 1. In ogni caso, le parti possono concordare, successivamente al contratto o allo statuto o all'atto costitutivo, l'individuazione di un diverso organismo iscritto (**********).

6. Dal momento della comunicazione alle altre parti, la domanda di mediazione produce sulla prescrizione gli effetti della domanda giudiziale. Dalla stessa data, la domanda di mediazione impedisce altresì la decadenza per una sola volta, ma se il tentativo fallisce la domanda giudiziale deve essere proposta entro il medesimo termine di decadenza, decorrente dal deposito del verbale di cui all'articolo 11 presso la segreteria dell'organismo.».

(*) La Corte costituzionale, con sentenza n. 272 del 6 dicembre 2012, ha dichiarato l'illegittimità costituzionale di questo comma.

(**) Le parole: «il procedimento di conciliazione previsto» sono state così sostituite dalle attuali: «i procedimenti previsti» dall'art. 1 bis, comma 2, del D.L.vo 6 agosto 2015, n. 130.

(***) Le parole: «e dai rispettivi regolamenti di attuazione» sono state inserite dall'art. 1 bis, comma 2, del D.L.vo 6 agosto 2015, n. 130.

(****) Le parole: «ovvero il procedimento istituito in attuazione dell'articolo 187 ter del Codice delle assicurazioni private di cui al decreto legislativo 7 settembre 2005, n. 209,» sono state aggiunte dall'art. 2, comma 10, del D.L.vo 21 maggio 2018, n. 68, a decorrere dal 1° ottobre 2018.

(*****) Gli originari terzo e quarto periodo sono stati così sostituiti dall'attuale terzo periodo dall'art. 11 ter, comma 1, del D.L. 24 aprile 2017, n. 50, convertito, con modificazioni, nella L. 21 giugno 2017, n. 96.

(******) Questo comma è stato inserito dall'art. 84, comma 1, lett. b), del D.L. 21 giugno 2013, n. 69, convertito, con modificazioni, nella L. 9 agosto 2013, n. 98. A norma dell'art. 84, comma 2, dello stesso provvedimento, tali disposizioni si applicano decorsi trenta giorni dall'entrata in vigore della legge di conversione del predetto decreto.

(*******) Questo comma è stato così sostituito dall'art. 84, comma 1, lett. c), del D.L. 21 giugno 2013, n. 69, convertito, con modificazioni, nella L. 9 agosto 2013, n. 98. A norma dell'art. 84, comma 2, dello stesso provvedimento, tali disposizioni si applicano decorsi trenta giorni dall'entrata in vigore della legge di conversione del predetto decreto.

(********) Questo comma è stato inserito dall'art. 84, comma 1, lett. c bis), del D.L. 21 giugno 2013, n. 69, convertito, con modificazioni, nella L. 9 agosto 2013, n. 98. A norma dell'art. 84, comma 2, dello stesso provvedimento, tali disposizioni si applicano decorsi trenta giorni dall'entrata in vigore della legge di conversione del predetto decreto.

(*********) Questo comma è stato così sostituito dall'art. 84, comma 1, lett. d), del D.L. 21 giugno 2013, n. 69, convertito, con modificazioni, nella L. 9 agosto 2013, n. 98. A norma dell'art. 84, comma 2, dello stesso provvedimento, tali disposizioni si applicano decorsi trenta giorni dall'entrata in vigore della legge di conversione del predetto decreto.

(**********) Questo comma è stato così sostituito dall'art. 84, comma 1, lett. e), del D.L. 21 giugno 2013, n. 69, convertito, con modificazioni, nella L. 9 agosto 2013, n. 98. A norma dell'art. 84, comma 2, dello stesso provvedimento, tali disposizioni si applicano decorsi trenta giorni dall'entrata in vigore della legge di conversione del predetto decreto.

([2]) A norma dell'art. 42, comma 1, del D.L.vo 10 ottobre 2022, n. 149, decorsi cinque anni dall'entrata in vigore del medesimo decreto, il Ministero della giustizia, alla luce delle risultanze statistiche, verifica l'opportunità della permanenza della procedura di mediazione come condizione di procedibilità nei casi previsti di cui a questo comma.

([3]) Le parole: «all'articolo 37» sono state così sostituite dalle attuali: «agli articoli 37 e 140 octies» dall'art. 2, comma 1, del D.L.vo 10 marzo 2023, n. 28, a decorrere dal 25 giugno 2023.

5 *bis*. ([1]) Procedimento di opposizione a decreto ingiuntivo. – 1. Quando l'azione di cui all'articolo 5, comma 1, è stata introdotta con ricorso per decreto ingiuntivo, nel procedimento di opposizione l'onere di presentare la domanda di mediazione grava sulla parte che ha proposto ricorso per decreto ingiuntivo. Il giudice alla prima udienza provvede sulle istanze di concessione e sospensione della provvisoria esecuzione se formulate e, accertato il mancato esperimento del tentativo obbligatorio di mediazione, fissa la successiva udienza dopo la scadenza del termine di cui all'articolo 6. A tale udienza, se la mediazione non è stata esperita, dichiara l'improcedibilità della domanda giudiziale proposta con il ricorso per decreto ingiuntivo, revoca il decreto opposto e provvede sulle spese.

([1]) Questo articolo è stato inserito dall'art. 7, comma 1, lett. e), del D.L.vo 10 ottobre 2022, n. 149, a decorrere dal 30 giugno 2023.

5 *ter*. ([1]) Legittimazione in mediazione dell'amministratore di condominio. – 1. L'amministratore del condominio è legittimato ad attivare un procedimento di mediazione, ad aderirvi e a parteciparvi. Il verbale contenente l'accordo di conciliazione o la proposta conciliativa del mediatore sono sottoposti all'approvazione dell'assemblea condominiale, la quale delibera entro il termine fissato nell'accordo o nella proposta con le maggioranze previste dall'articolo 1136 del codice civile. In caso di mancata approvazione entro tale termine la conciliazione si intende non conclusa.

([1]) *Questo articolo è stato inserito dall'art. 7, comma 1, lett. e), del D.L.vo 10 ottobre 2022, n. 149, a decorrere dal 30 giugno 2023.*

5 *quater*. ([1]) Mediazione demandata dal giudice. – 1. Il giudice, anche in sede di giudizio di appello, fino al momento della precisazione delle conclusioni, valutata la natura della causa, lo stato dell'istruzione, il comportamento delle parti e ogni altra circostanza, può disporre, con ordinanza motivata, l'esperimento di un procedimento di mediazione. Con la stessa ordinanza fissa la successiva udienza dopo la scadenza del termine di cui all'articolo 6.

2. La mediazione demandata dal giudice è condizione di procedibilità della domanda giudiziale. Si applica l'articolo 5, commi 4, 5 e 6.

3. All'udienza di cui al comma 1, quando la mediazione non risulta esperita, il giudice dichiara l'improcedibilità della domanda giudiziale.

([1]) *Questo articolo è stato inserito dall'art. 7, comma 1, lett. e), del D.L.vo 10 ottobre 2022, n. 149, a decorrere dal 30 giugno 2023.*

5 *quinquies*. ([1]) Formazione del magistrato, valutazione del contenzioso definito con mediazione demandata e collaborazione. – 1. Il magistrato cura la propria formazione e il proprio aggiornamento in materia di mediazione con la frequentazione di seminari e corsi, organizzati dalla Scuola superiore della magistratura, anche attraverso le strutture didattiche di formazione decentrata.

2. Ai fini della valutazione di cui all'articolo 11 del decreto legislativo 5 aprile 2006, n. 160, la frequentazione di seminari e corsi di cui al comma 1, il numero e la qualità degli affari definiti con ordinanza di mediazione o mediante accordi conciliativi costituiscono, rispettivamente, indicatori di impegno, capacità e laboriosità del magistrato.

3. Le ordinanze con cui il magistrato demanda le parti in mediazione e le controversie definite a seguito della loro adozione sono oggetto di specifica rilevazione statistica.

4. Il capo dell'ufficio giudiziario può promuovere, senza nuovi o maggiori oneri per la finanza pubblica, progetti di collaborazione con università, ordini degli avvocati, organismi di mediazione, enti di formazione e altri enti e associazioni professionali e di categoria, nel rispetto della reciproca autonomia, per favorire il ricorso alla mediazione demandata e la formazione in materia di mediazione.

([1]) *Questo articolo è stato inserito dall'art. 7, comma 1, lett. e), del D.L.vo 10 ottobre 2022, n. 149, a decorrere dal 30 giugno 2023.*

5 *sexies*. ([1]) Mediazione su clausola contrattuale o statutaria. – 1. Quando il contratto, lo statuto o l'atto costitutivo dell'ente pubblico o privato prevedono una clausola di mediazione, l'esperimento della mediazione è condizione di procedibilità della domanda giudiziale. Se il tentativo di conciliazione non risulta esperito, il giudice o l'arbitro, su eccezione di parte entro la prima udienza, provvede ai sensi dell'articolo 5, comma 2. Si applica l'articolo 5, commi 4, 5 e 6.

2. La domanda di mediazione è presentata all'organismo indicato dalla clausola se iscritto nel registro ovvero, in mancanza, all'organismo individuato ai sensi dell'articolo 4, comma 1.

([1]) *Questo articolo è stato inserito dall'art. 7, comma 1, lett. e), del D.L.vo 10 ottobre 2022, n. 149, a decorrere dal 30 giugno 2023.*

6. ([1]) Durata. – 1. Il procedimento di mediazione ha una durata non superiore a tre mesi, prorogabile di ulteriori tre mesi dopo la sua instaurazione e prima della sua scadenza con accordo scritto delle parti.

2. Il termine di cui al comma 1 decorre dalla data di deposito della domanda di mediazione o dalla scadenza del termine fissato dal giudice per il deposito della stessa e, anche nei casi in cui il giudice dispone il rinvio della causa ai sensi dell'articolo 5, comma 2, ovvero ai sensi dell'articolo 5 *quater*, comma 1, non è soggetto a sospensione feriale.

3. Se pende il giudizio, le parti comunicano al giudice la proroga del termine di cui al comma 1.

([1]) *Questo articolo è stato così sostituito dall'art. 7, comma 1, lett. f), del D.L.vo 10 ottobre 2022, n. 149, a decorrere dal 30 giugno 2023.*

Si riporta il testo precedente:
«Art. 6. Durata
1. Il procedimento di mediazione ha una durata non superiore a tre (*) mesi.
2. Il termine di cui al comma 1 decorre dalla data di deposito della domanda di mediazione, ovvero dalla scadenza di quello fissato dal giudice per il deposito della stessa e, anche nei casi in cui il giudice dispone il rinvio della causa ai sensi del sesto o del settimo periodo del comma 1 bis dell'articolo 5 ovvero ai sensi del comma 2 dell'articolo 5, non è soggetto a sospensione feriale (**).».

(*) La parola: «quattro» è stata così sostituita dall'attuale: «tre» dall'art. 84, comma 1, lett. f), del D.L. 21 giugno 2013, n. 69, convertito, con modificazioni, nella L. 9 agosto 2013, n. 98. A norma dell'art. 84, comma 2, dello stesso provvedimento, tali disposizioni si applicano decorsi trenta giorni dall'entrata in vigore della legge di conversione del predetto decreto.

(**) Questo comma è stato così sostituito dall'art. 84, comma 1, lett. f bis), del D.L. 21 giugno 2013, n. 69, convertito, con modificazioni, nella L. 9 agosto 2013, n. 98. A norma dell'art. 84, comma 2, dello stesso provvedimento, tali disposizioni si applicano decorsi trenta giorni dall'entrata in vigore della legge di conversione del predetto decreto.

7. Effetti sulla ragionevole durata del processo. – 1. Il periodo di cui all'articolo 6 e il periodo del rinvio disposto dal giudice ai sensi dell'articolo 5, comma 2 e dell'articolo 5 *quater*, comma 1 ([1]), non si computano ai fini di cui all'articolo 2 della legge 24 marzo 2001, n. 89 ([2]).

([1]) *Le parole: «commi 1 bis e 2» sono state così sostituite dalle attuali: «comma 2 e dell'articolo 5* quater, *comma 1» dall'art. 7, comma 1, lett. g), del D.L.vo 10 ottobre 2022, n. 149, a decorrere dal 30 giugno 2023.*

([2]) *Questo comma è stato così sostituito dall'art. 84, comma 1, lett. g), del D.L. 21 giugno 2013, n. 69, convertito, con modificazioni, nella L. 9 agosto 2013, n. 98. A norma dell'art. 84, comma 2, dello stesso provvedimento, tali disposizioni si applicano decorsi trenta giorni dall'entrata in vigore della legge di conversione del predetto decreto.*

8. ([1]) **Procedimento.** – 1. All'atto della presentazione della domanda di mediazione, il responsabile dell'organismo designa un mediatore e fissa il primo incontro tra le parti, che deve tenersi non prima di venti e non oltre quaranta giorni dal deposito della domanda, salvo diversa concorde indicazione delle parti. La domanda di mediazione, la designazione del mediatore, la sede e l'orario dell'incontro, le modalità di svolgimento della procedura, la data del primo incontro e ogni altra informazione utile sono comunicate alle parti, a cura dell'organismo, con ogni mezzo idoneo ad assicurarne la ricezione. Nelle controversie che richiedono specifiche competenze tecniche, l'organismo può nominare uno o più mediatori ausiliari.

2. Dal momento in cui la comunicazione di cui al comma 1 perviene a conoscenza delle parti, la domanda di mediazione produce sulla prescrizione gli effetti della domanda giudiziale e impedisce la decadenza per una sola volta. La parte può a tal fine comunicare all'altra parte la domanda di mediazione già presentata all'organismo di mediazione, fermo l'obbligo dell'organismo di procedere ai sensi del comma 1.

3. Il procedimento si svolge senza formalità presso la sede dell'organismo di mediazione o nel luogo indicato dal regolamento di procedura dell'organismo.

4. Le parti partecipano personalmente alla procedura di mediazione. In presenza di giustificati motivi, possono delegare un rappresentante a conoscenza dei fatti e munito dei poteri necessari per la composizione della controversia. I soggetti diversi dalle persone fisiche partecipano alla procedura di mediazione avvalendosi di rappresentanti o delegati a conoscenza dei fatti e muniti dei poteri necessari per la composizione della controversia. Ove necessario, il mediatore chiede alle parti di dichiarare i poteri di rappresentanza e ne dà atto a verbale.

5. Nei casi previsti dall'articolo 5, comma 1, e quando la mediazione è demandata dal giudice, le parti sono assistite dai rispettivi avvocati.

6. Al primo incontro, il mediatore espone la funzione e le modalità di svolgimento della mediazione, e si adopera affinché le parti raggiungano un accordo di conciliazione. Le parti e gli avvocati che le assistono cooperano in buona fede e lealmente al fine di realizzare un effettivo confronto sulle questioni controverse. Del primo incontro è redatto, a cura del mediatore, verbale sottoscritto da tutti i partecipanti.

7. Il mediatore può avvalersi di esperti iscritti negli albi dei consulenti presso i tribunali. Il regolamento di procedura dell'organismo deve prevedere le modalità di calcolo e liquidazione dei compensi spettanti agli esperti. Al momento della nomina dell'esperto, le parti possono convenire la producibilità in giudizio della sua relazione, anche in deroga all'articolo 9. In tal caso, la relazione è valutata ai sensi dell'articolo 116, comma primo, del codice di procedura civile.

([1]) *Questo articolo è stato così sostituito dall'art. 7, comma 1, lett. h), del D.L.vo 10 ottobre 2022, n. 149, a decorrere dal 30 giugno 2023.*

Si riporta il testo precedente:
«Art. 8. Procedimento
1. All'atto della presentazione della domanda di mediazione, il responsabile dell'organismo designa un mediatore e fissa il primo incontro tra le parti non oltre trenta (*) giorni dal deposito della domanda. La domanda e la data del primo incontro sono comunicate all'altra parte con ogni mezzo idoneo ad assicurarne la ricezione, anche a cura della parte istante. Al primo incontro e agli incontri successivi, fino al termine della procedura, le parti devono partecipare con l'assistenza dell'avvocato (**). Durante il primo incontro il mediatore chiarisce alle parti la funzione e le modalità di svolgimento della mediazione (**). Il mediatore, sempre nello stesso primo incontro, invita poi le parti e i loro avvocati a esprimersi sulla possibilità di iniziare la procedura di mediazione e, nel caso positivo, procede con lo svolgimento (**). Nelle controversie che richiedono specifiche competenze tecniche, l'organismo può nominare uno o più mediatori ausiliari.
2. Il procedimento si svolge senza formalità presso la sede dell'organismo di mediazione o nel luogo indicato dal regolamento di procedura dell'organismo.
3. Il mediatore si adopera affinché le parti raggiungano un accordo amichevole di definizione della controversia.
4. Quando non può procedere ai sensi del comma 1, ultimo periodo, il mediatore può avvalersi di esperti iscritti negli albi dei consulenti presso i tribunali. Il regolamento di procedura dell'organismo deve prevedere le modalità di calcolo e liquidazione dei compensi spettanti agli esperti.
4 bis. Dalla mancata partecipazione senza giustificato motivo al procedimento di mediazione, il giudice può desumere argomenti di prova nel successivo giudizio ai sensi dell'articolo 116, secondo comma, del codice di procedura civile. Il giudice condanna la parte costituita che, nei casi previsti dall'articolo 5, non ha partecipato al procedimento senza giustificato motivo, al versamento all'entrata del bilancio dello Stato di una somma di importo corrispondente al contributo unificato dovuto per il giudizio (***).
5. Dalla mancata partecipazione senza giustificato motivo al procedimento di mediazione il giudice può desumere argomenti di prova nel successivo giudizio ai sensi dell'articolo 116, secondo comma, del codice di procedura civile. Il giudice condanna la parte costituita che, nei casi previsti dall'articolo 5, non ha partecipato al procedimento senza giustificato motivo, al versamento all'entrata del bilancio dello Stato di una somma di importo corrispondente al contributo unificato dovuto per il giudizio (****) (*****).».
(*) *Le parole: «non oltre quindici» sono state così sostituite dalle attuali: «non oltre trenta» dall'art. 84, comma 1, lett. h), del D.L. 21 giugno 2013, n. 69, convertito, con modificazioni, nella L. 9 agosto 2013, n. 98. A norma dell'art. 84, comma 2, dello stesso provvedimento, tali disposizioni si applicano decorsi trenta giorni dall'entrata in vigore della legge di conversione del presente decreto.*
(**) *Questo periodo è stato inserito all'art. 84, comma 1, lett. h), del D.L. 21 giugno 2013, n. 69, convertito, con modificazioni, nella L. 9 agosto 2013, n. 98. A norma dell'art. 84, comma 2, dello stesso provvedimento, tali disposizioni si applicano decorsi trenta giorni dall'entrata in vigore della legge di conversione del predetto decreto.*
(***) (Sic in G.U.). *Questo comma è stato aggiunto all'art. 84, comma 1, lett. i), del D.L. 21 giugno 2013, n. 69, convertito, con modificazioni, nella L. 9 agosto 2013, n. 98.*
(****) *Questo periodo è stato aggiunto dall'art. 2, comma 35 sexies, del D.L. 13 agosto 2011, n. 138, convertito, con modificazioni, nella L. 14 settembre 2011, n. 148.*
(*****) *La Corte costituzionale, con sentenza n. 272 del 6 dicembre 2012, ha dichiarato l'illegittimità costituzionale di questo comma.*

8 *bis*. (1) Mediazione in modalità telematica. – 1. Quando la mediazione si svolge in modalità telematica, ciascun atto del procedimento è formato e sottoscritto nel rispetto delle disposizioni del codice dell'amministrazione digitale, di cui al decreto legislativo 7 marzo 2005, n. 82, e può essere trasmesso a mezzo posta elettronica certificata o con altro servizio di recapito certificato qualificato.
2. Gli incontri si possono svolgere con collegamento audiovisivo da remoto. I sistemi di collegamento audiovisivo utilizzati per gli incontri del procedimento di mediazione assicurano la contestuale, effettiva e reciproca udibilità e visibilità delle persone collegate. Ciascuna parte può chiedere al responsabile dell'organismo di mediazione di partecipare da remoto o in presenza.
3. A conclusione della mediazione il mediatore forma un unico documento informatico, in formato nativo digitale, contenente il verbale e l'eventuale accordo e lo invia alle parti per la sottoscrizione mediante firma digitale o altro tipo di firma elettronica qualificata. Nei casi di cui all'articolo 5, comma 1, e quando la mediazione è demandata dal giudice, il documento elettronico è inviato anche agli avvocati che lo sottoscrivono con le stesse modalità.
4. Il documento informatico, sottoscritto ai sensi del comma 3, è inviato al mediatore che lo firma digitalmente e lo trasmette alle parti, agli avvocati, ove nominati, e alla segreteria dell'organismo.
5. La conservazione e l'esibizione dei documenti del procedimento di mediazione svolto con modalità telematiche avvengono, a cura dell'organismo di mediazione, in conformità all'articolo 43 del decreto legislativo n. 82 del 2005.

(1) *Questo articolo è stato inserito dall'art. 7, comma 1, lett. i), del D.L.vo 10 ottobre 2022, n. 149, a decorrere dal 28 febbraio 2023.*

9. Dovere di riservatezza. – 1. Chiunque presta la propria opera o il proprio servizio nell'organismo o partecipa al (1) procedimento di mediazione è tenuto all'obbligo di riservatezza rispetto alle dichiarazioni rese e alle informazioni acquisite durante il procedimento medesimo.

2. Rispetto alle dichiarazioni rese e alle informazioni acquisite nel corso delle sessioni separate e salvo consenso della parte dichiarante o dalla quale provengono le informazioni, il mediatore è altresì tenuto alla riservatezza nei confronti delle altre parti.

(1) *Le parole: «comunque nell'ambito del» sono state così sostituite dalle attuali: «partecipa al» dall'art. 7, comma 1, lett. l), del D.L.vo 10 ottobre 2022, n. 149, a decorrere dal 28 febbraio 2023.*

10. Inutilizzabilità e segreto professionale. – 1. Le dichiarazioni rese o le informazioni acquisite nel corso del procedimento di mediazione non possono essere utilizzate nel giudizio avente il medesimo oggetto anche parziale, iniziato, riassunto o proseguito dopo l'insuccesso della mediazione, salvo consenso della parte dichiarante o dalla quale provengono le informazioni. Sul contenuto delle stesse dichiarazioni e informazioni non è ammessa prova testimoniale e non può essere deferito giuramento decisorio.

2. Il mediatore non può essere tenuto a deporre sul contenuto delle dichiarazioni rese e delle informazioni acquisite nel procedimento di mediazione, né davanti all'autorità giudiziaria né davanti ad altra autorità. Al mediatore si applicano le disposizioni dell'articolo 200 del codice di procedura penale e si estendono le garanzie previste per il difensore dalle disposizioni dell'articolo 103 del codice di procedura penale in quanto applicabili.

11. (1) **Conclusione del procedimento.** – 1. Se è raggiunto un accordo di conciliazione, il mediatore forma processo verbale al quale è allegato il testo dell'accordo medesimo. Quando l'accordo non è raggiunto, il mediatore ne dà atto nel verbale e può formulare una proposta di conciliazione da allegare al verbale. In ogni caso, il mediatore formula una proposta di conciliazione se le parti gliene fanno concorde richiesta in qualunque momento del procedimento. Prima della formulazione della proposta, il mediatore informa le parti delle possibili conseguenze di cui all'articolo 13.

2. La proposta di conciliazione è formulata e comunicata alle parti per iscritto. Le parti fanno pervenire al mediatore, per iscritto ed entro sette giorni dalla comunicazione o nel maggior termine indicato dal mediatore, l'accettazione o il rifiuto della proposta. In mancanza di risposta nel termine, la proposta si ha per rifiutata. Salvo diverso accordo delle parti, la proposta non può contenere alcun riferimento alle dichiarazioni rese o alle informazioni acquisite nel corso del procedimento.

3. L'accordo di conciliazione contiene l'indicazione del relativo valore.

4. Il verbale conclusivo della mediazione, contenente l'eventuale accordo, è sottoscritto dalle parti, dai loro avvocati e dagli altri partecipanti alla procedura nonché dal mediatore, il quale certifica l'autografia della sottoscrizione delle parti o la loro impossibilità di sottoscrivere e, senza indugio, ne cura il deposito presso la segreteria dell'organismo. Nel verbale il mediatore dà atto della presenza di coloro che hanno partecipato agli incontri e delle parti che, pur regolarmente invitate, sono rimaste assenti.

5. Il verbale contenente l'eventuale accordo di conciliazione è redatto in formato digitale o, se in formato analogico, in tanti originali quante sono le parti che partecipano alla mediazione, oltre ad un originale per il deposito presso l'organismo.

6. Del verbale contenente l'eventuale accordo depositato presso la segreteria dell'organismo è rilasciata copia alle parti che lo richiedono. È fatto obbligo all'organismo di conservare copia degli atti dei procedimenti trattati per almeno un triennio dalla data della loro conclusione.

7. Se con l'accordo le parti concludono uno dei contratti o compiono uno degli atti previsti dall'articolo 2643 del codice civile, per procedere alla trascrizione dello stesso la sottoscrizione dell'accordo di conciliazione deve essere autenticata da un pubblico ufficiale a ciò autorizzato. L'accordo raggiunto, anche a seguito della proposta del mediatore, può prevedere il pagamento di una somma di denaro per ogni violazione o inosservanza degli obblighi stabiliti ovvero per il ritardo nel loro adempimento.

(1) *Questo articolo è stato così sostituito dall'art. 7, comma 1, lett. m), del D.L.vo 10 ottobre 2022, n. 149, a decorrere dal 28 febbraio 2023.*

Si riporta il testo precedente:

«Art. 11. Conciliazione

1. Se è raggiunto un accordo amichevole, il mediatore forma processo verbale al quale è allegato il testo dell'accordo medesimo. Quando l'accordo non è raggiunto, il mediatore può formulare una proposta di conciliazione. In ogni caso, il mediatore formula una propo-

sta di conciliazione se le parti gliene fanno concorde richiesta in qualunque momento del procedimento. Prima della formulazione della proposta, il mediatore informa le parti delle possibili conseguenze di cui all'articolo 13 (*).

2. La proposta di conciliazione è comunicata alle parti per iscritto. Le parti fanno pervenire al mediatore, per iscritto ed entro sette giorni, l'accettazione o il rifiuto della proposta. In mancanza di risposta nel termine, la proposta si ha per rifiutata. Salvo diverso accordo delle parti, la proposta non può contenere alcun riferimento alle dichiarazioni rese o alle informazioni acquisite nel corso del procedimento.

3. Se è raggiunto l'accordo amichevole di cui al comma 1 ovvero se tutte le parti aderiscono alla proposta del mediatore, si forma processo verbale che deve essere sottoscritto dalle parti e dal mediatore, il quale certifica l'autografia della sottoscrizione delle parti o la loro impossibilità di sottoscrivere. Se con l'accordo le parti concludono uno dei contratti o compiono uno degli atti previsti dall'articolo 2643 del codice civile, per procedere alla trascrizione dello stesso la sottoscrizione del processo verbale deve essere autenticata da un pubblico ufficiale a ciò autorizzato. L'accordo raggiunto, anche a seguito della proposta, può prevedere il pagamento di una somma di denaro per ogni violazione o inosservanza degli obblighi stabiliti ovvero per il ritardo nel loro adempimento.

4. Se la conciliazione non riesce, il mediatore forma processo verbale con l'indicazione della proposta; il verbale è sottoscritto dalle parti e dal mediatore, il quale certifica l'autografia della sottoscrizione delle parti o la loro impossibilità di sottoscrivere. Nello stesso verbale, il mediatore dà atto della mancata partecipazione di una delle parti al procedimento di mediazione.

5. Il processo verbale è depositato presso la segreteria dell'organismo e di esso è rilasciata copia alle parti che lo richiedono.».

(*) *Questo comma è stato così sostituito dall'art. 84, comma 1, lett.* l), *del D.L. 21 giugno 2013, n. 69, convertito, con modificazioni, nella L. 9 agosto 2013, n. 98. A norma dell'art. 84, comma 2, dello stesso provvedimento, tali disposizioni si applicano decorsi trenta giorni dall'entrata in vigore della legge di conversione del predetto decreto.*

11 *bis*. ([1]) Accordo di conciliazione sottoscritto dalle amministrazioni pubbliche. – 1. Ai rappresentanti delle amministrazioni pubbliche, di cui all'articolo 1, comma 2, del decreto legislativo 30 marzo 2001, n. 165, che sottoscrivono un accordo di conciliazione si applica l'articolo 1, comma 01.*bis* della legge 14 gennaio 1994, n. 20.

([1]) *Questo articolo è stato inserito dall'art. 7, comma 1, lett.* n), *del D.L.vo 10 ottobre 2022, n. 149, a decorrere dal 28 febbraio 2023.*

12. Efficacia esecutiva ed esecuzione. – 1. Ove tutte le parti aderenti alla mediazione siano assistite dagli avvocati, l'accordo che sia stato sottoscritto dalle parti e dagli stessi avvocati, anche con le modalità di cui all'articolo 8 *bis*, costituisce titolo esecutivo per l'espropriazione forzata, l'esecuzione per consegna e rilascio, l'esecuzione degli obblighi di fare e non fare, nonché per l'iscrizione di ipoteca giudiziale. Gli avvocati attestano e certificano la conformità dell'accordo alle norme imperative e all'ordine pubblico. L'accordo di cui al periodo precedente deve essere integralmente trascritto nel precetto ai sensi dell'articolo 480, secondo comma, del codice di procedura civile ([1]).

1 *bis*. In tutti gli altri casi l'accordo allegato al verbale è omologato, su istanza di parte, con decreto del presidente del tribunale, previo accertamento della regolarità formale e del rispetto delle norme imperative e dell'ordine pubblico. Nelle controversie transfrontaliere di cui all'articolo 2 della direttiva 2008/52/CE del Parlamento europeo e del Consiglio, del 21 maggio 2008, il verbale è omologato dal presidente del tribunale nel cui circondario l'accordo deve avere esecuzione ([2]).

2. Con l'omologazione l'accordo ([3]) costituisce titolo esecutivo per l'espropriazione forzata, per l'esecuzione in forma specifica e per l'iscrizione di ipoteca giudiziale.

([1]) *Questo comma è stato così sostituito dall'art. 7, comma 1, lett.* o), *n. 1), del D.L.vo 10 ottobre 2022, n. 149, a decorrere dal 28 febbraio 2023.*

Si riporta il testo precedente:

«1. Ove tutte le parti aderenti alla mediazione siano assistite da un avvocato, l'accordo che sia stato sottoscritto dalle parti e dagli stessi avvocati costituisce titolo esecutivo per l'espropriazione forzata, l'esecuzione per consegna e rilascio, l'esecuzione degli obblighi di fare e non fare, nonché per l'iscrizione di ipoteca giudiziale (*). Gli avvocati attestano e certificano la conformità dell'accordo alle norme imperative e all'ordine pubblico (*). L'accordo di cui al periodo precedente deve essere integralmente trascritto nel precetto ai sensi dell'articolo 480, secondo comma, del codice di procedura civile (**). In tutti gli altri casi l'accordo allegato al verbale è omologato, su istanza di parte, con decreto del presidente del tribunale, previo accertamento della regolarità formale e del rispetto delle norme imperative e dell'ordine pubblico (*). Nelle controversie transfrontaliere di cui all'articolo 2 della direttiva 2008/52/CE del Parlamento europeo e del Consiglio, del 21 maggio 2008, il verbale è omologato dal presidente del tribunale nel cui circondario l'accordo deve avere esecuzione.».

(*) *Il primo periodo è stato così sostituito dagli attuali primo, secondo e terzo periodo dall'art. 84, comma 1, lett.* m), *del D.L. 21 giugno 2013, n. 69, convertito, con modificazioni, nella L. 9 agosto 2013, n. 98. A norma dell'art. 84, comma 2, dello stesso provvedimento, tali disposizioni si applicano decorsi trenta giorni dall'entrata in vigore della legge di conversione del predetto decreto.*

(**) *Questo periodo è stato inserito dall'art. 5, comma 4 bis, del D.L. 12 settembre 2014, n. 132, convertito, con modificazioni, nella L. 10 novembre 2014, n. 162.*

([2]) *Questo comma è stato inserito dall'art. 7, comma 1, lett. o), n. 2), del D.L.vo 10 ottobre 2022, n. 149, a decorrere dal 28 febbraio 2023.*

([3]) *Le parole: «Il verbale di cui al comma 1» sono state così sostituite dalle attuali: «Con l'omologazione l'accordo» dall'art. 7, comma 1, lett. o), n. 3), del D.L.vo 10 ottobre 2022, n. 149, a decorrere dal 28 febbraio 2023.*

12 *bis*. ([1]) **Conseguenze processuali della mancata partecipazione al procedimento di mediazione.** – 1. Dalla mancata partecipazione senza giustificato motivo al primo incontro del procedimento di mediazione, il giudice può desumere argomenti di prova nel successivo giudizio ai sensi dell'articolo 116, secondo comma, del codice di procedura civile.

2. Quando la mediazione costituisce condizione di procedibilità, il giudice condanna la parte costituita che non ha partecipato al primo incontro senza giustificato motivo al versamento all'entrata del bilancio dello Stato di una somma di importo corrispondente al doppio del contributo unificato dovuto per il giudizio.

3. Nei casi di cui al comma 2, con il provvedimento che definisce il giudizio, il giudice, se richiesto, può altresì condannare la parte soccombente che non ha partecipato alla mediazione al pagamento in favore della controparte di una somma equitativamente determinata in misura non superiore nel massimo alle spese del giudizio maturate dopo la conclusione del procedimento di mediazione.

4. Quando provvede ai sensi del comma 2, il giudice trasmette copia del provvedimento adottato nei confronti di una delle amministrazioni pubbliche di cui all'articolo 1, comma 2, del decreto legislativo 30 marzo 2001, n. 165, al pubblico ministero presso la sezione giurisdizionale della Corte dei conti, e copia del provvedimento adottato nei confronti di uno dei soggetti vigilati all'autorità di vigilanza competente.

([1]) *Questo articolo è stato inserito dall'art. 7, comma 1, lett. p), del D.L.vo 10 ottobre 2022, n. 149, a decorrere dal 28 febbraio 2023.*

13. ([1]) **Spese processuali in caso di rifiuto della proposta di conciliazione** ([2]). – 1. Quando il provvedimento che definisce il giudizio corrisponde interamente al contenuto della proposta, il giudice esclude la ripetizione delle spese sostenute dalla parte vincitrice che ha rifiutato la proposta, riferibili al periodo successivo alla formulazione della stessa, e la condanna al rimborso delle spese sostenute dalla parte soccombente relative allo stesso periodo, nonché al versamento all'entrata del bilancio dello Stato di un'ulteriore somma di importo corrispondente al contributo unificato dovuto. Resta ferma l'applicabilità degli articoli 92 e 96, commi primo, secondo e terzo, ([3]) del codice di procedura civile. Le disposizioni di cui al presente comma si applicano altresì alle spese per l'indennità corrisposta al mediatore e per il compenso dovuto all'esperto di cui all'articolo 8, comma 4.

2. Quando il provvedimento che definisce il giudizio non corrisponde interamente al contenuto della proposta, il giudice, se ricorrono gravi ed eccezionali ragioni, può nondimeno escludere la ripetizione delle spese sostenute dalla parte vincitrice per l'indennità corrisposta al mediatore e per il compenso dovuto all'esperto di cui all'articolo 8, comma 4. Il giudice deve indicare esplicitamente, nella motivazione, le ragioni del provvedimento sulle spese di cui al periodo precedente.

3. Salvo diverso accordo le disposizioni dei commi 1 e 2 non si applicano ai procedimenti davanti agli arbitri.

([1]) *Questo articolo è stato così sostituito dall'art. 84, comma 1, lett. n), del D.L. 21 giugno 2013, n. 69, convertito, con modificazioni, nella L. 9 agosto 2013, n. 98. A norma dell'art. 84, comma 2, dello stesso provvedimento, tali disposizioni si applicano decorsi trenta giorni dall'entrata in vigore della legge di conversione del predetto decreto.*

([2]) *La precedente rubrica: «Spese processuali» è stata così sostituita dalla attuale dall'art. 7, comma 1, lett. q), n. 2), del D.L.vo 10 ottobre 2022, n. 149, a decorrere dal 28 febbraio 2023.*

([3]) *Le parole: «, commi primo, secondo e terzo,» sono state inserite dall'art. 7, comma 1, lett. q), n. 1), del D.L.vo 10 ottobre 2022, n. 149, a decorrere dal 28 febbraio 2023.*

14. Obblighi del mediatore. – 1. Al mediatore e ai suoi ausiliari è fatto divieto di assumere diritti o obblighi connessi, direttamente o indirettamente, con gli affari trattati, fatta eccezione per quelli strettamente inerenti alla prestazione dell'opera o del servizio; è fatto loro divieto di percepire compensi direttamente dalle parti.

2. Al mediatore è fatto, altresì, obbligo di:

a) sottoscrivere, per ciascun affare per il quale è designato, una dichiarazione di indipendenza e di imparzialità secondo le formule previste dal regolamento di procedura applicabile, nonché gli ulteriori impegni eventualmente previsti dal medesimo regolamento;

b) comunicare immediatamente al responsabile dell'organismo e alle parti tutte le circostanze, emerse durante la procedura, idonee ad incidere sulla sua indipendenza e imparzialità;

c) formulare le proposte di conciliazione nel rispetto del limite dell'ordine pubblico e delle norme imperative;

d) corrispondere immediatamente a ogni richiesta organizzativa del responsabile dell'organismo (1).

3. Su istanza di parte, il responsabile dell'organismo provvede alla eventuale sostituzione del mediatore. Il regolamento individua la diversa competenza a decidere sull'istanza, quando la mediazione è svolta dal responsabile dell'organismo.

(1) *Questo comma è stato così sostituito dall'art. 7, comma 1, lett. r), del D.L.vo 10 ottobre 2022, n. 149, a decorrere dal 28 febbraio 2023.*

Si riporta il testo precedente:

«2. Al mediatore è fatto, altresì, obbligo di:

a) sottoscrivere, per ciascun affare per il quale è designato, una dichiarazione di imparzialità secondo le formule previste dal regolamento di procedura applicabile, nonché gli ulteriori impegni eventualmente previsti dal medesimo regolamento;

b) informare immediatamente l'organismo e le parti delle ragioni di possibile pregiudizio all'imparzialità nello svolgimento della mediazione;

c) formulare le proposte di conciliazione nel rispetto del limite dell'ordine pubblico e delle norme imperative;

d) corrispondere immediatamente a ogni richiesta organizzativa del responsabile dell'organismo.».

15. Mediazione nell'azione di classe. – 1. Quando è esercitata l'azione di classe prevista dall'articolo 840 *bis* del codice di procedura civile (1), la conciliazione, intervenuta dopo la scadenza del termine per l'adesione, ha effetto anche nei confronti degli aderenti che vi abbiano espressamente consentito.

(1) *Le parole: «140* bis *del codice del consumo, di cui al decreto legislativo 6 settembre 2005, n. 206, e successive modificazioni» sono state così sostituite dalle attuali: «840* bis *del codice di procedura civile» dall'art. 7, comma 1, lett. s), del D.L.vo 10 ottobre 2022, n. 149, a decorrere dal 28 febbraio 2023.*

Capo II *bis*
Disposizioni sul patrocinio a spese dello Stato nella mediazione civile e commerciale (1)

(1) *Questo capo, comprendente gli articoli da 15* bis *a 15* undecies*, è stato inserito dall'art. 7, comma 1, lett. t), del D.L.vo 10 ottobre 2022, n. 149.*

A norma dell'art. 41, comma 1, del medesimo decreto, così come modificato dall'art. 1, comma 380, lett. c), n. 1), della L. 29 dicembre 2022, n. 197, tali disposizioni si applicano a decorrere dal 30 giugno 2023.

15 *bis*. Istituzione del patrocinio e ambito di applicabilità. – 1. È assicurato, alle condizioni stabilite nel presente capo, il patrocinio a spese dello Stato alla parte non abbiente per l'assistenza dell'avvocato nel procedimento di mediazione nei casi di cui all'articolo 5, comma 1, se è raggiunto l'accordo di conciliazione.

2. L'ammissione al patrocinio è esclusa nelle controversie per cessione di crediti e ragioni altrui, ad eccezione del caso in cui la cessione appare indubbiamente fatta in pagamento di crediti o ragioni preesistenti.

15 *ter*. Condizioni reddituali per l'ammissione. – 1. Può essere ammesso al patrocinio chi è titolare di un reddito imponibile ai fini dell'imposta sul reddito delle persone fisiche, risultante dall'ultima dichiarazione, non superiore all'importo indicato dagli articoli 76 e 77 del testo unico delle disposizioni legislative e regolamentari in materia di spese di giustizia, di cui al decreto del Presidente della Repubblica 30 maggio 2002, n. 115.

15 *quater*. Istanza per l'ammissione anticipata. – 1. L'interessato che si trova nelle condizioni indicate nell'articolo 15 *ter* può chiedere di essere ammesso al patrocinio a spese dello Stato al fine di proporre domanda di mediazione o di partecipare al relativo procedimento, nei casi di cui all'articolo 5, comma 1.

2. L'istanza per l'ammissione, a pena di inammissibilità, è redatta e sottoscritta in conformità agli articoli 78, comma 2, e 79, comma 1, lettere *b*), *c*) e *d*), del decreto del Presidente della Repubblica n. 115 del 2002, e contiene le enunciazioni in fatto e in diritto utili a valutare la non manifesta infondatezza della pretesa che si intende far valere.

3. Per i redditi prodotti all'estero, il cittadino di Stato non appartenente all'Unione europea o l'apolide, a pena di inammissibilità, correda l'istanza per l'ammissione con una certificazione dell'autorità consolare competente che attesta la veridicità di quanto in essa indicato. In caso di impossibilità di presentare tale certificazione, l'istanza è corredata da una dichiarazione sostitutiva di certificazione, redatta ai sensi dell'articolo 47 del decreto del Presidente della Repubblica 28 dicembre 2000, n. 445.

15 *quinquies*. Organo competente a ricevere l'istanza per l'ammissione anticipata e nomina dell'avvocato. – 1. L'istanza per l'ammissione anticipata è presentata, o personalmente o a mezzo raccomandata o a mezzo posta elettronica certificata o con altro servizio elettronico di recapito certificato qualificato, dall'interessato o dall'avvocato che ne ha autenticato la firma, al consiglio dell'ordine degli avvocati del luogo dove ha sede l'organismo di mediazione competente individuato in conformità all'articolo 4, comma 1.

2. Entro venti giorni dalla presentazione dell'istanza per l'ammissione, il consiglio dell'ordine degli avvocati, verificatane l'ammissibilità, ammette l'interessato al patrocinio, in via anticipata e provvisoria, e gliene dà immediata comunicazione.

3. Chi è ammesso al patrocinio può nominare un avvocato scelto tra gli iscritti negli elenchi degli avvocati per il patrocinio a spese dello Stato, istituiti presso i consigli dell'ordine del luogo dove ha sede l'organismo di mediazione competente individuato in conformità all'articolo 4, comma 1.

15 *sexies*. Ricorso avverso il rigetto dell'istanza per l'ammissione anticipata. – 1. Contro il rigetto dell'istanza per l'ammissione anticipata, l'interessato può proporre ricorso, entro venti giorni dalla comunicazione, avanti al presidente del tribunale del luogo in cui ha sede il consiglio dell'ordine che ha adottato il provvedimento. Si applica l'articolo 99, commi 2, 3 e 4, del decreto del Presidente della Repubblica n. 115 del 2002.

15 *septies*. Effetti dell'ammissione anticipata e sua conferma. – 1. L'ammissione anticipata al patrocinio è valida per l'intero procedimento di mediazione.

2. Le indennità di cui all'articolo 17, commi 3 e 4, non sono dovute dalla parte ammessa in via anticipata al patrocinio.

3. Quando è raggiunto l'accordo di conciliazione, l'ammissione è confermata, su istanza dell'avvocato, dal consiglio dell'ordine che ha deliberato l'ammissione anticipata, mediante apposizione del visto di congruità sulla parcella.

4. L'istanza di conferma indica l'ammontare del compenso richiesto dall'avvocato ed è corredata dall'accordo di conciliazione. Il consiglio dell'ordine, verificata la completezza della documentazione e la congruità del compenso in base al valore dell'accordo indicato ai sensi dell'articolo 11, comma 3, conferma l'ammissione e trasmette copia della parcella vistata all'ufficio competente del Ministero della giustizia perché proceda alle verifiche ritenute necessarie e all'organismo di mediazione.

5. L'avvocato non può chiedere né percepire dal proprio assistito compensi o rimborsi a qualunque titolo, diversi da quelli previsti dal presente capo. Ogni patto contrario è nullo e si applica l'articolo 85, comma 3, del decreto del Presidente della Repubblica n. 115 del 2002.

15 *octies*. Determinazione, liquidazione e pagamento dell'onorario e delle spese dell'avvocato. – 1. Con decreto del Ministro della giustizia, adottato di concerto con il Ministro dell'economia e delle finanze, entro sei mesi dall'entrata in vigore delle disposizioni attuative della legge 26 novembre 2021, n. 206, sono stabiliti gli importi spettanti all'avvocato della parte ammessa al patrocinio a spese dello Stato a titolo di onorario e spese. Con il medesimo decreto sono stabilite le modalità di liquidazione e di pagamento, anche mediante riconoscimento di credito di imposta o di compensazione, delle somme determinate ai sensi del presente articolo, nonché le modalità e i contenuti della relativa richiesta e i controlli applicabili, anche di autenticità.

15 *novies*. Revoca del provvedimento di ammissione e ricorso avverso il relativo decreto. – 1. L'insussistenza dei presupposti per l'ammissione di cui all'articolo 15 *ter*, da chiunque accertata, anche a seguito dei controlli di cui all'articolo 15 *decies*, comma 2, è comunicata al consiglio dell'ordine che ha deliberato l'ammissione.

2. Le sopravvenute modifiche delle condizioni reddituali che escludono l'ammissione al patrocinio sono immediatamente comunicate dalla parte ammessa o dal suo avvocato al consiglio dell'ordine che ha deliberato l'ammissione in via anticipata.

3. Ricevute le comunicazioni previste dai commi 1 e 2, il consiglio dell'ordine, effettuate le verifiche ritenute necessarie, revoca l'ammissione e ne dà comunicazione all'interessato, all'avvocato e all'organismo di mediazione.

4. Contro il provvedimento di revoca l'interessato può proporre ricorso, entro venti giorni dalla comunicazione, avanti al presidente del tribunale del luogo in cui ha sede il consiglio dell'ordine che lo ha adottato. Si applica l'articolo 99, commi 2, 3 e 4, del decreto del Presidente della Repubblica n. 115 del 2002.

15 *decies*. Sanzioni e controlli da parte della Guardia di finanza. – 1. Chiunque, al fine di ottenere o mantenere l'ammissione al patrocinio a spese dello Stato, formula l'istanza per l'ammissione corredata dalla dichiarazione sostitutiva di certificazione, attestante falsamente la sussistenza delle condizioni di reddito previste, è punito ai sensi dell'articolo 125, comma 1, del decreto del Presidente della Repubblica n. 115 del 2002.

2. Si applica l'articolo 88 del decreto del Presidente della Repubblica 30 maggio 2002, n. 115.

15 *undecies*. Disposizioni finanziarie. - 1. All'onere derivante dall'attuazione delle disposizioni di cui al presente capo, valutato in 2.082.780 annui euro a decorrere dall'anno 2023, si provvede mediante corrispondente riduzione del Fondo per l'attuazione della delega per l'efficienza del processo civile di cui all'articolo 1, comma 39, della legge 26 novembre 2021, n. 206.

Capo III
Organismi di mediazione ed enti di formazione (1)

(1) *Le parole: «ed enti di formazione» sono state inserite dall'art. 7, comma 1, lett.* u), *del D.L.vo 10 ottobre 2022, n. 149.*

A norma dell'art. 41, comma 1, del medesimo decreto, così come modificato dall'art. 1, comma 380, lett. c), *n. 1), della L. 29 dicembre 2022, n. 197, tali disposizioni si applicano a decorrere dal 30 giugno 2023.*

16. Organismi di mediazione e registro. Elenco dei formatori. - 1. Gli enti pubblici o privati, che diano garanzie di serietà ed efficienza, sono abilitati a costituire organismi deputati, su istanza della parte interessata, a gestire il procedimento di mediazione nelle materie di cui all'articolo 2 del presente decreto. Gli organismi devono essere iscritti nel registro.

1 *bis*. Ai fini dell'abilitazione di cui al comma 1 e del suo mantenimento, costituiscono requisiti di serietà:

a) l'onorabilità dei soci, degli amministratori, dei responsabili e dei mediatori degli organismi;

b) la previsione, nell'oggetto sociale o nello scopo associativo, dello svolgimento in via esclusiva di servizi di mediazione, conciliazione o risoluzione alternativa delle controversie e di formazione nei medesimi ambiti;

c) l'impegno dell'organismo a non prestare i servizi di mediazione, conciliazione e risoluzione alternativa delle controversie quando ha un interesse nella lite (1).

1 *ter*. Ai fini di cui al comma 1 costituiscono requisiti di efficienza dell'organismo l'adeguatezza dell'organizzazione, la capacità finanziaria, la qualità del servizio, la trasparenza organizzativa, amministrativa e contabile, nonché la qualificazione professionale del responsabile dell'organismo e quella dei mediatori (1).

2. La formazione del registro e la sua revisione, l'iscrizione, la sospensione e la cancellazione degli iscritti, l'istituzione di separate sezioni del registro per la trattazione degli affari che richiedono specifiche competenze anche in materia di consumo e internazionali, nonché la determinazione delle indennità spettanti agli organismi sono disciplinati con appositi decreti del Ministro della giustizia, di concerto, relativamente alla materia del consumo, con il Ministro dello sviluppo economico. Fino all'adozione di tali decreti si applicano, in quanto compatibili, le disposizioni dei decreti del Ministro della giustizia 23 luglio 2004, n. 222 e 23 luglio 2004, n. 223. A tali disposizioni si conformano, sino alla medesima data, gli organismi di composizione extragiudiziale previsti dall'articolo 141 del codice del consumo, di cui al decreto legislativo 6 settembre 2005, n. 206, e successive modificazioni.

3. L'organismo, unitamente alla domanda di iscrizione nel registro, deposita presso il Ministero della giustizia il proprio regolamento di procedura e il codice etico, comunicando ogni successiva variazione. Nel regolamento devono essere previste, fermo quanto stabilito dal presente decreto, le procedure telematiche eventualmente utilizzate dall'organismo, in modo da garantire la sicurezza delle comunicazioni e il rispetto della riservatezza dei dati. Al regolamento devono essere allegate le tabelle delle indennità spettanti agli organismi costituiti da enti privati e dei relativi criteri di calcolo (2), proposte per l'approvazione a norma dell'articolo 17. Ai fini dell'iscrizione nel registro il Ministero della giustizia valuta l'idoneità del regolamento.

4. La vigilanza sul registro è esercitata dal Ministero della giustizia e, con riferimento alla sezione per la trattazione degli affari in materia di consumo di cui al comma 2, anche dal Ministero dello sviluppo economico.

4 *bis*. Gli avvocati iscritti all'albo sono di diritto mediatori. Gli avvocati iscritti ad organismi di mediazione devono essere adeguatamente formati in materia di mediazione e mantenere la propria preparazione con percorsi di aggiornamento teorico-pratici a ciò finalizzati, nel rispetto di quanto previsto dall'articolo 62 (3) del codice deontologico forense. Dall'attuazione della presente disposizione non devono derivare nuovi o maggiori oneri a carico della finanza pubblica (4).

5. Presso il Ministero della giustizia è istituito, con decreto ministeriale, l'elenco dei formatori per la mediazione. Il decreto, in conformità all'articolo 16 *bis*, ([5]) stabilisce i criteri per l'iscrizione, la sospensione e la cancellazione degli iscritti, nonché per lo svolgimento dell'attività di formazione, in modo da garantire elevati livelli di formazione dei mediatori. Con lo stesso decreto, è stabilita la data a decorrere dalla quale la partecipazione all'attività di formazione di cui al presente comma costituisce per il mediatore requisito di qualificazione professionale.

6. L'istituzione e la tenuta del registro e dell'elenco dei formatori avvengono nell'ambito delle risorse umane, finanziarie e strumentali già esistenti, e disponibili a legislazione vigente, presso il Ministero della giustizia e il Ministero dello sviluppo economico, per la parte di rispettiva competenza, e, comunque, senza nuovi o maggiori oneri per il bilancio dello Stato.

([1]) *Questo comma è stato inserito dall'art. 7, comma 1, lett.* v), *n. 1), del D.L.vo 10 ottobre 2022, n. 149.*

A norma dell'art. 41, comma 1, del medesimo decreto, così come modificato dall'art. 1, comma 380, lett. c), *n. 1), della L. 29 dicembre 2022, n. 197, tali disposizioni si applicano a decorrere dal 30 giugno 2023.*

([2]) *Le parole: «e dei relativi criteri di calcolo» sono state inserite dall'art. 7, comma 1, lett.* v), *n. 2), del D.L.vo 10 ottobre 2022, n. 149.*

A norma dell'art. 41, comma 1, del medesimo decreto, così come modificato dall'art. 1, comma 380, lett. c), *n. 1), della L. 29 dicembre 2022, n. 197, tali disposizioni si applicano a decorrere dal 30 giugno 2023.*

([3]) *Le parole: «articolo 55* bis*» sono state così sostituite dalle attuali: «articolo 62» dall'art. 7, comma 1, lett.* v), *n. 3), del D.L.vo 10 ottobre 2022, n. 149.*

A norma dell'art. 41, comma 1, del medesimo decreto, così come modificato dall'art. 1, comma 380, lett. c), *n. 1), della L. 29 dicembre 2022, n. 197, tali disposizioni si applicano a decorrere dal 30 giugno 2023.*

([4]) *Questo comma è stato aggiunto dall'art. 84, comma 1, lett.* o), *del D.L. 21 giugno 2013, n. 69, convertito, con modificazioni, nella L. 9 agosto 2013, n. 98. A norma dell'art. 84, comma 2, dello stesso provvedimento, tali disposizioni si applicano decorsi trenta giorni dall'entrata in vigore della legge di conversione del predetto decreto.*

([5]) *Le parole: «, in conformità all'articolo 16* bis*,» sono state inserite dall'art. 7, comma 1, lett.* v), *n. 4), del D.L.vo 10 ottobre 2022, n. 149.*

A norma dell'art. 41, comma 1, del medesimo decreto, così come modificato dall'art. 1, comma 380, lett. c), *n. 1), della L. 29 dicembre 2022, n. 197, tali disposizioni si applicano a decorrere dal 30 giugno 2023.*

16 *bis*. ([1]) Enti di formazione. – 1. Sono abilitati a iscriversi nell'elenco degli enti di formazione in materia di mediazione gli enti pubblici o privati che danno garanzie di serietà ed efficienza, come definiti dall'articolo 16, commi 1 *bis* e 1 *ter*.

2. Ai fini di cui al comma 1, l'ente di formazione è altresì tenuto a nominare un responsabile scientifico di chiara fama ed esperienza in materia di mediazione, conciliazione o risoluzione alternativa delle controversie, il quale assicura la qualità della formazione erogata dall'ente, la completezza, l'adeguatezza e l'aggiornamento del percorso formativo offerto e la competenza ed esperienza dei formatori, maturate anche all'estero. Il responsabile comunica periodicamente il programma formativo e i nominativi dei formatori scelti al Ministero della giustizia, secondo le previsioni del decreto di cui all'articolo 16, comma 2.

3. Il decreto di cui all'articolo 16, comma 2, stabilisce altresì i requisiti di qualificazione dei mediatori e dei formatori necessari per l'iscrizione, e il mantenimento dell'iscrizione, nei rispettivi elenchi.

([1]) *Questo articolo è stato inserito dall'art. 7, comma 1, lett.* z), *del D.L.vo 10 ottobre 2022, n. 149.*

A norma dell'art. 41, comma 1, del medesimo decreto, così come modificato dall'art. 1, comma 380, lett. c), *n. 1), della L. 29 dicembre 2022, n. 197, tali disposizioni si applicano a decorrere dal 30 giugno 2023.*

17. ([1]) Risorse, regime tributario e indennità. – 1. Tutti gli atti, documenti e provvedimenti relativi al procedimento di mediazione sono esenti dall'imposta di bollo e da ogni spesa, tassa o diritto di qualsiasi specie e natura.

2. Il verbale contenente l'accordo di conciliazione è esente dall'imposta di registro entro il limite di valore di centomila euro, altrimenti l'imposta è dovuta per la parte eccedente.

3. Ciascuna parte, al momento della presentazione della domanda di mediazione o al momento dell'adesione, corrisponde all'organismo, oltre alle spese documentate, un importo a titolo di indennità comprendente le spese di avvio e le spese di mediazione per lo svolgimento del primo incontro. Quando la mediazione si conclude senza l'accordo al primo incontro, le parti non sono tenute a corrispondere importi ulteriori.

4. Il regolamento dell'organismo di mediazione indica le ulteriori spese di mediazione dovute dalle parti per la conclusione dell'accordo di conciliazione e per gli incontri successivi al primo.

5. Con il decreto di cui all'articolo 16, comma 2, sono determinati:

a) l'ammontare minimo e massimo delle indennità spettanti agli organismi pubblici, il criterio di calcolo e le modalità di ripartizione tra le parti;

b) i criteri per l'approvazione delle tabelle delle indennità proposte dagli organismi costituiti da enti privati;

c) gli importi a titolo di indennità per le spese di avvio e per le spese di mediazione per il primo incontro;

d) le maggiorazioni massime dell'indennità dovute, non superiori al 25 per cento, nell'ipotesi di successo della mediazione;

e) le riduzioni minime delle indennità dovute nelle ipotesi in cui la mediazione è condizione di procedibilità ai sensi dell'articolo 5, comma 1, ovvero è demandata dal giudice;

f) i criteri per la determinazione del valore dell'accordo di conciliazione ai sensi dell'articolo 11, comma 3.

6. Quando la mediazione è condizione di procedibilità della domanda giudiziale ai sensi dell'articolo 5, comma 1, ovvero dell'articolo 5 *quater*, comma 2, all'organismo non è dovuta alcuna indennità dalla parte ammessa al patrocinio a spese dello Stato.

7. Il Ministero della giustizia provvede, nell'ambito delle proprie attività istituzionali, al monitoraggio delle mediazioni concernenti i soggetti esonerati dal pagamento dell'indennità di mediazione.

8. L'ammontare dell'indennità può essere rideterminato ogni tre anni in relazione alla variazione, accertata dall'Istituto nazionale di statistica, dell'indice dei prezzi al consumo per le famiglie di operai e impiegati, verificatasi nel triennio precedente.

9. Agli oneri per l'attuazione delle disposizioni di cui ai commi 1 e 2, valutati in 5,9 milioni di euro per l'anno 2010, di 7,018 milioni di euro per gli anni dal 2011 al 2022 e di 13,098 milioni di euro a decorrere dall'anno 2023, cui si provvede:

a) quanto a 5,9 milioni di euro per l'anno 2010 e 7,018 milioni di euro a decorrere dall'anno 2011 mediante corrispondente riduzione della quota delle risorse del «Fondo unico giustizia» di cui all'articolo 2, comma 7, lettera *b*) del decreto legge 16 settembre 2008, n. 143, convertito, con modificazioni, dalla legge 13 novembre 2008, n. 181, che, a tale fine, resta acquisita all'entrata del bilancio dello Stato;

b) quanto a 6,08 milioni di euro annui a decorrere dall'anno 2023, mediante corrispondente riduzione del Fondo per l'attuazione della delega per l'efficienza del processo civile di cui all'articolo 1, comma 39, della legge 26 novembre 2021, n. 206.

(1) *Questo articolo è stato così sostituito dall'art. 7, comma 1, lett. aa), del D.L.vo 10 ottobre 2022, n. 149.*

A norma dell'art. 41, comma 1, del medesimo decreto, così come modificato dall'art. 1, comma 380, lett. c), n. 1), della L. 29 dicembre 2022, n. 197, tali disposizioni si applicano a decorrere dal 30 giugno 2023.

Si riporta il testo precedente:

«Art. 17. Risorse, regime tributario e indennità

1. In attuazione dell'articolo 60, comma 3, lettera o), della legge 18 giugno 2009, n. 69, le agevolazioni fiscali previste dal presente articolo, commi 2 e 3, e dall'articolo 20, rientrano tra le finalità del Ministero della giustizia finanziabili con la parte delle risorse affluite al «Fondo Unico Giustizia» attribuite al predetto Ministero, ai sensi del comma 7 dell'articolo 2, lettera b)*, del decreto legge 16 settembre 2008, n. 143, convertito, con modificazioni, dalla legge 13 novembre 2008, n. 181, e dei commi 3 e 4 dell'articolo 7 del decreto del Ministro dell'economia e delle finanze 30 luglio 2009, n. 127.*

2. Tutti gli atti, documenti e provvedimenti relativi al procedimento di mediazione sono esenti dall'imposta di bollo e da ogni spesa, tassa o diritto di qualsiasi specie e natura. 3. Il verbale di accordo è esente dall'imposta di registro entro il limite di valore di 50.000 euro, altrimenti l'imposta è dovuta per la parte eccedente.

4. Fermo restando quanto previsto dai commi 5 bis e 5 ter del presente articolo, con il decreto di cui all'articolo 16, comma 2, sono determinati:

a) l'ammontare minimo e massimo delle indennità spettanti agli organismi pubblici, il criterio di calcolo e le modalità di ripartizione tra le parti;

b) i criteri per l'approvazione delle tabelle delle indennità proposte dagli organismi costituiti da enti privati;

c) le maggiorazioni massime delle indennità dovute, non superiori al 25 per cento, nell'ipotesi di successo della mediazione;

d) le riduzioni minime delle indennità dovute nelle ipotesi in cui la mediazione è condizione di procedibilità ai sensi dell'articolo 5, comma 1 bis, ovvero è disposta dal giudice ai sensi dell'articolo 5, comma 2 (*).

5. Quando la mediazione è condizione di procedibilità della domanda ai sensi dell'articolo 5, comma 1, all'organismo non è dovuta alcuna indennità dalla parte che si trova nelle condizioni per l'ammissione al patrocinio a spese dello Stato, ai sensi dell'articolo 76 (L) del testo unico delle disposizioni legislative e regolamentari in materia di spese di giustizia di cui al decreto del Presidente della Repubblica del 30 maggio 2002, n. 115. A tale fine la parte è tenuta a depositare presso l'organismo apposita dichiarazione sostitutiva dell'atto di notorietà, la cui sottoscrizione può essere autenticata dal medesimo mediatore, nonché a produrre, a pena di inammissibilità, se l'organismo lo richiede, la documentazione necessaria a comprovare la veridicità di quanto dichiarato (**).

5 bis. Quando la mediazione è condizione di procedibilità della domanda ai sensi dell'articolo 5, comma 1 bis, ovvero è disposta dal giudice ai sensi dell'articolo 5, comma 2, del presente decreto, all'organismo non è dovuta alcuna indennità dalla parte che si trova nelle condizioni per l'ammissione al patrocinio a spese dello Stato, ai sensi dell'articolo 76 (L) del testo unico delle disposizioni legislative e regolamentari in materia di spese di giustizia, di cui al decreto del Presidente della Repubblica 30 maggio 2002, n. 115, e successive modificazioni. A tale fine la parte è tenuta a depositare *presso l'organismo apposita dichiarazione sostitutiva dell'atto di notorietà, la cui sottoscrizione può essere autenticata dal medesimo mediatore, nonché a produrre, a pena di inammissibilità, se l'organismo lo richiede, la documentazione necessaria a comprovare la veridicità di quanto dichiarato* (***).

5 ter. Nel caso di mancato accordo all'esito del primo incontro, nessun compenso è dovuto per l'organismo di mediazione (***).

6. Il Ministero della giustizia provvede, nell'ambito delle proprie attività istituzionali, al monitoraggio delle mediazioni concernenti i soggetti esonerati dal pagamento dell'indennità di mediazione. Dei risultati di tale monitoraggio si tiene conto per la determinazione, con il decreto di cui all'articolo 16, comma 2, delle indennità spettanti agli organismi pubblici, in modo da coprire anche il costo dell'attività prestata a favore dei soggetti aventi diritto all'esonero.

7. L'ammontare dell'indennità può essere rideterminato ogni tre anni in relazione alla variazione, accertata dall'Istituto Nazionale di Statistica, dell'indice dei prezzi al consumo per le famiglie di operai e impiegati, verificatasi nel triennio precedente.

8. Alla copertura degli oneri derivanti dalle disposizioni dei commi 2 e 3, valutati in 5,9 milioni di euro per l'anno 2010 e 7,018 milioni di euro a decorrere dall'anno 2011, si provvede mediante corrispondente riduzione della quota delle risorse del «Fondo unico giustizia» di cui all'articolo 2, comma 7, lettera b) del decreto legge 16 settembre 2008, n. 143, convertito, con modificazioni, dalla legge 13 novembre 2008, n. 181, che, a tale fine, resta acquisita all'entrata del bilancio dello Stato.

9. Il Ministro dell'economia e delle finanze provvede al monitoraggio degli oneri di cui ai commi 2 e 3 ed in caso si verifichino scostamenti rispetto alle previsioni di cui al comma 8, resta acquisito all'entrata l'ulteriore importo necessario a garantire la copertura finanziaria del maggiore onere a valere sulla stessa quota del Fondo unico giustizia di cui al comma 8.».

(*) *Questo comma è stato così sostituito dall'art. 84, comma 1, lett. p), n. 1), del D.L. 21 giugno 2013, n. 69, convertito, con modificazioni, nella L. 9 agosto 2013, n. 98. A norma dell'art. 84, comma 2, dello stesso provvedimento, tali disposizioni si applicano decorsi trenta giorni dall'entrata in vigore della legge di conversione del predetto decreto.*

(**) *La Corte costituzionale, con sentenza n. 272 del 6 dicembre 2012, ha dichiarato l'illegittimità costituzionale di questo comma.*

(***) *Questo comma è stato inserito dall'art. 84, comma 1, lett. p), n. 2), del D.L. 21 giugno 2013, n. 69, convertito, con modificazioni, nella L. 9 agosto 2013, n. 98. A norma dell'art. 84, comma 2, dello stesso provvedimento, tali disposizioni si applicano decorsi trenta giorni dall'entrata in vigore della legge di conversione del predetto decreto.*

18. Organismi presso i tribunali. – 1. I consigli degli ordini degli avvocati possono istituire organismi presso ciascun tribunale, avvalendosi di proprio personale e utilizzando i locali loro messi a disposizione dal presidente del tribunale. Gli organismi presso i tribunali sono iscritti al registro a semplice domanda, nel rispetto dei criteri stabiliti dai decreti di cui all'articolo 16.

19. Organismi presso i consigli degli ordini professionali e presso le camere di commercio. – 1. I consigli degli ordini professionali possono istituire, per le materie riservate alla loro competenza, previa autorizzazione del Ministero della giustizia, organismi speciali, avvalendosi di proprio personale e utilizzando locali nella propria disponibilità.

2. Gli organismi di cui al comma 1 e gli organismi istituiti ai sensi dell'articolo 2, comma 4, della legge 29 dicembre 1993, n. 580, dalle camere di commercio, industria, artigianato e agricoltura sono iscritti al registro a semplice domanda, nel rispetto dei criteri stabiliti dai decreti di cui all'articolo 16.

Capo IV
Disposizioni in materia fiscale e informativa

20. (1) **Credito d'imposta in favore delle parti e degli organismi di mediazione.** – 1. Alle parti è riconosciuto, quando è raggiunto l'accordo di conciliazione, un credito d'imposta commisurato all'indennità corrisposta ai sensi dell'articolo 17, commi 3 e 4, fino a concorrenza di euro seicento. Nei casi di cui all'articolo 5, comma 1, e quando la mediazione è demandata dal giudice, alle parti è altresì riconosciuto un credito d'imposta commisurato al compenso corrisposto al proprio avvocato per l'assistenza nella procedura di mediazione, nei limiti previsti dai parametri forensi e fino a concorrenza di euro seicento.

2. I crediti d'imposta previsti dal comma 1 sono utilizzabili dalla parte nel limite complessivo di euro seicento per procedura e fino ad un importo massimo annuale di euro duemilaquattrocento per le persone fisiche e di euro ventiquattromila per le persone giuridiche. In caso di insuccesso della mediazione i crediti d'imposta sono ridotti della metà.

3. È riconosciuto un ulteriore credito d'imposta commisurato al contributo unificato versato dalla parte del giudizio estinto a seguito della conclusione di un accordo di conciliazione, nel limite dell'importo versato e fino a concorrenza di euro cinquecentodiciotto.

4. Agli organismi di mediazione è riconosciuto un credito d'imposta commisurato all'indennità non esigibile dalla parte ammessa al patrocinio a spese dello Stato ai sensi dell'articolo 15 *septies*, comma 2, fino a un importo massimo annuale di euro ventiquattromila.

5. Con decreto del Ministro della giustizia, di concerto con il Ministro dell'economia e delle finanze, da adottare entro sei mesi dall'entrata in vigore delle disposizioni attuative della legge 26 novembre 2021, n. 206, recante delega al Governo per l'efficienza del processo civile e per la revisione della disciplina degli strumenti di risoluzione alternativa delle controversie e misure urgenti di razionalizzazione dei procedimenti in materia di diritti delle persone e delle famiglie nonché in materia di esecuzione forzata, sono stabilite le modalità di riconoscimento dei crediti d'imposta di cui al presente articolo, la documentazione da esibire a corredo della richiesta e i controlli sull'autenticità della stessa, nonché le modalità di trasmissione in via telematica all'Agenzia delle entrate dell'elenco dei beneficiari e dei relativi importi a ciascuno comunicati.

6. All'onere derivante dall'attuazione delle disposizioni di cui al presente articolo, valutato in euro 51.821.400 annui a decorrere dall'anno 2023, si provvede mediante corrispondente riduzione del Fondo per l'attuazione della delega per l'efficienza del processo civile di cui all'articolo 1, comma 39, della legge 26 novembre 2021, n. 206.

7. Il Ministero della giustizia provvede annualmente al versamento dell'importo corrispondente all'ammontare delle risorse destinate ai crediti d'imposta sulla contabilità speciale n. 1778 "Agenzia delle entrate - Fondi di bilancio".

(1) *Questo articolo è stato così sostituito dall'art. 7, comma 1, lett. bb), del D.L.vo 10 ottobre 2022, n. 149.*

A norma dell'art. 41, comma 1, del medesimo decreto, così come modificato dall'art. 1, comma 380, lett. c), n. 1), della L. 29 dicembre 2022, n. 197, tali disposizioni si applicano a decorrere dal 30 giugno 2023.

Si riporta il testo precedente:

«Art. 20. Credito d'imposta

1. Alle parti che corrispondono l'indennità ai soggetti abilitati a svolgere il procedimento di mediazione presso gli organismi è riconosciuto, in caso di successo della mediazione, un credito d'imposta commisurato all'indennità stessa, fino a concorrenza di euro cinquecento, determinato secondo quanto disposto dai commi 2 e 3. In caso di insuccesso della mediazione, il credito d'imposta è ridotto della metà.

2. A decorrere dall'anno 2011, con decreto del Ministro della giustizia, entro il 30 aprile di ciascun anno, è determinato l'ammontare delle risorse a valere sulla quota del «Fondo unico giustizia» di cui all'articolo 2, comma 7, lettera b), del decreto legge 16 settembre 2008, n. 143, convertito, con modificazioni, dalla legge 13 novembre 2008, n. 181, destinato alla copertura delle minori entrate derivanti dalla concessione del credito d'imposta di cui al comma 1 relativo alle mediazioni concluse nell'anno precedente. Con il medesimo decreto è individuato il credito d'imposta effettivamente spettante in relazione all'importo di ciascuna mediazione in misura proporzionale alle risorse stanziate e, comunque, nei limiti dell'importo indicato al comma 1.

3. Il Ministero della giustizia comunica all'interessato l'importo del credito d'imposta spettante entro 30 giorni dal termine indicato al comma 2 per la sua determinazione e trasmette, in via telematica, all'Agenzia delle entrate l'elenco dei beneficiari e i relativi importi a ciascuno comunicati.

4. Il credito d'imposta deve essere indicato, a pena di decadenza, nella dichiarazione dei redditi ed è utilizzabile a decorrere dalla data di ricevimento della comunicazione di cui al comma 3, in compensazione ai sensi dell'articolo 17 del decreto legislativo 9 luglio 1997, n. 241, nonché, da parte delle persone fisiche non titolari di redditi d'impresa o di lavoro autonomo, in diminuzione delle imposte sui redditi. Il credito d'imposta non dà luogo a rimborso e non concorre alla formazione del reddito ai fini delle imposte sui redditi, né del valore della produzione netta ai fini dell'imposta regionale sulle attività produttive e non rileva ai fini del rapporto di cui agli articoli 61 e 109, comma 5, del testo unico delle imposte sui redditi, di cui al decreto del Presidente della Repubblica 22 dicembre 1986, n. 917.

5. Ai fini della copertura finanziaria delle minori entrate derivanti dal presente articolo il Ministero della giustizia provvede annualmente al versamento dell'importo corrispondente all'ammontare delle risorse destinate ai crediti d'imposta sulla contabilità speciale n. 1778 «Agenzia delle entrate - Fondi di bilancio».».

21. Informazioni al pubblico. - 1. Il Ministero della giustizia cura, attraverso il Dipartimento per l'informazione e l'editoria della Presidenza del Consiglio dei Ministri e con i fondi previsti dalla legge 7 giugno 2000, n. 150, la divulgazione al pubblico attraverso apposite campagne pubblicitarie, in particolare via internet, di informazioni sul procedimento di mediazione e sugli organismi abilitati a svolgerlo.

Capo V
Abrogazioni, coordinamenti e disposizioni transitorie

22. Obblighi di segnalazione per la prevenzione del sistema finanziario a scopo di riciclaggio e di finanziamento del terrorismo. - 1. All'articolo 10, comma 2, lettera *e*), del decreto legislativo 21 novembre 2007, n. 231, dopo il numero 5) è aggiunto il seguente: «5 *bis*) mediazione, ai sensi dell'articolo 60 della legge 18 giugno 2009, n. 69;».

23. Abrogazioni. - 1. Sono abrogati gli articoli da 38 a 40 del decreto legislativo 17 gennaio 2003, n. 5, e i rinvii operati dalla legge a tali articoli si intendono riferiti alle corrispondenti disposizioni del presente decreto.

2. Restano ferme le disposizioni che prevedono i procedimenti obbligatori di concilia-

zione e mediazione, comunque denominati, nonché le disposizioni concernenti i procedimenti di conciliazione relativi alle controversie di cui all'articolo 409 del codice di procedura civile. I procedimenti di cui al periodo precedente sono esperiti in luogo di quelli previsti dal presente decreto.

24. (1) **Disposizioni transitorie e finali.** - 1. Le disposizioni di cui all'articolo 5, comma 1, acquistano efficacia decorsi dodici mesi dalla data di entrata in vigore del presente decreto e si applicano ai processi successivamente iniziati (2).

(1) *La Corte costituzionale, con sentenza n. 272 del 6 dicembre 2012, ha dichiarato l'illegittimità costituzionale di questo articolo.*

(2) *A norma dell'art. 2, comma 16* decies, *del D.L. 29 dicembre 2010, n. 225, convertito, con modificazioni, nella L. 26 febbraio 2011, n. 10, il termine previsto da questo articolo è prorogato di dodici mesi, limitatamente alle controversie in materia di condominio e di risarcimento del danno derivante dalla circolazione di veicoli e natanti.*

1.

D.P.R. 15 dicembre 1959, n. 1229. Ordinamento degli ufficiali giudiziari e degli aiutanti ufficiali giudiziari (Suppl. ord. alla *Gazzetta Ufficiale* n. 26 dell'1 febbraio 1960).

Titolo I
Stato giuridico
degli ufficiali giudiziari

Capo I
Disposizioni preliminari

1. ([1]) Gli ufficiali giudiziari, gli aiutanti ufficiali giudiziari ed i coadiutori addetti agli uffici notificazioni, esecuzioni e protesti degli uffici giudiziari sono ausiliari dell'ordine giudiziario ([2]). Essi procedono all'espletamento degli atti loro demandati quando tali atti siano ordinati dall'autorità giudiziaria o siano richiesti dal cancelliere o dalla parte. È fatto loro divieto di assumere negli uffici personale privato.

([1]) *Questo articolo è stato così sostituito dall'art. 1 della L. 12 luglio 1975, n. 322.*

([2]) *A norma dell'art. 11 della L. 16 ottobre 1991, n. 321, recante interventi straordinari per la funzionalità degli uffici giudiziari, i coadiutori addetti agli uffici notificazioni, esecuzioni e protesti degli uffici giudiziari sono impiegati civili dello Stato.*

2. Gli ufficiali giudiziari sono equiparati agli impiegati civili dello Stato agli effetti dei congedi, della imposta di ricchezza mobile e complementare, delle riduzioni sui viaggi, delle impignorabilità e della insequestrabilità sia della retribuzione, sia delle indennità, sia degli assegni, nonché agli effetti dell'assegnazione degli alloggi dell'Istituto nazionale delle casse per gli impiegati dello Stato e ai fini dell'iscrizione all'Ente nazionale di previdenza e di assistenza per i dipendenti dello Stato.

La spesa relativa alle riduzioni sui viaggi è a carico del Ministero di grazia e giustizia, alle condizioni e con le modalità che saranno stabilite d'intesa col Ministero dei trasporti e col Ministero del tesoro.

Capo II
Concorso e nomina

3. Il concorso a posti di ufficiale giudiziario è indetto con decreto ministeriale da pubblicarsi sulla *Gazzetta Ufficiale* non meno di due mesi prima della scadenza del termine utile per la presentazione della domanda. Tale decreto è anche pubblicato nel Bollettino ufficiale del Ministero di grazia e giustizia ed è affisso nella sala d'ingresso delle Corti, dei tribunali e delle preture ([1]).

Il decreto deve indicare:

a) il numero dei posti messi a concorso;

b) i documenti prescritti;

c) il termine entro il quale deve essere presentata la domanda;

d) il programma degli esami scritti e di quelli orali;

e) ogni altra notizia o prescrizione ritenuta opportuna.

Il diario delle prove scritte e la sede in cui esse debbono aver luogo possono essere stabiliti col medesimo decreto o con successivo provvedimento da comunicare ai partecipanti al concorso almeno quindici giorni prima della data fissata per l'inizio delle prove scritte.

Il decreto deve, inoltre, indicare, tenendo presenti le norme in vigore per i pubblici concorsi ad impiego nelle Amministrazioni dello Stato, se e a quali categorie di concorrenti deve essere riservata una quota dei posti messi a concorso ed i titoli che danno luogo, a parità di voti, a precedenza e a preferenza; deve, altresì, indicare il termine entro il quale i concorrenti che abbiano superato le prove d'esame dovranno far pervenire al Ministero di grazia e giustizia i documenti prescritti per dimostrare il possesso dei titoli di precedenza e di preferenza.

Il decreto deve, infine, contenere la indicazione del termine e delle modalità di presentazione dei documenti da parte dei candidati utilmente collocati nella graduatoria di cui al successivo art. 19.

([1]) *Ai sensi del D.L.vo 19 febbraio 1998, n. 51, l'ufficio del pretore è soppresso a decorrere dal 2 giugno 1999, fatta salva l'attività necessaria per l'esaurimento degli affari pendenti. Le relative competenze sono trasferite al tribunale ordinario, fuori dei casi in cui è diversamente disposto dal predetto provvedimento.*

4. Possono essere ammessi al concorso coloro che – alla data di scadenza del termine stabilito nel bando per la presentazione della domanda – siano in possesso dei seguenti registri:

1) cittadinanza italiana. Sono equiparati ai cittadini gli italiani non appartenenti alla Repubblica;

2) età non inferiore agli anni 21 e non superiore agli anni 30. Si applicano, tuttavia, le disposizioni che elevano il limite di età per l'ammissione ai pubblici concorsi per impieghi statali. Possono partecipare al concorso senza limite di età gli aiutanti ufficiali giudiziari;

3) buona condotta;

4) idoneità fisica necessaria per poter esercitare utilmente le funzioni di ufficiale giudiziario. Il Ministro ha facoltà di sottoporre a visita medica di controllo i vincitori del concorso.

Gli aspiranti, inoltre, debbono aver conseguito il diploma di istituto di istruzione secondaria di secondo grado.

Non sono ammessi al concorso coloro che siano esclusi dall'elettorato attivo politico e coloro che siano stati destituiti, dichiarati decaduti ai sensi dell'art. 127, lettera *d*), del decreto del Presidente della Repubblica 10 gennaio 1957, n. 3, o dispensati dall'impiego presso una pubblica amministrazione.

[Le donne non sono ammesse al concorso] ([1]).

Il Ministro può disporre, con decreto motivato, la esclusione dal concorso soltanto per difetto dei requisiti prescritti.

([1]) *Questo comma è stato abrogato dalla L. 9 febbraio 1963, n. 66.*

5. Per l'ammissione al concorso gli aspiranti debbono farne domanda al Ministro per la grazia e giustizia e presentarla alla procura della Repubblica presso il tribunale nella cui giurisdizione risiedono, entro il termine stabilito dal decreto che bandisce il concorso.

Gli aspiranti debbono dichiarare nella domanda:

a) la data ed il luogo di nascita;

b) il possesso della cittadinanza italiana;

c) il Comune dove sono iscritti nelle liste elettorali ovvero i motivi della non iscrizione o della cancellazione delle liste medesime;

d) eventuali condanne penali riportate;

e) il titolo di studio;

f) la loro posizione nei riguardi degli obblighi militari;

g) i servizi prestati come impiegati presso pubbliche amministrazioni e le cause di risoluzione dei precedenti rapporti di pubblico impiego;

h) i titoli che danno diritto ad elevazione del limite massimo di età per l'ammissione al concorso.

La firma in calce alla domanda deve essere autenticata da notaio o dal segretario comunale del luogo di residenza. Per i dipendenti statali è sufficiente il visto del capo dell'ufficio presso il quale prestano servizio.

Il Ministero provvede d'ufficio ad accertare il requisito della buona condotta, nonché le cause di risoluzione dei precedenti rapporti di pubblico impiego.

6. L'esame di concorso consta:

1) di due prove scritte che hanno luogo in giorni distinti sulle seguenti materie:

a) nozioni di procedura civile, nonché nozioni di ordinamento giudiziario;

b) nozioni di procedura penale e ordinamento degli ufficiali giudiziari ed aiutanti;

2) di una prova orale sulle predette materie nonché su nozioni di diritto privato, limitatamente alle materie trattate nei titoli III e V del libro I, nel titolo I del libro III, nel capo II del titolo I e nel titolo V del libro IV, e nel libro VI del Codice civile, su nozioni di diritto della navigazione, sulle leggi sulle imposte di bollo e di registro, sulla legislazione cambiaria, sulla riscossione coattiva delle entrate patrimoniali dello Stato e sulla disciplina degli autoveicoli.

Gli argomenti delle prove scritte e orali debbono avere speciale riferimento alle funzioni dell'ufficiale giudiziario.

7. ([1]) Le commissioni esaminatrici dei concorsi per l'ammissione alle carriere di ufficiale giudiziario e di aiutante ufficiale giudiziario sono composte da un magistrato con qualifica non inferiore a magistrato di Corte di cassazione, che la presiede, da due magistrati con qualifica non inferiore a magistrato di corte d'appello e da due ufficiali giudiziari che abbiano compiuto almeno quindici anni di servizio.

Sono nominati, altresì, componenti supplenti tre magistrati con qualifica non inferiore a magistrato di tribunale e due ufficiali giudiziari che abbiano almeno dieci anni di servizio.

A sostituire il presidente è chiamato il magistrato più anziano.

Le funzioni di segretario sono disimpegnate da due impiegati della carriera direttiva delle cancellerie e segreterie giudiziarie addetti al ministero.

(1) *Questo articolo, come modificato dall'art. 1 della L. 11 giugno 1962, n. 546, è stato così sostituito dall'art. un. della L. 10 giugno 1978, n. 271.*

8. Quando il numero dei candidati sia rilevante il Ministro ha facoltà di stabilire, con decreto, le sedi di Corte di appello presso le quali debbono aver luogo contemporaneamente le prove scritte. In tal caso, la vigilanza in ciascuna Corte è affidata ad apposito Comitato costituito da tre magistrati di appello, nominati dal presidente della Corte di appello, d'intesa con il procuratore generale, e presieduto dal più anziano.

Il Ministro può disporre che uno dei componenti del Comitato sia un magistrato addetto al Ministero con funzioni amministrative; questi, qualora abbia la qualifica di magistrato di appello, ne assume la presidenza.

Esercita le funzioni di segretario del Comitato il cancelliere capo della Corte o chi ne fa le veci.

A coadiuvare il Comitato stesso nella vigilanza il presidente della Corte di appello, d'intesa con il procuratore generale, destina un congruo numero di funzionari di cancelleria o di segreteria e di ufficiali giudiziari.

La prova orale ha sempre luogo in Roma.

9. La Commissione esaminatrice, se gli esami hanno luogo in unica sede, prepara per ciascuna prova scritta tre temi che, appena formulati, sono chiusi in pieghi, suggellati e firmati sui lembi di chiusura dai componenti della Commissione e dal segretario.

Se gli esami hanno luogo in più sedi, la Commissione esaminatrice formula un solo tema, del quale sono fatti tanti esemplari quanti sono le sedi di esame, e ciascun esemplare viene chiuso in piego suggellato e firmato come nel comma precedente. Uno dei pieghi è conservato dal presidente della Commissione; gli altri sono rimessi nelle sedi di esame direttamente al presidente della Corte di appello, il quale ne cura la conservazione e ne fa consegna al presidente del Comitato di vigilanza la mattina del giorno fissato per la prova.

10. Nell'ora stabilita per ciascuna prova scritta, che deve essere la stessa per tutte le sedi, i candidati devono trovarsi presenti nel locale in cui ha luogo l'esame. Il presidente della Commissione esaminatrice o del Comitato di vigilanza fa procedere all'appello nominale dei concorrenti e, previo accertamento della loro identità personale, li fa collocare in modo che non possono comunicare tra loro. Fatta poi constatare l'integrità del piego o dei tre pieghi contenenti i temi e, nel secondo caso, fatto sorteggiare da un candidato il tema da svolgere, il presidente detta o fa dettare il tema che deve essere firmato da lui e dal segretario.

È escluso dal concorso il candidato che non sia presente al momento della dettatura del tema o che, trascorso il termine di otto ore dalla dettatura medesima, non abbia consegnato il lavoro.

I lavori debbono essere scritti, a pena di nullità, esclusivamente su carta fornita ai candidati, con il timbro di ufficio e con la firma di un componente ovvero del segretario della Commissione esaminatrice o del Comitato di vigilanza.

11. Durante le prove scritte non è permesso ai candidati di comunicare in qualunque modo tra loro o con altri, salvo che con gli incaricati della vigilanza o con i componenti della Commissione esaminatrice. I candidati non devono portare scritti, libri o pubblicazioni di qualunque specie. Possono soltanto consultare leggi e decreti sui testi fatti preventivamente verificare dalla Commissione o dal presidente della Corte di appello per i candidati che sostengano le prove nelle sedi di Corte di appello. Il concorrente che contravviene a tale disposizione è immediatamente escluso dall'esame, con provvedimento adottato da almeno due componenti della Commissione esaminatrice o del Comitato di vigilanza.

Nella sala degli esami, durante lo svolgimento delle prove scritte, debbono essere presenti almeno due componenti della Commissione o del Comitato suddetti.

12. Al candidato sono consegnate in ciascuno dei giorni d'esame due buste di eguale colore: una grande ed una piccola contenente un cartoncino bianco.

Il candidato, svolto il tema, senza apporvi la firma od altro contrassegno, mette il foglio od i fogli nella busta grande; scrive il proprio nome e cognome, la data ed il luogo di nascita sul cartoncino e lo chiude nella busta piccola. Pone, quindi, anche la busta piccola nella grande che richiude e consegna ad un componente della Commissione esaminatrice o del Comitato di vigilanza; questi appone trasversalmente sul lembo e sulla restante parte della busta la propria firma e la data della consegna.

Ogni giorno, al termine della prova, tutte le buste vengono raccolte in pieghi suggellati e firmati da un componente della Commissione esaminatrice o del Comitato di vigilanza e dal segretario.

Quando gli esami scritti hanno luogo in più sedi, i lavori vengono spediti giornalmente, in piego raccomandato, alla Commissione esaminatrice dai singoli Comitati di vigilanza per il tramite del presidente della Corte di appello.

13. Esaurite le prove scritte, la Commissione è convocata nel termine di quindici giorni per iniziare l'esame dei lavoro.

La Commissione, constatata l'integrità dei sigilli, fa aprire il piego o i pieghi contenenti le buste. Il segretario apre, quindi, le buste esterne una dopo l'altra e appone lo stesso numero progressivo su ciascun lavoro e sulla busta interna contenente il nome del candidato.

La Commissione, letto il lavoro, assegna il voto, che subito viene annotato in lettere sul lavoro stesso; la annotazione è sottoscritta dal presidente e dal segretario.

Dopo che sono stati esaminati e giudicati tutti i lavori, la Commissione apre le buste contenenti i nomi dei candidati ai quali restano attribuiti i voti già annotati sui rispettivi lavori.

14. La Commissione annulla l'esame quando il candidato abbia contravvenuto alle prescrizioni dell'art. 12, secondo comma, ovvero quando abbia fondate ragioni per ritenere che il lavoro sia stato copiato, in tutto o in parte, da altro lavoro o da qualche autore. La decisione della Commissione sull'annullamento e sulla conseguente esclusione del candidato dal concorso è definitiva.

15. Sono ammessi alle prove orali i candidati che abbiano riportato una media di almeno sette decimi nelle prove scritte e non meno di sei decimi in ciascuna di esse.

La prova orale ha luogo nel giorno stabilito dalla Commissione per ciascun candidato, che deve averne notizia almeno tre giorni prima di quello fissato. Essa è pubblica; non può durare meno di quindici minuti né più di trenta.

Ogni componente della Commissione può interrogare i candidati sulle materie di esame; tuttavia il presidente può all'inizio della seduta assegnare ai componenti le materie sulle quali essi dovranno interrogare i concorrenti.

Terminata la prova orale di ciascun candidato, la Commissione procede alla votazione; il voto assegnato viene subito annotato nel processo verbale.

La prova orale non s'intende superata se il candidato non ottenga almeno la votazione di sei decimi.

La votazione complessiva è stabilita dalla somma della media dei voti riportati nelle prove scritte e del voto ottenuto nella prova orale, ed è aumentata di un voto per i candidati che abbiano superato la prova orale e prestino lodevole servizio quale aiutante ufficiale giudiziario. L'aumento è deliberato dalla Commissione a favore di ciascun candidato, che risulta avervi diritto, subito dopo avergli assegnato il voto per la prova orale.

Il segretario alla fine di ogni seduta rende pubblico il risultato delle prove mediante affissione alla porta della sala degli esami.

16. Espletate le prove del concorso, la Commissione forma la graduatoria di merito con l'indicazione del punteggio complessivo conseguito da ciascun candidato. Nel formare la suddetta graduatoria deve tener conto anche dei titoli di precedenza e di preferenza che i concorrenti abbiano presentato nel termine stabilito nel bando di concorso a norma dell'art. 3.

Entro i limiti dei posti messi a concorso sono dichiarati vincitori i primi classificati nella graduatoria degli idonei, salvo le quote riservate in favore delle categorie di concorrenti specificate nel bando.

Qualora tra i concorrenti dichiarati idonei nella graduatoria di merito ve ne siano taluni che appartengono a più categorie che danno titolo a differenti riserve di posti, si tiene conto prima del titolo che dà diritto a riserva di un maggior numero di posti.

17. Di tutte le operazioni compiute dalla Commissione esaminatrice e dai Comitati di vigilanza nell'espletamento delle operazioni d'esame si redige giorno per giorno processo verbale, nel quale deve essere inserito anche il testo delle deliberazioni eventualmente adottate. Il verbale è sottoscritto da tutti i componenti e dal segretario.

Il presidente, al termine dei lavori della Commissione, redige, sullo svolgimento del concorso, una succinta relazione, che trasmette al Ministro insieme con la graduatoria.

18. Il Ministro ha facoltà di annullare le operazioni del concorso nelle quali si siano verificate gravi irregolarità.

19. Il Ministro, accertata la regolarità del procedimento e decise le eventuali contestazioni in ordine alla classificazione dei concorrenti, con proprio decreto approva la graduatoria e dichiara i vincitori del concorso sotto condizione dell'accertamento dei requisiti di cui all'art. 4.

La graduatoria dei vincitori e quella dei concorrenti dichiarati idonei sono pubblicate nel Bollettino ufficiale del Ministero, dandosi notizia di tale pubblicazione con avviso da inserire nella *Gazzetta Ufficiale* della Repubblica; dalla data dell'inserzione decorre il termine per le eventuali impugnative.

I concorrenti utilmente collocati nella graduatoria sono invitati dal Ministero a presentare, nel termine e con le modalità stabilite nel bando di concorso, a pena di decadenza:

a) l'originale diploma del titolo di studio o una copia autentica ovvero il documento rilasciato dalla competente autorità scolastica in sostituzione del diploma;

b) il certificato generale del casellario giudiziale;

c) il certificato medico attestante l'idoneità fisica al servizio continuativo ed incondizionato;

d) gli altri documenti necessari per dimostrare il possesso dei requisiti prescritti.

I candidati che appartengano al personale statale di ruolo debbono presentare, nel termine di cui al precedente comma, una copia integrale dello stato matricolare, il titolo di studio ed il certificato medico; sono esonerati invece dalla presentazione dei documenti occorrenti per dimostrare il possesso degli altri requisiti indicati nell'art. 4.

20. Con decreto del Ministro i vincitori del concorso sono nominati ufficiali giudiziari.

I concorrenti dichiarati idonei in eccedenza al numero dei posti messi a concorso non acquistano diritto a ricoprire quelli che si facciano successivamente vacanti. Il Ministro ha però facoltà di assegnare ai detti concorrenti, secondo l'ordine della graduatoria, i posti che risultino disponibili entro sei mesi dalla data di approvazione della graduatoria medesima, nel limite di un quinto di quelli messi a concorso.

Conseguita la nomina, l'ufficiale giudiziario per la durata di sei mesi è assegnato in soprannumero ad un ufficio unico di Corte di appello o di tribunale: trascorso tale periodo dev'essere trasferito ad una pretura (1).

Al medesimo spettano il trattamento economico previsto dal primo comma dell'art. 148 e l'assegno a titolo di gratificazione annuale di cui all'art. 153, l'importo dei quali viene prelevato dalla massa dei proventi netti da ripartire; spettano, altresì, gli emolumenti di cui all'art. 152.

(1) *Ai sensi del D.L.vo 19 febbraio 1998, n. 51, l'ufficio del pretore è soppresso a decorrere dal 2 giugno 1999, fatta salva l'attività necessaria per l'esaurimento degli affari pendenti. Le relative competenze sono trasferite al tribunale ordinario, fuori dei casi in cui è diversamente disposto dal predetto provvedimento.*

Capo III
Cauzione ed assunzione in servizio

21. L'ufficiale giudiziario, a garanzia dei danni cagionati nell'esercizio delle funzioni, è tenuto a prestare una cauzione di € 51,65 se addetto ad un ufficio unico e di € 25,82 se addetto a una pretura (1). Il versamento può essere effettuato anche in dieci rate mensili uguali.

(1) *Ai sensi del D.L.vo 19 febbraio 1998, n. 51, l'ufficio del pretore è soppresso a decorrere dal 2 giugno 1999, fatta salva l'attività necessaria per l'esaurimento degli affari pendenti. Le relative competenze sono trasferite al tribunale ordinario, fuori dei casi in cui è diversamente disposto dal predetto provvedimento.*

22. L'ufficiale giudiziario, prima di essere immesso nell'esercizio delle funzioni, deve avere versato almeno la prima rata della cauzione.

Il capo dell'ufficio, nelle sedi che non sono capoluogo di distretto, informa mensilmente il presidente della Corte di appello del regolare versamento delle rate successive. In caso di mancato versamento di una rata, il presidente della Corte di appello ne riferisce al Ministro il quale provvede alla dispensa dal servizio dell'inadempiente.

23. Qualora la cauzione, a seguito di atti esecutivi sulla medesima o per altra causa venga a mancare, a diminuire o comunque a perdere la sua efficienza, il presidente della Corte di appello invita l'ufficiale giudiziario ad integrarla nel termine di tre mesi; trascorso inutilmente detto termine lo sospende dalle funzioni.

Il provvedimento di sospensione è immediatamente comunicato al Ministro, il quale dispensa dal servizio l'inadempiente.

In caso di cessazione delle funzioni, per lo svincolo della cauzione l'ufficiale giudiziario, al termine di sei mesi, deve farne istanza al presidente del tribunale nella cui giurisdizione ha prestato l'ultimo periodo di servizio.

Dell'istanza di svincolo deve essere dato avviso mediante pubblicazione nel foglio degli annunzi legali delle province (1), ove l'ufficiale giudiziario ha prestato servizio negli ultimi dieci anni, nonché mediante affissione nell'albo dell'ufficio giudiziario ove si è verificata la cessazione del servizio.

Le opposizioni allo svincolo debbono essere presentate al cancelliere del tribunale competente nel termine di sei mesi dalla data dell'ultimo avviso.

Decorso detto termine, il presidente del tribunale, sentito il pubblico ministero, decide in merito alle eventuale opposizioni e provvede sulla domanda di svincolo.

(1) *A norma dell'art. 31, comma 1, della L. 24 novembre 2000, n. 340, a decorrere dal novantesimo giorno successivo alla data di entrata in vigore della stessa legge sono aboliti i fogli degli annunzi legali delle province.*

24. L'ufficiale giudiziario deve assumere le sue funzioni nel termine di giorni trenta dalla data del Bollettino ufficiale che pubblica la registrazione alla Corte dei conti del decreto di nomina.

Il Ministro può abbreviare per giusta causa il termine suddetto, ma non può prorogarlo.

Decade dalla nomina l'ufficiale giudiziario che, senza giustificato motivo, non assume servizio entro il termine stabilito.

25. Prima di assumere servizio l'ufficiale giudiziario deve prestare giuramento davanti al capo dell'ufficio secondo la formula prescritta per gli impiegati civili dello Stato (1).

Il rifiuto di prestare il giuramento importa la decadenza dalla nomina.

Dopo che l'ufficiale giudiziario ha prestato giuramento, il capo dell'ufficio lo dichiara immesso nell'esercizio delle sue funzioni.

Il cancelliere redige il processo verbale della prestazione del giuramento e della immissione nell'esercizio delle funzioni.

(1) *Art. 11 dello Statuto impiegati civili dello Stato di cui al D.P.R. 10 gennaio 1957, n. 3.*

Capo IV
Esenzioni ed incompatibilità

26. L'ufficiale giudiziario è esente da qualsiasi servizio pubblico estraneo alle sue funzioni, eccettuato il servizio militare.

27. L'ufficiale giudiziario non può assumere impieghi pubblici o privati, esercitare il commercio, l'industria, né alcuna professione o accettare cariche in società costituite a fine di lucro.

Può ricoprire la carica di amministratore gratuito di istituzioni pubbliche di beneficenza, di enti di pubblica utilità legalmente riconosciuti o di enti che siano sottoposti alla vigilanza dell'amministrazione dello Stato; può, altresì, essere prescelto come consulente tecnico, perito od arbitro previa autorizzazione del capo dell'ufficio. Può accedere alla carica di consigliere comunale o provinciale, ma deve essere collocato in aspettativa se accetta di ricoprire altre cariche elettive.

È in facoltà del Ministro di autorizzare, caso per caso, altre attività che siano compatibili con le funzioni di ufficiale giudiziario.

L'ufficiale giudiziario, che contravvenga ai divieti posti dal primo comma del presente articolo, viene diffidato dal Ministro o dal presidente della Corte di appello a cessare l'attività incompatibile con le sue funzioni.

La circostanza che l'ufficiale giudiziario abbia obbedito alla diffida non preclude l'eventuale azione disciplinare.

Decorsi i quindici giorni dalla diffida, senza che l'attività sia cessata, l'ufficiale giudiziario decade dall'ufficio.

Il presidente del tribunale o il pretore (1) è tenuto a denunciare al presidente della Corte di appello i casi di incompatibilità dei quali sia venuto comunque a conoscenza.

(1) *Ai sensi del D.L.vo 19 febbraio 1998, n. 51, l'ufficio del pretore è soppresso a decorrere dal 2 giugno 1999, fatta salva l'attività necessaria per l'esaurimento degli affari pendenti. Le relative competenze sono trasferite al tribunale ordinario, fuori dei casi in cui è diversamente disposto dal predetto provvedimento.*

28. L'ufficiale giudiziario non può essere addetto all'ufficio della sede nella quale prestano servizio come magistrati parenti sino al secondo grado od affini nel primo grado, o nella quale egli ha esercitato, sino a cinque anni prima, il commercio ovvero lo esercitano i genitori o la moglie.

In ogni caso l'ufficiale giudiziario deve astenersi dal compiere qualsiasi atto del suo ufficio nei confronti di parenti o affini entro il quarto grado.

Capo V
Assegnazione di sedi e trasferimenti

29. I posti disponibili presso le preture ([1]) vengono assegnati, con decreto del Ministro, ai vincitori di ciascun concorso, al termine del periodo di servizio prestato in soprannumero presso gli uffici unici, tenendo conto delle aspirazioni espresse dai vincitori stessi, del posto occupato in graduatoria e delle situazioni personali o di famiglia.

Nell'assegnazione dei posti disponibili negli uffici giudiziari che comprendono nella loro circoscrizione territoriale Comuni della provincia di Bolzano, sono preferiti, a parità di condizioni, gli aspiranti che hanno adeguata conoscenza della lingua tedesca.

([1]) *Ai sensi del D.L.vo 19 febbraio 1998, n. 51, l'ufficio del pretore è soppresso a decorrere dal 2 giugno 1999, fatta salva l'attività necessaria per l'esaurimento degli affari pendenti. Le relative competenze sono trasferite al tribunale ordinario, fuori dei casi in cui è diversamente disposto dal predetto provvedimento.*

30. Il trasferimento dell'ufficiale giudiziario può essere disposto dal Ministro a domanda dell'interessato ovvero per motivate esigenze di servizio o per ragioni d'incompatibilità giuridica o morale determinata da qualsiasi causa.

Nel Bollettino ufficiale deve essere data notizia delle sedi vacanti che non debbano essere ricoperte d'ufficio a norma delle disposizioni precedenti. Le domande di trasferimento devono essere trasmesse al Ministero, per via gerarchica, nel termine di giorni venti dalla data del Bollettino ufficiale; quelle presentate prima o dopo detto termine sono inefficaci.

Nel disporre il trasferimento il Ministero deve tener conto della posizione nella graduatoria di cui all'art. 51, dei precedenti di carriera e delle situazioni personali o di famiglia, salvo quanto disposto nel secondo comma dell'art. 29.

L'ufficiale giudiziario che sia destinato ad una sede da lui richiesta non può essere trasferito a sua domanda ad altra sede prima di due anni dal giorno in cui abbia preso effettivo possesso dell'ufficio, tranne per comprovate ragioni di salute o per incompatibilità.

All'ufficiale giudiziario trasferito, di ufficio, in altra sede, spettano le indennità dovute, allo stesso titolo, all'impiegato civile dello Stato al quale è equiparato ai fini del trattamento economico minimo garantito.

31. Nei casi previsti dagli artt. 29 e 30, l'ufficiale giudiziario deve assumere l'esercizio delle sue funzioni nel termine stabilito ai sensi del primo e secondo comma dell'art. 24.

Il Ministro può anche ordinare, per gravi motivi di ufficio, che l'ufficiale giudiziario continui a prestare servizio nella sede precedente per un periodo di tempo non superiore a giorni trenta. In questo caso il termine di cui al primo comma decorre dal giorno in cui cessa tale servizio.

Nei casi di urgente necessità il Ministro può, inoltre, disporre che l'ufficiale giudiziario raggiunga la nuova sede anche prima della registrazione del relativo decreto alla Corte dei conti.

Capo VI
Applicazioni e supplenze

32. Qualora in un ufficio manchi per qualsiasi motivo un ufficiale giudiziario può esservi applicato altro ufficiale giudiziario o, se ciò non sia possibile per esigenze di servizio, un aiutante ufficiale giudiziario del distretto.

Il presidente della Corte di appello provvede con decreto, che deve essere immediatamente comunicato al Ministero.

In tal caso all'ufficiale giudiziario o all'aiutante spetta l'indennità di missione prevista per gli impiegati civile dello Stato, in relazione al trattamento economico di cui godono ai sensi, rispettivamente degli artt. 148 e 169.

33. Nel caso di impedimento temporaneo di un ufficiale giudiziario, o qualora particolari esigenze di migliore distribuzione del servizio nell'ambito dell'ufficio unico lo richiedano, il capo dell'ufficio giudiziario si avvale, con suo decreto, per tutti gli atti esclusi quelli di esecuzione, dell'opera degli aiutanti ufficiali giudiziari addetti allo stesso ufficio.

34. Ove manchino o siano impediti l'ufficiale giudiziario e l'aiutante ufficiale giudiziario e ricorrano motivi di urgenza, il capo dell'ufficio dispone, con decreto scritto sull'atto originale, che le notificazioni siano eseguite dal messo di conciliazione del luogo dove l'atto deve essere notificato.

Per il compimento degli atti di protesto si applicano le disposizioni di legge vigenti in materia.

Gli atti diversi da quelli di notificazione e di protesto possono essere eseguiti dagli ufficiali giudiziari addetti agli uffici unici del circondario o del distretto; in tal caso i motivi dell'impedimento debbono essere specificatamente indicati nel verbale.

35. Nei casi di applicazione o di supplenza previsti dagli artt. 32, 33 e 34 l'applicato o il sostituto percepisce i diritti e le indennità che spetterebbero all'ufficiale giudiziario sostituito.

Agli aiutanti ufficiali giudiziari, temporaneamente incaricati del servizio dei protesti cambiari, competono i diritti stabiliti dalla legge esclusi quelli di cronologico e di protesto.

Nell'ipotesi prevista dall'art. 32, qualora si tratti di ufficio al quale è addetto un solo ufficiale giudiziario, gli atti sono annotati nei registri appositamente istituiti per il periodo dell'applicazione.

Al termine dell'applicazione i registri devono essere depositati nella cancelleria della pretura (1).

(1) *Ai sensi del D.L.vo 19 febbraio 1998, n. 51, l'ufficio del pretore è soppresso a decorrere dal 2 giugno 1999, fatta salva l'attività necessaria per l'esaurimento degli affari pendenti. Le relative competenze sono trasferite al tribunale ordinario, fuori dei casi in cui è diversamente disposto dal predetto provvedimento.*

36. Nelle Corti di assise che funzionano in luogo diverso dalla propria sede, il servizio è disimpegnato dagli ufficiali giudiziari e dagli aiutanti ufficiali giudiziari addetti all'ufficio unico costituito presso il tribunale dello stesso luogo.

37. Nella circoscrizione delle sede distaccata di pretura (1) la notificazione degli atti in materia civile, penale e amministrativa, può essere compiuta promiscuamente dall'ufficiale giudiziario e dal messo di conciliazione della sede distaccata.

L'assistenza all'udienza può essere demandata dal pretore (1) al messo di conciliazione.

(1) *Ai sensi del D.L.vo 19 febbraio 1998, n. 51, l'ufficio del pretore è soppresso a decorrere dal 2 giugno 1999, fatta salva l'attività necessaria per l'esaurimento degli affari pendenti. Le relative competenze sono trasferite al tribunale ordinario, fuori dei casi in cui è diversamente disposto dal predetto provvedimento.*

Capo VII
Congedi e aspettative

38. Il congedo ordinario è concesso dal capo dell'ufficio giudiziario; il congedo straordinario è concesso dal Ministro in base a motivato rapporto del capo ufficio.

L'ufficiale giudiziario durante il periodo di congedo ordinario è considerato in servizio anche ai fini della ripartizione di cui all'art. 147 e della indennità integrativa; per il primo mese di congedo straordinario gli spetta il trattamento economico stabilito dall'art. 148, ridotto di un quinto per il secondo mese.

Negli uffici, ai quali sono addetti due o più ufficiali giudiziari, il trattamento economico di cui al programma precedente è dovuto sulla quota; eventualmente integrata dall'indennità di spettanza di ciascun ufficiale giudiziario, determinata secondo le norme che regolano la ripartizione comprendendo nel numero degli ufficiali giudiziari anche quelli in congedo.

L'ufficiale giudiziario in congedo straordinario per richiamo alle armi in tempo di pace è considerato in servizio e ha diritto al trattamento economico di cui alla prima parte del secondo comma del presente articolo, nonché all'eventuale eccedenza degli assegni per carichi di famiglia su quelli che risultano dovuti dall'amministrazione militare.

L'ufficiale giudiziario, prima di assentarsi, deve comunicare al capo dell'ufficio il luogo nel quale possono essergli date eventuali comunicazioni di servizio.

Il capo dell'ufficio deve comunicare, per via gerarchica, al Ministro il periodo di congedo fruito da ciascun ufficiale giudiziario.

39. L'ufficiale giudiziario può essere collocato in aspettativa per servizio militare, per infermità o per motivi di famiglia.

Il collocamento in aspettativa è disposto, su domanda dell'ufficiale giudiziario, con decreto del Ministro.

Può anche essere disposto di ufficio per servizio militare o per infermità; in tal caso l'ufficiale giudiziario può chiedere di usufruire dei congedi prima di essere collocato in aspettativa.

Non può disporsi del posto dell'ufficiale giudiziario collocato in aspettativa per servizio militare; negli altri casi se ne può, invece, disporre decorsi sei mesi dall'inizio dell'aspettativa.

40. L'ufficiale giudiziario, chiamato per adempiere agli obblighi di leva o per anticipazione del servizio di leva in seguito ad arruolamento volontario, è collocato in aspettativa per servizio militare, senza diritto ad alcun trattamento economico.

L'ufficiale giudiziario richiamato alle armi in tempo di pace è collocato in aspettativa per il periodo eccedente i primi due mesi di richiamo, con diritto ad un assegno pari all'ammontare mensile del trattamento economico più favorevole fra quello stabilito dall'art. 148 e quello militare.

Durante l'aspettativa, quando lo stipendio militare risulti meno favorevole, all'ufficiale giudiziario compete un assegno pari alla differenza fra l'ammontare mensile del trattamento economico stabilito dall'art. 148 e quello militare, oltre agli eventuali assegni personali di cui sia provvisto.

41. L'aspettativa per infermità è disposta, d'ufficio o a domanda, quando sia accertata l'esistenza di una malattia che impedisca temporaneamente la regolare prestazione del servizio.

La domanda di collocamento in aspettativa deve essere corredata da un certificato medico nel quale debbono essere specificate l'infermità e la presumibile durata di questa. Ove l'ufficiale giudiziario, nel denunciare una malattia di breve durata, non precisi se intenda essere collocato in aspettativa ovvero in congedo straordinario, l'Amministrazione può collocarlo in congedo straordinario.

Il Ministro dispone che l'ufficiale giudiziario sia sottoposto a visita di controllo a cura di un medico scelto dall'Amministrazione. Questi accerta se l'infermità, dichiarata nel certificato allegato alla domanda o presunta dall'ufficio, sussista e sia tale da impedire temporaneamente la regolare prestazione del servizio, indicandone, in tal caso, la presumibile durata.

L'ufficiale giudiziario, ove lo creda e ove se ne assuma la spesa, può farsi assistere da un medico di sua fiducia; a tal fine egli deve essere tempestivamente avvisato del giorno e dell'ora della visita di controllo.

Il medico dell'Amministrazione, se non condivida le osservazioni del medico di fiducia dell'ufficiale giudiziario, deve motivare nel verbale di visita l'eventuale dissenso.

Qualora la visita di controllo, disposta a seguito della domanda di collocamento in aspettativa, abbia esito sfavorevole per l'ufficiale giudiziario, le spese della visita stessa possono essere poste a suo carico.

L'aspettativa per infermità ha termine col cessare della causa per la quale fu disposta, previo accertamento dell'idoneità fisica dell'ufficiale giudiziario a riprendere servizio, da compiersi con le modalità previste dai commi precedenti; essa non può protrarsi per più di diciotto mesi.

Il Ministero può, in ogni momento, procedere agli opportuni accertamenti sanitari e, ove risulti che lo stato di salute consente all'ufficiale giudiziario di riprendere servizio, dispone la cessazione della posizione di aspettativa, assegnando all'interessato un termine per la riassunzione del servizio.

Durante l'aspettativa l'ufficiale giudiziario ha diritto ad un assegno pari all'ammontare mensile dell'intero trattamento economico di cui all'art. 148 per i primi dodici mesi ed alla metà di esso per il restante periodo, conservando interamente gli assegni per carichi di famiglia.

Qualora l'infermità che è motivo dell'aspettativa, sia riconosciuta dipendente da causa di servizio, permane per tutto il periodo della aspettativa il diritto dell'ufficiale giudiziario all'intero assegno di cui al comma precedente.

Ai procedimenti di accertamento della dipendenza della infermità da causa di servizio si applicano le disposizioni di cui al regio decreto 5 settembre 1895, n. 603, con le modificazioni ed aggiunte apportate dalle disposizioni del capo II del titolo IV del decreto del Presidente della Repubblica 3 maggio 1957, n. 686 (1).

(1) *Si tratta delle norme di esecuzione dello Statuto impiegati civili dello Stato.*

42. L'assegno di cui all'art. 40 e quello di cui all'art. 41 sono dovuti, negli uffici ai quali sono addetti due o più ufficiali giudiziari, sulla quota, eventualmente integrata dall'indennità di spettanza di ciascun ufficiale giudiziario, determinata secondo le norme che regolano la ripartizione, comprendendo nel numero degli ufficiali giudiziari anche quelli in aspettativa.

43. L'ufficiale giudiziario che aspira ad ottenere l'aspettativa per motivi di famiglia deve presentare motivata domanda al capo dell'ufficio.

Il Ministro deve provvedere sulla domanda entro un mese e può, per ragioni di servizio da enunciarsi nel provvedimento, respingerla, ritardarne l'accoglimento o ridurre la durata dell'aspettativa richiesta. Questa, inoltre, può essere in qualunque momento revocata, per ragioni di servizio, con provvedimento motivato.

L'aspettativa per motivi di famiglia non può eccedere la durata di un anno; durante tale periodo, l'ufficiale giudiziario non ha diritto ad alcun assegno.

44. Due periodi di aspettativa per motivi di famiglia si sommano, agli effetti della determinazione del limite massimo di durata previsto dall'art. 43, quando tra essi non interceda un periodo di servizio attivo superiore a sei mesi; due periodi di aspettativa per infermità si sommano, agli effetti della determinazione del limite massimo di durata previsto dal settimo comma dell'art. 41, quando tra essi non interceda un periodo di servizio attivo superiore a tre mesi.

La durata complessiva dell'aspettativa per motivi di famiglia e per infermità non può superare in ogni caso due anni e mezzo in un quinquennio, che a tale effetto si considera compiuto nell'ultimo giorno del nuovo periodo di aspettativa richiesto.

Per comprovate ragioni di particolare gravità il Ministro può concedere all'ufficiale giudiziario che abbia raggiunto i limiti previsti dai commi precedenti e che ne faccia richiesta, un ulteriore periodo di aspettativa, senza assegno, non superiore a sei mesi.

45. Scaduto il periodo massimo previsto per l'aspettativa per infermità dagli artt. 41 e 44, l'ufficiale giudiziario che risulti non idoneo per infermità ad esercitare le funzioni è dispensato dal servizio salvo il diritto al trattamento di quiescenza che possa spettargli.

Si applicano al procedimento di dispensa le norme di cui all'art. 98.

46. Nei decreti di collocamento in aspettativa devono essere indicati la decorrenza, la causa e la durata del provvedimento, nonché, nel caso di aspettativa per servizio militare o per infermità, la misura dell'assegno spettante all'ufficiale giudiziario.

I provvedimenti con i quali si dispone il collocamento in aspettativa o si respinge la domanda dell'ufficiale giudiziario sono annotati nello stato matricolare.

Gli ufficiali giudiziari in aspettativa sono soggetti alle norme disciplinari stabilite per quelli in attività di servizio, in quanto applicabili; essi devono comunicare all'ufficio a cui sono addetti la loro dimora e gli eventuali cambiamenti.

Capo VIII
Nomina e attribuzioni dell'ufficiale giudiziario dirigente

47. Nell'ufficio al quale sono addetti due o più ufficiali giudiziari è nominato un ufficiale giudiziario dirigente; nella scelta si deve tener conto della idoneità alle funzioni direttive, dei precedenti di carriera e della posizione nella graduatoria di cui all'art. 51.

La nomina e la revoca sono disposte con decreto del Ministro, sentito il presidente della Corte di appello.

48. L'ufficiale giudiziario dirigente coordina e disciplina il lavoro, ripartendolo equitativamente fra gli ufficiali giudiziari con riguardo alle attitudini di ciascuno, e risponde al capo dell'ufficio del regolare funzionamento dei servizi.

Egli non è esentato, di regola, dalle normali attribuzioni.

Capo IX
Commissioni di vigilanza e di disciplina. Anzianità di servizio e graduatoria. Stato matricolare. Fascicolo personale. Rapporto informativo

Sezione I
Commissione di vigilanza e di disciplina

49. Presso ogni Corte di appello è istituita una Commissione di vigilanza e di disciplina per gli ufficiali giudiziari, composta dal presidente della Corte, dal procuratore generale della Repubblica o da magistrati da essi designati, dall'ufficiale giudiziario dirigente l'ufficio unico della Corte o, in caso di sua assenza o impedimento, dall'ufficiale giudiziario più anziano in graduatoria addetto allo stesso ufficio.

Il segretario della Commissione è nominato dal presidente della Corte di appello fra i funzionari di cancelleria e di segreteria.

Sezione II
Anzianità di servizio e graduatoria

50. L'anzianità di servizio degli ufficiali giudiziari si computa dalla data del decreto di nomina, con la classificazione ottenuta nella graduatoria di cui agli artt. 19 e 20 ed in base al servizio prestato.

Nell'anzianità di servizio non è computato il tempo trascorso:

1) in aspettativa per motivi di famiglia;

2) in stato di sospensione delle funzioni a causa di procedimento penale terminato con sentenza di condanna a pena detentiva;

3) in espiazione di pena detentiva;

4) in stato di sospensione applicata come sanzione disciplinare ovvero ai sensi dell'art. 159, secondo e terzo comma;

5) dal giorno in cui l'ufficiale giudiziario abbia perduto in qualsiasi modo tale qualità sino al giorno della riammissione in servizio.

Il tempo trascorso in aspettativa per infermità, per servizio militare o per i motivi di cui al secondo comma dell'art. 27 è computata per intero.

51. Il numero d'ordine di graduatoria di ciascun ufficiale giudiziario, del quale dovranno indicarsi le date di nascita e di assunzione in servizio, è determinato in base all'anzianità riconosciuta utile ai fini del primo e del secondo comma del successivo art. 148.

Il Ministero pubblica annualmente la graduatoria degli ufficiali giudiziari, dandone avviso nel Bollettino ufficiale.

Nel termine di trenta giorni dalla ricezione da parte dei singoli uffici del Bollettino ufficiale, nel quale è stato pubblicato l'avviso di cui al comma precedente, gli ufficiali giudiziari possono ricorrere al Ministro per ottenere la rettifica della loro posizione di graduatoria.

Sezione III
Stato matricolare, fascicolo personale e rapporto informativo

52. Per ogni ufficiale giudiziario, dopo l'immissione in possesso, dev'essere compilato, in quadruplice originale, uno stato matricolare, con l'indicazione dei servizi eventualmente prestati in precedenza allo Stato e ad altri enti pubblici; dei provvedimenti relativi alla nomina, allo stato giuridico e al trattamento economico; dei decreti di riscatto dei servizi non di ruolo e delle decisioni giurisdizionali sugli atti predetti, nonché dello stato di famiglia. Uno dei suddetti originali resta depositato nella cancelleria dell'ufficio a cui l'ufficiale giudiziario è addetto e gli altri tre debbono essere trasmessi, rispettivamente, alla cancelleria della Corte di appello, alla segreteria della procura generale della Corte di appello e al Ministero.

In caso di trasferimento dell'ufficiale giudiziario, l'originale dello stato matricolare custodito presso la cancelleria dell'ufficio al quale era addetto è immediatamente trasmesso alla cancelleria dell'ufficio al quale è stato trasferito.

Quando l'ufficiale giudiziario sia trasferito ad un ufficio compreso nel distretto di altra Corte di appello sono trasmessi alla cancelleria di detta Corte ed alla segreteria della rispettiva Procura generale gli originali degli stati matricolari esistenti presso la cancelleria della Corte da cui l'ufficiale giudiziario dipendeva e presso la segreteria della rispettiva Procura generale.

53. Nello stato matricolare debbono essere annotati successivamente i provvedimenti relativi allo stato giuridico e al trattamento economico dell'ufficiale giudiziario; debbono essere, altresì, indicate le variazioni verificatesi nello stato di famiglia che l'ufficiale giudiziario ha l'obbligo di comunicare all'ufficio.

I capi di ufficio, ogni qualvolta l'ufficiale giudiziario deve essere sottoposto a valutazione o a giudizio da parte della commissione di vigilanza e di disciplina, debbono verificare se lo stato matricolare contiene tutte le notizie di cui al precedente comma, ordinare le eventuali rettifiche, aggiunte e cancellazioni e apporvi la data e la firma.

54. Presso il Ministero, oltre allo stato matricolare di cui ai precedenti articoli, è tenuto un fascicolo personale, che deve contenere tutti i documenti che possono interessare lo stato giuridico ed economico dell'ufficiale giudiziario. Detti documenti debbono essere registrati, numerati e classificati senza discontinuità.

Il Direttore generale dell'organizzazione giudiziaria è responsabile della regolare tenuta dei fascicoli personali.

Nelle ipotesi di cui al secondo comma dell'art. 53, egli verifica preventivamente gli atti contenuti nel fascicolo personale dell'ufficiale giudiziario sottoposto a valutazione o a giudizio: ordina l'inserzione degli atti eventualmente mancanti e l'eliminazione di quelli indicati nel primo comma dell'articolo seguente e appone la propria firma e la data di seguito all'ultimo atto registrato ai sensi del primo comma del presente articolo.

55. Dal fascicolo debbono essere eliminati:

a) i provvedimenti disciplinari per qualunque motivo annullati, revocati o riformati dall'ufficio o su ricorso dell'ufficiale giudiziario;

b) i provvedimenti di sospensione cautelare che, per qualunque motivo, siano stati revocati o siano altrimenti divenuti inefficaci;

c) i rapporti informativi ed i giudizi complessivi annullati o riformati d'ufficio o su ricorso degli interessati.

In luogo dell'atto o documento eliminato, nel fascicolo deve essere custodita la determinazione del direttore generale che ne ha disposto l'eliminazione. Questa deve limitarsi a precisare i motivi dell'eliminazione e degli estremi con cui l'atto o documento è indicato nell'indice, escluso ogni riferimento al suo contenuto. Gli estremi della determinazione sono annotati a margine dell'indice del fascicolo personale, nonché a margine dello stato matricolare, se l'atto o documento è ivi menzionato.

Gli atti o documenti stralciati vengono conservati in archivio, dal quale non possono essere estratti se non per ordine scritto del Ministro o del Direttore generale dell'organizzazione giudiziaria, che indicherà a quale autorità o ufficio gli atti stessi possono essere comunicati o dati in visione.

56. L'ufficiale giudiziario può chiedere al Ministro di prendere visione dell'indice del fascicolo e può altresì chiedere l'eliminazione dallo stesso fascicolo o l'inserzione in esso di atti o documenti ovvero la iscrizione o la cancellazione di annotazioni nello stato matricolare. Sull'istanza provvede il direttore generale della organizzazione giudiziaria con decreto che deve essere motivato nel caso in cui l'istanza stessa venga respinta.

L'ufficiale giudiziario può ottenere che gli siano rilasciati, a sue spese estratti dello stato matricolare o copie degli atti cui abbia diritto. I decreti per la determinazione delle spese sono stabiliti annualmente dal Consiglio di amministrazione in base al costo del servizio.

L'importo è corrisposto dall'ufficiale giudiziario mediante applicazione sulla domanda di marche da bollo da annullarsi a cura dell'ufficio che rilascia il documento.

57. Il capo dell'ufficio giudiziario deve trasmettere, per via gerarchica al Ministero, entro il mese di gennaio di ciascun anno rapporto informativo per ogni ufficiale giudiziario in effettivo servizio.

Il rapporto si conclude con il giudizio complessivo di «ottimo», «distinto», «buono», «mediocre», «insufficiente».

Tale giudizio deve essere motivato in base ai seguenti elementi: doti intellettuali e di cultura; qualità morali e di carattere; preparazione e capacità professionale; natura speciale delle attribuzioni; qualità delle prestazioni di servizio e rendimento; capacità organizzativa ed attitudine ad esercitare funzioni direttive; stima e prestigio goduti in ufficio e fuori.

Si deve tenere, altresì, conto di ogni altro elemento che possa concorrere a meglio delineare la personalità dell'ufficiale giudiziario.

All'ufficiale giudiziario, al quale, nell'anno cui si riferisce il rapporto informativo, sia stata inflitta una sanzione disciplinare più grave della censura, non può essere attribuito un giudizio complessivo superiore a «buono».

Qualora per uno o più anni non sia stato possibile compilare il rapporto informativo, il giudizio complessivo è formulato dalla Commissione di vigilanza e di disciplina sulla base degli elementi in possesso degli uffici.

58. Il rapporto informativo ed il giudizio complessivo previsti dall'articolo precedente, debbono essere contenuti in unico stampato, conforme al modello ministeriale. Detto stampato si compone di tre parti: nella prima devono essere indicati il cognome e nome dell'ufficiale giudiziario e l'ufficio cui è addetto; nella seconda deve essere compilato il rapporto informativo; nel terzo deve esprimersi il giudizio complessivo motivato.

Tale giudizio, trascritto su apposito modulo, è comunicato all'ufficiale giudiziario che vi appone la data di comunicazione e la firma; l'interessato può chiedere per iscritto al capo dell'ufficio di prendere visione del rapporto informativo.

Entro trenta giorni dalla comunicazione l'ufficiale giudiziario può ricorrere contro il giudizio complessivo alla Commissione di vigilanza e di disciplina, con facoltà di inoltrare il ricorso in piego chiuso.

La Commissione, sentito l'ufficiale giudiziario e richiesti, ove lo creda, opportuni chiarimenti al capo dell'ufficio formula il giudizio con provvedimento definitivo.

Il rapporto informativo con il giudizio complessivo viene inserito nel fascicolo personale.

Capo X
Sorveglianza, disciplina e procedimento disciplinare

Sezione I
Sorveglianza e disciplina

59. Il presidente della Corte di appello ha la sorveglianza su tutti gli ufficiali giudiziari del distretto.

Il presidente del tribunale ha la sorveglianza su tutti gli ufficiali giudiziari del circondario.

Il pretore [1] ha la sorveglianza sugli ufficiali giudiziari addetti all'ufficio.

L'ufficiale giudiziario dirigente esercita la sorveglianza sugli ufficiali giudiziari dipendenti.

I magistrati investiti del potere di sorveglianza a norma dei commi precedenti possono rivolgere, anche per iscritto, all'ufficiale giudiziario, per lievi negligenze o irregolarità di servizio, un richiamo all'osservanza dei suoi doveri.

(1) *Ai sensi del D.L.vo 19 febbraio 1998, n. 51, l'ufficio del pretore è soppresso a decorrere dal 2 giugno 1999, fatta salva l'attività necessaria per l'esaurimento degli affari pendenti. Le relative competenze sono trasferite al tribunale ordinario, fuori dei casi in cui è diversamente disposto dal predetto provvedimento.*

60. L'ufficiale giudiziario che viola i suoi doveri è soggetto alle seguenti sanzioni disciplinari:

1) la censura;
2) l'ammenda disciplinare;
3) la sospensione;
4) la destituzione.

Agli effetti disciplinari la competenza è determinata dalla sede dell'ufficio presso il quale l'ufficiale giudiziario esercitava le funzioni quando commise il fatto addebitatogli.

I provvedimenti con i quali sono compilate le sanzioni disciplinari debbono essere annotati nello stato matricolare e comunicati in copia, per via gerarchica, al Ministero.

61. La censura è una dichiarazione di biasimo scritta e motivata. Essa viene inflitta per negligenza e per lievi mancanze di servizio, nonché per irregolare condotta.

62. L'ammenda disciplinare consiste nel pagamento a favore dello Stato di una somma non inferiore a un decimo, né superiore a un quinto del trattamento economico mensile previsto dall'art. 148 e determina il ritardo di un anno nell'aumento periodico previsto dallo stesso articolo a decorrere dalla data in cui verrebbe a scadere il primo aumento successivo alla punizione.

Essa, oltre che negli altri casi previsti dal presente ordinamento, è inflitta:

a) per maggiore gravità dei fatti per i quali è prevista la censura;

b) per contegno scorretto verso i superiori, i colleghi, i dipendenti ed il pubblico;

c) per inosservanza del segreto di ufficio;

d) per tolleranza di irregolarità di servizio o di atti di indisciplina, di contegno scorretto o di abusi da parte del personale dipendente;

e) per essersi avvalso di persona estranea al servizio per eseguire atti del proprio ministero.

63. La sospensione disciplinare importa, per tutta la sua durata, la cessazione dall'esercizio delle funzioni e la privazione di ogni retribuzione e di qualsiasi altro trattamento economico, salvo quanto disposto dall'articolo seguente.

La sospensione, oltre che negli altri casi previsti dal presente ordinamento, è inflitta:

a) per particolare gravità dei fatti per i quali è prevista l'ammenda disciplinare;

b) per qualsiasi infrazione che dimostri riprovevole condotta, difetto di rettitudine o tolleranza di gravi abusi;

c) per denigrazione dell'amministrazione o dei superiori;

d) per inosservanza del segreto di ufficio che abbia prodotto grave danno;

e) per violazione colposa dei doveri di ufficio che abbiano recato grave pregiudizio agli interessi dello Stato;

f) per comportamento che produca interruzione o turbamento nella regolarità o nella continuità del servizio e per volontario abbandono del servizio, salvo restando quanto è disposto dall'art. 4 della legge 20 dicembre 1954, n. 1181, in ordine alla tutela degli interessi collettivi ed individuali degli impiegati;

g) per uso dell'ufficio a fini personali;

h) per avere scientemente ecceduto i limiti delle proprie attribuzioni.

La sospensione può durare da uno a sei mesi salvo che non sia altrimenti disposto.

L'ufficiale giudiziario, al quale è inflitta la sospensione, non può conseguire l'aumento progressivo del trattamento economico previsto dal primo comma dell'art. 148 se non siano decorsi due anni dalla data dell'infrazione e subisce un ritardo di due anni nell'aumento periodico previsto dal comma successivo dello stesso articolo 148: tale ritardo è di tre anni se la sospensione è superiore a tre mesi.

64. All'ufficiale giudiziario sospeso è concesso un assegno alimentare a carico dello Stato in misura non superiore alla metà dell'ammontare mensile del trattamento economico previsto dall'articolo 148, oltre gli assegni per carichi di famiglia.

Negli uffici a cui sono addetti due o più ufficiali giudiziari, l'assegno alimentare previsto dal comma precedente è a carico degli altri ufficiali giudiziari nei limiti della quota di cui all'art. 147 ed a carico dello Stato per l'eventuale differenza.

65. La destituzione è inflitta:

a) per atti i quali rivelino mancanza del senso dell'onore e del senso morale;

b) per atti che siano in grave contrasto con i doveri di fedeltà dell'ufficiale giudiziario;

c) per grave abuso di autorità o di fiducia;

d) per dolosa violazione dei doveri di ufficio che abbiano recato grave pregiudizio allo Stato, ad enti pubblici o a privati;

e) per illecito uso o distrazione di somme comunque ricevute per ragioni d'ufficio o per connivenza in tali abusi;

f) per richiesta o accettazione di illeciti compensi o benefici in relazione ad attività del proprio ufficio;

g) per gravi atti di insubordinazione commessi pubblicamente o per eccitamento all'insubordinazione;

h) per istigazione agli atti di cui alla lettera *f*) dell'art. 63.

66. L'ufficiale giudiziario incorre nella destituzione, escluso il procedimento disciplinare:

a) per condanna, passata in giudicato, per delitto contro la personalità dello Stato, esclusi quelli previsti nel capo IV del titolo I del libro II del Codice penale; ovvero per delitti di peculato, malversazione, concussione, corruzione; per delitti contro la fede pubblica, esclusi quelli di cui agli artt. 457, 495, 498 del Codice penale, per delitti contro la moralità pubblica e di buon costume previste dagli artt. 519, 520, 521, 531, 532, 533, 534, 535, 536 ([1]) e 537 del Codice penale e per i delitti di rapina, estorsione, millantato credito, furto, truffa ed appropriazione indebita ([2]);

b) per condanna, passata in giudicato, che importi l'interdizione perpetua dai pubblici uffici ovvero l'applicazione di una misura di sicurezza detentiva o della libertà vigilata.

([1]) *Gli articoli 531-536 c.p. sono stati abrogati dall'art. 3 della L. 20 febbraio 1958, n. 75, recante norme sull'abolizione della regolamentazione della prostituzione. Lo stesso articolo ha altresì ridisciplinato i reati inerenti alla prostituzione.*

([2]) *La Corte costituzionale, con sentenza n. 971 del 14 ottobre 1988, ha dichiarato l'illegittimità costituzionale di questa lett.* a), *nella parte in cui non prevede, in luogo del provvedimento di destituzione di diritto, l'apertura e lo svolgimento del procedimento disciplinare.*

67. All'ufficiale giudiziario che incorre in una infrazione disciplinare dopo essere stato punito per altra della stessa specie può essere inflitta la sanzione più grave di quella prevista per l'infrazione stessa.

68. Trascorsi almeno due anni dalla data del provvedimento con cui fu inflitta la sanzione disciplinare e sempre che l'ufficiale giudiziario abbia riportato successivamente per due anni consecutivi, la qualifica di «ottimo», possono essere resi nulli gli effetti di essa, esclusa ogni efficacia retroattiva; possono essere altresì modificati i giudizi complessivi riportati dall'ufficiale giudiziario dopo la sanzione ed in conseguenza di questa.

Il provvedimento è adottato con decreto ministeriale sentita la commissione di vigilanza e di disciplina del distretto nella cui circoscrizione l'ufficiale giudiziario presta servizio.

69. L'ufficiale giudiziario destituito ai sensi dell'art. 66 e successivamente assolto nel giudizio penale di revisione con la formula prevista dall'art. 566, comma secondo, del Codice di procedura penale, ha diritto alla riammissione in servizio, anche in soprannumero salvo riassorbimento, dalla data della sentenza di assoluzione e con la medesima anzianità che aveva all'atto della destituzione e riprende il proprio posto in graduatoria.

All'ufficiale giudiziario assolto in seguito a giudizio di revisione spetta, per il periodo di destituzione, il trattamento economico previsto dall'art. 148 e spettano tutti gli altri assegni, non percepiti, a carico dello Stato; detto periodo, è altresì, utile ai fini del trattamento di quiescenza e di previdenza.

70. Le disposizioni dell'articolo precedente si applicano anche all'ufficiale giudiziario destituito a seguito di procedimento disciplinare e quelle del secondo comma dello stesso articolo all'ufficiale giudiziario punito con sanzione superiore alla censura, quando, a seguito della revisione del procedimento disciplinare, egli sia stato prosciolto da ogni addebito.

Le disposizioni del comma precedente sono applicabili altresì nei casi di annullamento del provvedimento disciplinare o di estinzione del relativo procedimento.

71. Se l'ufficiale giudiziario decede prima della sentenza di assoluzione in sede di revisione del giudicato penale o prima del proscioglimento da ogni addebito in sede di revisione del procedimento disciplinare, la vedova e i figli minorenni hanno diritto al trattamento economico di cui all'art. 148 che sarebbe spettato all'ufficiale giudiziario durante il periodo di sospensione o di destituzione, nonché agli aumenti periodici di cui al secondo comma del citato art. 148 successivamente maturati fino alla data in cui l'ufficiale giudiziario stesso avrebbe raggiunto i limiti massimi di età e di servizio o fino a quello del decesso, se anteriore.

72. L'ufficiale giudiziario, contro il quale sia stato emesso mandato od ordine di cattura deve essere immediatamente sospeso dalle funzioni con provvedimento del capo dell'ufficio che ne dovrà informare, per via gerarchica, il Ministero.

L'ufficiale giudiziario sottoposto a procedimento penale, se la natura del reato è particolarmente grave, può essere sospeso dalle funzioni con decreto del Ministro.

Il capo dell'ufficio che ha notizia dell'emissione di un mandato od ordine di comparizione ovvero della convalida del fermo nei confronti di un ufficiale giudiziario da lui dipendente deve immediatamente riferirne, per via gerarchica, al Ministero.

73. Per gravi motivi il Ministro può ordinare la sospensione dell'ufficiale giudiziario dalle funzioni anche prima che sia esaurito o iniziato il procedimento disciplinare.

La sospensione disposta prima dell'inizio del procedimento disciplinare è revocata, e l'ufficiale giudiziario ha diritto alla riammissione in servizio, se la citazione a comparire davanti alla Commissione di vigilanza e di disciplina non abbia luogo nel termine di novanta giorni dalla data in cui è stato comunicato all'ufficiale giudiziario, nelle forme di cui all'art. 81, il provvedimento di sospensione.

74. All'ufficiale giudiziario sospeso ai sensi degli articoli 72 e 73 si applicano le disposizioni del primo comma dell'art. 64.

Negli uffici a cui sono addetti due o più ufficiali giudiziari, non può disporsi del posto durante la sospensione. L'assegno alimentare previsto dall'art. 64 è a carico degli altri ufficiali giudiziari nei limiti della quota di cui all'art. 147 ed a carico dello Stato per l'eventuale differenza; l'eventuale eccedenza della quota predetta è, invece, accantonata fino all'esito del procedimento penale e disciplinare.

La quota accantonata, quando non sia più dovuta, è ripartita fra gli ufficiali giudiziari che concorsero a formarla.

75. Qualora a seguito del procedimento disciplinare venga inflitta all'ufficiale giudiziario la sospensione, il periodo della sospensione cautelare dev'essere computato nella sanzione.

Se la sanzione disciplinare viene inflitta per durata inferiore alla sospensione cautelare sofferta o se viene inflitta una sanzione minore ovvero se il procedimento si conclude con il proscioglimento, all'ufficiale giudiziario sono dovute, per il tempo eccedente la durata della punizione ovvero per tutto il tempo della sospensione cautelare sofferta, le quote eventualmente accantonate ai sensi dell'art. 74, salvo integrazione a carico dello Stato, qualora non sia stato raggiunto il trattamento economico minimo garantito previsto dall'articolo 148.

Ai fini della corresponsione dell'eventuale indennità debbono calcolarsi per i suddetti periodi le quote accantonate e l'assegno alimentare percepiti.

Sono dedotte, in ogni caso, le somme corrisposte, a titolo di assegno alimentare.

76. Quando la sospensione cautelare sia stata disposta in dipendenza dal procedimento penale e questo si concluda con sentenza di proscioglimento o di assoluzione passata in giudicato perché il fatto non sussiste o perché l'ufficiale giudiziario non l'ha commesso, la sospensione è revocata.

Se il procedimento penale si conclude con sentenza di proscioglimento o di assoluzione passata in giudicato per motivi diversi da quelli contemplati nel comma precedente, la sospensione può essere mantenuta qualora nei termini previsti dal successivo comma venga iniziato a carico dell'ufficiale giudiziario procedimento disciplinare a norma dell'art. 84.

Il procedimento disciplinare deve essere promosso dal Ministro entro centottanta giorni dalla data in cui è divenuta irrevocabile la sentenza di proscioglimento o entro quaranta giorni dalla data in cui l'ufficiale giudiziario abbia notificato all'Amministrazione la sentenza stessa.

Trascorso uno dei detti termini, la sospensione cessa e il procedimento disciplinare, per i fatti che formarono oggetto del procedimento penale, non può più essere iniziato.

Qualora il procedimento disciplinare sia stato sospeso a seguito di denuncia all'autorità giudiziaria, la scadenza di uno dei termini predetti estingue il procedimento disciplinare, che non può più essere rinnovato.

Nei casi di revoca, di cessazione della sospensione cautelare o di estinzione del procedimento disciplinare previsti nei presenti articoli, l'ufficiale giudiziario ha diritto alla riammissione in servizio e al trattamento economico previsto dall'art. 75.

77. L'ufficiale giudiziario condannato a pena detentiva con sentenza passata in giudicato, qualora non venga destituito, è sospeso dalle funzioni fino a che non abbia scontato la pena.

78. Quando, a seguito del giudizio penale di revisione, l'ufficiale giudiziario già condannato sia stato assolto ai sensi dell'art. 566 del Codice di procedura penale, la sospensione inflitta a norma dell'articolo precedente è revocata di diritto e si applicano le disposizioni di cui al secondo comma dell'art. 69, salvo deduzione dell'assegno alimentare eventualmente corrisposto.

Sezione II
Procedimento disciplinare

79. La censura è inflitta dal capo dell'ufficio presso cui prestava servizio l'ufficiale giudiziario quando venne commessa la mancanza.

Il capo dell'ufficio contesta per iscritto l'addebito all'incolpato nelle forne stabilite dall'art. 81, assegnandogli un termine di dieci giorni per presentare, per iscritto, le proprie giustificazioni.

La sanzione deve essere motivata e comunicata per iscritto all'ufficiale giudiziario.

Copia della comunicazione è immediatamente rimessa dal presidente del tribunale o dal pretore (1) al presidente della Corte di appello insieme con le contestazioni e le giustificazioni.

Contro il provvedimento con cui viene inflitta la censura l'ufficiale giudiziario può ricorrere alla commissione di vigilanza e di disciplina nel termine di giorni venti dalla comunicazione.

La deliberazione motivata dalla commissione è provvedimento definitivo.

(1) *Ai sensi del D.L.vo 19 febbraio 1998, n. 51, l'ufficio del pretore è soppresso a decorrere dal 2 giugno 1999, fatta salva l'attività necessaria per l'esaurimento degli affari pendenti. Le relative competenze sono trasferite al tribunale ordinario, fuori dei casi in cui è diversamente disposto dal predetto provvedimento.*

80. Il presidente del tribunale o il pretore (1), ove ritenga che sia da irrogare una sanzione più grave della censura, deve compiere gli accertamenti del caso e rimettere quindi gli atti al presidente della Corte di appello.

Il presidente della Corte di appello che abbia comunque notizia di una infrazione disciplinare commessa da un ufficiale giudiziario svolge gli opportuni accertamenti preliminari e, ove ritenga che il fatto sia punibile con la sanzione della censura, provvede direttamente qualora egli stesso sia competente a norma del primo comma dell'articolo precedente, ovvero rimette gli atti al competente capo dell'ufficio; negli altri casi contesta subito gli addebiti all'ufficiale giudiziario invitandolo a presentare le giustificazioni.

(1) *Ai sensi del D.L.vo 19 febbraio 1998, n. 51, l'ufficio del pretore è soppresso a decorrere dal 2 giugno 1999, fatta salva l'attività necessaria per l'esaurimento degli affari pendenti. Le relative competenze sono trasferite al tribunale ordinario, fuori dei casi in cui è diversamente disposto dal predetto provvedimento.*

81. La comunicazione delle contestazioni deve risultare da dichiarazione dell'ufficiale giudiziario scritta sul foglio contenente le contestazioni, copia del quale gli deve essere consegnata.

Eventuale rifiuto a rilasciare la dichiarazione predetta deve risultare da attestazione scritta del capo dell'ufficio incaricato della consegna.

Qualora la consegna personale non sia possibile, la comunicazione viene fatta mediante raccomandata con avviso di ricevimento.

Se le comunicazioni relative al procedimento disciplinare non possono effettuarsi nelle forme previste dai commi precedenti, sono fatte mediante pubblicazione nell'albo dell'ufficio presso il quale l'ufficiale giudiziario presta servizio.

82. Le giustificazioni debbono essere presentate entro venti giorni dalla comunicazione delle contestazioni, al capo dell'ufficio presso il quale l'ufficiale giudiziario presta servizio, che vi appone, la data della presentazione; il presidente del tribunale o il pretore (1) le trasmette senza ritardo al presidente della Corte di appello. L'ufficiale giudiziario ha facoltà di consegnare dette giustificazioni in piego chiuso perché siano così trasmesse al presidente della Corte.

Il termine della presentazione delle giustificazioni può essere prorogato per gravi motivi e per non più di quindici giorni, dal presidente della Corte.

È in facoltà dell'incolpato di rinunciare al termine, purché lo dichiari espressamente per iscritto.

(1) *Ai sensi del D.L.vo 19 febbraio 1998, n. 51, l'ufficio del pretore è soppresso a decorrere dal 2 giugno 1999, fatta salva l'attività necessaria per l'esaurimento degli affari pendenti. Le relative competenze sono trasferite al tribunale ordinario, fuori dei casi in cui è diversamente disposto dal predetto provvedimento.*

83. Il presidente della Corte d'appello, quando in base alle indagini preliminari ed alle giustificazioni dell'ufficiale giudiziario ritenga che non vi sia luogo a procedere disciplinarmente, trasmette gli atti al Ministero con la proposta di archiviazione.

Qualora ritenga che l'infrazione sia punibile con la censura, provvede direttamente nel caso in cui egli stesso sia competente a norma del primo comma dell'art. 79, ovvero trasmette gli atti al competente capo ufficio perché provveda ad irrogare la punizione.

Quando, attraverso le indagini preliminari e le giustificazioni dell'ufficiale giudiziario, ritenga sia da applicarsi una sanzione più grave della censura e che il caso sia sufficientemente istruito, propone al Ministro di iniziare il procedimento disciplinare.

84. Il Ministro, anche fuori dell'ipotesi prevista dall'articolo 83, ultimo comma, dispone l'inizio del procedimento disciplinare. Qualora in base all'esame degli atti ritenga che non sia luogo a procedere disciplinarmente ordina l'archiviazione degli atti dandone comunicazione all'interessato.

85. Il presidente della Commissione di vigilanza e di disciplina, competente a norma del secondo comma dell'art. 60, ordina la citazione dell'incolpato a comparire avanti la commissione stessa entro un termine non minore di giorni trenta.

La citazione deve contenere l'indicazione del fatto addebitato, del luogo, della data e dell'ora stabilita per la comparizione e l'avvertenza che nei giorni successivi alla notificazione l'ufficiale giudiziario ha facoltà di prendere visione degli atti del procedimento e di estrarne copia.

La citazione è notificata dall'ufficiale giudiziario, o, qualora nel luogo non esista ufficiale giudiziario diverso dall'incolpato, dal cancelliere dell'ufficio al quale quest'ultimo è addetto. Se la dimora dell'incolpato non è nota, la notificazione e le comunicazioni prescritte nel presente capo sono eseguite mediante pubblicazione, in sunto, nel Bollettino ufficiale del Ministero.

L'incolpato può farsi assistere da un difensore e può fare pervenire alla Commissione, almeno cinque giorni prima della data di comparizione, documenti e memorie difensive.

Il presidente, quando non ritenga di riferire personalmente, nomina un relatore fra i membri della Commissione.

86. Nella seduta fissata per la trattazione orale, il relatore riferisce in presenza dell'ufficiale giudiziario senza prendere conclusioni in merito al provvedimento da adottare.

L'ufficiale giudiziario può svolgere oralmente la propria difesa, personalmente o per mezzo del difensore, e ha per ultimo la parola. Il presidente o, previa sua autorizzazione, i componenti della commissione possono rivolgergli domande in merito ai fatti e alle circostanze che risultano dagli atti nel procedimento e chiedergli chiarimenti in merito agli assunti difensivi.

Della trattazione orale si forma verbale che viene sottoscritto dal segretario e vistato dal presidente.

Chiusa la trattazione orale, la Commissione, sentite le conclusioni del relatore, delibera con la presenza dei soli membri, a maggioranza di voti, con le seguenti modalità:

a) il presidente sottopone separatamente a decisione le questioni pregiudiziali, quelle incidentali la cui decisione sia stata differita, quelle di fatto e di diritto riguardanti le infrazioni contestate e quindi, se occorre, quelle sull'applicazione delle sanzioni. Tutti i componenti della Commissione danno il loro voto su ciascuna questione, qualunque sia stato quello espresso sugli altri;

b) il presidente raccoglie i voti cominciando dal componente ufficiale giudiziario e vota per ultimo;

c) qualora nella votazione si manifestino più di due opinioni, per formare la maggioranza il componente la commissione che ha votato per la sanzione più grave si unisce a quello che ha votato per la sanzione immediatamente inferiore.

La deliberazione è sempre segreta e nessuno può opporre la inosservanza delle modalità precedenti come causa di nullità o di impugnazioni.

87. La Commissione, ove ritenga necessarie ulteriori integrazioni, rinvia con ordinanza gli atti al capo dell'ufficio giudiziario cui l'incolpato è addetto, indicando quali sono i fatti e le circostanze da chiarire e quali le prove da assumere, e assegnando il termine per l'espletamento delle indagini e la restituzione degli atti.

Il termine può essere prorogato, per gravi motivi, dal presidente della Commissione.

Avvenuta la restituzione degli atti si deve provvedere ai sensi dell'articolo 85.

La Commissione può sempre assumere direttamente qualsiasi mezzo di prova, nel qual caso stabilisce con ordinanza la seduta, dandone avviso nelle forme e nei termini di cui al secondo comma dell'articolo 85, all'incolpato, che può assistervi e svolgere le proprie deduzioni.

88. La Commissione, se ritiene che l'ufficiale giudiziario debba essere prosciolto da ogni addebito, lo dichiara nella deliberazione con provvedimento definitivo da comunicarsi in copia al Ministero.

Se ritiene che gli addebiti siano in tutto o in parte sussistenti, può infliggere direttamente la censura con deliberazione, che costituisce provvedimento definitivo; altrimenti propone l'applicazione di una più grave sanzione disciplinare.

La deliberazione motivata viene stesa dal relatore o da altro componente la Commissione ed è firmata dal presidente, dall'estensore e dal segretario.

Qualora l'ufficiale giudiziario sia stato prosciolto oppure gli sia stata inflitta la censura, la deliberazione deve essere comunicata all'interessato, a cura del segretario, nelle forme previste dall'art. 81; negli altri casi copia della deliberazione, con gli atti del procedimento, viene trasmessa entro venti giorni al Ministero.

Il Ministro provvede, con decreto motivato, ad infliggere la sanzione in conformità della deliberazione della Commissione, salvo che egli non ritenga di disporre in modo più favorevole all'ufficiale giudiziario.

Il decreto dev'essere comunicato all'ufficiale giudiziario entro venti giorni dalla sua data, nei modi previsti dall'art. 81.

89. L'ufficiale giudiziario prosciolto ha diritto al rimborso delle spese di viaggio sostenute per comparire innanzi alla Commissione ed alla relativa indennità di missione.

Può chiedere, altresì, che gli sia corrisposto il rimborso delle spese di viaggio e di soggiorno per il tempo strettamente indispensabile per prendere visione negli atti del procedimento ed estrarne copia. Il rimborso delle spese di soggiorno è dovuto nella misura stabilita dalla legge per l'indennità di missione.

La domanda prevista dal comma precedente dev'essere proposta entro trenta giorni dalla comunicazione del decreto che proscioglie l'ufficiale giudiziario da ogni addebito; su di essa provvede il presidente della Corte di appello.

90. Qualora per il fatto addebitato all'ufficiale giudiziario sia stata promossa azione penale, il procedimento disciplinare non può essere iniziato fino al termine di quello penale e, se già iniziato, deve essere sospeso.

91. Qualora nel corso del procedimento disciplinare si verifichi la cessazione dal servizio o per collocamento a riposo a domanda, il procedimento stesso prosegue agli effetti dell'eventuale trattamento di quiescenza e previdenza.

92. Quando il decreto del Ministro che infligge la sanzione disciplinare sia annullato per l'accoglimento di ricorso giurisdizionale o straordinario e la decisione non escluda la facoltà dell'amministrazione di rinnovare in tutto o in parte il procedimento, il nuovo procedimento deve essere iniziato, a partire dal primo degli atti annullati, entro trenta giorni dalla data in cui sia pervenuta al Ministero la comunicazione della decisione giurisdizionale ai sensi dell'art. 87, comma primo del regio decreto 17 agosto 1907, n. 642 (1), o dalla data di registrazione alla Corte dei conti del decreto che accoglie il ricorso straordinario ovvero entro trenta giorni dalla data in cui l'ufficiale giudiziario abbia notificato al Ministero la decisione giurisdizionale e lo abbia costituito in mora per l'esecuzione del decreto che accoglie il ricorso straordinario.

Decorso tale termine il procedimento disciplinare non può essere rinnovato.

(1) *Regolamento per la procedura dinanzi al Consiglio di Stato, in sede giurisdizionale.*

93. Il procedimento disciplinare si estingue quando siano decorsi novanta giorni dall'ultimo atto senza che nessun ulteriore atto sia stato compiuto.

Il provvedimento disciplinare estinto non può essere rinnovato.

L'estinzione determina, altresì, la revoca della sospensione cautelare.

Nello stato matricolare dell'ufficiale giudiziario non deve essere fatta menzione del procedimento disciplinare estinto.

94. Il procedimento disciplinare può essere riaperto se l'ufficiale giudiziario cui fu inflitta la sanzione ovvero la vedova o i figli minorenni che possono avere diritto al trattamento di quiescenza adducono nuove prove tali da far ritenere che sia applicabile una sanzione minore o possa essere dichiarato il proscioglimento dall'addebito.

La riapertura è disposta dal Ministro su relazione del Direttore generale dell'organizzazione giudiziaria ed il nuovo procedimento si svolge, nelle forme previste dagli articoli 85, 86, 87, 88, davanti alla Commissione di vigilanza e di disciplina competente a norma del secondo comma dell'articolo 60.

Il Ministro, qualora non ritenga di disporre la riapertura del procedimento, provvede con decreto motivato, sentita la Commissione di vigilanza e di disciplina di cui al comma precedente.

95. Nel caso previsto dal primo comma dell'art. 94, la riapertura del procedimento sospende gli effetti della sanzione già inflitta.

All'ufficiale giudiziario già punito, nei confronti del quale sia stata disposta la riapertura del procedimento disciplinare, non può essere inflitta una sanzione più grave di quella già applicata.

Qualora egli venga prosciolto o sia stato punito con una sanzione meno grave, ha diritto alla corresponsione del trattamento economico, totale o parziale, di cui all'art. 148, dedotto l'eventuale assegno alimentare.

La disposizione del comma precedente si applica anche nel caso in cui la riapertura del procedimento sia stata domandata dalla vedova o dai figli minorenni.

Capo XI
Dimissioni.
Decadenza dall'ufficio.
Dispensa dal servizio.
Collocamento a riposo.
Riammissione in servizio

96. L'ufficiale giudiziario può in qualunque tempo dimettersi dall'ufficio; le dimissioni devono essere presentate per iscritto.

L'ufficiale giudiziario che ha presentato le dimissioni deve proseguire nell'adempimento dei doveri d'ufficio finché non gli venga comunicata l'accettazione delle dimissioni.

L'accettazione può essere rifiutata o ritardata per motivi di servizio, previo parere della Commissione di vigilanza e di disciplina, o quando sia in corso procedimento disciplinare a carico dell'ufficiale giudiziario o quando abbia avuto luogo la sospensione cautelare dalle funzioni.

Se al momento in cui l'ufficiale giudiziario, non sospeso cautelarmente, presenta le dimissioni siano stati iniziati gli accertamenti disciplinari preliminari, la citazione a comparire davanti alla Commissione di vigilanza e di disciplina deve seguire entro novanta giorni dalla data di presentazione delle dimissioni; altrimenti queste devono essere accettate.

L'ufficiale giudiziario dimissionario consegue il trattamento di quiescenza che gli compete secondo le disposizioni vigenti.

97. L'ufficiale giudiziario, oltre che nel caso previsto dal sesto comma dell'art. 27, incorre nella decadenza dell'ufficio:

a) quando perda la cittadinanza italiana;

b) quando accetti una missione od altro incarico da una autorità straniera senza autorizzazione del Ministero;

c) quando, senza giustificato motivo, non assuma o non riassuma servizio entro il termine prefissogli, ovvero rimanga assente dall'ufficio per un periodo non inferiore a quindici giorni;

d) quando sia accertato che la nomina ad ufficiale giudiziario venne conseguita mediante la produzione di documenti falsi o viziati da invalidità non sanabile.

La decadenza dall'ufficio è disposta con decreto motivato del Ministro, sentita, nel caso di cui alla lettera *c*), la Commissione di vigilanza e di disciplina.

L'ufficiale giudiziario decaduto ai sensi della lettera *d*) non può partecipare ad altri concorsi per la nomina ad impiegato o dipendente dell'amministrazione dello Stato.

La decadenza non comporta la perdita del diritto al trattamento di quiescenza spettante a norma delle disposizioni vigenti qualora essa non derivi da perdita della cittadinanza.

98. L'ufficiale giudiziario, che sia divenuto inabile per motivi di salute o abbia dato prova d'incapacità o di persistente insufficiente rendimento, può essere dispensato dal servizio.

Ai fini del comma precedente è considerato persistentemente insufficiente il rendimento dell'ufficiale giudiziario che, richiamato all'osservanza dei suoi doveri, riporti, al termine dell'anno nel quale ha avuto luogo il richiamo, una qualifica inferiore a «buono».

All'ufficiale giudiziario preposto per la dispensa dal servizio è assegnato un termine per presentare, ove lo creda, le proprie osservazioni.

L'ufficiale giudiziario può chiedere di essere sentito personalmente dalla Commissione di vigilanza e di disciplina, che deve esprimere il suo parere sulla proposta di dispensa; su tale proposta provvede il Ministro con decreto motivato.

È fatto, in ogni caso, salvo il diritto al trattamento di quiescenza e previdenza spettante secondo le disposizioni in vigore.

Quando la dispensa debba avvenire per motivi di salute, si deve procedere all'accertamento delle condizioni di salute dell'ufficiale giudiziario mediante visita medica collegiale, nella quale l'ufficiale giudiziario può farsi assistere da un medico di sua fiducia.

99. L'ufficiale giudiziario è collocato a riposo di ufficio quando abbia compiuto settant'anni di età.

L'ufficiale giudiziario che chiede di essere collocato a riposo deve inoltrare istanza per via gerarchica al Ministro, il quale provvede con decreto.

100. L'ufficiale giudiziario, cessato dal servizio per dimissioni o per collocamento a riposo a sua domanda prima del settantesimo anno di età ovvero per decadenza dall'ufficio nei casi previsti dalle lettere b) e c) dell'art. 97, può essere riammesso in servizio, sentito il parere della Commissione di vigilanza e di disciplina.

L'ufficiale giudiziario riammesso in servizio è collocato nella graduatoria di anzianità al posto che gli compete avuto riguardo agli anni di servizio prestato anteriormente.

La riammissione in servizio è subordinata alla vacanza del posto nella pianta organica di cui all'art. 101 e non può aver luogo se la cessazione avvenne in applicazione di norme di carattere transitorio o speciale.

Capo XII
Organico

101. Il numero complessivo degli ufficiali giudiziari è di 1.550; essi sono addetti all'ufficio unico costituito nelle sedi capoluogo di distretto o di circondario rispettivamente presso la Corte di appello o presso il Tribunale ovvero, nelle altre sedi, alla Pretura (1) (2).

La pianta organica degli ufficiali giudiziari per ogni ufficio è stabilita con decreto motivato dal Ministro.

(1) *Questo comma è stato così modificato dall'art. 2 della L. 11 giugno 1962, n. 546.*

(2) *Ai sensi del D.L.vo 19 febbraio 1998, n. 51, l'ufficio del pretore è soppresso a decorrere dal 2 giugno 1999, fatta salva l'attività necessaria per l'esaurimento degli affari pendenti. Le relative competenze sono trasferite al tribunale ordinario, fuori dei casi in cui è diversamente disposto dal predetto provvedimento.*

102. Qualora in un ufficio giudiziario sia disposta riduzione dei posti assegnati in organico, sono trasferiti ad altra sede l'ufficiale o gli ufficiali giudiziari assegnati alla sede per ultimi (1).

(1) *Questo articolo è stato così sostituito dall'art. 3 della L. 11 giugno 1962, n. 546.*

Titolo II
Servizi degli ufficiali giudiziari e trattamento economico

Capo I
Obblighi, attribuzioni, competenza

103. L'ufficiale giudiziario deve risiedere nel Comune ove ha sede l'ufficio cui è addetto e non può allontanarsene senza regolare permesso, salvo per cause di servizio; in caso di inosservanza incorre nella sospensione disciplinare.

Il presidente della Corte di appello, per rilevanti ragioni, può autorizzare l'ufficiale giudiziario a risiedere in altro Comune del mandamento ove ha sede l'ufficio, quando ciò sia conciliabile col pieno e regolare adempimento di ogni altro suo dovere; dell'eventuale diniego è data comunicazione scritta all'interessato.

104. (1) L'ufficiale giudiziario non può ricevere richieste di atti fuori dell'ufficio.

Le richieste debbono essere fatte dalla parte, personalmente o a mezzo di procuratore, all'ufficiale giudiziario o, dove esiste, al dirigente o all'ufficiale giudiziario preposto al competente ramo di servizio, durante l'orario di ufficio.

L'ufficiale giudiziario è autorizzato a ricevere le richieste regolarmente pervenutegli a mezzo di raccomandata postale con avviso di ricevimento, qualora le medesime provengano da un ufficio postale di un comune o mandamento diverso da quello in cui egli risiede.

Il Presidente della Corte, su proposta del capo dell'Ufficio, disciplina con decreto all'inizio di ogni anno l'orario di accettazione delle richieste in relazione alle esigenze di servizio.

La richiesta pervenuta per posta fuori dell'orario di ufficio sarà considerata a tutti gli effetti come se fosse pervenuta entro il successivo orario utile.

L'ufficiale giudiziario provvede a iscrivere la richiesta di cui al precedente comma nell'apposito cronologico e nel registro di cui al n. 5 dell'articolo 116 e il deposito nel registro di cui al n. 6 dello stesso articolo.

L'aiutante ufficiale giudiziario può ricevere le richieste soltanto se l'ufficio sia privo dall'ufficiale giudiziario.

(1) *Questo articolo è stato così sostituito dall'art. 4 della L. 11 giugno 1962, n. 546.*

105. Nelle sedi di ufficio unico, il presidente della Corte di appello o il presidente del tribunale provvede, sentito l'ufficiale giudiziario dirigente, alla designazione degli ufficiali giudiziari preposti ai diversi rami di servizio nonché all'assegnazione del personale occorrente all'assistenza alle udienze degli uffici giudiziari della sede.

L'ufficio unico presso la Corte di appello di Roma provvede, su richiesta anche nominativa del primo presidente della Corte Suprema di Cassazione, all'assegnazione del personale occorrente per l'assistenza alle udienze.

106. L'ufficiale giudiziario compie con attribuzione esclusiva gli atti del proprio ministero nell'ambito del mandamento ove ha sede l'ufficio al quale è addetto, salvo quanto disposto dal secondo comma dell'articolo seguente.

Sono attribuzioni dell'ufficiale giudiziario: la direzione dell'ufficio e di tutti i servizi ad esso inerenti, l'espletamento degli atti di esecuzione, dei protesti cambiari e titoli equiparati, nonché di tutti gli altri atti loro demandati per legge o per regolamento. Negli uffici nei quali esiste soltanto l'ufficiale giudiziario nelle sue attribuzioni è compresa la notificazione di atti in materia civile, penale ed amministrativa, l'assistenza all'udienza e ogni altra attività connessa alla funzione (1).

(1) *Questo comma è stato aggiunto dall'art. 2 della L. 12 luglio 1975, n. 322.*

107. L'ufficiale giudiziario deve avvalersi del servizio postale per la notificazione degli atti in materia civile ed amministrativa da eseguirsi fuori del comune ove ha sede l'ufficio, eccetto che la parte chieda che la notificazione sia eseguita di persona. In quest'ultimo caso la richiesta deve essere fatta per iscritto in calce o a margine dell'atto e firmata dallo stesso richiedente. Se questi non può o non sa scrivere, l'ufficiale giudiziario deve farne menzione nell'atto indicandone il motivo.

Tutti gli ufficiali giudiziari possono eseguire, a mezzo del servizio postale, senza limitazioni territoriali, la notificazione degli atti relativi ad affari di competenza delle autorità giudiziarie della sede alla quale sono addetti, del verbale di cui all'articolo 492 *bis* del codice di procedura civile (1) e degli atti stragiudiziali.

La notificazione a mezzo del servizio postale è eseguita secondo le norme previste dal regio decreto 21 ottobre 1923, n. 2393, e dal regolamento di esecuzione del Codice postale approvato con regio decreto 18 aprile 1940, n. 689.

(1) *Le parole: «, del verbale di cui all'articolo 492* bis *del codice di procedura civile» sono state aggiunte dall'art. 19, comma 4, lett. a), del D.L. 12 settembre 2014, n. 132, convertito, con modificazioni, nella L. 10 novembre 2014, n. 162. A norma dell'art. 19, comma 6 bis, dello stesso provvedimento tali disposizioni si applicano ai procedimenti iniziati a decorrere dal trentesimo giorno successivo alla data di entrata in vigore della legge di conversione del presente decreto (Suppl. ord. alla G.U. Serie gen. - n. 261 del 10 novembre 2014).*

108. L'ufficiale giudiziario non può ricusare il suo ministero; in caso di rifiuto, deve indicarne per iscritto i motivi.

Egli deve eseguire gli atti a lui commessi senza indugio e, comunque, non oltre il termine che eventualmente sia stato prefisso dall'autorità per gli atti da essa richiesti. In caso di impedimento, deve immediatamente riferirne e giustificarne i motivi al capo dell'ufficio cui è addetto o, dove esiste, all'ufficiale giudiziario dirigente.

Per l'inosservanza della disposizione di cui al primo comma gli ufficiali giudiziari sono puniti con la sospensione e per l'inosservanza delle disposizioni prevedute nel secondo comma sono puniti con la censura e, nei casi più gravi, con l'ammenda disciplinare, senza pregiudizio, in entrambe le ipotesi, del risarcimento dei danni.

109. L'ufficiale giudiziario, se richiesto, deve dare alla parte ricevuta degli incarichi a lui affidati e dei documenti a lui consegnati.

Il cancelliere che riceve dall'ufficiale giudiziario il deposito di un verbale deve rilasciarne ricevuta.

110. Gli atti dell'ufficiale giudiziario devono essere da lui sottoscritti e devono contenere l'indicazione del giorno, mese, anno e, ove occorra, dell'ora in cui sono eseguiti, nonché l'indicazione dell'autorità richiedente o della persona a istanza della quale sono compiuti.

111. L'ufficiale giudiziario, quando deve provvedere alla notificazione di atti pubblici rilasciati in copia dal notaio o da altro pubblico ufficiale competente, è autorizzato a fare le altre copie che deve consegnare alle parti.

Egli è anche autorizzato a rilasciare le copie degli atti da lui redatti, nonché degli atti privati di cui le parti chiedono la notificazione.

Le copie degli atti in materia penale da notificare, fatta eccezione per le ordinanze, per i decreti penali, per gli estratti di requisitorie e di sentenze e, nei casi previsti, per le sentenze di condanna, sono formate dall'ufficiale giudiziario non appena l'autorità richiedente gli abbia consegnato gli atti per le notificazioni insieme con gli stampati occorrenti.

112. L'ufficiale giudiziario che abbia notificato una sentenza o un atto d'impugnazione in materia civile deve darne immediatamente avviso scritto al cancelliere, il quale ne rilascia ricevuta alla cancelleria dell'autorità giudiziaria che ha pronunciato la sentenza.

L'inosservanza della disposizione contenuta nel comma precedente è punita con la censura, salvo quanto dispone l'art. 67 per il caso di recidiva.

113 - 115. (*Omissis*) (1).

(1) *Questi articoli sono stati abrogati dall'art. 299 del D.P.R. 30 maggio 2002, n. 115, a decorrere dal 1° luglio 2002.*

Capo II
Registri

116. L'ufficiale giudiziario deve tenere i seguenti registri, conformi ai modelli che sono stabiliti con decreto ministeriale:

1) registro cronologico per gli atti di notificazione in materia civile e amministrativa;

2) registro cronologico per gli atti di notificazione in materia penale;

3) registro cronologico per gli atti che importano la redazione di un verbale;

4) registro cronologico per i protesti cambiari;

5) registro delle richieste che pervengono a mezzo del servizio postale;

6) registro per i depositi di somma (1).

Deve inoltre tenere:

1) un bollettario, conforme al modello stabilito con decreto ministeriale, per la ricevuta:

a) delle commissioni con anticipazione dei diritti e delle indennità;

b) dei diritti riscossi per le chiamate di causa;

c) delle somme riscosse, a qualunque titolo, dall'ufficio del registro;

2) un repertorio per gli atti soggetti a registrazione.

Nelle preture (2) ove in base alla tabella organica è addetto soltanto l'ufficiale giudiziario i registri cronologici indicati ai numeri 1 e 2, nonché quelli indicati ai numeri 3 e 4 del primo comma sono unificati.

Negli uffici ai quali sono addetti due o più ufficiali giudiziari i registri, il bollettario e il repertorio innanzi indicati sono tenuti in unico esemplare sotto la responsabilità dell'ufficiale giudiziario dirigente.

(1) *Questo comma è stato così sostituito dall'art. 5 della L. 11 giugno 1962, n. 546.*

(2) *Ai sensi del D.L.vo 19 febbraio 1998, n. 51, l'ufficio del pretore è soppresso a decorrere dal 2 giugno 1999, fatta salva l'attività necessaria per l'esaurimento degli affari pendenti. Le relative competenze sono trasferite al tribunale ordinario, fuori dei casi in cui è diversamente disposto dal predetto provvedimento.*

117. I registri, il bollettario ed il repertorio devono essere tenuti in ufficio e, prima di essere posti in uso, devono essere numerati e vidimati in ogni mezzo foglio dal dirigente la cancelleria o da altro funzionario da lui delegato, il quale scrive in lettere nell'ultima pagina il numero dei mezzi fogli di cui sono composti.

Il repertorio degli atti soggetti a registrazione deve essere tenuto dall'ufficiale giudiziario secondo le prescrizioni degli articoli 127 e seguenti della legge 30 dicembre 1923, n. 3269, e le infrazioni a tale obbligo sono punite, salvo le sanzioni disciplinari, ai sensi dell'articolo 131 della predetta legge (1).

(1) *Si vedano, ora gli artt. 67, 68 e 73 del D.P.R. 26 aprile 1986, n. 131.*

118. L'ufficiale giudiziario deve segnare giornalmente sui registri cronologici, prima della esecuzione, gli atti richiesti con l'ammontare dei diritti e delle indennità a qualsiasi titolo riscossi o da recuperare.

Qualora i diritti e le indennità non siano preventivamente determinabili, l'ufficiale giudiziario deve segnare giornalmente, prima dell'esecuzione, sui registri cronologici gli atti richiesti ed annotare, entro il giorno successivo alla esecuzione, l'ammontare dei diritti e delle indennità riscossi o da recuperare.

In apposite e distinte colonne deve altresì annotare se l'atto viene eseguito da un ufficiale giudiziario o da un aiutante.

L'ufficiale giudiziario, entro i primi quindici giorni di ciascun mese, deve addizionare le somme iscritte nei registri cronologici relative a diritti ed indennità di trasferta percepiti per le richieste pervenute entro il mese precedente, nonché le percentuali riscosse nel detto mese riportando i totali in lettere.

A margine dell'originale l'ufficiale giudiziario deve indicare il numero corrispondente del registro cronologico, nonché la specifica dei diritti, delle indennità e dell'eventuale deposito, col totale in cifre, apponendovi la data e la firma; a margine delle copie, invece, è sufficiente esporre in cifre il totale dei diritti e delle indennità percepiti, fermo restando l'obbligo di indicare il numero del registro cronologico e di apporre la data e la firma.

119. L'ufficiale giudiziario, che non esegue nel termine prescritto le annotazioni nei registri ovvero indica i diritti e le indennità in misura inferiore a quella percepita, è punito con l'ammenda disciplinare, alla quale, nei casi più gravi, può essere aggiunta la sospensione per un tempo non inferiore a quindici giorni; per la recidiva si applica la disposizione di cui all'art. 67.

Ove, poi, dalla reiterazione e gravità delle infrazioni accertate possa desumersi l'abitualità dell'ufficiale giudiziario a commetterli, può farsi luogo alla sua destituzione.

Per le infrazioni previste dalle disposizioni precedenti, quando la gravità dei fatti lo esiga, la sospensione cautelare di cui all'art. 73 può essere ordinata, oltre che dal Ministro, dal Presidente della Corte di appello, sentito il procuratore generale.

120. Il presidente della Corte di appello, il presidente del tribunale e il pretore (1), nell'esercizio del potere di sorveglianza di cui all'art. 59, eseguono ispezioni mensili, da attestarsi con apposito visto, per accertare la regolare tenuta dei registri e la quotidiana e fedele registrazione delle percezioni; danno all'ufficiale giudiziario o, dove esiste, all'ufficiale giudiziario dirigente tutte le disposizioni che ravvisano opportune per assicurare il normale espletamento del servizio.

Le ispezioni ai servizi degli ufficiali giudiziari, anche quando si tratti di uffici unici, sono eseguite da magistrati ispettori, che vi procedono da soli o con l'assistenza, autorizzata dall'ispettore generale, di un cancelliere ispettore o di un ufficiale giudiziario, al quale compete, nei casi previsti dalla legge, l'indennità di missione determinata ai sensi dell'art. 32, ultimo comma (2).

Alle stesse ispezioni negli uffici di pretura (1) possono procedere da soli i cancellieri ispettori (2).

(1) *Ai sensi del D.L.vo 19 febbraio 1998, n. 51, l'ufficio del pretore è soppresso a decorrere dal 2 giugno 1999, fatta salva l'attività necessaria per l'esaurimento degli affari pendenti. Le relative competenze sono trasferite al tribunale ordinario, fuori dei casi in cui è diversamente disposto dal predetto provvedimento.*

(2) *Gli ultimi due commi sono stati sostituiti al secondo comma del testo originario dall'art. 6 della L. 11 giugno 1962, n. 546.*

121. Entro il mese di febbraio l'ufficiale giudiziario deve depositare, nella cancelleria dell'ufficio al quale è addetto, i registri cronologici, il bollettario e il repertorio dell'anno precedente.

Il registro dei depositi di somme deve essere, invece, depositato in cancelleria entro trenta giorni dall'ultima operazione relativa ai depositi che vi sono iscritti.

In calce all'ultima iscrizione di ogni registro il cancelliere annota la data del deposito.

Capo III
Retribuzione, percentuale, indennità

Sezione I
Diritti, percentuale e indennità di trasferta

122. Gli ufficiali giudiziari sono retribuiti:

1) mediante proventi costituiti dai diritti che sono autorizzati ad esigere, secondo le disposizioni del presente ordinamento o di altre leggi, sugli atti e commissioni inerenti al loro ufficio;

2) con una percentuale sui crediti recuperati dall'Erario, sui campioni civili, penali ed amministrativi e sulle somme introitate dall'Erario per effetto della vendita dei corpi di reato, in ragione del quindici per cento. Tale percentuale è comprensiva anche delle quote di spettanza degli aiutanti ufficiali giudiziari (1).

Quando si procede alle operazioni di pignoramento presso terzi a norma dell'articolo 492-bis del codice di procedura civile o di pignoramento mobiliare, gli ufficiali giudiziari sono retribuiti mediante un ulteriore compenso, che rientra tra le spese di esecuzione ed è dimezzato nel caso in cui le operazioni non vengano effettuate entro quindici giorni dalla richiesta, stabilito dal giudice dell'esecuzione:

a) in una percentuale del 5 per cento sul valore di assegnazione o sul ricavato della vendita dei beni mobili pignorati fino ad euro 10.000,00, in una percentuale del 2 per cento sul ricavato della vendita o sul valore di assegnazione dei beni mobili pignorati da euro 10.001,00 fino ad euro 25.000,00 e in una percentuale del 1 per cento sull'importo superiore;

b) in una percentuale del 6 per cento sul ricavato della vendita o sul valore di assegnazione dei beni e dei crediti pignorati ai sensi degli articoli 492 *bis* del codice di procedura civile fino ad euro 10.000,00, in una percen-

LEGGI COMPLEMENTARI

tuale del 4 per cento sul ricavato della vendita o sul valore di assegnazione dei beni e dei crediti pignorati da euro 10.001,00 fino ad euro 25.000,00 ed in una percentuale del 3 per cento sull'importo superiore.

In caso di conversione del pignoramento ai sensi dell'articolo 495 del codice di procedura civile, il compenso è determinato secondo le percentuali di cui alla lettera *a*) ridotte della metà, sul valore dei beni o dei crediti pignorati o, se maggiore, sull'importo della somma versata.

In caso di estinzione del processo esecutivo il compenso è posto a carico del creditore procedente ed è liquidato dal giudice dell'esecuzione nella medesima misura di cui al terzo comma, calcolata sul valore dei beni o dei crediti pignorati o, se minore, sul valore del credito per cui si procede. In caso di chiusura anticipata del processo a norma dell'articolo 164 *bis* delle disposizioni per l'attuazione del codice di procedura civile o a norma dell'articolo 532, secondo comma, terzo periodo, del codice di procedura civile, il compenso previsto dal secondo comma non è dovuto. La disposizione di cui al periodo precedente si applica anche nel caso di inefficacia del pignoramento a norma dell'articolo 164 *ter* o dell'articolo 159 *ter* delle disposizioni per l'attuazione del codice di procedura civile. Negli altri casi di chiusura anticipata del processo esecutivo si applica la disposizione di cui al primo periodo. Il giudice provvede con decreto che costituisce titolo esecutivo (2).

In ogni caso il compenso dell'ufficiale giudiziario calcolato ai sensi dei commi secondo, terzo e quarto non può essere superiore ad un importo pari al 5 per cento del valore del credito per cui si procede e comunque non può eccedere l'importo di euro 3.000,00 (3) (4).

Le somme complessivamente percepite a norma dei commi secondo, terzo, quarto e quinto sono attribuite dall'ufficiale giudiziario dirigente l'ufficio nella misura del sessanta per cento all'ufficiale o al funzionario che ha proceduto alle operazioni di pignoramento. La residua quota del quaranta per cento è distribuita dall'ufficiale giudiziario coordinatore dell'ufficio, in parti uguali, tra tutti gli ufficiali giudiziari e funzionari appartenenti all'ufficio notificazioni, esecuzioni e protesti (5). Quando l'ufficiale o il funzionario che ha eseguito il pignoramento è diverso da colui che ha interrogato le banche dati previste dall'articolo 492 *bis* del codice di procedura civile e dal decreto di cui all'articolo 155 *quater* delle disposizioni per l'attuazione del codice di procedura civile, il compenso di cui al primo periodo del presente comma è attribuito nella misura del cinquanta per cento ciascuno (4).

(1) *Si veda la L. 13 febbraio 2001, n. 11.*

(2) *Questo comma, aggiunto dall'art. 19, comma 4, lett.* b), *del D.L. 12 settembre 2014, n. 132, convertito, con modificazioni, nella L. 10 novembre 2014, n. 162, è stato così sostituito dall'art. 14, comma 3, lett.* a), *del D.L. 27 giugno 2015, n. 83, convertito, con modificazioni, nella L. 6 agosto 2015, n. 132.*

(3) *Le parole: «e comunque non può eccedere l'importo di euro 3.000,00» sono state aggiunte dall'art. 14, comma 3, lett.* b), *del D.L. 27 giugno 2015, n. 83, convertito, con modificazioni, nella L. 6 agosto 2015, n. 132.*

(4) *Questo comma è stato aggiunto dall'art. 19, comma 4, lett.* b), *del D.L. 12 settembre 2014, n. 132, convertito, con modificazioni, nella L. 10 novembre 2014, n. 162. A norma dell'art. 19, comma 6* bis, *dello stesso provvedimento tali disposizioni si applicano ai procedimenti iniziati a decorrere dal trentesimo giorno successivo alla data di entrata in vigore della legge di conversione del presente decreto (Suppl. ord. alla G.U. Serie gen. - n. 261 del 10 novembre 2014).*

(5) *Questo periodo è stato così sostituito dall'art. 14, comma 3, lett.* c), *del D.L. 27 giugno 2015, n. 83, convertito, con modificazioni, nella L. 6 agosto 2015, n. 132.*

123. (1) Costituiscono proventi dell'ufficiale giudiziario:

a) il diritto di notificazione;

b) il diritto di esecuzione;

c) il diritto di protesto cambiario;

d) il diritto di assistenza ad atti di ufficio del magistrato o del cancelliere.

(1) *Questo articolo dapprima modificato dall'art. 7 della L. 11 giugno 1962, n. 546 e poi ancora modificato dall'art. un. del D.P.R. 5 giugno 1965, n. 757 è stato così sostituito dall'art. 2 della L. 15 gennaio 1991, n. 14.*

124 - 127. (*Omissis*) (1).

(1) *Questi articoli sono stati abrogati dall'art. 12 della L. 15 gennaio 1991, n. 14.*

128. (1) [Per la notificazione degli atti è dovuto all'ufficiale giudiziario il diritto unico nella seguente misura:

a) per gli atti aventi fino a due destinatari: € 2,58;

b) per gli atti aventi da tre a sei destinatari: € 7,75;

c) per gli atti aventi oltre i sei destinatari: € 12,39].

(1) *Questo articolo è stato abrogato dall'art. 299 del D.P.R. 30 maggio 2002, n. 115, sulle spese di giustizia, a decorrere dal 1° luglio 2002.*

129. (1) [Per le esecuzioni mobiliari ed immobiliari per ogni atto che importi la redazione di un verbale, escluso l'atto di protesto, è dovuto all'ufficiale giudiziario il diritto unico nella seguente misura:

a) per gli atti relativi ad affari di valore fino a € 516,46: € 2,58;

b) per gli atti relativi ad affari di valore superiore a € 516,46 fino a € 2.582,28: € 3,62;

c) per gli atti relativi ad affari di valore superiore a € 2.582,28 o di valore indeterminabile:€ 6,71].

(1) *Questo articolo come modificato dall'art. 10 della L. 11 giugno 1962, n. 546 e dall'art. 8 della L. 12 luglio 1975, n. 322, è stato così sostituito dall'art. 4 della L. 15 gennaio 1991, n. 14 e poi abrogato dall'art. 299 del D.P.R. 30 maggio 2002, n. 115, a decorrere dal 1° luglio 2002.*

130. Per ogni atto di protesto cambiario è dovuto il diritto di protesto nella misura seguente: (*Omissis*) (1).

(1) *Per il diritto di protesto, si veda, ora, l'art. 7 della L. 12 giugno 1973, n. 349, che si riporta:*

«7. (Diritto di protesto). *Ai notai, agli ufficiali giudiziari, agli aiutanti ufficiali giudiziari ed ai segretari comunali spetta, per ciascun titolo protestato, in sostituzione di ogni altro compenso previsto dalle vigenti disposizioni, salvo quanto stabilito nell'articolo seguente, un diritto di protesto nella misura del 4 per mille - arrotondandosi nel calcolo a cinquanta lire le eventuali frazioni - e comunque non inferiore ad € 1,93 né superiore ad € 41,82* (*).

«*Quando il protesto ha per oggetto una cambiale domiciliata presso un istituto di credito, o presso un notaio o ufficiale giudiziario, il diritto è ridotto alla metà.*

«*Quando, all'atto della presentazione della cambiale e della richiesta di pagamento al domicilio del debitore o nel luogo da lui indicato, questi effettua il pagamento richiesto, spetta ai pubblici ufficiali indicati nel primo comma il cinquanta per cento del diritto di protesto.*

«*Nulla è dovuto per la riscossione dell'importo del titolo già protestato, eccettuato il caso della presentazione all'occorrendo.*

«*Per ciascun titolo protestato, il notaio è tenuto a versare alla Cassa nazionale del notariato il contributo del venti per cento sull'importo del diritto percepito a norma del presente articolo.*

«*I versamenti e le imputazioni previste per gli ufficiali giudiziari e per gli aiutanti ufficiali giudiziari dagli artt. 146, 148, 154, 155, 169 e 171 dell'ordinamento approvato con decreto del Presidente della Repubblica 15 dicembre 1959, n. 1229, modificato dalla L. 11 giugno 1962, n. 546, dal decreto del Presidente della Repubblica 5 giugno 1965, n. 757, dal decreto del presidente della Repubblica 28 dicembre 1970, n. 1079, e dalla L. 29 novembre 1971, n. 1048, si operano, al lordo del compenso corrisposto al presentatore, anche in relazione al diritto di protesto previsto nel presente articolo ed alla indennità di accesso di cui all'articolo seguente*».

(*) *Questi importi sono stati così modificati con D.M. 18 marzo 2008, in vigore dal 1° maggio 2008.*

131. (1) [Per gli atti per i quali è prevista la redazione del processo verbale, eseguiti in tutto o in parte nei giorni feriali dopo le ore 14 e prima delle ore di inizio delle notificazioni indicate nell'art. 147 del Codice di procedura civile, ovvero nei giorni festivi, è dovuto all'ufficiale giudiziario il diritto di vacazione per il periodo di tempo effettivamente impiegato.

Ogni vacazione ha la durata di due ore e comporta il diritto di lire duecento.

Il diritto di vacazione non si divide che per metà; trascorsa l'ora è dovuto per intero.

Il diritto è ridotto alla metà per i verbali di protesto cambiario.

Il processo verbale relativo agli atti per i quali spetta il diritto di vacazione deve indicare anche l'ora di inizio e di chiusura delle operazioni].

(1) *Questo articolo è stato abrogato dall'art. 12 della L. 15 gennaio 1991, n. 14.*

132. (1) [All'ufficiale giudiziario che accompagna il magistrato o il cancelliere per assistenza ad atti di ufficio spetta, oltre all'eventuale indennità di missione, determinata ai sensi dell'art. 32, ultimo comma, se dovuta, un diritto d'importo pari a € 0,52 per ogni ora o frazione di ora superiore a trenta minuti primi e in ragione del tempo impiegato nella redazione degli atti ai quali assiste].

(1) *Questo articolo è stato così sostituito dall'art. 5 della L. 15 gennaio 1991, n. 14 e poi abrogato dall'art. 299 del D.P.R. 30 maggio 2002, n. 115, a decorrere dal 1° luglio 2002.*

132 *bis*. (*Omissis*) (1).

(1) *Questo articolo, come inserito dall'art. 13 della L. 11 giugno 1962, n. 546, modificato dall'art. un. del D.P.R. 5 giugno 1965, n. 757 e sostituito dall'art. 2 della L. 29 novembre 1971, n. 1048, è stato abrogato dall'art. 12 della L. 15 gennaio 1991, n. 14.*

133. (1) [Per gli atti compiuti fuori dell'edificio ove l'ufficio giudiziario ha sede è dovuta all'ufficiale giudiziario, a rimborso di ogni spesa, l'indennità di trasferta. Tale indennità spetta per il viaggio di andata e per quello di ritorno ed è stabilita, per gli atti di notificazione, nella seguente misura:

a) fino a sei chilometri: € 1,22;

b) fino a dodici chilometri: € 2,25;

c) fino a diciotto chilometri: € 3,06;

d) oltre i diciotto chilometri, per ogni percorso di sei chilometri o di frazione superiore a tre chilometri di percorso successivo, nella misura di cui alla lettera *c*), aumentata di € 0,65] (2).

[Per gli atti di esecuzione l'indennità è dovuta, per il viaggio di andata e per quello di ritorno, nella misura doppia di quella prevista dal precedente comma] (2).

[L'indennità non è dovuta per la notificazione eseguita per mezzo del servizio postale] ([2]).

[Per il protesto di cambiali e di titoli alle stesse equiparati, si applicano le norme di cui all'articolo 8 della legge 12 giugno 1973, n. 349, e per le trasferte in materia penale le norme di cui all'articolo 142 del presente decreto] ([2]).

[Annualmente, con decreto del Presidente della Repubblica - su proposta formulata dal Ministro di grazia e giustizia, sentiti i rappresentanti delle organizzazioni sindacali maggiormente rappresentative del personale, di concerto con il Ministro del tesoro e con il Ministro per la funzione pubblica - l'importo della indennità di trasferta potrà essere variato tenendo conto delle modificazioni, accertate dall'Istituto centrale di statistica, dell'indice dei prezzi al consumo per le famiglie di operai ed impiegati verificatesi nel triennio precedente] ([2]).

Le somme complessivamente percepite a titolo di indennità di trasferta ([3]), detratte le spese effettivamente sostenute da ciascuno e detraibili ai sensi di legge, sono distribuite dall'ufficiale giudiziario dirigente l'ufficio, in parti uguali, rispettivamente tra tutti gli appartenenti al profilo professionale di collaboratore UNEP e fra gli appartenenti al profilo di assistente UNEP, addetti all'ufficio stesso ([4]).

([1]) *Questo articolo è stato così sostituito dall'art. 1 della L. 26 luglio 1984, n. 407; le tariffe sono state così ulteriormente elevate con D.P.R. 17 ottobre 1996, n. 601, in vigore dall'1 dicembre 1996 e poi abrogato, eccetto l'ultimo comma, dall'art. 299 del D.P.R. 30 maggio 2002, n. 115.*

([2]) *Questo comma è stato abrogato dall'art. 299 del D.P.R. 30 maggio 2002, n. 115, sulle spese di giustizia, a decorrere dal 1° luglio 2002.*

([3]) *Le parole: «di cui al primo comma» sono state così sostituite dalle attuali: «di trasferta» dall'art. 300, comma 2, del D.P.R. 30 maggio 2002, n. 115, sulle spese di giustizia, a decorrere dal 1° luglio 2002.*

([4]) *Questo comma è stato aggiunto dall'art. 7, comma 1, della L. 18 febbraio 1999, n. 28.*

134. ([1]) [Nel calcolo delle distanze si deve tener conto della più breve fra quelle che possono percorrere per raggiungere il luogo dove l'atto deve essere eseguito.

Per determinare le singole distanze l'ufficiale giudiziario deve attenersi agli stati compilati giusta le prescrizioni dell'art. 25, prima parte, del R.D. 3 maggio 1923, n. 1043 e, qualora da tali stati le distanze, computabili ai fini dell'indennità di trasferta, non risultino in tutto o in parte, deve comprovarle col certificato dell'autorità competente, a richiesta della parte].

([1]) *Questo articolo è stato abrogato dall'art. 299, del D.P.R. 30 maggio 2002, n. 115, sulle spese di giustizia, a decorrere dal 1° luglio 2002.*

135. ([1]) [L'ufficiale giudiziario che in materia civile e amministrativa procede, nello stesso viaggio, su richiesta di una stessa parte, a diversi atti del suo ufficio nella medesima località, percepisce una sola indennità di trasferta la quale è ripartita in misura uguale fra tutti gli atti eseguiti. Tale disposizione non si applica quando gli atti siano richiesti dalla stessa persona ma per conto e nell'interesse di parti diverse, né quando l'ufficiale giudiziario debba compiere tali atti in comuni diversi, ovvero, compiendoli nello stesso comune, debba percorrere tra un luogo e l'altro una distanza eccedente i cinquecento metri.

Nei casi in cui competano all'ufficiale giudiziario più indennità di trasferta per atti vari a cui egli nella stessa località proceda, a richiesta o nell'interesse del pubblico ministero o di una Amministrazione dello Stato o di una parte ammessa al gratuito patrocinio, l'anticipazione dovuta dall'Erario è limitata soltanto alla indennità di trasferta di maggiore importo. Le altre indennità sono prenotate a debito].

([1]) *Questo articolo è stato abrogato dall'art. 299 del D.P.R. 30 maggio 2002, n. 115, sulle spese di giustizia, a decorrere dal 1° luglio 2002.*

136. ([1]) [Per tutti gli atti che, per espressa disposizione di legge e per volontà delle parti debbono essere eseguiti nello stesso giorno della richiesta o in quello successivo, i diritti e l'indennità di trasferta spettanti all'ufficiale giudiziario, esclusa la indennità di trasferta eventualmente dovuta per il deposito dei verbali di pignoramento nella cancelleria del giudice della esecuzione, sono aumentati della metà.

La richiesta di urgenza deve essere scritta e firmata dalla parte richiedente con l'indicazione della data. Essa deve essere fatta sull'atto originale che si restituisce alla parte o sulla matrice del registro per i depositi di somme o separatamente in carta libera, per gli atti che importino la redazione di processo verbale, ma in tal caso deve risultare dal contesto dell'atto e la richiesta deve essere allegata al verbale.

Se il richiedente non può o non sa scrivere, la richiesta di esecuzione di urgenza può essere fatta oralmente all'ufficiale giudiziario, il quale deve farla risultare dal contesto dell'atto, indicando il motivo per cui non è stata scritta e firmata.

Nel caso previsto dal primo comma dell'art. 135 la maggiorazione spettante per l'urgenza è dovuta una sola volta nella misura stabilita per l'atto che importa il maggior diritto o la maggiore indennità].

(1) *Questo articolo è stato abrogato dall'art. 299 del D.P.R. 30 maggio 2002, n. 115, sulle spese di giustizia, a decorrere dal 1° luglio 2002.*

137. (1) [I diritti e l'indennità di trasferta, spettanti agli ufficiali giudiziari e prenotati a debito, nonché le spese postali ad essi anticipate, sono equiparati, agli effetti dei campioni, ai crediti dell'Erario.

In caso di recupero parziale dell'articolo di campione, i diritti e l'indennità sono prelevati insieme con gli onorari dei difensori con privilegio di pari grado sulle somme riscosse].

(1) *Questo articolo è stato abrogato dall'art. 299 del D.P.R. 30 maggio 2002, n. 115, a decorrere dal 1° luglio 2002.*

138. (1) [Le cancellerie giudiziarie, nei campioni civili e penali, nelle note delle spese da recuperare e nelle distinte di versamento da trasmettere agli uffici del registro, indicano l'ammontare delle somme da recuperare per diritti e per indennità di trasferta complessivamente spettanti agli ufficiali giudiziari e agli aiutanti ufficiali giudiziari] (2).

[L'ufficio del registro, previa ritenuta della tassa del 10 per cento di cui all'art. 154, versa alla fine di ogni mese tali somme direttamente all'ufficiale giudiziario dirigente. Nell'eseguire il versamento, l'ufficio del registro deve indicare il numero del campione, la parte debitrice, le singole trattenute operate] (2).

[Di ciascun versamento, con le suddette indicazioni, l'ufficio del registro dà avviso al capo dell'ufficio da cui dipendono gli ufficiali giudiziari affinché si assicuri che le somme pagate siano immediatamente iscritte nel registro cronologico] (2).

L'ammontare globale delle somme è attribuito per il 40 per cento in conto diritti e per il 60 per cento in conto indennità di trasferta.

La quota dei diritti è attribuita per il 42 per cento all'ufficiale giudiziario, per il 42 per cento all'aiutante ufficiale giudiziario e per il 16 per cento ai coadiutori giudiziari.

La quota dell'indennità di trasferta è attribuita per il 50 per cento all'ufficiale giudiziario e per il 50 per cento all'aiutante ufficiale giudiziario. Nelle sedi dove manchino l'aiutante ufficiale giudiziario e il coadiutore giudiziario le quote ad essi spettanti sono attribuite all'ufficiale giudiziario; se manca soltanto il coadiutore giudiziario la quota di quest'ultimo è attribuita per il 50 per cento all'ufficiale giudiziario e per il 50 per cento all'aiutante ufficiale giudiziario.

(1) *Questo articolo, come sostituito dall'art. 2 della L. 26 luglio 1984, n. 407, è stato così sostituito dall'art. 6 della L. 15 gennaio 1991, n. 14.*

(2) *Questo comma è stato abrogato dall'art. 299 del D.P.R. 30 maggio 2002, n. 115, a decorrere dal 1° luglio 2002.*

139. (1) [La percentuale sui crediti recuperati dall'Erario sui campioni civili e penali è liquidata, previa detrazione delle somme spettanti ai terzi, con le norme stabilite dalla legge 8 agosto 1895, n. 556 e successive modificazioni.

La percentuale sui crediti recuperati sui campioni amministrativi è liquidata, per quanto riguarda i procedimenti davanti alle giurisdizioni amministrative, sui recuperi delle spese che sono prenotate a debito secondo le norme del regolamento approvato con regio decreto 17 agosto 1907, n. 640, e, per quanto riguarda i giudizi innanzi alla Corte dei conti, sui recuperi delle spese da ripetersi ai sensi del regio decreto 5 settembre 1909, n. 776, e che risultino prenotate negli appositi campioni esistenti presso l'ufficio del registro.

Alla fine di ogni bimestre, l'ufficio del registro, nel procedere alla liquidazione delle percentuali di cui ai commi precedenti, liquida, altresì, la percentuale sulle somme introitate dall'Erario sulle vendite dei corpi di reato, trasmettendone l'ammontare complessivo direttamente all'ufficiale giudiziario o, dove esiste, all'ufficiale giudiziario dirigente].

(1) *Questo articolo è stato abrogato dall'art. 299 del D.P.R. 30 maggio 2002, n. 115, a decorrere dal 1° luglio 2002.*

140. L'importo dei diritti e delle indennità recuperati, [trasmesso dall'ufficio del registro,] (1) deve essere ripartito insieme con gli altri proventi riscossi nel mese; la percentuale di cui all'art. 122, n. 2, spetta all'ufficiale giudiziario che presti effettivo servizio nell'ultimo giorno del bimestre a cui si riferisce la percentuale stessa.

L'ufficiale giudiziario applicato ad altro ufficio, a norma dell'art. 32, ha diritto a percepire la suddetta percentuale soltanto nell'ufficio nel quale egli presti effettivo servizio; qualora presti servizio contemporaneo in più uffici, ha diritto a cumulare la stessa percentuale liquidata nei diversi uffici.

La percentuale relativa ai crediti derivanti da decreti penali di condanna emessi dal giudice delle indagini preliminari presso la pretura ([2]) circondariale spetta alla sezione distaccata che ne ha curato il recupero ([3]).

([1]) *Le parole fra parentesi quadrate sono state abrogate dall'art. 299 del D.P.R. 30 maggio 2002, n. 115.*

([2]) *Ai sensi del D.L.vo 19 febbraio 1998, n. 51, l'ufficio del pretore è soppresso a decorrere dal 2 giugno 1999, fatta salva l'attività necessaria per l'esaurimento degli affari pendenti. Le relative competenze sono trasferite al tribunale ordinario, fuori dei casi in cui è diversamente disposto dal predetto provvedimento.*

([3]) *Questo comma è stato aggiunto dall'art. 7 della L. 15 gennaio 1991, n. 14.*

Sezione II
Anticipazioni e depositi

141. ([1]) [Le parti devono anticipare agli ufficiali giudiziari le spese postali, i diritti e le indennità di trasferta relativi agli atti richiesti.

Per le eventuali spese degli atti esecutivi e quando non sia possibile la preventiva liquidazione delle somme dovute, o questa risulti difficoltosa per il rilevante numero delle richieste, le parti devono versare una congrua somma in deposito. L'ufficiale giudiziario deve prenderne nota nel registro di cui al n. 5 dell'art. 116 e rilasciare ricevuta alla parte.

Al momento del ritiro dell'originale dell'atto notificato, le parti devono rimborsare all'ufficiale giudiziario le spese anticipate per l'invio della raccomandata di cui agli artt. 139, 140 e 660 del Codice di procedura civile].

([1]) *Questo articolo è stato abrogato dall'art. 299 del D.P.R. 30 maggio 2002, n. 115, sulle spese di giustizia, a decorrere dal 1° luglio 2002.*

142. ([1]) [Le spese relative alle notificazioni e comunicazioni che in materia penale sono eseguite per mezzo del servizio postale sono anticipate dallo Stato all'ufficiale giudiziario. L'ufficiale giudiziario preleva le somme necessarie dal fondo spese di ufficio che viene bimestralmente reintegrato mediante mandato di pagamento (mod. 12).

I diritti spettanti all'ufficiale giudiziario in materia penale sono compresi tra le spese di giustizia e sono ripetibili soltanto nella liquidazione finale.

Con decreto del Ministro delle finanze emanato di concerto con il Ministro di grazia e giustizia è determinata la quota-parte delle spese di giustizia prevedute in misura fissa ai sensi dell'art. 199 delle norme di attuazione, di coordinamento e transitorie del codice di procedura penale, approvate con D.L.vo 28 luglio 1989, n. 271, spettante forfettariamente all'ufficiale giudiziario ed aiutante ufficiale giudiziario, per diritti.

Nell'ipotesi in cui le notificazioni sono poste a carico della parte che ne ha fatto richiesta, questa è tenuta ad anticipare all'ufficiale giudiziario i diritti conteggiati ai sensi dell'art. 128, con eventuale indennità di trasferta.

Le indennità di trasferta in materia penale, recuperate con le spese di giustizia e trasmesse all'ufficio del registro ai sensi dell'articolo 138, sono da detto ufficio versate in conto entrate eventuali del Tesoro.

L'ufficiale giudiziario, a titolo di rimborso spese per le trasferte eseguite in materia penale, percepisce, per gli atti ritualmente compiuti fuori dell'edificio ove l'ufficio giudiziario ha sede, l'indennità di trasferta prevista dall'articolo 133. Questa è corrisposta dallo Stato, forfettariamente, per ciascun atto nella misura di € 0,325, compresa la maggiorazione per l'urgenza.

Se la trasferta supera, fra andata e ritorno, la distanza di dieci chilometri o di venti chilometri, l'indennità è corrisposta dallo Stato, rispettivamente, nella misura di € 0,83 e di € 1,22.

Quando la trasferta viene eseguita per atti di notificazione relativi allo stesso processo, se i luoghi dove la notificazione deve essere eseguita distano fra di loro meno di 500 metri, spetta all'ufficiale giudiziario una sola indennità.

L'importo complessivo delle indennità forfettarie viene corrisposto mensilmente dall'ufficio del registro e, a cura dell'ufficiale giudiziario dirigente, è ripartito tra i pubblici ufficiali che hanno eseguito le trasferte, in proporzione del numero di atti eseguiti da ciascuno di essi.

L'ufficio del registro esercita sui mandati un controllo esclusivamente estrinseco e formale.

Nei mesi di giugno e di dicembre di ciascun anno, il capo dell'ufficio giudiziario indica, sulla base di segnalazioni semestrali delle cancellerie, quali singole decurtazioni devono operarsi in conseguenza di atti non ritualmente eseguiti].

([1]) *Questo articolo è stato abrogato dall'art. 299 del D.P.R. 30 maggio 2002, n. 115, sulle spese di giustizia, a decorrere dal 1° luglio 2002.*

143. ([1]) [Per gli atti in materia civile ed amministrativa a richiesta del pubblico ministero o di una Amministrazione dello Stato o di una parte ammessa al gratuito patrocinio, sono anticipate dallo Stato all'ufficiale giudiziario soltanto le indennità di trasferta o le spese postali, se la notificazione avviene a mezzo del servizio postale. I diritti spettanti all'ufficiale giudiziario sono prenotati a debito.

I diritti e le indennità di trasferta per atti compiuti nell'interesse dello Stato e che l'ufficiale giudiziario è tenuto ad eseguire gratuitamente sono tuttavia ripetibili a carico dei privati che siano condannati alle spese del giudizio.

La disposizione di cui al primo comma vale anche per la notificazione di atti su richiesta delle autorità estere].

(1) *Questo articolo è stato abrogato dall'art. 299 del D.P.R. 30 maggio 2002, n. 115, a decorrere dal 1° luglio 2002.*

144. I diritti e le indennità di trasferta spettanti all'ufficiale giudiziario nei procedimenti per contravvenzioni ai regolamenti comunali e provinciali devono in ogni caso essere anticipati rispettivamente dai comuni e dalle province nel cui interesse gli atti si compiono.

145. (1) [L'ufficiale giudiziario, prelevato dal deposito l'importo dei diritti e delle indennità a lui dovuti e della tassa di cui al secondo comma dell'art. 154, nonché delle eventuali spese postali e degli atti esecutivi, deve nei primi cinque giorni di ogni mese depositare, in apposito conto corrente postale intestato al suo ufficio, le somme residue non richieste in restituzione dalle parti entro trenta giorni dal compimento dell'atto.

Entro sei mesi dalla data del deposito di cui all'art. 141, la parte con richiesta scritta all'ufficiale giudiziario, può ottenere il rimborso della somma residua anche mediante assegno postale.

Decorso tale termine, dette somme sono devolute allo Stato e versate dall'ufficiale giudiziario entro i mesi di luglio e di gennaio.

Gli interessi maturati sui depositi sono devoluti allo Stato].

(1) *Questo articolo è stato abrogato dall'art. 299 del D.P.R. 30 maggio 2002, n. 115, a decorrere dal 1° luglio 2002.*

Sezione III
Amministrazione e ripartizione dei proventi

146. (1) Le somme riscosse per diritti, indennità di trasferta e percentuale sono amministrate dall'ufficiale giudiziario dirigente, il quale è l'unico responsabile. In caso di mancanza o di impedimento dell'ufficiale giudiziario dirigente, provvede alla sostituzione il capo dell'ufficio giudiziario.

L'ufficiale giudiziario o, dove esiste, l'ufficiale giudiziario dirigente, deve detrarre per spese di ufficio il 3 per cento delle somme di cui al comma 1 e, nelle sedi di pretura (2), il 4 per cento delle stesse. Egli amministra le somme a tal fine detratte sotto il controllo del capo dell'ufficio, al quale deve presentare il rendiconto mensile e quello annuale. Le eventuali eccedenze sono utilizzate nell'anno successivo.

Qualora l'importo delle somme di cui ai commi 1 e 2 sia di notevole entità, il capo dell'ufficio giudiziario può disporne il deposito in conto corrente postale o bancario.

(1) *Questo articolo come modificato dall'art. 17 della L. 11 giugno 1962, n. 546 e dall'art. 4 della L. 3 giugno 1980, n. 240, è stato così sostituito dall'art. 9 della L. 15 gennaio 1991, n. 14.*

(2) *Ai sensi del D.L.vo 19 febbraio 1998, n. 51, l'ufficio del pretore è soppresso a decorrere dal 2 giugno 1999, fatta salva l'attività necessaria per l'esaurimento degli affari pendenti. Le relative competenze sono trasferite al tribunale ordinario, fuori dei casi in cui è diversamente disposto dal predetto provvedimento.*

147. Gli ufficiali giudiziari addetti allo stesso ufficio, esclusi quelli assegnati in soprannumero ai sensi dell'art. 20, terzo comma, debbono ripartire tra loro in quote uguali i diritti, detratte prima le spese di cui al secondo comma dell'art. 146, nella misura dovuta sui diritti medesimi, poi le somme spettanti ai sensi dell'art. 167 e, successivamente, l'importo del trattamento economico da corrispondere al detto personale in soprannumero (1).

Tutti gli ufficiali giudiziari, addetti allo stesso ufficio debbono ripartire tra loro in quote uguali la percentuale di cui all'art. 122, n. 2, detratte prima le spese di cui al secondo comma dell'art. 146 nella misura dovuta sulla percentuale medesima e, successivamente, la terza parte spettante agli ufficiali giudiziari ai sensi dell'art. 167, primo comma, n. 2 (1).

L'ufficiale giudiziario dirigente mensilmente determina l'importo delle quote spettanti a ciascun ufficiale giudiziario e procede alle operazioni di riparto, comprendendovi anche gli assenti per congedo ordinario.

Delle operazioni di riparto è redatto verbale, che viene depositato in cancelleria, previa comunicazione agli interessati, i quali hanno diritto di proporre reclamo con ricorso al capo dell'ufficio giudiziario non oltre il decimo giorno dal deposito.

(*Omissis*) (²).

(¹) *Questo comma sostituisce l'originario primo comma, per effetto dell'art. 18 della L. 11 giugno 1962, n. 546.*

(²) *Gli originari ultimi due commi sono stati soppressi dall'art. 18 della L. 11 giugno 1962, n. 546.*

Sezione IV
Indennità integrativa

148. (¹) All'ufficiale giudiziario che con la percezione dei diritti al netto del 2 per cento (²) per le spese d'ufficio e del 10 per cento per la tassa erariale non venga a percepire l'importo dello stipendio iniziale previsto per il personale appartenente alla sesta qualifica funzionale, compete a carico dell'erario un'indennità integrativa fino a raggiungere l'importo medesimo.

Tale importo è progressivamente elevato, in relazione all'anzianità di servizio maturata dall'ufficiale giudiziario, all'ammontare dello stipendio spettante ai dipendenti della sesta qualifica funzionale di pari anzianità di servizio.

Il presidente della corte di appello provvede alla virtuale attribuzione ai fini suddetti delle classi di stipendio e degli aumenti periodici biennali nei limiti, alle condizioni e con la procedura previsti per i dipendenti civili dello Stato.

Il diritto di abbreviazione e riconoscimento anticipato dell'anzianità di servizio, concesso, secondo le norme vigenti in materia, agli impiegati dello Stato, è attribuito agli ufficiali giudiziari che siano stati combattenti, agli effetti del trattamento economico di cui ai precedenti commi, con decreto ministeriale, su proposta del presidente della corte di appello, sentito il pubblico ministero.

(¹) *Questo articolo, come modificato dall'art. 19 della L. 11 giugno 1962, n. 546 e dall'art. un. del D.P.R. 5 giugno 1965, n. 757, è stato così sostituito dall'art. 38 della L. 11 luglio 1980, n. 312.*

(²) *Ora 3% e, nelle sedi di Pretura, 4%. Ai sensi del D.L.vo 19 febbraio 1998, n. 51, l'ufficio del pretore è soppresso a decorrere dal 2 giugno 1999, fatta salva l'attività necessaria per l'esaurimento degli affari pendenti. Le relative competenze sono trasferite al tribunale ordinario, fuori dei casi in cui è diversamente disposto dal predetto provvedimento.*

Si veda l'art. 146 secondo comma.

149. L'ufficiale giudiziario o, dove esiste, il dirigente, nei primi venti giorni di ogni mese presenta al capo dell'ufficio lo stato relativo ai diritti computabili ai fini dell'art. 148, percepiti nel mese precedente, e, nel caso di cui all'art. 147, il verbale di riparto, richiedendo la liquidazione delle indennità integrative, se dovute (¹).

Il capo dell'ufficio controllata l'esatta corrispondenza dei dati segnati nello stato con quelli risultanti dai registri ed accertata la regolare tenuta dei medesimi, appone sui registri, immediatamente dopo l'ultima annotazione del mese precedente, la firma, il sigillo dell'ufficio, nonché il visto di conformità sullo stato. Entro cinque giorni dalla presentazione dello stato e dell'eventuale verbale di riparto, di cui al primo comma, il capo dell'ufficio procede, in base ai dati accertati ed alle risultante dello stato matricolare, alla liquidazione della indennità integrativa eventualmente dovuta a ciascuno, tenuto conto delle eccedenze verificatesi nei mesi precedenti e ordina il pagamento della suddetta indennità. Copia dell'ordinativo di pagamento deve essere conservata in cancelleria (¹).

I dati risultanti dallo stato sono, a cura del cancelliere trascritti in un registro riassuntivo dei proventi degli ufficiali giudiziari, conforme al modello prescritto dal Ministero (¹).

In caso di trasferimento o di applicazione, l'indennità è liquidata per l'intero mese dal capo dell'ufficio ove l'ufficiale giudiziario è stato trasferito o applicato, previa richiesta all'ufficio dal quale l'ufficiale giudiziario proviene dei dati occorrenti ai fini della liquidazione.

Quando l'indennità sia concessa, deve essere recuperata sulle eventuali eccedenze dei mesi successivi, in guisa che sia corrisposta solo nel caso che in un intero anno solare l'ufficiale giudiziario non abbia raggiunto l'importo minimo garantito dei proventi, e non oltre le misure del minimo stesso. Nel caso che l'indennità corrisposta nell'anno solare ecceda il minimo garantito, tale differenza deve essere rimborsata all'Erario anche mediante trattenuta da operarsi nell'anno successivo.

(¹) *I primi tre commi hanno sostituito il primo, secondo, terzo e quarto comma del testo originario per effetto dell'art. 20 della L. 11 giugno 1962, n. 546.*

150. L'ufficiale giudiziario, qualora presti contemporaneo servizio in più uffici, presenta ai capi di ufficio gli stati relativi ai diritti percepiti in ciascuna sede e, nel caso di cui all'art. 147, i verbali di riparto. Ai fini dell'indennità integrativa, si tiene conto soltanto dello stato e dell'eventuale verbale di riparto dai quali l'importo dei diritti risulti maggiore (¹).

Nel caso di cui al precedente comma, la liquidazione dell'indennità e la emissione dell'ordinativo di pagamento, previa richiesta dei dati occorrenti agli altri uffici, spettano al capo dell'ufficio cui l'ufficiale giudiziario è assegnato in organico, se questi continui a prestarvi servizio, e spettano in ogni altra ipotesi al capo del primo ufficio cui l'ufficiale giudiziario è stato destinato in applicazione.

(1) *Questo comma è stato così sostituito dall'art. 21 della L. 11 giugno 1962, n. 546.*

151. Entro il quindici febbraio il pretore (1) trasmette al presidente del tribunale un elenco nominativo degli ufficiali giudiziari con l'indicazione dei proventi riscossi e della eventuale indennità integrativa percepiti nell'anno. In base agli elenchi ricevuti il presidente del tribunale fa compilare un elenco nominativo riassuntivo degli ufficiali giudiziari del circondario, e lo trasmette al presidente della Corte di appello, il quale, a sua volta, fa compilare un analogo stato riassuntivo degli ufficiali giudiziari del distretto, e lo invia al Ministero entro il 15 marzo.

(1) *Ai sensi del D.L.vo 19 febbraio 1998, n. 51, l'ufficio del pretore è soppresso a decorrere dal 2 giugno 1999, fatta salva l'attività necessaria per l'esaurimento degli affari pendenti. Le relative competenze sono trasferite al tribunale ordinario, fuori dei casi in cui è diversamente disposto dal predetto provvedimento.*

Sezione V
Aggiunta di famiglia, assegno personale di sede e gratificazione annuale

152. Agli ufficiali giudiziari sono concessi le quote di aggiunta di famiglia e l'assegno personale di sede nei limiti, con le norme e condizioni stabilite per gli impiegati civili dello Stato.

Si applicano le disposizioni contenute nell'art. 54, lett. c), del regio decreto 18 novembre 1923, n. 2440 (1).

(1) *Si tratta delle norme sull'amministrazione del patrimonio e sulla contabilità generale dello Stato.*

153. Nel caso previsto dall'art. 148, agli ufficiali giudiziari è corrisposto, alla fine di ciascun anno, a carico dello Stato, ed a titolo di gratificazione, un assegno pari all'importo del trattamento economico mensile garantito ai sensi del suddetto articolo.

Qualora, invece, i proventi eccedano annualmente il trattamento minimo garantito ma non raggiungano anche l'importo della gratificazione annuale, è corrisposta la differenza allo stesso titolo.

Capo IV
Disposizioni tributarie

154. (1) Gli ufficiali giudiziari sono tenuti a versare allo Stato una tassa del 10 per cento sui diritti per gli atti o per le commissioni da loro compiuti (2).

Eguale tassa è dovuta dalle parti sul diritto di protesto di titoli di credito e sulle indennità di trasferta, per gli atti compiuti dagli ufficiali giudiziari, in aggiunta all'eventuale imposta di bollo dovuta per la quietanza.

La tassa del 10 per cento di cui ai commi 1 e 2 è corrisposta mediante applicazione, a cura degli ufficiali giudiziari, di marche da bollo del valore corrispondente, sull'originale degli atti notificati od eseguiti, con le modalità stabilite per l'imposta di bollo dovuta per la quietanza. In caso di inosservanza si applicano le sanzioni previste dal testo unico sull'imposta di bollo.

Per gli atti o commissioni che non abbiano dato luogo a formazione di originale, l'applicazione delle marche è fatta sulla matrice dell'apposito bollettario.

In relazione a particolare esigenza di servizio è facoltà del Ministero delle finanze, su proposta del Ministero di grazia e giustizia, di consentire che il pagamento della tassa del 10 per cento sia effettuato direttamente all'ufficio del registro.

L'ufficiale giudiziario, il quale in qualsiasi modo riscuota dalle parti l'ammontare totale o parziale della tassa da lui dovuta, è punito con l'ammenda disciplinare.

(1) *Questo articolo, come sostituito dall'art. 4 della L. 26 luglio 1984, n. 407, è stato così sostituito dall'art. 10 della L. 15 gennaio 1991, n. 14.*

(2) *Le parole «e sulle indennità di trasferta» sono state soppresse dall'art. 7, comma 2, della L. 18 febbraio 1999, n. 28.*

155. (1) Quando l'ammontare dei diritti computabili ai fini dell'indennità integrativa al netto del 2 per cento (2) per le spese di ufficio e del 10 per cento della tassa erariale superi annualmente l'importo dello stipendio spettante al personale appartenente alla sesta qualifica funzionale avente la stessa anzianità di servizio dell'ufficiale giudiziario, lo stesso deve versare all'erario il 95 per cento della parte dei diritti eccedente tale importo.

(1) *Questo articolo è stato così sostituito dall'art. 38 della L. 11 luglio 1980, n. 312.*

(2) *Ora 3% e, nelle sedi di Pretura, 4%. Ai sensi del D.L.vo 19 febbraio 1998, n. 51, l'ufficio del pretore è soppresso a decorrere dal 2 giugno 1999, fatta salva l'attività necessaria per l'esaurimento degli affari pendenti. Le relative competenze sono trasferite al tribunale*

ordinario, fuori dei casi in cui è diversamente disposto dal predetto provvedimento.

Si veda l'art. 146, secondo comma.

155 bis. (1) Il capo dell'ufficio, sulla base dei dati risultanti dallo stato relativo ai diritti di cui all'art. 149, determina la somma dovuta all'Erario sulla parte dei diritti eccedenti i limiti di cui all'art. 155, tenuto conto dei diritti computati e delle tasse versate nei mesi precedenti e ne indica l'importo sullo stato suddetto.

L'importo della tassa dovuta deve essere versato a cura dell'ufficiale giudiziario o, dove esiste, dall'ufficiale giudiziario dirigente, entro il mese successivo a quello cui si riferisce, all'ufficio del registro, al quale deve essere trasmesso un esemplare dello stato dei proventi. Detto importo o gli estremi del versamento debbono essere annotati nel registro di cui al terzo comma dell'art. 149.

(1) *Questo articolo è stato inserito dall'art. 24 della L. 11 giugno 1962, n. 546.*

156. Entro il 15 marzo il cancelliere trasmette all'ufficio del registro i registri cronologici ed il bollettario per chiamate di causa dell'anno precedente depositati a norma dell'art. 121.

L'ufficio del registro, dopo gli opportuni accertamenti sulla esattezza delle annotazioni fatte e sulla regolarità dei versamenti eseguiti nell'anno, liquida la somma spettante all'Erario in base agli articoli precedenti (1).

Qualora l'ufficio del registro nel procedere alla liquidazione riconosca che l'ufficiale giudiziario abbia versato somme minori di quelle dovute, lo invita a versare la differenza in un termine non minore di dieci giorni dalla comunicazione dell'avviso, che deve essere trasmesso per il tramite del capo dell'ufficio al quale l'ufficiale giudiziario è addetto. Nello stesso termine l'ufficiale giudiziario, mediante ricorso in doppio originale da depositare nella cancelleria, può fare opposizione, la quale sospende ogni ulteriore procedura di riscossione nei limiti delle somme in contestazione. Trascorso detto termine, l'ufficio del registro procede alla riscossione delle somme per cui non vi sia stata opposizione, con l'osservanza delle disposizioni dell'art. 159.

Qualora, invece, risulti che l'ufficiale giudiziario abbia versato somme maggiori di quelle dovute, l'ufficio del registro liquida la differenza che deve essere rimborsata e, non oltre il mese di marzo, promuove da parte del capo dell'ufficio a cui l'ufficiale giudiziario è addetto, il relativo ordine di pagamento, salva allo stesso ufficiale giudiziario la facoltà di ricorrere, non oltre il mese di aprile con le stesse forme innanzi indicate, nel caso che il pagamento non sia disposto ovvero sia disposto in misura inferiore a quella da lui pretesa.

Le contestazioni che possono sorgere tra l'ufficio del registro e l'ufficiale giudiziario sono decise con decreto, senza formalità di procedura e sentito il pubblico ministero, dal presidente del tribunale, se trattasi di ufficiale giudiziario addetto alla pretura (2) o all'ufficio unico del tribunale, ovvero da un magistrato delegato dal presidente della Corte di appello, se trattasi di ufficiale giudiziario addetto all'ufficio unico della Corte. Possono essere sentite anche le parti interessate.

A cura del cancelliere un esemplare del ricorso come sopra depositato è trasmesso all'ufficio del registro, e l'altro al magistrato competente a decidere sulla contestazione.

La decisione è comunicata all'ufficiale giudiziario per il tramite del capo dell'ufficio al quale lo stesso è addetto, nonché all'ufficio del registro e, nel caso di rigetto dell'opposizione di cui al terzo comma, deve contenere l'assegnazione di un nuovo termine per il pagamento. Nel caso di accoglimento del ricorso preveduto dal quarto comma, nella relativa decisione è contenuto l'ordine di pagamento di quanto spetta all'ufficiale giudiziario.

Eseguiti gli atti di sua competenza, l'ufficio del registro appone sui registri il suo visto, con le eventuali osservazioni, e provvede alla restituzione dei registri stessi alla cancelleria, dove rimangono depositati.

(1) *Questo comma è stato così sostituito dall'art. 25 della L. 11 giugno 1962, n. 546.*

(2) *Ai sensi del D.L.vo 19 febbraio 1998, n. 51, l'ufficio del pretore è soppresso a decorrere dal 2 giugno 1999, fatta salva l'attività necessaria per l'esaurimento degli affari pendenti. Le relative competenze sono trasferite al tribunale ordinario, fuori dei casi in cui è diversamente disposto dal predetto provvedimento.*

157. Agli effetti delle disposizioni dell'art. 156, in caso di trasferimento dell'unico ufficiale giudiziario, questi, adempiute le formalità stabilite dal quarto comma dell'art. 118 e dal primo comma dell'art. 120, prima di lasciare l'ufficio, deve depositare nella cancelleria i registri, il bollettario ed il repertorio in uso. Deve contestualmente depositare in duplice esemplare il prospetto riassuntivo prescritto dal secondo comma dell'art. 155 concernente le iscrizioni eseguite.

Un esemplare del suddetto prospetto è trasmesso, a cura del cancelliere e senza ritardo, alla cancelleria dell'ufficio al quale l'ufficiale giudiziario è stato trasferito.

Ogni ulteriore attribuzione sia in ordine alla determinazione mensile dei versamenti, sia riguardo alla liquidazione annuale, spetta agli organi competenti nella nuova sede.

In caso di cessazione dal servizio per morte, collocamento a riposo, destituzione o dispensa, la liquidazione definitiva è effettuata nel mese successivo a quello in cui si è verificata la cessazione.

158. Quando l'ufficiale giudiziario presti comtemporaneo servizio in più uffici, per stabilire l'ammontare della tassa dovuta all'Erario ai sensi dell'art. 155, si calcolano cumulativamente tutti i diritti percepiti in ciascun ufficio (1).

Nel caso innanzi preveduto si ha riguardo, per la competenza in ordine alla determinazione mensile del versamento ed alla liquidazione annuale, all'ufficio dove l'ufficiale giudiziario è addetto in pianta.

In ogni altro caso di contemporanea prestazione di servizio la competenza è determinata dal primo ufficio al quale l'ufficiale giudiziario è stato applicato.

(1) *Questo comma è stato così sostituito dall'art. 26 della L. 11 giugno 1962, n. 546.*

159. Se l'ufficiale giudiziario, nei termini stabiliti dall'art. 155, non esegue il versamento delle somme dovute, l'ufficio del registro provvede alla esazione con la procedura stabilita per la riscossione delle imposte di registro.

Trascorso il termine stabilito nella ingiunzione senza che sia stato eseguito il pagamento, l'ufficio del registro ne dà comunicazione al presidente della Corte di appello, se trattasi di ufficiale giudiziario addetto alla Corte medesima, o al presidente del tribunale, se trattasi di ufficiale giudiziario addetto al tribunale o ad una pretura (1) del circondario. L'ufficiale giudiziario è sospeso dalle funzioni con decreto, non soggetto ad impugnazione, emesso dai predetti magistrati, sentito il pubblico ministero; qualora esegua il pagamento il decreto è revocato, salva l'azione disciplinare.

Tale sospensione produce gli effetti indicati nel primo comma dell'art. 63 e non esclude la esecuzione di qualsiasi altro provvedimento di sospensione disciplinare a carico dell'ufficiale giudiziario; ma detta esecuzione, quando non sia stata ancora iniziata, è rinviata, o, se già iniziata, è sospesa fino a che non sia stata revocata la sospensione inflitta per il mancato pagamento.

Decorsi tre mesi dalla dichiarazione della sospensione senza che questa sia stata revocata, l'ufficiale giudiziario, su proposta del presidente della Corte di appello, sentito il procuratore generale presso la stessa Corte, può essere dispensato dal servizio con decreto ministeriale, esclusa qualsiasi formalità di procedura.

La dispensa non può pronunciarsi qualora sia in corso un procedimento disciplinare, finché questo non sia esaurito.

L'ufficiale giudiziario dispensato ai sensi del quarto comma del presente articolo deve essere riammesso in servizio qualora abbia effettuato il pagamento la cui mancanza dette luogo alla sospensione, e ciò senza pregiudizio dell'azione disciplinare.

(1) *Ai sensi del D.L.vo 19 febbraio 1998, n. 51, l'ufficio del pretore è soppresso a decorrere dal 2 giugno 1999, fatta salva l'attività necessaria per l'esaurimento degli affari pendenti. Le relative competenze sono trasferite al tribunale ordinario, fuori dei casi in cui è diversamente disposto dal predetto provvedimento.*

Titolo III
Stato giuridico, servizi e trattamento economico degli aiutanti ufficiali giudiziari

Capo I
Stato giuridico

160. Per il concorso ai posti di aiutante ufficiale giudiziario si applicano, in quanto compatibili, le norme di cui agli artt. 3, 4, 5, nonché quelle di cui agli artt. dal 7 al 19; al titolo di studio indicato al secondo comma dell'art. 4 è sostituito il diploma di licenza di scuola media inferiore o titolo equivalente.

L'esame di concorso consta:

1) di due prove scritte che hanno luogo in distinti giorni su ciascuna delle seguenti materie:

a) nozioni di procedura riguardanti la notificazione degli atti in materia civile;

b) nozioni di procedura riguardanti la notificazione degli atti in materia penale;

2) di una prova orale su nozioni riguardanti la notificazione degli atti in materia civile e penale e la legislazione cambiaria, nonché sull'ordinamento degli ufficiali giudiziari e degli aiutanti.

Gli aspiranti debbono, inoltre, sostenere una prova pratica di dattilografia.

La votazione complessiva è stabilita dalla somma della media dei voti riportati nelle due prove scritte, dei voti riportati nella prova pratica ed in quella orale.

160 bis. [1] Nella misura del cinquanta per cento dei posti annualmente disponibili, la nomina ad ufficiale giudiziario si consegue mediante concorso per esame al quale sono ammessi gli aiutanti giudiziari, indipendentemente dal titolo di studio e dall'età, con almeno dieci anni di effettivo servizio nella carriera e purché nell'ultimo quinquennio abbiano riportato la qualifica di «ottimo».

L'anzianità di servizio di cui al comma precedente è ridotta ad otto anni per coloro che siano in possesso del prescritto diploma di istituto di istruzione secondaria di secondo grado.

I vincitori del concorso vengono assegnati, senza obbligo di tirocinio, agli uffici di tribunale o di pretura [2]. Ad essi, se in possesso di retribuzione garantita superiore a quella spettante nella nuova qualifica, sono attribuiti gli aumenti periodici necessari per assicurare una retribuzione di importo pari o immediatamente superiore a quello in godimento all'atto del passaggio di carriera.

[1] *Questo articolo è stato aggiunto dall'art. 3 della L. 12 luglio 1975, n. 322.*

[2] *Ai sensi del D.L.vo 19 febbraio 1998, n. 51, l'ufficio del pretore è soppresso a decorrere dal 2 giugno 1999, fatta salva l'attività necessaria per l'esaurimento degli affari pendenti. Le relative competenze sono trasferite al tribunale ordinario, fuori dei casi in cui è diversamente disposto dal predetto provvedimento.*

161. [1] Il numero complessivo degli aiutanti ufficiali giudiziari è di millenovecento. La pianta organica per ogni ufficio è stabilita con decreto motivato del Ministro.

[1] *Questo articolo è stato così sostituito dall'art. 4 della L. 12 luglio 1975, n. 322.*

162. Sono estese agli aiutanti ufficiali giudiziari le disposizioni di cui all'art. 2, riguardanti la equiparazione agli impiegati civili dello Stato, quelle contenute negli artt. da 21 a 25, riguardanti la cauzione, che viene determinata in € 7,75, e l'assunzione in servizio, quelle contenute negli artt. da 26 a 28, riguardanti le esenzioni e le incompatibilità, quelle contenute negli artt. da 29 a 31, concernenti le assegnazioni di sede e i trasferimenti, quelle contenute negli artt. da 38 a 46, concernenti i congedi e le aspettative, quelle contenute negli artt. da 49 a 58, concernenti le Commissioni di vigilanza e la disciplina, l'anzianità di servizio e le note di qualifica, quelle contenute negli artt. da 59 a 95, concernenti la disciplina e il procedimento disciplinare, in quanto applicabili, quelle contenute negli artt. 96, 97, 98 e 100, concernenti le dimissioni, la decadenza dall'ufficio, la dispensa dal servizio, quelle di cui all'art. 102, riguardanti la riduzione dei posti.

Le autorità indicate nell'art. 59, secondo la rispettiva competenza, e l'ufficiale giudiziario, o, dove esiste, l'ufficiale giudiziario dirigente, esercitano la sorveglianza sugli aiutanti ufficiali giudiziari.

Per la cessazione dal servizio si applicano le norme vigenti per il personale civile della Amministrazione dello Stato della carriera esecutiva.

Il trattamento di quiescenza degli aiutanti giudiziati è regolato dal testo unico delle disposizioni legislative sull'ordinamento della Cassa di previdenza delle pensioni degli ufficiali giudiziari ed aiutanti ufficiali giudiziari approvato con regio decreto 12 luglio 1934, n. 2312 e successive modificazioni.

163. Al personale femminile si applicano le norme per la tutela delle lavoratrici madri. In tal caso l'aiutante, ove si astenga dal lavoro durante i periodi anteriore e successivo al parto stabiliti dalle norme innanzi richiamate, è considerata in congedo straordinario per maternità e ha diritto al trattamento economico previsto dagli artt. 168 e 169.

164. L'aiutante appartenente al personale femminile che abbia contratto matrimonio, anche se sia rimasta successivamente vedova con prole a carico, può presentare le dimissioni con diritto al trattamento di quiescenza ad essa spettante alla data di cessazione dal servizio.

Capo II
Servizi e trattamento economico

165. Gli aiutanti ufficiali giudiziari coadiuvano gli ufficiali giudiziari nella notificazione degli atti in materia civile, penale ed amministrativa e nell'assistenza alle udienze [1].

Gli aiutanti ufficiali giudiziari sono anche adibiti ai lavori interni di ufficio. Essi sono responsabili della regolarità della consegna della copia dell'atto e della relazione di notificazione.

Il personale femminile degli aiutanti ufficiali giudiziari è adibito esclusivamente ai lavori interni di ufficio e solo in via eccezionale, per esigenze di servizio, può essere addetto alla cancelleria della Corte di appello o del tribunale e al Ministero per i lavori attinenti al personale e ai servizi degli ufficiali giudiziari.

Sono estese agli aiutanti ufficiali giudiziari, in quanto applicabili, le disposizioni contenute nel capo I del titolo II (103 ss.), concernenti gli obblighi, la competenza e le attribuzioni, esclusa l'autenticazione delle copie di cui all'art. 111.

([1]) *L'art. 1 della L. 12 giugno 1973, n. 349 ha esteso agli aiutanti ufficiali giudiziari la competenza relativa al protesto di cambiali e assegni bancari.*

166. L'ufficiale giudiziario, prima della consegna degli atti originali e delle copie all'aiutante, deve eseguire gli adempimenti previsti dall'ultimo comma dell'art. 118.

Quando l'ufficio sia privo di ufficiale giudiziario, detti adempimenti devono essere eseguiti a cura dell'aiutante ufficiale giudiziario, al quale si applicano le disposizioni contenute negli artt. 118 e 119.

167. ([1]) Gli aiutanti ufficiali giudiziari sono retribuiti:

a) mediante proventi costituiti dai diritti di notificazione sugli atti e commissioni inerenti al loro ufficio, anche se le relative prestazioni siano compiute direttamente dall'ufficiale giudiziario;

b) con la terza parte della percentuale di cui all'art. 122, n. 2. Detta quota è a carico degli ufficiali giudiziari.

c) con i diritti relativi agli atti di protesto da loro effettuati.

L'importo dei diritti e delle indennità recuperati spettanti agli aiutanti ufficiali giudiziari deve essere ripartito insieme con gli altri proventi riscossi nel mese; la percentuale di cui al comma 1 spetta all'aiutante che abbia prestato effettivo servizio nell'ultimo giorno del bimestre cui si riferisce la percentuale stessa.

Si osservano, in quanto applicabili, le disposizioni degli artt. 128, 132, 133, 134, 135, 136, 140 e degli artt. da 141 a 145.

([1]) *Questo articolo, come modificato dall'art. 28 della L. 11 giugno 1962, n. 546, è stato così sostituito dall'art. 11 della L. 15 gennaio 1991, n. 14.*

168. Gli aiutanti ufficiali giudiziari addetti allo stesso ufficio debbono ripartire tra loro in quote uguali i diritti, nonché la parte di percentuale sui crediti recuperati dall'Erario loro spettante, al netto delle spese di ufficio dovute nella misura del dieci per cento ([1]) e detratte ai sensi dell'art. 147 ([2]).

L'ufficiale giudiziario dirigente determina l'importo delle quote spettanti a ciascun aiutante ufficiale giudiziario e procede alle operazioni di riparto comprendendovi anche gli assenti per regolare congedo.

Delle operazioni di riparto è redatto verbale, che viene depositato in cancelleria, previa comunicazione agli interessati, i quali hanno diritto di proporre reclamo con ricorso al capo dell'ufficio giudiziario non oltre il decimo giorno dal deposito.

([1]) *Ora 3% e, nelle sedi di Pretura, 4%. Ai sensi del D.L.vo 19 febbraio 1998, n. 51, l'ufficio del pretore è soppresso a decorrere dal 2 giugno 1999, fatta salva l'attività necessaria per l'esaurimento degli affari pendenti. Le relative competenze sono trasferite al tribunale ordinario, fuori dei casi in cui è diversamente disposto dal predetto provvedimento.*
Si veda l'art. 146, secondo comma.

([2]) *Questo comma è stato così sostituito dall'art. 29 della L. 11 giugno 1962, n. 546.*

169. ([1]) All'aiutante ufficiale giudiziario che con i diritti percepiti al netto del 2 per cento ([1]) per le spese di ufficio e del dieci per cento per la tassa erariale non venga a percepire l'importo dello stipendio iniziale previsto per il personale appartenente alla quarta qualifica funzionale compete a carico dell'erario una indennità fino a raggiungere l'importo medesimo.

Tale importo è progressivamente elevato, in relazione all'anzianità di servizio maturata dall'aiutante ufficiale giudiziario, all'ammontare dello stipendio spettante al personale della quarta qualifica funzionale di pari anzianità di servizio.

Si applicano all'aiutante ufficiale giudiziario le disposizioni di cui al secondo ed al terzo comma dell'art. 148.

Per la liquidazione dell'indennità integrativa l'ufficiale giudiziario o, dove esiste, l'ufficiale giudiziario dirigente esegue le prescrizioni di cui al primo comma dell'art. 149 anche nei confronti degli aiutanti ufficiali giudiziari. Si osservano, in quanto applicabili, le disposizioni contenute nello stesso art. 149 e negli artt. 150 e 152 ([2]).

([1]) *Questo articolo è stato così sostituito dall'art. 38 della L. 11 luglio 1980, n. 312.*

([2]) *Ai sensi del D.L.vo 19 febbraio 1998, n. 51, l'ufficio del pretore è soppresso a decorrere dal 2 giugno 1999, fatta salva l'attività necessaria per l'esaurimento degli affari pendenti. Le relative competenze sono trasferite al tribunale ordinario, fuori dei casi in cui è diversamente disposto dal predetto provvedimento.*
Si veda l'art. 146, secondo comma.

170. Agli aiutanti ufficiali giudiziari si applicano le disposizioni contenute nell'art. 152, riguardanti le quote di aggiunta di famiglia e l'assegno personale di sede.

Agli aiutanti ufficiali giudiziari si applicano, altresì, le disposizioni contenute nell'art. 153, riguardanti la gratificazione annuale, sostituito al trattamento economico minimo garantito dall'art. 148 quello garantito dall'art. 169.

171. (1) Quando l'ammontare dei diritti computabili ai fini dell'indennità integrativa, al netto del 2 per cento (2) per le spese di ufficio e del 10 per cento della tassa erariale, superi annualmente l'importo dello stipendio spettante al personale appartenente alla quarta qualifica funzionale avente la stessa anzianità di servizio dell'aiutante ufficiale giudiziario, lo stesso deve versare all'erario il 95 per cento della parte dei diritti eccedente tale importo.

(1) *Questo articolo è stato così sostituito dall'art. 38 della L. 11 luglio 1980, n. 312.*

(2) *Ora 3% e, nelle sedi di Pretura, 4%. Ai sensi del D.L.vo 19 febbraio 1998, n. 51, l'ufficio del pretore è soppresso a decorrere dal 2 giugno 1999, fatta salva l'attività necessaria per l'esaurimento degli affari pendenti. Le relative competenze sono trasferite al tribunale ordinario, fuori dei casi in cui è diversamente disposto dal predetto provvedimento.*

Si veda l'art. 146, secondo comma.

Titolo IV (1)
Organico, attribuzioni e trattamento economico dei coadiutori

(1) *Questo titolo e gli articoli in esso contenuti sono stati inseriti dall'art. 6 della L. 12 luglio 1975, n. 322.*

Capo I
Organico e attribuzioni

172. L'organico dei coadiutori è fissato in millecinquecento unità.

L'organico dei singoli uffici è determinato con decreto del Ministro per la grazia e giustizia.

Il personale amanuense degli uffici giudiziari che alla data del 31 maggio 1974 era in servizio negli uffici notificazioni, esecuzioni e protesti istituiti presso gli uffici giudiziari, è inquadrato nell'organico dei coadiutori con decreto del Ministro per la grazia e giustizia di concerto col Ministro per il tesoro, purché il personale stesso sia in possesso di tutti i requisiti prescritti per la categoria dei coadiutori ad eccezione del titolo di studio e dei limiti di età.

I presidenti delle corti di appello accertano gli elementi di cui al comma precedente.

173. I coadiutori provvedono alla materiale tenuta dei registri di cui all'articolo 116 sotto la direzione e con la responsabilità dell'ufficiale giudiziario, provvedono alla copiatura degli atti ed ai lavori di dattilografia ed al servizio di assistenza alle udienze.

Il servizio di coadiutore è incompatibile con quello di presentatore di cui alla legge 12 giugno 1973, n. 349 (1).

(1) *Sui protesti delle cambiali e degli assegni.*

Capo II
Nomina, assegnazione e trasferimento

174. Per il concorso e la nomina ai posti di coadiutore si applicano, in quanto compatibili, le norme di cui agli articoli 3 e seguenti.

Al titolo di studio indicato nel secondo comma dell'articolo 4 è sostituito il diploma di licenza di scuola media inferiore o titolo equivalente.

175. L'esame di concorso per coadiutori degli uffici notificazioni, esecuzioni e protesti, istituiti presso gli uffici giudiziari, consta di una prova scritta di cultura generale, di una prova pratica di dattilografia e di un colloquio su nozioni relative all'ordinamento giudiziario, all'ordinamento degli ufficiali giudiziari, aiutanti e coadiutori.

Anche in ordine alle assegnazioni ed ai trasferimenti si seguono le norme previste per gli ufficiali giudiziari e per gli aiutanti ufficiali giudiziari.

Capo III
Stato giuridico e trattamento economico

176. Ai coadiutori si applicano le disposizioni concernenti lo stato giuridico degli ufficiali giudiziari previste dall'articolo 162 e tutte le altre disposizioni del presente ordinamento, in quanto compatibili.

Non si applicano le disposizioni concernenti la cauzione.

177. La retribuzione proventivistica dei coadiutori è costituita dal diritto di cronologico, dal diritto di copia e dal diritto di chiamata di causa che il dirigente dell'ufficio ripartisce ai sensi dell'articolo 147, esclusa, per i diritti anzidetti, la detrazione prevista per le spese di ufficio.

Compete al personale suddetto anche l'aggiunta di famiglia e la gratifica annuale ai sensi degli articoli 152 e seguenti.

178. (1) Al coadiutore che con la percezione dei diritti di cui al precedente articolo, al netto del dieci per cento delle tasse erariali sui diritti medesimi, non consegue l'importo dello stipendio iniziale spettante al personale appartenente alla quarta qualifica funzionale compete, a carico dell'erario, una indennità integrativa sino a raggiungere l'importo medesimo.

Tale importo è progressivamente elevato, in relazione all'anzianità di servizio maturata dal coadiutore, all'ammontare dello stipendio spettante al personale della quarta qualifica funzionale, di pari anzianità di servizio.

La liquidazione, il controllo delle indennità ed il versamento delle eccedenze all'erario sono effettuati a norma degli articoli 149, 150, 151 e 171, in quanto applicabili.

(1) *Questo articolo è stato così sostituito dall'art. 38 della L. 11 luglio 1980, n. 312.*

Titolo V (1)
Disposizioni transitorie e finali

(1) *Gli originari articoli da 172 a 179 sono stati rinumerati da 179 a 186 e ricompresi sotto il titolo V anziché sotto il titolo IV, per effetto dell'art. 5 della L. 12 luglio 1975, n. 322.*

179 - 186. (*Omissis*) (1).

(1) *Si omettono perché inefficaci.*

2.

L. 20 novembre 1982, n. 890. Notificazioni di atti a mezzo posta e di comunicazioni a mezzo posta connesse con la notificazione di atti giudiziari (*Gazzetta Ufficiale* n. 334 del 4 dicembre 1982) (1) (2).

(1) *A norma dell'art. 1, comma 97* ter, *della L. 23 dicembre 2014, n. 190, inserito dall'art. 1, comma 461, della L. 27 dicembre 2017, n. 205 ai fini delle notificazioni a mezzo posta, qualunque riferimento della legislazione vigente all'ufficio postale per mezzo del quale è effettuata la spedizione si intende riferito al "punto di accettazione" e all'ufficio postale preposto alla consegna si intende riferito al "punto di deposito".*

A norma dell'art. 1, comma 97 quinquies, *della L. 23 dicembre 2014, n. 190, inserito dall'art. 1, comma 461, della L. 27 dicembre 2017, n. 205, tali disposizioni si applicano a decorrere dalla data di entrata in vigore del provvedimento del Ministero dello sviluppo economico che disciplina le procedure per il rilascio delle licenze di cui all'articolo 5, comma 2, secondo periodo, del decreto legislativo 22 luglio 1999, n. 261.*

(2) *A norma dell'art. 2, comma 4, del D.L. 1° marzo 2021, n. 22, convertito, con modificazioni, nella L. 22 aprile 2021, n. 55, con riguardo alle funzioni di cui all'articolo 35, comma 2, lettera b), del decreto legislativo n. 300 del 1999, come modificato dal medesimo decreto, la denominazione «Ministero della transizione ecologica» sostituisce, ad ogni effetto e ovunque presente, la denominazione: «Ministero dello sviluppo economico».*

1. In materia civile, amministrativa e penale, l'ufficiale giudiziario può avvalersi del servizio postale per la notificazione degli atti, salvo che l'autorità giudiziaria disponga o la parte richieda che la notificazione sia eseguita personalmente.

L'ufficiale giudiziario deve avvalersi del servizio postale per la notificazione degli atti in materia civile ed amministrativa da eseguirsi fuori del comune ove ha sede l'ufficio, eccetto che la parte chieda che la notificazione sia eseguita di persona.

Il servizio deve essere erogato da operatori postali in possesso della licenza di cui all'articolo 5, comma 2, secondo periodo, del decreto legislativo 22 luglio 1999, n. 261, e deve rispettare gli obblighi di qualità minima stabiliti dall'Autorità per le garanzie nelle comunicazioni ai sensi della legge 4 agosto 2017, n. 124 (1).

(1) *Questo comma è stato aggiunto dall'art. 1, comma 97* bis, *lett. a), della L. 23 dicembre 2014, n. 190, inserito dall'art. 1, comma 461, della L. 27 dicembre 2017, n. 205. A norma dell'art. 1, comma 97* quinquies, *della L. 23 dicembre 2014, n. 190, inserito dall'art. 1, comma 461, della L. 27 dicembre 2017, n. 205, tali disposizioni si applicano a decorrere dalla data di entrata in vigore del provvedimento del Ministero dello sviluppo economico che disciplina le procedure per il rilascio delle licenze di cui all'articolo 5, comma 2, secondo periodo, del decreto legislativo 22 luglio 1999, n. 261.*

2. Gli ufficiali giudiziari, per la notificazione degli atti a mezzo del servizio postale e per le comunicazioni a mezzo di lettera raccomandata connesse con la notificazione di atti giudiziari, fanno uso di speciali buste e moduli, per avvisi di ricevimento, entrambi di colore verde, di cui debbono fornirsi a propria cura e spese, conformi al modello approvato dall'Autorità per le garanzie nelle comunicazioni, sentito il Ministero della giustizia (1). Sulle buste non sono apposti segni o indicazioni dai quali possa desumersi il contenuto dell'atto (2).

(1) *Le parole: «al modello prestabilito dall'Amministrazione postale» sono state così sostituite dalle attuali: «al modello approvato dall'Autorità per le garanzie nelle comunicazioni, sentito il Ministero della giustizia» dall'art. 1, comma 97* bis, *lett. b), della L. 23 dicembre 2014, n. 190, inserito dall'art. 1, comma 461, della L. 27 dicembre 2017, n. 205. A norma dell'art. 1, comma 97* quinquies, *della L. 23 dicembre 2014, n. 190, inserito dall'art. 1, comma 461, della L. 27 dicembre 2017, n. 205, tali disposizioni si applicano a decorrere dalla data di entrata in vigore del provvedimento del Ministero dello sviluppo economico che disciplina le procedure per il rilascio delle licenze di cui all'articolo 5, comma 2, secondo periodo, del decreto legislativo 22 luglio 1999, n. 261.*

(2) *L'ultimo periodo di questo comma è stato aggiunto dall'art. 174, comma 16, lett. a), del D.L.vo 30 giugno 2003, n. 196, a decorrere dal 1° gennaio 2004. L'art. 174*

è stato poi abrogato dall'art. 27, comma 1, lett. c), *n. 3), del D.L.vo 10 agosto 2018, n. 101.*

3. L'ufficiale giudiziario scrive la relazione di notificazione sull'originale e sulla copia dell'atto, facendo menzione al punto di accettazione dell'operatore postale (1) per mezzo del quale spedisce la copia al destinatario in piego raccomandato con avviso di ricevimento.

Presenta all'ufficio postale la copia dell'atto da notificare in busta chiusa, apponendo su quest'ultima le indicazioni del nome, cognome, residenza o dimora o domicilio del destinatario, con l'aggiunta di ogni particolarità idonea ad agevolarne la ricerca; vi appone, altresì, il numero del registro cronologico, la propria sottoscrizione ed il sigillo dell'ufficio. Nei casi in cui l'ufficiale giudiziario si avvalga per la notificazione di sistemi telematici, la sottoscrizione è sostituita dall'indicazione a stampa sul documento prodotto dal sistema informatizzato del nominativo dell'ufficiale giudiziario stesso (2).

Presenta contemporaneamente l'avviso di ricevimento compilato con le indicazioni richieste dal modello predisposto ai sensi dell'articolo 2 (3), con l'aggiunta del numero del registro cronologico.

Per le notificazioni di atti in materia civile e amministrativa effettuate prima dell'iscrizione a ruolo della causa, o del deposito del ricorso, l'avviso di ricevimento deve indicare come mittente la parte istante o il suo procuratore quando sia stato già nominato. Per le notificazioni in materia penale e per quelle in materia civile e amministrativa effettuate in corso di procedimento, sull'avviso di ricevimento e sul piego devono essere indicati come mittenti, con indicazione dei relativi indirizzi, ivi compreso l'indirizzo di posta elettronica certificata ove il mittente sia obbligato per legge a dotarsene, la parte istante o il suo procuratore o l'ufficio giudiziario, a seconda di chi abbia fatto richiesta della notificazione all'ufficiale giudiziario (4). In ogni caso il mittente che non sia gravato dall'obbligo di cui al periodo precedente può sempre indicare un indirizzo di posta elettronica certificata ai fini della trasmissione della copia dell'avviso di ricevimento ai sensi dell'articolo 6 (4). Nei casi in cui il cancelliere deve prendere nota sull'originale del provvedimento dell'avvenuta notificazione di un atto di impugnazione o di opposizione, la ricevuta di ritorno deve indicare come mittente l'ufficiale giudiziario tenuto a dare avviso dell'impugnazione o dell'opposizione.

È facoltà dell'operatore postale richiedere una nuova compilazione dell'avviso o il riconfezionamento del piego che risultino effettuati in modo non conforme alla modulistica di cui all'articolo 2. Nel caso in cui il mittente non provveda, l'operatore può rifiutare l'esecuzione del servizio (5).

L'ufficiale giudiziario corrisponde le tasse postali dovute, compresa quella per l'avviso di ricevimento e della raccomandazione di essa, al punto di accettazione dell'operatore postale (6).

(1) *Le parole: «all'ufficio postale» sono state così sostituite dalle attuali: «al punto di accettazione dell'operatore postale» dall'art. 1, comma 97* bis, *lett.* c), *n. 2), della L. 23 dicembre 2014, n. 190, inserito dall'art. 1, comma 461, della L. 27 dicembre 2017, n. 205. A norma dell'art. 1, comma 97* quinquies, *della L. 23 dicembre 2014, n. 190, inserito dall'art. 1, comma 461, della L. 27 dicembre 2017, n. 205, tali disposizioni si applicano a decorrere dalla data di entrata in vigore del provvedimento del Ministero dello sviluppo economico che disciplina le procedure per il rilascio delle licenze di cui all'articolo 5, comma 2, secondo periodo, del decreto legislativo 22 luglio 1999, n. 261.*

(2) *L'ultimo periodo di questo comma è stato aggiunto dall'art. 2, comma 4, lett.* a), *del D.L. 14 marzo 2005, n. 35, convertito, con modificazioni, nella L. 14 maggio 2005, n. 80.*

(3) *Le parole: «dall'Amministrazione postale» sono state così sostituite dalle attuali: «ai sensi dell'articolo 2» dall'art. 1, comma 97* bis, *lett.* c), *n. 3), della L. 23 dicembre 2014, n. 190, inserito dall'art. 1, comma 461, della L. 27 dicembre 2017, n. 205. A norma dell'art. 1, comma 97* quinquies, *della L. 23 dicembre 2014, n. 190, inserito dall'art. 1, comma 461, della L. 27 dicembre 2017, n. 205, tali disposizioni si applicano a decorrere dalla data di entrata in vigore del provvedimento del Ministero dello sviluppo economico che disciplina le procedure per il rilascio delle licenze di cui all'articolo 5, comma 2, secondo periodo, del decreto legislativo 22 luglio 1999, n. 261.*

(4) *Le parole: «; per le notificazioni in materia penale e per quelle in materia civile e amministrativa, effettuate in corso di procedimento, l'avviso deve indicare come mittente l'ufficio giudiziario e, quando esiste, la sezione dello stesso ufficio e il numero del procedimento cui la notifica si riferisce» sono state così sostituite dai seguenti periodi: «Per le notificazioni in materia penale e per quelle in materia civile e amministrativa effettuate in corso di procedimento, sull'avviso di ricevimento e sul piego devono essere indicati come mittenti, con indicazione dei relativi indirizzi, ivi compreso l'indirizzo di posta elettronica certificata ove il mittente sia obbligato per legge a dotarsene, la parte istante o il suo procuratore o l'ufficio giudiziario, a seconda di chi abbia fatto richiesta della notificazione all'ufficiale giudiziario. In ogni caso il mittente che non sia gravato dall'obbligo di cui al periodo precedente può sempre indicare un indirizzo di posta elettronica certificata ai fini della trasmissione della copia dell'avviso di ricevimento ai sensi dell'articolo 6.» dall'art. 1, comma 97* bis, *lett.* c), *n. 4), della L. 23 dicembre 2014, n. 190, inserito dall'art. 1, comma 461, della*

L. 27 dicembre 2017, n. 205. A norma dell'art. 1, comma 97 quinquies, della L. 23 dicembre 2014, n. 190, inserito dall'art. 1, comma 461, della L. 27 dicembre 2017, n. 205, tali disposizioni si applicano a decorrere dalla data di entrata in vigore del provvedimento del Ministero dello sviluppo economico che disciplina le procedure per il rilascio delle licenze di cui all'articolo 5, comma 2, secondo periodo, del decreto legislativo 22 luglio 1999, n. 261.

(5) *Questo comma è stato inserito dall'art. 1, comma 97 bis, lett. c), n. 5), della L. 23 dicembre 2014, n. 190, inserito dall'art. 1, comma 461, della L. 27 dicembre 2017, n. 205. A norma dell'art. 1, comma 97 quinquies, della L. 23 dicembre 2014, n. 190, inserito dall'art. 1, comma 461, della L. 27 dicembre 2017, n. 205, tali disposizioni si applicano a decorrere dalla data di entrata in vigore del provvedimento del Ministero dello sviluppo economico che disciplina le procedure per il rilascio delle licenze di cui all'articolo 5, comma 2, secondo periodo, del decreto legislativo 22 luglio 1999, n. 261.*

(6) *Le parole: «all'ufficio postale di partenza» sono state così sostituite dalle attuali: «al punto di accettazione dell'operatore postale» dall'art. 1, comma 97 bis, lett. c), n. 6), della L. 23 dicembre 2014, n. 190, inserito dall'art. 1, comma 461, della L. 27 dicembre 2017, n. 205. A norma dell'art. 1, comma 97 quinquies, della L. 23 dicembre 2014, n. 190, inserito dall'art. 1, comma 461, della L. 27 dicembre 2017, n. 205, tali disposizioni si applicano a decorrere dalla data di entrata in vigore del provvedimento del Ministero dello sviluppo economico che disciplina le procedure per il rilascio delle licenze di cui all'articolo 5, comma 2, secondo periodo, del decreto legislativo 22 luglio 1999, n. 261.*

4. L'avviso di ricevimento del piego raccomandato, completato in ogni sua parte e [munito del bollo dell'ufficio postale] (1) recante la data dello stesso giorno di consegna, è spedito in raccomandazione all'indirizzo già predisposto dall'ufficiale giudiziario.

L'avviso di ricevimento può essere trasmesso per telegrafo o in via telematica (2), quando l'autorità giudiziaria o la parte interessata alla notificazione dell'atto ne faccia richiesta, purché il mittente anticipi la spesa, oltre il pagamento della tassa normale. Il telegramma deve essere spedito a cura dell'agente postale e contenere le generalità del destinatario o della persona abilitata che ha ricevuto il piego con l'indicazione della relativa qualifica, i quali, all'atto della consegna del piego, debbono firmare il relativo registro.

L'avviso di ricevimento costituisce prova dell'eseguita notificazione, fermi restando gli effetti di quest'ultima per il notificante al compimento delle formalità a lui direttamente imposte dalle vigenti disposizioni (3) (4).

I termini, che decorrono dalla notificazione eseguita per posta, si computano dalla data di consegna del piego risultante dall'avviso di ricevimento e, se la data non risulti, ovvero sia comunque incerta, da quanto attestato (5) sull'avviso medesimo dal punto di accettazione dell'operatore postale (6) che lo restituisce.

(1) *Le parole fra parentesi quadrate sono state soppresse dall'art. 1, comma 813, lett. a), n. 1), della L. 30 dicembre 2018, n. 145, a decorrere dal 1° gennaio 2019.*

(2) *Le parole: «o in via telematica» sono state inserite dall'art. 2, comma 4, lett. b), del D.L. 14 marzo 2005, n. 35, convertito, con modificazioni, nella L. 14 maggio 2005, n. 80.*

(3) *Le parole: «, fermi restando gli effetti di quest'ultima per il notificante al compimento delle formalità a lui direttamente imposte dalle vigenti disposizioni» sono state aggiunte dall'art. 1, comma 97 bis, lett. d), n. 1), della L. 23 dicembre 2014, n. 190, inserito dall'art. 1, comma 461, della L. 27 dicembre 2017, n. 205. A norma dell'art. 1, comma 97 quinquies, della L. 23 dicembre 2014, n. 190, inserito dall'art. 1, comma 461, della L. 27 dicembre 2017, n. 205, tali disposizioni si applicano a decorrere dalla data di entrata in vigore del provvedimento del Ministero dello sviluppo economico che disciplina le procedure per il rilascio delle licenze di cui all'articolo 5, comma 2, secondo periodo, del decreto legislativo 22 luglio 1999, n. 261.*

(4) *La Corte costituzionale, con sentenza n. 477 del 26 novembre 2002, ha dichiarato l'illegittimità costituzionale del combinato disposto dell'art. 149 c.p.c. e di questo comma, nella parte in cui prevede che la notificazione si perfeziona, per il notificante, alla data di ricezione dell'atto da parte del destinatario anziché a quella, antecedente, di consegna dell'atto all'ufficiale giudiziario.*

(5) *Le parole: «dal bollo apposto» sono state così sostituite dalle attuali: «da quanto attestato» dall'art. 1, comma 97 bis, lett. d), n. 2), della L. 23 dicembre 2014, n. 190, inserito dall'art. 1, comma 461, della L. 27 dicembre 2017, n. 205. A norma dell'art. 1, comma 97 quinquies, della L. 23 dicembre 2014, n. 190, inserito dall'art. 1, comma 461, della L. 27 dicembre 2017, n. 205, tali disposizioni si applicano a decorrere dalla data di entrata in vigore del provvedimento del Ministero dello sviluppo economico che disciplina le procedure per il rilascio delle licenze di cui all'articolo 5, comma 2, secondo periodo, del decreto legislativo 22 luglio 1999, n. 261.*

(6) *Le parole: «dall'ufficio postale» sono state così sostituite dalle attuali: «dal punto di accettazione dell'operatore postale» dall'art. 1, comma 813, lett. a), n. 1), della L. 30 dicembre 2018, n. 145, a decorrere dal 1° gennaio 2019.*

5. La ricevuta di spedizione della raccomandata è conservata dall'ufficiale giudiziario ed annotata nel registro cronologico dove pure è annotato l'avviso di ricevimento nelle ipotesi di cui all'ultima parte del quarto comma dell'articolo 3. In questi casi l'avviso di ricevimento è poi consegnato al funzionario addetto all'autorità giudiziaria o alla parte richiedente insieme con l'originale dell'atto, al quale deve rimanere allegato.

Negli altri casi previsti nel quarto comma dell'articolo 3, il funzionario addetto all'autorità giudiziaria ovvero la parte richiedente, i quali abbiano ricevuto in restituzione l'avviso di ricevimento, richiedono all'ufficiale giudiziario l'originale dell'atto, al quale allegano la ricevuta di ritorno.

In ogni caso, la parte può, anche prima del ritorno dell'avviso di ricevimento, farsi consegnare dall'ufficiale giudiziario l'originale dell'atto per ottenere l'iscrizione della causa a ruolo o per eseguire il deposito del ricorso o controricorso nei giudizi di Cassazione; peraltro, la causa non potrà essere messa in decisione se non sia allegato agli atti l'avviso di ricevimento, salvo che il convenuto si costituisca ([1]).

([1]) *La Corte costituzionale, con sentenza n. 140 del 30 marzo 1992, ha dichiarato l'illegittimità costituzionale di questo comma, nella parte in cui non prevede la sua applicabilità ai giudizi dinanzi ai giudici amministrativi, ivi compresi i giudizi elettorali.*

6. ([1]) 1. Lo smarrimento dell'avviso di ricevimento non dà diritto ad alcuna indennità, ma l'operatore postale incaricato è tenuto a rilasciare, senza spese, un duplicato o altro documento comprovante il recapito del piego in formato cartaceo e a farlo avere al mittente. Quando il mittente ha indicato un indirizzo di posta elettronica certificata, l'operatore forma una copia per immagine su supporto digitale ([2]) dell'avviso di ricevimento secondo le modalità prescritte dall'articolo 22 del codice di cui al decreto legislativo 7 marzo 2005, n. 82, e provvede, entro cinque giorni ([3]) dalla consegna del piego al destinatario, a trasmettere con modalità telematiche la copia dell'avviso al mittente. In alternativa, l'operatore postale genera l'avviso di ricevimento direttamente in formato elettronico ai sensi dell'articolo 21 del codice di cui al decreto legislativo n. 82 del 2005 e lo trasmette in conformità a quanto previsto dal secondo periodo del presente comma. L'originale dell'avviso di ricevimento trasmesso in copia è conservato presso l'operatore postale, dove il mittente può ritirarlo.

2. Per ogni piego smarrito, l'operatore postale incaricato corrisponde un indennizzo nella misura prevista dall'Autorità per le garanzie nelle comunicazioni.

([1]) *Questo articolo è stato così sostituito dall'art. 1, comma 97* bis, *lett.* e), *della L. 23 dicembre 2014, n. 190, inserito dall'art. 1, comma 461, della L. 27 dicembre 2017, n. 205. A norma dell'art. 1, comma 97* quinquies, *della L. 23 dicembre 2014, n. 190, inserito dall'art. 1, comma 461, della L. 27 dicembre 2017, n. 205, e così modificato dall'art. 1, comma 814, della L. 30 dicembre 2018, n. 145, tali disposizioni si applicano a decorrere dal 1° giugno 2019. Sono fatti salvi i comportamenti tenuti dagli operatori postali sino alla data di entrata in vigore della L. n. 145/2018..*

Si riporta il testo previgente:

«Art. 6. - Lo smarrimento dell'avviso di ricevimento non dà diritto ad alcuna indennità. L'Amministrazione postale è però tenuta a rilasciare senza spesa un duplicato ed a farlo avere al mittente nel più breve tempo possibile.

Per ogni piego smarrito l'Amministrazione postale paga l'indennità stabilita dalle norme di cui all'articolo 48 del codice postale e delle telecomunicazioni, approvato con decreto del Presidente della Repubblica 29 marzo 1973, n. 156.

Il pagamento dell'indennità è effettuato all'ufficiale giudiziario, il quale ne corrisponde l'importo alla parte che ha richiesto la notificazione dell'atto, facendosene rilasciare ricevuta.

Quando la notificazione sia stata disposta dall'autorità giudiziaria, l'importo dell'indennità, detratta a favore dell'ufficiale giudiziario la spesa della raccomandazione, è versata a favore dell'erario.».

([2]) *Le parole: «supporto analogico» sono state così sostituite dalle attuali: «supporto digitale» dall'art. 1, comma 813, lett.* b), *della L. 30 dicembre 2018, n. 145, a decorrere dal 1° gennaio 2019.*

([3]) *Le parole: «tre giorni» sono state così sostituite dalle attuali: «cinque giorni» dall'art. 1, comma 813, lett.* b), *della L. 30 dicembre 2018, n. 145, a decorrere dal 1° gennaio 2019.*

7. ([1]) 1. L'operatore postale consegna il piego nelle mani proprie del destinatario, anche se dichiarato fallito.

2. Se la consegna non può essere fatta personalmente al destinatario, il piego è consegnato, nel luogo indicato sulla busta che contiene l'atto da notificare, a persona di famiglia che conviva anche temporaneamente con lui ovvero addetta alla casa ovvero al servizio del destinatario, purché il consegnatario non sia persona manifestamente affetta da malattia mentale o abbia età inferiore a quattordici anni. In mancanza delle persone indicate al periodo precedente, il piego può essere consegnato al portiere dello stabile ovvero a persona che, vincolata da rapporto di lavoro continuativo, è comunque tenuta alla distribuzione della posta al destinatario.

3. L'avviso di ricevimento e di documenti attestanti la consegna debbono essere sottoscritti dalla persona alla quale è consegnato il piego e, quando la consegna sia effettuata a persona diversa dal destinatario, la firma deve essere seguita, su entrambi i documenti summenzionati, dalla specificazione della qualità rivestita dal consegnatario, con l'aggiunta, se trattasi di familiare, dell'indicazione di convivente anche se temporaneo. Se il piego non viene consegnato personalmente al destinatario dell'atto, l'operatore postale dà notizia al destinatario medesimo dell'avvenuta notificazione dell'atto a mezzo di let-

tera raccomandata ([2]). Il costo della raccomandata è a carico del mittente ([2]).

4. Se il destinatario o le persone alle quali può farsi la consegna rifiutano di firmare l'avviso di ricevimento pur ricevendo il piego, ovvero se il destinatario rifiuta il piego stesso o di firmare documenti attestanti la consegna, il che equivale a rifiuto del piego, l'operatore postale ne fa menzione sull'avviso di ricevimento indicando, se si tratti di persona diversa dal destinatario, il nome ed il cognome della persona che rifiuta di firmare nonché la sua qualità, appone la data e la propria firma sull'avviso di ricevimento che è subito restituito al mittente in raccomandazione, unitamente al piego nel caso di rifiuto del destinatario di riceverlo. Analogamente, la prova della consegna è fornita dall'addetto alla notifica nel caso di impossibilità o impedimento determinati da analfabetismo o da incapacità fisica alla sottoscrizione.

([1]) *Questo articolo è stato così sostituito dall'art. 1, comma 97* bis, *lett.* f), *della L. 23 dicembre 2014, n. 190, inserito dall'art. 1, comma 461, della L. 27 dicembre 2017, n. 205. A norma dell'art. 1, comma 97* quinquies, *della L. 23 dicembre 2014, n. 190, inserito dall'art. 1, comma 461, della L. 27 dicembre 2017, n. 205, tali disposizioni si applicano a decorrere dalla data di entrata in vigore del provvedimento del Ministero dello sviluppo economico che disciplina le procedure per il rilascio delle licenze di cui all'articolo 5, comma 2, secondo periodo, del decreto legislativo 22 luglio 1999, n. 261.*

Si riporta il testo previgente:

«Art. 7. - L'agente postale consegna il piego nelle mani proprie del destinatario, anche se dichiarato fallito.

Se la consegna non può essere fatta personalmente al destinatario, il piego è consegnato, nel luogo indicato sulla busta che contiene l'atto da notificare, a persona di famiglia che conviva anche temporaneamente con lui ovvero addetta alla casa ovvero al servizio del destinatario, purché il consegnatario non sia persona manifestamente affetta da malattia mentale o abbia età inferiore a quattordici anni.

In mancanza delle persone suindicate, il piego può essere consegnato al portiere dello stabile ovvero a persona che, vincolata da rapporto di lavoro continuativo, è comunque tenuta alla distribuzione della posta al destinatario.

L'avviso di ricevimento ed il registro di consegna debbono essere sottoscritti dalla persona alla quale è consegnato il piego e, quando la consegna sia effettuata a persona diversa dal destinatario, la firma deve essere seguita, su entrambi i documenti summenzionati, dalla specificazione della qualità rivestita dal consegnatario, con l'aggiunta, se trattasi di familiare, dell'indicazione di convivente anche se temporaneo.

Qualora il consegnatario non sappia firmare o ne sia impossibilitato, l'agente postale fa menzione di tale circostanza sia sul registro di consegna sia sull'avviso di ricevimento, apponendovi la data e la propria sottoscrizione.

Se il piego non viene consegnato personalmente al destinatario dell'atto, l'agente postale dà notizia al destinatario medesimo dell'avvenuta notificazione dell'atto a mezzo di lettera raccomandata (*)».

(*) *Questo comma è stato aggiunto dall'art. 36, comma 2 quater, del D.L. 31 dicembre 2007, n. 248, convertito, con modificazioni, nella L. 28 febbraio 2008, n. 31. A norma del successivo comma 2 quinquies, la disposizione di questo comma si applica ai procedimenti di notifica effettuati, ai sensi dell'articolo 7 della citata legge 20 novembre 1982, n. 890, a decorrere dalla data di entrata in vigore della legge di conversione del D.L. n. 248/2007. Le notificazioni delle sentenze già effettuate, ai sensi dell'articolo 7 della citata legge n. 890 del 1982, alla data di entrata in vigore della legge di conversione del D.L. n. 248/2007 non producono la decorrenza del relativo termine di impugnazione se non vi è stata consegna del piego personalmente al destinatario e se è provato che questi non ne ha avuto conoscenza.*

([2]) *Questo periodo è stato aggiunto dall'art. 1, comma 813, lett. c), della L. 30 dicembre 2018, n. 145, a decorrere dal 1° gennaio 2019.*

8. ([1]) 1. Se le persone abilitate a ricevere il piego in luogo del destinatario rifiutano di riceverlo, ovvero se l'operatore postale non può recapitarlo per temporanea assenza del destinatario o per mancanza, inidoneità o assenza delle persone sopra menzionate, il piego è depositato entro due giorni lavorativi dal giorno del tentativo di notifica ([2]) presso il punto di deposito più vicino al destinatario.

2. Per il ritiro della corrispondenza inesitata l'operatore postale di riferimento deve assicurare la disponibilità di un adeguato numero di punti di giacenza o modalità alternative di consegna della corrispondenza inesitata al destinatario, secondo criteri e tipologie definite dall'Autorità per le garanzie nelle comunicazioni, tenuto conto delle esigenze di riservatezza, sicurezza, riconoscibilità ed accessibilità richieste dalla natura del servizio.

3. In ogni caso, deve essere assicurata la diretta supervisione e responsabilità dell'operatore postale, presso i punti di giacenza o sulle modalità alternative di consegna della corrispondenza inesitata, in relazione alla custodia ed alle altre attività funzionali al ritiro o alla consegna degli invii.

4. Del tentativo di notifica del piego e del suo deposito è data notizia al destinatario, a cura dell'operatore postale, mediante avviso in busta chiusa a mezzo lettera raccomandata con avviso di ricevimento che, in caso di assenza del destinatario, deve essere affisso alla porta d'ingresso oppure immesso nella cassetta della corrispondenza dell'abitazione, dell'ufficio o dell'azienda. L'avviso deve contenere l'indicazione del soggetto che ha richiesto la notifica e del suo eventuale difensore, dell'ufficiale giudiziario al quale la

notifica è stata richiesta e del numero di registro cronologico corrispondente, della data di deposito e dell'indirizzo del punto di deposito, nonché l'espresso invito al destinatario a provvedere al ricevimento del piego a lui destinato mediante ritiro dello stesso entro il termine massimo di sei mesi, con l'avvertimento che la notificazione si ha comunque per eseguita trascorsi dieci giorni dalla data di spedizione della lettera raccomandata di cui al periodo precedente e che, decorso inutilmente anche il predetto termine di sei mesi, l'atto sarà restituito al mittente.

5. La notificazione si ha per eseguita dalla data del ritiro del piego, se anteriore al decorso del termine di dieci giorni di cui al comma 4. In tal caso, l'impiegato del punto di deposito lo dichiara sull'avviso di ricevimento che, datato e firmato dal destinatario o dal suo incaricato che ne ha curato il ritiro, è, entro due giorni lavorativi, spedito al mittente in raccomandazione.

6. Trascorsi dieci giorni dalla data di spedizione della lettera raccomandata, di cui al comma 4, senza che il destinatario o un suo incaricato ne abbia curato il ritiro, l'avviso di ricevimento è, entro due giorni lavorativi, spedito al mittente in raccomandazione con annotazione in calce, sottoscritta dall'operatore postale, della data dell'avvenuto deposito e dei motivi che l'hanno determinato, dell'indicazione 'atto non ritirato entro il termine di dieci giorni e della data di restituzione'. Trascorsi sei mesi dalla data in cui il piego è stato depositato, il piego stesso è restituito al mittente in raccomandazione con annotazione in calce, sottoscritta dall'operatore postale, della data dell'avvenuto deposito e dei motivi che l'hanno determinato, dell'indicazione 'non ritirato entro il termine di sei mesi e della data di restituzione'. Qualora la data delle eseguite formalità manchi sull'avviso di ricevimento o sia, comunque, incerta, la notificazione si ha per eseguita alla data risultante da quanto riportato sull'avviso stesso.

7. Fermi i termini sopra indicati, l'operatore postale può consentire al destinatario di effettuare il ritiro digitale dell'atto non recapitato assicurando l'identificazione del consegnatario ed il rilascio da parte di quest'ultimo di un documento informatico recante una firma equipollente a quella autografa.

(1) *Questo articolo è stato così sostituito dall'art. 1, comma 97* bis, *lett.* g), *della L. 23 dicembre 2014, n. 190, inserito dall'art. 1, comma 461, della L. 27 dicembre 2017, n. 205. A norma dell'art. 1, comma 97* quinquies, *della L. 23 dicembre 2014, n. 190, inserito dall'art. 1, comma 461, della L. 27 dicembre 2017, n. 205, tali disposizioni si applicano a decorrere dalla data di entrata in vigore del provvedimento del Ministero dello sviluppo economico che disciplina le procedure per il rilascio delle licenze di cui all'articolo 5, comma 2, secondo periodo, del decreto legislativo 22 luglio 1999, n. 261.*

Si riporta il testo previgente:

«Art. 8. - Se il destinatario o le persone alle quali può farsi la consegna rifiutano di firmare l'avviso di ricevimento, pur ricevendo il piego, ovvero se il destinatario rifiuta il piego stesso o di firmare il registro di consegna, il che equivale a rifiuto del piego, l'agente postale ne fa menzione sull'avviso di ricevimento indicando, se si tratti di persona diversa dal destinatario, il nome ed il cognome della persona che rifiuta di firmare nonché la sua qualità; appone, quindi, la data e la propria firma sull'avviso di ricevimento che è subito restituito al mittente in raccomandazione, unitamente al piego nel caso di rifiuto del destinatario di riceverlo. La notificazione si ha per eseguita alla data suddetta.

Se le persone abilitate a ricevere il piego, in luogo del destinatario, rifiutano di riceverlo, ovvero se l'agente postale non può recapitarlo per temporanea assenza del destinatario o per mancanza, inidoneità o assenza delle persone sopra menzionate, il piego è depositato lo stesso giorno presso l'ufficio postale preposto alla consegna o presso una sua dipendenza. Del tentativo di notifica del piego e del suo deposito presso l'ufficio postale o una sua dipendenza è data notizia al destinatario, a cura dell'agente postale preposto alla consegna, mediante avviso in busta chiusa a mezzo lettera raccomandata con avviso di ricevimento che, in caso di assenza del destinatario, deve essere affisso alla porta d'ingresso oppure immesso nella cassetta della corrispondenza dell'abitazione, dell'ufficio o dell'azienda. L'avviso deve contenere l'indicazione del soggetto che ha richiesto la notifica e del suo eventuale difensore, dell'ufficiale giudiziario al quale la notifica è stata richiesta e del numero di registro cronologico corrispondente, della data di deposito e dell'indirizzo dell'ufficio postale o della sua dipendenza presso cui il deposito è stato effettuato, nonché l'espresso invito al destinatario a provvedere al ricevimento del piego a lui destinato mediante ritiro dello stesso entro il termine massimo di sei mesi, con l'avvertimento che la notificazione si ha comunque per eseguita trascorsi dieci giorni dalla data del deposito e che, decorso inutilmente anche il predetto termine di sei mesi, l'atto sarà restituito al mittente (*) (**).

Trascorsi dieci giorni dalla data di spedizione della lettera raccomandata di cui al secondo comma senza che il destinatario o un suo incaricato ne abbia curato il ritiro, l'avviso di ricevimento è immediatamente restituito al mittente in raccomandazione con annotazione in calce, sottoscritta dall'agente postale, della data dell'avvenuto deposito e dei motivi che l'hanno determinato, dell'indicazione «atto non ritirato entro il termine di dieci giorni» e della data di restituzione. Trascorsi sei mesi dalla data in cui il piego è stato depositato nell'ufficio postale o in una sua dipendenza senza che il destinatario o un suo incaricato ne abbia curato il ritiro, il piego stesso è restituito al mittente in raccomandazione con annotazione in calce, sottoscritta dall'agente postale, della data dell'avvenuto deposito e dei motivi che l'hanno determinato, dell'indicazione «non ritirato entro il termine di centottanta giorni» e della data di restituzione (***).

La notificazione si ha per eseguita decorsi dieci giorni dalla data di spedizione della lettera raccomandata di cui al secondo comma ovvero dalla data del ritiro del piego, se anteriore (****).

Nel caso, invece, che durante la permanenza del piego presso l'ufficio postale o una sua dipendenza (*****) il destinatario o un suo incaricato ne curi il ritiro, l'impiegato postale lo dichiara sull'avviso di ricevimento che, datato e firmato dal destinatario o dal suo incaricato, è subito spedito al mittente in raccomandazione.

[La notificazione si ha per eseguita alla data del ritiro del piego] (******).

Qualora la data delle eseguite formalità manchi sull'avviso di ricevimento o sia, comunque, incerta, la notificazione si ha per eseguita alla data risultante dal bollo di spedizione dell'avviso stesso.

(*) *Questo comma è stato così sostituito dall'art. 2, comma 4, lett. c), n. 1), del D.L. 14 marzo 2005, n. 35, convertito, con modificazioni, nella L. 14 maggio 2005, n. 80.*

(**) *A norma dell'art. 2, comma 4 bis, del D.L. 14 marzo 2005, n. 35, convertito, con modificazioni, nella L. 14 maggio 2005, n. 80, i costi derivanti dalla spedizione della raccomandata e del relativo avviso di ricevimento di cui al secondo comma sono posti a carico del mittente indicato nell'avviso di ricevimento stesso, secondo le previsioni tariffarie vigenti, fatti salvi i casi di esenzione dalle spese di notifica previsti dalle leggi vigenti.*

(***) *Questo comma è stato così sostituito dall'art. 2, comma 4, lett. c), n. 2), del D.L. 14 marzo 2005, n. 35, convertito, con modificazioni, nella L. 14 maggio 2005, n. 80.*

(****) *Questo comma è stato così sostituito dall'art. 2, comma 4, lett. c), n. 3), del D.L. 14 marzo 2005, n. 35, convertito, con modificazioni, nella L. 14 maggio 2005, n. 80.*

(*****) *Le parole: «o una sua dipendenza» sono state inserite dall'art. 2, comma 4, lett. c), n. 4), del D.L. 14 marzo 2005, n. 35, convertito, con modificazioni, nella L. 14 maggio 2005, n. 80.*

(******) *Questo comma è stato abrogato dall'art. 2, comma 4, lett. c), n. 5), del D.L. 14 marzo 2005, n. 35, convertito, con modificazioni, nella L. 14 maggio 2005, n. 80.*

(2) *Le parole: «lo stesso giorno» sono state così sostituite dalle attuali: «entro due giorni lavorativi dal giorno del tentativo di notifica» dall'art. 1, comma 813, lett. c), della L. 30 dicembre 2018, n. 145, a decorrere dal 1° gennaio 2019.*

9. (1) 1. Fermo restando quanto previsto dall'articolo 201, comma 3, del codice della strada, di cui al decreto legislativo 30 aprile 1992, n. 285, sono restituiti al mittente in raccomandazione e con indicazione del motivo del mancato recapito gli invii che non possono essere consegnati per i seguenti motivi: destinatario sconosciuto, trasferito, irreperibile, deceduto, indirizzo inesatto, indirizzo insufficiente, indirizzo inesistente.

(1) *Questo articolo è stato così sostituito dall'art. 1, comma 97 bis, lett. h), della L. 23 dicembre 2014, n. 190, inserito dall'art. 1, comma 461, della L. 27 dicembre 2017, n. 205. A norma dell'art. 1, comma 97 quinquies, della L. 23 dicembre 2014, n. 190, inserito dall'art. 1, comma 461, della L. 27 dicembre 2017, n. 205, tali disposizioni si applicano a decorrere dalla data di entrata in vigore del provvedimento del Ministero dello sviluppo economico che disciplina le procedure per il rilascio delle licenze di cui all'articolo 5, comma 2, secondo periodo, del decreto legislativo 22 luglio 1999, n. 261.*

Si riporta il testo previgente:

«Art. 9. - Salvo quanto disposto dall'articolo 171 del codice di procedura penale, nel caso di cambiamento di residenza o di dimora o di domicilio del destinatario nello stesso comune, l'agente postale, qualora sia venuto a conoscenza del nuovo indirizzo, provvede, nei modi indicati dal primo, secondo e terzo comma dell'articolo 7, alla immediata consegna direttamente o, se ciò non sia possibile, a mezzo dell'agente incaricato del servizio nel settore ove è la nuova residenza o la nuova dimora o il nuovo domicilio del destinatario.

Se le persone indicate nel secondo e nel terzo comma dell'articolo 7 rifiutano di ricevere il piego o di firmare il registro di consegna o mancano o sono inidonee o assenti, il piego è restituito in raccomandazione al mittente.

Se la nuova residenza, la nuova dimora o il nuovo domicilio sono fuori della circoscrizione del comune, l'agente postale lo indica a tergo della busta che restituisce subito in raccomandazione al mittente.

Analoga indicazione, datata e sottoscritta, fa sull'avviso di ricevimento in caso di irreperibilità del destinatario, restituendolo, subito, al mittente col piego, in raccomandazione.».

10. Le disposizioni che precedono si applicano, in quanto compatibili, alle comunicazioni a mezzo di lettera raccomandata effettuate da ufficiale giudiziario e connesse con la notificazione di atti giudiziari.

11. (1) [Per la notificazione di atti giudiziari a mezzo della posta nei procedimenti davanti ai giudici conciliatori, le norme degli articoli precedenti si estendono al messo di conciliazione, in quanto applicabili].

(1) *Questo articolo è stato abrogato dall'art. 1, comma 97 bis, lett. i), della L. 23 dicembre 2014, n. 190, inserito dall'art. 1, comma 461, della L. 27 dicembre 2017, n. 205. A norma dell'art. 1, comma 97 quinquies, della L. 23 dicembre 2014, n. 190, inserito dall'art. 1, comma 461, della L. 27 dicembre 2017, n. 205, tali disposizioni si applicano a decorrere dalla data di entrata in vigore del provvedimento del Ministero dello sviluppo economico che disciplina le procedure per il rilascio delle licenze di cui all'articolo 5, comma 2, secondo periodo, del decreto legislativo 22 luglio 1999, n. 261.*

12. Le norme sulla notificazione degli atti giudiziari a mezzo della posta sono applicabili alla notificazione degli atti adottati dalle pubbliche amministrazioni di cui all'articolo 1, comma 2, del decreto legislativo 30 marzo 2001, n. 165, (1) e successive modificazioni

([2]), da parte dell'ufficio che adotta l'atto stesso ([3]).

[Nel caso in cui il predetto ufficio possa avvalersi del disposto dell'articolo 54 del codice postale e delle telecomunicazioni, le tasse di spedizione dei pieghi sono poste a carico del destinatario] ([4]).

[Se il destinatario o le persone alle quali è autorizzata la consegna del piego rifiutino di pagare le predette tasse, il piego si considera rifiutato e la notificazione si ha come eseguita] ([4]).

([1]) *Le parole: «3 febbraio 1993, n. 29,» sono state così sostituite dalle attuali: «30 marzo 2001, n. 165,» dall'art. 1, comma 97* bis, *lett.* l), *n. 1), della L. 23 dicembre 2014, n. 190, inserito dall'art. 1, comma 461, della L. 27 dicembre 2017, n. 205. A norma dell'art. 1, comma 97* quinquies, *della L. 23 dicembre 2014, n. 190, inserito dall'art. 1, comma 461, della L. 27 dicembre 2017, n. 205, tali disposizioni si applicano a decorrere dalla data di entrata in vigore del provvedimento del Ministero dello sviluppo economico che disciplina le procedure per il rilascio delle licenze di cui all'articolo 5, comma 2, secondo periodo, del decreto legislativo 22 luglio 1999, n. 261.*

([2]) *Si veda ora il D.L.vo 30 marzo 2001, n. 165.*

([3]) *Questo comma è stato così sostituito dall'art. 10, comma 5, della L. 3 agosto 1999, n. 265.*

([4]) *Questo comma è stato abrogato dall'art. 1, comma 97* bis, *lett.* l), *n. 2), della L. 23 dicembre 2014, n. 190, inserito dall'art. 1, comma 461, della L. 27 dicembre 2017, n. 205. A norma dell'art. 1, comma 97* quinquies, *della L. 23 dicembre 2014, n. 190, inserito dall'art. 1, comma 461, della L. 27 dicembre 2017, n. 205, tali disposizioni si applicano a decorrere dalla data di entrata in vigore del provvedimento del Ministero dello sviluppo economico che disciplina le procedure per il rilascio delle licenze di cui all'articolo 5, comma 2, secondo periodo, del decreto legislativo 22 luglio 1999, n. 261.*

13. Alle notificazioni degli atti tavolari, qualora siano effettuate a mezzo della posta, si applicano le norme che precedono purché i relativi pieghi siano muniti del bollo di contrassegno dell'ufficio tavolare mittente e siano spediti dal cancelliere dell'ufficio stesso.

14. La notificazione degli avvisi e degli atti che per legge devono essere notificati al contribuente deve avvenire con l'impiego di plico sigillato e ([1]) può eseguirsi a mezzo della posta direttamente dagli uffici finanziari, nonché, ove ciò risulti impossibile, ([2]) a cura degli ufficiali giudiziari, dei messi comunali ovvero dei messi speciali autorizzati dall'Amministrazione finanziaria, secondo le modalità previste dalla presente legge. Sono fatti salvi i disposti di cui agli articoli 26, 45 e seguenti del decreto del Presidente della Repubblica 29 settembre 1973, n. 602, e 60 del decreto del Presidente della Repubblica 29 settembre 1973, n. 600, nonché le altre modalità di notifica previste dalle norme relative alle singole leggi di imposta.

Qualora i messi comunali e i messi speciali autorizzati dall'Amministrazione finanziaria si avvalgano del sistema di notifica a mezzo posta, il compenso loro spettante ai sensi del primo comma dell'articolo 4 della legge 10 maggio 1976, n. 249, è ridotto della metà.

([1]) *Le parole: «deve avvenire con l'impiego di plico sigillato e» sono state inserite dall'art. 20 della L. 8 maggio 1998, n. 146.*

([2]) *Le parole: «direttamente dagli uffici finanziari, nonché, ove ciò risulti impossibile», sono state inserite dall'art. 20 della L. 8 maggio 1998, n. 146.*

15. (*Omissis*) ([1]).

([1]) *Questo articolo contiene modifiche all'art. 169 del codice di procedura penale abrogato.*

16. Sono abrogati il regio decreto 21 ottobre 1923, n. 2393, le norme concernenti la notificazione di atti giudiziari e di altri atti contenute nel regolamento di esecuzione del codice postale e delle telecomunicazioni, nonché ogni disposizione comunque incompatibile con quelle della presente legge.

16 *bis*. ([1]) 1. Per quanto non disciplinato dalla presente legge si applicano le disposizioni internazionali vigenti tra gli Stati.

([1]) *Questo articolo è stato aggiunto dall'art. 1, comma 97* bis, *lett.* m), *della L. 23 dicembre 2014, n. 190, inserito dall'art. 1, comma 461, della L. 27 dicembre 2017, n. 205. A norma dell'art. 1, comma 97* quinquies, *della L. 23 dicembre 2014, n. 190, inserito dall'art. 1, comma 461, della L. 27 dicembre 2017, n. 205, tali disposizioni si applicano a decorrere dalla data di entrata in vigore del provvedimento del Ministero dello sviluppo economico che disciplina le procedure per il rilascio delle licenze di cui all'articolo 5, comma 2, secondo periodo, del decreto legislativo 22 luglio 1999, n. 261.*

3.

L. 21 gennaio 1994, n. 53. Facoltà di notificazioni di atti civili, amministrativi e stragiudiziali per gli avvocati e procuratori legali (*Gazzetta Ufficiale* Serie gen. - n. 20 del 26 gennaio 1994) (1).

(1) *La L. 24 febbraio 1997, n. 27 ha soppresso l'albo dei procuratori legali ed ha disposto che il termine «procuratore legale» contenuto nelle disposizioni legislative vigenti s'intenda sostituito con il termine «avvocato».*

1. 1. L'Avvocato o il procuratore legale, munito di procura alle liti a norma dell'art. 83 del codice di procedura civile e della autorizzazione del consiglio dell'ordine nel cui albo è iscritto a norma dell'art. 7 della presente legge, può eseguire la notificazione di atti in materia civile, amministrativa e stragiudiziale a mezzo del servizio postale, secondo le modalità previste dalla L. 20 novembre 1982, n. 890, [ovvero a mezzo della posta elettronica certificata] (1) salvo che l'autorità giudiziaria disponga che la notifica sia eseguita personalmente. Quando ricorrono i requisiti di cui al periodo precedente, fatta eccezione per l'autorizzazione del consiglio dell'ordine, la notificazione degli atti in materia civile, amministrativa e stragiudiziale può essere eseguita a mezzo di posta elettronica certificata (2).

(1) *Le parole: «ovvero a mezzo della posta elettronica certificata», inserite dall'art. 25, comma 3, lett. a), della L. 12 novembre 2011, n. 183, sono state da ultimo soppresse dall'art. 46, comma 1, lett. a), n. 1), del D.L. 24 giugno 2014, n. 90, convertito, con modificazioni, nella L. 11 agosto 2014, n. 114.*

(2) *Questo periodo è stato aggiunto dall'art. 46, comma 1, lett. a), n. 2), del D.L. 24 giugno 2014, n. 90, convertito, con modificazioni, nella L. 11 agosto 2014, n. 114.*

2. 1. Per la notificazione di cui all'art. 1 effettuata a mezzo del servizio postale (1) il notificante utilizza speciali buste e moduli per avvisi di ricevimento, di cui deve fornirsi a propria cura e spese, conformi al modello prestabilito dall'Amministrazione postale per la notifica a mezzo posta.

(1) *Le parole: «effettuata a mezzo del servizio postale» sono state inserite dall'art. 16* quater*, comma 1, lett. a), D.L. 18 ottobre 2012, n. 179, convertito, con modificazioni, nella L. 17 dicembre 2012, n. 221, così come inserito dall'art. 1, comma 19, n. 2), della L. 24 dicembre 2012, n. 228.*

3. 1. Il notificante che procede a norma dell'articolo 2 deve (1):

a) scrivere la relazione di notificazione sull'originale e sulla copia dell'atto, facendo menzione dell'ufficio postale per mezzo del quale spedisce la copia al destinatario in piego raccomandato con avviso di ricevimento;

b) presentare all'ufficio postale l'originale e la copia dell'atto da notificare; l'ufficio postale appone in calce agli stessi il timbro di vidimazione, inserendo quindi la copia, o le copie, da notificare nelle buste di cui all'art. 2, sulle quali il notificante ha preventivamente apposto le indicazioni del nome, cognome, residenza o dimora o domicilio del destinatario, con l'aggiunta di ogni particolarità idonea ad agevolarne la ricerca; sulle buste devono essere altresì apposti il numero del registro cronologico di cui all'art. 8, la sottoscrizione ed il domicilio del notificante;

c) presentare contemporaneamente l'avviso di ricevimento compilato con le indicazioni richieste dal modello predisposto dall'Amministrazione postale, con l'aggiunta del numero di registro cronologico.

2. Per le notificazioni di atti effettuate prima dell'iscrizione a ruolo della causa o del deposito dell'atto introduttivo della procedura, l'avviso di ricevimento deve indicare come mittente la parte istante e il suo procuratore; per le notificazioni effettuate in corso di procedimento, l'avviso deve indicare anche l'ufficio giudiziario e, quando esiste, la sezione dello stesso.

3. Per il perfezionamento della notificazione e per tutto quanto non previsto dal presente articolo, si applicano, per quanto possibile, gli artt. 4 e seguenti della L. 20 novembre 1982, n. 890.

3 *bis*. La notifica è effettuata a mezzo della posta elettronica certificata solo se l'indirizzo del destinatario risulta da pubblici elenchi. Il notificante procede con le modalità previste dall'articolo 149 *bis* del codice di procedura civile, in quanto compatibili, specificando nella relazione di notificazione il numero di registro cronologico di cui all'articolo 8 (2).

(1) *Le parole: «di cui all'art. 1 deve» sono state così sostituite dalle attuali: «che procede a norma dell'articolo 2 deve» dall'art. 16* quater*, comma 1, lett. b), del D.L. 18 ottobre 2012, n. 179, convertito, con modificazioni, nella L. 17 dicembre 2012, n. 221, così come inserito dall'art. 1, comma 19, n. 2), della L. 24 dicembre 2012, n. 228. Si veda altresì l'art. 16* quater*, commi 2 e 3 del medesimo D.L. di cui si riporta il testo:*

«2. Con decreto del Ministro della giustizia, da adottarsi entro centottanta giorni dall'entrata in vigore della legge di conversione del presente decreto, si procede all'adeguamento delle regole tecniche di cui al decreto del Ministro della giustizia 21 febbraio 2011, n. 44.

3. Le disposizioni di cui al comma 1 acquistano efficacia a decorrere dal quindicesimo giorno successivo alla pubblicazione nella Gazzetta Ufficiale della Repubblica italiana del decreto di cui al comma 2.».

LEGGI COMPLEMENTARI

(2) *Questo comma, aggiunto dall'art. 4, comma 1, della L. 28 dicembre 2005, n. 263, e successivamente così sostituito dall'art. 25, comma 3, lett.* b), *della L. 12 novembre 2011, n. 183, decorsi 30 giorni dalla data di entrata in vigore della medesima legge (Suppl. ord. alla G.U. Serie gen. - n. 265 del 14 novembre 2011), è stato abrogato dall'art. 16* quater, *comma 1, lett.* c), *del D.L. 18 ottobre 2012, n. 179, convertito, con modificazioni, nella L. 17 dicembre 2012, n. 221, così come inserito dall'art. 1, comma 19, n. 2), della L. 24 dicembre 2012, n. 228.*

Si veda altresì l'art. 16 quater, *commi 2 e 3 del medesimo D.L. di cui si riporta il testo:*

«2. Con decreto del Ministro della giustizia, da adottarsi entro centottanta giorni dall'entrata in vigore della legge di conversione del presente decreto, si procede all'adeguamento delle regole tecniche di cui al decreto del Ministro della giustizia 21 febbraio 2011, n. 44.

3. Le disposizioni di cui al comma 1 acquistano efficacia a decorrere dal quindicesimo giorno successivo alla pubblicazione nella Gazzetta Ufficiale *della Repubblica italiana del decreto di cui al comma 2.».*

3 *bis*. (1) 1. La notificazione con modalità telematica si esegue a mezzo di posta elettronica certificata all'indirizzo risultante da pubblici elenchi, nel rispetto della normativa, anche regolamentare, concernente la sottoscrizione, la trasmissione e la ricezione dei documenti informatici. La notificazione può essere eseguita esclusivamente utilizzando un indirizzo di posta elettronica certificata del notificante risultante da pubblici elenchi.

1 *bis*. Fermo restando quanto previsto dal regio decreto 30 ottobre 1933, n. 1611, in materia di rappresentanza e difesa in giudizio dello Stato, la notificazione alle pubbliche amministrazioni è validamente effettuata presso l'indirizzo individuato ai sensi dell'articolo 16 *ter*, comma 1 *ter*, del decreto legge 18 ottobre 2012, n. 179, convertito, con modificazioni, dalla legge 17 dicembre 2012, n. 221 (2).

2. Quando l'atto da notificarsi non consiste in un documento informatico, l'avvocato provvede ad estrarre copia informatica dell'atto formato su supporto analogico, attestandone la conformità con le modalità previste dall'articolo 196 *undecies* delle disposizioni per l'attuazione del codice di procedura civile e disposizioni transitorie (3) (4). La notifica si esegue mediante allegazione dell'atto da notificarsi al messaggio di posta elettronica certificata.

3. La notifica si perfeziona, per il soggetto notificante, nel momento in cui viene generata la ricevuta di accettazione prevista dall'articolo 6, comma 1, del decreto del Presidente della Repubblica 11 febbraio 2005, n. 68, e, per il destinatario, nel momento in cui viene generata la ricevuta di avvenuta consegna prevista dall'articolo 6, comma 2, del decreto del Presidente della Repubblica 11 febbraio 2005, n. 68, fermo quanto previsto dall'articolo 147, secondo e terzo comma, del codice di procedura civile (5) (6).

4. Il messaggio deve indicare nell'oggetto la dizione: «notificazione ai sensi della legge n. 53 del 1994».

5. L'avvocato redige la relazione di notificazione su documento informatico separato, sottoscritto con firma digitale ed allegato al messaggio di posta elettronica certificata. La relazione deve contenere:

a) il nome, cognome ed il codice fiscale dell'avvocato notificante;

[*b*) gli estremi del provvedimento autorizzativo del consiglio dell'ordine nel cui albo è iscritto] (7);

c) il nome e cognome o la denominazione e ragione sociale ed il codice fiscale della parte che ha conferito la procura alle liti;

d) il nome e cognome o la denominazione e ragione sociale del destinatario;

e) l'indirizzo di posta elettronica certificata a cui l'atto viene notificato;

f) l'indicazione dell'elenco da cui il predetto indirizzo è stato estratto;

g) l'attestazione di conformità di cui al comma 2.

6. Per le notificazioni effettuate in corso di procedimento deve, inoltre, essere indicato l'ufficio giudiziario, la sezione, il numero e l'anno di ruolo.

(1) *Questo articolo è stato inserito dall'art. 16* quater, *comma 1, lett.* d), *del D.L. 18 ottobre 2012, n. 179, convertito, con modificazioni, nella L. 17 dicembre 2012, n. 221, così come inserito dall'art. 1, comma 19, n. 2), della L. 24 dicembre 2012, n. 228.*

Si veda altresì l'art. 16 quater, *commi 2 e 3 del medesimo D.L. di cui si riporta il testo:*

«2. Con decreto del Ministro della giustizia, da adottarsi entro centottanta giorni dall'entrata in vigore della legge di conversione del presente decreto, si procede all'adeguamento delle regole tecniche di cui al decreto del Ministro della giustizia 21 febbraio 2011, n. 44.

3. Le disposizioni di cui al comma 1 acquistano efficacia a decorrere dal quindicesimo giorno successivo alla pubblicazione nella Gazzetta Ufficiale *della Repubblica italiana del decreto di cui al comma 2.».*

(2) *Questo comma è stato inserito dall'art. 12, comma 1, lett. a), n. 1), del D.L.vo 10 ottobre 2022, n. 149, a decorrere dal 28 febbraio 2023.*

(3) *Le parole: «16* undecies *del decreto legge 18 ottobre 2012, n. 179, convertito, con modificazioni, dalla legge 17 dicembre 2012, n. 221»* sono state così sostituite *dalle attuali: «196* undecies *delle disposizioni per l'attuazione del codice di procedura civile e disposizioni transitorie» dall'art. 12, comma 1, lett. a), n. 2), del D.L.vo 10 ottobre 2022, n. 149, a decorrere dal 28 febbraio 2023.*

([4]) *Le parole: «attestandone la conformità all'originale a norma dell'articolo 22, comma 2, del decreto legislativo 7 marzo 2005, n. 82» sono state così sostituite dalle seguenti: «attestandone la conformità con le modalità previste dall'articolo 16* undecies *del decreto legge 18 ottobre 2012, n. 179, convertito, con modificazioni, dalla legge 17 dicembre 2012, n. 221», dall'art. 19, comma 1* bis*, del D.L. 27 giugno 2015, n. 83, convertito, con modificazioni, nella L. 6 agosto 2015, n. 132.*

([5]) *Le parole: «, fermo quanto previsto dall'articolo 147, secondo e terzo comma, del codice di procedura civile» sono state aggiunte dall'art. 12, comma 1, lett.* a)*, n. 3), del D.L.vo 10 ottobre 2022, n. 149, a decorrere dal 28 febbraio 2023.*

([6]) *A norma dell'art. 14, comma 4, del Decr. 28 luglio 2021 (G.U. Serie gen. - n. 183 del 2 agosto 2021), le ricevute di cui a questo comma, la relazione di notificazione di cui al comma 5 dello stesso articolo e la procura alle liti sono depositate, unitamente al ricorso, agli altri atti e documenti processuali, esclusivamente sotto forma di documenti informatici, con le modalità telematiche stabilite dalle specifiche tecniche di cui all'articolo 19, a decorrere dal 1° luglio 2016.*

([7]) *Questa lettera è stata soppressa dall'art. 46, comma 1, lett.* b)*, del D.L. 24 giugno 2014, n. 90, convertito, con modificazioni, nella L. 11 agosto 2014, n. 114.*

3 *ter*. ([1]) 1. L'avvocato esegue la notificazione degli atti giudiziali in materia civile e degli atti stragiudiziali a mezzo di posta elettronica certificata o servizio elettronico di recapito certificato qualificato quando il destinatario:

a) è un soggetto per il quale la legge prevede l'obbligo di munirsi di un domicilio digitale risultante dai pubblici elenchi;

b) ha eletto domicilio digitale ai sensi dell'articolo 3 *bis*, comma 1 *bis*, del codice dell'amministrazione digitale, di cui al decreto legislativo 7 marzo 2005, n. 82, iscritto nel pubblico elenco dei domicili digitali delle persone fisiche e degli altri enti di diritto privato non tenuti all'iscrizione in albi professionali o nel registro delle imprese ai sensi dell'articolo 6 *quater* del medesimo decreto.

2. Nei casi previsti dal comma 1, quando per causa imputabile al destinatario la notificazione a mezzo di posta elettronica certificata o servizio elettronico di recapito certificato qualificato non è possibile o non ha esito positivo:

a) se il destinatario è un'impresa o un professionista iscritto nell'indice INI-PEC di cui all'articolo 6 *bis* del decreto legislativo 7 marzo 2005, n. 82, l'avvocato esegue la notificazione mediante inserimento a spese del richiedente nell'area web riservata prevista dall'articolo 359 del codice della crisi d'impresa e dell'insolvenza, di cui al decreto legislativo 12 gennaio 2019, n. 14, dichiarando la sussistenza di uno dei presupposti per l'inserimento; la notificazione si ha per eseguita nel decimo giorno successivo a quello in cui è compiuto l'inserimento;

b) se il destinatario è una persona fisica o un ente di diritto privato non tenuto all'iscrizione in albi professionali o nel registro delle imprese e ha eletto il domicilio digitale di cui all'articolo 6 *quater* del decreto legislativo 7 marzo 2005, n. 82, l'avvocato esegue la notificazione con le modalità ordinarie ([2]).

3. Quando per causa non imputabile al destinatario la notificazione di cui al comma 1 non è possibile o non ha esito positivo, si esegue con le modalità ordinarie ([2]).

([1]) *Questo articolo è stato inserito dall'art. 12, comma 1, lett.* b)*, del D.L.vo 10 ottobre 2022, n. 149, a decorrere dal 28 febbraio 2023.*

([2]) *A norma dell'art. 4* ter*, comma 1, del D.L. 10 maggio 2023, n. 51, convertito, con modificazioni, nella L. 3 luglio 2023, n. 87, l'efficacia delle disposizioni di cui a questo comma, è stata sospesa fino al 31 dicembre 2023. Fino a tale data, quando la notificazione ai sensi del comma 1 dell'articolo 3 ter della citata legge n. 53 del 1994 non è possibile o non ha esito positivo, essa è eseguita con le modalità ordinarie e si perfeziona, per il soggetto notificante, nel momento in cui è generata la ricevuta di accettazione della notificazione dallo stesso inviata mediante posta elettronica certificata o servizio elettronico di recapito certificato qualificato.*

4. 1. L'avvocato o il procuratore legale, munito della procura e dell'autorizzazione di cui all'art. 1, può eseguire notificazioni in materia civile, amministrativa e stragiudiziale, direttamente, [a mezzo posta elettronica certificata, ovvero] ([1]) mediante consegna di copia dell'atto nel domicilio del destinatario, nel caso in cui il destinatario sia altro avvocato o procuratore legale, che abbia la qualità di domiciliatario di una parte [e che sia iscritto nello stesso albo del notificante] ([2]). Per le notificazioni in materia civile e degli atti stragiudiziali, la facoltà prevista dal primo periodo può essere esercitata fuori dei casi di cui all'articolo 3 *ter*, commi 1 e 2 ([3]).

2. La notifica può essere eseguita mediante consegna di copia dell'atto nel domicilio del destinatario se questi ed il notificante sono iscritti nello stesso albo. In tal caso l'originale e la copia dell'atto devono essere previamente vidimati e datati dal consiglio dell'ordine nel cui albo entrambi sono iscritti ([4]).

([1]) *Le parole: «a mezzo posta elettronica certificata, ovvero», inserite dall'art. 25, comma 3, lett.* c)*, n. 1), della L. 12 novembre 2011, n. 183, decorsi 30 giorni dalla data di entrata in vigore della medesima legge (Suppl. ord. alla G.U. Serie gen. - n. 265 del 14 novembre 2011), sono state soppresse dall'art. 16* quater*, comma 1, lett.* e)*, del D.L. 18 ottobre 2012, n. 179, convertito, con modificazioni, nella L. 17 dicembre 2012, n. 221,* *così come inserito dall'art. 1, comma 19, n. 2), della L. 24 dicembre 2012, n. 228.*

Si veda altresì l'art. 16 quater, *commi 2 e 3 del medesimo D.L. di cui si riporta il testo:*

«2. Con decreto del Ministro della giustizia, da adottarsi entro centottanta giorni dall'entrata in vigore della legge di conversione del presente decreto, si procede all'adeguamento delle regole tecniche di cui al decreto del Ministro della giustizia 21 febbraio 2011, n. 44.

3. Le disposizioni di cui al comma 1 acquistano efficacia a decorrere dal quindicesimo giorno successivo alla pubblicazione nella Gazzetta Ufficiale *della Repubblica italiana del decreto di cui al comma 2.».*

(2) *Le parole tra parentesi quadrate sono state soppresse dall'art. 25, comma 3, lett. c), n. 2), della L. 12 novembre 2011, n. 183. A norma dell'art. 25, comma 5, della stessa legge, tali disposizioni si applicano decorsi 30 giorni dalla data di entrata in vigore della medesima legge (Suppl. ord. alla G.U. Serie gen. - n. 265 del 14 novembre 2011).*

(3) *Questo periodo è stato aggiunto dall'art. 12, comma 1, lett. c), del D.L.vo 10 ottobre 2022, n. 149, a decorrere dal 28 febbraio 2023.*

(4) *Questo comma è stato così sostituito dall'art. 25, comma 3, lett. c), n. 3), della L. 12 novembre 2011, n. 183. A norma dell'art. 25, comma 5, della stessa legge, tali disposizioni si applicano decorsi 30 giorni dalla data di entrata in vigore della medesima legge (Suppl. ord. alla G.U. Serie gen. - n. 265 del 14 novembre 2011).*

5. [1. Nella notificazione di cui all'articolo 4 l'atto deve essere trasmesso a mezzo posta elettronica certificata all'indirizzo di posta elettronica certificata che il destinatario ha comunicato al proprio ordine, nel rispetto della normativa, anche regolamentare, concernente la sottoscrizione, la trasmissione e la ricezione dei documenti informatici] (1).

2. Quando la notificazione viene effettuata ai sensi dell'articolo 4, comma 2, l'atto deve essere consegnato nelle mani proprie del destinatario (2). Se la consegna non può essere fatta personalmente al destinatario, l'atto è consegnato, nel domicilio risultante al consiglio dell'ordine in cui il destinatario è iscritto, a persona addetta allo studio ovvero al servizio del destinatario.

3. Nei casi previsti dal comma 2 (3) l'originale e la copia dell'atto notificato nonché il registro cronologico di cui all'art. 8 sono sottoscritti dalla persona alla quale l'atto è consegnato e, quando la consegna sia effettuata a persona diversa dal destinatario, la firma deve essere seguita, su entrambi i documenti summenzionati, dalla specificazione delle generalità e della qualità rivestita dal consegnatario.

(1) *Questo comma, così sostituito dall'art. 25, comma 3, lett. d), n. 1), della L. 12 novembre 2011, n. 183, decorsi 30 giorni dalla data di entrata in vigore della medesima legge (Suppl. ord. alla G.U. Serie gen. - n. 265 del 14 novembre 2011), è stato abrogato dall'art. 16* quater, *comma 1, lett. f), del D.L. 18 ottobre 2012, n. 179, convertito, con modificazioni, nella L. 17 dicembre 2012, n. 221, così come inserito dall'art. 1, comma 19, n. 2), della L. 24 dicembre 2012, n. 228.*

Si veda altresì l'art. 16 quater, *commi 2 e 3 del medesimo D.L. di cui si riporta il testo:*

«2. Con decreto del Ministro della giustizia, da adottarsi entro centottanta giorni dall'entrata in vigore della legge di conversione del presente decreto, si procede all'adeguamento delle regole tecniche di cui al decreto del Ministro della giustizia 21 febbraio 2011, n. 44.

3. Le disposizioni di cui al comma 1 acquistano efficacia a decorrere dal quindicesimo giorno successivo alla pubblicazione nella Gazzetta Ufficiale *della Repubblica italiana del decreto di cui al comma 2.».*

(2) *Questo periodo è stato premesso dall'art. 25, comma 3, lett. d), n. 2), della L. 12 novembre 2011, n. 183. A norma dell'art. 25, comma 5, della stessa legge, tali disposizioni si applicano decorsi 30 giorni dalla data di entrata in vigore della medesima legge (Suppl. ord. alla G.U. Serie gen. - n. 265 del 14 novembre 2011).*

(3) *Le parole: «In entrambi i casi di cui ai commi 1 e 2» sono state così sostituite dalle parole: «Nei casi previsti dal comma 2» dall'art. 25, comma 3, lett. d), n. 3), della L. 12 novembre 2011, n. 183. A norma dell'art. 25, comma 5, della stessa legge, tali disposizioni si applicano decorsi 30 giorni dalla data di entrata in vigore della medesima legge (Suppl. ord. alla G.U. Serie gen. - n. 265 del 14 novembre 2011).*

6. 1. L'avvocato o il procuratore legale, che compila la relazione o le attestazioni di cui agli articoli 3, 3 *bis* e 9 (1) o le annotazioni di cui all'art. 5, è considerato pubblico ufficiale ad ogni effetto.

2. Il compimento di irregolarità o abusi nell'esercizio delle facoltà previste dalla presente legge costituisce grave illecito disciplinare, indipendentemente dalla responsabilità prevista da altre norme.

(1) *Le parole: «la relazione di cui all'art. 3» sono state così sostituite dalle attuali: «la relazione o le attestazioni di cui agli articoli 3, 3* bis *e 9» dall'art. 16* quater, *comma 1, lett. g), del D.L. 18 ottobre 2012, n. 179, convertito, con modificazioni, nella L. 17 dicembre 2012, n. 221, così come inserito dall'art. 1, comma 19, n. 2), della L. 24 dicembre 2012, n. 228.*

Si veda altresì l'art. 16 quater, *commi 2 e 3 del medesimo D.L. di cui si riporta il testo:*

«2. Con decreto del Ministro della giustizia, da adottarsi entro centottanta giorni dall'entrata in vigore della legge di conversione del presente decreto, si procede all'adeguamento delle regole tecniche di cui al decreto del Ministro della giustizia 21 febbraio 2011, n. 44.

3. Le disposizioni di cui al comma 1 acquistano efficacia a decorrere dal quindicesimo giorno successivo alla pubblicazione nella Gazzetta Ufficiale *della Repubblica italiana del decreto di cui al comma 2.».*

7. 1. L'avvocato o il procuratore legale, che intende avvalersi delle facoltà previste dalla presente legge, deve essere previamente autorizzato dal consiglio dell'ordine nel cui albo è iscritto; tale autorizzazione potrà essere concessa esclusivamente agli avvocati e procuratori legali che non abbiano procedimenti disciplinari pendenti e che non abbiano riportato la sanzione disciplinare della sospensione dall'esercizio professionale o altra più grave sanzione e dovrà essere prontamente revocata in caso di irrogazione delle dette sanzioni ovvero, anche indipendentemente dall'applicazione di sanzioni disciplinari, in tutti i casi in cui il consiglio dell'ordine, anche in via cautelare, ritenga motivatamente inopportuna la prosecuzione dell'esercizio delle facoltà previste dalla presente legge.

2. Il provvedimento di rigetto o di revoca, emesso in camera di consiglio dopo aver sentito il professionista, è impugnabile davanti al Consiglio nazionale forense nel termine di dieci giorni solo per motivi di legittimità ed è immediatamente esecutivo, indipendentemente dalla sua eventuale impugnazione.

3. In caso di revoca dell'autorizzazione, l'avvocato o il procuratore legale consegna al consiglio dell'ordine il registro di cui all'art. 8, sul quale vengono annotati il provvedimento di revoca e l'eventuale annullamento del medesimo.

4. I provvedimenti del consiglio dell'ordine adottati ai sensi della presente legge sono resi pubblici nei modi più ampi.

4 *bis*. Le disposizioni del presente articolo non si applicano alle notifiche effettuate a mezzo posta elettronica certificata (1).

(1) *Questo comma è stato aggiunto dall'art. 46, comma 1, lett. c), del D.L. 24 giugno 2014, n. 90, convertito, con modificazioni, nella L. 11 agosto 2014, n. 114.*

8. 1. L'avvocato o il procuratore legale, che intende avvalersi delle facoltà previste dalla presente legge, deve munirsi di un apposito registro cronologico, il cui modello è stabilito con decreto del Ministro di grazia e giustizia, sentito il parere del Consiglio nazionale forense (1).

2. La validità del registro di cui al comma 1 è subordinata alla previa numerazione e vidimazione, in ogni mezzo foglio, da parte del presidente del consiglio dell'ordine nel cui albo il notificante è iscritto, o da un consigliere all'uopo delegato, previa l'autorizzazione di cui all'art. 7.

3. Ogni notificazione eseguita ai sensi della presente legge è annotata dal notificante, giornalmente, sul registro cronologico, insieme alle eventuali annotazioni previste dagli articoli precedenti.

4. Il registro cronologico di cui al comma 1 può essere costituito da moduli continui vidimati uso computer.

4 *bis*. Le disposizioni del presente articolo non si applicano alle notifiche effettuate a mezzo posta elettronica certificata (2).

(1) *Si veda il D.M. 27 maggio 1994, recante istituzione del registro cronologico che si riporta:*

«1. È istituito per l'avvocato o il procuratore legale che intende procedere alla notificazione di atti civili, amministrativi e stragiudiziali un registro cronologico conforme al modello allegato al presente decreto; il registro può essere composto da moduli continui vidimati uso computer, conformi al modello approvato».

«2. Agli atti notificati, ai sensi della legge 21 gennaio 1994, n. 53, devono essere apposte una o più marche da bollo di importo:

di € 2,58 per gli atti aventi fino a due destinatari;

di € 7,75 per gli atti aventi da tre a sei destinatari;

di € 12,39 per gli atti aventi più di sei destinatari.

«Le marche da bollo apposte agli atti di cui sopra devono essere annullate, prima dell'uso, nei modi previsti dall'art. 12 del decreto del Presidente della Repubblica 26 ottobre 1972, n. 642, e successive modificazioni».

(2) *Questo comma è stato aggiunto dall'art. 16 quater, comma 1, lett. h), del D.L. 18 ottobre 2012, n. 179, convertito, con modificazioni, nella L. 17 dicembre 2012, n. 221, così come inserito dall'art. 1, comma 19, n. 2), della L. 24 dicembre 2012, n. 228. Si veda altresì l'art. 16 quater, commi 2 e 3 del medesimo D.L. di cui si riporta il testo:*

«2. Con decreto del Ministro della giustizia, da adottarsi entro centottanta giorni dall'entrata in vigore della legge di conversione del presente decreto, si procede all'adeguamento delle regole tecniche di cui al decreto del Ministro della giustizia 21 febbraio 2011, n. 44.

3. Le disposizioni di cui al comma 1 acquistano efficacia a decorrere dal quindicesimo giorno successivo alla pubblicazione nella Gazzetta Ufficiale della Repubblica italiana del decreto di cui al comma 2.».

9. 1. Nei casi in cui il cancelliere deve prendere nota sull'originale del provvedimento dell'avvenuta notificazione di un atto di opposizione o di impugnazione, ai sensi dell'art. 645 del codice di procedura civile e dell'art. 123 delle disposizioni per l'attuazione, transitorie e di coordinamento del codice di procedura civile, il notificante provvede, contestualmente alla notifica, a depositare copia dell'atto notificato presso il cancelliere del giudice che ha pronunciato il provvedimento.

1 *bis*. Qualora non si possa procedere al deposito con modalità telematiche dell'atto notificato a norma dell'articolo 3 *bis*, l'avvocato estrae copia su supporto analogico del messaggio di posta elettronica certificata, dei suoi allegati e della ricevuta di accettazione e di avvenuta consegna e ne attesta la conformità ai documenti informatici da cui sono tratte ai sensi dell'articolo 23, comma 1, del decreto legislativo 7 marzo 2005, n. 82 (1).

1 *ter*. In tutti i casi in cui l'avvocato debba fornire prova della notificazione e non sia

possibile fornirla con modalità telematiche, procede ai sensi del comma 1 *bis* (2).

(1) *Questo comma è stato aggiunto dall'art. 16* quater, *comma 1, lett.* i), *del D.L. 18 ottobre 2012, n. 179, convertito, con modificazioni, nella L. 17 dicembre 2012, n. 221, così come inserito dall'art. 1, comma 19, n. 2), della L. 24 dicembre 2012, n. 228.*

Si veda altresì l'art. 16 quater, *commi 2 e 3 del medesimo D.L. di cui si riporta il testo:*

«2. Con decreto del Ministro della giustizia, da adottarsi entro centottanta giorni dall'entrata in vigore della legge di conversione del presente decreto, si procede all'adeguamento delle regole tecniche di cui al decreto del Ministro della giustizia 21 febbraio 2011, n. 44.

3. Le disposizioni di cui al comma 1 acquistano efficacia a decorrere dal quindicesimo giorno successivo alla pubblicazione nella Gazzetta Ufficiale *della Repubblica italiana del decreto di cui al comma 2.».*

(2) *Questo comma è stato aggiunto dall'art. 46, comma 1, lett.* c bis), *del D.L. 24 giugno 2014, n. 90, convertito, con modificazioni, nella L. 11 agosto 2014, n. 114.*

10. 1. Agli atti notificati ai sensi della presente legge è apposta, al momento dell'esibizione o del deposito nella relativa procedura, apposita marca, il cui modello e importo sono stabiliti con decreto del Ministro di grazia e giustizia. Quando l'atto è notificato a norma dell'articolo 3 *bis* il pagamento dell'importo di cui al periodo precedente non è dovuto (1).

2. Per le violazioni della disposizione di cui al comma 1 si applicano le sanzioni previste per l'imposta di bollo, con le stesse modalità e procedure, in quanto applicabili.

(1) *Questo periodo inserito dall'art. 16* quater, *comma 1, lett.* l), *del D.L. 18 ottobre 2012, n. 179, convertito, con modificazioni, nella L. 17 dicembre 2012, n. 221, così come inserito dall'art. 1, comma 19, n. 2), della L. 24 dicembre 2012, n. 228, è stato da ultimo così sostituito dall'attuale, dall'art. 46, comma 1, lett.* d), *del D.L. 24 giugno 2014, n. 90, convertito, con modificazioni, nella L. 11 agosto 2014, n. 114.*

11. 1. Le notificazioni di cui alla presente legge sono nulle e la nullità è rilevabile d'ufficio se mancano i requisiti soggettivi ed oggettivi ivi previsti, se non sono osservate le disposizioni di cui agli articoli precedenti e, comunque, se vi è incertezza sulla persona cui è stata consegnata la copia dell'atto o sulla data della notifica.

12. 1. I decreti del Ministro di grazia e giustizia previsti agli artt. 8 e 10 sono emanati entro novanta giorni dalla pubblicazione nella *Gazzetta Ufficiale* della presente legge.

13. 1. La presente legge entra in vigore il 1° luglio 1994, fatta eccezione per le disposizioni di cui all'art. 12.

4.

L. 3 agosto 1999, n. 265. Disposizioni in materia di autonomia e ordinamento degli enti locali, nonché modifiche alla L. 8 giugno 1990, n. 142 (Suppl. ord. alla *Gazzetta Ufficiale* Serie gen. - n. 183 del 6 agosto 1999).

(*Estratto*)

Capo I
Revisione dell'ordinamento delle autonomie locali

10. Notificazioni degli atti delle pubbliche amministrazioni. – 1. Le pubbliche amministrazioni di cui all'articolo 1, comma 2, del decreto legislativo 3 febbraio 1993, n. 29 (1), e successive modificazioni, possono avvalersi, per le notificazioni dei propri atti, dei messi comunali, qualora non sia possibile eseguire utilmente le notificazioni ricorrendo al servizio postale o alle altre forme di notificazione previste dalla legge.

2. Al comune che vi provvede spetta da parte dell'amministrazione richiedente, per ogni singolo atto notificato, oltre alle spese di spedizione a mezzo posta raccomandata con avviso di ricevimento, una somma determinata con decreto dei Ministri del tesoro, del bilancio e della programmazione economica, dell'interno e delle finanze (2).

3. L'ente locale richiede, con cadenza semestrale, alle singole Amministrazioni dello Stato la liquidazione e il pagamento delle somme spettanti per tutte le notificazioni effettuate per conto delle stesse Amministrazioni, allegando la documentazione giustificativa. Alla liquidazione e al pagamento delle somme dovute per tutte le notificazioni effettuate per conto della stessa Amministrazione dello Stato provvede, con cadenza semestrale, il dipendente ufficio periferico avente sede nella provincia di appartenenza dell'ente locale interessato. Le entrate di cui al presente comma sono interamente acquisite al bilancio comunale e concorrono al finanziamento delle spese correnti.

4. Sono a carico dei comuni le spese per le notificazioni relative alla tenuta e revisione delle liste elettorali. Le spese per le notificazioni relative alle consultazioni elettorali e referendarie effettuate per conto dello Stato, della Regione e della provincia, sono a carico degli enti per i quali si tengono le elezioni e i referendum. Ai conseguenti oneri si provvede a carico del finanziamento previsto dal decreto del Ministro del tesoro, del bilancio e della programmazione economica di cui al comma 8 dell'articolo 55 della legge 27 dicembre 1997, n. 449.

5.- 6. (*Omissis*)

7. Ciascuna Amministrazione dello Stato individua l'unità previsionale di base alla quale imputare gli oneri derivanti dall'attuazione del presente articolo entro i limiti delle relative dotazioni di bilancio.

(1) *Si veda ora l'art. 1 del D.L.vo 30 marzo 2001, n. 165.*
(2) *Il decreto è stato emanato il 14 marzo 2000* (Gazzetta Ufficiale *Serie gen. - n. 130 del 6 giugno 2000*).

5.

L. 18 giugno 2009, n. 69. Disposizioni per lo sviluppo economico, la semplificazione, la competitività nonché in materia di processo civile (Suppl. ord. alla *Gazzetta Ufficiale* Serie gen. - n. 140 del 19 giugno 2009).

(*Estratto*)

Capo IV
Giustizia

55. Notificazione a cura dell'Avvocatura dello Stato. – 1. L'Avvocatura dello Stato può eseguire la notificazione di atti civili, amministrativi e stragiudiziali ai sensi della legge 21 gennaio 1994, n. 53.

2. Per le finalità di cui al comma 1, l'Avvocatura generale dello Stato e ciascuna avvocatura distrettuale dello Stato si dotano di un apposito registro cronologico conforme alla normativa, anche regolamentare, vigente.

3. La validità dei registri di cui al comma 2 è subordinata alla previa numerazione e vidimazione, in ogni mezzo foglio, rispettivamente, da parte dell'Avvocato generale dello Stato, o di un avvocato dello Stato allo scopo delegato, ovvero dell'avvocato distrettuale dello Stato.

4. Dall'attuazione delle disposizioni del presente articolo non devono derivare nuovi o maggiori oneri a carico della finanza pubblica. Gli adempimenti previsti dal presente articolo sono svolti nell'ambito delle risorse umane, strumentali e finanziarie disponibili a legislazione vigente.

1.

D.L.vo 30 giugno 2003, n. 196. Codice in materia di protezione dei dati personali, recante disposizioni per l'adeguamento dell'ordinamento nazionale al regolamento (UE) n. 2016/679 del Parlamento europeo e del Consiglio, del 27 aprile 2016, relativo alla protezione delle persone fisiche con riguardo al trattamento dei dati personali, nonché alla libera circolazione di tali dati e che abroga la direttiva 95/46/CE (1) (Suppl. ord. alla *Gazzetta Ufficiale* Serie gen. - n. 174 del 29 luglio 2003) ed *errata corrige* in *Gazzetta Ufficiale* Serie gen. - n. 212 del 12 settembre 2018, ed *avviso di rettifica* in *Gazzetta Ufficiale* Serie gen. - n. 225 del 27 settembre 2018 (2) (3).

(1) *Le parole: «, recante disposizioni per l'adeguamento dell'ordinamento nazionale al regolamento (UE) n. 2016/679 del Parlamento europeo e del Consiglio, del 27 aprile 2016, relativo alla protezione delle persone fisiche con riguardo al trattamento dei dati personali, nonché alla libera circolazione di tali dati e che abroga la direttiva 95/46/CE» sono state aggiunte dall'art. 1, comma 1, del D.L.vo 10 agosto 2018, n. 101.*

(2) *A norma dell'art. 1, comma 12, del D.L.vo 28 maggio 2012, n. 69, la parola: «abbonato», ovunque ricorra, è sostituita dalla parola: «contraente».*

(3) *A norma dell'art. 22, comma 6, del D.L.vo 10 agosto 2018, n. 101, dalla data di entrata in vigore del medesimo decreto, i rinvii alle disposizioni del codice in materia di protezione dei dati personali, di cui a questo decreto, abrogate dal citato decreto 101/2018, contenuti in norme di legge e di regolamento, si intendono riferiti alle corrispondenti disposizioni del Regolamento (UE) 2016/679 e a quelle introdotte o modificate dallo stesso decreto 101/2018, in quanto compatibili.*

(*Estratto*)

Parte I
Disposizioni generali

Titolo I
Principi e disposizioni generali (1)

(1) *La precedente rubrica: «*Principi generali*» è stata così sostituita dall'attuale dall'art. 2, comma 1, lett. a), del D.L.vo 10 agosto 2018, n. 101.*

Capo I
Oggetto, finalità
e Autorità di controllo (1)

(1) *Questo Capo è stato inserito dall'art. 2, comma 1, lett. b), del D.L.vo 10 agosto 2018, n. 101.*

Gli articoli 1 e 2, che prima facevano parte del Titolo I, sono stati ora inseriti nel Capo I, per omogeneità numerica.

1. (1) **Oggetto.** – 1. Il trattamento dei dati personali avviene secondo le norme del regolamento (UE) 2016/679 del Parlamento europeo e del Consiglio, del 27 aprile 2016, di seguito «Regolamento», e del presente codice, nel rispetto della dignità umana, dei diritti e delle libertà fondamentali della persona.

(1) *Questo articolo è stato così sostituito dall'art. 2, comma 1, lett. c), del D.L.vo 10 agosto 2018, n. 101.*

2. (1) **Finalità.** – 1. Il presente codice reca disposizioni per l'adeguamento dell'ordinamento nazionale alle disposizioni del regolamento.

(1) *Questo articolo è stato così sostituito dall'art. 2, comma 1, lett. d), del D.L.vo 10 agosto 2018, n. 101.*

2 *bis*. (1) **Autorità di controllo.** – 1. L'Autorità di controllo di cui all'articolo 51 del regolamento è individuata nel Garante per la protezione dei dati personali, di seguito «Garante», di cui all'articolo 153.

(1) *Questo articolo è stato inserito dall'art. 2, comma 1, lett. e), del D.L.vo 10 agosto 2018, n. 101.*

Capo II
Principi (1)

(1) *Questo Capo è stato inserito dall'art. 2, comma 1, lett. f), del D.L.vo 10 agosto 2018, n. 101.*

2 *ter*. Base giuridica per il trattamento di dati personali effettuato per l'esecuzione di un compito di interesse pubblico o connesso all'esercizio di pubblici poteri. – 1. La base giuridica prevista dall'articolo 6, paragrafo 3, lettera *b*), del regolamento è costituita [esclusivamente] (1) da una norma di legge o [, nei casi previsti dalla legge,] (1) di regolamento o da atti amministrativi generali (2) (3).

1 *bis*. Fermo restando ogni altro obbligo previsto dal Regolamento e dal presente codice, il trattamento dei dati personali da parte di un'amministrazione pubblica di cui all'articolo 1, comma 2, del decreto legislativo 30 marzo 2001, n. 165, ivi comprese le autorità indipendenti e le amministrazioni inserite nell'elenco di cui all'articolo 1, comma 3, della legge 31 dicembre 2009, n. 196, nonché da parte di una società a controllo pubblico statale o, limitatamente ai gestori di servizi pubblici, locale, di cui all'articolo 16 del testo unico in materia di società a partecipazione pubblica, di cui al decreto legislativo 19 agosto 2016, n. 175, con esclusione, per le società a controllo pubblico, dei trattamenti correlati ad attività svolte in regime di libero mercato, è anche consentito se necessario per l'adempimento di un compito svolto nel pubblico interesse o per l'esercizio di pubblici poteri ad esse attribuiti. In modo da assicurare che tale esercizio non possa arrecare un pregiudizio effettivo e concreto alla tutela dei diritti e delle libertà degli interessati, le disposizioni di cui al presente comma sono esercitate nel rispetto dell'articolo 6 del Regolamento (4).

2. La comunicazione fra titolari che effettuano trattamenti di dati personali, diversi da quelli ricompresi nelle particolari categorie di cui all'articolo 9 del Regolamento e di quelli relativi a condanne penali e reati di cui all'articolo 10 del Regolamento, per l'esecuzione di un compito di interesse pubblico o connesso all'esercizio di pubblici poteri è ammessa se prevista ai sensi del comma 1 o se necessaria ai sensi del comma 1 *bis* (5). In mancanza di tale norma, la comunicazione è ammessa quando è comunque necessaria per lo svolgimento di compiti di interesse pubblico e lo svolgimento di funzioni istituzionali e può essere iniziata se è decorso il termine di quarantacinque giorni dalla relativa comunicazione al Garante, senza che lo stesso abbia adottato una diversa determinazione delle misure da adottarsi a garanzia degli interessati.

3. La diffusione e la comunicazione di dati personali, trattati per l'esecuzione di un compito di interesse pubblico o connesso all'esercizio di pubblici poteri, a soggetti che intendono trattarli per altre finalità sono ammesse unicamente se previste ai sensi del comma 1 o se necessarie ai sensi del comma 1 *bis*. In tale ultimo caso, ne viene data notizia al Garante almeno dieci giorni prima dell'inizio della comunicazione o diffusione (6).

4. Si intende per:

a) "comunicazione", il dare conoscenza dei dati personali a uno o più soggetti determinati diversi dall'interessato, dal rappresentante del titolare nel territorio dell'Unione europea, dal responsabile o dal suo rappresentante nel territorio dell'Unione europea, dalle persone autorizzate, ai sensi dell'articolo 2 *quaterdecies*, al trattamento dei dati personali sotto l'autorità diretta del titolare o del responsabile, in qualunque forma, anche mediante la loro messa a disposizione, consultazione o mediante interconnessione;

b) "diffusione", il dare conoscenza dei dati personali a soggetti indeterminati, in qualunque forma, anche mediante la loro messa a disposizione o consultazione.

(1) *Le parole tra parentesi quadrate sono state soppresse dall'art. 9, comma 1, lett. a), n. 1, del D.L. 8 ottobre 2021, n. 139, convertito, con modificazioni, nella L. 3 dicembre 2021, n. 205.*

(2) *Le parole: «o da atti amministrativi generali» sono state aggiunte dall'art. 9, comma 1, lett. a), n. 1, del D.L. 8 ottobre 2021, n. 139, convertito, con modificazioni, nella L. 3 dicembre 2021, n. 205.*

(3) *A norma dell'art. 9, comma 5, del D.L. 8 ottobre 2021, n. 139, convertito, con modificazioni, nella L. 3 dicembre 2021, n. 205, questo comma si applica anche ai casi in cui disposizioni di legge già in vigore stabiliscono che i tipi di dati che possono essere trattati, le operazioni eseguibili, il motivo di interesse pubblico rilevante, la finalità del trattamento nonché le misure appropriate e specifiche per tutelare i diritti fondamentali dell'interessato e i suoi interessi sono previsti da uno o più regolamenti.*

(4) *Questo comma è stato inserito dall'art. 9, comma 1, lett. a), n. 2, del D.L. 8 ottobre 2021, n. 139, convertito, con modificazioni, nella L. 3 dicembre 2021, n. 205.*

(5) *Le parole: «o se necessaria ai sensi del comma 1 bis» sono state aggiunte dall'art. 9, comma 1, lett. a), n. 3, del D.L. 8 ottobre 2021, n. 139, convertito, con modificazioni, nella L. 3 dicembre 2021, n. 205.*

(6) *Le parole: «o se necessarie ai sensi del comma 1 bis. In tale ultimo caso, ne viene data notizia al Garante almeno dieci giorni prima dell'inizio della comunicazione o diffusione» sono state aggiunte dall'art. 9, comma 1, lett. a), n. 4, del D.L. 8 ottobre 2021, n. 139, convertito, con modificazioni, nella L. 3 dicembre 2021, n. 205.*

2 *quater*. Regole deontologiche. – 1. Il Garante promuove, nell'osservanza del principio di rappresentatività e tenendo conto delle raccomandazioni del Consiglio d'Europa sul trattamento dei dati personali, l'adozione di regole deontologiche per i trattamenti previsti dalle disposizioni di cui agli articoli 6, paragrafo 1, lettere *c*) ed *e*), 9, paragrafo 4, e al capo IX del Regolamento, ne verifica la conformità alle disposizioni vigenti, anche attraverso l'esame di osservazioni di soggetti interessati e contribuisce a garantirne la diffusione e il rispetto.

2. Lo schema di regole deontologiche è sottoposto a consultazione pubblica per almeno sessanta giorni.

3. Conclusa la fase delle consultazioni, le regole deontologiche sono approvate dal Garante ai sensi dell'articolo 154 *bis*, comma 1, lettera *b*), pubblicate nella *Gazzetta Ufficiale* della Repubblica italiana e, con decreto del Ministro della giustizia, sono riportate nell'allegato A del presente codice.

4. Il rispetto delle disposizioni contenute nelle regole deontologiche di cui al comma 1 costituisce condizione essenziale per la liceità e la correttezza del trattamento dei dati personali.

2 *quinquies*. Consenso del minore in relazione ai servizi della società dell'informazione. – 1. In attuazione dell'articolo 8, paragrafo 1, del Regolamento, il minore che ha compiuto i quattordici anni può esprimere il consenso al trattamento dei propri dati personali in relazione all'offerta diretta di servizi della società dell'informazione. Con riguardo a tali servizi, il trattamento dei dati personali del minore di età inferiore a quattordici anni, fondato sull'articolo 6, paragrafo 1, lettera *a*), del Regolamento, è lecito a condizione che sia prestato da chi esercita la responsabilità genitoriale.

2. In relazione all'offerta diretta ai minori dei servizi di cui al comma 1, il titolare del trattamento redige con linguaggio particolarmente chiaro e semplice, conciso ed esaustivo, facilmente accessibile e comprensibile dal minore, al fine di rendere significativo il consenso prestato da quest'ultimo, le informazioni e le comunicazioni relative al trattamento che lo riguardi.

2 *sexies*. Trattamento di categorie particolari di dati personali necessario per motivi di interesse pubblico rilevante. – 1. I trattamenti delle categorie particolari di dati personali di cui all'articolo 9, paragrafo 1, del Regolamento, necessari per motivi di interesse pubblico rilevante ai sensi del paragrafo 2, lettera *g*), del medesimo articolo, sono ammessi qualora siano previsti dal diritto dell'Unione europea ovvero, nell'ordinamento interno, da disposizioni di legge o [, nei casi previsti dalla legge,] ([1]) di regolamento o da atti amministrativi generali ([2]) che specifichino i tipi di dati che possono essere trattati, le operazioni eseguibili e il motivo di interesse pubblico rilevante, nonché le misure appropriate e specifiche per tutelare i diritti fondamentali e gli interessi dell'interessato ([3]).

1 *bis*. I dati personali relativi alla salute, privi di elementi identificativi diretti, sono trattati, nel rispetto delle finalità istituzionali di ciascuno, dal Ministero della salute, dall'Istituto superiore di sanità, dall'Agenzia nazionale per i servizi sanitari regionali, dall'Agenzia italiana del farmaco, dall'Istituto nazionale per la promozione della salute delle popolazioni migranti e per il contrasto delle malattie della povertà e, relativamente ai propri assistiti, dalle regioni anche mediante l'interconnessione a livello nazionale dei sistemi informativi su base individuale del Servizio sanitario nazionale, ivi incluso il Fascicolo sanitario elettronico (FSE), aventi finalità compatibili con quelle sottese al trattamento, con le modalità e per le finalità fissate con decreto del Ministro della salute, ai sensi del comma 1, previo parere del Garante, nel rispetto di quanto previsto dal Regolamento, dal presente codice, dal codice dell'amministrazione digitale, di cui al decreto legislativo 7 marzo 2005, n. 82, e dalle linee guida dell'Agenzia per l'Italia digitale in materia di interoperabilità ([4]).

2. Fermo quanto previsto dal comma 1, si considera rilevante l'interesse pubblico relativo a trattamenti effettuati da soggetti che svolgono compiti di interesse pubblico o connessi all'esercizio di pubblici poteri nelle seguenti materie:

a) accesso a documenti amministrativi e accesso civico;

b) tenuta degli atti e dei registri dello stato civile, delle anagrafi della popolazione residente in Italia e dei cittadini italiani residenti all'estero, e delle liste elettorali, nonché rilascio di documenti di riconoscimento o di viaggio o cambiamento delle generalità;

c) tenuta di registri pubblici relativi a beni immobili o mobili;

d) tenuta dell'anagrafe nazionale degli abilitati alla guida e dell'archivio nazionale dei veicoli;

e) cittadinanza, immigrazione, asilo, condizione dello straniero e del profugo, stato di rifugiato;

f) elettorato attivo e passivo ed esercizio di altri diritti politici, protezione diplomatica e consolare, nonché documentazione delle attività istituzionali di organi pubblici, con particolare riguardo alla redazione di verbali e resoconti dell'attività di assemblee rappresentative, commissioni e di altri organi collegiali o assembleari;

g) esercizio del mandato degli organi rappresentativi, ivi compresa la loro sospensione o il loro scioglimento, nonché l'accertamento delle cause di ineleggibilità, incompatibilità o di decadenza, ovvero di rimozione o sospensione da cariche pubbliche;

h) svolgimento delle funzioni di controllo, indirizzo politico, inchiesta parlamentare o sindacato ispettivo e l'accesso a documenti riconosciuto dalla legge e dai regolamenti degli organi interessati per esclusive finalità direttamente connesse all'espletamento di un mandato elettivo;

i) attività dei soggetti pubblici dirette all'applicazione, anche tramite i loro concessionari, delle disposizioni in materia tributaria e doganale, comprese quelle di prevenzione e contrasto all'evasione fiscale (5);

l) attività di controllo e ispettive;

m) concessione, liquidazione, modifica e revoca di benefici economici, agevolazioni, elargizioni, altri emolumenti e abilitazioni;

n) conferimento di onorificenze e ricompense, riconoscimento della personalità giuridica di associazioni, fondazioni ed enti, anche di culto, accertamento dei requisiti di onorabilità e di professionalità per le nomine, per i profili di competenza del soggetto pubblico, ad uffici anche di culto e a cariche direttive di persone giuridiche, imprese e di istituzioni scolastiche non statali, nonché rilascio e revoca di autorizzazioni o abilitazioni, concessione di patrocini, patronati e premi di rappresentanza, adesione a comitati d'onore e ammissione a cerimonie ed incontri istituzionali;

o) rapporti tra i soggetti pubblici e gli enti del terzo settore;

p) obiezione di coscienza;

q) attività sanzionatorie e di tutela in sede amministrativa o giudiziaria;

r) rapporti istituzionali con enti di culto, confessioni religiose e comunità religiose;

s) attività socio-assistenziali a tutela dei minori e soggetti bisognosi, non autosufficienti e incapaci;

t) attività amministrative e certificatorie correlate a quelle di diagnosi, assistenza o terapia sanitaria o sociale, ivi incluse quelle correlate ai trapianti d'organo e di tessuti nonché alle trasfusioni di sangue umano;

u) compiti del servizio sanitario nazionale e dei soggetti operanti in ambito sanitario, nonché compiti di igiene e sicurezza sui luoghi di lavoro e sicurezza e salute della popolazione, protezione civile, salvaguardia della vita e incolumità fisica;

v) programmazione, gestione, controllo e valutazione dell'assistenza sanitaria, ivi incluse l'instaurazione, la gestione, la pianificazione e il controllo dei rapporti tra l'amministrazione ed i soggetti accreditati o convenzionati con il servizio sanitario nazionale;

z) vigilanza sulle sperimentazioni, farmacovigilanza, autorizzazione all'immissione in commercio e all'importazione di medicinali e di altri prodotti di rilevanza sanitaria;

aa) tutela sociale della maternità ed interruzione volontaria della gravidanza, dipendenze, assistenza, integrazione sociale e diritti dei disabili;

bb) istruzione e formazione in ambito scolastico, professionale, superiore o universitario;

cc) trattamenti effettuati a fini di archiviazione nel pubblico interesse o di ricerca storica, concernenti la conservazione, l'ordinamento e la comunicazione dei documenti detenuti negli archivi di Stato negli archivi storici degli enti pubblici, o in archivi privati dichiarati di interesse storico particolarmente importante, per fini di ricerca scientifica, nonché per fini statistici da parte di soggetti che fanno parte del sistema statistico nazionale (Sistan);

dd) instaurazione, gestione ed estinzione, di rapporti di lavoro di qualunque tipo, anche non retribuito o onorario, e di altre forme di impiego, materia sindacale, occupazione e collocamento obbligatorio, previdenza e assistenza, tutela delle minoranze e pari opportunità nell'ambito dei rapporti di lavoro, adempimento degli obblighi retributivi, fiscali e contabili, igiene e sicurezza del lavoro o di sicurezza o salute della popolazione, accertamento della responsabilità civile, disciplinare e contabile, attività ispettiva.

3. Per i dati genetici, biometrici e relativi alla salute il trattamento avviene comunque nel rispetto di quanto previsto dall'articolo 2 *septies*.

(1) *Le parole tra parentesi quadrate sono state soppresse dall'art. 9, comma 1, lett.* b), *n. 1, del D.L. 8 ottobre 2021, n. 139, convertito, con modificazioni, nella L. 3 dicembre 2021, n. 205.*

(2) *Le parole: «o da atti amministrativi generali» sono state inserite dall'art. 9, comma 1, lett.* b), *n. 1, del D.L. 8 ottobre 2021, n. 139, convertito, con modificazioni, nella L. 3 dicembre 2021, n. 205.*

(3) *A norma dell'art. 9, comma 5, del D.L. 8 ottobre 2021, n. 139, convertito, con modificazioni, nella L. 3 dicembre 2021, n. 205, questo comma si applica anche ai casi in cui disposizioni di legge già in vigore stabiliscono che i tipi di dati che possono essere trattati, le operazioni eseguibili, il motivo di interesse pubblico rilevante, la finalità del trattamento nonché le misure appropriate e specifiche per tutelare i diritti fondamentali dell'interessato e i suoi interessi sono previsti da uno o più regolamenti.*

(4) *Questo comma è stato inserito dall'art. 9, comma 1, lett. b), n. 2, del D.L. 8 ottobre 2021, n. 139, convertito, con modificazioni, nella L. 3 dicembre 2021, n. 205.*

(5) *Le parole: «, comprese quelle di prevenzione e contrasto all'evasione fiscale» sono state inserite dall'art. 1, comma 681, lett. a), della L. 27 dicembre 2019, n. 160, a decorrere dal 1° gennaio 2020.*

2 *septies*. (1) Misure di garanzia per il trattamento dei dati genetici, biometrici e relativi alla salute. – 1. In attuazione di quanto previsto dall'articolo 9, paragrafo 4, del regolamento, i dati genetici, biometrici e relativi alla salute, possono essere oggetto di trattamento in presenza di una delle condizioni di cui al paragrafo 2 del medesimo articolo ed in conformità alle misure di garanzia disposte dal Garante, nel rispetto di quanto previsto dal presente articolo.

2. Il provvedimento che stabilisce le misure di garanzia di cui al comma 1 è adottato con cadenza almeno biennale e tenendo conto:

a) delle linee guida, delle raccomandazioni e delle migliori prassi pubblicate dal Comitato europeo per la protezione dei dati e delle migliori prassi in materia di trattamento dei dati personali;

b) dell'evoluzione scientifica e tecnologica nel settore oggetto delle misure;

c) dell'interesse alla libera circolazione dei dati personali nel territorio dell'Unione europea.

3. Lo schema di provvedimento è sottoposto a consultazione pubblica per un periodo non inferiore a sessanta giorni.

4. Le misure di garanzia sono adottate nel rispetto di quanto previsto dall'articolo 9, paragrafo 2, del Regolamento, e riguardano anche le cautele da adottare relativamente a:

a) contrassegni sui veicoli e accessi a zone a traffico limitato;

b) profili organizzativi e gestionali in ambito sanitario;

c) modalità per la comunicazione diretta all'interessato delle diagnosi e dei dati relativi alla propria salute;

d) prescrizioni di medicinali.

5. Le misure di garanzia sono adottate in relazione a ciascuna categoria dei dati personali di cui al comma 1, avendo riguardo alle specifiche finalità del trattamento e possono individuare, in conformità a quanto previsto al comma 2, ulteriori condizioni sulla base delle quali il trattamento di tali dati è consentito. In particolare, le misure di garanzia individuano le misure di sicurezza, ivi comprese quelle tecniche di cifratura e di pseudonomizzazione, le misure di minimizzazione, le specifiche modalità per l'accesso selettivo ai dati e per rendere le informazioni agli interessati, nonché le eventuali altre misure necessarie a garantire i diritti degli interessati.

6. Le misure di garanzia che riguardano i dati genetici e il trattamento dei dati relativi alla salute per finalità di prevenzione, diagnosi e cura nonché quelle di cui al comma 4, lettere *b*), *c*) e *d*), sono adottate sentito il Ministro della salute che, a tal fine, acquisisce il parere del Consiglio superiore di sanità. Limitatamente ai dati genetici, le misure di garanzia possono individuare, in caso di particolare ed elevato livello di rischio, il consenso come ulteriore misura di protezione dei diritti dell'interessato, a norma dell'articolo 9, paragrafo 4, del regolamento, o altre cautele specifiche.

7. Nel rispetto dei principi in materia di protezione dei dati personali, con riferimento agli obblighi di cui all'articolo 32 del Regolamento, è ammesso l'utilizzo dei dati biometrici con riguardo alle procedure di accesso fisico e logico ai dati da parte dei soggetti autorizzati, nel rispetto delle misure di garanzia di cui al presente articolo.

8. I dati personali di cui al comma 1 non possono essere diffusi.

(1) *A norma dell'art. 22, comma 11, del D.L.vo 10 agosto 2018, n. 101, le disposizioni del codice in materia di protezione dei dati personali, di cui a questo decreto, relative al trattamento di dati genetici, biometrici o relativi alla salute continuano a trovare applicazione, in quanto compatibili con il Regolamento (UE) 2016/679, sino all'adozione delle corrispondenti misure di garanzia di cui a questo articolo.*

2 *octies*. Principi relativi al trattamento di dati relativi a condanne penali e reati. – 1. Fatto salvo quanto previsto dal decreto legislativo 18 maggio 2018, n. 51, il trattamento di dati personali relativi a condanne penali e a reati o a connesse misure di sicurezza sulla base dell'articolo 6, paragrafo 1, del Regolamento, che non avviene sotto il controllo dell'autorità pubblica, è consentito, ai sensi dell'articolo 10 del medesimo regolamento, solo se autorizzato da una norma di legge o, nei casi previsti dalla legge, di regolamento, che prevedano garanzie appropriate per i diritti e le libertà degli interessati.

2. In mancanza delle predette disposizioni di legge o di regolamento, i trattamenti dei dati di cui al comma 1 nonché le garanzie di cui al medesimo comma sono individuati con decreto del Ministro della giustizia, da adottarsi, ai sensi dell'articolo 17, comma 3, della legge 23 agosto 1988, n. 400, sentito il Garante (1).

3. Fermo quanto previsto dai commi 1 e 2, il trattamento di dati personali relativi a condanne penali e a reati o a connesse misure di sicurezza è consentito se autorizzato da una norma di legge o, nei casi previsti dalla legge, di regolamento, riguardanti, in particolare:

a) l'adempimento di obblighi e l'esercizio di diritti da parte del titolare o dell'interessato in materia di diritto del lavoro o comunque nell'ambito dei rapporti di lavoro, nei limiti stabiliti da leggi, regolamenti e contratti collettivi, secondo quanto previsto dagli articoli 9, paragrafo 2, lettera *b*), e 88 del regolamento;

b) l'adempimento degli obblighi previsti da disposizioni di legge o di regolamento in materia di mediazione finalizzata alla conciliazione delle controversie civili e commerciali;

c) la verifica o l'accertamento dei requisiti di onorabilità, requisiti soggettivi e presupposti interdittivi nei casi previsti dalle leggi o dai regolamenti;

d) l'accertamento di responsabilità in relazione a sinistri o eventi attinenti alla vita umana, nonché la prevenzione, l'accertamento e il contrasto di frodi o situazioni di concreto rischio per il corretto esercizio dell'attività assicurativa, nei limiti di quanto previsto dalle leggi o dai regolamenti in materia;

e) l'accertamento, l'esercizio o la difesa di un diritto in sede giudiziaria;

f) l'esercizio del diritto di accesso ai dati e ai documenti amministrativi, nei limiti di quanto previsto dalle leggi o dai regolamenti in materia;

g) l'esecuzione di investigazioni o le ricerche o la raccolta di informazioni per conto di terzi ai sensi dell'articolo 134 del testo unico delle leggi di pubblica sicurezza;

h) l'adempimento di obblighi previsti da disposizioni di legge in materia di comunicazioni e informazioni antimafia o in materia di prevenzione della delinquenza di tipo mafioso e di altre gravi forme di pericolosità sociale, nei casi previsti da leggi o da regolamenti, o per la produzione della documentazione prescritta dalla legge per partecipare a gare d'appalto;

i) l'accertamento del requisito di idoneità morale di coloro che intendono partecipare a gare d'appalto, in adempimento di quanto previsto dalle vigenti normative in materia di appalti;

l) l'attuazione della disciplina in materia di attribuzione del rating di legalità delle imprese ai sensi dell'articolo 5 *ter* del decreto legge 24 gennaio 2012, n. 1, convertito, con modificazioni, dalla legge 24 marzo 2012, n. 27;

m) l'adempimento degli obblighi previsti dalle normative vigenti in materia di prevenzione dell'uso del sistema finanziario a scopo di riciclaggio dei proventi di attività criminose e di finanziamento del terrorismo.

4. Nei casi in cui le disposizioni di cui al comma 3 non individuano le garanzie appropriate per i diritti e le libertà degli interessati, tali garanzie sono previste con il decreto di cui al comma 2.

5. Quando il trattamento dei dati di cui al presente articolo avviene sotto il controllo dell'autorità pubblica si applicano le disposizioni previste dall'articolo 2 *sexies*.

6. Con il decreto di cui al comma 2 è autorizzato il trattamento dei dati di cui all'articolo 10 del Regolamento, effettuato in attuazione di protocolli di intesa per la prevenzione e il contrasto dei fenomeni di criminalità organizzata, stipulati con il Ministero dell'interno o con le prefetture-UTG. In relazione a tali protocolli, il decreto di cui al comma 2 individua, le tipologie dei dati trattati, gli interessati, le operazioni di trattamento eseguibili, anche in relazione all'aggiornamento e alla conservazione e prevede le garanzie appropriate per i diritti e le libertà degli interessati. Il decreto è adottato, limitatamente agli ambiti di cui al presente comma, di concerto con il Ministro dell'interno ([1]).

([1]) *A norma dell'art. 22, comma 12, del D.L.vo 10 agosto 2018, n. 101, sino alla data di entrata in vigore del decreto del Ministro della giustizia di cui a questo comma, da adottarsi entro diciotto mesi dalla data di entrata in vigore del medesimo decreto, il trattamento dei dati di cui all'articolo 10 del Regolamento (UE) 2016/679 è consentito quando è effettuato in attuazione di protocolli di intesa per la prevenzione e il contrasto dei fenomeni di criminalità organizzata stipulati con il Ministero dell'interno o con le Prefetture - UTG, previo parere del Garante per la protezione dei dati personali, che specificano la tipologia dei dati trattati e delle operazioni eseguibili.*

2 *novies*. Trattamenti disciplinati dalla Presidenza della Repubblica, dalla Camera dei deputati, dal Senato della Repubblica e dalla Corte costituzionale. – 1. Le disposizioni degli articoli 2 *sexies*, 2 *septies* e 2 *octies* del presente decreto legislativo recano principi applicabili, in conformità ai rispettivi ordinamenti, ai trattamenti delle categorie di dati personali di cui agli articoli 9, paragrafo 1, e 10 del Regolamento, disciplinati dalla Presidenza della Repubblica, dal Senato della Repubblica, dalla Camera dei deputati e dalla Corte costituzionale.

2 *decies*. Inutilizzabilità dei dati. – 1. I dati personali trattati in violazione della disciplina rilevante in materia di trattamento dei dati personali non possono essere utilizzati, salvo quanto previsto dall'articolo 160 *bis*.

Capo III
Disposizioni in materia di diritti dell'interessato (1)

(1) *Questo Capo è stato inserito dall'art. 2, comma 1, lett. f), del D.L.vo 10 agosto 2018, n. 101.*

2 *undecies*. (1) Limitazioni ai diritti dell'interessato. – 1. I diritti di cui agli articoli da 15 a 22 del Regolamento non possono essere esercitati con richiesta al titolare del trattamento ovvero con reclamo ai sensi dell'articolo 77 del Regolamento qualora dall'esercizio di tali diritti possa derivare un pregiudizio effettivo e concreto:

a) agli interessi tutelati in base alle disposizioni in materia di riciclaggio;

b) agli interessi tutelati in base alle disposizioni in materia di sostegno alle vittime di richieste estorsive;

c) all'attività di Commissioni parlamentari d'inchiesta istituite ai sensi dell'articolo 82 della Costituzione;

d) alle attività svolte da un soggetto pubblico, diverso dagli enti pubblici economici, in base ad espressa disposizione di legge, per esclusive finalità inerenti alla politica monetaria e valutaria, al sistema dei pagamenti, al controllo degli intermediari e dei mercati creditizi e finanziari, nonché alla tutela della loro stabilità;

e) allo svolgimento delle investigazioni difensive o all'esercizio di un diritto in sede giudiziaria;

f) alla riservatezza dell'identità della persona che segnala violazioni di cui sia venuta a conoscenza in ragione del proprio rapporto di lavoro o delle funzioni svolte, ai sensi del decreto legislativo recante attuazione della direttiva (UE) 2019/1937 del Parlamento europeo e del Consiglio del 23 ottobre 2019, riguardante la protezione delle persone che segnalano violazioni del diritto dell'Unione, ovvero che segnala violazioni ai sensi degli articoli 52 *bis* e 52 *ter* del decreto legislativo 1° settembre 1993, n. 385, o degli articoli 4 *undecies* e 4 *duodecies* del decreto legislativo 24 febbraio 1998, n. 58 (2);

f bis) agli interessi tutelati in materia tributaria e allo svolgimento delle attività di prevenzione e contrasto all'evasione fiscale (3).

2. Nei casi di cui al comma 1, lettera *c*), si applica quanto previsto dai regolamenti parlamentari ovvero dalla legge o dalle norme istitutive della Commissione d'inchiesta.

3. Nei casi di cui al comma 1, lettere *a*), *b*), *d*), *e*), *f*) e *f bis*) (4) i diritti di cui al medesimo comma sono esercitati conformemente alle disposizioni di legge o di regolamento che regolano il settore, che devono almeno recare misure dirette a disciplinare gli ambiti di cui all'articolo 23, paragrafo 2, del Regolamento. L'esercizio dei medesimi diritti può, in ogni caso, essere ritardato, limitato o escluso con comunicazione motivata e resa senza ritardo all'interessato, a meno che la comunicazione possa compromettere la finalità della limitazione, per il tempo e nei limiti in cui ciò costituisca una misura necessaria e proporzionata, tenuto conto dei diritti fondamentali e dei legittimi interessi dell'interessato, al fine di salvaguardare gli interessi di cui al comma 1, lettere *a*), *b*), *d*), *e*), *f*) e *f bis*) (4). In tali casi, i diritti dell'interessato possono essere esercitati anche tramite il Garante con le modalità di cui all'articolo 160. In tale ipotesi, il Garante informa l'interessato di aver eseguito tutte le verifiche necessarie o di aver svolto un riesame, nonché del diritto dell'interessato di proporre ricorso giurisdizionale. Il titolare del trattamento informa l'interessato delle facoltà di cui al presente comma.

(1) *A norma dell'art. 12, comma 1, del D.L.vo 8 novembre 2021, n. 186, in relazione agli scambi di informazioni e analisi di cui al medesimo decreto, si applicano le disposizioni di cui a questo articolo.*

(2) *Questa lettera è stata così sostituita dall'art. 24, comma 4, del D.L.vo 10 marzo 2023, n. 24, a decorrere dal 15 luglio 2023.*

(3) *Questa lettera è stata aggiunta dall'art. 1, comma 681, lett. b), della L. 27 dicembre 2019, n. 160, a decorrere dal 1° gennaio 2020.*

(4) *Le parole: «e) ed f)» sono state così sostituite dalle attuali: «e), f) e f bis)» dall'art. 1, comma 681, lett. c), della L. 27 dicembre 2019, n. 160, a decorrere dal 1° gennaio 2020.*

2 *duodecies*. (1) Limitazioni per ragioni di giustizia. – 1. In applicazione dell'articolo 23, paragrafo 1, lettera *f*), del Regolamento, in relazione ai trattamenti di dati personali effettuati per ragioni di giustizia nell'ambito di procedimenti dinanzi agli uffici giudiziari di ogni ordine e grado nonché dinanzi al Consiglio superiore della magistratura e agli altri organi di autogoverno delle magistrature speciali o presso il Ministero della giustizia, i diritti e gli obblighi di cui agli articoli da 12 a 22 e 34 del Regolamento sono disciplinati nei limiti e con le modalità previste dalle disposizioni di legge o di Regolamento che regolano tali procedimenti, nel rispetto di quanto previsto dall'articolo 23, paragrafo 2, del Regolamento.

2. Fermo quanto previsto dal comma 1, l'esercizio dei diritti e l'adempimento degli obblighi di cui agli articoli da 12 a 22 e 34 del Regolamento possono, in ogni caso, essere ritardati, limitati o esclusi, con comunicazione motivata e resa senza ritardo all'interessato, a meno che la comunicazione possa compromettere la finalità della limitazione, nella misura e per il tempo in cui ciò costituisca una misura necessaria e proporzionata, tenuto conto dei diritti fondamentali e dei legittimi interessi dell'interessato, per salvaguardare l'indipendenza della magistratura e dei procedimenti giudiziari.

3. Si applica l'articolo 2 *undecies*, comma 3, terzo, quarto e quinto periodo.

4. Ai fini del presente articolo si intendono effettuati per ragioni di giustizia i trattamenti di dati personali correlati alla trattazione giudiziaria di affari e di controversie, i trattamenti effettuati in materia di trattamento giuridico ed economico del personale di magistratura, nonché i trattamenti svolti nell'ambito delle attività ispettive su uffici giudiziari. Le ragioni di giustizia non ricorrono per l'ordinaria attività amministrativo-gestionale di personale, mezzi o strutture, quando non è pregiudicata la segretezza di atti direttamente connessi alla trattazione giudiziaria di procedimenti.

(1) *A norma dell'art. 12, comma 1, del D.L.vo 8 novembre 2021, n. 186, in relazione agli scambi di informazioni e analisi di cui al medesimo decreto, si applicano le disposizioni di cui a questo articolo.*

2 *terdecies*. Diritti riguardanti le persone decedute. – 1. I diritti di cui agli articoli da 15 a 22 del Regolamento riferiti ai dati personali concernenti persone decedute possono essere esercitati da chi ha un interesse proprio, o agisce a tutela dell'interessato, in qualità di suo mandatario, o per ragioni familiari meritevoli di protezione.

2. L'esercizio dei diritti di cui al comma 1 non è ammesso nei casi previsti dalla legge o quando, limitatamente all'offerta diretta di servizi della società dell'informazione, l'interessato lo ha espressamente vietato con dichiarazione scritta presentata al titolare del trattamento o a quest'ultimo comunicata.

3. La volontà dell'interessato di vietare l'esercizio dei diritti di cui al comma 1 deve risultare in modo non equivoco e deve essere specifica, libera e informata; il divieto può riguardare l'esercizio soltanto di alcuni dei diritti di cui al predetto comma.

4. L'interessato ha in ogni momento il diritto di revocare o modificare il divieto di cui ai commi 2 e 3.

5. In ogni caso, il divieto non può produrre effetti pregiudizievoli per l'esercizio da parte dei terzi dei diritti patrimoniali che derivano dalla morte dell'interessato nonché del diritto di difendere in giudizio i propri interessi.

Capo IV
Disposizioni relative al titolare del trattamento e al responsabile del trattamento (1)

(1) *Questo Capo è stato inserito dall'art. 2, comma 1, lett. f), del D.L.vo 10 agosto 2018, n. 101.*

Gli articoli 3 e 4, che prima facevano parte del Titolo I, sono stati ora inseriti nel Titolo I, Capo IV, per omogeneità numerica.

2 *quaterdecies*. Attribuzione di funzioni e compiti a soggetti designati. – 1. Il titolare o il responsabile del trattamento possono prevedere, sotto la propria responsabilità e nell'ambito del proprio assetto organizzativo, che specifici compiti e funzioni connessi al trattamento di dati personali siano attribuiti a persone fisiche, espressamente designate, che operano sotto la loro autorità.

2. Il titolare o il responsabile del trattamento individuano le modalità più opportune per autorizzare al trattamento dei dati personali le persone che operano sotto la propria autorità diretta.

2 *quinquiesdecies*. (1) (2) [Trattamento che presenta rischi elevati per l'esecuzione di un compito di interesse pubblico. – 1. Con riguardo ai trattamenti svolti per l'esecuzione di un compito di interesse pubblico che possono presentare rischi elevati ai sensi dell'articolo 35 del Regolamento, il Garante può, sulla base di quanto disposto dall'articolo 36, paragrafo 5, del medesimo Regolamento e con provvedimenti di carattere generale adottati d'ufficio, prescrivere misure e accorgimenti a garanzia dell'interessato, che il titolare del trattamento è tenuto ad adottare].

(1) *A norma dell'art. 22, comma 3, del D.L.vo 10 agosto 2018, n. 101, sino all'adozione dei corrispondenti provvedimenti generali di cui a questo articolo, i trattamenti già in corso alla data di entrata in vigore del medesimo decreto, possono proseguire qualora avvengano in base a espresse disposizioni di legge o regolamento o atti amministrativi generali, ovvero nel caso in cui siano stati sottoposti a verifica preliminare o autorizzazione del Garante per la protezione dei dati personali, che abbiano individuato misure e accorgimenti adeguati a garanzia dell'interessato.*

([2]) *Questo articolo è stato abrogato dall'art. 9, comma 1, lett. c), del D.L. 8 ottobre 2021, n. 139, convertito, con modificazioni, nella L. 3 dicembre 2021, n. 205.*

2 *sexiesdecies*. Responsabile della protezione dei dati per i trattamenti effettuati dalle autorità giudiziarie nell'esercizio delle loro funzioni. – 1. Il responsabile della protezione dati è designato, a norma delle disposizioni di cui alla sezione 4 del capo IV del Regolamento, anche in relazione ai trattamenti di dati personali effettuati dalle autorità giudiziarie nell'esercizio delle loro funzioni.

2 *septiesdecies*. Organismo nazionale di accreditamento. – 1. L'organismo nazionale di accreditamento di cui all'articolo 43, paragrafo 1, lettera *b*), del Regolamento è l'Ente unico nazionale di accreditamento, istituito ai sensi del Regolamento (CE) n. 765/2008, del Parlamento europeo e del Consiglio, del 9 luglio 2008, fatto salvo il potere del Garante di assumere direttamente, con deliberazione pubblicata nella *Gazzetta Ufficiale* della Repubblica italiana e in caso di grave inadempimento dei suoi compiti da parte dell'Ente unico nazionale di accreditamento, l'esercizio di tali funzioni, anche con riferimento a una o più categorie di trattamenti.

3. ([1]) **[Principio di necessità nel trattamento dei dati.** – 1. I sistemi informativi e i programmi informatici sono configurati riducendo al minimo l'utilizzazione di dati personali e di dati identificativi, in modo da escluderne il trattamento quando le finalità perseguite nei singoli casi possono essere realizzate mediante, rispettivamente, dati anonimi od opportune modalità che permettano di identificare l'interessato solo in caso di necessità].

([1]) *Questo articolo è stato abrogato dall'art. 27, comma 1, lett. a), n. 1), del D.L.vo 10 agosto 2018, n. 101.*

4. ([1]) **[Definizioni.** – 1. Ai fini del presente codice si intende per:

a) «trattamento», qualunque operazione o complesso di operazioni, effettuati anche senza l'ausilio di strumenti elettronici, concernenti la raccolta, la registrazione, l'organizzazione, la conservazione, la consultazione, l'elaborazione, la modificazione, la selezione, l'estrazione, il raffronto, l'utilizzo, l'interconnessione, il blocco, la comunicazione, la diffusione, la cancellazione e la distribuzione di dati, anche se non registrati in una banca di dati;

b) «dato personale», qualunque informazione relativa a persona fisica, [persona giuridica, ente od associazione,] ([2]) identificata o identificabile ([3]), anche indirettamente, mediante riferimento a qualsiasi altra informazione, ivi compreso un numero di identificazione personale;

c) «dati identificativi», i dati personali che permettono l'identificazione diretta dell'interessato;

d) «dati sensibili», i dati personali idonei a rivelare l'origine razziale ed etnica, le convinzioni religiose, filosofiche o di altro genere, le opinioni politiche, l'adesione a partiti, sindacati, associazioni od organizzazioni a carattere religioso, filosofico, politico o sindacale, nonché i dati personali idonei a rivelare lo stato di salute e la vita sessuale ([4]);

e) «dati giudiziari», i dati personali idonei a rivelare provvedimenti di cui all'articolo 3, comma 1, lettere da *a*) a *o*) e da *r*) a *u*), del D.P.R. 14 novembre 2002, n. 313, in materia di casellario giudiziale, di anagrafe delle sanzioni amministrative dipendenti da reato e dei relativi carichi pendenti, o la qualità di imputato o di indagato ai sensi degli articoli 60 e 61 del codice di procedura penale ([4]);

f) «titolare», la persona fisica, la persona giuridica, la pubblica amministrazione e qualsiasi altro ente, associazione od organismo cui competono, anche unitamente ad altro titolare, le decisioni in ordine alle finalità, alle modalità del trattamento di dati personali e agli strumenti utilizzati, ivi compreso il profilo della sicurezza;

g) «responsabile», la persona fisica, la persona giuridica, la pubblica amministrazione e qualsiasi altro ente, associazione od organismo preposti dal titolare al trattamento di dati personali;

h) «incaricati», le persone fisiche autorizzate a compiere operazioni di trattamento dal titolare o dal responsabile;

i) «interessato», la persona fisica, [la persona giuridica, l'ente o l'associazione] ([5]) cui si riferiscono i dati personali;

l) «comunicazione», il dare conoscenza dei dati personali a uno o più soggetti determinati diversi dall'interessato, dal rappresentante del titolare nel territorio dello Stato, dal responsabile e dagli incaricati, in qualunque forma, anche mediante la loro messa a disposizione o consultazione;

m) «diffusione», il dare conoscenza dei dati personali a soggetti indeterminati, in qualunque forma, anche mediante la loro messa a disposizione o consultazione;

n) «dato anonimo», il dato che in origine, o a seguito di trattamento, non può essere associato ad un interessato identificato o identificabile;

o) «blocco», la conservazione di dati personali con sospensione temporanea di ogni altra operazione del trattamento;

p) «banca dati», qualsiasi complesso organizzato di dati personali, ripartito in una o più unità dislocate in uno o più siti;

q) «Garante», l'autorità di cui all'articolo 153, istituita dalla legge 31 dicembre 1996, n. 675.

2. Ai fini del presente codice si intende, inoltre, per:

a) «comunicazione elettronica», ogni informazione scambiata o trasmessa tra un numero finito di soggetti tramite un servizio di comunicazione elettronica accessibile al pubblico. Sono escluse le informazioni trasmesse al pubblico tramite una rete di comunicazione elettronica, come parte di un servizio di radiodiffusione, salvo che le stesse informazioni siano collegate ad un contraente o utente ricevente, identificato o identificabile;

b) chiamata, la connessione istituita da un servizio di comunicazione elettronica accessibile al pubblico che consente la comunicazione bidirezionale ([6]);

c) reti di comunicazione elettronica, i sistemi di trasmissione e, se del caso, le apparecchiature di commutazione o di instradamento e altre risorse, inclusi gli elementi di rete non attivi, che consentono di trasmettere segnali via cavo, via radio, a mezzo di fibre ottiche o con altri mezzi elettromagnetici, comprese le reti satellitari, le reti terrestri mobili e fisse a commutazione di circuito e a commutazione di pacchetto, compresa Internet, le reti utilizzate per la diffusione circolare dei programmi sonori e televisivi, i sistemi per il trasporto della corrente elettrica, nella misura in cui siano utilizzati per trasmettere i segnali, le reti televisive via cavo, indipendentemente dal tipo di informazione trasportato ([7]);

d) rete pubblica di comunicazioni, una rete di comunicazione elettronica utilizzata interamente o prevalentemente per fornire servizi di comunicazione elettronica accessibili al pubblico, che supporta il trasferimento di informazioni tra i punti terminali di reti ([8]);

e) «servizio di comunicazione elettronica», i servizi consistenti esclusivamente o prevalentemente nella trasmissione di segnali su reti di comunicazioni elettroniche, compresi i servizi di telecomunicazioni e i servizi di trasmissione nelle reti utilizzate per la diffusione circolare radiotelevisiva, nei limiti previsti dall'articolo 2, lettera *c*), della direttiva 2002/21/CE del Parlamento europeo e del Consiglio, del 7 marzo 2002;

f) «contraente», qualunque persona fisica, persona giuridica, ente o associazione parte di un contratto con un fornitore di servizi di comunicazione elettronica accessibili al pubblico per la fornitura di tali servizi, o comunque destinatario di tali servizi tramite schede prepagate;

g) «utente», qualsiasi persona fisica che utilizza un servizio di comunicazione elettronica accessibile al pubblico, per motivi privati o commerciali, senza esservi necessariamente abbonata;

h) «dati relativi al traffico», qualsiasi dato sottoposto a trattamento ai fini della trasmissione di una comunicazione su una rete di comunicazione elettronica e della relativa fatturazione;

i) «dati relativi all'ubicazione», ogni dato trattato in una rete di comunicazione elettronica o da un servizio di comunicazione elettronica ([9]) che indica la posizione geografica dell'apparecchiatura terminale dell'utente di un servizio di comunicazione elettronica accessibile al pubblico;

l) «servizio a valore aggiunto», il servizio che richiede il trattamento dei dati relativi al traffico o dei dati relativi all'ubicazione diversi dai dati relativi al traffico, oltre a quanto è necessario per la trasmissione di una comunicazione o della relativa fatturazione;

m) «posta elettronica», messaggi contenenti testi, voci, suoni o immagini trasmessi attraverso una rete pubblica di comunicazione, che possono essere archiviati in rete o nell'apparecchiatura terminale ricevente, fino a che il ricevente non ne ha preso conoscenza.

3. Ai fini del presente codice si intende, altresì, per:

a) «misure minime», il complesso delle misure tecniche, informatiche, organizzative, logistiche e procedurali di sicurezza che configurano il livello minimo di protezione richiesto in relazione ai rischi previsti nell'articolo 31;

b) «strumenti elettronici», gli elaboratori, i programmi per elaboratori e qualunque dispositivo elettronico o comunque automatizzato con cui si effettua il trattamento;

c) «autenticazione informatica», l'insieme degli strumenti elettronici e delle procedure per la verifica anche indiretta dell'identità;

d) «credenziali di autenticazione», i dati ed i dispositivi, in possesso di una persona, da questa conosciuti o ad essa univocamente correlati, utilizzati per l'autenticazione informatica;

e) «parola chiave», componente di una credenziale di autenticazione associata ad una persona ed a questa nota, costituita da una sequenza di caratteri o altri dati in forma elettronica;

f) «profilo di autorizzazione», l'insieme delle informazioni, univocamente associate ad una persona, che consente di individuare a quali dati essa può accedere, nonché i trattamenti ad essa consentiti;

g) «sistema di autorizzazione», l'insieme degli strumenti e delle procedure che abilitano l'accesso ai dati e alle modalità di trattamento degli stessi, in funzione del profilo di autorizzazione del richiedente;

g bis) violazione di dati personali: violazione della sicurezza che comporta anche accidentalmente la distruzione, la perdita, la modifica, la rivelazione non autorizzata o l'accesso ai dati personali trasmessi, memorizzati o comunque elaborati nel contesto della fornitura di un servizio di comunicazione accessibile al pubblico ([10]).

4. Ai fini del presente codice si intende per:

a) «scopi storici», le finalità di studio, indagine, ricerca e documentazione di figure, fatti e circostanze del passato;

b) «scopi statistici», le finalità di indagine statistica o di produzione di risultati statistici, anche a mezzo di sistemi informativi statistici;

c) «scopi scientifici», le finalità di studio e di indagine sistematica finalizzata allo sviluppo delle conoscenze scientifiche in uno specifico settore].

(1) *Questo articolo è stato abrogato dall'art. 27, comma 1, lett. a), n. 1), del D.L.vo 10 agosto 2018, n. 101.*

(2) *Le parole fra parentesi quadrate sono state soppresse dall'art. 40, comma 2, lett. a), del D.L. 6 dicembre 2011, n. 201, convertito, con modificazioni, nella L. 22 dicembre 2011, n. 214.*

(3) *Le parole: «identificati o identificabili» sono state così sostituite dalle attuali: «identificata o identificabile» dall'art. 40, comma 2, lett. a), del D.L. 6 dicembre 2011, n. 201, convertito, con modificazioni, nella L. 22 dicembre 2011, n. 214.*

(4) *A norma dell'art. 22, comma 2, del D.L.vo 10 agosto 2018, n. 101, a decorrere dal 25 maggio 2018 le espressioni «dati sensibili» e «dati giudiziari» utilizzate ai sensi di cui a questa lettera, ovunque ricorrano, si intendono riferite, rispettivamente, alle categorie particolari di dati di cui all'articolo 9 del Regolamento (UE) 2016/679 e ai dati di cui all'articolo 10 del medesimo regolamento.*

(5) *Le parole fra parentesi quadrate sono state soppresse dall'art. 40, comma 2, lett. b), del D.L. 6 dicembre 2011, n. 201, convertito, con modificazioni, nella L. 22 dicembre 2011, n. 214.*

(6) *Questa lettera è stata così sostituita dall'art. 1, comma 1, lett. a), n. 1), del D.L.vo 28 maggio 2012, n. 69.*

(7) *Questa lettera è stata così sostituita dall'art. 1, comma 1, lett. a), n. 2), del D.L.vo 28 maggio 2012, n. 69.*

(8) *Questa lettera è stata così sostituita dall'art. 1, comma 1, lett. a), n. 3), del D.L.vo 28 maggio 2012, n. 69.*

(9) *Le parole: «o da un servizio di comunicazione elettronica» sono state inserite dall'art. 1, comma 1, lett. a), n. 4), del D.L.vo 28 maggio 2012, n. 69.*

(10) *Questa lettera è stata aggiunta dall'art. 1, comma 1, lett. b), del D.L.vo 28 maggio 2012, n. 69.*

5. (1) [**Oggetto ed ambito di applicazione. –** 1. Il presente codice disciplina il trattamento di dati personali, anche detenuti all'estero, effettuato da chiunque è stabilito nel territorio dello Stato o in un luogo comunque soggetto alla sovranità dello Stato.

2. Il presente codice si applica anche al trattamento di dati personali effettuato da chiunque è stabilito nel territorio di un Paese non appartenente all'Unione europea e impiega, per il trattamento, strumenti situati nel territorio dello Stato anche diversi da quelli elettronici, salvo che essi siano utilizzati solo ai fini di transito nel territorio dell'Unione europea. In caso di applicazione del presente codice, il titolare del trattamento designa un proprio rappresentante stabilito nel territorio dello Stato ai fini dell'applicazione della disciplina sul trattamento dei dati personali.

3. Il trattamento di dati personali effettuato da persone fisiche per fini esclusivamente personali è soggetto all'applicazione del presente codice solo se i dati sono destinati ad una comunicazione sistematica o alla diffusione. Si applicano in ogni caso le disposizioni in tema di responsabilità e di sicurezza dei dati di cui agli articoli 15 e 31.

3 *bis*. Il trattamento dei dati personali relativi a persone giuridiche, imprese, enti o associazioni effettuato nell'ambito di rapporti intercorrenti esclusivamente tra i medesimi soggetti per le finalità amministrativo-contabili, come definite all'articolo 34, comma 1 *ter*, non è soggetto all'applicazione del presente codice] (2).

(1) *Questo articolo è stato abrogato dall'art. 27, comma 1, lett. a), n. 1), del D.L.vo 10 agosto 2018, n. 101.*

(2) *Questo comma è stato aggiunto dall'art. 6, comma 2, lett. a), n. 1), del D.L. 13 maggio 2011, n. 70, convertito, con modificazioni, nella L. 12 luglio 2011, n. 106 e poi soppresso dall'art. 40, comma 2, lett. c), del D.L. 6 dicembre 2011, n. 201, convertito, con modificazioni, nella L. 22 dicembre 2011, n. 214.*

6. ([1]) [**Disciplina del trattamento.** – 1. Le disposizioni contenute nella presente Parte si applicano a tutti i trattamenti di dati, salvo quanto previsto, in relazione ad alcuni trattamenti, dalle disposizioni integrative o modificative della Parte II].

([1]) *Questo articolo è stato abrogato dall'art. 27, comma 1, lett. a), n. 1), del D.L.vo 10 agosto 2018, n. 101.*

Titolo II
Diritti dell'interessato ([1])

([1]) *Questo Titolo è stato abrogato dall'art. 27, comma 1, lett. a), n. 2), del D.L.vo 10 agosto 2018, n. 101.*

7. [**Diritto di accesso ai dati personali ed altri diritti.** – 1. L'interessato ha diritto di ottenere la conferma dell'esistenza o meno di dati personali che lo riguardano, anche se non ancora registrati, e la loro comunicazione in forma intelligibile.

2. L'interessato ha diritto di ottenere l'indicazione:

a) dell'origine dei dati personali;

b) delle finalità e modalità del trattamento;

c) della logica applicata in caso di trattamento effettuato con l'ausilio di strumenti elettronici;

d) degli estremi identificativi del titolare, dei responsabili e del rappresentante designato ai sensi dell'articolo 5, comma 2;

e) dei soggetti o delle categorie di soggetti ai quali i dati personali possono essere comunicati o che possono venirne a conoscenza in qualità di rappresentante designato nel territorio dello Stato, di responsabili o incaricati.

3. L'interessato ha diritto di ottenere:

a) l'aggiornamento, la rettificazione ovvero, quando vi ha interesse, l'integrazione dei dati;

b) la cancellazione, la trasformazione in forma anonima o il blocco dei dati trattati in violazione di legge, compresi quelli di cui non è necessaria la conservazione in relazione agli scopi per i quali i dati sono stati raccolti o successivamente trattati;

c) l'attestazione che le operazioni di cui alle lettere *a*) e *b*) sono state portate a conoscenza, anche per quanto riguarda il loro contenuto, di coloro ai quali i dati sono stati comunicati o diffusi, eccettuato il caso in cui tale adempimento si rivela impossibile o comporta un impiego di mezzi manifestamente sproporzionato rispetto al diritto tutelato.

4. L'interessato ha diritto di opporsi, in tutto o in parte:

a) per motivi legittimi al trattamento dei dati personali che lo riguardano, ancorché pertinenti allo scopo della raccolta;

b) al trattamento di dati personali che lo riguardano a fini di invio di materiale pubblicitario o di vendita diretta o per il compimento di ricerche di mercato o di comunicazione commerciale].

NOTE OPERATIVE:

Processo: Non viola la normativa sulla tutela dei dati personali, il loro utilizzo mediante lo svolgimento di attività processuale giacché detta disciplina non trova applicazione in via generale, quando i dati stessi vengano raccolti e gestiti nell'ambito di un processo (C.C. 9314/23).

8. [**Esercizio dei diritti.** – 1. I diritti di cui all'articolo 7 sono esercitati con richiesta rivolta senza formalità al titolare o al responsabile, anche per il tramite di un incaricato, alla quale è fornito idoneo riscontro senza ritardo.

2. I diritti di cui all'articolo 7 non possono essere esercitati con richiesta al titolare o al responsabile o con ricorso ai sensi dell'articolo 145, se i trattamenti di dati personali sono effettuati:

a) in base alle disposizioni del decreto legge 3 maggio 1991, n. 143, convertito, con modificazioni, dalla legge 5 luglio 1991, n. 197, e successive modificazioni, in materia di riciclaggio;

b) in base alle disposizioni del decreto legge 31 dicembre 1991, n. 419, convertito, con modificazioni, dalla legge 18 febbraio 1992, n. 172, e successive modificazioni, in materia di sostegno alle vittime di richieste estorsive;

c) da Commissioni parlamentari d'inchiesta istituite ai sensi dell'articolo 82 della Costituzione;

d) da un soggetto pubblico, diverso dagli enti pubblici economici, in base ad espressa disposizione di legge, per esclusive finalità inerenti alla politica monetaria e valutaria, al sistema dei pagamenti, al controllo degli intermediari e dei mercati creditizi e finanziari, nonché alla tutela della loro stabilità;

e) ai sensi dell'articolo 24, comma 1, lettera *f*), limitatamente al periodo durante il quale potrebbe derivarne un pregiudizio effettivo e concreto per lo svolgimento delle investigazioni difensive o per l'esercizio del diritto in sede giudiziaria;

f) da fornitori di servizi di comunicazione elettronica accessibili al pubblico relativamente a comunicazioni telefoniche in entrata, salvo che possa derivarne un pregiudizio effettivo e concreto per lo svolgimento delle investigazioni difensive di cui alla legge 7 dicembre 2000, n. 397;

g) per ragioni di giustizia, presso uffici giudiziari di ogni ordine e grado o il Consiglio superiore della magistratura o altri organi di autogoverno o il Ministero della giustizia;

h) ai sensi dell'articolo 53, fermo restando quanto previsto dalla legge 1° aprile 1981, n 121.

3. Il Garante, anche su segnalazione dell'interessato, nei casi di cui al comma 2, lettere *a*), *b*), *d*), *e*) ed *f*), provvede nei modi di cui agli articoli 157, 158 e 159 e, nei casi di cui alle lettere *c*), *g*) ed *h*) del medesimo comma, provvede nei modi di cui all'articolo 160.

4. L'esercizio dei diritti di cui all'articolo 7, quando non riguarda dati di carattere oggettivo, può avere luogo salvo che concerna la rettificazione o l'integrazione di dati personali di tipo valutativo, relativi a giudizi, opinioni o ad altri apprezzamenti di tipo soggettivo, nonché l'indicazione di condotte da tenersi o di decisioni in via di assunzione da parte del titolare del trattamento].

9. [**Modalità di esercizio.** - 1. La richiesta rivolta al titolare o al responsabile può essere trasmessa anche mediante lettera raccomandata, telefax o posta elettronica. Il Garante può individuare altro idoneo sistema in riferimento a nuove soluzioni tecnologiche. Quando riguarda l'esercizio dei diritti di cui all'articolo 7, commi 1 e 2, la richiesta può essere formulata anche oralmente e in tal caso è annotata sinteticamente a cura dell'incaricato o del responsabile.

2. Nell'esercizio dei diritti di cui all'articolo 7 l'interessato può conferire, per iscritto, delega o procura a persone fisiche, enti, associazioni od organismi. L'interessato può, altresì, farsi assistere da una persona di fiducia.

3. I diritti di cui all'articolo 7 riferiti a dati personali concernenti persone decedute possono essere esercitati da chi ha un interesse proprio, o agisce a tutela dell'interessato o per ragioni familiari meritevoli di protezione.

4. L'identità dell'interessato è verificata sulla base di idonei elementi di valutazione, anche mediante atti o documenti disponibili o esibizione o allegazione di copia di un documento di riconoscimento. La persona che agisce per conto dell'interessato esibisce o allega copia della procura, ovvero della delega sottoscritta in presenza di un incaricato o sottoscritta e presentata unitamente a copia fotostatica non autenticata di un documento di riconoscimento dell'interessato. [Se l'interessato è una persona giuridica, un ente o un'associazione, la richiesta è avanzata dalla persona fisica legittimata in base ai rispettivi statuti od ordinamenti] (1).

5. La richiesta di cui all'articolo 7, commi 1 e 2, è formulata liberamente e senza costrizioni e può essere rinnovata, salva l'esistenza di giustificati motivi, con intervallo non minore di novanta giorni].

(1) *L'ultimo periodo di questo comma è stato soppresso dall'art. 40, comma 2, lett.* d), *del D.L. 6 dicembre 2011, n. 201, convertito, con modificazioni, nella L. 22 dicembre 2011, n. 214.*

10. [**Riscontro all'interessato.** - 1. Per garantire l'effettivo esercizio dei diritti di cui all'articolo 7 il titolare del trattamento è tenuto ad adottare idonee misure volte, in particolare:

a) ad agevolare l'accesso ai dati personali da parte dell'interessato, anche attraverso l'impiego di appositi programmi per elaboratore finalizzati ad un'accurata selezione dei dati che riguardano singoli interessati identificati o identificabili;

b) a semplificare le modalità e a ridurre i tempi per il riscontro al richiedente, anche nell'ambito di uffici o servizi preposti alle relazioni con il pubblico.

2. I dati sono estratti a cura del responsabile o degli incaricati e possono essere comunicati al richiedente anche oralmente, ovvero offerti in visione mediante strumenti elettronici, sempre che in tali casi la comprensione dei dati sia agevole, considerata anche la qualità e la quantità delle informazioni. Se vi è richiesta, si provvede alla trasposizione dei dati su supporto cartaceo o informatico, ovvero alla loro trasmissione per via telematica.

3. Salvo che la richiesta sia riferita ad un particolare trattamento o a specifici dati personali o categorie di dati personali, il riscontro all'interessato comprende tutti i dati personali che riguardano l'interessato comunque trattati dal titolare. Se la richiesta è rivolta ad un esercente una professione sanitaria o ad un organismo sanitario si osserva la disposizione di cui all'articolo 84, comma 1.

4. Quando l'estrazione dei dati risulta particolarmente difficoltosa il riscontro alla richiesta dell'interessato può avvenire anche attraverso l'esibizione o la consegna in copia di atti e documenti contenenti i dati personali richiesti.

5. Il diritto di ottenere la comunicazione in forma intelligibile dei dati non riguarda dati personali relativi a terzi, salvo che la scomposizione dei dati trattati o la privazione di alcuni elementi renda incomprensibili i dati personali relativi all'interessato.

6. La comunicazione dei dati è effettuata in forma intelligibile anche attraverso l'utilizzo di una grafia comprensibile. In caso di comunicazione di codice o sigle sono forniti, anche mediante gli incaricati, i parametri per la comprensione del relativo significato.

7. Quando, a seguito della richiesta di cui all'articolo 7, commi 1 e 2, lettere *a*), *b*) e *c*) non risulta confermata l'esistenza di dati che riguardano l'interessato, può essere chiesto un contributo spese non eccedente i costi effettivamente sopportati per la ricerca effettuata nel caso specifico.

8. Il contributo di cui al comma 7 non può comunque superare l'importo determinato dal Garante con provvedimento di carattere generale, che può individuarlo forfettariamente in relazione al caso in cui i dati sono trattati con strumenti elettronici e la risposta è fornita oralmente. Con il medesimo provvedimento il Garante può prevedere che il contributo possa essere chiesto quando i dati personali figurano su uno speciale supporto del quale è richiesta specificamente la riproduzione, oppure quando, presso uno o più titolari, si determina un notevole impiego di mezzi in relazione alla complessità o all'entità delle richieste ed è confermata l'esistenza di dati che riguardano l'interessato.

9. Il contributo di cui ai commi 7 e 8 è corrisposto anche mediante versamento postale o bancario, ovvero mediante carta di pagamento o di credito, ove possibile all'atto della ricezione del riscontro e comunque non oltre quindici giorni da tale riscontro].

Titolo III
Regole generali
per il trattamento dei dati (1)

(1) *Questo Titolo è stato abrogato dall'art. 27, comma 1, lett.* a), *n.* 2), *del D.L.vo 10 agosto 2018, n. 101.*

Capo I
Regole per tutti i trattamenti

11. [Modalità del trattamento e requisiti dei dati. – 1. I dati personali oggetto di trattamento sono:

a) trattati in modo lecito e secondo correttezza;

b) raccolti e registrati per scopi determinati, espliciti e legittimi, ed utilizzati in altre operazioni del trattamento in termini compatibili con tali scopi;

c) esatti e, se necessario, aggiornati;

d) pertinenti, completi e non eccedenti rispetto alle finalità per le quali sono raccolti o successivamente trattati;

e) conservati in una forma che consenta l'identificazione dell'interessato per un periodo di tempo non superiore a quello necessario agli scopi per i quali essi sono stati raccolti o successivamente trattati.

2. I dati personali trattati in violazione della disciplina rilevante in materia di trattamento dei dati personali non possono essere utilizzati].

12. [Codici di deontologia e di buona condotta. – 1. Il Garante promuove nell'ambito delle categorie interessate, nell'osservanza del principio di rappresentatività e tenendo conto dei criteri direttivi delle raccomandazioni del Consiglio d'Europa sul trattamento di dati personali, la sottoscrizione di codici di deontologia e di buona condotta per determinati settori, ne verifica la conformità alle leggi e ai regolamenti anche attraverso l'esame di osservazioni di soggetti interessati e contribuisce a garantirne la diffusione e il rispetto.

2. I codici sono pubblicati nella *Gazzetta Ufficiale* della Repubblica italiana a cura del Garante e, con decreto del Ministro della giustizia, sono riportati nell'allegato A) del presente codice.

3. Il rispetto delle disposizioni contenute nei codici di cui al comma 1 costituisce condizione essenziale per la liceità e correttezza del trattamento dei dati personali effettuato da soggetti privati e pubblici.

4. Le disposizioni del presente articolo si applicano anche al codice di deontologia per i trattamenti di dati per finalità giornalistiche promosso dal Garante nei modi di cui al comma 1 e all'articolo 139].

13. [Informativa. – 1. L'interessato o la persona presso la quale sono raccolti i dati personali sono previamente informati oralmente o per iscritto circa:

a) le finalità e le modalità del trattamento cui sono destinati i dati;

b) la natura obbligatoria o facoltativa del conferimento dei dati;

c) le conseguenze di un eventuale rifiuto di rispondere;

d) i soggetti o le categorie di soggetti ai quali i dati personali possono essere comunicati o che possono venirne a conoscenza in qualità di responsabili o incaricati, e l'ambito di diffusione dei dati medesimi;

e) i diritti di cui all'articolo 7;

f) gli estremi identificativi del titolare e, se designati, del rappresentante nel territorio dello Stato ai sensi dell'articolo 5 e del responsabile. Quando il titolare ha designato più responsabili è indicato almeno uno di essi, indicando il sito della rete di comunicazione o le modalità attraverso le quali è conoscibile in modo agevole l'elenco aggiornato dei responsabili. Quando è stato designato un responsabile per il riscontro all'interessato in caso di esercizio dei diritti di cui all'articolo 7, è indicato tale responsabile.

2. L'informativa di cui al comma 1 contiene anche gli elementi previsti da specifiche disposizioni del presente codice e può non comprendere gli elementi già noti alla persona che fornisce i dati o la cui conoscenza può ostacolare in concreto l'espletamento, da parte di un soggetto pubblico, di funzioni ispettive o di controllo svolte per finalità di difesa o sicurezza dello Stato oppure prevenzione, accertamento o repressione di reati.

3. Il Garante può individuare con proprio provvedimento modalità semplificate per l'informativa fornita in particolare da servizi telefonici di assistenza e informazione al pubblico.

4. Se i dati personali non sono raccolti presso l'interessato, l'informativa di cui al comma 1, comprensiva delle categorie di dati trattati, è data al medesimo interessato all'atto della registrazione dei dati o, quando è prevista la loro comunicazione, non oltre la prima comunicazione.

5. La disposizione di cui al comma 4 non si applica quando:

a) i dati sono trattati in base ad un obbligo previsto dalla legge, da un regolamento o dalla normativa comunitaria;

b) i dati sono trattati ai fini dello svolgimento delle investigazioni difensive di cui alla legge 7 dicembre 2000, n. 397, o comunque, per far valere o difendere un diritto in sede giudiziaria, sempre che i dati siano trattati esclusivamente per tali finalità e per il periodo strettamente necessario al loro perseguimento;

c) l'informativa all'interessato comporta un impiego di mezzi che il Garante, prescrivendo eventuali misure appropriate, dichiari manifestamente sproporzionati rispetto al diritto tutelato, ovvero si riveli, a giudizio del Garante, impossibile.

5 *bis*. L'informativa di cui al comma 1 non è dovuta in caso di ricezione di curricula spontaneamente trasmessi dagli interessati ai fini dell'eventuale instaurazione di un rapporto di lavoro. Al momento del primo contatto successivo all'invio del curriculum, il titolare è tenuto a fornire all'interessato, anche oralmente, una informativa breve contenente almeno gli elementi di cui al comma 1, lettere *a*), *d*) ed *f*)] (1).

(1) *Questo comma è stato aggiunto dall'art. 6, comma 2, lett. a), n. 2), del D.L. 13 maggio 2011, n. 70, convertito, con modificazioni, nella L. 12 luglio 2011, n. 106.*

NOTE OPERATIVE:

Consenso: Il consenso dell'interessato può ritenersi validamente prestato ove sia espresso in riferimento ad informazioni circa le finalità e le modalità del trattamento; ne consegue che, ove i dati personali siano inseriti in un algoritmo, il consenso dovrà avere ad oggetto anche le modalità di tale procedimento, non occorrendo, invece, che il linguaggio matematico ed informatico sia osteso agli utenti, né che dagli stessi sia effettivamente compreso (C.C. 28358/23).

Elemento soggettivo: Ai fini dell'esonero da responsabilità per l'illecito amministrativo non basta il convincimento ingenerato dal parere di un'associazione di categoria, ma è necessario accertare la mancanza di colpa dell'autore della violazione (C.C. 26989/23).

In tema di violazioni amministrative, per integrare l'elemento soggettivo dell'illecito è sufficiente la semplice colpa, per cui l'eventuale buona fede e l'erronea convinzione della liceità della condotta può rilevare in termini di esclusione della responsabilità amministrativa al pari di quanto avviene per la responsabilità penale in materia di contravvenzioni (C.C. 26864/23).

14. [Definizione di profili e della personalità dell'interessato. – 1. Nessun atto o provvedimento giudiziario o amministrativo che implichi una valutazione del comportamento umano può essere fondato unicamente su un trattamento automatizzato di dati personali volto a definire il profilo o la personalità dell'interessato.

2. L'interessato può opporsi ad ogni altro tipo di determinazione adottata sulla base del trattamento di cui al comma 1, ai sensi dell'articolo 7, comma 4, lettera *a*), salvo che la determinazione sia stata adottata in occasione della conclusione o dell'esecuzione di un contratto, in accoglimento di una proposta dell'interessato o sulla base di adeguate garanzie individuate dal presente codice o da un provvedimento del Garante ai sensi dell'articolo 17].

15. [Danni cagionati per effetto del trattamento. – 1. Chiunque cagiona danno ad altri per effetto del trattamento di dati personali è tenuto al risarcimento ai sensi dell'articolo 2050 del codice civile.

2. Il danno non patrimoniale è risarcibile anche in caso di violazione dell'articolo 11].

NOTE OPERATIVE:

Legittimazione passiva: In ossequio al criterio della contribuzione causale, legittimata passiva rispetto alla domanda di risarcimento dei danni conseguenti all'illecita diffusione di dati personali online è anche la società editrice della testata telematica attraverso la quale la suddetta diffusione sia avvenuta (C.C. 22338/23).

16. [**Cessazione del trattamento.** – 1. In caso di cessazione, per qualsiasi causa, di un trattamento i dati sono:

a) distrutti;

b) ceduti ad altro titolare, purché destinati ad un trattamento in termini compatibili agli scopi per i quali i dati sono raccolti;

c) conservati per fini esclusivamente personali e non destinati ad una comunicazione sistematica o alla diffusione;

d) conservati o ceduti ad altro titolare, per scopi storici, statistici o scientifici, in conformità alla legge, ai regolamenti, alla normativa comunitaria e ai codici di deontologia e di buona condotta sottoscritti ai sensi dell'articolo 12.

2. La cessione dei dati in violazione di quanto previsto dal comma 1, lettera *b*), o di altre disposizioni rilevanti in materia di trattamento dei dati personali è priva di effetti].

17. [**Trattamento che presenta rischi specifici.** – 1. Il trattamento dei dati diversi da quelli sensibili e giudiziari che presenta rischi specifici per i diritti e le libertà fondamentali, nonché per la dignità dell'interessato, in relazione alla natura dei dati o alle modalità del trattamento o agli effetti che può determinare, è ammesso nel rispetto di misure ed accorgimenti a garanzia dell'interessato, ove prescritti.

2. Le misure e gli accorgimenti di cui al comma 1 sono prescritti dal Garante in applicazione dei principi sanciti dal presente codice, nell'ambito di una verifica preliminare all'inizio del trattamento, effettuata anche in relazione a determinate categorie di titolari o di trattamenti, anche a seguito di un interpello del titolare].

Titolo V
Sicurezza dei dati e dei sistemi (1)

(1) *Questo Titolo è stato abrogato dall'art. 27, comma 1, lett.* a), *n. 2), del D.L.vo 10 agosto 2018, n. 101.*

Capo I
Misure di sicurezza

32 ***bis.*** (1) [**Adempimenti conseguenti ad una violazione di dati personali.** – 1. In caso di violazione di dati personali, il fornitore di servizi di comunicazione elettronica accessibili al pubblico comunica senza indebiti ritardi detta violazione al Garante.

2. Quando la violazione di dati personali rischia di arrecare pregiudizio ai dati personali o alla riservatezza di contraente o di altra persona, il fornitore comunica anche agli stessi senza ritardo l'avvenuta violazione.

3. La comunicazione di cui al comma 2 non è dovuta se il fornitore ha dimostrato al Garante di aver utilizzato misure tecnologiche di protezione che rendono i dati inintelligibili a chiunque non sia autorizzato ad accedervi e che tali misure erano state applicate ai dati oggetto della violazione.

4. Ove il fornitore non vi abbia già provveduto, il Garante può, considerate le presumibili ripercussioni negative della violazione, obbligare lo stesso a comunicare al contraente o ad altra persona l'avvenuta violazione.

5. La comunicazione al contraente o ad altra persona contiene almeno una descrizione della natura della violazione di dati personali e i punti di contatto presso cui si possono ottenere maggiori informazioni ed elenca le misure raccomandate per attenuare i possibili effetti pregiudizievoli della violazione di dati personali. La comunicazione al Garante descrive, inoltre, le conseguenze della violazione di dati personali e le misure proposte o adottate dal fornitore per porvi rimedio.

6. Il Garante può emanare, con proprio provvedimento, orientamenti e istruzioni in relazione alle circostanze in cui il fornitore ha l'obbligo di comunicare le violazioni di dati personali, al formato applicabile a tale comunicazione, nonché alle relative modalità di effettuazione, tenuto conto delle eventuali misure tecniche di attuazione adottate dalla Commissione europea ai sensi dell'articolo 4, paragrafo 5, della direttiva 2002/58/CE, come modificata dalla direttiva 2009/136/CE.

7. I fornitori tengono un aggiornato inventario delle violazioni di dati personali, ivi incluse le circostanze in cui si sono verificate, le loro conseguenze e i provvedimenti adottati per porvi rimedio, in modo da consentire al Garante di verificare il rispetto delle disposizioni del presente articolo. Nell'inventario figurano unicamente le informazioni necessarie a tal fine.

8. Nel caso in cui il fornitore di un servizio di comunicazione elettronica accessibile al pubblico affidi l'erogazione del predetto servizio ad altri soggetti, gli stessi sono tenuti a comunicare al fornitore senza indebito ritardo tutti gli eventi e le informazioni necessarie a consentire a quest'ultimo di effettuare gli adempimenti di cui al presente articolo].

(1) *Questo articolo è stato inserito dall'art. 1, comma 3, del D.L.vo 28 maggio 2012, n. 69.*

Parte II
Disposizioni specifiche
per i trattamenti necessari
per adempiere ad un obbligo legale
o per l'esecuzione di un compito
di interesse pubblico o connesso
all'esercizio di pubblici poteri
nonché disposizioni per i trattamenti
di cui al capo IX del regolamento (1)

(1) *La precedente rubrica:* «Disposizioni relative a specifici settori» *è stata così sostituita dall'attuale dall'art. 3, comma 1, del D.L.vo 10 agosto 2018, n. 101.*

Titolo 0.I
Disposizioni sulla base giuridica (1)

(1) *Questo Titolo è stato inserito dall'art. 3, comma 2, lett.* a), *del D.L.vo 10 agosto 2018, n. 101.*

45 *bis*. Base giuridica. – 1. Le disposizioni contenute nella presente parte sono stabilite in attuazione dell'articolo 6, paragrafo 2, nonché dell'articolo 23, paragrafo 1, del regolamento.

Titolo I
Trattamenti in ambito giudiziario

Capo I
Profili generali (1)

(1) *Questo Capo è stato abrogato dall'art. 27, comma 1, lett.* b), *n.* 1), *del D.L.vo 10 agosto 2018, n. 101.*

46. [Titolari dei trattamenti. – 1. Gli uffici giudiziari di ogni ordine e grado, il Consiglio superiore della magistratura, gli altri organi di autogoverno e il Ministero della Giustizia sono titolari dei trattamenti di dati personali relativi alle rispettive attribuzioni conferire per legge o regolamento.

2. Con decreto del Ministro della giustizia sono individuati, nell'allegato C) al presente codice, i trattamenti non occasionali di cui al comma 1 effettuati con strumenti elettronici, relativamente a banche di dati centrali od oggetto di interconnessione tra più uffici o titolari. I provvedimenti con cui il Consiglio superiore della magistratura e gli altri organi di autogoverno di cui al comma 1 individuano i medesimi trattamenti da essi effettuati sono riportati nell'allegato C) con decreto del Ministro della giustizia].

47. [Trattamenti per ragioni di giustizia. – 1. In caso di trattamento di dati personali effettuato presso uffici giudiziari di ogni ordine e grado, presso il Consiglio superiore della magistratura, gli altri organi di autogoverno e il Ministero della giustizia, non si applicano, se il trattamento è effettuato per ragioni di giustizia, le seguenti disposizioni del codice:

a) articoli 9, 10, 12, 13 e 16, da 18 a 22, 37, 38, commi da 1 a 5, e da 39 a 45;

b) articoli da 145 a 151.

2. Agli effetti del presente codice si intendono effettuati per ragioni di giustizia i trattamenti di dati personali direttamente correlati alla trattazione giudiziaria di affari e di controversie, o che, in materia di trattamento giuridico ed economico del personale di magistratura, hanno una diretta incidenza sulla funzione giurisdizionale, nonché le attività ispettive su uffici giudiziari. Le medesime ragioni di giustizia non ricorrono per l'ordinaria attività amministrativo-gestionale di personale, mezzi e strutture, quando non è pregiudicata la segretezza di atti direttamente connessi alla predetta trattazione].

48. [Banche di dati di uffici giudiziari. – 1. Nei casi in cui l'autorità giudiziaria di ogni ordine e grado può acquisire in conformità alle vigenti disposizioni processuali dati, informazioni, atti e documenti da soggetti pubblici, l'acquisizione può essere effettuata anche per via telematica. A tale fine gli uffici giudiziari possono avvalersi delle convenzioni-tipo stipulate dal Ministero della giustizia con soggetti pubblici, volte ad agevolare la consultazione da parte dei medesimi uffici, mediante reti di comunicazione elettronica, di pubblici registri, elenchi, schedari e banche di dati, nel rispetto delle pertinenti disposizioni e dei principi di cui agli articoli 3 e 11 del presente codice].

49. [Disposizioni di attuazione. – 1. Con decreto del Ministro della giustizia sono adottate, anche ad integrazione del decreto del Ministro di grazia e giustizia 30 settembre 1989, n. 334, le disposizioni regolamentari necessarie per l'attuazione dei principi del presente codice nella materia penale e civile].

Capo II
Minori

50. Notizie o immagini relative a minori. – 1. Il divieto di cui all'articolo 13 del decreto del Presidente della Repubblica 22 settembre 1988, n. 448, di pubblicazione e divulgazione con qualsiasi mezzo di notizie o immagini idonee a consentire l'identificazione di un minore si osserva anche in caso di coinvolgimento a qualunque titolo del minore in procedimenti giudiziari in materie diverse da quella penale. La violazione del divieto di cui al presente articolo è punita ai sensi dell'articolo 684 del codice penale (1).

(1) *Questo periodo è stato aggiunto dall'art. 3, comma 2, lett.* b), *del D.L.vo 10 agosto 2018, n. 101.*

Capo III
Informatica giuridica

51. Principi generali. – 1. Fermo restando quanto previsto dalle disposizioni processuali concernenti la visione e il rilascio di estratti e di copie di atti e documenti, i dati identificativi delle questioni pendenti dinanzi all'autorità giudiziaria di ogni ordine e grado sono resi accessibili a chi vi abbia interesse anche mediante reti di comunicazione elettronica, ivi compreso il sito istituzionale della medesima autorità nella rete Internet.

2. Le sentenze e le altre decisioni dell'autorità giudiziaria di ogni ordine e grado depositate in cancelleria o segreteria sono rese accessibili anche attraverso il sistema informativo e il sito istituzionale della medesima autorità nella rete Internet, osservando le cautele previste dal presente capo.

52. Dati identificativi degli interessati. – 1. Fermo restando quanto previsto dalle disposizioni concernenti la redazione e il contenuto di sentenze di altri provvedimenti giurisdizionali dell'autorità giudiziaria di ogni ordine e grado, l'interessato può chiedere per motivi legittimi, con richiesta depositata nella cancelleria o segreteria dell'ufficio che procede prima che sia definito il relativo grado di giudizio, che sia apposta a cura della medesima cancelleria o segreteria, sull'originale della sentenza o del provvedimento, un'annotazione volta a precludere, in caso di riproduzione della sentenza o provvedimento in qualsiasi forma, [per finalità di informazione giuridica su riviste giuridiche, supporti elettronici o mediante reti di comunicazione elettronica,] (1) l'indicazione delle generalità e di altri dati identificativi del medesimo interessato riportati sulla sentenza o provvedimento.

2. Sulla richiesta di cui al comma 1 provvede in calce con decreto, senza ulteriori formalità, l'autorità che pronuncia la sentenza o adotta il provvedimento. La medesima autorità può disporre d'ufficio che sia apposta l'annotazione di cui al comma 1, a tutela dei diritti o della dignità degli interessati.

3. Nel casi di cui ai commi 1 e 2, all'atto del deposito della sentenza o provvedimento, la cancelleria o segreteria vi appone e sottoscrive anche con timbro la seguente annotazione, recante l'indicazione degli estremi del presente articolo: «*In caso di diffusione omettere le generalità e gli altri dati identificativi di ...*».

4. In caso di diffusione anche da parte di terzi di sentenze o di altri provvedimenti recanti l'annotazione di cui al comma 2, o delle relative massime giuridiche, è omessa l'indicazione delle generalità e degli altri dati identificativi dell'interessato.

5. Fermo restando quanto previsto dall'articolo 734 *bis* del codice penale relativamente alle persone offese da atti di violenza sessuale, chiunque diffonda sentenze o altri provvedimenti giurisdizionali dell'autorità giudiziaria di ogni ordine e grado è tenuto ad omettere in ogni caso, anche in mancanza dell'annotazione di cui al comma 2, le generalità, altri dati identificativi o altri dati anche relativi a terzi dai quali può desumersi anche indirettamente l'identità di minori, oppure delle parti nei procedimenti in materia di rapporti di famiglia e di stato delle persone.

6. Le disposizioni di cui al presente articolo si applicano anche in caso di deposito di lodo ai sensi dell'articolo 825 del codice di procedura civile. La parte può formulare agli arbitri la richiesta di cui al comma 1 prima della pronuncia del lodo e gli arbitri appongono sul lodo l'annotazione di cui al comma 3, anche ai sensi del comma 2. Il collegio arbitrale costituito presso la camera arbitrale per i lavori pubblici ai sensi dell'articolo 209 del Codice dei contratti pubblici di cui al decreto legislativo 18 aprile 2016, n. 50, (2) provvede in modo analogo in caso di richiesta di una parte.

7. Fuori dei casi indicati nel presente articolo è ammessa la diffusione in ogni forma del contenuto anche integrale di sentenze e di altri provvedimenti giurisdizionali.

(1) *Le parole tra parentesi quadrate sono state soppresse dall'art. 3, comma 2, lett.* c), *n. 1), del D.L.vo 10 agosto 2018, n. 101.*

(2) *Le parole: «dell'articolo 32 della legge 11 febbraio 1994, n. 109,» sono state così sostituite dalle attuali:*

«dell'articolo 209 del Codice dei contratti pubblici di cui al decreto legislativo 18 aprile 2016, n. 50,» dall'art. 3, comma 2, lett. c), *n. 2), del D.L.vo 10 agosto 2018, n. 101.*

NOTE OPERATIVE:

Anonimato: In tema di diritto all'anonimato delle parti in giudizio e dei soggetti interessati, riveste la qualità di interessato, legittimato a presentare l'istanza di anonimizzazione delle generalità e degli altri elementi identificativi, soltanto la persona fisica alla quale si riferiscono i dati, sicché è inammissibile l'istanza presentata in nome e per conto di una persona giuridica (C.P. 29053/23).

Titolo V
Trattamento di dati personali in ambito sanitario

Capo IV
Prescrizioni mediche

89 *bis*. (1) Prescrizioni di medicinali. – 1. Per le prescrizioni di medicinali, laddove non è necessario inserire il nominativo dell'interessato, si adottano cautele particolari in relazione a quanto disposto dal Garante nelle misure di garanzia di cui all'articolo 2 *septies*, anche ai fini del controllo della correttezza della prescrizione ovvero per finalità amministrative o per fini di ricerca scientifica nel settore della sanità pubblica.

(1) *Questo articolo è stato inserito dall'art. 6, comma 1, lett.* h), *del D.L.vo 10 agosto 2018, n. 101.*

Titolo VII
Trattamenti a fini di archiviazione nel pubblico interesse, di ricerca scientifica o storica o a fini statistici (1)

(1) *La precedente rubrica:* «Trattamenti per scopi storici, statistici o scientifici» *è stata così sostituita dall'attuale dall'art. 8, comma 1, lett.* a), *del D.L.vo 10 agosto 2018, n. 101.*

Capo III
Trattamento a fini statistici o di ricerca scientifica (1)

(1) *La precedente rubrica:* «Trattamento per scopi statistici o scientifici» *è stata così sostituita dall'attuale dall'art. 8, comma 1, lett.* i), *del D.L.vo 10 agosto 2018, n. 101.*

110 *bis*. (1) Trattamento ulteriore da parte di terzi dei dati personali a fini di ricerca scientifica o a fini statistici. – 1. Il Garante può autorizzare il trattamento ulteriore di dati personali, compresi quelli dei trattamenti speciali di cui all'articolo 9 del Regolamento, a fini di ricerca scientifica o a fini statistici da parte di soggetti terzi che svolgano principalmente tali attività quando, a causa di particolari ragioni, informare gli interessati risulta impossibile o implica uno sforzo sproporzionato, oppure rischia di rendere impossibile o di pregiudicare gravemente il conseguimento delle finalità della ricerca, a condizione che siano adottate misure appropriate per tutelare i diritti, le libertà e i legittimi interessi dell'interessato, in conformità all'articolo 89 del Regolamento, comprese forme preventive di minimizzazione e di anonimizzazione dei dati.

2. Il Garante comunica la decisione adottata sulla richiesta di autorizzazione entro quarantacinque giorni, decorsi i quali la mancata pronuncia equivale a rigetto. Con il provvedimento di autorizzazione o anche successivamente, sulla base di eventuali verifiche, il Garante stabilisce le condizioni e le misure necessarie ad assicurare adeguate garanzie a tutela degli interessati nell'ambito del trattamento ulteriore dei dati personali da parte di terzi, anche sotto il profilo della loro sicurezza.

3. Il trattamento ulteriore di dati personali da parte di terzi per le finalità di cui al presente articolo può essere autorizzato dal Garante anche mediante provvedimenti generali, adottati d'ufficio e anche in relazione a determinate categorie di titolari e di trattamenti, con i quali sono stabilite le condizioni dell'ulteriore trattamento e prescritte le misure necessarie per assicurare adeguate garanzie a tutela degli interessati. I provvedimenti adottati a norma del presente comma sono pubblicati nella *Gazzetta Ufficiale* della Repubblica italiana.

4. Non costituisce trattamento ulteriore da parte di terzi il trattamento dei dati personali raccolti per l'attività clinica, a fini di ricerca, da parte degli Istituti di ricovero e cura a carattere scientifico, pubblici e privati, in ragione del carattere strumentale dell'attività di assistenza sanitaria svolta dai predetti istituti rispetto alla ricerca, nell'osservanza di quanto previsto dall'articolo 89 del Regolamento.

(1) *Questo articolo, aggiunto dall'art. 28, comma 1, lett.* b), *della L. 20 novembre 2017, n. 167, è stato, da ultimo, così sostituito dall'art. 8, comma 1, lett.* s), *del D.L.vo 10 agosto 2018, n. 101.*

Titolo VIII
Trattamenti nell'ambito del rapporto di lavoro (1)

(1) *La precedente rubrica:* «Lavoro e previdenza sociale» *è stata così sostituita dall'attuale dall'art. 9, comma 1, lett.* a), *del D.L.vo 10 agosto 2018, n. 101.*

Capo I
Profili generali

111 *bis*. (1) **Informazioni in caso di ricezione di curriculum.** – 1. Le informazioni di cui all'articolo 13 del Regolamento, nei casi di ricezione dei curricula spontaneamente trasmessi dagli interessati al fine della instaurazione di un rapporto di lavoro, vengono fornite al momento del primo contatto utile, successivo all'invio del curriculum medesimo. Nei limiti delle finalità di cui all'articolo 6, paragrafo 1, lettera *b*), del Regolamento, il consenso al trattamento dei dati personali presenti nei curricula non è dovuto.

(1) *Questo articolo è stato inserito dall'art. 9, comma 1, lett.* c), *del D.L.vo 10 agosto 2018, n. 101.*

Titolo IX
Altri trattamenti in ambito pubblico o di interesse pubblico (1)

(1) *La precedente rubrica:* «Sistema bancario, finanziario ed assicurativo» *è stata così sostituita dall'attuale dall'art. 10, comma 1, lett.* a), *del D.L.vo 10 agosto 2018, n. 101.*

Capo I
Assicurazioni (1)

(1) *La precedente rubrica:* «Sistemi informativi» *è stata così sostituita dall'attuale dall'art. 10, comma 1, lett.* b), *del D.L.vo 10 agosto 2018, n. 101.*

117. (1) [**Affidabilità e puntualità nei pagamenti.** – 1. Il Garante promuove, ai sensi dell'articolo 12, la sottoscrizione di un codice di deontologia e di buona condotta per il trattamento dei dati personali effettuato nell'ambito di sistemi informativi di cui sono titolari soggetti privati, utilizzati a fini di concessione di crediti al consumo o comunque riguardanti l'affidabilità e la puntualità nei pagamenti da parte degli interessati, individuando anche specifiche modalità per garantire la comunicazione di dati personali esatti e aggiornati nel rispetto dei diritti dell'interessato].

(1) *Questo articolo è stato abrogato dall'art. 27, comma 1, lett.* b), *n.* 7), *del D.L.vo 10 agosto 2018, n. 101.*

118. (1) [**Informazioni commerciali.** – 1. Il Garante promuove, ai sensi dell'articolo 12, la sottoscrizione di un codice di deontologia e di buona condotta per il trattamento dei dati personali effettuato a fini di informazione commerciale, prevedendo anche, in correlazione con quanto previsto dall'articolo 13, comma 5, modalità semplificate per l'informativa all'interessato e idonei meccanismi per garantire la qualità e l'esattezza dei dati raccolti e comunicati].

(1) *Questo articolo è stato abrogato dall'art. 27, comma 1, lett.* b), *n.* 7), *del D.L.vo 10 agosto 2018, n. 101.*

119. (1) [**Dati relativi al comportamento debitorio.** – 1. Con il codice di deontologia e di buona condotta di cui all'articolo 118 sono altresì individuati termini armonizzati di conservazione dei dati personali contenuti, in particolare, in banche di dati, registri ed elenchi tenuti da soggetti pubblici e privati, riferiti al comportamento debitorio dell'interessato nei casi diversi da quelli disciplinati nel codice di cui all'articolo 117, tenendo conto della specificità dei trattamenti nei diversi ambiti].

(1) *Questo articolo è stato abrogato dall'art. 27, comma 1, lett.* b), *n.* 7), *del D.L.vo 10 agosto 2018, n. 101.*

120. Sinistri. – 1. L'Istituto per la vigilanza sulle assicurazioni [private e di interesse collettivo (ISVAP)] (1) definisce con proprio provvedimento le procedure e le modalità di funzionamento della banca di dati dei sinistri istituita per la prevenzione e il contrasto di comportamenti fraudolenti nel settore delle assicurazioni obbligatorie per i veicoli a motore immatricolati in Italia, stabilisce le modalità di accesso alle informazioni raccolte dalla banca dati per gli organi giudiziari e per le pubbliche amministrazioni competenti in materia di prevenzione e contrasto di comportamenti fraudolenti nel settore delle assicurazioni obbligatorie, nonché le modalità e i limiti per l'accesso alle informazioni da parte delle imprese di assicurazione.

2. Il trattamento e la comunicazione ai soggetti di cui al comma 1 dei dati personali sono consentiti per lo svolgimento delle funzioni indicate nel medesimo comma.

3. Per quanto non previsto dal presente articolo si applicano le disposizioni dell'articolo 135 del codice delle assicurazioni private di cui al decreto legislativo 7 settembre 2005, n. 209 (2) (3).

(1) *Le parole tra parentesi quadrate sono state soppresse dall'art. 10, comma 1, lett.* c), *n.* 1), *del D.L.vo 10 agosto 2018, n. 101.*

(2) *Le parole* «di cui al decreto legislativo 7 settembre 2005, n. 209» *sono state aggiunte dall'art. 10, comma 1, lett.* c), *n.* 2), *del D.L.vo 10 agosto 2018, n. 101.*

(3) *Le parole: «dell'articolo 2, comma 5 quater, del decreto legge 28 marzo 2000, n. 70, convertito, con modificazioni, dalla legge 26 maggio 2000, n. 137, e successive modificazioni» sono state così sostituite dalle attuali: «dell'articolo 135 del codice delle assicurazioni private» a norma dell'art. 352, comma 1, del D.L.vo 7 settembre 2005, n. 209, a decorrere dal 1° gennaio 2006.*

Titolo X
Comunicazioni elettroniche

Capo I
Servizi di comunicazione elettronica

132 *bis*. (1) Procedure istituite dai fornitori. – 1. I fornitori istituiscono procedure interne per corrispondere alle richieste effettuate in conformità alle disposizioni che prevedono forme di accesso a dati personali degli utenti.

2. A richiesta, i fornitori forniscono al Garante, per i profili di competenza, informazioni sulle procedure di cui al comma 1, sul numero di richieste ricevute, sui motivi legali addotti e sulle risposte date.

(1) *Questo articolo è stato inserito dall'art. 1, comma 8, del D.L.vo 28 maggio 2012, n. 69.*

132 *ter*. (1) Sicurezza del trattamento. – 1. Nel rispetto di quanto disposto dall'articolo 32 del Regolamento, ai fornitori di servizi di comunicazione elettronica accessibili al pubblico si applicano le disposizioni del presente articolo.

2. Il fornitore di un servizio di comunicazione elettronica accessibile al pubblico adotta, ai sensi dell'articolo 32 del Regolamento, anche attraverso altri soggetti a cui sia affidata l'erogazione del servizio, misure tecniche e organizzative adeguate al rischio esistente.

3. I soggetti che operano sulle reti di comunicazione elettronica garantiscono che i dati personali siano accessibili soltanto al personale autorizzato per fini legalmente autorizzati.

4. Le misure di cui ai commi 2 e 3 garantiscono la protezione dei dati relativi al traffico ed all'ubicazione e degli altri dati personali archiviati o trasmessi dalla distruzione anche accidentale, da perdita o alterazione anche accidentale e da archiviazione, trattamento, accesso o divulgazione non autorizzati o illeciti, nonché garantiscono l'attuazione di una politica di sicurezza.

5. Quando la sicurezza del servizio o dei dati personali richiede anche l'adozione di misure che riguardano la rete, il fornitore del servizio di comunicazione elettronica accessibile al pubblico adotta tali misure congiuntamente con il fornitore della rete pubblica di comunicazioni. In caso di mancato accordo, su richiesta di uno dei fornitori, la controversia è definita dall'Autorità per le garanzie nelle comunicazioni secondo le modalità previste dalla normativa vigente.

(1) *Questo articolo è stato inserito dall'art. 11, comma 1, lett. l), del D.L.vo 10 agosto 2018, n. 101.*

132 *quater*. (1) Informazioni sui rischi. – 1. Il fornitore di un servizio di comunicazione elettronica accessibile al pubblico informa gli abbonati e, ove possibile, gli utenti, mediante linguaggio chiaro, idoneo e adeguato rispetto alla categoria e alla fascia di età dell'interessato a cui siano fornite le suddette informazioni, con particolare attenzione in caso di minori di età, se sussiste un particolare rischio di violazione della sicurezza della rete, indicando, quando il rischio è al di fuori dell'ambito di applicazione delle misure che il fornitore stesso è tenuto ad adottare a norma dell'articolo 132 *ter*, commi 2, 3 e 5, tutti i possibili rimedi e i relativi costi presumibili. Analoghe informazioni sono rese al Garante e all'Autorità per le garanzie nelle comunicazioni.

(1) *Questo articolo è stato inserito dall'art. 11, comma 1, lett. l), del D.L.vo 10 agosto 2018, n. 101.*

Parte III
Tutela dell'interessato e sanzioni

Titolo I
Tutela amministrativa
e giurisdizionale

Capo 0.I
Alternatività delle forme di tutela (1)

(1) *Questo Capo è stato inserito dall'art. 13, comma 1, lett.* a), *del D.L.vo 10 agosto 2018, n. 101.*

140 *bis*. Forme alternative di tutela. – 1. Qualora ritenga che i diritti di cui gode sulla base della normativa in materia di protezione dei dati personali siano stati violati, l'interessato può proporre reclamo al Garante o ricorso dinanzi all'autorità giudiziaria.

2. Il reclamo al Garante non può essere proposto se, per il medesimo oggetto e tra le stesse parti, è stata già adita l'autorità giudiziaria.

3. La presentazione del reclamo al Garante rende improponibile un'ulteriore domanda dinanzi all'autorità giudiziaria tra le stesse parti e per il medesimo oggetto, salvo quanto previsto dall'articolo 10, comma 4, del decreto legislativo 1° settembre 2011, n. 150.

Capo I
Tutela dinanzi al garante

[Sezione I]
[Principi generali] (1)

(1) *Questa sezione è stata soppressa dall'art. 13, comma 1, lett.* b), *del D.L.vo 10 agosto 2018, n. 101.*

141. (1) **Reclamo al Garante.** – 1. L'interessato può rivolgersi al Garante mediante reclamo ai sensi dell'articolo 77 del Regolamento.

(1) *Questo articolo è stato così sostituito dall'art. 13, comma 1, lett.* c), *del D.L.vo 10 agosto 2018, n. 101.*

[Sezione II]
[Tutela amministrativa] (1)

(1) *Questa sezione è stata soppressa dall'art. 13, comma 1, lett.* d), *del D.L.vo 10 agosto 2018, n. 101.*

144 *bis*. (1) **Revenge porn.** – 1. Chiunque, compresi i minori ultraquattordicenni, abbia fondato motivo di ritenere che registrazioni audio, immagini o video o altri documenti informatici a contenuto sessualmente esplicito che lo riguardano, destinati a rimanere privati, possano essere oggetto di invio, consegna, cessione, pubblicazione o diffusione attraverso piattaforme digitali senza il suo consenso ha facoltà di segnalare il pericolo al Garante, il quale, nelle quarantotto ore dal ricevimento della segnalazione, decide ai sensi degli articoli 143 e 144 del presente codice.

2. Quando le registrazioni audio, le immagini o i video o gli altri documenti informatici riguardano minori, la segnalazione al Garante può essere effettuata anche dai genitori o dagli esercenti la responsabilità genitoriale o la tutela.

3. Per le finalità di cui al comma 1, l'invio al Garante di registrazioni audio, immagini o video o altri documenti informatici a contenuto sessualmente esplicito riguardanti soggetti terzi, effettuato dall'interessato, non integra il reato di cui all'articolo 612 *ter* del codice penale.

4. I gestori delle piattaforme digitali destinatari dei provvedimenti di cui al comma 1 conservano il materiale oggetto della segnalazione, a soli fini probatori e con misure indicate dal Garante, anche nell'ambito dei medesimi provvedimenti, idonee a impedire la diretta identificabilità degli interessati, per dodici mesi a decorrere dal ricevimento del provvedimento stesso.

5. Il Garante, con proprio provvedimento, può disciplinare specifiche modalità di svolgimento dei procedimenti di cui al comma 1 e le misure per impedire la diretta identificabilità degli interessati di cui al medesimo comma.

6. I fornitori di servizi di condivisione di contenuti audiovisivi, ovunque stabiliti, che erogano servizi accessibili in Italia, indicano senza ritardo al Garante o pubblicano nel proprio sito internet un recapito al quale possono essere comunicati i provvedimenti adottati ai sensi del comma 1. In caso di inadempimento dell'obbligo di cui al periodo precedente, il Garante diffida il fornitore del servizio ad adempiere entro trenta giorni. In caso di inottemperanza alla diffida si applica la sanzione amministrativa pecuniaria di cui all'articolo 83, paragrafo 4, del Regolamento (2).

7. Quando il Garante, a seguito della segnalazione di cui al comma 1, acquisisce notizia della consumazione del reato di cui all'articolo 612 *ter* del codice penale, anche in forma tentata, nel caso di procedibilità d'ufficio trasmette al pubblico ministero la segnalazione ricevuta e la documentazione acquisita.

(1) *Questo articolo è stato inserito dall'art. 9, comma 1, lett.* g), *del D.L. 8 ottobre 2021, n. 139, convertito, con modificazioni, nella L. 3 dicembre 2021, n. 205.*

(2) *A norma dell'art. 9, comma 6, del D.L. 8 ottobre 2021, n. 139, convertito, con modificazioni, nella L. 3 dicembre 2021, n. 205, l'obbligo di indicazione o di pubblicazione del recapito previsto dal presente comma è adempiuto nel termine di sei mesi dalla data di entrata in vigore della legge di conversione del presente decreto.*

Sezione III
Tutela alternativa
a quella giurisdizionale (1)

(1) *Questa Sezione è stata abrogata dall'art. 27, comma 1, lett. c), n. 1), del D.L.vo 10 agosto 2018, n. 101.*

145. [**Ricorsi.** – 1. I diritti di cui all'articolo 7 possono essere fatti valere dinanzi all'autorità giudiziaria o con ricorso al Garante.

2. Il ricorso al Garante non può essere proposto se, per il medesimo oggetto e tra le stesse parti, è stata già adita l'autorità giudiziaria.

3. La presentazione del ricorso al Garante rende improponibile un'ulteriore domanda dinanzi all'autorità giudiziaria tra le stesse parti e per il medesimo oggetto].

146. [**Interpello preventivo.** – 1. Salvi i casi in cui il decorso del termine esporrebbe taluno a pregiudizio imminente ed irreparabile, il ricorso al Garante può essere proposto solo dopo che è stata avanzata richiesta sul medesimo oggetto al titolare o al responsabile ai sensi dell'articolo 8, comma 1, e sono decorsi i termini previsti dal presente articolo, ovvero è stato opposto alla richiesta un diniego anche parziale.

2. Il riscontro alla richiesta da parte del titolare e del responsabile è fornito entro quindici giorni dal suo ricevimento.

3. Entro il termine di cui al comma 2, se le operazioni necessarie per un integrale riscontro alla richiesta sono di particolare complessità, ovvero ricorre altro giustificato motivo, il titolare o il responsabile ne danno comunicazione all'interessato. In tal caso, il termine per l'integrale riscontro è di trenta giorni dal ricevimento della richiesta medesima].

147. [**Presentazione del ricorso.** – 1. Il ricorso è proposto nei confronti del titolare e indica:

a) gli estremi identificativi del ricorrente, dell'eventuale procuratore speciale, del titolare e, ove conosciuto, del responsabile eventualmente designato per il riscontro all'interessato in caso di esercizio dei diritti di cui all'articolo 7;

b) la data della richiesta presentata al titolare o al responsabile ai sensi dell'articolo 8, comma 1, oppure del pregiudizio imminente ed irreparabile che permette di prescindere dalla richiesta medesima;

c) gli elementi posti a fondamento della domanda;

d) il provvedimento richiesto al Garante;

e) il domicilio eletto ai fini del procedimento.

2. Il ricorso è sottoscritto dal ricorrente o dal procuratore speciale e reca in allegato:

a) la copia della richiesta rivolta al titolare o al responsabile ai sensi dell'articolo 8, comma 1;

b) l'eventuale procura;

c) la prova del versamento dei diritti di segreteria.

3. Al ricorso è unita, altresì, la documentazione utile ai fini della sua valutazione e l'indicazione di un recapito per l'invio di comunicazioni al ricorrente o al procuratore speciale mediante posta elettronica, telefax o telefono.

4. Il ricorso è rivolto al Garante e la relativa sottoscrizione è autenticata. L'autenticazione non è richiesta se la sottoscrizione è apposta presso l'Ufficio del Garante o da un procuratore speciale iscritto all'albo degli avvocati al quale la procura è conferita ai sensi dell'articolo 83 del codice di procedura civile, ovvero con firma digitale in conformità alla normativa vigente.

5. Il ricorso è validamente proposto solo se è trasmesso con plico raccomandato, oppure per via telematica osservando le modalità relative alla sottoscrizione con firma digitale e alla conferma del ricevimento prescritte ai sensi dell'articolo 38, comma 2, ovvero presentato direttamente presso l'Ufficio del Garante].

148. [**Inammissibilità del ricorso.** – 1. Il ricorso è inammissibile:

a) se proviene da un soggetto non legittimato;

b) in caso di inosservanza delle disposizioni di cui agli articoli 145 e 146;

c) se difetta di taluno degli elementi indicati nell'articolo 147, commi 1 e 2, salvo che sia regolarizzato dal ricorrente o dal procuratore speciale anche su invito dell'Ufficio del Garante ai sensi del comma 2, entro sette giorni dalla data della sua presentazione o dalla ricezione dell'invito. In tale caso, il ricorso si considera presentato al momento in cui il ricorso regolarizzato perviene all'Ufficio.

2. Il Garante determina i casi in cui è possibile la regolarizzazione del ricorso].

149. [**Procedimento relativo al ricorso.** – 1. Fuori dei casi in cui è dichiarato inammissibile o manifestamente infondato, il ricorso è comunicato al titolare entro tre giorni a cura dell'Ufficio del Garante, con invito ad esercitare entro dieci giorni dal suo ricevimento la facoltà di comunicare al ricorrente e all'Ufficio la propria eventuale adesione spontanea. L'invito è comunicato al titolare per il tramite del responsabile eventualmente designato per il riscontro all'interessato in caso di esercizio dei diritti di cui all'articolo 7, ove indicato nel ricorso.

2. In caso di adesione spontanea è dichiarato non luogo a provvedere. Se il ricorrente lo richiede, è determinato in misura forfettaria l'ammontare delle spese e dei diritti inerenti al ricorso, posti a carico della controparte o compensati per giusti motivi anche parzialmente.

3. Nel procedimento dinanzi al Garante il titolare, il responsabile di cui al comma 1 e l'interessato hanno diritto di essere sentiti, personalmente o a mezzo di procuratore speciale, e hanno facoltà di presentare memorie o documenti. A tal fine l'invito di cui al comma 1 è trasmesso anche al ricorrente e reca l'indicazione del termine entro il quale il titolare, il medesimo responsabile e l'interessato possono presentare memorie e documenti, nonché della data in cui tali soggetti possono essere sentiti in contraddittorio anche mediante idonea tecnica audiovisiva.

4. Nel procedimento il ricorrente può precisare la domanda nei limiti di quanto chiesto con il ricorso o a seguito di eccezioni formulate dal titolare.

5. Il Garante può disporre, anche d'ufficio, l'espletamento di una o più perizie. Il provvedimento che le dispone precisa il contenuto dell'incarico e il termine per la sua esecuzione, ed è comunicato alle parti le quali possono presenziare alle operazioni personalmente o tramite procuratori o consulenti designati. Il provvedimento dispone inoltre in ordine all'anticipazione delle spese della perizia.

6. Nel procedimento, il titolare e il responsabile di cui al comma 1 possono essere assistiti da un procuratore o da altra persona di fiducia.

7. Se gli accertamenti risultano particolarmente complessi o vi è l'assenso delle parti il termine di sessanta giorni di cui all'articolo 150, comma 2, può essere prorogato per un periodo non superiore ad ulteriori quaranta giorni.

8. Il decorso dei termini previsti dall'articolo 150, comma 2 e dall'articolo 151 è sospeso di diritto dal 1° agosto al 15 settembre di ciascun anno e riprende a decorrere dalla fine del periodo di sospensione. Se il decorso ha inizio durante tale periodo, l'inizio stesso è differito alla fine del periodo medesimo. La sospensione non opera nei casi in cui sussiste il pregiudizio di cui all'articolo 146, comma 1, e non preclude l'adozione dei provvedimenti di cui all'articolo 150, comma 1].

150. [**Provvedimenti a seguito del ricorso.** – 1. Se la particolarità del caso lo richiede, il Garante può disporre in via provvisoria il blocco in tutto o in parte di taluno dei dati, ovvero l'immediata sospensione di una o più operazioni del trattamento. Il provvedimento può essere adottato anche prima della comunicazione del ricorso ai sensi dell'articolo 149, comma 1, e cessa di avere ogni effetto se non è adottata in termini la decisione di cui al comma 2. Il medesimo provvedimento è impugnabile unitamente a tale decisione.

2. Assunte le necessarie informazioni il Garante, se ritiene fondato il ricorso, ordina al titolare, con decisione motivata, la cessazione del comportamento illegittimo, indicando le misure necessarie a tutela dei diritti dell'interessato e assegnando un termine per la loro adozione. La mancata pronuncia sul ricorso, decorsi sessanta giorni dalla data di presentazione, equivale a rigetto.

3. Se vi è stata previa richiesta di taluna delle parti, il provvedimento che definisce il procedimento determina in misura forfettaria l'ammontare delle spese e dei diritti inerenti al ricorso, posti a carico, anche in parte, del soccombente o compensati anche parzialmente per giusti motivi.

4. Il provvedimento espresso, anche provvisorio, adottato dal Garante è comunicato alle parti entro dieci giorni presso il domicilio eletto o risultante dagli atti. Il provvedimento può essere comunicato alle parti anche mediante posta elettronica o telefax.

5. Se sorgono difficoltà o contestazioni riguardo all'esecuzione del provvedimento di cui ai commi 1 e 2, il Garante, sentite le parti ove richiesto, dispone le modalità di attuazione avvalendosi, se necessario, del personale dell'Ufficio o della collaborazione di altri organi dello Stato.

6. In caso di mancata opposizione avverso il provvedimento che determina l'ammontare delle spese e dei diritti, o di suo rigetto, il provvedimento medesimo costituisce, per questa parte, titolo esecutivo ai sensi degli articoli 474 e 475 del codice di procedura civile].

151. [**Opposizione.** – 1. Avverso il provvedimento espresso o il rigetto tacito di cui all'articolo 150, comma 2, il titolare o l'interessato possono proporre opposizione con ricorso ai sensi dell'articolo 152. L'opposizione non sospende l'esecuzione del provvedimento.

2. Il tribunale provvede nei modi di cui all'articolo 152].

Capo II
Tutela giurisdizionale

152. Autorità giudiziaria ordinaria. - 1. Tutte le controversie che riguardano le materie oggetto dei ricorsi giurisdizionali di cui agli articoli 78 e 79 del Regolamento e quelli comunque riguardanti l'applicazione della normativa in materia di protezione dei dati personali, nonché il diritto al risarcimento del danno ai sensi dell'articolo 82 del medesimo regolamento, sono attribuite all'autorità giudiziaria ordinaria (1).

1 *bis*. Le controversie di cui al comma 1 sono disciplinate dall'articolo 10 del decreto legislativo 1° settembre 2011, n. 150 (2).

[2. Per tutte le controversie di cui al comma 1 l'azione si propone con ricorso depositato nella cancelleria del tribunale del luogo ove risiede il titolare del trattamento] (3).

[3. Il tribunale decide in ogni caso in composizione monocratica] (3).

[4. Se è presentato avverso un provvedimento del Garante anche ai sensi dell'articolo 143, il ricorso è proposto entro il termine di trenta giorni dalla data di comunicazione del provvedimento o dalla data del rigetto tacito. Se il ricorso è proposto oltre tale termine il giudice lo dichiara inammissibile con ordinanza ricorribile per cassazione] (3).

[5. La proposizione del ricorso non sospende l'esecuzione del provvedimento del Garante. Se ricorrono gravi motivi il giudice, sentite le parti, può disporre diversamente in tutto o in parte con ordinanza impugnabile unitamente alla decisione che definisce il grado di giudizio] (3).

[6. Quando sussiste pericolo imminente di un danno grave ed irreparabile il giudice può emanare i provvedimenti necessari con decreto motivato, fissando, con il medesimo provvedimento, l'udienza di comparizione delle parti entro un termine non superiore a quindici giorni. In tale udienza, con ordinanza, il giudice conferma, modifica o revoca i provvedimenti emanati con decreto] (3).

[7. Il giudice fissa l'udienza di comparizione delle parti con decreto con il quale assegna al ricorrente il termine perentorio entro cui notificarlo alle altre parti e al Garante. Tra il giorno della notificazione e l'udienza di comparizione intercorrono non meno di trenta giorni] (3).

[8. Se alla prima udienza il ricorrente non compare senza addurre alcun legittimo impedimento, il giudice dispone la cancellazione della causa dal ruolo e dichiara l'estinzione del processo, ponendo a carico del ricorrente le spese di giudizio] (3).

[9. Nel corso del giudizio il giudice dispone, anche d'ufficio, omettendo ogni formalità non necessaria al contraddittorio, i mezzi di prova che ritiene necessari e può disporre la citazione di testimoni anche senza la formulazione di capitoli] (3).

[10. Terminata l'istruttoria, il giudice invita le parti a precisare le conclusioni ed a procedere, nella stessa udienza, alla discussione orale della causa, pronunciando subito dopo la sentenza mediante lettura del dispositivo. Le motivazioni della sentenza sono depositate in cancelleria entro i successivi trenta giorni. Il giudice può anche redigere e leggere, unitamente al dispositivo, la motivazione della sentenza, che è subito dopo depositata in cancelleria] (3).

[11. Se necessario, il giudice può concedere alle parti un termine non superiore a dieci giorni per il deposito di note difensive e rinviare la causa all'udienza immediatamente successiva alla scadenza del termine per la discussione e la pronuncia della sentenza] (3).

[12. Con la sentenza il giudice, anche in deroga al divieto di cui all'articolo 4 della legge 20 marzo 1865, n. 2248, allegato *E*), quando è necessario anche in relazione all'eventuale atto del soggetto pubblico titolare o responsabile, accoglie o rigetta la domanda, in tutto o in parte, prescrive le misure necessarie, dispone sul risarcimento del danno, ove richiesto, e pone a carico della parte soccombente le spese del procedimento] (3).

[13. La sentenza non è appellabile, ma è ammesso il ricorso per cassazione] (3).

[14. Le disposizioni di cui al presente articolo si applicano anche nei casi previsti dall'articolo 10, comma 5, della legge 1° aprile 1981, n. 121, e successive modificazioni] (3).

2. - 14. (*Omissis*).

(1) *Questo comma è stato così sostituito dall'art. 13, comma 1, lett.* h), *del D.L.vo 10 agosto 2018, n. 101.*

(2) *Questo comma è stato inserito dall'art. 34, comma 9, lett.* b), *del D.L.vo 1 settembre 2011, n. 150. A norma dell'art. 36 del medesimo provvedimento tali disposizioni si applicano ai procedimenti instaurati successivamente alla data di entrata in vigore dello stesso. Le norme abrogate o modificate dal medesimo decreto continuano ad applicarsi alle controversie pendenti alla data di entrata in vigore dello stesso (G.U. Serie gen. - n. 220 del 21 settembre 2011).*

(3) *Questo comma è stato abrogato dall'art. 34, comma 9, lett.* c), *del D.L.vo 1 settembre 2011, n. 150. A norma dell'art. 36 del medesimo provvedimento tali disposizioni si applicano ai procedimenti instaurati successivamente alla data di entrata in vigore dello stesso.*

Le norme abrogate o modificate dal medesimo decreto continuano ad applicarsi alle controversie pendenti alla data di entrata in vigore dello stesso (G.U. *Serie gen. – n. 220 del 21 settembre 2011*).

NOTE OPERATIVE:

Competenza: In tema di competenza per territorio in materia di cause relative alla protezione dei dati personali, quando il Garante per la protezione dei dati personali è parte di una controversia rientrante tra quelle espressamente indicate dalla norma sono competenti, in via alternativa, il tribunale del luogo in cui il titolare del trattamento risiede o ha sede ovvero il tribunale del luogo di residenza dell'interessato; viceversa, quando in una di tali controversie è parte in causa, come titolare del trattamento o ad altro titolo, un'amministrazione statale diversa dal Garante, in applicazione delle regole sul foro erariale, devono ritenersi competenti le sedi dell'Avvocatura distrettuale dello Stato corrispondenti al luogo in cui ha sede il titolare del trattamento o al luogo di residenza dell'interessato (C.C. 2330/23).

Titolo II
Autorità di controllo indipendente (1)

(1) *La precedente rubrica: «L'Autorità» è stata così sostituita dall'attuale dall'art. 14, comma 1, lett.* a)*, del D.L.vo 10 agosto 2018, n. 101.*

Capo I
Il Garante per la protezione dei dati personali

154 *bis*. (1) Poteri. – 1. Oltre a quanto previsto da specifiche disposizioni, dalla Sezione II del Capo VI del Regolamento e dal presente codice, ai sensi dell'articolo 58, paragrafo 6, del Regolamento medesimo, il Garante ha il potere di:

a) adottare linee guida di indirizzo riguardanti le misure organizzative e tecniche di attuazione dei principi del Regolamento, anche per singoli settori e in applicazione dei principi di cui all'articolo 25 del Regolamento;

b) approvare le regole deontologiche di cui all'articolo 2 *quater*.

2. Il Garante può invitare rappresentanti di un'altra autorità amministrativa indipendente nazionale a partecipare alle proprie riunioni, o essere invitato alle riunioni di altra autorità amministrativa indipendente nazionale, prendendo parte alla discussione di argomenti di comune interesse; può richiedere, altresì, la collaborazione di personale specializzato addetto ad altra autorità amministrativa indipendente nazionale.

3. Il Garante pubblica i propri provvedimenti sulla base di quanto previsto con atto di natura generale che disciplina anche la durata di tale pubblicazione, la pubblicità nella *Gazzetta Ufficiale* della Repubblica italiana e sul proprio sito internet istituzionale nonché i casi di oscuramento.

4. In considerazione delle esigenze di semplificazione delle micro, piccole e medie imprese, come definite dalla raccomandazione 2003/361/CE, il Garante per la protezione dei dati personali, nel rispetto delle disposizioni del Regolamento e del presente Codice, promuove, nelle linee guida adottate a norma del comma 1, lettera a), modalità semplificate di adempimento degli obblighi del titolare del trattamento.

(1) *Questo articolo è stato inserito dall'art. 14, comma 1, lett.* d)*, del D.L.vo 10 agosto 2018, n. 101.*

154 *ter*. (1) Potere di agire e rappresentanza in giudizio. – 1. Il Garante è legittimato ad agire in giudizio nei confronti del titolare o del responsabile del trattamento in caso di violazione delle disposizioni in materia di protezione dei dati personali.

2. Il Garante è rappresentato in giudizio dall'Avvocatura dello Stato, ai sensi dell'articolo 1 del regio decreto 30 ottobre 1933, n. 1611.

3. Nei casi di conflitto di interesse, il Garante, sentito l'Avvocato generale dello Stato, può stare in giudizio tramite propri funzionari iscritti nell'elenco speciale degli avvocati dipendenti di enti pubblici ovvero avvocati del libero foro.

(1) *Questo articolo è stato inserito dall'art. 14, comma 1, lett.* d)*, del D.L.vo 10 agosto 2018, n. 101.*

Capo III
Accertamenti e controlli

157. (1) Richiesta di informazioni e di esibizione di documenti. – 1. Nell'ambito dei poteri di cui all'articolo 58 del Regolamento, e per l'espletamento dei propri compiti, il Garante può richiedere al titolare, al responsabile, al rappresentante del titolare o del responsabile, all'interessato o anche a terzi di fornire informazioni e di esibire documenti anche con riferimento al contenuto di banche di dati.

(1) *Questo articolo è stato così sostituito dall'art. 14, comma 1, lett.* g)*, del D.L.vo 10 agosto 2018, n. 101.*

158. (1) Accertamenti. – 1. Il Garante può disporre accessi a banche di dati, archivi o altre ispezioni e verifiche nei luoghi ove si svolge il trattamento o nei quali occorre effettuare rilevazioni comunque utili al controllo del rispetto della disciplina in materia di trattamento dei dati personali.

2. I controlli di cui al comma 1, nonché quelli effettuati ai sensi dell'articolo 62 del Regolamento, sono eseguiti da personale dell'Ufficio, con la partecipazione, se del caso, di componenti o personale di autorità di controllo di altri Stati membri dell'Unione europea.

3. Il Garante si avvale anche, ove necessario, della collaborazione di altri organi dello Stato per lo svolgimento dei suoi compiti istituzionali.

4. Gli accertamenti di cui ai commi 1 e 2, se svolti in un'abitazione o in un altro luogo di privata dimora o nelle relative appartenenze, sono effettuati con l'assenso informato del titolare o del responsabile, oppure previa autorizzazione del presidente del tribunale competente per territorio in relazione al luogo dell'accertamento, il quale provvede con decreto motivato senza ritardo, al più tardi entro tre giorni dal ricevimento della richiesta del Garante quando è documentata l'indifferibilità dell'accertamento.

5. Con le garanzie di cui al comma 4, gli accertamenti svolti nei luoghi di cui al medesimo comma possono altresì riguardare reti di comunicazione accessibili al pubblico, potendosi procedere all'acquisizione di dati e informazioni on-line. A tal fine, viene redatto apposito verbale in contraddittorio con le parti ove l'accertamento venga effettuato presso il titolare del trattamento.

(1) *Questo articolo è stato così sostituito dall'art. 14, comma 1, lett.* h), *del D.L.vo 10 agosto 2018, n. 101.*

159. Modalità. – 1. Il personale operante, munito di documento di riconoscimento, può essere assistito ove necessario da consulenti tenuti al segreto su ciò di cui sono venuti a conoscenza, nell'esercizio delle proprie funzioni, in ordine a notizie che devono rimanere segrete (1). Nel procedere a rilievi e ad operazioni tecniche può altresì estrarre copia di ogni atto, dato e documento, anche a campione e su supporto informatico o per via telematica. Degli accertamenti è redatto sommario verbale nel quale sono annotate anche le eventuali dichiarazioni dei presenti.

2. Ai soggetti presso i quali sono eseguiti gli accertamenti è consegnata copia dell'autorizzazione del presidente del tribunale, ove rilasciata. I medesimi soggetti sono tenuti a farli eseguire e a prestare la collaborazione a tal fine necessaria. In caso di rifiuto gli accertamenti sono comunque eseguiti e le spese in tal caso occorrenti sono poste a carico del titolare con il provvedimento che definisce il procedimento, che per questa parte costituisce titolo esecutivo ai sensi degli articoli 474 e 475 del codice di procedura civile.

3. Gli accertamenti, se effettuati presso il titolare o il responsabile o il rappresentante del titolare o del responsabile (2), sono eseguiti dandone informazione a quest'ultimo o, se questo è assente o non è designato, alle persone autorizzate al trattamento dei dati personali sotto l'autorità diretta del titolare o del responsabile ai sensi dell'articolo 2 *quaterdecies* (3). Agli accertamenti possono assistere persone indicate dal titolare o dal responsabile.

4. Se non è disposto diversamente nel decreto di autorizzazione del presidente del tribunale, l'accertamento non può essere iniziato prima delle ore sette e dopo le ore venti, e può essere eseguito anche con preavviso quando ciò può facilitarne l'esecuzione.

5. Le informative, le richieste e i provvedimenti di cui al presente articolo e agli articoli 157 e 158 possono essere trasmessi anche mediante posta elettronica [e telefax] (4).

6. Quando emergono indizi di reato si osserva la disposizione di cui all'articolo 220 delle norme di attuazione, di coordinamento e transitorie del codice di procedura penale, approvate con decreto legislativo 28 luglio 1989, n. 271.

(1) *Le parole: «ai sensi dell'articolo 156, comma 8» sono state così sostituite dalle attuali: «su ciò di cui sono venuti a conoscenza, nell'esercizio delle proprie funzioni, in ordine a notizie che devono rimanere segrete» dall'art. 14, comma 1, lett.* i), *n.* 1), *del D.L.vo 10 agosto 2018, n. 101.*

(2) *Le parole: «o il rappresentante del titolare o del responsabile» sono state inserite dall'art. 14, comma 1, lett.* i), *n.* 2), *del D.L.vo 10 agosto 2018, n. 101.*

(3) *Le parole: «agli incaricati» sono state così sostituite dalle attuali: «alle persone autorizzate al trattamento dei dati personali sotto l'autorità diretta del titolare o del responsabile ai sensi dell'articolo 2 quaterdecies» dall'art. 14, comma 1, lett.* i), *n.* 2), *del D.L.vo 10 agosto 2018, n. 101.*

(4) *Le parole tra parentesi quadrate sono state soppresse dall'art. 14, comma 1, lett.* i), *n.* 3), *del D.L.vo 10 agosto 2018, n. 101.*

160. (1) **Particolari accertamenti.** – 1. Per i trattamenti di dati personali di cui all'articolo 58, gli accertamenti sono effettuati per il tramite di un componente designato dal Garante.

2. Se il trattamento non risulta conforme alle norme del Regolamento ovvero alle disposizioni di legge o di Regolamento, il Garante indica al titolare o al responsabile le necessarie modificazioni ed integrazioni e ne verifica l'attuazione. Se l'accertamento è stato richiesto dall'interessato, a quest'ulti-

mo è fornito in ogni caso un riscontro circa il relativo esito, se ciò non pregiudica azioni od operazioni a tutela dell'ordine e della sicurezza pubblica o di prevenzione e repressione di reati o ricorrono motivi di difesa o di sicurezza dello Stato.

3. Gli accertamenti non sono delegabili. Quando risulta necessario in ragione della specificità della verifica, il componente designato può farsi assistere da personale specializzato tenuto al segreto su ciò di cui sono venuti a conoscenza in ordine a notizie che devono rimanere segrete. Gli atti e i documenti acquisiti sono custoditi secondo modalità tali da assicurarne la segretezza e sono conoscibili dal presidente e dai componenti del Garante e, se necessario per lo svolgimento delle funzioni dell'organo, da un numero delimitato di addetti all'Ufficio individuati dal Garante sulla base di criteri definiti dal Regolamento di cui all'articolo 156, comma 3, lettera a).

4. Per gli accertamenti di cui al comma 3 relativi agli organismi di informazione e di sicurezza e ai dati coperti da segreto di Stato il componente designato prende visione degli atti e dei documenti rilevanti e riferisce oralmente nelle riunioni del Garante ([2]).

([1]) *Questo articolo è stato così sostituito dall'art. 14, comma 1, lett. l), del D.L.vo 10 agosto 2018, n. 101.*

([2]) *A norma dell'art. 22, comma 10, del D.L.vo 10 agosto 2018, n. 101, la disposizione di cui a questo comma nella parte in cui ha riguardo ai dati coperti da segreto di Stato, si applica fino alla data di entrata in vigore della disciplina relativa alle modalità di opposizione al Garante per la protezione dei dati personali del segreto di Stato.*

160 *bis*. ([1]) Validità, efficacia e utilizzabilità nel procedimento giudiziario di atti, documenti e provvedimenti basati sul trattamento di dati personali non conforme a disposizioni di legge o di Regolamento. – 1. La validità, l'efficacia e l'utilizzabilità nel procedimento giudiziario di atti, documenti e provvedimenti basati sul trattamento di dati personali non conforme a disposizioni di legge o di Regolamento restano disciplinate dalle pertinenti disposizioni processuali.

([1]) *Questo articolo è stato inserito dall'art. 14, comma 1, lett. m), del D.L.vo 10 agosto 2018, n. 101.*

Titolo III
Sanzioni

Capo I
Violazioni amministrative

162 *ter*. ([1]) ([2]) [Sanzioni nei confronti di fornitori di servizi di comunicazione elettronica accessibili al pubblico. – 1. La violazione delle disposizioni di cui all'articolo 32 *bis*, comma 1, è punita con la sanzione amministrativa del pagamento di una somma da venticinquemila euro a centocinquantamila euro.

2. La violazione delle disposizioni di cui all'articolo 32 *bis*, comma 2, è punita con la sanzione amministrativa del pagamento di una somma da centocinquanta euro a mille euro per ciascun contraente o altra persona nei cui confronti venga omessa o ritardata la comunicazione di cui al medesimo articolo 32 *bis*, comma 2. Non si applica l'articolo 8 della legge 24 novembre 1981, n. 689.

3. La sanzione amministrativa di cui al comma 2 non può essere applicata in misura superiore al 5 per cento del volume d'affari realizzato dal fornitore di servizi di comunicazione elettronica accessibili al pubblico nell'ultimo esercizio chiuso anteriormente alla notificazione della contestazione della violazione amministrativa, fermo restando quanto previsto dall'articolo 164 *bis*, comma 4.

4. La violazione delle disposizioni di cui all'articolo 32 *bis*, comma 7, è punita con la sanzione amministrativa del pagamento di una somma da ventimila euro a centoventimila euro.

5. Le medesime sanzioni di cui al presente articolo si applicano nei confronti dei soggetti a cui il fornitore di servizi di comunicazione elettronica accessibili al pubblico abbia affidato l'erogazione dei predetti servizi, qualora tali soggetti non abbiano comunicato senza indebito ritardo, al fornitore, ai sensi dell'articolo 32 *bis*, comma 8, le informazioni necessarie ai fini degli adempimenti di cui all'articolo 32 *bis*].

([1]) *Questo articolo è stato inserito dall'art. 1, comma 9, del D.L.vo 28 maggio 2012, n. 69, è stato abrogato dall'art. 27, comma 1, lett. c), n. 2), del D.L.vo 10 agosto 2018, n. 101.*

([2]) *A norma dell'art. 18, comma 1, del D.L.vo 10 agosto 2018, n. 101, in deroga all'articolo 16 della legge 24 novembre 1981, n. 689, per i procedimenti sanzionatori riguardanti le violazioni di cui a questo articolo, che, alla data di applicazione del Regolamento, risultino non ancora definiti con l'adozione dell'ordinanza-ingiunzione, è ammesso il pagamento in misura ridotta di un somma pari a due quinti del minimo edittale. Fatti salvi i restanti atti del procedimento eventualmente già adottati, il pagamento potrà essere effettuato entro novanta giorni dalla data di entrata in vigore del presente decreto.*

Si vedano inoltre i commi 2, 3, 4 e 5 del medesimo articolo 18.

164. [Omessa informazione o esibizione al Garante. – 1. Chiunque omette di fornire le informazioni o di esibire i documenti richiesti dal Garante ai sensi degli articoli 150, comma 2, e 157 è punito con la sanzione amministrativa del pagamento di una somma da diecimila euro a sessantamila euro].

NOTE OPERATIVE:

Termine: L'imposizione di un termine per fornire le informazioni necessarie al Garante per l'espletamento dei propri compiti è un elemento tipico della fattispecie dell'illecito omissivo che si perfeziona e consuma nel momento in cui scade il termine senza che l'Autorità abbia avuto risposta (C.C. 8942/23).

Capo II
Illeciti penali

167 *bis*. (1) **Comunicazione e diffusione illecita di dati personali oggetto di trattamento su larga scala.** – 1. Salvo che il fatto costituisca più grave reato, chiunque comunica o diffonde al fine di trarre profitto per sé o altri ovvero al fine di arrecare danno, un archivio automatizzato o una parte sostanziale di esso contenente dati personali oggetto di trattamento su larga scala, in violazione degli articoli 2 *ter*, 2 *sexies* e 2 *octies*, è punito con la reclusione da uno a sei anni.

2. Salvo che il fatto costituisca più grave reato, chiunque, al fine trarne profitto per sé o altri ovvero di arrecare danno, comunica o diffonde, senza consenso, un archivio automatizzato o una parte sostanziale di esso contenente dati personali oggetto di trattamento su larga scala, è punito con la reclusione da uno a sei anni, quando il consenso dell'interessato è richiesto per le operazioni di comunicazione e di diffusione.

3. Per i reati di cui ai commi 1 e 2, si applicano i commi 4, 5 e 6 dell'articolo 167.

(1) *Questo articolo è stato inserito dall'art. 15, comma 1, lett.* c), *del D.L.vo 10 agosto 2018, n. 101.*

167 *ter*. (1) **Acquisizione fraudolenta di dati personali oggetto di trattamento su larga scala.** – 1. Salvo che il fatto costituisca più grave reato, chiunque, al fine trarne profitto per sé o altri ovvero di arrecare danno, acquisisce con mezzi fraudolenti un archivio automatizzato o una parte sostanziale di esso contenente dati personali oggetto di trattamento su larga scala è punito con la reclusione da uno a quattro anni.

2. Per il reato di cui al comma 1 si applicano i commi 4, 5 e 6 dell'articolo 167.

(1) *Questo articolo è stato inserito dall'art. 15, comma 1, lett.* c), *del D.L.vo 10 agosto 2018, n. 101.*

Titolo IV
Disposizioni modificative, abrogative, transitorie e finali

Capo III
Abrogazioni

183. Norme abrogate. – 1. Dalla data di entrata in vigore del presente codice sono abrogati:

a) la legge 31 dicembre 1996, n. 675;

b) la legge 3 novembre 2000, n. 325;

c) il decreto legislativo 9 maggio 1997, n. 123;

d) il decreto legislativo 28 luglio 1997, n. 255;

e) l'articolo 1 del decreto legislativo 8 maggio 1998, n. 135;

f) il decreto legislativo 13 maggio 1998, n. 171;

g) il decreto legislativo 6 novembre 1998, n. 389;

h) il decreto legislativo 26 febbraio 1999, n. 51;

i) il decreto legislativo 11 maggio 1999, n. 135;

l) il decreto legislativo 30 luglio 1999, n. 281, ad eccezione degli articoli 8, comma 1, 11 e 12;

m) il decreto legislativo 30 luglio 1999, n. 282;

n) il decreto legislativo 28 dicembre 2001, n. 467;

o) il decreto del Presidente della Repubblica 28 luglio 1999, n. 318.

2. Dalla data di entrata in vigore del presente codice sono abrogati gli articoli 12, 13, 14, 15, 16, 17, 18, 19 e 20 del decreto del Presidente della Repubblica 31 marzo 1998, n. 501.

3. Dalla data di entrata in vigore del presente codice sono o restano, altresì, abrogati:

a) l'art. 5, comma 9, del decreto del Ministro della sanità 18 maggio 2001, n. 279, in materia di malattie rare;

b) l'articolo 12 della legge 30 marzo 2001, n. 152;

c) l'articolo 4, comma 3, della legge 6 marzo 2001, n. 52, in materia di donatori midollo osseo;

d) l'articolo 16, commi 2 e 3, del decreto del Presidente della Repubblica 28 dicembre 2000, n. 445, in materia di certificati di assistenza al parto;

e) l'articolo 2, comma 5, del decreto del Ministro della sanità 27 ottobre 2000, n. 380, in materia di flussi informativi sui dimessi dagli istituti di ricovero;

f) l'articolo 2, comma 5 *quater* 1, secondo e terzo periodo, del decreto legge 28 marzo 2000, n. 70, convertito, con modificazioni, dalla legge 26 maggio 2000, n. 137, e successive modificazioni, in materia di banca dati sinistri in ambito assicurativo;

g) l'articolo 6, comma 4, del decreto legislativo 5 giugno 1998, n. 204, in materia di diffusione di dati ai fini di ricerca e collaborazione in campo scientifico e tecnologico;

h) l'articolo 330 *bis* del decreto legislativo 16 aprile 1994, n. 297, in materia di diffusione di dati relativi a studenti;

i) l'articolo 8, quarto comma, e l'articolo 9, quarto comma, della legge 1° aprile 1981, n. 121.

4. Dalla data in cui divengono efficaci le disposizioni del codice di deontologia e di buona condotta di cui all'articolo 118, i termini di conservazione dei dati personali individuati ai sensi dell'articolo 119, eventualmente previsti da norme di legge o di regolamento, si osservano nella misura indicata dal medesimo codice.

Capo IV
Norme finali

186. Entrata in vigore. – 1. Le disposizioni di cui al presente codice entrano in vigore il 1° gennaio 2004, ad eccezione delle disposizioni di cui agli articoli 156, 176, commi 3, 4, 5 e 6, e 182, che entrano in vigore il giorno successivo alla data di pubblicazione del presente codice. Dalla medesima data si osservano altresì i termini in materia di ricorsi di cui agli articoli 149, comma 8, e 150, comma 2.

2.

Reg. UE 27 aprile 2016, n. 679. Regolamento relativo alla protezione delle persone fisiche con riguardo al trattamento dei dati personali, nonché alla libera circolazione di tali dati e che abroga la direttiva 95/46/CE (regolamento generale sulla protezione dei dati) (Testo rilevante ai fini del SEE) (*G.U.U.E.* n. L 119 del 4 maggio 2016), ed avviso di rettifica in *G.U.U.E.* n. L 314 del 22 novembre 2016, ed *avviso di rettifica* in *G.U.U.E.* n. L 127 del 23 maggio 2018, ed *avviso di rettifica* in *G.U.U.E.* n. L 74 del 4 marzo 2021.

(*Estratto*)

Capo I
Disposizioni generali

1. Oggetto e finalità. – 1. Il presente regolamento stabilisce norme relative alla protezione delle persone fisiche con riguardo al trattamento dei dati personali, nonché norme relative alla libera circolazione di tali dati.

2. Il presente regolamento protegge i diritti e le libertà fondamentali delle persone fisiche, in particolare il diritto alla protezione dei dati personali.

3. La libera circolazione dei dati personali nell'Unione non può essere limitata né vietata per motivi attinenti alla protezione delle persone fisiche con riguardo al trattamento dei dati personali.

2. Ambito di applicazione materiale. – 1. Il presente regolamento si applica al trattamento interamente o parzialmente automatizzato di dati personali e al trattamento non automatizzato di dati personali contenuti in un archivio o destinati a figurarvi.

2. Il presente regolamento non si applica ai trattamenti di dati personali:

a) effettuati per attività che non rientrano nell'ambito di applicazione del diritto dell'Unione;

b) effettuati dagli Stati membri nell'esercizio di attività che rientrano nell'ambito di applicazione del titolo V, capo 2, TUE;

c) effettuati da una persona fisica per l'esercizio di attività a carattere esclusivamente personale o domestico;

d) effettuati dalle autorità competenti a fini di prevenzione, indagine, accertamento o perseguimento di reati o esecuzione di sanzioni penali, incluse la salvaguardia contro minacce alla sicurezza pubblica e la prevenzione delle stesse.

3. Per il trattamento dei dati personali da parte di istituzioni, organi, uffici e agenzie dell'Unione, si applica il regolamento (CE) n. 45/2001. Il regolamento (CE) n. 45/2001 e gli altri atti giuridici dell'Unione applicabili a tale trattamento di dati personali devono essere adeguati ai principi e alle norme del presente regolamento conformemente all'articolo 98.

4. Il presente regolamento non pregiudica pertanto l'applicazione della direttiva 2000/31/CE, in particolare le norme relative alla responsabilità dei prestatori intermediari di servizi di cui agli articoli da 12 a 15 della medesima direttiva.

3. Ambito di applicazione territoriale. – 1. Il presente regolamento si applica al trattamento dei dati personali effettuato nell'ambito delle attività di uno stabilimento da parte di un titolare del trattamento o di un responsabile del trattamento nell'Unione, indipendentemente dal fatto che il trattamento sia effettuato o meno nell'Unione.

2. Il presente regolamento si applica al trattamento dei dati personali di interessati che si trovano nell'Unione, effettuato da un titolare del trattamento o da un responsabile del trattamento che non è stabilito nell'Unione, quando le attività di trattamento riguardano:

a) l'offerta di beni o la prestazione di servizi ai suddetti interessati nell'Unione, indipendentemente dall'obbligatorietà di un pagamento dell'interessato; oppure

b) il monitoraggio del loro comportamento nella misura in cui tale comportamento ha luogo all'interno dell'Unione.

3. Il presente regolamento si applica al trattamento dei dati personali effettuato da un titolare del trattamento che non è stabilito nell'Unione, ma in un luogo soggetto al diritto di uno Stato membro in virtù del diritto internazionale pubblico.

4. Definizioni. – 1. Ai fini del presente regolamento s'intende per:

1) «dato personale»: qualsiasi informazione riguardante una persona fisica identificata o identificabile («interessato»); si considera identificabile la persona fisica che può essere identificata, direttamente o indirettamente, con particolare riferimento a un identificativo come il nome, un numero di identificazione, dati relativi all'ubicazione, un identificativo online o a uno o più elementi caratteristici della sua identità fisica, fisiologica, genetica, psichica, economica, culturale o sociale;

2) «trattamento»: qualsiasi operazione o insieme di operazioni, compiute con o senza l'ausilio di processi automatizzati e applicate a dati personali o insiemi di dati personali, come la raccolta, la registrazione, l'organizzazione, la strutturazione, la conservazione, l'adattamento o la modifica, l'estrazione, la consultazione, l'uso, la comunicazione mediante trasmissione, diffusione o qualsiasi altra forma di messa a disposizione, il raffronto o l'interconnessione, la limitazione, la cancellazione o la distruzione;

3) «limitazione di trattamento»: il contrassegno dei dati personali conservati con l'obiettivo di limitarne il trattamento in futuro;

4) «profilazione»: qualsiasi forma di trattamento automatizzato di dati personali consistente nell'utilizzo di tali dati personali per valutare determinati aspetti personali relativi a una persona fisica, in particolare per analizzare o prevedere aspetti riguardanti il rendimento professionale, la situazione economica, la salute, le preferenze personali, gli interessi, l'affidabilità, il comportamento, l'ubicazione o gli spostamenti di detta persona fisica;

5) «pseudonimizzazione»: il trattamento dei dati personali in modo tale che i dati personali non possano più essere attribuiti a un interessato specifico senza l'utilizzo di informazioni aggiuntive, a condizione che tali informazioni aggiuntive siano conservate separatamente e soggette a misure tecniche e organizzative intese a garantire che tali dati personali non siano attribuiti a una persona fisica identificata o identificabile;

6) «archivio»: qualsiasi insieme strutturato di dati personali accessibili secondo criteri determinati, indipendentemente dal fatto che tale insieme sia centralizzato, decentralizzato o ripartito in modo funzionale o geografico;

7) «titolare del trattamento»: la persona fisica o giuridica, l'autorità pubblica, il servizio o altro organismo che, singolarmente o insieme ad altri, determina le finalità e i mezzi del trattamento di dati personali; quando le finalità e i mezzi di tale trattamento sono determinati dal diritto dell'Unione o degli Stati membri, il titolare del trattamento o i criteri specifici applicabili alla sua designazione possono essere stabiliti dal diritto dell'Unione o degli Stati membri;

8) «responsabile del trattamento»: la persona fisica o giuridica, l'autorità pubblica, il servizio o altro organismo che tratta dati personali per conto del titolare del trattamento;

9) «destinatario»: la persona fisica o giuridica, l'autorità pubblica, il servizio o un altro organismo che riceve comunicazione di dati personali, che si tratti o meno di terzi. Tuttavia, le autorità pubbliche che possono ricevere comunicazione di dati personali nell'ambito di una specifica indagine conformemente al diritto dell'Unione o degli Stati membri non sono considerate destinatari; il trattamento di tali dati da parte di dette autorità pubbliche è conforme alle norme applicabili in materia di protezione dei dati secondo le finalità del trattamento;

10) «terzo»: la persona fisica o giuridica, l'autorità pubblica, il servizio o altro organismo che non sia l'interessato, il titolare del trattamento, il responsabile del trattamento e le persone autorizzate al trattamento dei dati personali sotto l'autorità diretta del titolare o del responsabile;

11) «consenso dell'interessato»: qualsiasi manifestazione di volontà libera, specifica, informata e inequivocabile dell'interessato, con la quale lo stesso manifesta il proprio assenso, mediante dichiarazione o azione positiva inequivocabile, che i dati personali che lo riguardano siano oggetto di trattamento;

12) «violazione dei dati personali»: la violazione di sicurezza che comporta accidentalmente o in modo illecito la distruzione, la perdita, la modifica, la divulgazione non autorizzata o l'accesso ai dati personali trasmessi, conservati o comunque trattati;

13) «dati genetici»: i dati personali relativi alle caratteristiche genetiche ereditarie o acquisite di una persona fisica che forniscono informazioni univoche sulla fisiologia o sulla salute di detta persona fisica, e che risultano in particolare dall'analisi di un campione biologico della persona fisica in questione;

14) «dati biometrici»: i dati personali ottenuti da un trattamento tecnico specifico relativi alle caratteristiche fisiche, fisiologiche o comportamentali di una persona fisica che ne consentono o confermano l'identificazione univoca, quali l'immagine facciale o i dati dattiloscopici;

15) «dati relativi alla salute»: i dati personali attinenti alla salute fisica o mentale di una persona fisica, compresa la prestazione di servizi di assistenza sanitaria, che rivelano informazioni relative al suo stato di salute;

16) «stabilimento principale»:

a) per quanto riguarda un titolare del trattamento con stabilimenti in più di uno Stato membro, il luogo della sua amministrazione centrale nell'Unione, salvo che le decisioni sulle finalità e i mezzi del trattamento di dati personali siano adottate in un altro stabilimento del titolare del trattamento nell'Unione e che quest'ultimo stabilimento abbia facoltà di ordinare l'esecuzione di tali decisioni, nel qual caso lo stabilimento che ha adottato siffatte decisioni è considerato essere lo stabilimento principale;

b) con riferimento a un responsabile del trattamento con stabilimenti in più di uno Stato membro, il luogo in cui ha sede la sua amministrazione centrale nell'Unione o, se il responsabile del trattamento non ha un'amministrazione centrale nell'Unione, lo stabilimento del responsabile del trattamento nell'Unione in cui sono condotte le principali attività di trattamento nel contesto delle attività di uno stabilimento del responsabile del trattamento nella misura in cui tale responsabile è soggetto a obblighi specifici ai sensi del presente regolamento;

17) «rappresentante»: la persona fisica o giuridica stabilita nell'Unione che, designata dal titolare del trattamento o dal responsabile del trattamento per iscritto ai sensi dell'articolo 27, li rappresenta per quanto riguarda gli obblighi rispettivi a norma del presente regolamento;

18) «impresa»: la persona fisica o giuridica, indipendentemente dalla forma giuridica rivestita, che eserciti un'attività economica, comprendente le società di persone o le associazioni che esercitano regolarmente un'attività economica;

19) «gruppo imprenditoriale»: un gruppo costituito da un'impresa controllante e dalle imprese da questa controllate;

20) «norme vincolanti d'impresa»: le politiche in materia di protezione dei dati personali applicate da un titolare del trattamento o responsabile del trattamento stabilito nel territorio di uno Stato membro al trasferimento o al complesso di trasferimenti di dati personali a un titolare del trattamento o responsabile del trattamento in uno o più paesi terzi, nell'ambito di un gruppo imprenditoriale o di un gruppo di imprese che svolge un'attività economica comune;

21) «autorità di controllo»: l'autorità pubblica indipendente istituita da uno Stato membro ai sensi dell'articolo 51;

22) «autorità di controllo interessata»: un'autorità di controllo interessata dal trattamento di dati personali in quanto:

a) il titolare del trattamento o il responsabile del trattamento è stabilito sul territorio dello Stato membro di tale autorità di controllo;

b) gli interessati che risiedono nello Stato membro dell'autorità di controllo sono o sono probabilmente influenzati in modo sostanziale dal trattamento; oppure

c) un reclamo è stato proposto a tale autorità di controllo;

23) «trattamento transfrontaliero»:

a) trattamento di dati personali che ha luogo nell'ambito delle attività di stabilimenti in più di uno Stato membro di un titolare del trattamento o responsabile del trattamento nell'Unione ove il titolare del trattamento o il responsabile del trattamento siano stabiliti in più di uno Stato membro; oppure

b) trattamento di dati personali che ha luogo nell'ambito delle attività di un unico stabilimento di un titolare del trattamento o responsabile del trattamento nell'Unione, ma che incide o probabilmente incide in modo sostanziale su interessati in più di uno Stato membro;

24) «obiezione pertinente e motivata»: un'obiezione al progetto di decisione sul fatto che vi sia o meno una violazione del presente regolamento, oppure che l'azione prevista in relazione al titolare del trattamento o responsabile del trattamento sia conforme al presente regolamento, la quale obiezione dimostra chiaramente la rilevanza dei rischi posti dal progetto di decisione riguardo ai diritti e alle libertà fondamentali degli interessati e, ove applicabile, alla libera circolazione dei dati personali all'interno dell'Unione;

25) «servizio della società dell'informazione»: il servizio definito all'articolo 1, paragrafo 1, lettera *b*), della direttiva (UE) 2015/1535 del Parlamento europeo e del Consiglio.

26) «organizzazione internazionale»: un'organizzazione e gli organismi di diritto internazionale pubblico a essa subordinati o qualsiasi altro organismo istituito da o sulla base di un accordo tra due o più Stati.

Capo II
Principi

5. Principi applicabili al trattamento di dati personali. – 1. I dati personali sono:

a) trattati in modo lecito, corretto e trasparente nei confronti dell'interessato («liceità, correttezza e trasparenza»);

b) raccolti per finalità determinate, esplicite e legittime, e successivamente trattati in modo che non sia incompatibile con tali finalità; un ulteriore trattamento dei dati personali a fini di archiviazione nel pubblico interesse, di ricerca scientifica o storica o a fini statistici non è, conformemente all'articolo 89, paragrafo 1, considerato incompatibile con le finalità iniziali («limitazione della finalità»);

c) adeguati, pertinenti e limitati a quanto necessario rispetto alle finalità per le quali sono trattati («minimizzazione dei dati»);

d) esatti e, se necessario, aggiornati; devono essere adottate tutte le misure ragionevoli per cancellare o rettificare tempestivamente i dati inesatti rispetto alle finalità per le quali sono trattati («esattezza»);

e) conservati in una forma che consenta l'identificazione degli interessati per un arco di tempo non superiore al conseguimento delle finalità per le quali sono trattati; i dati personali possono essere conservati per periodi più lunghi a condizione che siano trattati esclusivamente a fini di archiviazione nel pubblico interesse, di ricerca scientifica o storica o a fini statistici, conformemente all'articolo 89, paragrafo 1, fatta salva l'attuazione di misure tecniche e organizzative adeguate richieste dal presente regolamento a tutela dei diritti e delle libertà dell'interessato («limitazione della conservazione»);

f) trattati in maniera da garantire un'adeguata sicurezza dei dati personali, compresa la protezione, mediante misure tecniche e organizzative adeguate, da trattamenti non autorizzati o illeciti e dalla perdita, dalla distruzione o dal danno accidentali («integrità e riservatezza»).

2. Il titolare del trattamento è competente per il rispetto del paragrafo 1 e in grado di comprovarlo («responsabilizzazione»).

6. Liceità del trattamento. – 1. Il trattamento è lecito solo se e nella misura in cui ricorre almeno una delle seguenti condizioni:

a) l'interessato ha espresso il consenso al trattamento dei propri dati personali per una o più specifiche finalità;

b) il trattamento è necessario all'esecuzione di un contratto di cui l'interessato è parte o all'esecuzione di misure precontrattuali adottate su richiesta dello stesso;

c) il trattamento è necessario per adempiere un obbligo legale al quale è soggetto il titolare del trattamento;

d) il trattamento è necessario per la salvaguardia degli interessi vitali dell'interessato o di un'altra persona fisica;

e) il trattamento è necessario per l'esecuzione di un compito di interesse pubblico o connesso all'esercizio di pubblici poteri di cui è investito il titolare del trattamento;

f) il trattamento è necessario per il perseguimento del legittimo interesse del titolare del trattamento o di terzi, a condizione che non prevalgano gli interessi o i diritti e le libertà fondamentali dell'interessato che richiedono la protezione dei dati personali, in particolare se l'interessato è un minore.

La lettera *f*) del primo comma non si applica al trattamento di dati effettuato dalle autorità pubbliche nell'esecuzione dei loro compiti.

2. Gli Stati membri possono mantenere o introdurre disposizioni più specifiche per adeguare l'applicazione delle norme del presente regolamento con riguardo al trattamento, in conformità del paragrafo 1, lettere *c*) ed *e*), determinando con maggiore precisione requisiti specifici per il trattamento e altre misure atte a garantire un trattamento lecito e corretto anche per le altre specifiche situazioni di trattamento di cui al capo IX.

3. La base su cui si fonda il trattamento dei dati di cui al paragrafo 1, lettere *c*) ed *e*), deve essere stabilita:

a) dal diritto dell'Unione; o

b) dal diritto dello Stato membro cui è soggetto il titolare del trattamento.

La finalità del trattamento è determinata in tale base giuridica o, per quanto riguarda il trattamento di cui al paragrafo 1, lettera *e*), è necessaria per l'esecuzione di un compito svolto nel pubblico interesse o connesso all'esercizio di pubblici poteri di cui è investito il titolare del trattamento. Tale base giuridica potrebbe contenere disposizioni specifiche per adeguare l'applicazione delle norme del presente regolamento, tra cui: le condizioni generali relative alla liceità del trattamento da parte del titolare del trattamento; le tipologie di dati oggetto del trattamento; gli interessati; i soggetti cui possono essere comunicati i dati personali e le finalità per cui sono comunicati; le limitazioni della finalità, i periodi di conservazione e le operazioni e procedure di trattamento, comprese le misure atte a garantire un trattamento lecito e corretto, quali quelle per altre specifiche situazioni di trattamento di cui al capo IX. Il diritto dell'Unione o degli Stati membri persegue un obiettivo di interesse pubblico ed è proporzionato all'obiettivo legittimo perseguito.

4. Laddove il trattamento per una finalità diversa da quella per la quale i dati personali sono stati raccolti non sia basato sul consenso dell'interessato o su un atto legislativo dell'Unione o degli Stati membri che costituisca una misura necessaria e proporzionata in una società democratica per la salvaguardia degli obiettivi di cui all'articolo 23, paragrafo 1, al fine di verificare se il trattamento per un'altra finalità sia compatibile con la finalità per la quale i dati personali sono stati inizialmente raccolti, il titolare del trattamento tiene conto, tra l'altro:

a) di ogni nesso tra le finalità per cui i dati personali sono stati raccolti e le finalità dell'ulteriore trattamento previsto;

b) del contesto in cui i dati personali sono stati raccolti, in particolare relativamente alla relazione tra l'interessato e il titolare del trattamento;

c) della natura dei dati personali, specialmente se siano trattate categorie particolari di dati personali ai sensi dell'articolo 9, oppure se siano trattati dati relativi a condanne penali e a reati ai sensi dell'articolo 10;

d) delle possibili conseguenze dell'ulteriore trattamento previsto per gli interessati;

e) dell'esistenza di garanzie adeguate, che possono comprendere la cifratura o la pseudonimizzazione.

7. Condizioni per il consenso. – 1. Qualora il trattamento sia basato sul consenso, il titolare del trattamento deve essere in grado di dimostrare che l'interessato ha prestato il proprio consenso al trattamento dei propri dati personali.

2. Se il consenso dell'interessato è prestato nel contesto di una dichiarazione scritta che riguarda anche altre questioni, la richiesta di consenso è presentata in modo chiaramente distinguibile dalle altre materie, in forma comprensibile e facilmente accessibile, utilizzando un linguaggio semplice e chiaro. Nessuna parte di una tale dichiarazione che costituisca una violazione del presente regolamento è vincolante.

3. L'interessato ha il diritto di revocare il proprio consenso in qualsiasi momento. La revoca del consenso non pregiudica la liceità del trattamento basata sul consenso prima della revoca. Prima di prestare il proprio consenso, l'interessato è informato di ciò. Il consenso è revocato con la stessa facilità con cui è accordato.

4. Nel valutare se il consenso sia stato liberamente prestato, si tiene nella massima considerazione l'eventualità, tra le altre, che l'esecuzione di un contratto, compresa la prestazione di un servizio, sia condizionata alla prestazione del consenso al trattamento di dati personali non necessario all'esecuzione di tale contratto.

8. Condizioni applicabili al consenso dei minori in relazione ai servizi della società dell'informazione. – 1. Qualora si applichi l'articolo 6, paragrafo 1, lettera *a*), per quanto riguarda l'offerta diretta di servizi della società dell'informazione ai minori, il trattamento di dati personali del minore è lecito ove il minore abbia almeno 16 anni. Ove il minore abbia un'età inferiore ai 16 anni, tale trattamento è lecito soltanto se e nella misura in cui tale consenso è prestato o autorizzato dal titolare della responsabilità genitoriale. Gli Stati membri possono stabilire per legge un'età inferiore a tali fini purché non inferiore ai 13 anni

2. Il titolare del trattamento si adopera in ogni modo ragionevole per verificare in tali casi che il consenso sia prestato o autorizzato dal titolare della responsabilità genitoriale sul minore, in considerazione delle tecnologie disponibili.

3. Il paragrafo 1 non pregiudica le disposizioni generali del diritto dei contratti degli Stati membri, quali le norme sulla validità, la formazione o l'efficacia di un contratto rispetto a un minore.

9. Trattamento di categorie particolari di dati personali. – 1. È vietato trattare dati personali che rivelino l'origine razziale o etnica, le opinioni politiche, le convinzioni religiose o filosofiche, o l'appartenenza sindacale, nonché trattare dati genetici, dati biometrici intesi a identificare in modo univoco una persona fisica, dati relativi alla salute o alla vita sessuale o all'orientamento sessuale della persona.

2. Il paragrafo 1 non si applica se si verifica uno dei seguenti casi:

a) l'interessato ha prestato il proprio consenso esplicito al trattamento di tali dati personali per una o più finalità specifiche, salvo nei casi in cui il diritto dell'Unione o degli Stati membri dispone che l'interessato non possa revocare il divieto di cui al paragrafo 1;

b) il trattamento è necessario per assolvere gli obblighi ed esercitare i diritti specifici del titolare del trattamento o dell'interessato in materia di diritto del lavoro e della sicurezza sociale e protezione sociale, nella misura in cui sia autorizzato dal diritto dell'Unione o degli Stati membri o da un contratto collettivo ai sensi del diritto degli Stati membri, in presenza di garanzie appropriate per i diritti fondamentali e gli interessi dell'interessato;

c) il trattamento è necessario per tutelare un interesse vitale dell'interessato o di un'altra persona fisica qualora l'interessato si trovi nell'incapacità fisica o giuridica di prestare il proprio consenso;

d) il trattamento è effettuato, nell'ambito delle sue legittime attività e con adeguate garanzie, da una fondazione, associazione o altro organismo senza scopo di lucro che persegua finalità politiche, filosofiche, religiose o sindacali, a condizione che il trattamento riguardi unicamente i membri, gli ex membri o le persone che hanno regolari contatti con la fondazione, l'associazione o l'organismo a motivo delle sue finalità e che i dati personali non siano comunicati all'esterno senza il consenso dell'interessato;

e) il trattamento riguarda dati personali resi manifestamente pubblici dall'interessato;

f) il trattamento è necessario per accertare, esercitare o difendere un diritto in sede giudiziaria o ogniqualvolta le autorità giurisdizionali esercitino le loro funzioni giurisdizionali;

g) il trattamento è necessario per motivi di interesse pubblico rilevante sulla base del diritto dell'Unione o degli Stati membri, che deve essere proporzionato alla finalità perseguita, rispettare l'essenza del diritto alla protezione dei dati e prevedere misure appropriate e specifiche per tutelare i diritti fondamentali e gli interessi dell'interessato;

h) il trattamento è necessario per finalità di medicina preventiva o di medicina del lavoro, valutazione della capacità lavorativa del dipendente, diagnosi, assistenza o terapia sanitaria o sociale ovvero gestione dei sistemi e servizi sanitari o sociali sulla base del diritto dell'Unione o degli Stati membri o conformemente al contratto con un professionista della sanità, fatte salve le condizioni e le garanzie di cui al paragrafo 3;

i) il trattamento è necessario per motivi di interesse pubblico nel settore della sanità pubblica, quali la protezione da gravi minacce per la salute a carattere transfrontaliero o la garanzia di parametri elevati di qualità e sicurezza dell'assistenza sanitaria e dei medicinali e dei dispositivi medici, sulla base del diritto dell'Unione o degli Stati membri che prevede misure appropriate e specifiche per tutelare i diritti e le libertà dell'interessato, in particolare il segreto professionale;

j) il trattamento è necessario a fini di archiviazione nel pubblico interesse, di ricerca scientifica o storica o a fini statistici in conformità dell'articolo 89, paragrafo 1, sulla base del diritto dell'Unione o nazionale, che è proporzionato alla finalità perseguita, rispetta l'essenza del diritto alla protezione dei dati e prevede misure appropriate e specifiche per tutelare i diritti fondamentali e gli interessi dell'interessato.

3. I dati personali di cui al paragrafo 1 possono essere trattati per le finalità di cui al paragrafo 2, lettera *h*), se tali dati sono trattati da o sotto la responsabilità di un professionista soggetto al segreto professionale conformemente al diritto dell'Unione o degli Stati membri o alle norme stabilite dagli organismi nazionali competenti o da altra persona anch'essa soggetta all'obbligo di segretezza conformemente al diritto dell'Unione o degli Stati membri o alle norme stabilite dagli organismi nazionali competenti.

4. Gli Stati membri possono mantenere o introdurre ulteriori condizioni, comprese limitazioni, con riguardo al trattamento di dati genetici, dati biometrici o dati relativi alla salute.

10. Trattamento dei dati personali relativi a condanne penali e reati. – Il trattamento dei dati personali relativi alle condanne penali e ai reati o a connesse misure di sicurezza sulla base dell'articolo 6, paragrafo 1, deve avvenire soltanto sotto il controllo dell'autorità pubblica o se il trattamento è autorizzato dal diritto dell'Unione o degli Stati membri che preveda garanzie appropriate per i diritti e le libertà degli interessati. Un eventuale registro completo delle condanne penali deve essere tenuto soltanto sotto il controllo dell'autorità pubblica.

11. Trattamento che non richiede l'identificazione. – 1. Se le finalità per cui un titolare del trattamento tratta i dati personali non richiedono o non richiedono più l'identificazione dell'interessato, il titolare del trattamento non è obbligato a conservare, acquisire o trattare ulteriori informazioni per identificare l'interessato al solo fine di rispettare il presente regolamento.

2. Qualora, nei casi di cui al paragrafo 1 del presente articolo, il titolare del trattamento possa dimostrare di non essere in grado di identificare l'interessato, ne informa l'interessato, se possibile. In tali casi, gli articoli da 15 a 20 non si applicano tranne quando l'interessato, al fine di esercitare i diritti di cui ai suddetti articoli, fornisce ulteriori informazioni che ne consentano l'identificazione.

Capo III
Diritti dell'interessato

Sezione 1
Trasparenza e modalità

12. Informazioni, comunicazioni e modalità trasparenti per l'esercizio dei diritti dell'interessato. – 1. Il titolare del trattamento adotta misure appropriate per fornire all'interessato tutte le informazioni di cui agli articoli 13 e 14 e le comunicazioni di cui agli articoli da 15 a 22 e all'articolo 34 relative al trattamento in forma concisa, trasparente, intelligibile e facilmente accessibile, con un linguaggio semplice e chiaro, in particolare nel caso di informazioni destinate specificamente ai minori. Le informazioni sono fornite per iscritto o con altri mezzi, anche, se del caso, con mezzi elettronici. Se richiesto dall'interessato, le informazioni possono essere fornite oralmente, purché sia comprovata con altri mezzi l'identità dell'interessato.

2. Il titolare del trattamento agevola l'esercizio dei diritti dell'interessato ai sensi degli articoli da 15 a 22. Nei casi di cui all'articolo 11, paragrafo 2, il titolare del trattamento non può rifiutare di soddisfare la richiesta dell'interessato al fine di esercitare i suoi diritti ai sensi degli articoli da 15 a 22, salvo che il titolare del trattamento dimostri che non è in grado di identificare l'interessato.

3. Il titolare del trattamento fornisce all'interessato le informazioni relative all'azione intrapresa riguardo a una richiesta ai sensi degli articoli da 15 a 22 senza ingiustificato ritardo e, comunque, al più tardi entro un mese dal ricevimento della richiesta stessa. Tale termine può essere prorogato di due mesi, se necessario, tenuto conto della complessità e del numero delle richieste. Il titolare del trattamento informa l'interessato di tale proroga, e dei motivi del ritardo, entro un mese dal ricevimento della richiesta. Se l'interessato presenta la richiesta mediante mezzi elettronici, le informazioni sono fornite, ove possibile, con mezzi elettronici, salvo diversa indicazione dell'interessato.

4. Se non ottempera alla richiesta dell'interessato, il titolare del trattamento informa l'interessato senza ritardo, e al più tardi entro un mese dal ricevimento della richiesta, dei motivi dell'inottemperanza e della possibilità di proporre reclamo a un'autorità di controllo e di proporre ricorso giurisdizionale.

5. Le informazioni fornite ai sensi degli articoli 13 e 14 ed eventuali comunicazioni e azioni intraprese ai sensi degli articoli da 15 a 22 e dell'articolo 34 sono gratuite. Se le richieste dell'interessato sono manifestamente infondate o eccessive, in particolare per il loro carattere ripetitivo, il titolare del trattamento può:

a) addebitare un contributo spese ragionevole tenendo conto dei costi amministrativi sostenuti per fornire le informazioni o la comunicazione o intraprendere l'azione richiesta; oppure

b) rifiutare di soddisfare la richiesta.

Incombe al titolare del trattamento l'onere di dimostrare il carattere manifestamente infondato o eccessivo della richiesta.

6. Fatto salvo l'articolo 11, qualora il titolare del trattamento nutra ragionevoli dubbi circa l'identità della persona fisica che presenta la richiesta di cui agli articoli da 15 a 21, può richiedere ulteriori informazioni necessarie per confermare l'identità dell'interessato.

7. Le informazioni da fornire agli interessati a norma degli articoli 13 e 14 possono essere fornite in combinazione con icone standardizzate per dare, in modo facilmente

visibile, intelligibile e chiaramente leggibile, un quadro d'insieme del trattamento previsto. Se presentate elettronicamente, le icone sono leggibili da dispositivo automatico.

8. Alla Commissione è conferito il potere di adottare atti delegati conformemente all'articolo 92 al fine di stabilire le informazioni da presentare sotto forma di icona e le procedure per fornire icone standardizzate.

Sezione 2
Informazione e accesso ai dati personali

13. Informazioni da fornire qualora i dati personali siano raccolti presso l'interessato. – 1. In caso di raccolta presso l'interessato di dati che lo riguardano, il titolare del trattamento fornisce all'interessato, nel momento in cui i dati personali sono ottenuti, le seguenti informazioni:

a) l'identità e i dati di contatto del titolare del trattamento e, ove applicabile, del suo rappresentante;

b) i dati di contatto del responsabile della protezione dei dati, ove applicabile;

c) le finalità del trattamento cui sono destinati i dati personali nonché la base giuridica del trattamento;

d) qualora il trattamento si basi sull'articolo 6, paragrafo 1, lettera *f*), i legittimi interessi perseguiti dal titolare del trattamento o da terzi;

e) gli eventuali destinatari o le eventuali categorie di destinatari dei dati personali;

f) ove applicabile, l'intenzione del titolare del trattamento di trasferire dati personali a un paese terzo o a un'organizzazione internazionale e l'esistenza o l'assenza di una decisione di adeguatezza della Commissione o, nel caso dei trasferimenti di cui all'articolo 46 o 47, o all'articolo 49, paragrafo 1, secondo comma, il riferimento alle garanzie appropriate o opportune e i mezzi per ottenere una copia di tali garanzie o il luogo dove sono state rese disponibili.

2. In aggiunta alle informazioni di cui al paragrafo 1, nel momento in cui i dati personali sono ottenuti, il titolare del trattamento fornisce all'interessato le seguenti ulteriori informazioni necessarie per garantire un trattamento corretto e trasparente:

a) il periodo di conservazione dei dati personali oppure, se non è possibile, i criteri utilizzati per determinare tale periodo;

b) l'esistenza del diritto dell'interessato di chiedere al titolare del trattamento l'accesso ai dati personali e la rettifica o la cancellazione degli stessi o la limitazione del trattamento dei dati personali che lo riguardano o di opporsi al loro trattamento, oltre al diritto alla portabilità dei dati;

c) qualora il trattamento sia basato sull'articolo 6, paragrafo 1, lettera *a*), oppure sull'articolo 9, paragrafo 2, lettera *a*), l'esistenza del diritto di revocare il consenso in qualsiasi momento senza pregiudicare la liceità del trattamento basata sul consenso prestato prima della revoca;

d) il diritto di proporre reclamo a un'autorità di controllo;

e) se la comunicazione di dati personali è un obbligo legale o contrattuale oppure un requisito necessario per la conclusione di un contratto, e se l'interessato ha l'obbligo di fornire i dati personali nonché le possibili conseguenze della mancata comunicazione di tali dati;

f) l'esistenza di un processo decisionale automatizzato, compresa la profilazione di cui all'articolo 22, paragrafi 1 e 4, e, almeno in tali casi, informazioni significative sulla logica utilizzata, nonché l'importanza e le conseguenze previste di tale trattamento per l'interessato.

3. Qualora il titolare del trattamento intenda trattare ulteriormente i dati personali per una finalità diversa da quella per cui essi sono stati raccolti, prima di tale ulteriore trattamento fornisce all'interessato informazioni in merito a tale diversa finalità e ogni ulteriore informazione pertinente di cui al paragrafo 2.

4. I paragrafi 1, 2 e 3 non si applicano se e nella misura in cui l'interessato dispone già delle informazioni.

14. Informazioni da fornire qualora i dati personali non siano stati ottenuti presso l'interessato. – 1. Qualora i dati non siano stati ottenuti presso l'interessato, il titolare del trattamento fornisce all'interessato le seguenti informazioni:

a) l'identità e i dati di contatto del titolare del trattamento e, ove applicabile, del suo rappresentante;

b) i dati di contatto del responsabile della protezione dei dati, ove applicabile;

c) le finalità del trattamento cui sono destinati i dati personali nonché la base giuridica del trattamento;

d) le categorie di dati personali in questione;

e) gli eventuali destinatari o le eventuali categorie di destinatari dei dati personali;

f) ove applicabile, l'intenzione del titolare del trattamento di trasferire dati personali a un destinatario in un paese terzo o a un'organizzazione internazionale e l'esistenza o l'assenza di una decisione di adeguatezza della Commissione o, nel caso dei trasferimenti di cui all'articolo 46 o 47, o all'articolo 49, paragrafo 1, secondo comma, il riferimento alle garanzie adeguate o opportune e i mezzi per ottenere una copia di tali garanzie o il luogo dove sono state rese disponibili.

2. Oltre alle informazioni di cui al paragrafo 1, il titolare del trattamento fornisce all'interessato le seguenti informazioni necessarie per garantire un trattamento corretto e trasparente nei confronti dell'interessato:

a) il periodo di conservazione dei dati personali oppure, se non è possibile, i criteri utilizzati per determinare tale periodo;

b) qualora il trattamento si basi sull'articolo 6, paragrafo 1, lettera *f*), i legittimi interessi perseguiti dal titolare del trattamento o da terzi;

c) l'esistenza del diritto dell'interessato di chiedere al titolare del trattamento l'accesso ai dati personali e la rettifica o la cancellazione degli stessi o la limitazione del trattamento dei dati personali che lo riguardano e di opporsi al loro trattamento, oltre al diritto alla portabilità dei dati;

d) qualora il trattamento sia basato sull'articolo 6, paragrafo 1, lettera *a*), oppure sull'articolo 9, paragrafo 2, lettera a), l'esistenza del diritto di revocare il consenso in qualsiasi momento senza pregiudicare la liceità del trattamento basata sul consenso prima della revoca;

e) il diritto di proporre reclamo a un'autorità di controllo;

f) la fonte da cui hanno origine i dati personali e, se del caso, l'eventualità che i dati provengano da fonti accessibili al pubblico;

g) l'esistenza di un processo decisionale automatizzato, compresa la profilazione di cui all'articolo 22, paragrafi 1 e 4, e, almeno in tali casi, informazioni significative sulla logica utilizzata, nonché l'importanza e le conseguenze previste di tale trattamento per l'interessato.

3. Il titolare del trattamento fornisce le informazioni di cui ai paragrafi 1 e 2:

a) entro un termine ragionevole dall'ottenimento dei dati personali, ma al più tardi entro un mese, in considerazione delle specifiche circostanze in cui i dati personali sono trattati;

b) nel caso in cui i dati personali siano destinati alla comunicazione con l'interessato, al più tardi al momento della prima comunicazione all'interessato; oppure

c) nel caso sia prevista la comunicazione ad altro destinatario, non oltre la prima comunicazione dei dati personali.

4. Qualora il titolare del trattamento intenda trattare ulteriormente i dati personali per una finalità diversa da quella per cui essi sono stati ottenuti, prima di tale ulteriore trattamento fornisce all'interessato informazioni in merito a tale diversa finalità e ogni informazione pertinente di cui al paragrafo 2.

5. I paragrafi da 1 a 4 non si applicano se e nella misura in cui:

a) l'interessato dispone già delle informazioni;

b) comunicare tali informazioni risulta impossibile o implicherebbe uno sforzo sproporzionato; in particolare per il trattamento a fini di archiviazione nel pubblico interesse, di ricerca scientifica o storica o a fini statistici, fatte salve le condizioni e le garanzie di cui all'articolo 89, paragrafo 1, o nella misura in cui l'obbligo di cui al paragrafo 1 del presente articolo rischi di rendere impossibile o di pregiudicare gravemente il conseguimento delle finalità di tale trattamento. In tali casi, il titolare del trattamento adotta misure appropriate per tutelare i diritti, le libertà e i legittimi interessi dell'interessato, anche rendendo pubbliche le informazioni;

c) l'ottenimento o la comunicazione sono espressamente previsti dal diritto dell'Unione o dello Stato membro cui è soggetto il titolare del trattamento e che prevede misure appropriate per tutelare gli interessi legittimi dell'interessato; oppure

d) qualora i dati personali debbano rimanere riservati conformemente a un obbligo di segreto professionale disciplinato dal diritto dell'Unione o degli Stati membri, compreso un obbligo di segretezza previsto per legge.

15. Diritto di accesso dell'interessato. – 1. L'interessato ha il diritto di ottenere dal titolare del trattamento la conferma che sia o meno in corso un trattamento di dati personali che lo riguardano e in tal caso, di ottenere l'accesso ai dati personali e alle seguenti informazioni:

a) le finalità del trattamento;

b) le categorie di dati personali in questione;

c) i destinatari o le categorie di destinatari a cui i dati personali sono stati o saranno comunicati, in particolare se destinatari di paesi terzi o organizzazioni internazionali;

d) quando possibile, il periodo di conservazione dei dati personali previsto oppure, se non è possibile, i criteri utilizzati per determinare tale periodo;

e) l'esistenza del diritto dell'interessato di chiedere al titolare del trattamento la rettifica o la cancellazione dei dati personali o la limitazione del trattamento dei dati personali che lo riguardano o di opporsi al loro trattamento;

f) il diritto di proporre reclamo a un'autorità di controllo;

g) qualora i dati non siano raccolti presso l'interessato, tutte le informazioni disponibili sulla loro origine;

h) l'esistenza di un processo decisionale automatizzato, compresa la profilazione di cui all'articolo 22, paragrafi 1 e 4, e, almeno in tali casi, informazioni significative sulla logica utilizzata, nonché l'importanza e le conseguenze previste di tale trattamento per l'interessato.

2. Qualora i dati personali siano trasferiti a un paese terzo o a un'organizzazione internazionale, l'interessato ha il diritto di essere informato dell'esistenza di garanzie adeguate ai sensi dell'articolo 46 relative al trasferimento.

3. Il titolare del trattamento fornisce una copia dei dati personali oggetto di trattamento. In caso di ulteriori copie richieste dall'interessato, il titolare del trattamento può addebitare un contributo spese ragionevole basato sui costi amministrativi. Se l'interessato presenta la richiesta mediante mezzi elettronici, e salvo indicazione diversa dell'interessato, le informazioni sono fornite in un formato elettronico di uso comune.

4. Il diritto di ottenere una copia di cui al paragrafo 3 non deve ledere i diritti e le libertà altrui.

Sezione 3
Rettifica e cancellazione

16. Diritto di rettifica. – L'interessato ha il diritto di ottenere dal titolare del trattamento la rettifica dei dati personali inesatti che lo riguardano senza ingiustificato ritardo. Tenuto conto delle finalità del trattamento, l'interessato ha il diritto di ottenere l'integrazione dei dati personali incompleti, anche fornendo una dichiarazione integrativa.

17. Diritto alla cancellazione («diritto all'oblio»). – 1. L'interessato ha il diritto di ottenere dal titolare del trattamento la cancellazione dei dati personali che lo riguardano senza ingiustificato ritardo e il titolare del trattamento ha l'obbligo di cancellare senza ingiustificato ritardo i dati personali, se sussiste uno dei motivi seguenti:

a) i dati personali non sono più necessari rispetto alle finalità per le quali sono stati raccolti o altrimenti trattati;

b) l'interessato revoca il consenso su cui si basa il trattamento conformemente all'articolo 6, paragrafo 1, lettera *a*), o all'articolo 9, paragrafo 2, lettera *a*), e se non sussiste altro fondamento giuridico per il trattamento;

c) l'interessato si oppone al trattamento ai sensi dell'articolo 21, paragrafo 1, e non sussiste alcun motivo legittimo prevalente per procedere al trattamento, oppure si oppone al trattamento ai sensi dell'articolo 21, paragrafo 2;

d) i dati personali sono stati trattati illecitamente;

e) i dati personali devono essere cancellati per adempiere un obbligo giuridico previsto dal diritto dell'Unione o dello Stato membro cui è soggetto il titolare del trattamento;

f) i dati personali sono stati raccolti relativamente all'offerta di servizi della società dell'informazione di cui all'articolo 8, paragrafo 1.

2. Il titolare del trattamento, se ha reso pubblici dati personali ed è obbligato, ai sensi del paragrafo 1, a cancellarli, tenendo conto della tecnologia disponibile e dei costi di attuazione adotta le misure ragionevoli, anche tecniche, per informare i titolari del trattamento che stanno trattando i dati personali della richiesta dell'interessato di cancellare qualsiasi link, copia o riproduzione dei suoi dati personali.

3. I paragrafi 1 e 2 non si applicano nella misura in cui il trattamento sia necessario:

a) per l'esercizio del diritto alla libertà di espressione e di informazione;

b) per l'adempimento di un obbligo giuridico che richieda il trattamento previsto dal diritto dell'Unione o dello Stato membro cui è soggetto il titolare del trattamento o per l'esecuzione di un compito svolto nel pubblico interesse oppure nell'esercizio di pubblici poteri di cui è investito il titolare del trattamento;

c) per motivi di interesse pubblico nel settore della sanità pubblica in conformità dell'articolo 9, paragrafo 2, lettere *h*) e *i*), e dell'articolo 9, paragrafo 3;

d) a fini di archiviazione nel pubblico interesse, di ricerca scientifica o storica o a fini statistici conformemente all'articolo 89, paragrafo 1, nella misura in cui il diritto di cui al paragrafo 1 rischi di rendere impossibile o di pregiudicare gravemente il conseguimento degli obiettivi di tale trattamento; o

e) per l'accertamento, l'esercizio o la difesa di un diritto in sede giudiziaria.

18. Diritto di limitazione di trattamento. – 1. L'interessato ha il diritto di ottenere dal titolare del trattamento la limitazione del trattamento quando ricorre una delle seguenti ipotesi:

a) l'interessato contesta l'esattezza dei dati personali, per il periodo necessario al titolare del trattamento per verificare l'esattezza di tali dati personali;

b) il trattamento è illecito e l'interessato si oppone alla cancellazione dei dati personali e chiede invece che ne sia limitato l'utilizzo;

c) benché il titolare del trattamento non ne abbia più bisogno ai fini del trattamento, i dati personali sono necessari all'interessato per l'accertamento, l'esercizio o la difesa di un diritto in sede giudiziaria;

d) l'interessato si è opposto al trattamento ai sensi dell'articolo 21, paragrafo 1, in attesa della verifica in merito all'eventuale prevalenza dei motivi legittimi del titolare del trattamento rispetto a quelli dell'interessato.

2. Se il trattamento è limitato a norma del paragrafo 1, tali dati personali sono trattati, salvo che per la conservazione, soltanto con il consenso dell'interessato o per l'accertamento, l'esercizio o la difesa di un diritto in sede giudiziaria oppure per tutelare i diritti di un'altra persona fisica o giuridica o per motivi di interesse pubblico rilevante dell'Unione o di uno Stato membro.

3. L'interessato che ha ottenuto la limitazione del trattamento a norma del paragrafo 1 è informato dal titolare del trattamento prima che detta limitazione sia revocata.

19. Obbligo di notifica in caso di rettifica o cancellazione dei dati personali o limitazione del trattamento. – Il titolare del trattamento comunica a ciascuno dei destinatari cui sono stati trasmessi i dati personali le eventuali rettifiche o cancellazioni o limitazioni del trattamento effettuate a norma dell'articolo 16, dell'articolo 17, paragrafo 1, e dell'articolo 18, salvo che ciò si riveli impossibile o implichi uno sforzo sproporzionato. Il titolare del trattamento comunica all'interessato tali destinatari qualora l'interessato lo richieda.

20. Diritto alla portabilità dei dati. – 1. L'interessato ha il diritto di ricevere in un formato strutturato, di uso comune e leggibile da dispositivo automatico i dati personali che lo riguardano forniti a un titolare del trattamento e ha il diritto di trasmettere tali dati a un altro titolare del trattamento senza impedimenti da parte del titolare del trattamento cui li ha forniti qualora:

a) il trattamento si basi sul consenso ai sensi dell'articolo 6, paragrafo 1, lettera *a*), o dell'articolo 9, paragrafo 2, lettera *a*), o su un contratto ai sensi dell'articolo 6, paragrafo 1, lettera *b*); e

b) il trattamento sia effettuato con mezzi automatizzati.

2. Nell'esercitare i propri diritti relativamente alla portabilità dei dati a norma del paragrafo 1, l'interessato ha il diritto di ottenere la trasmissione diretta dei dati personali da un titolare del trattamento all'altro, se tecnicamente fattibile.

3. L'esercizio del diritto di cui al paragrafo 1 del presente articolo lascia impregiudicato l'articolo 17. Tale diritto non si applica al trattamento necessario per l'esecuzione di un compito di interesse pubblico o connesso all'esercizio di pubblici poteri di cui è investito il titolare del trattamento.

4. Il diritto di cui al paragrafo 1 non deve ledere i diritti e le libertà altrui.

Sezione 4
Diritto di opposizione
e processo decisionale automatizzato
relativo alle persone fisiche

21. Diritto di opposizione. – 1. L'interessato ha il diritto di opporsi in qualsiasi momento, per motivi connessi alla sua situazione particolare, al trattamento dei dati personali che lo riguardano ai sensi dell'articolo 6, paragrafo 1, lettere *e*) o *f*), compresa la profilazione sulla base di tali disposizioni. Il titolare del trattamento si astiene dal trattare ulteriormente i dati personali salvo che egli dimostri l'esistenza di motivi legittimi cogenti per procedere al trattamento che prevalgono sugli interessi, sui diritti e sulle libertà dell'interessato oppure per l'accertamento, l'esercizio o la difesa di un diritto in sede giudiziaria.

2. Qualora i dati personali siano trattati per finalità di marketing diretto, l'interessato ha il diritto di opporsi in qualsiasi momento al trattamento dei dati personali che lo riguardano effettuato per tali finalità, compresa la profilazione nella misura in cui sia connessa a tale marketing diretto.

3. Qualora l'interessato si opponga al trattamento per finalità di marketing diretto, i

dati personali non sono più oggetto di trattamento per tali finalità.

4. Il diritto di cui ai paragrafi 1 e 2 è esplicitamente portato all'attenzione dell'interessato ed è presentato chiaramente e separatamente da qualsiasi altra informazione al più tardi al momento della prima comunicazione con l'interessato.

5. Nel contesto dell'utilizzo di servizi della società dell'informazione e fatta salva la direttiva 2002/58/CE, l'interessato può esercitare il proprio diritto di opposizione con mezzi automatizzati che utilizzano specifiche tecniche.

6. Qualora i dati personali siano trattati a fini di ricerca scientifica o storica o a fini statistici a norma dell'articolo 89, paragrafo 1, l'interessato, per motivi connessi alla sua situazione particolare, ha il diritto di opporsi al trattamento di dati personali che lo riguardano, salvo se il trattamento è necessario per l'esecuzione di un compito di interesse pubblico.

22. Processo decisionale automatizzato relativo alle persone fisiche, compresa la profilazione. – 1. L'interessato ha il diritto di non essere sottoposto a una decisione basata unicamente sul trattamento automatizzato, compresa la profilazione, che produca effetti giuridici che lo riguardano o che incida in modo analogo significativamente sulla sua persona.

2. Il paragrafo 1 non si applica nel caso in cui la decisione:

a) sia necessaria per la conclusione o l'esecuzione di un contratto tra l'interessato e un titolare del trattamento;

b) sia autorizzata dal diritto dell'Unione o dello Stato membro cui è soggetto il titolare del trattamento, che precisa altresì misure adeguate a tutela dei diritti, delle libertà e dei legittimi interessi dell'interessato;

c) si basi sul consenso esplicito dell'interessato.

3. Nei casi di cui al paragrafo 2, lettere *a*) e *c*), il titolare del trattamento attua misure appropriate per tutelare i diritti, le libertà e i legittimi interessi dell'interessato, almeno il diritto di ottenere l'intervento umano da parte del titolare del trattamento, di esprimere la propria opinione e di contestare la decisione.

4. Le decisioni di cui al paragrafo 2 non si basano sulle categorie particolari di dati personali di cui all'articolo 9, paragrafo 1, a meno che non sia d'applicazione l'articolo 9, paragrafo 2, lettere *a*) o *g*), e non siano in vigore misure adeguate a tutela dei diritti, delle libertà e dei legittimi interessi dell'interessato.

Sezione 5
Limitazioni

23. Limitazioni. – 1. Il diritto dell'Unione o dello Stato membro cui è soggetto il titolare del trattamento o il responsabile del trattamento può limitare, mediante misure legislative, la portata degli obblighi e dei diritti di cui agli articoli da 12 a 22 e 34, nonché all'articolo 5, nella misura in cui le disposizioni ivi contenute corrispondano ai diritti e agli obblighi di cui agli articoli da 12 a 22, qualora tale limitazione rispetti l'essenza dei diritti e delle libertà fondamentali e sia una misura necessaria e proporzionata in una società democratica per salvaguardare:

a) la sicurezza nazionale;

b) la difesa;

c) la sicurezza pubblica;

d) la prevenzione, l'indagine, l'accertamento e il perseguimento di reati o l'esecuzione di sanzioni penali, incluse la salvaguardia contro e la prevenzione di minacce alla sicurezza pubblica;

e) altri importanti obiettivi di interesse pubblico generale dell'Unione o di uno Stato membro, in particolare un rilevante interesse economico o finanziario dell'Unione o di uno Stato membro, anche in materia monetaria, di bilancio e tributaria, di sanità pubblica e sicurezza sociale;

f) la salvaguardia dell'indipendenza della magistratura e dei procedimenti giudiziari;

g) le attività volte a prevenire, indagare, accertare e perseguire violazioni della deontologia delle professioni regolamentate;

h) una funzione di controllo, d'ispezione o di regolamentazione connessa, anche occasionalmente, all'esercizio di pubblici poteri nei casi di cui alle lettere da *a*), a *e*) e *g*);

i) la tutela dell'interessato o dei diritti e delle libertà altrui;

j) l'esecuzione delle azioni civili.

2. In particolare qualsiasi misura legislativa di cui al paragrafo 1 contiene disposizioni specifiche riguardanti almeno, se del caso:

a) le finalità del trattamento o le categorie di trattamento;

b) le categorie di dati personali;

c) la portata delle limitazioni introdotte;

d) le garanzie per prevenire abusi o l'accesso o il trasferimento illeciti;

e) l'indicazione precisa del titolare del trattamento o delle categorie di titolari;

f) i periodi di conservazione e le garanzie applicabili tenuto conto della natura, dell'ambito di applicazione e delle finalità del trattamento o delle categorie di trattamento;

g) i rischi per i diritti e le libertà degli interessati; e

h) il diritto degli interessati di essere informati della limitazione, a meno che ciò possa compromettere la finalità della stessa.

Capo V
Trasferimenti di dati personali verso Paesi terzi o organizzazioni internazionali

45. ([1]) **Trasferimento sulla base di una decisione di adeguatezza.** – 1. Il trasferimento di dati personali verso un paese terzo o un'organizzazione internazionale è ammesso se la Commissione ha deciso che il paese terzo, un territorio o uno o più settori specifici all'interno del paese terzo, o l'organizzazione internazionale in questione garantiscono un livello di protezione adeguato. In tal caso il trasferimento non necessita di autorizzazioni specifiche.

2. Nel valutare l'adeguatezza del livello di protezione, la Commissione prende in considerazione in particolare i seguenti elementi:

a) lo stato di diritto, il rispetto dei diritti umani e delle libertà fondamentali, la pertinente legislazione generale e settoriale (anche in materia di sicurezza pubblica, difesa, sicurezza nazionale, diritto penale e accesso delle autorità pubbliche ai dati personali), così come l'attuazione di tale legislazione, le norme in materia di protezione dei dati, le norme professionali e le misure di sicurezza, comprese le norme per il trasferimento successivo dei dati personali verso un altro paese terzo o un'altra organizzazione internazionale osservate nel paese o dall'organizzazione internazionale in questione, la giurisprudenza nonché i diritti effettivi e azionabili degli interessati e un ricorso effettivo in sede amministrativa e giudiziaria per gli interessati i cui dati personali sono oggetto di trasferimento;

b) l'esistenza e l'effettivo funzionamento di una o più autorità di controllo indipendenti nel paese terzo o cui è soggetta un'organizzazione internazionale, con competenza per garantire e controllare il rispetto delle norme in materia di protezione dei dati, comprensiva di adeguati poteri di esecuzione, per assistere e fornire consulenza agli interessati in merito all'esercizio dei loro diritti e cooperare con le autorità di controllo degli Stati membri; e

c) gli impegni internazionali assunti dal paese terzo o dall'organizzazione internazionale in questione o altri obblighi derivanti da convenzioni o strumenti giuridicamente vincolanti come pure dalla loro partecipazione a sistemi multilaterali o regionali, in particolare in relazione alla protezione dei dati personali.

3. La Commissione, previa valutazione dell'adeguatezza del livello di protezione, può decidere, mediante atti di esecuzione, che un paese terzo, un territorio o uno o più settori specifici all'interno di un paese terzo, o un'organizzazione internazionale garantiscono un livello di protezione adeguato ai sensi del paragrafo 2 del presente articolo. L'atto di esecuzione prevede un meccanismo di riesame periodico, almeno ogni quattro anni, che tenga conto di tutti gli sviluppi pertinenti nel paese terzo o nell'organizzazione internazionale. L'atto di esecuzione specifica il proprio ambito di applicazione geografico e settoriale e, ove applicabile, identifica la o le autorità di controllo di cui al paragrafo 2, lettera *b*), del presente articolo. L'atto di esecuzione è adottato secondo la procedura d'esame di cui all'articolo 93, paragrafo 2.

4. La Commissione controlla su base continuativa gli sviluppi nei paesi terzi e nelle organizzazioni internazionali che potrebbero incidere sul funzionamento delle decisioni adottate a norma del paragrafo 3 del presente articolo e delle decisioni adottate sulla base dell'articolo 25, paragrafo 6, della direttiva 95/46/CE.

5. Se risulta dalle informazioni disponibili, in particolare in seguito al riesame di cui al paragrafo 3 del presente articolo, che un paese terzo, un territorio o uno o più settori specifici all'interno di un paese terzo, o un'organizzazione internazionale non garantiscono più un livello di protezione adeguato ai sensi del paragrafo 2 del presente articolo, la Commissione revoca, modifica o sospende nella misura necessaria la decisione di cui al paragrafo 3 del presente articolo mediante atti di esecuzione senza effetto retroattivo. Tali atti di esecuzione sono adottati secondo la procedura d'esame di cui all'articolo 93, paragrafo 2, o, in casi di estrema urgenza, secondo la procedura di cui all'articolo 93, paragrafo 3.

Per imperativi motivi di urgenza debitamente giustificati, la Commissione adotta atti di esecuzione immediatamente applicabili secondo la procedura di cui all'articolo 93, paragrafo 3.

6. La Commissione avvia consultazioni con il paese terzo o l'organizzazione internazio-

nale per porre rimedio alla situazione che ha motivato la decisione di cui al paragrafo 5.

7. Una decisione ai sensi del paragrafo 5 del presente articolo lascia impregiudicato il trasferimento di dati personali verso il paese terzo, il territorio o uno o più settori specifici all'interno del paese terzo, o verso l'organizzazione internazionale in questione, a norma degli articoli da 46 a 49.

8. La Commissione pubblica nella *Gazzetta ufficiale* dell'Unione europea e sul suo sito web l'elenco dei paesi terzi, dei territori e settori specifici all'interno di un paese terzo, e delle organizzazioni internazionali per i quali ha deciso che è o non è più garantito un livello di protezione adeguato.

9. Le decisioni adottate dalla Commissione in base all'articolo 25, paragrafo 6, della direttiva 95/46/CE restano in vigore fino a quando non sono modificate, sostituite o abrogate da una decisione della Commissione adottata conformemente al paragrafo 3 o 5 del presente articolo.

(1) *Si veda l'art. 1, della Dec. 17 dicembre 2021, n. 254.*

46. Trasferimento soggetto a garanzie adeguate. – 1. In mancanza di una decisione ai sensi dell'articolo 45, paragrafo 3, il titolare del trattamento o il responsabile del trattamento può trasferire dati personali verso un paese terzo o un'organizzazione internazionale solo se ha fornito garanzie adeguate e a condizione che gli interessati dispongano di diritti azionabili e mezzi di ricorso effettivi.

2. Possono costituire garanzie adeguate di cui al paragrafo 1 senza necessitare di autorizzazioni specifiche da parte di un'autorità di controllo:

a) uno strumento giuridicamente vincolante e avente efficacia esecutiva tra autorità pubbliche o organismi pubblici;

b) le norme vincolanti d'impresa in conformità dell'articolo 47;

c) le clausole tipo di protezione dei dati adottate dalla Commissione secondo la procedura d'esame di cui all'articolo 93, paragrafo 2;

d) le clausole tipo di protezione dei dati adottate da un'autorità di controllo e approvate dalla Commissione secondo la procedura d'esame di cui all'articolo 93, paragrafo 2;

e) un codice di condotta approvato a norma dell'articolo 40,unitamente all'impegno vincolante ed esecutivo da parte del titolare del trattamento o del responsabile del trattamento nel paese terzo ad applicare le garanzie adeguate, anche per quanto riguarda i diritti degli interessati; o

f) un meccanismo di certificazione approvato a norma dell'articolo 42, unitamente all'impegno vincolante ed esigibile da parte del titolare del trattamento o del responsabile del trattamento nel paese terzo ad applicare le garanzie adeguate, anche per quanto riguarda i diritti degli interessati.

3. Fatta salva l'autorizzazione dell'autorità di controllo competente, possono altresì costituire in particolare garanzie adeguate di cui al paragrafo 1:

a) le clausole contrattuali tra il titolare del trattamento o il responsabile del trattamento e il titolare del trattamento, il responsabile del trattamento o il destinatario dei dati personali nel paese terzo o nell'organizzazione internazionale; o

b) le disposizioni da inserire in accordi amministrativi tra autorità pubbliche o organismi pubblici che comprendono diritti effettivi e azionabili per gli interessati.

4. L'autorità di controllo applica il meccanismo di coerenza di cui all'articolo 63 nei casi di cui al paragrafo 3 del presente articolo.

5. Le autorizzazioni rilasciate da uno Stato membro o dall'autorità di controllo in base all'articolo 26, paragrafo 2, della direttiva 95/46/CE restano valide fino a quando non vengono modificate, sostituite o abrogate, se necessario, dalla medesima autorità di controllo. Le decisioni adottate dalla Commissione in base all'articolo 26, paragrafo 4, della direttiva 95/46/CE restano in vigore fino a quando non vengono modificate, sostituite o abrogate, se necessario, da una decisione della Commissione adottata conformemente al paragrafo 2 del presente articolo.

49. Deroghe in specifiche situazioni. – 1. In mancanza di una decisione di adeguatezza ai sensi dell'articolo 45, paragrafo 3, o di garanzie adeguate ai sensi dell'articolo 46, comprese le norme vincolanti d'impresa, è ammesso il trasferimento o un complesso di trasferimenti di dati personali verso un paese terzo o un'organizzazione internazionale soltanto se si verifica una delle seguenti condizioni:

a) l'interessato abbia esplicitamente acconsentito al trasferimento proposto, dopo essere stato informato dei possibili rischi di siffatti trasferimenti per l'interessato, dovuti alla mancanza di una decisione di adeguatezza e di garanzie adeguate;

b) il trasferimento sia necessario all'esecuzione di un contratto concluso tra l'interessato e il titolare del trattamento ovvero all'esecuzione di misure precontrattuali adottate su istanza dell'interessato;

c) il trasferimento sia necessario per la conclusione o l'esecuzione di un contratto stipulato tra il titolare del trattamento e un'altra persona fisica o giuridica a favore dell'interessato;

d) il trasferimento sia necessario per importanti motivi di interesse pubblico;

e) il trasferimento sia necessario per accertare, esercitare o difendere un diritto in sede giudiziaria;

f) il trasferimento sia necessario per tutelare gli interessi vitali dell'interessato o di altre persone, qualora l'interessato si trovi nell'incapacità fisica o giuridica di prestare il proprio consenso;

g) il trasferimento sia effettuato a partire da un registro che, a norma del diritto dell'Unione o degli Stati membri, mira a fornire informazioni al pubblico e può esser consultato tanto dal pubblico in generale quanto da chiunque sia in grado di dimostrare un legittimo interesse, solo a condizione che sussistano i requisiti per la consultazione previsti dal diritto dell'Unione o degli Stati membri.

Se non è possibile basare il trasferimento su una disposizione dell'articolo 45 o 46, comprese le disposizioni sulle norme vincolanti d'impresa, e nessuna delle deroghe in specifiche situazioni a norma del primo comma del presente paragrafo è applicabile, il trasferimento verso un paese terzo o un'organizzazione internazionale sia ammesso soltanto se non è ripetitivo, riguarda un numero limitato di interessati, è necessario per il perseguimento degli interessi legittimi cogenti del titolare del trattamento, su cui non prevalgano gli interessi o i diritti e le libertà dell'interessato, e qualora il titolare e del trattamento abbia valutato tutte le circostanze relative al trasferimento e sulla base di tale valutazione abbia fornito garanzie adeguate relativamente alla protezione dei dati personali. Il titolare del trattamento informa del trasferimento l'autorità di controllo. In aggiunta alla fornitura di informazioni di cui agli articoli 13 e 14, il titolare del trattamento informa l'interessato del trasferimento e degli interessi legittimi cogenti perseguiti.

2. Il trasferimento di cui al paragrafo 1, primo comma, lettera *g*), non può riguardare la totalità dei dati personali o intere categorie di dati personali contenute nel registro. Se il registro è destinato a essere consultato da persone aventi un legittimo interesse, il trasferimento è ammesso soltanto su richiesta di tali persone o qualora tali persone ne siano le destinatarie.

3. Il primo comma, lettere *a*), *b*) e *c*), e il secondo comma del paragrafo 1 non si applicano alle attività svolte dalle autorità pubbliche nell'esercizio dei pubblici poteri.

4. L'interesse pubblico di cui al paragrafo 1, primo comma, lettera *d*), è riconosciuto dal diritto dell'Unione o dal diritto dello Stato membro cui è soggetto il titolare del trattamento.

5. In mancanza di una decisione di adeguatezza, il diritto dell'Unione o degli Stati membri può, per importanti motivi di interesse pubblico, fissare espressamente limiti al trasferimento di categorie specifiche di dati verso un paese terzo o un'organizzazione internazionale. Gli Stati membri notificano tali disposizioni alla Commissione.

6. Il titolare del trattamento o il responsabile del trattamento attesta nel registro di cui all'articolo 30 la valutazione e le garanzie adeguate di cui al paragrafo 1, secondo comma, del presente articolo.

Capo VIII
Mezzi di ricorso,
responsabilità e sanzioni

77. Diritto di proporre reclamo all'autorità di controllo. – 1. Fatto salvo ogni altro ricorso amministrativo o giurisdizionale, l'interessato che ritenga che il trattamento che lo riguarda violi il presente regolamento ha il diritto di proporre reclamo a un'autorità di controllo, segnatamente nello Stato membro in cui risiede abitualmente, lavora oppure del luogo ove si è verificata la presunta violazione.

2. L'autorità di controllo a cui è stato proposto il reclamo informa il reclamante dello stato o dell'esito del reclamo, compresa la possibilità di un ricorso giurisdizionale ai sensi dell'articolo 78.

78. Diritto a un ricorso giurisdizionale effettivo nei confronti dell'autorità di controllo. – 1. Fatto salvo ogni altro ricorso amministrativo o extragiudiziale, ogni persona fisica o giuridica ha il diritto di proporre un ricorso giurisdizionale effettivo avverso una decisione giuridicamente vincolante dell'autorità di controllo che la riguarda.

2. Fatto salvo ogni altro ricorso amministrativo o extragiudiziale, ciascun interessato ha il diritto di proporre un ricorso giurisdizionale effettivo qualora l'autorità di controllo che sia competente ai sensi degli articoli 55 e 56 non tratti un reclamo o non lo

informi entro tre mesi dello stato o dell'esito del reclamo proposto ai sensi dell'articolo 77.

3. Le azioni nei confronti dell'autorità di controllo sono promosse dinanzi alle autorità giurisdizionali dello Stato membro in cui l'autorità di controllo è stabilita.

4. Qualora siano promosse azioni avverso una decisione di un'autorità di controllo che era stata preceduta da un parere o da una decisione del comitato nell'ambito del meccanismo di coerenza, l'autorità di controllo trasmette tale parere o decisione all'autorità giurisdizionale.

79. Diritto a un ricorso giurisdizionale effettivo nei confronti del titolare del trattamento o del responsabile del trattamento. – 1. Fatto salvo ogni altro ricorso amministrativo o extragiudiziale disponibile, compreso il diritto di proporre reclamo a un'autorità di controllo ai sensi dell'articolo 77, ogni interessato ha il diritto di proporre un ricorso giurisdizionale effettivo qualora ritenga che i diritti di cui gode a norma del presente regolamento siano stati violati a seguito di un trattamento.

2. Le azioni nei confronti del titolare del trattamento o del responsabile del trattamento sono promosse dinanzi alle autorità giurisdizionali dello Stato membro in cui il titolare del trattamento o il responsabile del trattamento ha uno stabilimento. In alternativa, tali azioni possono essere promosse dinanzi alle autorità giurisdizionali dello Stato membro in cui l'interessato risiede abitualmente, salvo che il titolare del trattamento o il responsabile del trattamento sia un'autorità pubblica di uno Stato membro nell'esercizio dei pubblici poteri.

80. Rappresentanza degli interessati. – 1. L'interessato ha il diritto di dare mandato a un organismo, un'organizzazione o un'associazione senza scopo di lucro, che siano debitamente costituiti secondo il diritto di uno Stato membro, i cui obiettivi statutari siano di pubblico interesse e che siano attivi nel settore della protezione dei diritti e delle libertà degli interessati con riguardo alla protezione dei dati personali, di proporre il reclamo per suo conto e di esercitare per suo conto i diritti di cui agli articoli 77, 78 e 79 nonché, se previsto dal diritto degli Stati membri, il diritto di ottenere il risarcimento di cui all'articolo 82.

2. Gli Stati membri possono prevedere che un organismo, organizzazione o associazione di cui al paragrafo 1 del presente articolo, indipendentemente dal mandato conferito dall'interessato, abbia il diritto di proporre, in tale Stato membro, un reclamo all'autorità di controllo competente, e di esercitare i diritti di cui agli articoli 78 e 79, qualora ritenga che i diritti di cui un interessato gode a norma del presente regolamento siano stati violati in seguito al trattamento.

81. Sospensione delle azioni. – 1. L'autorità giurisdizionale competente di uno Stato membro che venga a conoscenza di azioni riguardanti lo stesso oggetto relativamente al trattamento dello stesso titolare del trattamento o dello stesso responsabile del trattamento pendenti presso un'autorità giurisdizionale in un altro Stato membro, prende contatto con tale autorità giurisdizionale nell'altro Stato membro per confermare l'esistenza delle azioni.

2. Qualora azioni riguardanti lo stesso oggetto relativamente al trattamento dello stesso titolare del trattamento o dello stesso responsabile del trattamento siano pendenti presso un'autorità giurisdizionale in un altro Stato membro, qualunque autorità giurisdizionale competente successivamente adita può sospendere le azioni.

3. Se tali azioni sono pendenti in primo grado, qualunque autorità giurisdizionale successivamente adita può parimenti dichiarare la propria incompetenza su richiesta di una delle parti a condizione che l'autorità giurisdizionale adita per prima sia competente a conoscere delle domande proposte e la sua legge consenta la riunione dei procedimenti.

82. Diritto al risarcimento e responsabilità. – 1. Chiunque subisca un danno materiale o immateriale causato da una violazione del presente regolamento ha il diritto di ottenere il risarcimento del danno dal titolare del trattamento o dal responsabile del trattamento.

2. Un titolare del trattamento coinvolto nel trattamento risponde per il danno cagionato dal suo trattamento che violi il presente regolamento. Un responsabile del trattamento risponde per il danno causato dal trattamento solo se non ha adempiuto gli obblighi del presente regolamento specificatamente diretti ai responsabili del trattamento o ha agito in modo difforme o contrario rispetto alle legittime istruzioni del titolare del trattamento.

3. Il titolare del trattamento o il responsabile del trattamento è esonerato dalla re-

sponsabilità, a norma del paragrafo 2 se dimostra che l'evento dannoso non gli è in alcun modo imputabile.

4. Qualora più titolari del trattamento o responsabili del trattamento oppure entrambi il titolare del trattamento e il responsabile del trattamento siano coinvolti nello stesso trattamento e siano, ai sensi dei paragrafi 2 e 3, responsabili dell'eventuale danno causato dal trattamento, ogni titolare del trattamento o responsabile del trattamento è responsabile in solido per l'intero ammontare del danno, al fine di garantire il risarcimento effettivo dell'interessato.

5. Qualora un titolare del trattamento o un responsabile del trattamento abbia pagato, conformemente al paragrafo 4, l'intero risarcimento del danno, tale titolare del trattamento o responsabile del trattamento ha il diritto di reclamare dagli altri titolari del trattamento o responsabili del trattamento coinvolti nello stesso trattamento la parte del risarcimento corrispondente alla loro parte di responsabilità per il danno conformemente alle condizioni di cui al paragrafo 2.

6. Le azioni legali per l'esercizio del diritto di ottenere il risarcimento del danno sono promosse dinanzi alle autorità giurisdizionali competenti a norma del diritto dello Stato membro di cui all'articolo 79, paragrafo 2.

83. Condizioni generali per infliggere sanzioni amministrative pecuniarie. – 1. Ogni autorità di controllo provvede affinché le sanzioni amministrative pecuniarie inflitte ai sensi del presente articolo in relazione alle violazioni del presente regolamento di cui ai paragrafi 4, 5 e 6 siano in ogni singolo caso effettive, proporzionate e dissuasive.

2. Le sanzioni amministrative pecuniarie sono inflitte, in funzione delle circostanze di ogni singolo caso, in aggiunta alle misure di cui all'articolo 58, paragrafo 2, lettere da *a*) a *h*) e *j*), o in luogo di tali misure. Al momento di decidere se infliggere una sanzione amministrativa pecuniaria e di fissare l'ammontare della stessa in ogni singolo caso si tiene debito conto dei seguenti elementi:

a) la natura, la gravità e la durata della violazione tenendo in considerazione la natura, l'oggetto o a finalità del trattamento in questione nonché il numero di interessati lesi dal danno e il livello del danno da essi subito;

b) il carattere doloso o colposo della violazione;

c) le misure adottate dal titolare del trattamento o dal responsabile del trattamento per attenuare il danno subito dagli interessati;

d) il grado di responsabilità del titolare del trattamento o del responsabile del trattamento tenendo conto delle misure tecniche e organizzative da essi messe in atto ai sensi degli articoli 25 e 32;

e) eventuali precedenti violazioni pertinenti commesse dal titolare del trattamento o dal responsabile del trattamento;

f) il grado di cooperazione con l'autorità di controllo al fine di porre rimedio alla violazione e attenuarne i possibili effetti negativi;

g) le categorie di dati personali interessate dalla violazione;

h) la maniera in cui l'autorità di controllo ha preso conoscenza della violazione, in particolare se e in che misura il titolare del trattamento o il responsabile del trattamento ha notificato la violazione;

i) qualora siano stati precedentemente disposti provvedimenti di cui all'articolo 58, paragrafo 2, nei confronti del titolare del trattamento o del responsabile del trattamento in questione relativamente allo stesso oggetto, il rispetto di tali provvedimenti;

j) l'adesione ai codici di condotta approvati ai sensi dell'articolo 40 o ai meccanismi di certificazione approvati ai sensi dell'articolo 42; e

k) eventuali altri fattori aggravanti o attenuanti applicabili alle circostanze del caso, ad esempio i benefici finanziari conseguiti o le perdite evitate, direttamente o indirettamente, quale conseguenza della violazione.

3. Se, in relazione allo stesso trattamento o a trattamenti collegati, un titolare del trattamento o un responsabile del trattamento viola, con dolo o colpa, varie disposizioni del presente regolamento, l'importo totale della sanzione amministrativa pecuniaria non supera l'importo specificato per la violazione più grave.

4. In conformità del paragrafo 2, la violazione delle disposizioni seguenti è soggetta a sanzioni amministrative pecuniarie fino a 10 000 000 EUR, o per le imprese, fino al 2 % del fatturato mondiale totale annuo dell'esercizio precedente, se superiore:

a) gli obblighi del titolare del trattamento e del responsabile del trattamento a norma degli articoli 8, 11, da 25 a 39, 42 e 43;

b) gli obblighi dell'organismo di certificazione a norma degli articoli 42 e 43;

c) gli obblighi dell'organismo di controllo a norma dell'articolo 41, paragrafo 4;

5. In conformità del paragrafo 2, la violazione delle disposizioni seguenti è soggetta a sanzioni amministrative pecuniarie fino a 20 000 000 EUR, o per le imprese, fino al

4 % del fatturato mondiale totale annuo dell'esercizio precedente, se superiore:

a) i principi di base del trattamento, comprese le condizioni relative al consenso, a norma degli articoli 5, 6, 7 e 9;

b) i diritti degli interessati a norma degli articoli da 12 a 22;

c) i trasferimenti di dati personali a un destinatario in un paese terzo o un'organizzazione internazionale a norma degli articoli da 44 a 49;

d) qualsiasi obbligo ai sensi delle legislazioni degli Stati membri adottate a norma del capo IX;

e) l'inosservanza di un ordine, di una limitazione provvisoria o definitiva di trattamento o di un ordine di sospensione dei flussi di dati dell'autorità di controllo ai sensi dell'articolo 58, paragrafo 2, o il negato accesso in violazione dell'articolo 58, paragrafo 1.

6. In conformità del paragrafo 2 del presente articolo, l'inosservanza di un ordine da parte dell'autorità di controllo di cui all'articolo 58, paragrafo 2, è soggetta a sanzioni amministrative pecuniarie fino a 20 000 000 EUR, o per le imprese, fino al 4 % del fatturato mondiale totale annuo dell'esercizio precedente, se superiore.

7. Fatti salvi i poteri correttivi delle autorità di controllo a norma dell'articolo 58, paragrafo 2, ogni Stato membro può prevedere norme che dispongano se e in quale misura possono essere inflitte sanzioni amministrative pecuniarie ad autorità pubbliche e organismi pubblici istituiti in tale Stato membro.

8. L'esercizio da parte dell'autorità di controllo dei poteri attribuitile dal presente articolo è soggetto a garanzie procedurali adeguate in conformità del diritto dell'Unione e degli Stati membri, inclusi il ricorso giurisdizionale effettivo e il giusto processo.

9. Se l'ordinamento giuridico dello Stato membro non prevede sanzioni amministrative pecuniarie, il presente articolo può essere applicato in maniera tale che l'azione sanzionatoria sia avviata dall'autorità di controllo competente e la sanzione pecuniaria sia irrogata dalle competenti autorità giurisdizionali nazionali, garantendo nel contempo che i mezzi di ricorso siano effettivi e abbiano effetto equivalente alle sanzioni amministrative pecuniarie irrogate dalle autorità di controllo. In ogni caso, le sanzioni pecuniarie irrogate sono effettive, proporzionate e dissuasive. Tali Stati membri notificano alla Commissione le disposizioni di legge adottate a norma del presente paragrafo al più tardi entro il 25 maggio 2018 e comunicano senza ritardo ogni successiva modifica.

NOTE OPERATIVE:

Parametri: La norma, nel prevedere le condizioni generali per infliggere sanzioni amministrative pecuniarie, stabilisce la regola preliminare imputata alla rilevanza del caso concreto: ne consegue che ogni autorità di controllo deve provvedere affinché le sanzioni amministrative pecuniarie inflitte siano, in ogni singolo caso, effettive, proporzionate e dissuasive (C.C. 27189/23).

84. Sanzioni. – 1. Gli Stati membri stabiliscono le norme relative alle altre sanzioni per le violazioni del presente regolamento in particolare per le violazioni non soggette a sanzioni amministrative pecuniarie a norma dell'articolo 83, e adottano tutti i provvedimenti necessari per assicurarne l'applicazione. Tali sanzioni devono essere effettive, proporzionate e dissuasive.

2. Ogni Stato membro notifica alla Commissione le disposizioni di legge adottate ai sensi del paragrafo 1 al più tardi entro il 25 maggio 2018, e comunica senza ritardo ogni successiva modifica.

1.

D.L.vo 7 marzo 2005, n. 82. Codice dell'amministrazione digitale (Suppl. ord. alla *Gazzetta Ufficiale* Serie gen. - n. 112 del 16 maggio 2005) (1) (2) (3) (4).

(1) *A norma dell'art. 61, comma 2, lett.* a)*, del D.L.vo 26 agosto 2016, n. 179, le parole: «presente decreto», ovunque ricorrano, sono state così sostituite dalle seguenti: «presente Codice».*

(2) *A norma dell'art. 61, comma 2, lett.* b)*, del D.L.vo 26 agosto 2016, n. 179, la parola: «DigitPA», ovunque ricorra, è stata così sostituita dalla seguente: «AgID».*

(3) *Ai sensi dell'art. 61, comma 2, lett.* d)*, del D.L.vo 26 agosto 2016, n. 179, la parola «cittadino», ovunque ricorra, si intende come «persona fisica» e le espressioni «chiunque» e «cittadini e imprese», ovunque ricorrano, si intendono come «soggetti giuridici».*

(4) *A norma dell'art. 66, comma 1, del D.L.vo 13 dicembre 2017, n. 217, ad eccezione degli articoli 14, comma 1, 20, comma 3, e 76 le parole: «regole tecniche di cui all'articolo 71», «regole tecniche adottate ai sensi dell'articolo 71», «regole tecniche stabilite ai sensi dell'articolo 71», «regole tecniche stabilite dall'articolo 71» e «regole tecniche dettate ai sensi dell'articolo 71» ovunque ricorrano, sono state così sostituite dalle seguenti: «Linee guida».*

(*Estratto*)

Capo I
Principi generali

Sezione I
Definizioni, finalità e ambito di applicazione

1. Definizioni. - 1. Ai fini del presente codice si intende per:

0a) AgID: l'Agenzia per l'Italia digitale di cui all'articolo 19 del decreto legge 22 giugno 2012, n. 83, convertito, con modificazioni, dalla legge 7 agosto 2012, n. 134 (1);

[*a*) allineamento dei dati: il processo di coordinamento dei dati presenti in più archivi finalizzato alla verifica della corrispondenza delle informazioni in essi contenute] (2);

[*b*) autenticazione del documento informatico: la validazione del documento informatico attraverso l'associazione di dati informatici relativi all'autore o alle circostanze, anche temporali, della redazione] (2);

c) carta d'identità elettronica: il documento d'identità munito di elementi per l'identificazione fisica (3) del titolare rilasciato su supporto informatico dalle amministrazioni comunali con la prevalente finalità di dimostrare l'identità anagrafica del suo titolare;

d) carta nazionale dei servizi: il documento rilasciato su supporto informatico per consentire l'accesso per via telematica ai servizi erogati dalle pubbliche amministrazioni;

[*e*) certificati elettronici: gli attestati elettronici che collegano all'identità del titolare i dati utilizzati per verificare le firme elettroniche [ai titolari e confermano l'identità informatica dei titolari stessi] (2) (4);

[*f*) certificato qualificato: il certificato elettronico conforme ai requisiti di cui all'allegato I della direttiva 1999/93/CE, rilasciati da certificatori che rispondono ai requisiti di cui all'allegato II della medesima direttiva] (2);

[*g*) certificatore: il soggetto che presta servizi di certificazione delle firme elettroniche o che fornisce altri servizi connessi con queste ultime] (2);

[*h*) chiave privata: l'elemento della coppia di chiavi asimmetriche, utilizzato dal soggetto titolare, mediante il quale si appone la firma digitale sul documento informatico] (2);

[*i*) chiave pubblica: l'elemento della coppia di chiavi asimmetriche destinato ad essere reso pubblico, con il quale si verifica la firma digitale apposta sul documento informatico dal titolare delle chiavi asimmetriche] (2);

i bis) copia informatica di documento analogico: il documento informatico avente contenuto identico a quello del documento analogico da cui è tratto (5);

i ter) copia per immagine su supporto informatico di documento analogico: il documento informatico avente contenuto e forma identici a quelli del documento analogico da cui è tratto (5);

i quater) copia informatica di documento informatico: il documento informatico avente contenuto identico a quello del documento da cui è tratto su supporto informatico con diversa sequenza di valori binari ([5]);

i quinquies) duplicato informatico: il documento informatico ottenuto mediante la memorizzazione, sullo stesso dispositivo o su dispositivi diversi, della medesima sequenza di valori binari del documento originario ([5]);

i sexies) dati territoriali: i dati che attengono, direttamente o indirettamente, a una località o a un'area geografica specifica ([6]);

[*l*) dato a conoscibilità limitata: il dato la cui conoscibilità è riservata per legge o regolamento a specifici soggetti o categorie di soggetti] ([2]);

l bis) formato aperto: un formato di dati reso pubblico, documentato esaustivamente e neutro rispetto agli strumenti tecnologici necessari per la fruizione dei dati stessi ([7]);

l ter) dati di tipo aperto: i dati che presentano le seguenti caratteristiche:

1) sono disponibili secondo i termini di una licenza o di una previsione normativa che ne permetta l'utilizzo da parte di chiunque, anche per finalità commerciali, in formato disaggregato;

2) sono accessibili attraverso le tecnologie dell'informazione e della comunicazione, ivi comprese le reti telematiche pubbliche e private, in formati aperti ai sensi della lettera *l bis*), sono adatti all'utilizzo automatico da parte di programmi per elaboratori e sono provvisti dei relativi metadati;

3) sono resi disponibili gratuitamente attraverso le tecnologie dell'informazione e della comunicazione, ivi comprese le reti telematiche pubbliche e private, oppure sono resi disponibili ai costi marginali sostenuti per la loro riproduzione e divulgazione salvo quanto previsto dall'articolo 7 del decreto legislativo 24 gennaio 2006, n. 36 ([7]);

[*m*) dato delle pubbliche amministrazioni: il dato formato, o comunque trattato da una pubblica amministrazione] ([2]);

[*n*) dato pubblico: il dato conoscibile da chiunque] ([2]);

n bis) Riutilizzo: uso del dato di cui all'articolo 2, comma 1, lettera *e*), del decreto legislativo 24 gennaio 2006, n. 36 ([8]);

n ter) domicilio digitale: un indirizzo elettronico eletto presso un servizio di posta elettronica certificata o un servizio elettronico di recapito certificato qualificato, come definito dal regolamento (UE) 23 luglio 2014 n. 910 del Parlamento europeo e del Consiglio in materia di identificazione elettronica e servizi fiduciari per le transazioni elettroniche nel mercato interno e che abroga la direttiva 1999/93/CE, di seguito "Regolamento eIDAS",valido ai fini delle comunicazioni elettroniche aventi valore legale ([9]);

n quater) servizio in rete o on-line: qualsiasi servizio di una amministrazione pubblica fruibile a distanza per via elettronica ([10]);

[*o*) disponibilità: la possibilità di accedere ai dati senza restrizioni non riconducibili a esplicite norme di legge] ([2]);

p) documento informatico: il documento elettronico che contiene la rappresentazione informatica di atti, fatti o dati giuridicamente rilevanti ([11]);

p bis) documento analogico: la rappresentazione non informatica di atti, fatti o dati giuridicamente rilevanti ([12]);

[*q*) firma elettronica: l'insieme dei dati in forma elettronica, allegati oppure connessi tramite associazione logica ad altri dati elettronici, utilizzati come metodo di identificazione informatica] ([2]);

[*q bis*) firma elettronica avanzata: insieme di dati in forma elettronica allegati oppure connessi a un documento informatico che consentono l'identificazione del firmatario del documento e garantiscono la connessione univoca al firmatario, creati con mezzi sui quali il firmatario può conservare un controllo esclusivo, collegati ai dati ai quali detta firma si riferisce in modo da consentire di rilevare se i dati stessi siano stati successivamente modificati] ([2]);

[*r*) firma elettronica qualificata: un particolare tipo di firma elettronica avanzata che sia basata su un certificato qualificato e realizzata mediante un dispositivo sicuro per la creazione della firma] ([2]);

s) firma digitale: un particolare tipo di firma qualificata ([13]) basata su un [certificato qualificato e] ([14]) su un sistema di chiavi crittografiche, una pubblica e una privata, correlate tra loro, che consente al titolare di firma elettronica ([15]) tramite la chiave privata e a un soggetto terzo ([16]) tramite la chiave pubblica, rispettivamente, di rendere manifesta e di verificare la provenienza e l'integrità di un documento informatico o di un insieme di documenti informatici ([17]);

[*t*) fruibilità di un dato: la possibilità di utilizzare il dato anche trasferendolo nei sistemi informativi automatizzati di un'altra amministrazione] ([2]);

[*u*) gestione informatica dei documenti: l'insieme delle attività finalizzate alla registrazione e segnatura di protocollo, nonché alla classificazione, organizzazione, assegnazione, reperimento e conservazione dei documenti amministrativi formati o acquisiti dalle amministrazioni, nell'ambito del sistema di classificazione d'archivio adottato, effettuate mediante sistemi informatici] ([2]);

u bis) gestore di posta elettronica certificata: il soggetto che presta servizi di trasmissione dei documenti informatici mediante la posta elettronica certificata ([18]);

[*u ter*) identificazione informatica: la validazione dell'insieme di dati attribuiti in modo esclusivo ed univoco ad un soggetto, che ne consentono l'individuazione nei sistemi informativi, effettuata attraverso opportune tecnologie anche al fine di garantire la sicurezza dell'accesso] ([2]);

u quater) identità digitale: la rappresentazione informatica della corrispondenza tra un utente e i suoi attributi identificativi, verificata attraverso l'insieme dei dati raccolti e registrati in forma digitale secondo le modalità fissate nel decreto attuativo dell'articolo 64 ([19]);

v) originali non unici: i documenti per i quali sia possibile risalire al loro contenuto attraverso altre scritture o documenti di cui sia obbligatoria la conservazione, anche se in possesso di terzi;

v bis) posta elettronica certificata: sistema di comunicazione in grado di attestare l'invio e l'avvenuta consegna di un messaggio di posta elettronica e di fornire ricevute opponibili ai terzi ([20]);

[*z*) pubbliche amministrazioni centrali: le amministrazioni dello Stato, ivi compresi gli istituti e scuole di ogni ordine e grado e le istituzioni educative, le aziende ed amministrazioni dello Stato ad ordinamento autonomo, le istituzioni universitarie, gli enti pubblici non economici nazionali, l'Agenzia per la rappresentanza negoziale delle pubbliche amministrazioni (ARAN), le agenzie di cui al decreto legislativo 30 luglio 1999, n. 300] ([2]);

aa) titolare di firma elettronica ([21]): la persona fisica cui è attribuita la firma elettronica e che ha accesso ai dispositivi per la sua ([22]) creazione nonché alle applicazioni per la sua apposizione ([23]) della firma elettronica;

[*bb*) validazione temporale: il risultato della procedura informatica con cui si attribuiscono, ad uno o più documenti informatici, una data ed un orario opponibili ai terzi] ([2]);

cc) titolare del dato: uno dei soggetti di cui all'articolo 2, comma 2, che ha originariamente formato per uso proprio o commissionato ad altro soggetto il documento che rappresenta il dato, o che ne ha la disponibilità ([24]);

dd) interoperabilità: caratteristica di un sistema informativo, le cui interfacce sono pubbliche e aperte, di interagire in maniera automatica con altri sistemi informativi per lo scambio di informazioni e l'erogazione di servizi ([24]);

ee) cooperazione applicativa: la parte del Sistema Pubblico di Connettività finalizzata all'interazione tra i sistemi informatici dei soggetti partecipanti, per garantire l'integrazione dei metadati, delle informazioni, dei processi e procedimenti amministrativi ([24]);

ff) Linee guida: le regole tecniche e di indirizzo adottate secondo il procedimento di cui all'articolo 71 ([25]).

1 *bis*. Ai fini del presente Codice, valgono le definizioni di cui all'articolo 3 del Regolamento eIDAS ([26]).

1 *ter*. Ove la legge consente l'utilizzo della posta elettronica certificata è ammesso anche l'utilizzo di altro servizio elettronico di recapito certificato qualificato ai sensi degli articoli 3, numero 37), e 44 del Regolamento eIDAS ([27]) ([26]).

([1]) *Questa lettera è stata inserita dall'art. 1, comma 1, lett.* a), *del D.L.vo 26 agosto 2016, n. 179.*

([2]) *Questa lettera è stata soppressa dall'art. 1, comma 1, lett.* h), *del D.L.vo 26 agosto 2016, n. 179.*

([3]) *Le parole: «di fotografia» sono state così sostituite dalle attuali: «di elementi per l'identificazione fisica» dall'art. 1, comma 1, lett.* b), *del D.L.vo 30 dicembre 2010, n. 235.*

([4]) *Le parole fra parentesi quadrate sono state soppresse dall'art. 1 del D.L.vo 4 aprile 2006, n. 159.*

([5]) *Questa lettera è stata inserita dall'art. 1, comma 1, lett.* c), *del D.L.vo 30 dicembre 2010, n. 235.*

([6]) *Questa lettera è stata inserita dall'art. 1, comma 1, lett.* b), *del D.L.vo 26 agosto 2016, n. 179.*

([7]) *Questa lettera è stata inserita dall'art. 1, comma 1, lett.* a), *n. 1), del D.L.vo 13 dicembre 2017, n. 217.*

([8]) *Questa lettera è stata inserita dall'art. 9, comma 2, del D.L. 18 ottobre 2012, n. 179, convertito, con modificazioni, nella L. 17 dicembre 2012, n. 221.*

([9]) *Questa lettera, inserita dall'art. 1, comma 1, lett.* c), *del D.L.vo 26 agosto 2016, n. 179, è stata così sostituita dall'art. 1, comma 1, lett.* a), *n. 2), del D.L.vo 13 dicembre 2017, n. 217.*

([10]) *Questa lettera è stata aggiunta dall'art. 1, comma 1, lett.* a), *n. 3), del D.L.vo 13 dicembre 2017, n. 217.*

([11]) *Questa lettera è stata così sostituita dall'art. 1, comma 1, lett.* d), *del D.L.vo 26 agosto 2016, n. 179.*

([12]) *Questa lettera è stata inserita dall'art. 1, comma 1, lett.* d), *del D.L.vo 30 dicembre 2010, n. 235.*

([13]) *Le parole: «elettronica avanzata» sono state così sostituite dalla seguente: «qualificata», dall'art. 1, comma 1, lett.* e), *del D.L.vo 26 agosto 2016, n. 179.*

([14]) *Le parole tra parentesi quadrate sono state soppresse dall'art. 1, comma 1, lett.* e), *del D.L.vo 26 agosto 2016, n. 179.*

([15]) *Le parole: «di firma elettronica» sono state inserite dall'art. 1, comma 1, lett.* a), *n. 4), del D.L.vo 13 dicembre 2017, n. 217.*

([16]) *Le parole: «e al destinatario» sono state così sostituite dalle attuali: «e a un soggetto terzo» dall'art. 1, comma 1, lett.* a), *n. 4), del D.L.vo 13 dicembre 2017, n. 217.*

([17]) *Questa lettera è stata così sostituita dall'art. 1, comma 1, lett.* g), *del D.L.vo 30 dicembre 2010, n. 235.*

([18]) *Questa lettera è stata inserita dall'art. 1, comma 1, lett.* h), *del D.L.vo 30 dicembre 2010, n. 235.*

([19]) *Questa lettera è stata inserita dall'art. 1, comma 1, lett.* f), *del D.L.vo 26 agosto 2016, n. 179.*

([20]) *Questa lettera è stata inserita dall'art. 1, comma 1, lett.* i), *del D.L.vo 30 dicembre 2010, n. 235.*

([21]) *Le parole: «di firma elettronica» sono state inserite dall'art. 1, comma 1, lett.* a), *n.* 5), *del D.L.vo 13 dicembre 2017, n. 217.*

([22]) *La parola: «sua» è stata inserita dall'art. 1, comma 1, lett.* a), *n.* 5), *del D.L.vo 13 dicembre 2017, n. 217.*

([23]) *Le parole: «nonché alle applicazioni per la sua apposizione» sono state inserite dall'art. 1, comma 1, lett.* a), *n.* 5), *del D.L.vo 13 dicembre 2017, n. 217.*

([24]) *Questa lettera è stata inserita dall'art. 1, comma 1, lett.* g), *del D.L.vo 26 agosto 2016, n. 179.*

([25]) *Questa lettera è stata inserita dall'art. 1, comma 1, lett.* a), *n.* 6), *del D.L.vo 13 dicembre 2017, n. 217.*

([26]) *Questo comma è stato aggiunto dall'art. 1, comma 2, del D.L.vo 26 agosto 2016, n. 179.*

([27]) *Le parole: «qualificato ai sensi degli articoli 3, numero 37), e 44 del Regolamento eIDAS» sono state aggiunte dall'art. 1, comma 1, lett.* b), *del D.L.vo 13 dicembre 2017, n. 217.*

2. Finalità e ambito di applicazione. – 1. Lo Stato, le Regioni e le autonomie locali assicurano la disponibilità, la gestione, l'accesso, la trasmissione, la conservazione e la fruibilità dell'informazione in modalità digitale e si organizzano ed agiscono a tale fine utilizzando con le modalità più appropriate e nel modo più adeguato al soddisfacimento degli interessi degli utenti ([1]) le tecnologie dell'informazione e della comunicazione.

2. Le disposizioni del presente Codice si applicano:

a) alle pubbliche amministrazioni di cui all'articolo 1, comma 2, del decreto legislativo 30 marzo 2001, n. 165, nel rispetto del riparto di competenza di cui all'articolo 117 della Costituzione, ivi comprese le autorità di sistema portuale, nonché alle autorità amministrative indipendenti di garanzia, vigilanza e regolazione;

b) ai gestori di servizi pubblici, ivi comprese le società quotate, in relazione ai servizi di pubblico interesse;

c) alle società a controllo pubblico, come definite nel decreto legislativo 19 agosto 2016, n. 175, escluse le società quotate di cui all'articolo 2, comma 1, lettera *p*), del medesimo decreto che non rientrino nella categoria di cui alla lettera *b*) ([2]) ([3]).

[2 *bis*. Tutte le disposizioni previste dal presente codice per le pubbliche amministrazioni si applicano, ove possibile tecnicamente e a condizione che non si producano nuovi o maggiori oneri per la finanza pubblica ovvero, direttamente o indirettamente, aumenti di costi a carico degli utenti, anche ai soggetti privati preposti all'esercizio di attività amministrative] ([4]).

3. Le disposizioni del presente Codice e le relative Linee guida concernenti il documento informatico, le firme elettroniche e i servizi fiduciari di cui al Capo II, la riproduzione e conservazione dei documenti di cui agli articoli 43 e 44, il domicilio digitale e le comunicazioni elettroniche di cui all'articolo 3 *bis* e al Capo IV, l'identità digitale di cui agli articoli 3 *bis* e 64 si applicano anche ai privati, ove non diversamente previsto ([5]).

4. Le disposizioni di cui al capo V, concernenti l'accesso ai documenti informatici e la fruibilità delle informazioni digitali, ([6]) si applicano anche [ai gestori di servizi pubblici ed] ([7]) agli organismi di diritto pubblico.

5. Le disposizioni del presente Codice si applicano nel rispetto della disciplina in materia di trattamento dei dati personali e, in particolare, delle disposizioni del Codice in materia di protezione dei dati personali approvato con decreto legislativo 30 giugno 2003, n. 196 ([8]).

6. Le disposizioni del presente Codice non si applicano limitatamente all'esercizio delle attività e funzioni [ispettive e di controllo fiscale,] ([9]) di ordine e sicurezza pubblica, difesa e sicurezza nazionale, polizia giudiziaria e polizia economico-finanziaria e consultazioni elettorali, nonché alle comunicazioni di emergenza e di allerta in ambito di protezione civile ([10]). Le disposizioni del presente Codice si applicano [altresì] ([9]) al processo civile, penale, amministrativo, contabile e tributario, in quanto compatibili e salvo che non sia diversamente disposto dalle disposizioni in materia di processo telematico ([8]).

6 *bis*. Ferma restando l'applicabilità delle disposizioni del presente decreto agli atti di liquidazione, rettifica, accertamento e di irrogazione delle sanzioni di natura tributaria, con decreto del Presidente del Consiglio dei ministri o del Ministro delegato, adottato su proposta del Ministro dell'economia e delle finanze, sono stabiliti le modalità e i termini di applicazione delle disposizioni del presente Codice alle attività e funzioni ispettive e di controllo fiscale ([11]).

([1]) *Le parole: «e nel modo più adeguato al soddisfacimento degli interessi degli utenti» sono state inserite dall'art. 2, comma 1, lett.* a), *del D.L.vo 26 agosto 2016, n. 179.*

([2]) *Questo comma è stato così, da ultimo sostituito, dall'art. 2, comma 1, lett.* a), *del D.L.vo 13 dicembre 2017, n. 217.*

([3]) *A norma dell'art. 1, comma 8, del D.L. 30 dicembre 2019, n. 162, convertito, con modificazioni, nella L. 28 febbraio 2020, n. 8, anche al fine di consentire i pagamenti digitali da parte dei cittadini, i soggetti di cui a questo comma, sono tenuti, entro il 28 febbraio 2021, a integrare i loro sistemi di incasso con la piattaforma di cui all'articolo 5, comma 2, del decreto legislativo 7 marzo 2005, n. 82, ovvero ad avvalersi, a tal fine, di servizi forniti da altri soggetti di cui allo stesso articolo 2, comma 2, o da fornitori di servizi di incasso già abilitati ad operare sulla piattaforma. Il mancato adempimento dell'obbligo di cui al precedente periodo rileva ai fini della misurazione e della valutazione della performance individuale dei dirigenti responsabili e comporta responsabilità dirigenziale e disciplinare ai sensi degli articoli 21 e 55 del decreto legislativo 30 marzo 2001, n. 165.*

([4]) *Questo comma, inserito dall'art. 36, comma 5, della L. 18 giugno 2009, n. 69, è stato abrogato dall'art. 2, comma 1, lett.* b), *del D.L.vo 30 dicembre 2010, n. 235.*

([5]) *Questo comma è stato così, da ultimo, così sostituito dall'art. 2, comma 1, lett.* b), *del D.L.vo 13 dicembre 2017, n. 217.*

([6]) *Le parole: «, e la fruibilità delle informazioni digitali» sono state così sostituite dalle attuali: «e la fruibilità delle informazioni digitali,» dall'art. 2, comma 1, lett.* c), *del D.L.vo 13 dicembre 2017, n. 217.*

([7]) *Le parole fra parentesi quadrate sono state soppresse dall'art. 2, comma 1, lett.* c), *del D.L.vo 13 dicembre 2017, n. 217.*

([8]) *Questo comma è stato così sostituito dall'art. 2, comma 1, lett.* c), *del D.L.vo 26 agosto 2016, n. 179.*

([9]) *Le parole fra parentesi quadrate sono state soppresse dall'art. 2, comma 1, lett.* d), *del D.L.vo 13 dicembre 2017, n. 217.*

([10]) *Le parole: «, nonché alle comunicazioni di emergenza e di allerta in ambito di protezione civile» sono state inserite dall'art. 2, comma 1, lett.* d), *del D.L.vo 13 dicembre 2017, n. 217.*

([11]) *Questo comma è stato inserito dall'art. 2, comma 1, lett.* e), *del D.L.vo 13 dicembre 2017, n. 217.*

Sezione II

Carta della cittadinanza digitale ([1])

([1]) *La precedente rubrica: «Diritti dei cittadini e delle imprese» è stata così sostituita dall'attuale dall'art. 3 del D.L.vo 13 dicembre 2017, n. 217.*

3 *bis*. ([1]) Identità digitale e Domicilio digitale ([2]). – 01. Chiunque ha il diritto di accedere ai servizi on-line offerti dai soggetti di cui all'articolo 2, comma 2 [, lettere *a*) e *b*)] ([3]), tramite la propria identità digitale ([4]).

1. I soggetti di cui all'articolo 2, comma 2, i professionisti tenuti all'iscrizione in albi ed elenchi e i soggetti tenuti all'iscrizione nel registro delle imprese hanno l'obbligo di dotarsi di un domicilio digitale iscritto nell'elenco di cui agli articoli 6 *bis* o 6 *ter* e anche attraverso il punto di accesso telematico di cui all'articolo 64 *bis* ([5]) ([6]).

1 *bis*. Fermo restando quanto previsto al comma 1, chiunque ha facoltà di eleggere o modificare ([7]) il proprio domicilio digitale da iscrivere nell'elenco di cui all'articolo 6 *quater*. Nel caso in cui il domicilio eletto risulti non più attivo si procede alla cancellazione d'ufficio dall'indice di cui all'articolo 6 *quater* secondo le modalità fissate nelle Linee guida ([8]) ([9]).

1 *ter*. I domicili digitali di cui ai commi 1, 1 *bis* e 4 *quinquies* ([10]) sono eletti secondo le modalità stabilite con le Linee guida. Le persone fisiche possono altresì eleggere il domicilio digitale avvalendosi del servizio di cui all'articolo 64 *bis*, di quello reso disponibile on-line dall'Anagrafe nazionale della popolazione residente (ANPR) di cui all'articolo 62, ovvero recandosi presso l'ufficio anagrafe del proprio comune di residenza ([9]) ([11]).

1 *quater*. I soggetti di cui ai commi 1 e 1 *bis* hanno l'obbligo di fare un uso diligente del proprio domicilio digitale e di comunicare ogni modifica o variazione del medesimo secondo le modalità fissate nelle Linee guida ([9]). Con le stesse Linee guida, fermo restando quanto previsto ai commi 3 *bis* e 4 *bis*, sono definite le modalità di gestione e di aggiornamento dell'elenco di cui all'articolo 6 *quater* anche nei casi di decesso del titolare del domicilio digitale eletto o di impossibilità sopravvenuta di avvalersi del domicilio ([12]).

[2. Il domicilio di cui al comma 1 è inserito nell'Anagrafe nazionale della popolazione residente-ANPR e reso disponibile a tutte le pubbliche amministrazioni e ai gestori o esercenti di pubblici servizi. Esso inerisce esclusivamente alle comunicazioni e alle notifiche e costituisce mezzo esclusivo di comunicazione e notifica da parte dei soggetti di cui all'articolo 2, comma 2] ([13]).

[3. Con decreto del Ministro dell'interno, di concerto con il Ministro per la pubblica amministrazione e la semplificazione e il Ministro delegato per l'innovazione tecnologica, sentita l'Agenzia per l'Italia digitale, sono definite le modalità di comunicazione, variazione e cancellazione del proprio domicilio digitale da parte del cittadino, nonché le modalità di consultazione dell'ANPR da parte dei gestori o esercenti di pubblici servizi ai fini del reperimento del domicilio digitale dei propri utenti] ([14]).

3 *bis*. Con decreto del Presidente del Consiglio dei ministri o del Ministro delegato per la semplificazione e la pubblica amministrazione, sentiti l'AgID e il Garante per la protezione dei dati personali e acquisito il parere della Conferenza unificata, è stabilita la data a decorrere dalla quale le comunicazioni tra i soggetti di cui all'articolo 2, comma 2, e

coloro che non hanno provveduto a eleggere un domicilio digitale ai sensi del comma 1 *bis*, avvengono esclusivamente in forma elettronica. Con lo stesso decreto sono determinate le modalità con le quali ai predetti soggetti è attribuito [15] un domicilio digitale ovvero altre modalità con le quali, anche per superare il divario digitale, i documenti possono essere messi a disposizione e consegnati a coloro che non hanno accesso ad un domicilio digitale [16] [17].

4. A decorrere dal 1° gennaio 2013, salvo i casi in cui è prevista dalla normativa vigente una diversa modalità di comunicazione o di pubblicazione in via telematica, le amministrazioni pubbliche e i gestori o esercenti di pubblici servizi comunicano con il cittadino esclusivamente tramite il domicilio digitale dallo stesso dichiarato. Per la violazione della presente disposizione si applica l'articolo 18 *bis* [18].

4 *bis*. Fino alla data fissata nel decreto di cui al comma 3 *bis*, i soggetti di cui all'articolo 2, comma 2, possono predisporre le comunicazioni ai soggetti che non hanno un domicilio digitale ovvero nei casi di domicilio digitale non attivo, non funzionante o non raggiungibile, come documenti informatici sottoscritti con firma digitale o altra firma elettronica qualificata, da conservare nei propri archivi, ed inviare agli stessi, per posta ordinaria o raccomandata con avviso di ricevimento, copia analogica di tali documenti su cui è apposto a stampa il contrassegno di cui all'articolo 23, comma 2 *bis* o l'indicazione a mezzo stampa del responsabile pro tempore in sostituzione della firma autografa ai sensi dell'articolo 3 del decreto legislativo 12 febbraio 1993, n. 39 [19] ovvero un avviso con le indicazioni delle modalità con le quali i suddetti documenti sono messi a disposizione e consegnati al destinatario [20].

4 *ter*. Le disposizioni di cui al comma 4 *bis* soddisfano a tutti gli effetti di legge gli obblighi di conservazione e di esibizione dei documenti previsti dalla legislazione vigente laddove la copia analogica inviata al cittadino contenga una dicitura che specifichi che il documento informatico, da cui la copia è tratta, è stato predisposto come documento nativo digitale [21] ed è disponibile [22] presso l'amministrazione [in conformità alle Linee guida] [23].

4 *quater*. La copia analogica con l'indicazione a mezzo stampa del responsabile in sostituzione della firma autografa ai sensi dell'articolo 3 del decreto legislativo 12 febbraio 1993, n. 39, soddisfa [24] le condizioni di cui all'articolo 23, comma 2 *bis*, [25] salvo i casi in cui il documento rappresenti, per propria natura, una certificazione rilasciata dall'amministrazione da utilizzarsi nei rapporti tra privati.

4 *quinquies*. È possibile eleggere anche un domicilio digitale speciale per determinati atti, procedimenti o affari [26]. In tal caso, ferma restando la validità ai fini delle comunicazioni elettroniche aventi valore legale, colui che lo ha eletto non può opporre eccezioni relative alla forma e alla data della spedizione e del ricevimento delle comunicazioni o notificazioni ivi indirizzate [27] [28].

5. Dall'attuazione delle disposizioni di cui al presente articolo non devono derivare nuovi o maggiori oneri a carico della finanza pubblica.

(1) *Questo articolo è stato inserito dall'art. 4, comma 1, del D.L. 18 ottobre 2012, n. 179, convertito, con modificazioni, nella L. 17 dicembre 2012, n. 221.*

(2) *La precedente rubrica:* «Domicilio digitale del cittadino» *è stata sostituita dalla rubrica:* «Domicilio digitale delle persone fisiche», *dall'art. 4, comma 1, lett.* a), *del D.L.vo 26 agosto 2016, n. 179, e poi da ultimo così sostituita dall'attuale:* «Identità digitale e Domicilio digitale», *dall'art. 5, comma 1, lett.* a), *del D.L.vo 13 dicembre 2017, n. 217.*

(3) *Le parole fra parentesi quadrate sono state soppresse dall'art. 24, comma 1, lett. a), n. 1), del D.L. 16 luglio 2020, n. 76, convertito, con modificazioni, nella L. 11 settembre 2020, n. 120.*

(4) *Questo comma è stato inserito dall'art. 5, comma 1, lett. b), del D.L.vo 13 dicembre 2017, n. 217.*

A norma dell'art. 65, comma 1, del medesimo decreto il diritto di cui a questo comma è riconosciuto a decorrere dal 1° gennaio 2018.

(5) *Le parole: "e anche attraverso il punto di accesso telematico di cui all'articolo 64* bis*" sono state aggiunte dall'art. 24, comma 1, lett. a), n. 1), del D.L. 16 luglio 2020, n. 76, convertito, con modificazioni, nella L. 11 settembre 2020, n. 120.*

(6) *Questo comma è stato così, da ultimo, sostituito dall'art. 5, comma 1, lett. c), del D.L.vo 13 dicembre 2017, n. 217.*

(7) *Le parole: «o modificare» sono state inserite dall'art. 38, comma 2, lett. a), n. 01, del D.L. 31 maggio 2021, n. 77, convertito, con modificazioni, nella L. 29 luglio 2021, n. 108.*

(8) *Questo periodo è stato così sostituito dall'art. 24, comma 1, lett. a), n. 2), del D.L. 16 luglio 2020, n. 76, convertito, con modificazioni, nella L. 11 settembre 2020, n. 120.*

(9) *Questo comma è stato inserito dall'art. 5, comma 1, lett. d), del D.L.vo 13 dicembre 2017, n. 217.*

(10) *Le parole: «1 e 1 bis» sono state così sostituite dalle attuali: «1, 1 bis e 4 quinquies» dall'art. 38, comma 2, lett. a), n. 1, del D.L. 31 maggio 2021, n. 77, convertito, con modificazioni, nella L. 29 luglio 2021, n. 108.*

(11) *Le parole: «, di quello reso disponibile on-line dall'Anagrafe nazionale della popolazione residente (ANPR) di cui all'articolo 62, ovvero recandosi presso l'ufficio anagrafe del proprio comune di residenza» so-*

no state aggiunte dall'art. 27, comma 1, lett. a), del D.L. 6 novembre 2021, n. 152, convertito, con modificazioni, nella L. 29 dicembre 2021, n. 233.

([12]) *Questo periodo è stato aggiunto dall'art. 24, comma 1, lett. a), n. 3), del D.L. 16 luglio 2020, n. 76, convertito, con modificazioni, nella L. 11 settembre 2020, n. 120.*

([13]) *Questo comma è stato abrogato dall'art. 5, comma 1, lett. e), del D.L.vo 13 dicembre 2017, n. 217.*

([14]) *Questo comma è stato abrogato dall'art. 4, comma 1, lett. d), del D.L.vo 26 agosto 2016, n. 179.*

([15]) *Le parole: «può essere reso disponibile» sono state così sostituite dalle attuali: «è attribuito» dall'art. 38, comma 2, lett. a), n. 2, del D.L. 31 maggio 2021, n. 77, convertito, con modificazioni, nella L. 29 luglio 2021, n. 108.*

([16]) *Questo periodo è stato così sostituito dall'art. 24, comma 1, lett. a), n. 4), del D.L. 16 luglio 2020, n. 76, convertito, con modificazioni, nella L. 11 settembre 2020, n. 120.*

([17]) *Questo comma, inserito dall'art. 4, comma 1, lett. e), del D.L.vo 26 agosto 2016, n. 179., è stato così sostituito dall'art. 5, comma 1, lett. f), del D.L.vo 13 dicembre 2017, n. 217.*

([18]) *Le parole da: «, anche ai sensi dell'articolo 21 bis della legge 7 agosto 1990, n. 241» fino alla fine del comma sono state così sostituite dalle attuali: «. Per la violazione della presente disposizione si applica l'articolo 18 bis» dall'art. 30, comma 8 bis, lett. a), del D.L. 30 aprile 2022, n. 36, convertito, con modificazioni, nella L. 29 giugno 2022, n. 79.*

([19]) *Le parole: «sottoscritti con firma autografa sostituita a mezzo stampa predisposta secondo le disposizioni di cui all'articolo 3 del decreto legislativo 12 febbraio 1993, n. 39» sono state così sostituite dalle attuali: «su cui è apposto a stampa il contrassegno di cui all'articolo 23, comma 2 bis o l'indicazione a mezzo stampa del responsabile pro tempore in sostituzione della firma autografa ai sensi dell'articolo 3 del decreto legislativo 12 febbraio 1993, n. 39» dall'art. 38, comma 2, lett. a), n. 3, del D.L. 31 maggio 2021, n. 77, convertito, con modificazioni, nella L. 29 luglio 2021, n. 108.*

([20]) *Questo comma è stato così sostituito dall'art. 24, comma 1, lett. a), n. 5), del D.L. 16 luglio 2020, n. 76, convertito, con modificazioni, nella L. 11 settembre 2020, n. 120.*

([21]) *Le parole: «come documento nativo digitale» sono state inserite dall'art. 38, comma 2, lett. a), n. 4, del D.L. 31 maggio 2021, n. 77, convertito, con modificazioni, nella L. 29 luglio 2021, n. 108.*

([22]) *Le parole: «e conservato» sono state così sostituite dalle attuali: «ed è disponibile» dall'art. 5, comma 1, lett. h), del D.L.vo 13 dicembre 2017, n. 217.*

([23]) *Le parole: «in conformità alle Linee guida» sono state inserite dall'art. 38, comma 2, lett. a), n. 4, del D.L. 31 maggio 2021, n. 77, convertito, con modificazioni, nella L. 29 luglio 2021, n. 108.*

([24]) *Le parole: «Le modalità di predisposizione della copia analogica di cui ai commi 4 bis e 4 ter soddisfano» sono state così sostituite dalle attuali: «La copia analogica con l'indicazione a mezzo stampa del responsabile in sostituzione della firma autografa ai sensi dell'articolo 3 del decreto legislativo 12 febbraio 1993, n. 39, soddisfa» dall'art. 38, comma 2, lett. a), n. 5, del D.L. 31 maggio 2021, n. 77, convertito, con modificazioni, nella L. 29 luglio 2021, n. 108.*

([25]) *Le parole: «all'articolo 23 ter, comma 5,» sono state così sostituite dalle seguenti: «all'articolo 23, comma 2 bis», dall'art. 4, comma 1, lett. g), del D.L.vo 26 agosto 2016, n. 179.*

([26]) *Questo periodo è stato da ultimo così sostituito dall'art. 38, comma 2, lett. a), n. 6, del D.L. 31 maggio 2021, n. 77, convertito, con modificazioni, nella L. 29 luglio 2021, n. 108.*

([27]) *Questo periodo è stato così sostituito dall'art. 5, comma 1, lett. i), n. 2), del D.L.vo 13 dicembre 2017, n. 217.*

([28]) *Questo comma è stato inserito dall'art. 4, comma 1, lett. h), del D.L.vo 26 agosto 2016, n. 179.*

6. Utilizzo del domicilio digitale ([1]). – 1. Le comunicazioni tramite i domicili digitali sono effettuate agli indirizzi inseriti negli elenchi di cui agli articoli 6 *bis*, 6 *ter* e 6 *quater*, o a quello eletto come domicilio speciale per determinati atti o affari ai sensi dell'articolo 3 *bis*, comma 4 *quinquies*. Le comunicazioni elettroniche trasmesse ad uno dei domicili digitali di cui all'articolo 3 *bis* producono, quanto al momento della spedizione e del ricevimento, gli stessi effetti giuridici delle comunicazioni a mezzo raccomandata con ricevuta di ritorno ed equivalgono alla notificazione per mezzo della posta salvo che la legge disponga diversamente. Le suddette comunicazioni si intendono spedite dal mittente se inviate al proprio gestore e si intendono consegnate se rese disponibili al domicilio digitale del destinatario, salva la prova che la mancata consegna sia dovuta a fatto non imputabile al destinatario medesimo. La data e l'ora di trasmissione e ricezione del documento informatico sono opponibili ai terzi se apposte in conformità alle Linee guida ([2]).

[1 *bis*. La consultazione degli indirizzi di posta elettronica certificata, di cui agli articoli 16, comma 10, e 16 *bis*, comma 5, del decreto legge 29 novembre 2008, n. 185, convertito, con modificazioni, dalla legge 28 gennaio 2009, n. 2, e l'estrazione di elenchi dei suddetti indirizzi, da parte delle pubbliche amministrazioni è effettuata sulla base delle regole tecniche emanate da AgID, sentito il Garante per la protezione dei dati personali] ([3]).

1 *ter*. L'elenco dei domicili digitali delle imprese e dei professionisti è l'Indice nazionale dei domicili digitali (INI-PEC) delle imprese e dei professionisti di cui all'articolo 6 *bis*. L'elenco dei domicili digitali dei soggetti di cui all'articolo 2, comma 2, lettere *a*) e *b*), è l'Indice degli indirizzi della pubblica amministrazione e dei gestori di pubblici servizi, di cui all'articolo 6 *ter*. L'elenco dei domicili digitali delle persone fisiche e degli altri enti di diritto privato diversi da quelli di cui al primo e al

secondo periodo è l'Indice degli indirizzi delle persone fisiche e degli altri enti di diritto privato di cui all'articolo 6 *quater* ([4]).

1 *quater*. I soggetti di cui all'articolo 2, comma 2, notificano direttamente presso i domicili digitali di cui all'articolo 3 *bis* i propri atti, compresi i verbali relativi alle sanzioni amministrative, gli atti impositivi di accertamento e di riscossione e le ingiunzioni di cui all'articolo 2 del regio decreto 14 aprile 1910, n. 639, fatte salve le specifiche disposizioni in ambito tributario. La conformità della copia informatica del documento notificato all'originale è attestata dal responsabile del procedimento in conformità a quanto disposto agli articoli 22 e 23 *bis* ([4]).

[2. Le disposizioni di cui al gomma 1 si applicano anche alle pubbliche amministrazioni regionali e locali salvo che non sia diversamente stabilito] ([5]).

[2 bis. Le pubbliche amministrazioni regionali e locali hanno facoltà di assegnare ai cittadini residenti caselle di posta elettronica certificata atte alla trasmissione di documentazione ufficiale] ([6]).

([1]) *La precedente rubrica: «Utilizzo della posta elettronica certificata» è stata così sostituita dall'attuale: «Utilizzo del domicilio digitale» dall'art. 7, comma 1, lett. a), del D.L.vo 13 dicembre 2017, n. 217.*

([2]) *Questo comma è stato così, da ultimo, sostituito dall'art. 7, comma 1, lett. b), del D.L.vo 13 dicembre 2017, n. 217.*

([3]) *Questo comma, inserito dall'art. 5, comma 1, lett. b), del D.L.vo 30 dicembre 2010, n. 235, è stato abrogato dall'art. 7, comma 1, lett. c), del D.L.vo 13 dicembre 2017, n. 217.*

([4]) *Questo comma è stato inserito dall'art. 7, comma 1, lett. d), del D.L.vo 13 dicembre 2017, n. 217.*

([5]) *Questo comma è stato abrogato dall'art. 5, comma 1, lett. c), del D.L.vo 30 dicembre 2010, n. 235.*

([6]) *Questo comma, aggiunto dall'art. 34, comma 1, lett. a), della L. 18 giugno 2009, n. 69, è stato abrogato dall'art. 5, comma 1, lett. c), del D.L.vo 30 dicembre 2010, n. 235.*

6 bis. ([1]) **Indice nazionale dei domicili digitali** ([2]) **delle imprese e dei professionisti.** – 1. Al fine di favorire la presentazione di istanze, dichiarazioni e dati, nonché lo scambio di informazioni e documenti tra i soggetti di cui all'articolo 2, comma 2 ([3]) e le imprese e i professionisti in modalità telematica, è istituito [, entro sei mesi dalla data di entrata in vigore della presente disposizione e con le risorse umane, strumentali e finanziarie disponibili a legislazione vigente,] ([4]) il pubblico elenco denominato Indice nazionale dei domicili digitali ([5]) (INI-PEC) delle imprese e dei professionisti, presso il Ministero per lo sviluppo economico.

2. L'Indice nazionale di cui al comma 1 è realizzato a partire dagli elenchi di indirizzi PEC costituiti presso il registro delle imprese e gli ordini o collegi professionali, in attuazione di quanto previsto dall'articolo 16 del decreto legge 29 novembre 2008, n. 185, convertito, con modificazioni, dalla legge 28 gennaio 2009, n. 2. Nell'Indice nazionale sono inseriti anche i domicili digitali dei professionisti diversi da quelli di cui al primo periodo, iscritti in elenchi o registri detenuti dalle pubbliche amministrazioni e istituiti con legge dello Stato ([6]). I domicili digitali ([7]) inseriti in tale Indice costituiscono mezzo esclusivo di comunicazione e notifica con i soggetti di cui all'articolo 2, comma 2 ([8]).

2 *bis*. L'INI-PEC acquisisce dagli ordini e dai collegi professionali gli attributi qualificati dell'identità digitale ai fini di quanto previsto dal decreto di cui all'articolo 64, comma 2 *sexies* ([9]).

[3. L'accesso all'INI-PEC è consentito alle pubbliche amministrazioni, ai professionisti, alle imprese, ai gestori o esercenti di pubblici servizi ed a tutti i cittadini tramite sito web e senza necessità di autenticazione. L'indice è realizzato in formato aperto, secondo la definizione di cui all'articolo 68, comma 3] ([10]).

4. Il Ministero per lo sviluppo economico, al fine del contenimento dei costi e dell'utilizzo razionale delle risorse, sentita l'Agenzia per l'Italia digitale, si avvale per la realizzazione e gestione operativa dell'Indice nazionale di cui al comma 1 delle strutture informatiche delle Camere di commercio deputate alla gestione del registro imprese e ne definisce con proprio decreto, da emanare entro 60 giorni dalla data di entrata in vigore della presente disposizione, le modalità di accesso e di aggiornamento.

5. Nel decreto di cui al comma 4 sono anche definite le modalità e le forme con cui gli ordini e i collegi professionali nonché le pubbliche amministrazioni ([11]) comunicano all'Indice nazionale di cui al comma 1 tutti gli indirizzi PEC relativi ai professionisti di propria competenza e sono previsti gli strumenti telematici resi disponibili dalle Camere di commercio per il tramite delle proprie strutture informatiche al fine di ottimizzare la raccolta e aggiornamento dei medesimi indirizzi.

6. Dall'attuazione delle disposizioni di cui al presente articolo non devono derivare nuovi o maggiori oneri a carico della finanza pubblica.

([1]) *Questo articolo è stato inserito dall'art. 5, comma 3, del D.L. 18 ottobre 2012, n. 179, convertito, con modificazioni, nella L. 17 dicembre 2012, n. 221.*

([2]) *Le parole: «degli indirizzi PEC» sono state così sostituite dalle seguenti: «dei domicili digitali» dall'art. 8, comma 1, lett. a), del D.L.vo 13 dicembre 2017, n. 217.*

([3]) *Le parole: «la pubblica amministrazione» sono state così sostituite dalle seguenti: «i soggetti di cui all'articolo 2, comma 2» dall'art. 8, comma 1, lett. b), del D.L.vo 13 dicembre 2017, n. 217.*

([4]) *Le parole fra parentesi quadrate sono state soppresse dall'art. 8, comma 1, lett. b), del D.L.vo 13 dicembre 2017, n. 217.*

([5]) *Le parole: «degli indirizzi di posta elettronica certificata» sono state così sostituite dalle seguenti: «dei domicili digitali» dall'art. 8, comma 1, lett. b), del D.L.vo 13 dicembre 2017, n. 217.*

([6]) *Questo periodo è stato inserito dall'art. 24, comma 1, lett. b), n. 1), del D.L. 16 luglio 2020, n. 76, convertito, con modificazioni, nella L. 11 settembre 2020, n. 120.*

([7]) *Le parole: «Gli indirizzi PEC» sono state così sostituite dalle seguenti: «I domicili digitali» dall'art. 8, comma 1, lett. c), del D.L.vo 13 dicembre 2017, n. 217.*

([8]) *Questo periodo è stato aggiunto dall'art. 7, comma 1, lett. a), del D.L.vo 26 agosto 2016, n. 179.*

([9]) *Questo comma è stato inserito dall'art. 7, comma 1, lett. b), del D.L.vo 26 agosto 2016, n. 179.*

([10]) *Questo comma è stato abrogato dall'art. 8, comma 1, lett. d), del D.L.vo 13 dicembre 2017, n. 217.*

([11]) *Le parole: "nonché le pubbliche amministrazioni" sono state aggiunte dall'art. 24, comma 1, lett. b), n. 2), del D.L. 16 luglio 2020, n. 76, convertito, con modificazioni, nella L. 11 settembre 2020, n. 120.*

6 *ter*. ([1]) Indice dei domicili digitali ([2]) delle pubbliche amministrazioni e dei gestori di pubblici servizi. – 1. Al fine di assicurare la pubblicità dei riferimenti telematici delle pubbliche amministrazioni e dei gestori dei pubblici servizi è istituito il pubblico elenco di fiducia denominato "Indice dei domicili digitali ([3]) della pubblica amministrazione e dei gestori di pubblici servizi", nel quale sono indicati i domicili digitali ([4]) da utilizzare per le comunicazioni e per lo scambio di informazioni e per l'invio di documenti a tutti gli effetti di legge tra le pubbliche amministrazioni, i gestori di pubblici servizi e i privati.

2. La realizzazione e la gestione dell'Indice sono affidate all'AgID, che può utilizzare a tal fine elenchi e repertori già formati dalle amministrazioni pubbliche.

3. Le amministrazioni di cui al comma 1 e i gestori di pubblici servizi ([5]) aggiornano gli indirizzi e i contenuti dell'Indice tempestivamente e comunque con cadenza almeno semestrale, secondo le indicazioni dell'AgID. La mancata comunicazione degli elementi necessari al completamento dell'Indice e del loro aggiornamento è valutata ai fini della responsabilità dirigenziale e dell'attribuzione della retribuzione di risultato ai dirigenti responsabili.

([1]) *Questo articolo è stato inserito dall'art. 7, comma 2, del D.L.vo 26 agosto 2016, n. 179.*

([2]) *Le parole: «degli indirizzi» sono state così sostituite dalle seguenti: «dei domicili digitali» dall'art. 9, comma 1, lett. a), del D.L.vo 13 dicembre 2017, n. 217.*

([3]) *Le parole: «degli indirizzi» sono state così sostituite dalle seguenti: «dei domicili digitali» dall'art. 9, comma 1, lett. b), del D.L.vo 13 dicembre 2017, n. 217.*

([4]) *Le parole: «gli indirizzi di posta elettronica certificata» sono state così sostituite dalle seguenti: «i domicili digitali» dall'art. 9, comma 1, lett. b), del D.L.vo 13 dicembre 2017, n. 217.*

([5]) *Le parole: «e i gestori di pubblici servizi» sono state inserite dall'art. 9, comma 1, lett. c), del D.L.vo 13 dicembre 2017, n. 217.*

6 *quater*. ([1]) Indice nazionale dei domicili digitali delle persone fisiche, dei professionisti ([2]) e degli altri enti di diritto privato, non tenuti all'iscrizione in albi, elenchi o registri ([3]) professionali o nel registro delle imprese. – 1. È istituito il pubblico elenco dei domicili digitali delle persone fisiche, dei professionisti ([4]) e degli altri enti di diritto privato non tenuti all'iscrizione nell'indice di cui all'articolo 6 *bis* ([5]), nel quale sono indicati i domicili eletti ai sensi dell'articolo 3 *bis*, comma 1 *bis*. La realizzazione e la gestione del presente Indice ([6]) sono affidate all'AgID, che vi provvede avvalendosi delle strutture informatiche delle Camere di commercio già deputate alla gestione dell'elenco di cui all'articolo 6 *bis*. È fatta salva la facoltà del professionista, non iscritto in albi, registri o elenchi professionali di cui all'articolo 6 *bis*, di eleggere presso il presente Indice un domicilio digitale professionale e un domicilio digitale personale diverso dal primo ([7]).

2. Per i professionisti iscritti in albi ed elenchi il domicilio digitale è l'indirizzo inserito nell'elenco di cui all'articolo 6 *bis*, fermo restando il diritto di eleggerne uno diverso ai sensi dell'articolo 3 *bis*, comma 1 *bis*. Ai fini dell'inserimento dei domicili dei professionisti nel predetto elenco il Ministero dello sviluppo economico rende disponibili all'AgID, tramite servizi informatici individuati nelle Linee guida, i relativi indirizzi già contenuti nell'elenco di cui all'articolo 6 *bis* ([8]).

3. [Al completamento dell'ANPR di cui all'articolo 62,] ([9]) AgID provvede costantemente all'aggiornamento e ([10]) al trasferimento dei domicili digitali delle persone fisiche ([11]) contenuti nell'elenco di cui al presente articolo nell'ANPR e il Ministero dell'interno provvede costantemente all'aggiornamento e al trasferimento dei domicili digitali delle persone fisiche contenuti nell'ANPR nell'elenco di cui al presente articolo. Le funzioni di aggiornamento e trasferimento dei dati sono svolte con le risorse disponibili a legislazione vigente, senza nuovi

o maggiori oneri a carico della finanza pubblica ([12]).

([1]) *Questo articolo è stato inserito dall'art. 9, comma 2, del D.L.vo 13 dicembre 2017, n. 217.*

A norma dell'art. 65, comma 4, del medesimo decreto, la realizzazione dell'indice di cui a questo articolo è effettuata dall'AgID entro dodici mesi dall'entrata in vigore del presente decreto. AgID cessa la gestione del predetto elenco al completamento dell'ANPR, ai sensi del comma 3 di questo articolo.

([2]) *Le parole: ", dei professionisti" sono state inserite dall'art. 24, comma 1, lett. c), n. 1), del D.L. 16 luglio 2020, n. 76, convertito, con modificazioni, nella L. 11 settembre 2020, n. 120.*

([3]) *Le parole: ", elenchi o registri" sono state inserite dall'art. 24, comma 1, lett. c), n. 1), del D.L. 16 luglio 2020, n. 76, convertito, con modificazioni, nella L. 11 settembre 2020, n. 120.*

([4]) *Le parole: ", dei professionisti" sono state inserite dall'art. 24, comma 1, lett. c), n. 2), del D.L. 16 luglio 2020, n. 76, convertito, con modificazioni, nella L. 11 settembre 2020, n. 120.*

([5]) *Le parole: "in albi professionali o nel registro delle imprese" sono state così sostituite dalle seguenti: "nell'indice di cui all'articolo 6 bis" dall'art. 24, comma 1, lett. c), n. 2), del D.L. 16 luglio 2020, n. 76, convertito, con modificazioni, nella L. 11 settembre 2020, n. 120.*

([6]) *Le parole: "dell'Indice" sono state così sostituite dalle seguenti: "del presente Indice" dall'art. 24, comma 1, lett. c), n. 2), del D.L. 16 luglio 2020, n. 76, convertito, con modificazioni, nella L. 11 settembre 2020, n. 120.*

([7]) *Questo periodo è stato aggiunto dall'art. 24, comma 1, lett. c), n. 2), del D.L. 16 luglio 2020, n. 76, convertito, con modificazioni, nella L. 11 settembre 2020, n. 120.*

([8]) *A norma dell'art. 65, comma 5, del D.L.vo 13 dicembre 2017, n. 217, in sede di prima applicazione di questo comma, AgID comunica alle imprese e ai professionisti che, alla data di entrata in vigore del presente decreto, risultano iscritti in albi ed elenchi, tramite l'indirizzo di cui all'articolo* 6 bis *del suddetto decreto, l'inserimento dello stesso indirizzo nell'elenco di cui all'articolo* 6 quater *del medesimo decreto. Entro trenta giorni l'interessato può comunicare il proprio dissenso ovvero indicare un indirizzo diverso.*

([9]) *Le parole tra parentesi quadrate sono state soppresse dall'art. 27, comma 1, lett. c), del D.L. 6 novembre 2021, n. 152, convertito, con modificazioni, nella L. 29 dicembre 2021, n. 233.*

([10]) *Le parole: «costantemente all'aggiornamento e» sono state aggiunte dall'art. 38, comma 2, lett. b), del D.L. 31 maggio 2021, n. 77, convertito, con modificazioni, nella L. 29 luglio 2021, n. 108.*

([11]) *Le parole: "delle persone fisiche" sono state inserite dall'art. 24, comma 1, lett. c), n. 3), del D.L. 16 luglio 2020, n. 76, convertito, con modificazioni, nella L. 11 settembre 2020, n. 120.*

([12]) *Le parole: «e il Ministero dell'interno provvede costantemente all'aggiornamento e al trasferimento dei domicili digitali delle persone fisiche contenuti nell'ANPR nell'elenco di cui al presente articolo. Le funzioni di aggiornamento e trasferimento dei dati sono svolte con le risorse disponibili a legislazione vigente, senza nuovi o maggiori oneri a carico della finanza pubblica» sono state aggiunte dall'art. 27, comma 1, lett. c), del D.L. 6 novembre 2021, n. 152, convertito, con modificazioni, nella L. 29 dicembre 2021, n. 233.*

6 *quinquies*. ([1]) Consultazione e accesso. – 1. La consultazione on-line degli elenchi di cui agli articoli 6 *bis*, 6 *ter* e 6 *quater* è consentita a chiunque senza necessità di autenticazione. Gli elenchi sono realizzati in formato aperto.

2. L'estrazione dei domicili digitali dagli elenchi, di cui agli articoli 6 *bis*, 6 *ter* e 6 *quater*, è effettuata secondo le modalità fissate da AgID nelle Linee guida.

3. In assenza di preventiva autorizzazione del titolare dell'indirizzo, è vietato l'utilizzo dei domicili digitali di cui al presente articolo per l'invio di comunicazioni commerciali, come definite dall'articolo 2, comma 1, lettera *f*), del decreto legislativo 9 aprile 2003, n. 70 ([2]).

4. Gli elenchi di cui agli articoli 6 *bis*, 6 *ter* e 6 *quater* contengono le informazioni relative alla elezione, modifica o cessazione del domicilio digitale.

([1]) *Questo articolo è stato inserito dall'art. 9, comma 2, del D.L.vo 13 dicembre 2017, n. 217.*

([2]) *Le parole: "per finalità diverse dall'invio di comunicazioni aventi valore legale o comunque connesse al conseguimento di finalità istituzionali dei soggetti di cui all'articolo 2, comma 2" sono state così sostituite dalle seguenti: "per l'invio di comunicazioni commerciali, come definite dall'articolo 2, comma 1, lettera f), del decreto legislativo 9 aprile 2003, n. 70" dall'art. 24, comma 1, lett. d), del D.L. 16 luglio 2020, n. 76, convertito, con modificazioni, nella L. 11 settembre 2020, n. 120.*

Capo II
Documento informatico, firme elettroniche, servizi fiduciari e trasferimenti di fondi ([1])

([1]) *L'originaria rubrica:* «Documento informatico e firme elettroniche; trasferimenti, libri e scritture» *è stata così sostituita dall'attuale:* «Documento informatico, firme elettroniche, servizi fiduciari e trasferimenti di fondi» *dall'art. 19, comma 1, del D.L.vo 13 dicembre 2017, n. 217.*

Sezione I
Documento informatico

20. Validità ed efficacia probatoria dei documenti informatici ([1]). – [1. Il documento informatico da chiunque formato, la memorizzazione su supporto informatico e la trasmissione con strumenti telematici conformi alle Linee guida sono validi e rilevanti agli effetti di legge, ai sensi delle disposizioni del presente codice] ([2]).

1 *bis*. Il documento informatico soddisfa il requisito della forma scritta e ha l'efficacia prevista dall'articolo 2702 del Codice civile quando vi è apposta una firma digitale, altro tipo di firma elettronica qualificata o una fir-

ma elettronica avanzata o, comunque, è formato, previa identificazione informatica del suo autore, attraverso un processo avente i requisiti fissati dall'AgID ai sensi dell'articolo 71 con modalità tali da garantire la sicurezza, integrità e immodificabilità del documento e, in maniera manifesta e inequivoca, la sua riconducibilità all'autore. In tutti gli altri casi, l'idoneità del documento informatico a soddisfare il requisito della forma scritta e il suo valore probatorio sono liberamente valutabili in giudizio, in relazione alle caratteristiche di sicurezza, integrità e immodificabilità. La data e l'ora di formazione del documento informatico sono opponibili ai terzi se apposte in conformità alle Linee guida (3).

1 *ter*. L'utilizzo del dispositivo di firma elettronica qualificata o digitale si presume riconducibile al titolare di firma elettronica, salvo che questi dia prova contraria (4).

1 *quater*. Restano ferme le disposizioni concernenti il deposito degli atti e dei documenti in via telematica secondo la normativa, anche regolamentare, in materia di processo telematico (4).

[2. Il documento informatico sottoscritto con firma elettronica qualificata o con firma digitale, formato nel rispetto delle Linee guida, che garantiscano l'identificabilità dell'autore, l'integrità e l'immodificabilità del documento, si presume riconducibile al titolare del dispositivo di firma ai sensi dell'articolo 21, comma 2, e soddisfa comunque il requisito della forma scritta, anche nei casi previsti, sotto pena di nullità, dall'articolo 1350, primo comma, numeri da 1 a 12 del codice civile] (5).

3. Le regole tecniche per la formazione, per la trasmissione, la conservazione, la copia, la duplicazione, la riproduzione e la validazione [temporale] (6) dei documenti informatici, nonché quelle in materia di generazione, apposizione e verifica di qualsiasi tipo di firma elettronica [avanzata] (6), sono stabilite con le Linee guida (7). [La data e l'ora di formazione del documento informatico sono opponibili ai terzi se apposte in conformità alle regole tecniche sulla validazione temporale] (8) (9).

4. Con le medesime regole tecniche sono definite le misure tecniche, organizzative e gestionali volte a garantire l'integrità, la disponibilità e la riservatezza delle informazioni contenute nel documento informatico.

5. Restano ferme le disposizioni di legge in materia di protezione dei dati personali.

5 *bis*. Gli obblighi di conservazione e di esibizione di documenti previsti dalla legislazione vigente si intendono soddisfatti a tutti gli effetti di legge a mezzo di documenti informatici, se le procedure utilizzate sono conformi alle Linee guida (10).

(1) *La precedente rubrica:* «Documento informatico» *è stata così sostituita dall'attuale, dall'art. 17, comma 1, lett.* a), *del D.L.vo 26 agosto 2016, n. 179.*

(2) *Questo comma è stato abrogato dall'art. 17, comma 1, lett.* b), *del D.L.vo 26 agosto 2016, n. 179.*

(3) *Questo comma dapprima sostituito dall'art. 17, comma 1, lett.* c), *del D.L.vo 26 agosto 2016, n. 179 è stato, da ultimo, così sostituito dall'art. 20, comma 1, lett.* a), *del D.L.vo 13 dicembre 2017, n. 217.*

(4) *Questo comma è stato inserito dall'art. 20, comma 1, lett.* b), *del D.L.vo 13 dicembre 2017, n. 217.*

(5) *Questo comma è stato abrogato dall'art. 13, comma 1, lett.* c), *del D.L.vo 30 dicembre 2010, n. 235.*

(6) *La parola tra parentesi quadrate è stata soppressa dall'art. 17, comma 1, lett.* d), *del D.L.vo 26 agosto 2016, n. 179.*

(7) *Le parole:* «ai sensi dell'articolo 71» *sono state così sostituite dalle seguenti:* «con le Linee guida» *dall'art. 20, comma 1, lett.* c), *del D.L.vo 13 dicembre 2017, n. 217.*

(8) *Questo periodo è stato soppresso dall'art. 20, comma 1, lett.* c), *del D.L.vo 13 dicembre 2017, n. 217.*

(9) *Questo comma è stato così sostituito dall'art. 13, comma 1, lett.* d), *del D.L.vo 30 dicembre 2010, n. 235. A norma dell'art. 57, comma 6, del D.L.vo 30 dicembre 2010, n. 235, le regole tecniche in materia di generazione, apposizione e verifica delle firme elettroniche, salvo quanto già disposto in materia di firma digitale, sono adottate entro dodici mesi dall'entrata in vigore del medesimo decreto.*

(10) *Questo comma è stato aggiunto dall'art. 13, comma 1, lett.* e), *del D.L.vo 30 dicembre 2010, n. 235.*

21. Ulteriori disposizioni relative ai documenti informatici, sottoscritti con firma elettronica avanzata, qualificata o digitale (1). – [1. Il documento informatico, cui è apposta una firma elettronica, soddisfa il requisito della forma scritta e (2) sul piano probatorio è liberamente valutabile in giudizio, tenuto conto delle sue caratteristiche oggettive di qualità, sicurezza, integrità e immodificabilità] (3).

[2. Il documento informatico sottoscritto con firma elettronica avanzata, qualificata o digitale, formato nel rispetto delle regole tecniche di cui all'articolo 20, comma 3, ha altresì l'efficacia prevista dall'articolo 2702 del codice civile. L'utilizzo del dispositivo di firma elettronica qualificata o digitale si presume riconducibile al titolare, salvo che questi dia prova contraria. Restano ferme le disposizioni concernenti il deposito degli atti e dei documenti in via telematica secondo la normativa anche regolamentare in materia di processo telematico] (4) (3).

2 *bis*. Salvo il caso di sottoscrizione autenticata (5), le scritture private di cui all'articolo 1350, primo comma, numeri da 1 a 12, del codice civile, se fatte con documento informatico, sono sottoscritte, a pena di nullità, con firma elettronica qualificata o con firma digitale. Gli atti di cui all'articolo 1350, numero 13), del codice civile redatti su documento informatico o formati attraverso procedimenti informatici sono sottoscritti, a pena di nullità, con firma elettronica avanzata, qualificata o digitale (6) (7) (8) ovvero sono formati con le ulteriori modalità di cui all'articolo 20, comma 1 *bis*, primo periodo (9).

2 *ter*. Fatto salvo quanto previsto dal decreto legislativo 2 luglio 2010, n. 110, ogni altro atto pubblico redatto su documento informatico è sottoscritto dal pubblico ufficiale a pena di nullità con firma qualificata o digitale. Le parti, i fidefacenti, l'interprete e i testimoni sottoscrivono personalmente l'atto, in presenza del pubblico ufficiale, con firma avanzata, qualificata o digitale ovvero con firma autografa acquisita digitalmente e allegata agli atti (10).

[3. L'apposizione ad un documento informatico di una firma digitale o di un altro tipo di firma elettronica qualificata basata su un certificato elettronico revocato, scaduto o sospeso equivale a mancata sottoscrizione. La revoca o la sospensione, comunque motivate, hanno effetto dal momento della pubblicazione, salvo che il revocante, o chi richiede la sospensione, non dimostri che essa era già a conoscenza di tutte le parti interessate] (11).

[4. Le disposizioni del presente articolo si applicano anche se la firma elettronica è basata su un certificato qualificato rilasciato da un certificatore stabilito in uno Stato non facente parte dell'Unione europea, quando ricorre una delle seguenti condizioni:

a) il certificatore possiede i requisiti di cui alla direttiva 1999/93/CE del Parlamento europeo e del Consiglio, del 13 dicembre 1999, ed è accreditato in uno Stato membro;

b) il certificato qualificato è garantito da un certificatore stabilito nella Unione europea, in possesso dei requisiti di cui alla medesima direttiva;

c) il certificato qualificato, o il certificatore, è riconosciuto in forza di un accordo bilaterale o multilaterale tra l'Unione europea e Paesi terzi o organizzazioni internazionali] (11).

5. Gli obblighi fiscali relativi ai documenti informatici ed alla loro riproduzione su diversi tipi di supporto sono assolti secondo le modalità definite con uno o più decreti del Ministro dell'economia e delle finanze, sentito il Ministro delegato per l'innovazione e le tecnologie.

(1) *La precedente rubrica*: «Documento informatico sottoscritto con firma elettronica» *è stata così sostituita dall'attuale*: «Ulteriori disposizioni relative ai documenti informatici, sottoscritti con firma elettronica avanzata, qualificata o digitale» *dall'art. 21, comma 1, lett.* a), *del D.L.vo 13 dicembre 2017, n. 217.*

(2) *Le parole*: «*soddisfa il requisito della forma scritta e*» *sono state inserite dall'art. 18, comma 1, lett.* a), *del D.L.vo 26 agosto 2016, n. 179.*

(3) *Questo comma è stato abrogato dall'art. 21, comma 1, lett.* b), *del D.L.vo 13 dicembre 2017, n. 217.*

(4) *Questo comma, precedentemente sostituito dai commi 2 e 2* bis, *dall'art. 14, comma 1, lett.* b), *del D.L.vo 30 dicembre 2010, n. 235, è stato, da ultimo, così sostituito, dall'art. 18, comma 1, lett.* b), *del D.L.vo 26 agosto 2016, n. 179.*

(5) *Le parole*: «*Salvo quanto previsto dall'articolo 25*» *sono state così sostituite dalle seguenti*: «*Salvo il caso di sottoscrizione autenticata*», *dall'art. 18, comma 1, lett.* c), *del D.L.vo 26 agosto 2016, n. 179.*

(6) *Questo comma è stato inserito, in sostituzione dell'originario comma 2, dall'art. 14, comma 1, lett.* b), *del D.L.vo 30 dicembre 2010, n. 235.*

(7) *Questo periodo è stato aggiunto dall'art. 9, comma 1, lett.* 0b), *del D.L. 18 ottobre 2012, n. 179, convertito, con modificazioni, nella L. 17 dicembre 2012, n. 221.*

(8) *Le parole*: «*soddisfano comunque il requisito della forma scritta se sottoscritti con firma elettronica avanzata, qualificata o digitale*» *sono state così sostituite dalle seguenti*: «*redatti su documento informatico o formati attraverso procedimenti informatici sono sottoscritti, a pena di nullità, con firma elettronica avanzata, qualificata o digitale*», *dall'art. 18, comma 1, lett.* c), *del D.L.vo 26 agosto 2016, n. 179.*

(9) *Le parole*: «*ovvero sono formati con le ulteriori modalità di cui all'articolo 20, comma 1* bis, *primo periodo*» *sono state aggiunte dall'art. 21, comma 1, lett.* c), *del D.L.vo 13 dicembre 2017, n. 217.*

(10) *Questo comma è stato inserito dall'art. 18, comma 1, lett.* d), *del D.L.vo 26 agosto 2016, n. 179.*

(11) *Questo comma è stato abrogato dall'art. 18, comma 1, lett.* e), *del D.L.vo 26 agosto 2016, n. 179.*

22. (1) **Copie informatiche di documenti analogici.** – 1. I documenti informatici contenenti copia di atti pubblici, scritture private e documenti in genere, compresi gli atti e documenti amministrativi di ogni tipo formati in origine su supporto analogico, spediti o rilasciati dai depositari pubblici autorizzati e dai pubblici ufficiali, hanno piena efficacia, ai sensi degli articoli 2714 e 2715 del codice civile, se sono formati ai sensi dell'articolo 20, comma 1 *bis*, primo periodo (2). La loro esibizione e produzione sostituisce quella dell'originale.

1 *bis*. La copia per immagine su supporto informatico di un documento analogico è prodotta mediante processi e strumenti che assicurano che il documento informati-

co abbia contenuto e forma identici a quelli del documento analogico da cui è tratto, previo raffronto dei documenti o attraverso certificazione di processo nei casi in cui siano adottate tecniche in grado di garantire la corrispondenza della forma e del contenuto dell'originale e della copia (³).

2. Le copie per immagine su supporto informatico di documenti originali formati in origine su supporto analogico hanno la stessa efficacia probatoria degli originali da cui sono estratte, se la loro conformità è attestata da un notaio o da altro pubblico ufficiale a ciò autorizzato, [con dichiarazione allegata al documento informatico e asseverata] (⁴) secondo le Linee guida.

3. Le copie per immagine su supporto informatico di documenti originali formati in origine su supporto analogico nel rispetto delle Linee guida hanno la stessa efficacia probatoria degli originali da cui sono tratte se la loro conformità all'originale non è espressamente disconosciuta.

4. Le copie formate ai sensi dei commi 1, 1 *bis*, (⁵) 2 e 3 sostituiscono ad ogni effetto di legge gli originali formati in origine su supporto analogico, e sono idonee ad assolvere gli obblighi di conservazione previsti dalla legge, salvo quanto stabilito dal comma 5.

4 *bis*. Le copie per immagine su supporto informatico di atti e documenti originali formati in origine su supporto analogico, depositati in procedimenti giudiziari civili definiti con provvedimento decisorio non più soggetto a impugnazione da almeno un anno, sono idonee ad assolvere agli obblighi di conservazione previsti dalla legge se il cancelliere vi appone la firma digitale, ne attesta la conformità all'originale e le inserisce nel fascicolo informatico nel rispetto della normativa anche regolamentare concernente il processo civile telematico. In tali casi, si può procedere alla distruzione degli originali analogici, secondo le modalità previste con decreto del Ministro della giustizia, sentiti il Garante per la protezione dei dati personali e l'Agenzia per l'Italia digitale (⁶).

5. Salvo quanto previsto dal comma 4 *bis*, con decreto del Presidente del Consiglio dei ministri (⁷) possono essere individuate particolari tipologie di documenti analogici originali unici per le quali, in ragione di esigenze di natura pubblicistica, permane l'obbligo della conservazione dell'originale analogico oppure, in caso di conservazione sostitutiva, la loro conformità all'originale deve essere autenticata da un notaio o da altro pubblico ufficiale a ciò autorizzato con dichiarazione da questi firmata digitalmente ed allegata al documento informatico (⁸).

[6. Fino alla data di emanazione del decreto di cui al comma 5 per tutti i documenti analogici originali unici permane l'obbligo della conservazione dell'originale analogico oppure, in caso di conservazione sostitutiva, la loro conformità all'originale deve essere autenticata da un notaio o da altro pubblico ufficiale a ciò autorizzato con dichiarazione da questi firmata digitalmente ed allegata al documento informatico] (⁹).

(¹) *Questo articolo è stato così sostituito dall'art. 15 del D.L.vo 30 dicembre 2010, n. 235.*

(²) *Le parole da: «... se ad essi» fino a: «... elettronica qualificata.» sono state così sostituite dalle seguenti: «se sono formati ai sensi dell'articolo 20, comma 1 bis, primo periodo.» dall'art. 22, comma 1, lett. a), del D.L.vo 13 dicembre 2017, n. 217.*

(³) *Questo comma è stato inserito dall'art. 22, comma 1, lett. b), del D.L.vo 13 dicembre 2017, n. 217.*

(⁴) *Le parole fra parentesi quadrate sono state soppresse dall'art. 22, comma 1, lett. c), del D.L.vo 13 dicembre 2017, n. 217.*

(⁵) *Le parole: «1 bis,» sono state inserite dall'art. 22, comma 1, lett. d), del D.L.vo 13 dicembre 2017, n. 217.*

(⁶) *Questo comma è stato inserito dall'art. 35, comma 1, lett. a), del D.L. 24 febbraio 2023, n. 13, convertito, con modificazioni, nella L. 21 aprile 2023, n. 41.*

(⁷) *Le parole: «Con decreto del Presidente del Consiglio dei ministri» sono state così sostituite dalle seguenti: «Salvo quanto previsto dal comma 4 bis, con decreto del Presidente del Consiglio dei ministri» dall'art. 35, comma 1, lett. b), del D.L. 24 febbraio 2023, n. 13, convertito, con modificazioni, nella L. 21 aprile 2023, n. 41.*

(⁸) *A norma dell'art. 35, comma 2, del D.L. 24 febbraio 2023, n. 13, convertito, con modificazioni, nella L. 21 aprile 2023, n. 41, il decreto del Ministro della giustizia previsto da questo comma, così come introdotto dal comma 1 del predetto articolo, è adottato entro sei mesi dalla data di entrata in vigore della legge di conversione del presente decreto.*

(⁹) *Questo comma è stato abrogato, dall'art. 19 del D.L.vo 26 agosto 2016, n. 179.*

23. (¹) **Copie analogiche di documenti informatici.** – 1. Le copie su supporto analogico di documento informatico, anche sottoscritto con firma elettronica avanzata, qualificata o digitale, hanno la stessa efficacia probatoria dell'originale da cui sono tratte se la loro conformità all'originale in tutte le sue componenti è attestata da un pubblico ufficiale a ciò autorizzato.

2. Le copie e gli estratti su supporto analogico del documento informatico, conformi alle vigenti regole tecniche, hanno la stessa efficacia probatoria dell'originale se la loro conformità non è espressamente disconosciuta. Resta fermo, ove previsto l'obbligo di conservazione dell'originale informatico.

2 *bis*. Sulle copie analogiche di documenti informatici può essere apposto a stampa un contrassegno, sulla base dei criteri definiti con le Linee guida, tramite il quale è possibile accedere al documento informatico, ovvero verificare la corrispondenza allo stesso della copia analogica. Il contrassegno apposto ai sensi del primo periodo sostituisce a tutti gli effetti di legge la sottoscrizione autografa del pubblico ufficiale e non può essere richiesta la produzione di altra copia analogica con sottoscrizione autografa del medesimo documento informatico. I soggetti che procedono all'apposizione del contrassegno rendono disponibili gratuitamente sul proprio sito Internet istituzionale idonee soluzioni per la verifica del contrassegno medesimo (2) (3).

(1) *Questo articolo è stato così sostituito dall'art. 16, comma 1, del D.L.vo 30 dicembre 2010, n. 235.*

(2) *Questo periodo è stato così sostituito dall'art. 23, comma 1, del D.L.vo 13 dicembre 2017, n. 217.*

(3) *Questo comma è stato aggiunto dall'art. 20 del D.L.vo 26 agosto 2016, n. 179.*

23 *bis*. (1) Duplicati e copie informatiche di documenti informatici. – 1. I duplicati informatici hanno il medesimo valore giuridico, ad ogni effetto di legge, del documento informatico da cui sono tratti, se prodotti in conformità alle Linee guida.

2. Le copie e gli estratti informatici del documento informatico, se prodotti in conformità alle vigenti Linee guida, hanno la stessa efficacia probatoria dell'originale da cui sono tratte se la loro conformità all'originale, in tutti le sue componenti, è attestata da un pubblico ufficiale a ciò autorizzato o se la conformità non è espressamente disconosciuta. Resta fermo, ove previsto, l'obbligo di conservazione dell'originale informatico.

(1) *Questo articolo è stato inserito dall'art. 16, comma 2 del D.L.vo 30 dicembre 2010, n. 235.*

23 *ter*. (1) (2) Documenti amministrativi informatici. – 1. Gli atti formati dalle pubbliche amministrazioni con strumenti informatici, nonché i dati e i documenti informatici detenuti dalle stesse, costituiscono informazione primaria ed originale da cui è possibile effettuare, su diversi o identici tipi di supporto, duplicazioni e copie per gli usi consentiti dalla legge.

1 *bis*. La copia su supporto informatico di documenti formati dalle pubbliche amministrazioni in origine su supporto analogico è prodotta mediante processi e strumenti che assicurano che il documento informatico abbia contenuto identico a quello del documento analogico da cui è tratto, previo raffronto dei documenti o attraverso certificazione di processo nei casi in cui siano adottate tecniche in grado di garantire la corrispondenza del contenuto dell'originale e della copia (3).

[2. I documenti costituenti atti amministrativi con rilevanza interna al procedimento amministrativo sottoscritti con firma elettronica avanzata hanno l'efficacia prevista dall'art. 2702 del codice civile] (4).

3. Le copie su supporto informatico di documenti formati dalla pubblica amministrazione in origine su supporto analogico ovvero da essa detenuti, hanno il medesimo valore giuridico, ad ogni effetto di legge, degli originali da cui sono tratte, se la loro conformità all'originale è assicurata dal funzionario a ciò delegato nell'ambito dell'ordinamento proprio dell'amministrazione di appartenenza, mediante l'utilizzo della firma digitale o di altra firma elettronica qualificata e nel rispetto delle Linee guida; in tale caso l'obbligo di conservazione dell'originale del documento è soddisfatto con la conservazione della copia su supporto informatico.

4. In materia di formazione e conservazione di documenti informatici delle pubbliche amministrazioni, le Linee guida sono definite anche sentito il Ministero dei beni e delle attività culturali e del turismo (5).

[5. Sulle copie analogiche di documenti amministrativi informatici può essere apposto a stampa un contrassegno, sulla base dei criteri definiti con linee guida dell'Agenzia per l'Italia digitale, tramite il quale è possibile ottenere il documento informatico, ovvero verificare la corrispondenza allo stesso della copia analogica. Il contrassegno apposto ai sensi del primo periodo sostituisce a tutti gli effetti di legge la sottoscrizione autografa e non può essere richiesta la produzione di altra copia analogica con sottoscrizione autografa del medesimo documento informatico. I programmi software eventualmente necessari alla verifica sono di libera e gratuita disponibilità] (4).

5 *bis*. I documenti di cui al presente articolo devono essere fruibili indipendentemente dalla condizione di disabilità personale, applicando i criteri di accessibilità definiti dai requisiti tecnici di cui all'articolo 11 della legge 9 gennaio 2004, n. 4 (6).

6. Per quanto non previsto dal presente articolo si applicano gli articoli 21, 22, 23 e 23 *bis*.

(1) *Questo articolo è stato inserito dall'art. 16, comma 2 del D.L.vo 30 dicembre 2010, n. 235.*

(2) *A norma dell'art. 57, comma 8, del D.L.vo 30 dicembre 2010, n. 235, le regole tecniche previste da que-*

sto articolo sono adottate entro dodici mesi dall'entrata in vigore del medesimo decreto.

([3]) *Questo comma è stato inserito dall'art. 24, comma 1, lett. a), del D.L.vo 13 dicembre 2017, n. 217.*

([4]) *Questo comma è stato abrogato dall'art. 21, comma 1, lett. b), del D.L.vo 26 agosto 2016, n. 179.*

([5]) *Questo comma dapprima sostituito dall'art. 21, comma 1, lett. a), del D.L.vo 26 agosto 2016, n. 179 è stato, da ultimo, così sostituito dall'art. 24, comma 1, lett. b), del D.L.vo 13 dicembre 2017, n. 217.*

([6]) *Questo comma è stato inserito dall'art. 9, comma 6, lett. c), del D.L. 18 ottobre 2012, n. 179, convertito, con modificazioni, nella L. 17 dicembre 2012, n. 221.*

23 *quater*. ([1]) **Riproduzioni informatiche.** – 1. All'articolo 2712 del codice civile dopo le parole: "riproduzioni fotografiche" è inserita la seguente: ", informatiche".».

([1]) *Questo articolo è stato inserito dall'art. 16, comma 2 del D.L.vo 30 dicembre 2010, n. 235.*

Sezione II
Firme elettroniche, certificati e prestatori di servizi fiduciari ([1])

([1]) *L'originaria rubrica:* «Firme elettroniche e certificatori» è stata così sostituita dall'attuale: «Firme elettroniche, certificati e prestatori di servizi fiduciari» *dall'art. 25, comma 1, del D.L.vo 13 dicembre 2017, n. 217.*

24. Firma digitale. – 1. La firma digitale deve riferirsi in maniera univoca ad un solo soggetto ed al documento o all'insieme di documenti cui è apposta o associata.

2. L'apposizione di firma digitale integra e sostituisce l'apposizione di sigilli, punzoni, timbri, contrassegni e marchi di qualsiasi genere ad ogni fine previsto dalla normativa vigente.

3. Per la generazione della firma digitale deve adoperarsi un certificato qualificato che, al momento della sottoscrizione, non risulti scaduto di validità ovvero non risulti revocato o sospeso.

4. Attraverso il certificato qualificato si devono rilevare, secondo le Linee guida ([1]), la validità del certificato stesso, nonché gli elementi identificativi del titolare di firma digitale ([2]) e del certificatore e gli eventuali limiti d'uso. Le linee guida definiscono altresì le modalità, anche temporali, di apposizione della firma ([3]).

4 *bis*. L'apposizione a un documento informatico di una firma digitale o di un altro tipo di firma elettronica qualificata basata su un certificato elettronico revocato, scaduto o sospeso equivale a mancata sottoscrizione, salvo che lo stato di sospensione sia stato annullato. La revoca o la sospensione, comunque motivate, hanno effetto dal momento della pubblicazione, salvo che il revocante, o chi richiede la sospensione, non dimostri che essa era già a conoscenza di tutte le parti interessate ([4]).

4 *ter*. Le disposizioni del presente articolo si applicano anche se la firma elettronica è basata su un certificato qualificato rilasciato da un certificatore stabilito in uno Stato non facente parte dell'Unione europea, quando ricorre una delle seguenti condizioni:

a) il certificatore possiede i requisiti previsti dal regolamento eIDAS ed è qualificato in uno Stato membro;

b) il certificato qualificato è garantito da un certificatore stabilito nella Unione europea, in possesso dei requisiti di cui al medesimo regolamento;

c) il certificato qualificato, o il certificatore, è riconosciuto in forza di un accordo bilaterale o multilaterale tra l'Unione europea e Paesi terzi o organizzazioni internazionali ([4]).

([1]) *Le parole: «stabilite ai sensi dell'articolo 71» sono state così sostituite dalle seguenti: «di cui all'articolo 71», dall'art. 22, comma 1, lett. a), del D.L.vo 26 agosto 2016, n. 179.*

Da ultimo, le parole: «regole tecniche di cui all'articolo 71» sono state così sostituite dalle parole: «Linee guida» dall'art. 66, comma 1, del D.L.vo 13 dicembre 2017, n. 217.

([2]) *Le parole: «di firma digitale» sono state inserite dall'art. 26, comma 1, del D.L.vo 13 dicembre 2017, n. 217.*

([3]) *Questo periodo è stato aggiunto dall'art. 26, comma 1, del D.L.vo 13 dicembre 2017, n. 217.*

([4]) *Questo comma è stato aggiunto dall'art. 22, comma 1, lett. b), del D.L.vo 26 agosto 2016, n. 179.*

25. ([1]) **Firma autenticata.** – 1. Si ha per riconosciuta, ai sensi dell'articolo 2703 del codice civile, la firma elettronica o qualsiasi altro tipo di firma elettronica ([2]) avanzata autenticata dal notaio o da altro pubblico ufficiale a ciò autorizzato.

2. L'autenticazione della firma elettronica, anche mediante l'acquisizione digitale della sottoscrizione autografa, o di qualsiasi altro tipo di firma elettronica avanzata consiste nell'attestazione, da parte del pubblico ufficiale, che la firma è stata apposta in sua presenza dal titolare, previo accertamento della sua identità personale, della validità dell'eventuale certificato elettronico utilizzato e del fatto che il documento sottoscritto non è in contrasto con l'ordinamento giuridico.

3. L'apposizione della firma digitale da parte del pubblico ufficiale ha l'efficacia di cui all'articolo 24, comma 2.

4. Se al documento informatico autenticato deve essere allegato altro documento formato in originale su altro tipo di supporto,

il pubblico ufficiale può allegare copia informatica autenticata dell'originale, secondo le disposizioni dell'articolo 23 [, comma 5] (3).

(1) *Questo articolo è stato così sostituito dall'art. 17, comma 2, del D.L.vo 30 dicembre 2010, n. 235.*

(2) *La parola: «elettronica» è stata inserita dall'art. 23, comma 1, lett. a), del D.L.vo 26 agosto 2016, n. 179.*

(3) *Le parole tra parentesi quadrate sono state soppresse dall'art. 23, comma 1, lett. b), del D.L.vo 26 agosto 2016, n. 179.*

26. (1) [**Certificatori.** – 1. L'attività dei certificatori stabiliti in Italia o in un altro Stato membro dell'Unione europea è libera e non necessita di autorizzazione preventiva. Detti certificatori o, se persone giuridiche, i loro legali rappresentanti ed i soggetti preposti all'amministrazione, qualora emettano certificati qualificati, devono possedere i requisiti di onorabilità richiesti ai soggetti che svolgono funzioni di amministrazione, direzione e controllo presso le banche di cui all'articolo 26 del testo unico delle leggi in materia bancaria e creditizia, di cui al decreto legislativo 1° settembre 1993, n. 385, e successive modificazioni.

2. L'accertamento successivo dell'assenza o del venir meno dei requisiti di cui al comma 1 comporta il divieto di prosecuzione dell'attività intrapresa.

3. Ai certificatori qualificati e ai certificatori accreditati che hanno sede stabile in altri Stati membri dell'Unione europea non si applicano le norme del presente codice e le relative norme tecniche di cui all'articolo 71 e si applicano le rispettive norme di recepimento della direttiva 1999/93/CE].

(1) *Questo articolo è stato abrogato, dall'art. 64, comma 1, lett. e), del D.L.vo 26 agosto 2016, n. 179.*

27. (1) [**Certificatori qualificati.** – 1. I certificatori che rilasciano al pubblico certificati qualificati devono trovarsi nelle condizioni previste dall'articolo 26.

2. I certificatori di cui al comma 1, devono inoltre:

a) dimostrare l'affidabilità organizzativa, tecnica e finanziaria necessaria per svolgere attività di certificazione;

b) utilizzare personale dotato delle conoscenze specifiche, dell'esperienza e delle competenze necessarie per i servizi forniti, in particolare della competenza a livello gestionale, della conoscenza specifica nel settore della tecnologia delle firme elettroniche e della dimestichezza con procedure di sicurezza appropriate e che sia in grado di rispettare le norme del presente codice e le Linee guida;

c) applicare procedure e metodi amministrativi e di gestione adeguati e conformi a tecniche consolidate;

d) utilizzare sistemi affidabili e prodotti di firma protetti da alterazioni e che garantiscano la sicurezza tecnica e crittografica dei procedimenti, in conformità a criteri di sicurezza riconosciuti in ambito europeo e internazionale e certificati ai sensi dello schema nazionale di cui all'articolo 35, comma 5;

e) adottare adeguate misure contro la contraffazione dei certificati, idonee anche a garantire la riservatezza, l'integrità e la sicurezza nella generazione delle chiavi private nei casi in cui il certificatore generi tali chiavi.

3. I certificatori di cui al comma 1, devono comunicare, prima dell'inizio dell'attività, anche in via telematica, una dichiarazione di inizio di attività all'AgID, attestante l'esistenza dei presupposti e dei requisiti previsti dal presente codice.

4. L'AgID procede, d'ufficio o su segnalazione motivata di soggetti pubblici o privati, a controlli volti ad accertare la sussistenza dei presupposti e dei requisiti previsti dal presente codice e dispone, se del caso, con provvedimento motivato da notificare all'interessato, il divieto di prosecuzione dell'attività e la rimozione dei suoi effetti, salvo che, ove ciò sia possibile, l'interessato provveda a conformare alla normativa vigente detta attività ed i suoi effetti entro il termine prefissatogli dall'amministrazione stessa].

(1) *Questo articolo è stato abrogato, dall'art. 64, comma 1, lett. f), del D.L.vo 26 agosto 2016, n. 179.*

28. Certificati di firma elettronica qualificata (1) (2). – [1. I certificati qualificati devono contenere almeno le seguenti informazioni:

a) indicazione che il certificato elettronico rilasciato è un certificato qualificato;

b) numero di serie o altro codice identificativo del certificato;

c) nome, ragione o denominazione sociale del certificatore che ha rilasciato il certificato e lo Stato nel quale è stabilito;

d) nome, cognome o uno pseudonimo chiaramente identificato come tale e codice fiscale del titolare del certificato;

e) dati per la verifica della firma, cioè i dati peculiari, come codici o chiavi crittografiche pubbliche, utilizzati per verificare la firma elettronica corrispondenti ai dati per la creazione della stessa in possesso del titolare;

f) indicazione del termine iniziale e finale del periodo di validità del certificato;

g) firma elettronica [qualificata] (3) del certificatore che ha rilasciato il certificato, realizzata in conformità alle regole tecniche ed idonea a garantire l'integrità e la veridicità di tutte le informazioni contenute nel certificato medesimo] (4).

2. In aggiunta alle informazioni previste nel Regolamento eIDAS [, fatta salva la possibilità di utilizzare uno pseudonimo,] (5) nel certificato di firma elettronica qualificata può essere inserito il codice fiscale. Per i titolari residenti all'estero cui non risulti attribuito il codice fiscale, si può indicare il codice fiscale rilasciato dall'autorità fiscale del Paese di residenza o, in mancanza, un analogo codice identificativo univoco [, quale ad esempio un codice di sicurezza sociale o un codice identificativo generale] (5) (6).

3. Il certificato di firma elettronica qualificata (7) può contenere (8), ove richiesto dal titolare di firma elettronica (9) o dal terzo interessato, le seguenti informazioni, se pertinenti e non eccedenti rispetto (10) allo scopo per il quale il certificato è richiesto:

a) le qualifiche specifiche del titolare di firma elettronica (11), quali l'appartenenza ad ordini o collegi professionali, la qualifica di pubblico ufficiale, (12) l'iscrizione ad albi o il possesso di altre abilitazioni professionali, nonché poteri di rappresentanza;

b) i limiti d'uso del certificato, inclusi quelli derivanti dalla titolarità delle qualifiche e dai poteri di rappresentanza di cui alla lettera *a*) ai sensi dell'articolo 30, comma 3 (13);

c) limiti del valore degli atti unilaterali e dei contratti per i quali il certificato può essere usato, ove applicabili;

c bis) uno pseudonimo, qualificato come tale (14).

3 *bis*. Le informazioni di cui al comma 3 sono riconoscibili da parte dei terzi e chiaramente evidenziati nel certificato (15). Le informazioni di cui al comma 3 possono anche (16) essere contenute in un separato certificato elettronico e possono essere rese disponibili anche in rete. Con le Linee guida (17) sono definite le modalità di attuazione del presente comma, anche in riferimento alle pubbliche amministrazioni e agli ordini professionali (18).

4. Il titolare di firma elettronica (19), ovvero il terzo interessato se richiedente ai sensi del comma 3, comunicano tempestivamente al certificatore il modificarsi o venir meno delle circostanze oggetto delle informazioni di cui al presente articolo.

4 *bis*. Il certificatore ha l'obbligo di conservare le informazioni di cui ai commi 3 e 4 per almeno venti anni decorrenti dalla scadenza del certificato di firma (20).

(1) *La precedente rubrica: «*Certificati qualificati*» è stata così sostituita dall'attuale, dall'art. 24, comma 1, lett.* a)*, del D.L.vo 26 agosto 2016, n. 179.*

(2) *Si veda il comma 4 dell'art. 62, del D.L.vo 26 agosto 2016, n. 179, che si riporta:*

«4. I certificati qualificati rilasciati prima dell'entrata in vigore del presente Codice a norma della direttiva 1999/93/CE, sono considerati certificati qualificati di firma elettronica a norma del regolamento eIDAS e dell'articolo 28 del decreto legislativo n. 82 del 2005, come modificato dall'articolo 24 del presente Codice, fino alla loro scadenza».

(3) *La parola fra parentesi quadrate è stata soppressa dall'art. 12, comma 1, del D.L.vo 4 aprile 2006, n. 159.*

(4) *Questo comma è stato abrogato dall'art. 24, comma 1, lett.* b)*, del D.L.vo 26 agosto 2016, n. 179.*

(5) *Le parole fra parentesi quadrate sono state soppresse dall'art. 27, comma 1, lett.* a)*, del D.L.vo 13 dicembre 2017, n. 217.*

(6) *Questo comma è stato così sostituito dall'art. 24, comma 1, lett.* c)*, del D.L.vo 26 agosto 2016, n. 179.*

(7) *Le parole: «*certificato qualificato*» sono state così sostituite dalle seguenti: «*certificato di firma elettronica qualificata*», dall'art. 24, comma 1, lett.* d)*, del D.L.vo 26 agosto 2016, n. 179.*

(8) *Le parole: «*Il certificato qualificato contiene*» sono state sostituite dalle attuali: «*Il certificato qualificato può contenere*» dall'art. 12, comma 2, del D.L.vo 4 aprile 2006, n. 159.*

(9) *Le parole: «*di firma elettronica*» sono state inserite dall'art. 27, comma 1, lett.* b)*, n. 1), del D.L.vo 13 dicembre 2017, n. 217.*

(10) *Le parole: «*e non eccedenti rispetto*» sono state aggiunte dall'art. 24, comma 1, lett.* d)*, del D.L.vo 26 agosto 2016, n. 179.*

(11) *Le parole: «*di firma elettronica*» sono state inserite dall'art. 27, comma 1, lett.* b)*, n. 2), del D.L.vo 13 dicembre 2017, n. 217.*

(12) *Le parole: «*la qualifica di pubblico ufficiale,*» sono state inserite dall'art. 12, comma 3, del D.L.vo 4 aprile 2006, n. 159.*

(13) *Questa lettera è stata così sostituita dall'art. 12, comma 4, del D.L.vo 4 aprile 2006, n. 159.*

(14) *Questa lettera è stata inserita dall'art. 27, comma 1, lett.* b)*, n. 3), del D.L.vo 13 dicembre 2017, n. 217.*

(15) *Questo periodo è stato inserito dall'art. 27, comma 1, lett.* c)*, n. 1), del D.L.vo 13 dicembre 2017, n. 217.*

(16) *La parola: «*anche*» è stata inserita dall'art. 27, comma 1, lett.* c)*, n. 2), del D.L.vo 13 dicembre 2017, n. 217.*

(17) *Le parole: «*Con decreto del Presidente del Consiglio dei ministri*» sono state così sostituite dalle seguenti: «*Con le Linee guida*» dall'art. 27, comma 1, lett.* c)*, n. 3), del D.L.vo 13 dicembre 2017, n. 217.*

(18) *Questo comma è stato inserito dall'art. 19 del D.L.vo 30 dicembre 2010, n. 235. A norma dell'art. 57, comma 9, del D.L.vo 30 dicembre 2010, n. 235, il decreto previsto da questo comma è adottato entro dodici mesi dall'entrata in vigore del medesimo decreto.*

(19) *Le parole: «*di firma elettronica*» sono state inserite dall'art. 27, comma 1, lett.* d)*, del D.L.vo 13 dicembre 2017, n. 217.*

(20) *Questo comma è stato aggiunto dall'art. 27, comma 1, lett.* e)*, del D.L.vo 13 dicembre 2017, n. 217.*

29. Qualificazione dei fornitori di servizi (1) (2). – 1. I soggetti che intendono fornire servizi fiduciari qualificati o svolgere l'attività di gestore di posta elettronica certificata [o di gestore dell'identità digitale di cui all'articolo 64] (3) presentano all'AgID domanda di qualificazione, secondo le modalità fissate dalle Linee guida. I soggetti che intendono svolgere l'attività di conservatore di documenti informatici presentano all'AgID domanda di accreditamento, secondo le modalità fissate dalle Linee guida (4).

2. Ai fini della qualificazione, i soggetti di cui al comma 1 devono possedere i requisiti di cui all'articolo 24 del Regolamento (UE) 23 luglio 2014, n. 910/2014, disporre di requisiti di onorabilità, affidabilità, tecnologici e organizzativi compatibili con la disciplina europea, nonché di garanzie assicurative adeguate rispetto all'attività svolta (5). Con decreto del Presidente del Consiglio dei ministri, o del Ministro delegato per l'innovazione tecnologica e la digitalizzazione, sentita l'AgID, nel rispetto della disciplina europea, sono definiti i predetti requisiti in relazione alla specifica attività che i soggetti di cui al comma 1 intendono svolgere (5). Il predetto decreto determina altresì i criteri per la fissazione delle tariffe dovute all'AgID per lo svolgimento delle predette attività, nonché i requisiti e le condizioni per lo svolgimento delle attività di cui al comma 1 da parte di amministrazioni pubbliche (6) (7) (8).

[3. Fatto salvo quanto previsto dall'articolo 44 *bis*, comma 3, del presente Codice e dall'articolo 14, comma 3, del decreto del Presidente della Repubblica 11 febbraio 2005, n. 68, il richiedente deve inoltre possedere i requisiti individuati con decreto del Presidente del Consiglio dei ministri da fissare in base ai seguenti criteri:

a) per quanto riguarda il capitale sociale, graduazione entro il limite massimo di cinque milioni di euro, in proporzione al livello di servizio offerto;

b) per quanto riguarda le garanzie assicurative, graduazione in modo da assicurarne l'adeguatezza in proporzione al livello di servizio offerto] (9).

4. La domanda di qualificazione [o di accreditamento] (10) (11) si considera accolta qualora non venga comunicato all'interessato il provvedimento di diniego entro novanta giorni dalla data di presentazione della stessa.

5. Il termine di cui al comma 4, può essere sospeso una sola volta entro trenta giorni dalla data di presentazione della domanda, esclusivamente per la motivata richiesta di documenti che integrino o completino la documentazione presentata e che non siano già nella disponibilità dell'AgID o che questo non possa acquisire autonomamente. In tale caso, il termine riprende a decorrere dalla data di ricezione della documentazione integrativa.

6. A seguito dell'accoglimento della domanda, l'AgID dispone l'iscrizione del richiedente in un apposito elenco di fiducia (12) pubblico, tenuto dall'AgID stesso e consultabile anche in via telematica, ai fini dell'applicazione della disciplina in questione.

[7. Il certificatore accreditato può qualificarsi come tale nei rapporti commerciali e con le pubbliche amministrazioni] (13).

[8. Il valore giuridico delle firme elettroniche qualificate e delle firme digitali basate su certificati qualificati rilasciati da certificatori accreditati in altri Stati membri dell'Unione europea ai sensi dell'articolo 3, paragrafo 2, della direttiva 1999/93/CE è equiparato a quello previsto per le firme elettroniche qualificate e per le firme digitali basate su certificati qualificati emessi dai certificatori accreditati ai sensi del presente articolo] (13).

9. Alle attività previste dal presente articolo si fa fronte nell'ambito delle risorse dell'AgID, senza nuovi o maggiori oneri per la finanza pubblica.

(1) *La precedente rubrica:* «Qualificazione e accreditamento» *è stata così sostituita dall'attuale, dall'art. 25, comma 1, lett.* b), *n. 1), del D.L. 16 luglio 2020, n. 76, convertito, con modificazioni, nella L. 11 settembre 2020, n. 120.*

(2) *Si veda il comma 5 dell'art. 62, del D.L.vo 26 agosto 2016, n. 179, che si riporta:*

«5. Il prestatore di servizi che ha presentato la relazione di conformità, ai sensi dell'articolo 51 del regolamento eIDAS, è considerato prestatore di servizi fiduciari qualificato a norma del predetto regolamento e dell'articolo 29 del decreto legislativo n. 82 del 2005, come modificato dall'articolo 25 del presente decreto, fino al completamento della valutazione della relazione da parte dell'AgID».

(3) *Le parole fra parentesi quadrate sono state soppresse dall'art. 25, comma 1, lett.* b), *n. 2), del D.L. 16 luglio 2020, n. 76, convertito, con modificazioni, nella L. 11 settembre 2020, n. 120.*

(4) *Questo comma dapprima sostituito dall'art. 25, comma 1, lett.* b), *del D.L.vo 26 agosto 2016, n. 179 è stato, da ultimo, così sostituito dall'art. 28, comma 1, lett.* a), *del D.L.vo 13 dicembre 2017, n. 217.*

(5) *Gli originari primo e secondo periodo sono stati così sostituiti dagli attuali primo e secondo periodo dall'art. 25, comma 1, lett.* b), *n. 3), del D.L. 16 luglio 2020, n. 76, convertito, con modificazioni, nella L. 11 settembre 2020, n. 120.*

(6) *Le parole:* «Regolamento eIDAS.» *sono state così sostituite dalle parole:* «Regolamento eIDAS, deve avere natura giuridica di società di capitali e deve disporre dei requisiti di onorabilità, tecnologici e organizzativi,

nonché delle garanzie assicurative e di eventuali certificazioni, adeguate rispetto al volume dell'attività svolta e alla responsabilità assunta nei confronti dei propri utenti e dei terzi. I predetti requisiti sono individuati, nel rispetto della disciplina europea, con decreto del Presidente del Consiglio dei ministri, sentita l'AgID. Il predetto decreto determina altresì i criteri per la fissazione delle tariffe dovute all'AgID per lo svolgimento delle predette attività, nonché i requisiti e le condizioni per lo svolgimento delle attività di cui al comma 1 da parte di amministrazioni pubbliche.» dall'art. 28, comma 1, lett. b), del D.L.vo 13 dicembre 2017, n. 217.

(7) *A norma dell'art. 65, comma 8, del D.L.vo 13 dicembre 2017, n. 217, il decreto del Presidente del Consiglio dei ministri di cui a questo comma è adottato entro centottanta giorni dalla data di entrata in vigore del presente decreto.*

Fino all'adozione del predetto decreto, restano efficaci le disposizioni del comma 3 di questo articolo nella formulazione previgente all'entrata in vigore del decreto legislativo 26 agosto 2016, n. 179 e dell'articolo 44 bis, commi 2 e 3, del presente decreto nella formulazione previgente all'entrata in vigore del predetto decreto n. 217/2017.

Si riporta il testo previgente:

«Art. 44 bis. (Conservatori accreditati).

2. Si applicano, in quanto compatibili, gli articoli 26, 27, 29, ad eccezione del comma 3, lettera a) e 31.

3. I soggetti privati di cui al comma 1 sono costituiti in società di capitali con capitale sociale non inferiore a euro 200.000.».

(8) *Questo comma è stato così sostituito dall'art. 25, comma 1, lett. c), del D.L.vo 26 agosto 2016, n. 179.*

(9) *Questo comma è stato così sostituito dall'art. 25, comma 1, lett. d), del D.L.vo 26 agosto 2016, n. 179 e, da ultimo, abrogato dall'art. 28, comma 1, lett. c), del D.L.vo 13 dicembre 2017, n. 217.*

(10) *La parola fra parentesi quadrate è stata così sostituita dall'art. 25, comma 1, lett. b), n. 4), del D.L. 16 luglio 2020, n. 76, convertito, con modificazioni, nella L. 11 settembre 2020, n. 120.*

(11) *La parola: «accreditamento» è stata così sostituita dalle seguenti: «qualificazione o di accreditamento», dall'art. 25, comma 1, lett. e), del D.L.vo 26 agosto 2016, n. 179.*

(12) *Le parole: «di fiducia» sono state inserite dall'art. 25, comma 1, lett. f), del D.L.vo 26 agosto 2016, n. 179.*

(13) *Questo comma è stato abrogato dall'art. 25, comma 1, lett. g), del D.L.vo 26 agosto 2016, n. 179.*

30. Responsabilità dei prestatori di servizi fiduciari qualificati, dei gestori di posta elettronica certificata, dei gestori dell'identità digitale e dei (1) conservatori (2). – 1. I prestatori di servizi fiduciari qualificati e i gestori di posta elettronica certificata, iscritti nell'elenco di cui all'articolo 29, comma 6, nonché i gestori dell'identità digitale e i conservatori di documenti informatici (3), (4) che cagionano danno ad altri nello svolgimento della loro attività, sono tenuti al risarcimento, se non provano di avere adottato tutte le misure idonee a evitare il danno (5).

[2. Il certificatore che rilascia al pubblico un certificato qualificato è responsabile, nei confronti dei terzi che facciano affidamento sul certificato stesso, dei danni provocati per effetto della mancata o non tempestiva registrazione della revoca o non tempestiva sospensione del certificato, secondo quanto previsto dalle Linee guida, salvo che provi d'aver agito senza colpa] (6).

3. [Il certificato qualificato può contenere limiti d'uso ovvero un valore limite per i negozi per i quali può essere usato il certificato stesso, purché i limiti d'uso o il valore limite siano riconoscibili da parte dei terzi e siano chiaramente evidenziati nel certificato (7) secondo quanto previsto dalle Linee guida] (8). Il prestatore di servizi di firma digitale o di altra firma elettronica qualificata (9) non è responsabile dei danni derivanti dall'uso di un certificato qualificato che ecceda i limiti eventualmente (10) posti dallo stesso ai sensi dell'articolo 28, comma 3, a condizione che limiti d'uso e di valore siano chiaramente riconoscibili secondo quanto previsto dall'articolo 28, comma 3 *bis* (11).

(1) *Le parole: «e di» sono state così sostituite dalle seguenti: «e dei» dall'art. 29, comma 1, lett. a), del D.L.vo 13 dicembre 2017, n. 217.*

(2) *La precedente rubrica: «Responsabilità del certificatore» è stata così sostituita dall'attuale, dall'art. 26, comma 1, lett. a), del D.L.vo 26 agosto 2016, n. 179.*

(3) *Le parole da: "I prestatori ..." fino a "... comma 6" sono state così sostituite dalle seguenti: "I prestatori di servizi fiduciari qualificati e i gestori di posta elettronica certificata, iscritti nell'elenco di cui all'articolo 29, comma 6, nonché i gestori dell'identità digitale e i conservatori di documenti informatici" dall'art. 25, comma 1, lett. c), del D.L. 16 luglio 2020, n. 76, convertito, con modificazioni, nella L. 11 settembre 2020, n. 120.*

(4) *Le parole: «di cui all'articolo 64 e i soggetti di cui all'articolo 44 bis» sono state così sostituite dalle seguenti: «e i conservatori di documenti informatici, iscritti nell'elenco di cui all'articolo 29, comma 6,» dall'art. 29, comma 1, lett. b), del D.L.vo 13 dicembre 2017, n. 217.*

(5) *Questo comma è stato così sostituito dall'art. 26, comma 1, lett. b), del D.L.vo 26 agosto 2016, n. 179.*

(6) *Questo comma è stato abrogato dall'art. 26, comma 1, lett. c), del D.L.vo 26 agosto 2016, n. 179.*

(7) *Le parole: «nel processo di verifica della firma» sono state così sostituite dalle attuali: «nel certificato» dall'art. 13 del D.L.vo 4 aprile 2006, n. 159.*

(8) *Questo periodo è stato soppresso dall'art. 29, comma 1, lett. c), n. 1), del D.L.vo 13 dicembre 2017, n. 217.*

(9) *Le parole: «Il certificatore» sono state così sostituite dalle seguenti: «Il prestatore di servizi di firma digitale o di altra firma elettronica qualificata» dall'art. 29, comma 1, lett. c), n. 2), del D.L.vo 13 dicembre 2017, n. 217.*

(10) *La parola: «eventualmente» è stata inserita dall'art. 29, comma 1, lett. c), n. 2), del D.L.vo 13 dicembre 2017, n. 217.*

([11]) *Le parole: «o derivanti dal superamento del valore limite» sono state così sostituite dalle parole: «ai sensi dell'articolo 28, comma 3, a condizione che limiti d'uso e di valore siano chiaramente riconoscibili secondo quanto previsto dall'articolo 28, comma 3 bis» dall'art. 29, comma 1, lett. c), n. 2), del D.L.vo 13 dicembre 2017, n. 217.*

31. ([1]) [**Vigilanza sull'attività dei certificatori e dei gestori di posta elettronica certificata.** – 1. AgID svolge funzioni di vigilanza e controllo sull'attività dei certificatori qualificati e dei gestori di posta elettronica certificata].

([1]) *Questo articolo è stato abrogato, dall'art. 64, comma 1, lett. g), del D.L.vo 26 agosto 2016, n. 179.*

32. Obblighi del titolare di firma elettronica qualificata ([1]) **e del prestatore di servizi di firma elettronica qualificata** ([2]). – 1. Il titolare del certificato di firma è tenuto ad assicurare la custodia del dispositivo di firma o degli strumenti di autenticazione informatica per l'utilizzo del dispositivo di firma da remoto, ([3]) e ([4]) ad adottare tutte le misure organizzative e tecniche idonee ad evitare danno ad altri; è altresì tenuto ad utilizzare personalmente il dispositivo di firma. ([5]) [ed a custodire e utilizzare il dispositivo di firma con la diligenza del buon padre di famiglia] ([6]).

2. Il prestatore di servizi di firma elettronica qualificata ([7]) è tenuto ad adottare tutte le misure organizzative e tecniche idonee ad evitare danno a terzi ([8]).

3. Il prestatore di servizi di firma elettronica qualificata ([7]) che rilascia [, ai sensi dell'articolo 19,] ([9]) certificati qualificati deve comunque ([10]):

a) provvedere con certezza alla identificazione della persona che fa richiesta della certificazione;

b) rilasciare e rendere pubblico il certificato elettronico nei modi o nei casi stabiliti dalle Linee guida, nel rispetto del decreto legislativo 30 giugno 2003, n. 196, e successive modificazioni;

c) specificare, nel certificato qualificato su richiesta dell'istante, e con il consenso del terzo interessato, i poteri di rappresentanza o altri titoli relativi all'attività professionale o a cariche rivestite, previa verifica della documentazione presentata dal richiedente che attesta la sussistenza degli stessi;

d) attenersi alle Linee guida;

e) informare i richiedenti in modo compiuto e chiaro, sulla procedura di certificazione e sui necessari requisiti tecnici per accedervi e sulle caratteristiche e sulle limitazioni d'uso delle firme emesse sulla base del servizio di certificazione;

[*f*) non rendersi depositario di dati per la creazione della firma del titolare] ([11]);

g) procedere alla tempestiva pubblicazione della revoca e della sospensione del certificato elettronico in caso di richiesta da parte del titolare di firma elettronica qualificata ([12]) o del terzo dal quale derivino i poteri del titolare di firma elettronica qualificata ([12]) medesimo, di perdita del possesso o della compromissione del dispositivo di firma o degli strumenti di autenticazione informatica per l'utilizzo del dispositivo di firma ([13]), di provvedimento dell'autorità, di acquisizione della conoscenza di cause limitative della capacità del titolare di firma elettronica qualificata ([12]), di sospetti abusi o falsificazioni, secondo quanto previsto dalle Linee guida;

h) garantire un servizio di revoca e sospensione dei certificati elettronici sicuro e tempestivo nonché garantire il funzionamento efficiente, puntuale e sicuro degli elenchi dei certificati di firma emessi, sospesi e revocati;

i) assicurare la precisa determinazione della data e dell'ora di rilascio, di revoca e di sospensione dei certificati elettronici;

j) tenere registrazione, anche elettronica, di tutte le informazioni relative al certificato qualificato dal momento della sua emissione almeno per venti anni ([14]) anche al fine di fornire prova della certificazione in eventuali procedimenti giudiziari;

k) non copiare, né conservare, le chiavi private di firma del soggetto cui il prestatore di servizi di firma elettronica qualificata ([7]) ha fornito il servizio di certificazione;

l) predisporre su mezzi di comunicazione durevoli tutte le informazioni utili ai soggetti che richiedono il servizio di certificazione, tra cui in particolare gli esatti termini e condizioni relative all'uso del certificato, compresa ogni limitazione dell'uso, l'esistenza di un sistema di accreditamento facoltativo e le procedure di reclamo e di risoluzione delle controversie; dette informazioni, che possono essere trasmesse elettronicamente, devono essere scritte in linguaggio chiaro ed essere fornite prima dell'accordo tra il richiedente il servizio ed il prestatore di servizi di firma elettronica qualificata ([7]);

m) utilizzare sistemi affidabili per la gestione del registro dei certificati con modalità tali da garantire che soltanto le persone autorizzate possano effettuare inserimenti e modifiche, che l'autenticità delle informazioni sia verificabile, che i certificati siano accessibili alla consultazione del pubblico soltanto nei casi consentiti dal titolare del certificato e che l'operatore possa rendersi conto di qualsiasi evento che comprometta i requisiti di sicurezza. Su richiesta, elementi pertinenti delle informazioni possono essere resi accessibili a terzi che facciano affidamento sul certificato.

m bis) garantire il corretto funzionamento e la continuità del sistema e comunicare immediatamente all'AgID e agli utenti eventuali malfunzionamenti che determinano disservizio, sospensione o interruzione del servizio stesso ([15]).

4. Il prestatore di servizi di firma elettronica qualificata ([7]) è responsabile dell'identificazione del soggetto che richiede il certificato qualificato di firma anche se tale attività è delegata a terzi.

5. Il prestatore di servizi di firma elettronica qualificata ([7]) raccoglie i dati personali direttamente dalla persona cui si riferiscono o, previo suo esplicito consenso, tramite il terzo, ([16]) e soltanto nella misura necessaria al rilascio e al mantenimento del certificato, fornendo l'informativa prevista dall'articolo 13 del decreto legislativo 30 giugno 2003, n. 196. I dati non possono essere raccolti o elaborati per fini diversi senza l'espresso consenso della persona cui si riferiscono.

([1]) *Le parole: «di firma elettronica qualificata» sono state inserite dall'art. 30, comma 1, lett. a), del D.L.vo 13 dicembre 2017, n. 217.*

([2]) *La precedente rubrica: «*Obblighi del titolare e del certificatore*» è stata così sostituita dall'attuale, dall'art. 27, comma 1, lett. a), del D.L.vo 26 agosto 2016, n. 179.*

([3]) *Le parole: «o degli strumenti di autenticazione informatica per l'utilizzo del dispositivo di firma da remoto,» sono state inserite dall'art. 27, comma 1, lett. b), del D.L.vo 26 agosto 2016, n. 179.*

([4]) *Le parole: «ad assicurare la custodia del dispositivo di firma e» sono state inserite dall'art. 14, comma 1, del D.L.vo 4 aprile 2006, n. 159.*

([5]) *Le parole: «; è altresì tenuto ad utilizzare personalmente il dispositivo di firma.» sono state inserite dall'art. 14, comma 1, del D.L.vo 4 aprile 2006, n. 159.*

([6]) *Le parole fra parentesi quadrate sono state soppresse dall'art. 14, comma 1, del D.L.vo 4 aprile 2006, n. 159.*

([7]) *La parola: «certificatore» è stata così sostituita dalle seguenti: «prestatore di servizi di firma elettronica qualificata», dall'art. 27, comma 1, lett. c), del D.L.vo 26 agosto 2016, n. 179.*

([8]) *Le parole: «ad altri, ivi incluso il titolare del certificato» sono state sostituite dalle attuali: «a terzi» dall'art. 14, comma 2, del D.L.vo 4 aprile 2006, n. 159.*

([9]) *Le parole fra parentesi quadrate sono state soppresse dall'art. 30, comma 1, lett. b), n. 1), del D.L.vo 13 dicembre 2017, n. 217.*

([10]) *La parola: «inoltre» è stata così sostituita dalla seguente: «comunque», dall'art. 27, comma 1, lett. d), del D.L.vo 26 agosto 2016, n. 179.*

([11]) *Questa lettera è stata soppressa dall'art. 32, comma 1, lett. a), del D.L.vo 30 dicembre 2010, n. 235.*

([12]) *Le parole: «di firma elettronica qualificata» sono state inserite dall'art. 30, comma 1, lett. b), n. 2), del D.L.vo 13 dicembre 2017, n. 217.*

([13]) *Le parole: «o degli strumenti di autenticazione informatica per l'utilizzo del dispositivo di firma,» sono state inserite dall'art. 27, comma 1, lett. e), del D.L.vo 26 agosto 2016, n. 179.*

([14]) *Le parole: «dieci anni» sono state così sostituite dalle parole: «venti anni» dall'art. 14, comma 3, del D.L.vo 4 aprile 2006, n. 159.*

([15]) *Questa lettera è stata inserita dall'art. 22, comma 1, lett. b), del D.L.vo 30 dicembre 2010, n. 235.*

([16]) *Le parole: «raccoglie i dati personali solo direttamente dalla persona cui si riferiscono o previo suo esplicito consenso,» sono state così sostituite dalle seguenti: «raccoglie i dati personali direttamente dalla persona cui si riferiscono o, previo suo esplicito consenso, tramite il terzo,» dall'art. 27, comma 1, lett. f), del D.L.vo 26 agosto 2016, n. 179.*

32 *bis*. ([1]) Sanzioni per i prestatori di servizi fiduciari qualificati, per i gestori di posta elettronica certificata, per i gestori dell'identità digitale e per i conservatori ([2]). – 1. L'AgID può irrogare ai prestatori di servizi fiduciari qualificati, ai gestori di posta elettronica certificata, ai gestori dell'identità digitale e ai soggetti di cui all'articolo 34, comma 1 *bis*, lettera *b*) ([3]) ([4]), che abbiano violato gli obblighi del Regolamento eIDAS o ([5]) del presente Codice relative alla prestazione dei predetti servizi ([6]), sanzioni amministrative in relazione alla gravità della violazione accertata e all'entità del danno provocato all'utenza, per importi da un minimo di euro 40.000,00 ([7]) a un massimo di euro 400.000,00 ([8]), fermo restando il diritto al risarcimento del maggior danno. Le sanzioni per le violazioni commesse dai soggetti di cui all'articolo 34, comma 1 *bis*, lettera *b*), sono fissate nel minimo in euro 4.000,00 e nel massimo in euro 40.000,00 ([9]). Le violazioni del presente Codice idonee a esporre a rischio i diritti e gli interessi di una pluralità di utenti o relative a significative carenze infrastrutturali o di processo del fornitore di servizio si considerano gravi ([10]). AgID, laddove accerti tali gravi violazioni, dispone altresì la cancellazione del fornitore del servizio dall'elenco dei soggetti qualificati e il divieto di accreditamento o qualificazione per un periodo fino ad un massimo di due anni ([10]). Le sanzioni vengono irrogate dal direttore generale dell'AgID [, sentito il Comitato di indirizzo] ([11]). Si applica, in quanto compatibile, la disciplina della legge 24 novembre 1981, n. 689 ([12]).

1 *bis*. L'AgID irroga ([13]) la sanzione amministrativa di cui al comma 1 e diffida ([14]) i sogget-

LEGGI COMPLEMENTARI

ti a conformare la propria condotta agli obblighi previsti dalla disciplina vigente ([15]) ([16]).

2. Fatti salvi i casi di forza maggiore o di caso fortuito, qualora si verifichi un malfunzionamento nei servizi forniti dai soggetti di cui al comma 1 che determini l'interruzione del servizio, ovvero in caso di mancata o intempestiva comunicazione dello stesso disservizio a AgID o agli utenti, ai sensi dell'articolo 32, comma 3, lettera *m bis*), AgID, ferma restando l'irrogazione delle sanzioni amministrative, diffida altresì i soggetti di cui al comma 1 a ripristinare la regolarità del servizio o ad effettuare le comunicazioni previste. Se l'interruzione del servizio ovvero la mancata o intempestiva comunicazione sono reiterati nel corso di un biennio, successivamente alla prima diffida si applica la sanzione della cancellazione dall'elenco pubblico ([17]).

3. Nei casi di cui ai commi 1, 1 *bis* ([18]) e 2 può essere applicata la sanzione amministrativa accessoria della pubblicazione dei provvedimenti di diffida o di cancellazione secondo la legislazione vigente in materia di pubblicità legale.

[4. Qualora un certificatore qualificato o un gestore di posta elettronica certificata non ottemperi, nei tempi previsti, a quanto prescritto da AgID nell'esercizio delle attività di vigilanza di cui all'articolo 31 si applica la disposizione di cui al comma 2] ([19]).

([1]) *Questo articolo è stato inserito dall'art. 22, comma 2, del D.L.vo 30 dicembre 2010, n. 235.*

([2]) *La precedente rubrica*: «Sanzioni per i certificatori qualificati e per i gestori di posta elettronica certificata» *è stata così sostituita dall'attuale, dall'art. 28, comma 1, lett. a), del D.L.vo 26 agosto 2016, n. 179.*

([3]) *Le parole: "conservatori accreditati" sono state così sostituite dalle seguenti: "soggetti di cui all'articolo 34, comma 1 bis, lettera b)" dall'art. 25, comma 1, lett. d), del D.L. 16 luglio 2020, n. 76, convertito, con modificazioni, nella L. 11 settembre 2020, n. 120.*

([4]) *Le parole: «, limitatamente alle attività di conservazione di firme, sigilli o certificati elettronici, ai soggetti di cui all'articolo 44* bis» *sono state così sostituite dalle seguenti: «ai .» dall'art. 31, comma 1, lett. a), del D.L.vo 13 dicembre 2017, n. 217.*

([5]) *Le parole: «Regolamento eIDAS e o» sono state così sostituite dalle seguenti: «Regolamento eIDAS o» dall'art. 31, comma 1, lett. a), del D.L.vo 13 dicembre 2017, n. 217.*

([6]) *Le parole: «relative alla prestazione dei predetti servizi» sono state inserite dall'art. 31, comma 1, lett. a), del D.L.vo 13 dicembre 2017, n. 217.*

([7]) *Le parole: «euro 4.000,00» sono state così sostituite dalle seguenti: «euro 40.000,00» dall'art. 31, comma 1, lett. a), del D.L.vo 13 dicembre 2017, n. 217.*

([8]) *Le parole: «euro 40.000,00» sono state così sostituite dalle seguenti: «euro 400.000,00» dall'art. 31, comma 1, lett. a), del D.L.vo 13 dicembre 2017, n. 217.*

([9]) *Questo periodo è stato inserito dall'art. 25, comma 1, lett. d), del D.L. 16 luglio 2020, n. 76, convertito, con modificazioni, nella L. 11 settembre 2020, n. 120.*

([10]) *L'originario secondo periodo è stato così sostituito dagli attuali secondo e terzo periodo dall'art. 31, comma 1, lett. b), del D.L.vo 13 dicembre 2017, n. 217.*

([11]) *Le parole tra parentesi quadrate sono state soppresse dall'art. 27, comma 1, lett. d), del D.L. 6 novembre 2021, n. 152, convertito, con modificazioni, nella L. 29 dicembre 2021, n. 233.*

([12]) *Questo comma è stato così sostituito dall'art. 28, comma 1, lett. b), del D.L.vo 26 agosto 2016, n. 179.*

([13]) *Le parole: «, prima di irrogare» sono state così sostituite dalla seguente: «irroga» dall'art. 31, comma 1, lett. c), del D.L.vo 13 dicembre 2017, n. 217.*

([14]) *Le parole: «, diffida» sono state così sostituite dalle seguenti: «e diffida» dall'art. 31, comma 1, lett. c), del D.L.vo 13 dicembre 2017, n. 217.*

([15]) *Le parole: «dal Regolamento eIDAS o dal presente Codice, fissando un termine e disciplinando le relative modalità per adempiere» sono state così sostituite dalle seguenti: «dalla disciplina vigente» dall'art. 31, comma 1, lett. c), del D.L.vo 13 dicembre 2017, n. 217.*

([16]) *Questo comma è stato inserito dall'art. 28, comma 1, lett. c), del D.L.vo 26 agosto 2016, n. 179.*

([17]) *Questo comma è stato così sostituito dall'art. 31, comma 1, lett. d), del D.L.vo 13 dicembre 2017, n. 217.*

([18]) *Le parole: «, 1* bis» *sono state inserite dall'art. 28, comma 1, lett. e), del D.L.vo 26 agosto 2016, n. 179.*

([19]) *Questo comma è stato abrogato dall'art. 28, comma 1, lett. f), del D.L.vo 26 agosto 2016, n. 179.*

33. ([1]) [**Uso di pseudonimi.** – 1. In luogo del nome del titolare il certificatore può riportare sul certificato elettronico uno pseudonimo, qualificandolo come tale. Se il certificato è qualificato, il certificatore ha l'obbligo di conservare le informazioni relative alla reale identità del titolare per almeno venti anni decorrenti dall'emissione ([2]) del certificato stesso].

([1]) *Questo articolo è stato abrogato dall'art. 64, comma 1, lett. a), del D.L.vo 13 dicembre 2017, n. 217.*

([2]) *Le parole: «dieci anni dopo la scadenza» sono state così sostituite dalle attuali: «venti anni decorrenti dall'emissione» dall'art. 23 del D.L.vo 30 dicembre 2010, n. 235.*

34. Norme particolari per le pubbliche amministrazioni ([1]). – 1. Ai fini della sottoscrizione, ove prevista, di documenti informatici di rilevanza esterna, le pubbliche amministrazioni:

a) possono svolgere direttamente l'attività di rilascio dei certificati qualificati avendo a tale fine l'obbligo di qualificarsi ([2]) ai sensi dell'articolo 29; tale attività può essere svolta esclusivamente nei confronti dei propri organi ed uffici, nonché di categorie di terzi, pubblici o privati. [I certificati qualificati rilasciati in favore di categorie di terzi possono essere utilizzati soltanto nei rapporti con l'Amministrazione certificante, al di fuori dei quali sono privi di ogni effetto ad esclusione di quelli rilasciati da collegi e ordini professionali e relativi organi agli iscritti nei rispettivi albi e registri; con decreto del Presidente del Consiglio dei Ministri, su proposta dei Ministri per la funzione pubblica e per l'innovazione e le tecnologie e dei Ministri interessati, di concerto con il Ministro dell'economia e delle finanze, sono definite le categorie di terzi e le caratteristiche dei certificati qualificati] (3);

b) possono rivolgersi a prestatori di servizi di firma digitale o di altra firma elettronica qualificata (4), secondo la vigente normativa in materia di contratti pubblici.

1 *bis*. Le pubbliche amministrazioni possono procedere alla conservazione dei documenti informatici:

a) all'interno della propria struttura organizzativa;

b) affidandola, in modo totale o parziale, nel rispetto della disciplina vigente, ad altri soggetti, pubblici o privati che possiedono i requisiti di qualità, di sicurezza e organizzazione individuati, nel rispetto della disciplina europea, nelle Linee guida di cui all'art. 71 relative alla formazione, gestione e conservazione dei documenti informatici nonché in un regolamento sui criteri per la fornitura dei servizi di conservazione dei documenti informatici emanato da AgID, avuto riguardo all'esigenza di assicurare la conformità dei documenti conservati agli originali nonché la qualità e la sicurezza del sistema di conservazione (5) (6).

[2. Per la formazione, gestione e sottoscrizione di documenti informatici aventi rilevanza esclusivamente interna ciascuna amministrazione può adottare, nella propria autonomia organizzativa, regole diverse da quelle contenute nelle Linee guida] (7) (8).

[3. Le regole tecniche concernenti la qualifica di pubblico ufficiale, l'appartenenza ad ordini o collegi professionali, l'iscrizione ad albi o il possesso di altre abilitazioni sono emanate con decreti di cui all'articolo 71 di concerto con il Ministro per la funzione pubblica, con il Ministro della giustizia e con gli altri Ministri di volta in volta interessati, sulla base dei principi generali stabiliti dai rispettivi ordinamenti] (9).

[4. Nelle more della definizione delle specifiche norme tecniche di cui al comma 3, si applicano le norme tecniche vigenti in materia di firme digitali] (9).

[5. Entro ventiquattro mesi dalla data di entrata in vigore del presente codice le pubbliche amministrazioni devono dotarsi di idonee procedure informatiche e strumenti software per la verifica delle firme digitali secondo quanto previsto dalle Linee guida] (9).

(1) *La precedente rubrica*: «Norme particolari per le pubbliche amministrazioni e per altri soggetti qualificati» *è stata così sostituita dall'attuale, dall'art. 29, comma 1, lett.* a), *del D.L.vo 26 agosto 2016, n. 179.*

(2) *La parola: «accreditarsi» è stata così sostituita dalla seguente: «qualificarsi», dall'art. 29, comma 1, lett.* b), *del D.L.vo 26 agosto 2016, n. 179.*

(3) *Questo periodo è stato soppresso dall'art. 29, comma 1, lett.* b), *del D.L.vo 26 agosto 2016, n. 179.*

(4) *Le parole: «certificatori accreditati» sono state così sostituite dalle seguenti: «prestatori di servizi di firma digitale o di altra firma elettronica qualificata» dall'art. 32, comma 1, lett. a), del D.L.vo 13 dicembre 2017, n. 217.*

(5) *Le parole: "accreditati come conservatori presso l'AgID" sono state così sostituite dalle seguenti: "che possiedono i requisiti di qualità, di sicurezza e organizzazione individuati, nel rispetto della disciplina europea, nelle Linee guida di cui all'art. 71 relative alla formazione, gestione e conservazione dei documenti informatici nonché in un regolamento sui criteri per la fornitura dei servizi di conservazione dei documenti informatici emanato da AgID, avuto riguardo all'esigenza di assicurare la conformità dei documenti conservati agli originali nonché la qualità e la sicurezza del sistema di conservazione." dall'art. 25, comma 1, lett. e), del D.L. 16 luglio 2020, n. 76, convertito, con modificazioni, nella L. 11 settembre 2020, n. 120.*

A norma dell'art. 25, comma 2, del D.L. 16 luglio 2020, n. 76, convertito, con modificazioni, nella L. 11 settembre 2020, n. 120, fino all'adozione delle Linee guida e del regolamento di cui al predetto comma 1, lettera e), in materia di conservazione dei documenti informatici si applicano le disposizioni vigenti prima della data di entrata in vigore del presente decreto.

Si riporta il testo previgente:

«1 bis. Le pubbliche amministrazioni possono procedere alla conservazione dei documenti informatici:

[..].

b) affidandola, in modo totale o parziale, nel rispetto della disciplina vigente, ad altri soggetti, pubblici o privati accreditati come conservatori presso l'AgID.»

(6) *Questo comma è stato inserito dall'art. 32, comma 1, lett. b), del D.L.vo 13 dicembre 2017, n. 217.*

(7) *Le parole: «all'articolo 72» sono state così sostituite dalle attuali: «all'articolo 71» dall'art. 15, comma 2, del D.L.vo 4 aprile 2006, n. 159.*

Da ultimo, le parole: «regole tecniche di cui all'articolo 71» sono state così sostituite dalle parole: «Linee guida» dall'art. 66, comma 1, del D.L.vo 13 dicembre 2017, n. 217.

(8) *Questo comma è stato abrogato dall'art. 32, comma 1, lett. c), del D.L.vo 13 dicembre 2017, n. 217.*

(9) *Questo comma è stato abrogato dall'art. 29, comma 1, lett. c), del D.L.vo 26 agosto 2016, n. 179.*

35. Dispositivi sicuri e procedure per la generazione della firma qualificata (1). – 1. I dispositivi sicuri e le procedure utilizzate per la generazione delle firme devono presentare requisiti di sicurezza tali da garantire che la chiave privata:

a) sia riservata;

b) non possa essere derivata e che la relativa firma sia protetta da contraffazioni;

c) possa essere sufficientemente protetta dal titolare dall'uso da parte di terzi.

1 *bis*. Fermo restando quanto previsto dal comma 1, i dispositivi per la creazione di una firma elettronica qualificata o di un sigillo elettronico soddisfano i requisiti di cui all'Allegato II del Regolamento eIDAS (2).

2. I dispositivi sicuri e le procedure di cui al comma 1 devono garantire l'integrità dei documenti informatici a cui la firma si riferisce. I documenti informatici devono essere presentati al titolare di firma elettronica (3), prima dell'apposizione della firma, chiaramente e senza ambiguità, e si deve richiedere conferma della volontà di generare la firma secondo quanto previsto dalle Linee guida.

3. Il secondo periodo del comma 2 non si applica alle firme apposte con procedura automatica. La firma con procedura automatica è valida se apposta previo consenso del titolare all'adozione della procedura medesima (4).

4. I dispositivi sicuri di firma devono essere dotati di certificazione di sicurezza ai sensi dello schema nazionale di cui al comma 5 (4).

5. La conformità dei requisiti di sicurezza dei dispositivi per la creazione di una firma elettronica (5) qualificata o di un sigillo elettronico (6) prescritti dall'Allegato II del regolamento eIDAS (7) è accertata, in Italia, dall'Organismo di certificazione della sicurezza informatica (8) in base allo schema nazionale per la valutazione e certificazione di sicurezza nel settore della tecnologia dell'informazione, fissato con decreto del Presidente del Consiglio dei Ministri, o, per sua delega, del Ministro per l'innovazione e le tecnologie, di concerto con i Ministri delle comunicazioni, delle attività produttive e dell'economia e delle finanze. L'attuazione dello schema nazionale non deve determinare nuovi o maggiori oneri per il bilancio dello Stato (9). Lo schema nazionale può prevedere altresì la valutazione e la certificazione relativamente ad ulteriori criteri europei ed internazionali, anche riguardanti altri sistemi e prodotti afferenti al settore suddetto. La valutazione della conformità del sistema e degli strumenti di autenticazione utilizzati dal titolare delle chiavi di firma è effettuata dall'Agenzia per l'Italia digitale in conformità ad apposite linee guida da questa emanate, acquisito il parere obbligatorio dell'Organismo di certificazione della sicurezza informatica (10).

6. La conformità di cui al comma 5 è inoltre riconosciuta se accertata da un organismo all'uopo designato da un altro Stato membro e notificato ai sensi dell'articolo 30, comma 2, del Regolamento eIDAS. Ove previsto dall'organismo di cui al periodo precedente, la valutazione della conformità del sistema e degli strumenti di autenticazione utilizzati dal titolare delle chiavi di firma è effettuata dall'AgID in conformità alle linee guida di cui al comma 5 (11).

(1) *La precedente rubrica*: «Dispositivi sicuri e procedure per la generazione della firma» *è stata così sostituita dall'attuale, dall'art. 30, comma 1, lett.* a), *del D.L.vo 26 agosto 2016, n. 179.*

(2) *Questo comma è stato inserito dall'art. 30, comma 1, lett.* b), *del D.L.vo 26 agosto 2016, n. 179.*

(3) *Le parole: «di firma elettronica» sono state inserite dall'art. 33, comma 1, del D.L.vo 13 dicembre 2017, n. 217.*

(4) *Questo comma è stato così sostituito dall'art. 24, comma 1, lett.* a), *del D.L.vo 30 dicembre 2010, n. 235.*

(5) *La parola*: «elettronica» *è stata inserita dall'art. 30, comma 1, lett.* c), *del D.L.vo 26 agosto 2016, n. 179.*

(6) *Le parole*: «o di un sigillo elettronico» *sono state inserite dall'art. 30, comma 1, lett.* c), *del D.L.vo 26 agosto 2016, n. 179.*

(7) *Le parole*: «dall'allegato III della direttiva 1999/93/CE» *sono state così sostituite dalle seguenti*: «dall'Allegato II del regolamento eIDAS» *dall'art. 30, comma 1, lett.* c), *del D.L.vo 26 agosto 2016, n. 179.*

(8) *Le parole: «dall'Organismo di certificazione della sicurezza informatica» sono state inserite dall'art. 24, comma 1, lett.* b), *n. 1), del D.L.vo 30 dicembre 2010, n. 235.*

(9) *Questo periodo è stato così sostituito dall'art. 24, comma 1, lett.* b), *n. 2), del D.L.vo 30 dicembre 2010, n. 235.*

(10) *Questo periodo è stato aggiunto dall'art. 15, comma 5* ter, *del D.L. 18 ottobre 2012, n. 179, convertito, con modificazioni, nella L. 17 dicembre 2012, n. 221.*

(11) *Questo comma è stato così sostituito dall'art. 30, comma 1, lett.* d), *del D.L.vo 26 agosto 2016, n. 179.*

36. Revoca e sospensione dei certificati qualificati. – 1. Il certificato qualificato deve essere a cura del certificatore:

a) revocato in caso di cessazione dell'attività del certificatore salvo quanto previsto dal comma 2 dell'articolo 37 (1);

b) revocato o sospeso in esecuzione di un provvedimento dell'autorità;

c) revocato o sospeso a seguito di richiesta del titolare o del terzo dal quale derivano i poteri del titolare, secondo le modalità previste nel presente codice;

d) revocato o sospeso in presenza di cause limitative della capacità del titolare o di abusi o falsificazioni.

2. Il certificato qualificato può, inoltre, essere revocato o sospeso nei casi previsti dalle Linee guida, per violazione delle regole tecniche ivi contenute (2).

3. La revoca o la sospensione del certificato qualificato, qualunque ne sia la causa, ha effetto dal momento della pubblicazione della lista che lo contiene. Il momento della pubblicazione deve essere attestato mediante adeguato riferimento temporale.

4. La modalità di revoca o sospensione sono previste nelle Linee guida.

(1) *Le parole: «dell'articolo 37» sono state inserite dall'art. 16 del D.L.vo 4 aprile 2006, n. 159.*

(2) *Le parole: «, per violazione delle regole tecniche ivi contenute» sono state aggiunte dall'art. 34, comma 1, del D.L.vo 13 dicembre 2017, n. 217.*

37. Cessazione dell'attività. – 1. Il prestatore di servizi fiduciari qualificato (1) che intende cessare l'attività deve, almeno sessanta giorni prima della data di cessazione, darne avviso all'AgID e informare senza indugio i titolari dei certificati da lui emessi specificando che tutti i certificati non scaduti al momento della cessazione saranno revocati.

2. Il prestatore (2) di cui al comma 1 comunica contestualmente la rilevazione della documentazione da parte di altro certificatore o l'annullamento della stessa. L'indicazione di un prestatore di servizi fiduciari qualificato (3) sostitutivo evita la revoca di tutti i certificati non scaduti al momento della cessazione.

3. Il prestatore (4) di cui al comma 1 indica altro depositario del registro dei certificati e della relativa documentazione.

4. L'AgID rende nota la data di cessazione dell'attività del prestatore di cui al comma 1 (5) tramite l'elenco di cui all'articolo 29, comma 6.

4 *bis*. Qualora il prestatore di cui al comma 1 (6) cessi la propria attività senza indicare, ai sensi del comma 2, un prestatore di servizi fiduciari qualificato (7) sostitutivo e non si impegni a garantire la conservazione e la disponibilità della documentazione prevista dagli articoli 33 e 32, comma 3, lettera *j*) e delle ultime liste di revoca emesse, deve provvedere al deposito presso AgID che ne garantisce la conservazione e la disponibilità (8).

4 *ter*. Nel caso in cui il prestatore di cui al comma 1 non ottemperi agli obblighi previsti dal presente articolo, AgID intima al prestatore di ottemperarvi entro un termine non superiore a trenta giorni. In caso di mancata ottemperanza entro il suddetto termine, si applicano le sanzioni di cui all'articolo 32 *bis*; le sanzioni pecuniarie previste dal predetto articolo sono aumentate fino al doppio (9).

(1) *Le parole: «Il certificatore qualificato o accreditato» sono state così sostituite dalle seguenti: «Il prestatore di servizi fiduciari qualificato», dall'art. 31, comma 1, lett. a), del D.L.vo 26 agosto 2016, n. 179.*

(2) *La parola: «certificatore» è stata così sostituita dalla seguente: «prestatore», dall'art. 31, comma 1, lett. b), del D.L.vo 26 agosto 2016, n. 179.*

(3) *Le parole: «certificatore» sono state così sostituite dalle seguenti: «prestatore di servizi fiduciari qualificato», dall'art. 31, comma 1, lett. b), del D.L.vo 26 agosto 2016, n. 179.*

(4) *La parola: «certificatore» è stata così sostituita dalla seguente: «prestatore», dall'art. 31, comma 1, lett. c), del D.L.vo 26 agosto 2016, n. 179.*

(5) *Le parole: «certificatore accreditato» sono state così sostituite dalle seguenti: «prestatore di cui al comma 1», dall'art. 31, comma 1, lett. d), del D.L.vo 26 agosto 2016, n. 179.*

(6) *Le parole: «certificatore qualificato» sono state così sostituite dalle seguenti: «prestatore di cui al comma 1», dall'art. 31, comma 1, lett. e), del D.L.vo 26 agosto 2016, n. 179.*

(7) *Le parole: «un certificatore» sono state così sostituite dalle seguenti: «un prestatore di servizi fiduciari qualificato», dall'art. 31, comma 1, lett. e), del D.L.vo 26 agosto 2016, n. 179.*

(8) *Questo comma è stato aggiunto dall'art. 25 del D.L.vo 30 dicembre 2010, n. 235.*

(9) *Questo comma è stato aggiunto dall'art. 31, comma 1, lett. f), del D.L.vo 26 agosto 2016, n. 179.*

Sezione III
Trasferimenti di fondi, libri e scritture (1)

(1) *La rubrica: «Pagamenti, libri e scritture» è stata così sostituita dall'attuale dall'art. 26, comma 1, del D.L.vo 30 dicembre 2010, n. 235.*

38. Trasferimenti di fondi (1). – 1. Il trasferimento in via telematica di fondi tra pubbliche amministrazioni e tra queste e soggetti privati è effettuato secondo le Linee guida, sentiti il Dipartimento della funzione pubblica, i Ministeri della giustizia e dell'economia e delle finanze, nonché (2) il Garante per la protezione dei dati personali e la Banca d'Italia.

(1) *La rubrica: «Pagamenti informatici» è stata così sostituita dall'attuale dall'art. 26, comma 2, del D.L.vo 30 dicembre 2010, n. 235.*

(2) *Le parole: «di concerto con i Ministri per la funzione pubblica, della giustizia e dell'economia e delle finanze, sentiti» sono state così sostituite dalle seguenti: «, sentiti il Dipartimento della funzione pubblica, i Ministeri della giustizia e dell'economia e delle finanze, nonché» dall'art. 35, comma 1, del D.L.vo 13 dicembre 2017, n. 217.*

39. Libri e scritture. – 1. I libri, i repertori e le scritture, ivi compresi quelli previsti dalla legge sull'ordinamento del notariato e degli archivi notarili, di cui sia obbligatoria la tenuta possono essere formati e conservati su supporti informatici in conformità alle disposizioni del presente codice e secondo le Linee guida.

Capo III
Gestione, conservazione e accessibilità dei documenti e fascicoli informatici (1)

(1) *L'originaria rubrica:* «Formazione, gestione e conservazione dei documenti informatici» *è stata così sostituita dall'attuale:* «Gestione, conservazione e accessibilità dei documenti e fascicoli informatici» *dall'art. 36, comma 1, del D.L.vo 13 dicembre 2017, n. 217.*

Sezione I (1)
Documenti della pubblica amministrazione

(1) *Questa sezione è stata inserita dall'art. 36, comma 2, del D.L.vo 13 dicembre 2017, n. 217.*

40. Formazione di documenti informatici. – 1. Le pubbliche amministrazioni [che dispongono di idonee risorse tecnologiche] (1) formano gli originali dei propri documenti, inclusi quelli inerenti ad albi, elenchi e pubblici registri, (2) con mezzi informatici secondo le disposizioni di cui al presente codice e le Linee guida.

2. Fermo restando quanto previsto dal comma 1, la redazione di documenti originali su supporto cartaceo, nonché la copia di documenti informatici sul medesimo supporto è consentita solo ove risulti necessaria e comunque nel rispetto del principio dell'economicità (3).

[3. Con apposito regolamento, da emanarsi entro 180 giorni dalla data di entrata in vigore del presente codice, ai sensi dell'articolo 17, comma 1, della legge 23 agosto 1988, n. 400, sulla proposta dei Ministri delegati per la funzione pubblica, per l'innovazione e le tecnologie e del Ministro per i beni e le attività culturali, sono individuate le categorie di documenti amministrativi che possono essere redatti in originale anche su supporto cartaceo in relazione al particolare valore di testimonianza storica ed archivistica che sono idonei ad assumere] (4).

[4. Il Presidente del Consiglio dei Ministri, con propri decreti, fissa la data dalla quale viene riconosciuto il valore legale degli albi, elenchi, pubblici registri ed ogni altra raccolta di dati concernenti stati, qualità personali e fatti già realizzati dalle amministrazioni, su supporto informatico, in luogo dei registri cartacei] (4).

(1) *Le parole fra parentesi quadrate sono state soppresse dall'art. 27, comma 1, lett.* a), *del D.L.vo 30 dicembre 2010, n. 235.*

(2) *Le parole:* «, inclusi quelli inerenti ad albi, elenchi e pubblici registri,» *sono state inserite dall'art. 32, comma 1, lett.* a), *del D.L.vo 26 agosto 2016, n. 179.*

(3) *Questo comma è stato abrogato dall'art. 27, comma 1, lett.* b), *del D.L.vo 30 dicembre 2010, n. 235. A norma dell'art. 57, comma 20, del D.L.vo 30 dicembre 2010, n. 235, le disposizioni modificative effettuate a questo comma dal medesimo decreto, sono applicate dalle pubbliche amministrazioni anche in via progressiva, con la facoltà di avvalersi a tal fine dell'assistenza tecnica di DigitPa, considerate le proprie esigenze organizzative e secondo moduli, approvati con specifici provvedimenti di ciascuna amministrazione, che tengono conto delle risorse finanziarie disponibili certificate dagli uffici centrali di bilancio ovvero, per le amministrazioni non dotate di tali uffici centrali, dagli omologhi uffici.*

(4) *Questo comma è stato abrogato dall'art. 32, comma 1, lett.* b), *del D.L.vo 26 agosto 2016, n. 179.*

40 *bis*. (1) Protocollo informatico. – 1. Formano comunque oggetto di registrazione di protocollo ai sensi dell'articolo 53 del decreto del Presidente della Repubblica 28 dicembre 2000, n. 445, le comunicazioni che provengono da o sono inviate a domicili digitali eletti ai sensi di quanto previsto all'articolo 3 *bis*, (2) (3), nonché le istanze e le dichiarazioni di cui all'articolo 65 in conformità alle Linee guida.

(1) *Questo articolo è stato inserito dall'art. 27, comma 2 del D.L.vo 30 dicembre 2010, n. 235. A norma dell'art. 57, comma 20, del D.L.vo 30 dicembre 2010, n. 235, le disposizioni modificative effettuate a questo articolo dal medesimo decreto, sono applicate dalle pubbliche amministrazioni anche in via progressiva, con la facoltà di avvalersi a tal fine dell'assistenza tecnica di DigitPa, considerate le proprie esigenze organizzative e secondo moduli, approvati con specifici provvedimenti di ciascuna amministrazione, che tengono conto delle risorse finanziarie disponibili certificate dagli uffici centrali di bilancio ovvero, per le amministrazioni non dotate di tali uffici centrali, dagli omologhi uffici.*

(2) *Le parole:* «pervengono o sono inviate dalle caselle di posta elettronica di cui agli articoli 6 ter, comma 1, 47, commi 1 e 3,» *sono state così sostituite dalle seguenti:* «provengono da o sono inviate a domicili digitali eletti ai sensi di quanto previsto all'articolo 3 bis,» *dall'art. 37, comma 1, del D.L.vo 13 dicembre 2017, n. 217.*

(3) *Le parole:* «47, commi 1 e 3, 54, comma 2 ter e 57 bis, comma 1» *sono state così sostituite dalle seguenti:* «6 ter, comma 1, 47, commi 1 e 3,», *dall'art. 33, del D.L.vo 26 agosto 2016, n. 179.*

40 *ter*. (1) Sistema pubblico di ricerca documentale. – 1. La Presidenza del Consiglio dei ministri promuove lo sviluppo e la sperimentazione di un sistema volto a facilitare la ricerca dei documenti soggetti a obblighi di pubblicità legale, trasparenza o a registrazione di protocollo ai sensi dell'articolo 53 del decreto del Presidente della Repubblica 28 dicembre 2000, n. 445, e di cui all'articolo 40 *bis* e dei fascicoli dei procedimenti di cui all'articolo 41, nonché a consentirne l'accesso on-line ai soggetti che ne abbiano diritto ai sensi della disciplina vigente.

(1) *Questo articolo è stato inserito dall'art. 37, comma 2, del D.L.vo 13 dicembre 2017, n. 217.*

Sezione II (1)
Gestione e conservazione dei documenti

(1) *Questa sezione è stata inserita dall'art. 37, comma 3, del D.L.vo 13 dicembre 2017, n. 217.*

41. Procedimento e fascicolo informatico. – 1. Le pubbliche amministrazioni gestiscono i procedimenti amministrativi utilizzando le tecnologie dell'informazione e della comunicazione. Per ciascun procedimento amministrativo di loro competenza, esse forniscono gli opportuni servizi di interoperabilità o integrazione (1), ai sensi di quanto previsto dagli articoli 12 e 64 *bis* (2) (3).

[1 *bis*. La gestione dei procedimenti amministrativi è attuata in modo da consentire, mediante strumenti automatici, il rispetto di quanto previsto all'articolo 54, commi 2 *ter* e 2 *quater*] (4).

2. La pubblica amministrazione titolare del procedimento raccoglie (5) in un fascicolo informatico gli atti, i documenti e i dati del procedimento medesimo da chiunque formati; all'atto della comunicazione dell'avvio del procedimento ai sensi dell'articolo 8 della legge 7 agosto 1990, n. 241, comunica agli interessati le modalità per esercitare in via telematica i diritti di cui all'articolo 10 della citata legge 7 agosto 1990, n. 241.

2 *bis*. Il fascicolo informatico è realizzato garantendo la possibilità di essere direttamente consultato ed alimentato da tutte le amministrazioni coinvolte nel procedimento e dagli interessati, nei limiti ed alle condizioni previste dalla disciplina vigente, attraverso i servizi di cui agli articoli 40 *ter* e 64 *bis* (6). Le Linee guida (7) per la costituzione, l'identificazione, l'accessibilità attraverso i suddetti servizi (8) (9) e l'utilizzo del fascicolo sono dettate dall'AgID ai sensi dell'articolo 71 e (10) sono conformi ai principi di una corretta gestione documentale ed alla disciplina della formazione, gestione, conservazione e trasmissione del documento informatico, ivi comprese le regole concernenti il protocollo informatico ed il sistema pubblico di connettività, e comunque rispettano i criteri dell'interoperabilità e dell'integrazione (11) [, di concerto con il Ministro della funzione pubblica] (12) (13).

2 *ter*. Il fascicolo informatico reca l'indicazione:

a) dell'amministrazione titolare del procedimento, che cura la costituzione e la gestione del fascicolo medesimo;

b) delle altre amministrazioni partecipanti;

c) del responsabile del procedimento;

d) dell'oggetto del procedimento;

e) dell'elenco dei documenti contenuti, salvo quanto disposto dal comma 2 *quater* (13).

e bis) dell'identificativo del fascicolo medesimo apposto con modalità idonee a consentirne l'indicizzazione e la ricerca attraverso il sistema di cui all'articolo 40 *ter* nel rispetto delle Linee guida (14) (15).

2 *quater*. Il fascicolo informatico può contenere aree a cui hanno accesso solo l'amministrazione titolare e gli altri soggetti da essa individuati; esso è formato in modo da garantire la corretta collocazione, la facile reperibilità e la collegabilità, in relazione al contenuto ed alle finalità, dei singoli documenti. Il fascicolo informatico (16) è inoltre costituito in modo da garantire l'esercizio in via telematica dei diritti previsti dalla citata legge n. 241 del 1990 (13) e dall'articolo 5, comma 2, del decreto legislativo 14 marzo 2013, n. 33, nonché l'immediata conoscibilità anche attraverso i servizi di cui agli articoli 40 *ter* e 64 *bis*, sempre per via telematica, dello stato di avanzamento del procedimento, del nominativo e del recapito elettronico del responsabile del procedimento. AgID detta, ai sensi dell'articolo 71, Linee guida idonee a garantire l'interoperabilità tra i sistemi di gestione dei fascicoli dei procedimenti e i servizi di cui agli articoli 40 *ter* e 64 *bis* (17).

[3. Ai sensi degli articoli da 14 a 14 *quinquies* della legge 7 agosto 1990, n. 241, previo accordo tra le amministrazioni coinvolte, la conferenza dei servizi è convocata e svolta avvalendosi degli strumenti informatici disponibili, secondo i tempi e le modalità stabiliti dalle amministrazioni medesime] (4).

(1) *Le parole: «e cooperazione applicativa» sono state così sostituite dalle seguenti: «o integrazione» dall'art. 38, comma 1, lett. a), del D.L.vo 13 dicembre 2017, n. 217.*

(2) *Le parole «dall'articolo 12, comma 2» sono state così sostituite dalle seguenti: «dagli articoli 12 e 64 bis» dall'art. 38, comma 1, lett. a), del D.L.vo 13 dicembre 2017, n. 217.*

(3) *Questo comma è stato così sostituito dall'art. 34, comma 1, lett. a), del D.L.vo 26 agosto 2016, n. 179.*

(4) *Questo comma è stato abrogato dall'art. 34, comma 1, lett. c), del D.L.vo 26 agosto 2016, n. 179.*

(5) *Le parole: «può raccogliere» sono state così sostituite dalle attuali: «raccoglie» dall'art. 28, comma 1, lett. b), del D.L.vo 30 dicembre 2010, n. 235. A norma dell'art. 57, comma 20, del D.L.vo 30 dicembre 2010, n. 235, le disposizioni modificative effettuate a questo comma dal medesimo decreto, sono applicate dalle pubbliche amministrazioni anche in via progressiva, con la facoltà di avvalersi a tal fine dell'assistenza tecnica di DigitPa, considerate le proprie esigenze organizzative e secondo moduli, approvati con specifici provvedimenti di ciascuna amministrazione, che tengono conto delle risorse finanziarie disponibili certificate dagli uffici centrali di bilancio ovvero, per le am-*

ministrazioni non dotate di tali uffici centrali, dagli omologhi uffici.

(6) *Le parole: «e dagli interessati, nei limiti ed alle condizioni previste dalla disciplina vigente, attraverso i servizi di cui agli articoli 40 ter e 64 bis» sono state aggiunte dall'art. 38, comma 1, lett. b), del D.L.vo 13 dicembre 2017, n. 217.*

(7) *Le parole «Le regole» sono state così sostituite dalle seguenti: «Le Linee guida» dall'art. 38, comma 1, lett. c), del D.L.vo 13 dicembre 2017, n. 217.*

(8) *Le parole: «, l'accessibilità attraverso i suddetti servizi» sono state inserite dall'art. 38, comma 1, lett. c), del D.L.vo 13 dicembre 2017, n. 217.*

(9) *Le parole: «, l'identificazione» sono state inserite dall'art. 28, comma 1, lett. c), del D.L.vo 30 dicembre 2010, n. 235.*

(10) *Le parole: «sono dettate dall'AgID ai sensi dell'articolo 71 e» sono state inserite dall'art. 38, comma 1, lett. c), del D.L.vo 13 dicembre 2017, n. 217.*

(11) *Le parole: «della cooperazione applicativa; regole tecniche specifiche possono essere dettate ai sensi dell'articolo 71» sono state così sostituite dalle seguenti: «dell'integrazione» dall'art. 38, comma 1, lett. c), del D.L.vo 13 dicembre 2017, n. 217.*

(12) *Le parole tra parentesi quadrate sono state soppresse dall'art. 34, comma 1, lett. b), del D.L.vo 26 agosto 2016, n. 179.*

(13) *Questo comma è stato inserito dall'art. 18 del D.L.vo 4 aprile 2006, n. 159.*

(14) *Le parole: «apposto con modalità idonee a consentirne l'indicizzazione e la ricerca attraverso il sistema di cui all'articolo 40 ter nel rispetto delle Linee guida» sono state aggiunte dall'art. 38, comma 1, lett. d), del D.L.vo 13 dicembre 2017, n. 217.*

(15) *Questa lettera è stata aggiunta dall'art. 28, comma 1, lett. d), del D.L.vo 30 dicembre 2010, n. 235.*

(16) *Le parole: «dei singoli documenti;» sono state così sostituite dalle seguenti: «dei singoli documenti. Il fascicolo informatico» dall'art. 38, comma 1, lett. e), del D.L.vo 13 dicembre 2017, n. 217.*

(17) *Le parole: «e dall'articolo 5, comma 2, del decreto legislativo 14 marzo 2013, n. 33, nonché l'immediata conoscibilità anche attraverso i servizi di cui agli articoli 40 ter e 64 bis, sempre per via telematica, dello stato di avanzamento del procedimento, del nominativo e del recapito elettronico del responsabile del procedimento. AgID detta, ai sensi dell'articolo 71, Linee guida idonee a garantire l'interoperabilità tra i sistemi di gestione dei fascicoli dei procedimenti e i servizi di cui agli articoli 40 ter e 64 bis» sono state aggiunte dall'art. 38, comma 1, lett. e), del D.L.vo 13 dicembre 2017, n. 217.*

42. Dematerializzazione dei documenti delle pubbliche amministrazioni. – 1. Le pubbliche amministrazioni valutano in termini di rapporto tra costi e benefici il recupero su supporto informatico dei documenti e degli atti cartacei dei quali sia obbligatoria o opportuna la conservazione e provvedono alla predisposizione dei conseguenti piani di sostituzione degli archivi cartacei con archivi informatici, nel rispetto delle Linee guida.

43. Conservazione ed esibizione dei documenti (1). – 1. Gli obblighi di conservazione e di esibizione di documenti si intendono soddisfatti a tutti gli effetti di legge a mezzo di documenti informatici, se le relative procedure sono effettuate in modo tale da garantire la conformità ai documenti originali e sono conformi alle Linee guida (2).

1 *bis*. Se il documento informatico è conservato per legge da uno dei soggetti di cui all'articolo 2, comma 2, cessa l'obbligo di conservazione a carico dei cittadini e delle imprese che possono in ogni momento richiedere accesso al documento stesso (3) ai medesimi soggetti di cui all'articolo 2, comma 2. Le amministrazioni rendono disponibili a cittadini ed imprese i predetti documenti attraverso servizi on-line accessibili previa identificazione con l'identità digitale di cui all'articolo 64 ed integrati con i servizi di cui agli articoli 40 *ter* e 64 *bis* (4).

2. Restano validi i documenti degli archivi, le scritture contabili, la corrispondenza ed ogni atto, dato o documento già conservati mediante riproduzione su supporto fotografico, su supporto ottico o con altro processo idoneo a garantire la conformità dei documenti agli originali ai sensi della disciplina vigente al momento dell'invio dei singoli documenti nel sistema di conservazione (5).

3. I documenti informatici, di cui è prescritta la conservazione per legge o regolamento, possono essere archiviati per le esigenze correnti anche con modalità cartacee e sono conservati in modo permanente con modalità digitali, nel rispetto delle Linee guida (6).

4. Sono fatti salvi i poteri di controllo del Ministero per i beni e le attività culturali e per il turismo sugli archivi delle pubbliche amministrazioni e sugli archivi privati dichiarati di notevole interesse storico ai sensi delle disposizioni del decreto legislativo 22 gennaio 2004, n. 42.

(1) *L'originaria rubrica:* «Riproduzione e conservazione dei documenti» *è stata così sostituita dall'attuale:* «Conservazione ed esibizione dei documenti» *dall'art. 39, comma 1, lett. a), del D.L.vo 13 dicembre 2017, n. 217.*

(2) *Questo comma è stato così sostituito dall'art. 39, comma 1, lett. b), del D.L.vo 13 dicembre 2017, n. 217.*

(3) *Questo comma è stato inserito dall'art. 35 del D.L.vo 26 agosto 2016, n. 179.*

(4) *Le parole: «ai medesimi soggetti di cui all'articolo 2, comma 2. Le amministrazioni rendono disponibili a cittadini ed imprese i predetti documenti attraverso servizi on-line accessibili previa identificazione con l'identità digitale di cui all'articolo 64 ed integrati con i servizi di cui agli articoli 40 ter e 64 bis» sono state aggiunte dall'art. 39, comma 1, lett. c), del D.L.vo 13 dicembre 2017, n. 217.*

(5) *Le parole: «ai sensi della disciplina vigente al momento dell'invio dei singoli documenti nel sistema di*

conservazione» sono state aggiunte dall'art. 39, comma 1, lett. d), del D.L.vo 13 dicembre 2017, n. 217.

(6) *Le parole: «, nel rispetto delle regole tecniche stabilite ai sensi dell'articolo 71.» sono state aggiunte dall'art. 29, comma 1, lett. b), del D.L.vo 30 dicembre 2010, n. 235.*

Da ultimo, le parole: «regole tecniche stabilite ai sensi dell'articolo 71» sono state così sostituite dalle parole: «Linee guida» dall'art. 66, comma 1, del D.L.vo 13 dicembre 2017, n. 217.

44. Requisiti per la gestione e conservazione dei documenti informatici (1). – 1. Il sistema di gestione informatica dei documenti delle pubbliche amministrazioni, di cui all'articolo 52 del decreto del Presidente della Repubblica 28 dicembre 2000, n. 445, è organizzato e gestito, anche in modo da assicurare l'indicizzazione e la ricerca dei documenti e fascicoli informatici attraverso il sistema di cui all'articolo 40 *ter* nel rispetto delle Linee guida (2).

1 *bis*. Il sistema di gestione [e conservazione] (3) dei documenti informatici delle pubbliche amministrazioni (4) è gestito da un responsabile che opera d'intesa con il dirigente dell'ufficio di cui all'articolo 17 del presente Codice, il responsabile del trattamento dei dati personali di cui all'articolo 29 del decreto legislativo 30 giugno 2003, n. 196, ove nominato, e con il responsabile del sistema della conservazione dei documenti informatici, nella definizione e gestione delle attività di rispettiva competenza. Almeno una volta all'anno il responsabile della gestione dei documenti informatici provvede a trasmettere al sistema di conservazione i fascicoli e le serie documentarie anche relative a procedimenti non conclusi (5) (6).

1 *ter*. In tutti i casi in cui la legge prescrive obblighi di conservazione, anche a carico di soggetti privati, il sistema (7) di conservazione dei documenti informatici assicura, per quanto in esso conservato, caratteristiche di autenticità, integrità, affidabilità, leggibilità, reperibilità, secondo le modalità indicate nelle Linee guida (8).

1 *quater*. Il responsabile della conservazione, che opera d'intesa con il responsabile del trattamento dei dati personali, con il responsabile della sicurezza e con il responsabile dei sistemi informativi, può affidare, ai sensi dell'articolo 34, comma 1 *bis*, lettera *b*), la conservazione dei documenti informatici ad altri soggetti, pubblici o privati, che offrono idonee garanzie organizzative, e tecnologiche e di protezione dei dati personali. Il responsabile della conservazione della pubblica amministrazione, che opera d'intesa, oltre che con i responsabili di cui al comma 1 *bis*, anche con il responsabile della gestione documentale, effettua la conservazione dei documenti informatici secondo quanto previsto all'articolo 34, comma 1 *bis* (9).

(1) *La precedente rubrica:* «Requisiti per la conservazione dei documenti informatici» *è stata così sostituita dall'attuale, dall'art. 36, comma 1, lett.* a), *del D.L.vo 26 agosto 2016, n. 179.*

(2) *Questo comma dapprima sostituito dall'art. 36, comma 1, lett. b), del D.L.vo 26 agosto 2016, n. 179 è stato, da ultimo, così sostituito dall'art. 40, comma 1, lett. a), del D.L.vo 13 dicembre 2017, n. 217.*

(3) *Le parole fra parentesi quadrate sono state soppresse dall'art. 40, comma 1, lett. b), del D.L.vo 13 dicembre 2017, n. 217.*

(4) *Le parole: «delle pubbliche amministrazioni» sono state inserite dall'art. 40, comma 1, lett. b), del D.L.vo 13 dicembre 2017, n. 217.*

(5) *Le parole: «procedimenti conclusi» sono state così sostituite dalle seguenti: «procedimenti non conclusi» dall'art. 40, comma 1, lett. b), del D.L.vo 13 dicembre 2017, n. 217.*

(6) *Questo comma è stato così sostituito dall'art. 36, comma 1, lett. c), del D.L.vo 26 agosto 2016, n. 179.*

(7) *Le parole: "Il sistema" sono state così sostituite dalle seguenti: "In tutti i casi in cui la legge prescrive obblighi di conservazione, anche a carico di soggetti privati, il sistema" dall'art. 25, comma 1, lett. f), del D.L. 16 luglio 2020, n. 76, convertito, con modificazioni, nella L. 11 settembre 2020, n. 120.*

(8) *Questo comma è stato così sostituito dall'art. 40, comma 1, lett. c), del D.L.vo 13 dicembre 2017, n. 217.*

(9) *Questo comma è stato aggiunto dall'art. 40, comma 1, lett. d), del D.L.vo 13 dicembre 2017, n. 217.*

44 *bis*. (1) **[Conservatori accreditati.** – 1. I soggetti pubblici e privati che svolgono attività di conservazione dei documenti informatici e di certificazione dei relativi processi anche per conto di terzi ed intendono conseguire il riconoscimento del possesso dei requisiti del livello più elevato, in termini di qualità e di sicurezza, chiedono l'accreditamento presso AgID secondo le Linee guida (2).

2. Si applicano, in quanto compatibili, gli articoli 26, 27, 29, ad eccezione del comma 3, lettera *a*) e 31.

3. I soggetti privati di cui al comma 1 sono costituiti in società di capitali con capitale sociale non inferiore a euro 200.000].

(1) *Questo articolo inserito dall'art. 30, comma 2, del D.L.vo 30 dicembre 2010, n. 235 è stato, da ultimo, abrogato dall'art. 64, comma 1, lett. b), del D.L.vo 13 dicembre 2017, n. 217.*

(2) *Le parole: «secondo le regole tecniche di cui all'articolo 71» sono state aggiunte dall'art. 37, del D.L.vo 26 agosto 2016, n. 179.*

Da ultimo, le parole: «regole tecniche di cui all'articolo 71» sono state così sostituite dalle parole: «Linee guida» dall'art. 66, comma 1, del D.L.vo 13 dicembre 2017, n. 217.

Capo IV
Trasmissione informatica dei documenti

45. Valore giuridico della trasmissione. - 1. I documenti trasmessi da chiunque ad una pubblica amministrazione con qualsiasi mezzo telematico o informatico [, ivi compreso il fax] (1), idoneo ad accertarne la [fonte di] (2) provenienza, soddisfano il requisito della forma scritta e la loro trasmissione non deve essere seguita da quella del documento originale.

2. Il documento informatico trasmesso per via telematica si intende spedito dal mittente se inviato al proprio gestore, e si intende consegnato al destinatario se reso disponibile all'indirizzo elettronico da questi dichiarato, nella casella di posta elettronica del destinatario messa a disposizione dal gestore.

(1) *Le parole fra parentesi quadrate sono state soppresse dall'art. 31 del D.L.vo 30 dicembre 2010, n. 235.*

(2) *Le parole fra parentesi quadrate sono state soppresse dall'art. 41, comma 1, del D.L.vo 13 dicembre 2017, n. 217.*

46. Dati particolari contenuti nei documenti trasmessi. - 1. Al fine di garantire la riservatezza dei dati sensibili o giudiziari di cui all'articolo 4, comma 1, lettere *d*) ed *e*), del decreto legislativo 30 giugno 2003, n. 196, i documenti informatici trasmessi ad altre pubbliche amministrazioni per via digitale (1) possono contenere soltanto i dati sensibili e giudiziari consentiti (2) da legge o da regolamento e indispensabili per il perseguimento delle finalità per le quali sono acquisite.

(1) *La parola: «telematica» è stata così sostituita dalla seguente: «digitale» dall'art. 42, comma 1, del D.L.vo 13 dicembre 2017, n. 217.*

(2) *Le parole: «le informazioni relative a stati, fatti e qualità personali previste» sono state così sostituite dalle seguenti: «i dati sensibili e giudiziari consentiti» dall'art. 42, comma 1, del D.L.vo 13 dicembre 2017, n. 217.*

47. Trasmissione dei documenti tra le pubbliche amministrazioni (1). - 1. Le comunicazioni di documenti tra le pubbliche amministrazioni avvengono [di norma] (2) mediante l'utilizzo della posta elettronica o in cooperazione applicativa (3); esse sono valide ai fini del procedimento amministrativo una volta che ne sia verificata la provenienza. Il documento può essere, altresì, reso disponibile previa comunicazione delle modalità di accesso telematico allo stesso (4).

1 *bis*. L'inosservanza della disposizione di cui al comma 1, ferma restando l'eventuale responsabilità per danno erariale, comporta responsabilità dirigenziale e responsabilità disciplinare (5).

2. Ai fini della verifica della provenienza le comunicazioni sono valide se:

a) sono sottoscritte con firma digitale o altro tipo di firma elettronica qualificata;

b) ovvero sono dotate di segnatura di protocollo di cui all'articolo 55 del decreto del Presidente della Repubblica 28 dicembre 2000, n. 445 (6);

c) ovvero è comunque possibile accertarne altrimenti la provenienza, secondo quanto previsto dalla normativa vigente o dalle Linee guida. È in ogni caso esclusa la trasmissione di documenti a mezzo fax (7);

d) ovvero trasmesse attraverso sistemi di posta elettronica certificata di cui al decreto del Presidente della Repubblica 11 febbraio 2005, n. 68.

3. I soggetti di cui all'articolo 2, comma 2, lettere *a*) e *b*), (8) provvedono ad istituire e pubblicare nell'Indice dei domicili digitali delle pubbliche amministrazioni e dei gestori di pubblici servizi (9) almeno una casella di posta elettronica certificata per ciascun registro di protocollo. Le pubbliche amministrazioni (10) utilizzano per le comunicazioni tra l'amministrazione ed i propri dipendenti la posta elettronica o altri strumenti informatici di comunicazione nel rispetto delle norme in materia di protezione dei dati personali e previa informativa agli interessati in merito al grado di riservatezza degli strumenti utilizzati (11).

(1) *La precedente rubrica:* «Trasmissione dei documenti attraverso la posta elettronica tra le pubbliche amministrazioni» *è stata così sostituita dall'attuale dall'art. 38, comma 1, lett.* a), *del D.L.vo 26 agosto 2016, n. 179.*

(2) *Le parole fra parentesi quadrate sono state soppresse dall'art. 32, comma 1, lett.* a), *del D.L.vo 30 dicembre 2010, n. 235.*

(3) *Le parole: «o in cooperazione applicativa» sono state inserite dall'art. 32, comma 1, lett.* a), *del D.L.vo 30 dicembre 2010, n. 235.*

(4) *Questo periodo è stato aggiunto dall'art. 38, comma 1, lett.* b), *del D.L.vo 26 agosto 2016, n. 179.*

(5) *Questo comma è stato inserito dall'art. 6, comma 1, lett.* a), *del D.L. 18 ottobre 2012, n. 179, convertito, con modificazioni, nella L. 17 dicembre 2012, n. 221.*

(6) *Le parole: «protocollo informatizzato» sono state così sostituite dalle attuali: «segnatura di protocollo di cui all'articolo 55 del decreto del Presidente della Repubblica 28 dicembre 2000, n. 445» dall'art. 32, comma 1, lett.* b), *del D.L.vo 30 dicembre 2010, n. 235.*

(7) *Le parole: «. È in ogni caso esclusa la trasmissione di documenti a mezzo fax», sono state inserite dall'art. 14, comma 1 bis, del D.L. 21 giugno 2013, n. 69, convertito, con modificazioni, nella L. 9 agosto 2013, n. 98.*

(8) *Le parole: «Le pubbliche amministrazioni e gli altri soggetti di cui all'articolo 2, comma 2,» sono state così sostituite dalle seguenti: «I soggetti di cui all'articolo 2, comma 2, lettere a) e b),» dall'art. 43, comma 1, lett.* a), *del D.L.vo 13 dicembre 2017, n. 217.*

([9]) *Le parole: «nell'Indice PA» sono state così sostituite dalle seguenti: «nell'Indice dei domicili digitali delle pubbliche amministrazioni e dei gestori di pubblici servizi» dall'art. 43, comma 1, lett. a), del D.L.vo 13 dicembre 2017, n. 217.*

([10]) *Le parole: «La pubbliche amministrazioni» sono state così sostituite dalle seguenti: «Le pubbliche amministrazioni» dall'art. 43, comma 1, lett. b), del D.L.vo 13 dicembre 2017, n. 217.*

([11]) *Questo comma è stato così sostituito dall'art. 32, comma 1, lett. c), del D.L.vo 30 dicembre 2010, n. 235.*

48. ([1]) **Posta elettronica certificata.** – 1. La trasmissione telematica di comunicazioni che necessitano di una ricevuta di invio e di una ricevuta di consegna avviene mediante la posta elettronica certificata ai sensi del decreto del Presidente della Repubblica 11 febbraio 2005, n. 68, o mediante altre soluzioni tecnologiche individuate con le Linee guida ([2]).

2. La trasmissione del documento informatico per via telematica, effettuata ai sensi del comma 1, equivale, salvo che la legge disponga diversamente, alla notificazione per mezzo della posta.

3. La data e l'ora di trasmissione e di ricezione di un documento informatico trasmesso ai sensi del comma 1 sono opponibili ai terzi se conformi alle disposizioni di cui al decreto del Presidente della Repubblica 11 febbraio 2005, n. 68, ed alle relative regole tecniche, ovvero conformi alle Linee guida ([3]).

([1]) *Questo articolo è stato così sostituito dall'art. 33, comma 1, del D.L.vo 30 dicembre 2010, n. 235 e, da ultimo, è stato abrogato dall'art. 65, comma 7, del D.L.vo 13 dicembre 2017, n. 217, a far data dall'entrata in vigore del decreto del Presidente del Consiglio dei ministri, con cui sono adottate le misure necessarie a garantire la conformità dei servizi di posta elettronica certificata di cui agli articoli 29 e 48 di questo provvedimento.*

([2]) *Le parole: «con decreto del Presidente del Consiglio dei Ministri, sentito DigitPA» sono state così sostituite dalle seguenti: «con le regole tecniche adottate ai sensi dell'articolo 71», dall'art. 39, comma 1, lett. a), del D.L.vo 26 agosto 2016, n. 179.*

Da ultimo, le parole: «regole tecniche adottate ai sensi dell'articolo 71» sono state così sostituite dalle parole: «Linee guida», dall'art. 66, comma 1, del D.L.vo 13 dicembre 2017, n. 217.

([3]) *Le parole: «al decreto del Presidente del Consiglio dei Ministri di cui al comma 1» sono state così sostituite dalle seguenti: «alle regole tecniche adottate ai sensi dell'articolo 71», dall'art. 39, comma 1, lett. b), del D.L.vo 26 agosto 2016, n. 179.*

Da ultimo, le parole: «regole tecniche adottate ai sensi dell'articolo 71» sono state così sostituite dalle parole: «Linee guida», dall'art. 66, comma 1, del D.L.vo 13 dicembre 2017, n. 217.

49. Segretezza della corrispondenza trasmessa per via telematica. – 1. Gli addetti alle operazioni di trasmissione per via telematica di atti, dati e documenti formati con strumenti informatici non possono prendere cognizione della corrispondenza telematica, duplicare con qualsiasi mezzo o cedere a terzi a qualsiasi titolo informazioni anche in forma sintetica o per estratto sull'esistenza o sul contenuto di corrispondenza, comunicazioni o messaggi trasmessi per via telematica, salvo che si tratti di informazioni per loro natura o per espressa indicazione del mittente destinate ad essere rese pubbliche.

2. Agli effetti del presente codice, gli atti, i dati e i documenti trasmessi per via telematica si considerano, nei confronti del gestore del sistema di trasporto delle informazioni, di proprietà del mittente sino a che non sia avvenuta la consegna al destinatario.

Capo V
Dati delle pubbliche amministrazioni, identità digitali, istanze e servizi on-line ([1])

([1]) *Le parole: «e servizi in rete» sono state così sostituite dalle parole: «, identità digitali, istanze e servizi on-line» dall'art. 44, comma 1, del D.L.vo 13 dicembre 2017, n. 217.*

Sezione I
Dati delle pubbliche amministrazioni

56. Dati identificativi delle questioni pendenti dinanzi autorità giudiziaria di ogni ordine e grado ([1]). – 1. I dati identificativi delle questioni pendenti dinanzi al giudice amministrativo e contabile sono resi accessibili a chi vi abbia interesse mediante pubblicazione sul sistema informativo interno e sul sito istituzionale [della rete Internet] ([2]) delle autorità emananti.

2. Le sentenze e le altre decisioni del giudice amministrativo e contabile, rese pubbliche mediante deposito in segreteria, sono contestualmente inserite nel sistema informativo interno e sul sito istituzionale [della rete Internet] ([2]), osservando le cautele previste dalla normativa in materia di tutela dei dati personali.

2 *bis*. I dati identificativi delle questioni pendenti, le sentenze e le altre decisioni depositate in cancelleria o segreteria dell'autorità giudiziaria di ogni ordine e grado sono, comunque, rese accessibili ai sensi dell'articolo 51 del codice in materia di protezione dei dati personali approvato con decreto legislativo n. 196 del 2003 ([3]).

([1]) *Le parole: «al giudice amministrativo e contabile» sono state sostituite dalle attuali parole: «autorità giudiziaria di ogni ordine e grado» dall'art. 23, comma 1, del D.L.vo 4 aprile 2006, n. 159.*

([2]) *Le parole fra parentesi quadrate sono state soppresse dall'art. 38 del D.L.vo 30 dicembre 2010, n. 235.*
([3]) *Questo comma è stato aggiunto dall'art. 23, comma 2, del D.L.vo 4 aprile 2006, n. 159.*

2.

D.M. 21 febbraio 2011, n. 44. Regolamento concernente le regole tecniche per l'adozione nel processo civile e nel processo penale, delle tecnologie dell'informazione e della comunicazione, in attuazione dei principi previsti dal decreto legislativo 7 marzo 2005, n. 82, e successive modificazioni, ai sensi dell'articolo 4, commi 1 e 2, del decreto legge 29 dicembre 2009, n. 193, convertito nella legge 22 febbraio 2010 n. 24 (*Gazzetta Ufficiale* Serie gen. - n. 89 del 18 aprile 2011).

(*Estratto*)

Capo III
Trasmissione di atti
e documenti informatici

11. Formato dell'atto del processo in forma di documento informatico. – 1. L'atto del processo in forma di documento informatico è privo di elementi attivi ed è redatto nei formati previsti dalle specifiche tecniche di cui all'articolo 34; le informazioni strutturate sono in formato XML, secondo le specifiche tecniche stabilite ai sensi dell'articolo 34, pubblicate sul portale dei servizi telematici.

2. La nota di iscrizione a ruolo può essere trasmessa per via telematica come documento informatico sottoscritto con firma digitale; le relative informazioni sono contenute nelle informazioni strutturate di cui al primo comma, secondo le specifiche tecniche stabilite ai sensi dell'articolo 34.

12. Formato dei documenti informatici allegati. – 1. I documenti informatici allegati all'atto del processo sono privi di elementi attivi e hanno i formati previsti dalle specifiche tecniche stabilite ai sensi dell'articolo 34.

2. È consentito l'utilizzo dei formati compressi, secondo le specifiche tecniche stabilite ai sensi dell'articolo 34, purché contenenti solo file nei formati previsti dal comma precedente.

13. Trasmissione dei documenti da parte dei soggetti abilitati esterni e degli utenti privati. – 1. I documenti informatici di cui agli articoli 11 e 12 sono trasmessi da parte dei soggetti abilitati esterni e degli utenti privati mediante l'indirizzo di posta elettronica certificata risultante dal registro generale degli indirizzi elettronici, all'indirizzo di posta elettronica certificata dell'ufficio destinatario, secondo le specifiche tecniche stabilite ai sensi dell'articolo 34.

2. I documenti informatici di cui al comma 1 si intendono ricevuti dal dominio giustizia nel momento in cui viene generata la ricevuta di avvenuta consegna da parte del gestore di posta elettronica certificata del Ministero della giustizia.

3. Nel caso previsto dal comma 2 la ricevuta di avvenuta consegna attesta, altresì, l'avvenuto deposito dell'atto o del documento presso l'ufficio giudiziario competente. Quando la ricevuta è rilasciata dopo le ore 14 il deposito si considera effettuato il giorno feriale immediatamente successivo.

4. [Ai fini della comunicazione prevista dall'articolo 170, quarto comma, del codice di procedura civile, la parte che procede al deposito invia ai procuratori delle parti costituite copia informatica dell'atto e dei documenti allegati con le modalità previste dall'articolo 18 del presente decreto] ([1]). [Fuori del caso di rifiuto per omessa sottoscrizione,] ([2]) il rigetto del deposito da parte dell'ufficio non impedisce il successivo deposito entro i termini assegnati o previsti dalla vigente normativa processuale ([3]).

5. La certificazione dei professionisti abilitati e dei soggetti abilitati esterni pubblici è effettuata dal gestore dei servizi telematici sulla base dei dati presenti nel registro generale degli indirizzi elettronici, secondo le specifiche tecniche stabilite ai sensi dell'articolo 34.

6. Al fine di garantire la riservatezza dei documenti da trasmettere, il soggetto abilitato esterno utilizza un meccanismo di crittografia, secondo le specifiche tecniche stabilite ai sensi dell'articolo 34.

7. Il gestore dei servizi telematici restituisce al mittente l'esito dei controlli effettuati dal dominio giustizia nonché dagli operatori della cancelleria o della segreteria, secondo le specifiche tecniche stabilite ai sensi dell'articolo 34.

8. La dimensione massima del messaggio è stabilita nelle specifiche tecniche di cui all'articolo 34. Se il messaggio eccede tale dimensione, il gestore dei servizi telematici genera e invia automaticamente al mittente un messaggio di errore, contenente l'avviso del rifiuto del messaggio, secondo le specifiche tecniche stabilite ai sensi dell'articolo 34.

9. I soggetti abilitati esterni possono avvalersi dei servizi del punto di accesso, di cui all'articolo 23, per la trasmissione dei documenti; in tale caso il punto di accesso si attiene alle modalità di trasmissione dei documenti di cui al presente articolo.

(1) *Questo periodo è stato soppresso dall'art. 1, comma 1, lett. a), del D.M. 15 ottobre 2012, n. 209.*

(2) *Le parole tra parentesi quadrate sono state soppresse dall'art. 1, comma 1, lett. b), del D.M. 15 ottobre 2012, n. 209.*

(3) *Le parole: «dal codice di procedura civile» sono state così sostituite dalle parole: «dalla vigente normativa processuale» dall'art. 1, comma 1, lett. c), del D.M. 15 ottobre 2012, n. 209.*

14. Documenti probatori e allegati non informatici. – 1. I documenti probatori e gli allegati depositati in formato non elettronico sono identificati e descritti in una apposita sezione delle informazioni strutturate di cui all'articolo 11, secondo le specifiche tecniche stabilite ai sensi dell'articolo 34.

2. La cancelleria o la segreteria dell'ufficio giudiziario provvede ad effettuare copia informatica dei documenti probatori e degli allegati su supporto cartaceo e ad inserirla nel fascicolo informatico, apponendo la firma digitale ai sensi e per gli effetti di cui all'articolo 22, comma 3 del codice dell'amministrazione digitale.

15. Deposito dell'atto del processo da parte dei soggetti abilitati interni. – 1. L'atto del processo, redatto in formato elettronico da un soggetto abilitato interno e sottoscritto con firma digitale, è depositato telematicamente nel fascicolo informatico (1).

2. In caso di atto formato da organo collegiale l'originale del provvedimento è sottoscritto con firma digitale anche dal presidente.

3. Quando l'atto è redatto dal cancelliere o dal segretario dell'ufficio giudiziario questi vi appone la propria firma digitale e ne effettua il deposito nel fascicolo informatico.

4. Se il provvedimento del magistrato è in formato cartaceo, il cancelliere o il segretario dell'ufficio giudiziario ne estrae copia informatica nei formati previsti dalle specifiche tecniche stabilite ai sensi dell'articolo 34 e provvede a depositarlo nel fascicolo informatico, apponendovi la propria firma digitale (2).

(1) *Questo comma è stato così sostituito dall'art. 2, comma 1, lett. a), del D.M. 15 ottobre 2012, n. 209.*

(2) *Le parole: «e vi appone la sua firma digitale, ove previsto» sono state così sostituite dalle parole: «e provvede a depositarlo nel fascicolo informatico, apponendovi la propria firma digitale» dall'art. 2, comma 1, lett. b), del D.M. 15 ottobre 2012, n. 209.*

16. Comunicazioni per via telematica. – 1. La comunicazione per via telematica dall'ufficio giudiziario ad un soggetto abilitato esterno o all'utente privato avviene mediante invio di un messaggio dall'indirizzo di posta elettronica certificata dell'ufficio giudiziario mittente all'indirizzo di posta elettronica certificata del destinatario, indicato nel registro generale degli indirizzi elettronici, ovvero per la persona fisica consultabile ai sensi dell'articolo 7 del decreto del Presidente del Consiglio dei Ministri 6 maggio 2009 e per l'impresa indicato nel registro delle imprese, secondo le specifiche tecniche stabilite ai sensi dell'articolo 34.

2. La cancelleria o la segreteria dell'ufficio giudiziario provvede ad effettuare una copia informatica dei documenti cartacei da comunicare nei formati previsti dalle specifiche tecniche stabilite ai sensi dell'articolo 34, che conserva nel fascicolo informatico.

3. La comunicazione per via telematica si intende perfezionata nel momento in cui viene generata la ricevuta di avvenuta consegna (1) da parte del gestore di posta elettronica certificata del destinatario e produce gli effetti di cui agli articoli 45 e 48 del codice dell'amministrazione digitale.

4. Fermo quanto previsto dall'articolo 20, comma 6, e salvo il caso fortuito o la forza maggiore, negli uffici giudiziari individuati con il decreto di cui all'articolo 51, comma 2, del decreto legge 25 giugno 2008, n. 112, convertito, con modificazioni, dalla legge 6 agosto 2008, n. 133, nel caso in cui viene generato un avviso di mancata consegna previsto dalle regole tecniche della posta elettronica certificata, si procede ai sensi del comma 3 del medesimo articolo 51 e viene pubblicato nel portale dei servizi telematici, secondo le specifiche tecniche stabilite ai sensi dell'articolo 34, un apposito avviso di avvenuta comunicazione o notificazione dell'atto nella cancelleria o segreteria dell'ufficio giudiziario, contenente i soli elementi identificativi del procedimento e delle parti e loro patrocinatori. Tale avviso è visibile solo dai soggetti abilitati esterni legittimati ai sensi dell'articolo 27, comma 1, del decreto ministeriale 21 febbraio 2011 n. 44 (2).

5. Le ricevute di avvenuta consegna e gli avvisi di mancata consegna vengono conservati nel fascicolo informatico.

6. La comunicazione che contiene dati sensibili è effettuata per estratto con contestuale messa a disposizione dell'atto integrale nell'apposita area del portale dei servizi telematici, secondo le specifiche tecniche sta-

bilite ai sensi dell'articolo 34 e nel rispetto dei requisiti di sicurezza di cui all'articolo 26, con modalità tali da garantire l'identificazione dell'autore dell'accesso e la tracciabilità delle relative attività.

7. Nel caso previsto dal comma 6, si applicano le disposizioni di cui ai commi 2 e 3, ma la comunicazione si intende perfezionata il giorno feriale successivo al momento in cui viene generata la ricevuta di avvenuta consegna (1) da parte del gestore di posta elettronica certificata del destinatario.

8. Si applica, in ogni caso, il disposto dell'articolo 49 del codice dell'amministrazione digitale.

(1) *Le parole: «ricevuta di avvenuta consegna breve» sono state così sostituite dalle parole: «ricevuta di avvenuta consegna» dall'art. 3, comma 1, lett.* a), *del D.M. 15 ottobre 2012, n. 209.*

(2) *Questo comma è stato così sostituito dall'art. 3, comma 1, lett.* b), *del D.M. 15 ottobre 2012, n. 209.*

17. Notificazioni per via telematica. – 1. Al di fuori dei casi previsti dall'articolo 51, del decreto legge 25 giugno 2008 n. 112, convertito con modificazioni dalla legge 6 agosto 2008, n. 133, e successive modificazioni, le richieste telematiche di un'attività di notificazione da parte di un ufficio giudiziario sono inoltrate al sistema informatico dell'UNEP, secondo le specifiche tecniche stabilite ai sensi dell'articolo 34.

2. Le richieste di altri soggetti sono inoltrate all'UNEP tramite posta elettronica certificata, secondo le specifiche tecniche stabilite ai sensi dell'articolo 34.

3. La notificazione per via telematica da parte dell'UNEP rispetta i requisiti richiesti per la comunicazione da un ufficio giudiziario verso i soggetti abilitati esterni di cui all'articolo 16.

4. Il sistema informatico dell'UNEP individua l'indirizzo di posta elettronica del destinatario dal registro generale degli indirizzi elettronici, dal registro delle imprese o dagli albi o elenchi costituiti ai sensi dell'articolo 16 del decreto legge 29 novembre 2008, n. 185 convertito con modificazioni dalla legge 28 gennaio 2009, n. 2, nonché per il cittadino dall'elenco reso consultabile ai sensi dell'articolo 7 del decreto del Presidente del Consiglio dei Ministri 6 maggio 2009 in base alle specifiche tecniche stabilite ai sensi dell'articolo 34.

5. Il sistema informatico dell'UNEP, eseguita la notificazione, trasmette per via telematica a chi ha richiesto il servizio il documento informatico con la relazione di notificazione sottoscritta mediante firma digitale e congiunta all'atto cui si riferisce, nonché le ricevute di posta elettronica certificata, secondo le specifiche tecniche stabilite ai sensi dell'articolo 34.

6. L'ufficiale giudiziario, se non procede alla notificazione per via telematica, effettua la copia cartacea del documento informatico, attestandone la conformità all'originale, e provvede a notificare la copia stessa con le modalità previste dalla normativa processuale vigente (1).

(1) *Le parole: «nei modi di cui agli articoli 138 e seguenti del codice di procedura civile» sono state così sostituite dalle parole: «con le modalità previste dalla normativa processuale vigente» dall'art. 4, comma 1, del D.M. 15 ottobre 2012, n. 209.*

18. (1) **Notificazioni per via telematica eseguite dagli avvocati.** – 1. L'avvocato che procede alla notificazione con modalità telematica ai sensi dell'articolo 3 *bis* della legge 21 gennaio 1994, n. 53, allega al messaggio di posta elettronica certificata documenti informatici o copie informatiche, anche per immagine, di documenti analogici privi di elementi attivi e redatti nei formati consentiti dalle specifiche tecniche stabilite ai sensi dell'articolo 34.

2. Quando il difensore procede alla notificazione delle comparse o delle memorie, ai sensi dell'articolo 170, quarto comma, del codice di procedura civile, la notificazione è effettuata mediante invio della memoria o della comparsa alle parti costituite ai sensi del comma 1.

3. La parte rimasta contumace ha diritto a prendere visione degli atti del procedimento tramite accesso al portale dei servizi telematici e, nei casi previsti, anche tramite il punto di accesso.

4. L'avvocato che estrae copia informatica per immagine dell'atto formato su supporto analogico, compie l'asseverazione prevista dall'articolo 22, comma 2, del codice dell'amministrazione digitale, inserendo la dichiarazione di conformità all'originale nella relazione di notificazione, a norma dell'articolo 3 *bis*, comma 5, della legge 21 gennaio 1994, n. 53.

5. La procura alle liti si considera apposta in calce all'atto cui si riferisce quando è rilasciata su documento informatico separato allegato al messaggio di posta elettronica certificata mediante il quale l'atto è notificato. La disposizione di cui al periodo precedente si applica anche quando la procura alle liti è rilasciata su foglio separato del quale è estratta copia informatica, anche per immagine.

6. La ricevuta di avvenuta consegna prevista dall'articolo 3 *bis*, comma 3, della legge 21 gennaio 1994, n. 53 è quella completa, di cui all'articolo 6, comma 4, del decreto del Presidente della Repubblica 11 febbraio 2005, n. 68.

(1) *Questo articolo è stato così sostituito dall'art. 1 del D.M. 3 aprile 2013, n. 48.*

21. Richiesta delle copie di atti e documenti. - 1. Il rilascio della copia di atti e documenti del processo avviene, previa verifica del regolare pagamento dei diritti previsti, tramite invio all'indirizzo di posta elettronica certificata del richiedente, secondo le specifiche tecniche stabilite ai sensi dell'articolo 34.

2. L'atto o il documento che contiene dati sensibili o di grandi dimensioni è messo a disposizione nell'apposita area del portale dei servizi telematici, nel rispetto dei requisiti di sicurezza stabiliti ai sensi dell'articolo 34.

3. Nel caso di richiesta di copia informatica, anche parziale, conforme al documento originale in formato cartaceo, il cancelliere ne attesta la conformità all'originale sottoscrivendola con la propria firma digitale.

Capo V
Pagamenti telematici

30. Pagamenti. - 1. Il pagamento del contributo unificato e degli altri diritti e spese è effettuato nelle forme previste dal decreto del Presidente della Repubblica 30 maggio 2002, n. 115, e successive modificazioni. La ricevuta e la attestazione di pagamento o versamento è allegata alla nota di iscrizione a ruolo o ad altra istanza inviata all'ufficio, secondo le specifiche tecniche stabilite ai sensi dell'articolo 34, ed è conservata dall'interessato per essere esibita a richiesta dell'ufficio.

2. Il pagamento di cui al comma 1 può essere effettuato per via telematica con le modalità e gli strumenti previsti dal decreto del Presidente della Repubblica 30 maggio 2002, n. 115, e successive modificazioni e dalle altre disposizioni normative e regolamentari relative al riversamento delle entrate alla Tesoreria dello Stato.

3. L'interazione tra le procedure di pagamento telematico messe a disposizione dal prestatore del servizio di pagamento, il punto di accesso e il portale dei servizi telematici avviene su canale sicuro, secondo le specifiche tecniche stabilite ai sensi dell'articolo 34.

4. Il processo di pagamento telematico assicura l'univocità del pagamento mediante l'utilizzo della richiesta di pagamento telematico (RPT), della ricevuta telematica (RT) e dell'identificativo univoco di erogazione del servizio (CRS) che impediscono, mediante l'annullamento del CRS, un secondo utilizzo della RT. Le specifiche tecniche sono definite ai sensi dell'articolo 34.

5. La ricevuta telematica, firmata digitalmente dal prestatore del servizio di pagamento che effettua la riscossione o da un soggetto da questo delegato, costituisce prova del pagamento alla Tesoreria dello Stato ed è conservata nel fascicolo informatico.

6. L'ufficio verifica periodicamente con modalità telematiche la regolarità delle ricevute o attestazioni e il buon esito delle transazioni di pagamento telematico.

31. Diritto di copia. - 1. L'interessato, all'atto della richiesta di copia, richiede l'indicazione dell'importo del diritto corrispondente che gli è comunicato senza ritardo con mezzi telematici dall'ufficio, secondo le specifiche stabilite ai sensi dell'articolo 34.

2. Alla richiesta di copia è associato un identificativo univoco che, in caso di pagamento dei diritti di copia non contestuale, viene evidenziato nel sistema informatico per consentire il versamento secondo le modalità previste dal decreto del Presidente della Repubblica 30 maggio 2002, n. 115, e successive modificazioni.

3. La ricevuta telematica è associata all'identificativo univoco.

32. Registrazione, trascrizione e voltura degli atti. - 1. La registrazione, la trascrizione e la voltura degli atti avvengono in via telematica nelle forme previste dall'articolo 73 del decreto del Presidente della Repubblica 30 maggio 2002, n. 115, e successive modificazioni.

33. Pagamento dei diritti di notifica. - 1. Il pagamento dei diritti di notifica viene effettuato nelle forme previste dall'articolo 30.

2. L'UNEP rende pubblici gli importi dovuti a titolo di anticipazione. Eseguita la notificazione, l'UNEP comunica l'importo definitivo e restituisce il documento informatico notificato previo versamento del conguaglio dovuto dalla parte oppure unitamente al rimborso del maggior importo versato in acconto.

Capo VI
Disposizioni finali e transitorie

34. Specifiche tecniche. - 1. Le specifiche tecniche sono stabilite dal responsabile per i sistemi informativi automatizzati del Ministero della giustizia, sentito DigitPA [1] e, limitatamente ai profili inerenti alla protezione dei dati personali, sentito il Garante per la protezione dei dati personali.

2. Le specifiche di cui al comma precedente vengono rese disponibili mediante pubblicazione nell'area pubblica del portale dei servizi telematici.

3. Fino all'emanazione delle specifiche tecniche di cui al comma 1, continuano ad applicarsi, in quanto compatibili, le disposizioni anteriormente vigenti.

[1] *A norma dell'art. 22 del D.L. 22 giugno 2012, n. 83, convertito, con modificazioni, nella L. 7 agosto 2012, n. 134, alla data di entrata in vigore del presente decreto, DigitPA e l'Agenzia per la diffusione delle tecnologie per l'innovazione sono soppressi.*

35. Disposizioni finali e transitorie. - 1. L'attivazione della trasmissione da parte dei soggetti abilitati esterni [1] dei documenti informatici è preceduta da un decreto dirigenziale che accerta l'installazione e l'idoneità delle attrezzature informatiche, unitamente alla funzionalità dei servizi di comunicazione dei documenti informatici nel singolo ufficio.

2. L'indirizzo elettronico già previsto dal decreto del Ministro della Giustizia, 17 luglio 2008 recante «Regole tecnico-operative per l'uso di strumenti informatici e telematici nel processo civile» è utilizzabile per un periodo transitorio non superiore a sei mesi dalla data di entrata in vigore del presente decreto.

3. La data di attivazione dell'indirizzo di posta elettronica certificata di cui all'articolo 4, comma 2, è stabilita, per ciascun ufficio giudiziario, con apposito decreto dirigenziale del responsabile per i sistemi informativi automatizzati del Ministero della giustizia che attesta la funzionalità del sistema di posta elettronica certificata del Ministero della giustizia.

4. Le caratteristiche specifiche della strutturazione dei modelli informatici sono definite con decreto del responsabile per i sistemi informativi automatizzati del Ministero della giustizia e pubblicate nell'area pubblica del portale dei servizi telematici.

5. Fino all'emanazione dei provvedimenti di cui al comma 4, conservano efficacia le caratteristiche di strutturazione dei modelli informatici di cui al decreto del Ministro della giustizia 10 luglio 2009, recante "Nuova strutturazione dei modelli informatici relativa all'uso di strumenti informatici e telematici nel processo civile e introduzione dei modelli informatici per l'uso di strumenti informatici e telematici nelle procedure esecutive individuali e concorsuali", pubblicato nella *Gazzetta Ufficiale* n. 165 del 18 luglio 2009 - S.O. n. 120.

[1] *Le parole: «da parte dei soggetti abilitati esterni» sono state inserite dall'art. 7, comma 1, del D.M. 15 ottobre 2012, n. 209.*

36. Adeguamento delle regole tecnico-operative. - 1. Le regole tecnico-operative sono adeguate all'evoluzione scientifica e tecnologica, con cadenza almeno biennale, a decorrere dalla data di entrata in vigore del presente decreto.

37. Efficacia. - 1. Il presente decreto acquista efficacia il trentesimo giorno successivo a quello della sua pubblicazione nella *Gazzetta Ufficiale* della Repubblica italiana.

2. Dalla data di cui al comma 1, cessano di avere efficacia nel processo civile le disposizioni del decreto del Presidente della Repubblica 13 febbraio 2001, n. 123 e del decreto del Ministro della giustizia 17 luglio 2008.

3.

D.L. 18 ottobre 2012, n. 179. Ulteriori misure urgenti per la crescita del Paese (*Gazzetta Ufficiale* Serie gen. - n. 245 del 19 ottobre 2012), convertito, con modificazioni, nella L. 17 dicembre 2012, n. **221** (Suppl. ord. alla *Gazzetta Ufficiale* Serie gen. - n. 294 del 18 dicembre 2012).

(*Estratto*)

Sezione VI
Giustizia digitale

16. Biglietti di cancelleria, comunicazioni e notificazioni per via telematica. – 1. - 3. (*Omissis*)

4. Nei procedimenti civili e in quelli davanti al Consiglio nazionale forense in sede giurisdizionale ([1]), le comunicazioni e le notificazioni a cura della cancelleria sono effettuate esclusivamente per via telematica all'indirizzo di posta elettronica certificata risultante da pubblici elenchi o comunque accessibili alle pubbliche amministrazioni, secondo la normativa, anche regolamentare, concernente la sottoscrizione, la trasmissione e la ricezione dei documenti informatici. Allo stesso modo si procede per le notificazioni da eseguire a norma dell'articolo 148, comma 1, del codice di procedura penale ([2]). La relazione di notificazione è redatta in forma automatica dai sistemi informatici in dotazione alla cancelleria.

5. La notificazione o comunicazione che contiene dati sensibili è effettuata solo per estratto con contestuale messa a disposizione, sul sito internet individuato dall'amministrazione, dell'atto integrale cui il destinatario accede mediante gli strumenti di cui all'articolo 64 del decreto legislativo 7 marzo 2005, n. 82.

6. Le notificazioni e comunicazioni ai soggetti diversi dall'imputato ([3]) per i quali la legge prevede l'obbligo di munirsi di un indirizzo di posta elettronica certificata, che non hanno provveduto ad istituire o comunicare il predetto indirizzo, sono eseguite esclusivamente mediante deposito in cancelleria. Le stesse modalità si adottano nelle ipotesi di mancata consegna del messaggio di posta elettronica certificata per cause imputabili al destinatario.

7. Nei procedimenti civili nei quali sta in giudizio personalmente la parte il cui indirizzo di posta elettronica certificata non risulta da pubblici elenchi, la stessa può indicare l'indirizzo di posta elettronica certificata al quale vuole ricevere le comunicazioni e notificazioni relative al procedimento. In tale caso le comunicazioni e notificazioni a cura della cancelleria, si effettuano ai sensi del comma 4 e si applicano i commi 6 e 8. Tutte le comunicazioni e le notificazioni alle pubbliche amministrazioni che stanno in giudizio avvalendosi direttamente di propri dipendenti sono effettuate esclusivamente agli indirizzi di posta elettronica comunicati a norma del comma 12.

8. Quando non è possibile procedere ai sensi del comma 4 per causa non imputabile al destinatario, nei procedimenti civili si applicano l'articolo 136, terzo comma, e gli articoli 137 e seguenti del codice di procedura civile e, nei procedimenti penali, le disposizioni dell'articolo 148, comma 4, del codice di procedura penale ([4]).

9. Le disposizioni dei commi da 4 a 8 acquistano efficacia:

a) a decorrere dalla data di entrata in vigore del presente decreto, per le comunicazioni e le notificazioni a cura della cancelleria di cui sono destinatari i difensori, nei procedimenti civili pendenti dinanzi ai tribunali e alle corti d'appello che, alla predetta data sono già stati individuati dai decreti ministeriali previsti dall'articolo 51, comma 2, del decreto legge 25 giugno 2008, n. 112 convertito, con modificazioni, dalla legge 6 agosto 2008, n. 133;

b) a decorrere dal sessantesimo giorno successivo alla data di entrata in vigore della legge di conversione del presente decreto per le comunicazioni e le notificazioni di cui alla lettera *a*), per i procedimenti civili pendenti dinanzi ai tribunali ed alle corti di appello che alla data di entrata in vigore del presente decreto non sono stati individuati dai decreti ministeriali previsti dall'articolo 51, comma 2, del decreto legge 25 giugno 2008, n. 112 convertito, con modificazioni, dalla legge 6 agosto 2008, n. 133;

c) a decorrere dal trecentesimo giorno successivo alla data di entrata in vigore della legge di conversione del presente decreto per le comunicazioni e le notificazioni di cui ai commi 4 e 7, dirette a destinatari diversi dai difensori nei procedimenti civili pendenti dinanzi ai tribunali ed alle corti di appello;

c bis) a decorrere dal 15 dicembre 2014 per le notificazioni a persona diversa dall'imputato a norma degli articoli 148, comma 2 *bis*, 149, 150 e 151, comma 2, del codice di procedura penale nei procedimenti dinanzi ai tribunali e alle corti di appello ([5]);

d) a decorrere dal quindicesimo giorno successivo a quello della pubblicazione nella *Gazzetta Ufficiale* della Repubblica italiana dei decreti di cui al comma 10 per gli uffici giudiziari diversi dai tribunali e dalle corti d'appello (6).

10. Con uno o più decreti aventi natura non regolamentare, sentiti l'Avvocatura generale dello Stato, il Consiglio nazionale forense e i consigli dell'ordine degli avvocati interessati, il Ministro della giustizia, previa verifica, accerta la funzionalità dei servizi di comunicazione, individuando:

a) gli uffici giudiziari diversi dai tribunali e dalle corti di appello nei quali trovano applicazione le disposizioni del presente articolo;

b) gli uffici giudiziari in cui le stesse disposizioni operano per le notificazioni a persona diversa dall'imputato a norma degli articoli 148, comma 2 *bis*, 149, 150 e 151, comma 2, del codice di procedura penale (7).

11. I commi da 1 a 4 dell'articolo 51 del decreto legge 25 giugno 2008, n. 112, convertito, con modificazioni, dalla legge 6 agosto 2008, n. 133, sono abrogati.

12. Al fine di favorire le comunicazioni e notificazioni per via telematica alle pubbliche amministrazioni, le amministrazioni pubbliche di cui all'articolo 1, comma 2, del decreto legislativo 30 marzo 2001, n. 165, e successive modificazioni, comunicano al Ministero della giustizia, con le regole tecniche adottate ai sensi dell'articolo 4, comma 1, del decreto legge 29 dicembre 2009, n. 193, convertito, con modificazioni, dalla legge 22 febbraio 2010, n. 24, [entro il 30 novembre 2014] (8) (9) l'indirizzo di posta elettronica certificata conforme a quanto previsto dal decreto del Presidente della Repubblica 11 febbraio 2005, n. 68, e successive modificazioni, a cui ricevere le comunicazioni e notificazioni. L'elenco formato dal Ministero della giustizia è consultabile esclusivamente dagli uffici giudiziari, dagli uffici notificazioni, esecuzioni e protesti, e dagli avvocati (10). Con le medesime modalità, le amministrazioni pubbliche possono comunicare altresì gli indirizzi di posta elettronica certificata di propri organi o articolazioni, anche territoriali, presso cui eseguire le comunicazioni o notificazioni per via telematica nel caso in cui sia stabilito presso questi l'obbligo di notifica degli atti introduttivi di giudizio in relazione a specifiche materie ovvero in caso di autonoma capacità o legittimazione processuale. (11) Per il caso di costituzione in giudizio tramite propri dipendenti, le amministrazioni pubbliche possono altresì comunicare ulteriori indirizzi di posta elettronica certificata, riportati in una speciale sezione dello stesso elenco di cui al presente articolo e corrispondenti a specifiche aree organizzative omogenee, presso cui eleggono domicilio ai fini del giudizio (11) (12).

13. In caso di mancata comunicazione ai sensi del comma 12, le comunicazioni e notificazioni a cura della cancelleria si effettuano ai sensi dei commi 6 e 8 e le notificazioni ad istanza di parte si effettuano ai sensi dell'articolo 16 *ter*, comma 1 *ter* (13).

14. - 17. (*Omissis*)

(1) *Le parole: «e in quelli davanti al Consiglio nazionale forense in sede giurisdizionale,» sono state inserite dall'art. 3, comma 1* ter, *del D.L. 30 aprile 2020, n. 28, convertito, con modificazioni, nella L. 25 giugno 2020, n. 70.*

(2) *Questo periodo è stato così sostituito dall'art. 69, comma 1, lett. a), del D.L.vo 10 ottobre 2022, n. 150, a decorrere dal 30 dicembre 2022 ex art. 99* bis *del medesimo decreto, così come modificato dall'art. 6 del D.L. 31 ottobre 2022, n. 162, convertito, con modificazioni, nella L. 30 dicembre 2022, n. 199.*

Si riporta il testo precedente:

«Allo stesso modo si procede per le notificazioni a persona diversa dall'imputato a norma degli articoli 148, comma 2 bis*, 149, 150 e 151, comma 2, del codice di procedura penale.».*

(3) *Le parole: «diversi dall'imputato» sono state inserite dall'art. 69, comma 1, lett. b), del D.L.vo 10 ottobre 2022, n. 150, a decorrere dal 30 dicembre 2022 ex art. 99* bis *del medesimo decreto, così come modificato dall'art. 6 del D.L. 31 ottobre 2022, n. 162, convertito, con modificazioni, nella L. 30 dicembre 2022, n. 199.*

(4) *Questo comma è stato così sostituito dall'art. 69, comma 1, lett. d), del D.L.vo 10 ottobre 2022, n. 150, a decorrere dal 30 dicembre 2022 ex art. 99* bis *del medesimo decreto, così come modificato dall'art. 6 del D.L. 31 ottobre 2022, n. 162, convertito, con modificazioni, nella L. 30 dicembre 2022, n. 199.*

Si riporta il testo precedente:

«8. Quando non è possibile procedere ai sensi del comma 4 per causa non imputabile al destinatario, nei procedimenti civili si applicano l'articolo 136, terzo comma, e gli articoli 137 e seguenti del codice di procedura civile e, nei procedimenti penali, si applicano gli articoli 148 e seguenti del codice di procedura penale.».

(5) *Questa lettera è stata inserita dall'art. 1, comma 19, n. 1), punto a), n. 1), della L. 24 dicembre 2012, n. 228.*

(6) *Questa lettera è stata così sostituita dall'art. 1, comma 19, n. 1), punto a), n. 2), della L. 24 dicembre 2012, n. 228.*

(7) *Con il D.M. 14 settembre 2017* (G.U. Serie gen. - n. *228 del 29 settembre 2017), è stata accertata la funzionalità dei servizi di comunicazione di cui a questo comma, presso la Corte suprema di cassazione per le notificazioni a persona diversa dall'imputato.*

(8) *Le parole fra parentesi quadrate sono state soppresse dall'art. 28, comma 1, lett. a), del D.L. 16 luglio 2020, n. 76, convertito, con modificazioni, nella L. 11 settembre 2020, n. 120.*

(9) *Le parole: «entro centottanta giorni dalla data di entrata in vigore della legge di conversione del presente decreto» sono state così sostituite dalle attuali parole: «entro il 30 novembre 2014», dall'art. 47, comma 1, del D.L. 24 giugno 2014, n. 90, convertito, con modificazioni, nella L. 11 agosto 2014, n. 114.*

(10) *Questo periodo è stato così sostituito dall'art. 1, comma 19, lett. b), della L. 24 dicembre 2012, n. 228.*

(11) *Questo periodo è stato aggiunto dall'art. 28, comma 1, lett. a), del D.L. 16 luglio 2020, n. 76, convertito, con modificazioni, nella L. 11 settembre 2020, n. 120.*

(12) *Si veda, per l'attuazione di questo comma, l'art. 28, comma 2, del D.L. 16 luglio 2020, n. 76, convertito, con modificazioni, nella L. 11 settembre 2020, n. 120.*

(13) *Questo comma è stato così sostituito dall'art. 28, comma 1, lett. b), del D.L. 16 luglio 2020, n. 76, convertito, con modificazioni, nella L. 11 settembre 2020, n. 120.*

16 *bis*. (1) **[Obbligatorietà del deposito telematico degli atti processuali.** – 1. Salvo quanto previsto dal comma 5, a decorrere dal 30 giugno 2014 nei procedimenti civili, contenziosi o di volontaria giurisdizione, innanzi al tribunale, il deposito degli atti processuali e dei documenti da parte dei difensori delle parti precedentemente costituite ha luogo esclusivamente con modalità telematiche, nel rispetto della normativa anche regolamentare concernente la sottoscrizione, la trasmissione e la ricezione dei documenti informatici. Allo stesso modo si procede per il deposito degli atti e dei documenti da parte dei soggetti nominati o delegati dall'autorità giudiziaria. Le parti provvedono, con le modalità di cui al presente comma. a depositare gli atti e i documenti provenienti dai soggetti da esse nominati. Per difensori non si intendono i dipendenti di cui si avvalgono le pubbliche amministrazioni per stare in giudizio personalmente (2). In ogni caso, i medesimi dipendenti possono depositare, con le modalità previste dal presente comma, gli atti e i documenti di cui al medesimo comma (3).

1 *bis*. Nell'ambito dei procedimenti civili, contenziosi e di volontaria giurisdizione innanzi ai tribunali e, a decorrere dal 30 giugno 2015, innanzi alle corti di appello è sempre ammesso il deposito telematico di ogni atto diverso da quelli previsti dal comma 1 e dei documenti che si offrono in comunicazione, da parte del difensore o del dipendente di cui si avvale la pubblica amministrazione per stare in giudizio personalmente, con le modalità previste dalla normativa anche regolamentare concernente la sottoscrizione, la trasmissione e la ricezione dei documenti informatici. In tal caso il deposito si perfeziona esclusivamente con tali modalità (4).

2. Nei processi esecutivi di cui al libro III del codice di procedura civile la disposizione di cui al comma 1 si applica successivamente al deposito dell'atto con cui inizia l'esecuzione. A decorrere dal 31 marzo 2015, il deposito nei procedimenti di espropriazione forzata della nota di iscrizione a ruolo ha luogo esclusivamente con modalità telematiche, nel rispetto della normativa anche regolamentare concernente la sottoscrizione, la trasmissione e la ricezione dei documenti informatici (5). Unitamente alla nota di iscrizione a ruolo sono depositati, con le medesime modalità, le copie conformi degli atti indicati dagli articoli 518, sesto comma, 543, quarto comma e 557, secondo comma, del codice di procedura civile (5). Ai fini del presente comma, il difensore attesta la conformità delle copie agli originali, anche fuori dai casi previsti dal comma 9 *bis* (5) e dall'articolo 16 *decies* (6).

3. Nelle procedure concorsuali la disposizione di cui al comma 1 si applica esclusivamente al deposito degli atti e dei documenti da parte del curatore, del commissario giudiziale, del liquidatore, del commissario liquidatore e del commissario straordinario.

4. A decorrere dal 30 giugno 2014, per il procedimento davanti al tribunale di cui al libro IV, titolo I, capo I del codice di procedura civile, escluso il giudizio di opposizione, il deposito dei provvedimenti, degli atti di parte e dei documenti ha luogo esclusivamente con modalità telematiche, nel rispetto della normativa anche regolamentare concernente la sottoscrizione, la trasmissione e la ricezione dei documenti informatici. Il presidente del tribunale può autorizzare il deposito di cui al periodo precedente con modalità non telematiche quando i sistemi informatici del dominio giustizia non sono funzionanti e sussiste una indifferibile urgenza. Resta ferma l'applicazione della disposizione di cui al comma 1 al giudizio di opposizione al decreto d'ingiunzione.

4 *bis*. Nei procedimenti giudiziali diretti all'apertura delle procedure concorsuali, in ogni grado di giudizio, gli atti dei difensori e degli ausiliari del giudice, nonché i documenti sono depositati esclusivamente con modalità telematiche, nel rispetto della normativa anche regolamentare concernente la sottoscrizione, la trasmissione e la ricezione dei documenti informatici. Si applica il secondo periodo del comma 4. Per il ricorso per cassazione, la disposizione acquista efficacia a decorrere dal sessantesimo giorno successivo alla pubblicazione nella *Gazzetta Ufficiale* del provvedimento del responsabile dei sistemi informativi automatizzati del

Ministero della giustizia, da adottarsi entro un anno dall'entrata in vigore del codice della crisi di impresa e dell'insolvenza, adottato in attuazione dell'articolo 1 della legge delega 19 ottobre 2017, n. 155, attestante la piena funzionalità dei servizi di comunicazione (7).

5. Con uno o più decreti aventi natura non regolamentare, da adottarsi sentiti l'Avvocatura generale dello Stato, il Consiglio nazionale forense ed i consigli dell'ordine degli avvocati interessati, il Ministro della giustizia, previa verifica, accertata la funzionalità dei servizi di comunicazione, può individuare i tribunali nei quali viene anticipato, nei procedimenti civili iniziati prima del 30 giugno 2014 ed anche limitatamente a specifiche categorie di procedimenti, il termine fissato dalla legge per l'obbligatorietà del deposito telematico (8).

6. Negli uffici giudiziari diversi dai tribunali le disposizioni di cui ai commi 1 e 4 si applicano a decorrere dal quindicesimo giorno successivo alla pubblicazione nella *Gazzetta Ufficiale* della Repubblica italiana dei decreti, aventi natura non regolamentare, con i quali il Ministro della giustizia, previa verifica, accerta la funzionalità dei servizi di comunicazione. I decreti previsti dal presente comma sono adottati sentiti l'Avvocatura generale dello Stato, il Consiglio nazionale forense ed i consigli dell'ordine degli avvocati interessati.

7. Il deposito con modalità telematiche (9) si ha per avvenuto al momento in cui viene generata la ricevuta di avvenuta consegna da parte del gestore di posta elettronica certificata del ministero della giustizia. Il deposito è tempestivamente eseguito quando la ricevuta di avvenuta consegna è generata entro la fine del giorno di scadenza e si applicano le disposizioni di cui all'articolo 155, quarto e quinto comma, del codice di procedura civile (10). Quando il messaggio di posta elettronica certificata eccede la dimensione massima stabilita nelle specifiche tecniche del responsabile per i sistemi informativi automatizzati del ministero della giustizia, il deposito degli atti o dei documenti può essere eseguito mediante gli invii di più messaggi di posta elettronica certificata (10). Il deposito è tempestivo quando è eseguito entro la fine del giorno di scadenza (10).

8. Fermo quanto disposto al comma 4, secondo periodo, il giudice può autorizzare il deposito degli atti processuali e dei documenti di cui ai commi che precedono con modalità non telematiche quando i sistemi informatici del dominio giustizia non sono funzionanti.

9. Il giudice può ordinare il deposito di copia cartacea di singoli atti e documenti per ragioni specifiche. Fatto salvo quanto previsto dal periodo precedente, con decreto non avente natura regolamentare il Ministro della giustizia stabilisce misure organizzative per l'acquisizione anche di copia cartacea degli atti depositati con modalità telematiche nonché per la riproduzione su supporto analogico degli atti depositati con le predette modalità, nonché per la gestione e la conservazione delle predette copie cartacee (11). Con il medesimo decreto sono altresì stabilite le misure organizzative per la gestione e la conservazione degli atti depositati su supporto cartaceo a norma dei commi 4 e 8, nonché ai sensi del periodo precedente (11).

9 *bis*. Le copie informatiche, anche per immagine, di atti processuali di parte e degli ausiliari del giudice nonché dei provvedimenti di quest'ultimo, presenti nei fascicoli informatici o trasmessi in allegato alle comunicazioni telematiche (12) dei procedimenti indicati nel presente articolo, equivalgono all'originale anche se prive della firma digitale del cancelliere di attestazione di conformità all'originale (13). Il difensore, il dipendente di cui si avvale la pubblica amministrazione per stare in giudizio personalmente, (14) il consulente tecnico, il professionista delegato, il curatore ed il commissario giudiziale possono estrarre con modalità telematiche duplicati, copie analogiche o informatiche degli atti e dei provvedimenti di cui al periodo precedente ed attestare la conformità delle copie estratte ai corrispondenti atti contenuti nel fascicolo informatico. Le copie analogiche ed informatiche, anche per immagine, estratte dal fascicolo informatico e munite dell'attestazione di conformità a norma del presente comma, equivalgono all'originale. Il duplicato informatico di un documento informatico deve essere prodotto mediante processi e strumenti che assicurino che il documento informatico ottenuto sullo stesso sistema di memorizzazione o su un sistema diverso contenga la stessa sequenza di bit del documento informatico di origine. Le disposizioni di cui al presente comma non si applicano agli atti processuali che contengono provvedimenti giudiziali che autorizzano il prelievo di somme di denaro vincolate all'ordine del giudice (15).

9 *ter*. A decorrere dal 30 giugno 2015 nei procedimenti civili, contenziosi o di volontaria giurisdizione, innanzi alla corte di appello, il deposito degli atti processuali e dei documenti da parte dei difensori delle parti

precedentemente costituite ha luogo esclusivamente con modalità telematiche, nel rispetto della normativa anche regolamentare concernente la sottoscrizione, la trasmissione e la ricezione dei documenti informatici. Allo stesso modo si procede per il deposito degli atti e dei documenti da parte dei soggetti nominati o delegati dall'autorità giudiziaria. Le parti provvedono, con le modalità di cui al presente comma, a depositare gli atti e i documenti provenienti dai soggetti da esse nominati. Con uno o più decreti aventi natura non regolamentare, da adottarsi sentiti l'Avvocatura generale dello Stato, il Consiglio nazionale forense ed i consigli dell'ordine degli avvocati interessati, il Ministro della giustizia, previa verifica, accertata la funzionalità dei servizi di comunicazione, può individuare le corti di appello nelle quali viene anticipato, nei procedimenti civili iniziati prima del 30 giugno 2015 ed anche limitatamente a specifiche categorie di procedimenti, il termine fissato dalla legge per l'obbligatorietà del deposito telematico ([16]).

9 *quater*. Unitamente all'istanza di cui all'articolo 119, primo comma, del regio decreto 16 marzo 1942, n. 267, il curatore deposita un rapporto riepilogativo finale redatto in conformità a quanto previsto dall'articolo 33, quinto comma, del medesimo regio decreto. Conclusa l'esecuzione del concordato preventivo con cessione dei beni, si procede a norma del periodo precedente, sostituendo il liquidatore al curatore ([17]).

9 *quinquies*. Il commissario giudiziale della procedura di concordato preventivo di cui all'articolo 186 *bis* del regio decreto 16 marzo 1942, n. 267 ogni sei mesi successivi alla presentazione della relazione di cui all'articolo 172, primo comma, del predetto regio decreto redige un rapporto riepilogativo secondo quanto previsto dall'articolo 33, quinto comma, dello stesso regio decreto e lo trasmette ai creditori a norma dell'articolo 171, secondo comma, del predetto regio decreto. Conclusa l'esecuzione del concordato si applica il comma 9 *quater*, sostituendo il commissario al curatore ([17]).

9 *sexies*. Il professionista delegato a norma dell'articolo 591 *bis* del codice di procedura civile, entro trenta giorni dalla notifica dell'ordinanza di vendita, deposita un rapporto riepilogativo iniziale delle attività svolte. A decorrere dal deposito del rapporto riepilogativo iniziale, il professionista deposita, con cadenza semestrale, un rapporto riepilogativo periodico delle attività svolte. Entro dieci giorni dalla comunicazione dell'approvazione del progetto di distribuzione, il professionista delegato deposita un rapporto riepilogativo finale delle attività svolte successivamente al deposito del rapporto di cui al periodo precedente ([18]) ([17]).

9 *septies*. I rapporti riepilogativi periodici e finali previsti per le procedure concorsuali e i rapporti riepilogativi previsti per i procedimenti di esecuzione forzata ([19]) devono essere depositati con modalità telematiche nel rispetto della normativa anche regolamentare concernente la sottoscrizione, la trasmissione e la ricezione dei documenti informatici, nonché delle apposite specifiche tecniche del responsabile per i sistemi informativi automatizzati del Ministero della giustizia. I relativi dati sono estratti ed elaborati, a cura del Ministero della giustizia, anche nell'ambito di rilevazioni statistiche nazionali. I rapporti riepilogativi di cui al presente comma devono contenere i dati identificativi dell'esperto che ha effettuato la stima ([20]). Le disposizioni di cui al presente comma si applicano anche ai prospetti riepilogativi delle stime e delle vendite di cui all'articolo 169 *quinquies* delle disposizioni per l'attuazione del codice di procedura civile e disposizioni transitorie. Il prospetto riepilogativo deve contenere anche i dati identificativi dell'ufficiale giudiziario che ha attribuito il valore ai beni pignorati a norma dell'articolo 518 del codice di procedura civile ([20]) ([17]).

9 *octies*. Gli atti di parte e i provvedimenti del giudice depositati con modalità telematiche sono redatti in maniera sintetica] ([21]).

([1]) *Questo articolo, inserito dall'art. 1, comma 19, n. 2), della L. 24 dicembre 2012, n. 228, è stato abrogato dall'art. 11, comma 1, del D.L.vo 10 ottobre 2022, n. 149, a decorrere dal 28 febbraio 2023.*

([2]) *Questo periodo è stato aggiunto dall'art. 44, comma 2, lett. a), del D.L. 24 giugno 2014, n. 90, convertito, con modificazioni, nella L. 11 agosto 2014, n. 114. A norma dell'art. 44, comma 1, del D.L. 24 giugno 2014, n. 90, convertito, con modificazioni, nella L. 11 agosto 2014, n. 114, le disposizioni dei commi 1, 2 e 3 di questo provvedimento si applicano esclusivamente ai procedimenti iniziati innanzi al tribunale ordinario dal 30 giugno 2014. Per i procedimenti di cui al periodo precedente iniziati prima del 30 giugno 2014, le predette disposizioni si applicano a decorrere dal 31 dicembre 2014; fino a quest'ultima data, nei casi previsti da queste disposizioni, gli atti processuali ed i documenti possono essere depositati con modalità telematiche e in tal caso il deposito si perfeziona esclusivamente con tali modalità.*

([3]) *Questo periodo è stato aggiunto dall'art. 19, comma 1, lett. a), n. 01), del D.L. 27 giugno 2015, n. 83, convertito, con modificazioni, nella L. 6 agosto 2015, n. 132.*

([4]) *Questo comma è stato inserito dall'art. 19, comma 1, lett. a), n. 1), del D.L. 27 giugno 2015, n. 83, convertito, con modificazioni, nella L. 6 agosto 2015, n. 132.*

(5) *Questo periodo è stato aggiunto dall'art. 18, comma 4, del D.L. 12 settembre 2014, n. 132, convertito, con modificazioni, nella L. 10 novembre 2014, n. 162.*

(6) *Le parole: «e dall'articolo 16* decies*» sono state inserite dall'art. 19, comma 1, lett. a), n. 1 bis), del D.L. 27 giugno 2015, n. 83, convertito, con modificazioni, nella L. 6 agosto 2015, n. 132.*

(7) *Questo comma è stato inserito dall'art. 360 del D.L.vo 12 gennaio 2019, n. 14, a decorrere dal 15 luglio 2022.*

(8) *Questo comma è stato così sostituito dall'attuale dall'art. 44, comma 2, lett. b), del D.L. 24 giugno 2014, n. 90, convertito, con modificazioni, nella L. 11 agosto 2014, n. 114.*

(9) *Le precedenti parole: «di cui ai commi da 1 a 4» sono state così sostituite dalle attuali parole: «con modalità telematiche», dall'art. 51, comma 2, lett. a), del D.L. 24 giugno 2014, n. 90, convertito, con modificazioni, nella L. 11 agosto 2014, n. 114.*

(10) *Questo periodo è stato aggiunto dall'art. 51, comma 2, lett. b), del D.L. 24 giugno 2014, n. 90, convertito, con modificazioni, nella L. 11 agosto 2014, n. 114.*

(11) *Questo periodo è stato aggiunto dall'art. 19, comma 1, lett. a), n. 1 ter), del D.L. 27 giugno 2015, n. 83, convertito, con modificazioni, nella L. 6 agosto 2015, n. 132.*

(12) *Le parole: «o trasmessi in allegato alle comunicazioni telematiche» sono state inserite dall'art. 19, comma 1, lett. a), n. 2), punto 2.1), del D.L. 27 giugno 2015, n. 83, convertito, con modificazioni, nella L. 6 agosto 2015, n. 132.*

(13) *Le parole: «di attestazione di conformità all'originale» sono state aggiunte dall'art. 19, comma 1, lett. a), n. 2), punto 2.1), del D.L. 27 giugno 2015, n. 83, convertito, con modificazioni, nella L. 6 agosto 2015, n. 132.*

(14) *Le parole: «il dipendente di cui si avvale la pubblica amministrazione per stare in giudizio personalmente,» sono state inserite dall'art. 19, comma 1, lett. a), n. 2.2), punto 2), del D.L. 27 giugno 2015, n. 83, convertito, con modificazioni, nella L. 6 agosto 2015, n. 132.*

(15) *Questo comma è stato aggiunto dall'art. 52, comma 1, lett. a), del D.L. 24 giugno 2014, n. 90, convertito, con modificazioni, nella L. 11 agosto 2014, n. 114.*

(16) *Questo comma è stato aggiunto dall'art. 44, comma 2, lett. c), del D.L. 24 giugno 2014, n. 90, convertito, con modificazioni, nella L. 11 agosto 2014, n. 114.*

(17) *Questo comma è stato aggiunto dall'art. 20, comma 1, del D.L. 12 settembre 2014, n. 132, convertito, con modificazioni, nella L. 10 novembre 2014, n. 162. A norma dell'art. 20, comma 5, del medesimo provvedimento, tali disposizioni si applicano anche alle procedure concorsuali ed ai procedimenti di esecuzione forzata pendenti, a decorrere dal novantesimo giorno dalla pubblicazione nella Gazzetta Ufficiale del provvedimento contenente le specifiche tecniche di cui all'articolo 16 bis, comma 9 septies, del decreto legge n. 179 del 2012, convertito, con modificazioni, dalla legge n. 221 del 2012.*

(18) *Questo comma è stato così sostituito dall'art. 4, comma 2, lett. a), del D.L. 3 maggio 2016, n. 59, convertito, con modificazioni, nella L. 30 giugno 2016, n. 119.*

(19) *Le parole: «il rapporto riepilogativo finale previsto per i procedimenti di esecuzione forzata» sono state così sostituite dalle attuali: «i rapporti riepilogativi previsti per i procedimenti di esecuzione forzata» dall'art. 4, comma 2, lett. b), del D.L. 3 maggio 2016, n. 59, convertito, con modificazioni, nella L. 30 giugno 2016, n. 119.*

(20) *Questo periodo è stato aggiunto dall'art. 19, comma 1, lett. a), n. 2 bis), del D.L. 27 giugno 2015, n. 83, convertito, con modificazioni, nella L. 6 agosto 2015, n. 132.*

(21) *Questo comma è stato aggiunto dall'art. 19, comma 1, lett. a), n. 2 ter), del D.L. 27 giugno 2015, n. 83, convertito, con modificazioni, nella L. 6 agosto 2015, n. 132.*

16 *ter*. (1) Pubblici elenchi per notificazioni e comunicazioni. – 1. A decorrere dal 15 dicembre 2013, ai fini della notificazione e comunicazione degli atti in materia civile, penale, amministrativa, contabile e stragiudiziale si intendono per pubblici elenchi quelli previsti dagli articoli 6 *bis*, 6 *quater* e 62 del decreto legislativo 7 marzo 2005, n. 82, dall'articolo 16, comma 12, del presente decreto, dall'articolo 16, comma 6, del decreto legge 29 novembre 2008, n. 185, convertito con modificazioni dalla legge 28 gennaio 2009, n. 2, nonché il registro generale degli indirizzi elettronici, gestito dal Ministero della giustizia (2).

1 *bis*. Le disposizioni dei commi 1 e 1 *ter* (3) si applicano anche alla giustizia amministrativa (4).

1 *ter*. Fermo restando quanto previsto dal regio decreto 30 ottobre 1933, n. 1611, in materia di rappresentanza e difesa in giudizio dello Stato, in caso di mancata indicazione nell'elenco di cui all'articolo 16, comma 12, la notificazione alle pubbliche amministrazioni degli atti in materia civile, penale, amministrativa, contabile e stragiudiziale è validamente effettuata, a tutti gli effetti, al domicilio digitale indicato nell'elenco previsto dall'articolo 6 *ter* del decreto legislativo 7 marzo 2005, n. 82, e, ove nel predetto elenco risultino indicati, per la stessa amministrazione pubblica, più domicili digitali, la notificazione è effettuata presso l'indirizzo di posta elettronica certificata primario indicato, secondo le previsioni delle Linee guida di AgID, nella sezione ente dell'amministrazione pubblica destinataria. Nel caso in cui sussista l'obbligo di notifica degli atti introduttivi di giudizio in relazione a specifiche materie presso organi o articolazioni, anche territoriali, delle pubbliche amministrazioni, la notificazione può essere eseguita all'indirizzo di posta elettronica certificata espressamente indicato nell'elenco di cui all'articolo 6 *ter* del decreto legislativo 7 marzo 2005, n. 82, per detti organi o articolazioni (5).

(1) *Questo articolo è stato inserito dall'art. 1, comma 19, n. 2), della L. 24 dicembre 2012, n. 228.*

([2]) *Questo comma è stato così sostituito dall'art. 66, comma 5, del D.L.vo 13 dicembre 2017, n. 217.*

([3]) *Le parole: "del comma 1" sono state così sostituite dalle seguenti: "dei commi 1 e 1 ter" dall'art. 28, comma 1, lett. c), del D.L. 16 luglio 2020, n. 76, convertito, con modificazioni, nella L. 11 settembre 2020, n. 120.*

([4]) *Questo comma è stato aggiunto dall'art. 45 bis, comma 2, lett. a), n. 2), del D.L. 24 giugno 2014, n. 90, convertito, con modificazioni, nella L. 11 agosto 2014, n. 114.*

([5]) *Questo comma è stato aggiunto dall'art. 28, comma 1, lett. c), del D.L. 16 luglio 2020, n. 76, convertito, con modificazioni, nella L. 11 settembre 2020, n. 120.*

16 *sexies*. ([1]) Domicilio digitale. – 1. Quando ([2]) la legge prevede che le notificazioni degli atti in materia civile al difensore siano eseguite, ad istanza di parte, presso la cancelleria dell'ufficio giudiziario, alla notificazione con le predette modalità può procedersi esclusivamente quando non sia possibile, per causa imputabile al destinatario, la notificazione presso l'indirizzo di posta elettronica certificata, risultante dagli elenchi di cui all'articolo 6 *bis* del decreto legislativo 7 marzo 2005, n. 82, nonché dal registro generale degli indirizzi elettronici, gestito dal ministero della giustizia.

([1]) *Questo articolo è stato inserito dall'art. 52, comma 1, lett. b), del D.L. 24 giugno 2014, n. 90, convertito, con modificazioni, nella L. 11 agosto 2014, n. 114.*

([2]) *Le parole: «Salvo quanto previsto dall'articolo 366 del codice di procedura civile, quando» sono state così sostituite dall'attuale: «Quando» dall'art. 20, comma 1, del D.L.vo 10 ottobre 2022, n. 149, a decorrere dal 28 febbraio 2023.*

16 *septies*. ([1]) ([2]) [Tempo delle notificazioni con modalità telematiche. – 1. La disposizione dell'articolo 147 del codice di procedura civile si applica anche alle notificazioni eseguite con modalità telematiche. Quando è eseguita dopo le ore 21, la notificazione si considera perfezionata alle ore 7 del giorno successivo].

([1]) *Questo articolo, inserito dall'art. 45 bis, comma 2, lett. b), del D.L. 24 giugno 2014, n. 90, convertito, con modificazioni, nella L. 11 agosto 2014, n. 114, è stato abrogato dall'art. 11, comma 1, del D.L.vo 10 ottobre 2022, n. 149, a decorrere dal 28 febbraio 2023.*

([2]) *La Corte costituzionale, con sentenza n. 75 del 9 aprile 2019, ha dichiarato l'illegittimità costituzionale di questo articolo, nella parte in cui prevede che la notifica eseguita con modalità telematiche la cui ricevuta di accettazione è generata dopo le ore 21 ed entro le ore 24 si perfeziona per il notificante alle ore 7 del giorno successivo, anziché al momento di generazione della predetta ricevuta.*

16 *octies*. ([1]) [Ufficio per il processo. – 1. Al fine di garantire la ragionevole durata del processo, attraverso l'innovazione dei modelli organizzativi ed assicurando un più efficiente impiego delle tecnologie dell'informazione e della comunicazione sono costituite, presso le corti di appello e i tribunali ordinari, strutture organizzative denominate "ufficio per il processo", mediante l'impiego del personale di cancelleria e di coloro che svolgono, presso i predetti uffici, il tirocinio formativo a norma dell'articolo 73 del decreto legge 21 giugno 2013, n. 69, convertito, con modificazioni, dalla legge 9 agosto 2013, n. 98, o la formazione professionale dei laureati a norma dell'articolo 37, comma 5, del decreto legge 6 luglio 2011, n. 98, convertito, con modificazioni, dalla legge 15 luglio 2011, n. 111. Fanno altresì parte dell'ufficio per il processo costituito presso le corti di appello i giudici ausiliari di cui agli articoli 62 e seguenti del decreto legge 21 giugno 2013, n. 69, convertito, con modificazioni, dalla legge 9 agosto 2013, n. 98, e dell'ufficio per il processo costituito presso i tribunali, i giudici onorari di tribunale di cui agli articoli 42 *ter* e seguenti del regio decreto 30 gennaio 1941, n. 12.

2. Il Consiglio Superiore della Magistratura e il Ministro della giustizia, nell'ambito delle rispettive competenze, danno attuazione alle disposizioni di cui al comma 1, nell'ambito delle risorse disponibili e senza nuovi o maggiori oneri a carico della finanza pubblica].

([1]) *Questo articolo, inserito dall'art. 50, comma 1, del D.L. 24 giugno 2014, n. 90, convertito, con modificazioni, nella L. 11 agosto 2014, n. 114, è stato abrogato dall'art. 18, comma 4, del D.L.vo 10 ottobre 2022, n. 151.*

16 *novies*. ([1]) Modalità informatiche per le domande di iscrizione e per la tenuta dell'albo dei consulenti tecnici, dell'albo dei periti presso il tribunale, dell'elenco dei soggetti specializzati per la custodia e la vendita dei beni pignorati e dell'elenco dei professionisti disponibili a provvedere alle operazioni di vendita. – 1. Le domande di iscrizione all'albo dei consulenti tecnici di cui agli articoli 13 e seguenti delle disposizioni per l'attuazione del codice di procedura civile, all'elenco dei soggetti specializzati previsto dall'articolo 169 *sexies* delle medesime disposizioni e all'albo dei periti presso il tribunale, di cui agli articoli 67 e seguenti delle norme di attuazione del codice di procedura penale, sono inserite, a cura di coloro che le propongono, con modalità esclusivamente telematiche in conformità alle specifiche tecniche di cui al comma 5. Con le medesime modalità sono inseriti i documenti allegati alle domande.

2. Le disposizioni di cui al comma 1 si applicano anche alle domande e ai relativi documenti per l'iscrizione negli elenchi dei professionisti disponibili a provvedere alle operazioni di vendita di cui all'articolo 169 *ter* e all'articolo 179 *ter*, secondo comma, delle disposizioni per l'attuazione del codice di procedura civile.

3. Quando, per l'iscrizione negli albi e negli elenchi di cui al presente articolo, la legge prevede il pagamento di bolli, diritti o altre somme a qualsiasi titolo, il versamento è effettuato esclusivamente con sistemi telematici di pagamento ovvero con carte di debito, di credito o prepagate o con altri mezzi di pagamento con moneta elettronica disponibili nel circuito bancario o postale, a norma dell'articolo 4, comma 9, del decreto legge 29 dicembre 2009, n. 193, convertito, con modificazioni, dalla legge 22 febbraio 2010, n. 24. I versamenti di cui al presente comma hanno luogo nel rispetto della normativa, anche regolamentare, concernente i pagamenti telematici nel processo civile.

4. Gli albi e gli elenchi di cui ai commi 1 e 2 sono formati a norma delle disposizioni legislative che li regolano e tenuti, a cura del presidente del tribunale, con modalità esclusivamente informatiche in conformità alle specifiche tecniche di cui al comma 5. L'accesso ai dati contenuti negli albi e negli elenchi è consentito ai magistrati e al personale delle cancellerie e delle segreterie di tutti gli uffici giudiziari della giustizia ordinaria. Salvo quanto previsto dall'articolo 179 *quater*, terzo comma, delle disposizioni per l'attuazione del codice di procedura civile, la disposizione di cui al periodo precedente si applica anche agli elenchi previsti dagli articoli 169 *ter* e 179 *ter* delle medesime disposizioni. Resta fermo quanto previsto dagli articoli 23, secondo comma, secondo periodo, e 24 *bis*, secondo comma, delle disposizioni per l'attuazione del codice di procedura civile (2).

5. La presentazione delle domande e la tenuta degli albi ed elenchi di cui al presente articolo sono effettuate in conformità alle specifiche tecniche stabilite dal responsabile per i sistemi informativi automatizzati del Ministero della giustizia, nel rispetto della disciplina prevista dal decreto legislativo 7 marzo 2005, n. 82, entro sei mesi dalla data di entrata in vigore della presente disposizione (3). Le specifiche tecniche sono pubblicate nella *Gazzetta Ufficiale* della Repubblica Italiana e sul sito internet del Ministero della giustizia.

6. Le disposizioni del presente articolo acquistano efficacia decorsi trenta giorni dalla pubblicazione sul sito internet del Ministero della giustizia delle specifiche tecniche previste dal comma 5.

7. I soggetti di cui ai commi 1 e 2, che alla data di acquisto di efficacia delle disposizioni del presente articolo sono già iscritti negli albi ed elenchi previsti dai medesimi commi, inseriscono i propri dati, con modalità telematiche e in conformità alle specifiche tecniche di cui al comma 5, entro il termine perentorio di novanta giorni dalla pubblicazione sul sito internet del Ministero della giustizia delle medesime specifiche tecniche. A decorrere dalla data di scadenza del termine di cui al periodo precedente, gli albi ed elenchi già formati sono sostituiti ad ogni effetto dagli albi ed elenchi previsti dal presente articolo.

(1) *Questo articolo è stato inserito dall'art. 14, comma 2, del D.L. 27 giugno 2015, n. 83, convertito, con modificazioni, nella L. 6 agosto 2015, n. 132.*

(2) *Questo periodo è stato aggiunto dall'art. 16, comma 2, del D.L.vo 10 ottobre 2022, n. 149, a decorrere dal 28 febbraio 2023.*

(3) *A norma dell'art. 2 bis, comma 2, del D.L. 30 dicembre 2015, n. 210, convertito, con modificazioni, nella L. 25 febbraio 2016, n. 21, questo termine è prorogato fino al 31 dicembre 2016.*

16 *decies*. (1) **[Potere di certificazione di conformità delle copie degli atti e dei provvedimenti.** – 1. Il difensore, il dipendente di cui si avvale la pubblica amministrazione per stare in giudizio personalmente, il consulente tecnico, il professionista delegato, il curatore ed il commissario giudiziale, quando depositano con modalità telematiche la copia informatica, anche per immagine, di un atto processuale di parte o di un provvedimento del giudice formato su supporto analogico e detenuto in originale o in copia conforme, attestano la conformità della copia al predetto atto. La copia munita dell'attestazione di conformità equivale all'originale o alla copia conforme dell'atto o del provvedimento].

(1) *Questo articolo è stato inserito dall'art. 19, comma 1, lett. b), del D.L. 27 giugno 2015, n. 83, convertito, con modificazioni, nella L. 6 agosto 2015, n. 132, è stato abrogato dall'art. 11, comma 1, del D.L.vo 10 ottobre 2022, n. 149, a decorrere dal 28 febbraio 2023.*

16 *undecies*. (1) **[Modalità dell'attestazione di conformità.** – 1. Quando l'attestazione di conformità prevista dalle disposizioni della presente sezione, dal codice di procedura civile e dalla legge 21 gennaio 1994, n. 53, si riferisce ad una copia analogica, l'attestazione stessa è apposta in calce o a margine della copia o su foglio separato, che sia però congiunto materialmente alla medesima.

2. Quando l'attestazione di conformità si riferisce ad una copia informatica, l'attestazione stessa è apposta nel medesimo documento informatico.

3. Nel caso previsto dal comma 2, l'attestazione di conformità può alternativamente essere apposta su un documento informatico separato e l'individuazione della copia cui si riferisce ha luogo esclusivamente secondo le modalità stabilite nelle specifiche tecniche stabilite dal responsabile per i sistemi informativi automatizzati del Ministero della giustizia. Se la copia informatica è destinata alla notifica, l'attestazione di conformità è inserita nella relazione di notificazione.

3 *bis*. I soggetti di cui all'articolo 16 *decies*, comma 1, che compiono le attestazioni di conformità previste dalle disposizioni della presente sezione, dal codice di procedura civile e dalla legge 21 gennaio 1994, n. 53, sono considerati pubblici ufficiali ad ogni effetto].

([1]) *Questo articolo, inserito dall'art. 19, comma 1, lett.* b), *del D.L. 27 giugno 2015, n. 83, convertito, con modificazioni, nella L. 6 agosto 2015, n. 132, è stato abrogato dall'art. 11, comma 1, del D.L.vo 10 ottobre 2022, n. 149, a decorrere dal 28 febbraio 2023.*

4.

D.M. 26 febbraio 2015, n. 32. Regolamento recante le regole tecniche e operative per lo svolgimento della vendita dei beni mobili e immobili con modalità telematiche nei casi previsti dal codice di procedura civile, ai sensi dell'articolo 161 *ter* delle disposizioni per l'attuazione del codice di procedura civile (*Gazzetta Ufficiale* Serie gen. - n. 69 del 24 marzo 2015).

Capo I
Disposizioni generali

1. Oggetto. – 1. Il presente regolamento stabilisce le regole tecniche e operative per lo svolgimento delle vendite dei beni mobili e immobili mediante gara telematica nei casi previsti dal codice di procedura civile.

2. Definizioni. – 1. Ai fini del presente decreto si intende per:

a) «operazioni di vendita telematica»: le attività compiute tra il momento della connessione degli offerenti al portale del gestore della vendita telematica e l'aggiudicazione o l'individuazione del migliore offerente;

b) «gestore della vendita telematica»: il soggetto costituito in forma societaria autorizzato dal giudice a gestire la vendita telematica;

c) «referente della procedura»: la persona fisica incaricata dal giudice che procede alle operazioni di vendita;

d) «offerta per la vendita telematica»: l'offerta d'acquisto di beni mobili o immobili nella vendita telematica senza incanto o tramite commissionario ovvero la domanda di partecipazione alla vendita telematica all'incanto dei medesimi beni;

e) «rilancio»: l'offerta in aumento nella gara relativa alla vendita con e senza incanto o tramite commissionario;

f) «vendita sincrona telematica»: modalità di svolgimento dell'incanto o della gara nella vendita immobiliare senza incanto in cui i rilanci vengono formulati esclusivamente in via telematica nella medesima unità di tempo e con la simultanea connessione del giudice o del referente della procedura e di tutti gli offerenti;

g) «vendita sincrona mista»: modalità di svolgimento dell'incanto o della gara nella vendita immobiliare senza incanto in cui i rilanci possono essere formulati, nella medesima unità di tempo, sia in via telematica sia comparendo innanzi al giudice o al referente della procedura;

h) «vendita asincrona»: modalità di svolgimento delle vendite mobiliari senza incanto o tramite commissionario o della gara nella vendita immobiliare senza incanto in cui i rilanci vengono formulati, esclusivamente in via telematica, in un lasso temporale predeterminato e senza la simultanea connessione del giudice o del referente della procedura;

i) «Ministero»: il Ministero della giustizia;

l) «registro»: il registro dei gestori della vendita telematica;

m) «responsabile»: il responsabile della tenuta del registro;

n) «casella di posta elettronica certificata per la vendita telematica»: la casella di posta elettronica certificata richiesta dalla persona fisica o giuridica che intende formulare l'offerta, le cui credenziali di accesso sono rilasciate, previa identificazione del richiedente, a norma dell'articolo 13;

o) «portale del gestore»: il sistema telematico predisposto dal gestore della vendita telematica e accessibile agli offerenti e al pubblico tramite rete Internet ed al giudice o ad altri utenti legittimati tramite rete Internet o servizi telematici del Ministero; i servizi del portale sono erogati in conformità ai proto-

LEGGI COMPLEMENTARI

colli di comunicazione crittografica SSL/TLS (*Secure Sockets Layer e Transport Layer Security*); il portale deve essere munito di un valido certificato di autenticazione emesso da un certificatore accreditato per la firma digitale o da un certificatore riconosciuto a livello internazionale alla emissione di certificati di autenticazione per protocolli SSL/TLS.

Capo II
Registro dei gestori della vendita telematica

Sezione I
Requisiti e procedimento di iscrizione

3. Istituzione del registro. – 1. È istituito il registro dei gestori della vendita telematica.

2. Il registro è tenuto dal Dipartimento per gli affari di giustizia del Ministero e ne è responsabile il direttore generale della giustizia civile. Il direttore generale della giustizia civile può delegare una persona con qualifica dirigenziale o un magistrato ed avvalersi della Direzione generale dei sistemi informativi automatizzati del Ministero nonché, al fine di esercitare la vigilanza, dell'Ispettorato generale del Ministero. Il Ministero è titolare del trattamento dei dati personali.

3. I dati del registro e le relative annotazioni sono continuamente aggiornati in conformità alle previsioni del presente regolamento.

4. La gestione del registro ha luogo con modalità informatiche che assicurino la possibilità di una rapida elaborazione dei dati con finalità statistica e ispettiva o, comunque, connessa ai compiti di tenuta di cui al presente regolamento.

5. A cura del responsabile è formato un elenco dei gestori della vendita telematica iscritti nel registro contenente i dati identificativi degli stessi e i distretti di Corte di appello per i quali sono iscritti. L'elenco di cui al periodo precedente non comprende i gestori della vendita telematica sospesi dal registro a norma dell'articolo 8. L'elenco è pubblicato sul portale dei servizi telematici del Ministero.

4. Requisiti per l'iscrizione nel registro. – 1. Nel registro sono iscritti, a domanda, i gestori della vendita telematica costituiti in forma di società di capitali. La domanda di iscrizione deve contenere l'indicazione di uno o più distretti di Corte di appello in cui si intende svolgere il servizio di vendita telematica.

2. Il responsabile prima di procedere all'iscrizione verifica:

a) il rilascio di una polizza assicurativa per le conseguenze patrimoniali comunque derivanti dallo svolgimento del servizio di gestione della vendita telematica, con massimale non inferiore a:

1) tre milioni di euro se l'iscrizione è richiesta per due o più distretti di Corte di appello o per uno dei seguenti distretti: Roma, Milano, Napoli, Palermo;

2) un milione di euro nei casi diversi da quelli di cui al numero 1);

b) l'adozione di un manuale operativo dei servizi, in conformità a quanto previsto dal presente decreto;

c) l'adozione di un piano di sicurezza in cui vengano descritte tutte le misure e gli accorgimenti adottati dal gestore per garantire la protezione dei dati anche personali trattati tramite il portale e la sicurezza delle operazioni, la loro integrità, e la disponibilità dei servizi; il piano comprenderà le misure per il salvataggio periodico dei dati e il loro ripristino in caso di danneggiamento o perdita dei dati e dei sistemi;

d) la conformità dei portali dei gestori della vendita telematica ai requisiti tecnici di cui agli articoli 10 e 11 della legge 9 gennaio 2004, n. 4 e al decreto 8 luglio 2005 del Ministro per l'innovazione e la tecnologia, pubblicato nella *Gazzetta Ufficiale* 8 agosto 2005, n. 183, nonché al decreto del Presidente della Repubblica 1° marzo 2005, n. 75.

3. Il contratto di assicurazione deve prevedere a carico dell'assicuratore l'obbligo di comunicare immediatamente al responsabile la cessazione di efficacia del medesimo contratto per qualsiasi motivo.

4. Prima di procedere all'iscrizione il responsabile verifica altresì il possesso da parte degli amministratori, dei sindaci e dei procuratori speciali e generali della società richiedente dei seguenti requisiti di onorabilità:

a) non versare in una delle condizioni di ineleggibilità o decadenza previste dall'articolo 2382 del codice civile;

b) non essere stati sottoposti a misure di prevenzione personali disposte dall'autorità giudiziaria ai sensi del decreto legislativo 6 settembre 2011, n. 159;

c) non essere stati condannati con sentenza passata in giudicato, salvi gli effetti della riabilitazione:

1) a pena detentiva per uno dei reati previsti dalle norme che disciplinano l'attività bancaria, finanziaria, mobiliare, assicurati-

va e dalle norme in materia di mercati e valori mobiliari, di strumenti di pagamento;

2) alla reclusione per uno dei delitti previsti dagli articoli 351, 353 e 354 del codice penale e nel titolo XI del libro V del codice civile, nel regio decreto 16 marzo 1942, n. 267, nonché dall'articolo 16 della legge 27 gennaio 2012, n. 3 e successive modificazioni;

3) alla reclusione per un tempo non inferiore a un anno per un delitto contro la pubblica amministrazione diverso da quelli di cui al numero 2), contro la fede pubblica, contro il patrimonio, contro l'ordine pubblico, contro l'economia pubblica ovvero per un delitto in materia tributaria;

4) alla reclusione per un tempo superiore a due anni per un qualunque delitto non colposo.

5. Quando la società richiedente è soggetta al controllo di un'altra società, a norma dell'articolo 2359, primo e secondo comma, del codice civile, il responsabile verifica il possesso dei requisiti di cui al comma 4 anche con riguardo agli amministratori, ai sindaci e ai procuratori speciali e generali della società controllante. Nel caso previsto dall'articolo 2359, primo comma, n. 3), del codice civile, l'influenza dominante deve essere stata accertata con sentenza passata in giudicato.

6. La documentazione comprovante il possesso dei requisiti di cui al presente articolo, salvo quello di cui al comma 2, lettera a), è presentata ai sensi degli articoli 46 e 47 del decreto del Presidente della Repubblica del 28 dicembre 2000, n. 445. Il possesso del requisito di cui al comma 2, lettera a), è dimostrato mediante la produzione di copia autentica della polizza assicurativa.

5. Procedimento per l'iscrizione. – 1. Il responsabile approva il modello della domanda per l'iscrizione, con l'indicazione degli atti e dei documenti idonei a comprovare il possesso dei requisiti previsti dall'articolo 4, di cui la domanda deve essere corredata. Il modello approvato è pubblicato sul sito internet del Ministero.

2. La domanda è sottoscritta con firma digitale. È trasmessa, unitamente agli allegati, a mezzo posta elettronica certificata.

3. Il procedimento di iscrizione deve essere concluso entro trenta giorni a decorrere dalla data di ricevimento della domanda. La richiesta di integrazione della domanda o dei suoi allegati è ammessa per una sola volta e sospende il predetto termine per un periodo non superiore a trenta giorni. La mancata adozione del provvedimento di iscrizione nel termine di cui al presente comma equivale a diniego dello stesso.

6. Effetti dell'iscrizione. – 1. Il provvedimento di iscrizione, con il numero d'ordine attribuito nel registro, è comunicato al richiedente ed al presidente della Corte di appello alla quale si riferisce l'iscrizione.

2. Dalla data della comunicazione di cui al comma precedente, il gestore della vendita telematica è tenuto a fare menzione, negli atti, nella corrispondenza e nella pubblicità, del numero d'ordine attribuitogli.

7. Obblighi di comunicazione dei gestori delle vendite telematiche. – 1. Il gestore della vendita telematica è obbligato a comunicare immediatamente al responsabile, a mezzo posta elettronica certificata, tutte le vicende modificative dei requisiti di cui all'articolo 4.

2. L'autorità giudiziaria provvede alla segnalazione al responsabile di tutti i fatti e le notizie rilevanti ai fini dell'esercizio dei poteri previsti nel presente regolamento.

3. Il gestore della vendita telematica trasmette entro cinque giorni da ciascun esperimento di vendita i dati relativi ai beni immobili che ne costituiscono oggetto nonché i dati identificativi dei relativi offerenti. La trasmissione è effettuata con modalità telematiche, nel rispetto della normativa anche regolamentare concernente la sottoscrizione, la trasmissione e la ricezione dei documenti informatici, nonché delle apposite specifiche tecniche del responsabile per i sistemi informativi ed automatizzati del Ministero. I relativi dati sono estratti ed elaborati dal Ministero, per il tramite della direzione generale di statistica, anche nell'ambito di rilevazioni su base nazionale. La disposizione di cui al presente comma si applica anche agli esperimenti di vendita di beni mobili, anche tramite commissionario, di valore pari o superiore a quello di cui all'articolo 525, secondo comma, del codice di procedura civile.

8. Sospensione e cancellazione dal registro. – 1. Quando dopo l'iscrizione il gestore della vendita telematica perde i requisiti di cui all'articolo 4, il responsabile provvede a sospenderlo dal registro per un periodo non superiore a novanta giorni, decorso il quale, persistendo la mancanza dei requisiti, provvede alla cancellazione.

2. Quando risulta che i requisiti di cui all'articolo 4 non sussistevano al momento dell'iscrizione il responsabile provvede a

norma del comma 1 ovvero, nei casi più gravi, alla cancellazione del gestore della vendita telematica dal registro.

3. È disposta la cancellazione dei gestori di vendita telematica che hanno prestato il servizio in forza di incarico ricevuto da uffici giudiziari siti in distretti di Corti di appello diversi da quelli per i quali sono iscritti o che violano gli obblighi previsti dall'articolo 7.

4. Il gestore della vendita telematica cancellato dal registro non può essere nuovamente iscritto prima che sia decorso un biennio dalla cancellazione.

5. Ai fini del presente articolo, il responsabile può acquisire informazioni relative all'attività dei gestori delle vendite telematiche dai medesimi gestori e dagli uffici giudiziari nei modi e nei tempi stabiliti da circolari o atti amministrativi generali equipollenti.

Sezione II
Obblighi del gestore
della vendita telematica

9. Registro degli incarichi di vendita telematica. – 1. Ciascun gestore della vendita telematica è tenuto a istituire un registro informatico degli incarichi di vendita telematica, indicando:

a) il numero d'ordine progressivo per anno;

b) l'ufficio giudiziario innanzi al quale pende la procedura rispetto alla quale è stato incaricato;

c) se l'incarico riguarda una procedura di espropriazione forzata mobiliare o immobiliare;

d) se si tratta di vendita senza incanto, con incanto o tramite commissionario;

e) se procede alle operazioni di vendita con modalità sincrona, asincrona o mista;

f) il numero dei lotti posti in vendita;

g) per ciascun lotto: il prezzo al quale i beni sono stati per la prima volta posti in vendita, il numero degli esperimenti di vendita, il prezzo di vendita;

h) le spese e i compensi, per ciascuna procedura, liquidati dall'autorità competente.

2. Ulteriori registri o annotazioni possono essere stabiliti con determinazione del responsabile, comunicata ai gestori mediante pubblicazione nell'area pubblica del portale dei servizi telematici del Ministero.

3. Entro il 31 gennaio di ciascun anno il gestore della vendita telematica trasmette al responsabile i dati indicati nel registro e relativi agli eventi verificatisi nel corso dell'anno precedente. La trasmissione ha luogo con modalità telematiche ed in conformità alle specifiche tecniche di cui all'articolo 26.

4. Il gestore della vendita telematica è tenuto a trattare i dati raccolti nel rispetto delle disposizioni del decreto legislativo 30 giugno 2003, n. 196, recante «Codice in materia di protezione dei dati personali».

10. Obblighi del gestore. – 1. Il gestore della vendita telematica non può partecipare, neppure per interposta persona, alle operazioni di vendita dei beni oggetto delle procedure pendenti innanzi agli uffici giudiziari compresi nel distretto di Corte d'appello rispetto al quale è stato iscritto.

2. Il legale rappresentante del gestore della vendita telematica, o un suo procuratore, sottoscrive una dichiarazione dalla quale risulti che il gestore non si trova in conflitto d'interesse con la procedura. La dichiarazione è portata a conoscenza del giudice al momento dell'accettazione dell'incarico.

3. I gestori della vendita telematica si dotano di un manuale operativo dei servizi, in cui vengono descritti le modalità di esecuzione dei servizi, nonché i prezzi praticati con indicazione di eventuali differenziazioni per distretto o circondario. Le modalità di esecuzione dei servizi e i relativi prezzi dovranno essere pubblicati sui siti dei gestori delle vendite telematiche.

4. Nel caso di violazione degli obblighi del gestore della vendita telematica previsti dal presente decreto il responsabile dispone la sospensione e, nei casi più gravi, la cancellazione del gestore dal registro.

11. Monitoraggio. – 1. Il Ministero procede annualmente al monitoraggio statistico delle operazioni di vendita telematica svolte dai gestori, anche sulla base dei dati trasmessi a norma dell'articolo 9. Il Ministero, per il tramite della Direzione generale per i sistemi informativi automatizzati e della Direzione generale di statistica, provvede al monitoraggio statistico di cui al periodo precedente nei modi e nei tempi stabiliti da circolari o atti amministrativi equipollenti.

Capo III
Vendite immobiliari

Sezione I
Disposizioni generali

12. Modalità di presentazione dell'offerta e dei documenti allegati. – 1. L'offerta per la vendita telematica deve contenere:

a) i dati identificativi dell'offerente, con l'espressa indicazione del codice fiscale o della partita IVA;

b) l'ufficio giudiziario presso il quale pende la procedura;

c) l'anno e il numero di ruolo generale della procedura;

d) il numero o altro dato identificativo del lotto;

e) la descrizione del bene;

f) l'indicazione del referente della procedura;

g) la data e l'ora fissata per l'inizio delle operazioni di vendita;

h) il prezzo offerto e il termine per il relativo pagamento, salvo che si tratti di domanda di partecipazione all'incanto;

i) l'importo versato a titolo di cauzione;

l) la data, l'orario e il numero di CRO del bonifico effettuato per il versamento della cauzione;

m) il codice IBAN del conto sul quale è stata addebitata la somma oggetto del bonifico di cui alla lettera *l*);

n) l'indirizzo della casella di posta elettronica certificata di cui al comma 4 o, in alternativa, quello di cui al comma 5, utilizzata per trasmettere l'offerta e per ricevere le comunicazioni previste dal presente regolamento;

o) l'eventuale recapito di telefonia mobile ove ricevere le comunicazioni previste dal presente regolamento.

2. Quando l'offerente risiede fuori dal territorio dello Stato, e non risulti attribuito il codice fiscale, si deve indicare il codice fiscale rilasciato dall'autorità fiscale del Paese di residenza o, in mancanza, un analogo codice identificativo, quale ad esempio un codice di sicurezza sociale o un codice identificativo. In ogni caso deve essere anteposto il codice del paese assegnante, in conformità alle regole tecniche di cui allo standard ISO 3166-1 alpha-2code dell'*International Organization for Standardization*.

3. L'offerta per la vendita telematica è redatta e cifrata mediante un software realizzato dal Ministero, in forma di documento informatico privo di elementi attivi e in conformità alle specifiche tecniche di cui all'articolo 26 del presente decreto. Il software di cui al periodo precedente è messo a disposizione degli interessati da parte del gestore della vendita telematica e deve fornire in via automatica i dati di cui al comma 1, lettere *b*), *c*), *d*), *e*), *f*) e *g*), nonché i riferimenti dei gestori del servizio di posta elettronica certificata per la vendita telematica iscritti a norma dell'articolo 13, comma 4.

4. L'offerta è trasmessa mediante la casella di posta elettronica certificata per la vendita telematica. La trasmissione sostituisce la firma elettronica avanzata dell'offerta, sempre che l'invio sia avvenuto richiedendo la ricevuta completa di avvenuta consegna di cui all'articolo 6, comma 4 del decreto del Presidente della Repubblica, 11 febbraio 2005, n. 68 e che il gestore del servizio di posta elettronica certificata attesti nel messaggio o in un suo allegato di aver rilasciato le credenziali di accesso in conformità a quanto previsto dall'articolo 13, commi 2 e 3. Quando l'offerta è formulata da più persone alla stessa deve essere allegata la procura rilasciata dagli altri offerenti al titolare della casella di posta elettronica certificata per la vendita telematica. La procura è redatta nelle forme dell'atto pubblico o della scrittura privata autenticata e può essere allegata anche in copia per immagine.

5. L'offerta, quando è sottoscritta con firma digitale, può essere trasmessa a mezzo di casella di posta elettronica certificata anche priva dei requisiti di cui all'articolo 2, comma 1, lettera *n*).

Si applica il comma 4, terzo periodo, e la procura è rilasciata a colui che ha sottoscritto l'offerta a norma del presente comma.

6. I documenti sono allegati all'offerta in forma di documento informatico o di copia informatica, anche per immagine, privi di elementi attivi. I documenti allegati sono cifrati mediante il software di cui al comma 3. Le modalità di congiunzione mediante strumenti informatici dell'offerta con i documenti alla stessa allegati sono fissate dalle specifiche tecniche di cui all'articolo 26.

13. Modalità di trasmissione dell'offerta. – 1. L'offerta e i documenti allegati sono inviati a un apposito indirizzo di posta elettronica certificata del Ministero mediante la casella di posta elettronica certificata indicata a norma dell'articolo 12, comma 1, lettera *n*).

2. Ciascun messaggio di posta elettronica certificata per la vendita telematica contiene, anche in un allegato, l'attestazione

del gestore della casella di posta elettronica certificata per la vendita telematica di aver provveduto al rilascio delle credenziali previa identificazione del richiedente a norma del presente regolamento.

3. Quando l'identificazione è eseguita per via telematica, la stessa può aver luogo mediante la trasmissione al gestore di cui al comma 1 di una copia informatica per immagine, anche non sottoscritta con firma elettronica, di un documento analogico di identità del richiedente. La copia per immagine è priva di elementi attivi ed ha i formati previsti dalle specifiche tecniche stabilite a norma dell'articolo 26. Quando l'offerente non dispone di un documento di identità rilasciato da uno dei Paesi dell'Unione europea, la copia per immagine deve essere estratta dal passaporto.

4. Il responsabile per i sistemi informativi automatizzati del Ministero verifica, su richiesta dei gestori di cui al comma 1, che il procedimento previsto per il rilascio delle credenziali di accesso sia conforme a quanto previsto dal presente articolo e li iscrive in un'apposita area pubblica del portale dei servizi telematici del Ministero.

14. Deposito e trasmissione dell'offerta al gestore per la vendita telematica. - 1. L'offerta si intende depositata nel momento in cui viene generata la ricevuta completa di avvenuta consegna da parte del gestore di posta elettronica certificata del ministero della giustizia.

2. L'offerta pervenuta all'indirizzo di posta elettronica certificata di cui all'articolo 13, comma 1, è automaticamente decifrata non prima di centottanta e non oltre centoventi minuti antecedenti l'orario fissato per l'inizio delle operazioni di vendita.

3. Il *software* di cui all'articolo 12, comma 3, elabora un ulteriore documento testuale, privo di restrizioni per le operazioni di selezione e copia, in uno dei formati previsti dalle specifiche tecniche dell'articolo 26. Il documento deve contenere i dati dell'offerta, salvo quelli di cui all'articolo 12, comma 1, lettere *a*), *n*) ed *o*).

4. L'offerta e il documento di cui al comma 2 sono trasmessi ai gestori incaricati delle rispettive vendite nel rispetto del termine di cui al comma 1.

15. Mancato funzionamento dei servizi informatici del dominio giustizia. - 1. Il responsabile per i sistemi informativi automatizzati del ministero comunica preventivamente ai gestori della vendita telematica i casi programmati di mancato funzionamento dei sistemi informativi del dominio giustizia. I gestori ne danno notizia agli interessati mediante avviso pubblicato sui propri siti internet e richiedono di pubblicare un analogo avviso ai soggetti che gestiscono i siti internet ove è eseguita la pubblicità di cui all'articolo 490 del codice di procedura civile. Nei casi di cui al presente comma le offerte sono formulate a mezzo telefax al recapito dell'ufficio giudiziario presso il quale è iscritta la procedura, indicato negli avvisi di cui al periodo precedente. Non prima del giorno precedente l'inizio delle operazioni di vendita il gestore ritira le offerte formulate a norma del presente comma dall'ufficio giudiziario.

2. Nei casi di mancato funzionamento dei sistemi informativi del dominio giustizia non programmati o non comunicati a norma del comma 1, l'offerta si intende depositata nel momento in cui viene generata la ricevuta di accettazione da parte del gestore di posta elettronica certificata del mittente. Il gestore è tenuto a permettere la partecipazione alle operazioni di vendita dell'offerente che documenta la tempestiva presentazione dell'offerta a norma del periodo precedente.

16. Avviso di connessione. - 1. Almeno trenta minuti prima dell'inizio delle operazioni di vendita il gestore della vendita telematica invia all'indirizzo di posta elettronica certificata indicato nell'offerta un invito a connettersi al proprio portale. Un estratto dell'invito di cui al periodo precedente è trasmesso dal gestore, a mezzo SMS, al recapito di telefonia mobile di cui all'articolo 12, comma 1, lettera *o*).

2. Al fine di consentire la partecipazione alle operazioni di vendita, il gestore, entro il termine di cui al comma 1, invia alla casella di cui all'articolo 12, comma 1, lettera *n*), le credenziali per l'accesso al proprio portale.

17. Verifiche del gestore per le operazioni di vendita. - 1. Alle operazioni di vendita possono partecipare gli offerenti. L'identificazione dei partecipanti ha luogo mediante le credenziali di cui all'articolo 16, comma 2.

2. Il gestore verifica che il messaggio di posta elettronica certificata mediante il quale è stata trasmessa l'offerta contiene l'attestazione di cui all'articolo 13, comma 2, nonché l'effettivo versamento della cauzione. Dell'esito di tali verifiche il gestore informa immediatamente il giudice o il referente della procedura.

18. Ammissione degli offerenti alle operazioni di vendita. – 1. In sede di incanto o di deliberazione sull'offerta, a norma dell'articolo 572 del codice di procedura civile, il giudice o il referente della procedura, verificata la regolarità delle offerte dà inizio alle operazioni di vendita.

19. Obblighi del gestore per le operazioni di vendita. – 1. Il gestore della vendita telematica allestisce e visualizza sul proprio portale un sistema automatico di computo del termine fissato per la formulazione dei rilanci.

2. I rilanci e le osservazioni di ciascun offerente sono riportati nel portale del gestore della vendita telematica e resi visibili agli altri partecipanti, al giudice o al referente della procedura; allo stesso modo si procede per ogni determinazione di questi ultimi.

20. Accesso al portale nel corso delle operazioni di vendita. – 1. Alle operazioni di vendita senza incanto possono prendere parte con modalità telematiche il giudice, il referente della procedura e il cancelliere. Con le medesime modalità possono partecipare anche altri soggetti se autorizzati dal giudice o dal referente della procedura.

2. Alle operazioni di vendita con incanto può assistere chiunque, connettendosi all'indirizzo internet indicato nell'avviso di cui all'articolo 490 del codice di procedura civile, previa registrazione sul portale.

3. In ogni caso, il portale del gestore della vendita telematica assicura l'accesso degli offerenti ai dati contenuti nel documento informatico di cui all'articolo 14, comma 3, e sostituisce i nominativi degli offerenti con pseudonimi o altri elementi distintivi in grado di assicurare l'anonimato. Il giudice, il referente della procedura ed il cancelliere possono comunque accedere a tutti i dati contenuti nell'offerta di cui all'articolo 14, comma 2.

Sezione II

Modalità della vendita telematica

21. Vendita sincrona telematica. – 1. Nel caso di vendita sincrona, l'offerta e la domanda di partecipazione all'incanto possono essere presentate esclusivamente con modalità telematiche a norma degli articoli 12 e 13.

22. Vendita sincrona mista. – 1. Quando il giudice lo dispone, l'offerta di acquisto e la domanda di partecipazione all'incanto possono essere presentate a norma degli articoli 12 e 13 o su supporto analogico mediante deposito in cancelleria.

2. Coloro che hanno formulato l'offerta o la domanda con modalità telematiche partecipano alle operazioni di vendita con le medesime modalità. Coloro che hanno formulato l'offerta o la domanda su supporto analogico partecipano comparendo innanzi al giudice o al referente della procedura.

3. Fermo quanto previsto dall'articolo 20, comma 3, i dati contenuti nelle offerte o nelle domande formate su supporto analogico nonché i rilanci e le osservazioni dei partecipanti alle operazioni di vendita comparsi innanzi al giudice o al referente della procedura sono riportati nel portale del gestore della vendita telematica e resi visibili a coloro che partecipano alle operazioni di vendita con modalità telematiche.

23. Verbale della vendita sincrona e sincrona mista. – 1. Per la redazione del verbale, il giudice o il referente della procedura può utilizzare i dati riportati nel portale della vendita telematica e quelli ivi immessi nel corso delle operazioni. I predetti dati sono trasmessi dal gestore al giudice o al referente della procedura al termine delle operazioni di vendita. In ogni caso, il gestore deve trasmettere un elenco, sottoscritto con firma digitale, dei rilanci e di coloro che li hanno effettuati, i dati identificativi dell'aggiudicatario, la cauzione da quest'ultimo versata e il prezzo di aggiudicazione, nonché i dati identificativi degli altri offerenti, le cauzioni dagli stessi versate e gli estremi dei conti bancari o postali sui quali sono state addebitate.

24. Vendita asincrona. – 1. Il giudice può disporre che nella vendita senza incanto la gara si svolga mediante rilanci compiuti nell'ambito di un determinato lasso temporale.

2. L'offerta è presentata esclusivamente in via telematica a norma degli articoli 12 e 13. Ricevute le offerte, il giudice o il referente della procedura sente le parti e i creditori iscritti non intervenuti, compie le verifiche di cui all'articolo 18 e invita gli offerenti a una gara sull'offerta più alta con le modalità di cui al comma 1. Il gestore della vendita telematica comunica ai partecipanti ogni rilancio all'indirizzo di posta elettronica di cui all'articolo 12, comma 1, lettera *n*) e con SMS.

3. Al termine del lasso temporale fissato per lo svolgimento della gara, il gestore della vendita telematica comunica, con le modalità di cui al comma 2, a tutti i partecipanti la maggiore offerta formulata. Al giudice o al

referente della procedura il gestore trasmette l'elenco dei rilanci e di coloro che li hanno effettuati, comunica i dati identificativi del maggiore offerente, la cauzione da quest'ultimo versata e il prezzo offerto, nonché i dati identificativi degli altri offerenti, le cauzioni dagli stessi versate e gli estremi dei conti bancari o postali sui quali sono state addebitate. Il giudice o il referente della procedura fa luogo alla vendita e provvede a norma dell'articolo 574 del codice di procedura civile.

Capo IV
Vendite mobiliari senza incanto e a mezzo commissionario

25. (1) **Modalità di presentazione dell'offerta e di svolgimento delle operazioni di vendita.** – 1. Per la presentazione dell'offerta per la vendita dei beni mobili con modalità asincrona, l'interessato si registra sul portale del gestore della vendita telematica, fornendo i dati identificativi, il codice fiscale, un indirizzo di posta elettronica anche ordinaria per le comunicazioni del gestore, il luogo in cui intende ricevere le comunicazioni di cancelleria, il recapito di telefonia mobile.

All'esito della registrazione, il sistema genera le credenziali per la partecipazione dell'interessato alla vendita telematica per la quale la registrazione è stata effettuata e assegna uno pseudonimo o altri elementi distintivi in grado di assicurare l'anonimato.

2. L'offerta è presentata indicando:

a) l'ufficio giudiziario presso il quale pende la procedura;

b) l'anno e il numero di ruolo generale della procedura;

c) il numero o altro dato identificativo del lotto;

d) la descrizione del bene;

e) l'indicazione del referente della procedura;

f) il prezzo offerto;

g) l'importo della cauzione prestata.

4. Il portale del gestore deve fornire in via automatica i dati di cui al comma 3, lettere *a*), *b*), *c*) *d*), ed *e*).

5. La cauzione è prestata con sistemi telematici di pagamento ovvero con carte di debito, di credito o prepagate, nonché con altri mezzi di pagamento con moneta elettronica disponibili nei circuiti bancario e postale.

6. Quando sono fissate modalità di versamento della cauzione che consentono al gestore di verificare l'effettivo pagamento della stessa con modalità automatizzate e contestualmente alla presentazione dell'offerta, la registrazione può essere effettuata nell'ambito del lasso temporale stabilito per la presentazione delle offerte. Nei casi diversi da quelli di cui al periodo precedente, la registrazione e il versamento della cauzione sono effettuati almeno cinque giorni prima dell'inizio del lasso temporale fissato per lo svolgimento delle operazioni di vendita; il gestore abilita a partecipare alla gara gli offerenti che hanno effettivamente versato la cauzione.

7. Nel corso della gara gli offerenti sono individuati esclusivamente mediante lo pseudonimo o gli altri elementi distintivi di cui al comma 1. Entro il secondo giorno successivo alla chiusura della gara, il gestore trasmette al referente della procedura l'elenco delle offerte e i dati identificativi di coloro che le hanno effettuate. Deve altresì comunicare e documentare gli estremi dei conti bancari o postali sui quali sono state addebitate le cauzioni accreditate sul conto vincolato, di aver accreditato sul conto corrente bancario o postale vincolato al referente della procedura la cauzione versata da colui che ha formulato l'offerta più alta e di aver svincolato le cauzioni prestate dagli altri offerenti, nonché di aver restituito le cauzioni dagli stessi versate mediante accredito sui conti bancari o postali di provenienza.

8. Per l'accesso al portale si applica l'articolo 20, commi 1 e 3.

(1) *Per la numerazione dei commi del presente articolo, sic in* G.U.

Capo V
Disposizioni finanziarie e finali

26. Specifiche tecniche. – 1. Le specifiche tecniche sono stabilite dal responsabile per i sistemi informativi automatizzati del Ministero, sentito, limitatamente ai profili inerenti alla protezione dei dati personali, il Garante per la protezione dei dati personali.

2. Le specifiche di cui al comma precedente vengono rese disponibili mediante pubblicazione nell'area pubblica del portale dei servizi telematici del Ministero.

27. Clausola di invarianza. – 1. All'attuazione delle disposizioni contenute nel presente decreto si provvede nell'ambito delle risorse umane, finanziarie e strumentali già esistenti e disponibili a legislazione vigente e senza e nuovi o maggiori oneri a carico della finanza pubblica.

28. Acquisto di efficacia e oneri informativi. – 1. Le disposizioni del presente decreto sono applicabili decorsi dodici mesi dalla sua entrata in vigore.

2. La tabella con la specifica degli oneri informativi di cui al decreto del Presidente del Consiglio dei ministri 14 novembre 2012 n. 252 è allegata al presente regolamento.

ALLEGATO

ELENCO DEGLI ONERI INFORMATIVI INTRODOTTI O ELIMINATI A CARICO DI CITTADINI E IMPRESE (ART. 2, COMMA 2, DPCM 14 NOVEMBRE 2012 N. 252).

Oneri introdotti

A) Denominazione

1) Obbligo di comunicazione di dati al Ministero della giustizia

2) obbligo di monitoraggio statistico a carico del Ministero della giustizia

B) Riferimento normativo interno

– Artt. 7, 9 e 11 dello schema di DM

C) Categoria dell'onere

1) comunicazione

2) altro

D) cosa cambia per il cittadino e/o l'impresa

– le norme introducono, in capo al gestore della vendita telematica l'obbligo di comunicare annualmente al responsabile del registro una serie di dati aggregati:

a) sul numero degli incarichi di vendita telematica ricevuti, precisando il numero d'ordine progressivo per anno;

b) sull'ufficio giudiziario innanzi al quale pende la procedura rispetto alla quale è stato incaricato;

c) relativi al tipo di procedura relativamente al quale ha ricevuto l'incarico, in particolare se riguarda una procedura di espropriazione forzata mobiliare o immobiliare;

d) sulle modalità della vendita da effettuare per via telematica, se si tratta di vendita senza incanto, con incanto o tramite commissionario;

e) relative alle specifiche modalità telematica con cui si svolgono le operazioni di vendita, in particolare se si procede alla vendita con modalità sincrona, asincrona o mista;

f) sul numero dei lotti posti in vendita;

g) relativi, per ciascun lotto: al prezzo al quale i beni sono stati per la prima volta posti in vendita, al numero degli esperimenti di vendita, al prezzo di vendita;

h) sulle spese e i compensi, per ciascuna procedura, liquidati dall'autorità competente.

Le stesse norme introducono altresì, in capo ai medesimi gestori, l'obbligo di comunicare al Ministero della giustizia, entro 5 giorni da ciascun esperimento di vendita, i dati relativi:

– ai beni immobili che costituiscono oggetto degli esperimenti di vendita svolti con modalità telematiche;

– a coloro che hanno presentato offerte per la partecipazione ai medesimi esperimenti.

(*Omissis*)

5.

D.L. 19 maggio 2020, n. 34, Misure urgenti in materia di salute, sostegno al lavoro e all'economia, nonché di politiche sociali connesse all'emergenza epidemiologica da COVID-19 (Suppl. ord. alla *Gazzetta Ufficiale* Serie gen. - n. 128 del 19 maggio 2020) ed *avviso di rettifica* in *Gazzetta Ufficiale* Serie gen. - n. 129 del 20 maggio 2020, convertito, con modificazioni, nella L. 17 luglio 2020, n. **77** (*Gazzetta ufficiale* Serie gen. - n. 180 del 18 luglio 2020) ed *avviso di rettifica* in *Gazzetta Ufficiale* Serie gen. - n. 262 del 22 ottobre 2020, ed *errata corrige* in *Gazzetta Ufficiale* Serie gen. - n. 262 del 22 ottobre 2020.

(*Estratto*)

221. Modifica all'articolo 83 del decreto legge 17 marzo 2020, n. 18, convertito, con modificazioni, dalla legge 24 aprile 2020, n. 27, e disposizioni in materia di processo civile e penale. – 1. (*Omissis*).

2. Tenuto conto delle esigenze sanitarie derivanti dalla diffusione del COV1D-19, fino al 31 ottobre 2020 si applicano le disposizioni di cui ai commi da 3 a 10.

3. Negli uffici che, hanno la disponibilità del servizio di deposito telematico, anche gli atti e i documenti di cui all'articolo 16 *bis*, comma 1 *bis*, del decreto legge 18 ottobre 2012, n. 179, convertito, con modificazioni, dalla legge 17 dicembre 2012, n. 221, sono depositati esclusivamente con le modalità previste dal comma 1 del medesimo articolo. Gli obblighi di pagamento del contributo unificato previsto dall'articolo 14 del testo unico delle disposizioni legislative e regolamentari in materia di spese di giustizia, di cui al decreto del Presidente della Repubblica 30 maggio 2002, n. 115, nonché l'anticipazione forfettaria di cui all'articolo 30 del medesimo testo unico, connessi al deposito degli atti con le modalità previste dal primo periodo del presente comma, sono assolti con sistemi telematici di pagamento anche tramite la

piattaforma tecnologica prevista dall'articolo 5, comma 2, del codice dell'amministrazione digitale, di cui al decreto legislativo 7 marzo 2005, n. 82. Quando i sistemi informatici del dominio giustizia non sono funzionanti e sussiste un'indifferibile urgenza, il capo dell'ufficio autorizza il deposito con modalità non telematica (1) (2) (3).

4. Il giudice può disporre che le udienze civili che non richiedono la presenza di soggetti diversi dai difensori delle parti siano sostituite dal deposito telematico di note scritte contenenti le sole istanze e conclusioni. Il giudice comunica alle parti almeno trenta giorni prima della data fissata per l'udienza che la stessa è sostituita dallo scambio di note scritte e assegna alle parti un termine fino a cinque giorni prima della predetta data per il deposito delle note scritte. Ciascuna delle parti può presentare istanza di trattazione orale entro cinque giorni dalla comunicazione del provvedimento. Il giudice provvede entro i successivi cinque giorni. Se nessuna delle parti effettua il deposito telematico di note scritte, il giudice provvede ai sensi del primo comma dell'articolo 181 del codice di procedura civile (1) (2).

5. Nei procedimenti civili innanzi alla Corte di cassazione, il deposito degli atti e dei documenti da parte degli avvocati può avvenire in modalità telematica nel rispetto della normativa, anche regolamentare, concernente la sottoscrizione, la trasmissione e la ricezione dei documenti informatici. L'attivazione del servizio è preceduta da un provvedimento del Direttore generale dei sistemi informativi e automatizzati del Ministero della giustizia che accerta l'installazione e l'idoneità delle attrezzature informatiche, unitamente alla funzionalità dei servizi di comunicazione dei documenti informatici. Gli obblighi di pagamento del contributo unificato previsto dall'articolo 14 del testo unico di cui al decreto del Presidente della Repubblica 30 maggio 2002, n. 115, nonché l'anticipazione forfettaria di cui all'articolo 30 del medesimo testo unico, connessi al deposito telematico degli atti di costituzione in giudizio presso la Corte di cassazione, sono assolti con sistemi telematici di pagamento anche tramite la piattaforma tecnologica prevista dall'articolo 5, comma 2, del codice di cui al decreto legislativo 7 marzo 2005, n. 82 (1) (2).

6. La partecipazione alle udienze civili di una o più parti o di uno o più difensori può avvenire, su istanza dell'interessato, mediante collegamenti audiovisivi a distanza, individuati e regolati con provvedimento del Direttore generale dei sistemi informativi e automatizzati del Ministero della giustizia. La parte può partecipare all'udienza solo dalla medesima postazione da cui si collega il difensore. Lo svolgimento dell'udienza deve in ogni caso avvenire con modalità idonee a salvaguardare il contraddittorio e l'effettiva partecipazione. L'istanza di partecipazione mediante collegamento a distanza è depositata almeno quindici giorni prima della data fissata per lo svolgimento dell'udienza. Il giudice dispone la comunicazione alle parti dell'istanza, dell'ora e delle modalità del collegamento almeno cinque giorni prima dell'udienza. All'udienza il giudice dà atto a verbale delle modalità con cui accerta l'identità dei soggetti partecipanti a distanza e, ove si tratta delle parti, la loro libera volontà. Di tutte le ulteriori operazioni è dato atto nel processo verbale (1) (2).

7. Il giudice, con il consenso preventivo delle parti, può disporre che l'udienza civile che non richieda la presenza di soggetti diversi dai difensori, dalle parti e dagli ausiliari del giudice, anche se finalizzata all'assunzione di informazioni presso la pubblica amministrazione, si svolga mediante collegamenti audiovisivi a distanza individuati e regolati con provvedimento del Direttore generale dei sistemi informativi e automatizzati del Ministero della giustizia. L'udienza è tenuta con la presenza del giudice nell'ufficio giudiziario e con modalità idonee a salvaguardare il contraddittorio e l'effettiva partecipazione delle parti. Prima dell'udienza il giudice dispone la comunicazione ai procuratori delle parti e al pubblico ministero, se è prevista la sua partecipazione, del giorno, dell'ora e delle modalità del collegamento. All'udienza il giudice dà atto delle modalità con cui accerta l'identità dei soggetti partecipanti e, ove si tratta delle parti, la loro libera volontà. Di questa e di tutte le ulteriori operazioni è dato atto nel processo verbale (1) (2).

8. In luogo dell'udienza fissata per il giuramento del consulente tecnico d'ufficio ai sensi dell'articolo 193 del codice di procedura civile, il giudice può disporre che il consulente, prima di procedere all'inizio delle operazioni peritali, presti giuramento di bene e fedelmente adempiere alle funzioni affidate con dichiarazione sottoscritta con firma digitale da depositare nel fascicolo telematico (1) (2).

[9. Fermo restando quanto previsto dagli articoli 146 *bis* e 147 *bis* delle norme di attuazione, di coordinamento e transitorie del codice di procedura penale, di cui al decreto legislativo 28 luglio 1989, n. 271, la partecipazione a qualsiasi udienza penale degli imputati in stato di custodia cautelare in carcere o detenuti per altra causa e dei condannati detenuti è assicurata, con il consenso delle parti e, ove possibile, mediante collegamenti audiovisivi a distanza individuati e regolati con provvedimento del Direttore generale dei sistemi informativi e automatizzati del Ministero della giustizia, applicate, in quanto compatibili, le disposizioni dei commi 3, 4 e 5 del citato articolo 146 *bis* delle norme di attuazione, di coordinamento e transitorie del codice di procedura penale, di cui al decreto legislativo n. 271 del 1989. Il consenso dell'imputato o del condannato è espresso personalmente o a mezzo di procuratore speciale. L'udienza è tenuta con la presenza del giudice, del pubblico ministero e dell'ausiliario del giudice nell'ufficio giudiziario e si svolge con modalità idonee a salvaguardare il contraddittorio e l'effettiva partecipazione delle parti. Prima dell'udienza il giudice fa comunicare ai difensori delle parti, al pubblico ministero e agli altri soggetti di cui è prevista la partecipazione il giorno, l'ora e le modalità del collegamento] [4].

10. - 12. (*Omissis*).

([1]) *A norma dell'art. 7, comma 1, del D.L. 23 luglio 2021, n. 105, convertito, con modificazioni, nella L. 16 settembre 2021, n. 126, le disposizioni di cui a questo comma, continuano ad applicarsi fino alla data del 31 dicembre 2021.*

([2]) *A norma dell'art. 16, comma 1, del D.L. 30 dicembre 2021, n. 228, convertito, con modificazioni, nella L. 25 febbraio 2022, n. 15, le disposizioni di cui al presente comma, in materia di processo civile e penale, continuano ad applicarsi fino alla data del 31 dicembre 2022.*

([3]) *A norma dell'art. 8, comma 9, del D.L. 29 dicembre 2022, n. 198, convertito, con modificazioni, nella L. 24 febbraio 2023, n. 14, la disposizione di cui a questo comma, continua ad applicarsi fino alla data del 31 maggio 2023, limitatamente al pagamento mediante sistemi telematici dell'anticipazione forfettaria prevista dall'articolo 30 del testo unico delle disposizioni legislative e regolamentari in materia di spese di giustizia, di cui al decreto del Presidente della Repubblica 30 maggio 2002, n. 115, fermo restando quanto disposto dall'articolo 35, comma 1, del decreto legislativo 10 ottobre 2022, n. 149.*

([4]) *Questo comma è stato abrogato dall'art. 23, comma 4, del D.L. 28 ottobre 2020, n. 137, convertito, con modificazioni, nella L. 18 dicembre 2020, n. 176, dalla data di entrata in vigore del medesimo decreto e fino al 31 dicembre 2021, così come, da ultimo, modificato dall'art. 7, comma 1, del D.L. 23 luglio 2021, n. 105, convertito, con modificazioni, nella L. 16 settembre 2021, n. 126.*

6.

D.M. (Min. giust.) 7 agosto 2023, n. 110. Regolamento per la definizione dei criteri di redazione, dei limiti e degli schemi informatici degli atti giudiziari con la strutturazione dei campi necessari per l'inserimento delle informazioni nei registri del processo, ai sensi dell'articolo 46 delle disposizioni per l'attuazione del codice di procedura civile (*Gazzetta Ufficiale* Serie gen. - n. 187 del 11 agosto 2023).

1. Oggetto. - 1. Il presente decreto stabilisce i criteri di redazione e regola gli schemi informatici degli atti del processo civile, con la strutturazione dei campi necessari per l'inserimento delle informazioni nei registri del processo. Stabilisce altresì i limiti dimensionali degli atti del processo civile per le cause di valore inferiore a euro 500.000.

2. Criteri di redazione degli atti processuali delle parti private e del pubblico ministero. - 1. Al fine di assicurare la chiarezza e la sinteticità degli atti processuali in conformità a quanto prescritto dall'articolo 121 del codice di procedura civile, gli atti di citazione e i ricorsi, le comparse di risposta, le memorie difensive, i controricorsi e gli atti di intervento sono redatti con la seguente articolazione:

a) intestazione, contenente l'indicazione dell'ufficio giudiziario davanti al quale la domanda è proposta e della tipologia di atto;

b) parti, comprensive di tutte le indicazioni richieste dalla legge;

c) parole chiave, nel numero massimo di venti, che individuano l'oggetto del giudizio;

d) nelle impugnazioni, estremi del provvedimento impugnato con l'indicazione dell'autorità giudiziaria che lo ha emesso, la data della pubblicazione e dell'eventuale notifica;

e) esposizione distinta e specifica, in parti dell'atto separate e rubricate, dei fatti e dei motivi in diritto, nonché, quanto alle impugnazioni, individuazione dei capi della decisione impugnati ed esposizione dei motivi;

f) nella parte in fatto, puntuale riferimento ai documenti offerti in comunicazione, indicati in ordine numerico progressivo e denominati in modo corrispondente al loro contenuto, preferibilmente consultabili con apposito collegamento ipertestuale;

g) con riguardo ai motivi di diritto, esposizione delle eventuali questioni pregiudiziali e preliminari e di quelle di merito, con indicazione delle norme di legge e dei precedenti giurisprudenziali che si assumono rilevanti;

h) conclusioni, con indicazione distinta di ciascuna questione pregiudiziale, preliminare e di merito e delle eventuali subordinate;

i) indicazione specifica dei mezzi di prova e indice dei documenti prodotti, con la stessa numerazione e denominazione contenute nel corpo dell'atto, preferibilmente consultabili con collegamento ipertestuale;

l) valore della controversia;

m) richiesta di distrazione delle spese;

n) indicazione del provvedimento di ammissione al patrocinio a spese dello Stato.

2. Le disposizioni di cui al comma 1 si applicano, in quanto compatibili, agli altri atti del processo. Gli atti processuali successivi alla costituzione in giudizio indicano il numero di ruolo del processo al quale si riferiscono.

3. Limiti dimensionali degli atti processuali. – 1. Salve le esclusioni e le deroghe previste dagli articoli 4 e 5, l'esposizione è contenuta nel limite massimo di:

a) 80.000 caratteri, corrispondenti approssimativamente a 40 pagine nel formato di cui all'articolo 6, quanto all'atto di citazione e al ricorso, alla comparsa di risposta e alla memoria difensiva, agli atti di intervento e chiamata di terzi, alle comparse e note conclusionali, nonché agli atti introduttivi dei giudizi di impugnazione;

b) 50.000 caratteri, corrispondenti approssimativamente a 26 pagine nel formato di cui all'articolo 6, quanto alle memorie, alle repliche e in genere a tutti gli altri atti del giudizio;

c) 10.000 caratteri, corrispondenti approssimativamente a 5 pagine nel formato di cui all'articolo 6, quanto alle note scritte in sostituzione dell'udienza di cui all'articolo 127 *ter* del codice di procedura civile, quando non è necessario svolgere attività difensive possibili soltanto all'udienza.

2. Nel conteggio del numero massimo di caratteri non si computano gli spazi.

4. Esclusioni dai limiti dimensionali. – 1. Dai limiti di cui all'articolo 3 sono esclusi:

a) gli elementi di cui all'articolo 2, comma 2, lettere a), b), c), d), h), i), l), m), n);

b) l'indice e la sintesi dell'atto;

c) le indicazioni, le dichiarazioni e gli avvertimenti previsti dalla legge;

d) la data e il luogo, nonché le sottoscrizioni delle parti e dei difensori;

e) le relazioni di notifica e le relative richieste e dichiarazioni;

f) i riferimenti giurisprudenziali riportati nelle note.

5. Deroghe ai limiti dimensionali. – 1. I limiti di cui all'articolo 3 possono essere superati se la controversia presenta questioni di particolare complessità, anche in ragione della tipologia, del valore, del numero delle parti o della natura degli interessi coinvolti. In tal caso, il difensore espone sinteticamente nell'atto le ragioni per le quali si è reso necessario il superamento dei limiti.

2. Nel caso previsto dal comma 1, dopo l'intestazione il difensore inserisce un indice, preferibilmente con collegamenti ipertestuali, e una breve sintesi del contenuto dell'atto.

3. La proposizione di una domanda riconvenzionale, di una chiamata di terzo, di un atto di integrazione del contraddittorio, di un atto di riassunzione o di un'impugnazione incidentale giustifica il ragionevole superamento dei limiti previsti dall'articolo 3.

6. Tecniche redazionali. – 1. Gli atti sono redatti mediante caratteri di tipo corrente, preferibilmente:

a) utilizzando caratteri di dimensioni di 12 punti;

b) con interlinea di 1,5;

c) con margini orizzontali e verticali di 2,5 centimetri.

2. Non sono consentite note, salvo che per l'indicazione dei precedenti giurisprudenziali nonché dei riferimenti dottrinari.

7. Criteri di redazione dei provvedimenti del giudice. – 1. Il giudice redige i provvedimenti in modo chiaro e sintetico, nel rispetto dei criteri di cui agli articoli 2 e 6, in quanto compatibili.

2. Le dimensioni degli atti e dei provvedimenti del giudice sono correlate alla complessità della controversia, anche in ragione della tipologia, del valore, del numero delle parti o della natura degli interessi coinvolti.

3. I provvedimenti del giudice soggetti ad impugnazione sono redatti con l'indicazione di capi separati e numerati.

8. Schemi informatici. – 1. Gli atti giudiziari sono redatti secondo le regole dettate dall'articolo 11 del decreto ministeriale 21 febbraio 2011, n. 44, e sono corredati dalla compilazione di schemi informatici conformi alle specifiche tecniche di cui all'articolo 34 del predetto decreto.

2. Le specifiche tecniche di cui al comma 1 definiscono le informazioni strutturate nonché tutti i dati necessari per l'elaborazione degli schemi dell'atto da parte del sistema in-

formatico ricevente, in conformità ai criteri di cui all'articolo 2.

3. Per gli atti del giudizio di cassazione le specifiche tecniche tengono altresì conto dei criteri stabiliti con decreto del Primo Presidente della Corte di cassazione, sentiti il Procuratore generale presso la Corte di cassazione, il Consiglio nazionale forense e l'Avvocato generale dello Stato.

9. Formazione. – 1. Delle disposizioni del presente decreto si tiene conto nella definizione delle linee programmatiche proposte annualmente dal Ministro della giustizia alla Scuola superiore della magistratura, ai sensi dell'articolo 5 del decreto legislativo 30 gennaio 2006, n. 26.

2. Il Ministero della giustizia, in collaborazione con la Scuola superiore dell'avvocatura, favorisce le iniziative formative sui criteri e le modalità di redazione degli atti giudiziari adottate nell'ambito della formazione obbligatoria dell'avvocatura.

3. In particolare, il Ministero sostiene, in materia, le iniziative formative comuni alla magistratura e all'avvocatura, anche con il coinvolgimento di linguisti.

10. Istituzione di un osservatorio permanente. – 1. È istituito un osservatorio permanente sulla funzionalità dei criteri redazionali e dei limiti dimensionali stabiliti dal presente decreto al rispetto del principio di chiarezza e sinteticità degli atti del processo. L'osservatorio ha anche il compito di raccogliere elementi di valutazione ai fini dell'aggiornamento del presente decreto con cadenza almeno biennale.

2. L'osservatorio opera presso l'Ufficio legislativo del Ministero della giustizia. Tra i componenti, nominati dal Ministro, sono inclusi esperti nella linguistica giudiziaria e avvocati designati dal Consiglio nazionale forense.

3. Ai componenti dell'osservatorio non sono corrisposti compensi o gettoni di presenza, rimborsi spese o altri emolumenti comunque denominati.

11. Clausola di invarianza finanziaria. – 1. Dall'attuazione del presente regolamento non devono derivare nuovi o maggiori oneri a carico della finanza pubblica. L'amministrazione interessata provvede agli adempimenti di competenza con le risorse umane, strumentali e finanziarie disponibili a legislazione vigente.

12. Disposizioni finali. – 1. Il presente decreto si applica ai procedimenti introdotti dopo il 1° settembre 2023 o dopo la data della sua entrata in vigore, se successiva.

1.

L. 19 febbraio 2004, n. 40. Norme in materia di procreazione medicalmente assistita (*Gazzetta Ufficiale* Serie gen. - n. 45 del 24 febbraio 2004).

Capo I
Principi generali

1. Finalità. - 1. Al fine di favorire la soluzione dei problemi riproduttivi derivanti dalla sterilità o dalla infertilità umana è consentito il ricorso alla procreazione medicalmente assistita, alle condizioni e secondo le modalità previste dalla presente legge, che assicura i diritti di tutti i soggetti coinvolti, compreso il concepito (1).

2. Il ricorso alla procreazione medicalmente assistita è consentito qualora non vi siano altri metodi terapeutici efficaci per rimuovere le cause di sterilità o infertilità (1).

(1) *La Corte costituzionale, con sentenza n. 96 del 5 giugno 2015, ha dichiarato l'illegittimità costituzionale dei commi 1 e 2 di questo articolo e dell'art. 4, comma 1, del medesimo provvedimento, nella parte in cui non consentono il ricorso alle tecniche di procreazione medicalmente assistita alle coppie fertili portatrici di malattie genetiche trasmissibili, rispondenti ai criteri di gravità di cui all'art. 6, comma 1, lettera* b), *della legge 22 maggio 1978, n. 194, accertate da apposite strutture pubbliche.*

2. Interventi contro la sterilità e la infertilità. - 1. Il Ministro della salute, sentito il Ministro dell'istruzione, dell'università e della ricerca, può promuovere ricerche sulle cause patologiche, psicologiche, ambientali e sociali dei fenomeni della sterilità e della infertilità e favorire gli interventi necessari per rimuoverle nonché per ridurne l'incidenza, può incentivare gli studi e le ricerche sulle tecniche di crioconservazione dei gameti e può altresì promuovere campagne di informazione e di prevenzione dei fenomeni della sterilità e della infertilità.

2. Per le finalità di cui al comma 1 è autorizzata la spesa massima di 2 milioni di euro a decorrere dal 2004.

3. All'onere derivante dall'attuazione del comma 2 si provvede mediante corrispondente riduzione dello stanziamento iscritto, ai fini del bilancio triennale 2004-2006, nell'àmbito dell'unità previsionale di base di parte corrente «Fondo speciale» dello stato di previsione del Ministero dell'economia e delle finanze per l'anno 2004, allo scopo parzialmente utilizzando l'accantonamento relativo al Ministero della salute. Il Ministro dell'economia e delle finanze è autorizzato ad apportare, con propri decreti, le occorrenti variazioni di bilancio.

3. Modifica alla legge 29 luglio 1975, n. 405. - (*Omissis*).

Capo II
Accesso alle tecniche

4. Accesso alle tecniche. - 1. Il ricorso alle tecniche di procreazione medicalmente assistita è consentito solo quando sia accertata l'impossibilità di rimuovere altrimenti le cause impeditive della procreazione ed è comunque circoscritto ai casi di sterilità o di infertilità inspiegate documentate da atto medico nonché ai casi di sterilità o di infertilità da causa accertata e certificata da atto medico (1).

2. Le tecniche di procreazione medicalmente assistita sono applicate in base ai seguenti principi:

a) gradualità, al fine di evitare il ricorso ad interventi aventi un grado di invasività tecnico e psicologico più gravoso per i destinatari, ispirandosi al principio della minore invasività;

b) consenso informato, da realizzare ai sensi dell'articolo 6.

3. È vietato il ricorso a tecniche di procreazione medicalmente assistita di tipo eterologo (2).

(1) *La Corte costituzionale, con sentenza n. 96 del 5 giugno 2015, ha dichiarato l'illegittimità costituzionale dell'art. 1, commi 1 e 2 di questo provvedimento e di questo comma, nella parte in cui non consentono il ricorso alle tecniche di procreazione medicalmente assistita alle coppie fertili portatrici di malattie gene-*

tiche trasmissibili, rispondenti ai criteri di gravità di cui all'art. 6, comma 1, lettera b), *della legge 22 maggio 1978, n. 194, accertate da apposite strutture pubbliche.*

([2]) *La Corte costituzionale, con sentenza n. 162 del 10 giugno 2014, ha dichiarato l'illegittimità costituzionale di questo comma, nella parte in cui stabilisce per la coppia di cui all'art. 5, comma 1, della medesima legge, il divieto del ricorso a tecniche di procreazione medicalmente assistita di tipo eterologo, qualora sia stata diagnosticata una patologia che sia causa di sterilità o infertilità assolute ed irreversibili.*

5. Requisiti soggettivi. – 1. Fermo restando quanto stabilito dall'articolo 4, comma 1, possono accedere alle tecniche di procreazione medicalmente assistita coppie di maggiorenni di sesso diverso, coniugate o conviventi, in età potenzialmente fertile, entrambi viventi.

6. Consenso informato. – 1. Per le finalità indicate dal comma 3, prima del ricorso ed in ogni fase di applicazione delle tecniche di procreazione medicalmente assistita il medico informa in maniera dettagliata i soggetti di cui all'articolo 5 sui metodi, sui problemi bioetici e sui possibili effetti collaterali sanitari e psicologici conseguenti all'applicazione delle tecniche stesse, sulle probabilità di successo e sui rischi dalle stesse derivanti, nonché sulle relative conseguenze giuridiche per la donna, per l'uomo e per il nascituro. Alla coppia deve essere prospettata la possibilità di ricorrere a procedure di adozione o di affidamento ai sensi della legge 4 maggio 1983, n. 184, e successive modificazioni, come alternativa alla procreazione medicalmente assistita. Le informazioni di cui al presente comma e quelle concernenti il grado di invasività delle tecniche nei confronti della donna e dell'uomo devono essere fornite per ciascuna delle tecniche applicate e in modo tale da garantire il formarsi di una volontà consapevole e consapevolmente espressa.

2. Alla coppia devono essere prospettati con chiarezza i costi economici dell'intera procedura qualora si tratti di strutture private autorizzate.

3. La volontà di entrambi i soggetti di accedere alle tecniche di procreazione medicalmente assistita è espressa per iscritto congiuntamente al medico responsabile della struttura, secondo modalità definite con decreto dei Ministri della giustizia e della salute, adottato ai sensi dell'articolo 17, comma 3, della legge 23 agosto 1988, n. 400, entro tre mesi dalla data di entrata in vigore della presente legge. Tra la manifestazione della volontà e l'applicazione della tecnica deve intercorrere un termine non inferiore a sette giorni. La volontà può essere revocata da ciascuno dei soggetti indicati dal presente comma fino al momento della fecondazione dell'ovulo.

4. Fatti salvi i requisiti previsti dalla presente legge, il medico responsabile della struttura può decidere di non procedere alla procreazione medicalmente assistita, esclusivamente per motivi di ordine medico-sanitario. In tale caso deve fornire alla coppia motivazione scritta di tale decisione.

5. Ai richiedenti, al momento di accedere alle tecniche di procreazione medicalmente assistita, devono essere esplicitate con chiarezza e mediante sottoscrizione le conseguenze giuridiche di cui all'articolo 8 e all'articolo 9 della presente legge.

7. Linee guida. – 1. Il Ministro della salute, avvalendosi dell'Istituto superiore di sanità, e previo parere del Consiglio superiore di sanità, definisce, con proprio decreto, da emanare entro tre mesi dalla data di entrata in vigore della presente legge, linee guida contenenti l'indicazione delle procedure e delle tecniche di procreazione medicalmente assistita.

2. Le linee guida di cui al comma 1 sono vincolanti per tutte le strutture autorizzate.

3. Le linee guida sono aggiornate periodicamente, almeno ogni tre anni, in rapporto all'evoluzione tecnico-scientifica, con le medesime procedure di cui al comma 1.

Capo III
Disposizioni concernenti la tutela del nascituro

8. Stato giuridico del nato. – 1. I nati a seguito dell'applicazione delle tecniche di procreazione medicalmente assistita hanno lo stato di figli nati nel matrimonio ([1]) o di figli riconosciuti della coppia che ha espresso la volontà di ricorrere alle tecniche medesime ai sensi dell'articolo 6.

([1]) *La parola: «legittimi» è stata così sostituita dalle seguenti: «nati nel matrimonio» dall'art. 102 del D.L.vo 28 dicembre 2013, n. 154, a decorrere dal trentesimo giorno successivo a quello della sua pubblicazione nella* Gazzetta Ufficiale *(G.U. n. 5 dell'8 gennaio 2014).*

9. Divieto del disconoscimento della paternità e dell'anonimato della madre. – 1. Qualora si ricorra a tecniche di procreazione medicalmente assistita di tipo eterologo in violazione del divieto di cui all'articolo 4, comma 3, il coniuge o il convivente il cui consenso è ricavabile da atti concludenti non può esercitare l'azione di disconoscimento della paternità nei casi previsti dall'articolo 235, primo comma, numeri 1) e 2), del codice civile, né l'impugnazione di cui all'articolo 263 dello stesso codice (1).

2. La madre del nato a seguito dell'applicazione di tecniche di procreazione medicalmente assistita non può dichiarare la volontà di non essere nominata, ai sensi dell'articolo 30, comma 1, del regolamento di cui al decreto del Presidente della Repubblica 3 novembre 2000, n. 396.

3. In caso di applicazione di tecniche di tipo eterologo in violazione del divieto di cui all'articolo 4, comma 3, il donatore di gameti non acquisisce alcuna relazione giuridica parentale con il nato e non può far valere nei suoi confronti alcun diritto né essere titolare di obblighi (1).

(1) *La Corte costituzionale, con sentenza n. 162 del 10 giugno 2014, ha dichiarato l'illegittimità costituzionale di questo comma, limitatamente alle parole «in violazione del divieto di cui all'articolo 4, comma 3.*

Capo IV
Regolamentazione delle strutture autorizzate all'applicazione delle tecniche di procreazione medicalmente assistita

10. Strutture autorizzate. - 1. Gli interventi di procreazione medicalmente assistita sono realizzati nelle strutture pubbliche e private autorizzate dalle regioni e iscritte al registro di cui all'articolo 11.

2. Le regioni e le province autonome di Trento e di Bolzano definiscono con proprio atto, entro tre mesi dalla data di entrata in vigore della presente legge:

a) i requisiti tecnico-scientifici e organizzativi delle strutture;

b) le caratteristiche del personale delle strutture;

c) i criteri per la determinazione della durata delle autorizzazioni e dei casi di revoca delle stesse;

d) i criteri per lo svolgimento dei controlli sul rispetto delle disposizioni della presente legge e sul permanere dei requisiti tecnico-scientifici e organizzativi delle strutture.

11. Registro. - 1. È istituito, con decreto del Ministro della salute, presso l'Istituto superiore di sanità, il registro nazionale delle strutture autorizzate all'applicazione delle tecniche di procreazione medicalmente assistita, degli embrioni formati e dei nati a seguito dell'applicazione delle tecniche medesime.

2. L'iscrizione al registro di cui al comma 1 è obbligatoria.

3. L'Istituto superiore di sanità raccoglie e diffonde, in collaborazione con gli osservatori epidemiologici regionali, le informazioni necessarie al fine di consentire la trasparenza e la pubblicità delle tecniche di procreazione medicalmente assistita adottate e dei risultati conseguiti.

4. L'Istituto superiore di sanità raccoglie le istanze, le informazioni, i suggerimenti, le proposte delle società scientifiche e degli utenti riguardanti la procreazione medicalmente assistita.

5. Le strutture di cui al presente articolo sono tenute a fornire agli osservatori epidemiologici regionali e all'Istituto superiore di sanità i dati necessari per le finalità indicate dall'articolo 15 nonché ogni altra informazione necessaria allo svolgimento delle funzioni di controllo e di ispezione da parte delle autorità competenti.

6. All'onere derivante dall'attuazione del presente articolo, determinato nella misura massima di 154.937 euro a decorrere dall'anno 2004, si provvede mediante corrispondente riduzione dello stanziamento iscritto, ai fini del bilancio triennale 2004-2006, nell'àmbito dell'unità previsionale di base di parte corrente «Fondo speciale» dello stato di previsione del Ministero dell'economia e delle finanze per l'anno 2004, allo scopo parzialmente utilizzando l'accantonamento relativo al Ministero della salute. Il Ministro dell'economia e delle finanze è autorizzato ad apportare, con propri decreti, le occorrenti variazioni di bilancio.

Capo V
Divieti e sanzioni

12. Divieti generali e sanzioni. - 1. Chiunque a qualsiasi titolo utilizza a fini procreativi gameti di soggetti estranei alla coppia richiedente, in violazione di quanto previsto dall'articolo 4, comma 3, è punito con la sanzione amministrativa pecuniaria da 300.000 a 600.000 euro (1).

2. Chiunque a qualsiasi titolo, in violazione dell'articolo 5, applica tecniche di procreazione medicalmente assistita a coppie i cui componenti non siano entrambi viventi o uno dei cui componenti sia minorenne ovvero che siano composte da soggetti dello stesso sesso o non coniugati o non conviventi è punito con la sanzione amministrativa pecuniaria da 200.000 a 400.000 euro.

3. Per l'accertamento dei requisiti di cui al comma 2 il medico si avvale di una dichiarazione sottoscritta dai soggetti richiedenti. In caso di dichiarazioni mendaci si applica l'articolo 76, commi 1 e 2, del testo unico delle disposizioni legislative e regolamentari in materia di documentazione amministrativa, di cui al decreto del Presidente della Repubblica 28 dicembre 2000, n. 445.

4. Chiunque applica tecniche di procreazione medicalmente assistita senza avere raccolto il consenso secondo le modalità di cui all'articolo 6 è punito con la sanzione amministrativa pecuniaria da 5.000 a 50.000 euro.

5. Chiunque a qualsiasi titolo applica tecniche di procreazione medicalmente assistita in strutture diverse da quelle di cui all'articolo 10 è punito con la sanzione amministrativa pecuniaria da 100.000 a 300.000 euro.

6. Chiunque, in qualsiasi forma, realizza, organizza o pubblicizza la commercializzazione di gameti o di embrioni o la surrogazione di maternità è punito con la reclusione da tre mesi a due anni e con la multa da 600.000 a un milione di euro.

7. Chiunque realizza un processo volto ad ottenere un essere umano discendente da un'unica cellula di partenza, eventualmente identico, quanto al patrimonio genetico nucleare, ad un altro essere umano in vita o morto, è punito con la reclusione da dieci a venti anni e con la multa da 600.000 a un milione di euro. Il medico è punito, altresì, con l'interdizione perpetua dall'esercizio della professione.

8. Non sono punibili l'uomo o la donna ai quali sono applicate le tecniche nei casi di cui ai commi 1, 2, 4 e 5.

9. È disposta la sospensione da uno a tre anni dall'esercizio professionale nei confronti dell'esercente una professione sanitaria condannato per uno degli illeciti di cui al presente articolo, salvo quanto previsto dal comma 7.

10. L'autorizzazione concessa ai sensi dell'articolo 10 alla struttura al cui interno è eseguita una delle pratiche vietate ai sensi del presente articolo è sospesa per un anno. Nell'ipotesi di più violazioni dei divieti di cui al presente articolo o di recidiva l'autorizzazione può essere revocata.

(1) *La Corte costituzionale, con sentenza n. 162 del 10 giugno 2014, ha dichiarato l'illegittimità costituzionale di questo comma.*

NOTE OPERATIVE:

Trascrizione: Il ricorso ad operazioni di maternità surrogata, quali che siano le modalità della condotta e gli scopi perseguiti, offende in modo intollerabile la dignità della donna e mina nel profondo le relazioni umane; non è, pertanto, automaticamente trascrivibile in Italia il provvedimento giurisdizionale straniero, e di conseguenza l'originario atto di nascita, che indichino il genitore d'intenzione quale genitore del bambino, insieme al padre biologico che ne ha voluto la nascita ricorrendo alla surrogazione nel Paese estero, sia pure in conformità della lex loci (S.U. 28162/22).

Capo VI
Misure di tutela dell'embrione

13. Sperimentazione sugli embrioni umani. – 1. È vietata qualsiasi sperimentazione su ciascun embrione umano.

2. La ricerca clinica e sperimentale su ciascun embrione umano è consentita a condizione che si perseguano finalità esclusivamente terapeutiche e diagnostiche ad essa collegate volte alla tutela della salute e allo sviluppo dell'embrione stesso, e qualora non siano disponibili metodologie alternative.

3. Sono, comunque, vietati:

a) la produzione di embrioni umani a fini di ricerca o di sperimentazione o comunque a fini diversi da quello previsto dalla presente legge;

b) ogni forma di selezione a scopo eugenetico degli embrioni e dei gameti ovvero interventi che, attraverso tecniche di selezione, di manipolazione o comunque tramite procedimenti artificiali, siano diretti ad alterare il patrimonio genetico dell'embrione o del gamete ovvero a predeterminarne caratteristiche genetiche, ad eccezione degli interventi aventi finalità diagnostiche e terapeutiche, di cui al comma 2 del presente articolo (1);

c) interventi di clonazione mediante trasferimento di nucleo o di scissione precoce dell'embrione o di ectogenesi sia a fini procreativi sia di ricerca;

d) la fecondazione di un gamete umano con un gamete di specie diversa e la produzione di ibridi o di chimere.

4. La violazione dei divieti di cui al comma 1 è punita con la reclusione da due a sei anni e con la multa da 50.000 a 150.000 euro. In caso di violazione di uno dei divieti di cui al comma 3 la pena è aumentata. Le circostanze attenuanti concorrenti con le circostanze aggravanti previste dal comma 3 non possono essere ritenute equivalenti o prevalenti rispetto a queste (1).

5. È disposta la sospensione da uno a tre anni dall'esercizio professionale nei confronti

dell'esercente una professione sanitaria condannato per uno degli illeciti di cui al presente articolo.

([1]) *La Corte costituzionale, con sentenza n. 229 dell'11 novembre 2015, ha dichiarato l'illegittimità costituzionale del comma 3, lett.* b) *e del comma 4, di questo articolo, nella parte in cui contempla come ipotesi di reato la condotta di selezione degli embrioni anche nei casi in cui questa sia esclusivamente finalizzata ad evitare l'impianto nell'utero della donna di embrioni affetti da malattie genetiche trasmissibili rispondenti ai criteri di gravità di cui all'art. 6, comma 1, lettera* b), *della legge 22 maggio 1978, n. 194* (*Norme per la tutela della maternità e sulla interruzione della gravidanza*) *e accertate da apposite strutture pubbliche.*

14. Limiti all'applicazione delle tecniche sugli embrioni. – 1. È vietata la crioconservazione e la soppressione di embrioni, fermo restando quanto previsto dalla legge 22 maggio 1978, n. 194.

2. Le tecniche di produzione degli embrioni, tenuto conto dell'evoluzione tecnico-scientifica e di quanto previsto dall'articolo 7, comma 3, non devono creare un numero di embrioni superiore a quello strettamente necessario ad un unico e contemporaneo impianto, comunque non superiore a tre ([1]).

3. Qualora il trasferimento nell'utero degli embrioni non risulti possibile per grave e documentata causa di forza maggiore relativa allo stato di salute della donna non prevedibile al momento della fecondazione è consentita la crioconservazione degli embrioni stessi fino alla data del trasferimento, da realizzare non appena possibile ([2]).

4. Ai fini della presente legge sulla procreazione medicalmente assistita è vietata la riduzione embrionaria di gravidanze plurime, salvo nei casi previsti dalla legge 22 maggio 1978, n. 194.

5. I soggetti di cui all'articolo 5 sono informati sul numero e, su loro richiesta, sullo stato di salute degli embrioni prodotti e da trasferire nell'utero.

6. La violazione di uno dei divieti e degli obblighi di cui ai commi precedenti è punita con la reclusione fino a tre anni e con la multa da 50.000 a 150.000 euro.

7. È disposta la sospensione fino ad un anno dall'esercizio professionale nei confronti dell'esercente una professione sanitaria condannato per uno dei reati di cui al presente articolo.

8. È consentita la crioconservazione dei gameti maschile e femminile, previo consenso informato e scritto.

9. La violazione delle disposizioni di cui al comma 8 è punita con la sanzione amministrativa pecuniaria da 5.000 a 50.000 euro.

([1]) *La Corte costituzionale, con sentenza n. 151 dell'8 maggio 2009, ha dichiarato l'illegittimità costituzionale di questo comma limitatamente alle parole: «ad un unico e contemporaneo impianto, comunque non superiore a tre».*

([2]) *La Corte costituzionale, con sentenza n. 151 dell'8 maggio 2009, ha dichiarato l'illegittimità costituzionale di questo comma, nella parte in cui non prevede che il trasferimento degli embrioni, da realizzare non appena possibile, come stabilisce tale norma, debba essere effettuato senza pregiudizio della salute della donna.*

Capo VII
Disposizioni finali e transitorie

15. ([1]) **Relazione al Parlamento.** – 1. L'Istituto superiore di sanità predispone, entro il 28 febbraio di ciascun anno ([2]), una relazione annuale per il Ministro della salute in base ai dati raccolti ai sensi dell'articolo 11, comma 5, sull'attività delle strutture autorizzate, con particolare riferimento alla valutazione epidemiologica delle tecniche e degli interventi effettuati.

2. Il Ministro della salute, sulla base dei dati indicati al comma 1, presenta entro il 30 giugno di ogni anno una relazione al Parlamento sull'attuazione della presente legge.

([1]) *A norma dell'art. 2, comma 1 quinquies, del D.L. 29 dicembre 2010, n. 225, convertito, con modificazioni, nella L. 26 febbraio 2011, n. 10, il termine di cui al primo comma di questo articolo è prorogato al 30 aprile 2011. Lo stesso articolo prevede inoltre che, fatte salve le disposizioni di cui all'articolo 11 della legge 19 febbraio 2004, n. 40, nonché le disposizioni di cui all'articolo 8 del decreto legislativo 6 novembre 2007, n. 191, tutte le strutture autorizzate all'applicazione delle tecniche di procreazione medicalmente assistita inviano i dati richiesti al Ministero della salute, che cura il successivo inoltro, nell'ambito delle rispettive competenze, all'Istituto superiore di sanità e al Centro nazionale trapianti. Con decreto del Ministero della salute, di natura non regolamentare, sono disciplinate le modalità di comunicazione dei dati di cui al presente comma da parte delle strutture autorizzate all'applicazione delle tecniche di procreazione medicalmente assistita, ai fini del successivo inoltro, sia in forma aggregata che disaggregata, rispettivamente all'Istituto superiore di sanità e al Centro nazionale trapianti. Le amministrazioni interessate provvedono all'attuazione del presente comma nell'ambito delle risorse umane, strumentali e finanziarie disponibili a legislazione vigente, senza nuovi o maggiori oneri a carico della finanza pubblica.*

([2]) *A norma della Tabella 1 del D.L. 29 dicembre 2010, n. 225, convertito, con modificazioni, nella L. 26 febbraio 2011, n. 10, questo termine è stato prorogato al 31 marzo 2011.*

16. Obiezione di coscienza. – 1. Il personale sanitario ed esercente le attività sanitarie ausiliarie non è tenuto a prendere parte alle procedure per l'applicazione delle tecniche di procreazione medicalmente assistita disciplinate dalla presente legge quando sollevi obiezione di coscienza con preventiva dichiarazione. La dichiarazione dell'obiettore deve essere comunicata entro tre mesi dalla data di entrata in vigore della presente legge al direttore dell'azienda unità sanitaria locale o dell'azienda ospedaliera, nel caso di personale dipendente, al direttore sanitario, nel caso di personale dipendente da strutture private autorizzate o accreditate.

2. L'obiezione può essere sempre revocata o venire proposta anche al di fuori dei termini di cui al comma 1, ma in tale caso la dichiarazione produce effetto dopo un mese dalla sua presentazione agli organismi di cui al comma 1.

3. L'obiezione di coscienza esonera il personale sanitario ed esercente le attività sanitarie ausiliarie dal compimento delle procedure e delle attività specificatamente e necessariamente dirette a determinare l'intervento di procreazione medicalmente assistita e non dall'assistenza antecedente e conseguente l'intervento.

17. Disposizioni transitorie. – 1. Le strutture e i centri iscritti nell'elenco predisposto presso l'Istituto superiore di sanità ai sensi dell'O.M. 5 marzo 1997 del Ministro della sanità, pubblicata nella *Gazzetta Ufficiale* n. 55 del 7 marzo 1997, sono autorizzati ad applicare le tecniche di procreazione medicalmente assistita, nel rispetto delle disposizioni della presente legge, fino al nono mese successivo alla data di entrata in vigore della presente legge.

2. Entro trenta giorni dalla data di entrata in vigore della presente legge, le strutture e i centri di cui al comma 1 trasmettono al Ministero della salute un elenco contenente l'indicazione numerica degli embrioni prodotti a seguito dell'applicazione di tecniche di procreazione medicalmente assistita nel periodo precedente la data di entrata in vigore della presente legge, nonché, nel rispetto delle vigenti disposizioni sulla tutela della riservatezza dei dati personali, l'indicazione nominativa di coloro che hanno fatto ricorso alle tecniche medesime a seguito delle quali sono stati formati gli embrioni. La violazione della disposizione del presente comma è punita con la sanzione amministrativa pecuniaria da 25.000 a 50.000 euro.

3. Entro tre mesi dalla data di entrata in vigore della presente legge il Ministro della salute, avvalendosi dell'Istituto superiore di sanità, definisce, con proprio decreto, le modalità e i termini di conservazione degli embrioni di cui al comma 2.

18. Fondo per le tecniche di procreazione medicalmente assistita. – 1. Al fine di favorire l'accesso alle tecniche di procreazione medicalmente assistita da parte dei soggetti di cui all'articolo 5, presso il Ministero della salute è istituito il Fondo per le tecniche di procreazione medicalmente assistita. Il Fondo è ripartito tra le regioni e le province autonome di Trento e di Bolzano sulla base di criteri determinati con decreto del Ministro della salute, da emanare entro sessanta giorni dalla data di entrata in vigore della presente legge, sentita la Conferenza permanente per i rapporti tra lo Stato, le regioni e le province autonome di Trento e di Bolzano.

2. Per la dotazione del Fondo di cui al comma 1 è autorizzata la spesa di 6,8 milioni di euro a decorrere dall'anno 2004 (1).

3. All'onere derivante dall'attuazione del presente articolo si provvede mediante corrispondente riduzione dello stanziamento iscritto, ai fini del bilancio triennale 2004-2006, nell'àmbito dell'unità previsionale di base di parte corrente «Fondo speciale» dello stato di previsione del Ministero dell'economia e delle finanze per l'anno 2004, allo scopo parzialmente utilizzando l'accantonamento relativo al Ministero medesimo. Il Ministro dell'economia e delle finanze è autorizzato ad apportare, con propri decreti, le occorrenti variazioni di bilancio.

(1) *A norma dell'art. 1, comma 450, della L. 30 dicembre 2020, n. 178, al fine di riconoscere un contributo, nella misura massima stabilita con il D.M. 5 agosto 2021, alle coppie con infertilità e sterilità per consentire l'accesso alle prestazioni di cura e diagnosi dell'infertilità e della sterilità, in particolare alle coppie residenti in regioni dove tali prestazioni non sono state ancora inserite nei livelli essenziali di assistenza o risultano insufficienti al fabbisogno, la dotazione del Fondo per le tecniche di procreazione medicalmente assistita, di cui a questo comma, è incrementata di 5 milioni di euro per ciascuno degli anni 2021, 2022 e 2023.*

1.

L. 8 marzo 2017, n. 24. Disposizioni in materia di sicurezza delle cure e della persona assistita, nonché in materia di responsabilità professionale degli esercenti le professioni sanitarie (*Gazzetta Ufficiale* Serie gen. - n. 64 del 17 marzo 2017) (1) (2).

(1) *A norma dell'art. 2, comma 4, del D.L. 1° marzo 2021, n. 22, convertito, con modificazioni, nella L. 22 aprile 2021, n. 55, con riguardo alle funzioni di cui all'articolo 35, comma 2, lettera* b), *del decreto legislativo n. 300 del 1999, come modificato dal medesimo decreto, la denominazione «Ministro della transizione ecologica» sostituisce, ad ogni effetto e ovunque presente, la denominazione: «Ministro dello sviluppo economico».*

(2) *A norma dell'art. 2, comma 4, del D.L. 1° marzo 2021, n. 22, convertito, con modificazioni, nella L. 22 aprile 2021, n. 55, con riguardo alle funzioni di cui all'articolo 35, comma 2, lettera* b), *del decreto legislativo n. 300 del 1999, come modificato dal medesimo decreto, la denominazione «Ministero della transizione ecologica» sostituisce, ad ogni effetto e ovunque presente, la denominazione: «Ministero dello sviluppo economico».*

1. Sicurezza delle cure in sanità. - 1. La sicurezza delle cure è parte costitutiva del diritto alla salute ed è perseguita nell'interesse dell'individuo e della collettività.

2. La sicurezza delle cure si realizza anche mediante l'insieme di tutte le attività finalizzate alla prevenzione e alla gestione del rischio connesso all'erogazione di prestazioni sanitarie e l'utilizzo appropriato delle risorse strutturali, tecnologiche e organizzative.

3. Alle attività di prevenzione del rischio messe in atto dalle strutture sanitarie e sociosanitarie, pubbliche e private, è tenuto a concorrere tutto il personale, compresi i liberi professionisti che vi operano in regime di convenzione con il Servizio sanitario nazionale.

2. Attribuzione della funzione di garante per il diritto alla salute al Difensore civico regionale o provinciale e istituzione dei Centri regionali per la gestione del rischio sanitario e la sicurezza del paziente. - 1. Le regioni e le province autonome di Trento e di Bolzano possono affidare all'ufficio del Difensore civico la funzione di garante per il diritto alla salute e disciplinarne la struttura organizzativa e il supporto tecnico.

2. Il Difensore civico, nella sua funzione di garante per il diritto alla salute, può essere adito gratuitamente da ciascun soggetto destinatario di prestazioni sanitarie, direttamente o mediante un proprio delegato, per la segnalazione di disfunzioni del sistema dell'assistenza sanitaria e sociosanitaria.

3. Il Difensore civico acquisisce, anche digitalmente, gli atti relativi alla segnalazione pervenuta e, qualora abbia verificato la fondatezza della segnalazione, interviene a tutela del diritto leso con i poteri e le modalità stabiliti dalla legislazione regionale.

4. In ogni regione è istituito, con le risorse umane, strumentali e finanziarie disponibili a legislazione vigente e comunque senza nuovi o maggiori oneri a carico della finanza pubblica, il Centro per la gestione del rischio sanitario e la sicurezza del paziente, che raccoglie dalle strutture sanitarie e sociosanitarie pubbliche e private i dati regionali sui rischi ed eventi avversi e sul contenzioso e li trasmette annualmente, mediante procedura telematica unificata a livello nazionale, all'Osservatorio nazionale delle buone pratiche sulla sicurezza nella sanità, di cui all'articolo 3.

5. (*Omissis*).

3. Osservatorio nazionale delle buone pratiche sulla sicurezza nella sanità. - 1. Entro tre mesi dalla data di entrata in vigore della presente legge, con decreto del Ministro della salute, previa intesa in sede di Conferenza permanente per i rapporti tra lo Stato, le regioni e le province autonome di Trento e di Bolzano, è istituito, senza nuovi o maggiori oneri per la finanza pubblica, presso l'Agenzia nazionale per i servizi sanitari regionali (AGENAS), l'Osservatorio nazionale delle buone pratiche sulla sicurezza nella sanità, di seguito denominato «Osservatorio».

2. L'Osservatorio acquisisce dai Centri per la gestione del rischio sanitario e la sicurezza del paziente, di cui all'articolo 2, i dati regionali relativi ai rischi ed eventi avversi

nonché alle cause, all'entità, alla frequenza e all'onere finanziario del contenzioso e, anche mediante la predisposizione, con l'ausilio delle società scientifiche e delle associazioni tecnico-scientifiche delle professioni sanitarie di cui all'articolo 5, di linee di indirizzo, individua idonee misure per la prevenzione e la gestione del rischio sanitario e il monitoraggio delle buone pratiche per la sicurezza delle cure nonché per la formazione e l'aggiornamento del personale esercente le professioni sanitarie.

3. Il Ministro della salute trasmette annualmente alle Camere una relazione sull'attività svolta dall'Osservatorio.

4. L'Osservatorio, nell'esercizio delle sue funzioni, si avvale anche del Sistema informativo per il monitoraggio degli errori in sanità (SIMES), istituito con decreto del Ministro del lavoro, della salute e delle politiche sociali 11 dicembre 2009, pubblicato nella *Gazzetta Ufficiale* n. 8 del 12 gennaio 2010.

4. Trasparenza dei dati. – 1. Le prestazioni sanitarie erogate dalle strutture pubbliche e private sono soggette all'obbligo di trasparenza, nel rispetto del codice in materia di protezione dei dati personali, di cui al decreto legislativo 30 giugno 2003, n. 196.

2. La direzione sanitaria della struttura pubblica o privata, entro sette giorni dalla presentazione della richiesta da parte degli interessati aventi diritto, in conformità alla disciplina sull'accesso ai documenti amministrativi e a quanto previsto dal codice in materia di protezione dei dati personali, di cui al decreto legislativo 30 giugno 2003, n. 196, fornisce la documentazione sanitaria disponibile relativa al paziente, preferibilmente in formato elettronico; le eventuali integrazioni sono fornite, in ogni caso, entro il termine massimo di trenta giorni dalla presentazione della suddetta richiesta. Entro novanta giorni dalla data di entrata in vigore della presente legge, le strutture sanitarie pubbliche e private adeguano i regolamenti interni adottati in attuazione della legge 7 agosto 1990, n. 241, alle disposizioni del presente comma.

3. Le strutture sanitarie pubbliche e private rendono disponibili, mediante pubblicazione nel proprio sito internet, i dati relativi a tutti i risarcimenti erogati nell'ultimo quinquennio, verificati nell'ambito dell'esercizio della funzione di monitoraggio, prevenzione e gestione del rischio sanitario (risk management) di cui all'articolo 1, comma 539, della legge 28 dicembre 2015, n. 208, come modificato dagli articoli 2 e 16 della presente legge.

4. (*Omissis*).

5. Buone pratiche clinico-assistenziali e raccomandazioni previste dalle linee guida. – 1. Gli esercenti le professioni sanitarie, nell'esecuzione delle prestazioni sanitarie con finalità preventive, diagnostiche, terapeutiche, palliative, riabilitative e di medicina legale, si attengono, salve le specificità del caso concreto, alle raccomandazioni previste dalle linee guida pubblicate ai sensi del comma 3 ed elaborate da enti e istituzioni pubblici e privati nonché dalle società scientifiche e dalle associazioni tecnico-scientifiche delle professioni sanitarie iscritte in apposito elenco istituito e regolamentato con decreto del Ministro della salute, da emanare entro novanta giorni dalla data di entrata in vigore della presente legge, e da aggiornare con cadenza biennale. In mancanza delle suddette raccomandazioni, gli esercenti le professioni sanitarie si attengono alle buone pratiche clinico-assistenziali.

2. Nel regolamentare l'iscrizione in apposito elenco delle società scientifiche e delle associazioni tecnico-scientifiche di cui al comma 1, il decreto del Ministro della salute stabilisce:

a) i requisiti minimi di rappresentatività sul territorio nazionale;

b) la costituzione mediante atto pubblico e le garanzie da prevedere nello statuto in riferimento al libero accesso dei professionisti aventi titolo e alla loro partecipazione alle decisioni, all'autonomia e all'indipendenza, all'assenza di scopo di lucro, alla pubblicazione nel sito istituzionale dei bilanci preventivi, dei consuntivi e degli incarichi retribuiti, alla dichiarazione e regolazione dei conflitti di interesse e all'individuazione di sistemi di verifica e controllo della qualità della produzione tecnico-scientifica;

c) le procedure di iscrizione all'elenco nonché le verifiche sul mantenimento dei requisiti e le modalità di sospensione o cancellazione dallo stesso.

3. Le linee guida e gli aggiornamenti delle stesse elaborati dai soggetti di cui al comma 1 sono integrati nel Sistema nazionale per le linee guida (SNLG), il quale è disciplinato nei compiti e nelle funzioni con decreto del Ministro della salute, da emanare, previa intesa in sede di Conferenza permanente per i rapporti tra lo Stato, le regioni e le province autonome di Trento e di Bolzano, [con la procedura di cui all'articolo 1, comma 28, secondo

periodo, della legge 23 dicembre 1996, n. 662, e successive modificazioni,] (1) entro centoventi giorni dalla data di entrata in vigore della presente legge. L'Istituto superiore di sanità pubblica nel proprio sito internet le linee guida e gli aggiornamenti delle stesse indicati dal SNLG, previa verifica della conformità della metodologia adottata a standard definiti e resi pubblici dallo stesso Istituto, nonché della rilevanza delle evidenze scientifiche dichiarate a supporto delle raccomandazioni.

4. Le attività di cui al comma 3 sono svolte nell'ambito delle risorse umane, finanziarie e strumentali già disponibili a legislazione vigente e comunque senza nuovi o maggiori oneri per la finanza pubblica.

(1) *Le parole tra parentesi quadrate sono state soppresse dall'art. 11, comma 1, lett. a), della L. 11 gennaio 2018, n. 3.*

NOTE OPERATIVE:

Soft Law: Il cosiddetto soft law delle linee guida – pur non avendo la valenza di norma dell'ordinamento – costituisce espressione di parametri per l'accertamento della colpa medica, che contribuiscono alla corretta sussunzione della fattispecie concreta in quella legale disciplinata da clausole generali, quali quelle contenute negli artt. 1218 e 2043 c.c. (C.C. 13510/22).

6. Responsabilità penale dell'esercente la professione sanitaria. – 1. Dopo l'articolo 590 *quinquies* del codice penale è inserito il seguente:

«Art. 590 *sexies* (Responsabilità colposa per morte o lesioni personali in ambito sanitario). - Se i fatti di cui agli articoli 589 e 590 sono commessi nell'esercizio della professione sanitaria, si applicano le pene ivi previste salvo quanto disposto dal secondo comma.

Qualora l'evento si sia verificato a causa di imperizia, la punibilità è esclusa quando sono rispettate le raccomandazioni previste dalle linee guida come definite e pubblicate ai sensi di legge ovvero, in mancanza di queste, le buone pratiche clinico-assistenziali, sempre che le raccomandazioni previste dalle predette linee guida risultino adeguate alle specificità del caso concreto».

2. All'articolo 3 del decreto legge 13 settembre 2012, n. 158, convertito, con modificazioni, dalla legge 8 novembre 2012, n. 189, il comma 1 è abrogato.

7. Responsabilità civile della struttura e dell'esercente la professione sanitaria. – 1. La struttura sanitaria o sociosanitaria pubblica o privata che, nell'adempimento della propria obbligazione, si avvalga dell'opera di esercenti la professione sanitaria, anche se scelti dal paziente e ancorché non dipendenti della struttura stessa, risponde, ai sensi degli articoli 1218 e 1228 del codice civile, delle loro condotte dolose o colpose.

2. La disposizione di cui al comma 1 si applica anche alle prestazioni sanitarie svolte in regime di libera professione intramuraria ovvero nell'ambito di attività di sperimentazione e di ricerca clinica ovvero in regime di convenzione con il Servizio sanitario nazionale nonché attraverso la telemedicina.

3. L'esercente la professione sanitaria di cui ai commi 1 e 2 risponde del proprio operato ai sensi dell'articolo 2043 del codice civile, salvo che abbia agito nell'adempimento di obbligazione contrattuale assunta con il paziente. Il giudice, nella determinazione del risarcimento del danno, tiene conto della condotta dell'esercente la professione sanitaria ai sensi dell'articolo 5 della presente legge e dell'articolo 590 *sexies* del codice penale, introdotto dall'articolo 6 della presente legge.

4. Il danno conseguente all'attività della struttura sanitaria o sociosanitaria, pubblica o privata, e dell'esercente la professione sanitaria è risarcito sulla base delle tabelle di cui agli articoli 138 e 139 del codice delle assicurazioni private, di cui al decreto legislativo 7 settembre 2005, n. 209, integrate, ove necessario, con la procedura di cui al comma 1 del predetto articolo 138 e sulla base dei criteri di cui ai citati articoli, per tener conto delle fattispecie da esse non previste, afferenti alle attività di cui al presente articolo.

5. Le disposizioni del presente articolo costituiscono norme imperative ai sensi del codice civile.

NOTE OPERATIVE:

Ambito di applicazione: L'attività dovuta dal medico-chirurgo non è limitata all'intervento chirurgico di cui è incaricato, ma si estende, coerentemente alla compiutezza della sua prestazione ed in relazione al correlato interesse di tutela della salute del paziente, alle informazioni relative al doveroso follow up prescritto dai protocolli o comunque ritenuto corretto dalla comunità scientifica in relazione alla specifica diagnosi effettuata nel caso concreto (C.C. 13509/22).

8. Tentativo obbligatorio di conciliazione. – 1. Chi intende esercitare un'azione innanzi al giudice civile relativa a una controversia di risarcimento del danno derivante da responsabilità sanitaria è tenuto preliminarmente a proporre ricorso ai sensi dell'articolo 696 *bis* del codice di procedura civile dinanzi al giudice competente.

2. La presentazione del ricorso di cui al comma 1 costituisce condizione di procedibilità della domanda di risarcimento. È fatta salva la possibilità di esperire in alternativa il procedimento di mediazione ai sensi dell'articolo 5, comma 1 (¹), del decreto legislativo 4 marzo 2010, n. 28. In tali casi non trova invece applicazione l'articolo 3 del decreto legge 12 settembre 2014, n. 132, convertito, con modificazioni, dalla legge 10 novembre 2014, n. 162. L'improcedibilità deve essere eccepita dal convenuto, a pena di decadenza, o rilevata d'ufficio dal giudice, non oltre la prima udienza. Il giudice, ove rilevi che il procedimento di cui all'articolo 696 *bis* del codice di procedura civile non è stato espletato ovvero che è iniziato ma non si è concluso, assegna alle parti il termine di quindici giorni per la presentazione dinanzi a sé dell'istanza di consulenza tecnica in via preventiva ovvero di completamento del procedimento.

3. Ove la conciliazione non riesca o il procedimento non si concluda entro il termine perentorio di sei mesi dal deposito del ricorso, la domanda diviene procedibile e gli effetti della domanda sono salvi se, entro novanta giorni dal deposito della relazione o dalla scadenza del termine perentorio, è depositato, presso il giudice che ha trattato il procedimento di cui al comma 1, il ricorso di cui all'articolo 281 *undecies* (²) del codice di procedura civile. In tal caso il giudice fissa l'udienza di comparizione delle parti e procede con le forme del rito semplificato di cognizione a norma degli articoli 281 *decies* e seguenti (³) del codice di procedura civile.

4. La partecipazione al procedimento di consulenza tecnica preventiva di cui al presente articolo, effettuato secondo il disposto dell'articolo 15 della presente legge, è obbligatoria per tutte le parti, comprese le imprese di assicurazione di cui all'articolo 10, che hanno l'obbligo di formulare l'offerta di risarcimento del danno ovvero comunicare i motivi per cui ritengono di non formularla. In caso di sentenza a favore del danneggiato, quando l'impresa di assicurazione non ha formulato l'offerta di risarcimento nell'ambito del procedimento di consulenza tecnica preventiva di cui ai commi precedenti, il giudice trasmette copia della sentenza all'Istituto per la vigilanza sulle assicurazioni (IVASS) per gli adempimenti di propria competenza. In caso di mancata partecipazione, il giudice, con il provvedimento che definisce il giudizio, condanna le parti che non hanno partecipato al pagamento delle spese di consulenza e di lite, indipendentemente dall'esito del giudizio, oltre che ad una pena pecuniaria, determinata equitativamente, in favore della parte che è comparsa alla conciliazione.

(¹) *Le parole: «ai sensi dell'articolo 5, comma 1* bis*» sono state così sostituite dalle attuali: «ai sensi dell'articolo 5, comma 1» dall'art. 15, comma 2, lett.* a)*, del D.L.vo 10 ottobre 2022, n. 149, a decorrere dal 28 febbraio 2023.*

(²) *Le parole: «di cui all'articolo 702* bis*» sono state così sostituite dalle attuali: «di cui all'articolo 281* undecies*» dall'art. 15, comma 2, lett.* b)*, del D.L.vo 10 ottobre 2022, n. 149, a decorrere dal 28 febbraio 2023.*

(³) *Le parole: «; si applicano gli articoli 702* bis *e seguenti» sono state così sostituite dalle attuali: «e procede con le forme del rito semplificato di cognizione a norma degli articoli 281* decies *e seguenti» dall'art. 15, comma 2, lett.* b)*, del D.L.vo 10 ottobre 2022, n. 149, a decorrere dal 28 febbraio 2023.*

9. Azione di rivalsa o di responsabilità amministrativa. – 1. L'azione di rivalsa nei confronti dell'esercente la professione sanitaria può essere esercitata solo in caso di dolo o colpa grave.

2. Se l'esercente la professione sanitaria non è stato parte del giudizio o della procedura stragiudiziale di risarcimento del danno, l'azione di rivalsa nei suoi confronti può essere esercitata soltanto successivamente al risarcimento avvenuto sulla base di titolo giudiziale o stragiudiziale ed è esercitata, a pena di decadenza, entro un anno dall'avvenuto pagamento.

3. La decisione pronunciata nel giudizio promosso contro la struttura sanitaria o sociosanitaria o contro l'impresa di assicurazione non fa stato nel giudizio di rivalsa se l'esercente la professione sanitaria non è stato parte del giudizio.

4. In nessun caso la transazione è opponibile all'esercente la professione sanitaria nel giudizio di rivalsa.

5. In caso di accoglimento della domanda di risarcimento proposta dal danneggiato nei confronti della struttura sanitaria o sociosanitaria pubblica, ai sensi dei commi 1 e 2 dell'articolo 7, o dell'esercente la professione sanitaria, ai sensi del comma 3 del medesimo articolo 7, l'azione di responsabilità amministrativa, per dolo o colpa grave, nei confronti dell'esercente la professione sanitaria è esercitata dal pubblico ministero presso la Corte dei conti. Ai fini della quantificazione del danno, fermo restando quanto previsto dall'articolo 1, comma 1 *bis*, della legge 14 gennaio 1994, n. 20, e dall'articolo 52, secondo comma, del testo unico di cui al regio decreto 12 luglio 1934, n. 1214, si tiene

conto delle situazioni di fatto di particolare difficoltà, anche di natura organizzativa, della struttura sanitaria o sociosanitaria pubblica, in cui l'esercente la professione sanitaria ha operato. L'importo della condanna per la responsabilità amministrativa e della surrogazione di cui all'articolo 1916, primo comma, del codice civile, per singolo evento, in caso di colpa grave, non può superare una somma pari al triplo del valore maggiore della retribuzione lorda o del corrispettivo convenzionale conseguiti nell'anno di inizio della condotta causa dell'evento o nell'anno immediatamente precedente o successivo [1]. Per i tre anni successivi al passaggio in giudicato della decisione di accoglimento della domanda di risarcimento proposta dal danneggiato, l'esercente la professione sanitaria, nell'ambito delle strutture sanitarie o sociosanitarie pubbliche, non può essere preposto ad incarichi professionali superiori rispetto a quelli ricoperti e il giudicato costituisce oggetto di specifica valutazione da parte dei commissari nei pubblici concorsi per incarichi superiori.

6. In caso di accoglimento della domanda proposta dal danneggiato nei confronti della struttura sanitaria o sociosanitaria privata o nei confronti dell'impresa di assicurazione titolare di polizza con la medesima struttura, la misura della rivalsa e quella della surrogazione richiesta dall'impresa di assicurazione, ai sensi dell'articolo 1916, primo comma, del codice civile, per singolo evento, in caso di colpa grave, non possono superare una somma pari al triplo del valore maggiore del reddito professionale, ivi compresa la retribuzione lorda, conseguito nell'anno di inizio della condotta causa dell'evento o nell'anno immediatamente precedente o successivo [2]. Il limite alla misura della rivalsa, di cui al periodo precedente, non si applica nei confronti degli esercenti la professione sanitaria di cui all'articolo 10, comma 2.

7. Nel giudizio di rivalsa e in quello di responsabilità amministrativa il giudice può desumere argomenti di prova dalle prove assunte nel giudizio instaurato dal danneggiato nei confronti della struttura sanitaria o sociosanitaria o dell'impresa di assicurazione se l'esercente la professione sanitaria ne è stato parte.

(1) *Le parole: «pari al valore maggiore della retribuzione lorda o del corrispettivo convenzionale conseguiti nell'anno di inizio della condotta causa dell'evento o nell'anno immediatamente precedente o successivo, moltiplicato per il triplo» sono state così sostituite dalle attuali: «pari al triplo del valore maggiore della retribuzione lorda o del corrispettivo convenzionale conseguiti nell'anno di inizio della condotta causa dell'evento o nell'anno immediatamente precedente o successivo» dall'art. 11, comma 1, lett.* b)*, della L. 11 gennaio 2018, n. 3.*

(2) *Le parole: «pari al valore maggiore del reddito professionale, ivi compresa la retribuzione lorda, conseguito nell'anno di inizio della condotta causa dell'evento o nell'anno immediatamente precedente o successivo, moltiplicato per il triplo» sono state così sostituite dalle attuali: «pari al triplo del valore maggiore del reddito professionale, ivi compresa la retribuzione lorda, conseguito nell'anno di inizio della condotta causa dell'evento o nell'anno immediatamente precedente o successivo» dall'art. 11, comma 1, lett.* c)*, della L. 11 gennaio 2018, n. 3.*

10. (1) **Obbligo di assicurazione.** – 1. Le strutture sanitarie e sociosanitarie pubbliche e private devono essere provviste di copertura assicurativa o di altre analoghe misure per la responsabilità civile verso terzi e per la responsabilità civile verso prestatori d'opera, ai sensi dell'articolo 27, comma 1 *bis*, del decreto legge 24 giugno 2014, n. 90, convertito, con modificazioni, dalla legge 11 agosto 2014, n. 114, anche per danni cagionati dal personale a qualunque titolo operante presso le strutture sanitarie o sociosanitarie pubbliche e private, compresi coloro che svolgono attività di formazione, aggiornamento nonché di sperimentazione e di ricerca clinica. La disposizione del primo periodo si applica anche alle prestazioni sanitarie svolte in regime di libera professione intramuraria ovvero in regime di convenzione con il Servizio sanitario nazionale nonché attraverso la telemedicina. Le strutture di cui al primo periodo stipulano, altresì, polizze assicurative o adottano altre analoghe misure per la copertura della responsabilità civile verso terzi degli esercenti le professioni sanitarie anche ai sensi e per gli effetti delle disposizioni di cui al comma 3 dell'articolo 7, fermo restando quanto previsto dall'articolo 9. Le disposizioni di cui al periodo precedente non si applicano in relazione agli esercenti la professione sanitaria di cui al comma 2.

2. Per l'esercente la professione sanitaria che svolga la propria attività al di fuori di una delle strutture di cui al comma 1 del presente articolo o che presti la sua opera all'interno della stessa in regime libero-professionale ovvero che si avvalga della stessa nell'adempimento della propria obbligazione contrattuale assunta con il paziente ai sensi dell'articolo 7, comma 3, resta fermo l'obbligo di cui all'articolo 3, comma 5, lettera e), del decreto legge 13 agosto 2011, n. 138, convertito, con modificazioni, dalla legge 14

settembre 2011, n. 148, all'articolo 5 del regolamento di cui al decreto del Presidente della Repubblica 7 agosto 2012, n. 137, e all'articolo 3, comma 2, del decreto legge 13 settembre 2012, n. 158, convertito, con modificazioni, dalla legge 8 novembre 2012, n. 189.

3. Al fine di garantire efficacia alle azioni di cui all'articolo 9 e all'articolo 12, comma 3, ciascun esercente la professione sanitaria operante a qualunque titolo in strutture sanitarie o sociosanitarie pubbliche o private provvede alla stipula, con oneri a proprio carico, di un'adeguata polizza di assicurazione per colpa grave.

4. Le strutture di cui al comma 1 rendono nota, mediante pubblicazione nel proprio sito internet, la denominazione dell'impresa che presta la copertura assicurativa della responsabilità civile verso i terzi e verso i prestatori d'opera di cui al comma 1, indicando per esteso i contratti, le clausole assicurative ovvero le altre analoghe misure che determinano la copertura assicurativa.

5. Con decreto da emanare entro novanta giorni dalla data di entrata in vigore della presente legge, il Ministro dello sviluppo economico, di concerto con il Ministro della salute, definisce i criteri e le modalità per lo svolgimento delle funzioni di vigilanza e controllo esercitate dall'IVASS sulle imprese di assicurazione che intendano stipulare polizze con le strutture di cui al comma 1 e con gli esercenti la professione sanitaria.

6. Con decreto del Ministro dello sviluppo economico, da emanare entro centoventi giorni dalla data di entrata in vigore della presente legge, di concerto con il Ministro della salute e con il Ministro dell'economia e delle finanze, previa intesa in sede di Conferenza permanente per i rapporti tra lo Stato, le regioni e le province autonome di Trento e di Bolzano, sentiti l'IVASS, l'Associazione nazionale fra le imprese assicuratrici (ANIA), le Associazioni nazionali rappresentative delle strutture private che erogano prestazioni sanitarie e sociosanitarie, la Federazione nazionale degli ordini dei medici chirurghi e degli odontoiatri, le Federazioni nazionali degli ordini e dei collegi delle professioni sanitarie e le organizzazioni sindacali maggiormente rappresentative delle categorie professionali interessate, nonché le associazioni di tutela dei cittadini e dei pazienti, sono determinati i requisiti minimi delle polizze assicurative per le strutture sanitarie e sociosanitarie pubbliche e private e per gli esercenti le professioni sanitarie, prevedendo l'individuazione di classi di rischio a cui far corrispondere massimali differenziati. Il medesimo decreto stabilisce i requisiti minimi di garanzia e le condizioni generali di operatività delle altre analoghe misure, anche di assunzione diretta del rischio, richiamate dal comma 1; disciplina altresì le regole per il trasferimento del rischio nel caso di subentro contrattuale di un'impresa di assicurazione nonché la previsione nel bilancio delle strutture di un fondo rischi e di un fondo costituito dalla messa a riserva per competenza dei risarcimenti relativi ai sinistri denunciati. A tali fondi si applicano le disposizioni di cui all'articolo 1, commi 5 e 5 *bis*, del decreto legge 18 gennaio 1993, n. 9, convertito, con modificazioni, dalla legge 18 marzo 1993, n. 67.

7. Con decreto del Ministro dello sviluppo economico da emanare, di concerto con il Ministro della salute e sentito l'IVASS, entro centoventi giorni dalla data di entrata in vigore della presente legge, sono individuati i dati relativi alle polizze di assicurazione stipulate ai sensi dei commi 1 e 2, e alle altre analoghe misure adottate ai sensi dei commi 1 e 6 e sono stabiliti, altresì, le modalità e i termini per la comunicazione di tali dati da parte delle strutture sanitarie e sociosanitarie pubbliche e private e degli esercenti le professioni sanitarie all'Osservatorio. Il medesimo decreto stabilisce le modalità e i termini per l'accesso a tali dati.

(¹) *A norma dell'art. 38* bis, *comma 1, del D.L. 6 novembre 2021, n. 152, convertito, con modificazioni, nella L. 29 dicembre 2021, n. 233, al fine di attuare le azioni previste dalla missione 6 del Piano nazionale di ripresa e resilienza, relative al potenziamento e allo sviluppo delle competenze tecniche, digitali e manageriali del personale del sistema sanitario, a decorrere dal triennio formativo 2023-2025, l'efficacia delle polizze assicurative di cui a questo articolo, è stata condizionata all'assolvimento in misura non inferiore al 70 per cento dell'obbligo formativo individuale dell'ultimo triennio utile in materia di formazione continua in medicina.*

11. Estensione della garanzia assicurativa. – 1. La garanzia assicurativa deve prevedere una operatività temporale anche per gli eventi accaduti nei dieci anni antecedenti la conclusione del contratto assicurativo, purché denunciati all'impresa di assicurazione durante la vigenza temporale della polizza. In caso di cessazione definitiva dell'attività professionale per qualsiasi causa deve essere previsto un periodo di ultrattività della copertura per le richieste di risarcimento presentate per la prima volta entro i dieci anni successivi e riferite a fatti generatori della responsabilità verificatisi nel periodo di efficacia della polizza, incluso il periodo di retroattività della copertura. L'ultrattività è estesa agli eredi e non è assoggettabile alla clausola di disdetta.

12. Azione diretta del soggetto danneggiato. – 1. Fatte salve le disposizioni dell'articolo 8, il soggetto danneggiato ha diritto di agire direttamente, entro i limiti delle somme per le quali è stato stipulato il contratto di assicurazione, nei confronti dell'impresa di assicurazione che presta la copertura assicurativa alle strutture sanitarie o sociosanitarie pubbliche o private di cui al comma 1 dell'articolo 10 e all'esercente la professione sanitaria di cui al comma 2 del medesimo articolo 10.

2. Non sono opponibili al danneggiato, per l'intero massimale di polizza, eccezioni derivanti dal contratto diverse da quelle stabilite dal decreto di cui all'articolo 10, comma 6, che definisce i requisiti minimi delle polizze assicurative per le strutture sanitarie e sociosanitarie pubbliche e private e per gli esercenti le professioni sanitarie di cui all'articolo 10, comma 2.

3. L'impresa di assicurazione ha diritto di rivalsa verso l'assicurato nel rispetto dei requisiti minimi, non derogabili contrattualmente, stabiliti dal decreto di cui all'articolo 10, comma 6.

4. Nel giudizio promosso contro l'impresa di assicurazione della struttura sanitaria o sociosanitaria pubblica o privata a norma del comma 1 è litisconsorte necessario la struttura medesima; nel giudizio promosso contro l'impresa di assicurazione dell'esercente la professione sanitaria a norma del comma 1 è litisconsorte necessario l'esercente la professione sanitaria. L'impresa di assicurazione, l'esercente la professione sanitaria e il danneggiato hanno diritto di accesso alla documentazione della struttura relativa ai fatti dedotti in ogni fase della trattazione del sinistro.

5. L'azione diretta del danneggiato nei confronti dell'impresa di assicurazione è soggetta al termine di prescrizione pari a quello dell'azione verso la struttura sanitaria o sociosanitaria pubblica o privata o l'esercente la professione sanitaria.

6. Le disposizioni del presente articolo si applicano a decorrere dalla data di entrata in vigore del decreto di cui al comma 6 dell'articolo 10 con il quale sono determinati i requisiti minimi delle polizze assicurative per le strutture sanitarie e sociosanitarie e per gli esercenti le professioni sanitarie.

13. Obbligo di comunicazione all'esercente la professione sanitaria del giudizio basato sulla sua responsabilità. – 1. Le strutture sanitarie e sociosanitarie di cui all'articolo 7, comma 1, e le imprese di assicurazione che prestano la copertura assicurativa nei confronti dei soggetti di cui all'articolo 10, commi 1 e 2, comunicano all'esercente la professione sanitaria l'instaurazione del giudizio promosso nei loro confronti dal danneggiato, entro quarantacinque giorni (1) dalla ricezione della notifica dell'atto introduttivo, mediante posta elettronica certificata o lettera raccomandata con avviso di ricevimento contenente copia dell'atto introduttivo del giudizio. Le strutture sanitarie e sociosanitarie e le imprese di assicurazione entro dieci giorni comunicano all'esercente la professione sanitaria, mediante posta elettronica certificata o lettera raccomandata con avviso di ricevimento, l'avvio di trattative stragiudiziali con il danneggiato, con invito a prendervi parte. L'omissione, la tardività o l'incompletezza delle comunicazioni di cui al presente comma preclude l'ammissibilità delle azioni di rivalsa o di responsabilità amministrativa di cui all'articolo 9.

(1) *Le parole: «entro dieci giorni» sono state così sostituite dalle attuali: «entro quarantacinque giorni» dall'art. 11, comma 1, lett.* d)*, della L. 11 gennaio 2018, n. 3.*

14. Fondo di garanzia per i danni derivanti da responsabilità sanitaria. – 1. È istituito, nello stato di previsione del Ministero della salute, il Fondo di garanzia per i danni derivanti da responsabilità sanitaria. Il Fondo di garanzia è alimentato dal versamento di un contributo annuale dovuto dalle imprese autorizzate all'esercizio delle assicurazioni per la responsabilità civile per i danni causati da responsabilità sanitaria. A tal fine il predetto contributo è versato all'entrata del bilancio dello Stato per essere riassegnato al Fondo di garanzia. Il Ministero della salute con apposita convenzione affida alla Concessionaria servizi assicurativi pubblici (CONSAP) Spa la gestione delle risorse del Fondo di garanzia.

2. Con regolamento adottato con decreto del Ministro della salute, da emanare entro centoventi giorni dalla data di entrata in vigore della presente legge, di concerto con il Ministro dello sviluppo economico e con il Ministro e dell'economia e delle finanze, sentite la Conferenza permanente per i rapporti tra lo Stato, le regioni e le province autonome di Trento e di Bolzano e le rappresentanze delle imprese di assicurazione, sono definiti:

a) la misura del contributo dovuto dalle imprese autorizzate all'esercizio delle assicurazioni per la responsabilità civile per i danni causati da responsabilità sanitaria;

b) le modalità di versamento del contributo di cui alla lettera a);

c) i principi cui dovrà uniformarsi la convenzione tra il Ministero della salute e la CONSAP Spa;

d) le modalità di intervento, il funzionamento e il regresso del Fondo di garanzia nei confronti del responsabile del sinistro.

3. Il Fondo di garanzia di cui al comma 1 concorre al risarcimento del danno nei limiti delle effettive disponibilità finanziarie.

4. La misura del contributo di cui al comma 2, lettera a), è aggiornata annualmente con apposito decreto del Ministro della salute, da adottare di concerto con il Ministro dello sviluppo economico e con il Ministro dell'economia e delle finanze, in relazione alle effettive esigenze della gestione del Fondo di garanzia.

5. Ai fini della rideterminazione del contributo di cui al comma 2, lettera a), la CONSAP Spa trasmette ogni anno al Ministero della salute e al Ministero dello sviluppo economico un rendiconto della gestione del Fondo di garanzia di cui al comma 1, riferito all'anno precedente, secondo le disposizioni stabilite dal regolamento di cui al comma 2.

6. Gli oneri per l'istruttoria e la gestione delle richieste di risarcimento sono posti a carico del Fondo di garanzia di cui al comma 1.

7. Il Fondo di garanzia di cui al comma 1 risarcisce i danni cagionati da responsabilità sanitaria nei seguenti casi:

a) qualora il danno sia di importo eccedente rispetto ai massimali previsti dai contratti di assicurazione stipulati dalla struttura sanitaria o sociosanitaria pubblica o privata ovvero dall'esercente la professione sanitaria ai sensi del decreto di cui all'articolo 10, comma 6;

b) qualora la struttura sanitaria o sociosanitaria pubblica o privata ovvero l'esercente la professione sanitaria risultino assicurati presso un'impresa che al momento del sinistro si trovi in stato di insolvenza o di liquidazione coatta amministrativa o vi venga posta successivamente;

c) qualora la struttura sanitaria o sociosanitaria pubblica o privata ovvero l'esercente la professione sanitaria siano sprovvisti di copertura assicurativa per recesso unilaterale dell'impresa assicuratrice ovvero per la sopravvenuta inesistenza o cancellazione dall'albo dell'impresa assicuratrice stessa.

7 *bis*. Il Fondo di garanzia di cui al comma 1 assolve anche alla funzione di agevolare l'accesso alla copertura assicurativa da parte degli esercenti le professioni sanitarie che svolgono la propria attività in regime libero-professionale, ai sensi dell'articolo 10, comma 6 (1).

8. Il decreto di cui all'articolo 10, comma 6, prevede che il massimale minimo sia rideterminato in relazione all'andamento del Fondo per le ipotesi di cui alla lettera a) del comma 7 del presente articolo.

9. Le disposizioni di cui al presente articolo si applicano ai sinistri denunciati per la prima volta dopo la data di entrata in vigore della presente legge.

10. Il Ministro dell'economia e delle finanze è autorizzato ad apportare, con propri decreti, le occorrenti variazioni di bilancio.

(1) *Questo comma è stato inserito dall'art. 11, comma 1, lett.* e)*, della L. 11 gennaio 2018, n. 3.*

15. Nomina dei consulenti tecnici d'ufficio e dei periti nei giudizi di responsabilità sanitaria. – 1. Nei procedimenti civili e nei procedimenti penali aventi ad oggetto la responsabilità sanitaria, l'autorità giudiziaria affida l'espletamento della consulenza tecnica e della perizia a un medico specializzato in medicina legale e a uno o più specialisti nella disciplina che abbiano specifica e pratica conoscenza di quanto oggetto del procedimento, avendo cura che i soggetti da nominare, scelti tra gli iscritti negli albi di cui ai commi 2 e 3, non siano in posizione di conflitto di interessi nello specifico procedimento o in altri connessi e che i consulenti tecnici d'ufficio da nominare nell'ambito del procedimento di cui all'articolo 8, comma 1, siano in possesso di adeguate e comprovate competenze nell'ambito della conciliazione acquisite anche mediante specifici percorsi formativi.

2. Negli albi dei consulenti di cui all'articolo 13 delle disposizioni per l'attuazione del codice di procedura civile e disposizioni transitorie, di cui al regio decreto 18 dicembre 1941, n. 1368, e dei periti di cui all'articolo 67 delle norme di attuazione, di coordinamento e transitorie del codice di procedura penale, di cui al decreto legislativo 28 luglio 1989, n. 271, devono essere indicate e documentate le specializzazioni degli iscritti esperti in medicina. In sede di revisione degli albi è indicata, relativamente a ciascuno degli esperti di cui al periodo precedente, l'esperienza professionale maturata, con particolare riferimento al numero e alla tipologia degli incarichi conferiti e di quelli revocati.

3. Gli albi dei consulenti di cui all'articolo 13 delle disposizioni per l'attuazione del codice di procedura civile e disposizioni transitorie, di cui al regio decreto 18 dicembre 1941, n. 1368, e gli albi dei periti di cui all'articolo 67 delle norme di attuazione, di coordinamento e transitorie del codice di procedura penale, di cui al decreto legislativo 28 luglio 1989, n. 271, devono essere aggiornati con cadenza almeno quinquennale, al fine di garantire, oltre a quella medico-legale, un'idonea e adeguata rappresentanza di esperti delle discipline specialistiche riferite a tutte le professioni sanitarie, tra i quali scegliere per la nomina tenendo conto della disciplina interessata nel procedimento.

4. Nei casi di cui al comma 1, l'incarico è conferito al collegio e, nella determinazione del compenso globale, non si applica l'aumento del 40 per cento per ciascuno degli altri componenti del collegio previsto dall'articolo 53 del testo unico delle disposizioni legislative e regolamentari in materia di spese di giustizia, di cui al decreto del Presidente della Repubblica 30 maggio 2002, n. 115 (1).

(1) *La Corte costituzionale, con sentenza n. 102 del 20 maggio 2021, ha dichiarato l'illegittimità costituzionale di questo comma, limitatamente alle parole: «e, nella determinazione del compenso globale, non si applica l'aumento del 40 per cento per ciascuno degli altri componenti del collegio previsto dall'articolo 53 del testo unico delle disposizioni legislative e regolamentari in materia di spese di giustizia, di cui al decreto del Presidente della Repubblica 30 maggio 2002, n. 115».*

16. Modifiche alla legge 28 dicembre 2015, n. 208, in materia di responsabilità professionale del personale sanitario. – 1. All'articolo 1, comma 539, lettera *a*), della legge 28 dicembre 2015, n. 208, il secondo periodo è sostituito dal seguente: «I verbali e gli atti conseguenti all'attività di gestione del rischio clinico non possono essere acquisiti o utilizzati nell'ambito di procedimenti giudiziari».

2. All'articolo 1, comma 540, della legge 28 dicembre 2015, n. 208, le parole da: «ovvero» fino alla fine del comma sono sostituite dalle seguenti: «, in medicina legale ovvero da personale dipendente con adeguata formazione e comprovata esperienza almeno triennale nel settore».

17. Clausola di salvaguardia. – 1. Le disposizioni della presente legge sono applicabili nelle regioni a statuto speciale e nelle province autonome di Trento e di Bolzano compatibilmente con i rispettivi statuti e le relative norme di attuazione, anche con riferimento alla legge costituzionale 18 ottobre 2001, n. 3.

18. Clausola di invarianza finanziaria. – 1. Le amministrazioni interessate provvedono all'attuazione delle disposizioni di cui alla presente legge nell'ambito delle risorse umane, strumentali e finanziarie disponibili a legislazione vigente e comunque senza nuovi o maggiori oneri per la finanza pubblica.

1.

L. 12 giugno 1990, n. 146. Norme sull'esercizio del diritto di sciopero nei servizi pubblici essenziali e sulla salvaguardia dei diritti della persona costituzionalmente tutelati. Istituzione della Commissione di garanzia dell'attuazione della legge (*Gazzetta Ufficiale* Serie gen. - n. 137 del 14 giugno 1990).

1. 1. Ai fini della presente legge sono considerati servizi pubblici essenziali, indipendentemente dalla natura giuridica del rapporto di lavoro, anche se svolti in regime di concessione o mediante convenzione, quelli volti a garantire il godimento dei diritti della persona, costituzionalmente tutelati, alla vita, alla salute, alla libertà ed alla sicurezza, alla libertà di circolazione, all'assistenza e previdenza sociale, all'istruzione ed alla libertà di comunicazione.

2. Allo scopo di contemperare l'esercizio del diritto di sciopero con il godimento dei diritti della persona, costituzionalmente tutelati, di cui al comma 1, la presente legge dispone le regole da rispettare e le procedure da seguire in caso di conflitto collettivo, per assicurare l'effettività, nel loro contenuto essenziale, dei diritti medesimi, in particolare nei seguenti servizi e limitatamente all'insieme delle prestazioni individuate come indispensabili ai sensi dell'art. 2:

a) per quanto concerne la tutela della vita, della salute, della libertà e della sicurezza della persona, dell'ambiente e del patrimonio storico-artistico: la sanità; l'igiene pubblica; la protezione civile; la raccolta e lo smaltimento dei rifiuti urbani e di quelli speciali, tossici e nocivi; le dogane, limitatamente al controllo su animali e su merci deperibili; l'approvvigionamento di energie, prodotti energetici, risorse naturali e beni di prima necessità, nonché la gestione e la manutenzione dei relativi impianti, limitatamente a quanto attiene alla sicurezza degli stessi; l'amministrazione della giustizia, con particolare riferimento ai provvedimenti restrittivi della libertà personale ed a quelli cautelari ed urgenti, nonché ai processi penali con imputati in stato di detenzione; i servizi di protezione ambientale e di vigilanza sui beni culturali l'apertura al pubblico regolamentata di musei e altri istituti e luoghi della cultura, di cui all'articolo 101, comma 3, del codice dei beni culturali e del paesaggio, di cui al decreto legislativo 22 gennaio 2004, n. 42 ([1]);

b) per quanto concerne la tutela della libertà di circolazione: i trasporti pubblici urbani ed extraurbani autoferrotranviari, ferroviari, aerei, aeroportuali e quelli marittimi limitatamente al collegamento con le isole;

c) per quanto concerne l'assistenza e la previdenza sociale, nonché gli emolumenti retributivi o comunque quanto economicamente necessario al soddisfacimento delle necessità della vita attinenti a diritti della persona costituzionalmente garantiti: i servizi di erogazione dei relativi importi anche effettuati a mezzo del servizio bancario;

d) per quanto riguarda l'istruzione: l'istruzione pubblica, con particolare riferimento all'esigenza di assicurare la continuità dei servizi degli asili nido, delle scuole materne e delle scuole elementari, nonché lo svolgimento degli scrutini finali e degli esami, e l'istruzione universitaria, con particolare riferimento agli esami conclusivi dei cicli di istruzione;

e) per quanto riguarda la libertà di comunicazione: le poste, le telecomunicazioni e l'informazione radiotelevisiva pubblica.

([1]) *Le parole: «l'apertura al pubblico regolamentata di musei e altri istituti e luoghi della cultura, di cui all'articolo 101, comma 3, del codice dei beni culturali e del paesaggio, di cui al decreto legislativo 22 gennaio 2004, n. 42» sono state aggiunte dall'art. 1 del D.L. 20 settembre 2015, n. 146, convertito, con modificazioni, nella L. 12 novembre 2015, n. 182.*

2. 1. Nell'ambito dei servizi pubblici essenziali indicati nell'art. 1 il diritto di sciopero è esercitato nel rispetto di misure dirette a consentire l'erogazione delle prestazioni indispensabili per garantire le finalità di cui al comma 2 dell'art. 1, con un preavviso minimo non inferiore a quello previsto nel comma 5 del presente articolo. I soggetti che proclamano lo sciopero hanno l'obbligo di comunicare per iscritto, nel termine di preavviso, la durata e le modalità di attuazione, nonché le motivazioni, dell'astensione collettiva dal lavoro. La comunicazione deve essere data sia alle amministrazioni o imprese che erogano il servizio, sia all'apposito ufficio costituito presso l'autorità competente ad adottare l'ordinanza di cui all'articolo 8, che ne cura la immediata trasmissione alla Commissione di garanzia di cui all'articolo 12 ([1]). Eventuali codici di autoregolamentazione sindacale dell'esercizio del diritto di sciopero debbono comunque prevedere un termine di preavviso non inferiore a quello indicato al comma 5, nonché contenere l'indicazione preventiva della durata delle singole astensioni dal lavoro ed assicurare in ogni caso un livello di prestazioni compatibile con le finalità di cui al comma 2 dell'art. 1, prevedendo le sanzioni in caso di inosservanza ([2]).

2. Le amministrazioni e le imprese erogatrici dei servizi, nel rispetto del diritto di sciopero e delle finalità indicate dal comma 2 dell'art. 1, ed in relazione alla natura del servizio ed alle esigenze della sicurezza, nonché alla salvaguardia dell'integrità degli impianti ([3]), concordano, nei contratti collettivi o negli accordi di cui al decreto legislativo 3 febbraio 1993, n. 29 ([4]), e successive modificazioni, nonché nei regolamenti di servizio, da emanare in base agli accordi con le rappresentanze del personale di cui all'articolo 47 del medesimo decreto legislativo n. 29 del 1993 ([5]) ([4]), le prestazioni indispensabili che sono tenute ad assicurare, nell'ambito dei servizi di cui all'art. 1, le modalità e le procedure di erogazione e le altre misure dirette a consentire gli adempimenti di cui al comma 1 del presente articolo. Tali misure possono disporre l'astensione dallo sciopero di quote strettamente necessarie di lavoratori tenuti alle prestazioni ed indicare, in tal caso, le modalità per l'individuazione dei lavoratori interessati, ovvero possono disporre forme di erogazione periodica e devono altresì indicare intervalli minimi da osservare tra l'effettuazione di uno sciopero e la proclamazione del successivo, quando ciò sia necessario ad evitare che, per effetto di scioperi proclamati in successione da soggetti sindacali diversi e che incidono sullo stesso servizio finale o sullo stesso bacino di utenza, sia oggettivamente compromessa la continuità dei servizi pubblici di cui all'articolo 1. Nei predetti contratti o accordi collettivi devono essere in ogni caso previste procedure di raffreddamento e di conciliazione, obbligatorie per entrambe le parti, da esperire prima della proclamazione dello sciopero ai sensi del comma 1. Se non intendono adottare le procedure previste da accordi o contratti collettivi, le parti possono richiedere che il tentativo preventivo di conciliazione si svolga: se lo sciopero ha rilievo locale, presso la prefettura, o presso il comune nel caso di scioperi nei servizi pubblici di competenza dello stesso e salvo il caso in cui l'amministrazione comunale sia parte; se lo sciopero ha rilievo nazionale, presso la competente struttura del Ministero del lavoro e della previdenza sociale. Qualora le prestazioni indispensabili e le altre misure di cui al presente articolo non siano previste dai contratti o accordi collettivi o dai codici di autoregolamentazione, o se previste non siano valutate idonee, la Commissione di garanzia adotta, nelle forme di cui all'articolo 13, comma 1, lettera *a*), la provvisoria regolamentazione compatibile con le finalità del comma 3 ([6]). Le amministrazioni e le imprese erogatrici dei servizi di trasporto sono tenute a comunicare agli utenti, contestualmente alla pubblicazione degli orari dei servizi ordinari l'elenco dei servizi che saranno garantiti comunque in caso di sciopero e i relativi orari, come risultano definiti dagli accordi previsti al presente comma.

3. I soggetti che promuovono lo sciopero con riferimento ai servizi pubblici essenziali di cui all'art. 1 o che vi aderiscono, i lavoratori che esercitano il diritto di sciopero, le amministrazioni e le imprese erogatrici dei servizi sono tenuti all'effettuazione delle prestazioni indispensabili, nonché al rispetto delle modalità e delle procedure di erogazione e delle altre misure di cui al comma 2.

4. La Commissione di cui all'art. 12 valuta l'idoneità delle prestazioni individuate ai sensi del comma 2. A tale scopo, le determinazioni pattizie ed i regolamenti di servizio nonché i codici di autoregolamentazione e le regole di condotta vengono comunicati tempestivamente alla Commissione a cura delle parti interessate.

5. Al fine di consentire all'amministrazione o all'impresa erogatrice del servizio di predisporre le misure di cui al comma 2 ed allo scopo, altresì, di favorire lo svolgimento di eventuali tentativi di composizione del conflitto e di consentire all'utenza di usufruire di servizi alternativi, il preavviso di cui al comma 1 non può essere inferiore a dieci giorni. Nei contratti collettivi, negli accordi di cui al decreto legislativo 3 febbraio 1993, n. 29 ([4]), e successive modificazioni, nonché nei regolamenti di servizio da emanare in base agli

accordi con le rappresentanze del personale di cui all'articolo 47 del medesimo decreto legislativo n. 29 del 1993 ([4]) e nei codici di autoregolamentazione di cui all'articolo 2 *bis* della presente legge ([7]) possono essere determinati termini superiori ([2]).

6. Le amministrazioni o le imprese erogatrici dei servizi di cui all'art. 1 sono tenute a dare comunicazione agli utenti, nelle forme adeguate, almeno cinque giorni prima dell'inizio dello sciopero, dei modi e dei tempi di erogazione dei servizi nel corso dello sciopero e delle misure per la riattivazione degli stessi; debbono, inoltre, garantire e rendere nota la pronta riattivazione del servizio, quando l'astensione dal lavoro sia terminata. Salvo che sia intervenuto un accordo tra le parti ovvero vi sia stata una richiesta da parte della Commissione di garanzia o dell'autorità competente ad emanare l'ordinanza di cui all'articolo 8, la revoca spontanea dello sciopero proclamato, dopo che è stata data informazione all'utenza ai sensi del presente comma, costituisce forma sleale di azione sindacale e viene valutata dalla Commissione di garanzia ai fini previsti dall'articolo 4, commi da 2 a 4 *bis* ([8]). Il servizio pubblico radiotelevisivo è tenuto a dare tempestiva diffusione a tali comunicazioni, fornendo informazioni complete sull'inizio, la durata, le misure alternative e le modalità dello sciopero nel corso di tutti i telegiornali e giornali radio. Le amministrazioni e le imprese erogatrici dei servizi hanno l'obbligo di fornire tempestivamente alla Commissione di garanzia che ne faccia richiesta le informazioni riguardanti gli scioperi proclamati ed effettuati, le revoche, le sospensioni ed i rinvii degli scioperi proclamati, e le relative motivazioni, nonché le cause di insorgenza dei conflitti ([9]). La violazione di tali obblighi viene valutata dalla Commissione di garanzia ai fini di cui all'articolo 4, comma 4 *sexies* ([9]). Sono inoltre tenuti a dare le medesime informazioni i giornali quotidiani e le emittenti radiofoniche e televisive che si avvalgano di finanziamenti o, comunque, di agevolazioni tariffarie, creditizie o fiscali previste da leggi dello Stato.

7. Le disposizioni del presente articolo in tema di preavviso minimo e di indicazione della durata non si applicano nei casi di astensione dal lavoro in difesa dell'ordine costituzionale, o di protesta per gravi eventi lesivi dell'incolumità e della sicurezza dei lavoratori.

([1]) *Le parole: «e con l'indicazione della durata dell'astensione dal lavoro» sono state così sostituite dalle attuali da: «. I soggetti che proclamano lo sciopero ...» fino a: «... di cui all'articolo 12» dall'art. 1, comma 1, della L. 11 aprile 2000, n. 83.*

([2]) *La Corte costituzionale, con sentenza n. 171 del 27 maggio 1996, ha dichiarato l'illegittimità costituzionale di questo comma, nella parte in cui non prevede, nel caso dell'astensione collettiva dall'attività giudiziaria degli avvocati e dei procuratori legali, l'obbligo d'un congruo preavviso e di un ragionevole limite temporale dell'astensione e non prevede altresì gli strumenti idonei a individuare e assicurare le prestazioni essenziali, nonché le procedure e le misure conseguenziali nell'ipotesi di inosservanza.*

([3]) *Le parole: «, nonché alla salvaguardia dell'integrità degli impianti» sono state inserite dall'art. 1, comma 1, della L. 11 aprile 2000, n. 83.*

([4]) *Si veda ora il D.L.vo 30 marzo 2001, n. 165.*

([5]) *Le parole da: «di cui alla L. 29 marzo 1983, n. 83 ...» fino a: «... sentite le organizzazioni degli utenti» sono state così sostituite dalle attuali da: «di cui al decreto legislativo 3 febbraio 1993, n. 29 ...» fino a: «... legislativo n. 29 del 1993» dall'art. 1, comma 3, della L. 11 aprile 2000, n. 83.*

([6]) *Le parole da: «e devono altresì indicare ...» fino a: «... provvisoria regolamentazione compatibile con le finalità del comma 3» sono state aggiunte dall'art. 1, comma 4, della L. 11 aprile 2000, n. 83.*

([7]) *Le parole da: «di cui alla legge 29 marzo 1983, n. 93 ...» fino a: «... di cui all'art. 25 della medesima legge» sono state così sostituite dalle attuali da: «di cui al decreto legislativo 3 febbraio 1993, n. 29 ...» fino a: «... di cui all'art. 2 bis della presente legge» dall'art. 1, comma 5, della L. 11 aprile 2000, n. 83.*

([8]) *Questo periodo è stato inserito dall'art. 1, comma 6, della L. 11 aprile 2000, n. 83.*

([9]) *Questo periodo è stato inserito dall'art. 1, comma 7, della L. 11 aprile 2000, n. 83.*

NOTE OPERATIVE:

Procedimento: Nell'ambito dei servizi pubblici essenziali, il potere disciplinare del datore di lavoro nei confronti dei lavoratori che aderiscono ad uno sciopero, proclamato dalle organizzazioni sindacali senza il rispetto delle modalità e delle procedure di erogazione e delle altre misure previste dalla norma, è subordinato alla valutazione negativa del comportamento delle parti collettive ad opera della Commissione di garanzia, che non solo rende doverosa l'attivazione del procedimento disciplinare, ma costituisce anche il presupposto per l'esercizio del potere disciplinare (C.C. 11365/22).

Astensione avvocato: È diritto del difensore, che aderisca all'astensione delle udienze legittimamente deliberata dal competente organismo forense, ottenere un differimento della trattazione della causa, con conseguente nullità degli atti assunti ove, nonostante tale adesione, la suddetta attività sia stata comunque svolta e ne sia derivato pregiudizio al diritto di difesa, purché, tuttavia, l'impedimento in oggetto sia stato previamente portato a conoscenza dell'Ufficio, versandosi in presenza di una facoltà del difensore che, pur avendo origine o fonte in un deliberato "collettivo", si esercita mediante un atto di esternazione individuale, la cui presenza è indefettibile, appartenendo la facoltà di aderire all'astensione, alla sfera dei diritti personali (C.C. 684/18 – Conf. C.C. 1567/13).

2 bis. [1] [2] 1. L'astensione collettiva dalle prestazioni, a fini di protesta o di rivendicazione di categoria, da parte di lavoratori autonomi, professionisti o piccoli imprenditori, che incida sulla funzionalità dei servizi pubblici di cui all'articolo 1, è esercitata nel rispetto di misure dirette a consentire l'erogazione delle prestazioni indispensabili di cui al medesimo articolo. A tale fine la Commissione di garanzia di cui all'articolo 12 promuove l'adozione, da parte delle associazioni o degli organismi di rappresentanza delle categorie interessate, di codici di autoregolamentazione che realizzino, in caso di astensione collettiva, il contemperamento con i diritti della persona costituzionalmente tutelati di cui all'articolo 1. Se tali codici mancano o non sono valutati idonei a garantire le finalità di cui al comma 2 dell'articolo 1, la Commissione di garanzia, sentite le parti interessate nelle forme previste dall'articolo 13, comma 1, lettera *a*), delibera la provvisoria regolamentazione. I codici di autoregolamentazione devono in ogni caso prevedere un termine di preavviso non inferiore a quello indicato al comma 5 dell'articolo 2, l'indicazione della durata e delle motivazioni dell'astensione collettiva, ed assicurare in ogni caso un livello di prestazioni compatibile con le finalità di cui al comma 2 dell'articolo 1. In caso di violazione dei codici di autoregolamentazione, fermo restando quanto previsto dal comma 3 dell'articolo 2, la Commissione di garanzia valuta i comportamenti e adotta le sanzioni di cui all'articolo 4.

[1] *Questo articolo è stato inserito dall'art. 2, comma 1, della L. 11 aprile 2000, n. 83. A norma dell'art. 2, comma 2, della medesima legge, decorsi sei mesi dalla data di entrata in vigore della presente legge, qualora i codici di autoregolamentazione di cui all'articolo 2 bis della legge 12 giugno 1990, n. 146, introdotto dal comma 1 del presente articolo, non siano ancora stati adottati, la Commissione di garanzia, sentite le parti interessate nelle forme previste dall'articolo 13, comma 1, lettera a), della predetta legge n. 146 del 1990, come sostituito dall'articolo 10, comma 1, della presente legge, delibera la provvisoria regolamentazione.*

[2] *La Corte costituzionale, con sentenza n. 180 del 27 luglio 2018, ha dichiarato l'illegittimità costituzionale di questo articolo, nella parte in cui consente che il codice di autoregolamentazione delle astensioni dalle udienze degli avvocati – adottato in data 4 aprile 2007 dall'Organismo Unitario dell'Avvocatura (OUA) e da altre associazioni categoriali (UCPI, ANF, AIGA, UNCC), valutato idoneo dalla Commissione di garanzia per lo sciopero nei servizi pubblici essenziali con delibera n. 07/749 del 13 dicembre 2007 e pubblicato nella* Gazzetta Ufficiale *della Repubblica n. 3 del 2008 – nel regolare, all'art. 4, comma 1, lett.* b), *l'astensione degli avvocati nei procedimenti e nei processi in relazione ai quali l'imputato si trovi in stato di custodia cautelare, interferisca con la disciplina della libertà personale dell'imputato.*

3. 1. Quando lo sciopero riguardi i servizi di trasporto da e per le isole, le imprese erogatrici dei servizi sono tenute a garantire, d'intesa con le organizzazioni sindacali e in osservanza di quanto previsto al comma 2 dell'art. 2, le prestazioni indispensabili per la circolazione delle persone nel territorio nazionale e per il rifornimento delle merci necessarie per l'approvvigionamento delle popolazioni, nonché per la continuità delle attività produttive nei servizi pubblici essenziali relativamente alle prestazioni indispensabili di cui all'art. 2, dandone comunicazione agli utenti con le modalità di cui al comma 6 dell'art. 2.

4. 1. I lavoratori che si astengono dal lavoro in violazione delle disposizioni dei commi 1 [, primo periodo] [1], e 3 dell'art. 2 o che, richiesti dell'effettuazione delle prestazioni di cui al comma 2 del medesimo articolo, non prestino la propria consueta attività, sono soggetti a sanzioni disciplinari proporzionate alla gravità dell'infrazione, con esclusione delle misure estintive del rapporto o di quelle che comportino mutamenti definitivi dello stesso. In caso di sanzioni disciplinari di carattere pecuniario, il relativo importo è versato dal datore di lavoro all'Istituto nazionale della previdenza sociale, gestione dell'assicurazione obbligatoria per la disoccupazione involontaria.

2. Nei confronti delle organizzazioni dei lavoratori che proclamano uno sciopero, o ad esso aderiscono in violazione delle disposizioni di cui all'art. 2, sono sospesi i permessi sindacali retribuiti ovvero i contributi sindacali comunque trattenuti dalla retribuzione, ovvero entrambi, per la durata dell'astensione stessa e comunque per un ammontare economico complessivo non inferiore a euro 2.500 [2] e non superiore a euro 50.000 [3] tenuto conto della consistenza associativa, della gravità della violazione e della eventuale recidiva, nonché della gravità degli effetti dello sciopero sul servizio pubblico. Le medesime organizzazioni sindacali possono altresì essere escluse dalle trattative alle quali partecipino per un periodo di due mesi dalla cessazione del comportamento [4]. I contributi sindacali trattenuti sulla retribuzione sono devoluti all'Istituto nazionale della previdenza sociale, gestione dell'assicurazione obbligatoria per la disoccupazione involontaria [5].

[3. I soggetti che proclamano lo sciopero, o vi aderiscono, in violazione dell'art. 2, sono esclusi dalle trattative, in quanto vi partecipino, su indicazione della Commissione di cui all'art. 12, per un periodo di due mesi dalla cessazione del comportamento] (6).

4. I dirigenti responsabili delle amministrazioni pubbliche e i legali rappresentanti delle imprese e degli enti che erogano i servizi pubblici di cui all'articolo 1, comma 1, che non osservino le disposizioni previste dal comma 2 dell'articolo 2 o gli obblighi loro derivanti dagli accordi o contratti collettivi di cui allo stesso articolo 2, comma 2, o dalla regolazione provvisoria della Commissione di garanzia, o che non prestino correttamente l'informazione agli utenti di cui all'articolo 2, comma 6, sono soggetti alla sanzione amministrativa pecuniaria da euro 2.500 (7) a euro 50.000 (8), tenuto conto della gravità della violazione, dell'eventuale recidiva, dell'incidenza di essa sull'insorgenza o sull'aggravamento di conflitti e del pregiudizio eventualmente arrecato agli utenti. Alla medesima sanzione sono soggetti le associazioni e gli organismi rappresentativi dei lavoratori autonomi, professionisti o piccoli imprenditori, in solido con i singoli lavoratori autonomi, professionisti o piccoli imprenditori, che aderendo alla protesta si siano astenuti dalle prestazioni, in caso di violazione dei codici di autoregolamentazione di cui all'articolo 2 *bis*, o della regolazione provvisoria della Commissione di garanzia e in ogni altro caso di violazione dell'articolo 2, comma 3. Nei casi precedenti, la sanzione viene applicata con ordinanza-ingiunzione della direzione provinciale del lavoro-sezione ispettorato del lavoro (9) (10).

4 *bis*. Qualora le sanzioni previste ai commi 2 e 4 non risultino applicabili, perché le organizzazioni sindacali che hanno promosso lo sciopero o vi hanno aderito non fruiscono dei benefici di ordine patrimoniale di cui al comma 2 o non partecipano alle trattative, la Commissione di garanzia delibera in via sostitutiva una sanzione amministrativa pecuniaria a carico di coloro che rispondono legalmente per l'organizzazione sindacale responsabile, tenuto conto della consistenza associativa, della gravità della violazione e della eventuale recidiva, nonché della gravità degli effetti dello sciopero sul servizio pubblico, da un minimo di euro 2.500 (11) a un massimo di euro 50.000 (12). La sanzione viene applicata con ordinanza-ingiunzione della direzione provinciale del lavoro-sezione ispettorato del lavoro (13) (10).

4 *ter*. Le sanzioni di cui al presente articolo sono raddoppiate nel massimo se l'astensione collettiva viene effettuata nonostante la delibera di invito della Commissione di garanzia emanata ai sensi dell'articolo 13, comma 1, lettere *c*), *d*), *e*) ed *h*) (13).

4 *quater*. Su richiesta delle parti interessate, delle associazioni degli utenti rappresentative ai sensi della legge 30 luglio 1998, n. 281, delle autorità nazionali o locali che vi abbiano interesse o di propria iniziativa, la Commissione di garanzia apre il procedimento di valutazione del comportamento delle organizzazioni sindacali che proclamano lo sciopero o vi aderiscono, o delle amministrazioni e delle imprese interessate, ovvero delle associazioni o organismi di rappresentanza dei lavoratori autonomi, professionisti o piccoli imprenditori, nei casi di astensione collettiva di cui agli articoli 2 e 2 *bis*. L'apertura del procedimento viene notificata alle parti, che hanno trenta giorni per presentare osservazioni e per chiedere di essere sentite. Decorso tale termine e comunque non oltre sessanta giorni dall'apertura del procedimento, la Commissione formula la propria valutazione e, se valuta negativamente il comportamento, tenuto conto anche delle cause di insorgenza del conflitto, delibera le sanzioni ai sensi del presente articolo, indicando il termine entro il quale la delibera deve essere eseguita con avvertenza che dell'avvenuta esecuzione deve essere data comunicazione alla Commissione di garanzia nei trenta giorni successivi, cura la notifica della delibera alle parti interessate e, ove necessario, la trasmette alla direzione provinciale del lavoro-sezione ispettorato del lavoro competente (13).

4 *quinquies*. L'INPS trasmette trimestralmente alla Commissione di garanzia i dati conoscitivi sulla devoluzione dei contributi sindacali per gli effetti di cui al comma 2 (13).

4 *sexies*. I dirigenti responsabili delle amministrazioni pubbliche ed i legali rappresentanti degli enti e delle imprese che nel termine indicato per l'esecuzione della delibera della Commissione di garanzia non applichino le sanzioni di cui al presente articolo, ovvero che non forniscano nei successivi trenta giorni le informazioni di cui all'articolo 2, comma 6, sono soggetti ad una sanzione amministrativa pecuniaria da euro 400 a euro 1.000 (14) per ogni giorno di ritardo ingiustificato. La sanzione amministrativa pecuniaria viene deliberata dalla Commissione di garanzia tenuto conto della gravità della violazione e della eventuale recidiva, ed ap-

LEGGI COMPLEMENTARI

plicata con ordinanza-ingiunzione della direzione provinciale del lavoro-sezione ispettorato del lavoro, competente per territorio ([13]) ([10]).

([1]) *Le parole: «, primo periodo» sono state soppresse dall'art. 3, comma 1, della L. 11 aprile 2000, n. 83.*

([2]) *Le parole: «a euro 5.000» sono state così sostituite dalle attuali: «a euro 2.500» dall'art. 1, comma 522, lett. a), n. 1), della L. 24 dicembre 2012, n. 228.*

([3]) *Le parole: «a lire 5.000.000 (n.d.r.: € 2.582,28) e non superiore a lire 50.000.000 (n.d.r.: € 25.822,84)» sono state così sostituite dalle parole: «a euro 5.000 e non superiore a euro 50.000» dall'art. 8, comma 3 bis, lett. a), del D.L. 6 luglio 2012, n. 95, convertito, con modificazioni, nella L. 7 agosto 2012, n. 135.*

([4]) *Le parole da: «, per la durata dell'azione stessa ...» fino a: «... pubblici dipendenti» sono state così sostituite dalle attuali da: «i permessi sindacali retribuiti ...» fino a: «... due mesi dalla cessazione del comportamento» dall'art. 3, comma 2, della L. 11 aprile 2000, n. 83.*

([5]) *La Corte costituzionale, con sentenza n. 57 del 24 febbraio 1995, ha dichiarato l'illegittimità costituzionale di questo comma, nella parte in cui non prevede che la sospensione dei benefici di ordine patrimoniale ivi previsti avvenga su indicazione della Commissione di cui all'art. 12 della L. n. 146/1990.*

([6]) *Questo comma è stato abrogato dall'art. 3, comma 3, della L. 11 aprile 2000, n. 83.*

([7]) *Le parole: «da euro 5.000» sono state così sostituite dalle attuali: «da euro 2.500» dall'art. 1, comma 522, lett. a), n. 2), della L. 24 dicembre 2012, n. 228.*

([8]) *Le parole: «da lire 5.000.000 (n.d.r.: € 2.582,28) a lire 50.000.000 (n.d.r.: a € 25.822,84)» sono state così sostituite dalle parole: «da euro 5.000 a euro 50.000» dall'art. 8, comma 3 bis, lett. b), del D.L. 6 luglio 2012, n. 95, convertito, con modificazioni, nella L. 7 agosto 2012, n. 135.*

([9]) *Questo comma è stato così sostituito dall'art. 3, comma 4, della L. 11 aprile 2000, n. 83. L'art. 16 della stessa legge dispone:*

«16. 1. Le sanzioni previste dagli articoli 4 e 9 della legge 12 giugno 1990, n. 146, non si applicano alle violazioni commesse anteriormente al 31 dicembre 1999.

«2. Le sanzioni comminate, anteriormente al 31 dicembre 1999, per le violazioni di cui al comma 1 sono estinte.

«3. I giudizi di opposizione agli atti con i quali sono state comminate sanzioni per le violazioni di cui al comma 1, commesse anteriormente al 31 dicembre 1999, pendenti, in qualsiasi stato e grado, sono automaticamente estinti con compensazione delle spese.

«4. In nessun caso si fa luogo al rimborso di somme corrisposte per il pagamento delle sanzioni».

([10]) *A norma dell'art. 1, comma 1177, della L. 27 dicembre 2006, n. 296, gli importi delle sanzioni amministrative previste per la violazione di norme in materia di lavoro, legislazione sociale, previdenza e tutela della sicurezza e salute nei luoghi di lavoro entrate in vigore prima del 1° gennaio 1999 sono quintuplicati.*

([11]) *Le parole: «di euro 5.000» sono state così sostituite dalle attuali: «di euro 2.500» dall'art. 1, comma 522, lett. a), n. 3), della L. 24 dicembre 2012, n. 228.*

([12]) *Le parole: «da un minimo di lire 5.000.000 (n.d.r.: € 2.582,28) a un massimo di lire 50.000.000 (n.d.r.: € 25.822,84)» sono state così sostituite dalle parole: «da un minimo di euro 5.000 a un massimo di euro 50.000» dall'art. 8, comma 3 bis, lett. c), del D.L. 6 luglio 2012, n. 95, convertito, con modificazioni, nella L. 7 agosto 2012, n. 135.*

([13]) *Questo comma è stato inserito dall'art. 3, comma 5, della L. 11 aprile 2000, n. 83.*

([14]) *Le parole: «da lire 400.000 (n.d.r.: € 206) a lire 1.000.000 (n.d.r.: € 516» sono state così sostituite dalle parole: «da euro 400 a euro 1.000» dall'art. 8, comma 3 bis, lett. d), del D.L. 6 luglio 2012, n. 95, convertito, con modificazioni, nella L. 7 agosto 2012, n. 135.*

5. 1. Le amministrazioni o le imprese erogatrici di servizi di cui all'art. 1 sono tenute a rendere pubblico tempestivamente il numero dei lavoratori che hanno partecipato allo sciopero, la durata dello stesso e la misura delle trattenute effettuate secondo la disciplina vigente.

6. 1. All'art. 28 della L. 20 maggio 1970, n. 300, sono aggiunti, in fine, i seguenti commi: (*Omissis*)

7. 1. La disciplina di cui all'art. 28 della L. 20 maggio 1970, n. 300, si applica anche in caso di violazione di clausole concernenti i diritti e l'attività del sindacato contenute negli accordi di cui al decreto legislativo 3 febbraio 1993, n. 29 ([1]), e successive modificazioni ([2]), e nei contratti collettivi di lavoro, che disciplinano il rapporto di lavoro nei servizi di cui alla presente legge.

([1]) *Si veda ora il D.L.vo 30 marzo 2001, n. 165.*

([2]) *Le parole: «di cui alla legge 29 marzo 1983, n. 93» sono state così sostituite dalle attuali da: «di cui al decreto legislativo ...» fino a: «... modificazioni» dall'art. 5 della L. 11 aprile 2000, n. 83.*

7 bis. ([1]) 1. Le associazioni degli utenti riconosciute ai fini della legge 30 luglio 1998, n. 281, sono legittimate ad agire in giudizio ai sensi dell'articolo 3 della citata legge, in deroga alla procedura di conciliazione di cui al comma 3 dello stesso articolo, anche al solo fine di ottenere la pubblicazione, a spese del responsabile, della sentenza che accerta la violazione dei diritti degli utenti, limitatamente ai casi seguenti:

a) nei confronti delle organizzazioni sindacali responsabili, quando lo sciopero sia stato revocato dopo la comunicazione all'utenza al di fuori dei casi di cui all'articolo 2, comma 6, e quando venga effettuato nonostante la delibera di invito della Commissione di garanzia di differirlo ai sensi dell'articolo 13, comma 1, lettere *c*), *d*), *e*) ed *h*), e da ciò consegua un pregiudizio al diritto degli utenti di usufruire con certezza dei servizi pubblici;

b) nei confronti delle amministrazioni, degli enti o delle imprese che erogano i servizi di cui all'articolo 1, qualora non vengano fornite adeguate informazioni agli utenti ai sensi dell'articolo 2, comma 6, e da ciò consegua un pregiudizio al diritto degli utenti di usufruire dei servizi pubblici secondo standard di qualità e di efficienza.

(1) *Questo articolo è stato inserito dall'art. 6 della L. 11 aprile 2000, n. 83.*

8. (1) 1. Quando sussista il fondato pericolo di un pregiudizio grave e imminente ai diritti della persona costituzionalmente tutelati di cui all'articolo 1, comma 1, che potrebbe essere cagionato dall'interruzione o dalla alterazione del funzionamento dei servizi pubblici di cui all'articolo 1, conseguente all'esercizio dello sciopero o a forme di astensione collettiva di lavoratori autonomi, professionisti o piccoli imprenditori, su segnalazione della Commissione di garanzia ovvero, nei casi di necessità e urgenza, di propria iniziativa, informando previamente la Commissione di garanzia, il Presidente del Consiglio dei ministri o un Ministro da lui delegato, se il conflitto ha rilevanza nazionale o interregionale, ovvero, negli altri casi, il prefetto o il corrispondente organo nelle regioni a statuto speciale, informati i presidenti delle regioni o delle province autonome di Trento e di Bolzano, invitano le parti a desistere dai comportamenti che determinano la situazione di pericolo, esperiscono un tentativo di conciliazione, da esaurire nel più breve tempo possibile, e se il tentativo non riesce, adottano con ordinanza le misure necessarie a prevenire il pregiudizio ai diritti della persona costituzionalmente tutelati di cui all'articolo 1, comma 1.

2. L'ordinanza può disporre il differimento dell'astensione collettiva ad altra data, anche unificando astensioni collettive già proclamate, la riduzione della sua durata ovvero prescrivere l'osservanza da parte dei soggetti che la proclamano, dei singoli che vi aderiscono e delle amministrazioni o imprese che erogano il servizio, di misure idonee ad assicurare livelli di funzionamento del servizio pubblico compatibili con la salvaguardia dei diritti della persona costituzionalmente tutelati di cui all'articolo 1, comma 1. Qualora la Commissione di garanzia, nella sua segnalazione o successivamente, abbia formulato una proposta in ordine alle misure da adottare con l'ordinanza al fine di evitare il pregiudizio ai predetti diritti, l'autorità competente ne tiene conto. L'ordinanza è adottata non meno di quarantotto ore prima dell'inizio dell'astensione collettiva, salvo che sia ancora in corso il tentativo di conciliazione o vi siano ragioni di urgenza, e deve specificare il periodo di tempo durante il quale i provvedimenti dovranno essere osservati dalle parti.

3. L'ordinanza viene portata a conoscenza dei destinatari mediante comunicazione da effettuare, a cura dell'autorità che l'ha emanata, ai soggetti che promuovono l'azione, alle amministrazioni o alle imprese erogatrici del servizio ed alle persone fisiche i cui nominativi siano eventualmente indicati nella stessa, nonché mediante affissione nei luoghi di lavoro, da compiere a cura dell'amministrazione o dell'impresa erogatrice. Dell'ordinanza viene altresì data notizia mediante adeguate forme di pubblicazione sugli organi di stampa, nazionali o locali, o mediante diffusione attraverso la radio e la televisione.

4. Dei provvedimenti adottati ai sensi del presente articolo, il Presidente del Consiglio dei ministri dà comunicazione alle Camere.

(1) *Questo articolo è stato così sostituito dall'art. 7 della L. 11 aprile 2000, n. 83.*

9. 1. L'inosservanza da parte dei singoli prestatori di lavoro, professionisti o piccoli imprenditori (1) delle disposizioni contenute nell'ordinanza di cui all'art. 8 è assoggettata alla sanzione amministrativa pecuniaria per ogni giorni di mancata ottemperanza, determinabile, con riguardo alla gravità dell'infrazione ed alle condizioni economiche dell'agente, da un minimo di euro 500 a un massimo di euro 1.000 (2). Le organizzazioni dei lavoratori, le associazioni e gli organismi di rappresentanza dei lavoratori autonomi, professionisti e piccoli imprenditori, che non ottemperano all'ordinanza di cui all'articolo 8 sono puniti con la sanzione amministrativa pecuniaria da euro 2.500 (3) a euro 50.000 (4) per ogni giorno di mancata ottemperanza, a seconda della consistenza economica dell'organizzazione, associazione o organismo rappresentativo e della gravità delle conseguenze dell'infrazione. Le sanzioni sono irrogate con decreto della stessa autorità che ha emanato l'ordinanza e sono applicate con ordinanza-ingiunzione della direzione provinciale del lavoro-sezione ispettorato del lavoro (5) (6).

2. In caso di inosservanza delle disposizioni contenute nell'ordinanza di cui all'art. 8 i preposti al settore nell'ambito delle amministrazioni, degli enti o delle imprese erogatrici di servizi sono soggetti alla sanzione am-

ministrativa della sospensione dall'incarico, ai sensi dell'art. 20, comma primo della L. 24 novembre 1981, n. 689 per un periodo non inferiore a trenta giorni e non superiore a un anno.

3. Le somme percepite ai sensi del comma 1 sono devolute all'Istituto nazionale della previdenza sociale, gestione dell'assicurazione obbligatoria per la disoccupazione involontaria.

4. Le sanzioni sono irrogate con decreto della stessa autorità che ha emanato l'ordinanza. Avverso il decreto è proponibile impugnazione ai sensi degli artt. 22 e seguenti della L. 24 novembre 1981, n. 689.

(1) *Le originarie parole: «dei prestatori di lavoro subordinato o autonomo» sono state così sostituite dalle attuali: «dei singoli prestatori di lavoro, professionisti o piccoli imprenditori» dall'art. 8, comma 1, della L. 11 aprile 2000, n. 83.*

(2) *Le parole: «da un minimo di lire 500.000 (n.d.r.: € 258) ad un massimo di lire 1.000.000 (n.d.r.: € 516)» sono state così sostituite dalle parole: «da un minimo di euro 500 a un massimo di euro 1.000» dall'art. 8, comma 3 bis, lett. e), del D.L. 6 luglio 2012, n. 95, convertito, con modificazioni, nella L. 7 agosto 2012, n. 135.*

(3) *Le parole: «da euro 5.000» sono state così sostituite dalle attuali: «da euro 2.500» dall'art. 1, comma 522, lett. b), della L. 24 dicembre 2012, n. 228.*

(4) *Le parole: «da lire 5.000.000 (n.d.r.: € 2.582) a lire 50.000.000 (n.d.r.: € 25.822)» sono state così sostituite dalle parole: «da euro 5.000 a euro 50.000» dall'art. 8, comma 3 bis, lett. f), del D.L. 6 luglio 2012, n. 95, convertito, con modificazioni, nella L. 7 agosto 2012, n. 135.*

(5) *Le originarie parole: «da un minimo di lire 100.000 ad un massimo di lire 400.000» sono state così sostituite dalle attuali da: «da un minimo ...» sino alla fine del comma dall'art. 8, comma 2, della L. 11 aprile 2000, n. 83.*

(6) *A norma dell'art. 1, comma 1177, della L. 27 dicembre 2006, n. 296, gli importi delle sanzioni amministrative previste per la violazione di norme in materia di lavoro, legislazione sociale, previdenza e tutela della sicurezza e salute nei luoghi di lavoro entrate in vigore prima del 1° gennaio 1999 sono quintuplicati.*

10. 1. I soggetti che promuovono lo sciopero, le amministrazioni, le imprese e i singoli prestatori di lavoro destinatari del provvedimento, che ne abbiano interesse, possono promuovere ricorso contro l'ordinanza prevista dall'art. 8, comma 2, nel termine di sette giorni dalla sua comunicazione o, rispettivamente, dal giorno successivo a quello della sua affissione nei luoghi di lavoro, avanti al tribunale amministrativo regionale competente. La proposizione del ricorso non sospende l'immediata esecutività dell'ordinanza.

2. Se ricorrono fondati motivi il tribunale amministrativo regionale, acquisite le deduzioni delle parti, nella prima udienza utile, sospende il provvedimento impugnato anche solo limitatamente alla parte in cui eccede l'esigenza di salvaguardia di cui all'art. 8, comma 1.

11. 1. Sono abrogati gli articoli 330 e 333 del codice penale.

12. 1. È istituita una Commissione di garanzia dell'attuazione della legge, al fine di valutare l'idoneità delle misure volte ad assicurare il contemperamento dell'esercizio del diritto di sciopero con il godimento dei diritti della persona, costituzionalmente tutelati, di cui al comma 1, dell'art. 1.

2. La Commissione è composta da nove membri, scelti, su designazione dei Presidenti della Camera dei deputati e del Senato della Repubblica, tra esperti in materia di diritto costituzionale, di diritto del lavoro e di relazioni industriali, e nominati con decreto del Presidente della Repubblica; essa può avvalersi della consulenza di esperti di organizzazione dei servizi pubblici essenziali interessati dal conflitto, nonché di esperti che si siano particolarmente distinti nella tutela degli utenti. La Commissione si avvale di personale, anche con qualifica dirigenziale, delle amministrazioni pubbliche o di altri organismi di diritto pubblico (1) in posizione di comando o fuori ruolo, adottando a tale fine i relativi provvedimenti (2). Per i dipendenti pubblici si applica la disposizione di cui all'articolo 17, comma 14, della legge 15 maggio 1997, n. 127 (2). La Commissione individua, con propria deliberazione, i contingenti di personale di cui avvalersi nel limite massimo di trenta unità (2). Il personale in servizio presso la Commissione in posizione di comando o fuori ruolo conserva lo stato giuridico e il trattamento economico fondamentale delle amministrazioni di provenienza, a carico di queste ultime (2). Allo stesso personale spettano un'indennità nella misura prevista per il personale dei ruoli della Presidenza del Consiglio dei ministri, nonché gli altri trattamenti economici accessori previsti dai contratti collettivi nazionali di lavoro (2). I trattamenti accessori gravano sul fondo di cui al comma 5 (2). Non possono far parte della Commissione i parlamentari e le persone che rivestano altre cariche pubbliche elettive, ovvero cariche in partiti politici, in organizzazioni sindacali o in associazioni di datori di lavoro, nonché coloro che abbiano comunque con i suddetti organismi ovvero con amministrazioni od imprese di erogazio-

ne di servizi pubblici rapporti continuativi di collaborazione o di consulenza.

3. La Commissione elegge nel suo seno il presidente; è nominata per sei anni (3) e i suoi membri possono essere confermati una sola volta.

4. La Commissione stabilisce le modalità del proprio funzionamento. Acquisisce, anche mediante audizioni, dati e informazioni dalle pubbliche amministrazioni, dalle organizzazioni sindacali e dalle imprese, nonché dalle associazioni degli utenti dei servizi pubblici essenziali. Può avvalersi, altresì, delle attività del Consiglio nazionale dell'economia e del lavoro (CNEL), nonché di quelle degli Osservatori del mercato del lavoro e dell'Osservatorio del pubblico impiego.

5. - 6. (*Omissis*).

6 *bis*. Al fine di garantire la continuità dell'attività della Commissione, nei limiti dei contingenti di cui al comma 2, il personale di ruolo della pubblica amministrazione, in servizio in posizione di comando alla data del 30 giugno 2013, che ne fa richiesta, è trasferito alla Commissione e inquadrato nel ruolo organico del personale della Commissione, appositamente istituito senza nuovi o maggiori oneri a carico della finanza pubblica, con corrispondente riduzione delle dotazioni organiche delle amministrazioni di appartenenza e trasferimento delle relative risorse finanziarie. Il numero delle unità di personale in posizione di comando di cui l'amministrazione può avvalersi ai sensi del comma 2 è ridotto di un numero pari alle unità immesse in ruolo (4).

(1) *Le parole: «o di altri organismi di diritto pubblico», sono state aggiunte dall'art. 2, comma 8* decies, *del D.L. 30 dicembre 2009, n. 194, convertito, con modificazioni, nella L. 26 febbraio 2010, n. 25.*

(2) *Il secondo e terzo periodo di questo comma, inseriti dall'art. 17, comma 13, della L. 15 maggio 1997, n. 127, sono stati così sostituiti dagli attuali periodi da secondo a settimo dall'art. 9 della L. 11 aprile 2000, n. 83.*

(3) *Le parole: «per un triennio» sono state così sostituite dalle attuali: «per sei anni» dall'art. 1, comma 23* duodecies *del D.L. 30 dicembre 2009, n. 194, convertito, con modificazioni, nella L. 26 febbraio 2010, n. 25. Ai membri della Commissione sul diritto di sciopero di cui a questo articolo in carica alla data di entrata in vigore della legge di conversione del presente decreto, si applica il termine di durata in carica disposto ai sensi dell'art. 1, comma 23* duodecies, *del decreto stesso, con decorrenza dalla stessa data.*

(4) *Questo comma è stato aggiunto dall'art. 1, comma 323, della L. 27 dicembre 2013, n. 147.*

13. (1) 1. La Commissione:

a) valuta, anche di propria iniziativa, sentite le organizzazioni dei consumatori e degli utenti riconosciute ai fini dell'elenco di cui alla legge 30 luglio 1998, n. 281, che siano interessate ed operanti nel territorio di cui trattasi, le quali possono esprimere il loro parere entro il termine stabilito dalla Commissione medesima, l'idoneità delle prestazioni indispensabili, delle procedure di raffreddamento e conciliazione e delle altre misure individuate ai sensi del comma 2 dell'articolo 2 a garantire il contemperamento dell'esercizio del diritto di sciopero con il godimento dei diritti della persona costituzionalmente tutelati, di cui al comma 1 dell'articolo 1, e qualora non le giudichi idonee sulla base di specifica motivazione, sottopone alle parti una proposta sull'insieme delle prestazioni, procedure e misure da considerare indispensabili. Le parti devono pronunciarsi sulla proposta della Commissione entro quindici giorni dalla notifica. Se non si pronunciano, la Commissione, dopo avere verificato, in seguito ad apposite audizioni da svolgere entro il termine di venti giorni, l'indisponibilità delle parti a raggiungere un accordo, adotta con propria delibera la provvisoria regolamentazione delle prestazioni indispensabili, delle procedure di raffreddamento e di conciliazione e delle altre misure di contemperamento, comunicandola alle parti interessate, che sono tenute ad osservarla agli effetti dell'articolo 2, comma 3, fino al raggiungimento di un accordo valutato idoneo. Nello stesso modo la Commissione valuta i codici di autoregolamentazione di cui all'articolo 2 *bis*, e provvede nel caso in cui manchino o non siano idonei ai sensi della presente lettera. La Commissione, al fine della provvisoria regolamentazione di cui alla presente lettera, deve tenere conto delle previsioni degli atti di autoregolamentazione vigenti in settori analoghi o similari nonché degli accordi sottoscritti nello stesso settore dalle organizzazioni sindacali comparativamente più rappresentative sul piano nazionale. Nella provvisoria regolamentazione, le prestazioni indispensabili devono essere individuate in modo da non compromettere, per la durata della regolamentazione stessa, le esigenze fondamentali di cui all'articolo l; salvo casi particolari, devono essere contenute in misura non eccedente mediamente il 50 per cento delle prestazioni normalmente erogate e riguardare quote strettamente necessarie di personale non superiori mediamente ad un terzo del personale normalmente utilizzato per la piena erogazione del servizio nel tempo interessato dallo sciopero, tenuto conto delle condizioni tecniche e della sicurezza. Si deve comunque tenere conto dell'utilizzabilità di servizi alternativi o forniti da imprese concorrenti. Quando, per le finalità di cui all'articolo 1 è necessario assicurare fasce orarie di erogazione dei servizi, questi ultimi devono essere garantiti nella misura di quelli normalmente offerti e pertanto non rientrano nella predetta percentuale del 50 per cento. Eventuali deroghe da parte della Commissione, per casi particolari, devono essere adeguatamente motivate con specifico riguardo alla necessità di garantire livelli di funzionamento e di sicurezza strettamente occorrenti all'erogazione dei servizi, in modo da non compromettere le esigenze fondamentali di cui all'articolo 1. I medesimi criteri previsti per la individuazione delle prestazioni indispensabili ai fini della provvisoria regolamentazione costituiscono parametri di riferimento per la valutazione, da parte della Commissione, dell'idoneità degli atti negoziali e di autoregolamentazione. Le delibere adottate dalla Commissione ai sensi della presente lettera sono immediatamente trasmesse ai Presidenti delle Camere;

b) esprime il proprio giudizio sulle questioni interpretative o applicative dei contenuti degli accordi o codici di autoregolamentazione di cui al comma 2 dell'articolo 2 e all'articolo 2 *bis* per la parte di propria competenza su richiesta congiunta delle parti o di propria iniziativa. Su richiesta congiunta delle parti interessate, la Commissione può inoltre emanare un lodo sul merito della controversia. Nel caso in cui il servizio sia svolto con il concorso di una pluralità di amministrazioni ed imprese la Commissione può convocare le amministrazioni e le imprese interessate, incluse quelle che erogano servizi strumentali, accessori o collaterali, e le rispettive organizzazioni sindacali, e formulare alle parti interessate una proposta intesa a rendere omogenei i regolamenti di cui al comma 2 dell'articolo 2, tenuto conto delle esigenze del servizio nella sua globalità;

c) ricevuta la comunicazione di cui all'articolo 2, comma 1, può assumere informazioni o convocare le parti in apposite audizioni, per verificare se sono stati esperiti i tentativi di conciliazione e se vi sono le condizioni per una composizione della controversia, e nel caso di conflitti di particolare rilievo nazionale può invitare, con apposita delibera, i soggetti che hanno proclamato lo sciopero a differire la data dell'astensione dal lavoro per il tempo necessario a consentire un ulteriore tentativo di mediazione ([2]);

d) indica immediatamente ai soggetti interessati eventuali violazioni delle disposizioni relative al preavviso, alla durata massima, all'esperimento delle procedure preventive di raffreddamento e di conciliazione, ai periodi di franchigia, agli intervalli minimi tra successive proclamazioni, e ad ogni altra prescrizione riguardante la fase precedente all'astensione collettiva, e può invitare, con apposita delibera, i soggetti interessati a riformulare la proclamazione in conformità alla legge e agli accordi o codici di autoregolamentazione differendo l'astensione dal lavoro ad altra data;

e) rileva l'eventuale concomitanza tra interruzioni o riduzioni di servizi pubblici alternativi, che interessano il medesimo bacino di utenza, per effetto di astensioni collettive proclamate da soggetti sindacali diversi e può invitare i soggetti la cui proclamazione sia stata comunicata successivamente in ordine di tempo a differire l'astensione collettiva ad altra data;

f) segnala all'autorità competente le situazioni nelle quali dallo sciopero o astensione collettiva può derivare un imminente e fondato pericolo di pregiudizio ai diritti della persona costituzionalmente tutelati di cui all'articolo 1, comma 1, e formula proposte in ordine alle misure da adottare con l'ordinanza di cui all'articolo 8 per prevenire il predetto pregiudizio;

g) assume informazioni dalle amministrazioni e dalle imprese erogatrici di servizi di cui all'articolo 1, che sono tenute a fornirle nel termine loro indicato, circa l'applicazione delle delibere sulle sanzioni ai sensi dell'articolo 4, circa gli scioperi proclamati ed effettuati, le revoche, le sospensioni e i rinvii di scioperi proclamati; nei casi di conflitto di particolare rilievo nazionale, può acquisire dalle medesime amministrazioni e imprese, e dalle altre parti interessate, i termini economici e normativi della controversia e sentire le parti interessate, per accertare le cause di insorgenza dei conflitti, ai sensi dell'articolo 2, comma 6, e gli aspetti che riguardano l'interesse degli utenti può acquisire dall'INPS, che deve fornirli entro trenta giorni dalla richiesta, dati analitici relativamente alla devoluzione dei contributi sindacali per effetto dell'applicazione delle sanzioni previste dall'articolo 4;

h) se rileva comportamenti delle amministrazioni o imprese che erogano i servizi di cui, all'articolo 1 in evidente violazione della presente legge o delle procedure previste da accordi o contratti collettivi o comportamenti illegittimi che comunque possano determinare l'insorgenza o l'aggravamento di conflitti in corso, invita, con apposita delibera, le amministrazioni o le imprese predette a desistere dal comportamento e ad osservare gli obblighi derivanti dalla legge o da accordi o contratti collettivi;

i) valuta, con la procedura prevista dall'articolo 4, comma 4 *quater*, il comportamento delle parti e se rileva eventuali inadempienze o violazioni degli obblighi che derivano dalla presente legge, degli accordi o contratti collettivi sulle prestazioni indispensabili, delle procedure di raffreddamento e conciliazione e delle altre misure di contemperamento, o dei codici di autoregolamentazione, di cui agli articoli 2, commi 1 e 2, e 2 *bis*, considerate anche le cause di insorgenza del conflitto, delibera le sanzioni previste dall'articolo 4 e, per quanto disposto dal comma 1 dell'articolo 4, prescrive al datore di lavoro di applicare le sanzioni disciplinari;

l) assicura forme adeguate e tempestive di pubblicità delle proprie delibere, con particolare riguardo alle delibere di invito di cui alle lettere *c*) *d*), *e*) ed *h*), e può richiedere la pubblicazione nella *Gazzetta Ufficiale* di comunicati contenenti gli accordi o i codici di autoregolamentazione di ambito nazionale valutati idonei o le eventuali provvisorie regolamentazioni da essa deliberate in mancanza di accordi o codici idonei. Le amministrazioni e le imprese erogatrici di servizi hanno l'obbligo di rendere note le delibere della Commissione, nonché gli accordi o contratti collettivi di cui all'articolo 2, comma 2, mediante affissione in luogo accessibile a tutti;

m) riferisce ai Presidenti delle Camere, su richiesta dei medesimi o di propria iniziativa, sugli aspetti di propria competenza dei conflitti nazionali e locali relativi a servizi pubblici essenziali, valutando la conformità della condotta tenuta dai soggetti collettivi ed individuali, dalle amministrazioni e dalle imprese, alle norme di autoregolamentazione o alle clausole sulle prestazioni indispensabili;

n) trasmette gli atti e le pronunce di propria competenza ai Presidenti delle Camere e al Governo, che ne assicura la divulgazione tramite i mezzi di informazione.

(1) *Questo articolo è stato così sostituito dall'art. 10 della L. 11 aprile 2000, n. 83.*

(2) *La Corte costituzionale, con sentenza n. 57 del 24 febbraio 1995, ha dichiarato l'illegittimità di questo comma nella parte in cui non prevede che la segnalazione della commissione sia effettuata anche ai fini del comma 2 dell'art. 4.*

14. 1. Nell'ipotesi di dissenso tra le organizzazioni sindacali dei lavoratori su clausole specifiche concernenti l'individuazione o le modalità di effettuazione delle prestazioni indispensabili di cui al comma 2 dell'art. 2, la Commissione di cui all'art. 12, di propria iniziativa ovvero su proposta di una delle organizzazioni sindacali che hanno preso parte alle trattative, o su richiesta motivata dei prestatori di lavoro dipendenti dall'amministrazione o impresa erogatrice del servizio, indice (1), sempre che valuti idonee, ai fini di cui al comma 2 dell'art. 1, le clausole o le modalità controverse oggetto della consultazione e particolarmente rilevante il numero dei lavoratori interessati che ne fanno richiesta, una consultazione tra i lavoratori interessati sulle clausole cui si riferisce il dissenso, indicando le modalità di svolgimento, ferma restando la valutazione di cui all'art. 13, comma 1, lett. *a*). La consultazione si svolge entro i quindici giorni successivi alla sua indizione, fuori dell'orario di lavoro, nei locali dell'impresa o dell'amministrazione interessata. L'Ispettorato provinciale del lavoro competente per territorio sovraintende allo svolgimento della consultazione e cura che essa venga svolta con modalità che assicurino la segretezza del voto e garantiscano la possibilità di prendervi parte a tutti gli aventi diritto. La Commissione formula, peraltro, la propria proposta sia nell'ipotesi in cui persista, dopo l'esito della consultazione, il disaccordo tra le organizzazioni sindacali, sia nel caso in cui valuti non adeguate le misure individuate nel contratto od accordo eventualmente stipulato dopo la consultazione stessa.

(1) *Le parole: «può indire» sono state così sostituite dall'art. 11 della L. 11 aprile 2000, n. 83.*

15. 1. All'art. 11 della L. 29 marzo 1983, n. 93, il comma quinto è sostituito dal seguente: (*omissis*).

16. 1. Le clausole di cui al comma 2 dell'art. 2 della presente legge restano in vigore fino ad eventuale specifica disdetta comunicata almeno sei mesi prima della scadenza dei contratti collettivi o degli accordi di cui alla L. 29 marzo 1983, n. 93 (1).

(1) *Legge quadro sul pubblico impiego. La materia è ora disciplinata dal D.L.vo 30 marzo 2001, n. 165.*

17. (1) 1. (*Omissis*)

(1) *Questo articolo è stato abrogato dall'art. 12 della L. 11 aprile 2000, n. 83.*

18. 1. I commi ottavo e nono dell'art. 6 della L. 29 marzo 1983, n. 93 ([1]), sono sostituiti dai seguenti: (*omissis*).

2. (*Omissis*).

([1]) *Legge quadro sul pubblico impiego, abrogata dal D.L.vo 30 marzo 2001, n. 165, norme generali sull'ordinamento del lavoro alle dipendenze delle amministrazioni pubbliche.*

19. 1. Entro sei mesi dalla data di entrata in vigore della presente legge le parti provvedono a stipulare i contratti collettivi e a sottoscrivere gli accordi di cui al comma 2 dell'art. 2.

2. Fino a quando non vi abbiano provveduto, le parti stesse, in caso di astensione collettiva dal lavoro, devono comunque attenersi a quanto previsto dal comma 1 dell'art. 2.

20. 1. Resta in ogni caso fermo, per gli aspetti ivi diversamente disciplinati, quanto già previsto in materia dal decreto del Presidente della Repubblica 13 febbraio 1964, n. 185, e dalla L. 23 maggio 1980, n. 242. Resta inoltre fermo quanto previsto dall'articolo 2 del testo unico delle leggi di pubblica sicurezza, approvato con regio decreto 18 giugno 1931, n. 773, e dall'articolo 38 della legge 8 giugno 1990, n. 142, e successive modificazioni ([1]), nonché ([2]) dalle leggi 11 luglio 1978, n. 382, e 1° aprile 1981, n. 121.

1 *bis*. Ai fini della presente legge si considerano piccoli imprenditori i soggetti indicati all'articolo 2083 del codice civile ([3]).

([1]) *Si veda, ora, l'art. 54 del D.L.vo 18 agosto 2000, n. 267.*

([2]) *Le parole: «dall'articolo 2 ...» fino a: «... nonché» sono state inserite dall'art. 13 della L. 11 aprile 2000, n. 83.*

([3]) *Questo comma è stato aggiunto dall'art. 14 della L. 11 aprile 2000, n. 83.*

20 *bis*. ([1]) 1. Contro le deliberazioni della Commissione di garanzia in materia di sanzioni è ammesso ricorso al giudice del lavoro.

([1]) *Questo articolo è stato aggiunto dall'art. 15 della L. 11 aprile 2000, n. 83.*

1.

D.L.vo 1 settembre 2011, n. 150. Disposizioni complementari al codice di procedura civile in materia di riduzione e semplificazione dei procedimenti civili di cognizione, ai sensi dell'articolo 54 della legge 18 giugno 2009, n. 69 (*Gazzetta Ufficiale* Serie gen. - n. 220 del 21 settembre 2011) e avviso di rettifica in *Gazzetta Ufficiale* Serie gen. - n. 246 del 21 ottobre 2011.

Capo I
Disposizioni Generali

1. Definizioni. – 1. Ai fini del presente decreto si intende per:

a) Rito ordinario di cognizione: il procedimento regolato dalle norme del titolo I e del titolo III del libro secondo del codice di procedura civile;

b) Rito del lavoro: il procedimento regolato dalle norme della sezione II del capo I del titolo IV del libro secondo del codice di procedura civile;

c) Rito semplificato di cognizione: il procedimento regolato dalle norme del capo III *quater* del titolo I del libro secondo del codice di procedura civile (¹).

(¹) *Questa lettera è stata così sostituita dall'art. 15, comma 3, lett.* a), *del D.L.vo 10 ottobre 2022, n. 149, a decorrere dal 28 febbraio 2023.*

Si riporta il testo precedente:

*«*c) *Rito sommario di cognizione: il procedimento regolato dalle norme del capo III* bis *del titolo I del libro quarto del codice di procedura civile.».*

2. Disposizioni comuni alle controversie disciplinate dal rito del lavoro. – 1. Nelle controversie disciplinate dal Capo II, non si applicano, salvo che siano espressamente richiamati, gli articoli 413, 415, settimo comma, 417, 417 *bis*, 420 *bis*, 421, terzo comma, 425, 426, 427, 429, terzo comma, 431, dal primo al quarto comma e sesto comma, 433, 438, secondo comma, e 439 del codice di procedura civile.

2. L'ordinanza prevista dall'articolo 423, secondo comma, del codice di procedura civile può essere concessa su istanza di ciascuna parte.

3. L'articolo 431, quinto comma, si applica alle sentenze di condanna a favore di ciascuna delle parti.

4. Salvo che sia diversamente disposto, i poteri istruttori previsti dall'articolo 421, secondo comma, del codice di procedura civile non vengono esercitati al di fuori dei limiti previsti dal codice civile.

3. Disposizioni comuni alle controversie disciplinate dal rito semplificato (¹) di cognizione. – 1. Nelle controversie disciplinate dal Capo III, non si applica il comma primo dell'articolo 281 *duodecies* del codice di procedura civile (²).

2. Quando la causa è giudicata in primo grado in composizione collegiale, [con il decreto di cui all'articolo 702 *bis*, terzo comma, del codice di procedura civile] (³) il presidente del collegio designa il giudice relatore. Il presidente può delegare l'assunzione dei mezzi istruttori ad uno dei componenti del collegio.

3. Fermo quanto previsto dal comma 1, quando è competente la corte di appello in primo grado il presidente nomina l'istruttore a norma dell'articolo 349 *bis* del codice di procedura civile e il procedimento è regolato dagli articoli 281 *undecies* e 281 *duodecies* del codice di procedura civile (⁴).

(¹) *La parola: «sommario» è stata così sostituita dalla attuale «semplificato» dall'art. 15, comma 3, lett.* b), *n. 4), del D.L.vo 10 ottobre 2022, n. 149, a decorrere dal 28 febbraio 2023.*

(²) *Le parole: «non si applicano i commi secondo e terzo dell'articolo 702* ter *del codice di procedura civile» sono state così sostituite dalle attuali: «non si applica il comma primo dell'articolo 281* duodecies *del codice di procedura civile.» dall'art. 15, comma 3, lett.* b), *n. 1), del D.L.vo 10 ottobre 2022, n. 149, a decorrere dal 28 febbraio 2023.*

(³) *Le parole tra parentesi quadrate sono state soppresse dall'art. 15, comma 3, lett.* b), *n. 2), del D.L.vo 10 ottobre 2022, n. 149, a decorrere dal 28 febbraio 2023.*

(⁴) *Questo comma è stato così sostituito dall'art. 15, comma 3, lett.* b), *n. 3), del D.L.vo 10 ottobre 2022, n. 149, a decorrere dal 28 febbraio 2023.*

Si riporta il testo precedente:

«3. Fermo quanto previsto dai commi 1 e 2, quando è competente la corte di appello in primo grado il procedimento è regolato dagli articoli 702 bis *e 702* ter *del codice di procedura civile.».*

4. Mutamento del rito. – 1. Quando una controversia viene promossa in forme diverse da quelle previste dal presente decreto, il giudice dispone il mutamento del rito con ordinanza.

2. L'ordinanza prevista dal comma 1 viene pronunciata dal giudice, anche d'ufficio, entro il termine di cui all'articolo 171 *bis* del codice di procedura civile (1).

3. Quando la controversia rientra tra quelle per le quali il presente decreto prevede l'applicazione del rito del lavoro, il giudice fissa l'udienza di cui all'articolo 420 del codice di procedura civile e il termine perentorio entro il quale le parti devono provvedere all'eventuale integrazione degli atti introduttivi mediante deposito di memorie e documenti in cancelleria.

4. Quando dichiara la propria incompetenza, il giudice dispone che la causa sia riassunta davanti al giudice competente con il rito stabilito dalle disposizioni del presente decreto.

5. Gli effetti sostanziali e processuali della domanda si producono secondo le norme del rito seguito prima del mutamento. Restano ferme le decadenze e le preclusioni maturate secondo le norme del rito seguito prima del mutamento.

(1) *Le parole: «non oltre la prima udienza di comparizione delle parti» sono state così sostituite dalle attuali: «entro il termine di cui all'articolo 171* bis *del codice di procedura civile» dall'art. 15, comma 3, lett.* c), *del D.L.vo 10 ottobre 2022, n. 149, a decorrere dal 28 febbraio 2023.*

5. Sospensione dell'efficacia esecutiva del provvedimento impugnato. – 1. Nei casi in cui il presente decreto prevede la sospensione dell'efficacia esecutiva del provvedimento impugnato il giudice vi provvede, se richiesto e sentite le parti, con ordinanza non impugnabile, quando ricorrono gravi e circostanziate ragioni esplicitamente indicate nella motivazione.

2. In caso di pericolo imminente di un danno grave e irreparabile, la sospensione può essere disposta con decreto pronunciato fuori udienza. La sospensione diviene inefficace se non è confermata, entro la prima udienza successiva, con l'ordinanza di cui al comma 1.

Capo II
Delle controversie regolate dal rito del lavoro

6. Dell'opposizione ad ordinanza-ingiunzione. – 1. Le controversie previste dall'articolo 22 della legge 24 novembre 1981, n. 689, sono regolate dal rito del lavoro, ove non diversamente stabilito dalle disposizioni del presente articolo.

2. L'opposizione si propone davanti al giudice del luogo in cui è stata commessa la violazione.

3. Salvo quanto previsto dai commi 4 e 5, e salve le competenze stabilite da altre disposizioni di legge, l'opposizione si propone davanti al giudice di pace.

4. L'opposizione si propone davanti al tribunale quando la sanzione è stata applicata per una violazione concernente disposizioni in materia:

a) di tutela del lavoro, di igiene sui luoghi di lavoro e di prevenzione degli infortuni sul lavoro;

b) di previdenza e assistenza obbligatoria;

c) di tutela dell'ambiente dall'inquinamento, della flora, della fauna e delle aree protette;

d) di igiene degli alimenti e delle bevande;

e) valutaria;

f) di antiriciclaggio.

5. L'opposizione si propone altresì davanti al tribunale:

a) se per la violazione è prevista una sanzione pecuniaria superiore nel massimo a 15.493 euro;

b) quando, essendo la violazione punita con sanzione pecuniaria proporzionale senza previsione di un limite massimo, è stata applicata una sanzione superiore a 15.493 euro;

c) quando è stata applicata una sanzione di natura diversa da quella pecuniaria, sola o congiunta a quest'ultima, fatta eccezione per le violazioni previste dal regio decreto 21 dicembre 1933, n. 1736, dalla legge 15 dicembre 1990, n. 386 e dal decreto legislativo 30 aprile 1992, n. 285.

6. Il ricorso è proposto, a pena di inammissibilità, entro trenta giorni dalla notificazione del provvedimento, ovvero entro sessanta giorni se il ricorrente risiede all'estero, e può essere depositato anche a mezzo del servizio postale.

7. L'efficacia esecutiva del provvedimento impugnato può essere sospesa secondo quanto previsto dall'articolo 5.

8. Con il decreto di cui all'articolo 415, secondo comma, del codice di procedura civile il giudice ordina all'autorità che ha emesso il provvedimento impugnato di depositare in cancelleria, dieci giorni prima dell'udienza fissata, copia del rapporto con gli atti relativi all'accertamento, nonché alla contestazione o notificazione della violazione. Il ricorso e il decreto sono notificati, a cura della can-

celleria, all'opponente e all'autorità che ha emesso l'ordinanza.

9. Nel giudizio di primo grado l'opponente e l'autorità che ha emesso l'ordinanza possono stare in giudizio personalmente. L'autorità che ha emesso l'ordinanza può avvalersi anche di funzionari appositamente delegati. Nel giudizio di opposizione all'ordinanza-ingiunzione di cui all'articolo 205 del decreto legislativo 30 aprile 1992, n. 285, il prefetto può farsi rappresentare in giudizio dall'amministrazione cui appartiene l'organo accertatore, la quale vi provvede a mezzo di propri funzionari appositamente delegati, laddove sia anche destinataria dei proventi della sanzione, ai sensi dell'articolo 208 del medesimo decreto.

10. Alla prima udienza, il giudice:

a) quando il ricorso è proposto oltre i termini di cui al comma 6, lo dichiara inammissibile con sentenza;

b) quando l'opponente o il suo difensore non si presentano senza addurre alcun legittimo impedimento, convalida con ordinanza appellabile il provvedimento opposto e provvede sulle spese, salvo che l'illegittimità del provvedimento risulti dalla documentazione allegata dall'opponente, ovvero l'autorità che ha emesso l'ordinanza abbia omesso il deposito dei documenti di cui al comma 8.

11. Il giudice accoglie l'opposizione quando non vi sono prove sufficienti della responsabilità dell'opponente.

12. Con la sentenza che accoglie l'opposizione il giudice può annullare in tutto o in parte l'ordinanza o modificarla anche limitatamente all'entità della sanzione dovuta, che è determinata in una misura in ogni caso non inferiore al minimo edittale. Nel giudizio di opposizione davanti al giudice di pace non si applica l'articolo 113, secondo comma, del codice di procedura civile.

13. Salvo quanto previsto dall'articolo 10, comma 6 *bis*, del decreto del Presidente della Repubblica 30 maggio 2002, n. 115, gli atti del processo e la decisione sono esenti da ogni tassa e imposta.

7. Dell'opposizione al verbale di accertamento di violazione del codice della strada. – 1. Le controversie in materia di opposizione al verbale di accertamento di violazione del codice della strada di cui all'articolo 204 *bis* del decreto legislativo 30 aprile 1992, n. 285, sono regolate dal rito del lavoro, ove non diversamente stabilito dalle disposizioni del presente articolo.

2. L'opposizione si propone davanti al giudice di pace del luogo in cui è stata commessa la violazione.

3. Il ricorso è proposto, a pena di inammissibilità, entro trenta giorni dalla data di contestazione della violazione o di notificazione del verbale di accertamento, ovvero entro sessanta giorni se il ricorrente risiede all'estero e può essere depositato anche a mezzo del servizio postale. Il ricorso è altresì inammissibile se è stato previamente presentato ricorso ai sensi dell'articolo 203 del decreto legislativo 30 aprile 1992, n. 285.

4. L'opposizione si estende anche alle sanzioni accessorie.

5. La legittimazione passiva spetta al prefetto, quando le violazioni opposte sono state accertate da funzionari, ufficiali e agenti dello Stato, nonché da funzionari e agenti delle Ferrovie dello Stato, delle ferrovie e tranvie in concessione e dell'ANAS; spetta a regioni, province e comuni, quando le violazioni sono state accertate da funzionari, ufficiali e agenti, rispettivamente, delle regioni, delle province e dei comuni.

6. L'efficacia esecutiva del provvedimento impugnato può essere sospesa secondo quanto previsto dall'articolo 5.

7. Con il decreto di cui all'articolo 415, secondo comma, del codice di procedura civile il giudice ordina all'autorità che ha emesso il provvedimento impugnato di depositare in cancelleria, dieci giorni prima dell'udienza fissata, copia del rapporto con gli atti relativi all'accertamento, nonché alla contestazione o notificazione della violazione. Il ricorso ed il decreto sono notificati, a cura della cancelleria, all'opponente ed ai soggetti di cui al comma 5.

8. Nel giudizio di primo grado le parti possono stare in giudizio personalmente. L'amministrazione resistente può avvalersi anche di funzionari appositamente delegati.

9. Alla prima udienza, il giudice:

a) nei casi previsti dal comma 3 dichiara inammissibile il ricorso con sentenza;

b) quando l'opponente o il suo difensore non si presentano senza addurre alcun legittimo impedimento, convalida con ordinanza appellabile il provvedimento opposto e provvede sulle spese, salvo che la illegittimità del provvedimento risulti dalla documentazione allegata dall'opponente, ovvero l'autorità che ha emesso il provvedimento impugnato abbia omesso il deposito dei documenti di cui al comma 7.

10. Con la sentenza che accoglie l'opposizione il giudice può annullare in tutto o in parte

il provvedimento opposto. Il giudice accoglie l'opposizione quando non vi sono prove sufficienti della responsabilità dell'opponente. Non si applica l'articolo 113, secondo comma, del codice di procedura civile.

11. Con la sentenza che rigetta l'opposizione il giudice determina l'importo della sanzione in una misura compresa tra il minimo e il massimo edittale stabilito dalla legge per la violazione accertata. Il pagamento della somma deve avvenire entro i trenta giorni successivi alla notificazione della sentenza e deve essere effettuato a vantaggio dell'amministrazione cui appartiene l'organo accertatore, con le modalità di pagamento da questa determinate.

12. Quando rigetta l'opposizione, il giudice non può escludere l'applicazione delle sanzioni accessorie o la decurtazione dei punti dalla patente di guida.

13. Salvo quanto previsto dall'articolo 10, comma 6 *bis*, del decreto del Presidente della Repubblica 30 maggio 2002, n. 115, gli atti del processo e la decisione sono esenti da ogni tassa e imposta.

8. Dell'opposizione a sanzione amministrativa in materia di stupefacenti. – 1. Le controversie previste dall'articolo 75, comma 9, del decreto del Presidente della Repubblica 9 ottobre 1990, n. 309, sono regolate dall'articolo 6 del presente decreto, salvo quanto previsto dal comma 2.

2. Sono competenti il giudice di pace, e nel caso di trasgressore minorenne, il tribunale per i minorenni del luogo ove ha sede il prefetto che ha pronunciato il provvedimento impugnato.

9. Dell'opposizione ai provvedimenti di recupero di aiuti di Stato. – 1. Ove non diversamente disposto dal presente articolo, le controversie in materia di recupero degli aiuti di Stato previste dall'articolo 1 del decreto legge 8 aprile 2008, n. 59, convertito, con modificazioni, dalla legge 6 giugno 2008, n. 101, sono regolate dalle disposizioni contenute nell'articolo 6 del presente decreto, in quanto compatibili, ad eccezione dei commi 2, 3, 4, 5, 9 e 13.

2. Nelle controversie di cui al comma 1, in deroga a quanto previsto dall'articolo 5, e nei giudizi civili aventi ad oggetto un titolo giudiziale di pagamento conseguente a una decisione di recupero, il giudice, su richiesta di parte, può sospendere l'efficacia esecutiva del titolo amministrativo o giudiziale di pagamento se ricorrono cumulativamente le seguenti condizioni:

a) gravi motivi di illegittimità della decisione di recupero, ovvero evidente errore nella individuazione del soggetto tenuto alla restituzione dell'aiuto di Stato o evidente errore nel calcolo della somma da recuperare e nei limiti di tale errore;

b) pericolo di un pregiudizio imminente e irreparabile.

3. Quando accoglie l'istanza di sospensione per motivi attinenti alla illegittimità della decisione di recupero, il giudice provvede all'immediato rinvio pregiudiziale della questione alla Corte di giustizia dell'Unione europea, se ad essa non sia stata già deferita la questione di validità dell'atto comunitario contestato. L'istanza di sospensione non può in ogni caso essere accolta per motivi attinenti alla legittimità della decisione di recupero quando la parte istante, pur avendone facoltà perché individuata o chiaramente individuabile, non abbia proposto impugnazione avverso la decisione di recupero ai sensi dell'articolo 263 del Trattato sul funzionamento dell'Unione europea, e successive modificazioni, ovvero quando, avendo proposto l'impugnazione, non abbia richiesto la sospensione della decisione di recupero ai sensi dell'articolo 278 del Trattato medesimo ovvero l'abbia richiesta e la sospensione non sia stata concessa.

4. Fuori dei casi in cui è stato disposto il rinvio pregiudiziale alla Corte di giustizia, quando accoglie l'istanza di sospensione il giudice fissa la data dell'udienza di trattazione nel termine di trenta giorni. La causa è decisa nei successivi sessanta giorni.

5. Il presidente di sezione, in ogni grado del procedimento, vigila sul rispetto dei termini di cui al comma 4 e riferisce con relazione trimestrale, rispettivamente, al presidente del tribunale o della corte di appello per le determinazioni di competenza. Nei tribunali non divisi in sezioni le funzioni di vigilanza sono svolte direttamente dal presidente del tribunale.

10. (1) **Delle controversie in materia di applicazione delle disposizioni in materia di protezione dei dati personali.** – 1. Le controversie previste dall'articolo 152 del decreto legislativo 30 giugno 2003, n. 196, sono regolate dal rito del lavoro, ove non diversamente disposto dal presente articolo.

2. Sono competenti, in via alternativa, il tribunale del luogo in cui il titolare del trat-

tamento risiede o ha sede ovvero il tribunale del luogo di residenza dell'interessato.

3. Il ricorso avverso i provvedimenti del Garante per la protezione dei dati personali, ivi compresi quelli emessi a seguito di un reclamo dell'interessato, è proposto, a pena di inammissibilità, entro trenta giorni dalla data di comunicazione del provvedimento ovvero entro sessanta giorni se il ricorrente risiede all'estero.

4. Decorso il termine previsto per la decisione del reclamo dall'articolo 143, comma 3, del decreto legislativo n. 196 del 2003, chi vi ha interesse può, entro trenta giorni dalla scadenza del predetto termine, ricorrere al Tribunale competente ai sensi del presente articolo. La disposizione di cui al primo periodo si applica anche qualora sia scaduto il termine trimestrale di cui all'articolo 143, comma 3, del decreto legislativo n. 196 del 2003 senza che l'interessato sia stato informato dello stato del procedimento.

5. L'interessato può dare mandato a un ente del terzo settore soggetto alla disciplina del decreto legislativo 3 luglio 2017, n. 117, che sia attivo nel settore della tutela dei diritti e delle libertà degli interessati con riguardo alla protezione dei dati personali, di esercitare per suo conto l'azione, ferme le disposizioni in materia di patrocinio previste dal codice di procedura civile.

6. Il giudice fissa l'udienza di comparizione delle parti con decreto con il quale assegna al ricorrente il termine perentorio entro cui notificarlo alle altre parti e al Garante. Tra il giorno della notificazione e l'udienza di comparizione intercorrono non meno di trenta giorni.

7. L'efficacia esecutiva del provvedimento impugnato può essere sospesa secondo quanto previsto dall'articolo 5.

8. Se alla prima udienza il ricorrente non compare senza addurre alcun legittimo impedimento, il giudice dispone la cancellazione della causa dal ruolo e dichiara l'estinzione del processo, ponendo a carico del ricorrente le spese di giudizio.

9. Nei casi in cui non sia parte in giudizio, il Garante può presentare osservazioni, da rendere per iscritto o in udienza, sulla controversia in corso con riferimento ai profili relativi alla protezione dei dati personali. Il giudice dispone che sia data comunicazione al Garante circa la pendenza della controversia, trasmettendo copia degli atti introduttivi, al fine di consentire l'eventuale presentazione delle osservazioni.

10. La sentenza che definisce il giudizio non è appellabile e può prescrivere le misure necessarie anche in deroga al divieto di cui all'articolo 4 della legge 20 marzo 1865, n. 2248, allegato E), anche in relazione all'eventuale atto del soggetto pubblico titolare o responsabile dei dati, nonché il risarcimento del danno.

(1) *Questo articolo è stato così sostituito dall'art. 17 del D.L.vo 10 agosto 2018, n. 101.*

11. Delle controversie agrarie. – 1. Le controversie in materia di contratti agrari o conseguenti alla conversione dei contratti associativi in affitto sono regolate dal rito del lavoro, ove non diversamente disposto dal presente articolo.

2. Sono competenti le sezioni specializzate agrarie di cui alla legge 2 marzo 1963, n. 320.

3. Chi intende proporre in giudizio una domanda relativa a una controversia nelle materie indicate dal comma 1 è tenuto a darne preventiva comunicazione, mediante lettera raccomandata con avviso di ricevimento, all'altra parte e all'ispettorato provinciale dell'agricoltura competente per territorio.

4. Il capo dell'ispettorato, entro venti giorni dalla comunicazione di cui al comma 3, convoca le parti ed i rappresentanti delle associazioni professionali di categoria da esse indicati per esperire il tentativo di conciliazione.

5. Se la conciliazione riesce, viene redatto processo verbale sottoscritto dalle parti, dai rappresentanti delle associazioni di categoria e dal funzionario dell'ispettorato.

6. Se la conciliazione non riesce, si forma egualmente processo verbale, nel quale vengono precisate le posizioni delle parti.

7. Nel caso in cui il tentativo di conciliazione non si definisca entro sessanta giorni dalla comunicazione di cui al comma 3, ciascuna delle parti è libera di adire l'autorità giudiziaria competente.

8. Quando l'affittuario viene convenuto in giudizio per morosità, il giudice, alla prima udienza, prima di ogni altro provvedimento, concede al convenuto stesso un termine, non inferiore a trenta e non superiore a novanta giorni, per il pagamento dei canoni scaduti, i quali, con l'instaurazione del giudizio, vengono rivalutati, fin dall'origine, in base alle variazioni del valore della moneta secondo gli indici ISTAT e maggiorati degli interessi di legge. Il pagamento entro il termine fissato dal giudice sana a tutti gli effetti la morosità.

9. Quando il giudice pronuncia sentenza di condanna al pagamento di somme di denaro

in favore dell'affittuario, si applica l'articolo 429, terzo comma, del codice di procedura civile.

10. Costituisce grave ed irreparabile danno, ai sensi dell'articolo 373 del codice di procedura civile, anche l'esecuzione di sentenza che privi il concessionario di un fondo rustico del principale mezzo di sostentamento suo e della sua famiglia, o possa risultare fonte di serio pericolo per l'integrità economica dell'azienda o per l'allevamento di animali.

11. Il rilascio del fondo può avvenire solo al termine dell'annata agraria durante la quale è stata emessa la sentenza che lo dispone.

12. Dell'impugnazione dei provvedimenti in materia di registro dei protesti. – 1. Le controversie aventi ad oggetto l'impugnazione dei provvedimenti di rigetto delle istanze previste dall'articolo 4 della legge 12 febbraio 1955, n. 77, e quelle avverso la mancata decisione sulle medesime istanze sono regolate dal rito del lavoro.

2. È competente il giudice di pace del luogo in cui risiede il debitore protestato.

13. Dell'opposizione ai provvedimenti in materia di riabilitazione del debitore protestato. – 1. Le controversie aventi ad oggetto l'opposizione al diniego di riabilitazione di cui all'articolo 17, comma 3, della legge 7 marzo 1996, n. 108, ovvero al decreto o all'atto di riabilitazione ai sensi del comma 4 del medesimo articolo sono regolate dal rito del lavoro, ove non diversamente disposto dal presente articolo (1).

2. È competente la corte di appello.

3. Il ricorso è proposto, a pena di inammissibilità, entro trenta giorni dalla comunicazione del diniego di riabilitazione o dalla pubblicazione del decreto o dell'atto di riabilitazione effettuata ai sensi dell'articolo 17, comma 4, della legge n. 108 del 1996, ovvero entro sessanta giorni se il ricorrente risiede all'estero (2).

4. Il provvedimento che accoglie il ricorso è pubblicato nel registro informatico dei protesti cambiari.

(1) *Questo comma è stato così sostituito dall'art. 24, comma 1, lett. a), n. 1), del D.L.vo 10 ottobre 2022, n. 149, a decorrere dal 28 febbraio 2023.*

Si riporta il testo precedente:

«1. Le controversie aventi ad oggetto l'opposizione al provvedimento di diniego di riabilitazione di cui all'articolo 17, comma 3, della legge 7 marzo 1996, n. 108, ovvero al decreto di riabilitazione ai sensi del comma 4 del medesimo articolo sono regolate dal rito del lavoro, ove non diversamente disposto dal presente articolo.».

(2) *Questo comma è stato così sostituito dall'art. 24, comma 1, lett. a), n. 2), del D.L.vo 10 ottobre 2022, n. 149, a decorrere dal 28 febbraio 2023.*

Si riporta il testo precedente:

«3. Il ricorso è proposto, a pena di inammissibilità, entro trenta giorni dalla comunicazione del provvedimento di diniego di riabilitazione o dalla pubblicazione del decreto di riabilitazione effettuata ai sensi dell'articolo 17, comma 4, della legge 7 marzo 1996, n. 108, ovvero entro sessanta giorni se il ricorrente risiede all'estero.».

Capo III
Delle controversie regolate dal rito semplificato (1) di cognizione

(1) *La parola: «sommario» è stata così sostituita dalla attuale «semplificato» dall'art. 15, comma 3, lett. d), del D.L.vo 10 ottobre 2022, n. 149, a decorrere dal 28 febbraio 2023.*

14. Delle controversie in materia di liquidazione degli onorari e dei diritti di avvocato. – 1. Le controversie previste dall'articolo 28 della legge 13 giugno 1942, n. 794, e l'opposizione proposta a norma dell'articolo 645 del codice di procedura civile contro il decreto ingiuntivo riguardante onorari, diritti o spese spettanti ad avvocati per prestazioni giudiziali sono regolate dal rito semplificato (1) di cognizione, ove non diversamente disposto dal presente articolo.

2. È competente l'ufficio giudiziario di merito adito per il processo nel quale l'avvocato ha prestato la propria opera. Il tribunale decide in composizione monocratica (2).

3. Nel giudizio di merito le parti possono stare in giudizio personalmente.

4. La sentenza (3) che definisce il giudizio non è appellabile.

(1) *La parola: «sommario» è stata così sostituita dalla attuale «semplificato» dall'art. 15, comma 3, lett. e), n. 1), del D.L.vo 10 ottobre 2022, n. 149, a decorrere dal 28 febbraio 2023.*

(2) *La parola: «collegiale» è stata così sostituita dalla attuale «monocratica» dall'art. 15, comma 3, lett. e), n. 2), del D.L.vo 10 ottobre 2022, n. 149, a decorrere dal 28 febbraio 2023.*

(3) *Le parole: «L'ordinanza» sono state così sostituite dalle attuali: «La sentenza» dall'art. 15, comma 3, lett. e), n. 3), del D.L.vo 10 ottobre 2022, n. 149, a decorrere dal 28 febbraio 2023.*

15. Dell'opposizione a decreto di pagamento di spese di giustizia. – 1. Le controversie previste dall'articolo 170 del decreto del Presidente della Repubblica 30 maggio 2002, n. 115, sono regolate dal rito semplificato (1) di cognizione, ove non diversamente disposto dal presente articolo.

2. Il ricorso è proposto al capo dell'ufficio giudiziario cui appartiene il magistrato che

ha emesso il provvedimento impugnato. Per i provvedimenti emessi da magistrati dell'ufficio del giudice di pace e del pubblico ministero presso il tribunale è competente il presidente del tribunale. Per i provvedimenti emessi da magistrati dell'ufficio del pubblico ministero presso la corte di appello è competente il presidente della corte di appello.

3. Nel giudizio di merito le parti possono stare in giudizio personalmente.

4. L'efficacia esecutiva del provvedimento impugnato può essere sospesa secondo quanto previsto dall'articolo 5.

5. Il presidente può chiedere a chi ha provveduto alla liquidazione o a chi li detiene, gli atti, i documenti e le informazioni necessari ai fini della decisione.

6. La sentenza (2) che definisce il giudizio non è appellabile.

(1) *La parola: «sommario» è stata così sostituita dalla attuale «semplificato» dall'art. 15, comma 3, lett. f), n. 1), del D.L.vo 10 ottobre 2022, n. 149, a decorrere dal 28 febbraio 2023.*

(2) *Le parole: «L'ordinanza» sono state così sostituite dalle attuali: «La sentenza» dall'art. 15, comma 3, lett. f), n. 2), del D.L.vo 10 ottobre 2022, n. 149, a decorrere dal 28 febbraio 2023.*

16. Delle controversie in materia di mancato riconoscimento del diritto di soggiorno sul territorio nazionale in favore dei cittadini degli altri Stati membri dell'Unione europea o dei loro familiari. – 1. Le controversie previste dall'articolo 8 del decreto legislativo 6 febbraio 2007, n. 30, sono regolate dal rito semplificato (1) di cognizione.

2. È competente il tribunale sede della sezione specializzata in materia di immigrazione, protezione internazionale e libera circolazione dei cittadini dell'Unione europea del luogo in cui il ricorrente ha la dimora (2).

(1) *La parola: «sommario» è stata così sostituita dalla attuale «semplificato» dall'art. 15, comma 3, lett. g), del D.L.vo 10 ottobre 2022, n. 149, a decorrere dal 28 febbraio 2023.*

(2) *Le parole: «del luogo ove dimora il ricorrente» sono state così sostituite dalle seguenti: «sede della sezione specializzata in materia di immigrazione, protezione internazionale e libera circolazione dei cittadini dell'Unione europea del luogo in cui il ricorrente ha la dimora», dall'art. 7, comma 1, lett. a), del D.L. 17 febbraio 2017, n. 13, convertito, con modificazioni, nella L. 13 aprile 2017, n. 46.*

Tali disposizioni si applicano alle cause e ai procedimenti giudiziari sorti dopo il centottantesimo giorno dalla data di entrata in vigore del presente decreto. Alle cause e ai procedimenti giudiziari introdotti anteriormente alla scadenza del termine di cui al periodo precedente si continuano ad applicare le disposizioni vigenti prima dell'entrata in vigore del presente decreto.

17. Delle controversie in materia di espulsione per gravi motivi di pubblica sicurezza degli stranieri in possesso del permesso di soggiorno UE per soggiornanti di lungo periodo, nonché (1) allontanamento dei cittadini degli altri Stati membri dell'Unione europea o dei loro familiari. – 1. Le controversie aventi ad oggetto l'impugnazione del provvedimento di espulsione disposta dal prefetto per gravi motivi di pubblica sicurezza, ai sensi dell'articolo 9, comma 10, secondo periodo, del decreto legislativo 25 luglio 1998, n. 286, ovvero di (2) allontanamento dei cittadini degli altri Stati membri dell'Unione europea o dei loro familiari per motivi imperativi di pubblica sicurezza e per gli altri motivi di pubblica sicurezza di cui all'articolo 20 del decreto legislativo 6 febbraio 2007, n. 30, nonché per i motivi di cui all'articolo 21 del medesimo decreto legislativo, sono regolate dal rito semplificato (3) di cognizione, ove non diversamente disposto dal presente articolo.

2. È competente il tribunale sede della sezione specializzata in materia di immigrazione protezione internazionale e libera circolazione dei cittadini dell'Unione europea (4) del luogo in cui ha sede l'autorità che ha adottato il provvedimento impugnato.

3. Il ricorso è proposto, a pena di inammissibilità, entro quindici giorni dalla notificazione del provvedimento, ovvero entro trenta giorni (5) se il ricorrente risiede all'estero, e può essere depositato anche a mezzo del servizio postale ovvero per il tramite di una rappresentanza diplomatica o consolare italiana. In tal caso l'autenticazione della sottoscrizione e l'inoltro all'autorità giudiziaria italiana sono effettuati dai funzionari della rappresentanza e le comunicazioni relative al procedimento sono effettuate presso la medesima rappresentanza. La procura speciale al difensore è rilasciata altresì dinanzi all'autorità consolare.

4. Il ricorrente può stare in giudizio personalmente.

5. L'efficacia esecutiva del provvedimento impugnato può essere sospesa secondo quanto previsto dall'articolo 5. L'allontanamento dal territorio italiano non può avere luogo fino alla pronuncia sull'istanza di sospensione, salvo che il provvedimento sia fondato su una precedente decisione giudiziale o su motivi imperativi di pubblica sicurezza. Il giudice decide sull'istanza di sospensione prima della scadenza del termine entro il quale il ricorrente deve lasciare il territorio nazionale.

6. Quando il ricorso è rigettato, il ricorrente deve lasciare immediatamente il territorio nazionale.

(1) *Le parole: «espulsione per gravi motivi di pubblica sicurezza degli stranieri in possesso del permesso di soggiorno UE per soggiornanti di lungo periodo, nonché» sono state inserite dall'art. 1, comma 4, lett.* a), *del D.L. 5 ottobre 2023, n. 133, convertito, con modificazioni, nella L. 1° dicembre 2023, n. 176.*

(2) *Le parole: «espulsione disposta dal prefetto per gravi motivi di pubblica sicurezza, ai sensi dell'articolo 9, comma 10, secondo periodo, del decreto legislativo 25 luglio 1998, n. 286, ovvero di» sono state inserite dall'art. 1, comma 4, lett.* b), *del D.L. 5 ottobre 2023, n. 133, convertito, con modificazioni, nella L. 1° dicembre 2023, n. 176.*

(3) *La parola: «sommario» è stata così sostituita dalla attuale «semplificato» dall'art. 15, comma 3, lett.* h), *del D.L.vo 10 ottobre 2022, n. 149, a decorrere dal 28 febbraio 2023.*

(4) *Le parole: «, in composizione monocratica,» sono state così sostituite dalle seguenti: «sede della sezione specializzata in materia di immigrazione protezione internazionale e libera circolazione dei cittadini dell'Unione europea», dall'art. 7, comma 1, lett.* b), *del D.L. 17 febbraio 2017, n. 13, convertito, con modificazioni, nella L. 13 aprile 2017, n. 46.*

Tali disposizioni si applicano alle cause e ai procedimenti giudiziari sorti dopo il centottantesimo giorno dalla data di entrata in vigore del presente decreto. Alle cause e ai procedimenti giudiziari introdotti anteriormente alla scadenza del termine di cui al periodo precedente si continuano ad applicare le disposizioni vigenti prima dell'entrata in vigore del presente decreto.

(5) *Le parole: «entro trenta giorni dalla notificazione del provvedimento, ovvero entro sessanta giorni» sono state così sostituite dalle attuali: «entro quindici giorni dalla notificazione del provvedimento, ovvero entro trenta giorni» dall'art. 1, comma 4, lett.* b bis), *del D.L. 5 ottobre 2023, n. 133, convertito, con modificazioni, nella L. 1° dicembre 2023, n. 176.*

18. Delle controversie in materia di espulsione dei cittadini di Stati che non sono membri dell'Unione europea. – 1. Le controversie aventi ad oggetto l'impugnazione del decreto di espulsione pronunciato dal prefetto ai sensi del decreto legislativo 25 luglio 1998, n. 286, sono regolate dal rito semplificato (1) di cognizione, ove non diversamente disposto dal presente articolo.

2. È competente il giudice di pace del luogo in cui ha sede l'autorità che ha disposto l'espulsione.

3. Il ricorso è proposto, a pena di inammissibilità, entro venti giorni dalla notificazione del provvedimento, ovvero entro quaranta giorni (2) se il ricorrente risiede all'estero, e può essere depositato anche a mezzo del servizio postale ovvero per il tramite di una rappresentanza diplomatica o consolare italiana. In tal caso l'autenticazione della sottoscrizione e l'inoltro all'autorità giudiziaria italiana sono effettuati dai funzionari della rappresentanza e le comunicazioni relative al procedimento sono effettuate presso la medesima rappresentanza. La procura speciale al difensore è rilasciata altresì dinanzi all'autorità consolare.

4. Il ricorrente è ammesso al gratuito patrocinio a spese dello Stato, e, qualora sia sprovvisto di un difensore, è assistito da un difensore designato dal giudice nell'ambito dei soggetti iscritti nella tabella di cui all'articolo 29 delle norme di attuazione, di coordinamento e transitorie del codice di procedura penale, di cui al decreto legislativo 28 luglio 1989, n. 271, nonché, ove necessario, da un interprete.

5. Il ricorso, unitamente al decreto di fissazione dell'udienza, deve essere notificato a cura della cancelleria all'autorità che ha emesso il provvedimento almeno cinque giorni prima della medesima udienza.

6. L'autorità che ha emesso il provvedimento impugnato può costituirsi fino alla prima udienza e può stare in giudizio personalmente o avvalersi di funzionari appositamente delegati.

7. Il giudizio è definito, in ogni caso, entro venti giorni dalla data di deposito del ricorso.

8. Gli atti del procedimento e la decisione sono esenti da ogni tassa e imposta.

9. La sentenza (3) che definisce il giudizio non è appellabile.

(1) *La parola: «sommario» è stata così sostituita dalla attuale «semplificato» dall'art. 15, comma 3, lett.* i), *n. 1), del D.L.vo 10 ottobre 2022, n. 149, a decorrere dal 28 febbraio 2023.*

(2) *Le parole: «entro trenta giorni dalla notificazione del provvedimento, ovvero entro sessanta giorni» sono state così sostituite dalle attuali: «entro venti giorni dalla notificazione del provvedimento, ovvero entro quaranta giorni» dall'art. 1, comma 4 ter, del D.L. 5 ottobre 2023, n. 133, convertito, con modificazioni, nella L. 1° dicembre 2023, n. 176.*

(3) *Le parole: «L'ordinanza» sono state così sostituite dalle attuali: «La sentenza» dall'art. 15, comma 3, lett.* i), *n. 2), del D.L.vo 10 ottobre 2022, n. 149, a decorrere dal 28 febbraio 2023.*

19. (1) **[Delle controversie in materia di riconoscimento della protezione internazionale.** – 1. Le controversie aventi ad oggetto l'impugnazione dei provvedimenti previsti dall'articolo 35 del decreto legislativo 28 gennaio 2008, n. 25, sono regolate dal rito sommario di cognizione, ove non diversamente disposto dal presente articolo.

2. È competente il tribunale, in composizione monocratica, del capoluogo del distretto

di corte di appello in cui ha sede la Commissione territoriale per il riconoscimento della protezione internazionale o la sezione che ha pronunciato il provvedimento impugnato. Sull'impugnazione dei provvedimenti emessi dalla Commissione nazionale per il diritto di asilo è competente il tribunale, in composizione monocratica, del capoluogo del distretto di corte di appello in cui ha sede la Commissione territoriale o la sezione che ha pronunciato il provvedimento di cui è stata dichiarata la revoca o la cessazione. Nel caso di ricorrenti presenti in una struttura di accoglienza governativa o in una struttura del sistema di protezione di cui all'articolo 1 *sexies* del decreto legge 30 dicembre 1989, n. 416, convertito, con modificazioni, nella legge 28 febbraio 1990, n. 39, ovvero trattenuti in un centro di cui all'articolo 14 del decreto legislativo 25 luglio 1998, n. 286, è competente il tribunale in composizione monocratica, che ha sede nel capoluogo di distretto di corte di appello in cui ha sede la struttura ovvero il centro.

3. Il ricorso è proposto, a pena di inammissibilità, entro trenta giorni dalla notificazione del provvedimento, ovvero entro sessanta giorni se il ricorrente risiede all'estero, e può essere depositato anche a mezzo del servizio postale ovvero per il tramite di una rappresentanza diplomatica o consolare italiana. In tal caso l'autenticazione della sottoscrizione e l'inoltro all'autorità giudiziaria italiana sono effettuati dai funzionari della rappresentanza e le comunicazioni relative al procedimento sono effettuate presso la medesima rappresentanza. La procura speciale al difensore è rilasciata altresì dinanzi all'autorità consolare. Nei casi di cui all'articolo 28 *bis*, comma 2, del decreto legislativo 28 gennaio 2008, n. 25, e nei casi in cui nei confronti del ricorrente è stato adottato un provvedimento di trattenimento nei centri di cui all'articolo 14 del decreto legislativo 25 luglio 1998, n. 286, i termini previsti dal presente comma sono ridotti della metà.

4. La proposizione del ricorso sospende l'efficacia esecutiva del provvedimento impugnato, tranne che nelle ipotesi in cui il ricorso viene proposto:

a) da parte di un soggetto nei cui confronti è stato adottato un provvedimento di trattenimento in un centro di cui all'articolo 14 del decreto legislativo 25 luglio 1998, n. 286;

b) avverso il provvedimento che dichiara inammissibile la domanda di riconoscimento della protezione internazionale;

c) avverso il provvedimento di rigetto per manifesta infondatezza ai sensi dell'articolo 32, comma 1, lettera *b bis*), del decreto legislativo 28 gennaio 2008, n. 25, e successive modificazioni;

d) avverso il provvedimento adottato nei confronti dei soggetti di cui all'articolo 28 *bis*, comma 2, lettera *c*), del decreto legislativo 28 gennaio 2008, n. 25, e successive modificazioni.

5. Nei casi previsti dal comma 4, lettere *a*), *b*), *c*) e *d*), l'efficacia esecutiva del provvedimento impugnato può essere sospesa secondo quanto previsto dall'articolo 5. L'ordinanza di cui all'articolo 5, comma 1, è adottata entro 5 giorni dalla presentazione dell'istanza di sospensione. Nei casi di cui alle lettere *b*), *c*) e *d*), del comma 4, quando l'istanza di sospensione è accolta, al ricorrente è rilasciato un permesso di soggiorno per richiesta asilo.

5 *bis*. La proposizione del ricorso o dell'istanza cautelare ai sensi del comma 5 non sospende l'efficacia esecutiva del provvedimento che dichiara, per la seconda volta, inammissibile la domanda di riconoscimento della protezione internazionale ai sensi dell'articolo 29, comma 1, lettera *b*), del decreto legislativo 28 gennaio 2008, n. 25, e successive modificazioni.

6. Il ricorso e il decreto di fissazione dell'udienza sono notificati, a cura della cancelleria, all'interessato e al Ministero dell'interno, presso la Commissione nazionale ovvero presso la competente Commissione territoriale, e sono comunicati al pubblico ministero.

7. Il Ministero dell'interno, limitatamente al giudizio di primo grado, può stare in giudizio avvalendosi direttamente di propri dipendenti o di un rappresentante designato dalla Commissione che ha adottato l'atto impugnato. Si applica, in quanto compatibile, l'articolo 417 *bis*, secondo comma, del codice di procedura civile.

8. La Commissione che ha adottato l'atto impugnato può depositare tutti gli atti e la documentazione che ritiene necessari ai fini dell'istruttoria e il giudice può procedere anche d'ufficio agli atti di istruzione necessari per la definizione della controversia.

9. Entro sei mesi dalla presentazione del ricorso, il Tribunale decide, sulla base degli elementi esistenti al momento della decisione, con ordinanza che rigetta il ricorso ovvero riconosce al ricorrente lo status di rifugiato o di persona cui è accordata la protezione sussidiaria. In caso di rigetto, la Corte d'Ap-

pello decide sulla impugnazione entro sei mesi dal deposito del ricorso. Entro lo stesso termine, la Corte di Cassazione decide sulla impugnazione del provvedimento di rigetto pronunciato dalla Corte d'Appello.

9 *bis*. L'ordinanza di cui al comma 9, nonché i provvedimenti di cui all'articolo 5 sono comunicati alle parti a cura della cancelleria.

10. La controversia è trattata in ogni grado in via di urgenza].

(1) *Questo articolo è stato abrogato dall'art. 7, comma 1, lett. c), del D.L. 17 febbraio 2017, n. 13, convertito, con modificazioni, nella L. 13 aprile 2017, n. 46.*

19 *bis*. (1) Controversie in materia di accertamento dello stato di apolidia. – 1. Le controversie in materia di accertamento dello stato di apolidia e di cittadinanza italiana sono regolate dal rito semplificato (2) di cognizione.

2. È competente il tribunale sede della sezione specializzata in materia di immigrazione, protezione internazionale e libera circolazione dei cittadini dell'Unione europea del luogo in cui il ricorrente ha la dimora.

(1) *Questo articolo è stato inserito dall'art. 7, comma 1, lett. d), del D.L. 17 febbraio 2017, n. 13, convertito, con modificazioni, nella L. 13 aprile 2017, n. 46.*

Tali disposizioni si applicano alle cause e ai procedimenti giudiziari sorti dopo il centottantesimo giorno dalla data di entrata in vigore del presente decreto. Alle cause e ai procedimenti giudiziari introdotti anteriormente alla scadenza del termine di cui al periodo precedente si continuano ad applicare le disposizioni vigenti prima dell'entrata in vigore del presente decreto.

(2) *La parola: «sommario» è stata così sostituita dalla attuale «semplificato» dall'art. 15, comma 3, lett. l), del D.L.vo 10 ottobre 2022, n. 149, a decorrere dal 28 febbraio 2023.*

19 *ter*. (1) Controversie in materia di diniego o di revoca dei permessi di soggiorno temporanei per esigenze di carattere umanitario. – 1. Le controversie di cui all'articolo 3, comma 1, lettere d) e d *bis*), del decreto legge 17 febbraio 2017, n. 13, convertito, con modificazioni, dalla legge 13 aprile 2017, n. 46, sono regolate dal rito semplificato (2) di cognizione.

2. È competente il tribunale sede della sezione specializzata in materia di immigrazione, protezione internazionale e libera circolazione dei cittadini dell'Unione europea del luogo in cui ha sede l'autorità che ha adottato il provvedimento impugnato.

3. Il tribunale giudica in composizione collegiale. Per la trattazione della controversia è designato dal presidente della sezione specializzata un componente del collegio.

4. Il ricorso è proposto, a pena di inammissibilità, entro trenta giorni dalla notificazione del provvedimento, ovvero entro sessanta giorni se il ricorrente risiede all'estero, e può essere depositato anche a mezzo del servizio postale ovvero per il tramite di una rappresentanza diplomatica o consolare italiana. In tal caso l'autenticazione della sottoscrizione e l'inoltro alla autorità giudiziaria italiana sono effettuati dai funzionari della rappresentanza e le comunicazioni relative al procedimento sono effettuate presso la medesima rappresentanza. La procura speciale al difensore è rilasciata altresì dinanzi alla autorità consolare.

5. Quando è presentata l'istanza di cui all'articolo 5, l'ordinanza è adottata entro 5 giorni.

6. La sentenza (3) che definisce il giudizio non è appellabile. Il termine per proporre ricorso per cassazione è di giorni trenta e decorre dalla comunicazione dell'ordinanza a cura della cancelleria, da effettuarsi anche nei confronti della parte non costituita. La procura alle liti per la proposizione del ricorso per cassazione deve essere conferita, a pena di inammissibilità del ricorso, in data successiva alla comunicazione dell'ordinanza impugnata; a tal fine il difensore certifica la data di rilascio in suo favore della procura medesima. In caso di rigetto, la Corte di cassazione decide sull'impugnazione entro sei mesi dal deposito del ricorso.

7. Si applicano le disposizioni di cui ai commi 14 e 15 dell'articolo 35 *bis* del decreto legislativo 28 gennaio 2008, n. 25.

(1) *Questo articolo è stato inserito dall'art. 1, comma 5, del D.L. 4 ottobre 2018, n. 113, convertito, con modificazioni, nella L. 1 dicembre 2018, n. 132.*

(2) *La parola: «sommario» è stata così sostituita dalla attuale «semplificato» dall'art. 15, comma 3, lett. m), n. 1), del D.L.vo 10 ottobre 2022, n. 149, a decorrere dal 28 febbraio 2023.*

(3) *Le parole: «L'ordinanza» sono state così sostituite dalle attuali: «La sentenza» dall'art. 15, comma 3, lett. m), n. 2), del D.L.vo 10 ottobre 2022, n. 149, a decorrere dal 28 febbraio 2023.*

20. Dell'opposizione al diniego del nulla osta al ricongiungimento familiare e del permesso di soggiorno per motivi familiari, nonché agli altri provvedimenti dell'autorità amministrativa in materia di diritto all'unità familiare. – 1. Le controversie previste dall'articolo 30, comma 6, del decreto legislativo 25 luglio 1998, n. 286, sono regolate dal rito semplificato (1) di cognizione, ove non diversamente disposto dal presente articolo.

2. È competente il tribunale sede della sezione specializzata in materia di immigrazione protezione internazionale e libera circolazione dei cittadini dell'Unione europea, del luogo in cui ha sede l'autorità che ha adottato il provvedimento impugnato (2).

3. La sentenza (3) che accoglie il ricorso può disporre il rilascio del visto anche in assenza del nulla osta.

4. Gli atti del procedimento sono esenti da imposta di bollo e di registro e da ogni altra tassa.

(1) *La parola: «sommario» è stata così sostituita dalla attuale «semplificato» dall'art. 15, comma 3, lett. n), n. 1), del D.L.vo 10 ottobre 2022, n. 149, a decorrere dal 28 febbraio 2023.*

(2) *Le parole: «in composizione monocratica del luogo in cui il ricorrente ha la residenza» sono state così sostituite dalle seguenti: «sede della sezione specializzata in materia di immigrazione protezione internazionale e libera circolazione dei cittadini dell'Unione europea, del luogo in cui ha sede l'autorità che ha adottato il provvedimento impugnato», dall'art. 7, comma 1, lett. e), del D.L. 17 febbraio 2017, n. 13, convertito, con modificazioni, nella L. 13 aprile 2017, n. 46.*

Tali disposizioni si applicano alle cause e ai procedimenti giudiziari sorti dopo il centottantesimo giorno dalla data di entrata in vigore del presente decreto. Alle cause e ai procedimenti giudiziari introdotti anteriormente alla scadenza del termine di cui al periodo precedente si continuano ad applicare le disposizioni vigenti prima dell'entrata in vigore del presente decreto.

(3) *Le parole: «L'ordinanza» sono state così sostituite dalle attuali: «La sentenza» dall'art. 15, comma 3, lett. n), n. 2), del D.L.vo 10 ottobre 2022, n. 149, a decorrere dal 28 febbraio 2023.*

21. Dell'opposizione alla convalida del trattamento sanitario obbligatorio. – 1. Le controversie previste dall'articolo 5 della legge 13 maggio 1978, n. 180, sono regolate dal rito semplificato (1) di cognizione, ove non diversamente disposto dal presente articolo.

2. È competente il tribunale in composizione collegiale e al giudizio partecipa il pubblico ministero.

3. Il ricorso su iniziativa del sindaco, ai sensi dell'articolo 5, comma secondo, della legge 13 maggio 1978, n. 180, deve essere proposto, a pena di inammissibilità, entro trenta giorni dalla scadenza del termine di cui all'articolo 3, secondo comma, della medesima legge.

4. Nel giudizio di primo grado le parti possono stare in giudizio personalmente e farsi rappresentare da persona munita di mandato scritto in calce al ricorso o in atto separato. Il ricorso può essere presentato a mezzo del servizio postale.

5. In deroga a quanto previsto dall'articolo 5, il presidente del tribunale, acquisito il provvedimento che ha disposto il trattamento sanitario obbligatorio e sentito il pubblico ministero, può sospendere il trattamento medesimo anche prima che sia tenuta l'udienza di comparizione e d'ufficio. Sulla richiesta di sospensione il presidente provvede entro dieci giorni.

6. Il tribunale può assumere informazioni e disporre l'assunzione di prove d'ufficio.

7. Il procedimento è esente dal contributo unificato e la decisione non è soggetta a registrazione.

(1) *La parola: «sommario» è stata così sostituita dalla attuale «semplificato» dall'art. 15, comma 3, lett. o), del D.L.vo 10 ottobre 2022, n. 149, a decorrere dal 28 febbraio 2023.*

22. Delle azioni popolari e delle controversie in materia di eleggibilità, decadenza ed incompatibilità nelle elezioni comunali, provinciali e regionali. – 1. Le controversie previste dall'articolo 82, primo e secondo comma, del decreto del Presidente della Repubblica 16 maggio 1960, n. 570, quelle previste dall'articolo 7, secondo comma, della legge 23 dicembre 1966, n. 1147, quelle previste dall'articolo 19 della legge 17 febbraio 1968, n. 108, e quelle previste dall'articolo 70 del decreto legislativo 18 agosto 2000, n. 267, sono regolate dal rito semplificato (1) di cognizione, ove non diversamente disposto dal presente articolo.

2. Le azioni popolari e le impugnative consentite per quanto concerne le elezioni comunali sono di competenza del tribunale della circoscrizione territoriale in cui è compreso il comune medesimo. Le azioni popolari e le impugnative consentite per quanto concerne le elezioni provinciali sono di competenza del tribunale della circoscrizione territoriale in cui è compreso il capoluogo della provincia. Le azioni popolari e le impugnative consentite per quanto concerne le elezioni regionali sono di competenza del tribunale del capoluogo della regione.

3. Il tribunale giudica in composizione collegiale e al giudizio partecipa il pubblico ministero.

4. Il ricorso avverso le deliberazioni adottate in materia di eleggibilità deve essere proposto, a pena di inammissibilità, entro trenta giorni dalla data finale di pubblicazione della deliberazione, ovvero dalla data della notificazione di essa, quando è necessaria. Il termine è di sessanta giorni se il ricorrente risiede all'estero.

5. I termini per la notifica del ricorso e la costituzione delle parti sono perentori.

6. La sentenza (²) che definisce il giudizio è immediatamente trasmessa in copia a cura del cancelliere al sindaco, al presidente della giunta provinciale ovvero al presidente della regione perché entro ventiquattro ore dal ricevimento provveda alla pubblicazione per quindici giorni del dispositivo nell'albo dell'ente.

7. Contro la sentenza (³) pronunciata dal tribunale può essere proposto appello da qualsiasi cittadino elettore dell'ente locale o da chiunque altro vi abbia diretto interesse, dal procuratore della Repubblica, nonché dal prefetto quando ha promosso l'azione d'ineleggibilità.

8. L'efficacia esecutiva della sentenza (⁴) pronunciata dal tribunale è sospesa in pendenza di appello.

9. Il termine per l'appello (⁵) decorre, per ogni altro cittadino elettore o diretto interessato, dall'ultimo giorno della pubblicazione del dispositivo della sentenza (⁶) nell'albo dell'ente.

10. Contro la decisione della corte di appello la parte soccombente e il procuratore generale presso la corte di appello possono proporre ricorso per cassazione entro trenta giorni dalla sua comunicazione.

11. Il presidente della corte di cassazione, con decreto [steso in calce al ricorso medesimo] (⁷), fissa l'udienza di discussione. Tutti i termini del procedimento sono ridotti della metà.

12. Il giudice, quando accoglie il ricorso, corregge il risultato delle elezioni e sostituisce ai candidati illegittimamente proclamati coloro che hanno diritto di esserlo.

13. Il provvedimento che definisce il giudizio è immediatamente comunicato al sindaco, al presidente della giunta provinciale ovvero al presidente della regione, che subito ne cura la notificazione, senza spese, agli interessati. Eguale comunicazione è data al prefetto per le controversie inerenti elezioni regionali.

14. Le parti possono stare in giudizio personalmente in ogni grado.

15. Gli atti del procedimento e la decisione sono esenti da ogni tassa, imposta e spesa di cancelleria.

16. La controversia è trattata in ogni grado in via di urgenza.

(¹) *La parola: «sommario» è stata così sostituita dalla attuale «semplificato» dall'art. 15, comma 3, lett.* p), *n. 1), del D.L.vo 10 ottobre 2022, n. 149, a decorrere dal 28 febbraio 2023.*

(²) *Le parole: «L'ordinanza» sono state così sostituite dalle attuali: «La sentenza» dall'art. 15, comma 3, lett.* p), *n. 2), del D.L.vo 10 ottobre 2022, n. 149, a decorrere dal 28 febbraio 2023.*

(³) *Le parole: «l'ordinanza» sono state così sostituite dalle attuali: «la sentenza» dall'art. 15, comma 3, lett.* p), *n. 3), del D.L.vo 10 ottobre 2022, n. 149, a decorrere dal 28 febbraio 2023.*

(⁴) *Le parole: «dell'ordinanza» sono state così sostituite dalle attuali: «della sentenza» dall'art. 15, comma 3, lett.* p), *n. 4), del D.L.vo 10 ottobre 2022, n. 149, a decorrere dal 28 febbraio 2023.*

(⁵) *Le parole: «di cui all'articolo 702* quater*» sono state così sostituite dalle attuali: «per l'appello» dall'art. 15, comma 3, lett.* p), *n. 5), del D.L.vo 10 ottobre 2022, n. 149, a decorrere dal 28 febbraio 2023.*

(⁶) *Le parole: «dell'ordinanza» sono state così sostituite dalle attuali: «della sentenza» dall'art. 15, comma 3, lett.* p), *n. 5), del D.L.vo 10 ottobre 2022, n. 149, a decorrere dal 28 febbraio 2023.*

(⁷) *Le parole tra parentesi quadrate sono state soppresse dall'art. 15, comma 3, lett.* p), *n. 6), del D.L.vo 10 ottobre 2022, n. 149, a decorrere dal 28 febbraio 2023.*

23. Delle azioni in materia di eleggibilità e incompatibilità nelle elezioni per il Parlamento europeo. – 1. Le controversie previste dall'articolo 44 della legge 24 gennaio 1979, n. 18, sono regolate dal rito semplificato (¹) di cognizione, ove non diversamente disposto dal presente articolo.

2. È competente la corte di appello nella cui circoscrizione ha sede l'ufficio elettorale che ha proclamato l'elezione o la surrogazione e al giudizio partecipa il pubblico ministero.

3. Il ricorso è proposto, a pena di inammissibilità, entro trenta giorni dalla pubblicazione nella *Gazzetta Ufficiale* dei nominativi degli eletti a norma dell'articolo 24 della legge 24 gennaio 1979, n. 18, ovvero entro sessanta giorni se il ricorrente risiede all'estero.

4. I termini per la notifica del ricorso e la costituzione delle parti sono perentori.

5. La sentenza (²) che definisce il giudizio, ove non sia stato proposto ricorso per cassazione, è immediatamente trasmessa in copia, a cura del cancelliere, al presidente dell'ufficio elettorale nazionale, per l'esecuzione.

6. Contro la decisione della corte di appello la parte soccombente e il procuratore generale presso la corte di appello possono proporre ricorso per cassazione entro trenta giorni dalla sua comunicazione.

7. Il presidente della corte di cassazione, con decreto [steso in calce al ricorso medesimo] (³), fissa l'udienza di discussione. Tutti i termini del procedimento sono ridotti alla metà. La sentenza è immediatamente pubblicata e trasmessa, a cura del cancelliere, per l'esecuzione al presidente dell'Ufficio elettorale nazionale.

8. Gli atti del procedimento e la decisione sono esenti da ogni tassa, imposta e spesa di cancelleria.

9. La controversia è trattata in ogni grado in via di urgenza.

(1) *La parola: «sommario» è stata così sostituita dalla attuale «semplificato» dall'art. 15, comma 3, lett.* q), *n.* 1), *del D.L.vo 10 ottobre 2022, n. 149, a decorrere dal 28 febbraio 2023.*

(2) *Le parole: «L'ordinanza» sono state così sostituite dalle attuali: «La sentenza» dall'art. 15, comma 3, lett.* q), *n.* 2), *del D.L.vo 10 ottobre 2022, n. 149, a decorrere dal 28 febbraio 2023.*

(3) *Le parole tra parentesi quadrate sono state soppresse dall'art. 15, comma 3, lett.* q), *n.* 3), *del D.L.vo 10 ottobre 2022, n. 149, a decorrere dal 28 febbraio 2023.*

24. Dell'impugnazione delle decisioni della Commissione elettorale circondariale in tema di elettorato attivo. – 1. Le controversie previste dall'articolo 42 del decreto del Presidente della Repubblica 20 marzo 1967, n. 223, sono regolate dal rito semplificato (1) di cognizione, ove non diversamente disposto dal presente articolo.

2. È competente la corte di appello nella cui circoscrizione ha sede la Commissione elettorale circondariale che ha emesso la decisione impugnata e al giudizio partecipa il pubblico ministero.

3. Il ricorso è proposto, a pena di inammissibilità, entro trenta giorni dalla notificazione di cui al quarto comma dell'articolo 30 del decreto del Presidente della Repubblica 20 marzo 1967, n. 223,quando il ricorrente è lo stesso cittadino che aveva reclamato o aveva presentato direttamente alla Commissione una domanda d'iscrizione o era stato dalla Commissione medesima cancellato dalle liste. In tutti gli altri casi il ricorso è proposto, anche dal procuratore della Repubblica presso il tribunale competente per territorio, a pena di inammissibilità, entro trenta giorni dall'ultimo giorno di pubblicazione della lista rettificata. I termini sono raddoppiati per i cittadini residenti all'estero di cui all'articolo 11 del decreto del Presidente della Repubblica 20 marzo 1967, n. 223.

4. Il ricorso è notificato, col relativo decreto di fissazione d'udienza, al cittadino o ai cittadini interessati e alla Commissione elettorale.

5. Nel giudizio dinanzi alla Corte di cassazione tutti i termini del procedimento sono ridotti alla metà fatta eccezione per i ricorsi dei cittadini residenti all'estero.

6. Le parti possono stare in giudizio personalmente in ogni grado.

7. Il provvedimento che definisce il giudizio è comunicato immediatamente dalla cancelleria al presidente della Commissione elettorale circondariale e al sindaco che ne cura, senza spesa, l'esecuzione e la notificazione agli interessati.

8. Gli atti del procedimento e la decisione sono esenti da ogni tassa, imposta e spesa di cancelleria.

9. La controversia è trattata in ogni grado in via di urgenza.

(1) *La parola: «sommario» è stata così sostituita dalla attuale «semplificato» dall'art. 15, comma 3, lett.* r), *del D.L.vo 10 ottobre 2022, n. 149, a decorrere dal 28 febbraio 2023.*

25. Delle controversie in materia di riparazione a seguito di illecita diffusione del contenuto di intercettazioni telefoniche. – 1. Le controversie previste dall'articolo 4 del decreto legge 22 settembre 2006, n. 259, convertito, con modificazioni, dalla legge 20 novembre 2006, n. 281, sono regolate dal rito semplificato (1) di cognizione.

(1) *La parola: «sommario» è stata così sostituita dalla attuale «semplificato» dall'art. 15, comma 3, lett.* s), *del D.L.vo 10 ottobre 2022, n. 149, a decorrere dal 28 febbraio 2023.*

26. Dell'impugnazione dei provvedimenti disciplinari a carico dei notai. – 1. Le controversie in materia di impugnazione dei provvedimenti disciplinari e quelle in materia di impugnazione delle misure cautelari rispettivamente previste dagli articoli 158 e 158 *novies* della legge 16 febbraio 1913, n. 89, sono regolate dal rito semplificato (1) di cognizione, ove non diversamente disposto dal presente articolo.

2. È competente la corte di appello del distretto nel quale ha sede la Commissione amministrativa regionale di disciplina che ha pronunciato il provvedimento impugnato. Per i provvedimenti cautelari pronunciati dalla corte di appello ai sensi dell'articolo 158 *septies*, comma 2, della legge 16 febbraio 1913, n. 89, è competente la corte di appello nel cui distretto è ubicata la sede della Commissione più vicina. Al giudizio partecipa il pubblico ministero.

3. Il ricorso avverso il provvedimento disciplinare va proposto, a pena di inammissibilità, entro trenta giorni dalla notificazione della decisione, a cura della parte interessata o, in difetto, nel termine di sei mesi dal suo deposito. Il ricorso avverso la misura cautelare va proposto, a pena di inammissibili-

tà, entro dieci giorni dalla notificazione del provvedimento impugnato.

4. Contro la decisione della corte di appello sul reclamo avverso il provvedimento disciplinare è ammesso ricorso per cassazione nei soli casi previsti dai numeri 3) e 5) del primo comma dell'articolo 360 del codice di procedura civile.

5. Contro la decisione della corte di appello sul reclamo avverso il provvedimento cautelare è ammesso ricorso per cassazione per violazione di legge.

6. La Corte di cassazione pronuncia con sentenza in camera di consiglio, sentite le parti.

(1) *La parola: «sommario» è stata così sostituita dalla attuale «semplificato» dall'art. 15, comma 3, lett.* t), *del D.L.vo 10 ottobre 2022, n. 149, a decorrere dal 28 febbraio 2023.*

27. Dell'impugnazione delle deliberazioni del Consiglio nazionale dell'Ordine dei giornalisti. – 1. Le controversie previste dall'articolo 63 della legge 3 febbraio 1963, n. 69, sono regolate dal rito semplificato (1) di cognizione, ove non diversamente disposto dal presente articolo.

2. È competente il tribunale in composizione collegiale del capoluogo del distretto in cui ha sede il Consiglio regionale o interregionale dell'Ordine dei giornalisti presso cui il giornalista è iscritto od ove la elezione contestata si è svolta e al giudizio partecipa il pubblico ministero.

3. Presso il tribunale e presso la corte di appello il collegio è integrato da un giornalista e da un pubblicista nominati in numero doppio, ogni quadriennio, all'inizio dell'anno giudiziario dal presidente della corte di appello su designazione del Consiglio nazionale dell'Ordine. Il giornalista professionista ed il pubblicista, alla scadenza dell'incarico, non possono essere nuovamente nominati.

4. Il ricorso è proposto, a pena di inammissibilità, entro trenta giorni dalla notifica del provvedimento impugnato, ovvero entro sessanta giorni se il ricorrente risiede all'estero.

5. La sentenza (2) che accoglie il ricorso può annullare, revocare o modificare la deliberazione impugnata.

(1) *La parola: «sommario» è stata così sostituita dalla attuale «semplificato» dall'art. 15, comma 3, lett.* u), *n.* 1), *del D.L.vo 10 ottobre 2022, n. 149, a decorrere dal 28 febbraio 2023.*

(2) *Le parole: «L'ordinanza» sono state così sostituite dalle attuali: «La sentenza» dall'art. 15, comma 3, lett.* u), *n.* 2), *del D.L.vo 10 ottobre 2022, n. 149, a decorrere dal 28 febbraio 2023.*

28. Delle controversie in materia di discriminazione. – 1. Le controversie in materia di discriminazione di cui all'articolo 44 del decreto legislativo 25 luglio 1998, n. 286, quelle di cui all'articolo 4 del decreto legislativo 9 luglio 2003, n. 215, quelle di cui all'articolo 4 del decreto legislativo 9 luglio 2003, n. 216, quelle di cui all'articolo 3 della legge 1° marzo 2006, n. 67, e quelle di cui all'articolo 55 *quinquies* del decreto legislativo 11 aprile 2006, n. 198, sono regolate dal rito semplificato (1) di cognizione, ove non diversamente disposto dal presente articolo.

2. È competente il tribunale del luogo in cui il ricorrente ha il domicilio.

3. Nel giudizio di primo grado le parti possono stare in giudizio personalmente.

4. Quando il ricorrente fornisce elementi di fatto, desunti anche da dati di carattere statistico, dai quali si può presumere l'esistenza di atti, patti o comportamenti discriminatori, spetta al convenuto l'onere di provare l'insussistenza della discriminazione. I dati di carattere statistico possono essere relativi anche alle assunzioni, ai regimi contributivi, all'assegnazione delle mansioni e qualifiche, ai trasferimenti, alla progressione in carriera e ai licenziamenti dell'azienda interessata.

5. Con la sentenza (2) che definisce il giudizio il giudice può condannare il convenuto al risarcimento del danno anche non patrimoniale e ordinare la cessazione del comportamento, della condotta o dell'atto discriminatorio pregiudizievole, adottando, anche nei confronti della pubblica amministrazione, ogni altro provvedimento idoneo a rimuoverne gli effetti. Al fine di impedire la ripetizione della discriminazione, il giudice può ordinare di adottare, entro il termine fissato nel provvedimento, un piano di rimozione delle discriminazioni accertate. Nei casi di comportamento discriminatorio di carattere collettivo, il piano è adottato sentito l'ente collettivo ricorrente.

6. Ai fini della liquidazione del danno, il giudice tiene conto del fatto che l'atto o il comportamento discriminatorio costituiscono ritorsione ad una precedente azione giudiziale ovvero ingiusta reazione ad una precedente attività del soggetto leso volta ad ottenere il rispetto del principio della parità di trattamento.

7. Quando accoglie la domanda proposta, il giudice può ordinare la pubblicazione del provvedimento, per una sola volta e a spese del convenuto, su un quotidiano di tiratura nazionale. Della sentenza (3) è data comunicazione nei casi previsti dall'articolo 44,

comma 11, del decreto legislativo 25 luglio 1998, n. 286, dall'articolo 4, comma 1, del decreto legislativo 9 luglio 2003, n. 215, dall'articolo 4, comma 2, del decreto legislativo 9 luglio 2003, n. 216, e dall'articolo 55 *quinquies*, comma 8, del decreto legislativo 11 aprile 2006, n. 198.

(1) *La parola: «sommario» è stata così sostituita dalla attuale «semplificato» dall'art. 15, comma 3, lett. v), n. 1), del D.L.vo 10 ottobre 2022, n. 149, a decorrere dal 28 febbraio 2023.*

(2) *Le parole: «l'ordinanza» sono state così sostituite dalle attuali: «la sentenza» dall'art. 15, comma 3, lett. v), n. 2), del D.L.vo 10 ottobre 2022, n. 149, a decorrere dal 28 febbraio 2023.*

(3) *Le parole: «Dell'ordinanza» sono state così sostituite dalle attuali: «Della sentenza» dall'art. 15, comma 3, lett. v), n. 3), del D.L.vo 10 ottobre 2022, n. 149, a decorrere dal 28 febbraio 2023.*

29. Delle controversie in materia di opposizione alla stima nelle espropriazioni per pubblica utilità. – 1. Le controversie aventi ad oggetto l'opposizione alla stima di cui all'articolo 54 del decreto legislativo 8 giugno 2001, n. 327, sono regolate dal rito semplificato (1) di cognizione, ove non diversamente disposto dal presente articolo.

2. È competente la corte di appello nel cui distretto si trova il bene espropriato.

3. L'opposizione va proposta, a pena di inammissibilità, entro il termine di trenta giorni dalla notifica del decreto di esproprio o dalla notifica della stima peritale, se quest'ultima sia successiva al decreto di esproprio. Il termine è di sessanta giorni se il ricorrente risiede all'estero.

4. Il ricorso è notificato all'autorità espropriante, al promotore dell'espropriazione e, se del caso, al beneficiario dell'espropriazione, se attore è il proprietario del bene, ovvero all'autorità espropriante e al proprietario del bene, se attore è il promotore dell'espropriazione. Il ricorso è notificato anche al concessionario dell'opera pubblica, se a questi sia stato affidato il pagamento dell'indennità.

(1) *La parola: «sommario» è stata così sostituita dalla attuale «semplificato» dall'art. 15, comma 3, lett. z), del D.L.vo 10 ottobre 2022, n. 149, a decorrere dal 28 febbraio 2023.*

30. Delle controversie in materia di attuazione di sentenze e provvedimenti stranieri di giurisdizione volontaria e contestazione del riconoscimento. – 1. Le controversie aventi ad oggetto l'attuazione di sentenze e provvedimenti stranieri di giurisdizione volontaria di cui all'articolo 67 della legge 31 maggio 1995, n. 218, sono regolate dal rito semplificato di cognizione (1).

2. È competente la corte di appello del luogo di attuazione del provvedimento.

(1) *Le parole: «dal rito sommario di cognizione» sono state così sostituite dalle attuali: «dal rito semplificato di cognizione» dall'art. 24, comma 1, lett. b), del D.L.vo 10 ottobre 2022, n. 149, a decorrere dal 28 febbraio 2023.*

30 *bis*. (1) Dei procedimenti in materia di efficacia di decisioni straniere previsti dal diritto dell'Unione europea e dalle convenzioni internazionali. – 1. Si svolgono in camera di consiglio, in assenza di contraddittorio, i procedimenti volti ad ottenere la dichiarazione di esecutività e in via principale l'accertamento della sussistenza dei presupposti per il riconoscimento di decisioni emesse dalle autorità giurisdizionali degli Stati membri dell'Unione europea in conformità al diritto eurounitario. In particolare, sono introdotti con tale rito i procedimenti previsti dagli atti indicati di seguito:

1) regolamento (CE) n. 2201/2003 del Consiglio, del 27 novembre 2003, relativo alla competenza, al riconoscimento e all'esecuzione delle decisioni in materia matrimoniale e in materia di responsabilità genitoriale, che abroga il regolamento (CE) n. 1347/2000;

2) regolamento (CE) n. 4/2009 del Consiglio, del 18 dicembre 2008, relativo alla competenza, alla legge applicabile, al riconoscimento e all'esecuzione delle decisioni e alla cooperazione in materia di obbligazioni alimentari;

3) regolamento (UE) 2016/1103 del Consiglio, del 24 giugno 2016, che attua la cooperazione rafforzata nel settore della competenza, della legge applicabile, del riconoscimento e dell'esecuzione delle decisioni in materia di regimi patrimoniali tra coniugi;

4) regolamento (UE) 2016/1104 del Consiglio, del 24 giugno 2016, che attua la cooperazione rafforzata nel settore della competenza, della legge applicabile, del riconoscimento e dell'esecuzione delle decisioni in materia di effetti patrimoniali delle unioni registrate;

5) regolamento (UE) n. 650/2012 del Parlamento europeo e del Consiglio, del 4 luglio 2012, relativo alla competenza, alla legge applicabile, al riconoscimento e all'esecuzione delle decisioni e all'accettazione e all'esecuzione degli atti pubblici in materia di successioni e alla creazione di un certificato successorio europeo.

2. Nei casi di cui al comma 1 si applicano gli articoli 737 e 738 del codice di procedura civile. Contro il decreto pronunciato in camera di consiglio può essere promosso ricorso nelle forme del rito semplificato entro 60 giorni dalla comunicazione o dalla notificazione del decreto.

3. Le domande di diniego del riconoscimento delle decisioni che rientrano nel campo di applicazione degli atti indicati nel comma 1, sono introdotte con il rito semplificato di cognizione di cui agli articoli 281 *decies* e seguenti del codice di procedura civile.

4. Si svolgono con il rito semplificato di cognizione di cui agli articoli 281 *decies* e seguenti del codice di procedura civile i procedimenti di diniego del riconoscimento o dell'esecuzione e di accertamento dell'assenza di motivi di diniego del riconoscimento di decisioni immediatamente esecutive emesse dalle autorità giurisdizionali degli Stati membri in conformità al diritto dell'Unione. In particolare, sono introdotti con tale rito i procedimenti previsti dagli atti di seguito indicati:

1) regolamento (UE) n. 1215/2012 del Parlamento europeo e del Consiglio, del 12 dicembre 2012, concernente la competenza giurisdizionale, il riconoscimento e l'esecuzione delle decisioni in materia civile e commerciale;

2) regolamento (UE) n. 606/2013 del Parlamento europeo e del Consiglio, del 12 giugno 2013, relativo al riconoscimento reciproco delle misure di protezione in materia civile;

3) regolamento (UE) n. 2015/848 del Parlamento europeo e del Consiglio, del 20 maggio 2015, relativo alle procedure di insolvenza (rifusione);

4) regolamento (UE) n. 2019/1111 del Consiglio, del 25 giugno 2019, relativo alla competenza, al riconoscimento e all'esecuzione delle decisioni in materia matrimoniale e in materia di responsabilità genitoriale, e alla sottrazione internazionale di minori.

5. Si svolgono con il rito semplificato di cognizione di cui agli articoli 281*decies* e seguenti del codice di procedura civile i procedimenti volti ad ottenere la dichiarazione di esecutività di decisioni straniere o in via principale l'accertamento della sussistenza dei presupposti per il riconoscimento, o il diniego di tale riconoscimento, allorché l'efficacia delle medesime decisioni si fondi su una convenzione internazionale, fatte salve diverse disposizioni previste dalla convenzione applicabile.

6. I procedimenti previsti dagli atti di cui ai commi 1, 3 e 5 sono promossi innanzi alla corte d'appello territorialmente competente ai sensi delle disposizioni e nei termini previsti dai medesimi atti o, in mancanza, ai sensi dell'articolo 30. Le decisioni della corte d'appello sono impugnabili innanzi alla Corte di Cassazione per i motivi previsti dall'articolo 360 del codice di procedura civile.

7. Ai procedimenti disciplinati dal presente articolo ed aventi ad oggetto gli atti pubblici, le transazioni giudiziarie e gli accordi stragiudiziali stranieri si applicano le disposizioni del presente articolo nei limiti e alle condizioni previste dal diritto dell'Unione e dalle convenzioni internazionali.

(1) *Questo articolo è stato aggiunto all'art. 24, comma 1, lett. c), del D.L.vo 10 ottobre 2022, n. 149, a decorrere dal 28 febbraio 2023.*

Capo IV
Delle controversie regolate dal rito ordinario di cognizione

31. Delle controversie in materia di rettificazione di attribuzione di sesso. – 1. Le controversie aventi ad oggetto la rettificazione di attribuzione di sesso ai sensi dell'articolo 1 della legge 14 aprile 1982, n. 164, sono regolate dal rito ordinario di cognizione, ove non diversamente disposto dal presente articolo.

2. È competente il tribunale, in composizione collegiale, del luogo dove ha residenza l'attore.

3. L'atto di citazione è notificato al coniuge e ai figli dell'attore e al giudizio partecipa il pubblico ministero.

4. Quando risulta necessario un adeguamento dei caratteri sessuali da realizzare mediante trattamento medico-chirurgico, il tribunale lo autorizza con sentenza passata in giudicato. Il procedimento è regolato dai commi 1, 2 e 3.

4 *bis*. Fino alla precisazione delle conclusioni la persona che ha proposto domanda di rettificazione di attribuzione di sesso ed il coniuge possono, con dichiarazione congiunta, resa personalmente in udienza, esprimere la volontà, in caso di accoglimento della domanda, di costituire l'unione civile, effettuando le eventuali dichiarazioni riguardanti la scelta del cognome ed il regime patrimoniale. Il tribunale, con la sentenza che accoglie la domanda, ordina all'ufficiale dello stato civile del comune di celebrazione del matrimonio o di trascrizione se avvenuto all'estero, di iscrivere l'unione civile nel registro delle unioni civili e di annotare le even-

tuali dichiarazioni rese dalle parti relative alla scelta del cognome ed al regime patrimoniale ([1]).

5. Con la sentenza che accoglie la domanda di rettificazione di attribuzione di sesso il tribunale ordina all'ufficiale di stato civile del comune dove è stato compilato l'atto di nascita di effettuare la rettificazione nel relativo registro.

6. La sentenza di rettificazione di attribuzione di sesso non ha effetto retroattivo. Essa determina lo scioglimento del matrimonio o la cessazione degli effetti civili conseguenti alla trascrizione del matrimonio celebrato con rito religioso. Si applicano le disposizioni del codice civile e della legge 1° dicembre 1970, n. 898 ([2]).

([1]) *Questo comma è stato inserito dall'art. 7 del D.L.vo 17 gennaio 2017, n. 5.*

([2]) *La Corte costituzionale, con sentenza n. 170 dell'11 giugno 2014, ha dichiarato l'illegittimità costituzionale di questo comma, nella parte in cui non prevede che la sentenza di rettificazione dell'attribuzione di sesso di uno dei coniugi, che determina lo scioglimento del matrimonio o la cessazione degli effetti civili conseguenti alla trascrizione del matrimonio celebrato con rito religioso, consenta, comunque, ove entrambi lo richiedano, di mantenere in vita un rapporto di coppia giuridicamente regolato con altra forma di convivenza registrata, che tuteli i diritti ed obblighi della coppia medesima, con le modalità da statuirsi dal legislatore.*

32. Dell'opposizione a procedura coattiva per la riscossione delle entrate patrimoniali dello Stato e degli altri enti pubblici. – 1. Le controversie in materia di opposizione all'ingiunzione per il pagamento delle entrate patrimoniali degli enti pubblici di cui all'articolo 3 del testo unico delle disposizioni di legge relative alla riscossione delle entrate patrimoniali dello Stato e degli altri enti pubblici approvato con regio decreto 14 aprile 1910, n. 639, sono regolate dal rito ordinario di cognizione.

2. È competente il giudice del luogo in cui ha sede l'ufficio che ha emesso il provvedimento opposto ([1]).

3. L'efficacia esecutiva del provvedimento impugnato può essere sospesa secondo quanto previsto dall'articolo 5.

([1]) *La Corte costituzionale, con sentenza, n. 158 del 25 giugno 2019, ha dichiarato l'illegittimità costituzionale di questo comma, nella parte in cui dopo le parole «È competente il giudice del luogo in cui ha sede l'ufficio che ha emesso il provvedimento opposto» non prevede le parole «ovvero, nel caso di concessionario della riscossione delle entrate patrimoniali, del luogo in cui ha sede l'ente locale concedente».*

33. Delle controversie in materia di liquidazione degli usi civici. – 1. L'appello contro le decisioni dei commissari regionali di cui all'articolo 32 della legge 16 giugno 1927, n. 1766, è regolato dal rito ordinario di cognizione, ove non diversamente disposto dal presente articolo.

2. Sono competenti, rispettivamente, la corte di appello di Palermo, per i provvedimenti pronunciati dal commissario regionale per la liquidazione degli usi civici per la Regione Siciliana, e la corte di appello di Roma, per i provvedimenti pronunciati dai commissari regionali delle restanti regioni.

3. L'appello è proposto, a pena di inammissibilità, entro trenta giorni dalla notificazione del provvedimento impugnato.

4. L'appello contro decisioni preparatorie o interlocutorie può essere proposto soltanto dopo la decisione definitiva e unitamente all'impugnazione di questa.

5. L'atto di citazione è notificato a tutti coloro che hanno interesse ad opporsi alla domanda di riforma della decisione impugnata e al giudizio partecipa il pubblico ministero.

6. Su richiesta della cancelleria della corte di appello, il commissario che ha pronunciato la decisione impugnata trasmette tutti gli atti istruttori compiuti nella causa.

7. La sentenza che definisce il giudizio è comunicata, a cura della cancelleria, al Ministero delle politiche agricole alimentari e forestali.

Capo V
Disposizioni finali
ed abrogazioni

34. Modificazioni e abrogazioni. – (*Omissis*)

35. Clausola di invarianza finanziaria. – 1. Dall'attuazione del presente decreto non devono derivare nuovi o maggiori oneri a carico della finanza pubblica. Le amministrazioni interessate provvedono agli adempimenti previsti dal presente decreto con l'utilizzo delle risorse umane, strumentali e finanziarie disponibili a legislazione vigente.

36. Disposizioni transitorie e finali. – 1. Le norme del presente decreto si applicano ai procedimenti instaurati successivamente alla data di entrata in vigore dello stesso.

2. Le norme abrogate o modificate dal presente decreto continuano ad applicarsi alle controversie pendenti alla data di entrata in vigore dello stesso.

1.

D.P.R. 19 dicembre 1981. Determinazione degli onorari per autopsie in caso di morte per infortunio sul lavoro o per malattia professionale (*Gazzetta Ufficiale* n. 177 del 30 giugno 1982).

Art. un. In caso di morte in conseguenza di infortunio sul lavoro o di malattia professionale nell'industria e nell'agricoltura, l'onorario per l'autopsia con il referto è determinato nelle seguenti misure:

per esame necroscopico completo: € 154,94;

per esame necroscopico completo su cadavere esumato: € 258,23.

2.

D.M. 30 maggio 2002. Adeguamento dei compensi spettanti ai periti, consulenti tecnici, interpreti e traduttori per le operazioni eseguite su disposizione dell'autorità giudiziaria in materia civile e penale (*Gazzetta Ufficiale* Serie gen. - n. 182 del 5 agosto 2002).

1. 1. Gli onorari di cui all'art. 4 della legge 8 luglio 1980, n. 319, sono rideterminati nella misura di euro 14,68 per la prima vacazione e di euro 8,15 per ciascuna delle vacazioni successive.

2. Gli importi indicati nelle tabelle approvate con il decreto del Presidente della Repubblica 14 novembre 1983, n. 820, sono rideterminati come da tabelle allegate al presente decreto.

3. Il presente decreto entra in vigore il quindicesimo giorno successivo a quello della sua pubblicazione nella *Gazzetta Ufficiale* della Repubblica italiana.

All'onere derivante dall'attuazione del presente decreto si fa fronte con gli stanziamenti del capitolo 1360, nell'ambito dell'unità previsionale di base 2.1.2.1., spese di giustizia, del centro di responsabilità «Affari di giustizia», dello stato di previsione della spesa del Ministero della giustizia per l'anno finanziario 2002 e dei corrispondenti capitoli per gli anni successivi.

ALLEGATO

TABELLE CONTENENTI LA MISURA DEGLI ONORARI FISSI E DI QUELLI VARIABILI DEI PERITI E DEI CONSULENTI TECNICI, PER LE OPERAZIONI ESEGUITE SU DISPOSIZIONE DELL'AUTORITÀ GIUDIZIARIA IN MATERIA CIVILE E PENALE, IN ATTUAZIONE DELL'ART. 2 DELLA L. 8 LUGLIO 1980, N. 319.

1. Per la determinazione degli onorari a percentuale si ha riguardo per la perizia al valore del bene o di altra utilità oggetto dell'accertamento determinato sulla base di elementi obiettivi risultanti dagli atti del processo e per la consulenza tecnica al valore della controversia; se non è possibile applicare i criteri predetti gli onorari sono commisurati al tempo ritenuto necessario allo svolgimento dell'incarico e sono determinati in base alle vacazioni.

2. Per la perizia o la consulenza tecnica in materia amministrativa, contabile e fiscale, spetta al perito o al consulente tecnico un onorario a percentuale calcolato per scaglioni:

fino a € 5.164,57, dal 4,6896% al 9,3951%;

da € 5.164,58 e fino a € 10.329,14, dal 3,7580% al 7,5160%;

da € 10.329,15 e fino a € 25.822,84, dal 2,8106% al 5,6370%;

da € 25.822,85 e fino a € 51.645,69, dal 2,3527% al 4,6896%;

da € 51.645,70 e fino a € 103.291,38, dall'1,8790% al 3,7580%;

da € 103.291,39 e fino a € 258.228,45, dallo 0,9316% all'1,8790%;

da € 258.228,46 fino e non oltre € 516.456,90, dallo 0,4737% allo 0,9474%.

È in ogni caso dovuto un compenso non inferiore a € 145,12.

3. Per la perizia o la consulenza tecnica in materia di valutazione di aziende, enti patrimoniali, situazioni aziendali, patrimoni, avviamento, diritti a titolo di risarcimento di danni, diritti aziendali e industriali nonché relativi a beni mobili in genere, spetta al perito o al consulente tecnico un onorario determinato ai sensi dell'articolo precedente e ridotto alla metà.

È in ogni caso dovuto un compenso non inferiore a € 145,12.

4. Per la perizia o la consulenza tecnica in materia di bilancio e relativo conto dei profitti e perdite spetta al perito o al consulente tecnico un onorario a percentuale calcolato per scaglioni:

A) *Sul totale delle attività*:

fino a € 51.645,69, dallo 0,3790% allo 0,7579%;

da € 51.645,70 e fino a € 103.291,38, dallo 0,1405% allo 0,2811%;

da € 103.291,39 e fino a € 258.228,45, dallo 0,0932% allo 0,1879%;

da € 258.228,46 e fino a € 516.456,90, dallo 0,0474% allo 0,0947%;

da € 516.456,91 e fino a € 1.032.913,80, dallo 0,0235% allo 0,0471%;

da € 1.032.913,81 fino e non oltre € 2.582.284,50, dallo 0,0093% allo 0,0188%.

B) *Sul totale dei ricavi lordi*:

fino a € 258.228,45 dallo 0,0932% allo 0,1879%;

da € 258.228,46 e fino a € 516.456,90, dallo 0,0474% allo 0,0947%;

da € 516.456,91 e fino a € 1.032.913,80, dallo 0,0188% allo 0,0376%;

da € 1.032.913,81 fino e non oltre € 5.164.568,99, dallo 0,0093% allo 0,0188%.

I suddetti onorari sono ridotti alla metà se la formazione del bilancio riguarda società, enti o imprese che non svolgono alcuna attività commerciale od industriale o la cui attività sia limitata alla pura e semplice amministrazione di beni immobili o al solo godimento di redditi patrimoniali; tale disposizione non si applica agli enti pubblici.

È in ogni caso dovuto un compenso non inferiore a € 145,12.

5. Salvo quanto previsto nell'articolo precedente per la perizia o la consulenza tecnica in materia di inventari, rendiconti e situazioni contabili spetta al perito o al consulente tecnico un onorario da € 145,12 a € 970,42.

6. Per la perizia o la consulenza tecnica in materia di avarie comuni spetta al perito o al consulente tecnico un onorario a percentuale calcolato per scaglioni sull'ammontare complessivo della somma ammessa:

fino a € 3.098,74, dal 4,6896% al 9,3951%;

da € 3.098,75 e fino a € 5.164,57, dal 3,7580% al 7,5160%;

da € 5.164,58 e fino a € 10.329,14, dal 3,2843% al 6,5686%;

da € 10.329,15 e fino a € 25.822,84, dal 2,8106% al 5,6370%;

da € 25.822,85 e fino a € 51.645,69, dall'1,8790% al 3,7580%;

da € 51.645,70 e fino a € 103.291,38, dall'1,4053% al 2,8106%;

da € 103.291,39 e fino a € 258.228,45, dallo 0,7042% all'1,4085%;

da € 258.228,46 fino e non oltre € 516.456,90, dallo 0,2353% allo 0,4705%.

In ogni caso è dovuto un compenso non inferiore a € 145,12.

Per la perizia o la consulenza tecnica in materia di avarie particolari spetta al perito o al consulente tecnico un onorario a percentuale calcolato per scaglioni sull'ammontare complessivo della somma liquidata:

fino a € 3.098,74 dal 3,2843% al 6,5686%;

da € 3.098,75 e fino a € 5.164,57, dal 2,8106% al 5,6370%;

da € 5.164,58 e fino a € 15.493,71, dall'1,4053% al 2,8106%;

da € 15.493,72 e fino a € 30.987,41, dallo 0,7042% all'1,4085%;

da € 30.987,42 e fino a € 51.645,69, dallo 0,4737% allo 0,9474%;

da € 51.645,70 fino e non oltre € 103.291,38, dallo 0,2353% allo 0,4705%.

In ogni caso è dovuto un compenso non inferiore a € 145,12.

7. Per la perizia o la consulenza tecnica espletata con metodo attuariale in materia di ricostruzione di posizioni retributive o previdenziali, di prestiti, di nude proprietà e usufrutti, di ammortamenti finanziari, di adeguamento al costo della vita e rivalutazione monetaria, spetta al perito o al consulente tecnico un onorario da € 145,12 a € 484,95.

Per la perizia o la consulenza tecnica in materia di verifica di basi tecniche di gestioni previdenziali e assistenziali, di riserve matematiche individuali e valori di riscatto di anzianità pregressa ai fini del trattamento di previdenza e quiescenza, spetta al perito o al consulente tecnico un onorario da € 193,67 a € 582,05.

8. Per la perizia o la consulenza tecnica in materia di accertamento di stato di equilibrio tecnico finanziario di gestioni previdenziali e assistenziali spetta al perito o al consulente tecnico un onorario a percentuale calcolato per scaglioni sull'ammontare delle entrate, effettive o presunte, dell'anno cui si riferisce la valutazione:

fino a € 103.291,38 dallo 0,6632% all'1,3106%;

da € 103.291,39 e fino a € 258.228,45, dallo 0,3790% allo 0,7579%;

da € 258.228,46 e fino a € 516.456,90, dallo 0,2842% allo 0,5684%;

da € 516.456,91 e fino a € 5.164.568,99, dallo 0,0379% allo 0,0758%;

da € 5.164.569 fino e non oltre € 25.822.844,95, dallo 0,0093% allo 0,0188%.

È in ogni caso dovuto un compenso non inferiore a € 145,12.

Per la perizia o la consulenza tecnica in materia di analisi tecniche sui bilanci consuntivi o preventivi di enti previdenziali, assicurativi o finanziari spetta al perito o al consulente tecnico un onorario a percentuale calcolato per scaglioni:

fino a € 103.291,38, dal 0,3284% allo 0,6569%;

da € 103.291,39 e fino a € 258.228,45, dallo 0,1405% allo 0,2811%;

da € 258.228,46 e fino a € 516.456,90, dallo 0,0474% allo 0,0947%;

da € 516.456,91 e fino a € 5.164.568,99, dallo 0,0141% allo 0,0281%;

da € 5.164.569,00 fino e non oltre € 51.645.689,91 dallo 0,00235% allo 0,0047%.

Qualora l'analisi di cui al comma precedente riguardi più di un bilancio, il compenso complessivo è costituito dalla somma dell'onorario relativo al bilancio più recente e da quello spettante per ciascun bilancio precedente ridotto alla metà.

È in ogni caso dovuto un compenso non inferiore a € 145,12.

9. Per la perizia o la consulenza tecnica in materia di opere di pittura, scultura e simili spetta al perito o al consulente tecnico un onorario da € 96,58 a € 484,95.

Quando l'indagine ha ad oggetto più reperti l'onorario spettante per ogni reperto successivo al primo è ridotto da un terzo a due terzi.

10. Per la perizia o la consulenza tecnica in materia di accertamento di retribuzioni o di contributi previdenziali, assicurativi, assistenziali e fiscali e ogni altra questione in materia di rapporto di lavoro spetta al perito e al consulente tecnico un onorario da € 145,12 a € 582,05.

11. Per la perizia o la consulenza tecnica in materia di costruzioni edilizie, impianti industriali, impianti di servizi generali, impianti elettrici, macchine isolate e loro parti, ferrovie, strade e canali, opere idrauliche, acquedotti e fognature, ponti, manufatti isolati e strutture speciali, progetti di bonifica agraria e simili spetta al perito o al consulente tecnico un onorario a percentuale calcolato per scaglioni:

fino a € 5.164,57 dal 6,5686% al 13,1531%;

da € 5.164,58 e fino a € 10.329,14, dal 4,6896% al 9,3951%;

da € 10.329,15 e fino a € 25.822,84, dal 3,7580% al 7,5160%;

da € 25.822,85 e fino a € 51.645,69, dal 2,8106% al 5,6370%;

da € 51.645,70 e fino a € 103.291,38, dall'1,8790% al 3,7580%;

da € 103.291,39 e fino a € 258.228,45, dallo 0,9316% all'1,8790%;

da € 258.228,46 fino e non oltre € 516.456,90, dallo 0,2353% allo 0,4705%.

È in ogni caso dovuto un compenso non inferiore a € 145,12.

12. Per la perizia o la consulenza tecnica in materia di verifica di rispondenza tecnica alle prescrizioni di progetto e/o di contratto, capitolati e norme, di collaudo di lavori e forniture, di misura e contabilità di lavori, di aggiornamento e revisione dei prezzi, spetta al perito o al consulente tecnico un onorario da un minimo di € 145,12 ad un massimo di € 970,42.

Per la perizia o consulenza tecnica in materia di rilievi topografici, planimetrici e altimetrici, compresi le triangolazioni e poligonazioni, la misura dei fondi rustici, i rilievi di strade, canali, fabbricati, centri abitati e aree fabbricabili, spetta al perito o al consulente tecnico un onorario minimo di € 145,12 ad un massimo di € 970,42.

13. Per la perizia o la consulenza tecnica in materia di estimo spetta al perito o al consulente tecnico un onorario a percentuale calcolato per scaglioni sull'importo stimato:

fino a € 5.164,57, dall'1,0264% al 2,0685%;

da € 5.164,58 e fino a € 10.329,14, dallo 0,9316% all'1,8790%;

da € 10.329,15 e fino a € 25.822,84, dallo 0,8369% all'1,6895%;

da € 25.822,85 e fino a € 51.645,69, dallo 0,5684% all'1,1211%;

da € 51.645,70 e fino a € 103.291,38, dallo 0,3790% allo 0,7579%;

da € 103.291,39 e fino a € 258.228,45, dallo 0,2842% allo 0,5684%;

da € 258.228,46 fino e non oltre € 516.456,90, dallo 0,0474% allo 0,0947%.

Nel caso di stima sommaria spetta al perito o al consulente tecnico un onorario determinato ai sensi del comma precedente e ridotto alla metà; nel caso di semplice giudizio di stima lo stesso è ridotto di due terzi.

È in ogni caso dovuto un compenso non inferiore a € 145,12.

14. Per la perizia o la consulenza tecnica in materia di cave e miniere, minerali, sostanze solide, liquide e gassose spetta al perito o al consulente tecnico un onorario a percentuale calcolato per scaglioni sull'importo stimato:

fino a € 5.164,57, dall'1,4053% al 2,8106%;

da € 5.164,58 e fino a € 10.329,14, dallo 0,9316% all'1,8790%;

da € 10.329,15 e fino a € 25.822,84, dallo 0,4737% allo 0,9474%;

da € 25.822,85 e fino a € 51.645,69, dallo 0,2842% allo 0,5684%;

da € 51.645,70 e fino a € 103.291,38, dallo 0,1879% allo 0,3758 %;

da € 103.291,39 e fino a € 258.228,45, dallo 0,0932% allo 0,1879 %;

da € 258.228,46 fino e non oltre € 516.456,90, dallo 0,0474% allo 0,0947%.

È in ogni caso dovuto un compenso non inferiore a € 145,12.

15. Per la perizia o la consulenza tecnica in materia di valutazione, riparazione e trasformazione di aerei, navi e imbarcazioni e in quella di salvataggio e recuperi spetta al perito o al consulente tecnico un onorario determinato ai sensi dell'art. 11 e ridotto alla metà.

In materia di valutazione di danni l'onorario come innanzi determinato è ulteriormente ridotto alla metà.

È in ogni caso dovuto un compenso non inferiore a € 96,58.

16. Per la perizia o la consulenza tecnica in materia di funzioni contabili o amministrative di case e beni rustici, di curatele di aziende agrarie, di equo canone, di fitto di fondi urbani e rustici, di redazione di stima dei danni da incendio e grandine, di tabelle millesimali e riparto di spese condominiali spetta al perito o al consulente tecnico un onorario da un minimo di € 145,12 ad un massimo di € 970,42.

17. Per la consulenza tecnica in materia di infortunistica del traffico e della circolazione spetta al consulente tecnico un onorario a percentuale calcolato per scaglioni:

fino a € 258,23, dal 7,5160% al 15,0321%;

da € 258,24 e fino a € 516,46, dal 5,6370% al 11,2741%;

da € 516,47 e fino a € 2.582,28, dal 3,7580% al 7,5160%;

da € 2.582,29 e fino a € 25.822,84, dall'1,4053% al 2,8106%;

da € 25.822,85 fino e non oltre € 51.645,69, dallo 0,9316% all'1,8790%.

È in ogni caso dovuto un compenso non inferiore a € 38,73.

Il valore è determinato in base all'entità del danno cagionato alla cosa. Nel caso di più cose danneggiate si ha riguardo al danno di maggiore entità.

Per la perizia nella materia di cui al primo comma l'onorario è commisurato al tempo ritenuto necessario allo svolgimento dell'incarico ed è determinato in base alle vacazioni.

18. Per la perizia o la consulenza tecnica in materia di esplosivi, di armi, di proiettili, di bossoli e simili spetta al perito o al consulente tecnico un onorario da € 48,03 a € 145,12 per il primo reperto.

Se il reperto è costituito da un'arma in esso sono compresi i proiettili e i bossoli.

Per la perizia o la consulenza tecnica in materia di balistica spetta al perito o al consulente tecnico un onorario da € 96,58 a € 387,86 per il primo reperto.

Quando l'indagine di cui al primo e al terzo comma ha ad oggetto più reperti l'onorario spettante per ogni reperto successivo al primo è ridotto da un terzo a due terzi.

19. Per la perizia o la consulenza tecnica in materia di geomorfologia applicata, idrogeologia, geologia applicata e stabilità dei pendii spetta al perito o al consulente tecnico un onorario da un minimo di € 241,70 ad un massimo di € 4.852,11.

20. Per la perizia in materia medico-legale, nel caso di immediata espressione del giudizio raccolta a verbale, spettano al perito i seguenti onorari, non cumulabili fra loro:

visita medico-legale: € 19,11;

ispezione esterna di cadavere: € 19,11;

autopsia: € 67,66;

autopsia su cadavere esumato: € 96,58.

Qualora il parere non possa essere dato immediatamente e venga presentata una relazione scritta, spetta al perito, per le medesime operazioni, un onorario:

per visite medico-legali: da € 48,03 a € 145,12;

per accertamenti su cadavere: da € 116,20 a € 387,86.

21. Per la consulenza tecnica avente ad oggetto accertamenti medici, diagnostici, identificazione di agenti patogeni, riguardanti la persona spetta al consulente tecnico un onorario da € 48,03 a € 290,77.

22. Per la perizia o la consulenza tecnica avente ad oggetto l'esame alcoolimetrico spetta al perito o al consulente tecnico un onorario di € 14,46 a campione.

23. Per la perizia o la consulenza tecnica avente ad oggetto la ricerca del tasso percentuale carbossiemoglobinemico spetta al perito o al consulente tecnico un onorario di € 28,92 a campione.

24. Per la perizia o la consulenza tecnica in materia psichiatrica o criminologica spetta al perito o al consulente tecnico un onorario da € 96,58 a € 387,86.

25. Per la perizia o consulenza tecnica avente ad oggetto diagnosi su materiale biologico o su tracce biologiche ovvero indagini biologiche o valutazioni sui risultati di indagini di laboratorio su tracce biologiche spetta al perito o al consulente tecnico un onorario da € 28,92 a € 290,77. Qualora i reperti o i marcatori sottoposti ad esame sono più di uno l'onorario spettante per ciascuno di essi, successivo al primo, è ridotto alla metà.

26. Per la perizia o la consulenza tecnica avente ad oggetto accertamenti diagnostici su animali, nel caso di immediata espressione del giudizio raccolta a verbale, spettano al perito o al consulente tecnico i seguenti onorari, non cumulabili fra loro:

visita clinica: € 19,11;

esame necroscopico: € 67,66.

Qualora il parere non possa essere dato immediatamente e venga presentata una relazione scritta, spetta al perito o al consulente tecnico, per le medesime operazioni, un onorario:

per visita clinica: da € 48,03 a € 145,12;

per esame necroscopico: da € 96,58 a € 290,77.

Nel caso di malattie infettive, epidemiche o endemiche, che abbiano interessato più capi facenti parte di un gregge o di una mandria o di un allevamento gli onorari di cui ai precedenti commi sono raddoppiati.

27. Per la perizia o la consulenza tecnica tossicologica su reperti non biologici spetta al perito o al consulente tecnico un onorario da € 48,03 a € 145,12 a campione per la ricerca qualitativa di una sostanza, da € 67,66 a € 193,67 a campione per la ricerca quantitativa.

Per la perizia o la consulenza tecnica tossicologica su reperti biologici spetta al perito o al consulente tecnico un onorario da € 67,66 a € 193,67 per l'analisi qualitativa di ciascuna sostanza, da € 48,03 a € 145,12 per l'analisi quantitativa.

Quando le sostanze o i campioni sottoposti ad esame sono più di uno l'onorario spettante per ogni sostanza o campione successivo al primo è ridotto alla metà.

28. Per la perizia o la consulenza tecnica chimico-tossicologica avente ad oggetto la ricerca quantitativa o qualitativa completa generale incognita delle sostanze inorganiche, organiche volatili e organiche non volatili nonché di agenti patogeni spetta al perito o al consulente tecnico un onorario da € 48,03 a € 145,12.

Per la perizia o la consulenza ecotossicologica volta ad accertare le alterazioni e le impurità di qualsiasi sostanza o ad identificare gli agenti patogeni infettanti, infestanti e inquinanti, spetta al perito o al consulente tecnico un onorario da € 48,03 a € 407,48.

Per la perizia o la consulenza tecnica in materia di inquinamento acustico spetta al perito o al consulente tecnico un onorario da € 48,03 a € 484,95.

29. Tutti gli onorari, ove non diversamente stabilito nelle presenti tabelle, sono comprensivi della relazione sui risultati dell'incarico espletato, della partecipazione alle udienze e di ogni altra attività concernente i quesiti.

3.

D.P.R. 30 maggio 2002, n. 115. Testo unico delle disposizioni legislative e regolamentari in materia di spese di giustizia (Testo A) (Suppl. ord. alla *Gazzetta Ufficiale* Serie gen. - n. 139 del 15 giugno 2002), ed avviso di rettifica in *Gazzetta Ufficiale* Serie gen. - n. 286 del 6 dicembre 2002 (1).

(1) *A norma dell'art. 37 bis del D.L. 16 luglio 2020, n. 76, convertito, con modificazioni, nella L. 11 settembre 2020, n. 120, al fine di favorire una celere evasione delle richieste di liquidazione dei compensi spettanti al difensore della parte ammessa al patrocinio a spese dello Stato e al difensore d'ufficio ai sensi del presente Testo Unico, le istanze prodotte dal giorno successivo a quello di entrata in vigore della legge di conversione del presente decreto sono depositate presso la cancelleria del magistrato competente esclusivamente mediante modalità telematica individuata e regolata con provvedimento del direttore generale per i sistemi informativi automatizzati del Ministero della giustizia.*

(*Estratto*)

Parte I
Disposizioni generali

Titolo I
Oggetto e definizioni

1 (L). Oggetto. – 1. Le norme del presente testo unico disciplinano le voci e le procedure di spesa dei processi: il pagamento da parte dell'erario, il pagamento da parte dei privati, l'annotazione e la riscossione. Disciplinano, inoltre, il patrocinio a spese dello Stato, la riscossione delle spese di mantenimento, [delle pene pecuniarie,] (1) delle sanzioni amministrative pecuniarie e delle sanzioni pecuniarie processuali.

(1) *Le parole tra parentesi quadrate sono state soppresse dall'art. 80, comma 1, lett. a), del D.L.vo 10 ottobre 2022, n. 150, a decorrere dal 30 dicembre 2022 ex art. 99 bis del medesimo decreto, così come modificato dall'art. 6 del D.L. 31 ottobre 2022, n. 162, convertito, con modificazioni, nella L. 30 dicembre 2022, n. 199.*

A norma dell'art. 97, comma 3, del D.L.vo 10 ottobre 2022, n. 150, le disposizioni di cui a questo comma, continuano ad applicarsi in relazione alle pene pecuniarie irrogate per reati commessi prima della sua entrata in vigore (30 dicembre 2022 ex art. 99 bis del medesimo decreto, così come modificato dall'art. 6 del D.L. 31 ottobre 2022, n. 162, convertito, con modificazioni, nella L. 30 dicembre 2022, n. 199).

2 (L). Ambito di applicazione. – 1. Le norme del presente testo unico si applicano al processo penale, civile, amministrativo, contabile e tributario, con l'eccezione di quelle espressamente riferite dal presente testo unico ad uno o più degli stessi processi.

2. Le spese del processo amministrativo, contabile e tributario sono, inoltre, regolate dalle norme speciali della parte VIII del presente testo unico.

3 (R). Definizioni. – 1. Ai fini del presente testo unico, se non diversamente ed espressamente indicato:

a) "magistrato" è il giudice o il pubblico ministero, anche onorario, preposto alla funzione giurisdizionale sulla base di norme di legge e delle disposizioni dei codici di procedura penale e civile;

b) "magistrato professionale" è il magistrato che ha uno stabile rapporto di servizio con l'amministrazione;

c) "magistrato onorario" è il giudice di pace, il giudice onorario di tribunale, il vice procuratore onorario, il giudice onorario aggregato;

d) "giudice popolare" è il componente non togato nei collegi di assise;

e) "esperto" è il componente privato dell'ufficio giudiziario minorile, dell'ufficio giudiziario di sorveglianza, dell'ufficio giudiziario agrario;

f) "ufficio giudiziario" è l'ufficio del magistrato competente secondo le norme di legge e le disposizioni dei codici di procedura penale e civile;

g) "ufficio" è l'apparato della pubblica amministrazione strumentale all'ufficio giudiziario, con esclusione in ogni caso dell'ufficio finanziario;

h) "ufficio finanziario" è l'ufficio dell'amministrazione finanziaria competente secondo l'organizzazione interna;

i) "funzionario addetto all'ufficio" è la persona che svolge la funzione amministrativa secondo l'organizzazione interna;

l) "ufficiale giudiziario" è la persona che svolge la funzione secondo l'organizzazione interna degli uffici notificazioni e protesti (UNEP);

m) "notificazione da parte dell'ufficiale giudiziario", ai fini delle spettanze degli ufficiali giudiziari, è la trasmissione della notizia di un atto o la trasmissione di copia di un atto;

n) "ausiliario del magistrato" è il perito, il consulente tecnico, l'interprete, il traduttore e qualunque altro soggetto competente, in una determinata arte o professione o comunque idoneo al compimento di atti, che il magistrato o il funzionario addetto all'ufficio può nominare a norma di legge;

o) "processo" è qualunque procedimento contenzioso o non contenzioso di natura giurisdizionale;

p) "processo penale" è il procedimento o processo penale e penale militare;

q) "amministrazione pubblica ammessa alla prenotazione a debito" è l'amministrazione dello Stato, o altra amministrazione pubblica, ammessa da norme di legge alla prenotazione a debito di imposte o di spese a suo carico;

r) "annotazione" è l'attività su supporto cartaceo o informatico per riportare il dato nei registri;

s) "prenotazione a debito" è l'annotazione a futura memoria di una voce di spesa, per la quale non vi è pagamento, ai fini dell'eventuale successivo recupero;

t) "anticipazione" è il pagamento di una voce di spesa che, ricorrendo i presupposti previsti dalla legge, è recuperabile;

u) "sanzione pecuniaria processuale" è la somma dovuta sulla base delle norme del codice di procedura civile e del codice di procedura penale, recuperabile nelle forme previste per le spese;

v) "sanzione amministrativa pecuniaria" è la sanzione pecuniaria, anche derivante da conversione della sanzione interdittiva, dovuta dalle persone giuridiche, dalle società e dalle associazioni anche prive di personalità giuridica, ai sensi del decreto legislativo 8 giugno 2001, n. 231;

z) "concessionario" è il soggetto incaricato ai sensi dell'articolo 4, del decreto legislativo 9 luglio 1997, n. 237.

Titolo III
Disposizioni generali relativo al processo civile, amministrativo, contabile e tributario

8 (L). Onere delle spese. - 1. Ciascuna parte provvede alle spese degli atti processuali che compie e di quelli che chiede e le anticipa per gli atti necessari al processo quando l'anticipazione è posta a suo carico dalla legge o dal magistrato.

2. Se la parte è ammessa al patrocinio a spese dello Stato, le spese sono anticipate dall'erario o prenotate a debito, secondo le previsioni della parte III del presente testo unico.

Parte II
Voci di spesa

Titolo I
Contributo unificato nel processo civile, amministrativo e tributario (1)

(1) *La precedente rubrica: «Contributo unificato nel processo civile e amministrativo» è stata così sostituita dall'art. 37, comma 6, lett.* a), *del D.L. 6 luglio 2011, n. 98, convertito, con modificazioni, nella L. 15 luglio 2011, n. 111.*

9 (L). Contributo unificato. - 1. È dovuto il contributo unificato di iscrizione a ruolo, per ciascun grado di giudizio, nel processo civile, compresa la procedura concorsuale e di volontaria giurisdizione, [e] (1) nel processo amministrativo e nel processo tributario (2), secondo gli importi previsti dall'articolo 13 e salvo quanto previsto (3) dall'articolo 10.

1 *bis*. Nei processi per controversie di previdenza ed assistenza obbligatorie, nonché per quelle individuali di lavoro o concernenti rapporti di pubblico impiego le parti che sono titolari di un reddito imponibile ai fini dell'imposta personale sul reddito, risultante dall'ultima dichiarazione, superiore a tre volte l'importo previsto dall'articolo 76, sono soggette, rispettivamente, al contributo unificato di iscrizione a ruolo nella misura di cui all'articolo 13, comma 1, lettera *a*), e comma 3, salvo che per i processi dinanzi alla Corte di cassazione in cui il contributo è dovuto nella misura di cui all'articolo 13, comma 1 (4).

(1) *La parola: «e» è stata soppressa dall'art. 37, comma 6, lett.* b), *n. 1), del D.L. 6 luglio 2011, n. 98, convertito, con modificazioni, nella L. 15 luglio 2011, n. 111.*

(2) *Le parole: «e nel processo tributario» sono state aggiunte dall'art. 37, comma 6, lett.* b), *n. 1), del D.L. 6 luglio 2011, n. 98, convertito, con modificazioni, nella L. 15 luglio 2011, n. 111.*

(3) *Le parole: «le esenzioni previste» sono state così sostituite dalle attuali: «quanto previsto» dall'art. 2, comma 212, lett.* a), *della L. 23 dicembre 2009, n. 191.*

(4) *Questo comma è stato inserito dall'art. 37, comma 6, lett.* b), *n. 2), del D.L. 6 luglio 2011, n. 98, convertito, con modificazioni, nella L. 15 luglio 2011, n. 111.*

10 (L). Esenzioni. - 1. Non è soggetto al contributo unificato il processo già esente, secondo previsione legislativa e senza limiti di competenza o di valore, dall'imposta di bollo o da ogni spesa, tassa o diritto di qualsiasi specie e natura, nonché il processo di rettificazione di stato civile, il processo in materia tavolare, [il processo esecutivo per consegna e rilascio,] (1) il processo di cui all'articolo 3, della legge 24 marzo 2001, n. 89, e il proces-

LEGGI COMPLEMENTARI

so in materia di integrazione scolastica, relativamente ai ricorsi amministrativi per la garanzia del sostegno agli alunni con *handicap* fisici o sensoriali, ai sensi dell'articolo 13, comma 3, della legge 5 febbraio 1992, n. 104 ([2]).

2. Non è soggetto al contributo unificato il processo, anche esecutivo, di opposizione e cautelare, in materia di assegni per il mantenimento della prole, e quello comunque riguardante la stessa.

3. Non sono soggetti al contributo unificato i processi di cui al libro IV, titolo II, capi II, III, IV e V, del codice di procedura civile ([3]).

[4. Non è soggetto al contributo unificato [il processo di valore inferiore a euro 1.100 e] ([4]) il processo esecutivo mobiliare di valore inferiore a euro 2.500] ([5]).

[5. Il contributo unificato non è dovuto per il processo cautelare attivato in corso di causa e per il processo di regolamento di competenza e di giurisdizione] ([5]).

6. La ragione dell'esenzione deve risultare da apposita dichiarazione resa dalla parte nelle conclusioni dell'atto introduttivo.

6 *bis*. Nei procedimenti di cui all'articolo 23 della legge 24 novembre 1981, n. 689, gli atti del processo sono soggetti soltanto al pagamento del contributo unificato, nonché delle spese forfetizzate secondo l'importo fissato all'articolo 30 del presente testo unico. Nelle controversie di cui all'articolo unico della legge 2 aprile 1958, n. 319, e successive modificazioni, e in quelle in cui si applica lo stesso articolo, è in ogni caso dovuto il contributo unificato [per i processi dinanzi alla Corte di cassazione] ([6]) ([7]).

([1]) *Le parole tra parentesi quadrate sono state soppresse dall'art. 37, comma 6, lett.* c), *del D.L. 6 luglio 2011, n. 98, convertito, con modificazioni, nella L. 15 luglio 2011, n. 111.*

([2]) *Le parole: «, e il processo in materia di integrazione scolastica, relativamente ai ricorsi amministrativi per la garanzia del sostegno agli alunni con handicap fisici o sensoriali, ai sensi dell'articolo 13, comma 3, della legge 5 febbraio 1992, n. 104» sono state aggiunte dall'art. 17, comma 8* bis, *del D.L. 12 settembre 2013, n. 104, convertito, con modificazioni, nella L. 8 novembre 2013, n. 128.*

([3]) *Le parole: «i processi di cui al libro IV, titolo II, capi I, II, III, IV e V, del codice di procedura civile» sono state così sostituite dalle parole: «i processi di cui al libro IV, titolo II, capi II, III, IV e V, del codice di procedura civile» dall'art. 37, comma 6, lett.* d), *del D.L. 6 luglio 2011, n. 98, convertito, con modificazioni, nella L. 15 luglio 2011, n. 111.*

([4]) *Le parole poste fra parentesi quadre sono state soppresse dall'art. 1, comma 306, della L. 30 dicembre 2004, n. 311.*

([5]) *Questo comma è stato abrogato dall'art. 2, comma 202, lett.* b), *n. 1), della L. 23 dicembre 2009, n. 191.*

([6]) *Le parole tra parentesi quadrate sono state soppresse dall'art. 37, comma 6, lett.* e), *del D.L. 6 luglio 2011, n. 98, convertito, con modificazioni, nella L. 15 luglio 2011, n. 111.*

([7]) *Questo comma è stato aggiunto dall'art. 2, comma 202, lett.* b), *n. 2), della L. 23 dicembre 2009, n. 191. A norma dell'art. 2, comma 4 quinquiesdecies, del D.L. 29 dicembre 2010, n. 225, convertito, con modificazioni, nella L. 26 febbraio 2011, n. 10, fino al 31 dicembre 2011 si applica la disciplina previgente all'articolo 2, comma 212, lettera* b), *numero 2), della L. n. 191/2009 per la parte relativa alle controversie in materia di lavoro dinanzi alla Corte di cassazione.*

11 (L). Prenotazione a debito del contributo unificato. – 1. Il contributo unificato è prenotato a debito nei confronti dell'amministrazione pubblica ammessa da norme di legge alla prenotazione a debito di altre imposte e spese a suo carico, nei confronti della parte ammessa al patrocinio a spese dello Stato e, nell'ipotesi di cui all'articolo 12, comma 2, nei confronti della parte obbligata al risarcimento del danno.

12 (L). Azione civile nel processo penale. – 1. L'esercizio dell'azione civile nel processo penale non è soggetto al pagamento del contributo unificato, se è chiesta solo la condanna generica del responsabile.

2. Se è chiesta, anche in via provvisionale, la condanna al pagamento di una somma a titolo di risarcimento del danno, il contributo è dovuto, in caso di accoglimento della domanda, in base al valore dell'importo liquidato e secondo gli scaglioni di valore di cui all'articolo 13.

13 (L). Importi. – 1. Il contributo unificato è dovuto nei seguenti importi:

a) euro 43 ([1]) per i processi di valore fino a 1.100 euro, nonché per i processi per controversie di previdenza e assistenza obbligatorie, salvo quanto previsto dall'articolo 9, comma 1 *bis*, per i procedimenti di cui all'articolo 711 del codice di procedura civile, e per i procedimenti di cui all'articolo 4, comma 16, della legge 1° dicembre 1970, n. 898 ([2]);

b) euro 98 ([3]) per i processi di valore superiore a euro 1.100 e fino a euro 5.200 e per i processi di volontaria giurisdizione, nonché per i processi speciali di cui al libro IV, titolo II, capo I e capo VI, del codice di procedura civile, e per i processi contenziosi di cui all'articolo 4 della legge 1 dicembre 1970, n. 898 ([4]);

c) euro 237 ([5]) per i processi di valore superiore a euro 5.200 e fino a euro 26.000 e per i processi contenziosi di valore indeterminabile di competenza esclusiva del giudice di pace;

d) euro 518 ([6]) per i processi di valore superiore a euro 26.000 e fino a euro 52.000 e per i processi civili [e amministrativi] ([7]) di valore indeterminabile;

e) euro 759 ([8]) per i processi di valore superiore a euro 52.000 e fino a euro 260.000;

f) euro 1.214 ([9]) per i processi di valore superiore a euro 260.000 e fino a euro 520.000;

g) euro 1.686 ([10]) per i processi di valore superiore a euro 520.000 ([11]).

1 *bis*. Il contributo di cui al comma 1 è aumentato della metà per i giudizi di impugnazione ed è raddoppiato per i processi dinanzi alla Corte di cassazione ([12]).

1 *ter*. Per i processi di competenza delle sezioni specializzate di cui al decreto legislativo 27 giugno 2003, n. 168, e successive modificazioni, il contributo unificato di cui al comma 1 è raddoppiato. Si applica il comma 1 *bis* ([13]).

1 *quater*. Quando l'impugnazione, anche incidentale, è respinta integralmente o è dichiarata inammissibile o improcedibile, la parte che l'ha proposta è tenuta a versare un ulteriore importo a titolo di contributo unificato pari a quello dovuto per la stessa impugnazione, principale o incidentale, a norma del comma 1 *bis*. Il giudice dà atto nel provvedimento della sussistenza dei presupposti di cui al periodo precedente e l'obbligo di pagamento sorge al momento del deposito dello stesso ([14]).

1 *quater*.1. Le disposizioni di cui al comma 1 *quater* non si applicano quando il ricorso per cassazione viene dichiarato estinto ai sensi dell'articolo 380 *bis*, secondo comma, ultimo periOdo, del codice di procedura civile ([15]).

1 *quinquies*. Per il procedimento introdotto con l'istanza di cui all'articolo 492 *bis*, primo comma, del codice di procedura civile il contributo dovuto è pari ad euro 43 e non si applica l'articolo 30 ([16]).

2. Per i processi di esecuzione immobiliare il contributo dovuto è pari a euro 278. Per gli altri processi esecutivi lo stesso importo è ridotto della metà. Per i processi esecutivi mobiliari di valore inferiore a 2.500 euro il contributo dovuto è pari a euro 43. Per i processi di opposizione agli atti esecutivi il contributo dovuto è pari a euro 168 ([17]).

2 *bis*. Fuori dei casi previsti dall'articolo 10, comma 6 *bis*, ([18]) per i processi dinanzi alla Corte di cassazione, oltre al contributo unificato, è dovuto un importo pari all'imposta fissa di registrazione dei provvedimenti giudiziari ([19]).

3. Il contributo è ridotto alla metà per i processi speciali previsti nel libro IV, titolo I, del codice di procedura civile, compreso il giudizio di opposizione a decreto ingiuntivo e di opposizione alla sentenza dichiarativa di fallimento e per le controversie individuali di lavoro o concernenti rapporti di pubblico impiego, salvo quanto previsto dall'articolo 9, comma 1 *bis* ([20]). Ai fini del contributo dovuto, il valore dei processi di sfratto per morosità si determina in base all'importo dei canoni non corrisposti alla data di notifica dell'atto di citazione per la convalida e quello dei processi di finita locazione si determina in base all'ammontare del canone per ogni anno.

3 *bis*. Ove il difensore non indichi il proprio numero di fax ai sensi dell'articolo 125, primo comma, del codice di procedura civile ([21]) e il proprio indirizzo di posta elettronica certificata ai sensi dell'articolo ([22]) 16, comma 1 *bis*, del decreto legislativo 31 dicembre 1992, n. 546, ovvero qualora la parte ometta di indicare il codice fiscale nell'atto introduttivo del giudizio o, per il processo tributario, nel ricorso il contributo unificato è aumentato della metà ([23]).

[4. Per i processi in materia di locazione, comodato, occupazione senza titolo e di impugnazione di delibere condominiali, il contributo dovuto è pari a euro 103,30] ([24]).

5. Per la procedura fallimentare, che è la procedura dalla sentenza dichiarativa di fallimento alla chiusura, il contributo dovuto è pari a euro 851 ([25]).

6. Se manca la dichiarazione di cui all'articolo 14, il processo si presume del valore indicato al comma 1, lettera *g*). Se manca la dichiarazione di cui al comma 3 *bis* dell'articolo 14, il processo si presume del valore indicato al comma 6 *quater*, lettera *f*) ([26]) ([27]).

6 *bis*. Il contributo unificato per i ricorsi proposti davanti ai Tribunali amministrativi regionali e al Consiglio di Stato è dovuto nei seguenti importi:

a) per i ricorsi previsti dagli articoli 116 e 117 del decreto legislativo 2 luglio 2010, n. 104, per quelli aventi ad oggetto il diritto di cittadinanza, di residenza, di soggiorno e di ingresso nel territorio dello Stato e per i ricorsi di esecuzione nella sentenza o di ottemperanza del giudicato il contributo dovuto è di euro 300. Non è dovuto alcun contributo per i ricorsi previsti dall'articolo 25 della citata legge n. 241 del 1990 avverso il diniego di accesso alle informazioni di cui al decreto legislativo 19 agosto 2005, n. 195, di attuazione della direttiva 2003/4/CE sull'accesso del pubblico all'informazione ambientale;

b) per le controversie concernenti rapporti di pubblico impiego, si applica il comma 3;

c) per i ricorsi cui si applica il rito abbreviato comune a determinate materie previsto dal libro IV, titolo V, del decreto legislativo 2 luglio 2010, n. 104, nonché da altre disposizioni che richiamino il citato rito, il contributo dovuto è di euro 1.800;

d) per i ricorsi di cui all'articolo 119, comma 1, lettere *a*) e *b*), del codice di cui all'allegato 1 al decreto legislativo 2 luglio 2010, n. 104, il contributo dovuto è di euro 2.000 quando il valore della controversia è pari o inferiore ad euro 200.000; per quelle di importo compreso tra euro 200.000 e 1.000.000 il contributo dovuto è di euro 4.000 mentre per quelle di valore superiore a 1.000.000 di euro è pari ad euro 6.000. Se manca la dichiarazione di cui al comma 3 *bis* dell'articolo 14, il contributo dovuto è di euro 6.000;

e) in tutti gli altri casi non previsti dalle lettere precedenti e per il ricorso straordinario al Presidente della Repubblica nei casi ammessi dalla normativa vigente, il contributo dovuto è di euro 650. [I predetti importi sono aumentati della metà ove il difensore non indichi il proprio indirizzo di posta elettronica certificata e il proprio recapito fax, ai sensi dell'articolo 136 del codice del processo amministrativo di cui al decreto legislativo 2 luglio 2010, n. 104] ([28]).

[Ai fini del presente comma, per ricorsi si intendono quello principale, quello incidentale e i motivi aggiunti che introducono domande nuove] ([28]) ([29]).

6 *bis1*. Gli importi di cui alle lettere *a*), *b*), *c*), *d*) ed *e*) del comma 6 *bis* sono aumentati della metà ove il difensore non indichi il proprio indirizzo di posta elettronica certificata e il proprio recapito fax, ai sensi dell'articolo 136 del codice del processo amministrativo di cui al decreto legislativo 2 luglio 2010, n. 104, ovvero qualora la parte ometta di indicare il codice fiscale nel ricorso. L'onere relativo al pagamento dei suddetti contributi è dovuto in ogni caso dalla parte soccombente, anche nel caso di compensazione giudiziale delle spese e anche se essa non si è costituita in giudizio. Ai fini predetti, la soccombenza si determina con il passaggio in giudicato della sentenza. Ai fini del presente comma, per ricorsi si intendono quello principale, quello incidentale e i motivi aggiunti che introducono domande nuove ([30]).

[6 *ter*. Il maggior gettito derivante dall'applicazione delle disposizioni di cui al comma 6 *bis* è versato al bilancio dello Stato, per essere riassegnato allo stato di previsione del Ministero dell'economia e delle finanze, per le spese riguardanti il funzionamento del Consiglio di Stato e dei Tribunali amministrativi regionali] ([31]).

6 *quater*. Per i ricorsi principale ed incidentale proposti avanti le Commissioni tributarie provinciali e regionali è dovuto il contributo unificato nei seguenti importi:

a) euro 30 per controversie di valore fino a euro 2.582,28;

b) euro 60 per controversie di valore superiore a euro 2.582,28 e fino a euro 5.000;

c) euro 120 per controversie di valore superiore a euro 5.000 e fino a euro 25.000 e per le controversie tributarie di valore indeterminabile ([32]);

d) euro 250 per controversie di valore superiore a euro 25.000 e fino a euro 75.000;

e) euro 500 per controversie di valore superiore a euro 75.000 e fino a euro 200.000;

f) euro 1.500 per controversie di valore superiore a euro 200.000 ([33]).

6 *quinquies*. Per le controversie di cui al regolamento (UE) n. 655/2014 del Parlamento europeo e del Consiglio, del 15 maggio 2014, che istituisce una procedura per l'ordinanza europea di sequestro conservativo su conti bancari al fine di facilitare il recupero transfrontaliero dei crediti in materia civile e commerciale, si applicano:

a) gli importi stabiliti dall'articolo 13, commi 1, lettera *b*), e 1 *bis*, per i procedimenti previsti dagli articoli 21 e 37 del regolamento (UE) n. 655/2014;

b) gli importi stabiliti dall'articolo 13, comma 3, per i procedimenti previsti dagli articoli 8, 33 e 35 del regolamento (UE) n. 655/2014;

c) gli importi stabiliti dall'articolo 13, comma 1, per i procedimenti previsti dall'articolo 34 del regolamento (UE) n. 655/2014;

d) gli importi stabiliti dall'articolo 13, comma 1 *quinquies*, per i procedimenti previsti dall'articolo 14 del regolamento (UE) n. 655/2014. ([34]).

([1]) *Le precedenti parole: «euro 37» sono state così sostituite dalle attuali: «euro 43», dall'art. 53, comma 1, lett.* a), *del D.L. 24 giugno 2014, n. 90, convertito, con modificazioni, nella L. 11 agosto 2014, n. 114.*

([2]) *Questa lettera è stata così sostituita dall'art. 37, comma 6, lett.* f), *del D.L. 6 luglio 2011, n. 98, convertito, con modificazioni, nella L. 15 luglio 2011, n. 111.*

([3]) *Le precedenti parole: «euro 85» sono state così sostituite dalle attuali: «euro 98», dall'art. 53, comma 1, lett.* b), *del D.L. 24 giugno 2014, n. 90, convertito, con modificazioni, nella L. 11 agosto 2014, n. 114.*

(4) Questa lettera è stata così sostituita dall'art. 37, comma 6, lett. g), del D.L. 6 luglio 2011, n. 98, convertito, con modificazioni, nella L. 15 luglio 2011, n. 111.

(5) Le parole: «euro 187» dapprima sostituite dalle parole: «euro 206», dall'art. 37, comma 6, lett. h), del D.L. 6 luglio 2011, n. 98, convertito, con modificazioni, nella L. 15 luglio 2011, n. 111, sono state da ultimo così sostituite dalle attuali parole: «euro 237», dall'art. 53, comma 1, lett. c), del D.L. 24 giugno 2014, n. 90, convertito, con modificazioni, nella L. 11 agosto 2014, n. 114.

(6) Le parole: «euro 374» dapprima sostituite dalle parole: «euro 450», dall'art. 37, comma 6, lett. i), del D.L. 6 luglio 2011, n. 98, convertito, con modificazioni, nella L. 15 luglio 2011, n. 111, sono state da ultimo così sostituite dalle attuali parole: «euro 518», dall'art. 53, comma 1, lett. d), del D.L. 24 giugno 2014, n. 90, convertito, con modificazioni, nella L. 11 agosto 2014, n. 114.

(7) Le parole fra parentesi quadrate sono state soppresse dall'art. 2, comma 35 bis, lett. a), del D.L. 13 agosto 2011, n. 138, convertito, con modificazioni, nella L. 14 settembre 2011, n. 148.

(8) Le parole: «euro 550» dapprima sostituite dalle parole: «euro 660», dall'art. 37, comma 6, lett. l), del D.L. 6 luglio 2011, n. 98, convertito, con modificazioni, nella L. 15 luglio 2011, n. 111, sono state da ultimo così sostituite dalle attuali parole: «euro 759», dall'art. 53, comma 1, lett. e), del D.L. 24 giugno 2014, n. 90, convertito, con modificazioni, nella L. 11 agosto 2014, n. 114.

(9) Le parole: «euro 880» dapprima sostituite dalle parole: «euro 1.056», dall'art. 37, comma 6, lett. m), del D.L. 6 luglio 2011, n. 98, convertito, con modificazioni, nella L. 15 luglio 2011, n. 111, sono state da ultimo così sostituite dalle attuali parole: «euro 1.214», dall'art. 53, comma 1, lett. f), del D.L. 24 giugno 2014, n. 90, convertito, con modificazioni, nella L. 11 agosto 2014, n. 114.

(10) Le parole: «euro 1.221» dapprima sostituite dalle parole: «euro 1.466», dall'art. 37, comma 6, lett. n), del D.L. 6 luglio 2011, n. 98, convertito, con modificazioni, nella L. 15 luglio 2011, n. 111, sono state da ultimo così sostituite dalle attuali parole: «euro 1.686», dall'art. 53, comma 1, lett. g), del D.L. 24 giugno 2014, n. 90, convertito, con modificazioni, nella L. 11 agosto 2014, n. 114.

(11) Questo comma, è stato così sostituito dall'art. 37, comma 6, lett. o), del D.L. 6 luglio 2011, n. 98, convertito, con modificazioni, nella L. 15 luglio 2011, n. 111.

(12) Questo comma è stato inserito dall'art. 28, comma 1, lett. a), della L. 12 novembre 2011, n. 183, a decorrere dal 1° gennaio 2012. A norma del successivo comma 3 del medesimo articolo, «la disposizione di cui al comma 1, lettera a), si applica anche alle controversie pendenti nelle quali il provvedimento impugnato è stato pubblicato ovvero, nei casi in cui non sia prevista la pubblicazione, depositato successivamente alla data di entrata in vigore della presente legge».

(13) Questo comma è stato inserito dall'art. 2, comma 3, del D.L. 24 gennaio 2012, n. 1, convertito, con modificazioni, nella L. 24 marzo 2012, n. 27. A norma dell'art. 2, comma 6, dello stesso decreto legge, tale disposizione, si applica ai giudizi instaurati dopo il centottantesimo giorno dalla data di entrata in vigore della sua legge di conversione.

(14) Questo comma è stato inserito dall'art. 1, comma 17, della L. 24 dicembre 2012, n. 228. A norma dell'art. 1, comma 18 della medesima legge tali disposizioni si applicano ai procedimenti iniziati dal trentesimo giorno successivo alla data di entrata in vigore della presente legge (Suppl. ord. alla G.U. Serie gen. - n. 302 del 29 dicembre 2012).

(15) Questo comma è stato inserito dall'art. 18, comma 1, del D.L.vo 10 ottobre 2022, n. 149, a decorrere dal 28 febbraio 2023.

(16) Questo comma è stato inserito dall'art. 19, comma 3, lett. a), del D.L. 12 settembre 2014, n. 132, convertito, con modificazioni, nella L. 10 novembre 2014, n. 162. A norma dell'art. 19, comma 6 bis, dello stesso provvedimento tali disposizioni si applicano ai procedimenti iniziati a decorrere dal trentesimo giorno successivo alla data di entrata in vigore della legge di conversione del presente decreto (Suppl. ord. alla G.U. Serie gen. - n. 261 del 10 novembre 2014).

(17) Questo comma, dapprima sostituito dall'art. 37, comma 6, lett. o), del D.L. 6 luglio 2011, n. 98, convertito, con modificazioni, nella L. 15 luglio 2011, n. 111, è stato da ultimo così sostituito dall'attuale, dall'art. 53, comma 1, lett. h), del D.L. 24 giugno 2014, n. 90, convertito, con modificazioni, nella L. 11 agosto 2014, n. 114.

(18) Le parole: «Fuori dei casi previsti dall'articolo 10, comma 6 bis,» sono state premesse dall'art. 2, comma 212, lett. c), n. 2), della L. 23 dicembre 2009, n. 191.

(19) Questo comma è stato inserito dall'art. 67, comma 3, lett. a), della L. 18 giugno 2009, n. 69.

(20) Le parole: «e per le controversie individuali di lavoro o concernenti rapporti di pubblico impiego, salvo quanto previsto dall'articolo 9, comma 1 bis» sono state inserite dall'art. 37, comma 6, lett. p), del D.L. 6 luglio 2011, n. 98, convertito, con modificazioni, nella L. 15 luglio 2011, n. 111.

(21) Le parole: «Ove il difensore non indichi il proprio indirizzo di posta elettronica certificata e il proprio numero di fax ai sensi degli articoli 125, primo comma, del codice di procedura civile» sono state così sostituite dalle seguenti: «Ove il difensore non indichi il proprio numero di fax ai sensi dell'articolo 125, primo comma, del codice di procedura civile», dall'art. 45 bis, comma 4, del D.L. 24 giugno 2014, n. 90, convertito, con modificazioni, nella L. 11 agosto 2014, n. 114.

(22) Le parole: «il proprio indirizzo di posta elettronica certificata ai sensi dell'articolo» sono state aggiunte dall'art. 2, comma 35 bis, lett. b), del D.L. 13 agosto 2011, n. 138, convertito, con modificazioni, nella L. 14 settembre 2011, n. 148.

(23) Questo comma è stato inserito dall'art. 37, comma 6, lett. q), del D.L. 6 luglio 2011, n. 98, convertito, con modificazioni, nella L. 15 luglio 2011, n. 111.

(24) Questo comma è stato abrogato dall'art. 2, comma 212, lett. c), n. 3), della L. 23 dicembre 2009, n. 191.

(25) Le parole: «euro 672» dapprima sostituite dalle parole: «euro 740», dall'art. 37, comma 6, lett. r), del D.L. 6 luglio 2011, n. 98, convertito, con modificazioni, nella L. 15 luglio 2011, n. 111, sono state da ultimo così sostituite dalle attuali parole: «euro 851», dall'art. 53, comma 1, lett. i), del D.L. 24 giugno 2014, n. 90, convertito, con modificazioni, nella L. 11 agosto 2014, n. 114.

(26) L'ultimo periodo di questo comma è stato aggiunto dall'art. 2, comma 35 bis, lett. c), del D.L. 13 agosto 2011, n. 138, convertito, con modificazioni, nella L. 14 settembre 2011, n. 148.

(27) Questo comma è stato così sostituito dall'art. 9 bis del D.L. 30 giugno 2005, n. 115, convertito, con modificazioni, nella L. 17 agosto 2005, n. 168.

([28]) *Questo periodo è stato soppresso dall'art. 2, comma 35 bis, lett. d), del D.L. 13 agosto 2011, n. 138, convertito, con modificazioni, nella L. 14 settembre 2011, n. 148.*

([29]) *Questo comma è stato così sostituito dall'art. 37, comma 6, lett. s), del D.L. 6 luglio 2011, n. 98, convertito, con modificazioni, nella L. 15 luglio 2011, n. 111, così come modificato dall'art. 1, comma 25, lett. a), della L. 24 dicembre 2012, n. 228. L'art. 1, comma 27, della medesima legge stabilisce che il contributo di cui a questo comma è aumentato della metà per i giudizi di impugnazione. A norma dell'art. 1, comma 29, della L. n. 228/2012, tali disposizioni si applicano ai ricorsi notificati successivamente alla data di entrata in vigore della presente legge.*

([30]) *Questo comma è stato inserito dall'art. 2, comma 35 bis, lett. e), del D.L. 13 agosto 2011, n. 138, convertito, con modificazioni, nella L. 14 settembre 2011, n. 148.*

([31]) *A norma dell'art. 37, comma 14, del D.L. 6 luglio 2011, n. 98, convertito, con modificazioni, nella L. 15 luglio 2011, n. 111, a decorrere dal 1° gennaio 2012, il maggior gettito derivante dall'applicazione dell'articolo 13, comma 6 bis, di questo provvedimento, confluisce nel capitolo di cui al comma 10, secondo periodo. Conseguentemente questo comma è abrogato.*

([32]) *Le parole: «e per le controversie tributarie di valore indeterminabile» sono state aggiunte dall'art. 2, comma 35 bis, lett. f), del D.L. 13 agosto 2011, n. 138, convertito, con modificazioni, nella L. 14 settembre 2011, n. 148.*

([33]) *Questo comma è stato aggiunto dall'art. 37, comma 6, lett. t), del D.L. 6 luglio 2011, n. 98, convertito, con modificazioni, nella L. 15 luglio 2011, n. 111.*

([34]) *Questo comma è stato aggiunto dall'art. 10, comma 1, del D.L.vo 26 ottobre 2020, n. 152.*

NOTE OPERATIVE:

Natura giuridica: Il versamento di un ulteriore importo a titolo di contributo unificato, ai sensi del comma 1-quater dell'art. 13 del d.P.R. n. 115 del 2002, non ha natura sanzionatoria, ma di tributo giudiziario, in quanto presuppone l'obbligo di versamento del primo contributo unificato, così partecipando della sua stessa natura di fonte di finanziamento dell'attività giurisdizionale, assolvendo all'ulteriore funzione della fiscalità di disincentivare una superflua richiesta di prestazioni giudiziarie (S.U. 20621/23).

Procedimento: La norma sull'obbligo di versamento di un ulteriore importo a titolo di contributo unificato nell'ipotesi di infondatezza o inammissibilità dell'impugnazione, non trova applicazione ai giudizi tributari, trattandosi di misura eccezionale di carattere sanzionatorio, la cui operatività deve, pertanto, essere circoscritta al processo civile; tale misura è invece applicabile al giudizio di legittimità, stante la sua natura di ordinario processo civile, disciplinato dal codice di rito ed avente ad oggetto l'impugnazione della pronuncia della Commissione tributaria regionale (C.C. 25612/13).

14 (L). Obbligo di pagamento. – 1. La parte che per prima si costituisce in giudizio, che deposita il ricorso introduttivo, ovvero che, nei processi esecutivi di espropriazione forzata, fa istanza per l'assegnazione o la vendita dei beni pignorati, è tenuta al pagamento contestuale del contributo unificato.

1 *bis*. La parte che fa istanza a norma dell'articolo 492 *bis*, primo comma, del codice di procedura civile è tenuta al pagamento contestuale del contributo unificato ([1]).

2. Il valore dei processi, determinato ai sensi del codice di procedura civile senza tener conto degli interessi ([2]), deve risultare da apposita dichiarazione resa dalla parte nelle conclusioni dell'atto introduttivo, anche nell'ipotesi di prenotazione a debito.

3. La parte di cui al comma 1, quando modifica la domanda o propone domanda riconvenzionale o formula chiamata in causa, cui consegue l'aumento del valore della causa, è tenuta a farne espressa dichiarazione e a procedere al contestuale pagamento integrativo. Le altre parti, quando modificano la domanda o propongono domanda riconvenzionale o formulano chiamata in causa o svolgono intervento autonomo, sono tenute a farne espressa dichiarazione e a procedere al contestuale pagamento di un autonomo contributo unificato, determinato in base al valore della domanda proposta ([3]).

3 *bis*. Nei processi tributari, il valore della lite, determinato, per ciascun atto impugnato anche in appello, ([4]) ai sensi del comma 2 ([5]) dell'articolo 12 del decreto legislativo 31 dicembre 1992, n. 546, e successive modificazioni, deve risultare da apposita dichiarazione resa dalla parte nelle conclusioni del ricorso, anche nell'ipotesi di prenotazione a debito ([6]).

3 *ter*. Nel processo amministrativo per valore della lite nei ricorsi di cui all'articolo 119, comma 1, lettera *a*) del decreto legislativo 2 luglio 2010, n. 104, si intende l'importo posto a base d'asta individuato dalle stazioni appaltanti negli atti di gara, ai sensi dell'articolo 29, del decreto legislativo 12 aprile 2006, n. 163. Nei ricorsi di cui all'articolo 119, comma 1, lettera *b*) del decreto legislativo 2 luglio 2010, n. 104, in caso di controversie relative all'irrogazione di sanzioni, comunque denominate, il valore è costituito dalla somma di queste ([7]).

([1]) *Questo comma è stato aggiunto dall'art. 19, comma 3, lett. b), del D.L. 12 settembre 2014, n. 132, convertito, con modificazioni, nella L. 10 novembre 2014, n. 162. A norma dell'art. 19, comma 6 bis, dello stesso provvedimento tali disposizioni si applicano ai procedimenti iniziati a decorrere dal trentesimo giorno successivo alla data di entrata in vigore della legge di conversione del presente decreto (Suppl. ord. alla G.U. Serie gen. - n. 261 del 10 novembre 2014).*

([2]) *Le parole: «senza tener conto degli interessi» sono state inserite dall'art. 9 bis, comma 1, lett. b), del D.L. 30 giugno 2005, n. 115, convertito, con modificazioni, nella L. 17 agosto 2005, n. 168.*

([3]) *Questo comma è stato così sostituito dall'art. 28, comma 1, lett. b), della L. 12 novembre 2011, n. 183, a decorrere dal 1° gennaio 2012.*

([4]) *Le parole: «, per ciascun atto impugnato anche in appello,» sono state inserite dall'art. 1, comma 598, lett. a), della L. 27 dicembre 2013, n. 147.*

([5]) *Le parole: «comma 5» sono state così sostituite dalle parole: «comma 2» dall'art. 10, comma 2, del D.L.vo 24 settembre 2015, n. 156.*

A norma dell'art. 12, comma 1, le disposizioni del predetto decreto entrano in vigore a decorrere dal 1° gennaio 2016.

([6]) *Questo comma è stato inserito dall'art. 37, comma 6, lett. u), del D.L. 6 luglio 2011, n. 98, convertito, con modificazioni, nella L. 15 luglio 2011, n. 111.*

([7]) *Questo comma è stato inserito dall'art. 1, comma 26, della L. 24 dicembre 2012, n. 228.*

15 (L). ([1]) Controllo in ordine alla dichiarazione di valore ed al pagamento del contributo unificato. – 1. Il funzionario verifica l'esistenza della dichiarazione della parte in ordine al valore della causa oggetto della domanda e della ricevuta di versamento; verifica inoltre se l'importo risultante dalla stessa è diverso dal corrispondente scaglione di valore della causa.

2. Il funzionario procede, altresì, alla verifica di cui al comma 1 ogni volta che viene introdotta nel processo una domanda idonea a modificare il valore della causa.

([1]) *Questo articolo è stato così sostituito dall'art. 9 bis, comma 1, lett. c), del D.L. 30 giugno 2005, n. 115, convertito, con modificazioni, nella L. 17 agosto 2005, n. 168.*

16 (L). Omesso o insufficiente pagamento del contributo unificato. – 1. In caso di omesso o insufficiente pagamento del contributo unificato si applicano le disposizioni di cui alla parte VII, titolo VII del presente testo unico e nell'importo iscritto a ruolo sono calcolati gli interessi al saggio legale, decorrenti dal deposito dell'atto cui si collega il pagamento o l'integrazione del contributo.

1 *bis*. In caso di omesso o parziale pagamento del contributo unificato, si applica la sanzione di cui all'articolo 71 del testo unico delle disposizioni concernenti l'imposta di registro di cui al decreto del Presidente della Repubblica 26 aprile 1986, n. 131, esclusa la detrazione ivi prevista ([1]).

1 *ter*. La sanzione irrogata, anche attraverso la comunicazione contenuta nell'invito al pagamento di cui all'articolo 248, è notificata a cura dell'ufficio e anche tramite posta elettronica certificata, nel domicilio eletto o, nel caso di mancata elezione del domicilio, mediante deposito presso l'ufficio ([2]).

([1]) *Questo comma è stato aggiunto dall'art. 21, comma 5, del D.L. 4 luglio 2006, n. 223, convertito, con modificazioni, nella L. 4 agosto 2006, n. 248.*

([2]) *Questo comma è stato aggiunto dall'art. 29, comma 2, del D.L. 8 aprile 2020, n. 23, convertito, con modificazioni, nella L. 6 giugno 2020, n. 40.*

17 (L). Variazione degli importi. – 1. Con decreto del Presidente della Repubblica, ai sensi dell'art. 17, comma 2, della legge 23 agosto 1988, n. 400, su proposta del Ministro della giustizia, di concerto con il Ministro dell'economia e delle finanze, sono apportate le variazioni agli importi e agli scaglioni di valore di cui all'articolo 13, tenuto conto della necessità di adeguamento alle variazioni del numero, del valore, della tipologia dei processi registrate nei due anni precedenti.

18 (L). ([1]) Non applicabilità dell'imposta di bollo nel processo penale e nei processi in cui è dovuto il contributo unificato. – 1. Agli atti e provvedimenti del processo penale, con la sola esclusione dei certificati penali, ([2]) non si applica l'imposta di bollo. L'imposta di bollo non si applica altresì agli atti e provvedimenti del processo civile, compresa la procedura concorsuale e di volontaria giurisdizione, [e] ([3]) del processo amministrativo e nel processo tributario ([4]), soggetti al contributo unificato. L'imposta di bollo non si applica, inoltre, alle copie autentiche, comprese quelle esecutive, degli atti e dei provvedimenti, purché richieste dalle parti processuali. Atti e provvedimenti del processo sono tutti gli atti processuali, inclusi quelli antecedenti, necessari o funzionali.

2. La disciplina sull'imposta di bollo è invariata per le istanze e domande sotto qualsiasi forma presentate da terzi, nonché per gli atti non giurisdizionali compiuti dagli uffici, compreso il rilascio di certificati, sempre che non siano atti antecedenti, necessari o funzionali ai processi di cui al comma 1.

([1]) *A norma dell'art. 6, comma 5 duodecies, del D.L. 2 marzo 2012, n. 16, convertito, con modificazioni, nella L. 26 aprile 2012, n. 44, questo articolo si interpreta nel senso che, fra gli atti antecedenti, necessari o funzionali al processo, non sono comprese le trascrizioni, le annotazioni di domande giudiziali, nonché le trascrizioni, le iscrizioni e le annotazioni di sentenze o altri provvedimenti giurisdizionali, ivi compresa la trascrizione del pignoramento immobiliare, per le quali è invariata la disciplina sull'imposta di bollo.*

([2]) *Le parole: «, con la sola esclusione dei certificati penali,» sono state inserite dall'art. 1, comma 486, della L. 24 dicembre 2012, n. 228.*

([3]) *La parola: «e» è stata soppressa dall'art. 37, comma 6, lett. v), n. 1), del D.L. 6 luglio 2011, n. 98, convertito, con modificazioni, nella L. 15 luglio 2011, n. 111.*

([4]) *Le parole: «e nel processo tributario» sono state inserite dall'art. 37, comma 6, lett. v), n. 2), del D.L. 6 luglio 2011, n. 98, convertito, con modificazioni, nella L. 15 luglio 2011, n. 111.*

18 *bis*. [1] Pubblicità sul portale delle vendite pubbliche. – 1. Per la pubblicazione sul portale delle vendite pubbliche di ciascun atto esecutivo per il quale la legge dispone che sia data pubblica notizia e che riguarda beni immobili o mobili registrati, è dovuto un contributo per la pubblicazione dell'importo di euro 100 a carico del creditore procedente. Quando la vendita è disposta in più lotti, il contributo per la pubblicazione è dovuto per ciascuno di essi. Il contributo è corrisposto tramite la piattaforma tecnologica di cui all'articolo 5, comma 2, del codice dell'amministrazione digitale, di cui al decreto legislativo 7 marzo 2005, n. 82 [2], con imputazione ad apposito capitolo dell'entrata del bilancio dello Stato. Quando la parte è stata ammessa al patrocinio a spese dello Stato, il contributo per la pubblicazione è prenotato a debito, a norma e per gli effetti delle disposizioni del presente decreto. Per la pubblicazione relativa a beni diversi da quelli di cui al primo periodo del presente comma, il contributo per la pubblicazione non è dovuto.

2. Con decreto dirigenziale del Ministero della giustizia, di concerto con il Ministero dell'economia e delle finanze, l'importo del contributo per la pubblicazione è adeguato ogni tre anni in relazione alla variazione, accertata dall'ISTAT, dell'indice dei prezzi al consumo per le famiglie di operai ed impiegati.

3. Le entrate derivanti dall'applicazione delle disposizioni di cui al comma 1, affluite all'apposito capitolo di cui al medesimo comma, sono riassegnate allo stato di previsione della spesa del Ministero della giustizia, per il funzionamento degli uffici giudiziari nonché per l'implementazione e lo sviluppo dei sistemi informatizzati.

4. Il Ministro dell'economia e delle finanze è autorizzato ad apportare, con propri decreti, le occorrenti variazioni di bilancio.

(1) *Questo articolo è stato aggiunto dall'art. 15 del D.L. 27 giugno 2015, n. 83, convertito, con modificazioni, nella L. 6 agosto 2015, n. 132.*

(2) *Le parole: «Il pagamento deve essere effettuato con le modalità previste dall'articolo 4, comma 9, del decreto legge 29 dicembre 2009, n. 193, convertito con modificazioni dalla legge 22 febbraio 2010, n. 24» sono state così sostituite dalle attuali: «Il contributo è corrisposto tramite la piattaforma tecnologica di cui all'articolo 5, comma 2, del codice dell'amministrazione digitale, di cui al decreto legislativo 7 marzo 2005, n. 82» dall'art. 13, comma 1, lett.* a)*, del D.L.vo 10 ottobre 2022, n. 149, a decorrere dal 28 febbraio 2023.*

Titolo II
Spese di spedizione, diritti e indennità di trasferta degli ufficiali giudiziari

Capo I
Disposizioni generali

19 (R). Spese di spedizione, diritti e indennità di trasferta degli ufficiali giudiziari. – 1. Il presente titolo disciplina le spese di spedizione, i diritti e le indennità di trasferta spettanti agli ufficiali giudiziari per le notificazioni e gli atti di esecuzione.

20 (L). Indennità di trasferta. – 1. L'indennità di trasferta, che rimborsa ogni spesa, spetta per gli atti compiuti fuori dall'edificio in cui ha sede l'ufficiale giudiziario.

2. L'indennità di trasferta non è dovuta in caso di spedizione dell'atto.

3. L'importo dell'indennità di trasferta di cui agli articoli 26 e 35 è adeguato annualmente, in relazione alla variazione, accertata dall'Istituto nazionale di statistica (ISTAT), dell'indice dei prezzi al consumo per le famiglie di operai e impiegati verificatasi nel triennio precedente, con decreto dirigenziale del Ministero della giustizia, di concerto con il Ministero dell'economia e delle finanze (1).

(1) *Si veda il D.M. 2 novembre 2021* (G.U. *Serie gen. - n. 273 del 16 novembre 2021*).

21 (R). Calcolo delle distanze. – 1. Nel calcolo delle distanze computabili ai fini dell'indennità di trasferta si deve tener conto della più breve fra quelle che si possono percorrere per raggiungere il luogo dove l'atto deve essere eseguito.

2. Le distanze sono calcolate secondo tavole note del Comune dove ha sede l'ufficio e, comunque, secondo tavole note, fondate su parametri obiettivi e comprovabili.

22 (R). Equiparazioni alla notifica a richiesta d'ufficio. – 1. Alla notifica richiesta dall'amministrazione pubblica ammessa alla prenotazione a debito, alla notifica dell'invito al pagamento e alla notifica richiesta dal pubblico ministero, di cui agli articoli 145, 158, 212 e 248, si applica la disciplina della notifica a richiesta d'ufficio del processo in cui è inserita.

Capo III
Notificazioni
nel processo civile,
amministrativo,
contabile e tributario

Sezione I
Norme generali

28 (L). Contestualità di trasferte. – 1. L'ufficiale giudiziario che procede nello stesso viaggio, su richiesta di una stessa parte, a diversi atti del suo ufficio nella medesima località, percepisce una sola indennità di trasferta, ripartita in misura uguale fra tutti gli atti eseguiti. Tale disposizione non si applica quando gli atti sono richiesti dalla stessa persona per conto e nell'interesse di parti diverse, né quando l'ufficiale giudiziario compie tali atti in Comuni diversi, ovvero, compiendoli nello stesso Comune, deve percorrere tra un luogo e l'altro una distanza eccedente i cinquecento metri.

29 (L). Diritti. – 1. Per la notificazione degli atti è dovuto all'ufficiale giudiziario il diritto unico di cui all'articolo 34, fatta eccezione per le notificazioni a richiesta d'ufficio.

Sezione II
Notificazioni
a richiesta dell'ufficio

30 (L). Anticipazioni forfettarie dai privati all'erario nel processo civile. – 1. La parte che per prima si costituisce in giudizio, che deposita il ricorso introduttivo, ovvero che, nei processi esecutivi di espropriazione forzata, fa istanza per l'assegnazione o la vendita di beni pignorati, anticipa, con le modalità di cui all'articolo 197, comma 1 *bis* (1) i diritti, le indennità di trasferta e le spese di spedizione per la notificazione eseguita su richiesta del funzionario addetto all'ufficio, in modo forfettizzato, nella misura di euro 27 (2), eccetto che nei processi previsti dall'articolo unico della legge 2 aprile 1958, n. 319, e successive modificazioni, e in quelli in cui si applica lo stesso articolo (3).

2. L'inosservanza delle prescrizioni di cui all'articolo 134, secondo comma, n. 1, e del termine stabilito dal quarto comma dello stesso articolo, del regio decreto 18 dicembre 1941, n. 1368 e successive modificazioni, determina il raddoppio dell'importo dovuto; il funzionario addetto all'ufficio procede alla riscossione mediante ruolo, secondo le disposizioni della parte VII e relative norme transitorie, in solido nei confronti dell'impugnante e del difensore.

(1) *Le parole: «con le modalità di cui all'articolo 197, comma 1 bis» sono state inserite dall'art. 13, comma 1, lett. b), del D.L.vo 10 ottobre 2022, n. 149, a decorrere dal 28 febbraio 2023.*

(2) *Le parole: «euro 8» sono state così sostituite dalle attuali: «euro 27» dall'art. 1, comma 606, lett. a), della L. 27 dicembre 2013, n. 147. A norma dell'art. 1, comma 607, della medesima legge, tali disposizioni si applicano ai procedimenti iscritti a ruolo successivamente al 1° gennaio 2014.*

(3) *Questo comma è stato così sostituito dall'art. 1, comma 323, della L. 30 dicembre 2004, n. 311.*

31 (L). Indennità di trasferta e spese di spedizione. – 1. Per le notificazioni a richiesta d'ufficio è dovuto dall'erario all'ufficiale giudiziario soltanto il pagamento delle indennità di trasferta di cui all'articolo 35.

2. Le spese di spedizione sono a carico dell'erario.

Sezione III
Notificazioni
a richiesta delle parti

32 (L). Notificazioni a richiesta delle parti. – 1. Le parti devono anticipare agli ufficiali giudiziari, con le modalità di cui articolo 197, comma 1 *bis* (1) i diritti e le indennità di trasferta o le spese di spedizione relativi agli atti richiesti; nei processi previsti dall'articolo unico della legge 2 aprile 1958, n. 319, come sostituito dall'articolo 10, della legge 11 agosto 1973, n. 533, e in quelli cui si applica lo stesso articolo, queste spese sono a carico dell'erario.

(1) *Le parole: «, con le modalità di cui articolo 197, comma 1 bis» sono state inserite dall'art. 13, comma 1, lett. c), del D.L.vo 10 ottobre 2022, n. 149, a decorrere dal 28 febbraio 2023.*

33 (L). Trasferte per la notifica e l'esecuzione di atti a richiesta di parte ammessa al patrocinio a spese dello Stato. – 1. Se le notificazioni e gli atti di esecuzione a richiesta di parte ammessa al patrocinio a spese dello Stato sono compiuti contemporaneamente ad altri atti a pagamento, i diritti e le indennità di trasferta o le spese di spedizione degli ufficiali giudiziari sono assorbiti.

2. Se gli accessi sono in Comuni diversi o intercorre una distanza superiore a 500 metri, i diritti e le indennità di trasferta o le spese di spedizione sono prenotati a debito.

3. Se gli ufficiali giudiziari non compiono gli atti contemporaneamente a quelli a pagamento, le indennità di trasferta o le spese di

spedizione sono anticipate dall'erario e i diritti sono prenotati a debito.

4. Se agli ufficiali giudiziari competono più indennità di trasferta per atti in Comuni diversi o con accessi a distanza superiore a 500 metri, è anticipata dall'erario solo l'indennità di maggiore importo e le altre sono prenotate a debito insieme ai diritti.

34 (L). Importo dei diritti. – 1. Il diritto unico è dovuto nella seguente misura:

a) per gli atti aventi sino a due destinatari: euro 2,58;

b) per gli atti aventi da tre a sei destinatari: euro 7,75;

c) per gli atti aventi oltre i sei destinatari: euro 12,39.

35 (L). Importo dell'indennità di trasferta. – 1. L'indennità di trasferta è stabilità nella seguente misura:

a) fino a sei chilometri: euro 2,58;

b) fino a dodici chilometri: euro 4,70;

c) fino a diciotto chilometri: euro 6,50;

d) oltre i diciotto chilometri, per ogni percorso di sei chilometri o frazione superiore a tre chilometri di percorso successivo, nella misura di cui alla lettera *c*), aumentata di euro 1,37 (1).

(1) *Gli importi sono stati così adeguati dall'art. 1, comma 1, del D.M. 13 dicembre 2022* (G.U. *Serie gen. - n. 295 del 19 dicembre 2022*).

36 (L). Maggiorazioni per l'urgenza. – 1. I diritti e l'indennità di trasferta sono aumentati della metà per gli atti urgenti, esclusi il deposito di verbali di pignoramento presso l'ufficio del giudice dell'esecuzione.

2. Nel caso previsto dall'articolo 28, la maggiorazione spettante per l'urgenza è dovuta una sola volta nella misura stabilita per l'atto che importa il maggior diritto o la maggior indennità.

3. Si considera urgente l'atto da eseguirsi nello stesso giorno o in quello successivo.

4. La richiesta, con l'indicazione della data, può farsi solo per atti in scadenza nello stesso termine per espressa disposizione di legge o per volontà delle parti.

Capo IV
Atti di esecuzione nel processo civile

37 (L). Diritto di esecuzione. – 1. Per le esecuzioni mobiliari ed immobiliari e per ogni atto che comporta la redazione di un verbale, escluso l'atto di protesto, è dovuto agli ufficiali giudiziari il diritto unico nella seguente misura:

a) per gli atti relativi ad affari di valore fino a euro 516,46: euro 2,58;

b) per gli atti relativi ad affari di valore superiore a euro 516,46 fino a euro 2.582,28: euro 3,62;

c) per gli atti relativi ad affari di valore superiore a euro 2.582,28 o di valore indeterminabile: euro 6,71.

38 (L). Indennità di trasferta per atti di esecuzione. – 1. Per gli atti di esecuzione, l'indennità di trasferta è dovuta, per il viaggio di andata e per quello di ritorno, nella misura doppia a quella prevista dall'articolo 35.

Titolo III
Spese di spedizione

39 (R). Spese di spedizione. – 1. Al fine di conseguire la riduzione delle spese per la comunicazione e notificazione di atti e per la trasmissione di documenti, possono essere stipulate apposite convenzioni con le imprese private o i soggetti pubblici operanti nel settore, scelti secondo la vigente normativa sull'evidenza pubblica. Le convenzioni sono approvate con decreto del Ministero della giustizia, di concerto con il Ministero dell'economia e delle finanze.

2. Nella convenzione, che può prevedere differenziazioni a livello territoriale, sono stabiliti, in particolare:

a) i compensi, anche forfettizzati;

b) le modalità e le cadenze temporali del pagamento dei compensi;

c) le penalità per l'inosservanza degli obblighi.

Titolo IV
Diritto di copia e diritto di certificato

40 (L). Determinazione di nuovi supporti e degli importi. – 1. Con decreto del Presidente della Repubblica, ai sensi dell'articolo 17, comma 2, della legge 23 agosto 1988, n. 400, su proposta del Ministro della giustizia, di concerto con il Ministro dell'economia e delle finanze, sono disciplinati, anche con riferimento a nuovi mezzi tecnologici, il diritto di copia e il diritto di certificato e ne sono individuati gli importi sulla base dei costi del servizio e dei costi per l'incasso dei diritti (1).

1 *bis*. Con il decreto di cui al comma 1, l'importo del diritto di copia rilasciata su supporto cartaceo è fissato in misura superio-

re di almeno il cinquanta per cento di quello previsto per il rilascio di copia in formato elettronico (²).

1 *ter*. L'importo del diritto di copia, aumentato di dieci volte, è dovuto per gli atti comunicati o notificati in cancelleria nei casi in cui la comunicazione o la notificazione al destinatario non si è resa possibile per causa a lui imputabile (³).

1 *quater*. Il diritto di copia senza certificazione di conformità non è dovuto quando la copia è estratta dal fascicolo informatico dai soggetti abilitati ad accedervi (⁴).

1 *quinquies*. Il diritto di copia autentica non è dovuto nei casi previsti dall'articolo 16 *bis*, comma 9 *bis*, del decreto legge 18 ottobre 2012, n. 179, convertito, con modificazioni, dalla legge 17 dicembre 2012, n. 221 (⁴).

(¹) *A norma dell'art. 4, comma 5, del D.L. 29 dicembre 2009, n. 193, convertito, con modificazioni, nella L. 22 febbraio 2010, n. 24, fino all'emanazione del regolamento di cui all'articolo 40 del citato decreto del Presidente della Repubblica 30 maggio 2002, n. 115, i diritti di copia di cui agli Allegati n. 6 e n. 7 del medesimo decreto sono aumentati del cinquanta per cento ed i diritti di copia rilasciata in formato elettronico di atti esistenti nell'archivio informatico dell'ufficio giudiziario sono determinati, in ragione del numero delle pagine memorizzate, nella misura precedentemente fissata per le copie cartacee. Conseguentemente, fino alla stessa data, è sospesa l'applicazione dell'Allegato n. 8 al medesimo decreto limitatamente ai supporti che contengono dati informatici per i quali è possibile calcolare le pagine memorizzate.*

(²) *Questo comma è stato aggiunto dall'art. 4, comma 4, del D.L. 29 dicembre 2009, n. 193, convertito, con modificazioni, nella L. 22 febbraio 2010, n. 24.*

(³) *Questo comma è stato aggiunto dall'art. 16, comma 14, del D.L. 18 ottobre 2012, n. 179, convertito, con modificazioni, nella L. 17 dicembre 2012, n. 221.*

(⁴) *Questo comma è stato aggiunto dall'art. 52, comma 2, lett. a), del D.L. 24 giugno 2014, n. 90, convertito, con modificazioni, nella L. 11 agosto 2014, n. 114.*

Titolo V
Trasferte per il compimento di atti fuori dalla sede in cui si svolge il processo penale e civile

41 (L). Trasferte di magistrati professionali e onorari. – 1. Per il compimento di atti del processo penale e civile, fuori dalla sede in cui si svolge, i magistrati professionali e onorari hanno diritto alle spese di viaggio e alle indennità di trasferta secondo le norme che disciplinano la missione dei dipendenti statali.

42 (L). Trasferte di magistrati professionali di corte di assise. – 1. Se il dibattimento è tenuto in luogo diverso da quello di normale convocazione della corte, i magistrati professionali di corte di assise e di corte di assise di appello hanno diritto alle spese di viaggio e alle indennità di trasferta secondo le norme che disciplinano la missione dei dipendenti statali.

43 (L). Trasferte di appartenenti all'ufficio, di ufficiali ed agenti di polizia giudiziaria. – 1. Per il compimento di atti del processo penale e civile fuori dalla sede in cui si svolge, gli appartenenti all'ufficio, nonché gli ufficiali ed agenti di polizia giudiziaria per gli atti ad essi direttamente delegati dal magistrato, hanno diritto alle spese di viaggio e alle indennità di trasferta secondo le norme che disciplinano la missione dei dipendenti statali.

44 (L). Trasferte degli ufficiali giudiziari. – 1. All'ufficiale giudiziario, che accompagna il magistrato o l'appartenente all'ufficio per l'assistenza ad atti, spetta, in aggiunta alle spese di viaggio e all'indennità di trasferta secondo le norme che disciplinano la missione per i dipendenti statali, in relazione al trattamento economico di cui gode ai sensi degli articoli 148 e 169 del decreto del Presidente della Repubblica 15 dicembre 1959, n. 1229, un diritto di importo pari a euro 0,52 per ogni ora o frazione di ora superiore a trenta minuti, in ragione del tempo impiegato nella redazione degli atti ai quali assiste.

Titolo VI
Testimoni nel processo penale, civile, amministrativo e contabile

45 (L). Indennità per testimoni residenti. – 1. I testimoni si considerano residenti quando il luogo di residenza si trova all'interno del Comune in cui ha sede l'ufficio presso il quale essi sono sentiti, ovvero, per i testimoni non residenti nel Comune, quando la residenza dista dallo stesso non oltre due chilometri e mezzo.

2. Ai testimoni residenti spetta l'indennità di euro 0,36 al giorno.

46 (L). Spese di viaggio e indennità per testimoni non residenti. – 1. Ai testimoni non residenti spetta il rimborso delle spese di viaggio, per andata e ritorno, pari al prezzo del biglietto di seconda classe sui servizi di linea o al prezzo del biglietto aereo della classe economica, se autorizzato dall'autorità giudiziaria.

2. Se tali servizi non esistono, il rimborso delle spese di viaggio è riferito alla località più vicina per cui esiste il servizio di linea.

3. Spetta, inoltre, l'indennità di euro 0,72 per ogni giornata impiegata per il viaggio, e l'indennità di euro 1,29 per ogni giornata di soggiorno nel luogo dell'esame. Quest'ultima è dovuta solo se i testimoni sono obbligati a rimanere fuori dalla propria residenza almeno un giorno intero, oltre a quello di partenza e di ritorno.

47 (L). Testimoni minori e accompagnatori di testimoni minori o invalidi. – 1. Nessuna indennità spetta al testimone minore degli anni quattordici.

2. Il rimborso spese e le indennità di cui agli articoli 45 e 46 spettano agli accompagnatori di testimoni minori degli anni quattordici o invalidi gravi, ai sensi dell'articolo 3, della legge 5 febbraio 1992, n. 104, sempre che essi stessi non siano testimoni.

48 (L). Testimoni dipendenti pubblici. – 1. Ai dipendenti pubblici, chiamati come testimoni per fatti inerenti al servizio, spettano il rimborso spese e le indennità di cui agli articoli 45 e 46, salva l'integrazione, sino a concorrenza dell'ordinario trattamento di missione, corrisposta dall'amministrazione di appartenenza.

Titolo VII
Ausiliari del magistrato nel processo penale, civile, amministrativo, contabile e tributario

49 (L). Elenco delle spettanze. – 1. Agli ausiliari del magistrato spettano l'onorario, l'indennità di viaggio e di soggiorno, le spese di viaggio e il rimborso delle spese sostenute per l'adempimento dell'incarico.

2. Gli onorari sono fissi, variabili e a tempo.

50 (L). Misura degli onorari. – 1. La misura degli onorari fissi, variabili e a tempo, è stabilita mediante tabelle, approvate con decreto del Ministro della giustizia, di concerto con il Ministro dell'economia e delle finanze, ai sensi dell'articolo 17, commi 3 e 4, della legge 23 agosto 1988, n. 400.

2. Le tabelle sono redatte con riferimento alle tariffe professionali esistenti, eventualmente concernenti materie analoghe, contemperate con la natura pubblicistica dell'incarico.

3. Le tabelle relative agli onorari a tempo individuano il compenso orario, eventualmente distinguendo tra la prima e le ore successive, la percentuale di aumento per l'urgenza, il numero massimo di ore giornaliere e l'eventuale superamento di tale limite per attività alla presenza dell'autorità giudiziaria.

51 (L). Determinazione degli onorari variabili e aumento di quelli fissi e variabili. – 1. Nel determinare gli onorari variabili il magistrato deve tener conto delle difficoltà, della completezza e del pregio della prestazione fornita.

2. Gli onorari fissi e variabili possono essere aumentati, sino al venti per cento, se il magistrato dichiara l'urgenza dell'adempimento con decreto motivato.

52 (L). Aumento e riduzione degli onorari. – 1. Per le prestazioni di eccezionale importanza, complessità e difficoltà gli onorari possono essere aumentati sino al doppio.

2. Se la prestazione non è completata nel termine originariamente stabilito o entro quello prorogato per fatti sopravvenuti e non imputabili all'ausiliario del magistrato, per gli onorari a tempo non si tiene conto del periodo successivo alla scadenza del termine e gli altri onorari sono ridotti di un terzo (1).

(1) *Le parole: «di un quarto» sono state così sostituite dall'art. 67, comma 3, lett.* b), *della L. 18 giugno 2009, n. 69.*

53 (L). Incarichi collegiali. – 1. Quando l'incarico è stato conferito ad un collegio di ausiliari il compenso globale è determinato sulla base di quello spettante al singolo, aumentato del quaranta per cento per ciascuno degli altri componenti del collegio, a meno che il magistrato dispone che ognuno degli incaricati deve svolgere personalmente e per intero l'incarico affidatogli.

54 (L). Adeguamento periodico degli onorari. – 1. La misura degli onorari fissi, variabili e a tempo è adeguata ogni tre anni in relazione alla variazione, accertata dall'ISTAT, dell'indice dei prezzi al consumo per le famiglie di operai ed impiegati, verificatasi nel triennio precedente, con decreto dirigenziale del Ministero della giustizia, di concerto con il Ministero dell'economia e delle finanze.

55 (L). Indennità e spese di viaggio. – 1. Per l'indennità di viaggio e di soggiorno, si applica il trattamento previsto per i dipendenti statali. L'incaricato è equiparato al dirigente di seconda fascia del ruolo unico, di cui all'articolo 15 del decreto legislativo 30 marzo 2001, n. 165. È fatta salva l'eventuale maggiore indennità spettante all'incaricato dipendente pubblico.

2. Le spese di viaggio, anche in mancanza di relativa documentazione, sono liquidate in base alle tariffe di prima classe sui servizi di linea, esclusi quelli aerei.

3. Le spese di viaggio con mezzi aerei o con mezzi straordinari sono rimborsate se preventivamente autorizzate dal magistrato.

56 (L). Spese per l'adempimento dell'incarico. – 1. Gli ausiliari del magistrato devono presentare una nota specifica delle spese sostenute per l'adempimento dell'incarico e allegare la corrispondente documentazione.

2. Il magistrato accerta le spese sostenute ed esclude dal rimborso quelle non necessarie.

3. Se gli ausiliari del magistrato sono stati autorizzati ad avvalersi di altri prestatori d'opera per attività strumentale rispetto ai quesiti posti con l'incarico, la relativa spesa è determinata sulla base delle tabelle di cui all'articolo 50.

4. Quando le prestazioni di carattere intellettuale o tecnico di cui al comma 3 hanno propria autonomia rispetto all'incarico affidato, il magistrato conferisce incarico autonomo.

57 (R). Equiparazione del commissario *ad acta* agli ausiliari del magistrato. – 1. Al commissario *ad acta* si applica la disciplina degli ausiliari del magistrato, per l'onorario, le indennità e spese di viaggio e per le spese sostenute per l'adempimento dell'incarico.

Titolo VIII
Indennità di custodia
nel processo penale, civile,
amministrativo, contabile
e tributario

58 (L). Indennità di custodia. – 1. Al custode, diverso dal proprietario o avente diritto, di beni sottoposti a sequestro penale probatorio e preventivo, e, nei soli casi previsti dal codice di procedura civile, al custode di beni sottoposti a sequestro penale conservativo e a sequestro giudiziario e conservativo, spetta un'indennità per la custodia e la conservazione.

2. L'indennità è determinata sulla base delle tariffe contenute in tabelle, approvate ai sensi dell'articolo 59, e, in via residuale, secondo gli usi locali.

3. Sono rimborsabili eventuali spese documentate se indispensabili per la specifica conservazione del bene.

59 (L). (1) **Tabelle delle tariffe vigenti.** – 1. Con decreto del Ministro della giustizia, di concerto con il Ministro dell'economia e delle finanze, ai sensi dell'articolo 17, commi 3 e 4, legge 23 agosto 1988, n. 400, sono approvate le tabelle per la determinazione dell'indennità di custodia.

2. Le tabelle sono redatte con riferimento alle tariffe vigenti, eventualmente concernenti materie analoghe, contemperate con la natura pubblicistica dell'incarico.

3. Le tabelle prevedono, altresì, le riduzioni percentuali dell'indennità in relazione allo stato di conservazione del bene.

(1) *Si veda l'art. 1, commi 318 e 319, della L. 30 dicembre 2004, n. 311, che si riporta:*

«318. Al custode è riconosciuto, in deroga alle tariffe previste dagli articoli 59 e 276 del testo unico di cui al decreto del Presidente della Repubblica 30 maggio 2002, n. 115, un importo complessivo forfettario, comprensivo del trasporto, determinato, per ciascuno degli anni di custodia, nel modo seguente:

a) *euro 6 per ogni mese o frazione di esso per i motoveicoli e i ciclomotori;*

b) *euro 24 per ogni mese o frazione di esso per gli autoveicoli e i rimorchi di massa complessiva inferiore a 3,5 tonnellate, per le macchine agricole e operatrici;*

c) *euro 30 per ogni mese o frazione di esso per gli autoveicoli e i rimorchi di massa complessiva superiore a 3,5 tonnellate.*

«319. Gli importi di cui al comma 318 sono progressivamente ridotti del 20 per cento per ogni anno o frazione di esso successivo al primo di custodia del veicolo, salva l'eventuale intervenuta prescrizione delle somme dovute».

Si veda altresì il D.M. 2 settembre 2006, n. 265.

Titolo IX
Pubblicazione dei provvedimenti
del magistrato nel processo
penale e civile

60 (R). Convenzioni per le spese di pubblicazione dei provvedimenti del magistrato nel processo penale e civile. – 1. Al fine di conseguire la riduzione delle spese di pubblicazione dei provvedimenti del magistrato nel processo penale e civile, possono essere stipulate apposite convenzioni con le imprese private o i soggetti pubblici operanti nel settore, scelti secondo la vigente normativa sull'evidenza pubblica.

Le convenzioni sono approvate con decreto del Ministero della giustizia, di concerto con il Ministero dell'economia e delle finanze.

2. Nella convenzione, che può prevedere differenziazioni al livello territoriale, sono stabiliti, in particolare:

a) i compensi, anche forfettizzati;

b) le modalità e le cadenze temporali del pagamento dei compensi;

c) le penalità per l'inosservanza degli obblighi.

Titolo XI
Indennità dei magistrati onorari, dei giudici popolari e degli esperti componenti degli uffici giudiziari penali e civili

64 (L). ([1]) **Indennità dei magistrati onorari.** – 1. Ai giudici di pace, ai giudici onorari di tribunale, ai vice procuratori onorari e ai giudici onorari aggregati spettano le indennità previste per lo svolgimento della loro attività di servizio, rispettivamente, e considerate le successive modificazioni, dagli articoli 11 e 15, comma 2 *bis* e 2 *ter*, della legge 21 novembre 1991, n. 374 per i giudici di pace, dall'articolo 4 del decreto legislativo 28 luglio 1989, n. 273 per i giudici onorari di tribunale ed i vice procuratori onorari, dall'articolo 8 della legge 22 luglio 1997, n. 276 per i giudici onorari aggregati.

([1]) *A norma dell'art. 33, comma 2, del D.L.vo 13 luglio 2017, n. 116, così come modificato dall'art. 17* ter, *comma 1, lett.* d), *del D.L. 9 giugno 2021, n. 80, convertito, con modificazioni, nella L. 6 agosto 2021, n. 113, questo articolo sarà abrogato a decorrere dal 1° gennaio 2022.*

65 (L). Indennità dei giudici popolari nei collegi di assise. – 1. Ai giudici popolari spetta una indennità di euro 25,82 per ogni giorno di effettivo esercizio della loro funzione.

2. L'indennità è aumentata a euro 51,65 giornaliere per le prime cinquanta udienze, a euro 56,81 giornaliere per le cinquanta udienze successive, e a euro 61,97 per le altre, se i giudici popolari sono lavoratori autonomi o lavoratori dipendenti senza diritto alla retribuzione nel periodo in cui esercitano le loro funzioni.

3. Ai giudici popolari è corrisposta una indennità speciale, rapportata a ogni giorno di effettivo esercizio della loro funzione, di ammontare pari a quella prevista dall'articolo 3, comma 1, della legge 19 febbraio 1981, n. 27, e dei successivi aumenti.

4. Ai giudici popolari che prestano servizio nelle corti di assise o nelle corti di assise di appello fuori del Comune di residenza spettano le spese di viaggio e l'indennità di trasferta nella misura stabilita, rispettivamente, per i magistrati di tribunale o per i consiglieri di corte di appello secondo le norme che disciplinano la missione dei dipendenti statali.

5. Al giudice popolare citato e poi licenziato, purché comparso in tempo utile per prestare servizio, spettano le indennità e le spese di cui ai commi 1, 2 e 4.

66 (L). Indennità degli esperti dei tribunali e delle sezioni di corte di appello per i minori. – 1. Agli esperti dei tribunali e delle sezioni di corte di appello per i minori sono dovute le indennità previste per i giudici onorari di tribunale dall'articolo 4, commi 1 e 3, del decreto legislativo 28 luglio 1989, n. 273.

67 (L). ([1]) **Indennità degli esperti dei tribunali di sorveglianza.** – 1. Agli esperti dei tribunali di sorveglianza spetta il trattamento economico degli esperti di cui può avvalersi l'amministrazione penitenziaria, ai sensi dell'articolo 80, della legge 26 luglio 1975, n. 354; all'adeguamento del trattamento dei primi a quello dei secondi si provvede con decreto dirigenziale del Ministero della giustizia, di concerto con il Ministero dell'economia e delle finanze.

2. Agli esperti dei tribunali di sorveglianza che prestino servizio fuori della loro residenza spettano le spese e l'indennità di cui all'articolo 65, comma 4, riferite ai magistrati di tribunale.

([1]) *Si veda il D.M. 9 maggio 2002, pubblicato sulla* G.U. *n. 129 del 4 giugno 2002 che si riporta:*

«L'indennità spettante agli esperti componenti dei tribunali di sorveglianza con decorrenza 1° gennaio 2001 per il biennio 2001-2002 è fissata nella misura lorda di € 16,06 orarie».

68 (L). Indennità degli esperti delle sezioni agrarie. – 1. Agli esperti delle sezioni agrarie è dovuta, per ogni udienza, l'indennità di euro 1,55.

2. Nel caso in cui l'udienza si svolge in luogo diverso da quello in cui l'esperto risiede, sono dovute le spese di viaggio e le indennità di trasferta nella misura prevista per i dipendenti statali aventi qualifica di dirigente di seconda fascia del ruolo unico, ai sensi dell'articolo 15, del decreto legislativo 30 marzo 2001, n. 165.

Titolo XIII
Domanda di liquidazione e decadenza

71 (L). Domanda di liquidazione e decadenza del diritto per testimoni, ausiliari del magistrato e aventi titolo alle trasferte. – 1. Le indennità e le spese di viaggio spettanti ai testimoni e ai loro accompagnatori, le indennità e le spese di viaggio per trasferte relative al compimento di atti fuori dalla sede in cui si svolge il processo di cui al titolo V della parte II, e le spettanze agli ausiliari del magistrato, sono corrisposte a domanda degli interessati, presentata all'autorità competente ai sensi degli articoli 165 e 168.

2. La domanda è presentata, a pena di decadenza: trascorsi cento giorni dalla data della testimonianza, o dal compimento delle operazioni per gli onorari e le spese per l'espletamento dell'incarico degli ausiliari del magistrato; trascorsi duecento giorni dalla trasferta, per le trasferte relative al compimento di atti fuori dalla sede in cui si svolge il processo e per le spese e indennità di viaggio e soggiorno degli ausiliari del magistrato.

3. In caso di pagamento in contanti l'importo deve essere incassato, a pena di decadenza, entro duecento giorni dalla ricezione dell'avviso di pagamento di cui all'articolo 177.

72 (R). Domanda di liquidazione di acconti dell'indennità di custodia. – 1. L'indennità di custodia è liquidata su domanda del custode, successiva alla cessazione della custodia, presentata all'autorità competente ai sensi dell'articolo 168; a richiesta, sono liquidati acconti sulle somme dovute.

Titolo XIV
Registrazione degli atti giudiziari nel processo civile e amministrativo

73 (R). Procedura per la registrazione degli atti giudiziari. – 1. In adempimento dell'obbligo previsto dall'articolo 10, comma 1, lettera *c*), del decreto del Presidente della Repubblica 26 aprile 1986, n. 131, il funzionario addetto all'ufficio trasmette all'ufficio finanziario le sentenze, i decreti e gli altri atti giudiziari soggetti ad imposta di registro ai fini della registrazione. L'ufficio finanziario comunica gli estremi di protocollo e di registrazione entro dieci giorni, dalla ricezione nei casi di imposta prenotata a debito, dal pagamento negli altri casi. L'ufficio annota questi dati in calce all'originale degli atti.

2. La trasmissione dei documenti avviene secondo le regole tecniche telematiche stabilite con decreto dirigenziale del Ministero dell'economia e delle finanze, di concerto con il Ministero della giustizia, nel rispetto del decreto del Presidente della Repubblica 28 dicembre 2000, n. 445 e delle relative norme di attuazione ([1]).

2 *bis*. I provvedimenti della Corte di cassazione sono esenti dall'obbligo della registrazione ([2]).

2 *ter*. La registrazione delle sentenze e degli altri atti recanti condanna al risarcimento del danno prodotto da fatti costituenti reato deve essere richiesta entro trenta giorni dalla data in cui sono divenuti definitivi ([3]).

2 *quater*. Le parti in causa possono segnalare all'ufficio giudiziario, anche per il tramite del proprio difensore, la sussistenza dei presupposti previsti per la registrazione, con prenotazione a debito, degli atti giudiziari di cui al comma 2 *ter*, nel termine di dieci giorni dalla data di pubblicazione o emanazione. In tal caso, l'eventuale mancata ammissione del provvedimento alla prenotazione a debito deve essere motivata dall'ufficio giudiziario con apposito atto, da trasmettere all'ufficio finanziario unitamente alla richiesta di registrazione ([3]).

([1]) *Si veda il D.M. 10 maggio 2006, recante modalità operative di registrazione telematica degli atti giudiziari ed approvazione delle relative specifiche tecniche.*

([2]) *Questo comma è stato aggiunto dall'art. 67, comma 3, lett.* c)*, della L. 18 giugno 2009, n. 69.*

([3]) *Questo comma è stato aggiunto dall'art. 7* quater*, comma 42, lett.* a)*, del D.L. 22 ottobre 2016, n. 193, convertito, con modificazioni, nella L. 1° dicembre 2016, n. 225.*

Parte III
Patrocinio a spese dello Stato

Titolo I
Disposizioni generali sul patrocinio a spese dello Stato nel processo penale, civile, amministrativo, contabile e tributario

Capo I
Istituzione del patrocinio

74 (L). Istituzione del patrocinio. - 1. È assicurato il patrocinio nel processo penale per la difesa del cittadino non abbiente, indagato, imputato, condannato, persona offesa da reato, danneggiato che intenda costituirsi parte civile, responsabile civile ovvero civilmente obbligato per la pena pecuniaria.

2. È, altresì, assicurato il patrocinio nel processo civile, amministrativo, contabile, tributario e negli affari di volontaria giurisdizione, per la difesa del cittadino non abbiente quando le sue ragioni risultino non manifestamente infondate (1).

(1) *La Corte costituzionale, con sentenza n. 10 del 20 gennaio 2022, ha dichiarato l'illegittimità costituzionale di questo comma e dell'art. 75, comma 1, del medesimo provvedimento, nella parte in cui non prevedono che il patrocinio a spese dello Stato sia applicabile anche all'attività difensiva svolta nell'ambito dei procedimenti di mediazione di cui all'art. 5, comma 1 bis, del decreto legislativo 4 marzo 2010, n. 28, quando nel corso degli stessi è stato raggiunto un accordo.*

75 (L). Ambito di applicabilità. - 1. L'ammissione al patrocinio è valida per ogni grado e per ogni fase del processo e per tutte le eventuali procedure, derivate ed accidentali, comunque connesse (1).

2. La disciplina del patrocinio si applica, in quanto compatibile, anche nella fase dell'esecuzione, nel processo di revisione, nei processi di revocazione e opposizione di terzo, nonché nei processi relativi all'applicazione di misure di sicurezza, di prevenzione e nei processi di competenza del tribunale di sorveglianza, sempre che l'interessato debba o possa essere assistito da un difensore o da un consulente tecnico.

2 *bis*. La disciplina del patrocinio si applica, inoltre, nelle procedure passive di consegna, di cui alla legge 22 aprile 2005, n. 69, dal momento dell'arresto eseguito in conformità del mandato d'arresto europeo fino alla consegna o fino al momento in cui la decisione sulla mancata consegna diventi definitiva, nonché nelle procedure attive di consegna, di cui alla citata legge n. 69 del 2005, in favore della persona ricercata oggetto di un procedimento di esecuzione del mandato d'arresto europeo ai fini dell'esercizio di un'azione penale e che ha esercitato il diritto di nominare un difensore sul territorio nazionale affinché assista il difensore nello Stato membro di esecuzione (2).

(1) *La Corte costituzionale, con sentenza n. 10 del 20 gennaio 2022, ha dichiarato l'illegittimità costituzionale di questo comma e dell'art. 74, comma 2, del medesimo provvedimento, nella parte in cui non prevedono che il patrocinio a spese dello Stato sia applicabile anche all'attività difensiva svolta nell'ambito dei procedimenti di mediazione di cui all'art. 5, comma 1 bis, del decreto legislativo 4 marzo 2010, n. 28, quando nel corso degli stessi è stato raggiunto un accordo.*

(2) *Questo comma è stato aggiunto dall'art. 1 del D.L.vo 7 marzo 2019, n. 24.*

Capo II
Condizioni per l'ammissione al patrocinio

76 (L). Condizioni per l'ammissione. - 1. Può essere ammesso al patrocinio chi è titolare di un reddito imponibile ai fini dell'imposta personale sul reddito, risultante dall'ultima dichiarazione, non superiore a euro 12.838,01 (1).

2. Salvo quanto previsto dall'articolo 92, se l'interessato convive con il coniuge o con altri familiari, il reddito è costituito dalla somma dei redditi conseguiti nel medesimo periodo da ogni componente della famiglia, compreso l'istante.

3. Ai fini della determinazione dei limiti di reddito, si tiene conto anche dei redditi che per legge sono esenti dall'imposta sul reddito delle persone fisiche (IRPEF) o che sono soggetti a ritenuta alla fonte a titolo d'imposta, ovvero ad imposta sostitutiva.

4. Si tiene conto del solo reddito personale quando sono oggetto della causa diritti della personalità, ovvero nei processi in cui gli interessi del richiedente sono in conflitto con quelli degli altri componenti il nucleo familiare con lui conviventi.

4 *bis*. Per i soggetti già condannati con sentenza definitiva per i reati di cui agli articoli 416 *bis* del codice penale, 291 *quater* del testo unico di cui al decreto del Presidente della Repubblica 23 gennaio 1973, n. 43, 73, limitatamente alle ipotesi aggravate ai sensi dell'articolo 80, e 74, comma 1, del testo unico di cui al decreto del Presidente della Repubblica 9 ottobre 1990, n. 309, nonché per i reati commessi avvalendosi delle condizioni previste dal predetto articolo 416 *bis* ovvero al fine di agevolare l'attività delle associazioni previste dallo stesso articolo, e per i rea-

ti commessi in violazione delle norme per la repressione dell'evasione in materia di imposte sui redditi e sul valore aggiunto ([2]), ai soli fini del presente decreto, il reddito si ritiene superiore ai limiti previsti ([3]) ([4]).

4 *ter*. La persona offesa dai reati di cui agli articoli 572, 583 *bis*, ([5]) 609 *bis*, 609 *quater*, 609 *octies* e 612 *bis* ([6]), nonché, ove commessi in danno di minori, dai reati di cui agli articoli 600, 600 *bis*, 600 *ter*, 600 *quinquies*, 601, 602, 609 *quinquies* e 609 *undecies* del codice penale, può essere ammessa al patrocinio anche in deroga ai limiti di reddito previsti dal presente decreto ([7]).

4 *quater*. Il minore straniero non accompagnato coinvolto a qualsiasi titolo in un procedimento giurisdizionale ha diritto di essere informato dell'opportunità di nominare un legale di fiducia, anche attraverso il tutore nominato o l'esercente la responsabilità genitoriale ai sensi dell'articolo 3, comma 1, della legge 4 maggio 1983, n. 184, e successive modificazioni, e di avvalersi, in base alla normativa vigente, del gratuito patrocinio a spese dello Stato in ogni stato e grado del procedimento. Per l'attuazione delle disposizioni contenute nel presente comma è autorizzata la spesa di 771.470 euro annui a decorrere dall'anno 2017 ([8]).

4 *quinquies*. I figli minori o i figli maggiorenni economicamente non autosufficienti rimasti orfani di un genitore a seguito di omicidio commesso in danno dello stesso genitore dal coniuge, anche legalmente separato o divorziato, dall'altra parte dell'unione civile, anche se l'unione civile è cessata, o dalla persona che è o è stata legata da relazione affettiva e stabile convivenza possono essere ammessi al patrocinio a spese dello Stato, anche in deroga ai limiti di reddito previsti, applicando l'ammissibilità in deroga al relativo procedimento penale e a tutti i procedimenti civili derivanti dal reato, compresi quelli di esecuzione forzata ([9]).

([1]) *Il precedente importo di euro 11.734,93, è stato da ultimo così aggiornato dal D.M. 10 maggio 2023* (G.U. *Serie gen. - n. 130 del 6 giugno 2023*).

([2]) *Le parole: «, e per i reati commessi in violazione delle norme per la repressione dell'evasione in materia di imposte sui redditi e sul valore aggiunto» sono state inserite dall'art. 3 del D.L.vo 7 marzo 2019, n. 24.*

([3]) *La Corte costituzionale, con sentenza n. 139 del 16 aprile 2010, ha dichiarato l'illegittimità costituzionale di questo comma nella parte in cui, stabilendo che per i soggetti già condannati con sentenza definitiva per i reati indicati nella stessa norma il reddito si ritiene superiore ai limiti previsti per l'ammissione al patrocinio a spese dello Stato, non ammette la prova contraria.*

La Corte costituzionale, con sentenza n. 223 del 3 novembre 2022, ha dichiarato l'illegittimità costituzionale di questo comma, nella parte in cui ricomprende anche la condanna per il reato di cui al comma 5 dell'art. 73 del d.P.R. 9 ottobre 1990, n. 309.

([4]) *Questo comma è stato aggiunto dall'art. 12 ter, comma 1, lett. a), del D.L. 23 maggio 2008, n. 92, convertito, con modificazioni, nella L. 24 luglio 2008, n. 125.*

([5]) *Le parole: «572, 583 bis,» sono state inserite dall'art. 2, comma 3, del D.L. 14 agosto 2013, n. 93, convertito, con modificazioni, nella L. 15 ottobre 2013, n. 119.*

([6]) *Le parole: «e 609 octies» sono state così sostituite dalle attuali: «, 609 octies e 612 bis» dall'art. 2, comma 3, del D.L. 14 agosto 2013, n. 93, convertito, con modificazioni, nella L. 15 ottobre 2013, n. 119.*

([7]) *Questo comma, aggiunto dall'art. 4 del D.L. 23 febbraio 2009, n. 11, convertito, con modificazioni, nella L. 23 aprile 2009, n. 38, è stato così sostituito dall'art. 9 della L. 1 ottobre 2012, n. 172.*

([8]) *Questo comma è stato aggiunto dall'art. 16, comma 1, della L. 7 aprile 2017, n. 47.*

([9]) *Questo comma è stato aggiunto dall'art. 1, comma 1, della L. 11 gennaio 2018, n. 4.*

Il predetto comma 1 aggiunge in fine il comma 4 quater, *già presente, invece del comma 4* quinquies. *Si segnala in attesa di* errata corrige.

77 (L). Adeguamento dei limiti di reddito per l'ammissione. – 1. I limiti di reddito sono adeguati ogni due anni in relazione alla variazione, accertata dall'ISTAT, dell'indice dei prezzi al consumo per le famiglie di operai e impiegati, verificatasi nel biennio precedente, con decreto dirigenziale del Ministero della giustizia, di concerto con il Ministero dell'economia e delle finanze.

Capo III
Istanza per l'ammissione al patrocinio

78 (L). Istanza per l'ammissione. – 1. L'interessato che si trova nelle condizioni indicate nell'articolo 76 può chiedere di essere ammesso al patrocinio in ogni stato e grado del processo.

2. L'istanza è sottoscritta dall'interessato a pena di inammissibilità. La sottoscrizione è autenticata dal difensore, ovvero con le modalità di cui all'articolo 38, comma 3, del decreto del Presidente della Repubblica 28 dicembre 2000, n. 445 ([1]).

([1]) *Ai sensi dell'art. 14, comma 3, del D.L.vo 27 maggio 2005 n. 116, gli artt. 78, comma 2, e 79 del presente provvedimento si applicano anche, in quanto compatibili, alle controversie transfrontaliere nell'ambito dell'Unione europea.*

79 (L). Contenuto dell'istanza. – 1. L'istanza è redatta in carta semplice e, a pena di inammissibilità, contiene:

a) la richiesta di ammissione al patrocinio e l'indicazione del processo cui si riferisce, se già pendente;

b) le generalità dell'interessato e dei componenti la famiglia anagrafica, unitamente ai rispettivi codici fiscali;

c) una dichiarazione sostitutiva di certificazione da parte dell'interessato, ai sensi dell'articolo 46, comma 1, lettera *o*), del decreto del Presidente della Repubblica 28 dicembre 2000, n. 445, attestante la sussistenza delle condizioni di reddito previste per l'ammissione, con specifica determinazione del reddito complessivo valutabile a tali fini, determinato secondo le modalità indicate nell'articolo 76;

d) l'impegno a comunicare, fino a che il processo non sia definito, le variazioni rilevanti dei limiti di reddito, verificatesi nell'anno precedente, entro trenta giorni dalla scadenza del termine di un anno, dalla data di presentazione dell'istanza o della eventuale precedente comunicazione di variazione.

2. Per i redditi prodotti all'estero, il cittadino di Stati non appartenenti all'Unione europea correda l'istanza con una certificazione dell'autorità consolare competente, che attesta la veridicità di quanto in essa indicato (1).

3. Gli interessati, se il giudice procedente o il consiglio dell'ordine degli avvocati competente a provvedere in via anticipata lo richiedono, sono tenuti, a pena di inammissibilità dell'istanza, a produrre la documentazione necessaria ad accertare la veridicità di quanto in essa indicato.

(1) *La Corte costituzionale, con sentenza n. 157 del 20 luglio 2021, ha dichiarato l'illegittimità costituzionale di questo comma, nella parte in cui non consente al cittadino di Stati non appartenenti all'Unione europea, in caso di impossibilità a presentare la documentazione richiesta ai sensi di questo comma, di produrre, a pena di inammissibilità, una dichiarazione sostitutiva di tale documentazione.*

Capo IV
Difensori, ausiliari del magistrato e consulenti tecnici di parte

80 (L). (1) **Nomina del difensore.** – 1. Chi è ammesso al patrocinio può nominare un difensore scelto tra gli iscritti negli elenchi degli avvocati per il patrocinio a spese dello Stato, istituiti presso i consigli dell'ordine del distretto di corte di appello nel quale ha sede il magistrato competente a conoscere del merito o il magistrato davanti al quale pende il processo.

2. Se procede la Corte di cassazione, il Consiglio di Stato, le sezioni riunite o le sezioni giurisdizionali centrali presso la Corte dei conti, gli elenchi sono quelli istituiti presso i consigli dell'ordine del distretto di corte di appello del luogo dove ha sede il giudice che ha emesso il provvedimento impugnato.

3. Colui che è ammesso al patrocinio può nominare un difensore iscritto negli elenchi degli avvocati per il patrocinio a spese dello Stato scelto anche al di fuori del distretto di cui ai commi 1 e 2.

(1) *Questo articolo è stato così sostituito dall'art. 1 della L. 24 febbraio 2005, n. 25.*

81 (L). (1) **Elenco degli avvocati per il patrocinio a spese dello Stato.** – 1. L'elenco degli avvocati per il patrocinio a spese dello Stato è formato dagli avvocati che ne fanno domanda e che siano in possesso dei requisiti previsti dal comma 2.

2. L'inserimento nell'elenco è deliberato dal consiglio dell'ordine, il quale valuta la sussistenza dei seguenti requisiti e condizioni:

a) attitudini ed esperienza professionale specifica, distinguendo tra processi civili, penali, amministrativi, contabili, tributari ed affari di volontaria giurisdizione;

b) assenza di sanzioni disciplinari superiori all'avvertimento irrogate nei cinque anni precedenti la domanda;

c) iscrizione all'Albo degli avvocati da almeno due anni.

3. È cancellato di diritto dall'elenco l'avvocato per il quale è stata disposta una sanzione disciplinare superiore all'avvertimento.

4. L'elenco è rinnovato entro il 31 gennaio di ogni anno, è pubblico, e si trova presso tutti gli uffici giudiziari situati nel territorio di ciascuna provincia.

(1) *Questo articolo è stato così sostituito dall'art. 2 della L. 24 febbraio 2005, n. 25.*

82 (L). (1) **Onorario e spese del difensore.** – 1. L'onorario e le spese spettanti al difensore sono liquidati dall'autorità giudiziaria con decreto di pagamento, osservando la tariffa professionale in modo che, in ogni caso, non risultino superiori ai valori medi delle tariffe professionali vigenti relative ad onorari, diritti ed indennità, [e previo parere del consiglio dell'ordine,] (2) tenuto conto della natura dell'impegno professionale, in relazione all'incidenza degli atti assunti rispetto alla posizione processuale della persona difesa.

2. Nel caso in cui il difensore nominato dall'interessato sia iscritto in un elenco degli avvocati di un distretto di corte d'appello diverso da quello in cui ha sede il magistrato competente a conoscere del merito o il magistrato davanti al quale pende il processo, non

sono dovute le spese e le indennità di trasferta previste dalla tariffa professionale.

3. Il decreto di pagamento è comunicato al difensore e alle parti, compreso il pubblico ministero.

(1) *A norma dell'art. 37 bis del D.L. 16 luglio 2020, n. 76, convertito, con modificazioni, nella L. 11 settembre 2020, n. 120, al fine di favorire una celere evasione delle richieste di liquidazione dei compensi spettanti al difensore della parte ammessa al patrocinio a spese dello Stato e al difensore d'ufficio ai sensi del testo unico di cui al decreto del Presidente della Repubblica 30 maggio 2002, n. 115, le istanze prodotte dal giorno successivo a quello di entrata in vigore della legge di conversione del presente decreto sono depositate presso la cancelleria del magistrato competente esclusivamente mediante modalità telematica individuata e regolata con provvedimento del direttore generale per i sistemi informativi automatizzati del Ministero della giustizia.*

(2) *Le parole tra parentesi quadrate sono state soppresse dall'art. 1, comma 322, della L. 30 dicembre 2004, n. 311.*

NOTE OPERATIVE:

Spese Stato: L'avvocato nominato d'ufficio non può ottenere la liquidazione dell'onorario a carico dell'erario se non abbia dimostrato di aver effettuato almeno un vano e non pretestuoso tentativo di recupero forzoso del credito professionale (C.C. 23958/23).

83 (L). Onorario e spese dell'ausiliario del magistrato e del consulente tecnico di parte. – 1. L'onorario e le spese spettanti al difensore, (1) all'ausiliario del magistrato e al consulente tecnico di parte sono liquidati dall'autorità giudiziaria con decreto di pagamento, secondo le norme del presente testo unico.

2. La liquidazione è effettuata al termine di ciascuna fase o grado del processo e, comunque, all'atto della cessazione dell'incarico, dall'autorità giudiziaria che ha proceduto; per il giudizio di cassazione, alla liquidazione procede il giudice di rinvio, ovvero quello che ha pronunciato la sentenza passata in giudicato. In ogni caso, il giudice competente può provvedere anche alla liquidazione dei compensi dovuti per le fasi o i gradi anteriori del processo, se il provvedimento di ammissione al patrocinio è intervenuto dopo la loro definizione (2).

3. Il decreto di pagamento è comunicato al beneficiario e alle parti, compreso il pubblico ministero.

3 *bis*. Il decreto di pagamento è emesso dal giudice contestualmente alla pronuncia del provvedimento che chiude la fase cui si riferisce la relativa richiesta (3).

(1) *Le parole: «al difensore,» sono state inserite dall'art. 3 della L. 24 febbraio 2005, n. 25.*

(2) *La Corte costituzionale, con sentenza n. 10 del 20 gennaio 2022, ha dichiarato l'illegittimità costituzionale di questo comma, nella parte in cui non prevede che, nelle fattispecie previste dagli artt. 74, comma 2, e 75, comma 1, di questo provvedimento, alla liquidazione in favore del difensore provveda l'autorità giudiziaria che sarebbe stata competente a decidere la controversia.*

(3) *Questo comma è stato aggiunto dall'art. 1, comma 783, della L. 28 dicembre 2015, n. 208.*

84 (L). Opposizione al decreto di pagamento. – 1. Avverso il decreto di pagamento del compenso al difensore, all'ausiliario del magistrato e al consulente tecnico di parte, è ammessa opposizione ai sensi dell'articolo 170.

85 (L). Divieto di percepire compensi o rimborsi. – 1. Il difensore, l'ausiliario del magistrato e il consulente tecnico di parte non possono chiedere e percepire dal proprio assistito compensi o rimborsi a qualunque titolo, diversi da quelli previsti dalla presente parte del testo unico.

2. Ogni patto contrario è nullo.

3. La violazione del divieto costituisce grave illecito disciplinare professionale.

Capo V
Recupero delle somme da parte dello Stato

86 (L). Recupero delle somme da parte dello Stato. – 1. Lo Stato ha, in ogni caso, diritto di recuperare in danno dell'interessato le somme eventualmente pagate successivamente alla revoca del provvedimento di ammissione.

Capo VI
Norme finali

87 (L). Servizio al pubblico in materia di patrocinio a spese dello Stato. – 1. Il servizio al pubblico per il patrocinio a spese dello Stato è disciplinato dall'articolo 20, della legge 29 marzo 2001, n. 134.

88 (L). Controlli da parte della Guardia di finanza. – 1. Nei programmi annuali di controllo fiscale della Guardia di finanza sono inclusi i controlli dei soggetti ammessi al patrocinio a spese dello Stato, individuati sulla base di appositi criteri selettivi, anche tramite indagini bancarie e presso gli intermediari finanziari.

89 (L). Norme di attuazione. – 1. Con decreto del Presidente della Repubblica, ai sensi dell'articolo 17, comma 1, della legge 23 agosto 1988, n. 400, sono emanate le norme di attuazione delle disposizioni della parte III del presente testo unico.

Titolo II
Disposizioni particolari sul patrocinio a spese dello Stato nel processo penale

Capo V
Difensori, investigatori e consulenti tecnici di parte

106 *bis* (L). (1) (2) (3) **Compensi del difensore, dell'ausiliario del magistrato, del consulente tecnico di parte e dell'investigatore privato autorizzato.** – 1. Gli importi spettanti al difensore, all'ausiliario del magistrato, al consulente tecnico di parte e all'investigatore privato autorizzato sono ridotti di un terzo.

(1) *Questo articolo è stato aggiunto dall'art. 1, comma 606, lett. b), della L. 27 dicembre 2013, n. 147. A norma dell'art. 1, comma 607, della medesima legge, tali disposizioni si applicano alle liquidazioni successive alla data del 1° gennaio 2014.*

(2) *La Corte costituzionale, con sentenza n. 192 del 24 settembre 2015, ha dichiarato l'illegittimità di questo articolo nella parte in cui non esclude che la diminuzione di un terzo degli importi spettanti all'ausiliario del magistrato sia operata in caso di applicazione di previsioni tariffarie non adeguate a norma dell'art. 54 dello stesso D.P.R. n. 115 del 2002.*

(3) *La Corte costituzionale, con sentenza n. 178 del 13 luglio 2017, ha dichiarato l'illegittimità costituzionale di questo articolo nella parte in cui non esclude che la diminuzione di un terzo degli importi spettanti al consulente tecnico di parte sia operata in caso di applicazione di previsioni tariffarie non adeguate a norma dell'art. 54 dello stesso D.P.R. n. 115 del 2002.*

Titolo IV
Disposizioni particolari sul patrocinio a spese dello Stato nel processo civile, amministrativo, contabile e tributario

Capo I
Istituzione del patrocinio

119 (L). Equiparazione dello straniero e dell'apolide. – 1. Il trattamento previsto per il cittadino italiano è assicurato, altresì, allo straniero regolarmente soggiornante sul territorio nazionale al momento del sorgere del rapporto o del fatto oggetto del processo da instaurare e all'apolide, nonché ad enti o associazioni che non perseguono scopi di lucro e non esercitano attività economica.

120 (L). Ambito di applicabilità. – 1. La parte ammessa rimasta soccombente non può giovarsi dell'ammissione per proporre impugnazione, salvo che per l'azione di risarcimento del danno nel processo penale.

Capo II
Condizioni per l'ammissione al patrocinio

121 (L). Esclusione dal patrocinio. – 1. L'ammissione al patrocinio è esclusa nelle cause per cessione di crediti e ragioni altrui, ad eccezione del caso in cui la cessione appare indubbiamente fatta in pagamento di crediti o ragioni preesistenti.

Capo III
Istanza di ammissione al patrocinio

122 (L). Contenuto integrativo dell'istanza. – 1. L'istanza contiene, a pena di inammissibilità, le enunciazioni in fatto ed in diritto utili a valutare la non manifesta infondatezza della pretesa che si intende far valere, con la specifica indicazione delle prove di cui si intende chiedere l'ammissione.

123 (L). Termine per la presentazione o integrazione della documentazione necessaria ad accertare la veridicità. – 1. Per la presentazione o integrazione, a pena di inammissibilità, della documentazione richiesta ai sensi dell'articolo 79, comma 3, può essere concesso un termine non superiore a due mesi.

124 (L). Organo competente a ricevere l'istanza. – 1. L'istanza è presentata esclusivamente dall'interessato o dal difensore, ovvero inviata, a mezzo raccomandata, al consiglio dell'ordine degli avvocati.

2. Il consiglio dell'ordine competente è quello del luogo in cui ha sede il magistrato davanti al quale pende il processo, ovvero, se il processo non pende, quello del luogo in cui ha sede il magistrato competente a conoscere del merito. Se procede la Corte di cassazione, il Consiglio di Stato, ovvero le sezioni riunite o le sezioni giurisdizionali centrali presso la Corte dei conti, il consiglio dell'ordine competente è quello del luogo ove ha sede il magistrato che ha emesso il provvedimento impugnato.

125 (L). Sanzioni. – 1. Chiunque, al fine di ottenere o mantenere l'ammissione al patrocinio, formula l'istanza corredata dalla dichiarazione sostitutiva di certificazione, attestante falsamente la sussistenza o il mantenimento delle condizioni di reddito previste, è punito con la reclusione da uno a cinque anni e con la multa da euro 309,87 a euro 1.549,37. La pena è aumentata se dal fatto consegue l'ottenimento o il mantenimento dell'ammissione al patrocinio; la condanna importa la revoca con efficacia retroattiva e il recupero a carico del responsabile delle somme corrisposte dallo Stato.

2. Le pene previste al comma 1 si applicano nei confronti di chiunque, al fine di mantenere l'ammissione al patrocinio a spese dello Stato, omette di formulare le comunicazioni di cui all'articolo 79, comma 1, lettera *d*).

Capo IV
Decisione sull'istanza di ammissione al patrocinio

126 (L). Ammissione anticipata da parte del consiglio dell'ordine degli avvocati. – 1. Nei dieci giorni successivi a quello in cui è stata presentata o è pervenuta l'istanza di ammissione, il consiglio dell'ordine degli avvocati, verificata l'ammissibilità dell'istanza, ammette l'interessato in via anticipata e provvisoria al patrocinio se, alla stregua della dichiarazione sostitutiva di certificazione prevista, ricorrono le condizioni di reddito cui l'ammissione al beneficio è subordinata e se le pretese che l'interessato intende far valere non appaiono manifestamente infondate.

2. Copia dell'atto con il quale il consiglio dell'ordine accoglie o respinge, ovvero dichiara inammissibile l'istanza, è trasmessa all'interessato e al magistrato.

3. Se il consiglio dell'ordine respinge o dichiara inammissibile l'istanza, questa può essere proposta al magistrato competente per il giudizio, che decide con decreto.

127 (L). Trasmissione all'ufficio finanziario degli atti relativi all'ammissione al patrocinio. – 1. Copia dell'atto con il quale il consiglio dell'ordine, o il magistrato competente per il giudizio, accoglie l'istanza è trasmessa anche all'ufficio finanziario competente.

2. Questo verifica l'esattezza, alla stregua delle dichiarazioni, indicazioni ed allegazioni previste dall'articolo 79, dell'ammontare del reddito attestato dall'interessato, nonché la compatibilità dei dati indicati con le risultanze dell'anagrafe tributaria e può disporre che sia effettuata, anche avvalendosi della collaborazione della Guardia di finanza, la verifica della posizione fiscale dell'istante e dei conviventi.

3. Se risulta che il beneficio è stato concesso sulla base di prospettazioni dell'istante non veritiere, l'ufficio finanziario richiede la revoca dell'ammissione e trasmette gli atti acquisiti alla Procura della Repubblica presso il tribunale competente per i reati di cui all'articolo 125.

4. La effettività e la permanenza delle condizioni previste per l'ammissione al patrocinio è in ogni tempo, anche successivo all'ammissione, verificata su richiesta dell'autorità giudiziaria, ovvero su iniziativa dell'ufficio finanziario o della Guardia di finanza.

Capo V
Difensori e consulenti tecnici di parte

128 (L). Obbligo a carico del difensore. – 1. Il difensore della parte ammessa al patrocinio chiede la dichiarazione di estinzione del processo se cancellato dal ruolo ai sensi dell'articolo 309, del codice di procedura civile. L'inosservanza di tale obbligo ha rilevanza disciplinare.

129 (L). Nomina del consulente tecnico di parte. – 1. Chi è ammesso al patrocinio può nominare un consulente tecnico di parte nei casi previsti dalla legge.

130 (L). Compensi del difensore, dell'ausiliario del magistrato e del consulente tecnico di parte. – 1. Gli importi spettanti al difensore, all'ausiliario del magistrato e al consulente tecnico di parte sono ridotti della metà (1).

(1) *La Corte costituzionale, con sentenza n. 166 del 1° luglio 2022, ha dichiarato l'illegittimità costituzionale di questo articolo nella parte in cui non esclude che la riduzione della metà degli importi spettanti all'ausiliario del magistrato sia operata in caso di applicazione di previsioni tariffarie non adeguate a norma dell'art. 54 dello stesso D.P.R. n. 115 del 2002.*

130 *bis*. (1) Esclusione dalla liquidazione dei compensi al difensore e al consulente tecnico di parte. – 1. Quando l'impugnazione, anche incidentale, è dichiarata inammissibile, il difensore non ha diritto alla liquidazione del compenso e il giudice dell'impugnazione ne dà atto nel provvedimento decisorio (2).

2. Non possono essere altresì liquidate le spese sostenute per le consulenze tecniche di parte che, all'atto del conferimento dell'incarico, apparivano irrilevanti o superflue ai fini della prova.

(1) *Questo articolo è stato inserito dell'art. 15, comma 1, del D.L. 4 ottobre 2018, n. 113, convertito, con modificazioni, nella L. 1 dicembre 2018, n. 132.*

(2) *Le parole: «al difensore non è liquidato alcun compenso» sono state così sostituite dalle attuali: «il difensore non ha diritto alla liquidazione del compenso e il giudice dell'impugnazione ne dà atto nel provvedimento decisorio» dall'art. 3, comma 2, del D.L. 5 ottobre 2023, n. 133, convertito, con modificazioni, nella L. 1° dicembre 2023, n. 176.*

Capo VI
Effetti dell'ammissione al patrocinio

131 (L). Effetti dell'ammissione al patrocinio. – 1. Per effetto dell'ammissione al patrocinio e relativamente alle spese a carico della parte ammessa, alcune sono prenotate a debito, altre sono anticipate dall'erario.

2. Sono spese prenotate a debito:

a) il contributo unificato nel processo civile, nel processo amministrativo e nel processo tributario (1);

b) l'imposta di bollo, ai sensi dell'articolo 17, decreto del Presidente della Repubblica ottobre 1972, n. 642, nel processo contabile [e tributario] (2);

c) le spese forfettizzate per le notificazioni a richiesta d'ufficio nel processo civile;

d) l'imposta di registro ai sensi dell'articolo 59, comma 1, lettere *a*) e *b*), decreto del Presidente della Repubblica 26 aprile 1986, n. 131, nel processo civile e amministrativo;

e) l'imposta ipotecaria e catastale ai sensi dell'articolo 16, comma 1, lettera *e*), decreto legislativo 31 ottobre 1990, n. 347;

f) i diritti di copia.

3. Gli onorari dovuti al consulente tecnico di parte e all'ausiliario del magistrato, sono prenotati a debito, a domanda, anche nel caso di transazione della lite, se non è possibile la ripetizione dalla parte a carico della quale sono poste le spese processuali, o dalla stessa parte ammessa, per vittoria della causa o per revoca dell'ammissione. Lo stesso trattamento si applica agli onorari di notaio per lo svolgimento di funzioni ad essi demandate dal magistrato nei casi previsti dalla legge e all'indennità di custodia del bene sottoposto a sequestro (3).

4. Sono spese anticipate dall'erario:

a) gli onorari e le spese dovuti al difensore;

b) le indennità e le spese di viaggio spettanti ai magistrati, agli appartenenti agli uffici e agli ufficiali giudiziari per le trasferte relative al compimento di atti del processo fuori dalla sede in cui si svolge, nel processo civile;

c) le indennità e le spese di viaggio spettanti a testimoni, a notai, a consulenti tecnici di parte e ausiliari del magistrato, nonché le spese sostenute per l'adempimento dell'incarico da parte di questi ultimi;

d) le spese per gli strumenti di pubblicità legale dei provvedimenti del magistrato nel processo civile;

e) le spese per il compimento dell'opera non eseguita o per la distruzione di quella compiuta nel processo civile;

f) le spese per le notificazioni a richiesta d'ufficio.

5. Sono prenotati a debito o anticipati ai sensi dell'articolo 33, i diritti e le indennità di trasferta o le spese di spedizione degli ufficiali giudiziari per le notificazioni e gli atti di esecuzione a richiesta di parte.

(1) *Questa lettera è stata così sostituita dall'art. 37, comma 6, lett. z), n. 1), del D.L. 6 luglio 2011, n. 98, convertito, con modificazioni, nella L. 15 luglio 2011, n. 111.*

(2) *Le parole tra parentesi quadrate sono state soppresse dall'art. 37, comma 6, lett. z), n. 2), del D.L. 6 luglio 2011, n. 98, convertito, con modificazioni, nella L. 15 luglio 2011, n. 111.*

(3) *La Corte costituzionale, con sentenza n. 217 del 1° ottobre 2019, ha dichiarato l'illegittimità costituzionale di questo comma, nella parte in cui prevede che gli onorari e le indennità dovuti ai soggetti ivi indicati siano «prenotati a debito, a domanda», «se non è possibile la ripetizione», anziché direttamente anticipati dall'erario.*

132 (R). Imposta di registro della sentenza e compensazione delle spese. – 1. Nel caso di compensazione delle spese, se la registrazione è chiesta dalla parte ammessa al patrocinio, l'imposta di registro della sentenza è prenotata a debito per la metà o per la quota di compensazione ed è pagata per il rimanente dall'altra parte; è pagata per intero dalla parte diversa da quella ammessa al patrocinio che ne chiede la registrazione nel proprio interesse o per uno degli usi previsti dalla legge.

133 (L). Pagamento in favore dello Stato. – 1. Il provvedimento che pone a carico della parte soccombente non ammessa al patrocinio la rifusione delle spese processuali a favore della parte ammessa dispone che il pagamento sia eseguito a favore dello Stato.

134 (L). Recupero delle spese. – 1. Se lo Stato non recupera ai sensi dell'articolo 133 e se la vittoria della causa o la composizione della lite ha messo la parte ammessa al patrocinio in condizione di poter restituire le spese erogate in suo favore, su di questa lo Stato ha diritto di rivalsa.

2. La rivalsa può essere esercitata per le spese prenotate e anticipate quando per sentenza o transazione la parte ammessa ha conseguito almeno il sestuplo delle spese, o nel caso di rinuncia all'azione o di estinzione del giudizio; può essere esercitata per le sole spese anticipate indipendentemente dalla somma o valore conseguito.

3. Nelle cause che vengono definite per transazione, tutte le parti sono solidalmente obbligate al pagamento delle spese prenota-

te a debito, ed è vietato accollarle al soggetto ammesso al patrocinio.

Ogni patto contrario è nullo.

4. Quando il giudizio è estinto o rinunciato l'attore o l'impugnante diverso dalla parte ammessa al patrocinio è obbligato al pagamento delle spese prenotate a debito.

5. Nelle ipotesi di cancellazione ai sensi dell'articolo 309 codice di procedura civile e nei casi di estinzione diversi da quelli previsti nei commi 2 e 4, tutte le parti sono tenute solidamente al pagamento delle spese prenotate a debito.

135 (L). Norme particolari per alcuni processi. – 1. Le spese relative ai processi di dichiarazione di assenza o di morte presunta sono recuperate nei confronti dei soggetti indicati nell'articolo 50, commi 2 e 3, del codice civile e nei confronti della parte ammessa in caso di revoca dell'ammissione.

2. Le spese relative ai processi esecutivi, mobiliari e immobiliari, hanno diritto di prelazione, ai sensi degli articoli 2755 e 2770 del codice civile, sul prezzo ricavato dalla vendita o sul prezzo dell'assegnazione o sulle rendite riscosse dall'amministratore giudiziario.

Capo VII
Revoca del provvedimento di ammissione al patrocinio

136 (L). Revoca del provvedimento di ammissione. – 1. Se nel corso del processo sopravvengono modifiche delle condizioni reddituali rilevanti ai fini dell'ammissione al patrocinio, il magistrato che procede revoca il provvedimento di ammissione.

2. Con decreto il magistrato revoca l'ammissione al patrocinio provvisoriamente disposta dal consiglio dell'ordine degli avvocati, se risulta l'insussistenza dei presupposti per l'ammissione ovvero se l'interessato ha agito o resistito in giudizio con mala fede o colpa grave.

3. La revoca ha effetto dal momento dell'accertamento delle modificazioni reddituali, indicato nel provvedimento del magistrato; in tutti gli altri casi ha efficacia retroattiva.

Capo VIII
Disposizioni particolari per il patrocinio a spese dello Stato nel processo tributario

137 (L). Ambito temporale di applicabilità. – 1. Sino a quando non sono emanate disposizioni particolari, il patrocinio a spese dello Stato nel processo tributario è disciplinato dalle disposizioni della parte III, titoli I e IV, e dalle disposizioni del presente capo.

138 (L). Commissione del patrocinio a spese dello Stato. – 1. Presso ogni commissione tributaria è costituita una commissione del patrocinio a spese dello Stato composta da un presidente di sezione, che la presiede, da un giudice tributario designato dal presidente della commissione, nonché da tre iscritti negli albi o elenchi di cui all'articolo 12, comma 2, del decreto legislativo 31 dicembre 1992, n. 546 e successive modificazioni, designati al principio di ogni anno a turno da ciascun ordine professionale del capoluogo in cui ha sede la commissione e dalla direzione regionale delle entrate. Per ciascun componente è designato anche un membro supplente. Al presidente e ai componenti non spetta alcun compenso. Esercita le funzioni di segretario un funzionario dell'ufficio di segreteria della commissione tributaria.

139 (L). Funzioni della commissione. – 1. Le funzioni che gli articoli 79, 124, 126, 127 e 136 attribuiscono, anche in modo ripartito, al consiglio dell'ordine degli avvocati e al magistrato sono svolte solo dalla commissione del patrocinio a spese dello Stato; l'istanza respinta o dichiarata inammissibile dalla commissione non può essere proposta al magistrato davanti al quale pende il processo o competente a conoscere il merito.

2. I giudici tributari che fanno parte della commissione hanno l'obbligo di astenersi nei processi riguardanti controversie da loro esaminate quali componenti della commissione.

140 (L). Nomina del difensore. – 1. Chi è ammesso al patrocinio può nominare un difensore scelto ai sensi dell'articolo 80 o un difensore scelto nell'ambito degli altri albi ed elenchi di cui all'articolo 12, comma 2, del decreto legislativo 31 dicembre 1992, n. 546 e successive modificazioni.

141 (L). Onorario e spese del difensore. – 1. L'onorario e le spese spettanti al difensore sono liquidati ai sensi dell'articolo 82; per gli iscritti agli elenchi di cui all'articolo 12, comma 2, del decreto legislativo 31 dicembre 1992, n. 546 e successive modificazioni, si applica la tariffa vigente per i ragionieri ed il parere è richiesto al relativo consiglio dell'ordine; gli importi sono ridotti della metà.

Titolo V
Estensione, a limitati effetti, della disciplina del patrocinio a spese dello Stato prevista nel titolo IV

142 (L). Processo avverso il provvedimento di espulsione del cittadino di Stati non appartenenti all'Unione europea. – 1. Nel processo avverso il provvedimento di espulsione del cittadino di Stati non appartenenti all'Unione europea, di cui all'articolo 13, del decreto legislativo 25 luglio 1998, n. 286, l'onorario e le spese spettanti all'avvocato e all'ausiliario del magistrato sono a carico dell'erario e sono liquidati dal magistrato nella misura e con le modalità rispettivamente previste dagli articoli 82 e 83 ed è ammessa opposizione ai sensi dell'articolo 84.

143 (L). Processi previsti dalla legge 4 maggio 1983, n. 184, come modificata dalla legge 28 marzo 2001, n. 149. – 1. Sino a quando non è emanata una specifica disciplina sulla difesa d'ufficio, nei processi previsti dalla legge 4 maggio 1983, n. 184, come modificata dalla legge 28 marzo 2001, n. 149, per effetto dell'ammissione al patrocinio, sono pagate dall'erario, se a carico della parte ammessa, le seguenti spese:

a) gli onorari e le spese spettanti all'avvocato, al consulente tecnico di parte e all'ausiliario del magistrato, e sono liquidati dal magistrato nella misura e con le modalità rispettivamente previste dagli articoli 82 e 83 ed è ammessa opposizione ai sensi dell'articolo 84;

b) le indennità e le spese di viaggio spettanti ai magistrati, ad appartenenti agli uffici, agli ufficiali giudiziari per le trasferte relative al compimento di atti del processo fuori dalla sede in cui si svolge;

c) le indennità e le spese di viaggio spettanti a testimoni e a notai;

d) i diritti e le indennità di trasferta degli ufficiali giudiziari per le notificazioni a richiesta dell'ufficio e per le notificazioni e gli atti di esecuzione a richiesta di parte (1).

2. La disciplina prevista dalla presente parte del testo unico si applica, inoltre, per i limiti di reddito, per la documentazione e per ogni altra regola procedimentale relativa alla richiesta del beneficio.

(1) *La Corte costituzionale, con sentenza n. 135 del 31 maggio 2019, ha dichiarato l'illegittimità costituzionale di questo comma, nella parte in cui non prevede che siano anticipati dall'erario gli onorari e le spese spettanti al difensore d'ufficio di genitore irreperibile nei processi di cui alla L. 4 maggio 1983, n. 184.*

144 (L). Processo in cui è parte un fallimento. – 1. Nel processo in cui è parte un fallimento, se il decreto del giudice delegato attesta che non è disponibile il denaro necessario per le spese, il fallimento si considera ammesso al patrocinio ai sensi e per gli effetti delle norme previste dalla presente parte del testo unico, eccetto quelle incompatibili con l'ammissione di ufficio.

145 (L). Processo di interdizione e inabilitazione ad istanza del pubblico ministero. – 1. Nel processo di interdizione e di inabilitazione promosso dal pubblico ministero le spese sono regolate dall'articolo 131, eccetto per gli onorari dovuti al consulente tecnico dell'interdicendo o dell'inabilitando, e all'ausiliario del magistrato, i quali sono anticipati dall'erario (1).

2. Passata in giudicato la sentenza, l'ufficio richiede a tutori e curatori, nella qualità, di presentare entro un mese la documentazione prevista dall'articolo 79, comma 1, lettera c); alla scadenza del termine, l'ufficio chiede all'ufficio finanziario gli adempimenti di cui all'articolo 98, comma 2, trasmettendo l'eventuale documentazione pervenuta (2).

3. Lo Stato ha diritto di ripetere le spese nei confronti dei tutori e curatori, nella qualità, se il magistrato con decreto accerta il superamento dei limiti di reddito previsti per l'ammissione al patrocinio nei processi civili, sulla base della documentazione richiesta ai beneficiari o sulla base degli accertamenti finanziari.

(1) *La Corte costituzionale, con sentenza n. 167 del 27 luglio 2023, ha dichiarato l'illegittimità costituzionale di questo comma, nella parte in cui non prevede che anche nel procedimento di nomina dell'amministratore di sostegno promosso dal pubblico ministero le spettanze dell'ausiliario del magistrato siano anticipate dall'erario.*

(2) *La Corte costituzionale, con sentenza n. 167 del 27 luglio 2023, ha dichiarato l'illegittimità costituzionale di questo comma, nella parte in cui si riferisce ai soli procedimenti di interdizione e di inabilitazione e non anche a quello di nomina dell'amministratore di sostegno.*

Parte IV
Processi particolari

Titolo I
Procedura fallimentare

146 (L). Prenotazioni a debito, anticipazioni e recupero delle spese. – 1. Nella procedura fallimentare, che è la procedura dalla sentenza dichiarativa di fallimento alla chiusura, se tra i beni compresi nel fallimento non vi è denaro per gli atti richiesti dalla legge, alcune spese sono prenotate a debito, altre sono anticipate dall'erario.

2. Sono spese prenotate a debito:

a) l'imposta di registro ai sensi dell'articolo 59, lettera *c*), del decreto del Presidente della Repubblica 26 aprile 1986, n. 131;

b) l'imposta ipotecaria e l'imposta catastale ai sensi dell'articolo 16, comma 1, lettera *e*), del decreto legislativo 31 ottobre 1990, n. 347;

c) il contributo unificato;

d) i diritti di copia.

3. Sono spese anticipate dall'erario:

a) le spese di spedizione o l'indennità di trasferta degli ufficiali giudiziari per le notificazioni a richiesta d'ufficio;

b) le indennità e le spese di viaggio spettanti a magistrati e ad appartenenti agli uffici per il compimento di atti del processo fuori dalla sede in cui si svolge;

c) le spese ed onorari ad ausiliari del magistrato;

d) le spese per gli strumenti di pubblicità dei provvedimenti dell'autorità giudiziaria (1).

4. Le spese prenotate a debito o anticipate sono recuperate, appena vi sono disponibilità liquide, sulle somme ricavate dalla liquidazione dell'attivo.

5. Il giudice delegato assicura il tempestivo recupero.

(1) *La Corte costituzionale, con sentenza n. 174 del 28 aprile 2006, ha dichiarato l'illegittimità costituzionale di questo comma nella parte in cui non prevede che sono spese anticipate dall'Erario «le spese ed onorari» al curatore.*

NOTE OPERATIVE:

Procedimento: La norma, come risultante dalla sentenza additiva n. 174 del 2006 della Corte costituzionale, dettata per il caso tipico del fallimento privo di attivo, si estende per identità di ratio anche al caso di fallimento con attivo insufficiente (C.C. 27442/23).

147 (L). (1) **Recupero delle spese in caso di revoca della dichiarazione di apertura della liquidazione giudiziale.** – 1. In caso di revoca della dichiarazione di apertura della liquidazione giudiziale, le spese della procedura e il compenso del curatore sono a carico del creditore istante quando ha chiesto con colpa la dichiarazione di apertura della liquidazione giudiziale; sono a carico del debitore persona fisica, se con il suo comportamento ha dato causa alla dichiarazione di apertura della liquidazione giudiziale. La corte di appello, quando revoca la liquidazione giudiziale, accerta se l'apertura della procedura è imputabile al creditore o al debitore.

(1) *Questo articolo è stato così sostituito dall'art. 366, comma 1, del D.L.vo 12 gennaio 2019, n. 14. A norma dell'art. 366, comma 2, del D.L.vo n. 19/2019, tali disposizioni si applicano anche in caso di revoca dei fallimenti adottati con provvedimento emesso a norma dell'articolo 18 del regio decreto 16 marzo 1942, n. 267.*

A norma dell'art. 389, comma 2, del medesimo provvedimento, tali disposizioni entrano in vigore il trentesimo giorno successivo alla data di pubblicazione in Gazzetta Ufficiale *del suddetto decreto (Suppl. ord. alla G.U. n. 38 del 14 febbraio 2019).*

Titolo II
Eredità giacente attivata d'ufficio

148 (L). Prenotazioni a debito, anticipazioni e recupero delle spese. – 1. Nella procedura dell'eredità giacente attivata d'ufficio alcune spese sono prenotate a debito, altre sono anticipate dall'erario.

2. Sono spese prenotate a debito:

a) il contributo unificato;

b) i diritti di copia.

3. Sono spese anticipate dall'erario:

a) le spese di spedizione o l'indennità di trasferta degli ufficiali giudiziari per le notificazioni a richiesta d'ufficio;

b) le indennità e le spese di viaggio spettanti a magistrati e ad appartenenti agli uffici per il compimento di atti del processo fuori della sede in cui si svolge;

c) le spese per gli strumenti di pubblicità dei provvedimenti dell'autorità giudiziaria (1).

4. Il magistrato pone le spese della procedura a carico dell'erede, in caso di accettazione successiva; a carico del curatore, nella qualità, se la procedura si conclude senza che intervenga accettazione.

(1) *La Corte costituzionale, con sentenza n. 83 del 30 aprile 2021, ha dichiarato l'illegittimità costituzionale di questo comma, nella parte in cui non prevede tra le «spese anticipate dall'erario» l'onorario del curatore con riguardo al caso in cui la procedura di giacenza si sia conclusa senza accettazione successiva e con incapienza del patrimonio ereditario.*

Titolo IV
Spese processuali
della procedura esecutiva
attivata dal concessionario
per la riscossione delle entrate
iscritte a ruolo

157 (R). Spese processuali della procedura esecutiva attivata dal concessionario per la riscossione delle entrate iscritte a ruolo. – 1. In applicazione dell'articolo 48, del decreto del Presidente della Repubblica 29 settembre 1973, n. 602, per la procedura esecutiva relativa a tutte le entrate iscritte a ruolo, il concessionario annota come prenotati a debito il contributo unificato, le spese per le notificazioni a richiesta d'ufficio e i diritti di copia.

2. L'ufficio presso cui pende il processo attesta, all'esito del processo e su richiesta del concessionario, la rispondenza delle spese annotate alle norme di legge.

Titolo V
Processo in cui è parte
l'amministrazione pubblica

158 (L). (1) **Spese nel processo in cui è parte l'amministrazione pubblica ammessa alla prenotazione a debito e recupero delle stesse.** – 1. Nel processo in cui è parte l'amministrazione pubblica, sono prenotati a debito, se a carico dell'amministrazione:

a) il contributo unificato nel processo civile, nel processo amministrativo e nel processo tributario (2);

b) l'imposta di bollo nel processo contabile [e tributario] (3);

c) l'imposta di registro ai sensi dell'articolo 59, comma 1, lettere *a*) e *b*), del decreto del Presidente della Repubblica 26 aprile 1986, n. 131, nel processo civile e amministrativo;

d) l'imposta ipotecaria e catastale ai sensi dell'articolo 16, comma 1, lettera *e*), del decreto legislativo 31 ottobre 1990, n. 347;

e) le spese forfettizzate per le notificazioni a richiesta d'ufficio nel processo civile.

2. Sono anticipate dall'erario le indennità di trasferta o le spese di spedizione degli ufficiali giudiziari per le notificazioni e gli atti di esecuzione a richiesta dell'amministrazione.

3. Le spese prenotate a debito e anticipate dall'erario sono recuperate dall'amministrazione, insieme alle altre spese anticipate, in caso di condanna dell'altra parte alla rifusione delle spese in proprio favore.

(1) *A norma dell'art. 12, comma 5, del D.L. 2 marzo 2012, n. 16, convertito, con modificazioni, nella L. 26 aprile 2012, n. 44, le disposizioni di questo articolo si applicano alle Agenzie fiscali delle entrate, delle dogane, del territorio e del demanio.*

(2) *Questa lettera è stata così sostituita dall'art. 37, comma 6, lett. aa), n. 1), del D.L. 6 luglio 2011, n. 98, convertito, con modificazioni, nella L. 15 luglio 2011, n. 111.*

(3) *Le parole tra parentesi quadrate sono state soppresse dall'art. 37, comma 6, lett. aa), n. 2), del D.L. 6 luglio 2011, n. 98, convertito, con modificazioni, nella L. 15 luglio 2011, n. 111.*

159 (R). Imposta di registro della sentenza e compensazione delle spese. – 1. Nel caso di compensazione delle spese, se la registrazione è chiesta dall'amministrazione, l'imposta di registro della sentenza è prenotata a debito, per la metà, o per la quota di compensazione, ed è pagata per il rimanente dall'altra parte; se la registrazione è chiesta dalla parte diversa dall'amministrazione, nel proprio interesse o per uno degli usi previsti dalla legge, l'imposta di registro della sentenza è pagata per intero dalla stessa parte.

Parte V
Registri

160 (L). Funzioni sottoposte ad annotazioni. – 1. I pagamenti dell'erario, le prenotazioni a debito, i crediti da recuperare e le successive vicende devono essere annotati.

161 (R). Elenco registri. – 1. Presso gli uffici che svolgono le relative funzioni sono tenuti i seguenti registri:

a) registro delle spese pagate dall'erario;

b) registro delle spese prenotate a debito;

c) registro dei crediti da recuperare e delle successive vicende del credito.

162 (R). Attività dell'ufficio. – 1. L'ufficio che procede annota sui rispettivi registri le spese pagate dall'erario, le spese prenotate a debito, l'importo del credito recuperabile e tutte le vicende successive dello stesso.

163 (R). Determinazione dei modelli dei registri. – 1. Con decreto dirigenziale del Ministero della giustizia, di concerto con il Ministero dell'economia e delle finanze sono individuati i modelli dei registri.

164 (R). Rinvio. – 1. Ai registri di cui al presente testo unico si applicano gli articoli da 1 a 12, da 15 a 20, del decreto del Ministro della giustizia 27 marzo 2000, n. 264 e il decreto del Ministro della giustizia 24 maggio 2001, pubblicato sulla *Gazzetta Ufficiale* (G.U.) del 5 giugno 2001, n. 128.

Parte VI
Pagamento

Titolo I
Titoli di pagamento
delle spese

Capo I
Ordine di pagamento
emesso dal funzionario

165 (L). Ordine di pagamento emesso dal funzionario. – 1. La liquidazione delle spese disciplinate nel presente testo unico è sempre effettuata con ordine di pagamento del funzionario addetto all'ufficio se non espressamente attribuita al magistrato.

166 (L). Ordine di pagamento anticipato per i testimoni nel processo penale. – 1. Se un testimone si trova nell'impossibilità di sostenere le spese per raggiungere il luogo dell'esame, il funzionario addetto all'ufficio del luogo di residenza del testimone emette l'ordine di pagamento prima della testimonianza e lo comunica all'ufficio davanti al quale il testimone è citato a comparire.

167 (L). Ordine di pagamento dell'indennità di trasferta agli ufficiali giudiziari. – 1. Le indennità di trasferta per notificazioni pagate dall'erario agli ufficiali giudiziari sono liquidate mensilmente dal funzionario addetto all'UNEP, se relative al processo penale e civile, dal funzionario addetto all'ufficio presso il magistrato militare, se relative al processo penale militare, dal funzionario addetto secondo l'ordinamento dell'amministrazione finanziaria, se relative al processo tributario, nonché dal funzionario addetto secondo i regolamenti concernenti la disciplina dell'autonomia finanziaria del Consiglio di Stato ed i tribunali amministrativi regionali e della Corte dei conti, se relative al processo amministrativo e contabile.

2. L'ordine di pagamento è emesso in favore dell'UNEP.

Capo II
Decreto di pagamento
emesso dal magistrato

168 (L). Decreto di pagamento delle spettanze agli ausiliari del magistrato e dell'indennità di custodia. – 1. La liquidazione delle spettanze agli ausiliari del magistrato e dell'indennità di custodia è effettuata con decreto di pagamento, motivato, del magistrato che procede.

2. Il decreto è comunicato al beneficiario e alle parti, compreso il pubblico ministero, ed è titolo provvisoriamente esecutivo.

3. Nel processo penale il decreto è titolo provvisoriamente esecutivo solo se sussiste il segreto sugli atti di indagine o sulla iscrizione della notizia di reato ed è comunicato al beneficiario; alla cessazione del segreto è comunicato alle parti, compreso il pubblico ministero, nonché nuovamente al beneficiario ai fini dell'opposizione.

168 *bis* (L). ([1]) **Decreto di pagamento delle spese di cui all'articolo 96 del decreto legislativo 1° agosto 2003, n. 259, e di quelle funzionali all'utilizzo delle prestazioni medesime.** – 1. La liquidazione delle spese relative alle prestazioni di cui all'articolo 96 del decreto legislativo 1° agosto 2003, n. 259, e di quelle funzionali all'utilizzo delle prestazioni medesime è effettuata senza ritardo con decreto di pagamento del pubblico ministero che ha richiesto o eseguito l'autorizzazione a disporre le operazioni di intercettazione.

2. Quando sussiste il segreto sugli atti di indagine o sulla iscrizione della notizia di reato, il decreto di pagamento è titolo provvisoriamente esecutivo ed è comunicato alle parti e al beneficiario in conformità a quanto previsto dalla disposizione di cui all'articolo 168, comma 3.

3. Avverso il decreto di pagamento è ammessa opposizione ai sensi dell'articolo 170.

3 *bis*. L'importo delle spese relative alle operazioni di intercettazione è specificamente annotato nel foglio delle notizie di cui all'articolo 280 ([2]).

([1]) *Questo articolo è stato inserito dall'art. 1, comma 1, del D.L.vo 2 ottobre 2018, n. 120.*

([2]) *Questo comma è stato inserito dall'art. 2, comma 9 bis, del D.L. 10 agosto 2023, n. 105, convertito, con modificazioni, nella L. 9 ottobre 2023, n. 137.*

169 (L). Decreto di pagamento delle spese per la demolizione e la riduzione in pristino dei luoghi. – 1. La liquidazione dell'importo dovuto alle imprese private o alle strutture tecnico-operative del Ministero della difesa, che hanno eseguito la demolizione di opere abusive e di riduzione in pristino dei luoghi, è effettuata con decreto di pagamento motivato dal magistrato che procede.

2. Il decreto di pagamento alle imprese private è comunicato al beneficiario e alle parti processuali, compreso il pubblico ministero.

170 (L). Opposizione al decreto di pagamento. – 1. Avverso il decreto di pagamento emesso a favore dell'ausiliario del magistrato, del custode e delle imprese private cui è affidato l'incarico di demolizione e riduzione in pristino, il beneficiario e le parti processuali, compreso il pubblico ministero, possono proporre opposizione. L'opposizione è disciplinata dall'articolo 15 del decreto legislativo 1° settembre 2011, n. 150 (1).

[2. Il processo è quello speciale previsto per gli onorari di avvocato e l'ufficio giudiziario procede in composizione monocratica] (2).

[3. Il magistrato può, su istanza del beneficiario e delle parti processuali compreso il pubblico ministero e quando ricorrono gravi motivi, sospendere l'esecuzione provvisoria del decreto con ordinanza non impugnabile e può chiedere a chi ha provveduto alla liquidazione o a chi li detiene, gli atti, i documenti e le informazioni necessari ai fini della decisione] (2).

(1) *Questo comma è stato così sostituito dall'art. 34, comma 17, lett. a), del D.L.vo 1 settembre 2011, n. 150. A norma dell'art. 36 del medesimo provvedimento tali disposizioni si applicano ai procedimenti instaurati successivamente alla data di entrata in vigore dello stesso. Le norme abrogate o modificate dal medesimo decreto continuano ad applicarsi alle controversie pendenti alla data di entrata in vigore dello stesso* (G.U. *Serie gen. - n. 220 del 21 settembre 2011*).

(2) *Questo comma è stato abrogato dall'art. 34, comma 17, lett. b), del D.L.vo 1 settembre 2011, n. 150. A norma dell'art. 36 del medesimo provvedimento tali disposizioni si applicano ai procedimenti instaurati successivamente alla data di entrata in vigore dello stesso. Le norme abrogate o modificate dal medesimo decreto continuano ad applicarsi alle controversie pendenti alla data di entrata in vigore dello stesso* (G.U. *Serie gen. - n. 220 del 21 settembre 2011*).

171 (R). Effetti del decreto di pagamento. – 1. Il decreto di pagamento emesso dal magistrato costituisce titolo di pagamento della spesa in tutte le fattispecie previste dal presente testo unico.

Capo III
Responsabilità

172 (L). Responsabilità. – 1. I magistrati e i funzionari amministrativi sono responsabili delle liquidazioni e dei pagamenti da loro ordinati e sono tenuti al risarcimento del danno subito dall'erario a causa degli errori e delle irregolarità delle loro disposizioni, secondo la disciplina generale in tema di responsabilità amministrativa.

Titolo II
Pagamento delle spese per conto dell'erario

Capo I
Soggetti abilitati e modalità di pagamento

173 (L). Soggetti abilitati ad eseguire il pagamento delle spese. – 1. Il pagamento delle spese per conto dell'erario è eseguito dal concessionario, che utilizza le entrate del bilancio dell'erario di cui all'articolo 2, del decreto legislativo 9 luglio 1997, n. 237 e successive modificazioni, nonché quelle di cui al presente testo unico, trattenendo le somme pagate da quelle destinate all'erario a fronte delle riscossioni.

2. Il pagamento è eseguito dall'ufficio postale nei casi previsti dall'articolo 174.

174 (R). Pagamenti eseguibili dall'ufficio postale. – 1. Il pagamento è eseguito dall'ufficio postale a richiesta del beneficiario.

2. Il pagamento è sempre eseguito dall'ufficio postale se nel Comune dove ha sede l'ufficio che dispone il pagamento non esistono sportelli del concessionario o se particolari circostanze ne impediscono il regolare funzionamento.

175 (R). Ufficio competente ad eseguire il pagamento. – 1. Sino a che l'ufficio che dispone il pagamento e quello che lo esegue non sono collegati con tecnologie informatiche, il concessionario o l'ufficio postale competente ad eseguire il pagamento è quello territorialmente più vicino all'ufficio che dispone il pagamento.

176 (R). Modalità di pagamento. – 1. Il pagamento è effettuato in via ordinaria mediante accreditamento sul conto corrente bancario o postale, ovvero mediante altri mezzi di pagamento disponibili sui circuiti bancario e postale, a scelta del creditore; il creditore può chiedere il pagamento in contanti sino all'importo indicato dall'articolo 13, del decreto del Presidente della Repubblica 20 aprile 1994, n. 367, come eventualmente modificato con decreto del Ministro dell'economia e delle finanze ai sensi dello stesso articolo.

2. È ammesso il pagamento in contanti a soggetto diverso dal beneficiario, munito di delega con firma autenticata nelle forme previste dall'articolo 21, comma 2, del decreto del Presidente della Repubblica 28 dicembre 2000, n. 445.

3. È ammesso l'accreditamento sul conto corrente bancario o postale intestato a soggetto diverso dal beneficiario, in presenza di delega con firma autenticata nelle forme previste dall'articolo 21, comma 2, del decreto del Presidente della Repubblica 28 dicembre 2000, n. 445.

Capo II
Adempimenti degli uffici
che dispongono il pagamento

177 (R). Modello di pagamento. - 1. Per ciascun ordine o decreto di pagamento emesso, l'ufficio che dispone il pagamento compila l'apposito modello, con i seguenti dati:

a) il numero d'iscrizione nel registro delle spese pagate dall'erario;

b) i dati anagrafici e il codice fiscale del beneficiario se persona fisica, ovvero la denominazione, la sede, il codice fiscale e i dati identificativi del legale rappresentante se persona giuridica o ente;

c) gli estremi della fattura qualora il beneficiario sia soggetto all'imposta sul valore aggiunto;

d) l'indicazione dell'importo lordo, delle ritenute da operare, dell'ammontare delle imposte dovute e dell'importo netto;

e) le coordinate bancarie del conto corrente ovvero il numero di conto corrente postale sul quale effettuare l'accreditamento;

f) gli estremi dell'eventuale delega per l'accreditamento, se il conto corrente è intestato a soggetto diverso dal beneficiario;

g) gli estremi dell'eventuale delega per il pagamento a soggetto diverso dal beneficiario;

h) il timbro con la data dell'ufficio che dispone il pagamento e la sottoscrizione del funzionario addetto.

2. Il modello di pagamento è conforme agli allegati n. 2 e n. 3 del presente testo unico e ha appositi spazi per la quietanza del beneficiario e per l'indicazione degli estremi dell'accreditamento.

3. Entro un mese dall'emissione dell'ordine o decreto di pagamento, il modello è trasmesso al competente concessionario in duplice copia, ovvero al competente ufficio postale in unico esemplare, nonché al beneficiario, per il quale, solo in caso di pagamento in contanti, assume valore di avviso di pagamento. Entro lo stesso termine l'ufficio trasmette copia della documentazione relativa ai singoli modelli di pagamento al funzionario delegato.

178 (R). Adempimenti preliminari da parte dell'ufficio che dispone il pagamento. - 1. Prima di compilare il modello di pagamento, l'ufficio acquisisce la fattura rilasciata dal creditore, se questi è soggetto all'imposta sul valore aggiunto.

2. La fattura può essere emessa con imposta sul valore aggiunto (IVA) ad esigibilità differita ai sensi dell'articolo 6, comma quinto, del decreto del Presidente della Repubblica 26 ottobre 1972, n. 633.

Capo III
Adempimenti dei soggetti
che eseguono il pagamento

179 (R). Adempimenti comuni al concessionario e all'ufficio postale. - 1. L'ufficio che esegue il pagamento accerta la regolarità formale del modello, verificando la presenza dei dati indicati all'articolo 177, comma 1, e rifiuta il pagamento qualora il modello sia privo di uno o più di essi.

2. L'ufficio che esegue il pagamento identifica il soggetto che richiede il pagamento in contanti, acquisisce la firma di quietanza, acquisisce l'eventuale delega per il pagamento a soggetto diverso dal beneficiario, o annota gli estremi dell'accreditamento sul conto corrente bancario o postale sul modello di pagamento; ordina cronologicamente per giornata i modelli di pagamento pervenuti ed esegue l'accreditamento sul conto corrente bancario o postale, rispettando l'ordine cronologico e l'ordine crescente d'importo.

3. Se non è possibile eseguire il pagamento in contanti per inutile decorso del termine di decadenza, o l'accreditamento sul conto corrente bancario o postale, per cessazione del rapporto, per errata indicazione del numero di conto o per qualsiasi altra causa, l'ufficio restituisce il modello di pagamento all'ufficio che lo ha inviato ed effettua apposita annotazione nel prospetto riepilogativo di cui all'articolo 182.

180 (R). Adempimenti dell'ufficio postale. - 1. L'ufficio postale rimette il modello di pagamento quietanzato alla competente filiale di Poste Italiane S.p.a.

2. L'ufficio postale, nel caso in cui non sia possibile eseguire l'accreditamento sul conto corrente postale, ne dà comunicazione alla competente filiale di Poste Italiane S.p.a.

181 (R). Adempimenti del concessionario. - 1. Se l'accreditamento non può essere eseguito per mancanza o insufficienza di fondi, il concessionario dispone l'accreditamento, per l'intero o per il residuo, nei giorni immediatamente successivi e fino alla concorrenza della somma spettante al beneficiario.

2. Nel caso di più accreditamenti relativi allo stesso pagamento il concessionario ha diritto ad un solo compenso.

3. Le somme non accreditate sui conti correnti bancari dei beneficiari vanno riversate dal concessionario, unitamente ai relativi compensi trattenuti, alla Sezione di tesoreria provinciale dello Stato territorialmente competente, entro il terzo giorno lavorativo successivo a quello in cui è pervenuta la comunicazione del mancato accredito, con imputazione ai capitoli di entrata cui sarebbero dovute affluire le somme utilizzate per il pagamento.

4. Il concessionario indica nei propri elaborati contabili i pagamenti eseguiti e i relativi compensi, con riferimento ai capitoli ed articoli di entrata cui sarebbero state imputate le somme utilizzate.

5. Il concessionario allega copia del modello di pagamento al proprio conto giudiziale di fine esercizio a giustificazione delle minori somme versate all'erario e comunica gli stessi importi, unitamente al numero dei pagamenti eseguiti, al sistema informativo del Ministero dell'economia e delle finanze in sede di trasmissione telematica dei dati relativi alle riscossioni.

182 (R). Prospetto riepilogativo dei pagamenti. – 1. Il concessionario e la filiale di Poste Italiane S.p.a. compilano un prospetto riepilogativo dei pagamenti su apposito modello, conforme agli allegati numeri 4 e 5 del presente testo unico.

2. Il modello, riferito a ciascun ufficio che ha disposto i pagamenti, contiene i seguenti dati:

a) i pagamenti eseguiti nel mese precedente in ordine cronologico;

b) i mancati accreditamenti, specificando se già risultano come pagamenti nei prospetti precedenti;

c) i mancati pagamenti in contanti per decorso del termine di decadenza;

d) la sottoscrizione del funzionario addetto.

3. Il modello compilato dal concessionario contiene, inoltre, in corrispondenza di ogni singolo pagamento, l'importo dei compensi trattenuti, la descrizione dei capitoli ed articoli d'entrata ai quali erano destinate le somme utilizzate per effettuare i pagamenti e per l'attribuzione del compenso, il totale di ciascun capitolo e articolo.

4. Il prospetto riepilogativo è trasmesso, entro il dieci di ciascun mese, unitamente ai modelli di pagamento, all'ufficio del funzionario delegato incaricato del rimborso e della regolazione, ai fini del controllo di cui all'articolo 183.

5. Una copia del prospetto riepilogativo resta agli atti del concessionario e della filiale di Poste Italiane S.p.a., unitamente a copia di ciascun modello di pagamento.

Capo IV
Controllo sui pagamenti eseguiti e regolazioni contabili

183 (R). Regolazione e rimborso dei pagamenti. – 1. Il funzionario delegato incaricato riscontra la corrispondenza tra il prospetto riepilogativo e i modelli di pagamento allegati, verifica la regolarità, anche sulla base della documentazione relativa ai singoli modelli di pagamento, provvede alle eventuali rettifiche in relazione alle somme indebitamente pagate e ai mancati accreditamenti, anche risultanti dai prospetti successivi.

2. Entro l'ultimo giorno del mese successivo a quello di ricezione, il funzionario delegato incaricato procede all'emissione di ordinativi a valere sulle apposite aperture di credito.

3. Gli ordinativi emessi per la regolazione contabile dei pagamenti effettuati dal concessionario recano l'indicazione dei pertinenti capitoli dello stato di previsione dell'entrata ai quali far affluire le corrispondenti somme.

4. Gli ordinativi per il rimborso a Poste Italiane S.p.a. dei pagamenti effettuati sono emessi distintamente per ogni filiale, che ha predisposto il prospetto riepilogativo, e sono accreditati sulla contabilità speciale a favore di Poste Italiane S.p.a., in essere presso le sezioni della tesoreria provinciale dello Stato coesistenti con le singole filiali interessate.

5. Il funzionario delegato, entro i termini previsti dalla legge e dal regolamento di contabilità generale dello Stato, presenta alla competente ragioneria provinciale dello Stato il rendiconto delle somme complessivamente a lui accreditate; per il Consiglio di Stato ed i tribunali amministrativi regionali e la Corte dei conti il funzionario delegato presenta il rendiconto secondo i rispettivi regolamenti di autonomia finanziaria.

184 (R). Versamento di ritenute e di imposte. – 1. Il funzionario delegato effettua il versamento all'erario delle ritenute e dell'imposta di bollo, il versamento alle Regioni e ai Comuni dell'addizionale all'imposta sui redditi delle persone fisiche (IRPEF), nonché il versamento alle Regioni dell'imposta regionale sulle attività produttive (IRAP), con distinti ordinativi tratti sulle aperture di credito.

185 (R). Aperture di credito. - 1. Le aperture di credito per la regolazione e il rimborso dei pagamenti sono disposte con decreto dirigenziale del Ministero della giustizia, per il processo civile e penale, del Ministero della difesa, per il processo penale militare, del Ministero dell'economia e delle finanze, per il processo tributario, nonché secondo le modalità previste dai regolamenti concernenti la disciplina dell'autonomia finanziaria del Consiglio di Stato ed i tribunali amministrativi regionali e della Corte dei conti, per il processo amministrativo e contabile.

2. Le amministrazioni diverse da quelle statali comunicano alla competente ragioneria provinciale dello Stato l'importo e la data di accreditamento dei fondi trasferiti al funzionario delegato incaricato del rimborso e della regolazione dei pagamenti.

186 (R). Funzionari delegati. - 1. I funzionari amministrativi che svolgono la funzione di funzionari delegati sono quelli individuati con decreto dirigenziale del Ministero della giustizia, quelli individuati con decreto dirigenziale del Ministero della difesa, quelli risultanti dall'ordinamento dell'amministrazione finanziaria, nonché quelli risultanti dai regolamenti concernenti la disciplina dell'autonomia finanziaria del Consiglio di Stato ed i tribunali amministrativi regionali e della Corte dei conti.

187 (R). Recupero delle somme indebitamente pagate a terzi. - 1. Le somme indebitamente pagate non ascrivibili a responsabilità del concessionario o dell'ufficio postale sono recuperate mediante iscrizione a ruolo, nei confronti del beneficiario, da parte dell'ufficio che dispone il pagamento.

2. Le somme indebitamente pagate ascrivibili a responsabilità del concessionario o dell'ufficio postale, sono escluse dagli ordinativi di pagamento emessi dal funzionario delegato, previa rettifica dei modelli riepilogativi e, qualora già comprese negli ordinativi di pagamento, sono stornate unitamente ai relativi compensi, maggiorate dalle sanzioni previste dall'articolo 14, del decreto legislativo 9 luglio 1997, n. 237, negli ordinativi di pagamento successivi.

Capo V
Compensi ai soggetti che eseguono il pagamento

188 (L). Compensi ai concessionari. - 1. Per ogni pagamento effettuato, al concessionario spetta un compenso da trattenersi in occasione del primo versamento utile alla sezione di tesoreria provinciale dello Stato competente.

2. La misura del compenso è fissata con decreto del Ministro dell'economia e delle finanze tenuto conto degli elementi che concorrono alla formazione del relativo costo.

189 (R). Compensi a Poste Italiane S.p.A. - 1. I rapporti con le Poste Italiane S.p.a. per i pagamenti effettuati sono regolati da convenzione approvata con decreto del Ministero dell'economia e delle finanze di concerto con il Ministero della giustizia.

2. Nella convenzione sono stabiliti, in particolare:

a) i compensi, anche forfettizzati, compresi quelli relativi ai pagamenti effettuati dal 1999;

b) le modalità e la cadenza temporale del pagamento dei compensi;

c) le penalità per l'inosservanza degli obblighi.

Capo VI
Pagamenti con modalità telematica

190 (R). Determinazione delle regole tecniche telematiche. - 1. Con decreto dirigenziale del Ministero della giustizia, di concerto con la Presidenza del Consiglio dei ministri - Dipartimento per l'innovazione e le tecnologie e il Ministero dell'economia e delle finanze, sono stabilite, tenendo conto del decreto del Presidente della Repubblica 13 febbraio 2001, n. 123, le regole tecniche telematiche per tutte le fasi della procedura.

1 *bis*. Nel processo amministrativo le modalità di pagamento telematico dei diritti di copia sono quelle previste nelle forme e con le modalità disciplinate dalle regole tecniche del processo amministrativo telematico, con decreto del Presidente del Consiglio di Stato (1).

(1) *Questo comma è stato aggiunto dall'art. 23, comma 10 ter, del D.L. 28 ottobre 2020, n. 137, convertito, con modificazioni, nella L. 18 dicembre 2020, n. 176.*

Titolo III
Pagamento delle spese
a carico dei privati

Capo I
Pagamento del contributo unificato
nel processo civile,
amministrativo e tributario (1)

(1) *La precedente rubrica: «Pagamento del contributo unificato nel processo civile e amministrativo» è stata così sostituita dall'art. 37, comma 6, lett.* bb), *del D.L. 6 luglio 2011, n. 98, convertito, con modificazioni, nella L. 15 luglio 2011, n. 111.*

191 (L). (1) [**Determinazione delle modalità di pagamento.** – 1. Le modalità di pagamento del contributo unificato e le modalità per l'estensione dei collegamenti telematici alle rivendite di generi di monopolio collocate all'interno dei palazzi di giustizia sono disciplinate dagli articoli 192, 193, 194 e 195, alla cui modifica si provvede con decreto del Presidente della Repubblica, ai sensi dell'articolo 17, comma 2, della legge 23 agosto 1988, n. 400, su proposta del Ministro della giustizia, di concerto con il Ministro dell'economia e delle finanze].

(1) *Questo articolo è stato abrogato dall'art. 13, comma 1, lett.* d), *del D.L.vo 10 ottobre 2022, n. 149, a decorrere dal 28 febbraio 2023.*

192 (R). (1) **Modalità di pagamento.** – 1. Il contributo unificato per i procedimenti dinanzi al giudice ordinario e al giudice tributario è corrisposto tramite la piattaforma tecnologica di cui all'articolo 5, comma 2, del codice dell'amministrazione digitale, di cui al decreto legislativo 7 marzo 2005, n. 82 (2).

1 *bis*. Il pagamento del contributo unificato non effettuato in conformità alla disposizione di cui al comma 1 non libera la parte dagli obblighi di cui all'articolo 14 e la relativa istanza di rimborso deve essere proposta, a pena di decadenza, entro trenta giorni dal predetto pagamento (3).

1 *ter*. Per i procedimenti dinnanzi al giudice tributario, le disposizioni di cui ai commi 1 e 1 *bis* acquistano efficacia sessanta giorni dopo la pubblicazione nella *Gazzetta Ufficiale* della Repubblica italiana del provvedimento con cui il direttore della direzione sistema informativo della fiscalità del Ministero dell'economia e delle finanze attesta la funzionalità del sistema di pagamento tramite la piattaforma tecnologica di cui all'articolo 5, comma 2, del codice dell'amministrazione digitale, di cui al decreto legislativo 7 marzo 2005, n. 82 (3).

1 *quater*. Della pubblicazione del provvedimento di cui al comma 1 *ter* nella *Gazzetta ufficiale* della Repubblica italiana è data immediatamente notizia sul sito istituzionale dell'amministrazione interessata (3).

1 *quinquies*. Per i procedimenti innanzi al giudice ordinario, le disposizioni di cui ai commi 1 e 1 *bis* acquistano efficacia a decorrere dal 1° gennaio 2023 (4).

1 *sexies*. Se è attestato, con provvedimento pubblicato sul sito istituzionale del Ministero della giustizia o del Ministero dell'economia e delle finanze, il mancato funzionamento del sistema di pagamento tramite la piattaforma tecnologica di cui all'articolo 5, comma 2, del codice dell'amministrazione digitale, di cui al decreto legislativo 7 marzo 2005, n. 82, non si applicano i commi 1 e 1 *bis* e il contributo unificato è corrisposto mediante bonifico bancario o postale, ai sensi del decreto del Ministro dell'economia e delle finanze 9 ottobre 2006, n. 293; la prova del versamento è costituita esclusivamente dall'originale della ricevuta, regolarmente sottoscritta (3).

2. Il contributo unificato per i ricorsi proposti dinanzi al giudice amministrativo è versato secondo modalità stabilite con decreto del Ministro dell'economia e delle finanze, da adottare entro trenta giorni dalla data di entrata in vigore della presente disposizione, sentito il presidente del Consiglio di Stato.

3. Il comma 2 si applica ai ricorsi depositati successivamente alla data di entrata in vigore del decreto di cui al medesimo comma 2. Nelle more dell'adozione del decreto di cui al comma 2, si applicano le disposizioni di cui al comma 1.

4. Fatto salvo quanto previsto dal comma 2 del presente articolo, resta fermo il disposto dell'articolo 191.

5. Dall'attuazione dei commi 2 e 3 non devono derivare nuovi o maggiori oneri per la finanza pubblica.

(1) *Questo articolo è stato così sostituito dall'art. 7, comma 8* ter, *del D.L. 31 agosto 2016, n. 168, convertito, con modificazioni, nella L. 25 ottobre 2016, n. 197, a decorrere dal 1° gennaio 2017.*

Si riporta il testo precedente:

«Art. 192. Modalità di pagamento - *1. Il contributo unificato è corrisposto mediante:*

a) *versamento ai concessionari;*

b) *versamento in conto corrente postale intestato alla sezione di tesoreria provinciale dello Stato;*

c) *versamento presso le rivendite di generi di monopolio e di valori bollati.».*

([2]) *Questo comma è stato così sostituito dall'art. 13, comma 1, lett. e), n. 1), del D.L.vo 10 ottobre 2022, n. 149, a decorrere dal 28 febbraio 2023.*

Si riporta il testo precedente:

«1. Salvo il caso previsto dal comma 2, il contributo unificato è corrisposto mediante:

a) versamento ai concessionari;

b) versamento in conto corrente postale intestato alla sezione di tesoreria provinciale dello Stato;

c) versamento presso le rivendite di generi di monopolio e di valori bollati».

([3]) *Questo comma è stato inserito dall'art. 13, comma 1, lett. e), n. 2), del D.L.vo 10 ottobre 2022, n. 149, a decorrere dal 28 febbraio 2023, salvo quanto previsto dal comma 1 quinquies.*

([4]) *Questo comma è stato inserito dall'art. 13, comma 1, lett. e), n. 2), del D.L.vo 10 ottobre 2022, n. 149, a decorrere dal 28 febbraio 2023.*

193 (R). Convenzioni per il pagamento presso le rivendite di generi di monopolio. – 1. I rapporti tra le rivendite di generi di monopolio e di valori bollati e il Ministero dell'economia e delle finanze sono regolati da apposita convenzione, da approvarsi con decreto del Ministero dell'economia e delle finanze, di concerto con il Ministero della giustizia.

2. Con la convenzione sono stabiliti:

a) i compensi spettanti agli intermediari;

b) le modalità operative del versamento e del riversamento delle somme;

c) le caratteristiche del contrassegno di cui all'articolo 194, comma 3;

d) le penalità a carico dell'intermediario per l'inosservanza degli obblighi convenzionali.

194 (R). Ricevuta di versamento. – 1. La ricevuta del versamento contiene, a titolo di causale:

a) l'ufficio giudiziario adito;

b) le generalità e il codice fiscale dell'attore o ricorrente;

c) le generalità delle altre parti.

2. In caso di pluralità di convenuti o resistenti è indicato per esteso il nominativo del primo dei medesimi recato dall'atto introduttivo del processo ed il numero in cifra dei restanti.

3. Se il versamento è effettuato presso le rivendite di generi di monopolio e di valori bollati, la ricevuta è costituita dal contrassegno, rilasciato dalla rivendita, comprovante l'avvenuto pagamento e l'importo.

4. Il contrassegno è apposto sulla nota di iscrizione a ruolo o su atto equipollente che contenga gli stessi dati; nei processi in cui le parti non devono depositare la nota di iscrizione a ruolo o altro atto equipollente il contrassegno è apposto su un modello, approvato con decreto dirigenziale del Ministero dell'economia e delle finanze, contenente i dati di cui ai commi 1 e 2.

5. La ricevuta del versamento o il modello contenente il contrassegno sono allegati all'atto giudiziario per il quale è stato effettuato il versamento e inseriti nel fascicolo d'ufficio.

6. Gli estremi della ricevuta di versamento sono annotati sul relativo registro del ruolo generale.

195 (R). Determinazione delle regole tecniche telematiche. – 1. Con decreto dirigenziale del Ministero dell'economia e delle finanze, di concerto con il Ministero della giustizia, sono stabilite, tenendo conto del decreto del Presidente della Repubblica 13 febbraio 2001, n. 123, le regole tecniche telematiche per il versamento, per la conoscenza dello stesso da parte dell'ufficio e per il trasferimento alla tesoreria dello Stato.

Capo II
Pagamento del diritto di copia, del diritto di certificato, nonché delle spese per le notificazioni a richiesta d'ufficio nel processo civile

196 (L). Determinazione delle modalità di pagamento. – 1. Il diritto di copia, il diritto di certificato e le spese per le notificazioni a richiesta d'ufficio nel processo civile sono corrisposti tramite la piattaforma tecnologica di cui all'articolo 5, comma 2, del codice dell'amministrazione digitale, di cui al decreto legislativo 7 marzo 2005, n. 82 ([1]).

([1]) *Questo comma è stato così sostituito dall'art. 13, comma 1, lett. f), del D.L.vo 10 ottobre 2022, n. 149, a decorrere dal 28 febbraio 2023.*

Si riporta il testo precedente:

«1. Con decreto del Presidente della Repubblica, ai sensi dell'articolo 17, comma 2, della legge 23 agosto 1988, n. 400, su proposta del Ministro della giustizia, di concerto con il Ministro dell'economia e delle finanze, sono disciplinate le modalità di pagamento, anche con riferimento all'estensione dei collegamenti telematici, del diritto di copia, del diritto di certificato, nonché delle spese per le notificazioni a richiesta d'ufficio nel processo civile».

Capo III
Pagamento delle spese dai privati agli ufficiali giudiziari

197 (L). Pagamento delle spettanze degli ufficiali giudiziari relative a notifiche a richiesta di parte nel processo penale, civile, amministrativo, contabile e tributario. – 1. La parte che ha richiesto la notificazione versa all'ufficiale giudiziario i diritti e le spese di spedizione o l'indennità di trasferta.

1 *bis*. A decorrere dal 1° giugno 2023 le spettanze di cui al comma 1 sono corrisposte tramite la piattaforma tecnologica di cui all'articolo 5, comma 2, del codice dell'amministrazione digitale, di cui al decreto legislativo 7 marzo 2005, n. 82 ([1]).

2. Le spese eventualmente necessarie per l'invio della raccomandata di cui agli articoli 139, 140 e 660, del codice di procedura civile sono anticipate dall'ufficiale giudiziario e rimborsate dalla parte.

3. Per le spese degli atti esecutivi e quando non sia possibile la preventiva determinazione delle somme dovute, o questa risulti difficoltosa per il rilevante numero delle richieste, la parte versa, con le modalità previste dal comma 1 *bis*, ([2]) una congrua somma a favore degli ufficiali giudiziari. L'eventuale somma residua, se non richiesta dalla parte entro un mese dal compimento dell'ultimo atto richiesto, è devoluta allo Stato. Gli ufficiali giudiziari provvedono al versamento entro un mese.

([1]) *Questo comma è stato inserito dall'art. 13, comma 1, lett.* g), *n. 1), del D.L.vo 10 ottobre 2022, n. 149, a decorrere dal 28 febbraio 2023.*

([2]) *Le parole: «con le modalità previste dal comma 1* bis,*» sono state inserite dall'art. 13, comma 1, lett.* g), *n. 2), del D.L.vo 10 ottobre 2022, n. 149, a decorrere dal 28 febbraio 2023.*

198 (R). Determinazione delle regole tecniche telematiche. – 1. Per le spettanze degli ufficiali giudiziari relative alle notifiche a richiesta di parte nel processo penale, civile, amministrativo, contabile, e tributario, le regole tecniche telematiche per l'anticipo, il versamento, l'eventuale rimborso delle somme, sono stabilite con decreto dirigenziale del Ministero della giustizia, tenendo conto del decreto del Presidente della Repubblica 13 febbraio 2001, n. 123.

Parte VII
Riscossione

Titolo I
Disposizioni generali

Capo I
Àmbito di applicabilità

200 (L). Applicabilità della procedura nel processo penale. – 1. Secondo le disposizioni di questa parte sono recuperate le spese processuali penali, [le pene pecuniarie,] ([1]) le sanzioni amministrative pecuniarie e le spese di mantenimento dei detenuti, nonché le spese nei casi di ammissione al patrocinio a spese dello Stato.

([1]) *Le parole tra parentesi quadrate sono state soppresse dall'art. 80, comma 1, lett.* b), *del D.L.vo 10 ottobre 2022, n. 150, a decorrere dal 30 dicembre 2022* ex *art. 99* bis *del medesimo decreto, così come modificato dall'art. 6 del D.L. 31 ottobre 2022, n. 162, convertito, con modificazioni, nella L. 30 dicembre 2022, n. 199.*

A norma dell'art. 97, comma 3, del D.L.vo 10 ottobre 2022, n. 150, le disposizioni di cui a questo comma, continuano ad applicarsi in relazione alle pene pecuniarie irrogate per reati commessi prima della sua entrata in vigore (30 dicembre 2022 ex *art. 99* bis *del medesimo decreto, così come modificato dall'art. 6 del D.L. 31 ottobre 2022, n. 162, convertito, con modificazioni, nella L. 30 dicembre 2022, n. 199)..*

201 (L). Applicabilità della procedura nel processo civile, amministrativo, contabile e tributario. – 1. Secondo le disposizioni di questa parte sono recuperate le spese processuali nei casi di ammissione al patrocinio a spese dello Stato.

202 (L). Applicabilità della procedura alle sanzioni pecuniarie processuali. – 1. Secondo le disposizioni di questa parte sono recuperate le somme dovute, in base alle norme del codice di procedura civile e del codice di procedura penale, per sanzioni pecuniarie o per condanna alla perdita della cauzione o in conseguenza della dichiarazione di inammissibilità o di rigetto di una richiesta sulla base di provvedimenti non più revocabili.

203 (R). Esclusione della procedura per alcuni processi. – 1. Le disposizioni di questa parte non si applicano ai processi di cui alla parte IV, titoli I, III, IV e V.

Capo III
Princìpi per il processo civile, amministrativo, contabile e tributario

207 (R). Recupero delle spese. - 1. Le spese processuali nei casi di ammissione al patrocinio a spese dello Stato sono recuperate secondo le disposizioni della parte III del presente testo unico.

Capo IV
Definizioni

208 (R). Ufficio competente. - 1. Se non diversamente stabilito in modo espresso, ai fini delle norme che seguono e di quelle cui si rinvia, l'ufficio incaricato della gestione delle attività connesse alla riscossione è così individuato:

a) per il processo civile, amministrativo, [contabile] (1) e tributario è quello presso il magistrato, diverso dalla Corte di cassazione, il cui provvedimento è passato in giudicato o presso il magistrato il cui provvedimento è divenuto definitivo;

b) per il processo penale è quello presso il giudice dell'esecuzione (2) (3);

b bis) in tutte le altre ipotesi è quello presso la corte d'appello di Roma (4).

2. Negli articoli 6, 15, 16, 18, 22, 38, 39, 47, 57 e 59 del decreto legislativo 13 aprile 1999, n. 112, i termini "ente creditore" e "soggetti creditori" non si riferiscono all'ufficio di cui al comma 1.

(1) *La parola tra parentesi quadrate è stata soppressa dall'art. 1, comma 625, lett.* a), *della L. 30 dicembre 2021, n. 234, a decorrere dal 1° gennaio 2022.*

(2) *Questo comma è stato così sostituito dall'art. 67, comma 3, lett.* f), *della L. 18 giugno 2009, n. 69.*

(3) *L'art. 67, comma 5, della L. 18 giugno 2009, n. 69, così dispone: «L'articolo 208, comma 1 (L), del testo unico delle disposizioni legislative e regolamentari in materia di spese di giustizia, di cui al decreto del Presidente della Repubblica 30 maggio 2002, n. 115, come sostituito dal presente articolo, si applica ai procedimenti definiti dopo la data di entrata in vigore della presente legge».*

(4) *Questa lettera è stata aggiunta dall'art. 1, comma 625, lett.* b), *della L. 30 dicembre 2021, n. 234, a decorrere dal 1° gennaio 2022.*

209 (R). Ufficio competente per le spese di mantenimento. - 1. Per le spese di mantenimento l'ufficio incaricato della gestione delle attività connesse alla riscossione è quello presso l'ultimo istituto nel quale il condannato è stato ristretto.

210 (R). Discarico automatico. - 1. Ai fini delle norme che seguono, il discarico automatico del credito iscritto a ruolo comporta l'eliminazione dalle scritture patrimoniali dei crediti erariali, secondo quanto previsto dall'articolo 19, comma 3, del decreto legislativo 13 aprile 1999, n. 112, e tiene luogo dell'annullamento del credito previsto dall'articolo 265, comma 3, del regio decreto 23 maggio 1924, n. 827.

Titolo II
Disposizioni generali per le spese nel processo amministrativo, contabile e tributario (1)

(1) *Questa rubrica è stata così sostituita dall'art. 67, comma 3, lett.* g), *della L. 18 giugno 2009, n. 69.*

Capo I
Adempimento spontaneo

211 (R). (1) **[Quantificazione dell'importo dovuto.** - 1. In applicazione dell'articolo 3, comma 1, del decreto legislativo 9 luglio 1997, n. 237, il funzionario addetto all'ufficio quantifica l'importo dovuto per spese sulla base degli atti, dei registri, delle norme che individuano la somma da recuperare, e prende atto degli importi stabiliti nei provvedimenti giurisdizionali per le pene pecuniarie, per le sanzioni amministrative pecuniarie e per le sanzioni pecuniarie processuali, specificando le varie voci dell'importo complessivo.

2. Il funzionario addetto all'ufficio, altresì, corregge eventuali propri errori, d'ufficio o su istanza di parte].

(1) *A norma dell'art. 1, comma 372, della L. 24 dicembre 2007, n. 244, a decorrere dalla stipula della convenzione di cui all'art. 1, comma 367, della medesima legge, questo articolo è abrogato. Si riporta l'art. 1, comma 367, della L. n. 244/2007:*

«367. Entro centoventi giorni dalla data di entrata in vigore della presente legge, il Ministero della giustizia stipula con una società interamente posseduta dalla società di cui all'articolo 3, comma 2, del decreto legge 30 settembre 2005, n. 203, convertito, con modificazioni, dalla legge 2 dicembre 2005, n. 248, una o più convenzioni in base alle quali la società stipulante con riferimento alle spese e alle pene pecuniarie previste dal testo unico di cui al decreto del Presidente della Repubblica 30 maggio 2002, n. 115, conseguenti ai provvedimenti passati in giudicato o divenuti definitivi a decorrere dal 1° gennaio 2008, provvede alla gestione del credito, mediante le seguenti attività:

«a) acquisizione dei dati anagrafici del debitore e supporto all'attività di quantificazione del credito effettuata dall'ufficio competente;

«b) notificazione al debitore di un invito al pagamento entro un mese dal passaggio in giudicato o dalla definitività del provvedimento da cui sorge l'obbligo o dalla cessazione dell'espiazione della pena in istituto;

«c) *iscrizione al ruolo del credito, scaduto inutilmente il termine per l'adempimento spontaneo*».

212 (R). ([1]) **[Invito al pagamento.** – 1. Passato in giudicato o divenuto definitivo il provvedimento da cui sorge l'obbligo o, per le spese di mantenimento, cessata l'espiazione della pena in istituto, l'ufficio notifica al debitore l'invito al pagamento dell'importo dovuto, con espressa avvertenza che si procederà ad iscrizione a ruolo, in caso di mancato pagamento entro i termini stabiliti.

2. Entro un mese dal passaggio in giudicato, o dalla definitività del provvedimento da cui sorge l'obbligo, o dalla cessazione dell'espiazione della pena in istituto, l'ufficio chiede la notifica, ai sensi dell'articolo 137 e seguenti del codice di procedura civile, dell'invito al pagamento cui è allegato il modello di pagamento.

3. Nell'invito è fissato il termine di un mese per il pagamento ed è richiesto al debitore di depositare la ricevuta di versamento entro dieci giorni dall'avvenuto pagamento].

([1]) *A norma dell'art. 1, comma 372, della L. 24 dicembre 2007, n. 244, a decorrere dalla stipula della convenzione di cui all'art. 1, comma 367, della medesima legge, questo articolo è abrogato. Si riporta l'art. 1, comma 367, della L. n. 244/2007:*

«*367. Entro centoventi giorni dalla data di entrata in vigore della presente legge, il Ministero della giustizia stipula con una società interamente posseduta dalla società di cui all'articolo 3, comma 2, del decreto legge 30 settembre 2005, n. 203, convertito, con modificazioni, dalla legge 2 dicembre 2005, n. 248, una o più convenzioni in base alle quali la società stipulante con riferimento alle spese e alle pene pecuniarie previste dal testo unico di cui al decreto del Presidente della Repubblica 30 maggio 2002, n. 115, conseguenti ai provvedimenti passati in giudicato o divenuti definitivi a decorrere dal 1° gennaio 2008, provvede alla gestione del credito, mediante le seguenti attività:*

«a) *acquisizione dei dati anagrafici del debitore e supporto all'attività di quantificazione del credito effettuata dall'ufficio competente;*

«b) *notificazione al debitore di un invito al pagamento entro un mese dal passaggio in giudicato o dalla definitività del provvedimento da cui sorge l'obbligo o dalla cessazione dell'espiazione della pena in istituto;*

«c) *iscrizione al ruolo del credito, scaduto inutilmente il termine per l'adempimento spontaneo*».

Si segnala che le parole, di cui al comma 1: «o, per le spese di mantenimento, cessata l'espiazione della pena in istituto» sono state soppresse dall'art. 67, comma 3, lett. h), *n. 1, della L. 18 giugno 2009, n. 69. Le parole, di cui al comma 2: «o dalla cessazione dell'espiazione della pena in istituto» sono state soppresse dall'art. 67, comma 3, lett.* h), *n. 2, della L. 18 giugno 2009, n. 69.*

Capo II
Riscossione mediante ruolo

213 (R). ([1]) **[Iscrizione a ruolo.** – 1. L'ufficio procede all'iscrizione a ruolo scaduto inutilmente il termine per l'adempimento, computato dall'avvenuta notifica dell'invito al pagamento e decorsi i dieci giorni per il deposito della ricevuta di versamento].

([1]) *A norma dell'art. 1, comma 372, della L. 24 dicembre 2007, n. 244, a decorrere dalla stipula della convenzione di cui all'art. 1, comma 367, della medesima legge, questo articolo è abrogato. Si riporta l'art. 1, comma 367, della L. n. 244/2007:*

«*367. Entro centoventi giorni dalla data di entrata in vigore della presente legge, il Ministero della giustizia stipula con una società interamente posseduta dalla società di cui all'articolo 3, comma 2, del decreto legge 30 settembre 2005, n. 203, convertito, con modificazioni, dalla legge 2 dicembre 2005, n. 248, una o più convenzioni in base alle quali la società stipulante con riferimento alle spese e alle pene pecuniarie previste dal testo unico di cui al decreto del Presidente della Repubblica 30 maggio 2002, n. 115, conseguenti ai provvedimenti passati in giudicato o divenuti definitivi a decorrere dal 1° gennaio 2008, provvede alla gestione del credito, mediante le seguenti attività:*

«a) *acquisizione dei dati anagrafici del debitore e supporto all'attività di quantificazione del credito effettuata dall'ufficio competente;*

«b) *notificazione al debitore di un invito al pagamento entro un mese dal passaggio in giudicato o dalla definitività del provvedimento da cui sorge l'obbligo o dalla cessazione dell'espiazione della pena in istituto;*

«c) *iscrizione al ruolo del credito, scaduto inutilmente il termine per l'adempimento spontaneo*».

214 (R). Trasmissione di notizie. – 1. Dopo l'iscrizione a ruolo, l'ufficio comunica di volta in volta al concessionario e alla competente ragioneria provinciale dello Stato le sopravvenute cause di sospensione o di estinzione della riscossione, anche ai fini del discarico automatico.

215 (R). Sospensione amministrativa della riscossione. – 1. In applicazione dell'articolo 28, del decreto legislativo 26 febbraio 1999, n. 46, in caso di impugnazione del ruolo, il funzionario addetto all'ufficio può sospendere la riscossione sulla base di criteri determinati con decreto dirigenziale del Ministero della giustizia.

216 (R). Rimborso al concessionario delle spese relative alle procedure esecutive e rimborso delle somme versate al debitore per indebiti pagamenti. – 1. In applicazione dell'articolo 17, comma 6, e dell'articolo 26, del decreto legislativo 13 aprile 1999, n. 112, il funzionario addetto all'ufficio emette gli ordini di pagamento a valere sulle aperture di credito disposte con le modalità dell'articolo 185, per il rimborso al concessionario delle spese relative alle procedure esecutive e delle somme versate al debitore che ha pagato somme iscritte a ruolo riconosciute indebite.

Capo III
Disposizioni comuni a più fasi della riscossione

217 (R). Dati contenuti nel modello di pagamento e nel ruolo. – 1. Nel modello di pagamento e nel ruolo devono risultare gli importi prenotati a debito a favore di soggetti diversi dall'erario per consentirne il riversamento da parte del concessionario all'esito della riscossione.

218 (R). Dilazione o rateizzazione del credito. – 1. Se il credito è rateizzato prima dell'iscrizione a ruolo, al primo inadempimento è iscritto per l'intero o per il residuo.

2. Se il credito è dilazionato o rateizzato dopo l'iscrizione a ruolo, la riscossione mediante ruolo è sospesa e al primo inadempimento è riavviata per l'intero o per il residuo.

Capo IV
Annullamento del credito

219 (R). Annullamento per irreperibilità. – 1. Quando la notifica dell'invito al pagamento si ha per eseguita ai sensi dell'articolo 143 del codice di procedura civile, l'ufficio annulla il credito, previo parere conforme dell'Avvocatura dello Stato, ai sensi dell'articolo 265, del regio decreto 23 maggio 1924, n. 827, per gli importi ivi previsti.

220 (R). Annullamento per insussistenza. – 1. In tutti i casi in cui il credito è estinto legalmente, l'ufficio provvede direttamente all'annullamento ai sensi dell'articolo 267, comma 1, del regio decreto 23 maggio 1924, n. 827.

2. Se il credito è già iscritto a ruolo è discaricato automaticamente.

Capo V
Comunicazioni per reati finanziari

221 (R). Comunicazioni tra uffici relative a reati finanziari. – 1. Nei casi in cui si applica l'articolo 338, del decreto del Presidente della Repubblica 23 gennaio 1973, n. 43, l'ufficio provvede a tenere informato l'ufficio finanziario in ordine alle vicende relative all'eventuale sequestro della merce oggetto del contrabbando.

Capo VI
Rinvio a disposizioni relative ad altre entrate dello Stato

222 (L). Adempimento spontaneo. – 1. Per la determinazione delle entrate e dei modelli di versamento, i soggetti incaricati della riscossione, la remunerazione del servizio, i termini e le modalità per il versamento delle somme riscosse, le sanzioni per omesso o insufficiente versamento, le inadempienze nell'invio di dati, si applicano rispettivamente l'articolo 3, comma 1, l'articolo 4, l'articolo 4 *bis*, commi 1, 3 e 4, gli articoli 8, 13, 14 e 15, del decreto legislativo 9 luglio 1997, n. 237 e successive modificazioni.

223 (L). Riscossione mediante ruolo. – 1. Per la riscossione mediante ruolo, la formazione e il contenuto dei ruoli, la consegna del ruolo al concessionario, la cartella di pagamento, la notificazione della stessa, le modalità di pagamento delle somme iscritte a ruolo e relativa quietanza, gli interessi di mora e l'imputazione dei pagamenti, si applicano gli articoli 17, comma 1, e 22 del decreto legislativo 26 febbraio 1999, n. 46, l'articolo 12, commi 1, 2 e 4, gli articoli 24, 25, commi 1, 2 e 3, gli articoli 26, 28 e 29 del decreto del Presidente della Repubblica 29 settembre 1973, n. 602; l'articolo 24, del decreto legislativo 13 aprile 1999, n. 112, e gli articoli 30 e 31 del decreto del Presidente della Repubblica 29 settembre 1973, n. 602 e successive modificazioni.

224 (L). Riscossione coattiva. – 1. Per la riscossione coattiva mediante espropriazione forzata mobiliare, presso terzi, immobiliare, di beni mobili registrati, per le procedure concorsuali si applicano rispettivamente gli articoli 45, 46, 49, 50, 51, 52, 53, 54, 55, 56, 58, 59, 61, 62, 63, 64, 65, 66, 67, 68, 69, 70, 71, 72, 73, 74, 75, 76, 77, 78, 79, 80, 81, 82, 83, 84, 86, 87, 90, comma 1, del decreto del Presidente della Repubblica 29 settembre 1973, n. 602; gli articoli 30 e 31, del decreto legislativo 26 febbraio 1999, n. 46, nonché gli articoli 33 e 34 del decreto legislativo 13 aprile 1999, n. 112 e successive modificazioni.

225 (L). Esenzioni. – 1. Per le esenzioni, la riduzione di tasse, i diritti relativi a procedure esecutive si applicano gli articoli 47 e 48, del decreto del Presidente della Repubblica 29 settembre 1973, n. 602 e l'articolo 66, comma 2, del decreto legislativo 13 aprile 1999, n. 112 e successive modificazioni.

226 (L). Garanzie giurisdizionali e sospensione amministrativa e giurisdizionale della riscossione. – 1. Per le garanzie giurisdizionali e la sospensione amministrativa e giurisdizionale della riscossione si applicano gli articoli 19 *bis* e 57, comma 2, del decreto del Presidente della Repubblica 29 settembre 1973, n. 602, nonché gli articoli 28 e 29, del decreto legislativo 26 febbraio 1999, n. 46 e successive modificazioni.

227 (L). Concessionari. – 1. Per l'affidamento in concessione del servizio, la vigilanza sui concessionari, il recesso, la decadenza e la revoca, il commissario governativo delegato, la remunerazione del servizio, l'accesso agli uffici pubblici, il discarico per inesigibilità, la procedura di discarico e reiscrizione nei ruoli, il recupero crediti, gli obblighi contabili e di garanzia, gli obblighi di versamento, la cauzione, il segreto d'ufficio, la trasmissione dei flussi informativi, la conservazione degli atti, la delega, la chiamata in causa dell'ente creditore, i giorni festivi, il personale addetto al servizio di riscossione, le sanzioni, il regime fiscale degli atti di affidamento delle concessioni, le potestà legislative delle Regioni a statuto speciale e province autonome, si applicano gli articoli 2, 3, 4, 5, 6, 7, 8, 9, 10, 11, 12, 13, 14, 15, 16, 17, eccetto il comma 5 *bis*, 18, 19, 20 eccetto il comma 5, 21, 22, 23, 25, 26, 27, 28, 29, 30, 31, 32, 35, 36, 37, 38, 39, 40, 41, 42, 43, 44, 45, 46, 47, 48, 49, 50, 51, 52, 52 *bis*, 53, 54, 55, 56, e 70, del decreto legislativo 13 aprile 1999, n. 112; nonché l'articolo 4 *bis*, del decreto legislativo 9 luglio 1997, n. 237; l'articolo 16 quinquies, del decreto legge 28 dicembre 2001, n. 452, convertito in legge 27 febbraio 2002, n. 16; l'articolo 46, del decreto del Presidente della Repubblica 29 settembre 1973, n. 602 e l'articolo 9, del decreto legge 28 marzo 1997, n. 79, convertito in legge 28 maggio 1997, n. 140 e successive modificazioni.

Titolo II *bis*
Disposizioni generali
per spese di mantenimento in carcere,
spese processuali, pene pecuniarie,
sanzioni amministrative pecuniarie
e sanzioni pecuniarie processuali
nel processo civile e penale (1)

(1) *L'originario Capo VI* bis: «Riscossione mediante ruolo», *del Titolo II della Parte VII è stato così sostituito dall'attuale Titolo II* bis, *dall'art. 67, comma 3, lett. i), della L. 18 giugno 2009, n. 69.*

Capo I
Riscossione mediante ruolo

227 *bis* (L). Quantificazione dell'importo dovuto. – 1. La quantificazione dell'importo dovuto è effettuata secondo quanto disposto dall'articolo 211. Ad essa provvede l'ufficio ovvero, a decorrere dalla data di stipula della convenzione prevista dall'articolo 1, comma 367, della legge 24 dicembre 2007, n. 244, e successive modificazioni, e per i crediti ivi indicati, la società Equitalia Giustizia Spa.

227 *ter* (L). Riscossione mediante ruolo. – 1. Entro un mese dalla data del passaggio in giudicato della sentenza o dalla data in cui è divenuto definitivo il provvedimento da cui sorge l'obbligo o, per le spese di mantenimento, cessata l'espiazione in istituto, l'ufficio ovvero, a decorrere dalla data di stipula della convenzione prevista dall'articolo 1, comma 367, della legge 24 dicembre 2007, n. 244, e successive modificazioni, e per i crediti ivi indicati, la società Equitalia Giustizia Spa procede all'iscrizione a ruolo.

2. L'agente della riscossione procede alla riscossione spontanea a mezzo ruolo ai sensi dell'articolo 32, comma 1, lettera *a*), del decreto legislativo 26 febbraio 1999, n. 46. Si applica l'articolo 25, comma 2, del decreto del Presidente della Repubblica 29 settembre 1973, n. 602.

227 *quater* (L). Norme applicabili. – 1. Alle attività previste dal presente titolo si applicano gli articoli 214, 215, 216, 218, comma 2, e 220.

Titolo III
Disposizioni particolari
per spese processuali,
spese di mantenimento
e sanzioni pecuniarie processuali

Capo I
Estinzione legale

228 (L). Estinzione legale di crediti relativi a spese processuali e di mantenimento. – 1. Per i crediti relativi a spese processuali e di mantenimento, gli importi sino alla concorrenza dei quali non si procede all'invito al pagamento sono stabiliti con decreto del Presidente della Repubblica, ai sensi dell'articolo 17, comma 2, della legge 23 agosto 1988, n. 400, su proposta del Ministro dell'economia e delle finanze, di concerto con il Ministro della giustizia, considerati i costi per la riscossione, anche con riferimento alle attività per le notifiche all'estero.

2. Gli importi stabiliti ai sensi del comma 1 non si riferiscono a quelli che costituiscono il residuo di un importo originariamente più elevato.

229 (R). Estinzione legale di crediti relativi a sanzioni pecuniarie processuali. – 1. Per l'importo previsto dall'art. 12 *bis*, del decreto del Presidente della Repubblica 29 settembre 1973, n. 602, l'ufficio non effettua l'iscrizione a ruolo in caso di inadempimento di crediti relativi a sanzioni pecuniarie processuali.

Capo II
Discarico e reiscrizione a ruolo

230 (L). Discarico automatico per inesigibilità di crediti relativi a spese processuali e di mantenimento. – 1. Per i crediti relativi a spese processuali e di mantenimento, gli importi sino alla concorrenza dei quali il credito iscritto a ruolo è discaricato automaticamente, se risulta infruttuoso il primo pignoramento, sono stabiliti con decreto del Presidente della Repubblica ai sensi dell'articolo 17, comma 2, della legge 23 agosto 1988, n. 400, su proposta del Ministro dell'economia e delle finanze, di concerto con il Ministro della giustizia, tenuto conto dei costi per la riscossione e degli importi previsti dal regolamento ai sensi dell'articolo 228.

2. Gli importi stabiliti ai sensi del comma 1 non si riferiscono a quelli che costituiscono il residuo di un importo originariamente più elevato.

231 (R). Reiscrizione a ruolo. – 1. In applicazione dell'articolo 20, comma 6, del decreto legislativo 13 aprile 1999, n. 112, con decreto dirigenziale del Ministero della giustizia, sono fissati i criteri eccezionali sulla base dei quali l'ufficio provvede alla reiscrizione degli articoli di ruolo discaricati ai sensi degli articoli 19 e 20, del decreto legislativo 13 aprile 1999, n. 112.

Capo III
Dilazione e rateizzazione

232 (L). Dilazione e rateizzazione del pagamento. – 1. Il debitore può chiedere la dilazione o la rateizzazione dell'importo dovuto indicando le cause che gli impediscono di soddisfare immediatamente il debito e il termine più breve che gli occorre per provvedervi. La richiesta è presentata, a pena di decadenza, prima dell'inizio della procedura esecutiva.

2. Sulla richiesta decide il funzionario addetto all'ufficio entro un mese dalla presentazione.

3. Le rate scadono l'ultimo giorno del mese.

4. In caso di mancato pagamento di una rata il debitore decade automaticamente dal beneficio ed è tenuto al pagamento, in un'unica soluzione, della restante parte del debito.

5. Per gli interessi si applicano l'articolo 21, commi 1 e 2, e l'articolo 22, del decreto del Presidente della Repubblica 29 settembre 1973, n. 602 e successive modificazioni.

233 (R). Procedura per la concessione della dilazione e rateizzazione. – 1. Con decreto dirigenziale del Ministero della giustizia sono individuati i criteri, anche in riferimento alla condizione del debitore, e sono stabilite le modalità della decisione sulla domanda di dilazione e rateizzazione e delle comunicazioni al concessionario.

Capo IV
Spese relative
alle procedure esecutive
attivate dal concessionario
per la riscossione delle entrate
iscritte a ruolo

234 (R). Riscossione delle spese. – 1. Ai sensi dell'articolo 48, del decreto del Presidente della Repubblica 29 settembre 1973, n. 602, le spese delle procedure esecutive relative a tutte le entrate iscritte a ruolo sono riscosse dal concessionario nel processo in corso per la riscossione coattiva del credito principale.

Titolo IV
Disposizioni particolari
per pene pecuniarie

235 (L). Annullamento del credito per irreperibilità e possibile reviviscenza. – 1. Se l'invito al pagamento è riferito alle spese [e alle pene pecuniarie,] (1) dopo l'annullamento del credito ai sensi dell'articolo 219, l'ufficio procede all'iscrizione a ruolo solo se il debitore risulta reperibile.

2. Se l'invito al pagamento delle spese [e delle pene pecuniarie] (2) si riferisce a reati per i quali c'è stata condanna a pena detentiva, l'ufficio, quando la notifica si ha per eseguita ai sensi dell'articolo 143 del codice di procedura civile, annulla il credito e rimette gli atti al pubblico ministero per l'esecuzione con il rito degli irreperibili.

3. Divenuto reperibile il debitore, il pubblico ministero rimette gli atti all'ufficio per l'iscrizione a ruolo del credito.

(1) *Le parole tra parentesi quadrate sono state soppresse dall'art. 80, comma 1, lett. d), n. 1), del D.L.vo 10 ottobre 2022, n. 150, a decorrere dal 30 dicembre 2022 ex art. 99 bis del medesimo decreto, così come modificato dall'art. 6 del D.L. 31 ottobre 2022, n. 162, convertito, con modificazioni, nella L. 30 dicembre 2022, n. 199.*

A norma dell'art. 97, comma 3, del D.L.vo 10 ottobre 2022, n. 150, le disposizioni di cui a questo comma, continuano ad applicarsi in relazione alle pene pecuniarie irrogate per reati commessi prima della sua entrata in vigore (30 dicembre 2022 ex art. 99 bis del medesimo decreto, così come modificato dall'art. 6 del D.L. 31 ottobre 2022, n. 162, convertito, con modificazioni, nella L. 30 dicembre 2022, n. 199).

(2) *Le parole tra parentesi quadrate sono state soppresse dall'art. 80, comma 1, lett. d), n. 2), del D.L.vo 10 ottobre 2022, n. 150, a decorrere dal 30 dicembre 2022 ex art. 99 bis del medesimo decreto, così come modificato dall'art. 6 del D.L. 31 ottobre 2022, n. 162, convertito, con modificazioni, nella L. 30 dicembre 2022, n. 199.*

A norma dell'art. 97, comma 3, del D.L.vo 10 ottobre 2022, n. 150, le disposizioni di cui a questo comma, continuano ad applicarsi in relazione alle pene pecuniarie irrogate per reati commessi prima della sua entrata in vigore (30 dicembre 2022 ex art. 99 bis del medesimo decreto, così come modificato dall'art. 6 del D.L. 31 ottobre 2022, n. 162, convertito, con modificazioni, nella L. 30 dicembre 2022, n. 199).

236 (L). (1) [**Pene pecuniarie rateizzate.** – 1. Per le pene pecuniarie rateizzate, rispettivamente ai sensi dell'articolo 133 *ter* del codice penale e dell'articolo 238, l'invito al pagamento o il provvedimento del giudice nella fase della conversione contiene l'indicazione dell'importo e la scadenza delle singole rate.

2. Il termine per il pagamento decorre dalla scadenza delle singole rate.

3. Non sono dovuti interessi per la rateizzazione.

4. In caso di mancato pagamento di una rata il debitore decade automaticamente dal beneficio ed è tenuto al pagamento, in un'unica soluzione, della restante parte del suo debito].

(1) *Questo articolo è stato abrogato dall'art. 98, comma 1, lett. d), del D.L.vo 10 ottobre 2022, n. 150, a decorrere dal 30 dicembre 2022 ex art. 99 bis del medesimo decreto, così come modificato dall'art. 6 del D.L. 31 ottobre 2022, n. 162, convertito, con modificazioni, nella L. 30 dicembre 2022, n. 199.*

237 (L). (1) (2) [**Attivazione della procedura di conversione delle pene pecuniarie.** – 1. L'ufficio investe il pubblico ministero, perché attivi la conversione presso il giudice dell'esecuzione competente, entro venti giorni dalla ricezione della prima comunicazione, da parte del concessionario, relativa all'infruttuoso esperimento del primo pignoramento su tutti i beni.

2. L'articolo di ruolo relativo alle pene pecuniarie è sospeso].

(1) *La Corte costituzionale, con sentenza n. 212 del 18 giugno 2003, ha dichiarato l'illegittimità costituzionale dell'art. 237 del D.L.vo 30 maggio 2002, n. 113, confluito nel presente provvedimento.*

(2) *Questo articolo è stato abrogato dall'art. 98, comma 1, lett. d), del D.L.vo 10 ottobre 2022, n. 150, a decorrere dal 30 dicembre 2022 ex art. 99 bis del medesimo decreto, così come modificato dall'art. 6 del D.L. 31 ottobre 2022, n. 162, convertito, con modificazioni, nella L. 30 dicembre 2022, n. 199.*

238 (L). (1) (2) [**Conversione delle pene pecuniarie.** – 1. Il giudice dell'esecuzione competente, al fine di accertare l'effettiva insolvibilità del condannato e della persona civilmente obbligata per la pena pecuniaria, dispone le opportune indagini nel luogo del domicilio o della residenza, ovvero dove si ha ragione di ritenere che gli stessi possiedono nuovi beni o cespiti di reddito e richiede, se necessario, informazioni agli organi finanziari.

2. Se il debitore risulta solvibile, il concessionario riprende la riscossione coattiva sullo stesso articolo di ruolo.

3. Se il giudice dell'esecuzione accerta l'insolvibilità, può disporre la rateizzazione della pena a norma dell'articolo 133 *ter* del codice penale, qualora non sia stata già disposta con la sentenza di condanna, o il differimento della conversione per un tempo non superiore a sei mesi, rinnovabile per una sola volta se lo stato di insolvibilità perdura, e il concessionario è automaticamente discaricato per l'articolo di ruolo relativo.

4. Alla scadenza del termine fissato per l'adempimento, anche rateizzato, è ordinata la conversione, dell'intero o del residuo.

5. Ai fini della estinzione della pena per decorso del tempo, non si tiene conto del periodo durante il quale la conversione è stata differita.

6. Con l'ordinanza che dispone la conversione il giudice dell'esecuzione determina le modalità delle sanzioni conseguenti in osservanza delle norme vigenti.

7. Il ricorso contro l'ordinanza di conversione ne sospende l'esecuzione].

(1) *La Corte costituzionale, con sentenza n. 212 del 18 giugno 2003, ha dichiarato l'illegittimità costituzionale dell'art. 238 del D.L.vo 30 maggio 2002, n. 113, confluito nel presente provvedimento.*

(2) *Questo articolo è stato abrogato dall'art. 98, comma 1, lett. d), del D.L.vo 10 ottobre 2022, n. 150, a decorrere dal 30 dicembre 2022 ex art. 99 bis del medesimo decreto, così come modificato dall'art. 6 del D.L. 31 ot-*

tobre 2022, n. 162, convertito, con modificazioni, nella L. 30 dicembre 2022, n. 199.

238 *bis*. (1) (2) [Attivazione delle procedure di conversione delle pene pecuniarie non pagate. – 1. Entro la fine di ogni mese l'agente della riscossione trasmette all'ufficio, anche in via telematica, le informazioni relative allo svolgimento del servizio e all'andamento delle riscossioni delle pene pecuniarie effettuate nel mese precedente. L'agente della riscossione che viola la disposizione del presente comma è soggetto alla sanzione amministrativa di cui all'articolo 53 del decreto legislativo 13 aprile 1999, n. 112, e si applicano le disposizioni di cui agli articoli 54, 55 e 56 del predetto decreto.

2. L'ufficio investe il pubblico ministero perché attivi la conversione presso il magistrato di sorveglianza competente, entro venti giorni dalla ricezione della prima comunicazione da parte dell'agente della riscossione, relativa all'infruttuoso esperimento del primo pignoramento su tutti i beni.

3. Ai medesimi fini di cui al comma 2, l'ufficio investe, altresì, il pubblico ministero se, decorsi ventiquattro mesi dalla presa in carico del ruolo da parte dell'agente della riscossione e in mancanza della comunicazione di cui al comma 2, non risulti esperita alcuna attività esecutiva ovvero se gli esiti di quella esperita siano indicativi dell'impossibilità di esazione della pena pecuniaria o di una rata di essa.

4. Nei casi di cui ai commi 2 e 3, sono trasmessi al pubblico ministero tutti i dati acquisiti che siano rilevanti ai fini dell'accertamento dell'impossibilità di esazione.

5. L'articolo di ruolo relativo alle pene pecuniarie è sospeso dalla data in cui il pubblico ministero trasmette gli atti al magistrato di sorveglianza competente.

6. Il magistrato di sorveglianza, al fine di accertare l'effettiva insolvibilità del debitore, può disporre le opportune indagini nel luogo del domicilio o della residenza, ovvero dove si abbia ragione di ritenere che lo stesso possieda altri beni o cespiti di reddito e richiede, se necessario, informazioni agli organi finanziari.

7. Quando il magistrato di sorveglianza competente accerta la solvibilità del debitore, l'agente della riscossione riavvia le attività di competenza sullo stesso articolo di ruolo.

8. Nei casi di conversione della pena pecuniaria o di rateizzazione della stessa o di differimento della conversione di cui all'articolo 660, comma 3, del codice di procedura penale, l'ufficio ne dà comunicazione all'agente della riscossione, anche ai fini del discarico per l'articolo di ruolo relativo.

9. Le disposizioni di cui ai commi 1, 2 e 3 trovano applicazione anche per le partite di credito per le quali si è già provveduto all'iscrizione a ruolo alla data di entrata in vigore delle medesime].

(1) *Questo articolo è stato inserito dall'art. 1, comma 473, della L. 27 dicembre 2017, n. 205, a decorrere dal 1° gennaio 2018.*

(2) *Questo articolo è stato abrogato dall'art. 98, comma 1, lett.* d), *del D.L.vo 10 ottobre 2022, n. 150, a decorrere dal 30 dicembre 2022 ex art. 99* bis *del medesimo decreto, così come modificato dall'art. 6 del D.L. 31 ottobre 2022, n. 162, convertito, con modificazioni, nella L. 30 dicembre 2022, n. 199.*

Si veda l'art. 97, comma 3, dello stesso provvedimento, di cui si riporta il testo:

«3. Le disposizioni del decreto del Presidente della Repubblica 30 maggio 2002, n. 115, abrogate o modificate dal presente decreto, nonché le disposizioni di cui all'articolo 1, comma 367, della legge 24 dicembre 2007, n. 244, continuano ad applicarsi in relazione alle pene pecuniarie irrogate per reati commessi prima della sua entrata in vigore.».

239 (R). Comunicazioni. – 1. Il magistrato competente per il processo di conversione comunica l'esito degli accertamenti sui nuovi beni all'ufficio e al concessionario e, in caso di esito positivo, restituisce gli atti al pubblico ministero.

Titolo V
Disposizioni particolari per sanzioni amministrative pecuniarie

240 (L). Dilazione e rateizzazione del pagamento. – 1. Per il pagamento rateale e per la dilazione del pagamento delle sanzioni amministrative pecuniarie si applica l'articolo 19, del decreto del Presidente della Repubblica 29 settembre 1973, n. 602 e successive modificazioni; non si applica l'articolo 218, comma 1.

241 (L). Annullamento del credito per irreperibilità e possibile reviviscenza. – 1. Se l'invito al pagamento è riferito alle spese e alle sanzioni amministrative pecuniarie, dopo l'annullamento del credito ai sensi dell'articolo 219, l'ufficio procede all'iscrizione a ruolo solo se il debitore risulta reperibile.

242 (R). Raccordo. – 1. Alla riscossione delle sanzioni amministrative pecuniarie si applicano gli articoli 231 e 234.

Titolo VI
Riversamento del riscosso

243 (R). Versamenti di somme agli ufficiali giudiziari. - 1. Il concessionario, previa ritenuta della tassa del dieci per cento di cui all'articolo 154, del decreto del Presidente della Repubblica 15 dicembre 1959, n. 1229, versa alla fine di ogni mese all'UNEP le somme relative a diritti e indennità di trasferta prenotate a debito [e le somme relative ai diritti di cui all'articolo 25] (1).

2. Con decreto dirigenziale del Ministero della giustizia sono stabilite le modalità e, tenendo conto del decreto del Presidente della Repubblica 13 febbraio 2001, n. 123, le regole tecniche telematiche per il versamento.

3. Le somme sono ripartite ai sensi dell'articolo 138, commi 4, 5 e 6, del decreto del Presidente della Repubblica 15 dicembre 1959, n. 1229.

(1) *Le parole poste fra parentesi quadrate sono state soppresse dall'art. 68, comma 1, lett.* b), *della L. 18 giugno 2009, n. 69*

244 (R). Versamenti di somme prenotate a debito ad altri soggetti. - 1. Il concessionario, previe ritenute secondo le previsioni legislative, versa i crediti prenotati a debito ai soggetti che ne sono titolari, entro un mese dalla riscossione.

245 (L). Privilegi. - 1. In caso di recupero parziale, tutti i crediti di soggetti diversi dall'erario prenotati a debito sono prelevati con privilegio di pari grado sulle somme riscosse.

246 (R). Versamento agli ufficiali giudiziari della percentuale sul riscosso. - 1. La percentuale spettante agli ufficiali giudiziari sui crediti recuperati relativi alle spese processuali, civili, amministrative e contabili, e alle pene pecuniarie, considerati al netto delle somme riversate a terzi, nonché sulle somme ricavate dalla vendita dei beni oggetto di confisca penale, è liquidata, con cadenza bimestrale, dai concessionari all'UNEP.

2. Con decreto dirigenziale del Ministero della giustizia sono stabilite le modalità e, tenendo conto del decreto del Presidente della Repubblica 13 febbraio 2001, n. 123, le regole tecniche telematiche per il versamento.

Titolo VII
Riscossione
del contributo unificato

247 (R). Ufficio competente. - 1. Ai fini delle norme che seguono e di quelle cui si rinvia, l'ufficio incaricato della gestione delle attività connesse alla riscossione è quello presso il magistrato dove è depositato l'atto cui si collega il pagamento o l'integrazione del contributo unificato.

248 (R). Invito al pagamento. - 1. Nei casi di cui all'articolo 16, entro trenta giorni dal deposito dell'atto cui si collega il pagamento o l'integrazione del contributo, l'ufficio notifica alla parte, ai sensi dell'articolo 137 del codice di procedura civile, l'invito al pagamento dell'importo dovuto, quale risulta dal raffronto tra il valore della causa ed il corrispondente scaglione dell'articolo 13, con espressa avvertenza che si procederà ad iscrizione a ruolo, con addebito degli interessi al saggio legale, in caso di mancato pagamento entro un mese (1).

2. Salvo quanto previsto dall'articolo 1, comma 367, della legge 24 dicembre 2007, n. 244, l'invito è notificato, a cura dell'ufficio e anche tramite posta elettronica certificata nel domicilio eletto o, nel caso di mancata elezione di domicilio, è depositato presso l'ufficio (2).

3. Nell'invito sono indicati il termine e le modalità per il pagamento ed è richiesto al debitore di depositare la ricevuta di versamento entro dieci giorni dall'avvenuto pagamento.

(1) *Questo comma è stato così sostituito dall'art. 9 bis, comma 1, lettera i), del D.L. 30 giugno 2005, n. 115, convertito, con modificazioni, nella L. 17 agosto 2005, n. 168.*

(2) *Questo comma è stato così sostituito dall'attuale, dall'art. 49, comma 2, del D.L. 24 giugno 2014, n. 90, convertito, con modificazioni, nella L. 11 agosto 2014, n. 114.*

249 (R). Norme applicabili. - 1. Alla riscossione del contributo unificato si applicano gli articoli: 208, comma 2, riferito all'articolo 247; 210; 211, comma 2; 213; 214; 215; 216; 219; 220; 222; 223; 224; 225; 226; 227; 228; 230; 231; 234.

Parte IX
Norme transitorie

Titolo I
Voci di spesa

Capo I
Contributo unificato
nel processo civile
e amministrativo

265 (L). Contributo unificato. – 1. Per i processi civili e amministrativi già iscritti a ruolo o per i quali è stato depositato il ricorso alla data del 1° marzo 2002, una delle parti può avvalersi delle disposizioni della parte II, titolo I, effettuando apposita dichiarazione sul valore del processo e versando l'importo del contributo in ragione del cinquanta per cento.

2. Non si fa luogo al rimborso o alla ripetizione di quanto già pagato a titolo di imposta di bollo, di tassa di iscrizione a ruolo, di diritti di cancelleria, di diritti di chiamata di causa e di tassa fissa.

3. Se nessuna delle parti dei processi di cui al comma 1 si avvale della facoltà ivi prevista, valgono le disposizioni vigenti relative all'imposta di bollo.

4. Nei processi civili di cui al comma 3, per i diritti di cancelleria si applica la tabella allegata alla legge 24 dicembre 1976, n. 900, come sostituita dalla tabella A, allegata alla legge 6 aprile 1984, n. 57 e poi modificata dalla legge 21 febbraio 1989, n. 99, e dalla legge 10 ottobre 1996, n. 525, limitatamente al n. 3, n. 4, lettera *a*), n. 5, n. 6, n. 7 e n. 8.

5. Nei processi civili e amministrativi di cui al comma 3, per i diritti di copia si applicano agli articoli 267, 268, 269, 270, 271, 272, 285 e 286.

6. Il processo di cui all'articolo 3, della legge 24 marzo 2001, n. 89, se iscritto a ruolo prima del 13 marzo 2002, è esente dall'imposta di bollo, dai diritti di cancelleria e dai diritti di chiamata in causa dell'ufficiale giudiziario.

7. Per i processi iscritti a ruolo o per i quali è stato depositato il ricorso dal 1° marzo 2002 al giorno antecedente a quello di entrata in vigore della legge 10 maggio 2002, n. 91, sono fatti salvi gli atti compiuti e non si fa luogo a rimborso, a ripetizioni o a integrazioni di quanto pagato.

Capo II
Diritto di copia
nel processo penale, civile,
amministrativo e contabile

266 (R). Raccordo. – 1. Sino all'emanazione del regolamento previsto dall'articolo 40 si applicano le norme di questo capo.

267 (L). Diritto di copia senza certificazione di conformità. – 1. Per il rilascio di copie di documenti senza certificazione di conformità, è dovuto il diritto forfettizzato nella misura stabilita dalla tabella, contenuta nell'allegato n. 6 del presente testo unico.

268 (L). Diritto di copia autentica. – 1. Per il rilascio di copie autentiche di documenti è dovuto il diritto nella misura stabilita dalla tabella, contenuta nell'allegato n. 7 del presente testo unico.

1 *bis*. Il diritto di copia autentica non è dovuto nei casi previsti dall'articolo 16 *bis*, comma 9 *bis*, del decreto legge 18 ottobre 2012, n. 179, convertito, con modificazioni, dalla legge 17 dicembre 2012, n. 221 (1).

(1) *Questo comma è stato aggiunto dall'art. 52, comma 2, lett.* b), *D.L. 24 giugno 2014, n. 90, convertito, con modificazioni, nella L. 11 agosto 2014, n. 114.*

269 (L). Diritto di copia su supporto diverso da quello cartaceo. – 1. Per il rilascio di copie di documenti su supporto diverso da quello cartaceo è dovuto il diritto forfettizzato nella misura stabilita dalla tabella, contenuta nell'allegato n. 8 del presente testo unico.

1 *bis*. Il diritto di copia senza certificazione di conformità non è dovuto quando la copia è estratta dal fascicolo informatico dai soggetti abilitati ad accedervi (1).

(1) *Questo comma, dapprima aggiunto dall'art. 1, comma 598, lett.* b), *della L. 27 dicembre 2013, n. 147, è stato da ultimo così sostituito dall'attuale, dall'art. 52, comma 2, lett.* c), *del D.L. 24 giugno 2014, n. 90, convertito, con modificazioni, nella L. 11 agosto 2014, n. 114.*

270 (L). Copia urgente su supporto cartaceo. – 1. Per il rilascio entro due giorni di copie su supporto cartaceo, senza e con certificazione di conformità, il diritto dovuto è triplicato.

271 (L). Diritti di copia per i processi dinanzi al giudice di pace. – 1. Nei processi dinanzi al giudice di pace tutti i diritti di copia sono ridotti alla metà.

272 (L). Diritto di copia ai sensi dell'articolo 164 del decreto legislativo 28 luglio 1989, n. 271 e dell'articolo 137 del regio decreto 18 dicembre 1941, n. 1368. – 1. Il diritto dovuto per le copie ai sensi dell'articolo 164, del decreto legislativo 28 luglio 1989, n. 271, e dell'articolo 137, del regio decreto 18 dicembre 1941, n. 1368 e successive modificazioni, è triplicato.

2. Se il diritto di copia non è pagato spontaneamente dall'impugnante, il funzionario addetto all'ufficio procede alla riscossione mediante iscrizione a ruolo, secondo le disposizioni della parte VII, e relative norme transitorie, in solido nei confronti dell'impugnante e del difensore.

Capo III
Diritto di certificato
nel processo civile e penale

273 (L). Diritto di certificato. – 1. Sino all'emanazione del regolamento previsto all'articolo 40, il diritto di certificato è così regolato:

a) per ogni certificato richiesto dalle parti, compreso il certificato del casellario giudiziale, quello dei carichi pendenti e quello delle sanzioni amministrative dipendenti da reato, è dovuto un diritto pari a euro 3,92 (1);

b) per il certificato del casellario giudiziale, per quello dei carichi pendenti e per quello delle sanzioni amministrative dipendenti da reato, se si richiede il rilascio immediato e si ottiene il certificato nel medesimo giorno della richiesta, è dovuto un ulteriore diritto di euro 3,92 (1).

(1) *Il precedente importo di euro 3,68 è stato, da ultimo, così aggiornato dall'art. 1 del D.M. 9 luglio 2021* (G.U. *Serie gen.- 184 del 3 agosto 2021*),

Capo IV
Disposizioni comuni
al diritto di copia
e al diritto di certificato

274 (L). Adeguamento periodico degli importi. – 1. La misura degli importi del diritto di copia e del diritto di certificato è adeguata ogni tre anni, in relazione alla variazione, accertata dall'ISTAT, dell'indice dei prezzi al consumo per le famiglie di operai ed impiegati verificatasi nel triennio precedente, con decreto dirigenziale del Ministero della giustizia, di concerto con il Ministero dell'economia e delle finanze (1).

(1) *A norma dell'art. 1 del D.M. 4 luglio 2018* (G.U. *Serie gen. - n. 172 del 26 luglio*) *l'importo previsto da questo articolo è aggiornato ad € 3,87.*

Capo V
Ausiliari del magistrato

275 (R). Onorari degli ausiliari del magistrato. – 1. Sino all'emanazione del regolamento previsto dall'articolo 50, la misura degli onorari è disciplinata dalle tabelle allegate al decreto del Presidente della Repubblica 27 luglio 1988, n. 352 e dall'articolo 4, della legge 8 luglio 1980, n. 319, come modificato, per gli importi, dal decreto del Ministro di grazia e giustizia 5 dicembre 1997, pubblicato sulla *Gazzetta Ufficiale* del 14 febbraio 1998, n. 37.

Capo VI
Indennità di custodia

276 (R). Determinazione dell'indennità di custodia. – 1. Sino all'emanazione del regolamento previsto dall'articolo 59, l'indennità è determinata sulla base delle tariffe esistenti presso la Prefettura, ridotte secondo equità, e, in via residuale, secondo gli usi locali.

Capo VII
Demolizione di opere abusive
e riduzione in pristino
dei luoghi

277 (R). Importo da corrispondere alle strutture tecnico-operative del Ministero della difesa. – 1. Sino a che non è emanata la convenzione organizzativa prevista dall'articolo 62, l'importo da corrispondere alle strutture tecnico-operative del Ministero della difesa è quello quantificato da queste alla conclusione dei lavori.

Capo VIII
Registrazione
degli atti giudiziari

278 (R). Registrazione degli atti giudiziari nel processo civile e amministrativo. – 1. Fino all'attivazione delle procedure di trasmissione telematica, la trasmissione degli atti ai sensi e per gli effetti di cui all'articolo 73, è effettuata mediante copie autentiche.

Titolo II
Patrocinio a spese dello Stato

279 (L). Ammissione al patrocinio nel processo civile, amministrativo, contabile e tributario. – 1. L'ammissione al gratuito patrocinio nel processo civile, amministrativo, contabile e tributario, deliberato secondo le leggi precedenti anteriormente al 1° luglio 2002, rimane valida e i suoi effetti sono disciplinati dalla parte III.

Titolo III
Registri

280 (R). Foglio delle notizie e rubrica alfabetica. – 1. Nel fascicolo processuale è tenuto un foglio delle notizie ai fini del recupero del credito.

2. L'ufficio che procede all'annotazione sul registro delle spese pagate dall'erario o delle spese prenotate a debito riporta nel foglio delle notizie solo i pagamenti delle spese ripetibili e le spese prenotate a debito.

3. Con decreto dirigenziale del Ministero della giustizia è determinato il momento, collegato allo stato dell'informatizzazione ed eventualmente differenziato sul territorio, in cui non si terrà più il foglio delle notizie.

4. Sino a che i registri sono tenuti su supporto cartaceo sono corredati da rubrica alfabetica.

281 (R). Crediti già iscritti nella tavola alfabetica. – 1. I crediti già iscritti nella tavola alfabetica alla data di entrata in vigore del testo unico, se non prescritti e se non ricorrono altri casi di estinzione, sono riportati nel registro dei crediti da recuperare per l'iscrizione a ruolo.

282 (R). Sopravvivenza delle disposizioni vigenti. – 1. Fino all'emanazione del decreto previsto dall'articolo 163, i registri sono tenuti secondo le disposizioni vigenti al momento dell'entrata in vigore del presente testo unico.

Titolo IV
Pagamento

Capo I
Ordine di pagamento delle spese postali per notificazioni

283 (R). Ordine di pagamento delle spese postali per notificazioni. – 1. Sino all'approvazione della convenzione prevista dall'articolo 39, le spese postali per notificazioni a carico dell'erario sono liquidate mensilmente dal funzionario addetto all'UNEP, se relative al processo penale e civile, dal funzionario addetto all'ufficio presso il magistrato militare, se relative al processo penale militare, dal funzionario addetto secondo l'ordinamento dell'amministrazione finanziaria, se relative al processo tributario, nonché dal funzionario addetto secondo i regolamenti concernenti la disciplina dell'autonomia finanziaria del Consiglio di Stato ed i tribunali amministrativi regionali e della Corte dei conti se relative al processo amministrativo e contabile.

2. L'ordine di pagamento è emesso in favore dell'ufficio postale.

Capo II
Pagamento del diritto di copia, del diritto di certificato, nonché delle spese per le notificazioni a richiesta d'ufficio nel processo civile

284 (R). Raccordo. – 1. Sino all'emanazione del regolamento previsto dall'articolo 196, si applicano le norme che seguono.

285 (R). Modalità di pagamento del diritto di copia, del diritto di certificato e delle spese per le notificazioni a richiesta d'ufficio nel processo civile. – 1. Il pagamento del diritto di copia, del diritto di certificato, nonché delle spese per le notificazioni a richiesta d'ufficio nel processo civile è effettuato mediante l'applicazione di marche da bollo.

2. Per le spese relative alle notificazioni a richiesta d'ufficio nel processo civile, la parte applica le marche sulla nota di iscrizione a ruolo o su atto equipollente, di cui all'articolo 165 del codice di procedura civile.

3. Per il diritto di copia e per il diritto di certificato la marca si applica sull'originale o sull'istanza.

4. Il funzionario addetto all'ufficio annulla mediante il timbro a secco dell'ufficio le marche, attesta l'avvenuto pagamento sulla copia o sul certificato, rifiuta di ricevere gli atti, di rilasciare la copia o il certificato se le marche mancano o sono di importo inferiore a quello stabilito.

286 (R). Modalità di pagamento della copia su compact disk. – 1. Per la copia su compact disk il diritto è corrisposto con le modalità previste per il pagamento del contributo unificato.

Titolo V
Riscossione

Capo I
Disposizioni su crediti di importo determinato

287 (R). Estinzione legale di crediti relativi a spese processuali e di mantenimento di un certo importo. - 1. Sino all'emanazione del regolamento previsto dall'articolo 228, per l'importo previsto dall'articolo 12 *bis* del decreto del Presidente della Repubblica 29 settembre 1973, n. 602, l'ufficio non effettua l'iscrizione a ruolo in caso di inadempimento di crediti relativi a spese processuali e di mantenimento.

288 (L). Discarico automatico per inesigibilità delle spese processuali e di mantenimento di importo non superiore ad euro 25,82. - 1. Sino a che i regolamenti previsti dall'articolo 228 e dall'articolo 230 non individuano importi più alti, il credito iscritto a ruolo concernente le spese processuali e di mantenimento di importo non superiore a euro 25,82 è discaricato automaticamente se risulta infruttuoso il primo pignoramento.

2. L'importo massimo è adeguato ogni biennio, in relazione alla variazione, accertata dall'ISTAT, dell'indice dei prezzi al consumo per le famiglie di operai e di impiegati verificatasi nel biennio precedente, con decreto dirigenziale del Ministero della giustizia, di concerto con il Ministero dell'economia e delle finanze.

Capo II
Riversamento del riscosso dall'erario a terzi

289 (L). Percentuale spettante alla cassa di previdenza dei cancellieri. - 1. Fino alla data di trasformazione in forme di previdenza complementare dei trattamenti erogati dalla cassa previdenza dei cancellieri, a questa spetta lo 0,9% sui crediti recuperati relativi alle spese processuali civili e penali e alle pene pecuniarie, considerate al netto delle somme riversate a terzi, nonché sulle somme ricavate dalla vendita dei beni oggetto di confisca penale.

290 (R). Versamenti di somme alla cassa di previdenza dei cancellieri. - 1. In applicazione dell'articolo 6, quarto comma, della legge 15 novembre 1973, n. 734, le somme di cui all'articolo 289 sono liquidate con decreto dirigenziale del Ministero della giustizia.

2. Con decreto dirigenziale del Ministero della giustizia sono individuate le modalità e le regole tecniche telematiche per acquisire le notizie utili dai concessionari.

291 (L). Percentuale spettante alle casse di previdenza degli accertatori dei reati finanziari. - 1. Fino alla data di trasformazione in forme di previdenza complementare dei trattamenti erogati dalle casse di previdenza, agli accertatori dei reati finanziari spetta una percentuale sui crediti recuperati relativi alle pene pecuniarie, alle sanzioni amministrative e ai beni confiscati.

2. I soggetti beneficiari, la base di calcolo e la misura percentuale risultano dalle previsioni di cui: all'articolo 113, della legge 17 luglio 1942, n. 907; all'articolo 1, del decreto legislativo del Capo Provvisorio dello Stato 15 dicembre 1947, n. 1511; all'articolo 1, della legge 7 febbraio 1951, n. 168; all'articolo 26, della legge 29 ottobre 1961, n. 1216; all'articolo 75, del decreto del Presidente della Repubblica 26 ottobre 1972, n. 633; all'articolo 37, del decreto del Presidente della Repubblica 26 ottobre 1972, n. 640; all'articolo 10, del decreto del Presidente della Repubblica 26 ottobre 1972, n. 641; all'articolo 38, del decreto del Presidente della Repubblica 26 ottobre 1972, n. 642; all'articolo 337, del decreto del Presidente della Repubblica 23 gennaio 1973, n. 43; all'articolo 70, del decreto del Presidente della Repubblica 29 settembre 1973, n. 600; all'articolo 30, del decreto del Presidente della Repubblica 31 marzo 1988, n. 148, e da eventuali altre norme vigenti alla data di entrata in vigore della legge 24 dicembre 1993, n. 537.

292 (R). Versamenti di somme alle casse di previdenza degli accertatori dei reati finanziari. - 1. In applicazione dell'articolo 6, quarto comma, della legge 15 novembre 1973, n. 734, le somme di cui all'articolo 291 sono liquidate con decreto dirigenziale del Ministero dell'economia e delle finanze.

2. Con decreto dirigenziale del Ministero dell'economia e delle finanze sono individuate le modalità e le regole tecniche telematiche per acquisire le notizie utili dai concessionari.

(*Si omettono gli allegati*)

4.

D.M. 28 marzo 2003. Criteri e modalità della decisione sulla domanda di dilazione e rateizzazione del pagamento delle spese processuali, delle spese di mantenimento e delle sanzioni pecuniarie processuali e comunicazioni al concessionario (*Gazzetta Ufficiale* Serie gen. - n. 163 del 16 luglio 2003).

1. 1. Può essere ammesso al beneficio della dilazione e rateizzazione del pagamento delle spese processuali, delle spese di mantenimento o delle sanzioni pecuniarie processuali il debitore in disagiate condizioni economiche ovvero temporaneamente impossibilitato a pagare il debito in un'unica soluzione.

2. 1. Il soggetto che si trova nelle condizioni indicate nell'art. 1 può chiedere, in via alternativa:

a) la dilazione del pagamento del debito;

b) la rateizzazione del pagamento del debito;

c) la dilazione e successiva rateizzazione del pagamento del debito.

3. 1. La domanda, sottoscritta dall'interessato, deve essere presentata all'ufficio incaricato della gestione delle attività connesse alla riscossione, prima dell'inizio della procedura esecutiva, personalmente ovvero a mezzo di persona incaricata dal debitore mediante apposita delega scritta.

2. La sottoscrizione deve essere autenticata con le modalità di cui all'art. 38, comma 3, del decreto del Presidente della Repubblica 28 dicembre 2000, n. 445.

3. L'inosservanza delle disposizioni di cui ai commi 1 e 2 comporta l'inammissibilità della domanda.

4. Il funzionario addetto all'ufficio competente appone l'indicazione del giorno e della persona che presenta la domanda e sottoscrive per ricevuta.

5. La domanda può essere trasmessa anche a mezzo di raccomandata. Il funzionario addetto all'ufficio allega agli atti la busta contenente la domanda e appone sulla stessa l'indicazione del giorno della ricezione e la propria sottoscrizione. La domanda si considera proposta nella data di spedizione della raccomandata.

6. La domanda deve contenere:

a) le generalità del debitore;

b) l'indicazione della partita di credito cui si riferisce e dell'eventuale data di notifica della cartella di pagamento;

c) l'indicazione dell'importo del credito per il quale si chiede la dilazione ovvero la rateizzazione del pagamento, ai sensi dell'art. 2;

d) l'esposizione delle cause che impediscono di soddisfare immediatamente il debito ed il termine più breve entro il quale il debitore ritiene di poter provvedere al pagamento;

e) una dichiarazione sostitutiva di certificazione, redatta ai sensi dell'art. 46, comma 1, lettera *o*) del decreto del Presidente della Repubblica n. 445 del 2000, nella quale sia specificata l'attuale situazione reddituale ed economica del debitore, con l'indicazione degli eventuali familiari a carico, i beni immobili o i beni mobili registrati posseduti, dei redditi personali, di eventuali ulteriori obbligazioni pecuniarie, verso l'erario o verso terzi;

f) una dichiarazione sostitutiva dell'atto di notorietà, redatta ai sensi dell'art. 47 del decreto del Presidente della Repubblica n. 445 del 2000, che attesti l'inesistenza di procedure esecutive in atto a carico del debitore per il recupero del credito di cui è chiesta la dilazione ovvero la rateizzazione del pagamento;

g) l'indicazione di eventuali altri debiti verso l'erario per spese processuali, spese di mantenimento e sanzioni pecuniarie processuali per i quali sia stata concessa la dilazione e decorra il relativo termine ovvero sia in corso il pagamento rateale.

4. 1. Qualora la domanda di dilazione ovvero di rateizzazione non contenga tutti i dati specificati nell'art. 3, l'ufficio ne dichiara la inammissibilità.

5. 1. Quando la domanda è presentata nella fase della riscossione mediante iscrizione a ruolo, l'ufficio richiede al concessionario che ha in carico il ruolo notizie sullo stato della procedura.

2. L'ufficio, ove lo ritenga opportuno, procede al controllo della veridicità dei dati contenuti nella domanda con le modalità di cui all'art. 71, comma 2 del decreto del Presidente della Repubblica n. 445 del 2000 ovvero, nei casi non disciplinati da detto articolo, richiedendo per iscritto al debitore la relativa documentazione. Il debitore è tenuto a produrre la documentazione necessaria a consentire il relativo accertamento nel termine di dieci giorni dalla ricezione della richiesta dell'ufficio, con le modalità di cui all'art. 3, commi 1 e 5.

3. L'inosservanza del termine di cui al comma 2 comporta:

a) l'improcedibilità della domanda, qualora il provvedimento che decide sull'istanza non sia già stato emesso;

b) la revoca del provvedimento favorevole che sia già stato emesso, nel caso in cui la documentazione richiesta riguardi elementi che l'ufficio ha ritenuto determinanti per la decisione;

4. Quando con la stessa sentenza o decreto penale di condanna è stato disposto il pagamento rateale di pena pecuniaria, il beneficio della dilazione ovvero della rateizzazione delle spese processuali o delle sanzioni processuali pecuniarie - sempre che la richiesta sia stata ritenuta ammissibile - è concesso senza necessità di ulteriori accertamenti sulla situazione economica del debitore.

5. In caso di accertamento della non veridicità del contenuto delle dichiarazioni rese nell'istanza ai sensi degli articoli 46 e 47 del decreto del Presidente della Repubblica n. 445 del 2000, ferme restando le responsabilità penali del dichiarante previste dalla vigente normativa, il debitore decade dal beneficio concesso a ragione delle dichiarazioni non veritiere e l'ufficio revoca il relativo provvedimento.

6. Nel caso in cui il provvedimento emesso venga revocato prima dell'iscrizione a ruolo della partita di credito, l'ufficio deve procedere all'immediata iscrizione a ruolo del debito non ancora riscosso.

7. Nel caso in cui il provvedimento emesso venga revocato dopo l'iscrizione a ruolo della partita di credito, l'ufficio deve comunicare al concessionario la decadenza dal beneficio affinché lo stesso possa procedere al recupero del debito non ancora riscosso mediante esecuzione forzata sulla base dello stesso ruolo.

6. 1. Il funzionario addetto all'ufficio competente può, a seguito di espressa richiesta dell'interessato, concedere:

a) la dilazione del pagamento del debito, con conseguente sospensione della riscossione, per un periodo massimo di dodici mesi, con obbligo di pagamento integrale del debito alla scadenza del termine concesso;

b) la rateizzazione del pagamento delle somme dovute fino ad un massimo di trenta rate con cadenza mensile;

c) la dilazione del pagamento, con conseguente sospensione della riscossione, per un periodo massimo di sei mesi, e la successiva rateizzazione del pagamento per un numero massimo di ventiquattro rate con cadenza mensile.

7. 1. La dilazione del pagamento del debito - e la relativa misura - con conseguente sospensione della riscossione, è concessa tenuto conto del tempo richiesto dal debitore per adempiere al pagamento e delle sue condizioni economiche, rapportate al credito che l'ufficio deve recuperare.

8. 1. Il numero e l'importo delle rate sono determinati tenuto conto della somma che il debitore può versare mensilmente e delle sue condizioni economiche, rapportate al credito che l'ufficio deve recuperare.

2. In ogni caso l'importo di ciascuna rata non può essere inferiore ad euro 50,00.

3. L'importo di cui al comma 2 può essere soggetto ad adeguamento biennale con decreto dirigenziale del Ministero della giustizia, in relazione alla variazione, accertata dall'ISTAT, dell'indice dei prezzi al consumo per le famiglie di operai e di impiegati, verificatasi nel biennio precedente.

4. La scadenza di ogni rata è fissata nell'ultimo giorno del mese.

9. 1. Sulla richiesta di dilazione e rateizzazione decide il funzionario addetto all'ufficio competente con provvedimento da comunicare al debitore.

2. Il provvedimento contiene:

a) le generalità del debitore;

b) l'indicazione della partita di credito alla quale la domanda si riferisce;

c) la data di presentazione della domanda;

d) le valutazioni in ordine alle condizioni economiche del debitore, rapportate all'entità del debito, che giustificano la concessione del beneficio ovvero le ragioni che determinano il rigetto della domanda;

e) l'importo complessivo del debito risultante: 1) dalle somme dovute per le quali è chiesta la dilazione ovvero la rateizzazione; 2) dagli interessi complessivi di dilazione ovvero rateizzazione del debito; 3) dalle spese postali;

f) il numero delle rate e l'importo di ciascuna di esse, con indicazione della somma dovuta per interessi su ciascuna rata;

g) la data in cui deve essere effettuato il pagamento a seguito di concessione di dilazione ovvero la data della prima rata nonché quella delle rate successive;

h) l'indicazione che, unitamente all'importo integrale del debito, alla scadenza del termine di dilazione ovvero alla prima rata, devono essere versati al concessionario gli interessi di mora, se maturati, nonché gli eventuali compensi e spese;

i) l'obbligo di far pervenire all'Ufficio le ricevute di versamento entro il termine di dieci giorni dall'avvenuto pagamento dell'importo complessivo nel caso di cui all'art. 6, lettera *a*), ovvero di ogni singola rata nei casi di cui all'art. 6, lettere *b*) e *c*).

3. Il provvedimento deve, altresì, contenere le seguenti avvertenze:

a) in caso di inadempimento alla scadenza del termine di dilazione ovvero di mancato pagamento di una rata, il debitore decade dal beneficio e si procede all'iscrizione a ruolo per l'importo dovuto ovvero è riavviata la riscossione mediante ruolo per il pagamento dell'importo dovuto ed il debito non potrà più essere dilazionato o rateizzato;

b) in ogni momento il debito può essere estinto in un'unica soluzione;

c) il provvedimento è impugnabile avanti al tribunale amministrativo regionale competente per territorio, nel termine di sessanta giorni dalla comunicazione dello stesso, ai sensi dell'art. 21 della legge 6 dicembre 1971, n. 1034.

4. Nel caso in cui la domanda venga dichiarata inammissibile, improcedibile o rigettata, se la stessa è stata presentata nella fase dell'adempimento spontaneo, il provvedimento deve contenere l'invito al pagamento del credito nel termine di 30 giorni e al conseguente deposito della ricevuta di versamento presso l'ufficio che procede alla riscossione nei successivi dieci giorni, con avvertimento che, scaduto inutilmente il termine per l'adempimento, computato dall'avvenuta comunicazione del provvedimento di inammissibilità, improcedibilità o rigetto dell'istanza, e decorsi dieci giorni senza che si sia provveduto al deposito della ricevuta di versamento, l'ufficio procederà all'iscrizione del credito a ruolo.

5. La domanda dichiarata inammissibile, improcedibile o rigettata può essere riproposta all'ufficio nel termine di decadenza indicato dall'art. 232, comma 1, del decreto del Presidente della Repubblica n. 115 del 2002.

10. 1. Il provvedimento che dispone la dilazione ovvero la rateizzazione del credito dopo l'iscrizione a ruolo deve essere comunicato – a cura dell'ufficio – al concessionario, ai sensi degli articoli 214 e 218, comma 2, del decreto del Presidente della Repubblica n. 115 del 2002.

2. In caso di inadempimento, il concessionario riprende automaticamente la riscossione ai sensi dell'art. 218, comma 2, del decreto del Presidente della Repubblica n. 115 del 2002.

11. 1. Ogni atto o provvedimento dell'ufficio competente diretto al debitore che ha presentato domanda di dilazione ovvero di rateizzazione va comunicato con lettera raccomandata con avviso di ricevimento.

2. Le relative spese postali di spedizione vanno addebitate all'interessato e riscosse insieme al debito principale.

12. 1. Gli interessi devono essere calcolati al tasso dettato dall'art. 21, commi 1 e 2 del decreto del Presidente della Repubblica n. 602 del 29 settembre 1973 e successive modificazioni.

2. Gli interessi vanno applicati con la seguente decorrenza:

a) nella fase dell'adempimento spontaneo: dal giorno successivo allo spirare del termine di mesi uno dalla notifica dell'invito al pagamento;

b) nella fase della riscossione mediante iscrizione a ruolo del credito: 1) dal giorno successivo allo spirare del termine di sessanta giorni dalla notifica della cartella di pagamento, quando l'istanza è presentata prima di tale data; 2) dalla data di presentazione della domanda, quando la stessa è presentata dopo la scadenza del termine di sessanta giorni dalla notifica della cartella di pagamento.

3. Nel caso di dilazione, gli interessi devono essere calcolati tenuto conto dei giorni intercorrenti tra la data di decorrenza, individuata ai sensi del comma 2, e la scadenza del termine di pagamento.

4. Nel caso di rateizzazione, si procede all'ammortamento del debito con il procedimento a rata costante, maggiorando la prima rata dell'importo degli interessi maturati nel periodo compreso tra la data di decorrenza, individuata ai sensi del comma 2, e l'inizio del piano di ammortamento.

13. 1. Il presente decreto entrerà in vigore il giorno della sua pubblicazione nella *Gazzetta Ufficiale* della Repubblica italiana.

5.

D.L. 4 luglio 2006, n. 223. Disposizioni urgenti per il rilancio economico e sociale, per il contenimento e la razionalizzazione della spesa pubblica, nonché interventi in materia di entrate e di contrasto all'evasione fiscale (*Gazzetta Ufficiale* Serie gen. - n. 153 del 4 luglio 2006), convertito, con modificazioni, nella L. 4 agosto 2006, n. **248** (Suppl. ord. alla *Gazzetta Ufficiale* Serie gen. - n. 186 dell'11 agosto 2006).

(*Estratto*)

Titolo II
Misure per la ripresa degli interventi infrastrutturali, interventi per il sostegno della famiglia e misure di contenimento e razionalizzazione della spesa pubblica

Capo III
Misure di contenimento e razionalizzazione della spesa pubblica

21. Spese di giustizia. - 1. Per il pagamento delle spese di giustizia non è ammesso il ricorso all'anticipazione da parte degli uffici postali, tranne che per gli atti di notifiche nei procedimenti penali e per gli atti di notifiche e di espropriazione forzata nei procedimenti civili quando i relativi oneri sono a carico dell'erario.

2. Al pagamento delle spese di giustizia si provvede secondo le ordinarie procedure stabilite dalla vigente normativa di contabilità generale dello Stato.

3. - 6. (*Omissis*).

6.

D.M. 2 settembre 2006, n. 265. Regolamento recante le tabelle per la determinazione dell'indennità spettante al custode dei beni sottoposti a sequestro. Articolo 59 del decreto del Presidente della Repubblica 30 maggio 2002, n. 115 (Testo Unico delle disposizioni legislative e regolamentari in materia di spese di giustizia) (*Gazzetta Ufficiale* Serie gen. - n. 236 del 10 ottobre 2006).

1. Indennità per la custodia dei veicoli a motore. - 1. Le tabelle per la determinazione dell'indennità giornaliera per la custodia e per la conservazione, nonché quella per il traino, il trasporto e il recupero dei veicoli sottoposti a sequestro penale probatorio e preventivo e, nei casi previsti dal codice di procedura civile, a sequestro penale conservativo nonché a sequestro giudiziario e conservativo, sono fissate secondo le tariffe di seguito riportate, IVA esclusa:

a) custodia in area recintata e scoperta di motoveicoli e ciclomotori:

1) per i primi novanta giorni dal sequestro: euro 1,68;

2) per il periodo successivo: euro 1,06;

b) custodia in area recintata e scoperta di autoveicoli:

1) per i primi novanta giorni dal sequestro: euro 2,24;

2) per il periodo successivo: euro 1,39;

c) custodia in area recintata e scoperta di autocarri:

1) per i primi novanta giorni dal sequestro: euro 2,79;

2) per il periodo successivo: euro 1,79;

d) custodia in luogo chiuso e coperto: l'indennità determinata in base alle tariffe di cui ai punti *a*), *b*) e *c*) è aumentata del 25%;

e) traino e trasporto in depositeria:

motoveicoli e ciclomotori: euro 40,00;
autoveicoli: euro 60,00;
autocarri: euro 80,00;

f) recupero del mezzo:

l'indennità determinata in base alle tariffe di cui al punto *e*) è aumentata del 25%.

2. Indennità per la custodia dei natanti. - 1. Le tabelle per la determinazione dell'indennità giornaliera per la custodia e per la conservazione dei natanti sottoposti a sequestro penale probatorio e preventivo e, nei casi previsti dal codice di procedura civile, a sequestro penale conservativo nonché a sequestro giudiziario e conservativo, sono fissate secondo le tariffe di seguito riportate, IVA esclusa:

a) unità di lunghezza fuori tutto inferiore o uguale a 10 metri:

1) per i primi novanta giorni dal sequestro: euro 7,00;

2) per il periodo successivo: euro 3,50;

b) unità di lunghezza fuori tutto superiore a 10 metri:

1) per i primi novanta giorni dal sequestro: euro 12,00;

2) per il periodo successivo: euro 6,00.

3. Riduzione dell'indennità in relazione allo stato di conservazione del bene. - 1. Per gli anni successivi al primo, gli importi dell'indennità giornaliera determinati in base alle tariffe di cui all'articolo 1, rispettivamente, alla lettera *a*) n. 2; alla lettera *b*) n. 2; alla lettera *c*) n. 2 e alla lettera *d*), nonché all'articolo 2, rispettivamente, alla lettera *a*) n. 2 e alla lettera *b*) n. 2, sono ridotti, in relazione allo stato di conservazione del bene, secondo le percentuali di seguito riportate:

a) per il secondo anno o frazione di esso, l'importo dell'indennità giornaliera è ridotto nella misura del 20%;

b) per il terzo anno o frazione di esso, l'importo dell'indennità giornaliera, come determinato secondo la lettera *a*), è ulteriormente ridotto nella misura del 30%;

c) per il quarto anno o frazione di esso, l'importo dell'indennità giornaliera, come determinato secondo la lettera *b*), è ulteriormente ridotto nella misura del 40%;

d) per il quinto anno o frazione di esso, l'importo dell'indennità giornaliera, come determinato secondo la lettera *c*), è ulteriormente ridotto nella misura del 50%.

2. Per il sesto anno o frazione di esso, l'importo dell'indennità giornaliera, come determinato alla lettera *d*) del comma 1 è ulteriormente ridotto nella misura del 50%.

3. L'importo dell'indennità giornaliera determinato per il sesto anno è dovuto per ciascun anno, o frazione di esso, successivo al sesto.

4. Tabelle. - 1. Gli importi delle indennità determinate a norma degli articoli 1, 2 e 3 sono riportati nelle tabelle *A*, *B*, *C* e *D* allegate al presente decreto e ne costituiscono parte integrante.

5. Determinazione dell'indennità relativa ad altre categorie di beni. - 1. Per la determinazione dell'indennità di custodia e conservazione relativa ad altre categorie di beni si fa riferimento, in via residuale, agli usi locali, come previsto dall'articolo 58, comma 2, del Testo Unico citato.

6. Disposizioni finali e transitorie. - 1. Il presente decreto entra in vigore il giorno successivo a quello della sua pubblicazione nella *Gazzetta Ufficiale* e si applica anche, fermo restando quanto previsto dall'articolo 1, comma 318, della legge 30 dicembre 2004, n. 311, all'attività di custodia e conservazione dei beni sottoposti a sequestro, di cui agli articoli 1 e 2 del presente decreto, per i quali alla data di entrata in vigore non sia stato ancora emesso decreto di liquidazione da parte dell'Autorità giudiziaria.

ALLEGATO

Tabella *A* – Motoveicoli e ciclomotori

Anno	Motoveicoli e ciclomotori Area non Coperta				Motoveicoli e Ciclomotori Area Coperta			
	% Riduzioni	Tariffa Giornaliera	Tariffa Annua	Tariffa complessiva per periodo di riferimento	% incremento per Rimessaggio Area Coperta	Tariffa Giornaliera Area Coperta	Tariffa Annua Area Coperta	Tariffa complessiva per periodo di riferimento
1°	da 1 a 90 gg	1,68	151,20		25,00	2,10	189,00	
	da 91 a 365 gg	1,06	291,50	442,70	25,00	1,33	364,38	553,38
2°	20,00	0,85	309,52	752,22		1,06	386,90	940,28
3°	30,00	0,59	216,66	968,88		0,74	270,83	1.211,11
4°	40,00	0,36	130,00	1.098,88		0,45	162,50	1.373,60
5°	50,00	0,18	65,00	1.163,88		0,22	81,25	1.454,85
6°	50,00	0,09	32,50	1.196,38		0,11	40,62	1.495,48
7°	–	0,09	32,50	1.228,88		0,11	40,62	1.536,10
8°	–	0,09	32,50	1.261,38		0,11	40,62	1.576,73
9°	–	0,09	32,50	1.293,88		0,11	40,62	1.617,35
10°	–	0,09	32,50	1.326,38		0,11	40,62	1.657,97

Tabella B – Autoveicoli

Anno	Autoveicoli Area non Coperta				Autoveicoli Area Coperta			
	% Riduzioni	Tariffa Giornaliera	Tariffa Annua	Tariffa complessiva per periodo di riferimento	% incremento per Rimessaggio Area Coperta	Tariffa Giornaliera Area Coperta	Tariffa Annua Area Coperta	Tariffa complessiva per periodo di riferimento
1°	da 1 a 90 gg	2,24	201,60		25,00	2,80	252,00	
	da 91 a 365 gg	1,39	382,25	583,85	25,00	1,74	477,81	729,81
2°	20,00	1,11	405,88	989,73		1,39	507,35	1.237,16
3°	30,00	0,78	284,12	1.273,85		0,97	355,15	1.592,31
4°	40,00	0,47	170,47	1.444,32		0,58	213,09	1.805,39
5°	50,00	0,23	86,23	1.529,55		0,29	106,54	1.911,94
6°	50,00	0,12	42,62	1.572,17		0,15	53,27	1.965,21
7°	–	0,12	42,62	1.614,79		0,15	53,27	2.018,48
8°	–	0,12	42,62	1.657,40		0,15	53,27	2.071,75
9°	–	0,12	42,62	1.700,02		0,15	53,27	2.125,03
10°	–	0,12	42,62	1.742,64		0,15	53,27	2.178,30

Tabella *C* – Autocarri

Anno	Autocarri Area non Coperta				Autocarri Area Coperta			
	% Riduzioni	Tariffa Giornaliera	Tariffa Annua	Tariffa complessiva per periodo di riferimento	% incremento per Rimessaggio Area Coperta	Tariffa Giornaliera Area Coperta	Tariffa Annua Area Coperta	Tariffa complessiva per periodo di riferimento
1°	da 1 a 90 gg	2,79	251,10		25,00	3,49	313,88	
	da 91 a 365 gg	1,79	492,25	743,35	25,00	2,24	615,31	929,19
2°	20,00	1,43	522,68	1.266,03		1,79	653,35	1.582,54
3°	30,00	1,00	365,88	1.631,91		1,25	457,35	2.039,88
4°	40,00	0,60	219,53	1.851,43		0,75	274,41	2.314,29
5°	50,00	0,30	109,76	1.961,19		0,38	137,20	2.451,49
6°	50,00	0,15	54,88	2.016,08		0,19	68,60	2.520,09
7°	–	0,15	54,88	2.070,96		0,19	68,60	2.588,70
8°	–	0,15	54,88	2.125,84		0,19	68,60	2.657,30
9°	–	0,15	54,88	2.180,72		0,19	68,60	2.725,90
10°	–	0,15	54,88	2.235,60		0,19	68,60	2.794,50

Tabella *D* – Natanti

Anno	Natanti lunghezza fuori tutto fino a 10 m				Natanti lunghezza fuori tutto oltre 10 m		
	% Riduzioni	Tariffa Giornaliera	Tariffa Annua	Tariffa complessiva per periodo di riferimento	Tariffa Giornaliera	Tariffa Annua	Tariffa complessiva per periodo di riferimento
1°	da 1 a 90 gg	7,00	630,00		12,000000	1.080,00	
	da 91 a 365 gg	3,50	962,50	1.592,50	6,000000	1.650,00	2.730,00
2°	20,00	2,80	1.022,00	2.614,50	4,800000	1.752,00	4.482,00
3°	30,00	1,96	715,40	3.329,90	3,360000	1.226,40	5.708,40
4°	40,00	1,18	429,24	3.759,14	2,016000	735,84	6.444,24
5°	50,00	0,59	214,62	3.973,76	1,006000	367,92	6.812,16
6°	50,00	0,29	107,31	4.081,07	0,504000	183,96	6.996,12
7°	–	0,29	107,31	4.188,38	0,504000	183,96	7.180,08
8°	–	0,29	107,31	4.295,69	0,504000	183,96	7.364,04
9°	–	0,29	107,31	4.403,00	0,504000	183,96	7.548,00
10°	–	0,29	107,31	4.510,31	0,504000	183,96	7.731,96

7.

D.M. 15 maggio 2009, n. 80. Regolamento in materia di determinazione dei compensi spettanti ai custodi dei beni pignorati (*Gazzetta Ufficiale Serie gen.* - n. 150 del 1 luglio 2009).

1. Ambito di applicazione. – 1. Il presente decreto determina, ai sensi dell'articolo 21 della legge 24 febbraio 2006, n. 52, i compensi spettanti nei processi di espropriazione forzata ai custodi dei beni pignorati, nominati in sostituzione del debitore, nonché agli addetti all'asporto ed al trasporto di tali beni.

2. Compensi per le attività ordinarie di custodia dei beni immobili. – 1. Per le attività di cui al comma 2 del presente articolo, spetta al custode, se diverso dal debitore, un compenso a percentuale calcolato per scaglioni sul valore di aggiudicazione o di assegnazione di ciascun lotto immobiliare:

fino a euro 25.000,00: 3%;

da euro 25.000,01 e fino a euro 100.000,00: 1%;

da euro 100.000,01 e fino a euro 200.000,00: 0,8%;

da euro 200.000,01 e fino a euro 300.000,00: 0,7%;

da euro 300.000,01 e fino a euro 500.000,00: 0,5%;

da euro 500.000,01 e oltre: 0,3%.

È comunque dovuto un compenso non inferiore ad euro 250,00.

2. Il compenso di cui al comma 1 è dovuto unitariamente per lo svolgimento delle seguenti attività:

a) accessi presso l'ufficio giudiziario per il conferimento dell'incarico e la consultazione del fascicolo, nonché presso altri pubblici uffici;

b) accessi all'immobile pignorato, anche in caso di apertura forzata delle porte;

c) verifica dello stato di conservazione del bene e dell'esistenza di eventuali mutamenti rispetto a quanto risultante dalla relazione dell'esperto;

d) verifica dello stato di occupazione del bene e dell'eventuale sussistenza di titoli opponibili da parte di terzi;

e) quantificazione delle spese condominiali relative all'ultimo biennio, nonché di quelle future già deliberate;

f) sostituzione di serrature, installazione o sostituzione di dispositivi di sicurezza;

g) informazioni relative all'immobile pignorato e alla procedura di vendita, rese agli interessati mediante l'utenza telefonica indicata nell'avviso di vendita di cui all'articolo 570 del codice di procedura civile;

h) invio agli interessati, anche tramite posta elettronica o fax, di copie o estratti della perizia di stima;

i) accompagnamento degli interessati presso l'immobile posto in vendita;

l) cura degli adempimenti pubblicitari previsti nell'ordinanza di vendita;

m) chiarimenti resi al giudice o suo delegato, alle parti ed agli offerenti nel corso delle operazioni di vendita;

n) attività di liberazione dell'immobile ai sensi dell'articolo 560, terzo comma, del codice di procedura civile;

o) redazione e deposito del rendiconto di cui all'articolo 560, primo comma, del codice di procedura civile.

3. In caso di cessazione dell'incarico, di inefficacia del pignoramento, sospensione o estinzione del processo prima della vendita, il compenso del custode, calcolato, con le percentuali di cui al comma 1, sul valore indicato nell'ultima ordinanza di vendita o, se non ancora pronunciata, su quello stimato, è ridotto in proporzione all'attività effettivamente svolta.

4. Il compenso liquidato ai sensi dei commi 1 e 3, è diminuito fino alla metà quando l'immobile è libero o in altri casi di ridotta complessità dell'incarico.

5. Il compenso stesso può essere aumentato sino al 20% nei casi di eccezionali difficoltà nello svolgimento dell'incarico.

6. Al custode è dovuto il rimborso forfetario, in ragione del 10% del compenso liquidato, per le spese generali di organizzazione e studio, nonché per quelle di corrispondenza, viaggi e comunicazioni, anche telefoniche.

7. Al custode sono altresì rimborsate le spese vive documentate diverse da quelle indicate al comma 6.

8. Non è dovuto alcun compenso all'aggiudicatario dell'immobile eventualmente nominato custode.

3. Compensi per le attività straordinarie di custodia dei beni immobili. – 1. Per le attività di riscossione dei canoni di locazione ovvero di altre somme dovute per l'occupazione dell'immobile, nonché di rinnovo, disdetta e stipula dei contratti di godimento del bene, spetta al custode un compenso aggiuntivo calcolato per scaglioni, nella misura di seguito indicata, sull'ammontare delle somme incassate:

fino a euro 5.000,00: 4%;

oltre euro 5.000,00: 3%.

2. Per le attività di seguito indicate, spetta al custode una maggiorazione complessiva del compenso calcolato ai sensi dell'articolo 2, comma 1, variabile tra il 5% e il 20%:

a) azione per la convalida della licenza o dello sfratto per finita locazione o per morosità e promozione di ogni altra azione, anche esecutiva, occorrente per conseguire la disponibilità del bene;

b) partecipazione alle assemblee condominiali;

c) interventi di manutenzione ordinaria o straordinaria;

d) regolarizzazione catastale, urbanistica ed edilizia degli immobili;

e) direzione e controllo delle attività di asporto e trasferimento presso un depositario delle cose mobili appartenenti al debitore o a terzi rinvenute nell'immobile pignorato.

4. Compensi per l'attività di custodia dei beni mobili. – 1. Per la custodia dei beni mobili pignorati spetta al custode, se diverso dal debitore, un compenso liquidato in base ai seguenti criteri:

a) per autocarri, autotreni, autoarticolati e motrici:

1) con portata fino a 35 quintali, euro 6,20 al giorno;

2) con portata superiore ai 35 quintali, euro 9,80 al giorno;

b) per trattori stradali, rimorchi e semirimorchi, euro 9,80 al giorno;

c) per trattori agricoli, macchine movimento terra e affini,euro 9,80 al giorno;

d) per autoveicoli:

1) di cilindrata fino a 1.500 centimetri cubi, euro 2,20 al giorno;

2) di cilindrata da 1.501 a 2.500 centimetri cubi, euro 2,70 al giorno;

3) di cilindrata superiore a 2.500 centimetri cubi, euro 3,20 al giorno;

e) per i motocicli e ciclomotori, euro 1,00 al giorno;

f) per gli oggetti preziosi e le opere d'arte:

1) se la somma ricavata della vendita della totalità dei beni non supera euro 1.000,00, euro 2,00 al giorno;

2) se la somma ricavata della vendita della totalità dei beni è compreso tra euro 1.000,01 ed euro 5.000,00, euro 5,00 al giorno;

3) se la somma ricavata della vendita della totalità dei beni è compreso tra euro 5.000,01 ed euro 10.000,00, euro 10,00 al giorno;

4) se la somma ricavata della vendita della totalità dei beni è compreso tra euro 10.000,01 ed euro 20.000,00, euro 20,00 al giorno;

5) se la somma ricavata della vendita della totalità dei beni è compreso tra euro 20.000,01 ed euro 50.000,00, euro 30,00 al giorno;

6) se la somma ricavata della vendita della totalità dei beni è superiore ad euro 50.000,00 euro 50,00 al giorno;

g) per altri beni:

1) se la somma ricavata della vendita della totalità dei beni non supera euro 1.000,00, euro 0,15 per 0,25 metro cubo al giorno;

2) se la somma ricavata della vendita della totalità dei beni è compreso tra euro 1.001,00 ed euro 2.500,00, euro 0,30 per 0,25 metro cubo al giorno;

3) se la somma ricavata della vendita della totalità dei beni supera euro 2.500, euro 0,40 per 0,25 metro cubo al giorno.

2. Se la procedura è sospesa o dichiarata estinta o improcedibile, il compenso, nei casi di cui al comma 1, lettere *f)* e *g)*, è determinato in relazione al valore di stima.

3. In ogni caso, il compenso liquidato ai sensi del comma 1 non può superare la misura di un terzo del ricavato della vendita del bene.

4. Con gli stessi criteri di cui al comma 1, sono liquidati i compensi per la custodia dei beni mobili asportati dall'immobile pignorato, sostituita in ogni caso la somma ricavata dalla vendita con il valore di stima.

5. Compensi per l'attività di custodia presso i locali del debitore. – 1. Quando la custodia dei beni è esercitata nel luogo in cui i beni sono stati pignorati spetta al custode, se diverso dal debitore, un compenso pari a euro 50,00 per il primo accesso e di euro 30,00 per ciascun accesso periodico disposto dal giudice dell'esecuzione.

2. Al custode spetta inoltre un rimborso spese pari a euro 0,68 per ciascun chilometro percorso per l'effettuazione dell'accesso oltre dieci chilometri dal confine del comune in cui ha sede l'ufficio giudiziario.

6. Compensi per le attività di asporto e trasferimento. – 1. Per le attività di asporto e trasferimento dei beni mobili presso il luogo di custodia spetta all'addetto al trasporto, oltre al rimborso spese di cui all'articolo 5, comma 2, un compenso pari a euro 18,00, oltre I.V.A. per ogni ora o frazione di ora, nel limite massimo di tre ore e per ciascuna unità lavorativa utilizzata, nel limite massimo di tre unità. L'attività svolta deve risultare da verbale sottoscritto dal responsabile delle operazioni e, se presenti, anche dal debitore e dal creditore o loro rappresentanti.

2. Quando la natura delle operazioni lo richiede, il giudice dell'esecuzione può autorizzare il superamento dei limiti indicati al comma 1. In tali casi, spetta all'addetto al trasporto un compenso orario pari a euro 18,00, oltre I.V.A. per ogni ulteriore unità lavorativa utilizzata o per il maggior tempo impiegato nelle operazioni.

3. Quando, per la particolare natura dei beni, l'addetto al trasporto è autorizzato dal giudice ad avvalersi dell'ausilio di terzi specializzati gli spetta il rimborso della spesa sostenuta.

4. In caso di richiesta di intervento urgente ai sensi dell'articolo 520, secondo comma, del codice di procedura civile spetta all'Istituto Vendite Giudiziarie un diritto di euro 100,00 oltre ai compensi di cui ai commi 1, 2 e 3.

5. Nel liquidare i compensi previsti dal presente articolo, il giudice verifica la congruità del numero dei lavoratori e del tempo impiegati, rispetto all'impegno richiesto dall'attività compiuta.

6. Con gli stessi criteri di cui ai commi da 1 a 5, sono liquidati i compensi per l'asporto ed il trasporto dei beni mobili prelevati dall'immobile pignorato.

7. I compensi previsti dal presente articolo spettano anche al custode incaricato dell'asporto e del trasporto dei beni.

8.

D.L.vo 1 settembre 2011, n. 150. Disposizioni complementari al codice di procedura civile in materia di riduzione e semplificazione dei procedimenti civili di cognizione, ai sensi dell'articolo 54 della legge 18 giugno 2009, n. 69 (*Gazzetta Ufficiale* Serie gen. - n. 220 del 21 settembre 2011) e avviso di rettifica in *Gazzetta Ufficiale* Serie gen. - n. 246 del 21 ottobre 2011.

(*Estratto*)

Capo III

Delle controversie regolate dal rito semplificato (1) di cognizione

(1) *La parola: «sommario» è stata così sostituita dalla attuale «semplificato» dall'art. 15, comma 3, lett. d), del D.L.vo 10 ottobre 2022, n. 149, a decorrere dal 28 febbraio 2023.*

15. Dell'opposizione a decreto di pagamento di spese di giustizia. – 1. Le controversie previste dall'articolo 170 del decreto del Presidente della Repubblica 30 maggio 2002, n. 115, sono regolate dal rito semplificato (1) di cognizione, ove non diversamente disposto dal presente articolo.

2. Il ricorso è proposto al capo dell'ufficio giudiziario cui appartiene il magistrato che ha emesso il provvedimento impugnato. Per i provvedimenti emessi da magistrati dell'ufficio del giudice di pace e del pubblico ministero presso il tribunale è competente il presidente del tribunale. Per i provvedimenti emessi da magistrati dell'ufficio del pubblico ministero presso la corte di appello è competente il presidente della corte di appello.

3. Nel giudizio di merito le parti possono stare in giudizio personalmente.

4. L'efficacia esecutiva del provvedimento impugnato può essere sospesa secondo quanto previsto dall'articolo 5.

5. Il presidente può chiedere a chi ha provveduto alla liquidazione o a chi li detiene, gli atti, i documenti e le informazioni necessari ai fini della decisione.

6. La sentenza (2) che definisce il giudizio non è appellabile.

(1) *La parola: «sommario» è stata così sostituita dalla attuale «semplificato» dall'art. 15, comma 3, lett. f), n. 1), del D.L.vo 10 ottobre 2022, n. 149, a decorrere dal 28 febbraio 2023.*

(2) *Le parole: «L'ordinanza» sono state così sostituite dalle attuali: «La sentenza» dall'art. 15, comma 3, lett. f), n. 2), del D.L.vo 10 ottobre 2022, n. 149, a decorrere dal 28 febbraio 2023.*

9.

L. 28 dicembre 2015, n. 208. Disposizioni per la formazione del bilancio annuale e pluriennale dello Stato (legge di stabilità 2016) (Suppl. ord. alla *Gazzetta Ufficiale* Serie gen. - n. 302 del 30 dicembre 2015) (1) (2).

(1) *A norma dell'art. 2, comma 4, del D.L. 1° marzo 2021, n. 22, convertito, con modificazioni, nella L. 22 aprile 2021, n. 55, con riguardo alle funzioni di cui all'articolo 35, comma 2, lettera b), del decreto legislativo n. 300 del 1999, come modificato dal medesimo decreto, la denominazione «Ministero della transizione ecologica» sostituisce, ad ogni effetto e ovunque presente, la denominazione: «Ministero dello sviluppo economico».*

(2) *A norma dell'art. 5, comma 2, del D.L. 1° marzo 2021, n. 22, convertito, con modificazioni, nella L. 22 aprile 2021, n. 55, le denominazioni: «Ministro delle infrastrutture e dei trasporti» e «Ministero delle infrastrutture e dei trasporti» sono state così sostituite, a ogni effetto e ovunque presenti, dalle attuali: «Ministro delle infrastrutture e della mobilità sostenibili» e «Ministero delle infrastrutture e della mobilità sostenibili».*

1. 1. - 777. (*Omissis*).

778. Per gli anni dal 2016 al 2022 (1), entro il limite di spesa massimo di 10 milioni

di euro annui e, a decorrere dall'anno 2023, entro il limite di spesa massimo di 40 milioni di euro annui (2), i soggetti che vantano crediti per spese, diritti e onorari di avvocato, sorti ai sensi degli articoli 82 e seguenti del testo unico delle disposizioni legislative e regolamentari in materia di spese di giustizia, di cui al decreto del Presidente della Repubblica 30 maggio 2002, n. 115, e successive modificazioni, in qualsiasi data maturati e non ancora saldati, per i quali non è stata proposta opposizione ai sensi dell'articolo 170 del medesimo testo unico di cui al decreto del Presidente della Repubblica 30 maggio 2002, n. 115, (3) sono ammessi alla compensazione con quanto da essi dovuto per ogni imposta e tassa, compresa l'imposta sul valore aggiunto (IVA), nonché al pagamento dei contributi previdenziali [per i dipendenti] (4) mediante cessione, anche parziale, dei predetti crediti entro il limite massimo pari all'ammontare dei crediti stessi, aumentato dell'IVA e del contributo previdenziale per gli avvocati (CPA). Tali cessioni sono esenti da ogni imposta di bollo e di registro. [Ai fini della presente legge possono essere compensati o ceduti tutti i crediti per i quali non è stata proposta opposizione ai sensi dell'articolo 170 del testo unico di cui al decreto del Presidente della Repubblica 30 maggio 2002, n. 115, e successive modificazioni] (5). [La compensazione o la cessione dei crediti può essere effettuata anche parzialmente ed entro un limite massimo pari all'ammontare dei crediti stessi, aumentato dell'IVA e del contributo previdenziale per gli avvocati (CPA)] (5).

779. - 999. (*Omissis*).

(1) *Le parole: «A decorrere dall'anno 2016,» sono state così sostituite dalle attuali: «Per gli anni dal 2016 al 2022,» dall'art. 1, comma 860, lett.* a), *n. 1), della L. 29 dicembre 2022, n. 197, a decorrere dal 1° gennaio 2023.*

(2) *Le parole: «e, a decorrere dall'anno 2023, entro il limite di spesa massimo di 40 milioni di euro annui» sono state inserite dall'art. 1, comma 860, lett.* a), *n. 2), della L. 29 dicembre 2022, n. 197, a decorrere dal 1° gennaio 2023.*

(3) *Le parole: «per i quali non è stata proposta opposizione ai sensi dell'articolo 170 del medesimo testo unico di cui al decreto del Presidente della Repubblica 30 maggio 2002, n. 115,» sono state inserite dall'art. 1, comma 860, lett.* a), *n. 3), della L. 29 dicembre 2022, n. 197, a decorrere dal 1° gennaio 2023.*

(4) *Le parole tra parentesi quadrate sono state soppresse dall'art. 1, comma 860, lett.* a), *n. 4), della L. 29 dicembre 2022, n. 197, a decorrere dal 1° gennaio 2023.*

(5) *Questo periodo è stato soppresso dall'art. 1, comma 860, lett.* b), *della L. 29 dicembre 2022, n. 197, a decorrere dal 1° gennaio 2023.*

10.

D.M. 15 luglio 2016. Compensazione dei debiti fiscali con i crediti per spese, diritti e onorari spettanti agli avvocati ammessi al patrocinio a spese dello Stato (*Gazzetta Ufficiale* Serie gen. - n. 174 del 27 luglio 2016).

1. Oggetto. – 1. Il presente decreto disciplina le modalità con le quali, ai sensi dell'art. 1, comma 778, della legge 28 dicembre 2015, n. 208, gli avvocati che vantano crediti per spese, diritti e onorari di avvocato, sorti ai sensi degli articoli 82 e seguenti del decreto del Presidente della Repubblica 30 maggio 2002, n. 115, in qualsiasi data maturati e non ancora saldati, per i quali non è stata proposta opposizione ai sensi dell'art. 170 del medesimo decreto del Presidente della Repubblica n. 115 del 2002, possono compensare detti crediti con quanto da essi dovuto per ogni imposta e tassa, compresa l'imposta sul valore aggiunto (IVA), nonché procedere al pagamento dei contributi previdenziali [per i dipendenti] (1) mediante cessione, anche parziale, dei crediti stessi.

(1) *Le parole tra parentesi quadrate sono state soppresse dall'art. 1, comma 1, lett.* b), *del D.M. 31 agosto 2023* (G.U. *Serie gen. - n. 225 del 26 settembre 2023).*

2. Definizioni. – 1. Ai fini del presente decreto, si intendono per:

a) «legge», la legge 28 dicembre 2015, n. 208;

b) «testo unico», Testo unico delle disposizioni legislative e regolamentari in materia di spese di giustizia di cui al decreto del Presidente della Repubblica 30 maggio 2002, n. 115;

c) «crediti», i crediti per spese, diritti e onorari di avvocato, sorti ai sensi degli articoli 82 e seguenti del testo unico, in qualsiasi data maturati e non ancora saldati, per i quali non è stata proposta opposizione ai sensi dell'art. 170 del medesimo decreto, aumentati dell'IVA e del contributo previdenziale per gli avvocati (CPA);

d) «piattaforma elettronica di certificazione», la piattaforma elettronica per la gestione telematica del rilascio delle certificazioni, predisposta dal Ministero dell'economia e delle finanze – Dipartimento della Ragioneria generale dello Stato, ai sensi del decreto ministeriale del 22 maggio 2012 recante «Modalità di certificazione del credito, anche in forma telematica, di somme dovute per somministrazione, forniture e appalti da parte delle amministrazioni dello Stato e degli enti pubblici nazionali» e del decreto mi-

LEGGI COMPLEMENTARI

nisteriale del 25 giugno 2012 recante «Modalità di certificazione del credito, anche in forma telematica, di somme dovute per somministrazione, forniture e appalti da parte delle regioni degli enti locali e degli enti del Servizio sanitario nazionale»;

e) «modello F24 telematico», il sistema mediante il quale sono eseguiti i versamenti unitari con compensazione, di cui all'art. 17 del decreto legislativo 9 luglio 1997, n. 241, esclusivamente attraverso i servizi telematici offerti dall'Agenzia delle entrate, ai sensi del capo IV del decreto dirigenziale del 31 luglio 1998.

3. Requisiti. – 1. Fermo restando quanto previsto dall'art. 4, i crediti sono utilizzabili per le finalità di cui all'art. 1, comma 778, della legge, quando soddisfano i requisiti di cui ai commi da 2 a 4.

2. I crediti devono essere liquidati dall'autorità giudiziaria con decreto di pagamento a norma dell'art. 82 del testo unico.

3. I crediti non devono risultare pagati, neanche parzialmente e avverso il relativo decreto di pagamento non deve essere stata proposta opposizione ai sensi dell'art. 170 del testo unico.

4. In relazione ai crediti deve essere stata emessa la fattura elettronica ai sensi dell'art. 1, commi da 209 a 214, della legge 24 dicembre 2007, n. 244, ovvero fattura cartacea registrata sulla piattaforma elettronica di certificazione.

5. Attraverso la piattaforma elettronica di certificazione, con riferimento a ciascuna fattura elettronica ovvero cartacea registrata, il creditore deve esercitare l'opzione di utilizzare il credito in compensazione e dichiarare ai sensi dell'art. 47 del decreto del Presidente della Repubblica del 28 dicembre 2000, n. 445, la sussistenza dei requisiti di cui ai commi 2 e 3.

6. Per l'anno 2016, l'opzione di cui al comma 5 può essere esercitata dal 17 ottobre al 30 novembre. A decorrere dall'anno 2017, la medesima opzione può essere esercitata dal 1° marzo al 30 aprile di ciascun anno e, a partire dall'anno 2023, ferma restando la disponibilità delle relative risorse, anche dal 1° settembre al 31 ottobre di ciascun anno [1].

7. L'opzione di cui al comma 5 può essere esercitata esclusivamente per l'intero importo della fattura.

[1] *Le parole: «e, a partire dall'anno 2023, ferma restando la disponibilità delle relative risorse, anche dal 1° settembre al 31 ottobre di ciascun anno» sono state inserite dall'art. 1, comma 1, lett.* c), *del D.M. 31 agosto 2023 (G.U. Serie gen. - n. 225 del 26 settembre 2023).*

4. Selezione dei crediti ammessi alla procedura di compensazione. – 1. La piattaforma elettronica di certificazione seleziona le fatture elettroniche ovvero cartacee registrate per le quali è stata esercitata l'opzione e resa la dichiarazione di cui all'art. 3, comma 5, per l'ammissione alla procedura di compensazione. La selezione avviene fino a concorrenza delle risorse annualmente stanziate dall'art. 1, comma 779, della legge 28 dicembre 2015, n. 208, e dall'art. 1, comma 861 della legge 29 dicembre 2022, n. 197 [1], attribuendo priorità alle fatture emesse in data più remota e nel caso di fatture emesse lo stesso giorno, secondo l'ordine cronologico di perfezionamento della dichiarazione di cui all'art. 3, comma 5.

2. La fattura elettronica ovvero cartacea registrata che determina il superamento del limite di cui al comma 1, viene esclusa per l'intero importo dalla selezione per l'ammissione alla procedura di compensazione. Resta ferma la possibilità, in relazione al medesimo credito, di esercitare l'opzione e rendere la dichiarazione di cui all'art. 3, comma 5, negli anni successivi.

3. Per ciascuna fattura i creditori ricevono la comunicazione di ammissione alla procedura di compensazione attraverso la piattaforma elettronica di certificazione. Per le fatture non ammesse, l'opzione si intende automaticamente revocata.

4. Entro venti giorni dalla scadenza di ciascuno dei termini di cui all'art. 3, comma 6, [2] la piattaforma elettronica di certificazione trasmette all'Agenzia delle entrate, con modalità telematiche definite d'intesa, l'elenco dei crediti ammessi alla procedura di compensazione, con il codice fiscale del relativo creditore e l'importo utilizzabile in compensazione.

[1] *Le parole: «28 dicembre 2015, n. 208, e dall'art. 1, comma 861 della legge 29 dicembre 2022, n. 197» sono state inserite dall'art. 1, comma 1, lett.* d), *del D.M. 31 agosto 2023 (G.U. Serie gen. - n. 225 del 26 settembre 2023).*

[2] *Le parole da: «Entro cinque giorni» a: «, comma 6,» sono state così sostituite dalle attuali: «Entro venti giorni dalla scadenza di ciascuno dei termini di cui all'art. 3, comma 6,» dall'art. 1, comma 1, lett.* e), *del D.M. 31 agosto 2023 (G.U. Serie gen. - n. 225 del 26 settembre 2023).*

5. Procedura di compensazione. – 1. I crediti selezionati in base all'art. 4 sono utilizzabili in compensazione a partire dal quinto giorno successivo alla trasmissione dei dati all'Agenzia delle entrate, esclusivamente attraverso il modello F24 telematico.

2. I crediti possono essere utilizzati in compensazione esclusivamente per il pagamento dei debiti fiscali del creditore e dei contributi previdenziali [per i dipendenti] (1), compresi nel sistema del versamento unificato di cui all'art. 17 del decreto legislativo 9 luglio 1997, n. 241.

3. I crediti possono essere utilizzati in compensazione, anche in più soluzioni, nei limiti dell'importo comunicato dalla piattaforma elettronica di certificazione, esclusivamente dal soggetto individuato dal codice fiscale comunicato dalla piattaforma stessa.

4. Nel caso in cui il soggetto che utilizza il credito in compensazione non risulti compreso nell'elenco trasmesso dalla piattaforma di certificazione, oppure se l'importo del credito utilizzato risulti superiore all'ammontare del credito spettante, tenendo conto anche di eventuali precedenti utilizzi, l'intero modello F24 che contiene l'operazione di compensazione sarà scartato e tutti i versamenti in esso contenuti saranno considerati come non avvenuti. Lo scarto del modello F24 sarà reso noto attraverso apposita ricevuta consultabile sul sito internet dei servizi telematici dell'Agenzia delle entrate.

5. Nel caso in cui l'addebito del saldo del modello F24 telematico non sia andato a buon fine, oppure se l'utilizzo in compensazione di eventuali altri crediti nello stesso modello F24 telematico, diversi da quelli di cui all'art. 2, comma 1, lettera c), non risulti conforme alle disposizioni vigenti in tema di controllo preventivo delle compensazioni, l'intero modello F24 sarà scartato e tutti i versamenti in esso contenuti saranno considerati come non avvenuti. Lo scarto del modello F24 sarà reso noto attraverso apposita ricevuta consultabile sul sito internet dei servizi telematici dell'Agenzia delle entrate.

6. Con risoluzione dell'Agenzia delle entrate sono impartite le istruzioni per la compilazione del modello F24 telematico.

(1) *Le parole tra parentesi quadrate sono state soppresse dall'art. 1, comma 1, lett. f), del D.M. 31 agosto 2023 (G.U. Serie gen. - n. 225 del 26 settembre 2023).*

6. Controlli. - 1. I controlli riguardanti le dichiarazioni di cui all'art. 3, comma 5, sono effettuati dal Ministero della giustizia con le modalità di cui all'art. 43 del decreto del Presidente della Repubblica del 28 dicembre 2000, n. 445.

7. Disposizioni finali ed entrata in vigore. - 1. I fondi stanziati ai sensi dell'art. 1, comma 779, della legge 28 dicembre 2015, n. 208, e dell'art. 1, comma 861 della legge 29 dicembre 2022, n. 197 (1), sono trasferiti sulla contabilità speciale n. 1778 «Agenzia delle entrate - Fondi di bilancio», aperta presso la Banca d'Italia di Roma, allo scopo di consentire la regolazione contabile delle compensazioni effettuate attraverso il modello F24 telematico.

2. All'attuazione delle disposizioni di cui al presente decreto le Amministrazioni interessate provvedono con le risorse umane, strumentali e finanziarie disponibili a legislazione vigente.

3. Le disposizioni di cui al presente decreto entrano in vigore lo stesso giorno della sua pubblicazione nella *Gazzetta Ufficiale* della Repubblica italiana.

(1) *Le parole: «28 dicembre 2015, n. 208, e dell'art. 1, comma 861 della legge 29 dicembre 2022, n. 197» sono state inserite dall'art. 1, comma 1, lett. g), del D.M. 31 agosto 2023 (G.U. Serie gen. - n. 225 del 26 settembre 2023).*

1.

D.L.vo 9 aprile 1948, n. 437. Proroga dei termini di decadenza in conseguenza del mancato funzionamento degli uffici giudiziari (*Gazzetta Ufficiale* n. 111 del 14 maggio 1948).

1. Qualora gli uffici giudiziari non siano in grado di funzionare regolarmente per eventi di carattere eccezionale, i termini di decadenza per il compimento di atti presso gli uffici giudiziari, o a mezzo del personale addetto ai predetti uffici, scadenti durante il periodo di mancato o irregolare funzionamento, o nei cinque giorni successivi, sono prorogati di quindici giorni, a decorrere dal giorno in cui è pubblicato il provvedimento di cui all'articolo seguente.

2. L'eccezionalità dell'evento e il periodo di mancato o irregolare funzionamento degli uffici giudiziari sono determinati con decreto del Ministro di grazia e giustizia da pubblicarsi nella *Gazzetta Ufficiale*.

3. Il presente decreto entra in vigore il giorno successivo a quello della sua pubblicazione nella *Gazzetta Ufficiale* della Repubblica ed ha effetto a decorrere dal 15 marzo 1948.

2.

L. 7 ottobre 1969, n. 742. Sospensione dei termini processuali nel periodo feriale (*Gazzetta Ufficiale* n. 281 del 6 novembre 1969) (1).

(1) *Questo provvedimento è inserito nell'allegato 1 del D.L.vo 1° dicembre 2009, n. 179, in cui sono individuate le disposizioni legislative statali, pubblicate anteriormente al 1° gennaio 1970, anche se modificate con provvedimenti successivi, delle quali è indispensabile la permanenza in vigore.*

1. Il decorso dei termini processuali relativi alle giurisdizioni ordinarie ed a quelle amministrative è sospeso di diritto dal 1° al 31 agosto di ciascun anno (1), e riprende a decorrere dalla fine del periodo di sospensione. Ove il decorso abbia inizio durante il periodo di sospensione, l'inizio stesso è differito alla fine di detto periodo (2).

La stessa disposizione si applica per il termine stabilito dall'art. 201 del codice di procedura penale.

(1) *Le parole: «dal 1° agosto al 15 settembre di ciascun anno» sono state così sostituite dalle attuali: «dal 1° al 31 agosto di ciascun anno» dall'art. 16, comma 1, del D.L. 12 settembre 2014, n. 132, convertito, con modificazioni, nella L. 10 novembre 2014, n. 162, a decorrere dall'anno 2015.*

(2) *La Corte costituzionale, con sentenza n. 40 del 13 febbraio 1985, ha dichiarato l'illegittimità costituzionale di questo articolo nella parte in cui non dispone che la sospensione ivi prevista si applica anche al termine di cui all'art. 5, primo e secondo comma, della L. 25 giugno 1865, n. 2359.*

La Corte costituzionale, con sentenza n. 255 del 13 luglio 1987, ha dichiarato l'illegittimità costituzionale di questo articolo, nella parte in cui non dispone che la sospensione ivi prevista si applichi anche al termine di cui all'art. 19, comma primo, della L. 22 ottobre 1971, n. 865, nel testo sostituito dall'art. 14 della L. 28 gennaio 1977, n. 10.

La Corte costituzionale, con sentenza n. 278 del 23 luglio 1987, ha dichiarato l'illegittimità costituzionale di questo articolo, nella parte in cui non prevede la sospensione dei termini processuali, nel periodo feriale, relativamente ai processi militari di pace.

La Corte costituzionale, con sentenza n. 49 del 2 febbraio 1990, ha dichiarato l'illegittimità costituzionale di questo articolo, nella parte in cui non dispone che la sospensione ivi prevista si applichi anche al termine di trenta giorni, di cui all'art. 1137 del cod. civ., per l'impugnazione delle delibere dell'assemblea di condominio.

La Corte costituzionale, con sentenza n. 380 del 29 luglio 1992, ha dichiarato l'illegittimità costituzionale di questo articolo, nella parte in cui non dispone che l'istituto della sospensione dei termini si applichi anche a quello stabilito per ricorrere, avverso le delibere dei Consigli provinciali, al Consiglio nazionale degli architetti.

2. (1) In materia penale la sospensione dei termini procedurali, compresi quelli stabiliti per la fase delle indagini preliminari, non opera nei procedimenti relativi ad imputati in stato di custodia cautelare, qualora essi o i loro difensori rinunzino alla sospensione dei termini.

La sospensione dei termini delle indagini preliminari di cui al primo comma non opera nei procedimenti per reati di criminalità organizzata ([2]).

Nei procedimenti per reati la cui prescrizione maturi durante la sospensione o nei successivi quarantacinque giorni, ovvero nelle ipotesi in cui durante il medesimo periodo scadano o siano prossimi a scadere i termini della custodia cautelare, il giudice che procede pronuncia, anche di ufficio, ordinanza non impugnabile con la quale è specificamente motivata e dichiarata l'urgenza del processo. In tal caso i termini processuali decorrono, anche nel periodo feriale, dalla data di notificazione dell'ordinanza. Nel corso delle indagini preliminari l'urgenza è dichiarata nella stessa forma dal giudice su richiesta del pubblico ministero.

Nel corso delle indagini preliminari, quando occorre procedere con la massima urgenza nel periodo feriale al compimento di atti rispetto ai quali opera la sospensione dei termini stabilita dall'articolo 1, il giudice per le indagini preliminari, su richiesta del pubblico ministero o della persona sottoposta alle indagini o del suo difensore, pronuncia ordinanza nella quale sono specificamente enunciate le ragioni dell'urgenza e la natura degli atti da compiere. Allo stesso modo il pubblico ministero provvede con decreto motivato quando deve procedere al compimento degli atti previsti dall'articolo 360 del codice di procedura penale.

Gli avvisi sono notificati alle parti o ai difensori. Essi devono far menzione dell'ordinanza o del decreto e i termini decorrono dalla data di notificazione.

La sospensione dei termini non opera nelle ipotesi previste dall'articolo 467 del codice di procedura penale.

Quando nel corso del dibattimento si presenta la necessità di assumere prove nel periodo feriale, si procede a norma dell'articolo 467 del codice di procedura penale. Se le prove non sono state già ammesse, il giudice, nella prima udienza successiva, provvede a norma dell'articolo 495 dello stesso codice: le prove dichiarate inammissibili non possono essere utilizzate.

([1]) *Questo articolo è stato così sostituito dall'art. 240* bis *del D.L.vo 28 luglio 1989, n. 271.*

([2]) *Questo comma è stato aggiunto dall'art. 21* bis *del D.L. 8 giugno 1992, n. 306, convertito, con modificazioni, nella L. 7 agosto 1992, n. 356.*

2 *bis*. ([1]) Nei procedimenti per l'applicazione di una misura di prevenzione, le disposizioni dell'articolo 1 non si applicano quando sia stata provvisoriamente disposta una misura personale o interdittiva o sia stato disposto il sequestro dei beni, qualora gli interessati o i loro difensori espressamente rinunzino alla sospensione dei termini, ovvero il giudice, a richiesta del pubblico ministero, dichiari, con ordinanza motivata non impugnabile, l'urgenza del procedimento.

([1]) *Questo articolo è stato aggiunto dall'art. 33 della L. 19 marzo 1990, n. 55.*

3. In materia civile, l'art. 1 non si applica alle cause ed ai procedimenti indicati nell'art. 92 dell'ordinamento giudiziario 30 gennaio 1941, n. 12, nonché alle controversie previste dagli artt. 429 e 459 del codice di procedura civile ([1]).

([1]) *Si vedano, ora, gli artt. 409 ss c.p.c.*
Si veda anche l'art. 93 del D.L.vo 8 luglio 1999, n. 270 che si riporta:
«(Sospensione dei termini processuali). *1. La sospensione dei termini processuali, prevista dalla legge 7 ottobre 1969, n. 742, non si applica:*
a) *ai procedimenti per la dichiarazione dello stato di insolvenza e di opposizione alla medesima;*
b) *al procedimento per l'apertura della procedura di amministrazione straordinaria o la dichiarazione di fallimento dell'impresa insolvente, previsto dagli articoli 28, 29 e 30, ed al relativo procedimento di reclamo;*
c) *ai procedimenti di conversione dell'amministrazione straordinaria in fallimento e di conversione del fallimento in amministrazione straordinaria, nonché ai relativi procedimenti di reclamo*».

4. Le norme degli artt. 2 e 3 si applicano alle cause prevedute dagli artt. 91 e 92 dell'ordinamento giudiziario di competenza del pretore ([1]) e, per quelle indicate dall'art. 92, anche a quelle di competenza del giudice di pace ([2]).

([1]) *Ai sensi del D.L.vo 19 febbraio 1998, n. 51, l'ufficio del pretore è soppresso a decorrere dal 2 giugno 1999, fatta salva l'attività necessaria per l'esaurimento degli affari pendenti. Le relative competenze sono trasferite al tribunale ordinario, fuori dei casi in cui è diversamente disposto dal predetto provvedimento.*

([2]) *A norma dell'art. 39 della L. 21 novembre 1991, n. 374, in tutte le disposizioni di legge in cui vengono usate le espressioni «conciliatore», «giudice conciliatore» e «vice conciliatore» ovvero «ufficio di conciliazione», queste debbono intendersi sostituite rispettivamente con le espressioni «giudice di pace» e «ufficio del giudice di pace».*

5. In materia amministrativa, l'art. 1 non si applica nel procedimento per la sospensione della esecuzione del provvedimento impugnato.

6. La presente legge entra in vigore il giorno stesso della sua pubblicazione nella *Gazzetta Ufficiale*.

3.

L. 23 febbraio 1999, n. 44. Disposizioni concernenti il Fondo di solidarietà per le vittime delle richieste estorsive e dell'usura (*Gazzetta Ufficiale* Serie gen. - n. 51 del 3 marzo 1999).

(*Estratto*)

20. Sospensione di termini. - 1. A favore dei soggetti che abbiano richiesto o nel cui interesse sia stata richiesta l'elargizione prevista dagli articoli 3, 5, 6 e 8, i termini di scadenza, ricadenti entro un anno dalla data dell'evento lesivo, degli adempimenti amministrativi e per il pagamento dei ratei dei mutui bancari e ipotecari, nonché di ogni altro atto avente efficacia esecutiva, sono prorogati dalle rispettive scadenze per la durata di due anni a decorrere dal provvedimento di sospensione. Non sono dovuti interessi di mora nel frattempo eventualmente maturati (1).

2. A favore dei soggetti che abbiano richiesto o nel cui interesse sia stata richiesta l'elargizione prevista dagli articoli 3, 5, 6 e 8, i termini di scadenza, ricadenti entro un anno dalla data dell'evento lesivo, degli adempimenti fiscali sono prorogati dalle rispettive scadenze per la durata di tre anni.

3. Sono altresì sospesi, per la medesima durata di cui al comma 1, i termini di prescrizione e quelli perentori, legali e convenzionali, sostanziali e processuali, comportanti decadenze da qualsiasi diritto, azione ed eccezione, che sono scaduti o che scadono entro un anno dalla data dell'evento lesivo.

4. Sono sospesi per la medesima durata di cui al comma 1 l'esecuzione dei provvedimenti di rilascio di immobili e i termini relativi a processi esecutivi mobiliari ed immobiliari, ivi comprese le vendite e le assegnazioni forzate.

5. Qualora si accerti, a seguito di sentenza penale irrevocabile, o comunque con sentenza esecutiva, l'inesistenza dei presupposti per l'applicazione dei benefici previsti dal presente articolo, gli effetti dell'inadempimento delle obbligazioni di cui ai commi 1 e 2 e della scadenza dei termini di cui al comma 3 sono regolati dalle norme ordinarie.

6. Le disposizioni di cui ai commi 1, 2, 3, 4 e 5 si applicano altresì a coloro i quali abbiano richiesto la concessione del mutuo senza interesse di cui all'articolo 14, comma 2, della legge 7 marzo 1996, n. 108, nonché a coloro che abbiano richiesto l'elargizione prevista dall'articolo 1 della legge 20 ottobre 1990, n. 302.

7. Le sospensioni dei termini di cui ai commi 1, 3 e 4 e la proroga di cui al comma 2 hanno effetto a seguito del provvedimento favorevole del procuratore della Repubblica competente per le indagini in ordine ai delitti che hanno causato l'evento lesivo di cui all'articolo 3, comma 1. In presenza di più procedimenti penali che riguardano la medesima parte offesa, anche ai fini delle sospensioni e della proroga anzidette, è competente il procuratore della Repubblica del procedimento iniziato anteriormente (2).

7 *bis*. Il prefetto, ricevuta la richiesta di elargizione di cui agli articoli 3, 5, 6 e 8, compila l'elenco delle procedure esecutive in corso a carico del richiedente e informa senza ritardo il procuratore della Repubblica competente, che trasmette il provvedimento al giudice, o ai giudici, dell'esecuzione entro sette giorni dalla comunicazione del prefetto (3).

7 *ter*. Nelle procedure esecutive riguardanti debiti nei confronti dell'erario, ovvero di enti previdenziali o assistenziali, non sono poste a carico dell'esecutato le sanzioni dalla data di inizio dell'evento lesivo, come definito dall'articolo 3, comma 1, fino al termine di scadenza delle sospensioni e della proroga di cui ai commi da 1 a 4 del presente articolo (3).

(1) *Le parole: «trecento giorni» sono state così sostituite dalle attuali: «due anni a decorrere dal provvedimento di sospensione. Non sono dovuti interessi di mora nel frattempo eventualmente maturati» dall'art. 38 bis, comma 1, lett.* f), *del D.L. 4 ottobre 2018, n. 113, convertito, con modificazioni, nella L. 1° dicembre 2018, n. 132.*

(2) *Questo comma è stato così sostituito dall'art. 2, comma 1, lett.* d), *n. 1), della L. 27 gennaio 2012, n. 3. A norma dell'art. 21 della medesima legge, essa entra in vigore il trentesimo giorno successivo a quello della sua pubblicazione* (Gazzetta Ufficiale *Serie gen. - n. 24 del 30 gennaio 2012*).

(3) *Questo comma è stato aggiunto dall'art. 2, comma 1, lett.* d), *n. 2), della L. 27 gennaio 2012, n. 3. A norma dell'art. 21 della medesima legge, essa entra in vigore il trentesimo giorno successivo a quello della sua pubblicazione* (Gazzetta Ufficiale *Serie gen. - n. 24 del 30 gennaio 2012*).

4.

D.L. 17 marzo 2020, n. 18. Misure di potenziamento del Servizio sanitario nazionale e di sostegno economico per famiglie, lavoratori e imprese connesse all'emergenza epidemiologica da COVID-19 (*Gazzetta Ufficiale* Serie gen. - n. 70 del 17 marzo 2020), convertito, con modificazioni, nella L. 24 aprile 2020, n. **27** (*Gazzetta Ufficiale* Serie gen. - n. 110 del 29 aprile 2020) ed *avviso di rettifica* in *Gazzetta Ufficiale* Serie gen. - n. 71 del 18 marzo 2020.

(*Estratto*)

Titolo III

Misure a sostegno della liquidità attraverso il sistema bancario

54 *ter*. Sospensione delle procedure esecutive sulla prima casa. – 1. Al fine di contenere gli effetti negativi dell'emergenza epidemiologica da COVID-19, in tutto il territorio nazionale è sospesa, fino al 30 giugno 2021 (1) (2), ogni procedura esecutiva per il pignoramento immobiliare, di cui all'articolo 555 del codice di procedura civile, che abbia ad oggetto l'abitazione principale del debitore.

(1) *Le parole: «per la durata di sei mesi a decorrere dalla data di entrata in vigore della legge di conversione del presente decreto» sono state così sostituite dalle seguenti: «fino al 31 dicembre 2020» dall'art. 4, comma 1, del D.L. 28 ottobre 2020, n. 137, convertito, con modificazioni, nella L. 18 dicembre 2020, n. 176.*

La Corte costituzionale, con sentenza n. 87 del 4 aprile 2022, ha dichiarato l'illegittimità costituzionale dell'art. 4, comma 1, del D.L. 28 ottobre 2020, n. 137, convertito, con modificazioni, nella L. 18 dicembre 2020, n. 176, nella parte in cui prevede che «È inefficace ogni procedura esecutiva per il pignoramento immobiliare, di cui all'articolo 555 del codice di procedura civile, che abbia ad oggetto l'abitazione principale del debitore, effettuata dal 25 ottobre 2020 alla data di entrata in vigore della legge di conversione del citato decreto».

(2) *Le parole: «fino al 31 dicembre 2020» sono state così sostituite dalle seguenti: «fino al 30 giugno 2021» dall'art. 13, comma 14, del D.L. 31 dicembre 2020, n. 183, convertito, con modificazioni, nella L. 26 febbraio 2021, n. 21. La Corte costituzionale, con sentenza n. 128 del 22 giugno 2021, ha dichiarato l'illegittimità costituzionale dell'art. 13, comma 14, del D.L. n. 183/2020.*

Titolo V

Ulteriori disposizioni

83. Nuove misure urgenti per contrastare l'emergenza epidemiologica da COVID-19 e contenerne gli effetti in materia di giustizia civile, penale, tributaria e militare. – 1. Dal 9 marzo 2020 al 15 aprile 2020 le udienze dei procedimenti civili e penali pendenti presso tutti gli uffici giudiziari sono rinviate d'ufficio a data successiva al 15 aprile 2020 (1).

2. Dal 9 marzo 2020 al 15 aprile 2020 è sospeso il decorso dei termini per il compimento di qualsiasi atto dei procedimenti civili e penali. Si intendono pertanto sospesi, per la stessa durata, i termini stabiliti per la fase delle indagini preliminari, per l'adozione di provvedimenti giudiziari e per il deposito della loro motivazione, per la proposizione degli atti introduttivi del giudizio e dei procedimenti esecutivi, per le impugnazioni e, in genere, tutti i termini procedurali. Ove il decorso del termine abbia inizio durante il periodo di sospensione, l'inizio stesso è differito alla fine di detto periodo. Quando il termine è computato a ritroso e ricade in tutto o in parte nel periodo di sospensione, è differita l'udienza o l'attività da cui decorre il termine in modo da consentirne il rispetto. Si intendono altresì sospesi, per la stessa durata indicata nel primo periodo, i termini per la notifica del ricorso in primo grado innanzi alle Commissioni tributarie e il termine di cui all'articolo 17 bis, comma 2 del decreto legislativo 31 dicembre 1992 n. 546 (1). Per il periodo compreso tra il 9 marzo 2020 e l'11 maggio 2020 si considera sospeso il decorso del termine di cui all'articolo 124 del codice penale (2) (3).

3. Le disposizioni di cui ai commi 1 e 2 non operano nei seguenti casi:

a) cause di competenza del tribunale per i minorenni relative alle dichiarazioni di adottabilità e ai minori allontanati dalla famiglia quando dal ritardo può derivare un grave pregiudizio e, in genere, procedimenti in cui è urgente e indifferibile la tutela di diritti fondamentali della persona; cause relative ai diritti delle persone minorenni, al diritto all'assegno di mantenimento, agli alimenti e all'assegno divorzile (4) o ad obbligazioni alimentari derivanti da rapporti di famiglia, di parentela, di matrimonio o di affinità, nei soli casi in cui vi sia pregiudizio per la tutela di bisogni essenziali procedimenti cautelari aventi ad oggetto la tutela di diritti fondamentali della persona; procedimenti per l'adozione di provvedimenti in materia di tutela, di amministrazione di sostegno, di interdizione e di inabilitazione nei soli casi in cui viene dedotta una motivata situazione di indifferibilità incompatibile anche con l'adozione di provvedimenti provvisori e sempre che l'esame diretto della persona del beneficiario, dell'interdicendo e dell'inabilitando non risulti incompatibile con le sue condizioni di età e salute; procedimenti di cui all'articolo 35 della legge 23 dicembre 1978, n. 833; procedimenti di cui all'articolo 12 della legge 22 maggio 1978, n. 194; procedimenti per l'adozione di ordini di protezione contro gli abusi familiari; procedimenti di convalida dell'espulsione, allontanamento e trattenimento di cittadini di paesi terzi e dell'Unione europea; procedimenti di cui agli articoli 283, 351 e 373 del codice di procedura civile, procedimenti elettorali di cui agli articoli 22, 23 e 24 del decreto legislativo 1° settembre 2011, n. 150 e, in genere, tutti i procedimenti la cui ritardata trattazione può produrre grave pregiudizio alle parti ([5]), In quest'ultimo caso, la dichiarazione di urgenza è fatta dal capo dell'ufficio giudiziario o dal suo delegato in calce alla citazione o al ricorso, con decreto non impugnabile e, per le cause già iniziate, con provvedimento del giudice istruttore o del presidente del collegio, egualmente non impugnabile;

b) procedimenti di convalida dell'arresto o del fermo, o dell'ordine di allontanamento immediato dalla casa familiare procedimenti nei quali nel periodo di sospensione o nei sei mesi successivi scadono i termini di cui all'articolo 304, comma 6, del codice di procedura penale ([6]), procedimenti per la consegna di un imputato o di un condannato all'estero ai sensi della legge 22 aprile 2005, n. 69, procedimenti di estradizione per l'estero di cui al capo I del titolo II del libro XI del codice di procedura penale, procedimenti in cui sono applicate misure di sicurezza detentive o è pendente la richiesta di applicazione di misure di sicurezza detentive e, quando i detenuti, gli imputati, i proposti o i loro difensori espressamente richiedono che si proceda, altresì i seguenti:

1) procedimenti a carico di persone detenute, salvo i casi di sospensione cautelativa delle misure alternative, ai sensi dell'articolo 51 *ter* della legge 26 luglio 1975, n. 354;

2) procedimenti in cui sono applicate misure cautelari o di sicurezza;

3) procedimenti per l'applicazione di misure di prevenzione o nei quali sono disposte misure di prevenzione;

c) procedimenti che presentano carattere di urgenza, per la necessità di assumere prove indifferibili, nei casi di cui all'articolo 392 del codice di procedura penale. La dichiarazione di urgenza è fatta dal giudice o dal presidente del collegio, su richiesta di parte, con provvedimento motivato e non impugnabile.

3 *bis*. La richiesta che si proceda da parte di detenuti, imputati o proposti a norma del comma 3, lettera *b*), alinea, per i procedimenti pendenti dinanzi alla Corte di cassazione, può essere avanzata solo a mezzo del difensore che li rappresenta dinanzi alla Corte. Nei procedimenti pendenti dinanzi alla Corte di cassazione e pervenuti alla cancelleria della Corte nel periodo dal 9 marzo al 30 giugno 2020 il decorso del termine di prescrizione è sospeso sino alla data dell'udienza fissata per la trattazione e, in ogni caso, non oltre il 31 dicembre 2020.

4. Nei procedimenti penali in cui opera la sospensione dei termini ai sensi del comma 2 sono altresì sospesi, per lo stesso periodo, il corso della prescrizione e i termini di cui agli articoli 303 e 308 del codice di procedura penale.

5. Nel periodo di sospensione dei termini e limitatamente all'attività giudiziaria non sospesa, i capi degli uffici giudiziari possono adottare le misure di cui al comma 7, lettere da *a*) a *f*) e *h*).

6. Per contrastare l'emergenza epidemiologica da COVID-19 e contenerne gli effetti negativi sullo svolgimento dell'attività giudiziaria, per il periodo compreso tra il 12 maggio ([7]) e il 30 giugno 2020 ([8]) i capi degli uffici giudiziari, sentiti l'autorità sanitaria regionale, per il tramite del Presidente della Giunta della Regione, e il Consiglio dell'ordine degli avvocati, adottano le misure organizzative, anche relative alla trattazione degli affari giudiziari, necessarie per consentire il rispetto delle indicazioni igienico-sanitarie fornite dal Ministero della salute, anche d'intesa con le Regioni, dal Dipartimento della funzione pubblica della Presidenza del Consiglio dei ministri, dal Ministero della giustizia e delle prescrizioni adottate in materia con decreti del Presidente del Consiglio dei ministri, al fine di evitare assembramenti all'interno dell'ufficio giudiziario e contatti ravvicinati tra le persone. Per gli uffici diversi dalla Corte suprema di cassazione e dalla Procura generale presso la Corte di cassazione, le misure sono adottate d'intesa con il Presidente della Corte d'appello e con il Procuratore generale della Repubblica presso la Corte d'appello dei rispettivi distretti ([9]).

7. Per assicurare le finalità di cui al comma 6, i capi degli uffici giudiziari possono adottare le seguenti misure:

a) la limitazione dell'accesso del pubblico agli uffici giudiziari, garantendo comunque l'accesso alle persone che debbono svolgervi attività urgenti;

b) la limitazione, sentito il dirigente amministrativo, dell'orario di apertura al pubblico degli uffici anche in deroga a quanto disposto dall'articolo 162 della legge 23 ottobre 1960, n. 1196 ovvero, in via residuale e solo per gli uffici che non erogano servizi urgenti, la chiusura al pubblico;

c) la regolamentazione dell'accesso ai servizi, previa prenotazione, anche tramite mezzi di comunicazione telefonica o telematica, curando che la convocazione degli utenti sia scaglionata per orari fissi, nonché l'adozione di ogni misura ritenuta necessaria per evitare forme di assembramento;

d) l'adozione di linee guida vincolanti per la fissazione e la trattazione delle udienze;

e) la celebrazione a porte chiuse, ai sensi dell'articolo 472, comma 3, del codice di procedura penale, di tutte le udienze penali pubbliche o di singole udienze e, ai sensi dell'articolo 128 del codice di procedura civile, delle udienze civili pubbliche;

f) la previsione dello svolgimento delle udienze civili che non richiedono la presenza di soggetti diversi dai difensori, dalle parti e dagli ausiliari del giudice, anche se finalizzate all'assunzione di informazioni presso la pubblica amministrazione, mediante collegamenti da remoto individuati e regolati con provvedimento del Direttore generale dei sistemi informativi e automatizzati del Ministero della giustizia. Lo svolgimento dell'udienza deve in ogni caso avvenire con modalità idonee a salvaguardare il contraddittorio e l'effettiva partecipazione delle parti; il luogo posto nell'ufficio giudiziario da cui il magistrato si collega con gli avvocati, le parti ed il personale addetto è considerato aula d'udienza a tutti gli effetti di legge ([10]). Prima dell'udienza il giudice fa comunicare ai procuratori delle parti e al pubblico ministero, se è prevista la sua partecipazione, giorno, ora e modalità di collegamento. All'udienza il giudice dà atto a verbale delle modalità con cui si accerta dell'identità dei soggetti partecipanti e, ove trattasi di parti, della loro libera volontà. Di tutte le ulteriori operazioni è dato atto nel processo verbale;

g) la previsione del rinvio delle udienze a data successiva al 30 giugno 2020 nei procedimenti civili e penali, con le eccezioni indicate al comma 3;

h) lo svolgimento delle udienze civili che non richiedono la presenza di soggetti diversi dai difensori delle parti mediante lo scambio e il deposito in telematico di note scritte contenenti le sole istanze e conclusioni, e la successiva adozione fuori udienza del provvedimento del giudice.

h bis) lo svolgimento dell'attività degli ausiliari del giudice con collegamenti da remoto tali da salvaguardare il contraddittorio e l'effettiva partecipazione delle parti

7 *bis*. Fermo quanto disposto per gli incontri tra genitori e figli in spazio neutro, ovvero alla presenza di operatori del servizio socio-assistenziale, disposti con provvedimento giudiziale fino al 31 maggio 2020, dopo tale data è ripristinata la continuità degli incontri protetti tra genitori e figli già autorizzata dal tribunale per i minorenni per tutti i servizi residenziali, non residenziali e semiresidenziali per i minorenni, nonché negli spazi neutri, favorendo le condizioni che consentono le misure di distanziamento sociale. La sospensione degli incontri, nel caso in cui non sia possibile assicurare i collegamenti da remoto, può protrarsi esclusivamente in caso di taluno dei delitti di cui alla legge 19 luglio 2019, n. 69 ([11]).

8. Per il periodo di efficacia dei provvedimenti di cui al comma 7 che precludano la presentazione della domanda giudiziale è sospesa la decorrenza dei termini di prescrizione e decadenza dei diritti che possono essere esercitati esclusivamente mediante il compimento delle attività precluse dai provvedimenti medesimi.

9. Nei procedimenti penali il corso della prescrizione e i termini di cui agli articoli 303, 308, 309, comma 9, 311, commi 5 e 5 bis, e 324, comma 7, del codice di procedura penale e agli articoli 24, comma 2, e 27, comma 6, del decreto legislativo 6 settembre 2011, n. 159 rimangono sospesi per il tempo in cui il procedimento è rinviato ai sensi del comma 7, lettera g), e, in ogni caso, non oltre il 30 giugno 2020 ([12]).

10. Ai fini del computo di cui all'articolo 2 della legge 24 marzo 2001, n. 89, nei procedimenti rinviati a norma del presente articolo non si tiene conto del periodo compreso tra l'8 marzo e il 30 giugno 2020.

11. Dal 9 marzo 2020 al 30 giugno 2020, negli uffici che hanno la disponibilità del servizio di deposito telematico anche gli atti e documenti di cui all'articolo 16 bis, comma 1 bis, del decreto legge 18 ottobre 2012, n. 179, convertito, con modificazioni, dalla legge 17 dicembre 2012, n. 221, sono depositati esclusivamente con le modalità previste dal comma 1 del medesimo articolo. Gli obblighi di pagamento del contributo unificato di cui all'articolo 14 del decreto del Presidente del-

la Repubblica 30 maggio 2002, n. 115, nonché l'anticipazione forfettaria di cui all'articolo 30 del medesimo decreto, connessi al deposito degli atti con le modalità previste dal periodo precedente, sono assolti con sistemi telematici di pagamento anche tramite la piattaforma tecnologica di cui all'articolo 5, comma 2, del decreto legislativo 7 marzo 2005, n. 82.

11.1. Dal 9 marzo 2020 al 31 luglio 2020, nei procedimenti civili, contenziosi o di volontaria giurisdizione innanzi al tribunale e alla corte di appello, il deposito degli atti del magistrato ha luogo esclusivamente con modalità telematiche, nel rispetto della normativa anche regolamentare concernente la sottoscrizione, la trasmissione e la ricezione dei documenti informatici. È comunque consentito il deposito degli atti di cui al periodo precedente con modalità non telematiche quando i sistemi informatici del dominio giustizia non sono funzionanti ([13]).

11 *bis*. Nei procedimenti civili innanzi alla Corte di cassazione, sino al 30 giugno 2020, il deposito degli atti e dei documenti da parte degli avvocati può avvenire in modalità telematica nel rispetto della normativa anche regolamentare concernente la sottoscrizione, la trasmissione e la ricezione dei documenti informatici. L'attivazione del servizio è preceduta da un provvedimento del direttore generale dei sistemi informativi e automatizzati del Ministero della giustizia che accerta l'installazione e l'idoneità delle attrezzature informatiche, unitamente alla funzionalità dei servizi di comunicazione dei documenti informatici. Gli obblighi di pagamento del contributo unificato di cui all'articolo 14 del testo unico di cui al decreto del Presidente della Repubblica 30 maggio 2002, n. 115, nonché l'anticipazione forfettaria di cui all'articolo 30 del medesimo decreto, connessi al deposito telematico degli atti di costituzione in giudizio presso la Corte di cassazione, sono assolti con sistemi telematici di pagamento anche tramite la piattaforma tecnologica di cui all'articolo 5, comma 2, del codice di cui al decreto legislativo 7 marzo 2005, n. 82

12. Ferma l'applicazione dell'articolo 472, comma 3, del codice di procedura penale, dal 9 marzo 2020 al 30 giugno 2020, la partecipazione a qualsiasi udienza delle persone detenute, internate o in stato di custodia cautelare è assicurata, ove possibile, mediante videoconferenze o con collegamenti da remoto individuati e regolati con provvedimento del Direttore generale dei sistemi informativi e automatizzati del Ministero della giustizia, applicate, in quanto compatibili, le disposizioni di cui ai commi 3, 4 e 5 dell'articolo 146 *bis* delle norme di attuazione, di coordinamento e transitorie del codice di procedura penale, di cui al decreto legislativo 28 luglio 1989, n. 271.

12 *bis*. Fermo quanto previsto dal comma 12, dal 9 marzo 2020 al 30 giugno 2020 le udienze penali che non richiedono la partecipazione di soggetti diversi dal pubblico ministero, dalle parti private e dai rispettivi difensori, dagli ausiliari del giudice, da ufficiali o agenti di polizia giudiziaria, da interpreti, consulenti o periti possono essere tenute mediante collegamenti da remoto individuati e regolati con provvedimento del direttore generale dei sistemi informativi e automatizzati del Ministero della giustizia. Lo svolgimento dell'udienza avviene con modalità idonee a salvaguardare il contraddittorio e l'effettiva partecipazione delle parti. Prima dell'udienza il giudice fa comunicare ai difensori delle parti, al pubblico ministero e agli altri soggetti di cui è prevista la partecipazione giorno, ora e modalità del collegamento. I difensori attestano l'identità dei soggetti assistiti, i quali, se liberi o sottoposti a misure cautelari diverse dalla custodia in carcere, partecipano all'udienza solo dalla medesima postazione da cui si collega il difensore. In caso di custodia dell'arrestato o del fermato in uno dei luoghi indicati dall'articolo 284, comma 1, del codice di procedura penale, la persona arrestata o fermata e il difensore possono partecipare all'udienza di convalida da remoto anche dal più vicino ufficio della polizia giudiziaria attrezzato per la videoconferenza, quando disponibile. In tal caso, l'identità della persona arrestata o formata è accertata dall'ufficiale di polizia giudiziaria presente. L'ausiliario del giudice partecipa all'udienza dall'ufficio giudiziario e dà atto nel verbale d'udienza delle modalità di collegamento da remoto utilizzate, delle modalità con cui si accerta l'identità dei soggetti partecipanti e di tutte le ulteriori operazioni, nonché dell'impossibilità dei soggetti non presenti fisicamente di sottoscrivere il verbale, ai sensi dell'articolo 137, comma 2, del codice di procedura penale, o di vistarlo, ai sensi dell'articolo 483, comma 1, del codice di procedura penale. Fermo quanto previsto dal comma 12, le disposizioni di cui al presente comma non si applicano, salvo che le parti vi acconsentano, alle udienze di discussione finale, in pubblica udienza o in camera di consiglio e a

quelle nelle quali devono essere esaminati testimoni, parti, consulenti o periti ([14]).

12 *ter*. A decorrere dalla data di entrata in vigore della legge di conversione del presente decreto e sino al 30 giugno 2020, per la decisione sui ricorsi proposti per la trattazione a norma degli articoli 127 e 614 del codice di procedura penale la Corte di cassazione procede in Camera di consiglio senza l'intervento del procuratore generale e dei difensori delle altre parti, salvo che una delle parti private o il procuratore generale faccia richiesta di discussione orale ([15]). Entro il quindicesimo giorno precedente l'udienza, il procuratore generale formula le sue richieste con atto spedito alla cancelleria della Corte a mezzo di posta elettronica certificata. La cancelleria provvede immediatamente a inviare, con lo stesso mezzo, l'atto contenente le richieste ai difensori delle altre parti che, entro il quinto giorno antecedente l'udienza, possono presentare con atto scritto, inviato alla cancelleria della corte a mezzo di posta elettronica certificata, le conclusioni. Alla deliberazione si procede anche con le modalità di cui al comma 12-quinquies; non si applica l'articolo 615, comma 3, del codice di procedura penale e il dispositivo è comunicato alle parti. La richiesta di discussione orale è formulata per iscritto dal procuratore generale o ([16]) dal difensore [del ricorrente] ([17]) abilitato a norma dell'articolo 613 del codice di procedura penale entro il termine perentorio di venticinque giorni liberi prima dell'udienza e presentata, a mezzo di posta elettronica certificata, alla cancelleria. Le udienze fissate in data anteriore al venticinquesimo giorno successivo alla data di entrata in vigore della legge di conversione del presente decreto sono rinviate in modo da consentire il rispetto del termine previsto per la richiesta di discussione orale. Se la richiesta è formulata dal difensore del ricorrente, i termini di prescrizione e di custodia cautelare sono sospesi per il tempo in cui il procedimento è rinviato.

12 *quater*. Dal 9 marzo 2020 al 30 giugno 2020, nel corso delle indagini preliminari il pubblico ministero e il giudice possono avvalersi di collegamenti da remoto, individuati e regolati con provvedimento del direttore generale dei sistemi informativi e automatizzati del Ministero della giustizia, per compiere atti che richiedono la partecipazione della persona sottoposta alle indagini, della persona offesa, del difensore, di consulenti, di esperti o di altre persone, nei casi in cui la presenza fisica di costoro non può essere assicurata senza mettere a rischio le esigenze di contenimento della diffusione del virus COVID-19. La partecipazione delle persone detenute, internate o in stato di custodia cautelare è assicurata con le modalità di cui al comma 12. Le persone chiamate a partecipare all'atto sono tempestivamente invitate a presentarsi presso il più vicino ufficio di polizia giudiziaria, che abbia in dotazione strumenti idonei ad assicurare il collegamento da remoto. Presso tale ufficio le persone partecipano al compimento dell'atto in presenza di un ufficiale o agente di polizia giudiziaria, che procede alla loro identificazione. Il compimento dell'atto avviene con modalità idonee a salvaguardarne, ove necessario, la segretezza e ad assicurare la possibilità per la persona sottoposta alle indagini di consultarsi riservatamente con il proprio difensore. Il difensore partecipa da remoto mediante collegamento dallo studio legale, salvo che decida di essere presente nel luogo ove si trova il suo assistito. Il pubblico ufficiale che redige il verbale dà atto nello stesso delle modalità di collegamento da remoto utilizzate, delle modalità con cui si accerta l'identità dei soggetti partecipanti e di tutte le ulteriori operazioni, nonché dell'impossibilità dei soggetti non presenti fisicamente di sottoscrivere il verbale, ai sensi dell'articolo 137, comma 2, del codice di procedura penale.

12 *quater* 1. Sino al 31 luglio 2020, con uno o più decreti del Ministro della giustizia non aventi natura regolamentare, presso ciascun ufficio del pubblico ministero che ne faccia richiesta a norma del terzo periodo, è autorizzato il deposito con modalità telematica di memorie, documenti, richieste e istanze indicate dall'articolo 415 *bis*, comma 3, del codice di procedura penale, secondo le disposizioni stabilite con provvedimento del Direttore generale dei sistemi informativi e automatizzati del Ministero della giustizia, anche in deroga alle previsioni del decreto emanato ai sensi dell'articolo 4, comma 1, del decreto legge 29 dicembre 2009, n. 193, convertito, con modificazioni, dalla legge 22 febbraio 2010, n. 24. Il deposito degli atti si intende eseguito al momento del rilascio della ricevuta di accettazione da parte dei sistemi ministeriali, secondo le modalità stabilite dal provvedimento direttoriale di cui al primo periodo. I decreti di cui al primo periodo sono adottati su richiesta degli uffici del pubblico ministero, previo accertamento da parte del Direttore generale dei sistemi informativi e automatizzati del Ministero della

giustizia della funzionalità dei servizi di comunicazione dei documenti informatici ([18]).

12 *quater* 2. Sino al 31 luglio 2020, con uno o più decreti del Ministro della giustizia non aventi natura regolamentare, presso ciascun ufficio del pubblico ministero che ne faccia richiesta a norma del terzo periodo, gli ufficiali e agenti di polizia giudiziaria sono autorizzati a comunicare agli uffici del pubblico ministero atti e documenti in modalità telematica, secondo le disposizioni stabilite con provvedimento del Direttore generale dei sistemi informativi e automatizzati del Ministero della giustizia, anche in deroga alle previsioni del decreto emanato ai sensi dell'articolo 4, comma 1, del decreto legge 29 dicembre 2009, n. 193, convertito, con modificazioni, dalla legge 22 febbraio 2010, n. 24. La comunicazione di cui al periodo che precede si intende eseguita al momento del rilascio della ricevuta di accettazione da parte dei sistemi ministeriali, secondo le modalità stabilite dal provvedimento direttoriale di cui al periodo che precede. I decreti di cui al primo periodo sono adottati su richiesta degli uffici del pubblico ministero, previo accertamento da parte del Direttore generale dei sistemi informativi e automatizzati del Ministero della giustizia della funzionalità dei servizi di comunicazione dei documenti informatici ([18]).

12 *quinquies*. Dal 9 marzo 2020 al 30 giugno 2020, nei procedimenti civili e penali non sospesi, le deliberazioni collegiali in camera dì consiglio possono essere assunte mediante collegamenti da remoto individuati e regolati con provvedimento del direttore generale dei sistemi informativi e automatizzati del Ministero della giustizia. Il luogo da cui si collegano i magistrati è considerato Camera di consiglio a tutti gli effetti di legge. Nei procedimenti penali, dopo la deliberazione, il presidente del collegio o il componente del collegio da lui delegato sottoscrive il dispositivo della sentenza o l'ordinanza e il provvedimento è depositato in cancelleria ai fini dell'inserimento nel fascicolo il prima possibile e, in ogni caso, immediatamente dopo la cessazione dell'emergenza sanitaria. Nei procedimenti penali, le disposizioni di cui al presente comma non si applicano alle deliberazioni conseguenti alle udienze di discussione finale, in pubblica udienza o in camera di consiglio, svolte senza il ricorso a collegamento da remoto ([19]).

13. Le comunicazioni e le notificazioni relative agli avvisi e ai provvedimenti adottati nei procedimenti penali ai sensi del presente articolo, nonché dell'articolo 10 del decreto legge 2 marzo 2020, n. 9, sono effettuate attraverso il Sistema di notificazioni e comunicazioni telematiche penali ai sensi dell'articolo 16 del decreto legge 18 ottobre 2012, n. 179, convertito, con modificazioni, dalla legge 17 dicembre 2012, n. 221, o attraverso sistemi telematici individuati e regolati con provvedimento del Direttore generale dei sistemi informativi e automatizzati del Ministero della giustizia.

14. Le comunicazioni e le notificazioni degli avvisi e dei provvedimenti indicati al comma 13 agli imputati e alle altre parti sono eseguite mediante invio all'indirizzo di posta elettronica certificata di sistema del difensore di fiducia, ferme restando le notifiche che per legge si effettuano presso il difensore d'ufficio.

15. Tutti gli uffici giudiziari sono autorizzati all'utilizzo del Sistema di notificazioni e comunicazioni telematiche penali per le comunicazioni e le notificazioni di avvisi e provvedimenti indicati ai commi 13 e 14, senza necessità di ulteriore verifica o accertamento di cui all'articolo 16, comma 10, del decreto legge 18 ottobre 2012, n. 179, convertito, con modificazioni, dalla legge 17 dicembre 2012, n. 221.

16. Negli istituti penitenziari e negli istituti penali per minorenni, a decorrere dal 9 marzo 2020 e sino alla data del 22 marzo 2020, i colloqui con i congiunti o con altre persone cui hanno diritto i condannati, gli internati e gli imputati a norma degli articoli 18 della legge 26 luglio 1975, n. 354, 37 del decreto del Presidente della Repubblica 30 giugno 2000, n. 230, e 19 del decreto legislativo 2 ottobre 2018, n. 121, sono svolti a distanza, mediante, ove possibile, apparecchiature e collegamenti di cui dispone l'amministrazione penitenziaria e minorile o mediante corrispondenza telefonica, che può essere autorizzata oltre i limiti di cui all'articolo 39, comma 2, del predetto decreto del Presidente della Repubblica n. 230 del 2000 e all'articolo 19, comma 1, del decreto legislativo n. 121 del 2018.

17. Tenuto conto delle evidenze rappresentate dall'autorità sanitaria, la magistratura di sorveglianza può sospendere, nel periodo compreso tra il 9 marzo 2020 ed il 31 maggio 2020, la concessione dei permessi premio di cui all'articolo 30 ter della legge 26 luglio 1975, n. 354, e del regime di semilibertà ai sensi dell'articolo 48 della medesima legge e del decreto legislativo 2 ottobre 2018, n. 121.

18. Le sessioni delle Corti di assise e delle Corti di assise di appello di cui all'articolo 7 della legge 10 aprile 1951, n. 287, in corso alla data di entrata in vigore del presente decreto, sono prorogate fino alla data del 30 giugno 2020.

19. In deroga al disposto dell'articolo 1, comma 1, del decreto legislativo 28 febbraio 2008, n. 35, per l'anno 2020 le elezioni per il rinnovo dei componenti del consiglio giudiziario e del consiglio direttivo della Corte di cassazione si svolgono la prima domenica e il lunedì successivo del mese di ottobre.

20. Dal 9 marzo 2020 al 11 maggio 2020 ([20]) sono altresì sospesi i termini per lo svolgimento di qualunque attività nei procedimenti di mediazione ai sensi del decreto legislativo 4 marzo 2010, n. 28, nei procedimenti di negoziazione assistita ai sensi del decreto legge 12 settembre 2014, n. 132, convertito, con modificazioni, dalla legge 10 novembre 2014, n. 162, nonché in tutti i procedimenti di risoluzione stragiudiziale delle controversie regolati dalle disposizioni vigenti, quando i predetti procedimenti siano stati introdotti o risultino già pendenti a far data dal 9 marzo fino al 11 maggio 2020 ([20]). Sono conseguentemente sospesi i termini di durata massima dei medesimi procedimenti.

20 *bis*. Nel periodo dal 9 marzo al 30 giugno 2020, gli incontri di mediazione in ogni caso possono svolgersi in via telematica con il preventivo consenso di tutte le parti coinvolte nel procedimento. Anche successivamente a tale periodo gli incontri potranno essere svolti, con il preventivo consenso di tutte le parti coinvolte nel procedimento, in via telematica, ai sensi dell'articolo 3, comma 4, del decreto legislativo 4 marzo 2010, n. 28, mediante sistemi di videoconferenza. In caso di procedura telematica l'avvocato, che sottoscrive con firma digitale, può dichiarare autografa la sottoscrizione del proprio cliente collegato da remoto ed apposta in calce al verbale ed all'accordo di conciliazione. Il verbale relativo al procedimento di mediazione svoltosi in modalità telematica è sottoscritto dal mediatore e dagli avvocati delle parti con firma digitale ai fini dell'esecutività dell'accordo prevista dall'articolo 12 del decreto legislativo 4 marzo 2010, n. 28. Il mediatore, apposta la propria sottoscrizione digitale, trasmette tramite posta elettronica certificata agli avvocati delle parti l'accordo così formato ([21]). In tali casi l'istanza di notificazione dell'accordo di mediazione può essere trasmessa all'ufficiale giudiziario mediante l'invio di un messaggio di posta elettronica certificata ([21]). L'ufficiale giudiziario estrae dall'allegato del messaggio di posta elettronica ricevuto le copie analogiche necessarie ed esegue la notificazione ai sensi degli articoli 137 e seguenti del codice di procedura civile, mediante consegna di copia analogica dell'atto da lui dichiarata conforme all'originale ai sensi dell'articolo 23, comma 1, del codice dell'amministrazione digitale, di cui al decreto legislativo 7 marzo 2005, n. 82 ([21]).

[20 *ter*. Fino alla cessazione delle misure di distanziamento previste dalla legislazione emergenziale in materia di prevenzione del contagio da COVID-19, nei procedimenti civili la sottoscrizione della procura alle liti può essere apposta dalla parte anche su un documento analogico trasmesso al difensore, anche in copia informatica per immagine, unitamente a copia di un documento di identità in corso di validità, anche a mezzo di strumenti di comunicazione elettronica. In tal caso, l'avvocato certifica l'autografia mediante la sola apposizione della propria firma digitale sulla copia informatica della procura. La procura si considera apposta in calce, ai sensi dell'articolo 83 del codice di procedura civile, se è congiunta all'atto cui si riferisce mediante gli strumenti informatici individuati con decreto del Ministero della giustizia] ([22]).

21. Le disposizioni del presente articolo, in quanto compatibili, si applicano altresì ai procedimenti relativi alle giurisdizioni speciali non contemplate dal presente decreto legge, agli arbitrati rituali, alle commissioni tributarie e alla magistratura militare.

([1]) *A norma dell'art. 36, comma 1, del D.L. 8 aprile 2020, n. 23, convertito, con modificazioni, nella L. 6 giugno 2020, n. 40, il termine del 15 aprile 2020 previsto da questo comma è prorogato all'11 maggio 2020.*

Le disposizioni del presente articolo si applicano, in quanto compatibili, ai procedimenti di cui ai commi 20 e 21, di questo stesso articolo.

A norma dell'art. 36, comma 2, del D.L. 8 aprile 2020, n. 23, convertito, con modificazioni, nella L. 6 giugno 2020, n. 40, la disposizione di cui al predetto comma 1, non si applica ai procedimenti penali in cui i termini di cui all'articolo 304 del codice di procedura penale scadono nei sei mesi successivi all'11 maggio 2020.

A norma dell'art. 36, comma 4, del D.L. 8 aprile 2020, n. 23, convertito, con modificazioni, nella L. 6 giugno 2020, n. 40, la proroga del termine di cui al comma 1, primo periodo, si applica altresì a tutte le funzioni e attività della Corte dei conti, come elencate nell'articolo 85 di questo stesso decreto.

([2]) *Questo periodo è stato aggiunto dall'art. 221, comma 1, del D.L. 19 maggio 2020, n. 34, convertito, con modificazioni, nella L. 17 luglio 2020, n. 77.*

([3]) *A norma dell'art. 158 del D.L. 19 maggio 2020, n. 34, convertito, con modificazioni, nella L. 17 luglio 2020, n. 77, la sospensione dei termini processuali pre-*

vista da questo comma, si intende cumulabile in ogni caso con la sospensione del termine di impugnazione prevista dalla procedura di accertamento con adesione.

(4) *Le parole: «cause relative ad alimenti» sono state così sostituite dalle attuali: «cause relative ai diritti delle persone minorenni, al diritto all'assegno di mantenimento, agli alimenti e all'assegno divorzile» dall'art. 3, comma 1, lett.* a), *n. 1), del D.L. 30 aprile 2020, n. 28, convertito, con modificazioni, nella L. 25 giugno 2020, n. 70.*

(5) *Le parole: «procedimenti di cui agli articoli 283, 351 e 373 del codice di procedura civile e, in genere, tutti i procedimenti la cui ritardata trattazione può produrre grave pregiudizio alle parti; procedimenti elettorali di cui agli articoli 22, 23 e 24 del decreto legislativo 1° settembre 2011, n. 150» sono state così sostituite dalle attuali: «procedimenti di cui agli articoli 283, 351 e 373 del codice di procedura civile, procedimenti elettorali di cui agli articoli 22, 23 e 24 del decreto legislativo 1° settembre 2011, n. 150 e, in genere, tutti i procedimenti la cui ritardata trattazione può produrre grave pregiudizio alle parti» dall'art. 3, comma 1, lett.* a), *n. 1), del D.L. 30 aprile 2020, n. 28, convertito, con modificazioni, nella L. 25 giugno 2020, n. 70.*

(6) *Le parole: «procedimenti nei quali nel periodo di sospensione scadono i termini di cui all'articolo 304 del codice di procedura penale» sono state così sostituite dalle attuali: «procedimenti nei quali nel periodo di sospensione o nei sei mesi successivi scadono i termini di cui all'articolo 304, comma 6, del codice di procedura penale» dall'art. 3, comma 1, lett.* a), *n. 2), del D.L. 30 aprile 2020, n. 28, convertito, con modificazioni, nella L. 25 giugno 2020, n. 70.*

(7) *Le parole: «16 aprile» sono state così sostituite dalle attuali: «12 maggio» dall'art. 3, comma 1, lett.* b), *del D.L. 30 aprile 2020, n. 28, convertito, con modificazioni, nella L. 25 giugno 2020, n. 70.*

(8) *Le parole: «31 luglio 2020» sono state così sostituite dalle attuali: «30 giugno 2020» dall'art. 3, comma 1, lett.* b bis), *del D.L. 30 aprile 2020, n. 28, convertito, con modificazioni, nella L. 25 giugno 2020, n. 70.*

(9) *A norma dell'art. 36, comma 1, del D.L. 8 aprile 2020, n. 23, convertito, con modificazioni, nella L. 6 giugno 2020, n. 40, il termine del 15 aprile 2020 previsto da questo comma è prorogato all'11 maggio 2020.*

Conseguentemente il termine iniziale del periodo previsto da questo comma è fissato al 12 maggio 2020.

Le disposizioni del presente articolo si applicano, in quanto compatibili, ai procedimenti di cui ai commi 20 e 21, di questo stesso articolo.

(10) *Le parole: «; il luogo posto nell'ufficio giudiziario da cui il magistrato si collega con gli avvocati, le parti ed il personale addetto è considerato aula d'udienza a tutti gli effetti di legge» sono state aggiunte dall'art. 3, comma 1, lett.* c), *del D.L. 30 aprile 2020, n. 28, convertito, con modificazioni, nella L. 25 giugno 2020, n. 70.*

(11) *Questo comma è stato così sostituito dall'art. 3, comma 1, lett.* c bis), *del D.L. 30 aprile 2020, n. 28, convertito, con modificazioni, nella L. 25 giugno 2020, n. 70.*

(12) *La Corte costituzionale, con sentenza n. 140 del 6 luglio 2021, ha dichiarato l'illegittimità costituzionale di questo comma, nella parte in cui prevede la sospensione del corso della prescrizione per il tempo in cui i procedimenti penali sono rinviati ai sensi del precedente comma 7, lettera g), e in ogni caso, non oltre il 30 giugno 2020.*

(13) *Questo comma è stato inserito dall'art. 3, comma 1, lett.* c ter), *del D.L. 30 aprile 2020, n. 28, convertito, con modificazioni, nella L. 25 giugno 2020, n. 70.*

(14) *Questo periodo è stato aggiunto dall'art. 3, comma 1, lett.* d), *del D.L. 30 aprile 2020, n. 28, convertito, con modificazioni, nella L. 25 giugno 2020, n. 70.*

(15) *Le parole: «salvo che la parte ricorrente faccia richiesta di discussione orale» sono state così sostituite dalle attuali: «salvo che una delle parti private o il procuratore generale faccia richiesta di discussione orale» dall'art. 3, comma 1, lett.* e), *n. 1), del D.L. 30 aprile 2020, n. 28, convertito, con modificazioni, nella L. 25 giugno 2020, n. 70.*

(16) *Le parole: «dal procuratore generale o» sono state inserite dall'art. 3, comma 1, lett.* e), *n. 2), del D.L. 30 aprile 2020, n. 28, convertito, con modificazioni, nella L. 25 giugno 2020, n. 70.*

(17) *Le parole tra parentesi quadrate sono state soppresse dall'art. 3, comma 1, lett.* e), *n. 2), del D.L. 30 aprile 2020, n. 28, convertito, con modificazioni, nella L. 25 giugno 2020, n. 70.*

(18) *Questo comma è stato aggiunto dall'art. 3, comma 1, lett.* f), *del D.L. 30 aprile 2020, n. 28, convertito, con modificazioni, nella L. 25 giugno 2020, n. 70.*

(19) *Questo periodo è stato aggiunto dall'art. 3, comma 1, lett.* g), *del D.L. 30 aprile 2020, n. 28, convertito, con modificazioni, nella L. 25 giugno 2020, n. 70.*

(20) *Le parole: «15 aprile 2020» sono state così sostituite dalle attuali: «11 maggio 2020» dall'art. 3, comma 1, lett.* h), *del D.L. 30 aprile 2020, n. 28, convertito, con modificazioni, nella L. 25 giugno 2020, n. 70.*

(21) *Questo periodo è stato aggiunto dall'art. 3, comma 1, lett.* h bis), *del D.L. 30 aprile 2020, n. 28, convertito, con modificazioni, nella L. 25 giugno 2020, n. 70.*

(22) *Questo comma è stato abrogato dall'art. 66 bis, comma 12, del D.L. 31 maggio 2021, n. 77, convertito, con modificazioni, nella L. 29 luglio 2021, n. 108.*

1.

R.D.L. 20 luglio 1934, n. 1404. Istituzione e funzionamento del Tribunale per i minorenni (*Gazzetta Ufficiale* n. 208 del 5 settembre 1934), convertito, con modificazioni, nella L. 27 maggio 1935, n. **835** (*Gazzetta Ufficiale* n. 137 del 12 giugno 1935).

Parte I
Organizzazione giudiziaria e penitenziaria. Servizi ausiliari

1. Composizione dei centri di rieducazione per minorenni ([1]) ([2]). – Gli istituti o servizi dipendenti dal Ministero di grazia e giustizia, destinati in ciascun distretto di Corte d'appello alla rieducazione dei minorenni irregolari per condotta o per carattere, al trattamento ed alla prevenzione della delinquenza minorile, costituiscono il centro di rieducazione per minorenni.

Possono in particolare essere compresi fra gli istituti e servizi predetti ([3]):

1) istituti di osservazione;

2) gabinetti medico-psico-pedagogici;

3) uffici di servizio sociale per minorenni ([4]);

4) case di rieducazione ed istituti medico-psiço-pedagogici;

5) «focolari» di semi-libertà e pensionati giovanili;

6) scuole, laboratori e ricreatori speciali;

7) riformatori giudiziari;

8) prigioni-scuola.

Il Ministro per la grazia e giustizia può, con proprio decreto, aggregare ad un centro anche istituti o servizi ubicati nell'ambito territoriale di altro distretto, soltanto se in questo non sia già costituito il centro.

Nell'edificio od in uno degli edifici destinati ad istituto di osservazione od in un altro apposito, funzionano la sezione distrettuale del tribunale per le persone, per i minorenni e per le famiglie e la sezione di Corte d'appello per le persone, per i minorenni e per le famiglie ([5]), nonché l'Ufficio di procura della Repubblica presso il tribunale per le persone, per i minorenni e per le famiglie ([6]).

([1]) *Questo articolo, come modificato dall'art. 1 del R.D.L. 15 novembre 1938, n. 1802, convertito nella L. 16 gennaio 1939, n. 90, è stato così sostituito dall'art. un. della L. 25 luglio 1956, n. 888.*

([2]) *Si veda, ora, l'art. 7, comma 1 del D.L.vo 28 luglio 1989, n. 272.*

([3]) *Si vedano ora gli artt. da 8 a 14 del D.L.vo 28 luglio 1989, n. 272.*

([4]) *Si vedano gli artt. 1 e 21 della L. 16 luglio 1962, n. 1085.*

([5]) *Le parole: «il tribunale per i minorenni e la sezione di Corte d'appello per i minorenni» sono state così sostituite dalle attuali: «la sezione distrettuale del tribunale per le persone, per i minorenni e per le famiglie e la sezione di Corte d'appello per le persone, per i minorenni e per le famiglie» dall'art. 31, comma 1, lett. a), del D.L.vo 10 ottobre 2022, n. 149.*

A norma dell'art. 49, comma 1, del medesimo decreto, tali disposizioni hanno effetto decorsi due anni dalla data della pubblicazione del presente decreto nella Gazzetta Ufficiale *(Suppl. ord alla G. U. Serie gen. - n. 243 del 17 ottobre 2022) e si applicano ai procedimenti introdotti successivamente a tale data. A norma dell'art. 49, comma 2, del citato decreto, i procedimenti civili, penali e amministrativi pendenti davanti al tribunale per i minorenni alla data di cui al comma 1 proseguono davanti alla sezione distrettuale del tribunale per le persone, per i minorenni e per le famiglie con l'applicazione delle norme anteriormente vigenti.*

([6]) *Le parole: «procura della Repubblica presso il tribunale per i minorenni» sono state così sostituite dalle attuali: «procura della Repubblica presso il tribunale per le persone, per i minorenni e per le famiglie» dall'art. 31, comma 1, lett. a), del D.L.vo 10 ottobre 2022, n. 149.*

A norma dell'art. 49, comma 1, del medesimo decreto, tali disposizioni hanno effetto decorsi due anni dalla data della pubblicazione del presente decreto nella Gazzetta Ufficiale *(Suppl. ord alla G. U. Serie gen. - n. 243 del 17 ottobre 2022) e si applicano ai procedimenti introdotti successivamente a tale data. A norma dell'art. 49, comma 2, del citato decreto, i procedimenti civili, penali e amministrativi pendenti davanti al tribunale per i minorenni alla data di cui al comma 1 proseguono davanti alla sezione distrettuale del tribunale per le persone, per i minorenni e per le famiglie con l'applicazione delle norme anteriormente vigenti.*

2. ([1]) **[Istituzione e composizione dei Tribunali per i minorenni.** – In ogni sede di Corte di appello, o di sezione di Corte d'appello, è istituito il tribunale per i minorenni composto da un magistrato di Corte d'appello, che lo presiede, da un magistrato del tribunale e da due cittadini, un uomo ed una donna, benemeriti dell'assistenza sociale, scelti fra i cultori di biologia, di psichiatria, di antropologia criminale, di pedagogia, di psicologia, che abbiano compiuto il trentesimo anno di età] (2).

(1) Questo articolo, così sostituito dall'art. 4 della L. 27 dicembre 1956, n. 1441, è stato abrogato dall'art. 31, comma 1, lett. b), del D.L.vo 10 ottobre 2022, n. 149. A norma dell'art. 49, comma 1, del medesimo decreto, tali disposizioni hanno effetto decorsi due anni dalla data della pubblicazione del presente decreto nella Gazzetta Ufficiale (Suppl. ord alla G. U. Serie gen. - n. 243 del 17 ottobre 2022) e si applicano ai procedimenti introdotti successivamente a tale data. A norma dell'art. 49, comma 2, del citato decreto, i procedimenti civili, penali e amministrativi pendenti davanti al tribunale per i minorenni alla data di cui al comma 1 proseguono davanti alla sezione distrettuale del tribunale per le persone, per i minorenni e per le famiglie con l'applicazione delle norme anteriormente vigenti.

(2) Si vedano gli artt. 49 e 50 del R.D. 30 gennaio 1941, n. 12, l'art. 10, n. 2 della L. 24 marzo 1958, n. 195 e gli artt. 2, 3 e 4 del D.L.vo 28 luglio 1989, n. 272.

3. (1) [**Competenza territoriale.** – Il tribunale per i minorenni ha giurisdizione su tutto il territorio della Corte d'appello o della sezione di Corte d'appello in cui è istituito] (2).

(1) Questo articolo è stato abrogato dall'art. 31, comma 1, lett. b), del D.L.vo 10 ottobre 2022, n. 149. A norma dell'art. 49, comma 1, del medesimo decreto, tali disposizioni hanno effetto decorsi due anni dalla data della pubblicazione del presente decreto nella Gazzetta Ufficiale (Suppl. ord alla G. U. Serie gen. - n. 243 del 17 ottobre 2022) e si applicano ai procedimenti introdotti successivamente a tale data. A norma dell'art. 49, comma 2, del citato decreto, i procedimenti civili, penali e amministrativi pendenti davanti al tribunale per i minorenni alla data di cui al comma 1 proseguono davanti alla sezione distrettuale del tribunale per le persone, per i minorenni e per le famiglie con l'applicazione delle norme anteriormente vigenti.

(2) Si veda l'art. 49, comma 2, del R.D. 30 gennaio 1941, n. 12.

4. (1) [**Ufficio del pubblico ministero.** – Presso il tribunale per i minorenni è istituito un ufficio autonomo del pubblico ministero (2) con a capo un magistrato avente grado di sostituto procuratore della Repubblica (3) o di sostituto procuratore generale della Corte di appello (4).

Al procuratore della Repubblica (3) presso il tribunale per i minorenni spetta di promuovere ed esercitare l'azione penale per tutti i reati commessi dai minori degli anni 18 nel territorio della Corte di appello o della sezione di Corte di appello in cui è istituito il tribunale per i minorenni, e perciò a lui sono trasmessi tutti i rapporti, i referti, le denuncie, le querele, le istanze e le richieste concernenti reati commessi dai minori degli anni 18.

Allo stesso procuratore della Repubblica (3) sono attribuiti, nelle materie di competenza del tribunale per i minorenni, tutti i poteri che le leggi conferiscono al pubblico ministero presso il tribunale].

(1) Questo articolo è stato abrogato dall'art. 31, comma 1, lett. b), del D.L.vo 10 ottobre 2022, n. 149. A norma dell'art. 49, comma 1, del medesimo decreto, tali disposizioni hanno effetto decorsi due anni dalla data della pubblicazione del presente decreto nella Gazzetta Ufficiale (Suppl. ord alla G. U. Serie gen. - n. 243 del 17 ottobre 2022) e si applicano ai procedimenti introdotti successivamente a tale data. A norma dell'art. 49, comma 2, del citato decreto, i procedimenti civili, penali e amministrativi pendenti davanti al tribunale per i minorenni alla data di cui al comma 1 proseguono davanti alla sezione distrettuale del tribunale per le persone, per i minorenni e per le famiglie con l'applicazione delle norme anteriormente vigenti.

(2) Si veda l'art. 70 del R.D. 30 gennaio 1941, n. 12.

(3) L'originaria denominazione di «procuratore del Regno» è stata così modificata dal D.L.vo C.P.S. 2 agosto 1946, n. 72, ratificato con L. 10 febbraio 1953, n. 73.

(4) Si vedano gli artt. 1 e 2 della L. 24 maggio 1951, n. 392, concernente la distinzione dei magistrati secondo le funzioni e l'art. 5, n. 1 della L. 25 luglio 1966, n. 570.

5. (1) [**Istituzione e composizione della Corte di appello per i minorenni.** – Sull'appello alle decisioni del Tribunale per i minorenni, nei casi in cui è ammesso dalle leggi, giudica una sezione della Corte d'appello che è indicata all'inizio dell'anno giudiziario con il decreto del Capo dello Stato di approvazione delle tabelle giudiziarie (2).

La sezione funziona con l'intervento di due privati cittadini, un uomo ed una donna, aventi i requisiti prescritti dall'art. 2, che sostituiscono due dei magistrati della sezione (3).

Alla presidenza e alla composizione della sezione sono destinati, consentendolo le esigenze di servizio, magistrati che già esercitano funzioni nei tribunali per i minorenni] (3).

(1) Questo articolo, così sostituito dall'art. 4 della L. 27 dicembre 1956, n. 1441, è stato abrogato dall'art. 31, comma 1, lett. b), del D.L.vo 10 ottobre 2022, n. 149. A norma dell'art. 49, comma 1, del medesimo decreto, tali disposizioni hanno effetto decorsi due anni dalla data della pubblicazione del presente decreto nella Gazzetta Ufficiale (Suppl. ord alla G. U. Serie gen. - n. 243 del 17 ottobre 2022) e si applicano ai procedimenti introdotti successivamente a tale data. A norma dell'art. 49, comma 2, del citato decreto, i procedimenti civili, penali e amministrativi pendenti davanti al tribunale per i minorenni alla data di cui al comma 1 proseguono davanti alla sezione distrettuale del tribunale per le persone, per i minorenni e per le famiglie con l'applicazione delle norme anteriormente vigenti.

(2) Si vedano l'art. 58, comma 1, del R.D. 30 gennaio 1941, n. 12 e l'art. 4 del D.L.vo 28 luglio 1989, n. 272.

(³) *Si veda l'art. 58, comma 2, del R.D. 30 gennaio 1941, n. 12, come sostituito dall'art. 2 della L. 8 agosto 1977, n. 532.*

6. (¹) **Nomina dei giudici onorari esperti e dei consiglieri onorari esperti.** – I componenti privati del tribunale per le persone, per i minorenni e per le famiglie e della sezione di Corte d'appello per le persone, per i minorenni e per le famiglie sono scelti fra i cultori di biologia, di psichiatria, di antropologia criminale, di pedagogia, di psicologia, che abbiano compiuto il trentesimo anno di età.

I componenti privati sono nominati con decreto del Ministro della giustizia su proposta del Consiglio superiore della magistratura, ed è loro rispettivamente conferito il titolo di giudice onorario esperto, o di consigliere onorario esperto.

Prima di assumere l'esercizio delle loro funzioni, prestano giuramento innanzi al presidente della Corte d'appello a norma dell'articolo 9, secondo comma, dell'ordinamento giudiziario di cui al regio decreto 30 gennaio 1941, n. 12.

I componenti privati durano in carica tre anni e possono essere confermati, senza limitazioni nel numero di mandati.

Quando è necessario, sono nominati uno o più supplenti.

(¹) *Questo articolo è stato così sostituito dall'art. 31, comma 1, lett. c), del D.L.vo 10 ottobre 2022, n. 149.*

A norma dell'art. 49, comma 1, del medesimo decreto, tali disposizioni hanno effetto decorsi due anni dalla data della pubblicazione del presente decreto nella Gazzetta Ufficiale *(Suppl. ord alla G. U. Serie gen. - n. 243 del 17 ottobre 2022) e si applicano ai procedimenti introdotti successivamente a tale data. A norma dell'art. 49, comma 2, del citato decreto, i procedimenti civili, penali e amministrativi pendenti davanti al tribunale per i minorenni alla data di cui al comma 1 proseguono davanti alla sezione distrettuale del tribunale per le persone, per i minorenni e per le famiglie con l'applicazione delle norme anteriormente vigenti.*

Si riporta il testo precedente:

«6. (Nomina dei componenti privati) *- I componenti privati del tribunale per i minorenni e della sezione di Corte di appello per i minorenni sono nominati con D.P.R. su proposta del Ministro Guardasigilli. È ad essi, rispettivamente, conferito il titolo di giudice del tribunale per i minorenni, o di consigliere della sezione della Corte d'appello per i minorenni.*

Prima di assumere l'esercizio delle loro funzioni, prestano giuramento innanzi al presidente della Corte d'appello a norma dell'art. 11 R.D. 30 dicembre 1923, n. 2786, che approva il t.u. delle disposizioni sull'ordinamento degli uffici giudiziari e del personale della magistratura.

Durano in carica tre anni e possono essere confermati.

Quando è necessario sono nominati uno o più supplenti.

[La funzione è gratuita] (*).

(*) *Questo comma è stato abrogato dall'art. 299 del D.P.R. 30 maggio 2002, n. 115.*

6 *bis*. (¹) **Disposizioni in materia di incompatibilità dei giudici onorari minorili.** – 1. Non possono essere nominati giudice onorario esperto (²) o consigliere onorario esperto (³) coloro che rivestono cariche rappresentative in strutture o comunità pubbliche o private (⁴) ove vengono inseriti i minori da parte dell'autorità giudiziaria, che partecipano alla gestione complessiva delle medesime strutture, che prestano a favore di esse attività professionale anche a titolo gratuito o che fanno parte degli organi sociali di società che le gestiscono.

2. Il divieto di nomina si applica anche a coloro il cui coniuge, parte dell'unione civile, convivente o parente entro il secondo grado svolge le funzioni di cui al comma 1.

3. L'assunzione delle funzioni di cui al comma 1 e l'esercizio delle medesime determinano la decadenza dalla nomina a giudice onorario esperto (²) o a consigliere onorario esperto (³).

(¹) *Questo articolo è stato inserito dall'art. 8, comma 1, della L. 29 luglio 2020, n. 107.*

(²) *Le parole: «del tribunale per i minorenni» sono state così sostituite dalla attuale: «esperto» dall'art. 31, comma 1, lett.* d), *n. 2), del D.L.vo 10 ottobre 2022, n. 149. A norma dell'art. 49, comma 1, del medesimo decreto, tali disposizioni hanno effetto decorsi due anni dalla data della pubblicazione del presente decreto nella* Gazzetta Ufficiale *(Suppl. ord alla G. U. Serie gen. - n. 243 del 17 ottobre 2022) e si applicano ai procedimenti introdotti successivamente a tale data. A norma dell'art. 49, comma 2, del citato decreto, i procedimenti civili, penali e amministrativi pendenti davanti al tribunale per i minorenni alla data di cui al comma 1 proseguono davanti alla sezione distrettuale del tribunale per le persone, per i minorenni e per le famiglie con l'applicazione delle norme anteriormente vigenti.*

(³) *Le parole: «della sezione di Corte di appello per i minorenni» sono state così sostituite dall'attuale: «esperto» dall'art. 31, comma 1, lett.* d), *n. 2), del D.L.vo 10 ottobre 2022, n. 149. A norma dell'art. 49, comma 1, del medesimo decreto, tali disposizioni hanno effetto decorsi due anni dalla data della pubblicazione del presente decreto nella* Gazzetta Ufficiale *(Suppl. ord alla G. U. Serie gen. - n. 243 del 17 ottobre 2022) e si applicano ai procedimenti introdotti successivamente a tale data. A norma dell'art. 49, comma 2, del citato decreto, i procedimenti civili, penali e amministrativi pendenti davanti al tribunale per i minorenni alla data di cui al comma 1 proseguono davanti alla sezione distrettuale del tribunale per le persone, per i minorenni e per le famiglie con l'applicazione delle norme anteriormente vigenti.*

(⁴) *Le parole: «o comunità pubbliche o private» sono state inserite dall'art. 29, comma 1, del D.L.vo 10 ottobre 2022, n. 149.*

A norma dell'art. 49, comma 1, del medesimo decreto, tali disposizioni hanno effetto decorsi due anni dal-

la data della pubblicazione del presente decreto nella Gazzetta Ufficiale (Suppl. ord alla G. U. Serie gen. - n. 243 del 17 ottobre 2022) e si applicano ai procedimenti introdotti successivamente a tale data.

A norma dell'art. 49, comma 2, del citato decreto, i procedimenti civili, penali e amministrativi pendenti davanti al tribunale per i minorenni alla data di cui al comma 1 proseguono davanti alla sezione distrettuale del tribunale per le persone, per i minorenni e per le famiglie con l'applicazione delle norme anteriormente vigenti.

7. (1) **[Giudice di sorveglianza; consigliere delegato; giudice delle tutele; consigli di patronato.** – Le funzioni di giudice di sorveglianza e di consigliere delegato per i minorenni sono esercitate, rispettivamente, da uno dei magistrati ordinari del Tribunale per i minorenni o della sezione di Corte d'appello per i minorenni.

Le funzioni del giudice delle tutele degli orfani di guerra prevedute nella L. 26 luglio 1929, n. 1397, sulla istituzione dell'Opera nazionale per gli orfani di guerra, sono esercitate da un magistrato ordinario componente il Tribunale per i minorenni, destinato al principio di ogni anno giudiziario dal presidente della Corte d'appello.

Il presidente e il procuratore della Repubblica del Tribunale per i minorenni sono membri di diritto del Consiglio di patronato istituito presso il tribunale capoluogo della Corte di appello o della sezione di Corte d'appello].

(1) *Questo articolo è stato abrogato dall'art. 31, comma 1, lett. e), del D.L.vo 10 ottobre 2022, n. 149. A norma dell'art. 49, comma 1, del medesimo decreto, tali disposizioni hanno effetto decorsi due anni dalla data della pubblicazione del presente decreto nella Gazzetta Ufficiale (Suppl. ord alla G. U. Serie gen. - n. 243 del 17 ottobre 2022) e si applicano ai procedimenti introdotti successivamente a tale data. A norma dell'art. 49, comma 2, del citato decreto, i procedimenti civili, penali e amministrativi pendenti davanti al tribunale per i minorenni alla data di cui al comma 1 proseguono davanti alla sezione distrettuale del tribunale per le persone, per i minorenni e per le famiglie con l'applicazione delle norme anteriormente vigenti.*

8. (1) **Istituti di osservazione.** – Gli istituti di osservazione sono destinati ad accogliere ed ospitare in padiglioni o sezioni, distinti opportunamente, i minori degli anni 18 abbandonati, fermati per motivi di pubblica sicurezza, in stato di detenzione preventiva (2) o, comunque, in attesa di un provvedimento della autorità giudiziaria (2).

Essi hanno lo scopo precipuo di fare l'esame della personalità del minore e segnalare le misure ed il trattamento rieducativo più idonei per assicurarne il riadattamento sociale.

(1) *Questo articolo, già modificato, dall'art. 2 del R.D.L. 15 novembre 1938, n. 1802, convertito nella L. 16 gennaio 1939, n. 90, è stato poi, così sostituito dall'art. un. della L. 25 luglio 1956, n. 888.*

(2) *Si veda, ora, l'art. 11 della L. 28 luglio 1984, n. 398, contenente nuove norme relative alla diminuizione dei termini di carcerazione cautelare e alla concessione della libertà provvisoria.*

Parte II
Competenza penale

9 - 24. (*Omissis*) (1).

(1) *Questi articoli si omettono perché praticamente abrogati dal D.P.R. 22 settembre 1988, n. 448, relativo all'approvazione delle disposizioni sul processo penale a carico di imputati minorenni.*

Parte III
Competenza amministrativa

25. (1) **Misure applicabili ai minori irregolari per condotta o per carattere.** – Quando un minore degli anni 18 dà manifeste prove di irregolarità della condotta o del carattere, il procuratore della Repubblica, l'ufficio di servizio sociale minorile (1), i genitori, il tutore, gli organismi di educazione, di protezione e di assistenza dell'infanzia e dell'adolescenza, possono riferire i fatti al tribunale per le persone, per i minorenni e per le famiglie (2), il quale, a mezzo di uno dei suoi componenti all'uopo designato dal presidente, esplica approfondite indagini sulla personalità del minore, e dispone con decreto motivato una delle seguenti misure:

1) affidamento del minore al servizio sociale minorile (3);

2) collocamento in una casa di rieducazione od in un istituto medico-psico-pedagogico.

Il provvedimento è deliberato in Camera di consiglio con l'intervento del minore, dell'esercente la potestà dei genitori (4) o la tutela, sentito il pubblico ministero. Nel procedimento è consentita l'assistenza del difensore.

Le spese di affidamento o di ricovero, da anticiparsi dall'Erario, sono a carico dei genitori. In mancanza dei genitori sono tenuti a rimborsare tali rette gli esercenti la tutela, quando il patrimonio del minore lo consente (5).

(1) *Questo articolo è stato così sostituito dall'art. un. della L. 25 luglio 1956, n. 888.*

(2) *Le parole: «tribunale per i minorenni» sono state così sostituite dalle attuali: «tribunale per le persone, per i minorenni e per le famiglie» dall'art. 31, comma 1, lett. f), del D.L.vo 10 ottobre 2022, n. 149. A norma dell'art. 49, comma 1, del medesimo decreto, tali disposizioni hanno effetto decorsi due anni dalla data della pubblicazione del presente decreto nella Gazzetta Ufficiale (Suppl. ord alla G. U. Serie gen. - n. 243 del 17*

ottobre 2022) e si applicano ai procedimenti introdotti successivamente a tale data. A norma dell'art. 49, comma 2, del citato decreto, i procedimenti civili, penali e amministrativi pendenti davanti al tribunale per i minorenni alla data di cui al comma 1 proseguono davanti alla sezione distrettuale del tribunale per le persone, per i minorenni e per le famiglie con l'applicazione delle norme anteriormente vigenti.

(3) *Si veda, ora, l'art. 7, comma 1 del D.L.vo 28 luglio 1989, n. 272.*

(4) *A norma dell'art. 105, comma 1, del D.L. vo 28 dicembre 2013, n. 154, a decorrere dal trentesimo giorno successivo a quello della sua pubblicazione nella Gazzetta Ufficiale (G.U. n. 5 dell'8 gennaio 2014), le parole: «potestà» o «potestà genitoriale» sono state sostituite dalle attuali: «responsabilità genitoriale».*

(5) *Si veda l'art. 15 del R.D. 20 settembre 1934, n. 1579.*

25 *bis*. (1) **Minori che esercitano la prostituzione o vittime di reati a carattere sessuale.** – 1. Il pubblico ufficiale o l'incaricato di pubblico servizio, qualora abbia notizia che un minore degli anni diciotto esercita la prostituzione, ne dà immediata notizia alla procura della Repubblica presso il tribunale per le persone, per i minorenni e per le famiglie, che promuove i procedimenti per la tutela del minore e può proporre al tribunale per le persone, per i minorenni e per le famiglie la nomina di un curatore. Il tribunale adotta i provvedimenti utili all'assistenza, anche di carattere psicologico, al recupero e al reinserimento del minore. Nei casi di urgenza il tribunale per le persone, per i minorenni e per le famiglie procede d'ufficio (2).

2. Qualora un minore degli anni diciotto straniero, privo di assistenza in Italia, sia vittima di uno dei delitti di cui agli articoli 600 *bis*, 600 *ter* e 601, secondo comma, del codice penale, il tribunale per le persone, per i minorenni e per le famiglie (3) adotta in via di urgenza le misure di cui al comma 1 e, prima di confermare i provvedimenti adottati nell'interesse del minore, avvalendosi degli strumenti previsti dalle convenzioni internazionali, prende gli opportuni accordi, tramite il Ministero degli affari esteri, con le autorità dello Stato di origine o di appartenenza.

(1) *Questo articolo è stato inserito dall'art. 2, comma 2, della L. 3 agosto 1998, n. 269.*

(2) *Questo comma è stato così sostituito dall'art. 31, comma 1, lett. g), n. 1), del D.L.vo 10 ottobre 2022, n. 149. A norma dell'art. 49, comma 1, del medesimo decreto, tali disposizioni hanno effetto decorsi due anni dalla data della pubblicazione del presente decreto nella Gazzetta Ufficiale (Suppl. ord alla G. U. Serie gen. - n. 243 del 17 ottobre 2022) e si applicano ai procedimenti introdotti successivamente a tale data. A norma dell'art. 49, comma 2, del citato decreto, i procedimenti civili, penali e amministrativi pendenti davanti al tribunale per i minorenni alla data di cui al comma 1 proseguono davanti alla sezione distrettuale del tribunale per le persone, per i minorenni e per le famiglie con l'applicazione delle norme anteriormente vigenti.*

Si riporta il testo precedente: «Il pubblico ufficiale o l'incaricato di pubblico servizio, qualora abbia notizia che un minore degli anni diciotto esercita la prostituzione, ne dà immediata notizia alla procura della Repubblica presso il tribunale per i minorenni, che promuove i procedimenti per la tutela del minore e può proporre al tribunale per i minorenni la nomina di un curatore. Il tribunale per i minorenni adotta i provvedimenti utili all'assistenza, anche di carattere psicologico, al recupero e al reinserimento del minore. Nei casi di urgenza il tribunale per i minorenni procede d'ufficio.».

(3) *Le parole: «tribunale per i minorenni» sono state così sostituite dalle attuali: «tribunale per le persone, per i minorenni e per le famiglie» dall'art. 31, comma 1, lett. g), n. 2), del D.L.vo 10 ottobre 2022, n. 149. A norma dell'art. 49, comma 1, del medesimo decreto, tali disposizioni hanno effetto decorsi due anni dalla data della pubblicazione del presente decreto nella Gazzetta Ufficiale (Suppl. ord alla G. U. Serie gen. - n. 243 del 17 ottobre 2022) e si applicano ai procedimenti introdotti successivamente a tale data. A norma dell'art. 49, comma 2, del citato decreto, i procedimenti civili, penali e amministrativi pendenti davanti al tribunale per i minorenni alla data di cui al comma 1 proseguono davanti alla sezione distrettuale del tribunale per le persone, per i minorenni e per le famiglie con l'applicazione delle norme anteriormente vigenti.*

26. (1) **Misure applicabili ai minori sottoposti a procedimento penale ed ai minori il cui genitore serba condotta pregiudizievole.** – Le misure prevedute dall'art. 25, possono essere promosse dal pubblico ministero, se è in corso un procedimento penale a carico del minore, quando costui non può essere o non è assoggettato a detenzione preventiva (2) e se il minore è stato prosciolto per difetto di capacità di intendere e di volere, senza che sia stata applicata una misura di sicurezza detentiva (3).

Quando è stato conceduto il perdono giudiziale o la sospensione condizionale della pena, il Tribunale deve esaminare se al minore sia necessaria una delle misure previste dall'art. 25.

La misura di cui all'art. 25, n. 1, può altresì essere disposta quando il minore si trovi nella condizione prevista dall'art. 333 del codice civile (4).

(1) *Questo articolo è stato così sostituito dall'art. un. della L. 25 luglio 1956, n. 888. Si veda l'art. 11 della L. 28 luglio 1984, n. 398.*

(2) *Ora «cautelare».*

(3) *Si veda l'art. 5 del R.D. 20 settembre 1934, n. 1579. Si veda anche l'art. 19, terzo comma, del D.P.R. 22 settembre 1988, n. 448.*

LEGGI COMPLEMENTARI

(4) *Questa norma prevede l'adozione di adeguati provvedimenti in caso di condotta del genitore pregiudizievole ai figli.*

Si veda anche l'art. 32, quarto comma, del D.P.R. 22 settembre 1988, n. 448.

27. (1) **Disposizioni particolari alla libertà assistita.** – Nel caso in cui il Tribunale abbia disposto la misura prevista dal n. 1 dell'art. 25, all'atto dell'affidamento è redatto verbale nel quale vengono indicate le prescrizioni che il minore dovrà seguire, a seconda dei casi, in ordine alla sua istruzione, alla preparazione professionale, al lavoro, all'utilizzazione del tempo libero e ad eventuali terapie, nonché le linee direttive dell'assistenza, alle quali egli deve essere sottoposto.

Nel verbale può essere disposto l'allontanamento del minore dalla casa paterna. In tal caso deve essere indicato il luogo in cui il minore deve vivere e la persona o l'ente che si prende cura del suo mantenimento e della sua educazione.

Le prescrizioni e le direttive di cui ai commi precedenti sono date da un componente del Tribunale all'uopo designato dal presidente alla presenza di un rappresentante l'ufficio distrettuale di servizio sociale minorile e delle altre persone interessate all'atto, che il predetto componente ritenga opportuno convocare.

L'ufficio di servizio sociale minorile controlla la condotta del minore e lo aiuta a superare le difficoltà in ordine ad una normale vita sociale, anche mettendosi all'uopo in relazione con la sua famiglia e con gli altri suoi ambienti di vita.

L'ufficio predetto riferisce periodicamente per iscritto o a voce al componente del Tribunale designato, fornendogli dettagliate notizie sul comportamento del minore, delle persone che si sono prese cura di lui e sull'osservanza da parte di essi delle prescrizioni stabilite, nonché su quant'altro interessi il riadattamento sociale del minore medesimo, proponendo, se del caso, la modifica delle prescrizioni o altro dei provvedimenti previsti dall'art. 29.

(1) *Questo articolo è stato così sostituito dalla L. 25 luglio 1956, n. 888.*

28. (1) **Informazioni sui minori ricoverati e rapporti con la famiglia e con l'ambiente.** – Il direttore dell'istituto nel quale il minore è ricoverato per l'esecuzione di una delle misure previste al n. 2 dell'art. 25 invia al Tribunale che ha emesso il provvedimento periodici rapporti sull'opera di rieducazione svolta e sui risultati conseguiti.

L'ufficio di servizio sociale cura i rapporti del minore con la famiglia e con gli altri ambienti di vita del medesimo, e dell'opera svolta e dei risultati ottenuti informa periodicamente per iscritto il tribunale per le persone, per i minorenni e per le famiglie (2).

(1) *Questo articolo è stato così sostituito dalla L. 25 luglio 1956, n. 888.*

(2) *Le parole: «Tribunale per i minorenni» sono state così sostituite dalle attuali: «tribunale per le persone, per i minorenni e per le famiglie» dall'art. 31, comma 1, lett. h), del D.L.vo 10 ottobre 2022, n. 149. A norma dell'art. 49, comma 1, del medesimo decreto, tali disposizioni hanno effetto decorsi due anni dalla data della pubblicazione del presente decreto nella* Gazzetta Ufficiale *(Suppl. ord alla G. U. Serie gen. - n. 243 del 17 ottobre 2022) e si applicano ai procedimenti introdotti successivamente a tale data. A norma dell'art. 49, comma 2, del citato decreto, i procedimenti civili, penali e amministrativi pendenti davanti al tribunale per i minorenni alla data di cui al comma 1 proseguono davanti alla sezione distrettuale del tribunale per le persone, per i minorenni e per le famiglie con l'applicazione delle norme anteriormente vigenti.*

29. (1) **Modificazioni, trasformazioni e cessazione delle misure.** – Le prescrizioni stabilite a norma dell'art. 27 possono essere modificate in ogni tempo.

È sempre in facoltà del Tribunale trasformare qualsiasi misura disposta in altra, che appaia più idonea ai fini della rieducazione del minore e del suo progressivo reinserimento nella vita sociale.

Per i minori assoggettati ad una delle misure di cui al n. 2 dell'articolo 25 tale reinserimento può dal Tribunale essere attuato altresì con licenza di esperimento. Il minore che ne beneficia rimane affidato al servizio sociale. Si applicano le disposizioni dell'art. 27.

La cessazione delle misure disposte è ordinata in ogni tempo dal Tribunale allorché il minore appaia interamente riadattato, o quando per le sue condizioni fisiche o psichiche nessuna misura possa considerarsi idonea alla sua rieducazione. La cessazione è in ogni caso ordinata al compimento del ventunesimo anno di età o per servizio militare di leva.

(1) *Questo articolo è stato così sostituito dalla L. 25 luglio 1956, n. 888.*

30. (1) **Pensionati giovanili.** – I minorenni già rieducati che non possono convenientemente essere assistiti dalla famiglia o da altre persone o istituti di cui all'art. 23, sono ammessi in appositi pensionati giovanili.

L'organizzazione di tali pensionati deve consentire e favorire il collocamento dei minorenni al lavoro, presso stabilimenti o ditte esistenti nella medesima località o in altra viciniore.

(1) *Questo articolo è stato così sostituito dalla L. 25 luglio 1956, n. 888.*

31. (1) **Informazioni della pubblica sicurezza.** – Alle autorità di pubblica sicurezza, nel fornire notizie a qualsiasi persona, ente od autorità, è fatto divieto di indicare fra i precedenti personali, quelli relativi a misure rieducative, qualora esse siano cessate con il provvedimento di cui all'art. 29, ultimo comma, attestante l'avvenuto riadattamento sociale del minorenne.

(1) *Questo articolo è stato così sostituito, da ultimo, dalla L. 25 luglio 1956, n. 888, recante modifiche al R.D.L. n. 1404/1934.*

Parte IV
Competenza civile (1)

(1) *Si vedano: gli artt. 34, 35, 38-40, 45 comma 2 delle disposizioni di attuazione del codice civile, l'art. 9 del R.D. 20 settembre 1934, n. 1579 e l'art. 74 della L. 4 maggio 1983, n. 184 sulla disciplina dell'adozione e dell'affidamento dei minori.*

32. (1) [**Affari civili.** – Sono di competenza del Tribunale per i minorenni o del presidente di esso i provvedimenti che le leggi vigenti deferiscono alla competenza del Tribunale o del presidente relativi: all'esercizio della potestà dei genitori o della tutela, preveduti negli artt. 221, 222, 223, 233, 271 e 279 del c.c., alla impugnazione del consiglio di famiglia, nella ipotesi preveduta nell'articolo 278; alla interdizione del minore emancipato o del minore non emancipato nell'ultimo anno della minore età, preveduti negli artt. 324 e 325 dello stesso codice, all'esercizio del commercio da parte dei minori, indicati negli artt. 12 e 15 del codice di commercio; all'ammissione nei manicomi degli alienati minori degli anni 12 e al loro licenziamento dai manicomi stessi, a termine degli artt. 2 e 3 della L. 14 febbraio 1904, n. 36.

La decisione sui gravami eventualmente ammessi contro tali provvedimenti è di competenza del presidente o della sezione di Corte d'appello per i minorenni.

La stessa sezione provvede sulla domanda di adozione e legittimazione dei minori degli anni 21 con le forme prevedute dagli artt. da 213 a 219 e dall'art. 200 del codice civile].

(1) *Questo articolo è stato abrogato dall'art. 31, comma 1, lett. i), del D.L.vo 10 ottobre 2022, n. 149. A norma dell'art. 49, comma 1, del medesimo decreto, tali disposizioni hanno effetto decorsi due anni dalla data della pubblicazione del presente decreto nella* Gazzetta Ufficiale *(Suppl. ord alla G. U. Serie gen. - n. 243 del 17 ottobre 2022) e si applicano ai procedimenti introdotti successivamente a tale data. A norma dell'art. 49, comma 2, del citato decreto, i procedimenti civili, penali e amministrativi pendenti davanti al tribunale per i minorenni alla data di cui al comma 1 proseguono davanti alla sezione distrettuale del tribunale per le persone, per i minorenni e per le famiglie con l'applicazione delle norme anteriormente vigenti.*

Parte V
Disposizioni finali

33. Norme di esecuzione, di integrazione e di coordinamento. – Il Governo del Re è autorizzato ad emanare con decreti reali, su proposta del Guardasigilli, di concerto col Ministro per l'interno e col Ministro per le finanze, le norme transitorie, di attuazione, di esecuzione del presente decreto, nonché quelle di coordinamento dello stesso con le leggi che si occupano della tutela morale, fisica ed economica dei minorenni, e tutte le altre norme integrative che il nuovo ordinamento renderà necessarie.

34. Limiti dell'efficacia derogativa della legge. – Nelle materie prevedute nel presente decreto, in quanto non sia disposto o modificato dal decreto medesimo, continueranno ad osservarsi le norme dei codici, delle leggi e dei regolamenti in vigore.

35. Decorrenza dell'applicazione della legge. – Il presente decreto entrerà in vigore il 29 ottobre 1934, e sarà presentato al Parlamento per la sua conversione in legge. Il Ministro proponente è autorizzato a presentare il relativo disegno di legge.

2.

R.D. 20 settembre 1934, n. 1579. Norme di attuazione e transitorie del R.D.L. 20 luglio 1934, n. 1404, sulla istituzione e sul funzionamento del tribunale per i minorenni (*Gazzetta Ufficiale* n. 237 del 8 ottobre 1934).

Parte I
Norme di attuazione

1. (1) **Assegnazione dei magistrati al tribunale per i minorenni.** – I magistrati che compongono i tribunali per i minorenni e le sezioni di Corte d'appello per i minorenni possono essere assegnati anche ad altra sezione civile o penale del tribunale o della corte d'appello per esercitare le funzioni del proprio grado.

I magistrati destinati a capo degli uffici del pubblico ministero presso i tribunali per i minorenni possono esercitare le funzioni del proprio grado anche presso la procura generale o presso la procura della Repubblica (2) della stessa sede.

(1) *Si vedano l'art. 110 del R.D. 30 gennaio 1941, n. 12 e l'art. 3 del D.Lvo 28 luglio 1989, n. 272, del quale si riporta il testo:*

«3. (Applicazione e supplenza dei magistrati addetti agli uffici giudiziari minorili) 1. *I magistrati assegnati agli uffici giudiziari minorili non possono essere destinati in applicazione o supplenza ad altro ufficio giudiziario, salvo casi eccezionali dovuti a imprescindibili esigenze di servizio*».

(2) *L'originaria denominazione di* «Procuratore del Regno» *è stata così modificata dal D.L.vo C.P.S. 2 agosto 1946, n. 72 ratificato con L. 10 febbraio 1953, n. 73.*

2. Sostituzione dei magistrati assegnati. – Mancando od essendo impedito il presidente del tribunale per i minorenni o della sezione di corte d'appello per i minorenni, ne fa le veci il giudice del medesimo tribunale, e, rispettivamente, il consigliere anziano della sezione medesima.

Mancando od essendo impedito il giudice componente il tribunale per i minorenni o un consigliere della sezione di corte d'appello per i minorenni, essi vengono sostituiti, con provvedimento del presidente della Corte d'appello (1), da un altro giudice del tribunale della stessa sede, e, rispettivamente, da un altro consigliere della Corte d'appello.

(1) *L'originaria dizione «innanzi al primo presidente della Corte d'appello» è stata così cambiata dall'art. 13 della L. 5 maggio 1952, n. 405.*

3. Componenti privati: obbligo di vestire la toga in udienza. – I componenti privati che intervengono all'udienza del tribunale o della sezione di Corte d'appello per i minorenni vestono la toga prescritta rispettivamente per i giudici e per i consiglieri di corte d'appello.

4 - 8. (*Omissis*) (1).

(1) *Questi articoli si omettono perché praticamente abrogati dal D.P.R. 22 settembre 1988, n. 448, relativo all'approvazione delle disposizioni sul processo penale a carico di imputati minorenni.*

9. Ammissione al gratuito patrocinio. – Per l'ammissione al gratuito patrocinio in materia penale si applicano le disposizioni degli artt. 3 e 4 del R.D. 28 maggio 1931, n. 602, per l'attuazione del codice di procedura penale.

Per le materie indicate nell'art. 32 della legge, l'ammissione al gratuito patrocinio è concessa, con provvedimento insindacabile, dal presidente del tribunale o della sezione della corte d'appello per i minorenni, sentite le parti ed il pubblico Ministero ed osservate nel resto le disposizioni della legge sul patrocinio gratuito.

10. (*Omissis*) (1).

(1) *Questo articolo è stato soppresso dall'art. un. della L. 12 dicembre 1969, n. 1018 relativa alla soppressione dell'albo speciale dei difensori davanti al tribunale e alle sezioni speciali di Corte d'appello per i minorenni.*

11. Nuova denominazione dei riformatori per corrigendi. – I riformatori per corrigendi preveduti nell'art. 25 della legge prendono il nome di «Case di rieducazione di minorenni» (1).

(1) *Questa disposizione è priva di efficacia per effetto dell'art. un. della L. 25 luglio 1956, n. 888.*

12. Distinzione degli stabilimenti per minorenni. – In distinti stabilimenti, o in distinte sezioni degli stabilimenti, si provvede alla rieducazione di gruppi omogenei formati secondo l'età, lo sviluppo fisico e le condizioni intellettuali dei minorenni.

13. Adeguazione dei mezzi rieducativi alle condizioni sociali dei minorenni. – Le case di rieducazione di minorenni e i riformatori giudiziari sono organizzati in modo da adeguare i mezzi rieducativi alla condizione sociale dei minorenni.

I vari istituti sono a tal fine distinti per la prevalenza dell'indirizzo agricolo o industriale o scolastico, che viene a ciascuno di essi assegnato.

14. Rapporto del direttore per i minorenni rieducati. – Quando il direttore di una casa di rieducazione ritiene che il minorenne non è più bisognevole di correzione, riferisce immediatamente al procuratore della Repubblica (1) per gli opportuni provvedimenti.

(1) *L'originaria denominazione di «procuratore del Regno» è stata così modificata dal D.L.vo C.P.S. 2 agosto 1946, n. 72, notificato con L. 10 febbraio 1953, n. 73.*

15. Determinazione della retta giornaliera di mantenimento. – La retta giornaliera di mantenimento nelle case di rieducazione di minorenni di cui è fatta menzione nel terzo (1) capoverso dell'art. 25 della legge, è determinata con provvedimento insindacabile del Ministro per la grazia e giustizia di concerto con quello per le finanze al principio di ogni esercizio finanziario.

La retta potrà essere determinata in misura diversa, secondo l'organizzazione e l'indirizzo dei vari istituti, nonché secondo le località dove gli istituti stessi sono situati.

Sono spese di mantenimento quelle concernenti gli alimenti, il corredo, le medicine ed il personale di educazione.

(1) *Ora, secondo dell'art. 25 del R.D.L. 20 luglio 1934, n. 1404.*

16. Norme per il ricupero delle rette di mantenimento. – Con decreto del Ministro per la grazia e giustizia, di concerto con quello per le finanze, saranno stabilite le norme amministrative per il recupero delle spese di mantenimento dei minorenni nelle case di rieducazione.

17. Registri. – Con decreto del Ministro per la grazia e giustizia saranno stabiliti i registri che devono essere tenuti presso il tribunale per i minorenni.

Parte II
Norme transitorie

18 - 29. (*Omissis*) (1).

(1) *Si omettono perché norme transitorie.*

1.

L. 20 maggio 2016, n. 76. Regolamentazione delle unioni civili tra persone dello stesso sesso e disciplina delle convivenze (*Gazzetta Ufficiale* Serie gen. - n. 118 del 21 maggio 2016).

1. 1. La presente legge istituisce l'unione civile tra persone dello stesso sesso quale specifica formazione sociale ai sensi degli articoli 2 e 3 della Costituzione e reca la disciplina delle convivenze di fatto.

2. Due persone maggiorenni dello stesso sesso costituiscono un'unione civile mediante dichiarazione di fronte all'ufficiale di stato civile ed alla presenza di due testimoni.

3. L'ufficiale di stato civile provvede alla registrazione degli atti di unione civile tra persone dello stesso sesso nell'archivio dello stato civile.

4. Sono cause impeditive per la costituzione dell'unione civile tra persone dello stesso sesso:

a) la sussistenza, per una delle parti, di un vincolo matrimoniale o di un'unione civile tra persone dello stesso sesso;

b) l'interdizione di una delle parti per infermità di mente; se l'istanza d'interdizione è soltanto promossa, il pubblico ministero può chiedere che si sospenda la costituzione dell'unione civile; in tal caso il procedimento non può aver luogo finché la sentenza che ha pronunziato sull'istanza non sia passata in giudicato;

c) la sussistenza tra le parti dei rapporti di cui all'articolo 87, primo comma, del codice civile; non possono altresì contrarre unione civile tra persone dello stesso sesso lo zio e il nipote e la zia e la nipote; si applicano le disposizioni di cui al medesimo articolo 87;

d) la condanna definitiva di un contraente per omicidio consumato o tentato nei confronti di chi sia coniugato o unito civilmente con l'altra parte; se è stato disposto soltanto rinvio a giudizio ovvero sentenza di condanna di primo o secondo grado ovvero una misura cautelare la costituzione dell'unione civile tra persone dello stesso sesso è sospesa sino a quando non è pronunziata sentenza di proscioglimento.

5. La sussistenza di una delle cause impeditive di cui al comma 4 comporta la nullità dell'unione civile tra persone dello stesso sesso. All'unione civile tra persone dello stesso sesso si applicano gli articoli 65 e 68, nonché le disposizioni di cui agli articoli 119, 120, 123, 125, 126, 127, 128, 129 e 129 *bis* del codice civile.

6. L'unione civile costituita in violazione di una delle cause impeditive di cui al comma 4, ovvero in violazione dell'articolo 68 del codice civile, può essere impugnata da ciascuna delle parti dell'unione civile, dagli ascendenti prossimi, dal pubblico ministero e da tutti coloro che abbiano per impugnarla un interesse legittimo e attuale. L'unione civile costituita da una parte durante l'assenza dell'altra non può essere impugnata finché dura l'assenza.

7. L'unione civile può essere impugnata dalla parte il cui consenso è stato estorto con violenza o determinato da timore di eccezionale gravità determinato da cause esterne alla parte stessa. Può essere altresì impugnata dalla parte il cui consenso è stato dato per effetto di errore sull'identità della persona o di errore essenziale su qualità personali dell'altra parte. L'azione non può essere proposta se vi è stata coabitazione per un anno dopo che è cessata la violenza o le cause che hanno determinato il timore ovvero sia stato scoperto l'errore. L'errore sulle qualità personali è essenziale qualora, tenute presenti le condizioni dell'altra parte, si accerti che la stessa non avrebbe prestato il suo consenso se le avesse esattamente conosciute e purché l'errore riguardi:

a) l'esistenza di una malattia fisica o psichica, tale da impedire lo svolgimento della vita comune;

b) le circostanze di cui all'articolo 122, terzo comma, numeri 2), 3) e 4), del codice civile.

8. La parte può in qualunque tempo impugnare il matrimonio o l'unione civile dell'altra parte. Se si oppone la nullità della prima unione civile, tale questione deve essere preventivamente giudicata.

9. L'unione civile tra persone dello stesso sesso è certificata dal relativo documento attestante la costituzione dell'unione, che deve contenere i dati anagrafici delle parti, l'indicazione del loro regime patrimoniale e della loro residenza, oltre ai dati anagrafici e alla residenza dei testimoni.

10. Mediante dichiarazione all'ufficiale di stato civile le parti possono stabilire di assumere, per la durata dell'unione civile tra persone dello stesso sesso, un cognome comune scegliendolo tra i loro cognomi. La parte può anteporre o posporre al cognome comune il proprio cognome, se diverso, facendone dichiarazione all'ufficiale di stato civile.

11. Con la costituzione dell'unione civile tra persone dello stesso sesso le parti acquistano gli stessi diritti e assumono i medesimi doveri; dall'unione civile deriva l'obbligo reciproco all'assistenza morale e materiale e alla coabitazione. Entrambe le parti sono tenute, ciascuna in relazione alle proprie sostanze e alla propria capacità di lavoro professionale e casalingo, a contribuire ai bisogni comuni.

12. Le parti concordano tra loro l'indirizzo della vita familiare e fissano la residenza comune; a ciascuna delle parti spetta il potere di attuare l'indirizzo concordato.

13. Il regime patrimoniale dell'unione civile tra persone dello stesso sesso, in mancanza di diversa convenzione patrimoniale, è costituito dalla comunione dei beni. In materia di forma, modifica, simulazione e capacità per la stipula delle convenzioni patrimoniali si applicano gli articoli 162, 163, 164 e 166 del codice civile. Le parti non possono derogare né ai diritti né ai doveri previsti dalla legge per effetto dell'unione civile. Si applicano le disposizioni di cui alle sezioni II, III, IV, V e VI del capo VI del titolo VI del libro primo del codice civile.

14. Quando la condotta della parte dell'unione civile è causa di grave pregiudizio all'integrità fisica o morale ovvero alla libertà dell'altra parte, il giudice, su istanza di parte, può adottare con decreto uno o più dei provvedimenti di cui all'articolo 342 *ter* del codice civile.

15. Nella scelta dell'amministratore di sostegno il giudice tutelare preferisce, ove possibile, la parte dell'unione civile tra persone dello stesso sesso. L'interdizione o l'inabilitazione possono essere promosse anche dalla parte dell'unione civile, la quale può presentare istanza di revoca quando ne cessa la causa.

16. La violenza è causa di annullamento del contratto anche quando il male minacciato riguarda la persona o i beni dell'altra parte dell'unione civile costituita dal contraente o da un discendente o ascendente di lui.

17. In caso di morte del prestatore di lavoro, le indennità indicate dagli articoli 2118 e 2120 del codice civile devono corrispondersi anche alla parte dell'unione civile.

18. La prescrizione rimane sospesa tra le parti dell'unione civile.

19. All'unione civile tra persone dello stesso sesso si applicano le disposizioni di cui al titolo XIII del libro primo del codice civile, nonché gli articoli 116, primo comma, 146, 2647, 2653, primo comma, numero 4), e 2659 del codice civile.

20. Al solo fine di assicurare l'effettività della tutela dei diritti e il pieno adempimento degli obblighi derivanti dall'unione civile tra persone dello stesso sesso, le disposizioni che si riferiscono al matrimonio e le disposizioni contenenti le parole «coniuge», «coniugi» o termini equivalenti, ovunque ricorrono nelle leggi, negli atti aventi forza di legge, nei regolamenti nonché negli atti amministrativi e nei contratti collettivi, si applicano anche ad ognuna delle parti dell'unione civile tra persone dello stesso sesso. La disposizione di cui al periodo precedente non si applica alle norme del codice civile non richiamate espressamente nella presente legge, nonché alle disposizioni di cui alla legge 4 maggio 1983, n. 184. Resta fermo quanto previsto e consentito in materia di adozione dalle norme vigenti.

21. Alle parti dell'unione civile tra persone dello stesso sesso si applicano le disposizioni previste dal capo III e dal capo X del titolo I, dal titolo II e dal capo II e dal capo V *bis* del titolo IV del libro secondo del codice civile.

22. La morte o la dichiarazione di morte presunta di una delle parti dell'unione civile ne determina lo scioglimento.

23. L'unione civile si scioglie altresì nei casi previsti dall'articolo 3, numero 1) e numero 2), lettere *a*), *c*), *d*) ed *e*), della legge 1° dicembre 1970, n. 898.

24. L'unione civile si scioglie, inoltre, quando le parti hanno manifestato anche disgiuntamente la volontà di scioglimento dinanzi all'ufficiale dello stato civile. In tale caso la domanda di scioglimento dell'unione civile è proposta decorsi tre mesi dalla data della manifestazione di volontà di scioglimento dell'unione.

25. Si applicano, in quanto compatibili, gli articoli 5, primo, quinto, sesto, settimo, ot-

tavo, decimo e undicesimo comma, 9 secondo comma, 9 *bis*, 10 secondo comma, 12 *bis*, 12 *ter*, 12 *quater* e 12 *quinquies* della legge 1° dicembre 1970, n. 898, nonché le disposizioni di cui al Titolo IV *bis* del libro secondo del codice di procedura civile ed agli articoli 6 e 12 del decreto legge 12 settembre 2014, n. 132, convertito, con modificazioni, dalla legge 10 novembre 2014, n. 162 (1).

26. La sentenza di rettificazione di attribuzione di sesso determina lo scioglimento dell'unione civile tra persone dello stesso sesso.

27. Alla rettificazione anagrafica di sesso, ove i coniugi abbiano manifestato la volontà di non sciogliere il matrimonio o di non cessarne gli effetti civili, consegue l'automatica instaurazione dell'unione civile tra persone dello stesso sesso.

28. Fatte salve le disposizioni di cui alla presente legge, il Governo è delegato ad adottare, entro sei mesi dalla data di entrata in vigore della presente legge, uno o più decreti legislativi in materia di unione civile tra persone dello stesso sesso nel rispetto dei seguenti principi e criteri direttivi:

a) adeguamento alle previsioni della presente legge delle disposizioni dell'ordinamento dello stato civile in materia di iscrizioni, trascrizioni e annotazioni;

b) modifica e riordino delle norme in materia di diritto internazionale privato, prevedendo l'applicazione della disciplina dell'unione civile tra persone dello stesso sesso regolata dalle leggi italiane alle coppie formate da persone dello stesso sesso che abbiano contratto all'estero matrimonio, unione civile o altro istituto analogo;

c) modificazioni ed integrazioni normative per il necessario coordinamento con la presente legge delle disposizioni contenute nelle leggi, negli atti aventi forza di legge, nei regolamenti e nei decreti.

29. I decreti legislativi di cui al comma 28 sono adottati su proposta del Ministro della giustizia, di concerto con il Ministro dell'interno, il Ministro del lavoro e delle politiche sociali e il Ministro degli affari esteri e della cooperazione internazionale.

30. Ciascuno schema di decreto legislativo di cui al comma 28, a seguito della deliberazione del Consiglio dei ministri, è trasmesso alla Camera dei deputati e al Senato della Repubblica perché su di esso siano espressi, entro sessanta giorni dalla trasmissione, i pareri delle Commissioni parlamentari competenti per materia. Decorso tale termine il decreto può essere comunque adottato, anche in mancanza dei pareri. Qualora il termine per l'espressione dei pareri parlamentari scada nei trenta giorni che precedono la scadenza del termine previsto dal comma 28, quest'ultimo termine è prorogato di tre mesi. Il Governo, qualora non intenda conformarsi ai pareri parlamentari, trasmette nuovamente i testi alle Camere con le sue osservazioni e con eventuali modificazioni, corredate dei necessari elementi integrativi di informazione e motivazione. I pareri definitivi delle Commissioni competenti per materia sono espressi entro il termine di dieci giorni dalla data della nuova trasmissione. Decorso tale termine, i decreti possono essere comunque adottati.

31. Entro due anni dalla data di entrata in vigore di ciascun decreto legislativo adottato ai sensi del comma 28, il Governo può adottare disposizioni integrative e correttive del decreto medesimo, nel rispetto dei principi e criteri direttivi di cui al citato comma 28, con la procedura prevista nei commi 29 e 30.

32. - 33. (*Omissis*)

34. Con decreto del Presidente del Consiglio dei ministri, su proposta del Ministro dell'interno, da emanare entro trenta giorni dalla data di entrata in vigore della presente legge, sono stabilite le disposizioni transitorie necessarie per la tenuta dei registri nell'archivio dello stato civile nelle more dell'entrata in vigore dei decreti legislativi adottati ai sensi del comma 28, lettera *a*).

35. Le disposizioni di cui ai commi da 1 a 34 acquistano efficacia a decorrere dalla data di entrata in vigore della presente legge.

36. Ai fini delle disposizioni di cui ai commi da 37 a 67 si intendono per «conviventi di fatto» due persone maggiorenni unite stabilmente da legami affettivi di coppia e di reciproca assistenza morale e materiale, non vincolate da rapporti di parentela, affinità o adozione, da matrimonio o da un'unione civile.

37. Ferma restando la sussistenza dei presupposti di cui al comma 36, per l'accertamento della stabile convivenza si fa riferimento alla dichiarazione anagrafica di cui all'articolo 4 e alla lettera *b*) del comma 1 dell'articolo 13 del regolamento di cui al decreto del Presidente della Repubblica 30 maggio 1989, n. 223.

38. I conviventi di fatto hanno gli stessi diritti spettanti al coniuge nei casi previsti dall'ordinamento penitenziario.

39. In caso di malattia o di ricovero, i conviventi di fatto hanno diritto reciproco di visita, di assistenza nonché di accesso alle informazioni personali, secondo le regole di organizzazione delle strutture ospedaliere o

di assistenza pubbliche, private o convenzionate, previste per i coniugi e i familiari.

40. Ciascun convivente di fatto può designare l'altro quale suo rappresentante con poteri pieni o limitati:

a) in caso di malattia che comporta incapacità di intendere e di volere, per le decisioni in materia di salute;

b) in caso di morte, per quanto riguarda la donazione di organi, le modalità di trattamento del corpo e le celebrazioni funerarie.

41. La designazione di cui al comma 40 è effettuata in forma scritta e autografa oppure, in caso di impossibilità di redigerla, alla presenza di un testimone.

42. Salvo quanto previsto dall'articolo 337 *sexies* del codice civile, in caso di morte del proprietario della casa di comune residenza il convivente di fatto superstite ha diritto di continuare ad abitare nella stessa per due anni o per un periodo pari alla convivenza se superiore a due anni e comunque non oltre i cinque anni. Ove nella stessa coabitino figli minori o figli disabili del convivente superstite, il medesimo ha diritto di continuare ad abitare nella casa di comune residenza per un periodo non inferiore a tre anni.

43. Il diritto di cui al comma 42 viene meno nel caso in cui il convivente superstite cessi di abitare stabilmente nella casa di comune residenza o in caso di matrimonio, di unione civile o di nuova convivenza di fatto.

44. Nei casi di morte del conduttore o di suo recesso dal contratto di locazione della casa di comune residenza, il convivente di fatto ha facoltà di succedergli nel contratto.

45. Nel caso in cui l'appartenenza ad un nucleo familiare costituisca titolo o causa di preferenza nelle graduatorie per l'assegnazione di alloggi di edilizia popolare, di tale titolo o causa di preferenza possono godere, a parità di condizioni, i conviventi di fatto.

46. Nella sezione VI del capo VI del titolo VI del libro primo del codice civile, dopo l'articolo 230 *bis* è aggiunto il seguente: (*Omissis*)

47. (*Omissis*)

48. Il convivente di fatto può essere nominato tutore, curatore o amministratore di sostegno, qualora l'altra parte sia dichiarata interdetta o inabilitata ai sensi delle norme vigenti ovvero ricorrano i presupposti di cui all'articolo 404 del codice civile.

49. In caso di decesso del convivente di fatto, derivante da fatto illecito di un terzo, nell'individuazione del danno risarcibile alla parte superstite si applicano i medesimi criteri individuati per il risarcimento del danno al coniuge superstite.

50. I conviventi di fatto possono disciplinare i rapporti patrimoniali relativi alla loro vita in comune con la sottoscrizione di un contratto di convivenza.

51. Il contratto di cui al comma 50, le sue modifiche e la sua risoluzione sono redatti in forma scritta, a pena di nullità, con atto pubblico o scrittura privata con sottoscrizione autenticata da un notaio o da un avvocato che ne attestano la conformità alle norme imperative e all'ordine pubblico.

52. Ai fini dell'opponibilità ai terzi, il professionista che ha ricevuto l'atto in forma pubblica o che ne ha autenticato la sottoscrizione ai sensi del comma 51 deve provvedere entro i successivi dieci giorni a trasmetterne copia al comune di residenza dei conviventi per l'iscrizione all'anagrafe ai sensi degli articoli 5 e 7 del regolamento di cui al decreto del Presidente della Repubblica 30 maggio 1989, n. 223.

53. Il contratto di cui al comma 50 reca l'indicazione dell'indirizzo indicato da ciascuna parte al quale sono effettuate le comunicazioni inerenti al contratto medesimo. Il contratto può contenere:

a) l'indicazione della residenza;

b) le modalità di contribuzione alle necessità della vita in comune, in relazione alle sostanze di ciascuno e alla capacità di lavoro professionale o casalingo;

c) il regime patrimoniale della comunione dei beni, di cui alla sezione III del capo VI del titolo VI del libro primo del codice civile.

54. Il regime patrimoniale scelto nel contratto di convivenza può essere modificato in qualunque momento nel corso della convivenza con le modalità di cui al comma 51.

55. Il trattamento dei dati personali contenuti nelle certificazioni anagrafiche deve avvenire conformemente alla normativa prevista dal codice in materia di protezione dei dati personali, di cui al decreto legislativo 30 giugno 2003, n. 196, garantendo il rispetto della dignità degli appartenenti al contratto di convivenza. I dati personali contenuti nelle certificazioni anagrafiche non possono costituire elemento di discriminazione a carico delle parti del contratto di convivenza.

56. Il contratto di convivenza non può essere sottoposto a termine o condizione. Nel caso in cui le parti inseriscano termini o condizioni, questi si hanno per non apposti.

57. II contratto di convivenza è affetto da nullità insanabile che può essere fatta valere da chiunque vi abbia interesse se concluso:

a) in presenza di un vincolo matrimoniale, di un'unione civile o di un altro contratto di convivenza;

b) in violazione del comma 36;

c) da persona minore di età;

d) da persona interdetta giudizialmente;

e) in caso di condanna per il delitto di cui all'articolo 88 del codice civile.

58. Gli effetti del contratto di convivenza restano sospesi in pendenza del procedimento di interdizione giudiziale o nel caso di rinvio a giudizio o di misura cautelare disposti per il delitto di cui all'articolo 88 del codice civile, fino a quando non sia pronunciata sentenza di proscioglimento.

59. Il contratto di convivenza si risolve per:

a) accordo delle parti;

b) recesso unilaterale;

c) matrimonio o unione civile tra i conviventi o tra un convivente ed altra persona;

d) morte di uno dei contraenti.

60. La risoluzione del contratto di convivenza per accordo delle parti o per recesso unilaterale deve essere redatta nelle forme di cui al comma 51. Qualora il contratto di convivenza preveda, a norma del comma 53, lettera *c*), il regime patrimoniale della comunione dei beni, la sua risoluzione determina lo scioglimento della comunione medesima e si applicano, in quanto compatibili, le disposizioni di cui alla sezione III del capo VI del titolo VI del libro primo del codice civile. Resta in ogni caso ferma la competenza del notaio per gli atti di trasferimento di diritti reali immobiliari comunque discendenti dal contratto di convivenza.

61. Nel caso di recesso unilaterale da un contratto di convivenza il professionista che riceve o che autentica l'atto è tenuto, oltre che agli adempimenti di cui al comma 52, a notificarne copia all'altro contraente all'indirizzo risultante dal contratto. Nel caso in cui la casa familiare sia nella disponibilità esclusiva del recedente, la dichiarazione di recesso, a pena di nullità, deve contenere il termine, non inferiore a novanta giorni, concesso al convivente per lasciare l'abitazione.

62. Nel caso di cui alla lettera *c*) del comma 59, il contraente che ha contratto matrimonio o unione civile deve notificare all'altro contraente, nonché al professionista che ha ricevuto o autenticato il contratto di convivenza, l'estratto di matrimonio o di unione civile.

63. Nel caso di cui alla lettera *d*) del comma 59, il contraente superstite o gli eredi del contraente deceduto devono notificare al professionista che ha ricevuto o autenticato il contratto di convivenza l'estratto dell'atto di morte affinché provveda ad annotare a margine del contratto di convivenza l'avvenuta risoluzione del contratto e a notificarlo all'anagrafe del comune di residenza.

64. Dopo l'articolo 30 della legge 31 maggio 1995, n. 218, è inserito il seguente: (*Omissis*)

65. In caso di cessazione della convivenza di fatto, il giudice stabilisce il diritto del convivente di ricevere dall'altro convivente e gli alimenti qualora versi in stato di bisogno e non sia in grado di provvedere al proprio mantenimento. In tali casi, gli alimenti sono assegnati per un periodo proporzionale alla durata della convivenza e nella misura determinata ai sensi dell'articolo 438, secondo comma, del codice civile. Ai fini della determinazione dell'ordine degli obbligati ai sensi dell'articolo 433 del codice civile, l'obbligo alimentare del convivente di cui al presente comma è adempiuto con precedenza sui fratelli e sorelle.

66. Agli oneri derivanti dall'attuazione dei commi da 1 a 35 del presente articolo, valutati complessivamente in 3,7 milioni di euro per l'anno 2016, in 6,7 milioni di euro per l'anno 2017, in 8 milioni di euro per l'anno 2018, in 9,8 milioni di euro per l'anno 2019, in 11,7 milioni di euro per l'anno 2020, in 13,7 milioni di euro per l'anno 2021, in 15,8 milioni di euro per l'anno 2022, in 17,9 milioni di euro per l'anno 2023, in 20,3 milioni di euro per l'anno 2024 e in 22,7 milioni di euro annui a decorrere dall'anno 2025, si provvede:

a) quanto a 3,7 milioni di euro per l'anno 2016, a 1,3 milioni di euro per l'anno 2018, a 3,1 milioni di euro per l'anno 2019, a 5 milioni di euro per l'anno 2020, a 7 milioni di euro per l'anno 2021, a 9,1 milioni di euro per l'anno 2022, a 11,2 milioni di euro per l'anno 2023, a 13,6 milioni di euro per l'anno 2024 e a 16 milioni di euro annui a decorrere dall'anno 2025, mediante riduzione del Fondo per interventi strutturali di politica economica, di cui all'articolo 10, comma 5, del decreto legge 29 novembre 2004, n. 282, convertito, con modificazioni, dalla legge 27 dicembre 2004, n. 307;

b) quanto a 6,7 milioni di euro annui a decorrere dall'anno 2017, mediante corrispondente riduzione delle proiezioni, per gli anni 2017 e 2018, dello stanziamento del fondo speciale di parte corrente iscritto, ai fini del bilancio triennale 2016-2018, nell'ambito del programma «Fondi di riserva e speciali» della missione «Fondi da ripartire» dello stato di previsione del Ministero dell'economia e delle finanze per l'anno 2016, allo scopo parzialmente utilizzando l'accantonamento relativo al medesimo Ministero.

67. Ai sensi dell'articolo 17, comma 12, della legge 31 dicembre 2009, n. 196, il Ministro del lavoro e delle politiche sociali, sulla base dei dati comunicati dall'INPS, provvede al monitoraggio degli oneri di natura previdenziale ed assistenziale di cui ai commi da 11 a 20 del presente articolo e riferisce in merito al Ministro dell'economia e delle finanze. Nel caso si verifichino o siano in procinto di verificarsi scostamenti rispetto alle previsioni di cui al comma 66, il Ministro dell'economia e delle finanze, sentito il Ministro del lavoro e delle politiche sociali, provvede, con proprio decreto, alla riduzione, nella misura necessaria alla copertura finanziaria del maggior onere risultante dall'attività di monitoraggio, delle dotazioni finanziarie di parte corrente aventi la natura di spese rimodulabili, ai sensi dell'articolo 21, comma 5, lettera *b*), della legge 31 dicembre 2009, n. 196, nell'ambito dello stato di previsione del Ministero del lavoro e delle politiche sociali.

68. Il Ministro dell'economia e delle finanze riferisce senza ritardo alle Camere con apposita relazione in merito alle cause degli scostamenti e all'adozione delle misure di cui al comma 67.

69. Il Ministro dell'economia e delle finanze è autorizzato ad apportare, con propri decreti, le occorrenti variazioni di bilancio.

(1) Questo comma è stato così sostituito dall'art. 29, comma 6, del D.L.vo 10 ottobre 2022, n. 149, a decorrere dal 28 febbraio 2023.
Si riporta il testo precedente:
«25. Si applicano, in quanto compatibili, gli articoli 4, 5, primo comma, e dal quinto all'undicesimo comma, 8, 9, 9 bis, 10, 12 bis, 12 ter, 12 quater, 12 quinquies e 12 sexies della legge 1° dicembre 1970, n. 898, nonché le disposizioni di cui al Titolo II del libro quarto del codice di procedura civile ed agli articoli 6 e 12 del decreto legge 12 settembre 2014, n. 132, convertito, con modificazioni, dalla legge 10 novembre 2014, n. 162.».

2.

D.P.C.M. 23 luglio 2016, n. 144. Regolamento recante disposizioni transitorie necessarie per la tenuta dei registri nell'archivio dello stato civile, ai sensi dell'articolo 1, comma 34, della legge 20 maggio 2016, n. 76 (*Gazzetta Ufficiale* Serie gen. - n. 175 del 28 luglio 2016).

1. Richiesta di costituzione dell'unione civile. – 1. Al fine di costituire un'unione civile, ai sensi della legge 20 maggio 2016, n. 76, di seguito denominata legge, due persone maggiorenni dello stesso sesso fanno congiuntamente richiesta all'ufficiale dello stato civile del comune di loro scelta.

2. Nella richiesta ciascuna parte deve dichiarare:

a) il nome e il cognome, la data e il luogo di nascita; la cittadinanza; il luogo di residenza;

b) l'insussistenza delle cause impeditive alla costituzione dell'unione di cui all'articolo 1, comma 4, della legge.

3. L'ufficiale dello stato civile, verificati i presupposti di cui al comma 1, redige immediatamente processo verbale della richiesta e lo sottoscrive unitamente alle parti, che invita, dandone conto nel verbale, a comparire di fronte a sé in una data, indicata dalle parti, immediatamente successiva al termine di cui all'articolo 2, comma 1, per rendere congiuntamente la dichiarazione costitutiva dell'unione.

4. Se una delle parti, per infermità o altro comprovato impedimento, è nell'impossibilità di recarsi alla casa comunale, l'ufficiale si trasferisce nel luogo in cui si trova la parte impedita e riceve la richiesta di cui al presente articolo, ivi presentata congiuntamente da entrambe le parti.

2. Verifiche. – 1. Entro quindici giorni dalla presentazione della richiesta, l'ufficiale dello stato civile verifica l'esattezza delle dichiarazioni di cui all'articolo 1, comma 2, e può acquisire d'ufficio eventuali documenti che ritenga necessari per provare l'inesistenza delle cause impeditive indicate nell'articolo 1, comma 4, della legge.

2. Ai fini di cui al comma 1 l'ufficiale adotta ogni misura per il sollecito svolgimento dell'istruttoria e può chiedere la rettifica di dichiarazioni erronee o incomplete nonché l'esibizione di documenti.

3. Se è accertata l'insussistenza dei presupposti o la sussistenza di una causa impeditiva, l'ufficiale ne dà a ciascuna delle parti immediata comunicazione.

3. Costituzione dell'unione e registrazione degli atti nell'archivio dello stato civile. – 1. Le parti, nel giorno indicato nell'invito, rendono personalmente e congiuntamente, alla presenza di due testimoni, avanti all'ufficiale dello stato civile del comune ove è stata presentata la richiesta, la dichiarazione di voler costituire un'unione civile. Nella dichiarazione le parti confermano l'assenza di cause impeditive di cui all'articolo 1, comma 4, della legge.

2. L'ufficiale, ricevuta la dichiarazione di cui al comma 1, fatta menzione del contenuto dei commi 11 e 12 dell'articolo 1 della legge, redige apposito processo verbale, sottoscrit-

to unitamente alle parti e ai testimoni, cui allega il verbale della richiesta.

3. La registrazione degli atti dell'unione civile, costituita ai sensi del comma 2, è eseguita mediante iscrizione nel registro provvisorio delle unioni civili di cui all'articolo 9. Gli atti iscritti sono inoltre oggetto di annotazione nell'atto di nascita di ciascuna delle parti. A tal fine, l'ufficiale che ha redatto il processo verbale di cui al comma 2 lo trasmette immediatamente al comune di nascita di ciascuna delle parti, conservandone l'originale nei propri archivi.

4. Nella dichiarazione di cui al presente articolo le parti possono rendere la dichiarazione di scelta del regime patrimoniale della separazione dei beni ai sensi dell'articolo 1, comma 13, della legge.

5. La mancata comparizione, senza giustificato motivo, di una o di entrambe le parti nel giorno indicato nell'invito equivale a rinuncia. L'ufficiale redige processo verbale, sottoscritto anche dalla parte e dai testimoni ove presenti, e lo archivia unitamente al verbale della richiesta nel registro provvisorio.

6. Se una delle parti, per infermità o per altro comprovato impedimento, è nell'impossibilità di recarsi alla casa comunale, l'ufficiale si trasferisce nel luogo in cui si trova la parte impedita e, ivi, alla presenza di due testimoni, riceve la dichiarazione costitutiva di cui al presente articolo.

7. Nel caso di imminente pericolo di vita di una delle parti l'ufficiale dello stato civile riceve la dichiarazione costitutiva anche in assenza di richiesta, previo giuramento delle parti stesse sulla sussistenza dei presupposti per la costituzione dell'unione e sull'assenza di cause impeditive di cui all'articolo 1, comma 4, della legge.

4. Scelta del cognome comune. – 1. Nella dichiarazione di cui all'articolo 3, le parti possono indicare il cognome comune che hanno stabilito di assumere per l'intera durata dell'unione ai sensi dell'articolo 1, comma 10, della legge. La parte può dichiarare all'ufficiale di stato civile di voler anteporre o posporre il proprio cognome, se diverso, a quello comune.

2. A seguito della dichiarazione di cui al comma 1 i competenti uffici procedono alla annotazione nell'atto di nascita e all'aggiornamento della scheda anagrafica.

5. Unione costituita a seguito della rettificazione di sesso di uno dei coniugi. – 1. I coniugi che, a seguito della rettificazione di sesso di uno di loro, intendano avvalersi di quanto disposto dall'articolo 1, comma 27, della legge, rendono personalmente apposita dichiarazione congiunta all'ufficiale dello stato civile del comune nel quale fu iscritto o trascritto l'atto di matrimonio.

2. Per l'eventuale scelta del cognome comune si applica l'articolo 4.

3. Gli atti dell'unione civile di cui al presente articolo sono annotati nell'atto di matrimonio delle parti e nei relativi atti di nascita.

6. Scioglimento dell'unione civile per accordo delle parti. – 1. L'accordo delle parti concluso, ai sensi dell'articolo 12 del decreto legge 12 settembre 2014, n. 132, convertito, con modificazioni, dalla legge 10 novembre 2014, n. 162, ai fini dello scioglimento dell'unione civile è ricevuto dall'ufficiale di stato civile del comune di residenza di una delle parti o del comune presso cui è iscritta o trascritta la dichiarazione costitutiva dell'unione. L'accordo è iscritto nel registro provvisorio delle unioni civili ed è annotato negli atti di nascita di ciascuna delle parti, a cura dei competenti uffici.

2. L'accordo raggiunto a seguito della convenzione di negoziazione assistita, conclusa ai sensi dell'articolo 6 del decreto legge 12 settembre 2014, n. 132, convertito, con modificazioni, dalla legge 10 novembre 2014, n. 162, deve essere trascritto nel registro provvisorio delle unioni civili ed annotato negli atti di nascita di ciascuna delle parti, a cura dei competenti uffici.

3. Qualora lo scioglimento abbia ad oggetto l'unione civile costituita con le modalità di cui al precedente articolo 5, lo scioglimento è annotato anche nell'atto di matrimonio delle parti.

4. Ai fini dello scioglimento di cui all'articolo 1, comma 24, della legge, si osservano, in quanto compatibili, le disposizioni del presente articolo.

7. Documento attestante la costituzione dell'unione. – 1. Spetta all'ufficiale dello stato civile il rilascio del documento attestante la costituzione dell'unione, recante i dati anagrafici delle parti, l'indicazione del regime patrimoniale e della residenza, oltre ai dati anagrafici ed alla residenza dei testimoni ai sensi dell'articolo 1, comma 9, della legge.

2. Nei documenti e atti in cui è prevista l'indicazione dello stato civile, per le parti dell'unione civile sono riportate, a richiesta degli interessati, le seguenti formule: «unito civilmente» o «unita civilmente».

8. Trascrizioni e nulla osta. - 1. Sono trascritte negli archivi dello stato civile le unioni civili costituite all'estero secondo la legge italiana davanti al capo dell'ufficio consolare, competente in base alla residenza di una delle due parti.

2. Lo straniero che vuole costituire in Italia un'unione civile deve presentare all'ufficiale dello stato civile, nella richiesta di cui all'articolo 1, anche una dichiarazione dell'autorità competente del proprio Paese dalla quale risulti che, giusta le leggi cui è sottoposto, nulla osta all'unione civile.

3. Nelle more dell'adozione dei decreti legislativi di cui all'articolo 1, comma 28, lettera *a*), della legge gli atti di matrimonio o di unione civile tra persone dello stesso sesso formati all'estero, sono trasmessi dall'autorità consolare, ai sensi dell'articolo 17 del decreto del Presidente della Repubblica 3 novembre 2000, n. 396, ai fini della trascrizione nel registro provvisorio di cui all'articolo 9.

9. Registro provvisorio delle unioni civili e formule. - 1. È istituito presso ciascun comune il registro provvisorio delle unioni civili.

2. Gli atti di stato civile di cui al presente decreto sono redatti secondo le apposite formule da approvare con decreto del Ministro dell'interno, ai sensi dell'articolo 12 del decreto del Presidente della Repubblica 3 novembre 2000, n. 396, adottato entro il termine di cinque giorni dalla data di entrata in vigore del presente decreto.

10. Disposizioni finali. - 1. Le disposizioni del presente regolamento si applicano fino all'entrata in vigore dei decreti legislativi previsti nell'articolo 1, comma 28, della legge.

2. All'attuazione delle disposizioni del presente regolamento si provvede con le risorse umane, strumentali e finanziarie disponibili a legislazione vigente e, comunque, senza nuovi o maggiori oneri a carico della finanza pubblica.

11. Entrata in vigore. - 1. Il presente decreto entra in vigore il giorno successivo a quello della sua pubblicazione nella *Gazzetta Ufficiale* della Repubblica italiana.

INDICE CRONOLOGICO

1934

1940

1941

1942

1947

1948

1955

1959

1966

2006

2007

2008

2009

2010

2011

2020

2023

INDICE ANALITICO-ALFABETICO

INDICE ANALITICO-ALFABETICO

AVVERTENZA. I numeri rimandano agli articoli dei codici o delle relative norme di attuazione, e sono preceduti dalla abbreviazione opportuna.

A

INDICI

B

C

INDICI

INDICI

E

F

G

I

L

M

N

O

P

INDICI

Q

R

INDICI

S

Separazione:

Sequestro:

Serbatoi:

Servitù prediali:

T

INDICI

U

INDICI

V

Z

Annotazioni

Annotazioni

Annotazioni

Annotazioni

Annotazioni

Annotazioni

Finito di stampare nel mese di gennaio 2024

"Rotolito" S.p.A., Seggiano di Pioltello (MI)